Baumbach/Hopt
Handelsgesetzbuch

Beck'sche Kurz-Kommentare

Band 9

Handelsgesetzbuch

mit GmbH & Co., Handelsklauseln,
Bank- und Börsenrecht, Transportrecht
(ohne Seerecht)

Bearbeitet von

Dr. Dr. Dr. h. c. mult. Klaus J. Hopt

Em. Professor an der Universität Hamburg,
Max-Planck-Institut
für ausländisches und internationales Privatrecht, Hamburg
vormals Richter am Oberlandesgericht Stuttgart

und

Dr. Hanno Merkt, LL.M.

o. Professor an der Universität Freiburg,
Direktor des Instituts für ausländisches
und internationales Privatrecht
Richter am Oberlandesgericht Karlsruhe

Begründet von
Dr. Adolf Baumbach
weiland Senatspräsident beim Kammergericht

34., neubearbeitete und erweiterte Auflage

Verlag C. H. Beck München 2010

Zitiervorschlag (Beispiele)

Baumbach/Hopt/Bearbeiter, HGB, 34. Aufl 2010
... § 316 Rn 1
... Anh § 177 a Rn 59 ff
... Einl 1 ff vor § 238
... **(7)** Bankgeschäfte Rn A/6

Verlag C.H. Beck im Internet:
beck.de

ISBN 978 3 406 59034 4

© 2010 Verlag C. H. Beck oHG
Wilhelmstraße 9, 80801 München
Satz und Druck: Druckerei C. H. Beck
(Adresse wie Verlag)

Gedruckt auf säurefreiem, alterungsbeständigem Papier
(hergestellt aus chlorfrei gebleichtem Zellstoff)

Vorwort zur 34. Auflage

I.

Dieser Kommentar erscheint nunmehr in der 34. Auflage. Seit der 24. Auflage 1980, die als Übergangsauflage mitbetreut wurde, haben sich das HGB und die handelsrechtlichen Nebengesetze enorm verändert. Dem tragen drei im Verlag C. H. Beck erschienene, eng aufeinander bezogene Werke Rechnung: **Handelsgesetzbuch** (Beck'sche Kurz-Kommentare, Band 9) 34. Aufl 2010 (Kurzzitat: Baumbach/Hopt/Bearbeiter, HGB), **Handelsvertreterrecht** (Beck'sche Kurz-Kommentare Band 9 a) 4. Aufl 2009 (Kurzzitat: Hopt, HVR) und **Vertrags- und Formularbuch zum Handels-, Gesellschafts- und Bankrecht** 3. Aufl 2007 (Kurzzitat: Hopt, Form). Diese drei Werke sind so konzipiert, dass sie das Handelsrecht zwar mit verschiedener Schwerpunktsetzung, aber doch alle drei zusammengehörend behandeln:

– Der **Kommentar zum HGB** enthält das HGB und die handelsrechtlichen Nebengesetze, also im Wesentlichen, aber nicht nur die Gesetzestexte mit Rechtsprechung und Kommentierung.

– Der **Kommentar zum Handelsvertreterrecht** enthält außer der Kommentierung einen umfangreichen Materialienteil mit Anleitungen zur Errechnung des Ausgleichsanspruchs nach § 89 b, Mustervertäge für Handelsvertreter in neun und für Vertragshändler in drei Sprachen, Unterlagen zum europäischen Kartellrecht für Handelsvertreter und Vertragshändler und schließlich zwei umfangreiche Verzeichnisse der Rechtsprechung und der Literatur zum Handelsvertreter- und Vertragshändlerrecht. Im Rechtsprechungsverzeichnis finden sich vor allem auch viele Parallelfundstellen, was das Auffinden von Entscheidungen aus wichtigen Spezialsammlungen (zB HVR der CDH) erleichtert.

– Das **Vertrags- und Formularbuch** erschließt die in den beiden Kommentarbänden behandelten Handelsrechtsgebiete durch zahlreiche neue, mit Anmerkungen versehene Vertragsmuster und macht die wesentlichen, vor allem für das Gesellschafts- und Bankrecht unerlässlichen Formulare verfügbar.

Die **Parallelführung** der drei Bände geht mit zahlreichen Querverweisungen einher. Das ermöglicht eine gewisse, für einen „Kurz-Kommentar" geradezu lebenswichtige stoffliche Entlastung jedes der drei Bände und führt doch insgesamt zu einem wesentlichen Zugewinn an Information.

Im Kommentar zum HGB hat ab der 31. Auflage Herr **Professor Dr. Hanno Merkt,** Universität Freiburg, die Verantwortung für das Dritte Buch: Handelsbücher (§§ 238–342 e mit Ausnahme der §§ 316–324 a über die Prüfung zusammen mit gesellschafts- und bilanzrechtlich relevanten Nebengesetzen (2 a–d) aus AktG, GmbHG, WPO, AGB-WP, für die wir gemeinsam zuständig sind) und aus dem Vierten Buch für das Transportrecht (4.–6. Abschnitt §§ 407–475 h), **(17)** CMR und **(18)** ADSp übernommen.

II.

Im vorliegenden **Kommentar zum Handelsgesetzbuch** ist das **HGB** wiederum durch eine große Zahl von Gesetzen geändert worden, die wie heute üblich unter ihren meist schon vom Gesetzgeber offiziell verliehenen Abkürzungen laufen, dazu ua MoMiG 2008, FamFG 2008, ARUG 2009, BilMoG 2009, SchVFalschberG 2009, VorstAG 2009 und ZahlungsdiensteUmsetzG 2009.

Zum **Unternehmensrecht** in der Einleitung gab es wie immer wichtige Weiterentwicklungen zum Recht der **Unternehmensbewertung,** unter ande-

Vorwort

rem durch die IDW-Grundsätze zur Durchführung von Unternehmensbewertungen IDW S 1 idF 2008. Auch das nationale und internationale **Schiedsvertragsrecht** entwickelt sich rasch weiter.

Im **ersten Buch** ist zunächst das **Handelsregisterrecht** (§§ 8 ff) zu nennen. Das Handelsregister wird seit der Reform durch das EHUG grundsätzlich nur noch elektronisch geführt, und es gibt ein zentrales Unternehmensregister. Ein neuer Abschnitt zum Beweiswert des Handelsregisters ist aufgenommen (zu § 9). Vor allem aber ist die Kommentierung des Rechts der **Zweigniederlassungen** (§§ 13 ff) angesichts der einschneidenden Änderungen durch das MoMiG, der Einflüsse des Europarechts und einer regen Rechtsprechung überarbeitet und deutlich erweitert worden. Auch im **Firmenrecht** (§§ 17 ff) sind Änderungen durch das MoMiG, europäische Einflüsse und neue Entscheidungen zu verzeichnen. Das **Recht der Handelsvertreter** (§§ 84–92 c) ist ein ungemein lebendes Recht mit wiederum einer großen Zahl neuer höchstrichterlicher und instanzgerichtlicher Entscheidungen. Es wurde im Zuge der im Frühjahr erschienenen 4. Auflage des Kommentars zum Handelsvertreterrecht neu bearbeitet. Ein ganzer Satz neuer Materialien steht in diesem Spezialkommentar zur Verfügung. Die Entscheidung des Europäischen Gerichtshofes vom 26. März 2009 (Semen), die in § 89 b einen Verstoß gegen die Handelsvertreterrichtlinie sieht, und die rasche Reform des § 89 b, die der deutsche Gesetzgeber noch in letzter Minute in das SchVFalschberG vom 31. Juli 2009 aufnahm, hatten erhebliche Auswirkungen, die zwar noch nicht im Handelsvertreterrechtskommentar, vollumfänglich aber hier eingearbeitet sind. Auch das **Handelsmaklerrecht** (§§ 93–104) ist Gegenstand neuerer Rechtsprechung. Zum **Arbeitsrecht** waren wie immer neben einer umfangreichen höchstrichterlichen Rechtsprechung eine Reihe neuer Gesetze zu berücksichtigen. Kündigung und Haftung sind wie wenig überraschend besondere Streitfelder. Mehr und mehr macht sich hier auch der Einfluss des Europarechts geltend, etwa zur Arbeitszeit. Wegen der erheblichen praktischen Bedeutung wird weiterhin **§ 109 GewO über das Zeugnis i**n diesem Kommentar zu § 73 aF HGB abgedruckt und ausführlich erläutert.

Zum **zweiten Buch, Gesellschaftsrecht,** ist als besonders einschneidend die GmbH-Novellierung durch das **MoMiG** zu nennen, die neben Änderungen im Handelsregisterrecht auch tiefgreifende Änderungen im Personengesellschaftsrecht gebracht hat (§§ 106 II Nr 2, 107, 129 a, 130 a I, II, III, IV, 130 b, 172 a, 177 a S 1). Bekanntlich ist das gesamte Eigenkapitalersatzrecht aus dem GmbHG und diesem folgend dem HGB in das Insolvenzrecht verlagert worden. Da die laufenden Rechtsstreitigkeiten noch zum alten Recht geführt werden, wird jedenfalls für diese Auflage noch einmal die alte Kommentierung, durch Kursivdruck als solche gekennzeichnet, verfügbar gemacht. Doch ist geplant, darauf ab der nächsten Auflage zu verzichten und auf die großen Kommentierungen im Insolvenzrecht und die entsprechenen Anhänge in den GmbHG-Kommentaren zu verweisen. Die Anmerkungen zur allgemeinen Durchgriffshaftung, zur Haftung aus existenzvernichtendem Eingriff und zur unterkapitalisierten GmbH & Co (§ 172 a Rn 40 ff) sollen dagegen verbleiben. Erwähnenswert ist hier auch das gesetzgeberische Hin und Her beim zweistufigen Überschuldungsbegriff, was Konsequenzen für das Zahlungsverbot und die Haftung der organschaftlichen Vertreter hat (§ 130 a nF). Wie schon zu den vorangegangenen Auflagen des Kommentars ist sodann die **aktive Rechtsprechung des II. Zivilsenats** unter seinem Vorsitzenden Goette zu vermerken. Gesellschaftsrecht ist damit neben dem Bankrecht auch umfangmäßig ein Schwerpunkt des Kommentars geworden. Eine rege Diskussion hat beispielsweise die Otto-Entscheidung (§ 105 Rn 106, § 119 Rn 37 ua) hervorgerufen. Neuere Rechtsprechung gab es auch zum Bestimmtheitgründsatz (§ 119 Rn 37 ff), zu den Nachschussklauseln, zur Hinauskündigung und Abfindung, zur fehlerhaften stillen Gesellschaft, zur GmbH & Co (Anh § 177 a Rn 1 ff), zur Treuhand bei Publikumsgesellschaften und

Vorwort

Anlagemodellen (Anh § 177a Rn 77 ff) und zu vielen anderen Fragen. Auch zur Prospektpflicht und zur Prospekthaftung (Anh § 177a Rn 59 ff) gab es Neuerungen. In der Rechtsprechung hat sich der Trend fortgesetzt, auf die **AußenGbR** weitere handelsrechtliche Vorschriften anzuwenden. Doch hat der Gesetzgeber der Rechtsprechung und Literatur zur Grundbuchfähigkeit der AußenGbR mit dem ERVGBG vom 19. Juni 2009 anderweitige Vorgaben gemacht. Eine Kommentierung der AußenGbR muss den BGB-Kommentaren überlassen bleiben, sie würde den Rahmen dieses Kommentars sprengen. Die Rechtsprechung des **EuGH** ist seit dem Urteil Überseering mit dem Urteil Cartesio weitergegangen. Mit den Konsequenzen beschäftigen sich eine ganze Reihe deutscher höchstrichterlicher Entscheidungen und eine überaus rege Diskussion in der Literatur. Letztere geht vor allem um die Frage, welche Schutzinstrumente sich zur Bewahrung deutscher Gemeininteressen als außergesellschaftsrechtlich qualifizieren lassen. Das MoMiG hat bereits Konsequenzen zur Maßgeblichkeit des Satzungssitzes gezogen (§ 106 Rn 8). Ergänzt wird dieser Einfluss aus **Europa** durch wichtige Verordnungen und Richtlinien (Einl 29 ff vor § 105).

Im **dritten Buch** stand die Neukommentierung ganz im Zeichen der Reform, die mit dem **Bilanzrechtsmodernisierungsgesetz** von 2009 (BilMoG) einhergeht. Das mit dem BilMoG verfolgte Ziel, die HGB-Bilanz zu einer dauerhaften und im Verhältnis zu den IFRS vollwertigen, aber **kostengünstigeren und einfacheren Alternative** weiterzuentwickeln, hat vielfältige und teilweise tiefgreifende Änderungen des Gesetzes mit sich gebracht, die hier wegen ihres Umfangs nur ganz kursorisch angesprochen werden können. So werden die **Publizitätspflichten** durch die Befreiung kleiner Einzelkaufleute von bestimmten Rechnungslegungspflichten (§ 241a) und durch Anhebung der die einzelnen Größenklassen (§§ 267, 293) und damit Rechnungslegungspflichten bestimmenden Schwellenwerte dereguliert. Der **Grundsatz der wirtschaftlichen Zurechnung** wird im HGB verankert (§ 246 I 1). Der Grundsatz der **umgekehrten Maßgeblichkeit wird abgeschafft,** die einfache Maßgeblichkeit wird an vielen Stellen durchbrochen (etwa § 248 II). Ferner wird die **Aussagekraft des HGB-Abschlusses** durch Annäherung der Abbildungsvorschriften an die IFRS verbessert. Dabei geht es vor allem um das Aktivierungswahlrecht bei selbst erstellten immateriellen Vermögensgegenständen des Anlagevermögens (wiederum § 248 II), die Bewertung von Finanzinstrumenten zum Marktwert bei Kreditinstituten (§ 340e III u IV), die marktnähere Bewertung von Rückstellungen (§ 253) sowie die Abschaffung einer Vielzahl nicht mehr zeitgemäßer Wahlrechte (zB § 249 I 3, II aF, § 253 III 3 aF, § 269 aF, § 282 aF)). Eingeführt wird sodann eine **neue Abgrenzungskonzeption latenter Steuern** (§ 274 nF: Temporary-Konzept statt bisherigem Timing-Konzept). Die **Transparenz des HGB-Konzernabschlusses** wird durch eine veränderte Konzeption der Aufstellungspflicht (§ 264 I), durch eine Ausweitung der Angabepflichten nach § 285 und durch eine grundsätzliche Verpflichtung zur Konsolidierung sog. Zweckgesellschafte (§ 290 II Nr 4) erhöht (detailliertere Übersicht über die Änderungen siehe Einl vor § 238 Rn 25–61). Auch im Bereich der **Abschlussprüfung** gab es wie schon in der 32. und 33. Aufl zahlreiche Änderungen, die in erster Linie auf das BilMoG zurückgehen (§§ 317 II 2, III 2, 3, V, VI, 318 III 1, VIII, 319a I 1, Nr 4, S 4, II 2, 319b, 320 IV, 321 IVa, 324). Sie betreffen insbesondere die Übernahme von Prüfungsergebnissen anderer Prüfer, die Anwendung der internationalen Prüfungsstandards, die Unabhängigkeit des Prüfers samt der neuen Netzwerkregelung in § 319b, den Prüfungsausschuss (§ 324) und die Haftung (samt Dritthaftung und Haftungsbegrenzung). Insgesamt betrachtet ist das Bilanzrecht mit der Reform durch das BilMoG nach den Änderungen der Bilanzrechtsreform von 2004 und dem Bedeutungszuwachs der IFRS weiter in stetem Wandel begriffen und wohl einer der dynamischsten Teilbereiche unseres modernen Handelsrechts.

Vorwort

Im **vierten Buch** sind Entwicklungen zum **Handelskaufrecht** (§§ 373–381, vor allem § 377) zu nennen. Rechtsprechungsintensiv waren wiederum die **zivilrechtliche Prospekthaftung** und die allgemeinen **Aufklärungs- und Beratungspflichten**. Sie sind ausführlich in Anh § 177a Rn 59–66 und § 347 HGB Rn 8–22, 23–40 behandelt, unter anderem zu den Interessenkonflikten und den Rückvergütungen (kick-backs). Besonders hervorzuheben und einschneidend sind die durch das SchVFalschberG vom 31. Juli 2009 eingeführten Vorschriften über die Anfertigung eines schriftlichen Protokolls über jede Anlageberatung eines Privatkunden und die Aufhebung der kurzen Sonderverjährung nach **(16)** WpHG § 37a aF. Einschneidende Änderungen ergaben sich auch durch das RisikobegrenzungsG vom 12. August 2008 für § 354a HGB betreffend die Wirksamkeit von Abtretungen von Geldforderungen. Neue Rechtsprechung gab es auch zum Handelskauf und zur Kommission.

Im **Transportrecht** wurde vor allem neuere Literatur und Rechtsprechung nachgetragen, so etwa die Entscheidungen des BGH zur Unzulässigkeit einer schematischen Abwägung nach festgelegten Prozentsätzen bei der Schadensteilung, zum Kennenmüssen bei unterlassener Wertdeklaration sowie zu den Folgen des unterlassenen Hinweises auf Gefahr eines ungewöhnlich hohen Schadens (§ 425 II), zum qualifizierten Verschulden beim Wegfall der Haftungsbefreiungen und -begrenzungen (§ 435) und zum Problem verschiedener hypothetischer Teilstreckenrechte (§ 452). Dabei ist weiterhin zu beobachten, dass das autonome Transportrecht des HGB gegenüber dem internationalen vereinheitlichten Transportrecht in der Bedeutung langsam, aber stetig zurücktritt.

III.

Bei den **handelsrechtlichen Nebengesetzen** ist wiederum ein großer Teil der Texte entweder **neu gefasst oder erheblich geändert** worden, und zwar in einem Ausmaß, von dem sich die Benutzer (und bis zur Bearbeitung selbst die Kommentatoren) überhaupt keine Vorstellung machen. Unmittelbare oder mittelbare Änderungen zur Folge hatten unter anderem: InvestmentänderungsG 2007, FGG-RR 2008, MoMiG 2008, RisikobegrenzG 2008, UWG-Novelle 2008, ARUG 2009, BeteiligungsRiUmsetzG 2009, BilMoG 2009, EAEGÄndG 2009, ERVGBG 2009, KontopfändSchRefG 2009, PfandBRFortentwG 2009, SchVFalschberG 2009, VerbrKrRiUmsetzG 2009, VorstAG 2009 und ZahlungsdiensteUmsetzG 2009. Zu einem erheblichen Teil sind diese Gesetze durch Vorgaben des europäischen Gesetzgebers veranlasst oder beeinflusst, etwa die Zahlungsdiensterichtlinie 2007. Die zahlreichen Gesetzesänderungen im Arbeitsrecht, leider eine Dauerbaustelle, seien hier gar nicht erst aufgezählt. Für kleine und mittlere Unternehmen ist diese Gesetzesflut zu einem wesentlichen Kostentreiber und zu einem selbst beim besten Willen kaum mehr zu bewältigenden Problem geworden, das dringend der Abhilfe bedarf.

(1) EGHGB ist seit der letzten Auflage erneut angewachsen durch Übergangsvorschriften zum VersicherungsvertragsRefG 2007, RisikobegrenzG 2008, MoMiG 2008, BilMoG 2009 und VorstAG 2009. Änderungen gab es auch zu den hier abgedruckten Auszügen aus dem Kapitalgesellschaftsrecht **(2a)** AktG, **(2b)** GmbHG. Ganz neu ist das FamFG 2008, das das FGG ersetzt und völlig umgestaltet hat. Neu abgedruckt sind statt der alten §§ 125ff FGG nunmehr **(3) §§ 374–377, 388–389, 392–395 FamFG**, abgesehen davon, dass verstreut über den ganzen Kommentar eine Vielzahl von Verweisen geändert werden musste. Erhebliche Änderungen brachte das MoMiG 2008 im Zuge des **Reform des Handelsregisterrechts** in §§ 13ff HGB für die **(4) HRV**. Während die Sonderbedingungen für Wertpapiergeschäfte **(8) AGB-WPGeschäfte** vom 1. November 2007 schon in der letzten Auflage kommentiert worden sind und nur weitere Entwicklungen nachzutragen waren, hat das VerbrKrRiUmsetzG

Vorwort

2009 eine **Neufassung der (8) AGB-Banken** zum 31. Oktober 2009 **und der (8 a) AGB-Sparkassen** ebenfalls zum 31. Oktober 2009 notwendig gemacht, jeweils mit ganz erheblichen Änderungen. Ganz neu gefasst und völlig neu kommentiert sind sodann die **(11) ERA** 600 von 2007, die die ERA 500 von 1993 komplett revidiert haben mit zahlreichen Änderungen für das **Akkreditivrecht und die Akkreditivpraxis**. Änderungen ergaben sich ferner zu **(13) DepotG** infolge des SchVFalschberG 2009 sowie zu **(14) BörsG** und **(15) BörsZulV**. Erneut ganz erheblich geändert wurde das **(16) WpHG** ua durch das Risikobegrenzungsgesetz 2008. Im Bereich des Transportrechts wird immer deutlicher, dass das international vereinheitlichte Transportrecht der **(17) CMR** und die **(18) ADSp** gegenüber den gesetzlichen Regelungen des HGB zunehmend an Bedeutung gewinnt. Hier waren sowohl Rechtsprechung als auch neue Literatur nachzutragen. Künftig wird sich das Augenmerk noch stärker auf diese Regelwerke zu richten haben.

Für die Kommentierungsarbeit zu den handelsrechtlichen Nebengesetzen ergaben sich von den oben genannten Gesetzesänderungen abgesehen die meisten Änderungen wie schon in den bisherigen Auflagen bei **(7) Bankgeschäfte.** Das **Bankvertragsrecht** scheint sich mehr und mehr zu einem Kernbereich des Privat- und Handelsrechts auszuweiten. Die Rechtsprechung dazu, zumal des XI. Zivilsenats des Bundesgerichtshofes unter seinem bisherigen Vorsitzenden Nobbe, ist Legion, wie ua die WM mit jährlich zuletzt knapp 2400 Seiten zeigt, und kann nur noch exemplarisch ohne jeden Anspruch auf Vollständigkeit aufgenommen werden. Das gilt um so mehr, als ganze Teile des Bankvertragsrechts in das BGB übernommen werden (leider nur stückweise mit einer für den Benutzer ausgesprochen mühseligen Zersplitterung). Der Service des Kommentars liegt deshalb noch mehr als bisher in der Auswahl des Wesentlichen, der Zusammenschau und den Querbezügen. Die Kommentierung zu **(7)** Bankgeschäfte ist parallel zur Gliederung im Vertragshandbuch gegliedert. Die 3. Auflage des von Schimansky/Bunte/Lwowski herausgegebenen Bankrechts-Handbuchs, Herbst 2007, wurde schon in der Vorauflage eingearbeitet. Zu erwähnen sind nunmehr ua Änderungen im KWG, zu Bankgeheimnis und Datenschutz, zu den Aufklärungs-, Beratungs- und Dokumentationspflichten der Banken namentlich bei Projektbeteiligungen und Immobilienanlagen, zur Einlagensicherung und zum internationalen Bankvertragsrecht. Einschneidende Änderungen auf Grund des zivilrechtlichen Teils der Zahlungsdiensterichtlinie bringt das VerbrKrRiUmsetzG 2009, das drastisch in das bisherige Recht der Giroüberweisung, Lastschrift und Bankkunden-Karte eingreift mit vielen neuen Vorschriften im BGB. Dazu sind in dieser Auflage zu diesen drei Instrumenten ausführliche Einführungsabschnitte mit Überblicken, Definitionskatalogen und Hinweisen wiedergegeben. Eine volle Überarbeitung des Kapitels Zahlungsverkehr muss, da der Erlass des Gesetzes bis ganz zum Schluss der Legislaturperiode im Juli 2009 unsicher war, der nächsten Auflage vorbehalten bleiben. Beim Kreditgeschäft ergaben sich Änderungen für den Verbraucherkredit durch das VerbrKrRiUmsetzG 2009, das insoweit voll berücksichtigt worden ist, und zur Abtretung von Darlehensforderungen durch die Bank (Schutz durch das RisikobegrenzG 2008). Das Recht der kreditfinanzierten Immobilien(fonds)geschäfte ist auch nach den verschiedenen Urteilen der Europäischen Gerichtshofes und der Beilegung des Streits des II. und XI. Zivilsenats des Bundesgerichtshofes im Fluss, zumal angesichts weiterer Vorlagebeschlüsse. Doch ist ein Gesamtkonzept der neuen Rechtsprechung des XI. Zivilsenats erkennbar, s **(7)** Bankgeschäfte Rn G/9 a–9 e. Für das Akkreditivrecht sind nunmehr die bereits erwähnten ERA 600 relevant mit erheblichen Konsequenzen.

Wegen der vielfältigen dogmatischen und praktischen Relevanz auch für das Handels-, Handelsklausel- und Bankrecht wird wie stets der Text der in das BGB integrierten AGB-Vorschriften unter **(5) §§ 305–310 BGB** verfügbar gemacht.

Vorwort

Diese werden an zahlreichen Stellen des Kommentars berücksichtigt. Insbesondere ist weiter daran gearbeitet worden, die verschiedenen unter den Nebengesetzen abgedruckten Klauselwerke durchgängig auf AGB-Besonderheiten zu überprüfen; Konsequenzen ergeben sich ua für (**2 d**) AGB-WP, (**8**) AGB-Banken mit Sonderbedingungen zum Wertpapierhandel, (**8a**) AGB-Sparkassen, (**9**) AGB-Anderkonten, (**11**) ERA, (**12**) ERI und (**18**) ADSp. Für das AGB-Recht ist auf den Vorschlag der Kommission vom 8. Oktober 2008 für eine EG-Ri (KOM (2008) 614 endg) zu achten, der eine weitreichende Vollharmonisierung im Bereich des Direkt- und Distanzvertriebs, des Verbrauchsgüterkaufs und der Klausel-Richtlinie (dazu zwei Annexe mit einer „schwarzen" und einer „grauen" Liste) vorsieht, was ganz erhebliche Konsequenzen für das deutsche Recht hätte.

IV.

Diese Neuauflage ist auf dem Stand vom 1. Mai 2009; Gesetzesänderungen und viele wichtige Ergänzungen konnten jedoch – unter Berücksichtigung des unglaublichen Gesetzgebungsmarathons zum Ende der Legislaturperiode in der Bundesratssitzung vom 10. Juli 2009 mit nicht weniger als 87 Tagesordnungspunkten – in diesem Kommentar noch bis zum **1. September 2009** aufgenommen werden, das gilt insbesondere für das das **BilMoG** vom 25. Mai 2009, das das dritte Buch nachhaltig verändert hat, das **Einlagensicherungs- und Anlegerentschädigungsgesetz** vom 26. Juni 2009, das **ARUG** vom 30. Juli 2009, das **Schuldverschreibungsgesetz** vom 31. Juli 2009, das außer einem neuen Schuldverschreibungsrecht gravierende Änderungen zum Anlegerschutz (Dokumentationspflichten und längere Verjährung) gebracht hat, und das **FGG-Reformgesetz,** das zum 1. September 2009 in Kraft tritt. Die verbraucherkreditrechtlichen Teile des **VerbrKrRiUmsetzG** vom 29. Juli 2009 sind berücksichtigt, das in diesem Gesetz enthaltene Zahlungsdiensteumsetzungsgesetz jedenfalls in längeren Übersichten zum Recht der Überweisung, der Lastschrift und des kartengestützten Zahlungsverkehrs. Es ist sogar noch gelungen, die neuen (**8**) **AGB-Banken** und (**8a**) **AGB-Sparkassen**, die zum **31. Oktober 2009** in Kraft treten, abzudrucken und zu kommentieren. Das Material wurde den Möglichkeiten eines Kurzkommentars und der bisherigen Übung entsprechend verarbeitet.

Für die zahlreichen Anregungen aus der Praxis bedanken wir uns besonders. Sie sind, wie für die Betreffenden leicht ersichtlich, berücksichtigt. Zum Handelsvertreterrecht gilt unser besonderer Dank der CDH und dort Herrn Rechtsanwalt Döpfer, Geschäftsführer und Leiter der Abteilung Recht. Zum Recht der Bankbedingungen haben Herr Hartmann, Abteilungsdirektor beim Bundesverband deutscher Banken e. V., Berlin, und Herr Wand, Direktor ebenda, dankenswerterweise auch für diese Auflage wieder die neuesten Texte zur Verfügung gestellt und Hintergrundinformationen zu den Änderungen gegeben. In gleicher Weise danken wir Frau Dr. Damaris Nicodem und Frau Dr. Anne Danco, Deutscher Sparkassen- und Giroverband, und Herrn Rechtsanwalt Hamannt, Fachleiter Steuern und Recht, Institut der Wirtschaftsprüfer in Deutschland e. V. (IDW), Düsseldorf. Im Max-Planck-Institut haben mitgeholfen bei Quellensuche und Korrekturlesen Herr Referent Dr. Steffek und die wiss. Assistenten Herren Annoff und Fleckner. Im Sekretariat waren Frau Khorrami und Frau O'Hara eine unermüdliche und unersetzliche Hilfe, vor allem auch mit ihrer Freundlichkeit und Geduld bei jedem Stress. Am Lehrstuhl Merkt in Freiburg haben bei den technischen Vorarbeiten und dem Korrekturlesen die Herren Rechtsreferendare Thilo Schülke und Patrick Lehmann sowie im Sekretariat Frau Bühler-Scherer ebenso wertvolle wie gewohnt zuverlässige Unterstützung geleistet. Frau Assessorin Elise Hartwich hat die mühsame Aufgabe der Aktualisierung des Sachverzeichnisses übernommen. Bei den Korrekturen im Verlag hat auch Herr stud. iur.

Vorwort

Kai-Klemens Wehlage mitgeholfen. Danken möchten wir auch Herrn Hoffmann vom Verlag C. H. Beck für umsichtige Hilfe bei der Drucklegung, die angesichts der durch die umfangreichen Nachträge für die Zeit vom 1. Mai bis 1. September 2009 ungewöhnliche Anforderungen stellte. Für ihre rasche und umsichtige Arbeit danken wir allen Mitarbeitern ganz besonders.

Hamburg und Freiburg, im September 2009   Klaus J. Hopt, Hanno Merkt

Inhaltsverzeichnis

Vorwort V
Verzeichnis der abgedruckten Bestimmungen XVII
Benutzungshinweise XIX
Abkürzungsverzeichnis XXI
(einschließlich einzelner juristischer Werke)

1. Teil. Handelsgesetzbuch

Erstes Buch. Handelsstand . . . . §§ 1–104   1
Einleitung   1
Erster Abschnitt. Kaufleute . . . . §§ 1– 7   40
Zweiter Abschnitt. Handelsregister; Unternehmensregister . . . . §§ 8– 16   76
Dritter Abschnitt. Handelsfirma . . . . §§ 17– 37a   127
Vierter Abschnitt. Handelsbücher [aufgehoben]   220
Fünfter Abschnitt. Prokura und Handlungsvollmacht . . . . §§ 48– 58   221
Sechster Abschnitt. Handlungsgehilfen und Handlungslehrlinge . . . . §§ 59– 83   243
Siebenter Abschnitt. Handelsvertreter . . . . §§ 84– 92c   333
Achter Abschnitt. Handelsmakler . . . . §§ 93–104   475
Neunter Abschnitt. Bußgeldvorschriften . . . . § 104a   504

Zweites Buch. Handelsgesellschaften und stille Gesellschaft . . . . §§ 105–236   505
Einleitung   505
Erster Abschnitt. Offene Handelsgesellschaft . . . . §§ 105–160   519
  1. Titel. Errichtung der Gesellschaft . . . . §§ 105–108   519
  2. Titel. Rechtsverhältnis der Gesellschafter untereinander . . . . §§ 109–122   557
  3. Titel. Rechtsverhältnis der Gesellschafter zu Dritten §§ 123–130b   624
  4. Titel. Auflösung der Gesellschaft und Ausscheiden von Gesellschaftern . . . . §§ 131–144   677
  5. Titel. Liquidation der Gesellschaft . . . . §§ 145–158   735
  6. Titel. Verjährung. Zeitliche Begrenzung der Haftung §§ 159, 160   753
Anhang: Europäische wirtschaftliche Interessenvereinigung (EWIV); Partnerschaftsgesellschaft (PartG)   758
  A. Europäische wirtschaftliche Interessenvereinigung (EWIV)   758
  B. Partnerschaftsgesellschaft (PartG mit PartGG)   767
Zweiter Abschnitt. Kommanditgesellschaft . . . . §§ 161–177a   771
Anhang: GmbH & Co; Publikumsgesellschaft (mit Prospekthaftung)   827
  A. GmbH & Co   827
  B. Publikumsgesellschaft (mit Prospekthaftung)   843
Dritter Abschnitt. Stille Gesellschaft . . . . §§ 230–236   856

Drittes Buch. Handelsbücher (mit IFRS) . . . . §§ 238–342a   876
Einleitung   876
IFRS, Grundlagen (Einl Rn 111–218)   899

Inhalt

Erster Abschnitt. Vorschriften für alle Kaufleute	§§ 238–263	929
Erster Unterabschnitt. Buchführung. Inventar	§§ 238–241 a	929
Zweiter Unterabschnitt. Eröffnungsbilanz. Jahresabschluss	§§ 242–256	943
1. Titel. Allgemeine Vorschriften	§§ 242–245	943
2. Titel. Ansatzvorschriften	§§ 246–251	957
3. Titel. Bewertungsvorschriften	§§ 252–256	992
Dritter Unterabschnitt. Aufbewahrung und Vorlage	§§ 257–261	1046
Vierter Unterabschnitt. Landesrecht	§ 263	1049
Zweiter Abschnitt. Ergänzende Vorschriften für Kapitalgesellschaften (Aktiengesellschaften, Kommanditgesellschaften auf Aktien und Gesellschaften mit beschränkter Haftung) sowie bestimmte Personenhandelsgesellschaften	§§ 264–335	1050
Erster Unterabschnitt. Jahresabschluss der Kapitalgesellschaft und Lagebericht	§§ 264–289	1050
1. Titel. Allgemeine Vorschriften	§§ 264, 265	1050
2. Titel. Bilanz	§§ 266–274 a	1066
3. Titel. Gewinn- und Verlustrechnung	§§ 275–278	1095
4. Titel. [aufgehoben]	§§ 279–283	1107
5. Titel. Anhang	§§ 284–288	1107
6. Titel. Lagebericht	§ 289, 289 a	1123
Zweiter Unterabschnitt. Konzernabschluss und Konzernlagebericht	§§ 290–315	1129
1. Titel. Anwendungsbereich	§§ 290–293	1129
2. Titel. Konsolidierungskreis	§§ 294–296	1141
3. Titel. Inhalt und Form des Konzernabschlusses	§§ 297–299	1144
4. Titel. Vollkonsolidierung	§§ 300–307	1150
5. Titel. Bewertungsvorschriften	§§ 308–309	1160
6. Titel. Anteilmäßige Konsolidierung	§ 310	1164
7. Titel. Assoziierte Unternehmen	§§ 311, 312	1166
8. Titel. Konzernanhang	§§ 313, 314	1172
9. Titel. Konzernlagebericht	§ 315	1180
10. Titel. Konzernabschluss nach internationalen Rechnungslegungsstandards	§ 315 a	1182
Dritter Unterabschnitt. Prüfung	§§ 316–324 a	1186
Vierter Unterabschnitt. Offenlegung. Prüfung durch den Betreiber des elektronischen Bundesanzeigers	§§ 325–329	1246
Fünfter Unterabschnitt. Verordnungsermächtigung für Formblätter und andere Vorschriften	§ 330	1258
Sechster Unterabschnitt. Straf- und Bußgeldvorschriften. Zwangsgelder	§§ 331–335 b	1260
Dritter Abschnitt. Ergänzende Vorschriften für eingetragene Genossenschaften	§§ 336–339	1267
Vierter Abschnitt. Ergänzende Vorschriften für Unternehmen bestimmter Geschäftszweige	§§ 340–341 p	1269
Erster Unterabschnitt. Ergänzende Vorschriften für Kreditinstitute und Finanzdienstleistungsinstitute	§§ 340–340 o	1269
1. Titel. Anwendungsbereich	§ 340	1269
2. Titel. Jahresabschluss, Lagebericht, Zwischenabschluss	§§ 340 a–340 d	1272
3. Titel. Bewertungsvorschriften	§§ 340 e–340 g	1277
4. Titel. Währungsumrechnung	§ 340 h	1281
5. Titel. Konzernabschluss, Konzernlagebericht, Konzernzwischenabschluss	§§ 340 i, 340 j	1282
6. Titel. Prüfung	§ 340 k	1284

Inhalt

7. Titel. Offenlegung	§ 340 l	1285
8. Titel. Straf- und Bußgeldvorschriften, Zwangsgelder	§§ 340 m–340 o	1287
Zweiter Unterabschnitt. Ergänzende Vorschriften für Versicherungsunternehmen und Pensionsfonds	§§ 341–341 p	1289
1. Titel. Anwendungsbereich	§ 341	1289
2. Titel. Jahresabschluss, Lagebericht	§ 341 a	1292
3. Titel. Bewertungsvorschriften	§§ 341 b–341 d	1293
4. Titel. Versicherungstechnische Rückstellungen	§§ 341 e–341 h	1294
5. Titel. Konzernabschluss, Konzernlagebericht	§§ 341 i, 341 j	1296
6. Titel. Prüfung	§ 341 k	1297
7. Titel. Offenlegung	§ 341 l	1297
8. Titel. Straf- und Bußgeldvorschriften, Zwangsgelder	§§ 341 m–341 p	1298
Fünfter Abschnitt. Privates Rechnungslegungsgremium; Rechnungslegungsbeirat	§§ 342, 342 a	1300
Sechster Abschnitt. Prüfstelle für Rechnungslegung	§§ 342 b–342 e	1302
Viertes Buch. Handelsgeschäfte	§§ 343–475 h	1310
Einleitung		1310
Erster Abschnitt. Allgemeine Vorschriften	§§ 343–372	1315
Zweiter Abschnitt. Handelskauf	§§ 373–382	1410
Dritter Abschnitt. Kommissionsgeschäft	§§ 383–406	1470
Vierter Abschnitt. Frachtgeschäft	§§ 407–452 d	1509
Erster Unterabschnitt. Allgemeine Vorschriften	§§ 407–450	1509
Zweiter Unterabschnitt. Beförderung von Umzugsgut	§§ 451–451 h	1566
Dritter Unterabschnitt. Beförderung mit verschiedenartigen Beförderungsmitteln	§§ 452–452 d	1571
Fünfter Abschnitt. Speditionsgeschäft	§§ 453–466	1577
Sechster Abschnitt. Lagergeschäft	§§ 467–475 h	1589
Fünftes Buch. Seehandel	§§ 476–905	1602
[nicht abgedruckt]		

2. Teil. Handelsrechtliche Nebengesetze

Einleitung 1603
I. Einführungsgesetz 1605
   (1) Einführungsgesetz zum Handelsgesetzbuche (EGHGB) 1605
II. Handelsbücher und Bilanzen 1636
   Einleitung zu **(2 a)** und **(2 b)** 1636
   (2a) Aktiengesetz (AktG): §§ 150–176 1638
   (2b) Gesetz betreffend die Gesellschaften mit beschränkter Haftung (GmbHG): §§ 41–42 a 1643
   (2c) Gesetz über eine Berufsordnung der Wirtschaftsprüfer (Wirtschaftsprüferordnung – WPO): Erster Teil: Allgemeine Vorschriften (§§ 1–4), Dritter Teil: Rechte und Pflichten der Wirtschaftsprüfer (§§ 43–56) 1644
   (2d) Allgemeine Auftragsbedingungen für Wirtschaftsprüfer und Wirtschaftsprüfungsgesellschaften (AGB-WP) 1651
III. Handelsregister 1657
   (3) Gesetz über das Verfahren in Familiensachen und in den Angelegenheiten der freiwilligen Gerichtsbarkeit (FamFG): §§ 374–377, 388–389, 392–395 1657

XV

Inhalt

(4) Verordnung über die Einrichtung und Führung des Handelsregisters (HRV) 1662

IV. AGB und (nicht branchengebundene) Vertragsklauseln 1678
(5) §§ 305–310 BGB (Abschnitt 2. Gestaltung rechtsgeschäftlicher Schuldverhältnisse durch Allgemeine Geschäftsbedingungen) 1678
(6) Incoterms und andere Handelskaufklauseln 1686

V. Bankgeschäfte (mit Börsen- und Kapitalmarktrecht) 1746
(7) Bankgeschäfte 1746
(8) Allgemeine Geschäftsbedingungen der Banken (AGB-Banken) mit Sonderbedingungen für Wertpapiergeschäfte (AGB-WPGeschäfte) 1892
(8a) Allgemeine Geschäftsbedingungen der Sparkassen (AGB-Spark) .. 1944
(9) Geschäftsbedingungen für Anderkonten und Anderdepots (AGB-Anderkonten) 1957
(10) Abkommen über den Lastschriftverkehr (Lastschriftabkommen) .. 1967
(11) Einheitliche Richtlinien und Gebräuche für Dokumenten-Akkreditive (ERA 600) mit Anhang zu den ERA 600 für die Vorlage elektronischer Dokumente (el.ERA Version 1.1) 1973
(12) Einheitliche Richtlinien für Inkassi (ERI) 2022
(13) Gesetz über die Verwahrung und Anschaffung von Wertpapieren (Depotgesetz – DepotG) 2033
(14) Börsengesetz (BörsG) 2058
(15) Börsenzulassungs-Verordnung (BörsZulV) 2131
(16) Gesetz über den Wertpapierhandel (Wertpapierhandelsgesetz – WpHG) 2137

VI. Transport (Fracht-, Speditions-, Lager- und andere Transportgeschäfte) 2216
(17) Übereinkommen über den Beförderungsvertrag im internationalen Straßengüterverkehr (CMR) 2216
(18) Allgemeine Deutsche Spediteur-Bedingungen (ADSp) 2237

Sachverzeichnis 2249

Verzeichnis der abgedruckten Bestimmungen

Abkommen über den Lastschriftverkehr: s Lastschriftabkommen
ADSp: vollständig *Nebengesetze (18)*
AGBG: s 30. Aufl, nunmehr §§ 305–310 BGB *Nebengesetze (5)*
Allgemeine Auftragsbedingungen für Wirtschaftsprüfer und Wirtschaftsprüfungsgesellschaften: vollständig *Nebengesetze (2 d)*
AktG: §§ 150–176 *Nebengesetze (2 a)*
Allgemeine Geschäftsbedingungen der Banken: *Nebengesetze (8);* Sonderbedingungen für Wertpapiergeschäfte *Nebengesetze (8);* Bedingungen für Anderkonten und Anderdepots von Rechtsanwälten, Notaren, Patentanwälten und Angehörigen der öffentlich bestellten wirtschaftsprüfenden und wirtschafts- und steuerberatenden Berufe: *Nebengesetze (9);*
Allgemeine Geschäftsbedingungen der Sparkassen: *Nebengesetze (8 a);*
BGB: §§ 305–310 BGB *Nebengesetze (5)*
BörsG: vollständig *Nebengesetze (14)*
BörsO der Frankfurter Wertpapierbörse: § 88 bei *(14)* BörsG § 13 Rn 3
Börsenzulassungs-Verordnung: vollständig *Nebengesetze (15)*
CMR: Art 1–41 *Nebengesetze (17)*
DepotG: vollständig *Nebengesetze (13)*
Dokumenten-Akkreditive, Einheitliche Richtlinien und Gebräuche Revision 2007 (ERA 600) mit Anhang für die Vorlage elektronischer Dokumente **(el.ERA):** vollständig *Nebengesetze (11)*
EGHGB: vollständig (soweit nicht gegenstandslos bzw SeeHdlRecht) *Nebengesetze (1)*
Einheitliche Richtlinien: s Dokumenten-Akkreditive und Inkassi
FamFG: §§ 374–377, 388–389, 392–395 (Buch 5 Verfahren in Registersachen, unternehmensrechtliche Verfahren) *Nebengesetze (3)*
GmbHG: §§ 41–42 a *Nebengesetze (2 b)*
HGB: vollständig (außer Seerecht)
HRV (Handelsregisterverordnung): vollständig (ohne Anlagen) *Nebengesetze (4)*
Incoterms: vollständig *Nebengesetze (6)*
Inkassi, Einheitliche Richtlinien: vollständig *Nebengesetze (12)*
KWG: § 1 I–IIIe bei *(7) Bankgeschäfte A/4*
Lastschriftabkommen: vollständig *Nebengesetze (10)*
PartGG: vollständig Anhang B nach § 160
Sonderbedingungen für Wertpapiergeschäfte: *Nebengesetze (8)*
Übereinkommen über den Beförderungsvertrag im **internationalen Straßengüterverkehr (CMR):** Art 1–41 *Nebengesetze (17)*
WG: Art 13, 14 bei § 365 Rn 1; **Art 16 I** bei § 365 Rn 2; **Art 16 II** bei § 365 Rn 3; **Art 40 III** bei § 365 Rn 4
WpHG: vollständig *Nebengesetze (16)*
WPO: §§ 1–4, 43–56 *Nebengesetze (2 c)*

Benutzungshinweise

1. **Paragraphenzeichen (§)** ohne Zusatz eines Gesetzes oder einer Verordnung verweisen grundsätzlich auf solche des HGB, in einem kommentierten Nebengesetz (zB BörsG) auf dieses, oder auf ein anderes Nebengesetz, wenn sich eine Anmerkung speziell mit einem bestimmten Gesetz befasst. Sonst sind Paragraphen mit der Paragraphennummer und der nachfolgenden Gesetzesabkürzung bezeichnet (§ 242 BGB).
2. **Römische Zahlen** hinter einer Paragraphenzahl oder hinter einer arabischen Ziffer und zugleich vor einer Gesetzesabkürzung bedeuten den jeweiligen numerierten Absatz des betreffenden Paragraphen.
3. **Arabische Zahlen** in Klammern (fett) vor einer Gesetzesabkürzung bedeuten die Nummer des im Kommentar abgedruckten Nebengesetzes (zB **(14)** BörsG); hinter einer solchen Gesetzesabkürzung bedeuten sie den jeweiligen Paragraphen dieses Gesetzes, hinter einer römischen Zahl den numerierten Satz des betreffenden Absatzes (zB **(1)** EGHGB § 54 I 1).
4. **Alleinstehende Zahlen** in der Kommentierung (römische wie arabische) bedeuten den Absatz (römische Zahl oder arabische Zahl nach Abs) und den Satz (arabische Zahl) des jeweiligen Paragraphen, auch in Kombination (zB II 2 oder Abs 1).
5. **Ortsnamen** sind idR abgekürzt (zB Stgt) und im Abkürzungsverzeichnis aufgeschlüsselt. Ohne Zusatz (LG, AG, LAG, ArbG, OVG usw) bedeuten sie grundsätzlich das OLG mit Sitz an dem betreffenden Ort, ausnahmsweise das LG, wenn es an diesem Ort kein OLG gibt oder gab.
6. **Eigennamen** ohne Zusatz sind die von Autoren, deren Werk oder Abhandlung als Belegstelle benutzt wird; dieses ist entweder dem Abkürzungsverzeichnis zu entnehmen oder dem Schrifttumsverzeichnis, das der betreffenden Einleitung, Einführung, Vorbemerkung oder Anmerkung vorangestellt ist.
7. **Zahlen bei Eigennamen** ohne S (Seite) oder § (eines Lehrbuchs) bezeichnen grundsätzlich die Anmerkung oder Randnummer für denselben Paragraphen der anderen Kommentare, auf die sich diese Verweisung bezieht.
8. **Abkürzungen** von Gesetzen, Verordnungen, Gebietskörperschaften, Ortsnamen, Zeitschriften, Entscheidungssammlungen und von Wörtern der Fach- und Umgangssprache sind im Abkürzungsverzeichnis aufgeführt. Ausnahmsweise sind Abkürzungen für in bestimmten Anmerkungskomplexen laufend vorkommende Begriffe bei der Anmerkungsüberschrift bezeichnet.
9. **Darstellungen,** die in die Zusammenhänge des betreffenden Rechtsgebiets oder Gesetzesabschnitts einführen, sind in strikter Auswahl und nur beispielhaft enthalten in Einleitungen (vor einem Buch des HGB und vor einem Nebengesetz), Überblicken (vor dem Abschnitt eines Buches oder eines Nebengesetzes) und Vorbemerkungen (vor Paragraphen-Komplexen innerhalb eines Titels). Bezugnahmen darauf erfolgen innerhalb der Kommentierung durch die Bezeichnung der Stelle in Verbindung mit dem Wort „vor" (zB Einl 44 ff vor § 1).
10. **Anmerkungsaufbau.** Die Gliederung beginnt mit arabischen Ziffern und wird nach Bedarf fortgesetzt, in der Regel mit großen, dann kleinen Buchstaben, einfach, dann doppelt (zB § 347 Anm 4 A a). Ausnahmsweise werden römische Zahlen als Gliederungsmittel vor arabischen Ziffern verwandt (so bei der Kommentierung der GmbH & Co Anh § 177 a Anm A III 1 B a). **Zitiert** wird aber nicht nach diesem Anmerkungsaufbau, sondern **nur nach**

Benutzungshinweise

Randziffern (also in den genannten Beispielen § 347 Rn 23 und Anh § 177a Rn 22).

11. **Belegstellen** aus Rechtsprechung und Schrifttum sind entweder mit derjenigen Seitenzahl angegeben, wo der Abdruck der Entscheidung oder der Abhandlung beginnt (Gesamtverweisung), oder mit derjenigen Seitenzahl, die den Beleg aufweist (Einzelverweisung). Das gilt bei Kommentaren und anderen Werken mit Randziffern entsprechend für die Randziffern.
12. **Belegstellenauswahl.** Vorrang hat die jüngere vor der älteren bei gleichem Inhalt, sonst die inhalts- und belegstellenreichere vor der inhalts- und belegstellenärmeren. In der Regel hat die amtliche Sammlung (RG, BGH) Vorrang vor jeder Zeitschrift. Bei mehrfacher Veröffentlichung einer Entscheidung haben Zeitschriften den Rang nach der Dichte ihrer Verbreitung, was zu verschiedenen Teilen des Kommentars (zB HGB, Bilanzrecht, Transportrecht, Bankrecht) unterschiedlich sein kann; davon ist nur abgewichen, wenn in einer weiter verbreiteten Zeitschrift nur der Leitsatz oder Gründe nur in erheblich kleinerem Umfang abgedruckt sind, außerdem wenn vor Abschluss der Neuauflage die Entscheidung in einer weiter verbreiteten Zeitschrift noch nicht veröffentlicht war.
13. **Verweisungen** innerhalb der Kommentierung erfolgen grundsätzlich **nach Randnummern,** also innerhalb eines Paragraphen durch bloße Angabe derselben (s Rn 3), sonst durch Angabe des Paragraphen mit der in Bezug genommenen Randnummer (zB § 15 Rn 18) oder durch Hinweis auf eine grundrissartige Darstellung mit der entsprechenden Randnummer (zB Einl 31 ff vor § 1; Anh § 177a Rn 52 ff; **(7)** Bankgeschäfte Rn A/6).
14. **Abweichende Ansichten** (aA) sind stets nur beispielhaft angegeben. Dagegen sind sie nach Möglichkeit vermerkt, wenn die Kommentierung von der Rechtsprechung eines obersten Bundesgerichts abweicht. Fehlende Angaben über aA bedeuten also nicht, dass die dargestellte oder vertretene Ansicht unbestritten sei.
15. **Angeführtes Schrifttum** ist enthalten im Abkürzungsverzeichnis (insbesondere Erläuterungswerke), ferner zu Beginn der Bücher des HGB und von Abschnitten, Titeln oder Nebengesetzen.
16. **Nebengesetze und Vorschriften,** die ganz oder teilweise abgedruckt sind, enthält eine Liste hinter dem Inhaltsverzeichnis. Die Überschriften zu den einzelnen Paragraphen oder Artikeln sind ohne Klammern amtlich, in eckigen Klammern nicht amtlich.

Die Autoren und der Verlag

Abkürzungsverzeichnis

einschließlich einzelner juristischer Werke

(Ortsname ohne Zusatz bedeutet das OLG mit Sitz an dem betreffenden Ort, ausnahmsweise das LG, wenn es an diesem Ort kein OLG gibt oder gab)

aA	anderer Ansicht
AAA	American Arbitration Association; American Accounting Association; Triple-A credit ranking
AAB-WP	Allgemeine Auftragsbedingungen für Wirtschaftsprüfer und Wirtschaftsprüfungsgesellschaften (zit AGB-WP)
Aach	Aachen
AAG	Gesetz über den Ausgleich von Arbeitgeberaufwendungen und zur Änderung weiterer Gesetze (Aufwendungsausgleichsgesetz – AAG) v 22. 12. 2005, BGBl I 3686, BGBl III FNA 800-19-4
aaO	am angegebenen Ort
ABA	American Bar Association
AbfG	s KrW/AbfG
ABGB	Allgemeines Bürgerliches Gesetzbuch (Österreich)
ABS	asset-backed securities
abgedr	abgedruckt
Abk	Abkommen
ABl	Amtsblatt
abl	ablehnen(d)
ABlEG, ABlEU	Amtsblatt der Europäischen Gemeinschaften, A. der Europäischen Union (Nr, Seite, Datum)
Abs	Absatz
Abschn	Abschnitt
abw	abweichend
ACQP	Acquis Principles (Principles of Existing EC Contruct Law)
AcP	Archiv für die civilistische Praxis (Bd, Jahr, Seite)
ADHGB	Allgemeines Deutsches Handelsgesetzbuch
ADR	alternative dispute resolution; American depository receipt(s)
ADS	Adler, Düring, Schmaltz, Rechnungslegung und Prüfung der Unternehmen, 5. Aufl von Forster, Goerdeler, Lanfermann, H. P. Müller, W. Müller, Siepe, Stolberg, Weirich, Stuttgart, 1987 ff (LBl)
ADS (soweit erschienen)	Adler, Düring, Schmaltz, Rechnungslegung und Prüfung der Aktiengesellschaft, Handkommentar, 6. Aufl Forster, Goerdeler, Lanfermann, H. P. Müller, Siepe, Stolberg, Stuttgart 1995 ff, Teilbände 1–6
ADS (AGB)	Allgemeine Deutsche Seeversicherungsbedingungen – ADS, Besondere Bestimmungen für die Güterversicherung
ADSp	Allgemeine Deutsche Spediteurbedingungen
aE	am Ende
AEG	Allgemeines Eisenbahngesetz (AEG) v 27. 12. 1993, BGBl I 2378/96, BGBl III FNA 930-9
aF	alte Fassung
AfA	Absetzung für Abnutzung
AFB	Association Française des Banques
AFG	Arbeitsförderungsgesetz (AFG) v 25. 6. 1969, BGBl I 582, aufgehoben, s jetzt SGB III Arbeitsförderung
AfP	Archiv für Presserecht (Jahr und Seite)
AG	Amtsgericht; Aktiengesellschaft; Die Aktiengesellschaft, Zeitschrift für das gesamte Aktienwesen, für deutsches, europäisches und internationales Unternehmens- und Kapitalmarktrecht, mit Sonderteil AG-Report (Jahr und Seite, R mit Seite: AG Report)
AGB	Allgemeine Geschäftsbedingungen

Abkürzungen

AGB-AKV	Geschäftsbedingungen der Deutscher Auslandskassenverein AG, heute: Deutsche Börse Clearing AG
AGB-Anderkonten	Bedingungen für Anderkonten und Anderdepots (von Rechtsanwälten und Gesellschaften von Rechtsanwälten, Notaren, Patentanwälten und Gesellschaften von Patentanwälten, Angehörigen der öffentlich bestellten wirtschaftsprüfenden und wirschafts- und steuerberatenden Berufe)
AGB-Banken	AGB der (privaten) Banken
AGB/BSK	AGB der Bundesfachgruppe Schwertransporte und Kranarbeiten
AGB-DBBk	AGB der Deutschen Bundesbank
AGBG	Gesetz zur Regelung des Rechts der Allgemeinen Geschäftsbedingungen (AGB-Gesetz) v 9. 12. 1976, BGBl I 3317, aufgehoben durch SMG
AGB-KV	Geschäftsbedingungen der Deutschen Kassenvereine (Wertpapiersammelbanken)
AGB-Spark	AGB der Sparkassen und Girozentralen
AGB-WP	s AAB-WP
AGB-WPGeschäfte	Sonderbedingungen für Wertpapiergeschäfte (Banken), Bedingungen für Wertpapiergeschäfte (Sparkassen)
AGG	Allgemeines Gleichbehandlungsgesetz (AGG) v 14. 8. 2006, BGBl I 1897, BGBl III FNA 402-40
AGNB	Allgemeine Beförderungsbedingungen für den gewerblichen Güternahverkehr mit Kfz
AG R	s AG
AgrarR	Agrarrecht, Zeitschrift für das gesamte Recht der Landwirtschaft, der Agrarmärkte und des ländlichen Raumes (seit 1971 Jahr und Seite)
AHB	Allgemeine Haftpflichtversicherungs-Bedingungen
AHK	Alliierte Hohe Kommission
AHKG	Gesetz der Alliierten Hohen Kommission für Deutschland
AIBD	Association of International Bond Dealers
AICPA	American Institute of Certified Public Accountants
AIN	Accounting Interpretation
AIZ	Allgemeine Immobilienzeitung (Jahr und Seite)
AK	Arbeitskreis
AKB	Allgemeine Bedingungen für die Kraftfahrtversicherung
AkfDR	Akademie für Deutsches Recht
AKEIÜ	Arbeitskreis Externe und Interne Unternehmensüberwachung der Schmalenbach-Gesellschaft – Deutsche Gesellschaft für Betriebswirtschaft eV
AKEU	Arbeitskreis Externe Unternehmensrechnung der Schmalenbach-Gesellschaft – Deutsche Gesellschaft für Betriebswirtschaft eV
AK HLRWiss	Arbeitskreis Bilanzrecht der Hochschullehrer Rechtswissenschaft
AktG	Aktiengesetz v 6. 9. 1965, BGBl I 1089, BGBl III FNA 4121-1
AKV	Deutscher Auslandskassenverein AG
ALB	Allgemeine Lagerbedingungen
ALB Cargo	Allgemeine Leistungsbedingungen (ALB) der Deutschen Bahn AG (DB Cargo)
allg	allgemein
AllgEisenbB	s AEG
allgM	allgemeine Meinung
ALM	arbitration, litigation, mediation
ALR	Allgemeines Landrecht für die Preußischen Staaten
Alt	Alternative
AltEinkG	Gesetz zur Neuordnung der einkommensteuerrechtlichen Behandlung von Altersvorsorgeaufwendungen und Altersbezügen (Alterseinkünftegesetz – AltEinkG) v 5. 7. 2004, BGBl I 1427
aM	anderer Meinung
am	amerikanisch
amMR	amerikanische Militärregierung
AmtlBegr	Amtliche Begründung
amZ	amerikanische Zone

Abkürzungen

ÄndG	Gesetz zur Änderung (von)
ÄndRi	Richtlinie zur Änderung (von)
AnfG	Gesetz über die Anfechtung von Rechtshandlungen eines Schuldners außerhalb des Insolvenzverfahrens v 5. 10. 1994, BGBl I 2911, BGBl III FNA 311-14-2
Anh	Anhang
Anl	Anlage
Anm	Anmerkung
AnSVG	Gesetz zur Verbesserung des Anlegerschutzes (Anlegerschutzverbesserungsgesetz – AnSVG) v 28. 10. 2004, BGBl I 2630
AO	Abgabenordnung idF v 1. 10. 2002, BGBl I 3866, BGBl III FNA 610-1-3
ao	außerordentlich
AP	Nachschlagewerk des Bundesarbeitsgerichts (bis 1954 Zeitschrift: Arbeitsrechtliche Praxis) (Gesetzesstelle, Entscheidungsnummer; Nr ohne Gesetzesstelle bezieht sich auf den kommentierten Paragraphen)
APAG	Gesetz zur Fortentwicklung der Berufsaufsicht über Abschlussprüfer in der Wirtschaftsprüferordnung (Abschlussprüferaufsichtsgesetz – APAG) v 27. 12. 2004, BGBl I 3846
APAK	Abschlussprüferaufsichtskommission
APB	Accounting Principles Board; Accounting Principles Board Opinion No.
ApG	Gesetz über das Apothekenwesen idF v 15. 10. 1980, BGBl I 1993
AJPT	Auditing: A Journal of Practice and Theory (Bd, Jahr und Seite)
ARB	Allgemeine Versicherungsbedingungen für die Rechtsschutzversicherung
ARBull	Accounting Research Bulletin
ArbNErfG	Gesetz über Arbeitnehmererfindungen v 25. 7. 1957, BGBl I 756, BGBl III FNA 422-1
ArbG	Arbeitsgericht
ArbGG	Arbeitsgerichtsgesetz idF v 2. 7. 1979, BGBl I 853, ber 1036, BGBl III FNA 320-1
ArbInt	Arbitration International (Bd, Jahr, Seite)
ArbPlSchG	Arbeitsplatzschutzgesetz idF v 14. 2. 2001, BGBl I 253, BGBl III FNA 53-2
1. ArbRBerG	Gesetz zur Änderung des Kündigungsrechts und anderer arbeitsrechtlicher Vorschriften (Erstes Arbeitsrechtsbereinigungsgesetz) v 14. 8. 1969, BGBl I 1106, BGBl III FNA 800-20-1
ArbSchG	Arbeitsschutzgesetz v 7. 8. 1996, BGBl I 1246, FNA 805-3
ArbR-Blattei	Arbeitsrecht-Blattei
ArbRSamml	Arbeitsrechts-Sammlung (früher Bensheimer Sammlung), Entscheidungen des Reichsarbeitsgerichts- und des Reichsehrengerichtshofs, der Landesarbeitsgerichte, Arbeitsgerichte und Ehrengerichte (Bd und Seite)
ArbZG	Arbeitszeitgesetz (ArbZG) v 6. 6. 1994, BGBl I 1170, FNA 8050-21
ARGE	Arbeitsgemeinschaft
arg e	argumentum ex, Grund in
Art	Artikel
ARS	Accounting Series Release
ART-Produkte	alternative risk transfer-Produkte
ARUG	Gesetz zur Umsetzung der Aktionärsrechterichtlinie v 30. 7. 2009, BGBl I 2479
ASB	Accounting Standards Board
ASC	Accounting Standards Committee
ASCPA	American Society of Certified Public Accountants
ASEC	Accounting Standards Executive Committee
AT	Allgemeiner Teil
ATS	alternative trading system(s)
Aufl	Auflage
AÜG	Gesetz zur Regelung der gewerbsmäßigen Arbeitnehmerüberlassung (Arbeitnehmerüberlassungsgesetz – AÜG) idF 3. 2. 1995, BGBl I 158, FNA 810-31

Abkürzungen

Augsbg	Augsburg
AuR	Arbeit und Recht (Jahr und Seite)
ausf	ausführlich
AuslInvestmG	Auslandsinvestment-Gesetz idF v 9. 9. 1998, BGBl I 2820, aufgehoben durch InvG 2003
AVB	Allgemeine Versicherungsbedingungen
AVermV	Verordnung über Arbeitsvermittlung durch private Arbeitsvermittler (Arbeitsvermittlerverordnung – AVermV) v 11. 3. 1994, BGBl I 563, FNA 810-1-50, aufgehoben
AVG	Angestelltenversicherungsgesetz idF v 28. 5. 1924, RGBl I 563, aufgehoben
AVmG	Altersvermögensgesetz v 26. 6. 2001, BGBl I 1310, FNA 860-6-19
AWD	Außenwirtschaftsdienst des Betriebs-Berater (seit 1975 RIW) (Jahr und Seite)
AWG	Außenwirtschaftsgesetz v 28. 4. 1961, BGBl I 481, BGBl III FNA 7400-1
AWR	Archiv für Wettbewerbsrecht (Jahr und Seite)
AWV	Verordnung zur Durchführung des Außenwirtschaftsgesetzes (Außenwirtschaftsverordnung – AWV) idF v 22. 11. 1993, BGBl I 1934, ber 2493, BGBl III FNA 7400-1-6
Az	Aktenzeichen
AZO	Arbeitszeitordnung v 30. 4. 1938, RGBl I 446, aufgehoben
B-	Bundes-
BABl	Bundesarbeitsblatt (Jahr und Seite; seit 1979: Jahr, Nr, Seite ohne durchgehende Paginierung)
BaFin	Bundesanstalt für Finanzdienstleistungsaufsicht, durch FinDAG ab 1. 5. 2002, vorher BAKred, BAV, BAWe
BAG	Bundesarbeitsgericht, auch Entscheidungen des Bundesarbeitsgerichts (Bd und Seite)
BAKred	Bundesaufsichtsamt für das Kreditwesen, seit 2002 BaFin
b2b	business to business
b2c	business to consumer(s)
Bad-Banks-Gesetz .	sFinanzmarktStabForentwG
Bambg	Bamberg (OLG)
Bandasch	s GK(-HGB)
Bank	Die Bank, Zeitschrift für Bankpolitik und Bankpraxis (bis 1976: Bank-Betrieb)
BankA	Bank-Archiv, Zeitschrift für Bank- und Börsenwesen (Jahr und Seite)
Bank-Betrieb	Bank-Betrieb (ab 1977 Die Bank) (Jahr und Seite)
BankBiRiLiG	Gesetz zur Durchführung der Richtlinie des Rates der Europäischen Gemeinschaften über den Jahresabschluss und den konsolidierten Abschluss von Banken und anderen Finanzinstituten (Bankbilanzrichtlinie-Gesetz) v 30. 11. 1990, BGBl I 2570
BankenRiUmsetzG	Gesetz zur Umsetzung der neu gefassten Bankenrichtlinie und der neu gefassten Kapitaladäquanzrichtlinie v 17. 11. 2006, BGBl I 2606 (7. KWG-Novelle)
BankrechtsHdb/ (Bearbeiter)	Schimansky, Bunte, Lwowski, Hrsg, Bankrechts-Handbuch, 2 Bde, München, 3. Aufl 2007
Bankrechtstag (Jahr)	Bankrechtliche Vereinigung, Schriftenreihe, Bankrechtstage 1990 f, Frankfurt 1991 f, Bankrechtstage 1992 ff (jährlich) Bd 3 ff, Berlin 1993 ff (Jahr und Seite)
Bank Workout	Restrukturierung durch Bank
BAnz	Bundesanzeiger
BArbBl	Bundesarbeitsblatt (Jahr und Nr)
BARefG	Berufsaufsichtsreformgesetz – BARefG (7. WPO-Novelle) v 3. 9. 2007, BGBl I 2178
Ba/Ro	Bamberger, Roth (Hrsg), Kommentar zum bürgerlichen Gesetzbuch, 3 Bde, München, 2. Aufl 2007 f, fortgeführt als Beck'scher Online-Kommentar zum BGB
BAT	Bundes-Angestellten-Tarifvertrag

Abkürzungen

Baumb/Hefermehl/Casper	Wechselgesetz, Scheckgesetz, Recht der kartengestützen Zahlungen, München, 23. Aufl 2008
Baumb/Hefermehl/Köhler/Bornkamm	s jetzt Hefermehl ua
Baumb/Hueck	Baumbach, Hueck, GmbH-Gesetz, Fastrich, G. Hueck, Noack, Schulze-Osterloh, Servatius, Zöllner, München, 18. Aufl 2006
Baumb/Lauterbach	s Hartmann
BauspG	Gesetz über Bausparkassen idF v 15. 2. 1991, BGBl I 454, BGBl III FNA 7691-2
BausparkV	Verordnung zum Schutz der Gläubiger von Bausparkassen (Bausparkassen-Verordnung – BausparkV) v 19. 12. 1990, BGBl I 2947, BGBl III FNA 7691-2-1-2
BAV	Bundesaufsichtsamt für das Versicherungswesen (vor 1973: Versicherungs- und Bausparwesen), durch FinDAG seit 1. 5. 2002 BaFin
BAWe	Bundesaufsichtsamt für den Wertpapierhandel, durch FinDAG seit 1. 5. 2002 BaFin
BaWü	Baden-Württemberg
Bay	Bayern
BayObLG	Bayerisches Oberstes Landesgericht, auch Entscheidungen des Bayerischen Obersten Landesgerichts in Zivilsachen (Bd und Seite); Gericht aufgelöst mWv 1. 7. 2006
BB	Betriebs-Berater (Jahr und Seite)
BBA	British Bankers Association
BB-Sp	BB-Special (Jahr und Seite)
BBahnG	Gesetz über die Deutsche Bundesbahn v 13. 12. 1951, BGBl I 955 außer Kraft mWv 1. 1. 1994 nach Maßgabe des Artikels 8 § 3 durch Artikel 8 § 1 Nr 2 des G v 27. 12. 1993, BGBl I 2378, BGBl III FNA 931-1
BBankG	Gesetz über die Deutsche Bundesbank idF v 22. 10. 1992, BGBl I 1782, BGBl III FNA 7620-1
BBiG	Berufsbildungsgesetz v 23. 5. 2005, BGBl I 931, FNA 806-22
BC	Basis for Conclusion
Bd, Bde	Band, Bände
BdB	Bundesverband deutscher Banken e. V.
BDI	Bundesverband der Deutschen Industrie
BdL	Bank deutscher Länder
BDSG	Gesetz zum Schutz vor Missbrauch personenbezogener Daten bei der Datenverarbeitung (Bundesdatenschutzgesetz) idF v 20. 12. 1990, BGBl I 2954, BGBl III FNA 204-3
BeckHdB	Castan, Böcking, Heymann, Pfitzer, Scheffler, Beck'sches Handbuch der Rechnungslegung, München, (LBl)
BeckBilKomm	Ellrott/Förschle/Hoyos/Winkeljohann, Hrsg, Beck'scher Bilanz-Kommentar, Handels- und Steuerbilanz – §§ 238–339, 342–342e HGB –, 6. Aufl, München 2006
BeckFormB	Hoffmann-Becking, Rawert, Hrsg, Beck'sches Formularbuch zum Bürgerlichen, Handels- und Wirtschaftsrecht, München, 9. Aufl 2006
BeckRS	Beck-Rechtsprechung, abrufbar unter www.beck-online.de
BegleitG	Begleitgesetz zur Umsetzung von EG-Richtlinien zur Harmonisierung bank- und wertpapieraufsichtsrechtlicher Vorschriften v 22. 10. 1997, BGBl I 2567
Begr, begr	Begründung, begründet
Beil	Beilage
Bek	Bekanntmachung
Bem	Bemerkung
ber	berichtigt
BerBG	s BBiG
bes	besonders, besondere(r, s)
BeschFG	Beschäftigungsförderungsgesetz 1985 (BeschFG 1985) v 26. 4. 1985, BGBl I 710; Beschäftigungsförderungsgesetz 1994 (BeschFG 1994) v 26. 7. 1994 BGBl I 1786
BeschleunG	Gesetz zur Beschleunigung fälliger Zahlungen v 30. 3. 2000, BGBl I 330

Abkürzungen

BeteiligungsRiUmsetzG .... Gesetz zur Umsetzung der Beteiligungsrichtlinie v 12. 3. 2009, BGBl I 470
Betr (DB) .... Der Betrieb (Jahr und Seite)
betr .... betreffend
BetrAVG .... Gesetz zur Verbesserung der betrieblichen Altersversorgung (Betriebsrentengesetz) v 19. 12. 1974, BGBl I 3610, BGBl III FNA 800-22-1
BetrVG .... Betriebsverfassungsgesetz idF v 25. 9. 2001, BGBl I 2518, BGBl III FNA 801-7
BeurkG .... Beurkundungsgesetz v 28. 8. 1969, BGBl I 1513, BGBl III FNA 303-13
BewG .... Bewertungsgesetz (BewG) idF v 1. 2. 1991, BGBl I 230, BGBI III FNA 610-7
BezG .... Bezirksgericht
BFH .... Bundesfinanzhof, auch Sammlung der Entscheidungen und Gutachten des Bundesfinanzhofs (Bd und Seite)
BfJ .... Bundesamt für Justiz
BfJG .... Gesetz zur Errichtung und zur Regelung der Aufgaben des Bundesamts für Justiz v 17. 12. 2006, BGBl I 3171
BFuP .... Betriebswirtschaftliche Forschung und Praxis (Jahr und Seite)
BGB .... Bürgerliches Gesetzbuch v 18. 8. 1896, RGBl 195, idF v 2. 1. 2002, BGBl I 42, BGBl III FNA 400-2
BGBGes, GbR ... Gesellschaft des bürgerlichen Rechts
BGB-InfoV ..... Verordnung über Informations- und Nachweispflichten nach bürgerlichem Recht (BGB-Informationspflichten-Verordnung – BGB-InfoV) idF 5. 8. 2002, BGBl I 3002, FNA 400-1-4
BGBl I, II .... Bundesgesetzblatt, mit Ziffer I (oder ohne Ziffer) = Teil I; mit Ziffer II = Teil II (Jahr und Seite)
BGBl III .... Bereinigte Sammlung des Bundesrechts, abgeschlossen am 31. 12. 1968, in Nachweisform fortgeführt durch FNA
BGH .... Bundesgerichtshof, auch Entscheidungen des Bundesgerichtshofes in Zivilsachen (Bd und Seite), ab 1951
BGHFS .... Geiß ua, Hrsg, Festschrift aus Anlass des fünfzigjährigen Bestehens von Bundesgerichtshof, Bundesanwaltschaft und Rechtsanwaltschaft beim Bundesgerichtshof, Köln ua 2000
BGHFSWissII .... Heldrich/Hopt, Hrsg, 50 Jahre Bundesgerichtshof, Festgabe aus der Wissenschaft, Bd. II, Hdl- und Wirtschaftsrecht, Europäisches und Internationales Recht, München 2000
BGHR .... Systematische Sammlung der Entscheidungen des Bundesgerichtshofes (LBl)
BGHRep .... BGH-Report (Jahr und Seite)
BGHSt .... Bundesgerichtshof, auch Entscheidungen des Bundesgerichtshofes in Strafsachen (Bd und Seite), ab 1957
BGHVGrS ...... Bundesgerichtshof, Vereinigter Großer Senat
BGHWarn ...... Die Rechtsprechung des Bundesgerichtshofs in Zivilsachen, begr von Warneyer (Jahr und Nr)
BIC .... Bank Identifier Code, Internationale Bankleitzahl
Bielef .... Bielefeld
BilKoG .... Gesetz zur Kontrolle von Unternehmensabschlüssen (Bilanzkontrollgesetz – BilKoG) v 15. 12. 2004, BGBl I 3408
BilMoG .... Gesetz zur Modernisierung des Bilanzrechts (Bilanzrechtsmodernisierungsgesetz – BilMoG) v 25. 5. 2009, BGBl I 1102
BilReG .... Gesetz zur Einführung internationaler Rechnungslegungsstandards und zur Sicherung der Qualität der Abschlussprüfung (Bilanzrechtsreformgesetz – BilReG) v 4. 12. 2004, BGBl I 3166
BinSchG .... Gesetz betr die privatrechtlichen Verhältnisse der Binnenschifffahrt (Binnenschifffahrtsgesetz – BinSchG) idF v 15. 6. 1898, RGBl 868, BGBl III FNA 4103-1
BinSchVG ...... Gesetz über den gewerblichen Binnenschiffsverkehr idF v 8. 1. 1969, BGBl I 65, außer Kraft mWv 1. 1. 1995 durch G v 13. 8. 1993, BGBl I 1489

Abkürzungen

BiRiLiG	Gesetz zur Durchführung der Vierten, Siebenten und Achten Richtlinie des Rates der Europäischen Gemeinschaften zur Koordinierung des Gesellschaftsrechts (Bilanzrichtlinien-Gesetz – BiRiLiG) v 19. 12. 1985, BGBl I 2355
BIT	Bilateral Investment Treaty
BJIBFL	Butterworths Journal of International Banking and Finance Law
BKartA	Bundeskartellamt
BKR	Zeitschrift für Bank- und Kapitalmarktrecht (Jahr und Seite)
Bln	Berlin
BMAS	Bundesministerium für Arbeit und Soziales
BMF	Bundesministerium der Finanzen
BMJ	Bundesministerium der Justiz
BMV	Bundesministerium für Verkehr
BMWiT	Bundesministerium für Wirtschaft und Technologie
b/n	brutto für netto
BNotO	Bundesnotarordnung v 24. 2. 1961, BGBl I 1998, BGBl III FNA 303-1
BoHdR	Hofbauer, Kupsch, Bonner Handbuch der Rechnungslegung, Bonn (LBl)
BörsG	Börsengesetz (BörsG) v 21. 6. 2002, BGBl I 2010, FNA 4110-8
BörsO	Börsenordnung
BörsZulG	Gesetz zur Einführung eines neuen Marktabschnitts an den Wertpapierbörsen und zur Durchführung der Richtlinien des Rates der Europäischen Gemeinschaften v 5. 3. 1979, v 17. 3. 1980 und v 15. 2. 1982 zur Koordinierung börsenrechtlicher Vorschriften (Börsenzulassungs-Gesetz) v 16. 12. 1986, BGBl I 2478
BörsZulV	Verordnung über die Zulassung von Wertpapieren zum amtlichen Markt an einer Wertpapierbörse (Börsenzulassungs-Verordnung – BörsZulV) idF v 9. 9. 1998, BGBl I 2832, BGBl III FNA 4110-1-1
BPatG	Bundespatentgericht
br	britisch
BR, BRat	Bundesrat
BRAO	Bundesrechtsanwaltsordnung v 1. 8. 1959, BGBl I 565, BGBl III FNA 308-8
Brdbg	Brandenburg (OLG)
BRDrucks	Bundesrats-Drucksache
BReg	Bundesregierung
Brem	Bremen (OLG)
BRep, BRD	Bundesrepublik Deutschland
BRIC (Länder)	Brasilien, Rußland, Indien, China
BRITE	Business Register Interoperability Throughout Europe
brMR	britische Militärregierung
Brschw	Braunschweig (OLG)
BrV	Bankrechtliche Vereinigung – Wissenschaftliche Gesellschaft für Bankrecht e. V., Frankfurt a. M.; s. auch Bankrechtstag
BRZ	Zeitschrift für Bilanzierung und Rechnungswesen (Jahr und Seite)
brZ	britische Zone
BS	Bereinigte Sammlung
BS WP/vBP	Berufssatzung für Wirtschaftsprüfer und vereidigte Buchprüfer (Berufssatzung)
BSE	Belegloser Scheckeinzug
BSL	Bundesverband Spedition und Lagerei e. V., Bonn
BSozG (BSG)	Bundessozialgericht
Bsp (Bspe)	Beispiel(e)
BStBl	Bundessteuerblatt (Bd, Jahr, Seite)
BT, BTag	Bundestag
BTDrucks	Bundestags-Drucksache
Btx	Bildschirmtext
BuB/(Bearbeiter)	Bankrecht und Bankpraxis (früher: Bankgeschäftliches Formularbuch), Hellner/Schröter/Steuer/Weber, Hrsg, Köln 1979 ff (LBl)

Abkürzungen

Buchführungs-Ri	Richtlinien zur Organisation der Buchführung (im Rahmen eines einheitlichen Rechnungswesens) v 11. 11. 1937, MinBlfWi 239
Buchst	Buchstabe
Bülow/Böckstiegel	s jetzt Geimer/Schütze
BUrlG	Mindesturlaubsgesetz für Arbeitnehmer (Bundesurlaubsgesetz) v 8. 1. 1963, BGBl I 2
BuW	Betrieb und Wirtschaft (Jahr und Seite)
BVerfG	Bundesverfassungsgericht, auch Entscheidungen des Bundesverfassungsgerichts (Bd und Seite)
BVerwG	Bundesverwaltungsgericht, auch Entscheidungen des Bundesverwaltungsgerichtes (Bd und Seite)
BVFG	Gesetz über die Angelegenheiten der Vertriebenen und Flüchtlinge (Bundesvertriebenengesetz) idF v 2. 6. 1993, BGBl I 829, BGBl III FNA 240-1
BVI	Bundesverband deutscher Investmentgesellschaften
BWNotZ	Zeitschrift für das Notariat in Baden-Württemberg (Jahr und Seite)
bzw	beziehungsweise
CAD	Capital Adequacy Directive
CaffeeHdlVerein	Verein der am Caffeehandel beteiligten Firmen
Canaris	Canaris, Bankvertragsrecht, 1. Teil, 3. Aufl Berlin 1988, im Übrigen 2. Bearbeitung, Berlin 1981, Sonderausgabe aus Staub, Handelsgesetzbuch, Großkommentar (zit Canaris, Zahlen = jeweilige Rdn); s auch GroßKo/(Canaris) und Staub/(Canaris)
Canaris, HdlRecht	Canaris, Handelsrecht, München, 24. Aufl 2006 (zit Canaris § mit Rn)
Canaris, Vertrauenshaftung	Canaris, Die Vertrauenshaftung im deutschen Privatrecht, München 1971
CAPM	capital asset pricing method
cc	Code civil
CCZ	Corporate Compliance Zeitschrift (Jahr und Seite)
CD	certificate of deposit
CDH	Centralvereinigung Deutscher Wirtschaftsverbände für Handelsvermittlung und Vertrieb (CDH)
CDO	collateralized debt obligation(s)
CDO^2	CDO squared, Weiterverbriefung der im Rahmen eines CDO emittierten Wertpapiere
CDS	credit default swap
CEBS	Committee of European Banking Supervisors
CEIOPS	Committee of European Insurance and Occupational Pensions Supervisors
Celle	Celle (OLG)
CEO	chief executive officer
CESR	Committee of European Securities Regulators
CFD	contract for differences
CFR	Cost and Freight/Kosten und Fracht; Common Frame of Reference (s auch DCRF)
Charl	Berlin-Charlottenburg
CIA	Certified Internal Auditor
CIF	Cost, Insurance, Freight/Kosten, Versicherung, Fracht
CIM	Einheitliche Rechtsvorschriften für den Vertrag über die internationale Eisenbahnbeförderung von Gütern (Anh B zu COTIF)
CIP	Carriage and Insurance Paid To/Frachtfrei versichert
CISG	Convention on Contracts for the International Sale of Goods v 11. 4. 1980, BGBl II 1989, 588, ber 1990 II 1699, s auch UNÜbkIntWarenkauf
CIV	Einheitliche Rechtsvorschriften für den Vertrag über die internationale Eisenbahnbeförderung (Anh A zu COTIF)
CLN	credit linked note
CLO	collateralized loan obligation(s)
CMLRev	Common Market Law Review (Bd, Jahr, Seite)

Abkürzungen

CMR	Übereinkommen über den Beförderungsvertrag im internationalen Straßengüterverkehr v 19. 5. 1956, BGBl 1961 II 1119, 1962 II 12
CON	Statement of Financial Accounting Concept(s)
COTIF	Übereinkommen über den internationalen Eisenbahnverkehr v 9. 5. 1980, BGBl 1985 II 130, 666
CPA	Certified Public Accountant
cpd	Konto pro Diverse
CP	commercial paper
CPT	Carriage Paid To/Frachtfrei
CR	Computer und Recht (Jahr und Seite)
CRA(s)	credit rating agency(ies)
CUP	Cambridge University Press
DA	Dokumenten-Akkreditiv
DAF	Delivered At Frontier/Geliefert Grenze
DAI	Deutsches Aktieninstitut e.V., Deutsches Anwaltsinstitut
Darmst	Darmstadt
DAV	Deutscher Anwaltverein; Handelsrechtsausschuss des Deutschen Anwaltvereins
DAX	Deutscher Aktienindex
DB (Betr)	Der Betrieb (Jahr und Seite)
DB (DBB)	Deutsche Bahn AG, Deutsche Bundesbahn
DBA	Doppelbesteuerungsabkommen
DBBk	Deutsche Bundesbank; Monatsberichte der Deutschen Bundesbank (Monat, Jahr, Seite)
DBBkG	s BBankG
DBGrG	Gesetz über die Gründung einer Deutsche Bahn Aktiengesellschaft (Deutsche Bahn Gründungsgesetz – DBGrG) v 27. 12. 1993, BGBl I 2386, FNA 931-5
DBk	Deutsche Bank
DBP	Deutsche Bundespost (jetzt: Deutsche Post AG)
DBW	Die Betriebswirtschaft (Jahr und Seite)
DCF	discounted cash flow
DCFR	Draft Common Frame of Reference
DCGK	Deutscher Corporate Governance Kodex
DDP	Delivered Duty Paid/Geliefert verzollt
DDR	Deutsche Demokratische Republik
DDU	Delivered Duty Unpaid/Geliefert unverzollt
Denkschrift	Denkschrift zu dem Entwurf eines Handelsgesetzbuchs v 1896
DepotG	Gesetz über die Verwahrung und Anschaffung von Wertpapieren (Depotgesetz – DepotG) v 4. 2. 1937 (RBGl I 171) idF v 11. 1. 1995, BGBl I 34, BGBl III FNA 4130-1
ders	derselbe
DEQ	Delivered Ex Quay/Geliefert ab Kai
Derl/Kno/Ba	Derleder, Knops, Bamberger, Hrsg, Handbuch zum deutschen und europäischen Bankrecht, 2. Aufl, München 2009
DES	Delivered Ex Ship/Geliefert ab Schiff
DFÜ	Datenfernübertragung
DGB	Deutscher Gewerkschaftsbund
dgl	dergleichen
DGWR	Deutsches Gemein- und Wirtschaftsrecht (Jahr und Seite)
dh	das heißt
Die AG	s AG
Die Bank	s Bank
Die Spark	s Spark
dies	dieselben
DIHT	Deutscher Industrie- und Handelstag
DIN	Deutsches Institut für Normung e. V.
DIS	Deutsche Institution für Schiedsgerichtsbarkeit eV, vor 1992 Deutsches Institut für Schiedsgerichtswesen
DiskE	Diskussionsentwurf
Diss	Dissertation

Abkürzungen

DJ	Deutsche Justiz, Rechtspflege und Rechtspolitik, Amtliches Blatt der Deutschen Rechtspflege (Jahr und Seite)
DJT	Deutscher Juristentag
DJTGA	Gutachten für den Deutschen Juristentag
DJZ	Deutsche Juristen-Zeitung (Jahr und Spalte)
DKV	Deutscher Kassenverein
DM	Deutsche Mark
DMBilG	Gesetz über die Eröffnungsbilanz in Deutscher Mark und die Kapitalneufestsetzung (D-Markbilanzgesetz – DMBilG) idF 28. 7. 1994, BGBl I 1842, FNA 4140-1
DNotZ	Deutsche Notar-Zeitschrift (Jahr und Seite)
DOCDEX	Documentary Credit Dispute Resolution Expertise Rules
D&O (-Versicherung)	directors' & officers' (liability insurance)
DÖV	Die Öffentliche Verwaltung (Jahr und Seite)
DPR	Deutsche Prüfstelle für Rechnungslegung e. V.
DR (DRW)	Deutsches Recht (ab 1. 4. 1939 Wochenausgabe, vereinigt mit JW) (Jahr und Seite)
Dresd	Dresden
DrittelbG	Gesetz über die Drittelbeteiligung der Arbeitnehmer im Aufsichtsrat (Drittelbeteiligungsgesetz – DrittelbG) v 18. 5. 2004, BGBl I 974, FNA 801-14
DRS	Deutscher Rechnungslegungs Standard
DRSC	Deutsches Rechnungslegungs Standards Committee e. V. (wie GASC)
Drucks	Drucksache
DRZ	Deutsche Rechts-Zeitschrift (ab 1951 übergeleitet in JZ) (Jahr und Seite)
DSGV	Deutscher Sparkassen- und Giroverband e.V.
DSR	Deutscher Standardisierungsrat
DStRE	Deutsches Steuerrecht – Entscheidungsdienst
DStR	Deutsches Steuerrecht (Jahr und Seite)
DStZ	Deutsche Steuer-Zeitung (Jahr und Seite)
DSWR	Datumverarbeitung in Steuer, Wirtschaft und Recht (Jahr und Seite)
DTB	DTB Deutsche Terminbörse
dtsch	deutsch
DtZ	Deutsch-Deutsche Rechts-Zeitschrift (Jahr und Seite)
Düringer/Hachenburg	Düringer, Hachenburg, Das Handelsgesetzbuch, Mannheim, 3. Aufl 1930–1935
Düss	Düsseldorf (OLG)
DVBl	Deutsches Verwaltungsblatt (Jahr und Seite)
DVFA	Deutsche Vereinigung für Finanzanalyse und Anlageberatung e. V.
DVFA/SG-Methode	von der DVFA und der Schmalenbach-Gesellschaft – Deutsche Gesellschaft für Betriebswirtschaft e. V. entwickelte Methode zur Ermittlung des Ergebnisses je Aktien einer Unternehmung
DVO	Durchführungsverordnung
DVZ	Deutsche Verkehrs-Zeitung (Jahr, Nr und Seite)
DZWIR	Deutsche Zeitschrift für Wirtschafts- und Insolvenzrecht (1990–1998 Deutsche Zeitschrift für Wirtschaftsrecht DZWir) (Jahr und Seite)
E	Entwurf
EAD	exposure at default/Forderungshöhe bei Ausfall (Basel II)
EAEG	Einlagensicherungs- und Anlegerentschädigungsgesetz (EAEG) v 16. 7. 1998, BGBl I 1842, FNA 7610-13
EAEGÄndG	Gesetz zur Änderung des Einlagesicherungs- und Anlegerentschädigungsgesetzes und anderer Gesetze v 25. 6. 2009 BGBl I 1528
EAR	European Accounting Review (Jahr und Seite)
EBC	European Banking Committee
EBE/BGH	Eildienst: Bundesgerichtliche Entscheidungen (online)
Ebenroth/ (Bearbeiter)	Ebenroth, Boujong, Joost, Handelsgesetzbuch, hrsg. von Ebenroth, Boujong, Joost, München, Bd 1, 2 2001, AktualisierungsBd 2003, Ebenroth, Boujong, Joost, Strohn) Bd 1 2. Aufl 2008

Abkürzungen

EBIC	European Banking Industry Committee
EBIT	earnings before interest and taxes
EBITA	earnings before interest, taxes and amortization
EBITDA	earnings before interest, taxes, depreciation and amortization
EBOR	European Business Organization Law Review (Bd, Jahr, Seite)
ec	eurocheque
ECB	European Central Bank
E. C. C.	European Contract for Coffee
ECE	United Nations Economic Commission for Europe, Wirtschaftskommission der Vereinten Nationen für Europa
ECFR	European Company and Financial Law Review (Jahr und Seite)
ECGI	European Corporate Governance Institute, Brüssel
ECLR	European Review of Contract Law (Jahr und Seite)
ECN	electronic communications network(s)
ECOFIN	Economic and Financial Affairs Council
ecolex	Fachzeitschrift für Wirtschaftsrecht (Wien, Jahr und Seite)
ECOSOC	s (UN)ECOSOC
ed, eds	edition, editor(s)
ED	Exposure Draft
EDI	electronic data interchange
E-DRS	Entwurf eines Deutschen Rechnungslegungsstandards
EDV	Elektronische Datenverarbeitung
EEA	European Economic Area
EFRAG	European Financial Reporting Advisory Group
EFG	Entscheidungen der Finanzgerichte (Jahr und Seite)
EFZG	Gesetz über die Zahlung des Arbeitsentgelts an Feiertagen und im Krankheitsfall (Entgeltfortzahlungsgesetz, Art 56 SGB XI) v 26. 5. 1994, BGBl I 1065, FNA 800-19-3
EG	Einführungsgesetz, auch Europäische Gemeinschaft(en), (iVm Artikeln) auch Vertrag zur Gründung der Europäischen Gemeinschaft in der nach dem 1. 5. 99 geltenden Fassung (vorher EGV, Zitierweise des EuGH NJW 00, 52)
eG	eingetragene Genossenschaft
EGAktG	Einführungsgesetz zum Aktiengesetz v 6. 9. 1965, BGBl I 1185, BGBl III FNA 4121-2
EGAO	Einführungsgesetz zur Abgabenordnung (AO 1977) v 14. 12. 1976, BGBl I 3341, 3370, BGBl III FNA 610-1-4
EGBGB	Einführungsgesetz zum Bürgerlichen Gesetzbuch v 18. 8. 1896, RGBl 604, BGBl III FNA 400-1
EGHGB	Einführungsgesetz zum Handelsgesetzbuch v 10. 5. 1897, RGBl 437, BGBl III FNA 4101-1
EGKomm	Kommission der Europäischen Gemeinschaften
EGKS	Europäische Gemeinschaft für Kohle und Stahl
EGMR	Europäischer Gerichtshof für Menschenrechte
EGV	Vertrag zur Gründung der Europäischen Gemeinschaft, (iVm Artikeln) in der vor dem 1. 5. 99 geltenden Fassung (nachher EG)
EHUG	Gesetz über elektronische Handelsregister und Genossenschaftsregister sowie das Unternehmensregister (EHUG) v 10. 11. 2006, BGBl I 2553
Ehrenbergs Hdb	Handbuch des gesamten Handelsrechts mit Einschluss des Wechsel-, Scheck-, See- und Binnenschifffahrtsrechts, des Versicherungsrechts sowie des Post- und Telegraphenrechts, hrsg von Ehrenberg, Leipzig 1913 ff
EIC	European Insurance Committee
Einf	Einführung
EinhEurAkte	Einheitliche Europäische Akte (Gesetz v 28. 2. 1986, BGBl II 1102)
Einl	Einleitung
Eisenb	Eisenbahn
EisenbE	Eisenbahn- und verkehrsrechtliche Entscheidungen und Abhandlungen (Bd und Seite)
EJCCL	European Journal of Commercial Contract Law (Jahr und Seite)
EJT	Europäischer Juristentag

Abkürzungen

EKAG	Einheitliches Gesetz über den Abschluss von internationalen Kaufverträgen über bewegliche Sachen v 17. 7. 1973, BGBl I 868, außer Kraft 1. 1. 91 BGBl I 2895
EKG	Einheitliches Gesetz über den internationalen Kauf beweglicher Sachen v 17. 7. 1973, BGBl I 856, außer Kraft 1. 1. 91 BGBl I 2894
EKK	Europäischer Kaffee-Kontrakt, Hrsg Committee of European Coffee Associations
el.ERA	Anhang zu den ERA 600 für die Vorlage elektronischer Dokumente (el.ERA)
EMA	European Master Agreement
Emittentenleitfaden	Emittentenleitfaden der BaFin April 2009
EMRK	Europäische Konvention zum Schutz der Menschenrechte und Grundfreiheiten
engl	englisch
ENeuOG	Gesetz zur Neuordnung des Eisenbahnwesens (Eisenbahnneuordnungsgesetz – ENeuOG) v 27. 12. 1993, BGBl I 2378, ber 1994 I 2439, iVm Artikel 15 Abs 2 G v 14. 9. 1994, BGBl I 2325, FNA 930-8
entspr	entsprechend
Entw	Entwurf
ERA (früher auch ERG)	Einheitliche Richtlinien und Gebräuche für Dokumenten-Akkreditive (ICC)
ErbStG	Erbschaftsteuer- und Schenkungsteuergesetz (ErbStG) idF der Bek v 27. 2. 1997, BGBl I 378, BGBl III FNA 611-8-2-2
ERG(ar)	Einheitliche Richtlinien für auf Anfordern zahlbare Garantien (ICC)
ErgBd	Ergänzungsband (zu)
ErgG	Ergänzungsgesetz (zu)
E & O-Versicherung	errors & omissions liability insurance
ER/CIM	s CIM
ER/CIV	s CIV
ERI	Einheitliche Richtlinien für Inkassi (ICC)
ERJuKoG	Gesetz über elektronische Register und Justizkosten für Telekommunikation (ERJuKoG) v 10. 12. 2001, BGBl I 3422, FNA 4100-1/4
Erl	Erlass
ERR	Einheitliche Richtlinien für Rembourse zwischen Banken unter Dokumenten-Akkreditiven (ICC), engl URR
ESAEG	s EAEG
ESC	European Securities Committee
ESCB	European System of Central Banks
ESME	European Commissions' European Securities Markets Expert Group
EStG	Einkommensteuergesetz (EStG 2002) idF v 19. 10. 2002, BGBl I 4210, BGBl III FNA 611-1
EStR	Einkommensteuer-Richtlinien
ETR	Europäisches Transportrecht (European Transport Law) (Jahr und Seite)
EU	Europäische Union, (iVm Artikeln) auch Vertrag über die Europäische Union (Maastrichter Vertrag) v 7. 2. 1992, BGBl II 1251 in der nach dem 1. 5. 99 geltenden Fassung (Zitierweise des EuGH NJW 00, 52)
EuGH	Gerichtshof der Europäischen Gemeinschaften, auch Entscheidungen des Gerichtshofes der Europäischen Gemeinschaften (Jahr, früher Bd, und Seite)
EuGVVO	(Europäische) Verordnung über die gerichtliche Zuständigkeit und die Anerkennung und Vollstreckung von Entscheidungen in Zivil- und Handelssachen v 22. 12. 2000, ABlEG 2001 Nr L 12/1, zuvor EuGVÜ(bk)
EuGVÜ(bk)	(Europäisches) Übereinkommen über die gerichtliche Zuständigkeit und die Vollstreckung gerichtlicher Entscheidungen in Zivil- und Handelssachen v 27. 9. 1968, BGBl 1972 II 773, 845, 1983 II 803, 1986 II 1020, nunmehr EuGVVO
EUKomm	Europäische Kommission
Eur, eur	Europa, europäisch
EuR	Europarecht (Jahr und Seite)

Abkürzungen

EUREDIA	Revue européenne de droit bancaire et financier/European Banking and Financial Law Journal (Brüssel, Jahr und Seite)
EUREX	European Exchange, deutsch-schweizerische Terminbörse
EURIBOR	Euro interbank offered rate
EuroBilG	Gesetz zur Anpassung bilanzrechtlicher Bestimmungen an die Einführung des Euro, zur Erleichterung der Publizität für Zweigniederlassungen ausländischer Unternehmen sowie zur Einführung einer Qualitätskontrolle für genossenschaftliche Prüfungsverbände (Euro-Bilanzgesetz – EuroBilG) v 10. 12. 2001, BGBl I 3414, FNA 4100-1/3
EuroEG	Gesetz zur Einführung des Euro (Euro-Einführungsgesetz – EuroEG) v 9. 6. 1998, BGBl I 1242, FNA 7601-15/1
4. EuroEG	Gesetz zur Einführung des Euro im Sozial- und Arbeitsrecht sowie zur Änderung anderer Vorschriften v 21. 12. 2000, BGBl I 1983, FNA 860-1/2
EuZA	Europäische Zeitschrift für Arbeitsrecht (Jahr und Seite)
EuZW	Europäische Zeitschrift für Wirtschaftsrecht (Jahr und Seite)
e. V.	eingetragener Verein
E. v.	Eingang vorbehalten
EVA	economic value added
EVO	Eisenbahn-Verkehrsordnung v 8. 9. 1938, RGBl II 663, BGBl III FNA 934-1
EVSt	Einfuhr- und Vorratsstelle
EWG	Europäische Wirtschaftsgemeinschaft (jetzt EU)
EWGV	Vertrag zur Gründung der Europäischen Wirtschaftsgemeinschaft v 25. 3. 1957, BGBl II 755, 766 (jetzt EGV)
EWiR	Entscheidungen zum Wirtschaftsrecht (Aktuelle Rechtsprechung mit Kurzkommentaren für die Praxis, RWS)
EWIV	Europäische wirtschaftliche Interessenvereinigung
EWIVAG	Gesetz zur Ausführung der EWG-Verordnung über die Europäische wirtschaftliche Interessenvereinigung (EWIV-Ausführungsgesetz) v 14. 4. 1988, BGBl I 514, FNA 4101-8
EWR	Europäischer Wirtschaftsraum
EWRG	Gesetz zur Ausführung des Abkommens v 2. 5. 1992 über den Europäischen Wirtschaftsraum v 27. 4. 1993, BGBl I 512, FNA 171-1
EWS	Europäisches Wirtschafts & Steuerrecht (Jahr und Seite)
EWSA	Europäischer Wirtschafts- und Sozialausschuss
EXQ	Ex Quay/Ab Kai
EXW	Ex Works/Ab Werk
EzA	Entscheidungssammlung zum Arbeitsrecht (Gesetzesstelle, Entscheidungsnummer; Nr ohne Gesetzesstelle bezieht sich auf den kommentierten Paragraphen)
EZB	Europäische Zentralbank
EZÜ	Elektronischer Zahlungsverkehr für Individualüberweisungen
f, ff	folgende
F:	Framework (IFRS)
FactÜ	UNIDROIT Übereinkommen über Internationales Factoring (Ottawa 1988), in Kraft 1. 5. 1995
FamFG	Gesetz über das Verfahren in Familiensachen und in den Angelegenheiten der freiwilligen Gerichtsbarkeit v 17. 12. 2008, BGBl I 2586, FNA 315-24
FamRZ	Zeitschrift für das gesamte Familienrecht, Ehe und Familie im privaten und öffentlichen Recht (Jahr und Seite)
FAS	Financial Accounting Standard(s); Free Alongside Ship/Frei Längsseite Schiff
FASB	Financial Accounting Standards Board (USA)
FAZ	Frankfurter Allgemeine Zeitung
Fbg	Freiburg
FBL	Negotiable FIATA Combined Transport Bill of Lading, übertragbares Durchkonnossement für den kombinierten Transport
FCA	Free Carrier/Frei Frachtführer
FCL (Container)	Full Container Load

Abkürzungen

FCR	Forwarders Certificate of Receipt, Spediteur-Übernahmebescheinigung
FCT	Forwarders Certificate of Transport
F&E	Forschung und Entwicklung
FEE	Fédération des experts comptables européens
FernabsFDLG	Gesetz zur Änderung der Vorschriften über Fernabsatzverträge bei Finanzdienstleistungen v 2. 12. 2004, BGBl I 3102
FernabsG	Gesetz über Fernabsatzverträge und andere Fragen des Verbraucherrechts sowie zur Umstellung von Vorschriften auf Euro v 27. 6. 2000, BGBl I 897, ber 1139, aufgehoben durch SMG
FESCO	Forum of European Securities Commissions
FESE	Federation of European Stock Exchanges
Ffm	Frankfurt am Main (OLG)
FG	Finanzgericht
FGG-RG	Gesetz zur Reform des Verfahrens in Familiensachen und in den Angelegenheiten der freiwilligen Gerichtsbarkeit (FGG-Reformgesetz – FGG-RG) v 17. 12. 2008, BGBl I 2586
FGPrax	Praxis der Freiwilligen Gerichtsbarkeit, Vereinigt mit OLGZ (Jahr und Seite)
FIATA	Fédération Internationale des Associations de Transitaires et Assimilés (International Federation of Freight Forwarders Associations, internationaler Spediteurverband)
FIDIC	Fédération Internationale des Ingénieurs-Conseils, Internationale Vereinigung Beratender Ingenieure
fifo	first in-first out-Verfahren
FIN	Statement of Financial Accounting Standards
FinAnV	Verordnung über die Analyse von Finanzinstrumenten (Finanzanalyseverordnung – FinAnV) v 17. 12. 2004, BGBl I 3522, FNA 4110-4-11
FinanzdienstleistungsaufsichtsG	s FinDAG
2. FinanzmarktfördG	Gesetz über den Wertpapierhandel und zur Änderung börsenrechtlicher und wertpapierrechtlicher Vorschriften (Zweites Finanzmarktförderungsgesetz) v 26. 7. 1994, BGBl I 1749, FNA 4110-4/1
3. FinanzmarktfördG	Gesetz zur weiteren Fortentwicklung des Finanzplatzes Deutschland (Drittes Finanzmarktförderungsgesetz) v 24. 3. 1998, BGBl I 529, FNA 4110-1/2
4. FinanzmarktfördG	Gesetz zur weiteren Fortentwicklung des Finanzplatzes Deutschland (Viertes Finanzmarktförderungsgesetz) v 21. 6. 2002, BGBl I 2010, FNA 4110-8/1
FinanzmarktRi (MiFID)	Richtlinie 2004/39/EG des Europäischen Parlaments und des Rates v 21. 4. 2004 über Märkte für Finanzinstrumente, zur Änderung der Richtlinien 85/611/EWG und 93/6/EWG des Rates und der Richtlinie 2000/12/EG des Europäischen Parlaments und des Rates und zur Aufhebung der Richtlinie 93/22/EWG des Rates, ABlEU L 145/1 v 30. 4. 2004
FinanzmarktRiUmsetzG	Gesetz zur Umsetzung der Richtlinie über Märkte für Finanzinstrumente und der Durchführungsrichtlinie der Kommission (Finanzmarktrichtlinie-Umsetzungsgesetz) v 16. 7. 2007, BGBl I 1330, BGBl III FNA 4110-10
FMStErgG	Gesetz zur weiteren Stabilisierung des Finanzmarktes (Finanzmarktstabilisierungsergänzungsgesetz – FMStErgG) v 7. 4. 2009, BGBl 725
FMStFondsG	Finanzmarktstabilisierungsfondsgesetz v 17. 10. 2008, BGBl I 1982
FMStG	Gesetz zur Umsetzung eines Maßnahmenpakets zur Stabilisierung des Finanzmarktes (Finanzmarktstabilisierungsgesetz – FMStG) v 17. 10. 2008 BGBl 1981
FMStGFortentwG	Gesetz zur Fortentwicklung der Finanzmarktstabilisierung v 17. 7. 2009, BGBl I 1980
FMVAStärkG	Gesetz zur Stärkung der Finanzmarkt- und der Versicherungsaufsicht v 29. 7. 2009, BGBl I 2305

Abkürzungen

FinDAG	Gesetz über die Bundesanstalt für Finanzdienstleistungsaufsicht (Finanzdienstleistungsaufsichtsgesetz – FinDAG) v 22. 4. 2002, BGBl I 1310, BGBl III FNA 7610-15
FinG	Finanzgericht
FinKonglomRiG	Gesetz zur Umsetzung der Richtlnie 2002/87/EG des Europäischen Parlaments und des Rates vom 16. Dezember 2002 (Finanzkonglomeraterichtlinie-Umsetzungsgesetz) v 21. 12. 2004, BGBl I 3610
FinMin	Finanzministerium
FinSichRiG	Gesetz zur Umsetzung der Richtlinie 2002/47/EG vom 6. Juni 2002 über Finanzsicherheiten und zur Änderung des Hypothekenbankgesetzes und anderer Gesetze v 5. 4. 2004, BGBl I 502
FIW	Forschungsinstitut für Wirtschaftsverfassung und Wettbewerb e. V.
FLF	Finanzierung, Leasing, Factoring (Jahr und Seite)
Flume I 1, 2, II	Flume, Allgemeiner Teil des Bürgerlichen Rechts, Erster Bd, Erster Teil, Die Personengesellschaft, Berlin 1977, Zweiter Teil, Die juristische Person, Berlin 1983; Zweiter Bd, Das Rechtsgeschäft, Berlin, 4., unveränderte Aufl 1982
FN	Fachnachrichten, Institut der Wirtschaftsprüfer in Deutschland e. V. (Jahr und Seite)
FNA	Fundstellennachweis A (Bundesrecht) s BGBl III
FOB	Free On Board/Frei an Bord
FOC	factory outlet center
FormVAnpG	Gesetz zur Anpassung der Formvorschriften des Privatrechts und anderer Vorschriften an den modernen Rechtsgeschäftsverkehr v 13. 7. 2001, BGBl I 1542, BGBl III 400–2/8
fpa	free from particular average
FR	Finanz-Rundschau (Jahr und Seite)
FRA	Forward Rate Agreement
FRC	Free Carrier/Frei Frachtführer
FRN	floating rate note
FRS	Financial Reporting Standard(s)
FRSSE	Financial Reporting Standard(s) for Smaller Entities (United Kingdom)
FRUG	s FinanzmarktRiUmsetzG
frz	französisch
frzMR	französische Militärregierung
frzZ	französische Zone
FS (Name)	Festschrift (Festgabe) für (Name)
FSAP	Financial Services Action Plan, Aktionsplan für Finanzdienstleistungen
FSF	Financial Stability Forum
FTC	Federal Trade Commission (USA)
FTD	Financial Times Deutschland
Fußn	Fußnote
G	Gesetz, Gericht (in Zusammensetzungen)
GA	Gutachten
GAAP	Generally Accepted Accounting Principles (USA), s US GAAP
GAAS	Generally Accepted Auditing Standards
GASC	German Accounting Standards Committee (wie DRSC)
GATS	General Agreement on Trade in Services
GATT	General Agreement on Tariffs and Trade
GBl	Gesetzblatt
GBO	Grundbuchordnung idF v 26. 5. 1994, BGBl I 1114, BGBl III FNA 315-11
GbR (BGBGes)	Gesellschaft bürgerlichen Rechts
GBV	Grundbuchverfügung
GCCG	German Code of Corporate Governance, s DCGK
GDP	gross domestic product
GebrM	Gebrauchsmuster
GebrMG	Gebrauchsmustergesetz idF v 28. 8. 1986, BGBl I 1455, BGBl III FNA 421-1

Abkürzungen

GedS, GS	Gedächtnisschrift für (Name)
Geimer/Schütze	Geimer, Schütze, Der internationale Rechtsverkehr in Zivil- und Handelssachen (LBl)
GeldwäscheG	s GwG
gem	gemäß
GemO	Gemeindeordnung
GenG	Gesetz betreffend die Erwerbs- und Wirtschaftsgenossenschaften (Genossenschaftsgesetz – GenG) idF v 16. 10. 2006, BGBl I 2230, BGBl III FNA 4125-1
GenReg	Genossenschaftsregister
Ges	Gesellschaft
GeschmMG	Gesetz über den rechtlichen Schutz von Mustern und Modellen (Geschmacksmustergesetz – GeschmMG) v 12. 3. 2004, BGBl I 390, BGBl III FNA 442-5
Geßler	s Schlegelberger
Geßler/Hefermehl/(Bearbeiter)	Geßler, Hefermehl, Eckardt, Kropff, Aktiengesetz, Kommentar, 6 Bde, München 1973 ff; ab 2. Aufl s MüKoAktG
GesRZ	Der Gesellschafter (Wien, Jahr und Seite)
GewA	Gewerbearchiv, Zeitschrift für Gewerbe- und Wirtschaftsverwaltungsrecht (Jahr und Seite)
GewO	Gewerbeordnung idF v 22. 2. 1999, BGBl I 202, BGBl III FNA 7100-1
GewStG	Gewerbesteuergesetz idF 2002 15. 10. 2002, BGBl I 4167, BGBl III FNA 611-5
GewStR	Gewerbesteuer-Richtlinien
GFG	Gesetz über den Güterfernverkehr mit Kraftfahrzeugen v 26. 6. 1935, RGBl I 778, aufgehoben
Gfter	Gesellschafter
GG	Grundgesetz für die Bundesrepublik Deutschland v 23. 5. 1949, BGBl I 1, BGBl III FNA 100-1
ggf	gegebenenfalls
GI	Gerling Informationen für wirtschaftsprüfende, rechts- und steuerberatende Berufe (Jahr und Seite)
GK BilR/(Bearbeiter)	HGB-Bilanzrecht, Großkommentar, hrsg von Ulmer, 2 Bde, Berlin 2002
GKG	Gerichtskostengesetz idF v 15. 12. 1975, BGBl I 3047, BGBl III FNA 360-1
GK(HGB)/(Bearbeiter)	Gemeinschaftskommentar zum Handelsgesetzbuch, hrsg von Ensthaler (vormals Bandasch), Neuwied, 7. Aufl 2007
glA	gleicher Ansicht
GleichberG	Gesetz über die Gleichberechtigung von Mann und Frau auf dem Gebiet des bürgerlichen Rechts v 18. 6. 1957, BGBl I 609, BGBl III FNA 400-3
GmbH	Gesellschaft mit beschränkter Haftung
GmbHG	Gesetz betr die Gesellschaften mit beschränkter Haftung v 20. 4. 1892, RGBl 477, idF v 20. 5. 1898, RGBl 846, BGBl III FNA 4123-1
GmbHGÄndG	Gesetz zur Änderung des GmbHG und anderer handelsrechtlicher Vorschriften v 4. 7. 1980, BGBl I 836, BGBl III FNA 4123-2
GmbHGfter	Gesellschafter der GmbH
GmbHR	GmbH-Rundschau, Gesellschafts- und Steuerrecht der GmbH und GmbH & Co (Jahr und Seite)
GMP-Modell	guaranteed maximum price-Modell
GmS-OGB	Gemeinsamer Senat der obersten Gerichtshöfe des Bundes
GNT	Güternahverkehrstarif
GoA	Grundsätze ordnungsmäßiger Durchführung von Abschlussprüfungen; Geschäftsführung ohne Auftrag
GoB	Grundsätze ordnungsmäßiger Buchführung
Gött	Göttingen

Abkürzungen

GoU	Grundsätze ordnungsmäßiger Unternehmensbewertung
GPR	Zeitschrift für Gemeinschaftsprivatrecht (Jahr und Seite)
grdl	grundlegend
GroßKo(HGB)/ (Bearbeiter)	Handelsgesetzbuch, Großkommentar, begr von Staub, 3. Aufl von Brüggemann, Canaris, Fischer, Helm, Koller, Ratz, Schilling, Ulmer, Würdinger/Röhricht, 5 Bde, Berlin, 1967 ff; 4. Aufl s Staub; 5. Aufl, hrsg von Canaris, Habersack, Schäfer Bd 2 (§§ 48–104) 2008
GroßKo(AktG)/ (Bearbeiter)	Aktiengesetz, Großkommentar, begr von Gadow, Heinichen, 3. Aufl von Barz, Brönner, Klug, Mellerowicz, Meyer-Landrut, Schilling, Wiedemann, Würdinger, 4 Bde, Berlin, 1970 ff; 4. Aufl Hrsg Hopt, Wiedemann, 1992 ff (Einzellieferungen)
GroßKo(GmbHG)/ Bearbeiter	Ulmer, Habersack, Winter, Hrsg, Großkommentar zum GmbHG, 2 Bde, Tübingen 2005 f
GrS	Großer Senat
Gruch	Beiträge zur Erläuterung des Deutschen Rechts, begr von Gruchot (Bd und Seite)
GRUR	Gewerblicher Rechtsschutz und Urheberrecht (Jahr und Seite)
GRUR Int	Gewerblicher Rechtsschutz und Urheberrecht, Internationaler Teil (bis 1967 Auslands- und Internationaler Teil; Jahr und Seite)
GRUR-RR	GRUR-Rechtsprechungsreport (Jahr und Seite)
GrZS	Großer Senat in Zivilsachen
GS, GedS	Gedächtnisschrift für (Name)
Guadalajara Abkommen	Zusatzabkommen zum Warschauer Abkommen zur Vereinheitlichung von Regeln über die von einem anderen als dem vertraglichen Luftfrachtführer ausgeführte Beförderung im internationalen Luftverkehr v 18. 9. 1961, BGBl 1963 II 1159, 1964 II 1371
GU	Generalunternehmer
GÜ	Generalübernehmer
GüKG	Güterkraftverkehrsgesetz (GüKG) v 22. 6. 1998, BGBl I 1485, FNA 9241-34
GüKUMB (früher GüKUMT)	Beförderungsbedingungen (früher: Güterkraftverkehrstarif) für den Umzugsverkehr und für die Beförderung von Handelsmöbeln in besonders für die Möbelbeförderung eingerichteten Fahrzeugen im Güterfernverkehr und Güternahverkehr v 3. 8. 1983 (BAnz Nr 151 v 16. 8. 1983); außer Kraft mWv 1. 7. 1998 durch G v 25. 6. 1998, BGBl I 1588
GuV	Gewinn und Verlustrechnung
GVBl	Gesetz- und Verordnungsblatt
GVG	Gerichtsverfassungsgesetz idF v 9. 5. 1975, BGBl I 1077, BGBl III FNA 300-2
GVO	Gruppenfreistellungsverordnung (EU)
GWB	Gesetz gegen Wettbewerbsbeschränkungen idF v 15. 7. 2005, BGBl I 2114, BGBl III FNA 703-5
GwG	Gesetz über das Aufspüren von Gewinnen aus schweren Straftaten (Geldwäschegesetz – GwG) v 21. 8. 2008, BGBl I 1690, FNA 7613-1
GWR	Gesellschafts- und Wirtschaftsrecht (Jahr und Seite)
GZS	GZS Gesellschaft für Zahlungssysteme mbH, Frankfurt
hA	herrschende Ansicht
Hach/(Bearbeiter)	Hachenburg, GmbH-Gesetz, Großkommentar, hrsg von Ulmer, 3 Bde, Berlin, 8. Aufl 1992 ff, siehe GroßKoGmbHG
Hahn/Mugdan	Hahn, Mugdan, Materialien zum Handelsgesetzbuch, Berlin 1897
Halbs	Halbsatz
Hamm	Hamm (OLG)
Hann	Hannover
HansRGZ	Hanseatische Rechts- und Gerichtszeitschrift (zuvor unter anderen Titeln) (Jahr und Spalte)

Abkürzungen

Hartmann	Hartmann, Zivilprozessordnung mit GVG und anderen Nebengesetzen (vormals: Baumbach/Lauterbach), München, 65. Aufl 2007
HauptNl	Hauptniederlassung
HausTWG (HWiG)	Gesetz über den Widerruf von Haustürgeschäften und ähnlichen Geschäften v 16. 1. 1986, BGBl I 122, aufgehoben durch SMG
Hbg	Hamburg (OLG)
Hbg frdsch Arbitr	Hamburger freundschaftliche Arbitrage
Hdb	Handbuch
HdJ	Handbuch des Jahresabschlusses in Einzeldarstellungen, von Wysocki, – Schulze-Osterloh, Hrsg, Köln 1984 ff (LBl)
Hdl	Handel(s), Handlung(s)
Hdlbg	Heidelberg
HdlbgKo/(Bearbeiter)	Glanegger, Kirnberger, Kusterer, Ruß, Selder, Stuhlfelner, HGB, Handelsrecht, Bilanzrecht, Steuerrecht, Heidelberg, 7. Aufl 2007
HdlGehilfe	Handlungsgehilfe
HdlKlassenG	s HKG
HdlReg	Handelsregister
HdlRegGebührenVO	Handelsregistergebührenverordnung
HdlVertreter	Handelsvertreter
HdlVollmacht	Handlungsvollmacht
HdwK	Handwerkskammer
HdwO	Gesetz zur Ordnung des Handwerks (Handwerksordnung) idF v 24. 9. 1998, BGBl I 3074, BGBl III FNA 7110-1
Hefermehl/Köhler/Bornkamm	Hefermehl, Köhler, Bornkamm, Gesetze gegen den unlauteren Wettbewerb, München, 27. Aufl 2009
Heilbr	Heilbronn
hess	hessisch
Heymann/(Bearbeiter)	Heymann, Handelsgesetzbuch (ohne Seerecht), Komm hrsg von Horn, 4 Bde, Berlin 1989 f, 2. Aufl Bd 1, 1995, Bd 2, 1996, Bd 3, 1999, Bd 4 2005
HEZ	Höchstrichterliche Entscheidungen, Sammlung von Entscheidungen der Oberlandesgerichte und der Obersten Gerichte in Zivilsachen (Bd und Seite)
HFR	Höchstrichterliche Finanzrechtsprechung (Jahr und Seite)
HGB	Handelsgesetzbuch v 10. 5. 1897, RGBl 219, BGBl III FNA 4100-1
HGBGroßKo	s GroßKo (3., 5. Aufl), Staub (4. Aufl)
HintO	Hinterlegungsordnung v 10. 3. 1937, RGBl I 285, BGBl III FNA 300-15
HK	Handelskammer
HKG	Handelsklassengesetz idF v 23. 11. 1972, BGBl I 2201, BGBl III FNA 7849-2
HK Hbg IV, V	Handelskammer Hamburg, Rechtsprechung kaufmännischer Schiedsgerichte, Baden-Baden Bd 5, 1995, Bd 6, 1998; bis Bd IV St/Ul, St/Ul/Ti
hL	herrschende Lehre
hM	herrschende Meinung
HoldhMSchr	Monatsschrift für Handelsrecht und Bankwesen, Steuer- und Stempelfragen, begr von Holdheim (Jahr und Seite)
Hommelhoff/Hopt/v Werder	Hommelhoff/Hopt/von Werder, Hrsg, Handbuch Corporate Governance, Köln, Stuttgart, 2. Aufl 2009
Hopt, Form	Hopt, Hrsg, Vertrags- und Formularbuch zum Handels-, Gesellschafts- und Bankrecht, 3. Aufl, München 2007
Hopt, HVR	Hopt, Handelsvertreterrecht, 4. Aufl, München 2009
Hopt, Kapitalanlegerschutz	Hopt, Der Kapitalanlegerschutz im Recht der Banken, Gesellschafts-, bank- und börsenrechtliche Anforderungen an das Beratungs- und Verwaltungsverhalten der Kreditinstitute, München 1975

Abkürzungen

Hopt/Hehl	Hopt, Hehl, Vollrath, Gesellschaftsrecht, München, 4. Aufl 1996
Hopt/Mössle/Schmitt	Hopt, Mössle, R. Schmitt, Handelsrecht, München 2. Aufl 1999
Hopt/Mülbert	Kreditrecht, Berlin 1989, Sonderausgabe aus Staudinger, BGB, 12. Aufl 1988 (§§ 607–610), 1989 (Vorbem Bankkreditrecht; zit nur nach Randziffern)
Hopt/Rudolph/Baum	Hopt, Rudolph, Baum, Hrsg, Börsenreform, Stuttgart 1997
Hopt/Voigt	Hopt, Voigt, Hrsg, Prospekt- und Kapitalmarktinformationshaftung, Tübingen 2005
Hopt/Wymeersch	Hopt, Wymeersch, Hrsg, Capital Markets and Company Law, Oxford 2003
Hoyningen von-Huene	Die kaufmännischen Hilfspersonen, Systematischer Kommentar der §§ 59–104 HGB (aus: MüKoHGB, Bd 1) München 1996, inzwischen MüKoHGB, Bd 1, 2. Aufl. 2005
HRefG	Gesetz zur Neuregelung des Kaufmanns- und Firmenrechts und zur Änderung anderer handels- und gesellschaftsrechtlicher Vorschriften (Handelsrechtsreformgesetz – HRefG) v 22. 6. 1998, BGBl I 1474, FNA 400-2/4
HRegGebNeuOG	Gesetz zur Neuordnung der Gebühren in Handels-, Partnerschafts- und Genossenschaftsregistersachen (Handelsregistergebühren-Neuordnungsgesetz – HRegGebNeuOG) v 3. 7. 2004 BGBl I 1410
HRR	Höchstrichterliche Rechtsprechung (Jahr und Nr)
Hrsg, hrsg	Herausgeber, herausgegeben
HRV	Verordnung über die Einrichtung und Führung des Handelsregisters (Handelsregisterverordnung – HRV) v 12. 8. 1937, RMBl 515, DJ 1251, BGBl III FNA 315-20
HV	Handelsvertreter; Hauptversammlung
HVHM	s HV-Journal
HV-Journal	HV-Journal (früher Der Handelsvertreter und Handelsmakler; offizielles Organ der CDH) (Jahr und Seite)
HVR	Handelsvertreterrecht, Entscheidungen und Gutachten, hrsg v Forschungsverband für den Handelsvertreter- und Handelsmaklerberuf (Entscheidungsjahr und Nr)
HWF	Handwörterbuch des Bank- und Finanzwesens
HWR	Handwörterbuch des Rechnungswesens
HWRev	Handwörterbuch der Revision
HWRP	Handwörterbuch der Rechnungslegung und Prüfung
HWiG (HausTWG)	Gesetz über den Widerruf von Haustürgeschäften und ähnlichen Geschäften v 16. 1. 1986, BGBl I 122, aufgehoben
HypBG	Hypothekenbankgesetz idF v 9. 9. 1998, BGBl I 2674, BGBl III FNA 7628-1, aufgehoben durch PfandBG
IAA	International Accounting Association
IAASB	International Auditing and Assurance Standards Board
IAG	International Auditing Guideline
IAPS(s)	International Auditing Practices Statement(s)
IAS(s)	International Accounting Standard(s), ab 1. 4. 2001 IFRS
IASB	International Accounting Standards Board, früher IASC
IASC	International Accounting Standards Committee, ab 1. 4. 2001 IASB
IAS-VO	Verordnung (EG) Nr 1606/2002 des Europäischen Parlaments und des Rates v 19. 7. 2002 betreffend die Anwendung internationaler Rechnungslegungsstandards, ABlEG Nr L 243/1 v 11. 9. 2002
IBA	International Bar Association
IBAN	International Bank Account Number, Internationale Bankkontonummer
IBRD	International Bank for Reconstruction and Development
ICC, IntHK	International Chamber of Commerce, Internationale Handelskammer Paris
ICGN	International Corporate Governance Network
ICCA	International Council for Commercial Arbitration

Abkürzungen

ICOM	International Currency Options Market
ICSID	International Centre for Settlement of Investment Disputes
idF v	in der Fassung vom
idR	in der Regel
IDR	Journal of International Dispute Resolution (Jahr und Seite)
IDW	Institut der Wirtschaftsprüfer in Deutschland e. V.
IDW AcP	IDW Accounting Principles
IDW AcPS	IDW Accounting Practice Statements
IDW-AKW	Stellungnahmen des Arbeitskreises Weltbilanz des IDW
IDW AuPS	IDW Auditing Practice Statements
IDW AuS	IDW Auditing Standards
IDW-BFA	Stellungnahmen des Bankenfachausschusses des IDW
IDW E(PS ua)	IDW Entwurf (Prüfungsstandards usw)
IDW-FAMA	Stellungnahmen des Fachausschusses für moderne Abrechnungssysteme des IDW
IDW-FAR	Verlautbarungen des Fachausschusses Recht des IDW
IDW-FG	Fachgutachten des IDW
IDW-HFA	Stellungnahmen des Hauptfachausschusses des IDW
IDW-KFA	Stellungnahmen des Fachausschusses für kommunales Prüfungswesen des IDW
IDW-KHFA	Stellungnahmen des Krankenhausfachausschusses des IDW
IDW-NA	Stellungnahmen zu Fragen des neuen Aktienrechts (Hauptfachausschuss bzw Sonderausschuss Neues Aktienrecht des IDW)
IDW PH	IDW Prüfungshinweise
IDW PS	IDW Prüfungsstandards
IDW RH	IDW Rechnungslegungshinweise
IDW RH BFA (usw)	wie IDW RS BFA (usw)
IDW RS	IDW Stellungnahmen zur Rechnungslegung
IDW RS BFA	IDW Stellungnahmen zur Rechnungslegung des Bankenfachausschusses
IDW RS FAIT	IDW Stellungnahmen zur Rechnungslegung des Fachausschusses für Informationstechnologie
IDW RS FAR	IDW Stellungnahmen zur Rechnungslegung des Fachausschusses Recht
IDW RS HFA	IDW Stellungnahmen zur Rechnungslegung des Hauptfachausschusses
IDW RS KHFA	IDW Stellungnahmen zur Rechnungslegung des Krankenhausfachausschusses
IDW RS ÖFA	IDW Stellungnahmen zur Rechnungslegung des Fachausschusses für öffentliche Unternehmen und Verwaltungen
IDW RS VFA	IDW Stellungnahmen zur Rechnungslegung des Versicherungsfachausschusses
IDW RS WFA	IDW Stellungnahmen zur Rechnungslegung des Wohnungswirtschaftlichen Fachausschusses
IDW S	IDW Standards
IDW-SABI	Stellungnahmen des Sonderausschusses Bilanzrichtlinien-Gesetz des IDW
IDW-VFA	Stellungnahmen des Versicherungsfachausschusses des IDW
IDW-VO	Gemeinsame Stellungnahmen der Wirtschaftsprüferkammer und des IDW
IDW-WFA	Stellungnahmen des wohnungswirtschaftlichen Fachausschusses des IDW
iErg	im Ergebnis
ieS	im engeren Sinne
IFA	Investitionsförderungsabkommen
IFAC	International Federation of Accountants
IFCAI	International Federation of Commercial Arbitration Institutions
IFEMA	International Foreign Exchange Master Agreement
IFRIC	International Financial Reporting Interpretations Committee
IFRS	International Financial Reporting Standard(s)
IFRS-SME	International Financial Reporting Standard(s) for Small and Medium-sized Entities

Abkürzungen

IFRS-ÜbernahmeVO	Verordnung (EG) Nr 1725/2003 der Europäischen Kommission v 29. 9. 2003 betreffend die Übernahme bestimmter internationaler Rechnungslegungsstandards in Übereinstimmung mit der Verordung (EG) Nr 1606/2002 des Europäischen Parlaments und des Rates, ABlEU L 261/1 v 13. 10. 2003
IG	Implementation Guidance
IGC	Implementation Guidance Committee
IGC Q&A	Implementation Guidance Committee – Questions and Answers
IHK	Industrie- und Handelskammer
IHR	Internationales Handelsrecht, Zeitschrift für das Recht des internationalen Warenkaufs und -vertriebs (Jahr und Seite)
IIC	International Review of Industrial Property and Copyright Law (Jahr und Seite)
IKR	Industriekontenrahmen
iL	in Liquidation
IIMG	Inter Institutional Monitoring Group
im allg	im Allgemeinen
Immenga/Mestmäcker	Immenga-Mestmäcker, Wettbewerbsrecht, GWB, Kommentar zum Deutschen Kartellrecht, München, 4. Aufl 2007
Immenga/Mestmäcker EGKomm ...	Immenga-Mestmäcker, Wettbewerbsrecht, EG, Kommentar zum Europäischen Kartellrecht, Teil 1, 2, München, 4. Aufl 2007
Incoterms	International Commercial Terms
Insiderhandels-Ri .	Insiderhandels-Richtlinien
InsiderVerfO	Verfahrensordnung für die bei den Wertpapierbörsen auf der Grundlage der Insiderhandels-Richtlinien und der Händler- und Beraterregeln zu bildenden Prüfungskommissionen
InsO	Insolvenzordnung (InsO) v 5. 10. 1994, BGBl I 2866, FNA 311-13
InstAnlG	Gesetz zur Verbesserung der Rahmenbedingungen für institutionelle Anleger v 16. 12. 1986, BGBl I 2485
IntBestG	Gesetz zu dem Übereinkommen v 17. Dezember 1997 über die Bekämpfung der Bestechung ausländischer Amtsträger im internationalen Geschäftsverkehr (Gesetz zur Bekämpfung internationaler Bestechung – IntBestG) v 10. 9. 1998, BGBl II 2327
IntGesRecht	internationales Gesellschaftsrecht
IntHK (ICC)....	Internationale Handelskammer Paris
InvAG	Investmentaktiengesellschaft
InvÄndG	Gesetz zur Änderung des Investmentgesetzes und zur Anpassung anderer Vorschriften (Investmentänderungsgesetz) v 21. 12. 2007, BGBl I 3089
InvG	Investmentgesetz (InvG) v 15. 12. 2003, BGBl I 2676, FNA 7612-2
InvModG	Gesetz zur Modernisierung des Investmentwesens und zur Besteuerung von Investmentvermögen (Investmentmodernisierungsgesetz) v 15. 12. 2003, BGBl I 2676
IOSCO	International Organization of Securities Commissions
IP	intellectual property
IPO	initial public offering, Börseneinführung
IPR	internationales Privatrecht
IPRGesVJPG	Gesetz zum Internationalen Privatrecht der Gesellschaften, Vereine und juristischen Personen, RefE 7. 1. 2008
IPRax	Praxis des Internationalen Privat- und Verfahrensrechts (Jahr und Seite)
IPRG..........	Gesetz zur Neuregelung des Internationalen Privatrechts v 25. 7. 1986, BGBl I 1142
IRB-Ansatz	internal rating based/Interne Messung des Kreditrisikos (Risikogewichtung) (Basel II)
IRZ	Zeitschrift für Internationale Rechnungslegung (Jahr und Seite)
ISA	International Standard(s) on Auditing
ISBP	International Standard Banking Practice for the Examination of Documentary Credits (ICC Banking Commission)

Abkürzungen

ISD I, II	Investment Services Directive (I), aufgehoben; Investment Services Directive II, s Märkte für FinanzinstrumenteRi
ISDA	International Swaps and Derivatives Association, früher: International Swap Dealers Association
ISDA MA	ISDA Master Agreement
ISIN	International Securities Identification Number
ISMA	International Securities Markets Association
IStR	Internationales Steuerrecht (Jahr und Seite)
iS(v)	im Sinne (von)
IT	Informationstechnologie
it	italienisch
iVm	in Verbindung mit
iwS	im weiteren Sinne
iZw	im Zweifel

JA	Juristische Arbeitsblätter (Jahr und Seite)
JArbSchG	Gesetz zum Schutze der arbeitenden Jugend (Jugendarbeitsschutzgesetz) idF v 12. 4. 1976, BGBl I 965, BGBl III FNA 8051-10
Jauernig/(Bearbeiter)	Jauernig, Bürgerliches Gesetzbuch, bearbeitet von Berger, Jauernig ua, München, 13. Aufl 2009
JbJZW	Jahrbuch Junger Zivilrechtswissenschaftler (Jahr und Seite)
JBl	Juristische Blätter, Wien (Jahr und Seite)
JFG	Jahrbuch für Entscheidungen in Angelegenheiten der freiwilligen Gerichtsbarkeit und des Grundbuchrechts (Bd und Seite)
JIEA	Joint Import/Export Agency
JMBl	Justizministerialblatt
JKomG	Gesetz über die Verwendung elektronischer Kommunikationsformen in der Justiz (Justizkommunikationsgesetz – JKomG) v 22. 3. 2005, BGBl I 837
JO	Journal Officiel (Jahr und Seite)
JoAR	Journal of Accounting Research (Jahr und Seite)
JR	Juristische Rundschau (Jahr und Seite)
1. JuMoG	Erstes Gesetz zur Modernisierung der Justiz (1. Justizmodernisierungsgesetz) v 24. 8. 2004, BGBl I 2198
2. JuMoG	Zweites Gesetz zur Modernisierung der Justiz (2. Justizmodernisierungsgesetz) v 22. 12. 2006 BGBl I 3416
jur	juristisch
Jura	Jura, Juristische Ausbildung (Jahr und Seite)
Juris	elektronische Datenbank (www.juris.de), Juristisches Informationssystem für die BRD juris GmbH
JuS	Juristische Schulung (Jahr und Seite)
JVKostO	Justizverwaltungskostenordnung
JW	Juristische Wochenschrift (Jahr und Seite)
JZ	Juristen-Zeitung (früher Deutsche Rechts-Zeitschrift und Süddeutsche Juristen-Zeitung) (Jahr und Seite)

KAG	Kapitalanlagegesellschaft
KAGG	Gesetz über Kapitalanlagegesellschaften (KAGG) idF v 9. 9. 1998, BGBl I 2726, BGBl III FNA 4120-4, aufgehoben durch InvG 2003
Kap	Kapitel
KapAEG	Gesetz zur Verbesserung der Wettbewerbsfähigkeit deutscher Konzerne an Kapitalmärkten und zur Erleichterung der Aufnahme von Gesellschafterdarlehen (Kapitalaufnahmeerleichterungsgesetz – KapAEG) v 20. 4. 1998, BGBl I 707, FNA 4100-1/1
KapCoRiLiG	Gesetz zur Durchführung der Richtlinie des Rates der Europäischen Union zur Änderung der Bilanz- und der Konzernbilanzrichtlinie hinsichtlich ihres Anwendungsbereichs (90/605/EWG), zur Verbesserung der Offenlegung von Jahresabschlüssen und zur Änderung anderer handelsrechtlicher Bestimmungen (Kapitalgesellschaften- und Co-Richtlinie-Gesetz – KapCoRiLiG) v 24. 2. 2000, BGBl I 154

Abkürzungen

KapErhG	Gesetz über die Kapitalerhöhung aus Gesellschaftsmitteln und über die Verschmelzung von Gesellschaften mit beschränkter Haftung v 23. 12. 1959, BGBl I 789, BGBl III 4120–2, außer Kraft mWv 1. 1. 1995 durch G v 28. 10. 1994, BGBl I 3210
KapInHG	Gesetz zur Verbesserung der Haftung für falsche Kapitalmarktinformationen (Kapitalmarktinformationshaftungsgesetz – KapInHaG), interner BMFEntwurf
KapMuG	Gesetz über Musterverfahren in kapitalmarktrechtlichen Streitigkeiten (Kapitalanleger-Musterverfahrensgesetz – KapMuG), v 16. 8. 2005, BGBl I 2437, FNA 310-23
KAPOVAZ	kapazitätsorientierte variable Arbeitszeit
Karlsr	Karlsruhe (OLG)
Kblz (Kobl)	Koblenz (OLG)
Kdt(Einlage)	Kommandit(Einlage)
Kdtist	Kommanditist
Kegel/Schurig	Kegel, Internationales Privatrecht, München, 9. Aufl 2004, mit Nachtrag 2004
KfH	Kammer für Handelssachen
Kflte	Kaufleute
Kfm	Kaufmann(s)
kfm	kaufmännisch
KfW	Kreditanstalt für Wiederaufbau
Kfz	Kraftfahrzeug
KG	Kammergericht Berlin; Kommanditgesellschaft
KGaA	Kommanditgesellschaft auf Aktien
KGJ	Jahrbuch für Entscheidungen des Kammergerichts (Abteilung A) (Bd und Seite)
Kln	Köln (OLG)
KMU	kleinere und mittlere Unternehmen
Knorre/Demuth/Schmid/(Bearbeiter)	Knorre/Demuth/Schmid, Handbuch des Transportrechts, München, 2008 (früher Knorre/Temme/Müller/Schmid/Demuth, Praxishandbuch Transportrecht, LBl)
KO	Konkursordnung idF v 20. 5. 1898, RGBl 612, BGBl III FNA 311-4, s jetzt InsO
KöKo/(Bearbeiter)	Kölner Kommentar zum Aktiengesetz, hrsg von Zöllner, Köln, 1970 ff; 2. Aufl 1986 ff (Einzellieferungen)
Koller	Koller, Transportrecht, 6. Aufl 2007
KOM	Kommission der Europäischen Gemeinschaften (Dokumente)
Komm	Kommentar; Kommission
KontopfandSchG	Gesetz zur Reform des Kontopfändungsschutzes v 7. 7. 2009 BGBl I 1707
KonTraG	Gesetz zur Kontrolle und Transparenz im Unternehmensbereich (KonTraG) v 27. 4. 1998, BGBl I 786
Konzern	Der Konzern (1–4/2003 Der Konzern in Recht und Wirtschaft) (Jahr und Seite)
KoR	Zeitschrift für kapitalmarktorientierte Rechnungslegung (Jahr und Seite)
Ko/Ro/Mo/(Bearbeiter)	Koller, Roth, Morck, Handelsgesetzbuch, Kommentar, München, 6. Aufl 2007
KostO	Gesetz über die Kosten in Angelegenheiten der freiwilligen Gerichtsbarkeit (Kostenordnung) idF v 26. 7. 1957, BGBl I 960, BGBl III FNA 361-1
KR	Kontrollrat
KRG	Kontrollratsgesetz
krit	kritisch
KrW/AbfG	Gesetz zur Förderung der Kreislaufwirtschaft und Sicherung der umweltverträglichen Beseitigung von Abfällen, BGBl I 1994, 2705, FNA 2129-27-2
KSchG	Kündigungsschutzgesetz v 25. 8. 1969, BGBl I 1317, BGBl III FNA 800-2

Abkürzungen

KSt	Körperschaftsteuer
KStG	Körperschaftsteuergesetz 2002 (KStG 2002) idF v 15. 10. 2002, BGBl I 4144, FNA 611-4-4
KStR	Körperschaftsteuer-Richtlinien
KTS (KuT)	Zeitschrift für Insolvenzrecht (Konkurs, Treuhand, Sanierung) (Jahr und Seite)
Kübler/Assmann	Kübler, Assmann, Gesellschaftsrecht, 6. Aufl 2006
KuMaKV	Verordnung zur Konkretisierung des Verbotes der Kurs- und Marktpreismanipulation (Kursmanipulation-KonkretisierungsVO – KuMaKV) v 18. 11. 2003, BGBl I 2300, BGBl III FNA 4110-4-7
KündFG	Gesetz zur Vereinheitlichung der Kündigungsfristen von Arbeitern und Angestellten (Kündigungsfristengesetz – KündFG) v 7. 10. 1993, BGBl I 1668
Küstner I, II, III	Küstner/Thume Handbuch des gesamten Außendienstrechts, Bd 1: Das Recht des Handelsvertreters (ohne Ausgleichsrecht), Heidelberg 3. Aufl 2000; Bd 2: Der Ausgleichsanspruch des Handelsvertreters, 8. Aufl 2008; Bd 3: Vertriebsrecht, 3. Aufl 2009
KVO	Kraftverkehrsordnung für den Güterfernverkehr mit Kraftfahrzeugen (KVO) idF v 23. 12. 1958, BAnz Nr 249 31. 12. 1958, aufgehoben
KVStG	Kapitalverkehrssteuergesetz (KVStG 1972) idF v 17. 11. 1972, BGBl I 2129, aufgehoben
KWG	Gesetz über das Kreditwesen idF v 9. 9. 1998, BGBl I 2776, BGBl III FNA 7610-1
7. KWG-Novelle	s BankenRiUmsetzG

L-	Landes-
LAG	Landesarbeitsgericht
Landmann/Rohmer	von Landmann, Rohmer, Gewerbeordnung und ergänzende Vorschriften, neubearbeitet von Marcks ua, München (LBl)
Langen/Bunte	Langen, Bunte, Hrsg., Kommentar zum deutschen und europäischen Kartellrecht, Bd. 1 Deutsches Kartellrecht, Bd. 2 Europäisches Kartellrecht, München, 10. Aufl. 2006
lat	lateinisch
LBl	Loseblatt
LBO	leveraged buy-out
LCIA	London Court of International Arbitration
LCL (Container)	Less than a Container Load
Lettl	Handelsrecht, München 2007
lfd	laufend
LFZG	Gesetz über die Fortzahlung des Arbeitsentgelts im Krankheitsfalle (Lohnfortzahlungsgesetz) v 27. 7. 1969, BGBl I 946, aufgehoben, s jetzt EFZG
LG	Landgericht
LGD	loss given default/Verlustquote bei Ausfall (Basel II)
LIBOR	London interbank offered rate
lifo	last in-first out-Verfahren
lilo	lease in lease out
Limbg	Limburg
Lit	Literatur
lit	litera, Buchstabe
LM	Nachschlagewerk des Bundesgerichtshofes in Zivilsachen, begründet von Lindenmaier und Möhring, neu hrsg von Nirk ua (Gesetzesstelle, Entscheidungsnummer; Nr ohne Gesetzesstelle bezieht sich auf den kommentierten Paragraphen)
LMK	Lindenmaier-Möhring, Kommentierte BGH-Rechtsprechung
LöschG	Gesetz über die Auflösung und Löschung von Gesellschaften und Genossenschaften v 9. 10. 1934 (außer Kraft)
LS	Leitsatz
LSA	Abkommen über den Lastschriftverkehr
LSE	London Stock Exchange

Abkürzungen

LSÜbernahmeangebote	Leitsätze für öffentliche Kauf- und Umtauschangebote bzw Aufforderungen zur Abgabe derartiger Angebote im amtlich notierten oder im geregelten Freiverkehr gehandelter Aktien bzw Erwerbsrechte
lt	laut
Lüb	Lübeck
LuftVG	Luftverkehrsgesetz idF v 27. 3. 1999, BGBl I 550, BGBl III FNA 96-1
Lu/Ho/(Bearbeiter)	Lutter, Hommelhoff, GmbH-Gesetz, Kommentar, bearbeitet von Bayer, Hommelhoff, Kleindiek, Lutter, Köln, 17. Aufl 2009
LZ	Leipziger Zeitschrift für Deutsches Recht (Jahr und Spalte)
LZBk	Landeszentralbank, nunmehr Abrechnungsstelle der Deutschen Bundesbank
M	maturity/effektive Restlaufzeit der Forderungen (Basel II)
MA	Der Markenartikel (Jahr und Seite); Master Agreement
M&A	mergers and acquisitions
MaBV	Makler- und Bauträgerverordnung idF v 7. 11. 1990, BGBl I 2479, BGBl III FNA 7104-6
MAC	material adverse change
MAD	Market Abuse Directive
MaH	Mindestanforderungen an das Betreiben von Handelsgeschäften (BAKred/BaFin)
MAIR	Mindestanforderungen an die Ausgestaltung der Internen Revision (BAKred/BaFin)
MaK	Mindestanforderungen an das Kreditgeschäft (BAKred/BaFin)
MaKonV	Verordnung zur Konkretisierung des Verbots der Marktmanipulation (Marktmanipulations-Konkretisierungsverordnung – MaKonV) v 1. 3. 2005, BGBl I 515, FNA 4110-4-12
m Änd	mit Änderung(en)
m Anm	mit Anmerkung von
Mannh	Mannheim
MaRisk (BA, VA)	Mindestanforderungen an das Risikomanagement (Bankaufsicht, Versicherungsaufsicht) (BaFin)
MarkenG	Gesetz über den Schutz von Marken und sonstigen Kennzeichen (Markengesetz – MarkenG) v 25. 10. 1994, BGBl I 3082, ber. 1995 I 156, FNA 423-5-2
MarktangV	Verordnung über die erforderlichen Angaben und vorzulegenden Unterlagen bei einem Erlaubnisantrag nach § 37 i des Wertpapierhandelsgesetzes und einer Anzeige nach § 37 m des Wertpapierhandelsgesetzes (Marktzugangsangabenverordnung – MarktangV) v 30. 9. 2004, BGBl I 2576, FNA 4110-4-8
Martinek/Semler/Habermeier/(Bearbeiter)	Martinek, Semler, Habermeier, Hrsg, Handbuch des Vertriebsrechts, München, 2. Aufl 2003
mark-to-market	Bewertung anhand des letzten Marktkurses
maW	mit anderen Worten
max	höchstens
MBI	management buy-in
MBO	management buy-out
MBS	mortgage-backed security
MD&A	management's discussion and analysis of financial condition and results of operations
MDAX	Midcap Dax
MDR	Monatsschrift für Deutsches Recht (Jahr und Seite)
Merkt, Unternehmenspublizität	Merkt, Unternehmenspublizität – Offenlegung von Unternehmensdaten als Korrelat der Marktteilnahme, Tübingen 2001
Merkt, Int Unternehmenskauf	Merkt, Internationaler Unternehmenskauf, 2. Aufl, Köln 2003
mglw	möglicherweise

Abkürzungen

MHbeG	Minderjährigenhaftungsbeschränkungsgesetz v 25. 8. 1998 BGBl I 2487, FNA 400-2/7
MiFID	s FinanzmarktRi
MinBlfWi	Ministerialblatt für Wirtschaft
MitbestErgG	Gesetz zur Ergänzung des Gesetzes über die Mitbestimmung der Arbeitnehmer in den Aufsichtsräten und Vorständen der Unternehmen des Bergbaus und der Eisen und Stahl erzeugenden Industrie v 7. 8. 1956, BGBl I 707 – Mitbestimmungsergänzungsgesetz –, BGBl III FNA 801-3
MitbestG	Gesetz über die Mitbestimmung der Arbeitnehmer v 4. 5. 1976, BGBl I 1153, FNA 801-8
Mitt	Mitteilung(en)
MittBdL	Mitteilungen der Bank deutscher Länder
MittDBBk	Mitteilungen der Deutschen Bundesbank
MittMarkenvbd.	Mitteilungen des Markenverbands
MittRhNotK	Mitteilungen. Rheinische Notar-Kammer, 1961–1976; dann: Mitteilungen der Rheinischen Notar-Kammer
m krit Anm	mit kritischer Anmerkung (von)
MoMiG	Gesetz zur Modernisierung des GmbH-Rechts und zur Bekämpfung von Missbräuchen v 23. 10. 2008, BGBl I 2026
MontanMitbestG	Gesetz über die Mitbestimmung der Arbeitnehmer in den Aufsichtsräten und Vorständen der Unternehmen des Bergbaus und der Eisen und Stahl erzeugenden Industrie v 21. 5. 1951, BGBl I 347 – Montan-Mitbestimmungsgesetz –, BGBl III FNA 801-2
MoRaKG	Gesetz zur Modernisierung der Rahmenbedingungen für Kapitalbeteiligungen (MoRaKG) v 12. 8. 2008, BGBl I 1672
MoU	memorandum of understanding
MR	Militärregierung
MRG	Militärregierungsgesetz
MTF	multilateral trading facility
MTN	medium term note
MTO	Multimodal Transport Operator/Gesamtbeförderer
Mü	München (OLG)
MüHdBGesR 1, 2/ (Bearbeiter)	Münchener Handbuch des Gesellschaftsrechts, Bd 1, BGB-Gesellschaft, Offene Handelsgesellschaft, Partnerschaftsgesellschaft, Partenreederei, EWIV, München 3. Aufl 2009; Bd 2, Kommanditgesellschaft, GmbH Co. KG, Publikums-KG, Stille Gesellschaft, München 3. Aufl 2009; Bd 3, GmbH, 3. Aufl 2009, Bd 4, AG, 3. Aufl 2007; Bd 5 Verein, Stiftung bürgerl Rechts, 3. Aufl 2009
MüKoBGB/ (Bearbeiter)	Münchener Kommentar zum Bürgerlichen Gesetzbuch, hrsg von Säcker, Rixecker, 11 Bde, München, 5. Aufl 2006 ff
MüKoBGB/Ulmer/ Schäfer	Gesellschaft bürgerlichen Rechts und Partnerschaftsgesellschaft, Systematischer Kommentar, München, 5. Aufl 2009
MüKo(HGB)/ (Bearbeiter)	Münchener Kommentar zum Handelsgesetzbuch, hrsg von K. Schmidt, München, 2. Aufl 2005 ff
MüKoBGB/Ulmer/ Schäfer	Gesellschaft bürgerlichen Rechts und Partnerschaftsgesellschaft (§§ 705–740 BGB, PartGG, Sonderausgabe aus MüKoBGB), München, 5. Aufl 2009, Sonderausgabe aus MüKo/BGB
MüKo (BilanzR/ JFRS)	Münchner Kommentar Bilanzrecht, Bd 1 JFRS, hrsg. von Hennrichs, Kleindiek, Watrin, Stand 2009
Münst	Münster
MüVertragsHdb/ (Bearbeiter)	Münchener Vertragshandbuch, Bd 1 Gesellschaftsrecht, 6. Aufl 2005, Bd 2 Wirtschaftsrecht I, 6. Aufl 2009, Bd 3 Wirtschaftsrecht II, 6. Aufl 2009, Bd 4 Wirtschaftsrecht III, 6. Aufl 2007, Bd 5 Bürgerliches Recht I, 6. Aufl 2008, Bd 6 Bürgerliches Recht II, 6. Aufl 2009

Abkürzungen

MuSchG	Gesetz zum Schutz der erwerbstätigen Mutter (Mutterschutzgesetz – MuSchG) idF v 20. 6. 2002, BGBl I 1812, BGBl III FNA 8052-1
MuW	Markenschutz und Wettbewerb (Jahr und Seite)
mwN	mit weiteren Nachweisen
MWSt	Mehrwertsteuer
mWv	mit Wirkung vom
m zust Anm	mit zustimmender Anmerkung
NachhBG	Gesetz zur zeitlichen Begrenzung der Nachhaftung von Gesellschaftern (Nachhaftungsbegrenzungsgesetz – NachhBG) v 18. 3. 1994 BGBl I 560
Nachw	Nachweis(e)
NASD	National Association of Securities Dealers (USA)
NASDAQ	National Association of Securities Dealers Automated Quotations (USA)
NaStraG	Gesetz zur Namensaktie und zur Erleichterung der Stimmrechtsausübung (Namensaktiengesetz – NaStraG) v 18. 1. 2001, BGBl I 123
Naumbg	Naumburg (OLG)
Nds	Niedersachsen
Neust	Neustadt a. d. Weinstraße
nF	neue Fassung, neue Folge
NIF	note issuance facility
NJ	Neue Justiz (Jahr und Seite)
NJOZ	Neue Juristische Online Zeitschrift (Jahr und Seite)
NJW	Neue Juristische Wochenschrift (Jahr und Seite)
NJW-RR	NJW-Rechtsprechungs-Report Zivilrecht (Jahr und Seite)
NJW-Sp	NJW-Spezial (Jahr und Seite)
NOPAT	net operating profit after taxes
NotBZ	Zeitschrift für die notarielle Beratungs- und Beurkundungspraxis (Jahr und Seite)
Nov	Novelle
NPL	non-performing loan(s)
NPO	Nonprofit-Organisation
Nr, Nrn	Nummer, Nummern
nrk	nicht rechtskräftig
NRW	Nordrhein-Westfalen
NSIN	National Securities Identification Number
Nürnb	Nürnberg (OLG)
NVOCC	None Vessel Operating Common Carrier(s)
NVwZ-RR	Neue Zeitschrift für Verwaltungsrecht, Rechtsprechung-Report Verwaltungsrecht
NYSE	New York Stock Exchange
NZA	Neue Zeitschrift für Arbeits- und Sozialrecht (Jahr und Seite); seit 1992: Neue Zeitschrift für Arbeitsrecht
NZA-RR	Neue Zeitschrift für Arbeitsrecht, Rechtsprechungs-Report Arbeitsrecht
NZI	Neue Zeitschrift für das Recht der Insolvenz und Sanierung (Jahr und Seite)
NZG	Neue Zeitschrift für Gesellschaftsrecht (Jahr und Seite)
NZM	Neue Zeitschrift für Miet- und Wohnungsrecht (Jahr und Seite)
O	Ordnung
o	oben
ö	österreichisch
oä	oder ähnlich(es)
ÖBA	(österreichisches) Bank-Archiv (Jahr und Seite)
OECD	Organization for Economic, Co-operation and Development, Organisation für wirtschaftliche Zusammenarbeit und Entwicklung
Oetker/(Bearbeiter)	Oetker, Hrsg., Kommentar zum Handelsgesetzbuch (HGB), München 2009
OFIF	Organisation intergouvernementale pour les transports internationaux ferroviaires, Organisation für den internationalen Eisenbahnverkehr

Abkürzungen

OGH	Oberster Gerichtshof für die britische Zone (1948-1950), auch Entscheidungen des Obersten Gerichtshofes (Bd und Seite); Österreich: Oberster Gerichtshof
OHG	offene Handelsgesellschaft
oJ	ohne Jahr
ÖJZ	Österreichische Juristen-Zeitung
Oldbg	Oldenburg (OLG)
OLG	Oberlandesgericht (mit Ortsnamen)
OLGE	Die Rechtsprechung der Oberlandesgerichte auf dem Gebiet des Zivilrechts (Bd und Seite), ab 1900
OLGR(ep)	OLG-Report (Jahr und Seite, getrennt für jedes OLG)
OLGVertrÄndG	Gesetz zur Änderung des Rechts der Vertretung durch Rechtsanwälte vor den Oberlandesgerichten (OLG-Vertretungsänderungsgesetz – OLGVertrÄndG) v 23. 7. 2002, BGBl I 2850, FNA 310-4/6
OLG(Z)	Entscheidungen der Oberlandesgerichte in Zivilsachen einschließlich der freiwilligen Gerichtsbarkeit (Jahr und Seite), ab 1965
OLSch	Orderlagerschein
OLSchVO	Verordnung über Orderlagerscheine v 16. 12. 1931, RGBl I 763, außer Kraft mWv 1. 7. 1998 durch G v 25. 6. 1998, BGBl I 1588
OR	Schweizerisches Obligationenrecht
OTC	over the counter
OUP	Oxford University Press
oV	ohne Verfasser
OVG	Oberverwaltungsgericht
OWi	Ordnungswidrigkeit
OWiG	Gesetz über Ordnungswidrigkeiten idF v 19. 2. 1987, BGBl I 602, BGBl III FNA 454-1
p. a.	pro Jahr
Pal/(Bearbeiter)	Palandt, Bürgerliches Gesetzbuch, bearbeitet von Bassenge ua, München, 68. Aufl 2009
PalSMG/(Bearbeiter)	Gesetz zur Modernisierung des Schuldrechts, Ergänzungsband zu Palandt, BGB, München. 61. Aufl 2003
PAngV	Preisangabenverordnung (PAngV) v 18. 10. 2002, BGBl I 4197, FNA 720-17-1
PaPkG	Preisangaben- und Preisklauselgesetz v 9. 6. 1998, BGBl I 1242, FNA 720-17
PartG	Partnerschaftsgesellschaft
PartGG	Gesetz über Partnerschaftsgesellschaften Angehöriger Freier Berufe (Partnerschaftsgesellschaftsgesetz – PartGG) v 25. 7. 1994 BGBl I 1744, FNA 4127-1
PartReg	Partnerschaftsregister
PartRV	Partnerschaftsregisterverordnung v 16. 6. 1995, BGBl I 808, FNA 315-1-1
ParÜb	Pariser Verbandsübereinkunft zum Schutze des Gewerblichen Eigentums idF v 14. 7. 1967, BGBl 1970 II 391
PatG	Patentgesetz idF v 16. 12. 1980, BGBl 1981 I 1, BGBl III FNA 420-1
PCAOB	Public Company Accounting Oversight Board, USA
PD	probability of default/Ausfallwahrscheinlichkeit (Basel II)
PECL	Principles of European Contract Law
PersBefG	Gesetz über die Beförderungen von Personen zu Lande (Personenbeförderungsgesetz) idF v 8. 8. 1990, BGBl I 1690, FNA 9240-1
PfandBRFortentwG	Gesetz zur Fortentwicklung des Pfandbriefrechts v 20. 3. 2009 BGBl I 607
PfandBG	Pfandbriefgesetz (PfandBG) v 22. 5. 2005, BGBl I 1373, FNA 7628-8
PflegeVG	Gesetz zur sozialen Absicherung des Risikos der Pflegebedürftigkeit (Pflege-Versicherungsgesetz – PflegeVG) v 26. 5. 1994, BGBl I 1014, FNA 860-11-1
PflVersG	Gesetz über die Pflichtversicherung für Kraftfahrzeughalter (Pflichtversicherungsgesetz) v 5. 4. 1965, BGBl I 213, BGBl III FNA 925-1

Abkürzungen

phG	persönlich haftender Gesellschafter
PICC	Principles of International Commercial Contracts (Unidroit)
PIN	persönliche Geheimzahl, personal identification number
PIOB	Public Interest Oversight Board
PIR	Praxis der internationalen Rechnungslegung (Jahr und Seite)
plc	private limited company
POC	percentage of completion
POS	point of sale
PostG	Gesetz über das Postwesen (PostG) idF v 3. 7. 1989, BGBl I 1449
PostStruktG	Gesetz zur Neustrukturierung des Post- und Fernmeldewesens und der Deutschen Bundespost (Poststrukturgesetz – PostStruktG) v 8. 6. 1989 BGBl I 1026
PostV	Postdienstverordnung (PostV) v 24. 6. 1991, BGBl I 1372
PostVerfG	Gesetz über die Unternehmensverfassung der Deutschen Bundespost (Postverfassungsgesetz – PostVerfG) v 8. 6. 1989, BGBl I 1026
PPP	public-private partnership
PrJMBl	Justizministerialblatt für die preußische Gesetzgebung und Rechtspflege (Jahr und Seite)
PRIMA	Place of the Relevant Intermediary Approach
PrKV	Preisklauselverordnung v 23. 9. 1998, BGBl I 3043, FNA 720-17-2
ProspRiUmsetzG	Gesetz zur Umsetzung der Richtlinie 2003/71/EG des Europäischen Parlaments und des Rates vom 4. November 2003 betreffend den Prospekt, der beim öffentlichen Angebot von Wertpapieren oder bei deren Zulassung zum Handel zu veröffentlichen ist, und zur Änderung der Richtlinie 2001/34/EG (Prospektrichtlinie-Umsetzungsgesetz) v 22. 6. 2005, BGBl I 1698, FNA 4110-9
PrüfbV	Verordnung über die Prüfung der Jahresabschlüsse und Zwischenabschlüsse und Konzernabschlüsse der Kreditinstitute und Finanzdienstleistungsinstitute und über die Prüfung nach § 12 Abs. 1 Satz 3 des Gesetzes über Kapitalanlagegesellschaften sowie die darüber zu erstellenden Berichte (Prüfberichtsverordnung) v 17. 12. 1998, BGBl I 3690, BGBl III FNA 7610-1-1
PSA	Public Securities Association, New York
PSD	Payment Services Directive, Richtlinie über Zahlungsdienste, s SEPA
PublG	Gesetz über die Rechnungslegung von bestimmten Unternehmen und Konzernen (Publizitätsgesetz – PublG) v 15. 8. 1969, BGBl I 1189, ber 1970 I 1113, FNA 4120-7
PUCM	prospected unit credit method
RabelsZ	Rabels Zeitschrift für ausländisches und internationales Privatrecht (Bd, Jahr, Seite)
RabattG	Gesetz über Preisnachlässe (Rabattgesetz) v 25. 11. 1933, RGBl I 1011, BGBl III FNA 435-1, aufgehoben
RABl	Reichsarbeitsblatt, ohne Ziffer = Teil I (Jahr und Seite)
R&D	research and development
RAG	Reichsarbeitsgericht, auch Entscheidungen des Reichsarbeitsgerichtes (Bd und Seite)
RAnz	Deutscher Reichsanzeiger
RBerG	Rechtsberatungsgesetz (RBerG) v 13. 12. 1935, RGBl I 1478, BGBl III FNA 303-12, aufgehoben durch Rechtsdienstleistungsgesetz (RDG)
RdA	Recht der Arbeit (Jahr und Seite)
RdE	Recht der Energiewirtschaft (Jahr und Seite)
RDG	Rechtsdienstleistungsgesetz v 12. 12. 2007, BGBl I 2841, BGBl III FNA 303-20
RdL	Recht der Landwirtschaft (Jahr und Seite)
RDM	Ring Deutscher Makler
Rdn	Randnote, Randnummer
Rdsch	Rundschau
Rdschr	Rundschreiben
RdW	Recht der Wirtschaft, Wien (Jahr und Seite)
Real Estate	Immobilien

Abkürzungen

RechKredV	Verordnung über die Rechnungslegung der Kreditinstitute und Finanzdienstleistungsinstitute (Kreditinstituts-Rechnungslegungsverordnung – RechKredV) idF v 11. 12. 1998 BGBl I 3658, FNA 4142-1
Recht	Das Recht (seit 1935 Beilage zu Deutsche Justiz) (Jahr und Nr der Entscheidung, bei Aufsätzen Jahr und Seite)
RefE	Referentenentwurf
Reg	Regierung
RegE	Regierungsentwurf
RegVBG	Gesetz zur Vereinfachung und Beschleunigung registerrechtlicher und anderer Verfahren (Registerverfahrenbeschleunigungsgesetz – RegVBG) v 20. 12. 1993, BGBl I 2182, BGBl III FNA 315-21-1
REIT	real estate investment trust(s)
REIT-G	Gesetz über deutsche Immobilien-Aktiengesellschaften mit börsennotierten Anteilen (REIT-Gesetz) v 28. 5. 2007, BGBl I 914, BGBl III FNA 4121-5
Reithmann/Martiny	Reithmann-Martiny, Internationales Vertragsrecht, Köln, 6. Aufl 2004
RFH	Reichsfinanzhof, auch Entscheidungen des Reichsfinanzhofes (Bd und Seite)
RG	Reichsgericht, auch Entscheidungen des Reichsgerichts in Zivilsachen (Bd und Seite)
RGBl	Reichsgesetzblatt, ohne Ziffer = Teil I; mit II = Teil II (Jahr und Seite)
RGSt	Reichsgericht, auch Entscheidungen des Reichsgerichts in Strafsachen (Bd und Seite)
RhPf	Rheinland-Pfalz
Ri	Richtlinie
RICo	Ordnung für die internationale Eisenbahnbeförderung von Containern (Anh III zu CIM, Anlage 2 (BGBl II Anlagenband) zu VO v 18. 4. 1985, BGBl II 666)
RID	Ordnung für die internationale Eisenbahnbeförderung gefährlicher Güter (Anl I zu CIM, Anlage 2 (BGBl II Anlagenband) zu VO v 18. 4. 1985, BGBl II 666)
RIEx	Ordnung für die internationale Eisenbahnbeförderung von Expreßgut (Anl IV zu CIM, BGBl II 303)
RIP	Ordnung für die internationale Eisenbahnbeförderung von Privatwagen (Anh II zu CIM, Anlage 2 (BGBl II Anlagenband) zu VO v 18. 4. 1985, BGBl II 666)
RisikobegrenzG	Gesetz zur Begrenzung der mit Finanzinvestitionen verbundenen Risiken (Risikobegrenzungsgesetz) v 12. 8. 2008, BGBl I 1666
RIW	Recht der Internationalen Wirtschaft, Betriebs-Berater International (früher: Außenwirtschaftsdienst des Betriebs-Berater, AWD) (Jahr und Seite)
RJA	Reichsjustiz-Amt, Entscheidungen in Angelegenheiten der freiwilligen Gerichtsbarkeit und des Grundbuchrechts (Bd und Seite)
RKfPr	Reichskommissar für die Preisbildung
rkr	rechtskräftig
RKT	Reichskraftwagentarif
RKW	Rationalisierungs-Kuratorium der deutschen Wirtschaft e. V.
RM	Reichsmark
RMBl	Reichsministerialblatt
RMVerk	Reichsverkehrsminister(ium)
RMWi	Reichsminister(ium) für Wirtschaft
Rn	Randnummer, Randziffer
ROCE	return on capital employed
ROHG	Reichs-Oberhandelsgericht, auch Entscheidungen des Reichs-Oberhandelsgerichts (Bd und Seite)
Rö/(Bearbeiter)	Röhricht, Graf von Westphalen, Hrsg, Handelsgesetzbuch, Kommentar, Köln, 3. Aufl 2008
ROI	return on investment
Rom I-VO	VO (EG) Nr 593/2008 des Europäischen Parlaments und des Rates v 17. 6. 2008 über das auf vertragliche Schuldverhältnisse anzuwendende Recht (Rom I), ABlEG L 177/6 v 4. 7. 2008

Abkürzungen

Ro-Ro (Verkehr)	Roll on/Roll off (Verkehr)
Roth/Altmeppen	Roth, Altmeppen, Gesetz betreffend die Gesellschaft mit beschränkter Haftung: GmbHG, Kommentar, München, 6. Aufl 2009
ROW	Recht in Ost und West (Jahr und Seite)
Rowedder/ (Bearbeiter)	Gesetz betreffend die Gesellschaften mit beschränkter Haftung (GmbHG) Kommentar, begr von Rowedder, hrsg von Schmidt-Leithoff, München, 4. Aufl 2002
Rpfleger	Der Deutsche Rechtspfleger (Jahr und Seite)
RPflG	Rechtspflegergesetz v 5. 11. 1969, BGBl I 2065, FNA 302-2
RPS	Recht und Praxis der Schiedsgerichtsbarkeit (BB Beil Nr, Jahr und Seite)
RRat	Reichsrat
RReg	Reichsregierung
Rspr	Rechtsprechung
RsprÜbersicht	Rechtsprechungsübersicht
Rstk	Rostock
RUF	revolving underwriting facility
RVerkBl	Reichsverkehrsblatt
rvgl	rechtsvergleichend
Rstk	Rostock (OLG)
RVO	Rechtsverordnung; *auch:* Reichsversicherungsordnung idF v 15. 12. 1924, RGBl I 779, BGBl III FNA 820-1, aufgehoben, s jetzt SGB
RVS	Rollfuhrversicherungsschein
RWS	Kommunikationsforum Recht Wirtschaft Steuern, Köln
Rz	s Rn
S	Satz, Seite
s	siehe
Saarbr	Saarbrücken (OLG)
SAC	Standards Advisory Council
SAE	Sammlung arbeitsrechtlicher Entscheidungen (Jahr und Seite)
SanLiquRiG	Gesetz zur Umsetzung aufsichtsrechtlicher Bestimmungen zur Sanierung und Liquidation von Versicherungsunternehmen und Kreditinstituten v 10. 12. 2003, BGBl I 2478
SAR	stock appreciation right(s)
SBPT	share based payment transaction
sbr	Schmalenbach Business Review (Bd, Jahr und Seite)
2. Schadensersatz-ÄndG	Zweites Gesetz zur Änderung schadensersatzrechtlicher Vorschriften v 19. 7. 2002, BGBl I 2674
Schaub	Schaub, Koch, Linck, Arbeitsrechts-Handbuch, München, 12. Aufl 2007
ScheckG	Scheckgesetz v 14. 8. 1933, RGBl I 597, BGBl III FNA 4132-1
SchiedsG	Schiedsgericht
SchiedsVfG	Gesetz zur Neuregelung des Schiedsverfahrensrechts (Schiedsverfahrens-Neuregelungsgesetz – SchiedsVfG) v 22. 12. 1997, BGBl I 3224, FNA 310-4/3
SchiedsVZ	Zeitschrift für Schiedsverfahren (Jahr und Seite)
SchiffsBG	Gesetz über die Schiffspfandbriefbanken (Schiffsbankgesetz) idF v 8. 5. 1963, BGBl I 301, BGBl III FNA 7628-2, aufgehoben durch PfandBG
Schimansky ua	s BankrechtsHdb
Schlegelb/ (Bearbeiter)	Schlegelberger, Handelsgesetzbuch, Kommentar von Geßler, Hefermehl, Hildebrandt, Schröder, München, 6 Bde, 5. Aufl 1973 ff
Schlesw	Schleswig (OLG)
SchlH	Schleswig-Holstein
K. Schmidt	K. Schmidt, Handelsrecht, Köln, 5. Aufl 1999
K. Schmidt (GesR)	K. Schmidt, Gesellschaftsrecht, Köln, 4. Aufl 2002 (GesR nur außerhalb §§ 105 ff angegeben)
L. Schmidt	Einkommensteuergesetz, München, 28. Aufl 2009

LI

Abkürzungen

Scholz/(Bearbeiter)	Kommentar zum GmbH-Gesetz, begr v Scholz, 10. Aufl Köln, Bd 1–3, 2000 ff
Schr	Schreiben
SchuldRK	Schuldrechtskommission
Schwark/(Bearbeiter)	Kapitalmarktrechts-Kommentar, München, 3. Aufl 2004
SchVFalschberG	Gesetz zur Neuregelung der Rechtsverhältnisse bei Schuldverschreibungen aus Gesamtemission und zur verbesserten Durchsetzbarkeit von Ansprüchen von Anlagen aus Falschberatung v 31. 7. 09 BGBl I 2512
SchVG	Schuldverschreibungsgesetz v 4. 12. 1899, RGBl 1899, 691, BGBl III 4134-1; Gesetz über Schuldverschreibungen aus Gesamtemissionen (Schuldverschreibungsgesetz – SchVG), v 31. 7. 09 BGBl I 2512
SchwBG	Schwerbehindertengesetz idF v 26. 8. 1986, BGBl I 1421, ber 1550, aufgehoben, s jetzt SGB IX Rehabilitation und Teilhabe behinderter Menschen
schweiz	schweizerisch, Schweizer
SchweizAG	Die Schweizerische Aktiengesellschaft (Jahr und Seite)
SchweizJZ	Schweizerische Juristen-Zeitung (Jahr und Seite)
SD	Staff Draft (Vorstufe zu Entwürfen internationaler Rechnungslegungsstandards)
SE	societas Europaea, Europäische (Aktien)Gesellschaft
SEAG	Gesetz zur Ausführung der Verordnung (EG) Nr. 2157/2001 des Rates vom 8. Oktober 2001 über das Statut der Europäischen Gesellschaft (SE) (SE-Ausführungsgesetz – SEAG) v 22. 12. 2004, BGBl I 3675, FNA 4121-4
SEBG	Gesetz über die Beteiligung der Arbeitnehmer in einer Europäischen Gesellschaft (SE-Beteiligungsgesetz – SEBG) v 22. 12. 2004, BGBl I 3686, FNA 801-15
SEC	Securities and Exchange Commission (USA)
sec	section
SEEG	Gesetz zur Einführung der Europäischen Gesellschaft (SEEG) v 22. 12. 2004, BGBl I 3675
2. SeerechtsÄndG	Gesetz zur Änderung des Handelsgesetzbuchs und anderer Gesetze (Zweites Seerechtsänderungsgesetz) v 25. 7. 1986, BGBl I 1120, FNA 4101-5
SEPA	Single Euro Payment Area, Einheitlicher Europäischer Zahlungsraum, s PSD
SERi	Richtlinie 2001/86/EG des Rates zur Ergänzung des Statuts der Europäischen Gesellschaft v 8. 10. 2001 hinsichtlich der Beteiligung der Arbeitnehmer, ABlEG L 294/22 v 10. 11. 01
SeuffA	Seufferts Archiv für Entscheidungen der obersten Gerichte in den deutschen Staaten (Bd und Nr)
SEVO	Verordnung (EG) Nr. 2157/2001 des Rates über das Statut der Europäischen Gesellschaft (SE), ABlEG L 294/1 v 10. 11. 01
SFAC	Statement of Financial Accounting Concepts
SFAS	Statement of Financial Accounting Standards
SGB III	Sozialgesetzbuch (SGB) Drittes Buch (III) – Arbeitsförderung – v 24. 3. 1997, BGBl I 594, FNA 860-3
SGB VII	Sozialgesetzbuch (SGB) Siebtes Buch (VII) – Unfallversicherung – v 7. 8. 1996, BGBl I 1254, FNA 860-7
SGB IX	Sozialgesetzbuch (SGB) Neuntes Buch (IX) – Rehabilitation und Teilhabe behinderter Menschen v 19. 6. 2001, BGBl I 1046, FNA 860-9
SGB X	Sozialgesetzbuch (SGB) Verwaltungsverfahren v 18. 8. 1980, BGBl I 1469, ber 2218, FNA 860-10-1/2
SIC	Standing Interpretations Committee
SIC-D	Draft Standing Interpretations Committee
SIV	structured investment vehicle
SJZ	Süddeutsche Juristen-Zeitung (ab 1951 übergeleitet in JZ) (Jahr und Seite, ab 1947 Spalte)
SJZ/RSJ	Schweizerische Juristen-Zeitung/Revue Suisse de Jurisprudence (Jahr und Seite)

Abkürzungen

SMG	Gesetz zur Modernisierung des Schuldrechts v 26. 11. 2001, BGBl I 3138, FNA 400-2/10
sog	sogenannt
Sonderbeil	Sonderbeilage
SortenschutzG	Sortenschutzgesetz idF v 19. 12. 97, BGBl I 3164, BGBl III FNA 7822-7
SOX	Sarbanes-Oxley Act (USA)
SozG	Sozialgericht
SozVers	Sozialversicherung
Sp (li, re)	(linke, rechte) Spalte
Spark	Die Sparkasse, Zeitschrift des Deutschen Sparkassen- und Giroverbandes (Jahr und Seite)
SPE	Societas Privata Europaea, special purpose entity
Spediteur	Der Spediteur, Mitteilungsblatt des BSL (Jahr und Seite)
Sp-Police	Speditions-Police
SpruchG	Gesetz über das gesellschaftsrechtliche Spruchverfahren (Spruchverfahrensgesetz − SpruchG) v 12. 6. 2003, BGBl I 838, BGBl III FNA 315-23
SpV	Speditionsversicherung
SPV	special purpose vehicle
SSAP	Statement of Standard Accounting Practice
StAnpG	Steueranpassungsgesetz v 16. 10. 1934, RGBl I 925, außer Kraft mWv 1. 1. 1977 durch G v 14. 12. 1976, BGBl I 3341
Staub/(Bearbeiter)	Handelsgesetzbuch, Großkommentar, 4. Aufl, hrsg von Canaris, Schilling, Ulmer, Berlin 1983 ff; 3. Aufl und 5. Aufl s Groß-Ko(HGB)
Staud/(Bearbeiter)	Staudinger, Kommentar zum Bürgerlichen Gesetzbuch mit Einführungsgesetz und Nebengesetzen, Berlin, 12. Aufl 1978 ff, 13. Aufl 1993 ff (Einzelbde)
Staud/Hopt/Mülbert	s Hopt/Mülbert
StB	Der Steuerberater (Jahr und Seite)
StBerG	Steuerberatungsgesetz idF v 4. 11. 1975, BGBl I 2735, BGBl III FNA 610-10
Stbg	Die Steuerberatung (Jahr und Seite)
StBP	Die steuerliche Betriebsprüfung (Jahr und Seite)
SteuerreformG 1990	Steuerreformgesetz 1990 v 25. 7. 1988, BGBl I 1093, BGBl III FNA 611-1-20-1
StGB	Strafgesetzbuch idF v 13. 11. 1998, BGBl I 3322, BGBl III FNA 450-2
stGes	stille Gesellschaft
Stgt	Stuttgart (OLG)
str	streitig
stRspr	(in) ständige(r) Rechtsprechung
StuB	Steuern und Bilanzen (Jahr und Seite)
StückAG	Gesetz über die Zulassung von Stückaktien (Stückaktiengesetz − StückAG) v 25. 3. 1998, BGBl I 590
St/Ul I, II	Straatmann, Ulmer, Handelsrechtliche Schiedsgerichtspraxis, Köln, Bd 1 1975, Bd 2 1982
St/Ul/Ti III, IV, V	Straatmann, Ulmer, Timmermann, Rechtsprechung kaufmännischer Schiedsgerichte, Hamburg Bd 3 1984, Baden-Baden Bd 4 1988; ab Bd 5 HK Hbg, s dort
StuW	Steuer und Wirtschaft (Jahr und Seite)
Suppl	Supplement
SVS/RVS	Speditions- und Rollfuhrversicherungsschein
S. W. I. F. T.	Society for Worldwide Interbank Financial Telecommunication
SZR	Sonderziehungsrecht (Rechnungseinheit des IWF)
SZW	Schweizerische Zeitschrift für Wirtschaftsrecht (früher SchweizAG, seit 2007 für Wirtschafts- und Finanzmarktrecht) (Jahr und Seite)
TAN	Transaktionsnummer
TEUR	Tausend Euro

Abkürzungen

Th/P	Thomas, Putzo, Reichold, Hüßtege, Zivilprozessordnung mit Gerichtsverfassungsgesetz und den Einführungsgesetzen, München, 30. Aufl 2009
TLF	transferable loan facilities
TOD	Takeover Bids Directive
TRG	Gesetz zur Neuregelung des Fracht-, Speditions- und Lagerrechts (Transportrechtsreformgesetz – TRG) v 25. 6. 1998, BGBl I 1588, BGBl III FNA 4100-1/2
TransPuG	Gesetz zur weiteren Reform des Aktien- und Bilanzrechts, zu Transparenz und Publizität (Transparenz- und Publizitätsgesetz) v 19. 7. 2002, BGBl I 2681
TranspR	Transportrecht (Jahr und Seite)
TRIPS	Agreement on Trade-Related Aspects of Intellectual Property Rights (der WTO)
TSR	total shareholder return
Tüb	Tübingen
TUG	Gesetz zur Umsetzung der Richtlinie 2004/109/EG des Europäischen Parlaments und des Rates vom 15. Dezember 2004 zur Harmonisierung der Transparenzanforderungen in Bezug auf Informationen über Emittenten, deren Wertpapiere zum Handel auf einem geregelten Markt zugelassen sind, und zur Änderung der Richtlinie 2001/34/EG (Transparenzrichtlinie-Umsetzungsgesetz – TUG) v 5. 1. 2007, BGBl I 10
TV	Tarifvertrag, Testamentsvollstrecker
TVG	Tarifvertragsgesetz idF v 25. 8. 1969, BGBl I 1323, BGBl III FNA 802-1
Tz	Textziffer
TzBfG	Gesetz über Teilzeitarbeit und befristete Arbeitsverträge (Teilzeit- und Befristungsgesetz – TzBfG) v 21. 12. 2000, BGBl I 1966, BGBl III FNA 800-26
u	und
ua	unter anderem, und andere
uä	und ähnliche
uam	und anderes mehr
UBG	Unternehmensbeteiligungsgesellschaft
UBGG	Gesetz über Unternehmensbeteiligungsgesellschaften (UBGG) idF v 9. 9. 1998, BGBl I 2765, BGBl III FNA 4126-1
Überbl	Überblick
ÜbernahmeRiUmsetzungsG	Gesetz zur Umsetzung der Richtlinie 2004/25/EG des Europäischen Parlaments und des Rates vom 21. April 2004 betreffend Übernahmeangebote (Übernahmerichtlinie-Umsetzungsgesetz) v 8. 7. 2006 BGBl I 1426
Übk	Übereinkommen
UCC	Uniform Commercial Code
UCITS	Undertakings for Collective Investment in Transferable Securities (Directive)
UCP	Uniform Customs and Practice for Documentary Credits (s ERA)
ÜG	Überweisungsgesetz (ÜG) v 21. 7. 1999 BGBl I 1642
UG (haftungsbeschränkt)	Unternehmergesellschaft (haftungsbeschränkt)
(ö)UGB	Unternehmensgesetzbuch
UK	United Kingdom
UKlaG	Gesetz über Unterlassungsklagen bei Verbraucherrechts- und anderen Verstößen (Unterlassungsklagengesetz – UKlaG) idF v 27. 8. 2002 BGBl I 3422, BGBl III FNA 402-37
üL	überwiegende Lehre
Ul/Br/He	Ulmer, Brandner, Hensen, AGB-Recht, Köln, 10. Aufl 2006
Ulmer, GbR	s MüKoBGB/Ulmer
Ulmer, Groß-KoGmbHG	s GroßKoGmbHG

Abkürzungen

Ulmer/Schäfer ...	s MüKoBGB/Ulmer/Schäfer
üM	überwiegende Meinung
UMAG	Gesetz zur Unternehmensintegrität und Modernisierung des Anfechtungsrechts (UMAG), v 22. 9. 2005, BGBl I 2802, BGBl III FNA 4121-1
UmsetzungsG Bank- und WPAufsicht ..	Gesetz zur Umsetzung von EG-Richtlinien zur Harmonisierung bank- und wertpapieraufsichtsrechtlicher Vorschriften v 22. 10. 1997, BGBl I 2518
UmstG	Drittes Gesetz zur Neuordnung des Geldwesens (Umstellungsgesetz), in Kraft 27. 6. 1948, WiGBl Beil 5 S 13, BGBl III FNA 7601-0
UmwG	Umwandlungsgesetz idF v 28. 10. 1994, BGBl I 3210, ber 1995 I 428, BGBl III FNA 4120-9-2
2. UmwÄndG	2. Umwandlungsänderungsgesetz v 18. 4. 2007 BGBl 542
UmwStG	Umwandlungssteuergesetz 2002 idF v 15. 10. 2002 BGBl I 4133, BGBl III FNA 610-6-13-2
UN	United Nations, Vereinte Nationen
UNCITRAL	United Nations Commission on International Trade Law, Kommission der Vereinten Nationen für internationales Handelsrecht
UNCTAD	United Nations Conference on Trade and Development, Konferenz der Vereinten Nationen für Handel und Entwicklung
(UN)ECOSOC...	United Nations Economic and Social Council, Wirtschafts- und Sozialrat der Vereinten Nationen
UNICE	Union des Confédérations de l'Industrie et des Employeurs d'Europe/Union of Industrial and Employers' Confederations of Europe
UNIDROIT	International Institute for the Unification of Private Law, Internationales Institut für die Vereinheitlichung des Privatrechts (Rom)
UNO	United Nations Organization
UNÜbkIntWarenkauf	Übereinkommen der Vereinten Nationen über Verträge über den internationalen Warenkauf v 11. 4. 1980, BGBl 1989 II 588, ber 1990 II 1699, s auch CISG
unstr	unstreitig
Unterabs.......	Unterabsatz
unv	unverändert(e Auflage)
unzutr	unzutreffend
u/o	und/oder
uö	und öfters
URC	Uniform Rules for Collections (s ERI)
URDG	Uniform Rules for Demand Guarantees
UrhG	Gesetz über Urheberrecht und verwandte Schutzrechte (Urheberrechtsgesetz) v 9. 9. 1965, BGBl I 1273, BGBl III FNA 440-1
URR	Uniform Rules for Bank-to-Bank Reimbursements (ICC), deutsch ERR
US GAAP	United States Generally Accepted Accounting Principles
UStG	Umsatzsteuergesetz 1999 (UStG 1999) idF v 9. 6. 1999, BGBl I 1270, BGBl III FNA 611-10-14
UStR	Umsatzsteuer-Richtlinien
usw	und so weiter
uU...........	unter Umständen
uüV	unter üblichem Vorbehalt
UWG	Gesetz gegen den unlauteren Wettbewerb (UWG) v 3. 7. 2004 BGBl I 1414, BGBl III FNA 43-7
v	vor, von
VAG	Gesetz über die Beaufsichtigung der Versicherungsunternehmen (Versicherungsaufsichtsgesetz – VAG) idF v 17. 12. 1992, BGBl 1993 I 2, BGBl III FNA 7631-1
VAR	value-at-risk (erwarteter Verlust, der mit vorgegebener Wahrscheinlichkeit über einen bestimmten Zeitraum nicht überschritten wird)
VAT	value added tax
vAw	von Amts wegen

Abkürzungen

VBGL	Vertragsbedingungen für den Güterkraftverkehrs- und Logistikunternehmer
VC	venture capital
VDMA	Verband Deutscher Maschinen- und Anlagebau e. V.
VDW	Verein Deutscher Werkzeugmaschinenfabriken e. V.
VerbrGüKRi	Richtlinie 1999/44/EG des Europäischen Parlaments und des Rates v 25. 5. 1999 zu bestimmten Aspekten des Verbrauchsgüterkaufs und der Garantien für Verbrauchsgüter, ABlEG L 171/12
VerbrKrG	Verbraucherkreditgesetz v 17. 12. 1990 BGBl I 2840, BGBl III FNA 402-6, aufgehoben
VerbrKrRiUmsetzG	Gesetz zur Umsetzung der Verbraucherkreditrichtlinie, des zivilrechtlichen Teils der Zahlungsdiensterichtlinie sowie zur Neuordnung der Vorschriften über das Widerrufs- und Rückgaberecht, 29. 7. 2009 BGBl 2355
VerglO	Vergleichsordnung v 26. 2. 1935, RGBl I 321, BGBl III FNA 311-1, aufgehoben
VerjährungsanpassG	Gesetz zur Anpassung von Verjährungsvorschriften an das Gesetz zur Modernisierung des Schuldrechts v 9. 12. 2004, BGBl I 3214
VerkProspG	Wertpapier-Verkaufsprospektgesetz (VerkaufsprospektG) idF v 9. 9. 1998, BGBl I 2701, BGBl III FNA 4110-3
VerkProspVO	Verordnung über Wertpapier-Verkaufsprospekte (Verkaufsprospekt-Verordnung) idF v 9. 9. 1998, BGBl I 2854, BGBl III FNA 4110-3-1
VerkBl	Verkehrsblatt, Amtsblatt des BMV (Jahr und Seite)
VerlG	Gesetz über das Verlagsrecht v 19. 6. 1901, RGBl 217, BGBl III FNA 441-1
VermVerkProspV	Verordnung über Vermögensanlagen-Verkaufsprospekte (Vermögensanlagen-Verkaufsprospektverordnung − VermVerkProspV) v 16. 12. 2004, BGBl I 3464, BGBl III FNA 4110-3-4
5. VermBG	Fünftes Gesetz zur Förderung der Vermögensbildung der Arbeitnehmer (Fünftes Vermögensbildungsgesetz − 5. VermBG) idF v 4. 3. 1994, BGBl I 406, BGBl III FNA 800-9
Vers	Versicherung
VersKapAG	Gesetz zur Änderung von Vorschriften über die Bewertung der Kapitalanlagen von Versicherungsunternehmen und zur Aufhebung des Diskontsatz-Überleitungs-Gesetzes (Versicherungskapitalanlagen-Bewertungsgesetz − VersKapAG) v 26. 3. 2002, BGBl I 1219
VersN	Der Versicherungsnehmer, Zeitschrift für die versicherungsnehmende Wirtschaft und den Straßenverkehr (Jahr und Seite)
VersPr	Versicherungspraxis (Jahr und Seite)
VersR	Versicherungsrecht, Juristische Rundschau für die Individualversicherung (Jahr und Seite)
VersRiLiG	Gesetz zur Durchführung der Richtlinie des Rates der Europäischen Gemeinschaften über den Jahresabschluss und den konsolidierten Abschluss von Versicherungsunternehmen (Versicherungsbilanzrichtlinie-Gesetz − VersRiLiG) v 24. 6. 1994, BGBl I 1377
VersVermG	Gesetz zur Neuregelung des Versicherungsvermittlerrechts v 19. 12. 2006, BGBl I 3232
VersVermV	Verordnung über die Versicherungsvermittlung und -beratung (Versicherungsvermittlungsverordnung − (VersVermV) v 15. 5. 2007, BGBl I 733
VersVertreter	Versicherungsvertreter
VersW	Versicherungswirtschaft, Halbmonatsschrift der deutschen Individualversicherung (Jahr und Seite)
VerWiGeb	Vereinigtes Wirtschaftsgebiet
VerwVerWiGeb	Verwaltung des VerWiGeb
VG	Verwaltungsgericht
VGH	Verwaltungsgerichtshof
vgl	vergleiche
VGR	Gesellschaftsrechtliche Vereinigung (VGR); Schriftenreihe der VGR, Jahrestagung (Jahr und Seite)
VGrS	Vereinigter Großer Senat
VIZ	Zeitschrift für Vermögens- und Immobilienrecht (Jahr und Seite)

Abkürzungen

VO	Verordnung(en)
VMEBF	Vereinigung zur Mitwirkung an der Entwicklung des Bilanzrechts für Familiengesellschaften
VOB	Vergabe- und Vertragsordnung für Bauleistungen, vormals Verdingungsordnung für Bauleistungen
VOL	Verdingungsordnung für Leistungen, ausgenommen Bauleistungen
vol, vols	volume(s), Band/Bände
Voraufl	Vorauflage
Vorbem	Vorbemerkung
VorstAG	Gesetz zur Angemessenheit der Vorstandsvergütung (VorstAG) v 31. 7. 2009 BGBl I 2509
VorstOG	Gesetz über die Offenlegung von Vorstandsvergütungen (Vorstandsvergütungs-Offenlegungsgesetz – VorstOG) v 3. 8. 2005, BGBl I 2267, BGBl III FNA 4100-1, 4101-1
VuR	Verbraucher und Recht (Jahr und Seite)
VVaG	Versicherungsverein auf Gegenseitigkeit
VVG	Gesetz über den Versicherungsvertrag (Versicherungsvertragsgesetz – VVG) v 23. 11. 2007, BGBl I 2631, BGBl III FNA 7632-2
VW	Versicherungswirtschaft (Jahr und Seite)
VwGO	Verwaltungsgerichtsordnung idF v 19. 3. 1991, BGBl I 686, BGBl III FNA 340-1
WA	Warschauer Abkommen zur Vereinheitlichung von Regeln über die Beförderung im internationalen Luftverkehr idF Protokoll Den Haag v 28. 9. 1955, BGBl 1958 II 291, 312, 1964 II 1295
Warn	Die Rechtsprechung des Reichsgerichts auf dem Gebiete des Zivilrechts, hrsg von Warneyer (Jahr und Nr bis 1942/43); Die Rechtsprechung des Bundesgerichtshofes in Zivilsachen (Jahr und Nr, ab 1959/1960)
WBG	Gesetz zur Bereinigung des Wertpapierwesens (Wertpapierbereinigungsgesetz) v 19. 8. 1949, WiGBl 295, BGBl III FNA 4139-1
Wertpapierhandels-Ri	Richtlinie des BAWe zur Konkretisierung der §§ 31 und 32 WpHG für das Kommissions-, Festpreis- und Vermittlungsgeschäft der Kreditinstitute v 26. 5. 1997, BAnz 6. 6. 1997, S 6586
Westermann	Westermann ua, Handbuch der Personengesellschaften, Köln (LBl)
Westphal I	Westphal, Vertriebsrecht, Bd I: Handelsvertreter, Bd 2: Vertragshändler, Düsseldorf 1998, 2000
WG	Wechselgesetz v 21. 6. 1933, RGBl I 399, BGBl III FNA 4133-1
WiB	Wirtschaftsrechtliche Beratung, Zeitschrift für Wirtschaftsanwälte und Unternehmensjuristen (Jahr, Seite)
Wiedemann I, II ..	Wiedemann, Gesellschaftsrecht, Bd I, Grundlagen, München 1980, Bd II, Recht der Personengesellschaften, München 2004
WiGBl	Gesetzblatt der Verwaltung des Vereinigten Wirtschaftsgebietes (Jahr und Seite)
1. WiKG	Erstes Gesetz zur Bekämpfung der Wirtschaftskriminalität (1. WiKG) v 29. 7. 1976, BGBl I 2034, BGBl III FNA 453-18-1-1
WiR	Wirtschaftsrecht (Jahr und Seite)
WiStG	Gesetz zur weiteren Vereinfachung des Wirtschaftsstrafrechts (Wirtschaftsstrafgesetz) idF v 3. 6. 1975, BGBl I 1313, BGBl III FNA 453-9
wistra	Zeitschrift für Wirtschafts- und Steuerstrafrecht (Jahr und Seite)
WKN	Wertpapier-Kenn-Nummer
WM	Zeitschrift für Wirtschafts- und Bankrecht, Wertpapier-Mitteilungen, Teil IV (Jahr und Seite)
Wo/Li/Pf	Wolf, Lindacher, Pfeiffer, AGB-Recht, München, 5. Aufl 2009
WP	Wertpapier, auch: Das Wertpapier (Jahr und Seite)
WpAIV	Verordnung zur Konkretisierung von Anzeige-, Mitteilungs- und Veröffentlichungspflichten sowie der Pflicht zur Führung von Insiderverzeichnissen nach dem Wertpapierhandelsgesetz (Wertpapierhandelsanzeige- und Insiderverzeichnisverordnung – WpAIV) v 13. 12. 2004, BGBl I 3376, BGBl III FNA 4110-4-9

Abkürzungen

WPDienstleistungsRi	Richtlinie des Rates der Europäischen Gemeinschaften v 10. 5. 1993 (93/22/EWG) über Wertpapierdienstleistungen (Wertpapierdienstleistungsrichtlinie), ABlEG L 141/27 v 11. 6. 1993, aufgehoben, s ISD I
WpDPV	Verordnung über die Prüfung der Wertpapierdienstleistungsunternehmen nach § 36 des Wertpapierhandelsgesetzes (Wertpapierdienstleistungs-Prüfungsverordnung – WpDPV) v 16. 12. 2004, BGBl I 3515, BGBl III FNA 4110-4-10
WpDVerOV	Verordnung zur Konkretisierung der Verhaltensregeln und Organisationsanforderungen für Wertpapierdienstleistungsunternehmen (Wertpapierdienstleistungs-Verhaltens- und Organisationsverordnung – WpDVerOV) 20. 7. 2007, BGBl I 1432, BGBl III FNA 4110-4-13
WPg	Die Wirtschaftsprüfung (Jahr und Seite)
WP-Hdb	Wirtschaftsprüfer-Handbuch: IDW WP Handbuch Bd I, 13. Aufl Düsseldorf 2006, Band II, 13. Aufl, Düsseldorf 2007
WpHG	Gesetz über den Wertpapierhandel (Wertpapierhandelsgesetz – WpHG) idF v 9. 9. 1998, BGBl I 2708, BGBl III FNA 4110-4
WpHMV	Verordnung über die Meldepflichten beim Handel mit Wertpapieren und Derivaten (Wertpapierhandel-Meldeverordnung – WpHMV) v 21. 12. 1995, BGBl I 2094, BGBl III FNA 4110-4-2
WpHVerhaltensRi	Richtlinie zur Konkretisierung der §§ 31 und 32 WpHG für das Kommissionsgeschäft, den Eigenhandel für andere und das Vermittlungsgeschäft der Wertpapierdienstleistungsunternehmen v 23. 8. 2001, BAnz v 4. 9. 2001, S 19 217
WPK	Wirtschaftsprüferkammer
WPK-Mitt	Wirtschaftsprüferkammer-Mitteilungen
WPO	Gesetz über eine Berufsordnung der Wirtschaftsprüfer (Wirtschaftsprüferordnung), idF v 5. 11. 1975, BGBl I 2803, BGBl III FNA 702-1
WPOÄG	Gesetz zur Änderung von Vorschriften über die Tätigkeit der Wirtschaftsprüfer (Wirtschaftsprüferordnungs-Änderungsgesetz – WPO-ÄG) v 19. 12. 2000, BGBl I 1769, BGBl III FNA 702-1/1
WpPG	Gesetz über die Erstellung, Billigung und Veröffentlichung des Prospekts, der beim öffentlichen Angebot von Wertpapieren oder bei der Zulassung von Wertpapieren zum Handel an einem organisierten Markt zu veröffentlichen ist (Wertpapierprospektgesetz – WpPG) v 22. 6. 2005, BGBl I 1698, BGBl III FNA 4110-9
WPRefG	Gesetz zur Reform des Zulassungs- und Prüfungsverfahrens des Wirtschaftsprüfungsexamens (Wirtschaftsprüfungsexamens-Reformgesetz – WPRefG) v 1. 12. 2003 BGBl I 2446
WpÜG	Wertpapiererwerbs- und Übernahmegesetz (WpÜG) v 20. 12. 2001, BGBl I 3822, BGBl III FNA 4110-7
WpÜG-AngebotsVO	Verordnung über den Inhalt der Angebotsunterlage, die Gegenleistung bei Übernahmeangeboten und Pflichtangeboten und die Befreiung von der Verpflichtung zur Veröffentlichung und zur Abgabe eines Angebots (WpÜG-Angebotsverordnung) v 27. 12. 2001, BGBl I 4263, BGBl III FNA 4110-7-3
WpÜG-BeiratsVO	Verordnung über die Zusammensetzung, die Bestellung der Mitglieder und das Verfahren des Beirats bei der Bundesanstalt für Finanzdienstleistungsaufsicht (WpÜG-Beiratsverordnung) v 27. 12. 2001, BGBl I 4259, BGBl III FNA 4110-7-1
WpÜG-Widerspruchsausschuss-VO	Verordnung über die Zusammensetzung und das Verfahren des Widerspruchsausschusses bei der Bundesanstalt für Finanzdienstleistungsaufsicht (WpÜG-Widerspruchsausschuss-Verordnung) v 27. 12. 2001, BGBl I 4261, BGBl III FNA 4110-7-2
WpÜG-GebührenVO	Verordnung über Gebühren nach dem Wertpapiererwerbs- und Übernahmegesetz (WpÜG-Gebührenverordnung) v 27. 12. 2001, BGBl I 4267, BGBl III FNA 4110-7-4

Abkürzungen

WR	Wertpapierrechnung
WR-Gutschrift . . .	Gutschrift in Wertpapierrechnung
WRP	Wettbewerb in Recht und Praxis (Jahr und Seite)
WTO	World Trade Organisation, Welthandelsorganisation (GATT)
WuB	Entscheidungssammlung zum Wirtschafts- und Bankrecht (WM)
WuW	Wirtschaft und Wettbewerb (Jahr und Seite)
WuW/E	Wirtschaft und Wettbewerb, Entscheidungssammlung zum Kartellrecht
WVB	Waren-Vereins-Bedingungen
WV Hbg Börse . . .	Waren-Verein der Hamburger Börse e. V.
ZAG	Gesetz über die Beaufsichtigung von Zahlungsdiensten (Zahlungsdiensteaufsichtsgesetz – ZAG) v 25. 6. 2009, BGBl I 1506, BGBl III FNA 7610-16
ZahlungsdiensteUmsetzG	Gesetz zur Umsetzung der aufsichtsrechtlichen Vorschriften der Zahlungsdiensterichtlinie (Zahlungsdiensteumsetzungsgesetz) v 26. 3. 2009, BGBl I 1506, BGBl III FNA 7610-16
ZahlungsBeschlG . .	Gesetz zur Beschleunigung fälliger Zahlungen v 30. 3. 2000, BGBl I 330
ZAIP	s RabelsZ
ZAkDR	Zeitschrift der Akademie für Deutsches Recht (Jahr und Seite)
zB	zum Beispiel
ZBB	Zeitschrift für Bankrecht und Bankwirtschaft (Jahr und Seite)
ZBH	Zentralblatt für Handelsrecht (Jahr und Seite)
ZBk	Zentralbank
ZCG	Zeitschrift für Corporate Governance (Jahr und Seite)
ZErb	Zeitschrift für die Steuer- und Erbrechtspraxis (Jahr und Seite)
ZEuP	Zeitschrift für Europäisches Privatrecht (Jahr und Seite)
ZEV	Zeitschrift für Erbrecht und Vermögensnachfolge (Jahr und Seite)
ZfA	Zeitschrift für Arbeitsrecht (Jahr und Seite)
ZfB	Zeitschrift für Betriebswirtschaft (Jahr und Seite)
ZfbF	Schmalenbachs Zeitschrift für betriebswirtschaftliche Forschung (Jahr und Seite)
ZfBR	Zeitschrift für deutsches und internationales Baurecht (Jahr und Seite)
ZfgK	Zeitschrift für das gesamte Kreditwesen (Jahr und Seite)
ZfIR	Zeitschrift für Immobilienrecht (Jahr und Seite)
ZfRV	Zeitschrift für Rechtsvergleichung, Wien (Jahr und Seite)
ZfV	Zeitschrift für Versicherungswesen (Jahr und Seite)
ZGB	Zivilgesetzbuch (in Verbindung mit dem jeweils erlassenden Staat)
ZGesKW	s ZfgK
ZGR	Zeitschrift für Unternehmens- und Gesellschaftsrecht (Jahr und Seite)
ZGS	Zeitschrift für das gesamte Schuldrecht (Jahr und Seite)
ZHR	Zeitschrift für das gesamte Handelsrecht und Wirtschaftsrecht (früher Zeitschrift für das gesamte Handelsrecht und Konkursrecht) (Bd, Jahr, Seite)
ZInsO	Zeitschrift für das gesamte Insolvenzrecht (Jahr und Seite)
ZIP	Zeitschrift für Wirtschaftsrecht (1–7/1980 Insolvenzrecht – Zeitschrift für die gesamte Insolvenzpraxis, dann bis 12/1982 Zeitschrift für Wirtschaftsrecht und Insolvenzpraxis) (Jahr und Seite)
zit	zitiert
ZKA	Zentraler Kreditausschuss (der Spitzenverbände der Kreditwirtschaft)
ZKW	s ZfgK
ZNotP	Zeitschrift für die NotarPraxis (Jahr und Seite)
ZPO	Zivilprozessordnung idF v 5. 12. 2005, BGBl I 3202, ber 2006 I 431, BGBl III FNA 310-4
ZRP	Zeitschrift für Rechtspolitik (Jahr und Seite)
ZS	Zivilsenat
ZSR	Zeitschrift für Schweizerisches Recht (Jahr, Bd, Seite)
zT	zum Teil
ZugabeVO	Verordnung des Reichspräsidenten zum Schutze der Wirtschaft, Erster Teil: Zugabewesen (Zugabeverordnung) v 9. 3. 1932, RGBl I 121, BGBl III FNA 434-1, aufgehoben

Abkürzungen

zust	zustimmend
ZuständErgG	Gesetz zur Ergänzung von Zuständigkeiten auf den Gebieten des Bürgerlichen Rechts, des Handelsrechts und des Strafrechts (Zuständigkeitsergänzungsgesetz) v 7. 8. 1952, BGBl I 407, BGBl III FNA 310-1
7. ZuständAnpVO	Siebente Zuständigkeitsanpassungs-Verordnung v 29. 10. 2001, BGBl I 2785
zutr	zutreffend
ZVersWiss	Zeitschrift für die gesamte Versicherungswissenschaft (Jahr und Seite)
ZVG	Gesetz über die Zwangsversteigerung und die Zwangsverwaltung (Zwangsversteigerungsgesetz) v 24. 3. 1897, RGBl 97, BGBl III FNA 310-14
ZVglRWiss	Zeitschrift für Vergleichende Rechtswissenschaft (wechselnde Titel) (Bd, Jahr, Seite)
ZVI	Zeitschrift für Verbraucher- und Privat-Insolvenzrecht (Jahr und Seite)
Zweibr	Zweibrücken (OLG)
ZWeR	Zeitschrift für Wettbewerbsrecht (Jahr und Seite)
ZwNl	Zweigniederlassung
zZ	zurzeit
ZZP	Zeitschrift für Zivilprozess (Bd und Seite)
ZZPInt	Zeitschrift für Zivilprozess International (Bd und Seite)

1. Teil
Handelsgesetzbuch

Vom 10. Mai 1897 (RGBl 219/BGBl III FNA 4100-1)
mit den späteren Änderungen
(Änderungen siehe Einl 11–15 vor § 1)

Erstes Buch. Handelsstand

Einleitung vor § 1

Schrifttum

a) Kommentare: *Ebenroth(/Boujong/Joost)/(Bearbeiter)* 2001, ErgBd 2003, *Ebenroth(/Boujong/Joost/Strohn)/(Bearbeiter)* Bd 1 2. Aufl 2008. – *GK(HGB)/(Ensthaler ua)* 7. Aufl 2007. – *GroßKo(HGB)/(Bearbeiter)* 5. Aufl 2008 ff Bd 2 (§§ 48–104) 2008. – *HdlbgKo/(Glanegger ua)* 7. Aufl 2007. – *Heymann/(Bearbeiter)* 2. Aufl 1995 ff. – *Ko(ller)/ Ro(th)/Mo(rck)/(Bearbeiter)* 6. Aufl 2007. – *MüKo(HGB)/(Bearbeiter)* 2. Aufl 2005 ff. – *Oetker/(Bearbeiter)* 2009. – *Rö(hricht/Graf v Westphalen)/(Bearbeiter)* 3. Aufl 2008. – *Schlegelb(erger)/(Bearbeiter)* 5. Aufl 1973 ff. – *Staub(GroßKoHGB)/(Bearbeiter)* 4. Aufl 1983 ff, 5. Aufl s GroßKo(HGB).

b) Lehrbücher: *Brox/Henssler* 20. Aufl 2009 (Grundriß). – *Bülow* 6. Aufl 2009. – *Canaris* 24. Aufl 2006. – *Fezer* 4. Aufl 2006. – *Hadding/Hennrichs* 3. Aufl 2003 (HGB-Klausur). – *Hofmann* 11. Aufl 2002. – *Hopt/Mössle/Schmitt* 2. Aufl 1999. – *Hübner* 5. Aufl 2004. – *Jung* 7. Aufl 2008 (Lernbuch). – *Kindler* 4. Aufl 2009 (Grundkurs Hdl/ GesRecht). – *Klunzinger* 13. Aufl 2006. – *Lettl* 2007, Fälle 2007. – *Oetker* 4. Aufl 2005. – *G. H. Roth* 6. Aufl 2001. – *K. Schmidt* 5. Aufl 1999. – *Timm/Schöne* I 3. Aufl 2004, II 2. Aufl 2002, Fälle 7. Aufl 2008. – *Wiedemann/Fleischer* 8. Aufl 2004 (PdW).

c) Einzeldarstellungen und Sonstiges: *Canaris*, Vertrauenshaftung, 1971. – *Pfeiffer*, Hdb der HdlGeschäfte, 1999. – *Raisch*, Geschichtliche Voraussetzungen, dogmatische Grundlagen und Sinnwandlung des Handelsrechts, 1965. – *Schaefer*, 1999 (HRefG). – *K. Schmidt*, Das HGB und die Gegenwartsaufgaben des HdlRechts, 1983. – *R. Schmitt*, Die Rechtsstellung der Kleingewerbetreibenden nach dem HRefG, 2003 (zit *R. Schmitt* HRefG). – *Wachter* 2007, (FachanwaltsHdB). **Muster:** *Hopt*, Vertrags- und Formularbuch zum Hdl-, Ges- und Bankrecht, 3. Aufl 2007 mit 400 Vertragsmustern, Vertragsbausteinen und Formularen. **RsprÜbersichten:** BGHFSWissII/*Horn* 00, 3; *Straatmann/Ulmer* (Schiedsspruchsammlung) Bd 1 1975, Bd 2 1982; *Straatmann/Ulmer/Timmermann* Bd 3 1984, Bd 4 1988; *HK Hbg* Bd 5 1994, Bd 6 1998, keine weiteren Bde.

Übersicht

I. Handelsrecht

1) Gegenstand und Charakteristika 1–7
   A. Sonderprivatrecht der Kaufleute 1
   B. Kodifikation und Verhältnis zum BGB 2
   C. Charakteristika des Handelsrechts 4

2) Geschichte (mit Änderungen des HGB) 8–15
   A. Vor dem ADHGB 8
   B. ADHGB 9
   C. HGB mit EGHGB 10
   D. Änderungen des HGB 11

3) Rechtsquellen 16–23
   A. Gesetzesrecht 16
   B. Gewohnheitsrecht und Richterrecht 17
   C. Handelsbrauch 18
   D. AGB 19
   E. Empfehlungen 20
4) Internationales und ausländisches Handelsrecht, Rechtsangleichung 24–28
   A. Internationales Handelsrecht 24
   B. Ausländisches Handelsrecht 25
   C. Rechtsangleichung 27
5) Handelsrecht der ehemaligen DDR und in den neuen Bundesländern 29–30
   A. DDR-Handelsrecht 29
   B. HGB und Nebengesetze in den neuen Bundesländern 30

II. Unternehmensrecht

1) Das Unternehmen 31–41
   A. Unternehmensbegriff 31
   B. Unternehmensgegenstand und -wert 34
   C. Entstehen, Verlegung und Erlöschen des Unternehmens 38
   D. Unternehmensträger 41
2) Das Unternehmen als Gegenstand des Rechtsverkehrs, insbesondere Unternehmenskauf 42–55
   A. Unternehmensübertragung 42
   B. Unternehmenskauf 44
   C. Sonstige Unternehmensverträge 48
   D. Vererbung 52
   E. Rückgewähr, Zwangsvollstreckung, Insolvenzverfahren 53
3) Der Rechtsschutz des Unternehmens 56
   A. Überblick (Anspruchsgrundlagen) 56
   B. Eigentumsschutz nach Art 14 GG 57
   C. Deliktsrechtlicher Schutz nach § 823 I BGB 63
   D. Recht am Gewerbebetrieb, Fallgruppen 65

III. Wettbewerbs- und Wirtschaftsrecht

1) Wettbewerb und staatliche Rahmenregelung der Wirtschaft 71–76
   A. Funktion des Wettbewerbs 71
   B. Staatliche Rahmenregelung 72
2) Kartellrecht (GWB, EGV) 77–79
   A. GWB 77
   B. Europäisches Kartellrecht 78
   C. Ausländisches Kartellrecht 79
3) Wettbewerbsrecht im engeren Sinn (UWG) 80

IV. Anrufung und Eingreifen von Gerichten in Handelssachen

1) Freiwillige Gerichtsbarkeit in Handelssachen 81–82
   A. Überblick 81
   B. Die Rolle des Rechtspflegers 82
2) Streitige Gerichtsbarkeit in Handelssachen 83–88
   A. Begriff der Handelssachen nach GVG 83
   B. Kammer für Handelssachen im Zivilprozess 84
   C. Gerichtsstand, Gerichtsstandsvereinbarung 85
   D. Internationale Zuständigkeit und Vollstreckung 87
3) Schiedsgerichtsbarkeit in Handelssachen 89–98
   A. Schiedsvereinbarung 88
   B. Schiedsgutachtervertrag 93
   C. Internationale Schiedsgerichtsbarkeit 96

I. Handelsrecht

1) Gegenstand und Charakteristika

A. Sonderprivatrecht der Kaufleute: HdlRecht kann Sonderrecht für be- 1
stimmte am HdlVerkehr teilnehmende Personen oder für bestimmte wirtschaftliche Geschäfte und Tätigkeiten sein. Das HdlRecht des deutschen HGB stellt entscheidend auf die Person ab (subjektives System). Es ist das Recht des HdlStandes (Überschrift Buch I), also der Kflte. Das HdlRecht des HGB regelt die HdlGeschäfte der Kflte und ist deshalb Teil des Privatrechts. Daran ändern einzelne öffentlichrechtliche Vorschriften im HGB nichts, zB betr HdlReg (§§ 8 ff), HdlFirma (§§ 17 ff), Buchführung (§§ 238 ff). Lit: Reymann 2009; Neuner ZHR 157 **(93)** 243, Reymann JbJZW **08,** 311.

B. Kodifikation und Verhältnis zum BGB: a) HdlRecht als Sonderrecht 2
kann gesetzgebungstechnisch ein eigenes Gesetz (Handelsgesetzbuch) oder aber Teil des allgemeinen bürgerlichen Rechts sein. Das HdlRecht des dtsch HGB ist eine gesonderte Kodifikation neben dem BGB. Darin folgen Deutschland und viele andere Länder dem Bsp des französischen Code de Commerce von 1807, in jüngerer Zeit zB die USA mit dem Uniform Commercial Code (s auch Rn 25). Andere Länder haben auf eine gesonderte Kodifikation des HdlRechts verzichtet (zB schweizerisches Obligationenrecht 1881, schweizerisches ZGB 1907) oder ihr HGB wieder beseitigt (italienischer Codice Civile 1940/42). Lit: Raisch, Abgrenzung des HdlRechts vom Bürgerlichen Recht als Kodifikationsproblem im 19. Jahrhundert, 1962; F. Bydlinski, Handels- oder Unternehmensrecht als Sonderprivatrecht, 1990; Kramer FS Ostheim **90,** 299, Heinemann FS Fikentscher **98,** 349.

b) Das deutsche HGB **geht** als Sonderrecht (lex specialis) dem BGB **vor, (1)** 3
EGHGB Art 2 I. Es ist **aber** in aller Regel nicht für sich allein anwendbar, sondern ändert und **ergänzt nur das allgemeine bürgerliche Recht,** zB das der Vollmacht (§§ 48 ff HGB), der Ges (§§ 105 ff HGB), des Kaufs (§§ 373 ff HGB), des Werkvertrags (§§ 383 ff, 407 ff, 453 ff HGB), der Verwahrung (§§ 467 ff HGB). Nur ausnahmsweise sagt dies das HGB ausdrücklich (zB in § 105 III). Bei der Lösung konkreter Rechtsfälle führt dies zu einer Verzahnung von HGB und BGB, die durch die zahlreichen hdlrechtlichen Nebengesetze außerhalb des HGB, s Teil 2 **(1)–(18),** noch zusätzlich kompliziert wird. Das HdlRecht ist kraft seiner Praxisnähe für neue Entwicklungen häufig offener als das BGB und wirkt dann als Schrittmacher des Zivilrechts, Wahl FS Hefermehl **76,** 1. Lit: Raisch JuS **67,** 533, Müller-Freienfels FS von Caemmerer **78,** 583, Herber ZHR 144 **(80)** 47.

C. Charakteristika des Handelsrechts: a) Selbstverantwortlichkeit ist 4
für den Kfm und das HdlRecht wesentlich. Als Unternehmer, der sich im Wettbewerb (s Rn 71 ff) behaupten oder aus dem Markt ausscheiden muss, muss der Kfm seine Geschäfte frei gestalten können. Vertragsrecht einschließlich AGB, HdlBrauch und HdlGewohnheitsrecht spielen deshalb im HdlRecht eine große Rolle (s Rn 16–23). Zwingendes Recht tritt im HGB (außer für das kfmPersonal und die HdlVertreter) zurück, der Kfm muss die Risiken und Chancen im HdlVerkehr selbst abschätzen; s zB §§ 348 bis 350; §§ 29 II, 38 I ZPO. Vgl auch **(5)** § 310 I 1 BGB (Unternehmer iSv § 14 BGB); § 138 BGB bei überhöhten Darlehenszinsen, s **(7)** Bankgeschäfte Rn G/10.

b) Einfachheit und Schnelligkeit sind für den HdlVerkehr entscheidend. 5
Das HdlRecht verzichtet deshalb auf unnötige Formalitäten (zB § 350) und zwingt den Kfm zur raschen Äußerung und Disposition (zB §§ 362, 373 II, 376, 377, 391; kfm Bestätigungsschreiben, s § 346 Rn 16–29). HGB, international einheitliche Vertragsklauseln (s **(6)** Incoterms) und HdlBräuche typisieren die Erklärungen und Vertragsschlüsse im HdlVerkehr. Das HGB fördert Typisierung

Einl v § 1 6–10   I. Buch. Handelsstand

und (vereinfachende) Formalisierung. Bsp: Unbeschränkbarkeit bestimmter Vertretungsmachten (§§ 50 I, 126 II, 151), Orderpapiere (§§ 363–365), Schutz des guten Glaubens an die Verfügungsmacht (§ 366).

6   **c) Publizität und Vertrauensschutz.** Selbstverantwortliche Entscheidung, Einfachheit und Schnelligkeit setzen voraus, dass sich der Kfm zuverlässig über seine Vertragspartner informieren und sich auf ihr (äußeres) Verhalten im HdlVerkehr verlassen kann. Die hdlregisterrechtliche Publizität (§§ 8 ff, 15) und die Rechtsscheinhaftung spielen deshalb im HdlRecht eine zentrale Rolle, s bes § 5 Rn 9 ff, § 15 Rn 1 ff.

7   **d) Praxisnähe und Internationalität.** HdlRecht ist weitgehend aus der kfm Praxis heraus gewachsen. Das spiegelt sich in den Rechtsquellen (s Rn 16–23) und der großen Bedeutung der Schiedsgerichtsbarkeit (s Rn 88–98) wider. HdlRecht ist, auch wenn seiner Rechtsnatur nach nationales Recht, immer auch auf den internationalen Verkehr ausgerichtet. HdlInteressen machen nicht Halt an Grenzen. Das HdlRecht ist nicht nur offen für Einflüsse von außen, sondern besonders auch für eine pragmatische internationale Rechtsvereinheitlichung. Das allgemeine deutsche HdlRecht von 1861 ging der staatlichen Einheit um ein Jahrzehnt und dem einheitlichen BGB um nahezu ein halbes Jahrhundert voraus (s Rn 9). Heute spielt die europäische Rechtsangleichung im Rahmen der EG eine erhebliche Rolle. Dazu und zum internationalen und ausländischen HdlRecht s Rn 24–28.

2) Geschichte (mit Änderungen des HGB)

8   **A. Vor dem ADHGB:** Die Wurzeln des modernen HdlRechts gehen in das 16. und 17. Jahrhundert zurück. Hervorzuheben ist zunächst die alte Stände- und Zunftordnung (vgl zB ALR von 1794 Teil II Titel 8 „Vom Bürgerstande", darin das HdlRecht in Abschn 7–15), die über den vorrangig subjektiv anknüpfenden frz Code de Commerce von 1807 und den spanischen Codigo di Comercio von 1829 mit dem ersten HdlReg auch auf das HGB gewirkt hat. Viele HdlRechtsinstitute gehen auf italienisches (vgl „conto", „saldo", „procura") und deutsches Stadtrecht (ua aus den Hansestädten) zurück. Schließlich dienten die Kodifikationen (bes der französische Code de Commerce, ALR) über die Grenzen hinaus als Beispiele. Neues kodifiziertes HdlRecht zB betr Aktien- und GesRecht, Agentur, Fracht- und Lagerrecht stammt aus dem 19. Jahrhundert. Lit: Raisch 1965; Scherner/Willoweit, Vom Gewerbe zum Unternehmen, 1982; Scherner 1993; Conradi 1993; Lehmann ZHR 52 **(02)** 1, Müller-Freienfels FS von Caemmerer **78,** 583, Scherner FS Zivilrechtslehrer 1934/35 **99,** 533.

9   **B. ADHGB:** Das Allgemeine Deutsche Handelsgesetzbuch wurde, nachdem zuvor 1848–1850 die Allgemeine Deutsche Wechselordnung eingeführt worden war, auf Beschluss der Bundesversammlung des Deutschen Bundes vom 18. 12. 1856 in Konferenzen der deutschen Staaten entworfen (sog Nürnberger Protokolle 1857–1861) und auf Empfehlung der Bundesversammlung vom 31. 5. 1861 von den meisten deutschen Staaten je für sich erlassen. Durch Bundesgesetz 5. 6. 1869 wurde es G des Norddeutschen Bundes, Schubert ZHR 144 **(80)** 484; durch Reichsgesetz 16./22. 4. 1871 RGBl 63, 87 wurde es Reichsgesetz. Einschneidende Änderungen des ADHGB brachten die Aktienrechtsnovellen 1870 und 1884. Garant der Einheitlichkeit war ab 1869/1871 das ROHG, an seiner Stelle ab 1879 das RG. Das ADHGB machte 1896/97 dem HGB Platz (vgl Art 3 EGHGB). Dabei ging manches in das BGB über, am Rest änderte das HGB nicht sehr viel. Rspr und Lehre zum ADHGB waren deshalb weitgehend zur Auslegung des HGB verwendbar. Lit: K. Schmidt ZHR 161 **(97)** 2, Fleckner in Bayer/Habersack, Aktienrecht im Wandel, Bd I 2007, S 1037 (Entstehung).

10   **C. HGB mit EGHGB:** Das **HGB** 10. 5. 1897 RGBl 219 trat nach Art 1 I EGHGB **zugleich mit dem BGB** 18. 8. 1896 RGBl 195 **in Kraft,** und zwar am **1. 1. 1900** (Art 1 EGBGB 18. 8. 1896 RGBl 604). Buch I Abschn 6 betr

Einleitung 11–15 **Einl v § 1**

HdlGehilfen und HdlLehrlinge (außer § 65 betr Provision) trat nach Art 1 II EGHGB schon zwei Jahre früher in Kraft. Eine VO nach Art 1 III EGHGB erging nicht. Vorausgegangen waren 1896 ein erster und 1897 ein zweiter geänderter **Entwurf** des Reichsjustizamts zum HGB (veröffentlicht, jeder mit einer **Denkschrift**). Eingeführt wurde das HGB durch das **Einführungsgesetz zum HGB** 10. 5. 1897 RGBl 437, **(1)** EGHGB. Dazu Schubert/Schmiedel/Krampe, Quellen zum HGB 1897, 2 Bde, 1986; Fleckner (s Rn 9) S 1054 (Entstehung).

D. **Änderungen des HGB: a)** Eine der einschneidendsten unter den zahlreichen Änderungen des HGB war die **Herausnahme des Aktienrechts** (Streichung von § 20 und Buch II Abschn 3, 4 aF) bei Erlass des AktG 30. 1. 37 in Kraft 1. 10. 37. 11

b) Nach dem Krieg war das G über die Aufhebung von Vorschriften auf dem Gebiet des HdlRechts, des Genossenschaftsrechts und des Wechsel- und Scheckrechts (Hdlrechtliches **Bereinigungsgesetz**) 18. 4. 50 BGBl 90 (Begründung BAnz 28. 4. 50) bedeutsam. Es stellte weitgehend das Recht vom 1. 9. 39 wieder her. 12

c) Weitere Änderungen bis 1985 erfolgten (außerhalb des Seerechts) ua durch: G über Bekanntmachungen 17. 5. 50 BGBl 183 (§ 10), G über die KfmEigenschaft von Handwerkern 31. 3. 53 BGBl 106 (§ 1 Rn 35), G zur Änderung des HGB (Recht der HdlVertreter) 6. 8. 53 BGBl 771 (§ 84), G zur Abkürzung hdlrechtlicher und steuerrechtlicher Aufbewahrungsfristen 2. 3. 59 BGBl 77 (§ 257), G 2. 8. 65 BGBl 665 (§§ 238 ff), § 31 EGAktG 6. 9. 65 BGBl 1185 (§§ 13 c, 14), BerBG 14. 8. 69 BGBl 1112 (Aufhebung der §§ 76–82), G zur Durchführung der 1. EG-Ri zur Koordinierung des GesRechts 15. 8. 69 BGBl 1146 (§ 15 Rn 1), BeurkG 28. 8. 69 BGBl 1513 (§ 12 Rn 1), SeerechtsÄndG 21. 6. 72 BGBl 966 (§§ 93 I, 363 II), GenGÄndG 9. 10. 73 BGBl 1463 (§ 30 Rn 6), G über die KfmEigenschaft von Land- und Forstwirten und den Ausgleichsanspruch des HdlVertreters 13. 5. 76 BGBl 1197 (§§ 3, 89 b), 1. WiKG 29. 7. 76 BGBl 2034 und EGAO 1977 14. 12. 76 BGBl 3341 (§§ 238 ff); G zur Änderung des GmbHG und anderer hdlrechtlicher Vorschriften 4. 7. 80 BGBl 836 (GmbHNovelle: §§ 19 V, 125 a, 129 a, 130 a I 1, 172 VI, 172 a, 177 a), dazu Gessler **BB 80,** 1385, 2. SeerechtsÄndG 25. 7. 86 BGBl 1120 (s Anlage zu § 664 Rn 2), BörsZulG 16. 12. 86 BGBl 2478 (§ 267 Rn 9). 13

d) Umwälzende Änderungen brachte das **Bilanzrichtlinien-Gesetz (BiRi-LiG** zur Durchführung der 4., 7. und 8. EG-Ri) 19. 12. 85 BGBl 2355 (s Einl v § 238). Das HGB erhielt ein zusätzliches Buch (jetzt das III.) und wurde zum Grundgesetz für Soll und Haben des Kfm. 14

e) Weitere Änderungen ab 1990 folgten ua aus: **Handelsvertreterrechtsnovelle** 23. 10. 89 BGBl 1910 (§ 84 Rn 1); **BankBiRiLiG** 30. 11. 90 BGBl 2570 (§§ 340–340 o; 246, 293, 330, 334, 336); G 17. 12. 90 BGBl 2847 (§ 414 III 2); 4. KWGÄndG 21. 12. 92 BGBl 2211 (§§ 330–332, 340, 340 a, 340 c, 340 i, 340 n); EWRG 27. 4. 93 BGBl 512 (§§ 92 c, 291–293, 330, 340, 340 l); G zur Durchführung der 11. EG-Ri 22. 7. 93 BGBl 1282 (§§ 13 ff, 289, 325 a, 335); EWRGAnpassungsG 27. 9. 93 BGBl 1666 (§ 13 e); RegVBG 20. 12. 93 BGBl 2182 (§§ 8 a, 9 a); ENeuOG 23. 9. 93 BGBl 2378 (Aufhebung §§ 453, 458–460); **NachhBG** 18. 3. 94 BGBl 560 (§§ 26, 28, 159, 160); PflegeVG 26. 5. 94 BGBl 1014 (s bei § 63); **VersRiLiG** 24. 6. 94 BGBl 1377 (§§ 341–341 o; 240, 248, 253, 293, 300, 325 a, 330, 334, 340, 340 a); DMBilGÄndG 25. 7. 94 BGBl 1682 (§§ 264, 267, 274 a, 276, 286, 288, 293, 325, 326, 328, 354 a); EGInsO 5. 10. 94 BGBl 2911 (§§ 25, 34, 130 a, 130 b, 131, 137, 138, 141–146, 171, 236, 237, 370); UmwBerG 28. 10. 94 BGBl 3210 (§ 267); BegleitG EG-Ri (Bank- und Wertpapieraufsichtsrecht) 22. 10. 97 BGBl 2567 (§§ 330, 340, 340 a, 340 c, 340 i, 340 k–o); BegleitG TelekomG 17. 12. 97 BGB 3108 (Aufhe- 15

Einl v § 1 15   I. Buch. Handelsstand

bung § 452); **3. FinanzmarktfördG** 24. 3. 1998 BGBl 529 (§§ 267, 293, 330, 340); **StückAG** 25. 3. 98 BGBl 590 (§§ 271, 272, 314, 318); **KapAEG** 20. 4. 98 BGBl 707 (§§ 264, 291, 292, 292 a, 331, 340 a, 341 a); **KonTraG** 27. 4. 98 BGBl 786 (§§ 272, 285, 289, 297, 315, 317, 318, 319, 321, 322, 323, 340 a, 341 k); **EuroEG** 9. 6. 98 BGBl 1242 (§§ 244, 284, 292 a, 313, 318, 328, 340 h).
Zwei besonders bedeutsame Modernisierungen brachten zwei große Gesetze zur HdlReform und zur Transportrechtsreform: **HRefG** 22. 6. 98 BGBl 1474 (§§ 1, 2, 3, 5, 6, 13 c, 13 d, 13 f, 17, 18, 19, 21, 22, 24, 29, 34, 36, 37 a, 53, 84, 90 a, 93, 105, 106, 108, 123, 125 a, 131, 136–138, 140, 141, 142, 148, 162, 175, 176, 177, 177 a, 262, 343, 351, 383); **TRG** 25. 6. 98 BGBl 1588, ber 99 I 42 (§§ 363, 366, 40–475 h).
Weitere Änderungen ab 1998 brachten ua: SteuerÄndG 1998 19. 12. 98 BGBl 3816 (§ 257); EGInsOÄndG 19. 12. 98 BGBl 3836 (§ 32); **KapCoRiLiG** 24. 2. 00 BGBl 154 (§§ 8 a, 264, 264 a–c, 266, 267, 285, 286, 287, 292 a, 293, 313, 314, 318, 319, 325, 335, 335 a, 335 b, 336, 337, 339, 340 a, 340 k, 340 l, 340 o, 341 o); **BeschleunG** 30. 3. 00 BGBl 330 (§ 352 I 1); **FernabsG** 27. 6. 00 BGBl 897, ber 1139 (§§ 414 IV, 449 I 1, 451 a II, 451 b II, 451 f III 1, 451 g S 1, 451 h I, 455 III, 466 I, 468 II 1, IV, 472 I 2, 475 h); **WPOÄG** 19. 12. 00 BGBl 1769 (§§ 319 II 2, III Nr 7, 323 I 1 Halbs 2, 340 k III 4); **4. EuroEG** 21. 12. 00 BGBl 1983 (§§ 74 a II 1, 2, 75 b); **NaStraG** 18. 1. 01 BGBl 123 (§§ 13 VI, 13 a IV, V; 13 b IV, 13 c II 3, 14 S 2, 15 IV 2, 103 II, 162 II, 175 S 2); **AVmG** 26. 6. 01 BGBl 1310 (§ 330 V, 3. Buch Überschr 4. Abschn 2. Unterabschn, §§ 341 IV; 341 m S 1, 341 n I, IV 1, 2, 341 o Nr 1, 341 p); **FormVAnpG** 13. 7. 01 BGBl 1542 (§§ 73 S 3, 100 I 3, 350, 410 I, 438 IV, 455 I 2, 468 I 1); **7. ZuständAnpVO** 29. 10. 01 BGBl 2785 (§§ 92 a I 1, 292 I 1, 292 a III 1, 330 I 1, 342 a II Nr 1, 412 IV); **SMG** 26. 11. 01 BGBl 3138 (§§ 26 I 1, 3, II, 27 II 2, 139 III 2, 159 IV, 160 I 1, 3, II, 375 II 1, 378, 381 II, 382, 417 I); **EuroBilG** 10. 12. 01 BGBl 3414 (§§ 267 I Nr 1, 2, II Nr 1, 2, 293 I 1 Nr 1, 2, 313 II Nr 4 S 2, 319 II 2, 323 II 1, 2, 325 a I 3, 4, 5, 329 II 1, III, 334 III, 340 k IV, 340 l II 3, 4, IV, 340 n III, 341 n III); **ERJuKoG** 10. 12. 01 BGBl 3422 (§§ 9 I, 9 a I–IV, V–X, 33 II 1–3, IV, 34 I, 106 II Nr 4, 107, 125 IV, 148 I 1, 150 I, 162 I 2); VersKapAG 26. 3. 02 BGBl 1219 (§§ 341 b II 1, 2, 3); **4. FinanzmarktfördG** 21. 6. 02 BGBl 2010 (§§ 317 IV, 319 III Nr 6, 323 II 2, 340 IV 2, 340 b VI); 2. SchadensersatzÄndG 19. 7. 02 BGBl 2674 (§§ 451 c, 451 e); **TransPuG** 19. 7. 02 BGBl 2681 (§§ 285 Nr 9 Buchst a, 16, 286 III 3, 4, 291 III, 297 I 2, 298 I, 299 I, 301 I 4, 5, 304 II, III, 308 III, 313 III 3, 314 I Nr 5, 6 Buchst a, 8, II, 316 I 2, 317 IV, 321 I 3, II, 325 I 1, III 1, 2, 3, 4, 341 IV 2, 341 j II); **3. GewOÄndG** 24. 8. 02 BGBl 3412 (§ 73 aufgehoben); 8. ZuständAnpVO 25. 11. 03 BGBl 2304 (§§ 92 a I 1, 292 I 1, 292 a III 1, 330 I 1, 342 a II Nr 1); **WPRefG** 1. 12. 03 BGBl 2446 (§ 323 V); G 6. 4. 04 BGBl 550 (§ 431 IV 2, 3); **1. JuMoG** 24. 8. 04 BGBl 2198 (§§ 9 a I, 106 II Nr 3); **BilReG** 4. 12. 04 BGBl 3166 (§§ 257 I Nr 1, III 1, V, 264 b Nr 2, 267 I Nr 1 u 2, 271 I, 285 Satz 1 Nr 17–19, Sätze 2–6, 286 II, III 1, IV, 287 Satz 1, 288, 289 I, II Nr 2, III, 291 II 1 Nr 1 u 2, 2, III Nr 1, 292 a, 293 I 1 Nr 1 u 2, 294, I/III 1, 295, 297 I, 298 III 3, 313 II Nr 1 Satz 2, 314 I Nr 9–11, II, 315 I, II Nr 2, Zehnter Titel (§ 315 a), 315 a, 317 II 1, 2, 318 III, 319, 319 a, 321 II 3, III 2, 321 a, 322, 324 a, 325 IIa, IIb, III 2, IIIa, V, 327 Nr 2, 328 I 1, Nr 1 Sätze 1–3, II 1, 3, 331 Nr 1 a, Nr 3, 332 I, 333 I, 334 II, 336 II 1, 338 III 1, 339 III, 340 a I, II 1, 2, 340 i II, IV, 340 j I, 340 k II 3, III 2, 4, 340 l V, 340 n Nr 1 lit d, II, 341 a II 1, 2, 341 i IV, 341 j I, III, 341 l IV, 341 n I, Nr 1 lit d, II, IV 1); **VerjährungsanpassG** 9. 12. 04 BGBl 3214 (§§ 61 II, 88, 113 III); **BilKoG** 15. 12. 04 BGBl 3408 (§§ 333 I, 342 b–342 e); **VorstOG** 3. 8. 05 BGBl 2267 (§§ 285 S 1 Nr 9 Buchst a, 286 IV, V, 289 II Nr 5, 314 I Nr 6 Buchst a, II 2, 315 II Nr 4, 334 III, 340 n III, 341 n III); G 19. 4. 06 BGBl 866 (§§ 315 a I, 325 IIa 3); **ÜbernahmeRiUmsetzungsG** 8. 7. 06 BGBl 1426 (§§ 334 I Nrn 3 u 4, 340 n I Nrn 3 u 4, 341 n I

Einleitung 16, 17 **Einl v § 1**

Nrn 3 u 4, 289 IV, 315 IV); **EurGenG** 14. 8. 06 BGBl 1911 (§§ 337 I 1, 2, 6, II Nr 2, 338 I, 339 I 2); 9. ZuständigkeitsanpassungsVO 31. 10. 06 BGBl 2407 (§§ 92 a I 1, 292 I 1, 342 a II Nr 1, 412 IV); **EHUG** 10. 11. 06 BGBl 2553 (Überschr 1. Buch 2. Abschn., §§ 8, 8, 8 a, 8 b, 9, 9 a, 10, 11, 12, 13, 13 a, 13 b, 13 c, 13 d I, III, 13 f, 13 g, 14 Satz 1, 15 IV, 29, 33 III, 35, 37 a I, 53 II, III, 108 I, II, 125 a I 1, 148 III, 264 III Nrn 3–5, 264 b Nrn 2–4, 287 Satz 3, 290 I, 313 IV 3, Überschr 3. Buch 2. Abschn 4. Unterabschn, 325, 325 a I, 327, 327 a, 328, 329, 330 I, III, 334 IV, V, 335, 335 a, 335 b, 339, 340, 340l, 340 n IV, 340 o, 341 a, 341 i III 1, 341l, 341 n, 341 o, 341 p, 367); **BankenRiUmsetzG** 17. 11. 06 BGBl 2606 (§§ 340 a III, 340 i IV); **TUG** 5. 1. 07 BGBl 10 (§§ 8 b II Nr 9, III 3–5, 1. Buch 9. Abschn, §§ 104 a, 264 II 3, 289 I 5, 297 II 4, 315 I 6, 315 a I, 325 IIa 3, 327 a, 331 Nr 3, 3 a, 340 a III, 340 i IV, 342 b II 1, 4; **FinanzmarktRiUmsetzG** 16. 7. 07 BGBl 1330 (323 II 2, 340 IV 2, 342 b II 2); 2. BundesrechtsbereinigungsG 23. 11. 2007 BGBl 2614 (§ 367 I 3); 2. PflVersGÄndG 10. 12. 2007 BGBl 2833 (§ 335 IIa); InvestmentÄndG 21. 12. 2007 BGBl 3089 (§§ 264 II 3, 297 II 4); Risikobegrenzungs G 12. 8. 2008 BGBl I 1666 (§ 354 a II); **MoMiG** 23. 10. 08 BGBl 2026 (§§ 13 I 1, II, 13 d II, III, 13 e II 2, 3, 4, 5 Nr 4, III 1, 2, IIIa, IV, 13 f II 2, III, V, 13 g I 2, III, V, 15 a, 29, 31 I, 106 II Nr 2, 107, 129 a, 130 a I, II, III, IV, 130 b, 172 a, 177 a S 1); FGG-RG 17. 12. 2008 BGBl I 2586 (§§ 8 a II 1, 131 II 1 Nr 2, 318 III 8, IV 4, V 3, 4, 324 II 1, 4–10, III 3, 4, 335 II 1, IV, V 1, 3, 4; **FamFG** 17. 12. 08 BGBl I 2586 geänd. 2009, 1102 (§§ 8 a II 1, 131 II 1 Nr 2, 318 III 8, IV 4, V 3, 4, 324 II 1, 4–6, 7–10, III 4, 335 II 1, IV, V 1, 5, 6); **BilMoG** 25. 5. 09 BGBl I 1102 (§§ 172 IV 3, 241 a, 242 IV, 246 I, II 2, 3, III, 247 III, 248, 249 I 3, II, III, 250 I 2, III 1, 252 I Nr 6, 253, 254, 255 II, II a, IV, 256 S 1, 256 a, 264 I 1, 264 c IV 3, 264 d, 265 III 2, 266 II, III, 267 I Nr 1, 2, II Nr 1, 2, II Nr 1, 268 II 1, VIII, 269, 270 I 2, 272 I, I a, I b, IV, 273, 274, 274 a Nr 5, 275 II Nr 7, 277 III 1, IV 3, V, 279–283, 285 S 1 Nr 2, 3, 3 a, 5, 13, 16–29, S 2–6, 286 II, III, III 3, IV, V 1, 287, 288, 289 II Nr 5 S 1, 2, IV Nr 1, 3, 9, S 2, V, 289 a, 290 I, II, V, 291 III Nr 1, 2, 292 II 1, 2, 3, 293 I Nr 1, 2, IV 2, V, 294 II 2, 297 III 2, 298 I, 300 I 2, 301 I 2, 3, 4, II, III 1, 3, IV, 302, 306, 307 I 2, 308 a, 309 I, 310 II, 312 I–III, 313 III 3, IV, 314 I Nr 2, 2 a, 8–21, 315 II Nr 4, 5, IV Nr 1, 3, 8, 9, S 2, 315 a I, 317 II 2, III 2, 3, V, VI, 318 III 1, VIII, 319 a I 1, Nr 4, S 4, II 2, 319 b, 320 IV, 321 IVa, 324, 325 IIa 3, IV 1, 325 a I 1, 327 Nr 1 S 2, Nr 2, 330 II 4, 334 I Nr 1, 2, 3, II, 335 V 2, 3, 8, 11, 12, Va, 336 II 1, 338 III 1, 340 a II 1, 2, 340 c I 1, 340 e I 3, III, IV, 340 f I 2, 3, II, 340 h, 340 k II a, V, 340l I 1, II, 1, 2, 3, 4, IV Nr 2 S 1, V Nr 2, 3, II, 341 a I 1, II, 1, 2, IV 1, I 2 5, 341 b I 3, II, 1, 2, IV, 341 e I 3, 341 j I 3, 341 k IV, 341l I 1, III Nr 2, 341 n I Nr 1, 2, 3, II, 342 I 1 Nr 2, 3, 4, S 2); **ZahlungsdiensteUmsetzG** 25. 6. 09 BGBl I 1506 (§§ 330 II 1, 340 V, 340 k IV); **ARUG** 30. 7. 09 BGBl I 2479 (§§ 274 a Nr 5, 285 Nr 10, 23, 314 I Nr 15); **SchVFalschberG** 317.09 BGBl I 2512 (§ 89 b I 1 Nr 1, 2, 3); **VorstAG** 31. 7. 09 BGBl I 2509 (§§ 285 Nr 9 Buchst a S 6, 7, 286 V 1, 289 II Nr 5 S 2, 314 I Nr 6 Buchst a S 6, 7, II, 315 II Nr 4 S 2).

3) Rechtsquellen

A. **Gesetzesrecht:** Das ReichsHdlRecht samt Änderungen nach 8. 5. 45 **16** sowie sonstiges HdlRecht, das bei Errichtung der BRD einheitlich in mindestens einer Besatzungszone galt, ist **Bundesrecht** (Art 125, 74 Nr 11 GG). HdlRecht fällt unter die konkurrierende Gesetzgebung des Bundes (Art 72, 74 Nr 11 GG). LandesHdlRecht vgl **(1)** EGHGB Art. 15, 18.

B. **Gewohnheitsrecht und Richterrecht:** Gewohnheitsrecht entsteht im **17** HdlRecht wie sonst durch längere gleichmäßige Übung und Bildung der allgemeinen Überzeugung von seiner Rechtmäßigkeit. Es kann auch Gesetze entkräften, RG **135,** 345. BundesHdlRecht kann nur durch Bundesgewohnheitsrecht (in der ganzen BRD geübt und für Recht gehalten) geändert werden. LandesHdlGewohnheitsrecht ist im gleichen Umfang möglich wie LandesHdlGesetze, s Rn 16. Gewohnheitsrecht entwickelt sich nicht selten aus Richterrecht. Abgrenzung Raisch ZHR 150 (**86**) 117. Dieses letztere spielt in den verschiedenen Bereichen des HdlRechts eine durchaus unterschiedliche Rolle; teilweise, zB im Firmenrecht, im Recht der HdlGehilfen (bzw Arbeitsrecht) und HdlVertreter, im PersonenGesRecht und besonders im Recht der Bankgeschäfte, ist sie groß, teilweise ist sie eher gering.

18   C. **Handelsbrauch:** HdlBrauch (s § 346) und Verkehrssitte haben im HdlVerkehr eine größere Bedeutung als im übrigen Privatrechtsverkehr. Das liegt an der Rolle der Selbstverantwortlichkeit im HdlRecht und am Bedürfnis nach Einfachheit, Schnelligkeit und Verlässlichkeit (s Rn 4–5). Besonders wichtig sind HdlBräuche im internationalen HdlVerkehr (s Rn 20–23).

19   D. **AGB:** AGB sind als selbst in die Hand genommene, typisierende Gestaltung der HdlGeschäfte ein zentrales Phänomen des HdlVerkehrs. Sie sind keine Rechtsnormen, sondern Vertragsklauseln, die der einverständlichen Einbeziehung in den Vertrag durch beide Parteien bedürfen, zB (**8**) AGB-Banken, (**8 a**) AGB-Spark, (**9**) AGBAnderkonten; so heute auch (**18**) ADSp. Da der einzelne Verbraucher die ihm gestellten AGB idR weder aushandeln kann noch in ihrer rechtlichen Relevanz voll ermißt, sind zwingende Normen und eine richterliche Inhaltskontrolle zu seinem Schutz nötig, s (**5**) §§ 305–310 BGB. Gegenüber Kfltn bzw Unternehmern entfällt diese Notwendigkeit zwar nicht ganz, ist aber angesichts ihrer selbstverantwortlichen berufsmäßigen Teilnahme am HdlVerkehr weniger stark, s (**5**) §§ 310 I iVm 14 BGB.

20   E. **Empfehlungen der IntHK und anderer Gremien, Rolle der IHK:**
a) Maßgeblichen Einfluss auf die HdlPraxis nimmt die 1919 gegründete **Internationale Handelskammer (International Chamber of Commerce, ICC),** Paris, ua durch Empfehlung einheitlicher HdlKlauseln, Richtlinien und Gebräuche, zB (**6**) Incoterms, (**11**) ERA, (**12**) ERI, s dort. Information über die nationalen HdlKammern gibt IntHK, Hdb der HdlKammern der Welt (IntHK-Publikation Nr 366, Sprache engl, frz).

21   **b)** Die **deutschen Industrie- und Handelskammern** (in Hbg und Bremen nur „HdlKammer") sind Organe des HdlStands mit öffentlichen Aufgaben, s G zur vorläufigen Regelung des Rechts der IHK 18. 12. 56 BGBl 920, ua ÄndG 21. 12. 92 BGBl 2133, Jahn BB **93**, 2388. ÄndG 23. 7. 98 BGBl 1887 (Aufgabenübertragung, Beiträge). Sie sind jetzt sämtlich Körperschaften des öffentlichen Rechts (§ 3 I) mit Zwangsmitgliedschaft grundsätzlich aller, die im Bezirk eine gewerbliche Niederlassung, Betriebsstätte oder Verkaufsstelle unterhalten (§ 2, verfassungsgemäß BVerwG NJW **98**, 3510) und unterstehen der Aufsicht der durch Landesrecht zu bestimmenden Landesbehörden (§§ 11 I, 12 I Nr 3), idR des Landeswirtschaftsministers. Im Rahmen dieses Bundesgesetzes können Landesgesetze die IHK ordnen, so NRW G 23. 7. 57 GVBl 187, Bln G 17. 10. 57 GVBl 1636, Hessen G 6. 11. 57 GVBl 147, BaWü G 27. 1. 58 GBl 77; s von Gierke ZHR 120 (**57**) 77. Auskünfte der IHK s Kroitzsch BB **84**, 309. Wegfall der Beitragspflicht mit faktischer Sitzverlegung, VG Aachen NJW **05**, 169. IHK und HdlReg s § 8 HGB Rn 3; Mitteilung des HdlRegInhalts an die IHK nach (**4**) HRV § 37. Beteiligung an Verfahren in Registersachen (§ 380 I Nr 1 FamFG), praktisch selten, Ries NZG **09**, 655. Einholung von Gutachten der IHK in zweifelhaften Fällen vor Eintragungen s (**4**) HRV § 23. IHK und Handwerkskammern haben Auskunftsrechte gegenüber ihren Mitgliedern (diese stärkere als jene), sie müssen sie mit eigenen Mitteln durchsetzen, das Registergericht darf ein Mitglied der IHK nicht zur Auskunft an diese anhalten, BayObLG **67**, 385. S auch § 8 HGB Rn 12 (Löschungsantrag der IHK), § 18 HGB Rn 9 ff, 15 (Irreführungsverbot). Lit: Frentzel/Jäkel/Junge, IHKG, 7. Aufl 2009; Basedow BB **77**, 366.

c) Seit G 31. 3. 53 waren auch Handwerker Kflte nach § 2 aF (§ 1 Rn 26) und neben den IHK die **Handwerkskammern** mit gewissen Aufgaben im Bereich des HdlRechts betraut (s § 380 FamFG). Seit G 13. 5. 76 können auch Land- und Forstwirte Kfm sein (s § 3); entspr Aufgaben haben die **Landwirtschaftskammern** und andere Organe des land- und forstwirtschaftlichen Berufsstands. Mitteilung des HdlRegInhalts an die Handwerks- und Landwirtschaftskammern nach **(4)** HRV § 37. Beteiligung am Verfahren in Registersachen (§ 380 I Nr 2, 3 FamFG). Zu den Landwirtschaftskammer Hofmann NJW **76,** 1299. 22

d) Nicht bindende Empfehlungen stammen auch von anderen Gremien, zB den **Spitzenverbänden der deutschen Wirtschaft,** wie die **früheren** Insiderhandels-Richtlinien und Händler- und Beraterregeln (heute **(16)** WpHG §§ 12 ff) und der frühere Übernahmekodex (heute WpÜG). 23

4) Internationales und ausländisches Handelsrecht, Rechtsangleichung

A. **Internationales Handelsrecht:** Dabei handelt es sich als Teil des internationalen Privatrechts um nationales (deutsches) Recht. Vertragsstatut Art 27 ff EGBGB mit grundsätzlich freier Rechtswahl, Grenzen bei zwingenden Vorschriften über Art 34 EGBGB, danach richtet sich auch, ob handelsrechtliche Sondervorschriften anzuwenden sind. Kommt es danach auf die KfmEigenschaft an, ist nach manchen auch insoweit das Vertragsstatut maßgeblich, Reithmann/Martiny/Martiny 259, andere unterscheiden nach Sachnormen, nach hL ist der Ort der gewerblichen Niederlassung maßgeblich (§ 1 Rn 55). Wichtige Fragenkreise des internationalen HdlRechts sind das internationale Schuldvertragsrecht (zB internationale Kaufverträge s Überbl 45 vor § 373, internationale Transportverträge s § 407 Rn 10), das Vertretungs- und Vollmachtsstatut (Wirkungsland, BGH **128,** 47), das kfm Personalstatut (zB internationales HdlVertreterrecht s § 92 c), das Auslandsgeschäft der Banken (s **(7)** Bankgeschäfte Rn N/1 ff) und das internationale GesRecht (Staud/Großfeld EGBGB Internationales GesRecht 1998). Lit: Bülow/Böckstiegel/Geimer/Schütze, Der internationale Rechtsverkehr in Zivil- und HdlSachen (LBl); Reithmann/Martiny, Internationales Vertragsrecht, 6. Aufl 2004; Sandrock, Hdb der internationalen Vertragsgestaltung. Zeitschriften: EuZW, EWS, IHR, IPRax, RabelsZ, RIW, ZEuP, Journal of World Trade Law. 24

B. **Ausländisches Handelsrecht:** 25

Belgien: Code de commerce (1807) von Frankreich übernommen 1831, zahlreiche Änderungen. Lehrbücher: L. Frédéricq, Traité de droit commercial, 10 Bde und 1 Registerbd, 1946–1955, Kurzfassung 1 Bd 1970 mit Ergänzungen 1973, 1976, Handboek van Belgisch Handelsrecht, 4 Bde, 2. Aufl 1976–1981; Jassogne, Droit Commercial 5 Bde 1990–2003; van Ryn/Heenen 4 Bde 1954–1965 (Registerbd 1966), völlig neu ab Bd 1 1976, Bd 3 1981, Bd 4 1988; van Crombrugghe/Arendt 1992 (Belgien und Luxemburg, engl); van Bael/Bellis Business law guide to Belgium, 2. Aufl 2003 (engl); Handels- en Economisch Recht, Commentaar met overzicht van rechtspraak en rechtsleer, 7 Bde, LBl. Zeitschriften: Revue pratique des sociétés; Revue de droit commercial belge; Droit bancaire et financier.

Frankreich: Code de commerce 1807, zahlreiche Änderungen. Lehrbücher: Ripert/Roblot Bd 1 17. Aufl 1998, Bd 1 HlbBd 1 18. Aufl 2001, Bd 1 HlbBd 2 18. Aufl 2002, Bd 2 17. Aufl 2004; Hamel/Lagarde/Jauffret 2 Bde, 2. Aufl 1980; Guyon, Droit des affaires, Bd 1, 12. Aufl 2003, Bd 2 9. Aufl 2003; Jauffret 23. Aufl 1997; Blaise 4. Aufl 2007; Didier/Didier Bd 1 2005; Jeantin/Le Cannu 7. Aufl 2006; Mestre/Pancrazi 27. Aufl 2006; Pedamon 2. Aufl 2000; Cozian/Viandier/Deboissy 21. Aufl 2008 (GesR); Mestre/Putman/Vidal 1995 (Grands arrôts du droit des affaires); Ferid/Sonnenberger 4 Bde, 2. Aufl 1986–1994 (deutsch); Sonnenberger/Dammann 3. Aufl 2007

Einl v § 1 25   I. Buch. Handelsstand

(deutsch). Kommentarähnlich: JurisClasseur commercial; Encyclopédie juridique Dalloz, Répertoire de droit commercial, 6 Bde; Lamy 2009. Zeitschriften: Revue trimestrielle de droit commercial et de droit économique; Revue de jurisprudence commerciale; Revue Lamy de droit des affaires; Revue de jurisprudence de droit des affaires; La semaine juridique, Entreprise et affaires, LexisNexis JurisClasseur; Revue des sociétés; Bull Joly sociétés; Bull Joly bourse; Journal des sociétés civiles et commerciales; Revue Lamy de droit des affaires.

Großbritannien: Richterrecht und Einzelgesetze. Goode/McKendrick, Commercial Law, 4. Aufl. 2009; Sealy/Hooley, Commercial Law, 4. Aufl. 2009, Gower/Davies, Principles of Modern Company Law, 8. Aufl. 2008; Morse, Partnership Law, 6. Aufl. 2006; Triebel/Hodgson/Kellenter/Müller, Englisches Handels- und Wirtschaftsrecht, 3. Aufl. 2005 (deutsch). Zeitschriften: Journal of Business Law; European Business Law Review; Company Financial and Insolvency Law Review; Journal of Corporate Law Studies.

Italien: Codice civile 1942 inkorporierte den früheren Codice di commercio. Lehrbücher: Angelici 2002; Campobasso 6. Aufl 2008; Cottino 2001; Ferrara/Corsi, 13. Aufl 2006; Ferri 12. Aufl 2006; Jaeger/Denozza/Toffoletto 6. Aufl 2006; Libonati 2005; Kindler 2002 (deutsch). Komm: Scialoja/Branca/Galgano, Codice civile, Buch IV und V (zahlreiche Bönde in verschiedenen Aufl). Zeitschriften: Rivista delle società; Rivista di diritto commerciale; Giurisprudenza commerciale; Rivista del fallimento e delle società commerciali; Rivista di diritto industriale; Banca, borsa e titoli di credito.

Luxemburg: van Crombrugghe/Arendt 1992 (Belgien und Luxemburg, engl).

Niederlande: Wetboek van Koophandel 1838, zahlreiche Änderungen. Lehrbücher: Völlmar 1961; Dorhout Mees 7. Aufl 1990 (Kurzlehrbuch); Dorhout Mees 5 Bde, Bd 1 9 Aufl 1984, B 2 8. Aufl 1989, Bd 3 7. Aufl 1979, Bd 4 7. Aufl 1980, Bd 5 8. Aufl 1988; Hoyng/Schlingmann 1992 (engl); Gotzen 2. Aufl 2000 (deutsch). Zeitschriften: Sociaal-Economisch Wetgeving.

Österreich: UGB 2005, Ministerialentwurf 2003, Dehn/Krejci 2. Aufl 2007, Harrer/Mader 2005, Rieser 2006, G. H. Roth RdW **03**, 610, K. Schmidt JBl **04**, 31, Krejci ZHR 170 **(06)** 113, G. H. Roth ZIP **06**, 1749. Lehrbücher: Hämmerle/Wünsch Bd 1 4. Aufl 1990, Bd 2 4. Aufl 1993; Holzhammer 8. Aufl 1998, Krejci 2005. Komm: Jabornegg 1997, Straube Bd 1 3. Aufl 2003, Bd 2 (Rechnungslegung) 2. Aufl 2000; Kalss/Nowotny/Schauer, öGes-Recht 2008; Apathy/Iro/Koziol, öBankvertragrecht VI 2007 (Kapitalmarkt). HdlVertreterrecht HVertrG 1993, Nocker IHR **07**, 45. Zeitschriften: ÖJZ, Juristische Blätter, Recht der Wirtschaft, – Bank-Archiv.

Schweiz: Obligationenrecht (OR) 1881, Revisionen 1911 und 1936 und zahlreiche Änderungen. Lehr- und Handbücher: Gutzwiller ua, Schweizerisches Privatrecht, zahlreiche EinzelBde; Guhl/Koller/Schnyder/Druey 9. Aufl 2000; Meier-Hayoz/Forstmoser, Schweiz Gesellschaftsrecht, 10. Aufl 2007. Komm: Berner Komm, Zürcher Komm (beides GroßKomm zu ZGB/OR); Honsell/Vogt/Wiegand, OR, Bd 1 4 Aufl 2007, Honsell/Vogt/Watter, OR, B 2 2 Aufl 2002, Honsell/Vogt/Geiser, ZGB, Bd 1 3. Aufl 2006, Bd 2 3. Aufl 2007; Vogt/Watter, Komm zum schweiz. Kapitalmarktrecht, 1999. Zeitschriften: ZSR, SchweizJZ, SZW (früher SchweizAG).

Skandinavien: Kein besonderes HdlRecht, aber Einzelgesetze zB über Kauf, über HdlReg, Firma und Prokura, über Kommission, HdlAgentur und HdlReisende und über Gesellschaften ua jeweils in Dänemark, Norwegen und Schweden; Lau Hansen, Nordic Company Law 2. Aufl 2007.

Spanien: Codigo de comercio von 1885 mit zahlreichen Änderungen. Uria Bd 1 1999 Bd 2 2000; Sánchez Calero 2 Bde 20. Aufl 1997; Cremades

2. Aufl 1992 (engl); Löber/Peuster/Reichmann Bd 1 1984, Bd 2 1991 (deutsch); Fischer/Fischer 3. Aufl 2005 (deutsch). Zeitschrift: Revista de Derecho Mercantil; Revista de Derecho de Sociedades; Revista de Derecho Bancario y Bursatil.

USA: Richterrecht und einzelstaatliche Gesetze (statutes) weitgehend nach dem Muster des Uniform Commercial Code (UCC) seit 1954. White/Summers 4 Bde, 5. Aufl 2000; Allen/Kraakman/Subramanian, Commentaries and cases on the law of business organization, 2. Aufl. 2007; Clarkson/Miller/Jentz/Cross, Business Law, 11. Aufl. 2008; Goldman/Sigismond, Business Law, 7. Aufl. 2007; Mann/Roberts, Essentials of business law and the legal environment, 10. Aufl. 2009. Auf Deutsch: Assmann/Bungert, Handbuch des US-amerikanischen Handels-, Gesellschafts- und Wirtschaftsrechts, 2005; Elsing/van Alstine, US-amerikanisches Handels- und Wirtschaftsrecht, 2. Aufl 1999. Zeitschriften: spezialisiert The Business Lawyer, sowie die Zeitschriften der Universitäten. 26

Weitere Länder: Bundesstelle für Außenhandelsinformation, Köln, Schriftenreihe „Ausländisches Wirtschafts- und Steuerrecht", zB Rechtsfragen im Auslandsgeschäft.

C. **Rechtsangleichung: a)** Das Streben nach Rechtsangleichung im Interesse des HdlVerkehrs ist alt, Bsp: ADHGB, s Rn 9. Vorstufen der Rechtsangleichung durch Angleichung der HdlPraxis sind zB die **(6)** Incoterms, **(11)** ERA, **(12)** ERI. Seit der Jahrhundertwende finden sich Anfänge eines Welthandelsrechts in großen **Übereinkommen** bes auf dem Gebiet des Verkehrs, zB Internationales Übk über den Eisenbahn-Frachtverkehr (CIM) 1890/1961 und über den Eisenbahn-Personen- und Gepäckverkehr (CIV); über den Beförderungsvertrag im internationalen Straßen- und Güterverkehr, s **(17)** CMR; über die Beförderung im internationalen Luftverkehr (Warschauer Abkommen). 1930/1931 kam es zur Genfer Wechsel- und Scheckrechtsvereinheitlichung. Zur internationalen HdlRechtsangleichung durch UNCITRAL Herber RIW **80,** 81. Grundregeln der internationalen HdlVerträge (Unidroit Prinzipien) ZEuP **97,** 890. 27

b) Heute gewinnt die **Rechtsangleichung in der EG** eine rasch zunehmende Bedeutung. Zahlreiche EG-Ri zur Koordinierung des Ges-, Hdl-, Bank- und Börsenrechts, Verbraucher- und Arbeitsrechts sind bereits verbindlich. Die Anpassung des deutschen HdlRechts ist zT schon erfolgt (s Rn 13 ff), teils steht sie noch bevor. Man kann mit Fug und Recht von einem **europäischen Handelsrecht** sprechen, s Grundmann ZHR 163 **(99)** 635. Für ein europäisches HGB Magnus FS Drobnig **98,** 57. Bei Nichtumsetzung von EG-Richtlinien droht Haftung des Mitgliedstaates gegenüber seinen Bürgern auf Schadensersatz, EuGH EuZW **91,** 758, **96,** 183 (Francovich I, II), **96,** 654 (MP Travel Line) ua, Fischer EuZW **92,** 41. Europarechtskonforme Auslegung des deutschen Rechts nach Umsetzung wirft schwierige Probleme auf (s zB zur HV-Ri § 84 Rn 3, § 86 Rn 22). Praktisch und prozessual wichtig ist vor allem, dass für Zweifelsfragen bei der Auslegung der EG-Ri ausschließlich der EuGH im Vorlageverfahren nach **Art 234** (177 aF) **EG** zuständig ist (§ 84 Rn 3), Steindorff Bankrechtstag **93,** 135; bei Verkennung der **Vorlagepflicht** Vorenthaltung des „gesetzlichen Richters", BVerfG ZIP **01,** 350. Nach der Rspr des EuGH Vorlagerecht auch bei überschießender Umsetzung (zB Bilanzrecht, AGBRecht), Grund: einheitliche Auslegung, str, aber jedenfalls keine Vorlagepflicht, Grund: insoweit keine Kompetenz der EU, str, näher Lutter GS Heinze **05,** 571. Europäisches GesRecht s Einl 34 ff vor § 105. Textsammlung Lutter, Europäisches Unternehmensrecht, 4. Aufl 1996; Hopt/Wymeersch 3. Aufl 2007 (engl); Grundmann, Europäisches Schuldvertragsrecht (Recht der Unternehmensgeschäfte) 1999; Dauses, Hdb des EU-Wirtschaftsrechts (LBl). Lit: Franzen 1999; Magnus FS Drobnig **98,** 57 (europäisches HGB), Grundmann ZHR 163 **(99)** 635. 28

5) Handelsrecht der ehemaligen DDR und in den neuen Bundesländern

29 **A. DDR-Handelsrecht:** s 30. Aufl.

30 **B. HGB und Nebengesetze in den neuen Bundesländern:** Mit Beitritt der DDR zum GG trat am 3. 10. 90 das Recht der BRD in der ehemaligen DDR in Kraft (Einigungsvertrag v 31. 8. 90 BGBl II 889, 959 Art 8). Übergangsvorschriften für HVRecht: **(1)** EGHGB Art 29 idF HVNovelle 1990 (§ 84 Rn 3) ist in den neuen Bundesländern nicht anzuwenden (Einigungsvertrag Art 29); statt dessen ist für HVVerträge, die vor 1. 7. 90 nach GIW begründet wurden, das GIW in der bis 30. 6. 90 gültigen Fassung (s Rn 29) bis 31. 12. 93 anwendbar. Übergangsvorschriften für BGB und IPR enthalten Art 230 ff EGBGB, zB für Arbeitsverhältnisse Art 232 § 5, für Konto- und Sparkontoverträge Art 232 § 7, für Kreditverträge Art 232 § 8 und für das IPR Art 236. Fortwirkung alten DDRWirtschaftsrechts Spross DtZ **92,** 37. TreuhandG 17. 6. 90. Wichtig ist das DMBilG idF 28. 7. 94 BGBl 1843 über Eröffnungsbilanz in DM und Kapitalneufestsetzung (Einl 62 vor § 238). Gesetzessammlung: Schönfelder II, Zivil-, Wirtschafts- und Justizgesetze für die neuen Bundesländer (LBl). RsprÜbersicht zum GesRecht in den neuen Bundesländern Bommel/Wissmann ZGR **97,** 206. Lit: Clemm, RechtsHdb Vermögen und Investitionen in der ehemaligen DDR (RVI, LBl); Kimme, Offene Vermögensfragen (LBl); Rädler/Raupach/Bezzenberger, Vermögen in der ehemaligen DDR (LBl). Veltrup/Christoffel, Föderung der Wirtschaft in den neuen Bundesländern (LBl). Rspr-Übersichten: Kimme/Pée/Schmidt-Räntsch (LBl).

II. Unternehmensrecht

1) Das Unternehmen

31 **A. Unternehmensbegriff: a)** Trotz der Wichtigkeit des Unternehmens in Wirtschaft und Recht gibt es **keinen einheitlichen Rechtsbegriff** des Unternehmens. Vielmehr ist der Begriff Unternehmen je nach dem Willen und Zweck des Gesetzes und der Norm zu bestimmen, die ihn verwenden. Das kann zu unterschiedlichen, aber jeweils funktional richtigen Abgrenzungen führen, BGH **31,** 109. Zum hdlrechtlichen Unternehmensbegriff K. Schmidt § 4 I.

32 **b)** Der Unternehmensbegriff ist ua Grundbegriff des **Konzernrechts** (Recht der „verbundenen Unternehmen", AktG Buch 3, §§ 291 ff); Rspr BGH **69,** 334 (VEBA/Gelsenberg: BRD), **135,** 113 (VW), **148,** 123; GroßKoAktG/Windbichler § 15 Rn 10; s auch § 105 Rn 100 ff. Der Unternehmensbegriff ist auch im **MitbestG** (s § 1 I) und im **PublG** („Rechnungslegung von bestimmten Unternehmen und Konzernen") grundlegend (s Einl 46 vor § 238). Auch im **Wettbewerbsrecht** ist der Unternehmensbegriff zentral. Rspr: BGH **31,** 109, **36,** 103, **67,** 84 (Laborärzte), **74,** 365 (WAZ: für Fusionskontrolle bei zwei paritätisch beteiligten Großaktionären mit maßgeblichen Beteiligungen an mehreren Unternehmen, die zu marktstrategischen Planungen und Entscheidungen führen), **121,** 146, NJW **80,** 1046 (öffentliche Hand); K. Schmidt ZGR **80,** 277.

33 **c)** Eine **handelsrechtliche** Begriffsbildung geschieht am besten induktiv. Einigkeit besteht darüber, dass zwar der Kfm Unternehmer und sein HdlGewerbe (§§ 1 ff) bzw HdlGeschäft (vgl §§ 22 ff) Unternehmen ist, aber der Unternehmensbegriff darüber hinausgeht. So müssen sonstige Gewerbebetriebe (zur Abgrenzung s § 1 Rn 11), insbesondere Kleingewerbetreibende, ebenso einbezogen werden wie andere wirtschaftliche Tätigkeiten, die herkömmlich nicht als Gewerbe, sondern als freier Beruf angesehen werden (§ 1 Rn 19), str. Die neuere Gesetzgebung (§§ 13, 14 BGB idF FernAbsG 2000, zuvor schon ua in § 414 IV aF (30. Aufl) und in verschiedenen Verbraucherschutzgesetzen) erfasst als Unter-

nehmer im Gegensatz zum Verbraucher jede gewerbliche oder selbstständige berufliche Tätigkeit. Eine mehr **pragmatische,** an den Bedürfnissen des Rechtsverkehrs ausgerichtete Begriffsbildung setzt an den einzelnen **Funktionen** des Unternehmens an und begnügt sich mit Bereichslösungen, zB Unternehmen als Gegenstand des Rechtsverkehrs (s Rn 42–55), Rechtsschutz des Unternehmens (s Rn 56–70), Unternehmensnachfolge (§§ 22 ff, s dort), so vor allem Rspr und Praxis. Eine mehr **theoretische** Begriffsbildung kann unterschiedliche Aspekte des Unternehmens herausheben oder kombinieren: so hat jedes Unternehmen einen materielle und immaterielle Mittel umfassenden **Gegenstand,** dem im Verkehr ein bestimmter (Unternehmens-)**Wert** beigemessen wird (s Rn 34–37). Jedes Unternehmen hat nicht nur eine Organisation, sondern ist eine **organisierte Einheit** am Markt und im Verkehr; das wird ua bei **Entstehen, Verlegung** und **Erlöschen** des Unternehmens deutlich (s Rn 38–40). Schließlich hat jedes Unternehmen einen **Rechtsträger** (zB Kfm, HdlGes, freiberuflich Tätiger), sofern es nicht von der Rechtsordnung selbst als Rechtssubjekt anerkannt wird (s Rn 41). Eine konsequente, teils über das geltende Recht hinausreichende Sicht des HdlRechts als Unternehmensrecht bietet K. Schmidt, HdlRecht, krit Zöllner ZGR **83,** 82. Argumentationssammlung s Unternehmensrechtskommission 1980; dazu Kübler ua ZGR **81,** 377–509; Schrifttum s Hopt/Hehl/Vollrath Kap. 1 III.

B. Unternehmensgegenstand und -wert: a) Das Unternehmen umfasst 34 die zum Zweck seiner Tätigkeit gewidmeten **Sachen** und **Rechte** (Forderungen, Beteiligungen, Vertragsrechte, gewerbliche Schutzrechte, die Firma und andere geschützte Kennzeichnungen, öffentliche Gewerberechte usw) sowie **sonstige wirtschaftlichen Werte** wie Erfahrungen, Know-how, Unternehmensgeheimnisse, BGH **16,** 175, **64,** 329, Geschäftsbeziehungen, Kundenstamm, Personal, den geschäftlichen Ruf und Kredit, Goodwill ua, BGH NJW **70,** 557, Karls WM **89,** 1229. Zum Know-how Lit: Pfister 1974, Stumpf 1977, Druey 1977 (Geschäftsgeheimnis); Tiedemann FS von Caemmerer **78,** 643.

b) Jedes Unternehmen hat im Verkehr einen bestimmten, uU auch negativen 35 **Wert.** Die richtige Bewertung ist nicht nur eine wirtschaftliche, sondern uU auch rechtliche Frage, etwa im Bilanzrecht (§§ 252 ff), bei Eintritt und Ausscheiden von Gftern (ua Abfindung, § 131 Rn 48), bei Zugewinn- und Pflichtteilsberechnung, im Insolvenzverfahren, Entschädigung nach BEG, BGH BB **62,** 155, Schuldenregelung nach BVFG, BGH DB **56,** 1232. Die Bewertung ist abhängig von dem jeweiligen Gesetzeszweck; so sieht eine Insolvenzbilanz (Zerschlagungswert des Unternehmens) anders aus als eine Jahresbilanz, und diese wiederum anders als eine Abfindungsbilanz. Ausschlaggebend ist also der Bewertungszweck. Maßgeblich für die Unternehmensbewertung in der Wirtschaftsprüferpraxis ist **IDW Standard: Grundsätze zur Durchführung von Unternehmensbewertungen IDW S 1 idF 2008** (Stand 2. 4. 2008), IDW-FN **08,** 271. Der **objektive Wert eines Gesellschaftsanteils** ergibt sich als quotaler Wert auf Basis des objektiven Gesamtwerts des Unternehmens; anders der subjektive Wert des Anteils (Anteilsquote, Einfluss des Anteilseigners, erwartete Synergieeffekte), IDW S 1 Tz 13, str, s § 131 Rn 49.

c) Für die Unternehmensbewertung gibt es verschiedene **Methoden:** In der 36 **Betriebswirtschaftslehre** werden heute nur noch die **zukunftsbezogenen** Methoden anerkannt, **Unternehmenswert als Zukunftserfolgswert,** so auch IDW S 1 Tz 7. Herkömmlich herrscht unter diesen die Ertragswertmethode vor, daneben sind mittlerweile das Discounted Cash Flow-Verfahren (DCF), das Dividendendiskontierungsmodell und die Residualgewinnmethode gekommen. IDW S 1 Tz 7 legt das Ertragswertverfahren (Tz 111 ff) und das DCF-Verfahren (Tz 134 ff) zugrunde. Im Prinzip müssten alle vier Methoden zum selben Ergebnis kommen, näher Coenenberg/Schultze DBW **02,** 597 (selbst mit Bevorzugung der Letzteren). Bei der **Ertragswertmethode** drückt der Unternehmenswert den Wert des

Einl v § 1 37

fortgeführten Unternehmens, bezogen auf eine Alternativinvestition am Kapitalmarkt, aus (Bewertung künftiger finanzieller Überschüsse, Zukunftserfolgswert), nicht betriebsnotwendiges Vermögen wird gesondert bewertet, IDW S 1 Tz 24 ff, 67 ff. Ertragssteuern des Unternehmens und der Unternehmenseigner sind zu berücksichtigen, IDW S 1 Tz 32 ff, dabei ist zu beachten, dass diese bei Kapitalgesellschaften und bei Einzelunternehmen und Personengesellschaften unterschiedlich sind, IDW S 1 Tz 39, 40. Die finanziellen Überschüsse sind auf den Bewertungsstichtag mit dem Kapitalisierungszinssatz abzuzinsen (Grund: Vergleichbarkeit mit Anlagealternativen), IDW S 1 Tz 123 ff. Die **Schwierigkeiten** liegen ua im Prognoseproblem, in der Bemessung des Kapitalisierungszinssatzes (Basiszinssatz entsprechend Alternativinvestitionen; Zuschläge für Unternehmerrisiko und geringe Fungibilität, str; Abzüge für Geldentwertung, sehr str) und in der Zugrundelegung des vorhandenen oder eines veränderten Unternehmenskonzeptes. Zu letzterem berücksichtigt die Wurzeltheorie nur die zum Stichtag bereits eingeleiteten Maßnahmen, dh durch Umsetzungsbeschlüsse der Geschäftsführung bzw eines Aufsichtsorgans und dokumentierte Planungen bereits konkretisierte, IDW S 1 Tz 43 f, 58 f. Besonderheiten gelten bei der Bewertung wachstumsstarker bzw ertragsschwacher Unternehmen sowie kleiner und mittlerer Unternehmen, IDW S 1 Tz 156 ff. Zu den Grundsätzen ordnungsmäßiger Unternehmensbewertung gehören Bewertung der wirtschaftlichen Unternehmenseinheit, der nachhaltig entziehbaren Einnahmenüberschüsse, der zukunftsbezogenen Bewertung ua, nicht aber das (bilanzielle) Vorsichtsprinzip (anders für die HdlBilanz § 252 Rn 10), IDW S 1 Tz 72 f. Gleichwertig mit der Ertragswertmethode sind die **DCF-Methoden** (discounted cash flow, gewogene Kapitalkosten nach dem WACC-Ansatz, angepasster Barwert nach dem APV-Ansatz), IDW S 1 Tz 134 ff. In der Praxis finden sich zT noch **andere Methoden,** zB die Mittelwertmethode, die einen Unternehmensgesamtwert zwischen Ertragswert und Substanzwert (Reproduktionswert) annimmt, so auch das Stuttgarter Verfahren (Vermögensteuer), Moxter DB **76,** 1585. Der **Liquidationswert** (Verkaufs- oder Zerschlagungswert, zu unterscheiden von Substanzwert bei Fortführung) ist allenfalls **Wertuntergrenze,** IDW S 1 Tz 150 f, etwa bei völlig unrentablen Unternehmen, aber sonst für die Bewertung des fortgeführten Unternehmens nicht maßgeblich (aber s Rn 37); bei Vorliegen eines rechtlichen oder tatsächlichen Zwangs zur Unternehmensfortführung bleibt es beim Fortführungswert. Der **Substanzwert,** also der Gebrauchswert der betrieblichen Substanz, hat bei der Unternehmenswertermittlung **keine eigene Bedeutung,** IDW S 1 Tz 6, 180 ff. Der **Börsenkurs(wert)** als aktueller Verkehrswert betrifft Anteile, nicht das Gesamtunternehmen und ist von Marktzufälligkeiten abhängig (Volatilität ua, Stichtagsproblem), kann aber Orientierung bei Ertragswertermittlung abgeben, IDW S 1 Tz 14 ff, und rechtlich den Mindestwert des Anteils darstellen (s Rn 37). Der am Markt für Unternehmenskontrolle (Übernahmen) erzielbare **Marktwert** liegt häufig weit über dem Ertragswert. Zu **CAPM** (capital asset pricing model) und **Tax-CAPM** IDW S 1, Reuter AG **07,** 1, Hüttemann WPg **07,** 820 und Rn 37. Zu IDW S 1 aF Siepe/Dörschell/Schulte WPg **00,** 946, Wagner/Jonas/Ballwieser/Tschöpel WPg **04,** 889 (Alternativanlage, Tax-CAPM), S 1 nF 2005, Wagner/Jonas/Ballwieser/Tschöpel WPg **06,** 1005; S 1 nF 2008 Wagner/Saur/Willershausen WPg **08,** 731, Hommel/Pauly/Nagelschmitt BB **07,** 2728 (zu ES 1).

37 d) **Rechtlich** ist keine dieser Methoden verbindlich, vielmehr können die mit der Bewertung betrauten Fachleute das ihnen im Einzelfall geeignete Verfahren **wählen;** das Ergebnis ist für den Richter im wesentlichen Tatfrage, str, BGH **68,** 165, NJW **82,** 2441, **93,** 2101, mit der Folge einer hinzunehmenden Bandbreite von Werten, BayObLG AG **05,** 41; Abgrenzung von Tatsachen- und Rechtsfragen ist str, Kuhner WPg **07,** 825, Hüttemann WPg **07,** 812, wobei zu bedenken ist, dass es keinen „wahren Wert an sich" gibt. Die Rspr nimmt ein

breites richterliches Schätzungsermessen für sich in Anspruch (§ 287 II ZPO), BayObLG AG **06,** 41. Zu ermitteln ist (je nach Bewertungszweck) der wirkliche Wert des lebenden Unternehmens einschließlich der stillen Reserven und des good will, wie er sich idR aus dem Preis für Verkauf des Unternehmens als Einheit ergibt, also der (zukunftsorientierte) **Ertragswert;** BGH **116,** 370, **138, 140, 140,** 36, **156,** 61, BerechnungsBspe Düss AG **03,** 329 m krit Anm Martens 593 (Siemens/SNI Verschmelzung), Mü AG **07,** 287, Stgt AG **07,** 128, Stgt ZIP **07,** 534 (DaimlerChrysler), Stgt AG **08,** 510 u Karlsr AG **09,** 47 (CAPM, s Rn 36). Das bilanzrechtliche Vorsichtsprinzip (§ 252 I Nr 4) gilt nicht. Maßgebend sind, auch für die Schätzung des Zukunftsertrags, die Verhältnisse am **(Bewertungs)stichtag;** die Entwicklung in der Bewertungszeit ist zu berücksichtigen, nicht solche mit Ursprung nach dem Stichtag; BGH NJW **73,** 511, WP-Hdb **08** II A 51 ff. Künftige Erfolgschancen müssen im Regelfall am Stichtag bereits im Ansatz geschaffen sein (Wurzeltheorie), BGH **140,** 35. Statt stand alone-Bewertung, üL, BGH **138,** 136, 140, BayObLG DB **95,** 2590, differenzierend WP-Hdb **08** II A 50 (Konzern), 130 ff (nicht betriebsnotwendiges Vermögen), sollten trotz Schwierigkeiten Synergie- bzw Verbundeffekte berücksichtigt werden, Fleischer ZGR **97,** 368 (zu §§ 305, 320 b AktG), **01,** 27, jedenfalls wenn sie sich im Börsenkurs niedergeschlagen haben, BGH **147,** 120; allgemeiner für alternative Fortführungsmöglichkeiten Hüttemann ZHR 162 **(98)** 586, aber problematisch. Zur Ertragswertbestimmung Rückblick auf idR fünf Jahre, BGH BB **75,** 1083 (Pflichtteilsberechnung), mit Ausklammern der besten und schlechtesten dieser fünf, so Hamm BB **76,** 626 (Zugewinnermittlung). Zentral wichtig ist der **Kapitalisierungszinssatz** (bezogen auf die von einem hypothetischen Unternehmenserwerber erzielbaren Rendite). Er folgt aus einem **Basiszinssatz** (langfristige Rendite öffentlicher Anleihen) und einer **Risikoprämie** (Marktrisiko und unternehmensspezifischer Betafaktor). Die Rspr akzeptiert Marktrisikoprämien von 5–6% (nach ESt), Hüttemann WPg **07,** 820, Wagner/Saur/Willershausen WPg **08,** 747, und Kapitalisierungssätze idR zwischen 5–15%, Hennrichs ZGR **99,** 851; Kapitalisierungszinssatz-, Risikoprämien- und Inflations-/Wachstumsabschlagsvarianten, Nachsteuerbetrachtung s Stgt ZIP **07,** 534. **Untergrenze** auch bei der Ertragswertbewertung ist nach **Verfassungsrecht** entgegen früherer hL u Rspr idR der **Börsenkurs,** außer wenn er ausnahmsweise (zB bei Marktenge) nicht den Verkehrswert der Aktie widerspiegelt, ohne Paketzuschläge und Kontrollprämien, BVerfG ZIP **99,** 1436 (DAT/Altana zu § 305 AktG, zust Röhricht [II ZS] ebenda 1439) mAnm Wilken 1443, AG **00,** 40, NJW **07,** 828; BerechnungsBsp Düss AG **03,** 329 (Verschmelzung), AG **04,** 324 (Umwandlung in KG). Einzelheiten str, Luttermann ZIP **99,** 45, Steinhauer AG **99,** 299, Großfeld BB **00,** 261, Hüffer FS Hadding **04,** 461. Art 14 GG verlangt wirtschaftlich volle Entschädigung, BverfG NJW **01,** 279 (Moto Meter, Schutz der Minderheitsaktionäre bei übertragender Auflösung). Stichtagsproblem bzw Referenzzeitraum sehr str, BGH **147,** 108 (DAT/Altana), vgl BVerfG NJW **07,** 828: uU Zeitpunkt entspr § 5 I WpÜG-AngebotsVO, üL, Stgt ZIP **07,** 530, eventuell Glättung von Kursschwankungen durch Durchschnittskurs über relevanten Zeitraum. Bewertung allein nach Substanzwert ist auch bei unrentablem Unternehmen idR nicht marktgerecht, BGH NJW **82,** 2441. Bewertung ausnahmsweise nach **Liquidationswert** s BGH NJW **82,** 2498, WM **06,** 776, aber außer bei unmittelbarem Bevorstehen der Liquidation ungeeignet, BGH **138,** 386, aber idR (nach früherer Ansicht stets, BayObLG BB **95,** 1760, offen BGH WM **06,** 777) als Untergrenze, Düss AG **04,** 327 (zu §§ 304, 305 AktG), WP-Hdb **08** II A 382, str (s Rn 36), Grund: keine irrationale Unternehmerentscheidung zu Lasten anderer. Liquidationswert aber für das nicht betriebsnotwendige Vermögen, zB Gaststättengrundstück im Eigentum einer Brauerei, BayObLG DB **95,** 2590. Die Mittelwertmethode (s Rn 37) kommt ohne besonderen Ansatz des Goodwill aus, BGH BB **82,** 71. Berücksichtigung

der besonderen Tüchtigkeit des Geschäftsführers, BGH NJW-RR **87,** 21. Berücksichtigung des Vermögenswerts einer freiberuflichen Praxis, BGH NJW **08,** 1221 (Zugewinnausgleich) m Anm Münch 1201. Bei Veräußerung ein Jahr nach Bewertungsstichtag ist Anlehnung an Verkaufserlös abzüglich Veräußerungskosten zulässig, BGH NJW **82,** 2498. Anspruch auf Vorlegung von Geschäftsunterlagen zwecks Geschäftsbewertung s § 166 Rn 4 (betr Kdtist), BGH BB **75,** 1083 (zu § 2314 BGB), Hamm BB **83,** 860 (zu § 1379 BGB, Anwaltssozietät).
RsprÜbersichten: Piltz 3. Aufl 1994, Lausterer 1997, Luttermann NZG **07,** 611 (international), Reuter AG **07,** 1 (CAPM), Wüstemann BB **07,** 2223 (Basiszinssatz, Risikozuschlag), **08,** 1499, **09,** 1518; allgemein BilanzRspr Moxter 6. Aufl 2007.
Lit: Ballwieser 2. Aufl 2007; Barthel (LBl); Braunhofer 1995 (im Familien- und Erbrecht); Drukarczyk/Schüler 6. Aufl 2009; Großfeld 5. Aufl 2009 (im Ges-Recht); Peemöller 4. Aufl 2009; Karrer 2003 (Abfindung im Konzern-, Übernahme- und Ausschlussrecht); Adolff 2007; WP-Hdb **08** II A; Hüttemann ZHR 162 **(98)** 563, Hennrichs ZGR **99,** 837, ZHR 164 **(00)** 453, Hülsmann ZIP **01,** 450, Hüttemann, Piltz, Stilz ZGR **01,** 454, 185, 875 (BVerfG/BGH), Coenenberg/Schultze DBW **02,** 597, Janssen NJW **03,** 3387 (Anwaltskanzleien), Bruski BB-Sp 7/**05,** 19 (Kaufpreisanpassungsklausel), Hüffer ZHR 172 **(08)** 572, Kögel NJW **07,** 556 (Besonderheiten bei Zugewinn), Reuter AG **07,** 881 (internationale Bezüge), Hüttemann WPg **07,** 812, Wüstemann BB **07,** 2223 (Basiszinssatz, Risikozuschlag), Großfeld/Merkelbach NZG **08,** 241 (einschlägige Datenbanken). Vgl ferner zur Abfindung ausscheidender Gfter (§ 131 Rn 48) und außenstehender Aktionäre (§§ 304, 305 AktG), GroßKoAktG/Hasselbach/Hirte, zum Pflichtangebot (§ 31 WpÜG) sowie zum Bilanzrecht (Einl 10, 31, 54 vor § 238).

38 C. **Entstehen, Verlegung und Erlöschen des Unternehmens: a)** Das Unternehmen **entsteht** durch Errichtung als organisierte Einheit und Auftreten nach außen. Es kann aber schon zuvor in der Gründungsphase („werdendes" Unternehmen) einen Wert haben, Gegenstand des Rechtsverkehrs sein und Rechtsschutz genießen. Das Unternehmen besteht als organisierte Einheit am Markt rechtlich auch dann, wenn es nicht genehmigt oder sogar verboten ist (vgl § 7). Nur kann es dann behördlich geschlossen werden. Auch ist im Einzelnen genau zu prüfen, ob Rechtsgeschäfte im und über das Unternehmen wirksam sind (zB §§ 134, 138 BGB), inwieweit das Unternehmen Rechtsschutz genießt und welche Pflichten es während seines Bestehens hat (vgl § 1 Rn 51).

39 **b) Die Verlegung** des Unternehmens erfolgt bei EinzelKflten und Personen-Ges durch tatsächliche Verlegung der HauptNl; die Anmeldung nach § 13 c ist insoweit nur deklaratorisch. Bei juristischen Personen (des HdlRechts) bedarf es dagegen zur Sitzverlegung einer Satzungsänderung, die erst mit der Eintragung in das HdlReg wirksam wird (§§ 5, 179, 181 III AktG, §§ 4 a, 53, 54 III GmbHG).

40 **c)** Das Unternehmen **erlischt** mit seiner endgültigen Auflösung als organisierte Einheit (vgl § 1 Rn 52). Es erlischt **noch nicht** durch Auflösung (vgl § 156, Ges iL); Eröffnung des Insolvenzverfahrens (vgl § 144 HGB, § 27 InsO); Verpachtung, § 22 Rn 25; vorübergehende Stilllegung, BGH **21,** 69, BayObLG WM **84,** 53; Beendigung des Ausverkaufs wegen Geschäftsaufgabe, Saarbr NJW-RR **86,** 464. Das durch rechtswidrigen Zwang stillgelegte Unternehmen **ruht,** solange der Zwang dauert, danach, solange Wille und Möglichkeit der Erneuerung bestehen; BGH **6,** 137 (für Fortbestehen einer Marke). Der Prioritätsverlust, den ein Unternehmenskennzeichen bei nicht nur vorübergehender Unterbrechung der Unternehmenstätigkeit erleidet, kann ausnahmsweise überbrückt werden, wenn er auf staatlichen Zwangsmaßnahmen beruht, BGH **150,** 82 (Hotel Adlon). Eintragung des Erlöschens der Firma im HdlReg s § 31 II. Umwandlung des Unternehmens s Einl 19 vor § 105.

Einleitung 41–44 **Einl v § 1**

D. **Unternehmensträger:** Nach deutschem HdlRecht hat jedes Unternehmen 41
einen Unternehmensträger. Dieser, nicht das Unternehmen selbst, ist Subjekt der
das Unternehmen betr Rechte und Pflichten. Unternehmensträger kann zunächst
jeder Kfm sein, sein Unternehmen ist das HdlGeschäft (§§ 1 ff). Unternehmensträger sind die OHG, KG (nicht deren einzelne Gfter, § 124 Rn 1, § 161 Rn 2); die
AG, GmbH, eG, sofern sie ein Unternehmen betreiben (Kflte sind sie davon
unabhängig kraft Rechtsform, § 6 Rn 4); Gebietskörperschaften für rechtlich
unselbstständige erwerbswirtschaftliche Unternehmen (§ 1 Rn 27). Unternehmensträger können auch NichtKflte sein, zB freiberuflich Tätige (str zum „Gewerbe" § 1 Rn 19–20); die Vor-AG und Vor-GmbH (§ 105 Rn 12, Anh § 177 a
Rn 15); zur GbR s § 105 Rn 3, Erbengemeinschaft§ 1 Rn 37. **Nicht** Unternehmensträger ist die stGes (§ 230 Rn 2); der Konzern als solcher (vielmehr die
verschiedenen rechtlich selbstständigen verbundenen Unternehmen, § 18 AktG).

2) Das Unternehmen als Gegenstand des Rechtsverkehrs

A. **Unternehmensübertragung: a)** Eine Verfügung über das Unternehmen 42
als Ganzes, wie in anderen Ländern zB Übertragung oder Verpfändung des
Unternehmens durch Eintragung in einem Register, ist grundsätzlich nicht
möglich, BGH NJW **68**, 393. Vielmehr ist beim Unternehmenskauf und anderen das Unternehmen als Ganzes betreffenden Verpflichtungen (s Rn 44–55)
über den Unternehmensgegenstand bildenden Sachen, Rechte und sonstigen
wirtschaftlichen Werte (s Rn 3–4) **einzeln zu verfügen** (sachenrechtlicher Bestimmtheitsgrundsatz); bei Unternehmensveräußerung also zB über Grundstücke
(§§ 873, 925 BGB), bewegliche Sachen (§§ 929 ff BGB), Forderungen und
andere Rechte wie Patente (§§ 398 ff, 413 BGB). Die Firma (§ 22) kann (nur)
mit dem Unternehmen übertragen werden; zu einem Geschäftsbetrieb gehörende Marken sind iZw stillschweigend mitübertragen (§ 27 II MarkenG).
Rechte aus gegenseitigen Verträgen sind idR zwar nicht einzeln, wohl aber mit
dem ganzen HdlGeschäft ohne Zustimmung des Vertragsgegners übertragbar
(§§ 133, 157 BGB); wenn nicht, ist der Veräußerer des HdlGeschäfts verpflichtet,
die Zustimmung herbeizuführen. Außer den einzelnen Verfügungen ist die **tatsächliche Einweisung** des Erwerbers in das Unternehmen samt Know-how,
Goodwill, Unternehmensgeheimnissen usw nötig, zB durch Übergabe der Kundenkartei, Mitteilung der Erfahrungen und Geheimnisse, Einführung bei Kundschaft, Personal, Geschäftsfreunden, Behörden.

b) Aufgrund besonderer Rechtsvorschriften geht **ausnahmsweise** das Unter- 43
nehmen **als Ganzes** über (Gesamtrechtsnachfolge bzw Universalsukzession), zB
bei Erbgang (§ 1922 BGB), oder bei Umwandlung kraft Gesetzes, Bsp: vorletzter
Gfter der OHG oder KG fällt weg), oder kraft Rechtsgeschäfts nach UmwG
(Verschmelzung, Spaltung, Vermögensübertragung). Beim Formwechsel bleibt
die Identität des Rechtsträgers erhalten, es findet also schon kein Vermögensübergang statt. Zur Umwandlung s Einl 19 vor § 105.

B. **Unternehmenskauf: a)** Das Unternehmen statt der einzelnen Wirt- 44
schaftsgüter (Abgrenzung nach wirtschaftliche Gesamtbetrachtung) kann jedoch
als Ganzes („sonstiger Gegenstand" iSv § 453 I BGB) **verkauft** werden (§ 433
BGB), BGH **65**, 251, NJW **02**, 1043; der Verkäufer verpflichtet sich dabei, die
dazu notwendigen einzelnen Verfügungen (s Rn 72) vorzunehmen. Entsprechendes gilt für andere Verträge wie zB Schenkung, Geschäftseinbringung auf Grund
GesVertrags, Pacht (s Rn 49). Dabei bieten sich der Kauf der Anteile **(share
deal)** oder Kauf der Wirtschaftsgüter des Unternehmens **(asset deal)** an, auch
nach SMG uU erhebliche rechtliche Unterschiede (Mängelhaftung s Rn 46,
Steuerrecht, IPR). Besondere **Formvorschriften** bestehen nicht, zu beachten
sind aber zB **§ 311 b I BGB,** wenn zum HdlGeschäft ein Grundstück gehört und
die Übertragung von Unternehmen und Grundstück ein einheitliches Geschäft

Einl v § 1 45 I. Buch. Handelsstand

darstellt, BGH BB **79,** 598; **§ 518 BGB** bei Schenkung eines HdlGeschäfts; **§ 311 b III BGB** bei Verkauf ihres HdlGeschäfts durch eine juristische Person (aber zT umwandlungsrechtliche Sondervorschriften) oder durch OHG und KG, aA RG JW **10,** 242 (aber dogmatisch überholt) und sogar AußenGbR, da eigene Rechtsfähigkeit (Einl 14 v § 105), Staudinger/Wufka 2001 § 311 Rn 7, nicht dagegen Verkauf eines Sondervermögens, zB Unternehmens, durch den Inhaber, RG Gruch **63,** 88, Warn **17** Nr 49; Übersichten: Hermanns ZIP **06,** 2296, Morshäuser WM **07,** 337, Müller NZG **07,** 201; Vorvertrag, BGH WM **89,** 1769. Für den Unternehmenskauf ist heute von größter praktischer Bedeutung die **due diligence**-Untersuchung des Unternehmenskäufers vor Erwerb des Unternehmens. Sie dürfte, zumindest für internationale und wohl auch DAX-Unternehmen, bereits Verkehrssitte sein, Böttcher ZGS **07,** 20, str, und wirft zahlreiche kauf-, gesellschafts- und übernahmerechtliche Probleme auf, Angersbach 2002, Böttcher 2004, Hirte 2005, Liekefett 2005, Hüffer § 93 Rn 8, Merkt BB **95,** 1041, WIB **96,** 145, Fleischer/Körber BB **01,** 841, Hopt ZGR **02,** 356, Körber NZG **02,** 263, Müller NJW **04,** 2196, Böttcher NZG **05,** 49, Westermann u Hemeling ZHR 169 **(05)** 248, 274, Böttcher NZG **07,** 481, Habersack/Schürnbrand FS Canaris **07** I 359 (Auktion), Romerio/Gerhard SZW **07,** 1. Lit zum Unternehmenskauf: MüKoHGB/Lieb Anh § 25, Beisel/Klumpp 6. Aufl 2009, Hölters 6. Aufl 2005, Holzapfel/Pöllath 13. Aufl 2008, Knott/Mielke 3. Aufl 2008, Merkt 2. Aufl. 2003 (international), Reithmann/Martiny/Merkt 849 (international), Pöllath ua 2007; St. Lorenz FS Heldrich **05,** 305 (SMG), Schröcker ZGR **05,** 63 (SMG), Hüffer ZHR 172 **(08)** 572 (aktienrechtliche Probleme). **RsprÜbersichten:** Klein-Blenkers NZG **06,** 245, Hübsch WM Sonderbeil 1/**06,** 7. **Muster:** Hopt/Fabritius 3. Aufl 2007 Form I. K.1–23, vor allem Form I. K.1 (Due Diligence Checkliste), Form I. K.2 (Vertraulichkeitsvereinbarung zwischen Verkäufer und Käufer), Form I. K.3 (Mandatsvereinbarung zwischen Verkäufer und Berater), Form I. K.4 (Information Memorandum/Unternehmensexposé), Form I. K.5 (Letter of Intent), Form I.K:6–17 (Anteilskauf bei GmbH, AG, OHG, GmbH & Co KG mit Registeranmeldungen), Form I. K.21 (Unternehmenskauf durch Erwerb von Einzelwirtschaftsgütern/Asset Deal).

45 **b)** Der Unternehmenskauf kann **unzulässig** sein. Zu berücksichtigen sind heute in erster Linie die kartellrechtlichen Schranken (**Zusammenschlusskontrolle** nach §§ 35 ff GWB und EG-Recht, s Rn 77–79); **Muster:** Hopt/Fabritius 3. Aufl 2007 Form I. K.22–23 (Kartellrechtliche Anmeldungen bei BKartA und EGKomm). Die frühere Rspr, wonach der Verkauf einer Arzt-, Anwalts- und sonstigen **freiberuflichen Praxis** als Verkauf eines „Erwerbsgeschäfts" nicht möglich und sittenwidrig sein sollte, ist heute überholt, BGH **16,** 74, **43,** 47, NJW **73,** 100. Überlassung von Patientenkartei und Behandlungsunterlagen ohne Einwilligung der betroffenen Patienten ist aber unzulässig, BGH **116,** 268, ebenso von Mandantenunterlagen, BGH **148,** 97, NJW **95,** 2026, str. Ein **Wettbewerbsverbot** für den Veräußerer zugunsten des Erwerbers folgt auch ohne bes Abrede als Nebenpflicht des Kaufvertrags, RG **117,** 180, BGH NJW **55,** 337, und kann entspr auch vertraglich vereinbart werden. Grenzen aus § 138 BGB, BGH NJW **86,** 2944 (Rechtsanwaltspraxis); für „überschießende", objektiv nicht nötige Wettbewerbsverbote Grenzen aus § 1 GWB, auch Austauschverträge dienen bei Außenwirkung der Wettbewerbsvereinbarung „zu einem gemeinsamen Zweck" iSv § 1 GWB, BGH NJW **82,** 2000, **94,** 385 (dort höchstens 2 Jahre), Ulmer NJW **82,** 1975; des Rückgriffs auf § 138 BGB bedarf es nicht, aA BGH NJW **79,** 1605. Zeitlich und uU räumlich kann bloße Teilnichtigkeit (§ 139 BGB) anzunehmen sein, str, offen BGH NJW **97,** 3089 (Tierarztpraxis, iErg abl), auch Störung der Geschäftsgrundlage, BGH WM **06,** 828 (Anteilsverkauf). Lit: Hirte ZHR 154 **(90)** 413 (Wettbewerbsverbote).

Einleitung 46–46b **Einl v § 1**

c) Die **Mängelhaftung beim Unternehmenskauf** richtet sich, obwohl das 46 Unternehmen keine „Sache" ist, nach Sachmängelrecht: Unternehmen ist „sonstiger Gegenstand" iSv **§ 453 I BGB**, entsprechende Anwendung der §§ 434 ff BGB, insoweit dann keine Ansprüche nach §§ 280, 311 II BGB aus Verschulden bei Vertragsverhandlungen (außer bei Vorsatz, BGH NJW **92**, 2565), BGH **60**, 319, **138**, 204 (zu §§ 459 ff aF BGB), ebenso nach Kaufrecht idF SMG, Huber AcP 202 **(02)** 228 (aber s Rn 47). Auch der **Kauf aller** oder nahezu aller **Gesellschaftsanteile** ist Unternehmenskauf, der einzelner GesAnteile dagegen Rechtskauf (§ 453 I BGB, § 105 Rn 73). **Mängel des Unternehmens** sind zunächst solche des Unternehmens insgesamt, zB RG **138**, 356 (Baupolizeiwidrigkeit des Gastwirtbetriebs), JW **37**, 461 (gesetzliche Beschränkung des Betriebs), BGH NJW **59**, 1585 (Arztpraxis mit Belegbetten bei unzulänglichen Operationsverhältnissen), BGH BB **70**, 819 (Überschuldung), Karlsr BB **74**, 1604 (zerrüttete Steuerberaterpraxis). Aber auch **Mängel einzelner Sachen und Rechte** können ein Unternehmen durchschlagen und begründen dann einen Sachmangel des Unternehmens iSv § 434 I BGB, so wenn sie dessen wirtschaftliche Grundlage erschüttern, BGH NJW **70**, 821, bzw wenn sie seine Marktstellung gefährden, Hommelhoff 38. So ist zB der Rechtsmangel, dass sämtliche Warenautomaten eines Betriebsvermögens sicherungsübereignet sind, ein Sachmangel des Unternehmens, BGH NJW **69**, 184 m krit Anm Schlosser JZ **69**, 337 (für Rechtsmängelhaftung). Auch Quantitätsmängel des GesVermögens können einen Qualitätsmangel des Unternehmens darstellen, zB fehlendes Inventar, RG **98**, 292, BGH NJW **79**, 33, Nichtauffindbarkeit des mitverkauften Leergutes, BGH WM **74**, 312, Mängel mitverkaufter Rechte wie Kundenforderungen, Baukonten, Versicherungsansprüche, Firmen-, Kennzeichnungs-, Schutz-, Nutzungsrechte, Geschäftsgeheimnisse usw, BGH NJW **70**, 557, WM **74**, 312. Reicht der Mangel einzelner Sachen und Rechte für einen Unternehmensmangel nicht aus, dann ist auch **keine Einzelgewährleistung** möglich, sondern nur uU Ansprüche nach §§ 280, 311 II BGB aus Verschulden bei Vertragsverhandlungen, s Rn 47; dagegen soll für **Rechtsmängel** der Verkäufer (unbeschadet § 434 ff wegen Unternehmensmangels) zusätzlich für Bestand und Übertragbarkeit haften, BGH NJW **70**, 557, WM **75**, 1166 (Bestand und Übertragbarkeit der Mietrechte an den Geschäftsräumen), bedenklich. Untersuchungs- und Rügepflicht nach § 377 greift **nicht,** str (§ 377 Rn 2).

Umsätze und Gewinne galten **vor dem SMG** nicht als Beschaffenheits- 46a merkmale des Unternehmens: unrichtige Angaben des Verkäufers begründeten deshalb keinen Fehler iSv § 459 I BGB, BGH NJW **70**, 653 m krit Anm Putzo, WM **88**, 1700. Es lag auch keine **zusicherungsfähige Eigenschaft** iSv § 459 II aF BGB vor, wenn sich die Angaben nicht über einen längeren, mehrjährigen Zeitraum erstreckten und deshalb keinen verlässlichen Anhalt für die Bewertung der Ertragsfähigkeit und damit des Werts des Unternehmens gaben, BGH NJW **77**, 1536, 1538, **79**, 33, **95**, 1547. Als zusicherungsfähig galt die **Ertragsfähigkeit** des Unternehmens als Grundlage für zukünftige Umsätze und Erträge, BGH NJW **95**, 1548 („Ertragsvorschau"). Garantie für „angemessene Rückstellungen" bei GmbH-Anteilskauf, BGH NJW-RR **04**, 33. Im Übrigen kamen bei **unrichtigen Bilanzen und Abschlussangaben** statt Gewährleistungsrecht Ansprüche aus Verschulden bei Vertragsverhandlungen in Betracht (s Rn 47).

Es bleibt abzuwarten, ob die Rspr **nach dem SMG** den Begriff der (primär 46b von der Vereinbarung der Parteien abhängigen) Beschaffenheit (§ 434 nF BGB, dazu §§ 442, 443 nF BGB Beschaffenheits- und Haltbarkeitsgarantien; die „zugesicherte Eigenschaft" gibt es daneben nicht mehr, jetzt § 276 I 1 BGB) ebenso eng wie nach § 459 aF BGB versteht. Die Begründung des SMG BTDrucks 14/ 6040 S 242 wirbt (ohne bindende Wirkung für die Rspr) für die Ausweitung der Sachmängelhaftung unter Zurückdrängung von Ansprüchen nach §§ 280, 311 II BGB aus Verschulden bei Vertragsverhandlungen, zust Gaul ZHR 166 **(02)** 46, krit Huber AcP 202 (02) 231, Weitnauer NJW 02, 2513. Die verschuldensabhängige Informationshaftung ist sachgerechter, St. Lorenz FS Heldrich 05, 326. Wird der Anwendungsbereich der Sachmängelhaftung ausgedehnt, führt dies zu einer Haftungsverschärfung, da der Verkäufer bei einem unbehebbaren Unternehmensmangel schon bei fahrlässiger Unkenntnis Schadensersatz statt der Leistung schuldet (§§ 437 Nr 3 iVm 311a II BGB; nach § 463 aF BGB nur bei Zusicherung oder Arglist); Minderung ist (anders als Rücktritt) auch bei unerheblichen Mängeln möglich (§§ 437 Nr 2, 441 I 2, 323 V 2 BGB; anders § 459 I 2 aF BGB). Nacherfüllung spielt praktisch keine Rolle; Rücktritt ist nicht generell ausgeschlossen, Schröcker ZGR 05, 83, str. Die Kautelarpraxis (zu Mustern s Rn 44) regelt, nicht zuletzt wegen der Unwägbarkeiten der gesetzlichen Regelung, die Mängelhaftung idR umfassend und abschließend individualvertraglich, insbesondere durch Garantielisten mit eigenständiger (gegenüber dem Gesetz modifizierter) Rechtsfolgenanordnung und summenmäßiger Beschränkung. Daran sollte sich durch das SMG nichts ändern; § 444 BGB („soweit" idF FernabsFDLG 2. 12. 04 BGBl 3102; da nur klarstellend, keine Übergangsvorschrift) steht solchen auf der Voraussetzungs- und der Rechtsfolgenseite nur beschränkt erteilten Garantien nicht entgegen (§ 349 Rn 15, 19), Bericht Rechtsausschuss BTDrucks 15/3483 S 22, Seibt NZG 04, 801, Felke/Jordans NJW 05, 711.

46c Soweit danach Sachmängelhaftung einschlägig ist, scheidet Irrtumsanfechtung aus; aber bei Bilanzfälschung uU **Anfechtung** wegen arglistiger Täuschung (§ 123 BGB), BGH 80, 2409. **Freistellungspflicht** des Verkäufers zum Übergangsstichtag (closing), Kblz WM 91, 2075. Für Ansprüche nach §§ 434, 437 BGB wegen Unternehmensmängeln gilt die **zweijährige Verjährung** des § 438 I Nr 3 BGB (auch wenn zu dem Unternehmen ein Bauwerk gehört), so zu § 477 aF BGB (Verjährung bei beweglichen Sachen 6 Monate, bei Grundstücken 1 Jahr) RG 138, 357, BGH BB 74, 1604, Hommelhoff BB 76, 156. Für eine Differenzierung nach dem einzelnen Substanzstück (entspr § 477 aF BGB) Huber ZGR 72, 419. Nacherfüllung (in der Form der **Mangelbeseitigung**) nach §§ 437 Nr 1, 439 BGB scheidet beim Unternehmenskauf in aller Regel aus; nachholbar ist aber etwa eine unterbliebene oder unzulängliche Erklärung oder tatsächliche Einweisung. Rückabwicklung nach §§ 812 ff BGB, BGH NJW 06, 2847 (Steuerberaterpraxis).

Lit: nach dem SMG Gaul ZHR 166 (02) 35, Gronstedt/Jörgens ZIP 02, 52, Dauner-Lieb/Thiessen ZIP 02, 108, Huber AcP 202 (02) 179, Knott NZG 02, 249, Wolf/Kaiser DB 02, 411, Jaques BB 02, 417, von Gierke/Paschen GmbHR 02, 457, Triebel/Hölzle BB 02, 521, Hermanns ZIP 02, 696, Wunderlich WM 02, 981, Weitnauer NJW 02, 2511, Kindl WM 03, 409, Barnert WM 03, 430, Picot/Duggal DB 03, 2635 (Mac-Klauseln), Fischer DStR 04, 276, Hilgard ZIP 05, 1813 (Schadensberechnung bei Garantie), Rasner WM 06, 1425 (Wissenszurechnung).

47 **d)** Bei fahrlässig falschen Angaben über für den Kaufentschluss erhebliche Umstände, die kein Beschaffenheitsmerkmal darstellen (bisher also insbesondere bei Bilanzdaten), haftet der Verkäufer dem Käufer nach §§ 280, 311 II, 241 II BGB aus **Verschulden bei Vertragsverhandlungen** (Vorteile für Käufer gegenüber Sachmängelhaftung: dreijährige Regelverjährung nach §§ 195, 199 BGB, Nachteile: anders als Minderung und Rücktritt verschuldensabhängig, nur Ersatz des Vertrauensschadens). So zB bei irrtümlich unrichtigen Bilanzen, BGH **69**, 53, auch wenn ein Dritter sie erstellte (§ 278 BGB); bei Bilanzfälschung (uU auch § 123, s Rn 46) BGH NJW **80**, 2409; nicht ohne weiteres bei Unzuverlässigkeit eines wichtigen Mitarbeiters, BGH NJW **91**, 1223. Der Schadensersatz umfasst die Aufwendungen des Käufers, bei Aufrechterhaltung des Kaufs auch den Betrag, um den der Käufer wegen der Fehlinformation zu teuer gekauft hat,

BGH **69,** 58, NJW **77,** 1539; dies auch ohne Nachweis, dass der Verkäufer einen niedrigeren Kaufpreis akzeptiert hätte, BGH NJW **80,** 2410 (§ 287 ZPO), fraglich. RsprÜbersicht: Hiddemann ZGR **82,** 435; Lit: s Rn 44; Aufsatzreihe ZGR **82,** 350–518; Willemsen AcP 182 **(82)** 515 u Mössle BB **83,** 2146 (nur Sachmängelhaftung entspr), J. Baur BB **79,** 381 (nur Verschulden bei Vertragsverhandlungen), Canaris ZGR **82,** 395 u Müller ZHR 147 **(83)** 501 (Anpassung wegen Störung der Geschäftsgrundlage), Hommelhoff ZHR 150 **(86)** 254 (kautelarisch), Stängel/Scholderer NJW **94,** 158 (Aufklärungspflichten).

C. **Sonstige Unternehmensverträge: a) Unternehmensverträge** iS des 48 HdlRechts sind außer Unternehmenskauf zB Unternehmenspacht, Unternehmensnießbrauch, Sicherungsabrede als Grundgeschäft zu einer Sicherungsübertragung des Unternehmens. Sie sind von den Unternehmensverträgen iS des Konzernrechts (§§ 291, 292 AktG), dem es um rechtliche Bindung von Herrschafts- und Leitungsmacht geht (vgl §§ 15 ff AktG, § 105 Rn 100 ff), zu unterscheiden.

b) Die **Unternehmenspacht** (im Gegensatz zur Pacht einzelner Räume oder 49 Einrichtungen; im Gegensatz auch zum **Betriebsführungsvertrag,** §§ 675 I, 611 ff BGB, BGH **36,** 292, NJW **82,** 877, 1817) kommt in der Praxis besonders bei Betriebsaufspaltung (§ 1 Rn 18) vor. Sie umfasst das Unternehmen als Ganzes mit Firma, Kundenstamm, Know-how, vgl BGH NJW **53,** 1391. Entspr anwendbar sind §§ 581 ff BGB. Der Pächter erhält Besitz am Anlagevermögen (zB Fabrikhalle, Maschinen, § 581 I 1 BGB; für Ersatzstücke § 582 II 1 BGB), Eigentum am Umlaufvermögen (zB Warenlager, ausstehende Kundenforderungen) und ist in das Unternehmen tatsächlich einzuweisen (s Rn 42–43). Der Pächter betreibt selbst das Unternehmen iSv § 1 (§ 1 Rn 30), deshalb Anmeldung im HdlReg (§ 31 Rn 3). Firmenfortführung und Nachfolgezusatz s § 22 Rn 25. Herabsinken der Verpächter-OHG zu GbR s § 105 Rn 8. Der Goodwill steht bei Pachtende dem Verpächter ohne Vergütung an den Pächter zu, BGH NJW **86,** 2306, auch wenn Verpächter zugleich stiller Gfter war. **Muster:** Hopt/Volhard 3. Aufl 2007 Form II. H.12–13 (Betriebspachtvertrag, Betriebsführungsvertrag). Lit: Klein-Blenkers 2008.

c) Der **Unternehmensnießbrauch** ist ein dingliches Recht am Unternehmen 50 als Ganzem entspr §§ 1030–1084 BGB (§§ 1085 ff BGB nur, wenn das Unternehmen das gesamte Vermögen des Nießbrauchbestellers ausmacht). Der Unternehmensnießbrauch kann bloßer Ertragsnießbrauch oder Nießbrauch mit eigener Unternehmerrolle des Nießbrauchers sein. Bei bloßem Quotennießbrauch wird der Nießbraucher nicht Unternehmensträger, BayObLG **73,** 168. Dingliche Bestellung des Unternehmensnießbrauchs vgl Rn 42–43, Besitz bzw Eigentum am Anlage- und Umlaufvermögen entspr bei Unternehmenspacht. Verfügungsrecht des Nießbrauchers auch über Anlagevermögen (entspr § 1048 BGB), BGH NJW **75,** 210 LS. Firmenfortführung und Nachfolgezusatz § 22 Rn 25. Die praktisch wichtigen Probleme der Kostentragung für Investitionen und des Anrechts auf den Wertzuwachs des Unternehmens sind bei der Vertragsgestaltung besonders zu beachten. Lit: Bökelmann 1971; Janssen/Nickel 1998; Staud/Frank Anh §§ 1068, 1069; Grunsky BB **72,** 585.

d) Eine Verpfändung des Unternehmens als Ganzem ist nicht möglich, auch 51 keine **Sicherungsübereignung** durch bloße Einigung, BGH NJW **68,** 392. Doch ist die **Unternehmensübertragung zur Sicherheit** (mit der Abrede der Rückübertragung nach Erfüllung des Sicherheitszwecks) möglich; dinglicher Vollzug s Rn 42–43.

D. **Vererbung:** Das Unternehmen ist als Ganzes vererblich (Gesamtrechts- 52 nachfolge § 1922 BGB). Der Erbe tritt kraft Ges in alle Rechte und Pflichten ein und hat ein Recht auf tatsächliche Einweisung in das Unternehmen (s Rn 42–43). Ein Vermächtnis des Unternehmens als Ganzen wird durch Übertragung unter Lebenden vollzogen (vgl Rn 43). Nachfolgerbestimmung s Westermann FS Möhring **65,** 183, durch vom Erblasser hierzu berufene Dritte (§ 2065 II BGB), Klunzinger BB **70,** 1197.

53   E. **Rückgewähr, Zwangsvollstreckung, Insolvenzverfahren: a)** Das Unternehmen als Ganzes kann Gegenstand eines schuldrechtlichen **Rückgewähr**anspruchs sein; zB bei der Sicherungsübertragung auf Grund der Sicherungsabrede (s Rn 51); auch nach §§ 812 ff bei Unwirksamkeit des Unternehmensverkaufs oder -vertrags (s Rn 44–51), Ballerstedt FS Schilling **73,** 289. Herausgabe von Nutzungen (§ 818 I, § 987 I BGB) einschließlich des Unternehmensgewinns, außer wenn dieser ausschließlich auf den persönlichen Leistungen und Fähigkeiten des Pächters beruht, BGH **63,** 368, NJW **78,** 1578. Die Rückübertragung erfolgt wie die Übertragung durch Einzelverfügungen und tatsächliche Einweisung (s Rn 42).

54   **b)** Das Unternehmen als Ganzes ist nicht Gegenstand der **Zwangsvollstreckung** gegen den Inhaber, es kann nicht als Ganzes gepfändet werden (vgl Rn 51). Ein Urteil auf **Herausgabe** des Unternehmens als Ganzes ist zwar möglich, aber nur nach § 888 ZPO (Beugestrafen) zu vollstrecken, nicht durch Einzelvollstreckung auf Herausgabe der Einzelnen zum Unternehmen gehörenden Sachen (§§ 883 ff ZPO), soweit diese nicht ausdrücklich genannt sind. Das Urteil ersetzt auch nicht nach §§ 894 ff ZPO die Übertragungserklärung des Schuldners für zum Unternehmen gehörende, im Urteil aber nicht ausdrücklich bezeichnete Rechte.

55   **c)** In **Insolvenz** geht rechtlich der Unternehmensträger (s Rn 41), nicht das Unternehmen als solches, K. Schmidt § 5 II 3. Die **Anfechtung** nach §§ 129 ff InsO und AnfG ist nur betr die Einzelnen zum Unternehmen gehörenden, beschlagsfähigen Sachen und Rechte möglich. Dazu Noack MDR **67,** 639, DB **74,** 1369. Veräußerung des Unternehmens durch den Insolvenzverwalter s § 17 Rn 47, § 25 Rn 4, 16.

3) Der Rechtsschutz des Unternehmens

56   A. **Überblick (Anspruchsgrundlagen):** Das Unternehmen wird von der Rechtsordnung vielfältig geschützt. Gegen Eingriffe des Staats besteht Grundrechtsschutz, auch europäisch, Hilf/Hörmann NJW **03,** 1, wichtig vor allem **Eigentumsschutz nach Art 14 GG** (s Rn 57–62). **Gewerblichen Rechtsschutz** gewähren das PatG, MarkenG und GeschmMG (§ 17 Rn 10). **Firma, Namen und Kennzeichnungen** werden durch §§ 30, 37 HGB, §§ 12, 823 I BGB und das MarkenG geschützt (§ 17 Rn 32 ff). Der Unternehmensträger hat ua **Abwehransprüche** nach §§ 862, 1004 BGB; **Herausgabeansprüche** nach §§ 861, 985 ff BGB samt Neben- und Folgeansprüchen; deliktsrechtliche **Schadensersatzansprüche** vor allem nach § 823 I BGB (Recht am Gewerbebetrieb und Persönlichkeitsrecht des Unternehmensträgers, s Rn 63–70), ferner nach § 823 II BGB bei Verletzung eines Schutzgesetzes, § 824 BGB bei Kredit- und sonstigen geschäftsschädigenden Tatsachenäußerungen, § 826 BGB bei (mindestens bedingt) vorsätzlich sittenwidriger Schädigung.

57   B. **Eigentumsschutz nach Art 14 GG: a)** Das **Unternehmen** ist **als Eigentum** iSv **Art 14 GG** im Rahmen der gesetzlichen Inhalts- und Schrankenbestimmung (Art 14 I 2) gegen enteignende Eingriffe durch Art 14 III (Erfordernis gesetzlicher Grundlage, Gebot der Entschädigung) geschützt. Entspr besteht Entschädigungspflicht bei rechtswidrigem enteignungsgleichen Eingriff in eine in die Eigentumsgarantie einbezogene Rechtsposition (Aufopferungsgedanke), zB den eingerichteten und ausgeübten Gewerbebetrieb (s Rn 63–70), stRspr BGH **78,** 44, **90,** 29, **111,** 349. Das Unternehmen ist nicht nur in seinem Bestand an sich geschützt, sondern in seiner gesamten Erscheinungsform, also seinem Tätigkeitskreis samt Kundenstamm und allem, was insgesamt den wirtschaftlichen

Wert des konkreten Betriebs ausmacht, BGH **40**, 364, **55**, 263. In die danach geschützte Substanz des Unternehmens greift bloße Anforderung an die Produktgestaltung (außer bei Erdrosselung) nicht ein, BGH **111**, 356. RsprÜbersichten: Schwager/Krohn WM **91**, 33 (BGH), Dörr NJW **88**, 1049 (BVerfG). Lit: Waschull 1999.

b) Einzelfälle zu entschädigender Eingriffe: Eingriff durch rechtswidrigen **58 Fluglotsenstreik** (hoheitliches Handeln) gegenüber Charterflugunternehmen, BGH **76**, 387; uU durch absolutes innerörtliches Werbefahrverbot unter Verstoß gegen Art 12 I GG für darauf eingerichtete Unternehmen, BGH **78**, 41. Eingriff in die (Betriebs-)**Grundstücksnutzung**, zB Bausperre (jenseits vorübergehender Gebietsaufschließungssperre, die nach Art 14 I 2 hinzunehmen ist), BGH **30**, 338, 347, **56**, 73, 161; auch nur faktische Bausperre (wiederholte Baugesuchablehnung). Bei Nichtidentität von Grundeigentümer und Betriebsinhaber wird für Betriebsschaden nur der Letztere entschädigt, BGH NJW **72**, 1666. Eingriff in den notwendigen **Kontakt nach außen**, Zugang und Werbemöglichkeit für Geschäft, Gastwirtschaft usw zB durch Straßenarbeiten, U-Bahn-Bau, Untertunnelung, BGH **57**, 361, NJW **75**, 1880, 1967, BB **76**, 669, WM **80**, 1179, anders bei Wasserstraßen (bloßer Gemeingebrauch) BGH **86**, 160; aber keine Garantie unveränderter Verbindungen innerhalb des öffentlichen Wegenetzes, BGH **55**, 264 (Soldatengaststätte), NJW **67**, 1752 (neue Straße), **73**, 161 (Aufeinanderfolge rechtmäßiger und rechtswidriger Bausperren), **83**, 1663 (Tankstelle). Höhere Opferrente by schlichter Straßenmodernisierung als bei Schaffung eines neuen Verkehrswegs, BGH **57**, 365, BB **76**, 669. Eingriff durch Verhinderung des **Wiederaufbaus**, BGH NJW **72**, 1666, oder einer notwendigen **Erneuerung**, BGH **34**, 190, MDR **72**, 849. Eingriff ist **nicht** die Verhinderung einer **Erweiterung** (Bestands-, kein Erwerbsschutz), BGH **98**, 351. Kein Schutz für Betrieb **im Werden** (im Planungs- oder Vorbereitungsstadium), BGH **30**, 356, BB **69**, 895; bereits erfolgte Eröffnung ist aber nicht nötig. Ebensowenig Schutz **nach Stilllegung** aus anderen Gründen, BGH WM **73**, 1216.

c) Grenzen des Schutzes setzt die **Pflichtigkeit** gegenüber dem Gemeinwohl **59** (Art 14 I 2, II GG), ua Grundsätze der Substanzerhaltung und der Verhältnismäßigkeit; Situationsgebundenheit von Grundstücken, BGH **87**, 71. Daher muss zB der Müllabfuhrunternehmer die Einführung öffentlicher Abfuhr hinnehmen, BGH **40**, 364, BVerwG NJW **82**, 63; ebenso Einführung des Anschluss- und Benutzungszwangs für Fernheizwerk (außer uU bei Eingriff in privatrechtliche Bezugsverträge), BGH **77**, 182; Verbot der Lichtreklame im historischen Stadtkern, BVerwG NJW **80**, 209; Geldleistungspflichten (außer bei Erdrosselungswirkung), BGH **83**, 195 (Bardepot); Untersagung des Kiesabbaus im Grundwasser, BGH **84**, 227, 230, und wegen Landschaftsschutzes, BGH **77**, 351. Rechtmäßig verhängte und aufrechterhaltene Veränderungssperren sind höchstens bis zu vier Jahre lang entschädigungslos zu dulden, BGH **73**, 173, **78**, 152.

d) Rechtsfolge ist nicht Schadensersatz, sondern nur **Entschädigung** für **60** Verlust an (Vermögens-)**Substanz** einschließlich Goodwill, BGH **136**, 186, NJW **75**, 1967, str, und der durch Umbau und Erweiterung während des Eingriffs neugeschaffenen Werte, BGH BB **76**, 670.

e) Minderung der Entschädigung uU entspr § 254 BGB wegen mangelnden **61** Hinweises auf außergewöhnliche Schadensgefahr oder wegen Unterlassung von schadensmindernden Maßnahmen, zB Gebrauch von Rechtsmitteln, BGH **90**, 17, BGH NJW **71**, 1696, **83**, 1664.

f) Schutz auch **ausländischer** juristischer Personen des Privatrechts (trotz **62** Art 19 III GG „einfach-rechtlich" keine Differenzierung bei Grundstückseigentum nach Nationalität), BGH **76**, 375, 387.

Einl v § 1 63, 64   I. Buch. Handelsstand

63   **C. Deliktsrechtlicher Schutz nach § 823 I BGB: a)** Das **Recht am „eingerichteten und ausgeübten Gewerbebetrieb"** (also am Unternehmen, unterschieden von den ihm zugehörenden einzelnen Sachen und Rechten) ist als **sonstiges Recht** iSv **§ 823 I BGB** nicht nur gegen Angriffe auf seinen Bestand (so noch RG), sondern gegen jeden unberechtigten Eingriff in seine Tätigkeit und Entfaltung geschützt. Dabei handelt es sich um einen „offenen" Haftungstatbestand; der Interessenschutz des Unternehmens ist in Inhalt und Umfang von Fall zu Fall durch **Interessenabwägung** zu ermitteln, stRspr, BGH **80,** 27, **138,** 318, **166,** 109. Der Schutz nach § 823 I BGB setzt voraus, dass der Eingriff **betriebsbezogen,** also gegen den Betrieb als solchen und nicht nur gegen vom Gewerbebetrieb ohne weiteres ablösbare Rechte oder Rechtsgüter gerichtet ist (sog Unmittelbarkeitserfordernis). Daran fehlt es zB bei Entziehung unentbehrlichen Personals durch Verletzung, BGH **7,** 36; bei Beschädigung einzelner Betriebsmittel, außer wenn das den Betrieb zum Erliegen bringt oder in seiner Substanz ernstlich beeinträchtigt, BGH NJW **83,** 813 (Produkthaftung), vgl BVerfG NJW **92,** 36; bei Stromentzug durch Kabelunterbrechung bei Bauarbeiten auf Nachbargrundstück, BGH **29,** 74, **41,** 127, **66,** 393, NJW **77,** 2208; aber uU Haftung nach § 823 I BGB aus Eigentumsverletzung bei Sachschaden (zB Eierverderb im Brutapparat) und nach § 823 II BGB iVm Schutzgesetz für Betriebsunterbrechungsschaden. Zusammenfassend Hager JZ **79,** 53. Das Recht steht dem Inhaber des Gewerbebetriebs, nicht auch dem geschäftsführenden AlleinGfter zu (vgl § 1 Rn 50), BGH **166,** 107 (Kirch). § 823 I BGB betr Gewerbebetrieb ist aber nur Auffangtatbestand **(Subsidiarität)** für den Fall, dass eine Lücke im Rechtsschutz geschlossen werden muss, stRspr BGH **59,** 34, **69,** 138; daran fehlt es zB, wenn das Eigentum verletzt ist, BGH **55,** 153 (eingeklemmtes Motorschiff) oder § 824 BGB wegen unrichtiger Tatsachenbehauptung eingreift, BGH **59,** 76 (unrichtige Anzeige), NJW **66,** 2010 (Fernsehkritik an Teppichkehrmaschine), NJW **78,** 210 (Pressebehauptung, alkoholhaltige Zahncreme wirke im verkehrspolizeilichen Alkoholtest), oder wenn die Verletzung des Unternehmens im Wettbewerb erfolgt, insoweit gilt nur Wettbewerbsrecht, insbesondere §§ 3 ff UWG (s Rn 71–80), BGH **36,** 252, **43,** 361. **Rechtsfolgen** sind Schadensersatz (§§ 249 ff BGB), uU auch durch berichtigende Werbung, BGH **70,** 39, NJW **79,** 2197 und Unterlassungsanspruch (§§ 823 I, 1004 BGB). Lit: Buchner 1971, Sack 2007; Buchner DB **79,** 1069.

64   **b)** Vom Recht am Gewerbebetrieb ist das ebenfalls nach § 823 I BGB geschützte **Persönlichkeitsrecht** des Unternehmens als juristische Person bzw **des Unternehmensträgers** zu unterscheiden, auch wenn es praktisch in der Rspr oft austauschbar erscheint und die Reichweite etwa gegenüber Pressekritik (s Rn 66) ähnlich abgesteckt wird. Als Grundsatz gilt, dass der im Wirtschaftsleben selbstständig Tätige sich der Öffentlichkeit und ihrer Kritik stellt und sein Persönlichkeitsrecht dabei weniger weit reicht als in der Privatsphäre, BGH **36,** 80 (Presseäußerung über Teilnahme eines Bankiers am Waffenhandel). Erheblicher Freiraum für Kritik, BVerfG NJW **82,** 2655 (Bezeichnung der Kreditmittler als Kredithaie), BGH NJW **94,** 124 u BVerfG NJW **99,** 2358 (Bild des Vorstandsvorsitzenden, FCKW); für Satire, BGH **84,** 237 (Horten bezahle Politiker), **156,** 206 (Fotomontage Telekom), Karlsr NJW **82,** 647 (Waffenproduzent); für Scherz, BGH **98,** 94 (BMW); BGH NJW **94,** 1281, Mü NJW **04,** 230 u BVerfG NJW **94,** 1784 (rechtswidriger Eingriff, wenn Wissenschaftler offengelegten Jahresabschluss unter Unternehmensnennung ohne Zustimmung zum Gegenstand von Fortbildungsseminaren macht), krit Hager ZHR 158 **(94)** 675, BGH **166,** 84 (Kirch, Abgrenzung hier wie zu Rn 66), NJW **08,** 2111 (Gen-Milch), **09,** 756 (eigene Erkrankung). Persönlichkeitsrechtsverletzung durch ihn unnötig genau identifizierende, lächerlich machende Schilderung eines auf Geschäftsmann verübten Raubüberfalls, Kln NJW **73,** 850, durch unbefugte

Werbung mit Namen des Unternehmers (Bereicherungsausgleich nach § 812 I 1 BGB), BGH **81,** 75, durch tendenziöse Pressemitteilungen, Düss NJW **05,** 1791 (Amtshaftung für Staatsanwalt, Mannesmann), durch manipulierte Photos, BGH NJW **06,** 603. **Heimliche Tonbandaufnahmen** von Geschäftsbesprechungen sind unzulässig, Löschung § 1004 BGB, BGH NJW **88,** 1016. **Mithören von Telefongesprächen** ohne Einwilligung des Gesprächspartners ist auch im Geschäftsverkehr rechtswidrig, BVerfG NJW **02,** 3623, BGH NJW **03,** 1727. Vermögenswerte Bestandteile des postmortales Persönlichkeitsrecht, BGH **169,** 193.

D. **Recht am Gewerbebetrieb, Fallgruppen: a) Unberechtigte ge- 65 schäftsschädigende Äußerungen** öffentlich oder gegenüber Einzelnen fallen unter § 823 I BGB (außer solchen zu Wettbewerbszwecken, dann UWG, und Tatsachenäußerungen, dann § 824 BGB, s Rn 63). ZB Anprangerung in einer „Liste langsamer Zahler", BGH **8,** 142; Anschwärzung bei der Kundschaft, sofern sie über eine im Kern berechtigte Kritik, die auch scharf ausgedrückt werden darf, hinausgeht, Karlsr BB **59,** 1006 (HdlVertreter, Mitteilung des Abbruchs der Verbindung wegen „sehr unangenehmer Erfahrungen"), BGH BB **67,** 8 (Makler, Vorwurf des Betrugs und Wuchers); Verbreitung der Tatsache einer unbegründeten Klageerhebung oder Insolvenzantragsstellung (vgl Rn 69), BGH **36,** 23. Unzulässige Äußerungen eines Haftpflichtversicherers über Autovermieter gegenüber Ersatzwagenmieter, BGH NJW **99,** 279. Geschäftsschädigende Äußerungen über das Privatleben, offen BGH **24,** 205. Vergleichende Werbung (§ 6 I UWG) ist grundsätzlich zulässig, Ausnahme s § 6 II, III UWG. Zulässig auch Drohung mit Pressebericht, der seinerseits rechtswidrig ist (s Rn 66), BGH NJW **05,** 2766. Schädigende Äußerungen über Unternehmen, Schaub JZ **07,** 548.

Eine besondere Funktion hat die **Kritik in Presse,** Rundfunk, Fernsehen, 66 Film, Theater **(Art 5 GG),** stRspr BGH **80,** 25 („Bild", aber teilweise aufgehoben, BVerfG NJW **84,** 1741), NJW **05,** 2766 (Trabrennbahn), ZIP **09,** 765 (Fraport/Manila). Zu unterscheiden ist zwischen **Tatsachenbehauptung** (nur hier: **Wahrheitsbeweis** möglich) und **Werturteil** (nur hier: Grenze der **Schmähkritik**), BVerfG NJW **03,** 1109, **05,** 2770. Der Schutzbereich des Art 5 GG erstreckt sich aber auch auf Tatsachen, soweit sie Dritten zur Meinungsbildung dienen können, sowie auf Vermengung von Tatsachen und Meinungen, wenn insgesamt durch das Meinen geprägt, BGH ZIP **09,** 766. Sachliche Meinungsäußerungen in einer die Öffentlichkeit wesentlich berührenden Frage sowie wahre Tatsachenbehauptungen sind grundsätzlich zulässig, BGH **166,** 86 (Kirch). Der Freiraum für Kritik reicht sehr weit. Sie darf auch in einer allgemeineren Betrachtung einzelne Erzeugnisse beispielhaft nennen oder im Bild zeigen, BGH NJW **87,** 2746, ohne Anprangerung, BGH NJW **63,** 484; ungenehmigte Berichterstattung über Betriebsinterna, BGH **138,** 311; Nennung getilgter Vorstrafen, BVerfG WM **07,** 1001. Bei Wertungen ist auch polemische oder gar ausfällige Kritik zulässig, Grenze liegt erst bei der sog Schmähkritik, bei der statt Auseinandersetzung in der Sache Diffamierung im Vordergrund steht, BVerfG NJW **03,** 1109, **09,** 749 (nicht ohne weiteres: Dummschwätzer), Begriff wohl enger als in der Rspr des BGH, wonach Schutz gegen grobe Form (Schmähkritik) besteht, BGH **3,** 271 (Constanze), **45,** 296 (Höllenfeuer), Begriff der Schmähkritik ist aber eng auszulegen, Herabsetzung im Vordergrund, nicht bloß polemische und überspitzte Kritik, BGH ZIP **09,** 767; gegen Formalbeleidigungen und die Menschenwürde antastende Äußerungen, mit denen verspottet, verhöhnt, erniedrigt oder Leid verharmlost wird, insoweit auch BVerfG NJW **03,** 1303 (Benetton), obschon im konkreten Fall ein zweites Mal gegen BGH, zuletzt NJW **02,** 1193. Verwendung des Vorwurfs „Betrug" ist nicht ohne weiteres Schmähkritik, BGH NJW **02,** 1192. Bei **Warentest** zum Zweck der Verbraucheraufklärung, der idR Meinungsäußerung ist (uU aber auch einmal Tatsachenbehauptung iSv § 824 BGB), besteht nach Art 5 GG ein Freiraum, der erst dort endet, wo es entweder an Neutralität, Objektivität und Sachkunde der Untersucher fehlt oder nicht mehr vertretbare („diskutable") Schlüsse aus den Testuntersuchungen gezogen werden, BGH **65,** 335, NJW **86,** 981, **87,** 2222 m Anm Vieweg 2726, Mü NJW **94,** 1964 (Gastrokritik); Assmann/Kübler ZHR 142 **(78)** 413. Zulässige Kritik durch **Verbraucher**vereinigungen, vgl LG Kln BB **63,** 832; durch ADAC, zu eng Düss BB **82,** 62 („Sicherheitsrisiko") m krit Anm Lachmann; durch einzelnen (Kfz-)Abnehmer, LG Kempten BB **73,** 163; durch Bürgerinitiative an DB, BGH **90,** 113; durch Antiwerbung mit Zigarettenreklame, BGH **91,** 117; Haftung des Presseinformanten s BGH DB **73,** 1399. **Boykott**aufruf durch Presseorgan im Wettbewerb und mit über die freie geistige Auseinandersetzung hinausgehenden Mitteln ist durch Art 5 GG nicht mehr gedeckt, BVerfG NJW **83,** 1181 (Fachhändler), BGH NJW **85,** 60, 62, 1620, s § 21 I GWB.

67 Auch unabhängig von Art 5 GG kann Kritik durch **Wahrnehmung berechtigter Interessen** (vgl § 193 StGB) gerechtfertigt sein, zB Namensnennung in internem Rundschreiben, BGH NJW **93,** 525 (Kettenmafia), Großbank hat keinen privaten Freiraum, darf aber ohne überzogene Recherchierungspflicht umgehend intern warnen; zum Schutz des allgemeinen soliden Geschäftsverkehrs, BGH DB **70,** 822 (Warnung vor Akkreditivauszahlung an Liechtensteiner Firma). Lit: Sack, Recht am Gewerbebetrieb, 2007; Kübler, Schricker AcP 172 **(72)** 177, 203, Brinkmann NJW **87,** 2721.

68 **b) Unberechtigte Abmahnung (Schutzrechtsverwarnungen):** Nach herkömmlicher stRspr greift § 823 I BGB Platz bei fahrlässig rechtswidriger Geltendmachung eines Verbotsrechts, zB Patente oder andere gewerbliche Schutzrechte, einerlei ob durch Verwarnung („ernsthaftes und endgültiges Unterlassungsbegehren") oder Klage bei Gericht; Rechtswidrigkeit der Berühmung folgt schon aus der späteren, rückwirkenden Löschung des Rechts, stRspr seit RG **58,** 24, BGH **164,** 1 (GrS), **165,** 311, **171,** 13 (Zulieferung). Schutzrechtsverwarnung greift nur außergerichtlich, kein Recht auf Unterlassung klagweiser Klärung, BGH NJW **06,** 1432. Verschulden fehlt, wenn der Verwarner sich die Überzeugung vom Bestand seines Rechts durch gewissenhafte Prüfung bildete; Verwarnung aus einem durch schlichte Anmeldung erlangten Recht verlangt mehr an eigener Nachprüfung als die aus einem geprüften Recht (erteiltes Patent, bekanntgemachte Patentanmeldung); falsche Würdigung des Stands der Technik ist strenger zu beurteilen als die der Erfindungshöhe, BGH **38,** 206, **62,** 36, NJW **76,** 2162. Der Schadensersatz umfasst außer den Beratungs-, Prüfungs- und Vertretungskosten auch Schäden am Anhalten der Produktion oder des Vertriebs. Schadensersatz auch für Abnehmerverwarnung, BGH **165,** 311. Verjährung nach §§ 195, 199 BGB. Daran wollte der BGH (I. ZS) für das Kennzeichenrecht nicht mehr festhalten, stattdessen nur Ansprüche aus §§ 3, 9 UWG und § 826 BGB; BGH NJW **04,** 3322, der GrS ist dem nicht gefolgt, keine Ausdehnung des rein prozessualen Privilegs (krit Rn 69) auf die Schutzrechtsverwarnung, aber uU Mitverschulden des Verwarnten, BGH **164,** 1 (GrS), nunmehr BGH NJW **06,** 1432 (I ZS). Lit: Blaurock 1970, Horn 1971, Sack 2006; Ullmann GRUR **01,** 1027, Meier-Beck GRUR **05,** 535, Sack BB **05,** 2368, WRP **05,** 253, Wagner/Thole NJW **05,** 3740.

69 **c) Unberechtigte Klagen, Insolvenzanträge:** Auch ohne Schutzrechtsverwarnung kann unberechtigte Schädigung durch gerichtliche Verfahren nach §§ 823 I, 826 BGB schadensersatzpflichtig machen, der Schutz des Prozessgegners erfolgt aber idR durch das gerichtliche Verfahren selbst; jedenfalls dürfen die deliktischen Sorgfaltspflichten des Verfahrensbetreibenden nicht überzogen werden, denn er hat ein Recht auf Irrtum, das allerdings wertend zu begrenzen ist, BGH **74,** 17 (Strafanzeige), **95,** 19 m Anm Häsemeyer NJW **86,** 1028, **118,** 201,

154, 269, **164**, 6 (GrS), NJW **04**, 446; zu eng BGH **36**, 18 (unberechtigter Insolvenzantrag), dagegen üL, Widerspruch zur AbmahnungsRspr (s Rn 68). Dasselbe gilt für die Verteidigung, BGH NJW **04**, 446. Vgl auch BVerfG NJW **87**, 1929 (Strafanzeige). Bei Abgabe der eidesstattlichen Versicherung (§ 807 ZPO) durch Betriebsinhaber fehlt es aber an der Betriebsbezogenheit, BGH **74**, 18, im Ergebnis also kein Schutz des Unternehmens nach § 823 I BGB. Ebenso bei vertragswidriger vorzeitiger Hotelpachtkündigung durch Verpächter, Hamm BB **78**, 1589. Bei Schädigung nicht verfahrensbeteiligter Dritter greifen §§ 823 ff BGB uneingeschränkt ein, BGH **118**, 201 (Zwangsvollstreckung in schuldnerfremde Gegenstände). Unwahre Äußerungen in gerichtlichen oder behördlichen Verfahren s BGH NJW **98**, 1399. Haftung des gerichtlichen Sachverständigen (§ 839a BGB) s § 347 Rn 20. Lit: Hopt 1968, Häsemeyer 1979; Kaiser FS Canaris **07** I 531 (Rechtsanmaßung).

d) **Andere Fälle** des Unternehmensschutzes nach § 823 I BGB sind **Demonstration und Blockade**, zB der Auslieferung von Zeitungen, BGH **59**, 30, NJW **72**, 1572, BAG NJW **89**, 61, der Straßenbahn, vgl BGHSt NJW **69**, 1773; das Grundrecht der Versammlungsfreiheit (Art 8 GG) rechtfertigt keine Gewaltanwendung, BGH **137**, 89. Dazu Ballerstedt JZ **73**, 105, Löhr/Löhr BB **74**, 1140. Rechtswidriger **Streik**, BAG NJW **64**, 883, 887, **78**, 2114, BGH **69**, 128 u **76**, 395 (Fluglotsen). **Physische Behinderung des Zugangs** durch Bauarbeiten des Nachbarn, BGH **62**, 361; für Absperrung bei Brandbekämpfung s BGH NJW **77**, 2264 (Klage gegen Brandgrundstücksinhaber abgewiesen); nicht fahrlässige zeitweilige Sperrung des einzigen wasserseitigen Zugangs zu Umschlagsunternehmen, BGH **86**, 156. **Aufruf zu Masseneinspruch** im Planfeststellungsverfahren nur bei subjektiver Unredlichkeit, zB Falschinformation, BGH **90**, 126. **Geheimnisverrat** durch entlassene Angestellte s § 59 Rn 50. **Verwässerung** der Werbekraft einer bekannten Marke s § 17 Rn 31. Entfernung der Fabriknummernschilder durch Händler bei Rasenmäher, BGH BB **78**, 1746. Nicht schon Einmischung des ausgeschiedenen Gründers in Geschäftsführung des Unternehmens, BGH NJW **80**, 881. RsprÜbersicht: Löwisch/Meier-Rudolph JuS **82**, 237 (BGH, BAG).

III. Wettbewerbs- und Wirtschaftsrecht

1) Wettbewerb und staatliche Rahmenregelung der Wirtschaft

A. **Funktion des Wettbewerbs:** Der Wettbewerb ist die Haupttriebkraft der Wirtschaft. Der Wettbewerb hat wirtschaftspolitische Funktionen (Steuerungs-, Verteilungs-, Antriebs- und Leistungsfunktion) und gesellschaftspolitische Funktionen (Bindung von Wirtschaftsmacht, Erhaltung der Wettbewerbsfreiheit und einer freiheitlichen Wirtschafts- und letztlich Staatsordnung). Dem entspricht, dass private ebenso wie öffentliche Unternehmen dem Wettbewerb unterworfen sind.

B. **Staatliche Rahmenregelung:** Der Wettbewerb ist ein jeglicher Staatsplanung überlegener Selbststeuerungsmechanismus (Wettbewerb als Entdeckungsverfahren). Der Staat beschränkt sich deshalb am besten auf eine bloße Rahmenregelung der Wirtschaft.

a) Diese hat zum einen die Aufgabe, die **Freiheit des Wettbewerbs** zu erhalten, auch dort, wo sich einzelne Teilnehmer am Markt durch Kartelle und andere Wettbewerbsbeschränkungen ihm entziehen wollen oder die Marktstrukturen sich zB durch Fusionen so entwickeln, dass einzelne Unternehmen marktbeherrschend werden (Wettbewerb als staatliche Veranstaltung). Diese Aufgabe erfüllt vor allem das Kartellrecht (s Rn 77–79). Die Privatautonomie ist jedoch häufig faktisch eingeschränkt, wo die Parteien wirtschaftlich oder in Bezug auf Einsicht und Erfahrung nicht gleichrangig sind (zu Fremdbestimmung durch

Übergewicht eines Vertragsteils und strukturell ungleicher Verhandlungsstärke s BVerfG NJW **90,** 1469, **94,** 36, s **(7)** Bankgeschäfte Rn G/10); hier bestehen dann **zwingendes Recht** oder (zum Schutz des einen Teils) halbzwingende Vorschriften, oder es erfolgt eine (auch von Verfassungs wegen gebotene) Inhaltskontrolle nach §§ 138, 242 BGB und insbesondere **(5)** §§ 305–310 BGB, oder die (umfangreiche) Rspr begegnet dem Wissensvorsprung einer Seite durch die Statuierung von Aufklärungspflichten (§ 347 Rn 23–40).

73 b) Der Staat setzt zum anderen den allgemeinen gesetzlichen **Rahmen,** in den sich jedes Wirtschaften einzufügen hat (zB §§ 138, 826 BGB, gewerberechtliche Bestimmungen). Das Wettbewerbsrecht ieS, vor allem das UWG, will vor **unlauterem Wettbewerb** schützen (s Rn 80).

74 c) Der Staat weist bestimmte Rechtspositionen zu, vor allem **gewerbliche Schutzrechte** und ähnliche Ausschließlichkeitsrechte wie Patente, Marken, Urheberrechte, Verlagsrecht; auch Namen, Firma und andere geschäftliche Bezeichnungen (vgl § 17 Rn 10 ff, 32 ff). Diese Ausschließlichkeitsrechte haben unterschiedliche Funktionen (Kennzeichnung, Honorierung von Leistung, Leistungsanreiz im Allgemeininteresse). Lit: Götting 8. Aufl 2007; Fezer, 4. Aufl. 2009; Fezer, Hdb der Markenpraxis, 2 Bde 2007; Hildebrandt 2006; Ingerl/Rohnke, MarkenG, 2. Aufl 2003; Lange 2006; Ströbele/Hacker, MarkenG, 8. Aufl 2006.

75 d) In **bestimmten Branchen** verspricht sich der Staat überhaupt vom Wettbewerb weniger und ordnet dann nach eigenen Effizienz- und Schutzgesichtspunkten. Das ist meist nicht überzeugend und gibt zu Deregulierung Anlass, zB im Post- und Bahnbereich, bisher noch nicht bei den Börsen. Berechtigt sind wegen branchenspezifischer Gefahren staatliche Konzession und Überwachung von Banken und Versicherungen.

76 e) Das Kartellrecht, das allgemeine Wirtschaftsrecht mit hoheitlichen Funktionen, das besondere Steuerungsrecht für einzelne Wirtschaftszweige und (str) das Wettbewerbsrecht ieS bilden das **Wirtschaftsrecht,** eine theoretisch umstrittene Kategorie. Dazu Fikentscher, 2 Bde 1983, Herdegen 2. Aufl 1995 (international), Kilian 1996 (europäisch), Rinck/Schwark, 6. Aufl 1986, Rittner, 2. Aufl 1987, Steindorff, 2. Aufl 1985, Tilmann 1986.

2) Kartellrecht

77 A. Das **GWB** 27. 7. 57 BGBl 1081 idF 15. 7. 05 BGBl 2114, größere Novelle 18. 12. 07 BGBl 2966, wurde durch die 7. Kartellnovelle erheblich geändert und neu bekanntgemacht. Diese hat das GWB weitgehend an das europäische Kartellrecht (s Rn 78) angepasst (Systemwechsel), volle Angleichung von § 1 an Art 81 I EG (ohne Zwischenstaatenklausel), der Freistellungsnorm des § 2 I GWB an Art. 81 III EG und der Einführung der dynamischen Verweisung des § 2 II auf die jeweils gültigen EG-GruppenfreistellungsVO mit der Konsequenz voller Orientierung der Anwendung und Auslegung am EG-Recht, Bechtold NJW **07,** 3761. Das GWB wendet sich gegen wettbewerbsbeschränkende Vereinbarungen, Beschlüsse und abgestimmte Verhaltensweisen (§§ 1 ff), Marktbeherrschung, wettbewerbsbeschränkendes Verhalten (§§ 19 ff, ua Diskriminierung, unbillige Behinderung § 20) samt Zusammenschlusskontrolle (§§ 35–43) und stellt bestimmte Anforderungen an private Wettbewerbsregeln (§§ 24 ff). Das GWB gilt nur eingeschränkt in den sog Ausnahmebereichen, vor allem Landwirtschaft und Preisbindung bei Zeitungen und Zeitschriften (§§ 28, 30). Das GWB wird vom BKartA, aber auch von anderen Bundes- und Landesbehörden und von den Gerichten angewandt. Außer der Untersagung des verbotenen Verhaltens sind zivilrechtliche Ansprüche einschließlich Vorteilsabschöpfung möglich (§§ 33, 34, 34 a), diese sind abschließend, BGH WM **06,** 1601. Geldbuße bis 1 Mio Euro bzw 10% des Umsatzes (§ 81 IV 1). Der Durchsetzung durch Private kommt ua durch den Charakter verschiedener Vorschriften des GWB als Schutzgesetze mit der Folge von Unterlassungsanspruch und Schadensersatzpflicht (§ 33 GWB) eine besondere Rolle zu. RsprÜbersicht: Bechtold NJW **07,** 3761. Lit: Immenga/Mestmäcker 4. Aufl 2007, Bechtold 5. Aufl 2008, Frankfurter Komm (LBl), Hirsch/Montag/Säcker 2007 ff, Langen/Bunte 10. Aufl 2006, Loewenheim/Messen/Riesenkampff 2. Aufl 2009, Wiedemann 2. Aufl 2009. Lehr- und Handbücher: Bunte 2. Aufl 2008, Emmerich 11. Aufl 2008, Lettl 2. Aufl 2007, Mestmäcker/Schweitzer 2. Aufl 2004 (EG), G. Wiedemann 2. Aufl 2009. Entscheidungssammlung WuW/E, (Zwei-)Jahresberichte des BKartA, Haupt- und Sondergutachten der Monopolkomm. **Muster:** Hopt/Fabritius 3. Aufl 2007 Form I. K.22 (Anmeldung eines Zusammenschlussvorhabens beim BKartA).

B. Neben dem GWB gilt in der BRD unmittelbar **europäisches Kartell-** 78 **recht,** vor allem Art 81–86 (85–90 aF) EG (Kartellverbot in Art 81, Verbot missbräuchlicher Ausnutzung marktbeherrschender Stellung in Art 82, Voraussetzung ist die Eignung zur Beeinträchtigung des zwischenstaatlichen Handels), dazu DurchführungsVO 16. 12. 02 AblEG 4. 1. 03 L 1/1 (EGKartellVO 1/2003, statt VO 17/1962) Europäische Fusionskontrolle nach der FusionskontrollVO 21. 12. 89 AblEG 30. 12. 89 Nr L 395/1, ber AblEG 21. 9. 90 Nr L 257/13, ÄnderungsVO 30. 6. 97 AblEG 9. 7. 97 Nr L 180/1, dazu Hirsbrunner EuZW **98,** 69. Praktisch wichtig sind die EG-GruppenfreistellungsVOen (§ 86 Rn 38). Das europäische Kartellrecht geht dem nationalen vor. Es wird von der EGKomm und von den nationalen Behörden und Gerichten angewandt. Lit: Immenga/Mestmäcker, Wettbewerbsrecht EG, 2 Bde, 4. Aufl 2007, Hirsch/Montag/Säcker 2007 ff, Langen/Bunte 10. Aufl 2006, Bechtold/Bosch/Brinker/ 2. Aufl 2009, Loewenheim/Meessen/Riesenkampff 2. Aufl 2009, Schwarze/Weitbrecht 2004 u Klees 2005 (EGKartellverfahrensrecht), Lampert 2005 (EG-KartellVO); verschiedene Komm zum EGV und zum GWB. Lehrbuch: Mestmäcker/Schweitzer 2. Aufl 2004. Auch in Komm und Lehrbüchern zum GWB, zB Emmerich 9. Aufl 2001, Lange 2. Aufl 2006. **Muster:** Hopt/Fabritius 3. Aufl 2007 Form I. K.23 (Anmeldung eines Zusammenschlusses bei der EG-Komm).

C. **Ausländisches Kartellrecht** wirkt territorial, also wenn ein deutsches 79 Unternehmen zB in den USA tätig wird. Es kann aber auch extraterritoriale Wirkungen haben, zB wenn das deutsche Unternehmen durch wettbewerbsbeschränkende Absprachen oder Zusammenschlüsse außerhalb der USA Wirkungen auf den US-Markt herbeiführt, die mit dem US-Kartellrecht unvereinbar sind.

3) Wettbewerbsrecht im engeren Sinn

Kartellrecht und Wettbewerbsrecht ieS haben das gemeinsame Ziel, den Wett- 80 bewerb in seinen Funktionen (s Rn 71) zu erhalten, sind also nicht Gegensätze, sondern Teil der Gesamtordnung des Wettbewerbs. Das **UWG** v 3. 7. 04 BGBl 1414, dazu Köhler NJW **04,** 2121, hat das UWG v 1909 abgelöst, UWG-Novelle 22. 12. 2008 BGBl 2949, Hoeren BB **08,** 1182. Leitgedanken sind ua Liberalisierung und Europäisierung (§ 18 Rn 11, 12). Es schützt den lauteren Wettbewerb zugunsten der Mitbewerber, der Verbraucher und der sonstigen Marktteilnehmer sowie das Interesse der Allgemeinheit an unverfälschten Wettbewerb (§ 1). Sonstige Allgemeininteressen sind nicht Schutzgegenstand. Hauptbedeutung hat wie bisher die Generalklausel: Unlautere geschäftliche Handlungen, die geeignet sind, die Interessen von Mitbewerbern, Verbrauchern oder sonstigen Marktteilnehmern spürbar zu beeinträchtigen, sind unzulässig (§ 3 I mit § 3 II); die im Anhang zum UWG aufgeführten geschäftlichen Handlungen gegenüber Verbrauchern sind stets unzulässig (§ 3 III mit langer Enumeration im Anhang seit 2008). Beispiele dafür gibt zwecks mehr Transparenz § 4 (nicht abschließend), wichtig vor allem: unangemessene unsachliche Beeinflussung, gezielte Mitbewerberbehinderung und Marktverhaltensrechtsbruch (§ 4 Nr 1, 10,

11). Verbot irreführender geschäftlicher Handlungen nach § 5 samt Irreführung durch Unterlassen (§ 5 a), Verbot unzumutbarer Belästigungen nach § 7. Die Konkretisierung des § 3 (in der bisherigen Rspr zB Kundenfang, Behinderung, Ausbeutung, Rechtsbruch, Marktstörung) ist seit 2008 im Anhang zum UWG und im Beispielskatalgog des § 4 enthalten und erfolgt im Übrigen wie bisher durch die Rspr in einer Vielzahl von Urteilen. Außer Schadensersatz (§ 9) auch Gewinnabschöpfung (§ 10, nur bei Vorsatztat, Abführung an Bundeshaushalt, zuständig BfJ, BfJG 2006), auch durch Verbandsklage (§ 8 III Nr 2–4). RsprÜbersichten: Hoeren BB **08**, 1182, Lettl BB **08**, 1972, Klute NJW **08**, 2965. Lit: Fezer 2. Aufl 2009, Glöckner 2006 (EU), Gloy/Loschelder/Erdmann 4. Aufl 2009, Götting/Nordemann 2009, Harte-Bavendamm/Henning-Bodewig 2. Aufl 2009, Heermann/Hirsch 2006, Hefermehl/Köhler/Bornkamm 27. Aufl 2009, Jacobs/Lindacher/Teplitzky 2 Bde 2007 (GroßKo), Piper/Ohly 4. Aufl 2006, Teplitzky 9. Aufl 2006.

IV. Anrufung und Eingreifen von Gerichten in Handelssachen

1) Freiwillige Gerichtsbarkeit in Handelssachen

81   A. **Überblick:** Die freiwillige Gerichtsbarkeit spielt in HdlSachen eine maßgebliche Rolle ua in Angelegenheiten des **Handelsregisters** (§§ 8 ff), der **Firma** (§§ 17 ff), in **Gesellschaftssachen** (zB §§ 146 II, 147, 157 II, 166 III, 233 III, 318 III–V). Zuständigkeit und Verfahren in HdlRegSachen sind in FamFG Buch 5 (§§ 374 ff), speziell das HdlReg in (4) HRV geregelt.

82   B. **Die Rolle des Rechtspflegers:** Das RPflG 5. 11. 69 BGBl 2065 idF FGG-RG überträgt die HdlReg-, GenReg- und PartRegSachen sowie unternehmensrechtliche Verfahren nach den (3) FamFG §§ 374 und 375 dem Rechtspfleger (§ 3 Nr 2 d RPflG nF). Ausgenommen und dem Richter vorbehalten sind bestimmte Hdl- und Registersachen ua betr AG, KGaA, GmbH, VVaG und AuslandsGes mit ZwNl, nämlich erste Eintragung, Eintragung von Satzungsänderungen, die nicht nur die Fassung betreffen, Löschungen im HdlReg nach §§ 394, 395, 397 und 398 FamFG ua sowie die meisten unternehmensrechtlichen Verfahren nach § 375 FamRG (§ 17 Nr 1 Buchst e RPflG nF). Für die grundsätzlich dem Rechtspfleger übertragenen Sachen sind vor allem §§ 4–9 RPflG zu beachten betr Umfang der Übertragung, Vorlage an den Richter, Bestimmung der Zuständigkeit durch den Richter, Gültigkeit von Geschäften und Weisungsfreiheit des Rechtspflegers: zu Rechtsbehelfen s § 11 RPflG.

2) Streitige Gerichtsbarkeit in Handelssachen

83   A. **Begriff der Handelssachen nach GVG:** Der Begriff der HdlSachen iSv GVG ist erheblich weiter als Streitigkeiten aus HdlGeschäften iSv §§ 343 ff HGB (§ 95 I Nr 1 und Nr 2–6, II GVG). Außerdem sind auch bürgerliche Rechtsstreitigkeiten, die die Anwendung der GWB, der Art 81 oder 82 EG oder Art 53 oder 54 des EWRAbk betreffen, HdlSachen iSv §§ 93–114 GVG (§ 87 II GWB).

84   B. **Kammer für Handelssachen im Zivilprozess:** Im Zivilprozess in HdlSachen sind nicht wie in anderen Ländern besondere HdlGerichte eingerichtet, sondern nur bei den Landgerichten (in erster Instanz und in zweiter nach den Amtsgerichten) besondere KfH. Damit sollen Praxisnähe und kfm Verständnis eingebracht werden; in kfm Dingen und über das Bestehen von HdlBräuchen kann die KfH auf Grund eigener Sachkunde entscheiden (§ 114 GVG). Bildung, Zuständigkeit, Verfahren der KfH regelt das GVG Titel 7 (§§ 93–114). Die KfH ist seit HRefG 1998 nur noch für Rechtsstreitigkeiten gegen eingetragene Kflte zuständig, was zwar die Gerichte entlastet, aber die Funktion der KfH für die Fortentwicklung des HdlRechts schwächt. Die Verletzung der Zuständigkeit

(KfH oder Zivilkammer, keine Frage der sachlichen Zuständigkeit) begründet kein Rechtsmittel (außer bei Entzug des gesetzlichen Richters, Art 101 I 2 GG, §§ 16 S 2, 21 e GVG, objektive Willkür); bloßer Verfahrensirrtum genügt nicht. §§ 280, 281 ZPO sind im Verhältnis KfH und Zivilkammer unanwendbar, allgM. Die KfH entscheidet in Besetzung mit einem Berufsrichter als Vorsitzenden und zwei ehrenamtlichen Richtern („HdlRichter"), § 105 GVG. Die ehrenamtlichen Richter (§§ 107–113 GVG) werden aus dem Kreise der in das HdlReg eingetragenen Kflte, gesetzlichen Vertreter juristischer Personen oder Prokuristen auf Vorschlag der IHK jeweils auf vier Jahre bestellt. Befangenheit und Ablehnung s KG NJW **63,** 451, Nbg NJW **67,** 1864. Verhandlung des Rechtsstreits vor der KfH **nur auf** unwiderruflichen **Antrag** (Ausnahme § 104 GVG; Spezialvorschriften, zB § 246 III 2 AktG, Mü WM **07,** 2036) des Klägers in der Klageschrift (§ 96 I GVG) oder des Beklagten vor Verhandlung zur Sache (§ 98 I GVG; in Berufungsschrift, nicht erst Berufungsbegründung, hL, E. Schneider NJW **97,** 992), sonst kommt die Sache vor die Zivilkammer oder bleibt endgültig dort (§§ 96–102 GVG). Ausdrücklicher Verweisungsantrag, hL, Grund: Wortlaut, zeitliche Begrenzung (§§ 98 I, 101 GVG), aA van der Hövel NJW **01,** 345. Beim Mahnverfahren genügt Antrag in der Klagebegründung (vgl § 697 ZPO), Düss NJW-RR **88,** 1471, str. Der Beklagte muss bei Klageerhebung (Rechtshängigkeit) Kfm sein, Schriever NJW **78,** 1472, str. Zuständigkeit der KfH bei mehrfacher Klagebegründung s Brandi/Dohrn NJW **81,** 2453, bei gemischter Klagehäufung und hdlrechtlicher Widerklage Gaul JZ **84,** 57. Die Zuständigkeit der KfH ist der Parteivereinbarung (§ 38 ZPO) entzogen, BGH **55,** 317, aber durch Stellen oder Unterlassen von Anträgen beeinflussbar (§§ 96–99 GVG).

85 C. **Gerichtsstand: a)** Unter den Gerichtsstandsvorschriften der §§ 12–37 ZPO sind für Kflte besonders bedeutsam: der allgemeine Gerichtsstand juristischer Personen (§ 17 ZPO, § 106 Rn 8) und die besonderen Gerichtsstände der Niederlassung, der Mitgliedschaft und vor allem des Erfüllungsorts (§§ 21, 22, 29 ZPO). Seit 2005 (KapMuG, bis 13. 10. 10) ausschließlicher Gerichtsstand bei falschen, irreführenden oder unterlassenen öffentlichen Kapitalmarktinformationen (§ 32 b ZPO), s § 347 Rn 40.

86 **b) Gerichtsstandsvereinbarung** in Inlandssachen (ausdrücklich oder stillschweigend) ist heute nur unter Kfltn, juristischen Personen des öffentlichen Rechts und öffentlichrechtlichen Sondervermögen zugelassen und wirksam (§ 38 I ZPO, entspr bei Gerichtsstandswahl durch Vereinbarung des Erfüllungsorts § 29 II ZPO, beide idF HRefG 1998). § 38 ist zwingend (Prorogationsverbot; aber § 39 ZPO bei rügeloser Verhandlung). Kfm s §§ 1, 5, 6 und nach Eintragung gemäß §§ 2, 3 HGB; nicht auch phG von OHG und KG (§ 105 Rn 20), str, aA, Häuser JZ **80,** 760. RechtsscheinKfm s § 5 Rn 14–16. Wirkung von Gerichtsstandsvereinbarung zwischen Ges und Dritten für Gfter s § 128 Rn 41. Prorogationsfähigkeit der Kflte ist nicht auf HdlGeschäfte (§ 343 HGB) beschränkt, aA Diederichsen BB **74,** 379. Kontrolle von AGB s **(5)** § 307 BGB, unter Kflten (nichtkaufmännische Unternehmer sind nach § 38 ZPO nicht prorogationsbefugt) sind Gerichtsstandsklauseln nach ZPO idR zulässig, außer wenn berechtigtes Interesse des Kfm fehlt, Karls NJW **96,** 2041, aA nur wenn Kfm berechtigtes Interesse darlegt, Ul/Br/He/H. Schmidt Anh § 310 BGB Rn 378, aA für Privatgeschäfte des Kfm Schiller NJW **79,** 637. Bei Anschein einer wirksamen Gerichtsstandsklausel greift **(5)** § 307 BGB, BGH **101,** 271 (Briefbögen mit Gerichtsstand). Vorrang von Art 23 EuGVVO s Rn 87; auch **(17)** CMR Art 31 Rn 1. **AGB-Kontrolle** von Gerichtsstandsklauseln nach **(5)** BGB §§ 305 ff, Ul/Br/He/H. Schmidt Anh § 310 BGB Rn 375 ff.

87 D. **Internationale Zuständigkeit und Vollstreckung:** Von großer Bedeutung ist heute die VO (EG) Nr 44/2001 des Rates über die gerichtliche Zuständigkeit und die Anerkennung und Vollstreckung von Entscheidungen in Zivil-

und HdlSachen 22. 12. 2000 in Kraft 1. 3. 2002 (Art 76), ABlEG 2001 L 12/1 (**EuGVVO oder Brüssel I-VO,** Text NJW Beil 11/**02,** Baumb/Lauterbach SchlussAnh, Thomas/Putzo); Grünbuch der Kommission über Reform, Mai 2009, zT sehr str. Sie ist an die Stelle des EuGVÜbk oder Brüsseler Übk getreten (s 30. Aufl). Sie geht im Rahmen ihres Anwendungsbereichs nationalem Recht vor. Die verbindliche Letztauslegung der EuGVVO ist Sache des EuGH. Vorlage durch die nationalen Gerichte nach Art 68, 234 I b EG. Anerkennungs- und VollstreckungsausführungsG (AVAG) 19. 2. 2001 BGBl 288. Art 23 EuGVVO (Gerichtsstandsvereinbarungen) gilt anders als § 38 I ZPO (s Rn 86) auch für NichtKflte. Bestätigungsschreiben (§ 346 Rn 16) möglich, falls insoweit internationaler HdlBrauch iSv Art 23 I 3 c besteht, EuGH NJW **97,** 1431 (zu Art 17 I 2 EuGVÜbk) m Anm Holl RIW **97,** 418 u Kubis IPRax **99,** 10, Kropholler Art 23 Rn 61. Gerichtsstandsklausel (AG/Aktionäre) in öffentlich zugänglicher Satzung der Ges genügt, EuGH NJW **92,** 1671. Bei Gerichtsstandsklausel in Konnossementbedingungen Zustimmung, wenn der Dritte Rechte aus dem Konnossement geltend macht, BGH NJW **07,** 2036. Vereinbarung des Erfüllungsorts und damit der Zuständigkeit nach Art 5 Nr 1 b EuGVVO ist ohne Form des Art 23 EuGVVO möglich, BGH NJW **85,** 560, also unter Kflten formlos nach § 29 II ZPO (vgl Rn 86), auch durch AGB, Kropholler Art 5 Rn 35; HV s § 92 c Rn 12. Vorrang der EuGVVO vor Lugano Übk über die gerichtliche Zuständigkeit und die Vollstreckung gerichtlicher Entscheidungen in Zivil- und HdlSachen 16. 9. 88 BGBl 94 II 2658 gemäß Art 54 b I Lugano Übk. **(17)** CMR Art 31 I (freie Gerichtsstandsvereinbarung, aber vereinbarte internationale Zuständigkeit darf nicht ausschließlich sein) geht § 38 I ZPO vor, Verhältnis zu Art 23 EuGVVO ist str, danach Vorrang vor Art 23 EuGVVO in der Frage der Ausschließlichkeit, aber Form des Art 23 EuGVVO, soweit diese anwendbar ist, ist zu beachten, Kropholler Art 71 Rn 14, vgl EuGH NJW **05,** 44. RsprÜbersicht zum EuGVÜbk/EuGVVO: Dietze/Schnichels EuZW **07,** 687, **09,** 33. **Haager Übereinkommen** vom 30. 6. 05 über Gerichtsstandsvereinbarungen, Wagner RabelsZ 73 **(09)** 100.

Lit: MüKoZPO Bd 3; Kropholler, Europäisches Zivilprozessrecht, 8. Aufl 2005; Geimer, Internationales Zivilprozessrecht, 6. Aufl 2009; Geimer/ Schütze, Europäisches Zivilverfahrensrecht, 2. Aufl 2004; Geimer/Schütze, Internationaler Rechtsverkehr in Zivil- und HdlSachen (LBl); Nagel/Gottwald, Internationales Zivilprozessrecht, 6. Aufl 2007; Rauscher, Europäisches Zivilprozessrecht, 2. Aufl 2006; Schack 4. Aufl 2006; Schlosser 3. Aufl 2009. Auch in Komm und Lehrbüchern zum IPR und zur ZPO. Quellensammlung: Bülow/ Böckstiegel/Geimer/Schütze (LBl).

3) Schiedsgerichtsbarkeit in Handelssachen

Schrifttum

Berger 1998. – *Böckstiegel* 1996 (Ges-/Erbrecht). – *Böckstiegel ua* 2007 (Arbitration in Germany). – *von Bodungen ua* 2008 (Taktik). – *Kreindler/Schäfer/Wolff* 2006. – *Lachmann* 3. Aufl 2008. – *Raeschke-Kessler/Berger* 3. Aufl 1999. – *Schütze* 4. Aufl 2007. – *Schütze,* Institutionelle Schiedsgerichtsbarkeit, 2006. – *Schwab/Walter* 7. Aufl 2005. – *Zilles* 2000 (GesRecht). – *Lüke/Blenske,* Die Schiedsfähigkeit von Beschlußmängelstreitigkeiten, ZGR **98,** 253. – *K. Schmidt,* Neues Schiedsverfahrensrecht und Gesellschaftsrechtspraxis, ZHR 162 **(98)** 265. – *Trittmann,* Die Auswirkungen des Schiedsverfahrens-Neuregelungsgesetzes auf gesellschaftsrechtliche Streitigkeiten, ZGR **99,** 340. – *Habersack,* PersonenGes und ihre Mitglieder in der Schiedsgerichtspraxis, SchiedsVZ **03,** 241. – *Korte,* Die Hbg freundschaftliche Arbitrage, SchiedsVZ **04,** 240. – *K. Schmidt,* Kartellrecht im Schiedsverfahren, BB **06,** 1397. – *Berger,* Schiedsgerichtsbarkeit im Bank- und Kapitalmarktrecht, FS Nobbe **09,** 473.

RsprÜbersichten:

Straatmann/Ulmer (Schiedsspruchsammlung) Bd 11975, Bd 21982; *Straatmann/Ulmer/Timmermann* Bd 31984, Bd 41988; HK Hbg Bd 5 1994, Bd 61998, keine weiteren Bde, Datenbank; DIS-Datenbank; periodisch: BB Beil 7/**02**; *Kröll* NJW **03**, 791, **05**, 194, **07**, 743, **09**, 1183. Ab 2003 SchiedsVZ.

Muster:

Hopt/Trittmann 3. Aufl 2007 Form II.L-P (22 Mustertexte). Schrifttum zur internationalen Schiedsgerichtsbarkeit s Rn 96 ff.

A. **Schiedsvereinbarung:** Schiedsvereinbarung kann selbstständig (**Schiedsabrede,** idR über bereits entstandene Streitigkeit) oder Klausel in einem Hauptvertrag (**Schiedsklausel,** idR über künftige Streitigkeit) sein (Legaldefinition § 1029 ZPO; früher unscharf Schiedsvertrag). Schiedsvereinbarungen sind im HdlVerkehr sehr verbreitet. Dafür gibt es gute Gründe, zB freie Schiedsrichterwahl, Sachkunde, Schnelligkeit, Diskretion und Flexibilität des Verfahrens; iErg nicht teurer als normales Verfahren durch den Instanzenzug. Gerichtsstandsklausel (Sitz des Vertragspartners) muss nicht nur das staatliche Gericht meinen, BGH WM **07**, 698. Das schiedsrichterliche Verfahren regeln **§§ 1025 ff ZPO** nF SchiedsVfG 22. 12. 97 BGBl 3224; weitgehend entspr UNICTRAL-Modellgesetz über die internationale HdlSchiedsgerichtsbarkeit (s Rn 98), Kommission zur Neuordnung des 10. Buchs der ZPO, BMJ 1994; Weigand WiB **97**, 1273, Habscheid JZ **98**, 445, Lörcher DB **98**, 245. §§ 1025 ff ZPO gelten **einheitlich für nationale und internationale, Zivil- und Handelsschiedsgerichtsverfahren.** Grundsätzlich jeder vermögensrechtliche Anspruch kann Gegenstand einer Schiedsvereinbarung sein, zB auch solcher aus § 89 b HGB oder aus unerlaubter Handlung, BGH **162**, 17; nicht vermögensrechtliche Ansprüche nur insoweit, als sich die Parteien darüber vergleichen können; diese objektive Schiedsfähigkeit (§ 1030 ZPO) findet ihre Grenze nicht schon bei zwingendem Recht, sondern erst dort, wo sich der Staat im Interesse besonders schützenswerter Rechtsgüter ein Entscheidungsmonopol vorbehalten hat, BGH **132**, 283, 160, 127 (nicht bei GmbHStammkapital). Vermögensrechtliche Ansprüche können auch aus öffentlichrechtlichem Vertrag resultieren. Schiedsfähig sind danach auch gesellschaftsrechtliche Auskunfts- und Informations-, Ausgleichs- und Abfindungsansprüche, Managerhaftung, Umbeck SchiedsVZ **09**, 143, **Beschlussmängelstreitigkeiten** bei PersonenGes; auch bei GmbH, BGH NZG **09**, 620 m Anm Böttcher/Helle 700 (unter Aufgabe von BGH **132**, 278, allerdings nur unter strengen, nach § 138 BGB zu prüfenden Gleichwertigkeitsbedingungen: Zustimmung aller Gfter zur Schiedsabrede, Beteiligungsmöglichkeit jedes Gfters an Schiedsverfahren und Auswahl der Schiedsrichter ausser bei Auswahl durch neutrale Stelle, Konzentration bei dem Schiedsgericht), hL, K. Schmidt ZGR **88**, 523, BB **01**, 1857, Trittmann ZGR **99**, 350, Bayer ZIP **03**, 880; Treupflicht zur Anpassung bei unwirksamer Schiedsklausel, hL, offen BGH NZG **09**, 624 (im konkreten Fall abl). Auch Kartellsachen sind schiedsfähig (anders § 91 GWB aF), Grenze ordre public (§ 1059 II Nr 2 b ZPO), Zimmer 1991, K. Schmidt BB **06**, 1397. Auch im Kapitalmarkt- und Finanzrecht, Wiebecke SchiedsVZ **08**, 34, Berger FS Nobbe **09**, 473, str. Vereins- und Verbandsgerichte sind idR keine Schiedsgerichte iSv § 1025 ff ZPO, BGH 159, 207. Das Problem der **Mehrparteienschiedsverfahren** ist im SchiedsVfG nicht geregelt (jedoch in Art. 10 ICC-SchiedsGO 1998), für Bestimmung beider Schiedsrichter vom Gericht (§ 1034 II ZPO), KG NJW **08**, 2719. Dritten muss eine angemessene Verfahrensteilnahme möglich sein, idR streitgenössische Nebenintervention. Mitwirkung aller auf derselben Seite Beteiligten an der Schiedsrichterbestellung ist str: Einigungszwang durch notwendige Streitgenossenschaft analog § 62 ZPO, Ebenroth/Bohne BB **96**, 1397, ähnlich Bender DB **98**, 1901, ist zweifelhaft; am besten ist eine entspr Schiedsvereinbarung, sonst bleibt, um sicher zu gehen, nur Zustimmung aller Beteiligten oder Drittbestimmung des Schiedsgerichts, Lüke/Blenske ZGR **98**, 252. Die Schiedsvereinbarung kann nach § 314 BGB aus wichtigem Grund gekündigt werden, BGH **77**, 65, NJW **86**, 2765.

Soweit die §§ 1025 ff ZPO anwendbar sind (s Rn 96) und kein zwingendes Recht enthalten, können die Parteien das Verfahren einer (nationalen oder internationalen, institutionellen oder anderen privaten) **Schiedsgerichtsordnung** unterstellen. Bekannt sind national die Schiedsgerichtsordnung der **Deutschen Institution für Schiedsgerichtsbarkeit eV** 1. 7. 98 **(DIS)**, Möller RIW **88**, 605, Ergänzende Regeln für beschleunigte Verfahren 25. 4. 08, SchiedsVZ **08**, 111 m Anm Berger 105, und international vor allem die der **ICC** 1. 1. 98 (s Rn 97).

89 a) Die Schiedsvereinbarung bedarf der **Form des § 1031 ZPO**. Eine notarielle Beurkundung ist neben § 1031 ZPO nicht notwendig, auch wenn das Hauptgeschäft selbst formbedürftig ist, str, vgl BGH **69**, 260 (zu heute § 311 b I BGB), Lüttmann/Breyer ZZP 119 **(06)** 475. Wenn allerdings ein **Verbraucher** beteiligt ist, sind **schriftliche oder elektronische Form und,** außer bei notarieller Beurkundung, **besondere Urkunde bzw besonderes elektronisches Dokument** nötig (§ 1031 V ZPO, §§ 126, 126a BGB; Legaldefinition des Verbrauchers § 13 BGB, nicht Existenzgründer, BGH **162**, 253, WM **07**, 2392). Wenn das streitgegenständliche Geschäft für beide Parteien ihrer **gewerblichen oder selbstständigen beruflichen Tätigkeit** zuzuordnen ist (KfmEigenschaft und beiderseitiges HdlGeschäft sind nicht mehr notwendig), genügt eine **einfachere Nachweisform:** von den Parteien unterzeichnetes Schriftstück oder zwischen ihnen gewechselte Schreiben, Telegramme ua; Schweigen auf ein Schriftstück, inbesondere kfm Bestätigungsschreiben (§ 346 Rn 16) mit Schiedsklausel; förmliche Bezugnahme auf Schriftstück mit Schiedsklausel (Schiedsklausel in AGB) oder Begebung eines Konnossements (näher § 1031 I–IV ZPO). Form des Hauptvertrags, zB § 311 b I BGB, muss nicht zusätzlich gewahrt werden, BGH **69**, 260. Formmangel wird durch Einlassung auf Verhandlung zur Hauptsache geheilt (§ 1031 VI ZPO); entspr auch für andere (nicht fortbestehende) Mängel, nach aA nur konkludenter Neuabschluss, vgl BGH **88**, 318; nur letzterer bei Fehlen einer Schiedsvereinbarung überhaupt. Lit: Lüttmann/Breyer ZZP 119 **(06)** 475.

AGB-Schiedsvereinbarung ist auch mit Verbrauchern möglich, BGH **162**, 17, aA nach **(5)** § 307 BGB nur in Ausnahmefällen Ul/Be/He/H. Schmidt § 310 BGB Rn 708 wegen Versperrung des ordentlichen Rechtswegs. AGB-Schiedsklausel unterliegt auch unter Kflten (Unternehmern) der Inhaltskontrolle nach **(5)** § 307 BGB, BGH **115**, 324; nicht für Ges, **(5)** § 310 IV 1 BGB, aber § 242 BGB (PublikumsGes s Anh § 177 Rn 68). Unternehmer-, nicht Verbraucherhandeln bereits bei der Existenzgründung dienendem Geschäft, BGH **162**, 17. AGB-Schiedsvereinbarung ist danach unwirksam nicht schon bei Übergewicht der einen Seite (dagegen hilft fristgebundener Antrag nach § 1034 II ZPO, s Rn 91), jedoch bei Gefahr, dass das Schiedsgericht von den Schutzgarantien der **(5)** §§ 305–310 BGB abweicht, BGH **115**, 324, krit Schumann NJW **05**, 2065. Alternativklausel zwischen staatlicher und Schiedsgerichtsbarkeit ist unwirksam, außer bei Zusatz über Pflicht zur vorprozessualen Wahl durch den beklagten Verwender, BGH NJW **99**, 282, für Wirksamkeit bei genau definierten engen Voraussetzungen Brem SchiedsVZ **07**, 51. Wirksam ist dagegen Option der Nichtanerkennung des Schiedsspruchs und Weg zum staatlichen Gericht, BGH **171**, 245. **Muster:** Hopt/Trittmann 3. Aufl 2007 Form II.L1 (DIS-Schiedsklausel), Form II. L.2 (ICC-Schiedsklausel), Form II. L.3 (Schiedsvertrag ohne Bezugnahme auf eine Schiedsordnung, vor allem für GbR, OHG, KG und GmbH).

90 b) **Schiedsklauseln im Gesellschaftsvertrag:** Die Schiedsvereinbarung unter Gftern einer **OHG** oder **KG** betr Streitigkeiten aus dem GesVerhältnis bedarf der Form für Verbraucher nach § 1031 V ZPO, außer wenn schon ihr Abschluss zusammen mit dem GesVertrag oder später einer gewerblichen oder selbstständigen beruflichen Tätigkeit des Gfters zugerechnet werden kann (s Rn 89); ähnlich zum früheren Recht (kein HdlGeschäft der Gfter nach § 1027 II ZPO), BGH **45,** 285 für Kdtist (§ 161 Rn 5), für OHG s § 105 Rn 21 (davon streng zu unterscheiden ist die Erstreckung einer formlos wirksamen Schiedsvereinbarung zwischen Ges und Dritten auch auf Gfter, § 128 Rn 40). Erst recht gilt dies in der **stillen Gesellschaft,** außer wenn der Stille selbst Gewerbetreibender bzw Freiberufler ist und als solcher handelt. § 1066 ZPO, nach dem die Satzung von Vereinen, AG und GmbH für Streitigkeiten aus dem Mitgliedschaftsverhältnis ihrer Mitglieder wirksam ohne Schiedsvereinbarung iSv §§ 1025 ff ZPO (aber Kleinmann BB **70,** 1076: Form dennoch zu empfehlen) ein Schiedsgericht anordnen können soll (so zu § 1048 ZPO aF BGH **48,** 43), gilt nicht für OHG und KG, auch nicht GmbH & Co und Publikums-KG, BGH NJW **80,** 1049, Schütze BB **92,** 1877, Ebbing NZG **98,** 282, üL, aA K. Schmidt ZHR 162 **(98)** 277, Habersack SchiedsVZ **03,** 241, jedenfalls für GesVerträge und Mehrheitsbeschlüsse zulassen. Die Gfter-Schiedsvereinbarung ist für Gesamt- und Sonderrechtsnachfolger in GesAnteil verbindlich ohne gesonderten Beitritt und Form des § 1031 ZPO, BGH **68,** 350, **71,** 162, NJW **79,** 2567, **98,** 371, NZG **02,** 955 (Grundgedanke des § 401 BGB), Ebbing NZG **98,** 282, aA K. Schmidt ZHR 162 **(98)** 279, Habersack SchiedsVZ **03,** 241; ebenso bei Eintritt auf Grund Nachfolgeklausel, BGH NJW **80,** 1797. Grundsätzlich weite Auslegung der Schiedsvereinbarung für alle Streitigkeiten aus dem (Haupt)Vertrag einschließlich dessen Gültigkeit; § 139 BGB ist auf das Verhältnis Hauptvertrag und Schiedsvereinbarung unanwendbar, BGH **53,** 315, NJW **91,** 2216. Anwendbarkeit der Gfter-Schiedsvereinbarung auf Streit unter Gfter-Erben, wer Gfter wurde, BGH WM **71,** 309. Verweisung im GesVertrag auf eine Schiedsvereinbarung (die nicht geschlossen wurde oder unauffindbar ist) ist nicht in einen Vorvertrag auf Abschluss einer Schiedsvereinbarung umzudeuten, dazu bedürfte es mindestens der Bestimmung der Zusammensetzung des Schiedsgerichts, BGH BB **73,** 957. Beschlussmängelstreitigkeiten bei GmbH s Rn 88. Lit: Westermann FS Fischer **79,** 853, Roth FS Nagel **87,** 318, de Lousanoff, Westermann u D. Weber (Schiedsklauselgestaltung) in Böckstiegel 1996, S 7, 31 u 49, K. Schmidt ZHR 162 **(98)** 265, BB **01,** 1857, Ebbing NZG **98,** 281, Habersack SchiedsVZ **03,** 241. **Muster:** Hopt/Trittmann 3. Aufl 2007 Form II.L.3 (Schiedsvertrag unter PersonenGftern).

c) Schiedsgericht und Schiedsverfahren: Die Parteien können das Verfahren zur **Bestellung der Schiedsrichter** selbst regeln (§ 1035 I ZPO, Schiedsvereinbarung). Die Schiedsrichter werden tätig auf Grund des zwischen den Parteien und ihnen abgeschlossenen **Schiedsrichtervertrags,** BGH **42,** 315, **98,** 34; Lit: Real 1983. Sie üben Rechtsprechung aus, BGH **51,** 258, **98,** 36. Sie müssen deshalb **unparteilich** und **unabhängig** sein und auch so erscheinen (bei Umständen, die berechtigte Zweifel wecken können, **Ablehnung,** §§ 1036 II, 1037 ZPO), Mankowski SchiedsVZ **04,** 304. Benachteiligendes Übergewicht bei der Zusammensetzung des Schiedsgerichts s § 1034 II ZPO, Schiedsvereinbarung bleibt erhalten, BGH WM **07,** 959. Mehrparteienschiedsverfahren s Rn 88. Eine Schiedsvereinbarung, dass im Streit zwischen Mitgliedern und Nichtmitgliedern eines Vereins nur Vereinsmitglieder als Schiedsrichter bestellt werden können, ist ungültig, BGH **51,** 261; ebenso die Klausel, dass eine Partei allein alle Schiedsrichter bestellt, falls die Gegenpartei ihr Bestellungsrecht nicht ausübt, oder dass in diesem Falle der von einer Partei bestellte Schiedsrichter allein entscheidet, BGH **54,** 395. Geringere Anforderungen an die Unabhängigkeit gelten für Schiedsverträge nach Streitfallentstehung; ein Organmitglied einer Partei kann hier je nach seinem faktischen Verhältnis zu dieser Schiedsrichter sein, BGH BB **75,** 1553; dazu Schlosser JZ **76,** 245, Kornblum BB **77,** 675 (krit). Die Schiedsrichter können ihre **Vergütung** nicht selbst festsetzen, auch nicht mittelbar über

Einl v § 1 92 I. Buch. Handelsstand

Streitwertfestsetzung, BGH **94,** 92; deshalb vorherige, klare Vereinbarung mit den Parteien, zB Mustervereinbarung des Deutschen Anwaltsvereins. **Vorschuss** idR je hälftig (§ 426 I BGB), auch wenn eine Partei „arm" ist, BGH **55,** 344, dazu Breetzke DB **71,** 465, 2050; doch dann uU Kündigung der Schiedsvereinbarung aus wichtigem Grund, BGH **77,** 65 (s Rn 88). Vorschuss kann unter den Schiedsparteien eingeklagt werden. Das Schiedsrichteramt **endet,** wenn der Schiedsrichter von ihm, auch grundlos, zurücktritt (vgl §§ 1038, 1039 ZPO); eine Verletzung des Schiedsrichtervertrags liegt darin nicht, wenn der Schiedsrichter rechtlich oder tatsächlich (zB Krankheit, Übernahme eines öffentlichen Amtes oder ähnliche berufliche Veränderung, die sich mit der Fortführung nicht vereinbaren lässt) außerstande ist, seine Aufgaben zu erfüllen (Kündigung aus wichtigem Grund). **Muster:** Hopt/Trittmann 3. Aufl 2007 Form II.M.1 (Schiedsrichtervertrag mit Vergütungsvereinbarung), Form II. N.4–6 (Ablehnung eines Schiedsrichters).

Das Schiedsverfahren beginnt mit der Erhebung der **Schiedsklage** (§§ 1044, 1046 ZPO; Art 4 ICC-SchiedsGO). Falls nicht schon geschehen, fordert die Schiedsklägerin die Schiedsbeklagte zur Benennung eines Schiedsrichters auf; meist ist ein Dreierschiedsgericht vereinbart (sonst § 1034 I 2 ZPO: 3; ICC-SchiedsGO: 1). Das (Schieds)**Verfahren** läuft ab nach den Regeln der gewählten Schiedsgerichtsordnung und/oder dem Schiedsverfahrensrecht der §§ 1025 ff ZPO bzw eines anwendbaren ausländischen Prozessrechts (s Rn 88, 96 ff). Das Schiedsgericht kann über die eigene Zuständigkeit und im Zusammenhang hiermit über das Bestehen oder die Gültigkeit der Schiedsvereinbarung entscheiden; dabei gilt eine Schiedsklausel als unabhängig von den übrigen Vertragsbestimmungen (§ 1040 ZPO; aber s Rn 92 zur Frage der Kompetenz-Kompetenz). Nach der ICC-SchiedsGO wird zunächst der Schiedsauftrag (terms of reference) erstellt, Lit: Sandrock RIW **87,** 649, Nicklisch RIW **88,** 763. Das Schiedsgericht kann in den Grenzen des zwingenden Rechts (insbesondere Gleichbehandlung und rechtliches Gehör) mangels Parteiabrede sein Verfahren nach freiem Ermessen selbst bestimmen (§ 1042 ZPO). Es kann auf Antrag einstweiligen Rechtsschutz gewähren (§ 1041 ZPO), Schütze BB **98,** 1659. Es ist an die Beweismittel und das Beweisverfahren der ZPO nicht gebunden, hat aber selbst keine Zwangsgewalt zur Durchsetzung der Beweiserhebung (aber gerichtliche Unterstützung durch das zuständige Amtsgericht, §§ 1050, 1062 IV ZPO). Das Schiedsgericht kann Berater zuziehen, Grenzen str, BGH **110,** 107, zu unterscheiden von § 1049 ZPO. Über die mündliche Verhandlung wird Protokoll geführt, Ausgestaltung flexibel. Am Ende des Schiedsverfahrens steht häufig ein **Schiedsvergleich** (§ 1053 ZPO) oder aber ein **Schiedsspruch** (§§ 1051 ff ZPO). Zustandekommen des Schiedsspruchs, Schütze SchiedsVZ **08,** 10; sehr str ist dissenting vote, Westermann SchiedsVZ **09,** 102. Niederlegung des Schiedsspruchs ist nicht mehr vorgesehen. Insolvenz und Schiedsverfahren, BGH ZIP **09,** 627, Heidbrink/von der Groeben ZIP **06,** 265, Ehricke ZIP **06,** 1847. **Muster:** Hopt/Trittmann 3. Aufl 2007 Form II.N.1 (Einleitung eines Schiedsverfahrens nach ZPO bzw DIS mit Aufforderung zur Benennung eines Schiedsrichters), Form II. N.2 (Antrag an das Gericht zur Benennung des zweiten Schiedsrichters), Form II. N.3 (ICC-Schiedsklage), Form II. O.1 (Protokoll), Form II. O.2 (Schiedsauftrag/ Terms of Reference), Form II. N.7 (Zeugenerklärung/Witness Statement), Form II. O.3 (Antrag an das zuständige Gericht auf eidliche Vernehmung eines Zeugen), Form II. O.4 (einstweiliger Rechtsschutz), Form II. O.5 (Schiedsspruch nach ZPO bzw DIS-SchiedsGO), Form II. O.6 (ICC-Schiedsspruch).

92 **d)** Gegen einen Schiedsspruch kann nur Antrag auf **gerichtliche Aufhebung** in den engen Grenzen des § 1059 ZPO gestellt werden. § 1059 II ZPO zählt die Aufhebungsgründe abschließend auf. Mangelnde objektive Schiedsfähigkeit und Widerspruch gegen die öffentliche Ordnung (ordre public; zB Verletzung des

rechtlichen Gehörs, Art. 103 I GG, BGH **96**, 47, Verstoß gegen EGKartellrecht, EuGH EuZW **99**, 565, nicht schon gegen jedes zwingende Recht, BGH WM **09**, 573) sind von Amts wegen zu berücksichtigen (§ 1059 II Nr 2 ZPO), aber keine Inhaltskontrolle des Schiedsspruchs. Aufhebungsgrund nach § 1059 II Nr 1 lit a–d ZPO sind die Ungültigkeit der Schiedsvereinbarung in subjektiver oder objektiver Hinsicht, eine verfahrensfehlerhafte Behinderung des Antragstellers, Überschreitung der Schiedsvereinbarung mit der Folge der Unzuständigkeit des Schiedsgerichts und sonst unzulässiges Verfahren. Das Gericht (**OLG**, § 1062 ZPO, Beschlussverfahren) prüft insoweit die Wirksamkeit der Schiedsvereinbarung ohne Bindung an das Schiedsgericht; eine Kompetenz-Kompetenz-Klausel wie früher (BGH **68**, 356, NJW **91**, 2215) ist also nicht mehr wirksam, BGH **162**, 9. Für den Aufhebungsantrag gilt eine **Dreimonatsfrist** (§ 1059 III ZPO). Der Schiedsspruch wirkt unter den Parteien wie ein rechtskräftiges Urteil, aus ihm kann (nach Vollstreckbarerklärung) vollstreckt werden (§§ 1060, 1062 ff ZPO). **Muster:** Hopt/Trittmann 3. Aufl 2007 Form II. P.1 (Antrag auf Zulassung der Vollziehung einer vorläufigen oder sichernden Maßnahme), Form II. P.2–4 (Antrag bzw Klage auf Vollstreckbarerklärung), Form II. P.5 (Klage auf Aufhebung eines inländischen Schiedsspruchs).

B. Schiedsgutachtervertrag: a) Schiedsgutachtervertrag ist materiellrecht- **93** licher Vertrag (§§ 317–319 BGB), stRspr, üL, nach aA: §§ 1025 ff ZPO zT entspr anwendbar. Er ist von Schiedsvereinbarung (§§ 1025 ff ZPO, Prozessvertrag, s Rn 88) streng zu **unterscheiden.** Während die Schiedsvereinbarung auf Entscheidung des Rechtsstreits durch das Schiedsgericht anstelle des ordentlichen Gerichts zielt, beschränkt sich der Schiedsgutachtervertrag auf Ordnung der Rechtsverhältnisse der Parteien durch Überlassung der Leistungsbestimmung an einen Dritten (§ 317 I BGB), ohne das ordentliche Gericht von der Nachprüfung gewisser Fehler auszuschließen (§ 319 BGB); BGH **6**, 338, **9**, 145, **48**, 28, WM **81**, 1057, NJW **82**, 1879, **91**, 2761, **01**, 571, 3775. Nur der Schiedsspruch, nicht das Schiedsgutachten entscheidet prozessual rechtskräftig und ist Vollstreckungstitel (s Rn 88). Der Schiedsgutachtervertrag ist für jedermann formfrei, BGH NJW **75**, 1556. Zitiert der Vertrag § 319 BGB, ist Schiedsgutachten, nicht Schiedsgericht gewollt, BGH **48**, 28. Soll das Gutachten unter bestimmten Voraussetzungen bestimmte Folgen festlegen (Bsp: bei grundlegender Änderung der Verhältnisse Anpassung des Pachtzinses), kann die Auslegung ergeben, dass der Gutachter auch die Vorfrage entscheiden soll, ob eine solche Änderung vorliegt; auch eine solche Rechtsfrage kann in die Entscheidung eines Schiedsgutachters gestellt werden; BGH **48**, 29, NJW **75**, 1556. Eine als Schiedsvereinbarung unwirksame Abrede kann uU als Schiedsgutachterabrede gültig sein, BGH BB **60**, 753. Ein nachprüfendes Gericht darf nicht offen lassen, ob ein Schiedsgutachtervertrag oder eine Schiedsvereinbarung vorliegt, BGH **48**, 27. Rspr-Übersicht: Raeschke-Kessler BB Beil 17/**93**, 19. Lit: Rauscher 1969, Greger/Stubbe 2007, von Bernuth ZIP **98**, 2081, Walter GedS Heinze **05**, 291 (Schiedsgutachten, Unternehmensbewertung), Habersack/Tröger DB **09**, 44 (Preis bei Unternehmenskauf), Kantenwein FS Spiegelberger **09**, 750 (Klauseln).

b) Häufig werden Schiedsgutachtervertrag im weiteren und im engeren, ei- **94** gentlichen Sinn unterschieden, BGH NJW **91**, 2761. Beim ersteren ergänzt der Schiedsgutachter den Vertrag rechtsgestaltend unmittelbar iSv § 317 BGB. Beim letzteren liefert er nur Tatsachen oder Rechtselemente zur Durchführung eines fertigen, nicht iSv § 317 BGB ergänzungsbedürftigen Vertrags; Bsp: Gebraucht-Kfz-Kauf zum „DAT-Schätzpreis abzüglich", zu ermitteln ist der wirkliche Marktwert. Die Unterscheidung spielt nur eine untergeordnete Rolle, weil auf das Schiedsgutachten ieS §§ 317–319 BGB entspr angewandt werden, also eine „offenbare Unrichtigkeit" eines Schiedsgutachtens ieS ebenso wie die „offenbare Unbilligkeit" nach § 319 I BGB zur Unverbindlichkeit führt, s Rn 95. **AGB**

Einl v § 1 95–97   I. Buch. Handelsstand

über obligatorisches Schiedsgutachten kann je nach Geschäft und Auswirkungen wegen Verkürzung des staatlichen Rechtsschutzes gegen **(5)** § 307 BGB verstoßen, BGH **115,** 329 (bejahend für Fertighauskauf); auch bei besonderer Nähe des Dritten und des Verwenders (Zusammenarbeit, erst recht Abhängigkeitsverhältnis), BGH **81,** 236, NJW **83,** 1855, auch bei Anschein der Endgültigkeit ohne Rechtsweg, BGH **101,** 318.

95   **c)** Schiedsgutachter haben iZw nach **billigem Ermessen** zu entscheiden (§ 317 I BGB). Die offenbar unbillige Entscheidung ist unverbindlich und durch gerichtliches Urteil zu ersetzen (§ 319 I BGB; abdingbar, s § 319 II BGB, BGH BB **72,** 515). Sie ist offenbar unbillig, wenn sich der Fehler dem sachkundigen und unbefangenen Beobachter, sei es nach eingehender Prüfung, aufdrängt, BGH WM **86,** 1384, NJW **91,** 2761, so zB bei Mißachtung der Aufgabe (Mietzinsanpassung, nicht -neufestsetzung) und einseitiger Interessenbeachtung, BGH **62,** 316, oder wenn die Bestimmungsfaktoren des Gutachtens nicht hinreichend nachprüfbar sind, BGH NJW **75,** 1557, WM **77,** 413. Grundsätzlich ist gleich, wie ein Schiedsgutachter zu seinem Ergebnis kommt, BGH NJW **77,** 801, doch muss er ein von den Parteien vorgeschriebenes Verfahren einhalten, BGH BB **63,** 281. Bei Schiedsgutachten ieS (s Rn 94) ist die Schätzung entspr § 319 I BGB auch bei offenbarer Unrichtigkeit, zB Nicht- oder Falschanwendung zwingenden Rechts, unverbindlich, BGH **43,** 376, WM **86,** 1384, auch bei so lückenhaften Ausführungen, dass das Ergebnis nicht mehr fachmännisch überprüfbar ist, BGH WM **88,** 276, NJW **01,** 3775. Mehrere Gutachter sollen nach § 317 II BGB iZw nur einstimmig entscheiden können, Bestellung eines Dreierkollegiums bedeutet aber wohl idR Zulassung der Mehrheitsentscheidung. Bei verschiedener Summenbestimmung (zB Kaufpreis, Abfindung) gilt nach § 317 II BGB iZw der Durchschnitt; zu große Abweichung lässt uU beide Bestimmungen offenbar unbillig erscheinen, dann bestimmt das Gericht (§ 319 I BGB), BGH **LM** § 317 BGB Nr 9 (60 000–162 400–90 000). Bei offenbarer Unbilligkeit der Mehrheitsentscheidung muss der überstimmte Schiedsgutachter die Vertragsparteien auf seine Bedenken hinweisen, BGH **22,** 345; er gibt also zweckmäßig sein Minderheitsvotum zu den Akten. Für Schiedsgutachter besteht keine Vorschrift über **Ablehnung** wie bei Schiedsrichter und Sachverständigen (§§ 1036, 1037; 406 iVm 41, 42 ZPO), doch kann Ablehnung gemäß diesen Vorschriften vereinbart sein, BGH NJW **72,** 827, so wenn er während der Begutachtung als von der Gegenpartei benannter Schiedsrichter tätig wird; Entscheidung darüber im ordentlichen Prozess, Mü BB **76,** 1047; bei Befangenheit des Schiedsgutachters uU auch Kündigung des Schiedsgutachtervertrags aus wichtigem Grund, BGH DB **80,** 967. Entfällt der zunächst bestimmte Gutachter und mißlingt die für diesen Fall vorgesehene Einigung auf einen Ersatzgutachter, entscheidet entspr § 319 I 2 Halbs 2 BGB das Gericht, BGH **57,** 47. **Ansprüche** gegen den Schiedsgutachter aus **Fehlern des Gutachtens** bestehen nur bei offenbarer Unrichtigkeit, sonst ist das Schiedsgutachten verbindlich, BGH **43,** 375, **81,** 237.

96   **C. Internationale Schiedsgerichtsbarkeit: a)** Maßgeblich ist der **Ort des schiedsrichterlichen Verfahrens** iSv § 1043 I ZPO. Liegt er in Deutschland, gelten §§ 1025 ff, ohne dass die Parteien die Wahl eines fremden Verfahrensrechts haben (§ 1025 I ZPO, striktes Territorialitätsprinzip für inländische Verfahren; anders vor 1998: Verfahrenstheorie, s BGH **96,** 40). Je nachdem ist der Schiedsspruch ein inländischer oder ausländischer (s Rn 99). Näher Kronke RIW **98,** 257, Winkler/Weinand BB **98,** 597. **Dokumentenvorlage,** Krapfl 2007. **Zwingendes Recht** in der internationalen Schiedsgerichtsbarkeit, Horn SchiedsVZ **08,** 209.

97   **b)** Unter den ständigen internationalen Schiedsgerichten ist der Schiedsgerichtshof bei der **Internationalen Handelskammer (International Chamber of Commerce, ICC) Paris** besonders bekannt; Schiedsgerichtsordnung idF 1. 1. 98 mit Kostentabelle 1. 7. 03 (IntHK-Publikation Nr 838, offizielle deut-

Einleitung 98, 99 **Einl v § 1**

sche Übersetzung); laufend: ICC International Court of Arbitration Bulletin, Independence of Arbitrators 2007 (IntHK-Publikation Nr 690, Sprache englisch); zur Fassung 1988 BGH **96,** 40, NJW **88,** 3091, Ffm NJW **84,** 2768; zur nF 1998 Habscheid RIW **98,** 421, Weigand NJW **98,** 2081, Koch RIW **99,** 105, Kreindler RIW **02,** 249 (ICC). Collections of ICC Arbitral Awards, 4 vols 1974– 2003. Lit: Bühler/Webster, Handbook of ICC Arbitration, 2 d ed 2008 (IntHK-Publikation Nr 968, Sprache englisch), Derains/Schwartz, A Guide to the ICC Rules of Arbitration, 2nd ed 2005 (IntHK-Publikation Nr 961), Craig/Park/ Paulsson 3. Aufl 2000 (engl), Schäfer/Verbist/Imhoos 2004 (IntHK-Publikation Nr 959, Sprache englisch), Kreindler RIW **02,** 249 (ICC). Ferner ADR-Regeln 2001 und Leitfaden für ICC ADR (IntHK-Publikation Nr 809). Die IntHK stellt auch eine Internationale Zentralstelle für technische Gutachten (IntHK-Publikation Nr 307) zur Verfügung. Regeln für Gutachterverfahren (seit 1. 1. 2003) 2005 (IntHK-Publikation Nr 649). Document Production 2006 (IntHK-Publikation Nr 676, Sprache englisch). **Muster:** Hopt/Trittmann 3. Aufl 2007 Form II.L.2 (ICC-Schiedsklausel), Form II. N.3 (ICC-Schiedsklage), Form II. N.6 (Ablehnung eines Schiedsrichters nach der ICC-SchiedsGO), Form II. O.2 (ICC terms of reference), Form II. O.6 (ICC-Schiedsspruch).

Weitere Schiedsregeln s zB **UNCITRAL-Schiedsordnung** 15. 12. 76, Lit: **98** Rauh 1983, van Hof 1991 (engl), von Hoffmann RIW **76,** 1, Böckstiegel RIW **82,** 796; **UNCITRAL-Modellgesetz** 21. 6. 85, von UN empfohlen 11. 12. 85 (vgl Rn 88), Lit: Calavros 1987, Böckstiegel RIW **84,** 670; Schiedsgerichtsordnung der **ECE** 20. 1. 66; **ICSID** (International Center for the Settlement of Investment Disputes der Weltbank), Schlechtriem IPRax **86,** 69; **London Court of International Arbitration (LCIA),** The LCIA Rules 1. 1. 98, Lit: Böckstiegel 1987; **Netherlands Arbitration Institute (NAI),** NAI Arbitration Rules 1. 1. 98; **Stockholm Chamber of Commerce,** Rules of the Arbitration Institute 1. 4. 99; Internationale Schiedsgerichtsordnung der **Zürcher Handelskammer,** ZHK-Regeln 1. 1. 89**; Internationales Schiedsgericht der Wirtschaftskammer Österreich, Wien,** Schieds- und Schlichtungsordnung (Wiener Regeln) 1. 1. 01; seit 1985 **Offizielle Deutsch-Französische IHK** (COFACI), BB Beil 14/**85; American Arbitration Association (AAA),** Commercial Arbitration Rules 1. 1. 99, Vetter RIW **93,** 544. Ferner **International Bar Association (IBA),** IBA Rules on the Taking of Evidence in International Commerical Arbitration, 1. 6. 99, IBA Guidelines on Conflicts of Interest in International Arbitration, 22. 5. 04.

Lit: Born, International Commercial Arbitration, 2 vols, 2008; Schlosser 2. Aufl 1989, FS Schlosser 2005; Aden 2. Aufl 2003, Berger 1992 (engl 1993), Böckstiegel 1985 (BRD-USA), Böckstiegel 2001 (Beweiserhebung), Beulker 2005 (Eingriffsnormen), Borris 1987 (USA), Craig/Park/Paulsson 3. Aufl 2000 (ICC, engl), Gal 2009 (Haftung), Schütze 2006 (Institutionelle Schiedsgerichtsbarkeit), Spiegel 2000 (Kartellprivatrecht), Weigand Handbook 2002, Wolf 1992 (institutionelle HdlSchiedsgerichtsbarkeit), Wirth Zürich 2006 (Best Practices in International Arbitration); Kronke RIW **98,** 257, Weigand NJW **98,** 2081, Winkler/ Weinand BB **98,** 597, Moller NZG **99,** 143, **00,** 57, Kreindler RIW **02,** 249 (ICC), Kaufmann-Kohler/Bärtsch SchiedsVZ **04,** 13 (discovery).

c) **Internationale Anerkennung:** Die internationale Anerkennung und Voll- **99** streckung ausländischer Schiedssprüche (s Rn 96) richtet sich gemäß § 1061 I 1 ZPO nach dem von allen bedeutenden Staaten ratifizierten **New Yorker (UN)- Übereinkommen** über die Anerkennung und Vollstreckung ausländischer Schiedssprüche 10. 6. 58 BGBl 61 II 121, 62 II 102, dazu BGH **98,** 70, Glossner FS Stödter **79,** 47. § 1061 I 1 ZPO iVm UNÜbk ist auf alle ausländischen Schiedssprüche anwendbar, hL, aA Moller NZG **99,** 144: nur solche aus Vertragsstaaten. Anerkennungs- und Vollstreckungslücken entstehen wegen des im

§ 1

I. Buch. Handelsstand

Vergleich zu § 1031 ZPO strengeren Schriftlichkeitserfordernisses von Art. II UNÜbk (Vertrag oder Austausch von Schriftstücken), ua bei Schiedsklauseln in GesVerträgen, auf Grund Schweigens auf kfm Bestätigungsschreiben, Moller NZG **99**, 145. Das New Yorker Übk wird inhaltlich ergänzt durch das **Genfer Europäische Übereinkommen** über die internationale HdlSchiedsgerichtsbarkeit 21. 4. 61 BGBl 64 II 425, 65 II 107; dazu Baumb/Lauterbach, BGH **77**, 32, NJW **83**, 1267, Ffm WM **86**, 341, Moller NZR **00**, 57. Ferner zahlreiche **bilaterale Verträge**, s Bülow/Böckstiegel/Geimer/Schütze (LBl). Zur Wirkung des nationalen ordre public auf internationale Schiedsgerichtsbarkeit BGH **71**, 131. Lit zur Anerkennung: Geimer 1995.

Erster Abschnitt. Kaufleute

[Istkaufmann]

1 (1) **Kaufmann im Sinne dieses Gesetzbuchs ist, wer ein Handelsgewerbe betreibt.**

(2) **Handelsgewerbe ist jeder Gewerbebetrieb, es sei denn, daß das Unternehmen nach Art oder Umfang einen in kaufmännischer Weise eingerichteten Geschäftsbetrieb nicht erfordert.**

Übersicht

1) Systematik der §§ 1 ff, Istkaufmann (I) 1–10
   A. Vor dem HRefG 1998 1
   B. Nach dem HRefG 1998 5
   C. Istkaufmann (Mußkaufmann, I) 9
   D. Kaufmannsähnliche Personen, analoge Anwendung des HGB auf Unternehmer und bestimmte Nichtunternehmer 10
2) Gewerbe 11–21
   A. Begriff im und außerhalb des HGB 11
   B. Planmäßige, auf Dauer angelegte Tätigkeit 13
   C. Selbstständigkeit 14
   D. Gewinnerzielungsabsicht; wirtschaftliche Tätigkeit am Markt 15
   E. Freie Berufe, Wissenschaft und Kunst 19
   F. Irrelevanz von Zulässigkeit, Wirksamkeit, Klagbarkeit 21
3) Handelsgewerbe (II) 22–29
   A. Erforderlichkeit kaufmännischer Einrichtung 22
   B. Vermutung (II Halbsatz 2) 25
   C. Keine Ausnahme für Handwerk 26
   D. Keine Ausnahme für juristische Personen des öffentlichen Rechts 27
   E. Gemischte Betriebe, mehrere Unternehmen 28
4) Betreiben des Handelsgewerbes (I Halbsatz 2) 30–50
   A. Betreibender (Unternehmensträger) 30
   B. Minderjährige und Betreute 32
   C. Erbe 36
   D. Testamentsvollstrecker, Insolvenzverwalter 40
   E. Gütergemeinschaft 48
   F. Gesellschaften und Gesellschafter 49
5) Beginn und Ende der Kaufmannseigenschaft 51–52
   A. Beginn 51
   B. Ende 52
6) Die Rechtsstellung der Kleingewerbetreibenden 53–54
   A. Nach HGB 53
   B. Außerhalb des HGB 54
7) Internationaler Verkehr 55

1. Abschnitt. Kaufleute   1–3   **§ 1**

1) Systematik der §§ 1 ff, Istkaufmann (I)

A. Vor dem HRefG 1998: a) Muß-, Soll- und Kannkaufmann: Kfm ist **1** seit jeher, wer ein HdlGewerbe betreibt (§ 1 I). Nach § 1 II aF galten eine Reihe von Geschäftsarten ex lege als Handelsgewerbe (sog Grundhandelsgeschäfte), wer sie betrieb, war MußKfm. Die Abgrenzungen der §§ 1–4 aF zwischen Muß-, Soll-, Kann- und MinderKfm muten heutzutage zT merkwürdig an, zB die Kasuistik zu § 1 II Nr 1 aF mit der Unterscheidung zwischen Waren- und Lohnhandwerkern, Paradebeispiel waren die Unterscheidungen bei Bauunternehmer, Baudhandwerker und Baustoffhändler, BGH **59,** 182, **73,** 220 (29. Aufl § 1 Rn 25). Besonders unbefriedigend war dies für den modernen Dienstleistungssektor ebenso wie für die gesamte Urproduktion (Bergbau). Bestimmte Korrekturen wurden zwar schon de lege lata vorgeschlagen, etwa durch Entwicklung eines Unternehmensprivatrechts (K. Schmidt § 3) oder eines Berufsrechts (Hopt AcP 183 **(83)** 608); für Verweisung an den Gesetzgeber Zöllner ZGR **83,** 85 und Bydlinski 1990; für Verfassungswidrigkeit der §§ 1 ff Neuner ZHR 157 **(93)** 243. Die gesetzgeberische Reform der §§ 1 ff war aber überfällig, K. Schmidt DB **94,** 515.

b) Minderkaufmann: Unbefriedigend war auch die Behandlung, weniger **2** die Abgrenzung (vgl Rn 22) des MinderKfm (§ 4 aF, 29. Aufl § 4 Rn 4). Der MinderKfm war zwar zwingend Kfm, konnte aber, auch wenn er das wollte, keine Firma führen (nur bürgerlicher Name und andere Kennzeichnungen), nicht in das HdlReg eingetragen werden, keine Prokura erteilen und keine OHG gründen. Sehr misslich und mit Rechtsunsicherheiten verbunden war auch, dass bei Herabsinken des HdlGewerbes zum Kleinbetrieb mangels Eintragung die OHG (KG) von GbR wurde und sich löschen lassen musste, RG **155,** 80. Ferner galten die Abweichungen vom bürgerlichen Recht gemäß §§ 348–350 betr Vertragsstrafe, Bürgschaft, Schuldversprechen und Schuldanerkenntnis nicht für MinderKflte (§ 351 aF; ebenso Buchführungspflichten sowie prozessuale und andere Schutzvorschriften außerhalb des HGB wie ua §§ 29 II, 38 I ZPO).

c) Reform durch das HRefG: Das HRefG vom 22. 6. 1998 BGBl 1474 hat **3** neben einer Firmenrechtsreform (§§ 17 ff) und einigen anderen Änderungen ua zum Handelsvertreterrecht (§ 84 Rn 4) und zum GesRecht (Liste der geänderten Vorschriften Einl 15 vor § 1) vor allem eine **grundlegende Neuregelung des Kaufmannsrechts** gebracht. Der KfmBegriff bleibt der zentrale Anknüpfungspunkt für das HdlRecht als das Sonderprivatrecht der Kflte (Einl 1 vor § 1). Der bisherige Muß- und SollKfm wurden zu einem einheitlichen Tatbestand unter Beibehaltung des Gewerbebegriffs zusammengefasst. **Kaufmann** ist ohne Rücksicht auf die Branche grundsätzlich **jeder Gewerbetreibende außer den Kleingewerbetreibenden,** aber auch **diese** können sich nunmehr eintragen lassen und damit **freiwillig** Kfm werden (wenn sie nicht schon FormKfm sind). Damit ist auch die Figur des MinderKfm unnötig geworden. Für die Abgrenzung zwischen Kfm und Kleingewerbetreibendem wird unter Absage an feste Schwellenwerte wie bisher auf das Gesamtbild abgestellt. Mit der Aufgabe des Katalogs der Grundhandelsgewerbe ist jedoch ein Verlust an Rechtssicherheit verbunden, der nur teilweise dadurch aufgewogen wird, dass bei Eintragung jeder Gewerbetreibende Kfm und die GbR und VermögensverwaltungsGes OHG sind und dass eine Vermutung für das Vorliegen eines HdlGewerbes spricht, Kaiser JZ **99,** 495. Die Fortdauer als OHG in diesen Fällen dient zugleich der Unternehmenskontinuität. Überholte Privilegierungen der öffentlichen Hand (Befreiung von Eintragungszwang, § 36 aF) wurden gegen Protest zu Recht abgeschafft. Mit alledem gehen eine Vereinfachung des HdlRegRechts und eine Entlastung der Registergerichte einher.

Hopt

§ 1 4–7   I. Buch. Handelsstand

4   **d) Weitergehende Reformüberlegungen:** Die Reform durch das **HRefG** ist **nur beschränkt**. Manchen weitergehenden Reformwünschen, zB Umformung des HGB in ein allgemeines Unternehmensrecht (K. Schmidt § 3, DB **94,** 515, BB **05,** 840, gegen ein Außenprivatrecht der Unternehmen Canaris § 1 Rn 24, 30 ff, aber Tendenzen zur Auflösung des HGB) und umfassende Einbeziehung der freien Berufe, ist bewusst eine Absage erteilt worden, RegE (wie RefE) ZIP **96,** 1402; das ergibt sich auch aus § 1 I 2 PartG, wonach die PartG kein HdlGewerbe ausübt. Allerdings liegt in der Einbeziehung gewisser nichtkaufmännischer Unternehmen in das HGB (§§ 84 IV, 93 III, 383 II, 407 III 2, 453 III 2, 467 III 2) ein Schritt weg vom reinen KfmRecht, damit sollte aber nur die Abschaffung des MinderKfm aufgefangen werden, RegE ZIP **97,** 945. Umgekehrt sind viele bisherige MinderKflte aus dem HGB herausgefallen, krit R. Schmitt HRefG S 13 ff, 52 ff, 175 ff. Diese Entscheidung des Gesetzgebers ist zu respektieren und statt genereller Analogien zum HGB zB durch Berufsrecht aufzufangen (s Rn 10). In anderen Gesetzen als dem HGB wird dagegen neuerdings, insbesondere in Umsetzung verbraucherschützender EG-Richtlinien, statt auf Kfm (so noch §§ 29 II, 38 I ZPO, § 95 I Nr 1 GVG, § 53 I 1 Nr 1 aF BörsG) eher auf Unternehmer und Verbraucher (gewerbliche oder selbstständige berufliche Tätigkeit, also einschließlich Kleingewerbetreibenden, Landwirten, Freiberuflern) abgestellt. **Legaldefinitionen** von **Verbraucher** und **Unternehmer** in §§ 13, 14 BGB mit Geltung insbesondere für 491–506 HGB (näher § 414 Rn 6), im BGB für §§ 241 a, 286 III 1 Halbs 2, 288 II, 310 I, III, 312–312 f, 355–359, 474–479, 481–487, 489 I Nr 2 (anders noch § 609 a I Nr 2 aF), 655 a–e, 661 a BGB, und in anderen Gesetzen, ua für § 1031 V ZPO; andere Begriffsbildung zB in § 304 InsO (grundsätzlich keine Verbraucherinsolvenz bei selbstständiger wirtschaftlicher Tätigkeit). Dazu R. Schmitt HRefG S 125 ff, 158 ff.

Lit (HRefG): RefE ZIP **96,** 1401, 1445, 1485, RegE BTDrucks 13/8444, zT in ZIP **97,** 942, 997; Rechtsausschuss BTDrucks 13/10332; Bund-Länder-Arbeitsgruppe ZIP **94,** 1407; Schumacher 1998, Dreher ua (Bayer-Stiftung) 1999, Ring 1999, Schaefer 1999, Siems 2003; Niederleithinger ZIP **95,** 597, K. Schmidt ZIP **97,** 909, NJW **98,** 2161, ZHR 163 (**99**) 87, R. Schmitt WiB **97,** 1113, P. Bydlinski ZIP **98,** 1169, Jung ZIP **98,** 677 (Firma), von Olshausen JZ **98,** 717, Priester DNotZ **98,** 691, Schön DB **98,** 1169, Schaefer DB **98,** 1269, Stumpf BB **98,** 2380 (HdlReg), Zimmer ZIP **98,** 2050, Kaiser JZ **99,** 495, Lieb NJW **99,** 35, Pfeiffer NJW **99,** 169 (AGBRecht), K. Schmidt JZ **03,** 585 (5 Jahre HRefG).

5   B. **Nach dem HRefG 1998: a) Ist- oder Mußkaufmann, Handelsgewerbe (§ 1 I, II):** Nach wie vor ist Kfm, wer ein HdlGewerbe betreibt (§ 1 I). Was ein HdlGewerbe ist, definiert § 1 II nicht mehr als einen Katalog von GrundHdlGewerben, sondern einheitlich danach, ob das Unternehmen nach Art oder Umfang einen in kfm Weise eingerichteten Geschäftsbetrieb nicht erfordert. Die widerlegbare Vermutung geht auf Vorliegen eines HdlGewerbes. Nicht unter § 1 fallen danach die Kleingewerbetreibenden (aber Eintragungsoption, s Rn 6). Eine Differenzierung unter Kflten zwischen Voll- und MinderKfm (§§ 1, 4 aF) gibt es nicht mehr.

6   **b) Kannkaufmann (§§ 2, 3 II, III):** Ein nicht unter § 1 fallender gewerblicher Unternehmer **(Kleingewerbetreibender)** hat nach § 2 die Option, seine Firma im HdlReg eintragen zu lassen und dadurch Kfm zu werden. Die Eintragung ist hier also konstitutiv. **Land- und Forstwirte** sind nach § 3 I keine Kflte, haben aber ebenfalls die Möglichkeit, durch Eintragung Kfm zu werden (§ 3 II), auch beschränkt auf ein im Nebengewerbe betriebenes Unternehmen (§ 3 III).

7   **c) Kaufmann kraft Eintragung (§ 5):** Nach § 5 wird ein Gewerbetreibender (nicht auch ein sonstiger Unternehmer) wie bisher kraft Eintragung zum Kfm. Die übliche Reservierung des Begriffs Kfm kraft Eintragung für Kflte nach

§ 5 ist praktisch, aber unscharf: Kfm kraft Eintragung ist der Sache nach auch der KannKfm nach §§ 2, 3 II, III, wenn er seine Firma hat eintragen lassen. Ebenso sind die GbR sowie die reine VermögensverwaltungsGes, wenn die Firma eingetragen ist, OHG bzw KG kraft Eintragung (§§ 105 II, 161 II).

d) Handelsgesellschaften, Formkaufmann (§ 6 I, II): Unverändert ist auch § 6. Für **Handelsgesellschaften** gilt nach § 6 I KfmRecht. HdlGes sind OHG, KG, EWIV, GmbH, AG, KGaA (§ 6 Rn 1). Letztere entstehen durch Eintragung; ob sie ein Gewerbe betreiben, ist irrelevant, so GmbH (§ 13 III GmbHG), AG, KGaA (§§ 3, 278 III AktG). Ein Verein, dem das Gesetz die Eigenschaft eines Kfm beilegt, ist **Formkaufmann** nach § 6 II; FormKfm sind GmbH, AG, KGaA, eG, EWIV (§ 6 Rn 6), einerlei ob sie ein HdlGewerbe betreiben.

C. Istkaufmann (Mußkaufmann, I): Kfm iSd HGB ist, wer ein HdlGewerbe betreibt. Voraussetzung ist danach, dass der Unternehmer überhaupt ein Gewerbe (s Rn 11 ff), und zwar ein HdlGewerbe (s Rn 22 ff) betreibt (s Rn 30 ff). Betreibt er ein solches, ist er ohne weiteres Kfm, insbesondere ohne Eintragung im HdlReg (Istkaufmann). Die **Eintragung** im HdlReg ist insoweit nur **deklaratorisch** (nur registerrechtliche Anmeldungspflicht, § 29). Betreibt er kein HdlGewerbe, kann er Kfm durch (dann konstitutive) Eintragung werden, sei es durch freie Wahl (Kannkaufmann, §§ 2, 3) oder auch ungewollt (Kfm kraft, wenngleich unrichtiger, Eintragung, § 5). Kraft Gesetzes ist Kfm bzw ist KfmRecht anwendbar auf den FormKfm (§ 6 II) und auf HdlGes (§ 6 I). Kein Kfm iSd HGB ist der RechtsscheinKfm, vielmehr werden auch auf den Unternehmer die allgemeinen Grundsätze der Rechtsscheinhaftung angewandt, die andere Voraussetzungen und Rechtsfolgen haben (§ 5 Rn 9).

D. Kaufmannsähnliche Personen, analoge Anwendung des HGB auf Unternehmer und bestimmte Nichtunternehmer: a) Unternehmer (genauer Unternehmensträger, Einl 41 vor § 1) sind, auch wenn sie einem Kfm ähnlich tätig werden, als solche weder Kflte noch sind ohne weiteres HGBVorschriften auf sie anwendbar. Relevant ist das nach dem HRefG besonders für Freiberufler (s Rn 19, dort auch zur PartG) und die nicht eingetragenen Kleingewerbetreibenden, deren Zahl durch den Wegfall des MinderKfm (§ 4 aF) stark angewachsen ist. Für sie gelten, abgesehen von Vorschriften des HGB, die ausdrücklich auch für Kleingewerbetreibende analoge Anwendung finden (§§ 84 IV, 93 III, 383 II, 407 III 2, 453 III 2, 467 III 2, s dort) und von der Rechtsscheinhaftung (§ 5 Rn 9), das allgemeine Unternehmensrecht (Einl 31–70 vor § 1) und, nur soweit im Einzelfall eine Analogie möglich ist, einzelne Vorschriften des HGB, stRspr. Solche Einzelanalogie wird durch das HRefG nicht ausgeschlossen, RegE ZIP **97**, 946 (zu § 56), R. Schmitt HRefG S 185 ff, str. Bspe: HdlBrauch (§ 346 Rn 3), kfm und berufliches Bestätigungsschreiben (§ 346 Rn 18) sowie (jeweils str) bei §§ 25, 28, 56, 73 ff, 75 h, 142, 355 ff, 362, 366, 377, 379 I ua, dagegen nach (noch) hL nicht bei §§ 5, 8 ff, 17 ff, 48 ff, 54, 348–350, 352, 353, 354 a, 369, 373 ff. Derartige Analogien, aber auch eigenständige, den jeweiligen Anforderungen des (selbstständigen) Berufsverkehrs angepasste Anforderungen lassen sich ua mit einem außerhalb des HGB angesiedelten eigenständigen Berufsrecht begründen, Hopt AcP 183 **(83)** 608, str. Eine noch weitergehende, generellere Unterstellung der Unternehmer unter das HGB ist mit dem Gesetzgeber des SMG dagegen abzulehnen, hL, Canaris § 1 Rn 24, 43; Zöllner ZGR **83**, 82, Neuner ZGR 157 **(93)** 269, Henssler ZHR 161 **(97)** 13, krit K. Schmidt DB **94**, 515, MüKo/K. Schmidt 4.

b) Die Analogiefrage wird neuerdings auch für bestimmte **Nichtunternehmer,** nämlich **Geschäftsleiter** (s Rn 31) und **Gesellschafter** (s Rn 50) gestellt, zB für §§ 349, 350, 367 I, MüKo/K. Schmidt 96, ablehnend zB für § 350 auch bei AlleinGfter und -geschäftsführer einer (Einpersonen)GmbH BGH **121**, 224, sehr str. Hier gilt es mit allgemeinen Analogien zum HGB noch vorsichtiger zu sein als bei Unternehmern, weil hier die rechtliche Selbstständigkeit fehlt, auch Berufshaftung deckt das nicht ab. Andererseits sind jedenfalls Vorschriften, die den Nichtunternehmer nicht selbst belasten und nur dem Rechtsverkehr dienen, nicht von vornherein analogieunfähig.

2) Gewerbe

11   A. **Begriff im und außerhalb des HGB: a) Gewerbebegriff außerhalb des HGB:** Ein einheitlicher Gewerbebegriff im Recht existiert nicht und wäre auch kaum zu erreichen, RegE (entspr RefE) ZIP **96**, 1406, BGH **33**, 327. Vielmehr bestimmt der Zweck der verschiedenen Gesetze und Rechtsnormen im öffentlichen und Steuerrecht, was dort jeweils als Gewerbe anzusehen ist, vgl § 1 GewO, § 15 EStG, § 2 GewStG; auch PatG, UWG, ZPO, StGB. So ist zB im Steuerrecht anerkannt, dass ein Gewerbe nur bei Vorliegen einer Gewinnerzielungsabsicht gegeben ist. Das ist als Grundlage der Besteuerung tatsächlich unverzichtbar. Das Steuerrecht unterscheidet auch Einkünfte aus Gewerbebetrieb und aus Land- und Forstwirtschaft. Im Handelsrecht, das ganz andere Zwecke und Charakteristika hat (Einl 1–7 vor § 1 HGB), ua Einfachheit und Schnelligkeit im Rechtsverkehr, ist eigenständig und anders abzugrenzen. Lit: MüKo/K. Schmidt 22, Hopt/Mössle/Schmitt Schema 1.

12   **b) Gewerbebegriff im HGB:** Das HGB kennt keine gesetzliche Definition, obschon es ohne Vorliegen eines (Handels)Gewerbes nicht anwendbar ist. Nach stRspr und Lehre lässt sich der hdlrechtliche Gewerbebegriff bei manchen Streitigkeiten definieren als (1) erkennbar planmäßige, auf Dauer angelegte, (2) selbstständige, (3) auf Gewinnerzielung ausgerichtete oder jedenfalls wirtschaftliche Tätigkeit am Markt (4) unter Ausschluss freiberuflicher, wissenschaftlicher und künstlerischer Tätigkeit. Ob (5) Zulässigkeit der Tätigkeit und Wirksamkeit und Klagbarkeit der Verträge begriffswesentlich sind, ist streitig, aber abzulehnen. Auch Land- und Forstwirte betreiben ein Gewerbe (§ 3 Rn 3), früher str. Die Rechtsprechung zu § 196 I Nr 1, II aF BGB (vor SMG, betr kurze Verjährung von Ansprüchen für Gewerbebetriebe), dessen Gewerbebegriff dem handelsrechtlichen am nächsten stand, ist weiterhin einschlägig (ausführlich 30. Aufl Einl 18 vor § 343).

13   B. **Planmäßige, auf Dauer angelegte Tätigkeit:** Plan- und (nach der Rspr) berufsmäßige Ausübung setzt voraus, dass eine wirtschaftliche Tätigkeit **für Dritte erkennbar auf eine gewisse Dauer angelegt ist**. Die Absicht des Handelnden muss sich auf eine Vielzahl von Geschäften als Ganzes richten, RG **74**, 150, KG OLGE **12**, 413, und ein solcher Wille muss auch gegenüber Dritten hervortreten, es darf nicht nur eine Mehrzahl einzelner Gelegenheitsgeschäfte erkennbar sein, RG **66**, 51, Dresden OLGE **36**, 249. Unschädlich sind Unterbrechungen (zB Saisonbetrieb), RG **130**, 235, begrenzte Dauer (nur während Wochenmarkt oder Messe) und Betrieb als Nebentätigkeit, Ffm NJW-RR **91**, 246. Berufsmäßige Geschäftstätigkeit kann auch Nebentätigkeit sein; daran fehlt es bei Vermögensanlage, zB Vermietung von zur Kapitalanlage erworbenen Appartements, BGH **74**, 276; Berufsmäßigkeit bedingt planmäßige, auf Dauer angelegte Tätigkeit, aber nicht umgekehrt, also entgegen der bisherigen Rspr, BGH **63**, 33, **74**, 276, kein unverzichtbares Kriterium, ähnlich Rö/Röhricht § 1 Rn 29, K. Schmidt § 9 IV 2 a bb. **Vermögensverwaltungsgesellschaft** kann Kfm werden, auch wenn sie kein Gewerbe betreibt (§ 105 II nF, § 2 Rn 2, § 105 Rn 13). **Nicht:** Einzelne Veräußerungen, zB Hausstandsauflösung bei Umzug, Vermögensumschichtung, Verkauf des jeweiligen Jahreswagens durch Werksangehörige, gelegentliche Basars für Schule oder Verein, jährliche Clubreisen.

14   C. **Selbstständigkeit:** Gewerbe iSv § 1 ist nur eine selbstständige Tätigkeit, Legaldefinition in § 84 I 2, Hopt DB **98**, 863 (Gewerbebegriff unter § 1 ist aber,

anders als § 84 I 2, II, nicht europarechtlich präformiert). Entscheidend ist auch hier die persönliche Freiheit, und zwar die rechtliche, ohne Bedeutung sind Abhängigkeit iSv Konzernrecht, GWB oder auch existentielle, wirtschaftliche Abhängigkeit. Es kommt auf das Gesamtbild der vertraglichen Gestaltung und tatsächlichen Handhabung an (alle Einzelheiten s § 84 Rn 35–39). Einerlei ist, ob der Handelnde Geschäfte im eigenen oder fremden Namen schließt, zB HdlVertreter (§ 84 I), HdlMakler (für beide § 1 I Nr 7 aF), abw KG HRR **31** Nr 1240 für Hausverwalter. **Nicht:** Arbeitnehmer, zB unselbstständige „Handelsvertreter" (§ 84 II) und sonstige, auch leitende Angestellte, Beamte; Abgrenzung kann sehr schwierig sein (Scheinselbstständige, § 84 Rn 35).

D. Gewinnerzielungsabsicht; wirtschaftliche Tätigkeit am Markt: 15
a) Als Gewerbebetrieb iSv § 1 (ebenso wie iSv § 196 I Nr 1, II aF BGB, s Rn 12) soll nach herkömmlicher Ansicht nur eine berufsmäßige Tätigkeit in der **Absicht dauernder Gewinnerzielung** sein, stRspr, BGH **33,** 325, **36,** 276, **49,** 260, **53,** 223, **57,** 199, **66,** 49, **83,** 386, **95,** 157, offen BGH **155,** 240, **167,** 45 (jedenfalls nicht beim Verbrauchsgüterkauf, § 474 BGB) zweifelnd Mü NJW **88,** 1036, früher hL. Diese Gewinnabsicht sei für Wirtschaftsunternehmen von Privaten zu vermuten, für solche der öffentlichen Hand im Einzelfall festzustellen (s Rn 27). Auf die Absicht kommt es an, nicht auf die tatsächliche Gewinnerzielung.

b) Aber Differenzierung des Gewinnbegriffs in der modernen Betriebswirt- **16** schaftslehre, strategische Verlagerung des Gewinnanfalls zwischen konzernangehörigen Unternehmen und Vermehrung und Differenzierung der öffentlichrechtlichen Unternehmen (s Rn 27) sprechen gegen ein Tatbestandsmerkmal Gewinnabsicht. Nicht nur bei Sparkassen, Immobilien- und AbschreibungsGes (s Rn 27, § 105 Rn 2), sondern allgemein ist stattdessen objektivierend auf **Verkehrsanschauung, Führung nach betriebswirtschaftlichen Grundsätzen** und **Tätigkeit am Markt im Wettbewerb mit Privatunternehmen** (also unter Ausschluss bloßen Verbrauchs) abzustellen, Hopt ZGR **87,** 145, Henssler ZHR 161 **(97)** 22, ähnlich K. Schmidt § 9 IV 2 b, d: anbietende, entgeltliche Tätigkeit an einem Markt auch ohne Gewinnerzielungsabsicht, Canaris § 2 Rn 14, Rö/Röhricht § 1 Rn 50, hL; sehr weitgehend Dresd DB **03,** 713 m krit Anm K. Schmidt DB **03,** 703; vgl auch BGH **95,** 159. Rspr zT zu § 196 aF BGB (Verjährung), zT zu § 1 I aF VerbrKrG ist für die Auslegung von § 1 weiter verwendbar, Rö/Röhricht 21, 23.

c) Kasuistik: Errichtung und Veräußerung von Eigenheimen durch ein Woh- **17** nungsbauunternehmen, BGH BB **73,** 499. Auch Unternehmen, die ihren Gewinn abführen (vgl § 291 AktG); Vermietung und Verpachtung, soweit nicht bloße Vermögensverwaltung (s unten), Leasing (vgl **(7)** Bankgeschäfte Rn P/1). Auch ein Verein, der entgeltlich Waren in größerem Umfang an seine Mitglieder (nur an diese, sonst unstr) vertreibt (vgl §§ 21, 22 BGB), zB Buch-, Schallplattenclub, Automobilclub, kann uU ein Gewerbe betreiben (mindestens entspr Anwendung einzelner handelsrechtlicher Vorschriften), zutr K. Schmidt § 9 IV 2 b („innerer Markt"), iErg abl RG JW **28,** 238, offen Rö/Röhricht § 1 Rn 33, str. **Nicht:** Rein karitative Einrichtungen, etwa bloße Sammeltätigkeit, aber sehr wohl idR Führung eines Krankenhauses, Düss NJW-RR **03,** 1120. Wer am Markt ausschließlich nachfragt, etwa **Verbraucher,** auch Großabnehmer. **Kapitalanleger,** die für sich selbst an der Börse spekulieren, vgl BGH **104,** 208 (zu **(14)** BörsG § 53 II Nr 1 aF), oder ihr eigenes Vermögen verwalten; Parzellierung der ererbten Grundstücke zwecks späterer Auseinandersetzung, Heymann/Emmerich 7; bloße **Vermögensverwaltung** ist kein Gewerbe, BGH **74,** 273 (zu § 196 I Nr 1, II aF BGB), **119,** 256, **149,** 80 (zu § 1 aF VerbrKrG), NJW **63,** 1397, unabhängig von der Höhe der verwalteten Werte, aber uU anders infolge Umfangs, Komplexität und Anzahl der mit der Vermögensverwaltung verbundenen Geschäfte (wenn zB Büro oder Organisation notwendig wird), BGH **149**, 87, vgl auf Umfang der Marktteilnahme abstellend Schulze-Osterloh FS Baumann **99**, 325. Abgrenzungsprobleme s Rn 18, § 105 Rn 13, Hopt ZGR **87**, 159, Schön DB **98**, 1169: Ges, die über die Verwaltung von Immobilien und Finanzkapital hinaus Leistungen erbringen oder ihre Vermögenswerte laufend umschichten (Risikostruktur), Rö/Röhricht § 1 Rn 37 ff, 43: organisatorischer Gesamtaufwand und Differenzierung zwischen Eigen- und Fremdvermögensverwaltung; dazu zu beachten § 105 II idF HRefG (dort Rn 13), der auch auf Einzelpersonen, die ihr Vermögen einem Gewerbe vergleichbar verwalten, anwendbar ist, str (§ 105 Rn 13), iErg entscheidet das Gesamtbild, BGH **149**, 87, zutr Rö/Röhricht § 1 Rn 42. **Wohnungsvermietung** und Grundstücksverwaltung sind idR nur Kapitalanlage, nicht berufsmäßige Erwerbsquelle, BGH **63**, 33, **74**, 273 (Erwerb dreier Eigentumswohnungen zur möblierten Vermietung im Rahmen eines von anderen geführten Hotelbetriebs), NJW **68**, 1962 (Errichtung mehrerer Mietshäuser), Ffm DB **82**, 895. GbR zum Erwerb und Halten eines Familienheims durch Ehegatten, BGH NJW **82**, 170. **Steuerrechtliche** Abgrenzung ist fiskalisch geprägt und vom Zweck des HGB her nicht ausschlaggebend (vgl Rn 19), aber informativ, Dreiobjektgrenze als Indiz für Gewerbe, Einzelfallbetrachtung, BFH BB **02**, 660, Bloehs BB **02**, 1068.

18 Auch **Holdinggesellschaft** mit bloßer Anteilsverwaltung und **Besitzgesellschaft** (**Betriebsaufspaltung**) in Besitz- und Betriebsunternehmen, nicht zu verwechseln mit Spaltung nach UmwG, Einl 24 vor § 105) können nach den genannten Kriterien (s Rn 12) anders als nur vermögensverwaltende Privatleute jedenfalls ein Gewerbe betreiben, str, je nachdem sogar ein HdlGewerbe (s Rn 23), Mü NJW **88**, 1036, BAG BB **87**, 2235, Heymann/Emmerich § 2 Rn 11, Staub/Hüffer § 17 Rn 20, Hopt ZGR **87**, 171, Binz, GmbH &, Co 1992 § 18 Rn 18, aA BGH WM **90**, 586, Hamm NJW **94**, 392, Staub/Ulmer § 105 Rn 26, MüKo/K. Schmidt 28, DB **90**, 94, Rö/Röhricht § 1 Rn 45. Denn wenn das HdlGeschäft kfm ist, ist kfm Einrichtung häufig auch für das Besitzunternehmen erforderlich, namentlich bei unternehmerischem Einfluss auf die BetriebsGes, jedenfalls aber bei Erbringung zusätzlicher Leistungen oder laufender Vermögensumschichtung (s Rn 17). Die Streitfrage hat durch die Anerkennung der GbR als selbstständiger Rechtsträger (Einl 14 vor § 105) und schon zuvor durch das HRefG erheblich an Bedeutung verloren, weil eine Ges, die „nur eigenes Vermögen verwaltet", nunmehr bei Eintragung in das HdlReg OHG ist (§ 105 II 1 2. Alt nF) und deshalb die Betriebsaufspaltung (bei Eintragung) nicht mehr zum automatischen Herabsinken der (Besitz)Ges auf eine GbR führen muss (vgl Mü NJW **88**, 1036, 29. Aufl § 105 Rn 8). § 105 II 1 nF entscheidet die Streitfrage aber nicht selbst, vielmehr greift nach wie vor § 1 vorrangig ein, wenn seine Voraussetzungen (HdlGewerbe) erfüllt sind, zutr Schön DB **98**, 1174. Sofern danach für die konkrete HoldingGes oder die BesitzGes nach der Verkehrsanschauung eine kfm Einrichtung erforderlich ist, ist sie OHG auch ohne Eintragung; sonst kann sie OHG werden und bleiben, wenn sie sich eintragen lässt, str (§ 105 Rn 13). Unabhängig davon drohen bei Betriebsaufspaltung Komplikationen aus Konzernrecht (§ 105 Rn 100) und den Regeln für eigenkapitalersetzende Darlehen (§ 172a Rn 13). Zur Unternehmenspacht s Einl 49 vor § 1, § 22 Rn 25, § 25 Rn 4, § 59 Rn 17–21. Lit: Brandmüller (LBl), Carlé 2003, Kaligin, 6. Aufl 2008, Söffing, 3. Aufl 2005, Wittich 2002. **Muster:** Hopt/Kraft 3. Aufl 2007 Form III. H.10 (Betriebsaufspaltung).

19 E. **Freie Berufe, Wissenschaft und Kunst: a)** Freie Berufe, Wissenschaft und Kunst (letztere zT auch als freie Berufe iwS angesehen) betreiben nach ihrem **historisch gewachsenen Berufsbild** und der **Verkehrsanschauung** kein Gewerbe, das ist rechtspolitisch fragwürdig geworden, aber de lege lata hinzunehmen, Henssler ZHR 161 **(97)** 24, krit K. Schmidt DB **94**, 515; der rechtspolitische Bedarf ist durch das PartGG nicht entfallen, aA RegE HRefG S 34. Zur Sonderstellung der freien Berufe BVerfG ZIP **08**, 1168. Der weite Katalog in § 1 II PartGG ist für das HGB nicht maßgeblich, hL; wird eine PartGes gebildet, ist sie allerdings von Gesetzes wegen keine HdlGes (§ 1 I 2 PartGG: kein HdlGewerbe, § 4 Eintragung in das PartnerschaftsReg), was einzelne Analogien zum HGB nicht ausschließen soll, MüKo/K. Schmidt 36 („negativer FormKfm"). **Beispiele:** Rechtsanwälte (§ 2 II BRAO, BGH **72**, 287), Patentanwälte (§ 2 II PatentanwaltsO), Notare (§ 2 S 3 BNotO), Wirtschaftsprüfer (s **(4 c)** WPO § 1 II, BGH **94**, 69), Steuerberater (§ 32 II StBerG, BGH **72**, 324), Architekten (BGH WM **79**, 559), Ärzte (§ 1 II BÄO, BGH **33**, 325, **86**, 320, Nürnb NJW **73**, 1414), Zahnärzte (§ 1 IV ZahnheilkundeG), Tierärzte, öffentlich bestellte Vermessungsingenieure (BGH **97**, 245), Wissenschaftler, Künstler, Artisten, „freie" Lehrer, Dolmetscher und wie Schriftsteller tätige Übersetzer (aber s Rn 20). Maßgeblich für die Zuordnung ist die Verkehrsanschauung. Die Herausnahme der freien Berufe aus dem HGB ist nicht nur rechtspolitisch fragwürdig geworden, sondern gilt auch schon de lege lata nur beschränkt: zum einen **nur für den Kernbereich des freien Berufs**, nicht zB für ärztliche Privatklinik oder für kommerziell betriebene Kunst (s Rn 20), zum anderen ist auch für freie Berufe die entsprechende Anwendung einzelner handelsrechtlicher Vorschriften möglich, Hopt ZGR **87**, 177. Angehörige freier Berufe sind heute (noch) nicht Kaufleute (wohl aber uU Unternehmer, Einl 31 ff vor § 1), werden es nicht nach § 2, fallen bei versehentlicher Eintragung ins Handelsregister auch nicht unter § 5, str, können nicht OHG, KG, GmbH & Co bilden (§ 105 Rn 3), nur GbR, EWIV (s Anh A nach § 160), Partnerschaft (s Anh B nach § 160) und (soweit ihre Standesvorschriften es gestatten) GmbH, KGaA und AG. Für medizinische Versorgungszentren § 95 SGB V ab 2004, Klose BB **03**, 2702. Sozietätsverbote s § 105 Rn 83. **Steuerrechtliche** Abgrenzung, zB sehr weit § 18 I EStG, ist fiskalisch geprägt und vom Zweck des HGB her nicht ausschlaggebend (vgl Rn 17).

b) Nicht Freiberufler sind Apotheker, BGH NJW **83**, 2086 (Besonderheiten aus Apothekenrecht s Schiedermair FS Laufke **71**, 253; betr OHG, KG s § 105 Rn 2, stGes § 230 Rn 5); Heilpraktiker, LG Tüb NJW **83**, 2093 (zu § 196 I Nr 1 aF BGB), Krankengymnasten, Masseure, Treuhänder, KG HRR **32** Nr 249, Werbeberater, Systemanalytiker, Softwareentwickler, str, Maier NJW **86**, 1909, Auktionator, LG Aurich BB **75**/Beil 12, 3, Fahrlehrer, Kunstgewerbler.

c) Gewerbebetriebe von Freiberuflern, Wissenschaftlern und Künstlern: 20 Freiberufler, Wissenschaftler und Künstler betreiben heute ihre Tätigkeit häufig so, dass nach außen ein gewerbliches Unternehmen unter Zurücktreten der geistigen oder wissenschaftlichen Betätigung vorliegt, etwa bei Anstalten, größeren Betrieben, Beschäftigung eines ganzen Stabs von Mitarbeitern, Zusammenschluss und gemeinschaftlicher Tätigkeit mit Nichtfreiberuflern, Betrieben von Universitätsangehörigen zur Verwertung wissenschaftlicher Forschung. Darüber entscheidet Verkehrsanschauung (s Rn 19), für typologische Abgrenzung K. Schmidt 9 IV 2 a cc. Bei **gemischten Betrieben,** teils freiberuflich, teils kommerziell-gewerblich, zB ärztliche Praxis nebst Kurbetrieb, kommt es, wenn sie nicht eigene Unternehmen (s Rn 29) oder sonst trennbar (hängt von jeweiliger Gestaltung ab, zB private Arztpraxis mit Belegbetten im Krankenhaus) sind, auf das Gesamtbild an (s Rn 28), MüKo/K. Schmidt 35 mit Bsp. Je nachdem sind dann auch Freiberufler nach dem Zweck des HGB (Einl 4–7 vor § 1) Gewerbetreibende iSv § 1. **Beispiele** für Gewerbebetriebe von Freiberuflern und anderen: Altersheim, Sanatorium, RG **109**, 75; Privatklinik, aber nicht schon apparativ großzügig ausgestattete ärztliche Gemeinschaftspraxis, Düss NJW **88**, 1519; sonstige größere Heilanstalten; Hausverwaltung, Erschließungstätigkeit oder technisches Büro durch Architekten, BGH **33**, 335, WM **79**, 559; Marktwaren-

§ 1 21–23 I. Buch. Handelsstand

und Serienproduktion durch Künstler, BGH **33,** 336; gewerbliche Dolmetscher und Übersetzer, Theater, Zirkusunternehmen, juristisches Repetitorium, Privatschule, Tanzschule, Verleger einer wissenschaftlichen Zeitschrift, Seminarveranstalter, Werbefachleute; ihr Unternehmen ist idR Gewerbe, daher können sie Kflte nach § 2 werden (wenn nicht schon § 1 II) und dann auch OHG, KG bilden, soweit keine Standesvorschriften entgegenstehen. Lit: Rittner 1962, Steindorff 1980, Michalski 1989 (Gesellschafts- und Kartellrecht), Taupitz 1991.

21 F. **Irrelevanz von Zulässigkeit, Wirksamkeit, Klagbarkeit: a)** Auch ein **gesetz-** oder **sittenwidriger** Betrieb (zB Wucher, Hehlerei; bestandskräftige Untersagung der Gewerbetätigkeit s § 7 Rn 6) ist Gewerbe, hL, Canaris § 2 Rn 13, K. Schmidt § 9 IV 2 b, Rö/Röhricht § 1 Rn 57, str; den Betreibenden treffen im HdlVerkehr grundsätzlich auch (wie nach der SteuerRspr Steuerpflichten) die Pflichten und dann auch die Rechte eines Gewerbetreibenden und Kfm. Nach aA gilt das jedenfalls nach Rechtsscheingrundsätzen (§ 5 Rn 9). Ob die von dem Betreibenden getätigten Rechtsgeschäfte privatrechtlich wirksam sind, ist eine andere, unter dem jeweiligen Verbotsgesetz zu entscheidende Frage (vgl § 7 Rn 2). Steht fest, dass das Gewerbe insgesamt gesetz- oder sittenwidrig ist (zB Drogenhandel, Schmuggel), ist es aber nicht in das HdlReg einzutragen, sondern zu unterbinden (anders bei bloßem Fehlen öffentlichrechtlicher Erlaubnisse, s § 7 Rn 3).

b) Nach Ffm NJW **55,** 716, BayObLG NJW **72,** 1327 können Ehevermittler nicht Kflte werden; sie haben kein Gewerbe oder brauchen nicht „nach Art und Umfang einen in kfm Weise eingerichteten Geschäftsbetrieb" (§ 2 aF), weil ihre Geschäfte **unklagbar** sind (§ 656 BGB); das überzeugt nicht, zutr Gilles JZ **72** 383, John JR **77,** 563.

3) Handelsgewerbe (II)

22 A. **Erforderlichkeit kaufmännischer Einrichtungen: a)** HdlGewerbe ist nach II idF HRefG jedes Gewerbe, es sei denn, dass das Unternehmen nach Art oder Umfang einen in kfm Weise eingerichteten Geschäftsbetrieb nicht erfordert. II (Vermutung, s Rn 25) knüpft damit an die §§ 2 S 1, 4 I aF an. Die **Rechtsprechung zu §§ 2 Satz 1, 4 I aF** (gleiche Abgrenzung bei beiden) dazu hat also für II weiterhin Bedeutung, RegE ZIP **97,** 949. Bei eingetragenen Unternehmen kommt es materiellrechtlich auf II nicht an (s Rn 9), aber im Löschungsverfahren (§ 31 II). Verhältnis von II zu §§ 2–6 MüKo/K. Schmidt 14. II gilt **nicht für Land- und Forstwirtschaft** (§ 3 I, dort Rn 2). Lit: Kögel DB **98,** 1802.

23 **b)** Der Gewerbebetrieb muss nach Art und (nicht: oder; also kumulativ, s Rn 25) Umfang **kaufmännische Einrichtung erfordern** (nicht: haben, unstr, aber dies gibt uU tatsächlichen Hinweis auf Erforderlichkeit). Kfm Einrichtung bedeutet vor allem: kfm Buchführung und Bilanzierung, kfm Bezeichnung (Firma, §§ 17 ff), kfm Ordnung der Vertretung (§§ 48 ff) und kfm Haftung; die Rechtsfolgen bestimmen den Anwendungsbereich. Die Erforderlichkeit beurteilt sich qualitativ (nach Art) und quantitativ (nach Umfang) unter typologischer Betrachtungsweise. Keine Schwellenwerte wie in § 267 (wären auch viel zu hoch) und in § 141 AO (rein fiskalisch). Wesentliche (oft zusammenhängende, aber nicht notwendig kumulative) Kriterien sind ua (1) **Art der Geschäftstätigkeit:** zB Vielfalt der Erzeugnisse und Leistungen und der Geschäftsbeziehungen, Inanspruchnahme und Gewährung von Kredit, Teilnahme am Wechselverkehr, aktiv oder passiv am Frachtverkehr, lokale oder weiträumigere, namentlich internationale Tätigkeit, umfangreiche Werbung, größere Lagerhaltung; (2) **Umfang der Geschäftstätigkeit:** zB Umsatzvolumen (nicht Bilanzgewinn), BGH NJW **82,** 577 (aus Höhe der Pachtzahlung der Diskothek geschlossen), Anlage- und Umlaufvermögen; Zahl und Funktion der Beschäftigten, auch Aushilfskräfte, Dresd NJW-RR **02,** 33, Schichtbetrieb; **Größe und Organisation:** zB Größe

des Geschäftslokals, Zahl und Organisation der Betriebsstätten, überregionale Tätigkeit, Dresd NJW-RR **02,** 33, Auslandsfilialen. Größe von Büro und Lagerräumen ist angesichts moderner Informationstechnologie nicht entscheidend, Dresd NJW-RR **02,** 33. Vorsicht ist speziell bei Heranziehung des Kriteriums **Umsatz** geboten, auch Unternehmen mit größerem Umsatz können uU ohne kfm Einrichtungen auskommen, umgekehrt können trotz geringeren Umsatzes andere Kriterien für die Erforderlichkeit kfm Einrichtungen den Ausschlag geben, zB erhebliche Kapazität für Spitzenzeiten (Großaufträge), Dresd NJW-RR **02,** 33 (Bühnenpräsentation). Die diesbezügliche Rspr ist fast durchweg älter (zu § 4 aF) und uneinheitlich (s Rn 24), und die Zahlenwerte wären auf heutige Verhältnisse hochzurechnen. Rö/Röhricht § 1 Rn 111 ff will Klassen bilden: unter 100 000/250 000/500 000 Euro. Die Festlegung absoluter Größen wird jedenfalls zu Recht ganz überwiegend abgelehnt. Maßgebend ist stets das **Gesamtbild,** hL, stRspr, BGH BB **60,** 917, Stgt OLGZ **74,** 132, Ffm BB **83,** 335, Celle BB **83,** 659, BayObLG NJW **85,** 983, Dresd NJW-RR **02,** 33; Greitemann FS Möhring **65,** 43. Gemischte Betriebe (s Rn 28), zB Handwerk und Handel, brauchen kfm Einrichtung noch mehr als einfache, Celle BB **83,** 658. Bei **Saisonbetrieben** kommt es auf die Saison, nicht auf das ganze Jahr an, Rö/Röhricht § 1 Rn 118. Nach gleichen Kriterien beurteilt sich nach (nicht nur vorübergehender) Schrumpfung des eingetragenen Betriebs der **Wegfall** der Erforderlichkeit kfm Einrichtung, Karlsr BB **64,** 571. Maßgeblich für die Beurteilung ist der **Zeitpunkt** der Aufnahme des HdlGewerbes, also der ersten Geschäfte (einschließlich Vorbereitungsgeschäfte, s Rn 51), Rö/Röhricht § 1 Rn 139; bloße Zukunftserwartungen auf entsprechend großen Betrieb genügen nicht, BGH **10,** 96; anders, wenn nach der Anlage des Unternehmens kfm Einrichtung klar und alsbald erforderlich ist werden wird, vgl für OHG BGH **32,** 311, BayObLG NJW **85,** 983 (s Rn 51, § 105 Rn 4). Bedeutung der Unklagbarkeit der Geschäfte (Ehevermittler) s Rn 21. Betriebsaufspaltung s Rn 18. Erforderlichkeit einer kfm Einrichtung nach § 1 I 1 KWG (s **(7)** Bankgeschäfte Rn A/ 4.), OVG Bln NJW **67,** 1052 (regelmäßige Avalkreditgewährung); öffentlichrechtliche Kreditinstitute s Rn 27.

Beispiele für Erforderlichkeit kfm Einrichtungen (s Rn 23, umfassende Nachweise bei Rö/Röhricht § 1 Rn 111 ff, Beträge in Euro die Hälfte): Damenoberbekleidungsgeschäft mit Umsatz von DM 230 000, Anlagevermögen von DM 6000 und Warenbestand von DM 102 000, Kblz BB **88,** 2408; HdlVertreter und Grundstücksmakler nach Verkehrsauffassung ab DM 200 000, Ffm BB **83,** 335; trotz geringerer Umsatzes (Bsp 170 000 DM) Notwendigkeit komplizierter Abrechnungen, Hamm DB **69,** 386 (Optiker). **Nicht:** Bundeswehr-Kantine mit 500 000 DM Jahresumsatz, Celle BB **63,** 324; Süßwaren-Großhandel, ca 180 000 DM Umsatz mit ca 80 festen bar zahlenden Kunden, Karlsr BB **63,** 324; ländliche Zimmerei, 5 Fachkräfte, über 500 000 DM Umsatz, Steuerbuchführung, Celle MDR **74,** 235. Weitere Bspe für Abgrenzung: HdlVertreter, KG JW **36,** 1684; Werkkantine, Mü HRR **38,** 1345, KG BB **59,** 1007; Viehhandel, KG HRR **37,** 857; Juwelier, KGJ **49,** 94. **24**

B. **Vermutung (II Halbsatz 2): a)** Jeder Gewerbebetrieb ist HdlGewerbe, es sei denn, dass das Unternehmen nach Art oder Umfang ein kfm eingerichteten Geschäftsbetrieb nicht erfordert. Damit statuiert II Halbs 2 im Interesse des Geschäftsverkehrs eine widerlegliche Vermutung. Bei fehlender Eintragung trägt der Unternehmer, der zB der kfm Rügeobliegenheit (§ 377) entgehen will, die **Darlegungs- und Beweislast** dafür, dass kein HdlGewerbe, sondern nur ein Kleingewerbe vorliegt, die Vermutung des II 2 widerlegt er nicht schon durch mangelnde Firmierung, MüKo/K. Schmidt 376 im umgekehrten Fall, in dem er Kfm zu sein behauptet, ist den entsprechenden Beweis zu führen Sache des anderen Teils (aber § 15 I hilft), RegE ZIP **97,** 949 (§ 377 Rn 55). Nach dem klaren **25**

§ 1 26, 27
I. Buch. Handelsstand

Wortlaut genügt Widerlegung der Erforderlichkeit kfm Einrichtung entweder nach der Art oder nach dem Umfang (s Rn 23). Die Vermutung gilt wegen des Amtsermittlungsgrundsatzes (§ 26 FamFG) so **nicht im Registerverfahren:** Der Registerrichter braucht im Registerzwangs- und Löschungsverfahren erst einzuschreiten, wenn er Anhaltspunkte hat, dass der Betrieb die Grenze von II über- bzw unterschreitet (§ 2 Rn 7, 8); bei Nichterweislichkeit trotz Amtsermittlung greift aber auch im Registerverfahren die materielle Beweislastverteilung nach II Halbs 2, MüKo/K. Schmidt 76, aA R. Schmitt HRefG S 65 ff.

b) Im Übrigen bleibt es bei den **allgemeinen Grundsätzen** für die Beweislast. Das Vorliegen eines Gewerbes wird nicht vermutet. Die Darlegungs- und Beweislast hat insoweit grundsätzlich, wer sich darauf beruft. Beruft sich der nicht eingetragene Unternehmer darauf, Kfm zu sein, greift **§ 15 I** zugunsten des (unwissenden) Dritten (§ 15 Rn 5), RegE ZIP **97**, 949, MüKo/K. Schmidt 77, Rö/Röhricht § 1 Rn 121, krit Lieb NJW **99**, 36, Kaiser JZ **99**, 501.

26 C. **Keine Ausnahme für Handwerk: a)** Entfallen ist durch das HRefG die frühere Unterscheidung zwischen Warenhandwerkern (die „bewegliche Sachen anschaffen" und unverändert oder nach Be- oder Verarbeitung „weiterveräußern": kraft Gesetzes Voll- oder MinderKflte, §§ 1 I, 4 aF) und den übrigen Handwerkern (die Waren für andere be- oder verarbeiten, § 1 II Nr 2 aF, Druckern, § 1 II Nr 9 aF, und alle anderen, sog Lohnhandwerker: KannKflte nach § 2 aF, sonst nicht Kflte). § 1 nF gilt **für alle Handwerker** (nicht mehr nur Warenhandwerker, wie seit G über die KfmEigenschaft von Handwerkern 31. 3. 53 BGBl 106). Jeder Handwerker ist Gewerbetreibender, bei Erforderlichkeit kfm Einrichtung ist er auch ohne Eintragung IstKfm. Betreibt er dagegen nur ein Kleingewerbe, hat er als KannKfm die Eintragungsoption nach § 2 nF.

b) Ob ein Gewerbebetrieb Handwerksbetrieb ist, spielt danach für das HGB keine Rolle mehr. Zum **Begriff Handwerk** nach öffentlichem Recht (GewO, HdwO) und HdlRecht s 29. Aufl § 1 Rn 34.

27 D. **Keine Ausnahme für juristische Personen des öffentlichen Rechts:** Bund, Länder, Gemeinden sowie selbständige juristische Personen des öffentlichen Rechts (Körperschaften, Anstalten, Stiftungen) werden wie natürliche Personen und juristische Personen des Privatrechts (zu diesen gehören auch Unternehmen der öffentlichen Hand in der Rechtsform der AG oder GmbH) durch Betrieb eines HdlGewerbes oder Eintragung **Kaufleute** nach §§ 1–5. Die frühere Sonderstellung (ua keine Pflicht zur Eintragung in die HdlReg nach § 36 aF) ist weitgehend beseitigt (aber noch Landesrecht betr Rechnungsführung nach § 263). Der Wegfall von § 36 besagt nichts über die schon nach altem Recht streitige Frage, ob diese Personen ein Gewerbe betreiben und damit überhaupt unter das HGB fallen. Öffentliche Körperschaften können jedenfalls zugleich in Erfüllung ihrer öffentlichrechtlichen gemeinnützigen Aufgaben handeln und Gewinn anstreben (s Rn 15), was allerdings im Einzelfall zu prüfen ist, BGH **36**, 276, **49**, 260, **53**, 223, **57**, 199, **83**, 387, **95**, 157. Dafür genügt Absicht der Erzielung eines, wenngleich bescheidenen, wirtschaftlichen Erfolgs oder auch bloßer marktüblicher Verzinsung des investierten Kapitals, oder, noch moderner, Führung nach betriebswirtschaftlichen Grundsätzen und Tätigkeit am Markt im Wettbewerb mit Privatunternehmen (s Rn 16). Eine Rolle spielen dabei nach der Rspr Verkehrsanschauung, Auftreten nach außen, Stehen in regem Wettbewerb mit Privaten, BGH **95**, 159. Die **DBBk** und die **öffentlichrechtlichen Sparkassen** sind danach Kfm (schon § 1 II Nr 4 aF iVm § 1 I KWG). Auch die **DBB** war danach schon vor ihrer Privatisierung Kfm (§ 1 II Nr 5 aF), BGH **95**, 155 (zu § 196 aF BGB), seit 1994 als Deutsche Bahn AG FormKfm; anders herkömmlich die **DBP** (§ 452 S 2 aF), nur entspr Anwendung einzelner HGBNormen, zB § 362 (dort Rn 3), § 366 (dort Rn 4), Bestätigungsschreiben (§ 346 Rn 18); aber seit 1995 (PostUmwG) sind alle drei Nachfolgeunternehmen als AG FormKflte. Auch **öffentlichrechtliche Versicherungsunternehmen** betreiben Gewerbe, str, aber Sonderregeln für VVaG (§ 6 Rn 1). Öffentlichrechtliche **Fernseh- und Rundfunkanstalten** betreiben bei Progammausstrahlung kein Gewerbe, BVerfG NJW **71,** 1739, BGH **57,** 191, anders ihr Werbesendungsbereich, offen BGH **57,** 201. Die Einfuhr- und Vorratsstellen für Getreide ua sind nicht Kflte, BGH **36,** 276.

E. **Gemischte Betriebe, mehrere Unternehmen: a) Gemischte Betriebe:** Nach § 1 II aF war bei gemischten Betrieben entscheidend, ob die Geschäfte, die das Gesamtbild des Unternehmes prägen (Schwerpunkt des Betriebs), ein GrundHdlGewerbe darstellen, BGH NJW **99,** 2967, üL, zB nicht Getränkeverkauf in Kinobetrieb (bloßes Nebengeschäft), BGH NJW **83,** 1907, aber Hotel mit Restaurant, auch bei bloßer Vollpension; dann war auch ein gemischter Gewerbebetrieb insgesamt HdlGewerbe. Unter § 1 II nF ist eine (gegenüber dem Schwerpunktkriterium wohl flexiblere) Gesamtbetrachtung des Unternehmens vorzunehmen. Ist danach für einen wesentlichen Teilbetrieb kfm Einrichtung erforderlich, liegt HdlGewerbe für den Gesamtbetrieb vor, sonst nur, wenn trennbar, für den Teilbetrieb, für den kfm Einrichtung erforderlich ist. Die infolge Mischung kompliziertere Organisation macht bei gemischten Betrieben eher kfm Einrichtung erforderlich als bei reinen (s Rn 23). Gemischte Betriebe der Land- oder Forstwirtschaft s § 3 Rn 5. **28**

b) Mehrere Unternehmen: Betreibt der Unternehmer nicht ein einziges, wenn auch gemischtes Unternehmen, sondern mehrere selbstständige Unternehmen (vgl § 17 Rn 8), kann er ohne weiteres IstKfm in dem einen sein (HdlGewerbe, II) und NichtKfm in dem anderen (Kleingewerbe), entspr Haupt- und Nebengewerbe bei Land- oder Forstwirtschaft (§ 3 Rn 11). Kennzeichen selbstständiger Unternehmen ist die organisatorische Trennung, räumliche Trennung ist nicht notwendig, die Grenzen sind fließend. Bsp: Weinbauer betreibt auch Weinkommissionsgeschäft, RG **130,** 234 (Nebengewerbe, § 3 Rn 10). HdlGes sind stets ungeteilt Kfm und führen nur eine einzige Firma (§ 17 Rn 9) und § 344 ist für sie gegenstandslos (§ 344 Rn 1). Nebengewerbe der Land- oder Forstwirtschaft s § 3 Rn 10. **29**

4) Betreiben des Handelsgewerbes (I Halbsatz 2)

A. **Betreibender (Unternehmensträger):** Entscheidend ist, wer das Unternehmen betreibt (Unternehmensträger, Einl 41 vor § 1), nur er kann Kfm sein, MüKo/K. Schmidt 37, und er ist Kfm nur für das **betriebene Handelsgewerbe**, also **nicht** für seinen **Privatbereich** (§ 344 I). **30**

a) Kaufmann ist die natürliche oder juristische Person (auch OHG, KG, s § 124), **in deren Namen** das Handelsgewerbe betrieben wird. Unerheblich ist, ob die natürliche Person minderjährig oder geschäftsunfähig ist (s Rn 32), ob die juristische Person privat- oder öffentlichrechtlich ist (s Rn 27) oder erst VorGes (§ 6 Rn 3, 6), ob das Unternehmen das eigene ist oder einem anderen gehört und ob es für eigene oder fremde Rechnung geführt wird; mehrere Unternehmen s Rn 29. **Beispiele: Pächter** (zur Unternehmenspacht Einl 49 vor § 1), Kln NJW **63,** 541, BayObLG **78,** 6; **Nießbraucher** (zum Unternehmensnießbrauch Einl 50 vor § 1), wenn mit dem Nießbrauch die verantwortliche Leitung des Unternehmens, nach außen erkennbar übertragen ist, nicht im Falle bloßen Ertrags-(uU nur Quotenertrags-)Nießbrauchs (zB wenn A bei Geschäftsübertragung auf B sich als Nießbrauch einen Teil des Ertrags vorbehält), BayObLG BB **73,** 956 (bei Mit-Unternehmensführungsrecht dieses Übertragung: OHG), KG OLGZ **65,** 317; **Treuhänder kraft Vertrags** (§ 105 Rn 31, **(9)** AGB-Anderkonten Einl 1), KG JW **39,** 293, Hamm DNotZ **64,** 421, so je nachdem der Testamentsvollstrecker (s Rn 42), solche Gestaltung denkbar, aber selten, auch beim gesetzlichen Vertreter von Minderjährigen (s Rn 35); nach Ende des

Treuhandverhältnisses Anspruch des Treuhänders gegen Treugeber auf Übernahme des Geschäfts und Befreiung von den Verbindlichkeiten; Erfordernisse der Übernahme- und Freistellungsklage, einer Feststellungsklage, BGH WM **77**, 363; der lediglich vorgeschobene Unternehmensinhaber (**Strohmann**), Rö/Röhricht § 1 Rn 79, entscheidend ist Auftreten nach außen, Wassner ZGR **73**, 427, aA KG JW **39**, 293, früher hL; da bloßer ScheinKfm; wird aber trotz Verschleierung erkennbar der Hintermann nach außen tätig, ist dieser Kfm und der Strohmann haftet kraft Rechtsschein (§ 5 Rn 9) und § 15 III; **Vertragshändler** (Überbl 35 vor § 373); **Franchisenehmer** (Überbl 43 vor § 373), Schlesw NJW-RR **87**, 220; **Handelsvertreter** s § 84 I 2, II, IV; **Kommissionsagent** s § 84 Rn 19; **Betriebsgesellschaft**, je nachdem auch **Besitzgesellschaft**, str, s Rn 18; **Holdinggesellschaft** und **Konzernmutter**, je nachdem ob die Verwaltung bzw Leitung als solche ein Gewerbe (Unternehmen) darstellt, str, s Rn 18.

31   b) **Nicht: gesetzlicher Vertreter** eines Minderjährigen, der das Handelsgeschäft in dessen Namen führt (Kfm ist nur der Vertretene, s Rn 30); **rechtsgeschäftliche und Organvertreter** einer AG, KGaA, GmbH, eG, des (im HdlGewerbe betreibenden) Vereins, zB Vorstand einer AG oder Geschäftsführer einer GmbH, BGH **104**, 98, **133**, 78, NJW **96**, 1468, unstr; **leitende Angestellte** (s Rn 14), auch mit Prokura (§ 48) oder HdlVollmacht (§ 54), auch wenn der Inhaber sich um das Geschäft überhaupt nicht kümmert oder dazu auf Dauer außerstande ist; **Konzern** als solcher, da keine eigene Rechtsperson, nur ggf die einzelne KonzernGes; der **wirtschaftliche Inhaber,** der hinter dem Strohmann steht, ohne nach außen zu erscheinen (s Rn 30), der als **Gesellschafter** die meisten oder bei EinpersonenGmbH alle Anteile hält (Gfter s Rn 50) oder von dem der rechtliche Inhaber abhängig ist, zB Kreditgeber (der wirtschaftliche Inhaber kann aber unabhängig davon selbst Kfm sein, zB Konzernmutter, kreditgebende Bank); Insolvenzverwalter s Rn 47. Zur Frage der analogen Anwendung von Vorschriften des HGB auf Nichtunternehmer wie Geschäftsleiter s Rn 10.

32   B. **Minderjährige und Betreute:** a) Auch Minderjährige unter und über 7 Jahre (§§ 1, 2, 104 ff BGB) und Betreute (§§ 1896, 1902 BGB) können ein HdlGewerbe betreiben und somit Kflte sein, **in ihrem Namen** handelt der **gesetzliche Vertreter** (s Rn 30). Dieser soll im Namen des Kindes (Mündels) ein neues „Erwerbsgeschäft" nur ohne Genehmigung des Familien- bzw Vormundschaftsgerichts beginnen (§§ 1645, 1823 BGB); ob das Registergericht die Eintragung in das HdlReg vom Nachweis dieser Genehmigung abhängig machen darf (vgl § 7 Rn 6), bejaht Rö/Röhricht § 1 Rn 87 gegen KG OLGZ **1**, 288. Wird das HdlGeschäft ohne die erforderliche Genehmigung eröffnet (erworben), so sind doch die im Geschäftsbetrieb eingegangenen Verbindlichkeiten wirksam, Hbg OLGE **30**, 150. §§ 1645, 1823 BGB analog, wenn der gesetzliche Vertreter ein vom Minderjährigen erebtes HdlGeschäft fortführt, K. Schmidt BB **86**, 1244. Nur mit Genehmigung des Vormundschaftsgerichts darf der gesetzliche Vertreter namens des Kindes (Mündels) ein Erwerbsgeschäft entgeltlich erwerben oder veräußern (§§ 1822 Nr 3, 1643 I BGB). Die Genehmigung der Eröffnung, des Erwerbs befreit nicht vom Erfordernis der Genehmigung gewisser Einzelgeschäfte, die in dem HdlGeschäft vorgenommen werden sollen; diese Genehmigung kann aber für gewisse Geschäftsarten uU allgemein erteilt werden (§§ 1822 Nr 4, 5, 8–13, 1825, 1643 I, III BGB). S auch § 105 Rn 26, § 230 Rn 8.

33   b) **Beschränkt geschäftsfähige Minderjährige** (über 7 Jahre, § 106 BGB) können ein HdlGeschäft **selbst,** dh in eigener Person, betreiben, wenn der gesetzliche Vertreter (§§ 1629, 1773, 1793 BGB) mit Genehmigung des Vormundschaftsgerichts sie dazu ermächtigt (§ 112 BGB). Betreibt der Minderjährige das Erwerbsgeschäft ohne die erforderliche Genehmigung, ist er nicht Kfm, vgl BayObLG **72,** 108, aA K. Schmidt § 5 I 1 a: nur Unwirksamkeit der Geschäfte; die KfmEigenschaft ist zwar unabhängig von der Wirksamkeit der eingegangenen Geschäfte (s Rn 21), aber Minderjährigenschutz geht vor. Erforderlich bleibt auf jeden Fall die besondere, uU allgemein erteilbare (§ 1825 BGB) Genehmigung des Vormundschaftsgerichts für solche Rechtsgeschäfte, zu denen der gesetzliche Vertreter ihrer bedarf (§§ 112 I 2, 1643, 1821 f BGB). Minderjährige als Gesellschafter s § 105 Rn 26, § 230 Rn 8. Als HdlVertreter s § 84 Rn 7.

c) Haftungsbeschränkungen Minderjähriger (§ 1629 a BGB): Nach 34 § 1629 a BGB (MHbeG 25. 8. 98, BGBl 2487) haften ab 1. 1. 99 Minderjährige für Verbindlichkeiten, die die Eltern oder sonstige Personen (vor allem MitGfter, Prokuristen, Testamentsvollstrecker) im Rahmen ihrer Vertretungsmacht mit Wirkung für das Kind begründet haben, oder die auf Grund eines während der Minderjährigkeit erfolgten Erwerbs von Todes wegen entstanden sind, beschränkt auf den Bestand des bei Eintritt der Volljährigkeit vorhandenen Vermögens (§§ 1990, 1991 BGB); entspr für die Fälle der §§ 107, 108, 111 BGB. Anders für den Fall des § 112 BGB (s Rn 33; fraglich, für Verfassungswidrigkeit Muscheler WM **98,** 2282) und für Verbindlichkeiten aus allein der Befriedigung ihrer persönlichen Bedürfnisse dienenden Rechtsgeschäften (§ 1629 a II BGB), zB Schulbedarf, für die jeweilige Altersgruppe typische Geschäfte wie Kauf eines Fahrrads, Kleinkraftrads oder Computers, Bekleidung, Arztkosten, nicht Luxusanschaffungen des reichen Minderjährigen. Zwei widerlegliche Vermutungen enthält § 1629a IV BGB; § 723 I 2 Nr 2 BGB (für OHG s § 133 Rn 7) gibt dem Minderjährigen bei Volljährigwerden **besonderes Kündigungsrecht.** Zum Zwecke des Verkehrsschutzes ist nach **(4)** HRV § 24 I idF HRefG bei Eintragung natürlicher Personen in das HdlReg das **Geburtsdatum** miteinzutragen; ebenso bei Anmeldung eines OHGGfters oder Komplementärs (§§ 106 II Nr 1, 162 I idF HRefG); diesbezüglicher Gutglaubensschutz nach § 15 I HGB ist str (s dort Rn 6), jedenfalls nicht nach § 15 III (s dort Rn 19). Bei Missbrauch durch Eltern § 1664 BGB (pfändbar), idR kein Missbrauch der Vertretungsmacht (vgl § 50 Rn 4), str. Lit: Behnke NJW **98,** 3078, Muscheler WM **98,** 2271, Habersack FamRZ **99,** 1, Grunewald ZIP **99,** 597.

d) Gesetzliche Vertreter können ein HdlGeschäft als Treuhänder für Rech- 35 nung des (unter oder über 7 Jahre alten) Minderjährigen (Mündels) **im eigenen Namen** führen (s Rn 30, 42). Den zugrundeliegenden Treuhandvertrag hat für das Kind (Mündel) ein Pfleger zu schließen (§§ 181, 1629 II, 1795 II, 1909 BGB) mit Genehmigung des Vormundschaftsgerichts (§§ 1822 Nr 3, 1915 I BGB). Kfm ist dann der gesetzliche Vertreter, nicht der Minderjährige.

C. **Erbe: a)** Der Erbe (auch Vorerbe) wird Kfm, wenn er das geerbte HdlGe- 36 schäft fortführt. Über seine Firma s § 22 Rn 2. Zur Haftung s § 27 Rn 1. Der Erblasser-Kfm kann die Bestimmung des Erben-Nachfolgers nicht einem Dritten überlassen (§ 2065 II BGB), doch genügt Bezeichnung eines Personenkreises (zB Abkömmlinge), aus denen ein Dritter nach festgelegten sachlichen Gesichtspunkten (zB Eignung, Ausbildung) ihn auswählen soll, BGH BB **65,** 1052. Andere (uU freiere) Gestaltungsmöglichkeiten durch Vermächtnis, Auflage (§§ 2151, 2193 BGB) s Westermann FS Möhring **65,** 183. **Nachlassverwalter** (§§ 1975, 1985 BGB) s Rn 47 (Insolvenzverwalter).

b) Eine **Erbengemeinschaft** (§§ 2032 ff BGB) kann das geerbte HdlGeschäft 37 fortführen, also ohne Auseinandersetzung (§ 2042 BGB) und ohne zeitliche Grenze (s Rn 38). Die Erbengemeinschaft ist (anders als die GbR, Einl 14 vor § 105, und nach BGH **165,** 154 V ZS, am krit Bork ZIP **05,** 1205, die Gemeinschaft der Wohnungseigentümer) nicht rechtsfähig, BGH (VIII ZS) ZIP **06,** 2125. Die Erben sind gesamthänderisch (nämlich als Erbengemeinschaft) Inhaber des HdlGeschäfts und Kflte, vgl BGH NJW **85,** 136, und als solche („in Mit-

§ 1 38–41 I. Buch. Handelsstand

erbengemeinschaft") in das HdlReg einzutragen (§ 31 I); übernimmt ein Miterbe das Unternehmen als Treuhänder für die anderen, ist nur er Kfm (s Rn 30); für Erbengemeinschaft selbst als unternehmenstragende Gesamthand MüKo/ K. Schmidt 52. Zur Firma bei Erbengemeinschaft vgl § 22 Rn 2. Zur Haftung für Geschäftsschulden des Erblassers und für Nachlasserbenschulden § 27 Rn 1. Für neue Geschäftsschulden haften die Erben persönlich unbeschränkt als Gesamtschuldner (§§ 427, 431 BGB). Jeder einzelne Miterbe kann vorzeitig ausscheiden (Teilauseinandersetzung) oder seinen Erbteil an einen Dritten veräußern (§ 2033 BGB). Der Dritte kann aber nicht die Erbengemeinschaft als solche fortsetzen, vgl KG DB **98,** 2591. Eine Erbengemeinschaft kann (als solche) kein neues HdlGeschäft beginnen oder ein von Dritten erworbenes fortführen, auch nicht nach erfolgter Auseinandersetzung das alte, KG JW **35,** 3642, **38,** 3117. Ausgliederung des von der Erbengemeinschaft betriebenen Unternehmens ist möglich, auch Erbengemeinschaft ist EinzelKfm iSv § 152 UmwG, sehr str.

38 Auch längere Fortführung des Geschäfts durch die Erbengemeinschaft ist zulässig, bedeutet **nicht** ohne weiteres **Abschluss eines Gesellschaftsvertrags** (OHG), BGH **17,** 302, **92,** 264, (Grund: Interesse der Erben an uU nur vorübergehender Geschäftsfortführung; Aufwand und Kosten für GesGründung zB bei Grundvermögen), aA R. Fischer ZHR 144 **(80)** 1 (Grund: Frist des § 27 II); auch nicht bei Annahme einer neuen Firma (vgl § 22 Rn 2) oder Zufügung eines Nachfolgezusatzes zur alten, BGH NJW **51,** 312, aber Prokuraerteilung kann uU Indiz sein (§ 48 Rn 1). Entsprechende Anwendung von OHGRegeln ist möglich, so im Innenverhältnis, BGH **17,** 302, zB keine Mehrarbeitsvergütung des einen Erben bei Ausfall des anderen; zT auch im Außenverhältnis, so für Vertretungsmacht jedes Miterben (analog §§ 125, 126) K. Schmidt NJW **85,** 2789, jedenfalls entsprechende (uU stillschweigende) Vollmacht (§ 27 Rn 3). Zum Übergang in eine OHG (KG) s § 105 Rn 26, 52. Lit: M. Wolf AcP 181 **(81)** 480, K. Schmidt NJW **85,** 2785.

39 c) **Beteiligung von Minderjährigen:** Auch insoweit gilt nunmehr § **1629 a BGB** (s Rn 34). Bereits vorher hafteten sie mangels Genehmigung des Vormundschaftsgerichts (§§ 1645, 1823 BGB entspr) nur beschränkt in Höhe des ererbten Vermögens, BVerfG NJW **86,** 1859 (gegen BGH **92,** 259), K. Schmidt BB **86,** 1238, Hüffer ZGR **86,** 603, str; eine Aussetzung war nicht statthaft, aA BGH WM **87,** 27.

40 D. **Testamentsvollstrecker, Insolvenzverwalter: a) Testamentsvollstrecker** (§§ 2197 ff BGB, Testamentsvollstreckung bei Anteilen an OHG, KG s § 139 Rn 21, 24): Der zur Verwaltung eines im Nachlass befindlichen HdlGeschäfts berufene Testamentsvollstrecker kann (mangels Anordnung des Erblassers nach seiner Wahl) im Ergebnis das HdlGeschäft des Erblassers auf verschiedenen Wegen fortführen, die Einzelheiten sind aber dogmatisch sehr streitig und praktisch zT ganz unbefriedigend; RG **132,** 138, BGH **12,** 102, **35,** 13, NJW **75,** 54. Lit: Muscheler 1994, Lorz 1995, Dauner-Lieb 1998, Windel 1998; John BB **80,** 757 (Vollrechtstreuhand), Brandner FS Stimpel **85,** 991 (gegen echte Testamentsvollstreckerlösung), Schiemann FS Medicus **99,** 513.

41 (1) Vollmachtslösung: Der Testamentsvollstrecker führt das HdlGeschäft **im Namen des Erben** und mit dessen persönlicher Haftung (trotz § 2206 BGB, KG JW **37,** 2599, für die alten Schulden ausschliessbar nach §§ 25 II, 27 I). Kfm ist hier nur der Erbe, nur er wird im HdlReg eingetragen, nach aA zusätzlich Testamentsvollstreckervermerk. Der Testamentsvollstrecker benötigt Vollmacht des Erben (nicht ersetzbar durch ZusatzTVZeugnis des Nachlassgerichts nach § 2368 BGB); er kann diese nach § 2208 II BGB einklagen, str, BGH **12,** 103, BayObLG BB **69,** 974. Der Erbe muss bei dieser Lösung die persönliche Haftung als testamentarische Bedingung oder Auflage akzeptieren, wenn er die Erbschaft

nicht ausschlägt (§ 1944 BGB; oder das Unternehmen auf eine GmbH übertragen wird, s Rn 45). Diese Lösung ist sehr unbefriedigend, da es keine (den Erben) verdrängende Vollmacht gibt und eine Generalvollmacht (an den Testamentsvollstrecker) nicht unwiderruflich sein kann.

(2) Treuhandlösung: Der Testamentsvollstrecker führt das HdlGeschäft **im** **42** **eigenen Namen** mit seiner persönlichen Haftung (für die alten Schulden ausschliessbar nach §§ 25 II, 27 I) als Treuhänder des Erben für dessen Rechnung, RG **132,** 142, BGH **12,** 102, NJW **75,** 54, Rö/Röhricht § 1 Rn 78. Kfm ist hier der Testamentsvollstrecker, er wird mit Testamentsvollstreckervermerk in das HdlReg eingetragen, RG **132,** 143. Er hat gegen den Erben Anspruch auf Vorschuss und Aufwendungsersatz aus dem Nachlass (§§ 2218, 669, 670 BGB). Der Testamentsvollstrecker kann die Übertragung des (zunächst dem Erben zugefallenen) HdlGeschäfts (nicht dinglich des Anlage- und Umlaufvermögens wie bei der Vollrechtstreuhand, aA John BB **80,** 760) auf sich als Treuhänder vom Erben fordern und einklagen, BGH **24,** 112. Mehrere TV betreiben jedenfalls bei nur vorübergehender treuhänderischer Inhaberschaft keine OHG (s Rn 38), sie werden nicht Eigentümer des Betriebsvermögens, BGH NJW **75,** 55. Vgl auch § 22 Rn 6. Der Erbe muss bei der Treuhandlösung die mittelbare persönliche Haftung als testamentarische Bedingung oder Auflage akzeptieren, wenn er die Erbschaft nicht ausschlägt (§ 1944 BGB; oder das Unternehmen auf eine GmbH übertragen wird, s Rn 45). Auch diese Lösung ist unbefriedigend, der Testamentsvollstrecker wird sie wegen seiner persönlichen Haftung idR ablehnen.

(3) Freigabelösung: Der TV kann das HdlGeschäft aus seiner Verwaltung dem **43** Erben freigeben; das ist auch gegen Anordnung des Erblassers wirksam, doch hat TV bei irrtümlicher Freigabe Recht auf Wiederherstellung seiner Verwaltung (§ 812 BGB), BGH **12,** 105, **24,** 109. Diese Lösung ist ebenfalls unbefriedigend, wenn damit die Intentionen des Erblassers verfehlt werden.

(4) Echte Testamentsvollstreckerlösung: Überzeugender ist die sog erbrechtli- **44** che Lösung, Baur FS Dölle **63** I 249, Schiemann FS Medicus **99,** 526, Canaris § 9 Rn 37, LG Konstanz NJW-RR **90,** 716, aA de lege lata Rö/Röhricht § 1 Rn 82. Der Erbe bleibt Geschäftsinhaber, er ist Kfm und im HdlReg einzutragen. Er kann seine Haftung auf den Nachlass beschränken (§§ 1967, 2206, 1975 ff BGB), für Altschulden jedoch nur, sofern § 27 nicht eingreift. Die Firmenfortführung bleibt seiner Entscheidung überlassen (§§ 25, 27). Die Geschäftsführung obliegt dem Testamentsvollstrecker unter Ausschluss des Erben (§§ 2209 S 2, 2207 BGB), aber für diesen und unabhängig davon, ob die Eingehung der Verbindlichkeit zur ordnungsmäßigen Verwaltung erforderlich ist. Die Testamentsvollstreckung ist im HdlReg zu vermerken; im Geschäftsverkehr bringt der Testamentsvollstrecker, um seine persönliche Haftung zu vermeiden, seine Stellung zum Ausdruck. Diese erbrechtliche Lösung überwindet dogmatisch das Axiom der Unerlässlichkeit voller persönlicher Inhaberhaftung, schützt aber dabei den Verkehr nicht weniger als die Treuhandlösung, bei der die Gläubiger zwar einen unbeschränkt haftenden Schuldner, nicht aber das HdlGeschäft als Haftungssubstrat haben.

(5) Übertragung des Unternehmens auf GmbH: Wegen der dogmatischen und **45** praktischen Schwierigkeiten, HdlRecht und Erbrecht miteinander zu vereinbaren, wird neuerdings eine derartige Dauertestamentsvollstreckung überhaupt abgelehnt (oder allenfalls ganz vorübergehend zugelassen) und der Erblasser (zu Lebzeiten oder durch letztwillige GesGründungsklausel) bzw der Testamentsvollstrecker (Pflicht unter § 2219 BGB) auf die Übertragung des Unternehmens zB auf eine GmbH mit Testamentsvollstreckung bezüglich der Verwaltungsrechte verwiesen, K. Schmidt § 5 I 1 d, Heymann/Emmerich 31, MüKo/Lieb § 27 Rn 26.

46 **Minderjährige** haften auch für den Fall der Testamentsvollstreckung nur beschränkt nach § **1629a BGB** (s Rn 34).

47 **b)** Der **Insolvenzverwalter** führt das HdlGeschäft des Gemeinschuldners im eigenen Namen kraft Amtes mit Wirkung für und gegen die Insolvenzmasse fort (Amtstheorie), BGH NJW **87**, 1940, hL, aA K. Schmidt § 5 I 1 d aa (Vertretertheorie), iErg wenig Unterschiede. Ebenso in der Nachlassinsolvenz (§ 1975 BGB); entspr Nachlassverwalter (§§ 1975, 1985 BGB). Der Insolvenzverwalter ist danach nicht selbst Kfm, vielmehr bleibt der Gemeinschuldner während des Insolvenzverfahrens Kfm. Die vom Insolvenzverwalter kraft Amtes (oder als Vertreter) abgeschlossenen Geschäfte sind demnach nach Maßgabe der §§ 343 ff HdlGeschäfte.

48 E. **Gütergemeinschaft:** Ehegatten in Gütergemeinschaft (§§ 1415 ff BGB) können auch ein Unternehmen in Gütergemeinschaft (ohne Bildung von Vorbehaltsgut) führen. Das Geschäft gehört zum Gesamtgut, auch wenn es im Namen nur eines Gatten geführt wird, BGH **65**, 80. Bei gemeinsamer Führung sind beide als Inhaber und Kflte einzutragen, bei Führung nur durch einen ist nur dieser Kfm und allein einzutragen, BayObLG DB **78**, 933, BB **91**, 1731. Auch bei gemeinsamer Führung sind nur die beiden, nicht die Gütergemeinschaft als solche (nur Sondervermögen) Unternehmensträger, K. Schmidt § 5 I 3 c. Firmierung s § 19 Rn 6. Auch der Ehegatte, der nicht oder nicht allein verwaltet, kann mit Einwilligung des anderen Ehegatten selbstständig ein Erwerbsgeschäft betreiben (§§ 1431, 1456 BGB). Die Ehegatten können, müssen aber nicht eine OHG bilden (§ 105 Rn 25). Sondervorschrift zum Güterrechtsregister in **(1)** EGHGB Art 4.

49 F. **Gesellschaften und Gesellschafter: a)** Unternehmensträger sind auch die **Handelsgesellschaften** (§ 6 Rn 1), und nach neuerer Ansicht auch **Gesamthandspersonengesellschaften** als solche, K. Schmidt § 5 I 3 a: auch GbR (Einl 14 vor § 105), str, aber nur als nicht eingetragene Kleingewerbebetreibende, da die GbR mit Eintragung zwingend OHG wird (§§ 1 II, 105 II); wirtschaftlicher Verein (§ 21 BGB), Idealverein mit Nebenzweckprivileg (§ 22 BGB), auch der nicht rechtsfähige Verein (§ 54 BGB), MüKo/K. Schmidt 46, im Einzelnen str (§ 33 Rn 1); auch Vorgesellschaft (§ 6 Rn 6). KfmEigenschaft der Gfter von OHG und phG von KG s Rn 50. **Nicht:** Stille Ges, auch atypische (§ 230 Rn 3), Grund: bloße InnenGes; Konzern (s Rn 31).

50 **b)** Nicht Kflte sind die **Gesellschafter** als solche, zB stille Gfter (s Rn 49, der Inhaber bzw „der andere" iSv § 230 kann Kfm sein), GmbH-Gfter, BGH **133**, 78, **165**, 22 u 47, **166**, 107. WM **91**, 536, phG der KGaA, Aktionäre, Genossen der eG, Mitglied eines (ein HdlGewerbe betreibenden) Vereins, Kdtisten (§ 161 Rn 5), für Gfter von OHG und phG von KG str (§ 105 Rn 19). So auch bei EinpersonenGmbH, zB AlleinGfter und Geschäftsführer einer EinpersonenGmbH, BGH **121**, 228, WM **86**, 939 (aber in engen Grenzen Durchgriff, § 172a Rn 40). Organvertreter, Angestellte s Rn 31. Zur Frage der analogen Anwendung von Vorschriften des HGB s Rn 10.

5) Beginn und Ende der Kaufmannseigenschaft

51 A. **Beginn:** Die KfmEigenschaft beginnt nach § 1 I mit dem Beginn des Betreibens des HdlGewerbes (anders §§ 2, 3: Eintragung im HdlReg). Planung einschließlich Gründung einer HdlGes durch GesVertrag ist noch kein Beginn. Das Betreiben beginnt jedoch mit Vorbereitungsgeschäften im Außenverhältnis oder einer entsprechenden Mitteilung an Dritte, dass das HdlGewerbe bestehe (wie § 123 II, s dort Rn 10, 11), zB Miete von Geschäftsräumen, Einstellung von Personal, Eröffnung eines Bankkontos, Abschluss eines Unternehmenskaufvertrags, BGH NJW **96**, 3217. Das Vorbereitungsgeschäft selbst braucht noch nicht kfm zu sein. Ist das Unternehmen auf kfm Betrieb angelegt, genügt das nach der Rspr (s Rn 23, § 105 Rn 4), es ist dann kfm schon von der ersten Vorbereitung an, bevor der kfm Betrieb besteht, BGH **10,** 96; ebenso „Saison"-Kfm (Nordsee-Hotel), AG Wyk BB **58,** 891. Der später im HdlReg eingetragene Zeitpunkt des Beginns ist unmaßgeblich.

B. **Ende:** Ist der Kfm nicht im HdlReg eingetragen, erlischt die KfmEigen- **52** schaft nach § 1 I, II: durch Betriebsaufgabe (also völlige Einstellung des Betriebs) oder Umstellung auf eine Tätigkeit, die kein Gewerbe bildet (freiberuflich oder bloße Vermögensverwaltung) oder keine kfm Einrichtung mehr erfordert. Ist die Firma im HdlReg eingetragen, endet die KfmEigenschaft ebenfalls mit Ende der Gewerbetätigkeit (§ 5 Rn 5) oder in den Fällen der §§ 2, 3 mit Löschung, nicht schon mit dem Herabsinken auf ein Kleingewerbe. **Nicht:** bloß vorübergehende Stilllegung, BGH **32,** 312, Karlsr BB **54,** 74, BayObLG WM **84,** 52; Liquidation des Unternehmens (§ 145), mangels Löschung bleibt OHG bzw KG eine solche bis zum Ende der Liquidation, auch wenn sie den GesBetrieb einstellt oder veräußert (Sinn von §§ 157, 157 I), Schlegelb/K. Schmidt § 156 Rn 9; Eröffnung des Insolvenzverfahrens, abw RG JW **02,** 186.

6) Die Rechtsstellung der Kleingewerbetreibenden

A. **Nach HGB:** Unternehmer, deren Gewerbebetrieb nach Art und (s Rn 23) **53** Umfang eine kfm Einrichtung nicht erfordert **(Kleingewerbetreibende)** und die nicht im HdlReg eingetragen sind (II, §§ 2 ff; Vermutung nach II s Rn 25), unterfallen außer nach besonderen Vorschriften (§§ 84 IV, 93 III, 383 II, 407 III 2, 453 III 2, 467 III 2, s dort) nicht dem HGB, sondern werden wie „normale BGB-Bürger" (RegE) behandelt. Gleiches gilt für Unternehmer, die überhaupt keinen Gewerbebetrieb führen (zB Freiberufler, VermögensverwaltungsGes). Praktisch wichtige Folgen sind, wenn nicht Rechtsscheinhaftung eingreift (§ 5 Rn 9):

a) **Keine Firma:** Sie sind weder berechtigt noch verpflichtet, eine kfm Firma anzunehmen, können aber ihren Namen oder eine andere Bezeichnung als Geschäftsbezeichnung führen, auch firmenähnlich, str (§ 17 Rn 15), aber ohne KfmZusatz, sonst ist gemäß § 37 I gegen sie vorzugehen. Sie müssen ihr Geschäft (außer bei Sondervorschriften, zB § 2 PartGG) unter ihrem bürgerlichen **Namen** führen, möglicherweise unter einem auch sonst geführten Decknamen, KG JW **34,** 984; ihren Namen schützt § 12 BGB.

b) **Keine handelsrechtlichen Vollmachten:** Sie können weder Prokura noch Handlungsvollmacht (§§ 48, 54, letzteres str) erteilen. Tun sie es trotzdem, so ist sie nichtig, aber idR in weitgehende Vollmacht umzudeuten (§ 140 BGB).

c) **Keine Führung von Handelsbüchern:** Sie brauchen keine HdlBücher zu führen, darum auch kein Inventar und keine Bilanz aufzustellen und keine Briefabschriften aufzubewahren (§§ 238 ff). Sie werden bei Zahlungseinstellung oder Insolvenz nicht wegen Unterlassung der Buchführung strafbar (§ 238 Rn 18; aber § 283 I Nr 8 StGB); aber **steuerrechtlich** s Rn 54.

d) **Analoge Anwendung des HGB** auf Kleingewerbetreibende und andere Unternehmer s Rn 10.

B. **Außerhalb des HGB:** Vorschriften außerhalb des HdlRechts stellen teils **54** auf die KfmEigenschaft nach HGB ab (zB § 38 I ZPO, Gerichtsstandsvereinbarungen, Einl 86 vor § 1). Teils sind sie unabhängig davon auf alle Gewerbetreibende anwendbar, so zB die steuerrechtliche Buchführungspflicht (§§ 140 ff AO, § 238 Rn 5) oder nach neuerer Abgrenzung auf alle gewerblichen oder selbstständigen beruflichen Tätigkeiten (§§ 13, 14 BGB, § 1031 I, V formlose Schiedsvereinbarung, Einl 89 vor § 1, weitere Bspe oben Rn 4). Zahlreiche Sondervorschriften gibt es für Freiberufler, zB PartGG.

§ 2 1, 2
I. Buch. Handelsstand

7) Internationaler Verkehr

55 Die KfmEigenschaft richtet sich nach dem Ort der gewerblichen Niederlassung (Unternehmenssitz), üL, nach aA ist das Vertragsstatut dafür maßgeblich, ob handelsrechtliche Sondervorschriften anwendbar sind (Einl 24 vor § 1), Reithmann/Martiny/Martiny 259, Ebenroth/Kindler vor § 1 Rn 106 (Wirkungsstatut) oder es wird nach Sachnormen differenziert, van Venrooy 1985. Die KfmEigenschaft ausländischer Gebilde (Substitution) bestimmt sich nach dem ausgelegten, anwendbaren Sachrecht, Ebenroth/Kindler vor § 1 Rn 115.

[Kannkaufmann]

§ 2 [1] **Ein gewerbliches Unternehmen, dessen Gewerbebetrieb nicht schon nach § 1 Abs. 2 Handelsgewerbe ist, gilt als Handelsgewerbe im Sinne dieses Gesetzbuchs, wenn die Firma des Unternehmens in das Handelsregister eingetragen ist.** [2] **Der Unternehmer ist berechtigt, aber nicht verpflichtet, die Eintragung nach den für die Eintragung kaufmännischer Firmen geltenden Vorschriften herbeizuführen.** [3] **Ist die Eintragung erfolgt, so findet eine Löschung der Firma auch auf Antrag des Unternehmers statt, sofern nicht die Voraussetzung des § 1 Abs. 2 eingetreten ist.**

Übersicht

1) Normzweck, Anwendungsbereich 1–2
  A. Normzweck 1
  B. Anwendungsbereich 2
2) Kaufmann nach Eintragung (Satz 1) 3
3) Kannkaufmann (Satz 2) 4–8
  A. Eintragungsoption 4
  B. Prüfung durch das Registergericht 7
4) Löschung der Firma auf Antrag (Satz 3) 9–10
  A. Kaufmann 9
  B. OHG 10
5) Rechtsnachfolger 11
6) Die Rechtsstellung der Kleingewerbetreibenden im Übrigen (Verweisung) 12

1) Normzweck, Anwendungsbereich

1 A. **Normzweck:** § 2 idF HRefG 1998 (zur aF § 1 Rn 1–3). Kleingewerbetreibende können sich freiwillig in das HdlReg eintragen lassen und sind dann Kflte; sie können sich auch wieder löschen lassen und verlieren dann den KfmStatus. Eine Eintragungspflicht wie für den früheren SollKfm (nach § 2 S 2 aF, wenn der Gewerbebetrieb eine kfm Einrichtung erforderte), gibt es nicht mehr; in diesem Fall ist der Unternehmer IstKfm nach § 1 II nF. Die diffizile Kasuistik unter § 2 aF (s 29. Aufl) ist damit entfallen, ebenso die Erstreckung der Verpflichtungen aus §§ 238–283 über HdlBücher auf SollKflte schon vom Zeitpunkt des Entstehens der Anmeldepflicht an (§ 262 aF, Vorwirkung). Die Buchführungspflicht gilt nach § 238 I 1 nF nur noch für Kflte. Lit: R. Schmitt HRefG 2003.

2 B. **Anwendungsbereich:** § 2 ist beschränkt auf Kleingewerbetreibende (dh § 2 und 1 II schließen sich aus, für HdlGeschäft nach § 1 II spricht Vermutung, § 1 Rn 25; Rechtslage nach Eintragung s Rn 3). Voraussetzung für § 2 ist, dass ein Gewerbe vorliegt (Gewerbebegriff s § 1 Rn 11), aber kein HdlGewerbe (mangelnde Erforderlichkeit kfm Einrichtungen unter § 1 II s § 1 Rn 22), sonst greift schon § 1 II (Auswirkung im Registerverfahren, str, s Rn 6–8). Unternehmen, die kein Gewerbe betreiben, fallen nicht unter § 2; auch § 5 findet keine

Anwendung (§ 5 Rn 5). Auch land- und forstwirtschaftliche Kleinunternehmen fallen unter § 2; § 3 gilt nur für vollgewerbliche Betriebe der Land- und Forstwirtschaft (§ 3 Rn 2). § 2 gewinnt erhebliche praktische Bedeutung im Ges-Recht über **§ 105 II;** § 105 II 1 entspricht § 2 I (und gilt neben diesem, § 123 II), § 105 II 2 verweist auf § 2 II, III. Über §§ 105 II, 161 II können GbR und VermögensverwaltungsGes KG werden und bleiben und damit die mit der KG verbundene (für die GbR umstrittene) Haftungsbeschränkung erreichen (§ 105 Rn 13).

2) Kaufmann nach Eintragung (Satz 1)

Jeder nicht unter § 1 II fallende Gewerbebetrieb (Rn 2) gilt als HdlGewerbe, wenn die Firma des Unternehmens im HdlReg eingetragen ist (Satz 1), ohne Untergrenze, auch Einpersonen- und Kleinstbetriebe. Der Eingetragene ist damit Kfm, nicht bloßer FiktivKfm („gilt"; für § 5 str, dort Rn 1); anderer Wortlaut von § 105 I („ist") ist hier oder dort Redaktionsversehen. Die **Eintragung** ist unter § 2 (anders als unter § 1, dort Rn 9) **konstitutiv**. Maßgeblicher Zeitpunkt: Eintragung, nicht Anmeldung oder Bekanntmachung (mangels Bekanntmachung aber § 15 I, dort Rn 5), auch keine Rückwirkung. Die Eintragung nach I erfolgt auf freiwilligen Antrag nach Satz 2, der aber idR in der Anmeldung liegt (s Rn 4); fehlt der Antrag nach Satz 2, greift nicht Satz 1, sondern § 5 ein (s auch Rn 4), Lieb NJW **99,** 36, Ko/Ro/Mo/Roth 3, aA K. Schmidt ZHR 163 **(99)** 96. Registerverfahren s Rn 7. Mit **Löschung** verliert der eingetragene Kleingewerbetreibende den KfmStatus, einerlei ob er Löschungsantrag nach Satz 3 (s Rn 9) gestellt hat oder nicht, str, Rö/Röhricht 25; die letzterenfalls zu Unrecht erfolgte Löschung hat das Registergericht aber von Amts wegen zu löschen, **(3)** FamFG § 395, dh die Eintragung wiederherzustellen. Der Gelöschte hat nicht die Pflicht, seinerseits Wiedereintragung zu betreiben. Der Eingetragene verliert seine KfmEigenschaft auch mit **Betriebsaufgabe** oder Umstellung auf freiberufliche Tätigkeit (§ 1 Rn 52), da Gewerbe Voraussetzung für § 2 wie § 5 ist (s Rn 2), das HdlReg wird unrichtig.

3) Kannkaufmann (Satz 2)

A. **Eintragungsoption: a)** Der gewerbliche Unternehmer, dessen Gewerbebetrieb nicht schon unter § 1 II fällt **(Kleingewerbetreibende),** ist nach Satz 2 berechtigt, aber nicht verpflichtet, die Eintragung nach den für die Eintragung von kfm Firmen geltenden Vorschriften herbeizuführen (Eintragungsoption, Satz 2, Pflicht nach § 29 gilt nur für denjenigen, der bereits Kfm ist). Der Antrag erfolgt durch Anmeldung der von dem Gewerbetreibenden gewählten Firma. Der Antrag ist freiwillig und als echte handelsrechtliche Wahl eine **Willenserklärung,** nicht nur eine registerrechtliche Erklärung (Doppeltatbestand), Lieb NJW **99,** 36, Ko/Ro/Mo/Roth 3, Rö/Röhricht 10, aA K. Schmidt ZHR 163 **(99)** 92, vermittelnd R. Schmitt HRefG S 81 f, 84. Der Antrag liegt aber idR in der Anmeldung und braucht nicht zu spezifizieren, ob Eintragung nach § 1 II oder Satz 1 gewollt ist, str (s Rn 7). Antragsbefugt sind der für den KfmStatus optierende „Unternehmer" (Satz 2) bzw die für die Ges handelnden Organe oder Gfter. Land- und Forstwirte s Rn 2. Der Antrag kann bis zur Eintragung zurückgenommen werden. Wird ohne Antrag eingetragen, Rechtswirkung nicht nach Satz 1, sondern nur nach § 5, str (s Rn 3), ebenso bei Antrag trotz fehlender KfmEigenschaft, Canaris § 3 Rn 49, aA MüKo/K. Schmidt § 2 Rn 24, Schulze-Osterloh ZIP **07,** 2390; Herabsinken auf Kleingewerbe s Rn 6.

b) Die Eintragungsoption steht auch der **kleingewerblichen GbR** und der reinen **Vemögensverwaltungsgesellschaft** offen (§§ 105 II Alt 1 und 2, 161 II, s § 105 Rn 14). § 105 II 2 verweist auf § 2 S 2. Insoweit kommt es nicht mehr darauf an, ob letztere ein Gewerbe betreibt (§ 1 Rn 13).

6   **c) Herabsinken auf Kleingewerbe:** Wenn der nicht eingetragene IstKfm infolge Verkleinerung oder sonstiger Veränderung des fortgeführten Gewerbebetriebs (Betriebsaufgabe s Rn 3) die Voraussetzungen des §§ 1 II, 105 I nicht mehr erfüllt, entfällt die KfmEigenschaft, und die Firma erlischt. Streitig ist, was im Falle zwischenzeitlicher Eintragung im HdlReg gilt. Der Eingetragene hat nach §§ 2, 105 II jedenfalls iErg das Recht, Kfm (OHG, KG) und im HdlReg zu bleiben. Diese freie Wahl übt er durch materiellrechtlichen Antrag nach Satz 2 aus (s Rn 4). Mangels eines solchen ist bei entsprechenden Anhaltspunkten für das Herabsinken auf ein Kleingewerbe Löschungsverfahren durch das Registergericht einzuleiten, der Antrag kann aber auch dann noch gestellt werden und auch im Widerspruch gegen die Löschung durch das Registergericht liegen (§§ 31 II, 14 iVm **(3)** FamFG §§ 395 III, 393 III), RegE ZIP **97**, 949, Lieb NJW **99**, 36, Rö/Röhricht 13; vermittelnd den Antrag im bloßen Unterlassen eines Löschungsantrags zu sehen, ist fiktiv, so aber R. Schmitt WiB **97**, 1117. Nach aA deckt die ursprüngliche, nur deklaratorisch wirkende Anmeldung nach § 29 (iVm §§ 1 II, 105 I) ohne weiteren Antrag den Verbleib im HdlReg, K. Schmidt ZHR 163 **(99)** 93; das führt zwar zu einer weiteren Entlastung der Registergerichte, nimmt aber dem Kleingewerbetreibenden sein freies Wahlrecht und verweist ihn auf die Löschungsoption nach Satz 3. Solange der Unternehmer eingetragen ist, bleibt er jedenfalls auch ohne Antrag nach Satz 2 Kfm, und zwar nunmehr nach § 5, str (s Rn 3).

7   **B. Prüfung durch das Registergericht: a) Antragsverfahren:** Das Registergericht kann in der Anmeldung durch den Unternehmer idR den Antrag nach Satz 2 sehen, es prüft also, ob Gewerbe bzw bei Ges Gewerbe oder Vermögensverwaltung vorliegt und die Firma zulässig ist, ohne besondere Anhaltspunkte jedoch nicht Art und Umfang des Unternehmens und Erforderlichkeit einer kfm Einrichtung (§ 1 II), str, aA in jedem Fall Prüfung, ob bloße Anmeldung nach § 29 oder Antrag nach Satz 2 vorliegt (rein materiellrechtliche Theorie), so wohl Lieb NJW **99**, 36, umgekehrt aA nur Prüfung der Eintragungsfähigkeit, einerlei ob Anhaltspunkte für Nichtvorliegen von § 1 II gegeben sind und der Anmeldende sich darüber und über seine Optionsmöglichkeit nicht im Klaren ist (rein verfahrensrechtliche Theorie), MüKo/K. Schmidt 11, 13. Auf jeden Fall, also auch bei rein verfahrensrechtlichem Verständnis, hat das Registergericht nicht nur Hinweisrecht, sondern Hinweispflicht, wenn der Anmeldende ersichtlich im Irrtum ist, aA offenbar MüKo/K. Schmidt 12, aber keine Nachfragepflicht, auf welchen KfmTatbestand die Anmeldung gestützt ist, R. Schmitt HRefG S 86, aA Canaris § 3 Rn 23, Ko/Ro/Mo/Roth 3, dann uU Zwischenverfügung. **Muster:** Hopt/Graf von Westphalen 3. Aufl 2007 Form I. A.1 (Anmeldung des Einzelunternehmens eines Kfm).

8   **b) Registerzwangs- und Löschungsverfahren:** Das Registergericht muss auch nach der rein verfahrensrechtlichen Theorie (s Rn 7) dann das Vorliegen eines HdlGewerbes nach § 1 II von Amts wegen (s § 26 FamFG) prüfen, wenn es die Eintragung erzwingen will (Registerzwangsverfahren, §§ 29, 106 I iVm 1 II, 105 I, 14) oder wenn gelöscht werden soll (Löschungsverfahren, §§ 2 S 3 Halbs 2, 3 II, III; s auch Rn 6). Die Vermutung des § 1 II ist insoweit nicht anwendbar, RegE ZIP **97**, 949, außer bei Nichterweislichkeit trotz Amtsermittlung (§ 1 Rn 25).

4) Löschung der Firma auf Antrag (Satz 3)

9   **A. Kaufmann:** Ist die Eintragung erfolgt (Satz 1, idR Satz 2, s Rn 3), wird die Firma auf Antrag des eingetragenen Unternehmers (Kfm) wieder gelöscht. Voraussetzung ist, dass er nicht inzwischen IstKfm nach § 1 II geworden ist (sonst wäre nach § 29 sofort wieder anzumelden). Der Kleingewerbetreibende, der nur kraft Eintragung zum Kfm geworden ist, hat also nicht nur eine Eintragungs-

option nach Satz 2, sondern nach Satz 3 auch eine **Löschungsoption**, zB wenn er sich den Anforderungen des HGB nicht mehr gewachsen fühlt (freier Rückzug aus dem KfmStatus; anders § 3 II letzter Halbs, Löschung nur nach allgemeinen Vorschriften). Löschungsantrag ist wie Eintragungsantrag **Willenserklärung**, nicht nur registerrechtliche Erklärung (s Rn 4). Maßgeblicher Zeitpunkt: Eintragung (s Rn 3). Die Löschung wirkt ex nunc, vorher als Kfm begründete Rechte und Pflichten bleiben unberührt. **Löschung ohne Antrag** s Rn 3. **Muster:** Hopt/Graf von Westphalen 3. Aufl 2007 Form I. A.2 (Antrag auf Löschung des Einzelunternehmens im HdlReg).

B. OHG: Auch die Löschungsoption (Eintragungsoption s Rn 4) steht der 10 eingetragenen **kleingewerblichen GbR** und der **Vermögensverwaltungsgesellschaft** offen (§§ 105 II Alt 1 und 2, 161 II, s § 105 Rn 14). § 105 II 2 verweist auch auf § 2 S 3.

5) Rechtsnachfolger

Wer das kleingewerbliche Unternehmen von dem nach **Satz 1** Eingetragenen 11 mit Firma erwirbt, wird ohne weiteres Kfm statt seines Vorgängers. Erwirbt er ohne Firma, wird er Kfm erst mit Eintragung seiner eigenen Firma, der Vorgänger verliert seine KfmEigenschaft mit seinem Ausscheiden, das HdlRegister, das noch den Vorgänger ausweist, ist unrichtig (Konsequenz: § 15 I), Rö/Röhricht 26, str; Grund: § 2 knüpft an die Eintragung der Firma, nicht des Unternehmens als solchem an. Ist der Vorgänger noch nicht eingetragen, hat nunmehr der Rechtsnachfolger die Eintragungsoption nach **Satz 2**, andernfalls hat er wie der Vorgänger die Löschungsoption nach **Satz 3.**

6) Die Rechtsstellung der Kleingewerbetreibenden im Übrigen (Verweisung)

§ 2 behandelt nur die Rechtsstellung des Kleingewerbetreibenden nach Ein- 12 tragung, dann Kfm, sowie seine Eintragungsoption, dagegen nicht seine Rechtsstellung im Übrigen. Diese ist eine allgemeinere, nicht nur Kleingewerbetreibende, sondern auch Freiberufler und Nichtgewerbetreibende betreffende Frage, bei der zwischen Normen des HGB und solchen außerhalb desselben zu unterscheiden (§ 1 Rn 53–54) und die analoge Anwendung des HGB auf Unternehmer zu prüfen ist (§ 1 Rn 10). Bestimmte Vorschriften des HGB gelten nach dem HRefG ausdrücklich auch für Kleingewerbetreibende: §§ 84 IV, 93 III, 383 II, 407 III 2, 453 III 2, 467 III 2 (s jeweils dort), Grund: Beibehaltung von Schutzvorschriften auch nach Wegfall des MinderKfm (§ 4 aF), zur Neuregelung und ihren Defiziten R. Schmitt HRefG S 113–124, 273 ff.

[Land- und Forstwirtschaft; Kannkaufmann]

3 (1) Auf den Betrieb der Land- und Forstwirtschaft finden die Vorschriften des § 1 keine Anwendung.

(2) Für ein land- oder forstwirtschaftliches Unternehmen, das nach Art und Umfang einen in kaufmännischer Weise eingerichteten Geschäftsbetrieb erfordert, gilt § 2 mit der Maßgabe, daß nach Eintragung in das Handelsregister eine Löschung der Firma nur nach den allgemeinen Vorschriften stattfindet, welche für die Löschung kaufmännischer Firmen gelten.

(3) Ist mit dem Betrieb der Land- oder Forstwirtschaft ein Unternehmen verbunden, das nur ein Nebengewerbe des land- oder forstwirtschaftlichen Unternehmens darstellt, so finden auf das im Nebengewerbe betriebene Unternehmen die Vorschriften der Absätze 1 und 2 entsprechende Anwendung.

Übersicht

1) Normzweck, Anwendungsbereich 1–2
   A. Normzweck 1
   B. Anwendungsbereich 2
2) Keine Anwendung von § 1 auf Land- und Forstwirtschaft (I) 3–5
   A. Inhalt von I 3
   B. Land- und Forstwirtschaft 4
   C. Gemischte Betriebe 5
3) Kannkaufmann (II) 6–9
   A. Kaufmann nach Eintragung (II iVm § 2 Satz 1) 6
   B. Kannkaufmann (II iVm § 2 Satz 2) 7
   C. Löschung der Firma 8
   D. Rechtsnachfolger 9
4) Nebengewerbe (III) 10–12
   A. Nebengewerbe 10
   B. Selbstständige Anwendung von I und II 11
   C. Rechtsnachfolger 12
5) Die Rechtsstellung der nicht eingetragenen Land- und Forstwirte im Übrigen (Verweisung) 13

1) Normzweck, Anwendungsbereich

1   A. **Normzweck:** § 3 hat historisch den Normzweck, die Land- und Forstwirte vor den Anforderungen des KfmRechts zu bewahren. Dieses Privileg hatte seinen Preis: § 3 hat mit dazu beigetragen, dass sich die Land- und Forstwirtschaft (zu) spät auf moderne Geschäftsanforderungen eingestellt hat. Ursprünglich war Land- und Forstwirtschaft ganz vom HdlRecht ausgenommen. Erst § 3 idF G über die KfmEigenschaft von Land- und Forstwirten (und den Ausgleichsanspruch des HdlVertreters) 13. 5. 76 BGBl 1197 eröffnete Eintragungsoption und damit über §§ 105 I, 161 II den Zugang zu den PersonenHdlGes und zu der mit der GmbH & Co KG verbundenen Haftungsbeschränkung; dazu Raisch BB **69**, 1361, FS Ballerstedt **75**, 443, Hofmann NJW **76**, 1297, 1830, Storm AgrarR **76**, 188, von Olshausen ZHR 141 **(77)** 93. Von der Option wurde allerdings nur wenig Gebrauch gemacht. § 3 II idF HRefG 1998 hat § 3 an § 1 II ohne Änderung im Übrigen angepasst.

2   B. **Anwendungsbereich:** Sieht man wie zutr schon nach früherem Recht, auch land- und forstwirtschaftliche Betriebe als Gewerbe an (s Rn 3), fallen sie ohne weiteres **auch unter § 2**. Land- und Forstwirte haben deshalb wie alle anderen Kleingewerbetreibenden die **dortigen Eintragungs- und Löschungsoptionen**. Das folgt aus Wortlaut und Sinn des § 3. § 3 I schließt ausdrücklich nur § 1, nicht auch § 2 aus, und § 3 insgesamt will Land- und Forstwirte besser, aber nicht schlechter stellen als andere Gewerbetreibende. § 3 behält auch bei dieser Auslegung seinen Sinn: § 3 I, III regeln andere Fragen, § 3 II betrifft nur den Fall, dass das Unternehmen eine kfm Einrichtung erfordert, also vollgewerbliche Land- und Forstwirtschaftsunternehmen, für kleingewerbliche bleibt es allein bei § 2, str, zutr K. Schmidt ZHR 163 **(99)** 91, Bydlinski ZIP **98**, 1173, aA wohl von Olshausen JZ **98**, 717, unklar RegE S 34.

2) Keine Anwendung von § 1 auf Land- und Forstwirtschaft (I)

3   A. **Inhalt von I:** I nimmt Land- und Forstwirte (die nicht schon FormKflte sind, § 6 Rn 6) ausdrücklich von § 1 aus (genauer: von § 1 II); nicht auch von § 2 (s Rn 2). Auch Land- und Forstwirte betreiben ein Gewerbe iSv § 1 II (in § 3 II nF nunmehr klargestellt, früher str, vgl BGH **33**, 321 zu § 196 aF BGB, heute hL, aA Hofmann NJW **76**, 1298), anders zT außerhalb des HGB (§ 1 Rn 11). Sie betreiben aber kein HdlGewerbe, auch wenn sie ein Unternehmen betreiben, das eine kfm Einrichtung erfordert, und sind deshalb nicht IstKflte. Sie

sind deshalb nicht anmeldepflichtig nach § 29, haben jedoch nach II die Möglichkeit, Kfm zu werden.

B. Land- und Forstwirtschaft: a) Landwirtschaft besteht in der Ausnutzung des Bodens mit dem Ziel der Erzeugung und Verwertung pflanzlicher oder tierischer Rohstoffe, KG OLGE **3**, 402, einerlei wem der Boden gehört, zB Landpacht. Sie umfasst zB Anbau von Getreide, Gemüse, Obst, Wein, Tabak, Hopfen ua. Auch HdlGärtnereien und Baumschulen betreiben Landwirtschaft, Düss NJW-RR **93**, 1126, einerlei ob in Freilandkultur oder überwiegend bodenunabhängig in Gewächshäusern und Behältnissen, vgl BGH **134**, 149 (zu HöfeO), aber nur sofern sie durch Eigenbau und Verkauf eigener Produkte geprägt sind (gemischte Betriebe s Rn 5, Nebengewerbe s Rn 10), nach aA fällt Zierpflanzenbau im Gegensatz zum Nutzpflanzenbau unter §§ 1, 2. Unter § 3 fallen ferner Viehzucht, Erzeugung und Weiterverarbeitung tierischer Produkte wie Fleisch, Milch, Eier in eigener Bodenausnutzung, auch in Pacht, auch mit Zukäufen, aber nicht nur mit solchen; Imkerei. **Nicht:** Molkereien, da hauptsächlich gekauftes Futter und fremde Erzeugnisse verarbeitend; große Geflügelfarm auf kleinstem Boden, da Bodennutzung nicht im Vordergrund steht; Fischerei, Fisch-, Hunde-, Vogelzucht, hL mangels Bodennutzung; Urproduktion wie Kies-, Torf- oder Mineraliengewinnung, da keine pflanzlichen oder tierischen Rohstoffe.

b) Forstwirtschaft ist wirtschaftliche Nutzung von Wäldern durch planmäßiges Auf- und Abforsten. Sie zielt idR auf Holzgewinnung; Baumschulen gehören dazu.

c) Betreiben: einerlei ob als Eigentümer, Pächter, Nießbraucher, näher § 1 Rn 30.

C. Gemischte Betriebe: Umfasst dasselbe Unternehmen (demgegenüber mehrere Unternehmen bei Nebengewerbe, s Rn 10) mehrere Betriebe teils land- und forstwirtschaftlicher, teils anderer Art, zB HdlGärtnereien, die fremde Pflanzen einkaufen, züchten und verkaufen (s Rn 4), kommt es darauf an, was dem Unternehmen das Gepräge gibt (Gesamtbetrachtung, § 1 Rn 28). Bei überwiegendem Eigenanbau, einschließlich branchenüblichen Zukaufs, Hamm RdL **65**, 204, wird idR § 3 vorliegen; bei überwiegendem Handel mit fremden Erzeugnissen §§ 1 II, 2, aber keine rein quantitative Betrachtungsweise.

3) Kannkaufmann (II)

A. Kaufmann nach Eintragung (II iVm § 2 Satz 1): Für land- und forstwirtschaftliche Unternehmen, die nach Art und Umfang einen in kfm Weise eingerichteten Geschäftsbetrieb erfordern, gilt § 2 mit bestimmter Maßgabe. Ist danach ein solches Unternehmen im HdlReg eingetragen, gilt es als HdlGewerbe, der Land- bzw Forstwirt ist dann Kfm (II iVm § 2 S 1). Die **Eintragung** ist also auch unter § 3 II **konstitutiv**.

B. Kannkaufmann (II iVm § 2 Satz 2): Der Land- oder Forstwirt mit einem eine kfm Einrichtung erfordernden Unternehmen ist berechtigt, aber nicht verpflichtet, die Eintragung im HdlReg zu beantragen (**Eintragungsoption,** II iVm § 2 S 2). Der Antrag ist freiwillig und als echte handelsrechtliche Wahl eine **Willenserklärung,** nicht nur eine registerrechtliche Erklärung, Lieb NJW **99**, 36 (zu § 2), Ko/Ro/Mo/Roth 3, Rö/Röhricht 28, aA MüKo/ K. Schmidt 22, sehr str (§ 2 Rn 4). Antragsbefugnis und Rücknahme des Antrags s § 2 Rn 4. Herabsinken auf Kleingewerbe wie nach § 2, dort str (§ 2 Rn 6). Prüfung durch das Registergericht s § 2 Rn 7–8; auch im Antragsverfahren prüft das Registergericht bei entsprechenden Anhaltspunkten, ob eine Eintragung nach § 1 II, 2 oder 3 erfolgt, Lieb NJW **99**, 36, aA K. Schmidt ZHR 163 **(99)** 2163.

8   C. **Löschung der Firma: a) Bei Erforderlichkeit kaufmännischer Einrichtung (II am Ende):** Ist der Land- oder Forstwirt mit einem eine kfm Einrichtung erfordernden Unternehmen einmal eingetragen, gelten für die Löschung die allgemeinen Vorschriften. Eine allgemeine Löschungsoption wie unter § 2 S 3, nunmehr doch wieder die Ausgangslage nach I zu wählen, hat er also unter § 3 II aE nicht. Er kann demnach Löschung nur verlangen, wenn sein land- oder forstwirtschaftliches Unternehmen im Zeitpunkt des Antrags keine kfm Einrichtung mehr erfordert, also zB zum Kleingewerbe herabgesunken ist (ebenso wie der vormalige IstKfm nach § 1 II; vgl auch § 2 Rn 6). Ist hingegen im Zeitpunkt der Löschung eine kfm Einrichtung erforderlich, scheidet Löschung aus, außer wenn der Betrieb aufgegeben wird (II iVm § 2 S 3 aE). Mit Ausübung der Eintragungsoption verliert der Land- oder Forstwirt also den Schutz von I (Bindungszeitpunkt: Eintragung) und wird wie jeder andere Kfm behandelt.

b) Bei Kleingewerbe greift auch bei Land- und Forstwirtschaft unmittelbar § 2 Satz 3 (s Rn 2). Damit stellen sich dieselben Streitfragen hinsichtlich der Einleitung des Löschungsverfahrens von Amts wegen und der Notwendigkeit eines materiellrechtlichen Antrags nach § 2 S 2 wie dort (§ 2 Rn 6–8), bejahend Lieb NJW **99**, 36, Rö/Röhricht 31 ff, aA. K. Schmidt ZHR 163 (**99**) 93. Eine zu Unrecht erfolgte Löschung nimmt die Eigenschaft als Kfm, das Registergericht hat sie aber von Amts wegen wieder einzutragen (§ 2 Rn 3).

9   D. **Rechtsnachfolger:** Der Rechtsnachfolger (Erwerber, Pächter, Nießbraucher, Erbe ua) ist grundsätzlich an die Wahl seines Vorgängers, sich eintragen zu lassen, gebunden, aA früher hL. Er übernimmt den land- oder forstwirtschaftlichen Betrieb, den er (zusammen mit der alten Firma) fortführt, in der Rechtslage, wie ihn sein Vorgänger geführt hat: er hat also im Falle der Eintragung das Privileg des I und II verloren und nur noch wie sein Vorgänger ggf die Löschungsoption nach § 2 (s Rn 2, 8). Haupt- und Nebenbetrieb können getrennte Schicksale haben (s Rn 11). Entscheidet der Rechtsnachfolger aber in angemessener Frist, die Firma nicht fortzuführen, hat er die Rechte unter § 3 wie jeder Land- und Forstwirt, der einen Betrieb neu anfängt, Staub/Brüggemann 26, Rö/Röhricht 34, Ko/Ro/Mo/Roth 7; aA, da die Wahl unternehmensbezogen sei, MüKo/K. Schmidt 28, anders nach dieser Meinung nur, wenn der Rechtsnachfolger den Betrieb mit einem eigenen, nicht eingetragenen Land- oder Forstwirtschaftsbetrieb zusammenlegt oder wenn zwei Landwirte mit und ohne Rechtswahl sich zusammenschließen, K. Schmidt § 10 VI 4 a. Versteht man § 3 seinem Normzweck de lege lata nach als Privileg, ist diese unternehmensrechtliche Korrektur jedoch normzweckwidrig.

4) Nebengewerbe (III)

10   A. **Nebengewerbe:** Nebengewerbe ist (1) ein selbstständiges Unternehmen neben dem land- und forstwirtschaftlichen Unternehmen (also mehrere Unternehmen, s § 1 Rn 29), (2) beide Unternehmen müssen so miteinander verbunden sein, dass das Nebengewerbe von dem Hauptgewerbe abhängig ist, und (3) Haupt- und Nebengewerbe müssen von demselben Unternehmen geführt werden (Einheit der Inhaberschaft), ähnlich MüKo/K. Schmidt 33, Staub/Brüggemann 10. Entscheidend ist die Verkehrsanschauung. Selbstständigkeit setzt idR eigene Betriebsstätte mit eigenem Personal voraus, nicht bloßen Hilfsbetrieb; daran, insbesondere an der eigenen Organisation, fehlt es beim bloß gemischten Betrieb (nur ein Unternehmen mit gemischtem Betrieb, s Rn 5, § 1 Rn 28). Abhängigkeit des Nebenbetriebs kann auch vorliegen, wenn dieser umsatzstärker als der Hauptbetrieb ist, oder nur dieser, nicht der Hauptbetrieb kfm Einrichtung bedarf (§§ 1 II, 3 I). Einheit der Inhaberschaft personell, nicht nach Rechtsverhältnis, zB Landwirt führt Hauptbetrieb als Pächter, Nebenbetrieb als Eigentümer. Führen mehrere Landwirte den Hauptbetrieb als PersonenGes, brauchen nicht alle Gfter auch am Nebenbetrieb beteiligt zu sein. Bei PersonenGes genügt Identität der Gfter, zB 2 Ges aus Vater und Sohn, K. Schmidt § 10 VI 3 b cc. Keine Einheit, wenn Hauptbetrieb durch juristische Person, zB GmbH, der andere Betrieb durch einen ihrer Gfter geführt wird. In dem Nebenbetrieb werden idR Erzeugnisse des Hauptbetriebs verarbeitet oder solche und andere, KGJ **22** A 88. Bspe: Molkerei, Wurst- und Fleischherstellung, Brauerei, BayObLG **04**, 345, vgl BGH WM **66**, 195, Brennerei, BAG DB **95**, 2071, Gerberei, Mühle, Sägewerk. Der Nebenbetrieb kann auch sonstwie mit dem land- oder forstwirtschaftlichen Unternehmen verbunden sein, etwa durch Ausbeutung des Bodens. Bspe: Kies-, Sandgrube, Steinbruch, Ziegelei, Zementherstellung. **Nicht:** bloße gemischte Betriebe wie Verkaufsstellen auf dem Bauernhof, Kleinverkauf auf dem Wochenmarkt, bloße Hilfsbetriebe zur Unterstützung des Hauptbetriebs; mangels Abhängigkeit Weinkommissionsgeschäft eines Weinbauern, RG **130**, 234 (§ 1 Rn 29).

B. **Selbstständige Anwendung von I und II:** Das Nebengewerbe des land- und forstwirtschaftlichen Unternehmens wird nach III im Hinblick auf I und II wie ein selbstständiges behandelt. Ist es also seinerseits ein land- oder forstwirtschaftliches, dann ist § 1 II unanwendbar, auch wenn es für sich nach Art und Umfang eine kfm Einrichtung erfordert (III iVm I). Anderseits ist der Unternehmer insoweit KannKfm, er hat also jeweils völlig selbstständige Eintragungs- und Löschungsoptionen für das Nebengewerbe und für das Hauptgewerbe (III iVm II). Das gilt konsequent nicht nur, wenn der Land- oder Forstwirt es für das land- oder forstwirtschaftliche Hauptunternehmen bei I belassen hat, sondern auch, wenn er insoweit für Eintragung optiert hat. 11

C. **Rechtsnachfolger:** Die Grundsätze zu II gelten auch für III (s Rn 9). Wird der Nebenbetrieb allein veräußert oder führt Rechtsnachfolger den Hauptbetrieb nicht fort, entfällt III, die KfmEigenschaft des Erwerbers bestimmt sich allein nach §§ 1, 2 II. Werden Haupt- und Nebenbetrieb zusammen erworben, ist der Rechtsnachfolger grundsätzlich an die für den Nebenbetrieb ausgeübte Wahl des Vorgängers gebunden, anders auch hier, wenn er die Firma nicht fortführt, str (s Rn 9). 12

5) Die Rechtsstellung der nicht eingetragenen Land- und Forstwirte im Übrigen (Verweisung)

§ 3 behandelt die Rechtsstellung des Land- oder Forstwirts nur in bestimmter Hinsicht, nämlich Ausnahme von § 1 II (I), Rechtsstellung des Land- oder Forstwirts nach Eintragung sowie Eintragungsoption (II iVm § 2) und selbstständige Behandlung von Haupt- und Nebengewerbe (III), dagegen nicht seine Rechtsstellung im Übrigen. Zu dieser letzteren s § 2 Rn 12 mwN. 13

4 *(aufgehoben)*

[Kaufmann kraft Eintragung]

5 Ist eine Firma im Handelsregister eingetragen, so kann gegenüber demjenigen, welcher sich auf die Eintragung beruft, nicht geltend gemacht werden, daß das unter der Firma betriebene Gewerbe kein Handelsgewerbe sei.

§ 5 1, 2   I. Buch. Handelsstand

Übersicht

1) Kaufmann kraft Eintragung (§ 5) 1–8
   A. Normzweck, Anwendungsbereich 1
   B. Voraussetzungen 3
   C. Rechtsfolgen der Eintragung 4
   D. Wirkung für und gegen alle 6
   E. Beginn und Ende der Kaufmannseigenschaft nach § 5 7
   F. Andere Rechtsgrundlagen 8
2) Rechtsscheinkaufmann (Rechtsscheinhaftung) 9–18
   A. Die Lehre von der Rechtsscheinhaftung 9
   B. Rechtsscheingrundlage 10
   C. Zurechenbarkeit 11
   D. Schutzbedürftigkeit 12
   E. Kausalität des Rechtsscheins 13
   F. Wirkung des Rechtsscheins 14
   G. Beginn und Ende der Rechtsscheinswirkung 17
   H. Haftung wie ein Kaufmann aus anderem Rechtsgrund 18

1) Kaufmann kraft Eintragung (§ 5)

1   A. **Normzweck, Anwendungsbereich: a) Normzweck:** Das HdlReg genießt **öffentlichen Glauben,** allerdings ohne rechtliche Richtigkeitsvermutung und mit beschränkter Wirkung (§ 15 Rn 1). Für besonders wichtige Eintragungen, welche eine Person (oder Ges) in das Register aufnehmen und dadurch als Kfm (HdlGes) ausweisen, genügt das dem Gesetzgeber nicht. § 5 idF HRefG 1998 schützt diese Eintragungen besonders nachdrücklich gegen Anzweiflung: Im HdlReg **eingetragene Gewerbetreibende** gelten **unwiderlegbar** als **Kaufleute** iSv § 1 I, II. Der Streit, ob sie mit Eintragung nach § 5 Kflte iSd HGB sind (andere Behandlung im Strafverfahren bleibt auch dann möglich, str, s Rn 6), MüKo/K. Schmidt 10, Heymann/Emmerich 1 a, oder bloße FiktivKflte, so Canaris § 3 Rn 52, ist ohne große Bedeutung, praktische Folgen sollten davon nicht abhängig gemacht werden. Missverständlich ist jedenfalls Bezeichnung als „ScheinKfm", BGH **32**, 307; der Kfm kraft Rechtsschein fällt nicht unter § 5, s Rn 9. Normzweck des § 5 ist nicht Schutz gutgläubiger Dritter, sondern objektive Rechtssicherheit, BGH NJW **82**, 45; § 5 ist also **keine Rechtsscheinvorschrift,** hL. Auch mit § 15 hat § 5 nichts zu tun (s aber Rn 8). Im Rahmen des § 5 wirkt die (vom Registergericht nach Prüfung, § 8 Rn 6–10, verfügte) unrichtige Eintragung wie eine (konstitutive, KfmEigenschaft begründende) richtige (zB nach §§ 2, 3 II). Das Registergericht selbst ist nicht gebunden, es kann und muss (auf Antrag oder von Amts wegen) die Eintragung löschen (s **(3)** FamFG § 395), wenn es sie als unrichtig erkennt, zB bei einem zum Kleingewerbe herabgesunkenen Unternehmen, LG Nürnb DB **77**, 252, s dazu aber die Streitfragen unter §§ 2, 3 (§ 2 Rn 6 ff, § 3 Rn 8).

2   **b) Anwendungsbereich: § 5** steht hinter §§ 1–4 und greift dann ein, wenn der Unternehmer nicht schon nach diesen Vorschriften Kfm ist. Infolge von §§ 2 I, 3, 105 II nF ist seine Bedeutung geringer geworden, aber keineswegs nur noch ganz gering, Hopt/Mössle/Schmitt 149, Lieb NJW **99**, 36, R. Schmitt HRefG S 95, Rö/Röhricht 11, Canaris § 3 Rn 49 („zentrale Rolle"), aA MüKo/K. Schmidt ZHR 163 **(99)** 96, JZ **03**, 588. Bei Eintragung eines Kfm nach **§ 1 II** ohne Anmeldung nach § 29 ist das materiellrechtlich richtig, also kein Fall von § 5 und keine Amtslöschung. Ist der Kleingewerbebetreibende nach §§ 2, 3 eingetragen, greift bereits **§ 2 Satz 1.** Der Anwendungsbereich von § 5 ist größer oder kleiner je nachdem, ob § 2 Satz 1 bei Eintragung ohne oder wirksamen Antrag nach § 2 Satz 2 nicht anwendbar ist, oder doch, sehr str, § 2 Rn 3 ff, § 3 Rn 6 ff. Entsprechendes gilt für **§ 3,** also Unanwendbarkeit von § 2 I. Wird Land- oder Forstwirt versehentlich ohne Antrag eingetragen, gilt § 5, hL, zurückhaltend Canaris § 3 Rn 54. § 5 bedeutet nichts

1. Abschnitt. Kaufleute 3–5 § 5

für diejenigen Ges (GmbH, AG, KGaA, eG, EWIV), die eben durch die Eintragung im HdlReg bzw GenReg auch ohne ein HdlGewerbe entstehen und FormKflte iSv § **6** sind (§ 6 Rn 6) oder werden (§§ 13 III GmbHG, 3 I, 278 III AktG, 17 II GenG, § 1 Halbs 2 EWIVAG). § 5 geht § **15** und der allgemeinen Rechtsscheinhaftung (s Rn 9) vor.

Auf jeden Fall erfasst § 5 auch nach dem HRefG nur solche Unternehmen, die einen **Gewerbebetrieb** betreiben (s Rn 5). Das schließt unter § 5 eine generelle **Analogie** auf Nichtgewerbetreibende wie Kleingewerbetreibende und Freiberufler aus, stRspr, hL, (der Sache nach) BGH **33**, 313, Canaris § 3 Rn 56, zweifelnd Ko/Ro/Mo/Roth 9, auch wenn dies rechtspolitisch wünschenswert sein mag. Vorsichtige einzelne Analogien bleiben möglich (§ 1 Rn 10), so MüKo(1. Aufl)/Lieb 5 für eingetragene BesitzGes, falls deren Gewerbetätigkeit verneint wird (§ 1 Rn 18).

B. **Voraussetzungen: a) Eintragung** (nicht auch Bekanntmachung, aber 3 § 15 I, dort Rn 5) einer Firma im HdlReg (§§ 17 ff), also Eintragung von EinzelKfm, OHG oder KG. Allein Tatsache der Eintragung ist entscheidend, nicht dass jemand zu Unrecht eingetragen ist, zB auf Antrag eines Dritten oder sonst versehentlich durch das Registergericht, (s auch Rn 2). Ob die eingetragene Firma zulässig ist, spielt keine Rolle.

b) Gewerbebetrieb der Person oder Ges (näher Rn 6). Kleingewerbe oder freier Beruf (§ 1 Rn 19) genügt nach dem eindeutigen Wortlaut nicht, BGH **32**, 313, hL, Rö/Röhricht 13, Heymann/Emmerich 3, aA § 5 korrigierend: jedes Unternehmen, MüKo/K. Schmidt 23 f, K. Schmidt ZHR 163 **(99)** 97; Analogiefrage s Rn 2. Auch Land- und Forstwirte betreiben ein Gewerbe (§ 3 Rn 3).

c) Keine weiteren Voraussetzungen, insbesondere nicht die besonderen Voraussetzungen der Rechtsscheinhaftung wie Zurechenbarkeit, Schutzbedürftigkeit und Kausalität (s Rn 9 ff). Auch Gutgläubigkeit ist nicht Voraussetzung, Kenntnis von Fehleintragung schadet nicht (s Rn 1, 6), hL, BGH NJW **82**, 45, mißverständlich noch BGH **22**, 239; Grenze: Rechtsmissbrauch, §§ 242, 138, 826 BGB. **Personenidentität** des Eingetragenen und des wirklichen Betreibers ist kein eigenes Tatbestandsmerkmal in § 5 (anders § 3 III: Einheit der Inhaberschaft, dort Rn 10), vielmehr fehlt es dann am Betreiben des Gewerbebetriebs (s Rn 5).

C. **Rechtsfolgen der Eintragung:** § 5 betrifft die objektive Rechtslage, ist 4 also (bei entsprechendem Vortrag im Zivilprozess) **von Amts wegen** zu berücksichtigen, also keine Einwendung im technischen Sinn, Wortlaut („geltend machen") ist insoweit missverständlich.

a) Ausgeschlossene „Einwendungen": Der nach § 5 eingetragene Gewerbetreibende (auch wenn geschäftsunfähig, s Rn 5) kann nicht einwenden, das Gewerbe verlange keine kfm Einrichtung und sei somit **kein Handelsgewerbe** (§ 1 II), er sei ohne seine Anmeldung (§§ 29, 106) oder ohne Antrag nach §§ 2 S 2, 3 II, III, 105 II 2, 161 eingetragen worden, kurz: er sei nicht oder nicht mehr Kaufmann, OHG oder VermögensverwaltungsGes iSv § 105 II, letzteres str, Schön DB **98**, 1175. Vor dem HRefG war weiter ausgeschlossen die Einwendung, der Eingetragene sei nur MinderKfm und entspr die eingetragene Ges sei nicht OHG oder KG, sondern nur GbR (§ 4 I, II aF).

b) Nicht ausgeschlossene „Einwendungen": Alle sonstigen Einwendungen (untechnisch, s Rn 4) werden von § 5 nicht ausgeschlossen, zB dem Eingetragenen mangele es an der Geschäftsfähigkeit und das Geschäft sei deshalb nichtig, aber die spezielle Wirkung von § 5 (s Rn 4) greift auch gegenüber Minderjährigen und Geschäftsunfähigen ein (aber ohne Ersetzung der notwendigen Zustimmung), Ko/Ro/Mo/Roth 8, str (ebenso wie bei § 15 I, § 15 Rn 6; anders bei Rechtsschein, § 5 Rn 11, § 15 Rn 19; s auch § 1 Rn 30); das betref-

Hopt 67

fende Rechtsgeschäft sei unwirksam; der nach § 5 Eingetragene **betreibe** überhaupt **kein Gewerbe** (nicht oder nicht mehr oder noch nicht) und sei deshalb nicht Kfm, OHG oder KG, BGH **32**, 313, BAG ZIP **87,** 1447 (§ 105 Rn 2 ff), aA K. Schmidt ZHR 163 **(99)** 97 (s Rn 2). Abgrenzung des Gewerbebegriffs wie in § 1 II (§ 1 Rn 11); irgendeine Veranstaltung, die auf einen Gewerbebetrieb schließen lässt, genügt für § 5 nicht, str. Vermögensverwaltung s Rn 5. Am Gewerbe fehlt es auch, wenn die eingetragene Gesellschaft nicht oder nicht mehr besteht oder wenn es sich um bloße Scheingesellschaft handelt (§ 105 Rn 98). Unberührt bleiben auch Mängel des GesVertrags, die mit der Eintragung in das HdlReg nichts zu tun haben, Heymann/Emmerich 9 a, aber uU fehlerhafte Ges (§ 105 Rn 75). Am Betreiben eines Gewerbe fehlt es, wenn der Eingetragene es nicht oder nicht mehr selbst betreibt (§ 1 Rn 30), Düss NJW-RR **95**, 93, zB Treugeber, Erbe, wenn Testamentsvollstrecker Treuhandlösung wählt (§ 1 Rn 42), aber s Rn 2.

6   D. **Wirkung für und gegen alle: a)** § 5 gilt (anders als die Vorschriften zum Schutz Dritter, zB § 15, s Rn 8) **für und gegen alle,** BGH NJW **82,** 45, zB auch zugunsten des Eingetragenen gegen Dritte, zugunsten eines Gfters gegen seine MitGfter; ohne Rücksicht auf Gut- und Bösgläubigkeit (s Rn 3); ohne dass sich der Dritte besonders darauf „beruft" (s Rn 4, insoweit missverständlich), str.

b) § 5 gilt **im Geschäftsverkehr** und insoweit **auch im Prozess.** § 5 gilt aber auch für Haftung aus **unerlaubter Handlung** (für EinzelKfm kaum bedeutend, aber im Falle einer Ges hängt davon § 31 BGB ab, falls nicht auch auf GbR angewandt, § 124 Rn 25), Geschäftsführung ohne Auftrag und **ungerechtfertigter Bereicherung** dann, wenn sie im Geschäftsverkehr erfolgt sind (zB unlauterer Wettbewerb, Bereicherung durch Zuviellieferung), sonst nach üL nicht (zB bei Kfz-Unfall, Irrläuferzahlung); ähnlich Abgrenzung bei § 15 (dort Rn 8). Gegen Erstreckung auf reinen Unrechtsverkehr (ohne rechtsgeschäftliche Beziehung) Rö/Röhricht 31, üL, weitergehend K. Schmidt § 10 III 3 b, Hopt/Mössle/Schmitt 158, Grund: keine Rechtsscheinvorschrift.

c) § 5 gilt **nicht im öffentlichen Recht.** §§ 238 ff gelten für den zu Unrecht nach § 5 Eingetragenen nicht (§ 238 Rn 7), üL, aA Staub/Hüffer § 238 Rn 8. **Registergericht** prüft von Amts wegen, § 5 hindert es also nicht zu berichtigen (s Rn 1). § 5 gilt auch nicht im Straf- und Ordnungswidrigkeitenrecht (zB bei Prüfung der Anwendbarkeit von §§ 283 ff StGB) und im Steuerrecht, auch nicht für IHK-Umlage, Rö/Röhricht 40, str. Andere Rechtsgrundlagen als § 5 s Rn 8.

d) § 5 ist **nicht zwingend,** alle Beteiligten können sich vertraglich darauf einigen, dass der Eingetragene nicht als Kfm zu behandeln ist.

7   E. **Beginn und Ende der Kaufmannseigenschaft nach § 5:** § 5 gilt für alle Rechtsverhältnisse, die (nach üL im Geschäftsverkehr, s Rn 6) begründet werden, **während die unrichtige Eintragung besteht,** nicht für vorher begründete (Bsp: Geschäft mit X, der sich als Kfm aufführt, aber erst später in das HdlReg eingetragen wird), nicht für später begründete (Bsp: NichtKfm X war zu Unrecht vorher im Register eingetragen, im Zeitpunkt des Geschäftsschlusses aber gelöscht). Eintragung und Löschung wirken nicht ex nunc.

8   F. **Andere Rechtsgrundlagen:** Wo § 5 versagt (Vorrang, s Rn 2), können die Regeln über den **Rechtsschein** (s Rn 9) und über die **Publizität des Handelsregisters** (§ 15 Rn 16) gutgläubige Dritte schützen (Bsp: X, der kein Gewerbe betreibt, veranlasst seine Eintragung in das HdlReg: er haftet gutgläubigen Dritten wie ein Kfm). § 15 I bei fehlender Bekanntmachung s Rn 3.

2) Rechtsscheinkaufmann (Rechtsscheinhaftung)

9   A. **Die Lehre von der Rechtsscheinhaftung:** Die Eigenschaft als Kfm oder das Bestehen einer HdlGes kann auch anders vorgetäuscht werden als durch

1. Abschnitt. Kaufleute   10 § 5

(unrichtige) Eintragung im HdlReg, zB durch Äußerungen kfm Art an die Öffentlichkeit (zB Anzeigen unter Bezeichnung als Kfm, Firmenführung), durch Eröffnen und Unterhalten eines kfm Geschäftsbetriebes, durch entsprechende Äußerungen gegenüber einzelnen, BGH **17,** 14. Die Rspr hat für solche Fälle ursprünglich den Satz aufgestellt: Der ScheinKfm muss gegenüber gutgläubigen Dritten den Schein als echt gelten, sich also als Kfm behandeln lassen (zB Gültigkeit der mündlichen Bürgschaftserklärung nach § 350, Hbg JW **27,** 1109); enger Limbach ZHR 134 **(70)** 289. Dieser Satz ist aber so nicht richtig; er ist teils zu eng, teils zu weit. An die Stelle der Rspr des RG zum ScheinKfm und der Lehre von der „Erklärung an die Öffentlichkeit" ist heute die Lehre von der **Rechtsscheinhaftung** getreten. Diese ist Teil der Vertrauenshaftung und hat heute eine erhebliche Bedeutung im gesamten Hdl- und Privatrecht (vgl Rn 10), hL, wird aber für das bürgerliche Recht zT bestritten bzw eingeschränkt, zB Flume § 49.4: bei Anscheinsvollmacht nur Haftung auf das negative Interesse (aber §§ 170 ff BGB; Überbl 6 v § 48). Verwandte spezielleren Normen, die der allgemeinen Rechtsscheinhaftung vorgehen, sind zB Publizität des HdlReg (§ 15), fehlerhafte Ges (§ 105 Rn 75), nicht eingetragene KG (§ 176); keine Rechtsscheinvorschrift ist § 5 (oben Rn 1). Tatbestandsvoraussetzungen der Rechtsscheinhaftung sind

a) Rechtsscheingrundlage, s Rn 10,

b) Zurechenbarkeit des Rechtsscheins, s Rn 11,

c) Schutzbedürftigkeit des auf den Rechtsschein vertrauenden Dritten, s Rn 12,

d) Kausalität des Rechtsscheins für ein geschäftliches Verhalten des Dritten, s Rn 13. Lit: Canaris, Vertrauenshaftung, 1971 (grundlegend), ders § 6; Altmeppen 1994 (Disponibilität); von Olshausen FS Raisch **95,** 147 (ScheinKfm); Herresthal JZ **06,** 700.

B. Rechtsscheingrundlage (auch Rechtsscheinbasis, -tatbestand uä) kann **10** ein objektiver Vertrauenstatbestand unterschiedlichster Art sein, ausdrücklich oder konkludent, in Worten oder Taten, aber bei der Annahme von Rechtsscheintatbeständen ist Zurückhaltung geboten, Rö/Röhricht Anh § 5 Rn 5. Vertrauensschutz gegen den Registerinhalt, zB bei ständiger Geschäftsverbindung, s § 15 Rn 15. Bspe: Duldungs- und Anscheinsvollmacht (Überbl 5 vor § 48, § 54 Rn 3); Auftreten eines NichtKfm, zB Kleingewerbetreibender oder Freiberufler (§ 1 Rn 53, 20), als Kfm, zB indem man sich selbst so bezeichnet, etwa mit Briefkopf „e. K." wie nach § 19 I (aber uU fehlt es am Sichverlassenkönnen, s Rn 12), Rö/Röhricht Anh § 5 Rn 11, MüKo/K. Schmidt Anh § 5 Rn 18, sowie umgekehrt Auftreten eines Kfm als NichtKfm, zB bei Nichtführung von „e. K.", R. Schmitt HRefG S 214, Ebenroth/Kindler 89, Ko/Ro/Mo/Roth § 15 Rn 47, aA Canaris § 6 Rn 19; durch Erteilung einer „Prokura"; durch unzulässige, irreführende Firmenführung (§§ 17 ff), aber nicht bei bloß firmenähnlichen Bezeichnungen, die jedenfalls heute auch NichtKflten offen stehen; durch sonstiges Erwecken des Anscheins eines HdlGewerbes, was nicht ohne weiteres in einem Geschäftsbetrieb mit einer nicht notwendigen kfm Einrichtung liegt, str, Canaris § 6 Rn 16, vgl Rö/Röhricht Anh 5 Rn 9; Auftreten von Gftern einer GbR unter der Firma einer KG, BGH **61,** 59, NJW **80,** 784; Fortführung einer KG als GbR s § 105 Rn 6, 7; Auftreten als Vertreter für oder Gfter von tatsächlich nicht existierender oder auch nicht unbeschränkt haftender Ges, BGH NJW **91,** 2627, **96,** 2645, nach aA § 179 BGB analog; Scheinsozietät, BGH WM **08,** 1136. Vertreterhandeln des GmbHGeschäftsführers ohne Zeichnung mit GmbHZusatz (zT schon vor § 19 V aF), BGH **64,** 11, NJW **81,** 2569, **91,** 2627 mAnm Canaris, **07,** 1529, außer bei telefonischen oder mündlichen Abschlüssen, die im Verkehr ohne solche Zusätze erfolgen, BGH NJW **81,** 2570,

§ 5 11, 12 I. Buch. Handelsstand

96, 2645, ebenso allgemeiner bei Vertreterhandeln ohne vorgeschriebene Zusätze der GesForm, Rö/Röhricht Anh § 5 Rn 23, Rechtsscheinhaftung entspr § 179 BGB (Weglassung des Formzusatzes nach § 4 GmbHG) begründet keine Organmithaftung, BGH NJW **96,** 2645, **07,** 1529 m Anm Kindler 1785, krit Altmeppen ZIP **07,** 889, Schanze NZG **07,** 533, so auch für AuslandsGes (nach BGH nicht GesStatut; EG-Niederlassungsfreiheit s Einl 29 v § 105). Unterlassung der Anmeldung durch Kfm nach §§ 1 II, 29 trug bisher nur § 15 I; aber § 19 II und I haben § 19 V aF verallgemeinert, das spricht zB bei Weglassung des „e. K." in der Firma des EinzelKfm für Rechtsscheinhaftung als ScheinNichtKfm (Übergangsrecht: **(1)** EGHGB Art 38, 39), Ko/Ro/Mo/Roth § 15 Rn 47, R. Schmitt HRefG S 214 ff, offen Lieb NJW **99,** 36, vgl § 15 Rn 15. **Nicht** oder nur bei Hinzutreten weiterer Umstände: aufwändige Briefköpfe mit mehreren Telefonnummern oder Geschäftskonten, Eintragung in Branchenverzeichnis, Teilnahme am Wechselverkehr, Grund: steht auch NichtKflten offen.

11 C. **Zurechenbarkeit** des Rechtsscheins bedeutet Einstehenmüssen für einen gesetzten Rechtsschein. Zurechenbar ist der Rechtsschein dem, der ihn (durch Tun oder pflichtwidriges Unterlassen) gesetzt hat. Ein Verschulden ist, anders als bei der Schadensersatzhaftung, nicht erforderlich, vielmehr genügt, dass es objektiv (nicht notwendig für den Handelnden) vorhersehbar war, dass ein bestimmtes Handeln bei Dritten bzw im Verkehr den Rechtsschein erwecken würde; BGH NJW **62,** 2196 (Vollmacht). Nur bei Unterlassen kommt es auf einen Sorgfaltspflichtverstoß an, BGH **5,** 116 (Vollmacht), NJW **56,** 1673, MDR **76,** 752. Das Verhalten von Mitarbeitern ohne Vertretungsmacht ist nicht ohne weiteres zurechenbar, aber bei Kennen und Dulden oder Mangel zumutbarer Organisation; vgl zur Duldungs- und Anscheinsvollmacht Überbl 5 vor § 48, § 54 Rn 3. Die Zurechenbarkeit wird durch einen Irrtum des Handelnden nicht berührt; das den Rechtsschein begründende Verhalten wird ihm auch bei willensunabhängig zugerechnet, sondern ist im Interesse des Geschäftsverkehrs (jedenfalls im HdlRecht) **nicht wegen Irrtums anfechtbar,** zB wenn der NichtKfm glaubte, er sei wirklich Kfm. Der Rechtsschein kann also nicht rückwirkend beseitigt werden, hL, Rö/Röhricht Anh § 5 Rn 30, allgemeiner Canaris § 14 Rn 25 (für Vollmachten zu Rechtsgeschäften mit unbestimmter Personenvielzahl, dann selbst bei arglistiger Täuschung), aA Ko/Ro/Mo/Roth § 15 Rn 61: Anfechtung nach § 123 BGB, nicht nach §§ 119 ff BGB. Anfechtung scheidet aber nur soweit aus, als der Rechtsscheintatbestand reicht, Anfechtung aus anderen, ebenfalls vorliegenden Gründen bleibt unberührt (zB § 346 Rn 33, § 366 Rn 6). Dagegen schließen **Geschäftsunfähigkeit** und beschränkte Geschäftsfähigkeit die Rechtsscheinhaftung aus, BGH NJW **77,** 623 (Vollmacht), Stgt MDR **56,** 673, aA K. Schmidt § 10 VIII 3 a bb (ebenso § 15 Rn 19; anders oben Rn 5, § 15 Rn 6), der Schutz des Geschäftsunfähigen ist wie auch sonst stärker als der Schutz des gutgläubigen Verkehrs (vgl auch für die fehlerhafte Ges § 105 Rn 84). Das Rechtsscheinverhalten des gesetzlichen Vertreters wird aber zugerechnet. Davon zu unterscheiden ist Geschäftsunfähigwerden des Vertreters und Zurechnung an den (geschäftsfähigen) Vertretenen, BGH **115,** 81 mit problematischer Differenzierung, krit Lutter/Gehling JZ **92,** 155, auch Ko/Ro/Mo/Roth § 15 Rn 53.

12 D. **Schutzbedürftigkeit** des auf den Rechtsschein vertrauenden Dritten setzt dessen **Gutgläubigkeit** voraus. Darauf beschränkt handelt es sich um ein subjektives Tatbestandsmerkmal. Dem Dritten schadet entweder nur Kenntnis der wahren, den Rechtsschein abgebenden Umstände (zB § 15, s dort Rn 8) oder wie idR auch fahrlässige Unkenntnis, BGH NJW **58,** 2062, WM **76,** 74, NJW **82,** 1513 (Vollmacht), vgl auch Saarbr NZG **09,** 22 („bewusst und bekannt sein musste"). Der Streit, ob nur grobe, so K. Schmidt § 10 VIII 3 b aa, oder (so zutreffend) schon leichte Fahrlässigkeit Bösgläubigkeit darstellen kann, ist eher theoretisch. Entscheidend ist, dass der Dritte idR keine Nachforschungspflicht hat, BGH NJW **87**, 3126, WM **92**, 1392; anders bei entsprechendem Umfang und Bedeutung des Geschäfts, BGH Warn **70**, 51, bei Anlass zu Zweifeln, Hamm NJW-RR **95**, 419, je nachdem auch wenn der Vertrauenstatbestand länger zurückliegt und Änderungen nahe liegen, Canaris § 6 Rn 71; auch Aufwand und Zeit für Nachforschung spielen eine Rolle. Mangels Nachforschungspflicht schadet auch nicht Unterlassen der HdlRegEinsicht, auch wenn das HdlReg den Sachverhalt richtig wiedergibt, zB bei Änderungen im Rahmen einer seit längerem bestehenden Geschäftsverbindung (vgl § 15 Rn 15), Rö/Röhricht Anh § 5 Rn 32. Der Dritte kann also außer in Evidenzfällen im Verkehrsinteresse der Schein für Sein nehmen. Die **Beweislast** liegt wie auch in anderen Fällen des Gutglaubensschutzes idR bei dem, der den guten Glauben bestreitet, Canaris § 6 Rn 72: Vermutung.

E. **Kausalität des Rechtsscheins:** Der Dritte muss den Rechtsschein **kennen** 13 **und sich** bei seinem geschäftlichen Verhalten **auf den Rechtsschein verlassen haben,** BGH BB **76**, 902, WM **81**, 172 (Vollmacht), **LM** § 167 BGB Nr 13 gegen Nr 10, Düss NZG **09**, 315. Der Rechtsschein muss zurzeit des geschäftlichen Verhaltens des Dritten noch bestanden haben; zB Vertragsschluss mit dem Scheinbevollmächtigten, BGH NJW **62**, 1003. Der Dritte muss idR die Tatsachen kennen, aus denen sich der Rechtsschein ergibt, BGH NJW **56**, 460; es genügt, wenn ihm andere die allgemeine Überzeugung entspr dem Rechtsschein mitteilen, BGH NJW **62**, 1003 (Vollmacht); klare Vorstellungen über die Rechtslage sind unnötig, BGH **61**, 64. Die Kenntnis von dem Rechtsschein und die Ursächlichkeit des Rechtsscheins für sein Verhalten sind vom Dritten zu beweisen, wenn der Rechtsschein nicht durch öffentliche Kundgebung, sondern durch das Verhalten gegenüber dem Getäuschten geschaffen wurde; BGH **17**, 18, **22**, 238, str, aA Beweislast bei dem, der die Kausalität bestreitet, Canaris § 6 Rn 77. Jedoch dürfen die Anforderungen an den Beweis nicht überspannt werden, BGH WM **60**, 1329, uU gilt tatsächliche Vermutung, BGH **17**, 19. Kenntis und Kausalität können aber von Rechts wegen **typisiert** sein, so im Interesse des Verkehrsschutzes bei bestimmten „starken" Rechtsscheintatbeständen, dann grundsätzlich Umkehr der **Beweislast,** str. So genügt etwa für § 15 I, III die Tatsache der Eintragung im HdlReg; nicht notwendig ist, dass der Dritte das HdlReg eingesehen und in Kenntnis der Eintragung gehandelt hat (§ 15 Rn 9, 21). Der Gegenbeweis der Nichtursächlichkeit sollte trotzdem möglich bleiben, ist aber tatsächlich kaum zu führen. Ebenso liegt bei Rechtsscheinhaftung wegen unterlassenen Hinweises auf die Haftungsbeschränkung (Rechtsformzusatz bei GmbH, heute allgemeiner § 19 II) der schwierige Nachweis der Kausalität grundsätzlich bei dem, der den Rechtsschein gesetzt hat, BGH **64**, 19, NJW **81**, 2569.

F. **Wirkung des Rechtsscheins: a) Gleichstellung von Rechtsschein und** 14 **Wirklichkeit:** Die Rechtsscheinhaftung bewirkt, dass sich derjenige, der den Rechtsschein zurechenbar gesetzt hat, dem gutgläubigen Dritten gegenüber, der sich bei seinem geschäftlichen Verhalten auf den Rechtsschein verlassen hat, nicht auf die Rechtslage berufen kann. Die Wirkung des Rechtsscheins richtet sich in ihrem Umfang positiv nach dem Vertrauenstatbestand, der Dritte ist also nicht auf den bloßen Vertrauensschaden (negatives Interesse) beschränkt, zT str (Anscheinsvollmacht s Rn 9). Die Wirkung kann auch auf gesamtschuldnerische Haftung gehen, sie ist keine subsidiäre Haftung für den wirklichen Unternehmensträger (zB bei Weglassung des GmbHZusatzes), BGH NJW **90**, 2679, **91**, 2628, **98**, 2897. Der RechtsscheinKfm muss sich wie ein Kfm nach HGB behandeln lassen, zB Prokura (§ 48), HdlVollmacht (§ 54), HdlGeschäfte einschließlich zB §§ 348–350, 352, 353, 354 a, 369, 373 ff, 377, also auch bezüglich der Vorschriften, die nach (bisher) hL nicht auf kaufmannsähnliche Personen angewandt werden können (§ 1 Rn 10), erst recht alle anderen analogiefähigen

Vorschriften des HGB (§ 1 Rn 10). Bei Scheinsozietät Haftung nur für anwaltstypische Tätigkeit, nicht bei PC-Kauf, BGH WM **08,** 1136.

15 **b) Wahlrecht des Dritten:** Der Rechtsschein wirkt **nur für, nicht gegen den gutgläubig Vertrauenden,** str. Die ältere Formulierung (Staub): „Wer als Kfm auftritt, gilt als Kfm", ist aufgegeben. Der Dritte darf den entlarvten RechtsscheinKfm als NichtKfm behandeln, der er ist; der RechtscheinKfm darf nicht auf Anwendung von KfmRecht bestehen, weil der Dritte mit ihm als Kfm kontrahiert habe, RG **89,** 163, BGH **17,** 16, **36,** 278, WM **90,** 638 (zu § 15 III, dort Rn 22). – Vertragsauslegung kann aber im Einzelfall, etwa wenn zwar beide Teile von KfmEigenschaft ausgingen, aber auf jeden Fall die ihnen bekannten Rechtsfolgen herbeiführen wollten, etwas anderes ergeben. Bei der Wahl kann der Dritte sich nicht teils Rechtsscheinsfolgen, teils Rechtsfolgen der wahren Rechtslage herauspicken, vielmehr muss er sich für das eine oder das andere entscheiden, Rö/Röhricht Anh § 5 Rn 42. Entscheidet er sich für Rechtsschein, hat der RechtsscheinKfm die Rechte eines Kfm bzw haftet wie Kdtist nur beschränkt; ihm diese Rechte generell zu versagen, wenn er den Rechtsschein vorsätzlich herbeigeführt hat, so Staub/Brüggemann Anh § 5 Rn 44 (Verwirkung), geht zu weit, doch kann bei Arglist Verschulden bei Vertragsverhandlungen oder Delikt vorliegen. Das Wahlrecht kann auch konkludent ausgeübt werden, einmal ausgeübt (in Kenntnis der wahren Rechtslage) ist die Wahl bindend. Das Wahlrecht des Dritten **entfällt** typisiert in bestimmten Rechtsscheinsfällen, die idR von besonderer Verkehrserheblichkeit sind, zB bei Anscheinsvollmacht jedenfalls im Hdl- und Berufsverkehr (Überbl 6 vor § 48), Bestätigungsschreiben (§ 346 Rn 16), Schweigen des Kfm auf Anträge (§ 362 Rn 5).

16 **c) Grenzen der Rechtswirkung: (1)** Der Rechtsschein wirkt nicht zu Lasten von **Geschäftsunfähigen** (s Rn 11). **(2)** Im Übrigen kann nicht gesagt werden, dass sich **zwingendes Recht** immer gegen die Rechtsscheinhaftung durchsetzt, aA (außer bei Rechtsmissbrauch oder Verschulden bei Vertragsverhandlungen), Staub/Brüggemann Anh § 5 Rn 45; aber auch nicht umgekehrt, dass die Rechtsscheinwirkung immer den Vorrang hat, K. Schmidt § 10 VIII 4 a. Aus dem HRefG allgemein (Eintragungsoption für Kleingewerbetreibende) ergibt sich für letzteres (speziellere Schutzfrage) nichts, aA Ko/Mo/Roth § 15 Rn 59. Vielmehr kommt es wie auch sonst auf Sinn und Zweck der jeweiligen zwingenden Schutznorm an, Rö/Röhricht Anh 5 Rn 44. **(5)** AGBG § 24 aF galt auch zu Lasten des RechtsscheinKfm, üL. Klage gegen ScheinOHG (Parteifähigkeit einer solchen GbR) ist möglich, Canaris, Vertrauenhaftung 170, ders § 6 III 3 a, aA BGH **61,** 69. Gerichtsstandsvereinbarung eines RechtsscheinKfm nach § 38 ZPO wird für wirksam gehalten, Ffm BB **74,** 1367, zögernd K. Schmidt § 10 VIII 4 a, fraglich. §§ 238 ff gelten für den RechtsscheinKfm nicht (§ 238 Rn 7), wohl hL. **(3)** Der Rechtsschein wirkt nur soweit, wie das Vertrauen reicht (Kausalität, s Rn 13), das führt zu einer Begrenzung auf den **Geschäftsverkehr,** vgl § 15 Rn 8, 22, bloßer Unrechtsverkehr genügt nicht, hier auch K. Schmidt § 10 VIII 4 c (aber für § 5 oben Rn 6). **(4)** Der Rechtsschein wirkt nicht zu Lasten **unbeteiligter Dritter,** hL, zB außenstehende Dritte, die über § 366 ihr Eigentum oder Pfandrecht verlieren würden, aA Ko/Ro/Mo/Roth Anh § 15 Rn 60 (§ 366 Rn 4), da der Dritte sein Recht auch bei Auftreten des ScheinKfm als Eigentümer nach §§ 932 ff BGB verloren hätte.

17 G. **Beginn und Ende der Rechtsscheinwirkung: a)** Die Rechtsscheinwirkung beginnt, sobald der gutgläubige Dritte sich darauf gutgläubig verlässt (s Rn 13).

b) Die Wirkung des Rechtsscheins **endet** nicht schon mit dem Wegfall des Rechtsscheingrundlage, sondern erst, wenn der Dritte davon oder von Tatsachen erfährt, die den Schein entkräften, oder wenn soviel Zeit verstrichen ist, dass Dritten die erneute Prüfung der wahren Lage zuzumuten ist, BGH **17,** 15, Rö/

Röhricht Anh § 5 Rn 49. Vor Ende des Rechtsscheins begründete Rechtswirkungen bleiben unberührt.

H. **Haftung wie ein Kaufmann aus anderen Rechtsgrundlagen:** Neben der Haftung aus Verursachung des Scheins der KfmEigenschaft kommt Haftung aus anderen Anspruchsgrundlagen, besonders **§ 826 BGB** in Betracht, wenn der ScheinKfm die KfmEigenschaft vorsätzlich zum Schaden Dritter vorspiegelte, zB damit man sich mit seiner mündlichen Bürgschaft zufriedengebe, die nicht gültig ist, wenn er nicht Kfm ist (§ 350). 18

[Handelsgesellschaften; Formkaufmann]

6 (1) **Die in betreff der Kaufleute gegebenen Vorschriften finden auch auf die Handelsgesellschaften Anwendung.**

(2) **Die Rechte und Pflichten eines Vereins, dem das Gesetz ohne Rücksicht auf den Gegenstand des Unternehmens die Eigenschaft eines Kaufmanns beilegt, bleiben unberührt, auch wenn die Voraussetzungen des § 1 Abs. 2 nicht vorliegen.**

Übersicht

1) Handelsgesellschaften als Kaufleute (I) 1–5
  A. Normzweck, Voraussetzungen 1
  B. Rechtsfolgen 4
2) Formkaufmann (II) 6–7

1) Handelsgesellschaften als Kaufleute (I)

A. **Normzweck, Voraussetzungen: a)** I macht das KfmRecht (des HGB) ohne weiteres auf HdlGes anwendbar (Vereinfachung für den HdlVerkehr, § 1 II braucht nicht mehr geprüft zu werden, Einl 5 vor § 1). I hat, obschon durch HRefG 1998 unverändert, über §§ 105 II nF, 161 II (bei Eintragung OHG bzw KG auch ohne Betreiben eines HdlGewerbes) an Bedeutung gewonnen. **Handelsgesellschaften** (PersonenHdlGes und KapitalGes, s Rn 2, 3) sind **OHG, KG** sowie GmbH & Co; **GmbH, AG, SE, KGaA**, deutsche **EWIV** (§§ 105, 161 II; §§ 13 III GmbHG, 3 I, 278 III AktG, Art 9 I c ii SEVO iVm §§ 3 SEEG, 3 AktG, § 1 Halbs 2 EWIVAG, Einl 8 vor § 105; aber § 3 II EWIVAG s Anh § 160 Rn 6). **Nicht** HdlGes sind GbR, Verein, Stiftung, stGes, eG (aber FormKfm, s Rn 6), PartG (ausdrücklich § 1 I 2 PartGG, obwohl weitgehend OHGRecht anwendbar ist), öffentliche Körperschaften; VVaG, dieser unterliegt aber, auch wenn seine Gewerbetätigkeit zu Unrecht (§ 1 Rn 27) mangels Gewinnerzielungsabsicht verneint wird, KGJ **24** A 212, nach § 16 VAG den §§ 8–104, 238–335, 343–475 h HGB, Ausnahme „kleinere Vereine", § 53 VAG, ferner §§ 341 ff; nach § 7 VAG besteht in den meisten Versicherungszweigen Rechtsformzwang, Einl 5 vor § 105). Gesamthandspersonengesellschaften s § 1 Rn 49. Ges, die nicht unter I fallen (§ 1 Rn 49), können aber wie andere Unternehmer direkt unter §§ 1 ff fallen (s Rn 4). 1

b) Personenhandelsgesellschaften: OHG, KG, GmbH & Co KG sind HdlGes grundsätzlich nur, weil und wenn sie ein HdlGewerbe betreiben (§§ 105 I, 161 II) oder im HdlReg eingetragen sind (§§ 105 II nF, 161 II; FormKfm s Rn 6), sonst liegt vor GbR vor. HdlGes kraft Eintragung und kraft Geschäftsbeginn s § 123 I, II; Eintritt in das Geschäft eines EinzelKfm s § 28. Bei der **GmbH & Co** muss die KG (Unternehmensträgerin) selbst, nicht nur die GmbH das HdlGewerbe betreiben, BayOLG NJW **85**, 982, str (Anh § 177 a Rn 1); ist die Unternehmensträgerin nicht Kfm nach §§ 1 ff, kann GmbH & Co GbR vorliegen. 2

§ 7 1

3 **c) Kapitalgesellschaften:** Sie entstehen durch Eintragung und sind dann auch FormKflte (anders VorGes, s Rn 6); ob sie ein HdlGewerbe oder überhaupt ein Gewerbe betreiben, ist irrelevant, zB RechtsanwaltsGes (GmbH), § 59 c BRAO. VorGes können HdlGes nach §§ 1 ff sein (§ 105 Rn 12, Anh § 177 Rn 15). – Auch ausländische KapitalGes, Düss NJW-RR **95**, 1184.

4 B. **Rechtsfolgen: a)** Das KfmRecht des **HGB** gilt nach I für die HdlGes ohne weitere Prüfung. Alle von einer HdlGes vorgenommenen Geschäfte sind HdlGeschäfte (§ 343 I; § 344 gilt insoweit nicht, dort Rn 1). Soweit § 6 nicht vorliegt, können unmittelbar §§ 1 ff vorliegen.

5 **b)** KfmRecht **außerhalb des HGB** gilt für die HdlGes nicht ohne weiteres, I betrifft nur das HGB. Für § 196 I Nr 1, II aF BGB (kurze Verjährung von Ansprüchen für „Gewerbebetriebe") stand eine GmbH, die kein Gewerbe betreibt, nach § 13 III GmbHG Gewerbetreibenden gleich, BGH **49**, 263, **66**, 50 (Olympia-GmbH, Mü).

2) Formkaufmann (II)

6 II idF HRefG 1998 stellt (überflüssigerweise, anders aF wegen MinderKfm, R. Schmitt WiB **97**, 1115) klar, dass ein **Verein,** dem das Gesetz ohne Rücksicht auf den Gegenstand des Unternehmens die Eigenschaft eines Kfm beilegt, dies bleibt, auch wenn § 1 II nicht vorliegt. II besagt nichts darüber, wer Formkaufmann ist, dies tun die einschlägigen Gesetze. **Formkaufmann** iSv II sind: **GmbH, AG, KGaA, eG,** deutsche **EWIV** (§§ 13 III GmbHG, 3 I, 278 III AktG, 17 II GenG, § 1 Halbs 2 EWIVAG, vgl Einl 8–9 vor § 105). Für die EWIV s Anh § 160 Rn 6, MüKo/K. Schmidt 15. Die FormKfmEigenschaft setzt Eintragung im HdlReg bzw GenReg voraus, hL (nicht jede HdlGes ist FormKfm). VorGmbH und andere VorGes sind also nicht FormKfm, aber uU Kfm und HdlGes nach §§ 1 ff (s Rn 3).

7 **Nicht:** VVaG (s Rn 1). **Personenhandelsgesellschaften** (s Rn 3) sind nicht Vereine, also auch nicht FormKfm iSv II, so OHG, KG, auch GmbH & Co KG, weil KG Unternehmensträger ist, nicht die KomplementärGmbH, aA MüKo/K. Schmidt 18, str (s auch Rn 2). Das ist so, auch wenn sie kraft Betreibens eines HdlGewerbes HdlGes sind (§§ 105 I, 161), dann gilt aber I (s Rn 2). Ebenso bei Eintragung nach § 5 oder schon nach §§ 105 II, 161 II (iVm §§ 2, 3 oder als VermögensverwaltungsGes); nach manchen dann auch FormKfm, K. Schmidt NJW **98**, 2166.

[Kaufmannseigenschaft und öffentliches Recht]

7 Durch die Vorschriften des öffentlichen Rechtes, nach welchen die Befugnis zum Gewerbebetrieb ausgeschlossen oder von gewissen Voraussetzungen abhängig gemacht ist, wird die Anwendung der die Kaufleute betreffenden Vorschriften dieses Gesetzbuchs nicht berührt.

Übersicht

1) Normzweck, Anwendungsbereich 1–2
   A. Öffentlichrechtliche Zulassungsvoraussetzungen und HGB 1
   B. Zivilrechtliche Unwirksamkeit 2
2) Prüfung durch die Registergerichte 3–6
   A. Grundsatz 3
   B. Ausnahmen 5

1) Normzweck, Anwendungsbereich

1 A. **Öffentlichrechtliche Zulassungsvoraussetzungen und HGB:** § 7 vereinfacht, ebenso wie §§ 5, 6, den HdlVerkehr (Einl 5 vor § 1; Beschränkung der

Prüfung durch das Registergericht, s Rn 3). Die Anwendbarkeit von HdlRecht und die Eintragung in das HdlReg sind danach nicht von der öffentlichrechtlichen Zulässigkeit des Gewerberbetriebs abhängig. Vorschriften der in § 7 bezeichneten Art sind ua enthalten in: GewO (zB §§ 30, 34 b, 35, 55; auch § 34 c mit MABV, § 93 Rn 18); GaststG; HdwO (§ 1 Rn 26); WaffenG.

B. Zivilrechtliche Unwirksamkeit: § 7 berührt nicht die Frage der zivilrechtlichen Wirksamkeit von Verträgen, zB Nichtigkeit wegen Verstoßes gegen ein gesetzliches Verbot (§ 134 BGB, dazu betr GesVerträge § 105 Rn 83). Die Unwirksamkeit hindert nicht das Vorliegen eines Gewerbes (§ 1 Rn 21). Steht dagegen fest, dass das Gewerbe insgesamt gesetz- oder sittenwidrig ist (zB Drogenhandel, Schmuggel), ist es aber nicht in das HdlReg einzutragen, sondern zu unterbinden (§ 1 Rn 21).

2) Prüfung durch die Registergerichte

A. Grundsatz: a) Das HdlReg sagt über die **öffentlichrechtliche** Zulässigkeit des Unternehmens nichts aus. Die Registergerichte haben insoweit grundsätzlich weder eine Prüfungspflicht noch ein Prüfungsrecht, dies ist vielmehr Sache der zuständigen Behörden, zB Gewerbeaufsicht, BaFin (früher BAKred, BAWe, BAV). Die öffentlichrechtliche Unzulässigkeit des Gewerbes, zB fehlende öffentlichrechtliche Erlaubnis, hindert seine Eintragung in das HdlReg nicht und trägt keine Amtslöschung (§ 8 Rn 12) ihretwegen, KG NJW **58,** 1828, Celle BB **72,** 145, Brschwg Rpfleger **77,** 363, Ffm BB **84,** 13. Bsp: Versteigerererlaubnis iSv § 34 b I GewO, BayObLG **78,** 47. Dieser Grundsatz gilt insbesondere auch für PersonenHdlGes, zB GmbH & Co KG, BayObLG **78,** 47.

b) Erst Recht haben die Registergerichte kein Prüfungsrecht hinsichtlich **privatrechtlicher** Beschränkungen, zB Verstoß gegen handelsrechtliche Wettbewerbsverbote (zB § 86 Rn 26), ganz hL.

B. Ausnahmen: a) Soweit Vorschriften die **Eintragung** bestimmter Tatsachen in das HdlReg **von der Vorlage öffentlichrechtlicher Urkunden abhängig** machen, zB Genehmigungsurkunden, haben die Registergerichte eine Prüfungspflicht, MüKo/Krafka 4. Das gilt nach MoMiG nicht mehr für AG, KGaA, GmbH (§§ 37 IV Nr 5 aF AktG, 8 I Nr 6 aF GmbHG); auch nicht für eG und juristische Personen des § 33, vgl Rö/Röhricht 5; aber zB für Kreditinstitute § 43 I KWG (s **(7)** Bankgeschäfte Rn A/4); VVaG; BauspG, InvG. Eintragung in die Handwerksrolle stand staatlicher Genehmigung nach § 8 I Nr 6 aF GmbH gleich, BGH **102,** 209, Ulmer GmbHG § 8 Rn 20, aA Winkler ZGR **89,** 107. Eine Ausnahme gilt auch hinsichtlich der Firmierung (§§ 18 ff, 29), Heymann/Emmerich 4.

b) Auch ohne besondere Vorschrift soll ganz ausnahmsweise eine Eintragung ausscheiden, wenn ohne Prüfung feststeht, dass der Gewerbetätigkeit ein **evidentes und unbehebbares rechtliches Hindernis** entgegensteht, BayObLG **82,** 158 (aber für Eintragung in Handwerksrolle, s Rn 5), Düss BB **85,** 1933 (ebenso), K. Schmidt § 9 IV 2 b dd, zB bei bestandskräftiger Untersagung jeglicher Gewerbetätigkeit, aA Ffm BB **84,** 14 (Löschung in Handwerksrolle). Aber das führt zu Unsicherheiten im Geschäftsverkehr, durch die Hintertür doch wieder zur Prüfung durch die Registergerichte und dazu, dass dem Dritten fehlende öffentlichrechtliche Erlaubnisse entgegengehalten werden können (zB betreff § 366, s dort Rn 4), MüKo/Krafka 6, Heymann/Emmerich 5, Rö/Röhricht 4; ob das auch für die fehlende vormundschaftsgerichtliche Genehmigung gilt, ist wegen des besonderen Minderjährigenschutzes str (s § 1 Rn 32). Keinesfalls reichen bloße Zweifel an der gewerberechtlichen Zulässigkeit, Hamm BB **85,** 1415.

Zweiter Abschnitt. Handelsregister

Schrifttum

Außer dem allgemeinen Schrifttum (s Einl vor § 1) *Böttcher/Ries,* Formularpraxis des Handelsregisterrechts, 2003. – *Christ/Müller-Helle* 2007 (Veröffentlichungspflichten nach EHUG). – *Drischler,* HRV, 5. Aufl 1983. – *Fleischhauer/Preuß* 2006. – *Gustavus,* HdlReg-Anmeldungen, 7. Aufl 2009. – *Krafka* 2. Aufl 2008 (Einführung). – *Krafka/ Willer,* Registerrecht, 7. Aufl 2007. – *Kramm* 1998 (rechtsvergleichend). – *Lu/Ho/ Bayer,* GmbHG, 17. Aufl 2009 Anh I zu § 4 a. – *Melchior/Schulte,* HRV, 2003. – *Merkt* 2001 (allgemeine Unternehmenspublizität). – MüKo(HGB)/*Krafka* Nachtrag zur 2. Aufl 2007. – *Müther* 2003. – *Reichelt* 2001 (eur HdlReg). – *Ulbert* 1997 (GmbH). – E. *Voigt* 2009 (ZwNl). – *Hager* Jura **92,** 57. – *Frenz* ZNotP **98,** 178. – *Stumpf* BB **98,** 2380. – *Winkler* FS Wiedemann **02,** 1369. – *Holzborn/Israel* NJW **03,** 3014 (rvgl). – *Bormann/Apfelbaum* ZIP **07,** 946 (rvgl USA, UK). Zur HdlRegReform (EHUG) *Seibert/Decker* DB **06,** 2446; *Dauner-Lieb/Linke* DB **06,** 706, 767; *Deilmann* BB **06,** 2347; *Meyding/Bödeker* BB **06,** 1009 (RegE, rvgl); *Liebscher/Scharff* NJW **06,** 3745; *Noack* NZG **06,** 801; *Spindler* WM **06,** 109; *Willer/Krafka* DNotZ **06,** 885; *Schlotter* BB **07,** 1; *Mödl/Schmidt* ZIP **08,** 2332 (Erfahrung); *Koch/Rudzio* ZZP 122 **(09)** 38 (Beweiskraft des HdlReg). – Zum EUHdlRegRecht *Noack* 2007; *Schmidt-Kessel* GPR **06,** 6; *Jeep/Wiedemann* NJW **07,** 2439 (Praxis); *Kort* AG **07,** 801; *Schlotter/Reiser* BB **08,** 118 (Praxis). – Zum Registerrecht nach FamFG *Krafka, Ries* NZG 09, 650, 654. Zur Publizität des HdlReg s bei § 15. – International s § 13d Rn 1. – Weitere Angaben s Einl vor **(3)** FamFG § 374. **Muster:** *Hopt/Graf von Westphalen,* Vertrags- und Formularbuch zum Hdl-, Ges- und Bankrecht, 3. Aufl 2007, Teil I.A–E (mit 19 Formularen); *Böttcher/Ries* 2003.

Handelsregister

8 (1) **Das Handelsregister wird von den Gerichten elektronisch geführt.**

(2) **Andere Datensammlungen dürfen nicht unter Verwendung oder Beifügung der Bezeichnung „Handelsregister" in den Verkehr gebracht werden.**

Übersicht

1) Übersicht 1–2
   A. Zweck 1
   B. Gesetzliche Grundlagen 2
   C. Handelsregisterreform 2006 2a
2) Einrichtung und Führung des Handelsregisters (I) 3–4
   A. Führung durch das Registergericht 3
   B. Einrichtung des Handelsregisters und Umfang der elektronischen Registerführung 4
3) Einzutragende Tatsachen 5
   A. Eintragungspflichtige Tatsachen 5
   B. Nicht eintragungsfähige Tatsachen 5
   C. Eintragungsfähige, aber nicht eintragungspflichtige Tatsachen 5
4) Anmeldung, Prüfung, Eintragung 6–10
   A. Anmeldung 6
   B. Prüfung durch das Registergericht 7
   C. Eintragung 10
5) Wirkung der Eintragungen 11
6) Beseitigung unrichtiger Eintragungen 12–15
   A. Löschungsverfahren 12
   B. Nachträgliche Unrichtigkeit 13
   C. Kein Anspruch auf Tätigwerden 15
7) Schutz des Begriffs „Handelsregister" (II) 16–18
8) Internationaler Verkehr 19

2. Abschnitt. Handelsregister 1–3 **§ 8**

1) Übersicht

A. **Zweck:** Das HdlReg ist eine traditionsreiche Einrichtung besonders des 1 deutschen Handels, die ua aus Mitgliederlisten der KfmVereinigungen (Gilderollen) hervorgegangen ist. Ein idR elektronisches HdlReg gibt es aber auch in vielen anderen europäischen Ländern, Nachweise (www.) Meyding/Bödeker BB **06,** 1009. Das HdlReg dient der Offenbarung der Zugehörigkeit oder Nichtzugehörigkeit gewerblicher Unternehmen zum HdlStand, und der wichtigsten Rechtsverhältnisse der Unternehmen des HdlStands. Es ist also ein vorzügliches Mittel der **Publizität von Unternehmen** und zielt auf **Verkehrsschutz,** BGH **87,** 62. Beweiswert des HdlReg s § 9 Rn 7 ff.

B. **Gesetzliche Grundlagen:** Gesetzlich geregelt ist: 2

a) Einrichtung und Führung des Registers, HGB Buch I Abschn 2 (§§ 8–16), **(3)** FamFG Buch 1 und 5 (§§ 374 ff), **(4)** HRV;

b) was in das HdlReg **eingetragen werden soll oder darf** und **wer** die Eintragung **herbeizuführen** hat: viele Einzelvorschriften, im HGB besonders §§ 2, 3 II, 13–13 h, 25 II, 28 II, 29, 31–34, 53, für OHG und KG s §§ 106–108.

c) die **Bedeutung der Eintragungen** (und der Nichteintragung von Tatsachen) im Register: §§ 15, 11 II, ferner viele Einzelvorschriften, im HGB besonders §§ 2, 3 II, 5, 25 II, 28 II, für OHG und KG s §§ 106–108.

C. **Handelsregisterreform 2006:** Das HdlRegRecht ist durch das **EHUG** 2a 10. 11. 06 BGBl 2553 grundlegend reformiert worden, §§ 8–12 sind neu formuliert und gegliedert und haben amtliche Überschriften. Das EHUG trägt der europarechtlich vorgeschriebenen Elektronisierung des HdlReg (für Ges; EG-Ri 15. 7. 03 zur Änderung der 1. EG-Ri (PublizitätsRi), Einl 36 vor § 105, u Transparenz-Ri 15. 12. 04) Rechnung (s auch Rn 3). Danach müssen ab 1. 1. 07 alle offenlegungspflichtigen Daten über ein Unternehmen über „eine Akte" zentral elektronisch abrufbar und ein amtlich bestelltes System für die zentrale Speicherung vorgeschriebener Informationen vorhanden sein. Beim **Handelsregister** erfolgen Einreichung, Speicherung, Bekanntmachung und Abruf grundsätzlich nur noch **elektronisch, und** ein **zentrales Unternehmensregister** eröffnet den elektronischen Zugriff auf alle HdlRegDaten und viele sonstigen Unternehmensdaten aus öffentlichen Registern und Datenbanken, zB BaFin („big bang", Seibert/Decker DB **06,** 2446). Die Folgen sind bessere und kostengünstigere Transparenz im Rechtsverkehr, weniger Bürokratie und raschere Unternehmensgründung (wichtig für GmbH im Standortwettbewerb mit plc, Einl 29 vor § 105), Seibert/Decker DB **06,** 2449. Das EHUG belässt die Registerführung den Amtsgerichten (keine Übertragung auf die IHK, s Rn 3), verlangt Umstellung auf elektronische Form (§ 8 nF) und elektronische Einreichung der Unterlagen zum HdlReg (§ 12 nF) und führt ein „Unternehmensregister" ein, das vom BMJ bzw einem beauftragten Dritten elektronisch geführt wird (§ 8b). Weitere Reformen, insbesondere ein EU-weit vernetztes Unternehmensregister, aber auch formal eine einheitliche Terminologie für alle elektronischen Register, zB Vereinsregister (§ 55a BGB), stehen noch aus. Lit: Seibert/Decker DB **06,** 2446, Liebscher/Scharff NJW **06,** 3745, Meyding/Bödeker BB **06,** 1009 (RegE), Noack NZG **06,** 801, Ries Rpfleger **06,** 233, Willer/Krafka DNotZ **06,** 885; zum EUHdlRegRecht Schmidt-Kessel GPR **06,** 6; zur Reformgeschichte: Stober 1998; Noack, Infobase für Unternehmensdaten, 2003; Ulmer ZRP **00,** 47, Seibert BB **01,** 2494, Gernoth, Kögel, Ries BB **04,** 837, 844, 2145, Meyding/Bödeker BB **06,** 1009.

2) Einrichtung und Führung des Handelsregisters (I)

A. **Führung durch das Registergericht:** § 8 neu durch EHUG 2006. Die 3 Führung des HdlReg, ehemals in der Hand der Organisationen des HdlStandes, ist wegen der großen Bedeutung des Registers für den sicheren Ablauf des HdlVerkehrs den **Gerichten** aufgetragen **(I)**. Die **IHK,** Handwerkskammern, Landwirtschaftskammern helfen nur, s **(3)** FamFG § 380, Absage an Übertragung auf IHK durch EHUG (gegen BRDrucks 865/05 mit 325/03, vgl Rn 2), auch nicht als „Vorprüfstelle" (für Öffnungsklausel Stellungnahme BRat), Seibert DB **06,** 2446; vollinhaltliche Mitteilung der Registereintragungen an die IHK **(4)** HRV § 37 nF. Lit: Frey BB **65,** 1208 (IHK). Nach **(3)** FamFG § 23 a iVm §§ 374 ff (mit Konzentration ab 2002 und weitergehend ab 2007, s dort Rn 1) führen die **Amtsgerichte** das HdlReg, bei ihnen weitgehend die **Rechtspfleger** (Einl 82 vor § 1). Das hat sich nach RegE EHUG bewährt, obschon die Zuständigkeit damit bei den Ländern liegt und es anders als in vielen EUMitgliedstaaten (s Rn 1) kein bundesweites GesamtHdlReg gibt. Die Vorgabe der EG-PublizitätsRi (s Rn 2 a) nach der „einen Akte" (dort Art 3 I) ist aber mittelbar dadurch erfüllt, dass alle Daten über das Unternehmensregister (§ 8 b Rn 1) abrufbar sind („virtuelles" GesamtHdlReg, so RegE). Trotzdem ist die Konzentration bei wenigen Amtsgerichten wünschenswert, sogar nur ein Register pro Bundesland wäre genügend. Örtliche Zuständigkeit mit Hinweis auf Liste der gemeinsamen Registerbezirke s Keidel ua, Registerrecht Anh II. HdlReg der **Zweigniederlassung** s §§ 13 ff.

4 B. **Einrichtung des Handelsregisters und Umfang der elektronischen Registerführung:** Jeder EinzelKfm, jede juristische Person und jede HdlGes wird unter einer in derselben Abteilung fortlaufenden Nummer **(Registerblatt)** in das HdlReg eingetragen, **(4)** HRV § 13. Registerblätter werden nur noch elektronisch angelegt, **(4)** HRV § 7, Umschreibung der Registerblätter in Papierform, **(4)** HRV § 51. Eintragungen erfolgen nur noch elektronisch und werden vom Eintragenden elektronisch signiert, **(4)** HRV § 28. Außerdem gibt es einen elektronischen **Registerordner** (früher Sonderband der Papierregister) mit den zum HdlReg eingereichten und nach § 9 I unbeschränkt einsehbaren Dokumenten zu dem Unternehmen, **(4)** HRV § 9, zB GesVerträge, GfterListen, Hauptversammlungsprotokolle. Umschreibung der Papierdokumente im Sonderband nur auf Antrag auf Übertragung, **(1)** EGHGB Art. 61 III, oder Antrag auf elektronische Übermittlung, jeweils bis zu 10 Jahre zurück (§ 9 II). Für jedes Registerblatt gibt es **Registerakten** (früher Hauptband des Papierregisters), die ebenfalls elektronisch geführt werden können, aber nicht müssen (näher **(4)** HRV § 8). Das HdlReg besteht aus **zwei Abteilungen: Abteilung A** für die Einzelkflte und die hdlrechtlichen PersonenGes, besonders OHG, KG, EWIV; **Abteilung B** für die KapitalGes, bes GmbH, AG (s **(4)** HRV § 3), näher zum Inhalt der Eintragungen in Abteilung A und B **(4)** HRV §§ 43, 44 nF EHUG. Einrichtung des Registers, Zuständigkeiten und Verfahren in Registersachen s **(3)** FamFG Buch 1 und 5 (§§ 374 ff) und **(4)** HRV, Vorschriften für das elektronische geführte HdlReg **(4)** HRV §§ 47 ff (über Einrichtung, Anlegung, Abruf, Ersatzregister und -maßnahmen). **Kosten** s bezüglich freiwillige Gerichtsbarkeit KostO, EuGH ZIP **98,** 206 (Fantask) mAnm Gustavus 502, dazu BayObLG NJW **99,** 652, Kln EuZW **99,** 221, BB **00,** 370, Sprockhoff NZG **99,** 747, Thimme NZG **00,** 1540, Wolf ZIP **00,** 949; HdlRegGebührenVO; Kosten der Einsichtnahme s § 9 Rn 3; bezüglich Gerichtskosten GKG.

3) Einzutragende Tatsachen

5 A. **Eintragungspflichtige Tatsachen: Eintragungspflichtig** ist, **was gesetzlich** ausdrücklich **angeordnet** ist, RG **132,** 140, und was ohne ausdrückliche gesetzliche Vorschrift Sinn und Zweck des HdlReg einzutragen fordern, KG DR **43,** 982. Maßgeblich dafür sind der Zweck des HdlReg, die eingetragenen Rechtsverhältnisse zutreffend wiederzugeben, und die Sicherheit des Rechtsverkehrs. Eintragungspflichtig sind zB Gestattung des Selbstkontrahierens

2. Abschnitt. Handelsregister 6, 7 § 8

bei GmbH bzw GmbH & Co (Anh § 177a Rn 39), Stgt BB **07,** 2428, MüKo/ Krafka 41, auch § 106 Rn 13; TV, zB an GesAnteilen (§ 139 Rn 21, 24), str, aA Krafka/Willer 104; Verwaltung durch Treuhandanstalt, Naumbg ZIP **93,** 1500, nicht aber privatrechtliche Treuhand; die Bestellung eines Geschäftsleiters der deutschen ZwNl einer ausländischen Bank nach § 53 II Nr 1 KWG, BayObLG NJW **73,** 2162; LG Ffm WM **79,** 957, ebenso für Hauptbevollmächtigten der dtsch ZwNl eines ausländischen VersUnternehmens nach § 106 III VAG; unbeschränkte Generalvollmacht analog § 53, Canaris § 4 Rn 11, Schroeder/Oppermann JZ **07,** 176, aA hL, MüKo/Krafka 55. Einzutragen sind **Änderungen** der eingetragenen Tatsachen, auch Änderung von Personalien, wenn das Register sonst unklar würde, abw KGJ **29** A 213. Eintragungspflichten werden **auch von der Rechtsprechung begründet,** zB Haftungsbeschränkungsvermerk (heute § 19 II), BGH **62,** 226, **65,** 105, BB **77,** 1221, Wiedemann ZGR **75,** 354. Fortentwicklung zu **Konzernregister** ist richtig, zB zwingende konstitutive Eintragung auch bei Unternehmensverträgen der GmbH (§ 106 Rn 13), BGH **105,** 324, **116,** 43, NJW **92,** 1452, str; zu eng Kort AG **88,** 369, Flume DB **89,** 665; für PersonenGes s § 105 Rn 105. Die Zulässigkeit bedingter und befristeter HdlRegEintragungen ist umstritten, Scheel DB **04,** 2355. Zu den einzutragenden Tatsachen s auch § 15 Rn 5.

B. **Nicht eintragungsfähige Tatsachen:** Nicht eintragungsfähig sind zB die gesetzliche Vertretung von Minderjährigen; die Anordnung einer Testamentsvollstreckung, RG **132,** 138, KG WM **95,** 1890, str (§ 139 Rn 28), aber der Testamentsvollstrecker bei Treuhandlösung (§ 1 Rn 42); der Nacherbenvermerk; die Erteilung einer HdlVollmacht, KG RJA **9,** 159; der Gegenstand des Unternehmens einer OHG, KG JW **34,** 1730; Verfügungsbeschränkungen des Einzelkfm, KG RJA **9,** 159; Erlöschen der Geschäftsfähigkeit, BGH **53,** 215, **115,** 81; Stellvertreterzusatz bei stellvertretendem GmbHGeschäftsführer, BGH NJW **98,** 1071, str. Güterrechtliche Tatsachen gehören ins Güterrechtsregister, nicht ins HdlReg. Vormerkungen und Widersprüche gibt es im Registerrecht nicht. Die Eintragung nicht eintragungsfähiger Tatsachen ist grundsätzlich ohne Rechtswirkung.

C. **Eintragungsfähige, aber nicht eintragungspflichtige Tatsachen:** Diese Unterscheidung ist eingebürgert, obwohl nicht ganz unproblematisch (Eintragungspflicht fehlt an sich auch bei konstitutiven Eintragungen, sie werden nur nicht wirksam ohne Eintragung). Eintragungsfähig, aber nicht eintragungspflichtig sind nur wenige Tatsachen, so teils auf Grund Gesetz (zB §§ 2 Satz 2, 3 II, 25 II, 28 II), teils weil im Einzelfall ihre Bedeutung gegenüber der Gefahr der Unübersichtlichkeit überwiegt (zB nicht Befugnis der GfterVersammlung etwa zur Gestattung des Selbstkontrahierens), Ffm BB **84,** 238.

4) Anmeldung, Prüfung, Eintragung

A. **Anmeldung:** Die Eintragung erfolgt idR nur auf Anmeldung, Ausnahmen: 6 von Amts wegen § 32 (Insolvenzverfahren), § 87 V 2 VAG (Widerruf der Erlaubnis zum Geschäftsbetrieb auf Anzeige der Aufsichtsbehörde). Wer anzumelden hat, ist in den Gesetzen bei Anordnung einer Anmeldung mitgesagt, vgl Rn 2, sonst ist es derjenige, in dessen Angelegenheiten die Eintragung erfolgen soll, bei Vereinigungen der gesetzliche Vertreter. Für Anmeldungen durch Vertreter Unanwendbarkeit § 181 BGB, BayObLG DB **77,** 1085. Erzwingung § 14. Veranlassung einer Anmeldung (zB Firmenänderung) durch Zurückweisung einer an sich ordnungsmäßigen anderen s § 14 Rn 1. Form der Anmeldungen s § 12.

B. **Prüfung durch das Registergericht: a) Formell:** Das Registergericht 7 prüft die **förmlichen Voraussetzungen** der Eintragung, zB Zuständigkeit des angegangenen Gerichts, Form nach § 12, Eintragungsfähigkeit (s Rn 5), Vorliegen aller der Anmeldung beizufügenden Unterlagen.

§ 8 8–10 I. Buch. Handelsstand

8 **b) Materiell:** Das Registergericht ist auch berechtigt und verpflichtet, die materiellrechtlichen Voraussetzungen der Eintragung zu prüfen. Grundlage, str: entweder § 26 FamFG (Amtsermittlung), Schlegelb/Hildebrandt/Steckhan 22, oder besser Gesetzmäßigkeit der Verwaltung, Staub/Hüffer 54. Das HRefG 1998 hat allerdings die Prüfungsdichte im HdlRegVerfahren in verschiedener Hinsicht zurückgenommen, zB § 18 II 2; § 9c II GmbHG, § 38 III AktG, § 11a III GenG. Der Prüfungsumfang hängt nicht davon ab, ob konstitutive und deklaratorische Tatsachen vorliegen, denn Prüfung ist die Feststellung der Eintragungsvoraussetzungen, MüKo/Krafka 59. Genauere Prüfung dann, wenn nach Plausibilitätsprüfung Zweifel am Vorliegen dieser Voraussetzungen bestehen, MüKo/Krafka 64. Das Registergericht hat bei begründeten Bedenken die **Richtigkeit** der ihm mitgeteilten, glaubhaft zu machenden **Tatsachen** (zB Abschluss eines GesVertrages, Erteilung einer Prokura) nachzuprüfen, RG **127,** 156, **140,** 181, BayObLG DB **73,** 1340, **77,** 1085, Düss Rpfleger **95,** 166. Das Gericht prüft weiter (nicht abschließend, nur um unrichtige Eintragungen möglichst zu vermeiden) **rechtlich,** ob die ihm mitgeteilten (erforderlichenfalls nachgeprüften) Tatsachen die **begehrte Eintragung rechtfertigen,** zB ob ein abgeschlossener Unternehmensvertrag wirksam zustandegekommen ist, BGH **105,** 330, ebenso für GesVertrag und Satzung und deren Änderungen, BayObLG WM **83,** 248, Hbg WM **84,** 1155. Weitere Bspe: Oldbg BB **57,** 416 (trotz Zweifel an der Gültigkeit des GesVertrags zweier Handwerker ist einzutragen, wenn der eine nicht in die Handwerksrolle eingetragen ist, aber im Unternehmen jahrelang unbeanstandet geblieben war), BayObLG DB **81,** 2230 (unwirksame Amtsniederlegung des alleinigen GmbHGfter-Geschäftsführers), BayObLG BB **83,** 83 (Grenzen der Kontrolle), Hbg WM **84,** 1154 (Satzungsänderung), BayObLG **94,** 358 (AnwaltsGmbH), KG ZIP **06,** 2085 (Befreiung von § 181 BGB). Praktisch wichtig ist die Prüfung bei anfechtbaren Hauptversammlungsbeschlüssen, Groß-KoAktG/Wiedemann § 181 Rn 25. Vom Gericht zu prüfen ist auch, ob die begehrte Verlautbarung (nicht nur unmittelbar den Gegenstand der Verlautbarung) betreffende Vorschriften zum Schutze der **Öffentlichkeit** verletzt, zB ob eine zur Eintragung anstehende Firma das Publikum zu täuschen geeignet ist (§ 18 II, aber § 18 II 2). Prüfung bei Anmeldung von ZwNl s § 13 Rn 13. Lit: K. Ullrich 2006 (Inhaltskontrolle von Satzungen, § 9c II GmbHG); Säcker FS Stimpel **85,** 867 (Inhaltskontrolle von Satzungen); Stumpf BB **98,** 2380.

9 **Nicht** vom Gericht zu prüfen ist, ob die Eintragung öffentlichrechtlich zulässig ist (§ 7 Rn 3–6); ob sie Rechte Dritter verletzt, deren Wahrung ist diesen selbst vorbehalten (§ 17 Rn 27, § 37 Rn 11); ob Zustimmung der GfterVersammlung oder des Aufsichtsrats zur Prokuraerteilung (§ 46 Nr 7 GmbHG, § 111 IV 2 AktG) vorliegt, BGH **62,** 169. Keine Prüfung auf Rechtsformmissbrauch, BayObLG DB **77,** 1085; der Klarheit eines GmbHGesVertrags, anders wenn Außenstehende irregeführt werden können, Kln BB **81,** 1596, BayObLG BB **85,** 546, **93,** 88, str.

10 **C. Eintragung:** Entscheidung über die Eintragung s **(4)** HRV § 25, und zwar **unverzüglich** (ohne schuldhaftes Zögern, § 121 BGB; bis EHUG innerhalb eines Monats), bei fehlerfreien Anmeldungen wenige Tage, uU sogar Stunden, so Seibert/Decker DB **06,** 2449, Folgen für den Standortwettbewerb s § 8 Rn 2a. Nur teilweise Ablehnung der Eintragung ist idR nicht möglich, BayObLG WM **87,** 502, aber Zwischenverfügung unter Fristsetzung nach **(4)** HRV § 26 S 2, wenn der Mangel behebbar ist; eine „Zwischenverfügung" zwecks Gelegenheit zur Rücknahme der Anmeldung ist keine beschwerdefähige Entscheidung, BayObLG NJW-RR **88,** 869. Fehlt eine erforderliche **Voreintragung** (Wirkung s § 15 Rn 11), können beide Eintragungen verbunden werden, zB „Die dem P erteilte, bisher nicht eingetragene Prokura ist erloschen". Unzulässig ist Ablehnung einer vorgeschriebenen Eintragung, weil nicht zugleich eine andere gebo-

tene Änderung erfolgt (Bsp Gfterwechsel, Firmenänderung, § 143 Rn 2). Es gibt **keine Beschwerde** (Erinnerung) gegen Eintragung im HdlReg, es sei denn die Publizitätswirkung wird nicht berührt, BGH **104,** 61, BayObLG WM **88,** 1263, auch nicht gegen Ablehnung einer Eintragungsänderung bzw -ergänzung, Kln ZIP **04,** 505; aber Umdeutung in Anregung zu Amtslöschungsverfahren (s Rn 12), BayObLG WM **85,** 480, Kln ZIP **04,** 505.

5) Wirkung der Eintragungen

Überwiegend sollen die Eintragungen nur Vorgänge bezeugen, die ausserhalb 11 des Registers vollendet sind; sie sind dann nur **rechtsbekundend (deklaratorisch)** mit Wirkung gemäß § 15 (§ 15 Rn 5). Manche Akte bedürfen zur rechtlichen Vollendung der Eintragung, dann wirkt die Eintragung **rechtsbegründend (konstitutiv),** Bsp: Eintragungen gemäß §§ 2, 3 II bezeugen nicht KfmEigenschaft, sondern machen erst zum Kfm; Eintragung einer AG oder GmbH bezeugt nicht ihre Entstehung, sondern lässt sie erst („als solche") entstehen (§ 41 I 1 AktG, § 11 I GmbHG, aus der VorAG, VorGmbH, s Anh § 177a Rn 15). Manchen rechtsbezeugenden Eintragungen ist erhöhte Bedeutung beigelegt, so dass sie in gewisser Hinsicht ähnlich rechtsbegründend wirken, Bsp: § 5 (Kfm durch Eintragung), §§ 25 II, 28 II (Wirksamkeit des Haftungsausschlusses gegen Dritte), § 123 I (Wirksamkeit der OHG gegen Dritte), §§ 174, 176 (Herabsetzung der KdtEinlage, Beschränkung der Haftung des Kdtisten). Lit: K. Schmidt JuS **77,** 210.

6) Beseitigung unrichtiger Eintragungen

A. **Löschungsverfahren:** Nach (3) FamFG § 395 (mit § 393 III-V FamFG) 12 kann das Registergericht eine unzulässige Eintragung von Amts wegen oder auf Antrag der berufsständischen Organe (s (3) FamFG § 380, etwa der IHK) **löschen.** Löschung rechtsbekundender (vgl Rn 11) Eintragungen nur, wenn sie sachlich unrichtig sind, nicht wegen Mängeln des Eintragungsverfahrens, Hamm BB **71,** 1122 (Ausscheiden von Gftern, unrichtige Angabe des Grunds des Ausscheidens ist unerheblich), KG WM **86,** 1247. Gegen unzulässig eingetragene **Firma** ist sowohl das Löschungsverfahren nach (3) FamFG § 392 als auch das Firmenmissbrauchsverfahren nach § 37 I HGB (s dort Rn 5) möglich (Konkurrenz s § 37 Rn 8). Das Registergericht hat ein (gebundenes) Ermessen, ob es überhaupt und in welchem Verfahren es einschreitet (vgl § 37 Rn 6, 8), str, vgl BayObLG DB **80,** 71. Löschung nach (3) FamFG § 395 nur des unzulässigen Zusatzes, nicht der ganzen Firma (§ 18 Rn 8, anders im Verfahren nach § 37 I, II, dort Rn 5, 13), BGH GRUR **81,** 64, aA frühere Rspr. Löschung kann ausnahmsweise unterbleiben, wenn zB Gefahr der Publikumstäuschung (§ 18 II) gegenüber Nachteilen für Inhaber geringfügig ist, Hamm BB **54,** 784, **69,** 1196, Ffm WM **79,** 1049; wenn den Partnern des Unternehmensvertrags (bei Eintragung im HdlReg und schwebendem Anfechtungsprozess) schwere wirtschaftliche Schäden entstünden, Zweibr ZIP **89,** 241. Löschung nach Amtsermittlung (vgl Rn 7–8) bei zweifels- und bedenkenfreier Sach- und Rechtslage; uU kann Registergericht den Beteiligten die Klärung streitiger Fragen durch Prozess überlassen, Hamm BB **71,** 1122. Amtslöschung der erloschenen Firma § 31 II 2. Für (nichtige) AG, KGaA, GmbH s auch § 397 FamFG.

B. **Nachträgliche Unrichtigkeit:** (3) FamFG § 395 ist auch anwendbar auf 13 nachträglich unzulässig gewordene Eintragungen, so schon für FGG § 142 RG **169,** 151, Stgt BB **82,** 1195, zB bei zivilgerichtlichem Tätigkeitsverbot für Geschäftsführer (GmbH), BayObLG BB **89,** 1009; auch wenn sich nur die Rechtsauffassung (nach der die Eintragung erlaubt war) wandelt, BGH **65,** 105, BayObLG DB **80,** 71 (aber pflichtgemäßes Ermessen des Registergerichts), Ffm DB **80,** 1211 (auch bei 110 Jahre alter Firma), früher str. Zur Bedeutung des Zeitablaufs s § 18 Rn 18.

§ 8a

I. Buch. Handelsstand

14   Ergänzung oder Berichtigung des durch **neue Tatsachen** unvollständig oder unrichtig gewordenen Registers erfolgt durch Eintragung dieser neuen Tatsachen, idR auf Anmeldung, die das Gericht erzwingen kann, ausnahmsweise von Amts wegen s Rn 6.

15   C. **Kein Anspruch auf Tätigwerden:** Die Amtspflicht des Registergerichts einzuschreiten (zu löschen) besteht idR **nur im öffentlichen Interesse;** Private haben keinen Schadensersatzanspruch, BGH **84,** 285; ebenso beim Firmenmissbrauchsverfahren (§ 37 Rn 6). Anders bei Falscheintragung, dann Amtshaftung (§ 15 Rn 23).

7) Schutz des Begriffs „Handelsregister" (II)

16   II nF EHUG 2006 schützt den Begriff „Handelsregister", verhindert Verwechslungen bei Internetrecherchen mit anderen privaten Registern und Datensammlungen (zB Firmenverzeichnissen) und behält die staatliche Richtigkeitsgewähr und den Gutglaubensschutz nach § 15 dem amtlichen HdlReg vor. Andere Datensammlungen dürfen nach II weder unter Verwendung noch unter Beifügung der Bezeichnung „Handelsregister" in den Verkehr gebracht werden. Diesbezügliche Zusätze, einerlei ob vor- oder nachgestellt, sind also verboten. Inkrafttreten von II nF ist nicht hinausgeschoben (gegen RegE Art 13 II).

17   II ergänzt § 5 UWG, dessen Schutz gegen irreführende geschäftliche Handlungen nicht ausreichen würde (Einl 80 vor § 1). Ein Verstoß gegen II ist zudem unlauter iSv §§ 3, 4 Nr 11 UWG, da II auch dazu bestimmt ist, im Interesse der Marktteilnehmer das Marktverhalten zu regeln. Durchsetzung des Verbots nach §§ 8, 9, 12 ff UWG bei den ordentlichen Gerichten.

18   Entsprechenden Schutz genießen das „Genossenschaftsregister" (§ 10 III nF GenG) und das „Partnerschaftsregister" (Verweisung auf II in § 5 II nF PartGG), nicht aber das „Unternehmensregister" (§ 8b Rn 8). Grund: letzteres genießt keinen Gutglaubensschutz nach § 15, Schutz nach § 5 UWG genügt (RegE), vgl LG Deggendorf WRP **00,** 659 (Deutsches Unternehmensregister Ltd). Im Übrigen gibt es bereits „Unternehmensregister" bei statistischen Ämtern (auf Grund EWGVO 22. 7. 93 ABlEG L 196/1).

8) Internationaler Verkehr

19   Sonderregeln für ZwNl ausländischer Unternehmen (Sitz der HauptNl im Ausland) finden sich in §§ 13d–13g. Zum Einfluss der Niederlassungsfreiheit des EGV dort und Einl 29 v § 105. Zum Firmenrecht im internationalen Verkehr § 17 Rn 48–50. Internationale HdlRegPraxis, Holzborn/Israel NJW **03,** 3014 (rvgl). Lit: Reichelt 2001 (eur HdlReg).

Eintragungen in das Handelsregister; Verordnungsermächtigung

8a (1) **Eine Eintragung in das Handelsregister wird wirksam, sobald sie in den für die Handelsregistereintragungen bestimmten Datenspeicher aufgenommen ist und auf Dauer inhaltlich unverändert in lesbarer Form wiedergegeben werden kann.**

(2) ¹**Die Landesregierungen werden ermächtigt, durch Rechtsverordnung nähere Bestimmungen über die elektronische Führung des Handelsregisters, die elektronische Anmeldung, die elektronische Einreichung von Dokumenten sowie deren Aufbewahrung zu treffen, soweit nicht durch das Bundesministerium der Justiz nach § 387 Abs. 2 des Gesetzes über das Verfahren in Familiensachen und in den Angelegenheiten der freiwilligen Gerichtsbarkeit entsprechende Vorschriften erlassen werden.** ²**Dabei können sie auch Einzelheiten der Datenübermittlung regeln sowie die Form zu übermittelnder elektronischer Dokumente festlegen, um die Eignung für die Bearbeitung durch**

2. Abschnitt. Handelsregister § 8b

das Gericht sicherzustellen. ³ Die Landesregierungen können die Ermächtigung durch Rechtsverordnung auf die Landesjustizverwaltungen übertragen.

Übersicht

1) Wirksamwerden der Eintragungen in das Handelsregister (I) 1–2
   A. Eintragungen in das Handelsregister 1
   B. Wirksamwerden der Eintragung (I) 2
2) Verordnungsermächtigung (II) 3

1) Wirksamwerden der Eintragungen in das Handelsregister (I)

A. **Eintragungen in das Handelsregister:** § 8 a neu durch EHUG 2006, I **1** entspricht II aF. Dass das HdlReg von den Gerichten elektronisch geführt wird, ergibt sich bereits aus § 8 I. Diesbezügliche Ermächtigungen der Landesregierungen zur elektronischen Führung (§ 8 a I 1 aF) erübrigen sich damit. Die in § 8 a I 2 Nr 1–3 aF enthaltenen Vorgaben für die elektronische Führung sind der Sache nach in **(4)** HRV § 47 I Nr 1–3 nF enthalten. Danach muss gewährleistet sein, dass 1) die Grundsätze einer ordnungsgemäßen Datenverarbeitung eingehalten werden (insbesondere Vorkehrungen gegen Datenverlust, Tagesaktualität ua), 2) die vorzunehmenden Eintragungen alsbald in einen Datenspeicher aufgenommen und auf Dauer inhaltlich unverändert in lesbarer Form wiedergegeben werden können, und 3) die nach Anlage zu § 126 I 2 Nr 3 GBO erforderlichen Maßnahmen (verschiedene Kontrollmaßnahmen zum Schutz von personenbezogenen Daten wie Zugangs-, Benutzer-, Speicherkontrolle ua) getroffen werden. Die Dokumente sind in inhaltlich unveränderbarer Form zu speichern, **(4)** HRV § 47 I 2 nF. Anmeldungen zur Eintragung und Einreichungen sind elektronisch einzureichen (statt bloßer diesbezüglicher Ermächtigungen wie nach § 8 a III, IV aF), näher § 12.

B. **Wirksamwerden der Eintragung (I):** Für den Benutzer muss der Zeit- **2** punkt des Wirksamwerdens der Eintragung klar sein, zumal da das Gesetz an die Eintragung Publizitätsfolgen knüpft (vgl §§ 15, 11 II). Nach I ist maßgebend nicht schon die Aufnahme in den dafür bestimmten Datenspeicher, also nicht bereits die Speicherung im Entwurfsstadium im HdlReg, sondern erst der Zeitpunkt, in dem die Eintragung gespeichert und dauerhaft inhaltlich unverändert in lesbarer Form wiedergegeben werden kann. Diese Abrufbarkeit ist für die Publizitätswirkung des HdlReg das Entscheidende. Dieser Zeitpunkt muss automatisch festgehalten werden und damit ohne weiteres feststellbar sein.

2) Verordnungsermächtigung (II)

Nähere Bestimmungen zur elektronischen HdlRegFührung, Anmeldung und **3** Dokumenteneinreichung und -aufbewahrung sowie zur Datenübermittlung und zu den Dateiformaten der zu übermittelnden Dokumente (zB Word, PDF ua) treffen die Landesregierungen (II 1, 2) bzw den Landesjustizverwaltungen (II 3), vorbehaltlich einer bundeseinheitlichen Regelung nach § 387 II FamFG: nämlich **(4)** HRV §§ 47 ff. Die Länder haben sich auf die Einführung einheitlicher Standards für das Datenformat der zum jeweiligen HdlReg einzureichenden Dokumente verständigt.

Unternehmensregister

8b (1) Das Unternehmensregister wird vorbehaltlich einer Regelung nach § 9 a Abs. 1 vom Bundesministerium der Justiz elektronisch geführt.

(2) Über die Internetseite des Unternehmensregisters sind zugänglich:

§ 8b

I. Buch. Handelsstand

1. Eintragungen im Handelsregister und deren Bekanntmachung und zum Handelsregister eingereichte Dokumente;
2. Eintragungen im Genossenschaftsregister und deren Bekanntmachung und zum Genossenschaftsregister eingereichte Dokumente;
3. Eintragungen im Partnerschaftsregister und deren Bekanntmachung und zum Partnerschaftsregister eingereichte Dokumente;
4. Unterlagen der Rechnungslegung nach den §§ 325 und 339 und deren Bekanntmachung;
5. gesellschaftsrechtliche Bekanntmachungen im elektronischen Bundesanzeiger;
6. im Aktionärsforum veröffentlichte Eintragungen nach § 127a des Aktiengesetzes;
7. Veröffentlichungen von Unternehmen nach dem Wertpapierhandelsgesetz im elektronischen Bundesanzeiger, von Bietern, Gesellschaften, Vorständen und Aufsichtsräten nach dem Wertpapiererwerbs- und Übernahmegesetz im elektronischen Bundesanzeiger sowie Veröffentlichungen nach der Börsenzulassungs-Verordnung im elektronischen Bundesanzeiger;
8. Bekanntmachungen und Veröffentlichungen inländischer Kapitalanlagegesellschaften und Investmentaktiengesellschaften nach dem Investmentgesetz und dem Investmentsteuergesetz im elektronischen Bundesanzeiger;
9. Veröffentlichungen und sonstige der Öffentlichkeit zur Verfügung gestellte Informationen nach den §§ 2b, 15 Abs. 1 und 2, § 15a Abs. 4, § 26 Abs 1, §§ 26a, 29a Abs. 2, §§ 30e, 30f Abs. 2, § 37v Abs. 1 bis § 37x, §§ 37y, 37z Abs. 4 und § 41 Abs. 4a des Wertpapierhandelsgesetzes, sofern die Veröffentlichung nicht bereits über Nummer 4 oder Nummer 7 in das Unternehmensregister eingestellt wird,
10. Mitteilungen über kapitalmarktrechtliche Veröffentlichungen an die Bundesanstalt für Finanzdienstleistungsaufsicht, sofern die Veröffentlichung selbst nicht bereits über Nummer 7 oder Nummer 9 in das Unternehmensregister eingestellt wird;
11. Bekanntmachungen der Insolvenzgerichte nach § 9 der Insolvenzordnung, ausgenommen Verfahren nach dem Neunten Teil der Insolvenzordnung.

(3) ¹ Zur Einstellung in das Unternehmensregister sind dem Unternehmensregister zu übermitteln:
1. die Daten nach Absatz 2 Nr. 4 bis 8 durch den Betreiber des elektronischen Bundesanzeigers;
2. die Daten nach Absatz 2 Nr. 9 und 10 durch den jeweils Veröffentlichungspflichtigen oder den von ihm mit der Veranlassung der Veröffentlichung beauftragten Dritten. ² Die Landesjustizverwaltungen übermitteln die Daten nach Absatz 2 Nr. 1 bis 3 und 11 zum Unternehmensregister, soweit die Übermittlung für die Eröffnung eines Zugangs zu den Originaldaten über die Internetseite des Unternehmensregisters erforderlich ist. ³ Die Bundesanstalt für Finanzdienstleistungsaufsicht überwacht die Übermittlung der Veröffentlichungen und der sonstigen der Öffentlichkeit zur Verfügung gestellten Informationen nach den §§ 2b, 15 Abs. 1 und 2, § 15a Abs. 4, § 26 Abs. 1, §§ 26a, 29a Abs. 2, §§ 30e, 30f Abs. 2, § 37v Abs. 1 bis 37x Abs. 1, §§ 37y, 37z Abs. 4 und § 41 Abs. 4a des Wertpapierhandelsgesetzes an das Unternehmensregister zur Speicherung und kann Anordnungen treffen, die zu ihrer Durchsetzung geeignet und erforderlich sind. ⁴ Die Bundesanstalt kann die gebotene Übermittlung der in Satz 3 genannten Veröffentlichungen, der Öffentlichkeit zur Verfügung gestellten

Informationen und Mitteilung auf Kosten des Pflichtigen vornehmen, wenn die Übermittlungspflicht nicht, nicht richtig, nicht vollständig oder nicht in der vorgeschriebenen Weise erfüllt wird. ⁵ Für die Überwachungstätigkeit der Bundesanstalt gelten § 4 Abs. 3 Satz 1 und 3, Abs 7, 9 und 10, § 7 und § 8 des Wertpapierhandelsgesetzes entsprechend.

(4) ¹ Die Führung des Unternehmensregisters schließt die Erteilung von Ausdrucken sowie die Beglaubigung entsprechend § 9 Abs. 3 und 4 hinsichtlich der im Unternehmensregister gespeicherten Unterlagen der Rechnungslegung im Sinn des Absatzes 2 Nr. 4 ein. ² Gleiches gilt für die elektronische Übermittlung von zum Handelsregister eingereichten Schriftstücken nach § 9 Abs. 2, soweit sich der Antrag auf Unterlagen der Rechnungslegung im Sinn des Absatzes 2 Nr. 4 bezieht; § 9 Abs. 3 gilt entsprechend.

Übersicht

1) Elektronisch geführtes Handelsregister (I) 1
2) Über das Unternehmensregister zugängliche Informationen (II) 2–4
   A. Informationen 2
   B. Zugänglichkeit 3
   C. Die zugänglichen Informationen im Einzelnen (II Nr 1–11) 4
3) Zur Eintragung zu übermittelnde Daten (III) 5–6
4) Führung des Unternehmensregisters (IV) 7
5) Schutz des Begriffs „Unternehmensregister" 8

1) Elektronisch geführtes Unternehmensregister (I)

§ 8b neu durch EHUG 2006, II Nr 9, III 3–5 idF TUG 2007. § 8b bringt das **1** zentrale elektronische Unternehmensregister, wie es viele Länder schon längst kennen, und erfüllt damit die europarechtlichen Anforderungen der PublizitätsRi (Art 3 I, II: „eine Akte", § 8 Rn 2a, 3) und der TransparenzRi (Art 21 II: amtlich bestelltes System „für die zentrale Speicherung vorgeschriebener Informationen", § 8 Rn 2a). Das Unternehmensregister hat keine originäre Bekanntmachungsfunktion wie das HdlReg, sondern fungiert als zentrale Zugangsstelle zum einen als Portal zu den Registerdaten der Länder, zum andern zu den im Unternehmensregister selbst gespeicherten Daten, insbesondere unternehmensbezogenen und kapitalmarktrechtlichen (näher II, s Rn 2 ff). Die Nutzung wird erheblich einfacher, schneller und trotz anfallender Gebühren kostengünstiger als bei der herkömmlichen, auf viele Stellen verstreuten Papierform („one stop shop"). Die von den verschiedensten Gesetzen (s Rn 2 ff, Aufzählung nicht abschließend) bezweckte Publizität wird damit insbesondere auch im grenzüberschreitenden Verkehr deutlich verbessert. Das Unternehmensregister wird vom BMJ, das Herausgeber des Bundesanzeigers ist, elektronisch geführt, dieses kann jedoch die Führung an eine juristische Person des Privatrechts als beliehenen Unternehmer übertragen (§ 9a I). Finanzierung s Seibert/Decker DB **06,** 2450, Noack NZG **06,** 805. Übersichten: Noack 2007; Liebscher/Scharff NJW **06,** 3745, Seibert/Decker DB **06,** 2449.

2) Über das Unternehmensregister zugängliche Informationen (II)

A. **Informationen:** II enthält eine Aufzählung des Mindestinhalts der über **2** die Internetseite des Unternehmensregisters (www.unternehmensregister.de) zugänglichen Informationen. Diese Aufzählung ist nicht abschließend. Das Unternehmensregister ist offen für weitere unternehmensrelevante Daten. § 8b begründet keine Anmeldungs- oder gar Genehmigungserfordernisse. Zwecks Entgelterhebung können aber die notwendigen Nutzerdaten erfasst werden (Protokollierung der Abrufe, **(4)** HRV § 53). Datenabruf aus dem HdlReg ist

§ 8b 3, 4 I. Buch. Handelsstand

danach kostenpflichtig, auch bei indirektem Zugriff darauf über das Unternehmensregister, Datenabruf nur aus dem Unternehmensregister dagegen nicht; zu Kosten und Finanzierung Noack NZG **06,** 805.

3 B. **Zugänglichkeit:** Die Informationen sind über das Unternehmensregister „zugänglich", dh sie brauchen nicht in ihm selbst enthalten zu sein, vielmehr genügt Zugriffsmöglichkeit auf andere Register über das mit diesen vernetzte Unternehmensregister. Das ist nicht nur einfacher und kostengünstiger als doppelte Datenhaltung (Gebühren fallen unmittelbar bei den Ländern an), sondern vermeidet beim HdlReg, GenReg und PartReg (II Nr 1–3) sowie bei öffentlichen Bekanntmachungen nach § 9 InsO (II Nr 11) die Datenspiegelung im Unternehmensregister und dadurch mögliche Widersprüche zwischen den Original- und den gespiegelten Daten, was gravierende Folgen für die Registerpublizität (§ 15) haben könnte. Das Unternehmensregister selbst hat keine Publizitätswirkung nach § 15. Lieferung der Indexdaten durch die Registergerichte s Rn 6.

4 C. **Die zugänglichen Informationen im Einzelnen (II Nr 1–11):** II enthält derzeit 11 Gruppen von über das Unternehmensregister zugänglichen Informationen.

Nr 1–3 betreffen die Eintragungen im **Handels-, Genossenschafts- und Partnerschaftsregister** und deren Bekanntmachung und zu diesen Registern eingereichte Dokumente. Der Zugriff auf diese Informationen kann danach entweder direkt bei diesen elektronischen Registern der Länder oder zentral, aber indirekt (nur „zugänglich", s Rn 3) über das Portal des Unternehmensregisters erfolgen.

Nr 4 erfasst Unterlagen der **Rechnungslegung** nach §§ 325 und 339 (Offenlegung des Jahresabschlusses ua) und deren Bekanntmachung. Nr 4 gilt auch, wenn andere Vorschriften über Rechnungslegungsunterlagen auf §§ 325 oder 339 verweisen (zB §§ 325a, 340l II; §§ 9, 15 PublG). Bei Bekanntmachungen im elektronischen BAnz werden die Informationen nicht noch einmal (doppelt) im Unternehmensregister vorgehalten, vielmehr genügt dort die Anzeige von Datum und Fundstelle.

Nr 5 spricht von **gesellschaftsrechtlichen Bekanntmachungen** im elektronischen BAnz, diese müssen über das Unternehmensregister abrufbar sein. Das sind nicht nur solche von PersGes und KapitalGes (zB § 25 AktG, § 12 GmbHG), sondern auch von Genossenschaften. Bspe: Satzung (§§ 37 IV Nr 1, 181 I AktG), Vorstandsmitglieder und Liste der Aufsichtsratsmitglieder (§§ 81, 106 AktG), Einberufungen und Niederschriften der Hauptversammlung (121 III, 25, 130 V AktG), Unternehmensvertrag (§ 294 I AktG).

Nr 6 erfasst im **Aktionärsforum** veröffentlichte Eintragungen (§ 127a AktG). Solche können von Aktionären, Aktionärsvereinigungen oder auch der Ges selbst (§ 127a IV AktG) stammen. Der Unternehmensbezug liegt darin, dass sich diese Eintragungen auf die bestimmte Ges beziehen.

Nr 7 betrifft **Kapitalmarktrecht,** und zwar Veröffentlichungen von Unternehmen, Bietern, Ges, Vorständen und Aufsichtsräten ua nach **(16)** WpHG, § 27 III nF ua WpÜG und **(15)** BörsZulV. Ob diese Veröffentlichungen dort vorgeschrieben oder als freiwillige vorgesehen sind, spielt für Nr 7 keine Rolle. Bspe: Jahres- und Halbjahresfinanzberichte sowie Zwischenmitteilungen, **(16)** WpHG §§ 37v-37z.

Nr 8 betrifft den **Investmentsektor** und erfasst Bekanntmachungen und Veröffentlichungen inländischer KAGG und InvAG nach InvG und InvSteuerG. Für KAGG sind dies §§ 37 II, 38 I, 43 V, 45 I, II InvG, für InvAG ebenso (Verweisung darauf in § 99 III InvG) und zusätzlich § 101 IV; 103 III, 111 I InvG.

Nr 9 idF TUG 2007 **ergänzt Nr 4 und 7** und erfasst, soweit nicht schon dort geschehen, die Veröffentlichungen nach zahlreichen Vorschriften des **(16)**

WpHG, ua § 15 I, II (Insiderinformationen bzw Ad-hoc-Meldungen, anders RegE), § 15 a IV (Geschäfte von Führungspersonen, directors' dealing), § 26 I (Veröffentlichungspflichten von Ges mit Sitz im Ausland), §§ 37 v I bis 37 x I, 37 y, 37 z IV (Veröffentlichung und Übermittlung von Finanzberichten und Zwischenmitteilungen an das Unternehmensregister). Soweit es sich dabei um „vorgeschriebene Informationen" iSv TransparenzRi (Art 9 ff, 15, s § 8 Rn 2 a) handelt, müssen diese durch Medien veröffentlicht werden, „bei denen vernünftigerweise davon ausgegangen werden kann, dass sie die Informationen tatsächlich an die Öffentlichkeit in der gesamten Gemeinschaft verbreiten" (Art 21 der Ri). Das Unternehmen wird sich dafür idR eines Informationsdienstleisters bzw Service Providers bedienen (s Rn 5). Die im Unternehmensregister verfügbaren kapitalmarktrechtlichen Informationen sind durch das TUG 2007 erheblich erweitert worden. Nr 9 wird ergänzt durch parallele Vorschriften im **(16)** WpHG, ua §§ 15 I Halbs 2, 4, 5, 15 a IV 1, 26, 37 v ff idF TUG 2007 (s **(16)** WpHG Rn 11, 12), wonach die Insiderinformationen unverzüglich, jedoch nicht vor ihrer Veröffentlichung dem Unternehmensregister übermittelt werden müssen (Grund: gleichmäßige Information der europäischen Öffentlichkeit).

Nr 10 ergänzt Nr 7 und 9 betreff Mitteilungen über kapitalmarktrechtliche Veröffentlichungen an die BaFin, zB nach **(16)** WpHG, § 9 II 3 VerkProspG, § 14 III 1 WpPG.

Nr 11 erfasst Bekanntmachungen der **Insolvenzgerichte** nach § 9 InsO. Da es sich um ein Unternehmensregister handelt, sind Verfahren nach InsO Teil 9 (Verbraucherinsolvenzverfahren und sonstige Kleinverfahren, §§ 304 ff InsO) davon ausgenommen. Lieferung der Indexdaten s Rn 6.

3) Zur Eintragung zu übermittelnde Daten (III)

Die **Daten nach II Nr 4–8** sind durch den Betreiber des elektronischen BAnz zur Einstellung in das Unternehmensregister zu übermitteln **(III 1 Nr 1)**, die **Daten nach II Nr 9 und 10** durch den jeweils Veröffentlichungspflichtigen oder den von ihm mit der Veranlassung der Veröffentlichung beauftragten Dritten, sog Service Provider **(III 1 Nr 2)**. Krit zur doppelten Meldepflicht an BaFin und Unternehmensregister Noack NZG **06**, 804.

Die **Daten nach II Nr 1–3 und 11** sind von den Registergerichten zum Unternehmensregister zu übermitteln, soweit dies für die Eröffnung eines Zugangs zu den Originaldaten erforderlich ist **(III 2)**. Zu übermitteln sind insoweit also nicht die Originaldaten selbst, sondern nur die das sog **Indexdaten** des HdlReg, GenReg und PartReg und der Insolvenzbekanntmachungen (s Rn 3 zur „Zugänglichkeit"). Indexdaten sind ua Registernummer, Firma, Sitz des Unternehmens. Keine Aufzählung im Gesetz selbst, sondern durch RVO nach § 9 a II 1, Grund: Flexibilität. Sie ermöglichen den zentralen Zugang mit Suchfunktion in den Originaldatenbanken der Länder. Überwachung der Übermittlung durch die BaFin **(III 3–5** idF TUG).

4) Führung des Unternehmensregisters (IV)

IV betrifft die **Unterlagen der Rechnungslegung** nach §§ 325 und 339 (II Nr 4) und erfasst die Erteilung von **Ausdrucken** sowie die **Beglaubigung** entspr § 9 III, IV betr solcher Rechnungslegungsunterlagen **(IV 1)**. Dasselbe gilt für die **elektronische Übermittlung** von zum HdlReg eingereichten Schriftstücken nach § 9 II, soweit sich der Antrag auf Unterlagen iSv II Nr 4 bezieht; § 9 III gilt entspr **(IV 2)**. Das Unternehmensregister braucht also die Daten, die zur Eröffnung eines unmittelbaren Zugangs zu den Originaldaten nach II Nr 4 notwendig sind, nicht von sich aus und ohne konkreten Anlass an die Gerichte zu liefern („pushen"), wie der BRat das gefordert hatte. Diese Unterlagen können die Gerichte selbst ohne vorherige Registrierung und kostenfrei elektronisch abrufen.

5) Schutz des Begriffs "Unternehmensregister"

8   Eine Vorschrift zum Schutz des Begriffs "Unternehmensregister" (wie nach § 8 II nF EHUG 2006, dort Rn 16) für das HdlReg) ist zwar vom BRat vorschlagen worden, aber nicht Gesetz geworden. Denn zum einen werden, wie europarechtlich vorgegeben, bei den statistischen Ämtern "Unternehmensregister" geführt, zum anderen gibt es beim Unternehmensregister nach § 8b keinen besonderen öffentlichen Glauben. Es genügt Schutz nach § 5 UWG und bei Vervielfältigung nach § 87b UrhG (Datenbankhersteller), vgl BGH **164**, 37.

Einsichtnahme in das Handelsregister und das Unternehmensregister

9 (1) [1] **Die Einsichtnahme in das Handelsregister sowie in die zum Handelsregister eingereichten Dokumente ist jedem zu Informationszwecken gestattet.** [2] **Die Landesjustizverwaltungen bestimmen das elektronische Informations- und Kommunikationssystem, über das die Daten aus den Handelsregistern abrufbar sind, und sind für die Abwicklung des elektronischen Abrufverfahrens zuständig.** [3] **Die Landesregierung kann die Zuständigkeit durch Rechtsverordnung abweichend regeln; sie kann diese Ermächtigung durch Rechtsverordnung auf die Landesjustizverwaltung übertragen.** [4] **Die Länder können ein länderübergreifendes, zentrales elektronisches Informations- und Kommunikationssystem bestimmen.** [5] **Sie können auch eine Übertragung der Abwicklungsaufgaben auf die zuständige Stelle eines anderen Landes sowie mit dem Betreiber des Unternehmensregisters eine Übertragung der Abwicklungsaufgaben auf das Unternehmensregister vereinbaren.**

(2) Sind Dokumente nur in Papierform vorhanden, kann die elektronische Übermittlung nur für solche Schriftstücke verlangt werden, die weniger als zehn Jahre vor dem Zeitpunkt der Antragstellung zum Handelsregister eingereicht wurden.

(3) [1] Die Übereinstimmung der übermittelten Daten mit dem Inhalt des Handelsregisters und den zum Handelsregister eingereichten Dokumenten wird auf Antrag durch das Gericht beglaubigt. [2] Dafür ist eine qualifizierte elektronische Signatur nach dem Signaturgesetz zu verwenden.

(4) Von den Eintragungen und den eingereichten Dokumenten kann ein Ausdruck verlangt werden. Von den zum Handelsregister eingereichten Schriftstücken, die nur in Papierform vorliegen, kann eine Abschrift gefordert werden. Die Abschrift ist von der Geschäftsstelle zu beglaubigen und der Ausdruck als amtlicher Ausdruck zu fertigen, wenn nicht auf die Beglaubigung verzichtet wird.

(5) Das Gericht hat auf Verlangen eine Bescheinigung darüber zu erteilen, dass bezüglich des Gegenstandes einer Eintragung weitere Eintragungen nicht vorhanden sind oder dass eine bestimmte Eintragung nicht erfolgt ist.

(6) [1] Für die Einsichtnahme in das Unternehmensregister gilt Absatz 1 Satz 1 entsprechend. [2] Anträge nach den Absätzen 2 bis 5 können auch über das Unternehmensregister an das Gericht vermittelt werden.

Übersicht

1) Einsichtnahme in das Handelsregister (I–V) 1–11
   A. Öffentlichkeit des Handelsregisters (I 1) 1
   B. Elektronisches Abrufverfahren (I 2–5) 4
   C. Elektronische Rückerfassung von Dokumenten in Papierform (II) 5

D. Beglaubigungen, Ausdrucke, Abschriften, Bescheinigungen
(III–V) 7
E. Auskunft, Versendung 11
2) Einsichtnahme in das Unternehmensregister (VI) 12–13
A. Einsichtnahme (VI 1 mit I 1) 12
B. Vermittlung der Anträge nach II–V (VI 2) 13
3) Beweiswert des Handelsregister 14

1) Einsichtnahme in das Handelsregister (I–V)
A. **Öffentlichkeit des Handelsregisters (I 1): a)** § 9 neu durch EHUG 1
2006 (I 1 weitgehend wie I aF). § 9 regelt die Öffentlichkeit des HdlReg und in
VI die des Unternehmensregisters. Die Einsichtnahme in das HdlReg (elektronisches HdlReg und bisheriges Papierregister) sowie in die (elektronisch oder in
Papierform) zum HdlReg eingereichten Dokumente, zB Gesellschafts- und andere Verträge, früher Firmenzeichnung, auch Niederschriften des Registergerichts über vor ihm abgegebene Erklärungen, RJA **2**, 70 (nicht Schriftstücke
des inneren Dienstes oder Vorgänge über Ordnungsstrafverfahren nach § 14) ist
jedem zu Informationszwecken gestattet **(I 1)**. Das gilt ohne besondere Voraussetzungen wie etwa ein berechtigtes Interesse (europarechtlich vorgegebenes
Jedermann-Recht, RegE zu § 9a aF, abw von § 13 II FamFG).

b) Verwendungszweck: Freie Einsichtnahme ist **nur zu Informations-** 2
zwecken gestattet (insoweit keine Änderung durch EHUG, RegE). I 1 umreißt
damit den Verwendungszweck positivrechtlich; dieser Zweck ist aber dem EG-
Recht folgend sehr weit gefasst (RegE ERJuKoG), nach aA trotzdem europarechtswidrig, Hirte NJW **03**, 1091. Eigener und Drittinformationszweck, zB bei
Einsicht von Rechtsanwälten, Wirtschaftsprüfern oder Auskunfteien, stehen
gleich (RegE; Rechtsausschuss ERJuKoG). Kommerzielles Nutzungsinteresse
schließt Informationszweck nicht aus, schadet also nicht.

c) Einsichtnahme: I 1 regelt die Einsichtnahme grundsätzlich ohne Unter- 3
scheidung zwischen der herkömmlichen Papiereinsicht und der elektronischen
Online-Einsicht. Letztere ist in I 2–5 geregelt (s Rn 4), erstere bleibt, soweit
noch Papierform, weiterhin möglich. Das Einsichtsrecht umfasst wegen der
Öffentlichkeit des HdlReg auch eigenes Abschreiben, auch mittels technischer
Reproduktion, Dresd NJW **97**, 667. Einsicht schließt auch Durchsicht ein, auch
gleichzeitig über mehrere Firmen, Kln WM **91**, 1613 (Auszugsverlangen). Auch
Gesamteinsicht ist gestattet, auch zu kommerziellen Zwecken. § 9 gibt aber kein
Recht auf kommerzielle Mikroverfilmung des gesamten Bestands zwecks Konkurrenz zum HdlReg, vielmehr Ermessen der Justizverwaltung (nicht des Urkundsbeamten des HdlRegGerichts) nach §§ 23 ff EGGVG, BGH **108**, 32, str
(zu eng wegen Publizitätsfunktion des HdlReg; vgl Kollhosser NJW **88**, 2409,
und nach Elektronifizierung weitgehend funktionslos); s auch Karls NJW **91**, 182
(Verfahrensfehler). Grenze für Einsichtnahme ist wie stets Rechtsmissbrauch
(§ 242 BGB), vgl Kln WM **91**, 1614 (rechtswidriger Zweck). Die Bestimmung
des § 9a III aF, wonach ein Missbrauch von der Online-Einsicht ausschließt, ist
als selbstverständlich entfallen (RegE § 9a). Bspe für Missbrauch (RegE, Rechtsausschuss ERJuKoG): Komplettabruf der gesamten Registerdaten (nach Elektronifizierung kaum mehr zu verhindern) oder zur Sabotage des Registerbetriebs,
massenhafte Zugriffe zwecks Lahmlegung oder Infektion mit Viren, Einschleusung von Programmen. Ort und Zeit der Einsicht **(4)** HRV § 10 nF; Einsicht in
das elektronische Registerblatt oder Datensichtgerät oder Ausdruck, **(4)** HRV
§ 10 II nF. Für nicht unter § 9 I fallende Schriftstücke gilt § 13 II, III FamFG
(Einsicht der Gerichtsakten und Erteilung ua einer Abschrift bei glaubhaft
gemachtem berechtigtem Interesse). Gebühren: Einsichtnahme auf der Geschäftsstelle der Registergerichts soll weiterhin kostenfrei sein (§ 90 KostO), im übrigen

§ 9 4–8   I. Buch. Handelsstand

Gebühren nach JVKostO. Lit: Vor EHUG Kassau 1998, Noack BB 01, 1263, Seibert BB **01**, 2494; nach EHUG Seibert/Decker DB **06**, 2448.

4   B. **Elektronisches Abrufverfahren (I 2–5):** I 2–5 regeln das elektronische Abrufverfahren. Zuständig sind die Landesjustizverwaltungen, sie bestimmen das elektronische Informations- und Kommunikationssystem für den Datenabruf und sind für die Abwicklung des elektronischen Abrufverfahrens zuständig **(I 2)**. Abweichende Regelung der Zuständigkeit und Übertragung der Ermächtigung ist möglich **(I 3)**. Bei der Ausführung ist Datenschutzrecht zu beachten, das Vorhalten von rein personenbezogenen Suchfunktionen (Vorname/Nachname) ist unzulässig (§§ 14 II Nr 5, 28 I Nr 3 BDSG), vgl DAV NZG **05**, 587, krit Noack NZG **06**, 803. Da die länderweite Zersplitterung des HdlReg aufwändig ist, können die Länder ein länderübergreifendes, zentrales elektronisches Informations- und Kommunikationssystem bestimmen **(I 4)** und die Übertragung der Abwicklungsaufgaben auf die zuständige Stelle eines anderen Landes bzw mit Zustimmung des Betreibers des Unternehmensregisters auf das Unternehmensregister vereinbaren **(I 5)**. Ein solches **gemeinsames zentrales Registerportal**, das NRW für die Länder betreibt und die Hdl-, Gen- und PartReg und zT Vereinsregister erfasst, gibt es seit 2007 unter der Adresse **www.handelsregister.de** (vgl www.handelsregisterbekanntmachungen.de, § 10 Rn 1). Indirekt ist der zentrale Zugang zum HdlReg über das Unternehmensregister möglich (§ 8 b II Nr 1, dort Rn 3, 4). Zur Sicherung der ordnungsgemäßen Datenverarbeitung und für die Kostenabrechnung erfolgt Protokollierung der Abrufe, **(4)** HRV § 53. Lit: Noack NZG **06**, 804, Mödl/Schmidt ZIP **08**, 2335.

5   C. **Elektronische Rückerfassung von Dokumenten in Papierform (II):** Wenn Dokumente nur in Papierform vorhanden sind wie vielfach bei Altdokumenten, kann grundsätzlich elektronische Übermittlung verlangt werden. Wird ein solcher Antrag gestellt, sind die Dokumente (auf Kosten des Antragstellers, HdlRegGebührenVO) elektronisch zu erfassen, dazu **(1)** EGHGB Art 61 III. Übermittlung bedeutet sowohl die elektronische Einsichtnahme in das Dokument auf dem Bildschirm des Benutzers als auch seine Übersendung, uU in beglaubigter Form (RegE).

6   Eine **Ausnahme** von der elektronischen Rückerfassung gilt für Dokumente, die **zehn Jahre** und länger vor dem Zeitpunkt der Antragstellung zum HdlReg eingereicht wurden (zulässig nach Art 3 III Unterabs II 3 der PublizitätsRi, § 8 Rn 2 a). Solche Altdokumente können weiterhin bei Gericht eingesehen werden (nebst Fertigung von Kopien in Papierform).

7   D. **Beglaubigungen, Ausdrucke, Abschriften, Bescheinigungen (III– V): a) Beglaubigung (III):** Die Richtigkeit der Kopien in elektronischer Form wird grundsätzlich nicht beglaubigt, außer wenn vom Antragsteller ausdrücklich verlangt (Art 3 III Unterabs IV 2 der PublizitätsRi, § 8 Rn 2 a). III setzt das derart um, dass die Übereinstimmung der übermittelten Daten mit dem Inhalt des HdlReg und den zum HdlReg eingereichten Dokumenten **nur auf Antrag** durch das Gericht beglaubigt wird **(III 1)**. Die Beglaubigung bezieht sich aber nicht auf die Richtigkeit des Inhalts des HdlReg bzw der zum HdlReg eingereichten Dokumente (RegE). Die Beglaubigung geschieht durch eine **qualifizierte Signatur** nach dem Signaturgesetz **(III 2)**. In dem qualifizierten Zertifikat sollte angegeben werden, dass der Signierende zur Beglaubigung nach III autorisiert ist und die Signatur zum Zweck der Beglaubigung eingesetzt wird (RegE).

8   **b) Ausdruck, Abschrift (IV):** Von den Eintragungen und den eingereichten Dokumenten kann ein **Ausdruck** verlangt werden **(IV 1)**. Glaubhaftmachung eines berechtigten Interesses ist dafür nicht notwendig. Liegen die zum HdlReg eingereichten Schriftstücke nur in Papierform vor, kann eine **Abschrift** gefordert werden **(IV 2)**; Antrag auf Übertragung in ein elektronisches Dokument s Rn 5. Der Einsehende darf auch selbst abschreiben (s Rn 3). Die Abschrift ist von der

Geschäftsstelle zu beglaubigen und der Ausdruck als **amtlicher Ausdruck** zu fertigen, wenn nicht auf die Beglaubigung verzichtet wird, also nicht erst auf Verlangen (**IV 3**). Zur Erstellung von (einfachen und beglaubigten) Abschriften (**4**) HRV § 30, von Ausdrucken (**4**) HRV § 30 a. Der Beweiswert von Abschriften und Bescheinigungen (s Rn 7 ff) ist voll nur für den Zeitpunkt ihrer Ausstellung; er nimmt ab mit dem Zeitablauf. Für nicht unter II fallende Schriftstücke s Rn 1.

c) **(Negative) Bescheinigung (V):** Verlangt werden kann auch, dass das 9 Gericht eine Negativbescheinigung (Negativattest) darüber erteilt, dass bezüglich des Gegenstandes einer Eintragung weitere (jede ändernde, ergänzende, einschränkende usw) Eintragungen nicht vorhanden sind oder dass eine bestimmte Eintragung nicht erfolgt ist. Bescheinigungen und Zeugnisse können auch in elektronischer Form (§ 126 a BGB) übermittelt werden, (**4**) HRV § 31 Satz 2. Beweiswert s Rn 7 ff.

d) Ein **(positives) Zeugnis über die Eintragung** konnte nach III aF darüber 10 verlangt werden, wer der Inhaber einer in das HdlReg eingetragenen Firma eines EinzelKfm ist, sowie über die Befugnis zur Vertretung eines EinzelKfm oder einer HdlGes (ebenso RegE V). Damit konnte Behörden gegenüber der diesbezügliche Nachweis geführt werden. Zum Streit, welchen Beweiswert dieses Zeugnis hatte und ähnliche Sondervorschriften noch haben, s Rn 14. Eines solchen Positivzeugnisses gegenüber Behörden bedarf es beim elektronischen HdlReg nicht mehr, die Behörde kann diese Tatsachen selbst durch Einsicht in das HdlReg klären (BRat und BReg, anders noch RegE).

E. **Auskunft, Versendung:** Auskunft an Private ist nicht vorgesehen, sie 11 können einsehen, (**4**) HRV § 10. Das EHUG hat daran nichts geändert (Stellungnahme BRat Nr 10, zust BReg). Auskunft an Behörden im Rahmen besonderer Vorschrift oder vorgeschriebener Rechts- oder Amtshilfe. Grundsätzlich keine **Versendung** der unersetzlichen Registerakten außer zB an Instanzgerichte, großzügiger Dresd NJW **97**, 667.

2) Einsichtnahme in das Unternehmensregister (VI)

A. **Einsichtnahme (VI 1 mit I 1):** Für die Einsichtnahme in das Unter- 12 nehmensregister gilt I 1 entsprechend. Danach hat jeder das Recht auf Einsichtnahme (s Rn 1, 3) zu Informationszwecken (s Rn 2). Das gilt gleichermaßen, ob die Daten im Unternehmensregister selbst gespiegelt sind (zB Rechnungslegungsunterlagen nach § 8 b II Nr 4) oder dieses nur als Portal (zB HdlReg, § 8 b II Nr 1–3) fungiert. VI ermöglicht damit, dass die Dokumente der „eine(n) Akte" aus „dem Register" elektronisch oder als Papierkopie erhältlich sind (Art 3 I der PublizitätsRi; § 8 Rn 2 a, 3, RegE).

B. **Vermittlung der Anträge nach II–V (VI 2):** Die Anträge, die nach II–V 13 bei Einsichtnahme in das HdlReg gestellt werden können, können auch über das Unternehmensregister an das Gericht vermittelt werden (europarechtliche Vorgabe, RegE). Sonst wäre der indirekte zentrale Zugang zum HdlReg (s Rn 4) weitgehend wertlos. Zu beachten ist, dass VI 2 nur Anträge bezüglich der Einsichtnahme in das HdlReg betrifft. Entsprechende Anträge auf Beglaubigungen, Ausdrucke und Bescheinigungen allein aus dem Unternehmensregister sind nicht vorgesehen (anders RegE VII 3 für Rechnungslegungsunterlagen nach § 8 b II Nr 4). VI 2 gilt kraft Verweisung auf § 9 auch für Daten des GenReg und PartReg (§ 156 GenG, § 5 II PartG).

3) Beweiswert des Handelsregisters

Die Register werden von den Gerichten nach genauen gesetzlichen Vorschrif- 14 ten geführt. Die Gerichte prüfen zwar die Anmeldungen, aber nicht umfassend, seit dem HRefG noch weiter zurückgenommen (§ 8 Rn 7–9). Eine rechtliche

§ 9a

Vermutung der Richtigkeit der Eintragungen im HdlReg wird deshalb dadurch (anders als § 891 BGB) nicht begründet, aA für widerlegbare Vermutung Heymann/Sonnenschein/Weitermeyer § 8 Rn 31 (vor HRefG); doch liefert die Eintragung einen **Beweis des ersten Anscheins** (keine Beweislastumkehr), hL, Canaris § 4 Rn 14, Koch ZZP 122 **(09)** 37. Der Anscheinsbeweis kann erschüttert werden. Schutz des Vertrauens Dritter auf Richtigkeit des (bekanntgemachten) Registerinhalts und Wirkung dieses gegen Dritte s § 15.

Gegenüber Behörden gibt es Sonderregelungen ua in § 32 GBO, § 69 BGB, § 26 I GenG über ein sogenanntes **Registerzeugnis** über die Vertretungsberechtigung bei HdlGes (zum früheren § 9 III s Rn 10). Welche Beweiskraft der Eintragung bzw einem solchen Registerzeugnis zukommt (Beweislastumkehr, Vermutung, Beweis des ersten Anscheins), ist str, MüKo/Krafka 19. Zum Teil wird für ein (positives und negatives) Registerzeugnis auch hier ein bloßer Beweis des ersten Anscheins angenommen, üL, zum Teil wird dem Negativzeugnis eine besondere Beweiswirkung für die inhaltliche Richtigkeit des Bezeugten abgesprochen, Koch ZZP 122 **(09)** 51. Nach Streichung des § 9 III aF erbringt gegenüber Behörden nicht nur das (positive) Zeugnis des Registergerichts, sondern schon die bloße Registereintragung den vollen Beweis für den bezeugten Umstand. Die Behörde muss sich die Einsicht grundsätzlich selbst verschaffen (s Rn 10) und kann nur bei Zweifeln an der Richtigkeit weitere Nachweise verlangen. Das soll entgegen § 32 GBO („Fremdkörper") in Analogie zu § 34 GBO auch für das Grundbuchrecht gelten, Koch ZZP 122 **(09)** 37, str.

Übertragung der Führung des Unternehmensregisters; Verordnungsermächtigung

9a (1) ¹Das Bundesministerium der Justiz wird ermächtigt, durch Rechtsverordnung mit Zustimmung des Bundesrates einer juristischen Person des Privatrechts die Aufgaben nach § 8b Abs. 1 zu übertragen. ²Der Beliehene erlangt die Stellung einer Justizbehörde des Bundes. ³Zur Erstellung von Beglaubigungen führt der Beliehene ein Dienstsiegel; nähere Einzelheiten hierzu können in der Rechtsverordnung nach Satz 1 geregelt werden. ⁴Die Dauer der Beleihung ist zu befristen; sie soll fünf Jahre nicht unterschreiten; Kündigungsrechte aus wichtigem Grund sind vorzusehen. ⁵Eine juristische Person des Privatrechts darf nur beliehen werden, wenn sie grundlegende Erfahrungen mit der Veröffentlichung von kapitalmarktrechtlichen Informationen und gerichtlichen Mitteilungen, insbesondere Handelsregisterdaten, hat und ihr eine ausreichende technische und finanzielle Ausstattung zur Verfügung steht, die die Gewähr für den langfristigen und sicheren Betrieb des Unternehmensregisters bietet.

(2) ¹Das Bundesministerium der Justiz wird ermächtigt, durch Rechtsverordnung mit Zustimmung des Bundesrates Einzelheiten der Datenübermittlung zwischen den Behörden der Länder und dem Unternehmensregister einschließlich Vorgaben über Datenformate zu regeln. ²Abweichungen von den Verfahrensregelungen durch Landesrecht sind ausgeschlossen.

(3) ¹Das Bundesministerium der Justiz wird ermächtigt, durch Rechtsverordnung ohne Zustimmung des Bundesrates die technischen Einzelheiten zu Aufbau und Führung des Unternehmensregisters, Einzelheiten der Datenübermittlung einschließlich Vorgaben über Datenformate, die nicht unter Absatz 2 fallen, Löschungsfristen für die im Unternehmensregister gespeicherten Daten, Überwachungsrechte der Bundesanstalt für Finanzdienstleistungsaufsicht gegenüber dem Unternehmensregister hinsichtlich der Übermittlung, Einstellung, Verwaltung, Verarbeitung und des Abrufs kapitalmarktrechtlicher Daten

2. Abschnitt. Handelsregister 1, 2 § 9a

einschließlich der Zusammenarbeit mit amtlich bestellten Speicherungssystemen anderer Mitgliedstaaten der Europäischen Union oder anderer Vertragsstaaten des Abkommens über den Europäischen Wirtschaftsraum im Rahmen des Aufbaus eines europaweiten Netzwerks zwischen den Speicherungssystemen, die Zulässigkeit sowie Art und Umfang von Auskunftsdienstleistungen mit den im Unternehmensregister gespeicherten Daten, die über die mit der Führung des Unternehmensregisters verbundenen Aufgaben nach diesem Gesetz hinausgehen, zu regeln. ² Soweit Regelungen getroffen werden, die kapitalmarktrechtliche Daten berühren, ist die Rechtsverordnung nach Satz 1 im Einvernehmen mit dem Bundesministerium der Finanzen zu erlassen. ³ Die Rechtsverordnung nach Satz 1 hat dem schutzwürdigen Interesse der Unternehmen am Ausschluss einer zweckändernden Verwendung der im Register gespeicherten Daten angemessen Rechnung zu tragen.

Übersicht

1) Übertragung der Führung des Unternehmensregisters (I) 1
2) Verordnungsermächtigung (II, III) 2

1) Übertragung der Führung des Unternehmensregisters (I)

§ 9a idF EHUG 2006. Das BMJ wird zur Übertragung der Führung des Unternehmensregisters (Aufgaben nach § 8 b I) an eine juristische Person des Privatrechts ermächtigt (**I 1**). Der Beliehene erlangt die Stellung einer Justizbehörde des Bundes (**I 2**). Der Staat kann sich bei der Erfüllung öffentlicher Aufgaben auch Privater bedienen und ihnen dazu hoheitliche Befugnisse zur Wahrnehmung im eigenen Namen übertragen (BVerwG NVwZ-RR **91**, 330, BReg Nr 14), was zB auch im AutobahnmautG v 5. 4. 02 BGBl 1234 geschehen ist. Weitere Einzelheiten dazu in **I 3–4**. Weitgehende Anforderungen an das Profil des zu Beleihenden in **I 5**, in Frage kommt danach praktisch nur der BAnz. Diese Übertragung an die **Bundesanzeiger** VerlagsGes mbH (Beliehene) ist mit Wirkung zum 1. 1. 07 erfolgt, VO 15. 12. 2006 BGBl 3202. 1

2) Verordnungsermächtigungen (II, III)

Der zentrale elektronische Zugriff über das Unternehmensregister auf die Originaldaten der Länder ist ohne Einheitlichkeit der Datenzulieferung durch die Länderbehörden nicht gewährleistet. II und III enthalten deshalb Verordnungsermächtigungen an das BMJ über Einzelheiten der Datenübermittlung zwischen den Behörden der Länder und dem Unternehmensregister (keine Abweichungen von den Verfahrensregelungen durch Landesrecht, II 2) und zu den technischen und organisatorischen Einzelheiten zu Aufbau und Führung des Unternehmensregisters (a (ausführliche Aufzählung in III 1). Darunter fallen auch Regelungen über Zulässigkeit sowie Art und Umfang von Auskunftsdienstleistungen (sog Push- und Mehrwertdienste) des Betreibers mit den im Unternehmensregister selbst (nicht zB im HdlReg, insoweit Sache und uU Vereinbarung der Länder mit dem Betreiber) gespeicherten Daten, die über die mit der Führung des Unternehmensregisters verbundenen gesetzlichen Aufgaben hinausgehen (RegE). Nach Europarecht (§ 8 Rn 2 a) dürfen dabei Dritte, auch bei Interesse an eigener Vermarktung, nicht ausgeschlossen werden. Dem schutzwürdigen Interesse der Unternehmen am Ausschluss einer zweckändernden Verwendung der im Register gespeicherten Daten ist angemessen Rechnung zu tragen (III 3). Das entspricht dem Grundrecht auf informationelle Selbstbestimmung (§ 14 II Nr 5, 28 I Nr 3 BDSG) und betrifft zB den Fall, dass der Betreiber des Unternehmensregisters im Register enthaltene Unternehmensdaten in einer Weise nutzen will, die über die gesetzlich vorgeschriebenen Aufgaben hinausgeht (RegE). 2

§§ 10, 11 I. Buch. Handelsstand

Bekanntmachung der Eintragungen

10 ¹Das Gericht macht die Eintragungen in das Handelsregister in dem von der Landesjustizverwaltung bestimmten elektronischen Informations- und Kommunikationssystem in der zeitlichen Folge ihrer Eintragung nach Tagen geordnet bekannt; § 9 Abs. 1 Satz 4 und 5 gilt entsprechend. ²Soweit nicht ein Gesetz etwas anderes vorschreibt, werden die Eintragungen ihrem ganzen Inhalt nach veröffentlicht.

1   **1)** § 10 neu durch EHUG 2006. Eintragungen in das HdlReG sind trotz freier elektronischer Abrufbarkeit vom Gericht bekannt zu machen (Art 3 IV PublizitätsRi, § 8 Rn 2a), Ausnahme: §§ 32, 34 V betr Insolvenzverfahren). Das geschieht in dem von der Landesjustizverwaltung bestimmten **elektronischen Informations- und Kommunikationssystem,** und zwar in der zeitlichen Folge ihrer Eintragung und nach Tagen geordnet **(Satz 1 Halbsatz 1).** Dazu gelten **§ 9 I 4, 5 entsprechend (Satz 1 Halbsatz 2),** also Möglichkeit einer gemeinsamen Internetplattform der Länder für HdlRegBekanntmachungen, vgl schon jetzt www.handelsregisterbekanntmachungen.de (vgl www.handelsregister.de, § 9 Rn 4). Krit zur Länderzuständigkeit für Bekanntmachungssysteme Noack NZG **06,** 803. Die völlige Aufgabe der früheren Pflichtbekanntmachung in Papierform (BAnz und Tageszeitungen) war der kontroverseste Punkt des EHUG, krit zB Dauner-Lieb/Linke DB **06,** 767, Spindler WM **06,** 109 (Gutachten). Kompromiss: Bekanntmachung in **Papierform** bis Ende 2006 im BAnz und einem anderen Blatt; übergangsweise noch **bis 31. 12. 2008** zusätzlich zur elektronischen Bekanntmachung auch in einer Tageszeitung oder einem sonstigen Blatt, **(1)** EGHGB Art 61 IV, rein freiwillig nach Wahl des Unternehmens selbstverständlich auch künftig. Zeitlich und rechtlich, also zB für die Publizitätswirkung, kommt es schon während der Übergangszeit allein auf die elektronische Bekanntmachung an, **(1)** EGHGB Art 61 Rn 4. Verzicht auf Papierform (vergleichsweise geringe Verbreitung, verstreut, unübersichtlich, im Ausland weithin unbekannt) entlastet die Unternehmen ohne Überforderung der Benutzer, Grund: online-Abruf ist für jedermann und von überall her, auch über das Unternehmensregister nach § 8 b möglich (gegen BRat ausführlich BReg Nr. 16). Bekannt zu machen ist idR der volle Inhalt der Eintragung **(Satz 2),** Ausnahme zB §§ 162, 175. Näheres **(4)** HRV §§ 32 ff. Verzicht auf Veröffentlichung ist unzulässig. Die (elektronische) Bekanntmachung hat Publizitätswirkung nach § 15 und weitere Rechtsfolgen (zB § 25 II; Fristlauf, § 225 I 1 AktG; Verzinsung § 320 b I 6 AktG). Fehler können Staatshaftung begründen. Pflicht des Kfm zur Prüfung des über ihn Veröffentlichten s § 15 Rn 16–23. Übersichten: Noack 2007; Seibert/Decker DB **06,** 2448, Noack NZG **06,** 802.

Offenlegung in der Amtssprache eines Mitgliedstaats der Europäischen Union

11 (1) ¹**Die zum Handelsregister einzureichenden Dokumente sowie der Inhalt einer Eintragung können zusätzlich in jeder Amtssprache eines Mitgliedstaats der Europäischen Union übermittelt werden.** ²**Auf die Übersetzungen ist in geeigneter Weise hinzuweisen.** ³ § 9 ist entsprechend anwendbar.

(2) **Im Fall der Abweichung der Originalfassung von einer eingereichten Übersetzung kann letztere einem Dritten nicht entgegengehalten werden; dieser kann sich jedoch auf die eingereichte Übersetzung berufen, es sei denn, der Eingetragene weist nach, dass dem Dritten die Originalfassung bekannt war.**

Übersicht

1) Freiwillige Offenlegung in anderen Amtssprachen (I) 1–4

2) Publizitätswirkung (II) 5

1) Freiwillige Offenlegung in anderen Amtssprachen (I)

§ 11 neu durch EHUG 2006. § 11 aF hatte noch Pflicht zur Veröffentlichung **1** außer im BAnz auch in einem anderen Blatt vorgeschrieben, was nach Einführung des elektronischen HdlReg seinen Sinn verloren hat. § 11 nF ermöglicht in Umsetzung von Art 3a II PublizitätsRi (§ 8 Rn 2a) und über diesen hinaus (Rechtsträger, Gegenstand der Offenlegung) zusätzlich zur obligatorischen Offenlegung die freiwillige Offenlegung in der Amtssprache eines jeden Mitgliedstaates der EU **(I Satz 1)**, nicht auch eines Drittstaats (von Art 3a III PublizitätsRi wurde kein Gebrauch gemacht). Die freiwillige Offenlegung in Form einer Übersetzung des eingereichten Originals steht **jedem Kaufmann** und jeder PersonenGes offen, nicht nur KapitalGes (weiter als PublizitätsRi). **Gegenstand** der freiwilligen Offenlegung sind die zum HdlReg einzureichenden Dokumente sowie der (gesamte) Inhalt der Eintragung (§ 8 Rn 5; ebenfalls weiter als PublizitätsRi). Nach RegE entspricht das den „Urkunden und Angaben" iSd PublizitätsRi. Denn für den Registerinhalt sind nicht die einzureichenden Angaben maßgeblich, sondern der vom Registerrichter verfügte Text der Registereintragung. Allein dieser ist rechtlich verbindlich und Grundlage für die Rechtsfolgen des § 15. Gegenstand des § 11 sind auch die Rechnungslegungsunterlagen, die beim Betreiber des elektronischen BAnz einzureichen sind (§ 325 VI nF). Die von dem Unternehmen eingereichten und neben den deutschen Text gestellten **Übersetzungen** des Inhalts der Eintragung werden **nicht von Amts wegen geprüft.** Übermittlung der Übersetzung an das HdlReg genügt, I 1 verlangt **keine Beglaubigung der Übersetzung** (von der Option der PublizitätsRi dahingehend wurde kein Gebrauch gemacht). Einschaltung eines beeidigten Übersetzers (§ 143 III ZPO) wäre zu teuer. Anreiz für richtige Übersetzung bieten die Publizitätsfolgen nach II (s Rn 5). Ein Zwang zur Übersetzung auch von **Änderungen** eingereichter deutscher und übersetzter Urkunden besteht nicht, aber auch insoweit drohen Publizitätsfolgen nach II, außer wenn zB aus den Datumsangaben klar wird, dass sich die Übersetzung auf das ursprüngliche, noch nicht geänderte Original bezieht. Wird später eine aktualisierte Fassung des Dokuments eingereicht, so wird mit der Eintragung kenntlich gemacht, das die ursprüngliche Übersetzung nicht mehr dem aktualisierten Stand entspricht, **(4)** HRV § 15.

Die Übersetzungen werden nicht nach § 10 bekannt gemacht. Auf Überset- **2** zungen ist aber in geeigneter Weise **hinzuweisen (I Satz 2)**. Mit einem solchen Hinweis wird der Zugang Dritter zu der offen gelegten Übersetzung konform mit Art 3 II PublizitätsRi (RegE) erleichtert. Wie dieser Hinweis geschieht, ist nicht vorgeschrieben. Möglich sind aber zB eine Schaltfläche auf dem Bildschirm mit einem Flaggensymbol oder der Landesname in der jeweiligen Landessprache (RegE). Bloßer Hinweis genügt, nicht notwendig ist, dass das Registergericht das gesamte Angebot des Registerinhalts in übersetzter Fassung anbietet (RegE). Zugänglichmachung der jeweils freiwillig eingereichten Übersetzungen genügt.

Einsichtnahme in das HdlReg bezüglich solcher freiwilliger Offenlegungen **3** ist entsprechend § 9, also ebenso wie bei Originaldokumenten online möglich **(I Satz 3)**.

§ 11 sieht nur Offenlegung vor und anders als § 10 **nicht zusätzlich Be- 4 kanntmachung** (Art 3a verweist auf Art. 3 II Unterabs 1 ohne 3 IV PublizitätsRi), Konformität mit EGRecht ist str, Paefgen ZIP **08,** 1658.

§ 12

2) Publizitätswirkung (II)

II regelt die Publizitätswirkung bei solchen freiwilligen Offenlegungen in enger Anlehnung an den Wortlaut von Art 3 IV PublizitätsRi. II bezieht sich auf eine Diskrepanz zwischen Original und Übersetzung, nicht wie § 15 zwischen Eintragung und Bekanntmachung, und erweitert insoweit den Drittschutz, im Übrigen ist aber Rspr und Lehre zu § 15 zur Publizitätswirkung auch unter II relevant, zB zur Beschränkung auf den Geschäfts- und Prozessverkehr mit der Ges (§ 15 Rn 8), zB nicht bei gutgläubigem Erwerb eines GmbHAnteils im Vertrauen auf falsche Übersetzung, nur § 16 III nF GmbHG. II Halbs 2 soll sich nicht auf das verbandsrechtliche Verhältnis zwischen Ges und Gfter beziehen (kein Dritter), Paefgen ZIP **08**, 1660. Eine **Übersetzung** kann im Fall ihrer Abweichung von der Originalfassung **einem Dritten nicht entgegengehalten** werden **(II Halbsatz 1)**, maßgeblich ist danach grundsätzlich die deutsche Fassung. Der (deutsche oder ausländische) **Dritte** kann sich jedoch **auf die eingereichte** (von der Originalfassung abweichende) **Übersetzung berufen, außer wenn** der Eingetragene nachweist, dass dem Dritten die (deutsche) Originalfassung **bekannt** war **(II Halbsatz 2)**. Für letzteres reicht nicht aus, dass dem Dritten die bloße Existenz der Originalfassung bekannt war, vielmehr muss ihm, da er sich nach II im Rechtsverkehr auf die Übersetzung verlassen können soll, der Unterschied zwischen der Übersetzung und der Originalfassung bekannt gewesen sein (aus Wortlaut nicht ersichtlich), aA wohl Ko/Ro/Mo/Roth 3, dafür ist aber Kenntnis der deutschen Sprache nicht erforderlich (zB Information über Anwalt), str. Bei mehreren Übersetzungen kann sich der Dritte auf jede davon berufen. Rücknahme der (freiwillig eingereichten) Übersetzung ist möglich, Erfordernis der gleichen Sprache dabei ist str, Paefgen ZIP **08**, 1658. Bei überholten Übersetzungen Hinweis nach **(4)** HRV § 15 (s Rn 1), dann keine Berufung mehr auf die alte. Lit: Paefgen ZIP **08**, 1658.

Anmeldungen zur Eintragung und Einreichungen

12 (1) ¹**Anmeldungen zur Eintragung in das Handelsregister sind elektronisch in öffentlich beglaubigter Form einzureichen. ²Die gleiche Form ist für eine Vollmacht zur Anmeldung erforderlich. ³Rechtsnachfolger eines Beteiligten haben die Rechtsnachfolge soweit tunlich durch öffentliche Urkunden nachzuweisen.**

(2) ¹**Dokumente sind elektronisch einzureichen. ²Ist eine Urschrift oder eine einfache Abschrift einzureichen oder ist für das Dokument die Schriftform bestimmt, genügt die Übermittlung einer elektronischen Aufzeichnung; ist ein notariell beurkundetes Dokument oder eine öffentlich beglaubigte Abschrift einzureichen, so ist ein mit einem einfachen elektronischen Zeugnis (§ 39a des Beurkundungsgesetzes) versehenes Dokument zu übermitteln.**

Übersicht

1) Einreichung von Anmeldungen zur Eintragung (I 1) 1–2
   A. Anmeldung 1
   B. Unbedingtheit, Widerruflichkeit 2
2) Vertretung bei der Anmeldung (I 2) 3–4
   A. Vollmacht 3
   B. Gesetzliche Vertreter 4
3) Nachweis der Rechtsnachfolge (I 3) 5
4) Einreichung von Dokumenten (II) 6–7
5) Internationaler Verkehr 8

2. Abschnitt. Handelsregister   1–3   § 12

1) Einreichung von Anmeldungen zur Eintragung (I 1)

A. **Anmeldung:** § 12 neu durch EHUG 2006, I 1 entspricht I aF, I 2 und 3   1
wie II 1 und 2 aF, II ganz neu. **Anmeldung** ist kein Rechtsgeschäft, sondern
verfahrensrechtliche Erklärung gegenüber dem Gericht (§ 25 FamFG), wegen der auch materiellrechtlichen Bedeutung (zB nach §§ 2, 3 II; Gründung von
KapitalGes) mit Doppelnatur, str, MüKo/Krafka 5; keine Art Garantieerklärung
gegenüber dem Registergericht, BGH **116,** 198, aA BayObLG DB **82,** 1262.
§ 12 verlangt **keine Zeichnung der Unterschrift** (Namen, früher auch Firma,
§ 29 Rn 6) mehr (§ 14 Rn 1). Anmeldungen zum HdlReg sind nach I 1 vom
Anmeldepflichtigen (§ 8 Rn 2) oder seinem Vertreter (s Rn 3) **elektronisch**
vorzunehmen durch Einreichung einer **öffentlich beglaubigten** schriftlichen
Erklärung, § 129 BGB, §§ 39 ff BeurkG (oder einer notariellen Urkunde über
die Erklärung, § 129 II BGB; Prozessvergleich s § 127 a BGB). Das (umstrittene)
Erfordernis der Mitwirkung der Notare wurde durch EHUG beibehalten. Die
öffentliche Beglaubigung bezieht sich auf die Echtheit der Unterschrift, nicht
den Erklärungsinhalt. Die Beglaubigung kann auch als einfaches elektronisches
Zeugnis erfolgen (§ 39 a BeurkG idF JKomG 2005, dazu Gassen/Wegerhoff
ZNotP **05,** 413, Malzer DNotZ **06,** 9, Praxishinweise bei Jeep/Wiedemann
NJW **07,** 2440). Die Landesregierungen können bis 31. 12. 2009 auch papierschriftliche Anmeldung zulassen, (1) EGHGB Art 61 I. Die früher in I auch
zugelassene Form der Anmeldung „persönlich bei dem Gerichte" wurde durch
BeurkG 1969 ab 1970 gestrichen. Der Vorbehalt anderer nach Landesrecht
beglaubigungsfähiger Personen oder Stellen in § 63 BeurkG ist ohne praktische
Bedeutung. Anmeldungen, die nicht zu einer Eintragung führen, bedürfen der
Form nicht, KG JW **38,** 2281. Für I genügt auch Einreichung einer nach § 42
BeurkG beglaubigten Abschrift (Kopie) der öffentlich beglaubigten Anmeldeerklärung, BayObLG DB **75,** 1162, aber ohne praktische Bedeutung. Einreichung
von Dokumenten s I 5, Rn 5. Anmeldung der Firma s § 29 Rn 6. **Muster:**
Hopt/Graf von Westphalen 3. Aufl 2007 Form I. A.1 (Anmeldung des Einzelunternehmens eines Kfm), Form I. A.2 (Antrag auf Löschung des Einzelunternehmens im HdlReg), Form I. B.1–3 (Anmeldungen zur HauptNl und ZwNl,
plc), Form I. C.1–8 (Anmeldungen zu Fortführung, Änderung, Verpachtung,
Pachtbeendigung und Erlöschen der Firma nach Veräußerung). Lit: Gustavus
3. Aufl 1996; Gassen/Wegerhoff 2006 (elektronische Beglaubigung und elektronische HdlRegAnmeldung); Winkler FS Wiedemann **02,** 1369.

B. **Unbedingtheit, Widerruflichkeit:** Wie Prozesshandlungen duldet die   2
Anmeldung **keine Bedingung** oder **Befristung** und ist nicht wegen **Willensmangels** anfechtbar. Sie ist bis zur Eintragung frei **widerruflich,** KG OLGE **43,**
205; von zwei Vorstandsmitgliedern mit Einzelvertretung darf der eine die Anmeldung des andern widerrufen, KG HRR **39,** 312. Widerruf nach Eintragung
ist eine neue Anmeldung. Die Anmeldung muss sich auf Geschehenes beziehen.
Bevorstehendes genügt nicht, weil das Registergericht nicht prüfen kann, ob die
erwartete Tatsache eintritt. Gemeinsam gestellte Eintragungsanträge sollen iZw
nur insgesamt vollzogen oder abgelehnt werden, BayObLG Rpfleger **88,** 472.

2) Vertretung bei Anmeldung (I 2)

A. **Vollmacht:** I 2 regelt die Form der Vollmacht bei Anmeldung. Vollmacht   3
ist ohne weiteres möglich, Spezialvollmacht also unnötig; Ausnahme, wenn der
Anmelder für die Richtigkeit zivil- oder strafrechtlich persönlich verantwortlich
ist (AG, GmbH), BGH **116,** 199, BayObLG BB **86,** 1532, str. Solche Höchstpersönlichkeit folgt aber nicht ohne weiteres daraus, dass alle bzw sämtliche
Mitglieder eines Organs anmelden müssen, str, offen BGH **116,** 196. Vollmacht
bedarf nach I 2, abw von § 167 BGB, wie die Anmeldung selbst der Form nach I,
doch genügt wie dort (s Rn 1) Vorlage einer beglaubigten Abschrift der unter-

schriftsbeglaubigten Vollmacht. Generalvollmacht genügt, LG Ffm BB **72**, 512. Prokura genügt, soweit nicht das „eigene" HdlGeschäft betroffen ist (§ 49 Rn 2), zB Anmeldung für vertretene Ges als Kdtist einer anderen Ges, BGH **116**, 190. Gesetzliche Vollmacht des beurkundenden oder beglaubigenden Notars: **(3)** FamFG § 378 (kein eigenes Antragsrecht des Notars); der Notar kann aber auch als bloßer Erklärungsbote tätig werden und muss deshalb klarstellen, wie er tätig wird, MüKo/Krafka 25. Vollmacht zur Anmeldung des Eintritts von Gftern s § 108 Rn 3; von KdtAnteilsübertragungen s § 162 Rn 7. Liegen dem Registergericht unwiderrufliche Dauervollmachten in gehöriger Form vor, bedarf es bei späteren Anmeldungen des Vollmachtnachweises nur, wenn Anhaltspunkte für Widerruf der Vollmacht als wichtigen Grund vorliegen, BayObLG DB **75**, 1162. Unschädlich ist bei Vollmacht für eine KG Wegfall der Vertretungsmacht des Gfters, der sie erteilte, BayObLG DB **74**, 1521. Möglich ist postmortale Vollmacht, wirksam auch für Eintritt von Erbeserben, Hbg MDR **74**, 1022. Registervollmachten bei Ges s Gustavus GmbHR **78**, 219.

4   B. **Gesetzliche Vertreter** müssen sich regelmäßig durch Registerauszug oder Bestallung ausweisen; Bescheinigung der Befugnis im Beglaubigungsvermerk genügt nicht, weil keine Bescheinigung einer bloßen Tatsache. Eine etwa notwendige vormundschaftsgerichtliche Genehmigung des der Anmeldung zugrundeliegenden Rechtsgeschäfts oder Vorgangs hat der Vertreter nachzuweisen, KG JFG **3**, 206. Der aus § 112 BGB ermächtigte Minderjährige meldet selbst an. Für HdlGes (§ 6 Rn 1; organschaftliche Vertreter) gelten Sonderregeln (OHG, KG s §§ 106–108); es gilt nicht I 2, vielmehr ist organschaftliche Vertretungsmacht aus dem elektronischen HdlReg selbst zu ersehen (§ 9 Rn 10), die Praxis arbeitete bis zum EHUG mit beglaubigtem HdlRegAuszug (§ 9 II aF, vgl nunmehr § 9 IV), MüKo/Krafka 31.

3) Nachweis der Rechtsnachfolge (I 3)

5   Das FamFG lässt grundsätzlich volle Freiheit in der Form der (von Amts wegen zu veranstaltenden, § 26 FamFG, s § 8 Rn 7) Ermittlungen. § 12 I 3 HGB schränkt dies ein: Eine für die Eintragung erhebliche (Einzel- oder Gesamt-)**Rechtsnachfolge** ist „soweit tunlich" durch **öffentliche Urkunden** (§ 415 ZPO) nachzuweisen. Öffentliche Urkunden können auch in elektronischer Form präsentiert werden (öffentliche elektronische Dokumente, § 371a II ZPO idF 2005). Der Nachweis ist untunlich, wenn sich die Rechtsnachfolge aus dem elektronischen HdlReg bzw den Akten des Registergerichts selbst oder aus bei demselben Gericht geführten Nachlassakten ergibt; dann genügt Bezugnahme, BayObLG WM **83**, 1092, Hamm Rpfleger **86**, 140, KG NZG **00**, 1168. Das Gericht darf sich nach pflichtgemäßem Ermessen mit anderen Nachweisen begnügen, KG NZG **00**, 1168, so wenn sie einwandfrei ausreichen und öffentliche Urkunden schwer zu beschaffen wären. Bei gesetzlicher Erbfolge und testamentarischer auf Grund Handtestaments ist idR Erbschein (§ 2353 BGB) erforderlich, Kln NZG **05**, 37, auch bei Anmeldung mit Generalvollmacht des verstorbenen Kdtisten über den Tod hinaus, KG NJW-RR **03**, 255, Zeit- und Kostenaufwand machen das nicht untunlich, KG NZG **00**, 1168. Für Nachweis durch Erbschein sollte grundsätzlich die Übermittlung eines zur Abbildung des Erbscheins hergestellten, beglaubigten elektronischen Dokuments genügen, falls Beglaubigungsvermerk zeitnah zur anschließenden Übermittlung zum HdlReg erstellt wurde, Grund: eine (nicht eingezogene oder für kraftlos erklärte) Ausfertigung des Erbscheins lag dem Beglaubigenden vor (so RegE EHUG). Dagegen wird eine öffentlich beurkundete Verfügung von Todes wegen mit Eröffnungsprotokoll idR genügen, Hbg NJW **66**, 986, Registergericht legt solche letztwillige Verfügung aus, KG FGPrax **07**, 91; nicht aber wenn mehrere Verfügungen von Todes wegen vorhanden oder die Erben nicht mit Namensangabe

2. Abschnitt. Handelsregister **§ 13**

bestimmt sind oder sonst Auslegungszweifel verbleiben, KG FGPrax **07**, 91. Beglaubigte Abschrift des Erbscheins genügt nicht, KGJ **26** A 92.

4) Einreichung von Dokumenten (II)
II betrifft die Einreichung von Dokumenten (I die von Anmeldungen). Da das HdlReg elektronisch geführt wird, sind auch für das HdlReg bestimmte Dokumente **elektronisch einzureichen (II 1,** vgl schon bisher § 8a I 3 aF). Die Landesregierungen können genaue Datenvorgaben für die elektronische Einreichung vorgeben (§ 8a II 2) und bis 31. 12. 2009 auch papierschriftliche Einreichung zulassen, **(1)** EGHGB Art 61 I. II gilt über § 325 VI nF auch die Rechnungslegungsunterlagen, die beim Betreiber des elektronischen BAnz einzureichen sind. 6

Ist eine Urschrift oder eine einfache Abschrift einzureichen (zB § 199 Halbs 2 UmwG), genügt die Übermittlung einer einfachen elektronischen Aufzeichnung (keine elektronische Signatur, kein Formerfordernis); dasselbe gilt, wenn für das Dokument die Schriftform bestimmt ist (bzw es in unterzeichneter Form einzureichen ist, zB §§ 130 V Halbs 2, 188 III Nr 1 AktG;§§ 8 I Nr 3, 40 I 1 GmbHG) **(II 2 Halbsatz 1).** Ein mit einer qualifizierten elektronischen Signatur versehenes elektronisches Dokument ist also nicht notwendig, krit für (zu unterschreibende, § 126 BGB) GfterListen nach § 40 GmbHG Noack NZG **06**, 802; den Unternehmen steht es aber frei (II 2 Halbs 1: „genügt"), ein solches einzureichen (Grund. weitergehende Sicherung der Authentizität). Ist zwingend ein notariell beurkundetes Dokument oder eine öffentlich beglaubigte Abschrift einzureichen (zB § 130 V Halbs 1, § 199 Halbs 1 UmwG), so ist ein mit einem einfachen elektronischen Zeugnis (§ 39a BeurkG, s Rn 1) versehenes Dokument zu einzureichen **(II 2 Halbsatz 2).** Mit der Generalklausel des II 2 soll die zeitlich gestreckte Umstellung der vielen verstreuten Einreichungsvorschriften auf elektronische Einreichung ermöglicht werden (RegE EHUG). 7

5) Internationaler Verkehr
Die Rechtsfähigkeit und die Vertretung ausländischer HdlGesellschaften bestimmt sich nach ihrem Personalstatut (Gesellschaftsstatut). Das Registerverfahren, etwa Form der Anmeldung zum HdlRegister und Vollmacht dazu, folgt deutschem Recht als lex fori. Eine der deutschen Beurkundung gleichwertige Auslandsbeurkundung ist formwahrend, idR unproblematisch für Identität des Unterzeichnenden. HdlRegisteranmeldungen mit Auslandsbezug s Ebenroth/Schaub Anh § 12. 8

Zweigniederlassungen von Unternehmen mit Sitz im Inland

13 (1) ¹Die Errichtung einer Zweigniederlassung ist von einem Einzelkaufmann oder einer juristischen Person beim Gericht der Hauptniederlassung, von einer Handelsgesellschaft beim Gericht des Sitzes der Gesellschaft, unter Angabe des Ortes und der inländischen Geschäftsanschrift der Zweigniederlassung und des Zusatzes, falls der Firma der Zweigniederlassung ein solcher beigefügt wird, zur Eintragung anzumelden. ²In gleicher Weise sind spätere Änderungen der die Zweigniederlassung betreffenden einzutragenden Tatsachen anzumelden.

(2) Das zuständige Gericht trägt die Zweigniederlassung auf dem Registerblatt der Hauptniederlassung oder des Sitzes unter Angabe des Ortes sowie der inländischen Geschäftsanschrift der Zweigniederlassung und des Zusatzes, falls der Firma der Zweigniederlassung ein solcher beigefügt ist, ein, es sei denn, die Zweigniederlassung ist offensichtlich nicht errichtet worden.

Hopt

(3) **Die Absätze 1 und 2 gelten entsprechend für die Aufhebung der Zweigniederlassung.**

Übersicht

1) Das Recht der Zweigniederlassung (§§ 13–13 h) 1–2
   A. Niederlassung, Hauptniederlassung 1
   B. Zweigniederlassung 2
2) Der Begriff der Zweigniederlassung 3–5
   A. Begriff 3
   B. Rechtsnatur 4
   C. Betriebsstätte 5
3) Die rechtliche Behandlung der Zweigniederlassung im Einzelnen 6–9
   A. Errichtung, Verlegung, Auflösung 6
   B. Firma 7
   C. Buchführung 8
   D. Vertretungsmacht 9
4) Zweigniederlassungen von Unternehmen mit Sitz im Inland im Registerrecht (§ 13 I–III) 10–15
   A. Anmeldung (I 1) 10
   B. Anmeldung späterer Änderungen (I 2) 12
   C. Prüfung und Eintragung (II) 13
   D. Aufhebung (III) 15

1) Das Recht der Zweigniederlassung (§§ 13–13 h)

1   A. **Niederlassung, Hauptniederlassung:** Das HGB verlangt, dass jeder Kfm eine **Niederlassung** (§ 13 h „Hauptniederlassung", § 29 „Handelsniederlassung") hat, wo ihn mindestens Mitteilungen erreichen können. An sie knüpfen sich mannigfache Zuständigkeiten (vgl zB § 29 HGB, § 21 ZPO). Für HdlGes verlangt das HGB einen **Sitz** (§ 106 Rn 8). Grundsätzlich hat **jedes Handelsgeschäft nur eine Hauptniederlassung** (tatsächlicher Verwaltungssitz, aber vgl § 106 Rn 8), ein Kfm mehrere also nur für mehrere HdlGeschäfte (zB eine Bank und eine Fabrik), die dann im Firmen- und Registerrecht gesondert zu behandeln sind. Unter gleichen Voraussetzungen wie den Doppelsitz von HdlGes muss man aber ebenfalls nur ganz ausnahmsweise auch die **doppelte Hauptniederlassung** (§ 106 Rn 9) ein und desselben EinzelKfms anerkennen.

2   B. **Zweigniederlassung:** Die ZwNl regeln **§§ 13–13 h** idF EHUG 2006 (zuvor nF G zur Durchführung der 11. EG-Ri 22. 7. 93 BGBl 1282), Übergangsvorschriften zu §§ 13 bis 13 c in **(1)** EGHGB Art 61 VI (**Überschriften** zu §§ 13–13 h sind ebenso wie im Dritten Buch **amtlich,** sonst im HGB herkömmlich nichtamtlich). §§ 13 a–13 c aF aufgehoben, §§ 13 d, 13 f, 13 g geändert durch EHUG. §§ 13–13 h regeln die Materie zusammenfassend im HGB statt wie früher zusätzlich in §§ 42–44 AktG aF, § 12 GmbHG aF; für Genossenschaften verbleibt es bei dem GenG (§ 14 idF EHUG 2006). § 13 I 1, II idF MoMiG 2008. Die Systematik der §§ 13–13 h (Vorschriften für alle, Sondervorschriften für KapitalGes) entspricht dem Dritten Buch (§§ 238 ff, 264 ff). Klar getrennt wird zwischen ZwNl von **Unternehmen mit Sitz im Inland (§§ 13, 13 h)** und von Unternehmen **im Ausland §§ 13 d–13 g** (gleich ob EU oder nicht). § 13 regelt die ZwNl von Unternehmen mit Sitz im Inland (zur Vereinfachung durch EHUG und zu den einzelnen Tatbestandsmerkmalen s Rn 10–13). Beide Normgruppen sind selbstständig, hL. Nur §§ 13 d–13 g (von EHUG im Wesentlichen unberührt) transformieren die 11. EG-Ri (mittelbar auch § 13 d) und sind damit, soweit sie nicht über diese hinausgehen, auch in der Auslegung EG-rechtlich gebunden (Einl 36 vor § 105). §§ 13 d–13 g sind fremdenrechtliche Sachnormen, kein Kollisionsrecht, MüKo/Krafka § 13 d Rn 2. **Sondervorschriften** nach § 2 DM-BilG aF für ZwNl in der BRD oder West-Berlin von

2. Abschnitt. Handelsregister 3, 4 § 13

Unternehmen in der ehemaligen DDR s 28. Aufl. Lit zu §§ 13–13 h umfassend nach MoMiG E. Voigt 2009 (Diss Hbg); zu EHUG: Seibert/Decker DB **06,** 2446, Liebscher/Scharff NJW **06,** 3745, Noack NZG **06,** 801; zu aF 1993: Kindler NJW **93,** 3301, Seibert DB **93,** 1705.

2) Begriff der Zweigniederlassung

A. **Begriff: Zweigniederlassung** (vom Gesetzgeber bewusst nicht definiert, **3** aber für §§ 13 d–13 g europarechtlich geprägt, § 13 Rn 2) ist ein räumlich getrennter Teil des Unternehmens eines Kfm (einer HdlGes, vgl §§ 106, 107; nach hL nur Kfm, nach aA auch GbR, Freiberufler, dann aber keine Eintragung, vgl unten Rn 6), an der er und/oder seine Leute teils abhängig von der HauptNl (bzw dem Sitz der HdlGes), teils unabhängig von ihr wirken. **Merkmale** der ZwNl sind (Staub/Hüffer Vor § 13 aF Rn 10, E. Voigt § 3):

a) **Räumliche Selbstständigkeit** gegenüber der HauptNl: Ein Kfm kann zwar eine ZwNl in der Gemeinde der HauptNl haben, KG JW **29,** 671, aber nicht in denselben Räumen, Düss NZG **09,** 314.

b) **Nachordnung gegenüber der Hauptniederlassung:** Die ZwNl muss den Unternehmenszielen des Kfm dienen. Sie kann aber durchaus größer und wichtiger als die HauptNl sein.

c) **Selbständige Teilnahme am Rechtsverkehr:** Die ZwNl müsste bei Trennung von HauptNl als solche weitergeführt werden können, BayObLG DB **79,** 1936. Sie muss sachlich die gleichen, aber nicht notwendig alle gleichartigen Geschäfte erledigen wie die HauptNl, also namentlich nicht bloße Hilfs- oder Ausführungsgeschäfte. **Nicht** ZwNl sind danach zB: Empfangs- oder Aushändigungsstellen, RG **44,** 362; reine Verkaufsstellen, Hbg OLG **27,** 299; Warenlager oder Speicher; Kassen; Eisenbahnhöfe, RG **2,** 391; Ingenieurbüros, BayObLG OLGE **30,** 389; Versicherungsagenturen, außer wo die Leiter Angestellte und zum selbstständigen Abschluss befugt sind. Unwesentlich ist, ob und wie viele Geschäftsschlüsse an der ZwNl tatsächlich stattfinden und wo sich der Inhaber aufhält. Die ZwNl eines Kfm muss nicht selbst nach Art und Umfang ihres Betriebs kfm (vgl §§ 1 II, 2) sein. Dazu gehört auch Errichtung für eine gewisse Dauer, Geschäftsbetrieb für die Dauer einer Messe ist keine ZwNl. Dass die ZwNl dann tatsächlich nur sehr kurz besteht, schadet aber nicht.

d) **Personelle Mindestorganisation:** Die ZwNl muss einen Leiter mit Befugnis zu selbstständigem Handeln in nicht ganz unwesentlichen Angelegenheiten haben, KGJ **40,** 65. Er wird häufig HdlVollmacht (§ 54) haben, muss aber kein Prokurist sein (Filialprokura § 50 III). Dass der Leiter der ZwNl dem Direktionsrecht der HauptNl untersteht, muss der Selbständigkeit (oben c) nicht entgegenstehen.

e) **Sachliche Mindestorganisation:** äußere Einrichtung ähnlich einer **4** HauptNl, also ua Geschäftslokal (schon oben a), ausreichende Betriebsmittel, nach üL weitergehend auch Zuweisung eines gesonderten Teils des Geschäftsvermögens sowie ein Bankkonto und weitgehend gesonderte Buchführung. Angesichts moderner Innenzentralisierung der Unternehmen ist das Merkmal gesonderter Buch- und Kontenführung zu streichen, MüKo/Krafka 13, vgl BGH NJW 72, 1860, jedenfalls reicht gesonderte Buchführung bei der HauptNl aus, BayObLG BB **80,** 335, dazu Döllerer BB **81,** 25.

B. **Rechtsnatur und Konsequenzen:** Die ZwNl, auch eines Ausländers (RG **108,** 267), ist **nicht selbstständige juristische Person,** BGH **4,** 65, Mü GmbHR **06,** 601, hat keine besonderen gesetzlichen Vertreter (Ausnahme § 53 II Nr 2 KWG, § 106 III 1 VAG), kein rechtlich selbstständiges Vermögen, keine rechtlich von denen des Inhabers gesonderten Verbindlichkeiten. Im Prozess ist sie nicht Partei, sondern der Inhaber des Unternehmens. Jedoch kann der

§ 13 5–9

Inhaber einen Rechtsstreit, der sich auf den Geschäftsbetrieb der ZwNl bezieht, unter deren Firma führen, OGH **2**, 145. Dort kann ihm eine die ZwNl berührende Klage zugestellt werden, BGH **4**, 65. Da die ZwNl nicht rechtsfähig ist, ist sie auch nicht grundbuchfähig, aber der Rechtsträger kann unter der Firma der ZwNl im Grundbuch eingetragen werden. Umschreibung eines im Grundbuch eingetragenen Rechts von HauptNl auf ZwNl oder umgekehrt ist bloße Berichtigung des Grundbuchs, vgl KG JW **37**, 1743. Die ZwNl ist nicht selbstständig insolvenzfähig. Sondervorschriften für die Firmierung s Rn 7.

5   C. **Betriebsstätte:** Weiter als der Begriff der ZwNl ist der im Steuerrecht bedeutsame Begriff der Betriebstätte, § 12 AO (1977).

3) Die rechtliche Behandlung der Zweigniederlassung im Einzelnen

6   A. **Errichtung, Verlegung und Auflösung:** Alle diese Vorgänge sind rein tatsächliche, die nachfolgende Eintragung ist nur deklaratorisch. Errichtung ist Organisationsakt, auch ohne Entscheidung durch die Geschäftsführung, Ebenroth/Pentz 31. Sie ist kein Grundlagengeschäft und bedarf keiner Grundlage im GesVertrag, BayObLG BayObLGZ **92**, 60. Verlegung ist Umzug, Beibehaltung des Kundenstamms ist nicht begriffsnotwendig, Ebenroth/Pentz 60, str.

7   B. **Firma:** Die ZwNl hat, da rechtlich unselbstständig, idR keine eigene Firma, ihre Firma ist (von Anfang an wie bei späterer Änderung) die der HauptNl, diese kann sie ohne Zusatz führen, BayObLG BB **92**, 944; § 30 steht nicht entgegen. Im Betrieb der ZwNl kann aber (im Falle § 30 III: muss bzw entsprechender Zusatz, bloße Bezeichnung „Zweigniederlassung" genügt nicht) eine Firma geführt werden, die von der des ganzen Unternehmens abweicht (§§ 50 III, 126 III); doch muss entweder der Firmenkern der Firmen der HauptNl und der ZwNl einheitlich sein oder die Firma der ZwNl muss bei selbstständigem Firmenkern die Zugehörigkeit zur HauptNl durch einen entsprechenden Zusatz klarstellen (vgl § 17 Rn 8 f), RG **113**, 213, **114**, 320, BayObLG BB **92**, 944, heute hL, str seit HRefG wieder str, also nur Zusatze zur Firma der HauptNl. Mehrere ZwNl dürfen also unter der letzteren Voraussetzung unterschiedliche Firmen führen. Die von der Hauptfirma abweichende Firma der ZwNl muss in den GesVertrag (Satzung) aufgenommen werden, BayObLG BB **92**, 944, Ebenroth/Pentz 28, str. Ein übernommenes Unternehmen kann als ZwNl unter der alten Firma mit Filialzusatz weitergeführt werden, RG **113**, 213, BGH WM **57**, 1154, MüKo/Heidinger § 23 Rn 10, aber ohne irreführende Rechtsformzusätze des alten Unternehmens. Eine zweite (von der Ersten abweichende) Firma ist in der ZwNl ebenso wenig zulässig wie in der HauptNl (derselben HdlGes oder eG, desselben Unternehmens des Einzelkfm); § 17 Rn 8–9). Die ZwNl kann mit ihrer Firma veräußert und zum selbstständigen Unternehmen werden (§ 22 Rn 5); der Filialzusatz ist dann zu streichen, die Unterscheidbarkeit von der alten HauptNL ist durch Zusatz klarzustellen, RG **77**, 64. Lit: Kögel Rpfleger **93**, 8.

8   C. **Buchführung:** Eine Buchführungspflicht speziell der ZwNl besteht nicht (aber des Kfm, § 238 Rn 9), eine Betriebsstätte ohne gesonderte Buchführung ist jedoch idR nicht ZwNl (s Rn 3). Buchungen zwischen ZwNl oder zwischen HauptNl und ZwNl bekunden nicht echte Forderungen und Verpflichtungen, sondern sind nur Posten der innerbetrieblichen Erfolgsrechnung, Hbg NJW **49**, 467, Ulmer SJZ **49**, 757.

9   D. **Vertretungsmacht:** Die Vertretungsmacht der vertretenden Gfter in OHG, KG, ebenso eines Prokuristen kann (mit Wirkung gegen Dritte) auf eine besonders firmierende (s Rn 7) ZwNl beschränkt (oder umgekehrt von ihr ausgenommen) werden (§§ 126 III, 50 III). Ebenso HdlVollm (§ 54) und andere Vollmachten. Anders die Vertretungsmacht der Vorstandsmitglieder der AG und eG, Geschäftsführer der GmbH (§ 82 AktG, § 27 GenG, § 37 GmbHG).

2. Abschnitt. Handelsregister 10–13 § 13

4) Zweigniederlassungen von Unternehmen mit Sitz im Inland im Registerrecht (§ 13 I–III)

A. **Anmeldung (I 1):** § 13 neu durch EHUG 2006 mit wesentlicher Vereinfachung, I 1, II idF MoMiG 2008 (inländische Geschäftsanschrift). Jede ZwNl entsteht mit Aufnahme des Geschäftsbetriebs (nach aA schon, wenn alle organisatorischen Maßnahmen getroffen sind, also vor Eröffnung, Ebenroth/Pentz 35) unabhängig von einer Eintragung. Die erfolgte Errichtung ist zur Eintragung in das HdlReg **anzumelden** (I 1). **Anmeldepflichtige Personen** sind der EinzelKfm; für OHG, KG die vertretenden Gfter (anders für ausländische ZwNl, § 13 d Rn 5); für AG und KGaA der Vorstand bzw phG; für GmbH der Geschäftsführer; bei anderen juristischen Personen das Vertretungsorgan; Anmeldung durch Vertreter ist zulässig (§ 378 I FamFG), zB Prokurist (§ 49 Rn 1, 2; aber HdlBevollmächtigte s § 54 Rn 10). Anzumelden ist **beim Registergericht der Hauptniederlassung** bzw bei HdlGes des Sitzes unter Angabe des Ortes der ZwNl (politische Gemeinde), der inländischen Geschäftsanschrift (seit MoMiG 2008, Grund: Zustellungserleichterung für Gläubiger; anders § 5 II PartGG, s Anh § 160 Rn 58; Übergangsrecht GmbH Mü ZIP **09,** 366 m Anm Steffek EWiR **09,** 199, Wicke NZG **09,** 296) und des Zusatzes, falls der Firma der ZwNl ein solcher beigefügt wird (nach hL Firma auch sonst, str) **(I 1)**. Eingetragen wird also nur noch beim Gericht der (inländischen) HauptNl, nicht mehr wie früher beim Gericht der ZwNl, das vom Gericht der HauptNl über die Anmeldung der ZwNl dort zu unterrichten war. Dass die führende Eintragung nunmehr beim Gericht der HauptNl erfolgt, reicht aus, weil ja alle Daten über HauptNl und ZwNl zentral abgerufen werden können. Damit verbunden sind Vorteile der Vereinfachung, Beschleunigung und Verringerung von Fehlerquellen. HauptNl und ZweigNl können gleichzeitig angemeldet werden.

Das **Handelsregister der Zweigniederlassung** hat also durch das elektronische HdlReg ganz erheblich an Bedeutung verloren, behält aber eine eingeschränkte Bedeutung für die ZwNl ausländischer Unternehmen, deren HauptNl bzw Sitz nicht im deutschen HdlReg eingetragen ist (§ 13 d Rn 1, 2). Aufgabe des HdlReg der ZwNl sind ausschließlich Auskünfte über die dort eingetragenen bzw einzutragenden Rechtsverhältnisse der ZwNl, nicht auch des Hauptsitzes oder anderer ZwNl, BGH **104,** 61, str (§ 50 Rn 2); nur insoweit, also seit dem EHUG 2006 eingeschränkt, greift die Publizität des HdlReg der ZwNl (§ 15 IV nF, dort Rn 24). ZwNl von deutschen Unternehmen im Ausland können nicht im deutschen HdlReg eingetragen werden, die Anmeldung ist an die zuständige ausländische Behörde zu richten, LG Kln DB **79,** 984. **Muster:** Hopt/Graf von Westphalen 3. Aufl 2007 Form I. B.1 (Anmeldung der Errichtung einer ZwNl).

B. **Anmeldung späterer Änderungen (I 2):** In gleicher Weise wie ursprünglich einzutragende Tatsachen unter I 1 sind spätere Änderungen der die ZwNl betreffenden einzutragenden Tatsachen anzumelden, zB Änderungen bezüglich des Orts oder des Zusatzes der ZwNl. Das Registergericht der HauptNl bleibt also Adressat der laufenden Eintragungen, das HdlReg dort bleibt das führende HdlReg.

C. **Prüfung und Eintragung (II): a) Prüfung:** Das Registergericht der HauptNl (des Sitzes) prüft die Anmeldung (§ 8 Rn 6) in formeller und materieller Hinsicht (§ 8 Rn 7 ff, schon bei der Anmeldung der HauptNl zB KfmEigenschaft des ganzen Unternehmens, richtige Bildung der Firma, Gültigkeit eines GesVertrags, vgl § 2 Rn 7). Seit EHUG 2006 erstreckt sich die Prüfung durch das Registergericht der HauptNl auch auf die die ZwNl betreffenden Fragen. Da das Registergericht der HauptNl aber die tatsächlichen Verhältnisse am Ort der ZwNl nicht ohne weiteres überprüfen kann, findet diese Prüfung nach II nur noch reduziert statt, nämlich keine firmenrechtliche Prüfung nach § 30 mehr (dann eben Unterlassungsklage, § 37 II) und Absehen von der Eintragung nur noch, wenn die ZwNl „offensichtlich" nicht errichtet worden ist (für weitergehende Prüfungspflicht noch RegE). Das Registergericht der ZwNl kann das Registergericht der HauptNl auf Bedenken hinweisen, BayObLG DB **95,** 1456, Karlsr Rpfleger **97,** 482. Es kann auch dort das Amtslöschungsverfahren anregen (§ 8 Rn 11).

14   b) **Eintragung:** Ergibt die Prüfung keine Beanstandungen (Bsp: die ZwNl ist offensichtlich nicht errichtet worden, II 2 aE), so trägt das zuständige Gericht die ZwNl in Spalte 2b des Registerblatts der HauptNl bzw des Sitzes unter Angabe des Ortes sowie der inländischen Geschäftsanschrift der ZwNl und des Zusatzes, falls der Firma der ZwNl ein solcher beigefügt ist, ein (vgl **(4)** HRV §§ 40 Nr 2b, 43 Nr 2b nF). Veröffentlichung §§ 10, 11.

15   D. **Aufhebung (III):** III idF EHUG wie V aF. Für die Aufhebung der ZwNl gelten entspr die Vorschriften über die Errichtung, also I und II. Die Aufhebung einer ZwNl wird im gleichen Verfahren registriert wie ihre Errichtung, vgl auch **(4)** HRV §§ 40 Nr 2b, 43 Nr 2b. Da sie beim Registergericht der HauptNl anzumelden ist, ist dieses (nicht das Gericht der ZwNl) zuständig zur Erzwingung der Anmeldung gemäß § 14, KG DJ **39,** 1288. **Verlegung** der Zweigniederlassung s Rn 6, § 13h Rn 1. **Muster:** Hopt/Graf von Westphalen 3. Aufl 2007 Form I. B.2 (Anmeldung zur Verlegung der HauptNl an einen anderen Ort).

13a–13c *(aufgehoben)*

1) § 13a–13c aufgehoben durch EHUG 2006.

Sitz oder Hauptniederlassung im Ausland

13d   (1) Befindet sich die Hauptniederlassung eines Einzelkaufmanns oder einer juristischen Person oder der Sitz einer Handelsgesellschaft im Ausland, so haben alle eine inländische Zweigniederlassung betreffenden Anmeldungen, Einreichungen und Eintragungen bei dem Gericht zu erfolgen, in dessen Bezirk die Zweigniederlassung besteht.

(2) Die Eintragung der Errichtung der Zweigniederlassung hat auch den Ort und die inländische Geschäftsanschrift der Zweigniederlassung zu enthalten; ist der Firma der Zweigniederlassung ein Zusatz beigefügt, so ist auch dieser einzutragen.

(3) Im übrigen gelten für die Anmeldungen, Einreichungen, Eintragungen, Bekanntmachungen und Änderungen einzutragender Tatsachen, die die Zweigniederlassung eines Einzelkaufmanns, einer Handelsgesellschaft oder einer juristischen Person mit Ausnahme von Aktiengesellschaften, Kommanditgesellschaften auf Aktien und Gesellschaften mit beschränkter Haftung betreffen, die Vorschriften für Hauptniederlassungen oder Niederlassungen am Sitz der Gesellschaft sinngemäß, soweit nicht das ausländische Recht Abweichungen nötig macht.

Übersicht

1) Zweigniederlassungen ausländischer Unternehmen
   (§§ 13d–13e) 1
2) Zuständigkeit des Gerichts der deutschen Zweigniederlassung
   (§ 13d I) 2–3
3) Firma der deutschen Zweigniederlassung (II) 4
4) Behandlung wie inländische Hauptniederlassung 5–6

2. Abschnitt. Handelsregister 1, 2 § 13e

1) Zweigniederlassungen ausländischer Unternehmen (§§ 13 d-13 e)

§ 13 d nF 1993 (EGRi, § 13 Rn 2), idF EHUG 2006 (bloße Streichung von 1
„Zeichnungen", vgl § 14 Rn 1), II, III idF MoMiG 2008. § 13 d ist die **Grundnorm für das Recht der Zweigniederlassungen von Unternehmen mit Sitz oder Hauptniederlassung im Ausland,** kurz, aber ungenau: ausländischer Unternehmen. Dieses Recht, also § 13 d-13 e, ist von der HdlRegisterreform des EHUG 2006 weitestgehend unberührt geblieben (RegE § 13). § 13 d ist fremdenrechtliche Sachnorm, kein Kollisionsrecht (§ 13 Rn 2). Sitz (der juristischen Person) und HauptNl (des EinzelKfm) sind gleichbedeutend (Redaktionsversehen in der offiziellen Überschrift durch HRefG 1998 korrigiert: „oder"), Begriff des Sitzes s § 13 Rn 1, § 106 Rn 8 für OHG. Wenn eine ausländische Ges mit Satzungssitz in der EU ihren Verwaltungssitz in das Inland verlegt oder von Beginn hat (Einl 29 vor § 105), selbst wenn die Geschäftsaktivitäten ausschließlich im Inland entfaltet werden (keine ScheinHdlGes wie nach früherer hL, Einl 29 vor § 105), sind §§ 13 d ff ebenfalls anzuwenden, also Eintragung als eine ZwNl einer normalen AuslandsGes (insoweit gilt also Satzungssitz), RegE MoMiG 2008, KG NZG **04,** 49, Zweibr RIW **03,** 542, Ffm ZIP **08,** 1286 (Limited als Komplementärin, Anh § 177 a Rn 11; Limited & Still s § 230 Rn 5), Riegger ZGR **04,** 513, Leible/Hoffmann EuZW **03,** 679, (Erst-)Registereintragung der ausländischen Ges idR bereits im Land der Gründung, in BRD kein notwendiger ZwNlZusatz bei plc, Wachter BB **05,** 1289, Wernicke BB **06,** 843, nach aA Eintragung als HauptNl wie inländische Ges gemäß § 33, aber europarechtswidrig (§ 33 Rn 1). Eintragung der ZwNl unabhängig von Gewerbeuntersagung, Oldenburg GmbHR **02,** 29, Mankowski BB **06,** 1173, aA Thüringen BB **06,** 1181 (s auch § 13 g Rn 1). Ausländische juristische Person (Limited) einer deutschen GmbH & Co ist nicht selbst als ZwNl registerpflichtig, Ffm ZIP **08,** 1286, aA Wachter GmbHR **06,** 80, Grund: als solche noch keine selbstständige Organisationseinheit (zum Begriff der ZwNl s § 13 Rn 3; zur Zulässigkeit einer ausländischen juristischen Person als Komplementär Anh § 177 a Rn 11). Verschmelzung einer GmbH auf eine plc ist nicht erstmalig konstitutiv im deutschen HdlReg für ZwNl (plc) einzutragen, Mü BB **06,** 1185. § 13 d entspricht § 13 für Unternehmen mit Sitz im Inland. § 13 d wird ergänzt durch § 13 e für KapitalGes, § 13 e wiederum durch §§ 13 f, 13 g für AG und GmbH. Ergänzendes Bilanzrecht in §§ 289 II Nr 4, 325 a, 335 S 1 Nr 7. Übergangsrecht s § 13 Rn 2. § 13 d ist europarechtlich nicht zu beanstanden, die Regelungsunterschiede gegenüber der ZwNl deutscher Unternehmen sind nicht diskriminierend und dienen wie bei den deutschen dem Verkehrsschutz, Ko/Ro/Mo/Roth 8. Wünschenswert wäre eine einheitliche europäische Registerbescheinigung mit öffentlichem Glauben, Wachter ZNotP **05,** 145. Lit: Rinne 1998; zu §§ 13 d -13 h umfassend nach MoMiG E. Voigt 2009 (Diss Hbg); Kindler NJW **93,** 3301, Seibert DB **93,** 1705, Wachter GmbHR **03,** 1254 u MDR **04,** 611, Riegger ZGR **04,** 510, Herchen RIW **05,** 529 (plc), Kloße-Mokross DStR **05,** 971, 1013 u Wachter ZNotP **05,** 122 (private limited company), Mankowski BB **06,** 1173, Mankowski/Knöfel in Hirte/Bücker, Grenzüberschreitende Ges, 2. Aufl 2006, § 13; Erb WM **07,** 1012 (EHUG § 340 l).

2) Zuständigkeit des Gerichts der deutschen Zweigniederlassung (§ 13 d I)

Deutsches Registerrecht als deutsches öffentliches Recht und spezieller der 2
freiwilligen Gerichtsbarkeit gilt auch **für ausländische Unternehmen** mit Niederlassung in Deutschland (lex fori, Recht des Registerorts). Der Grundgedanke des § 13 d geht dahin, dass bei HauptNl (Sitz) im Ausland die Anforderungen des deutschen Registerrechts **vollständig beim Gericht der deutschen Zweigniederlassung** erfüllt werden **(I).** Das ist eine Ausnahme zu der durch das

Hopt 105

§ 13d 3–5 I. Buch. Handelsstand

EHUG 2006 erfolgten Konzentration der Eintragung auf das nunmehr führende HdlReg des HauptNl (§ 13 Rn 10, 11), Grund: die ZwNl des ausländischen Unternehmens ist wie eine inländische HauptNl zu behandeln (Rn 5). Das deutsche Registergericht (der ZwNl) **prüft** alle Voraussetzungen der Eintragung (§ 26 FamFG), auch die nach ausländischem Recht zu beurteilenden (Bsp: wirksame Gründung einer Ges im Ausland, wirksame Bestellung der Organe), mit freier Würdigung der Beweismittel, grundsätzlich ohne Bindung an ausländische Entscheidungen, gerichtliche Registereintragungen usw, BayObLG WM **85**, 1205, NJW **99**, 656, Riegger ZGR **04**, 514. Diese Prüfung reicht weiter als bei inländischen ZwNl (§ 13 Rn 13), da das ausländische Unternehmen im Inland bisher registerrechtlich nicht geprüft worden ist, es fehlt ein Hauptregister (aber § 13 e V). Bei Ges aus EU und EWR ist aber das Herkunftslandprinzip zu beachten, Rehberg in Eidenmüller, Ausländische KapitalGes 2004, E. Voigt § 10. Auch nicht vergleichbare Bestimmungen des ausländischen Rechts sind eintragungsfähig (Grenze: ordre public, aber § 17 Rn 49), BayObLGZ **85**, 352, hL, aA Ffm IPRspr **76** Nr 18. Bei zweiter ZwNl Eintragung beim Gericht dort, Schlesw ZIP **07**, 2357, vgl Optionsrecht für KapitalGes nach § 13 e V.

3 Deutsches Registerrecht ist aber auf ausländische Unternehmen uU nur entspr auf Grund rechtsvergleichender Qualifikation anwendbar, zB darüber, was einzutragen ist, wer anzumelden hat, KG NZG **04**, 49. Das ausländische HdlRecht kennt andere Formen (zB Ges-, Vollmachtsformen), andere rechtserhebliche (zur Eintragung in Betracht kommende) Vorgänge, andere (zur Bestimmung der persönlichen Anmeldepflicht bedeutsame) Funktionen. Ob das ausländische Unternehmen ein EinzelKfm ist (§ 13 Rn 3), bestimmt sich nach dem Wirkungsstatut, hL, str, und zwar (ohne europarechtliche Vorgaben, von ZwNlRi nicht erfasst) durch Qualifikation im Wege der **Substitution** nach §§ 1 ff. Ob es eine juristische Person oder eine HdlGes ist, ist unzweifelhaft für die AG, KGaA und GmbH (§§ 13 f, 13 g; insoweit schon durch die EG-Ri vorgegeben, ZwNLRi, PublizitätsRi, § 13 Rn 2, Einl 36 vor § 105) und ergibt sich im Übrigen wiederum durch Substitution. Die ausländische Bezeichnung ist nur Anhaltspunkt, maßgeblich ist die Funktionsäquivalenz. Anerkennung der im Ausland erlangten Rechtsfähigkeit der Ges (Problem der Sitz- oder Gründungstheorie und EuGHRspr, Einl 29 vor § 105, § 106 Rn 8).

3) Firma der deutschen Zweigniederlassung (II)

4 Die Eintragung muss auch den Ort und die inländische Geschäftsanschrift (Grund: Zustellungserleichterung für Gläubiger, kein Verstoß gegen ZwNlRi) der ZwNl sowie einen eventuellen Firmenzusatz der ZwNl enthalten (II). Die Firma der Zweigniederlassung (§ 13 Rn 7) richtet sich nach dem Gesellschaftsstatut, KG IPRspr **34** Nr 13 S 29, Ebenroth/Pentz 21, E. Voigt § 10 IV, sehr str, aA üL KG NJW-RR **04**, 977, LG Aach ZIP **07**, 1011, Ebenroth/Zimmer § 17 Anh Rn 6 (s aber auch § 17 Rn 48), Grenze Irreführungsverbot (näher § 17 Rn 49). Trotz § 18 I (insbesondere Gattungsbezeichnungen) kann Eintragung der Firma der inländischen ZwNl nach EGV geboten sein, Mü ZIP **07**, 1949 (Planung für Küche und Bad Ltd), Ffm FGPrax **08**, 166, zu weitgehend aber LG Aach ZIP **07**, 1011 (Auskunft Ltd), näher E. Voigt § 10 IV 2, Wachter GmbHR **07**, 980. Zum Rechtsformenzusatz § 17 Rn 49. Auch bei ZwNl ausländischer Ges keine registergerichtliche Prüfung des § 30 mehr (§ 13 Rn 13). Keine Eintragung der ausländischen KapitalGes als phG einer KG als inländische ZwNl in das HdlReg (§ 105 Rn 28).

4) Behandlung wie inländische Hauptniederlassung (III)

5 Im Übrigen ist die ZwNl **wie eine inländische Hauptniederlassung** zu behandeln, BayObLG WM **85**, 1204, **86**, 1558, NJW **99**, 654, Grund: ZwNl setzt HauptNl (Sitz) im Inland voraus, deshalb anders im Falle von § 13 e V. Die

2. Abschnitt. Handelsregister § 13e

inländische ZwNl des ausländischen Unternehmens entsteht mit Geschäftsaufnahme. Für ihre Anmeldungen, Einreichungen, Eintragungen, Bekanntmachungen und Änderungen einzutragender Tatsachen (nF 2008, s Rn 1) gelten grundsätzlich die Vorschriften für inländische HauptNl **(III)**. Für AG, KGaA und GmbH gelten nicht III, sondern § 13 d I, II, §§ 13 e–13 g. Besondere gesetzliche Vertreter wie Hauptbevollmächtigte nach § 106 III VAG und Geschäftsleiter nach § 53 II Nr 1 KWG sind in Abteilung B Spalte 4 b einzutragen (so **(4)** HRV § 43 Nr 4 Satz 3). Die persönliche Anmeldepflicht (§ 13 Rn 10) ist für AG und GmbH in § 13 e II 1 geregelt; bei PersonenGes muss die Anmeldung durch alle Gfter erfolgen (anders für inländische ZwNl, § 13 Rn 10, zur Differenzierung § 13 Rn 2), hL, Grund: §§ 13 d III, 108, 161, nach aA nur durch die vertretungsberechtigten Gfter, MüKo/Krafka 23 (vgl § 13 e Rn 2); im Übrigen trifft sie die Personen, die nach ausländischem Recht den deutschen Anmeldepflichtigen gleichstehen, nicht über den Wortlaut hinaus auch die im Inland befindlichen verantwortlichen Leiter der ZwNl, str (vgl aber § 13 e II 5 Nr 3, III). Anmeldung durch Stellvertreter s § 13 Rn 10. Zu den Anmeldungsunterlagen BayObLG WM **86**, 1557. **Muster:** Hopt/Graf von Westphalen 3. Aufl 2007 Form I. B.3 (Anmeldung der Errichtung einer ZwNl einer ausländischen Gesellschaft, plc).

Die Behandlung der ZwNl wie eine inländische Hauptniederlassung gilt nur, 6 **soweit nicht das ausländische Recht Abweichungen nötig macht** (III letzter Halbs). Das Registergericht darf zB nicht in die Entstehungsvoraussetzungen und Struktur der ausländischen Ges eingreifen, BayObLG WM **86**, 1557, Düss NJW-RR **92**, 1391.

Zweigniederlassungen von Kapitalgesellschaften mit Sitz im Ausland

13e (1) **Für Zweigniederlassungen von Aktiengesellschaften und Gesellschaften mit beschränkter Haftung mit Sitz im Ausland gelten ergänzend zu § 13 d die folgenden Vorschriften.**

(2) [1]**Die Errichtung einer Zweigniederlassung einer Aktiengesellschaft ist durch den Vorstand, die Errichtung einer Zweigniederlassung einer Gesellschaft mit beschränkter Haftung ist durch die Geschäftsführer zur Eintragung in das Handelsregister anzumelden.** [2]**Bei der Anmeldung ist das Bestehen der Gesellschaft als solcher nachzuweisen.** [3]**Die Anmeldung hat auch eine inländische Geschäftsanschrift und den Gegenstand der Zweigniederlassung zu enthalten.** [4]**Daneben kann eine Person, die für Willenserklärungen und Zustellungen an die Gesellschaft empfangsberechtigt ist, mit einer inländischen Anschrift zur Eintragung in das Handelsregister angemeldet werden; Dritten gegenüber gilt die Empfangsberechtigung als fortbestehend, bis sie im Handelsregister gelöscht und die Löschung bekannt gemacht worden ist, es sei denn, dass die fehlende Empfangsberechtigung dem Dritten bekannt war.**[5] **In der Anmeldung sind ferner anzugeben**

1. **das Register, bei dem die Gesellschaft geführt wird, und die Nummer des Registereintrags, sofern das Recht des Staates, in dem die Gesellschaft ihren Sitz hat, eine Registereintragung vorsieht;**
2. **die Rechtsform der Gesellschaft;**
3. **die Personen, die befugt sind, als ständige Vertreter für die Tätigkeit der Zweigniederlassung die Gesellschaft gerichtlich und außergerichtlich zu vertreten, unter Angabe ihrer Befugnisse;**
4. **wenn die Gesellschaft nicht dem Recht eines Mitgliedstaates der Europäischen Union oder eines anderen Vertragsstaates des Abkommens über den Europäischen Wirtschaftsraum unterliegt, das Recht des Staates, dem die Gesellschaft unterliegt.**

§ 13e 1, 2 I. Buch. Handelsstand

(3) ¹Die in Absatz 2 Satz 5 Nr. 3 genannten Personen haben jede Änderung dieser Personen oder der Vertretungsbefugnis einer dieser Personen zur Eintragung in das Handelsregister anzumelden. ²Für die gesetzlichen Vertreter der Gesellschaft gelten in Bezug auf die Zweigniederlassung § 76 Abs. 3 Satz 2 und 3 des Aktiengesetzes sowie § 6 Abs. 2 Satz 2 und 3 des Gesetzes betreffend die Gesellschaften mit beschränkter Haftung entsprechend.

(3 a) ¹An die in Absatz 2 Satz 5 Nr. 3 genannten Personen als Vertreter der Gesellschaft können unter der im Handelsregister eingetragenen inländischen Geschäftsanschrift der Zweigniederlassung Willenserklärungen abgegeben und Schriftstücke zugestellt werden. ²Unabhängig hiervon können die Abgabe und die Zustellung auch unter der eingetragenen Anschrift der empfangsberechtigten Person nach Absatz 2 Satz 4 erfolgen.

(4) Die in Absatz 2 Satz 5 Nr. 3 genannten Personen oder, wenn solche nicht angemeldet sind, die gesetzlichen Vertreter der Gesellschaft haben die Eröffnung oder die Ablehnung der Eröffnung eines Insolvenzverfahrens oder ähnlichen Verfahrens über das Vermögen der Gesellschaft zur Eintragung in das Handelsregister anzumelden.

(5) ¹Errichtet eine Gesellschaft mehrere Zweigniederlassungen im Inland, so brauchen der Satzung oder der Gesellschaftsvertrag sowie deren Änderungen nach Wahl der Gesellschaft nur zum Handelsregister einer dieser Zweigniederlassungen eingereicht zu werden. ²In diesem Fall haben die nach Absatz 2 Satz 1 Anmeldepflichtigen zur Eintragung in den Handelsregistern der übrigen Zweigniederlassungen anzumelden, welches Register die Gesellschaft gewählt hat und unter welcher Nummer die Zweigniederlassung eingetragen ist.

Übersicht

1) Ergänzungsregelung für ausländische Kapitalgesellschaften (I) 1
2) Anmeldung (II) 2
3) Empfangsvertreter, ständige Vertreter (II 4, 5 Nr 3, III, IIIa, IV) 3
4) Mehrere Zweigniederlassungen im Inland (V) 4

1) Ergänzungsregelung für ausländische Kapitalgesellschaften (I)

1 § 13 e nF 1993 (EGRi, § 13 Rn 2) ohne Änderung durch EHUG 2006, II 2, 3, 4, 5, III 1, 2, IIIa, IV idF MoMiG 2008. § 13 e ergänzt § 13 d für **Kapitalgesellschaften** (einschließlich KGaA, trotz amtlicher Überschrift nicht auch bergrechtliche Gewerkschaft) mit Sitz im Ausland (I), Übergangsvorschrift zu II 4, V **(1)** EGHGB Art 34. Zusätzliche rechtsformspezifische Regeln für AG, KGaA und GmbH enthalten §§ 13 f, 13 g. §§ 13 e–13 g zusammen entsprechen §§ 13 a, 13 b für AG und GmbH mit Sitz im Inland, verlangen aber zusätzliche Angaben, die für den HdlVerkehr wichtig sind. §§ 13 e, 13 g sind seit der Centros-Rspr des EuGH (Einl 29 v § 105) besonders bedeutsam für die in Deutschland tätige englische **private limited company (plc),** die einer deutschen GmbH gleichgestellt ist. § 13 e I erfasst AG und GmbH; aber auch KGaA, Kindler NJW **93,** 3303, aA RegE. Ob die ausländische Ges eine entspr Rechtsform hat, ergibt sich aus der 1. und für die GmbH auch der 12. EG-Ri (Einl 36 vor § 105), bei Drittstaaten im Wege der Substitution (§ 13 d Rn 3), RegE, Kindler NJW **93,** 3303. Die Eintragung ist rein deklaratorisch, KG NZG **04,** 50. Lit: Wachter MDR **04,** 611 (englische plc), Klose-Mokross DStR **05,** 971.

2) Anmeldung (II)

2 Anzumelden haben der Vorstand der AG (**II 1,** nicht wie nach § 44 I 1 AktG aF alle Vorstandsmitglieder) bzw die Geschäftsführer der GmbH. Das ist sowohl

2. Abschnitt. Handelsregister 3 § 13e

Organ- als auch persönliche Pflicht, Folge: eigenes Beschwerderecht, KG NZG **04,** 50. Anmeldung durch Vertreter s § 13 Rn 10, aber nicht durch den ständigen Vertreter nach § 13 e II Satz 5 Nr 3, Grund: Vertretungsmacht nur für die ZwNl, Ebenroth/Pentz 20. **II 2–5** verlangen ua Angaben über das Bestehen der Ges als solcher (II 2; seit MoMiG nicht mehr: staatliche Genehmigung, vgl noch Celle ZIP **07,** 71, es war str, ob europarechtswidrig); das Register, bei dem die Ges geführt wird (Heimatregister, vgl Liste in EuZW **92,** 528); das Recht des Staates (außer EU und EWR), dem die Ges unterliegt. Eintragung der ZwNl mit einer inländischen Geschäftsanschrift (seit MoMiG, s § 13 d Rn 4) und ihrem eigenen Unternehmensgegenstand (II 3), Hamm ZIP **05,** 1871, 1947, Ffm ZIP **06,** 333, und ohne Vorlage des Gründungsbeschlusses, Düss ZIP **06,** 806. **II 3** verlangt Angabe des Gegenstandes der ZwNl; nicht daneben auch Gegenstand der HauptNl bzw des Unternehmens, auch keine Prüfung, ob Gegenstand der ZwNl vom Gegenstand der HauptNl umfasst ist (vgl § 13 Rn 3), Hamm ZIP **05,** 1871, Düss NZG **06,** 317, Ffm GmbHR **06,** 259, Wachter GmbHR **05,** 101, str, dies trotz § 13 g III nF 2008 iVm § 10 GmbHG, E. Voigt § 11, Grund: ZwNlRi (§ 13 Rn 2) geht vor, inländische ZwNl ist wie HauptNl zu behandeln (§ 13 d Rn 5).

3) Empfangsvertreter, ständige Vertreter (II 4, 5 Nr 3, III, IIIa, IV)

II 4 nF 2008 sieht eine (da Zustellungsrecht, europarechtskonforme) Option 3 für die Ges vor, einen zusätzlichen **(Empfangs)Vertreter** für Willenserklärungen und Zustellungen an die Ges neben den Vertretern der Ges eintragen zu lassen, zB einen Gfter, Steuerberater oder Notar. Da dies keine eintragungspflichtige, sondern nur eintragungsfähige Tatsache ist, sieht II 4 Halbsatz 2 Registerpublizität entspr § 15 vor (damit Anreiz zu laufender Aktualisierung), was aber nur bei Vollmachtsbeendigung im Innenverhältnis hilft. Bei Nichtzustellbarkeit § 15 a HGB und § 185 Nr 2 ZPO nF (MoMiG).

II 5 Nr 3 sieht die Anmeldung und die Eintragung eines **ständigen Vertreters** mit der Folge von IIIa vor (Option, aber wegen Zustellungserleichterungen nach § 15 a HGB und § 185 Nr 2 ZPO ernst zu nehmende Obliegenheit zur Erreichbarkeit im Inland, s § 15 a Rn 2), aber Pflicht zur Bestellung nach § 53 II Nr 1 KWG ua. Vertretungsmacht wie nach II 5 Nr 3 haben Prokuristen, nicht aber normale HdlBevollmächtigte (außer bei ständiger genereller Vertretungsmacht und Prozessführungsbefugnis nach § 54 II, mit der EG-Ri vereinbar, hL, aA auch bei nicht umfassender Vertretungsmacht, vgl § 54 Rn 10); ihre Befugnisse sind anzugeben, zB alleinige oder nur gemeinsame Vertretung. Doppeleintragung als ständiger Vertreter und Prokurist ist zulässig, Wachter ZNotP **05,** 135, str, Grund: § 49 II. Keine Eintragung der Befreiung vom Verbot des Selbstkontrahierens bei deutscher ZwNl einer englischen plc (§ 13 g Rn 1).

III 1 betrifft vor allem Änderungen bei HdlBevollmächtigten, für Prokuristen gilt schon § 53 III. **III 2** (seit MoMiG) verweist für die gesetzlichen Vertreter der Ges in Bezug auf die ZwNl auf die Inhabilitätsvorschriften nach § 76 III 2, 3 AktG und § 6 II 2, 3 GmbHG; diese Bestellungshindernisse betreffen nur die ZwNl, nicht auch die Organstellung in der ausländischen Ges; da nicht diskriminierend und zwingendes Allgemeininteresse, europarechtskonform, aA Wachter GmbHR **06,** 798, Bauer/Großerichter NZG **08,** 256. Zur Rechtslage vorher § 13 g Rn 1.

IIIa (neu durch MoMiG) ermöglicht es Gläubigern, an die ständigen Vertreter (II 5 Nr 3) unter der inländischen Geschäftsanschrift Willenserklärungen abzugeben und Schriftstücke zuzustellen, und zwar neben II 4 und natürlich den gesetzlichen Vertretern.

IV sorgt für Information des Registergerichts über Insolvenz- und ähnliche Verfahren (ausländisches Sitzrecht).

§ 13f 1

4) Mehrere Zweigniederlassungen im Inland (V)

4 Bei mehreren ZwNl (§ 13 d Rn 2) kann (Option) die KapitalGes ein führendes Register (oder HauptReg, aber missverständlich) auswählen (V, § 325 a I 2), ohne zeitliche Grenze, str; dann Amtshilfe.

Zweigniederlassungen von Aktiengesellschaften mit Sitz im Ausland

13f (1) Für Zweigniederlassungen von Aktiengesellschaften mit Sitz im Ausland gelten ergänzend die folgenden Vorschriften.

(2) ¹Der Anmeldung ist die Satzung in öffentlich beglaubigter Abschrift und, sofern die Satzung nicht in deutscher Sprache erstellt ist, eine beglaubigte Übersetzung in deutscher Sprache beizufügen. ²Die Vorschriften des § 37 Abs. 2 und 3 des Aktiengesetzes finden Anwendung. ³Soweit nicht das ausländische Recht eine Abweichung nötig macht, sind in die Anmeldung die in § 23 Abs. 3 und 4 sowie den §§ 24 und 25 Satz 2 des Aktiengesetzes vorgesehenen Bestimmungen und Bestimmungen der Satzung über die Zusammensetzung des Vorstandes aufzunehmen; erfolgt die Anmeldung in den ersten zwei Jahren nach der Eintragung der Gesellschaft in das Handelsregister ihres Sitzes, sind auch die Angaben über Festsetzungen nach den §§ 26 und 27 des Aktiengesetzes und der Ausgabebetrag der Aktien sowie Name und Wohnort der Gründer aufzunehmen. ⁴Der Anmeldung ist die für den Sitz der Gesellschaft ergangene gerichtliche Bekanntmachung beizufügen.

(3) Die Eintragung der Errichtung der Zweigniederlassung hat auch die Angaben nach § 39 des Aktiengesetzes sowie die Angaben nach § 13 e Abs. 2 Satz 3 bis 5 zu enthalten.

(4) ¹Änderungen der Satzung der ausländischen Gesellschaft sind durch den Vorstand zur Eintragung in das Handelsregister anzumelden. ²Für die Anmeldung gelten die Vorschriften des § 181 Abs. 1 und 2 des Aktiengesetzes sinngemäß, soweit nicht das ausländische Recht Abweichungen nötig macht.

(5) Im übrigen gelten die Vorschriften der §§ 81, 263 Satz 1, § 266 Abs. 1 und 2, § 273 Abs. 1 Satz 1 des Aktiengesetzes sinngemäß, soweit nicht das ausländische Recht Abweichungen nötig macht.

(6) Für die Aufhebung einer Zweigniederlassung gelten die Vorschriften über ihre Errichtung sinngemäß.

(7) Die Vorschriften über Zweigniederlassungen von Aktiengesellschaften mit Sitz im Ausland gelten sinngemäß für Zweigniederlassungen von Kommanditgesellschaften auf Aktien mit Sitz im Ausland, soweit sich aus den Vorschriften der §§ 278 bis 290 des Aktiengesetzes oder aus dem Fehlen eines Vorstands nichts anderes ergibt.

1 1) § 13 f idF HRefG 1998 (EGRi, § 13 Rn 2), II idF EHUG 2006, IV aF aufgehoben, V–VIII aF nunmehr IV–VII mit Änd in VI aF durch EHUG 2006; II 2, III, V idF MoMiG 2008. § 13 f ergänzt § 13 e (KapitalGes) **speziell für AG** mit Sitz im Ausland (§ 13 Rn 1, 3). §§ 13 d–13 f ersetzen § 44 AktG aF. Nach II 1 ist eine beglaubigte Übersetzung der Satzung in deutscher Sprache beizufügen. § 37 II AktG ist nicht anwendbar, früher str. II 2 verweist auf § 37 II (Bestellungshindernisse, näher § 13 e Rn 2) und III AktG (die früheren § 37 IV, V AktG über Zeichnung der Vorstandsmitglieder sind durch das EHUG entfallen). II 3 verlangt Aufnahme von Satzungsbestimmungen über die Zusammensetzung des Vorstands (§§ 23 III, IV, 24, 25 Satz 2 AktG) und, wenn die Anmeldung in den ersten zwei Jahren nach Eintragung der Ges in das HdlReg ihres Sitzes erfolgt, auch Angaben nach §§ 26, 27 AktG, über den Ausgabebetrag der Aktien sowie Namen und Wohnort der Gründer (II 3 Halbs

2 nF statt des durch EHUG aufgehobenen § 40 aF AktG). Mit letzterem soll dem Bedürfnis des Rechtsverkehrs nach Grundinformationen über die ausländische AG bei Eintragungen in den ersten beiden Jahren nach Gründung Rechnung getragen werden. III verlangt für die Eintragung der Errichtung der ZwNl auch die der Angaben nach § 39 AktG (zwingender Inhalt der Eintragung) und der Angaben nach § 13 e II 3–5 (seit MoMiG, Zustellung). Änderungen der Satzung s IV nF, ohne Verweisung auf § 181 III AktG (ausländisches Recht maßgeblich). § 13 f gilt entspr für die **KGaA** (VII; § 278 III AktG verweist nur auf AktG).

Zweigniederlassungen von Gesellschaften mit beschränkter Haftung mit Sitz im Ausland

13g (1) **Für Zweigniederlassungen von Gesellschaften mit beschränkter Haftung mit Sitz im Ausland gelten ergänzend die folgenden Vorschriften.**

(2) ¹Der Anmeldung ist der Gesellschaftsvertrag in öffentlich beglaubigter Abschrift und, sofern der Gesellschaftsvertrag nicht in deutscher Sprache erstellt ist, eine beglaubigte Übersetzung in deutscher Sprache beizufügen. ²Die Vorschriften des § 8 Abs. 1 Nr. 2 und Abs. 3 und 4 des Gesetzes betreffend die Gesellschaften mit beschränkter Haftung sind anzuwenden. ³Wird die Errichtung der Zweigniederlassung in den ersten zwei Jahren nach der Eintragung der Gesellschaft in das Handelsregister ihres Sitzes angemeldet, so sind in die Anmeldung auch die nach § 5 Abs. 4 des Gesetzes betreffend die Gesellschaften mit beschränkter Haftung getroffenen Festsetzungen aufzunehmen, soweit nicht das ausländische Recht Abweichungen nötig macht.

(3) Die Eintragung der Errichtung der Zweigniederlassung hat auch die Angaben nach § 10 des Gesetzes betreffend die Gesellschaften mit beschränkter Haftung sowie die Angaben nach § 13 e Abs. 2 Satz 3 bis 5 zu enthalten.

(4) ¹Änderungen des Gesellschaftsvertrages der ausländischen Gesellschaft sind durch die Geschäftsführer zur Eintragung in das Handelsregister anzumelden. ²Für die Anmeldung gelten die Vorschriften des § 54 Abs. 1 und 2 des Gesetzes betreffend die Gesellschaften mit beschränkter Haftung sinngemäß, soweit nicht das ausländische Recht Abweichungen nötig macht.

(5) Im übrigen gelten die Vorschriften der §§ 39, 65 Abs. 1 Satz 1, § 67 Abs. 1 und 2, § 74 Abs. 1 Satz 1 des Gesetzes betreffend die Gesellschaften mit beschränkter Haftung sinngemäß, soweit nicht das ausländische Recht Abweichungen nötig macht.

(6) Für die Aufhebung einer Zweigniederlassung gelten die Vorschriften über ihre Errichtung sinngemäß.

1) § 13 g nF 1993 (§ 13 Rn 2) idF EHUG 2006, IV aF (mit § 10 III aF GmbHG) aufgehoben, V–VII aF werden IV–VI; II 2, II, 5 idF MoMiG 2008 (wie bei § 13 e, dort Rn 1). § 13 g ergänzt § 13 e (KapitalGes) **speziell für GmbH** mit Sitz im Ausland (§ 13 e Rn 1, 2). Nach **II 1** ist eine beglaubigte Übersetzung des GesVertrags in deutscher Sprache beizufügen. Übersetzung nach Landesrecht durch einen ermächtigten Übersetzer, Hamm NZG **08**, 949. Zu II 2 iVm § 8 I Nr 2 GmbHG (Legitimation des Geschäftsführers) KG NZG **04**, 49 (englische plc), Celle ZIP **07**, 71 (plc); abstrakte Angabe (Einzel-, Gesamtvertretung), bei Abweichung (zB einer der drei Geschäftsführer hat Alleinvertretungsmacht) Angabe, Ebenroth/Pentz 8, str. Keine Eintragung der Befreiung vom Verbot des Selbstkontrahierens für plc unter englischem Recht, Mü ZIP **05**,

§ 13h

1826, NJW-RR **06,** 1042, Celle NJW-RR **06,** 324, Düss ZIP **06,** 806, Hamm ZIP **06,** 1947, auch bei Aufnahme in die articles of association, Ffm FGPrax **08,** 165, hL, str, differenzierend E. Voigt § 11 (aber § 106 Rn 12), Grund: im englischen Recht ist dies Teil der Treuepflicht. Seit MoMiG auch Abgabe einer Erklärung über Fehlen von Bestellungshindernissen, auf § 8 III 1 GmbH ist jetzt verwiesen (nur für ZwNl, nicht auch für die ausländische Ges, näher § 13 e Rn 2; s auch § 13 d Rn 1). Die Versicherung nach § 8 III 1 GmbHG ist von allen Geschäftsleitern, nicht nur denen der ZwNl abzugeben, E. Voigt § 11, str. Keine Eintragung der ZwNl einer Limited bei gegen den Geschäftsführer (director) verhängtem Gewerbeverbot (§ 6 II 2, 3 GmbHG), offen, ob Missbrauch, jedenfalls kein Verstoß gegen Niederlassungsfreiheit (Vier-Kriterien-Test, Einl 29 v § 105), BGH NJW **07,** 2328 (noch zur aF) m zust Anm Eidenmüller/Rehberg NJW **08,** 28, krit Bauer/Großerichter NZG **08,** 253; jetzt § 13 e III 2 (§ 13 e Rn 3). Änderungen des GesVertrags s **IV,** GesVertrag auch in deutscher Sprache (§§ 184 ff GVG, früher § 8 FGG, vgl II 1), str, Anmeldung mit Bescheinigung eines (in- oder ausländischen) Notars (§ 54 I 1 GmbHG), Wachter ZNotP **05,** 143. Die Aufhebung der ZwNl ist wie die Errichtung zu behandeln (**VI**). Verlegung der ZwNl ist möglich, zu behandeln analog § 13 h, nicht nur nach VI im Wege der Aufhebung und Neuerrichtung, hL, Kloße-Mokross DStR **05,** 1017, E. Voigt § 12, vgl Stgt NJW **64,** 112, str.

Verlegung des Sitzes einer Hauptniederlassung im Inland

13h (1) **Wird die Hauptniederlassung eines Einzelkaufmanns oder einer juristischen Person oder der Sitz einer Handelsgesellschaft im Inland verlegt, so ist die Verlegung beim Gericht der bisherigen Hauptniederlassung oder des bisherigen Sitzes anzumelden.**

(2) ¹ **Wird die Hauptniederlassung oder der Sitz aus dem Bezirk des Gerichts der bisherigen Hauptniederlassung oder des bisherigen Sitzes verlegt, so hat dieses unverzüglich von Amts wegen die Verlegung dem Gericht der neuen Hauptniederlassung oder des neuen Sitzes mitzuteilen.** ² **Der Mitteilung sind die Eintragungen für die bisherige Hauptniederlassung oder den bisherigen Sitz sowie die bei dem bisher zuständigen Gericht aufbewahrten Urkunden beizufügen.** ³ **Das Gericht der neuen Hauptniederlassung oder des neuen Sitzes hat zu prüfen, ob die Hauptniederlassung oder der Sitz ordnungsgemäß verlegt und § 30 beachtet ist.** ⁴ **Ist dies der Fall, so hat es die Verlegung einzutragen und dabei die ihm mitgeteilten Eintragungen ohne weitere Nachprüfung in sein Handelsregister zu übernehmen.** ⁵ **Die Eintragung ist dem Gericht der bisherigen Hauptniederlassung oder des bisherigen Sitzes mitzuteilen.** ⁶ **Dieses hat die erforderlichen Eintragungen von Amts wegen vorzunehmen.**

(3) ¹ **Wird die Hauptniederlassung oder der Sitz an einen anderen Ort innerhalb des Bezirks des Gerichts der bisherigen Hauptniederlassung oder des bisherigen Sitzes verlegt, so hat das Gericht zu prüfen, ob die Hauptniederlassung oder der Sitz ordnungsgemäß verlegt und § 30 beachtet ist.** ² **Ist dies der Fall, so hat es die Verlegung einzutragen.**

Übersicht

1) Sitzverlegung im Inland 1
2) Anmeldung, Prüfung und Eintragung (I–III) 2–3
   A. Altes Registergericht 2
   B. Neues Registergericht 3
3) Ergänzung der Zuständigkeiten 4

§ 14

1) Sitzverlegung im Inland

§ 13 h nF 1993 (§ 13 Rn 2), früher § 13 c aF. § 13 h gilt auch für die GmbH; **1** nach Oldbg NJW-RR **92,** 1533 nicht für den Verein. Für AG, KGaA s §§ 45, 278 III AktG. Die **Verlegung der Hauptniederlassung** (des *Sitzes*) eines Unternehmens ist im HdlReg zu verlautbaren (§§ 31 I, 34 I, 107). § 13 h handelt nur von der **Registrierung der Verlegung,** nicht von dieser selbst (nur bei einer juristischen Person ist die Registrierung Voraussetzung der wirksamen Verlegung). § 13 h gilt auch für die (vom Wortlaut in I nicht erfasste) Sitzverlegung einer juristischen Person, die Kfm. aber nicht HdlGes ist (so die Gewerkschaft pr Bergrechts) Kassel BB **50,** 105. Sitzverlegung im Inland ist die Sitzverlegung innerhalb Deutschlands auch für eine juristische Person des Landesrechts (soweit sie rechtlich möglich ist wie jedenfalls für eine juristische Person des pr Rechts in dessen Geltungsbereich), Kassel BB **50,** 105. § 13 h unterscheidet Verlegung innerhalb des Gerichtsbezirkes (I, III), aus diesem heraus (I, II). Sitzverlegung ins Ausland Einl 29 vor § 105.

2) Anmeldung, Prüfung und Eintragung (I-III)

A. **Altes Registergericht:** Anmeldung hat beim bisherigen Registergericht **2** zu erfolgen **(I).** Im Fall von II, also bei Herausverlegung aus dem bisherigen Gerichtsbezirk, prüft es nur förmliche Richtigkeit der Anmeldung. Prokuristen können nicht anmelden (§ 49 I), Groschuff JW **37,** 2429. Dann erfolgt Mitteilung **(II 1, 2),** auch gelöschter Eintragungen und Aktenabgabe. Nach Mitteilung gemäß **II 5** erfolgt keine sachliche Prüfung mehr, zB nicht mehr Amtslöschung nach **(3)** FamFG § 395 durch das bisherige Gericht, Kassel BB **50,** 105. Eintragung einer Veränderung ist ohne Eintragung im ausländischen Register zulässig, wenn sie dort nur rechtsbezeugend ist, KG DR **40,** 2007. Anmeldezwang (§ 14); kein Zwang bei AG, KGaA, GmbH (§ 407 II 1 AktG, § 79 II GmbHG). Bekanntgabe s Rn 3. **Muster:** Hopt/Graf von Westphalen 3. Aufl 2007 Form I. B.2 (Anmeldung zur Verlegung der HauptNl an einen anderen Ort).

B. **Neues Registergericht:** Das Registergericht der neuen Hauptniederlas- **3** sung (des neuen Sitzes) prüft nur gemäß II 3, also alle formellen und materiellen Voraussetzungen der Sitzverlegung, aber nicht Erfüllung sonstiger öffentlichrechtlicher Pflichten, zB Gewerbeummeldung, LG Augsbg WM **08,** 928. Das Gericht prüft selbstständig, ohne an die Rechtsauffassung des abgebenden Gerichts gebunden zu sein, kann aber nicht deshalb die Übernahme des Verfahrens verweigern, Ffm FGPrax **08,** 164. Dann erfolgt Übernahme der Eintragungen ohne weitere Nachprüfung (II 4). So auch bei Bedenken, weil die Firma den alten Sitzort-Namen enthält; möglich ist aber die Amtslöschung nach **(3)** FamFG § 395 durch das neue Gericht (vgl Rn 2), Oldbg BB **77,** 12. Bekanntmachung durch das alte und das neue Gericht. Kosten der Eintragung erwachsen bei beiden Gerichten (vgl § 79 KostO), KG JW **37,** 576.

3) Ergänzung der Zuständigkeiten

Bei Sitzverlegung aus Gebieten, in denen deutsche Gerichtsbarkeit nicht mehr **4** ausgeübt wird, tritt nach Maßgabe des **ZuständErgG** (§ 13 Rn 15) das Gericht des neuen an Stelle desjenigen des alten Sitzes. Sitzverlegung aus der früheren DDR s 28. Aufl.

[Festsetzung von Zwangsgeld]

14 ¹Wer seiner Pflicht zur Anmeldung oder zur Einreichung von Dokumenten zum Handelsregister nicht nachkommt, ist hierzu von dem Registergericht durch Festsetzung von Zwangsgeld anzuhalten. ²Das einzelne Zwangsgeld darf den Betrag von fünftausend Euro nicht übersteigen.

Übersicht

1) Zwang zur Anmeldung 1–2
 A. Registerzwang 1
 B. Adressaten des Registerzwangs 2
2) Verfahren 3–5
 A. Verfahren 3
 B. Rechtsbehelfe 4
 C. Vollstreckung 5

1) Zwang zur Anmeldung

1 A. **Registerzwang:** § 14 idF EHUG 2006. Dem Registerzwang unterliegt die Pflicht zur Anmeldung und zur Einreichung von Dokumenten zum HdlReg **(Satz 1).** Die Pflicht zur Zeichnung der Unterschrift ist mit EHUG 2006 entfallen, Grund: Unterschriftsproben haben im elektronischen HdlReg keine Platz, eingescannte Unterschriftsproben wären nicht fälschungssicher, elektronische Signatur drängt eigenhändige Namensunterschrift im Geschäftsverkehr zurück (RegE). Anmeldungen zum HdlReg s zB § 8 Rn 6, Einreichung von Dokumenten zB § 37 IV AktG, § 8 I GmbHG (AG-, GmbH-Gründung). Eintragungsfähige, aber nicht eintragungspflichtige und erst recht nicht eintragungsfähige Tatsachen (§ 8 Rn 5) unterliegen nicht dem Registerzwang, Bsp: BayObLG NJW **86,** 140. Das Zwangsmittel sind **Beugestrafen.** Entspr Zwang zur Unterbindung unzulässigen Firmengebrauchs (§ 37 I). Zwang nach § 14 zu einer Anmeldung und Amtslöschung einer unrichtig gewordenen Eintragung (s **(3)** FamFG § 393 und § 8 Rn 12) können nebeneinander in Betracht kommen, Zwang nach § 14 idR als erstes, so ausdrücklich § 31 II 2 bei Erlöschen einer eingetragenen Firma. § 14 setzt (im Gegensatz zu **(3)** FamFG § 393) nicht eine klare Rechtslage voraus, die Rechtslage kann im Instanzenzug geklärt werden, LG Limburg BB **63,** 324. **Unzulässig** ist dagegen **Zurückweisung** (Beanstandung) einer an sich ordnungsmäßigen Anmeldung, um eine andere rechtlich vorgeschriebene Anmeldung zu erzwingen (§ 143 Rn 2), BGH NJW **77,** 1879, Hamm BB **77,** 967, BayObLG WM **88,** 710 (Anmeldung eines Gfterwechsels ohne Berichtigung der Firma, s § 24 Rn 5–10, § 31 Rn 2–3), statt dessen Vorgehen nach § 37, **(3)** FamFG § 392 und uU § 395.

2 B. **Adressaten des Registerzwangs:** Natürliche Personen ebenso wie juristische Personen. Letztere melden bei konstitutiven Eintragungen selbst an, vertreten durch ihre Organe, BGH **105,** 328. Bei sonstigen Eintragungen sind die gesetzlichen Vertreter persönlich anmelde(einreichungs)pflichtig, str, offen BGH **105,** 328. Auch Zwangsgeldandrohung und -festsetzung gemäß § 14 richten sich gegen sie persönlich, nicht gegen die juristische Person, BayObLG NJW-RR **86,** 1480, hL, str. Ebenso für andere HdlGes, deren Abwickler die juristische Person ist (vgl zB § 265 II 3 AktG), KG HRR **33,** 1441. Solange ein gesetzlicher Vertreter fehlt, ist § 14 unanwendbar; uU kann ein Vertreter vom Gericht bestellt werden (zB § 85 AktG). § 14 gilt nicht gegen rechtsgeschäftliche Vertreter wie Prokuristen, BayObLG BB **82,** 1076. Anmeldepflicht für **OHG, KG** s §§ 106–108; für § 14 gilt dasselbe wie bei juristischen Personen. In der Insolvenz ist der Insolvenzverwalter anmeldepflichtig, BGH NJW **81,** 822, und ist Adressat des Registerzwangs.

2) Verfahren

3 A. **Verfahren:** Das Verfahren regeln **(3)** FamFG §§ 388–392. Sobald das Gericht den sein Einschreiten erfordernden Sachverhalt glaubhaft erfährt, hat es zur Durchsetzung der Anmeldepflicht einzuschreiten, BGH BB **77,** 1221. Es hat durch zuzustellende einleitende Verfügung das bezifferte (KG OLG **12,** 412) Zwangsgeld (s **(3)** FamFG §§ 35, 388 f FamFG) unter Setzung einer angemessenen Frist zur Erfüllung der Pflicht oder Rechtfertigung der Unterlassung und unter Hinweis auf die Zulässigkeit des Einspruchs anzudrohen; dabei ist die Pflicht genau zu bezeichnen, KGJ **49,** 138, BayObLG **67,** 463. Aufforderung, Androhung und Fristsetzung sind unentbehrlich; ohne sie kann selbst bei Rechtskraft der Androhung kein Zwangsgeld festgesetzt werden, KGJ **37** A 183. Wird weder erfüllt noch Einspruch erhoben, setzt das Registergericht durch Beschluss das angedrohte Zwangsgeld fest, wiederholt zugleich die frühere Verfügung unter Androhung eines erneuten Zwangsgeldes und so immer fort, **(3)** FamFG § 389. Verspätete Erfüllung vor Beitreibung schließt Fortsetzung des Verfahrens aus (wie bei § 888 ZPO), KGJ **40,** 83, str. Teilweise Erfüllung hindert Fortsetzung des Verfahrens wegen des Rests nicht.

B. **Rechtsbehelfe: a) Gegen die einleitende Verfügung** findet keine Beschwerde (keine Endentscheidung, § 58 FamFG), sondern nur **Einspruch** statt, **(3)** FamFG § 390. Er ist schriftlich oder zu Protokoll jedes Amtsgerichts zu erheben. Falsche Bezeichnung des Rechtsbehelfs schadet nicht. Einspruchsfrist ist die in der Verfügung gesetzte Frist; maßgeblich ist der Eingang beim Registergericht. Verspäteter Einspruch muss unbeachtet bleiben, vgl KGJ **49,** 140. Dem Einspruch ist stattzugeben, wenn er offenbar begründet ist; andernfalls ist zu einem Termin zu laden. Erscheint der Geladene nicht, kann das Gericht nach Lage der Sache entscheiden, **(3)** FamFG § 390 II. Ist der Einspruch begründet, ist aufzuheben; ist er unbegründet, ist zu verwerfen, das Zwangsgeld oder ein geringeres festzusetzen, und erneut nach **(3)** FamFG § 388 zu verfahren, **(3)** FamFG § 389. Auf Einspruch gegen die wiederholte Verfügung kann das Gericht das Zwangsgeld aufheben oder ermäßigen, **(3)** FamFG § 389 VI. Bekanntmachung der Entscheidung bei Verhandlung durch Verkündung, sonst durch Zustellung. Ein gesetzlicher Vertreter trägt die Kosten des Verfahrens persönlich, weil sie Kosten eines gegen ihn gerichteten Zwangsverfahrens sind. Die Kosten der Eintragung trägt der Vertretene, KGJ **34** B 9. Der Festsetzungsbeschluss legt zugleich die Kosten auf, **(3)** FamFG § 389 II. 4

b) Gegen Festsetzungs- oder Verwerfungsbeschluss findet die **sofortige Beschwerde** statt, **(3)** FamFG § 391. Soll erzwungen werden, was nicht erzwungen werden darf, so ist einfache Beschwerde gegeben, KGJ **42,** 167.

C. **Vollstreckung:** Die Vollstreckung richtet sich nach JBeitrO (Schönfelder Nr. 122) 11. 3. 1937 RGBl I 298 iVm LandesR. Erfüllung der Pflicht hindert die Vollstreckung; der rechtskräftige Festsetzungsbeschluss ist aufzuheben (§ 48 FamFG), BayObLG DB **79,** 1981. 5

[Publizität des Handelsregisters]

15 (1) Solange eine in das Handelsregister einzutragende Tatsache nicht eingetragen und bekanntgemacht ist, kann sie von demjenigen, in dessen Angelegenheiten sie einzutragen war, einem Dritten nicht entgegengesetzt werden, es sei denn, daß sie diesem bekannt war.

(2) ¹Ist die Tatsache eingetragen und bekanntgemacht worden, so muß ein Dritter sie gegen sich gelten lassen. ²Dies gilt nicht bei Rechtshandlungen, die innerhalb von fünfzehn Tagen nach der Bekanntmachung vorgenommen werden, sofern der Dritte beweist, daß er die Tatsache weder kannte noch kennen mußte.

(3) Ist eine einzutragende Tatsache unrichtig bekanntgemacht, so kann sich ein Dritter demjenigen gegenüber, in dessen Angelegenheiten die Tatsache einzutragen war, auf die bekanntgemachte Tatsache berufen, es sei denn, daß er die Unrichtigkeit kannte.

§ 15 1

I. Buch. Handelsstand

(4) **Für den Geschäftsverkehr mit einer in das Handelsregister eingetragenen Zweigniederlassung eines Unternehmens mit Sitz oder Hauptniederlassung im Ausland ist im Sinne dieser Vorschriften die Eintragung und Bekanntmachung durch das Gericht der Zweigniederlassung entscheidend.**

Schrifttum

Außer dem allgemeinen Schrifttum (s Einl vor § 1) *Canaris,* Vertrauenshaftung 151. – *Gammelin,* Rechtsscheinhaftung des Kaufmanns und Regreßansprüche gegen den Staat bei fehlerhaftem Publikationsakt der Presse, 1973. – *Merkt* 2001 (allgemeine Unternehmenspublizität). – *Fehrenbacher* 2004 (Registerpublizität und Haftung im Zivilrecht). – *K. Schmidt* JuS **77,** 209, **91,** 1002. – *Hofmann* JA **80,** 264. – *Schilken* AcP 187 **(87)** 1. – *von Olshausen* AcP 189 **(89)** 223. – *Dreher* DB **91,** 533. – *Noack* FS Ulmer **03,** 1252 (elektronisches HdlReg und § 15). – *Oetker* GedS Sonnenschein **03,** 635 (Primärtatsachen). Diss: *Forsthoff* Hdlbg 1972, *Mossler* Münst 1974, *Deschler* Tüb 1977, *Wiese* Münst 1978. – Speziell zu § 15 III: *von Olshausen* BB **70,** 137, NJW **71,** 966. – *Beuthien* NJW **70,** 2283, FS Reinhardt **72,** 199. – *Bürck* AcP 171 **(71)** 328. – *Beyerle* BB **71,** 1482. – *Steckhan* DNotZ **71,** 211, NJW **71,** 1594. – *Sandberger* JA **73,** 215. – *John* ZHR 140 **(76)** 236. – *Paefgen* ZIP **08,** 1653 (nach EHUG).

Übersicht

1) Öffentlicher Glaube des Handelsregisters 1–3
   A. Normzweck 1
   B. Überblick 2
   C. Das Verhältnis zur Rechtsscheinhaftung und anderen Rechtsnormen 3
2) Schutz Dritter gegen Folgen nicht eingetragener und bekanntgemachter Tatsachen (I) 4–12
   A. Negative Publizität des Handelsregisters (I) 4
   B. Einzutragende Tatsachen 5
   C. Rechtsfolge der Nichteintragung bzw Nichtbekanntmachung 6
   D. Ausnahme bei Kenntnis des Dritten 7
   E. Reichweite der Publizität 8
   F. Maßgeblicher Zeitpunkt 10
   G. Fehlen der Voreintragung 11
   H. Insolvenzverfahren 12
3) Wirkung eingetragener und bekanntgemachter Tatsachen gegen Dritte (II) 13–15
   A. Wirkung eingetragener und bekanntgemachter Tatsachen gegen Dritte (II 1) 13
   B. Schonfrist (II 2) 14
   C. Besonderer Vertrauensschutz gegen Registerinhalt 15
4) Schutz Dritter im Vertrauen auf unrichtige Eintragungen und Bekanntmachungen (Rechtsscheinhaftung; III) 16–23
   A. Schutz Dritter 16
   B. Rechtsscheinhaftung 17
   C. Positive Publizität des Handelsregisters (III) 18
   D. Staatshaftung bei Eintragungsfehlern 23
5) Zweigniederlassung eines ausländischen Unternehmens (IV) 24–25

1) Öffentlicher Glaube des Handelsregisters

1   A. **Normzweck:** Das HdlReg genießt öffentlichen Glauben, ähnlich (nicht gleich) dem des Grundbuchs (vgl ua §§ 891, 892 BGB), Beweiswert der Eintragungen im HdlReg str (§ 9 Rn 10). § 15 dient der Sicherheit und Leichtigkeit des Rechtsverkehrs durch eine dreifach gestaffelte Publizitätswirkung des HdlReg. § 15 insgesamt regelt die Wirkung von Registerinhalt und -bekanntmachung für und gegen Dritte. Dritte müssen richtig eingetragene und bekanntgemachte Tatsachen gegen sich gelten lassen (grundsätzlich **kein Vertrauen gegen das Handelsregister,** Ausnahme s Rn 15), brauchen mit Tatsachen, die trotz Eintragungspflicht nicht eingetragen und bekanntgemacht worden sind,

2. Abschnitt. Handelsregister 2–4 § 15

nicht zu rechnen (**Vertrauen auf das Schweigen des Handelsregisters, negative Publizität**) und können sich ausnahmsweise sogar voll auf die Richtigkeit der Eintragungen und Bekanntmachungen verlassen (**positive Publizität**, guter Glauben des HdlReg, insoweit entfernt ähnlich dem Grundbuch). Diese Normzwecke sind in § 15 nicht bruchlos verwirklicht, was sich aus der Gesetzesgeschichte, insbesondere dem Einfluss des Europarechts ergibt. II wurde neugefasst, III eingeschoben (III aF wurde IV), mit Wirkung vom 1. 9. 69 durch G 15. 8. 69 BGBl 1146 zur Durchführung der 1. EG-Ri (Einl 36 vor § 105); diese berührt nur GesRegisterrecht, das deutsche G änderte jedoch §§ 9 II, 15 allgemein und ging auch sonst wesentlich über das von der EG Gebotene hinaus; vgl Rn 16–25 und zur europarechtskonformen Auslegung Einl 28 vor § 1.

B. **Überblick:** II regelt den **Normalfall**, dass eine richtige Eintragung und 2 Bekanntmachung vorliegt; damit ist der Rechtsverkehr informiert (Ausnahme: kurze Schonfrist und besonderer Vertrauensschutz gegen den Registerinhalt, s Rn 13–15). I regelt den Fall des Unterbleibens von Eintragung und Bekanntmachung; der Rechtsverkehr ist dann nicht informiert und wird insoweit geschützt (Ausnahme: positive Kenntnis von der einzutragenden Tatsache); der Rechtsverkehr kann sich also auf das Schweigen des HdlRegisters verlassen (sog **negative Publizität**, s Rn 4–12). Auf die Richtigkeit des HdlRegisterinhalts kann sich der Rechtsverkehr dagegen grundsätzlich nicht verlassen, nach III ausnahmsweise aber doch (**positive Publizität**, s Rn 18–23). IV idF EHUG 2006 betrifft ZwNl (s Rn 24–25).

C. **Verhältnis zur Rechtsscheinhaftung und anderen Rechtsnormen:** 3 § 15 ist eine entstehungsgeschichtlich bedingt komplexe Norm schon, was das Verhältnis von I–IV angeht, aber auch im Verhältnis zur Rechtsscheinhaftung und zu anderen Rechtsnormen. II hat mit Rechtsscheinhaftung nichts zu tun, sondern schließt umgekehrt grundsätzlich, aber nicht immer Rechtsschein gegen das HdlReg aus (s Rn 1). I gehört zwar zur Rechtsscheinhaftung, beschränkt sich aber auf das Unterbleiben der HdlRegEintragung und ist gegenüber den allgemeinen Grundsätzen der Rechtsscheinhaftung vielfältig besonders geregelt. III ist ein echter Fall der Rechtsscheinhaftung, die allgemeinen Grundsätze der Rechtsscheinhaftung sind also bis auf einige Besonderheiten anwendbar. Die Rechtsscheinhaftung (§ 5 Rn 9–16) geht weit über das HdlReg hinaus, § 15 geht grundsätzlich vor, außer bei besonderen Vertrauenstatbeständen (s Rn 15). § 5 hat entgegen früherer Ansicht („ScheinKfm") mit § 15 und der Rechtsscheinhaftung nichts zu tun. Wer im HdlRegister eingetragen ist, wird, wenn er nicht ohnehin Kfm ist, nach § 5 schon allein deswegen zum Kfm (§ 5 Rn 1). § 15 kann eingreifen, wo § 5 versagt (dort Rn 8). Eine Sondervorschrift für freiwillige Offenlegung in der Amtssprache eines Mitgliedstaates der EU enthält **§ 11 II** (seit EHUG, § 11 Rn 5).

2) Schutz Dritter gegen Folgen nicht eingetragener und bekanntgemachter Tatsachen (I)

A. **Negative Publizität des Handelsregisters (I):** § 15 I handelt von der 4 Wirkung von Tatsachen, die im HdlReg einzutragen sind (Rn 5), im maßgebenden Zeitpunkt (Rn 10) aber entweder noch nicht eingetragen oder zwar eingetragen, aber noch nicht bekanntgemacht sind (Bsp: Erlöschen einer Prokura, Auflösung einer Ges, Ausscheiden eines Gfters, Entziehung der Vertretungsmacht eines Gfters, Geschäftsübergang). Zur Wirkung der einzutragenden Tatsache gegen Dritte (die sie nicht ohnehin kennen, s Rn 7) ist ihre **Eintragung und** ihre **Bekanntmachung** (die das Gericht unverzüglich zu veranlassen hat: § 1, **(4)** HRV §§ 32–34) erforderlich. I (auch II, s Rn 13) handelt also von der Wirkung des Schweigens des HdlReg (bzw der Bekanntmachung), nicht von der Wirkung unrichtiger Eintragung; nur auf das Schweigen kann sich der Rechts-

§ 15 5, 6   I. Buch. Handelsstand

verkehr verlassen, nicht auf Eintragung und Bekanntmachung (negative Publizität; anders III, s Rn 16). Die von RG **125,** 229 aufgestellte unhaltbare Gleichung: Falscheintragung = Nichteintragung des Richtigen (Eintragung von NichtGftern als Gfter gleich „Nichteintragung des wahren GfterBestandes") wurde von RG **142,** 105 aufgegeben. Für diese Fälle gelten III und uU Rechtsscheinhaftung (s Rn 16–23).

5   B. **Einzutragende Tatsachen:** Die in das HdlReg einzutragenden Tatsachen nennt das Gesetz anderwärts (**eintragungspflichtige Tatsachen,** s im HGB besonders §§ 2, 3, 13–13 h, 29, 31–34, 53; Übersicht für OHG und KG bei § 106 Rn 2). § 15 gilt für deklaratorische ebenso wie für konstitutive Eintragungen (§ 8 Rn 11), auch für erst durch die Rspr entwickelte Eintragungspflichten von da ab, BGH **116,** 45 (§ 8 Rn 5), str; nach dem Wortlaut von § 15 nicht für nur eintragungsfähige Tatsachen (§ 8 Rn 5), zB §§ 25 II, 28 II, aber Sondervorschriften. Im Falle **deklaratorischer Eintragungen** (Hauptfall) macht § 15 I die Wirkung der einzutragenden Tatsachen von Eintragung und Bekanntmachung abhängig. Eine Unterscheidung zwischen Primärtatsachen (zB KfmEigenschaft, Prokuraerteilung oder GfterEintritt), und Sekundärtatsachen (zB Löschung auf Antrag nach §§ 2 Satz 3, 3 II, III, Widerruf der Prokura, Ausscheiden eines Gfters), ist im Gesetz nicht vorgesehen und auch kaum konsequent zu praktizieren, wohl hL, K. Schmidt § 14 II 2 a, MüKo/Krebs 33, aA MüKo(1. Aufl)/Lieb 18 (aber nur für I, anders für III, ebenda Rn 63), auch Lieb NJW **99,** 36. Auf jeden Fall fällt auch die nur deklaratorische Eintragung der KfmEigenschaft (§§ 1 II, 29) unter § 15 I, Grund: der Rechtsverkehr muss sich auf das Bestehen der gesetzlichen Normallage verlassen können (§ 1 Rn 25), RegE HRefG ZIP **97,** 949, MüKo/Krebs 34, Ko/Ro/Mo/Roth 5, R. Schmitt HRefG S 63 f. Im Falle **konstitutiver Eintragungen** kommt vor Eintragung keine Wirkung gegen Dritte in Betracht, aber § 15 I schützt den Geschäftsverkehr, solange die Bekanntmachung noch nicht erfolgt ist (Bsp, § 2 Rn 3: Eintragung als Kfm nach §§ 2 oder 3, vor Bekanntmachung Darlehen an Dritten, der von der Eintragung nicht weiß: Zins nach BGB, nicht HGB). § 15 gilt analog bei Eintragung ohne Bekanntmachung nach § 5, obwohl dort an sich keine „einzutragende" Tatsache vorliegt (§ 5 Rn 3). Zu beachten sind **Sondervorschriften.** So ist § 15 unanwendbar in den Fällen §§ 25 II, 28 II (Haftungsausschluss bei Geschäftsübernahme mit Firma und bei Teilhaberbeitritt); hier ist zur Wirkung gegen Dritte entweder Eintragung mit Bekanntmachung oder Mitteilung in bestimmter Weise erforderlich, anders erlangte Kenntnis (vgl § 15 I aE) ist unerheblich (§ 25 Rn 14). § 15 ist auch unanwendbar, soweit § 139 IV entgegensteht (dort Rn 45). § 15 I greift zT Platz im Falle § 174 (Herabsetzung einer KdtEinlage): vor Eintragung in keinem Falle Wirkung gegen Dritte, nach Eintragung vor Bekanntmachung (die ohne Angaben zu den Kdtisten erfolgt, §§ 175 S 2, 162 II) gemäß § 15 I bei (irgendwie erlangter) Kenntnis des Dritten.

6   C. **Rechtsfolge der Nichteintragung bzw Nichtbekanntmachung: a) Bei dem Anmeldepflichtigen:** Der, „**in dessen Angelegenheiten die Tatsache einzutragen war**", dh wer durch sie irgendwie entlastet, von Haftung befreit oder von der Bindung an die Vertretungsmacht eines anderen gelöst wird, **kann sie** ohne Eintragung und Bekanntmachung **Dritten nicht entgegenhalten,** zB der Geschäftsinhaber das Erlöschen der Prokura, der ehemalige Gfter die Auflösung der Ges oder sein Ausscheiden, der Gfter das Erlöschen der Vertretungsmacht des MitGfters, der ehemalige Geschäftsinhaber die Abgabe des Geschäfts. Die negative Formulierung stellt klar, dass sich der Anmeldepflichtige nicht seinerseits auf das Vorliegen von I berufen kann (anders als der Dritte). I gilt auch für den Einzel- und Gesamtrechtsnachfolger dessen, in dessen Angelegenheiten einzutragen war, BGH **55,** 267; Anwendung des I gegen Erben mangels Eintragung des Ausscheidens des Erblassers durch Tod s § 176 Rn 10, 12. Auf

2. Abschnitt. Handelsregister 7 **§ 15**

Zurechenbarkeit bzw Veranlassung kommt es unter I nicht an (**reines Rechtsscheinsprinzip**), Grund: Vorrang des Verkehrsschutzes, Organisationsrisiko des Unternehmers (anders unter III, s Rn 19). I greift demnach auch bei Verzögerungen durch das Registergericht ein (dann aber s Rn 23). I gilt auch zu Lasten von **Geschäftsunfähigen**, BGH **115**, 80 (wie in § 5, dort Rn 5; anders in III, s Rn 19), MüKo/Krebs 41, aA MüKo(1. Aufl)/Lieb 28, Behnke NJW **98**, 3081 zu § 1629a BGB (§ 1 Rn 34). Bei Geschäftsunfähigwerden des Prokuristen oder Organvertreters kann sich der Verkehr nicht nach I auf die Geschäftsfähigkeit verlassen (deren Erlöschen ist nicht eintragungspflichtig), aber Rechtsscheinsvollmacht (s Rn 17, Überbl vor § 48 Rn 5f), BGH **115**, 81, K. Schmidt JuS **91**, 1005. Unerheblich ist der Registerinhalt bzgl anderer Tatsachen, Bsp: Ausscheiden des einen phG X mit Gesamtvertretungsmacht aus KG ist nicht eingetragen, verbliebener phG Y schließt für Ges allein ab: früherer phG X haftet (Gläubiger kann sich bezüglich Alleinvertretungsmacht des Y auf die wahre Rechtslage stützen, also keine Gesamtvertretungsmacht mehr, betr Zugehörigkeit des X zur Ges auf das Register), BGH **65**, 309, aA Tiedtke DB **79**, 245.

b) Bei dem Dritten (Wahlrecht, Meistbegünstigung): Der Dritte braucht sich die (noch oder gar) nicht eingetragene bzw bekanntgemachte Tatsache nicht entgegenhalten zu lassen, kann sich also auf I berufen (anders als der Anmeldepflichtige). Er kann aber auch jederzeit auf den Schutz des I verzichten und sich stattdessen **auf die wirkliche Rechtslage berufen,** wenn ihm das günstiger erscheint, BGH **55**, 273, **65**, 310, WM **90**, 639, sehr str, vgl auch Rn 22. Das ist jedenfalls dann richtig, wenn verschiedene Tatsachen nicht eingetragen bzw nicht bekanntgemacht sind, also kein Zwang zur „Wahl" zwischen der wahren Rechtslage in toto oder dem gesamten Registerinhalt, BGH **65**, 311. Das gilt aber auch bezüglich derselben Tatsache in unterschiedlichen rechtlichen Zusammenhängen, zB Inanspruchnahme als Gfter mangels Eintragung des Ausscheidens (§ 15 I), zugleich Berufung auf die Alleinvertretungsmacht des nach Ausscheiden allein Verbliebenen (wahre Rechtslage), BGH **65**, 310, MüKo/Krebs 54, Ko/Ro/Mo/Roth 16, Heymann/Sonnenschein/Weitermeyer 13, Rö/Ammon/Ries 21, iErg K. Schmidt § 14 II 4b, Grund: Vertrauen kann teils auf Schweigen des HdlReg, teils auf anderen Informationen beruhen, aA gegen diese sog **Rosinentheorie** John ZHR 140 **(76)** 254, MüKo(1. Aufl)/Lieb 37, K. Schmidt § 14 II 4b, Canaris § 5 Rn 26, Grund: widersprüchlich, kein schutzwürdiges Vertrauen. Lit: Altmeppen 1993; von Olshausen AcP 189 **(89)** 223.

D. **Ausnahme bei Kenntnis des Dritten:** Nur positive **Kenntnis des Dritten,** die ihm der Gegner beweisen muss („es sei denn, dass"), lässt die Tatsache auch ohne Eintragung und Bekanntmachung gegen ihn wirken, RG **70**, 273. Dagegen genügt **nicht Kennenmüssen** (einfache und grobe Fahrlässigkeit), weil der Dritte nicht zu Nachforschungen verpflichtet sein soll. Ebensowenig genügt Kenntnis von Tatsachen, aus denen sich die interessierende Tatsache (zB GesAuflösung) ergibt; aber uU prima-facie-Beweis für Kenntnis dieser Tatsache, jedoch nicht unbedingt, RG **144**, 199 (zu § 131 Nr 4 aF). Gfter sind auch bei Drittgeschäft (§ 128 Rn 24) nicht Dritte, Ko/Ro/Mo/Roth 12 (vgl § 126 Rn 6). Ist der Dritte beim Vorgang, aus dem er Rechte herleitet, zB Vertrag, vertreten, so gilt **§ 166 I BGB:** hat nicht er selbst (der Dritte), sondern der **Vertreter** Kenntnis von der nicht eingetragenen Tatsache, wirkt sie gegen den Dritten; so jedenfalls, wenn der Vertreter mit eigenem Entscheidungsspielraum handelt, Hbg MDR **72**, 238 (HdlBevollmächtigter, § 54). Entspr Anwendung des § 166 I BGB bei Kenntnis des (an der Verhandlung beteiligten) Vermittlungs-(Hdl-)Vertreters, ebenso des (auch an der Verhandlung nicht beteiligten) Bezirksvertreters, Ffm DB **76**, 94. Ebenso uU bei Abschluss durch den Dritten selbst (oder einen nicht wissenden anderen Vertreter) auf Veranlassung des wissenden (über die Geschäftsverbindung entscheidenden) Angestellten (Sachbearbeiters), vgl Hbg

7

MDR **72**, 238. Zur Wissenszurechnung s § 125 Rn 4, **(7)** Bankgeschäfte Rn A/ 16.

8 E. **Reichweite der Publizität:** Nach I soll der Dritte sich bei seinem geschäftlichen Verhalten auf das HdlReg verlassen können. Freies Handeln des Dritten ist also vorausgesetzt. Dies und der Wortlaut des IV 1 (der in dieser Hinsicht gleich weit reichen muss wie I) ergeben, dass I vor allem **im Geschäftsverkehr** gilt. Er schützt also insbesondere Ansprüche aus Rechtsgeschäften, auch aus Verschulden bei Vertragsverhandlungen (§ 311 I, II BGB); aber auch Rechte aus Prozesshandlungen (zB Anerkenntnis, Verzicht, Vergleich); auch Pfändungsverfügung des Finanzamts und darüberhinaus allgemeiner den sog **Prozessverkehr**, zB Vollstreckungsmaßnahme, BGH NJW **79**, 42, prozessuale Zustellung, RG **127**, 99, nicht: Prozessfähigkeit, Hamm NJW-RR **98**, 470. Auch Ansprüche aus Bereicherung (Leistungskondiktion), unerlaubter Handlung und Geschäftsführung ohne Auftrag, die innerhalb des Geschäfts vorfielen, zB Täuschung beim Vertragsschluss, Überzahlung in laufender Rechnung, unlauterer Wettbewerb, Verstoß gegen Unterlassungsverpflichtung, Stgt WRP **87**, 201, str (vgl § 5 Rn 6). **Nicht** geschützt sind dagegen Ansprüche aus Vorgängen ohne Zusammenhang mit dem Geschäftsverkehr (zT Unrechtsverkehr genannt, aber zu eng), zB aus Verkehrsunfall, RG **93**, 238, Irrläufer-Zahlung (soweit nicht Leistungskondiktion, str), Entstehung von Steuerschulden der KG (Ausscheiden des Gfters war noch nicht eingetragen), BFH NJW **78**, 1944.

9 **Kausalität** des Registerinhalts für das Verhalten des Dritten ist wie bei III und anders als bei der Rechtsscheinhaftung (s Rn 21, § 5 Rn 13) **nicht notwendig** (starker, durch das HdlReg typisierter Rechtsschein). **Einerlei** ist also, **ob der Dritte** in das HdlReg, in dem noch nichts eingetragen war, oder in die Bekanntmachungsblätter nach § 10, in denen noch nichts veröffentlicht war, **Einsicht genommen** hat, BGH **65**, 311, WM **04**, 287. Keine bloße Vermutung, sondern unwiderleglich, **kein Gegenbeweis**, hL, aA Canaris § 5 Rn 17. Dem Dritten kann also nicht entgegnet werden, er hätte die Tatsache auch bei Eintragung und Bekanntmachung nicht erfahren. Selbst völlige Unkenntnis des Zusammenhangs ist unerheblich, Ffm BB **72**, 333 (vgl dagegen § 176 Rn 4). Jedoch muss der Dritte sich bei seinem geschäftlichen Verhalten auf die unrichtige Eintragung bzw Bekanntmachung wenigstens möglicherweise verlassen haben können, BGH WM **04**, 287. I gilt also nur im Geschäftsverkehr (s Rn 8).

10 F. **Maßgeblicher Zeitpunkt:** Maßgebend ist der **Zeitpunkt des Vorgangs** (Vertragsschluss usw, vgl Rn 11), aus dem der Dritte Rechte herleitet. Es kommt darauf an, was in diesem Zeitpunkt eingetragen und bekanntgemacht oder dem Dritten bekannt ist. Gleichgültig ist (entgegen dem Wortlaut von I), ob Eintragung und Bekanntmachung vor dem späteren Zeitpunkt erfolgen, in dem man dem Dritten die Tatsache „entgegensetzt" (also zB vor dem Prozess oder dessen Entscheidung).

11 G. **Fehlen der Voreintragung: a) Grundsatz:** § 15 I gilt **auch, wenn** die gebotene **Voreintragung** (der Tatsache, deren Veränderung einzutragen war) **fehlt**, BGH **55**, 272, **116**, 44, stRspr, hL, Grund: Wortlaut, anderweitig erlangte Kenntnis ist einzutragender Tatsache, aA Oldbg BB **87**, 1622 (wohl irrtümlich), Staub/Hüffer 20, John ZHR 140 **(76)** 239: nur Rechtsscheinhaftung. Sind Eintritt und Ausscheiden eines Gfters aus Ges nicht eingetragen, kann sich Gfter einem Dritten gegenüber nicht auf sein Ausscheiden berufen, es sei denn dieser kenne es, stRspr BGH NJW **83**, 2259; Bsp: ist eintragungspflichtiges HdlGeschäft (§§ 1, 29) nicht eingetragen und Geschäftsübertragung auch nicht, dann ist diese gegenüber Schuldner X unwirksam, er konnte also wirksam gegen Altinhaber aufrechnen, Stgt NJW **73**, 806; ähnlich betr Verpachtung, Pächter haftet für vom Verpächter nach Geschäftsübergabe vor Eintragung (des Geschäfts und der Verpachtung) noch eingegangene Verbindlichkeiten, Ffm OLGZ **73**, 24.

2. Abschnitt. Handelsregister 12–15 **§ 15**

b) Ausnahmefälle: Dies ist aber in Ausnahmefällen **einzuschränken,** zB wenn die voreinzutragende Tatsache intern geblieben ist und die einzutragende Tatsache in kurzem Abstand folgt, zutr K. Schmidt § 14 II 1 b, aA MüKo/Krebs 36. Dann Beweislast beim Anmeldepflichtigen, Canaris § 5 Rn 12, aA John ZHR 140 (**76**) 242 (für außerregisterliche Tatbestände).

H. **Insolvenzverfahren:** Die Eröffnung des Insolvenzverfahrens und weitere **12** wesentliche Entwicklungen wie Aufhebung des Eröffnungsbeschlusses, Einstellung und Aufhebung des Verfahrens ua werden zwar im HdlReg von Amts wegen auf Mitteilung des Insolvenzgerichtes eingetragen (§ 32 I), aber der Öffentlichkeit teilt sie das Insolvenzgericht selbst mit, nicht das HdlRegGericht, der Verkehrsschutz des § 15 ist unanwendbar (§ 32 II 2).

3) Wirkung eingetragener und bekanntgemachter Tatsachen gegen Dritte (II)

A. **Wirkung eingetragener und bekanntgemachter Tatsachen gegen** **13** **Dritte (II 1):** § 15 II schließt tatbestandlich an I an und handelt von der Wirkung einzutragender Tatsachen im Geschäftsverkehr (s Rn 8) gegen Dritte **nach Eintragung und Bekanntmachung.** Beides ist nach dem Gesetzeswortlaut notwendig, Canaris § 5 Rn 11 . Voraussetzung ist wie in I eine in das HdlReg einzutragende Tatsache (s Rn 4–5, maßgeblicher Zeitpunkt s Rn 10); auch II ist unanwendbar in den Fällen §§ 25 II, 28 II (s Rn 5). **II 1** ist selbstverständlich: die Tatsache wirkt jetzt gegen Dritte; sie wird gerade dazu veröffentlicht. II entspricht auch im übrigen I, so hinsichtlich der negativen Formulierung: der Anmeldepflichtige kann die Tatsache dem Dritten entgegenhalten, muss das aber nicht, vielmehr kann er sich wie dieser auf die wirkliche Rechtslage berufen (s Rn 6). Bei Prokura sollen §§ 171 II, 172 II BGB lex specialis zu II 1 sein, Canaris § 5 Rn 39, aA MüKo/Krebs 79.

B. **Schonfrist (II 2):** II 2 lässt die Wirkung nach II 1 nicht sofort eintreten, **14** sondern gibt den Dritten noch binnen kurzer **Schonfrist von 15 Tagen nach Bekanntmachung** (§ 10 II) den Einwand unverschuldeter Unkenntnis (aF: ohne zeitliche Beschränkung) und legt ihnen dafür aber die Beweislast auf. II 2 greift als Ausnahme zu II 1 nicht bei §§ 25 II, 28 II (s Rn 13). In II 2 schadet anders als in I (s Rn 7) nicht nur Kenntnis, sondern auch Kennenmüssen (leichte Fahrlässigkeit). Der Haftungsmaßstab folgt aus § 276 II BGB, für Kflte § 347. Ein Kfm handelt danach grundsätzlich fahrlässig, wenn er sich über das HdlReg nicht unterrichtet, BGH NJW **72**, 1419, BB **76**, 1480, für Kflte spielt II also von Extremfällen abgesehen keine Rolle; II noch weiter einschränkend MüKo/Krebs 73: Informationslast für jedermann, also auch die Privatleute bzw Verbraucher, umgekehrt restriktiver Canaris § 5 Rn 32 f: selbst für Kflte idR nicht bei Alltagsgeschäften, ebenso Paefgen ZIP **08**, 1655 trotz elektronischer Informationsmöglichkeit nach EHUG. Einer Differenzierung nach Umständen steht EG-Recht nicht entgegen, aA Ko/Ro/Mo/Roth 22 (aber s Einl 28 vor § 1).

C. **Besonderer Vertrauensschutz gegen Registerinhalt:** Ein Vertrauens- **15** schutz gegen den Registerinhalt über II 2 hinaus besteht nicht ohne weiteres und allgemein als Rechtsscheinhaftung (§ 5 Rn 9–16), BGH BB **70**, 684, **72**, 1159; doch kann ein spezieller Vertrauensschutz gegenüber dem Registerinhalt vorrangig sein, BGH **62**, 223, zB wenn Berufung auf eine Eintragung und § 15 II missbräuchlich wäre bzw wenn aus den besonderen Vertragsbeziehungen der Parteien (zB ständige Geschäftsverbindung, s Einl 3 vor § 343) die **Pflicht** folgt, den Gegner **auf eine Rechts- und Registereintragsänderung** besonders **hinzuweisen,** richtiger ist auch insoweit Rechtsscheinhaftung (besonderer Vertrauenstatbestand entgegen Registerinhalt), Canaris § 5 Rn 38. Bspe: Umwandlung einer OHG in GmbH & Co und Berufung auf Haftungsbeschränkung gegenüber ständigem Geschäftspartner, BGH NJW **72**, 1418 m Anm Stimpel ZGR **73**, 89,

Hopt 121

§ 15 16–19
I. Buch. Handelsstand

BB **76,** 1480, **78,** 1026, NJW **80,** 45, WM **81,** 238; Umwandlung einer KG in GbR mit Folgen für Vertretungsmacht, BGH NJW **87,** 3124. Persönliche Rechtsscheinhaftung des GmbH-Geschäftsführers ohne Benutzung des GmbHGesFormzusatzes (§ 19 Rn 30). Das gilt allgemeiner für **Weglassung des Haftungsbeschränkungszusatzes** nach § 19 II (dort Rn 30). Ob dies allgemein auch für die **Weglassung des Rechtsformzusatzes** nach § 19 I gilt, ist fraglich (ScheinNichtKfm nach Übergangsfrist, § 5 Rn 10). Vgl auch Rn 18, § 5 Rn 9–17, Überbl 5–6 vor § 48 (Duldungs- und Anscheinsvollmacht), § 48 Rn 1, § 105 Rn 75 (fehlerhafte Ges). Lit: Koch AcP 207 **(07)** 768.

4) Schutz Dritter im Vertrauen auf unrichtige Eintragungen und Bekanntmachungen (Rechtsscheinhaftung; III)

16   A. **Schutz Dritter:** Eine rechtliche Vermutung der Richtigkeit des im HdlReg Verlautbarten gibt es nicht (§ 9 Rn 4). Grundsätzlich kann sich der Rechtsverkehr auf Eintragung und Bekanntmachung nicht verlassen (s Rn 2, 4). Ausnahmsweise werden Dritte aber doch im **Vertrauen auf den unrichtigen Registerinhalt** durch Rechtsscheinhaftung (s Rn 17) und seit 1969 durch III (sog **positive Publizität** des HdlReg, s Rn 18) geschützt (Bsp: Dritter schließt mit eingetragenem Prokuristen ab, Geschäftsinhaber beweist Ungültigkeit der Prokuraerteilung; wirkt das Geschäft trotzdem gegen ihn?). Unrichtige Eintragung als Kfm nach § 5 s Rn 3. Verhältnis zur Rspr über fehlerhafte Ges s § 105 Rn 75, Bürck AcP 171 **(71)** 328.

17   B. **Rechtsscheinhaftung:** Der Rechtsscheinhaftung (§ 5 Rn 9–17), die ursprünglich die einzige Grundlage eines Vertrauensschutzes bei unrichtigem Registerinhalt war, vgl BGH **12,** 105, **17,** 13, **22,** 238, kommt neben III nur noch begrenzte Auffangfunktion zu (Bsp: bei Veranlassung eines Rechtsscheins ohne Antragstellung, s Rn 19; Veranlassung eines Rechtsscheins im HdlReg der HauptNl vor entspr Änderungen im HdlReg der ZwNl, soweit dieses nach IV 2 maßgeblich ist).

18   C. **Positive Publizität des Handelsregisters (III):** III (eingefügt durch G 15. 8. 69, das weit über die Vorgaben der EG-Ri hinausging, s Rn 1) enthält erstmals eine positive Publizität des HdlReg, deren Reichweite sehr str ist, s Schrifttum (vor Rn 1). III gilt wie I nur für **eintragungspflichtige Tatsachen** (s Rn 5), hL, aA analog auch für eintragungsfähige Tatsachen MüKo/Krebs 87: Lage anders als in I. Wird die unrichtige Bekanntmachung richtiggestellt, entfällt III: II 1 und 2 (Schonfrist) sind anwendbar. Auslegung des III in Anlehnung an die Grundsätze der Rechtsscheinhaftung (s Rn 17, § 5 Rn 9–16), aber doch mit einigen Ausnahmen, Gründe für diese: EG-Ri, Normzweck, HdlReg und Nähe zu I (s Rn 20, 21).

a) Rechtsscheingrundlage ist die (gegenüber der wahren Sach- und Rechtslage) **unrichtige Bekanntmachung;** also auch wenn sowohl Eintragung als auch Bekanntmachung unrichtig sind, auch bei unterschiedlicher Unrichtigkeit, auch wenn die Eintragung fehlt. III gilt über Wortlaut hinaus auch für den umgekehrten Fall: Bekanntmachung ist richtig oder fehlt, aber **Eintragung** ist **unrichtig,** str, MüKo/Krebs 81, Paefgen ZIP **08,** 1657, Ko/Ro/Mo/Roth 28 aE, aA RegE, Canaris § 5 Rn 45, Heymann/Sonnenschein/Weitemeyer 29, üL, aber Wertungswiderspruch, zumal bei elektronischer Informationsmöglichkeit nach EHUG, Rechtsscheinshaftung ist kein voller Ersatz (s Rn 20, 21).

19   **b) Zurechenbarkeit:** Von Zurechenbarkeit (nicht Verschulden) ist in III zwar keine Rede, aber diese Begrenzung ist wegen des hohen Risikos nötig (positive Publizität des HdlReg: uU unbegrenzte Haftung; bei Grundbuch: allenfalls Verlust des Grundstücksrechts). Es gilt in III also anders als in I (s Rn 6) das **Veranlassungsprinzip,** nicht das reine Rechtsscheinsprinzip, hL, Canaris § 5 Rn 51; dies ist, obwohl dort nicht zum Ausdruck gekommen, mit der EG-Ri

vereinbar. Eine Tatsache ist iSv III nur „in dessen Angelegenheiten" einzutragen (vgl I, s Rn 6), der einen **Eintragungsantrag** (auch einen richtigen) **gestellt** und dadurch das Tätigwerden des Registergerichts veranlasst hat. Diese Einschränkung gilt allgemein, auch für Kflte, aA Schlegelb/Steckhan 26. Ohne Antrag des Betroffenen bzw seiner Leute scheidet III aus, doch kann bei Unterlassen des Einschreitens gegen unrichtige Eintragung Rechtsscheinhaftung eingreifen (s Rn 17). Der Schutz des **Geschäftsunfähigen** und des beschränkt Geschäftsfähigen geht auch hier vor (vgl § 5 Rn 11; anders I, der auch zu Lasten des Geschäftsunfähigen wirkt, s Rn 6, aber eben nur betr negative Publizität), aA MüKo/Krebs 92 wegen Gleichlauf von I und III, K. Schmidt § 14 III 3 b. Bsp: Eintragung einer Prokura auf Antrag des minderjährigen Geschäftsinhabers trotz fehlender Genehmigung des Vormundschaftsgerichts (§§ 1822 Nr 11, 1831, 1643 BGB, vgl RG **127,** 158).

c) Schutzbedürftigkeit: Nur **Kenntnis** von der wahren Tatsache schadet, 20 auch der grob fahrlässige Dritte ist also gutgläubig iSv III (s letzter Halbs wie I, vgl Rn 7). Die positive HdlRegPublizität reicht hier weiter als die normale Rechtsscheinhaftung (s Rn 18, § 5 Rn 12). Beweislast wie bei I beim Gegner (Wortlaut von III).

d) Kausalität: Kausalität des Registerinhalts ist für das Verhalten des Dritten 21 wie bei I und anders als bei der Rechtsscheinhaftung (s Rn 9, 18, § 5 Rn 13) **nicht notwendig** (starker, durch das HdlReg typisierter Rechtsschein). Der Dritte muss weder das HdlReg eingesehen noch von der Bekanntmachung erfahren haben (wie I, s Rn 9). Der Schein des HdlReg erzeugt eine entspr Haltung des Geschäftsverkehrs gegenüber dem Betroffenen, die wiederum den Dritten beeinflusst haben kann; diese (mittelbare, mögliche) Kausalität genügt. Der Gegenbeweis der Nichtursächlichkeit, der ohnehin ohne praktische Relevanz wäre, kann abgeschnitten werden (s Rn 9), hL, aA Canaris § 5 Rn 49. Der Dritte muss sich bei seinem geschäftlichen Verhalten auf die unrichtige Bekanntmachung und der Eintragung wenigstens möglicherweise verlassen haben können. III gilt also **nur im Geschäftsverkehr** (s Rn 22).

e) Wirkung und Grenzen: Derjenige, der den Rechtsschein zurechenbar 22 gesetzt hat, kann sich dem gutgläubigen Dritten gegenüber nicht auf die wahre Rechtslage berufen (vgl § 5 Rn 14). Der Rechtsschein wirkt aber nur für, nicht gegen den gutgläubig Vertrauenden, BGH WM **90,** 638 (s Rn 6, § 5 Rn 15). III gilt also nur im **Geschäftsverkehr** einschließlich des Prozessverkehrs, nicht außerhalb wie zB bei Eingriffskondiktion (wie I, s Rn 8; vgl § 5 Rn 6). **Maßgeblicher Zeitpunkt:** III gilt nicht, wenn der Vorgang, aus dem der Dritte Rechte herleitet, vor Eintragung und/oder Bekanntmachung lag (wie I, s Rn 10), anders zB bei einem zuvor hingegebenen Darlehen, das der Dritte dem Betroffenen auch nachher belässt (geschäftliches Verhalten ist hier Unterlassung der Kündigung). Wie bei I hat der Dritte ein **Wahlrecht,** ob er sich auf III beruft oder es bei der wahren Rechtslage belassen will, BGH WM **90,** 638 (str näher s Rn 6).

D. Staatshaftung bei Eintragungsfehlern: Versehentliche Falscheintragung 23 durch Gericht kann Staatshaftung (Art 34 GG, § 839 BGB) auslösen, vgl RG **131,** 14 (Nichteintragung des Haftungsausschlusses bei Geschäftsübernahme), BayObLG BB **89,** 1009; entspr Publikationsfehler. Anders bei Nichtlöschung s § 8 Rn 15, § 37 Rn 6. Lit: Gammelin 1973.

5) Zweigniederlassung eines ausländischen Unternehmens (IV)

IV idF EHUG 2006, IV 2 aF aufgehoben. Die Eintragungen im HdlReg der 24 HauptNl (Sitz) und in dem der ZwNl und die entspr Bekanntmachungen brauchen inhaltlich und zeitlich nicht übereinzustimmen (vgl §§ 13–13 g). Das gilt auch nach dem EHUG, das das HdlReg der HauptNl zum führenden gemacht hat (§ 13 Rn 10). Eine eingeschränkte Eintragung und Bekannt-

§ 15a 1, 2   I. Buch. Handelsstand

machung durch das Registergericht am Ort der ZwNl erfolgt auch noch nach dem EHUG. Die Publizitätsvorschrift des IV hat deshalb weiterhin Bedeutung, aber sie ist nunmehr auf die ZwNl ausländischer Unternehmen, deren HauptNl bzw HdlReg Sitz nicht im deutschen HdlReg eingetragen ist, eingeschränkt (§ 13 Rn 11). **Im Geschäftsverkehr** (vgl Rn 8) **mit der Zweigniederlassung** eines Unternehmens mit Sitz oder HauptNl im Ausland sind nach **IV** die Eintragungen in **deren Register** und die Bekanntmachungen aus diesem gemäß I, II maßgebend. Für ZwNl von Unternehmen mit HauptNl bzw Sitz im Inland sind seit dem EHUG die Eintragung und Bekanntmachung durch das Gericht der HauptNl bzw des Sitzes maßgebend.

25   Im Geschäftsverkehr mit einem EinzelKfm mit **doppelter** HauptNl (§ 13 Rn 1) muss es iSv I, II, III auf das Register derjenigen HauptNl ankommen, zu der das streitige Rechtsverhältnis die engere Beziehung hat. Entspr bei HdlGes mit Doppelsitz (vgl § 106 Rn 9).

Öffentliche Zustellung

15a   ¹ Ist bei einer juristischen Person, die zur Anmeldung einer inländischen Geschäftsanschrift zum Handelsregister verpflichtet ist, der Zugang einer Willenserklärung nicht unter der eingetragenen Anschrift oder einer im Handelsregister eingetragenen Anschrift einer für Zustellungen empfangsberechtigten Person oder einer ohne Ermittlungen bekannten anderen inländischen Anschrift möglich, kann die Zustellung nach den für die öffentliche Zustellung geltenden Vorschriften der Zivilprozessordnung erfolgen. ² Zuständig ist das Amtsgericht, in dessen Bezirk sich die eingetragene inländische Geschäftsanschrift der Gesellschaft befindet. ³ § 132 des Bürgerlichen Gesetzbuchs bleibt unberührt.

1) Anwendungsbereich

1   § 15a idF MoMiG 2008. § 15a erleichtert die Zustellung einer Willenserklärung bei einer juristischen Person des HdlRechts, die zur Anmeldung einer inländischen Geschäftsanschrift zum HdlReg verpflichtet ist (vgl §§ 13 I 1, II, 13 d II, 13 e II 3, 13 f III, 13 g III) und ist somit das Parallelstück zu § 185 Abs 2 ZPO für die zivilprozessuale Zustellung von Schriftstücken (neu durch MoMiG für die sog Missbrauchs- und Bestattungsfälle, bei denen (Ersatz-)Zustellung mangels Zustellungsadressaten bzw Geschäftsraums nach §§ 178, 180, 181 ZPO nicht möglich ist). § 15a betrifft nur juristische Personen, zB GmbH, AG, auch als phG einer GmbH & Co, auch SE, auch ZwNl von KapitalGes iSv § 13 e. **Nicht** betroffen sind PersonenGes wie OHG und KG, auch wenn sie zur Eintragung einer Geschäftsadresse im HdlReg verpflichtet sind, Grund: erleichterte Zustellungsmöglichkeit wäre zu großes Risiko für den persönlich und unbeschränkt haftenden Gfter (RegE); auch nicht eG, da nicht in HdlReg einzutragen, Grund: zwar juristische Person und Kfm und Eintragung in GenReg, aber bisher kein Missstand durch Wohnsitzverlagerung ins Ausland (RegE).

2) Öffentliche Zustellung (Satz 1)

2   Eine öffentliche Zustellung kommt nur in Frage, wenn der Zugang der Willenserklärung (zB Mahnung, Fristsetzung, Anfechtung, Kündigung) auf drei anderen Wegen, die auch parallel beschritten werden können, nicht möglich ist: unter der eingetragenen Anschrift oder unter einer im HdlReg eingetragenen Anschrift einer für Zustellungen empfangsberechtigten Person (Option nach §§ 13 e II 4, 13 f III, 13 g III HGB, § 10 II 2 GmbHG, § 39 I 2 AktG) oder unter einer ohne Ermittlungen (dem Gericht oder dem Antragsteller) bekannten anderen inländischen Anschrift. Erst dann kann die öffentliche Zustellung nach Maßgabe der ZPO erfolgen (zu § 185 Nr 2 ZPO s Rn 1). Weiterer Voraussetzungen

2. Abschnitt. Handelsregister 1 **§ 16**

bedarf es allerdings nicht, öffentliche Zustellung nach Satz 1 ist auch dann möglich, wenn ein ausländischer Wohnsitz eines Geschäftsführers oder einer sonstigen empfangsbereiten Person positiv bekannt ist (RegE). Eine Zustellung im Ausland braucht also nicht versucht zu werden, § 185 Nr 2 steht selbstständig neben § 185 Nr 3 ZPO (mit engeren Voraussetzungen). Ohne Ermittlung bekannt bedeutet, dass die Anschrift in allen Bestandteilen bekannt ist, also ohne weitere Ermittlungsaktivitäten zB beim Einwohnermeldeamt oder auch nur im Telefonbuch (RegE); Kenntnis, dass der Geschäftsführer im Inland in einer bestimmten Stadt und Straße wohnt, reicht nicht aus, wenn weitere Erkundigungen notwendig sind.

3) Zuständigkeit, Zugehen (Sätze 2 und 3)

Zuständig ist das Amtsgericht, in dessen Bezirk sich die eingetragene Geschäftsanschrift der Ges befindet (Satz 2). § 15 a bezieht sich nur auf juristische Personen (s Rn 1), der allgemeinere § 132 BGB über den Ersatz des Zugehens durch Zustellung bleibt unberührt (Satz 3). 3

[Entscheidung des Prozessgerichts]

16 (1) ¹**Ist durch eine rechtskräftige oder vollstreckbare Entscheidung des Prozeßgerichts die Verpflichtung zur Mitwirkung bei einer Anmeldung zum Handelsregister oder ein Rechtsverhältnis, bezüglich dessen eine Eintragung zu erfolgen hat, gegen einen von mehreren bei der Vornahme der Anmeldung Beteiligten festgestellt, so genügt zur Eintragung die Anmeldung der übrigen Beteiligten.** ²**Wird die Entscheidung, auf Grund deren die Eintragung erfolgt ist, aufgehoben, so ist dies auf Antrag eines der Beteiligten in das Handelsregister einzutragen.**

(2) Ist durch eine rechtskräftige oder vollstreckbare Entscheidung des Prozeßgerichts die Vornahme einer Eintragung für unzulässig erklärt, so darf die Eintragung nicht gegen den Widerspruch desjenigen erfolgen, welcher die Entscheidung erwirkt hat.

Übersicht

1) Reichweite der gegenseitigen Bindung des Registergerichts und
  der Prozessgerichte 1–2
  A. Bindung des Registergerichts 1
  B. Bindung des Prozessgerichts 2
2) Ersetzung der Anmeldung (I) 3–4
  A. Prozessentscheidung bei mehreren Anmeldepflichtigen (I 1) 3
  B. Aufhebung der Prozessentscheidung (I 2) 4
3) Unzulässigkeit einer Eintragung (II) 5–6
  A. Voraussetzungen 5
  B. Rechtsfolgen 6

1) Reichweite der gegenseitigen Bindung des Registergerichts und der Prozessgerichte

A. Bindung des Registergerichts: Bindend für das Registergericht **sind rechtskräftige Gestaltungsurteile** staatlicher Gerichte (zB §§ 117, 127, 133, 140), auch einstweilige Verfügung (zB nach §§ 117, 127), BayObLG ZIP **86,** 94, und rechtskräftige Urteile auf Abgabe einer Willenserklärung (§ 894 ZPO). **Verurteilende** oder **feststellende** Prozessentscheidungen (außer Statusurteilen nach § 640 h ZPO) sind dagegen über §§ 325 ff ZPO (subjektive Rechtskraftwirkung) hinaus **nicht schlechthin** bindend, BayObLG WM **84,** 810, str, selbst dann, wenn das Registergericht nach **(3)** FamFG § 381 das Verfahren bis zur Prozess- 1

§ 16 2–5   I. Buch. Handelsstand

entscheidung aussetzte oder diese gar durch Fristsetzung herbeiführte (so dass zB das Registergericht neues, nach der Prozessentscheidung bekanntgewordenes Material, das Wiederaufnahme des Prozesses rechtfertigt, vor Wiederaufnahme und neuer Prozessentscheidung berücksichtigen kann); so kann das Registergericht im Interesse eines Dritten, im nicht Prozesspartei war, oder unter Berücksichtigung eines öffentlichen Interesses zu einem entgegengesetzten Ergebnis kommen; Stgt OLG **70,** 419, Schlegelb/Hildebrandt 5, Rö/Ammon/Ries 4.

2   B. **Bindung des Prozessgerichts:** Konstitutive Wirkung von Eintragungen in das HdlReg (§ 8 Rn 11) bindet auch das Prozessgericht (Bsp: Wirksamkeit der OHG, KG gegenüber Dritten nach § 23 I; Erlangung der Rechtsfähigkeit durch AG, KGaA, GmbH, eG; Eintragungswirkung nach § 5). Das ist ihre Hauptbedeutung. Andere in Prozessen bedeutsame Wirkungen von Registereintragungen folgen aus § 15 und dem darüber hinausreichenden öffentlichen Glauben des Registers (§ 15 Rn 1–3, 16–23). An die Beurteilung irgendwelcher Rechtsverhältnisse durch das Registergericht (samt Instanzen) ist das Prozessgericht nicht gebunden. Bsp: Feststellung der Nichtigkeit eines GesVertrags trotz ihrer Eintragung auch nach Prüfung der Bedenken durch das Registergericht (vgl § 8 Rn 8); Verbot der Führung einer Firma trotz Zulassung und Eintragung durch das Registergericht, auch aus schon von diesem geprüften Gründen (§ 17 Rn 27).

2) Ersetzung der Anmeldung (I)

3   A. **Prozessentscheidung bei mehreren Anmeldepflichtigen (I 1):** I betrifft den Fall, dass mehrere die Eintragung bewirken müssen (zB §§ 108, 125 IV, 143 I, II, 144 II, 148 I, 157 I, 161 II, 162, 175 ua) und erweitert den Anwendungsbereich von § 894 ZPO. Ist nur einer zur Eintragung verpflichtet und dazu rechtskräftig verurteilt (Bsp: Verurteilung des Kfm X auf Klage des Y zur Anmeldung der Erteilung einer Prokura an Y), ersetzt das rechtskräftige (nur ein solches) Urteil die Anmeldung (§ 894, obschon die Anmeldung keine Willenserklärung ist, § 12 Rn 1). Haben hingegen mehrere eine Anmeldung auszuführen und ist nur einer verurteilt, genügt nach I die Anmeldung der übrigen: Die vollstreckbare Prozessentscheidung, welche die Verpflichtung zur Mitwirkung bei der Anmeldung oder das Rechtsverhältnis, bezüglich dessen die Eintragung erfolgen soll, feststellt, ersetzt die Mitwirkung dessen, gegen den sie ergangen ist. Entscheidungen des Prozessgerichts iSv I sind nicht nur rechtskräftige, sondern auch vorläufig vollstreckbare Verurteilungen, auch einstweilige Verfügungen, BayObLG ZIP **86,** 94 (Notgeschäftsführer nach § 29 BGB), auch Feststellungs- und Gestaltungsurteile, bei rechtskräftiger Vollstreckbarkeitserklärung auch Schiedssprüche, BayObLG WM **84,** 809; nicht: vollstreckbare Urkunden und Prozessvergleiche, KGJ **34** A 121. Löschung einer Firma verlangt jedoch als endgültige Entscheidung mit nicht zu beseitigenden Folgen ein Endurteil, RG LZ **08,** 595. Dasselbe gilt für alle ähnlichen Entscheidungen, wie die Auflösung einer Ges; das Registergericht prüft selbstständig die Eintragungsfähigkeit, nicht aber die Richtigkeit der Entscheidung, KGJ **53,** 91. I gilt nur für Anmeldungen, nicht für die vor EHUG 2006 verlangten Zeichnungen (§ 12 Rn 1) und die Einreichung von Dokumenten (vgl § 14), Vollstreckung bei diesen nach § 888 ZPO.

4   B. **Aufhebung der Prozessentscheidung (I 2):** Ist die Eintragung erfolgt und wird später die Prozessentscheidung aufgehoben, ist das auf Antrag eines Beteiligten ohne weitere Prüfung im HdlReg zu vermerken, und zwar in derselben Spalte wie die vorherige Eintragung (s **(4)** HRV § 18 Satz 2). Der Rechtsverkehr ist damit gewarnt. Eine Löschung erfolgt nur unter deren Voraussetzungen.

3) Unzulässigkeit einer Eintragung (II)

5   A. **Voraussetzungen:** II iVm §§ 935 ff ZPO gibt vorbeugenden Rechtsschutz im Registerverfahren, BVerfG WM **04,** 2354, Mü WM **06,** 2180. Voraus-

3. Abschnitt. Handelsfirma **§ 17**

setzung ist eine rechtskräftige oder vorläufig vollstreckbare, eine Eintragung für unzulässig erklärende Prozessentscheidung (Bsp: Verbot, eine bestimmte Firma eintragen zu lassen). Auch einstweilige Verfügung (s Rn 1, 3). Eine Entscheidung, die nur ein entsprechendes Rechtsverhältnis feststellt, reicht unter II anders als unter I nicht aus. Wer die Entscheidung erwirkt hat, zB nach § 37 II, kann der Eintragung widersprechen, auch konkludent.

B. **Rechtsfolge:** Die Eintragung darf gegen den Widerspruch nicht erfolgen. 6 Widerspruch nach der Eintragung gibt kein Recht auf Löschung, der Widerspruchsberechtigte muss aus dem Urteil (wenn es soweit reicht, Bsp: Verbot, die Firma irgendwie zu führen) auf Stellung des Löschungsantrags durch den Verpflichteten vollstrecken; uU hilft ihm I 1. § 16 ist nicht (entspr) anwendbar bei Abweisung einer Klage auf Unzulässigerklärung einer Eintragung, sie gibt dem Beklagten kein Recht auf die Eintragung gegenüber dem Registergericht. Bindung des Registergerichts durch eine die Eintragung verbietende einstweilige Verfügung des Prozessgerichts (Verhältnis § 16 II zu **(3)** FamFG § 381), s Baur ZGR **72,** 421.

Dritter Abschnitt. Handelsfirma

Schrifttum

Außer dem allgemeinen Schrifttum (s Einl vor § 1) *Bokelmann,* Recht der Firmen- und Geschäftsbezeichnungen, 5. Aufl 2000. – *Haberkorn,* Firma, Firmenwahrheit, Firmenzusätze, 1970. – *Heinrich,* Firmenwahrheit und Firmenbeständigkeit, 1982. – *Knaak,* Firma und Firmenschutz, 1986. – *Kraft,* Führung mehrerer Firmen, 1966. – *Möller,* Neues Kaufmanns- und Firmenrecht, 1998. – *Pöpel,* Die unwahr gewordene Firma, Irreführungsverbot versus Bestandsschutz, 1995. – *Sternberg,* Der Gesellschaftszusatz in der Handelsfirma, 1975. – *Weber,* Das Prinzip der Firmenwahrheit (HGB, UWG), 1985. – *Wessel/Zwernemann/Kögel,* Die Firmengründung, 7. Aufl 2001. – **Muster:** *Hopt/Graf von Westphalen,* Vertrags- und Formularbuch zum Hdl-, Ges- und Bankrecht, 3. Aufl 2007, Teil I.C (mit 8 Formularen). **RsprÜbersichten:** *Wittmann* BB Beil 10/**69,** 9/**71,** 12/**75,** *Brandes* WM **83,** 286, Sonderbeil 2/**88,** *Bokelmann* GmbHR **94,** 356.Zum Firmenrecht nach HRefG 1998 (Auswahl): *Bokelmann* GmbHR **98,** 57; *Felsner* NJW **98,** 3255; *Fezer* ZHR 161 **(97)** 52; *Jung* ZIP **98,** 677; *Kögel* BB **98,** 1645; *Müther* GmbHR **98,** 1058; *Priester* DNotZ **98,** 691; *Roth* in Dreher ua (Bayer-Stiftung) **99,** 31; *Schaefer* ZNotP **98,** 170; *Scheibe* BB **97,** 1489; *K. Schmidt* NJW **98,** 2167; *R. Schmitt* WiB **97,** 1113; *Zimmer* ZIP **98,** 2050; *J. W. Flume* DB **08,** 2011. Zum RefE IntGesRecht *Clausnitzer* NZG **08,** 321. International s § 17 Rn 48 ff.

[Begriff]

17 (1) **Die Firma eines Kaufmanns ist der Name, unter dem er seine Geschäfte betreibt und die Unterschrift abgibt.**

(2) **Ein Kaufmann kann unter seiner Firma klagen und verklagt werden.**

Übersicht

1) Überblick, Begriff der Firma 1–9
   A. Überblick über das Firmenrecht vor und nach dem HRefG 1998 1
   B. Begriff und Rechtsnatur der Firma (I) 4
   C. Arten der Firma 6
   D. Firmenrechtsgrundsätze 7
   E. Mehrere Firmen, Firmeneinheit 8

2) Geschäftsbezeichnungen; Nichtkaufleute 10–15
  A. Marken, geschäftliche Bezeichnungen und Bezeichnungen mit Namensfunktion 10
  B. Nichtkaufleute 13
  C. Kein Verbot firmenähnlicher Geschäftsbezeichnungen 14
3) Entstehung, Gebrauch, Änderung, Erlöschen und Übertragung der Firma 16–25
  A. Entstehung 16
  B. Gebrauch 17
  C. Änderung 22
  D. Erlöschen 23
  E. Übertragung 24
4) Registerverfahren; Firmenschutz 26–44
  A. Registerverfahren 26
  B. Firmenverletzungsformen 28
  C. Firmenschutz 32
  D. Schutzvoraussetzungen, insbesondere befugte Firmenführung 35
  E. Formen des Schutzes der Firma 38
  F. Räumlicher und sachlicher Schutzbereich 44
5) Verfahrensrecht 45–47
  A. Zivilprozess (II) 45
  B. Zwangsvollstreckung 46
  C. Insolvenzverfahren 47
6) Europäisches Firmenrecht, internationaler Verkehr 48–50
  A. Anwendbares Recht 48
  B. Die Firma der ausländischen Gesellschaft im Inland 49
  C. Beteiligung an einer inländischen Gesellschaft 50

1) Überblick, Begriff der Firma

1 **A. Überblick über das Firmenrecht vor und nach dem HRefG 1998: a) Überblick über §§ 17 ff:** Buch I Abschn 3 (§§ 17–37 a, s Überschrift) handelt von der Firma des Kfm, regelt aber auch einige die Firma nicht oder nur am Rande berührende Fragen. § 17 definiert die Firma, § 18 enthält die allgemeinen Anforderungen an eine Firma (Kennzeichnungseignung, Unterscheidungskraft und insbesondere Irreführungsverbot), § 19 bestimmt, wie die Firma der Einzelkflte, OHG und KG zu bilden ist. § 20 dort Regelung ist ersetzt durch §§ 4, 279 AktG. §§ 21, 22, 24 handeln von der Bedeutung der Namensänderung des Inhabers und des Übergangs oder anderer Änderungen der Inhaberschaft für die Firma. § 23 untersagt die separate Veräußerung des HdlGeschäfts und seiner Firma. §§ 25–28 handeln (zT auf Fortführung oder Änderung der Firma abhebend) von der Haftung für Geschäftsverbindlichkeiten bei Änderung der Inhaberschaft. §§ 29, 31–35 regeln Eintragungen (nicht nur der Firma) in das HdlReg und Hinterlegung von Unterschriften bei Gericht, § 30 schreibt Unterscheidbarkeit der Firmen am gleichen Ort vor, § 37 regelt die Maßnahmen gegen unzulässigen Firmengebrauch und § 37 a betrifft die Angaben auf Geschäftsbriefen. Lit: Bokelmann 4. Aufl 1997; Knaak 1983; ders 1986; Wessel/Zwernemann 6. Aufl 1994.

2 **b) Firmenrecht vor dem HRefG:** Das Firmenrecht war bis 1998 fast 100 Jahre im Wesentlichen unverändert geblieben und anerkanntermaßen veraltet. Das galt vor allem für die Firmenbildung und das Irreführungsverbot. So durften EinzelKflte und PersonenGes nur eine Personen-, keine Sach- oder gar Phantasiefirma führen (§§ 18 I, 19 I, II aF), und KapitalGes konnten (bzw sollten) zwar eine Sachfirma führen, aber keine Phantasiefirma (§ 4 I 1 AktG aF, § 4 I 1 GmbHG aF). Außerdem galt ein strenges Täuschungsverbot, auch was die Eintragung in das HdlReg anging. Ersteres führte zu Notlösungen wie Aufnahme von Zusätzen in die Firma außerhalb des Firmenkerns, Umgehungen und Ausweichen auf andere geschäftliche Bezeichnungen wie Firmenschlagworte und

3. Abschnitt. Handelsfirma 3–5 § 17

Marken. Inkonsequent war auch die unterschiedliche Strenge der Regeln über die Firmenneubildung und die Firmenfortführung. Letzteres hatte eine unübersichtliche, überstrenge Kasuistik an Rechtsprechung und eine Versteinerung des Firmenrechts zur Folge. Daran hatte, so RegE, auch die Gutachtertätigkeit der IHKn einen erheblichen Anteil.

c) **Firmenrecht nach dem HRefG:** Das HRefG 1998 hat neben der Modernisierung des KfmBegriffs als zweites zentrales Anliegen die Liberalisierung des Firmenrechts. Die Firmenbildung richtet sich nunmehr an den drei wesentlichen Funktionen der Firma aus: Unterscheidungskraft und Kennzeichnungswirkung, Ersichtlichkeit der GesVerhältnisse und Offenlegung der Haftungsverhältnisse (§§ 18 I, 19 nF). Auch EinzelKflte und PersonenGes haben die Wahl zwischen Personen-, Sach- und, sofern unterscheidungskräftig, auch Phantasiefirma, wie umgekehrt KapitalGes statt nur Sachfirmen auch Namensfirmen auch Phantasiefirmen bilden können (Ausnahmen kraft Gesetzes zB KWG, InvG, Berufsrecht ua wie bisher, § 18 Rn 28). Soweit bei einer Phantasiefirma Irreführungs- oder (über den örtlichen Bereich des § 30 hinaus) Verwechslungsgefahr besteht, genügen lt RegE das firmenrechtliche Täuschungsverbot und das wettbewerbsrechtliche Instrumentarium, vor allem Unterlassungsklage nach § 8 UWG und Schutz von geschäftlichen Bezeichnungen (§§ 15 iVm 5 MarkenG). Dass die Abgrenzung zwischen der Firma des EinzelKfm von anderen geschäftlichen Kennzeichen wie Geschäfts- oder Etablissementsbezeichnungen schwieriger wird, hat der Gesetzgeber in Kauf genommen. Zwecks Erhalt der Informationsfunktion der Firma ist als grundlegende Neuerung für alle Ges und EinzelKflte zwingend ein Rechtsformenzusatz vorgeschrieben (§ 19 nF). Das firmenrechtliche Irreführungsverbot schon beim Eintragungsverfahren ist nicht ersatzlos gestrichen, sondern nur entschärft worden (§ 18 II nF: wesentliche Irreführung), um keine Schutzlücken entstehen zu lassen. Denn Abwehrklagen nach UWG werden in der Praxis in erster Linie von Konkurrenten und gewerblichen Schutzverbänden, nur selten aber von Verbraucherverbänden erhoben (RegE). Auch das registergerichtliche Firmenmissbrauchsverfahren (§ 37 I HGB iVm (3) FamFG § 392) ist in der Praxis eher selten. Flankierend wirkt das auf alle Ges und EinzelKflte erstreckte Gebot von Pflichtangaben auf Geschäftsbriefen (§ 24 nF).

B. **Begriff und Rechtsnatur der Firma (I): a) Begriff:** Die Firma ist der Name, unter dem der Kfm seine Geschäfte (HdlGeschäft, Unternehmen, Einl Rn 31–70 vor § 1) betreibt („und die Unterschrift abgibt", das ist aber Teil des Betreibens). Die frühere Einschränkung auf Geschäfte „im Handel" ist angesichts des umfassenden KfmBegriffs des § 1 II nF gestrichen. Die Firma ist also der **Geschäftsname des Kaufmanns** (früher ohne wesentlichen Unterschied: HdlName). Die Firma ist nach HGB nicht Name des Unternehmens „an sich", sondern Name seines Inhabers (sein Name schlechthin oder der Name, unter dem er das Unternehmen betreibt). Diese Definition unterstellt als Normalfall, dass der Kfm noch einen anderen Namen hat; so der **Einzelkaufmann,** der außer dem HdlNamen einen bürgerlichen führt; auch eine ein HdlGeschäft betreibende (privat- und öffentlichrechtliche) juristische Person (vgl §§ 33–35; anders HdlGes und eG), die ggf neben der Firma eine andere Bezeichnung trägt, zB wenn ein eV ein HdlGeschäft erwirbt und gemäß § 22 mit der alten Firma fortführt, KG HRR **32,** 253. **Handelsgesellschaften** und eG haben keinen anderen als den HdlNamen: die Firma ist ihr Name schlechthin. Die Firma der ZwNl (§ 13 Rn 7) ist ein in deren Betrieb geführter zweiter Geschäftsname. HdlNamensrecht s Tilmann GRUR **81,** 621. Im **Konzern** gibt es keine Konzernfirma; zur Firmierung der Konzernunternehmen Schneider BB **89,** 1985.

b) **Rechtsnatur:** Die Firma hat eine Doppelnatur (Mischrecht), nicht allein als Persönlichkeitsrecht wie das Namensrecht, so frühere Rspr, sondern auch als Immaterialgüterrecht (Vermögensrecht), das zum Unternehmen des Schuldners

§ 17 6–8 I. Buch. Handelsstand

gehört (und damit im Falle der Insolvenz zur Insolvenzmasse, s Rn 47), BGH **85,** 223, heute hL im HdlRecht, konsequent Canaris § 10 Rn 9: zweites selbständiges Kennzeichnungs- und Namensrecht neben dem allgemeinen Namensrecht, nicht nur beschränktes dingliches Namensrecht, nach aA zum gewerblichen Rechtsschutz sogar rein immaterielles Gut, deshalb für Reform J. W. Flume DB **08,** 2011. Der Firma als Persönlichkeitsrecht des Kfm (Personenfirma, § 19 Rn 6, 13, 21) entspricht die Notwendigkeit der Einwilligung zur Übertragung (§ 24 Rn 11, auch § 22 Rn 8 aE, außerhalb von §§ 22 I, 24 II etwa im Insolvenzverfahren str, s Rn 47). Das Firmenrecht unterscheidet sich vom Namensrecht ua nach Entstehung, Vererbung und Erlöschen. Lit: Köhler FS Fikentscher **98,** 494 (Namensrecht und Firmenrecht).

6 C. **Arten der Firma: a) Personenfirma:** Sie wird nach dem Namen des Kfm gebildet (§ 19 Rn 6, 13, 21).

b) Sachfirma: Sie kann heute von jedem Kfm gewählt werden (§ 19 Rn 8, 9, 18, 23).

c) Phantasiefirma: Sie steht ebenso wie die Sachfirma in den Grenzen des Firmenrechts, namentlich des Irreführungsverbots, jedem Kfm offen (§ 19 Rn 8, 10, 18, 23).

d) Weitere Einteilungen sind ursprüngliche und abgeleitete Firmen (Unterscheidung wichtig wegen Firmenbeständigkeit, s Rn 7 sowie §§ 22 ff), einfache und zusammengesetzte Firmen (Firmenkern und Firmenzusätze § 18 Rn 8) ua.

7 D. **Firmenrechtsgrundsätze: a) Firmenwahrheit:** Der praktisch wichtigste Firmengrundsatz ist die Firmenwahrheit bzw das Irreführungsverbot (§ 18 II), BGH **53,** 66 (§ 18 Rn 9 ff). Es gilt für die Firmen aller Unternehmensformen, bei Neubildung ebenso wie bei nachträglicher Veränderung, und umfasst die gesamte Firma, also Firmenkern und Firmenzusätze.

b) Firmenbeständigkeit: Praktisch ebenfalls sehr wichtig ist der Grundsatz der Firmenbeständigkeit oder Firmenkontinuität. Eine einmal angenommene Firma darf auch bei Veränderungen des Namens und des Inhabers weitergeführt werden, sofern sie nicht irreführt (§§ 21, 22, 24, s § 22 Rn 1).

c) Firmeneinheit: Der Kfm kann in ein und demselben HdlGeschäft nur eine Firma haben, erst Recht haben HdlGes nur eine einzige Firma (s Rn 8).

d) Firmenausschließlichkeit: Alle Firmen an demselben Ort müssen sich voneinander deutlich unterscheiden (§ 30).

e) Firmenöffentlichkeit: Die Firma wird nicht nur im Geschäftsverkehr geführt, sondern muss auch im HdlReg eingetragen werden (§§ 29, 31, 33, 34, 106 ff; §§ 7 f GmbHG; §§ 36 ff AktG ua).

8 E. **Mehrere Firmen, Firmeneinheit: a) Einzelkaufmann** und juristische Person dürfen in mehreren (auch räumlich vereinigten, aber organisatorisch getrennten) HdlGeschäften (§ 1 Rn 29) **mehrere** verschiedene **Firmen** führen, KG JW **36,** 1680; nach RG **116,** 284, sollen sie dazu sogar verpflichtet sein, zust Heymann/Emmerich 24, aber nicht überzeugend. Sie dürfen das **aber nicht** (abgesehen von der Unterscheidung verschiedener Niederlassungen, § 13 Rn 7) **in ein und demselben Handelsgeschäft (Grundsatz der Firmeneinheit),** BGH NJW **91,** 2023, üL, aA für verschiedene Sparten Canaris § 11 Rn 35 wegen Art. 12, 14 GG, Ko/Ro/Mo/Roth 15. Auch nicht nach Übernahme eines HdlGeschäfts (mit Firma, § 22) und Vereinigung desselben mit einem schon geführten; die Werbekraft der übernommenen Firma kann idR durch Kennzeichnungen anderer Art (s Rn 12) hinreichend genutzt werden, üL, abw Düss NJW **54,** 151, Nipperdey FS Hueck **59,** 195, Schlichting ZHR 134 **(70)** 322. Geschäftsbezeichnung neben Firma s Rn 11. Zur Verbindung beider Firmen s § 22 Rn 19.

b) Handelsgesellschaften (OHG, KG, AG, KGaA, GmbH) und eG können, 9 selbst wenn sie klar getrennt mehrere HdlGeschäfte betreiben, stets **nur eine einzige Firma** führen, der zugleich ihr Name schlechthin ist (s Rn 4 mit Abweichung bei ZwNl), so wie natürliche Personen nur einen bürgerlichen Namen haben (sie können jedoch verschiedene HdlGeschäfte und Abteilungen desselben HdlGeschäftes durch andere Kennzeichnungen unterscheiden, s Rn 11 f), hL, BGH **67**, 166, Stgt BB **83**, 1688. Neben dieser formalen Begründung stehen, ernster zu nehmen, die Gefahren für den Geschäftsverkehr infolge Unklarheit der Haftungsverhältnisse. Das für HdlGes Gesagte gilt auch nach einer Geschäftsübernahme, BGH **67**, 166, BayObLG BB **92**, 944, hL. Zu Ausnahmefällen K. Schmidt § 12 II 2 c aE. Insgesamt ist der Grundsatz der Firmeneinheit, als Ausprägung der Firmenwahrheit (§ 18 Rn 9) verstanden und auf diesen Kern zurückgeführt, auch gegen neuere Kritik beizubehalten. Lit: Kraft 1966, Wamser 1997; Knopp ZHR 125 **(63)** 161, Esch BB **68**, 235, John FS Duden **77**, 173.

2) Geschäftsbezeichnungen; Nichtkaufleute

A. Marken, geschäftliche Bezeichnungen und Bezeichnungen mit Na- 10 **mensfunktion:** Von der Firma sind andere Bezeichnungen zu unterscheiden (§ 1 Nr 1–3 MarkenG, früher WZG; § 12 BGB):

a) Marken: Die Marke kennzeichnet das Produkt des Unternehmens, nicht dieses selbst. Als Marken schützbar sind alle Zeichen, insbesondere Wörter einschließlich Personennamen, Abbildungen, Buchstaben, Zahlen ua, die geeignet sind, Waren oder Dienstleistungen eines Unternehmens von denen anderer Unternehmen zu unterscheiden (§ 3 I MarkenG). Der Markenschutz entsteht durch Eintragung als Marke in das vom Patentamt geführte Register, durch Benutzung eines Zeichens im geschäftlichen Verkehr, soweit das Zeichen innerhalb beteiligter Verkehrskreise als Marke Verkehrsgeltung erworben hat, und durch notorische Bekanntheit einer Marke nach der Pariser Verbandsübereinkunft (§ 4 Nr 1–3 MarkenG). Der Eintragung stehen die absoluten Schutzhindernisse entgegen, wie mangelnde Unterscheidungskraft, bloße Produktbeschreibung oder für die Produkte üblich gewordene Bezeichnung (§ 8 I, II Nr 1–3); anders bei Verkehrsdurchsetzung (§ 8 III MarkenG), die anders als unter dem WZG auch bei reinen Buchstabenzeichen denkbar ist, BGH NJW **98**, 1402 (iErg abl). Die Marke ist anders als früher isoliert übertragbar (§ 27 MarkenG). Sie ist als ausschließliches Recht geschützt (§ 14 MarkenG). **Geographische Herkunftsangaben** geben dagegen kein ausschließliches Recht, sondern nur einen Irreführungsschutz (§§ 1 Nr 3, 126 ff MarkenG), Abgrenzung zur Marke BGH **139**, 59 (Flämiger). Lit: Rohnke NJW **05**, 1624.

b) Geschäftliche Bezeichnungen: Als geschäftliche Bezeichnungen werden 11 Unternehmenskennzeichen und Werktitel geschützt (§ 5 I MarkenG). **Unternehmenskennzeichen** sind Zeichen, die im geschäftlichen Verkehr als Name, als Firma oder als besondere Bezeichnung eines Geschäftsbetriebs oder eines Unternehmens benutzt werden. Der **besonderen Bezeichnung eines Geschäftsbetriebs** stehen solche **Geschäftsabzeichen** und sonstige zur Unterscheidung des Geschäftsbetriebs von anderen Geschäftsbetrieben bestimmte Zeichen gleich, die innerhalb beteiligter Verkehrskreise als Kennzeichen des Geschäftsbetriebs gelten (§ 5 II 1, 2 MarkenG), Bspe: Fernsprechnummer, BGH **8**, 387; Telegrammadressen, BGH NJW **56**, 1713; Telexkennung, BGH NJW-RR **86**, 524, Hbg BB **83**, 397; Domainnamen, BGH **171**, 104, NJW **08**, 3716. Auch aus Familiennamen gebildete Geschäftsbezeichnungen sind nach § 5 MarkenG geschützt, die Häufigkeit des Namens berührt nur die Kennzeichnungskraft (bei Allerweltsnamen nur schwach) und damit den Schutzumfang, BGH WM **08**, 2079 (Hansen) gegen BGH **130**, 278, WM **79**, 924, str (zur Priorität bei Gleich-

§ 17 12–14 I. Buch. Handelsstand

namigen § 19 Rn 7). Solche **Geschäftsbezeichnungen** kann jeder Kfm **neben der Firma** führen (aber s Rn 14–15). Sie weisen nicht auf den Inhaber des Unternehmens, sondern auf das Geschäft oder den Betrieb hin. Die geschäftliche Bezeichnung ist nach § 15 MarkenG als ausschließliches Recht geschützt. Der Schutz des MarkenG schließt Schutz nach anderen Rechtsvorschriften, zB § 12 BGB (s Rn 12), nicht aus (§ 2 MarkenG); anders für den Schutz bekannter Marken und Unternehmenskennzeichnungen (früher § 1 aF UWG, § 823 I BGB), BGH NJW **98**, 3781 (Mac Dog). Lit zum MarkenG: Berlit 5. Aufl 2003; Fezer 3. Aufl 2001; Ingerl/Rohnke 2. Aufl 2003; von Schultz 2. Aufl 2007.

12 c) **Bezeichnungen** eines Erwerbsgeschäfts (nicht nur Firma) haben ohne amtliche Registrierung bei beständigem Gebrauch und kennzeichnender Kraft **Namensfunktion** und genießen damit Schutz nach **§ 12 BGB**, BGH NJW **91**, 2023. Bspe für Unternehmensbezeichnungen (Etablissementsbezeichnungen): Gaststätte (Zum Goldenen Schwan), Kino, Theater (Schillertheater), Vergnügungsstätten, BayObLG **60**, 251, Apotheke, RG JW **29**, 1226 (Weißer Hirsch), RG **171**, 32 (Am Rauchfang), BGH **24**, 243 (Tabu I), GRUR **57**, 548 (Tabu II), NJW **70**, 1365, DB **76**, 2056 (Parkhotel); auch Hinweise auf andere geschäftliche Einrichtungen zB Buchgemeinschaft, BGH **21**, 69 (Dtsch Hausbücherei), Detektivbüro, Bambg DB **73**, 1989, Fahrschule, Karls DB **91**, 272 (Merkur). Keine Kennzeichnungskraft haben bloße Gattungsbegriffe, zB BGH **21**, 73 (Hausbücherei), BGH NJW-RR **92**, 1454 (Volksbank). Unter § 12 BGB fallen auch **namensartige Kennzeichen** wie Abkürzungen, Schlagworte, Firmenbestandteile ua, Bspe: BGH **11**, 217 (KfA), **24**, 240 (tabu), **43**, 252, WM **88**, 429 u Ffm BB **91**, 21 (Commerz, s auch Rn 29). Schutzfähig sind diese namensartigen Kennzeichen aber nur, wenn sie Namensfunktion haben oder diese durch Anerkennung im Verkehr erlangt haben, BGH **15**, 109 (Koma). Reine Sach- oder Tätigkeitsbezeichnungen genießen keinen Schutz ohne Verkehrsgeltung der Bezeichnung, BGH BB **76**, 58 (Management-Seminare Heidelberg), Hamm BB **79**, 183 (Chemotechnik).

13 B. **Nichtkaufleute:** Nur Kflte, HdlGes, eG haben eine Firma iS des HGB, dagegen nicht NichtKflte wie Kleingewerbetreibende, Freiberufler, GbR ua (außer im Fall von § 5; bei unzulässigem Auftreten unter Firma Rechtsscheinhaftung, § 5 Rn 9–17). Auch Kleingewerbetreibende, Freiberufler, unternehmenstragende GbR ua haben aber **Recht auf eine Geschäftsbezeichnung**, schon bisher als Sach- und Phantasiegeschäftsbezeichnung (Sach- und Phantasiefirmen waren dem EinzelKfm nach aF untersagt, aber jedenfalls heute auch mit einheitlichem, schlagkräftigem Namen (Personengeschäftsbezeichnung), auch mit Inhaberzusatz, dazu R. Schmitt HRefG S 196 ff. Diese Geschäftsbezeichnung kann jedenfalls nach HRefG auch firmenähnlich sein (s Rn 15), Begriff „Minderfirma" sollte deshalb entfallen, str. NichtKflte unterliegen in Führung und Schutz ihres (bürgerlichen, Vereins- usw) Namens oder anderer Kennzeichnungen ihres Unternehmens (Rn 10–12) zT gleichen, zT anderen Regeln. Insbesondere gilt auch für sie das Irreführungsverbot, Brem NJW **91**, 2024 (Franchisenehmer). Schutz der Firma (s Rn 32 ff) und anderer Namen richtet sich gleichermaßen nach §§ 12, 823 I BGB. Lit: Droste DB **67**, 539.

14 C. **Kein Verbot firmenähnlicher Geschäftsbezeichnungen: a) Vor dem HRefG:** Die Geschäftsbezeichnung des NichtKfm durfte aber nach der bisher hM und Rspr nicht firmenähnlich sein, krit Heymann/Emmerich § 4 Rn 12, § 37 Rn 10, Bokelmann NJW **87**, 1683; aA schon bisher K. Schmidt DB **87**, 1181, 1674, MüKo(1. Aufl)/Bokelmann 22. Bspe: „Anton A, Inhaber B, Dachdeckergeschäft", BayObLG DB **88**, 2559; „B Schuhe", Hamm BB **90**, 1154; „Kaufhaus Franken", BayObLG **60**, 345; „&" statt „und" zwischen zwei Namen, KGJ **31** A 143, DIHT BB **57**, 835, str; „& Co", „& Cie"; „Gebrüder A", „Geschwister B", auch abgekürzt, DIHT aaO, abw für den Einzelfall, zB wenn

Zusatz auf Handwerk hinweist, Oldbg BB **59,** 251, Hamm BB **60,** 959; „GbR" LG Bln BB **85,** 1691; besondere Hinweise auf Größe und Bedeutung (s § 18 Rn 29–30). Lit: Roth ZGR **92,** 632, Frey DB **93,** 2169.

b) Nach dem HRefG: Infolge der Liberalisierung des Firmenrechts haben **15** auch NichtKflte heute deutlich mehr Spielraum für ihre Geschäftsbezeichnung (s Rn 13). Denn der neue KfmZusatz für EinzelKflte und Rechtsform- bzw GesFormzusatz für PersonenHdlGes nach § 19 I Nr 1–3, die für all diese zwingend vorgeschrieben und umgekehrt NichtKflten untersagt sind, erlauben die Unterscheidung von Kftlen und NichtKflten auch ohne Unterscheidbarkeit der Firma und der Geschäftsbezeichnung im Übrigen. Außerdem sind nunmehr auch für EinzelKflte Sach- und Phantasiefirmen zulässig. Ein Verbot firmenähnlicher Geschäftsbezeichnungen gibt es deshalb nicht (mehr) mit Ausnahme des Rechtsformenzusatzes nach § 19, MüKo/Heidinger 18, MüKo/Krebs § 37 Rn 8, K. Schmidt § 12 I 2 b bb; zurückhaltender RegE HRefG S 55: Entschärfung des Verbots. Das bedeutet, dass auch NichtKflte geschäftsbeschreibende Zusätze, Inhaber- und Nachfolgervermerke (§ 18 Rn 21), „& Co", „Gebrüder" ua (s Rn 14) benutzen dürfen. Aber das Registergericht kann auch gegen NichtKfm wegen unzulässigen Gebrauchs einer Firma nach § 37 I immer dann einschreiten, wenn diese zu Unrecht einen Kfm- oder GesFormzusatz (vgl § 19 I Nr 1–3, zB eK, OHG) enthält oder sonst irreführt (§ 37 Rn 2), Canaris § 11 Rn 49, nach aA hinsichtlich Irreführung nur noch Einschreiten nach § 37 II. Weitergehend RegE HRefG S 55: wenn eine an sich zulässige Geschäftsbezeichnung zB im rechtsgeschäftlichen Verkehr wie eine Firma gebraucht wird.

3) Entstehung, Gebrauch, Änderung, Erlöschen und Übertragung der Firma

A. **Entstehung:** Jeder Kfm ist verpflichtet, eine Firma anzunehmen; EinzelK- **16** flte, OHG, KG; AG, KGaA, GmbH, eG, eV in Satzung, GesVertrag, Statut (§§ 23 III, 278 III AktG, § 3 I GmbHG, § 6 GenG, § 57 I BGB). Die Firma des **Einzelkaufmanns** (der juristischen Person, §§ 33–35) entsteht originär durch Annahme und Gebrauch der Firma, BGH **10,** 204, **21,** 88; die Eintragung im HdlReg hat nur deklaratorische Bedeutung. Wird der Unternehmer erst durch Eintragung Kfm, entsteht die Firma mit Eintragung, vorher aber Führung als Geschäftsbezeichnung des NichtKfm (s Rn 13). Die Firma kann nach der Definition von I nicht ohne das HdlGeschäft (weder vor dessen Beginn noch nach dessen Ende) bestehen; Sonderfälle (Nachkriegszeit, Zwangsstilllegung) BGH **21,** 69, GRUR **57,** 428, BB **62,** 536. Die Firma einer **Handelsgesellschaft** und eG (als ihr Name schlechthin, s Rn 4) besteht, sobald und solange diese besteht, die der OHG, KG zB nach Eintragung der Ges vor Geschäftsbeginn, § 123, nach Erlöschen oder Veräußerung des HdlGeschäfts, solange nicht auch die Ges endet (vgl § 22 Rn 23, § 131 Rn 3), unbeschadet der Voraussetzungen ihres Schutzes (vgl Rn 32 ff), für welche die Betriebseinstellung uU bedeutsam ist, BGH BB **61,** 697. Der Kfm ist weiter verpflichtet, die angenommene Firma durch Eintragung ins HdlReg (Genossenschaftsregister) und Veröffentlichung **verlautbaren** zu lassen (§§ 29, 31, 33 f, 106 f HGB, §§ 36 ff, 278 III AktG, §§ 7 ff GmbHG, 10 ff GenG). Das **Registergericht** hat die Kflte zur Anmeldung ihrer Firma anzuhalten, § 14 S 1, **(3)** FamFG § 388. Wird eine unzulässige Firma angemeldet, kann das Gericht Frist zur Behebung des Hindernisses setzen, **(4)** HRV § 26 S 2; dann muss es den Antrag ablehnen. Es darf nicht stattdessen „Anmeldung einer den §§ 18, 19 HGB entsprechenden Firma" aufgeben (mit Zwangsgeldandrohung nach § 14), BayObLG NJW **73,** 372.

B. **Gebrauch: a) Handelsgesellschaften:** HdlGes und eG, deren Firma ihr **17** Name schlechthin ist (s Rn 4), können (ebenso wie NichtKflte mit ihrem bürgerlichen Namen) gerichtlich und außergerichtlich nur mit ihrer Firma

§ 17 18–20 I. Buch. Handelsstand

angesprochen werden (richtig: „die X-KG", nicht „die Firma X-KG"). Für OHG, KG s auch § 124 Rn 42.

18 **b) Einzelkaufleute,** die eine von ihrem bürgerlichen Namen abweichende Firma führen, können außergerichtlich und gerichtlich (II) in Angelegenheiten ihres HdlGeschäfts **unter der Firma oder dem bürgerlichen Namen** auftreten, zB Wechsel zeichnen, und angesprochen werden. Auch zur Zwangsvollstreckung genügt Bezeichnung des Schuldners im Titel mit der Firma (unten Rn 46). Im Geschäftsverkehr üblich und vorzugswürdig ist Verwendung der Firma, mit oder ohne Nennung des Inhabers. Im Einzelfall besteht sogar eine **Firmenführungspflicht,** zB Anmeldung zum HdlReg, Angabe auf Geschäftsbriefen, Stgt WRP **60,** 322 und §§ 37 a, 125 a, Eintragung in Zeitungsbekanntmachungen oder Telefonbüchern, BayObLG **60,** 348, aber grundsätzlich nicht bei Werbung, BGH NJW **91,** 2023 (§ 37 Rn 3); „firmenmäßig" darf der Kfm allerdings keine andere Bezeichnung als die eingetragene gebrauchen (s Rn 19). Gebrauch der Firma lässt Handeln im HdlGeschäft, Gebrauch des bürgerlichen Namens Handeln außerhalb dessen vermuten, ausschlaggebend ist das aber nicht (§ 344 Rn 3). Im **Grundbuch** ist der Kfm als Eigentümer stets mit dem bürgerlichen Namen einzutragen (auch wenn das Grundstück dem HdlGeschäft gewidmet ist), § 15 Grundbuchverfügung 8. 8. 35 RMBl 637, BayObLG DB **81,** 686. **Marken** können „für den Inhaber einer Firma auf seinen bürgerlichen Namen", oder „für die Firma selbst" angemeldet und eingetragen werden, Anmeldebestimmungen 16. 10. 54 § 2 BAnz Nr 217. Möglichkeit des Eintritts unter der Firma als Kdtist in eine KG, BayObLG BB **73,** 397; Eintragung s § 162 Rn 4.

19 **c) Firmenmäßiger Gebrauch:** Die Annahme einer Firma verpflichtet den Kfm, sie **so** zu gebrauchen, **wie** sie im HdlReg **eingetragen** ist, **und keine andere Bezeichnung** firmenmäßig zu verwenden, BayObLG BB **92,** 943 (§ 37 Rn 3). Die inhaltlich richtige (dh den öffentlichrechtlichen Vorschriften entsprechende und nicht Rechte Dritter verletzende s § 37 II) Firma darf zur Kennzeichnung des Unternehmens **„firmenmäßig"** gebraucht werden, nicht immer auch **„schlagwortartig"** (optisch oder akustisch besonders zur Werbung herausgestellt), denn wenn nicht jene, so kann diese Art des Gebrauchs die Rechte von Wettbewerbern verletzen, BGH **4,** 104. Unter diesem Gesichtspunkt ist wesentlich, in welcher Weise und mit welchen Begleitumständen die Firma oder ein in ihr enthaltener Name gebraucht wird, RG **171,** 38, BGH **14,** 161, GRUR **51,** 411. Zum Begriff des firmenmäßigen Gebrauchs von Kennzeichnungen s § 37 Rn 3.

20 **d) Zeichnung:** Über die Art der Zeichnung der Firma im Geschäftsverkehr fehlt eine Vorschrift. Vgl betr Gfter § 125 Rn 11; dagegen betr Prokurist § 51. Rechtlich entscheidend ist nur, dass das Handeln für die Firma klar wird (Überbl 8 vor § 48). Zeichnung mit Firmenstempel durch nicht Vertretungsberechtigte ist uU fälschliche Anfertigung einer Urkunde iSv § 267 StGB, BGH DB **62,** 365 (Kdtist ohne HdlVollmacht). **Mitunterschrift** im Rahmen kfm Übung, die nicht zur wirksamen Vertretung erforderlich ist, bedeutet idR nicht persönliche Mitverpflichtung, BGH DB **70,** 1435 (X neben Alleininhaber). Mitunterschrift eines Nicht-phG bei KG-Stempel auf Wechselvorderseite ist nicht Bürgschaft iSv Art 31 III WG, BGH BB **74,** 14. Abgesetzte Mitunterschrift ist Fall des Art 31 III WG, Ffm BB **75,** 1364. **Wechselunterschrift** unter dem Stempel einer Personenfirma verpflichtet idR den Inhaber der Firma, nicht den Unterzeichner, auch wenn unklar ist, ob Unterzeichner Inhaber oder Vertreter ist (kein Fall des § 164 II BGB), BGH **62,** 216, **64,** 14, **73,** 218, DB **76,** 143, s auch WM **75,** 1090. Vgl bei **Handeln für die Firma** (Unternehmen) s Überbl 8 vor § 48. Erfordernis der Zeichnung der Unterschrift beim HdlReg ist mit EHUG 2006 weggefallen (§ 14 Rn 1).

e) Gewerberecht: Gewerbetreibenden mit offener Verkaufsstelle, Gaststätte 21 oder sonstiger offener Betriebsstätte gebietet § 15a GewO die **Anbringung ihres Familiennamens mit mindestens einem ausgeschriebenen Vornamen** und, wenn für sie eine Firma im HdlReg eingetragen ist, auch dieser an der Außenseite oder am Eingang ihres Geschäfts. Anbringung der Firma allein genügt, wenn sie einen Vornamen enthält. Bei OHG, KG, KGaG ist phG anzugeben. Auch juristische Personen wie AG, GmbH, eG haben, obwohl nicht ausdrücklich erwähnt, ihre Firma anzugeben, Darmst HRR **34,** 1503, str. Bei Verletzung Geldbuße (Ordnungswidrigkeit, § 148 GewO). Das Registergericht hat die Befolgung nicht zu erzwingen (reine Polizeivorschrift) KGJ **38** A 161.

C. **Änderung** der Firma ist (vorbehaltlich besonderer abweichender Ver- 22 pflichtung) jederzeit erlaubt; dem Kfm selbst nach Belieben; dem gesetzlichen Vertretern, Bevollmächtigten, Insolvenzverwalter (s Rn 47), Testamentsvollstrecker usw (vgl § 1 Rn 40), soweit ihr Amt bzw Auftrag es erlauben. Die Änderung der Firma ist wie die Aufgabe der alten Firma (s Rn 23) als Bildung einer neuen Firma anzusehen, BayObLG WM **84,** 1535 (GmbH); anwendbar sind deshalb die Regeln über neugebildete Firmen (§ 18 Rn 2), nicht über fortgeführte (§§ 21 ff). Fortgeführte Firmen müssen grundsätzlich unverändert fortgeführt werden, BGH **44,** 119 (Frankona, § 24 Rn 4). Für die Bildung der geänderten Firma gilt Gleiches wie für die der ursprünglich neu gebildeten Firma.

D. **Erlöschen:** Die Firma erlischt nicht durch Tod (§ 1922 BGB, § 22 Rn 1) 23 und auch nicht ohne weiteres durch Löschung (falls vom Kfm noch geführt, s Rn 16), vgl BGH NJW **92,** 911 (zu § 25), aber

a) durch (endgültige) **Aufgabe der Firma,** auch von Teilen derselben, da die Firma ein Ganzes darstellt, Stgt Rpfleger **71,** 152, BayObLG WM **84,** 1535; der Kfm muss dann, wenn er das HdlGeschäft weiterführt, eine neue Firma annehmen;

b) durch **Geschäftsaufgabe,** nicht bloß bei vorübergehender Stilllegung (§ 1 Rn 52), BayObLG **71,** 165, WM **84,** 52, Rpfleger **90,** 56, BB **00,** 1212. Benutzung der Firma durch Dritten als Repräsentanten des Inhabers genügt, BGH BB **94,** 1238. Wird das HdlGeschäft **verpachtet** und führt der Pächter die Firma nicht fort, bleibt das Firmenrecht des Verpächters bestehen, der Pächter und nach Pachtende der Verpächter können wieder darauf zurückgreifen, KG OLGE **27,** 301, Heymann/Emmerich 21. Die vom Pächter gewählte Firma erlischt bei Pachtende, außer wenn er umgehend ein anderes HdlGeschäft pachtet und dafür die Firma benutzt, KG RJA **11,** 38.

c) durch Herabsinken des HdlGewerbes auf einen **nichtkaufmännischen Gewerbebetrieb** oder durch Änderung des HdlGewerbes in ein freiberufliches Unternehmen, Ko/Ru/Mo/Roth 19. Bei der PersonenHdlGes ist zu beachten, dass nicht schon die Auflösung, sondern erst das Ende der Auseinandersetzung zur Beendigung und damit zum Erlöschen der Firma führt (§ 1 Rn 52). Ist die Firma eingetragen, greift § 31 Rn 2 mit der Folge, dass die Firma bis zur Löschung weiterbesteht, Staub/Hüffer § 31 Rn 17, aA RG **155,** 75, üL. Da § 5 das Registergericht selbst aber nicht bindet, ist ggf zu löschen (§ 5 Rn 1).

E. **Übertragung: a) Unter Lebenden:** Die Übertragung der Firma (**Ver-** 24 **äußerung, Nießbrauch, Pacht** oä) ist nur zusammen mit dem HdlGeschäft möglich (§ 23). Möglich ist aber bloße **Benutzungserlaubnis** vom Inhaber A an B, der zB in neuem Unternehmen einen von A aufgegebenen Geschäftszweig weiterführt; nimmt später A den Geschäftszweig auch wieder auf, kann er verpflichtet sein, seine Firma zur Vermeidung von Verwechslung zu ändern, BGH **LM** § 16 UWG Nr 5. Übertragung im **Insolvenzverfahren** s Rn 47.

b) Von Todes wegen: Fortführung der Firma des EinzelKfm durch seine 25 **Erben** s § 22 Rn 2.

§ 17 26–30 I. Buch. Handelsstand

4) Registerverfahren; Firmenschutz

26 A. **Registerverfahren: a) Erzwingung der Anmeldung:** Das Registergericht hat die Kflte zur Anmeldung ihrer Firma anzuhalten (§ 14 S 1 iVm §§ 29, 31 ua, **(3)** FamFG § 388). Wird eine unzulässige Firma angemeldet, kann das Gericht Frist zur Behebung des Hindernisses setzen, **(4)** HRV § 26 S 2; dann muss es den Antrag ablehnen. Es darf nicht statt dessen „Anmeldung einer den §§ 18, 19 HGB entspr Firma" aufgeben (mit Zwangsgeldandrohung nach § 14), BayObLG NJW **73,** 372.

27 **b) Firmenführungskontrolle:** Die **Prüfung** der richtigen Bildung und Führung einer Firma obliegt dem **Registergericht** vor ihrer Eintragung und bei Anlass auch später (§ 37 I), KG NJW **55,** 1927. Dieselben Einwendungen kann, unabhängig von der Prüfung und Stellungnahme des Registergerichts, die das Prozessgericht nicht präjudiziert (§ 16 Rn 3), jeder Wettbewerber durch Klage nach § 37 II erheben. Das Registergericht prüft dagegen **nicht** die auf spezielle Beziehungen zu einzelnen Wettbewerbern beruhenden wettbewerbsrechtlichen Einwendungen gegen eine Firma (zB §§ 5 II, 15 MarkenG) Karlsr NJW **51,** 280, Hamm FGPrax **07,** 140; innerhalb desselben Orts muss das Registergericht allerdings gemäß § 30 Verwechslungen verhindern, s § 30 Rn 1. Ebensowenig hat das Registergericht vertragliche Beschränkungen des Rechts zur Firmenführung zu beachten (häufig zB nach Trennung von Gftern, die neue Unternehmen gründen). Diese Fragen können nur die Parteien in der streitigen Gerichtsbarkeit austragen. Das Registergericht prüft auch die Eignung zur Irreführung, insoweit aber nur, wenn die Irreführung wesentlich ist (§ 18 Rn 13) und nur soweit ersichtlich (§ 18 II 2, dort Rn 20).

28 B. **Firmenverletzungformen,** gegen welche die Firma geschützt wird, sind:

a) Bestreiten des Rechts zur Führung der Firma, so nach § 12 BGB (s Rn 33);

29 **b) Gebrauch von gleichen oder ähnlichen Worten** durch einen anderen als Name, Firma, Marke oder sonstige geschäftliche Bezeichnung derart, dass Gefahr besteht, dass ein nicht unbeachtlicher Teil des Publikums entweder das Unternehmen dieses anderen und das des (Schutz begehrenden) Firmeninhabers verwechselt (**Verwechslungsgefahr,** s Rn 30), so nach § 12 BGB, § 15 MarkenG, **oder** zu Unrecht jedenfalls organisatorische oder wirtschaftliche Beziehungen zwischen den beiden Unternehmen annimmt (**erweiterte Verwechslungsgefahr);** BGH BB **89,** 1844 (Commerz), NJW **93,** 459 (wegen Branchenferne iErg abl); bei solcher Verwechslungsgefahr Schutz auch gegen **Wiedergabe** des Inhalts der zu schützenden Firma **in anderer Form** als durch Worte, zB bildlich, RG GRUR **31,** 274, RG **171,** 154 (beide: Salamander), BGH **LM** § 16 UWG Nr 21 (Fahrschule karo-as);

30 **Verwechslungsgefahr** (s Rn 29) besteht trotz Gleichheit eines Wortteils und ähnlichem Klang des anderen nicht, wenn das eine eine schutzunfähige Beschaffenheitsangabe ist, das andere eine Silbe von verschiedenen Schriftbild und bekanntem verschiedenen Sinn, BGH **LM** § 16 UWG Nr 16 (Synochem/Firmochem). Keine Verwechslungsgefahr zwischen „Capital-Service" für Kapitalanlagevermittlungsfirma und Titel „Capital" eines Wirtschaftsmagazins, BGH DB **80,** 536. Für eine Bezeichnung, die an sich nicht genügend Unterscheidungskraft (s § 18 Rn 5) hat, um Firmenschutz zu genießen, kann infolge ihrer Verkehrsgeltung Verwechslungsgefahr mit einer ähnlichen bestehen, BGH **21,** 73 (Deutsche Hausbücherei/Stuttgarter Hausbücherei). Ausschluss der Verwechslungsgefahr uU durch Zusatz, zB Angabe der Warenherkunft, speziell (infolge dichteren Warenaustauschs) innerhalb der EG, BGH BB **77,** 1217. Lit: Kroitzsch GRUR **68,** 173.

3. Abschnitt. Handelsfirma 31–36 **§ 17**

c) **Schutz bekannter,** nicht notwendigerweise berühmter **Unternehmens-** 31
kennzeichnungen (gegen Rufausbeutung, Rufschädigung, **Verwässerung,**
auch soweit keine Verwechslungsgefahr besteht). Rechtsgrundlage des Schutzes
bekannter Marken heute nur noch MarkenG ua §§ 9 I Nr 3, 14 II Nr 3, 15 III,
BGH **138,** 349; s auch Rn 44. **Markenverunglimpfung,** BGH **125,** 91. Lit:
Kohl 1975.

C. **Firmenschutz:** Das Recht an einer bestimmten Firma genießt Schutz: 32

a) **nach HGB:** gegen Annahme einer nicht deutlich abweichenden Firma
durch einen anderen Kfm am gleichen Ort nach **§ 30;** in diesem und in anderen
Fällen verletzender Firmenführung eines anderen durch Maßnahmen des Registergerichts
nach **§ 37 I** und durch Klagrecht nach **§ 37 II.** Lit: Knaak 1986.

b) **nach BGB:** als ein „sonstiges Recht" nach **§ 823 I BGB** und als Name (s 33
Rn 4) nach **§ 12 BGB** (Namensrecht), auch wenn die Firma keinen bürgerlichen
Namen enthält, auch wenn sie nicht von einer natürlichen Person geführt wird,
BGH **11,** 215, **14,** 159, BB **60,** 801 (s auch Rn 31); auch Firmenzusätze (§ 18
Rn 8). Lit: Hefermehl FS Hueck **59,** 519, Siebert BB **59,** 641, Krüger-Nieland
FS Fischer **79,** 339. Krit Fabricius JR **72,** 15.

c) **nach MarkenG:** gegen Verletzung von Unternehmenskennzeichen durch 34
andere im geschäftlichen Verkehr durch **§§ 5, 15 MarkenG;** § 15 IV gibt iVm
VI, § 14 VII MarkenG den Unterlassungsanspruch gegen den Inhaber eines
geschäftlichen Betriebs, in dem die verletzende Handlung erfolgte, auch wenn
die Handlung von einem Angestellten oder Beauftragten vorgenommen wurde.
Bsp: „KKB Kundenkreditbank" gegen „LKB" (in Alleinstellung), BGH WM **73,**
1410, Firmenbestandteil „NetCom", BGH NJW **97,** 1928. Schutz auch gegen
zeichenmäßige Benutzung durch andere außer durch § 12 BGB auch durch
§§ 5, 15 MarkenG (früher §§ 24, 28 WZG) mit einer (in § 12 BGB nicht
gegebenen) Strafvorschrift (§ 143 MarkenG) und (für Importwaren) Androhung
der Beschlagnahme und Einziehung durch die Zollbehörde (§§ 146 ff MarkenG).
Markenparfümverkäufe, BGH **166,** 253. Schutz auch von Firmenzusätzen (§ 18
Rn 8). Kollisionen von Firma und geschäftlicher Bezeichnung s Riehle ZHR
128 **(66)** 1, Körner WRP **75,** 706.

D. **Schutzvoraussetzungen: a) Korrekte Firmenbildung:** s §§ 18, 19. 35

b) **Befugte Firmenführung:** Der Schutz der Firma, von Amts wegen durch
das Registergericht (§§ 30, 37 I, s Rn 29) oder im ordentlichen Prozess auf
Grund von Schutzansprüchen des Inhabers (§ 37 II HGB, §§ 12, 823 I BGB,
§ 15 MarkenG, s Rn 31 ff), **setzt voraus,** dass die Firma **befugt geführt** wird,
Das gilt auch für die anderen Schutzvorschriften. Der wegen Verletzung der
Firma Belangte kann: (1) Unzulässigkeit nach (formalem) Firmenrecht (§ 18
Rn 3) oder als täuschend (§ 18 Rn 9) einwenden, (2) ein älteres eigenes ausschließendes
(absolutes) Kennzeichnungsrecht (Namens-, Firmen-, Markenrecht
usw, s Rn 10 ff), welches der Kläger durch seine Firmenführung verletzt, entgegenhalten
oder (3) ein (relatives) Verbotsrecht gegenüber diesem, zB aus Vertrag
(häufig bei Geschäftsteilung, -übertragung). Er kann dem Kläger nicht solche
(absoluten oder relativen) Rechte Dritter entgegenhalten, BGH **10,** 204 (Dunn),
24, 240 (Tabu).

c) **Keine Verwirkung:** Der Inhaber der Firma verwirkt die Schutzrechte 36
gegen einen Verletzer, wenn (1) er dessen Verhalten derart hingehen lässt, dass der
Verletzer annehmen darf, der Berechtigte dulde die verletzende Bezeichnung,
und (2) infolgedessen der Verletzer im Vertrauen darauf durch längere redliche
ungestörte Benutzung einen „schutzwürdigen Besitzstand" an seiner Bezeichnung,
wenn auch noch nicht seinerseits ein gegen Dritte wirkendes Schutzrecht,
erlangt hat, BGH **21,** 78 (Hausbücherei), BB **58,** 59 (Gleichnamige, s § 19
Rn 7), NJW **86,** 58, Ffm BB **70,** 1320 (vgl § 377 Rn 46). Verwirkung des

Unterlassungsanspruchs nach § 37 II s § 37 Rn 12. Verwirkung von Schadensersatzansprüchen auch ohne schutzwürdigen Besitzstand, BGH NJW **88,** 2470.

37 Von der Verwirkung ist die **Erwirkung** zu unterscheiden, die dann auch zur Eintragung der an sich unzulässigen Firma berechtigen würde; wegen der Interessen Dritter und der Allgemeinheit ist aber ein durch fortlaufenden Verstoß gegen Firmenrecht gewonnener Besitzstand idR nicht schutzwürdig, BGH WM **93,** 1248 (Datatel, zu § 37), NJW-RR **94,** 1255 (Schwarzwaldsprudel, auch nicht nach 40 Jahren), näher § 18 Rn 18, § 37 Rn 12.

38 E. **Formen des Schutzes der Firma: a) Durch das Registergericht:** von vornherein **Ablehnung der Eintragung** nicht deutlich verschiedener Firmen für andere am gleichen Orte, § 30: von Amts wegen; sodann auch **Unterbindung** verletzender Firmenführung durch andere durch Zwangsmaßnahmen des Registergerichts, § 37 I: von Amts wegen.

39 b) Durch das Prozessgericht: Verurteilung des Verletzers oder dessen, der zu verletzen droht, zur **Unterlassung** der Verletzung, § 37 II HGB, § 12 BGB, § 15 MarkenG. Wenn nur Teil der unzulässigen Bezeichnung verletzt, genügt idR das Verbot der Bezeichnung wie geführt und des verletzenden Teils als Schlagwort oder marken- bzw geschäftsbezeichnungsmäßig; ein weiterreichendes Verbot ist möglich bei offenbar missbräuchlicher Benutzung oder bewusster Anlehnung an die Firma des Verletzten, wenn sie eine innere Einstellung des Verletzers verrät, die eine einwandfreie Benutzung auch in Zukunft nicht erwarten lässt. Entsprechend Verurteilung des Verletzers zur **Beseitigung** verletzender Anstalten, § 12 BGB, zB des Eintrags einer das Firmenrecht des Berechtigten verletzenden Firma im HdlReg.

40 Verurteilung des Verletzers (bei Verschulden) zum **Schadensersatz,** § 823 I BGB, § 15 MarkenG. Für diesen stehen (wie für Immaterialgüter- und gewerbliche Schutzrechte, Urheberrecht, zB § 97 I 2 UrhG) **drei Berechnungsarten** zur Wahl des Geschädigten: (1) Ersatz des konkret entstandenen Schadens samt entgangenem Gewinn (§§ 249, 252 BGB), (2) angemessene Lizenzgebühr, auch wenn Lizenz nicht branchenüblich ist (Lizenzanalogie), (3) Berechnung nach dem Verletzergewinn, auch wenn die Verletzung nicht bewusst (iSv § 687 II BGB) war, BGH **60,** 206, **145,** 371, **169,** 340 (Foto), **173,** 374 (Schutzrecht), NJW **07,** 1525. Zur Feststellung der Schadensersatzpflicht genügt schlichte (nicht „hohe") Wahrscheinlichkeit eines Schadens, die bei Firmenrechtsverletzung (falls nach Dauer und Intensität überhaupt „Verletzung") idR anzunehmen ist, auch bei Unternehmen, das noch im Aufbau ist, BGH BB **74,** 813. Zur Schadensberechnung bei Lizenzanalogie BGH **119,** 20, **122,** 266; kein Abzug fixer Gemeinkosten, Schätzung nach § 287 ZPO, BGH **145,** 366, NJW **07,** 1524 m Anm Loschelder 1503. Lit: Assmann BB **85,** 16.

41 Verurteilung zur **Herausgabe** durch die (auch unverschuldete) Verletzung Erlangten nach **§ 812 BGB,** RG **121,** 259, BGH **15,** 348, BB **82,** 267. Lizenzgebühr als Ersparnisbereicherung, BGH **81,** 81, **99,** 244 (Marke). Herausgabe des Verletzergewinns, §§ 687 II, 681, 667 BGB, s Rn 40; bei der Verletzung gewerblicher Schutzrechte nicht im Rahmen des § 818 II BGB, BGH **82,** 299, str.

42 Zur Klärung des Umfangs der Ersatz- oder Herausgabepflicht (s bei Rn 40–41): Verurteilung des Verletzers zu **Auskunft** und **Rechnungslegung** über Umfang und Folgen des verletzenden Tuns, § 259 BGB, BGH **5,** 123 (zum Urheberrecht), **166,** 233 (§ 19 MarkenG). Lit: Pietzner GRUR **72,** 151.

43 c) Sonstiges: Beschlagnahme und Einziehung von Waren durch die Zollbehörde, §§ 146 ff MarkenG. **Strafverfolgung,** § 143 MarkenG.

44 F. **Räumlicher und sachlicher Schutzbereich:** Der Schutz der Firma reicht **räumlich** (abgesehen vom begrenzten Schutz gemäß § 30) und **sachlich** soweit wie das Bedürfnis nach Verhütung von Verletzungen. Der Schutz gegen Verwechslung (s Rn 29 f) reicht idR über das ganze **Inland,** RG **171,** 30. Der

3. Abschnitt. Handelsfirma 45–47 § 17

Schutz gilt nur im begrenzten Wirtschaftsgebiet, wenn das Unternehmen nach Zweck, Art, Inhaberwillen nur auf eine so begrenzte Tätigkeit gerichtet ist; dann nur Verbot der Benutzung eines verwechslungsfähigen Schlagworts in diesem Raum (nicht Löschung der es enthaltenden anderen Firma); Ffm BB **70,** 1320 (Aufina/Allfina, Finanzierungsfirma, Raum Ffm-Wiesbaden), so idR bei Gaststättenunternehmen, anders wenn es darauf angelegt und im Begriff ist, Gaststätten unter der Firma an vielen Orten zu betreiben, BGH **24,** 243, WM **93,** 1607. Der Schutz erstreckt sich idR nicht auf **fremde Geschäftszweige,** BGH **15,** 111 (Koma: Lebensmittel, Füllhalter), NJW **56,** 1713 (Meisterbrand: Spirituosen, Herde). Ausnahmsweise wird auch außerhalb derselben Schutz gewährt (s Rn 31).

5) Verfahrensrecht

A. **Zivilprozess (II):** Der Kfm kann (muss aber nicht, HdlGes s Rn 4) in den 45
seine Geschäfte betreffenden Angelegenheiten (Staub/Hüffer **45,** dafür spricht Vermutung unabhängig von § 344) unter seiner Firma klagen und verklagt werden; Kläger bzw Beklagter ist der Kfm, nicht die Firma als solche (Name, s Rn 5). Im Prozess ist es also zulässig, den Kfm nur mit der (vom bürgerlichen Namen abweichenden) Firma zu bezeichnen, ohne sich darum zu kümmern, um welche Person es sich tatsächlich handelt, BGH NJW **90,** 908; Schuler NJW **57,** 1537, Noack DB **74,** 1369. Nennt eine Klage nur die Firma, nicht den Inhaber, ist Kläger, wer bei Klageerhebung tatsächlicher Inhaber des unter der Firma betriebenen HdlGeschäfts ist, RG **157,** 375, Kln NJW-RR **96,** 292; entsprechend für den Beklagten, RG **86,** 65, **159,** 350, Ffm BB **85,** 1219; auch bei Verklagung unter GesFirma, wenn das HdlGeschäft tatsächlich von EinzelKfm geführt wird, Kln BB **77,** 510. Die Verwendung einer unrichtigen Firma und die spätere Änderung der Firma sind unschädlich. Prozess- und Urteilswirkungen treffen den klagenden bzw beklagten Inhaber, nicht das HdlGeschäft „an sich" oder dessen jeweiligen Inhaber, Inhaberwechsel berührt den Prozess nicht, anders nur bei zivilprozessualer Parteiänderung (Parteiwechsel, Parteierweiterung). Veräußert der Kläger die Firma mit der Streitsache während des Prozesses, so berührt das den Prozess nicht (§ 265 ZPO); aber es ist Leistung an den Rechtsnachfolger zu verlangen, auch wo dieser ganz dieselbe Firma führt. Bei Erbfall während des Prozesses Unterbrechung oder Aussetzung (§§ 239, 246 ZPO). II gilt auch für **ausländische Firmen,** Hbg OLGE **3,** 274 (zu diesen s Rn 49).

B. **Zwangsvollstreckung:** II gilt auch für die Zwangsvollstreckung (§ 750 46
ZPO), BayObLG NJW **56,** 1800. Verurteilung unter der Firma erlaubt Vollstreckung in das Privatvermögen, Verurteilung unter bürgerlichem Namen Vollstreckung in das Geschäftsvermögen; den Inhaber der Firma müssen Gerichtsvollzieher und Vollstreckungsgericht notfalls im HdlReg feststellen. Unrichtige Bezeichnung des Beklagten im Urteil ist uU (auch wenn vom Kläger verursacht) zu berichtigen, zB „A und B handelnd unter Firma B & Co" statt „Firma B & Co KG", Kln NJW **64,** 2424. Wer während des Prozesses Rechtsnachfolger geworden ist und die Firma weiterführt, unterliegt der Zwangsvollstreckung nicht, wenn nicht das Urteil gegen ihn lautet. Ebenso kann der Rechtsnachfolger des Obsiegenden nur vollstrecken, wenn der Titel auf ihn lautet. Bei Veräußerung oder Erbfall nach Rechtskraft Umschreibung der Vollstreckungsklausel (§§ 727, 325 I ZPO). Die Firma selbst ist, da nicht selbstständig übertragbar (§ 23), nicht pfändbar, BGH **85,** 223; aber auch das HdlGeschäft ist nicht selbstständig pfändbar, BGH **32,** 105.

C. **Insolvenzverfahren: a) Massezugehörigkeit:** Die Firma gehört wegen 47
ihres Vermögenswertes zur Masse (s Rn 5), heute hL, BGH **85,** 221, aA RG **158,** 231 wegen Persönlichkeitsrecht. Während des Insolvenzverfahrens führt der Insolvenzverwalter das HdlGeschäft unter der bisherigen Firma weiter und nimmt

§ 17 48

den Firmenschutz wahr. Der Gemeinschuldner darf die Firma dem Insolvenzverwalter nicht durch Löschung entziehen, BayObLG JW **33**, 179. Der Insolvenzverwalter darf während des Insolvenzverfahrens nicht das Erlöschen der Firma zur Eintragung im HdlReg anmelden, da die Vollbeendigung des Geschäfts erst nach Abschluss des Insolvenzverfahrens feststellbar ist, BayObLG MDR **79**, 674. Änderung der Firma (s Rn 22) im Insolvenzverfahren durch die Gfter ist nicht ohne Zustimmung des Insolvenzverwalters möglich, auch bei GmbH, Karlsr NJW **93**, 1931.

b) Veräußerung: Im Insolvenzverfahren ist die Firma (samt dem Unternehmen, § 23) **nur mit Zustimmung des Namensträgers** (Gemeinschuldner oder Gfter), dessen Namen sie enthält, übertragbar (§ 22; auch abgeleitete Firma bei gleichem Familiennamen), BGH **32**, 108, Düss BB **82**, 695, Kblz NJW **92**, 2101 (KG), üL (anders für GmbH und GmbH & Co, § 24 Rn 12), aA K. Schmidt § 12 I 3 c auch für die typische PersonenGes und den EinzelKfm, Köhler FS Fikentscher **98**, 509. Zustimmungserfordernis gilt aber nur für Firma des EinzelKfm und der PersonenGes, BGH **85**, 224. Keine Zustimmung ist notwendig bei Firma ohne Namen des Gemeinschuldners (oder eines Gfters), zB abgeleiteten Firmen und Sach- und Phantasiefirmen. **Einwilligung eines ausscheidenden Gesellschafters** ist nach § 24 II iZw (bloße Auslegungsregel, § 24 Rn 11, Canaris § 10 Rn 44 ff, str) notwendig (anders bei GmbH, GmbH & Co, § 24 Rn 12). Firmierung der Ges nach Veräußerung des HdlGeschäfts mit Firma s § 22 Rn 24. Lit: Neuwinger 2006; Wertenbruch ZIP **02**, 1931.

6) Europäisches Firmenrecht, internationaler Verkehr

48   A. **Anwendbares Recht: a) Firmierung:** Die Firma als HdlName, also wie die Firma zu bilden ist, bestimmte sich früher nach dem Recht des Unternehmenssitzes, für alle Kflte ebenso wie für alle HdlGes, vgl BGH NJW **71**, 1523, Staud/Großfeld IntGesR 319. Der Name der juristischen Person bestimmt sich zwar nach wie vor nach dem Gesellschaftsstatut (Einl 29 vor § 105), das gilt auch für die Firma, BayObLG IPRax **86**, 39, Leible/Hoffmann EuZW **03**, 680, Eidenmüller/Rehm ZGR **04**, 183, Ebenroth/Pentz 21, nach aA Inlandsrecht, Borges ZIP **04**, 736, MüKo/Kindler IntGesR 148; seit der EuGH-Rspr (Einl 29 vor § 105) ist das Gesellschaftsstatut aber jedenfalls in EU/EWR nicht mehr der Unternehmenssitz, sondern das **Gründungsstatut**, MüKo/Heidinger Vor § 17 Rn 68. Aus der ausländischen Firma ergibt sich idR die Auslandseigenschaft, mehr kann das inländische Recht gegenüber AuslandsGes aus EU/EWR grundsätzlich nicht fordern (Einl 29 vor § 105, vgl § 13 e II 4 Nr 4 iVm 11. EG-Ri), so auch Ebenroth/Zimmer § 17 Anh Rn 14 ff, Bsp: Ltd genügt ohne Angabe von England oa; anders nach Art 6 EGBGB (ordre public) bei nicht schon durch die ausländische Firma ausgeräumter, besonderer Irreführungsgefahr (aber s Rn 49), MüKo/Heidinger Vor § 17 Rn 77, diese hängt aber nicht davon ab, ob das inländische Recht strenger ist als das ausländische, str. Danach kann etwa auch von der österreichischen GmbH kein Herkunftszusatz verlangt werden, sehr str, MüKo/Heidinger Vor § 17 Rn 80, Rehberg 54 f, 66 (Diskriminierung), aA Leible/Hoffmann EuZW **03**, 681. Zu AuslandsGes aus der EU auch § 18 Rn 36, § 19 Rn 42, auch § 37 a Rn 9. Zu ZwNl s § 13 d Rn 3 und allgemein § 13 Rn 7. Wie die Firma zu gebrauchen ist, bestimmt sich nach dem Recht am **Ort des Gebrauchs** (vgl § 30 III). – Lit zum internationalen Firmenrecht MüKo/Heidinger Vor § 17 Rn 66 ff; Mankowski/Knöfel in Hirte/Bücker, Grenzüberschreitende Ges, 2. Aufl 2006, § 13; Rehberg in Eidenmüller, Ausländische KapitalGes im dtsch Recht 2004 § 5.

b) Firmenschutz: Der Schutz der Firma als Immaterialgüterrecht bestimmt sich nach dem **Recht des Schutzlandes**, Stgt RIW **91**, 955, von deutschen Kflten (HdlGes) im Ausland also nach ausländischem Recht. Im Anwendungs-

3. Abschnitt. Handelsfirma 49 § 17

bereich der Pariser Verbandsübereinkunft gilt der Grundsatz der Inländerbehandlung (Art 2 I, 8 PVÜ), unabhängig vom Schutz im Heimatstaat, BGH NJW **95,** 2985. Außerhalb des Anwendungsbereichs der PVÜ ist das Fremdenrecht maßgeblich, vgl BGH NJW **71,** 1523 (Name). Ein deutscher Kfm kann nach Vertrag oder nach deutschen Rechtsgrundsätzen verpflichtet sein, ein ausländisches Verbotsrecht im Ausland gegen einen anderen deutschen Kfm nicht zu gebrauchen, BGH **14,** 293 („Farina" in Belgien). Lit zum (Hdl)Namensschutz im IPR Baur AcP 167 **(67)** 535, Krasser GRUR **71,** 490, Graf WRP **69,** 209 (Kennzeichen), K. Schmidt in Lutter, Europ AuslandsGes, 2005, S 26, Rehberg in Eidenmüller, Ausl KapitalGes im dtsch Recht, 2004, § 5 Rn 23, Mankowski in Hirte/Bücker, Grenzüberschreitende Ges, 2005, § 12; Leible/Hoffmann EuZW **03,** 680.

B. Die Firma der ausländischen Gesellschaft in Inland: a) Firmierung: 49
Eine ausländische Gesellschaft kann ihre nach dem anwendbaren ausländischen Recht zulässige Firma grundsätzlich auch dann im Inland führen, wenn die Firma hier anders gebildet werden müsste bzw unzulässig wäre, dies gilt insbesondere für ausländische Ges aus der EU, Ausnahme für ScheinauslandsGes ist in der EU nicht mehr zulässig (Einl 29 vor § 105), str (s Rn 48). Grenzen folgen über Art 6 EGBGB (ordre public) ua aus dem Grundsatz der Firmenunterscheidbarkeit und dem Irreführungsverbot (s Rn 48, § 18 II HGB, § 5 UWG), Stgt WRP **91,** 526, Hamm WRP **92,** 355, Mü ZIP **07,** 1949, LG Aach ZIP **07,** 1011, Kögel DB **04,** 1763. Aber der deutsche ordre public ist in EU/EWR gegenüber der Niederlassungsfreiheit der Art 43, 48 EGV nachrangig, insoweit nur Vier-Kriterien-Test (Einl 29 vor § 105), das Gründungsrecht setzt sich danach fast völlig durch, Ebenroth/Zimmer § 17 Anh Rn 15. Keinesfalls kann Herkunftslandzusatz gefordert werden, Grund ZwNlRi (§ 13 Rn 2, Einl 36 vor § 105) ist abschließend. Auch eine im Ausland eingetragene Firma muss aber im Inland grundsätzlich so geführt werden, dass sie nicht irreführt, vgl LG Hagen NJW **73,** 2162 (Vortäuschung einer Mehrländergruppe durch Liechtensteiner Firma in 4 Sprachen), aber betr § 18 I § 13 d Rn 4. Kennzeichnung der Haftungsbeschränkung (§ 19 II) ist auch bei der inländischen ZwNl der ausländischen Ges unerlässlich. Wie bei deutschen Firmen wird man auch den Rechtsformzusatz nach § 19 I verlangen müssen, E. Voigt § 10 IV, Altmeppen ZIP **07,** 889, str, wohl aA MüKo/Heidinger Vor § 17 Rn 79, 81. Der ausländische Zusatz „Ltd" reicht dafür aber ohne weiteres aus, Übersetzung oder gar Erläuterung kann nicht gefordert werden, anders bei fremden Schriftzeichen und Zahlen, Ebenroth/Zimmer § 17 Anh Rn 28. Auch Unterscheidbarkeit nach § 30 bleibt zu beachten (aber ohne registergerichtliche Prüfung, § 13 Rn 13). Haftung des für die Ges auftretenden Vertreters s § 5 Rn 10. ZwNl der ausländischen Firma im Inland s § 13 d Rn 4.

b) Firmenschutz: Die (nach inländischem Recht befugt geführte) Firma von Ausländern (Kflten, HdlGes usw) wird in der BRD wie die von Inländern geschützt, BGH **75,** 172, Düss RIW **90,** 404, so im (weit reichenden) Anwendungsbereich des Pariser Unionsvertrags nach dessen Art 2, 8; RG **109,** 213 (Kwatta, **132,** 378. Außerhalb des Pariser Unionsvertrags gilt § 12 BGB ebenfalls ohne weiteres, RG **117,** 215 (Eskimo Pie), BGH NJW **71,** 1523 (SWOPS), dagegen Fabricius JR **72,** 15. Die Voraussetzungen des Schutzes, zB schutzwürdiges Interesse (§ 12 BGB), Verwechslungsgefahr (§ 15 II MarkenG, vgl aber auch § 15 III MarkenG), Unterscheidungskraft der Firma (§ 18 Rn 5), müssen aber im inländischen Verkehr, nicht nur im Ausland, gegeben sein. Die Firma muss im Inland so in Gebrauch genommen sein, dass auf Beginn dauernder wirtschaftlicher Betätigung im Inland zu schließen ist, BGH **75,** 176, NJW **97,** 2953. Ingebrauchnahme auch durch Wareneinkäufe, keine Beschränkung des Firmenschutzes auf Bestellbereich, BGH **75,** 172 (Concordia I), NJW **83,** 2382 (Concordia II, firmenrechtliche Priorität trotz Umwandlung). Ingebrauchnahme

§ 18

und Firmenschutz können räumlich begrenzt sein, BGH DB **70**, 440 (Saarland), NJW **83**, 2383.

50   C. **Beteiligung an einer inländischen Gesellschaft: a) Firmierung:** Ausländische Firmen können sich ohne weiteres an deutschen Firmen beteiligen. Für die Firmierung gilt deutsches Recht mit der Folge, dass die ausländische Firma bei Wahl einer Personenfirma grundsätzlich unverändert in die Firma der deutschen Ges übernommen werden muss (Firmenidentität); anders bei Wahl einer Sach- oder Phantasiefirma, der Rechtsformzusatz nach § 19 I Nr 1–3 ist in jedem Fall hinzuzufügen, aA differenzierend MüKo/Heidinger Vor § 17 Rn 32a, § 19 Rn 28ff. Haftet keine natürliche Person, muss die Firma eine auf die Haftungsbeschränkung hinweisende Bezeichnung, zB „& Co. KG", enthalten (§ 19 II, § 19 Rn 24), zB „X Ltd & Co KG", BayObLG NJW **86**, 3029. Dabei ist sicherzustellen, dass die ungewöhnliche Firmierung in solchen Fällen den Verkehr nicht täuscht (§ 18 II), Heymann/Emmerich § 19 Rn 31.

b) Firmenschutz: Firmenschutz bei korrekter und befugter Firmenführung (s Rn 35, 48). Schutz der ausländischen Firma s Rn 49. Lit: Beitzen DB **72**, 2051 (GmbH).

[Firma des Kaufmanns]

18 (1) **Die Firma muß zur Kennzeichnung des Kaufmanns geeignet sein und Unterscheidungskraft besitzen.**

(2) ¹ Die Firma darf keine Angaben enthalten, die geeignet sind, über geschäftliche Verhältnisse, die für die angesprochenen Verkehrskreise wesentlich sind, irrezuführen. ² Im Verfahren vor dem Registergericht wird die Eignung zur Irreführung nur berücksichtigt, wenn sie ersichtlich ist.

Übersicht

1) Normzweck, Anwendungsbereich 1–3
   A. Normzweck 1
   B. Anwendungsbereich 2
   C. Sondervorschriften 3
2) Eignung zur Kennzeichnung und Unterscheidungskraft (I) 4–8
   A. Eignung zur Kennzeichnung 4
   B. Unterscheidungskraft 5
   C. Firmenkern und Firmenzusätze 8
3) Irreführungsverbot (II 1) 9–18
   A. Firmenwahrheit 9
   B. Eignung zur Irreführung über wesentliche geschäftliche Verhältnisse 13
   C. Firmenwahrheit bei fortgeführten Firmen 16
   D. Firmenwahrheit bei frei gewordenen Firmen 17
   E. Für die Firmenwahrheit maßgeblicher Zeitpunkt 18
4) Registerverfahren (II 2) 19–20
5) Einzelfälle: Hinweise auf Rechtsverhältnisse 21–22
   A. Inhaber- und Nachfolgervermerk 21
   B. Hinweise auf Gesellschaftsform 22
6) Geographische und historische Hinweise 23–27
   A. Gebiets- und Stadtangaben 23
   B. Art der Beziehung 24
   C. Deutsch 25
   D. Europäisch, international 26
   E. Historische Hinweise 27
7) Hinweise auf Art des Betriebs 28–35
   A. Hinweise auf geschützte Bezeichnungen 28
   B. Hinweise auf Marktstufe 29

3. Abschnitt. Handelsfirma 1–3 § 18

    C. Hinweise auf Größe und Bedeutung 30
    D. Hinweise auf Vereinigung 31
    E. Hinweise auf Spezialisierung und Branchen 32
    F. Hinweise auf Amtsstellung 34
    G. Hinweise auf Titel und Berufsqualifikationen 35
  8) Europäisches Firmenrecht, internationaler Verkehr 36

1) Normzweck, Anwendungsbereich

A. **Normzweck:** § 18 idF HRefG 1998. § 18 ist wie das Firmenrecht insgesamt Teil der Unternehmenspublizität, die dem Schutz des Geschäftsverkehrs bzw der Marktteilnehmer dient. **I** regelt die Grundanforderungen an die Firma des Kfm, nämlich Eignung zur Kennzeichnung und Unterscheidungskraft. Damit nimmt I Begriffe aus dem Immaterialgüterrecht auf (vgl § 15 MarkenG), auch wenn I eine Norm des Firmenordnungsrechts bleibt. **II** enthält das firmenrechtliche Irreführungsverbot, und zwar nicht mehr wie nach dem Wortlaut der aF nur für Zusätze, sondern (wie zutr schon unter aF) allgemein und umfassend für sämtliche Firmenbestandteile einschließlich der Firma als ganzes. Das Irreführungsverbot dient dem Interesse des Publikums und des Geschäftsverkehrs vor Irreführung, RG **75,** 372, BGH **46,** 11 (zu § 30). II schränkt das Irreführungsverbot gegenüber der aF zweifach ein, materiellrechtlich durch die Wesentlichkeitsschwelle (II 1, s Rn 13) und verfahrensrechtlich durch das Erfordernis der Ersichtlichkeit (II 2, s Rn 20). Die Möglichkeiten der Firmenbildung sollen durch das Irreführungsverbot nicht über Gebühr eingeschränkt und das Registerverfahren durch die Firmenprüfung nicht unangemessen verzögert werden (RegE HRefG). 1

B. **Anwendungsbereich: I** mit seinen Erfordernissen der Eignung zur Kennzeichnung und der Unterscheidungskraft, also Erfüllung der Namensfunktion im geschäftlichen Verkehr, gilt nicht nur für die Firma des Einzelkaufmanns, sondern allgemeiner **für alle Firmen** nach HGB (EinzelKfm, OHG, KG, § 19; auch juristische Personen nach § 33) wie auch außerhalb des HGB (GmbH, AG, KGaA, eG). Das folgt für HdlGes schon aus § 6. I gilt für die **neugebildete Firma** im Gegensatz zur fortgeführten Firma (§§ 21 ff). Der neugebildeten Firma steht die geänderte gleich (§ 17 Rn 22). **II** enthält ein umfassendes firmenrechtliches **Irreführungsverbot** (Grundsatz der Firmenwahrheit, s Rn 9) und gilt deshalb ebenfalls umfassend, also nicht nur für die im HGB (EinzelKfm, OHG, KG, juristische Personen nach § 33) sondern auch die außerhalb des HGB geregelten Firmen, und zwar jedenfalls nach II nF direkt, nach aA analog oder jedenfalls gewohnheitsrechtlich, Staub/Hüffer 4. 2

C. **Sondervorschriften: Rechtsform:** s außer § 19 I 1–3 (Kfm, OHG, KG) vor allem § 4 GmbHG (GmbH), §§ 4, 279 AktG (AG, KGaA), § 3 GenG (eG); § 2 PartGG (PartG), nach § 2 I 3 PartGG idF HRefG 1998 dürfen die Namen anderer Personen als der Partner nicht in den Namen der PartG aufgenommen werden (ähnlich § 19 IV aF; s auch Rn 22). **Unterscheidung der Firmen an demselben Ort:** s § 30. **Vor 1900 eingetragene Firmen** s **(1)** EGHGB Art 22, BGH **30,** 291, BayObLG **60,** 352, zB Deutsche Bank (ohne AG). **Änderungen der Inhaberschaft** s §§ 21–24. **Sondervorschriften für bestimmte Berufe:** BRAO, PatAnwO ua. Werbeverbote für freie Berufe, zB Steuerberater, BGH **103,** 355, NJW **88,** 262. **Aufrechterhaltung** von in der Kriegszeit bewilligten Ausnahmen s § 2 II, III Handelsrechtliches BereinigungsG (s Einl Rn 12 vor § 1); Gestattung von Ausnahmen vom Firmenrecht für bis Ende 1951 in das Bundesgebiet verlegte (Personen-)Unternehmen s § 3 I desselben Gesetzes; danach können entgegen § 30 uU nicht deutlich unterschiedene Firmen am gleichen Ort zulässig sein. 3

Hopt

§ 18 4, 5

2) Eignung zur Kennzeichnung und Unterscheidungskraft (I)

4   A. **Eignung zur Kennzeichnung:** Die Eignung zur Kennzeichnung ist die Erste, selbstverständliche Funktion der Firma (auch **Namensfunktion** genannt). Eignung zur Kennzeichnung bedeutet, dass die Firma als Name individualisiert werden kann. Die Grenzen zum Kriterium der Unterscheidungskraft (s Rn 5) sind fließend, zB bei Gattungsbezeichnungen (s Rn 5 f). Fehlt es bereits an der Eignung zur Kennzeichnung oder an der Unterscheidungskraft nach I, kommt es auf die Frage der Irreführung nach II nicht mehr an. Die Firma muss wie andere Namen aus **Worten** bestehen, auch mit anderen Zeichen als Buchstaben (Anführungszeichen, Punkt, Klammern, kfm und mathematisches Undzeichen), auch das Zeichen @, Canaris § 10 Rn 14, aA BayObLG NJW **01,** 2337, Met@box, Brschw WRP **01,** 287, zutr krit Mankowski EWiR § 18 HGB 1/**01,** 275; auch nicht (selbst nicht sprechbar) Bildzeichen, BGH **14,** 159, KG BB **00,** 1958, auch wenn für sie ein aussprechbares Wort besteht, zB Herz, Kleeblatt. Schriftart und Schriftbild sind frei wählbar; nicht aber im HdlReg, KG BB **00,** 1958, vgl **(4)** HRV § 12. Die Firma kann (und muss zT) ua folgende Angaben enthalten: Eigennamen (so bei Personenfirma), Gegenstand des Unternehmens, Rechtsform (GesZusatz, § 19 I, §§ 4, 279 AktG, § 4 GmbHG), Inhaberwechsel (Nachfolgezusatz, s Rn 21, vgl §§ 22, 25 I 1), Haftungsbeschränkung (GmbH & Co, § 19 II), sonstige **Zusätze** (s Rn 8). Für **Sachfirma** genügt nicht schlichte Gattungsangabe, nötig ist Kennzeichnungs- und Unterscheidungskraft: „Transportbeton" nicht ohne Ortsangabe, Hamm BB **61,** 1026; nicht „Handels"-, auch „Internationale Handels"-(Ges), BayObLG BB **73,** 305; aber „interhandel". Branchenverständlichkeit genügt, Stgt BB **74,** 756 (Fluidtechnik). Insoweit ist auch Fremdsprache möglich, BayObLG BB **77,** 813 („Telepromotion", deutsche Fernwerbung). Auch **Phantasieworte** sind zur Individualisierung geeignet und insoweit zulässig, Ffm BB **01,** 1230 (Orgware), BayObLG NJW-RR **00,** 111 (Meditec), ebenso grundsätzlich dem allgemeinen Publikum nichts sagende **Abkürzungen,** KG DR **42,** 1698 (ZUB), str, auch um zB im Branchenverzeichnis an den Anfang des Alphabets zu kommen; anders bei Täuschungsgefahr, zB LG Trier BB **61,** 561 (SB = Selbstbedienung?), BayOBLG BB **80,** 1120 LS (Schein eines Familiennamens), Ffm BB **82,** 1322 (Darius). Aber **Buchstabenfolgen** sind wie nach §§ 3 I, 8 II Nr 2 MarkenG möglich, Canaris § 10 Rn 15, Lutter/Welp ZIP **99,** 1078, auch reine Buchstabenfolgen ohne Wortcharakter und ohne Verkehrsgeltung, BGH WM **09,** 235 (HM & A), anders vor HRefG Celle DB **99,** 40, ZIP **06,** 1586, Ffm NJW **02,** 2400, zB A-Blöcke; entscheidend ist, dass die Firma als Name erkannt wird, BGH WM **09,** 236. Aber nur artikulierbare Zeichen (nicht unbedingt als Wort), also nicht solche aus nichtlateinischen Buchstaben oder reine Bildzeichen, BGH WM **09,** 236. Unverständliche Abkürzung kann auch gegen § 4 GmbHG verstoßen (bei Sachfirma muss Gegenstand der Firma erkennbar sein), Stgt BB **74,** 756 mit Bsp. Eine ungewöhnliche, von Haus aus individuell kennzeichnende Sachbezeichnung, die später Gattungsbezeichnung wurde, kann doch (individuelle) Kennzeichnungskraft behalten, BGH DB **77,** 2093 (Wach- und SchließGes). **Eigenname** muss nicht als solcher erkennbar sein (s auch § 19 Rn 6), BayObLG NJW **73,** 1886 (Mesirca), Barfuß BB **75,** 67, anders noch BayObLG NJW **72,** 2185 (Celdis) mAnm Latinak NJW **73,** 1215, s auch LG Wuppertal BB **73,** 722 (Rebeta). Lit: Sternberg 1975 (GesZusatz).

5   B. **Unterscheidungskraft: a) Grundsatz:** Neben der Eignung zur Kennzeichnung und zT sich damit überschneidend (s Rn 4) ist die Unterscheidungskraft eine wesentliche Funktion der Firma im Geschäftsverkehr. Unterscheidungskraft heißt, dass die Firma geeignet ist, bei Lesern und Hörern die Assoziation mit einem ganz bestimmten Unternehmen unter vielen anderen zu wecken. Der Begriff Unterscheidungskraft in I und der nach §§ 3, 15 MarkenG dürften sich künftig annähern, Roth in Bayer-Stiftung S. 36, Steinbeck FS Horn **06,**

3. Abschnitt. Handelsfirma 6, 7 § 18

589. Die Unterscheidungskraft der Personenfirma liegt zwar im Regelfall auf der Hand, ist aber nicht immer gegeben, so bei Gleichnamigen (§ 19 Rn 7). Die Unterscheidungskraft der Phantasiefirma kann größer sein als die einer Sachfirma. Auch **einzelne Worte** (Wortgruppen) der Firma können, als **Schlagwort** allein gebraucht, vom Publikum als Bezeichnung des Unternehmens verstanden werden und Unterscheidungskraft bzw Namensfunktion haben (und genießen dann Namens- bzw Markenschutz), RG **109,** 214 (Kwatta), **115,** 407 (Salamander), BGH **4,** 169 (DUZ), **11,** 216 (KfA), **14,** 159 (Farina), **24,** 240 (Tabu), **74,** 2 (RBB), WM **85,** 516 (Gefa). Weitere Bspe aus DIHT 1998: Computerland, Datacolor, Interglas, Interprint, Rhein-Chemie. Die Unterscheidungskraft einer mit anderen Firmen identischen Firma wird **nicht schon** allein durch einen **unterschiedlichen Gesellschaftszusatz** begründet, hL, aA wohl Kögel Rpfleger **98,** 320. Lit: Kögel Rpfleger **98,** 317.

b) **Keine Unterscheidungskraft:** bei verbreiteten Familiennamen (Müller, 6 Maier, Schmidt usw; Gleichnamige s § 19 Rn 7), aA Steinbeck FS Horn **06,** 596, aber zB mit Vornamen (K. Schmidt) oder anderer unterscheidender Verbindung, etwa Ortsbezeichnung; bei **Gattungsbezeichnungen,** insbesondere rein beschreibenden Angaben, die Art und Gegenstand des Unternehmens anzeigen, nicht aber ein bestimmtes Unternehmen kennzeichnen, RG **172,** 130 (Fettchemie), BGH **11,** 218 (Kaufstätten für Alle), NJW **87,** 438 (Video-Rent), GRUR **91,** 556 (Leasing-Partner), Hamm NJW **61,** 2018 (Transportbeton), Hamm DB **77,** 2179 (Industrie- und Baubedarf), Stgt DB **81,** 2428 (Informatik), Oldbg BB **90,** 443 (Baumaschinen Consulting GmbH); bei geographischen Angaben, vgl BGH NJW-RR **94,** 1255 (Schwarzwald-Sprudel); bei Bestimmungsangaben oder solchen nahekommenden Worten, BGH **21,** 73 (Hausbücherei); bei Qualitätsbehauptung, Hbg BB **76,** 249 (Creativ-Werbe-Service), BayObLG NJW-RR **03,** 1544 (Profi-Handwerker GmbH). Weitere Bspe aus DIHT 1998: Altamoda, Managementseminare, Sicherheit + Technik. Eine von Haus aus unterscheidungskräftige **Bezeichnung** kann später als **Gattungsbegriff** verstanden werden und doch ihre Namensfunktion für den Erstverwender behalten, BGH MDR **77,** 291 (Wach- und Schließgesellschaft).

c) **Ausnahmsweise doch Unterscheidungskraft: Gattungsbezeichnun-** 7 **gen** ohne Unterscheidungskraft können diese durch **individualisierende Zusätze** erhalten (s Rn 8). „DAS BAD GmbH ... alles aus einer Hand", BayObLG BB **97,** 1707, „perspectives consulting", Ffm ZIP **06,** 333, nach KG FGPRax **08,** 35 „Autodienst-Berlin Limited", zutr krit Kanzleiter DNotZ **08,** 392. Auch ohne solche kann eine Gattungsbezeichnung, **in abweichendem Sinne gebraucht,** doch unterscheidungskräftig sein, BGH **21,** 89 (Spiegel), **24,** 241 (Tabu), **LM** § 16 UWG Nr 21 (Fahrschule karo-as), GRUR **85,** 461 (Gefa/Gewa). „Chepromin" ist trotz Anklang an Sachbegriff (Chemie) unterscheidungskräftig, BGH MDR **75,** 120, ebenso „Multicolor" (auch im Druckgewerbe), Ffm WRP **82,** 420. Ein Gattungsbegriff, eine Bestimmungs-, Qualitäts-, geographische Angabe kann aber, allein oder in bestimmter Verbindung, **Verkehrsgeltung als Bezeichnung** eines bestimmten Unternehmens erlangen, BGH **11,** 217 (Kaufhaus für alle, KfA), **74,** 1 (RBB), NJW **87,** 438 (für Video-Rent abl); dieses kann dann einem anderen zwar nicht die Verwendung des Worts zur Kennzeichnung der Art seines Betriebs, wohl aber die Verwendung in der Firma verbieten, RG **163,** 234 (Hydraulik), BGH **LM** § 16 UWG Nr 8 (Rohrbogenwerk), GRUR **55,** 95 (Dtsch Buchgemeinschaft), Hbg BB **76,** 249 (Creativ), Hamm BB **82,** 210 (Germania für international tätiges Anlageberatungsunternehmen), Karlsr WRP **82,** 528 (Europa-Sekretärin), BGH NJW **06,** 3282 (Lotto als Marke, iErg abl) und es darf dann diese Bezeichnung ohne Verstoß gegen das Irreführungsverbot verwenden, auch wenn sie im Wortsinn nicht zutrifft, BGH **LM** § 3 UWG Nr 21 (Erste Kulmbacher). Aber an die Verkehrs-

§ 18 8, 9   I. Buch. Handelsstand

geltung sind **strenge Anforderungen** zu stellen, wenn ein **Freihaltebedürfnis** der Allgemeinheit besteht, BGH **30,** 357, BGH NJW-RR **94,** 1255; der Schutz des Begriffs „Volksbank" für einen Wettbewerber wäre ein dem freien Wettbewerb zuwiderlaufendes Kennzeichnungsmonopol, BGH WM **92,** 1393. Geht in den genannten Fällen die Verkehrsgeltung wieder verloren, verliert die Firma auch ihre Namensfunktion und Unterscheidungskraft, das tritt aber nicht schon bei vorübergehender Nichtbenutzung der Bezeichnung ein, BGH **21,** 66 (Hausbücherei). Geographische Angaben können bei typischer Verwendung einmalig am jeweiligen Ort unterscheidungskräftig sein, BGH DB **76,** 2056 (Parkhotel, UWG).

8   C. **Firmenkern und Firmenzusätze:** Die **Teile** der Firma, besonders **Kern** (Sprachgebrauch) und **Zusatz** (vgl §§ 18 II, 19 I, II), sind grundsätzlich gleichwertig. Firmenkern und Firmenzusatz bilden eine rechtliche Einheit. Manche Zusätze sind zwingend, zB Kfm- bzw Rechtsformzusatz (s Rn 3), Zusätze zwecks Unterscheidbarkeit am gleichen Ort (§ 30 II, III) und Unterscheidungszusätze gleich lautender Firmen, BGH **14,** 266 (Farina). Die meisten Zusätze sind freiwillig. Die Reihenfolge der Zusätze ist beliebig, sofern nicht irreführend, BayObLG BB **92,** 943; der Zusatz kann auch vor dem Kern stehen, Kln NJW **53,** 345, **63,** 541 („Hansa-Theater Alex. G."). Auch fremdsprachige Firmenbestandteile sind zulässig, jedenfalls wenn die deutsche Öffentlichkeit sie versteht, Ffm DB **79,** 2172 (food). Bei Zusammensetzungen entscheidet der Gesamteindruck, nicht eine zergliedernde Betrachtung, BGH BB **73,** 59 (Mehrwert). Mehrdeutigkeit geht zu Lasten des die Firma Führenden, Celle BB **71,** 1299. Fortlassen eines Zusatzes ist Änderung der Firma (§ 17 Rn 22). Dem Erfordernis handschriftlicher Zeichnung der Firma (zB auf Wechseln; s Rn 20) kann aber genügen, dass nur der Namensteil handgeschrieben und die Sachbezeichnung gestempelt ist, RG **47,** 166 („Papierfabrik X Moritz Auerbach & Co"). Zusätze können wichtig für die Unterscheidbarkeit von Firmen sein, Hamm NJW **66,** 2172 vor allem zwischen GmbH und GmbH & Co und besonders am gleichen Ort (§ 19 Rn 34, 36). Der zulässige Zusatz genießt als Teil der Firma Firmenschutz nach HGB (§ 17 Rn 32) und kann als Firmenbestandteil auch selbstständig Schutz entsprechend § 12 BGB und §§ 5, 15 MarkenG erlangen, BGH **11,** 214, GRUR **70,** 479 (Treppchen, § 17 Rn 33 f). Ist ein **Zusatz unzulässig,** ist nur er allein, **nicht die ganze Firma zu löschen** (vgl auch § 43 II KWG idF FGG-RG), denn der unzulässige Zusatz kann in einer anders zusammengesetzten Firma zulässig sein, BGH GRUR **81,** 64 (sitex; § 37 Rn 13); ein Unterlassungsanspruch richtet sich dagegen idR nicht nur gegen den unzulässigen Zusatz, sondern gegen die gesamte Firma (§ 37 Rn 13), BGH GRUR **81,** 64 (sitex), von Gamm FS Stimpel **85,** 1012, aA frühere Rspr BGH **65,** 106, KG NJW **55,** 1927. Auch die Führung eines an sich zulässigen Firmenzusatzes kann uU für Vertrieb einzelner Erzeugnisse des Unternehmens untersagt oder nur mit einem der Täuschung ausschließenden Hinweis gestattet werden, Nürnb BB **62,** 660 („„Springquelle" bei Leitungswasserlimonade).

3) Irreführungsverbot (II 1)

9   A. **Firmenwahrheit: a) Firmenrechtliches Irreführungsverbot:** Firmenrechtlich unzulässig sind alle Angaben, die geeignet sind, über geschäftliche Verhältnisse, die für die angesprochenen Verkehrskreise wesentlich sind, irrezuführen **(II 1).** Diese Formulierung ist § 3 aF UWG nachgebildet (RegE). II enthält ein allgemeines und umfassendes Verbot, durch die Firma bzw ihre Teile das Publikum oder andere Interessenten über Art, Umfang oder sonstige Verhältnisse des HdlGeschäfts irrezuführen **(Grundsatz der Firmenwahrheit),** BGH **44,** 287, **53,** 69, **65,** 92, **68,** 14, 273, **80,** 355. Dieses Verbot erfasst den Firmenkern, die Firmenzusätze und die Firma in ihrer Gesamtheit, schon nach aF

3. Abschnitt. Handelsfirma 10–12 § 18

BayObLG BB **82,** 1572. Zweck des II ist Schutz der Geschäftspartner und der Mitbewerber des Unternehmens und des lauteren Wettbewerbs im Firmenrecht, BayObLG BB **82,** 1573. Auf Täuschungsabsicht kommt es nicht an, BayObLG BB **97,** 1707. II 1 betrifft die ursprüngliche **Bildung** ebenso wie die laufende **Führung der Firma.** Er wird **bei Firmenfortführung** durch den **Grundsatz der Firmenbeständigkeit** begrenzt, setzt aber diesem seinerseits Grenzen (§ 22 Rn 1). Jedes Firmenführungsrecht, wie immer erworben und wie lange ausgeübt, endet, wenn die Verhältnisse des Inhabers in Widerspruch zum Inhalt der Firma treten und das Publikum dadurch über die Verhältnisse des Inhabers irregeführt werden kann, BGH **10,** 201 (deutsche DunnAuskunftei nach Trennung von der weltbekannten Dunn-USA). **II gilt für alle Firmen** und Firmeninhaber innerhalb und außerhalb des HGB (s Rn 2), zB GmbH, BGH **65,** 92, sogar für NichtKflte (§ 17 Rn 13). Einfluss des Zeitablaufs, vor allem langer Gebrauch, s Rn 18. Internationales Recht s § 17 Rn 48 ff. **Kasuistik** (zu § **18 II HGB,** § **5 UWG, zT** § **15 II MarkenG,** früher § 4 WZG) s Rn 21–35. Firmen, die zwar nicht gegen das Irreführungsverbot, aber gegen die öffentliche Ordnung oder **gegen die guten Sitten** verstoßen, sind **analog** § **8 II Nr 5 MarkenG** und entsprechenden Vorschriften im PatG, GebrMG, GeschmMG von der Eintragung ausgeschlossen, Jung ZIP **98,** 683 mit Bsp. RsprÜbersichten: Wittmann BB Beil 10/**69,** 9/**71.** Lit: Haberkorn 1970, Heinrich 1982, Weber 1984; Hofmann JuS **72,** 233, Lindacher BB **77,** 1676, Kögel BB **93,** 1741.

b) Wettbewerbs- und markenrechtliches Irreführungsverbot bezüglich 10 **Firma:** Die Führung einer Firma ist in einer auf Wettbewerb angelegten Wirtschaft (Einl Rn 71–80 vor § 1) eine Wettbewerbshandlung und unterliegt als solche dem Gebot lauteren Wettbewerbs, BGH **10,** 201, BB **73,** 60. Der Grundsatz der Firmenwahrheit wird deshalb auch in verschiedenen Vorschriften außerhalb des HGB mitumfasst: § **5 UWG** enthält ein entsprechendes Verbot irreführender geschäftlicher Handlungen; § 5 UWG ist auch auf Firmenführung anwendbar, BGH **10,** 201 (Dunn-Europa, zu § 3 aF UWG), **44,** 19 (L'Oréal de Paris), BB **68,** 972 (Hamburger Volksbank), **73,** 59 (Mehrwert), WM **73,** 693 (Bayerische Bank). Entsprechend ist die Benutzung von zur Verwechslung mit geschützten Bezeichnungen geeigneten geschäftlichen Bezeichnungen, insbesondere Unternehmenskennzeichen (§ 5 II MarkenG) und ähnlichen Zeichen verboten (§ **15 II MarkenG,** früher § 4 II Nr 4 WZG). Lit: Heinrich 1982, Weber 1984.

Bedeutung für § **18:** Die Rspr zu § 5 UWG, zum früheren § 4 II Nr 4 11 WZG und zu § 15 II MarkenG kann unter Beachtung der verschiedenen Zwecke der drei Gesetze für § 18 II herangezogen werden und umgekehrt, BGH **53,** 239 („Euro" in Firma), DB **72,** 282 („Euro" in geschäftlicher Bezeichnung, s Rn 26). Dabei ist zu beachten, dass § 5 UWG 2004 (anders als der frühere § 3 UWG) an die europarechtlich vorgegebenen, liberaleren Maßstab des informierten, aufmerksamen und verständigen Durchschnittsverbrauchers (s Rn 12) orientiert ist, Köhler NJW **04,** 2124.

c) Einflüsse des Europarechts: Das europäische Recht ist hinsichtlich der 12 Zulässigkeit von Firmen erheblich großzügiger bzw stellt deutlich höhere Anforderungen an die Irreführungsgefahr als ursprünglich das deutsche Wettbewerbsrecht. So kommt es auf die Irreführung einer „erheblichen Zahl von Verbrauchern" an, EuGH 16. 1. 92 EuZW **93,** 544 = WRP **93,** 233 (Nissan); Adressat ist der „verständige Verbraucher", von dem ein bestimmtes Wissen erwartet werden kann, EuGH 6. 7. 95 EuZW **95,** 611 (+ 10%), bzw „ein durchschnittlich informierter, aufmerksamer und verständiger Durchschnittsverbraucher", 16. 7. 98 EuZW **98,** 526 („6-Korn – 10 frische Eier"). Das UWG 2004 hat dem Rechnung getragen, für das Firmenrecht hat bereits das HRefG die Schwelle dadurch höher gesetzt, dass es die Eignung zur Irreführung über für die angespro-

Hopt   147

§ 18 13–15   I. Buch. Handelsstand

chenen Verkehrskreise wesentliche geschäftliche Verhältnisse verlangt (II 1, s Rn 13). Lit: Möller EWS **93,** 22 (EG-Mitgliedstaaten), Bokelmann DB **90,** 1021, ZGR **94,** 325, GmbHR **98,** 61, Fezer ZHR 161 **(97)** 52.

13 B. **Eignung zur Irreführung über wesentliche geschäftliche Verhältnisse: a) Eignung zur Irreführung, Wesentlichkeitsschwelle:** Es kommt auf die objektive Eignung zur Irreführung an, nicht darauf, ob es tatsächlich zur Irreführung gekommen oder diese sogar beabsichtigt worden ist, BGH **22,** 90, BayObLG BB **79,** 184. Die Irreführung muss sich auf **geschäftliche Verhältnisse** beziehen, nicht auf rein private, die für den Geschäftsverkehr unwesentlich sind. Der Begriff ist weit auszulegen, darunter fallen zB Angaben über die Waren und Dienstleistungen wie auch den Geschäftsbetrieb selbst. Mit der Formulierung **„für die angesprochenen Verkehrskreise wesentlich"** ist II 1 nF bewusst von II aF und der dazu ergangenen, in Schrifttum und Praxis als zu streng (zu geringe Irreführungsquoten, zT 10%) und zu schematisch geltenden Rspr abgesetzt worden (RegE HRefG). Angaben nur von geringer wettbewerblicher Relevanz oder für die wirtschaftliche Entscheidung der angesprochenen Verkehrskreise nur von nebensächlicher Bedeutung sind unter II 1 nicht (mehr) als irreführend zu qualifizieren. Es kommt auch nicht allein auf das Verständnis eines „nicht unerheblichen Teils" der angesprochenen Verkehrskreise an, sondern objektiviert auf die **Sicht des durchschnittlichen Angehörigen des betroffenen Personenkreises** bei verständiger Würdigung, RegE, Köhler JZ **89,** 264. So verstanden, ist II mit Europarecht vereinbar (s Rn 12). Zu den durch die Firma angesprochenen Verkehrskreisen gehören zB Kundschaft, Lieferanten, Banken; auch (aber nicht allein maßgeblich) die Kflte des Geschäftszweigs, BayObLG NJW-RR **88,** 617, **00,** 111. Dabei ist nach Kundenkreisen, zB Industrie, Großhandel, EinzelHdl, Endverbraucher und auch nach regionalen Anschauungen zu unterscheiden, Ko/Ro/Mo/Roth 7. Bei dieser Auffächerung ist aber darauf zu achten, dass nicht auf diese Weise die alten, europarechtswidrigen Maßstäbe beibehalten werden. Lit: Kögel BB **97,** 799, **98,** 1647.

14 b) **Verhältnis von II 2 zu § 5 UWG:** Das UWG 2004 hat die Spannung zwischen II 2 und dem strengeren § 3 aF UWG, nunmehr § 5 UWG (s Rn 11), im Wesentlichen aufgelöst. Konsequenz ist nicht unbedingt völliger Gleichlauf. Vielmehr brauchen die Prüfungsmaßstäbe schon wegen des unterschiedlichen Schutzzwecks des HdlReg und des Wettbewerbsrechts nicht notwendig identisch zu sein. Das könnte dazu führen, dass eine nach Firmenrecht unbeanstandet gebliebene Firma später nach UWG beanstandet wird und die Firmenführung unterlassen werden muss, BayObLG NJW **00,** 1648 (zu § 3 aF UWG). Eine Bestandssicherung der vom Registergericht unbeanstandet gelassenen Firma ist aber vom Gesetzgeber bewusst nicht eingeführt worden, zumal es in einem Zivilverfahren nach UWG auch um konkrete Verwendungsformen der Firma und besondere Einzelfallkonstellationen zwischen dem Firmeninhaber und einem bestimmten Wettbewerber geht. II 1 ist danach nicht lex specialis zu § 5 UWG, denn das könnte zu einer ungerechtfertigten Sonderbehandlung der Firma unter den Angaben über geschäftliche Verhältnisse nach § 5 UWG führen. Vielmehr verbleibt es bei der **„Feinsteuerung" durch UWG** (RegE HRefG betr § 3 aF UWG). Zur Zweigleisigkeit des Verfahrens auch unten Rn 20.

15 c) **Ermittlung:** Über die maßgebende Verkehrsauffassung ist erforderlichenfalls **Beweis** zu erheben, zB durch demoskopische Gutachten eines Meinungsforschungsinstituts, Umfragen geeigneter Stellen (IHK, DIHT ua, s **(3)** FamFG § 380) oder Auskunft eines Fach- oder Berufsverbands, BGH NJW **97,** 2817. Das gilt uneingeschränkt nur im Prozess (§ 37 II HGB; §§ 8 ff UWG, § 15 I MarkenG); die Amtsermittlung im Registerverfahren (§ 26 FamFG) ist hingegen durch II 2 nF eingeschränkt (s Rn 20). Aber selbst im Prozess ist die Beweiserhebung durch Verkehrsbefragung infolge der veränderten Standards (s Rn 13) iErg

weniger häufig notwendig, Ko/Ro/Mo/Roth 9: oftmals überflüssig, da stark normativiert, weitergehend Lutter/Welp ZIP **99,** 1079: nur normativ, wohl auch Canaris § 11 Rn 8. Der Richter darf die Täuschungsgefahr auch selbstständig feststellen, wenn er sie an sich selbst erfährt, BGH **53,** 341 (Euro-Spirituosen), insbesondere wenn er selbst zu den angesprochenen Verkehrskreisen gehört, BGH BB **73,** 813 (Bayerische Bank), BayObLG NJW **88,** 2481, aber uU auch ohne dazu zu gehören, BGH **156,** 250. Andererseits darf er sie, wenn das IHK-Gutachten sie möglich erscheinen lässt, nicht ohne weitere Ermittlung verneinen, BayObLG NJW-RR **86,** 839. Bei Beanstandung einer Firma wegen eines bestimmten in ihr enthaltenen Wortes, Ausdrucks, Zusatzes idR nicht Löschung der Firma insgesamt, wie sie gebildet war, sondern nur des Wortes usw, s Rn 8.

C. **Firmenwahrheit bei fortgeführten Firmen:** Bei fortgeführten Firmen gelten § 22 sowie §§ 21, 24, **(1)** EGHGB Art 22, in denen der **Grundsatz der Firmenbeständigkeit** zum Ausdruck kommt (§ 22 Rn 1). Dieser Grundsatz durchbricht in seinem Geltungsbereich den Grundsatz der Firmenwahrheit (s Rn 9) und tritt zT mit diesem in klaren Widerspruch, zB wenn § 22 I ausdrücklich die Fortführung einer Personenfirma ohne Nachfolgerzusatz erlaubt. Der Verkehr weiß dann nicht, ob der in der Firma enthaltene Name den bisherigen oder den derzeitigen Inhaber ausweist. Der Grundsatz der Firmenbeständigkeit gilt aber nicht absolut, sondern stößt seinerseits an die Grenzen des Irreführungsverbots, BGH **44,** 120, 287, **53,** 66, **68,** 14, 273. Bspe: § 19 II, Rechtsformzusätze, benennende Inhaber- und Nachfolgerzusätze, Dr.-Titel nur des alten Inhabers. 16

D. **Firmenwahrheit bei frei gewordenen Firmen:** Wenn der Kfm eine Firma endgültig aufgibt, erlischt diese (§ 17 Rn 23) und wird dadurch an sich frei für aA Kflte. § 30 kann dann, da die alte Firma erloschen ist, nicht mehr eingreifen. Im Einzelfall kann trotzdem eine Irreführung über die Identität des Unternehmens bzw den Inhaber mach § 18 II vorliegen, so insbesondere wenn die frei gewordene Firma umgehend von einem anderen weitergeführt wird, Hbg OLG **87,** 191; MüKo/Heidinger 37. Das gilt auch, wenn aus der frei gewordenen Firma nur ein Zusatz übernommen wird, Hamm Rpfleger **67,** 414 (Heia-Polstermöbel). 17

E. **Für die Firmenwahrheit maßgeblicher Zeitpunkt: a) Grundsatz:** Maßgeblich für die Zulässigkeit der Firmenbildung und -führung ist im **Zeitablauf** grundsätzlich die jeweilige Gegenwart. Zukunftserwartungen fallen höchstens (dahingestellt von Celle BB **71,** 1299) bei zuverlässigen Anhaltspunkten für ihre Erfüllung in naher Zeit ins Gewicht, KG HRR **35,** 29, AG Cloppenburg BB **63,** 327. 18

b) Nachträglich zulässig gewordene Firma: Eine anfangs irreführende Firma kann, wenn die Irreführung später wegfällt, zB auf Grund Änderung des zunächst unrichtig angegebenen Tätigkeitsbereichs, zulässig werden. Ein Recht auf eine nach dem Gesetz **unzulässige** Firma wird auch nicht durch **langen Gebrauch,** Gewöhnung des Verkehrs an sie und die Entwicklung der Firma zu einem wertvollen Besitzstand erlangt, falls damit nicht eine wirtschaftlich bedeutsame Täuschung des allgemeinen Geschäftsverkehrs verbunden ist (Anschein einer Firma nach **(1)** EGHGB Art 22, BGH **30,** 293). Auch bei langem Gebrauch einer firmenrechtlich unzulässig gebildeten, nicht täuschenden Firma entsteht (jedenfalls bei endgültiger Ablehnung ihrer Eintragung im HdlReg) kein schutzwürdiger Besitzstand, BGH **44,** 118, aA AG Hbg ZIP **82,** 1067 („Finanz") m krit Anm Dürr. Es gibt also idR **keine Erwirkung** (§ 17 Rn 37).

c) Nachträglich unwahr gewordene Firma: Umgekehrt kann eine anfangs **zulässige** Firma (Firmenzusatz) **später täuschend** und damit unzulässig werden (§ 8 Rn 13), RG **162,** 123, **169,** 150, BGH **10,** 201. Dazu kann es auf Grund

Sitzverlegung, BayObLG BB **93,** 459, Änderung des Geschäftsbetriebs, zB neue Branche, oder Herabsinken auf nur noch lokale Bedeutung kommen, Stgt BB **82,** 1194 mAnm Wessel („Baden-Württembergische Eigenheim-GmbH"), uU bei Aufgabe der Produktion und nur noch Hdl, BayObLG NJW **98,** 2480. Entscheidend für die Irreführung ist die tatsächliche Tätigkeit, nicht die Satzung, Ffm OLG **80,** 294, BayObLG BB **89,** 728, str. Das Registergericht kann gegen die nachträglich unwahr gewordene Firma nach § 37 I iVm **(3)** FamFG § 392 und nach **(3)** FamFG § 395 einschreiten, nicht dagegen nach § 31 oder **(3)** FamFG 399, Heymann/Emmerich 18, BayObLG **79,** 209, im Einzelnen str. Bei später geänderter Verkehrsanschauung oder richterlicher Rechtsfortbildung führen diese Grundsätze zu Härten. Eine Analogie zu **(1)** EGHGB Art 22 I, die für all diese Fälle zur Beibehaltung der nunmehr täuschend gewordenen Firma führt, kann nicht anerkannt werden, aA MüKo/Heidinger 28, MüKo/Lieb/Krebs § 37 Rn 28 (ohne Einzelfallwertung), flexibler ist eine Berücksichtigung dieses Umstandes im Registerverfahren durch Ermessen des Registergerichts, § 37 Rn 6. Dabei kann dann ein langer Gebrauch der ursprünglich zulässigen Firma für die weitere Zulassung ins Gewicht fallen, Stgt BB **61,** 500 („Institut" nach wesentlicher Verkleinerung des Geschäfts durch Kriegsfolgen, vgl § 18 Rn 30), Zweibr OLG **72,** 395. Lit: Pöpel 1995.

4) Registerverfahren (II 2)

19   Die Beachtung des Irreführungsverbots nach II 1 ist vom Registergericht zunächst im Eintragungsverfahren (§§ 29, 31 I) zu kontrollieren (§ 26 FamFG, s § 8 Rn 7, **(4)** HRV § 23); sodann kommen ein Verfahren von Amts wegen gegen Gebrauch einer unzulässig gebildeten Firma (Missbrauchsverfahren, § 37 I) und gegen eingetragene Firma auch ein Amtslöschungsverfahren nach **(3)** FamFG § 395 in Betracht. Davon zu unterscheiden und von II 2 nicht betroffen ist das Vorgehen durch Dritte (§ 37 II; UWG, s Rn 14). Unterstützung der Registergerichte durch die IHK in Firmensachen s **(3)** FamFG § 380 (§ 8 Rn 12). Dazu (unverbindliche) Leitsätze des DIHT zur Beachtung durch die IHK (häufige Änderungen).

20   Im Verfahren vor dem Registergericht wird die **Eignung der Irreführung** aber **nur berücksichtigt, wenn sie ersichtlich ist (II 2).** Diese verfahrensbezogene Einschränkung der Überprüfung tritt neben die materiellrechtliche Einschränkung der Wesentlichkeit der Irreführung für die angesprochenen Verkehrskreise (oben Rn 13). Sie entspricht § 37 III MarkenG (§ 4 I Nr 4 WZG aF) und führt zu einer im Markenrecht bereits bewährten **Zweigleisigkeit des Verfahrens.** II 2 konkretisiert den Grundsatz der Amtsermittlung (§ 26 FamFG) dahin, dass das Registerverfahren auf ein **„Grobraster"** bei der Prüfung der Eignung zur Irreführung beschränkt ist (RefE HRefG). Ersichtlich irreführende Firmenbestandteile sind solche, bei denen die Täuschungseignung nicht allzu fern liegt und ohne umfangreiche Beweisaufnahme (s Rn 15) bejaht werden kann, Hamm FGPrax **07,** 141. Diese verfahrensbezogene Einschränkung kann insbesondere Folgen haben für Firmenzusätze, deren Irreführung nicht ohne weitere Ermittlungen ersichtlich wird, wie geographische Hinweise, zB Gebiets- und Stadtangaben, Europa, International (s Rn 23 ff) und für Hinweise auf Marktstufe und auf Größe und Bedeutung, zB Fabrik, Werk, Großmarkt, Center, Haus, Zentrale (s Rn 29 ff). Ist allerdings die Irreführung (ggf durch zu weitgehende Ermittlungen der ersten Instanz) festgestellt, ist diese damit auch in der Beschwerdeinstanz ersichtlich; insoweit kann in der Beschwerdeinstanz kein zusätzlicher Streit über die richtige Auslegung dieses Tatbestandsmerkmals geführt werden (RegE HRefG S 54). II 2 erfasst nur das Verfahren vor dem Registergericht, also das Firmenmissbrauchsverfahren (§ 37 I) und das Amtslöschungsverfahren (nach **(3)** FamFG § 395), nicht dagegen die zivilrechtlichen Unterlassungsklagen Dritter (§ 37 II; § 8 UWG). Erst dann kommt es zur wettbewerbs-

rechtlichen Feinsteuerung (s Rn 14). Lit: Fezer ZHR 161 **(97)** 62, R. Schmitt WiB **97,** 1120, Wolf DZWir **97,** 397, Frenz ZNotP **98,** 178, Schaefer DB **98,** 1273. Komm zu § 37 MarkenG.

5) Einzelfälle: Hiweise auf Rechtsverhältnisse
Vorbemerkung:
Bei der folgenden Kasuistik (Rn 21–35) ist zu beachten, dass infolge der durch das **HRefG** 1998 eingetretenen Liberalisierung des Firmenrechts (besonders Rn 13–15, 19–20) mit Änderungen dahin zu rechnen ist, dass die Rspr an die Irreführung und ihre Ersichtlichkeit strengere Maßstäbe anlegen wird, dh dass die Unternehmen deutlich mehr Spielraum haben werden als vorher.

A. **Inhaber- und Nachfolgervermerk:** Wahrheitsgemäße Hinweise auf 21 Rechtsverhältnisse des Unternehmens sind zulässig, zB **Inhabervermerk,** wenn der Name des Inhabers nicht ohnehin in der Firma erscheint, etwa „Hans A, Inhaber Max B". Angabe der Vornamen im Inhabervermerk ist nicht mehr erforderlich; es genügt, dass ein vollständiger Familienname in der Firma enthalten ist (§ 19 Rn 6). Der Familienname kann auch in der ursprünglichen Firma in der Form des Inhabervermerks geführt werden (§ 19 Rn 6), Kln NJW **53,** 346. Zulässig ist auch ein einer Geschäftsbezeichnung nachgestellter Inhabervermerk, sofern nicht irreführend, zB „Hansa Theater, Inhaber Alexander Gut", Kln NJW **53,** 345, KG NJW **65,** 317, auch „Reisebüro Klaus, Inhaber Klaus Gor", BayObLG Rpfleger **81,** 150; wohl auch „Reisebüro Sch., Inhaberin E-St-R", sofern nicht konkret der Eindruck einer Nachfolge nach §§ 21 ff erweckt wird (vorangestellter Inhabervermerk, E-St-R Mädchenname der Inhaberin), Celle BB **90,** 302, MüKo/Heidinger 63, str (§ 21 Rn 3). Inhabervermerk des Pächters auch als erster Inhaber des HdlGeschäfts (§ 19 Rn 6). Auch die Angabe des früheren Inhabers ist zulässig **(Nachfolgevermerk),** zB „Max B, Hans A Nachfolger" oder „Max B, vormals Hans A". Dieser Vermerk setzt Identität des Unternehmens voraus, nicht nur Übernahme des Geschäftslokals oder von Teilen des Unternehmens. Fehlen die Voraussetzungen der Fortführung der Firma (vgl §§ 22, 23), so darf nicht der Eindruck der Fortführung des Unternehmens erweckt werden, KG JW **38,** 1172, Kln NJW **63,** 541. Der Nachfolgevermerk soll unzulässig sein, wenn der Vorgänger mangels KfmEigenschaft keine Firma, sondern nur Geschäftsbezeichnung führte, Ffm NJW **69,** 330, Hamm MDR **68,** 501, MüKo/Heidinger 61, aber nach Preisgabe des Verbots firmenähnlicher Geschäftsbezeichnungen (§ 18 Rn 15) wohl nicht mehr haltbar. Nachfolgevermerk kann sogar zwingend sein, um Täuschungsgefahr zu vermeiden (§ 19 Rn 7, § 22 Rn 15 ff).

B. **Hinweise auf Gesellschaftsform** s für OHG, KG, GmbH & Co zu § 19; 22 für GmbH § 4 GmbHG; für AG und KGaA §§ 4, 279 AktG; für PartG §§ 2, 11 PartGG („und Partner", „Partnerschaft", s auch Rn 28), BGH **135,** 257 mAnm Hülsmann NJW **98,** 35, Karls NJW **98,** 1160, BayObLG NJW-RR **03,** 685, Mü ZIP **07,** 770 (GV-Partner aber nicht verwechslungsfähig), Weber/Jacob ZGR **98,** 142. Unzulässig sind Zusätze, die auf Ges deuten (s § 18 Rn 17), und **Phantasieworte** (s § 17 Rn 14), die nach einer GesForm klingen, BGH **12,** 89 („INDROHAG ... GmbH" wegen des „AG"), KG NJW **65,** 255 (Delbag), LG Hann BB **76,** 59 (Gesag ... OHG), BayObLG DB **78,** 1269 (Trebag ... GmbH) u DB **82,** 2129 (BAG Bau-Anlagen GmbH); auch -agg, VAG; uU auch V. A. G., str. Zusatz „mbH" oder „mit beschränkter Haftung" ist GmbH vorbehalten, etwaige Haftungsbeschränkung bei anderen Gften ist anders kundzutun, hL, BayObLG NJW **99,** 297, GbR mbH ist unzulässig, BGH **142,** 315. **Hinweise auf Gesellschafter** s § 19 Rn 14–16, 22, 33 ff. Hinweise auf **geschützte Bezeichnungen** zB Bank s Rn 28.

§ 18 23, 24

6) Geographische und historische Hinweise

23 A. **Gebiets- und Stadtangaben** werden herkömmlich idR **nur** für **führende Unternehmen** des Gebiets, Orts und Geschäftszweigs als zulässig angesehen, BGH BB **64**, 240, **68**, 972, **89**, 2349, BayObLG WM **83**, 1431 (Westdeutsch), NJW-RR **86**, 839 (Münchner), Hamm WM **91**, 1953; auch für Kleinbetrieb in mittelgroßer Stadt, solange er der Einzige seiner Branche am Ort ist, Düss BB **81**, 72. Kfm Unternehmen mit maßgebender, mindestens besonderer Bedeutung in dem Gebiet (Ort), eventuell bei neuartiger Tätigkeit im Verhältnis zu Unternehmen verwandter Wirtschaftszweige, so DIHT BB **67**, 1100. In jüngere Zeit ist aber ein Bedeutungsverlust festzustellen. **Vorangestellt**, zB „Münchener Import-Export", ist die Angabe idR anspruchsvoller als nachgestellt, zB „Import-Export München". „Hamburger Kaffeelager" ist unzulässig bei einfachem Gemüsemittelgeschäft, RG **156**, 22; dagegen bei „Import-Export in München" reine Ortsangabe. „Fahrschule Berlin" zulässig für eine der zehn größten von 258 Berliner Fahrschulen. Unzulässig „Berliner WohnungsbauGes" mit 14% Marktanteil, KG NJW **69**, 1539, ebenso „Berliner" mit weiter Branchenbezeichnung, wenn nur in schmalem Sektor tätig und führend, KG DB **70**, 246. Stadtteilsangabe nur für das Einzige entspr Unternehmen im Stadtteil, Stgt BB **64**, 1145 (Gablenberger Fahrschule). **Nachgestellt** wird ein solcher Zusatz zunächst dahin verstanden, dass sich an diesem Ort der Sitz der Ges befindet, BayObLG BB **93**, 458, ist das nicht der Fall, ist das irreführend. Auch ein nachgestellter Zusatz kann aber ein doppelte Bedeutung haben, nämlich auf besondere Stellung und herausgehobene Bedeutung in diesem Ort hinweisen, BayObLG BB **93**, 458. Die (irreführende) Wirkung hängt also heute mehr denn je von den **Umständen des Einzelfalls** ab und ist deshalb jeweils näher zu ermitteln, BGH Rpfleger **90**, 76 („Treuhand Bad S."), Kln NJW-RR **88**, 224 („Oberbergisch"). Herausgehobene Bedeutung kann sich insbesondere auch aus Verbindung mit anderen Attributen ergeben, BayObLG DB **90**, 876, zB „Haus" s Rn 30. Nicht jeder geographische Zusatz kann als Alleinstellungsbehauptung angesehen werden, zB Zusatz **„Süd"** im süddeutschen Raum, Stgt OLGZ **75**, 116, BayObLG BB **79**, 184; „Siebdruck Süd" zulässig, Stgt OLGZ **75**, 117; offen für **„West"** Hamm BB **84**, 1891; anders für **„Nord"** Oldbg BB 12/**75**, 8. **„Nord-Süd"** kann als Hinweis auf die ganze BRD verstanden werden, Celle BB **71**, 1299. Möglich ist reiner Herkunftshinweis, zB „Schwarzwald H. Bauernspezialitäten", BGH WM **82**, 585; dagegen ist „Bayerische Bank" unzulässig für eine von zwei führenden bayerischen Regionalbanken, BGH BB **73**, 813; „Oberhessische" Bank s BGH DB **75**, 2178. Nennt die Firma zwei Produkte, muss das Unternehmen in Bezug auf jedes herausragend sein, Saarbr OLGZ **76**, 33. „Kölsch" Bier, in Euskirchen gebraut, uU zulässig wegen „traditioneller Gegebenheit", jedenfalls nicht weil von Brauereiverband für zulässig erklärt, BGH BB **70**, 859. UU Behebung einer Irreführungsgefahr durch entlokalisierenden Zusatz, BGH BB **71**, 283 (Plym-Gin). Aussage unklar, daher Täuschungsgefahr zweifelhaft bei Gebrauch eines Begriffs, der nicht auch einen bestimmten Wirtschaftsraum kennzeichnet, Ffm OLGZ **73**, 279 (Main-Car). Sonderrecht für **„Solingen"** (G 15. 7. 38 RGBl 953), dazu LG Wuppertal, Bosse DB **77**, 1088, 1082, Weides WRP **77**, 141, Düss DB **78**, 631. Unzulässiger Hinweis auf bekannte **Straße**, Hamm BB **58**, 603 („Kö"). **Stadtbäckerei**, fraglich, vgl BayObLG, NJW-RR **87**, 1520. Lit: Tilmann 1976.

24 B. **Art der Beziehung:** „Hamburger Kaffeelager" unzulässig, wenn der Unternehmer nur einer von vielen (außerhalb Hamburgs sitzenden) Abnehmern einer einzigen Hamburger Kaffeegroßhandlung ist, RG **156**, 16. Unzulässig „Berliner Apotheke" an westdeutscher „Berliner Straße", Hamm **64**, 1144. „Amerikanische Dampfbügelei" verlangt Beziehungen zu Amerika nach Person oder Betrieb, abw KG JW **27**, 130. „Nordsee" s BB **66**, 1247. „Grenzland"

verlangt Grenzbeziehung, nicht besondere Größe, Oldbg BB **68**, 310. „Regio" (Südbaden) verlangt Grenzbeziehung und gewisse Bedeutung.

C. „**Deutsch**" setzt idR Unternehmen voraus, das nach seiner wirtschaft- 25
lichen Bedeutung auf den deutschen Markt als ganzen zugeschnitten ist, BGH **53**, 343 (§ 3 aF UWG), Mü NJW-RR **88**, 812 (Deutsche Kreditkarte), Düss NJW-RR **93**, 297. Auf die wirtschaftliche Bedeutung kommt es an, ua Kapital, Größe, Organisation, Ausstattung und Umsatz, nicht auf die persönlichen Verhältnisse des Inhabers oder Management. Wegen der internationalen Wirtschaftsverflechtung dient der Zusatz heute aber auch zur Kennzeichnung deutscher Töchter ausländischer Unternehmen ebenso wie im Ausland tätiger Töchter deutscher Unternehmen; das Publikum verbindet deshalb mit „deutsch" nicht mehr ein für die deutsche Wirtschaft beispielhaftes oder besonders wichtiges Unternehmen, BGH WM **82**, 560. Vgl auch BGH NJW **98**, 3349 (FAZ, § 3 aF UWG) „**Allgemeine deutsche**" ist schwächer als „deutsch" in Alleinstellung und für größte (reine) deutsche SteuerberatungsGes zulässig, BGH WM **82**, 561. **National:** grundsätzlich wie „deutsch", Staub/Hüffer 60. „**Nord-Süd**" kann als Hinweis auf die ganze BRD verstanden werden, s Rn 23.

D. „**Europäisch**" uä: nach Größe und Marktstellung entsprechend den An- 26
forderungen des europäischen Marktes, aber europäisches Niederlassungsnetz ist unnötig, BGH **53**, 339 (Euro-Spirituosen), DB **72**, 282 (WZ), NJW **97**, 2817, Stgt WRP **91**, 527, Hamm WRP **91**, 498. „Europa" auch möglich bei besonderer Beziehung zur EG oder als Hinweis auf Erfolge europäischer Zusammenarbeit, DIHT BB **67**, 1100. S auch Kln BB **66**, 1247, Oldbg BB **68**, 312, Hamm BB **73**, 1042 („EUROP-AIR", Assoziation ua mit SWISSAIR), LG Mü WRP **76**, 797 („EURO frisch Markt"). Die Rspr zu „Euro" uä wird zT als zu restriktiv empfunden (RegE HRefG). Tatsächlich ist „Euro" heute bei Firmierungen und Geschäftsbezeichnungen (nicht nur Warenzeichen) sehr verbreitet und in seiner Bedeutung verblasst, vgl Hamm Rpfleger **92**, 203, Kblz NJW-RR **93**, 228. Weniger anspruchsvoll bereits BGH NJW **97**, 2817: genügend in überschaubarem Markt schon verhältnismäßig kleines Unternehmen, europaweiter Versand auch ohne Auslandsniederlassung. Zu berücksichtigen sind Geschäftsgegenstand, jeweiliger Markt und Vertriebsart. „**International**" oder „inter" weist auf nicht unbedeutende (eigene) Auslandsaktivität sowie entspr Größe und internationale Bedeutung hin, BayObLG NJW **73**, 371 („interhandel"), Stgt NJW-RR **87**, 101 („Intermedia"). Internationale Geschäfte, Anschluss an internationale Vermittlernetze und internationales Gehabe reichen allein nicht. Anders, wenn nur die Tätigkeit (zutreffend) beschrieben wird, zB „Internationale Spedition". „**EG**" weist auf besondere Stellung oder Geschäftsbeziehungen innerhalb der EG hin, Hamm WM **91**, 1953. „**Kontinent**", ebenso „**Conti**": BGH BB **79**, 1212. „**Welt**": BB **66**, 1246.

E. **Historische Hinweise:** „Alt-Schöneberg" (Apotheke) nicht irreführend, 27
weil kein definierbares Alt-Schöneberg mehr besteht (andersgwo gilt anderes), so AG Bln-Charlottenburg BB **68**, 312. „Königlich bayerische Bierbrauerei" nur bei entsprechendem Alter und Beziehung zum früheren Königshaus, BayObLG MDR **81**, 321. „Manufaktur" s Rn 33.

7) Hinweise auf Art des Betriebs

A. **Hinweise auf geschützte Bezeichnungen:** Speziell geschützt, daher 28
außerhalb der gesetzlichen Zulassung unverwendbar, sind ua die Bezeichnung „**Bank**", „**Bankier**", „**Sparkasse**" ua (§§ 39 ff KWG, s **(7)** Bankgeschäfte Rn A/54), Ffm WM **82**, 603 (abschließende Aufzählung); „**Kapitalanlagegesellschaft**", „**Invest**" uä (vgl § 3 InvG), BayObLG BB **83**, 1494, WM **84**, 1569; „**und Partner**" uä s Rn 22); „**Unternehmensbeteiligungsgesellschaft**" (§ 20 UBGG); **Architekt, Arzt, Rechtsanwalt, Wirtschaftsprüfer;**

Steuerberater, Steuerbevollmächtigter, BGH **79,** 396, **103,** 356, Lohnsteuerhilfe(verein), Ffm BB **79,** 1117, usw. „**Buchführung**" kann auch auf die für Steuerzwecke erforderlichen Abschlussarbeiten hinweisen, dann ohne Befugnis zur Steuerberatung unzulässig, Düss BB **83,** 399. Nicht, wenn Anschein solcher Tätigkeit ausgeschlossen ist, zB „Bank" bei Verlagen oder Zeitschriften (§ 41 KWG).

29   B. **Hinweise auf Marktstufe:** „**Fabrik**", „**Fabrikation**" (schwächer als „Fabrik"), „**Industrie**" sind zulässig für industriellen (nicht handwerklichen, vgl § 1 Rn 26), kfm Herstellungs-(nicht Handels-, idR auch nicht nur Montage-) Betrieb, Hamm BB **54,** 977, Celle BB **66,** 1244. „**Werk**" (stärker als „Fabrik") idR für großindustriellen Betrieb, Ffm BB **65,** 803, Hamm BB **68,** 311 also zB maschinelle Anlagen, Großtransportanlagen, größere Arbeiterzahl, speziell eingerichtete Räume; aber auch ohne Großbetrieb, falls das Unternehmen den Durchschnitt seiner Branche größenmäßig überragt, Stgt BB **81,** 1670; anders kraft Übung in der Holz-, Erden-, Stein-Industrie (zB „Sägewerk", „Marmorwerk", wohl auch „Hammerwerk"), RG GRUR **37,** 718, KG JFG **3,** 176, Celle BB **52,** 125, Karlsr BB **57,** 165, Stgt BB **81,** 1670, LG Mannh BB **62,** 387, AG Cloppenburg, BB **63,** 327; nicht „Halbmetallwerk", LG Aachen BB **64,** 1144. Mehrere kleine Betriebsstätten sind nicht ein „Werk", LG Aachen BB **64,** 1144. Zulässig Mehrzahl „Werke" für mehrere selbstständig arbeitende, zentral geleitete Werke, Oldbg BB **62,** 387. Zulässig werden jene Bezeichnungen wohl auch, wenn durch Mitnennen der Erzeugnisse Täuschung ausgeschlossen ist, Ffm BB **59,** 467 („Fabrikation feiner Fleisch- und Wurstwaren Wilhelm X" für ins Handelsregister einzutragenden Metzger), Oldbg BB **58,** 929 („Motorinstandsetzungswerk"). Zugehörigkeit zum Handwerk iS HdwO (vgl § 1 Rn 26) schließt nicht notwendig die Bezeichnung „Werk", „Fabrikation" uä aus, vgl Karlsr BB **59,** 900; „Versicherungs-Dienst für das deutsche Handwerk" nur bei entsprechendem Betriebsvermögen und Verkehrsgeltung, Düss NJW-RR **93,** 297; „Elektrizitätsgesellschaft" weist auf Stromerzeugung hin, Hamm BB **59,** 900. „**Chemie**", „Basis-Chemie" können auch kleine Betriebe verwenden, Neust WRP **62,** 410. „**Hersteller**", nicht wenn (mehr als geringfügiger) Vertrieb fremder Produktion, RG GRUR **40,** 585, BGH GRUR **57,** 349. „**Herstellung und Vertrieb**" verlangt mindestens gleichgewichtige Eigenherstellung, BGH DB **76,** 143. Zusatz (zu GmbHFirma) über die Vertriebstätigkeit (Herstellung oder Vertrieb) ist nur bei Täuschungsgefahr nötig, BGH NJW **82,** 2446. „**Großhandel**"/„**Großhandlung**": weist nicht auf den Geschäftsumfang, sondern auf die Handelsstufe hin, KG JW **30,** 1409, wohl auch noch nach HRefG, aA Ko/Ro/Mo/Roth 12 f, setzt kein besonders großes Warenlager voraus und kann auch bei nur kleinem Großhandels-Anteil am Umsatz (zuletzt 4,2%) gebraucht werden, wenn zugleich auf den Einzelhandel hingewiesen wird, Hamm NJW **63,** 863. (Schuh-)„Großhandlung" ist zulässig trotz kleinem (6%) Direkt-Einzelhandel und trotz bedeutendem Verkauf an eine Einkaufsgenossenschaft und Weiterverkauf für diese an ihre Mitglieder, Karlsr BB **64,** 574. Vgl BGH BB **68,** 685 (§ 3 aF UWG, nicht Firma): GroßHdlGeschäft mit Einzel-, insbesondere Versandhandel darf sich gegenüber FacheinzelHdl und Letztverbrauchern nicht nur GroßHdlUnternehmen nennen, BGH BB **74,** 150 (§ 6 a II aF UWG). „**Großmarkt**" war bisher unzulässig für Einzelhandelsunternehmung, verblasst aber; „Markt" weist dagegen nicht auf Vertriebsform hin, s Rn 30.

30   C. **Hinweise auf Größe und Bedeutung:** „**Börse**" verlangt gewisse Größe und idR Käufer- und Verkäufermehrheit, mindestens Erfassung eines wesentlichen Teils des Marktes am Ort, Darmstadt, Ffm, Zweibr BB **60,** 1245, **68,** 311 („Auto-Börse", „Schmuck-Börse"), Ffm Rpfleger **81,** 306 („internationale Flugbörse"); seit einiger Zeit verliert der Begriff aber seine ursprüngliche Bedeutung

("Krawatten-Börse", "Schuh-Börse"), Bokelmann GmbHR **83,** 238. **"Center"** bezeichnete ursprünglich Unternehmen mit Vorzugsstellung am Platze, sei es an Kapital und Umsatz, sei es mehr durch Breite des Angebots und Kundendienst (Rspr s 27. Aufl), hat aber inzwischen seine Bedeutung nahezu völlig verloren. Keinen Hinweis auf ein seine Mitbewerber überragendes kapital- oder umsatzstarkes Unternehmen beinhalten zB Garten-, Möbel-, Teppich-, Fitness-, (Tank-)Service-, Buchcenter; das ist aber für jede Branche besonders festzustellen, BGH NJW **87,** 63, offen zB für Küchencenter. "HdlZentrum" für EinzelHdlUnternehmen verlangt Angebot im Wesentlichen aller Waren des täglichen Bedarfs, Düss WRP **82,** 224. "Rechenzentrum" ist bloße Branchenbezeichnung ohne Größe oder Bedeutung. **"DM":** unzulässig. **"Erste"** ist idR doppeldeutig (beste oder älteste; Klarstellung, zB "Älteste", ist empfehlenswert), bei ersterer Bedeutung kann die Firma auch später noch täuschend werden; vgl BGH **LM** § 3 UWG Nr 21 (Erste Kulmbacher). **"Haus"** ist jedenfalls herkömmlich je nach Wortverbindung **entweder a)** nur Wortteil ohne Aussage über Größe und Bedeutung, zB Gasthaus, Leihhaus, **oder b)** Behauptung überdurchschnittlicher **Größe** oder Bedeutung im Geschäftszweige am Ort, zB Möbelhaus BGH WM **80,** 41, WRP **82,** 410, Kaufhaus, Kunstauktionshaus, Einrichtunghaus; Werbehaus und erst recht "Das Werbehaus", LG Bln BB **64,** 572; für Autohaus Ffm BB **66,** 1242, vgl auch BayObLG NJW-RR **88,** 617; Kombination von "Haus" und Ortsname ("Bürohaus X-Stadt") nur für das führende Unternehmen am Platz (s Rn 23), aber nicht schon wenn ohne Konkurrenten das Einzige dort, sondern nur bei herausragender Stellung im Kundeneinzugsgebiet (brancheninterner, notfalls -externer Vergleich), BayObLG BB **90,** 2357; **oder c)** nur Anzeige der **Spezialisierung** auf die genannte Gattung ohne Behauptung besonderer Größe oder Bedeutung, so heute regelmäßig ua für Artikel des täglichen Bedarfs und Breitenkonsums, zB Schuh-, Blumen-, Zigarren-, Reformhaus; Celle BB **63,** 325 (Süßwarenhaus), Karlsr BB **63,** 746 (Fernseh-Haus), KG BB **63,** 1396 (Tonbild- und Elektrohaus), Oldbg BB **68,** 310 (Haarhaus Grenzland), Hamm BB **69,** 1195 (Textilhaus); teils abw ältere, strengere Rspr. Der DIHT verlangt (außer für Blumen-, Zigarren-, Reform-, Kräuterhaus) ein (voll)kfm Geschäft mit idR überortsdurchschnittlicher Sortimentsbreite, Verkaufsfläche, Umsatzgröße, idR auch fachlich besonders geschultes Verkaufspersonal (außer bei Selbstbedienung) und je nach Brancheneigenart überdurchschnittliche Aufmachung, dagegen nicht örtlich führende Stellung, BB **69,** 418. Auch im Fall c) muss der Betrieb (voll)kfm sein, Oldbg BB **53,** 716, Hamm BB **54,** 784, KG BB **63,** 1396. Huthaus, und Haus der Hüte (stärker), Einrichtungshaus, Kaufhaus, s LG Siegen, Wuppertal, Siepen, IHK Mü BB **60,** 158. Mehrheit von Filialen fällt nicht ins Gewicht, wenn sie dem Publikum am einzelnen Platz nicht erkennbar ist, LG Göttingen BB **61,** 501. "Autohaus" weist nur auf Spezialisierung hin, str, aber zweifelhaft bei bloßem oder überwiegendem Gebrauchtwagenhandel, bei beinahe ausschließlichem Werkdienstwagenverkauf, BayObLG NJW-RR **88,** 617. "Tankhaus" nicht ohne Aufenthalts- und Ruheräume, Celle BB **62,** 386, fraglich geworden. Die Bedeutung von "Haus" verblasst mehr und mehr. **"Hof":** je nach Branche verschieden, "Weinhof" (meist Herkunftsbezeichnung), wie "Weingut" s Rn 23, 33, anders in Nichtweingebiet; "Autohof", zulässig auch bei größerer Tank- und Raststelle. **"Klinik"** erfordert eine gewisse personelle und apparative Ausstattung, Stgt WRP **91,** 528 (§ 3 aF UWG). **"Kontor":** im Binnenland idR nur bei größerem Betrieb, anders bei anderer Tradition uU in Hafen- und Hansestädten. **"Markt"** bedeutet übliches EinzelHdlGeschäft mit gewisser Größe und Angebotsvielfalt, BGH WM **83,** 1319; Selbstbedienung ist nicht notwendig; herkömmlich nur für Waren, für Dienstleistungen bei entsprechender Auswahl aber nicht schlechthin ausgeschlossen, zB "Friseurmarkt" bei sehr großem Friseurladen und breiter Frisierartikelauswahl, str. **"Supermarkt":** heute auch Einzelhandelsbetrieb, aber mit großem Food- und zusätzlichem Non-food-

Angebot und großer Verkaufsfläche und mit überwiegender Selbstbedienung. "Verbrauchermarkt": Einzelhandelsbetrieb mit sehr großem (Food- und Nonfood-)Angebot und sehr großer Verkaufsfläche mit großer Kundenparkplatzfläche. "Großmarkt" war bisher unzulässig für Einzelhandelsunternehmung, verblasst aber (s Rn 29). **"Marktführer":** bei Presse iZw verkaufte Auflage, nicht Reichweite, BGH **156,** 250. **"Palast":** größerer Betrieb, Stgt JW **33,** 1473. **"Preis":** "Preiswert", uU nur zulässiger Hinweis auf Billigware; "Minipreis", nicht eintragungsfähig, da von jeweiliger Kalkulation abhängig. **"Supermarkt"**, **"Verbrauchermarkt"** s Markt. **Werbesprüche** als Firmenzusatz waren früher idR unzulässig, nach Zulassung von Phantasiefirmen durch HRefG großzügiger. **"Zentrale"**, **"Zentrum"**, s Center.

31   D. **Hinweise auf Vereinigung:** "Gruppe", "Pool", "Ring", "Team", "Union", "Verband", "Verbund", "Vereinigte" wiesen ursprünglich auf bedeutendere Vereinigung rechtlich selbstständiger Mitglieder hin. Heute ist die Bedeutung einer besonderen Kapitalkraft und gewissen Größe fast durchweg verblasst, MüKo/Heidinger § 18 Rn 160. Übrig geblieben ist aber die Bedeutung eines Hinweises auf eine Vereinigung. **"Sozietät":** Zusammenschluss von Freiberuflern (s Rn 35) in Form einer Ges oder Gemeinschaft, vor allem von Rechtsanwälten, Notaren uä; mindestens zwei, aber nicht unbedingt mehrere Berufsangehörige in Ges oder Gemeinschaft, wohl nicht nur einer mit nur angestellten Berufsangehörigen. **"& Kollegen":** mindestens zwei weitere Kollegen, vgl BGH NJW **07,** 3349 (Anwaltskanzleibriefkopf), BVerfG NJW **08,** 502; **"Team"** verlangt mindestens zwei an der Tätigkeit Beteiligte, nicht notwendig als Gfter; bloße Kapitalberstellung des einen reicht uU nicht aus. **"Union":** Herkömmlich idR kapitalkräftige Verschmelzung oder sonstige rechtsfähige Verbindung mehrerer Unternehmen (zB Stahl-Union, Textil-Union); so auch wenn vorangestellt (zB Union-Textil), anders ua bei Etablissementsbezeichnungen (zB Union-Theater), DIHT BB **67,** 1100, aber zwischenzeitlich verblasst. **"Verband"**, **"Verbund"** ist, wenn nicht schon lang geführt und darum nicht mehr irreführend, idR für einzelne Unternehmen unzulässig. **"Vereinigte"** ist mangels wirklicher Zusammenfassung von Unternehmen der bezeichneten Art unzulässig, RG **166,** 242.

32   E. **Hinweise auf Spezialisierung und Branchen:** Die bisherige Rspr nahm im Hinblick auf die Unzulässigkeit von Sachfirmen für EinzelKflte und PersonenhdlGes Hinweise auf Spezialisierung und Branchen recht genau. Die diesbezüglichen Firmenzusätze durften nicht über die Geschäftstätigkeit des Kfm hinausreichen. Das HRefG, das Sachfirmen allgemein zugelassen hat, dürfte insoweit zu einer Lockerung im Firmenrecht führen (s auch Rn 14, 15), Priester DNotZ **98,** 698. **"Fachgeschäft"**, **"Spezialgeschäft"** verlangt nach wie vor besondere Leistung im Fach, Stgt BB **74,** 196 ("Küchenspezialgeschäft"), nicht bloße Spezialisierung, sondern breit gefächertes Angebot und fachkundige Beratung, Kblz WRP **82,** 45 ("Hörgeräte-Fachgeschäft", § 3 aF UWG). Verbindung des Namens mit **Warenbezeichnung** (Leder-Schulze) bezeichnet ein auf die Ware wirklich spezialisiertes Unternehmen, Gutachtenausschuss für Wettbewerbsfragen BB **53,** 156, Karlsr BB **66,** 1249 (Möbel-Meier), aber ohne besondere Qualität des Angebots ohne günstige Verwendungsmöglichkeit, BGH BB **67,** 182 (zu § 3 aF UWG, "Spezialsalz") "Fachdrogerie", aber auch nur Drogerie unzulässig für Gemischtwarengeschäft mit einigem drogistischem Sortiment, LG Aachen BB **68,** 439.

33   **Kasuistik:** "Agentur" setzt Tätigkeit für fremde Rechnung voraus, bloßer Verkauf auf eigene Rechnung (zB beim Streckengeschäft, Überbl 27 vor § 373) genügt nicht. **"Anlageberatung"** setzt Tätigkeit im Kundeninteresse (§ 347 Rn 23) und gewisse Breite der Beratungspalette voraus, also täuschend bei bloßem Absatzinteresse oder nicht offengelegter Beschränkung auf eine Anlagenart,

zB bloße Versicherungsvermittlung, so uneingeschränkt auch noch nach HRefG. „**Bank**" s Rn 28. „**bau**" ist für Baustoffhandel unzulässig, Hamm DB **74**, 868. „**Bauhaus**" weist auf das berühmte Bauhaus von Gropius (Architektur, Design, bildende Künste) hin. „**Börsenmakler**", „**Broker**": „introducing broker" nur bei Zulassung zum Börsenhandel in Deutschland oder den USA, Düss NJW-RR **92**, 171. „**Buchführung**" s Rn 28. „**Diskont**" (Discount)-Haus, -Geschäft uä setzt deutlich niedrigeren Preis als im konkurrierenden Einzelhandel bei grundsätzlich allen Artikeln, nicht nur im Gesamtniveau voraus, BGH BB **71**, 144. „**Fern-Lotto**" ist unzulässig, wo nur Lose vertrieben werden, KG NJW **55**, 1927. „**Finanzierung**" uä unzulässig bei bloßer Finanzierungsvermittlung, Ffm AG **80**, 82, LG Düss BB **79**, 905, AG Rotenburg, AG Hbg BB **77**, 462, 1116, LG Nürnb-Fürth Rpfleger **96**, 252, sowie bei untergeordnetem, genehmigungsfreiem Kreditgeschäft, AG Wuppertal BB **79**, 391; Begriff verliert aber zunehmend an Kontur. „**Bau und Finanz**" unzulässig bei bloßer Grundstücks- und Kapitalvermittlung, AG Oldbg BB **68**, 312; Übersicht Dürr ZIP **82**, 1067. „**Invest**" s Rn 28. „**Kanzlei**" s Rn 17. „**Kredit**", „**City Credit**", „**prokredit**" ist bei bloßer Darlehensvermittlung irreführend, Düss BB **79**, 1788, Kln BB **80**, 652; ebenso „Kredit-Dienst, Institut für Geldbeschaffung", LG Düss BB **80**, 697; nach HRefG fraglich. „**Laden**" in „Kinderladen" ist zu allgemein, wo nur Kleidung, nicht anderer Kinderbedarf angeboten wird, AG Oldbg BB **64**, 1144. „**Lager**" (ähnlich „**Hof**", „**Magazin**", „**Speicher**") behauptet überdurchschnittliche Lagerhaltung, die ua billigeren Verkauf ab Lager erwarten lässt, und war herkömmlich grundsätzlich Großhandel und Fabriken vorbehalten, dem Einzelhandel versagt, RG **156**, 20, Neust BB **63**, 326, LG Oldenbg BB **64**, 1143, DIHT BB **68**, 439, anders bei bloßen Werbeanzeigen, dann selbst bei „Großlager", Hbg WRP **68**, 119 (§ 3 aF UWG); Hinweis auf Großhandel hat sich indessen heute weitgehend verflüchtigt, zB „Weinlager" zulässig auch für Endverbraucher. Vgl auch BGH DB **73**, 2509 („Lager" in verschiedenen Werbeangaben). „**Lohnsteuerhilfe**" s Rn 28. „**Manufaktur**" bedeutet herkömmlich Produktionsstätte mit Herstellung wesentlich durch Menschenhand, KG GRUR **76**, 640, doch verflüchtigt sich dies zunehmend, vgl BayObLG Rpfleger **84**, 103, **85**, 677; „Porzellan- und Glasmanufaktur" nur bei Tradition und eigener Herstellung, nicht bloßer Bearbeitung, BayObLG Rpfleger **85**, 240. „**Marketing**": bloße Verkaufsförderung ohne präzise Bedeutung. „**Mehrwert**" soll für viele bedeuten: billiger als jede Konkurrenz, vgl BGH BB **73**, 60; heute so nicht mehr. „**Selbstbedienung**", BGH NJW **70**, 1545, vgl auch BGH BB **73**, 60. „**Seminar**" s Rn 35. „**Stadt-**" mit Unternehmen, zB Stadtbrauerei, kann auf (frühere) Trägerschaft der Stadt oder besondere Verbindung zu ihr oder doch auf alteingesessenes Unternehmen hinweisen, entscheidend ist aber die zu ermittelnde Verkehrsanschauung, BayObLG NJW-RR **87**, 1520 („Stadtbäckerei"). „**Studio**", heute abgegriffen ohne besonderen Gehalt, Stgt NJW-RR **87**, 739 für Ladengeschäft, aA noch BayObLG NJW **72**, 166 für Modestudio. „**Unternehmensberatung**" deutet auf umfassende betriebswirtschaftliche Beratung hin. „**Vermögensberatung**" s „Anlageberatung". „**Weingut**" (s Rn 30 „Hof") nur bei eigenem Anbau und Ausbau mit eigenen Kellern, Zukauf ist problematisch; „**Weinkellerei**" setzte bisher Weinausbau, -abfüllung und -handel voraus, nach HRefG nicht mehr haltbar. „**Wert-**": soll Angebot besonders wertvoller Artikel bedeuten, Hamm NJW **68**, 2381 (Wertfoto), heute veblasst. „**Wirtschaftsberatung**" wie Unternehmensberatung.

F. **Hinweise auf Amtsstellung**: „**Stelle**" weist auf amtliche Aufgaben hin, jedenfalls in Verbindung mit öffentlich bewirtschafteten Gütern, KG DR **42**, 731, erst recht „**Polizei**", Ffm WM **83**, 1372, anders „Polizeisport", Hamm Rpfleger **81**, 404; auch **Provinzial**-Molkerei, KGJ **22**, A 100, ähnlich „Schädlingsbekämpfungsdienst Sachsen-Anhalt W.J.", KG DR **42**, 1501. „**Kammer**":

§ 18 35 I. Buch. Handelsstand

„Europäische Handelskammer Gesellschaft", Hamm WRP **91,** 497, **92,** 354 (zu § 3 aF UWG). **„Kirchlich"** verweist auf persönliche oder organisatorische Verbindung zu einer Kirche, LG Bremen BB **61,** 501 (Kunstverlag); Namensschutz für „katholisch", BGH **124,** 173. **„Stadt"** kann auf städtische Stelle, zB Stadtbücherei, oder besondere Tradition hinweisen, zB Stadtbäckerei. **„Stiftung"** ist zulässig in „X-Stiftung GmbH", weil hier die Rechtsform klar ist, Stgt BB **64,** 1145; entspr für OHG und KG, nicht für EinzelKfm. **„Unfallversorgung** deutscher Ärzte- und Zahnärzte-VersicherungsvermittlungsGmbH" ist unzulässig, ua weil eigenes Versicherungsunternehmen angedeutet ist, trotz Hinweis auf Vermittlung und trotz Unzulässigkeit von Versicherungsunternehmen als GmbH (§ 7 VAG), BGH BB **68,** 314.

35   G. **Hinweise auf Titel und Berufsqualifikationen:** geschützte Bezeichnungen s Rn 28. Phantasie-"**Adels**"-Name (oder von ausgestorbener Familie) ist zulässig bei Vermeidung des (falschen) Scheins echter Tradition und des Scheins früherer Inhaberschaft eines Trägers des Namen (Sektkellerei) „Graf S", Inhaberin X, gegründet 1957), Neust MDR **63,** 138. **„Akademie"** (zB für praktische Betriebswirtschaft) deutet auf Besucher- oder Mitgliederförderung als Selbstzweck, nicht Mittel der Gewinnerzielung, auch bei Zusatz „GmbH", Bremen BB **71,** 1258 (dahingestellt, ob auch Hinweis auf öffentliche Aufsicht, die bei anerkannter Privatschule gegeben ist). **„Anstalt"** ist doppeldeutig, uU (schwacher) Schein öffentlicher Aufsicht; in diesem Fall ist auf Gewerbe hinweisender Zusatz nötig, zB Beerdigungsinstitut, im Einzelfall genügt auch Inhaberbezeichnung, so besonders wenn öffentliche wissenschaftliche Anstalt am Ort ist. **„Dipl-Ing"** in Geschäftsbezeichnung eines Ingenieurbüros, BGH BB **65,** 761; wie „Dr", BGH NJW **91,** 753. **„Dr"** setzt promovierten Inhaber oder UnternehmensGfter voraus, promovierter Geschäftsführer oder den betreffenden Unternehmenszweig überwachender leitender Angestellter kann im Einzelfall genügen, str, nicht aber nur promovierter Kdtist; kann ohne Fakultätsangabe täuschend sein, wenn wissenschaftliche Ausbildung auf dem Geschäftsfachgebiet angezeigt wird und solche fehlt, BGH **53,** 67, NJW **91,** 752; so auch für GmbH, BGH WM **92,** 504 (promovierter Strohmann), für diese großzügiger Riegger DB **84,** 441; auch nach Ausscheiden des Promovierten, wenn kein anderer Promovierter in der (Personalberatungs)GmbH eine maßgebliche Stellung einnimmt, anders bei Nachfolgezusatz (s Rn 21), Kln FGPrax **08,** 125; ausführlich Hönn ZHR 153 (**89**) 386. Dazu § 22 Rn 15 (Fortführung). **„Ingenieur-Büro"** (ohne Dipl) verlangt entsprechendes Personal, Ffm DB **72,** 1014; unzulässig bei überwiegend gewerblicher Tätigkeit, Stgt BB **73,** 909. „Ingenieurgesellschaft" verlangt nicht GfterStellung mehrerer Ingenieure, Hamm Rpfleger **97,** 312. **„Institut"** impliziert häufig wissenschaftliche Arbeitsweise und öffentliche Grundlage, wenigstens Aufsicht, zT aber auch ohne diese Implikation, zB Heirats-, Beerdigungsinstitut, BGH NJW-RR **87,** 735, auch Finanzierungs-, Schönheitsinstitut. Unzulässig zB „Verkehrs-Institut" für Fahrschule, BayObLG BB **68,** 313, „Regioplan-Institut für Strukturanalyse", LG Bln BB **68,** 313; „Institut für physikalische Therapie" bei zwei Masseuren und medizinischen Bademeistern, Düss WRP **77,** 796 (§ 3 aF UWG); sogar Institut bei einfachem Facharzt, Düss WRP **76,** 319 (§ 3 aF UWG). Rechtsformzusatz „GmbH" beseitigt Täuschungsgefahr, BayObLG BB **85,** 2269 gegen frühere Rspr. Besonders leicht irreführend an Hochschulort, AG Mannh BB **62,** 388, etwa „Institut für steuerwissenschaftliche Information" bei Verein mit Sitz in Universitätsstadt, BayObLG NJW-RR **90,** 1125. **„Kanzlei"** weist auf Rechtsanwälte hin. **„Kolleg"** für kein private Heilpraktikerausbildungsstätte täuscht, BGH WRP **83,** 489. **„Meister"** wohl ähnlich wie „Dr" zu behandeln, abw KG JW **36,** 1684. **„Professor":** auch wenn im Ausland erworben, nicht ohne weiteres irreführend, BGH **118,** 53. **„Revisionsgesellschaft"** nicht, wenn kein Wirtschaftsprüfer

3. Abschnitt. Handelsfirma **§ 19**

beteiligt oder beschäftigt ist, Düss BB **76**, 1192, unzulässig für Steuerberatungs-Ges, Ffm NJW **80**, 1758, DB **81**, 1186. „**Seminar**" weist auf Wissenschaft (Bereich oder Methoden) hin, also täuschend mangels solchen Bezugs und ohne Klarstellung der gewerblichen Tätigkeit. „**Sozietät**" nur bei freiberuflicher Tätigkeit (zur Notwendigkeit mehrerer s Rn 31). „**Technik**": gehobenes technisches Wissen bei Planung und Ausführung der Arbeiten; höhere Qualifikation als die eines „Büromaschinenmechanikers", LG Oldbg BB **76**, 153, Ffm BB **81**, 1669, DIHT-LS **81**, 2090. „**Treuhand**" weist auf Besorgung fremder Vermögensangelegenheiten im eigenen Namen und entsprechende Qualifikation hin, Ffm OLG **80**, 294, BayObLG BB **89**, 727; täuschend bei Tätigkeit auch für eigene Rechnung; täuschend bei Tätigkeit nur in erlaubnisfreien Bereichen, also ohne klassische Treuhandtätigkeit (Vermögensverwaltung, Beratung), anders bei klarstellendem Zusatz, zB Immobilientreuhand bei An- und Verkauf von Grundstücken für Auftraggeber. Nicht bei reinen Hdl-, Vertreter- und Kundendiensttätigkeiten, DIHT-LS BB **81**, 2090. „**Uni**" nur bei rechtlicher, betrieblicher oder enger örtlicher Beziehung zu Universität. „**Unternehmensberatung**" s Rn 33. Lit: Riegger DB **84**, 441 (Dr), Hönn ZHR 153 (**89**) 386.

8) Europäisches Firmenrecht, internationaler Verkehr

Das Irreführungsgebot des II gilt auch im europäischen und internationalen 36 Verkehr (§ 17 Rn 48). Auch die Firmierung von ausländischen Ges darf nicht irreführen. Die Anforderungen des I an die Eignung zur Kennzeichnung und Unterscheidungskraft gelten dagegen nicht ohne weiteres auch für ausländische Ges. Denn die Firma bestimmt sich herkömmlich nach dem Recht des Unternehmenssitzes, str, für AuslandsGes aus EU/EWR nach europäischem Recht nach dem Gründungsstatut. Näher § 17 Rn 48, 49.

[Bezeichnung der Firma bei Einzelkaufleuten, einer OHG oder KG]

19 (1) **Die Firma muß, auch wenn sie nach den §§ 21, 22, 24 oder nach anderen gesetzlichen Vorschriften fortgeführt wird, enthalten:**
1. **bei Einzelkaufleuten die Bezeichnung „eingetragener Kaufmann", „eingetragene Kauffrau" oder eine allgemein verständliche Abkürzung dieser Bezeichnung, insbesondere „e. K.", „e.Kfm." oder „e.Kfr.";**
2. **bei einer offenen Handelsgesellschaft die Bezeichnung „offene Handelsgesellschaft" oder eine allgemein verständliche Abkürzung dieser Bezeichnung;**
3. **bei einer Kommanditgesellschaft die Bezeichnung „Kommanditgesellschaft" oder eine allgemein verständliche Abkürzung dieser Bezeichnung.**

(2) **Wenn in einer offenen Handelsgesellschaft oder Kommanditgesellschaft keine natürliche Person persönlich haftet, muß die Firma, auch wenn sie nach den §§ 21, 22, 24 oder nach anderen gesetzlichen Vorschriften fortgeführt wird, eine Bezeichnung enthalten, welche die Haftungsbeschränkung kennzeichnet.**

Übersicht

1) Normzweck, Anwendungsbereich 1–3
   A. Normzweck 1
   B. Anwendungsbereich 2
   C. Übergangsrecht 3

2) Die Firma des Kaufmanns (I Nr 1) 4–10
   A. Zwingender Kaufmanns- bzw Rechtsformzusatz 4
   B. Personenfirma, Gleichnamige 6
   C. Sachfirma, Phantasiefirma 8

§ 19 1–4

3) Die Firma der OHG (I Nr 2) 11–18
  A. Zwingender Rechts- bzw Gesellschaftsformzusatz 11
  B. Personenfirma, Namenshergabe 13
  C. Sachfirma, Phantasiefirma 18
4) Die Firma der KG (I Nr 3) 19–23
  A. Zwingender Rechts- bzw Gesellschaftsformzusatz 19
  B. Personenfirma 21
  C. Sachfirma, Phantasiefirma 23
5) Die Firma der GmbH & Co (I Nr 3, II) 24–36
  A. Kennzeichnung der Haftungsbeschränkung (II) 24
  B. Die Firma der GmbH (§ 4 GmbHG) 31
  C. Die Firma der KG in der GmbH & Co (I Nr 3) 32
  D. GmbH und KG am gleichen Ort (§ 30) 36
6) Die Firma bei Umwandlung 37–41
  A. Umwandlung kraft Gesetzes (BGB, HGB) 37
  B. Umwandlung kraft Rechtsgeschäfts nach UmwG 38
7) Europäisches Firmenrecht, internationaler Verkehr 42

1) Normzweck, Anwendungsbereich

1 A. **Normzweck:** § 19 idF HRefG 1998. § 19 ist wie das Firmenrecht insgesamt Teil der Unternehmenspublizität, die dem Schutz des Geschäftsverkehrs bzw der Marktteilnehmer dient (§ 18 Rn 1). I–III nF verpflichten EinzelKflte und PersonenGes, auf ihre KfmEigenschaft bzw ihre konkrete Rechtsform hinzuweisen. Das ist Korrelat dazu, dass nunmehr neben der Personenfirma auch für EinzelKflte und PersonenHdlGes Sach- und Phantasiefirma sowie Mischformen zulässig sind. IV verpflichtet wie V aF zur Kennzeichnung der Haftungsbeschränkung bei der GmbH & Co. Geschützt wird dadurch das Interesse des Rechtsverkehrs an der Ersichtlichkeit der KfmEigenschaft und der Ges- und Haftungsverhältnisse bei PersonenGes (Transparenzgrundsatz, Informationsfunktion der Firma).

2 B. **Anwendungsbereich: I** regelt die bei EinzelKflten und PersonenHdlGes notwendigen Kfm- bzw Rechtsformzusätze. Für KapitalGes sind diese in den jeweiligen Sondergesetzen enthalten (§ 18 Rn 22). I ist entspr anwendbar auf die das HdlGeschäft fortführende Erbengemeinschaft (§ 1 Rn 37), sowie auf Stiftungen, Vereine, Gebietskörperschaften ua als Unternehmensträger (nicht, wenn sie nur Allein- oder MehrheitsGfter sind), K. Schmidt § 12 III 1 c (Firmierung s Rn 5). **II** schreibt für die OHG oder KG, bei der keine natürliche Person persönlich haftet (GmbH & Co und ähnliche GesFormen), einen die Haftungsbeschränkung kennzeichnenden Zusatz vor. I und II regeln damit die **Firmen nach HGB** und gelten anders als § 18 I und II (§ 18 Rn 2) nicht allgemeiner für alle Firmen auch außerhalb des HGB.

3 C. **Übergangsrecht:** Für bei Inkrafttreten des HRefG 1998 bereits eingetragene und zulässige Firmen von EinzelKflten und PersonenHdlGes gilt als Übergangsvorschrift **(1)** EGHGB Art 38 I, II (s dort), krit MüKo/Heidinger 44. Firmen von vor 1900 s **(1)** EGHGB Art 22 I.

2) Die Firma des Kaufmanns (I Nr 1)

4 A. **Zwingender Kaufmanns- bzw Rechtsformzusatz: a) Grundsatz:** Der (Einzel)Kfm muss die Bezeichnung „eingetragener Kaufmann", „eingetragene Kauffrau" oder eine allgemein verständliche Abkürzung dieser Bezeichnung, insbesondere „**e. K.**", „e. Kfm." oder „e. Kfr." enthalten (**zwingender Kaufmannszusatz, I Nr 1**; entspr zwingender Rechtsformzusatz für PersonenHdlGes, I Nr 2, 3, entspr für unternehmenstragende Erbengemeinschaft). Das gilt in jedem Fall, also bei Personenfirma ebenso wie bei Sach-, Phantasie- oder Mischfirma; aber noch nicht, wenn der Kfm zwar angemeldet hat, aber noch nicht eingetragen ist, Zimmer ZIP **98,** 2050, Ko/Ro/Mo/Roth 2, dann

3. Abschnitt. Handelsfirma **5, 6 § 19**

„Einzelkaufmann", „einzutragender Kaufmann" oä, aA Rö/Ammon/Ries 36: „e. K." sogar wenn er noch nicht angemeldet hat, dann aber §§ 29, 14; auch KapitalGes müssen vor Eintragung „i. Gr." (in Gründung) firmieren. Mit dem obligatorischen Hinweis auf die KfmEigenschaft wird eine klare praktische Grenzziehung zwischen den Firmen von EinzelKflten und den (heute auch firmenähnlichen) Geschäftsbezeichnungen von NichtKflten gewonnen, die als solche keine kfm Firma führen dürfen (§ 17 Rn 12, 13 ff).

b) Ausformungen: Die in I Nr 1 aufgeführten **Abkürzungen** „e. K.", 5 „e. Kfm." oder „e. Kfr." sind bloße Beispiele. Andere Abkürzungen sind zulässig, aber nur wenn sie allgemein verständlich sind. Auch Mischformen sind zulässig, zB Zusatz teils ausgeschrieben, teils abgekürzt. Die **Kauffrau** kann statt „eingetragene Kauffrau" auch „eingetragener Kaufmann" firmieren (offen RegE HRefG), einerlei ob im konkreten Fall, zB Branche, Diskriminierung objektiv zu befürchten ist oder subjektiv von ihr befürchtet wird. Sie braucht nicht auf die geschlechtsneutrale Firmierung „e. K." auszuweichen. Umgekehrt dürfte „eingetragene Kauffrau" bei einen männlichen Kfm irreführend sein. Der Begriff „Handelsfrau" (so Art 6–9 ADHGB) ist, da nicht mehr gebräuchlich, bewusst nicht gewählt (RegE HRefG) und dürfte auch in der Form „eingetragene Handelsfrau" nicht genügen. Der Hinweis auf **„eingetragen"** ist aus dem Vereins- und Genossenschaftsrecht geläufig (§ 65 BGB e. V.). „Registriert" steht „eingetragen" nicht gleich, unzulässig sind auch „reg." oder „r.", aA wohl Fezer ZHR 161 **(97)** 61. „E. K." oä auch für eingetragene Vereine ua (s Rn 2), dann zB „e. V. e. K.", Roth in Bayer-Stiftung S 41.

B. Personenfirma, Gleichnamige: a) Personenfirma: Wird eine Per- 6 sonenfirma gewählt, so muss diese auch nach dem HRefG den **Familiennamen** des Kfm enthalten, und zwar so, wie er im Personenstandsregister steht, KGJ 35 A 152, also auch Doppelnamen, KG OLG **41,** 192, Adelstitel (Art 109 WRV). Veränderung, Abkürzung oder andere Schreibweise ist unzulässig. Familien- und Geburtsnamen dürfen nicht als (nicht eingetragene) Doppelnamen geführt werden. Auch von der Eintragung abweichende eingedeutschte Schreibweise waren früher unzulässig, nach dem HRefG zutr großzügiger MüKo/Heidinger 58 f. Geringfügige Schreibabweichungen, zB Umlaute in internationaler Schreibweise, sind zulässig. Ausländische Namen in anderen Schriften sind lateinisch umzuschreiben. Ob der Familienname verständlich oder auch nur als solcher erkenntlich ist, spielt keine Rolle, BayObLG BB **73,** 1369 (Mesirca; § 18 Rn 4). Adjektivische Form des Namens ist zulässig, wenn er klar bleibt, „Herbert Meyersche Importenhandlung", vgl RG **119,** 201. Auch Setzung in Klammern ist zulässig, Staub/Hüffer 6, aA KG RJA **9,** 91, Heymann/Emmerich § 18 Rn 10, da täuschender Zusatz. Ein bestimmter Ort in der Firma ist für den Familiennamen nicht vorgeschrieben, Celle BB **90,** 302. Der Familienname kann auch in der ursprünglichen Firma in der Form eines Inhabervermerks (§ 18 Rn 21) geführt werden, da Firmenkern und Firmenzusatz grundsätzlich gleichwertig sind (§ 18 Rn 8), BayObLG **88,** 347, aA früher üL, aber solcher Inhabervermerk darf nicht Nachfolge vortäuschen, Nachfolgervermerk s § 18 Rn 21. Bei Wahl einer Personenfirma, also Führung des Familiennamens in der Firma, braucht **nicht der Vorname** und erst recht nicht der ausgeschriebene Vorname geführt zu werden. Doch können ein oder mehrere Vornamen in die Firma aufgenommen werden, auch in gegenüber Register abgekürzter Form, aA nach I aF „Joh.", BayObLG JW **28,** 2639, „Ed." statt „Eduard", BGH **30,** 291; das gilt aber nur, sofern nicht irreführend, also nicht „Heinz" statt wie im Register „Heinrich", BayObLG NJW **80,** 127, oder im Register nicht enthaltener Rufname. Das Irreführungsverbot kann auch der Aufnahme von anderen Vornamen entgegenstehen; wer als Hans A bekannt ist, darf nicht den zweiten Vornamen Fritz in die Firma nehmen, unter dem ein anderer A bekannt ist, KG DR **40,**

456. **Akademische Grade** können, müssen aber nicht in die Firma aufgenommen werden. **Decknamen** sind als alleiniger Name nicht zulässig, aber als Zusatz; es kann aber auch Phantasiefirma vorliegen (s Rn 10). **Pseudonyme** und **Künstlernamen** sind heute zulässig, Jung ZIP **98,** 682, aA BayObLG NJW **54,** 1934, sehr str, Grund: uU bessere Identifizierung als Familiennamen, Namensschutz, auch Phantasiename möglich. Gleiches gilt für **Decknamen,** MüKo/ Heidinger 66, Grund: auch Phantasienamen sind zulässig, (s Rn 10), aA KG HRR **39,** 93: nur als Zusatz. **Pächter** als Inhaber vgl § 1 Rn 30, § 22 Rn 25. Pächterzusatz ist nicht nur bei abgeleiteter, sondern auch bei neu eintragener Firma zulässig, X-Apotheke Pächter H, LG Nürnb-Fürth BB **77,** 1671. Bei **Ehegatten** ist der nach § 1355 BGB gewählte Name maßgeblich. Der Ehegatte kann seinen jetzigen Namen führen und auf seinen früheren Namen hinweisen, auch wenn dieser nicht gemeinsamer Familienname geworden ist, zB „Anna Müller geb. Schulze", Karlsr NJW **51,** 280, Stgt NJW **51,** 280. Er kann ihn aber auch als **Begleitname** führen, zB „Anna Müller-Schulze", aber nur bei amtlicher Annahme (§ 1355 BGB). Der Ehegatte darf nicht allein den (nicht zum gemeinsamen Familiennamen geworden) **früheren Namen** („Mädchenname", Name aus früherer Ehe, auch bei Mann) führen, Ausnahme § 21. Der überlebende Ehegatte darf als Vornamen seinen eigenen verwenden, zB „Witwe Anna X & Co", aber nicht den des Verstorbenen „Witwe Hans X & Co" für eine KG der Erben des Hans X. Früherer Name als Inhabervermerk s § 18 Rn 21. Bei **ehelicher Gütergemeinschaft** ist bei gemeinsamer Führung und Eintragung (§ 1 Rn 48) Zusatz „in Gütergemeinschaft" zulässig, aber (trotz möglicher Verwechslung mit OHG) nicht zwingend (Privatsache; vgl § 1560 BGB); ebenso „Eheleute" vor Namen in der Firma, BayObLG BB **91,** 1731.

7   **b) Gleichnamige:** Kflte gleichen oder ähnlichen Namens sind an der lauteren Verwendung ihres Namens nicht gehindert (für Marken § 17 Rn 11). Die Namensgleichheit darf jedoch nicht besonders hervorgehoben werden. Vielmehr ist umgekehrt die Verwechslungsgefahr (auch für Kflte an verschiedenen Orten, also über § 30 II hinaus) soweit wie möglich durch unterschiedliche Gestaltung der Firma, insbesondere durch verschiedene **Zusätze** zum Namen, auszuräumen. Diese Pflicht trifft uU beide Seiten, BGH **14,** 161 (Farina), NJW **86,** 58, BB **90,** 948, für zwei Konzernschwestern auch nach Ausscheiden aus dem Konzernverbund, Düss NZG **08,** 195, grundsätzlich aber den jüngeren Wettbewerber (**Prioritätsprinzip** unter Berücksichtigung realer künftiger Ausdehnungsmöglichkeiten), BGH NJW **51,** 520 (Luppy), NJW-RR **88,** 95; vgl auch BGH **150,** 82 (Hotel Adlon, Markenrecht, Einl 40 v § 1). Die Pflicht zur klarstellenden Zusätzen ist am ehesten dem zumutbar, der eine irgendwie geartete Änderung der bestehenden Kennzeichen vornimmt, BGH **130,** 149, stRspr, Prioritätsschädlich sind erst Änderungen, die die Unterscheidungskraft und Identität der Gesamtbezeichnung berühren, BGH **130,** 138. Kollisionen auf Grund Wiedervereinigung sind nicht nach Priorität, sondern durch umfassende Interessenabwägung wie unter Gleichnamigen zu lösen, BGH **130,** 134. Wer die Firma derart unterscheidend bilden muss, hat idR einen Spielraum für das Wie. Bei redlicher Namensführung auf beiden Seiten ist ein Rest von Verwechslungsgefahr hinzunehmen, BGH **4,** 103 (Farina), Kln NJW **84,** 1358 (Farina). Ein einmal angenommener und geführter Zusatz darf uU nicht gestrichen und durch Beifügung eines Bildzeichens ersetzt oder sonst geändert werden, BGH **14,** 161, WM **87,** 272. Bei sehr einprägsamen Nachnamen kann Unterscheidung durch alltägliche Vornamen ungenügend und außerdem ein unterscheidender Zusatz geboten sein, BGH NJW **51,** 520 (Luppy). Nicht genügt idR Unterscheidung durch andere GesForm und deren Bezeichnung („u. Co. KG"), BGH NJW **66,** 1813 m Anm Jansen. **Verwirkung** (§ 242 BGB) des Unterlassungsanspruchs ist möglich, im Einzelnen str, aber idR keine Erwirkung (§ 17 Rn 36–37, § 37 Rn 12). **Aus-**

nahmsweise ist die Führung des eigenen Namens in der Firma **verboten,** so wenn der Kfm missbräuchlich dessen Werbekraft ausnutzen will, die andere schufen, BGH **4,** 102 (Farina); bei „berühmtem" Namen (§ 17 Rn 32) uU auch in anderem Geschäftszweig, BGH BB **66,** 7 (Kupferberg, Sekt/Holz). Lit: Knaak 1979; Plaß WRP **00,** 40.

C. Sachfirma, Phantasiefirma: a) Gemeinsame Anforderungen: Sach- 8 firmen, Phantasiefirmen sowie Mischfirmen zwischen Personen-, Sach- und Phantasiefirmen sind seit dem HRefG auch für EinzelKflte zulässig. Auch Sach-, Phantasie- und Mischfirmen müssen aber zur Kennzeichnung geeignet sein und Unterscheidungskraft haben (§ 18 Rn 4 ff) und dadurch die Namensfunktion (§ 17 Rn 4 f) im geschäftlichen Verkehr erfüllen. Daran fehlt es bei Sachfirmen, die nur den Unternehmensgegenstand bezeichnen (s Rn 9). Die Abgrenzung der Firma eines EinzelKfm von anderen geschäftlichen Kennzeichen, zB Geschäftsbezeichnungen von NichtKflten (§ 17 Rn 13–15) ist infolge der Zulassung von Sach- und Phantasiefirmen schwieriger, aber wegen des auch für Sach-, Phantasie- und Mischfirmen zwingenden KfmZusatzes (s Rn 4) hinnehmbar.

b) Sachfirma: Eine Sachfirma kann anders als früher seit dem HRefG auch 9 von EinzelKflten geführt werden. Das früher für KapitalGes vorgeschriebene Entlehnungsgebot (aus dem Gegenstand des Unternehmens zu entnehmen, § 4 I 1 GmbHG aF, § 4 I 1 AktG aF) ist aufgehoben. Es kommt nur noch darauf an, dass die Sachfirma der tatsächlich ausgeübten Geschäftstätigkeit entspricht, also nicht irreführt, Rö/Ammon/Ries 17. Zur Unterscheidungskraft (§ 18 I bei Sachfirmen MüKo/Heidinger § 18 Rn 26 ff. Reine Branchen- bzw Gattungsbezeichnungen (§ 18 Rn 6), zB Bau, Gaststätte, Gebäudereinigung, Getränkehandel, Transport, sind auch unter I nF unzulässig, Grund: mangelnde Unterscheidungskraft, Freihaltebedürfnis, Irreführungsgefahr, MüKo/Heidinger 26, 69, Düss BB Beil 9/**71,** 15 („Stapler-Vermietung"), Hamm DB **77,** 2179 („Industrie und Baubedarf"), BayObLG BB **97,** 1707, aA Jung ZIP **98,** 682: verzichtbar wie bei Phantasiefirma. Bei breiter oder verschiedener Geschäftstätigkeit genügt eine zusammenfassende, schlagwortartige, umschreibende Angabe, MüKo/Heidinger 67. Noch zulässig „interhandel", BayObLG **72,** 388, fraglich. Unterscheidungskraft erlangen Gattungsbezeichnungen aber zB durch individualisierende Zusätze (§ 18 Rn 7), BGH WM **79,** 922, Oldbg BB **90,** 443, auch durch Gebiets- und Stadtangaben (§ 18 Rn 23).

c) Phantasiefirma: Sie kann ohne Entnahme aus dem Unternehmensgegen- 10 stand frei gebildet werden, also auch als Firmenkern, nicht nur wie bei früher als Firmenzusatz. Sofern unterscheidungskräftig (§ 18 Rn 6), können Phantasieworte, Abkürzungen, Branchenanleihen ua (Bspe § 18 Rn 4) zur Bildung der Phantasiefirma herangezogen werden. Auch vom Kfm bisher verwandte Geschäfts- und Etablissementsbezeichnungen (§ 17 Rn 12) können insoweit als Firma gewählt werden. Bspe: „Museum"-Gaststätte, „Falkenhof"-Hotel, „Adler"-Apotheke; „Bauhelf", vgl Neust NJW **62,** 2208 (abl, da keine Sachfirma), „Fluidtechnik" Stgt BB **74,** 756 (iErg schon als Sachfirma angesehen), „ParKoToi" (Parfümerie-, Kosmetik- und Toilettenartikel), vgl Stgt BB **74,** 756. Auch Buchstabenkombinationen sind zulässig, anders nach der Rspr, wenn im Verkehr ohne Sinn und nicht als Name verstanden, Celle DB **99,** 40 (bloße Buchstabenfolge), jedoch dürfte das nach der Liberalisierung durch das HRefG nicht mehr haltbar sein, MüKo/Heidinger 19, kritische Bspe: „o. K. e. K.", „fifty-one GmbH", „no name KG", „1 + KG", „i. GmbH", für Unzulässigkeit noch MüKo-ErgänzBd(1. Aufl)/Bokelmann 37, für Zulässigkeit MüKo/Heidinger 19. Jedenfalls können an sich nicht unterscheidungskräftige Phantasiegebilde wie Gattungsbezeichnungen Unterscheidungskraft durch individualisierende Zusätze, durch abweichenden Gebrauch und vor allem durch Verkehrsgeltung als Bezeichnung gewinnen (§ 18 Rn 7).

3) Die Firma der OHG (I Nr 2)

11 A. **Zwingender Rechts- bzw Gesellschaftsformzusatz: a) Grundsatz:** Die Firma einer OHG muss die Bezeichnung „offene Handelsgesellschaft" oder eine allgemein verständliche Abkürzung dieser Bezeichnung enthalten (**zwingender Rechts- bzw Gesellschaftsformzusatz, I Nr 2**). Anders als vor dem HRefG genügt nicht ein nur das GesVerhältnis allgemeiner andeutender Zusatz („& Co"), notwendig ist vielmehr die Angabe der konkreten Rechtsform wie schon seit jeher bei KapitalGes. Der Rechts- bzw GesFormzusatz ist auch dann vorgeschrieben, wenn wie bei Namensfirmen das GesVerhältnis bereits aus der Firma selbst erkennbar ist (RegE HRefG).

12 **b) Ausformungen:** Statt „offene Handelsgesellschaft" genügen auch **allgemein verständliche Abkürzungen** (bisher nicht ganz unstr), ohne dass verbindliche Abkürzungen oder deren Schreibweisen vorgeschrieben sind. Allgemein üblich sind zB „OHG" oder „oHG". Es genügen aber auch, da allgemein verständlich, obschon selten gebraucht, „OH" oder „oH", RegE HRefG, Hamm BB **65,** 806, MüKo/Heidinger 13, aA Staub/Hüffer 22. Auch Mischformen sind zulässig, zB „offene HG". Eine OHG aus A und B kann eine Personenfirma wählen und zB firmieren „A & B OHG", „A & Co OHG", „A & Gesellschafter OHG", „Gesellschaft A OHG", ggf „Gebrüder A OHG". Firma einer Dreipersonen-OHG aus A, B, C: zB „A, B, C OHG", „A & Co OHG"; auch „A, B & Co OHG", vgl BGH BB **75,** 1454 (zu § 4 GmbHG); auch „A & B OHG", App BB **88,** 777, aA unter I Fall 1 aF, weil ein Gfter fehlte, KG HRR **30,** 34. „Und Partner" ist der PartG vorbehalten (§ 18 Rn 22).

13 B. **Personenfirma, Namenshergabe: a) Personenfirma:** Die Personenfirma einer OHG muss den Familiennamen mindestens eines phG enthalten, Vorname ist nicht mehr erforderlich, aber zulässig (näher Rn 6). Eine Personenfirma ohne Personenbezug gibt es nach I Nr 2 nicht, stattdessen kann eine Sach- oder Phantasiefirma gebildet werden (s Rn 18), aA MüKo/Heidinger Vor § 17 Rn 54: entscheidend nur noch Eignung zur Irreführung (s Rn 16).

14 **b) Kaufmann als Namensgeber:** Dem Familiennamen steht beim Kfm die Firma gleich (Name des Kfm, § 17 I). Das gilt auch bei Erstgründung (sonst §§ 21 ff), wenn es sich um eine fortgeführte Firma mit einem anderen als dem Familiennamen des Kfm handelt, üL, aA KG HRR **39,** 93, BayObLG NJW **54,** 1933. Schwierigkeiten treten auf, wenn die Firma des Kfm in der OHG verwandt nicht mehr zutreffende Angaben enthält. Streichung der irreführenden Teile wurde früher nur in engen Grenzen für zulässig angesehen, zB Weglassung von Ortsangabe, MüKoErgänzBd(1. Aufl)/Bokelmann 48, Grund: Name muss unverändert übernommen werden (s Rn 6), sonst droht Irreführung eben durch Änderung, nach HRefG zutr großzügiger MüKo/Heidinger 79.

15 **c) Handelsgesellschaft als Namensgeber:** Noch größere Schwierigkeiten als beim EinzelKfm ergeben sich bei HdlGes als Namensgeber der OHG. Wie dort gilt, dass die Firma der HdlGes auch bei Erstgründung (sonst §§ 21 ff) zur Bildung der Personenfirma verwandt werden darf, einerlei ob es sich um eine Personen-, Sach-, Phantasie- oder Mischfirma handelt, str (wie oben Rn 14). Die Firma der HdlGes als phG ist nach herkömmlicher Meinung grundsätzlich **unverändert zu übernehmen**, Celle NJW **76,** 2022, zB „S. Glasstahlbetonbau Carl H. OHG und Co. KG", Neust NJW **64,** 1376, MüKoErgänzBd(1. Aufl)/Bokelmann 54. Das gilt **auch** für ihren **Rechtsformzusatz**, zB GmbH, BGH **62,** 226, **65,** 105, **71,** 354, Hamm BB **94,** 670; das gilt unabhängig davon, ob es sich um einen Fall von II (OHG oder KG ohne natürliche Person als haftender Gfter) handelt oder nicht, KG Rpfleger **89,** 25, Staub/Hüffer 65, MüKoErgänzBd (1. Aufl)/Bokelmann 55 (GmbH & Co, s Rn 32); nach dem HRefG liberaler MüKo/Heidinger 93: Verwendung der veränderten oder verkürzten

Firme einer Gfterin der OHG in deren Firma, außer bei Täuchungseignung (§ 18 II). Das Erfordernis der unveränderten Übernahme gilt nicht, wenn die so gebildete Firma zur Irreführung geeignet und damit unzulässig ist. Das ist, da im Verkehr allgemein bekannt, nicht der Fall zB bei GmbH & Co KG, GmbH & Co OHG, aber zB bei X-AG GmbH, vgl MüKo/Heidinger 102. Wie beim namensgebenden EinzelKfm treten auch bei der namensgebenden HdlGes Schwierigkeiten auf, wenn die Firma der HdlGes in der OHG verwandt nicht mehr zutreffende Angaben enthält (s Rn 14), vgl BayObLG NJW **73**, 372 (KG), zB Gebiets- und Stadtangaben, Sachbestandteile oder Größenmerkmale (§ 18 Rn 23 ff). Streichung der irreführenden Teile wurde früher nicht für zulässig erachtet (s Rn 14), Grund: Name muss unverändert übernommen werden (s Rn 6, 14), sonst droht Irreführung eben durch Änderung. Etwas anderes sollte nur in engen Grenzen zulässig sein, zB Weglassung von Ortsangabe (s Rn 14), Groß- und Kleinschreibung, Celle NJW **76**, 2022, Abkürzung des ausgeschriebenen Rechtsformzusatzes, Weglassung von Firmenbestandteilen wie „Verwaltungs-", „Betriebs-" „Geschäftsführungs-", BGH **80**, 353 (s Rn 33), zutr großzügiger MüKo/Heidinger 105. Ist die Firma der namensgebenden HdlGes ihrerseits abgeleitet, sind Änderungen schon deswegen nur sehr begrenzt zulässig, weil sonst die Firma nicht mehr als abgeleitete fortgeführt werden kann (§ 22 Rn 15 ff, § 24 Rn 4), MüKo/Heidinger 89.

d) Eignung zur Irreführung: Unzulässig ist eine Personenfirma immer **16** dann, wenn sie zur Irreführung geeignet ist (§ 18 II). IV aF, wonach die Firma der OHG und KG (anders als in einer nach §§ 22, 24 abgeleiteten Firma) keine anderen Namen als die der phG enthalten durfte, ist zwar entfallen (nicht für die PartG, § 2 I 3 PartGG). Aber der **Name eines anderen Gesellschafters** als des phG (A) in die Firma, etwa „A & B OHG", ist grundsätzlich irreführend (für die KG unter I Nr 3 str, s Rn 22), aA üL, MüKo/Heidinger 169 f, Heidinger DB **05**, 818. Das gilt auch für Zusätzen wie „& Söhne", „Geschwister" ua. Unzulässig ist „Louis B (Name des Vaters) Söhne", wo die Söhne neu gründen (Vortäuschen von Tradition), RG **156**, 365; laut RG **82**, 165 ist unzulässig „Kyriazi frères", wo außer Brüdern noch andere Gfter beteiligt sind, wegen Anscheins, sämtliche Gfter seien Brüder, jedoch fraglich, da nur zusätzlicher Haftender verschwiegen wird (aber s Rn 17), haltbar allenfalls wegen GfterEinfluss des nicht Genannten. Unzulässig ist dementsprechende die offene oder versteckte Aufnahme des **Namens eines Dritten**, auch etwa des Hintermanns oder Hauptgeldgebers, wenn der Verkehr wie dann idR annimmt, der Dritte sei Gfter oder Gfter gewesen, aA wohl Priester DNotZ **98**, 699. Ist letzteres klar ausgeschlossen, kann ausnahmsweise auch anderes gelten, Bsp: „A & B OHG, Gesellschaft zur Ausnutzung des X'schen Patents", Heymann/Emmerich 8 a, weitergehend R. Schmitt WiB **97**, 1119 f. Die Gestattung der Namensführung genügt dafür noch nicht, str. Nicht irreführend kann im Einzelfall auch die Aufnahme der Namen von lang verstorbenen Prominenten sein, aber nicht ohne weiteres Fantasienamen oder Namen von im Geschäftsleben unbedeutenden Personen, auch dann ist idR Irreführungseignung anzunehmen, aA MüKo/Heidinger 170, Heidinger DB **05**, 815. Auf jeden Fall unzulässig ist die unautorisierte Hereinname des Namens eines Dritten, zB eines bekannten Sportlers, Grund: schon firmenrechtlich wegen Irreführung, aber auch namensrechtlich (§ 17 Rn 5). Eintragungsfragen s § 107 Rn 1, § 143 Rn 2.

e) Bloße Namenshergabe: Ein Gfter darf auch allein zur Hergabe seines **17** Namens in eine Ges aufgenommen werden, auch ohne andere Leistung, auch wenn bereits das anschließende Ausscheiden vereinbart ist, BayObLG **77**, 180, zB früher GmbH in OHG zwecks Ermöglichung einer Sachfirma; das allein ist noch keine Irreführung. Unzulässig aber bei Missbrauch bzw Verstoß gegen §§ 1, 5 UWG, § 826 BGB, zB Aufnahme des Trägers eines bekannten Namens und

§ 19 18–22

Verwendung des Namens in der Firma derart, dass das Unternehmen mit einem (bestehenden oder früheren) anderen Unternehmen gleicher Bezeichnung und guten Rufs verwechselt werden oder als mit diesem verbunden oder als seine Fortsetzung erscheinen kann, RG **82**, 165 (Kyriazi, s auch Rn 16), DR **41**, 1949, BGH **4**, 98 (Farina).

18 C. **Sachfirma, Phantasiefirma:** Es gilt insoweit entsprechend das für EinzelKflte Gesagte (s Rn 8). Zulässig ist „artax" auch für AnwaltsPartG, BGH NJW **04**, 1651. Der zwingende Rechts- bzw GesFormzusatz ist bei diesen Firmen besonders wichtig. Sach- und Phantasiefirmen können nicht selten als Namensfirmen erscheinen, dann ist auf § 18 II zu achten. Umgekehrt soll als Phantasiefirma zulässig sein „Goethe & Schiller OHG", R. Schmitt WiB **97**, 1119 f. Die Verwendung „gemeinfreier" Namen von seit längerem verstorbenen Personen täuscht idR nicht über (frühere) GfterStellung, aber uU über besondere Beziehung zu diesen (s Rn 17), Jung ZIP **98**, 681.

4) Die Firma der KG (I Nr 3)

19 A. **Zwingender Rechts- bzw Gesellschaftsformzusatz: a) Grundsatz:** Die Firma der **KG** muss die Bezeichnung „Kommanditgesellschaft" oder eine allgemein verständliche Abkürzung dieser Bezeichnung enthalten **(zwingender Rechts- bzw Gesellschaftsformzusatz, I Nr 3).** Wie bei der OHG genügt nicht ein nur das GesVerhältnis allgemein andeutender Zusatz („& Co"), notwendig ist vielmehr die Angabe der konkreten Rechtsform.

20 **b) Ausformungen:** Statt „Kommanditgesellschaft" genügen auch **allgemein verständliche Abkürzungen** (bisher nicht ganz unstr), ohne dass verbindliche Abkürzungen oder deren Schreibweisen vorgeschrieben sind. In Betracht kommt vor allem: „KG". Auch Mischformen sind zulässig, zB „KommanditG", wohl auch „Komm-Ges". Die Firmierung „& Co" genügt zwar wie schon bisher für die Klarstellung der Haftungsbeschränkung nach II (s Rn 28), aber nicht mehr für I Nr 3 nF, da der dort vorgeschriebene Rechtsformzusatz fehlt. Näher bei **GmbH & Co KG** s Rn 29. Lit: Bokelmann MDR **79**, 188.

21 B. **Personenfirma: a)** Die Personenfirma einer KG muss wie die der OHG (s Rn 13) den Familiennamen mindestens eines Komplementärs enthalten, Vorname ist nicht mehr erforderlich, aber zulässig (näher Rn 6). Eine Personenfirma ohne Personenbezug gibt es auch nach I Nr 3 nicht, stattdessen kann eine Sach- oder Phantasiefirma gebildet werden (s Rn 23). Kfm und HdlGes als Namensgeber s Rn 14 f, bei GmbH & Co s Rn 33. Bloße Namenshergabe s Rn 17.

22 **b) Eignung zur Irreführung:** Unzulässig ist der Rechts- bzw Gesellschaftsformzusatz bei der KG ebenso wie bei der OHG (s Rn 16) in einer Form, die zur Irreführung geeignet ist (§ 18 II). Zu beachten ist weiterhin auch, dass durch die Aufnahme anderer Namen keine Irreführung entstehen darf (§ 18 II). Da die Firma der KG nicht mehr die Namen der phG enthalten muss (I Nr 3), ist die Hinzufügung des Namen von Kdtisten zu dem des phG zulässig; jedenfalls seit 1. 4. 2003 (s **(1)** EGHGB Art 38) kann dies vom Geschäftsverkehr nicht mehr ohne weiteres wie bisher als Hinweis auf einen phG angesehen werden (so zu IV aF BGH NJW **85**, 736: phG A mit Söhnen als Kdtisten durfte nicht „A & Söhne KG" firmieren, weil dies der Annahme verleitet, auch die Söhne seien phG; ebenso für „A & Geschwister KG"; „Familie K KG", Oldbg BB **92**, 2309), Saarbr ZIP **06**, 1772, MüKo/Heidinger 95, aA Kögel BB **97**, 796. Die Eignung zur Irreführung auch nach der vom Gesetzgeber ausdrücklich verfolgten Lockerung des Irreführungsverbots (§ 18 Rn 13) ist aber besonders festzustellen (§ 18 Rn 15). Jedenfalls nach einer Übergangszeit, die entsprechend **(1)** EGHGB Art 38 höchstens bis 31. 3. 2003 reichte, muss der Geschäftsverkehr aber den Wegfall von § 19 IV aF zur Kenntnis nehmen. Bis dahin drohte dem in der Firma genannten Kdtisten, der dadurch nicht zum phG wurde, doch eine Rechtsscheinhaftung wie ein phG (§ 5

3. Abschnitt. Handelsfirma 23–28 § 19

Rn 9). Ebenso wie bei der OHG (s Rn 16) irreführend ist aber weiterhin die Nennung von NichtGftern in der Firma, str. GmbH & Co (KG) s Rn 24 ff.

C. Sachfirma, Phantasiefirma: Es gelten insoweit entsprechend das für 23 EinzelKflte und die OHG Gesagte (s Rn 8, 18). Der zwingende Rechts- bzw GesFormzusatz ist bei diesen Firmen besonders wichtig.

5) Die Firma der GmbH & Co (I Nr 3, II)

Schrifttum

S Überbl vor § 17. *Spezieller: Aschenbrenner* 1976. – *Gustavus* 1977. – *Barfuss* GmbHR **77**, 124. – *Winkler* MittBayNot **78**, 98. – *Blumers* BB **77**, 970. – *Wessel* BB **84**, 1710. – *Bezzenberger* in MünchHdbGesR Bd 2, 3. A., § 3 Rn 75. – RsprÜbersichten: *Bokelmann* GmbHR **79**, 265, **83**, 236, **87**, 177, **94**, 356, *Brandes* WM Sonderbeil 1/**87**, 1. – Allgemein zu GmbH & Co s Anh § 177 a.

A. Kennzeichnung der Haftungsbeschränkung (II): a) Grundsatz: 24 Wenn in einer OHG oder KG keine natürliche Person persönlich haftet, muss die Firma eine **Bezeichnung enthalten, welche die Haftungsbeschränkung kennzeichnet.** Das gilt nach II auf jeden Fall, also bei Neubildung der Firma ebenso wie bei Fortführung nach §§ 21, 22, 24 oder nach anderen gesetzlichen Vorschriften wie § 18 UmwG (s Rn 39). Die Firmenkontinuität (vgl § 22 Rn 16 f, § 24 Rn 5) wird hier zugunsten der Firmenwahrheit (§ 18 Rn 9) durchbrochen. II setzt den durch die GmbHNovelle 1980 eingefügten V 1 aF fort, der seinerseits die umstrittene Rspr des BGH zur GmbH & Co (s 29. Aufl) festgeschrieben hatte.

b) Anwendungsbereich: II erfasst bewusst auch den Fall der **mehr-** 25 **stöckigen Gesellschaft** (Anh § 177 a Rn 9). Bei diesen muss die Haftungsbeschränkung in der Firma immer nur dann zum Ausdruck gebracht werden, wenn auf keiner der Stufen eine natürliche Person nach §§ 128, 161 II als phG haftet, sondern letztlich nur eine beschränkte Vermögensmasse (Wortlaut von II). Andernfalls gibt es kein überwiegendes Interesse des Geschäftsverkehrs an Unterrichtung. V 2 aF hatte dies ausdrücklich nur für zweistufige Ges vorgesehen, was zu Rechtsunsicherheiten führte; schon nach altem Recht wie hier BayObLG DNotZ **95**, 230 sowie 29. Aufl. Rn 10, aA wegen der Informationsschwierigkeiten KG DB **88**, 1689.

II wird hauptsächlich praktisch für die **GmbH & Co KG,** gilt aber auch für 26 alle anderen Gestaltungen von OHG oder KG ohne persönlich haftende natürliche Person, zB GmbH & Co OHG, UG (haftungsbeschränkt) & Co, AG & Co KG, e. V. & Co KG, Stiftung & Co KG (alle Anh § 177 a Rn 11). V aF galt entspr für **GmbH & Co KGaA,** BGH **134**, 392, heute kodifiziert in § 279 II AktG idF HRefG.

II gilt auch, wenn außer einer **ausländischen Gesellschaft** in der OHG oder 27 KG (Anh § 177 a Rn 11) keine natürliche Person persönlich haftet (s Rn 42). Die ausländische Firma ist bei Wahl einer Personenfirma grundsätzlich unverändert in die Firma der deutschen Ges zu übernehmen (Firmenidentität, str, § 17 Rn 50), BayObLG **86**, 64, und zwar einschließlich des ausländischen Rechtsformzusatzes; anders bei Wahl einer Sach- oder Phantasiefirma. Nach II kommt es dann zur Firmierung: „(Firma der ausländischen Gesellschaft) & Co KG", zB bei einer englischen private limited company „D-Ltd. & Co. KG", BayObLG NJW **86**, 3029; nach aA (s Rn 28) soll Zusatz „beschränkt haftende OHG" bzw „beschränkt haftende KG" verwendet werden, das ist (nur) als zusätzlicher Hinweis erlaubt, MüKo/Heidinger 29. Vermeidung von Irreführung über die ausländische Ges selbst s § 17 Rn 48, 50.

c) Die Anforderungen an die Kennzeichnung der Haftungsbeschrän- 28 **kung im Einzelnen** sind Sache der Rspr (schon Rechtsausschuss, BT-Drucks 8/

Hopt 167

3908, S 78). Da II nF nur klarstellt, gilt insoweit die zu V aF ergangene Rspr weiter (RegE HRefG). Der diesbezügliche Zusatz ist von dem spezielleren Rechtsformzusatz der KG nach I Nr 3 zu unterscheiden (s Rn 19–20), er kann insbesondere lauten „& Co", „KG", „Kommanditgesellschaft", „Komm-Ges"; auch „GmbH & Comp", „GmbH & Cie", wohl auch ausgeschrieben „beschränkt haftende Kommanditgesellschaft, KG mit beschränkter Haftung, MüKo/Heidinger 18, Wachter Sonderheft 10/**08,** 92, str. Derartige Formen und Abkürzungen dürfen aber nicht zur Irreführung des Geschäftsverkehrs geeignet sein, was auch, wenn ganz ungebräuchlich, der Fall sein kann. Unzulässig sind deshalb zB „b. h. OHG", Hamm WM **87,** 753; wohl auch UG & Co KG, Mini-GmbH & Co KG, 1-Euro GmbH & Co KG, zweifelnd Wachter Sonderheft 10/**08,** 92.

29   Der Zusatz „GmbH & Co" oä darf nicht durch die konkrete Firmengestaltung seiner Aussagekraft beraubt werden. Dazu kann es deshalb leicht kommen, weil **zwei Gesellschaftszusätze**, der des phG (GmbH) und der der KG (GmbH & Co KG), in der Personenfirma der GmbH & Co KG enthalten sein müssen (I Nr 3; § 4 GmbHG). Eindeutig ist „X GmbH & Co KG" (mit unterschiedlicher Schreibweise: „Co", „und Co", „u. Co"); „X AG & Co KG"; auch „X GmbH & Co OHG", vgl mit streitigen Bspen MüKo/Heidinger 20 ff. Dazu gibt es eine umfangreiche, zT widersprüchliche und nicht immer überzeugende **Kasuistik**, bei der oft nicht zu erkennen ist, ob sie unter I Nr 3, II oder § 18 II bzw der jeweils aF begründet ist. Vielfach gehen die Begründungen ineinander über. Hier wird die Rspr, da zutr überwiegend dorthin gehörend, zur Firmenbildung der KG in der GmbH & Co (I Nr 3) nachgewiesen (s Rn 33–34).

30   d) Bei **Verstoß** gegen II uU persönliche Rechtsscheinhaftung (§ 5 Rn 9–16, § 15 Rn 15) des als phG oder überhaupt als Gfter in der Firma Geführten, BGH **71,** 356, sowie des GmbHGeschäftsführers und anderer Vertreter, gesamtschuldnerisch mit dem Unternehmensträger, BGH NJW **90,** 2678, **91,** 2627, aA analog § 179 BGB Canaris NJW **91,** 2628.

31   B. **Die Firma der GmbH (§ 4 GmbHG):** Für die Firma der GmbH gilt § 4 GmbHG idF HRefG. Zulässig sind danach auch für die GmbH Personen-, Sach-, Phantasie- und Mischfirma. Umso wichtiger ist der zwingende Rechts- bzw GesFormzusatz „GmbH", ausgeschrieben oder (ohne Gesetzesvorgaben dazu) abgekürzt, früher str, auch GmbH iG (in Gründung), BGH NJW **85,** 737, hL, aber gegen breite HdlRegPraxis nicht gGmbH, Mü NJW **07,** 1601 m krit Anm Krause 2156. Einzelheiten in Komm zu § 4 GmbHG.

32   C. **Die Firma der KG in der GmbH & Co (I Nr 3):** Für die Firma der KG in der GmbH & Co gilt wie für die normale KG I Nr 3 (s Rn 19–23).

a) **Rechts- bzw Gesellschaftsformzusatz:** Notwendig ist auf jeden Fall der nach I Nr 3 vorgeschriebene Rechtsformzusatz (s Rn 19–20). **Unvollständig** ist also **„& Co"**; der **Rechtsformzusatz „KG"** oä darf also anders als vielfach bisher nicht mehr fehlen.

b) **Haftungsbeschränkungszusatz:** Von dem Rechtsformzusatz ist der Zusatz zur Kennzeichnung der Haftungsbeschränkung nach II zu unterscheiden, der zB lauten kann „& Co", „KG", „Kommanditgesellschaft", „Komm-Ges"; auch „GmbH & Comp", „GmbH & Cie" (s Rn 28).

33   c) **Personenfirma:** Die Firma der KG muss, wenn sie eine Personenfirma wählt, die Firma der GmbH als den Namen ihres phG enthalten. **Grundsätzlich** ist die Firma der HdlGes als GbR **unverändert zu übernehmen** (s Rn 15). Das gilt **auch** für ihren **Rechtsformzusatz.** Der Rechtsformzusatz GmbH des phG darf also in der Firma der GmbH & Co KG nicht fehlen, BGH **62,** 226, **65,** 105, **71,** 354 (s Rn 15). In einer KG darf der GmbH-Zusatz der in der Firma allein genannten KomplementärGes grundsätzlich auch dann nicht weggelassen werden, wenn neben dieser weitere Komplementäre vorhanden sind, die natürliche Personen sind, Hamm BB **94**, 670. Das gilt aber nicht, wenn die so gebildete Firma zur **Irreführung** geeignet ist, dann zwar Übernahme, aber wegen § 18 II ohne in der Zusammensetzung irreführende Teile, sofern der Rest zur Identifizierung der GmbH ausreicht und nach § 4 GmbHG auch alleine als Firma zulässig wäre, BGH **80**, 353 („Betten S [Verwaltungs, Betriebs, Geschäftführungs] GmbH & Co KG"), eher enger BayObLG BB **90**, 2065 (dann eben Änderung der GmbHFirma); krit Bokelmann GmbHR **83**, 236. Die Weglassung von Teilen ist aber nur insoweit zulässig, als noch eine zulässige Personen-, Sach-, Phantasie- oder Mischfirma der namensgebenden HdlGes übrigbleibt, BGH **80**, 356. Ist das nicht der Fall, bleibt der KG immer noch die Möglichkeit, statt einer Personenfirma eine Sach-, Phantasie- und Mischfirma zu wählen. Fehlt es an der Unterscheidbarkeit der Firmen der GmbH und der KG, können Firmenzusätze helfen (§ 18 Rn 8), Hamm NJW **66**, 2172.

Kasuistik (s schon oben Rn 29): Nicht notwendig ist **Absetzung** des Zusatzes von übriger Firma (zB durch Klammern), BGH **65**, 106, LG Hagen, Bln BB **75**, 717, 1278; auch nicht (vgl § 19 II) der vollen GmbH-Firma, BGH **65**, 106, Kln DB **75**, 2366; umgekehrt verhindert bloße Absetzung idR nicht die Irreführung (s sogleich). **Unzulässig**, da irreführend, ist die unmittelbare **Aufeinanderfolge zweier Rechtsformzusätze**, der Geschäftsverkehr versteht nicht unbedingt den jeweiligen letzten Rechtsformzusatz als den für die Ges maßgeblichen, MüKo/Heidinger 20, aA Ffm DB **80**, 1208. Unzulässig sind also zB: „HM & Sohn GmbH & Co", BGH NJW **85**, 737, aA Wessel BB **85**, 883; „X OHG mbH", Hamm WM **87**, 753; „X GmbH Y Industrie KG" statt richtig „X GmbH Y Industrie & Co KG", Hamm DNotZ **54**, 92; „GmbH KG", auch mit Sachangabe dazwischen („Johann H-GmbH Holzbau KG"), BGH NJW **80**, 2084, BayObLG NJW **73**, 1845; „M. GmbH Handels KG", Stgt BB **77**, 1417; „G. Verlag GmbH Informationsmedien KG", BayObLG NJW **73**, 1845; (ohne „und" oder „&") „A & Co GmbH KG", Hamm NJW **66**, 2172, oder „GmbH Co KG", Stgt BB **77**, 711; wenn der bisherigen Firma „K & Co" Zusatz „GmbH & Co" nachgestellt wird, BGH NJW **81**, 342; **auch bei Trennung** der zwei GesZusätze durch Klammer oder Gedankenstrich („XY-KG [GmbH & Co]" bzw „X & Co KG – GmbH & Cie"), BayObLG Rpfleger **78**, 219, Oldbg WM **90**, 1784; trotz Trennzeichen „W & R KG – GmbH & Cie", BGH NJW **79**, 1986; Zusatz „GmbH & Co" an „X KG Müller und Meier" genügt nicht, auch nicht „X GmbH & Co KG Müller und Meier", Hamm DB **81**, 521; auch bei mißverständlicher **Umkehrung der üblichen Reihenfolge**, „X KG GmbH & Co" für KG, deren einziger phG eine GmbH ist, BayObLG BB **78**, 14. Der notwendige Zusatz „Kommanditgesellschaft" darf auch nicht vorangestellt werden, str, „X KG GmbH & Co" unzulässig nach BayObLG **77**, 267, „Kommanditgesellschaft Union-Bau Altona GmbH & Co" zulässig nach BGH **68**, 271; das Erfordernis der Hintanstellung folgt jedenfalls heute aus I Nr 3 nF iVm § 18 II, MüKo/Heidinger 23 aE.

d) Sachfirma, Phantasiefirma: Sachangabe aus der GmbH-Firma, die in der KG-Firma verwandt nicht zutreffend ist, macht die KG-Firma unzulässig (s Rn 15), BayObLG NJW **73**, 371 (Kleiderfabrik-Bekleidungshaus).

D. GmbH und KG am gleichen Ort (§ 30): Haben GmbH und KG denselben Sitz (was nicht notwendig ist), gilt auch § 30: die KG-Firma muss neben der (grundsätzlich vollen) GmbH-Firma und dem KG-GesZusatz einen dritten (unterscheidenden) Bestandteil enthalten; denn Rechtsform- bzw GesFormzusätze allein genügen nach Klang und Inhalt im Geschäftsverkehr nicht für hinreichende Unterscheidung, BGH **46**, 12. Bsp: „Maier & Wolf GmbH"/"MAWO Maier & Wolf GmbH & Co KG"; „X GmbH"/"X GmbH & Co Y Industrie KG"; nicht genügt Ausschreiben „Gesellschaft mit beschränkter Haftung" in der GmbH-Firma, Kürzung „GmbH" in der KG-Firma (bei Nennung der GmbH, s oben), BGH **46,** 7; unzureichend auch Zusatz „Handelsgesellschaft" unmittelbar nach „& Co KG", BayObLG BB **80,** 68. Häufig ist der GmbH-Firma eine unterscheidende lokalisierende Angabe nachgestellt, Stgt BB **76,** 1575 m Anm Körner (L. GmbH Filder & Co KG). Dieses Erfordernis gilt, auch wenn die GmbH (zurzeit der Eintragung der KG) nur als deren phG tätig ist, nicht in eigenen Geschäften, Ffm BB **73,** 676. Vorname des GmbHGfters als Zusatz (nur) zu GmbH & Co (Maier GmbH und Friedrich Maier GmbH & Co) ist nicht möglich, Wessel BB **84,** 1711. Ausweichen durch Änderung der GmbH-Firma zugleich mit bzw unmittelbar mit Eintragung der KG (§ 21), ist in der Praxis verbreitet, aber Gesetzesumgehung, Ffm BB **74,** 523, krit auch BGH **80,** 355, Celle OLG **77,** 62 MüKo/Heidinger § 30 Rn 12; das ebenfalls verbreitete Ausweichen auf einen anderen Ort erschwert dem Rechtsverkehr den Einblick in die Verhältnisse der GmbH & Co KG, BGH **80,** 355. Deshalb muss für Unterscheidbarkeit der GmbH und KG der in der Firma der KG weglaßbare (s Rn 33) Zusatz „Verwaltungs-", „Geschäftsführungs-", „Betriebs-" GmbH genügen, str (wie Rn 33). Auch andere unterscheidungskräftige Zusätze kommen in Betracht. Die Zusätze dürfen aber nicht derart hinzugefügt werden, dass sie als Zusätze zu der GmbH-Firma erscheinen, zB „Labor O. S. GmbH" und „Dental-Labor O. S. GmbH & Co. KG", BayObLG **78,** 18, **79,** 316. Der Zusatz darf auch nicht irreführend in die GmbH-Firma eingeschoben werden, sondern muss ihr grundsätzlich nachfolgen, Celle OLG **77,** 64, MüKo/Heidinger § 30 Rn 13. Im Übrigen bieten Sach- und Phantasiefirmen heute hinreichende, legale Unterscheidungsmöglichkeiten. Gegen frühere Eintragungen von GmbH & Co, die nach der heutigen strengeren Rspr zu § 30 unzulässig sind, braucht das Registergericht nicht unbedingt einzuschreiten, s § 37 Rn 6.

6) Die Firma bei Umwandlung

37 A. **Umwandlung kraft Gesetzes (BGB, HGB):** Firmierung bei Umwandlung einer OHG in KG und umgekehrt (kraft Gesetzes, Einl 21–22 vor § 105) s § 24 Rn 7–8.

38 B. **Umwandlung kraft Rechtsgeschäfts nach UmwG:** Bei Umwandlung nach dem UmwG (Verschmelzung, Spaltung, Vermögensübertragung und Formwechsel (§ 1 I UmwG, dazu Einl 23–26 vor § 105) sind dessen Sondervorschriften zu beachten (§§ 18, 122, 155, 200 UmwG idF HRefG).

39 a) **Verschmelzung:** Der übernehmende Rechtsträger darf die Firma eines übertragenden Rechtsträgers mit oder ohne Beifügung eines Nachfolgezusatzes fortführen (§ 18 I UmwG). Der Name einer natürlichen Person, die Gfter des übertragenden Rechtsträgers war und ausscheidet, darf bei Firmenfortführung wie auch bei Firmenneubildung nur mit ihrer ausdrücklichen Einwilligung oder der ihrer Erben benutzt werden (§ 18 II UmwG; vgl auch § 24 II HGB). Bei Beteiligung einer PartG an der Verschmelzung gelten Sonderregeln (§ 18 III UmwG). Firmenfortführung nach § 18 I UmwG ist auch bei Verschmelzung einer KapitalGes mit dem Vermögen eines AlleinGfters zulässig (§ 122 I UmwG), auch der AlleinGfter kann also die Firma der übertragenden KapitalGes mit oder ohne Nachfolgezusatz fortführen. Das gilt aber nur in den Grenzen des Irreführungsverbots (§ 18 II), vgl § 22 Rn 15, § 24 Rn 4. Der Rechtsformzusatz der KapitalGes ist deshalb zu streichen, Fortführung einer Sachfirma ist dagegen zulässig. Der AlleinGfter mit eigenem Unternehmen kann die übernommene Firma für das ganze Unternehmen führen oder, wenn er die Unternehmen getrennt weiterführt, nur für das übernommene (vgl § 17 Rn 8).

40 b) **Spaltung:** Hier ist zu unterscheiden: § 18 UmwG gilt nur bei der Aufspaltung, nicht bei der Abspaltung und der Ausgliederung (§ 125 UmwG). Bei

der Aufspaltung gilt das ebenso wie bei § 22 HGB nur, wenn das die Firma fortführende Unternehmen im Großen und Ganzen das alte ist (Unternehmenskontinuität, vgl § 22 Rn 4). Bei der Abspaltung und der Ausgliederung entfällt Firmenfortführung, weil der alte Rechtsträger fortbesteht. Erfasst die Ausgliederung aus dem Vermögen eines EinzelKfm dessen gesamtes Unternehmen, erlischt seine Firma (§ 155 UmwG); Fortführung seiner Firma nach § 22 HGB bleibt möglich, §§ 18 iVm 125 UmwG ist nicht lex specialis.

c) **Formwechsel:** Der Rechtsträger der neuen Rechtsform darf seine bisher 41 geführte Firma grundsätzlich beibehalten (Einzelheiten in § 200 UmwG), § 19 HGB ist zu beachten (§ 200 II UmwG).

7) Europäisches Firmenrecht, internationaler Verkehr

§ 19 gilt grundsätzlich auch für ausländische Firmen aus der EU und aus 42 Drittländern. Der Rechtsformzusatz ist bei den Registerangaben auch nach europäischem Recht geboten (für ZwNl 11. EG-Ri, Einl 36 vor § 105). Der Rechtsformzusatz ist Teil der Firma und richtet sich deshalb nach dem Recht des Gesellschaftsstatuts (§ 17 Rn 48), str. Nach europäischem Recht ist das in EU/EWR das Gründungsstatut (Einl 29 vor § 105). Bei AuslandsGes aus der EU ist der ausländische Rechtsformzusatz in der ausländischen, auch abgekürzten Form zulässig. Ein zusätzlicher Hinweis in deutscher Sprache, zB bei der englischen Ltd „GmbH nach englischem Recht" kann nicht verlangt werden. Auch das Herkunftsrecht braucht in der Firma grundsätzlich nicht zu erscheinen, außer bei besonderer Irreführungsgefahr (§ 17 Rn 48). Ein Hinweis auf die Haftungsbeschränkung gemäß II (vgl § 4 GmbHG, § 4 AktG) in deutscher Sprache ist nicht erforderlich, auch wenn der ausländische Firmenzusatz in Deutschland nicht verständlich ist, str, Schutz nur über Einsicht in das HdlReg (§§ 13 e II 4, 13 f III, 13 g III). Näher zu II Rn 27, allgemeiner § 17 Rn 48. Lit: Leible/Hoffmann EuZW **03,** 680, Zimmer NJW **03,** 3587, Wachter GmbHR **04,** 88.

20 *(aufgehoben)*

[Fortführung bei Namensänderung]

21 Wird ohne eine Änderung der Person der in der Firma enthaltene Name des Geschäftsinhabers oder eines Gesellschafters geändert, so kann die bisherige Firma fortgeführt werden.

1) Normzweck und Anwendungsbereich

A. **Normzweck:** §§ 21 ff sind Ausprägungen des Grundsatzes der **Firmen-** 1 **beständigkeit** (näher § 22 Rn 1). § 21 (idF HRefG 1998, nur redaktionell) ge stattet, die nach §§ 18, 19 gebildete Firma des EinzelKfms, der OHG, KG fortzuführen trotz **Namensänderung** des in der Firma enthaltenen Namens des Geschäftsinhabers oder eines Gfters.

B. **Anwendungsbereich:** § 21 gilt nicht nur für die Firmen nach §§ 18, 19 2 (einschließlich GmbH & Co KG), sondern entsprechend auch ua für GmbH, AG, KGaA mit Personennamen in der Firma. § 21 erfasst Namensänderungen aller Art, zB durch Heirat (§ 1355 BGB), Adoption (§ 1757 BGB), Wiederannahme des früheren Namens durch den verwitweten oder geschiedenen Ehegatten, Annahme eines neuen Namens (G 5. 1. 38 RGBl 9), Aufhebung der

§ 22

Adoption von Amts wegen (§§ 1763, 1765 BGB) oder auf gemeinsamen Antrag (§ 1771 BGB). § 21 gilt auch für den Fall der Namensänderung von namensgebendem Kfm oder HdlGes (§ 19 Rn 14 f, 21). Namensfortführung auch bei Formwechsel (§ 200 UmwG, s § 19 Rn 41).

2) Voraussetzungen für die Firmenfortführung bei Namensänderung

3 A. **Bestehen einer Firma:** Voraussetzung für § 21 ist vor allem das Bestehen einer Firma (Einzelheiten s § 17 Rn 16). Eintragung der tatsächlich geführten und dadurch entstandenen (§ 17 Rn 16), aber noch nicht eingetragenen bisherigen Firma (alter Name, Fall des § 1) ist auch noch nach Namensänderung möglich, aA KG RJA **8**, 38 (§ 22 Rn 7).

4 B. **Keine Irreführung:** § 21 regelt keinen Fall der Unternehmensnachfolge (sonst § 22). Die Firmierung darf nicht den irreführenden Eindruck einer solchen Unternehmensnachfolge erwecken (§ 18 II). Ob vorangestellter Inhabervermerk mit nachgestelltem geänderten Namen irreführt, ist str (§ 18 Rn 21).

3) Rechtsfolgen

5 § 21 gestattet die Fortführung der Firma bei Namensänderung, verpflichtet aber nicht dazu. § 21 hat nur firmen-, nicht auch namensrechtliche Bedeutung, gibt also kein Recht auf Namensführung gegenüber Dritten (§ 30 Rn 6), KG RJA **8**, 38, Heymann/Emmerich 4.

[Fortführung bei Erwerb des Handelsgeschäfts]

22 (1) **Wer ein bestehendes Handelsgeschäft unter Lebenden oder von Todes wegen erwirbt, darf für das Geschäft die bisherige Firma, auch wenn sie den Namen des bisherigen Geschäftsinhabers enthält, mit oder ohne Beifügung eines das Nachfolgeverhältnis andeutenden Zusatzes fortführen, wenn der bisherige Geschäftsinhaber oder dessen Erben in die Fortführung der Firma ausdrücklich willigen.**

(2) **Wird ein Handelsgeschäft auf Grund eines Nießbrauchs, eines Pachtvertrags oder eines ähnlichen Verhältnisses übernommen, so finden diese Vorschriften entsprechende Anwendung.**

Schrifttum
Forkel FS Paulick **73**, 101. – *Lindacher* BB **77**, 1676. – *Kuchinke* ZIP **87**, 681.

Übersicht
1) Erwerb des Handelsgeschäfts und der Firma (I Halbs 1) 1–13
   A. Normzweck 1
   B. Erwerb von Todes wegen 2
   C. Veräußerung eines Handelsgeschäfts 3
   D. Voraussetzungen für den Übergang der Firma 7
   E. Registerrecht 13
2) Fortführung der Firma durch den Erwerber (I Halbs 2) 14–21
   A. Zulässigkeit der Firma 14
   B. Fortführung 15
   C. Änderung der Rechtsform 16
   D. Annahme einer neuen Firma durch den Erwerber 20
   E. Erlöschen des Fortführungsrechts 21
3) Bezeichnung des Veräußerers nach der Übertragung 22–24
   A. Neugründung 22
   B. Liquidation 23
   C. Insolvenzverfahren 24
4) Nießbrauch, Pacht, ähnliches Verhältnis (II) 25

3. Abschnitt. Handelsfirma 1–3 § 22

1) Erwerb des Handelsgeschäfts und der Firma (I Halbs 1)

A. Normzweck: § 22 I idF HRefG 1998 betrifft die Firmenfortführung bei 1
Veräußerung des HdlGeschäfts, auch an eine OHG oder KG (§ 24 Rn 5).
Ähnliche Fallgestaltungen erfasst § 24, der § 22 I ergänzt und bei Überschneidungen vorgeht, str (vgl § 24 Rn 9, 12). Wie I Halbs 1 voraussetzt, ist das HdlGeschäft (Unternehmen) Gegenstand des Rechtsverkehrs (Einl 42–55 vor § 1). § 22 gilt auch für eine ihr HdlGeschäft veräußernde öffentliche Körperschaft, BayObLG OLGE **42,** 210. § 22 sowie §§ 21, 24, **(1)** EGHGB Art 22 tragen den **Grundsatz der Firmenbeständigkeit,** der die Erhaltung des Firmenwerts zum Zweck hat und in seinem Geltungsbereich den Grundsatz der Firmenwahrheit (§ 18 Rn 9–18) durchbricht, seinerseits aber an die Grenzen des Irreführungsverbots stößt, BGH **44,** 120, 287, **53,** 66, **68,** 14, 273; Bspe s § 18 Rn 16. § 22 gilt für alle Firmen nach HGB und (mit Ergänzungen) außerhalb des HGB. § 22 erfasst jede Art von Erwerb, den von Todes wegen (s Rn 2) ebenso wie den unter Lebenden (Veräußerung, s Rn 3). Umwandlung s § 19 Rn 37 ff.

B. Erwerb von Todes wegen: § 22 gilt für jeden Erwerb von Todes wegen 2
(Gesetz, Testament); auch für Vermächtnis, dann aber Übertragung des HdlGeschäfts vom Erben auf den Bedachten unter Lebenden (§ 2174 BGB; s Rn 3–4). Der **Erbe** eines (Einzelkfm-)HdlGeschäfts darf es unter der alten Firma fortführen, mit oder ohne Nachfolgezusatz (s Rn 15); er darf auch eine ganz neue Firma annehmen (s Rn 20). Eine (ungeteilte) **Erbengemeinschaft** darf das ererbte Geschäft unter der alten Firma mit oder ohne Nachfolgezusatz fortführen; auch nach Ausscheiden eines Erben, KG JW **39,** 565; auch nach Teil-Nachlassteilung. Rechtsformzusatz ist analog § 19 I notwendig (s Rn 14). Nach vollständiger Nachlassteilung müssen die Erben zur Fortführung des Geschäfts eine Ges bilden und das Geschäft in diese einbringen, KG JW **35,** 3642. Nach KG JW **38,** 3118, KGJ **5,** 209 kann die das Geschäft fortführende (ungeteilte, nicht zur OHG umgebildete) Erbengemeinschaft auch eine neue Firma mit (entspr § 18 I, nicht § 19) vollem Namen aller Erben und Angabe der Rechtsform („Hans Müller, Karl Müller, Anna Meyer in ungeteilter Erbengemeinschaft") annehmen; die Erben brauchen dazu keine OHG zu bilden, in der Bildung einer neuen Firma liegt auch nicht ohne weiteres stillschweigender Abschluss eines OHGVertrags (§ 1 Rn 37–38). Zur **Haftung** für Geschäftsschulden des Erblassers s § 27 Rn 1.

C. Veräußerung eines Handelsgeschäfts: a) Handelsgeschäft: Vorausset- 3
zung für Firmenfortführung nach § 22 ist grundsätzlich das Bestehen eines HdlGeschäfts, das veräußert wird, RG **152,** 367. Zu Entstehung und Erlöschen eines HdlGeschäfts s § 1 Rn 51, 52 und einer Firma s § 17 Rn 16, 23. Ein werdender Geschäftsbetrieb soll zur Übertragung der Firma samt diesem Betrieb genügen, RG GRUR **39,** 638 (zu § 8 WZG); bloße Planung reicht aber nicht, schon gar nicht ein Scheinbetrieb. Genügend ist hingegen unzweifelhaft ein nur vorübergehend eingestelltes HdlGeschäft, BGH **6,** 137 (zu § 8 WZG), aber nicht Wiederaufnahme eines bereits erloschenen, RG **152,** 368. § 22 gilt für jeden Erwerb (s Rn 1), entscheidend ist die Übertragung des HdlGeschäfts, nicht Art und Ausgestaltung des Vertrags. Ausreichend ist auch die in der Insolvenz oder Liquidation erfolgende Übertragung aller noch vorhandenen materiellen oder immateriellen Werte wie Kundschaft, Know-how, wenn die Produktion im Übrigen eingestellt ist; schuldrechtliche Gestattung der Firmennutzung noch bis zum Ende der Liquidation schadet nicht (s Rn 23, 24), „dinglicher" Bestand zweier gleicher Firmen ist hingegen unzulässig, BGH NJW **72,** 2123, **91,** 1353. Bei mehreren HdlGeschäften (§ 1 Rn 29) gilt § 22 für jedes von ihnen, nicht aber bei gemischten Betrieben (§ 1 Rn 28). ZwNl s Rn 5.

Hopt 173

§ 22 4–8   I. Buch. Handelsstand

4   **b) Übergang des Handelsgeschäfts im Kern:** Übergang des Unternehmens **im Großen und Ganzen** bzw im Kern muss erfolgen, dh derjenigen Bestandteile, welche die Betriebsfortführung ermöglichen und Unternehmenskontinuität (mit der Kennzeichnung verbundene Geschäftstradition) erwarten lassen, BGH NJW **72,** 2123, **91,** 1353, bei Liquidation und Insolvenz etwas großzügiger; zu einer Aufspaltung der Firmenbezeichnung darf es aber nicht kommen (s Rn 3). Teilübertragung, zB gesonderte Betriebsabteilung, genügt also nicht, Hbg BB **89,** 1145. Je nach Art des Unternehmens kann etwa entscheidend sein: bei einem Fabrikationsunternehmen Übernahme der technischen Ausstattung, Schutzrechte, Betriebsvorschriften, des Personals mit dem Know-how; bei einem ortsgebundenen Unternehmen (zB Hotel, Gastwirtschaft, Kino, uU Apotheke) Übernahme der Lokalität. Unerheblich ist, ob der Erwerber nach Übertragung den Betrieb wirklich fortführt, auch ob er bei Übertragung subjektiv diese Absicht hat, BGH BB **73,** 211.

5   Möglich ist Übertragung nur einer **Zweigniederlassung** mit Firma, RG **169,** 139, BGH BB **57,** 943, **80,** 1658 (s Rn 21, § 13 Rn 7); die Firmen des so selbstständig gewordenen Unternehmens und der alten HauptNl sind durch klarstellenden Zusatz zu unterscheiden oder die HauptNL muss ihre Firma umbilden (§ 13 Rn 7). Möglich ist auch die Übertragung der HauptNl mit Firma ohne die ZwNl, die nun selbstständig unter der alten Firma geführt wird, unbeschadet des § 30, RG **77,** 60. Bei der PersonenGes muss der namengebende Gfter mit dieser Vervielfältigung der Firma einverstanden sein, Ffm DB **80,** 250 (§ 24 Rn 11). Bei der GmbH, für die § 24 II nicht gilt, ist zu beachten, dass die Einwilligung des namengebenden Gfters in die Firmenfortführung iZw nicht die in die Firmenvervielfältigung enthält, BGH BB **80,** 1658, aA K. Schmidt § 12 II 3 c (s auch Rn 12, § 24 Rn 11).

6   Möglich ist **Treuhandübertragung** des HdlGeschäfts mit Firma, der Treuhänder wird Inhaber des HdlGeschäfts (§ 1 Rn 30) und des Firmenrechts, RG **99,** 159. Führt ein **Testamentsvollstrecker** das Geschäft des Erblassers im eigenen Namen fort (§ 1 Rn 42), ist er als Inhaber im HdlReg zu nennen mit Testamentsvollstreckervermerk (§ 1 Rn 42).

7   **D. Voraussetzungen für den Übergang der Firma: a) Bestehen der Firma:** § 22 setzt Bestehen (Kfm) und rechtmäßige Führung einer Firma voraus. Der Veräußerer muss **Kaufmann** sein, RG **152,** 368, Ffm NJW **69,** 330, BayObLG DB **88,** 2559. In den Fällen des § 1 macht es nichts aus, dass die Firma (zu Unrecht) nicht eingetragen war; der Nachfolger kann mit ihr erstmals im Register erscheinen, BayObLG DNotZ **78,** 692. Nicht so bei konstitutiver HdlRegEintragung wie in den Fällen des § 2 (Stgt BB **62,** 386), § 3 II, III (s dort). Bei Übernahme des Unternehmens eines NichtKfm ist deshalb für § 22 kein Raum, BayObLG DB **88,** 2259, Zweibr NJW-RR **88,** 998 (sogar bei früherem SollKfm), str; es handelt sich dann bei dem übernehmenden Kfm um eine Firmenneubildung mit deren Anforderungen. Bei dieser kann aber nach der Firmenrechtsliberalisierung durch das HRefG (§ 17 Rn 15) auf Vorinhaber hingewiesen werden, schon nach altem Recht Hamm DB **68,** 479 (Fahrschule), aA jedenfalls bei Sachangabe, die ein HdlGeschäft vermuten lässt, Ffm BB **77,** 1670 (Heizungsbau). Die Firma muss beim Veräußerer **rechtmäßig** bestehen, unzulässige Firmen dürfen nicht fortgeführt werden, BGH **30,** 291, BayObLG NJW-RR **90,** 869; anders wenn die (zB wegen eines irreführenden Zusatzes unrichtige) Firma beim Erwerber zulässig wird (§ 18 Rn 18), Hamm DB **73,** 2035, offen BGH WM **85,** 166.

8   **b) Ausdrückliche Einwilligung in Firmenfortführung:** § 22 I letzter Halbs macht die Fortführung der Firma durch den Erwerber des HdlGeschäfts abhängig von der ausdrücklichen Einwilligung des bisherigen Inhabers oder seiner Erben in die Fortführung der Firma: **(1)** Das gilt nicht für die **Erben**

3. Abschnitt. Handelsfirma **9–12 § 22**

selbst, str. Sie erwerben das HdlGeschäft mit Firmenrecht von Todes wegen (§ 1922 BGB). Der Erblasser kann ihnen aber durch Testament zur Auflage machen (§ 1940 BGB), die Firma zu ändern.

(2) Echte Übertragung der Firma **unter Lebenden** ist möglich (§§ 398, 413 9 BGB), heute hL, aA noch RG **107,** 33: bloß obligatorische Gestattung; auch zB durch Erben auf Dritte, auf einzelne Erben, auf alle Erben als OHG oder KG, oder durch Erben auf einen Vermächtnisnehmer. Dazu bedarf es der **vertraglichen Einigung** zwischen den Übertragenden (ggf sämtlichen Erben) und den Übernehmern über die Übertragung der Firma (§§ 398, 413 BGB) als Teil des Vertrags über die Übertragung des HdlGeschäft (vgl § 23: „Veräußerung"; § 27 MarkenG: „Übertragung"; anders § 24 II, s dort Rn 11). Die **Einwilligung** iSv § 22 ist die **Übertragungserklärung des Einwilligenden** (Verfügung), hL, Canaris § 10 Rn 30, 32 mit Deutung von § 22 als Auslegungsregel (vgl § 24 Rn 11). **„Ausdrücklich"** bedeutet hier nur zweifelsfrei, die Einigung über den Übergang der Firma ist auch stillschweigend möglich, zB durch Anmeldung des Ausscheidens beim HdlReg nach § 143 II zusammen mit den verbleibenden Gftern, BGH **68,** 276, aber nicht allein aus der Übertragung des HdlGeschäfts zu schließen, BGH NJW **94,** 2025, Hamm ZIP **83,** 1201. Erst recht genügt nicht bloße Duldung des Firmengebrauchs. Ist der Name des Veräußerers nicht in der Firma enthalten, ist Einwilligung ohne weiteres anzunehmen; weitergehend Canaris § 10 Rn 34: „ausdrücklich" dann unanwendbar. Zustimmen muss der EinzelKfm oder seine Erben, uU der Testamentsvollstrecker (nicht bei Vollmachtslösung, § 1 Rn 41), bei PersonenGes alle Gfter, RG **158,** 230, BGH BB **52,** 211, Grund: Grundlagengeschäft (§ 114 Rn 3), aA HdlName auch der nicht namensgebenden Gfter, RG **158,** 230. Das gilt aber wie bei den KapitalGes nur für die Verpflichtung zur Übertragung (entspr § 179 a AktG nF, § 361 AktG aF), der wirksame Vollzug durch den vertretungsberechtigten Gfter wird durch das Fehlen der Zustimmung nicht berührt, BGH NJW **91,** 2564, Staub/Hüffer 30 f, str. Auf jeden Fall muss der namensgebende Gfter einwilligen (§ 12 BGB; vgl § 24 II); seine Einwilligung zur Übertragung enthält zugleich diese namensrechtliche Einwilligung (vgl § 24 Rn 11).

Bei Veräußerung des HdlGeschäfts in der **Liquidation** einer OHG oder KG 10 bedarf es zur Übertragung der Firma der Zustimmung aller Gfter, einerlei, wieweit die Firma ihre Namen enthält, RG JW **38,** 3182. Übertragung im **Insolvenzverfahren** (samt HdlGeschäft), s § 17 Rn 47.

Möglich ist eine **auflösend bedingte** oder eine **mit Endtermin befristete** 11 **Einwilligung** bzw Übertragung, auch beschränkt auf bestimmte Rechtsform der Ges, wegen § 23 dagegen nicht aufschiebend bedingte oder mit Anfangstermin befristete Einwilligung; auch nicht (rückwirkend) nachträgliche Genehmigung der (unberechtigten) Fortführung der Firma durch den Geschäftsübergeber, RG **76,** 265, Düss HRR **36,** 407 (Fortführung auf Probe). **Widerruf** der Einwilligung ist (jedenfalls im Ergebnis) nur bei wichtigem Grund möglich, BayObLG NJW **98,** 1160 (zu § 24 II), Heymann/Emmerich 13 a, jedenfalls bei Personenfirma (Persönlichkeitsrechtselement der Firma, § 17 Rn 5), zB bei anstößigem Firmengebrauch, nach aA statt Widerruf Rückrufrecht entspr Urheber- und Verlagsrecht, Forkel FS Paulick **73,** 115. Wenn die Einwilligung als Übertragung (s Rn 9) nicht bedingt oder befristet erfolgt ist (dingliche Beschränkung s Rn 12), ist Widerruf als Anspruch aus § 12 BGB zu verstehen, Köhler FS Fikentscher **98,** 507. Widerruf kann auch vertraglich vorbehalten werden, dann auch unter weiteren Einschränkungen (s Rn 12).

Reichweite der Einwilligung: Übertragung der Firma erlaubt dem Erwer- 12 ber iZw deren **Weiterübertragung** bei Weiterübertragung des HdlGeschäfts, auch Errichtung neuer ZwNl; aber **nicht** bei Verselbstständigung einer ZwNl, wenn es dadurch zur **„Vervielfältigung" der Firma** mit dem Namen des Veräußerers kommt, RG **67,** 95, **104,** 343 (s Rn 5); auch nicht Neugründung

Hopt

einer GmbH und Verwendung der Firma dafür, Hamm BB **91,** 86. Die Einwilligung kann auch sonst inhaltlich beschränkt werden, aber nur schuldrechtlich (§ 137 BGB; Gestattungsvereinbarung), Köhler FS Fikentscher **98,** 505, aA auch mit dinglicher Wirkung, Canaris § 10 Rn 47. Firmenfortführungsklauseln bei Lettl WM **06,** 1843.

13 E. **Registerrecht: Anmeldung** beim HdlReg des Veräußerers zB Veräußerung des HdlGeschäfts und Auflösung der (Veräußerer-)OHG, Anmeldung beim HdlReg des Erwerbers zB (vgl § 13) Errichtung einer ZwNl; vgl BayObLG BB **70,** 1275, NJW-RR **90,** 869. Bei Firmenfortführung durch Erwerber Eintragung des Inhaberwechsels auf dem bisherigen Registerblatt, sonst Eintragung des Erlöschens und neues Blatt, KG OLGZ **65,** 319, BayObLG DB **71,** 1009; s Rn 20. Den Veräußerer trifft eine Mitwirkungspflicht, RG **65,** 15. **Muster:** Hopt/Graf von Westphalen 3. Aufl 2007 Form I. C.1, 4 (Anmeldung der Fortführung durch Alleinerben/Erbengemeinschaft), Form I. C.2 (Anmeldung der Änderung der Firma), Form I. C.3 (Anmeldung der Verpachtung mit Haftungsausschluss), Form I. C.5 (Anmeldung der Verpachtung mit Firmenfortführung durch den Pächter), Form I. C.6, 7 (Anmeldung der Beendigung des Pachtverhältnisses), Form I. C.8 (Anmeldung des Erlöschens einer Firma nach Veräußerung).

2) Fortführung der Firma durch den Erwerber (I Halbs 2)

14 A. **Zulässigkeit der Firma:** Wer ein bestehendes HdlGeschäft unter Lebenden (s Rn 9) oder von Todes wegen (s Rn 8) erwirbt, darf (nicht: muss, s Rn 20) bei ausdrücklicher Einwilligung des bisherigen Inhabers oder seiner Erben (s Rn 7 ff) für das Geschäft die bisherige Firma fortführen (I). I idF HRefG stellt klar, dass das auch gilt, wenn die bisherige Firma den Namen des bisherigen Geschäftsinhabers enthält. Die Fortführung der Firma des übernommenen HdlGeschäfts ist **unzulässig, wenn** ihre Führung **schon vorher unzulässig** war, BGH **30,** 293, vgl § 18 Rn 18, es sei denn die Unzulässigkeitsgründe liegen beim neuen Inhaber nicht mehr vor, zB Ges führt Firma mit vorher unzulässigem „& Co" fort (Grenze Rechtsmissbrauch § 242 BGB, zB bei Umgehung durch Zusammenwirken des alten und neuen Inhabers), aA Hamm DB **73,** 2034, offen BGH NJW **85,** 737. Fortführung einer zulässigen Firma ist unzulässig, wenn sie in der Person des Nachfolgers **nunmehr unzulässig** wird, zB wenn sie nunmehr als HdlName des neuen Inhabers das Publikum zu täuschen geeignet ist (Rn 15– 18, § 17 Rn 18). Führt eine **Erbengemeinschaft** das HdlGeschäft fort, muss analog § 19 I ein diesbezüglicher Rechtsformzusatz hinzugefügt werden (§ 19 Rn 2, 5).

15 B. **Fortführung: a)** Fortführen heißt **grundsätzlich unverändert** fortführen, da im Geschäftsverkehr Klarheit über die Identität der fortgeführten Firma herrschen muss. Daher ist idR zB unzulässig: Zufügen bisher nicht geführter Zusätze, zB einer Fachbezeichnung, KG JW **29,** 2155 (Kaffee), Hamm BB **65,** 806 (Möbelhandlung), oder eines Markenwortes, BGH **44,** 119 (Frankona, s aber § 24 Rn 4). Desgleichen Weglassen von Firmenteilen, zB von Vornamen (s Rn 16–18) oder des bisher geführten Zusatzes „vormals X" (der jetzt Vor-Vorinhaber), erst recht des (EinzelKfm-)Namens, LG Hann MDR **76,** 758. Die Fortführung der bisherigen Firma ist **zulässig, auch** wenn sie den **Namen des bisherigen Geschäftsinhabers** enthält (s Rn 14), Kln BB **88,** 292, Düss FGPRax **07,** 277; der Grundsatz der Firmenbeständigkeit, also Firmenfortführung auch ohne Nachfolgevermerk, hat (nur) insoweit weiterhin Vorrang gegenüber dem Grundsatz der Firmenwahrheit, Düss FGPrax **07,** 277, krit MüKo/ Heidinger 2, aber auch 43. Ausdrücklich gestattet, aber eben nicht erforderlich ist nach I ein **Nachfolgevermerk** (§ 18 Rn 21), MüKo/Heidinger 57, zB „A & B Erben" oder „A & B Nachfolger" oder „A & B Nachfolger C & D" (der nächste Übernehmer darf firmieren „A & B" oder „A & B Nachfolger C & D" oder „A

3. Abschnitt. Handelsfirma 16, 17 § 22

& B Nachfolger", KGJ **53**, 96) oder „A & B Inhaber "C & D" oder „C & D vormals A & B" (Angabe des jetzigen Inhabers mit Zusatz betr den früheren statt des früheren mit Zusatz betr den jetzigen). Unzulässig ist aber eine Änderung, die Vorinhaber- und Übernehmer-Namen so zusammenbringt, dass Zweifel bestehen, wer Inhaber ist, Celle BB **74**, 387.

b) Ausnahmsweise sind **Änderungen** (§ 17 Rn 22) zulässig oder sogar geboten, allerdings nur so, dass kein Zweifel an der Identität mit der fortgeführten Firma aufkommen kann, BGH **44**, 120, NJW **65**, 1915, Celle BB **74**, 387, Düss FGPrax **07**, 277 (iErg abl). Zulässig (und bei Wesentlichkeit geboten) ist zB Änderung einer Ortsangabe nach Verlegung des Geschäfts, KG DR **41**, 1942 (Apotheke). Vereinigung von Unternehmen s Rn 19. Zur Änderung bei neuen Tatsachen BGH **44**, 119 (Frankona, näher § 24 Rn 4). Wegen **Irreführungsgefahr** geboten ist zB Weglassen des Worts „Inhaber" beim Namen des jetzigen Vorinhabers, bei wiederholter Nachfolge Weglassen des früheren Nachfolgevermerks oder Fortführung mit zutreffender Ergänzung, Hamm DB **85**, 2555; Weglassen des Namens verstorbener Partner bei Voranstellen des Namens eines neuen, Ffm NJW **05**, 2712 (PartG; s auch § 24 Rn 3); ebenso Weglassen des **Dr-Titels** beim fortgeführten Namen des Vorinhabers, jedenfalls in hierfür empfänglicher Branche, zB Makler, BGH **53**, 67, WM **92**, 504, NJW **98**, 1151 (nicht täuschend: Dr. X Nachf), Kreditinstitut, Kblz ZIP **88**, 942; anders Ffm DB **77**, 1253 für Druck und Papier; näher § 18 Rn 35.

C. Änderung der Rechtsform: Die Fortführung der Firma ist auch zulässig 16 bei Änderung der Rechtsform, uU mit gewisser Änderung, zu beachten sind aber § 19 I idF HRefG, der auch für EinzelKfm, OHG und KG **zutreffenden Rechtsformzusatz** verlangt, § 19 II sowie allgemein § 18 II.

a) Bei Übertragung des HdlGeschäfts **von Einzelkaufmann** (A) **auf OHG oder KG** (B & C) ist, ebenso wie bei „Aufnahme" eines Gfter (B) durch EinzelKfm (A, dh Bildung der Ges A & B, § 24 Rn 5), der **Gesellschaftsformzusatz** nach § 19 I Nr 2, 3 („OHG", „KG") obligatorisch, aA nach altem Recht BGH **62**, 224. Zusätzlich ist **Hinweis auf eine Haftungsbeschränkung** nach § 19 II (V aF) notwendig, so wenn Übernehmerin eine GmbH & Co (KG) ist. Eine zusammengesetzte Firma (Name und Zusatz) ist im ganzen fortzuführen oder gar nicht, LG Hann DB **76**, 1008. Ein ausgeschriebener Vorname ist nach der Rspr weiter auszuschreiben, BGH **30**, 288, Hamm BB **65**, 807 (betr KG), anders für abgekürzten Vornamen, kann weggelassen werden, RG **113**, 309, LG Bln NJW-RR **94**, 609, diese Rspr ist zu engherzig, richtiger ist Streichung von Vornamen zulassen, wenn kein Identitätszweifel möglich ist, LG Bln NJW-RR **94**, 609. § 19 I Nr 1 nF, der auf Vornamen für Neubildung verzichtet, trifft diesen Fall jedoch nicht. Bei Übertragung von EinzelKfm, OHG, KG **auf GmbH, AG, KGaA** sind ferner § 4 GmbHG, §§ 4, 279 AktG zu beachten.

b) Bei **Übertragung von OHG oder KG** (A & B), **GmbH, AG, KGaA auf** 17 **Einzelkaufmann** (C) ist der **Gesellschaftsformzusatz zu streichen** (wie bei Ausscheiden eines Gfter B von ZweimannGes, dh Geschäftsübernahme durch A, dazu § 24 Rn 9). Nicht nur der Zusatz „OHG", „KG" wird unzulässig, RG **104**, 342, BGH BB **59**, 462; „GmbH & Co", BGH **44**, 286 (bei § 24 Rn 9), „& Co", BGH **53**, 68 sowie „GmbH", „AG", „KGaA", sondern auch andere auf Gesellschaft hinweisende Zusätze, zB „& Sohn", „Gebrüder", BGH NJW **85**, 737, BayObLG WM **83**, 1402; „KG", „& Co" uä kann einfach gestrichen werden, „& Sohn" dagegen nicht (aussagekräftiger Teil der Firma). Täuschungsgefahr wird jedoch beseitigt und Beibehaltung ist zulässig bei **Nachfolgevermerk** (s § 18 Rn 21), BGH NJW **85**, 737, BayObLG DB **78**, 1270 („H. V. KG Inhaber W. V."). Statt des GesFormZusatzes ist nach § 19 I Nr 1 nunmehr der **Kaufmannszusatz erforderlich** (§ 19 Rn 4).

§ 22 18–24 I. Buch. Handelsstand

18   c) **Umwandlung einer OHG in KG und umgekehrt** s § 24 Rn 7–8. Umwandlung nach UmwG s § 19 Rn 38 ff.

19   d) **Vereinigung:** Bei Vereinigung des erworbenen HdlGeschäfts mit einem schon vom Erwerber betriebenen dürfen beide Firmen zu einer verbunden werden (erlaubte Änderung, Grenze: Irreführungsgefahr, s Rn 15), KGJ **51,** 114: E. W. in Firma „Fr. B." erwarb „Aug. B.", zulässig: „... Brennereien vormals Fr. B. zu S. und Aug. B. zu R.", E. W.". Ebenso, auch wenn eine der Firmen abgeleitet ist, Ffm MDR **70,** 513. Nach Wieder-Trennung uU Wiederannahme der alten (abgeleiteten) Firma statt Neubildung (bei KG) nach § 19 II, Ffm MDR **70,** 513.

20   D. **Annahme einer neuen Firma durch den Erwerber:** § 22 gibt dem Erwerber nur ein Recht, verbietet ihm aber nicht die Annahme einer neuen Firma nach §§ 18 ff, auch nach anfänglicher Benutzung der bisherigen Firma, Celle BB **74,** 388, BayObLG NJW-RR **90,** 869. In diesem Falle ist der frühere Inhaber zur Anmeldung des Erlöschens der alten Firma verpflichtet; der Erwerber ist mit der neuen Firma auf einem neuen Registerblatt einzutragen (anders als bei Firmenänderung, vgl **(4)** HRV § 13 III), BayObLG DB **71,** 1009, keine bloße Rötung bzw andere Form der Kenntlichmachung als gegenstandslos nach **(4)** HRV § 16 I 2, II. Möglich ist Verpflichtung des Erwerbers gegenüber Veräußerer, die alte Firma zu behalten (§ 17 Rn 22). Erwerber kann nach anfänglicher Fortführung der alten zu neuer Firma übergehen, Celle BB **74,** 388, LG Fürth BB **76,** 810.

21   E. **Erlöschen des Fortführungsrechts:** Das Recht zur Fortführung der Firma erlischt bei Erlöschen des Unternehmens (vgl § 17 Rn 21), bei identitätsaufhebender Veränderung bzw Änderung des HdlGeschäfts im Kern, BayObLG **71,** 165 (vgl Rn 15), bei Teilung (falls nicht ein Teil so überwiegt, dass er das ganze fortsetzt), einerlei, ob Veräußerer die Fortführung auch für diese Fälle genehmigte, BGH BB **57,** 943; **nicht** durch bloße Veränderung des Umfangs, Aufnahme oder Fallenlassen eines neuen Geschäftszweigs oder sonstige Umgestaltung des Unternehmens, BGH WM **57,** 1154, die Weiterübertragung des Geschäfts mit Firma (s Rn 12). Auch uU nicht durch Veräußerung einer **Zweigniederlassung** mit der (abgeleiteten) Firma, Bokelmann GmbHR **78,** 265, str, s Rn 5.

3) Bezeichnung des Veräußerers nach der Übertragung

A. **Neugründung:** Der Veräußerer ist nicht gehindert, nachher ein **eigenes**
22   **Unternehmen** unter **seinem Namen** zu gründen. Dessen Firma muss sich aber von der veräußerten deutlich unterscheiden (§ 30), also ggf einen unterscheidenden Zusatz enthalten, Hamm Rpfleger **84,** 20 (auch bei Zurückbehalten eines unwesentlichen Restunternehmens). So auch, wo der Erwerber der übertragenen Firma einen Nachfolgezusatz beigefügt hat, RG DR **44,** 249.

23   B. **Liquidation:** Eine **OHG** muss nach Übertragung ihres HdlGeschäfts samt Firma (auf eine andere OHG) und nach Auflösung, solange noch ungeteiltes GesVermögen vorhanden ist, und die Ges i. L. fortbesteht (§§ 131, 145), eine neue Firma annehmen (§ 23). Schuldrechtliche Gestattung der Führung der alten Firma bis zum Abschluss der Liquidation ist zulässig (§ 23 Rn 2). Für § 30 genügt alte Firma mit Zusatz „i L" (vgl § 153), wenn die Übernehmerin die übernommene Firma mit Zusatz „Inhaber X & Y" (ihre Gfter) führt, KG JW **36,** 2660, 3130. Nach Verpachtung ihres HdlGeschäfts (mit Firma) ohne Auflösung ist sie GbR und kann keine Firma führen (§ 105 Rn 8), zu beachten ist aber § 105 II idF HRefG (§ 105 Rn 12–14).

24   C. **Insolvenzverfahren:** Veräußert der Insolvenzverwalter einer HdlGes ihr HdlGeschäft mit Firma, fragt sich, wie bis zur Beendigung des Insolvenzverfah-

3. Abschnitt. Handelsfirma 1, 2 § 23

rens zu firmieren ist. Wenn nicht die Gfter mit Zustimmung des Insolvenzverwalters im Wege der Vertrags- bzw Satzungsänderung eine neue Firma bestimmen, Karls NJW **93,** 1931, wozu sie dem Erwerber gegenüber verpflichtet sein können, kann und muss die HdlGes die alte Firma (ihren einzigen Namen) bis zur Beendigung des Insolvenzverfahrens fortführen, so ohne Verstoß nach § 30, KG JW **37,** 2978, richtiger: nur mit unterscheidendem Zusatz; nach aA kann der Insolvenzverwalter selbst eine Ersatzfirma bilden, K. Schmidt § 12 I 3 c (§ 17 Rn 47).

4) Nießbrauch, Pacht, ähnliches Verhältnis (II)

Bei Übernahme eines HdlGeschäfts zu **Nießbrauch, Pacht** oder ähnlichem 25 Verhältnis, zB Nutzungspfandvertrag (vgl Einl 48–51 vor § 1), nicht bei familienrechtlichem Nutzungsverhältnis, gilt I analog. Bsp: Neugründung einer Auffang-Ges, Verpachtung des HdlGeschäfts an sie und Umfirmierung der Gemeinschuldnerin, Hamm ZIP **98,** 748. Der Pächter kann den Namen des früheren Inhabers führen, nicht den Namen des Verpächters, der nie Inhaber war, Kln NJW **63,** 541. Nachfolgezusatz (wenn gewollt, § 18 Rn 21) kann zB „Nachfolger X" oder „Inhaber X" lauten, bei Pacht auch „Pächter X", LG Münster NJW **71,** 1089, LG Fürth BB **76,** 810. II setzt Nießbrauch mit Unternehmensführungsrecht voraus, nicht bloßen Ertragsnießbrauch, BayObLG BB **73,** 956 (§ 1 Rn 30). Pächter als erster Inhaber, Weitergabe an anderen Pächter s LG Nürnb BB **77,** 1671. Keine Fortführung durch Pächter, wenn auch Verpächter (GmbH) die Firma fortführt, BayObLG DB **78,** 1271. Betriebsaufspaltung in Besitz- und Betriebsunternehmen, so häufig bei Verpachtung, s § 1 Rn 18. Lizenz s § 23 Rn 2. **Muster:** Hopt/Graf von Westphalen 3. Aufl 2007 Form I. C.3 (Anmeldung der Verpachtung mit Haftungsausschluss).

[Veräußerungsverbot]

§ 23

Die Firma kann nicht ohne das Handelsgeschäft, für welches sie geführt wird, veräußert werden.

1) Normzweck

§ 23 wendet sich ebenso wie § 22 **gegen Leerübertragung von Firmen,** 1 die das Publikum darüber täuscht, wer hinter der Firma steht. Anders, aber mit Mitübertragungsvermutung, § 27 MarkenG, der aber § 23 unberührt lässt, also keine Analogie, BGH BB **94,** 1239, ZIP **94,** 1807. §§ 22, 23 wollen beide das Auseinanderfallen von Unternehmen und Kennzeichnung verhindern und deren Funktion als Herkunftsangabe erhalten. Sie sind deshalb insoweit gleich auszulegen, s etwa § 22 Rn 3–4.

2) Inhalt des Verbots

§ 23 verbietet die Veräußerung der Firma ohne das HdlGeschäft. Veräußerung 2 liegt vor, wenn das HdlGeschäft im Großen und Ganzen übertragen wird (§ 22 Rn 4), also der Unternehmenskern, BGH BB **77,** 1016; untergeordnete Geschäftsteile können zurückbehalten werden. Unzulässig ist die Firmenveräußerung auch dann, wenn beim Veräußerer gar kein HdlGeschäft mehr besteht, das übertragen werden könnte, die Firma aber ausnahmsweise noch fortbesteht (Bsp: HdlGes nach Erlöschen ihres Unternehmens, § 17 Rn 23). § 23 erfasst seinem Zweck nach nicht nur die Veräußerung im Rechtssinn, sondern zB **auch** eine **isolierte Firmenlizenz,** Staub/Hüffer 4, aber nicht eine nur schuldrechtliche Gestattung ohne Firmenverdopplung (außer vorübergehend zB bis zur Liquidation), diese bleibt zulässig, BGH **122,** 71, NJW **91,** 1354, MüKo/Heidinger 15. Firmierung der veräußernden HdlGes noch mit der alten Firma s § 22 Rn 24.

§ 23 erfasst nicht die Veräußerung nur der HauptNl oder nur der ZwNl, da eigenständig iSv § 22 (§ 22 Rn 5). Lit: Köhler DStR **96,** 510 (Firmenlizenz).

3) Rechtsfolgen

3 Verstoß gegen § 23 führt zur Nichtigkeit des dinglichen Geschäfts (§ 134 BGB); die Erfüllung des schuldrechtlichen Geschäfts ist unmöglich (§§ 275, 311 a BGB); firmenrechtliche Konsequenzen bei Eintragung § 37 I, Löschungsverfahren und bei Bekanntmachung § 15 III.

4) Mantelkauf, Vorratsgesellschaft

4 Der Mantelkauf (Erwerb einer KapitalGes nur wegen Firma und bestehender Rechtsperson) fällt nicht unter § 23 und ist grundsätzlich **zulässig,** str, s Komm zu § 3 GmbHG, Anh § 177 a Rn 14. Zulässig ist auch die offene Vorratsgründung, aber, da eine **wirtschaftliche Neugründung,** nur unter voller Einhaltung der **Gründungsvorschriften** nebst registerrechtlicher Kontrolle und Haftung, BGH **117,** 323 (AG), **153,** 158 (GmbH); ebenso bei Wiederverwendung eines alten, zwischenzeitlich leer gewordenen Mantels (Aktivierung einer Vorratsgesellschaft), BGH **155,** 318 (GmbH). Abgrenzung ist in der Praxis nicht einfach, Jena WM **07,** 77, Schlesw WM **07,** 449; neue Rspr soll auch bei konzernangehöriger GmbH, die einige Zeit (nicht ganz 2 Jahre) nicht operativ war, gelten, Jena NZG **04,** 1114. Lit: GroßKo(AktG)/Henze § 54 Rn 35 ff; GroßKoGmbHG/Ulmer § 3 Rn 126 ff, Hancke 2007, Weber 2008; Goette DStR **04,** 461, K. Schmidt NJW **04,** 1345, Ulrich WM **04,** 915, Heidinger ZGR **05,** 101.

[Fortführung bei Änderungen im Gesellschafterbestand]

24 (1) Wird jemand in ein bestehendes Handelsgeschäft als Gesellschafter aufgenommen oder tritt ein neuer Gesellschafter in eine Handelsgesellschaft ein oder scheidet aus einer solchen ein Gesellschafter aus, so kann ungeachtet dieser Veränderung die bisherige Firma fortgeführt werden, auch wenn sie den Namen des bisherigen Geschäftsinhabers oder Namen von Gesellschaftern enthält.

(2) Bei dem Ausscheiden eines Gesellschafters, dessen Name in der Firma enthalten ist, bedarf es zur Fortführung der Firma der ausdrücklichen Einwilligung des Gesellschafters oder seiner Erben.

Übersicht

1) Firmenfortführung bei Personengesellschaften 1–4
   A. Normzweck 1
   B. Voraussetzungen für die Fortführung der Firma 2
   C. Fortführung 3
2) Firmenfortführung ohne Einwilligung (I) 5–10
   A. Aufnahme eines Gesellschafters durch Einzelkaufmann (I 1. Alternative) 5
   B. Eintritt in Gesellschaft (I 2. Alternative) 7
   C. Ausscheiden eines Gesellschafters (I 3. Alternative) 8
   D. Wechsel in der Gesellschafterrolle 10
3) Firmenfortführung nur mit Einwilligung (II) 11–12
   A. Inhalt von II 11
   B. Reichweite von II 12

1) Firmenfortführung bei Personengesellschaften

1 A. **Normzweck:** § 24 ist wie § 22 ua eine Ausprägung des Grundsatzes der **Firmenbeständigkeit** (§ 22 Rn 1). § 24 **ergänzt** § 22. Ist dort bei Austritt des alten und Eintritt eines neuen Inhabers uU Fortführung der alten Firma erlaubt, so erst recht in den Fällen des § 24 I, wo (idR) mindestens ein Inhaber bleibt. Das gilt aber auch bei Auswechslung aller Gfter (§ 105 Rn 69), da die rechtliche Identität der OHG oder KG unberührt bleibt (sonst § 22, s Rn 9), offen BGH BB **77**, 1016, nach aA § 22. Auch eine nicht eingetragene Einzelfirma kann bei Gründung einer OHG erhalten bleiben, wenn der Kfm sein Unternehmen mit Firma der nun gebildeten OHG nach § 24 überträgt, RG JW **27**, 1674; eine vorherige Eintragung der Einzelfirma ist nicht notwendig, str, außer bei konstitutiver HdlRegEintragung (§ 22 Rn 7). Auch bloße Namenshergabe ist zulässig, außer bei Missbrauch bzw Verstoß gegen §§ 3, 4, 5 UWG, § 826 BGB (§ 19 Rn 17). Lit: J. W. Flume DB **08**, 2011.

B. Voraussetzungen für die Fortführung der Firma: a) Bestehen eines **2** **Handelsgeschäfts bzw einer Handelsgesellschaft:** § 24 findet nur Anwendung, wenn bei Fortführung ein HdlGeschäft bzw eine HdlGes vorhanden ist (§ 22 Rn 3 ff).

b) Bestehen einer Firma: Wie § 22 setzt § 24 Bestehen und rechtmäßige Führung einer Firma voraus (§ 22 Rn 7). Es muss sich also um einen kfm Geschäftsbetrieb handeln, was wie unter § 22 streitig ist; Behandlung von NichtKfm s § 22 Rn 7.

c) Fortführung grundsätzlich ohne Einwilligung: Anders als § 22 I (dort Rn 9) verlangt § 24 I nicht Einwilligung des Ausgeschiedenen (vgl Rn 8–9) oder der AltGfter im Verhältnis zu den Eingetretenen (vgl Rn 5–7). Diese Einwilligung kann vertraglich vorgeschrieben sein, das ist aber nicht Sorge des Registergerichts (dem die Veränderung der Inhaber anzuzeigen ist, § 31), es kann die alte Firma ohne weiteres bestehen lassen. Ausnahme: II, s Rn 11–12.

C. Fortführung: a) Die bisherige Firma ist **grundsätzlich unverändert** **3** fortzuführen, da im Geschäftsverkehr Klarheit über die Identität der fortgeführten Firma herrschen muss; Einzelheiten s § 22 Rn 15. Das gilt nach der Rspr sogar für Vornamen (wie § 22 Rn 16). Die Fortführung ist **zulässig, auch** wenn sie den **Namen des bisherigen Geschäftsinhabers oder Namen von Gesellschaftern** enthält (so klarstellend I idF HRefG); der Grundsatz der Firmenbeständigkeit hat insoweit weiterhin Vorrang gegenüber dem Grundsatz der Firmenwahrheit (I ist insoweit lex specialis zu § 18 II, aber nur insoweit), Celle NZG **08**, 866. EinzelKfm mit (abgeleitet) „Gebrüder" in der Firma, darf sie bei Eintritt eines Kdtisten fortführen, LG Hann MDR **78**, 580 (nicht im umgekehrten Fall: Übertragung auf EinzelKfm, § 22 Rn 17). Die Fortführung ist nach § 24 firmenrechtlich (anders uU nach Vertrag) grundsätzlich zulässig, aber nicht vorgeschrieben (wie § 22 Rn 20). Bei zulässiger Fortführung ist **Nachfolgezusatz** möglich (§ 18 Rn 21), aber nicht nötig. „A Speditions-OHG" aus A/B/C kann auch nach Ausscheiden des A und Eintritt des D nicht „A Speditions-OHG C und D" heißen, Celle BB **62**, 388. Das Firmenrecht geht (mit dem Geschäft) auf Erben des Fortführenden über, erlischt aber (ähnlich wie nach Geschäftsübertragung, § 22 Rn 21) durch Teilung des Unternehmens, BGH BB **57**, 943. Wie in § 22 kann jederzeit eine neue Firma gebildet werden, § 24 gibt nur ein Recht, keine Pflicht zur Fortführung (§ 22 Rn 20).

b) Änderungen (§ 17 Rn 22) der nach I fortgeführten Firma sind im In- **4** haber- und Allgemeininteresse zulässig bei Änderungen zB des Geschäftsumfangs, -zweigs oder Sitzes, BGH **44**, 119 (Frankona), LG Mü DB **90**, 1659; berechtigtes Inhaberinteresse kann zB an Aufnahme einer neu geschützten Marke in die Firma bestehen, BGH **44**, 119 (Frankona) oder bei Bedeutungswandel eines Firmenbestandteils in der Verkehrsanschauung, BayObLG NJW-RR **03**, 685. Änderung ist nötig, wenn die Führung unzulässig war oder nun wird (§ 22 Rn 14 ff). Änderung ist insbesondere bei Irreführungseignung, etwa täuschenden Zusätzen, geboten (näher § 22 Rn 15).

§ 24 5–10

2) Firmenfortführung ohne Einwilligung (I)

5 A. **Aufnahme eines Gesellschafters durch Einzelkaufmann (I 1. Alternative):** Firmenfortführung ohne Einwilligung ist nach I 1. Alternative möglich bei Aufnahme eines Gfters durch EinzelKfm in ein bestehendes HdlGeschäft unter Gründung einer OHG oder KG, einerlei ob der EinzelKfm phG oder Kdtist wird. Übertragung des HdlGeschäfts auf eine OHG oder KG als Sacheinlage fällt unter § 22 I (dort Rn 1). Zu firmieren ist wie folgt:

a) Einzelfirma (Hans Müller) darf von OHG oder KG nach § 19 I Nr 2, 3 nF nur noch mit **Gesellschaftsformzusatz fortgeführt** werden, aA nach altem Recht BGH **62,** 224, BB **77,** 160. Zusätzlich ist **Hinweis auf eine Haftungsbeschränkung** nach § 19 II (V aF) notwendig, so bei GmbH & Co (KG).

6 **b)** Von der Fortführung der Firma in solchen Fällen ist die ähnliche (zulässige) **Neubildung** (dh Änderung, § 17 Rn 22) zu unterscheiden, zB wenn X seinen Sohn aufnimmt: „X KG" (ohne den Vornamen des Vaters), LG Bad Kreuznach MDR **70,** 145, Hamm BB **77,** 968.

7 B. **Eintritt in Gesellschaft (I 2. Alternative):** Firmenfortführung ohne Einwilligung ist nach I 2. Alternative möglich bei Eintritt eines Gfters in eine bestehende HdlGes, auch bei Wechsel aller Gfter. Zu firmieren ist wie folgt: Wird OHG dadurch KG, ist „OHG" zu streichen und der zutreffende GesZusatz (§ 19 I Nr 3, „KG") zu bilden, vgl unter § 19 II aF Hamm BB **65,** 807, Ffm NJW **80,** 129. Scheidet aus der „Import-Schuh GmbH & Co KG" die GmbH aus und tritt für sie X ein, ist „Import-Schuh KG" zulässig trotz § 19 II: Namen des phG, Ffm NJW **70,** 865; entspr (mit Beibehaltung des „& Co") „KG Union-Bau Altona & Co", BGH **68,** 271, aber Rechtsformzusatz heute nur noch am Ende (§ 19 Rn 34). So auch, wenn das Ausscheiden der GmbH unter Hinterlassen ihrer Sachfirma von vornherein geplant war (keine unzulässige Umgehung von § 4 aF GmbHG, § 19 HGB), BayObLG BB **77,** 1370 (s Rn 1). Heute sind solche Umwege nicht mehr notwendig, da auch für EinzelKfm und PersonenHdlGes originäre Sach- und Phantasiefirma zulässig sind (§ 19 Rn 8, 18, 23).

8 C. **Ausscheiden eines Gesellschafters (I 3. Alternative): a) Ausscheiden eines von drei oder mehr Gesellschaftern:** Fortführung der Firma ohne Einwilligung ist hier ebenso unproblematisch wie nach I 2. Alternative (s Rn 7), also wie sie war, aber mit richtigem GesZusatz (s Rn 5). Wird die KG durch Ausscheiden des einzigen Kdtisten zur OHG, ist „KG" zu streichen, BGH **68,** 13, und GesFormzusatz „OHG" hinzuzufügen (§ 19 I Nr 2). Ersetzung der GmbH als phG einer KG durch natürliche Person, s Rn 7.

9 **b) Ausscheiden eines von zwei Gesellschaftern:** Unternehmensträger ist statt der Ges nunmehr der verbleibende Gfter als EinzelKfm, BayObLG BB **00,** 1212 (für Kdtisten). Das ist an sich ein Fall von § 22, aber § 24 geht vor, BGH NJW **89,** 1799 (zu § 24 II, s Rn 12). Dazu gelten dieselben Grundsätze wie für die Übertragung des HdlGeschäfts auf EinzelKfm (§ 22 Rn 17). GesZusatz (& Co, KG, OHG oä) wird unzulässig. So bei Ausscheiden der GmbH aus einer GmbH & Co (KG), dh Übertragung des Geschäfts von dieser KG auf den Kdtisten als neuen Alleininhaber, BGH **44,** 286, **53,** 69. Anders bei Fortführung mit entsprechendem Nachfolgerzusatz (Meyer KG Nachfolger), Kln BB **64,** 575, BayObLGZ **78,** 48. Der in der GesFirma fehlende Vorname darf auch nach Wegfall des GesZusatzes fehlen (trotz § 18 I aF), Kln BB **64,** 575, Düss NJW **98,** 616 (zu §§ 18, 122 UmwG), nach § 18 I nF unproblematisch. Wie in § 22 (s dort Rn 4) gilt § 24 nicht, wenn ein ausscheidender Gfter einen wesentlichen Unternehmensteil mitnimmt, BGH BB **57,** 943, **77,** 1016.

10 D. **Wechsel in der Gesellschafterrolle:** Die Grundsätze für Aufnahme und Eintritt und für Ausscheiden (s Rn 5–9) gelten entspr, wenn phG Kdtist wird

3. Abschnitt. Handelsfirma 11, 12 § 24

und umgekehrt. Wird in KG ein namensgebendener phG Kdtist, ist (mit seiner Einwilligung, s Rn 11–12) Fortführung der Firma mit seinem Namen zulässig, trotz § 19 IV aF Kln BB **88,** 292, nunmehr ausdrücklich § 24 I idF HRefG (allerdings muss GesFormzusatz richtig sein, § 19 I) Im Einzelfall kann dies aber auch bei unveränderter GesForm bzw zutreffendem GesFormzusatz zur Irreführung geeignet sein (vgl § 19 Rn 22), dann droht Rechtsscheinhaftung (§ 19 Rn 22, § 5 Rn 9), offen Kln BB **88,** 293.

3) Firmenfortführung nur mit Einwilligung (II)

A. **Inhalt von II:** Bei Ausscheiden eines Gfters, auch eines von zwei Gftern 11 (s Rn 12), auch des Kdtisten (der früher phG war, aber s Rn 10), einerlei aus welchem Grund (auch durch Ausschluss oder Tod), ist zur Weiterführung seines Namens in der Firma (nach HRefG nur noch im Zweifel, Auslegungsregel, sehr str, aA üL) seine **ausdrückliche Einwilligung** nötig (für Insolvenz s § 17 Rn 47). Einwilligung iSv II ist einseitige namensrechtliche Gestattung (anders iSv § 22, dort Rn 9: Übertragungserklärung), BayObLG NJW **98,** 1159, Staub/Hüffer 12. Nach zutr Ansicht von Canaris § 10 Rn 44 handelt es sich um eine bloße Auslegungsregel, wonach die ursprüngliche Erlaubnis zur Namensführung iZw nicht endgültig ist. II hat durch HRefG (§ 19 verlangt nicht mehr Namen wenigstens eines der Gfter) zwar an Bedeutung eingebüßt, ist aber nicht bedeutungslos, Canaris § 10 Rn 45, Felsner NJW **98,** 3257, aA Steinbeck NZG **99,** 138, vgl auch Ko/Ro/Mo/Roth 8; infolge von II bleiben namensrechtliche Ansprüche des ausscheidenden namensgebenden Gfters auch ohne Vorbehalt erhalten, auf nicht namensgebende Gfter ist II nicht anzuwenden (teleologische Reduktion), Canaris § 10 Rn 46. Die Einwilligung kann auch schon im Voraus, zB bei Abschluss des GesVertrags, gegeben werden, RG **158,** 232. „Ausdrücklich" bedeutet nur eindeutig, also auch stillschweigend möglich, BayObLG NJW **98,** 1159 (wie § 22 Rn 9); auch auflösend bedingt, mit Endtermin befristet oder nur für bestimmte Rechtsform (§ 22 Rn 11). Kein Widerruf, außer bei wichtigem Grund, BayObLG NJW **98,** 1158, str (§ 22 Rn 11).

Die Einwilligung des Gfters oder seiner Erben ist notwendig, BGH **100,** 77, die des Testamentsvollstreckers genügt auch bei Treuhand- und echter Testamentsvollstreckerlösung (§ 1 Rn 42, 44) nicht (vgl aber § 22 Rn 9), ebenso wenig die des Insolvenzverwalters (§ 17 Rn 47). II schützt nur den Firmenstifter (Namensgeber), nach der Rspr auch den Erben des Firmengründers, der die ererbte Firma in die neu mit einem Dritten gebildete Ges einbringt, BGH **92,** 79, Hüffer ZGR **86,** 137, anders seit dem HRefG, Canaris § 10 Rn 51, dagegen nicht den Erben, der nur nach II eingewilligt hat (was ihn nicht selbst zum Namensgeber macht) und dann später selbst ausscheidet, BGH **100,** 75; auch bloße Gleichnamigkeit (§ 19 Rn 6) des später in das HdlGeschäft Eingetretenen, sei es als familienangehöriger Nichterbe oder als Erbe, genügt nicht, BGH **100,** 78, NJW **89,** 1799. „Gebrüder A" enthält den Namen jedes Bruders A; scheidet einer aus, gilt II, KG **65,** 382. „Louis B. Söhne" enthält den Namen keines der Söhne, RG **156,** 366. Streichen des Namens des Ausgeschiedenen genügt nicht, wenn die Restfirma §§ 18, 19 nicht entspricht (s Rn 8–9). Uneingeschränkte Einwilligung in Fortführung deckt Fortführung als Name der Partnerschaft (§ 2 PartGG), BayObLG NJW **98,** 1158; aber auch bei GfterIdentität iZw nicht Veräußerung einer ZwNl mit Firma oder Neugründung, Hamm BB **91,** 86 (§ 22 Rn 5, 12).

B. **Reichweite von II:** II, nicht § 22 I ist auch bei Ausscheiden des einen 12 Gfter aus zweigliedriger Ges ohne Liquidation anwendbar, BGH NJW **89,** 1798, Grund: das entspricht zwar einem Wechsel des Unternehmensträgers (Änderung der Rechtsform, § 22 Rn 17), aber Interessenlage spricht für Anwendung von II (nicht § 22 I). Das Einwilligungserfordernis nach II gilt **nicht** bei der **GmbH** (teleologische Reduktion), BGH **58**, 322, **85**, 221, WM **80**, 1360, Hamm ZIP **98**, 746; auch bei der personalistischen GmbH; bei der **GmbH & Co**, BGH **109**, 364, und der **AG** und **KGaA;** anders kraft Sonderrechts bei Rechts- und PatentanwaltGmbH, Ko/Ro/Mo/Roth 8. Diese Differenzierung wurde vor dem HRefG mit dem hier fehlenden Namensüberlassungszwang nach § 19 aF begründet, sie ist aber auch heute noch typisierend haltbar, also auch nach HRefG keine Anwendung von II auf den namensgebenden Gfter von KapitalGes, R. Schmitt WiB **97**, 1119, aA Felsner NJW **98**, 3255, Kern BB **99**, 1719, Grund: Gfter hat jedenfalls bei der typischen PersonenGes ein berechtigtes Interesse, Personenfirma zu führen auch ohne endgültige Weggabe seines Namens, er wird an eine solche Folge typischerweise auch nicht denken. II ist jedenfalls durch das HRefG nicht aufgehoben worden. Dann gibt es aber keinen Grund, den ausscheidenden Gfter und den EinzelKfm im Insolvenzverfahren unterschiedlich zu behandeln (§ 17 Rn 47), str.

[Haftung des Erwerbers bei Firmenfortführung]

25 (1) **¹Wer ein unter Lebenden erworbenes Handelsgeschäft unter der bisherigen Firma mit oder ohne Beifügung eines das Nachfolgeverhältnis andeutenden Zusatzes fortführt, haftet für alle im Betriebe des Geschäfts begründeten Verbindlichkeiten des früheren Inhabers. ²Die in dem Betriebe begründeten Forderungen gelten den Schuldnern gegenüber als auf den Erwerber übergegangen, falls der bisherige Inhaber oder seine Erben in die Fortführung der Firma gewilligt haben.**

(2) **Eine abweichende Vereinbarung ist einem Dritten gegenüber nur wirksam, wenn sie in das Handelsregister eingetragen und bekanntgemacht oder von dem Erwerber oder dem Veräußerer dem Dritten mitgeteilt worden ist.**

(3) **Wird die Firma nicht fortgeführt, so haftet der Erwerber eines Handelsgeschäfts für die früheren Geschäftsverbindlichkeiten nur, wenn ein besonderer Verpflichtungsgrund vorliegt, insbesondere wenn die Übernahme der Verbindlichkeiten in handelsüblicher Weise von dem Erwerber bekanntgemacht worden ist.**

Schrifttum

Außer dem allgemeinen Schrifttum (s Einl vor § 1) *Canaris,* § 7; Vertrauenshaftung 183 ff. – *K. Schmidt* § 8. – *Gerlach,* Die Haftungsordnung der §§ 25, 28, 130 HGB, 1976. – *Commandeur/Kleinebrink,* Betriebs- und Firmenübernahme, 2. Aufl 2002. – Lieb 1992 (Dauerschuldverhältnisse). – *Dauner-Lieb,* Unternehmen in Sondervermögen, 1998. – *Hueck* ZHR 108 **(41)** 8. – *Schricker* ZGR **72**, 121. – *Säcker* ZGR **73**, 261. – *Heckelmann* FS Bartholomeyczik **73**, 129. – *Börner* FS Möhring **75**, 37. – *K. Schmidt* ZHR 145 **(81)** 2, ZGR **92**, 621, AcP 198 **(98)** 516, FS Medicus **99**, 555, GedS Sonnenschein **03**, 497 (Mietverhältnisse). – Wilhelm NJW **86**, 1797. – *Lieb* FS Börner **92**, 747; FS Vieregge **95**, 557. – *Canaris* FS Frotz **93**, 11. – *Beuthien* NJW **93**, 1737. – *U. Huber* FS Raisch **95**, 85. – *Casper* JbJZW **99**, 153. – Hager GedS Helm **01**, 697. – *Servatius* NJW **01**, 1696. – *Westermann* FS Nobbe **09**, 939 (Bankgeschäfte).

Übersicht

1) Haftung des Erwerbers bei Geschäfts- und Firmenfortführung
   (I) 1–12
   A. Normzweck 1
   B. Handelsgeschäft 2
   C. Erwerb eines Handelsgeschäfts 4
   D. Geschäfts- und Firmenfortführung 6
   E. Rechtsfolge 10

3. Abschnitt. Handelsfirma   1, 2 § 25

  2) Ausschluss der Haftung des Erwerbers (II) 13–16
     A. Abweichende Vereinbarung 13
     B. Verlautbarung 14
     C. Reichweite des Haftungsausschlusses 16
  3) Haftung des Erwerbers aus besonderem Verpflichtungsgrund
     (III) 17–20
     A. Haftung aus besonderem Verpflichtungsgrund 17
     B. Schuldübernahme 18
     C. Vermögensübernahme (§ 419 BGB aF) 19
     D. Weitere Verpflichtungsgründe 20
  4) Übergang der Forderungen auf den Erwerber (I 2) 21–26
     A. Normzweck 21
     B. Voraussetzungen, insbesondere Einwilligung 22
     C. Reichweite des Forderungsübergangs 23
     D. Rechtsfolgen 24
  5) Internationaler Verkehr 27

1) Haftung des Erwerbers bei Geschäfts- und Firmenfortführung (I)

A. **Normzweck:** § 25 ordnet die Haftung des Erwerbers eines HdlGeschäfts **1** gegenüber Dritten für Geschäftsverbindlichkeiten des Veräußerers nur bei Fortführung des HdlGeschäfts unter der alten Firma (I 1) an und auch dann mit der Möglichkeit der Ausschließung der Haftung (II). Bei Nichtfortführung der Firma setzt die Haftung einen „besonderen Verpflichtungsgrund" voraus, besonders die „handelsübliche Bekanntmachung" der Schuldenübernahme durch den Erwerber (II), aber auch allgemeiner auf Grund BGB (s Rn 18). Die Klärung des Leitgedankens dieser Regelung macht Schwierigkeiten. Nach der ursprünglichen Rspr handelt es sich um eine in der Geschäfts- und Firmenfortführung liegende Einstehenserklärung an die Öffentlichkeit, die, da fiktiv, inzwischen als typisierte Rechtsscheinhaftung gedeutet wird, BGH **18,** 250, **22,** 239, **29,** 3, **32,** 62, **38,** 47; im Schrifttum völlig str, ua Schricker ZGR **72,** 121 (Kombination von Rechtsschein- und Haftungsfondsprinzip), Säcker ZGR **73,** 261 (Schuldübernahme durch typische Erklärung), MüKo/Lieb 9 (Erfüllungsübernahme mit dispositiver Außenwirkung), Canaris § 7 Rn 16, FS Frotz **93,** 11 (in sich und zur Rechtsscheinhaftung widerspruchsvolle Regelung) und deshalb für Abschaffung ZIP **89,** 1161. Trotz mancher Unstimmigkeiten erscheint als Leitgedanke am ehesten überzeugend die **Kontinuität des Unternehmens nach aussen,** die sich in der **Fortführung des Handelsgeschäfts und der Firma** erweist (bestätigend § 26 I 1 nF 1994: auf Grund der Fortführung der Firma) und die vom Gesetzgeber im Interesse des Verkehrsschutzes typisierend und zT abweichend von der Rechtsscheinhaftung geregelt ist (zB ohne Rücksicht auf Kenntnis und Kausalität, § 15 Rn 20–21), BGH **146,** 376, NJW **92,** 911, **96,** 2867, ähnlich, aber zT so weitgehend K. Schmidt § 8 I 2 c, 3, ZGR **92,** 621, ZHR 145 **(81)** 2 (Unternehmensidentität, Firmenfortführung nicht entscheidend, aber s Rn 7, 11), AcP 198 **(99)** 516 (Rechts- und zT sogar Vertragsübergang), krit Canaris § 7 Rn 16 (Sanierungshindernis). Jedenfalls ist die gesetzliche Haftung des Erwerbs nach § 25 als lex lata ohne Verbiegungen auf eine der genannten Theorien hin zu akzeptieren.

B. **Handelsgeschäft: a) Kaufmännisches Handelsgeschäft:** Voraussetzung **2** ist nach I 1 zunächst ein Handelsgeschäft. Nach hL und Rspr ist damit nur ein kfm HdlGeschäft gemeint, einerlei ob im HdlReg eingetragen. Der Veräußerer muss also Kfm nach §§ 1 ff, auch § 5, sein. Auf NichtKflte (bzw vor dem HRefG MinderKflte) findet § 25 keine Anwendung, RG **113,** 308, BGH **18,** 250, **22,** 240 (§ 5), NJW **82,** 577, **92,** 112, Ffm OLGZ **73,** 22, iErg auch MüKo/Lieb 29, Grund: ua schon wegen II (HdlReg). Der Erwerber des Geschäfts eines NichtKfm haftet danach nicht gemäß § 25, aber bei Fortführung der Bezeichnung des Geschäfts uU Rechtsscheinhaftung (die durch geeignete Bekannt-

§ 25 3–5
I. Buch. Handelsstand

machung, dass er Schulden nicht übernahm, ex nunc beseitigt werden kann, § 5 Rn 9–16), BGH BB **66,** 876 (zu MinderKfm). Nach aA gilt § 25 analog für alle Unternehmensträger, K. Schmidt § 8 II 1 a, ZHR 145 **(81)** 21, also auch NichtKflte; für die Mittelmeinung (Erweiterung auf Soll- und MinderKflte, nicht auch KannKflte) Staub/Hüffer § 25 Rn 85, ist nach dem HRefG kein Platz mehr, aA für Kleingewerbetreibende, die eine Unternehmensbezeichnung fortführen und die Eintragungsmöglichkeit nach § 25 II haben, R. Schmitt HRefG S 241 ff.

3 **b) Einzelheiten:** Das **Handelsgeschäft muss bei Erwerb bestehen,** also bereits effektiv betrieben, Ffm OLGZ **73,** 22, und noch nicht eingestellt worden sein (§ 1 Rn 51–52). Eine vorübergehende Stilllegung beim Veräußerer, insbesondere bei Insolvenz, steht I 1 nicht entgegen, solange die wesentlichen Grundlagen des HdlGeschäfts (Organisation, Geschäftsbeziehungen) noch fortgeführt werden können, BGH NJW **92,** 911 (s auch Rn 6). Ebenso muss der Veräußerer bei Erwerb eine **Firma führen,** die der Erwerber fortführen kann; diese Firma muss bereits entstanden und darf noch nicht erloschen sein (§ 17 Rn 16, 23), Löschung führt nicht ohne weiteres zum Erlöschen (§ 17 Rn 23).

4 C. **Erwerb eines Handelsgeschäfts:** Das HdlGeschäft muss unter Lebenden (sonst § 27) erworben worden sein.

a) Erwerb: Erwerb iSv I 1 ist jede Unternehmensübertragung und -überlassung (Einl 42–51 vor § 1): Kauf, Schenkung, RAG HRR **33,** 1665; Übernahme des HdlGeschäfts einer PersonenHdlGes durch einen Gfter (vgl § 22 Rn 9, § 24 Rn 9), Mü BB **96,** 1682 und ähnliche gesellschaftsrechtliche Gestaltungen; Erwerb in der Erbteilung oder durch Vermächtnis (§§ 2147, 2174 BGB); Veräußerung durch den Erben an einen Dritten; Nießbrauch (daneben §§ 1086 ff BGB); Pacht, BGH NJW **82,** 1647 (Erwerb des Umlauf- und Pacht des Anlagevermögens), **84,** 1186 m Anm K. Schmidt (auch bei Rückerwerb vom Verpächter), aA Hamm NJW-RR **97,** 734, Schricker ZGR **72,** 153. Rechtsgeschäftlicher, derivativer Erwerb vom Vorgänger ist nicht notwendig, also trotz Geschäftsauflösung der VorgängerGmbH, BGH NJW **92,** 911, auch anschließender Weiterverpachtung, BGH NJW **06,** 1001, aA Lettl WM **06,** 2336; Nachfolge bei Franchising, Düss DB **92,** 833, Ko/Ro/Mo/Roth 4, wohl aA Hamm NJW-RR **97,** 734. Stiller Erwerb und Fortführung durch den bisherigen Inhaber als verdeckten Treuhänder genügen nicht, BGH NJW **82,** 1648. Erwerb iSv I 1 ist **nicht Erwerb vom Insolvenzverwalter** (Grund: sonst Unveräußerlichkeit des Unternehmens), die Altgläubiger erhalten also nur, aber immerhin ihre Quoten aus dem Erlös der Veräußerung, BGH **104,** 151, BAG NJW **66,** 1984, **07,** 942 (s Rn 16). Dem Insolvenzverfahren stehen nicht gleich, also § 25 bleibt anwendbar: Erwerb eines zahlungsunfähigen und insolventen Unternehmens (nach Auflösung, ohne Insolvenzverfahren), BGH NJW **06,** 1001, Anordnung von Sicherungsmaßnahmen nach §§ 21 ff InsO (früher: Sequestration nach § 106 KO), jedenfalls wenn kein Insolvenzverfahren folgt, BGH **104,** 151; Nichteröffnung des Insolvenzverfahrens mangels Masse oder sonst Erwerb eines überschuldeten Unternehmens, BGH NJW **92,** 911, WM **08,** 2275, zu beidem mit guten Gründen aA Canaris § 7 Rn 27 f: Geschenk an den Inhaber einer wertlosen Forderung. Ebenso zum früheren § 419 BGB BGH **66,** 228; vgl auch Rspr zu § 613 a BGB (§ 59 Rn 17–21). Bei **Umwandlungen** geht UmwG mit speziellen Vorschriften zum Vermögensübergang samt Verbindlichkeiten und zur Firmierung (§ 19 Rn 37–41) vor, ua § 20 I Nr 1 UmwG.

5 **b) Tatsächlicher Übergang:** Der tatsächliche Erwerb ist für den Geschäftsverkehr maßgeblich, nicht das interne Vertragsverhältnis zwischen dem Erwerber und seinem Vorgänger. Der Übergang kann auch sukzessive erfolgen, BGH WM **08,** 2273. **Mängel im Übernahmevertrag** und in den einzelnen Verfügungsgeschäften (Einl 42–47 vor § 1) sind für § 25 ohne Relevanz. I 1 gilt auch bei

3. Abschnitt. Handelsfirma **6, 7 § 25**

Nichtigkeit oder schwebender Unwirksamkeit (zB mangels Devisengenehmigung) des Übernahmevertrags, auch wenn gar kein solcher geschlossen wurde, BGH **18**, 252, **22**, 239, NJW **84**, 1187, **86**, 581, **92**, 911, Ffm NJW **80**, 1398, BayObLG NJW-RR **88**, 870, Mü BB **96**, 1682, Ffm NJW-RR **05**, 1349, aA Canaris § 7 Rn 24, Lettl WM **06**, 2336. Auch wenn vor Geltendmachung der Forderung das Geschäft infolge der Mängel des Vertrags an den Veräußerer zurückgegeben worden ist, Düss NJW **63**, 545, str. Die Tatsache der Übernahme lässt sich nicht mehr rückgängig machen (§ 28 Rn 2 und zur fehlerhaften Ges § 105 Rn 75). Zur Beschränkung der Haftung auf das übernommene Vermögen als Korrekturvorschlag s Rn 10. Der bloße Rechtsschein des Erwerbs, ohne dass es zu einem tatsächlichen, wenngleich mangelbehafteten Erwerb gekommen ist, reicht für I 1 nicht aus, BayObLG NJW-RR **88**, 870, Brem NZG **08**, 946, aber uU Rechtsscheinhaftung (§ 5 Rn 9–16, nur bei Gutgläubigkeit und Kausalität für geschäftliches Verhalten, ebenda Rn 12–13), offen Ffm NJW-RR **05**, 1350.

D. Geschäfts- und Firmenfortführung: Der Erwerber muss das HdlGe- 6
schäft **und** die bisherige Firma fortführen, sonst fehlt es an der für die Haftung aus I 1 nötigen Kontinuität nach außen (s Rn 1):

a) Fortführung des Handelsgeschäfts: Fortführung des HdlGeschäfts im wesentlichen Bestand oder **Kern** genügt, BGH **18**, 250, NJW **82**, 1648 (Zurückbehaltung einzelner Filialen), **92**, 911, **06**, 1001, WM **08**, 2273, Brem ZIP **88**, 1396, Düss NJW-RR **93**, 45, **95**, 1185, Hamm NJW-RR **95**, 735, Mü BB **96**, 1682 (Geschäftsräume, Teile des Personals, gleiche Geschäftsadresse), Hamm DB **98**, 2590, Düss NJW-RR **00**, 332, NZG **05**, 176 (Geschäftsbereich, Geschäftsräume, Telefonanschlüsse), Düss NZG **09**, 314. Ob das HdlGeschäft noch einen zur Befriedigung seiner Gläubiger ausreichenden Wert hat, ist unerheblich, BGH NJW **06**, 1001. Auch wesentlicher **Unternehmensteil** kann genügen. Bei Teilübertragung kommt es auf den Schwerpunkt des Unternehmens an, wofür der Wert der Teile bedeutsam sein kann, Saarbr BB **64**, 1196, Schlesw NJW-RR **04**, 417, Kblz NJW-RR **06**, 408, Düss NZG **09**, 314 (iErg nicht bei nur 10%). Auch Fortführung einer im Verkehr selbstständigen **Zweigniederlassung**; aber I 1 gilt nicht bei ZwNl (gleich ob zu Recht so eingetragen) ohne eigene Buch-, Kassen-, Kontenführung, Kundenabrechnung (auch wenn der Übernehmer die ehemals unselbstständige Geschäftsorganisation als selbstständigen Betrieb fortführt), BGH WM **63**, 664, NJW **72**, 1859 (auch keine Rechtsscheinhaftung), DB **79**, 1033, 1124. Der Erwerber haftet dann aber nur für die dem Unternehmensteil bzw. der ZwNl begründeten Verbindlichkeiten (s Rn 11). Gegensatz von Fortführung ist **Stilllegung**. Auch nur kurzfristige Fortführung genügt, notwendig ist umgehende Stilllegung. Nur vorübergehende Stilllegung des Geschäftsbetriebs, zB während des Insolvenzverfahrens, schadet nicht. Kontinuität des Unternehmens ist nötig, nicht des Unternehmensträgers (zB nach Auslösung der bisherigen GmbH), BGH NJW **92**, 911. **Tatsächliche Fortführung** ist entscheidend; Änderung des Erscheinungsbilds, der Rechtsform, Betreiben nunmehr als ZwNl, sogar als unselbstständige Betriebsabteilung oder Sparte stehen nicht entgegen, MüKo/Lieb 60, str, aber im letzteren Fall fehlt idR die Firmenfortführung. Wird nur der **Schein der Fortführung** des Geschäfts (s auch Rn 7) erzeugt, greift § 25 nicht ein, BayObLG NJW-RR **88**, 870, Düss NZG **09**, 315, aA Ffm NJW **80**, 1398 m krit Anm Nickel NJW **81**, 102; aber uU Rechtsscheinhaftung (§ 5 Rn 9–16). **Weitererwerb:** Wenn der Erwerber das HdlGeschäft, ohne es als eigenes wirklich geführt zu haben, weiterveräußert, zB in eine Ges einbringt, gilt I 1 nicht für ihn, sondern nur für diese, RG **143**, 368, **169**, 140.

b) Fortführung der Firma: Der Erwerber muss als zweites Element der 7
Kontinuität nach außen auch die **bisherige Firma fortführen:** einerlei ob durch Firmenerwerb oder Nachbildung derselben Firma (GmbH), BGH NJW **82**, 1648; nicht unbedingt wort- und buchstabengetreu, nur **Kern** der alten und

§ 25 8–10 I. Buch. Handelsstand

neuen Firma müssen sich gleichen; so wenn der **prägende Teil** der alten Firma in der neuen beibehalten wird, entscheidend ist die Firmenidentität nach der Verkehrsanschauung, BGH NJW **92**, 911, WM **04**, 1178, NJW **06**, 1001, WM **08**, 2273, Düss NZG **05**, 176, hL, stRspr, aA auch ohne Firmenfortführung (bloße Indizfunktion), falls Unternehmensidentität auch ohne Firmenfortführung klar feststellbar ist, K. Schmidt § 8 II 1 c, ZGR **92**, 627. Fortführung der Firma, nicht bloß einer Geschäftsbezeichnung (wie oben Rn 2), unten Rn 8, 9. Auf die Übertragung der Firma und die Einwilligung des alten Firmeninhabers zur Firmenfortführung (§ 22 Rn 9) kommt es für I 1 nicht an (anders I 2 betreff Forderungsübergang, s Rn 21), Kblz NJW-RR **06**, 408. **Tatsächliche Fortführung** aus Sicht des Verkehrs entscheidet; ob die im Kern fortgeführte Firma vorher oder jetzt unzulässig ist und ob gebotene Zusätze fehlen oder verbotene geführt werden, ist ohne Bedeutung, BGH **146**, 374, NJW **86**, 582. Fortführung auch mit einem Nachfolgezusatz (I 1; § 18 Rn 21), BGH NJW **84**, 1186, oder mit einer nach der Verkehrsanschauung unwesentlichen Änderung (Bsp: „Aluminolwerk Karl Schulze" – „Aluminolwerk Schulze & Co"), RG **113**, 309; mit Zufügung der Angabe einer neuen Rechtsform (zB „GmbH"), RG **131**, 29, BGH WM **04**, 1178; unter Weglassung täuschend gewordener Zusätze (§ 18 II) zB „KG" nach Übernahme des Geschäfts einer Ges durch EinzelKfm (§ 22 Rn 17), RG **104**, 342; auch unter Weglassung von GesFormzusätzen, die wegen eines Nachfolgezusatzes nicht täuschen würden; überhaupt unter Weglassung eines Zusatzes ohne individualisierende Kraft und ohne Einfluss auf das Klangbild, BGH BB **53**, 1025; auch unter Weglassung des Vornamens unter Beifügung des schon bisherigen Geschäftszweigs, BGH NJW **82**, 578, **86**, 582. Das Klangbild ist jedenfalls bei weitgehender Übereinstimmung der alten und neuen Firma und Weiterverwendung eines individualisierenden Bestandteils (Kfz-Küpper) nicht maßgeblich, BGH WM **04**, 1178. Maßgebend ist das firmenmäßige (nicht bloß werbliche) Auftreten am Markt, Hamm NJW-RR **97**, 734, nicht die Erklärung an Registergericht oder Finanzamt, BGH NJW **87**, 1633, oder Gewerbeanmeldung, Düss NZG **05**, 176. **Schein der Fortführung** der Firma genügt nicht (s Rn 6); aber uU Rechtsscheinhaftung (§ 5 Rn 9–16).

8 **Keine Fortführung:** Belassen des Firmenschildes während Übergangsperiode nach Erwerb; nur einmalige Benutzung des alten Briefkopfs, Hamm NJW-RR **97**, 734; Weglassung von Vor- und Familienname, Kblz NJW-RR **95**, 797, also ganz andere Personenfirma oder Umsteigen auf Sach- oder Phantasiefirma; Weglassung von „& Sohn" aus „A & Sohn" nach Erwerb des GesGeschäfts durch EinzelKfm A, RG **133**, 325; Weglassung von „Import und Export" aus „AK Baumaschinen, Import und Export", Ffm NJW **80**, 1398; Transponierung von Namen im Schlagwort, zB „Eugen Mutz & Co" – „Eumuco", RG **145**, 278; Fortführung einer bloßen Geschäftsbezeichnung (§ 17 Rn 10, 13), Canaris § 7 Rn 31, Ebenroth/Zimmer 47, LG Bonn NJW-RR **05**, 1559, str, die Rspr ist uneinheitlich, vgl Mü ZIP **08**, 1825; auch wenn Veräußerer gar keine Firma führen konnte, BGH DB **64**, 1297 („Helios-Filmtheater"). Übernahme der Werksbezeichnung („J-Werk-O-berg") ohne den Namen des Vorinhabers, BAG JZ **55**, 642, ebenso Brem NJW **63**, 111; Bezeichnung „vormals X", BGH WM **64**, 296, aA MüKo/Lieb 65. Weitere Bspe für Veränderungen bei MüKo/Lieb 66.

9 **Unerheblich** ist **Unzulässigkeit** (von jeher oder infolge der Übernahme) der vom Übernehmer geführten Firma nach Firmen-, Namens-, Wettbewerbsrecht (§§ 18, 19; § 17 Rn 33 f), nur muss die geführte Bezeichnung als Firma und nicht nur etwa als Etablissementsbezeichnung (§ 17 Rn 12) möglich sein (s Rn 8), BGH **22**, 237. Auch Firmenführung ohne Einwilligung s Rn 7.

10 E. **Rechtsfolge:** Die Rechtsfolge der Geschäfts- und Firmenfortführung nach I 1 ist **gesetzlicher Schuldbeitritt**, BGH **42**, 384, WM **89**, 1219, Heymann/Emmerich 26, Ko/Ro/Mo/Roth 7, nach aA Übergehen der Hauptverbindlichkeit des Erwerbers, K. Schmidt § 8 I 6, dispositive Vertragsüberleitung kraft Gesetzes, MüKo/Lieb 83 (s auch Rn 11); Vertragsübergang jedenfalls für Mietvertrag abl BGH NJW **01,** 2251. Diese Rechtsfolge tritt bei Vorliegen der obigen Voraussetzungen von Gesetzes wegen ein ohne Rücksicht auf andere Vereinbarungen zwischen Veräußerer und Erwerber (vgl Rn 12) und auf (selbst positive) Kenntnis des Dritten außer nach II (s Rn 13):

a) Haftung des Erwerbers: Der **Erwerber haftet mit seinem ganzen Vermögen,** nicht etwa nur mit dem erworbenen HdlGeschäft, BGH BB **55,** 652, Canaris § 7 Rn 37. Er haftet kraft Gesetzes als Gesamtschuldner neben dem Veräußerer, RG **135,** 107. Der Erwerber hat gegen den Gläubiger alle **Einreden,** die dem Veräußerer zustehen, sowie seine eigenen Einreden als Gesamtschuldner nach §§ 422 ff BGB. Aufrechnen darf er nach § 422 II BGB nur, wo auch die Forderung auf ihn übergegangen ist; auf eine vom Veräußerer erklärte Aufrechnung darf er sich berufen, § 422 I BGB. Ein **Urteil** gegen den Veräußerer bindet den Erwerber nur, wenn es bereits rechtskräftig geworden ist, sonst verbleibt es bei § 425 II BGB ohne Rechtsnachfolge nach § 325 ZPO, BGH WM **89,** 1219. Vollstreckbare Ausfertigung eines Titels gegen den Veräußerer auch gegen den Erwerber nach § 729 II ZPO, nicht § 727 ZPO, BGH WM **74,** 395 (vgl § 28 Rn 5). Weitere Auswirkungen auf den Prozess, str, s K. Schmidt § 8 I 7.

b) Umfang der Haftung: Der Erwerber haftet **für alle im Betriebe des Geschäfts begründeten Verbindlichkeiten,** einerlei aus welchem Rechtsgrund, ob Vertrag, Delikt oder sonst aus Gesetz; auch Steuerschulden (§ 75 AO), mangels solcher Vorschrift nicht Sozialversicherungsbeiträge, LSG Mainz ZIP **08,** 2023; auch noch nicht fällige, bedingte oder betagte Ansprüche, BGH **157,** 369, zB Vertragsstrafe, BGH NJW **96,** 2866; Unterlassungsansprüche (Wettbewerbsverbot), RG **96,** 173. Beim Erwerb eines Unternehmensteils oder einer ZwNl haftet der Erwerber (nur) für alle in diesem begründeten Verbindlichkeiten (s Rn 6), BGH WM **63,** 665, NJW **72,** 1859, WM **79,** 576, Düss NJW-RR **95,** 1186, Düss NZG **09,** 314. Gleichgestellt sind die **bei Einrichtung oder Erwerb des Handelsgeschäfts begründeten Verbindlichkeiten,** zB Kaufpreisschuld des Erwerbers, RG **129,** 188, Verbindlichkeiten aus Darlehen zur Zahlung des Kaufpreises, RG LZ **21,** 176, zur Abfindung eines ausgeschiedenen Gfters, RG **154,** 336, zur Freistellung eines Vorbesitzers von Verbindlichkeiten, BGH LM § 25 Nr 3. I 1 gilt **nicht** für Ansprüche nur gegen den Veräußerer persönlich (nicht unternehmensbezogen iSv § 343), aber Vermutung des § 344 I, II, vgl BGH DB **79,** 1033, 1124 (zwei HdlGeschäfte). Umstritten ist die Behandlung von **unternehmensbezogenen Dauerschuldverhältnissen,** andere Verbindlichkeiten sind von vornherein nicht erfasst, auch solche aus Vertragsverhältnissen, die der Veräußerer für sich zurückbehält. Der Erwerber ohne weiteres für bereits entstandene Teilansprüche aus solchen Dauerschuldverhältnissen. Für erst nach dem Übergang des HdlGeschäfts entstehende Teilansprüche haftet er auf Grund einer (seltenen) gesetzlichen (zB §§ 566, 613 a BGB) oder vereinbarten Vertragsübernahme, letztere kann auch konkludent erfolgen, so wenn das Dauerschuldverhältnis mit dem Unternehmen zusammenhängt; sonst kann uU eine (ebenfalls konkludent, auch später bei Vertragserfüllung mögliche) Schuldübernahme (§ 415 I 1, 2 BGB) vorliegen (s auch Rn 18). Weitergehend für komplette, echte Vertragsüberleitung im Rahmen von § 25, sehr str (s Rn 10, auch Rn 21) K. Schmidt § 8 I 4 c, MüKo/Lieb 83, LG Stgt NJW-RR **96,** 1379, anders richtiger die bisher hL, Nürnb NJW **65,** 1919, Canaris § 7 Rn 39, Ko/Ro/Mo/ Roth 7; gegen Vertragsüberleitung, aber für Haftung des Erwerbers auch für künftige Teilansprüche Beuthien NJW **93,** 1737; gegen Haftung für Nutzungsentschädigung nach Mietende BGH NJW **01,** 2252.

§ 25 12–14 I. Buch. Handelsstand

12 **c) Weiterhaftung des Veräußerers:** Der **Veräußerer** haftet für die vor dem Übergang begründeten Geschäftsverbindlichkeiten (**Altverbindlichkeiten**) neben dem Erwerber als Gesamtschuldner unverändert weiter, aber nach § 26 höchstens fünf Jahre (s dort, insbesondere für Dauerschuldverhältnisse). Die Haftung des Erwerbers aus § 25 I 1 tritt nur gesamtschuldnerisch neben die des Veräußerers (gesetzlicher Schuldbeitritt, s Rn 10). Anders nur bei Vertrags- oder Schuldübernahme des Erwerbers (s Rn 11). Für die Haftung des Veräußerers aus schwebenden Geschäften gelten gleiche Grundsätze wie für die eines aus einer OHG ausgeschiedenen Gfters (§ 128 Rn 28); nach Geschäftsübergang eintretende Voraussetzungen eines früher begründeten Anspruchs wirken gegen ihn, zB Eintritt einer aufschiebenden Bedingung, Werkleistung aus älterem Werkvertrag, provisionspflichtiger Abschluss nach älterer Provisionszusage, BGH BB **74,** 1364. Schuldanerkenntnis des Erwerbers berührt den Veräußerer nicht. Für **neue Verbindlichkeiten** des Erwerbers haftet nur dieser, nicht der Veräußerer außer bei besonderem Rechtsgrund, zB wenn der Geschäftsübergang noch nicht in das HdlReg eingetragen und bekanntgemacht worden ist, Ffm OLGZ **73,** 20 (§ 15 iVm § 31) oder auf Grund Rechtsscheinhaftung, so uU wenn bei ständiger Geschäftsbeziehung der Inhaberwechsel nicht mitgeteilt wird (§ 15 Rn 17 ff, 21, § 5 Rn 9–16). Gläubiger kann Veräußerer aus Haftung entlassen, uU durch Lieferung und Rechnungsstellung an den Nachfolger nach Mitteilung des Veräußerers von Geschäftsaufgabe und Schuldübernahme des Nachfolgers, Ffm BB **82,** 694, aber hängt von den Umständen ab. In dem von § 25 nicht betroffenen Innenverhältnis kann der Veräußerer gegen den Erwerber Anspruch auf Befreiung oder Rückgriff haben (vgl § 329 BGB).

2) Ausschluss der Haftung des Erwerbers (II)

13 A. **Abweichende Vereinbarung:** Veräußerer und Erwerber können die Haftung des Erwerbers gegenüber Dritten nach I 1 nicht schon durch bloße Vereinbarung (im Innenverhältnis), dass der Erwerber für die Verbindlichkeiten des Veräußerers nicht haften solle, ausschließen. Entscheidend ist nach II vielmehr die HdlRegPublizität oder Mitteilung, krit gegen II, aber lex lata, K. Schmidt § 8 I 5 b. Eintragung nur beim fortführenden, nicht beim übertragenden Rechtsträger, Düss NJW-RR **08,** 1211. II schließt nicht nur I 1 aus, sondern I insgesamt (s Rn 22), aber nicht III. Tatbestandsmerkmale des II sind danach die Vereinbarung und ihre Verlautbarung. Eine Vereinbarung wird von II vorausgesetzt und soll idR unverzichtbar sein, hL, aus der Sicht des Drittschutzes fraglich. Konsequenter wäre es, so wie unter I 1 Mängel und Fehlen des Übernahmevertrags, auch unter II nicht nur Mängel, hL, sondern sogar das Fehlen der abweichenden Vereinbarung als für die Wirkung von II unschädlich anzusehen. Jedenfalls bei Übernahme nicht unmittelbar vom Vorgänger (s Rn 4) reicht einseitige Ausschlusserklärung aus, MüKo/Lieb 114, zutr, aber inkonsequent, offen BayObLG NJW-RR **88,** 870. Erfüllungsübernahme und Freistellung des Erwerbers im Innenverhältnis genügen nicht, auch nicht wenn sie dem Gläubiger mitgeteilt werden, BGH BB **89,** 1364. Die Vereinbarung bzw. Erklärung kann sich auf einzelne Forderungen beschränken, zB bei Übernahme des gesamten HdlGeschäfts auf solche aus Teilbetrieb oder ZwNl, aber Bestimmbarkeit notwendig. MüKo/Lieb 114. Globaler Höchstbetrag ist unzulässig, RG **152,** 78, prozentuale Beschränkungen sollen dagegen zulässig sein. Alle Beschränkungen müssen aber aus den Registerakten klar erkennbar sein, ein nur einem der Gläubigern unzugängliches Verzeichnis gibt keinem Gläubiger Klarheit, genügt daher gegen keinen, RG **152,** 78.

14 B. **Verlautbarung: a) Eintragung und Bekanntmachung:** Eintragung in HdlReg und Bekanntmachung (§ 10) führt gegenüber allen Altgläubigern zum Ausschluss der Haftung des Erwerbers, Hamm DB **98,** 2590 II ist abschließend

3. Abschnitt. Handelsfirma   15, 16 § 25

und verdrängt grundsätzlich § 15 I–III (lex specialis), BGH **29,** 4 (zu § 15 I), Staub/Hüffer 102; Ausnahme zu I 2 s Rn 25. Bei ZwNl gilt § 15 IV. Beschränkungen, zB auf einzelne Forderungen, müssen aus den Registerakten klar erkennbar sein (s Rn 13). Eintragung und Bekanntmachung brauchen (anders als eine Mitteilung, so klarer Gesetzeswortlaut; anders auch Bekanntmachung nach III, s Rn 17) nicht vom Veräußerer oder Erwerber veranlasst zu sein, hL, aA Ko/Ro/Mo/Roth 8, jedenfalls genügt Anmeldung durch den Erwerber, Mü ZIP **08,** 1823. Der Haftungsausschluss wirkt mangels Eintragung und Bekanntmachung auch nicht gegen solche Gläubiger, die ihn nachweisbar positiv kennen, RG **75,** 139, BGH **29,** 4, auch Mü BB **96,** 1683, fragwürdig, Grenze jedenfalls §§ 138, 826 BGB, offen BGH WM **92,** 738. Umgekehrt wirkt er bei Eintragung und Bekanntmachung auch gegen Gläubiger, die ihn weder kennen noch kennen müssen. Beim Erwerb des HdlGeschäfts vom Insolvenzverwalter greift schon I 1 nicht ein (s Rn 4); Gleichstellung der Insolvenzpublizität (§ 32) mit Eintragung und Bekanntmachung nach II ist deshalb nicht erforderlich, aA BAG NJW **66,** 1984. Eintragung nach II schon bei ernsthafter Möglichkeit der Haftung, Hamm NJW-RR **94,** 1120, DB **98,** 2591, Düss NZG **03,** 774, Ffm NJW-RR **05,** 1349; Ablehnung nur, wenn Haftung offensichtlich nicht in Betracht kommen kann, BayObLG NJW-RR **03,** 757, Mü ZIP **08,** 1823, oder wenn offensichtlich zu spät, Hamm OLGR **99,** 42, Düss NZG **03,** 776, abl für den Fall des Nichtvorliegens, trotz Rechtsschein II nicht analog BayObLG NJW-RR **88,** 870. **Muster:** Hopt/Graf von Westphalen 3. Aufl 2007 Form I.C.3 (Anmeldung der Verpachtung mit Haftungsausschluss).

b) Mitteilung: Formlose **Mitteilung** der von I 1 abweichenden Vereinbarung durch Erwerber oder Veräußerer (nicht auch durch Dritte) wirkt nur gegenüber dem einzelnen Empfänger, dem sie zugeht.

Zeitraum: Eintragung und Bekanntmachung oder Mitteilung müssen mit der 15 Übernahme zusammenfallen; es reicht auch, wenn **unverzüglich** nach Geschäftsübernahme angemeldet wird und nach Eintragung und Bekanntmachung sodann in (kurzem) angemessenem Zeitabstand **folgen,** BGH WM **92,** 736. Andernfalls sind sie unwirksam, grundsätzlich trotz unverschuldeter Verzögerung der beantragten Eintragung, RG **131,** 14, Hamm NJW-RR **94,** 1121, DB **98,** 2591, BayObLG NJW-RR **03,** 757, str, und auch wenn sich noch keine Verkehrsauffassung dahin gebildet hat, dass der Erwerber für die alten Schulden haftet, BGH **29,** 6, WM **92,** 736, Ffm BB **77,** 1571. Nicht mehr alsbald ist früher Eintragung nach sechs oder zehn Wochen angesehen worden, RG **75,** 140, HRR **32,** 256, aber wegen möglicher Ablehnung der Eintragung zu knapp, deshalb für eine durch Beschwerde erzwungene Eintragung noch nach 5 Monaten, Hamm DB **98,** 2590, Düss NJW-RR **03,** 1120; sieben bzw acht Monate ist aber zu viel, Mü ZIP **07,** 1063, Hamm NJW-RR **94,** 1121; aber starre Fristen sind nicht angebracht, offen BayObLG WM **84,** 1534 (zu § 28 II). Das Registergericht braucht idR die Rechtzeitigkeit des Antrags auf Eintragung des Haftungsausschlusses nicht zu prüfen, KGJ **33** A 127, muss aber einen offensichtlich verspäteten Antrag ablehnen, Ffm BB **77,** 1571, BayObLG WM **84,** 1535, Düss NJW-RR **03,** 1120 (fünf Monate), aber nur, wenn ein nach außen wirksamer Haftungsausschluss offensichtlich nicht mehr herbeigeführt werden kann, BayObLG NJW-RR **03,** 757.

C. **Reichweite des Haftungsausschlusses:** Der Haftungsausschluss nach II 16 betrifft nur die Haftung aus I 1, nicht aus besonderen Verpflichtungsgründen (III). Ein Haftungsausschluss wirkt insoweit nur im Innenverhältnis, verpflichtet also den Veräußerer, den Erwerber von der Haftung freizuhalten. Der Haftungsausschluss ist durch Gläubiger (§ 2 AnfG) oder Insolvenzverwalter (§ 129 InsO) **nicht anfechtbar;** falls nicht III eingreift, entgeht der Wert des Unternehmens über die beschlagsfähigen Einzelobjekte hinaus ihrem Zugriff, Weimar MDR **64,** 567.

§ 25 17–21

3) Haftung des Erwerbers aus besonderem Verpflichtungsgrund (III)

17 A. **Haftung aus besonderem Verpflichtungsgrund:** Liegen die Voraussetzungen der Haftung nach I 1 nicht vor, zB keine Fortführung des HdlGeschäfts oder nicht unter der alten Firma, haftet der Erwerber nur bei besonderem vertraglichen (s Rn 18) oder gesetzlichen (s Rn 19, 20) Verpflichtungsgrund. Dazu bedürfte es nicht des III, der nur rechtshistorisch zu erklären ist und bloße Hinweisfunktion hat. III nennt als Bsp die selten vorkommende **Bekanntmachung** der Haftungsübernahme in handelsüblicher (§ 346 Rn 2) Form. Die Bekanntmachung nach III ist nicht mit der Bekanntmachung der HdlRegEintragung zu verwechseln, sondern meint jede **Kundmachung** (so besser § 26 I 1 nF) in handelsüblicher Form. Die Bekanntmachung nach III ist vom Innenverhältnis der Parteien unabhängig. Sie muss vom Erwerber (nicht Veräußerer) ausgehen (anders II, s Rn 14). Sie erfolgt öffentlich, etwa durch Rundschreiben an alle Gläubiger oder Zeitungsanzeigen, auch zB an das Registergericht oder gegenüber vielen einzelnen Gläubigern, RG **38,** 177 (aber noch auf der Basis einer Erklärung an die Öffentlichkeit, s Rn 1). Bekanntmachung, dass die Übernahme eines Bankgeschäfts bankaufsichtlich genehmigt ist, genügt nicht, BGH WM **64,** 296. Die Haftung auf Grund Bekanntmachung folgt auch ohne III aus Rechtsschein (§ 5 Rn 9–16), aA einseitig, nicht annahmebedürftige Verpflichtungserklärung, Ko/Ro/Mo/Roth 9, dann kann aber III nicht bloße Hinweisfunktion haben.

18 B. **Schuldübernahme:** Ein besonderer Verpflichtungsgrund ist die (vertragliche) **Schuldübernahme** gegenüber einem einzelnen Gläubiger (befreiende Schuldübernahme, §§ 414 ff BGB, oder Schuldbeitritt). Sie ist konkludent möglich (s Rn 11), aber nicht ohne weiteres in der Übertragung des Geschäfts (Einl 42–55 vor § 1) mitvereinbart. **Vertragsübernahme** s Rn 11.

19 C. **Vermögensübernahme (§ 419 BGB aF):** Von erheblicher praktischer Bedeutung war bis 1998 die unabhängig neben § 25 stehende gesetzliche Haftung des Übernehmers aus Vermögensübernahme nach § 419 BGB. Diese Vorschrift, die zahlreiche Zweifelsfragen aufgeworfen hatte, ist zum 1. 1. 1999 durch EGInsO aufgehoben. § 419 BGB ist auf Vermögensübernahmen aus der Zeit vor dem 1. 1. 1999 weiter anzuwenden (Art 223 a EGBGB). Vgl 29. Aufl.

20 D. **Weitere Verpflichtungsgründe:** Bei Geschäftsübernahme ohne Schuldübernahme kommen ferner in Betracht uU **§ 613 a BGB, § 826 BGB, § 75 AO.**

4) Übergang der Forderungen auf den Erwerber (I 2)

21 A. **Normzweck: a)** Forderungen können als Teil des HdlGeschäfts mitübertragen werden, von Gesetzes wegen oder vertraglich, auch insgesamt im Wege der Vertragsübernahme (s Rn 11). Geschieht das tatsächlich, ist für § 25 I 2 kein Platz, es gelten die allgemeinen Regeln. Leistet der Dritte statt an den Erwerber an den Veräußerer, ist § 407 anwendbar, ohne dass § 15 II, der nur den Inhaberwechsel nach I 1 betrifft, entgegensteht, Canaris § 7 Rn 78, MüKo/Lieb 100, aA Staub/Hüffer 71.

b) Auch ohne solche Übertragung **gelten** die Forderungen nach I 2 den Schuldnern gegenüber **als auf den Erwerber übergegangen,** sofern der Erwerber das HdlGeschäft mit Einwilligung des bisherigen Inhabers oder seiner Erben unter der bisherigen Firma fortführt. Leitgedanke von I 2 ist, dass angesichts der Unternehmenskontinuität nach außen (s Rn 1) auch die Schuldner Schutz verdienen (arg: „den Schuldnern gegenüber"), zu ihren Gunsten spricht dann eine widerlegliche Vermutung eines Forderungsübergangs und I 2 wird zum Parallelstück von § 407, Canaris § 7 Rn 66 f, MüKo/Lieb 101 ff, Ko/Ro/Mo/Roth 10, sehr str; aA für gesetzliche Abtretungsfiktion Staub/Hüffer 69, und noch weitergehend für echten gesetzlichen Forderungs- und Vertragsübergang K. Schmidt § 8 I 4 b, AcP 198 **(98)** 516 (s Rn 1), dogmatisch offen, aber jedenfalls für Unwiderleglichkeit BGH WM **92,** 736, demgegenüber Mü DB **92,** 519 (Kenntnis schadet, Mitteilung braucht nicht unverzüglich zu sein, nur Zugang vor Zahlung, s Rn 25). Für Einordnung in die Rechtsscheinhaftung Canaris § 7 Rn 66, was bei deren Voraussetzungen (§ 5 Rn 9–16) aber nicht bruchlos möglich ist.

B. **Voraussetzungen, insbesondere Einwilligung: a) Vorliegen von I 1:** 22 I 2 kann nur eingreifen, wenn I 1 vorliegt, zu dessen Voraussetzungen s Rn 2 ff.

b) Einwilligung des bisherigen Inhabers: Der bisherige Inhaber oder seine Erben müssen in die Fortführung der Firma eingewilligt haben. Diese Einwilligung entspricht der nach § 22 (s dort Rn 9), außer dass sie in I 2 nicht „ausdrücklich" sein muss, was aber keinen wesentlichen Unterschied macht (vgl § 22 Rn 9). Unwirksame Einwilligung genügt nicht (anders als zu Übernahmevertrag nach I 1 und zu abweichender Vereinbarung nach II, s Rn 5, 13), aA Canaris § 7 Rn 69: je nach Zurechenbarkeit.

c) Kein Ausschluss von I 1: Es darf kein Haftungsausschluss nach II (s Rn 13) vorliegen, sonst ist für I 2 von vornherein kein Platz, BGH WM **92,** 738. Voraussetzung dafür ist förmliche Verlautbarung nach II, ohne diese schadet auch positive Kenntnis nicht (s Rn 14). Davon zu unterscheiden ist die Reichweite von I 2, wenn dieser Einwilligung findet (s Rn 25). Trotz Eintragung und Bekanntmachung nach II kommt Rechtsscheinschutz des Schuldners (gegen § 15 II 1) entsprechend I 2 in Betracht, wenn der Erwerber die Firma ohne Nachfolgezusatz fortführt und der Schuldner im Vertrauen darauf (ohne Registereinsicht) an den Erwerber zahlt, Canaris § 7 Rn 73.

C. **Reichweite des Forderungsübergangs:** I 2 gilt für alle in dem Betrieb 23 des Geschäfts begründeten Forderungen, einerlei aus welchem Rechtsgrund, bei Erwerb eines Unternehmensteils oder einer ZwNl nur für die darin begründeten (wie zu I 1, s Rn 11). **Nicht:** Forderungen des Veräußerers persönlich (nicht unternehmensbezogen iSv § 343), aber Vermutung des § 344 I, II. I gilt aber nur für Forderungen, die formfrei abgetreten werden können (§ 398 BGB), nicht für Forderungen, die nur in besonderer Form oder nur mit Zustimmung Dritter (insbesondere des Schuldners) oder überhaupt nicht übertragbar sind (Abtretungsverbot), BGH WM **92,** 736, zT aA Canaris § 7 Rn 71. Bsp: Hypotheken, KGJ **26** A 135, Mieterrecht (vgl § 540 BGB). I 2 gilt unmittelbar nur für die Forderungen, bei (unternehmensbezogenen) **Dauerschuldverhältnissen** nur für bereits entstandene Teilansprüche (s Rn 11); nach weitergehender Ansicht ist I 2 außer bei persönlich geprägten Rechtsverhältnis auf das ganze Rechtsverhältnis, insbesondere auch Dauerschuldverhältnisse, auszudehnen, sehr str (Normzweck, s Rn 21, 11). Wenn man nicht so weit geht, kommt außer Vertragsübernahme (s Rn 11) konkludente Abtretung auch erst künftig entstehender Teilansprüche in Betracht.

D. **Rechtsfolgen: a) Wahlrecht des Schuldners bei Leistung:** Nach I 2 24 gelten die Forderungen als auf den Erwerber übergegangen. Der Schuldner kann also befreiend an den Erwerber leisten (I 2 iVm §§ 398, 404 ff BGB, obwohl keine echte Abtretung stattgefunden hat, sonst s Rn 21); dann Ausgleichsanspruch des Veräußerers gegen Erwerber nach § 816 II BGB), aA für echten Forderungsübergang K. Schmidt § 8 I 4 b (dann nur uU § 812 BGB). Der Schuldner kann aber auch an den Veräußerer zahlen, der noch der wahre Forderungsinhaber ist; anders, wenn die Forderung tatsächlich übergegangen ist, was insbesondere bei Dauerschuldverhältnis umstritten ist (s Rn 11, 23).

b) Inanspruchnahme des Schuldners: Nimmt der **Erwerber** den Schuld- 25 ner in Anspruch, kommt ihm I 2 nicht zu Hilfe (Schuldnerschutznorm, s

§ 26 I. Buch. Handelsstand

Rn 26). Nimmt der **Veräußerer** den Schuldner in Anspruch und beruft sich dieser auf I 2, ist die Reichweite des Schuldnerschutzes nach I 2 umstritten. Bei Deutung von I 2 als bloße Schuldnerschutznorm kann der Veräußerer seine Forderungsinhaberschaft beweisen (widerlegliche Vermutung des I 2, s Rn 21), Ko/Ro/Mo 15. Er muss dazu dem Schuldner positive Kenntnis davon verschaffen, dass die Forderung nicht übergegangen ist, Mü DB **92,** 518 (s Rn 21), Rö/Ammon/Ries 35, MüKo/Lieb 104. Dafür genügt bloße Mitteilung nicht, weil sonst der Schuldnerschutz nach I 2 zu sehr eingeengt wird, vielmehr muss der Veräußerer den Schuldner in die Lage versetzen, dies bei Inanspruchnahme durch den Erwerber auch beweisen zu können, Canaris § 7 Rn 72 (ähnlich Art 40 III WG). Nach weitergehender aA (Fiktion, s Rn 21) kann der Veräußerer dem Schuldner seine Forderungszuständigkeit nur bei Vorgehen nach II entgegenhalten, also wenn eine abweichende Vereinbarung in das HdlReg eingetragen und bekanntgemacht oder dem Schuldner (Dritten) vom Erwerber oder dem Veräußerer mitgeteilt worden ist (s Rn 13), Staub/Hüffer 69, 101, K. Schmidt § 8 I 4 b, wohl auch BGH WM **92,** 736. Rechtsscheinschutz des Schuldners bei Zahlung an den die Firma ohne Nachfolgerzusatz fortführenden Erwerber trotz Eintragung und Bekanntmachung s Rn 21.

26 **c) Wirkung von I 2 nur zugunsten des Schuldners:** I 2 wirkt nur zugunsten des Schuldners („den Schuldnern gegenüber"). Sind die Forderungen tatsächlich nicht mitübertragen, kann er ohne weiteres befreiend an den Veräußerer bezahlen, ohne dass es des I 2 bedarf (s Rn 21 eingangs). Das gilt auch, wenn der Erwerber den Schuldner in Anspruch nimmt, ersterer hat also die Beweislast für den Forderungsübergang, MüKo/Lieb 105, aA bei Annahme einer Fiktion (s Rn 1), str. I 2 gilt nicht im Verhältnis zwischen Veräußerer und Erwerber, str. Zahlt der Schuldner an den Erwerber, hat der Veräußerer einen Bereicherungsanspruch nach § 816 II BGB, Canaris § 7 Rn 74, nach aA nur nach § 812 BGB (s Rn 24). I 2 gilt auch nicht im Verhältnis zu Gläubigern des Veräußerers oder Erwerbers, zB bei Pfändung oder in der Insolvenz, vielmehr kommt es dann auf die wahre Berechtigung an, Staub/Hüffer 68, hL, aA K. Schmidt § 8 I 4 b.

5) Internationaler Verkehr

27 Die Haftung des Erwerbers bei Firmenfortführung unterliegt dem Recht am Sitz des Unternehmens (Hauptverwaltung), hL, Merkt/Dunckel RIW **96,** 542, Reithmann/Martiny/Merkt 916, aA je nach Einordnung von § 25, Ebenroth/Offerloch RIW **97,** 8, Grund: Unternehmenskontinuität, nicht Vermögensübertragung. Kumulative Schuldübernahme richtet sich nach dem gewählten Recht, Kln RIW **98,** 148, sonst dem Recht der Niederlassung des beitretenden Schuldners, (rechtsgeschäftliche und gesetzliche) Vertragsübernahme folgt einheitlich dem Recht des übernommenen Vertrags, Reithmann/Martiny/Martiny 353 f. Lit: Zweigert RabelsZ 23 **(58)** 643; von Bar IPRax **91,** 197; Schnelle RIW **97,** 281.

[Fristen bei Haftung nach § 25]

26 (1) ¹**Ist der Erwerber des Handelsgeschäfts auf Grund der Fortführung der Firma oder auf Grund der in § 25 Abs. 3 bezeichneten Kundmachung für die früheren Geschäftsverbindlichkeiten haftbar, so haftet der frühere Geschäftsinhaber für diese Verbindlichkeiten nur, wenn sie vor Ablauf von fünf Jahren fällig und daraus Ansprüche gegen ihn in einer in § 197 Abs. 1 Nr. 3 bis 5 des Bürgerlichen Gesetzbuchs bezeichneten Art festgestellt sind oder eine gerichtliche oder behördliche Vollstreckungshandlung vorgenommen oder beantragt wird; bei öffentlich-rechtlichen Verbindlichkeiten genügt der Erlass eines Verwaltungsakts.** ²**Die Frist beginnt im Falle des § 25 Abs. 1**

3. Abschnitt. Handelsfirma 1, 2 § 26

mit dem Ende des Tages, an dem der neue Inhaber der Firma in das Handelsregister des Gerichts der Hauptniederlassung eingetragen wird, im Falle des § 25 Abs. 3 mit dem Ende des Tages, an dem die Übernahme kundgemacht wird. ³ Die für die Verjährung geltenden §§ 204, 206, 210, 211 und 212 Abs. 2 und 3 des Bürgerlichen Gesetzbuches sind entsprechend anzuwenden.

(2) Einer Feststellung in einer in § 197 Abs. 1 Nr. 3 bis 5 des Bürgerlichen Gesetzbuchs bezeichneten Art bedarf es nicht, soweit der frühere Geschäftsinhaber den Anspruch schriftlich anerkannt hat.

Übersicht

1) Normzweck und Reichweite 1–3
  A. Normzweck und früheres Recht 1
  B. Reichweite 3
2) Nachhaftungsbegrenzung (I) 4–10
  A. Haftung des Erwerbers nach § 25 (I 1) 4
  B. Begrenzung auf fünf Jahre 5
  C. Fristbeginn (I 2) 9
  D. Entsprechende Anwendung von Verjährungsrecht (I 3) 10
3) Schriftliches Anerkenntnis (II) 11
4) Abweichende Vereinbarungen 12

1) Normzweck und Reichweite

A. **Normzweck und früheres Recht: a)** § 26 idF NachhBG 18. 3. 94 **1** BGBl 560, I 1, 3 idF SMG 2001, regelt die zeitliche Begrenzung der Nachhaftung des früheren Geschäftsinhabers (Veräußerers) für frühere Geschäftsverbindlichkeiten. Dieser haftet für vor dem Übergang begründete Verbindlichkeiten neben dem Erwerber als Gesamtschuldner weiter (§ 25 Rn 12) ebenso wie der aus einer OHG ausgeschiedene Gfter für Altverbindlichkeiten der Ges (§ 128 Rn 28); für nach dem Übergang begründete Geschäftsverbindlichkeiten haftet der Veräußerer nur aus besonderem Rechtsgrund, zB § 15 iVm § 31 oder Rechtsscheinhaftung. Eine solche unbegrenzte Nachhaftung des Veräußerers trotz Geschäfts- und Firmenfortführung durch den Erwerber erscheint vor allem bei Dauerschuldverhältnissen wie Arbeitsverträgen und Ruhegeldzusagen als nicht sachgerecht. § 26 sieht deshalb eine **Nachhaftungsbegrenzung** vor. Entsprechende Regelungen gelten für die Nachhaftung des früheren Geschäftsinhabers, der Kdtist geworden ist (§ 28 III), und des ausgeschiedenen bzw Kdtist gewordenen phG PersonenGes (§ 160), sowie für die GbR (§ 736 II BGB) und bei Verschmelzung einer PersonenHdlGes auf eine KapitalGes (§ 45 UmwG). Eine einheitliche Auslegung der verschiedenen Vorschriften ist insoweit geboten (Nachhaftungsbegrenzung als **allgemeiner Grundsatz**). Diese Nachhaftungsbegrenzung erfasst alle Altverbindlichkeiten, nicht nur solche aus Dauerschuldverhältnissen. Es handelt sich um eine echte zeitliche Begrenzung der Haftung (**Ausschlussfrist**; vgl Titelüberschrift vor § 159), nicht um eine Verjährung (arg § 26 I 3, s Rn 8). § 26 ist nicht verfassungswidrig, aA Canaris FS Odersky **96**, 753, in Extremfällen hilft Auslegung bzw § 242 BGB. Lit: Reichold NJW **94**, 1617, Seibert DB **94**, 461.

b) Früheres Recht: Nach § 26 aF begann die (Sonder)Verjährung von fünf **2** Jahren erst mit Eintritt der Fälligkeit mit der Folge eines langjährigen Haftungsrisikos des früheren Geschäftsinhabers. Die Rspr zur Begrenzung dieses Haftungsrisikos bei Dauerschuldverhältnissen wie bei ausscheidenden Gftern war uneinheitlich, dafür zB Staub/Hüffer 12, Bork ZIP **89**, 1369 (Betriebsaufspaltung); eine Enthaftung für Versorgungsansprüche des Arbeitnehmers zuletzt ablehnend, BAG BB **90**, 939, NJW **91**, 1972 (s 28. Aufl). Reform der §§ 26, 28 zusammen mit Nachhaftung (§ 128 Rn 31) K. Schmidt DB **90**, 2357, Ulmer/

§ 26 3–8   I. Buch. Handelsstand

Timmann ZIP **92**, 1, Lieb GmbHR **92**, 561. Zum früheren Recht s 28. Aufl. **Übergangsrecht:** s **(1)** EGHGB Art 37.

3   B. **Reichweite:** § 26 gilt nicht, soweit speziellere Regelungen eingreifen. Eine solche ist vor allem § 613 a BGB (§ 59 Rn 17 ff), str, aber nur, soweit dieser reicht, also nicht für Ruhestandsverhältnisse, MüKo/Lieb 7 ff gegen BAG EzA § 28 Nr 1. Im Übrigen (Aufgabe der Kündigungstheorie) ist § 26 abschließend, BGH **142**, 324 (zu § 160), MüKo/Lieb 5, Ko/Ro/Mo/Roth 6.

2) Nachhaftungsbegrenzung (I)

4   A. **Haftung des Erwerbers nach § 25 (I 1):** I 1 setzt voraus, dass der Erwerber auf Grund der Geschäfts- und Firmenfortführung nach § 25 I oder der Kundmachung nach III (§ 25 Rn 17) für die früheren Geschäftsverbindlichkeiten haftet. Der Erwerber muss mit dem übernommenen Unternehmensvermögen haften, nicht nur mit seinem Privatvermögen wie zB bei Betriebspacht (§ 25 Rn 4), MüKo/Lieb 18, Grund: sonst wären die Gläubiger erheblich benachteiligt. Das ist auch für Betriebsaufspaltung (§ 1 Rn 18) und ähnliche Gestaltungen wichtig. Haftet der Erwerber für Altschulden nicht bzw nicht in dieser Weise, verbleibt es bei der Verjährung der Verbindlichkeiten des Veräußerers nach allgemeinen Regeln, also erst mit Eintritt der Fälligkeit und auch dann ohne fünfjährige Begrenzung. Dasselbe gilt bei Haftung des Erwerbers nur aus anderem Rechtsgrund, zB §§ 613 a, 826 BGB ua (§ 25 Rn 20). Wenn der Erwerber nicht nur aus § 25 haftet, sondern zugleich aus Schuldmitübernahme, begrenzt I 1 grundsätzlich auch insoweit, BGH **42**, 382, (dahingestellt für Privatschuld des Veräußerers), Staub/Hüffer 5, anders bei schriftlichem Anerkenntnis nach II. Das gilt aber nicht allgemeiner dahin, dass bei Haftung des Erwerbers aus § 25 und anderen Rechtsgründen § 26 auch diese erfasst, aA Heymann/Emmerich 9, zB sicher nicht bei Haftung aus § 826 BGB.

5   B. **Begrenzung auf fünf Jahre: a) Keine Haftung für erst nach 5 Jahren fällige Verbindlichkeiten:** Der Veräußerer haftet für frühere Geschäftsverbindlichkeiten (vgl § 25 Rn 11), auch solche aus betrieblicher Altersversorgung von Arbeitnehmern oder aus Delikt, nur, wenn sie vor Ablauf von 5 Jahren fällig sind (wie § 160 Rn 2, 3). § 26 begründet eine Ausschlussfrist, keine Verjährung (s Rn 1) und schließt echte Verjährung, die kürzer sein kann, nicht aus. Verbindlichkeiten aus Arbeitsverträgen s Rn 3.

6   **b) Haftung für vorher fällige Verbindlichkeiten nur bei besonderer Feststellung oder Vollstreckungshandlung:** Bei Verbindlichkeiten, die vor Ablauf von 5 Jahren fällig werden, tritt Nachhaftungsbegrenzung nach I 1 (idF SMG 2001) nur ein, wenn der Anspruch gegen den Veräußerer innerhalb der Fünfjahresfrist in einer in § 197 I Nr 3–5 BGB bezeichneten Art (Rechtskraft oder Vollstreckbarkeit) festgestellt ist oder eine gerichtliche oder behördliche Vollstreckungshandlung vorgenommen oder beantragt wird (aber s Rn 8). Ein schriftliches Anerkenntnis wirkt wie Feststellung (§ 197 I Nr 3–5 BGB) (II).

7   Bei öffentlichrechtlichen Verbindlichkeiten genügt der Erlass eines Verwaltungsakts (so ausdrücklich I 1 Halbs 2, weil die entspr Verweisungen im öffentlichen Recht, zB im Verwaltungsverfahrensrecht, nur die Verjährung betreffen). Näher § 160 Rn 4.

8   **c) Rechtsfolgen:** Ohne Feststellung, Vollstreckungshandlung bzw schriftliches Anerkenntnis nach I 1 (s Rn 6, 7) kommt es zum Erlöschen der Verbindlichkeit ohne Rücksicht auf ihren Rechtsgrund, ihren Entstehungszeitpunkt oder ihren Charakter als Dauerverbindlichkeit; vorausgesetzt ist dabei aber, dass nicht Hemmung oder Neubeginn der Frist entgegensteht (s Rn 10). Mit dieser komplizierten Systemumstellung in 1, 3 idF SMG 2001 (vorher klarer: Haftung nur bei gerichtlicher Geltendmachung) sollte verhindert werden, dass etwa durch Zustellung eines Mahnbescheids, der später zurückgenommen wird, dem frühe-

3. Abschnitt. Handelsfirma **§ 27**

ren Geschäftsinhaber die Enthaftung genommen wird (RegE), die Zustellung eines Mahnbescheids und ähnliche Maßnahmen der Rechtsverfolgung hemmen jetzt nur noch (s Rn 10). I 1 gilt nicht für rechtskräftig festgestellte Forderungen schon vor Geschäftsübernahme; für diese bleibt es bei § 197 I Nr 3 BGB (§ 218 aF BGB, Verjährung 30 Jahre), MüKo/Lieb 15, aA üL, Heymann/Emmerich 10, Grund: Rechtskraft und Normzweck.

C. **Fristbeginn (I 2):** Im Fall des § 25 I beginnt die Frist mit dem Ende des 9 Tages der Eintragung (nicht: Bekanntmachung) des neuen Firmeninhabers gemäß § 31 I in das HdlReg. Bei mehreren Niederlassungen ist Eintragung in das der HauptNl maßgeblich. Das gilt abweichend von § 15 IV auch für Schulden aus der ZwNl; anders wenn die ZwNl allein übertragen wird (§ 25 Rn 6). Im Fall des § 25 III ist das Ende des Tages der Kundmachung maßgeblich.

D. **Entsprechende Anwendung von Verjährungsrecht (I 3):** Bestimmte 10 (nicht alle) Vorschriften über die Verjährung sind nach I 3 idF SMG 2001 auf die Ausschlussfrist des I 1 entspr anzuwenden, nämlich §§ 204, 206, 210, 211 BGB zur (Ablauf)Hemmung der Verjährung (durch Rechtsverfolgung, bei höherer Gewalt, bei nicht voll Geschäftsfähigen, in Nachlassfällen) und § 212 II, III BGB zum rückwirkenden Wegfall des Neubeginns der Verjährung. I 3 bestätigt, dass I 1 keine eigentliche Verjährungsvorschrift ist. I 3 schließt nicht die Berufung auf eine wirkliche (kürzere) Verjährung aus (s Rn 3).

3) Schriftliches Anerkenntnis (II)

Bei einem schriftlichen Anerkenntnis des früheren Geschäftsinhabers bedarf es 11 der Feststellung in einer in § 197 I Nr 3–5 BGB bezeichneten Art (s Rn 6) nicht (II, wie § 160 II, dort Rn 6). Die Schriftform dient der Rechtssicherheit, mündliches oder tatsächliches Anerkenntnis, zB durch Abschlags- oder Zinszahlung, genügt nicht. II verlangt kein Schuldanerkenntnis nach § 780 BGB, iZw ist ein solches bei einer Erklärung nach II auch nicht gewollt. Im Übrigen verbleibt es aber bei der Begrenzung auf fünf Jahre. Anders nur bei abweichender Vereinbarung mit dem Gläubiger (s Rn 12).

4) Abweichende Vereinbarungen

§ 26 ist nicht zwingend (RegE, s 30. Aufl, sowie § 160 Rn 8). Diese Disposi- 12 tivität betrifft aber nach der Gesetzesgeschichte des NachhBG nur die Notwendigkeit gerichtlicher Geltendmachung (nunmehr: besondere Feststellung oder Vollstreckungshandlung, s Rn 6); die Abbedingung auch betr Teilansprüche, die erst nach Ablauf der Fünfjahresfrist entstehen (s Rn 5), soll gegen den Schutzzweck des § 26 verstoßen, MüKo/Lieb 13, fraglich. Die Nachhaftungsbegrenzung wird aber nicht schon durch eine Vereinbarung zwischen dem Veräußerer und dem Erwerber beseitigt, sondern nur durch eine solche zwischen dem früheren Geschäftsinhaber und seinem jeweiligen Gläubiger. Eine solche abbedingende Vereinbarung ist vor allem bei langfristigen Darlehens-, Miet-, Pacht-, Sale-and-lease-back- und ähnlichen Verträgen wichtig, bei denen es dem Vertragspartner auf die Forthaftung des ursprünglichen Vertragspartners ankommt, vgl Canaris FS Odersky **96**, 753. Diese Vereinbarung braucht, anders als das Anerkenntnis nach II, nicht schriftlich zu sein, Schriftform ist aber dringend zu empfehlen.

[Haftung des Erben bei Geschäftsfortführung]

27 (1) **Wird ein zu einem Nachlasse gehörendes Handelsgeschäft von dem Erben fortgeführt, so finden auf die Haftung des Erben für die früheren Geschäftsverbindlichkeiten die Vorschriften des § 25 entsprechende Anwendung.**

(2) ¹Die unbeschränkte Haftung nach § 25 Abs. 1 tritt nicht ein, wenn die Fortführung des Geschäfts vor dem Ablaufe von drei Monaten nach dem Zeitpunkt, in welchem der Erbe von dem Anfalle der Erbschaft Kenntnis erlangt hat, eingestellt wird. ²Auf den Lauf der Frist finden die für die Verjährung geltenden Vorschriften des § 210 des Bürgerlichen Gesetzbuchs entsprechende Anwendung. ³Ist bei dem Ablaufe der drei Monate das Recht zur Ausschlagung der Erbschaft noch nicht verloren, so endigt die Frist nicht vor dem Ablaufe der Ausschlagungsfrist.

Schrifttum

Hueck ZHR 108 **(41)** 1. – *Reuter* ZHR 135 **(71)** 511. – *K. Schmidt* ZHR 157 **(93)** 600. – S vor § 25.

Übersicht

1) Haftung des Erben bei Geschäfts- und Firmenfortführung 1–4
   A. Normzweck und Reichweite 1
   B. Erwerb eines Handelsgeschäfts von Todes wegen 2
   C. Geschäfts- und Firmenfortführung 3
   D. Rechtsfolgen 4
2) Einstellung während Bedenkzeit (II) 5–7
   A. Einstellung während Bedenkzeit (II 1) 5
   B. Hemmung des Fristbeginns (II 2) 6
   C. Hemmung des Fristendes (II 3) 7
3) Ausschluss der Haftung des Erben (I, § 25 II) 8
4) Haftung aus besonderem Verpflichtungsgrund (I, § 25 III) 9

1) Haftung des Erben bei Geschäfts- und Firmenfortführung (I)

1   A. **Normzweck und Reichweite:** Der **Erbe** (Mit-, Vor-, Nacherbe) eines einzelkfm HdlGeschäfts **haftet** nach I für Geschäftsschulden des Erblassers bei Fortführung des Geschäfts unter der alten Firma (sei es auch mit Nachfolgezusatz, §§ 22 I 1, 25 I 1) entspr § 25 mit seinem gesamten Vermögen. Leitgedanke von § 27 ist wie bei § 25 umstritten (dort Rn 1), ganz ablehnend Canaris § 7 Rn 102: Zufallsgeschenke an Altgläubiger, Haftungsfalle für Erben. Trotz teilweise unterschiedlicher Ausgangslage ist aber wie bei § 25 noch am ehesten überzeugend die **Kontinuität des Unternehmens nach außen,** die vom Gesetzgeber für den Fall der **Fortführung des Handelsgeschäfts und der Firma** angenommen wird, vgl BGH **32,** 62, sehr str (vgl § 25 Rn 1). Der Erbe haftet **nicht** nach I iVm § 25, wenn er das Geschäft überhaupt nicht oder aber unter neuer Firma fortführt. Dem steht gleich, wenn der Erbe das Geschäft zwar zunächst unter der alten Firma fortführt, die Fortführung aber innerhalb der Bedenkzeit nach II einstellt (s Rn 5–7). Der Erbe haftet dann **nur** nach BGB-**Erbrecht** (§§ 1922, 1942 ff, 1967 ff BGB), beschränkbar auf den Nachlass (§§ 1973, 1975 ff BGB); ebenso Miterben entspr ihrem Anteil (vor Nachlassteilung § 2059 BGB); nachher §§ 1973, 1975 ff BGB und § 2060 BGB). Für konzeptionelle Annäherung des § 27 an §§ 130, 139 statt an §§ 25, 28 mit erheblichen Auswirkungen K. Schmidt § 8 IV, ZHR 157 **(93)** 600.

2   B. **Erwerb eines Handelsgeschäfts von Todes wegen: a) Kaufmännisches Handelsgeschäft:** Voraussetzung ist nach I 1 ein kfm Handelsgeschäft. Hierzu gilt dasselbe wie bei § 25 I 1 (§ 25 Rn 2–3). Wie dort muss der Erblasser also Kfm nach §§ 1 ff, auch § 5, sein. Auf NichtKflte findet § 27 keine Anwendung, str, aA MüKo/Lieb 48 (anders als zu § 25), Grund: ua wie dort § 25 II (HdlReg), der auch auf § 27 analog anwendbar ist (s Rn 8).

b) Erwerb des Handelsgeschäfts von Todes wegen: Das HdlGeschäft muss von Todes wegen (sonst § 25) erworben worden sein (§ 1922 BGB). Erbe ist auch, wer erst nach Ausschlagung Erbe wird, und zwar unabhängig vom Erstberufenen,

3. Abschnitt. Handelsfirma **3, 4 § 27**

also auch mit eigenem Fristlauf nach II. Ebenso **Vor- und Nacherbe,** für die § 27 jeweils unabhängig voneinander gilt. § 27 gilt analog für den nur vermeintlichen Erben, MüKo/Lieb 17. Wer letztlich Erbe wird, haftet dabei für die von dem Vorgänger (Erstberufener, Vorerbe, vermeintlicher Erbe ua) begründeten Geschäftsverbindlichkeiten (s Rn 4). Der durch Beerbung Alleininhaber gewordene Kdtist haftet nach § 27 (nicht § 139), andernfalls mit dem gesamten übergegangenen GesVermögen, aber auf dieses beschränkt (entspr dem früheren § 419 II BGB), BGH **113,** 132, dazu Lieb ZGR **91,** 572, Marotzke ZHR 156 (**92**) 17. **Nicht** von Todes wegen erwirbt der Erbe, der wirksam ausschlägt (§§ 1944 f BGB), auch nach zwischenzeitiger Fortführung des HdlGeschäfts (darin liegt noch keine Annahme nach § 1943 BGB), hL, aber dann jedenfalls Haftung für die zwischenzeitlich neu begründeten eigenen Verbindlichkeiten; der Vermächtnisnehmer (§ 25 Rn 4), der Dritte, an den der Erbe veräußert. Nachfolge in gesellschaftsrechtliche Beteiligungen sind speziell geregelt (§§ 138, 139, 177).

C. **Geschäfts- und Firmenfortführung:** Der Erbe muss nicht nur das 3 HdlGeschäft **fortführen,** unstr, sondern auch die Firma, üL, Canaris § 7 Rn 109, Heymann/Emmerich 9, iErg auch Staub/Hüffer 11, wohl auch BGH **113,** 136, aA K. Schmidt § 8 IV 2 b, MüKo/Lieb 32. § 27 ist also eine Rechtsgrundverweisung, nicht eine bloße Rechtsfolgenverweisung. Einzelheiten zur Geschäfts- und Firmenfortführung wie in § 25 (dort Rn 6–9). Fortführung durch gesetzliche Vertreter oder Bevollmächtigte steht der durch den Erben selbst gleich, BGH **30,** 395, **35,** 19; ebenso Fortführung durch Testamentsvollstrecker im Namen des Erben (§ 1 Rn 41), BGH **12,** 100, **35,** 16. Firmenfortführung liegt auch bei Fortführung mit Nachfolgezusatz vor (§ 25 Rn 7). **Keine Fortführung** iSv I 1 ist dagegen die durch Testamentsvollstrecker bei Treuhand- oder echter Testamentsvollstreckerlösung (§ 1 Rn 42, 44), RG **132,** 144; ebenso wenig, da auf Einstellung abzielend, die durch Nachlassverwalter, Nachlasspfleger, str, Insolvenzverwalter in der Nachlassinsolvenz, BGH **35,** 17. Keine Firmenfortführung liegt vor, wenn Firmenidentität der alten und neugewählten Firma nach Verkehrsanschauung zu verneinen ist (§ 25 Rn 7, 8); zum Streit über nachträgliche Firmenänderung s Rn 5. Fortführung des HdlGeschäfts durch **Miterben** s § 22 Rn 2. Miterben, die vor einem Fortführungsakt der Gemeinschaft aus ihr ausscheiden, haften nicht nach § 27. Wird nur ein Miterbe bei Fortführung des Geschäfts tätig, haften die anderen nur, falls sie ihn zur Fortführung des Geschäfts im Rahmen der gemeinschaftlichen Verwaltung des Nachlasses (§ 2038 BGB) bevollmächtigen (auch stillschweigend, was nicht anzunehmen ist, wenn sie ihn irrig für den Alleinübernehmer hielten); nicht genügt dazu, dass der tätige Erbe Prokura hatte, BGH **30,** 395, **32,** 67, **35,** 13, BB **61,** 1027. Fortführung des HdlGeschäfts als Erbengemeinschaft oder als OHG (KG) s § 1 Rn 37. Ob der Erbe nach I iVm § 25 unbeschränkt oder nach BGB-Erbrecht beschränkt haftet, ist nicht erst gemäß § 780 ZPO in der Vollstreckung, sondern bereits im **Prozess** zu klären, RG **88,** 219.

D. **Rechtsfolgen:** Die Geschäfts- und Firmenfortführung bewirkt, dass der 4 Erbe nach I 1 iVm § 25 wie der Erwerber dort **haftet** (§ 25 Rn 10–12). Der Erbe haftet also für alle im Geschäftsbetrieb des Erblassers begründeten Verbindlichkeiten (§ 25 Rn 11) ohne erbrechtliche Beschränkungsmöglichkeiten (anders im Falle von II, s Rn 5) sowie für die vom Erben neu begründeten Verbindlichkeiten (II greift insoweit nicht, s Rn 5). Die Rechtsfolgen treffen Vor- und Nacherben unabhängig voneinander (vgl Rn 2). Bei Geschäfts- und Firmenfortführung durch den **Vorerben** haftet dieser nach I 1 (insoweit ohne § 2145 BGB) für die von ihm begründeten Geschäftsverbindlichkeiten; der seinerseits fortführende **Nacherbe** haftet außer für die eigenen auch für die vom Vorerben begründeten Geschäftsverbindlichkeiten, einerlei ob ihre Eingehung im Rahmen ordnungsgemäßer Nachlassverwaltung lag, BGH **32,** 66. Das gilt auch im Verhältnis des vorläufigen zum endgültigen Erben (s Rn 2). Der Nacherbe haftet nicht, wenn das HdlGeschäft zZ des Nacherbfalls nicht mehr zum Nachlass gehört, BGH **32**, 62. **Miterben** haften aus § 25, § 2058 BGB, insoweit ohne §§ 2059, 2060 BGB.

2) Einstellung während Bedenkzeit (II)

5 A. **Einstellung während der Bedenkzeit (II 1): a) Bedenkzeit von drei Monaten:** Der Erbe hat nach **II 1** eine **Bedenkzeit** (vgl § 139 IV) von drei Monaten ab Kenntnis vom Anfall der Erbschaft. Während der Bedenkzeit hat der Erbe die aufschiebenden Einreden nach §§ 2014 ff BGB (dazu § 782 ZPO); bei Verurteilung während der Bedenkzeit droht mangels Vorbehalt nach § 780 ZPO (insoweit) unbeschränkte Haftung. Bei Miterben beginnt die Frist für alle erst ab Kenntnis des letzten Miterben.

b) Einstellung: Bei Einstellung der Fortführung des Geschäfts innerhalb dieser Frist haftet der **Erbe** nicht nach I iVm § 25 I. Bei **Miterben** ist Einstellungs(mehrheits)beschluss nach § 2038 II BGB nötig; der einzelne Miterbe kann nicht für sich einstellen, er kann aber stattdessen rechtzeitig ausscheiden (§ 2042 BGB). Zwangseinstellung, zB infolge Nachlassinsolvenz (§ 1975 BGB), steht der freiwilligen Einstellung gleich, ebenso Fortführung von Anfang an unter neuer Firma oder Veräußerung des Geschäfts ohne die Firma, aA nur bei Unternehmenszerschlagung, Staub/Hüffer Rn 29, üL, aA schon bei bloßer Einstellung der Unternehmensführung ohne Relevanz der Firmenfortführung, K. Schmidt § 8 IV 3 b, sehr str. **Vor- und Nacherbe** können jeweils unabhängig voneinander mit Wirkung nach II einstellen. **Keine Einstellung** (also keine Enthaftung) liegt vor bei bloß nachträglicher Änderung der Firma, Grund: klarer Wortlaut des II 1, Privileg des II setzt vollständige Trennung des Erben von dem gesetzten Rechtsschein voraus, üL, aA mit guten Gründen Hueck ZHR 108 **(41)** 16, Canaris § 7 Rn 110: II will dem Erben gerade Bedenkzeit geben (erst recht nach der aA, dass es auf Firmenfortführung gar nicht ankomme, s Rn 3); bei Veräußerung des zunächst unter der alten Firma fortgeführten Geschäfts (mit der Firma, str), vgl RG **56**, 198, üL, aber nicht überzeugend, denn Zerschlagung liegt nicht im Gläubigerinteresse, zutr MüKo/Lieb 52; Verpachtung, Einbringung des Unternehmens in eine Ges, MüKo/Lieb 53 f; für einen von mehreren Erben bei Ausscheiden aus der Gemeinschaft, das schon unter der alten Firma fortgeführt wurde, anders bei vorherigem Ausscheiden.

c) Rechtsfolge der Einstellung: Bei Einstellung der Fortführung des Geschäfts innerhalb der Bedenkzeit haftet der **Erbe** nicht nach I iVm § 25 I, sondern nur als Erbe mit beschränkbarer Nachlasshaftung (§§ 1975 ff BGB). Dies gilt auch für Erbfallschulden (§ 1967 II BGB) und für Nachlasserbenschulden, die in ordnungsgemäßer Verwaltung des Nachlasses eingegangen sind, soweit der Erbe nicht selbst gehandelt hat, Heymann/Emmerich 14 a. Der Erbe haftet aber trotz Einstellung weiter für die von ihm während der vorübergehenden Fortführung neu eingegangenen Verbindlichkeiten (s Rn 4). Anders nur bei abweichender rechtsgeschäftlicher Vereinbarung. Eine solche kann auch konkludent vorliegen, so wenn dem Geschäftspartner die Absicht des Erben bekannt oder erkennbar war, nur mit Wirkung für den Nachlass zu handeln, RG **146**, 343. Dafür soll Vertragsschluss nur unter der (vom eigenen Namen verschiedenen) Firma des Erblassers ausreichen, BGH BB **68**, 769, fraglich, aA Heymann/Emmerich 14 b.

6 B. **Hemmung des Fristbeginns (II 2):** Für nicht voll geschäftsfähige Erben ohne gesetzlichen Vertreter beginnt die dreimonatige Bedenkzeit erst mit Eintritt der vollen Geschäftsfähigkeit oder Bestellung eines Vertreters (Ablaufhemmung, **II 2** iVm § 210 I 2 BGB, Verweisung durch SMG angepasst). Ablaufhemmung erfasst (weiter als aF) nicht nur eine für, sondern auch gegen den nicht voll Geschäftsfähigen laufende Verjährung. Wegen späterer Beweisschwierigkeiten

3. Abschnitt. Handelsfirma **§ 28**

sollten Gläubiger sich nicht auf II 2 iVm § 210 I 2 BGB verlassen, sondern Prozesspflegschaft beantragen (§ 57 ZPO), vgl BGH NJW **79**, 1983.

C. **Hemmung des Fristendes (II 3):** Die Bedenkzeit nach II 1 (ab Kenntnis 7 vom Anfall der Erbschaft) ist uU kürzer als die Erbschaftsausschlagungsfrist nach § 1944 BGB (zwar nur sechs Wochen, aber erst ab Kenntnis vom Anfall und vom Grunde der Berufung). Deshalb endet nach **II 3** die Bedenkfrist nicht, solange die Erbschaft noch nicht angenommen und die Ausschlagung noch möglich ist.

3) Ausschluss der Haftung des Erben (I, § 25 II)

Die Haftung des Erben nach I iVm § 25 I 1 ist (ebenso wie die des Erwerbers 8 unmittelbar nach § 25 I 1) **entsprechend § 25 II ausschliessbar** (Grund: unabdingbare Haftung zB nach Veräußerung des HdlGeschäfts, s Rn 3, ginge zu weit; Normzusammenhang von §§ 25, 27, 28; I verweist auch auf § 25 II). Dafür genügt nicht schon Vereinbarung (Erbvertrag) oder Testament des Erblassers (str), wohl aber die einseitige, entspr § 25 II **kundgemachte Erklärung des Erben**, KG JFG **22**, 70, Staub/Hüffer 21, Canaris, § 7 Rn 111; aA K. Schmidt § 8 IV 3 a, MüKo/Lieb 50: II lex specialis. Diese Erklärung kann auch der Vorerbe und der Nacherbe, jeweils nur mit Wirkung für sich selbst, und jeder Miterbe allein abgeben (anders II, s Rn 5). Allerdings haftet bei Geschäftsübernahme unter Lebenden der Veräußerer unbeschränkt, hier der Erbe als solcher nur erbrechtlich beschränkbar; aber das folgt aus der Wertung der §§ 1973, 1975 ff BGB und spielt für I iVm § 25 II keine Rolle.

4) Haftung des Erben aus besonderem Verpflichtungsgrund (I, § 25 III)

Führt der Erbe das HdlGeschäft nicht oder nicht unter der bisherigen Firma 9 fort, haftet er für die Geschäftsverbindlichkeiten ebenso wie für andere Schulden des Erblassers nur nach BGB-Erbrecht, als beschränkbar auf den Nachlass (s Rn 1). Anders ist es, soweit ein **besonderer Verpflichtungsgrund** (außer den im BGB für jeden Erben bestimmten) der Beschränkung der Erbenhaftung entgegensteht (vgl § 25 III, § 25 Rn 17–20), zB wenn der Erbe die Übernahme der Verbindlichkeit in handelsüblicher Weise **bekanntmacht** (I iVm § 25 III, s § 25 Rn 17); dann haftet der Erbe unbeschränkt wie nach § 25 I und ohne weitere Bedenkzeit nach § 27 II. Ebenso zB bei Übernahme einer vertraglichen Verpflichtung gegenüber einzelnen Gläubigern.

[Eintritt in das Geschäft eines Einzelkaufmanns]

28 (1) ¹**Tritt jemand als persönlich haftender Gesellschafter oder als Kommanditist in das Geschäft eines Einzelkaufmanns ein, so haftet die Gesellschaft, auch wenn sie die frühere Firma nicht fortführt, für alle im Betriebe des Geschäfts entstandenen Verbindlichkeiten des früheren Geschäftsinhabers.** ²**Die in dem Betriebe begründeten Forderungen gelten den Schuldnern gegenüber als auf die Gesellschaft übergegangen.**

(2) **Eine abweichende Vereinbarung ist einem Dritten gegenüber nur wirksam, wenn sie in das Handelsregister eingetragen und bekanntgemacht oder von einem Gesellschafter dem Dritten mitgeteilt worden ist.**

(3) ¹**Wird der frühere Geschäftsinhaber Kommanditist und haftet die Gesellschaft für die im Betrieb seines Geschäfts entstandenen Verbindlichkeiten, so ist für die Begrenzung seiner Haftung § 26 entsprechend mit der Maßgabe anzuwenden, daß die in § 26 Abs. 1 bestimmte Frist mit dem Ende des Tages beginnt, an dem die Gesellschaft in das Handelsregister eingetragen wird.** ²**Dies gilt auch, wenn er in der Gesellschaft oder einem ihr als Gesellschafter angehörenden Unternehmen geschäftsführend tätig wird.** ³**Seine Haftung als Kommanditist bleibt unberührt.**

Schrifttum

Lieb FS Westermann **74**, 322. – *K. Schmidt* ZHR 145 **(81)** 2, GedS Sonnenschein **03**, 508, BB **04**, 785. – S im übrigen vor § 25.

Übersicht

1) Haftung der Gesellschaft und des Eintretenden (I 1) 1–5
   A. Normzweck 1
   B. Handelsgeschäft 2
   C. Einbringung des Handelsgeschäfts („Eintritt") 3
   D. Geschäftsfortführung auch ohne Firmenfortführung 4
   E. Rechtsfolgen des I 1 5
2) Ausschluss der Haftung (II) 6
3) Begrenzung der Nachhaftung des früheren Geschäftsinhabers, der Kommanditist wird (III) 7
4) Übergang der Forderungen (I 2) 8

1) Haftung der Gesellschaft und des Eintretenden (I 1)

1 **A. Normzweck:** Bei Eintritt des B in das Geschäft des A als phG oder Kdtist (genauer: bei Bildung einer OHG oder KG aus A und B und Einbringung des HdlGeschäfts des A in diese, also Wechsel des Unternehmensträgers ähnlich wie in § 25) wird die Ges haftbar für die Geschäftsverbindlichkeiten des A. Damit haftet auch B nach §§ 128, 171 ff, einerlei ob die Ges die Firma des A fortführt. § 28 ist damit einer Sonderfall von § 25. **Leitgedanke** des § 28 ist wie bei der Parallelnorm des § 25 völlig str. Wie dort werden typisierte Rechtsscheinhaftung, Haftungsfonds und Kontinuität hervorgehoben (§ 25 Rn 1). Für Zusammenhang von Vermögen und Schulden (Haftungsfonds), BGH NJW **61**, 1766, **66**, 1917. Trotz Unstimmigkeiten erscheint als Leitgedanke auch hier am ehesten überzeugend die **Kontinuität des Unternehmens nach außen** (§ 25 Rn 1), allerdings hier beschränkt auf die Fortführung des Handelsgeschäfts auch ohne Firma. § 28 I, II entspricht § 25 I, II, § 28 III dem § 26, mit Abweichungen; § 25 III ist nicht aufgenommen, Haftung aus besonderem Verpflichtungsgrund ist aber selbstverständlich auch hier möglich, zB § 613a BGB (vgl § 25 Rn 17 ff, 20). § 28 iVm §§ 128, 171 ff ist verwandt mit §§ 130, 173.

2 **B. Handelsgeschäft: a) Kaufmännisches Handelsgeschäft:** Nötig ist Eintritt in ein kfm Handelsgeschäft. § 28 setzt also kfm Gewerbe voraus. Vor Eintritt muss bereits ein HdlGeschäft bestanden haben; der frühere Geschäftsinhaber (nicht notwendigerweise auch der Hinzukommende) muss also schon Kfm gewesen sein, BGH NJW **66**, 1917 (für MinderKfm). War er Kfm nach § 1, ist fehlende Eintragung für § 28 bedeutungslos; war er es mangels Eintragung (noch) nicht (§§ 2, 3), greift § 28 nicht ein, BGH **31**, 400, **143**, 318 (XI ZS), **157**, 361 (IX ZS), noch hL, Canaris § 7 Rn 88. Nach aA gilt § 28 bei jeder Gründung einer PersonenGes mit Einbringung eines Unternehmens, einerlei ob bloße GbR entsteht oder früherer Geschäftsinhaber NichtKfm war, K. Schmidt § 8 III 1a bb, ZHR 145 **(81)** 23, NJW **00**, 1521, **03**, 1903, Lieb FS Westermann **74**, 309 (wie § 25 Rn 2), Eckart/Fest WM **07**, 196; § 130 wird mittlerweile analog auf die GbR angewandt (§ 130 Rn 3).

b) Das **Handelsgeschäft** muss bei Erwerb bereits und noch **bestehen** (§ 25 Rn 3). Damit wird idR auch eine Firmenführung verbunden sein, aber auf diese kommt es, anders als nach § 25 I 1 (dort Rn 3), nicht an. Eintritt in ein stillliegendes vermögensloses Unternehmen (Firmenmantel), falls so eingetragen, soll genügen; anders bei Neugründung, BGH BB **55**, 877, NJW **61**, 1766.

c) Neugründung einer OHG oder KG: § 28 erfasst als Sonderfall von § 25 (s Rn 1; § 25 hat gegenüber § 28 insoweit Auffangfunktion) nur den Fall der Neugründung einer PersonenGes. Bei Einbringung in bestehende Ges greift

3. Abschnitt. Handelsfirma **3–5 § 28**

§ 25 ein, Grund: Auffangfunktion, Schutz der Altgläubiger, Canaris § 7 Rn 98, aA MüKo/Lieb 21. Auch Neugründung durch zwei HdlGes oder durch eine GbR und HdlGes, um deren Geschäft fortzuführen. Auch Gründung einer OHG nach § 105 II (bürgerlichrechtliche und VermögensverwaltungsGes mit Eintragung, § 105 Rn 12). Wird die Ges erst durch Eintragung zur OHG oder KG, reicht das für § 28 aus, doch muss der Eintragungsantrag in engem zeitlichen Zusammenhang mit der Gründung gestellt werden, Ko/Ro/Mo/Roth 5. § 28 gilt nicht, wenn die als „KG" gebildete Ges mangels Anlage auf ein kfm Gewerbe nur GbR wird (§ 105 Rn 7), sehr str, aA MüKo/Lieb 10, Kleindiek FS Röhricht **05,** 315, K. Schmidt NJW **05,** 2807, offen, aber jedenfalls nicht für AnwaltsGbR BGH **157,** 366, Grund: GbR zwar ähnlich wie OHG, aber Analogie scheitert an II (HdlReg). Bei Eintritt nicht in eine neugegründete PersonenHdlGes, sondern zB GmbH oder VorGmbH, greift dagegen § 28 nicht ein, BGH **143,** 314, Canaris § 7 Rn 96, K. Schmidt § 8 III 1 b, aA Staub/Hüffer 30, sondern nur ggf § 25, spätere Aufgabe der Eintragungsabsicht (dann keine VorGmbH mehr) ändert daran nichts, BGH **143,** 314; bei Eintritt in eine bestehende PersHdlGes gelten nur §§ 130, 173. Unternehmensfortführung unter Bildung einer GmbH (dann § 25) und einer GmbH & Co KG (dann § 28) werden somit unterschiedlich behandelt.

C. **Einbringung des Handelsgeschäfts („Eintritt"):** Der Eintritt, wie ihn 3 § 28 nennt, entspricht dem Erwerb des HdlGeschäfts nach § 25. Nießbrauch und Pacht genügen, nicht Erwerb vom Insolvenzverwalter (weitere Einzelheiten wie § 25 Rn 4). Der **tatsächliche Übergang** ist maßgeblich (§ 25 Rn 5). Die Haftung gilt auch bei ungültigem GesVertrag, hL, Staub/Hüffer 12, aA MüKo/Lieb 23, differenzierend Canaris § 7 Rn 90; denn nach Invollzugsetzung der Ges gelten die Grundsätze über die fehlerhafte Ges, BGH NJW **72,** 1466; Eintritt (und Haftung) kann dann nicht mehr (zB durch Anfechtung wegen arglistiger Täuschung) rückwirkend beseitigt werden (§ 105 Rn 92). Wird nur der Schein des Eintritts erzeugt, greift § 28 nicht ein (BGH WM **64,** 298, § 25 Rn 6); aber uU Rechtsscheinhaftung (§ 5 Rn 9–16), vgl BGH NJW **61,** 1766.

D. **Geschäftsfortführung auch ohne Firmenfortführung: a) Fortfüh-** 4 **rung des HdlGeschäfts:** In § 28 kommt es allein darauf an. Dafür genügt die bloße Invollzugsetzung der neuen Ges, Einstellung danach ist irrelevant (s Rn 3). Entscheidend ist die Fortführung des wesentlichen Kerns des Geschäfts, auch eines wesentlichen Unternehmensteils oder einer selbstständigen ZwNl. Tatsächliche Fortführung ist entscheidend. Fortführung auch als ZwNl, sogar als unselbstständige Betriebsabteilung oder Sparte (§ 25 Rn 6), MüKo/Lieb 17, str. Schein der Fortführung genügt nicht. Weitererwerb und weitere Einzelheiten wie in § 25 (dort Rn 6).

b) Keine Fortführung der Firma: Dagegen erfordert § 28, anders als § 25 (dort Rn 7), ausdrücklich **nicht Fortführung der Firma;** § 28 ist trotz Einordnung in Abschn 3 über die HdlFirma keine firmenrechtliche Vorschrift, BGH NJW **66,** 1917, K. Schmidt § 8 I 3 a. Das lässt aber den Normzweck (s Rn 1) unberührt.

E. **Rechtsfolgen des I 1:** Die Rechtsfolge der Geschäftsfortführung nach I 1 5 ist **gesetzlicher Schuldbeitritt,** BGH WM **89,** 1219, Heymann/Emmerich 24, Ko/Ro/Mo/Roth 10, nach aA Übergehen der Hauptverbindlichkeit des Erwerbers und sogar ganzer Rechtsverhältnisse, K. Schmidt § 8 I 6, 4 c, GedS Sonnenschein **03,** 508, dispositive Vertragsüberleitung kraft Gesetzes, MüKo/Lieb 29 wie zu § 25 (§ 25 Rn 10); Vertragsübergang jedenfalls **nicht** für Mietvertrag BGH NJW **01,** 2251, für personenbezogene Rechtsverhältnisse, zB Rechtsanwalt, BGH **157,** 367, Steuerberater ua, krit K. Schmidt § 8 I 4 c bb u BB **04,** 785. Die neugegründete **OHG** oder **KG haftet** für alle im Betrieb des eingebrachten HdlGeschäfts begründeten Verbindlichkeiten (§ 25 Rn 10–12); damit

§ 28 6–8 I. Buch. Handelsstand

haften die bisherigen Gfter, BGH **157**, 364, NJW **66**, 1918, **72**, 1467, aA Canaris § 7 Rn 92: unverdientes Geschenk an die Gläubiger, und dann konsequent **auch der neu Eintretende** (§§ 128, 171 ff). Haftung also auch aus Dauerschuldverhältnissen (§ 25 Rn 11), aber nicht für Nutzungsentschädigung nach Mietende, BGH NJW **01**, 2252. Für Geschäftsverbindlichkeiten aus einem zweiten, vom Eintretenden selbstständig weitergeführten Geschäft haftet die Ges nicht, BGH **31**, 399. Zwangsvollstreckung mit Titel gegen die Ges (§ 124 II), aber Titelerweiterung entspr § 729 II ZPO gegen die Ges (wie § 25 Rn 10), Kiel HRR **31**, 2081, aber nicht gegen die persönlich haftenden anderen Gfter (§ 129 IV), aA Kiel HRR **31**, 2081, str. Hat A mehrere Unternehmen, kommt es darauf an, in welches B eintritt; nur dessen Schulden treffen die Ges und damit B, BGH **31**, 399, BB **61**, 842.

Der **frühere Alleininhaber haftet** für die vor dem Eintritt begründeten Geschäftsverbindlichkeiten **(Altverbindlichkeiten) unbeschränkt weiter** (§ 25 Rn 12), aber mit zeitlicher Beschränkung (III iVm § 26, dazu Rn 7). Daneben tritt die Haftung nach § 128 als Gfter (s dieselbe Rn 5). Für **neue Verbindlichkeiten** der Ges haftet er anders als der Veräußerer unter § 25 (§ 25 Rn 12), nämlich als Gfter.

2) Ausschluss der Haftung (II)

6 **Abweichende Vereinbarung** führt, wenn verlautbart, nach dem klaren Wortlaut wie in § 25 II zum Ausschluss der Haftung aus I 1 (II, s § 25 Rn 13), hL, auch K. Schmidt § 8 III 3 a (trotz Kritik, lex lata), einschränkend MüKo/Lieb 37: nur Ausschluss der persönlichen Haftung der anderen Gfter, aA noch Lieb FS Westermann **74**, 322: Außerachtlassung als sinnwidrig. Die abweichende Vereinbarung der Gfter muss verlautbart sein, dh entweder in die HdlReg eingetragen und bekanntgemacht oder von einem Gfter dem Gläubiger mitgeteilt worden sein, Abrede über Freistellung im Innenverhältnis genügt nicht, BGH WM **89**, 1219. Sie muss unverzüglich nach Eintritt erfolgen (§ 25 Rn 15). Sie kann auch schon vor Errichtung der Ges durch Abschluss des GesVertrags erfolgen, K. Schmidt § 8 III 3 a, aA RG **102**, 245, MüKo/Lieb 38. Die abweichende Vereinbarung kann statt der Haftung der Ges als minus auch nur diejenige der Gfter oder einzelner Gfter ausschließen, Celle OLGZ **81**, 1, MüKo/Lieb 37, aA K. Schmidt § 8 III 3 b. Einzelheiten zu II wie bei § 25 Rn 13–16.

3) Begrenzung der Nachhaftung des früheren Geschäftsinhabers, der Kommanditist wird (III)

7 III idF NachhBG 1994 (§ 26 Rn 3; ebenso § 160 III, dort Rn 7) begrenzt die Nachhaftung des früheren Geschäftsinhabers und jetzigen Kdtisten zeitlich wie § 26 (s dort Rn 3 ff), nämlich auf 5 Jahre. Das ist sachlich richtig. Damit ist die frühere Rspr überholt, nach der der frühere Alleininhaber, der in der neuen Ges Kdtist wurde, ohne entspr Anwendung von § 26 aF unbeschränkt weiter haftete, BGH **78**, 119, WM **74**, 395, **82**, 44, BAG ZIP **90**, 939, NJW **91**, 1972. III gilt nicht bei spezielleren Regelungen, vor allem § 613 a BGB, str (§ 26 Rn 3). Die in § 26 I bestimmte Frist beginnt mit dem Ende des Tages der Eintragung der Ges in das HdlReg (III 1). Dass der frühere Geschäftsinhaber in der Ges oder einem ihr als Gfter angehörenden Unternehmen geschäftsführend tätig wird, steht der Begrenzung nicht entgegen (III 2 gegen die bisherige Rspr; s auch § 160 Rn 7). III 3 stellt klar, dass die Haftung als Kdtist (s Rn 5) unberührt bleibt. **Übergangsrecht:** s **(1)** EGHGB Art 37.

4) Übergang der Forderungen (I 2)

8 Die im Betrieb des eingebrachten HdlGeschäfts begründeten Forderungen gelten den Schuldnern gegenüber als auf die Ges übergegangen (I 2 entspr § 25

3. Abschnitt. Handelsfirma 1–3 § 29

I 2). Der Leitgedanke ist hier wie da eine widerlegliche Vermutung als Gegenstück zu § 407 BGB, sehr str; für I 2 ist danach kein Platz, wenn die Forderung an die Ges tatsächlich übertragen ist (§ 25 Rn 21), dann gelten die allgemeinen Regeln. Voraussetzungen für I 2 sind das Vorliegen von I 1, zu dessen Voraussetzungen s Rn 2 ff. Anders als in § 25 I 2 ist die Fortführung der früheren Firma nicht erforderlich (s Rn 4), ebenso wenig eine besondere Einwilligung. Dagegen darf wie dort kein Ausschluss von I 1 durch II vorliegen (näher § 25 Rn 22). Reichweite des Forderungsübergangs wie in § 25 (dort Rn 23), str. Der Schuldner hat wie in § 25 I 2 ein Wahlrecht, an wen er leistet (§ 25 Rn 24 ff), doch kann der Eintretende ihm positive Kenntnis davon verschaffen, dass die Forderung nicht übergegangen ist (näher § 25 Rn 25). I 2 wirkt nur zugunsten des Schuldners (§ 25 Rn 26).

[Anmeldung der Firma]

29 **Jeder Kaufmann ist verpflichtet, seine Firma, den Ort und die inländische Geschäftsanschrift seiner Handelsniederlassung bei dem Gericht, in dessen Bezirke sich die Niederlassung befindet, zur Eintragung in das Handelsregister anzumelden.**

Übersicht

1) Anmeldung der Firma 1–4
   A. Grundsatz und Reichweite 1
   B. Anmeldepflicht 2
   C. Prüfungspflicht des Registergerichts 3
   D. Verfahren 4
2) Anmeldung des Orts der Handelsniederlassung 5

1) Anmeldung der Firma

A. **Grundsatz und Reichweite:** § 29 idF EHUG 2006 (Halbs 2 aF, Zeich- 1 nung der Namensunterschrift aufgehoben, § 14 Rn 1) und MoMiG 2008. Jeder Kaufmann (nach § 1 I, II; nach §§ 2, 3, 105 II nur auf freiwilligen Antrag und erst mit konstitutiver Eintragung) ist verpflichtet, eine Firma anzunehmen (§ 17 Rn 16) und zum HdlReg (Genossenschaftsregister) anzumelden. Sondervorschriften für ZwNl §§ 13 ff, juristische Personen §§ 33–35, PersonenHdlGes §§ 106, 108, 162, Ges nach GmbHG, AktG, GenG, VAG.

B. **Anmeldepflicht:** Anmeldepflichtig (und im FamFG-Verfahren über die 2 Firmenführung antragsberechtigt) ist, wer das Unternehmen im eigenen Namen betreibt (§ 1 Rn 30–50). Nur Pächter (§ 1 Rn 30), nicht Verpächter hat Beschwerderecht, auch bei Firmenfortführung (§ 22 II), auch bei Pflicht des Pächters gegenüber Verpächter zur Firmenfortführung, Kln NJW **63,** 541. Die Firma besteht nur bei kfm Unternehmen. Dieses muss als solches bei Anmeldung bestehen. Dass es in der Entwicklung begriffen ist, genügt nur, wo greifbare Unterlagen für den Ausbau vorliegen (§ 1 Rn 51); tritt dieser nicht ein, ist von Amts wegen zu löschen, KG OLG **43,** 203. **Muster:** Hopt/Graf von Westphalen 3. Aufl 2007 Form I. A.1 (Anmeldung des Einzelunternehmens eines Kfm).

C. **Prüfungspflicht des Registergerichts:** Prüfungsrecht und -pflicht des 3 Registergerichts in formeller und materieller Hinsicht sind heute anerkannt (§ 8 Rn 7 ff, bei ZwNl § 13 Rn 13), zB Zulässigkeit der Firma nach §§ 18, 19 (aber § 18 II 2, nur wenn Irreführung ersichtlich), BayObLG DB **88,** 1487, jedoch idR ohne Nachforschungen, nähere Prüfung nur bei konkreten Anhaltspunkten für Unrichtigkeit der Anmeldung, Kln GmbHR **90,** 400.

§ 30 1   I. Buch. Handelsstand

4   D. **Verfahren:** Zuständigkeit und Verfahren s §§ 8 ff, 14 (Zwangsgeld); Anmeldung und Muster s § 12 Rn 1. Über die Zulässigkeit der Firmenführung ist idR nicht im Anmeldeverfahren (Aussetzung desselben), sondern im Firmenmissbrauchsverfahren (§ 37 I) zu entscheiden, BayObLG DB **88**, 1487, denn bereits Anmeldung ist Gebrauch iSv § 37 I (dort Rn 3). Das Registergericht entscheidet aber nach pflichtgemäßem Ermessen (§ 37 Rn 6), MüKo/Krafka 16, aA wohl BayObLG DB **88**, 1487. § 29 ist kein Schutzgesetz iSv § 823 II BGB, RG **72**, 408.

2) Anmeldung des Orts der Handelsniederlassung

5   Anzumelden ist außer der Firma auch der Ort und die inländische Geschäftsanschrift (MoMiG 2008, Grund: Zustellungserleichterung für Gläubiger, vgl § 13 d Rn 4, § 15 a Rn 1; aber schon bisher **(4)** HRV § 24 II, III) der (Haupt)Niederlassung des Kfm (vgl § 13 Rn 1). Die Lage der Geschäftsräume und bei natürlichen Personen das Geburtsdatum sind anzugeben; das Registergericht hat auch auf Angabe des Unternehmensgegenstands, soweit nicht aus der Firma ersichtlich, hinzuwirken, **(4)** HRV § 24. Anmeldung der Errichtung einer ZwNl s §§ 13 ff.

[Unterscheidbarkeit]

30 (1) **Jede neue Firma muß sich von allen an demselben Ort oder in derselben Gemeinde bereits bestehenden und in das Handelsregister oder in das Genossenschaftsregister eingetragenen Firmen deutlich unterscheiden.**

(2) **Hat ein Kaufmann mit einem bereits eingetragenen Kaufmanne die gleichen Vornamen und den gleichen Familiennamen und will auch er sich dieser Namen als seiner Firma bedienen, so muß er der Firma einen Zusatz beifügen, durch den sie sich von der bereits eingetragenen Firma deutlich unterscheidet.**

(3) **Besteht an dem Orte oder in der Gemeinde, wo eine Zweigniederlassung errichtet wird, bereits eine gleiche eingetragene Firma, so muß der Firma für die Zweigniederlassung ein der Vorschrift des Absatzes 2 entsprechender Zusatz beigefügt werden.**

(4) **Durch die Landesregierungen kann bestimmt werden, daß benachbarte Orte oder Gemeinden als ein Ort oder als eine Gemeinde im Sinne dieser Vorschriften anzusehen sind.**

Übersicht

1) Deutliche Unterscheidbarkeit der Firmen am gleichen Ort (I)   1–7
    A. Normzweck und Reichweite 1
    B. Deutliche Unterscheidbarkeit 4
    C. Vorrang der eingetragenen Firmen 6
2) Zusatz bei gleichnamigen Kaufleuten (II) 8
3) Zusatz bei Zweigniederlassungen (III) 9
4) Zusammenlegung von Orten (IV), Grenzänderungen 10
5) Verfahren 11

1) Deutliche Unterscheidbarkeit der Firmen am gleichen Ort (I)

1   A. **Normzweck und Reichweite: a) Normzweck:** § 30 verlangt deutliche Unterscheidbarkeit aller Firmen (nicht nur solcher nach HGB) an demselben Ort, einerlei welcher Branche. Normzweck ist der Schutz des Publikums vor Verwechslung der Firmen, RG **75**, 372, **103**, 392, BGH **46**, 11. § 30 ist als

Vorschrift im öffentlichen Interesse auch mit Zustimmung des Inhabers der älteren Firma **nicht verzichtbar**, BGH **46,** 11, dieser kann aber seine Ansprüche nach § 37 II verlieren (§ 37 Rn 12). Unter Kflten an verschiedenen Orten gilt nicht § 30, sondern § 18 II (Konsequenzen str, s Rn 3, 4).

b) Räumliche Reichweite: „Ort" ist, was nach Verkehrsauffassung als sol- 2 cher gilt, **„Gemeinde"** ist die politische Gemeinde im Sinne des Kommunalrechts; meist decken sich beide, aber ein Ort kann mehrere Gemeinden bzw Gemeindeteile, eine Gemeinde mehrere Orte bzw Ortsteile umschließen. Zusammenlegung s Rn 7. Verlegung an einen anderen Ort lässt die Firma bestehen; die verlegte Firma ist aber für den neuen Ort neu und bedarf daher notfalls eines unterscheidenden Zusatzes, vgl RG DR **43,** 1219, GRUR **44,** 41.

c) Verhältnis zu anderen Vorschriften: Unterscheidbarkeit gleicher Firmen 3 an verschiedenen Orten zB durch Mitnennung des Sitzes (Bsp: A. B. München, A. B. Augsburg) kann neben § 30 durch Namens-, Marken- und Wettbewerbsrecht geboten sein (Individualschutz, s Rn 4, § 17 Rn 33, 34). § 30 ist in seinem Anwendungsbereich (am gleichen Ort, s Rn 1; nur für eingetragene Unternehmen, s Rn 6) lex specialis zu § 18 II, vgl auch MüKo/Heidinger 5. Ähnliche Vorschrift im Vereinsrecht ist § 57 II BGB (Unterscheidung von Vereinen s Rn 6). Eine Ausnahme von § 30 gilt bei Veräußerung des HdlGeschäfts einer HdlGes mit Firma im Insolvenzverfahren (22 Rn 24).

B. Deutliche Unterscheidbarkeit: Maßstäbe: Sich deutlich unterschei- 4 den heißt jede (ernstliche, auch „erweiterte") **Verwechslungsgefahr** ausschließen. Dies gilt nicht nur unter Kflten am selben Orte (§ 17 Rn 29, 30). Die Anforderungen in § 30 sind nach dem Wortlaut eher strenger als unter § 18 II, denn § 30 fordert deutliche Unterscheidbarkeit und § 18 II 2 sieht ein Eingreifen des Registergerichts erst bei Ersichtlichkeit vor (§ 18 Rn 20). Andererseits sind die registerrechtlichen Anforderungen weniger streng als die materiellen, wettbewerbsrechtlichen (§ 18 Rn 14, § 17 Rn 34), BGH WM **79,** 923, str, offen BGH NJW **93,** 2236, Düss NJW-RR **96,** 938. Ob eine solche dreifache Abstufung praktikabel ist, muss jedoch bezweifelt werden. Deshalb wird zT vorgeschlagen, gleiche Maßstäbe für die Verwechslungsgefahr in § 30 (örtlich) und § 18 II (allgemein) anzulegen, § 18 II 2 ist dann auf § 30 analog anzuwenden, so MüKoErgänzBd(1. Aufl)/Bokelmann 2, ähnlich Steinbeck FS Horn **06,** 589 (ähnlich § 15 II MarkenG), anders jetzt MüKo/Heidinger 5, auch Ko/Ro/Mo/Roth 5.

b) Praktische Anwendung: Entscheidend ist jedenfalls der Gesamteindruck 5 bzw das Klangbild für Auge und Ohr, BGH **46,** 12. Dabei ist von der vollständigen Firma, wie im HdlReg eingetragen, auszugehen, näher MüKo/Heidinger 21. Wichtig, wenngleich nicht allein ausschlaggebend ist auch die Branchennähe, str. Bei Personenfirmen lässt die Rspr unterschiedliche Vornamen genügen, BGH NJW **93,** 2236 (nicht in BGH **122,** 71; s auch Rn 8). Bei Sachfirmen sind die Anforderungen höher, hL, Grund: größere Auswahl. Unterscheidung durch andere GesForm und deren Bezeichnung genügt nicht, zB „GmbH", „KG", BGH **46,** 12 (§ 19 Rn 7). Praktischer Hauptfall sind KG und GmbH (in GmbH & Co KG) am gleichen Ort (ausführlich § 19 Rn 36). Begründet die Übereinstimmung in der Firmenbezeichnung keine Verwechslungsgefahr, gilt § 30 nicht, so bei fehlender Unterscheidungskraft (§ 18 Rn 5 ff), BGH NJW **87,** 439 (Video-Rent). Gleichnamige s Rn 5.

C. Vorrang der eingetragenen Firmen: a) Eintragung: Voraussetzung in 6 § 30 (nicht in § 18 II, dort auch nicht analog) ist die Eintragung der bereits bestehenden Firmen im HdlReg; auch eG im Genossenschaftsregister (so I idF GenGÄndG 9. 10. 73 BGBl 1451, 1463). Also kein Vorrang älterer, aber nicht oder an einem anderen Ort eingetragener Firmen (Entstehung s § 17 Rn 16), KG RJA **8,** 38 (§ 21 Rn 5). Die nur angemeldete Firma ist nicht eingetragen.

§ 31

Der Zeitvorrang entscheidet nur im Verhältnis von Anmeldung zu Anmeldung, nicht von Anmeldung zu Eintragung, vgl KG OLGE **43,** 281. Gelöschte Firmen oder solche, an deren Löschung kein Zweifel mehr ist, sind unbeachtlich, KG JW **33,** 1030. Doch kann die Benutzung gerade eben frei gewordener Firmen durch Dritte gegen § 18 II verstoßen (§ 18 Rn 17). Vorrang der eingetragenen Firma geht durch Übertragung (§§ 22 ff) nicht verloren, aber bei (im Sinne der Unterscheidbarkeit wesentlicher) Firmenänderung. § 30 gilt wegen der verschiedenen Betätigungsbereiche nicht zwischen HdlGes und eV (Vereinsregister, „Bauhütte"-eV, -GmbH), str, de lege lata wohl auch MüKo/Heidinger 10, aA Stgt OLGE **42,** 211, LG Limbg Rpfleger **81,** 23.

b) Unzulässige Firmen: Ist die eingetragene Firma unzulässig, hat sie grundsätzlich keinen Vorrang, hL, Heymann/Emmerich 7 a, aA Staub/Hüffer 11, aber die neue Firma kann erst nach Löschung der alten (§ 37 I, **(3)** FamFG § 395) eingetragen werden; anders wenn die Unzulässigkeit ohne eine im Sinne der Unterscheidbarkeit wesentliche Änderung beseitigt werden kann.

7 **Zulassung** einer Firma durch das Registergericht schützt sie nicht gegen Angriffe privater Parteien, typischerweise Konkurrenten, auch aus § 30 (§ 17 Rn 27). **Löschung** einer nach § 30 unrichtigen Eintragung s § 8 Rn 12–15.

2) Zusatz bei gleichnamigen Kaufleuten (II)

8 Firmenrechtliche Anforderungen an Gleichnamige (über § 30 hinaus) s schon § 19 Rn 7. Bei voller Gleichnamigkeit von Vor- und Familiennamen muss der nicht Eingetragene die Verwechslungsgefahr durch einen unterscheidungskräftigen Zusatz ausschließen, auch durch einen weiteren Vornamen (s Rn 5).

3) Zusatz bei Zweigniederlassungen (III)

9 Eine neue Zweigniederlassung muss ihre Firma (§ 13 Rn 7) unterschiedlich von älteren Firmen am gleichen Orte bilden, wenn die (gleiche oder verwechslungsfähige) Firma des Unternehmens (mit HauptNl anderswo) noch älter ist. Zusatz „Zweigniederlassung" genügt nicht. III ist wenig bedeutsam, da ZwNl allgemein eine von der HauptNl abweichende Firma führen können (§ 13 Rn 7).

4) Zusammenlegung von Orten (IV), Grenzänderungen

10 Die Landesregierungen können benachbarte Orte oder Gemeinden für die Zwecke des § 30 zusammenlegen (IV). Zusammenstellung s DJ **37,** 1270, Schlegelb/Hildebrand/Steckhan 4. Diese und entsprechend andere Grenzänderungen lassen bestehende gleiche Firmen unberührt (Bestandsschutz), früher str.

5) Verfahren

11 Das Registergericht prüft § 30 zunächst schon im Antragsverfahren, dann ggf Zurückweisung der Anmeldung, RG **75,** 371, sodann später im Registerzwangs- und Löschungsverfahren nach § 37 I, **(3)** FamFG §§ 392 iVm 388 ff und § 395. Die Prüfungspflicht des Registergerichts beschränkt sich grundsätzlich auf seinen Bezirk, Hamm NJW **61,** 2018. Bei ZwNl gilt § 13 II mit reduzierter Prüfungspflicht des Registergerichts der HauptNl (§ 13 Rn 13), vgl BayObLG DB **95,** 1456. Unterlassungsklage Privater, insbesondere der vorrangig Eingetragenen, nach § 37 II.

[Änderung der Firma; Erlöschen]

31 (1) **Eine Änderung der Firma oder ihrer Inhaber, die Verlegung der Niederlassung an einen anderen Ort sowie die Änderung der inländischen Geschäftsanschrift ist nach den Vorschriften des § 29 zur Eintragung in das Handelsregister anzumelden.**

(2) ¹Das gleiche gilt, wenn die Firma erlischt. ²Kann die Anmeldung des Erlöschens einer eingetragenen Firma durch die hierzu Verpflichteten nicht auf dem in § 14 bezeichneten Wege herbeigeführt werden, so hat das Gericht das Erlöschen von Amts wegen einzutragen.

Übersicht

1) Anmeldung von Änderungen (I) 1–5
 A. Inhalt und Anwendungsbereich 1
 B. Änderung der Firma, Inhaberwechsel, Wechsel des Orts und der inländischen Geschäftsanschrift 2
 C. Anmeldepflicht 4
2) Anmeldung des Erlöschens (II) 6–8
 A. Anwendungsbereich 6
 B. Erlöschen der Firma 7
 C. Anmeldepflicht 8
3) Verfahren 9

1) Anmeldung von Änderungen (I)

A. **Inhalt und Anwendungsbereich:** § 31 I idF MoMiG 2008. Da **Ge-** 1 **schäftsinhaber, Firma, Niederlassung, Ort und inländische Geschäftsanschrift** im HdlReg zu vermerken sind (§ 29), müssen auch **Änderungen** dieser Daten angemeldet werden. Die Anmeldung der Verlegung der Hauptniederlassung ist in § 13 h besonders geregelt, die von ZwNl in §§ 13 ff. Für OHG, KG s §§ 107, 161 II. Für KapitalGes gelten Sondervorschriften nach GmbHG, AktG ua.

B. **Änderung der Firma, Inhaberwechsel, Wechsel des Orts und der** 2 **inländischen Geschäftanschrift: a) Firmenänderung:** Eintragungspflichtig und anzumelden ist jede Firmenänderung (§ 17 Rn 22), ohne Inhaberwechsel oder mit einem solchen (dann auch Rn 3), auch kleine Änderung, zB von Zusatz oder Schreibweise. Änderung setzt voraus, dass die Firma besteht und noch nicht erloschen ist (§ 17 Rn 16, 23), Hamm DB **93**, 1816 (zu § 5, s auch Rn 10). Änderungen sind zB Firmenänderung bei Übergang von Pacht zu Eigentum, LG Nürnb-Fürth BB **76,** 810. Firmenänderung oder zeitweilige Fortführung, Aufgabe und Neubildung durch Erben, s BayObLG DB **78**, 2047. Fehlende Voreintragung s Rn 10. Unzulässige Änderung s Rn 10.

b) **Inhaberwechsel:** Inhaberwechsel ist auch ohne Firmenänderung möglich 3 (Firmenfortführung, vor allem § 22), und deshalb in I eigens aufgeführt. Inhaberwechsel liegt vor, wenn der Betreibende (Unternehmensträger) wechselt (§ 1 Rn 30 ff), zB bei Verpachtung und Nießbrauchbestellung (mit Unternehmensführungsrecht), Ffm OLGZ **73,** 24 (§ 1 Rn 10); Erwerb von Todes wegen. **Nicht** bei Vormundschaft, Nachlassverwaltung (§ 1984 BGB), Nachlasspflegschaft (§ 1960 BGB), Testamentsvollstreckung mit Vollmachtslösung (§ 1 Rn 41), RG **132,** 142; anders bei Treuhandlösung und bei echter Testamentsvollstreckerlösung (§ 1 Rn 42, 44).

c) **Wechsel des Orts und der inländischen Geschäftanschrift:** Verlegung 4 der Niederlassung an einen anderen Ort und seit 2008 (s Rn 1) auch die Änderung der inländischen Geschäftsanschrift (§ 29 Rn 5) sind eintragspflichtig und anzumelden.

C. **Anmeldepflicht: a) Firmenänderung:** Anmeldepflichtig ist bei Firmen- 5 änderung (§ 17 Rn 22) und Verlegung (§ 13 c) der Inhaber, dh wer das Unternehmen betreibt (§ 1 Rn 30–50); so auch der Pächter, der Eigentümer wird und nun die Firma ändert, LG Nürnb/Fürth BB **76**, 810; der Insolvenzverwalter (§ 17 Rn 47). Anmeldepflicht besteht auch, wenn Voreintragung fehlt (s Rn 10).

§ 31 6–10

I. Buch. Handelsstand

6 **b) Inhaberwechsel:** Anmeldepflichtig sind bei Änderung der Inhaberschaft sowohl der alte (ihm droht § 15) als auch der neue Inhaber, Anmeldepflicht des Erwerbers bei Firmenfortführung (§§ 22 ff), BayObLG BB **90,** 372; bei Tod des Inhabers seine Erben; bei Übergang auf den Nacherben nach Tod des Vorerben dessen Erben und der Nacherbe, KG HRR **34,** 1041, Bln BB **91,** 1283. **Muster:** Hopt/Graf von Westphalen 3. Aufl 2007 Form I. C.1, 4 (Anmeldung der Fortführung durch Alleinerben/Erbengemeinschaft), Form I. C.2 (Anmeldung der Änderung der Firma), Form I. C.3 (Anmeldung der Verpachtung mit Haftungsausschluss).

2) Anmeldung des Erlöschens (II)

7 A. **Anwendungsbereich:** II gilt für EinzelKflte, PersonenHdlGes außer bei Liquidation, sowie für andere Unternehmensträger, soweit keine Spezialvorschriften bestehen. Solche sind ua bei Liquidation von PersonenHdlGes §§ 157, 161 II (s Rn 8), bei AG, KGaA § 273 I AktG, bei GmbH § 74 I GmbHG; ferner nach EWIVAG, VAG, G über die Auflösung und Löschung von Ges und Genossenschaften 9. 10. 34 RGBl 914 (Löschung wegen Vermögenslosigkeit).

8 B. **Erlöschen der Firma:** Erlöschen der Firma s § 17 Rn 23. Bspe: bei Betriebsaufgabe (§ 1 Rn 52), BayObLG WM **84,** 53; bei Verlust der Firmenfähigkeit von EinzelKflten, OHG, KG (§ 17 Rn 23); bei Ende einer OHG, KG nach Liquidation (hier ersetzen aber §§ 157, 161 II den § 31 II, s Rn 6) oder ohne Liquidation (§ 145 I 2. Halbs), falls nicht jemand anderer HdlGeschäft und Firma fortführt, KGJ **39,** A 113. Firma des Betriebsunternehmens bei Betriebsaufspaltung, vgl § 1 Rn 18. Zwar kein Erlöschen im Falle des § 5, solange Eintragung besteht, aber II analog, Ko/Ro/Mo/Roth 5, aber Streitfragen unter §§ 2, 3 (§ 5 Rn 1 aE). **Nicht** unter II fällt: Änderung der Firma (dazu I), auch bei Übergang von EinzelKfm auf OHG (KG) durch GfterAufnahme (§ 24 Rn 5–6); Unzulässigwerden der Firma (Abwehr über § 37 I, Hamm DB **79,** 306); Übertragung des HdlGeschäfts mit Firma von EinzelKfm, OHG, KG (Abteilung A des HdlReg) auf AG, GmbH (Abteilung B), KGJ **44,** 150; Auflösung der PersonenHdlGes (§ 17 Rn 23, § 1 Rn 52); Löschungseintragung, nur rechtsbekundend (§ 157 Rn 3).

9 C. **Anmeldepflicht:** Anmeldepflichtig sind für den Fall, dass die Firma erloschen ist (s Rn 8), der bisherige Inhaber, seine Erben, außer wenn die Firma schon beim Erblasser erloschen ist, Heymann/Emmerich 10 a, str, der Veräußerer, die Liquidatoren, der Insolvenzverwalter (§ 17 Rn 47) ua. **Muster:** Hopt/Graf von Westphalen 3. Aufl 2007 Form I. C.8 (Anmeldung des Erlöschens einer Firma nach Veräußerung).

3) Verfahren

10 Erzwingung von I und II nach § 14 (Zwangsgeld) iVm **(3)** FamFG §§ 388 f. Eintragung kann nicht von gleichzeitiger Anmeldung der entsprechenden Firmenänderung abhängig gemacht werden (§ 14 Rn 1, § 143 Rn 2). Folgt auf rechtskräftige Festsetzung der Ordnungsstrafe der verlangte Löschungsantrag, ist die Strafe aufzuheben, LG Waldshut BB **62,** 386 (vgl § 14 Rn 4). Notfalls Amtslöschung **(II 2),** BayObLG **78,** 62, im Verfahren nach **(3)** FamFG § 393. **Fehlende Voreintragung** ist zugleich mit dem Vermerk der Änderung auf Antrag nachzuholen, Ffm OLGZ **73,** 24, und zwar in Spalte 5 des HdlReg ("sonstige Rechtsverhältnisse") MüKo/Krafka 4, str, Grund: eventuelle künftige Wirkungen. Bei unzulässiger Firma keine Eintragung; wenn schon eingetragen, § 37 I und Löschung von Amts wegen nach **(3)** FamFG § 395. Das soll trotz Eintragung nach § 5 auch bei Herabsinken auf nichtkaufmännisches Gewerbe gelten, Hamm DB **93,** 1816, aber Streitfragen unter §§ 2, 3 (§ 5 Rn 1).

3. Abschnitt. Handelsfirma 1, 2 **§ 32**

[Insolvenzverfahren]

32 (1) ¹Wird über das Vermögen eines Kaufmanns das Insolvenzverfahren eröffnet, so ist dies von Amts wegen in das Handelsregister einzutragen. ²Das gleiche gilt für
1. die Aufhebung des Eröffnungsbeschlusses,
2. die Bestellung eines vorläufigen Insolvenzverwalters, wenn zusätzlich dem Schuldner ein allgemeines Verfügungsverbot auferlegt oder angeordnet wird, daß Verfügungen des Schuldners nur mit Zustimmung des vorläufigen Insolvenzverwalters wirksam sind, und die Aufhebung einer derartigen Sicherungsmaßnahme,
3. die Anordnung der Eigenverwaltung durch den Schuldner und deren Aufhebung sowie die Anordnung der Zustimmungsbedürftigkeit bestimmter Rechtsgeschäfte des Schuldners,
4. die Einstellung und die Aufhebung des Verfahrens und
5. die Überwachung der Erfüllung eines Insolvenzplans und die Aufhebung der Überwachung.

(2) ¹Die Eintragungen werden nicht bekanntgemacht. ²Die Vorschriften des § 15 sind nicht anzuwenden.

Übersicht

1) Normzweck und Anwendungsbereich 1
2) Eintragungspflicht (I) 2
3) Keine Bekanntmachung (II) 3

1) Normzweck und Anwendungsbereich

§ 32 idF EGInsO 1994, I 1 Nr 3 nF EGInsOÄndG 1998. Normzweck ist es, **1** den Geschäftsverkehr darüber zu unterrichten, dass der Schuldner insolvent ist und der Verfügungsbeschränkungen nach der InsO (§ 80 InsO, Folgen für Betreiben des HdlGewerbes und Firma s § 1 Rn 47, § 17 Rn 47) bzw der Überwachung der Insolvenzplanerfüllung nach Aufhebung des Insolvenzverfahrens unterliegt (RegE). § 32 gilt für alle Kflte, auch für HdlGes (§ 6), aber Sondernormen für KapitalGes; andere juristische Personen (§ 34 V). Bei den PersonenHdlGes führt die Eröffnung des Insolvenzverfahrens zur Auflösung (§§ 131 I Nr 3, 161 II).

2) Eintragungspflicht (I)

Von Amts wegen in das HdlReg einzutragen sind die Eröffnung des Insolvenz- **2** verfahrens (**I 1**, Eröffnungsbeschluss § 27 InsO) und weitere wesentliche Entwicklungen, nämlich Aufhebung des Eröffnungsbeschlusses (**I 2 Nr 1**), Bestellung eines vorläufigen Insolvenzverwalters mit allgemeinem Verfügungsverbot oder mit Zustimmungsbedürftigkeit von Verfügungen des Schuldners sowie Aufhebung einer derartigen Sicherungsmaßnahme (**I 2 Nr 2**, §§ 21 Nr 1 und 2, 22 InsO), Eigenverwaltung der Schuldners (§ 270 InsO), ihre Aufhebung und Anordnung der Zustimmungsbedürftigkeit (**I 2 Nr 3**), Einstellung und Aufhebung des Verfahrens (**I 2 Nr 4**) und Überwachung der Erfüllung eines Insolvenzplans (§§ 217, 260, 268 InsO; Folgen ua Forderungsnachrang §§ 264–266 InsO) sowie ihre Aufhebung, aber ohne Einzelheiten, diese sind aus den Akten des Registergerichts ersichtlich (**I 2 Nr 5**). Da Eintragung von Amts wegen erfolgt, entfällt Anmeldungspflicht. Eintragung auf Grund Mitteilung des Insolvenzgerichts (§§ 31, 277 III 2 InsO). § 15 ist nicht anwendbar (**II 2**), s § 15 Rn 12.

§ 33 1

3) Keine Bekanntmachung (II)

3 Die Eintragungen nach I werden nicht bekanntgemacht (II 1), stattdessen Bekanntmachungen durch das Insolvenzgericht (ua §§ 30 I, 267, 268 II InsO). InsO regelt die Wirkungen des Insolvenzverfahrens abschließend, § 15 ist nicht anwendbar (II 2), s § 15 Rn 12.

[Juristische Person]

33 (1) **Eine juristische Person, deren Eintragung in das Handelsregister mit Rücksicht auf den Gegenstand oder auf die Art und den Umfang ihres Gewerbebetriebes zu erfolgen hat, ist von sämtlichen Mitgliedern des Vorstandes zur Eintragung anzumelden.**

(2) **¹Der Anmeldung sind die Satzung der juristischen Person und die Urkunden über die Bestellung des Vorstandes in Urschrift oder in öffentlich beglaubigter Abschrift beizufügen; ferner ist anzugeben, welche Vertretungsmacht die Vorstandsmitglieder haben. ²Bei der Eintragung sind die Firma und der Sitz der juristischen Person, der Gegenstand des Unternehmens, die Mitglieder des Vorstandes und ihre Vertretungsmacht anzugeben. ³Besondere Bestimmungen der Satzung über die Zeitdauer des Unternehmens sind gleichfalls einzutragen.**

(3) **Die Errichtung einer Zweigniederlassung ist durch den Vorstand anzumelden.**

(4) **Für juristische Personen im Sinne von Absatz 1 gilt die Bestimmung des § 37 a entsprechend.**

Übersicht

1) Übersicht über §§ 33–34 1
2) Einzelheiten zu § 33 2

1) Übersicht über §§ 33–34

1 § 33 III idF EHUG 2006, § 35 aufgehoben EHUG 2006, § 36 aufgehoben HRefG 1998. §§ 33–34 gelten für solche juristische Personen, deren Eintragung in das HdlReg mit Rücksicht auf den Gegenstand oder auf die Art oder den Umfang ihres Gewerbebetriebs zu erfolgen hat. Erfasst werden dadurch solche juristische Personen, die nicht schon FormKflte (§ 6 II) sind. Damit soll die Publizität des HdlReg umfassend gesichert werden, aber wohl nur klarstellende Wirkung, weil §§ 1 ff auch juristische Personen erfassen. Eintragungspflicht besteht danach für juristische Personen im Falle von § 1 II, nicht dagegen von §§ 2, 3 II, III. §§ 33 ff gelten für die ein HdlGewerbe betreibenden rechtsfähigen Vereine (§§ 21 ff BGB), sowohl wirtschaftende (§ 22 BGB) wie Idealvereine (mit kfm Betrieb), dazu Sack ZGR **74,** 179, K. Schmidt ZGR **75,** 477; privatrechtliche Stiftungen (§§ 80 ff BGB); öffentlichrechtliche Körperschaften, Stiftungen, Anstalten (vgl § 89 BGB). Für ausländische juristische Personen, die im Inland ein HdlGewerbe betreiben, gelten §§ 13 d, 13 e (§ 13 d Rn 1), BayObLG WM **86,** 1557 (zu § 13 b aF), MüKo/Krafka 7, aA für analoge Anwendung von § 33 auf ausländische KapitalGes als einziger Komplementär einer deutschen KG BayObLG **86,** 72, aber damit ist Prüfung der KfmEigenschaft verbunden (europarechtswidrig, § 13 d Rn 1, Einl 29 vor § 105). Für AG, KGaA, GmbH, eG, VVaG gelten die Vorschriften der einschlägigen Gesetze. Bsp: Hamburger Sparkassen, als Stiftungen iSv §§ 80 ff BGB angesehen, verschmolzen entspr §§ 339 ff aF AktG, Droese MDR **73,** 25.

3. Abschnitt. Handelsfirma   1–3 § 34

2) Einzelheiten zu § 33

§ 33 II, IV idF ERJuKoG 2001, III idF EHUG 2006 (Beifügung einer öffent- 2
lich beglaubigten Abschrift der Satzung für das Gericht der ZwNl nicht mehr
nötig, Grund: HdlReg der HauptNl führt). Anmeldung der Errichtung durch
sämtliche Vorstandsmitglieder (I), der Errichtung einer ZwNl (III, dazu § 13).
Inhalt der Anmeldung und Eintragung s II, einschließlich der Vertretungsmacht,
auch der normalen gesetzlichen, von Vorstandsmitgliedern (früher nur Abweichungen davon), sinnvoller Gleichlauf mit §§ 37 III, 39 I 2 AktG, §§ 8 IV, 10
I 2 GmbHG und wichtig für HdlPraxis und internationalen Verkehr. IV erstreckt
Angabepflicht nach § 37 a auf alle juristischen Personen iSv I (Lücke nach Aufhebung von § 36 aF). Form s § 12. Eintragung s II 2, 3, Vermerke zur juristischen Person bei der Eintragung s auch **(4)** HRV § 40 Nr 2, 3, 5. Wirkung der
Eintragungen s § 8 Rn 3–4, § 15. Im Geschäftsbetrieb eines eV tritt § 15 an die
Stelle von §§ 68, 70 BGB. Prüfungspflicht des Registergerichts s § 29 Rn 3, § 8
Rn 7 ff. **Übergangsrecht** zu § 33 II in **(1)** EGHGB Art. 52.

[Anmeldung und Eintragung von Änderungen]

34 (1) **Jede Änderung der nach § 33 Abs. 2 Satz 2 und 3 einzutragenden
Tatsachen oder der Satzung, die Auflösung der juristischen Person,
falls sie nicht die Folge der Eröffnung des Insolvenzverfahrens ist, sowie die
Personen der Liquidatoren, ihre Vertretungsmacht, jeder Wechsel der Liquidatoren und jede Änderung ihrer Vertretungsmacht sind zur Eintragung in
das Handelsregister anzumelden.**

(2) **Bei der Eintragung einer Änderung der Satzung genügt, soweit nicht
die Änderung die in § 33 Abs. 2 Satz 2 und 3 bezeichneten Angaben betrifft,
die Bezugnahme auf die bei dem Gericht eingereichten Urkunden über die
Änderung.**

(3) **Die Anmeldung hat durch den Vorstand oder, sofern die Eintragung
erst nach der Anmeldung der ersten Liquidatoren geschehen soll, durch die
Liquidatoren zu erfolgen.**

(4) **Die Eintragung gerichtlich bestellter Vorstandsmitglieder oder Liquidatoren geschieht von Amts wegen.**

(5) **Im Falle des Insolvenzverfahrens finden die Vorschriften des § 32 Anwendung.**

1) Inhalt

§ 34 idF EGInsO 1994, HRefG 1998, ERJuKoG 2001 (**Übergangsrecht** in 1
(1) EGHGB Art. 52). § 34 entspricht für juristische Personen iSv § 33 (dort
Rn 1) dem § 31.

2) Einzutragende Tatsachen

Anzumelden sind gewisse Änderungen (I, II nF berichtigend: § 33 II 2 und 3), 2
ua Änderungen der Satzung (I, II); die Auflösung der juristischen Person (außer
im Falle des Insolvenzverfahrens, V, dann gilt § 32); die Personen der Liquidatoren und ihre Vertretungsmacht (§ 33 Rn 3) nebst Änderungen; Erlöschen der
Firma (vgl § 31 Rn 7), zB Einstellung des Gewerbebetriebs der fortbestehenden
juristischen Person (§ 31 II 1), vgl KG JW **36,** 1542.

3) Anmeldepflicht

Anzumelden hat der Vorstand gemäß der satzungsmäßigen Vertretungsmacht 3
(I), nach KG JW **37,** 890 bei sog gemischter Gesamtvertretung (vgl für OHG
§ 125 III) unter Mitwirkung eines Prokuristen; Liquidatoren s III.

Hopt

4) Eintragungen von Amts wegen

4 Gerichtlich bestellte Liquidatoren s IV, Insolvenzverfahren s V iVm § 32. Für Erlöschen der Firma wird § 31 II 2 analog angewandt.

35 *(aufgehoben)*

1 **1)** § 35 über Unterschriftszeichnung im Registerrecht aufgehoben durch EHUG 2006 (Grund s § 14 Rn 1).

36 *(aufgehoben)*

1 § 36 über **Unternehmen öffentlicher Körperschaften** aufgehoben durch HRefG 1998 (s § 33 Rn 2).

[Unzulässiger Firmengebrauch]

37 (1) **Wer eine nach den Vorschriften dieses Abschnitts ihm nicht zustehende Firma gebraucht, ist von dem Registergerichte zur Unterlassung des Gebrauchs der Firma durch Festsetzung von Ordnungsgeld anzuhalten.**

(2) ¹**Wer in seinen Rechten dadurch verletzt wird, daß ein anderer eine Firma unbefugt gebraucht, kann von diesem die Unterlassung des Gebrauchs der Firma verlangen.** ²**Ein nach sonstigen Vorschriften begründeter Anspruch auf Schadensersatz bleibt unberührt.**

Übersicht

1) Firmenmissbrauchsverfahren (I) 1–8
   A. Normzweck und Reichweite 1
   B. Anwendungsbereich 2
   C. Unzulässiger Firmengebrauch 3
   D. Firmenmissbrauchsverfahren 5
   E. Verhältnis zum Löschungs- und zu anderen Verfahren 8
2) Unterlassungsklage (II) 9–14
   A. Normzweck und Anwendungsbereich 9
   B. Unzulässiger Firmengebrauch 10
   C. In seinen Rechten verletzt 11
   D. Unterlassungsverfahren 13
   E. Schadensersatzansprüche (II 2) 14

1) Firmenmissbrauchsverfahren (I)

1 A. **Normzweck und Reichweite: a) Normzweck:** § 37 dient dem öffentlichen Interesse an der Einhaltung des Firmenrechts im Geschäftsverkehr. I gibt dazu dem Registergericht das Firmenmissbrauchsverfahren an die Hand. Es sorgt von Amts wegen für Unterlassung eines unzulässigen Firmengebrauchs. II nimmt zur Durchsetzung derselben öffentlichrechtlichen Interessen die Privaten in Dienst, die durch den unzulässigen Firmengebrauch in ihren Rechten verletzt sind, und gibt ihnen dazu die firmenrechtliche Unterlassungsklage, BGH **53,** 70, WM **93,** 1251. Neben dem firmenrechtlichen Schutz des § 37 I, II stehen selbständig und jedenfalls gegenüber II praktisch wichtiger Ansprüche aus Namens-, Marken- und Wettbewerbsrecht (s Rn 4, § 17 Rn 33 f).

3. Abschnitt. Handelsfirma 2–5 § 37

B. Anwendungsbereich: I ist anwendbar gegen falsch firmierende **Kauf- 2 leute** und gegen **Nichtkaufleute,** die zu Unrecht (wie Kflte) eine Firma führen oder eine andere Bezeichnung irreführend (§ 17 Rn 15) wie eine Firma, BayObLG BB **60,** 996, Ffm BB **75,** 248, Ffm DB **81,** 153; zur früheren Rspr ist aber zu beachten, dass es kein allgemeines Verbot firmenähnlicher Geschäftsbezeichnungen (mehr) gibt (§ 17 Rn 14 f). Anwendung auch auf Freiberuflersozietätsbezeichnung, wenn firmenrechtliche Vorschriften verletzt sind, BayObLG NJW **99,** 297, aA Canaris § 11 Rn 50, und allgemeiner auf (gewerblich tätige) NichtKflte bei solcher Verletzung, zB Verstoß gegen § 19 I sowie § 18 II, letzteres str, wie hier hL, R. Schmitt HRefG S 225 ff, aA MüKo/Krebs 7 (s auch § 17 Rn 15). Verneint für GbR, die sich „Regionales Rechenzentrum X" nennt, str, Karlsr, Wessel BB **78,** 519, 1084. „Fahrschule Münster Inhaber KM" (nicht kfm): nicht firmenähnlich, Hamm MDR **68,** 50.

C. Unzulässiger Firmengebrauch: a) Gebrauch: Gebrauch einer Firma 3 ist jede Handlung mit unmittelbarem Bezug auf den Geschäftsbetrieb, die nach der Verkehrsauffassung als Gebrauch der verwendeten Bezeichnung als Firma zu verstehen ist, RG **55,** 123, BGH NJW **91,** 2024. Das ist bereits die Herbeiführen oder Dulden ihrer Eintragung im HdlReg (§ 29 Rn 1), BayObLG DB **88,** 1487, insbesondere aber ihre Anwendung im Geschäftsverkehr als (vollständige) Bezeichnung des Unternehmens **(firmenmäßiger Gebrauch).** Bsp (vgl § 17 Rn 17–25): in Warenprospekt des Kfm für Einzelhändler zur Weitergabe auch an deren Kunden, BGH NJW **91,** 2023; auf Briefköpfen, Türschild, durch Briefunterzeichnung, Anmeldung zum Telefonbuch, KG JW **26,** 2930, Celle BB **71,** 1299, BayObLG BB **92,** 943, Hamm FGPrax **08,** 262; Adressbuch, in Zeitungsinseraten, BayObLG, Oldbg BB **60,** 996, **64,** 573; auf Flaschenetikett neben Wort „Import", Hbg BB **73,** 1456; auch nur im Schriftverkehr mit (eigenen) HdlVertretern, Celle OLGZ **72,** 221. Ebenso für firmenähnlich wirkende Bezeichnung einer einzelnen Betriebsstätte, Oldbg BB **64,** 573. Eine Geschäftsbezeichnung (§ 17 Rn 10 ff) wird nach der Rspr „firmenähnlich" verwandt beim Abschluss von Rechtsgeschäften, **nicht** bei Benutzung nur in der **Werbung,** KG HRR **34,** 1539, BayObLG **60,** 350, Bambg DB **73,** 1989, Düss NJW-RR **96,** 938, str.

b) Unzulässigkeit: Unzulässigkeit der Firmierung bestimmt sich nach 4 §§ 17 ff und allen sonstigen **firmenrechtlichen Bestimmungen** auch außerhalb des HGB, einerlei ob von Anfang unzulässig oder erst später unzulässig geworden (§ 18 Rn 18); Bsp „Beamten-Einkauf-eGmbH", die jetzt jedermann zum Kauf zulässt, Zweibr OLGZ **72,** 393. Praktisch wichtig ist insbesondere das Irreführungsverbot (§ 18 II 1, 2, s dort Rn 13, 19 f), auch § 30; ausländische Firma s § 17 Rn 49. Verstoß gegen andere, **nicht** firmenrechtliche Vorschriften (**Namens-, Marken-, Wettbewerbsrecht,** § 17 Rn 33 f) fällt nicht unter I (und II, s Rn 10). Der Kfm muss die Firma firmenmäßig so führen, wie sie eingetragen ist (Firmenpflicht, § 17 Rn 19); **Firmenabkürzungen** (vgl § 17 Rn 11, 19) und **Firmenzusätze** (§ 18 Rn 8) sind, auch wenn sie eintragbar wären, unzulässig nach I, wenn sie im Verkehr als vollständige Firmenbezeichnung erscheinen, Düss DB **70,** 923, Hbg BB **73,** 1457, BayObLG BB **92,** 943; sonst nicht, Abkürzen der Firma (Firmenschlagworte) in Werbung, Haus- und Schaufensteraufschrift oä sind zulässig, Düss DB **70,** 923, Stgt BB **91,** 993, Düss NJW-RR **96,** 937, auch in Verlagsangabe auf Büchern, KG HRR **32,** 252. Unzulässiger Firmengebrauch des Einzelhändlers, den er duldet, dass Großhändler ihn in seiner Werbung falsch bezeichnet, AG Elsfleth BB **68,** 310, fraglich. Es kommt nur objektiv auf Unzulässigkeit an, **nicht** auch auf **Verschulden** (s Rn 6, 7).

D. Firmenmissbrauchsverfahren: a) Verfahrensziel: Das Firmenmiss- 5 brauchsverfahren nach I iVm (3) FamFG §§ 392, 388 ff (zu unterscheiden vom Zwangsgeldverfahren nach (3) FamFG §§ 388 ff, BayObLG NJW **99,** 297, s

§ 14 Rn 3–5), zielt auf **Unterlassung** des Gebrauchs einer **bestimmten Firma,** die unzulässig ist, zB wegen Verwendung eines bestimmten Zusatzes (§ 18 Rn 8), vgl BGH **44,** 117, aber nicht nur auf Unterlassung dieses Zusatzes, der ja in anderer Zusammenstellung zulässig sein kann, sondern der Firma als Ganzem in ihrer konkreten Fassung, RG **132,** 311, MüKo/Krebs 36, aA von Gamm FS Stimpel **85,** 1013: auch Teillöschung möglich. Es zielt nicht auf Unterlassung einer bestimmten Gebrauchsweise, KG HRR **32,** 252; erst recht nicht (positiv) auf Führung einer bestimmten (zulässigen) Firma. Insoweit gilt dasselbe wie im Verfahren nach II (s Rn 13).

6   b) **Einleitung von Amts wegen:** Das Gericht handelt von Amts wegen, sei es auch auf Anregung, ohne dass ein Verschulden notwendig ist (anders für Ordnungsgeld, s Rn 7). Das Gericht ist verpflichtet, gegen den Firmenmissbrauch einzuschreiten, hat dabei aber ein gebundenes Ermessen, BayObLG **89,** 50, Heymann/Emmerich 15, hL, aA MüKo/Krebs 34. Es hat öffentliche und private Interessen abzuwägen und kann uU eine alte, besonders wertvolle Firma trotz Widerspruchs zum Firmenrecht bestehen lassen, KG NJW **65,** 254, Kln BB **77,** 1671 (verneint), BayObLG **86,** 150; uU vielleicht unter Bedingung bestimmter Führungsweise, Jansen NJW **66,** 1815. Das öffentliche Interesse kann aber Einschreiten gebieten, zB bei irreführender Benutzung von „Finanzierung" bei bloßer Darlehensvermittlung (§ 18 Rn 33), iErg anders Ffm AG **80,** 83 (Besitzstand). Die Ermessensentscheidung ist vom Rechtsbeschwerdegericht nur auf Ermessensfehler nachzuprüfen, Zweibr OLGZ **72,** 395, aA Staub/Hüffer 18. Kein Anspruch auf Einschreiten nach I, auch nicht des nach II in seinen Rechten Verletzten, RG **132,** 314, BGH **53,** 70; auch kein Schadensersatzanspruch Privater (§ 8 Rn 15).

7   c) **Entscheidung:** Das Gericht erlässt eine **Verbotsverfügung** unter Androhung eines Ordnungsgelds und Fristsetzung (s **(3)** FamFG § 392 I Nr 1, 388). Die Androhungsverfügung muss die gesamte Bezeichnung in jeder zu beanstandenden Form enthalten, BayObLG NJW **99,** 297, sonst kein Ordnungsgeld; Anordnung der Unterlassung ab sofort, nicht erst ab später, die Fristsetzung gilt nur für Einspruchserhebung. Festsetzung eines **Ordnungsgelds** erst als zweiter Schritt (s **(3)** FamFG § 392 I Nr 2). Ordnungsgeld nur bei verschuldeter Zuwiderhandlung, Handeln von Angestellten ohne Wissen und Wollen des Firmeninhabers genügt nicht, Ffm BB **89,** 960.

8   E. **Verhältnis zum Löschungs- und zu anderen Verfahren: a) Löschungsverfahren:** Ist die unzulässige Firma im HdlReg eingetragen, kann das Gericht von Amts wegen entweder nach I iVm **(3)** FamFG § 392 im Firmenmissbrauchsverfahren oder nach **(3)** FamFG §§ 395, 399 im Löschungsverfahren (§ 8 Rn 12–15) vorgehen, BayObLG BB **89,** 727. Das Gericht entscheidet dabei nach pflichtgemäßem Ermessen. Das Löschungsverfahren kommt aber idR erst in Betracht, wenn das mildere, nur den konkreten Gebrauch untersagende Verfahren nach I ohne Erfolg bleibt, str. Bei Erlöschen der Firma gilt § 31 II.

b) **Eintragungsverfahren:** Auch das Eintragungsverfahren nach § 29 und das Firmenmissbrauchsverfahren nach I stehen nebeneinander, weil bereits Anmeldung Gebrauch iSv I ist (s Rn 3). Auch hier entscheidet das Gericht nach pflichtgemäßem Ermessen, str (§ 29 Rn 4).

c) **Unterlassungsklage nach II:** I und II sind unabhängig voneinander möglich (Amtsverfahren und private Klage).

2) Unterlassungsklage (II)

9   A. **Normzweck und Anwendungsbereich: a) Normzweck:** Wer durch unzulässigen Firmengebrauch in seinen Rechten verletzt wird, kann von dem Gebrauchmachenden Unterlassung des Gebrauchs fordern **(II 1).** Zum Norm-

zweck auch von II s schon Rn 1. II schützt (auch) die Interessen Dritter und der Allgemeinheit, BGH WM **93,** 1251.

b) Anwendungsbereich: II ist wie I anwendbar gegen falsch firmierende **Kaufleute** und gegen **Nichtkaufleute,** die zu Unrecht (wie Kflte) eine Firma führen oder eine andere Bezeichnung irreführend (§ 17 Rn 15) wie eine Firma, str (s Rn 2).

B. Unzulässiger Firmengebrauch: a) Gebrauch: Wie unter I (s Rn 3). **10**

b) Unzulässigkeit: Wie unter I (s Rn 4), aber beim Irreführungsverbot greift unter II nicht § 18 II 2, der nur im Registerverfahren gilt (§ 18 Rn 19). Der Gebrauch kann unzulässig sein nach Firmenrecht (§§ 18, 19, 21–24, 30, §§ 4, 279 AktG, § 4 GmbHG, § 3 GenG ua); aber auch wegen Verletzung des Namens-, Marken- oder sonstigen Kennzeichnungsrechts eines anderen (§ 12 BGB, §§ 14, 15 MarkenG ua) oder wegen unlauteren Wettbewerbs (§§ 3, 4, 5 UWG), str, aA von Gamm FS Stimpel **85,** 1007. Firmenrechtliche Ansprüche nach § 37 II und wettbewerbsrechtliche Ansprüche stehen dann nebeneinander (§ 17 Rn 10 ff, § 18 Rn 13 f). Auch firmenmäßiger Gebrauch einer anderen Bezeichnung als der eigenen eingetragenen Firma ist unzulässig iSv II, Hbg BB **73,** 1457. Lit: von Gamm FS Stimpel **85,** 1007.

C. In seinen Rechten verletzt: a) Unterlassungsanspruch: In seinen **11** Rechten verletzt ist nicht nur (so noch RG **114,** 99, **132,** 316) der Inhaber eines verletzten absoluten (insbesondere Kennzeichnungs-)Rechts, zB Namens-, Firmen-, Marken-, Patentrecht, Recht am eingerichteten und ausgeübten Gewerbebetrieb; sondern jeder in einem unmittelbaren rechtlichen Interesse wirtschaftlicher Art Verletzte, zB Wettbewerber, BGH **53,** 70, WM **79,** 923, NJW **91,** 2023; bei Firmenfortführung ohne Einwilligung nach §§ 22 I, 24 II auch nicht gleichnamige Erben, Hamm ZIP **83,** 1202; nicht ein einzelner Gfter eines Konkurrenzunternehmens, BGH BB **72,** 982. Nur in einem Teil dieser Fälle hat II selbstständige Bedeutung; Unterlassungsanspruch zB auch aus § 12 BGB, §§ 14, 15, 128, 135 MarkenG, §§ 3, 4, 5 UWG ua (§ 17 Rn 33 f). Klagebefugnis von Vereinen zur Bekämpfung unlauteren Wettbewerbs nach § 8 III UWG wird verneint (auf Ansprüche aus UWG beschränkt), BGH NJW **97,** 2819 (zu § 13 II Nr 2 aF UWG), aA bisher hL, Staub/Hüffer 30.

b) Einwendungen: Möglich sind unter II Einwendungen, die nur in der **12** Person des Klägers begründet sind (anders als nach I), zB Gestattung des Firmengebrauchs. Auch **Verwirkung** des (persönlichen) Anspruchs auf Unterlassung aus II ist möglich (§ 17 Rn 36), RG **167,** 190, Staub/Hüffer 33, MüKo/Krebs 51, zB bei geringer Irreführungsgefahr gegenüber besonders wertvollem Besitzstand, BGH WM **77,** 26 (60 jährige „Ostfriesische TeeGes" in Hamburg). Wegen des Schutzes öffentlicher Interessen (wie bei § 5 UWG) gegen Verwirkung sehr zurückhaltend von Gamm FS Stimpel **85,** 1013, offen BGH WM **93,** 1251. Von der Verwirkung ist die Erwirkung zu unterscheiden, die nur in sehr viel engeren Grenzen möglich ist (§ 17 Rn 37).

D. Unterlassungsverfahren: Verurteilung zur **Unterlassung** in II ebenso **13** wie in I nur gegen die gesamte Firma, nicht nur beschränkt auf Teile (s Rn 5). Ist die Firma bereits eingetragen, auch Anspruch auf **Beseitigung** der Verletzung und Verurteilung zur **Löschung** (dann uU auch nur Zusatz, nicht unbedingt ganze Firma, § 18 Rn 8). Der Unterlassungsanspruch kann sich also zu einem Löschungsanspruch steigern, Hamm NJW-RR **05,** 767, von Gamm FS Stimpel **85,** 1012, krit MüKo/Krebs 54. Verurteilung zur Unterlassung der Benutzung im „geschäftlichen Verkehr" verpflichtet zur Herbeiführung (mit zumutbarer Eile) der Löschung im HdlReg, Ffm BB **77,** 767. Vollstreckung bei Verurteilung zur Unterlassung nach § 890 ZPO, Hamm BB **58,** 318, bei Verurteilung zur Anmeldung der Löschung nach § 894 ZPO.

§ 37a 1, 2   I. Buch. Handelsstand

14 E. **Schadensersatzansprüche (II 2):** Unberührt bleiben selbstverständlich Ansprüche auf **Schadensersatz** aus anderen Vorschriften **(II 2),** zB aus §§ 823 I, II, 826 BGB, §§ 3, 9 UWG, §§ 14, 15, 128, 135 MarkenG (§ 17 Rn 33 f). Sonstige, nicht firmenrechtliche Ansprüche s Rn 4, § 17 Rn 33 f.

[Angaben auf Geschäftsbriefen]

37a (1) **Auf allen Geschäftsbriefen des Kaufmanns gleichviel welcher Form, die an einen bestimmten Empfänger gerichtet werden, müssen seine Firma, die Bezeichnung nach § 19 Abs. 1 Nr. 1, der Ort seiner Handelsniederlassung, das Registergericht und die Nummer, unter der die Firma in das Handelsregister eingetragen ist, angegeben werden.**

(2) **Der Angaben nach Absatz 1 bedarf es nicht bei Mitteilungen oder Berichten, die im Rahmen einer bestehenden Geschäftsverbindung ergehen und für die üblicherweise Vordrucke verwendet werden, in denen lediglich die im Einzelfall erforderlichen besonderen Angaben eingefügt zu werden brauchen.**

(3) ¹**Bestellscheine gelten als Geschäftsbriefe im Sinne des Absatzes 1.** ²**Absatz 2 ist auf sie nicht anzuwenden.**

(4) ¹**Wer seiner Pflicht nach Absatz 1 nicht nachkommt, ist hierzu von dem Registergericht durch Festsetzung von Zwangsgeld anzuhalten.** ²**§ 14 Satz 2 gilt entsprechend.**

Übersicht

1) Normzweck, Anwendungsbereich 1–2
   A. Normzweck 1
   B. Anwendungsbereich 2
2) Pflichtangaben auf Geschäftsbriefen (I) 3–4
   A. Pflichtangaben 3
   B. Geschäftsbriefe 4
3) Keine Pflichtangaben auf Vordrucken (II) 5
4) Pflichtangaben auf Bestellscheinen (I, III) 6
5) Rechtsfolgen bei Verstoß 7–8
   A. Zwangsgeld (IV) 7
   B. Zivilrechtliche Folgen 8
6) Europäisches Recht, internationaler Verkehr 9

1) Normzweck, Anwendungsbereich

1 A. **Normzweck:** § 37 a neu durch HRefG 1998, I idF EHUG 2006 (Geschäftsbriefe „gleich welcher Form"). Er ist §§ 125 a, 177 a, § 35 a GmbHG, § 80 AktG, § 25 a GenG teilweise nachgebildet und als Ausgleich zur Firmenrechtsvereinfachung (Zulässigkeit von Sach- und Phantasiefirmen, vgl § 19 I nF) gedacht. Geschützt ist die Sicherheit des Geschäftsverkehrs (RegE), dieser soll allgemeine Grundinformationen über den Kfm und sein HdlGeschäft erhalten. § 37 a ist entsprechend seinem Normzweck weit auszulegen und **zwingend.** Übergangsvorschrift **(1)** EGHGB Art 39. Lit: Vgl zu § 125 a Rn 1.

2 B. **Anwendungsbereich:** § 37 a erfasst nur Geschäftsbriefe von Kflten, nicht von Kleingewerbebetreibenden und Freiberuflern, außer wenn sie unter §§ 1 ff fallen. Nach dem Normzweck gilt § 37 a für alle Kflte ohne Unterschied, ob sie eingetragen sind oder nicht (s Rn 3) und ob es um einen Geschäftsverkehr im Inland oder mit dem Ausland geht; auch für inländische ZwNl eines ausländischen Kfm (Grundgedanke von § 13 d, dort Rn 2; vgl § 125 a Rn 2). Verbliebene Lücken schließt § 33 IV (§ 33 Rn 3). § 37 a ist Grund- und Auffangnorm,

3. Abschnitt. Handelsfirma 3, 4 § 37a

aA MüKo/Krebs 4: nur Gesamtanalogie, str, Spezialvorschrift für OHG (KG) ist § 125a (iVm § 177a), wegen Einheitlichkeit des Firmenrechts nach HRefG einheitliche Auslegung (§ 125a Rn 1).

2) Pflichtangaben auf Geschäftsbriefen (I)

A. **Pflichtangaben:** Auf allen Geschäftsbriefen des Kfm (gleich welcher 3 Form, s Rn 4) sind anzugeben: die Firma (§ 17 I), die Bezeichnung nach § 19 I Nr 1 (Zusatz über KfmEigenschaft), der Ort seiner HdlNiederlassung (HauptNl, § 29 Rn 5), das Registergericht und die Nummer, unter der die Firma in das HdlReg eingetragen ist. Es genügt, wenn sich der Zusatz über die KfmEigenschaft bereits aus der Firma ergibt, zB e. K.; dass die in § 19 I Nr 1 nF benutzten Abkürzungen noch nicht allgemein bekannt sind, schadet nach dem klaren Wortlaut nicht, MüKo/Krebs 6 (vorsichtiger RegE ZIP **97**, 952 unter Hinweis auf hL zu § 4 AktG, aber jetzt Hüffer § 4 AktG Rn 17: „AG"). Auch der nicht eingetragene Kfm kann Firma führen und muss deshalb entsprechende Angaben machen, also Firma, Zusatz über KfmEigenschaft entspr § 19 I Nr 1, auch schon vor Eintragung, str (§ 19 Rn 4). ZwNl eines inländischen Unternehmens hat nicht nur diese, sondern auch HauptNl anzugeben, aA MüKo/Krebs 7. **Nicht:** Familien- und Vornamen des Kfm, also Inhaberangabe (anders noch RefE und für Geschäftsführer und Vorstände von KapitalGes, zB § 35a I 1 GmbHG; auch § 15b GewO).

B. **Geschäftsbriefe: a) Geschäftsbriefe gleich welcher Form** sind erfasst 4 (ausdrücklich EHUG 2006). Die PublizitätsRi (§ 8 Rn 2a) gilt zwar nur für KapitalGes, aber Geschäftsverkehr erfordert einheitliche Reglung für alle Kflte. Geschäftsbriefe umfasst alle (nicht mündlichen) Mitteilungen des Kfm über geschäftliche Angelegenheiten nach außen. Dazu gehören alle HdlBriefe (§ 238 II), aber Geschäftsbrief ist gegenüber HdlBrief (§ 257 II: nur Schriftstück, das ein HdlGeschäft betrifft) der weitere Begriff. Geschäftsbriefe sind ohne Rücksicht auf die äußere Form auch Postkarten, Telebriefe, Faxe, Telegramme, btx, e-mail, Internetseite, auch Fernschreiben, vor EHUG str, da kein Original übermittelt werde. Geschäftsbriefe sind nach außen gerichtet, also an Geschäftspartner, auch andere Konzernunternehmen, Behörden, eigene Mitarbeiter, soweit als Vertragspartner betroffen (zB Einstellung, Kündigung, str, oder Drittbeziehung). Geschäftsbriefe setzen keine bestehende Geschäftsverbindung voraus (anders II, s Rn 5), umfassen also auch solche Mitteilungen, die von vornherein nur auf einen einmaligen Kontakt abzielen. **Nicht:** Mündliche oder telefonische Mitteilungen, Mitteilungen innerhalb des HdlGeschäfts bzw eigenen Unternehmens des Kfm selbst, zB Weisungen des Kfm (§ 59 Rn 44), Information für bestimmten Mitarbeiter, betriebliche Rundschreiben, Beanstandungen ua; Schriftverkehr unter den betriebsverfassungsrechtlichen Organen, str.

b) Die Geschäftsbriefe müssen **an einen bestimmten Empfänger** gerichtet sein, also nicht solche an eine größere, unbestimmte Vielzahl von Empfängern. Bspe: Offerte und Annahme, Auftragsbestätigung, Bestätigungsschreiben, Mängelrügen, Rücktritt und Minderung, auch Bestellscheine (III, s Rn 6), Quittungen, Kündigung an Arbeitnehmer; auch Rechnungen, Mahnungen str; vom Kfm ausgestellte Wertpapiere, zB Wechsel, Scheck, Konnossement, LG Detmold WM **90**, 1872 für Postscheck (zu § 35a GmbH), aA Baumb/Hueck/ Zöllner 7. Auch vervielfältigte und sogar formularmäßige Schreiben wie Preislisten, Angebote, Auftragsbestätigungen, Rechnungen, Mahnungen ua sind Geschäftsbriefe, sofern sie an bestimmten Empfänger gerichtet sind, str; die Art des Versands an den bestimmten Empfänger ist nicht entscheidend, Lutter DB **80**, 1325. **Nicht:** zB allgemeine Angebote, Kataloge, Rundschreiben an die Kunden, Werbeschreiben, dementsprechende Postwurfsendungen, Zeitungsanzeigen.

§§ 38–47b

3) Keine Pflichtangaben auf Vordrucken (II)

5 Bei Mitteilungen oder Berichten sind die **Angaben nach I** unter zwei Voraussetzungen **entbehrlich**:

a) Sie müssen im Rahmen einer bestehenden **Geschäftsverbindung** (Einl 3 vor § 343) ergehen; entscheidend dafür ist, ob die Angaben nach I schon vorher einmal gemacht worden sind; einerlei ob das schon lange her ist, str. Stellt Vordruck die Geschäftsverbindung erst her, greift I.

b) Für sie müssen üblicherweise **Vordrucke** verwendet werden, in denen nur die im Einzelfall erforderlichen besonderen Angaben eingefügt zu werden brauchen. Vordrucke müssen in dem Geschäftszweig üblich sein und auch im konkreten Fall von dem Kfm verwendet werden, sonst bleibt es bei I. Bspe: Versandanzeigen oder sonstige Benachrichtigungen, Lieferscheine, Kontoauszüge, Gutschriften. **Nicht:** Bestellscheine (III, s Rn 6).

4) Pflichtangaben auf Bestellscheinen (I, III)

6 Bestellscheine gelten als Geschäftsbriefe iSv I, nicht als Vordrucke iSv II (III). Die Erleichterungen nach II gelten für sie also nicht.

5) Rechtsfolgen bei Verstoß

7 A. **Zwangsgeld (IV):** Wenn der Kfm seiner Pflicht nach I (ganz oder teilweise) nicht nachkommt, ist er vom Registergericht durch Zwangsgeld dazu anzuhalten (IV 1; § 14 Satz 2, **(3)** FamFG §§ 388 f).

8 B. **Zivilrechtliche Folgen:** IV besagt selbst nichts über mögliche zivilrechtliche Rechtsfolgen. § 37 a ist Ordnungs-, nicht Formvorschrift, Verstoß hat keine Nichtigkeit zur Folge. § 37 a ist kein Schutzgesetz iS v § 823 II BGB, MüKo/Krebs 12, str, aA ül zu § 35 a GmbHG, Baumb/Hueck/Zöllner 10, LG Detmold WM **90**, 1872. Zivilrechtliche Ansprüche wegen Irreführung können aber aus allgemeinen Vorschriften unter deren Voraussetzungen folgen. Bspe: Anfechtung nach § 119 II BGB, str, Verschulden bei Vertragsverhandlungen nach §§ 280, 311 II BGB, §§ 3, 9 UWG, iErg abl LG Bln WM **91**, 1615, § 826 BGB, auch Rechtsscheinhaftung, zB Rechtsschein mangelnder KfmEigenschaft nach § 15 II, Baumb/Hueck/Zöllner 10, aA wohl Schlegelb/K. Schmidt § 125 a Rn 14.

6) Europäisches Recht, internationaler Verkehr

9 Die Anforderungen des § 37 a (bzw der Spezialnormen, s Rn 1) gelten grundsätzlich auch im europäischen und internationalen Verkehr. Sie gelten entsprechend, wenn eine ausländische Ges mit Satzungssitz in der EU ihren Verwaltungssitz in das Inland verlegt (§ 13 d Rn 1), aber das europäische Recht setzt bestimmte Grenzen (Einl 29 vor § 105), zB hinsichtlich der Firma und des Rechtsformzusatzes (§ 17 Rn 48, § 19 Rn 42), nach aA ist schon das Erfordernis der Firmenangabe durch die 11. EG-Ri nicht gedeckt, Rehberg in Eidenmüller, Ausl KapitalGes im dtsch Recht, 2004, § 5 Rn 94. Bei HdlGes tritt an die Stelle der HdlNiederlassung (s Rn 3) der Sitz (zB § 125 a I 1, s Rn 1), bei AuslandsGes aus der EU ist das der Satzungssitz (§ 13 d Rn 1), str. Bei AuslandsGes aus der EU ist das Erfordernis der Angabe der Geschäftsleiter (§ 125 a I 2 iVm § 35 a I 1 GmbHG, § 80 I 1 AktG) durch die 11. EG-Ri nicht gedeckt, K. Schmidt in Lutter, Europ AuslandsGes, 2005, S 44. Lit: s § 17 Rn 48.

Vierter Abschnitt. Handelsbücher

38 -47b *(aufgehoben)*

Fünfter Abschnitt. Prokura und Handlungsvollmacht
Überblick vor § 48

Schrifttum

Außer dem allgemeinen Schrifttum (s Einl vor § 1) *Hofmann/Fladung/van Ghemen,* Der Prokurist, 8. Aufl 2007. − *Spitzbarth* 3. Aufl 1999. − *Brox* NJW **67,** 801 (Prokura und HdlVollmacht nach AktG). − *Stötter* BB **75,** 767 (Gesamtprokura uä). − *Walchshöfer* Rpfleger **75,** 381 (HdlReg). − *Beuthien* FS Fischer **79,** 1 (Miterbenprokura). − *K. Schmidt* BB **89,** 229 (GesLiquidation und -insolvenz). − *Beuthien/Müller* DB **95,** 461 (gemischte Gesamtvertretung, unechte Gesamtprokura). − *Krebs* ZHR 159 **(95)** 635 (Prinzipien). **Muster:** *Hopt/Graf von Westphalen,* Vertrags- und Formularbuch zum Hdl-, Ges- und Bankrecht, 3. Aufl 2007, Teil I.E (mit 6 Formularen).

Übersicht

1) Vertretung im Handelsrecht, Vorschriften des BGB 1–4
   A. Vertretung im Handelsrecht 1
   B. Allgemeines Vertretungsrecht (§§ 164–181 BGB) 4
2) Duldungs- und Anscheinsvollmacht 5–7
   A. Duldungsvollmacht 5
   B. Anscheinsvollmacht 6
   C. Körperschaften des öffentlichen Rechts 7
3) Handeln für die Firma 8
4) Eigenhaftung des Vertreters 9–12
   A. Besonderes Verhandlungsvertrauen in den Vertreter (§ 311 III 2 BGB) 9
   B. Nichtausreichen eines wirtschaftliches Eigeninteresses des Vertreters 11
   C. Selbstständige Haftung 12
5) Internationaler Verkehr 13

1) Vertretung im Handelsrecht, Vorschriften des BGB

A. Vertretung im Handelsrecht: Der Inhaber eines HdlGeschäfts kann auf **1** Grund hdlrechtlicher Vollmacht, anderer Vollmachten oder gesetzlicher Vertretungsmacht vertreten werden:

a) Handelsrechtliche Vollmachten sind Prokura (§§ 49–53) und HdlVollmacht (§§ 54 ff), auch die Vertretungsmacht der Ladenangestellten (§ 56, s dort). Für sie gelten außer den speziellen Vorschriften im HGB (Abschn 5 und ua §§ 75 g, 75 h, 91, 91 a, 116 III, 125 III) die §§ 164–181 BGB.

b) Der Inhaber kann beliebige **andere Vollmachten** (§§ 164 ff BGB) ertei- **2** len, zB Einzelvollmacht zu bestimmten Rechtshandlungen oder **Generalvollmacht.** Letztere ist besonders bei großen Unternehmen verbreitet, reicht inhaltlich weiter (aber nicht wie die unübertragbare organschaftliche Vertretungsmacht), BGH **36,** 295, NJW **77,** 199, und steht im Ansehen höher als die Prokura. Rechtlich ist sie eine besonders weitreichende Form der Vollmacht nach §§ 164 ff BGB, nicht der HdlVollmacht nach §§ 54 ff (GeneralHdlVollmacht, s § 54 Rn 10). Umdeutung einer nichtigen Generalvollmacht in General- oder EinzelHdlVollmacht ist möglich (§ 140 BGB), Canaris § 13 Rn 17. Rechtsgeschäftlich eingeschränkte Generalvollmacht (Zulässigkeit str) ist jedenfalls als GeneralHdlVollmacht (§ 54 Rn 10) zulässig, BGH WM **08,** 2252. Nicht für höchstpersönliche Rechtsgeschäfte bzw Verfahrenserklärungen. Sie ist analog § 53 in das HdlReg einzutragen (§ 8 Rn 5), aA hL. Lit: Spitzbarth BB **62,** 851, Hübner ZHR 143 **(79)** 1, Joussen WM **94,** 273, Schroeder/Oppermann JZ **07,** 176.

Vor § 48 3–6

3 **c) Gesetzliche Vertretung** kommt bei einem nicht vollgeschäftsfähigen Kfm oder Gfter zum Zuge (§ 1 Rn 32–35). **Amtstreuhänder** (Partei kraft Amtes mit Handeln im eigenen Namen, stRspr) oder gesetzliche Vertreter sind der Testamentsvollstrecker, Insolvenzverwalter und Nachlassverwalter (vgl § 1 Rn 40 ff, 47). **Organschaftliche** Vertreter sind diejenigen, durch die eine nicht natürliche Person handelt, zB Vorstand (AG, eG, Verein), Geschäftsführer (GmbH), Gfter (OHG), phG (KG), nicht zB Prokurist oder Generalbevollmächtigter. Die organschaftliche Vertretungsmacht kann als solche nicht übertragen werden (§ 125 Rn 6), BGH **36**, 255, NJW **77**, 199. Eine über die Prokura hinausgehende, „organähnliche" Stellung haben die Geschäftsleiter einer inländischen ZwNl einer ausländischen Bank nach § 53 II Nr 1 KWG, BayObLG NJW **73**, 2162, LG Ffm WM **79**, 957.

4 B. **Allgemeines Vertretungsrecht (§§ 164–181 BGB):** Die Vorschriften des BGB über Vertretung und Vollmacht (§§ 164–181 BGB) sind auch für die Vertretung im HdlRecht grundlegend.

2) Duldungs- und Anscheinsvollmacht

5 A. **Duldungsvollmacht:** Eine Duldungsvollmacht liegt vor, wenn der Vertretene wissentlich zulässt (duldet), dass jemand für ihn wie ein Vertreter auftritt, und Dritte nach Treu und Glauben bei Anwendung der ihnen jeweils zuzumutenden Sorgfalt auf die Erteilung einer entspr Vollmacht schließen dürfen; stRspr, BGH WM **96**, 2232, NJW **02**, 2327, **04**, 2745, WM **04**, 1230. Dies kann ein rechtsgeschäftlicher Tatbestand entspr einer schlüssigen Erklärung der Vollmacht gegenüber dem Dritten (§ 167 I BGB) sein, BGH MDR **53**, 345, sonst nur echte Rechtsscheinvollmacht (wissentlich veranlasster Rechtsschein), BGH NJW **02**, 2327, Canaris § 14 Rn 13, zB bei nichtiger notarieller Vollmacht, BGH **102**, 60. Keine Duldungsvollmacht gegen §§ 171, 172 BGB, zB bei Vollmachtsurkunde (Original oder bei notariell beurkundeter Vollmacht Ausfertigung, nicht bloße Abschrift) ohne deren Vorlage an den Dritten (§ 172 BGB), BGH **159**, 294 (II ZS), NJW **04**, 2745 (XI ZS), WM **04**, 1230 (XI ZS). Auf den fehlenden Bevollmächtigungswillen kann sich der Vertretene wegen des Duldens nicht berufen. Bereits ein einziger Fall bewussten Duldens kann genügen, Ffm WM **06**, 2207. Gesamtvertretungswidriges Alleinauftreten des einen GmbHGfter bindet die GmbH auch bei genereller Duldung des anderen nicht (§ 46 Nr 5 GmbHG), BGH NJW **88**, 1199. Lit: Merkt AcP 204 **(04)** 638, Bornemann AcP 207 **(07)** 102 (Rechtsscheinvollmacht im Innenverhältnis).

6 B. **Anscheinsvollmacht:** Eine Anscheinsvollmacht liegt vor, wenn der Vertretene das Handeln seines angeblichen Vertreters zwar nicht kennt, aber bei Anwendung pflichtgemäßer Sorgfalt hätte erkennen und verhindern können und wenn so für Dritte der Schein entsteht, der Vertretene dulde und billige das Verhalten des Scheinvertreters, stRspr, BGH NJW **07**, 987. Dies ist ein auf den Hdl- und Berufsverkehr beschränkter, reiner Rechtsscheintatbestand (§ 5 Rn 9–17). Anders als bei der Duldungsvollmacht begründet hier idR nur ein Verhalten von einiger Häufigkeit und Dauer einen zurechenbaren Rechtsschein, BGH NJW **56**, 1674, WM **86**, 902, NJW **98**, 1854; besonders bei laufenden Geschäftsverbindungen (Einl 3 vor § 343). Zu dem verwandten Fall der Schein(Hdl-)Vollmacht durch Einräumung einer typischerweise mit Vollmacht verbundenen Stellung s § 54 Rn 3. Anscheinsvollmacht entfällt nicht schon bei Handeln außerhalb des Geschäftsbereichs des Vertretenen, BGH WM **86**, 1094, anders wenn ungewöhnlich. Vorausgesetzt ist jeweils, dass der Vertretene den Schein der Vollmacht hätte erkennen und verhindern können (§ 5 Rn 9–17). Der Vertretene muss dazu die zumutbaren Maßnahmen ergreifen, bloß interne Untersagung an Vertreter genügt nicht ohne weiteres, BGH NJW **91**, 1225 (Ausscheiden aus Anwaltskanzlei). Fahrlässige Ermöglichung der Entwendung einer Vollmachtsurkunde genügt aber nicht (vgl § 172 BGB), BGH **65**, 13. Außerdem muss der Dritte gutgläubig (nicht fahrlässig) gewesen sein, BGH NJW **82**, 1513 (§ 5 Rn 12) und sich ursächlich auf den Schein verlassen haben (§ 5 Rn 13). Als Rechtsfolge gilt die Vollmacht als bestehend (kein Wahlrecht des Dritten), stRspr, üL, Wackerbarth ZGR **99**, 389 (§ 5 Rn 14–16); zutr jedenfalls im HdlRecht, Canaris Vertrauenshaftung 191 (aber Wahlrecht 520), im Hdl- und Berufsrecht Hopt AcP 183 **(83)** 695, iErg ähnlich (prozessuale Alternativität) K. Schmidt FS Gernhuber **93**, 435; aA Flume II § 49.4 (nur Verschulden bei Vertragsverhandlungen, keine Erfüllungshaftung), Peters AcP 179 **(79)** 214 (nur uU Genehmigungspflicht). Haftet der Vertretene effektiv aus Anscheinsvollmacht, entfällt § 179 BGB ohne Wahlrecht, BGH **86**, 275, Brschw **02**, 42, str, s auch § 54 Rn 19.

C. **Körperschaften des öffentlichen Rechts:** Die Grundsätze der Duldungs- und Anscheinsvollmacht gelten auch für Körperschaften des öffentlichen Rechts, BGH **40**, 204, NJW **55**, 985; nicht jedoch, soweit dadurch öffentlich-rechtliche Zuständigkeits-, Genehmigungs- oder Formvorschriften ausgeschaltet würden, BGH **5**, 213, NJW **72**, 941. Scheidet danach Rechtsscheinvollmacht aus, bleibt uU Verschulden bei Vertragsverhandlungen, zB wegen mangelnder Klarstellung der Befugnisse eines Bankgeschäftsstellenleiters, BGH NJW **80**, 2410. Lit: Bienert 1975, Bader 1979. 7

3) Handeln für die Firma

Handeln für die Firma (Unternehmen) hängt nicht von der Art der Zeichnung ab (§ 17 Rn 20), rechtlich entscheidend ist nur, dass das Handeln für die Firma klar wird. Regelt der GesVertrag die Zeichnung, berührt das nicht die Vertretungsmacht nach außen. Handeln für die Firma verpflichtet den Firmeninhaber (Unternehmer), nicht den Vertreter. Das ist keine Einschränkung des § 164 II BGB, sondern folgt schon aus § 164 I 2 BGB. Voraussetzung ist aber, dass es sich aus objektiver Empfängersicht um ein unternehmensbezogenes Geschäft handelt, dabei greift § 164 II BGB, BGH NJW-RR **06**, 109. Wenn bei einem erkennbar unternehmensbezogenen Geschäft unklar bleibt, ob der Erklärende nur Vertreter oder selbst Betriebsinhaber ist, kommt das Geschäft doch mit dem wirklichen Inhaber zustande (Auslegungs-, nicht Beweisregel), BGH **62**, 221, **64**, 11, NJW **90**, 2678, **92**, 1381 (iErg abl), **95**, 43, **98**, 2897, **08**, 1214. Das gilt auch, wenn der frühere Inhaber nach Geschäftsübertragung an seine Ehefrau in dem unter der alten Firma weitergeführten Geschäft Verträge abschließt; für eine Rechtsscheinhaftung des Vertreters ist dann kein Raum, BGH NJW **83**, 1844. Rechtsscheinhaftung des Vertreters aber dann, wenn dieser GmbH-Firmenzusatz weglässt, BGH NJW **90**, 2678. Bei strenger förmlicher schriftlicher Verpflichtung ist die Vertretung im Schriftstück, zB Wechsel, zu zeigen (Zusatz nach § 51 oder zB Beisetzung des Firmenstempels zum eigenen Namen ohne solchen Zusatz, vgl § 17 Rn 20), sonst Eigenhaftung; dies nicht gegenüber dem ersten Wechselnehmer, der den Mangel des Selbstverpflichtungswillens des Vertreters kennt, BGH WM **81**, 375. HdlRegEintragungen sind für Auslegung nur bei besonderem Anhaltspunkt in der Wechselurkunde bedeutsam, BGH NJW **79**, 2141 (für GmbH-Geschäftsführer); fremde Kontonummer auf Scheck genügt nicht als Hinweis auf Handeln in fremdem Namen, vgl BGH **65**, 218, Ffm DB **81**, 2068; aA bei besonderen Umständen Ffm BB **81**, 519. Bei mehreren Geschäftsbetrieben ist zunächst abzugrenzen, für welchen der Vertreter auftritt, vgl BGH WM **78**, 1151. 8

4) Eigenhaftung des Vertreters

A. **Besonderes Verhandlungsvertrauen in den Vertreter (§ 311 III 2 BGB):** Eigenhaftung des Vertreters (Abschlussvertreter, aber auch bloßer Vermittler) kann über § 179 I BGB hinaus auch aus Verschulden bei Vertragsverhandlungen (§§ 280, 311 II, III BGB) folgen. Das wurde von Rspr und Lehre 9 begründet und ist durch das SMG ohne inhaltliche Änderung in § 311 III 2, § 241 II BGB kodifiziert. Eigenhaftung des Vertreters ist möglich, wenn dieser in besonderem Maße Vertrauen für sich in Anspruch nimmt und dadurch die Vertragsverhandlungen oder den Vertragsschluss erheblich beeinflusst (§ 311 III 2 BGB). Das ist der Fall bei Inanspruchnahme eines besonderen Vertrauens des Kunden in die Fachkenntnisse des Vertreters (**besonderes Verhandlungsvertrauen, Gewährübernahme des Sachwalters**); BGH **56**, 81 (Baufinanzmakler), **63**, 382, **79**, 281, **87**, 304, **88**, 68, **126**, 183, **170**, 73 (Gebrauchtwagenhändler), NJW **83**, 218 (Gebrauchtwagenhändler), **90**, 1907 (Unternehmenssanierer), **97**, 1233, NJW-RR **06**, 993 (Verhandlungsführer); VersMakler, Düss NJW-RR **98**, 395, vgl BGH **94**, 359, Generalkonsul, der für ausländischen Staat auftritt, Hbg MDR **67**, 491. Es handelt sich dabei idR um Erklärungen im Vorfeld einer Garantiezusage, BGH NJW **93**, 2933. In besonderen Fällen kann selbstständige Garantie (§ 349 Rn 15) vorliegen, BGH ZIP **01**, 1496 (Versicherung, Lieferant werde auf jeden Fall „sein Geld bekommen"). Die Rspr ist besonders streng bei der Eigenhaftung von Gebrauchtwagenhändlern. Eine **eigene Fallgruppe** stellt die **Prospekthaftung** der Gründer und anderer berufsmäßiger Sachkenner wie Rechtsanwälte und Wirtschaftsprüfer einer Publikums-Ges dar (Anh § 177 a Rn 63).

10 **Nicht** (ohne weiteres) haften: der Alleinvertriebsberechtigte ausländischer Aktien, die er nicht selbst vertreibt, BGH WM **85**, 1521; der zu Vertragsverhandlungen hinzugezogene Rechtsanwalt, BGH NJW **89**, 293, WM **90**, 1554; der Anlageberater, der auf seine ohnehin zu erwartende Sachkunde hinweist, BGH NJW **90**, 506; der bei Vertragsverhandlungen als Wortführer Auftretende, BGH WM **93**, 295; **GmbH Geschäftsführer**, BGH NJW **90**, 389, **95**, 1544, Hamm BB **99**, 1679 (s auch § 172 a Rn 45). Auch wer bereits gegen **Insolvenzantragspflicht** (§ 15 a InsO) verstößt und trotzdem neue Geschäfte abschließt, haftet nicht schon deswegen persönlich, BGH **126**, 189 (aber s § 130 a Rn 11), aA zu weitgehend für ein „Insolvenzvertrauen" K. Schmidt ZIP **88**, 1503. Selbst aktive Täuschung begründet noch kein besonderes Verhandlungsvertrauen, BGH NJW-RR **91**, 1314, Hamm BB **99**, 1679. **Angestellte** eines HdlGeschäfts haften in aller Regel nicht persönlich, denn vom Geschäftspartner wird allgemein Einsatz sachkundiger Vertreter erwartet und das bloße Berufs- oder Provisionsinteresse des Angestellten am Abschluss genügt nicht, BGH **88**, 67, Hamm BB **99**, 1680; **Handelsvertreter** s § 84 Rn 49–52, VersAgent BGH NJW-RR **91**, 1242, Bezirksleiter einer Lottogesellschaft, Celle NJW-RR **86**, 833; Stimmrechtsvertreter, BGH **129**, 170 (Girmes); auch wenn im Prospekt als ehemaliger Banker bezeichnet, BGH NJW-RR **06**, 109.

11 B. **Nichtausreichen eines wirtschaftliches Eigeninteresses des Vertreters:** Ein unmittelbares wirtschaftliches Eigeninteresse des (die Verhandlung maßgeblich beeinflussenden) Vertreters genügt dagegen nicht, heute hL, Medicus FS Steindorff **90**, 733, aA frühere Rspr, inzwischen aber deutlich einschränkend, zB BGH WM **85**, 385, **88**, 1888: nur starkes, mit dem des Vertragspartners vergleichbares Interesse („Verhandeln gleichsam in eigener Sache"). § 311 III 2 BGB schließt das zwar nicht ausdrücklich aus („insbesondere"), aber die Aufnahme dieser Fallgruppe durch den Gesetzgeber hätte angesichts der Rechtsprechung sonst nahe gelegen. Keinesfalls, da nur mittelbar, genügt bloßes Provisionsinteresse, BGH NJW **90**, 506, NJW-RR **06**, 109; auch nicht maßgebliche oder sogar Alleinbeteiligung am Unternehmen (§ 172 a Rn 45) oder Stellung von Sicherheiten aus dem eigenen Vermögen des Vertreters, BGH **126**, 181, ZIP **93**, 763, aA frühere Rspr. Damit wird die Fallgruppe des Eigeninteresses zutr praktisch aufgegeben, geht in der ersten Fallgruppe auf und ist zu Recht durch das SMG in § 311 III BGB nicht eigens kodifiziert worden; Eigeninteresse kann nämlich Grund für das besondere Vertrauen des Kunden sein.

5. Abschnitt. Prokura und Handlungsvollmacht 1 § 48

C. Selbstständige Haftung: Die Eigenhaftung des Vertreters ist in Grund 12 und Umfang **unabhängig von** der Haftung der **Vertragspartei,** aA BGH **79,** 287, **87,** 305. Das folgt schon aus § 311 III 1 BGB, wonach ein (eigenes) Schuldverhältnis mit Pflichten nach § 241 II zu dem Dritten entsteht. Haftungsinhalt, -umfang, -verjährung s § 347 Rn 23–40. Vgl Vertrauens- und Berufshaftung § 347 Rn 22; Prospekthaftung Anh § 177 a Rn 60.

5) Internationaler Verkehr

Die **Vollmacht** bestimmt sich im Interesse des Verkehrsschutzes nach dem 13 Recht des Landes, in dem das Geschäft vorgenommen werden soll (Wirkungsstatut), Hauptgeschäft und Vollmacht sind also selbstständig anzuknüpfen, BGH **64,** 192, NJW **82,** 2733, **90,** 3088, str; für begrenzte Zulassung einer Rechtswahl Reithmann/Martiny/Hausmann Rz 2345. Die Vertretungsmacht von kfm **Vertretern mit eigener Niederlassung im Ausland** unterliegt dem Recht des Niederlassungsortes; so für unselbstständige Angestellte, aber auch für HdlVertreter, BGH **43,** 26, Reithmann/Martiny/Hausmann Rz 2444, vgl § 92 c Rn 4. Die **Prokura** bestimmt sich dagegen ebenso wie die organschaftliche Vertretung, BGH NJW **92,** 618 (GmbHGeschäftsführer), vom Vertragsabschlussort unabhängig nach dem Recht am Sitz des Unternehmens, str, Reithmann/Martiny/Hausmann Rz 2442, ebenso die von phG erteilte Generalvollmacht, Ffm IPRax **86,** 375, nach manchen ebenso die Vollmacht unselbstständiger Firmenvertreter, Reithmann/Martiny/Hausmann Rz 2443, sehr str. Die gesetzliche Vertretungsmacht bei nichtrechtsfähigen **Handelsgesellschaften** bestimmt sich nach dem für die Ges geltenden Recht (Einl 29 vor § 105), bei reinen InnenGes dagegen Vertragsstatut.

[Erteilung der Prokura; Gesamtprokura]

48 (1) **Die Prokura kann nur von dem Inhaber des Handelsgeschäfts oder seinem gesetzlichen Vertreter und nur mittels ausdrücklicher Erklärung erteilt werden.**

(2) **Die Erteilung kann an mehrere Personen gemeinschaftlich erfolgen (Gesamtprokura).**

1) Erteilung der Prokura (I)

A. **Prokura erteilen:** Nicht jeder kann eine Prokura erteilen, sondern nur 1 **Kaufleute** (vgl §§ 48, 4 I), HdlGes (§ 6 I), eG (§ 42 GenG), juristische Personen gemäß §§ 33–35, kfm Unternehmen von Gebietskörperschaften (§ 1 Rn 27). Auch eine Erbengemeinschaft, Stgt WM **76,** 703 (auch im Rahmen ordnungsgemäßer Nachlassverwaltung mit Mehrheit, vgl §§ 2038 II, 745 I BGB, vgl BGH **30,** 397, NJW **71,** 1265), doch kann Prokuraerteilung durch Erben einen stillschweigenden Gesvertragsschluss anzeigen (§ 1 Rn 38). Auch Testamentsvollstrecker, Nachlassverwalter, Nachlasspfleger, die das HdlGeschäft fortführen (§ 1 Rn 40 ff, 47). Auch Kfm kraft Eintragung (§ 5); OHG und KG in Liquidation (wie bei KapitalGes), ebenso Insolvenzverwalter, K. Schmidt BB **89,** 229, aA BGH WM **58,** 431, üL. Prokura können **nicht** erteilen: Kleingewerbetreibende; die PartG trotz § 7 III PartG (s Anh B zu § 160), Mü NJW **05,** 3730; der Prokurist selbst (keine Unterprokura). Der nicht eingetragene NichtKfm kann durch Erteilung einer „Prokura" den Rechtsschein eines Kfm und einer durch einen solchen erteilten Prokura erwecken und muss das dann gegen sich gelten lassen (§ 5 Rn 9–17). Für minderjährige Kflte kann der gesetzliche Vertreter Prokura erteilen, aber nur mit Genehmigung des Vormundschaftsgerichts (§§ 1643 I, 1822 Nr 11, 1831, 1915 BGB), sonst ist sie unwirksam und entfaltet auch bei Eintragung im HdlReg keinen zurechenbaren Rechtsschein nach § 15, RG **127,** 158, s § 15 Rn 19, § 5 Rn 11. Der Prokurist braucht keine besondere

§ 48 2–6 I. Buch. Handelsstand

vormundschaftsgerichtliche Genehmigung zu einzelnen Geschäften, RG **106,** 186. Eine nicht wirksam erteilte Prokura ist uU als Generalvollmacht (s Überbl 2 vor § 48), HdlVollmacht (§ 54) oder gewöhnliche Vollmacht (§§ 164 ff BGB) **aufrechtzuerhalten** (§ 140 BGB). Die Prokuraerteilung ist mit Rückwirkung anfechtbar (§§ 119 ff, 142 ff BGB), auch noch nach Abschluss von Geschäften des Prokuristen, str, aber Dritte werden nach § 15 geschützt.

2   B. **Prokurist werden:** Nur eine natürliche Person kann Prokurist werden; auch ein Kdtist, BGH 17, 392 (GmbH & Co KG s Anh § 177 a Rn 37), auch ein stiller Gfter, auch ein von der Vertretung nach §§ 125 ff ausgeschlossener phG; auch ein Miterbe für die Erbengemeinschaft (vgl § 52 Rn 4), sehr str, K. Schmidt § 16 III 2 c, Beuthien FS Fischer **79,** 1, aA, da er sich nicht selbst vertreten könne, BGH **30,** 397, **32,** 67, auch MüKo/Krebs 33. **Nicht** eine juristische Person, KG NotBZ **02,** 105 m abl Anm Lösler; ein organschaftlicher Vertreter, zB vertretender Gfter der OHG oder KG, GmbH-Geschäftsführer, str.

3   C. **Ausdrückliche Erteilung:** Die Prokura ist **ausdrücklich** zu erteilen, also nicht nur stillschweigend. Das Wort Prokura ist nicht nötig, wenn diese zweifelsfrei gemeint ist, Bsp: Ermächtigung zur Zeichnung „ppa" oder „Vollmacht iSv § 48 HGB". Prokura kann auch durch Erklärung an Dritte erteilt werden (Außenprokura, §§ 167 I, 170 BGB) oder durch öffentliche Kundgabe der Bevollmächtigung entstehen (Rechtsscheinvollmacht, falls eine wirksame Vollmacht fehlt, § 171 BGB), zB über das HdlReg, RG **133,** 233. Eine (rechtsgeschäftliche) Duldungsprokura gibt es nicht, aber Duldung kann als Erteilung einer HdlVollmacht (§ 54) zu werten sein. Eine (nicht rechtsgeschäftliche) Anscheinsprokura (Überblick 6 vor § 48) wird durch I („ausdrücklich") nicht ausgeschlossen (Grund Verkehrsschutz). **Muster:** Hopt/Graf von Westphalen 3. Aufl 2007 Form I. E.1 (Anmeldung einer Prokura für ein Einzelunternehmen).

4   D. **Zuständigkeit zur Erteilung:** Die Zuständigkeit für die Erteilung einer Prokura für eine HdlGes, eG, juristische Person nach §§ 33–36 bestimmt sich nach ihrer Verfassung. Für OHG, KG s §§ 116 III 1, 126 I, 161 II; bei der GmbH erteilt sie der Geschäftsführer, die Zustimmung der GfterVersammlung (§ 46 Nr 7 GmbHG) ist nur im Innenverhältnis nötig, BGH **62,** 168.

2) Gesamtprokura (II)

5   A. **Erteilung und Inhalt (II):** Die Prokura kann mehreren Personen gemeinschaftlich erteilt werden (Gesamtprokura, II), so dass sie **nur gemeinschaftlich** (nicht notwendig gleichzeitig und in gleicher Weise) vertreten können (sonst §§ 177–179 BGB). Das entspricht der Gesamtvertretung mehrerer Gfter bei der OHG (§ 125 II, III, s ausführlich dort Rn 16 ff). Willensmängel, Kenntnis, Kennenmüssen des einen wirkt gegen beide, RG **53,** 231. Die **passive** Vertretung beim Empfang von Willenserklärungen erfolgt durch einen Gesamtprokuristen allein (vgl § 125 II 3, III 2), RG **53,** 231, Mü BB **72,** 114; Zustellungen von Amts wegen s § 171 ZPO. Auch bei aktiver Vertretung kann der eine Gesamtprokurist den andern zum Handeln für beide (für bestimmte Geschäfte oder Arten von Geschäften) **ermächtigen** oder dessen alleiniges Handeln nachträglich genehmigen (vgl § 125 II 2, III 2), RG **101,** 343, Mü BB **72,** 114. Unterschrift des einen erkennbar mit für den andern wahrt Schriftform, RG **106,** 269, **118,** 170. Selbstkontrahieren miteinander ist auch Gesamtprokuristen idR verboten (§ 181 BGB), RG **89,** 373. Wegfall eines Gesamtprokuristen s § 52 Rn 6. **Muster:** Hopt/Graf von Westphalen 3. Aufl 2007 Form I. E.2 (Gesamtprokura für eine GmbH).

6   B. **Formen: a) Möglich** sind zB **halbseitige Gesamtprokura,** Bsp: Einzelprokura an A und Gesamtprokura an A und B, Bindung der Prokura an Mitwirkung eines (allein- oder gesamt-)vertretungsbefugten Gfters oder Vorstands- oder Organmitglieds (**gemischte Gesamtprokura,** §§ 48 II, 125 III 1 HGB, § 78 III AktG, § 25 II GenG), RG **40,** 17, BGH **62,** 171, **99,** 76; für GmbH &

5. Abschnitt. Prokura und Handlungsvollmacht 1 § 49

Co s Anh § 177a Rn 37; gegen die ganz hL nur für echte gemischte Gesamtvertretung MüKo/Krebs 83. Ferner: EinzelHdlVollmacht an einen Gesamtprokuristen, RG **90**, 300; GesamtHdlVollmacht P(rokurist) und X neben Gesamtvertretung P und Gfter (§ 125 III), BGH WM **61**, 321, gemischt halbseitige Prokura (Auftreten des organschaftlichen Vertreters allein, des Prokuristen nur mit ersterem), BGH **62**, 170, Stgt OLGZ **69**, 73; Prokura für die KG mit Bindung an die Mitwirkung der GmbH (iErg also der diese vertretenden Geschäftsführer, aber nicht mit Bindung an die zB namentlich benannten Geschäftsführer als solche, s Rn 7), Hbg GmbHR **61**, 128, BayObLG NJW **94**, 2965, Staub/Joost 108. Gemischte (organschaftliche) Gesamtvertretung s § 49 Rn 3.

b) Nicht möglich sind Gesamtvertretung des einzigen vertretungsberechtig- 7 ten Gfters mit Prokuristen (Grundsatz der Selbstorganschaft, § 125 Rn 5); gemischte Gesamtvertretung zwischen Prokurist und Inhaber, BayObLG NJW **98**, 1161, Canaris § 12 Rn 29 (Grund: einzelfallbezogen entgegen § 50 II), sehr str, aA Hamm NJW **71**, 1370, Staub/Joost 104, K. Schmidt § 16 III 3 c ddd, Bärwaldt/Hadding NJW **98**, 1103; zwischen Prokurist der KG und Geschäftsführer der phGGmbH (Dritter, s Rn 6), BayObLG NJW **94**, 2965; Gesamtprokura mit Bindung des Prokuristen an Mitwirkung eines HdlBevollmächtigten, BGH BB **64**, 151; Gesamtvertretung des Hauptbevollmächtigten der deutschen ZwNl eines ausländischen Versicherungsunternehmens und eines Prokuristen, Ffm BB **76**, 569. Im **Innenverhältnis** zwischen Prokurist und Kfm sind solche und andere Beschränkungen des Prokuristen, zB Bindung an Mitwirkung eines HdlBevollmächtigten, ohne weiteres möglich; Überschreitung macht nur intern nach § 280 BGB schadensersatzpflichtig. Lit: Stötter BB **75**, 767, Kötter FS Hefermehl **76**, 75 (Geschichte). Krebs ZHR 159 **(95)** 635.

[Umfang der Prokura]

49 (1) **Die Prokura ermächtigt zu allen Arten von gerichtlichen und außergerichtlichen Geschäften und Rechtshandlungen, die der Betrieb eines Handelsgewerbes mit sich bringt.**

(2) **Zur Veräußerung und Belastung von Grundstücken ist der Prokurist nur ermächtigt, wenn ihm diese Befugnis besonders erteilt ist.**

1) Umfassender Umfang der Prokura (I)

A. **Umfang der Prokura (II):** Die Prokura ermächtigt zu Geschäften jeder 1 Art (Ausnahme II), **die der Betrieb eines Handelsgewerbes mit sich bringt** (enger HdlVollmacht: „die der Betrieb eines derartigen HdlGewerbes oder die Vornahme derartiger Geschäfte gewöhnlich mit sich bringt", § 54 I). Der Prokurist kann zB Personal anstellen, anderen Angestellten HdlVollmacht erteilen, BGH **LM** § 54 Nr 1, Darlehen aufnehmen und einräumen, Schenkungen machen und fremde Verbindlichkeiten übernehmen, RG **125**, 381, in neue Branchen gehen, auch den alten Geschäftszweig ändern (str), ZwNl errichten oder schließen und dies anmelden (Anmeldepflichtige s § 13 Rn 10), den Geschäftssitz verlegen, Rechte der HdlGes (auch OHG, KG) gegenüber Gftern wahrnehmen, Unternehmen und Beteiligungen erwerben, Mitgliedschaftsrechte aus Beteiligungen (zB Stimmrecht, Auskunftsrecht nach § 131 AktG) ausüben, die Anmeldungen auf Grund solcher Beteiligungen zum HdlReg vornehmen (§ 12 Rn 3), str (anders bei Grundlagengeschäft, s Rn 2), Rechte des Inhabers gegen den Veräußerer des Unternehmens geltend machen, OGH **1**, 62. Bei einseitigen Rechtsgeschäften kann sich der Prokurist nach § 174 S 1 BGB durch HdlRegAuszug oder Zeugnis (§ 9 II, III) ausweisen, vgl RG **133**, 233; er braucht das aber nicht, wenn die Prokura im HdlReg eingetragen ist (§ 15 II; § 174 S 2 BGB), BAG ZIP **92**, 497.

§ 50

I. Buch. Handelsstand

Er kann **Prozesse** führen, Prozessvollmacht erteilen, Strafantrag in geschäftlichen Dingen (unlauterer Wettbewerb) stellen, Anträge der freiwilligen Gerichtsbarkeit stellen, KGJ 37 A 227. **Zustellung** in den durch den Betrieb des HdlGewerbes hervorgerufenen Rechtsstreitigkeiten kann wirksam an den Prokuristen erfolgen (§ 171 ZPO), auch an einen von zwei Gesamtprokuristen (§ 48 Rn 5).

2   B. **Grenzen der Prokura:** Die Prokura ermächtigt nicht zum Selbstkontrahieren (§ 181 BGB), BayObLG BB **80,** 1487; zu **Grundlagengeschäften,** die den Betrieb des HdlGewerbes als solchen betreffen (vgl für vertretungsberechtigten Gfter § 126 Rn 3). Der Prokurist kann also nicht das HdlGeschäft einstellen, es veräußern, BGH BB **65,** 1373, die Firma ändern, Gfter aufnehmen (Ausnahme: stille Teilhaber, str), die Eröffnung des Insolvenzverfahrens beantragen, für eine HdlGes gegen deren einzigen gesetzlichen Vertreter (phG) prozessieren, RG **66,** 244. Soweit das „eigene" HdlGeschäft betroffen ist (sonst schon, s Rn 1, denn dann kein Grundlagengeschäft), kann er auch nicht die Grundlagen betreffende Anmeldungen zum HdlReg vornehmen, selbst wenn der Gegenstand der Anmeldung in seine Vertretungsmacht fällt, BGH **116,** 190, Joost ZIP **92,** 463 (§ 12 Rn 3); die Errichtung einer ZwNl ist aber kein Grundlagengeschäft (§ 13 Rn 6). Dem Kfm **höchstpersönlich** sind vorbehalten die Erteilung einer Prokura (§ 48 I), Unterzeichnung des Jahresabschlusses (§ 245). Die Prokura erstreckt sich nicht auf das **Privatvermögen** des Kfm (aber Vermutung der Zugehörigkeit zum Geschäftsvermögen entspr § 344 I) und auf die persönlichen Rechtsverhältnisse der Gfter. Der Prokurist kann also nicht Privatvermögen des Kfm belasten oder veräußern oder eine Bürgschaft namens eines Gfters eingehen.

3   C. **Gemischte Gesamtvertretung:** Die gemischte Gesamtvertretung (§ 125 III HGB, § 78 III AktG) erweitert die Vertretungsmacht des Prokuristen inhaltlich auf den Umfang der Vertretungsmacht des Gfters, Vorstands- oder Organmitglieds; er wird selbst organschaftlicher (nicht nur gewillkürter) Gesamtvertreter der Ges, RG **134,** 306, BGH **13,** 64, **62,** 170, BayObLG DB **73,** 1340, Köhl NZG **05,** 197, aA mit beachtlichen Gründen MüKo/Krebs § 48 Rn 92: gemeinsame Vertretungsmacht nur im Umfang der Prokura. Bsp: Bestellung eines weiteren Prokuristen (§ 48 I), Grundstücksgeschäfte (§ 49 II). EinzelKfm und alleinvertretungsberechtigter Gfter können nicht durch Prokuraerteilung auf Gesamtvertretungsmacht beschränkt werden, KG OLGE **34,** 334, LB Brem NJW **63,** 2279. Bei gemischter Gesamtprokura (s § 48 Rn 6) ohne satzungsmäßige Berufung zur gesetzlichen Vertretung der GmbH bleibt es bei § 49, BGH **99,** 81.

2) Ausnahmen für Grundstücksgeschäfte (II)

4   **Veräußerung** und **Belastung** von Grundstücken durch den Prokuristen, auch durch Abtretung zB einer Eigentümergrundschuld, sind nur bei besonderer Ermächtigung wirksam (II, sog Grundstücksklausel). Das gilt nach dem Zweck von II auch für die **Verpflichtungs**geschäfte zu solchen Verfügungen. Die Ermächtigung ist allgemein und im Voraus möglich, auch stillschweigend, vgl RG **117,** 165. Eintragung der Grundstücksklausel s § 53 Rn 3. II gilt **nicht** für Vermietung, Verpachtung, Verfügung über Grundpfandrechte, Erwerb von Grundstücken (auch mit Restkaufgeldhypothek, Vorkaufsrecht ua für Veräußerer), Entlastung von Grundstücken, zB Löschung von Hypotheken.

[Beschränkung des Umfanges]

50 (1) **Eine Beschränkung des Umfanges der Prokura ist Dritten gegenüber unwirksam.**

(2) **Dies gilt insbesondere von der Beschränkung, daß die Prokura nur für gewisse Geschäfte oder gewisse Arten von Geschäften oder nur unter gewis-**

5. Abschnitt. Prokura und Handlungsvollmacht   1–5 § 50

sen Umständen oder für eine gewisse Zeit oder an einzelnen Orten ausgeübt werden soll.

(3) ¹Eine Beschränkung der Prokura auf den Betrieb einer von mehreren Niederlassungen des Geschäftsinhabers ist Dritten gegenüber nur wirksam, wenn die Niederlassungen unter verschiedenen Firmen betrieben werden. ²Eine Verschiedenheit der Firmen im Sinne dieser Vorschrift wird auch dadurch begründet, daß für eine Zweigniederlassung der Firma ein Zusatz beigefügt wird, der sie als Firma der Zweigniederlassung bezeichnet.

1) Unwirksame Beschränkung (I, II)

Der Umfang der Prokura ergibt sich zwingend aus § 49 I. Beschränkungen **1** sind Dritten gegenüber unwirksam, I (anders im Innenverhältnis zwischen Kfm und Prokurist, vgl § 48 Rn 6–7). Der Verkehr erfordert dies hier ebenso wie bei der organschaftlichen Vertretung (§§ 126 II, 151 HGB, § 82 AktG, § 37 GmbHG, § 27 GenG). Das gilt grundsätzlich ohne Rücksicht darauf, ob der Geschäftsgegner die Beschränkung kennt oder kennen muss (außer bei Missbrauch der Prokura s Rn 4–7). Bsp: s I; Bindung an Mitwirkung eines HdlBevollmächtigten, KG HRR **40,** 614.

2) Beschränkung der Prokura bei mehreren Niederlassungen (III)

A. **Niederlassungsprokura (III):** Beschränkung der Prokura auf den Betrieb **2** einer (einiger) von mehreren Niederlassungen (Filialprokura) ist möglich, wenn diese verschieden firmieren (III 1, s § 13 Rn 7). Firmenzusatz genügt (III 2). Der Filialprokurist kann den Kfm idR nicht zur Leistung über eine andere Niederlassung verpflichten; anders bei filialübergreifenden Bankgeschäften, zB Überweisung, BGH **2,** 226; vgl **(7)** Bankgeschäfte Rn C/1.

B. **Prokura bei mehreren Unternehmen:** Ist der Kfm Inhaber mehrerer **3** Handelsgeschäfte unter verschiedener Firma (§ 17 Rn 8–9), kann er die Prokura auf eines derselben beschränken. III ist unanwendbar. Bei Verwechslungen uU Rechtsscheinhaftung, s § 5 Rn 9–17.

3) Missbrauch der Prokura

A. **Missbrauch der Prokura:** Das Risiko des Missbrauchs der unbeschränkt **4** wirksamen Prokura trägt grundsätzlich der vertretene Kfm. Einschränkungen folgen aus der Lehre vom **Missbrauch der Vertretungsmacht,** doch sind die Anforderungen im Interesse des Rechtsverkehrs bei unbeschränkbaren Vertretungsmachten wie der Prokura ua (s Rn 1) strenger als unter §§ 164 ff BGB. Lit: Vedder, Missbrauch der Vertretungsmacht, 2007; Schott AcP 171 **(71)** 385, Fischer FS Schilling **73,** 3, Geßler FS von Caemmerer **78,** 531, Vedder JZ **08,** 1077; speziell zur Prokura Hübner FS Klingmüller **74,** 173.

B. **Voraussetzungen:** Ein klarer Fall ist die **Kollusion:** Der Geschäftsgegner, **5** der mit dem Vertreter zum Schaden des Vertretenen vorsätzlich zusammenwirkt, kann sich nicht auf das Bestehen der Vertretungsmacht berufen (§§ 138, 826 BGB, nach aA §§ 177 ff BGB), RG **130,** 142. Es genügt aber auch, dass der Dritte das missbräuchliche Verhalten des Vertreters **positiv kennt** oder **grob fahrlässig** (str) **nicht kennt.** Ob der Vertreter zum Nachteil des Vertretenen handelt, spielt keine Rolle, BGH NJW **06,** 2776. Nichtbeachtung einer internen Weisung ist nicht ohne weiteres missbräuchlich, Kenntnis allein davon schadet nicht, vgl § 54 Rn 19). Grobe Fahrlässigkeit liegt bei einer massive Verdachtsmomente voraussetzenden objektiven Evidenz des Missbrauchs vor, Flume II § 45 II 3, vgl BGH NJW **99,** 2883, so insbesondere, wenn sich die Notwendigkeit einer Rückfrage beim Geschäftsgegner geradezu aufdrängt. Einfache Fahrlässigkeit kann zwar unter §§ 164 ff BGB ausreichen, nicht aber für Prokura und andere unbeschränkbare Vertretungsmachten, hL. Die Rspr stellte dagegen herkömmlich darauf ab, ob der Prokurist bewusst zum Nachteil des Geschäftsinhabers handelt und der Dritte dies bei Anwendung der im Verkehr erforderlichen Sorgfalt erkennen muss, BGH **50,** 114, wohl auch NJW **88,** 3013. Das ist teils zu eng (subjektive Elemente beim Vertreter), teils zu weit (bloßes Kennenmüssen des Dritten). Von beidem ist die Rspr inzwischen abgerückt, zum ersteren BGH NJW **88,** 3012; zum letzteren zunächst für handelsrechtliche Vertretungsmachten, später allgemeiner: Umstände müssen sich „geradezu aufdrängen", „massive Verdachtsmomente voraussetzende objektive Evidenz des Missbrauchs", zB BGH **127,** 241, BGH NJW **84,** 1461, **88,** 2241, WM **94,** 1206. Drängt sich aber Verdacht des Missbrauchs auf, muss Bank dem nachgehen, BGH WM **84,** 730, **04,** 1625, ZIP **04,** 1210 (GmbHGeschäftsführer), s **(7)** Bankgeschäfte Rn A/22. Zum Missbrauch bei (passiver) Bestechung (GmbHGeschäftsführer) BGH **141,** 357; bei konzerninterner Verrechnung BGH **94,** 132. Kennenmüssen bei Generalvollmacht, BGH WM **80,** 1453.

6 C. **Rechtsfolgen: a)** Die Vertretungsmacht deckt das missbräuchlich getätigte Geschäft namens des Vertretenen nicht. Das folgt aus § 242 BGB (Rspr, herkömmliche Lehre) oder aus §§ 177 ff BGB analog (Flume II § 45 II 3, iE auch K. Schmidt § 16 III 4 b). §§ 242, 254 BGB sollen eine flexible Risikoverteilung ermöglichen. Danach entfällt der Schutz des Vertretenen ganz oder teilweise, wenn er die gebotene Kontrolle des Vertreters unterlassen hat; umgekehrt muss der Dritte bei dringendem Verdacht eines vollmachtswidrigen Handelns beim Vertretenen rückfragen oder vom Geschäft Abstand nehmen, BGH **50,** 114, **64,** 85, WM **66,** 491, Hamm WM **76,** 140. Eine Teilwirksamkeit des abgeschlossenen Geschäfts lässt sich aber nicht konsequent durchführen, Heckelmann JZ **70,** 62. Die Rechtsfolgen der §§ 177–179 BGB, ggf ergänzt durch Verschulden bei Vertragsverhandlungen nach §§ 280, 311 II iVm § 254 BGB sind vorzuziehen.

7 **b)** Der **Dritte** darf von einer ihm eingeräumten Rechtsmacht keinen Gebrauch machen, sonst haftet er dem missbräuchlich Vertretenen (aus §§ 280, 311 II BGB wegen Verschuldens bei Vertragsverhandlungen oder aus § 826 BGB) auf Schadensersatz, BGH WM **80,** 953.

[Zeichnung des Prokuristen]

51
Der Prokurist hat in der Weise zu zeichnen, daß er der Firma seinen Namen mit einem die Prokura andeutenden Zusatze beifügt.

1 **1)** § 51 ist keine Formvorschrift iSv § 125 BGB, sondern bloße Ordnungsvorschrift (vgl für OHG § 108 Rn 8), hL, BAG ZIP **92,** 497. Ihre Verletzung macht die Zeichnung nicht unwirksam, sie wirkt je nach den Umständen für den Firmeninhaber oder für (und gegen) den Prokuristen selbst (Überbl 8, 9 vor § 48). Unterzeichnung mit Namen des Vertretenen ohne Nennung des eigenen Namens des Vertreters ist trotz § 51 gültig, RG **50,** 51. Der Prokurist zeichnet üblicherweise „ppa" vor seinem handgeschriebenen Namen, beides unter (oder über) die Firma (Firmenstempel) des HdlGeschäfts. Hinterlegung der Namensunterschrift bei Gericht s § 53 II.

[Widerruflichkeit; Unübertragbarkeit; Tod des Inhabers]

52
(1) **Die Prokura ist ohne Rücksicht auf das der Erteilung zugrunde liegende Rechtsverhältnis jederzeit widerruflich, unbeschadet des Anspruchs auf die vertragsmäßige Vergütung.**

(2) **Die Prokura ist nicht übertragbar.**

(3) **Die Prokura erlischt nicht durch den Tod des Inhabers des Handelsgeschäfts.**

1) Widerruf der Prokura (I)

A. **Jederzeitige Widerruflichkeit:** Die Prokura ist zum Schutze des Kfm ohne Rücksicht auf das der Erteilung zugrundeliegende Rechtsverhältnis (idR Dienst- oder Arbeitsvertrag) in allen Fällen **jederzeit widerruflich** (I, anders § 168 S 2 BGB: nur „sofern sich nicht aus diesem ein anderes ergibt"). Rechte des Prokuristen aus dem zugrundeliegenden Rechtsverhältnis, zB Vergütung (I Halbs 2), Kündigung oder Schadensersatz, werden davon nicht berührt. Ein Erfüllungsanspruch auf Erteilung besteht nicht, BAG NJW **87,** 862; außer als Sonderrecht eines Gfters, dazu und zum Entzug der gesvertraglich vereinbarten Prokura des Kdtisten s § 170 Rn 3. Die Grundstücksklausel (§ 49 II) ist unter Fortbestand der Prokura im Übrigen widerruflich. Anfechtung (mit Rückwirkung) s § 48 Rn 1. Der Prokurist kann seinerseits auf die Prokura verzichten, str, jedenfalls aber das zugrundeliegende Rechtsverhältnis beenden, womit dann auch die Prokura endet (§ 168 S 1 BGB, s Rn 4).

B. **Erklärung des Widerrufs:** Der Widerruf erfolgt in der gleichen Weise wie die Erteilung (§§ 168 S 3, 167 I, 171 I BGB; s Überbl 4 vor § 48, § 48 Rn 3), also formlos, idR gegenüber dem Prokuristen oder der Öffentlichkeit (zB Löschung im HdlReg und Bekanntmachung nach § 15). Von mehreren Miterben eines HdlGeschäfts kann jeder widerrufen, KG DR **39,** 1949; ebenso jeder vertretungsberechtigte Gfter, §§ 126 I, 161 II (vgl § 48 Rn 4), § 116 III 2 gilt nur im Innenverhältnis.

2) Unübertragbarkeit (II)

Die Prokura ist strikt an die Person dessen gebunden, dem sie erteilt ist. Weder der Kfm noch der Prokurist kann sie auf einen anderen übertragen. Es gibt nur Aufhebung der Prokura des A und Erteilung an B.

3) Erlöschen der Prokura (III)

A. **Nichterlöschen:** Die Prokura **erlischt nicht** bei **Tod** des Kfm (III), abweichende Vereinbarung ist Dritten gegenüber unwirksam (vgl § 50 I, II), KG JW **27,** 2433. Das gilt auch, wenn die Prokura erst nach dem Tod des Kfm in das HdlReg eingetragen wird. Auch intern braucht der Prokurist idR keine Weisungen der Erben abzuwarten oder einzuholen, doch muss er sie vollumfänglich informieren, Hopt ZHR 133 **(70)** 310. Die Prokura erlischt auch nicht bei Auflösung der OHG, KG, str (§ 48 Rn 1); auch nicht, wenn der Prokurist Miterbe wird (§ 48 Rn 2), aA BGH **30,** 397, **32,** 67.

B. **Erlöschen:** Die Prokura **erlischt,** wenn der Prokurist Inhaber (zB Alleinerbe) wird, bei Nacherbschaft erst mit Nacherbfall, BGH **32,** 67; wenn die Miterben eine OHG oder KG gründen (§ 1 Rn 37), BayObLG OLGE **34,** 332. Die Prokura erlischt ferner durch Widerruf (s Rn 1), Ende des zugrundeliegenden Rechtsverhältnisses, zB Dienstvertrag (§ 168 S 1 BGB), Verlust der KfmEigenschaft, Einstellung des HdlGeschäfts; Insolvenz des Kfm, BGH WM **58,** 431, K. Schmidt BB **89,** 229 (vgl § 48 Rn 1), hL; Umwandlung des einzelkfm Unternehmens in OHG oder KG (Teilhaberaufnahme, § 28), sie kann dann nur von der Ges ausdrücklich neu erteilt werden (Vermerk ihres „Bestehen bleibens" im HdlReg ist zulässig), BayObLG BB **71,** 239; **Betriebsübergang** durch Veräußerung des Unternehmens (die Arbeitsverhältnisse bestehen dagegen fort, s § 59 Rn 17–21), doch kann uU stillschweigende HdlVollmacht (nicht Prokura, § 48 I) des alten Prokuristen anzunehmen sein, Köhler BB **79,** 912, auch Duldungs- und Anscheinsvollmacht ist möglich (Überbl 5–7 vor § 48).

§ 53 1–4 I. Buch. Handelsstand

6 C. **Erlöschen der Gesamtprokura** (§ 48 II) des einen lässt die des anderen unberührt. Sie erstarkt nicht zur Einzelprokura, er kann also weiterhin nur passiv vertreten (§ 48 Rn 5). Die Gesamtprokura ist aber nicht zu löschen, der Kfm kann sie jederzeit durch Gesamtprokuraerteilung an einen Neuen wieder aktivieren.

[Anmeldung der Erteilung und des Erlöschens]

53 (1) ¹**Die Erteilung der Prokura ist von dem Inhaber des Handelsgeschäfts zur Eintragung in das Handelsregister anzumelden.** ²**Ist die Prokura als Gesamtprokura erteilt, so muß auch dies zur Eintragung angemeldet werden.**

(2) **Das Erlöschen der Prokura ist in gleicher Weise wie die Erteilung zur Eintragung anzumelden.**

1) Eintragung der Prokura, Anmeldepflicht

1 § 53 idF EHUG 2006, II aF (Zeichnung der Namensunterschrift) aufgehoben (Grund s § 14 Rn 1), III aF nunmehr II. Die Prokura ist, anders als zB die HdlVollmacht (§ 54), durch das **Handelsregister** zu verlautbaren. Die Eintragung wirkt nur deklaratorisch (§ 8 Rn 11); Vertrauensschutz s § 15. Anmeldepflichtig und -berechtigt sind der Inhaber des HdlGeschäfts, sein gesetzlicher Vertreter, die vertretungsberechtigten Gfter der OHG, KG (§ 108 Rn 1), bei HdlGes die gesetzlichen Vertreter (persönlich, vgl § 14 Rn 2), BayObLG DB **73,** 1596. Anmeldung kann auch in gemischter Gesamtvertretung mit einem Prokuristen (§ 49 Rn 3) erfolgen, KG JW **37,** 890, aber nicht mit dem, dessen Prokura erst eingetragen werden soll, BayObLG NJW **73,** 2068, Ffm ZIP **05,** 1463, aA Bärwaldt NJW **97,** 1404. Prüfung der Anmeldung s § 8 Rn 6–10; bei GmbH ist die Beachtung des § 46 Nr 7 GmbHG (GfterBeschluss, § 48 Rn 4) vom Registergericht nicht zu prüfen, BGH **62,** 169. Bei eG Eintragung in das Genossenschaftsregister (§ 42 I 2, 3 GenG).

2) Gegenstand der Anmeldung (I, II)

2 A. **Erteilung (I 1):** Gegenstand der Anmeldung ist zunächst die Erteilung der Prokura; auch die Erneuerung einer erloschenen Prokura, KGJ **31** B 24; **Muster:** Hopt/Graf von Westphalen 3. Aufl 2007 Form I.E.1, 2 (Anmeldung einer Prokura/Gesamtprokura).

3 B. **Zulässige Beschränkungen und Erweiterungen:** Anzumelden sind auch zulässige Beschränkungen und Erweiterungen der Prokura, zB Gesamtprokura (**I 2,** § 48 II); Gesamtprokura des einen ist nicht eintragbar, solange kein anderer bestellt ist; anders wenn der eine außerdem Gesamtvertretungsmacht mit einem (GmbH-)Geschäftsführer haben soll, BGH **62,** 173; die Bindung an Mitwirkung eines Gfters oder Organmitglieds (§ 48 Rn 6), Mü JFG **19,** 236, BayObLG BB **71,** 844; Gestattung des Selbstkontrahierens (§ 49 Rn 2, § 119 Rn 22), BayObLG BB **80,** 1487; Grundstücksklausel (§ 49 II), KG RJA **3,** 231, BayObLG BB **71,** 844; die Beschränkung auf einzelne Niederlassungen (§ 50 III, s dort Rn 2, § 13 a).

4 C. **Erlöschen (II):** Das Erlöschen der Prokura ist als actus contrarius ebenso wie die Erteilung anzumelden; entspr die Anfechtung (§ 48 Rn 1). Anmeldung des Erlöschens der Firma (§ 31 I) beinhaltet zugleich das der Prokura, LG Oldbg NJW-RR **96,** 1180. Vergleichbare Fälle: Anmeldung eines Prokuristen nunmehr als Geschäftsführer; Eintragung der Eröffnung des Insolvenzverfahrens von Amts wegen (§ 32 I) mit der Folge des Erlöschens von Vollmachten (§ 117 InsO), LG Leipzig ZIP **07,** 1381. Ist eine zu löschende Prokura (zu Unrecht) nicht einge-

5. Abschnitt. Prokura und Handlungsvollmacht 1 § 54

tragen, sind Erteilung und Löschung gleichzeitig einzutragen (§ 8 Rn 8). **Muster:** Hopt/Graf von Westphalen 3. Aufl 2007 Form I. E. 3 (Anmeldung des Erlöschens der Prokura).

[Handlungsvollmacht]

54 (1) **Ist jemand ohne Erteilung der Prokura zum Betrieb eines Handelsgewerbes oder zur Vornahme einer bestimmten zu einem Handelsgewerbe gehörigen Art von Geschäften oder zur Vornahme einzelner zu einem Handelsgewerbe gehöriger Geschäfte ermächtigt, so erstreckt sich die Vollmacht (Handlungsvollmacht) auf alle Geschäfte und Rechtshandlungen, die der Betrieb eines derartigen Handelsgewerbes oder die Vornahme derartiger Geschäfte gewöhnlich mit sich bringt.**

(2) **Zur Veräußerung oder Belastung von Grundstücken, zur Eingehung von Wechselverbindlichkeiten, zur Aufnahme von Darlehen und zur Prozeßführung ist der Handlungsbevollmächtigte nur ermächtigt, wenn ihm eine solche Befugnis besonders erteilt ist.**

(3) **Sonstige Beschränkungen der Handlungsvollmacht braucht ein Dritter nur dann gegen sich gelten zu lassen, wenn er sie kannte oder kennen mußte.**

Übersicht

1) Begriff und Arten der Handlungsvollmacht 1–5
   A. Handlungsvollmacht (§§ 54–58) 1
   B. Gesamthandlungsvollmacht 2
   C. Rechtsscheinhandlungsvollmacht 3
2) Voraussetzungen der Handlungsvollmacht 6–8
   A. Vollmachtgeber 6
   B. Mögliche Handlungsbevollmächtigte 7
   C. Erteilung 8
3) Umfang der Handlungsvollmacht 9–20
   A. Dogmatische Einordnung 9
   B. Inhalt und Umfang (I) 10
   C. Notwendigkeit einer besonderen Ermächtigung (II) 12
   D. Wirkung sonstiger Beschränkungen gegen Dritte (III) 18
   E. Überschreiten der Vollmacht 20
4) Erlöschen 21

1) Begriff und Arten der Handlungsvollmacht

A. Handlungsvollmacht (§§ 54–58) ist jede zum oder im Betrieb eines 1 HdlGewerbes erteilte Vollmacht, die keine Prokura (§§ 48–53) darstellt, so die herkömmliche Definition; genauer: die von der Prokura unterschiedene Vollmacht zum Betrieb eines HdlGewerbes oder zur Vornahme einer bestimmten zu einem HdlGewerbe gehörigen Art von Geschäften oder zur Vornahme einzelner zu einem HdlGewerbe gehöriger Geschäfte (Legaldefinition, I). Dabei wird jedoch vorausgesetzt, dass sie an eine Hilfsperson des Kfm erteilt wird, nicht zB an einen HV (deshalb ist § 55 nötig), HdlMakler, RA oder WP, K. Schmidt § 16 IV 1 a („Mitglied des Unternehmens"), aA GroßKo/Joost 10. Dogmatische Einordnung, Inhalt und Umfang der HdlVollmacht nach § 54 I s Rn 9. Das Innenverhältnis ist idR Dienst- oder Arbeitsvertrag (§ 59), aber auch sonstiges Vertragsoder Rechtsverhältnis. Die HdlVollmacht unterliegt den §§ 54–58 sowie §§ 164 ff BGB. I, II regeln ihren Umfang, III die Wirkung allgemeiner Beschränkungen gegen Dritte, § 57 die Zeichnung, § 58 die Übertragung. § 55 gilt besonders für Vertreter im Außendienst (einschließlich HV), und zwar Abschlussvertreter, § 56 für Angestellte in Läden und offenen Warenlagern. Lit: Wurm

§ 54 2–7

1988; Spitzbarth BB **62,** 851 (Generalvollmacht), Hübner ZHR 143 **(79)** 1 (Generalvollmacht), Honsell JA **84,** 17, Bork JA **90,** 249, Joussen WM **94,** 273 (Generalvollmacht), Krebs ZHR 159 **(95)** 635, Müller JuS **98,** 1000.

2 B. **Gesamthandlungsvollmacht:** Sie ist ebenso wie bei Prokura möglich (§ 48 II), auch halbseitig und gemischt, zB mit Prokurist, BGH WM **61,** 321, **64,** 151, aber ohne inhaltliche Erweiterung (vgl § 49 Rn 3). Auch GesamtHdl-Bevollmächtigter kann zu Geschäften alleinvertretungsberechtigt sein, die nach Verkehrsauffassung durch einen Vertreter allein mündlich vorgenommen werden können, BGH DB **57,** 866 (Bankgeschäftsstellenleiter), vgl Rn 4.

3 C. **Rechtsscheinhandlungsvollmacht:** Es gelten die allgemeinen Grundsätze der Duldungs- und Anscheinsvollmacht (Überbl 5 vor § 48).

4 Personen, denen der Kfm Aufgaben überträgt bzw eine Stellung einräumt, deren ordnungsmäßige Erfüllung nach der Verkehrsauffassung gewisse Vollmachten voraussetzt, **gelten** gutgläubigen Dritten gegenüber **als so bevollmächtigt,** auch wenn der Kfm keine oder geringere Vollmacht erteilt hat, BGH NJW **90,** 514. In der Rspr wird dies meist unscharf als ein eigener, auch auf §§ 55 IV, 56 HGB, § 370 BGB gestützter Rechtsscheintatbestand behandelt. Indessen liegt idR nicht bloßer Rechtsschein, sondern echte (schlüssige, s Rn 8) HdlVollmacht vor, Bsp BGH NJW **82,** 1390; fehlt es daran, reichen die Grundsätze der Duldungs- und Anscheinsvollmacht aus.

5 **Beispiele:** Abschlussvertreter und Ladenangestellte (bereits nach §§ 55 IV, 56); Bankschalterangestellte für den gesamten Schalterverkehr, RG **86,** 89, **119,** 278, Bankgeschäftsstellenleiter, RG **118,** 236, Bankauskünfte trotz bloßer Gesamtvertretungsmacht, BGH WM **55,** 233, **73,** 635; Übertragung der Zeichnung der Geschäftspost, RG **100,** 49; Angestellte am Telefon oder Fernschreiber bezüglich Entgegennahme von Erklärungen, RG **102,** 296 (aber nicht Abgabe von Erklärungen; Annahme von Vertragsangeboten, RG **103,** 95; Erteilung von Auskünften); verkaufender Innendienstangestellter, Karlsr BB **70,** 778; Reparaturannahmestelle bezüglich verbindlicher Angaben über Reparaturzeit, BGH NJW **82,** 1390.

2) Voraussetzungen der Handlungsvollmacht

6 A. **Vollmachtgeber:** HdlVollmacht erteilen können alle Kflte, HdlGes (durch Organvertreter, auch ohne GfterBeschluss, BGH **62,** 168), auch VorGes, wenn Trägerin als kfm Unternehmen, eG (§ 42 II GenG), juristische Personen gemäß § 33; Insolvenzverwalter, auch für alle mit der Fortführung des Unternehmens verbundenen Geschäfte, Düss BB **57,** 412; Liquidator (§ 149), RG **72,** 119; Prokurist, BGH DB **52,** 949; auch HdlBevollmächtigter, wenn es in seine Vollmacht fällt (aber nicht Weiterübertragung, § 58), Bsp: HdlVollmacht zum Betrieb eines HdlGewerbes (§ 54 I), das nach Art, Größe, Übung weitere HdlBevollmächtigte braucht. § 54 gilt analog auch für Kleingewerbetreibende MüKo/Krebs 8, Schmidt § 16 IV 2, aA GroßKo/Joost 12, Heymann/Sonnenschein/Weitermeyer 12, Grund: einheitliche Analogie wie bei § 56 (dort Rn 1, RegE HRef), nach aA iErg ebensoweit gehende BGB-Vollmachten (Überbl 2 vor § 48).

7 B. **Mögliche Handlungsbevollmächtigte:** HdlVollmacht erhalten kann jede natürliche Person, zB auch wer nicht HdlGehilfe (§ 59) ist (zB HdlVertreter, § 55), auch ohne Dienstverhältnis (zB Ehegatte, aber s Rn 1); GbR; auch juristische Person, Grund: anders als bei Prokura kein persönliches Vertrauen, Ko/Ro/Mo/Roth 5, aA Krebs ZHR 159 **(95)** 651, differenzierend GroßKo/Joost 15 (keine GeneralHdlVollmacht); auch Prokurist, soweit die HdlVollmacht weiter reicht, also denkbar, aber nicht ohne weiteres zB bei §§ 49 II (Grundstücke), 50 III (ZwNl) und Gesamtprokura, RG **90,** 299. Auch Minderjährige (§ 165 BGB), str; Geschäftsunfähige (anders § 6 II 1 GmbHG, § 76 III 1 AktG), str,

5. Abschnitt. Prokura und Handlungsvollmacht 8–10 § 54

Konsequenz: bei Wegfall der Geschäftsunfähigkeit ist keine erneute Bevollmächtigung nötig, Ko/Ro/Mo/Roth 5, Ausübung aber nur bei Geschäftsfähigwerden (§§ 105, 131 I BGB). **Nicht:** organschaftlicher Vertreter; idR Vollprokurist.

C. **Erteilung:** Die HdlVollmacht wird durch einseitige, empfangsbedürftige 8 Willenserklärung (Annahme unnötig) gegenüber dem zu Bevollmächtigenden (Innenvollmacht) oder Dritten (Außenvollmacht) (§ 167 I BGB) oder durch öffentliche Bekanntmachung erteilt (vgl § 171 I BGB). Sie ist formlos und (anders Prokura, § 48 I) auch schlüssig möglich, BGH NJW **82**, 1390, WM **03**, 750, RG **90**, 299. Sie kann zB in der Bestellung zum Abschlussvertreter liegen (§ 84 Rn 25). Die HdlVollmacht ist (anders Prokura, § 53) nicht in das HdlRegister einzutragen, **§ 15 HGB gilt also nicht.** Sie ist auch keine eintragungsfähige Tatsache (§ 8 Rn 5, GeneralHdlVollmacht s Rn 9).

3) Umfang der Handlungsvollmacht

A. **Dogmatische Einordnung:** Die HdlVollmacht (rechtsgeschäftlich erteilte 9 Vollmacht nach § 167 BGB) ist im Hinblick auf ihren Umfang eine speziell geregelte Rechtsscheinhaftung, hL, Canaris § 13 Rn 11, aA MüKo/Krebs 4: dispositive gesetzliche Beschreibung des Vollmachtsumfangs mit III als Verkehrsschutzregelung. Anders als bei der Prokura wird der Umfang der Hdl-Vollmacht nicht zwingend festgelegt, vielmehr begründet I nur eine widerlegliche Vermutung mit Grenzen aus III. Die Vermutung nach I betrifft nur den Umfang, nicht das Bestehen der HdlVollmacht als solche und nicht das Vorliegen einer der drei Grundformen der HdlVollmacht oder einer bestimmten Typus derselben wie zB Bankvollmacht, Canaris § 13 Rn 4 f. Insoweit kann Rechtsscheinhandlungsvollmacht vorliegen (s Rn 3). Soweit die Vermutung nicht greift, obliegt die Beweislast dem Dritten. § 54 ist also ohne große Bedeutung.

B. **Inhalt und Umfang (I):** Die HdlVollmacht kann, anders als die Prokura 10 (§§ 49, 50), einen durchaus **verschiedenen Inhalt** haben **(I Halbsatz 1).** I Halbs 1 nennt **drei Grundformen** der HdlVollmacht: sie kann (1) zum Betrieb des gesamten HdlGewerbes (**Generalhandlungsvollmacht,** von der weitergehenden Generalvollmacht scharf zu unterscheiden, Vor § 48 Rn 2, Umdeutung, s dort), eher selten, Bspe: Geschäftsführer eines Kleingewerbetreibenden (vor Abschaffung des MinderKfm); auch bei GmbH, aber nicht wie organschaftlicher GmbHGeschäftsführer, BGH WM **03**, 747, **08**, 2252, KG BB **91**, 2039; in GeneralHdlVollmacht umgedeutete unzulässige Prokura (§ 48 Rn 1) oder nichtige unbeschränkte Generalvollmacht, Canaris § 13 Rn 17, oder (2) nur zur Vornahme einer bestimmten, zu einem HdlGewerbe gehörigen Art von Geschäften (**Arthandlungsvollmacht,** so idR, Bsp: Bankzweigstellenleiter, Leiter des Ein- und/oder Verkaufs, Kassierer) oder (3) lediglich zur Vornahme einzelner oder sogar nur eines einzigen zu einem HdlGewerbe gehörigen Geschäfts (**Spezialhandlungsvollmacht** bzw Einzelvollmacht, Bsp: für ein bestimmtes Bauvorhaben) ermächtigen. Die GeneralHdlVollmacht ist von der Generalvollmacht nach BGB zu unterscheiden, die auch noch über den gesetzlich festgelegten Umfang der Prokura hinausgehen kann (§§ 164 ff BGB, Eintragungsfähigkeit str, vgl Überbl 2 vor § 48), BGH **36**, 295, KG BB **91**, 2039, Hübner ZHR 143 **(79)** 1. Zum Betrieb des HdlGewerbes gehörend ist sehr weit zu verstehen (§§ 343, 344), aber nicht Privatgeschäfte, BGH WM **76**, 769.

Von dem so abgesteckten Inhalt hängt der jeweilige **Umfang** der HdlVollmacht ab **(I Halbsatz 2):** sie erstreckt sich auf alle Geschäfte und Rechtshandlungen, die der Betrieb eines derartigen HdlGewerbes oder der Vornahme derartiger Geschäfte **gewöhnlich** mit sich bringt (**branchenübliche Geschäfte,** anders Prokura). Ungewöhnlichkeit für das konkrete Unternehmen ist irrelevant. I schützt also nur gegen ungewöhnliche Beschränkungen der HdlVollmacht in Einzelfällen, zB Ausnahme einzelner Akte, Wertgrenze, Erfordernis einer Zustimmung anderer. Im Einzelfall kann auch bloße GesamtHdlVollmacht (s Rn 2) eine ungewöhnliche Beschränkung sein, aber wegen Verbreitung des Vieraugenprinzips idR nicht, Canaris § 13 Rn 10. Was gewöhnlich ist, bestimmt sich nach Branche, Art und Größe des Unternehmens, Besonderheit des Geschäfts, Vertragsbedingungen ua. Für Anmeldung von ZwNl ist Registervollmacht nachzuweisen, BGH WM **69**, 43, str (vgl § 13 e Rn 2). Anfechtung wegen Inhaltsirrtums über diesen Umfang ist nach dem Zweck von § 54 ausgeschlossen (§ 56 Rn 5), str.

11 **Beispiele:** Noch gewöhnlich sind zB außergerichtlicher Vergleich über Warenverkauf, RG Recht **07** Nr 1222; bei großem Unternehmen auch Vertragsabschlüsse von erheblicher finanzieller Tragweite, BGH WM **03**, 750, dB Millionenschuldanerkenntnis beim Bau einer Ölraffinerie, BGH DB **78**, 2118, aber RG LZ **11**, 221; je nachdem auch Teilnahme an Gfterversammlungen und Ausübung der Stimmrechte bei TochterGes, BGH WM **08**, 2252; ferner Heymann/Sonnenschein/Weitemeyer 26 f. Ungewöhnlich sind idR zB weitreichende Verzichtserklärungen; Manipulationen zu kurzfristiger Kreditschöpfung unter Banken (ungedeckte, vordatierte Schecks), BGH WM **64**, 224; langjährige Ausschließlichkeitsabrede, Düss DB **88**, 1063; im Gaststättengewerbe Abschluss eines Automatenaufstellvertrags, Celle BB **83**, 1495, fraglich. **Muster:** Hopt/Graf von Westphalen 3. Aufl 2007 Form I.E.4, 5 (Erteilung einer Handlungs-/General-Handlungsvollmacht), Form I.E.6 (Erteilung einer Inkassovollmacht).

12 **C. Notwendigkeit einer besonderen Ermächtigung (II):** Nach der willkürlichen Aufzählen in II deckt die HdlVollmacht außer bei besonderer Erteilung der Befugnis hierzu nicht:
Veräußerung oder Belastung von Grundstücken (vgl § 49 II, Auslegung wie dort);

13 **Eingehung von Wechselverbindlichkeiten,** RG **76**, 202, anders (also gedeckt) bei Scheckverbindlichkeiten, BGH WM **76**, 769. Scheckvollmacht enthält keine Ermächtigung bezüglich Wechselgeschäfte. Ermächtigung zur Eingehung von Wechselverbindlichkeiten deckt keine Untervollmacht, außer wenn diese dem Unterbevollmächtigten keinerlei Spielraum eröffnet, Mü ZIP **84**, 815;

14 **Aufnahme von Darlehen,** nur solche nach §§ 488, 607 BGB, nicht alle Kreditgeschäfte oder gar Geschäfte mit Kreditcharakter; auch Kontoüberziehung, str, bei laufendem Bankkredit mit Kreditlinie aber oft stillschweigende Ermächtigung, vgl auch BGH NJW **69**, 695 (Scheckzeichnungsvollmacht deckt Ausnutzung von Bankkredit);

15 **Prozessführung,** auch vor Schiedsgericht, samt Prozessvergleich, aber erst ab Einleitung des Verfahrens, also **nicht** schon Gerichtsstandvereinbarung und Schiedsklausel, die die HdlVollmacht ohne besondere Ermächtigung deckt, aA noch üL, aber nicht mehr zeitgemäß, außergerichtlicher Vergleich, Verfahren der freiwilligen Gerichtsbarkeit, Schutzrechtsanmeldungen, Heymann/Sonnenschein/Weitemeyer 34, str, patentgerichtliche Verfahren, BPatG BB **77**, 267, Anmeldungen zu Registern. Ermächtigung zu Vergleich deckt nicht Prozessführung, auch nicht vor Schiedsgericht.

16 **Andere Geschäfte** als die genannten fallen nicht unter II, zB Bürgschaft, Kreditgeschäfte, die nicht Darlehen sind (s Rn 14). Analogie scheidet wegen der Willkürlichkeit der Aufzählung grundsätzlich aus, Canaris § 13 Rn 23. Dagegen erfasst II nach seinem Zweck auch die entsprechenden **Verpflichtungsgeschäfte,** so auch Schiedsvereinbarungen in streitiger Sache.

17 **Ermächtigung** nach II ist formlos erteilbar, einzeln oder generell für alle Geschäfte nach II. Sie ist auch konkludent möglich, BGH WM **63**, **78**, 1046. Dafür müssen aber hinreichende Anhaltspunkte gegeben sein, RG **76**, 202, **117**, 164. Überlassung der gesamten Geschäftsführung, Erteilung einer General-HdlVollmacht und Vollmacht zur Scheckbegebung sind keine konkludente Be-

5. Abschnitt. Prokura und Handlungsvollmacht 18–21 § 54

vollmächtigung zur Eingehung von Wechselverbindlichkeiten, GroßKo/Joost 61, Mü OLGZ **66**, 26. Ermächtigung ist nicht ohne weiteres in GeneralHdlVollmacht enthalten, BGH WM **69**, 43, auch nicht Überlassung des Unternehmens zur alleinigen Führung, Mü OLGZ **66**, 25. Auch in Fällen des II kann Duldungs- oder AnscheinsHdlVollmacht vorliegen, BGH WM **78**, 1046 (s Rn 3).

D. **Wirkung sonstiger Beschränkungen gegen Dritte (III): Sonstige** 18 **Beschränkungen** sind andere als nach I und II, also ungewöhnliche Beschränkungen der HdlVollmacht in Einzelfällen, zB Ausnahme einzelner Akte, Wertgrenze, Erfordernis einer Zustimmung anderer (vgl Rn 10). Gemeint sind echte Beschränkungen der HdlVollmacht, nicht bloß intern einschränkende Weisungen, BGH ZIP **82**, 589. Was vorliegt, bestimmt sich nach §§ 133, 157 BGB, § 346; beweispflichtig ist wegen I der Vertretene. Auf GesamtHdlVollmacht ist III analog anwendbar, Grund: Verkehrsschutz, Canaris § 13 Rn 10, GroßKo/Joost 71, aA MüKo/Krebs 42.

Sonstige Beschränkungen der HdlVollmacht gelten Dritten gegenüber **nur bei** 19 **Kenntnis oder Kennenmüssen**, BGH WM **03**, 750, zB bei Schild „Zahlung nur an der Kasse". Kennenmüssen bedeutet einfache Fahrlässigkeit (§ 122 II BGB), aber keine allgemeine Nachforschungspflicht, im Verkehrsschutzinteresse Annäherung an grobe Fahrlässigkeit, s MüKo/Krebs 43; Fahrlässigkeit jedenfalls bei konkreten Verdachtsmomenten. III betrifft nur das Außenverhältnis zum Dritten (Vertragspartner), nicht das Innenverhältnis zwischen Kfm und HdlBevollmächtigtem; Nichtbeachtung kann zu Schadensersatzpflicht nach § 280 BGB und außerordentlicher Kündigung führen. III begründet kein Wahlrecht, Brschwg MDR **02**, 42, MüKo/Krebs 5, 45, aA GroßKo/Joost 77, Ko/Ro/Mo/Roth 17, vgl BGH **86**, 275 (vor § 48 Rn 6). Beschränkung **in AGB** kann nach **(5)** §§ 307 ff BGB unwirksam sein, zB Bestätigungsvorbehalt für Reparaturzeit, BGH NJW **82**, 1390, wirksam ist aber Beschränkung der Inkassovollmacht (§ 55 III). Beweispflichtig ist auch insoweit der Vertretene.

E. **Überschreiten der Vollmacht:** Es gelten §§ 177 ff BGB. Die HdlVoll- 20 macht deckt nicht (vom Kfm nicht gewollte) Schwarzgeschäfte mit Absprache falscher Buchung zur Steuerhinterziehung; sie sind nicht genehmigungsfähig (§§ 134, 138 BGB); der Kfm haftet in solchen Fällen dem Geschäftspartner auch nicht aus Verschulden bei Vertragsverhandlungen nach §§ 280, 311 II iVm § 278 BGB, BGH LM § 117 Nr 5. **Missbrauch** der bestehenden HdlVollmacht s BGH WM **66**, 491, § 50 Rn 4. III (einfache Fahrlässigkeit, aber s Rn 19) gilt dabei nicht analog, Staub/Joost 80, aA Canaris § 13 Rn 28.

4) Erlöschen

Die HdlVollmacht erlischt nach §§ 168 ff BGB (also mit Gutglaubensschutz 21 nach §§ 170 ff BGB), zB mit dem zugrundeliegenden Rechtsverhältnis (idR Dienst- oder Arbeitsverhältnis); durch die Eröffnung des Insolvenzverfahrens (§ 117 InsO, gilt auch für HdlVollmacht); durch Widerruf bei fortbestehendem Grundverhältnis (§ 168 S 2, 3 BGB); durch unwirksame außerordentliche Kündigung (§ 89 a Rn 5); mit Aufgabe des Betriebs; mit Betriebs- oder Unternehmensveräußerung, auch wenn das Arbeitsverhältnis nach § 613 a BGB fortbesteht, GroßKo/Joost 91, str; mit Verzicht (wie bei Prokura, vgl § 52 Rn 1), aA Heymann/Sonnenschein/Weitemeyer 42. Eine unwiderrufliche HdlVollmacht ist möglich, aber nur wenn sie (mindestens gleichwertig) auch im Interesse des Beauftragten oder eines Dritten liegt, vgl BGH WM **71**, 956, str; Widerruf aus wichtigem Grund ist aber stets zulässig, BGH WM **69**, 1009. Bei **Tod** des Geschäftsinhabers bleibt die HdlVollmacht iZw (Prokura immer, § 52 III) bestehen, §§ 168 S 1, 672 S 1, 675 I BGB, Hopt ZHR 133 **(70)** 311. Ausscheiden des HdlBevollmächtigten aus dem Unternehmen lässt §§ 170 ff BGB nicht ohne weiteres entfallen, vielmehr gilt § 173 BGB, str, Canaris § 13 Rn 31.

§ 55 1–4

[Abschlussvertreter]

55 (1) **Die Vorschriften des § 54 finden auch Anwendung auf Handlungsbevollmächtigte, die Handelsvertreter sind oder die als Handlungsgehilfen damit betraut sind, außerhalb des Betriebes des Prinzipals Geschäfte in dessen Namen abzuschließen.**

(2) **Die ihnen erteilte Vollmacht zum Abschluß von Geschäften bevollmächtigt sie nicht, abgeschlossene Verträge zu ändern, insbesondere Zahlungsfristen zu gewähren.**

(3) **Zur Annahme von Zahlungen sind sie nur berechtigt, wenn sie dazu bevollmächtigt sind.**

(4) **Sie gelten als ermächtigt, die Anzeige von Mängeln einer Ware, die Erklärung, daß eine Ware zur Verfügung gestellt werde, sowie ähnliche Erklärungen, durch die ein Dritter seine Rechte aus mangelhafter Leistung geltend macht oder sie vorbehält, entgegenzunehmen; sie können die dem Unternehmer (Prinzipal) zustehenden Rechte auf Sicherung des Beweises geltend machen.**

Übersicht

1) Abschlussvollmacht als Voraussetzung (I) 1–5
   A. Reichweite 1
   B. Nicht erfasste Personen 4
2) Umfang der Abschlussvollmacht (II–IV) 6–15
   A. Grundsatz (I mit § 54 I) 6
   B. Erweiterung (IV) 7
   C. Beschränkungen (I–III) 11
   D. Wirkungen sonstiger Beschränkungen gegen Dritte (I mit § 54 III) 14
   E. Überschreiten der Vollmacht 15

1) Abschlussvollmacht als Voraussetzung (I)

1 A. **Reichweite:** § 55 (idF 6. 8. 53, s § 84 Rn 2) gilt für zwei Gruppen von Abschlussvertretern:

a) Für HdlBevollmächtigte, die HV (§ 84) sind, also nach I iVm § 54 I für HV, die zur Vornahme einer bestimmten, zu einem HdlGewerbe gehörigen Art von Geschäften oder zur Vornahme einzelner, zu einem HdlGewerbe gehöriger Geschäfte ermächtigt sind (**selbstständige Abschlussvertreter,** vgl II, § 84 Rn 25). Wenn der Unternehmer nicht Kfm ist, gilt § 55 über § 91 I; s auch § 54 Rn 6.

2 **b)** Für HdlBevollmächtigte, die als HdlGehilfen (§ 59) damit betraut sind, (regelmäßig) außerhalb des Betriebes des Prinzipals Geschäfte in dessen Namen abzuschließen (**angestellte Handlungsbevollmächtigte im Außendienst).** Wenn der Unternehmer nicht Kfm ist, gilt § 55 nicht unmittelbar (mangels einer Vorschrift wie § 91 I, dort Rn 1), sondern nur analog (§ 54 Rn 6), MüKo/Krebs 8, str, nach aA gar nicht.

3 I begründet also nicht die Abschlussvollmacht (HdlVollmacht, § 54 I), sondern setzt sie in beiden Fällen voraus. RechtsscheinHdlVollmacht (§ 54 Rn 3) genügt. Der Halbsatz „betraut sind, außerhalb des Betriebs (des Prinzipals) Geschäfte in dessen Namen abzuschließen" gilt für beide Gruppen, Heymann/Sonnenschein/Weitemeyer 6, str. Ort der Abschlüsse ist gleichgültig, auch am Ort der HauptNl oder der ZwNl, sofern „außerhalb des Betriebs". Gemischte Betrauung innerhalb und außerhalb des Betriebs genügt, I schließt nur reine Innendienstvertreter aus.

4 B. **Nicht erfasste Personen: Nicht** unter § 55 fallen **Handelsvertreter ohne Abschlussvollmacht** (Vermittlungsvertreter, § 91 II) und HdlGehilfen,

5. Abschnitt. Prokura und Handlungsvollmacht 5–9 § 55

die ohne Abschlussvollmacht außerhalb des Betriebes des Prinzipals Geschäfte vermitteln (**Vermittlungsgehilfen,** § 75 g). Abschlüsse dieser Personen ohne Vollmacht fallen unter §§ 91 a, 75 h mit der Maßgabe, dass diese Personen wenigstens zur Entgegennahme von Rügen und zur Beweissicherung ermächtigt sind (entspr § 55 IV). Allgemeiner sind auch andere Vermittlungsvertreter idR bevollmächtigt, Vertragsangebote Dritter entgegenzunehmen (**Empfangsvertreter),** BGH **82,** 221. § 55 ist nicht analog auf Vertragshändler, Kommissionsagenten, Makler (§ 84 Rn 10, 18, 20) anwendbar.

Für die Vollmacht der **Versicherungsvertreter** (bis 2007 Versicherungsagen- 5 ten genannt, Definitionen s § 92 Rn 1) gelten Sonderregeln (**§§ 43 ff aF, 69 ff nF VVG**), dazu BGH **116,** 387, Saarbr NJW-RR **06,** 1467, Schwenker NJW **92,** 343. Auch ohne Abschlussvollmacht können sie in dem Versicherungszweig, für den sie bestellt sind, Vertragsanträge und alle das Versicherungsverhältnis betreffenden Erklärungen entgegennehmen. Haben sie Abschlussvollmacht, sind sie auch zur Änderung, Verlängerung und Beseitigung abgeschlossener Versicherungsverträge befugt (§§ 45 aF, 71 nF VVG). Empfangsvollmachtsbeschränkung in AGB, BGH NJW **99,** 1633. Repräsentantenstellung, BGH NJW **07,** 2038 m Anm Staudinger. Lit: Luckey VersR **93,** 151, Fricke VersR **93,** 399, Beckmann NJW **96,** 1378 (AGB); allgemeiner zum VersVertreter § 92 Rn 1.

2) Umfang der Abschlussvollmacht (II–IV)

A. Grundsatz (I mit § 54 I): Der grundsätzliche Umfang der Abschlussvoll- 6 macht ergibt sich aus I iVm § 54 I (s dort). Die Abschlussvollmacht ist HdlVollmacht und umfasst als solche alle Geschäfte und Rechtshandlungen, die die Vornahme von Geschäften der Art, zu der der Abschlussvertreter bevollmächtigt ist, gewöhnlich mit sich bringt. Dazu gehört auch die Durchführung abgeschlossener Geschäfte, zB Mahnung, Fristsetzung, Erhebung von Mängelrügen, nicht Einklagung (s Rn 11), nicht Beseitigung des Rechtsgeschäfts (s Rn 12).

B. Erweiterung (IV): Die Abschlussvollmacht ist in IV Halbs 1 erweiternd 7 dahin typisiert, dass sie auch die **Entgegennahme von Erklärungen (IV Halbsatz 1),** durch die ein Dritter seine Rechte aus mangelhafter Leistung des Unternehmers geltend macht oder sich vorbehält, umfasst. Bsp: Anzeige von Mängeln einer Ware (nicht nur nach § 377, sondern auch sonstige); Leistungs- oder Nacherfüllungsverlangen; Schadensersatzverlangen wegen Pflichtverletzung (§ 280 BGB) und statt der Leistung (§§ 281 ff BGB); Mahnung, Fristsetzung (auch Verspätung ist mangelhafte Leistung iSv IV); Rücktritt (§§ 323 ff, 346 BGB) und Kündigung wegen der mangelhaften Leistung (sonst s Rn 9); Anfechtung, sofern sie auf der mangelhaften Leistung beruht. IV Halbs 1 gilt auch für Erklärungen solcher Dritter, mit denen der Kfm selbst oder ein anderer Abschlussvertreter abgeschlossen hat, str. Der Abschlussvertreter kann die Entgegennahme ebenso wenig ablehnen wie der Unternehmer selbst, str.

Korrelat der Entgegennahme von Mängelrügen ist die (außergerichtliche und 8 gerichtliche) **Beweissicherung** namens des Unternehmers **(IV Halbsatz 2),** zB nach §§ 485 ff ZPO, aber (entgegen dem Wortlaut) nur hinsichtlich der geltend gemachten Mängel.

Nicht von IV **gedeckt** sind: 9

a) alles, **was nicht mit der mangelhaften Leistung zusammenhängt,** zB die Entgegennahme einer auf anderen Gründen beruhenden Anfechtung oder eines bei Abschluss vorbehaltenen Widerrufs oder Rücktritts (ohne Zusammenhang mit einer Mangelhaftigkeit der Leistung); bei anderen Erklärungen des Dritten zB nach § 375 oder sonst in Vertragsausführung besteht keine Empfangsvollmacht nach IV (aber § 54 ua, str;

b) alles, **was über passive Vertretung hinausgeht** (außer Beweissicherung), zB Stellungnahme namens des Unternehmers zu den Erklärungen des Dritten,

§ 56

Anerkennung seiner Rechte, Gewährung eines Preisnachlasses. Bei Erklärung, die Ware werde zur Verfügung gestellt, kann der Bevollmächtigte nicht ohne weiteres auch die Ware selbst entgegennehmen, doch kann Zustimmung des Unternehmers (§§ 362 II, 185 BGB) vorliegen, zB bei Inkassovollmacht nach III oder bei Ermächtigung zur Auslieferung (Auslieferungslager), Staub/Joost 49, str.

10 Soweit IV nicht eingreift, kann HdlVollmacht, BGB-Vollmacht oder jeweils Rechtsscheinsvollmacht zur Vertretung des Unternehmers berechtigen. IV ist keine Fiktion, sondern widerlegliche Vermutung, GroßKo/Joost 41, str. IV ist **abdingbar,** aber Dritte sind nach § 54 III geschützt.

11 C. **Beschränkungen (I–III): a) Notwendigkeit einer besonderen Ermächtigung (I mit § 54 II):** Beschränkungen folgen aus I iVm § 54 II (s dort) für die Veräußerung oder Belastung von Grundstücken, Eingehung von Wechselschulden, Aufnahme von Darlehen und Prozessführung.

12 b) Die Vollmacht umfasst ferner nicht die **Änderung abgeschlossener Verträge, insbesondere** die nachträgliche **Gewährung von Zahlungsfristen (II),** auch nicht, wenn der Abschlussvertreter den Vertrag selbst abgeschlossen hat und dabei die Zahlungsfrist ohne weiteres hätte gewähren können. Änderung iSv II ist jede Änderung, auch von Nebenbedingungen, AGB und Details; auch die Beseitigung des Vertrags, zB Rücktritt nach §§ 119 ff BGB, Ausübung gesetzlicher oder vertraglicher Rücktrittsrechte, vertragliche Aufhebung. Das gilt auch für Änderungen, die dem Kfm günstig sind. II ist (obwohl nicht wie in III besonders gesagt) abdingbar, auch konkludent. Keine Änderung sind Willenserklärung zur Durchführung des Geschäfts sowie Handlungen, die nur Rechte erhalten oder neue zusätzliche Ansprüche begründen, ohne den Vertrag zu ändern, zB Mahnung, allgemeine Fristsetzung, Fristsetzung nach § 323 BGB (aber nicht Rücktritt), Rüge nach § 377.

13 c) Dasselbe gilt für **Annahme von Zahlungen (III).** Der Abschlussvertreter hat also kein Inkassorecht. Inkassorecht bei Bargeschäft (zB für Anzahlung) deckt nicht auch Inkasso nach Kreditierung, BGH WM **76,** 715. III berührt nicht § 370 BGB (Quittung). Besondere Inkassovollmacht ist möglich, auch konkludent durch Aushändigung einer Quittung. Für VersVertreter gilt §§ 43 Nr 4 aF, 69 II nF VVG, s Rn 5. **Muster:** Hopt/Graf von Westphalen 3. Aufl 2007 Form I. E.6 (Erteilung einer Inkassovollmacht).

14 D. **Wirkungen sonstiger Beschränkungen gegen Dritte (I mit § 54 III):** Sonstige Beschränkungen der Abschlussvollmacht gelten Dritten gegenüber nur bei Kenntnis oder Kennenmüssen, I iVm § 54 III (anders im Innenverhältnis, s § 54 Rn 19). **Missbrauch** der bestehenden Abschlussvollmacht liegt nicht schon ohne weiteres vor, wenn der Dritte weiß, dass der Abschlussvertreter eine interne Weisung des Kfm nicht beachtet, s § 50 Rn 5. Schwarzgeschäfte s § 54 Rn 20.

15 E. **Überschreiten der Vollmacht:** s § 54 Rn 20. Sonderregeln in § 75h und § 91a.

[Angestellte in Laden oder Warenlager]

56 Wer in einem Laden oder in einem offenen Warenlager angestellt ist, gilt als ermächtigt zu Verkäufen und Empfangnahmen, die in einem derartigen Laden oder Warenlager gewöhnlich geschehen.

Übersicht

1) Voraussetzungen der Ladenvollmacht 1–3
   A. Ladeninhaber (Vertretener) 1
   B. Angestellte Person (Vertreter) 3

2) Umfang der Ladenvollmacht 4–6
A. Umfang 4
B. Beschränkungen 5
C. Schadensersatz 6

1) Voraussetzungen der Ladenvollmacht

A. **Ladeninhaber (Vertretener):** § 56 betrifft unausgesprochen (§§ 1 ff, **1** § 54) Kflte als Ladeninhaber, ist aber auf Kleingewerbetreibende analog anzuwenden. Das ist nach der Beseitigung des MinderKfm im Verkehrsschutzinteresse unabweisbar (RegE HRefG) und hat Konsequenzen für § 54 (dort Rn 6). Auch Minderjährige (§§ 107, 112 BGB). § 56 tritt zwar hinter den Schutz des geschäftsunfähigen Inhabers zurück (§ 5 Rn 11), aber der gesetzliche Vertreter kann mit Wirkung für den Minderjährigen Rechtsschein begründen, str, K. Schmidt § 16 V 3 g. § 56 erfordert einen **Laden** oder ein **offenes Warenlager,** also eine Verkaufsstätte, die zum freien Eintritt für das Publikum und zum Abschluss von Geschäften bestimmt ist; weder feste Niederlassung noch Dauereinrichtung sind nötig. Bsp: Verkaufsstände auf Ausstellung, RG **69,** 308, Großhandelslager, in dem auch privat verkauft wird, BGH NJW **75,** 2191. Nicht Fabrikräume, Büro, Kontor, KG JW **24,** 1181. Vertrieb außerhalb der Verkaufsstätte.

B. **Angestellte Person (Vertreter): a)** Es muss sich um eine in dem Laden **2** oder Warenlager angestellte Person handeln. Angestellt ist jeder, der im Laden (Warenlager) mit Wissen und Willen des Inhabers an der Verkaufstätigkeit mitwirkt, gleich ob seine Hauptaufgaben ganz andere sind, auch wenn er nicht einmal Besitzdiener (§ 855 BGB) ist, BGH NJW **75,** 2191; auch das im Laden kaufmännisch tätige Familienmitglied. Anstellung braucht nicht arbeitsvertraglich zu sein, nicht einmal rechtsgeschäftlich. Auch Minderjährige und Geschäftsunfähige (§ 54 Rn 7). Der Inhaber wird der angestellten Person idR (Innen)Vollmacht erteilen, dann bleibt § 56 wichtig für den Umfang (s Rn 4).

b) Nicht angestellt ist, wer ohne Wissen und Willen im Laden mit dem **3** Publikum verkehrt, RG **108,** 49, oder nicht zu Verkaufszwecken dort tätig ist, zB Packer, Raumpflegerin. Verhindert freilich der Kfm das Tätigwerden solcher Personen beim Verkauf nicht, kann **Rechtsscheinhaftung** anzunehmen sein (Überbl Rn 5–7 vor § 48, § 54 Rn 3), BGH NJW **88,** 2110, aber nur wenn deren Voraussetzungen vorliegen, nicht schon wegen des allgemeinen Organisationsrisikos des Kfm.

2) Umfang der Ladenvollmacht

A. **Umfang:** § 56 begründet im Interesse des Verkehrsschutzes eine **Vermu- 4 tung** für Erteilung und Umfang einer Vollmacht des Ladenangestellten, BGH NJW **75,** 2191, **88,** 2110, dogmatisch sehr str, für Rechtsscheinstatbestand Canaris § 14 Rn 5, Vermutung und Rechtsscheinsregel, K. Schmidt § 16 V 2, aA Duldungsvollmacht (Überbl 2 vor § 48). Die Vermutung ist widerleglich, Canaris § 14 Rn 6, Ko/Ro/Mo/Roth 2, aA BGH NJW **75,** 2191, bzw der Rechtsschein kann beseitigt werden (Bsp s Rn 5). Der Ladenangestellte gilt als ermächtigt zu Verkäufen und Empfangnahmen, die in einem derartigen Laden oder Warenlager gewöhnlich geschehen. **Gewöhnliches** Geschäft in einem derartigen Laden bedeutet Üblichkeit nach Branche, Ladentyp und Geschäften. Örtlicher Zusammenhang zwischen dem Wirkungsbereich des Angestellten und dem Geschäftsschluss ist nötig, doch genügt Anbahnung des Geschäfts im Laden und Abschluss außerhalb, RG **108,** 49, auch Einkassierung der Restschuld außerhalb des Ladens beim Verkauf und Anzahlung im Laden, LG Bochum MDR **59,** 130. **„Verkäufe"** ist untechnisch gemeint, dazu gehören zB Entgegennahme von Mängelanzeigen, Übereignung, Vermittlung eines (Kfz)Verkaufs, Werk- und Werklieferungsvertrag, str, Leasingvertrag, Ausstellung von Quittung; **nicht** An-

§§ 57, 58 1, 2

käufe, BGH NJW **88,** 2109, Rückabwicklung zB nach Anfechtung oder Rücktritt, oder Umtausch (vgl § 55 II), str, Inzahlungnahme, str. **Empfangnahmen** betrifft namentlich Zahlungen, einerlei ob der Angestellte das Geschäft selbst geschlossen hat, Mängelanzeige, Entgegennahme von Ware (Reparatur ua), nicht Umtausch, Inzahlungnahme zB von Kfz, str. Soweit hier § 56 ausscheidet, kommt aber § 54 in Betracht. Lit Weimar MDR **68,** 901, Th. Honsell JA **84,** 17.

5 B. **Beschränkungen:** Die Ladenvollmacht ist durch klaren Hinweis **ausschliessbar**, zB Schild „Zahlung nur an der Kasse". Damit wird die Vermutung widerlegt bzw der Rechtsschein beseitigt. Anfechtung wegen Inhaltsirrtums ist nach dem Zweck von § 56 ausgeschlossen (§ 54 Rn 10), K. Schmidt § 16 V 3 d, str. § 56 schützt auch solche Kunden, die den Laden und seine Verhältnisse kennen (Befreiung von Nachforschungspflichten), BGH NJW **75,** 2191; doch schadet Bösgläubigkeit entspr § 54 III (s dort Rn 19). Missbrauch der Vollmacht s § 54 Rn 20, § 50 Rn 4.

6 C. **Schadensersatzhaftung:** Unabhängig von der Vertretungsmacht haftet der Inhaber für den Angestellten aus Verschulden bei Vertragsverhandlungen nach §§ 280, 311 II iVm § 278 BGB auf Schadensersatz, Bsp: Düss WM **73,** 473, offen BGH NJW **88,** 2110. Eigenhaftung des Angestellten s Überbl 9 vor § 48.

[Zeichnung des Handlungsbevollmächtigten]

57 Der Handlungsbevollmächtigte hat sich bei der Zeichnung jedes eine Prokura andeutenden Zusatzes zu enthalten; er hat mit einem das Vollmachtsverhältnis ausdrückenden Zusatze zu zeichnen.

1 1) Entspr § 51 für die Prokura, s dort. Der HdlBevollmächtigte zeichnet üblicherweise „per", „i. V.", „in Vollmacht" mit Namen oder Firma, RG **74,** 72. Zeichnung wie ein Prokurist wirkt je nach den Umständen für den Firmeninhaber oder für (oder gegen) den HdlBevollmächtigten selbst, Überbl 8–9 vor § 48.

[Unübertragbarkeit der Handlungsvollmacht]

58 Der Handlungsbevollmächtigte kann ohne Zustimmung des Inhabers des Handelsgeschäfts seine Handlungsvollmacht auf einen anderen nicht übertragen.

1) Übertragung

1 Die HdlVollmacht ist übertragbar (anders Prokura, § 52 II), aber nur mit Zustimmung des Inhabers (Einwilligung vorher, Genehmigung nachher, §§ 182 ff BGB). Zustimmen kann auch der Prokurist (§ 49 I). Die „Übertragung" durch den Kfm ist Widerruf und Neuerteilung an den andern.

2) Untervollmacht

2 Von der Übertragung (Vollsubstitution, der bisherige HdlBevollmächtigte verzichtet damit auf seine HdlVollmacht) ist die in § 58 nicht geregelte Untervollmacht (Bestellung eines weiteren HdlBevollmächtigten) zu unterscheiden; Bsp: s § 54 Rn 4. Der HdlBevollmächtigte kann keine sonstige Vollmacht erteilen, als er sie selbst hat. Untervollmacht ist auch in Fällen des § 54 II nicht grundsätzlich ausgeschlossen, aA Mü WM **84,** 835.

Sechster Abschnitt. Handlungsgehilfen und Handlungslehrlinge
Überblick vor § 59

Schrifttum zum Arbeitsrecht

Außer dem allgemeinen Schrifttum (s Einl vor 1) *Dieterich ua*, Erfurter Komm zum Arbeitsrecht, 9. Aufl 2009. – *Dornbusch/Fischermeier/Löwisch* Fachanwaltskomm 2. Aufl 2009. – *Henssler/Willemsen/Kalb* 3. Aufl 2008. – *MüKo(HGB)/von Hoyningen-Huene* 2. Aufl. 2005. – *Preis*, Arbeitsvertrag, 3. Aufl 2009. – *Richardi/Wlotzke*, MüHdbArbR, 3. Aufl 2009. – *Schaub/Koch/Linck/Vogelsang*, Arbeitsrechts-Handbuch, 13. Aufl 2009. – *Wagner*, Die Besonderheiten beim Arbeitsverhältnis des Handlungsgehilfen, 1993. – *Henssler/Preis* NZA Beil 23/**06** (Arbeitsvertragsgesetzentwurf). – *Löwisch* FS Wiedemann **02,** 311, *Herbert/Oberrath* NJW **05,** 3745 (Auswirkungen des SMG). – *Wank* JA **07,** 321 (Arbeitsrecht im HGB). Rspr: BAG(E), AP, EzA.

[Handlungsgehilfe]

59 [1] Wer in einem Handelsgewerbe zur Leistung kaufmännischer Dienste gegen Entgelt angestellt ist (Handlungsgehilfe), hat, soweit nicht besondere Vereinbarungen über die Art und den Umfang seiner Dienstleistungen oder über die ihm zukommende Vergütung getroffen sind, die dem Ortsgebrauch entsprechenden Dienste zu leisten sowie die dem Ortsgebrauch entsprechende Vergütung zu beanspruchen. [2] In Ermangelung eines Ortsgebrauchs gelten die den Umständen nach angemessenen Leistungen als vereinbart.

Übersicht

1) Einleitung, Rechtsquellen 1–12
   A. Einleitung 1
   B. Arten und Verhältnis der Rechtsquellen 2
   C. §§ 611–630 BGB 10
   D. §§ 299 ff StGB, 17, 18 UWG 11
   E. Arbeitsrechtliche Gesetze 12

2) Arbeitgeber 13–22
   A. Begriff 13
   B. Wechsel bei Betriebsübergang 17
   C. Haftung ausgeschiedener Gesellschafter 22

3) Handlungsgehilfe 23–31
   A. Übersicht über das Personal des Kaufmanns 23
   B. Begriff des Handlungsgehilfen 25
      a) Angestellter 25
      b) In einem Handelsgewerbe 27
      c) Zu kaufmännischen Diensten 28
      d) Gegen Entgelt 29
   C. Beispiele 30

4) Arbeitsvertrag, Arbeitsverhältnis 32–43
   A. Vertragsanbahnung 32
      a) Gesetzliches Schuldverhältnis, Haftung 32
      b) Abbruch der Vertragsverhandlungen 33
      c) Mitteilungs- und Aufklärungspflichten, Fragen, Test 34
      d) Obhut und Schutzpflichten 35
      e) Ersatz von Vorstellungskosten 36
   B. Zustandekommen (Änderung) des Arbeitsvertrags 37
      a) Vertragsschluss 37
      b) Fehlerhaftes Arbeitsverhältnis 38
   C. Einwirken von Tarifnormen 39
      a) Normative Wirkung 39
      b) Wirkung kraft Einzelvertrages 40

§ 59

D. Einwirkung von Betriebsvereinbarungen, Mitbestimmung des Betriebsrats 41
   a) Betriebsvereinbarung 41
   b) Mitbestimmung in sozialen, personellen und wirtschaftlichen Angelegenheiten 42
E. AGBKontrolle von Arbeitsverträgen 43

5) Arbeitspflicht und Nebenpflichten des Handlungsgehilfen 44–55
   A. Arbeitspflicht 44
      a) Inhalt, Direktionsrecht 44
      b) Arbeitszeit 45
      c) Verletzung der Arbeitspflicht 46
   B. Nebenpflichten 48
      a) Rechtsgrundlagen, Beispiele, Rechtsfolgen von Pflichtverletzungen 48
      b) Schweigepflicht 50
      c) Schmiergeldverbot 51
      d) Wettbewerbsverbot, Nebentätigkeit 52
      e) Informations- und Auskunftspflicht 53
      f) Arbeitnehmererfindungen 54
      g) Herausgabepflicht 55

6) Arbeitsentgeltpflicht des Arbeitgebers 56–89
   A. Rechtsgrundlagen, Lohngleichheit 56
   B. Arten des Arbeitsentgelts 58
      a) Gehalt 58
      b) Provision (Erfolgsbeteiligung) 59
      c) Gewinnbeteiligung (Tantieme) 60
      d) Gratifikation (Sondervergütung) 61
      e) Sachleistungen 69
      f) Sonstige Arten 70
   C. Arbeitsentgelt bei fehlender Arbeitsleistung 71
      a) Unmöglichkeit 71
      b) Annahmeverzug 72
      c) Betriebsrisiko, Arbeitskampfrisiko 74
      d) Krankheit und andere unverschuldete Hinderung des Handlungsgehilfen 75
      e) Feiertage, Urlaub 76
   D. Einwendungen gegen Arbeitsentgeltanspruch 77
      a) Verzicht, Ausschlussfrist, Verfallklausel, Ausgleichsquittung 77
      b) Abtretung, Aufrechnung, Pfändung 81
      c) Verjährung, Verwirkung 85
   E. Betriebliche Altersversorgung 87–89

7) Nebenpflichten des Arbeitgebers 90–104
   A. Rechtsgrundlagen, Gleichbehandlung, Rechtsfolgen von Pflichtverletzungen 90
   B. Schutz von Leben und Gesundheit 93
   C. Schutz und Förderung der Persönlichkeit 94
      a) Personengerechte Arbeitsgestaltung 94
      b) Schutz gegen ungerechte Behandlung und Mobbing 95
      c) Beschäftigungspflicht 96
      d) Schweigepflicht, Datenschutz 97
      e) Informations- und Auskunftspflicht 98
      f) Sonstige Einzelpflichten 99
   D. Erholungsurlaub 100
   E. Sicherung eingebrachter Sachen 101
   F. Freistellung von Ersatzpflicht, Aufwendungsersatz 102
   G. Abführung von Lohnsteuer und Sozialversicherungsbeiträgen 103
   H. Nebenpflichten bei Beendigung des Arbeitsverhältnisses 104
      a) Freizeit zur Stellungssuche 104
      b) Zeugniserteilung 104

8) Haftungsbesonderheiten 105–110
   A. Haftung des Arbeitgebers 105
      a) für Personenschäden 105
      b) für Sachschäden 106

6. Abschnitt. Handlungsgehilfen und Handlungslehrlinge 1 § 59

B. Haftung des Handlungsgehilfen 107
  a) Haftung gegenüber dem Arbeitgeber für auf Grund des Arbeitsverhältnisses geleistete Arbeit 107
  b) Haftung gegenüber Dritten, Freistellungsanspruch 108
  c) Haftung gegenüber Arbeitskollegen 109
  d) Mankohaftung 110
9) Ende des Arbeitsverhältnisses, Kündigungsschutz 111–167
  A. Befristung, auflösende Bedingung 111
  B. Nichtigkeit, Anfechtung 117
    a) Anfechtung durch Arbeitgeber 117
    b) Anfechtung durch Handlungsgehilfen 119
    c) Rechtsfolgen 120
  C. Kündigung 121
    a) Kündigungserklärung 121
    b) Anhörung des Betriebsrats 122
    c) Ordentliche Kündigung 123
    d) Außerordentliche Kündigung 128
    e) Wichtige Gründe für Kündigung des Arbeitgebers 139
    f) Wichtige Gründe für Kündigung des Handlungsgehilfen 148
    g) Dienstverhältnisse, die keine Arbeitsverhältnisse sind 150
  D. Allgemeiner Kündigungsschutz, Verfahren 151
    a) Anwendungsbereich des KSchG 152
    b) Sozialwidrigkeit der ordentlichen Kündigung 153
    c) Kündigungsschutzverfahren 154
    d) Außerordentliche Kündigung 158
    e) Unwirksamkeit der Kündigung aus anderen Gründen, Massenentlassungen 159
  E. Besonderer Kündigungsschutz 160
    a) Betriebsratsmitglieder 160
    b) Mütter 161
    c) Schwerbehinderte 162
    d) Sonstige 163
  F. Arbeitskampf, Abwehraussperrung 164
  G. Sonstige Beendigungsgründe 165
    a) Tod des Handlungsgehilfen 165
    b) Aufhebungsvertrag 166
    c) Gerichtsurteil 167
10) Internationales Arbeitsrecht 168–170
  A. Kollisionsrecht 168
  B. Europäisches Arbeitsrecht 169
  C. Sonstiges internationales Arbeitsrecht 170

1) Einleitung, Rechtsquellen

A. **Einleitung:** §§ 59–83 stellen **kaufmännisches Sonderarbeitsrecht** dar. **1** Zweck des Arbeitsrechts ist ein gerechter Interessenausgleich zwischen Arbeitgeber und Arbeitnehmer; der typischerweise schwächere Arbeitnehmer bedarf dazu eines rechtlichen Mindestschutzes. Arbeitsrecht ist danach das Sonderrecht der Arbeitnehmer, das sich in Individualarbeitsrecht, Arbeitsschutzrecht, kollektives Arbeitsrecht und Verfahrensrecht der Arbeitsgerichtbarkeit gliedert. §§ 59 ff enthalten besonders kfm **Individualarbeitsrecht.** In jüngerer Zeit haben §§ 59 ff infolge von Vereinheitlichungstendenzen (zB Aufhebung der §§ 66–72 über Kündigungsrecht durch das 1. ArbRBerG 14. 8. 69 BGBl 1106, der §§ 76–82 über Handlungslehrlinge durch das BerBG 14. 8. 69 BGBl 1112 und des § 73 über Zeugnisanspruch durch 3. GewOÄndG 24. 8. 02 BGBl 3412) und wegen der raschen Entwicklung des Richterrechts zum allgemeinen Individualarbeitsrecht, das §§ 59 ff immer mehr bestimmt, stark an Bedeutung verloren. Die Kommentierung trägt dem Rechnung: Zum einen wird der **Kern des Individualarbeitsrechts,** soweit für den **Kaufmann (Arbeitgeber)** und den **Handlungsgehilfen (Arbeitnehmer)** praktisch notwendig, bei § 59 dargestellt. § 59 selbst hat kaum Bedeutung. Zum andern werden die **besonderen Regeln** für

§ 59 2–5 I. Buch. Handelsstand

HdlGehilfen, vor allem zu §§ **60–83**, näher erläutert. Die Berechtigung dieser Sonderregeln ist nicht einsichtig, zT werden sie als verfassungswidrig angesehen, jedenfalls sollten sie überarbeitet, besser eliminiert werden. Lit: Wagner 1992, K. Schmidt FS Söllner **00,** 1047.

2 B. **Arten und Verhältnis der Rechtsquellen** (Gestaltungsfaktoren): Die Arbeitsbedingungen des HdlGehilfen werden in erster Linie von seinem Arbeitsvertrag gestaltet (Grundsatz der Vertragsfreiheit). Diese Freiheit ist aber zum Schutz des Arbeitnehmers erheblich eingeschränkt. Schranken setzen europäisches Recht (s Rn 169) und nationales Gesetzesrecht (Verfassung, Gesetze, Rechtsverordnungen), Tarifverträge und Betriebsvereinbarungen. Neben dem gesetzten Recht steht das Richterrecht. Von Bedeutung ist auch die betriebliche Übung.

3 a) **Verfassungsrecht** hat den höchsten Rang. Bedeutsam sind vor allem die **Grundrechte,** etwa Art 1 I (Menschenwürde, Bsp: kein heimliches Beobachten des Arbeitnehmers), 2 I (freie Entfaltung der Persönlichkeit, Bsp: keine psychologischen Tests oder graphologischen Gutachten ohne Einwilligung), 3 I (Gleichheit vor dem Gesetz, Bsp: keine willkürliche Lohnungleichheit, s Rn 57, 63, 91), 3 II (Gleichheit von Mann und Frau, s Rn 57, 91), 4 I (Glaubens-, Gewissens- und Bekenntnisfreiheit, aber Sonderstellung der Tendenzbetriebe iSv § 118 BetrVG, zB religiöser Verlag), 5 I 1, II (freie Meinungsäußerung, aber Treuepflicht des Arbeitnehmers), 6 I (Schutz der Ehe und Familie, Bsp: Grenzen für Zölibatsklauseln), 6 IV (Schutz der Mutter, Bsp: Nichtigkeit der Vereinbarung über Schwangerschaft als auflösende Bedingung des Arbeitsverhältnisses), 9 III (Vereinigungs- und Koalitionsfreiheit, Bsp: Freiheit zum Arbeitskampf), 12 I (freie Wahl von Beruf, Arbeitsplatz und Ausbildungsstätte, Bsp: nur eingeschränktes Verbot von Nebentätigkeit, s § 60, Schranken für Wettbewerbsverbote nach Ende der Vertragszeit, s §§ 74 ff). Die Grundrechtsnormen gelten unmittelbar für tarifvertragliche Normsetzung nach § 1 TVG, BAG BB **73,** 983 str; sie haben aber sonst im Privatrecht keine unmittelbare Drittwirkung (aA BAG), sondern wirken hier mittelbar als Ordnungsprinzipien und Wertungsmaßstäbe zB über §§ 138, 242, 315 BGB; zur Bedeutung verschiedener Grundrechtsverständnisse für das Arbeitsrecht Zöllner/Loritz, § 7 I. Das **Sozialstaatsprinzip** (Art 20 I, 28 I 1 GG) ist Auftrag an den Gesetzgeber und Auslegungsgrundsatz für Rspr und Verwaltung (Bsp: Unzulässigkeit grundloser Befristung von Arbeitsverhältnissen, sog Kettenarbeitsverhältnisse, BAG DB **54,** 911); es hat aber wegen seiner Unbestimmtheit keine unmittelbare Drittwirkung zB als Anspruchsgrundlage für Arbeitnehmer.

4 b) **Gesetze und Rechtsverordnungen** sind im Arbeitsrecht meist **Bundesrecht,** Arbeitsrecht gehört zu den Gebieten der konkurrierenden Gesetzgebung (Art 74 Nr 12 GG). Ländergesetze sind nur möglich, solange und soweit der Bund von seinem Gesetzgebungsrecht keinen Gebrauch macht, Landesarbeitsrecht ist deshalb praktisch von geringer Bedeutung, Bsp: Hausarbeitsvertrag, Bildungsurlaub. Das für HdlGehilfen geltende Gesetzesrecht steht im HGB, BGB (s Rn 10), UWG (s Rn 11) und in zahlreichen arbeitsrechtlichen Gesetzen (s Rn 12). Gesetze stehen im Rang unter der Verfassung (s Rn 3), aber über Rechtsverordnungen. Gesetzesrecht hat Vorrang vor Rechtsnormen der Tarifverträge und Betriebsvereinbarungen (**zwingendes** Gesetzesrecht), kann aber Abweichungen durch Einzelvertrag, Betriebsvereinbarung oder auch nur durch Tarifvertrag zulassen (**dispositives, „tarifdispositives" Gesetzesrecht).** Auch zwingendes Gesetzesrecht bezweckt meist nur einen Mindestschutz für den Arbeitnehmer, lässt also günstigere Regelungen durch Kollektiv- oder Einzelvertrag zu.

5 c) **Tarifverträge und Betriebsvereinbarungen** sind Rechtsquellen des kollektiven Arbeitsrechts. Die in ihnen enthaltenen Rechtsnormen wirken zwin-

6. Abschnitt. Handlungsgehilfen und Handlungslehrlinge 6–8 § 59

gend und unmittelbar auf die Arbeitsverhältnisse der Tarifgebundenen (§§ 1 I, 4 TVG) bzw aller im Betrieb beschäftigten Arbeitnehmer (§ 77 BetrVG) ein. **Tarifverträge** regeln Inhalt, Abschluss und Beendigung von Arbeitsverhältnissen sowie betriebliche und betriebsverfassungsrechtliche Fragen (normativer Teil) und enthalten Rechte und Pflichten der Tarifvertragsparteien zB Friedenspflicht (schuldrechtlicher Teil). Lohntarifverträge regeln das Arbeitsentgelt, Manteltarifverträge andere Arbeitsbedingungen, zB Urlaub oder Kündigungsfristen. **Betriebsvereinbarungen** (und Dienstvereinbarungen) sind zB eine betriebliche Arbeitsordnung oder der Sozialplan (§§ 111, 112 BetrVG). Sie haben Rang nach dem Tarifvertrag (§ 37 I BetrVG) und können Arbeitsentgelte und sonstige Arbeitsbedingungen, die durch Tarifvertrag geregelt sind oder üblicherweise geregelt werden, nur regeln bei ausdrücklicher Zulassung ergänzender Betriebsvereinbarungen durch den Tarifvertrag (§ 77 III BetrVG). Rechtsnormen des Tarifvertrags gehen auch günstigeren Rechtsnormen der Betriebsvereinbarung vor **(Rangprinzip),** dagegen lassen Tarifvertrag und Betriebsvereinbarung günstigere Regelungen durch Einzelarbeitsvertrag zu **(Günstigkeitsprinzip):** zur Einwirkung von Tarifnormen auf die Arbeitsbedingungen tarifgebundener und nicht tarifgebundener Parteien s Rn 39–40.

d) **Richterrecht** spielt im Arbeitsrecht eine besonders große Rolle. Weite 6
Teile des Individualarbeitsrechts beruhen auf richterlicher Rechtsschöpfung. Auch wenn Richterrecht nicht als Rechtsquelle gilt, fungiert das BAG doch praktisch als Ersatzgesetzgeber. Richterrecht kann zwingend, dispositiv oder tarifdispositiv sein.

e) **Betriebliche Übung** ist die regelmäßige Wiederholung bestimmter Ver- 7
haltensweisen, die bei den Betriebsangehörigen den Eindruck einer Gesetzmäßigkeit oder eines Brauchs erwecken, BGH NJW **06,** 3804, Bsp: jahrelange Zahlung von Doppeldienstentschädigung, BAG **AP** § 242 BGB Betriebliche Übung Nr 2, von Trennungsentschädigung, BAG BB **83,** 1033, von Versorgungsleistungen, BAG DB **85,** 1747, idR nicht für außertarifliche Gehälter, BAG NJW **87,** 2101, von Weihnachtsgratifikation (s Rn 62), von Bonusmeilen mangels kollektiven Bezugs (s Rn 55), von Jubiläumszuwendung, BAG NJW **08,** 2875. Sie ist keine Rechtsquelle, sondern ein schuldrechtlicher Verpflichtungstatbestand (auch ohne Bindungswillen des Arbeitgebers, so, wie ihn die Arbeitnehmer sehen dürfen, stillschweigende Annahme, § 151 BGB), BAG NJW **00,** 308, **06,** 3804, nach aA nur Vertrauenshaftung (§ 5 Rn 9, ausnahmsweise nicht beschränkt auf negatives Interesse). Entscheidend ist, wie der Arbeitnehmer das Verhalten des Arbeitgebers verstehen durfte (§§ 133, 157 BGB), BAG NJW **00,** 309, **03,** 3220, 3725, **04,** 3652 (iErg abl). Anspruch aus betrieblicher Übung nur mangels kollektiv- oder individualrechtlicher Grundlage, Ansprüche aus diesen kann betriebliche Übung nicht ändern, BAG BB **05,** 1745. Der Arbeitgeber kann das Entstehen einer Betriebsübung durch klaren Ausschluss einer Bindung oder Widerspruchsvorbehalt für die Zukunft grundsätzlich ausschließen, BAG NJW **08,** 2876. Eine bestehende Betriebsübung kann individualvertraglich, BAG NJW **97,** 212, oder ebenso, wie sie gebildet worden ist, geändert werden (gegenläufige Betriebsübung), BAG NJW **98,** 475, **00,** 308 (Weihnachtsgratifikation, s Rn 65), Widerspruch eines aus der Übung berechtigten Arbeitnehmers hindert Änderung, BAG NJW **08,** 2876. Der Arbeitnehmer braucht nur unter der Geltung der Betriebsübung gearbeitet zu haben, nicht notwendig auch von ihr betroffen worden zu sein, BAG NJW **04,** 3652. Betriebsübung ist auch zu Ungunsten des Arbeitnehmers möglich, aber nur wenn sich der Arbeitnehmer beugt. Der Betriebsübung entspricht (auf den einzelnen Arbeitnehmer beschränkt) die Individualübung. Lit: Ulrici BB **05,** 1902.

f) Der **Einzelarbeitsvertrag** (nicht iSd Vertragsurkunde, sondern der gesam- 8
ten auch späteren Vereinbarungen) ist ebenfalls keine Rechtsquelle ieS (str),

Hopt 247

§ 59 9, 10 I. Buch. Handelsstand

sondern stellt das Arbeitsverhältnis selbst dar. Arbeitergeber und Arbeitnehmer können den Arbeitsvertrag (Abschluss, Inhalt und Form) **frei gestalten,** soweit nicht zwingende gesetzliche Vorschriften, Bestimmungen eines anwendbaren Tarifvertrags oder einer Betriebsvereinbarung entgegenstehen (**§ 105 GewO**, s Rn 12). Das ist Ausfluss der verfassungsrechtlich garantierten Privatautonomie. Der Arbeitsvertrag legt die Art der Beschäftigung fest und enthält meist zusätzliche Abreden, soweit kollektivvertraglich nicht geregelt oder demgegenüber günstiger. Das Arbeitsentgelt ist oft nicht besonders ausgewiesen, sondern ergibt sich aus der Eingruppierung entsprechend der Beschäftigung. Vorschriften über Berechnung und Zahlung sowie Abrechnung des Arbeitsentgelts enthalten **§§ 107, 108 GewO** (s Rn 12).

9   g) Der Arbeitgeber hat ein **Weisungsrecht** (Leitungs-, Direktionsrecht), mit dem er im Rahmen von Gesetz, Kollektiv- und Einzelarbeitsvertrag die vom Arbeitnehmer zu erbringende Arbeitsleistung (nicht den Vertrag, zB Arbeitsentgelt) konkret bestimmen kann (**§ 106 GewO,** s Rn 44, 12). Weisungsrecht spricht für Arbeitsvertrag (§ 84 Rn 38), durch Nichtausübung wird dieser nicht schon freies Dienstverhältnis (vgl § 623 BGB), BAG NJW **07,** 1485. Vertragsbestimmung, zB hinsichtlich der Arbeitszeit, geht vor, BAG NJW **07,** 3739. Lit: Birk 1973, Lakies BB **03,** 364.

10 C. **§§ 611–630 BGB, AGG, Verbraucherschutzrecht:** Die Vorschriften des HGB über HdlGehilfen werden ergänzt durch die des BGB über den Dienstvertrag (**§§ 611–630,** aber § 630 Satz 4) mit zahlreichen Änderungen. Lit: Worzalla NJW **97,** 1809, Freis NJW **98,** 2779, Röthel NJW **99,** 611, Willemsen/Annuss NJW **99,** 2073, Deiseroth/Derleder ZRP **08,** 250 (whistleblower), Bissels/Lützeler BB **09,** 774 (Rspr zu AGG). Zu §§ 611 ff BGB und darüber hinaus wird **europäisches Arbeitsrecht** immer wichtiger (Rn 169). Allgemeine arbeitsrechtliche Grundsätze finden sich (systemwidrig statt im BGB, s § 73 aF/ § 109 GewO Rn 1) in **§§ 105–110 GewO** (s Rn 12).

Gleichbehandlungsgrundsatz galt im Arbeitsrecht schon lange (s Rn 56, 57, 63, 91), später auch in verschiedenen, teils europarechtlich veranlassten Vorschriften über den Dienstvertrag (zB §§ 611 a, 611 b, 612 III BGB, aufgehoben durch AGG; § 622 VI, s Rn 123, ua). Das **AGG** 14. 8. 06 BGBl 1897 enthält in (überschießender) Umsetzung europäischer Richtlinien weitreichende Vorschriften über **allgemeine Gleichbehandlung** für das gesamte Privatrecht (Anwendungsbereich § 2 AGG). Damit sollen Benachteiligungen wegen Rasse, ethnischer Herkunft, Geschlecht, Religion, Weltanschauung, Behinderung, Alter oder sexueller Identität verhindert oder beseitigt werden (§ 1 AGG). Für das Arbeitsrecht besonders relevant sind unzulässige Benachteiligungen in Bezug auf die Bedingungen, einschließlich Auswahlkriterien und Einstellungsbedingungen, für den **Zugang zur unselbstständigen Erwerbstätigkeit** sowie für den **beruflichen Aufstieg** (§ 2 I Nr 1 AGG) und die **Beschäftigungs- und Arbeitsbedingungen** einschließlich Arbeitsentgelt und Entlassungsbedingungen, insbesondere in individual- und kollektivrechtlichen Vereinbarungen und Maßnahmen bei der Durchführung und Beendigung eines Beschäftigungsverhältnisses sowie beim beruflichen Aufstieg (§ 2 I Nr 2 AGG). Wichtige **Bereichsausnahmen** betreffen das **BetrAVG** (s Rn 87) und den **Kündigungsschutz** (§ 2 II 2, IV AGG). Begriffsbestimmungen über unmittelbare und mittelbare Benachteiligung, sexuelle und andere Belästigung und Anweisung zur Benachteiligung (§ 3 AGG). Zahlreiche Vorschriften behandeln den **Schutz der Beschäftigten** (§ 6 I AGG) **vor Benachteiligung** (Abschn 2, **§§ 6–18 AGG**) mit Verboten, Organisationspflichten des Arbeitgebers, Rechten der Beschäftigten ua. Verstöße gegen das Benachteiligungsverbot machen diesbezügliche Bestimmungen in Vereinbarungen **unwirksam** und sind **Vertragsverletzung** (§ 7 I, II AGG). Das Benachteiligungsverbot richtet sich außer an den Arbeitgeber auch an Arbeitskollegen und

6. Abschnitt. Handlungsgehilfen und Handlungslehrlinge 11–13 § 59

Dritte, wie zB Kunden des Arbeitgebers (RegE). **Zulässige unterschiedliche Behandlung** wegen beruflicher Anforderungen, Religion und Weltanschauung (sog Kirchenklausel) und Alter s **§§ 8–10 AGG**. Rechtfertigend wirkt nur eine wesentliche und entscheidende berufliche Anforderung, sofern der Zweck rechtmäßig und die Anforderung angemessen ist (§ 8 I AGG, auch § 8 II AGG zur Lohnungleichheit), Bsp: Besetzung der Königin der Nacht in der Zauberflöte. Die **Rechte der Beschäftigten** umfassen Beschwerde, Leistungsverweigerung, Entschädigung und Schadensersatz (§§ 13 ff AGG, Maßregelungsverbot § 16 AGG). Verstoß gegen das Benachteiligungsverbot nach § 7 AGG begründet keinen Anspruch auf Einstellung (**kein Kontrahierungszwang,** § 15 VI AGG). Beweislastumkehr bei Indizien (§ 22 AGG). Das AGG ist zugunsten der geschützten Personen **zwingend** (§ 31 AGG). Lit: Schiek 2007; Schleusener/Sukkow/Voigt 2. Aufl 2008: Thüsing 2007; Wendeling-Schröder/Stein 2008; Beiträge in NZA 16/06; Annuss BB **06,** 1629, Düwell BB **06,** 1741, Göpfert/Siegrist ZIP **06,** 1710 (Vorgehen des Arbeitgebers), Grobys NJW **06,** 2950 (Organisationspflichten, § 12 AGG), Hanau ZIP **06,** 2189, Willemsen/Schweibert NJW **06,** 2583, Kania/Merten ZIP **07,** 8, Thüsing/von Hoff NJW **07,** 21, Wackerbarth ZIP **07,** 453, zur Altersdiskriminierung Bauer/Krieger NJW **07,** 3672, Bahnsen NJW **08,** 407, Bauer/Arnold NJW **08,** 3377.

Sehr streitig ist, ob der **Arbeitnehmer als Verbraucher** iSv § 13 BGB anzusehen ist. Das ist jedenfalls bei der **AGBKontrolle** nach **(5)** BGB § 310 III zu bejahen, BAG NJW **05,** 3308 (s Rn 43). Der Wortlaut von § 13 BGB legt das aber auch allgemeiner nahe. Dann ist jeweils bei den einzelnen Verbraucherschutzvorschriften zu prüfen, ob und inwieweit sie auch Arbeitnehmer als solche berühren, Herbert/Oberrath NJW **05,** 3745.

D. **§§ 299 ff StGB, 17, 18 UWG:** Für HdlGehilfen und Kfm sind die Sonderregeln über Bestechlichkeit und Bestechung im geschäftlichen Verkehr (§§ 299 ff StGB), den Verrat von Geschäfts- oder Betriebsgeheimnissen (§ 17 UWG) und die Verwertung von Vorlagen (§ 18 UWG) wichtig. **11**

E. **Arbeitsrechtliche Gesetze:** Neben HGB und dem Dienstvertragsrecht der §§ 611–629 BGB (nicht § 630 BGB, s § 73 aF/§ 109 GewO Rn 3) sind für HdlGehilfen und Kfm eine Vielzahl arbeitsrechtlicher Vorschriften und Gesetze bedeutsam, zB allgemein GewO Titel VII Arbeitnehmer I. Allgemeine arbeitsrechtliche Grundsätze: **§§ 105–110 GewO** idF 3. GewOÄndG 24. 8. 02 BGBl 3412, zutr krit Bauer/Opolony BB **02,** 1590 (s auch § 73 aF/§ 109 GewO Rn 1) sowie (alphabetisch geordnet) Regelungen ua über **Arbeitnehmererfindungen** (ArbEG); **Arbeitnehmerüberlassung** (AÜG); **Arbeitsgerichtsbarkeit** (ArbGG); **Arbeitsplatzschutz** (ArbPlSchG); **Arbeitsschutz** (ArbSchG); **Arbeitsvermittlung** §§ 296–298 SGB III; **Arbeitszeit** (ArbZG); **Berufsbildung** (BBiG); **Beschäftigungsförderung** (SGB III); **betriebliche Altersversorgung** (BetrAVG); **Betriebsverfassung** (BetrVG); **Entgeltfortzahlung** (EFZG); **Feiertage** (Feiertagesgesetze der Länder); **Heimarbeit** (HeimarbeitsG); **Jugendarbeitsschutz** (JArbSchG); **Kündigungsschutz** (KSchG); **Lohnfortzahlung** s Entgeltfortzahlung; **Mutterschutz** (MuSchG); **Pflegebedürftigkeit** (SGB XI); **Schwerbehinderte** (SGB IX); **Tarifverträge** (TVG); **Urlaub** (BUrlG); **Vermögensbildung** (5. VermBG). **12**

2) Arbeitgeber

A. **Begriff: a) Arbeitgeber** ist Gläubiger des Anspruchs auf Arbeitsleistungen und Schuldner des Arbeitsentgelts, BAG BB **75,** 183. Arbeitgeber (vom Gesetz altertümlich Prinzipal genannt) ist der den HdlGehilfen beschäftigende Kfm, also der Inhaber des HdlGewerbes bzw die (natürliche oder juristische) Rechtsperson (oder Gesellschaft mit eigenen Rechten und Pflichten: OHG, KG, § 124; nach BAG NJW **89,** 3034 nicht GbR als solche, aber mit neuer Rspr zu **13**

Hopt 249

§ 59 14–17

GbR trotz BGH NJW **02,** 1208 nicht vereinbar, Einl 14 vor § 105, vgl § 84 Rn 9), in deren Namen das HdlGewerbe betrieben wird (§ 1 Rn 10–12). Wer zurechenbar den Anschein erweckt, er sei Inhaber oder phG, muss sich an diesem Rechtsschein festhalten lassen, soweit Arbeitnehmer darauf vertrauten und vertrauen durften, BAG BB **79,** 1036 (Rechtsscheinhaftung, § 5 Rn 9–17). Der Arbeitgeber kann nicht im gleichen Geschäft auch HdlGehilfe sein.

14   b) Arbeitgeber sollen bei einem einheitlichen Arbeitsverhältnis auch mehrere juristische (**Konzerngesellschaften**) oder natürliche Personen sein können, BAG DB **82,** 1569 (mit Folgen ua für Kündigung und Abfindung), krit Schwerdtner ZIP **82,** 900, Wiedemann **AP** Nr 1 zu § 611 BGB Arbeitgebergruppe. Kündigungsschutz bei Konzernholding, BAG NJW **99,** 3212. Arbeitgeber iSv Insolvenzsicherung im Konzern, BAG NJW **91,** 1972. Durchgriffshaftung bei existenzvernichtendem Eingriff (§ 172 a Rn 41). Arbeitsrechtliche Drittbeziehungen s BAG DB **83,** 1715, Konzen ZfA **82,** 259. IdR keine konzernweite Weiterbeschäftigungspflicht (KSchG), BAG ZIP **05,** 1044, NJW **08,** 3309, ausnahmsweise Konzernkündigungsschutz, BAG ZIP **06,** 2279, so bei vertraglicher Absprache oder geübter Praxis, BAG NJW **08,** 3309. Konzernarbeitsrecht s Lit: Windbichler 1989; Konzen ZHR 151 (**87**) 566, Martens ZGR **84,** 417.

15   c) Beim **mittelbaren Arbeitsverhältnis** (zB Kette Heimarbeiter, Zwischenmeister, Konfektionsunternehmer) ist Arbeitgeber der Mittelsmann. Regelung im HeimarbeitsG. Lit: Schmidt/Koberski/Tiemann/Wascher 4. Aufl. 1998.

16   d) Beim **Leihabeitsverhältnis (Arbeitnehmerüberlassung)** ist Arbeitgeber der Verleiher; bei unerlaubter Arbeitnehmerüberlassung ist Vertrag zwischen Verleiher und Leihabeitnehmer unwirksam, statt dessen gilt ein Arbeitsverhältnis mit dem Entleiher als zustandegekommen (§§ 9, 10 AÜG). Abgrenzung zu Werk- und Dienstvertrag (mit § 278 BGB) nach Geschäftsinhalt (Vereinbarung und praktische Durchführung), BAG BB **91,** 2375, BGH WM **06,** 971; zu unternehmerischer Zusammenarbeit, BAG NJW **01,** 1516. Zwingender Gleichbehandlungsgrundsatz (AGG s Rn 10) für Leihabeitnehmer auch betr Lohn wie bei Entleiher (§ 3 I Nr 3 AÜG nF 2002, Ausnahmen: 6 Wochen, Tarifvertrag), BAG NZA **06,** 587, zutr krit Bauer/Krets NJW **03,** 538. Befristungen nur noch eingeschränkt (TzBfG, s Rn 111). Zur Unwirksamkeit von Einstellungsverboten uä für Entleiher (§ 9 Nr 3 AÜG) BGH NJW **07,** 764, anders noch BGH **155,** 311. Unwirksamkeitsfolgen in der Insolvenz, BGH **161,** 241. Komm zum AÜG: Sandmann/Marschall/Schneider (LBl), Thüsing 2. Aufl 2008; zur Reform 2002 Thüsing DB **02,** 2218, Bauer/Krets NJW **03,** 537, zur Reform 2003 Benkert BB **04,** 998; Boemke BB **06,** 997.

17   B. **Wechsel bei Betriebsübergang (§ 613 a BGB;** seit 1972 I 2–4, IV seit 1980, dazu Seiter DB **80,** 877, III nF 1991), V, VI (Unterrichtung) seit 2002, dazu Willemsen NJW **07,** 2065, Commandeur/Kleinebrink NJW **08,** 3467. § 613 a BGB geht auf EG-Ri zurück, maßgebend ist deshalb die Rspr des EuGH, zB NJW **94,** 2343 (Christel Schmidt, überholt), **97,** 2039 (Ayse Süzen), **04,** 45 (Carlito Abler) m krit Anm Bauer NZA **04,** 14, Jochums NJW **05,** 2580, zust Willemsen/Annuss DB **04,** 135, NJW **06,** 889 (Güney-Görres), **07,** 3195 (Jouini), ZIP **09,** 433 (Klarenberg); zur EG-Ri 1998 Gaul BB **99,** 526.

a) **Allgemeines:** Beim rechtsgeschäftlichen Betriebsübergang, auch von Betriebsteilen, tritt der Erwerber in bestehende Rechte und Pflichten aus Arbeitsverhältnissen ein (I), der frühere Inhaber haftet daneben für Verpflichtungen, die vor Übergang entstanden und vor Ablauf eines Jahres danach fällig geworden sind (II). Der Übernehmer muss also zB eine vom Vorgänger zugesagte Gratifikation zahlen, BAG BB **78,** 404, darf aber die unterschiedlichen Arbeitsbedingungen des Vorgängers beibehalten, BAG ZIP **05,** 2225. Es handelt sich um eine Vertragsübernahme mit gesetzlicher Sondernachfolge. Zum **geschützten Perso-**

nenkreis gehören alle Arbeitnehmer, auch Auszubildende, leitende Angestellte; gekündigte Arbeitnehmer bis zum Ablauf der Kündigungsfrist, BAG BB **78,** 914; nicht: bereits Ausgeschiedene, selbst wenn das provisionspflichtige Geschäft erst vom Übernehmer ausgeführt wird, BAG NJW **87,** 3031, GmbHGeschäftsführer, BAG NJW **03,** 2473, Leiharbeiter, da Arbeitnehmer des Entleihers (s Rn 16). Umwandlungen s § 324 UmwG. RsprÜbersicht: Waas BB **06,** 2525, Kock BB **07,** 714.

b) Voraussetzungen: Europarechtlich entscheidendes Kriterium ist die Wahrung der **Identität der wirtschaftlichen Einheit,** EuGH NJW **94,** 2343, **97,** 2039, **04,** 45, **06,** 889, **07,** 3195, dh eine organisierte Zusammenfassung von Ressourcen zur Verfolgung einer wirtschaftlichen Haupt- oder Nebentätigkeit (EGRi 1998); keine Identität mangels Übertragung relevanter materieller oder immaterieller Betriebsmittel oder Übernahme eines nach Zahl und Sachkunde wesentlichen Teils des eingesetzten Personals, EuGH NJW **97,** 2039; aber Eigentum an Betriebsmitteln braucht nicht überzugehen, EuGH NJW **04,** 45; auch organisierte Gesamtheit von Arbeitnehmern ohne Betriebsmittel kann wirtschaftliche Einheit darstellen, EuGH **07,** 3195 (Leiharbeiterunternehmen); bei hauptsächlich auf die menschliche Arbeitskraft setzenden Branchen muss wesentlicher Teil der Belegschaft übergehen, BAG ZIP **06,** 46. Eigenwirtschaftliche Nutzung der übernommenen Betriebsmittel ist nicht notwendig, Einzelkriterien mit je nach Tätigkeit unterschiedlichem Gewicht, Gesamtbewertung, EuGH NJW **06,** 889 (Güney/Görres) m Anm Kock ZIP **06,** 97, BAG NJW **06,** 2138, 2141, **07,** 106 m Anm Hohenstatt/Grau, 29; ZIP **07,** 1382 u NJW **07,** 3371 m Anm Kock (Neuvergabe von Schlachtarbeiten in Schlachthof); bloße Funktionsnachfolge begründet nicht wirtschaftliche Einheit, auch nicht allein Übernahme der Kundenbeziehungen, BAG NJW **08,** 314. Identität bleibt bei KG auch bei komplettem GfterWechsel, BAG NJW **08,** 314. Anwendung dieser Grundsätze auf Neuverpachtung einer Gaststätte, BAG NJW **98,** 1253, auf Reinigungsunternehmen, BAG NJW **98,** 2306, auf Schließung und Neueröffnung von EinzelHdlGeschäften, BAG NJW **00,** 2116, auf Personenkontrolle am Flughafen, BAG NJW **07,** 106. Übergang von **Betriebsteilen** (betriebliche Teilorganisationen) genügt, wenn der Übernehmer mit den übernommenen Betriebsmitteln den Betrieb oder Betriebsteil im Wesentlichen unverändert fortführen kann, BAG BB **86,** 193, NJW **95,** 75, **00,** 1589; nicht bei bloßer Übernahme einzelner Betriebsmittel und Mitarbeiter durch zwei neu gegründete Unternehmen, BAG NJW **08,** 317, bei vollständiger Eingliederung in die vorhandene Organisationsstruktur des Erwerbers, BAG ZIP **06,** 1695 (Zerschlagungsmodell), bei Änderung des Betriebskonzepts oder Betriebszwecks, BAG NZA **06,** 1096 (Identitätsänderung), zB anderem Ein- und Verkaufskonzept (Discount statt Marke), BAG ZIP **06,** 2181, Willemsen NJW **07,** 2066, Houben NJW **07,** 2075; bei Übernahme anderer wesentlicher Betriebsmittel kann Übernahme eines einzelnen Arbeitnehmers mit dem entscheidenden Know-how starkes Indiz für Übergang sein, BAG NJW **95,** 73; Gesamtheit von Arbeitnehmern, die durch gemeinsame Tätigkeit dauerhaft verbunden sind, kann wirtschaftliche Einheit iSv EuGH darstellen, BAG NJW **97,** 3188. Arbeitnehmer sind entspr ihrer überwiegenden Tätigkeit dem alten oder neuen Arbeitgeber gesetzlich zugeordnet, Kündigung und Neueinstellung ändert nichts, BAG WM **83,** 99. Haftung auch bei **Betriebsaufspaltung,** Mithaftung des Veräußerers nur bei besonderem Rechtsgrund, BAG DB **88,** 1166 (Versorgungsanwartschaft), Belling/Collas NJW **91,** 1919. Übernahme **durch Rechtsgeschäft** grenzt nur gegenüber Übergang unabhängig vom Willen des alten Betriebsinhabers ab (kraft Gesetz, Verwaltungsakt; bei Gesamtrechtsnachfolge führt § 1922 BGB zu derselben Rechtsfolge wie I 1); unmittelbare rechtsgeschäftliche Beziehungen zwischen dem alten und neuen Betriebsinhaber sind unnötig, BAG NJW **95,** 73; entscheidend ist der tatsächliche Über-

§ 59 19–21 I. Buch. Handelsstand

gang, BAG NJW **86,** 453, auch bei Neuvergabe von Aufträgen an Fremdunternehmen, BAG NJW **98,** 2306; Übergang trotz Rücktrittsrechts BAG NJW **06,** 2141; Übernahme des Kundenstamms eines aufhörenden **Handelsvertreters** durch Unternehmer, BAG DB **88,** 2155. Erwerb **von Dritten,** zB Sicherungseigentümern, und **durch mehrere Rechtsgeschäfte** genügt, wenn ihr Ziel der Erwerb eines funktionsfähigen Betriebs ist, BAG BB **86,** 196. § 613 a BGB ist auch bei **Pächterwechsel** nicht ausgeschlossen, BAG BB **87,** 972, 1603, NJW **98,** 1253, nach Pachtende, aber nur bei tatsächlicher Betriebsfortführung durch Verpächter, BAG NJW **99,** 2461; bei Abschluss neuer Arbeitsverträge mit den Mitarbeitern und neuer Mietverträge mit Vermieter, BAG NJW **95,** 73. § 613 a BGB gilt auch **nicht** entsprechend bei **Gesellschafterwechsel,** selbst wenn alle alten Gfter ausscheiden (§ 105 Rn 69), BAG NJW **91,** 247.

§ 613 a **BGB gilt nicht** bei **Betriebsübergang nach Eröffnung des Insolvenzverfahrens,** soweit es um schon entstandene Ansprüche geht, BAG NJW **92,** 708, 3188, **93,** 2259 (sukzessiver Erwerb), **03,** 2405 LS, **04,** 1972 (Urlaubsansprüche). § 613 a BGB soll bei Betriebsveräußerung in der Insolvenz erfassen: Masseschulden, BAG NJW **87,** 1966; Arbeitsplatzschutz und Kontinuität des Betriebsrats, BAG BB **80,** 319, NJW **88,** 3035, also nur Reorganisationskündigungen durch Insolvenzverwalter, BAG BB **83,** 2117; Veräußerung eines „praktisch insolvenzreifen" Betriebs vor Eröffnung des Insolvenzverfahrens, BAG BB **79,** 735, **82,** 1118; sogar wenn Insolvenzverfahren mangels Masse nicht eröffnet wurde, BAG NJW **85,** 1574; bei Kündigung des Veräußerers, wenn verbindliches Sanierungskonzept des Erwerbers vorliegt, BAG NJW **03,** 3506. § 613 a BGB gilt nicht für das **Ruhestandsverhältnis,** also für bereits ausgeschiedene Arbeitnehmer, BAG ZIP **87,** 863, **04,** 1227. Aufhebungsvertrag über endgültiges Ausscheiden aus dem Betrieb und gleichzeitigen **Übertritt in Beschäftigungs- und Qualifizierungsgesellschaft** ist (außer bei Umgehung) zulässig, BAG ZIP **07,** 643.

19 c) **Wirkung:** § 613 a BGB ist **zwingend.** Der Arbeitnehmer muss Fortsetzungsanspruch bei Betriebsübergang durch Fortbeschäftigung der Hauptbelegschaft noch während des Bestehens des Arbeitsverhältnisses mit dem Veräußerer oder unverzüglich nach Kenntniserlangung der den Betriebsübergang tragenden Tatsachen gegenüber dem Erwerber geltend machen, BAG NJW **99,** 1132. **Aber kein Übergang gegen Widerspruch des Arbeitnehmers (VI).** Der Widerspruch (Gestaltungsrecht auf Rechtsfolgenverweigerung) muss innerhalb eines Monats nach Unterrichtung durch den bisherigen Arbeitgeber oder den neuen Inhaber (**V,** sonst läuft Widerspruchsfrist nicht, auch schadensersatzbewehrte Rechtspflicht, BAG NJW **07,** 250, macht aber Kündigung nicht unwirksam, BAG ZIP **05,** 1978) schriftlich (auch konkludent, BAG NJW **07,** 250) erklärt werden (VI 1), entweder gegenüber dem bisherigen Arbeitgeber oder gegenüber de neuen Inhaber (VI 2), ältere Rspr (s 30. Aufl) ist damit überholt. Anforderungen an Unterrichtung, BAG NJW **07,** 244, 246 m Anm Lembke 255. Für Widerspruch ist sachlicher Grund nicht erforderlich, doch kann Kollektivwiderspruch rechtsmissbräuchlich sein, BAG NJW **05,** 775. Der Widerspruch ist nach Zugang nicht widerruflich (§ 130 I 2 BGB), BAG NJW **04,** 1891. Lit: Schnitker/Grau BB **05,** 2238, Lembke/Oberwinter ZIP **07,** 310, Lindemann/Wolter-Rosstesutscher BB **07,** 938.

20 d) Zu Tarifverträgen und Betriebsvereinbarungen **I 2–4;** BAG NJW **02,** 1668, NZA **03,** 670, Bachner NJW **03,** 2861, Pogge NJW **03,** 3734.

21 e) **IV** macht Kündigung wegen Betriebsübergang unwirksam (§ 134 BGB), Geltendmachung s Rn 159. Aufhebungsvertrag und Einstellung durch Auffang-Ges zu schlechteren, aber sachlich gerechtfertigten Bedingungen verstößt nicht ohne weiteres gegen IV, aber uU Umgehung, BAG NJW **06,** 938, **07,** 2351 LS, Gaul/Otto ZIP **06,** 644, Krieger/Fischinger NJW **07,** 2289 (Beschäftigungs-

und QualifizierungsGes). Kündigung des Insolvenzverwalters zwecks Sanierung ist zulässig (nicht: „wegen" iSv IV), BAG ZIP **07,** 595.

f) V, VI (seit 2002) enthalten Informationspflicht vor Übergang in Textform 21a (§ 126b BGB) und Widerspruchsrecht des Arbeitnehmers. V begründet eine Rechtspflicht gegenüber dem einzelnen Arbeitgeber, BAG NJW **07,** 250, individuelle Unterrichtung ist aber nicht notwendig, BAG NJW **07,** 2134. Die nicht ordnungsgemäße Unterrichtung steht der unterbliebenen Information gleich, BAG NJW **07,** 246, 2134. Notwendiger Inhalt der Information im Einzelnen bei BAG NJW **07,** 2134. Kein Widerspruchsrecht bei Gesamtrechtsnachfolge, BAG ZIP **08,** 1296. Das Widerspruchsrecht kann verwirkt (s auch Rn 86) werden, BAG NJW **07,** 2134. Übersichten: Lembke/Oberwinter ZIP **07,** 310, Willemsen NJW **07,** 2067, Schiefer/Worzalla NJW **09,** 558.

C. **Haftung ausgeschiedener Gesellschafter:** Ausgeschiedene Gfter einer 22 OHG oder KG haften grundsätzlich weiter für alle Ansprüche, die vor Ausscheiden bestanden (§ 128 Rn 28). Aber fünfjährige Nachhaftungsbegrenzung durch § 160 idF NachhBG 1994, auch für Pensionsansprüche. § 159 regelt nur die Verjährung bei Auflösung der Ges. Die frühere Rspr des BAG, zB WM **90,** 1466, mit einer früher wirksam werdenden Enthaftung des Ausgeschiedenen bei Dauerschuldverhältnissen bleibt für das Übergangsrecht weiterhin bedeutsam (§ 160 Rn 1). Lit: s § 128 Rn 32.

3) Handlungsgehilfe

A. **Personal des Kaufmanns:** Im Betrieb des Kfm können beschäftigt sein: 23

a) Handlungsgehilfen (§§ 59ff, heute meist **kaufmännische Angestellte** genannt) sind „in einem Handelsgewerbe zur Leistung kaufmännischer Dienste gegen Entgelt angestellt"; dazu Rn 25ff. Prokuristen (§§ 48ff) und HdlBevollmächtigte (§§ 54ff) bezeichnen Inhaber bestimmter hdlrechtlicher Vollmachten, nicht besonderes Personal; sie sind idR HdlGehilfen.

b) Auszubildende (früher Handlungslehrlinge nach §§ 76ff (aufgehoben), heute oft abgekürzt als Azubis) unterliegen heute dem BerBG (BBiG), Lit: Benecke/Hergenröder 2009;

c) **Volontäre** s § 82a;

d) Gewerbegehilfen und **technische Angestellte** leisten technische Dienste, zB Arbeiter, Fahrer, Boten, Ingenieure, Chemiker, Werkmeister (§ 83). Für sie gilt neben allgemeinen arbeitsrechtlichen Gesetzen seit jeher die GewO; deren §§ 105ff gelten aber inzwischen für alle Arbeitnehmer (s Rn 12), § 110 S 2 GewO verweist auf §§ 74–75f (§ 74 Rn 2).

e) Andere Angestellte, die weder kfm noch technische Dienste leisten, zB Ärzte, Juristen, Wirtschaftsprüfer, § 83; freie Mitarbeiter, BAG BB **83,** 1855 (Rundfunk). Für sie gilt neben allgemeinen arbeitsrechtlichen Gesetzen Dienstvertragsrecht (§§ 611–630 BGB).

f) Gemischte Verträge kommen vor für Personen, die Dienste verschiedener Art (kfm, technische, sonstige) leisten; für ihr Arbeitsverhältnis im ganzen gilt das Recht, das für die an Bedeutung (nicht unbedingt Zeitaufwand) überwiegende Tätigkeit gilt, BAG **1,** 92, **19,** 267, BB **66,** 1062.

Nicht zum Personal des Kfm gehören HdlVertreter (§ 84 I); sie sind nicht in 24 den Betrieb, sondern als selbstständige Gewerbetreibende in den Absatz eingeschaltet.

B. **Begriff des Handlungsgehilfen: a)** Der HdlGehilfe ist im HdlGewerbe 25 **angestellt.** Er ist **Arbeitnehmer,** dh er steht in einem Arbeitsverhältnis zum Arbeitgeber (s Rn 13–22) und übt eine von diesem abhängige, weisungsgebundene Tätigkeit aus. Er ist **Angestellter,** nicht Arbeiter (dh alle Arbeitnehmer, die nicht Angestellte sind); der Angestellte leistet im Gegensatz zum Arbeiter vorwiegend geistige Tätigkeit (s Rn 28). Maßgebend für die Abgrenzung ist die Verkehrsanschauung; Anhaltspunkte gab früher § 133 II aF SGB VI (insoweit aufgeh mWv 1. 1. 05). Angestellt ist auch derjenige, der nur vorübergehend oder mit Teilzeitbeschäftigung beschäftigt ist; wo der HdlGehilfe tätig ist (in den Geschäftsräumen, im Außendienst oder sogar in den Geschäftsräumen eines anderen Unternehmers, aber s Rn 13–16), spielt keine Rolle. **Minderjährige** können HdlGehilfe sein (§§ 106 ff, 113 BGB; vgl § 74 a II 1). Auch nicht geschäftsführende (s Rn 26) **Gesellschafter** je nach Ausgestaltung, BAG BB **91,** 479; **juristische Person** je nach Tätigkeit, str; die personenrechtlichen Bestimmungen der §§ 59 ff sind teils sinngemäß, teils nicht anwendbar.

26   Nicht Handlungsgehilfe sind zB **gesetzliche Vertreter** von HdlGes und anderen juristischen Personen, zB GmbHGeschäftsführer, BGH **79,** 291 (da Arbeitgeberfunktion, aber uU § 622 BGB ua entspr), ZIP **07,** 910 (GmbH & Co), BAG NJW **06,** 1899, Goette FS Wiedemann **02,** 873, aber BAG ZIP **92,** 1496, NJW **99,** 3731: je nachdem; GmbHMehrheitsGter, BAG NJW **98,** 3796: iZw konkludente Aufhebung des bisherigen Arbeitsverhältnisses mit der GmbH, BAG NJW **00,** 3732, **07,** 396, 3228 kein Wiederaufleben bei Abberufung, BAG NJW **06,** 1899; zum Schriftformerfordernis der Kündigung s Rn 121. Geschäftsführer- und Arbeitsverhältnis (ruhend oder weiterlaufend) sind vorstellbar, BAG NJW **08,** 1018 m Anm Diller, zB bei unterschiedlichen Tätigkeiten oder im Konzern; Übersicht Moll BB/HR **08,** 1024. Nicht Handlungsgehilfe sind ferner dienstvertraglich Tätige **ohne Abhängigkeit,** insbesondere **freie Berufe** und andere **Selbstständige** (vgl § 84 I 2), zB Rechts- und Steuerberater, Wirtschaftprüfer, Stundenbuchhalter, die ihre Arbeitszeit selbst bestimmen; freie Mitarbeiter (Grenze Umgehung des Sozialschutzes bei Fehlen sachlicher Gründe), BAG **25,** 505; als **Familienangehörige** mitarbeitende Personen, idR die Ehefrau im Geschäft des Mannes, BGH BB **61,** 332, uU Kinder, anders bei voller Arbeitskraft im Geschäft, dann sind auch Familienangehörige iZw HdlGehilfen, BSozG BB **56,** 856; Beamte; zugewiesene Strafgefangene, Fürsorgezöglinge, Auszubildende (BerBG).

Praktikanten, bei denen nicht die Arbeitsleistung, sondern die Ausbildung im Vordergrund steht. **Handelsvertreter** und Versicherungsvertreter sind selbstständige Kflte, nicht HdlGehilfen (§ 84 I); aber **arbeitnehmerähnliche** HV s § 84 Rn 46–47, § 92 a.

27   **b)** HdlGehilfe ist nur der **in einem Handelsgewerbe** Angestellte. Der **Arbeitgeber muss** also **Kaufmann** (§§ 1 ff) **sein;** auch Kfm kraft Eintragung (§ 5); eine juristische Person nach §§ 33 ff, auch Gebietskörperschaft (§ 1 Rn 27); größere VVaG (§§ 16, 53 VAG), BAG **20,** 123; RechtsscheinKfm (§ 5 Rn 9), aber der Rechtsschein wirkt nur für, nicht gegen den gutgläubig kfm beschäftigten Angestellten (§ 5 Rn 15).

28   **c)** HdlGehilfe ist nur der **zu kaufmännischen Diensten** Angestellte. Die geistige Arbeit muss überwiegen (Abgrenzung zum Arbeiter s Rn 25). Ausgangspunkt ist die vereinbarte Beschäftigung, doch entscheidet die spätere tatsächliche Tätigkeit, BAG **19,** 267. Maßgeblich ist die Verkehrsanschauung; sie kommt häufig im Tarifvertrag zum Ausdruck, BAG **7,** 86. Kfm Dienste sind nach der Verkehrsauffassung solche, zu deren Leistung ein gewisses Maß an kfm Kenntnis, Erfahrung oder zumindest Übung gehört. **Nicht** maßgebend ist die in der SozVers geltende Abgrenzung (aber sie prägt über die Tarifpraxis häufig die Verkehrsanschauung), BAG **7,** 86; die kfm Ausbildung, denn wenn der wichtigste Teil der Tätigkeit kfm ist, dann ist der Angestellte HdlGehilfe, auch bei geringer kfm Ausbildung, zB Werkstattschreiber in einer Fabrik, RAG **7,** 250. „Aufnahme in das Angestelltenverhältnis" gibt zwar Anspruch auf entspr Beschäftigung, macht aber ohne solche nicht zum Angestellten. Abgrenzung gegen technischen Angestellten s BAG **19,** 267.

d) Der HdlGehilfe ist **gegen Entgelt** angestellt, die Art des Arbeitsentgelts (s 29 Rn 58–70) spielt keine Rolle.

C. Beispiele: Handlungsgehilfen sind Apothekenhelferin, Buchhalter, Bü- 30 rovorsteher, (Schaufenster)Dekorateur, LAG Düss BB **60,** 247, Einkäufer, Frachtkontrolleur in Speditionsbetrieb, LAG Ffm RdA **50,** 198, Filialleiter, RG LZ **32,** 407, Hotelleiter und -sekretär, Kassierer in Bank oder Geschäft, Kontrolleur; Lagerpersonal, wenn es auch geistig arbeitet, zB in Bestandsabrechnung; angestellte Marktbeobachter; in der Rechtsabteilung Tätige, BAG **3,** 321; Stenotypistin in kfm Betrieb, LAG Düss-Kln BB **59,** 704; in der Steuerberatung tätige Angestellte einer SteuerberatungsGmbH, BAG **18,** 104; Verkäufer, sofern sie nicht nur mechanische Tätigkeit ausüben; Verkaufsfahrer, die Kunden beraten, werben, kassieren, BAG **1,** 92; Verkaufsingenieure mit kfm Haupttätigkeit, RAG JW **39,** 319; Verlagsleiter; Versicherungsangestellte im Innendienst, die gelegentlich Geschäfte gegen Provision vermitteln, sowie fest angestellte Versicherungsvermittler, BAG **20,** 123; Versicherungsvertreter, BAG BB **63,** 1096; Vertreter im Außendienst mit Kundenwerbung; Warenhauspropagandistin; mit Werbung befasste Angestellte, BAG **1,** 92.

Nicht Handlungsgehilfen, sondern Gewerbegehilfen sind Abonnenten- 31 sammler im Haustürgeschäft; Boten; Chemiker; Fahrkartenverkäufer in UBahn; Getränkeausfahrer, auch ohne Vorbestellung; Garderobenfrau; Ingenieur; Kassiererin im Kino, LAG Hamm DB **52,** 775; Kellner; Koch; Ladenmädchen; Omnibus- und Straßenbahnschaffner, RAG **15,** 70; Tankwart; Telefonistin, BAG BB **59,** 80; Verkäuferinnen in Kiosken, BAG BB **56,** 208, LAG Stgt BB **57,** 438; Werkmeister; Zigarettenverkäuferin in Kino und Gaststätten; Zuschneider, RAG **4,** 240. RsprÜbersichten: Schüler-Springorum BB **58,** 236, Brill DB **81,** 316 (Abgrenzung von Arbeitern und Angestellten). **Handlungsreisende** können selbstständige HV (§ 84 I) oder abhängige HdlGehilfen sein. Für letzteres spricht zB Pflicht zu Bürodienst außerhalb der Reisen.

4) Arbeitsvertrag, Arbeitsverhältnis

A. Vertragsanbahnung: a) Bereits der rechtsgeschäftliche Kontakt zwischen 32 Arbeitgeber und Stellenbewerber begründet ein gesetzliches Schuldverhältnis nach § 311 II BGB mit Rechten und Pflichten für die Beteiligten (Verschulden bei Vertragsverhandlungen, Vertrauenshaftung). Dieses Schuldverhältnis ist ein gesetzliches, kann also auch unter Geschäftsunfähigen bestehen. Es beinhaltet keine primären Leistungspflichten (Erfüllungsanspruch, positives Interesse), sondern nur sekundäre Pflichten nach § 241 II BGB (Verhaltenspflichten, **negatives oder Vertrauensinteresse**). Haftung für Erfüllungsgehilfen (§ 278 BGB) schon in diesem Stadium, auch ohne Abschlussvollmacht, BAG BB **74,** 2060. Kern des Schuldverhältnisses sind die **Verhaltenspflichten,** die Kfm und Stellenbewerber zu beachten haben. Sie werden von der Rspr fallorientiert entwickelt und betreffen vor allem folgende Fallgruppen: Pflicht, beim anderen Teil nicht zu Unrecht ein Vertrauen auf Vertragsabschluss zu erwecken (Rn 33); Pflicht, dem anderen Teil vertragswesentliche Umstände mitzuteilen bzw ihn entspr aufzuklären (Rn 34); Obhuts- und Schutzpflichten (Rn 35). Die Pflicht zum Ersatz von Vorstellungskosten folgt schon aus § 670 BGB (Rn 36), kann aber auch Inhalt eines Schadensersatzanspruches nach § 280 BGB sein.

b) Abbruch der Vertragsverhandlungen allein macht nicht schadensersatz- 33 pflichtig nach § 280 BGB (Grundsatz der **Vertragsfreiheit,** kein Anspruch auf Einstellung, s aber auch Rn 91 bei angekündigter Diskriminierung, EuGH NJW **08,** 2767; uU Kontrahierungszwang wegen AGG, Thüsing/von Hoff gegen Armbrüster NJW **07,** 21, 1494); auch dann nicht, wenn der Arbeitgeber weiß, dass der Stellenbewerber in Erwartung des Vertragsabschlusses Aufwendungen gemacht hat. Wenn der Arbeitgeber aber zurechenbar (nicht unbedingt schuldhaft) den Rechtsschein erweckt, der Stellenbewerber werde eingestellt oder erhalte besondere Vergünstigungen, und dieser sich darauf einrichtet (vgl § 5 Rn 9–17), haftet der Arbeitgeber auf den Vertrauensschaden, BGH NJW **75,** 1774; so wenn der Arbeitgeber den Stellenbewerber veranlasst, eine sichere Stelle zu kündigen, BAG BB **63,** 937. Entspr gilt für den Stellenbewerber, der entgegen dem von ihm erweckten Rechtsschein vom Vertragsschluss abspringt. Der Stellenbewerber haftet dann nach § 280 BGB uU für neue Inseratkosten und für Schäden infolge Nichtbesetzung der Stelle, wenn sonst ein anderer Bewerber rechtzeitig hätte eingestellt werden können. Bei Ungleichbehandlung von Mann und Frau Schadensersatz auch ohne Verschulden, EuGH NJW **97,** 1839 (AGG s Rn 10).

34 c) **Mitteilungs- und Aufklärungspflichten** treffen den Arbeitgeber und den Stellenbewerber. Der **Arbeitgeber** muss über die Stelle, ihre Anforderungen und uU Entwicklungsmöglichkeiten zutreffende Angaben machen; auf überdurchschnittliche Anforderungen muss er eigens hinweisen, BAG DB **58,** 371; ebenso auf Zweifel an der Zahlungsfähigkeit des Arbeitsentgelt, BAG BB **75,** 184. Der **Arbeitnehmer** muss **nur ausnahmsweise** von sich aus **ohne Befragen** des Arbeitgebers diesen aufklären. Eine solche Offenbarungspflicht besteht nur, wenn ihm die Erfüllung der Arbeitsleistung unmöglich ist oder die verschwiegenen Umstände für den Arbeitsplatz von ausschlaggebender Bedeutung sind, BAG NJW **91,** 2723; zB wenn der Arbeitnehmer die Arbeit nicht aufnehmen kann oder will und der Arbeitgeber erkennbar im Vertrauen auf Arbeitsantritt erhebliche Aufwendungen macht, BAG BB **85,** 932; über Behinderung bei erkennbar ausschlaggebender Bedeutung für den Arbeitsplatz, BAG NJW **87,** 398; über Infektionskrankheit. **Zulässige Fragen,** und nur solche (sonst keine rechtswidrige Täuschung), muss der Arbeitnehmer wahrheitsgemäß beantworten, stRspr, BAG NJW **91,** 2723; **01,** 1885; sonst kann der Arbeitgeber anfechten (s Rn 118 mit zT ähnlicher Kasuistik wie hier) und der Arbeitnehmer haftet auf Schadensersatz. Das Fragerecht des Arbeitgebers bedarf besonderer Interessenabwägungen und findet seine Grenze am Persönlichkeitsrecht des Arbeitnehmers. Zulässig sind danach nur Fragen im Zusammenhang mit der zu leistenden Arbeit, zB über beruflichen Werdegang, früheres Arbeitsverhältnis, vgl BAG BB **70,** 883; früheres Gehalt, Wettbewerbsverbot; Krankheit, die fristgerechte Arbeitsaufnahme verhindert, BAG **16,** 261; chronische Krankheit; Behinderung, soweit für Arbeitsleistung wesentlich, BAG NJW **87,** 398, **94,** 1363, ohne diese Einschränkung über Schwerbehinderteneigenschaft, Grund: spezieller Schutz durch SchwBG (s Rn 162), BAG NJW **96,** 2323, **01,** 1885, aA wegen § 81 II SGB IX (vgl § 611 a BGB, s Rn 91) Frage unzulässig, Joussen NJW **03,** 2857; einschlägige Vorstrafen, BAG NJW **99,** 3653, zB Vermögensdelikte bei Kassierer oder Verkehrsdelikte bei Fahrer. **Unzulässig** sind Fragen nach Gewerkschaftszugehörigkeit, geplanter Heirat; idR Schwangerschaft, s Rn 118; für die Arbeit nicht einschlägige Vorstrafen, BAG NJW **91,** 2723; Vermögensverhältnisse von anderen als leitenden oder für besondere Vertrauensstellung vorgesehenen Angestellten. **Graphologische Gutachten** sind nur mit ausdrücklicher Einwilligung des Betroffenen zulässig, sonst Schadensersatzpflicht, BAG DB **83,** 2780. Verwendung von Tests s Klein AuR **79,** 266; Einholung von Auskünften über Bewerber s Schmid, DB **83,** 769. Lit: Moritz NZA **87,** 329.

35 d) **Obhuts- und Schutzpflichten** treffen beide Teile hinsichtlich der Person und Güter des anderen, soweit diese bei dem rechtsgeschäftlichen Kontakt exponiert werden. Der Arbeitgeber muss zB die Bewerbungsunterlagen pfleglich behandeln und zurückgeben; er muss zusehen, dass der Arbeitnehmer bei der Vorstellung in den Geschäftsräumen nicht zu Schaden kommt; er muss Personalfragebogen erfolgloser Bewerber außer bei besonderem berechtigtem Interesse vernichten, BAG BB **84,** 2130. Für beide Teile gilt **Verschwiegenheitspflicht.**

6. Abschnitt. Handlungsgehilfen und Handlungslehrlinge 36–39 § 59

e) Angemessene Vorstellungskosten (Fahrt, Verpflegung, uU Übernachtung, 36 nicht Abgeltung für Urlaubstag) trägt Arbeitgeber aus § 670 BGB bei Anforderung über das Arbeitsamt oder Aufforderung zur Vorstellung; auch bei bloßem „Anheimstellen", wenn Bewerber sonst nicht zum Betriebsort käme, ArbG Bln DB **75,** 1609.

B. **Zustandekommen (Änderung) des Arbeitsvertrags: a)** Der **Vertrags-** 37 **abschluss** (nicht aber Kündigung, s Rn 121) ist idR **formlos;** er ist ohne weiteres auch stillschweigend möglich, nachteilige Änderung idR nicht durch Schweigen des Arbeitnehmers, BAG BB **05,** 1745. Auch das NachweisG (s Rn 98) begründet keinen Formzwang. Schriftform verlangt § 4 BerBG; der Berufsausbildungsvertrag ist aber trotz Verletzung der Formvorschrift wirksam, BAG **AP** § 15 BerBG Nr 1. Auch TV, Betriebsvereinbarung, Einzelvertrag können Form vorschreiben; ihre Nichteinhaltung macht den Abschluss idR nicht nichtig, sondern gibt dem Arbeitnehmer nur Anspruch auf Nachholung; anders bei zwingender tariflicher Vorschrift, BAG **5,** 58, oder wenn nicht bloßes Beweismittel, sondern konstitutive Form (§§ 127, 125 BGB) gewollt ist. Der Arbeitsvertrag kann durch **Stellvertreter** abgeschlossen werden (§ 164 BGB). **Minderjährige** bedürfen der allgemeinen Ermächtigung nach §§ 112, 113 BGB bzw der Zustimmung des **gesetzlichen Vertreters,** §§ 107 ff BGB; ein Vormund bedarf bei Verpflichtung auf mehr als ein Jahr der Genehmigung des Vormundschaftsgerichts, BGB § 1822 Nr 6 (Lehrvertrag), Nr 7 (Arbeitsvertrag). § 1629 a BGB s 1 Rn 34. RsprÜbersicht über minderjährige Arbeitnehmer: Brill BB **75,** 284. **Ausländische Arbeitnehmer** bedürfen der Erlaubnis nach § 19 AFG; ohne sie ist der Arbeitsvertrag schwebend unwirksam, BAG NJW **69,** 2111; mit Ablauf der Arbeitserlaubnis wird die Arbeitsleistung nachträglich unmöglich (§§ 275, 283, 326 BGB), und der Arbeitsvertrag kann ordentlich oder außerordentlich gekündigt werden, BAG NJW **77,** 1023. **Zustimmung** des Betriebsrats nach §§ 99 ff BetrVG s Rn 42.

b) Für Arbeitsverträge gelten die allgemeinen Regeln über **Nichtigkeit und** 38 **Anfechtung** nur vor Invollzugsetzung des Vertrags ohne Einschränkungen. **Nach Invollzugsetzung** besteht ein sog faktisches oder (besser) **fehlerhaftes Arbeitsverhältnis,** auf das Nichtigkeitsfolgen nur eingeschränkt anwendbar sind. Da dies der typische Fall ist, werden Nichtigkeit und Anfechtung als praktisch zur Beendigung des Arbeitsverhältnisses gehörend behandelt, s Rn 117–120.

C. **Einwirkung von Tarifnormen: a) Tarifnormen** (s Rn 5) gelten un- 39 mittelbar für das Arbeitsverhältnis, wenn Tarifgebundenheit besteht und das Arbeitsverhältnis in den Geltungsbereich des Tarifvertrags (TV) fällt. **Tarifgebunden** sind die Mitglieder der TVParteien, also organisierte Arbeitgeber und Arbeitnehmer, und der Arbeitgeber, der selbst Partei der TV ist (§ 3 TVG). Für Inhalts- und Abschlussnormen ist, da die Vertragsstellung beider Vertragsparteien berührt wird, beiderseitige Tarifgebundenheit nötig (§ 4 I 1 TVG); bei betriebsverfassungsrechtlichen und uU Betriebsnormen genügt die Tarifgebundenheit des Arbeitgebers. Die Tarifgebundenheit besteht auch bei Austritt fort bis zum Ende des TV (§ 3 III TVG). Auch ohne Tarifgebundenheit gilt der für allgemeinverbindlich erklärte TV (§ 5 TVG; § 3 III TVG gilt mangels Tarifgebundenheit nicht). Keine Tarifgebundenheit begründet die Bezugnahme auf den TV (s Rn 58), sei es durch Einzelarbeitsvertrag, Betriebsvereinbarung oder Betriebsübung (s Rn 5, 7–8), vgl von Hoyningen-Huene RdA **74,** 146, str, die Bezugnahme kann nämlich gelöst werden, ohne dass § 3 III TVG entgegensteht. Das Arbeitsverhältnis muss in den **Geltungsbereich** des TV fallen, vor allem räumlich (zB TV nur für ein Bundesland) und betrieblich (zB bestimmter Industriezweig), ferner fachlich (zB nur für kfm Angestellte), persönlich (zB nicht für Lehrlinge, nur für Angestellte), zeitlich (Dauer; Nachwirkung s § 3 III TVG;

§ 59 40, 41   I. Buch. Handelsstand

Rückwirkung ist nicht möglich). Bei **Tarifkonkurrenz** gilt das speziellere (betriebsnähere) TV (grundsätzlich: Industrietarif vor Fachtarif, betrieblich engerer vor betrieblich weiterem, fachlich engerer vor fachlich weiterem, Firmentarif vor Verbandstarif). Nach Ablauf des TV gelten seine Rechtsnormen weiter, bis sie durch andere Abmachungen ersetzt werden (§ 4 V TVG, **Nachwirkung**). Tarifliche Bestimmungen sind als Mindestbedingungen **zwingend,** wenn der TV ungünstigere Bedingungen nicht ausdrücklich zulässt (§ 4 III TVG); für den Arbeitnehmer günstigere Bedingungen sind ohne weiteres zulässig (**Günstigkeitsprinzip** s Rn 5). **Verzicht** auf Anspruch aus TV für Tarifgebundene nur durch einen von den TVParteien gebilligten Vergleich (§ 4 IV 1 TVG); **Verwirkung** tariflicher Rechte ist ausgeschlossen, aber **Ausschlussfristen** sind (nur) im Tarifvertrag zulässig (§ 4 IV 2, 3 TVG), s Rn 78. Die Tarifautonomie ist auf arbeitsrechtliche Gegenstände beschränkt und besteht nur in den Grenzen der Verfassung und der Gesetze (dispositives und tarifdispositives Recht s Rn 4). Vor allem gilt auch für die TVParteien das Gleichbehandlungsgebot (s Rn 56–57, 63, 91), aber nicht zwischen Tarifgebundenen und Außenstehenden (s Rn 10). Rechtsirrige Ansicht des Arbeitgebers über Auslegung des TV bindet ihn nicht, BAG **10,** 161, BB **69,** 716, bei irrtümlicher Falscheinstufung ist für Änderung aber Änderungskündigung notwendig, BAG BB **62,** 136. Behandlung übertariflicher Zulagen bei Tariflohnerhöhung s Rn 58. Lit **zum TVG:** Wiedemann/Oetker/Wank 7. Aufl 2007; Löwisch/Rieble 2. Aufl 2004.

40   **b) Nicht tarifgebundene Parteien** werden von dem TV nicht erfasst (Ausnahme: Allgemeinverbindlichkeit, § 5 TVG). Die TVParteien haben keine Rechtsetzungsmacht gegenüber Außenstehenden. Der TV kann Außenstehenden keinen Solidaritätsbeitrag auferlegen, Hueck RdA **61,** 141. Auch **Differenzierungsklauseln** (mitgliedschaftanknüpfende, Tarifausschluss-, Spannen- oder Abstandsklauseln), mit denen Leistungen den Gewerkschaftsangehörigen vorbehalten, den Außenstehenden vorenthalten oder Spannen bzw Abstände zwischen beiden festgeschrieben werden sollen, sind unzulässig (Art 9 III GG, Eingriff in die Vertragsfreiheit der Außenstehenden). Für den TV und den Arbeitgeber keine Pflicht zur Gleichbehandlung von Tarifgebundenen und Außenseitern, BAG BB **60,** 1059, **62,** 714, **71,** 653; aber ebenso wenig Pflicht zu Ungleichbehandlung. Nicht tarifgebundene Parteien können im Arbeitsvertrag auf TV **Bezug nehmen.** Dadurch tritt keine Tarifbindung ein, sondern die tariflichen Normen gelten kraft Einzelvertrags, BAG **7,** 125, **8,** 219. Unterwerfung unter den jeweils geltenden TV bedarf ausdrücklicher Erklärung, sonst gilt sie nur für den zZ des Vertragsschlusses geltenden TV, LAG Düss-Kln BB **56,** 595, Gumpert BB **56,** 996. Bezugnahme auf tarifrechtlich unwirksame Bestimmung ist unwirksam, BAG BB **78,** 157.

41   D. **Einwirkung von Betriebsvereinbarungen, Mitbestimmung des Betriebsrats: a) Betriebsvereinbarungen** (Sonderform: Gruppenvereinbarung) zwischen Arbeitgeber und Betriebsrat (s Rn 5) gelten ähnlich wie TV unmittelbar für das Arbeitsverhältnis (§ 77 IV BetrVG; anders als bloße Betriebsabsprachen). Voraussetzung ist Vereinbarung in schriftlicher Form, Unterzeichnung beider Seiten (Wirksamkeitserfordernis, § 77 II 2 BetrVG gegen § 126 II 2 BGB). **Gebunden** durch die Betriebsvereinbarung sind nur Arbeitnehmer des Betriebs, nicht Ausgeschiedene und in Ruhestand Getretene, BAG GrS **3,** 1 = NJW **56,** 1086. Ihr **Geltungsbereich** kann beschränkt sein, zB fachlich, persönlich, zeitlich (vgl Rn 39). Die Betriebsvereinbarung hat **Nachwirkung** (§ 77 VI BetrVG). Sie gilt **zwingend** (§ 77 IV BetrVG), lässt aber für den Arbeitnehmer günstigere Einzelvertragsbedingungen zu (**Günstigkeitsprinzip** s Rn 5). Bereits begründete einzelvertragliche Rechte des Arbeitnehmers können durch kollektiv günstigere Betriebsvereinbarung beschränkt werden, BAG GrS BB **87,** 265, str. Verzicht auf Rechte des Arbeitnehmers aus Betriebsvereinbarung ist nur mit

6. Abschnitt. Handlungsgehilfen und Handlungslehrlinge   42, 43   § 59

Zustimmung des Betriebsrats möglich (§ 77 IV 2 BetrVG). Gesetze und Tarifautonomie setzen der Betriebsvereinbarung **Grenzen** (s Rn 5–6). Arbeitsentgelte und sonstige (aber nur sog materielle) Arbeitsbedingungen, die durch TV geregelt sind oder üblicherweise geregelt werden, können nicht Gegenstand einer Betriebsvereinbarung sein, außer bei tariflicher Öffnungsklausel (§ 77 III BetrVG). Betriebsvereinbarungen sind anders als TV der gerichtlichen Billigkeitskontrolle unterworfen (§§ 75 I 1, 76 V 3 BetrVG), stRspr, BAG NJW **83,** 70, str.

b) **Mitbestimmung des Betriebsrats** ist vorgesehen in sozialen, personellen 42 und wirtschaftlichen Angelegenheiten. Voraussetzung ist Anwendbarkeit des BetrVG. Dieses gilt nicht für Kleinstbetriebe (weniger als idR fünf wahlberechtigte Arbeitnehmer, §§ 1, 7 BetrVG), für den öffentlichen Dienst aber Personalvertretung) und nur eingeschränkt für Tendenzbetriebe. Es erfasst grundsätzlich nur den einzelnen Betrieb und seine Belegschaft und nur Arbeitnehmer iSv § 5 BetrVG, also nicht leitende Angestellte (Definition § 5 III BetrVG, reiche Kasuistik). Wahl des Betriebsrats s §§ 7 ff BetrVG; Grundsätze für die Mitbestimmung s §§ 74 ff BetrVG. Von der Mitbestimmung des Betriebsrats ist die Arbeitnehmermitbestimmung **in Unternehmensorganen** zu unterscheiden (DrittelbG 2004; MontanMitbestG 1951; MitbestG 1976). Lit zum **BetrVG:** Richardi 11. Aufl 2008, Fitting/Engels/Schmidt/Trebinger/Linsenmaier 24. Aufl 2008, Wlotzke/Preis/Kreft 4. Aufl 2009. Lit **zum MitbestG:** Ulmer/Habersack/Henssler 2. Aufl 2006; GroßKoAktG/Oetker 4. Aufl 1999.

E. **AGBKontrolle von Arbeitsverträgen: (5)** § 310 IV 2 BGB idF SMG 43 unterwirft anders als früher auch Arbeitsverträge den Bestimmungen der **(5)** §§ 305–310 BGB (außer § 305 II, III BGB, Grund: insoweit Schutz durch das NachweisG, s Rn 98), aber nur unter angemessener Berücksichtigung der im Arbeitsrecht geltenden **Besonderheiten** (s auch § 74 a Rn 9), diese sind bei allen Klauseln (auch Klauselverbote ohne Wertungsmöglichkeit, **(5)** BGB § 309) zu berücksichtigen, BAG ZIP **04,** 1277 (Vertragsstrafe). Arbeitsvertrag ist Verbrauchervertrag (§§ 310 III, 13 BGB), BVerfG NJW **07,** 286 (strukturelle Unterlegenheit), BAG NJW **05,** 3305, Benecke/Pils ZIP **05,** 1956. Bspe: kein jederzeitiger Widerruf übertariflicher Lohnbestandteile, **(5)** BGB § 308 Nr 4, BAG NJW **05,** 1820 m Anm Hümmerich 1759; zulässig, wenn widerruflicher Teil des Gesamtverdienstes unter 25% liegt und Tariflohn nicht unterschritten wird, BAG NJW **07,** 536; Rückforderungsausschluss bei Schuldversprechen, BAG NJW **05,** 3164; bei Zuwendung über 100 €, aber unter einem Monatsbezug einzelvertragliche Bindung nur bis 31. 3. des Folgejahrs, BAG NJW **07,** 2279; unbedingte Rückzahlung von Ausbildungskosten, BAG NJW **07,** 3018; Stichtagsklausel für Boni, BAG NJW **08,** 680; kürzere als dreimonatige Ausschlussklauseln für Klageerhebung, BAG NJW **05,** 3305, 06, 795, Henssler NZA **02,** 137; Ausschlussklausel ohne Rücksicht auf Fälligkeit, BAG NJW **06,** 2205 (s auch Rn 79); Freiwilligkeitsklausel für Sonderzahlungen, BAG ZIP **08,** 1839 m krit Anm Bayreuther BB **09,** 102; von Bedarf abhängige befristete Arbeitszeiterhöhung, BAG NJW **06,** 1023 LS; Versetzungsklauseln, BAG NJW **06,** 3303; Vertragsstrafenabreden, BAG NJW **08,** 458 m Anm Schramm 1494, Thüsing/Leder BB **04,** 44, Wensing/Niemann NJW **07,** 401 (s auch § 74 a Rn 9); doppelte Schriftformklausel, BAG NJW **09,** 316; Aktienoptionen, BAG WM **08,** 1923; Transparenzgebot, BGH NJW **08,** 680. Tarifverträge, Betriebs- und Dienstvereinbarungen unterliegen nicht der AGBKontrolle, auch nicht mittelbar, denn sie stehen Rechtsvorschriften iSv § 307 III BGB gleich (§ 310 IV 1, 3 BGB); als solche gelten sie aber nur für diejenigen, die durch sie gebunden sind, also nicht auch darüber hinaus als Maßstab für die Inhaltskontrolle nach § 307 I 1 BGB, Henssler NZA **02,** 136, Löwisch FS Wiedemann **02,** 321. Die AGBKontrolle ist Sache der nationalen Gerichte, EuGH ZIP **04,** 1053 (Freiburger Kommunalbau-

§ 59 44

ten), Markwardt ZIP **05,** 152. Die weitergehende AGBKontrolle für Verbraucherverträge nach **(5) § 310 III BGB** greift für Arbeitnehmer als solche nicht, sie sind beim Abschluss arbeitsrechtlicher Verträge mit dem Arbeitgeber **nicht Verbraucher** iSv § 13 BGB, Bauer/Kock DB **02,** 42, Henssler NZA **02,** 133, Hromadka NJW **02,** 2524, Löwisch FS Wiedemann **02,** 315, aA Däubler NZA **01,** 1333, Boemke BB **02,** 96, Reinecke DB **02,** 587. Die Verbrauchereigenschaft ist ferner von Bedeutung für die Anwendbarkeit des **§ 312 BGB (Haustürgeschäfte)** auf am Arbeitsplatz abgeschlossene arbeitsrechtliche Verträge und für die Verzinsung der Entgeltforderung des Arbeitnehmers (§ 288 I oder II BGB); Aufhebungsvertrag s Rn 166. Unstreitig ist, dass es sich bei sonstigen Rechtsgeschäften des Arbeitnehmers mit dem Arbeitgeber um Verbraucherverträge handeln kann (zB Verbrauchsgüterkauf, Verbraucherdarlehensvertrag). Das UKlaG ist nach seinem § 15 auf das Arbeitsrecht insgesamt nicht anwendbar. Lit: Komm zu §§ 305 ff, 310 IV 2 BGB; Ul/Br/He/Fuchs § 307 BGB Rn 414 ff; Däubler/Dorndorf/Bonin/Deinert 2. Aufl 2007; Thüsing 2007; Bayreuther ZIP **07,** 2009, Hromadka NJW **07,** 1777, Junker BB **07,** 1274, Löwisch FS Canaris **07** I 1403 (krit), Bayreuther ZIP **08,** 573 (Sanierungs- und Insolvenzklauseln), Reinecke BB **08,** 554 (Entgeltklauseln).

5) Arbeitspflicht und Nebenpflichten des Handlungsgehilfen

44   A. **Arbeitspflicht: a)** Rechtsquellen für den **Inhalt des Arbeitsvertrags** s Rn 2–9; Beweislast für Inhalt des Arbeitsvertrags s BAG BB **71,** 653. Die **Arbeitspflicht** des HdlGehilfen **(Hauptpflicht)** bestimmt sich nach diesem Inhalt, ergänzend nach dem Ortsbrauch im Geschäftszweig; erst dann nach der Angemessenheit. Sie ist iZw persönlich zu erfüllen (§ 613 S 1 BGB). Zu leisten sind **kaufmännische Dienste** (s Rn 28) entspr der vereinbarten Stellung, mangels solcher Vereinbarung Dienste jeder Art. Bei langjähriger Beschäftigung mit Diensten bestimmten Tätigkeitsmerkmale und Vergütungsgruppe gelten diese als vertragsmäßig, BAG BB **62,** 297, 1433. In den Grenzen von Gesetz (zB Arbeitsschutz), Kollektivvertrag (s Rn 39–43) und Einzelvertrag (§§ 133, 157; 242 BGB, s Rn 8) kann der Arbeitgeber die zu erbringende Arbeitsleistung nach Inhalt, Ort und Zeit konkret **nach billigem Ermessen** näher bestimmen **(§ 106 Satz 1 GewO,** s Rn 12), BAG NJW **06,** 3306, Hromadka NJW **07,** 1779; das gilt auch hinsichtlich der Ordnung und des Verhaltens der Arbeitnehmer im Betrieb (§ 106 S 2 GewO). Dieses **Weisungsrecht** (Leitungs-, Direktionsrecht, s Rn 9) steht unter der Mitbestimmung des Betriebsrats nach §§ 75, 87, 99, 111 BetrVG (s Rn 42), muss vor allem auf Behinderungen des Arbeitnehmers (§ 106 S 3 GewO) und das Persönlichkeitsrecht des Arbeitnehmers beachten (Kleidung; außerdienstliches Verhalten, Schwenk NJW **68,** 822) und unterliegt der Billigkeitskontrolle nach § 315 III BGB, BAG BB **93,** 2019, NJW **97,** 78, **02,** 699, bei Formularvertrag nicht der AGBKontrolle nach **(5)** § 308 Nr 4 BGB, Löwisch FS Wiedemann **02,** 317, Annuss BB **02,** 462. Danach nicht gedeckte Weisungen braucht der Arbeitnehmer nicht zu beachten, BAG NJW **86,** 85, richtiger Henssler NZA **02,** 131: Anwendung des § 275 III BGB; auch bei **Gewissenskonflikt** kann dann aber Kündigung zulässig sein, BAG NJW **90,** 203. Bspe: Zuweisung und Änderung des Arbeitsplatzes; Wechsel in der Art der Beschäftigung, Verkleinerung des Arbeitsbereichs, BAG BB **73,** 291, **80,** 1267; Einteilung zu bestimmten Arbeiten; jederzeitige Unterbrechung privater Telefongespräche des Arbeitnehmers während der Arbeitszeit, auch durch Aufschaltanlage, BGH BB **73,** 704; aber keine Pflicht zur Teilnahme an Betriebsausflug, BAG BB **73,** 220. Arbeitsvertragliche **Versetzung** ist die Änderung des Aufgabenbereichs nach Art, Ort oder Umfang der Tätigkeit. Der Umfang des Versetzungsrechts bestimmt sich nach dem Arbeitsvertrag; ist danach eine entspr einseitige Weisung nicht gedeckt, bleibt nur Änderungsvertrag oder -kündigung; Mitwirkung des Betriebsrats nach §§ 95 III (Definition), 99 ff BetrVG (s Rn 42).

6. Abschnitt. Handlungsgehilfen und Handlungslehrlinge 45 **§ 59**

Beispiele: keine einseitige Versetzung auf geringerwertigen Arbeitsplatz, auch bei gleichem Entgelt, BAG BB **65,** 1455; im Notfall muss aber auch vertragsfremde Arbeit geleistet werden, bei Stellenvakanz normalerweise nur im Rahmen des Vertrags, BAG BB **73,** 428. Versetzung an einen anderen Ort nur, wenn im Vertrag vorgesehen, auch bei Betriebsverlegung. Den Bezirk des Tätigkeitsbereichs kann der Arbeitgeber aus organisatorischen Gründen bei entsprechendem Vorbehalt wechseln, Arbeitsgericht kann jedoch prüfen, ob solche Gründe vorliegen, BAG BB **71,** 1055; Einsatz im Ausland nur bei besonderer Absprache. Zur Versetzung Hunold BB **88,** 2101. Vereinbarung über **Freistellung** führt zur Aufhebung der Arbeitspflicht, begründet aber keinen Vergütungsanspruch, Einwand der mangelnden Leistungsfähigkeit oder -bereitschaft (§ 297 BGB, vgl Anm 72) bleibt unberührt, BAG NJW **08,** 1550. **Teilzeitarbeit:** geregelt in **Teilzeit- und BefristungsG** (TzBfG) 21. 12. 00 BGBl 1966. Geltung des TzBfG auch für Kleinbetriebe (s Rn 111, Anspruch auf Verringerung der Arbeitszeit aber erst ab idR mehr als 15 Arbeitnehmern, § 8 VII TzBfG). Definition des teilzeitbeschäftigten Arbeitnehmers in § 2 TzBfG, nämlich wenn seine regelmäßige Wochenarbeitszeit kürzer ist als die eines vergleichbaren vollzeitbeschäftigten Arbeitnehmers. Der Arbeitnehmer, auch leitender Angestellter, hat nach sechs Monaten (vgl § 1 I KSchG) Anspruch auf Verringerung seiner vertraglichen Arbeitszeit, wenn er dies drei Monate vorher (§§ 187 I, 188 II Halbs 2 BGB, BAG NJW **03,** 2771) geltend macht und soweit betriebliche Gründe (insbesondere wesentliche Beeinträchtigung von Organisation, Arbeitsablauf oder Sicherheit im Betrieb oder unverhältnismäßige Kosten) nicht entgegenstehen (§ 8 TzBfG), BAG NJW **04,** 386, 1474, Lindemann/Simon BB **01,** 147, Schulte DB **01,** 2715. Auslegung eines verspäteten Teilzeitarbeitsantrags (nächst zulässiger Termin), BAG NJW **05,** 1144. Gleichbehandlung (AGG s Rn 10), aber flexibler Maßstab bei Organisationsentscheidungen, BAG NJW **04,** 3798 (zu KSchG). Bevorzugte Berücksichtigung (§ 9 TzBFG) kann zu Anspruch auf Arbeitszeitverlängerung führen, BAG BB **07,** 781. Verhandlungspflicht des Arbeitgebers, BAG NJW **03,** 2771. Keine Kündigung wegen Weigerung des Arbeitnehmers, zwischen Voll- und Teilzeit zu wechseln (§ 11 TzBfG). Arbeit auf Abruf bei Vereinbarung, aber nur in bestimmten Grenzen (§ 12 TzBfG). Im Übrigen gelten auch für Teilzeitbeschäftigte ohne Unterschied die allgemeinen Regeln über Arbeitspflicht, Arbeitszeit ua, BAG NJW **98,** 180, s Rn 57. Diskriminierungsverbot zugunsten teilzeitbeschäftigter Arbeitnehmer (§§ 4 I, 5 TzBfG). Das TzBfG ist (mit Ausnahmen) zugunsten des Arbeitnehmers **zwingend** (§ 22 I TzBfG). Lit: zur Teilzeitarbeit Annuss/Thüsing 2. Aufl 2006, Boecken/Joussen 2007, Laux/Schlachter 2007, Meinel/Heyn/Herms 3. Aufl 2009; Hromadka NJW **01,** 400, Preis/Gotthardt DB **01,** 145, RsprÜbersicht: Wisskirchen DB **03,** 277; zur **Altersteilzeit** Andresen 3. Aufl 2003, Grüner/Dalichau (LBl), Rittweger/Petri/Schweikert 2. Aufl 2002. Schutz von Altersteilzeitkonten s Rn 103.

b) Die **Arbeitszeit** ist weitgehend durch EG-ArbeitszeitRi, TV, Betriebsvereinbarung und Arbeitsvertrag geregelt; der Bestimmung durch Direktionsrecht (billiges Ermessen, § 315 BGB, vertragliche Vereinbarung geht vor, BAG NJW **07,** 3739) bleiben idR nur Anfang, Ende und Unterbrechung des Arbeitstags, zB auch Einteilung zu Nachtschichten, BAG NJW **99,** 669. Vorbehalt der Bestimmung des Umfangs der Arbeitszeit durch Arbeitgeber ist wegen Umgehung des Kündigungs(schutz)rechts nichtig, BAG BB **85,** 731. Mitbestimmung des Betriebsrats nach § 87 I 2, 3 BetrVG (s Rn 42). Bereitschaftsdienst gilt als Arbeitszeit, EuGH NJW **03,** 2971 (für Ärzte), **04,** 3547, Schliemann NZA **04,** 513, Zeitausgleich nach ArbZG idF 2004 (allgemeiner), Boerner NJW **04,** 1559. Arbeit zu bestimmter Arbeitszeit ist absolute Fixschuld, dh bei Versäumung nicht nachholbar. Einseitig abrufbare **Arbeit auf Abruf** kann bis zu 25% der wöchentlichen Mindestarbeitszeit vereinbart werden, BAG BB **06,** 829. Poolsystem und

45

§ 59 46, 47   I. Buch. Handelsstand

Abrufarbeit, Hanau GedS Heinze **05**, 321. **Flexible Arbeitszeiten**, Lindecke 2008. Höchstarbeitszeit und andere Schranken setzen ua ArbZG, JArbSchG, LadenschlussG. Teilzeitarbeit s Rn 44. **Mehrarbeit** braucht ohne Vereinbarung grundsätzlich nicht geleistet zu werden, von Schwerbehinderten überhaupt nicht (§ 46 SchwBG); Entgelt s Rn 58. **Kurzarbeit** setzt Vertragsänderung voraus, entweder durch TV, Betriebsvereinbarung oder Änderungskündigung; einseitig mit Zustimmung der Bundesagentur für Arbeit (§ 19 KSchG). Lit: Böhm BB **74**, 281, von Stebut RdA **74**, 332. **Hausarbeitstag** nach Ländergesetzen, auch für alleinstehende berufstätige Männer, BVerfG BB **80**, 207. An **Sonn- und Feiertagen** besteht grundsätzlich Arbeitsverbot nach Maßgabe der Feiertagsgesetze der Länder, Feiertagsarbeitsentgelt s Rn 58. Lit: Anzinger/Koberski 3. Aufl 2009, Neumann/Biebl 15. Aufl 2008; Anzinger BB **94**, 1492, Diller NJW **94**, 2726, Boerner NJW **04**, 1559, Reim DB **04**, 186, Giesen NJW **06**, 723 (EU-ArbeitszeitRi), Lindemann BB **06**, 826 (Entgeltpauschale), Hromadka NJW **07**, 1777 (BAG), Zwanziger DB **07**, 1356 (BAG).

46 c) **Verletzung der Arbeitspflicht: Arbeitsverweigerung (Nichterfüllung)** berechtigt, wenn vertragswidrig, zur **Entgeltverweigerung** und zur ordentlichen, uU außerordentlichen **Kündigung** (s Rn 121). Zwar kann der Arbeitgeber auch auf Leistung der Dienste (Erfüllung) klagen, aber das Urteil kann nicht vollstreckt werden (§ 888 III ZPO). In Frage kommt bei außerordentlicher Kündigung auch Klage auf **Schadensersatz** (§ 628 II BGB; dazu Rn 137). Vereinbarung angemessener **Vertragsstrafe** wegen Vertragsbruchs oder bei fristloser Entlassung wegen schuldhaften Vertragsbruchs des Arbeitnehmers ist in den Grenzen von **(5)** §§ 310 IV 2, 309 Nr 6 BGB auch in AGB zulässig, BAG BB **84**, 2268, Henssler NZA **02**, 138, Annuss BB **02**, 463, aber nicht für Fall ordentlicher Kündigung, BAG BB **71**, 706, **72**, 798. Vertragsstrafe von einem Monatslohn ist grundsätzlich wirksam, uU Herabsetzung nach § 343 BGB, BAG BB **84**, 2269. **Lohnverwirkungs**abreden sind aufschiebend bedingter Erlass (§ 397 BGB; zu unterscheiden von Verwirkung, s Rn 81–82); sie sind grundsätzlich zulässig. Durchsetzung vertraglicher Abwerbungsverbote s Weiland BB **76**, 1179, Ansprüche gegen den abwerbenden Dritten s Gierke RdA **72**, 17. Keine Verletzung der Arbeitspflicht ist die Teilnahme an einem rechtmäßigen, gewerkschaftlich organisierten **Streik,** also nur Verlust des Entgeltanspruchs, keine Schadensersatzpflicht; Teilnahme an einem wilden Streik ist dagegen (arbeitsrechtlich) rechtswidrig, Schadensersatzpflicht nach §§ 281, 283, 284 BGB, Henssler NZA **02**, 132, Löwisch FS Wiedemann **02**, 329; Abgrenzung zwischen rechtmäßigem und rechtswidrigem Streik s Schaub § 193.

47 **Mangelhafte Arbeitsleistung (Schlechterfüllung,** Beispiele s unten) berechtigt Arbeitgeber zu ordentlicher, uU außerordentlicher **Kündigung** und **Schadensersatz** nach § 280 BGB, **nicht** zu **Lohnminderung** (außer bei bewusster Zurückhaltung der Arbeitsleistung, BAG BB **70**, 1481). **Aufrechnung** gegen Forderung des Arbeitnehmers ist bei Fahrlässigkeit grundsätzlich nur außerhalb des pfändungsfreien Betrags, bei Vorsatz auch gegen unpfändbare Forderungen zulässig, BAG **16**, 228, Hucko RdA **65**, 266. Bei Schädigung Dritter unter **Mitverschulden** des Arbeitgebers muss dieser Schaden mittragen, BAG BB **69**, 1087 (weitergehende Freistellung bei betrieblich veranlassten und auf Grund eines Arbeitsverhältnisses geleisteten Arbeiten, s Rn 108–109), bei vorsätzlicher strafbarer Handlung des Arbeitnehmers kann sich dieser nicht auf Mitverschulden des Arbeitgebers berufen, BAG BB **70**, 488. **Beweislast** für Pflichtverletzung und ihre Ursächlichkeit für Schaden trifft den Arbeitgeber, BAG BB **69**, 1178; gleiches gilt in nach § 619a BGB (abweichend von § 280 I 2 BGB und in AGB nach **(5)** § 309 Nr 12 BGB nicht abdingbar) für das Verschulden des Arbeitnehmers, einschränkend Henssler NZA **02**, 132, Bauer/Diller NJW **02**, 1611: weiterhin Differenzierung nach Gefahrbereichen. Abmahnung

6. Abschnitt. Handlungsgehilfen und Handlungslehrlinge **48, 49 § 59**

und Vermerk in Personalakte s Rn 49. **Beispiele:** Vollmachtsüberschreitung, BAG **17,** 236; schlechte Arbeitsleistung, Beschädigung von Arbeitgebereigentum (aber **Einschränkungen bei betrieblich veranlassten und auf Grund eines Arbeitsverhältnisses geleisteten Arbeiten** und bei **Mankohaftung,** s Rn 107, 110; Annahme vertragswidriger Sonderleistungen, auch auf Anordnung des GmbHGeschäftsführers, BAG BB **74,** 1122; bei leitenden Angestellten mangelnde Prüfung der Aufträge des Arbeitgebers auf ihre Zweckmäßigkeit, BAG BB **62,** 999; falsche Arbeitsanweisung, BAG BB **69,** 955; Aufsichtspflichtverletzung, BAG **22,** 375; bei leitenden Angestellten mangelnde Sorge für Vermögen des Arbeitgebers, BAG BB **71,** 40; Schädigung des Arbeitgebers durch Schwarzfahrt, BAG **20,** 142; Betrugsversuch an Kunden, BAG BB **76,** 1128. Zur unterbliebenen oder verspäteten Arbeitsaufnahme infolge Teilnahme am Straßenverkehr s Rn 71, Hohn BB **78,** 1123.

B. **Nebenpflichten: a)** Der HdlGehilfe hat eine **allgemeine Treuepflicht** 48 gegenüber dem Arbeitgeber, die der allgemeinen Schutz- und Förderungspflicht des Arbeitgebers (s Rn 90–92) entspricht. Die Rspr folgert diese Treuepflicht aus § 242 BGB, zB BAG **26,** 232; seit SMG lässt sie sich auf § 241 II BGB stützen und auch als **Rücksichtnahmepflicht** bezeichnen, BAG NJW **05,** 621, **06,** 2348 LS, Palandt/Putzo § 611 Rn 39; beides besagt aber inhaltlich wenig. Die hL sieht in ihr den Ausfluss des Arbeitsverhältnisses als eines personenrechtlichen Gemeinschaftsverhältnisses; krit Lit: Schwerdtner, Fürsorgetheorie und Entgelttheorie im Recht der Arbeitsbedingungen, 1970, Ballerstedt RdA **76,** 9, Weber RdA **80,** 289; diese Vorstellung führt aber leicht zu einer Gemeinschaftsideologie, die die Entgeltlichkeit und Interessengegensätze unterschätzt. Richtig daran ist aber, dass es sich um ein Dauerschuldverhältnis mit personenrechtlichem Einschlag und damit stärkerer Vertrauensinvestition und Pflichtbindung als bei rein vermögensrechtlichen Dauerschuldverhältnissen handelt. Der Ausdruck Treuepflicht wird hier in diesem Sinne als **Sammelbegriff für die schuldrechtlichen Schutz- und Rücksichtspflichten** des HdlGehilfen verwandt. Der HdlGehilfe iSv § 241 II BGB muss danach die **Interessen** des Arbeitgebers und des Betriebs **wahren,** soweit ihm das zumutbar ist (Grenze: eigene schutzwürdige Interessen). **Beispiele:** s Rn 50–54, 139–147 (wichtige Kündigungsgründe); ferner Unterlassung von Treuwidrigkeit, Vertrauensmissbrauch, Tätlichkeit, Beleidigung, Vollmachtsmissbrauch; Einhaltung des Arbeitsschutzes; Schutz des betrieblichen Vermögens des Arbeitgebers vor Verlust und Beschädigung; Warnung vor drohenden Schäden; Hinweis auf erhebliche irrtümliche Überzahlung, BAG NJW **81,** 366, auf klare Vermutung (nicht bloßen Verdacht) von Unterschlagungen, vgl BAG NJW **70,** 1861; Hinweis auf Vertragsverletzung Dritter nur bei aktualisierter Kontrollpflicht, nicht bei Gefahr der Selbstbezichtigung, BGH WM **89,** 689; Einspringen in zumutbarem Umfang bei Stellenvakanz, BAG NJW **73,** 293; uU Notdienst zur Sicherung der Betriebseinrichtungen bei Streik, LAG Ffm DB **70,** 933. Privatnutzung von **Internet** am Arbeitsplatz ist unzulässig, BAG NJW **06,** 540, 2939, Hanau/Hoeren 2003, Mengel NZA **05,** 752, Bloesinger, Lansnicker BB **07,** 2177, 2184, Beckschulze DB **07,** 126. Eine **nachwirkende,** aber idR schwächere Treuepflicht hat der Empfänger betrieblicher Altersversorgung (s Rn 87); sie spielt besonders bei Widerruf oder Kürzung der Versorgungszusage eine Rolle. Abgrenzung Betriebsbelange und Privatinteresse s Trappe BB **74,** 43.

Die **Rechtsfolgen** von Pflichtverletzungen des HdlGehilfen sind wie bei der 49 Schlechterfüllung der Arbeitspflicht (s Rn 47) je nach Einzelfall ordentliche, uU außerordentliche **Kündigung** und **Schadensersatz** nach § 280 BGB; ferner Unterlassungsanspruch; bei Schmiergeldempfang und bei verbotenem Wettbewerb auch **Herausgabeanspruch** (Gewinnabführung) und **Eintrittsrecht** (§§ 687 II 1, 681, 667 BGB; § 61 I HGB, s dort). **Abmahnung** ist (nicht

§ 59 50–53
I. Buch. Handelsstand

formgebundene, rechtsgeschäftsähnliche) Missbilligung eines Verhaltens unter Androhung von Rechtsfolgen für die Zukunft, ohne Regelfrist; Verhältnismäßigkeit ist zu beachten (s Rn 130); Abmahnung enthält Verzicht auf Kündigung, BAG NJW **86**, 1777, **89**, 545, 2493, **93**, 154, **08**, 1243; §§ 139, 140 BGB gelten nicht, BAG NJW **91**, 2510; Abmahnung als Kündigungsvoraussetzung s Rn 127, 130. Lit: Schaub NJW **90**, 872. **Vermerk in den Personalakten**, BAG NJW **89**, 545, NJW **95**, 1236, **07**, 794 m krit Anm Grobys (Gesundheitsdaten). Ungerechtfertigte Verwarnung, Entfernung aus Personalakte s Rn 95. **Betriebsbuße** nur unter Mitbestimmung des Betriebsrats (§ 87 I Nr 1 BetrVG), BAG BB **80**, 414. Lit: Kammerer, Personalakte und Abmahnung, 3. Aufl 2001.

50 **b) Die Schweigepflicht** (weiter als § 17 UWG) erstreckt sich auf geschäftsbetriebsbezogene Tatsachen, die nicht allgemein zugänglich sind und an deren Geheimhaltung der Arbeitgeber ein berechtigtes wirtschaftliches Interesse hat **(Betriebs- und Geschäftsgeheimnis)**. Die Schweigepflicht überdauert das Arbeitsverhältnis, BAG NJW **88**, 1686. Eine Geheimhaltungsklausel über das Vertragsende hinaus ist anders als ein Wettbewerbsverbot (§§ 74 ff) ohne Karenzentschädigung wirksam, BAG BB **82**, 1793; Grenzen bei erheblicher Erschwerung des beruflichen Fortkommens des Arbeitnehmers, Gumpert BB **82**, 1795, str. Die (nachvertragliche) Schweigepflicht beinhaltet kein Kundenabwerbeverbot, dazu ist Wettbewerbsabrede (s § 74 Rn 4) nötig, BAG NJW **88**, 1686 m Anm Gaul ZIP **88**, 689, BB **94**, 1079. Schadensersatz nach Lizenzanalogie, BAG DB **86**, 2289. Entbindung von Schweigepflicht im Prozess zwischen Arbeitgeber und Arbeitnehmer, BAG **19**, 55, BB **69**, 581. Öffentliche **Kritik** des ausgeschiedenen Arbeitnehmers an Betriebsinterna ist uU durch Art 5 I GG erlaubt, s Einl 65 vor § 1; aber keine Verbreitung unwahrer, ehrenrühriger Tatsachen, BAG DB **82**, 2705.

51 **c) Schmiergeldverbot** s §§ 299 ff StGB (s Rn 11); die Pflicht, keine Schmiergelder anzunehmen, geht weiter als die Strafbarkeit nach §§ 299 ff StGB, sie verbietet auch Provisionsannahme für Geschäfte, die der Dritte direkt mit dem Arbeitgeber abschließt, BAG **AP** § 687 BGB Nr 5. Herausgabeanspruch des Arbeitgebers, LAG Bln BB **05**, 2532 LS. Korruption und Arbeitsrecht, Zimmer/Stetter BB **06**, 1445.

52 **d) Wettbewerbsverbot** während des Arbeitsverhältnisses s §§ 60, 61; nachher kraft Wettbewerbsabrede s §§ 74–75 d. **Nebentätigkeit** ist hinzunehmen, außer bei Beeinträchtigung der vertragsgemäßen Leistung oder von Wettbewerbsinteressen des Arbeitgebers, BAG BB **71**, 397. Vertragliches Verbot jeder Nebentätigkeit ist dahin auszulegen, dass nur Tätigkeiten verboten sind, an deren Unterlassen der Arbeitgeber ein berechtigtes Interesse hat, BAG BB **77**, 144. Abschluss zweier Arbeitsverhältnisse für den gleichen Zeitraum jeweils mit Abrede über Unterlassung von Konkurrenztätigkeit macht die Erfüllung nicht unmöglich, aber verpflichtet den Arbeitnehmer zu Schadensersatz, BAG BB **65**, 948. Umsatzrückgang durch unerlaubte Nebentätigkeit eines HdlReisenden verpflichtet zum Schadensersatz, LAG BaWü BB **70**, 127. Kenntnis des Arbeitgebers von arbeitszeitüberschreitendem Zweitarbeitsverhältnis kann Mithaftung begründen, wenn Arbeitnehmer durch Übermüdung Unfall verursacht (vgl Rn 107), LAG Ffm BB **65**, 827.

53 **e)** Den HdlGehilfen, dessen Arbeit nicht ohnehin dem Arbeitgeber offenliegt, zB Reisender, trifft eine **Informationspflicht**. Er schuldet **Nachricht, Auskunft, Rechenschaft** (§§ 675 I, 666 BGB). Bei Vertrauensstellung muss er zu jederzeitiger Aufklärung in der Lage sein und ist beweispflichtig für Aufwendungen im Interesse des Arbeitgebers, BAG BB **64**, 806. Rechenschaft ist durch Rechnungslegung mit Belegen, uU durch Abgabe einer eidesstattlichen Versicherung, zu erhärten (§ 259 BGB). Je nach Kenntnis, Aufgabe, Stellung schuldet der HdlGehilfe dem Arbeitgeber **Aufklärung** und **Beratung** (vgl § 347 Rn 8–22). Dem Arbeitgeber ist die Aufnahme einer anderweitigen Beschäftigung mitzuteilen, BAG NJW **91**, 1005. Anzeige von Verstößen Dritter s Rn 48.

6. Abschnitt. Handlungsgehilfen und Handlungslehrlinge 54–56 § 59

f) Arbeitnehmererfindungen hat der Arbeitnehmer dem Arbeitgeber zu 54 melden (§§ 5, 18 ArbEG). Ist sie eine Diensterfindung (Definition § 4 II ArbEG), kann der Arbeitgeber sie gegen Vergütung in Anspruch nehmen (§§ 6, 7, 9, 10 ArbEG); andernfalls kann der Arbeitnehmer spätestens vier Monate nach Meldung über sie verfügen. Handelt es sich um keine Dienst-, sondern um eine freie Erfindung, hat der Arbeitgeber ein Vorrecht zu nicht ausschließlicher Benutzung gegen angemessene Vergütung (§ 19 ArbEG). Dazu BGH **93**, 85, **126**, 109, **137**, 162, **155**, 8, **167**, 118. Lit: Bartenbach/Volz, 4. Aufl 2006, Reimer/Schade/Schippel 8. Aufl 2007.

g) Herausgabepflicht: Das zur Ausführung der Dienste Empfangene (falls 55 nicht mehr benötigt oder auf Verlangen des Arbeitgebers) und das durch die Dienste Erlangte, auch aus Hilfs- und Nebengeschäften, ist herauszugeben (entspr §§ 675 I, 667 BGB); auch vom HdlGehilfen selbst für den Dienst gefertigte Sachen, zB Akten, Belege, RG **105**, 393, BAG **5**, 300, auch Bonusmeilen (Miles & More), BAG NJW **06**, 3803 m Anm Gragert 3762. Herausgabepflicht bei Pflichtverletzung und Gewinnabführung s Rn 49.

6) Arbeitsentgeltpflicht des Arbeitgebers

A. **Rechtsgrundlagen, Lohngleichheit:** Die **Arbeitsentgeltpflicht** ist die 56 **Hauptpflicht** des Arbeitgebers. Das Arbeitsentgelt (Vergütung, § 59; entspr § 611 I BGB) bemisst sich zum einen **nach Tarifvertrag,** falls HdlGehilfe und Arbeitgeber tarifgebunden sind oder TV für allgemeinverbindlich erklärt ist (s Rn 39–40). Der Anspruch entsteht auf Grund Tätigkeit, Eingruppierungsakt ist nur deklaratorisch, BAG NJW **71**, 566. Mangels Tarifbindung oder über TV hinaus richtet sich die Vergütung **nach Vereinbarung,** nur hilfsweise nach Üblichkeit (§ 59; entspr § 612 II BGB), zB Reisezeit außerhalb Arbeitszeit, BAG NJW **98**, 1581. Übliche Vergütung ist nicht gleichbedeutend mit Tariflohn, Gumpert BB **78**, 256, aA ArbG Essen BB **78**, 255. Regelung durch Betriebsvereinbarung kommt wegen § 77 III BetrVG nicht in Frage, jedoch Mitbestimmung über Entlohnungssystem und leistungsbezogene Entgelte, § 87 I Nr 10, 11 BetrVG (s Rn 41–43). **Bezugnahme- bzw Gleichstellungsklauseln** für nicht tarifgebundene Arbeitnehmer, BAG BB **06**, 1504 (RsprÄnderung), Reinecke BB **06,** 2637. Problematische Reformüberlegungen gibt es immer wieder zu **gesetzlichen Mindestlöhnen,** Bayreuther NJW **07,** 2022. Die Vergütungsvereinbarung muss unzweideutig sein. Unklarheiten gehen idR zu Lasten des Arbeitgebers. „**Hungerlöhne**" können gegen § 138 BGB (Sittenwidrigkeit) verstoßen (vgl **(7)** Bankgeschäfte Rn G/10 zum auffälligen Missverhältnis bei Darlehen); ob Leistung und Lohn in auffälligem Missverhältnis stehen, ist weniger nach dem Nutzen der Arbeit für den Arbeitgeber als nach Arbeitsdauer, -schwierigkeit, Beanspruchung und sonstigen Bedingungen für den Arbeitnehmer zu beurteilen; BAG NZA **06,** 1354, Tariflohn ist idR kein Vergleichsmaßstab, BAG BB **73**, 476, NZA **04,** 971, auch nicht Abstand von Sozialhilfesatz; Einzelfallbeurteilung, vgl auch BGHSt NJW **97,** 2689 (Lohnwucher). **Vergütung für Mehrarbeit, Kurzarbeit, Feiertagsarbeit** s Rn 58. **Krankheit und andere Arbeitsverhinderung** s EFZG (s Rn 75). Bei Arbeitsversäumnis Abzug im Verhältnis zur tatsächlich versäumten Arbeitszeit, BAG BB **58**, 522; zur Berechnung des Tagesverdienstes Fuchs BB **72**, 137; Berechnung bei Teilleistung im Monat, BAG BB **75**, 702. **Fälligkeit** nach § 64. **Zurückbehaltungsrecht** an Arbeitsleistung bei Nichterfüllung, aber Verhältnismäßigkeitsgrundsatz, BAG BB **85**, 2176, NJW **97**, 274. Die Zahlung ist heute häufig (zT auf Grund TV) bargeldlos; die Kontoführungsgebühren trägt der Arbeitnehmer, BAG BB **77**, 443. **Berechnung, Zahlung und Abrechnung** des Entgelts sind in §§ 107, 108 GewO geregelt (s Rn 12), dazu Bauer/Opolony BB **02**, 1590. Das Arbeitsentgelt ist in Euro zu berechnen und auszuzahlen (§ 107 I GewO). Sachbezüge als Teil des

§ 59   57, 58   I. Buch. Handelsstand

Arbeitsentgelts sind nur in den Grenzen des § 107 II GewO zulässig (Truckverbot). Regelmäßiges Arbeitsentgelt ist trotz Trinkgeld Dritter zu zahlen (§ 107 III GewO). Dem Arbeitnehmer ist (nicht nur auf Verlangen) bei Zahlung des Arbeitsentgelts eine Abrechnung in Textform (§ 126 b BGB) zu erteilen (§ 108 GewO). Die Abrechnung muss mindestens Angaben über Abrechnungszeitraum und Zusammensetzung des Arbeitsentgelts enthalten (näher § 108 S 2 GewO). **Lohnsteuer und Sozialversicherungsbeiträge** s Rn 103. **Rückforderung** des zu viel gezahlten Lohns (Überzahlung) nach §§ 812, 818 III BGB, BAG BB **87**, 2454, NJW **94**, 2636, Anscheinsbeweis für Entreicherung s BAG NJW **96**, 411; anders uU bei Betriebs- oder Individualübung (s Rn 5). Bei Rückforderung nach § 326 I, IV BGB in den Fällen des § 275 BGB (etwa bei Unmöglichkeit der Arbeitsleistung oder ihrer Verweigerung wegen Unzumutbarkeit) gelten die §§ 346–348 BGB ohne Entreicherungseinwand, krit Löwisch FS Wiedemann **02**, 326. Rückforderung von Gratifikationen s Rn 60.

57   **Lohngleichheit für Mann und Frau** fordern Art 141 (119 aF) EG, Art 3 GG (mit unmittelbarer Bindung auch der TVParteien, BAG NJW **77**, 1742, s Rn 3) und spezieller vom Arbeitgeber AGG (s Rn 10, §§ 611 a, 612 III BGB aF aufgehoben). Art 141 (119 aF) EG erfasst auch die mittelbare Frauendiskriminierung, zB von Teilzeitbeschäftigten bei Altersversorgung, BAG NJW **90**, 68, BB **91**, 1570, beim Bewährungsaufstieg, BAG BB **93**, 503. Lohngleichheit zwischen Mann und Frau nach AGG (früher §§ 611 a, 612 III BGB) ist **zwingend**. **Leiharbeitnehmer** s Rn 16. **Teilzeitbeschäftigte** s Rn 44. **Rechtsfolge:** Bei Lohnungleichbehandlung Nachzahlung der Vergütungsdifferenz (wegen Nichtigkeit der Abrede § 7 II AGG), BAG NJW **02**, 1066 (Teilzeitkraft), Schadenersatz wegen Vertragsverletzung § 7 III AGG.

Im Übrigen gilt das arbeitsrechtliche **Gleichbehandlungsgebot** (s Rn 91) **auch für das Arbeitsentgelt:** dh zwar nicht, dass jeder dasselbe verdienen müsste, aber eine unterschiedliche Behandlung wegen beruflicher Anforderungen oder wegen des Alters ist nur nach den engen Voraussetzungen der §§ 8 ff AGG zulässig (s Rn 10). Die bisherige Rspr zum arbeitsrechtlichen Gleichbehandlungsgebot gibt auch unter dem AGG verwertbare Anhaltspunkte. Lohngleichheit nach stRspr, zB BAG BB **82**, 676, NJW **87**, 1285, **00**, 3589; bei übertariflichen Zulagen BAG BB **80**, 680, **82**, 1921, **83**, 445, NJW-Sp **05**, 82; bei Erschwerniszulagen BAG DB **83**, 1497; bei Gratifikationen s Rn 61–68; für Teilzeitbeschäftigte trotz gesicherten Hauptberufs, BAG NJW **96**, 2812 (gegen frühere Rspr); kein Ausschluss von Lohnerhöhungen nach vorheriger Arbeitsunfähigkeit, BAG BB **82**, 1791; von rückwirkender Lohnerhöhung können ausgeschiedene Arbeitnehmer nicht schlechthin ausgeschlossen werden, BAG BB **76**, 744, **82**, 675. Gruppenbildung ist zulässig, muss aber gerade nach dem Zweck der Leistung gerechtfertigt sein, BAG NJW **03**, 1139, **07**, 2940, 3801. Bei überbetrieblicher Entscheidung auch überbetriebliche Gleichbehandlung außer bei sachlichen Gründen für Unterscheidung, BAG NJW **09**, 1101. Sachgerechte Unterscheidungen sind zB Lohnzuschläge nur an Arbeitnehmer mit bestimmtem Alter (aber nur in den Grenzen von § 10 AGG) oder Dauer der Betriebszugehörigkeit; höhere Jahressonderzuwendung an Angestellte als an gewerbliche Arbeitnehmer zwecks stärkerer Bindung an Unternehmen, BAG NJW **03**, 2333; je nach verfolgtem Zweck Stammbelegschaft und bei Betriebsübergang Übernommene, BAG NJW **07**, 2939. Ausnahme von Gratifikation für Arbeitnehmer in gekündigter Stellung, BAG NJW **79**, 1221; Wegfall der Gründe für Arbeitsmarktzulage, BAG NJW **01**, 2276.

58   B. **Arten des Arbeitsentgelts** sind:

a) **Gehalt,** grundsätzlich **Bruttogehalt,** LAG Stgt BB **61**, 1008, BAG **AP** § 611 BGB Lohnanspruch Nr 13 (für Arbeiter). **Nettogehalt** muss besonders vereinbart werden; Übernahme der Lohnsteuer durch Arbeitgeber gegenüber

Finanzamt steht für das Innenverhältnis nicht gleich, BAG BB **71,** 351; Steuerübernahme durch Arbeitgeber muss klar sein, BAG BB **74,** 464; Rückzahlungsbzw Erstattungsanspruch s Rn 56, 103. Zur Auslegung einer Nettolohnvereinbarung BAG BB **70,** 1136. Einzelvertragliche **übertarifliche Zulagen** werden mangels besonderer Effektivklauseln bei Tariflohnerhöhung angerechnet; das gilt nicht für Leistungszulagen, BAG BB **79,** 476, **80,** 1583, **83,** 445, Ziepke BB **81,** 61; auch jahrelange vorbehaltslose Nichtanrechnung begründet keinen Vertrauenstatbestand, BAG BB **83,** 903. Lohnzulagen auf Grund unwirksamer Betriebsvereinbarung s BAG BB **81,** 554. Variables Gehalt bei unterbliebener **Zielvereinbarung,** BAG NJW **09,** 1227. Bei **Leistungszulagen** ist Vorbehalt jederzeitigen Widerrufs zulässig, darf iZw aber nur nach billigem Ermessen ausgeübt werden, BAG BB **67,** 1044, **71,** 310, **73,** 292; **(5)** § 308 Nr 4 BGB steht formularmäßigem Vorbehalt nicht entgegen, Henssler NZA **02,** 138, Gotthardt ZIP **02,** 285, 288 (Angemessenheitskontrolle nach **(5)** § 307 BGB); kein einseitiger Widerruf nach Erdienung der Prämie, auch nicht bei Nichtübernahme nach Probezeit, BAG BB **83,** 1348. Ohne Vorbehalt zugesagte persönliche Leistungszulage kann nicht einseitig widerrufen werden, BAG BB **76,** 1515. Widerruf übertariflicher Erschwerniszulage ist sachbezogen, wenn TV leistungsgerechte Entlohnung vorsieht, auch wenn ohne Erschwerniszulage, BAG BB **73,** 292. Variable Vergütung (Zielbonusvereinbarung) s Grobys NJW-Sp **04,** 177. Bei dauerhafter **Verrichtung höherwertiger Dienste über Vertrag hinaus** Anspruch auf zusätzliche Vergütung, BAG BB **91,** 1567; anders wenn nur vorübergehend (Grenze Missbrauch), zB Urlaubs- und Krankheitsvertretung oder Erprobung. **Prämien** werden zusätzlich zum Lohn oder Gehalt für bestimmten Erfolg gezahlt, zB Anwesenheits-, Treue- (Betriebszugehörigkeits-), Verkaufsprämie; Mitbestimmung nach § 87 I Nr 11 BetrVG. Zahlung der Anwesenheitsprämie bei Krankheit und Mutterschutz BAG BB **90,** 1275, NJW **95,** 1511 LS. Streikbruchprämie während des Streiks ist außer bei Verstoß gegen tarifliches Maßregelungsverbot zulässig, zuneigend BAG NJW **94,** 74, aA Gaul NJW **94,** 1025 (§ 612 a BGB), jedenfalls als besondere Leistungsprämie, BGH BB **93,** 362. Rückzahlungsklauseln sind wie bei Gratifikationen stark eingeschränkt (s Rn 67). Von Erfolgsprämien können ausgeschiedene Arbeitnehmer ausgenommen werden, BAG BB **61,** 176, jedoch nicht von Erfolgsbeteiligung, die sich nach vermitteltem Umsatz bemisst, BAG BB **73,** 1072; bei Prämien für überdurchschnittliche Leistung kann Arbeitgeber sich einseitige Änderung vorbehalten, aber nur nach billigem Ermessen, BAG BB **65,** 989. **Boni bei Zielvorgaben** (kraft Weisungsrechts, s Rn 44), zu unterscheiden von Zielvereinbarungen, BAG NJW **08,** 872. Vergütung von **Arbeitsbereitschaft** (s Rn 45) je nach Kollektiv- oder Einzelvertrag. Bei **Kurzarbeit** ist entsprechende Kürzung der Vergütung möglich, aber nur durch Vertragsänderung; Unterstützung von Kurzarbeitern s §§ 169–182 SGB III. Bei **Mehrarbeit,** auch verbotener, gab § 15 AZO (aufgeh mWv 1. 7. 1994) Mehrarbeitszuschlag; im ArbZG keine entspr Regelung, statt dessen meist in TV vereinbart. Übertarifliches Gehalt gilt nur bei ausdrücklicher Vereinbarung als Pauschalabgeltung. Keinen Anspruch auf Überstundenvergütung haben leitende Angestellte, außer bei Übernahme zusätzlicher Aufgaben oder wenn Gehalt nur bestimmte Normalleistung abgelten soll, BAG **19,** 126, LAG BaWü BB **66,** 208. An **gesetzlichen Wochenfeiertagen** (s Rn 45) besteht Gehaltsfortzahlungspflicht (EFZG), auch wenn Feiertag in Urlaub fällt, BAG **14,** 190, und im Krankheitsfall (bei Entgeltfortzahlung, § 1 II des G), BAG BB **80,** 1797; bei Kurzarbeit nur in Höhe des Kurzarbeitergelds, BAG BB **79,** 1828; der Arbeitnehmer hat keinen Anspruch, wenn er am letzten Arbeitstag vor oder am ersten nach dem Feiertag unentschuldigt fehlt (§ 1 III des G), nur Fehlzeit von mehr als der Hälfte der Arbeitszeit an diesen Tagen schadet, BAG NJW **67,** 594; Pauschalierung ist zulässig, wenn Pauschale Anspruch ausgleicht, BAG BB **74,** 136. Bei Arbeit an Sonn- und Feiertagen besteht gewohnheitsrechtlich und meist tariflich Anspruch auf Zuschlag. Kurzkomm: Färber/Klischann 1985. **Versetzung** (s Rn 44) auf minderbezahlten Arbeitsplatz erlaubt Gehaltsminderung nur, wenn in TV oder Arbeitsvertrag vorgesehen oder wenn Arbeitnehmer zustimmt, BAG BB **65,** 1455; Weiterarbeit nach Änderungsangebot ist nicht ohne weiteres Zustimmung, zB nicht, wenn Änderung erst später (zB bei Altersversorgung) wirksam werden soll, BAG BB **65,** 1109. Bei zulässig angeordneter vorübergehender **Vertretung eines Höherbezahlten** entsteht kein Anspruch auf höhere Vergütung, BAG BB **59,** 490, außer wenn dies in TV oder Vertrag vorgesehen ist oder wenn höhere Dienste über den Rahmen des Vertrages hinaus geleistet werden, BAG BB **73,** 428.

59 b) **Provision (Erfolgsbeteiligung)** s § 65.

60 c) **Gewinnbeteiligung (Tantieme)** ist von der Provision zu unterscheiden, BAG DB **73,** 1177. Sie setzt besondere Vereinbarung voraus und richtet sich iZw nach dem Jahresgeschäftsreingewinn, auch bei Ausscheiden im Geschäftsjahr, BAG **5,** 317. Berechnung bei Angestellten entspr § 86 aF AktG, dazu BGH NJW **00,** 2998; bei Einzelunternehmen s BAG **AP** § 611 BGB Lohnanspruch Nr 14. Gewinnbeteiligungsgutschriften als Altersversorgung s BAG BB **81,** 1153. Zur Prüfung hat der HdlGehilfe Auskunfts-, Rechnungslegungs- und Bucheinsichtsrecht, vgl BAG BB **60,** 663, 984.

61 d) **Gratifikation** (Sondervergütung) ist echtes Entgelt, nicht Geschenk, auch bei nachträglicher Gewährung aus besonderem Anlass, BAG **11,** 338; sie ist also auch im Fall des § 615 BGB zu zahlen, BAG NJW **63,** 1123, aber nicht im Mutterschaftsurlaub, LAG Bln BB **81,** 2073. Eine Zuwendung ist nur dann Gratifikation, wenn sie so bezeichnet oder aus ihrer Bestimmung als solche erkennbar ist, BAG BB **72,** 1503. Abgrenzung Weihnachtsgratifikation und 13. Monatsgehalt s BAG DB **83,** 1662; mangels Nennung weiterer Voraussetzungen liegt zusätzliches Arbeitsentgelt, nicht Gratifikation vor, BAG DB **83,** 2252. Dieselben Grundsätze sind anwendbar auf Erfolgsbeteiligung, BAG BB **74,** 695; nicht auf übertarifliche Zulagen (s Rn 58), BAG BB **80,** 1583.

62 **Rechtsanspruch** auf Gratifikation kann folgen aus TV, Betriebsvereinbarung, Einzelvertrag und Betriebsübung (zu dieser s Rn 7), so bei **dreimaliger Zahlung,** stRspr, BAG NJW **63,** 1893, **97,** 212, **00,** 308; diese Dreimal-Regelung gilt nur für jährliche Gratifikationen, bei anderen Sozialleistungen wie Jubiläumszuwendungen kommt es auf Art, Dauer und Intensität der Leistung an, BAG NJW **04,** 3652. Änderung s Rn 65.

63 **Gleichbehandlung** (s Rn 57, 91, bisherige Rspr ist unter AGG zu überprüfen, s Rn 10): Wesentlich ist der jeweilige Zweck der Gratifikation (zB bloße Vergütung für geleistete Arbeit, bisherige Betriebszugehörigkeit, Anreiz für künftige Betriebstreue ua, dies allein oder verbunden), daran ist sachliche Rechtfertigung einer Differenzierung zu messen, BAG BB **91,** 1715. Ausschluss betriebsbedingt Gekündigter kann danach zulässig sein, BAG BB **93,** 653, ebenso bei Betriebsteilstilllegung, BAG NZA **98,** 1297, im Vorfeld einer Betriebsabspaltung, BAG NJW **07,** 1548. Ausschluss von Ausgeschiedenen kann auch bei Weihnachtsgratifikation zulässig sein („an unsere Belegschaft", Motivationszweck), BAG NJW **95,** 2181. Keine unterschiedliche Weihnachtsgratifikation für Angestellte und Arbeiter, außer wenn der Zweck der Gratifikation es erfordert, BAG BB **84,** 1940, 2064, NJW **94,** 3310; sachgerechter Grund für Differenzierung kann im Ausgleich der Benachteiligung der einen Gruppe bei Zahlung übertariflicher Zulagen, BAG NJW **94,** 3310, oder in Bindung bestimmter, für den Betrieb besonders wichtiger Arbeitnehmer(gruppen) liegen, eine gewisse Typisierung ist dabei zulässig, BAG BB **84,** 1941; kein sachgerechter Grund sind zB verschieden hohe Ausfallzeiten wegen Krankheit oder unterschiedlicher Fluktuationsgrad, BAG NJW **85,** 165. Gleichbehandlung verbietet nicht begründete Ausnahmen für besondere Gruppen (Gruppenbildung) und Stichtagsregelungen

6. Abschnitt. Handlungsgehilfen und Handlungslehrlinge 64–67 § 59

(Grenzen AGG, s Rn 10), BAG NJW **04**, 3652; gekündigte Arbeitnehmer können aber nur ausgenommen werden, wenn entweder der Arbeitnehmer selbst gekündigt hat, BAG BB **74**, 695, dann auch bei Kündigung nach § 10 MuSchG, LAG Hamm BB **76**, 1272, oder wenn der Arbeitgeber nicht betriebsbedingt gekündigt hat, BAG NJW **79**, 1221. Keine Gleichbehandlungspflicht bezüglich Arbeitnehmer zweier bisher selbstständiger, vom Arbeitgeber übernommener Betriebe, die weiter nach der früheren betrieblichen Regelung behandelt werden, BAG BB **77**, 145.

Zum **Widerrufsvorbehalt** bei über- und außertariflichen Leistungen s **64** Rn 43. Bei **freiwilligen Gratifikationen** ist **Freiwilligkeitsvorbehalt** möglich, formlos, aber klar und unmissverständlich, stRspr, BAG NJW **00**, 310, zB „kein Anspruch für die Zukunft" oder mindestens „ohne Rechtsanspruch", Bezeichnung als „freiwillige Sozialleistung" für Jubiläumszuwendung genügt nicht, BAG NJW **03**, 2043, für AGB vgl **(5)** § 305 c II BGB und Rn 58; dann weder Anspruch für das laufende Jahr (aber Gleichbehandlung, s Rn 57, 63, 91) noch für folgende Jahre, BAG NJW **97**, 213, Aufgabe von BAG BB **75**, 1531. Verbindung von Freiwilligkeitsklausel und Widerrufsvorbehalt ist schädlich, BAG NZG **06**, 748. Bei freiwilligen Gratifikationen bestimmt der Arbeitgeber über die **Höhe** nach billigem Ermessen (§ 315 BGB). AGB-Kontrolle von Rückzahlungsklauseln (s Rn 43). Übersicht: Hromadka NJW **07**, 1777.

Änderung der Gratifikation, zB Kürzung, ist uU auch bei Gratifikation mit **65** Rechtsanspruch möglich; so bei unzumutbarer Belastung, BAG NJW **62**, 173, bei wirtschaftlichen Schwierigkeiten zur Erhaltung von Arbeitsplätzen und Lohnzahlung in der Insolvenz, BAG NJW **65**, 1347. Wegfall der Geschäftsgrundlage ist aber (mangels Widerrufsvorbehalts) kein selbstständiger Änderungsgrund, vielmehr Änderungskündigung, Kündigungsrecht ist lex specialis, BAG NJW **03**, 1139. Kürzung gegenüber Pensionären nach § 315 BGB, BAG BB **63**, 939. Änderung einer betrieblichen Übung ebenso wie ihre Bildung (s Rn 7), zB dreijährige (s Rn 62), widerspruchslose Hinnahme geänderter Weihnachtsgratifikation, BAG NJW **98**, 475.

Bindungsklauseln, die die Auszahlung an bestimmte Bedingungen knüpfen, **66** sind idR zulässig, so zB Betriebsangehörigkeit zu einem Stichtag, auch bei betriebsbedingter Kündigung, aber Inhaltskontrolle, BAG BB **91**, 1713, 1715. Bindungsklauseln sind weniger einschneidend als Rückzahlungsklauseln (s Rn 67) und unterliegen deshalb nicht ohne weiteres denselben Schranken, BAG BB **68**, 587, **70**, 580.

Rückzahlungsklauseln sind wegen der einschneidenden Einengung der **67** Handlungsfreiheit und freien Arbeitsplatzwahl der Arbeitnehmer nur begrenzt zulässig. Die Rspr hat zur Förderung der Rechtssicherheit eine Reihe schematischer Regeln entwickelt (dazu Lit: Blomeyer/Buchner 1969): (1) Rückzahlungsklauseln greifen iZw nur bei Kündigung durch den Arbeitnehmer, auch nach § 10 MuSchG, oder bei Vertragsende wegen Befristung, BAG BB **79**, 1245; nicht bei betriebsbedingter Kündigung durch Arbeitgeber, BAG BB **75**, 1531, offen BAG DB **86**, 383, jedenfalls in TV zulässig; auch nicht bei einverständlicher Aufhebung, bei gerichtlichem Vergleich, LAG Düss BB **75**, 562. (2) Sie sind von vornherein unwirksam bei Kleinstgratifikationen von ursprünglich DM 100 (bei höheren Gratifikationen ohne Anspruch darauf als effektiven Sockelbetrag, BAG **16**, 107); dann **DM 200**, BAG BB **82**, 559, 1666 für 1978, ebenso BAG NJW **93**, 3345; aber mit weiteren Anhebungen ist zu rechnen. (3) Im Übrigen sind sie zulässig, soweit Gratifikationshöhe (gemessen am Monatsgehalt im Zeitpunkt der Anzahlung) und Dauer der durch die Rückzahlungsverpflichtung bewirkten Bindung des Arbeitnehmers in angemessenem Verhältnis stehen. Das bedeutet: bei Gratifikation **bis zu einem Monatsverdienst** ist Bindung von einem Vierteljahr, jedenfalls aber bis 31. 3. des nächsten Jahres (bei Auszahlung noch im Vorjahr) zulässig, BAG NJW **93**, 3345; bei Gratifikation **von einem Monatsver-**

dienst und mehr ist Bindung über den 31. 3. hinaus, BAG **13**, 129, BB **79**, 1350, NJW-Sp **04**, 228, bei „eindrucksvoller" Gratifikation, zB **zwei Monatsverdiensten**, und Staffelung bis zu ½ Monatsverdienst ist Bindung bis zum 30. 9. denkbar, BAG BB **70**, 580; diese Rspr allerdings vor Inkrafttreten neuer Kündigungsfristen, vgl G 7. 10. 93 BGBl 1668. Entspr Grundsätze gelten für **sonstige Leistungen**, zB Urlaubsgratifikationen, BAG **69**, 583, **73**, 663 (bis 30. 9. des betr Jahres); Aus-, Fortbildungs- und Umzugskosten s Rn 70.

68 Für Rückzahlungsklauseln in TV gelten nicht die gleichen strengen Maßstäbe wie bei solcher in Einzelvertrag, BAG **18**, 217, BB **67**, 627; Betriebsvereinbarung steht TV nicht gleich, BAG BB **68**, 207. Keine Kürzung wegen Mutterschutzfristfehlzeiten, auch nicht durch TV, BAG BB **83**, 768. Arbeitnehmer kann bei eigener Kündigung bereits erdiente Gratifikation oder Prämie nicht vor allgemeiner **Auszahlung** im Betrieb verlangen, BAG BB **73**, 144. Zur **Pfändbarkeit** von Weihnachtsgratifikationen BAG BB **61**, 531.

69 e) **Sachleistungen**, zB freie Wohnung, Kost, Vergünstigung bei Warenbezug (Personalrabatt), BAG NJW **96**, 75; kostenlose Beförderung im Werkverkehr, BAG DB **85**, 1482; Privatnutzung von FirmenPKW, BAG NJW **95**, 348. IdR keine Barabgeltung. Widerruf freiwilliger Leistungen nur bei Widerrufsvorbehalt und nach billigem Ermessen (s Rn 64), BAG DB **85**, 1483, NJW **96**, 75.

70 f) **Sonstige Arten** des Arbeitsentgelts: **Spesen** sind Entgelt, soweit sie nicht Aufwendungen (s Rn 102) abgelten, und können dann auch ohne Aufwendungen zu zahlen sein. **Vermögenswirksame Leistungen** nur bei besonderer Rechtsgrundlage (TV, Betriebsvereinbarung, § 88 Nr 3 BetrVG; Einzelvertrag, betriebliche Übung, s Rn 2–9) sind Teil des Arbeitsentgelts und steuerlich und uU nach SozVersRecht begünstigt. Ungleichbehandlung bei Ertragsbeteiligung zwischen Arbeitnehmern, die den Betrag vermögenswirksam anlegen, und solchen, die Barauszahlung wählen, ist zulässig, BAG **17**, 305. **Zinsgünstige Darlehen** des Arbeitgebers sind Teil der Arbeitsvergütung; der Arbeitgeber ist trotz Mitbestimmung des Betriebsrats bei der Entscheidung über Umfang und Zweck solcher Leistungen frei, BAG BB **81**, 735; die Vorschriften über den Verbraucherdarlehensvertrag gelten nicht (§ 491 II Nr 2 BGB). Beteiligungsdarlehen s BAG BB **93**, 1438; Aufklärungspflichten des Arbeitgebers dabei, BAG ZIP **06**, 866. **Zuschüsse** aus sozialem Anlass, zB Krankheit, sind keine Gratifikation (s Rn 61). Rückzahlungsklauseln sind auch hier nur in engen Grenzen zulässig. **Aus- und Fortbildungskosten**, die der Arbeitgeber trägt, können, sofern dem Arbeitnehmer ein geldwerter Nutzen verbleibt, Rückzahlungsklausel bei vorzeitigem Ausscheiden rechtfertigen, aber nicht bei betriebsbedingter Kündigung des Arbeitgebers, BAG NJW **99**, 443; nicht bei vorzeitiger Kündigung des Probearbeitsverhältnisses durch den Arbeitgeber, außer wenn vom Arbeitnehmer vertragswidrig veranlasst, BAG NJW **04**, 3059, auch sonst nicht bei Kündigung des Arbeitgebers ohne Veranlassung des Arbeitnehmers, BAG NJW-Sp **05**, 37. Fortbildungs- und Bindungsdauer müssen in angemessenem Verhältnis stehen, BAG NJW **96**, 1917. Längere Bindung als drei Jahre nach Abschluss der Ausbildung ist bei einjährigem Lehrgang nur bei besonderen Vorteilen und Qualifikation für den Arbeitnehmer gerechtfertigt, BAG BB **85**, 121; je nachdem sind drei Jahre zu lang. Ähnlich bei **Umzugskosten**erstattung, BAG BB **75**, 702, 1304, nicht wenn Umzugskosten als Aufwendung zu erstatten sind, BAG BB **73**, 983. **Mitarbeiterbeteiligungen** in vielerlei Formen, Wagner NJW **03**, 3081.

71 C. **Arbeitsentgelt bei fehlender Arbeitsleistung: a) Unmöglichkeit:** Grundsätzlich verliert der Arbeitnehmer bei Unmöglichkeit der Arbeitsleistung den Entgeltanspruch (§§ 326 I 1, 275 III BGB), er behält ihn jedoch bei vom Arbeitgeber allein oder weit überwiegend zu vertretender Unmöglichkeit (§ 326 II 1 Alt 1 BGB). Bei von keinem Teil zu vertretender Unmöglichkeit, zB Nichtleistung wegen Verkehrsstau (allgemeines **Wegerisiko**), verliert der Arbeitneh-

6. Abschnitt. Handlungsgehilfen und Handlungslehrlinge   72–74 § 59

mer deshalb nach § 326 I 1 BGB grundsätzlich seinen Entgeltanspruch, doch gelten hier häufig besondere arbeitsrechtliche Regeln (s Rn 72–74). Unter § 275 III BGB fällt die Leistungsverweigerung bei Kollision der Arbeitspflicht mit Familienpflichten (zu Gewissenskonflikten s Rn 44) und bei (jeder, dh keine Interessenabwägung) Arbeitsunfähigkeit, Löwisch FS Wiedemann **02,** 323, zur Entgeltfortzahlung bei Krankheit s Rn 75.

b) Annahmeverzug: Kommt der Arbeitgeber mit Annahme der Dienste in   72
Verzug (§§ 293 ff BGB), so behält der HdlGehilfe Entgeltanspruch ohne Pflicht zur Nacharbeit **(§ 615 S 1 BGB),** BAG **6,** 306, **19,** 194, BB **65,** 1070, NJW **01,** 93, **02,** 1739. Bsp: Unberechtigte Entlassung, Zuweisung einer anderen Tätigkeit unter Überschreitung des Direktionsrechts (s Rn 44), BAG BB **81,** 1399. Annahmeverzug wegen fehlenden Angebots anderweitiger Beschäftigungsmöglichkeit, BAG NZA **08,** 1410. Ist Zustandekommen eines Aufhebungsvertrags streitig, muss der Arbeitnehmer die Arbeitsleistung tatsächlich anbieten (§ 294 BGB, nicht § 295 BGB), BAG NJW **06,** 1453. Kein Annahmeverzug, wenn der Arbeitnehmer nicht leistungsfähig oder nicht leistungswillig ist (§ 297 BGB), Bsp: Arbeitnehmer macht Beschäftigung während des Prozesses von Kündigungsrücknahme abhängig, BAG NJW **06,** 1020. Nach unberechtigter fristloser oder ordentlicher Kündigung muss der Arbeitgeber den Arbeitnehmer zur Arbeit auffordern (§ 296 BGB), der Arbeitnehmer braucht nicht zuvor anzubieten, auch wenn er bei Kündigung oder später krank war, BAG BB **90,** 2190, NJW **92,** 932, **93,** 2637; er braucht auch Wiedergesundung nicht mitzuteilen, BAG NJW **95,** 2653. Annahmeverzug endet nicht schon mit Bereiterklärung des Arbeitgebers zur Weiterbeschäftigung ohne oder gemäß neuem, bis zum Urteil befristeten Arbeitsvertrag gleichen Inhalts, BAG NJW **86,** 2846, str. In Fällen, in denen der Arbeitgeber das Risiko des Arbeitsausfalls trägt (s Rn 74), gelten § 615 S 1 und 2 entsprechend **(§ 615 S 3 BGB** idF SMG).

Arbeitnehmer muss sich das durch Unterbleiben der Dienste Ersparte oder   73
durch anderen Dienst Erworbene oder böswillig nicht Erworbene anrechnen lassen **(§ 615 S 2 BGB);** vgl dazu zunächst § 74 c HGB (dort Rn 2). **Böswilliges Unterlassen** liegt vor, wenn der Arbeitnehmer grundlos zumutbare Arbeit ablehnt oder vorsätzlich verhindert, dass ihm zumutbare Arbeit angeboten wird, BAG NJW **98,** 3138, **01,** 243, bei dringenden Gründen für Änderung auch vertraglich nicht geschuldete Arbeit (§ 242 BGB), BAG NJW **07,** 2062. Deutliche Verschlechterung der Arbeitsbedingungen muss der gekündigte Arbeitnehmer idR nicht akzeptieren (zu § 11 KSchG), BAG NJW **07,** 2060. Unterlassen der Meldung beim Arbeitsamt oder der Suche eines anderen Arbeitsplatzes, auch wenn aussichtsreich, steht nach BAG NJW **01,** 243 nicht gleich, keine diesbezügliche Obliegenheit, fraglich und str. Anrechnen lassen muss er sich (nur) den kausal durch das Freiwerden der Arbeitskraft ermöglichten Verdienst, BAG NJW **91,** 1002, nicht nur nach Zeitabschnitten, BAG NJW **94,** 2041, an dieser **Gesamtberechnung** gegen Kritik festhaltend BAG ZIP **06,** 1312. So uU auch bei Ablehnung des Angebots zu einem neuen befristeten Arbeitsvertrag, BAG NJW **86,** 2846. Für Anrechnung ist etwaige Bindung durch Wettbewerbsvereinbarung zu berücksichtigen, BAG BB **74,** 739. Der Arbeitnehmer hat Auskunft über anderen Erwerb zu geben (entspr § 74c), BAG BB **74,** 739, mit konkreten Nachweisen BAG NJW **94,** 2043. § 615 S 1, 2 BGB ist abdingbar, hM.

c) Betriebsrisiko: In bestimmten Fällen der beiderseits unverschuldeten Un-   74
möglichkeit ordnet die Rspr die Folgen abweichend von § 326 BGB teils nach der Sphärentheorie, teils nach Arbeitskampfgesichtspunkten zu. Das Betriebsrisiko (Unternehmens-, Lohnrisiko) trägt der Arbeitgeber; BAG **3,** 346, BAG NZA **91,** 67; zB Brand, BAG BB **73,** 196, Unmöglichkeit der Arbeit wegen Witterung, Naturkatastrophen; Auftrags-, Absatzmangel, Heizungsausfall, BAG DB **83,** 1496; behördliches Betriebsverbot. Trägt der Arbeitgeber das Risiko des

§ 59 75–81 I. Buch. Handelsstand

Arbeitsausfalls, gelten § 615 S 1 und 2 BGB (§ 615 S 3 BGB, s Rn 72). Lit: Ehmann NJW **87,** 403 (krit). Das **Arbeitskampfrisiko** (Direkt- und Fernwirkungen von Streik und Aussperrung) ist vom Betriebsrisiko zu unterscheiden. Bei Direktwirkung, zB Streik von Teilen der Belegschaft, trägt die übrige Belegschaft das Arbeitskampfrisiko; Entgeltanspruch entfällt also, aber nicht bei fortbestehender Beschäftigungsmöglichkeit (zB Notdienst), BAG NJW **94,** 1300; nicht bei Aufrechterhaltung des Betriebs(teils), außer soweit Beschäftigung infolge des Streiks unmöglich oder unzumutbar wird, BAG NJW **96,** 1227, 1229, aber keine Pflicht zur Aufrechterhaltung, BAG NJW **95,** 477. Bei Fernwirkungen, die das Kräfteverhältnis der kampfführenden Parteien beeinflussen können, tragen beide Seiten das Risiko nach den Grundsätzen der Arbeitskampfparität; Entgeltanspruch entfällt also zB bei Lahmlegung durch Streik in Drittunternehmen bzw besteht fort bei Angriffsaussperrung dort, BAG NJW **99,** 2388, 2389 (Wellenstreik) stRspr. Lit: Mayer BB **90,** 2482.

75 **d)** Entgeltfortzahlung bei **Krankheit** und **anderer unverschuldeter Hinderung** des HdlGehilfen war in § 63 aF geregelt, nunmehr EFZG 26. 5. 94 BGBl 1065 §§ 3 ff. Lit: Feichtinger/Malkmus/Potthast 2003, Vogelsang 2003; Palandt/Putzo § 616 Rn 17 ff.

76 **e) Feiertage** s Rn 58, **Urlaub** s Rn 100.

77 D. **Einwendungen gegen Arbeitsentgeltanspruch: a) Verzicht** auf unabdingbare Ansprüche s Trieschmann RdA **76,** 68. Auf tariflichen Anspruch kann nur in einem von den Parteien des TV gebilligten Vergleich verzichtet werden (§ 4 IV 1 TVG, s Rn 40).

78 Doch können in TV **Ausschlussfristen** für die Geltendmachung des Entgeltanspruchs gesetzt werden (§ 4 IV 3 TVG), BAG NJW **07,** 1378; sie gelten für beide Seiten, auch für gesetzliche Ansprüche; auch für Rückzahlungsanspruch bei Lohnüberzahlung, BAG BB **79,** 987, nicht für Ansprüche aus verletztem Persönlichkeitsrecht, BAG NJW **88,** 791. Ausschlussfristen in AGB s Rn 43, Herbert/Oberrath NJW **07,** 3750.

79 **Verfallklausel** ist auch einzelvertraglich möglich; Inhaltskontrolle, BAG NJW **98,** 1732, bei Verweisung auf Tarifnorm nur beschränkt, BAG ZIP **89,** 180 m Anm Preis 885. Verfallklausel erfasst iZw alle Ansprüche aus dem Arbeitsverhältnis, auch die nur entferntem Zusammenhang, BAG ZIP **06,** 866. Ausschlussfrist beginnt mit Fälligkeit des Anspruchs (bei Schadensersatzanspruch mit zumutbarer Kenntnis, BAG BB **85,** 124). Mit Verstreichen der Ausschlussfrist erlischt (anders bei Verjährung) der Anspruch, deshalb dann auch keine Aufrechnung mehr, BAG BB **73,** 1638. Selbst Ein-Monats-Frist soll zulässig sein, BAG BB **01,** 938. Ausschlussfrist in **AGB** unterliegt seit SMG aber der Kontrolle nach **(5)** §§ 305 c I, 307 BGB (s Rn 43).

80 **Ausgleichsquittungen** sind im Interesse klarer Verhältnisse grundsätzlich weit auszulegen, BAG NJW **04,** 3445 (anteiliges 13. Monatsgehalt). Sie enthalten meistens Verzicht, der jedoch unwirksam ist, soweit es sich um tarifliche Ansprüche handelt (s oben); zur Wirksamkeit von Ausgleichsquittung überhaupt, BAG BB **71,** 438, **79,** 109, 327, **81,** 119; Moritz BB **79,** 1610, Preis AuR **79,** 97, Schulte DB **81,** 937. Ausgleichsquittung in AGB soll nach **(5)** § 307 I 1 BGB unwirksam sein, Reinecke DB **02,** 586. Verzicht auf Kündigungsschutz in Ausgleichsquittung s Rn 156. Ausgleichsklausel in Aufhebungsvertrag s Rn 166.

81 **b) Abtretung** des Vergütungsanspruchs ist nur möglich, soweit gepfändet werden kann (§ 400 BGB, §§ 850 a–k ZPO), BAG NJW **01,** 1443. Lohnabtretungsverbot kann vereinbart werden, auch in Betriebsvereinbarung, BAG BB **60,** 1202, ist aber unwirksam gegenüber SozVersTräger, der dem Arbeitnehmer Zahlungen an Stelle des vom Arbeitgeber nicht gezahlten Gehalts gewährt und Anspruch abgetreten erhalten hat, LAG Ffm BB **65,** 1355. Sonst ist Lohnabtre-

6. Abschnitt. Handlungsgehilfen und Handlungslehrlinge   82–88   § 59

tung zulässig, auch Vorausabtretung bestimmbarer künftiger Forderung, BGH BB **76**, 227.

Dasselbe wie für Abtretung gilt für **Aufrechnung** (§ 394 BGB), entspr für 82 Zurückbehaltung (§ 273 BGB), dazu BAG **9**, 137, **10**, 176, **20**, 156, BGH BB **58**, 304.

Pfändung s §§ 850 ff ZPO; (Voraus-)Abtretung geht späterer Pfändung vor, 83 Börker NJW **70**, 1104. Pfändungsschutz bei Gehaltskonten s Arnold BB **78**, 1314. Für Lohnpfändung wird bei Verschleierungsabrede ein angemessenes Gehalt fingiert, BAG **17**, 172. Zur Lohnpfändung als Kündigungsgrund Lepke RdA **80**, 185. Kein Kostenerstattungsanspruch des Arbeitgebers gegen Arbeitnehmer, BAG NJW **07**, 1302.

Mit seinem Entgeltanspruch für Arbeit während des Insolvenzverfahrens ist 84 Arbeitnehmer in der **Insolvenz** des Unternehmers Massegläubiger (§ 55 I Nr 2 InsO).

c) **Verjährung** der Entgelt- und Auslagenersatzansprüche des HdlGehilfen 85 innerhalb der Regelverjährung von grundsätzlich drei Jahren (§§ 195, 199 BGB). Dieser Verjährung unterliegen auch Ansprüche des angestellten Vertreters auf Gehalt und Provision, BAG BB **72**, 1056 (keine Analogie zu § 88), Ansprüche aus ungerechtfertigter Bereicherung oder Geschäftsführung ohne Auftrag sowie Bereicherungsansprüche des Arbeitgebers wegen irriger Überzahlung.

Verwirkung tariflicher Ansprüche ist ausgeschlossen (§ 4 IV 2 TVG); sonst ist 86 Verwirkung möglich. Verwirkung tritt aber nicht durch Zeitablauf vor Verjährungseintritt ein, BAG BB **58**, 117, 233, zum Zeitmoment muss vielmehr noch ein Umstandsmoment kommen (Vertrauensdisposition), vgl BAG NJW **89**, 2564, NJW **01**, 2907, **05**, 2335, **07**, 2063 LS.

E. **Betriebliche Altersversorgung:** Betriebliche Altersversorgung (betrieb- 87 liches Ruhegeld) sind Leistungen der Alters-, Invaliditäts- oder Hinterbliebenenversorgung aus Anlass eines Arbeitsverhältnisses (§ 1 I 1 BetrAVG). Ihre praktische Bedeutung ist sehr groß. Verschiedene Grundformen sind üblich: unmittelbare Versorgungszusage durch den Arbeitgeber (Direktzusage) und vier Grundformen über rechtlich selbstständige Versorgungsträger; darunter seit 2001 Pensionsfonds mit Kapitalmarktrisiko des Arbeitnehmers, Regelung im VAG, Aufsicht durch BAFin. Unterschiede je nach Innen- oder Außenfinanzierung (Abfluss des Kapitals erst bei Versorgungsfall oder schon vorher). **Rechtsgrund** sind TV, Betriebsvereinbarung, Einzelvertrag, Betriebsübung. Die Ruhegeldzusage ist formlos (keine Schenkung), stillschweigend (Betriebsübung, BAG NJW **71**, 1422, s Rn 7) und auch noch nach Eintritt in den Ruhestand möglich. Sie unterliegt dem Gleichbehandlungsgebot (s Rn 57, 63, 91). Schon vor Entstehung des Ruhegeldanspruchs kann **Ruhegeldanwartschaft** erlangt werden; sie ist bei Ende des Arbeitsverhältnisses vor Eintritt des Versorgungsfalls unter den Voraussetzungen des BetrAVG grundsätzlich zwingend unverfallbar (erdienter Teilwert, Quotierung). **Regelung** heute **im BetrAVG**, Reform 2001 zusammen mit der Reform der gesetzlichen Altersversicherung, 2005 durch AltEinkG, 2006 durch BetrAVGÄndG. Lit: Andresen/Förster/Rössler (LBl); Bischoff/Heubeck (LBl); Höfer/Reiners/Wüst (LBl); Markus Roth 2009; Reinecke NJW **01**, 3511 (BetrAVGReform 2001), Schnitker/Grau NJW **05**, 10 (BetrAVGReform 2005), Cisch/Bleeck BB **06**, 2815, **08**, 1002. RsprÜbersicht: Reinecke DB **07**, 2836.

Das Ruhegeld wird im **Ruhestandsverhältnis** gewährt. Dieses ist das Dauer- 88 schuldverhältnis, das nach Ende des Arbeitsverhältnisses infolge Arbeitsunfähigkeit oder Erreichens der Altersgrenze an dessen Stelle tritt. Es ist selbst kein Arbeitsverhältnis; dessen Hauptpflichten (Arbeitsleistung, Arbeitsentgelt) bestehen nicht. **Ruhegeld** ist zwar kein Lohn ieS, hat aber Versorgungs- und Entgeltcharakter und ist in jedem Falle Gegenleistung und damit besondere Vergütungsform, auch bei Einschaltung einer Unterstützungskasse, BVerfG BB **84**,

344. Die **Nebenpflichten** beider Teile aus dem Arbeitsverhältnis (Treuepflicht, Fürsorgepflicht) wirken nach, sind aber deutlich weniger intensiv; zB Wettbewerbsverbot, Schweigepflicht.

89 **Widerruf, Kürzung:** Verschlechterung der durch Einzelvertrag, Betriebsübung oder Gesamtzusage begründeten Versorgungsregelung ist einseitig durch Arbeitgeber grundsätzlich nur bei Widerrufsvorbehalt zulässig, da keine Rechtspflicht zur Ruhegehaltszahlung besteht (s Rn 84), und auch dann nur nach billigem Ermessen (§ 315 BGB), insbesondere bei schwerer insolvenzgleicher wirtschaftlicher Notlage. Einzelheiten folgen aus BetrAVG und umfänglicher Rspr. **Teuerungsanpassung:** Zwecks Erhöhung von Ruhegeldern wegen Steigens der Lebenshaltungskosten hat der Arbeitgeber alle drei Jahre Anpassung der laufenden Leistungen zu prüfen und darüber nach billigem Ermessen zu entscheiden (§ 16 BetrAVG), im Einzelnen str. Reform durch das AltersvermögensG 2001. **Mitnahmemöglichkeit** (Portabilität) unverfallbarer Anwartschaften beim Arbeitgeberwechsel (§ 4 nF 2005). **Insolvenzsicherung:** Versorgungszusagen und unverfallbare Anwartschaften sind unter Übergang der Ansprüche gegen Arbeitgeber durch Pensionssicherungsverein insolvenzgesichert, (§§ 7–15 BetrAVG), Finanzierungsreform BetrAVGÄndG 2006. **Verjährung:** Rentenstammrecht in dreißig Jahren, Ansprüche auf regelmäßig wiederkehrende Leistungen nach §§ 195, 199 BGB (§ 18a BetrAVG idF SMG).

7) Nebenpflichten des Arbeitgebers

90 A. **Rechtsgrundlagen, Gleichbehandlung, Rechtsfolgen von Pflichtverletzungen:** Die **allgemeine Schutz- und Förderungspflicht** des Arbeitgebers nach §§ 241 II, 617–619 BGB (auch Fürsorgepflicht genannt; entspr die allgemeine Treuepflicht des HdlGehilfen, s Rn 58) durchzieht das ganze Arbeitsverhältnis (in schwächerem Umfang schon ab Eintritt in die Vertragsverhandlungen, s Rn 32) und besteht deshalb nur in möglichst kostensparender Form, BAG BB **73,** 1214. Der Arbeitnehmer ist gegen die mit dem Arbeitsverhältnis zusammenhängenden Gefahren zu sichern. Für Erhaltung seiner Arbeitskraft ist angemessen zu sorgen. Besondere Fürsorgepflichten folgen aus Gesetz, TV, Betriebsvereinbarung, Einzelvertrag, Betriebsübung (vgl Rn 2–9). Fürsorgepflicht verpflichtet keinesfalls zur Einstellung (s Rn 33), auch nicht nach Ausbildungsverhältnis, BAG DB **74,** 344, oder nach Lösung des Arbeitsverhältnisses zwecks Fortbildung, BAG BB **78,** 257. Betriebliche Altersversorgung, Gratifikation und andere Sozialleistungen sind Arbeitsentgelt und deshalb nicht schon auf Grund Fürsorgepflicht zu gewähren. Vielmehr muss eine besondere Rechtsgrundlage (s Rn 2–9) hinzukommen, BAG **4,** 360, uU aber Pflicht zum Hinweis auf bestehende Versorgungsmöglichkeiten, LAG Hamm BB **82,** 1365. Sie **überdauert** das Arbeitsverhältnis nur in Ausnahmefällen, BAG **3,** 332, Monjau AuR **65,** 323, so bei Ruheständlern (s Rn 83). Der Arbeitgeber muss jedoch nach Billigkeit vermeiden, was für den Arbeitnehmer bei Suche nach neuem Arbeitsplatz nachteilig ist, BAG BB **73,** 1116. Aus der Fürsorgepflicht folgen **zahlreiche Einzelpflichten,** s Rn 93–104.

91 Die Nebenpflichten des Arbeitgebers stehen wie die Entgeltpflicht (s Rn 57) und das gesamte Arbeitsverhältnis unter dem **allgemeinen Gleichbehandlungsgebot.** Rechtsgrundlagen für Gleichbehandlung bieten, in Geltung und Reichweite nicht deckungsgleich, **verschiedene Gleichbehandlungsvorschriften:** 1) Art 141 (119 aF) EG, EG-Ri (nach EuGH auch faktische Ungleichheit, Kokott NJW **95,** 1054; Lohngleichheit, s Rn 57), EuGH NJW **03,** 1107 (Schwangerschaft), NJW **05,** 3695 (Mangold, Altersdiskriminierung, s auch Rn 10), **08,** 2767 m Anm Lindner 2750 (Feryn, angekündigte Diskriminierung führt zu Vorverlagerung auf Besetzung mittels Vermutung), **08,** 3417 (Bartsch, Altersdiskriminierung) m Anm Bauer/Arnold 3377. 2) Art 3 GG (s Rn 3, nur mittelbare Wirkung für den Arbeitgeber), 3) spezielle Normen wie **AGG**

(§§ 611 a, b, 612 III aF BGB aufgehoben; s Rn 33 zum Kontrahierungszwang), § 622 VI BGB (bei Kündigung, s Rn 124), § 75 I BetrVG idF AGG ua und 4) der allgemeine arbeitsrechtliche Gleichbehandlungsgrundsatz, der auf die Fürsorgepflicht gestützt wird, str, aber nach dem AGG an Bedeutung verloren hat.

Bei **Verletzung** der Fürsorgepflicht kann der HdlGehilfe Erfüllung oder 92 Schadensersatz verlangen, auch für Einhaltung öffentlichrechtlicher Schutzvorschriften, in schweren Fällen fristlos kündigen. Folgen für Haftungsausschluss und -minderung s Rn 105–110. Nichtbegründung eines Arbeitsverhältnisses unter Verstoß gegen § 611a BGB führt nur zu Vertrauensschaden (so II), idR nur Bewerbungskosten; daneben aber immaterieller Schaden aus Persönlichkeitsrechtsverletzung, idR 1 Monatsvergütung, BAG NJW **90,** 65, 67. Die Fürsorgepflicht kann nicht im Voraus **abbedungen** werden.

B. **Schutz von Leben und Gesundheit** des Arbeitnehmers am Arbeitsplatz 93 s § 62.

C. **Schutz und Förderung der Persönlichkeit: a)** Der Arbeitgeber hat das 94 allgemeine Persönlichkeitsrecht des Arbeitnehmers in Bezug auf Ansehen, soziale Geltung und berufliches Fortkommen zu beachten; bei Verletzung Widerrufs- bzw Beseitigungsanspruch (§§ 242, 1004 BGB); BAG NJW **88,** 791, ZIP **90,** 1097, BAG NJW **05,** 314 (BetrVG). Pflicht zur menschen- und **personengerechten Arbeitsgestaltung** (vgl § 91 BetrVG), zB Schutz der freien Entfaltung der Persönlichkeit des Arbeitnehmers (§ 75 II BetrVG); keine unnötigen Eingriffe und Kontrollen; kein heimliches Abhören von Dienstgesprächen durch Arbeitgeber, BVerfG NJW **92,** 815; kein heimliches Mithörenlassen von Telefongesprächen zwischen Arbeitgeber und Arbeitnehmer, BAG NJW **98,** 1331; keine verdeckte Videoüberwachung und auch sonst nur unter engen Voraussetzungen (Persönlichkeitsrecht der Arbeitnehmer, Verhältnismäßigkeitsprüfung), BAG NJW **03,** 3436, **05,** 313. Zur Meinungsfreiheit des Arbeitnehmers BAG NJW **05,** 619. Beachtung der Mitwirkungs- und Beschwerderechte (§§ 82, 84 BetrVG).

b) Der Arbeitgeber schuldet dem Arbeitnehmer **Schutz vor ungerechter** 95 **Behandlung** und Angriffen durch Vorgesetzte, Mitarbeiter und Dritte im Zusammenhang mit der Arbeit; zB zutreffende und ordnungsgemäß zustandegekommene **Beurteilung** des Arbeitnehmers und ihre schriftliche Festhaltung (s Rn 98), uU Anspruch auf Entfernung einer schriftlichen Verwarnung aus den **Personalakten,** BAG NJW **91,** 2510, NZA **93,** 838, auch eines zutreffenden, aber beeinträchtigenden und für die Beurteilung überflüssig gewordenen Schreibens (Teilnahme an Warnstreik), BAG BB **88,** 1893; zumutbarer Widerstand gegen eine Druckkündigung, BAG **9,** 53; Schutz gegen unzutreffende Pressekampagne; Schutz gegen **Mobbing,** Sasse BB **08,** 1450.

c) Beschäftigungspflicht des Arbeitgebers folgt aus Arbeitsvertrag (§§ 611, 96 242 BGB, Persönlichkeitsschutz), BAG GrS BB **85,** 1978. Der Arbeitgeber darf Beschäftigung des HdlGehilfen gegen dessen Wunsch auch bei Fortzahlung des Gehalts nur ablehnen bei eigenen überwiegenden schutzwürdigen Interessen des Arbeitgebers, zB Wegfall der Vertrauensgrundlage oder zur Wahrung von Betriebsgeheimnissen, BAG GrS BB **85,** 1980; der Arbeitnehmer kann aber über das allgemeine ideelle Beschäftigungsinteresse hinaus ein zu berücksichtigendes besonderes ideelles oder materielles Beschäftigungsinteresse haben, zB Geltung in Berufswelt, Ausbildung, Erhaltung von Fachkenntnissen, BAG GrS BB **85,** 1980. Weiterbeschäftigungspflicht nach Kündigung s Rn 128, 157. Verletzung der Pflicht gibt dem HdlGehilfen Erfüllungsanspruch, Schadensersatzanspruch, Grund zur fristlosen Kündigung. Für **Schwerbehinderte** besteht Beschäftigungspflicht nach SchwBG. Anspruch auf **Beförderung** hat Arbeitnehmer nur, wenn vertraglich vereinbart, BAG BB **69,** 580, **79,** 373; aber uU Anspruch auf

§ 59 97–100   I. Buch. Handelsstand

Versetzung (Einschränkung des Direktionsrechts, s Rn 44), BAG **7,** 321, **8,** 338, oder umgekehrt auf deren Unterlassung.

97   **d)** Der **Schweigepflicht** des Arbeitnehmers (s Rn 50) entspricht eine solche des Arbeitgebers. Vertrauliche Führung der **Personalakten,** BAG NJW **88,** 791. Hinzu kommt der **Datenschutz.** Die Pflicht zur Sicherung personenbezogener Daten des Arbeitnehmers gegen Missbrauch folgt aus BDSG und aus dem Persönlichkeitsrecht des Arbeitnehmers. Speicherung von Arbeitnehmerdaten s BAG ZIP **87,** 1006. RsprÜbersichten: Teske ZIP **87,** 960, Heither BB **88,** 1049. Lit: Zöllner, 2. Aufl 1983; Wohlgemuth BB **92,** 281; Komm BDSG s **(7)** Bankgeschäfte Rn A/37.

98   **e)** Die **Informations- und Auskunftspflicht** des Arbeitgebers (für den Arbeitnehmer s Rn 53) umfasst die Unterrichtung des Arbeitnehmers über seine Aufgabe und Tätigkeit, Unfall- und Gesundheitsgefahren, bevorstehende Veränderung in seinem Arbeitsbereich (§ 81 BetrVG); Erläuterung der Berechnung des Arbeitsentgelts, seiner dienstlichen Beurteilung (§ 82 BetrVG), auf Verlangen Begründung durch Angabe konkreter Tatsachen, BAG DB **79,** 1703, 2429 (Schaden uU in unterbliebener Beförderung); ausnahmsweise auch Hinweis auf Rechtsnachteile, zB Versorgungsnachteile bei Vertragsauflösung, BAG ZIP **90,** 1494 (iErg abl), NJW **92,** 2173. Niederschrift der wesentlichen Arbeitsvertragsbedingungen, NachweisG 20. 7. 95 BGBl 946. Einsicht in Personalakten nach § 83 BetrVG und ausnahmsweise weitergehend auf Grund Fürsorgepflicht, BAG BB **70,** 619; Schlessmann BB **72,** 579, Vogt BB **73,** 479. Bescheinigungen mit zutreffendem Inhalt; aber kein Anspruch auf einen bestimmten Inhalt, LAG Hamm DB **76,** 923. Zeugnis s Rn 104.

99   **f)** Sonstige Einzelpflichten, zB für notwendigen Versicherungsschutz zu sorgen, so ausreichende Haftpflichtversicherung von Kfz, mit dessen Führung der Arbeitnehmer betraut wird, BAG NJW **66,** 2233, uU auch Insassenversicherung, BGH BB **70,** 127; nicht Vollkaskoversicherung, aber Obliegenheit s Rn 108, str; eingebrachte Sachen s Rn 101.

100   **D. Erholungsurlaub:** Rechtsgrundlagen sind das BUrlG, das die Fürsorgepflicht konkretisiert. Arbeitnehmer haben Anspruch auf Erholungsurlaub (Mindesturlaub 24 Werktage, § 3 BUrlG), Kollektiv- und Einzelvertrag gehen weiter. Sonderregeln für Jugendliche, Schwerbehinderte ua. **Voraussetzung** des Urlaubsanspruchs ist Bestehen eines Arbeitsverhältnisses (sonst nur Abgeltung s unten), Ablauf und Wartezeit von idR 6 Monaten ab Beginn des Arbeitsverhältnisses (§ 4 BUrlG, sonst Teilurlaub s unten), nicht Arbeitsleistung: also Urlaubsanspruch auch bei Teilzeitbeschäftigung, BAG NZA **93,** 988, gegenüber mehreren Arbeitgebern, BAG BB **79,** 1349, bei gekündigtem Arbeitsverhältnis, BAG DB **79,** 1138, Siara DB **79,** 2276. Voller Anspruch entsteht erstmalig nach 6 Monaten, sonst **Teilurlaub,** bei Ausscheiden vor erfüllter Wartezeit oder in der ersten Hälfte eines Kalenderjahres (§§ 4, 5 BUrlG, Zwölftelungsprinzip); Teilurlaubsanspruch gegen neuen Arbeitgeber, auch wenn voller Urlaubsanspruch schon gegen alten erworben war, BAG **18,** 153, aber keine Doppelgewährung (§ 6 BUrlG). **Anrechnung** von Krankheitstagen auf Urlaub ist unzulässig; ebenso für Kur- und Heilverfahren der SozVers oder sonstiger Sozialleistungsträger, soweit Anspruch auf Entgeltfortzahlung im Krankheitsfall besteht (§§ 9, 10 BUrlG), BAG **23,** 244, BB **67,** 250. Keine Anrechnung von Betriebsausflug, Betriebsruhetagen aus besonderem Anlass ua. **Gewährung und Zeitpunkt** des Urlaubs nach Maßgabe einer Betriebsvereinbarung (Urlaubsplan, § 87 I Nr 5 BetrVG) oder der Betriebsferien, sonst des Direktionsrechts des Arbeitgebers (s Rn 44); die Ausübung des Direktionsrechts unterliegt aber der Billigkeitskontrolle (§ 315 BGB), BAG **AP** § 7 BUrlG Nr 5, und der Mitbestimmung (§ 87 I Nr 5 BetrVG). Urlaubsteilung nur ausnahmsweise (§ 7 II BUrlG). Urlaubsgewährung muss erkennbar werden, liegt nicht ohne weiteres in Freistellung von

Arbeit während der Kündigungsfrist oder auf Grund eines Aufhebungsvertrags, BAG NJW **99**, 1496. Kein Rückruf aus dem Urlaub, gegenteilige Abrede ist unwirksam, BAG NJW **01**, 460. **Urlaubsentgelt** ist die während der Dauer des Urlaubs fortbezahlte Vergütung, von dem gratifikationsähnlichen Urlaubsgeld und der Urlaubsabgeltung zu unterscheiden. Als Arbeitsentgelt ist es ebenso wie dieses pfändbar, BAG NJW **01**, 460, str. Das Urlaubsentgelt bemisst sich nach der im Urlaubszeitraum ausfallenden Arbeitszeit (§ 1 BUrlG), § 11 BUrlG regelt nur die Bemessung des Geldfaktors, BAG NJW **00**, 3228. Bei der Durchschnittsberechnung sind Vermittlungsprovisionen (ohne Bezirksprovisionen, § 87 II) einzubeziehen (§ 11 I 1 BUrlG iVm §§ 65, 87), BAG NZA **86**, 471, NJW **01**, 772. Urlaubsentgeltanspruch läuft auch bei Streik weiter, BAG BB **82**, 993. **Erwerbstätigkeit** während des Urlaubs ist verboten (§ 8 BUrlG), uU ordentliche Kündigung, hL, der Anspruch auf Urlaubsentgelt für gesetzlichen Mindesturlaub bleibt aber von Verstoß unberührt, BAG BB **88**, 2246. **Erlöschen** bei Erfüllung (§ 362 BGB); **mangels Übertragung** auf nächstes Kalenderjahr (nur bis 31. 3. und auch sonst nur bei dringenden betrieblichen oder in der Person des Arbeitnehmers liegenden Gründen), BAG NJW **87**, 798, kommt es zum Verfall des Urlaubsanspruchs, wenn er bei **Ende des Kalenderjahrs** nicht geltend gemacht ist (§ 7 III BUrlG), BAG BB **82**, 2111, krit Kohte BB **84**, 614. Erlöschen ferner mit Ende des Arbeitsverhältnisses, aber Abgeltung; bei Unmöglichkeit (§ 275 BGB); bei Tod, da höchstpersönlich; Verfall nach Tarifvertrag, nicht aber für gesetzlichen Mindesturlaub, BAG NJW **96**, 3293; Kündigungsschutzklage wahrt tarifliche Urlaubsausschlussfrist (Urlaubsverfallklausel), BAG BB **79**, 1143; **Verzicht** (§ 397 BGB), auch stillschweigend, aber nicht für gesetzlichen Mindesturlaub (vgl § 13 BUrlG), BAG NJW **99**, 1496. Abgeltung für bei Vertragsende wegen Krankheit nicht genommenen bezahlten Urlaubs, EuGH NJW **09**, 495, krit Bauer/Arnold NJW **09**, 631, Gaul/Josten/Strauf BB **09**, 497, Gesetzesänderung notwendig. **Abgeltung** der Urlaubsansprüche in Geld (von Urlaubsentgelt, s oben, und Urlaubsgeld zu unterscheiden) ist grundsätzlich nur nach dem Ende des Arbeitsverhältnisses zulässig (§ 7 IV BUrlG). Abgeltung setzt voraus, dass der Arbeitnehmer bei Fortdauer des Arbeitsverhältnisses die vertraglich geschuldete Leistung hätte erbringen können, BAG BB **95**, 48, NJW **95**, 2244, tarifliche Urlaubsabgeltung bei Arbeitsunfähigkeit ist möglich. Kein Verzicht wegen § 13 BUrlG, auch nicht nach Beendigung des Arbeitsverhältnisses und in gerichtlichem Vergleich, BAG BB **79**, 327, krit Schulte DB **81**, 940. Bei Arbeitsplatzwechsel kann der frühere Arbeitgeber bezahlte Urlaubsabgeltung nicht zurückfordern (§ 5 III BUrlG), Zahlung aber verweigern, soweit der Arbeitnehmer Urlaub vom neuen Arbeitgeber verlangen kann, BAG NJW **71**, 534. Urlaubsabgeltungsanspruch ist wie Arbeitseinkommen abtretbar und pfändbar (§ 850a Nr 2 ZPO ist nicht einschlägig). Unzulässige Abgeltung hebt Urlaubsansprüche nicht auf, kann nicht zurückgefordert werden, BAG **4**, 59. Urlaubsgratifikation mit **Rückzahlungsklausel** bei Ausscheiden str (s Rn 97). Ansprüche nach BUrlG sind **zwingend**, doch kann TV abweichen, mit Ausnahme der grundsätzlichen Regelung über Dauer des bezahlten Erholungsurlaubs und des Geltungsbereichs des BUrlG (§ 13 I BUrlG), BAG BB **65**, 123, **80**, 1691, NJW **96**, 3293. In Arbeitsverträgen kann auf einen abweichenden TV Bezug genommen werden. Zur Wahrnehmung staatsbürgerlicher Rechte (Art 48 GG), zur Ausübung öffentlicher Ehrenämter, für Beisitz bei ArbG (§ 26 ArbGG), zum Suche nach einer neuen Stelle (§ 629 BGB), zur Beisetzung von Angehörigen, zu Familienfeiern (zB Hochzeit) des HdlGehilfen selbst oder naher Verwandter ist Urlaub zu gewähren, BAG **4**, 189. Freistellung von Betriebsratsmitgliedern s § 37 III BetrVG. Anspruch auf **Bildungsurlaub** besteht nach Ländergesetzen. In der Privatwirtschaft besteht idR kein Anspruch auf **Sonderurlaub ohne Entgeltfortzahlung** (unbezahlte Freistellung; kein Urlaub im Rechtssinn), von Hoyningen-Huene NJW **81**, 713; der Vorbehalt des Arbeitgebers, den Zeitpunkt der

§ 59 101–104 I. Buch. Handelsstand

Rückkehr aus unbezahltem Urlaub allein zu bestimmen, ist aber nichtig, BAG BB **81,** 974. Bei Erkrankung während des unbezahlten Sonderurlaubs entsteht kein Entgeltanspruch, BAG BB **78,** 360, Marburger BB **78,** 104. RsprÜbersicht: Hohmeister BB **07,** 2293, **09,** 494. Lit: Arnold/Ackermann/Rambach, 2. Aufl 2009, Neumann 12. Aufl 2001, Neumann/Fenski 9. Aufl 2003, Leinemann/ Linck 2. Aufl 2001.

101 E. **Sicherung eingebrachter Sachen:** Der Arbeitgeber muss auf Grund seiner Fürsorgepflicht die berechtigterweise auf das Betriebsgelände mitgebrachten Sachen des Arbeitnehmers nach § 241 II BGB durch zumutbare Maßnahmen vor Beschädigung durch Dritte schützen, BAG NJW **65,** 2173, **00,** 3369; Pflicht zur Bereitstellung von Firmenparkplätzen nur bei besonderen Umständen, BAG **9,** 31, dann aber Pflicht zur verkehrssicheren Erhaltung, bei besonderer Gefährdung gesteigerte Fürsorgepflicht, BAG NJW **00,** 3370, wohl auch zur Absperrung, BAG BB **75,** 1343. Soweit Arbeitnehmer selbst Sicherungsmöglichkeiten hat, ist er selbst verantwortlich, BAG **17,** 229, BB **65,** 1068, **66,** 778. Den Arbeitgeber trifft **keine Versicherungspflicht** für eingebrachte Sachen, BAG **18,** 190, str; anders für Haftpflichtversicherung s Rn 99. Haftung nach § 7 I StVG gegenüber im Betrieb parkenden Arbeitnehmern ist idR nicht durch vertragliche Einheitsregelung ausschliessbar, BAG BB **90,** 634. **Haftung** des Arbeitgebers für Sachschäden des Arbeitnehmers s Rn 105.

102 F. **Freistellung von Ersatzpflicht, Aufwendungsersatz:** Freistellungsanspruch bei Schadensersatzansprüchen Dritter s Rn 108. **Aufwendungen,** die der HdlGehilfe zur Ausführung der Dienste gemacht hat und den Umständen nach für erforderlich halten durfte, hat der Arbeitgeber zu erstatten (§§ 675 I, 670 BGB, Vorschuss nach § 669 BGB), aber nur soweit sie nicht durch das Arbeitsentgelt abgegolten sind, BAG NJW **63,** 1221, BB **92,** 997 (abl, da grob fahrlässig), NJW **06,** 3803. Bspe: Sicherheitsschuhe, aber nicht normale Arbeitskleidung, BAG NJW **08,** 1614; Umzugskosten bei Versetzung, BAG BB **73,** 983; Fahrtkosten für Dienstfahrten, nicht aber für Fahrt zwischen Wohnung und Arbeitsstätte, BAG BB **77,** 446; vereinbarter dienstlicher Einsatz des PrivatPkw; häusliches Arbeitszimmer bei Arbeitnehmer im Außendienst, sofern nicht abbedungen, BAG NJW **04,** 2038; nicht LKW-Fahrerkarte, BAG NJW **08,** 1612. **Personen- und Sachschäden** des HdlGehilfen selbst s Rn 105–106.

103 G. **Abführung von Lohnsteuer und Sozialversicherungsbeiträgen, Schutz von Altersteilzeitkonten:** Der Arbeitgeber muss Lohnsteuer und Sozialversicherungsbeiträge abführen, schuldhafte Verletzung macht ihn schadensersatzpflichtig, stRspr BAG BB **82,** 1056, auch aus § 823 II BGB iVm § 266 a I StGB, BGH **134,** 304, NJW **05,** 2546, Eigenhaftung von Organmitgliedern GroßKoAktG/Hopt § 93 Rn 511, str; bei Lebensversicherung auch gegenüber Bezugsberechtigten nach Tod des Arbeitnehmers (§ 328 BGB), BAG WM **82,** 245. Behält Arbeitgeber zu wenig Lohnsteuer ein, kann er Nachzahlung an Finanzamt vom Arbeitnehmer erstattet verlangen (§ 670 BGB), BAG BB **79,** 1040, NJW **04,** 3588; anders bei Arbeitnehmeranteilen zur Sozialversicherung, diese dürfen nur vom Lohn abgezogen werden, BAG DB **78,** 698. Probleme der Arbeitspapiere (Lohnsteuer, Versicherung) s Becker/Schaffner DB **83,** 1304. Zwingender **Schutz von Altersteilzeitkonten,** Grobys/von Steinau-Steinrück NJW-Sp **04,** 134, Kallhoff NZA **04,** 692. Altersteilzeit s Rn 44.

104 H. **Nebenpflichten bei Beendigung des Arbeitsverhältnisses: a) Freizeit zur Stellungssuche** s § 629 BGB; Entgeltpflicht bleibt bestehen, § 616 BGB. Bei unberechtigter Verweigerung kein eigenmächtiges Fernbleiben, sehr str, aber einstweilige Verfügung, Schadensersatz und außerordentliche Kündigung (s Rn 139–147).

b) Zeugniserteilung: nach Aufhebung von § 73 ab 1. 1. 03 gilt, wenn der (Dienst)Verpflichtete ein Arbeitnehmer ist, § 109 GewO (§ 630 S 4 BGB nF 2002); s Kommentierung zu § 73 aF/§ 109 GewO.

8) Haftungsbesonderheiten

A. **Haftung des Arbeitgebers: a) Personenschäden aus Arbeitsunfällen** 105 deckt die gesetzliche Unfallversicherung unter Haftungsfreistellung des Arbeitgebers; der Arbeitgeber haftet nur bei Vorsatz (enger Begriff, BGH **154,** 11) oder bei (nicht Betriebs- und Arbeitswege betreffenden) Wegeunfällen (SGB VII §§ 104 I 1; 8 I, II Nr 5, 9–11 mit und II Nr 1–4 ohne Haftungsausschluss); das gilt entsprechend für schädigende Arbeitnehmer, also insbesondere unter Arbeitskollegen, und bestimmte weitere Personen bei betrieblicher Tätigkeit (SGB VII §§ 105, 106, s auch Rn 109); auch Versicherte mehrerer Unternehmen auf gemeinsamer Betriebsstätte, BGH **145,** 331, **157,** 213, NJW **03,** 1891, **05,** 288. Gründe für die Haftungsersetzung durch Versicherungsschutz sind ua Betriebsfrieden und Gefahrengemeinschaft, BGH **166,** 42 (Nothelfer), BAG NJW **04,** 3360, stRspr. Haftet der Arbeitgeber danach ausnahmsweise, ist auf den Schadensersatzanspruch gegen ihn das von der Unfallversicherung Geleistete anzurechnen (SGB VII § 104 III). **Arbeitsunfall** (§ 8 I SGB VII) umfasst alle mit dem Arbeitsverhältnis zusammenhängenden Tätigkeiten einschließlich solchen auf Betriebs- und Arbeitswegen); Berufskrankheit (§ 9 SGB VII). Arbeitsunfall bei Dienstreise, Wegeunfall bis zum Werktor, Wege der Arbeitnehmers von und zur Arbeit sind seine Sache (allgemeines Lebensrisiko), BAG NJW **01,** 2039, BGH **157,** 159. Der Haftungsausschluss betrifft alle Ansprüche des Arbeitnehmers, seiner Angehörigen und Hinterbliebenen gleich aus welchem Rechtsgrund (Vertrag, Delikt, Schmerzensgeld). Forderungsübergang nach § 116 SGB X auf Unfallversicherungsträger, Ausgleich mit Krankenkasse, BGH **155,** 342. Regress der Sozialversicherungsträger bei vorsätzlicher oder grob fahrlässiger Herbeiführung des Versicherungsfalls (§ 110 SGB VII), BGH **154,** 17, NJW **06,** 3563, aber ohne Forderungsübergang nach § 116 SGB X. Auslandssachverhalt BGH NJW **07,** 1754. Lit: Waltermann NJW **04,** 901.

b) Für **Sachschäden** des Arbeitnehmers haftet der Arbeitgeber ohne Be- 106 sonderheiten, also bei jedem Verschulden, für Haftungsausschluss oder -begrenzung in AGB gilt **(5)** § 309 Nr 7 b BGB. Hinzu tritt **Haftung ohne Verschulden** für Sachgüter- und Vermögensschäden des Arbeitnehmers bei Ausführung von betrieblich veranlassten und auf Grund eines Arbeitsverhältnisses geleisteten **Arbeiten** (s Rn 107) nach dem Grundsatz der **Risikozurechnung,** Canaris RdA **66,** 41, Genius AcP 173 **(73)** 504, nach Rspr auf Grund **§ 670 BGB** (unter Hinweis auf § 110) BAG GrS **12,** 15, NJW **95,** 2372 (Strafverteidigerkosten), **00,** 3371, BGH **38,** 277, **89,** 157. Danach haftet der Arbeitgeber nur bei außergewöhnlichen, nicht durch die Arbeitsvergütung besonders abgegoltenen Schäden aus gefährlicher Arbeit, BAG GrS **12,** 15, BB **81,** 183. Für Schäden am Kfz des Arbeitnehmers haftet der Arbeitgeber (ohne eigenes Verschulden), wenn er Einsatz in seinem Betätigungsbereich verlangt oder gebilligt hat; solcher Einsatz liegt vor, wenn er ohne das ArbeitnehmerKfz ein eigenes Kfz hätte einsetzen und damit dessen Unfallgefahr hätte tragen müssen, BAG BB **81,** 183, NJW **96,** 1301, **07,** 1486; **Mitverschulden** des Arbeitnehmers (entspr § 254 BGB) ist nur im Rahmen der Grundsätze der beschränkten Arbeitnehmerhaftung (s Rn 107) zu berücksichtigen, BAG NJW **98,** 1170, **07,** 1486 (defektes ArbeitnehmerKfz). Mit Km-Pauschale für privaten Pkw sind iZw Rückstufungsnachteile bei der Haftpflichtversicherung abgegolten, BAG BB **92,** 2363.

B. **Haftung des Handlungsgehilfen: a)** Für die Haftung **gegenüber dem** 107 **Arbeitgeber** gelten Besonderheiten (für Sachschäden des Arbeitnehmers selbst s

Rn 106). Schäden bei der Ausführung von betrieblich veranlassten und auf Grund eines Arbeitsverhältnisses geleisteten Arbeiten (nicht mehr wie früher enger „gefahr- oder schadensgeneigte Arbeit", s unten), die der Arbeitnehmer weder vorsätzlich noch grob fahrlässig verursacht, sind nicht Teil des Betriebsrisikos und daher nicht vom Arbeitgeber allein zu tragen; so aber BAG BB **83,** 1157 (7. Senat) m Anm Gamillscheg AuR **83,** 317, zum Merkmal „betrieblich veranlasst" BAG NJW **03,** 378. Vielmehr folgt aus der **Fürsorgepflicht grundsätzlich** eine in den Rechtsfolgen **dreigeteilte Fahrlässigkeit,** nämlich bei Vorsatz und grober Fahrlässigkeit in aller Regel volle Haftung des Arbeitnehmers, bei normaler (früher: leichter bzw mittlerer) Fahrlässigkeit Quotelung und bei leichter (früher: leichtester) Fahrlässigkeit völlige Entlastung, BAG NJW **88,** 2816, **95,** 210, **99,** 1051, **04,** 2469, stRspr, üL; dazu weitere Differenzierung: volle Haftung nur bei **Vorsatz,** der aber auch den Schaden umfassen muss (s auch Rn 109), BAG NJW **03,** 377, 1890, **04,** 3364, bei grober Fahrlässigkeit nach Abwägung im Einzelfall Haftungserleichterung, zB bei deutlichem Missverhältnis zwischen Verdienst und Schadensrisiko, BAG NJW **90,** 468, **99,** 966, **02,** 2902, **03,** 379; Begründung aus § 254 BGB analog unter Betonung der Gesamtabwägung, BAG GrS NJW **95,** 212. Die Beschränkung auf gefahrgeneigte Arbeit (s 28. Aufl) ist 1993 zutr aufgegeben worden, BAG GrS NJW **93,** 1732 u **95,** 210, BGH NJW **94,** 856, **96,** 1532 (aber klarstellend gegen pauschale Beschränkung auf grobe Fahrlässigkeit und für Einzelfallabwägung nach § 254 BGB), ganz hL, denn der Arbeitnehmer kann den Risiken nicht ausweichen (Weisungsgebundenheit, Rn 44). Bei **normaler Fahrlässigkeit Abwägung der Gesamtumstände** von Schadensanlass und Schadensfolgen nach Billigkeit und Zumutbarkeit, ua Verschuldensgrad, Gefahren der Arbeit, Schadenshöhe, vom Arbeitgeber einkalkuliertes oder durch Versicherung deckbares Risiko, Stellung des Arbeitnehmers im Betrieb, Höhe des Arbeitsentgelts (darin uU Risikoprämie), persönliche Verhältnisse des Arbeitnehmers, Dauer der Betriebszugehörigkeit, Lebensalter, Familienverhältnisse und sein bisheriges Verhalten, BAG NJW **99,** 1051. Der Haftungsausschluss betrifft nicht nur Anspruch des Arbeitgebers gegen den Arbeitnehmer, sondern auch gegen Zweitschädiger, in Höhe von dessen Ausgleichsanspruch gegen den Arbeitnehmer (§§ 840, 426 BGB), Karlsr OLGZ **69,** 157. **Grobe Fahrlässigkeit** ist subjektiv (nicht nur objektiv) schlechthin unentschuldbare Pflichtverletzung; sie muss sich auch auf den Unfall (Schadenserfolg) beziehen. Bsp: Rotlichtverstoß eines Berufskraftfahrers, auch bei Einbau eines Mobilfunktelefons (insoweit kein Mitverschulden des Arbeitgebers), BAG NJW **99,** 966; Liegenlassen der Kellnerbrieftasche in Zugrestaurant, BAG NJW **02,** 2900. Auch bei arbeitsbedingter Übermüdung kann grobe Fahrlässigkeit des Arbeitnehmers vorliegen; Übermüdung fällt aber uU auch als Betriebsrisiko haftungsmindernd ins Gewicht (vgl Rn 74). Schadensverteilung nach § 254 BGB, BAG NZA **07,** 1230 (Wertpapierhändler). **Beweislast** beim Arbeitgeber (§ 619 a BGB), dazu Löwisch FS Wiedemann **02,** 327 und Rn 110; kein Anscheinsbeweis (subjektive Vorwerfbarkeit). Mitwirkung Dritter an Schädigung s Däubler NJW **86,** 873. Die Grundsätze sind **zwingend,** Haftungsverschärfung weder kollektiv- noch einzelvertraglich, auch nicht bei Kompensation, klarstellend BAG NJW **04,** 2469; aber s Rn 110 (Mankoabrede); Vereinbarung über Übernahme der Vollkaskoselbstbeteiligung bei Beschädigung des Dienstwagens ist danach unwirksam, BAG NJW **04,** 2469. **Versicherung:** Haftungsfreistellung gemäß Gefahrengemeinschaft, auch unter den versicherten Unternehmern, BGH NJW **08,** 2916 m Anm Waltermann 2895. Haftungsfreistellung des Arbeitnehmers entfällt ihrem Zweck entsprechend bei Deckung durch Pflichtversicherung (§ 1 PflVG), BGH **116,** 200, oder Regressvorteil des Versicherers, BGH **117,** 151. Pflicht des Arbeitgebers zum Abschluss von Versicherung s Rn 99. Lit: Dütz NJW **86,** 1779, Schwerdtner DB **88,** 1799, v Hoyningen-Huene BB **89,** 1889.

b) Für die **Haftung gegenüber Dritten** (ohne Unterschied zwischen Körperschäden und Sachschäden) gelten entspr Grundsätze. Der Arbeitgeber schuldet danach dem Arbeitnehmer bei der Ausführung von betrieblich veranlassten und auf Grund eines Arbeitsverhältnisses geleisteten **Arbeiten** unter denselben Voraussetzungen wie nach Rn 107 **Freistellung von Ersatzpflicht.** Nur so bleibt das Betriebsrisiko beim Arbeitgeber. Der Freistellungsanspruch ist rein innerbetrieblich, der Dritte kann also von dem Arbeitnehmer uneingeschränkt Schadensersatz fordern, BGH **108**, 305, **110**, 114, **157**, 9 (gestörtes Gesamtschuldverhältnis), NJW **94**, 852, str; anders bei entsprechender Abrede zwischen dem Arbeitgeber und dem Dritten (§§ 133, 157 BGB, auch ergänzende Vertragsauslegung) oder bei Erstreckung einer Haftungsbegrenzung des Arbeitgebers zugunsten seiner Arbeitnehmer. Der Arbeitnehmer kann sonst nur Freistellung vom Arbeitgeber verlangen oder den Freistellungsanspruch an den Dritten abtreten, was zur Umwandlung in einen Zahlungsanspruch gegen den Arbeitgeber führt. Das gilt auch gegenüber dem Regressanspruch eines Versicherers, Düss NJW **68**, 252. Die Konsequenz dieser Rspr ist, dass der Arbeitnehmer bei **Insolvenz des Arbeitgebers** letztlich selbst für den Schaden einstehen muss; die Rspr lehnt Abhilfe dazu ab und verweist auf den Gesetzgeber. Der Freistellungsanspruch kann nach §§ 195, 199 BGB auch vor dem Schadensersatzanspruch verjähren, Löwisch FS Wiedemann **02**, 313.

c) Für die **Haftung gegenüber Arbeitskollegen** gilt bei **Sachschäden** dasselbe wie für die Haftung gegenüber Dritten (s Rn 108); SGB VII greift nicht ein. Der Arbeitskollege kann von dem Arbeitnehmer vollen Ersatz verlangen, dieser hat aber bei der Ausführung von betrieblich veranlassten und auf Grund eines Arbeitsverhältnisses geleisteten Arbeiten Freistellungsanspruch gegen den Arbeitgeber. Anders bei **Personenschäden:** Diese deckt wie beim Arbeitgeber (s Rn 105) die gesetzliche Unfallversicherung unter Haftungsfreistellung des Arbeitnehmers (§ 105 SGB VII). Freigestellt sind danach alle Personen, die durch eine betriebliche Tätigkeit einen Versicherungsfall von Versicherten desselben Betriebs verursacht haben. Betriebliche Tätigkeit ist nicht eng zu verstehen, BAG NJW **04**, 3360 (Stoß vor die Brust). Betriebliche Tätigkeit ist auch die sog Wie-Beschäftigung (§ 2 II SGB VII, s Rn 105). Die Freistellung gilt auch gegenüber dem (versicherten oder nicht versicherten) Unternehmer. Ausnahmen von der Freistellung bei Vorsatz, der sich auch auf den Verletzungserfolg umfassen muss (s Rn 107), BAG NJW **03**, 1890, **04**, 3364 und bestimmten Wegeunfällen (s Rn 105). **Arbeitsplatzverlust:** Haftung des Mitarbeitnehmers bei unberechtigter Verdächtigung (§ 823 II BGB iVm § 187 StGB, kein Recht am Arbeitsplatz nach § 823 I BGB), Kblz NJW **03**, 1673.

d) Mankohaftung: Bei Kassen- oder Warenfehlbestand sollte früher der zuständige Arbeitnehmer grundsätzlich für jedes Verschulden haften (§§ 688, 675 I, 280, 281 analog BGB), vgl BAG NJW **98**, 1011. Richtiger ist die Anwendung der allgemeinen Grundsätze über die Beschränkung der Arbeitnehmerhaftung (s Rn 107), so auch BAG NJW **99**, 1049. Außerdem fehlt es für §§ 280, 281 BGB schon an einer Herausgabepflicht (§§ 667, 695 BGB), wenn der Arbeitnehmer wie idR nur Besitzdiener ist (§ 855 BGB), BAG NJW **99**, 1049. Unmittelbaren Besitz hat der Arbeitnehmer nur bei alleinigem Zugang zur Sache und ihrer selbstständigen Verwaltung; dazu gehört eigenständiger Spielraum, zB bei kfm Aufgaben, eigenen Vertriebsbemühungen oder eigener Kalkulation (nicht nur Berechnung), BAG NJW **99**, 1049. Die Beweislast liegt beim Arbeitgeber (§ 619a BGB), aber der Arbeitnehmer muss sich idR substantiiert äußern, wenn das schädigende Ereignis näher bei ihm lag bzw er über die konkreten Umstände informiert ist (gestufte Darlegungslast), BAG NJW **98**, 1011, **99**, 1049 (Aufgabe von **85**, 219), Indiz dafür zB, wenn der Arbeitnehmer die alleinige Kontrolle über bestimmte Bereiche hatte. Weitergehende, auf Risikoübernahme des Ar-

§ 59 111 I. Buch. Handelsstand

beitnehmers gehende **Mankoabrede** ist grundsätzlich unzulässig, anders nur wenn und soweit dem Arbeitnehmer ein gleichwertiger Ausgleich geleistet wird, dabei darf Haftung die Summe der gezahlten Mankogelder über einen (auch längeren, zB 1 Jahr) Ausgleichszeitraum nicht überschreiten, BAG NJW **99,** 1049, **04,** 2471 (aber s Rn 107). Bei Arbeitnehmern mit **besonderer Vertrauensstellung** kann bei alleiniger Verfügungsgewalt und wirtschaftlicher Entscheidungsbefugnis neben dem Arbeitsverhältnis Auftrag oder Verwahrung (dann §§ 667, 695 BGB) vorliegen, BAG NZA **00,** 715. Lit: Jung 1985; Bleistein DB **71,** 2213, Reinecke ZfA **76,** 215, Grobys NJW-Sp **04,** 369.

9) Ende des Arbeitsverhältnisses, Kündigungsschutz

111 A. **Befristung, auflösende Bedingung:** Für **befristete Arbeitsverträge** gelten §§ 14 ff **Teilzeit- und BefristungsG** (TzBfG) 21. 12. 00 BGBl 1966, spätere Änderungen, ua durch G zur Verbesserung der Beschäftigungschancen älterer Menschen 19. 4. 07 BGBl 538, Bayreuther BB **07,** 1113. Das TzBfG beruht bezüglich der Befristungsregeln (nur zT) auf EG-Ri 28. 6. 1999 über befristete Arbeitsverhältnisse. Das TzBfG soll nicht für Kleinbetriebe mit nicht mehr als 5 Arbeitnehmern gelten (RegE), aber unzutreffend, da nicht in EG-Ri und nicht im Gesetz, Hromadka NJW **01,** 404. Definition des befristet beschäftigten Arbeitnehmers in § 3 TzBfG; der befristete Arbeitsvertrag kann kalendermäßig befristet oder zweckbefristet (zB Urlaubsvertretung) sein. Befristung eines Arbeitsvertrags ist zulässig, wenn sie **durch einen sachlichen Grund** (s Rn 113) **gerechtfertigt** ist (§ 14 I 1 TzBfG). Befristung ist dann auch bei einem bisher unbefristeten Arbeitsverhältnis möglich, BAG NJW **98,** 2237. **Ausnahmen** vom Erfordernis eines sachlichen Grundes sehen § 14 II, III TzBfG vor, ua für Existenzgründer, Lembke NJW **06,** 329. Gerichtlicher Vergleich unterliegt nicht der Befristungskontrolle, BAG NJW **07,** 1836. Bei mehreren aufeinanderfolgenden befristeten Arbeitsverträgen wird idR (anders bei Annexvertrag) nur die letzte Befristung geprüft, BAG NJW **08,** 1688. **Kalendermäßige Befristung** eines Arbeitsvertrags (nicht auch bloße Zweckbefristung und nicht, wenn mit demselben Arbeitgeber bereits zuvor befristetes oder unbefristetes Arbeitsverhältnis bestanden hat, Anschlussverbot, § 14 II 2 TzBfG) ist ohne sachlichen Grund bis zur Dauer von zwei Jahren zulässig, innerhalb derselben höchstens dreimal. Tarifvertrag kann davon abweichen (§ 14 II TzBfG). Verlängerungsabrede (ohne andere Vertragsänderung außer Anpassung an Rechtslage, BAG BB **07,** 383) muss vor Laufzeitende erfolgen, BAG NZA **06,** 605. Jedes, auch lange zurückliegendes Vorarbeitsverhältnis mit demselben Arbeitgeber (nicht Konzern) schadet, BAG NZA **05,** 220, diesbezügliche Frage des Arbeitgebers ist aber erlaubt (Anfechtung s Rn 118). Zulässig befristeter Leiharbeitsvertrag auch bei Überlassung an den früheren Arbeitgeber, BAG BB **07,** 943. **Altersbefristung** nach § 14 III 4 TzBfG war europarechtswidrig, EuGH NJW **05,** 3695 (Mangold), BAG NJW **06,** 3599 LS, krit Thüsing ZIP **05,** 2149, Bauer/Arnold NJW **06,** 6, Reform § 14 III TzBfG nF 2007, Schiefer/Köster/Korte DB **07,** 1081. **Auflösend bedingte Arbeitsverträge** stehen den befristeten im Wesentlichen gleich (§ 21 TzBfG). Das gilt insbesondere für das Erfordernis eines sachlichen Grunds (§§ 21 iVm 14 I, IV TzBfG). Auf die Ausnahmen nach § 14 II, III TzBfG ist nicht verwiesen, insoweit wohl nur befristeter Arbeitsvertrag. Auch **Aufhebungsvertrag** (s Rn 166), der auf befristete Fortsetzung des Arbeitsverhältnisses gerichtet ist, unterfällt der Befristungskontrolle, BAG NJW **00,** 2042. TzBfG gilt nicht für Befristung einzelner **Arbeitsvertragsbedingungen,** auch nicht § 14 TzBfG analog, sachlicher Grund (s Rn 113) ist aber bei Umgehung des Änderungskündigungsschutzes erforderlich, BAG NJW **04,** 3138. Diskriminierungs- und Benachteiligungsverbot zugunsten befristet beschäftigter Arbeitnehmer (§§ 4 II, 5 TzBfG). Das TzBfG ist (mit Ausnahmen) zugunsten des Arbeitnehmers **zwingend** (§ 22 I TzBfG). Sonderregeln, zB HochschulrahmenG, bleiben

6. Abschnitt. Handlungsgehilfen und Handlungslehrlinge   112, 113   § 59

unberührt (§ 23 TzBfG). Lit: Annuss/Thüsing 2. Aufl 2006, Boecken/Joussen 2007, Laux/Schlachter 2007, Meinel/Heyn/Herms 3. Aufl 2009; Lembke NJW **06,** 325.

Schriftformerfordernis: Die Befristung, nicht auch ihr Grund, BAG NJW- **112** Sp **05,** 35, außer bei Zweckbefristung, BAG NJW **06,** 1084, bedarf zu ihrer Wirksamkeit der Schriftform nach § 126 BGB (§ 14 IV TzBfG, s auch Rn 121). Formmangel führt zu Unwirksamkeit der Befristung, also unbefristetem Arbeitsverhältnis (s Rn 114, dort auch zur ordentlichen Kündigung), BAG NJW **08,** 3453, sogar bei befristeter Weiterbeschäftigung im Kündigungsschutzprozess, BAG NJW **04,** 3586. Nachträgliche schriftliche Niederlegung heilt nicht, § 141 II BGB gilt nicht, BAG BB **05,** 1856, NJW **05,** 2333 m Anm Riesenhuber 2268. Unterzeichnung des vom Arbeitgeber bereits unterschriebenen Vertrags wahrt Form, BAG BB **06,** 2755, str. Übersicht: Lembke NJW **06,** 327.

Auf Befristung (über sechs Monate, § 1 KSchG, BAG BB **84,** 59) kann sich **113** der Arbeitgeber nach § 14 I 1 TzBfG **nur** berufen, **wenn** sie durch einen sachlichen Grund gerechtfertigt ist. § 14 I 2 TzBfG nennt **acht sachliche Gründe,** nämlich **Nr 1:** nur **vorübergehender betrieblicher Bedarf** an der Arbeitsleistung, BAG NW **08,** 1688, zB Urlaubsvertretung, vorübergehender Arbeitsausfall, Saisonarbeit, vorübergehender Mehrbedarf, BAG NZA **97,** 313, bestimmte, überschaubare Arbeitsaufgabe wie Ausverkauf oder Inventur, Projektbefristung mit sicherer Prognose später fehlenden Bedarfs, BAG NZA **05,** 357, Drittmittel für Projekt, BAG NJW **08,** 1688, **Nr 2:** Befristung im **Anschluss an Ausbildung** oder Studium zwecks Erleichterung einer Anschlussbeschäftigung, **Nr 3: zur Vertretung** (nicht Dauervertretung) eines Mitarbeiters, BAG NJW **02,** 2660, Vertretung für die Dauer einer Krankheit, BAG NZA **01,** 1382, **02,** 665, nicht bis zum späteren Ausscheiden des Vertretenen, BAG NJW **98,** 2237, auch nur mittelbar Vertretung, BAG NJW **06,** 3451, **Nr 4: Eigenart der Arbeitsleistung,** so je nachdem in künstlerischen Berufen, uU Betreuung von Spitzensportlern durch Trainer, BAG NZA **99,** 646, **Nr 5: Erprobung,** dann Probearbeitsverhältnis (s Rn 125), dieses kann aber auch unbefristet sein, **Nr 6:** in der **Person des Arbeitnehmers** liegende Gründe, zB bis Ende der Aufenthaltserlaubnis, BAG NZA **00,** 722, **Nr 7: Vergütung aus** haushaltsrechtlich für befristete Beschäftigung bestimmten **Haushaltsmitteln,** BAG NJW **01,** 846, auch Drittmittel, und **Nr 8:** Beruhen auf **gerichtlichem Vergleich,** das muss außergerichtlichen Vergleich als sachlichen Grund nicht unbedingt ausschließen, vgl BAG BB **85,** 2174. Die Aufzählung ist **nicht abschließend** („insbesondere"), BAG BB **05,** 1279, 1856. **Sonstige sachliche Gründe:** zB bei Arbeitsbeschaffungs- und Strukturanpassungsmaßnahmen nach SGB III und Beschäftigung bis zur endgültigen Besetzung durch einen anderen, zB in Ausbildung befindlichen Mitarbeiter (RegE); beabsichtigte Betriebsschließung, BAG NZA **98,** 1000; bei sozialem Überbrückungszweck, BAG BB **86,** 1502, NZA **99,** 1335; auf Wunsch des Arbeitnehmers, wenn bei Vertragsschluss objektive Anhaltspunkte für Interesse des Arbeitnehmers daran vorliegen (zB Lebensplanung), BAG BB **85,** 2045, NZA **97,** 1222. Der sachliche Grund kann Prognose beinhalten, zB des voraussichtlichen Beschäftigungsbedarfs, diese ist dann Teil des Sachgrunds für die Befristung, BAG NJW **01,** 845. **Nicht** sachlicher Grund ist die wirtschaftliche Entwicklung, das Betriebsrisiko verbleibt dem Arbeitgeber (s Rn 74); Unsicherheit künftiger Finanzierung, BAG BB **82,** 557, 1174, der künftigen Entwicklung des Arbeitsbedarfs, BAG NJW **01,** 845. Bei zunehmender Dauer der Beschäftigung bei demselben Arbeitgeber sind höhere Anforderungen an Grund zu stellen, BAG BB **93,** 1149. Der Grund muss bei Vertragsschluss oder Vertragsänderung tatsächlich vorliegen, außer bei Zweckbefristung (§ 15 II TzBfG) und auflösender Bedingung (s Rn 111) nicht notwendigweise als solcher bezeichnet werden (s Rn 112); jedenfalls interne Dokumentation ist aber dringend zu empfehlen. Weitere Bspe aus der Rspr: BAG GrS **10,** 65, BB **92,** 709,

§ 59 114–118   I. Buch. Handelsstand

NJW **96**, 3226, **98**, 2237, **00**, 3661. Befristung zur Erprobung, aber nur wenn dieser Zweck Vertragsinhalt wird, BAG BB **82**, 557, dann idR nach Vorbild von § 1 KSchG bis zu sechs Monaten; bei besonderen Anforderungen zwar keine längere Befristung, aber Arbeitsverhältnis mit Vorbehalt der Kündigung bei Nichtbewährung, BAG BB **78**, 1265.

114   **Folgen unwirksamer Befristung:** Ist die Befristung rechtsunwirksam, gilt der befristete Arbeitsvertrag **als auf unbestimmte Zeit geschlossen;** er kann vom Arbeitgeber frühestens zum vereinbarten Ende ordentlich gekündigt werden (§ 16 S 1 TzBfG, Ausnahme bei Vereinbarung, s Rn 115), auch vorsorglich bei erhobener Entfristungsklage, BAG NJW **06**, 1612. Ist die Befristung nur mangels Schriftform unwirksam (s Rn 112), ist ordentliche Kündigung auch von dem vereinbarten Ende möglich (§ 16 S 2 TzBfG). Umdeutung nach § 140 BGB in Mindestlaufzeit mit anschließender normaler Kündigungsmöglichkeit für beide Teile ist str, Richardi/Annuss NJW **00**, 1234: nicht zu Lasten des Arbeitnehmers. Die Unwirksamkeit muss der Arbeitnehmer spätestens **innerhalb von drei Wochen** nach dem vereinbarten Ende des befristeten Arbeitsvertrags klageweise geltend machen (Entfristungsklage nach § 17 TzBfG iVm §§ 5–7 KSchG, s Rn 154).

115   **Ende des befristeten Arbeitsvertrags:** Der befristete Arbeitsvertrag endet **gemäß Befristung,** zB mit Ablauf der vereinbarten Zeit oder Erreichen des Zwecks, letzterenfalls frühestens zwei Wochen nach entsprechender schriftlicher Mitteilung des Arbeitgebers (§ 15 I, II TzBfG). Das nach Ablauf der Zeit bzw Zweckerreichung mit Wissen des Arbeitgebers fortgesetzte Arbeitsverhältnis gilt als auf unbestimmte Zeit verlängert, wenn der Arbeitgeber nicht unverzüglich widerspricht oder dem Arbeitnehmer die Zweckerreichung nicht unverzüglich mitteilt (§ 15 V TzBfG), vgl BAG NJW **89**, 2415. **Ordentliche Kündigung** ist grundsätzlich nicht möglich, auch nicht durch den Arbeitnehmer, BAG **18**, 8, außer bei Vereinbarung im Arbeitsvertrag oder Tarifvertrag (§ 15 III TzBfG).

116   **Außerordentliche Kündigung,** fristlos oder befristet, ist in §§ 14 ff TzBfG nicht geregelt. Sie kann auch im befristeten Arbeitsverhältnis nicht ausgeschlossen werden (§ 626 BGB), bei Probearbeitsverhältnis aber strenge Anforderungen. Wichtige Gründe für die Kündigung des Arbeitgebers bzw Arbeitnehmers s Rn 139 ff, 148 ff.

117   B. **Nichtigkeit, Anfechtung:** Der Arbeitsvertrag ist nach allgemeinen Regeln nichtig, zB §§ 125, 134, 138 BGB, bzw anfechtbar wegen Irrtums, widerrechtlicher Drohung, Täuschung (§§ 119, 123, 142 BGB); aber Einschränkungen der Nichtigkeitsfolgen bei Vollzug gesetztem, sog **fehlerhaftem Arbeitsverhältnis,** s Rn 120.

118   a) **Anfechtung durch Arbeitgeber:** Ein den Arbeitgeber zur Anfechtung berechtigender **Irrtum** kann namentlich vorliegen über im Verkehr als wesentlich geltende Eigenschaften **(§ 119 II BGB),** BAG NJW **91**, 2723, zB mehr als kurzfristige **Krankheit** (Epilepsie) mit der Folge mangelnder oder erheblich beeinträchtigter Fähigkeit zur übernommenen Arbeit, BAG BB **74**, 933; einschlägige **Vorstrafen** (s Rn 34).

Schwangerschaft ist grundsätzlich keine verkehrswesentliche Eigenschaft iSv § 119 II BGB, auch wenn die Frau die Arbeit während der Schwangerschaft nicht ausüben kann. Das gilt nach EuGH NJW **02**, 123, 125 selbst bei befristeten Verträgen, Verschweigen der Schwangerschaft schadet also auch dann nicht. Auch keine Anfechtung nach § 123 BGB trotz wissentlich falscher Antwort auf die (unzulässige) Frage nach Schwangerschaft (§ 611 a BGB), einerlei, ob sich nur Frauen oder Frauen und Männer beworben haben, BAG NJW **93**, 1154; zulässig soll die Frage nach Schwangerschaft ausnahmsweise dann sein, wenn sie objektiv dem gesundheitlichen Schutz der Bewerberin und des ungeborenen Kindes dient,

6. Abschnitt. Handlungsgehilfen und Handlungslehrlinge 119, 120 § 59

BAG BB **93**, 2085, aber auch insoweit fraglich, ob unter der Rspr des EuGH noch haltbar. **Anfechtung wegen arglistiger Täuschung (§ 123 BGB)** nur, wenn der Arbeitnehmer ausnahmsweise von sich aus aufklärungspflichtig war oder wenn er auf eine zulässige Frage die Unwahrheit sagte, stRspr, BAG NJW **01**, 1885, s Rn 34, dort ua zu Vorstrafen. Täuschung über Schwangerschaft s soeben, über Schwerbehinderteneigenschaft s Rn 34; bei Offensichtlichkeit kann Kausalität der Täuschung fehlen, BAG NJW **01**, 1885. Unzureichend ist falsche Angabe über die bisherigen Bezüge, wenn diese für die erstrebte Stelle keine Aussagekraft und der Bewerber sie auch nicht von sich aus als neue Mindestvergütung gefordert hat, BAG BB **84**, 533. Täuschung über Dauer und Zahl von Vorarbeitsverhältnissen (aber nicht mehr nach fünf Jahren), BAG **22**, 278; Täuschung durch Vorlage eines wie verlangt handgeschriebenen, aber nicht eigenhändigen Lebenslaufs, BAG DB **83**, 2780. Anfechtung einzelner Arbeitsbedingungen ist zulässig, wenn nur dieser Teil auf arglistiger Täuschung beruht und noch ein in sich sinnvoller Vertrag verbleibt, BAG **22**, 344, sonst ist idR der ganze Vertrag nichtig (§ 139 BGB). Nichtige fristgemäße Kündigung ist grundsätzlich nicht in Anfechtung umdeutbar, BAG BB **75**, 1638. Lit: Wolf/Gangel AuR **82**, 271 (Anfechtung und Kündigungsschutz).

b) Anfechtung durch Arbeitnehmer ist bei gleichen Voraussetzungen **119** ebenfalls möglich, zB wegen Verschweigens des bevorstehenden Betriebsinhaberwechsels, LAG Hamm BB **59**, 707. Anfechtung der eigenen Kündigung wegen Drohung des Arbeitgebers mit außerordentlicher Kündigung; Drohung ist aber nicht rechtswidrig, wenn verständiger Arbeitgeber diese Kündigung ernsthaft erwogen hätte (einerlei ob sie bei Gericht Bestand gehabt hätte), BAG BB **80**, 1213.

c) Rechtsfolgen: Das Anfechtungsrecht bleibt **neben** etwaigem Recht zur **120** **außerordentlichen Kündigung** bestehen, also Wahlrecht, BAG NJW **91**, 2723, stRspr. Es unterliegt nicht den Kündigungsschutzvorschriften (wichtig für Arbeitsverhältnisse, die besonderen Kündigungsbeschränkungen, zB MuSchG, SchwBG, unterliegen, s Rn 160–163). Offen ist, ob die dreiwöchige Klagefrist nach § 4 KSchG entspr gegenüber Anfechtung gilt, BAG BB **80**, 834. **Anfechtungsfrist** im Falle von §§ 119 II, 121 I BGB unverzüglich, aber spätestens zwei Wochen nach Kenntnis von Anfechtungsgrund (§ 626 II BGB entspr, s Rn 131–136), BAG BB **80**, 834; im Falle von § 123 BGB gilt Jahresfrist des § 124 BGB, § 626 II BGB ist nicht entspr anwendbar, ausnahmsweise ist aber Verwirkung möglich, BAG BB **84**, 534. Notwendige Erkundigungen, zB Einholung von Rechtsrat, nur mit gebotener Eile. Gegen Annäherung von Anfechtung und Kündigung Picker ZfA **81**, 1. Kein Nachschieben von Anfechtungsgründen nach Ablauf der Anfechtungsfrist, BAG BB **81**, 1156; anders bei außerordentlicher Kündigung, s Rn 133.

Geltendmachung der Nichtigkeit des in Vollzug gesetzten Arbeitsvertrages wirkt grundsätzlich **nur für die Zukunft.** In Vollzug gesetzt ist der Arbeitsvertrag idR mit Arbeitsaufnahme (aber nicht gegen Willen des Arbeitgebers, s Rn 156–157); auch schon mit Erscheinen am Arbeitsplatz und Entgegennahme von Informationsmaterial über die zu leistende Arbeit, BAG **AP** § 63 HGB Nr 32; uU auch bei Erkrankung. Das fehlerhafte Arbeitsverhältnis gilt **für die Vergangenheit** als **fehlerfrei** mit allen Rechten und Pflichten aus einem solchen. **Für die Zukunft** kann es jedoch durch formlose Erklärung ohne Kündigungsfrist, also **form- und fristlos beendet** werden, BAG NJW **62**, 555. Diese Beendigung ist nicht Kündigung, sondern Geltendmachung der Unwirksamkeit bzw der Anfechtung mit Wirkung ex nunc (entgegen § 142 BGB); nur ganz ausnahmsweise, zB wenn die Arbeitsleistung selbst sittenwidrig oder strafbar ist, bleibt es bei der Wirkung ex tunc; nicht bei Striptease-Tänzerin, BAG BB **73**,

291; nicht schon bei arglistiger Täuschung (§ 123 BGB), str, aber Rückwirkung auf Zeitpunkt der Außervollzugsetzung des Arbeitsverhältnisses (für § 119 BGB offen), BAG BB **85,** 197.

121 C. **Kündigung** (§§ 622 ff BGB; bis 1969 §§ 66–72):

a) Die **Kündigungserklärung** ist eine **einseitige empfangsbedürftige Willenserklärung;** wenn unzweideutig, braucht das Wort „Kündigung" nicht vorzukommen. Der Kündigende muss **Vollmacht** haben; Kündigung durch Sachbearbeiter (nicht Leiter) der Personalabteilung kann nach § 174 BGB zurückgewiesen werden, wenn keine Vollmachtsurkunde vorgelegt wird, aber nur unverzüglich, BAG BB **79,** 166. Die Kündigung ist schon vor Beginn des Arbeitsverhältnisses möglich, auch mit Wirkung schon vorher (für die ordentliche Kündigung je nach Vereinbarung), BAG BB **86,** 1919. Für Beendigung des Arbeitsverhältnisses durch Kündigung oder Auflösungsvertrag und für Befristung besteht zwingend **Schriftformerfordernis** nach § **623** BGB idF ArbGBeschleunG 2000 (§ 126 BGB), früher nur ausnahmsweise, zB § 15 III BerBG; die elekronische Form (§ 126a BGB) ist ausgeschlossen (§ 623 letzter Halbs BGB), Richardi/Annuss NJW **00,** 1231. Schriftlicher Geschäftsführervertrag mit Arbeitnehmer (s auch Rn 26) wahrt iZw das Schriftformerfordernis, BAG NJW **07,** 3228 m Anm Gravenhorst; ebenso gerichtlicher Vergleich, BAG NJW **07,** 1831. Das Schriftformerfordernis (Beweis- und Warnfunktion) umfasst den gesamten Auflösungsvertrag (samt Nebenabreden), aber nur die Kündigungserklärung bzw Befristungsabrede selbst. Formfrei bleiben weiterhin die Anfechtung, auch Abwicklungsvertrag nach Kündigung, BAG NJW **07,** 1831. Die vom Arbeitnehmer mit Einschränkungen angenommene Aufhebungsvertragsurkunde muss der Arbeitgeber erneut unterzeichnen (§§ 623, 150 II, 126 II BGB), BAG NJW **09,** 698. Formmangel führt zur Unwirksamkeit, also fortbestehendes bzw unbefristetes Arbeitsverhältnis. **Zugang** der schriftlichen Kündigung nach § 130 BGB; bei Frist an bestimmtem Tag nicht auch noch Briefkasteneinwurf spät abends, BAG BB **84,** 855; Kündigungsschreiben muss selbst zugehen, Postnachricht über Einschreibebrief genügt nicht. Aushändigung an Zimmervermieter ist Zugang, BAG BB **76,** 696, Moritz BB **77,** 400. Zugang des Kündigungsschreibens unter Anwesenden, BAG NJW **05,** 1533. Zugang auch während des (dem Arbeitgeber bekannten) Urlaubs, BAG NJW **89,** 606. Kündigung durch Einschreibebrief kann nach **(5)** § 309 Nr 13 BGB in AGB nicht wirksam vereinbart werden, Annuss BB **02,** 463, Reinecke DB **02,** 586; jedenfalls genügt iZw Zugang eines nicht eingeschriebenen Briefs, BAG BB **80,** 369. Bei Vereiteln des Zugangs oder Nichtannahme ist Einwand des Nichtzugangs ausgeschlossen (§ 242 BGB), BAG BB **77,** 846, zB Nichtmitteilung des Wohnungswechsels. Im Übrigen ist kaum mehr Raum für Einwand von Treu und Glauben gegen Berufung auf Formmangel, auch nicht bei mündlichem Warnhinweis des Arbeitgebers, BAG NJW **05,** 844. **Frist** für Kündigung: s ordentliche Kündigung Rn 123–127, außerordentliche (fristlose) Kündigung s Rn 128–138. Die Kündigung ist als einseitiges Rechtsgeschäft grundsätzlich **bedingungsfeindlich** (Kündigung dann unwirksam), BAG NJW **01,** 3355; anders, wenn der Eintritt der Bedingung allein vom Gekündigten abhängt (Potestativbedingung), zB Änderungskündigung, BAG BB **68,** 1042. „Vorsorglich" ist nicht bedingt. Die Kündigung ist nach Zugang **unwiderruflich** (§ 130 I 2 BGB); einverständliche Aufhebung ist bis zum Ende des Arbeitsverhältnisses möglich, danach bleibt nur Neuabschluss. Sie ist wie jede Willenserklärung **anfechtbar**, zB nicht Eigenkündigung der Arbeitnehmerin wegen Unkenntnis ihrer Schwangerschaft, BAG NJW **92,** 2173. **Teilkündigung** ist unzulässig, da auf einseitige Vertragsänderung gerichtet; anders bei Widerrufsvorbehalt, der aber nach § 315 BGB nur nach billigem Ermessen erfolgen kann und nicht Kündigungsschutz umgehen darf, oder bei mehreren Teilverträgen, BAG NJW **91,** 2370. Teilkündigung einer arbeitsvertraglich geschuldeten Sonderaufgabe (Datenschutzbeauftragter) ist möglich, BAG NJW **07,** 2507. **Änderungskündigung** ist idR ordentliche Kündigung mit Angebot der Weiterbeschäftigung zu geänderten Bedingungen, ausnahmsweise auch außerordentliche Kündigung. Sie kann Kündigung mit zulässiger (Potestativ-)Bedingung oder unbedingte Kündigung mit Angebot zu neuem Vertragsschluss sein. Sie geht dem Wegfall der Geschäftsgrundlage vor (s Rn 65) und unterliegt den allgemeinen Kündigungsvorschriften, auch betr Kündigungsschutz (§ 2 KSchG, s Rn 151–163), geringere Anforderungen an Änderungskündigung von Nebenleistungen. Annahme nach Änderungskündigung unterliegt nicht der Dreiwochenfrist des KSchG, BAG NZA **07,** 925. Lit: Annuss/Bartz NJW **06,** 2153, Reiserer/Powietzka BB **06,** 1109. **Angabe von Gründen** ist nicht Wirksamkeitsvoraussetzung der Kündigung, BAG **7,** 304, BB **73,** 1396; anders wenn in TV vereinbart, dann ist Kündigung ohne Begründung nichtig, LAG Brem **AP** § 125 BGB Nr. 1. Sonst ist Begründung nur nachträglich auf Verlangen des Arbeitnehmers nötig (§ 1 III 1 KSchG für die ordentliche, § 626 II 3 BGB für die außerordentliche Kündigung). Nachschieben von Kündigungsgründen s Rn 133. Die **Beweislast** für die Kündigungsgründe liegt bei dem Kündigenden, so für die ordentliche Kündigung durch den Arbeitgeber § 1 II 4 KSchG.

b) Anhörung des Betriebsrats ist **vor jeder Kündigung** (auch fristloser Kündigung, auch Änderungskündigung) zwingend erforderlich; Anhörung bedeutet, dass der Arbeitgeber dem Betriebsrat zuvor die wesentlichen Gründe (nicht nur pauschal, aber auch nicht so substantiiert wie im Kündigungsschutzprozess) mitgeteilt haben muss, BAG BB **81,** 1095, NJW **95,** 1854, **96,** 1556, **00,** 3801. Zwei Verfahrensschritte: Einleitung durch Arbeitgeber, Beschlussfassung des Betriebsrats, Konsequenzen für Fehler und ihre Folgen, BAG NJW **03,** 3076. Eine **ohne Anhörung ausgesprochene Kündigung** ist **unwirksam** (§ 102 I BetrVG), auch bei nicht hinreichender Anhörung, BAG **00,** 3801, str. Bei leitenden Angestellten besteht nur Mitteilungspflicht ohne Auswirkung auf die Kündigung (§ 105 BetrVG), BAG BB **76,** 743, zur vorsorglichen Anhörung bei Zweifeln, ob Angestellter leitend ist, BAG BB **80,** 628. § 102 I BetrVG gilt ohne Erleichterung bei Kündigung vor Beginn des Kündigungsschutzes, BAG BB **79,** 322, 323, 1094, NZA **89,** 852; auch während Streik bei nicht arbeitskampfbedingter Kündigung, BAG BB **79,** 1142; auch in Eilfällen, zB bei Betriebsstilllegung, BAG NJW **77,** 2182; auch für ausländische Arbeitnehmer, BAG NJW **78,** 1124. Anhörung nur des Betriebsratsvorsitzenden reicht nicht aus. Mündliche Anhörung genügt. Anhörung zu beabsichtigter ordentlicher Kündigung deckt nicht außerordentliche, BAG NJW **76,** 2367; umgekehrt ist, wenn außerordentliche Kündigung auch als ordentliche gelten soll, deutlicher Hinweis an Betriebsrat notwendig, sonst ist nochmals anzuhören, BAG BB **79,** 371; ebenso bei Änderungs-/Beendigungskündigung, BAG BB **90,** 704. Bei wiederholter Kündigung aus demselben Grund ist grundsätzlich erneut anzuhören, BAG NJW **08,** 3084. Heilung der unzureichenden Anhörung nur, wenn der Betriebsrat ausdrücklich und vorbehaltlos zustimmt, nicht schon wenn er „abschließend" Stellung nimmt, BAG BB **79,** 1094. Abschließende Bildung des Kündigungswillens schon vor Anhörung ist auf die im Übrigen ordnungsgemäße Anhörung ohne Einfluss, BAG BB **79,** 1094. Erläuterung (Substantiierung und Konkretisierung) der mitgeteilten Kündigungsgründe im Prozess ist zulässig, dagegen **nicht Nachschieben** (vgl Rn 133) von Gründen, die vor Kündigung entstanden, dem Arbeitgeber bekannt und dem Betriebsrat nicht mitgeteilt waren, BAG BB **81,** 1895, NJW **86,** 3159, NZA **92,** 38; auch nicht Nachschieben des bloßen Verdachts nach Kündigung wegen Straftat, BAG BB **87,** 1114; auch nicht, wenn Betriebsrat schon ohne diese Gründe zugestimmt oder Arbeitgeber sie ihm nachträglich mitgeteilt (und ihn angehört) hat, BAG BB **81,** 2008. Unzulässiges Nachschieben macht nicht als solches die Kündigung unwirksam, erweitert aber den Prozessstoff nicht, BAG NJW **81,** 2772.

§ 59   123, 124

Der **Betriebsrat** muss bei ordentlicher Kündigung innerhalb einer **Frist** von einer Woche, bei außerordentlicher innerhalb von drei Tagen schriftlich und mit einem Mindestmaß an **Begründung,** auf welchem Arbeitsplatz der zu Kündigende eingesetzt werden kann, BAG NJW **00,** 236, widersprechen, **sonst** gilt sein Schweigen **als Zustimmung** (§ 102 II BetrVG). Kündigungsschreiben darf vor Ablauf dieser Frist nur abgesandt werden, wenn abschließende Äußerung des Betriebsrats vorliegt, BAG BB **76,** 694. **Widerspruch des Betriebsrats** ist fristgerecht **gegen die ordentliche Kündigung** möglich, wenn bei der Auswahl des zu Kündigenden soziale Gesichtspunkte nicht oder nicht ausreichend berücksichtigt sind (aber nicht, wenn er Sozialwidrigkeit wegen Fehlens personen- oder verhaltensbedingter Gründe oder betrieblicher Erfordernisse nach § 1 II 1 KSchG für gegeben ansieht), wenn Kündigungsrichtlinien nach § 95 BetrVG verletzt sind oder wenn Versetzung des Arbeitnehmers, uU nach zumutbaren Umschulungs- oder Fortbildungsmaßnahmen oder unter geänderten Bedingungen, möglich ist (§ 102 III Nr 1–5 BetrVG). Der Widerspruch hat **zwei** wichtige **Wirkungen:** zum einen kann der Arbeitnehmer im Kündigungsschutzprozess **Sozialwidrigkeit der Kündigung** aus diesen Gründen (zusätzlich zu den sonstigen Tatbeständen) geltend machen (§ 1 II 2, 3 KSchG, Text s Rn 153), zum andern hat er dann **Anspruch auf Weiterbeschäftigung** bis zum rechtskräftigen Abschluss des Rechtsstreits (§ 102 V BetrVG, s Rn 157). **Weitergehend** kann **Zustimmungserfordernis** für alle Kündigungen, auch außerordentliche (hL), vereinbart werden (§ 102 VI BetrVG); Zustimmungserfordernis bei Kündigung von Betriebsratsmitgliedern ua nach § 103 I BetrVG s Rn 160. Kündigung ohne vorherige Zustimmung ist nichtig; die Zustimmung des Betriebsrats kann aber durch das Arbeitsgericht ersetzt werden (s Rn 160).

123   c) **Ordentliche Kündigung** bei Angestellten (ebenso wie bei Arbeitern) ist grundsätzlich nur mit **Frist von vier Wochen zum 15. oder zum Ende eines Kalendermonats** möglich (auf Grund von BVerfG NJW **90,** 2246 § 622 I idF KündFG 7. 10. 93 BGBl 1668, dazu Hromadka BB **93,** 2372); gestaffelte längere Kündigungsfrist für Arbeitgeber bei Vertragsbestand von ab zwei, fünf usw Jahren (§ 622 II BGB, s auch AGG Rn 10); Probezeit § 622 III BGB (s Rn 125). Verspätete Kündigung wirkt, falls so gewollt, zum nächsten Termin, sonst ist sie unwirksam. Sie wirkt sofort, wenn sie (auch stillschweigend) angenommen wird. Geltendmachen des Zeugnisanspruchs ist noch keine Einverständniserklärung, BAG **9,** 330, ebenso wenig Anforderung der Arbeitspapiere oder Annahme anderer Stellung; Arbeitnehmer hat nach KSchG drei Wochen Überlegungsfrist. Kündigung **zur Unzeit** (vgl §§ 627 II, 671 II, 723 II BGB) macht schadensersatzpflichtig, unwirksam ist sie aber nur unter besonderen, zusätzlichen Umständen (Treuwidrigkeit), BAG NJW **01,** 2994, sonst wird Sechsmonatsfrist des § 1 KSchG unterlaufen.

124   **Anderweitige Vereinbarungen über Kündigungsfristen** (uU ergänzende Vertragsauslegung, BAG BB **80,** 580) sind in Grenzen **zulässig.** Abweichung durch Tarifvertrag und Bezugnahme darauf durch nicht Tarifgebundene (Tarifvertragsdispositivität) ist zulässig (§ 622 IV BGB). Einzelvertragliche Abkürzung der Frist nach § 622 I BGB nur nach § 622 V 1 BGB (vorübergehende Aushilfe; Kleinbetrieb bis 20 Arbeitnehmer). Einzelvertragliche Verlängerung der Fristen nach I–III bleibt davon unberührt (§ 622 V 2 BGB), ist aber nicht unbegrenzt zulässig, Gaul BB **80,** 1542 (aber bis zwölf Monate, zumindest bei oberen Führungskräften). Kündigung auch schon **vor Dienstantritt,** Fristbeginn mit Zugang der Kündigung, so iZw, oder erst mit Beginn des Arbeitsverhältnisses, je nach Vereinbarung, BAG NJW **87,** 148, **04,** 3444. **Kündigungsbeschränkungen** für Arbeitnehmer durch Bindungs- und Rückzahlungsklauseln s Rn 67. **Gleichheit der Kündigungsfrist** ist nicht mehr vorgeschrieben, doch darf die Frist für eine Kündigung durch den Arbeitnehmer nicht länger sein als für die

6. Abschnitt. Handlungsgehilfen und Handlungslehrlinge 125–129 **§ 59**

durch den Arbeitgeber (§ 622 VI BGB), Rechtsfolge § 89 II analog, BAG NJW **05**, 3230, AGG s Rn 10.

Im **Probearbeitsverhältnis** (längstens sechs Monate, zwingend ohne Angemessenheitsprüfung, BAG NJW **08**, 2511) gilt bei Angestellten (ebenso wie bei Arbeitern, s Rn 123) Mindestkündigungsfrist von zwei Wochen (§ 622 III BGB). Zweck ist umfassende Prüfung, nicht nur auf die in Aussicht genommene Tätigkeit, BAG NJW **08**, 2522. Probearbeitsverhältnis kommt in der Praxis in drei Formen vor: als befristetes Arbeitsverhältnis (s Rn 112, 113), als Arbeitsverhältnis von unbestimmter Dauer ohne ordentliche Kündigungsmöglichkeit während der Probezeit und als Arbeitsverhältnis von unbestimmter Dauer mit erleichterter, kürzest möglicher ordentlicher Kündigung; iZw letzteres BAG NJW **71**, 2190. Probearbeitszeitabrede ist auch in befristeten Arbeitsverhältnissen möglich, BAG NJW **08**, 2521. Lit: Freitag 1982, M. Blomeyer NJW **08**, 2812. 125

In der **Insolvenz des Arbeitgebers** gilt für die Kündigung beider Teile die Sonderregelung des § 113 InsO. Sie können danach ohne Rücksicht auf eine vereinbarte Vertragsdauer oder einen vereinbarten Ausschluss des Rechts zur ordentlichen Kündigung kündigen, und zwar mit einer Frist von drei Monaten zum Monatsende, wenn nicht für das Arbeitsverhältnis außerhalb der Insolvenz eine kürzere Frist maßgeblich ist (§ 113 I 1, 2 InsO). Schadensersatzanspruch des Arbeitnehmers wegen vorzeitiger Beendigung des Arbeitsverhältnisses (§ 113 I 3 InsO). Klage innerhalb von drei Wochen nach § 113 II InsO. Dreimonatsfrist gilt auch bei längerer Befristung des Arbeitsverhältnisses, BAG NJW **01**, 317. 126

Bei verhaltensbedingter Kündigung ist grundsätzlich, bei vertrauensstörungsbedingter Kündigung uU ebenfalls zuvor **Abmahnung** (s Rn 49, 130) mit Hinweis auf Gefährdung des Arbeitsverhältnisses im Wiederholungsfall nötig, BAG NJW **81**, 2319, BB **91**, 1637 (wiederholtes Fehlen), NJW **06**, 2348 LS, 2510 LS. Bei verhaltensbedingter Kündigung gilt das Prognoseprinzip (die vergangene Pflichtverletzung muss sich auch noch in der Zukunft belastend auswirken), denn Kündigungszweck ist Vermeidung weiterer Pflichtverletzungen, BAG NJW **09**, 106. Abmahnung bedeutet insoweit Kündigungsverzicht (s Rn 49); abgemahnte Gründe können spätere Kündigung nicht allein tragen, sondern nur unterstützen, BAG NJW **89**, 2493. Abmahnung wird durch Zeitablauf (je nach Einzelfall) wirkungslos, BAG BB **87**, 1252. Mangelnder Widerspruch gegen Abmahnung führt nicht zu Verwirkung, BAG BB **87**, 1741. Neuerliche Pflichtverletzung nach Abmahnung führt bei innerem Zusammenhang zu negativer Prognose, BAG NJW **08**, 1900. Lit: Becker-Schaffner DB **85**, 650. 127

d) Die **außerordentliche Kündigung (§ 626 BGB)** ist idR fristlose Kündigung; sie kann aber auch mit der vertragsgemäßen Frist oder mit einer anderen dem Interesse des Arbeitnehmers entsprechenden Frist ausgesprochen werden, BAG **1**, 185. § 626 BGB gilt auch für die außerordentliche befristete Kündigung, BAG DB **73**, 627. Es muss zweifelsfrei (ausdrücklich oder sonst aus der Erklärung selbst, zB aus der Begründung) erkennbar sein, dass es sich um eine außerordentliche Kündigung handelt, BAG BB **83**, 964. In besonderen Fällen muss der Arbeitgeber, falls ihm das zuzumuten ist, Frist gewähren. Fristgewährung hindert nicht Ausspruch einer fristlosen Kündigung, wenn Gründe nachträglich bekannt werden oder eintreten. 128

Voraussetzungen: Erforderlich sind: (1) Vorliegen eines wichtigen Grunds (zweistufige Prüfung), (2) Kündigungserklärung innerhalb der Erklärungsfrist, ferner Anhörung des Betriebsrats (s Rn 122). (1) **Wichtiger Grund** zur außerordentlichen Kündigung ist ein Grund, der es dem Kündigenden unter Abwägung aller Umstände des Einzelfalls und der Interessen beider Seiten unzumutbar macht, das Arbeitsverhältnis bis zum Ablauf der Kündigungsfrist oder bis zum vereinbarten Ende des Arbeitsverhältnisses fortzusetzen (**§ 626 I BGB**, Sondervorschrift zu § 314 BGB, für § 314 II BGB Abmahnung str, aber iErg gleich); 129

Beispiele s Rn 139–147. Dabei ist weitergehend zwischen Tatsachen, die einen wichtigen Grund abgeben (Prüfung auf der ersten Stufe), und Unzumutbarkeit unter Berücksichtigung aller Umstände des Einzelfalls und nach Interessenabwägung (Prüfung auf der zweiten Stufe) zu unterscheiden, vgl BAG NJW **00**, 1969, **06**, 2940. Der wichtige Grund braucht nicht verschuldet zu sein, etwa bei betriebsbedingter Kündigung, stRspr; aber auch bei verhaltensbedingter Kündigung kann ausnahmsweise schuldlose Pflichtverletzung ausreichen, BAG NJW **99**, 3120, str. Abzuwägen sind ua Art des Arbeitsverhältnisses (besonderes Vertrauensverhältnis, wichtige oder untergeordnete Dienste), Dauer des Arbeitsverhältnisses, persönliche Verhältnisse des Arbeitnehmers, wirtschaftlicher Stand des Unternehmens, früheres Verhalten beider Teile. Die Gründe können auch vor Beginn des Arbeitsverhältnisses liegen. Die Aufklärung des wichtigen Grunds ist Sache des Gerichts, der Arbeitgeber braucht nicht vor Kündigung selbst zu ermitteln (Ausnahme: Verdachtskündigung, s Rn 145), BAG NJW **98**, 1508, **00**, 1211. Ob ein Sachverhalt generell geeignet ist, eine außerordentliche Kündigung zu rechtfertigen, ist revisible Rechtsfrage, die Würdigung der Besonderheiten des Einzelfalls dagegen nichtrevisible Tatfrage.

130 **Abmahnung** (s Rn 49, 127) vor Ausspruch der fristlosen Kündigung ist grundsätzlich notwendig, das folgt aus Rspr zu § 626 BGB; § 314 II BGB wird verdrängt (s Rn 129), ist aber gesetzgeberische Bestätigung des durch die Abmahnung verwirklichten Verhältnismäßigkeitsprinzips, BAG NJW **06**, 2348 LS, 2510 LS, **09**, 107. Abmahnung ist ohne weiteres notwendig, wenn der Grund ausschließlich in Störung im Verhaltensbereich besteht (Prognoseprinzip; s Rn 127), aber **auch** bei Störung allein **im Vertrauensbereich,** sofern das Verhalten des Arbeitnehmers steuerbar und Wiederherstellung des Vertrauens erwartbar ist, BAG NJW **98**, 554 (Alkoholmissbrauch), **00**, 1973; letzteres zB bei vertretbarer Annahme, das Verhalten sei nicht vertragswidrig oder werde vom Arbeitgeber nicht als erhebliches, den Bestand des Arbeitsverhältnisses gefährdendes Fehlverhalten angesehen. Abmahnung ist dagegen **unnötig** bei **besonders schweren Verstößen,** deren Rechtswidrigkeit dem Arbeitnehmer ohne weiteres erkennbar ist und die der Arbeitgeber offensichtlich nicht hinnehmen wird, denn dann ist Wiederherstellung des Vertrauens nicht erwartbar, BAG NJW **00**, 1973, **06**, 2348 LS, zB Verstoß gegen Wettbewerbsverbot (§ 60), BAG NJW **91**, 520, bei Tätlichkeiten unter Arbeitskollegen, BAG NJW **94**, 1893, NZA **88**, 137, NJW **06**, 1694 LS, 2510 LS, bei Unterschlagung von zur Obhut anvertrauten Sachen, obschon von geringem Wert, BAG NJW **00**, 1973 (ICE-Steward), **04**, 1551 LS. Ohne zumutbare Abmahnung fehlt es am wichtigen Grund.

131 (2) Die **Kündigungserklärung** (Schriftform s Rn 121) muss bei allen außerordentlichen Kündigungen **innerhalb von zwei Wochen** nach dem Zeitpunkt erfolgen, in dem der Kündigungsberechtigte von den für die Kündigung maßgeblichen Tatsachen Kenntnis erlangt hat (**§ 626 II BGB,** strenger als § 314 III BGB), BGH NJW **89**, 733, **09**, 106, RsprÜbersicht Becker-Schaffner DB **87**, 2147. § 626 II BGB ist ein gesetzlich konkretisierter Verwirkungstatbestand, BAG NJW **09**, 107. Das gilt auch bei Verdachtskündigung, BAG NJW **94**, 1675, Überprüfungszeitraum je nach den Umständen bis 2 Monate, BAG BB **07**, 2188, auch bei vertraglichem Ausschluss ordentlicher Kündigung, BAG BB **76**, 793; trotz der Notwendigkeit vorheriger Zustimmung auch bei Kündigung von Betriebsratsmitgliedern ua nach § 15 KSchG, BAG BB **78**, 43. **Fristbeginn** bei Dauerstörung nicht mit deren Beginn, sondern Ende, BAG NJW **02**, 1596. Für Fristbeginn ist zuverlässige und möglichst vollständige positive Kenntnis des Kündigungsberechtigten von den für die Kündigung maßgeblichen Tatsachen erforderlich, BAG NJW **09**, 107; Kennenmüssen (selbst grob fahrlässige Unkenntnis) genügt nicht. Organisationsfehler bei Kenntnisübermittlung gehen zu Lasten des Arbeitgebers, BAG BB **78**, 499; Kenntnis eines nicht zur Entlastung Berechtigten

6. Abschnitt. Handlungsgehilfen und Handlungslehrlinge 132–136 § 59

setzt Frist nur in Lauf, wenn nach seiner Stellung Unterrichtung des Arbeitgebers zu erwarten ist, BAG BB **78,** 1310; Kenntniserlangung durch Organmitglieder, BGH NJW **93,** 463. Frist beginnt bei strafbarer Handlung nicht unbedingt mit Kenntnis von ihr, sondern je nach Umständen nach Abschluss eigener Ermittlungen des Arbeitgebers, statt dieser kann er den Ausgang des Strafverfahrens abwarten, BAG NJW **94,** 1675, BB **76,** 884. Eigene Ermittlungen, zB bei tätlicher Auseinandersetzung, hemmen nur, soweit mit gebotener Eile durchgeführt, BAG NJW **94,** 1891. Die Frist beginnt bei eigenmächtigem Urlaub erst mit Rückkehr, BAG BB **83,** 1922. Anhörung nach § 102 BetrVG und Zustimmungserfordernis nach § 103 BetrVG hemmen Zweiwochenfrist nicht, BAG BB **78,** 43. **Fristwahrung** nur durch Zugang der Kündigung, BAG BB **78,** 1064; der Arbeitgeber ist für Zeitpunkt der Kenntniserlangung beweispflichtig, BAG BB **73,** 386.

Fristversäumnis macht Kündigung unwirksam. Wiedereinsetzung in den vorigen Stand ist nicht möglich. Fristversäumnis kann nur innerhalb der Dreiwochenfrist geltend gemacht werden (§§ 13 I 2 iVm § 4 I, 5–7 KSchG). Frist kann weder durch Vereinbarung noch durch TV verlängert oder ausgeschlossen werden, BAG BB **78,** 1166. **132**

Nachschieben von neuen **vor** der Kündigung entstandenen Gründen ist auch ohne Zusammenhang mit den alten Gründen und nach Ablauf der Frist des § 626 II BGB möglich, wenn der Kündigende sie nicht kannte, BAG BB **80,** 1160, NJW **86,** 3159, **08,** 1097, auch wenn er sie nicht länger als zwei Wochen vor der Kündigung kannte, BAG BB **73,** 1396, auch wenn er sie länger als zwei Wochen vor Nachschieben kannte (§ 626 II BGB erfasst nur Kündigungserklärung, nicht Nachschieben von Gründen), BAG NJW **98,** 101. Nachschieben von **nach** der Kündigung entstandenen Gründen ist unzulässig, es bleibt nur neue Kündigung, die aber konkludent im Nachschieben liegen kann. Kein Nachschieben von Gründen, zu denen der Betriebsrat nicht gehört wurde, s Rn 122. Anwendung dieser Grundsätze auf die Verdachtskündigung (s Rn 145), BAG NJW **95,** 1112, **96,** 540. **133**

Umdeutung einer unwirksamen außerordentlichen in eine ordentliche Kündigung ist möglich (§ 140 BGB), stRspr, BAG NJW **02,** 2972, BGH NJW **82,** 2603, **88,** 581; umgekehrt, unwirksame ordentliche in eine (befristete) außerordentliche, nur unter besonderen Umständen, BAG DB **75,** 214. **134**

§ 626 I, II ist **nicht abdingbar,** also keine Erweiterung über § 626 BGB hinaus, BAG BB **74,** 463, **80,** 579; auch nicht durch TV oder Betriebsvereinbarung, auch nicht mittelbar durch Vertragsstrafe oder Gehaltsfortzahlung; nach BAG BB **63,** 1298 soll aber zumutbare Beschränkung des Kündigungsrechts des Arbeitgebers (aber nicht des Arbeitnehmers) wirksam sein. Auch Fixierung, was wichtiger Grund sein oder nicht sein soll, kann Arbeitsgericht nicht binden; str, zT wird zwischen zulässiger Konkretisierung des wichtigen Grundes und unzulässiger Einschränkung und Erweiterung unterschieden. Der Vertrag kann das Recht zur fristlosen Kündigung dem Arbeitgeber persönlich vorbehalten, bei dessen Verhinderung einem Vertreter, BAG BB **76,** 228. Betriebsvereinbarung über Erfordernis der Zustimmung des Betriebsrats auch zur außerordentlichen Kündigung ist zulässig (s Rn 133). **135**

Rechtsfolgen: Die fristlose Kündigung beendet das Arbeitsverhältnis mit Zugang. Der wirksam gekündigte Arbeitnehmer behält **Entgeltanspruch** bis zum Wirksamwerden der Kündigung (**§ 628 I 1 BGB;** uU darüber hinaus nach EFZG). **Angabe des Grundes** ist nicht Wirksamkeitserfordernis; Ausnahmen nach § 15 III BBiG, BAG AP § 15 BerBG Nr 1, oder bei entspr Vereinbarung (§ 125 S 2 BGB); sonst nur nachträgliche Mitteilungspflicht auf Verlangen nach § 626 II 3 BGB und bei Verletzung Schadensersatz, nicht Unwirksamkeit der Kündigung, BAG DB **73,** 481. Kündigt der Arbeitnehmer ohne vertragswidriges Verhalten des Arbeitgebers oder veranlasst er durch vertragswidriges Verhalten dessen Kündigung, entfällt Vergütungsanspruch, soweit die bisherigen Leistungen **136**

infolge der Kündigung für den Arbeitgeber kein Interesse haben (§ 628 I 2 BGB, Rückzahlung § 628 I 3 BGB).

137 Wer durch sein vertragswidriges Verhalten die fristlose Kündigung des anderen Teils veranlasst, hat **Schadensersatz** zu leisten **(§ 628 II BGB)**, BAG BB **71,** 270, **74,** 1640, aber nur bei Einhaltung der Frist nach § 626 II 1 BGB, BAG BB **90,** 425, NJW **02,** 1593. Das gilt entspr auch für andere Fälle des Auflösungsverschuldens; zB bei eigener unberechtigter fristloser Kündigung; auch bei schuldhaft herbeigeführtem Aufhebungsvertrag, BAG BB **71,** 1197. Umfang der Schadensersatzpflicht nach §§ 249, 252 BGB (Erfüllungsinteresse, entgangener Gewinn), zeitlich begrenzt (nicht über arbeitsvertragliche Kündigungsfrist hinaus), BGH BB **81,** 1898, sowie Entschädigung entspr §§ 9, 10 KSchG, BAG NJW **02,** 1593. Schadensersatzanspruch des HdlGehilfen besteht im Arbeitsentgelt zuzüglich Aufwendungen für Erlangung anderer Stellen. Schadensersatzanspruch des Arbeitgebers geht auf Kosten für Ersatzkraft unter Abzug des ersparten Entgelts; Ersatz für Verlust des Konkurrenzschutzes (§ 60, aber nur wenn zulässig, §§ 74 ff), BAG BB **75,** 1112. Anspruch des Arbeitgebers auf Inseratskosten ist gegenüber früherer Rspr stark begrenzt; er besteht nur, wenn sie bei hypothetischer fristgerechter Kündigung vermeidbar gewesen wären; der Arbeitgeber kann sich nicht darauf berufen, er hätte den Arbeitnehmer uU umstimmen können, wenn dieser die Arbeit vertragsgemäß wenigstens angetreten hätte, BAG BB **81,** 1898, **84,** 1687, Berkowsky DB **82,** 1772. Besonderheiten beim Schulungsvertrag s BAG BB **81,** 1217. Hätte auch die andere Seite wegen schuldhafter Vertragsverletzung kündigen können, besteht kein Ersatzanspruch, BAG BB **66,** 1025. Zum Verhältnis Schadensersatz und Kündigungsabfindung BAG BB **73,** 984.

138 **Mitwirkendes Verschulden** des Geschädigten ist nach § 254 BGB zu berücksichtigen; zB fahrlässig (nicht nur böswillig wie in § 615 S 2 BGB) unterlassener Erwerb. § 628 I, II BGB sind **abdingbar.**

139 **e) Wichtige Gründe für Kündigung des Arbeitgebers:** zB (1) **Verletzung der Arbeitspflicht** (Hauptpflicht s Rn 44–47): idR nur bei beharrlicher und vorsätzlicher **Arbeitsverweigerung;** so vor allem nach Abmahnung und als ultima ratio, BAG NJW **97,** 2195, stRspr. Genau zu prüfen ist auch, ob die Arbeitsverweigerung **unberechtigt** ist, BAG NJW **97,** 274, **02,** 699; zB keine Kündigung bei Verweigerung unzulässiger Mehrarbeit, BAG BB **58,** 559; bei Arbeitsniederlegung eines leitenden Angestellten wegen diskriminierender Beschränkung seines Arbeitsbereichs, BAG BB **67,** 715, oder bei Teilnahme an rechtmäßigem Streik (s Rn 46). Guter Glaube, zur Arbeit nicht verpflichtet zu sein, schützt nur bei unverschuldetem Irrtum, BAG BB **58,** 559. Teilnahme an einem wilden Streik ist dagegen wichtiger Grund, BAG BB **70,** 126, **78,** 1115, str, jedenfalls nach Abmahnung, doch sind Grad der Beteiligung und Erkennbarkeit der Rechtswidrigkeit zu berücksichtigen, BAG BB **78,** 1115. Wichtiger Grund ist unbefugtes selbstherrliches Verlassen des Arbeitsplatzes („mir-kannkeiner"-Standpunkt), LAG Hamm BB **73,** 141; eigenmächtiger Urlaubsantritt, BAG NZA **94,** 548, LAG Düss DB **71,** 2319; Erlangung einer Krankschreibung mit unredlichen Mitteln, LAG Düss-Kln BB **81,** 1219, Erschütterung von Arbeitsunfähigkeitsbescheinigungen ist möglich, LAG Hamm NJW-Sp **04,** 131; Androhung künftiger Erkrankung s Rn 140. **Mangelhafte Dienstleistung** idR nur bei bewusster Zurückhaltung der Arbeitskraft, BAG BB **70,** 1481; nicht ohne weiteres häufige Unpünktlichkeit, BAG NJW **89,** 546. Umfangreiche Privatnutzung von Internet am Arbeitsplatz trotz Verbot (s Rn 48), bei Pornographie Gefahr der Rufschädigung, BAG NJW **06,** 2939 m Anm Mengel. **Trunkenheit** am Arbeitsplatz nach Abmahnung, LAG Mannh BB **54,** 512, aber Alkoholismus ist Krankheit BAG NJW **83,** 2659, **00,** 828; Führerscheinentzug bei Kraftfahrer, falls keine andere Beschäftigungsmöglichkeit besteht, BAG BB **78,** 1310; außerdienstliches Verhalten nur, wenn es die Arbeitsleistung beeinflusst.

(2) **Grobe Verletzung der Interessenwahrungspflicht** (s Rn 48–49), **140** **schwere Treuwidrigkeit, Vertrauensmissbrauch; Vollmachtsmissbrauch,** idR nur falls vorsätzlich, BAG **AP** § 626 BGB Nr 53, zB durch Zeiterfassungsmanipulation, erst recht Abstempeln der Zeiterfassungskarte durch Arbeitskollegen, BAG NJW **06,** 1545. **Tätlichkeit oder grobe Beleidigung** gegen Arbeitgeber, seine Angehörigen und Vertreter, gegen Arbeitskollegen, falls der Betriebsfrieden gefährdet wird, BAG NJW **78,** 1872, 1874, **94,** 1893, **99,** 3142, **06,** 1694 LS, 2348 LS, auch ohne Abmahnung (s Rn 130); grobe Beleidigungen auch in fremder Sprache, LAG Bln DB **81,** 1627, nicht schon unwahre und ehrenrührige Behauptungen über Vorgesetzte, wenn zu Arbeitskollegen in Erwartung von Vertraulichkeit geäußert, BAG BB **73,** 428; bei Abwägung ist die Meinungsfreiheit zu beachten, BAG NJW **06,** 2349 LS. UU sexuelle Belästigung am Arbeitsplatz, BAG NJW **04,** 3508. Je nachdem **Anzeige** gegen Arbeitgeber (whistle-blowing) ohne Versuch vorheriger innerbetrieblicher Klärung, zB bei Finanzamt; aber nicht bei schweren Straftaten, zumal bei Begehung durch den Arbeitgeber selbst, BAG NJW **04,** 1547, **07,** 2204, Strafprozessausgang ist nicht maßgebend, aber uU Indiz. Leichtfertig unrichtige Strafanzeige gegen Arbeitgeber oder Repräsentanten, BAG NJW **04,** 1547 LS. **Unterschlagung,** Diebstahl, auch geringwertiger Sachen, erschwerend bei Verletzung einer Obhutspflicht, zutr BAG NJW **00,** 1969, **08,** 2732 (Lippenstift), str (s Rn 129). **Spesenbetrug, Arbeitszeitbetrug** und andere **Vermögensdelikte,** BAG NJW **60,** 2033, BB **63,** 272, auch bei einmaligem Vorkommen mit geringen finanziellen Auswirkungen, BAG NJW **08,** 1097, auch Entwendung geringwertiger Sachen, BAG NJW **85,** 284, **04,** 1551, verbotswidrige private Benutzung eines BetriebsKfz, LAG BaWü DB **70,** 534, 788; umfangreiche unerlaubte **Privattelefonate** auf Kosten des Arbeitgebers, BGH NJW **04,** 2613. **Drohung** mit künftiger Erkrankung, BAG NJW **93,** 1544, im Zusammenhang mit Urlaubswunsch, BAG NJW-Sp **04,** 37.

(3) **Verletzung der Schweigepflicht** (s Rn 50), BAG BB **65,** 991, insbeson- **141** dere Verrat von Betriebsgeheimnissen, LAG Mü BB **69,** 315; als Arbeitnehmervertreter im Aufsichtsrat, BAG DB **74,** 1067; Verbreitung unwahrer, ehrenrühriger Tatsachen über den Arbeitgeber und den Betrieb. Provozierende **parteipolitische Betätigung** in Betrieb, BAG NJW **78,** 1872, 1874, DB **83,** 2578 (Anti-Strauß-Plakette), außerhalb nur in Ausnahmefällen, BAG BB **68,** 589.

(4) **Schmiergeldannahme** (s Rn 51), BAG NJW **96,** 1556, LAG Bln BB **78,** **142** 157 (ausländische Dolmetscherin), LAG Kln DB **84,** 1101 LS; Annahme von Provision bei Auftragsvergabe, BAG **24,** 401.

(5) **Verletzung des Wettbewerbsverbotes** (s § 60) nur, wenn der Arbeit- **143** nehmer im HdlZweig des Arbeitgebers Konkurrenz macht, BAG BB **77,** 144; Abwerbung von Mitarbeitnehmern für Konkurrenz, LAG Düss-Kln BB **62,** 137, sonst nicht ohne weiteres, LAG BaWü BB **70,** 2325; Abwerbung von Geschäftsverbindungen, BAG **14,** 72; Aufbau eines Konkurrenzunternehmens, LAG Tüb BB **61,** 484, aber nicht schon Vorbereitung, solange nicht mit Geschäftstätigkeit begonnen wird, BAG **14,** 72, BB **73,** 144. **Nebentätigkeit** (s Rn 52) nur, wenn sie die vertragliche Leistung beeinträchtigt oder Arbeitgeber sich Genehmigung wirksam vorbehalten hat, BAG BB **71,** 397, auch dann nur, wenn Arbeitgeber an Unterlassung berechtigtes Interesse hat, BAG BB **77,** 144.

(6) **Grobe Verletzung der Informations- und Auskunftspflicht** (s **144** Rn 53), zB Vorlage falscher Besuchsberichte, ArbG Düss BB **61,** 863; Mitstempeln von Stechuhr eines Kollegen, LAG Düss BB **77,** 1652.

(7) **Verdachtskündigung:** Dringender einschlägiger Verdacht von Straftaten **145** und schweren Verfehlungen genügt, falls er geeignet ist, das für die Fortsetzung des Arbeitsverhältnisses erforderliche Vertrauen zu zerstören (Verdachtskündigung, nicht Tatkündigung), BAG NJW **00,** 1212, 1969, **08,** 1099 (iErg abl),

stRspr, str. Der starke Verdacht muss sich aus objektiven, im Zeitpunkt der Kündigung vorliegenden Tatsachen ergeben (Nachschieben s Rn 133), BAG NJW **95,** 1110. Verdachtskündigung ist auch bei bereits erfolgter, unwiderruflicher Freistellung von Arbeitspflicht nicht ausgeschlossen, diese ist aber bei der Interessenabwägung zu berücksichtigen, BAG NJW **01,** 3068. Eine Verdachtskündigung liegt aber nur vor bei Kündigung gerade wegen des Verdachts (nicht wegen der tatsächlichen Begehung, dann Tatkündigung). Betriebsratsanhörung (s Rn 122) zu Tatkündigung genügt nicht. Der Arbeitgeber muss dem Arbeitnehmer zuvor den Verdacht mitteilen, ihm Gelegenheit zur Stellungnahme geben und alle zumutbaren Anstrengungen zur Aufklärung des Sachverhalts unternehmen, BAG NJW **95,** 1110, **98,** 1172, **00,** 1211 (vgl Rn 129). Bei späterem Wegfall der Verdachtsgründe (nicht schon Einstellung des Ermittlungsverfahrens) kommt Wiedereinstellungsanspruch in Betracht (Fürsorgepflicht), BAG NJW **98,** 1174. Zur vorherigen Arbeitnehmeranhörung BVerfG NJW **09,** 572, Dreymüller/Mennemeyer NZA **05,** 382, Eylert/Friedrichs DB **07,** 2203.

146 (8) **Druckkündigung:** Begründetes Verlangen der Belegschaft (vgl § 104 BetrVG), BAG BB **60,** 124; ausnahmsweise auch unbegründetes Verlangen, aber nur wenn unwiderstehlich (unzumutbarer eigener Schaden), sonst muss der Arbeitgeber den Arbeitnehmer schützen (s Rn 95), BAG BB **77,** 1150, NJW **87,** 211 (zu § 1 KSchG). Der Arbeitgeber muss den Arbeitnehmer anders als bei Verdachtskündigung (Rn 145) nicht vorher anhören, BAG NJW **91,** 2307. Schadensersatzpflicht des Arbeitgebers wegen betriebsbedingter Druckkündigung, str, offen BAG NJW **91,** 2309, **99,** 164.

147 **Nicht: Mangelhafte Arbeitsleistung,** zB wegen **Ungeeignetheit** des Arbeitnehmers für übernommene Aufgabe, anders in Ausnahmefällen, BAG **2,** 333, zB bei besonders folgenschwerem Versagen eines leitenden Angestellten, LAG Stgt BB **64,** 681, BAG BB **66,** 82; **Fehlbestand** bei Verkäuferin, außer uU bei Mankoabrede (s Rn 110) und Feststehen zumindest der Verursachung, BAG BB **74,** 463; **Zeugenaussage** gegen Arbeitgeber, BVerfG NJW **01,** 3474, wohl auch gutgläubige Strafanzeige; **Heirat** einer Angestellten, nicht einmal ordentliche Kündigung, BAG NJW **57,** 1688, keine Zölibatsklauseln. Dienstverhinderung durch **Krankheit** (vgl EFZG) ist idR kein wichtiger Grund; falls ordentliche Kündigung nicht gänzlich abbedungen ist, genügt meist diese; häufige kurze oder eine langanhaltende Krankheit sind nicht einmal in jedem Fall Grund für ordentliche Kündigung. Bei Arbeitsverhinderung infolge **Freiheitsstrafe** (wegen nicht betriebsbezogener Tat) kommt es auf die betrieblichen Auswirkungen an, BAG BB **85,** 1917. **Tod des Arbeitgebers** außer in Ausnahmefällen, BAG **5,** 256; **Geschäftsübernahme** unter Lebenden (§ 613a IV BGB; vgl Rn 17–21); **Vermögensverfall** des Arbeitgebers, außer in Ausnahmefällen, so bei besonders langfristigen Arbeitsverhältnissen; **Betriebsstilllegung,** soweit sie im Betriebsrisiko des Arbeitgebers liegt, zB Brand, BAG BB **73,** 196; **Insolvenz** des Arbeitgebers, nur ordentliche Kündigung nach § 113 InsO (s Rn 165), BAG NJW **69,** 525, Insolvenzarbeitsrecht Schrader/Straube 2008.

148 f) **Wichtige Gründe für Kündigung des Handlungsgehilfen:** zB (1) Verletzung der Arbeitsentgeltpflicht (Hauptpflicht, s Rn 56–70), also Nichtzahlung oder Zahlungsverzug, letzterer nach hL und Rspr aber nur bei **Lohnrückstand** über erhebliche Zeit oder von erheblicher Höhe und nach Zahlungsaufforderung durch den Arbeitnehmer, BAG NJW **02,** 1595, nach aA von Nichtzahlung nicht unterscheidbar; **bevorstehende Insolvenz** des Arbeitgebers, Stückemann BB **77,** 1711, aber nicht schon ohne weiteres Vermögensverfall, solange Entgelt bezahlt wird. (2) **Krankheit** oder **andere unverschuldete Dienstverhinderung** des Arbeitnehmers (s Rn 71–76; EFZG), sofern nicht nur vorübergehend; bei begrenzter Arbeitsfähigkeit (zB nach ärztlichem Gutachten nur noch halbtags) nur, wenn Teilzeitbeschäftigung oder Versetzung ausscheidet, BAG BB **73,** 750.

6. Abschnitt. Handlungsgehilfen und Handlungslehrlinge   149–153 § 59

(3) **Lebens- oder Gesundheitsgefährdung** s Rn 93, § 62, §§ 617, 618 BGB), falls bei Eingehen des Arbeitsverhältnisses nicht erkennbar; auch sonstige **Arbeitsschutzverletzungen,** zB ständige und erhebliche Überschreitung der gesetzlichen Höchstarbeitszeit, BAG BB **72,** 1191. (4) Erhebliche **Persönlichkeitsrechtsverletzung** (s Rn 94–99), zB systematische Ungerechtigkeit und Zurücksetzung; Straftaten gegen den HdlGehilfen, **Ehrverletzung,** jedoch nicht schon jede Formalbeleidigung, BAG **3,** 193, oder herausgeforderte Beleidigung, Hbg OLGE **9,** 251; beleidigende Begründung einer ordentlichen Kündigung durch Arbeitgeber, LG Brem DB **71,** 1215; **ungerechtfertigte Verdächtigung,** falls in beleidigender Form, zB vor Dritten, oder leichtfertig, LAG BaWü BB **60,** 985; **sexuelle Belästigung,** Weigerung des Schutzes gegen eine solche von Vorgesetzten, Arbeitskollegen oder Familienangehörigen des Arbeitgebers. Verstoß gegen Beschäftigungspflicht; uU Nichterteilung oder ungerechtfertigter Entzug der zugesicherten **Prokura,** BAG BB **71,** 270, BGH NJW **03,** 351, aber Widerruf der Bestellung berechtigt nicht zum Schadensersatz nach § 628 II BGB, BGH NJW **03,** 351; unberechtigte Teilsuspendierung, wenn sie für den Arbeitnehmer kränkend ist und ihm wesentliche Aufgaben entzieht, BAG BB **72,** 1191.

Nicht: Zu geringer Verdienst, außer bei „Hungerlohn" (s Rn 56–57); Gelegenheit zum **Arbeitsplatzwechsel,** auch sehr günstiges anderweitiges Angebot, BAG BB **71,** 40; Eheschließung weiblicher Arbeitnehmer.   149

g) Für Dienstverhältnisse, die keine Arbeitsverhältnisse sind, gelten besondere Bestimmungen über Kündigungsfristen und -termine, s §§ 620, 621, 626, 627 BGB allgemein, §§ 89, 89 a für HV. Das KSchG gilt nicht. Auch dort, wo keine Kündigung notwendig ist, ist rechtzeitige Ankündigung erforderlich, zB wenn einem **langjährig beschäftigten freien Mitarbeiter,** der wirtschaftlich völlig vom Auftraggeber abhängig ist, keine Aufträge mehr erteilt werden sollen, BAG BB **67,** 959.   150

D. Allgemeiner Kündigungsschutz besteht nach dem **Kündigungsschutzgesetz,** Reform 2003, Willemsen/Annuss NJW **04,** 177; Komm: Ascheid/Preis/Schmidt 3. Aufl 2007 (GroßKo); Bader/Etzel/Fischermeier (Gemeinschaftskomm) 9. Aufl 2009, von Hoyningen-Huene/Link 14. Aufl 2007, Löwisch/Spinner, 9. Aufl 2004, Stahlhacke/Preis/Vossen, 9. Aufl 2005. Rspr: Etzel (LBl).   151

a) Anwendungsbereich des KSchG: In Betrieben und Verwaltungen des privaten und öffentlichen Rechts mit idR mehr als fünf (für ab 2004 neu eingestellte mehr als zehn) Arbeitnehmern (ab 2004, vorher fünf) ausschließlich der zu ihrer Berufsbildung Beschäftigten (§ 23 KSchG; Sonderregeln für Schifffahrt, Luftverkehr). Der allgemeine Kündigungsschutz nach §§ 1–14 KSchG besteht für die ohne Unterbrechung länger als sechs Monate in demselben Betrieb oder Unternehmen beschäftigten Arbeitnehmer (§ 1 I KSchG). §§ 1–14 KSchG gelten nicht für organschaftliche Vertreter einer juristischen Person oder Personengesamtheit, dagegen mit nur geringfügigen Einschränkungen für Geschäftsführer, Betriebsleiter und ähnliche leitende Angestellte, soweit diese zur selbstständigen Einstellung oder Entlassung von Arbeitnehmern berechtigt sind (§ 14 KSchG).   152

b) Sozialwidrigkeit der ordentlichen Kündigung: Nach § 1 KSchG idF G 24. 12. 03 BGBl 3002, dazu Willemsen/Annuss NJW **04,** 177, ist die ordentliche Kündigung unwirksam, wenn sie sozial ungerechtfertigt ist (statt umfassender Prüfung ab 2004 vier Kriterien), berechtigtes betriebliches Interesse s § 1 III 2 KSchG. Abfindungsanspruch bei betriebsbedingter Kündigung nach § 1 a KSchG (seit 2004), Gießen/Besgen NJW **04,** 185, Hanau ZIP **04,** 1169, Löwisch BB **04,** 154. Zur Sozialwidrigkeit gibt es eine umfangreiche Rspr (Komm zum KSchG s vor Rn 151)   153

154 **c) Kündigungsschutzverfahren:** Die Unwirksamkeit der ordentlichen Kündigung nach § 1 KSchG (entspr Änderungskündigung s § 2 KSchG) muss der Arbeitnehmer idR **innerhalb von drei Wochen** nach Zugang der Kündigung durch **Klage beim Arbeitsgericht** auf Feststellung, dass das Arbeitsverhältnis nicht aufgelöst ist, geltend machen (§ 4 S 1, §§ 5, 6 KSchG). Vorhergehender Einspruch beim Betriebsrat (binnen einer Woche) ist möglich (§ 3 KSchG), ändert aber an der Klagefrist nichts. Wird die Rechtsunwirksamkeit der Kündigung (seit 2004 der sozial ungerechtfertigten und der außerordentlichen Kündigung, s Rn 158, nicht ua bei Verstoß gegen Schriftformerfordernis § 623 BGB, s Rn 121) nicht rechtzeitig geltend gemacht, gilt die Kündigung, wenn sie nicht aus anderem Grunde unwirksam ist, als von Anfang an wirksam (§ 7 KSchG).

155 Bei unwirksamer Kündigung kann das Gericht auf Antrag einer der beiden Seiten das Arbeitsverhältnis zu dem Zeitpunkt, an dem es bei sozial gerechtfertigter Kündigung geendet hätte, beenden **(Auflösung durch Urteil) und** den Arbeitgeber zur Zahlung einer angemessenen **Abfindung** verurteilen (§ 9 KSchG). Angemessen sind idR bis zu 12 Monatsverdienste (§ 10 I KSchG; Arbeitnehmer über 50 (55) nach mindestens 15 (20) Jahren s § 10 II KSchG).

156 **Besteht** nach der Entscheidung das **Arbeitsverhältnis** fort, schuldet der Arbeitgeber das **Arbeitsentgelt** für die Zeit nach der Entlassung; anderweitig verdientes (auch böswillig nicht verdientes) Arbeitsentgelt und bestimmte öffentlichrechtliche Leistungen werden angerechnet (§ 11 KSchG). Ist der Arbeitnehmer bereits ein anderes Arbeitsverhältnis eingegangen, kann er das alte auflösen; Entgeltanspruch begrenzt sich dann auf die Zeit zwischen Entlassung und Tag des Eintritts in das neue Arbeitsverhältnis (§ 12 KSchG). Der **Kündigungsschutz ist unverzichtbar;** der Arbeitnehmer kann aber das Arbeitsverhältnis einvernehmlich mit dem Arbeitgeber auflösen oder einseitig die Kündigung wirksam werden lassen, indem er die Klagefrist verstreichen lässt. Verzicht auf Kündigungsschutz in **Ausgleichsquittung** (s Rn 80), der je nach Fall Aufhebungsvertrag, Vergleich, Klageverzichtsvertrag oder Klagerücknahmeversprechen sein kann, muss in der Urkunde selbst zweifelsfrei zum Ausdruck kommen, BAG BB **77,** 1400, **78,** 1264, **79,** 1197.

157 **Bei fristgerechtem Widerspruch des Betriebsrats** aus den in § 102 III BetrVG genannten Gründen, Anforderungen s BAG NJW **04,** 314, sowie Erhebung der Kündigungsschutzklage durch den Arbeitnehmer aus eben diesen Gründen besteht **Weiterbeschäftigungspflicht** mit Reichweite und Funktion wie nach dem bisherigen Arbeitsvertrag; dieser besteht aber nur bei entsprechender Abrede auflösend bedingt durch die rechtskräftige Abweisung der Kündigungsschutzklage fort, BAG NJW **91,** 2589. Ob das Weiterbeschäftigungsverlangen nach § 102 V 1 BetrVG spätestens zum Ablauf der Kündigungsfrist geltend gemacht werden muss, ist str, offen BAG NJW **00,** 236, Verlangen am ersten Arbeitstag nach Ablauf der Kündigungsfrist genügt, BAG NJW **00,** 3587. Zumutbarkeit der Arbeitsaufnahme, BAG NJW **04,** 316. Bei nicht einvernehmlicher Fortsetzung des gekündigten Arbeitsverhältnisses liegt nur tatsächliche Beschäftigung, kein fehlerhaftes Arbeitsverhältnis (s Rn 37–38) vor, str; Rückabwicklung also nach §§ 812 I 1, 818 II BGB mit Wert der Arbeitsleistung idR entsprechend der üblichen Vergütung, aber ohne Beschränkung auf Tariflohn, str, BAG NJW **87,** 2251, **93,** 484.

Auch außerhalb von § 102 V BetrVG kann ein einklagbarer **allgemeiner Weiterbeschäftigungsanspruch** bestehen, so wenn sich im Falle der betriebsbedingten Kündigung unvorhergesehen eine Weiterbeschäftigungsmöglichkeit vor Ablauf der Kündigungsfrist ergibt, grundsätzlich nicht auch nach deren Ablauf, Einzelfallabwägung nach § 242 BGB, BAG NJW **01,** 1297, hL; Rechtsgrundlage ist die allgemeine Schutz- und Förderungspflicht (s Rn 90), BAG NJW **01,** 1298, Oetker ZIP **00,** 643, sehr str. Weiterbeschäftigungsanspruch besteht auch bei krankheitsbedingter Kündigung jedenfalls dann nicht, wenn grundlegende Besserung erst nach Ablauf der Kündigungsfrist eintritt, BAG NJW **01**, 3429. Abfindungsvergleich kann dem Wiedereinstellungsanspruch entgegenstehen, aber uU Störung der Geschäftsgrundlage (§ 313 BGB), BAG NJW **01**, 1297. Kein Wiedereinstellungsanspruch nach wirksamer Befristung, BAG NJW **02**, 2660. Bezahlte Freistellung, Bauer/Günther DStR **08**, 2422.

d) Außerordentliche Kündigung: Sie wird vom KSchG nicht berührt (§ 13 I 1 KSchG; insbesondere betr wichtigen Grund, s Rn 128–147), doch kann im Anwendungsbereich des KSchG (str, s Rn 152) auch die Unwirksamkeit einer außerordentlichen Kündigung nur durch **Klage** beim Arbeitsgericht **innerhalb von drei Wochen** geltend gemacht werden (§ 13 I 2 KSchG). **158**

e) Unwirksamkeit der Kündigung aus anderen Gründen, zB Nichteinhaltung der Schriftform (§§ 623, 126 I BGB), BAG NJW **05**, 2572 (bei Vertretung entspr Zusatz nötig), Verstoß gegen gesetzliches Verbot (§ 134 BGB, zB § 613a IV BGB, s Rn 17–21), BAG NJW **86**, 2008, gegen die guten Sitten (§ 138 BGB) oder Nichtanhörung des Betriebsrats (§ 102 I BetrVG, s Rn 122), kann außerhalb des Verfahrens des KSchG geltend gemacht werden (§ 13 II, III KSchG), dann auch kein Abfindungsanspruch nach § 1a KSchG (s Rn 153). Auch wenn KSchG unanwendbar ist, kann Kündigung gegen §§ 138, 242 BGB verstoßen, aber strenge Anforderungen, nur aus anderen Gründen als Bestandsschutz, BAG NJW **90**, 141. **Massenentlassungen** sind rechtzeitig und mit Stellungnahme des Betriebsrats dem Arbeitsamt anzuzeigen; Sperrfrist von einem, uU zwei Monaten (§§ 17–22 KSchG). **159**

E. **Besonderer Kündigungsschutz: a) Außerordentliche Kündigung von Betriebsratsmitgliedern bedarf der Zustimmung des Betriebsrats;** Kündigung ohne vorherige Zustimmung ist nichtig, BAG NJW **76**, 1368. §§ 182 ff BGB gelten für die Zustimmung nach § 103 BetrVG nicht, BAG NJW **04**, 2612, aA bisher hL. Mängel des Zustimmungsverfahrens und Vertrauensschutz s BAG BB **85**, 335. Die vom Betriebsrat verweigerte Zustimmung kann durch das ArbG ersetzt werden (§ 103 II BetrVG); BAG NJW **99**, 444. **Ordentliche Kündigung von Betriebsratsmitgliedern ist unzulässig** (§ 15 KSchG), notfalls Freikündigung eines anderen Arbeitsplatzes, BAG NJW **01**, 2420; auch noch ein Jahr nach Beendigung der Amtszeit. Ähnlichen Kündigungsschutz enthält § 103 BetrVG für Jugendvertretung, Bordvertretung, Seebetriebsrat, Wahlvorstand und Wahlbewerber. Sonderregelung bei Betriebs- und Abteilungsstillegung (§ 15 IV, V KSchG). § 15 KSchG gilt nicht für Arbeitnehmervertreter im Aufsichtsrat, BAG NJW **74**, 1399. Lit: Matthes DB **80**, 1165. Komm zum BetrVG: s Rn 41–43. **160**

b) Mütter genießen besonderen Kündigungsschutz (Mutterschutz) durch das MuSchG. Jede Kündigung (ordentliche und außerordentliche; dagegen nicht Ende des befristeten Arbeitsverhältnisses durch Zeitablauf) während der Schwangerschaft und bis zum Ablauf von vier Monaten nach der Entbindung ist unzulässig (nichtig, § 134 BGB), wenn dem Arbeitgeber zurzeit der Kündigung die Schwangerschaft oder Entbindung bekannt ist oder innerhalb von zwei Wochen nach Zugang der Kündigung mitgeteilt wird (§ 9 MuSchG). Fristüberschreitung ist unschädlich, wenn die Frau sie nicht zu vertreten hat und die Mitteilung unverzüglich nachholt (§ 9 I 1 MuSchG, BVerfG NJW **80**, 824); Vertretenmüssen bedeutet hier gröblicher Verstoß gegen Eigeninteresse der Frau, BAG NJW **84**, 1419, **03**, 308, Zmarzlik NJW **92**, 2678. Unverzügliches Nachholen ohne feste Mindest- und Höchstfrist, BAG BB **88**, 1963. Die Arbeitsbehörde kann in Ausnahmefällen Kündigung zulassen (§ 9 III MuSchG). Die Frau kann während Schwangerschaft und Schutzfrist nach Entbindung ohne Fristeinhaltung zum Ende der Schutzfrist kündigen (§ 10 I 1 MuSchG). Eine nach § 9 MuSchG nichtige Kündigung ist grundsätzlich nicht in Anfechtung umdeutbar, BAG BB **75**, 1638. Keine Anfechtung wegen Schwangerschaft, s Rn 34, 118. Die Arbeitnehmerin muss Wegfall der Schwangerschaft mitteilen, aber keine Haftungsfol- **161**

gen, so BAG NJW **01**, 92. Komm zum MuSchG: Buchner/Becker 8. Aufl 2008; Friese NJW **02**, 3208 (Novelle 2002).

162 c) **Schwerbehinderte** stehen unter besonderem Kündigungsschutz nach SGB IX (seit 2001, SchwBG ist aufgehoben). Voraussetzung ist mindestens Anerkennungsantrag vor Zugang der Kündigung, stRspr, BAG NJW **02**, 3568, **05**, 2796. Kündigung ist grundsätzlich nur mit getroffener behördlicher Zustimmung zulässig, BAG NJW **05**, 3514. Dies gilt auch bei außerordentlicher Kündigung. Macht der Arbeitnehmer die Schwerbehinderteneigenschaft nicht in angemessener Frist (ein Monat für ordentliche und außerordentliche Kündigung) geltend, ist fehlende Zustimmung kein Unwirksamkeitsgrund, BAG DB **82**, 1778, BB **84**, 1747. Auch außerhalb des Sonderkündigungsschutzes ist Schwerbehinderteneigenschaft wesentlicher Umstand bei der sozialen Rechtfertigung der Kündigung, BAG NJW **01**, 912 (krankheitsbedingte Kündigung, § 1 II KSchG). Lit: Neumann/Pahlen/Majerski-Pahlen, SGB IX, 11. Aufl 2005; Rolfs/Barg BB **05**, 1678, Powietzka BB **07**, 2118.

163 d) **Sonstiger** besonderer Kündigungsschutz besteht ua bei **Wehrdienst**, § 2 ArbPlSchG; vor und nach dem Wehrdienst darf der Arbeitgeber nicht aus Anlass des Wehrdienstes kündigen; außerordentliche Kündigung (§ 626 BGB) bleibt möglich. Ebenso bei **Zivildienst.**

164 F. **Arbeitskampf, Abwehraussperrung:** Der Arbeitskampf beendet das Arbeitsverhältnis grundsätzlich nicht. Beendigung aber durch zulässige Kündigung (s Rn 123–147). Abwehraussperrung ist im Rahmen des Paritätsprinzips (zB bei Verhandlungsübergewicht der Gewerkschaften durch eng begrenzte Teilstreiks) und des Verhältnismäßigkeitsgrundsatzes (zB nicht Aussperrung aller Arbeitnehmer des Tarifgebiets bei eng begrenzten Teilstreiks) zulässig (auch in Hessen, entgegen Landesverfassung), nur nicht gezielt nur gegen Mitglieder der streikenden Gewerkschaft, BAG BB Beil 4/**80**, NJW **85**, 2548, bestätigend BVerfG NJW **91**, 2549. Streik und Aussperrung haben idR nur suspendierende Wirkung, jedoch kann nach Gebot der Verhältnismäßigkeit lösende Aussperrung zulässig sein; Arbeitnehmer hat dann Wiedereinstellungsanspruch nach billigem Ermessen, BAG GrS BB **71**, 701, BAG BB **71**, 1366. Instanzgerichtliche Rspr s Seiter NJW **80**, 905. S auch Tarifvertrag Rn 39.

165 G. **Sonstige Beendigungsgründe: a) Tod des Handlungsgehilfen** beendet das Arbeitsverhältnis. Dagegen idR kein automatisches Ende bei Tod des Arbeitgebers, Geschäftsaufgabe, Liquidation einer HdlGes, Insolvenz (s Rn 147); hier ist Kündigung notwendig.

166 b) **Aufhebungsvertrag** ist jederzeit möglich (§ 311 I BGB, Schriftform s Rn 111), bei Schwerbehinderten aber nur mit Zustimmung des Integrationsamtes (§ 85 SGB IX, s Rn 162); keine Mitbestimmung des Betriebsrats, vgl §§ 99, 102 BetrVG. Bedenkzeit, Rücktritts- oder Widerrufsrecht sind nicht Voraussetzung, BGH NJW **96**, 2593. Aufhebungsvertrag ist idR auf vorzeitige, zeitnahe Beendigung gerichtet, Befristungsregeln (s Rn 111) dürfen nicht umgangen werden, BAG NJW **07**, 1835. Aufhebungsvertrag am Arbeitsplatz ist kein Haustürgeschäft (§ 312 BGB, s Rn 43), BAG NJW **04**, 2401 m Anm Lembke 2941. Befristungskontrolle s Rn 111. Einvernehmen ist wegen rechtswidriger Drohung mit Kündigung anfechtbar; Drohung ist nicht rechtswidrig, wenn ein verständiger Arbeitgeber die Kündigung ernstlich in Erwägung gezogen hätte, BAG BB **70**, 443, oder berechtigte schwerwiegende Bedenken bestehen, BAG BB **78**, 1467. Anfechtung des nach Kündigung geschlossenen Aufhebungsvertrags wegen Drohung, BAG NJW **07**, 1834. Keine Anfechtung wegen Rechtsfolgenirrtums, zB über MuSchG, BAG BB **83**, 1921. Aber uU bestehen Aufklärungspflichten des Arbeitgebers. Vereinbarung über Beendigung bei nicht rechtzeitiger Rückkehr aus Urlaub ist unwirksam, BAG BB **75**, 651. Ausgleichsklausel im Aufhe-

6. Abschnitt. Handlungsgehilfen und Handlungslehrlinge   **§ 60**

bungsvertrag erstreckt sich idR auf alle verzichtbaren Ansprüche, BAG NJW-Sp **04,** 35, auch nachvertragliches Wettbewerbsverbot und Karenzentschädigung (§ 74 II), BAG NJW-Sp **04,** 36. Ausgleichsquittungen s Rn 80. Abwicklungsvertrag (Vereinbarung über Abwicklung der arbeitgeberseitigen Beendigung) bringt wegen BSG NZA **04,** 661 keine Vorteile mehr, Grobys/von Steinau-Steinrück NJW-Sp **04,** 129, stattdessen betriebsbedingte Kündigung mit Abfindungsangebot nach § 1 a KSchG, von Steinau-Steinrück/Paul NJW-Sp **04,** 225. Lit: Bauer 7. Aufl 2004; Weber/Ehrich/Burmester 4. Aufl 2004. RsprÜbersichten: Becker-Schaffner BB **81,** 1340, Nägele BB **92,** 1274 (Aufklärungspflichten), Hümmerich NJW **04,** 2921 (Vertragsgestaltung), Kern/Kreuzfeldt NJW **04,** 3081 (BSozG).

c) Gerichtsurteil nach § 9 KSchG (s Rn 155). **167**

10) Internationales Arbeitsrecht

A. **Kollisionsrecht:** Freie Rechtswahl, aber zwingender Schutz nach Art 30 I **168** EGBGB (zu ermitteln durch konkreten Rechtsvergleich nach dem Günstigkeitsprinzip), Reithmann/Martiny/Martiny 1883. Rechtswahlklauseln s Mook DB **87,** 2252. Bei fehlender Rechtswahl gilt grundsätzlich das Recht des Arbeitsorts, Art 30 II EGBGB. Rechtsanwendung in inländischen Betrieben **ausländischer Unternehmen** s BAG **7,** 357, BB **67,** 1290. Lit: Schaub § 6; Däubler RIW **87,** 249, Hohloch RIW **87,** 353, Weber IPRax **88,** 82, Eser BB **94,** 1991, Mankowski BB **97,** 465, Junker RIW **01,** 94 u FS 50 Jahre BAG **04,** 1197.

B. **Europäisches Arbeitsrecht:** zB Gleichbehandlung nach Art 39 II, 40 **169** (48 II, 49 aF, Ausländer) und 141 (119 aF, Frauen) EG mit VO (s Rn 57), AGG s Rn 10; ferner EGRechtsangleichung, vgl Einl 27 vor § 1 und Einl 36 vor § 105; zur Mitbestimmung nach dem Ende der Sitztheorie innerhalb der EU Einl 29 vor § 105; europäische Menschenrechtskonvention. Lit: Hanau/Steinmeyer/Wank 2002, Henssler/Braun 2. Aufl 2007, Krimphove 2. Aufl 2001, M. Schmidt 2001, Riesenhuber 2009, Zöllner/Loritz § 9 II; Junker/Aldea RIW **07,** 1, Junker/Zöltsch RIW **07,** 881, Junker RIW **08,** 824.

C. **Sonstiges internationales Arbeitsrecht:** Dazu gehören vor allem inter- **170** nationale Verträge zum Arbeitsrecht, s Zöllner/Loritz § 9 I, Schaub §§ 3 II, 7 II. Internationale Arbeitsbehörden, zB Internationale Arbeitsorganisation (ILO), s Schaub § 7 II.

[Gesetzliches Wettbewerbsverbot]

60 (1) **Der Handlungsgehilfe darf ohne Einwilligung des Prinzipals weder ein Handelsgewerbe betreiben noch in dem Handelszweige des Prinzipals für eigene oder fremde Rechnung Geschäfte machen.**

(2) **Die Einwilligung zum Betrieb eines Handelsgewerbes gilt als erteilt, wenn dem Prinzipal bei der Anstellung des Gehilfen bekannt ist, daß er das Gewerbe betreibt, und der Prinzipal die Aufgabe des Betriebs nicht ausdrücklich vereinbart.**

Übersicht

1) Wettbewerbsverbot (I) 1–6
    A. Geltung der §§ 60, 61 nur für Wettbewerbsverbot während des Arbeitsverhältnisses 1
    B. Umfang des Wettbewerbsverbots nach § 60 2
    C. Gesetzliches Wettbewerbsverbot während der Vertragszeit 5
    D. Freier Wettbewerb nach Ende des Arbeitsverhältnisses 6
2) Einwilligung des Arbeitgebers (II) 7

§ 60 1–3

1) Wettbewerbsverbot (I)

1 **A. Geltung der §§ 60, 61 nur für Wettbewerbsverbot während des Arbeitsverhältnisses:** §§ 60, 61 sehen für den HdlGehilfen ein gesetzliches Wettbewerbsverbot (zu unterscheiden von nur ausnahmsweise verbotener Nebentätigkeit, s § 59 Rn 52) während des Arbeitsverhältnisses vor. § 60 regelt die Voraussetzungen, § 61 die Rechtsfolgen, beide Vorschriften sind also zusammen zu sehen. § 60 ist abdingbar; vertragliche Einschränkung des Verbots ist möglich, ebenso Erweiterung, aber wegen Art 12 GG nur bei berechtigtem Interesse des Arbeitgebers. § 60 I konkretisiert einen allgemeinen Rechtsgedanken, BAG NJW **09**, 105, stRspr. § 60 gilt ebenso wie § 61 (dort auch II, § 61 Rn 4) für alle Arbeitnehmer analog, schützt also auch Arbeitgeber, die kein HdlGewerbe betreiben, BAG NJW **01**, 172, **08**, 392, das ist wichtig wegen Gewinnherausgabe ohne die Voraussetzungen des § 687 II BGB (§ 61 Rn 3).

Vertragliche Wettbewerbsverbote für die Zeit **nach Vertragsende** s §§ **74–75 d**. Vgl auch § **110 GewO** (§ 74 Rn 2).

2 **B. Umfang des Wettbewerbsverbots nach § 60: § 60 verbietet:**

a) Betrieb eines Handelsgewerbes (s §§ 1–4), nach Wortlaut des I schlechthin, also auch außerhalb des Geschäftszweiges des Arbeitgebers. Doch ist dies in verfassungskonformer Auslegung (Art 3, 12 GG) auf solche Betätigungen einzuschränken, die dem Arbeitgeber schädlich werden können, also auf Geschäfte im HdlZweig des Arbeitgebers, BAG BB **70**, 1134; das Verbot gilt nicht für Geschäfte, welche die Interessen des Arbeitgebers nicht tatsächlich berühren (entspr § 74a I), BAG BB **72**, 1056, Gaul BB **84**, 346. Damit werden beide Alternativen angenähert. Das Verbot des Betriebs erfasst auch Betrieb durch Bevollmächtigte oder Treuhänder, auch durch tätige Teilnahme an HdlGes, BAG BB **62**, 638, also als phG einer OHG oder KG oder als leitendes Organ einer KapitalGes; nicht bloße Kapitalbeteiligung an KG (Kdtist), GmbH, AG, KGaA, stGes, soweit kein Konkurrenzunternehmen zum Arbeitgeber vorliegt; **erlaubt** ist dagegen die **Vorbereitung** des Aufbaus einer **selbstständigen Existenz**, zB Vorbereitung eines nach Vertragsende zu beginnenden Betriebs, BGH NJW **09**, 105, soweit sie nicht dem Arbeitgeber schon vorher nachteilig werden kann, RG JW **37**, 2654 (für Anmeldung einer Marke über mit dem Arbeitgeber konkurrierenden Dritten); Betreiben der Berufszulassung, BAG BB **58**, 877; Informationseinholung, Geschäftsraummiete und Anwerben von Arbeitskräften, nicht aber Vorbereiten und Anbahnen von Geschäften, BAG **14**, 72; bloße Anfrage, LAG BaWü DB **70**, 2325, nicht aber Abwerbung (nachhaltigere Einwirkung) anderer Arbeitnehmer und HV des Arbeitgebers, LAG BaWü BB **69**, 759; Abschluss eines Franchisevertrags, nicht aber Tätigkeit daraus, BAG BB **79**, 324; Anmeldung zum HdlReg, LAG Kiel BB **56**, 338; Vorbereitung von Übergang zu Konkurrenzunternehmen, BAG BB **75**, 1018; leitender Angestellter, der Kunden zu betreuen hat, darf nicht vor Ende des Arbeitsverhältnisses bei diesen für sich werben, aber GesVertrag abschließen, BAG BB **70**, 1095. **Verabschiedungsschreiben** mit Hinweis auf künftige Tätigkeit als oder für Wettbewerber, auch indirekt mit Adressen- und Telefonnummerangabe, ist wettbewerbswidrig, BGH NJW **04**, 2385.

3 **b) Geschäfte im Handelszweig** des Arbeitgebers, für eigene oder fremde Rechnung. Auch diese Alternative des I ist einschränkend auszulegen (s Rn 1). Erfasst sind nur Geschäfte in dem Bereich, in dem der Arbeitgeber tätig ist, keine Ausdehnung konzernweit. Normale Geschäftserweiterung ist gedeckt, § 60 bleibt anwendbar, str, MüKo/von Hoyningen-Huene 44; dieselben Grundsätze gelten bei Betriebsübergang und bei Umwandlung, ebenda 51, 55, str. Arbeitgeber und HdlGehilfe müssen als Wettbewerber auftreten, Geschäfte zwischen beiden sind nicht erfasst, BAG BB **84**, 406, auch nicht pflichtwidrige Verfügungen über das Betriebsvermögen, nur um Arbeitgeber zu schädigen, BAG WM

6. Abschnitt. Handlungsgehilfen und Handlungslehrlinge 4–7 § 60

88, 294. Bsp: Vermittlungstätigkeit eines HdlReisenden für andere Firmen über längere Zeit, LAG BaWü Stgt BB **69**, 835; auch Versuch, dem Arbeitgeber Geschäftsverbindung abzuwerben, BAG **14**, 72, LAG Ffm BB **70**, 710; Vorbereitung, Vermittlung und Abschluss solcher Geschäfte, die dem Angestellten obliegen, BAG BB **72**, 1056. Gleichgültig ist, ob Arbeitgeber sie machen konnte, LAG Ffm BB **70**, 710.

c) **Unterstützung konkurrierender Dritter** durch Dienstleistungen, BAG NJW **91**, 518, Kapital, Kredit, sonstige Stärkung kann Geschäft iSv I sein, RG JW **37**, 2655, LAG Düss BB **49**, 468, **50**, 535 (Unterstützung von Verwandten); Unterstützung vertragsbrüchiger Mitarbeitnehmer bei Konkurrenztätigkeit, BAG BB **75**, 1018; Übertritt in den Dienst eines Wettbewerbers verletzt nicht § 60, sondern § 611 BGB, RG **67**, 4.

C. **Gesetzliches Wettbewerbsverbot während der Vertragszeit:** Ein gesetzliches Wettbewerbsverbot gilt nach § 60 nur während der Vertragszeit. Wird der Dienst nicht begonnen oder vorzeitig beendet, ist zu unterscheiden: Wird der HdlGehilfe bei Dienstantritt zu Unrecht abgewiesen oder unzulässig vorzeitig entlassen, gilt I nicht, es sei denn, der HdlGehilfe hält an dem Vertrag fest und nimmt die Rechte daraus in Anspruch. Umgekehrt, wenn der HdlGehilfe treuepflichtwidrig den Dienst nicht antritt oder vorzeitig einstellt, dann gilt I bis zum Rechtswirksamwerden der Kündigung, BAG BB **70**, 214. Bei **Beurlaubung** des HdlGehilfen gilt das Verbot weiter, ebenso bei Suspendierung bis zum Ablauf der Kündigungsfrist mit Gehaltsfortzahlung, BAG BB **70**, 214, 1010, **79**, 324. Nach **fristloser Kündigung** wegen Vertragsbruchs des HdlGehilfen, deren Berechtigung dieser bestreitet, kann schuldhafter Verstoß des weiterbestehende Wettbewerbsverbot erneute fristlose Kündigung tragen, BAG NJW **92**, 1646 LS. Der Arbeitgeber kann einen Schadensersatzanspruch gegen den HdlGehilfen für Verlust des Schutzes aus § 60 haben, BAG BB **75**, 1112.

D. **Freier Wettbewerb nach Ende des Arbeitsverhältnisses:** Nach Ende des Arbeitsverhältnisses besteht **freier Wettbewerb**, soweit sich der Arbeitgeber nicht durch ein vertragliches Wettbewerbsverbot gegen Entschädigung nach §§ 74–75 d gesichert hat, BAG NJW **88**, 1686; Gegensatz: Mandantenschutz(klauseln) bei Rechtsanwälten und Steuerberatern. Das gilt auch für den Bezieher betrieblicher Pensionsleistungen, wenn nicht mit der Ruhegehaltszusage ein Wettbewerbsverbot verbunden ist, dann §§ 74 ff, BAG BB **94**, 1078. Fehlt Wettbewerbsabrede nach §§ 74 ff, darf der HdlGehilfe dem Arbeitgeber Konkurrenz machen und auch in seinen (ihm aus dem Arbeitsverhältnis bekannten) Kundenkreis eindringen. Es gelten nur die (nachvertragliche) Schweigepflicht (s § 59 Rn 50), die nach Vertragsende eingeschränkte, nachwirkende Treuepflicht und Schutz nach §§ 3, 17 UWG, §§ 823 II, 826 BGB, uU § 823 I BGB, BGH **38**, 391 (Industrieböden); s Komm zu § 17 UWG; die nachwirkende Treuepflicht geht aber idR nicht auf Unterlassung von Wettbewerbshandlungen, BAG NJW **99**, 2062 LS. Geheimhaltungspflicht der Betriebsratsmitglieder s § 79 BetrVG. Schwer treuwidriger Geheimnisverrat kann uU zum Widerruf einer Ruhegeldzusage berechtigen (s § 59 Rn 56). Hat Arbeitnehmer den Kundenauftrag so weit vorbereitet, dass Abschluss nur noch Formsache ist, darf er auf Grund der nachwirkenden Treuepflicht den Auftrag nicht zum neuen Arbeitgeber mitnehmen, BAG BB **68**, 504.

2) **Einwilligung des Arbeitgebers (II)**

Einwilligung des Arbeitgebers entkräftet das Verbot. Sie ist **auch stillschweigend** möglich, liegt aber nicht schon in einer vorübergehenden Duldung wegen besonderer Umstände, RG **109**, 357. Sie ist unwiderruflich. Nachträgliche Genehmigung bzw Verzicht wirkt gleich. Einwilligung zum Betrieb eines HdlGewerbes (I Fall 1; §§ 1–7) gilt als erteilt, wenn Arbeitgeber bei Anstellung des

HdlGehilfen von dem Betrieb weiß und nicht ausdrücklich dessen Schließung vereinbart; fahrlässige Unkenntnis steht nicht gleich. Entspr Vorschrift für einzelne Geschäfte (I Fall 2) besteht nicht, auch keine Analogie, str, doch kann stillschweigende Einwilligung anzunehmen sein. Beweislast s BAG NJW **88**, 438.

[Verletzung des Wettbewerbsverbots]

61 (1) **Verletzt der Handlungsgehilfe die ihm nach § 60 obliegende Verpflichtung, so kann der Prinzipal Schadensersatz fordern; er kann statt dessen verlangen, daß der Handlungsgehilfe die für eigene Rechnung gemachten Geschäfte als für Rechnung des Prinzipals eingegangen gelten lasse und die aus Geschäften für fremde Rechnung bezogene Vergütung herausgebe oder seinen Anspruch auf die Vergütung abtrete.**

(2) **Die Ansprüche verjähren in drei Monaten von dem Zeitpunkt an, in welchem der Prinzipal Kenntnis von dem Abschluss des Geschäfts erlangt oder ohne grobe Fahrlässigkeit erlangen müsste; sie verjähren ohne Rücksicht auf diese Kenntnis oder grob fahrlässige Unkenntnis in fünf Jahren von dem Abschluss des Geschäfts an.**

Übersicht

1) Fristlose Kündigung 1
2) Schadensersatz und Unterlassung (I Halbsatz 1) 2
3) Gewinnherausgabe (I Halbsatz 2) 3
4) Verjährung (II) 4

1) Fristlose Kündigung

1 Verletzung der Verbote des § 60 gibt dem Arbeitgeber idR das Recht zur fristlosen Kündigung nach § 626 BGB (§ 59 Rn 128–147), BAG NJW **09**, 105, aber idR erst nach Abmahnung (§ 59 Rn 130). Sonst kommt ordentliche Kündigung in Betracht, aber nur unter deren Voraussetzungen. Gehaltskürzung ist nicht möglich, vgl BAG BB **88**, 88, Vertragsstrafe nur, wenn wirksam vereinbart.

2) Schadensersatz und Unterlassung (I Halbsatz 1)

2 Schadensersatz- und Unterlassungsanspruch folgen schon aus dem Vertrag, BAG BB **70**, 1095; dem Geschädigten helfen der Beweis ersten Anscheins und sein Auskunftsanspruch, BAG BB **70**, 1095, **77**, 41; es genügt, dass der Arbeitgeber mit hoher Wahrscheinlichkeit Konkurrenztätigkeit dartun kann, BAG BB **71**, 86, oder der Arbeitnehmer erheblichen Anlass zu Vermutung der Pflichtwidrigkeit gegeben hat, BAG BB **72**, 1056. Der Schadensersatzanspruch besteht neben Anspruch auf Herausgabe von Schmiergeld oder staatlicher Einziehung, BGH BB **62**, 536. Ist die Wettbewerbshandlung des HdlGehilfen sittenwidrig, kommen auch Ansprüche aus § 826 BGB, uU § 3 UWG in Betracht. Lit: Menkens DB **70**, 1592.

3) Gewinnherausgabe (I Halbsatz 2)

3 Arbeitgeber kann, durch (unwiderrufliche) Erklärung an HdlGehilfen, statt Schadensersatz (§§ 276 ff BGB, im Übrigen unter gleichen Voraussetzungen wie Gewinnherausgabe) verlangen, dass der HdlGehilfe (nicht andere Arbeitnehmer, LAG Berlin BB **70**, 1215) die im Widerspruch zu § 60 gemachten Geschäfte **als für Rechnung des Arbeitgebers eingegangen gelten lasse** (oft irreführend Eintrittsrecht genannt; vgl §§ 687 II 1, 681, 667 BGB, hier aber fahrlässiger Verstoß genügend). Der HdlGehilfe muss ihm dann alles daraus Erlangte herausgeben, auch Forderungen abtreten und zu ihrer Geltendmachung Auskunft er-

teilen und Beweisurkunden übergeben (§ 402 BGB); Stufenklage § 254 ZPO. Im Gegenzug muss der Arbeitgeber die Aufwendungen des HdlGehilfen für das Geschäft erstatten und die von ihm daraus noch zu erbringenden Leistungen übernehmen (entspr §§ 687 II, 684 S 1 BGB). Der Arbeitgeber kann damit den von HdlGehilfen unrechtmäßig gemachten Gewinn abschöpfen, auch wenn er ihn selbst nicht hätte machen können (anders § 252 BGB), RG **109**, 355. Das gilt für Geschäfte, falls der Eintritt nicht unberechtigte Vorteile für Arbeitgeber mitbringt oder wesentliche Umstellung des Inhalts des Geschäfts notwendig macht. I Halbs 2 gilt nicht für „HdlGewerbe" schlechthin und für Beteiligung an Ges; hier bleibt der Arbeitgeber auf Schadensersatzansprüche angewiesen, BAG BB **62**, 638, sowohl Eintrittsrecht wie Herausgabeanspruch sollen mit Gesellschaftsrecht unvereinbar sein; aA für Gfter der OHG nach § 113 I, BGH **38**, 306, s § 113 Rn 3. Für mehrere zusammenhängende Geschäfte des HdlGehilfen kann Arbeitgeber das Eintrittsrecht nur einheitlich ausüben, BAG BB **62**, 638, einheitliche Wahl für die gesamte vertragswidrige Tätigkeit ist dagegen nicht geboten, MüKo/von Hoyningen-Huene 3, str.

4) Verjährung (II)

II idF VerjährungsanpassG 9. 12. 04 BGBl 3214 (vgl § 113 III, dort Rn 10). 4 Die Ansprüche des Arbeitgebers wegen der verbotenen Handlung **verjähren** nach II in drei Monaten ab Kenntnis oder grob fahrlässiger Unkenntnis (nF) von dem Abschluss des Geschäfts (bzw dem Betrieb, der Beteiligung), RG **63**, 255 entspr § 113 III, auf jeden Fall aber in fünf Jahren von dem Abschluss des Geschäfts an. II zielt auf rasche Klärung und ist Ausfluss eines allgemeinen Rechtsgedankens. II betrifft deshalb nach der stRspr (aber § 113 Rn 10) nicht nur Ansprüche aus § 61, sondern entsprechende vertragliche und konkurrierende gesetzliche, zB deliktische, BAG NJW **86**, 2527, auch aus § 826 BGB, BAG NJW **01**, 172; aus § 3 UWG; auch Ansprüche auf Unterlassung, RG **63**, 254 (aber § 113 Rn 10); nicht dagegen Herausgabeansprüche aus § 687 II BGB, BAG **AP** BGB § 687 Nr 3, **AP** HGB § 60 Nr 8, aA MüKo/von Hoyningen-Huene 28. Frist des II gilt auch für Arbeitgeber, die kein HdlGewerbe betreiben, BAG NJW **01**, 172, **08**, 392. II erfasst nicht vereinbarte Vertragsstrafe, Kock NJW **08**, 394, Grund: erkennbares Druckmittel, kein Bedarf für umgehende Klärung. Verjährung bei Stufenklage s BAG NJW **86**, 2527.

[Fürsorgepflicht des Arbeitgebers]

62 (1) **Der Prinzipal ist verpflichtet, die Geschäftsräume und die für den Geschäftsbetrieb bestimmten Vorrichtungen und Gerätschaften so einzurichten und zu unterhalten, auch den Geschäftsbetrieb und die Arbeitszeit so zu regeln, daß der Handlungsgehilfe gegen eine Gefährdung seiner Gesundheit, soweit die Natur des Betriebs es gestattet, geschützt und die Aufrechterhaltung der guten Sitten und des Anstandes gesichert ist.**

(2) **Ist der Handlungsgehilfe in die häusliche Gemeinschaft aufgenommen, so hat der Prinzipal in Ansehung des Wohn- und Schlafraums, der Verpflegung sowie der Arbeits- und Erholungszeit diejenigen Einrichtungen und Anordnungen zu treffen, welche mit Rücksicht auf die Gesundheit, die Sittlichkeit und die Religion des Handlungsgehilfen erforderlich sind.**

(3) **Erfüllt der Prinzipal die ihm in Ansehung des Lebens und der Gesundheit des Handlungsgehilfen obliegenden Verpflichtungen nicht, so finden auf seine Verpflichtung zum Schadensersatze die für unerlaubte Handlungen geltenden Vorschriften der §§ 842 bis 846 des Bürgerlichen Gesetzbuchs entsprechende Anwendung.**

§ 62 1–5 I. Buch. Handelsstand

(4) **Die dem Prinzipal hiernach obliegenden Verpflichtungen können nicht im voraus durch Vertrag aufgehoben oder beschränkt werden.**

1) Regelmäßige Fürsorgepflicht (I)

1 § 62 (§ 618 BGB) ist Teilregelung der Fürsorgepflicht des Arbeitgebers (§ 59 Rn 90–92). Der Arbeitgeber hat nach I die **Gesundheit** des HdlGehilfen zu schützen und für **gute Sitten** und **Anstand** im Betrieb zu sorgen. Seine Einrichtungs- und Unterhaltspflicht (I) erstreckt sich auf

a) alle (geschlossenen oder offenen) **Räume,** in denen der HdlGehilfe die geschuldeten Dienste zu verrichten hat, samt Treppen und Zugängen, soweit er für sie zu sorgen hat, auch Räume für Nebenzwecke (zB Eß-, Waschräume), uU Privaträume des Arbeitgebers. Räume iSv I sind auch nicht in einem Gebäude befindliche offene Arbeitsstellen, BGH **26,** 365, zB Baustellen, Gärten, uU öffentliche Wege;

2 **b)** alle für den Geschäftsbetrieb bestimmten **Vorrichtungen und Gerätschaften,** auch Heizung, Lüftung, Beleuchtung, Kfz, Schutzkleidung, zu verarbeitendes Material usw. Kostenbeteiligung des Arbeitnehmers ist, soweit I reicht, unzulässig, BAG BB **83,** 637.

3 **c)** Zur Regelung von **Geschäftsbetrieb** und **Arbeitszeit** nach I gehört ua, dass der Arbeitgeber kein Übermaß an Arbeit verlangt oder duldet, durch das Gesundheit des Arbeitnehmers gefährdet wird, auch bei leitenden Angestellten, BAG **19,** 288. Arbeitgeber muss ihm bekannte körperliche Leiden des HdlGehilfen berücksichtigen, besonders durch Betriebsunfall hervorgerufene, LAG Düss BB **54,** 1108. Er muss Ansteckung durch kranke Mitangestellte verhüten. Arbeitszeit s § 59 Rn 45. Zum Gesundheitsschutz gehört uU sogar ein Rauchverbot, str, BVerwG DB **84,** 2308, Löwisch DB Beil 1/**79.** Eingebrachte Sachen s § 59 Rn 101. Der **Betriebsrat** hat mitzubestimmen bei Regelungen der Unfallverhütung (§ 87 I Nr 7 BetrVG) und kann uU einschreiten bei besonderer Belastung der Arbeitnehmer durch Änderungen der Arbeitsplätze, des Arbeitsablaufs oder der Arbeitsumgebung (§ 91 BetrVG).

2) Fürsorgepflicht bei häuslicher Gemeinschaft (II)

4 Besondere Fürsorge schuldet der Arbeitgeber, der Wohnung und Kost gewährt, wenn auch nicht an seinem Tisch. Näheres bestimmt die Verkehrssitte. II gilt idR nicht bei Unterbringung im Wohnheim des Arbeitgebers; anders für Krankenschwester, BAG BB **55,** 637. Bei Unterbringung in Werkswohnungen gilt II nicht, aber Mietrecht und §§ 823 ff BGB.

3) Ansprüche bei Verletzung (III)

5 A. Bei Verletzung einer Verpflichtung des Arbeitgebers nach I (ebenso bei Verletzung öffentlich-rechtlicher Schutzvorschriften) kann der HdlGehilfe auf **Erfüllung** klagen, denn die Verpflichtung ist trotz Verweisung auf §§ 842 ff BGB eine vertragliche, hL. Er kann auch vor Eintritt des Schadens den **Dienst** wegen Annahmeverzugs des Arbeitgebers **verweigern** (§ 273 BGB, nicht § 320 BGB; s § 59 Rn 72), unstr, Bsp BAG DB **96,** 2446 (iErg abl), bei geringeren Verstößen aber erst Abmahnung. Ist er geschädigt, kann er nach allgemeinem Vertragsrecht (§ 280 BGB) **Schadensersatz** fordern; III regelt nicht diesen Rechtsgrund (Schadensersatz also nur bei Verschulden des Arbeitgebers), sondern nur den Umfang des Anspruchs durch Verweisung auf Deliktsrecht: § 842 BGB (Nachteile für Erwerb oder Fortkommen), § 843 BGB (Rente), § 844 BGB (Begräbniskosten, unterhaltsberechtigte Dritte), § 845 BGB (dienstberechtigte Dritte), § 846 BGB iVm § 254 BGB (Mitverschulden). Aus § 253 II BGB kann sich ein Anspruch auf Schmerzensgeld ergeben. Ob § 62 Schutzgesetz iSv § 823 II BGB ist, ist wie bei § 618 BGB str. Der Arbeitnehmer braucht nur ordnungswidrigen

Zustand zu beweisen, der Arbeitgeber muss sich dann entlasten, BAG BB **70**, 754.

B. Bei **Betriebsunfall** oder Berufskrankheiten sind Ansprüche des HdlGehil- 6
fen und ggf seiner Hinterbliebenen gegen den Arbeitgeber (und Arbeitskollegen)
idR **ausgeschlossen,** die gesetzliche Haftpflichtversicherung verdrängt § 62
(§ 59 Rn 105–106, 109).

4) Unabdingbarkeit (IV)

Die Pflichten des Arbeitgebers nach I–III können vertraglich nicht im Voraus 7
aufgehoben oder beschränkt werden. Vergleich oder Verzicht nach Eintritt des
Schadensfalls sind zulässig. Auch die Haftung für Erfüllungsgehilfen ist nicht
abdingbar, auch nicht durch TV. Die Nichtigkeit berührt den Dienstvertrag im
Übrigen nicht. IV steht tariflichen Ausschlussklauseln, zB über Fristen zur Geltendmachung (vgl § 59 Rn 77), nicht entgegen.

63 *(aufgehoben)*

1) § 63 über Dienstverhinderung des HdlGehilfen (s 29. Aufl) ist ebenso wie 1
§§ 1–9 LFZG durch das PflegeVG 26. 5. 94 BGBl 1014 Art 59 mit Wirkung ab
1. 6. 94 außer Kraft getreten, Überleitungsvorschrift Art 67. Entgeltfortzahlung
im Krankheitsfalle nunmehr nach EFZG (§ 59 Rn 75).

[Gehaltszahlung]

64
[1] **Die Zahlung des dem Handlungsgehilfen zukommenden Gehalts hat am Schlusse jedes Monats zu erfolgen.** [2] **Eine Vereinbarung, nach der die Zahlung des Gehalts später erfolgen soll, ist nichtig.**

1) Fälligkeit des Arbeitsentgelts:

§ 64 betrifft die Fälligkeit des Arbeitsentgelts (Sonderregelung zu §§ 271, 614 1
BGB). Abw von § 614 BGB erlaubt Satz 1 (falls nach-, nicht vorausgezahlt wird)
nicht längere Gehaltsabschnitte als einen Monat (nicht notwendig: Kalendermonat). Zahlung am letzten Tag des Abschnitts, falls Feiertag: am folgenden Werktag, § 193 BGB. Gehalt iSv § 64 ist nur das feste Arbeitsentgelt (Gehalt, s § 59
Rn 58; nicht Provision, Gewinnbeteiligung, Gratifikation etc, s § 59 Rn 59–68).
Zahlung nicht notwendig bar. Aufrechnung im Rahmen der Pfändungsgrenzen,
Zurückbehaltung (§ 273 BGB) grundsätzlich ebenso, jedoch wegen Nicht-Geldforderung des Arbeitgebers (zB Anspruch auf Herausgabe von Sachen des Arbeitgebers) auch darüber hinaus, Köst BB **54,** 688. Stundung ist möglich. Zu zahlen
ist grundsätzlich in den Geschäftsräumen (§§ 269, 270 BGB). Mitbestimmung zu
Einzelheiten von Zeit, Ort und Art der Auszahlung nach § 87 I 4 BetrVG, auch
bei Einführung bargeldloser Zahlung, BAG **14,** 164. **Bei Beendigung** des Arbeitsverhältnisses ist Gehalt sofort auszuzahlen; bereits verdiente, aber noch nicht
fällige Treueprämie jedoch erst bei allgemeiner betrieblicher Auszahlung, BAG
BB **73,** 144. § 64 ist in den neuen Bundesländern nicht anzuwenden (Anl I zum
Einigungsvertrag 31. 8. 1990 BGBl II 889, 959, 1020).

2) Unabdingbarkeit (Satz 2): 2

§ 64 ist **zwingend,** spätere Zahlung als nach S 1 kann nicht vereinbart werden
(Satz 2), jedoch frühere; Anspruch auf **Vorschuss** nur bei Vereinbarung, außer in
besonderen Notfällen (Fürsorgepflicht, § 59 Rn 90–92).

§ 65 1–4

[Provision]

65 Ist bedungen, daß der Handlungsgehilfe für Geschäfte, die von ihm geschlossen oder vermittelt werden, Provision erhalten solle, so sind die für die Handelsvertreter geltenden Vorschriften des § 87 Abs. 1 und 3 sowie der §§ 87 a bis 87 c anzuwenden.

1) Geltung von Handelsvertreterrecht bei Provisionsvereinbarung

1 **Verweisung auf Handelsvertreterrecht:** Voraussetzung der Verweisung nach § 65 ist eine Provisionsvereinbarung. Verwiesen ist auf die Provision betreffenden Vorschriften des Rechts der HV außer auf § 87 II betr Bezirks- und Kundenschutz, doch kann dieser mit dem HdlGehilfen vereinbart werden, BAG BB **66**, 208, NJW **01**, 772. Dagegen besteht kein Ausgleichsanspruch nach § 89 b, BAG **6**, 23, LAG Stgt BB **58**, 842.

2 **Provision** ist eine nach dem Umfang vergütungspflichtiger (Einzel-)Geschäfte bemessene Zahlung (§ 87 Rn 2–4); § 65 erfasst auch Abreden über Vergütung für vermittelte oder abgeschlossene Geschäfte, auch wenn diese nicht als Provision bezeichnet ist; ebenso „Umsatzbonus", der nicht von Gesamt- oder Abteilungsumsatz, sondern vom individuellen Umsatz des HdlGehilfen abhängig ist (sonst Tantieme, s § 59 Rn 60); Erfolgsbeteiligung, die sich nach vermitteltem Umsatz bemisst, BAG BB **73**, 1072; Verrechnung von Fixum und Spesen auf „Umsatzbonus" am Jahresende mit Rückzahlungsverpflichtung für Überzahlungen, BAG BB **67**, 501.

3 **Provisionsanspruch** (s §§ 87, 87 a) besteht grundsätzlich auch für Umsätze anderer Konzernunternehmen, für die der Angestellte mit tätig werden muss, BAG BB **76**, 1028; bei Nichtausführung des Geschäftes, es sei denn, Ausführung ist dem Arbeitnehmer nicht zumutbar, BAG BB **67**, 333, 501; auch wenn Arbeitgeber zumutbare Nachbearbeitung bei Verzug oder Vertragsunwilligkeit des Kunden unterlässt, BAG **20**, 123; auch wenn zusätzliche Bemühungen des Arbeitgebers oder eines Dritten notwendig sind, aber der HdlGehilfe die zum Abschluss führenden Verhandlungen veranlasst hat, BAG BB **69**, 178. Ist monatliche Garantiesumme vereinbart, setzt Verrechnung mit höheren Provisionen anderer Monate ausdrückliche Vereinbarung voraus, BAG BB **76**, 138. Provision darf nicht von bestimmter Dauer der Betriebszugehörigkeit abhängig gemacht werden, BAG BB **73**, 1072, Grund: unzulässige Kündigungserschwerung (vgl § 59 Rn 61–68). Deshalb auch anteilige Provision bei unterjähriger Beschäftigung, BAG NJW **97**, 541. Zweifelhaft, ob Vereinbarung zulässig ist, dass verdiente Provisionen und Fahrtkosten laufend mit Rückzahlungsansprüchen aus ungedeckt gebliebenen Provisionsvorschüssen verrechnet werden dürfen, BAG BB **76**, 1028. Provision gehört zu dem nach EFZG bei Dienstverhinderung weiterzuzahlenden „Gehalt", BAG **60**, 984. **Kürzung** verdienter Provisionen nach Vertragsende mit sachlichen Grund, entgegenstehender Vertrag ist unzulässig, BAG BB **62**, 878. Verfall verdienter Provision, die erst nach Beendigung des Arbeitsverhältnisses fällig wird, kann anders als bei HV nicht vereinbart werden, BAG BB **72**, 1454, außer wenn sachliche Gründe vorliegen und der Angestellte angemessenen Ausgleich erhält; Rationalisierung der Abrechnung genügt nicht, BAG BB **73**, 1534. **Höhe** der Provision s § 87 b.

4 **Abrechnung** s § 87 c; bei Umsatzbeteiligung des Arbeitnehmers weitergehender Auskunftsanspruch, BAG NJW **01**, 3804. Bei Verzug des Arbeitgebers mit Abrechnung und Zahlung sind die Kosten für Heranziehung eines Buchprüfers durch HdlGehilfen Verzögerungsschaden, BAG BB **66**, 208. **Verjährung** des Provisionsanspruchs in drei Jahren (§§ 195, 199 BGB, auf § 88 ist nicht verwiesen), BAG BB **72**, 1056, NJW **96**, 1693. Anspruch auf Abrechnung und Buchauszüge hemmt nicht Verjährung der Provisionsansprüche, BAG BB **71**, 1563.

Zur Mitbestimmung des Betriebsrats bei genereller betrieblicher Provisionsregelung BAG BB **77,** 1046.

2) Unabdingbarkeit

§ 65 ist jedenfalls insoweit unabdingbar, als entsprechende Ansprüche des 5 Handelsvertreters unabdingbar sind, zB § 87 a III, IV, § 87 c V (s dort), wohl auch § 87 I 1 für Überhangprovision, offen BAG BB **08,** 1291, nach aA weitergehende Unabdingbarkeit zugunsten des HdlGehilfen, zB bezüglich § 87 III, MüKo/von Hoyningen-Huene 24. Befristung (oder Vorbehalt des Widerrufs) bei Provisionszusage neben Tarifgehalt in Höhe von nur 15% der Gesamtvergütung ist zulässig, BAG BB **94,** 432.

66 -72 *(aufgehoben)*

1) §§ 66–72 aufgehoben durch 1. ArbRBerG ab 31. 8. 69. Statt dessen §§ 620ff 1 BGB; Kündigungsrecht s jetzt § 59 Rn 121 ff.

73 *[aufgehoben]*

1) § 73 betr Zeugnisanspruch des HdlGehilfen aufgehoben ab 1. 1. 03 durch 1 3. GewOÄndG 24. 8. 02 BGBl 3412. Zugleich bestimmt § 630 S 4 BGB nF 2002, dass dann, wenn der (Dienst)Verpflichtete ein Arbeitnehmer ist, § 109 GewO Anwendung findet. Wegen der großen praktischen Bedeutung des Arbeitszeugnisses und weil § 630 BGB an Bedeutung verloren hat, wird statt der Kommentierung zu § 73 aF bis auf weiteres eine Kommentierung zur ähnlichen Nachfolgenorm § 109 GewO angeboten.

Zeugnis

GewO 109 (1) [1] **Der Arbeitnehmer hat bei Beendigung eines Arbeitsverhältnisses Anspruch auf ein schriftliches Zeugnis.** [2] **Das Zeugnis muss mindestens Angaben zu Art und Dauer der Tätigkeit (einfaches Zeugnis) enthalten.** [3] **Der Arbeitnehmer kann verlangen, dass sich die Angaben darüber hinaus auf Leistung und Verhalten im Arbeitsverhältnis (qualifiziertes Zeugnis) erstrecken.**

(2) [1] **Das Zeugnis muss klar und verständlich formuliert sein.** [1] **Es darf keine Merkmale oder Formulierungen enthalten, die den Zweck haben, eine andere als aus der äußeren Form oder aus dem Wortlaut ersichtliche Aussage über den Arbeitnehmer zu treffen.**

(3) **Die Erteilung des Zeugnisses in elektronischer Form ist ausgeschlossen.**

Schrifttum

Schlessmann, 17. Aufl 2004 u BB **88,** 1320; *Eckert* 2000; *Schulz* 8. Aufl 2009 (dtv); *Göldner* ZfA **91,** 225, *Weuster* BB **92,** 58. Allgemein zu GewO *Fuhr/Stahlhacke* (LBl), *v Landmann/Rohmer* I (LBl), *Boemke* 2003 (§§ 105–110 GewO), *Tettinger/Wank* 7. Aufl 2005. **RsprÜbersicht:** *Becker-Schaffner* BB **89,** 2105, *Hunold* NZA-RR **01,** 113.

Übersicht

1) Anspruch auf Zeugnis (I 1) 1–8
   A. Zweck und Reichweite von § 109 GewO 1
   B. Entstehung des Anspruchs, Zwischenzeugnis 4
   C. Anspruchsgegner 7
   D. Einreden, Erlöschen des Anspruchs 8
2) Form und Inhalt des Zeugnisses 9–14
   A. Form (I 1, III) 9
   B. Inhalt des einfachen Zeugnisses (I 2) 20
   C. Inhalt des qualifizierten Zeugnisses (I 3) 11
   D. Klarheit, Verständlichkeit, keine Geheimzeichen (II) 13
   E. Typische Zeugnisformeln 14
3) Geltendmachung des Zeugnisanspruchs 15–17
   A. Ausübung des Wahlrechts 15
   B. Berichtigung, Widerruf 16
   C. Gerichtliche Geltendmachung 17
4) Auskunftspflicht des Arbeitgebers 18
5) Haftung des Arbeitgebers 19–20
   A. Haftung gegenüber dem Arbeitnehmer 19
   B. Haftung gegenüber einem Dritten 20

1) Anspruch auf Zeugnis (I 1)

1 **A. Zweck und Reichweite von § 109 GewO: a) Verhältnis von §§ 105–110 GewO und §§ 59–83 HGB:** § 109 GewO ist durch das 3. GewOÄndG 24. 8. 02 BGBl 3412 an die Stelle von § 73 getreten. § 109 GewO soll das Zeugnisrecht nunmehr einheitlich für alle Arbeitnehmer regeln (RegE). Das Ziel ist richtig, die Regelung aber systematisch mißglückt. Konsequent hätten dann §§ 59–83 insgesamt eliminiert werden müssen, nicht höchst zufällig nur § 73 aF, zumal §§ 105–110 nF GewO nicht mehr nur für gewerbliche Arbeitnehmer, sondern für alle Arbeitnehmer gelten (vgl § 6 II nF GewO, Titelüberschrift, RegE). Demgegenüber regelt zB § 110 nF GewO das Wettbewerbsverbot (nicht mehr nur für technische, sondern) für alle Arbeitnehmer, verweist aber dafür in § 110 S 2 auf §§ 74–75 f HGB, statt sie aus dem HGB heraus in die GewO zu übernehmen. Schließlich ist die Auslagerung einiger allgemeiner arbeitsrechtlicher Grundsätze in die primär öffentlichrechtliche GewO mit dem Ziel des SMG, das BGB als zentrale Kodifikation zu stärken, unvereinbar. Es ist damit zu rechnen, dass dieser Widerspruch auf Dauer in der einen oder anderen Weise aufgelöst wird, und zwar durch Herausnahme der arbeitsrechtlichen Vorschriften insgesamt aus dem HGB und ihrer Regelung richtigerweise im BGB, nicht in der GewO. Lit: Komm zu GewO, zu Arbeitsrecht (vor § 59), zB Erfurter Komm/Müller-Glöge, Fachanwaltskomm/Klebeck, Bauer/Opolony BB **02,** 1590, Schöne NZA **02,** 829, Wisskirchen DB **02,** 1886, Löw NJW **05,** 3605.

2 **b) Zweck von § 109 GewO:** Nach § 109 GewO hat der Arbeitnehmer bei Beendigung des Arbeitsverhältnisses Anspruch auf ein schriftliches Zeugnis. Dieses dient einerseits dem Arbeitnehmer für neue Bewerbungen und sein berufliches Fortkommen, andererseits dem künftigen Arbeitgeber zur Beurteilung des Bewerbers. Dieser doppelte Zweck („zweiseitige Zielsetzung": inhaltlich wahr und zugleich von verständigem Wohlwollen getragen), BAG NJW **93,** 2197, **05,** 3660, hat Konsequenzen für Abfassung und Inhalt des Zeugnisses sowie für eine eventuelle Haftung (s Rn 19, 20). Das Zeugnis ist Wissenserklärung, nicht Willenserklärung. Das Zeugnis kommt als einfaches und als qualifiziertes Zeugnis vor (s Rn 10, 11).

3 **c) Reichweite:** § 109 GewO entspricht für den Arbeitnehmer weitgehend § 73 aF und § 630 BGB. § 630 BGB wird für das Zeugnis des Arbeitnehmers durch § 109 GewO verdrängt (§ 630 S 4 nF BGB, Kritik s Rn 1) und regelt nur

6. Abschnitt. Handlungsgehilfen und Handlungslehrlinge   4–7 **GewO 109**

noch sonstige Dienstverhältnisse. § 109 GewO gilt wie § 73 aF unmittelbar für abhängige Handelsvertreter (§ 84 II, s Rn 39) und entsprechend für arbeitnehmerähnliche Personen, für den Einfirmenvertreter (§ 92 a), für freie Mitarbeiter je nach Grad der Abhängigkeit, nach aA § 630 BGB. **Nicht** anwendbar ist § 109 GewO auf andere als Arbeitnehmer, insoweit aber uU § 630 BGB, so für GmbHGeschäftsführer, der nicht Gfter ist, BGH **49,** 30, str. Selbstständige Handelsvertreter haben keinen Zeugnisanspruch, hL, RG **87,** 443, Celle BB **67,** 775, str aA Emde MDR **02,** 192 (§ 86 Rn 5). Kein Zeugnis iSv § 109 GewO ist die **Arbeitsbescheinigung** nach § 133 AFG; Stationszeugnis für Rechtsreferendare, da nur Prüfungszweck, VGH Kassel NJW **08,** 1608.

B. **Entstehung des Anspruchs, Zwischenzeugnis: a) Bei Beendigung** 4 **des Arbeitsverhältnisses:** Der Anspruch auf ein **endgültiges Zeugnis** entsteht bei Beendigung eines (jeden) Arbeitsverhältnisses (I 1). Das soll bei fristgerechter Entlassung der Zeitpunkt des Ablaufs der Kündigungsfrist oder des tatsächlichen Ausscheidens ohne Rücksicht auf Andauern des Kündigungsschutzprozesses sein, BAG BB **87,** 1816 LS, NZA **87,** 628, richtiger im Interesse des Arbeitnehmers (Bewerbungen) schon Zeitpunkt des Zugangs der Kündigung bzw der letztmögliche Zeitpunkt einer ordentlichen Kündigung, str. Vorher kann nur Zwischenzeugnis verlangt werden (s Rn 6).

b) Einfaches Zeugnis ohne, qualifiziertes auf Verlangen: Der Arbeitneh- 5 mer hat bei Ende des Arbeitsverhältnisses, auch eines ganz kurzfristigen (vgl anders § 630 BGB: „dauernd") oder fehlerhaften (§ 59 Rn 38), Anspruch auf ein schriftliches Zeugnis mit Angaben zu Art und Dauer seiner Tätigkeit (einfaches Zeugnis s Rn 10). Ein besonderes Verlangen des Arbeitnehmers ist dafür nicht (mehr) erforderlich. Der Arbeitnehmer kann verlangen, dass sich die Angaben darüber hinaus auf Leistung und Verhalten im Arbeitsverhältnis erstrecken (qualifiziertes Zeugnis s Rn 11). Auch der vertragsbrüchig ausgeschiedene Arbeitnehmer hat den Zeugnisanspruch (zum Inhalt in diesem Fall s Rn 11). Der Arbeitnehmer kann zwischen dem einfachen und dem qualifizierten Zeugnis frei wählen (s Rn 15). Das Verlangen ist keine Zustimmung zur Kündigung.

c) Zwischenzeugnis auf Verlangen: Schon **vor Beendigung,** so ab Kündi- 6 gung, uU auch ohne solche zur Stellungssuche oder aus anderem triftigen Grund, besteht auf Grund Fürsorgepflicht (§ 59 Rn 90–92, 104) Anspruch auf ein vorläufiges bzw Zwischenzeugnis, aber nur auf Verlangen. Triftige Gründe sind zB Vorlage bei Dritten wie neuer Arbeitgeber, Behörden oder bei Stellung eines Kreditantrags, Versetzung, Betriebsübernahme durch neuen Arbeitgeber, längere Arbeitsunterbrechung (zB Wehrdienst, Zivildienst, Erziehungsurlaub), nicht Verwendung als Beweismittel in Rechtsstreit um Höhergruppierung, BAG BB **93,** 2309. Aufgrund Fürsorgepflicht kann auch der Anspruch auf ein Zwischenzeugnis im weiterlaufenden Arbeitsverhältnis bestehen, zB bei Versetzung, Betriebsübernahme ua. Das Zwischenzeugnis kann als solches bezeichnet werden, str. Auswirkung des Zwischenzeugnisses auf Endzeugnis (s Rn 12). Der Anspruch auf das endgültige Zeugnis ist nicht von der Rückgabe des vorläufigen abhängig, aber Sonderregelung im öffentlichen Dienst; ob überhaupt ein Rückgabeanspruch besteht, ist str, ebenso Zurückbehaltungsrecht (s Rn 8).

C. **Anspruchsgegner:** Das Zeugnis ist unmittelbar **vom Arbeitgeber** oder 7 einem Vertreter (also nicht höchstpersönlich; beim qualifizierten Zeugnis aber tatsächlich nur eingeschränkt möglich, § 888 ZPO, s Rn 17), zB Personalchef mit entsprechender Vollmacht (Prokurist, HdlBevollmächtigter), auszustellen, BAG NJW **00,** 1060; der Vertreter muss ranghöher als der Ausscheidende sein, BAG NJW **06,** 2427. Formanforderungen bei Vertretung s Rn 9. Bei Unternehmensnachfolge ist Anspruchsgegner der zurzeit der Beendigung des Arbeitsverhältnisses zuständige Erbe oder Übernehmer. Bei Beendigung des Arbeitsverhältnisses vor Insolvenz bleibt idR der Arbeitgeber Zeugnisschuldner, BAG NJW **05,**

460. Bei Betriebsweiterführung kann der fortbeschäftigte Arbeitnehmer ein Zeugnis auch für die Zeit vor Eröffnung des Insolvenzverfahrens vom Insolvenzverwalter verlangen, BAG NJW **91,** 1971, str, dieser hat Auskunftsanspruch gegen den Schuldner, BAG NJW **05,** 460. Zeugniserteilung ist Nachlassverbindlichkeit. Nötigenfalls muss der zur Ausstellung Verpflichtete die erforderlichen Informationen einholen.

8   D. **Einreden, Erlöschen des Anspruchs:** Der Arbeitgeber hat idR **kein Zurückbehaltungsrecht** (§ 273 BGB), zB wegen Herausgabe von Sachen, hL, str, Grund: Angewiesenheit des Arbeitnehmers; aber Zurückbehaltung des neuen gegen Zurückgabe des alten, herauszugebenden Zeugnisses (s Rn 6, 15). Der Anspruch auf ein (qualifiziertes) Zeugnis erlischt nicht schon mit Beendigung des Arbeitsverhältnisses, wenn der Arbeitnehmer kein (solches) Zeugnis verlangt (s Rn 5), das kann er auch noch später (s Rn 15). **Verjährung** in drei Jahren (§ 195 BGB). **Erfüllung** (§ 362 I BGB) erst mit Erteilung des nach Form und Inhalt nicht zu beanstandenden, ggf berichtigten Zeugnisses, BAG NJW **00,** 1060; Erfüllung des Anspruchs auf ein qualifiziertes Zeugnis nicht schon mit Ausstellung eines einfachen (str zum umgekehrten Fall, s Rn 15). Zur Frage der Erlöschens bei Erteilung des gewählten einfachen oder qualifizierten Zeugnisses s Rn 15. Erlöschen des Berichtigungsanspruchs s Rn 16. Bei Verlust des Zeugnisses kann der Arbeitnehmer, soweit dem Arbeitgeber möglich und zumutbar, **Zweitausfertigung** verlangen. **Verzicht** auf den Zeugnisanspruch ist vor Ende des Arbeitsverhältnisses nicht möglich, hL, aber bei Beendigung und nachher im Rahmen der guten Sitten, LAG Kln MDR **95,** 613, str, offen BAG BB **75,** 136. Allgemein gehaltene Ausgleichsquittung enthält keinen Verzicht auf qualifiziertes Zeugnis, BAG BB **75,** 136; tarifliche **Ausschlussfrist** (§ 59 Rn 77) gilt auch für Zeugnisanspruch, BAG BB **88,** 978, str. Zeugnisunterlagen sind 6 Jahre aufzubewahren (§ 257 IV); Erfüllung des Anspruchs auf einfaches Zeugnis kann dann **unmöglich** werden (§ 275 BGB). **Verwirkung** (des Anspruchs auf Zeugnis und auf Berichtigung) ist jedenfalls beim qualifizierten Zeugnis möglich, BAG NJW **88,** 1616, **06,** 2427, **08,** 1178; je nach den Umständen zeitlich auch vor Verjährung. Das Zeugnis ist zur **Abholung** bereit zu halten (Holschuld, § 269 II BGB), ausnahmsweise zuzusenden (§ 242 BGB), BAG NJW **95,** 2373, **00,** 1060.

2) Form und Inhalt des Zeugnisses

9   A. **Form (I 1, III):** Das Zeugnis ist schriftlich zu erteilen (**I 1** wie § 126 BGB, der aber schon deswegen nicht unmittelbar gilt, weil das Zeugnis keine Willenserklärung darstellt, s Rn 2), elektronische Form (§ 126 a BGB) ist ausgeschlossen (**III** wie § 630 S 3 BGB), Textform nach § 126 b BGB ist keine Schriftform. Bei Verstoß Formmangel (§ 125 BGB) und keine wirksame Erteilung. Das Zeugnis muss als solches überschrieben und in der dritten Person abgefasst sein (nicht nur Brief an den Arbeitnehmer in Anredeform), LAG Düss BB **95,** 2064 LS. Das Zeugnis muss auch seiner äußeren Form nach gehörig, sauber und ordentlich geschrieben sein. Es ist auf Firmenpapier mit üblichem Firmenbriefkopf zu schreiben, BAG NJW **93,** 2197, bei Oberarzt nicht nur auf allgemeinem Briefbogen, sondern dem der Fachabteilung und Unterzeichnung nicht nur des Geschäftsführers, sondern auch der Chefärzte, LAG Hamm BB **95,** 154 LS. Es muss datiert sein. Zum richtigen Datum s Rn 10. Das Zeugnis ist eigenhändig (I 1, vgl § 126 BGB) zu unterzeichnen, Paraphe, Faksimile ua genügen nicht, BAG NJW **00,** 1060. Unterzeichnung durch Vertreter ist zulässig (s Rn 7), aber Vertretungsverhältnis und Funktion des Vertreters müssen angegeben werden, BAG NJW **00,** 1060, **06,** 2428. Nachträgliche Einschiebungen müssen klar erkennen lassen, dass sie vom Aussteller stammen, aber Anspruch auf neues Zeugnis (s Rn 16). Der Zeugnisbogen darf geknickt werden, das Original muss aber ohne Schwärzungen kopierfähig sein, BAG NJW **00,** 1060, str.

B. Inhalt des einfachen Zeugnisses (I 2): Das einfache Zeugnis muss außer 10
genauer Bezeichnung des Arbeitnehmers und Arbeitgebers die **Art und Dauer**
(Kalenderdatum des Beginns und der Beendigung) der Beschäftigung angeben;
vollständig, auf welchem Gebiet bzw Sondergebiet, mit welchen besonderen
Aufgaben der Arbeitnehmer gearbeitet hat, vgl LAG Brem BB **54,** 227. Erhebliche Ausfallzeiten sind vom Arbeitgeber nur zu dokumentieren, wenn ansonsten
bei Dritten ein falscher Eindruck von der tatsächlich erbrachten Arbeitsleistung
und damit verbundenen Berufserfahrung entsteht, also Erwähnung von Erziehungsurlaub von 33 Monaten bei Arbeitsverhältnis von 50 Monaten, BAG NJW
05, 3659. Zur Tätigkeitsbeschreibung gehören die Stellung in der Unternehmenshierarchie, die allgemeinen und besonderen Aufgaben und berufliche Entwicklung; Erteilung von Prokura, wenn später widerrufen, entweder mit Zeitdauer ohne Hervorhebung eines Widerrufs oder gar keine Erwähnung, LAG
BaWü DB **93,** 1040, HdlVollmachten ua. Angabe der Tarifgruppe ist zulässig.
Erwähnung des Probearbeitsverhältnisses nur mit Zustimmung des Arbeitnehmers, Grund: bedeutet Hinweis auf Nichtbestehen der Probezeit. Bei Vertragsbruch darf der Arbeitgeber dies nicht angeben, jedoch wahrheitsgemäß den (uU
darauf hindeutenden) Endzeitpunkt. Der Grund und die Art und Weise der
Beendigung dürfen im einfachen Zeugnis nicht genannt werden außer bei
Wunsch des Arbeitnehmers. Auch das **Ausstellungsdatum** unterliegt grundsätzlich der Wahrheitspflicht. Fordert der Arbeitnehmer das Zeugnis erst nach Ende
des Arbeitsverhältnisses (zB anlässlich eines Streits), ist es unter diesem späteren
Datum auszustellen; kein Recht auf Rückdatierung, BAG NJW **93,** 2196. Enddatum bei erfolglosem Kündigungsschutzprozess str, nicht Datum der Rechtskraft
des Urteils (daraus ist Tatsache des Rechtsstreits ersichtlich), wohl aber das der
Rechtskraft nächsten vorausgegangenen Kündigungstermins. Keine beliebige
Vereinbarung der Parteien über das Datum, str, jedenfalls darf der neue Arbeitgeber nicht irregeführt werden (Berichtigung s Rn 16).

C. Inhalt des qualifizierten Zeugnisses (I 3): Ein **qualifiziertes Zeugnis** 11
braucht der Arbeitgeber nur auf Verlangen auszustellen. Es muss außer den
Angaben des einfachen Zeugnisses (s Rn 10) ein Urteil über **Leistung und
Verhalten** des Arbeitnehmers enthalten. Der Arbeitnehmer kann nicht verlangen, dass nur das eine oder das andere beurteilt wird. **Nur** das **Verhalten im
Arbeitsverhältnis** darf beurteilt werden (entspr § 630 BGB: im Dienste), vorausgegangenes und nachfolgendes nur bei Auswirkung auf das Arbeitsverhältnis,
BAG NZA **87,** 384 LS, zB Drogen- oder Alkoholabhängigkeit. Der Arbeitgeber
darf zwar das berufliche Fortkommen des Arbeitnehmers nicht unnötig erschweren (Wohlwollensgrundsatz), Unwesentliches kann er verschweigen, BAG
NJW **05,** 3660, er muss aber die Tätigkeit so genau und vollständig beschreiben,
dass ein künftiger Arbeitgeber ein klares Bild hat, BAG BB **76,** 1516, NJW **05,**
3660, es gilt **Wahrheitspflicht.** Dazu kann es nötig sein, im Zeugnis negative
Tatsachen anzugeben, sonst Haftung gegenüber Dritten (s Rn 20). Der Arbeitnehmer kann nicht Verschweigen von tätigkeitsbezogenen laufenden Strafverfahren in qualifiziertem Zeugnis oder Auskunft verlangen, BAG BB **77,** 297.
Ehrlichkeit ist ausdrücklich zu bescheinigen, da sonst Verdacht des Gegenteils
möglich ist, RAG JW **38,** 2424; bescheinigt der Arbeitgeber aber Ehrlichkeit
trotz Kenntnis eines Kassenmankos, kann er später nicht für dieses Schadensersatz
vom Arbeitnehmer verlangen, BAG NJW **72,** 1214. Von wem, wie und aus
welchem **Kündigungsgrund** gekündigt wurde, soll, auch wenn wahrheitsgemäß, nur auf Verlangen des Arbeitnehmers angegeben werden dürfen, LAG Düss
BB **88,** 1463, Schlessmann BB **88,** 1320, aber str und zweifelhaft. Jedenfalls darf
die Tatsache des Vertragsbruchs nicht ausdrücklich erwähnt werden, LAG Kln
BB **90,** 856 LS (s Rn 10). **Nicht ins Zeugnis** gehören Angaben über Vorgänge
vor Beginn des Arbeitsverhältnisses und über Verhalten außerhalb desselben,

soweit nicht für das Arbeitsverhältnis relevant (s oben); Krankheiten, selbst wenn sie Kündigungsgrund bilden; Betriebsrats- oder Personalratstätigkeit, BAG NZA **93**, 1525, NJW **05**, 3661, Witt BB **96**, 2194, str, doch darf (uU muss) verhältnismäßig lange Freistellung von der eigentlichen Arbeit (für Betriebs- oder Personalratstätigkeit) erwähnt werden, sehr str; besonderer Einsatz für Arbeitnehmerbelange, aber nur mit Zustimmung des Arbeitnehmers, üL, str wegen Begünstigungsverbots des § 78 BetrVG; Abmahnungen, Alkoholgenuss; Gewerkschaftszugehörigkeit, Schwangerschaft, Nebentätigkeiten, Wettbewerbsverbote, Pünktlichkeit str, ua Löw NJW **05**, 3606. Tatsache der Verurteilung zur Zeugniserteilung oder -berichtigung (s Rn 16). **Grenze** aber spätestens, wo das Unterlassen der Angaben spätere Arbeitgeber irreführen kann (s Rn 20); denn Zeugnis kann nur im Rahmen der Wahrheit verständig wohlwollend sein. Im Rahmen der Zeugniswahrheit und Zeugnisklarheit sind **Werturteile und Formulierung** im Einzelnen **Sache des Arbeitgebers** (Beurteilungs- und Formulierungsermessen), BAG NJW **04**, 2770, **08**, 1177. Dieser ist frei, welche Leistungen und Eigenschaften er besonders hervorheben will; das Zeugnis muss aber wahr sein und darf keine Auslassungen enthalten, wo positive Hervorhebung zu erwarten ist, BAG BB **71**, 1280, NJW **01**, 2995, LAG BaWü DB **93**, 1040; bloße Vermutungen und Verdächtigungen dürfen nicht aufgenommen werden. Der GmbHGeschäftsführer kann im Zeugnis, soweit zutreffend, Zusatz über Vertrauen der Gfter, Entscheidungsfreiheit und volle Zufriedenheit der Gfter verlangen, KG Bln BB **79**, 988. Anspruch auf einen bestimmten **Schlusssatz** besteht nicht, zB Zukunftswunsch oder Dank, auch nicht auf einen beurteilungsneutralen Schlusssatz, aber gewählter Schlusssatz muss mit dem Zeugnisinhalt vereinbar sein, BAG NJW **01**, 2996.

12 **Zwischenzeugnis** wird wegen der damit vom Arbeitnehmer verfolgten Zwecke idR ein qualifiziertes sein und muss dann einen dementsprechenden Inhalt (s Rn 11) haben. Der Arbeitgeber, auch der Betriebsnachfolger, ist bei Erteilung des Endzeugnisses idR an den Inhalt des Zwischenzeugnisses gebunden, BAG NJW **08**, 1175, anders wenn nachträglich Umstände für andere Beurteilung bekannt werden, BAG NZA **06**, 104, NJW **08**, 1178.

13 D. **Klarheit, Vollständigkeit, keine Geheimzeichen (II):** Das Zeugnis muss klar und verständlich formuliert sein **(II 1)**, das entspricht einem allgemeinen Grundsatz bei Informationspflichten (§ 347 Rn 26). Es darf keine Merkmale oder Formulierungen enthalten, die den Zweck haben, eine andere als aus der äußeren Form oder aus dem Wortlaut ersichtliche Aussage über den Arbeitnehmer zu treffen **(II 2, Geheimzeichen)**, BAG NJW **00**, 1060. Ein solches Geheimzeichen kann auch im Auslassen eines an sich zu erwartenden Zeugnisinhalts liegen (beredtes Schweigen), BAG NJW **01**, 2996.

14 E. **Typische Zeugnisformeln:** In der Praxis haben sich Zeugnisformeln mit einem Gesamtnotencharakter, ähnlich Schul- oder Prüfungsnoten, eingebürgert, BAG NJW **04**, 2770: „stets zu unserer vollsten Zufriedenheit" (oder „stets außerordentlich zufrieden")/sehr gut, BAG DB **76**, 2211; „stets (immer, durchgehend) zu unserer vollen Zufriedenheit"/gut, BAG NJW **04**, 2771; „zu unserer vollen Zufriedenheit", „stets zur Zufriedenheit"/befriedigend, BAG NJW **04**, 2771; „zu unserer Zufriedenheit"/ausreichend, LAG Düss DB **80**, 546, LAG Ffm DB **88**, 1071; „im Großen und Ganzen zu unserer Zufriedenheit"/mangelhaft, BAG DB **77**, 1369. Im Einzelnen: Die alleinige Formel „hat sich bemüht", „hat die ihm übertragenen Aufgaben im Großen und Ganzen zu unserer Zufriedenheit" oder „mit großem Fleiß und Interesse erledigt" bedeutet mangelhaft; je nach Fall uU auch andere scheinbar positive Wendungen, vgl BAG BB **77**, 987. „Verhalten im Dienst angemessen", „hat unseren Erwartungen entsprochen", „waren mit seinen Leistungen zufrieden", alles nur ausreichend. „Zu unserer vollen Zufriedenheit", „in jeder Hinsicht den Erwartungen entsprochen" ist befriedigend.

Besser nur bei Steigerungen wie „stets und zu unserer voll(st)en Zufriedenheit", „voll und ganz (in jeder Hinsicht und außerordentlich) zufrieden stellend", „in jeder Hinsicht und in (aller)bester Weise" ua. Klar positiv sind zB „hervorragend", „überdurchschnittlich", „erfolgreich". „Ehrlich, pünktlich, fleißig" gehören zum Standard, Weglassen bei einem Kassierer oder Verkäufer deutet auf Fehlen hin, nicht auch sonst. Hervorhebung allein des Verhaltens gegenüber Kollegen, nicht auch gegenüber Vorgesetzten ist ungewöhnlich. Bedauern über Weggang weist auf Bereitschaft hin, wieder einzustellen. Bei wirklich einverständlichem Ausscheiden heißt es „im besten Einvernehmen", nicht nur „im beiderseitigen Einvernehmen"; vgl auch LAG BaWü BB **68,** 872. Problematische Einzelformeln: „alle Arbeiten ordnungsgemäß erledigt", „engagiert für die Interessen der Kollegen", „zur Verbesserung des Betriebsklimas beigetragen", „gutes Vorbild durch seine Pünktlichkeit", Löw NJW **05,** 3607. Lit: Schlessmann Teil 4 (mit CD-ROM); Schulz 8. Aufl 2009; Weuster BB **92,** 58, Löw NJW **05,** 3607.

3) Geltendmachung des Zeugnisanspruchs

A. **Ausübung des Wahlrechts:** Der Arbeitnehmer kann zwischen einem **15** einfachen (s Rn 10) und einem qualifizierten Zeugnis (s Rn 11) frei wählen. Er übt diese Wahl dadurch aus, dass er ein qualifiziertes Zeugnis verlangt oder nicht. Auch wenn er ein einfaches gewählt und erhalten hat, kann er ein qualifiziertes verlangen, hL, str wegen § 362 I BGB, aber der Anspruch auf ein qualifiziertes Zeugnis wird durch die Erteilung eines einfachen nicht erfüllt. Das gilt richtigerweise auch umgekehrt, Heymann/Henssler 19, aA wohl hL, Grund: Interesse des Arbeitnehmers, geringe Belastung des Arbeitgebers. Das alte Zeugnis ist dann aber zurückzugeben, hL (vgl auch Rn 8). Wählt der Arbeitnehmer ein qualifiziertes Zeugnis, ist er für überdurchschnittliche, der Arbeitgeber für unterdurchschnittliche Leistungen darlegungs- und beweispflichtig (s Rn 17).

B. **Berichtigung, Widerruf: a) Berichtigung:** Der Arbeitnehmer kann **16** Berichtigung des Zeugnisses verlangen, wenn Tatsachen unrichtig oder lückenhaft dargestellt oder unrichtige Werturteile leichtfertig oder wider besseres Wissen abgegeben sind. Der Arbeitnehmer macht damit aber nur seinen Zeugnisanspruch, nicht einen Berichtigungsanspruch im Rechtssinne geltend, BAG NJW **88,** 1616, **04,** 2772. Nur innerhalb angemessener Frist, fünfmonatige Verzögerung ist zu lange, dann kein Schadensersatzanspruch mehr, BAG BB **73,** 195. Zur Berichtigung muss er neues Zeugnis mit dem ursprünglichen Ausstellungsdatum ausstellen, BAG NJW **93,** 2196. Er ist dabei an den bisherigen Zeugniswortlaut gebunden (Verschlechterungsverbot), außer bei nachträglich bekannt gewordenen Informationen, BAG BB **05,** 2530. Beweislast s Rn 15. Allgemein gehaltene Ausgleichsklausel enthält keinen Verzicht auf Berichtigungsanspruch, auch bei Zeugniserteilung am Vortag, LAG Düss BB **95,** 2064 LS. Verwirkung s Rn 8. Prozess s Rn 17.

b) **Widerruf:** Der Arbeitgeber kann das Zeugnis widerrufen, wenn das Zeugnis unrichtig ist; dies schon, um eine eventuelle Haftung gegenüber Dritten zu vermeiden (s Rn 20); aus diesem Grund kann er auch dann widerrufen, wenn er die Unrichtigkeit bei Zeugniserteilung kannte, aA BAG NJW **93,** 2198, da Wissenserklärung. Pflicht zum Widerruf nur bei schwerwiegender tatsächlicher Unrichtigkeit, Becker-Schaffner BB **89,** 2110. Die Beweislast für die Unrichtigkeit liegt beim Arbeitgeber. Nach Widerruf muss der Arbeitnehmer das Zeugnis zurückgeben und der Arbeitgeber ein neues, richtiges Zeugnis ausstellen.

C. **Gerichtliche Geltendmachung:** Der Anspruch auf Zeugnis ist **klagbar.** **17** Möglich auch Fristsetzung und Verurteilung zu Entschädigung nach § 61 II ArbGG. Darlegungs- und Beweislast bei dem, der eine ihm günstige Tatsache geltend macht, BAG NJW **04,** 2772 gegen frühere Rspr, zB beim Arbeitnehmer, der bestimmte „Note" (s Rn 14) haben will. Im Prozess muss der Berichtigung

§ 74 I. Buch. Handelsstand

einklagende Arbeitnehmer im Klageantrag Abänderung selbst neu formulieren; das Gericht kann jedoch selbstständig formulieren, BAG **AP** § 73 HGB Nr 1; auch gänzliche Neuformulierung durch das Gericht soll zulässig sein, BAG **9,** 290, aber fraglich wegen Beurteilungsermessens des Arbeitgebers (s Rn 11). Die Tatsache der Verurteilung darf nicht im Zeugnis vermerkt werden, Grund: kann dem Arbeitnehmer schaden. **Vollstreckung** nach § 888 ZPO (außer nach § 61 II 2 ArbGG, dann nur Entschädigung), nicht § 894 ZPO, hL.

4) Auskunftspflicht des Arbeitgebers

18   Der Arbeitgeber ist nach Beendigung des Arbeitsverhältnisses (und Zeugniserteilung) dem Arbeitnehmer ferner verpflichtet, auf sein Verlangen oder mit seiner Zustimmung Dritten über ihn weitere Auskunft zu geben (nachwirkende Fürsorgepflicht, § 59 Rn 104), BAG BB **58,** 593, BGH BB **59,** 919. Ohne Zustimmung des Arbeitnehmers darf der Arbeitgeber nur Auskunft geben, wenn der Dritte an ihr ein berechtigtes Interesse hat, BAG BB **58,** 593, auch über arbeitsbezogenes laufendes Strafverfahren, BAG BB **77,** 297. Der Arbeitnehmer kann aber Mitteilung des Wortlauts der Auskunft verlangen, BGH BB **59,** 919, str. Die Auskunft muss wahr sein, sonst Schadensersatzpflicht (s Rn 20), LAG Bln BB **89,** 1825.

5) Haftung des Arbeitgebers

19   A. **Haftung gegenüber dem Arbeitnehmer:** Der Arbeitgeber haftet dem Handlungsgehilfen bei inhaltlich fehlerhaftem Zeugnis oder Auskunft aus § 280 BGB, LAG Hbg DB **85,** 284, und bei pflichtwidriger Nichterteilung oder Verzögerung des Zeugnisses (oder der Auskunft, s Rn 18) aus §§ 280 II, 286 BGB, BAG BB **68,** 546, **76,** 841. Schadensersatz kann in Minderverdienst bestehen, wenn der Arbeitnehmer wegen Fehlens des Zeugnisses eine besser bezahlte Stelle nicht erhalten hat, BAG BB **76,** 841, bei fehlerhafter Auskunft gegenüber einem zur Einstellung bereiten Arbeitgeber, LAG Hbg DB **85,** 284. Beweislast auch im Arbeitsrecht grundsätzlich § 280 I 2 BGB, aber weiterhin mit Beweislastverteilung nach Verantwortungsbereichen. Danach hat der Arbeitgeber Vollständigkeit und Richtigkeit zu beweisen, BAG **9,** 289, 324, der Arbeitnehmer Verursachung und Eintritt eines Schadens, aber uU Schätzung des Gerichts (§ 287 I ZPO), BAG BB **77,** 997.

20   B. **Haftung gegenüber einem Dritten:** Der Arbeitgeber kann auch Dritten auf Grund eines irreführenden Zeugnisses (Auskunft) haftbar werden, zB einem dritten Kfm, der im Vertrauen auf das Zeugnis unredlichen Buchhalter angestellt hat, BAG NJW **70,** 2291. Haftung nicht nur aus § 826 BGB, sondern auch nach vertraglichen bzw vertragsähnlichen Grundsätzen, auch für unterlassene Zeugnisberichtigung, BGH **74,** 281 (§ 347 Rn 19–22), krit Loewenheim JZ **80,** 469. Haftung gegenüber der Bundesanstalt für Arbeit aus unrichtiger Arbeitsbescheinigung, BSozG BB **80,** 731 LS.

[Vertragliches Wettbewerbsverbot; bezahlte Karenz]

74 (1) Eine Vereinbarung zwischen dem Prinzipal und dem Handlungsgehilfen, die den Gehilfen für die Zeit nach Beendigung des Dienstverhältnisses in seiner gewerblichen Tätigkeit beschränkt (Wettbewerbverbot), bedarf der Schriftform und der Aushändigung einer vom Prinzipal unterzeichneten, die vereinbarten Bestimmungen enthaltenden Urkunde an den Gehilfen.

(2) **Das Wettbewerbsverbot ist nur verbindlich, wenn sich der Prinzipal verpflichtet, für die Dauer des Verbots eine Entschädigung zu zahlen, die für**

jedes Jahr des Verbots mindestens die Hälfte der von dem Handlungsgehilfen zuletzt bezogenen vertragsmäßigen Leistungen erreicht.

Schrifttum

Bauer/Diller, Wettbewerbsverbote, 5. Aufl 2009. – *Grüll/Janert*, 5. Aufl 1993. – *Reinfeld* 1993. – *Wertheimer* 1998. – *Gaul* DB **95**, 874. – *Flatten* ZIP **99**, 1701. – *Koenig/Steiner* NJW **02**, 3583 (EG). – *Thomas/Weidmann* DB **04**, 2694 (IPR). – Rspr: *Lahusen* NZA **85**, 802.

Übersicht

1) Übersicht über §§ 74–75 d 1–16
   A. Zeitpunkt des Wettbewerbs 1
   B. Zeitpunkt der Vereinbarung 4
   C. Inhalt der Wettbewerbsvereinbarung 6
   D. Rechtsfolgen von Verstößen des Arbeitnehmers 10
2) Form (I) 17–19
   A. Schriftform 17
   B. Aushändigung der Urkunde 18
   C. Formfehler 19
3) Grundsatz der bezahlten Karenz (II) 20–22

1) Übersicht über §§ 74–75 d

A. **Zeitpunkt des Wettbewerbs: a) Während des Arbeitsverhältnisses** 1 untersagt das **Wettbewerbsverbot der §§ 60, 61** dem HdlGehilfen, dem Arbeitgeber Wettbewerb zu machen.

b) **Für die Zeit nach Ende des Arbeitsverhältnisses** ist er im Rahmen des 2 Gesetzes (nur sehr eingeschränkte, nachwirkende Treuepflicht und besonders §§ 3, 17 UWG, s § 60 Rn 5) frei dazu. Will der Arbeitgeber mehr und länger Schutz gegen die Konkurrenz des HdlGehilfen, kann er **nur** ein **vertragliches Wettbewerbsverbot gegen Entschädigung** vereinbaren (§§ 74–75 d; Sperrverbot s § 75 f). Solche Vereinbarungen finden ihre Schranken in § 1 GWB und § 138 BGB, soweit sie in Inhalt und Dauer über §§ 74 ff hinausgehen, sonst folgen Grenzen und Rechtsfolgen abschließend aus den Sonderregeln der §§ 74–75 d. Die entsprechenden § 133 f aF GewO für technische Angestellte sind durch **§ 110 GewO** ersetzt worden, der für alle Arbeitnehmer gilt, aber inhaltlich auf §§ 74–75 f verweist (§ 110 S 2 GewO), Kritik s § 73 Rn 1–6.

Leitgedanke der §§ 74 ff ist der Schutz der HdlGehilfen als des typisch Schwä- 3 cheren gegen die übermäßige Einschränkung seiner Freiheit. §§ 74 ff gelten deshalb nicht nur für HdlGehilfen, auch bei befristetem oder Probearbeitsverhältnis (s Rn 4), sondern nach § 110 S 2 GewO (idF 3. GewOÄndG 24. 8. 02 BGBl 3412) entspr **für sonstige Arbeitnehmer**, auch wenn sie nicht HdlGehilfen sind, so schon bisher die Rspr, BAG BB **72**, 447, **74**, 1531, NJW **90**, 1870; auch für wirtschaftlich bzw sozial abhängige freie Mitarbeiter, BAG NJW **98**, 99, BGH NJW **03**, 1864 m krit Anm Campos Nave NJW **03**, 3322, Mü DB **97**, 923, NJW-RR **05**, 119; für Vereinbarung zwischen Unternehmer und Angestellten von dessen Vertragspartner, BAG BB **70**, 1176; auch für Arbeitnehmer mit Prokura, Karlsr WM **86**, 1473; für partiarisches Rechtsverhältnis nach Schulungsvertrag, Kblz BB **93**, 387. §§ 74 ff gelten entspr auch für Mandantenschutzklauseln zwischen Angehörigen freier Berufe und ihren Angestellten (vorbehaltlich besonderer berufsrechtlicher Vorschriften, zB § 3 II BRAO), MüKo/von Hoyningen-Huene 11, § 110 S 2 GewO. Für **Volontäre** und **Auszubildende** ist solche Vereinbarung überhaupt nicht möglich, §§ 5 I, 19 BerBG. §§ 74 ff gelten wegen ihres Sozialschutzcharakters grundsätzlich **nicht** entsprechend **für Organmitglieder** wie GmbHGeschäftsführer, BGH **91**, 1, hL, für Einzelnormprüfung BGH NJW **92**, 1892; zB nicht § 74 II, BGH **91**, 1, NJW **02**, 1876, ZIP

§ 74 4–7 I. Buch. Handelsstand

08, 1719, § 74 c, BGH BB **91**, 1640, WM **08**, 1226, doch § 75 a (s dort), zu Gestaltungsmöglichkeiten Menke NJW **09**, 636. Unwirksames Wettbewerbsverbot wird nicht schon wirksam, weil Arbeitnehmer GmbHGeschäftsführer wird, Kblz WM **85**, 1484.

4 B. **Zeitpunkt der Vereinbarung: a)** §§ 74 ff gelten **für Vereinbarungen vor Beginn** des Arbeitsverhältnisses (auch für Kfm, der sein HdlGeschäft überträgt und beim Erwerber angestellt wird, RG **101**, 378) **oder während des Arbeitsverhältnisses,** auch noch nach Kündigung im Zusammenhang mit der Abwicklung des Arbeitsverhältnisses oder zugleich mit einvernehmlicher Aufhebung, BAG NJW **95**, 151, oder fristloser Kündigung (einerlei ob HdlGehilfe andere Dienste suchen oder selbstständig werden will). **Vorvertrag,** dass der Arbeitgeber spätestens bei Ausspruch der Kündigung Abschluss einer Wettbewerbsvereinbarung verlangen kann, ist unverbindlich, wenn er nicht §§ 74 ff genügt, BAG BB **69**, 1351. Vereinbarung schon während und für **Probezeit** ist gültig, BAG BB **71**, 1196, 1412, **84**, 533; auch für die Zeit nachher, sie gilt mangels anderer Abrede auch, wenn noch in der Probezeit gekündigt wird, BAG BB **83**, 1347, NJW **06**, 3659. Wettbewerbsverbot gilt nicht; wenn das Arbeitsverhältnis nicht vollzogen wird, kann aber ausnahmsweise auch bei vertragswidrigem **Nichtdienstantritt gelten,** so bei intensiver Einweisung und Offenbarung von Interna, BAG BB **87**, 2023.

5 **b) Nach Beendigung** des Arbeitsverhältnisses, auch im Prozessvergleich, kann **Wettbewerbsvereinbarung ohne Karenzentschädigung** abgeschlossen werden, BAG BB **68**, 1120, oder einmalige Ablösung unter der gesetzlichen Mindesthöhe, BAG BB **68**, 1288. **Aufhebung** einer Wettbewerbsvereinbarung ist jederzeit möglich, BAG NZA **03**, 100, auch durch allgemeine Ausgleichsklausel (weit auszulegen) in Aufhebungsverträgen und Vergleichen, BAG NJW **09**, 618.

6 C. **Inhalt der Wettbewerbsvereinbarung: a)** Unter §§ 74 ff fällt jede Art **Beschränkung** des HdlGehilfen **in seiner gewerblichen Tätigkeit,** einerlei ob tätigkeits- oder unternehmensbezogen, ob unmittelbar oder mittelbar, zB bei davon abhängigen Abfindungen oder bei Rückzahlungsklauseln; auch sachlich, zeitlich, örtlich begrenztes Verbot, sofern nicht wirtschaftlich gänzlich irrelevant; auch betr anderen Wirtschaftszweig als den des Arbeitgebers; auch bedingtes Verbot, zB Bindung an Zustimmung des Arbeitgebers; BAG **20**, 162, **22**, 324, BB **71**, 1411; nicht die (auch nachvertragliche) Schweigepflicht (Reichweite s § 59 Rn 50), BAG NJW **88**, 1686. Vorschieben eines Angehörigen als konkurrierender Unternehmer ist unzulässige Umgehung des Verbots, BGH BB **70**, 1375. Die Vereinbarung, insbesondere AGBKlausel, muss den Arbeitnehmer eindeutig über seinen Anspruch auf Karenzentschädigung aufklären, vor allem über Freigabe- oder Einschränkungsrechte des Arbeitgebers, BAG NJW **96**, 1980. **Bedingtes Wettbewerbsverbot** s § 75 a Rn 2. **Nachvertragliche Schweigepflicht** gilt unabhängig von Wettbewerbsvereinbarung und ohne Entschädigung (§ 59 Rn 50).

7 **b) Auslegung** der Wettbewerbsvereinbarung nach §§ 133, 157 BGB; idR eng, soweit einseitig vom Arbeitgeber aufgestellt, iZw nur anwendbar auf Tätigkeit im Geschäftszweig des Arbeitgebers, BAG NJW **98**, 99, in AGB gehen Unklarheiten nach **(5)** § 305 c II BGB zu Lasten des Arbeitgebers als Verwender. Vertragliche Beschränkung des Verbots auf bestimmte Erzeugnisse oder Produktionszweige verwehrt dem Arbeitnehmer Tätigkeit im Konkurrenzunternehmen nur bei Herstellung oder Vertrieb der geschützten Artikel, lässt die Tätigkeit sonst frei, BAG BB **65**, 909. Schwierigkeiten einer Überwachung rechtfertigen keine weite Auslegung des Verbots, BAG BB **65**, 909. Verbot eines Arbeitsverhältnisses in Konkurrenzunternehmen schließt iZw nicht Verbot freiberuflicher Tätigkeit ein, LAG Hbg BB **69**, 362. Im Übrigen ist der Umfang des Verbotes, ob unternehmens- oder tätigkeitsbezogen, nach den tatsächlichen Ge-

6. Abschnitt. Handlungsgehilfen und Handlungslehrlinge 8–14 § 74

gebenheiten zu beurteilen, BAG BB **70**, 801. Tätigkeitsbezogenes Wettbewerbsverbot gilt iZw nicht bei Kündigung vor Arbeitsaufnahme, BAG ZIP **92**, 1763.

c) Die **Laufzeit** beginnt idR mit der rechtlichen Beendigung des Arbeitsverhältnisses, BAG BB **70**, 1010, nicht schon mit Freistellung während Kündigungsfrist, LAG Mü BB **77**, 1049. Sie endet iZw nicht mit **Ruhestand** des Arbeitnehmers, auch wenn dieser Betriebsrente bezieht (§ 74c Rn 1), BAG WM **85**, 584, BB **85**, 1467. **Aufhebung** des Arbeitsverhältnisses s § 75. Abgeltungsklauseln im Abwicklungs- oder Aufhebungsvertrag sind grundsätzlich weit auszulegen und nicht ungewöhnlich iSv (5) BGB § 305 c, BAG NJW **09**, 1019.   8

d) Die Rechte aus der Vereinbarung gehen bei **Erbfolge** oder **Umwandlung** auf den neuen Arbeitgeber über. Bei **Betriebsübergang** gilt § 613a (§ 59 Rn 17–21), also Übergang außer bei Widerspruch des HdlGehilfen (§ 59 Rn 19). Der Erwerber muss aber seinerseits ein berechtigtes Interesse an dem Wettbewerbsverbot haben (§ 74a I 1); besteht ein solches Interesse, wird ein beim Veräußerer bisher unverbindliches Verbot verbindlich. Im Übrigen können die Rechte aus der Vereinbarung nur mit Zustimmung des HdlGehilfen auf einen anderen Arbeitgeber **übertragen** werden, BAG BB **66**, 497, **72**, 447; bei Geschäftsaufgabe oder Übertragung entfällt aber idR das berechtigte geschäftliche Interesse des bisherigen Arbeitgebers an Aufrechterhaltung, BAG BB **66**, 497. Die Bindung des HdlGehilfen wird durch Zustimmung zur Übertragung nicht verschärft; zur Ausdehnung des Wettbewerbsverbots auf vom Geschäftserwerber bearbeitete andere Geschäftszweige ist also Vertragsänderung notwendig.   9

D. Rechtsfolgen von Verstößen des Arbeitnehmers: a) Der **Arbeitgeber kann** bei Verstoß des Arbeitnehmers gegen ein wirksames Wettbewerbsverbot **verlangen:** (1) **Unterlassung** des Zuwiderhandelns (vertraglicher Erfüllungsanspruch), BAG BB **70**, 801 (Bsp für einstweilige Verfügung: LAG Ffm BB **56**, 853) und **Beseitigung fortbestehender Störung**, zB Schließung eines dem Verbot zuwiderlaufenden HdlGeschäfts und Löschenlassen der Eintragung dieses Geschäfts im HdlReg.   10

(2) **Schadensersatz** (wegen Pflichtverletzung), BAG BB **68**, 1288; es gelten §§ 280 ff BGB. Beweislastverteilung str, § 619a BGB ist für nachvertragliche Pflichtverletzungen restriktiv zu interpretieren, dann § 280 I 2 BGB, Bauer/Diller NJW **02**, 1611. Regelverjährung von drei Jahren (§§ 195, 199 BGB), nicht entspr § 61 II.   11

(3) Der Arbeitgeber hat Recht zum (von der Entschädigungspflicht befreienden) **Rücktritt**, § 323 BGB, Abmahnung gemäß § 323 III BGB ggf entbehrlich (§ 323 II BGB); uU auch § 326 V BGB (wenn der HdlGehilfe sich die Befolgung der Wettbewerbsabrede unmöglich machte); laut Bauer/Diller NJW **02**, 1612 § 323 V BGB, aber zweifelhaft.   12

(4) **Wegfall der Entschädigung**, solange HdlGehilfe der Abrede zuwider handelt, § 326 I 1 BGB (Unmöglichkeit wegen Nicht-Nachholbarkeit der Einhaltung des Wettbewerbsverbots), BAG **2**, 258, BB **60**, 1326; Rückforderung der Entschädigung nach § 326 IV BGB für Dauer des Verstoßes, auch anteilig bei Pauschalentschädigung, vgl BAG BB **68**, 1288; hält HdlGehilfe Wettbewerbsverbot wieder ein, kann er auch wieder Karenzentschädigung verlangen (unbeschadet weitergehender Rechte des Arbeitgebers nach Rn 11, 12), BAG NJW **86**, 1192.   13

(5) **Auskunft, Anspruch auf Nennung des neuen Arbeitgebers** und Aufklärung der enstandenen Schäden, falls der HdlGehilfe durch sein Verhalten begründeten Verdacht für Wettbewerbsverstoß setzt, BAG BB **68**, 1288, NJW **94**, 2043. Der Auskunftsanspruch (s auch § 74c II) kann durch Stufenklage (§ 254 ZPO) zusammen mit Erfüllungsanspruch geltend gemacht werden.   14

15 **b)** Der Arbeitgeber hat dagegen anders als nach § 61 I **kein Recht auf Gewinnherausgabe;** idR auch nicht Anspruch aus §§ 823 I, 1004 BGB (Unternehmensschutz Einl 33–34 vor § 1), weil die vertraglich verbotenen Handlungen ohne den Vertrag nicht rechtswidrig sind, auch nicht Anspruch aus § 823 II BGB, weil die Abrede nicht Schutzgesetz ist.

16 **c)** Ansprüche unabhängig von der Wettbewerbsabrede folgen aus §§ 3, 17 UWG ua (s Rn 2). Vertragsstrafe s § 75 c. Grenzüberschreitende Durchsetzung nachvertraglicher Wettbewerbsverbote, Diller/Wilske DB **07**, 1866.

2) Form (I)

17 A. **Schriftform:** Die Vereinbarung ist schriftlich zu treffen, dh von beiden Parteien auf derselben Urkunde zu unterzeichnen (§ 126 II 1 BGB), BAG WM **85**, 584, oder, wenn über sie mehrere gleich lautende Urkunden aufgenommen werden, mindestens von jedem Teil auf der für den anderen bestimmten (§ 126 II 2 BGB); beides ist ersetzbar durch die elektronische Form, notarielle Beurkundung oder gerichtlichen Vergleich (§§ 126 III, IV, 127 a BGB). Aufhebung ist jederzeit auch formlos möglich, BAG NJW **89**, 2149. **Muster:** Hopt/Graf von Westphalen 3. Aufl 2007 Form I. F. 1 (Nachvertragliches Wettbewerbsverbot).

18 B. **Aushändigung der Urkunde:** Die Vereinbarung bedarf der Aushändigung einer vom Arbeitgeber unterzeichneten, die Vereinbarung enthaltenden Urkunde (auch im Falle notarieller Beurkundung, § 126 IV BGB) bzw eines elektronischen Dokuments mit elektronischer Signatur (s § 126 a BGB) an den HdlGehilfen. Verweigerung der Annahme steht gleich, falls Aushändigung in angemessener Frist angeboten wird. Wettbewerbsklausel im TV ersetzt Schriftform, doch ist dann der TV auszuhändigen. Verweisung zB auf gesetzliche Bestimmungen genügt, BAG BB **75**, 1481.

19 C. **Formfehler:** Verstoß gegen Schriftformerfordernis macht die Vereinbarung nichtig, § 125 S 1 BGB, nicht den Arbeitsvertrag, RG **146**, 118. Übergabe der Urkunde ist keine Form-, sondern bloße Dokumentationsvorschrift, der Arbeitgeber kann sich aber mangels Übergabe nicht auf das Wettbewerbsverbot berufen, der Arbeitnehmer hat dagegen ein Wahlrecht, BAG NJW **05**, 2732 (vgl § 74 a Rn 3), anders noch BAG BB **57**, 1109. Berufung des Arbeitgebers auf von ihm (oder Erfüllungsgehilfen, § 278 BGB) verschuldete Formfehler ist unzulässig, RAG **14**, 146.

3) Grundsatz der bezahlten Karenz (II)

20 Die Vereinbarung ist nur dann (beiderseits) verbindlich, wenn der Arbeitgeber (oder ein zweifelsfrei gleich sicherer Dritter, zB MutterGes) sich in ihr (dh in der auszuhändigenden Urkunde, s Rn 17–19) zur Zahlung einer **Karenzentschädigung** von insgesamt pro Jahr mindestens der Hälfte der zuletzt (dh bei Dienstende) bezogenen Vertragsleistung für die Dauer des Verbots verpflichtet (II), LAG Ffm DB **91**, 709. Abfindung für Verlust des Arbeitsplatzes ist nicht Karenzentschädigung, BAG NJW **95**, 151. „Für jedes Jahr des Verbots" ist irreführend, denn die Entschädigung ist in Monatsbeträgen zahlbar (§ 74 b I), und die Zahlung kann auch im laufenden Jahr (Kalenderjahr oder vom Dienstende gerechnet) enden (vgl § 74 a I 1, 2). Vertragsmäßige Leistung iSv II s § 74 a Rn 5. Näher zu Zahlung und Berechnung der Karenzentschädigung s § 74 b, zur Anrechnung anderweitigen Erwerbs s § 74 c. § 74 II ist verfassungsgemäß, obwohl Gesetzgeber für HV eine andere Regelung getroffen hat (§ 90 a aF), BAG BB **73**, 1306. Der Anspruch auf Karenzentschädigung **entsteht** ohne weiteres durch Unterlassen des Wettbewerbs durch den Arbeitnehmer, BAG NJW **05**, 2733 (§ 74 b Rn 1). **Muster:** Hopt/Graf von Westphalen 3. Aufl 2007 Form I. F.1 (Nachvertragliches Wettbewerbsverbot mit Karenzentschädigung).

6. Abschnitt. Handlungsgehilfen und Handlungslehrlinge   1   § 74a

Zusage der „nach dem Gesetz zu leistenden Vergütung" genügt, ebenso iZw 21
die allgemeine Bezugnahme auf die maßgebenden Vorschriften des HGB, BAG
BB **75,** 1481, NJW **06,** 3659. Zusage der Karenzentschädigung ist auch erforderlich, wenn Konkurrenztätigkeit des noch berufstätigen, mit unverfallbarer Ruhegeldanwartschaft ausgeschiedenen Arbeitnehmers ausgeschlossen werden soll,
BAG BB **76,** 793. Karenzentschädigung muss **unbedingt** zugesagt werden;
Zusage für den Fall, dass Arbeitgeber die Zustimmung zu einer Konkurrenztätigkeit verweigert, genügt nicht; zum bedingten Wettbewerbsverbot s § 75 a Rn 2.

Zu niedrige oder fehlende Zusage: Rechtsfolge bei Verstoß gegen II folgt 22
aus § 75 d (Unverbindlichkeit, s auch § 74 a Rn 3). Bei zu niedriger Zusage kann
der Arbeitgeber sich also nicht auf die Vereinbarung berufen (bei offener Unterschreitung § 75 d S 1, bei versteckter S 2); HdlGehilfe hat dagegen ein Wahlrecht
s § 75 d Rn 2. Fehlt solche Verpflichtung ganz, bleibt für eine Wahl kein Raum;
die unverbindliche Vereinbarung kommt einer nichtigen gleich, auch wenn
das Verbot nur Abwerbung verhindern soll, BAG BB **70,** 35; ebenso bei während
der Vertragsdauer laufend zu zahlenden Teilbeträgen, weil Vertragsdauer und
Erreichen des Betrags nach II ungewiss sind, BAG DB **82,** 125.

[Unverbindliches oder nichtiges Verbot]

74a (1) ¹**Das Wettbewerbverbot ist insoweit unverbindlich, als es nicht zum Schutze eines berechtigten geschäftlichen Interesses des Prinzipals dient.** ²**Es ist ferner unverbindlich, soweit es unter Berücksichtigung der gewährten Entschädigung nach Ort, Zeit oder Gegenstand eine unbillige Erschwerung des Fortkommens des Gehilfen enthält.** ³**Das Verbot kann nicht auf einen Zeitraum von mehr als zwei Jahren von der Beendigung des Dienstverhältnisses an erstreckt werden.**

(2) ¹ **Das Verbot ist nichtig, wenn der Gehilfe zur Zeit des Abschlusses minderjährig ist oder wenn sich der Prinzipal die Erfüllung auf Ehrenwort oder unter ähnlichen Versicherungen versprechen läßt.**² **Nichtig ist auch die Vereinbarung, durch die ein Dritter an Stelle des Gehilfen die Verpflichtung übernimmt, daß sich der Gehilfe nach der Beendigung des Dienstverhältnisses in seiner gewerblichen Tätigkeit beschränken werde.**

(3) **Unberührt bleiben die Vorschriften des § 138 des Bürgerlichen Gesetzbuchs über die Nichtigkeit von Rechtsgeschäften, die gegen die guten Sitten verstoßen.**

Übersicht

1) Unverbindlichkeit des Wettbewerbsverbots (I) 1–4
   A. Voraussetzungen der Unverbindlichkeit (I 1, 2) 1
   B. Rechtsfolgen der Unverbindlichkeit (I 1, 2) 3
   C. Zeitliche Beschränkung (I 3) 4
2) Nichtigkeit des Wettbewerbsverbot (II) 5–7
   A. Minderjährigkeit des Handlungsgehilfen (II 1 Fall 1) 5
   B. Ehrenwort (II 1 Fall 2) 6
   C. Abrede zwischen Unternehmer und Drittem (II 2) 7
3) Sittenwidrigkeit (III, § 138 BGB) 8
4) AGBKontrolle 9

1) Unverbindlichkeit des Wettbewerbsverbots (I)

A. **Voraussetzungen der Unverbindlichkeit (I 1, 2): Unverbindlich** ist 1
oder wird das Verbot nach I 1 und 2, **soweit** es nach den (sich uU ändernden)
Verhältnissen zwischen Dienstende und Ablauf seiner Höchstgeltungsdauer (abw
Meinungen: nach den Verhältnissen bei Vereinbarung, bei Dienstende) entweder

§ 74a 2–6

a) über den **Schutz berechtigter geschäftlicher Interessen** des **Arbeitgebers hinausgeht (I 1)**. Berechtigtes geschäftliches Interesse ist anzuerkennen, wenn das Wettbewerbsverbot dem Schutz von Betriebsgeheimnissen dient oder den Einbruch in den Kunden- oder Lieferantenkreis verhindern soll; das bloße Interesse, Konkurrenz einzuschränken, genügt nicht, BAG NJW **96**, 1364, strRspr, hL. Bspe: Unzulässig nach endgültiger Veräußerung des HdlGeschäfts des Arbeitgebers, BAG BB **66**, 497 (§ 74 Rn 9); wenn keine Beziehung zur früheren Tätigkeit besteht, sondern lediglich die Möglichkeit, dass HdlGehilfe irgendwie zur Stärkung der Konkurrenz beiträgt, BAG BB **66**, 1025, aA Schlegelb/Schröder 3 a; soweit das Verbot über den Geschäftszweig des Arbeitgebers hinausgeht; für Auslandstätigkeit, die nach Recht des betreffenden Staates illegal wäre, BAG BB **63**, 1421. Zulässig bei Erstreckung auf ganze Branche in Entwicklungsland, BAG **19**, 164; Ausgliederung der Abteilung, in der der HdlGehilfe tätig war, und Umwandlung in selbstständige Ges, deren maßgebender Gfter der bisherige Arbeitgeber ist, berührt das berechtigte Interesse nicht, BAG **19**, 267, ebenso Zusammenlegung mehrerer Unternehmen oder Betriebe; berechtigtes geschäftliches Interesse bei Konzernen und Kooperationen s Kracht BB **70**, 584. Fehlen des berechtigten geschäftlichen Interesses kann nur Arbeitnehmer geltend machen, nicht Arbeitgeber, BAG BB **71**, 1412;

2   b) oder wenn es nach Ort, Zeit oder Gegenstand unter Berücksichtigung (ua) der vom Arbeitgeber geschuldeten Entschädigung **das Fortkommen des Handlungsgehilfen unbillig erschwert (I 2)**.

3   B. **Rechtsfolgen der Unverbindlichkeit (I 1, 2)**: Rechtsfolge nach I 1, 2 ist rechtliche Unverbindlichkeit der Wettbewerbsabrede, uU ist entspr Beschränkung des Verbots zB auf Tätigkeit für bestimmte Wettbewerber möglich, RG **77**, 407, ipso iure, nicht erst durch vom HdlGehilfen zu erwirkenden Richterspruch, str. Der **Arbeitgeber** kann sich also **nicht** auf das unverbindliche Wettbewerbsverbot berufen. Dagegen hat der **Handlungsgehilfe** ein **Wahlrecht**, ob er sich an das Wettbewerbsverbot halten oder von ihm lösen will (§ 75 d Rn 2). Vorschussweise gewährte unzureichende Karenzentschädigung kann Wahlrecht behindern und braucht nicht zurückgezahlt zu werden, BAG DB **82**, 125.

4   C. **Zeitliche Beschränkung (I 3)**: Das Verbot kann **nicht** für **mehr als zwei Jahre** nach Beendigung des Dienstverhältnisses vereinbart werden. Bei einem auf ein Arbeitsverhältnis folgenden freien Mitarbeiterverhältnis beginnt es erst nach Beendigung des letzteren, BAG BB **70**, 1010. I 3 wird wie I 1 und 2 als Unverbindlichkeitstatbestand angesehen, ist aber anders geregelt. Ein für längere Zeit vereinbartes Verbot ist nicht insgesamt unverbindlich, sondern für zwei Jahre wirksam und nur darüber hinaus unwirksam, BAG BB **84**, 535. Diese Teilunwirksamkeit gilt für beide Teile, also anders als nach I 1, 2 (s Rn 3) ohne Wahlrecht auch für den HdlGehilfen. Weitere Kürzung der Dauer des Verbots kann aus I 1, 2 folgen (s Rn 1–3).

2) Nichtigkeit des Wettbewerbsverbots (II)

5   A. **Minderjährigkeit des Handlungsgehilfen (II 1 Fall 1)**: II normiert 3 Nichtigkeitsgründe, der der Geringbesoldung II 1 aF ist weggefallen, II 2, 3 aF sind jetzt II 1, 2 (4. EuroEG 2000). Nichtig ist die Vereinbarung mit einem (zZ der Vereinbarung) minderjährigen HdlGehilfen. Bestätigung nach Eintritt der Volljährigkeit ist neue Vereinbarung (§ 141 I BGB), vgl RG JW **25**, 2230.

6   B. **Ehrenwort (II 1 Fall 2)**: Nichtig ist die Vereinbarung auch dann, wenn sich Arbeitgeber die Einhaltung des Wettbewerbsverbots (nicht anderer Zusagen, zB der Wahrung von Geheimnissen, Hbg OLGE **36**, 254) **auf Ehrenwort** oder unter ähnlichen Versicherungen (zB eidlich, eidesstattlich) versprechen lässt, RG **78**, 260, einerlei ob schriftlich oder mündlich, auch ohne Aufforderung durch

Arbeitgeber, der aber das spontan gegebene Ehrenwort in angemessener Frist (zB nach Beratung) zurückweisen und dadurch unschädlich machen kann.

C. **Abrede zwischen Unternehmer und Drittem (II 2):** Nichtig ist auch 7 die Vereinbarung, dass **ein Dritter anstelle des Handlungsgehilfen** (nicht neben ihm und einerlei ob dieser zur wirksamen Wettbewerbsabrede fähig ist oder nicht, vgl II 1) die Verpflichtung übernimmt, dass sich der Gehilfe entspr beschränken werde. Darunter fällt sowohl die Pflicht des Dritten, für Folgen des Zuwiderhandelns durch den HdlGehilfen einzustehen (Garantie), als auch die bloße Pflicht, sich entspr zu bemühen.

3) Sittenwidrigkeit (III, § 138 BGB)

III hält ausdrücklich die Anwendbarkeit des **§ 138 BGB** neben §§ 74 ff auf- 8 recht. § 138 BGB greift jedoch nur ein, soweit das Wettbewerbsverbot über die Sonderbestimmungen der §§ 74 ff hinausgeht; sonst ergeben sich Grenzen der Vertragsfreiheit und Rechtsfolgen der Verletzung nur aus diesen, BAG BB **68**, 504. Bsp für § 138 BGB: zu unbestimmtes und weitreichendes Wettbewerbsverbot, LAG Düss BB **97**, 319 LS.

4) AGBKontrolle

(5) § 310 IV 2 BGB idF SMG unterwirft anders als früher auch Arbeits- 9 verträge den Bestimmungen der §§ 305–310 BGB (außer § 305 II, III BGB) unter angemessener Berücksichtigung der im Arbeitsrecht geltenden Besonderheiten (§ 59 Rn 43). Das Wettbewerbsverbot ist idR keine überraschende Klausel iSv **(5) §** 305 c I BGB. Inhaltskontrolle nach **(5)** §§ 307–309 BGB ist, soweit nicht schon §§ 75 ff eingreifen, möglich (zB Transparenzgebot). Ob für Vertragsstrafenklauseln über § 75 c hinaus **(5)** § 309 Nr 6 BGB gilt, ist fraglich, abl Henssler NZA **02**, 138, Gotthardt ZIP **02**, 283, Bauer/Diller NJW **02**, 1614, bejahend Däubler NZA **01**, 1336, Reinecke DB **02**, 585. Übersicht: Thüsing/ Leder BB **04**, 46, Koch RdA **06**, 28.

[Zahlung und Berechnung der Entschädigung]

74b

(1) Die nach § 74 Abs. 2 dem Handlungsgehilfen zu gewährende Entschädigung ist am Schlusse jedes Monats zu zahlen.

(2) ¹Soweit die dem Gehilfen zustehenden vertragsmäßigen Leistungen in einer Provision oder in anderen wechselnden Bezügen bestehen, sind sie bei der Berechnung der Entschädigung nach dem Durchschnitt der letzten drei Jahre in Ansatz zu bringen. ²Hat die für die Bezüge bei der Beendigung des Dienstverhältnisses maßgebende Vertragsbestimmung noch nicht drei Jahre bestanden, so erfolgt der Ansatz nach dem Durchschnitt des Zeitraums, für den die Bestimmung in Kraft war.

(3) Soweit Bezüge zum Ersatze besonderer Auslagen dienen sollen, die infolge der Dienstleistung entstehen, bleiben sie außer Ansatz.

1) Zahlung (I)

A. **Inhalt und Reichweite von § 74 b:** § 74 b regelt nur Zahlung und 1 Berechnung der Karenzentschädigung. Das **Bestehen des Anspruchs auf Entschädigung** setzt er voraus (s II). Ist die Wettbewerbsvereinbarung wirksam bzw wählt der HdlGehilfe Einhaltung des Wettbewerbsverbots (s § 74 a Rn 3), besteht der Anspruch dem Grunde nach, **auch wenn der Handlungsgehilfe zum Wettbewerb nicht imstande ist,** gleichgültig aus welchem Grund, zB Arbeitsunfähigkeit, BAG NJW **05**, 2733, wirtschaftlich, wegen Alters oder schlechter Gesundheit, BAG BB **77**, 95, **84**, 535, wegen Aufnahme eines Studiums, BAG NJW **96**, 2677; Ausnahme Verbüßung einer Freiheitsstrafe, s § 74 c I 3. An dieser

§ 74c

Risikoverteilung ändert § 313 BGB (Geschäftsgrundlage) nichts, BAG NJW **05,** 2734. Der Anspruch besteht auch, wenn der Arbeitnehmer bei eigener Kündigung von einem Weiterbeschäftigungsangebot keinen Gebrauch macht, BAG BB **77,** 95. Vertragliche **Verfallklausel** (§ 59 Rn 77) ist auch für Karenzentschädigung zulässig, BAG NJW **98,** 1732. Ausgleichsquittung (§ 59 Rn 77) enthält iZw keinen **Verzicht** auf Karenzentschädigung, BAG BB **82,** 861. **Nichtleistung** kann unter den Voraussetzungen des § 323 BGB Rücktritt des HdlGehilfen von der Verbotsvereinbarung rechtfertigen, RG **79,** 311.

2   B. **Zahlung (I):** Die Zahlung der Entschädigung hat in Raten iZw jeweils am **Monatsschluss** (vom Dienstende gerechnet, zB von Mitte zu Mitte der Kalendermonate) zu erfolgen. Früherlegen der Fälligkeit ist möglich, auf Späterlegen kann sich der Arbeitgeber nicht berufen (§ 75 d). Für die Entschädigung gilt **Pfändungsschutz** für Arbeitseinkommen nach § 850 III a ZPO; bei mehreren Arbeitseinkommen ist unpfändbarer Betrag in erster Linie demjenigen Arbeitseinkommen zu entnehmen, das die wesentliche Grundlage der Lebenshaltung des Schuldners bildet (§ 850 e Nr 2 ZPO), so zB wenn der HdlGehilfe Gehalt (aus neuer Anstellung) und Karenzentschädigung (aus alter) empfängt; ist nur das laufende Gehalt gepfändet, bleibt die Karenzentschädigung unberührt. Soweit die Entschädigung unpfändbar ist, ist ihre **Abtretung** unzulässig; ebenso **Aufrechnung** gegen sie, §§ 400, 394 BGB. **Verjährung** nicht des Stammrechts, sondern nur der einzelnen Rate, in drei Jahren (§§ 195, 199 BGB, vor SMG zwei Jahre, BAG BB **85,** 198).

2) Berechnung (II, III)

3   Der geschuldete Monatsbetrag ist aus einem Jahresentschädigungsbetrag zu errechnen. Der Jahresentschädigungsbetrag beträgt mangels günstigerer Abrede die Hälfte des gesamten Jahresarbeitsentgelts (s § 74 II). Der Gesamtbetrag des Jahresarbeitsentgelts wird nach § 74 b durch Addition des Jahresbetrags der Letzten festen Bezüge (hierbei (letztes) Monats-, Wochen-, Tagesgehalt multippliziert mit 12, 52, 365) und des Jahresbetrags wechselnder Bezüge (zB Gewinnbeteiligung), BAG BB **57,** 148, gebildet **(II);** beides mit Auslassung von Bezügen zum Ersatz besonderer, durch den Dienst verursachter Auslagen **(III). Mitzurechnen** ist ua freiwillige widerrufliche außertarifliche Zulage (Tarifgehalt und Zulage zusammen rechnen als Gehalt, nicht als „wechselnde Bezüge" iSv II), BAG BB **66,** 1310; bei Spesenpauschale mit Vergütungsanteil auch dieser Anteil; freiwillige Gratifikation, BAG BB **72,** 1094, **74,** 277; ein bei Ausscheiden fälliges, noch ausstehendes 13. Monatsgehalt, auf welches der Arbeitnehmer trotz Ausscheidens Anspruch hat, BAG BB **77,** 95; Gewinnbeteiligung s § 74 c Rn 1. **Nicht** mitzurechnen sind SozVersZuschüsse des Arbeitgebers, BAG BB **82,** 2052. Bei Gratifikationen und ähnlichen Sonderleistungen ist der **Durchschnitt** der letzten drei Jahre maßgeblich, BAG BB **77,** 95. Die Berechnung des anzurechnenden Erwerbs erfolgt hingegen monatsweise (§ 74 c Rn 1).

[Anrechnung anderweitigen Erwerbs]

74c (1) [1] **Der Handlungsgehilfe muß sich auf die fällige Entschädigung anrechnen lassen, was er während des Zeitraums, für den die Entschädigung gezahlt wird, durch anderweite Verwertung seiner Arbeitskraft erwirbt oder zu erwerben böswillig unterläßt, soweit die Entschädigung unter Hinzurechnung dieses Betrags den Betrag der zuletzt von ihm bezogenen vertragsmäßigen Leistungen um mehr als ein Zehntel übersteigen würde.** [2] **Ist der Gehilfe durch das Wettbewerbverbot gezwungen worden, seinen Wohnsitz zu verlegen, so tritt an die Stelle des Betrags von einem Zehntel der Betrag**

von einem Viertel. ³ Für die Dauer der Verbüßung einer Freiheitsstrafe kann der Gehilfe eine Entschädigung nicht verlangen.

(2) Der Gehilfe ist verpflichtet, dem Prinzipal auf Erfordern über die Höhe seines Erwerbes Auskunft zu erteilen.

1) Anrechnung eines anderweitigen Erwerbs (I)

A. **Anrechnung des tatsächlichen Erwerbs (I 1 Alt. 1):** Der HdlGehilfe 1 (nicht analog auch der GmbHGeschäftsführer, BGH WM 08, 1226, § 74 Rn 3) muss sich auf die fällige Entschädigung nach I 1 zwei Beträge, den tatsächlichen und einen fiktiven Erwerb, anrechnen lassen. Auf jeden Fall muss er sich anrechnen lassen, was er in der Zeit, für welche die Entschädigung geschuldet wird, durch anderweitige Verwertung seiner Arbeitskraft erwirbt (I 1 Fall 1). Grund: keine Prämie für Stellenwechsel, keine Übersicherung, Entlastung des Arbeitgebers ist nur Reflex, BGH WM **08,** 1226. Welche Leistungen nach I anzurechnen sind, ist wie für die vertragsgemäßen Leistungen nach § 74 II (s § 74a Rn 5) zu bestimmen und zu berechnen; maßgebend ist, für welche Zeiten die Vergütung, zB Gewinnbeteiligung, erbracht, nicht wann sie fällig ist oder tatsächlich ausgezahlt wird, BAG BB **74,** 277, NJW **90,** 1870, Aufgabe von BAG BB **67,** 959. Dazu gehören außer anderweitigem Arbeitseinkommen zB Einkommen aus selbstständiger Tätigkeit, BAG NJW **06,** 3228, Gewinnbeteiligung, auch Gratifikationen und andere Sonderzahlungen, auf die kein Rechtsanspruch besteht, BAG BB **74,** 277; Arbeitslosengeld, BAG BB **90,** 2337, NZA **92,** 800, BSG ZIP **93,** 782; Überbrückungsgeld, BAG NJW **06,** 3227. Anzurechnen ist nur, was durch anderweitige Verwertung der freigewordenen Arbeitskraft verdient wird, Schütze DB **71,** 918. Karenzentschädigung eines Monats und Erwerb dieses Monats sind zu vergleichen (pro rata temporis), nicht Erwerb und Entschädigung des ganzen Zeitraums, Gesamtabrechnung ist unzulässig (anders als nach § 615 S 2 BGB), BAG NJW **00,** 167, **06,** 3229.

Nicht anzurechnen ist der Erwerb, den der Arbeitnehmer auch sonst hätte erzielen können, also außerhalb der beruflichen Betätigung, zB Einnahmen aus Nebentätigkeiten, die bereits während des Arbeitsverhältnisses ausgeübt worden sind, nicht anderen erst nachher aufgenommenen, auch wenn sie schon vorher hätten ausgeübt werden können, str, Heymann/Henssler 8; Gewinnbeteiligungen und Kapitalerträge, daher Aufgliederung des Einkommens bei eigener Geschäftstätigkeit des HdlGehilfen als Geschäftsführer oder Gfter, BAG BB **67,** 959, Gumpert BB **70,** 890; Altersrente der gesetzlichen Rentenversicherung, BAG WM **85,** 584, Betriebsrente, außer wenn Anrechnung vereinbart, vgl BAG BB **85,** 1467; Übergangsgeld nach AVG, BAG BB **90,** 854; Einnahmen aus der Privatsphäre wie Mieteinnahmen, Sozialleistungen ua. Anrechenbar ist nur das gezahlte Gehalt, nicht zB steuerfreie Aufwandsentschädigung, Dienstwagen, Auslagenersatz, Auslandszuschlag, Bungalow im Ausland, BAG BB **85,** 198.

B. **Anrechnung eines fiktiven Erwerbs (I 1 Alt. 2):** Der HdlGehilfe muss 2 sich außerdem anrechnen lassen, **was er** so **zu erwerben böswillig unterlässt;** vgl dazu zunächst § 615 S 2 BGB (§ 59 Rn 73). Grund: keine Prämie für Stellenaufgabe und Leben, ohne zu arbeiten. Böswillig handelt der Arbeitnehmer, wenn er in Kenntnis von Arbeitsmöglichkeit, Zumutbarkeit der Arbeit und Nachteil für Arbeitgeber untätig bleibt oder gegen zu geringe Vergütung arbeitet, BAG BB **67,** 540, NJW **89,** 2149, **01,** 243. Es kommt also maßgeblich auf die **Zumutbarkeit der Erwerbstätigkeit** und auf vorsätzliche Untätigkeit an.

Nicht böswillig ist zB nach der stRspr (§ 59 Rn 73) Unterlassung der Meldung an Arbeitsamt oder der Suche eines anderen Arbeitsplatzes, auch wenn aussichtsreich; Ablehnung eines Weiterbeschäftigungsangebots nach eigener Kündigung, BAG BB **77,** 95, **91,** 911; Rückzug auf Altenteil mit 63 Jahren, BAG BB **91,** 911; Unterlassen vorübergehender berufsfremder Tätigkeit, LAG BaWü BB **66,** 943;

§ 74c 3–6   I. Buch. Handelsstand

idR Aufnahme eines Studiums, BAG NJW **75**, 80, **96**, 2677, aber Grenze § 242 BGB, Ernsthaftigkeit, enger MüKo/von Hoyningen-Huene 16: nur berufsförderndes Studium Inkaufnahme eines zunächst geringeren Verdiensts bei zulässigem Aufbau selbstständiger Tätigkeit, BAG BB **76**, 228; selbstständige Tätigkeit mit geringeren Ergebnissen als das (entfallende) Arbeitslosengeld, BAG DB **88**, 238.

3   C. **Anrechnungsgrenzen:** Anrechnung erfolgt nur, soweit der Erwerb oder Nichterwerb (s Rn 1–2) einen **Grenzbetrag** übersteigt, der wie folgt gebildet ist:

a) Entschädigung plus Betrag des Erwerbs bzw Nichterwerbs = **110%** der letzten Vertragsbezüge **(I 1)**. Bsp (ohne Umsiedlung): letzte Vertragsbezüge 3000, Entschädigung 1500, Neuerwerb 2500: Kürzung der Entschädigung auf 800.

4   b) War der Gehilfe durch das Wettbewerbsverbot **zur Umsiedlung gezwungen**, gilt **125%** statt 110% **(I 2)**. Grund: Pauschalierter Ausgleich von Mehraufwendungen infolge Umzugs, zugleich Anreiz, sich nach neuer Stelle umzusehen, BAG NJW **00**, 165. Zwang, seinen Wohnsitz zu verlegen, impliziert Ursächlichkeit des Wettbewerbsverbots für den Wohnsitzwechsel, BAG WM **86**, 395, BB **95**, 884 LS. Ursächlichkeit setzt aber nicht den Nachweis voraus, dass der Arbeitnehmer, das Wettbewerbsverbot hinweggedacht, bei einem ortsansässigen Wettbewerber tatsächlich eine Anstellung hätte finden können, oder gar, dass er einen Bewerbungsversuch gemacht hat, BAG NJW **00**, 166. Durch das Wettbewerbsverbot ist der Arbeitnehmer bereits gehindert, sich durch eine überzeugende Bewerbung eine Einstellungschance zu verschaffen. An der Ursächlichkeit fehlt es erst, wenn am bisherigen Wohnsitz überhaupt kein Wettbewerber ansässig ist oder ein solcher zwar ansässig ist, aber keine für den Arbeitnehmer geeignete, unter das Verbot fallende Stelle vorhält, BAG NJW **00**, 166. Unvermeidlicher Zwang ist unter I 2 dagegen unnötig. Es genügt, wenn der Arbeitnehmer nur außerhalb des bisherigen Wohnsitzes eine Tätigkeit ausüben kann, die nach Art, Vergütung und beruflichen Chancen der bisherigen nahekommt, BAG BB **74**, 370, NJW **00**, 165, str, nach aA Unvermeidlichkeit der Wohnsitzverlegung nach Treu und Glauben. Die erhöhte Freigrenze gilt ab sofort, nicht erst ab dem durch nicht zu vertretende Umstände verzögerten tatsächlichen Umzug, BAG NJW **88**, 3173. Die Berechnung erfolgt monatsweise (s Rn 1).

5   D. **Befreiung von der Entschädigungspflicht während Freiheitsstrafe (I 3):** Entschädigungsanspruch besteht dem Grunde nach einerlei, ob der HdlGehilfe dem Arbeitgeber tatsächlich Konkurrenz machen kann, s § 74b Rn 1. I 3 regelt dazu einen Sonderfall: keine Entschädigung während Verbüßung einer Freiheitsstrafe, BAG BB **74**, 1486, keine Übertragung auf andere Fallgestaltungen, BAG NJW **05**, 2733.

2) Auskunftspflicht des Handlungsgehilfen (II)

6   Der Arbeitgeber hat Anspruch auf (idR schriftliche) **Auskunft** des HdlGehilfen über die Höhe seines Erwerbs, ggf negativ: Erwerb liege unter x Euro (mit welchem Betrag Anrechnung begänne). Plausible, vorläufige Auskünfte (mit Zahlen) zwecks monatlicher Abschlagszahlungen (§ 74b) sind möglich, sonst nur Jahresabrechnung, BAG DB **88**, 238. Je nachdem sind Belege beizubringen. Keine Pflicht zur Abgabe einer eidesstattlichen Versicherung (entspr § 260 BGB), LAG Hamm DB **74**, 972, str. Der Arbeitgeber kann bis zur Auskunft die Entschädigung zurückhalten, BAG BB **22**, 6, BB **78**, 915. Er kann auch auf Auskunft klagen, Vollstreckung nach § 888 I ZPO. Früherer Arbeitnehmer, der jetzt selbstständig ist, genügt der Auskunftspflicht, wenn er Einkommensteuerbescheid anbietet, BAG BB **75**, 653, aA Durchlaub BB **76**, 232. Böswilliges Unterlassen des Erwerbs muss Arbeitgeber dem HdlGehilfen beweisen, kann nicht Gegenstand einer Auskunftspflicht sein, LAG Düss BB **68**, 1427. Lit: Bengelsdorf BB **79**, 1150.

6. Abschnitt. Handlungsgehilfen und Handlungslehrlinge 1, 2 § 75

[Unwirksamwerden des Wettbewerbsverbots]

75 (1) Löst der Gehilfe das Dienstverhältnis gemäß den Vorschriften der §§ 70 und 71 wegen vertragswidrigen Verhaltens des Prinzipals auf, so wird das Wettbewerbverbot unwirksam, wenn der Gehilfe vor Ablauf eines Monats nach der Kündigung schriftlich erklärt, daß er sich an die Vereinbarung nicht gebunden erachte.

(2) ¹In gleicher Weise wird das Wettbewerbverbot unwirksam, wenn der Prinzipal das Dienstverhältnis kündigt, es sei denn, daß für die Kündigung ein erheblicher Anlaß in der Person des Gehilfen vorliegt oder daß sich der Prinzipal bei der Kündigung bereit erklärt, während der Dauer der Beschränkung dem Gehilfen die vollen zuletzt von ihm bezogenen vertragsmäßigen Leistungen zu gewähren. ²Im letzteren Falle finden die Vorschriften des § 74 b entsprechende Anwendung.

(3) Löst der Prinzipal das Dienstverhältnis gemäß den Vorschriften der §§ 70 und 72 wegen vertragswidrigen Verhaltens des Gehilfen auf, so hat der Gehilfe keinen Anspruch auf die Entschädigung.

1) Wahlrecht bei außerordentlicher Kündigung (I, III)

A. **Lösungsrecht der Handlungsgehilfen (I):** Bei **außerordentlicher Kündigung des Handlungsgehilfen wegen vertragswidrigen Verhaltens des Arbeitgebers** (§ 626 BGB, s § 59 Rn 128–138, 148–149) ist ein **Wahlrecht des Handlungsgehilfen** vorgesehen (I): er kann die Wettbewerbsabrede wirksam werden lassen oder auflösen. Die Kündigung muss wirksam sein; ein wichtiger Kündigungsgrund muss tatsächlich vorliegen, BAG BB **65,** 1455. Auch befristete außerordentliche Kündigung genügt. Die Auflösung mit der Folge des **Unwirksamwerdens des Wettbewerbsverbots** erfolgt durch schriftliche Erklärung an den Arbeitgeber bei oder bis einen Monat nach Kündigung, auch bei darauf folgendem Rechtsstreit mit vergleichsweiser Beendigung des Arbeitsverhältnisses, BAG BB **73,** 660. Das gilt auch, wenn er ordentlich kündigt, aber aus solchem Grunde außerordentlich kündigen könnte und klar ist, dass die ordentliche Kündigung Ersatz für die außerordentliche sein soll (vgl § 89 b III 2), str. Wählt der Arbeitnehmer Auflösung, darf er mit dem Arbeitnehmer in Wettbewerb treten, nachvertragliche Treuepflicht steht dem idR nicht entgegen (§ 60 Rn 5). 1

B. **Lösungsrecht des Arbeitgebers (III, I):** Bei **außerordentlicher Kündigung des Arbeitgebers wegen vertragswidrigen Verhaltens des Handlungsgehilfen** (§ 626 BGB, s § 59 Rn 128–147) ist ein **Wahlrecht des Arbeitgebers** anzunehmen (I analog). Zwar sieht III das Wirksambleiben des Verbotes und den Verlust des Anspruchs auf Entschädigung vor, doch macht diese Ungleichbehandlung von Arbeitnehmer und Arbeitgeber bei den Folgen der außerordentlichen Kündigung **III verfassungswidrig,** BAG BB **77,** 847, NJW **87,** 2768, **99,** 1885. Die Lücke ist durch analoge Anwendung von I zu schließen (vgl § 90 a III nF 1998): Arbeitgeber kann also entscheiden, ob er am Wettbewerbsverbot festhalten will (dann Karenzentschädigung) oder ob er sich lossagen will (dann **Unwirksamwerden des Wettbewerbsverbots**). Die Lossagung muss eindeutig ergeben, dass der Arbeitgeber keine Karenzentschädigung zahlen will und den Arbeitnehmer mit sofortiger Wirkung aus Verbot entlässt, BAG BB **78,** 1168. Bei vorausgegangener Kündigung reicht erklärte Lossagung genügt, BAG NJW **87,** 2708, NJW **99,** 1885. Befristete außerordentliche Kündigung genügt, BAG BB **64,** 219; auch ordentliche, sofern für den Arbeitnehmer klar ist, dass die Vertragsbeendigung Ersatz für die fristlose Kündigung sein soll, BAG BB **68,** 379, **70,** 1050. 2

2) Wahlrecht bei sonstiger Kündigung des Arbeitgebers (II)

3 A. **Grenzen des Lösungsrechts des Handlungsgehilfen (II): Kündigt der Arbeitgeber in anderen Fällen** (also ordentlich oder außerordentlich, aber nicht wegen vertragswidrigen Verhaltens des HdlGehilfen, s Rn 2), ist **ebenfalls ein Wahlrecht des Handlungsgehilfen** vorgesehen (II 1: das Verbot „wird in gleicher Weise unwirksam" wie nach I), BAG BB **84,** 535, **aber** mit **zwei Ausnahmen:**

a) wenn **in der Person des Handlungsgehilfen** ein „**erheblicher Anlass**" zur Kündigung (nicht: wichtiger Grund zu außerordentlicher Kündigung) vorlag, zB unbefriedigende Leistungen (objektiv, im Prozess vom Arbeitgeber zu beweisen); dann bleibt die Abrede beiderseits wirksam;

b) wenn der Arbeitgeber bei Kündigung (nicht später, RG **59,** 125) dem Gehilfen für die Verbotszeit **Fortleistung der vollen letzten Vertragsbezüge** verspricht, zu berechnen und zahlbar nach § 74 b statt der (idR niedrigeren) gewöhnlichen Karenzentschädigung; Anrechnung von anderweitigem und böswillig unterlassenem Erwerb entspr § 74 c, da diese Fortzahlung der Vertragsbezüge der Sache nach auch Karenzentschädigung ist, str, aA RG **114,** 418 (für TV). Keine Abbedingung s § 75 d.

4 B. **Insolvenz des Arbeitgebers:** Für Kündigung in der Insolvenz des Arbeitgebers durch den Insolvenzverwalter nach § 113 I InsO gilt II. Kündigung durch HdlGehilfen nach § 113 I InsO lässt Wettbewerbsabrede unberührt. Der Insolvenzverwalter kann die Wettbewerbsabrede (als beiderseits nicht oder nicht vollständig erfüllten Vertrag) nach § 103 InsO kündigen, einerlei ob Dienst vor Eröffnung des Insolvenzverfahrens endete oder nach Eröffnung, zB durch Kündigung des Arbeitsverhältnisses durch Insolvenzverwalter; HdlGehilfe wird vom Verbot frei und hat Schadensersatzanspruch wegen Wegfalls der Entschädigung (nur als Insolvenzforderung), vgl RG **140,** 298.

3) Wirksambleiben bei sonstiger Kündigung des Handlungsgehilfen

5 Bei anderer Kündigung des HdlGehilfen als nach I (also ordentlicher oder außerordentlicher, aber nicht wegen vertragswidrigen Verhaltens des Arbeitgebers, s Rn 1) bleibt es bei dem wirksamen Wettbewerbsverbot. Ein Wahlrecht des Arbeitgebers außer bei erheblichem Anlass in seiner Person (entspr II) entspräche zwar auch hier einer vollen Parität zwischen Arbeitgeber und Arbeitnehmer, doch ist das verfassungsrechtlich nicht geboten (Grund: abhängige Stellung des HdlGehilfen).

4) Einvernehmliche Aufhebung des Arbeitsverhältnisses

6 A. Bei einvernehmlicher Aufhebung des Arbeitsverhältnisses ist zu prüfen, wer Anlass und Anstoß zur Auflösung gegeben hat; **je nachdem** ist **I oder II** anzuwenden, BAG BB **63,** 1484, **65,** 1455. Liegt der **Anlass beim Arbeitgeber,** so bei vertragswidrigem Verhalten des Arbeitgebers, dann hat der HdlGehilfe Wahlrecht nach I (s Rn 1); bei Auflösung auf Wunsch des Arbeitgebers gilt II (s Rn 3–4); ohne „erheblichen Anlass in der Person des HdlGehilfen" hat HdlGehilfe das Wahlrecht; doch kann der Arbeitgeber es durch Fortzahlung der Vertragsbezüge (s Rn 3) entkräften und die Abrede aufrechterhalten.

7 B. Liegt der **Anlass beim Handlungsgehilfen,** so bei Auflösung auf Wunsch des HdlGehilfen, bleibt das Verbot bestehen (s Rn 5); bei Auflösung auf Grund vertragswidrigen Verhaltens des HdlGehilfen hat der Arbeitgeber das Wahlrecht, ob er an Wettbewerbsverbot festhalten und Entschädigung zahlen oder auf das Verbot verzichten will (s Rn 2). Ausdrückliche Regelung im Aufhebungsvertrag ist zu empfehlen (s § 75 a Rn 1).

[Verzicht des Prinzipals auf Wettbewerbsverbot]

75a Der Prinzipal kann vor der Beendigung des Dienstverhältnisses durch schriftliche Erklärung auf das Wettbewerbverbot mit der Wirkung verzichten, daß er mit dem Ablauf eines Jahres seit der Erklärung von der Verpflichtung zur Zahlung der Entschädigung frei wird.

1) Verzicht vor Ende des Dienstverhältnisses

Der **Arbeitgeber** kann sich, da das Wettbewerbsverbot nur dem Unternehmen dient, durch einseitige, schriftliche, empfangsbedürftige Willenserklärung an den HdlGehilfen **vor Dienstende** (nur im ganzen, nicht zT) von der Wettbewerbsabrede lösen („Verzicht", richtiger: **Rücktritt**). Zustimmung des HdlGehilfen ist also nicht nötig, doch kann das Wettbewerbsverbot jederzeit einvernehmlich formlos aufgehoben werden, BAG NJW **89,** 2149 (vgl § 74 Rn 17), auch zusammen mit dem Anstellungsvertrag (§§ 133, 157 BGB), Kln BB **97,** 1328 (iErg abl), aber s § 75 Rn 6–7. Bei Verzicht wird der HdlGehilfe vom Verbot sofort frei, der Arbeitgeber von seiner Zahlungspflicht dagegen erst ein Jahr nach Verzicht, BAG BB **78,** 612; der Arbeitgeber schuldet also, falls Dienstende früher als ein Jahr nach „Verzicht" eintritt, vom Dienstende bis zum Ablauf dieses Jahres die Karenzentschädigung, auch wenn der Arbeitnehmer innerhalb der Jahresfrist eine Konkurrenztätigkeit aufnimmt, BAG NJW **08,** 1468. Vor Dienstende nur normale Vergütung, keine Karenzentschädigung, BAG NJW **08,** 1468. Verzicht muss eindeutig sein, BAG BB **78,** 1168, bloße Kündigung kann nicht als Verzicht ausgelegt werden. Der Arbeitnehmer kann nicht im Voraus Erklärung über Verzicht verlangen, der Arbeitgeber kann nicht mehr Verzicht aussprechen, nachdem er den Anschein erweckt hat, er werde nicht verzichten, BAG BB **79,** 733, 1557. Verzicht bei außerordentlicher Kündigung des Arbeitgebers s § 75 Rn 2. § 75a gilt entsprechend für **Organmitglied** (§ 74 Rn 3), BGH NJW **92,** 1892, ist aber im Einzelnen anzupassen, Hoffmann/Becking FS Quack **91,** 281. Verzicht auf das nachvertragliche Wettbwerbsverbot (§ 75a) berührt das während des Vertrags geltende (§ 60) nicht, BAG NJW **08,** 1468, vgl § 74 Rn 1, 2.

2) Kein Verzicht nach Ende des Arbeitsverhältnisses

Nach Ende des Arbeitsverhältnisses kann der Arbeitgeber zwar ebenfalls Verzicht aussprechen (vgl Rn 1), der HdlGehilfe wird dann vom Wettbewerbsverbot frei; aber es ist **kein Verzicht** des Arbeitgebers mit Wirkung des § 75a mehr möglich. § 75a lässt **auch kein bedingtes Verbot**, das schon vorher vereinbart wird, zu. Der Arbeitgeber kann sich also nicht vorbehalten, über das Wirksamwerden der Wettbewerbsabrede bei oder nach Dienstende einseitig zu entscheiden oder Karenzentschädigung nur zu zahlen, wenn er Zustimmung zu Konkurrenztätigkeit verweigert, BAG BB **86,** 1156, **91,** 625, NJW **96,** 1980; für Probezeit s § 74 Rn 4. Der HdlGehilfe hat dann ein Wahlrecht (§ 75d Rn 2). **Aufhebungsvertrag** nach Ende des Arbeitsverhältnisses bleibt möglich. RsprÜbersicht: Grunsky FS 25 Jahre BAG **79,** 153.

75b *(aufgehoben)*

1) § 75b betr Ausnahmen von der Entschädigungspflicht für außerhalb Europas Tätige und Hochbesoldete aufgehoben ab 1. 1. 2002 durch 4. EuroEG 2000.

§ 75c 1–4

[Vertragsstrafe]

75c (1) ¹Hat der Handlungsgehilfe für den Fall, daß er die in der Vereinbarung übernommene Verpflichtung nicht erfüllt, eine Strafe versprochen, so kann der Prinzipal Ansprüche nur nach Maßgabe der Vorschriften des § 340 des Bürgerlichen Gesetzbuchs geltend machen. ²Die Vorschriften des Bürgerlichen Gesetzbuchs über die Herabsetzung einer unverhältnismäßig hohen Vertragsstrafe bleiben unberührt.

(2) Ist die Verbindlichkeit der Vereinbarung nicht davon abhängig, daß sich der Prinzipal zur Zahlung einer Entschädigung an den Gehilfen verpflichtet, so kann der Prinzipal, wenn sich der Gehilfe einer Vertragsstrafe der in Absatz 1 bezeichneten Art unterworfen hat, nur die verwirkte Strafe verlangen; der Anspruch auf Erfüllung oder auf Ersatz eines weiteren Schadens ist ausgeschlossen.

1) Beschränkung der Vertragsstrafe (I)

1   A. **Unwirksamkeit:** Vertragsstrafe (s § 348) als Druckmittel für die Erfüllung der Wettbewerbsabrede ergänzt die Rechte des Arbeitgebers aus Verletzung der Wettbewerbsabrede (s § 74 Rn 10–16). Sie ist jedoch unwirksam, wenn das Wettbewerbsverbot unwirksam ist oder wenn in Wirklichkeit nicht Wettbewerb, sondern lediglich eine zulässige Abwerbung verhindert werden soll, BAG **17**, 338. Die Festsetzung der Vertragsstrafe kann den Parteien oder Dritten, aber nicht von vornherein dem Gericht überlassen werden, BAG BB **81**, 302; s § 348 Rn 2.

2   B. **Beschränkung:** Bei wirksam vereinbarter Vertragsstrafe beschränkt I 1 die Rechte des Arbeitgebers auf die nach § 340 BGB.

3   a) Nach § 340 I 1 BGB sind das Recht nach § 341 I BGB (betr Strafversprechen für nicht gehörige, insbesondere verspätete Erfüllung), die verwirkte **Strafe neben Erfüllung** der Abrede zu verlangen, sowie sonstige über § 340 BGB hinausgehende vereinbarte Rechte aus dem Strafversprechen **ausgeschlossen**. Der Arbeitgeber **muss** bei Verletzung der Wettbewerbsabrede durch HdlGehilfen **also wählen** zwischen Recht auf Erfüllung und verwirkter Strafe; wählt er diese, muss er den Verstoß hinnehmen, sein Unterlassungsanspruch erlischt insoweit (**§ 340 I 2 BGB**), BAG BB **70**, 1049, wählt er Erfüllung, kann er bei neuer Verletzung wieder wählen, RG JW **13**, 320. Für welche Zeit der Unterlassungsanspruch erlischt bzw wann eine neue Verletzung gegeben ist, hängt vom Parteiwillen ab. Bei Verstößen nur während eines Teils der Karenzzeit kann die Vertragsstrafe nur teilweise, ganz oder sogar mehrfach verfallen, BAG NJW **73**, 1717. Zweckmäßig ist ausdrückliche vertragliche Regelung. Zulässig ist zB die Vereinbarung, dass die Vertragsstrafe für jeden Fall der Zuwiderhandlung oder bei Dauerverstoß für jeden Monat neu verwirkt sein soll, BAG BB **63**, 1483; der Arbeitgeber hat dann bei jedem neuen Verstoß die Wahl zwischen Vertragsstrafe oder Erfüllung. Fehlt eine Vertragsregelung für Dauerverstoß, ist der Inhalt der Vertragsabrede vom Gericht durch Auslegung zu ermitteln (§§ 133, 157; 242 BGB), BAG NJW **71**, 2008, LAG Mannh BB **73**, 40m krit Anm Trinkner. Zu berücksichtigen ist dabei, ob nach Bedeutung des Verbotes für Arbeitgeber (Indiz: Summe der Karenzentschädigung) die Vertragsstrafe nach ihrer Höhe nur für Einzel- oder auch für Dauerverstoß gedacht sein konnte; eventuell Vertragsstrafe monatlich, BAG BB **63**, 1483, **72**, 447. Bei Verstoß nur während eines Teils der Karenzzeit kann für die Teilzeit Vertragsstrafe und für eine andere Teilzeit Unterlassung geschuldet sein, BAG NJW **73**, 1717.

4   b) Nach **§ 340 II BGB** kann der Arbeitgeber wenn er Anspruch auf Schadensersatz wegen Nichterfüllung (seit SMG: Schadensersatz statt der Leistung, §§ 280 III, 281 ff BGB) hat, die verwirkte Strafe als Mindestschaden fordern,

darüber hinaus weiteren Schaden, BAG BB **70,** 1049; auch wenn er so die Strafe als Schadensersatz fordert, verliert er den Anspruch auf Erfüllung, jedenfalls für diesen Verstoß.

c) **Weitergehende Beschränkung** zugunsten des HdlGehilfen ist zulässig (§ 75 d steht nicht entgegen), zB Vereinbarung, dass der Arbeitgeber bei Verstoß des HdlGehilfen gegen die Wettbewerbsabrede nur Vertragsstrafe fordern kann, nicht Erfüllung, nicht Ersatz weiteren Schadens (vgl II); ebenso Vereinbarung, dass der HdlGehilfe durch Zahlung der Vertragsstrafe (als eine Art Reugeld) die Abrede entkräften kann.

C. **Herabsetzung:** Der HdlGehilfe behält das Recht zum Antrag gemäß § 343 I BGB (s bei § 348) auf **Herabsetzung** einer verwirkten (noch nicht geleisteten) „unverhältnismäßig hohen" Vertragsstrafe auf den angemessenen Betrag **(I 2).** Darüber hinaus gibt es keinen Rechtssatz, dass zwischen Vertragsstrafe und Karenzentschädigung ein angemessenes Verhältnis bestehen müsse, BAG NJW **71,** 2007. Bei Herabsetzung ist jedes mögliche Interesse des Arbeitgebers zu berücksichtigen, nicht nur der entstandene Schaden, BAG BB **63,** 1421.

2) Beschränkung auf Vertragsstrafe (II)

Bei HdlGehilfen, denen keine Karenzentschädigung zugesagt zu werden braucht, kann der Arbeitgeber bei Verstoß gegen die Wettbewerbsabrede nur Vertragsstrafe fordern; er verliert also sein Recht auf Erfüllung (die Abrede erlischt also durch die Verletzung) und Ersatz weiteren Schadens **(II).** Ein Strafversprechen wäre daher in diesen Fällen idR eher nachteilig, jedoch ist II nach Aufhebung des § 75 b (Ausnahmen von der Entschädigungspflicht) **praktisch gegenstandslos.**

[Abweichende Vereinbarungen]

75d ¹ Auf eine Vereinbarung, durch die von den Vorschriften der §§ 74 bis 75 c zum Nachteil des Handlungsgehilfen abgewichen wird, **kann sich der Prinzipal nicht berufen.** ² Das gilt auch von Vereinbarungen, die bezwecken, die gesetzlichen Vorschriften über das Mindestmaß der Entschädigung durch Verrechnungen oder auf sonstige Weise zu umgehen.

1) Keine Berufung des Arbeitgebers auf abweichende Vereinbarung (S 1)

Auf Vereinbarungen, die von §§ 74–75 c zum Nachteil des HdlGehilfen abweichen oder die Vorschriften über Mindestentschädigung (§§ 74 II, 74 b, 74 c, 75 II) umgehen (und vor Dienstende, § 74 Rn 4, getroffen sind), kann sich der **Arbeitgeber nicht berufen.** Eine solche Vereinbarung ist **unverbindlich,** BAG BB **91,** 625. Bsp: Wettbewerbsabrede mit zu niedriger Entschädigung entgegen § 74 II, Einschränkungen des Wahlrechts des HdlGehilfen nach §§ 75 I, II, zB von vornherein Ausschluss des Wettbewerbsverbots für den Fall ordentlicher Kündigung, BAG BB **82,** 926; bedingtes Wettbewerbsverbot (§ 75 a Rn 2).

2) Wahlrecht des Handlungsgehilfen

Bei einem unverbindlichen Wettbewerbsverbot hat der **Handlungsgehilfe** (nicht der Arbeitgeber, s Rn 1) **dagegen** ein **Wahlrecht,** sich von dem Wettbewerbsverbot zu lösen oder den Arbeitgeber daran festzuhalten. Letzterenfalls kann er die vereinbarte Entschädigung verlangen, wenn er während der ganzen Karenzzeit Wettbewerb unterlässt; umgekehrt kann dann der Arbeitgeber Unterlassung des Wettbewerbs verlangen, BAG BB **83,** 1219, **87,** 2166. Der HdlGehilfe muss das Wahlrecht zu Beginn der Karenzzeit und endgültig ausüben; bei Rechtsstreit über die Vertragsbeendigung genügen aber vorläufiges Unterlassen des Wettbewerbs und Wahl erst nach dem Urteil, BAG BB **87**, 2166. Die Wahl kann auch ohne Erklärung gegenüber dem Arbeitgeber in der Wettbewerbsenthaltung liegen; der Arbeitgeber kann dann aber unter Fristsetzung zur ausdrücklichen Wahl auffordern (§ 264 II 1, 2 BGB analog), BAG BB **91**, 625, anders früher. Die Entscheidung für Karenz ist bindend, das Wahlrecht lebt auch bei (Entschädigungs)Zahlungsverzug nicht wieder auf; der HdlGehilfe hat dann aber Recht zu Rücktritt (ex nunc) und Kündigung, nicht nach § 320 BGB zu vorübergehendem Wettbewerb, BAG BB **83**, 1219. Läßt der HdlGehilfe eine zu niedrige Vereinbarung gelten, kann er nur diese, nicht die gesetzliche Mindestentschädigung (§ 74 II) verlangen, BAG **AP** § 74 Nr 19, jetzt offen BAG NJW **90**, 1870.

3) Umgehungsverbot (S 2); Tarifvertrag

3   Verrechnungen und andere Umgehungen der §§ 74–75 c sind ebenfalls unverbindlich (Umgehungsverbot nach S 2). § 75 d gilt auch für Tarifverträge, Schaub § 58 I 6, str.

75e *(aufgehoben)*

[Sperrabrede unter Arbeitgebern]

75f [1] **Im Falle einer Vereinbarung, durch die sich ein Prinzipal einem anderen Prinzipal gegenüber verpflichtet, einen Handlungsgehilfen, der bei diesem im Dienst ist oder gewesen ist, nicht oder nur unter bestimmten Voraussetzungen anzustellen, steht beiden Teilen der Rücktritt frei.** [2] **Aus der Vereinbarung findet weder Klage noch Einrede statt.**

1) Beschränkung von Sperrabreden unter Arbeitgebern

1   § 75 f wendet sich gegen Absprachen unter Arbeitgebern (nicht nur Verbänden, auch einzelnen, BAG BB **73**, 427), die die HdlGehilfen eines Arbeitgebers für andere sperren, einerlei ob Sperre der Beschäftigung als HdlGehilfe oder als selbstständiger Unternehmer, BGH **88**, 267, oder ob Sperre mit Einschränkungen, zB Abhängigkeit von Zustimmung des ersten Arbeitgebers, Beschränkung auf unmittelbar wechselnde Arbeitnehmer ohne Zwischenschaltung eines dritten Arbeitsverhältnisses, BAG BB **73**, 427. § 75 f verstößt nicht gegen Art 9 GG, BGH BB **74**, 1024, sondern dient der freien Arbeitsplatzwahl (Art 12 GG, s Rn 2). § 75 f gilt auch für Abreden, mit denen ein Leiharbeitsunternehmen der Abwerbung des Personals durch den Entleiher vorbeugt, Vertragsstrafenabrede mit Entleiher ist nichtig, BGH BB **74**, 1024. Ob Bestimmung auch eingreift, wenn Arbeitgeber trotz Sperrabrede Arbeitnehmer unter Verleitung zum Vertragsbruch abwirbt, ist offen, BAG BB **73**, 427. § 75 f gilt nach § 110 S 2 GewO entspr für nichtkfm Arbeitgeber, bisher schon stRspr, BGH **88**, 260. Für Einschränkung bei due diligence Wolf NZG **04**, 366. Lit: Eggert 2001.

2) Rechtsfolgen

2   Die Vereinbarung ist nach § 75 f nicht nichtig, aber **beide** Teile können frei von ihr **zurücktreten** (S 1). Außerdem ist sie vor **Gericht kraftlos**, sie trägt keine Klage und keine Einrede (Halbs 2). Sie versagt auch als Grundlage eines Strafversprechens. Ausnahmsweise kann die Vereinbarung gegen Art 12 I 1 GG (freie Wahl des Arbeitsplatzes) und gegen **§ 138 BGB** verstoßen. Abweisung

eines Anstellungssuchenden auf Grund solcher Abrede kann die beteiligten Arbeitgeber uU einem benachteiligten HdlGehilfen oder sonstigem Arbeitnehmer gegenüber nach § 826 BGB **haftbar** machen. Zum vertraglichen Abwerbungsverbot und seiner Durchsetzbarkeit Weiland BB **76,** 1179.

[Vermittlungsgehilfe]

75g ¹§ H55 Abs. 4 gilt auch für einen Handlungsgehilfen, der damit betraut ist, außerhalb des Betriebes des Prinzipals für diesen Geschäfte zu vermitteln. ²Eine Beschränkung dieser Rechte braucht ein Dritter gegen sich nur gelten zu lassen, wenn er sie kannte oder kennen mußte.

1) Nach § 75 g S 1 hat der HdlGehilfe im Außendienst (ebenso wie der HdlVertreter nach § 91 II, s dort) Vertretungsmacht zur Entgegennahme von Erklärungen Dritter betr mangelhafter Leistung (§ 55 IV Halbs 1) und kann Beweissicherungsrechte des Arbeitgebers geltend machen (§ 55 IV Halbs 1). Abweichende Vereinbarungen wirken nicht zugunsten gutgläubiger Dritter (S 2).

[Unkenntnis des Mangels der Vertretungsmacht]

75h (1) **Hat ein Handlungsgehilfe, der nur mit der Vermittlung von Geschäften außerhalb des Betriebes des Prinzipals betraut ist, ein Geschäft im Namen des Prinzipals abgeschlossen, und war dem Dritten der Mangel der Vertretungsmacht nicht bekannt, so gilt das Geschäft als von dem Prinzipal genehmigt, wenn dieser dem Dritten gegenüber nicht unverzüglich das Geschäft ablehnt, nachdem er von dem Handlungsgehilfen oder dem Dritten über Abschluß und wesentlichen Inhalt benachrichtigt worden ist.**

(2) **Das gleiche gilt, wenn ein Handlungsgehilfe, der mit dem Abschluß von Geschäften betraut ist, ein Geschäft im Namen des Prinzipals abgeschlossen hat, zu dessen Abschluß er nicht bevollmächtigt ist.**

1) § 75 h regelt für HdlGehilfen im Außendienst (ebenso wie § 91 a für den HV) die Wirkung eines Abschlusses ohne Abschlussvollmacht (I) und des Abschlusses mit Abschlussvollmacht, aber in einem von der Vollmacht nicht gedeckten Fall (II). § 75 h gilt nicht, wenn der HdlGehilfe nicht ausschließlich im Außendienst arbeitet, „nur" in I steht nach Sinn und Zweck nicht entgegen, BGH WM **06,** 1107. § 75 h gilt nicht für nach Art, Umfang oder Risiko für den betreffenden Betrieb außergewöhnliche Geschäfte, BGH WM **06,** 1109. Der Abschluss ist wirksam, wenn der Arbeitgeber das Geschäft nicht unverzüglich nach Kenntnis ablehnt, angemessene Überlegungsfrist von idR zwei Wochen, BGH WM **06,** 1107. Zum wesentlichen Inhalt gehört alles für die Entschließung des Unternehmers Bedeutsame, BGH WM **06,** 1107. Zu § 75 h s näher zur Parallelvorschrift des § 91 a (und § 362). §§ 54 I, 55 I, 91 a I enthalten allgemeinen Vertrauensschutzgrundsatz, BGH WM **06,** 1109.

76 –82 *(aufgehoben)*

1) §§ 76–82 über **Handlungslehrlinge** aufgehoben durch BBiG ab 1. 9. 1969; s Fredebeul BB **69,** 1145.

§§ 82 a, 83

[Wettbewerbsverbot des Volontärs]

82a *Auf Wettbewerbsverbote gegenüber Personen, die, ohne als Lehrlinge angenommen zu sein, zum Zwecke ihrer Ausbildung unentgeltlich mit kaufmännischen Diensten beschäftigt werden (Volontäre), finden die für Handlungsgehilfen geltenden Vorschriften insoweit Anwendung, als sie nicht auf das dem Gehilfen zustehende Entgelt Bezug nehmen.*

1) Volontärvertrag

1   A. Seit 1. 9. 1969 sind §§ 3–18 BBiG mit bestimmten Ausnahmen anwendbar auf „Personen, die eingestellt werden, um berufliche Kenntnisse, Fertigkeiten oder Erfahrungen zu erwerben", aber weder in einem echten Berufsausbildungsverhältnis noch im Arbeitsverhältnis stehen (§ 19 BBiG). Darunter fallen auch **Volontäre**, Fredebeul BB **69**, 1146, Schmidt BB **71**, 622, Komm zum BBiG. Unterschied zum **Lehrling**: die Berufsausbildung des Volontärs ist nicht wie im eigentlichen Berufsausbildungsverhältnis auf vollständige Fachausbildung in einem anerkannten Ausbildungsberuf abgestellt. Unterschied zum **Arbeitnehmer**: Der Volontär hat keine Leistungspflicht und keinen eigentlichen Arbeitsentgeltanspruch. **Praktikanten** s Stuhr/Stuhr BB **81**, 916. § 82 a ist in den neuen Bundesländern nicht anzuwenden (Anl I zum Einigungsvertrag 31. 8. 1990 BGBl II 889, 959, 1020).

2   B. Im Einzelnen gelten für Volontäre aus dem **Berufsbildungsrecht** des BBiG: § 3 Vertragsabschluss; § 4 Vertragsniederschrift (verzichtbar); § 5 Nichtige Vereinbarungen; §§ 6–8 Pflichten des Ausbilders (wohl ohne Bestimmungen über gegliederte Berufsausbildung, Ausbildungsmittel, Berichtsheftführung), der Kfm schuldet dem Volontär danach Ausbildung, nicht wie früher Gelegenheit, sich selbst auszubilden; § 9 Pflichten des Auszubildenden; §§ 10–12 Vergütung (vgl demgegenüber früher § 82 a: unentgeltlich). § 13 Probezeit (abkürzbar); §§ 14, 15 Beendigung (nicht § 16 Schadensersatz); § 17 Weiterarbeit nach Beendigung des Ausbildungsverhältnisses; und § 18 Unabdingbarkeit des Gesetzes.

3   C. Außerdem gilt für den Volontär **Arbeitsvertragsrecht**, soweit es sich nicht auf **Arbeitsentgelt** und **Dienstpflicht** bezieht und angepasst an den **abweichenden Zweck** des Verhältnisses (§§ 19, 3 II BBiG). Für den kfm Volontär sind damit weiter anwendbar ua §§ 60, 61 Wettbewerbsverbot; § 62 Fürsorgepflicht; § 75 f Sperrabreden; § 109 GewO Zeugnis (bei § 73 aF); § 613 BGB Dienst in Person; §§ 620 ff BGB Kündigungsbestimmungen, soweit Vertrag ausnahmsweise nicht befristet ist (s § 59 Rn 121–150); § 629 BGB Freizeit zur Stellungssuche; Direktionsrecht des Kfm (§ 59 Rn 44); Treuepflicht (§ 59 Rn 48–49).

2) Wettbewerbsverbot für Volontäre

4   §§ 19, 5 I BBiG erklären Vereinbarungen, die den Auszubildenden für die Zeit nach Beendigung des Ausbildungsverhältnisses in der Ausübung seiner beruflichen Tätigkeit beschränken, also **Wettbewerbsverbote** für **nichtig**. § 82 a ist damit **gegenstandslos**, hL, Heymann/Henssler 3, str.

[Andere Arbeitnehmer]

83 Hinsichtlich der Personen, welche in dem Betrieb eines Handelsgewerbes andere als kaufmännische Dienste leisten, bewendet es bei den für das Arbeitsverhältnis dieser Personen geltenden Vorschriften.

1) S hierzu § 59 Rn 23–24. § 83 ist in den neuen Bundesländern nicht anzuwenden (Anl I zum Einigungsvertrag 31. 8. 1990 BGBl II 889, 959, 1020).

Siebenter Abschnitt. Handelsvertreter

Überblick vor § 84

Schrifttum

Ebenroth(/Boujong/Joost/Strohn)/(Löwisch) Bd 1 2. Aufl 2008. – *Eberstein* 9. Aufl 2008. – *GroßKo(HGB)/Emde* 5. Aufl 2008 ff Bd 2 (§§ 48–104) 2008, auch Sonderausgabe, Vertriebsrecht (§§ 84–92 c), 2009. – *Heymann/Sonnenschein/Weitemeyer* 2. Aufl 1995. – *Hopt* 4. Aufl 2009. – *Knapp/Ankele* (LBl). – *Koller/Roth/Morck/Roth* 6. Aufl 2007. – *Küstner,* Das neue Recht des HV, 4. Aufl 2003. – *Küstner/Thume* I (HV) 3. Aufl 2000; *Küstner/Thume* II (Ausgleichsanspruch) 8. Aufl 2008; *Küstner/Thume* III (Vertriebsrecht) 3. Aufl 2009. – *Martinek/Semler/Habermeier* 3. Aufl 2009 (VertriebsrechtsHdb). – *MüKo(HGB)/von Hoyningen-Huene* 2. Aufl 2005. – *Rö(hricht/Graf v Westphalen)/Küstner* 3. Aufl 2008. – *Oetker* 2009. – *Saenger* 1997 (Ausgleichsanspruch). – *Saenger/Schulze* 2000 (Ausgleichsanspruch rechtsvergleichend). – *Schlegelberger/Schröder* 5. Aufl, Bd II 1973. – *Semler* 1988 (Skript). – *Skaupy* 2. Aufl 1995 (Franchising). – *Staub/Brüggemann* 1983, 5. Aufl s GroßKo(HGB). – *Stötter* 5. Aufl 2000. – *Stötter/Lindner/Karrer* 2. Aufl 1980 (Provisionsabrechnung). – *Westphal* 2. Aufl 2000. – **Muster:** *Hopt* HVR 4. Aufl 2009, Materialien IX (HVVertrag in 9 Sprachen, CDH), X (Vertragshändlervertrag dtsch/engl/frz, CDH), XI (Hauptpunkte eines Vertrages für selbstständige hauptberufliche VersVertreter, CDH); *Hopt/Graf v Westphalen,* Vertrags- und Formularbuch zum Hdl-, Ges- und Bankrecht, 3. Aufl 2007, Teil I.G (mit 4 Vertragsmustern); *Abrahamczik* 3. Aufl 2007; *Eberstein* 9. Aufl 2008; *Küstner/von Manteuffel/Evers* 10. Aufl 1998; *Westphal* 2. Aufl 2000. – **RsprÜbersichten:** HVR (1260 Entscheidungen, Leitsätze und IHK-Gutachten seit 1932, LBl, Stand 31. Ergänzungslieferung 2009, zit Entscheidungsjahr und Nr), dazu Hopt NJW **05,** 3123; *Hopt* HVR 4. Aufl 2009 Materialien III (Parallelfundstellen); *Küstner/von Manteuffel/Evers,* Das Vertriebsrecht in Leitsätzen, LSKartei Datendisketten (VertR-LS); BGHFSWissII/*Rittner* **00,** 57; *Behrend* NJW **03,** 1563; *Emde* VersR **01,** 148, **02,** 151, **03,** 419, 549, BB **05,** 389, **06,** 1061, 1121, BB-Sp **07,** 3, BB **08,** 2701, 2755; *Hübsch/Hübsch* WM Sonderbeil 1/**05.**

EGRichtlinie s § 84 Rn 3; Vertragshändler s § 84 Rn 10, Überbl 35 vor § 373; Inhaltskontrolle s § 86 Rn 8; Kartellrecht s § 86 Rn 37, 38: Versicherungsvertreter s § 92 Rn 1; ausländische HV s § 92 c Rn 4.

Ausführliche Literaturnachweise zum HV- und Vertragshändlerrecht: *Hopt* HVR 4. Aufl 2009 Materialien XIII.

[Begriff des Handelsvertreters]

84 (1) ¹**Handelsvertreter ist, wer als selbständiger Gewerbetreibender ständig damit betraut ist, für einen anderen Unternehmer (Unternehmer) Geschäfte zu vermitteln oder in dessen Namen abzuschließen.** ² **Selbständig ist, wer im wesentlichen frei seine Tätigkeit gestalten und seine Arbeitszeit bestimmen kann.**

(2) **Wer, ohne selbständig im Sinne des Absatzes 1 zu sein, ständig damit betraut ist, für einen Unternehmer Geschäfte zu vermitteln oder in dessen Namen abzuschließen, gilt als Angestellter.**

(3) **Der Unternehmer kann auch ein Handelsvertreter sein.**

(4) **Die Vorschriften dieses Abschnittes finden auch Anwendung, wenn das Unternehmen des Handelsvertreters nach Art oder Umfang einen in kaufmännischer Weise eingerichteten Geschäftsbetrieb nicht erfordert.**

§ 84 1

Übersicht

1) Funktion, Geschichte und Recht des Handelsvertreters (HV) 1–9
   A. Wirtschaftliche Funktion 1
   B. Geschichte 2
   C. Rechtsbegriff 4
   D. Anwendbares Recht 6
   E. Wer kann Handelsvertreter sein? 7
2) Abgrenzung und Recht des Vertragshändlers, Kommissionärs, Handelsmaklers 10–21
   A. Vertragshändler 10
   B. Kommissionär, Kommissionsagent, Franchisenehmer 18
   C. Handelsmakler 20
   D. Mischvertrag 21
3) Vermittlung oder Abschluss von Geschäften 22–26
   A. Vermittlung 22
   B. Abschluss 24
   C. Art der Geschäfte 26
4) Tätigkeit für einen anderen Unternehmer (I, III) 27–32
   A. Unternehmer 27
   B. Anderer Unternehmer 30
   C. Untervertreter (III) 31
5) Selbstständiger Gewerbetreibender (I, II, IV) 33–40
   A. Gewerbetreibender 33
   B. Selbstständigkeit (I 2) 35
   C. Unselbstständiger Angestellter (II) 39
   D. Juristische Personen, Personengemeinschaften 40
6) Ständige Betrauung 41–44
   A. Betrauung 41
   B. Ständig 42
   C. Gelegenheitsagent 44
7) Gerichtsbarkeit für Handelsvertreter 45–47
   A. Kammer für Handelssachen 45
   B. Arbeitsgerichte 46
   C. Insolvenzverfahren 48
8) Verhältnis zu Kunden und Dritten 49–55
   A. Keine Vertragsbeziehungen 49
   B. Zurechnung an Unternehmer 53
9) Internationaler Verkehr 56

1) Funktion, Geschichte und Recht des Handelsvertreters (HV)

1   A. **Wirtschaftliche Funktion:** Der HV ist ständiger Absatzmittler eines anderen Unternehmers und als solcher selbstständiger Gewerbetreibender (§ 84 I), aber nicht notwendigerweise Kaufmann (IV). Betriebswirtschaftlich ist dies einer von drei Grundtypen von Absatzkanälen vom Hersteller zum Endkäufer: Der übliche Weg geht über den Groß- und Einzelhandel, wichtig und häufig ist auch der Weg über HV oder Vertragshändler, seltener geworden ist der Direktabsatz über eigene Filialen bzw Verkaufsangestellte (Reisende). Rechtlich ist der HV also anders als Groß- und Einzelhändler in den Absatz und Vertrieb eines anderen Unternehmens eingegliedert, und zwar im Gegensatz zum Makler ständig. Der HV behält dabei aber anders als der Arbeitnehmer seine rechtliche Selbstständigkeit. Dem Mehr an unternehmerischer Freiheit des HV entspricht ein Weniger an rechtlichem Schutz. Das **Erscheinungsbild** des HV in der Praxis ist allerdings sehr vielgestaltig. Es reicht vom großen Vertriebsunternehmer mit Marktmacht, auf den der Hersteller angewiesen ist, zB bestimmte Importeure, über den nur rechtlich selbstständigen, aber wirtschaftlich abhängigen HV bis zum HV im Nebenberuf (§ 92 b) und zum Einfirmenvertreter mit arbeitnehmerähnlicher Stellung und Schutzbedürftigkeit (§ 92 a). Heute ist der Vertrieb über HV nur eine Erscheinungsform in einer **Vielfalt** von Absatzmittlungs- und Ver-

Siebenter Abschnitt. Handelsvertreter 2, 3 § 84

triebssystemen, das HVRecht ist dementsprechend Teil des Rechts des Vertriebsmittler bzw Vertriebssysteme, Martinek ZHR 161 **(97)** 67. Der HV und das zu seinem Schutz normierte Recht können aber für ähnliche Absatzmittler und Vertriebssysteme ggf ein Muster abgeben (vgl Rn 11).

B. **Geschichte: a)** Als erstes Gesetz der Welt brachte das deutsche **HGB** 1900 2 besondere Vorschriften über die **„Handlungsagenten"** statt des allgemeinen Werk- und Dienstvertragsrechts wie noch unter dem ADHGB, Schmidt-Rimpler in Ehrenbergs Hdb V/I/1, 38 ff. Viele Länder folgten, ua Schweden, Norwegen und Dänemark 1914/16/17, Österreich 1921, die Niederlande 1936, Italien 1942, die Schweiz 1949. Die Vorschriften des HGB (zunächst nur 9 an der Zahl) erschienen bald änderungsbedürftig. Nach 1933 erarbeitete die AkfDR einen Änderungsentwurf von 1940 (Nipperdey/Dietz, Arbeitsbericht 17 der Akademie).

b) Die grundlegende **Novelle 1953** (G zur Änderung des HGB (Recht der Handelsvertreter) 6. 8. 53 BGBl 771) zielte auf Erstreckung auf HV auch von NichtKflten (§ 84 I „Unternehmer"), klarere Abgrenzung der HV von den HdlGehilfen (§ 84 II), Klärung der Rechtsstellung der arbeitnehmerähnlichen HV und Verbesserung der Rechtsstellung aller HV durch zwingendes Recht. Sie fasste Abschn 7 ganz neu (statt eines Sondergesetzes für HV), änderte §§ 1, 55, 65, 75 g, 75 h, präzisierte die Zuständigkeit des ArbG für HV (Rn 46) und regelte das Insolvenzvorrecht für HV (Rn 48). Lit: Schmidt 1995; Martinek ZHR 161 **(97)** 67.

c) Die **Rechtsangleichung** des HVRechts **in der EG** erfolgte durch die am 3 deutschen Recht orientierte EG-Ri **(Handelsvertreterrichtlinie)** 18. 12. 1986, 86/653/EWG, ABlEG 31. 12. 86 Nr L 382/17 (auch in Hopt HVR 4. Aufl 2009 Materialien I), dazu Bericht zu Art 17 (entspr § 89 b) EGKomm 23. 7. **96** KOM (96) 364 endg, und die **Novelle 1990** (23. 10. 89 BGBl 1910, in Kraft 1. 1. 90, betr §§ 86 IV, 86 a II 2, 3, III, 87 I, II, III, 87 a I 4, III 2, V, 89, 89 b III, IV 2, V, 90 a I 2, 92 c I, 104 S 2; **(1)** EGHGB Art 4, 29). Diese zweite große Reform des HVRechts setzte den Trend zu mehr Schutz aller HV und mehr zwingendem Recht fort. Die praktisch wichtigsten Änderungen betreffen die Kündigungsfristen nach § 89 sowie die Sonderregelung für Auslandsvertreter nach § 92 c. Übergangsrecht bis 31. 12. 1993, s **(1)** EGHGB Art 29. Die EG-Ri behält auch nach der Umsetzung erhebliche praktische Bedeutung, weil ihr Inhalt nicht zur nationalen Disposition steht und aus sich heraus auszulegen ist (autonome Auslegung) und weil das deutsche HVRecht, auch wo der deutsche Gesetzestext unverändert geblieben ist, soweit die EG-Ri reicht, europarechts- bzw richtlinienkonform ausgelegt werden muss, für die HVRi Hopt FS Medicus **99**, 235, allgemein Brechmann 1994, Lutter JZ **92**, 593, Götz NJW **92**, 1853. Für Zweifelsfragen bei der Auslegung der EG-Ri ist ausschließlich der EuGH im Vorlageverfahren nach **Art 234 (177 aF) EG** zuständig, BGH NJW **98**, 1863 (vgl § 84 Rn 35, 86 Rn 22, 86 a Rn 1, 87 Rn 1, 89 a Rn 1, 89 b Rn 1, 24, 90 a Rn 2). Zu beachten sind deshalb die Urteile des **EuGH** zur Auslegung der Ri, ua EuGH HVR **(98)** Nr 919 (Bellone), NJW **00**, 3267 (CentrosTeel), **01**, 2007 (Ingmar, umstürzend für § 92 c, s dort), EuZW **06**, 341 (Honyvem, Ausgleichsanspruch), 26. 3. **09** EuZW **09**, 304 = BB **09**, 1607 (Semen, § 89 b I vor Nr 1 ist richtlinienwidrig, keine Auslegung zum Nachteil des HV, § 89 b Rn 45 und 1, 16, 24, 28, 46). Die EGRi und die Rspr des EuGH gelten nur im Anwendungsbereich der EGRi (nicht für WarenHV, VersVertreter, Vertragshändler, Analogie § 84 Rn 11), aber gespaltene Auslegung sollte vermieden werden, zutr Emde VersR **09**, 1479. Zur EG-Ri: Westphal 1994, Grundmann Europ Schuldvertragsrecht 1999, 3.80, Fock 2001, Ebenroth/Hakenberg Anh I vor § 84, Thume in Kronke ua, Hdb des Int Wirtschaftsrecht 2005; Ankele DB **87**, 569, J. Schmidt ZHR 156 **(92)** 512 (zwingende/dispositive Regeln),

§ 84 4–8   I. Buch. Handelsstand

Lange JZ **98**, 1113; Fock ZEuP **98**, 351, **00**, 108, Tellis in Hopt/Tzouganatos, Europäisierung, 2006, S. 155; zur Umsetzung in der EU EGKomm 23. 7. **96** KOM (96) 364 endg, Westphal 1995, EWS **96**, 43, Sellhorst EWS **01**, 481, Krusche EWS **01**, 523 (Ausgleichsanspruch); zur Novelle 1990 Ankele DB **89**, 2211, Küstner/von Manteuffel BB **90**, 291, Kuther NJW **90**, 304, Kindler RIW **90**, 358. Lit: Saenger/Schulze 2000 (EU, § 89 b).

4   **d)** Das **HRefG 1998** (22. 6. 1998 BGBl 1474) fügte § 84 IV ein, hob § 90 a II 2 auf und änderte § 90 a III. Übergangsrecht mit gewisser Rückwirkung zu § 90 a II, III nF s **(1)** EGHGB Art. 29 a Rn 1. Indirekte Auswirkungen des **SMG 2001** (Gewährleistung, Provision), Enders ZGS **06**, 462.

5   C. **Rechtsbegriff:** Der Begriff des HV ist in **I 1** definiert und damit von ähnlichen Vertriebsmitlern wie Vertragshändler, Kommissionär und Handelsmakler (Rn 10) abgegrenzt. Seine Merkmale sind im Überblick: **Vermittlung oder Abschluss von Geschäften** (Rn 22) **für einen anderen Unternehmer** (Rn 27), **selbstständiger Gewerbetreibender** (Rn 33) **und ständige Betrauung** mit solcher Vermittlung (Rn 41). In I 2 ist das Merkmal der Selbstständigkeit näher bestimmt (Rn 35). II klärt die Rechtsstellung dessen, der unselbstständig, aber sonst wie ein HV tätig ist (Rn 39). III klärt, dass es HV von HV gibt (Rn 31).

Entscheidend ist die Erfüllung dieser Merkmale nach der **vertraglichen Gestaltung und tatsächlichen Handhabung,** nicht die von den Parteien gewählte Vertragsbezeichnung, BGH **59**, 91, **68**, 345, BB **75**, 1410, **82**, 1877, Düss WM **84**, 1287 („Cooperation"), Mü HVR **(98)** Nr 893; s auch Rn 36. Der HVVertrag ist **Dienstvertrag über Geschäftsbesorgung,** s § 86 Rn 1. Lit: Jahnke ZHR 146 **(82)** 616.

6   D. **Anwendbares Recht:** Auf den HV im Rechtssinn sind die §§ 84–92 c als Sondervorschriften zu den übrigen Vorschriften des HGB (vgl IV) und des BGB anwendbar (zu diesen § 86 Rn 4), internationales Recht s bei § 92 c. Ist der HV ein Versicherungsvertreter (Definitionen s § 92 Rn 1), finden §§ 43 ff aF, 69 ff nF VVG über Vertretungsmacht (§ 92 Rn 3) Anwendung. Internationales und ausländisches HVRecht s § 92 c. Übergangsrecht s **(1)** EGHGB Art 29 a.

Die **Bezeichnung „Handelsvertreter"** (vor 1953 „Handlungsagent") ist als Berufsbezeichnung nicht speziell gesetzlich geschützt, steht also grundsätzlich auch Personen offen, die nicht HV nach § 84 sind, zB angestellten Reisenden (vgl Rn 1). Wenn nach Lage des Falles die unrichtige Bezeichnung des NichtHV als HV eine besondere Qualifikation vorspiegelt, die Kunden bei ihrer Entscheidung beeinflussen kann, können §§ 3, 5 UWG vorliegen.

7   E. **Wer kann Handelsvertreter sein?** HV kann jede natürliche oder juristische Person sein.

a) Minderjährige und andere nicht voll Geschäftsfähige bedürfen zum Abschluss eines HVVertrages der Zustimmung des gesetzlichen Vertreters und der Genehmigung des Vormundschaftsgerichts (selbstständiger Betrieb eines Erwerbsgeschäfts nach § 112 BGB). Bei wirtschaftlicher Abhängigkeit kann § 113 BGB gelten (Dienst- oder Arbeitsverhältnis), LAG Stgt BB **63**, 1193. Haftungsbeschränkung bei Volljährigwerden (§ 1629 a BGB) s § 1 Rn 34.

8   **b)** Auch eine **juristische Person** kann HV sein, zB AG, GmbH, LG Münst BB **82**, 1748, Hbg BB **98**, 971, BFH BB **99**, 249, Mü HVR **(06)** 1168, eV, eG (die etwa ihren Mitgliedern Geschäfte vermittelt); auch andere HdlGesellschaften ohne Rechtsfähigkeit wie **OHG** und **KG** (häufig), Grund: § 124 HGB (so die Rspr und die früher hL), nach neuerer Ansicht die Anerkennung dieser Gesellschaften als Gruppe im Rechtsverkehr (s zu § 124). Träger der Rechte und Adressat der Pflichten zB nach §§ 86, 86 a, 89 b ist dann die OHG selbst (§ 124), die Gfter haften persönlich nach § 128, Martin VersR **67**, 824. „Firmeneigene

Versicherungsvermittler" (meist GmbH, die von Industrieunternehmen zur kostensparenden Beschaffung von Versicherungsschutz gegründet werden) sind idR keine HV. Lit: Emde 1994 (HVGmbH); Emde GmbHR **99,** 1005, Westphal BB **99,** 2517.

c) Andere Personengemeinschaften, die nicht in gleicher Weise im 9 Rechtsverkehr auftreten können, sind als solche nicht HV, zB die Erbengemeinschaft. Das galt nach der früheren Rspr und hL auch für **Gesellschaft bürgerlichen Rechts** (Heymann/Sonnenschein/Weitemeyer 6). Handelte es sich um ein Kleingewerbe (vgl § 1 II) und damit um eine GbR (aber § 105 II), so waren die Mitglieder danach selbst HV und Vertragspartner des Unternehmers (§ 431 BGB). Das kann nach der neuen Rspr des BGH, die die GbR, soweit sie AußenGes ist, als rechtsfähig behandelt, BGH **146,** 341 (Einl 14 vor § 105), nicht mehr aufrechterhalten werden; auch GbR kann danach HV sein (vgl § 84 IV). Handelt es sich um HdlGewerbe, so wird die Gemeinschaft durch den Betrieb des HVGewerbes unter gemeinschaftlicher Firma OHG (§ 105 I) und ist dann ohne weiteres selbst HV (Rn 8). **Nicht** HV ist bei der **stillen Gesellschaft** (§ 230) auch der Stille, HV ist nur der Inhaber des HdlGeschäfts. Über die Möglichkeit des Schutzes durch Festsetzung von Mindestbedingungen § 92 a Rn 3, über Gemeinschaften von HV „im Nebenberuf" § 92 b Rn 1.

2) Abgrenzung und Recht des Vertragshändlers, Kommissionärs, Handelsmaklers

A. **Vertragshändler:** Wer unter Dauervertrag Waren kauft und sie **im eige-** 10 **nen Namen und auf eigene Rechnung** weiterverkauft, ist weder Kommissionär noch HV, sondern Vertragshändler bzw Eigenhändler; uU **Franchisenehmer** (Überbl 43 vor § 373). Der Vertrag kann jedoch im konkreten Fall dem HVVertrag sehr ähnlich sein, zB betr Pflichten des Vertragshändlers und des Unternehmers, Depotabrede (Überbl 41 vor § 373), Preis- und Ausschließlichkeitsbindung, Vertragsbeendigung. Lit (Überbl 35 vor § 373): Ulmer 1969, Foth 1985, Semmler 1995 (Tankstellenleiter), Genzow 1996, Stumpf/Jaletzke/ Schultze 3. Aufl 1997, Habersack/Ulmer 1998 (KfzVertrieb), Niebling 3. Aufl 2006, Westphal II 2000, Küstner/Thume III 1134; K. Schmidt DB **83,** 2357, Sandrock FS Fischer **79,** 657, Bechtold NJW **83,** 1393, Werner/Machunsky BB **83,** 338, Veltins NJW **84,** 2063, Stumpf/Hesse BB **87,** 1474, Küstner/von Manteuffel BB **88,** 1972 (Berechnung des Ausgleichsanspruchs), Graf v Westphalen DB Beil 8/**88,** Horn ZIP **88,** 137, Martinek ZIP **88,** 1362 (Subordinationsfranchising), Köhler NJW **90,** 1689 (Franchising), Eckert WM **91,** 1237 (§ 89 b); Wauschkuhn BB **96,** 1517, Niebling BB **96,** 1727, **97,** 2388, Kümmel DB **97,** 27, Schwytz BB **97,** 2385, Stumpf NJW **98,** 12, Kainz NJW **99,** 2779, Kainz/Lieber/Puszkajler BB **99,** 434 (§ 89 b), Intveen BB **99,** 1881 (§ 89 b), Reufels/Lorenz BB **00,** 1586 (§ 89 b), Creutzig NJW **02,** 3430 (Investitionsersatz), Ensthaler DB **03,** 257 (§ 89 b). Ausland s § 92 a Rn 4. **Muster:** Hopt HVR 4. Aufl 2009 Materialien X (CDH); Hopt/Graf v Westphalen 3. Aufl 2007 Form I. G.3 (Vertragshändlervertrag); ICC Model Distributorship Contract 2 d ed (IntHK-Publikation Nr 646, Sprache englisch); ICC Model Selective Distributorship Contract 2004 (IntHK Publikation Nr 657, Sprache englisch).

a) Handelsvertreterrecht kann dann entsprechend anwendbar sein, und 11 zwar auf Vertragshändler ebenso wie auf Franchisenehmer, ganz hL, dies trotz Geltung der EGRi nur für HV, keine gespaltene Auslegung (s Rn 3). Bsp: § 86, Interessenwahrungspflicht, Wettbewerbsverbot, BGH NJW **84,** 2101 (aber Rn 35); Auskunftsanspruch wegen unzulässigen Wettbewerbs des Lieferers, BGH BB **57,** 452, **59,** 537 (derselbe Fall); § 86 a, BGH NJW **58,** 1138; § 87 II nicht, BGH NJW **84,** 2411 (auch nicht § 687 II BGB, str); § 86 b nicht; §§ 87 ff über

§ 84 12, 13

Provision grundsätzlich nicht, Kln BB **75**, 8, auch nicht § 87 III, GroßKo/Emde Rn 325 vor § 84, offen BGH NJW **00**, 1192; § 87 c, sofern provisionsähnliche Vergütungsanteile geschuldet, sonst eher nicht, GroßKo/Emde § 87 c Rn 19; § 87 d Auslagenersatz, grundsätzlich nicht, str; § 88 aF, BGH BB **02**, 1507; § 88 a nicht; § 89 Kündigungsfristen, BGH NJW **62**, 1107, DB **66**, 577 LS, WM **03**, 842, str; § 89 a außerordentliche Kündigung, BGH NJW **82**, 2432, **94**, 722, str; § 90 a I 2, Mü BB **63**, 1194 (Bierverleger), § 90 a I 3, BGH WM **87**, 512 (Franchisenehmer); §§ 91, 91, 92–92 b nicht; § 92 c Ko/Ro/Mo/Roth 2, aA Kocher RIW **03**, 515.

12 Wichtig ist die analoge Anwendung **vor allem** von § 89 b über den **Ausgleichsanspruch,** BGH **29**, 83, **34**, 282, **68**, 340, **89**, 216, **93**, 59, **135**, 14, **142**, 367, NJW **81**, 1961, **82**, 2819, **83**, 1789, 2877 (auch für KfzVertragshändler), **84**, 2101, 2102, **85**, 3076 (auch § 89 b IV 1), **86**, 2306 (iErg abl), **89**, 35, **94**, 657, **96**, 1752, 2159, 2302, **97**, 655, **00**, 1413, WM **86**, 530, **87**, 542 (iErg abl), 1462, **88**, 1642 (iErg abl), **91**, 1513, **92**, 825, **93**, 1464, 1681, **94**, 243, **06**, 1403, 1919, **07**, 1983 (iErg abl), NJW-RR **98**, 390, Mü BB **84**, 1829 (iErg abl), **93**, 1472, **94**, 533, Kln NJW-RR **96**, 98 (iErg abl), NJW-RR **97**, 101, Mü HVR **(02)** Nr 1053, Ffm HVR **(06)** 1151, 1152, 1153; ebenso die hL, K. Schmidt § 28 III 2, GroßKo/Emde vor § 84 Rn 328, aA Siegert NJW **07**, 188 (wegen der europäischen KfzGVO, § 86 Rn 38), gegen diesen Emde BB **08**, 2763. Bei der **Berechnung** des Ausgleichsanspruchs sind aber **wichtige Besonderheiten gegenüber dem Handelsvertreter** zu beachten. Die Rabatte, die der Vertragshändler auf den Listenpreis des Herstellers erhält, entsprechen zwar im Ansatz den Provisionen des HV, aber nur unter Herausrechnung der Rabatteile für Leistungen, die der HV üblicherweise nicht zu erbringen hat. Dafür gibt es verschiedene zulässige Berechnungsmethoden, ua die zweistufige Methode (zuerst Herausrechnung der händlertypischen Rabatteile, dann wie beim HV der Anteile für Verwaltung, § 89 b Rn 28), die Vergleichsmethode (Vergleich mit HVVertrieb), die Rohertragsmethode, bei der der Rohertrag (Differenz zwischen Ver- und Einkaufspreis des Vertragshändlers) um die händlertypischen Preisnachlässe und Skonti (Grund: Vertragshändler trägt anders als HV das Absatzrisiko) und weitere händlertypische Rabattbestandteile gekürzt wird. Vertreteruntypisch sind Gegenleistungen für das Absatz-, Lager-, Preisschwankungs- und Kreditrisiko sowie der Gegenwert für die sonstigen Kosten des Absatzes, zB variable Verkaufskosten, str, Produktwerbung, str, Halten von Vorführwagen, Unterhaltung eines Ausstellungsraums, str, teilweise der Personalkosten, str. Zur Berechnung BGH **29**, 91, **68**, 348, **135**, 14, NJW **96**, 2298, 2302, WM **06**, 1403, Mü HVR **(02)** Nr 1053 (3 Berechnungsmodelle); Hollmann BB **85**, 1023, Küstner/von Manteuffel BB **88**, 1972, Graf v Westphalen DB Beil 8/**88**, 6 u MDR **96**, 130, Kainz/Lieber/Puszkajler BB **99**, 434 (Münchner Formel), Emde GRUR **06**, 997, BB **08**, 2763 gegen Wendel GRUR **07**, 748 (§ 89 b, Ersatzteile), Semmler WRP **07**, 247 (§ 89 b), Siegert NJW **07**, 188 (§ 89 b); Rechenbeispiel: Stumpf/Jaletzke/Schultze/Wauschkuhn 816. Zur Beweislast BGH **135**, 24, NJW **96**, 2300 (vgl für HV § 89 b Rn 22, 33, 44). Für weitgehende Korrekturen unter § 89 b (Ertragswertmethode) Ekkenga AG **92**, 345.

13 b) **Die Voraussetzungen für eine entsprechende Anwendung von HVRecht sind jedoch streitig:** (1) Allgemein für die entspr Anwendung von HVRecht (nicht nur § 89 b) ist notwendig, dass ein Innenverhältnis ähnlich HV besteht, das mehr als eine reine Käufer-Verkäufer-Beziehung ist: also Vertragsverhältnis (Rahmenvertrag, Vertragshändlervertrag), **Eingliederung in die Absatzorganisation des Herstellers,** stRspr BGH, Aufgaben und Pflichten wesentlich wie HV, insbesondere Interessenwahrungspflicht (s § 86), näher BGH WM **07**, 1983 mkritAnm Emde BB **08**, 2762, Kln BB **97**, 2451, Mü BB **97**, 595. Alleinvertriebsrecht mit Gebietsschutz ist unnötig, kann aber Indiz sein,

Siebenter Abschnitt. Handelsvertreter **14–19 § 84**

BGH NJW **82**, 2819; ebenso Konkurrenzverbot, BGH NJW **83**, 2877; Bsp für fehlende Eingliederung BGH WM **88**, 1644, Kln NJW-RR **95**, 29, shop-Geschäft des Tankstellenpächters, BGH HVR **(03)** Nr 1070, aber dieser konnte Bezugsquellen nicht selbst bestimmen (§ 89 b Rn 4).

(2) Für § 89 b ist weiter die tatsächliche **Möglichkeit** des Lieferanten erforder- 14 lich (und ausreichend), den **Kundenstamm des Eigenhändlers zu nutzen**, üL, K. Schmidt DB **79**, 2357, Graf v Westphalen DB Beil 12/**81**, 15, Köhler NJW **90**, 1691, Eckert WM **91**, 1237. Tatsächliche Nutzung ist unnötig. Der Aufbau eines Kundenstamms durch KfzVertragshändler wird durch die europäischen KfzGVO (§ 86 Rn 38) erschwert, Siegert NJW **07**, 188.

Demgegenüber verlangt die Rspr eine (aber auch konkludent mögliche) **Ver-** 15 **tragspflicht zur Überlassung des Kundenstamms** an den Hersteller (gleich ob erst bei Vertragsende zu erfüllen oder laufend vorher durch Mitteilungen über die Kundschaft) sowie Ausscheiden und tatsächliche Überlassung dieses Kundenstamms, daran gegen Kritik festhaltend BGH **135**, 14, NJW **96**, 2159, Saarbr NJW-RR **99**, 106, Kln HVR **(01)** Nr 1049, im Grundsatz zust Canaris § 17 Rn 25. Dazu muss nicht von vornherein praktisch lückenlose Übermittlung der Kundendaten sichergestellt sein, BGH WM **94**, 243. An der tatsächlichen Überlassung fehlt es, wenn die Kundschaft beim Händler bleibt. Sie ist gegeben, wenn Unternehmer bei jedem Neuwagenverkauf Garantiekarte mit KfzNr und Name und Anschrift des Käufers erhält, Düss HVR **(00)** Nr 945. Auch geringe **Mitursächlichkeit trotz Sogwirkung** genügt, jedoch ist die Sogwirkung bei § 89 b I Nr 2 zu berücksichtigen, BGH WM **87**, 1465, 06, 1407 (§ 89 b Rn 35). Bloße Vertragspflicht bei jahrelanger gegenteiliger Praxis soll nicht genügen, Kln NJW-RR **96**, 98; Vertragspflicht genügt jedoch, einerlei ob Hersteller davon Gebrauch macht, BGH **135**, 18, HVR **(98)** Nr 865, bzw zu welchem Zweck er davon Gebrauch macht, BGH **135**, 18, Düss HVR **(00)** Nr 945. Muss die zur Kundenpflege eingesetzte Drittfirma die Kundendaten nach Ende des Händlervertrags wieder löschen, fehlt es an der Überlassung, BGH NJW **96**, 2159, NJW-RR **98**, 390. Kundenstamm auch bei KfzVertragshändlern, BGH WM **87**, 1462; auch ein einziger Stammkunde (Ostblockstaat), Hbg DB **80**, 972. Bloße Weitergabe der Kundenkartei nach Vertragsende an Dritten zu legitimer Konkurrenz hindert nicht, aber mindert uU Ausgleichsanspruch, BGH WM **06**, 1919 m krit Anm Ströbl BB **06**, 2258.

(3) Schutzwürdigkeit oder wirtschaftliche Abhängigkeit des HV im Einzelfall 16 ist – **nicht** erforderlich wesentlich (anders bei § 89 b I Nr 2); ebenso, ob und in welchem Umfang der Vertragshändler eigenes Kapital einsetzt, BGH **68**, 340 (gegen BGH **34**, 282), NJW **83**, 1789; ebenso für Unabdingbarkeit nach § 89 b IV, str, BGH NJW **85**, 3076. Diese drei Grundsätze gelten nicht nur zwischen Produzent und Vertragshändler, sondern auch zwischen Vertragshändlern erster und zweiter Stufe, BGH NJW **67**, 825 (Importeur und Bezirkshändler).

c) Kartellrecht findet auf Vertragshändler anders als auf HV uneingeschränkt 17 Anwendung (§ 86 Rn 35, Überbl 38, 40 vor § 373). Umfängliche **AGBKontrolle** (§ 86 Rn 8), zB BGH **124**, 351 (KfzBranche).

B. **Kommissionär, Kommissionsagent, Franchisenehmer:** Wer **im ei-** 18 **genen Namen für andere** gewerbsmäßig Geschäfte abschließt, ist nicht HV, sondern Kommissionär **(§§ 383 ff)**, wenn es sich um Geschäfte bestimmter Art handelt, besonders Käufe und Verkäufe, sonst etwa Spediteur, §§ 407 ff oder in ähnlicher Rechtsstellung wie Kommissionär oder Spediteur.

Ist er aber vertraglich **ständig** mit solchen Abschlüssen in eigenem Namen für 19 fremde Rechnung **betraut**, so ist er **Kommissionsagent** (§ 383 Rn 3), Hopt FS Hadding **04**, 443. Im Verhältnis zwischen ihm und seinen Kommittenten (wo der Abschluss in eigenem oder fremden Namen weniger bedeutet als im Verhältnis beider zum Geschäftspartner) ist uU **Handelsvertreterrecht entsprechend** anzuwenden, BGH **79**, 97, Küstner/Thume III 1555, Ulmer/Habersack ZHR 159 **(95)** 113; zB § 84 II (dann Arbeitnehmer, s Rn 39), § 85; § 86 b; §§ 87 ff, ua Bezirksschutz nach § 87 II, RG JW **17**, 156, BGH **29**, 86; § 87 a betr Voraussetzungen des Provisionsanspruchs, LG Wuppertal NJW **66**, 1129; § 87 a III 2 (nicht § 396 I 2) und § 87 d (nicht § 396 II), Staub/Koller § 383 Rn 39, 37; §§ 89, 89 a betr Kündigung RG **69**, 365, RG HRR **34**, 1298, Mü HVR **(98)** Nr 894; § 89 b betr Ausgleichsanspruch, noch weit eher hier als beim Vertragshändler (Rn 12), zumal der Kommissionsagent schon gesetzlich (§ 384 II) bei Vertragsende die Überlassung des Kundenstamms schuldet und idR kapitalschwächer, daher schutzbedürftiger ist, BGH HVR **(58)** Nr 186, Mü HVR **(70)** Nr 430; vgl BGH NJW **64**, 1953, WM **03**, 2105; § 90; § 90 a. Aber auf die Schutzbedürftigkeit des Kommissionsagenten kommt es ebenso wenig wie beim HV an, aA Staub/Koller § 383 Rn 34.

Entsprechendes gilt für **Franchisenehmer** (s Rn 10); §§ 85, 86, 86 a II, 89; 89 a, vgl allgemeiner BGH NJW **99**, 1117; § 89 b, LG Ffm HVR **(99)** Nr 1115 (wie OLG), Celle BB **07**, 1862, Küstner/Thume/Küstner II/115; §§ 90, § 90 a I 3, BGH WM **87**, 512; § 92 c. Differenzierend zwischen Subordinationsfranchising, ja, und Partnerschaftsfranchising, nein, Ebenroth/Löwisch 111, 112. Für Lizenznehmer Emde WRP **06**, 449, str.

20 C. **Handelsmakler:** Wer **ohne vertragliche ständige Betrauung** und Verpflichtung zum Tätigwerden gewerbsmäßig in fremdem Namen Geschäfte abschließt, ist nicht HV, sondern Makler bzw Handelsmakler (**§§ 652 ff BGB, §§ 93 ff HGB**), BGH BB **82**, 1877, NJW **92**, 2818 m Anm Dehner NJW **93**, 2225 (mit weiteren Indizien); ggf VersMakler, BGH **93**, 359. Abgrenzung nach Gesamtbild der tatsächlichen Handhabung, Wortwahl ist nicht entscheidend, Düss HVR **(03)** Nr 1081. Bsp für Zwischenformen (trotzdem Maklervertrag): Herstellung der Geschäftsverbindung (nicht Vermittlung einzelner Geschäfte) zwischen Lieferfirma und Warenhäusern gegen Provision aus allen hieraus entstehenden Geschäften mit Kontakthalte- und Mustervorlagepflicht, Stgt BB **59**, 537; regelmäßige Vermittlung von Bestellungen der Bundeswehr bei Möbelfabrikant ohne ständige Betrauung, Bambg MDR **66**, 56. Der HV kann nicht für geworbene Kunden gleichzeitig Makler sein und von diesen Provision verlangen, BGH BB **74**, 100, Grund: Interessenwahrung für Unternehmer.

21 D. **Mischvertrag:** Möglich ist Verbindung der Handelsvertretung (§ 84 I) mit einem anderen Vertragsverhältnis, Bsp: Tankstellenpacht, BGH **42**, 245, **52**, 171, BB **85**, 353; Konzertkartenvertrieb (durch Zigarrenhändler), BGH DB **86**, 1117; vgl § 89 Rn 7, § 89 b Rn 4. **Nicht:** Ein zur Vermittlung von Geschäften verpflichteter (Innen)Gfter ist nicht HV, HdlRecht ist auch nicht entspr anwendbar, BGH BB **78**, 422.

3) Vermittlung oder Abschluss von Geschäften

22 A. **Vermittlung:** Der HV vermittelt Geschäfte des Unternehmers mit Dritten (drei Personen, Rn 23), dh er fördert ihren Abschluss **durch Einwirkung auf den Dritten** (was die Abschlussbereitschaft der vertretenen Unternehmers voraussetzt, vgl § 86 a II 3), BGH NJW **83**, 42; für bloße Vermittlung sprechende Umstände s Kln VersR **98**, 760. Es genügt **Mitursächlichkeit**, BAG BB **71**, 492, BGH NJW **80**, 1793 (öffentliche Bauvorhaben), falls sie nicht ganz nebensächlich ist (Rn 23); dementsprechend Mitverursachung bei Provision § 87 Rn 11. Persönliche Mitwirkung am Abschluss ist nicht nötig, zB gemäß Vereinbarung über zulässige Untervertretung, Mü HVR **(00)** Nr 987; beim Generalvertreter oder Verkaufsleiter, dem nur Einstellung und Betreuung von Untervertretern (Rn 31) obliegen, BGH **56**, 293, **59**, 93. Wie der Vertreter auf den Dritten einwirken will, ist seiner Entscheidung überlassen, er ist darin grundsätz-

Siebenter Abschnitt. Handelsvertreter 23–26 § 84

lich frei, aber iZw an Weisungen des Unternehmers gebunden (Rn 38). Der Vermittlungsvertreter ist idR ermächtigt, Vertragsangebote Dritter entgegenzunehmen, BGH **82**, 221.

Nicht ausreichend ist bloßes Schaffen von Geschäftsbeziehungen (zB mit 23 Ausland), **Kontaktpflege und Kundenbetreuung** ohne Vermittlung von Einzelgeschäften (dann nur §§ 675 I, 611 BGB), BGH NJW **83**, 42, Hamm HVR **(00)** Nr 970; reine Werbungstätigkeit ohne Vermittlung oder Abschluss von Geschäften, so zB Pharmaberater für rezeptpflichtige Ware, Ärzte- oder Industriepropagandist, offen BGH NJW **84**, 2695 (jedenfalls keine geworbene Kunden iSv § 89 b I 1 Nr 1), str; vgl § 89 b Rn 14. Bloßes **Nachweisen der Gelegenheit zu Geschäften,** zB Namhaftmachen von Personen, die für Abschlüsse in Betracht kommen macht nicht zum HV (auch nicht zum HdlMakler, § 93, wohl aber zum Makler des BGB, § 652 BGB). Außerhalb der HVTätigkeit liegende oder **ganz nebensächliche Beiträge,** zB reine Schreibhilfe, Kln BB **71**, 104, bloße Dolmetscherdienste oder Übersetzungshilfe, LAG BaWü DB **71**, 1016. Ungenügend ist auch Zustandebringen des vom HV nicht vermittelten Geschäfts durch bloße Einwirkung auf den Unternehmer. Keine Vermittlung iSv § 84 liegt auch vor, wenn **rechtlich nur zwei Personen beteiligt** sind, zB bei unmittelbarem Vertrieb des Unternehmers durch angestellte Reisende (II), bei Eigenbestellungen des HV (Provision s § 87 Rn 15) oder bei Tätigkeit als Eigenhändler oder Kommissionär (Rn 10, 18). Sind rechtlich drei, wirtschaftlich aber nur zwei Personen beteiligt, schadet das nicht (vgl anders beim Makler § 93 Rn 47), zB bei gesellschaftsrechtlichen Beziehungen oder sonstiger wirtschaftlich enger Verbundenheit zwischen HV und Unternehmer oder HV und Kunden, Heymann/Sonnenschein/Weitemeyer 27; vgl auch § 87 Rn 14.

B. **Abschluss:** Das Gesetz stellt neben die Vermittlung den Abschluss **im** 24 **Namen des Unternehmers;** auch das ist aber ein Unterfall der Vermittlung, bei der der Vermittler auch den Abschluss vollzieht. Dies obliegt dem HV iZw nicht, er bedarf dazu eines besonderen Auftrags (samt Vollmacht). Auftrag und Vollmacht können auf Abschlüsse allgemein gehen oder auf bestimmten Geschäftskreis oder sogar einzelne Geschäfte beschränkt sein, LAG Düss DB **60**, 813.

HV mit solcher **Handlungsvollmacht** („Abschlussvertreter", „Abschluss- 25 agent") sind HdlBevollmächtigte iSv §§ 55 I, 54; der Umfang ihrer Vollmacht bestimmt sich nach § 54 und § 55 II, III, IV (durch § 91 I erstreckt auf die HV von NichtKflten) sowie Rechtsscheinvollmacht (§ 54 Rn 3), BGH NJW **98**, 1854. Die Erteilung der Vollmacht kann schon im HVVertrag liegen und konkludent erfolgen (§ 54 Rn 8). Über Abschlüsse ohne oder außerhalb der Vollmacht § 91 a; über gewisse Vollmacht jedes HV § 91 II und oben Rn 22.

C. **Art der Geschäfte:** Es genügt **jedes „Unternehmen"** gleich welcher 26 Art (Rn 27). Bsp: Warenverkauf, zB Möbelversandhandel, Hamm BB **78**, 1686, Losverkauf, Toto-Lotto, BGH **43**, 108, **59**, 87, WM **08**, 1895, Konzertkartenvorverkauf, BGH NJW-RR **86**, 709, Zeitschriftenabonnement; „Propagandistin" für Unternehmer an Verkaufsstand im Kaufhaus eines Dritten, BGH NJW **82**, 1757; Einkaufsvertreter, Hbg MDR **67**, 310; Werk- und Werklieferverträge, Dienstverträge, Mietverträge, Tankstellenpacht auch bei Selbstbedienung, BGH BB **85**, 353 (s Rn 21), Versicherungsverträge, Schiffsagentur (§ 92 c II), Transportvermittlung, Hamm BB **68**, 1017, Reisebüro für Reiseveranstalter (auch Vertragsbeziehungen mit dem Geschäftsgegner, s Rn 50), BGH **62**, 73, **82**, 221, NJW **74**, 1242, **03**, 743, Bankrepräsentant, Stötter NJW **83**, 1302; Vertrieb von Kapitalanlagen; Grundstücksgeschäfte, BGH BB **82**, 1877; Vermittlung von Ferienhäusern, LAG Nds HVR **(05)** 1182; Vergebung von Verlags-, Aufführungs-, Wiedergaberechten, Anzeigenaufgabe in Zeitschriften; uU Internetverlinkungen (deep links), Hartmann Diss Hbg 2008. Es können große Einzel- und kleine Routinegeschäfte sein (Brückenbau/Benzin-Tankstelle), auch nur ausführende (auf Grund weiterreichenden Vertrags); vgl Rn 36. Auch Warenverkauf zur Geschäftsabwicklung oder Hingabe von Waren an Gläubiger zu Abwendung des Insolvenzverfahrens, da das Vertriebsmotiv aus der Sicht des HV keine Rolle spielen kann (s Rn 27), Ebenroth/Löwisch 27, aA RG **140**, 82, Heymann/Sonnenschein/Weitemeyer 22, da nicht mehr dem Betrieb des Unternehmens dienend. **Nicht**: Vertrag auf Werbungsvermittlung (§§ 675 I, 631 BGB), Ffm BB **78**, 681; reine Kapitalanlageberatung, vgl Melcher BB **81**, 2101; ähnliche Fälle s Rn 23.

4) Tätigkeit für einen anderen Unternehmer (I, III)

27 A. **Unternehmer:** Anders als vor der Novelle 1953 kann nicht nur der Kfm HV iS des HGB haben, sondern **jeder** Unternehmer gleich welcher Rechtsform. Der Begriff Unternehmer iSv § 84 ist dem Sinn und Zweck des HVRechts als Schutzrecht zu entnehmen und daher weit auszulegen, BGH **43**, 110, BB **82**, 1876. Der Begriff ist weitgehend, aber nicht völlig derselbe wie in **§ 14 BGB**. Wie dort kann ein Unternehmer jede natürliche oder juristische Person oder rechtsfähige PersonenGes sein, die in Ausübung ihrer gewerblichen (§ 1 Rn 12) oder (haupt- oder neben)beruflichen Tätigkeit handelt. Auf das Merkmal „bei Abschluss eines Rechtsgeschäfts" kommt es aber nicht an (auch in § 14 BGB verfehlt); der in Vollzug gesetzte, fehlerhafte HVVertrag kann nur für die Zukunft beendet werden (§ 89 Rn 5). Wirtschaftliche Tätigkeit am Markt, einerlei ob als Gewerbetreibender, Freiberufler, Wissenschaftler oder Künstler, genügt (§ 1 Rn 16, 20). Unternehmer iSv § 84 ist auch, wer den Vertrieb erst vorbereitet oder seinen Betrieb abwickelt (s Rn 26), denn für den HV, der für den Unternehmer tätig wird, kommt es darauf nicht an. Bspe: Unternehmer sind danach vor allem Gewerbetreibende, auch Land- oder Forstwirte, auch Immobilienmakler, BGH BB **82**, 1876; auch Unternehmer ohne Gewerbe (§ 1 Rn 1) wie ein freiberuflich tätiger Schriftsteller oder anderer Künstler, der durch einen Impresario oder einen Galeristen seine Werke verbreitet; auch öffentliche Unternehmen, die sich am rechtsgeschäftlichen Verkehr in den Formen des Privatrechts beteiligen, zB Lottounternehmen als Anstalt des öffentlichen Rechts, BGH **43**, 108, BB **72**, 938; öffentlicher Bauträger (trotz Ausschreibung der Aufträge), BGH NJW **80**, 1793.

28 Zwischen einem **Nichtkaufmann** und seinem HV gelten zwar **§§ 84 ff** und sonstiges HVRecht, aber **nicht** ohne weiteres auch **sonstiges Handelsrecht**, hL, str, aA Rö/Thume 15, Küstner/Thume I 277 unter Hinweis auf BGH **43**, 108 (aber betrifft nur § 84 I und stammt aus 1965), anders ausdrücklich § 91 I für die Abschlussvollmacht des HV. Das führt zwar zu rechtlichen Unterschieden zwischen dem HV eines Kfm und dem eines NichtKfm, aber das auch nach dem HRefG 1998 (s Rn 4) die Folge des KfmBegriffs der §§ 1 ff. Eine Annäherung ist jedoch möglich durch Erweiterung des KfmBegriffs (Verzicht auf Gewinnerzielungsabsicht, § 1 Rn 15) und punktuelle Ausdehnung hdlrechtlicher Normen auf den Berufsverkehr, Hopt AcP 183 **(83)** 608, oder allgemeiner auf Unternehmer, K. Schmidt § 3 II, sehr str.

29 **Nicht** Unternehmer ist, wer mit seiner, auch systematischen Tätigkeit in der **Privatsphäre** verbleibt, zB der Privatmann, aber auch der Unternehmer, der zB privat Kunstwerke sammelt; denn „für einen Unternehmer" (I 1) heißt für einen Unternehmer im Betrieb seines Unternehmens. Der Vertreter in einer solchen Tätigkeit ist **Zivilagent.**

30 B. **Anderer Unternehmer:** Der HV wird für „einen anderen" Unternehmer tätig. I stellt damit klar, dass **auch der Handelsvertreter selbst Unternehmer** ist (Rn 27). I beschränkt den HV in seiner Vertretung nicht auf „einen" anderen Unternehmer (MehrfirmenHV).

C. **Untervertreter (III): a) Echter Untervertreter:** Mehrstufige HVVer- 31
hältnisse sind ohne weiteres möglich, die Untervertreter sind unter den Voraussetzungen von I ebenfalls HV. Ein HVVerhältnis (§§ 84 ff) besteht dann zwischen dem **Hauptvertreter und dem Untervertreter,** BGH **91**, 373, nicht etwa unmittelbar zwischen dem Hauptunternehmer und dem Untervertreter (zu deren Verhältnis, zB Zulässigkeit von Untervertretung statt persönlicher Leistung, s Rn 22). Der Untervertreter ist aber Erfüllungsgehilfe (§ 278 BGB) des Hauptvertreters in dessen Vertragsverhältnis zum Hauptunternehmen, BGH **59**, 92, Kln VersR **06**, 71. Der Hauptvertreter erhält aber auch Provisionen und einen Ausgleichsanspruch nach § 89 b aus der Tätigkeit der Untervertreter, BGH **56**, 293, **59**, 92 (vgl Rn 22); Provisionsanspruch des Untervertreters gegen den Hauptvertreter außer in den Fällen des 87 a II, III, also ebenso wie letzterer gegen den Hauptunternehmer, Kln VersR **06**, 71. An der echten Untervertretung (Innenverhältnis) ändert sich nichts, wenn der Untervertreter selbstständige Abschlussvollmacht (statt wie üblich nur für den Hauptvertreter) für den Hauptunternehmer hat, einerlei ob diese Vollmacht direkt vom Hauptunternehmer erteilt ist oder eine Untervollmacht des Hauptvertreters ist. Untervertretung zwischen HV und von ihm mit Ehefrau gegründeter HVGmbH (§ 84 Rn 8) ist jedenfalls bei außersteuerlichen Gründen zulässig, BFH BB **99**, 249. Zur Haftung des Untervertreters nach § 179 BGB vgl BGH **68**, 391.

b) Unechte Untervertreter: Andere Vertragsgestaltungen sind möglich. So 32
kann der Hauptunternehmer auch in unmittelbare HVVertragsbeziehungen mit dem Untervertreter eintreten, statt III gilt dann für diesen unechten Untervertreter I (HV) oder II (Angestellter). Dem unechten Hauptvertreter oder Generalvertreter können Koordinierungsaufgaben hinsichtlich der unechten Untervertreter obliegen, GroßKo/Emde 110. Doch ist die Bezeichnung „**Generalvertreter**" nicht eindeutig, sondern kann HV, Bezirksvertreter oder Eigenhändler (auch ohne Alleinvertriebsrecht) bedeuten, BGH NJW **70**, 1040. Der Generalvertreter oder Verkaufsleiter, der selbstständiger Gewerbetreibender ist und dem andere HV unterstehen, ist selbst HV, BGH **56**, 290; ebenso der Bezirksstellenleiter einer staatlichen Lotto- und Totoannahme, dem mehrere Annahmestellen unterstellt sind, wenn er wirtschaftlich einem echten Generalvertreter nahekommt, BGH **59**, 87. Untervertretung kann vorliegen trotz hälftiger Aufteilung der Provisionseinnahmen, BGH WM **84**, 556. Zur Untervertretung MüKo/von Hoyningen-Huene 92.

5) Selbstständiger Gewerbetreibender (I, II, IV)

A. **Gewerbetreibender:** Der HV ist selbstständiger Gewerbetreibender, I 1. 33
Kaufmann ist er nur noch, wenn er ein HdlGewerbe (§ 1 II) betreibt oder in das HdlRegister eingetragen ist (§§ 1 ff nF HGB). MinderKfm gibt es nicht mehr. Nach IV (neu 1998 s § 84 Rn 3) bleiben §§ 84 ff jedoch anwendbar, wenn das Unternehmen des HV nichtkaufmännisch ist, BAG BB **00**, 826. Der kleingewerbliche HV bleibt damit geschützt, auch wenn er als **Nichtkaufmann** sonst nicht dem HGB unterfällt, zur Abgrenzung Emde RIW **03**, 509. Der HV hat ein gewerbliches Unternehmen, das Gegenstand des Rechtsverkehrs ist und ua nach § 823 I BGB geschützt wird, Karls BB **59**, 1006. Nachfolge in dieses Unternehmen, CDH 1998.

Jedoch werden „**arbeitnehmerähnliche**" HV **teilweise wie Arbeitnehmer** 34
behandelt, zB Mindestarbeitsbedingungen (§ 92 a), Gerichtszuständigkeit (Rn 46), Urlaubsrecht (§ 2 S 2 BUrlG), Hinterbliebenenversorgung (§ 17 BetrAVG); dazu Küstner/Thume I 209. Dagegen ist eine Einbeziehung der HV in das Tarifvertragsrecht bisher unterblieben; die Einbeziehung arbeitnehmerähnlicher Personen durch G 29. 10. 74 BGBl 2879 gilt nicht für HV (§ 12 a IV

§ 84 35, 36

TVG). Den HVVertrag insgesamt in die Nähe zum Arbeitsvertrag zu rücken, ist verfehlt, aA Canaris § 15 Rn 17 (vgl auch Rn 35).

35 **B. Selbstständigkeit (I 2):** Die Abgrenzung zwischen selbstständiger und unselbstständiger Tätigkeit (I 2, II) erfolgt nach der persönlichen Selbstständigkeit des Absatzmittlers. Der Begriff der Selbstständigkeit ist **europarechtlich** präformiert (Art 1 II EG-Ri, § 84 Rn 3), Hopt FS Medicus **99**, 246, Kiene RIW **07**, 297, Emde BB **08**, 2702. Entscheidend ist die **persönliche Freiheit**, und zwar die rechtliche im Gegensatz zur „wirtschaftlichen", die bei jeder Art von Vertragsverhältnis und auch bei selbstständigen Kflten und Unternehmern vielfach fehlt, stRspr, BGH VersR **64**, 331, BAG ZIP **97**, 1715 (Eismann). Persönliche Freiheit ist nach I 2 die Möglichkeit, „im Wesentlichen frei seine Tätigkeit gestalten und seine Arbeitszeit bestimmen" zu können (I 2), also idR ohne bestimmten Tagesplan, Mindestarbeitszeit, Arbeitspensum. I 2 ist ein typisches Abgrenzungsmerkmal mit allgemeiner Wertung über den unmittelbaren Anwendungsbereich hinaus, BGH ZIP **98**, 2178. An dieser gesetzlichen Vorgabe ist trotz des Phänomens der „neuen Selbstständigkeit", der (wiederholt geänderten) sozialversicherungsrechtlichen Gesetzgebung und neuer Abgrenzungsversuche in Schrifttum (primär Unternehmerrisiko, so Wank) und teilweise arbeits- und sozialrechtlicher Rspr festzuhalten. Umgehungstatbestände, so wenn der HV nur scheinbar selbstständig ist, lassen sich ohne weiteres mit den allgemeinen Kriterien bewältigen. Die auf das SGB beschränkte, widerlegliche Vermutung von § 7 IV 1 Nr. 1–5 G zur Förderung der Selbstständigkeit 20. 12. 99 BGBl 2000 S 2, gilt nach S 2 nicht für HV, die im Wesentlichen frei ihre Tätigkeit gestalten und über ihre Arbeitszeit bestimmen können, uU verfassungswidrig, Reiserer BB **00**, 95. Lit: Stolterfoth 1973, Wank 1988, Hanau 1997; Hopt DB **98**, 863, FS Medicus **99**, 235, Hromadka DB **98**, 195, NZA **98**, 1, Hümmerich NJW **98**, 2625, Reinecke ZIP **98**, 581, Hanau/Strick DB Beil 14/**98** (Versicherungsaußendienst), Oberthür/Lohr NZA **01**, 126 (HV im Arbeits- und SozialVers-Recht), Hromadka NJW **03**, 1847.

36 Entscheidend ist das **Gesamtbild der vertraglichen Gestaltung und tatsächlichen Handhabung** (Schwerpunkttheorie), hL, stRspr, BVerfG NJW **78**, 365; BGH BB **82**, 1877, NJW **82**, 1758, WM **91**, 1474, NJW **98**, 2057, **99**, 648; BAG BB **00**, 826 u 1469 (VersVertreter), iErg auch DB **98**, 624; Kblz VersR **07**, 1222; Heymann/Sonnenschein/Weitemeyer 11 ff, MüKo/von Hoyningen-Huene 33, Rö/Thume 26. Dazu hat die Rspr viele einzelne Abgrenzungskriterien entwickelt, vor allem zu **Ort, Zeit und Art und Weise der Tätigkeit, Unternehmerrisiko, Art und Weise der Vergütung.** Keines davon ist aber bei der wertenden Gesamtbetrachtung unverzichtbar; auch das Unternehmerrisiko ist nur ein Kriterium unter anderen, aA Wank DB **92**, 90. Auf die von den Parteien gewählte Bezeichnung kommt es dabei nicht an (Grund: Schutznormen zB des II, § 89 b). Entscheidend ist vielmehr der wirklich gewollte Geschäftsinhalt, der sich aus den Vereinbarungen und der praktischen Durchführung der Verträge ergibt (bei Widerspruch gibt die letztere den Ausschlag), unstr, BGH **59**, 91, BAG BB **90**, 1065, DB **94**, 2502. Bei auferlegten Pflichten spielt eine Rolle, ob sie sanktionslos bleiben, vgl Saarbr VersR **05**, 1388.

Für **Selbstständigkeit** sprechen außer der **nur eingeschränkten Weisungsgebundenheit** (Rn 38) zB das Vorliegen eines **eigenen Unternehmens;** die **eigene Tragung der Kosten und Risiken der Geschäftstätigkeit (Unternehmerrisiko)**, BVerfG NJW **78**, 365, BAG ZIP **97**, 1715 (Eismann), aber nicht isoliert ohne korrespondierende unternehmerische Freiheit und Chancen, zB Düss HVR **(97)** Nr 814, NJW-RR **98**, 682 LS (Scheinselbstständigkeit); eigene Geschäftsräume, BVerfG NJW **78**, 365, Stgt VersR **56**, 318, Geschäftseinrichtung, Düss HVR **(97)** Nr 814, Buchführung, Mü NJW **57**, 1767; Auftreten unter eigener Firma, BGH VersR **64**, 331, BAG BB **80**, 1471; **Vertretung**

Siebenter Abschnitt. Handelsvertreter 37, 38 § 84

mehrerer Unternehmer, Celle MDR **58**, 341; selbst ausgesuchtes **eigenes Personal**, BGH VersR **64**, 331, 21. 10. 98, BAG DB **97**, 2437, und Recht zum Einsatz von Untervertretern, nicht schon Einstellung von Mitarbeitern, LAG Brem 21.2.**07**, 237 juris; **Freiheit in Arbeitsumfang und Arbeitsgestaltung** (Rn 35, 37, 38).

Gegen Selbstständigkeit sprechen zB Vorgabe des **Tätigkeitsorts**, wobei aber zwischen Innen- und Außendienst zu unterscheiden ist, BAG DB **66**, 548, **78**, 1035, **96**, 2033 (Partnervertrag), BGH NJW **98**, 2057, nicht Zuweisung eines Vertriebsbezirks, ist für HV normal, Mü OLGR **08**, 540; Vorgabe eines genauen **Arbeitsplans** und der Bestimmung der täglichen **Arbeitszeit**, BAG DB **97**, 2437 (jeden Tag voll eingesetzt), BGH **140**, 21, vgl Hamm HVR (**03**) Nr 1089; Klausel über ständige Anwesenheit im Geschäftslokal während der üblichen Ladenöffnungszeit; Stechkarten, Kblz VersR **07**, 1222; feste Urlaubszeiten, auch bei einvernehmlicher Bestimmung, BAG DB **98**, 625, nach Rspr auch Urlaubssperrklausel, BAG NJW **04**, 461, ua, krit Hopt DB **98**, 867; **Genehmigungspflicht für jede Nebentätigkeit**, Düss WM **85**, 526, aA BAG BB **00**, 1469; Einbeziehung in betriebliche Organisation (Urlaub, Betriebsrat) und Tarifordnung, Düss WM **85**, 526; Abführen von Lohnsteuer und Sozialversicherung, BGH VersR **64**, 331. „Freier Immobilienmitarbeiter" ist kein HV, wenn er seinen Arbeitsplatz in den Geschäftsräumen des Unternehmers hat, Korrespondenz nur auf dessen Firmenpapier führt und mehrmals am Tag zu diesem greifen wird, BGH BB **82**, 1876. Die Rspr stellt zT Statusvergleich an, ob andere Personen mit vergleichbarer Tätigkeit als Arbeitnehmer beschäftigt werden, Hopt DB **98**, 866.

Eher neutral sind andere Umstände. So sprechen **fehlende Innen- und Außenorganisation** (Grund: IV), BAG BB **00**, 826 (VersVertreter), und mangelnder eigener Kapitaleinsatz (so typisch) nicht gegen Selbstständigkeit, BGH **34**, 291; ebenso wenig Wettbewerbsverbot, BAG BB **00**, 932, Saarbr VersR **05**, 1388; vertragliches Verbot von Mehrfirmenvertretung (Einfirmenvertreter), BGH VersR **64**, 331. Aufsuchen von Kunden ist nicht notwendig. Feste Vergütungsbestandteile nicht, zB Fixum bzw Mindestprovision, Nürnb BB **60**, 956, fester Spesenzuschuss, Stgt BB **62**, 156, aber doch nur neben überwiegend erfolgsabhängigen; reine Provisionszahlungen ohne festes Entgelt deuten dagegen auf Selbstständigkeit, BGH NJW **82**, 1758; wichtiger ist jedoch, ob der Absatzmittler, was die Gesamtvergütung angeht, tatsächlich eine unternehmerische Chance hat. Wenig aussagekräftig für Selbstständigkeit sind auch **formale Indizien** wie Anmeldung zum Gewerbeamt, Mü NJW **57**, 1767, Eintragung in das HdlRegister; Veranlagung zur Umsatz- und Gewerbesteuer, BGH VersR **64**, 331; Führung von Personalakten, Kblz VersR **07**, 1222. Nicht ausschlaggebend ist die Beurteilung der Abhängigkeit nach Sozialversicherungsrecht durch BSozG, BGH BB **75**, 1410 (Bezirksstellenleiter eines staatlichen Toto- und Lottounternehmers als HV), BAG BB **00**, 1469, Düss WM **85**, 526; aber die sozialversicherungsrechtliche Rspr benutzt weitgehend die handels- und arbeitsrechtlichen Kriterien, von Hoyningen-Huene BB **87**, 1730, aber jetzt gesetzliche Vermutung (s Rn 35).

Das Maß der Freiheit in der Tätigkeitsgestaltung entscheidet nicht allein; sie 37 kann **durch die Anforderungen der Geschäftsart** eingeengt sein, zB Propagandistin in Kaufhaus (Öffnungszeit, Arbeitsablauf), BGH NJW **82**, 1758, Tankstellenpächter (Rn 21), Versicherungsvertreter, BAG DB **66**, 546, BB **00**, 932, Bausparkassenvertreter, BSozG BB **81**, 2074.

Die **Weisungen** des Unternehmers, an welche der HV als Beauftragter 38 (§§ 662, 665, 675 I BGB, mangels anderer Abrede) gebunden ist (§ 86 Rn 15), sind für den HV normal und sogar essentiell. Er ist in dessen Vertrieb eingeschaltet, nimmt dessen Interessen wahr und ist ihm laufend berichtspflichtig (§ 86 I, II). Außerdem besagt I 2 nur, dass der HV „im Wesentlichen" frei sein muss. Je nach Branche, zB wenn diese schwierig, vielgestaltig und mit hohen Risiken verbunden ist, ist ein Mehr an Weisungen zur Qualitätssicherung notwendig, Saarbr VersR **05,** 1388 (VersVertreter). Die Bestimmung der **Vertriebspolitik** ist Sache des Unternehmers. Dieser kann deshalb dem HV Vorschriften machen über Bezirks- und Kundenbeschränkung (vgl § 87 II), Mindestumsatz- und Kundenaufbaupläne, vgl Düss NJW **98,** 2981 (falls sanktionslos), die Ausweitung des Kundenkreises, BGH DB **81,** 1772, Nichtaufnahme von Verhandlungen mit bestimmten Kunden, BGH DB **60,** 574, Preisgestaltung einschließlich Rabatte und Skonti, Vertragskonditionen, Zahlungsmodi, Darstellung des Produkts und seinen technischen Einsatz. Tendenziell schädlich sind dagegen Weisungen hinsichtlich Art und Umfang der Kundenbesuche, über die Reiseroute und über einen Mindestumsatz. Der Unternehmer kann dem HV ferner Weisungen über die **Nachrichts- und Rechenschaftspflicht** erteilen, zB über Verbuchung und Abrechnung von Lieferungen, BGH VersR **64,** 331, Düss NJW **98,** 2978, Verfahren mit den eingenommenen Geldern, Verwendung besonderer Vordrucke bei der Mitteilung von Geschäftsabschlüssen (§ 86 Rn 43), BAG DB **66,** 547. Das gilt auch für regelmäßige Rücksprache, Aufsuchen des Büros des Unternehmers und ständige telefonische Erreichbarkeit (Grund: § 86 II), zT str, kann rasch umschlagen. Dasselbe gilt für die im modernen Vertrieb wichtige **Einheitlichkeit der Präsentation,** zB Werbung, Dekoration und Verkaufsaktionen, einheitliche Geschäftsformulare und Visitenkarten, Hopt DB **98,** 864, zT str; so ist es unschädlich, dass das Kfz des Frachtführers Farben und Logo des Spediteurs aufweist, BAG DB **98,** 624. Insgesamt dürfen die Weisungen aber **nicht so eng** sein, **dass** die Tätigkeit der HV von ihm **nicht mehr „im Wesentlichen frei gestaltet"** wird, BAG NZA **95,** 649 („Kerngehalt"), Kblz VersR **07,** 1222. Weisungsgebundenheit hinsichtlich des Geschäftsablaufs, der Arbeitszeit und der sonstigen Art und Weise der Tätigkeit ist typisch für den Arbeitnehmer (arbeitsrechtliches Direktionsrecht des Unternehmers). Weisungen hinsichtlich Art und Umfang der Kundenbesuche, über die Reiseroute und über einen Mindestumsatz sind tendenziell schädlich, Rspr bei Heymann/Sonnenschein/Weitemeyer 11. Ständige Dienstbereitschaft ist starkes Indiz für Arbeitnehmereigenschaft, BAG DB **98,** 624, zu weitgehend LAG Düss BB **97,** 892. Pflicht zum Besuch von Schulungsveranstaltungen, zu ständiger Bestandspflege, Brdbg HVR **(05)** 1143, zum Nachweis von Arbeitsunfähigkeitszeiten. Wenn der Unternehmer den HV jederzeit kurzfristig in den Innendienst versetzen kann, spricht das für Abhängigkeit, vgl Düss, WM **85,** 526. Aufnahme in einen Dienstplan, der ohne vorherige Absprache mit dem Mitarbeiter erstellt wird, ist typisch für Arbeitnehmerbeziehung, BAG DB **97,** 47, auch bei dessen Recht, einzelne Einsätze abzulehnen. Die **Beweislast** für (Un)Selbstständigkeit bestimmt sich nach allgemeinen Regeln. Ausgangspunkt ist der Vertrag. Beweispflichtig ist, wer sich auf eine abweichende tatsächliche Vertragspraxis beruft, BAG DB **66,** 546. Der HV, der Arbeitnehmer zu sein behauptet, muss fehlenden Spielraum bei der Arbeitszeitgestaltung beweisen, BAG NJW **04,** 461. Die Vermutung des § 7 IV SGB IV nF 1998 BGBl 3846 gilt nicht für HV, die im Wesentlichen frei ihre Tätigkeit gestalten und über ihre Arbeitszeit bestimmen können. Vertrags- und Ablaufgestaltung, Hopt DB **98,** 868.

39   C. **Unselbstständiger „Handelsvertreter" (II):** Erfüllt der Absatzmittler des Unternehmers alle Voraussetzungen von I 1, ohne selbstständig zu sein, ist er kein HV iSv §§ 84 ff, sondern ein Angestellter des Unternehmers (unscharf: unselbstständiger „HV"). Wie er von den Parteien bezeichnet wird, ist dafür unerheblich. II ist als soziale Schutznorm mit Konsequenzen für das Arbeits- und Sozialrecht zwingend, Düss WM **85,** 526. Personen, die mit einer Vermittlungs- oder Abschlussaufgabe iSv I 1 ständig betraut, aber weder HV noch Angestellte sind, gibt es nicht, BSozG BB **81,** 2074. Ein Angestelltenverhältnis bei klarer

Vereinbarung bleibt auch mit selbstständig Tätigem möglich (kein Umkehrschluss aus II), Düss WM **85,** 526. Auf den Absatzmittler nach II sind nicht §§ 85 ff anwendbar, sondern Arbeitsrecht. Er ist HdlGehilfe (§§ 59 ff), wenn der Unternehmer Kfm ist, sonst Angestellter iSv §§ 611 ff BGB; die arbeitsrechtlichen Schutzvorschriften finden in beiden Fällen Anwendung. Lit: Hunold 1993 (Arbeitsrecht im Außendienst); MüKo/von Hoyningen-Huene 115, Hromadka NZA **97,** 1249.

D. **Juristische Personen, Personengemeinschaften:** Bei juristischen Personen und im eigenen Namen handelnden Personengemeinschaften (Rn 8) kann schwerlich nach der Arbeitszeitbestimmung, wohl aber nach der sonstigen Tätigkeitsgestaltung (I 2) gefragt werden. Fehlt die Freiheit hierin, kommt es darauf an, ob es angestellte juristische Personen oder Personengemeinschaften gibt (str, vgl § 59 Rn 25), verneinendenfalls ist eine juristische Person oder Gemeinschaft, die ständig mit Geschäftsvermittlung iSv I 1 betraut ist, ohne Rücksicht auf Selbstständigkeit oder Unselbstständigkeit iSv I 2 stets HV, nie HdlGehilfe. 40

6) Ständige Betrauung

A. **Betrauung:** Betraut heißt beauftragt iSv §§ 611 ff, 675 I BGB (§ 86 Rn 1; zum Vertragsschluss § 85 Rn 1). Den HV trifft also eine **Tätigkeitspflicht.** Der Vermittler ohne Tätigkeitspflicht ist nicht HV, sondern (uU) Makler; er kann beide Gewerbe nebeneinander betreiben; Bambg BB **65,** 1167. Betrauen heißt weiter, dass der Unternehmer dem HV die Wahrnehmung seiner Interessen anvertraut. Die **allgemeine Interessenwahrungspflicht** des HV für den Unternehmer ist damit dem Vertrag immanent und zwingend (klarstellend § 86 I Halbs 2, s dort Rn 20). Die (ständige, s Rn 42) Betrauung ist also mehr als die bloße (ständige) Geschäftsverbindung, BGH NJW **92,** 2818. 41

B. **Ständig:** Ständige Betrauung bedeutet nicht auf immer oder langfristig oder auch nur auf unbestimmte Zeit, BGH NJW **92,** 2818. Genügend ist Betrauung **auf gewisse Zeit,** kalendermäßig oder mit anderer Bestimmung, zB für eine Saison oder Kampagne, auch nur Dauer einer Messe, Ausstellung, Nürnb BB **59,** 318; auch mit Unterbrechungen nach dem Bedarf, Nürnb NJW **57,** 1720 (Adressbuchwerber). Entscheidend ist also, dass der HV sich um eine **unbestimmte Vielzahl von Abschlüssen** bemühen muss; Betrauung mit der Vermittlung nur bestimmter einzelner Geschäfte genügt selbst bei längerer Tätigkeit nicht, Bambg BB **65,** 1167. HVVerträge auf bestimmte Zeit s Schröder FS Hefermehl **76,** 113. Ständig betraut ist zwar nicht gleichbedeutend mit einer Pflicht zu ständiger Tätigkeit. Doch folgt die Pflicht des HV zur ständigen Bemühung während der Vertragszeit daraus, dass der Unternehmer idR möglichst viele Geschäfte schließen will und der HV mangels anderer Abrede oder Weisung dieses Interesse wahrnehmen muss (§ 86 I). Die ständige Betrauung bedeutet idR (nicht begriffsnotwendig, str) Eingliederung des HV in die Absatzorganisation des Unternehmers, doch braucht dieses letztere beim HV nicht besonders festgestellt zu werden (vgl dagegen die Abgrenzung beim Vertragshändler, Rn 13). Firmeneigene Versicherungsvermittler, also TochterGes zwecks Ausschaltung von HVKosten, ist mangels Vereinbarung über ständige Betrauung idR nicht selbst HV, auch bei entspr Firmenzweck und Konzernierung, Küstner/Thume I 8, str. 42

Der HVVertrag ist danach **Dauerschuldverhältnis** (vgl § 314 BGB) wie andere Dienstverträge (§ 86 Rn 1), hat Laufzeit mit bestimmtem Anfang und Ende und wird gekündigt (§§ 89, 89a, s dort Rn 1, vgl §§ 620 ff BGB), auch bei dauernder Arbeitsunfähigkeit des HV, Brschw NJW-RR **94,** 35, Ko/Ro/Mo/ Roth § 86 Rn 2, str. 43

C. **Gelegenheitsagent:** Dieser ist **nicht Handelsvertreter.** Sein Vertrag mit demjenigen, dem er nur ein Geschäft vermitteln soll oder auch mehrere, aber 44

§ 84 45, 46

ohne damit ständig betraut zu sein, untersteht nur dem Werkvertrags- und Auftragsrecht des BGB (§ 675 I BGB), Provisionspflicht aus § 354, Hbg HVR **(95)** Nr 793. Die Gelegenheitsvermittlung kann Gewerbe sein; Bsp: Anwerbungsbüro (für Musiker, Schauspieler, Artisten, Schiffspersonal), das nicht auf Dauervertrag, sondern auf Einzelaufträge von Unternehmern tätig ist; sein Inhaber ist nicht Kfm nach § 1, nur ggf nach § 2; das gilt auch, wenn er von einzelnen Unternehmern Daueraufträge hat, falls nicht sein Betrieb speziell auf diese angelegt ist.

7) Gerichtsbarkeit für Handelsvertreter

45 A. **Kammer für Handelssachen:** Ansprüche aus HVVerträgen gehören innerhalb der Landgerichte nach Maßgabe der §§ 93 ff GVG vor die KfH. § 95 I Nr 1 GVG setzt ein beiderseitiges HdlGeschäft voraus. Der Unternehmer und der HV müssen hier also **Kaufmann** sein (anders nach §§ 84 ff, s Rn 27, 33). Da nach dem HRefG 1998 (s Rn 4) Kleingewerbetreibende nicht mehr Kflte sind, aber §§ 84 ff anwendbar bleiben (§ 84 IV), kommt es zu einer misslichen Zuständigkeitsspaltung; die Zuständigkeit der KfH für das gesamte HVRecht wäre wünschenswert. Kein einheitlicher beiderseitiger Erfüllungsort iSv § 269 BGB, § 29 ZPO, BGH NJW **88,** 966.

46 B. **Arbeitsgerichte:** Das ArbGG stellt für die Zuständigkeit der Arbeitsgerichte (bes § 2 I Nr 3 ArbGG: Streitigkeiten zwischen Arbeitnehmern und Arbeitgebern) den Arbeitnehmern Personen gleich, „die wegen ihrer wirtschaftlichen Unselbstständigkeit als arbeitnehmerähnliche Personen anzusehen sind" (§ 5 I 2 ArbGG), vgl BAG NJW **91,** 1629, Ffm MDR **97,** 885, Düss HVR **(05)** 1149. HV gelten nach **§ 5 III ArbGG** nur dann als Arbeitnehmer im Sinne dieses Gesetzes, wenn sie unter **§ 92 a** fallen und wenn sie während der Letzten sechs Monate des HVVertrags nicht mehr als eine bestimmte niedrige durchschnittliche Monatsvergütung bezogen haben. Herbeiführung durch gezielte Untätigkeit gegen Ende der Vertragszeit wird nicht anerkannt, Celle HVR **(04)** 1145. § 5 III ArbGG regelt nur den Rechtsweg und erstreckt nicht materielles Arbeitsrecht auf solche HV; die Fiktion des § 5 III ArbGG gilt auch, wenn der Arbeitnehmerstatus materiellrechtlich fehlt, BAG NJW **03,** 2627, Brdbg VersR **08,** 1066.

Erfasst werden **Einfirmenvertreter** iSv § 92 a, die in den letzten Vertragsmonaten (auch wenn das Vertragsende schon einige Zeit zurückliegt), bei kürzerer Vertragsdauer während dieser, **durchschnittlich aus dem Vertrag nicht mehr als € 1000 bezogen** haben, an Vergütung jeder Art einschließlich Ersatz für Aufwendungen im regelmäßigen Geschäftsbetrieb (nicht außerordentliche Aufwendungen) und ohne Abzug von nicht erstatteten Aufwendungen (str für vertraglich geschuldete, Emde BB **08,** 2703), also brutto, BGH WM **08,** 945, Hamm OLGR **98,** 193, Karlsr VersR **07,** 207, Grund: der HV trägt seine Kosten grundsätzlich selbst. Was dem HV an Gewinn verbleibt, spielt keine Rolle, Kln OLGR **07,** 758. Maßgeblich sind dabei die (unbedingt) entstandenen, nicht die ausgezahlten Vergütungen, BGH WM **08,** 892, 945, also einerlei ob tatsächlich mehr (zB Vorschüsse), BGH NJW **64,** 497, Hamm HVR **(06)** 1155 (Grund Darlehen, auch bei Teilerlass, str), oder weniger (zB Verzug) ausgezahlt worden ist, Düss HVR **(05)** 1149, GroßKo/Emde § 92 a Rn 20, Ebenroth/Löwisch § 92 a Rn 6, hL, str. Sonst könnte der Unternehmer durch Über- oder Nichtzahlung einseitig den Status des HV verändern. Bezogen bedeutet also: tatsächlich verdient, einerlei ob ausbezahlt, aufgerechnet oder nicht bezahlt, Saarbr VersR **05,** 1388, Karlsr VersR **07,** 207, Mü OLGR **08,** 540. Diese Obergrenze gilt auch, wenn der HV kein Arbeitseinkommen hat, also keine Rückdatierung des Sechs-Monatszeitraums, BAG NJW **05,** 1147, Stgt BB **66,** 1396, Hamm HVR **(06)** 1155, Brdbg VersR **08,** 1066, gegen üL.

Siebenter Abschnitt. Handelsvertreter 47–53 § 84

Ist Art 5 III ArbGG wegen Überschreitens der Vergütungsgrenze unanwend- 47
bar, dann greift nicht § 5 I 2 ArbGG ein, auch wenn der HV wirtschaftlich
unselbstständig und arbeitnehmerähnlich ist, sondern es bleibt bei der Zuständigkeit der **Zivilgerichte,** Grund: § 5 III ArbGG ist abschließende Sonderregelung
für HV, BAG AP **(61)** Nr 1 zu § 92 a HGB, Kln VersR **01,** 895, Karls VersR **07,**
209, MüKo/von Hoyningen-Huene § 92 a Rn 6, Preis/Stoffels ZHR 160 **(96)**
447, str.

C. **Insolvenzverfahren:** Die Gleichstellung gewisser HV mit Arbeitnehmern 48
(Rn 34, 46) galt früher auch für die Insolvenz, §§ 59 I Nr 3 c, 61 I Nr 1 c KO
(Masseschulden, Konkursvorrecht), dazu 29. Aufl. Die InsO hat diese Vorrechte
für Arbeitnehmer und HV beseitigt. Das kann für diese sogar günstiger sein, so
wenn bei Massearmut das Insolvenzverfahren gar nicht eröffnet wird. Im Übrigen gibt es Insolvenzausfallgeld für die Lohnausfälle der Letzten drei Monate vor
Eröffnung des Insolvenzverfahrens und Sonderregeln für Forderungen aus einem
im Insolvenzverfahren aufgestellten Sozialplan. **Insolvenz des Handelsvertreters** lässt den HVVertrag nicht erlöschen, aber fristlose Kündigung für beide
Teile (§ 89 a Rn 20, 24). Der Insolvenzverwalter über das Vermögen des HV
kann nicht an Stelle des HV kündigen (höchstpersönlich), er hat auch kein
Wahlrecht nach § 103 InsO. Zur Insolvenz des HV Emde/Kelm ZVI **04,** 382.
Allgemein zum HV in der **Insolvenz des Unternehmers** s § 87 Rn 51, dort
auch Lit.

8) Verhältnis zu Kunden und Dritten

A. **Keine Vertragsbeziehungen:** Der HV steht als Vermittler und auch als 49
Abschlussvertreter (§§ 54, 55) in Vertragsbeziehungen **nur zum Unternehmer**
(Innenverhältnis), nicht zum Geschäftsgegner (Außenverhältnis, idR Kauf, vgl
Rn 26). Nur wenn er **ohne Vollmacht** abschloss und der Unternehmer nicht
genehmigt, kann der Geschäftsgegner ihn auf Erfüllung oder Schadensersatz in
Anspruch nehmen, **§ 179 BGB** (§ 91 a Rn 2).

Der HV kann dem Geschäftsgegner jedoch selbst aus **Verschulden bei Ver-** 50
tragsverhandlungen (vgl Rn 9 vor § 48) haftbar werden, aber nicht schon
allgemein auf Grund seines Interesses an Provision für den Vertragsschluss oder
wegen Sachkunde, sondern nur bei eigener Gewährübernahme als Sachwalter des
Geschäftsgegners, BGH WM **84,** 128, **91,** 1730 (VersMakler), ZIP **90,** 43 (Anlagevermittler), Hamm VersR **95,** 167, Düss NJW-RR **98,** 395 (VersVermittler).
Auskunfts- oder Beratungsvertrag des HV mit dem Geschäftsgegner nur in
besonderen Ausnahmefällen, vgl BGH ZIP **00,** 355 (Kapitalanlagevermittler),
offen BGH NJW **03,** 745. **Reisevermittlungsvertrag** (§ 675 I mit § 651 k III
4, IV BGB, aA Auftrag § 662 BGB) zwischen Reisebüro (§ 84 Rn 26) und
Geschäftsgegner, offen BGH NJW **03, 745.**

Im Übrigen haftet der HV dem Geschäftsgegner und anderen Dritten nach 51
§§ 823 ff BGB, vgl Kln BB **65,** 768 (Strafbarkeit des Vertreters nach § 263 StGB
uU trotz Gleichwertigkeit von Leistung und Preis), BGH BB **71,** 543 (Vertrieb
wertloser Zertifikate).

Der HV kann auch **§§ 3, 4, 5 UWG** verletzen; diese sind keine Schutzgesetze 52
iSv § 823 II BGB, UWG geht als Spezialgesetz vor, BGH NJW **74,** 1503, **83,**
2494. Vgl auch Gemeinsame Erklärung von Organisationen der gewerblichen
Wirtschaft zur Sicherung des Leistungswettbewerbs von 1975 sowie Wettbewerbsrichtlinien der Versicherungswirtschaft 15. 12. 1977, Hopt HVR
4. Aufl 2009, Materialien VII, VIII.

B. **Zurechnung an Unternehmer:** Der Unternehmer setzt den HV für 53
seinen Absatz ein und muss sich deshalb Wissen und Handlungen des HV
zurechnen lassen. Für die Bedeutung von **Wissen und Nichtwissen des**
Handelsvertreters im Verhältnis des Unternehmers zum Geschäftsgegner gilt

§ 85 1, 2   I. Buch. Handelsstand

beim mit Vollmacht abschließenden Vertreter § 166 BGB. Auch sonst muss der Unternehmer dem HV bekannte, im Rahmen der vor dem Abschluss geführten Verhandlungen liegende Umstände idR gegen sich gelten lassen (§ 166 BGB analog für Verhandlungsgehilfen), vgl BGH **82**, 222, NJW **65**, 1174, **85**, 1080.

54 **Täuschung durch den Handelsvertreter,** einerlei ob er abschloss oder nur vermittelte, berechtigt den Geschäftsgegner zur Anfechtung, auch wenn der Unternehmer die Täuschung weder kannte noch kennen musste; der Vertreter ist nicht „Dritter" iSv § 123 II BGB, Hbg BB **59**, 612.

55 Der **Unternehmer haftet** für schädigende Handlungen des HV uU **nach §§ 31, 278, 831** BGB, BGH **82**, 224, BB **79**, 1734, NJW **98**, 1854, Kln WM **06**, 122.

9) Internationaler Verkehr

56 Internationales HVRecht, ausländische HV, inländische HV ausländischer Unternehmer und Schifffahrtsvertreter s § 92 c.

[Vertragsurkunde]

85 ¹Jeder Teil kann verlangen, daß der Inhalt des Vertrages sowie spätere Vereinbarungen zu dem Vertrag in eine vom anderen Teil unterzeichnete Urkunde aufgenommen werden. ²Dieser Anspruch kann nicht ausgeschlossen werden.

Übersicht

1) Wirksamer formfreier Vertrag, gewillkürte Form 1–5
   A. Wirksamer Vertragsschluss 1
   B. Formfreier Vertragsschluss 2
   C. Gewillkürte Form 5
2) Vertragsurkunde (Satz 1, 2) 6–10
   A. Anspruch auf Vertragsurkunde 6
   B. Durchsetzung 9
   C. Rechtsfolgen 10

1) Wirksamer formfreier Vertrag, gewillkürte Form

1 A. **Wirksamer Vertragsschluss:** Für das Zustandekommen und die Wirksamkeit des Vertrags gelten die allgemeinen Wirksamkeitsvoraussetzungen, zB §§ 104 ff BGB, § 117 BGB, BAG NJW **93**, 2767, § 134 BGB, BGH **127**, 368 (Devisenrecht), Karls VersR **07**, 1514, §§ 138, 179 BGB. Zur (Un)Wirksamkeit von Vertragsabreden s § 86 Rn 8 ff. Die Rechtsfolgen der Nichtigkeit und der Anfechtung des **in Vollzug gesetzten, fehlerhaften Handelsvertretervertrags** sind rechtsfortbildend zu beschränken, möglich ist grundsätzlich nur die Beendigung für die Zukunft, diese allerdings jederzeit ohne Einhaltung einer Frist und ohne besonderen Grund über den Nichtigkeits- oder Anfechtungsgrund hinaus, sehr str (näher § 89 Rn 5). Aufhebungsvertrag s § 89 Rn 9. Auch wenn kein wirksamer Vertragsschluss vorliegt, können beide Teile aus **Verschulden bei Vertragsverhandlungen** (culpa in contrahendo) haften (§§ 311 II, 280 BGB), zB der HV bei Verletzung der Verschwiegenheit (§ 90 Rn 1) oder der Unternehmer bei Fehlinformation (§ 86 a Rn 2).

2 B. **Formfreier Vertragsschluss:** Der HVVertrag ist formfrei; das folgt aber nicht schon aus der EG-Ri (Art 13 II, § 84 Rn 3), EuGH NJW **00**, 3267 betrifft nur Registereintragung. Der HVVertrag kann **auch stillschweigend** durch schlüssige Handlungen zustandekommen, BGH NJW **58**, 180, BB **87**, 220, **90**, 303, WM **91**, 1474, NJW **92**, 2818, zB durch wiederholte Geschäftsvermittlung

durch den HV und Abschluss der so vermittelten Geschäfte durch den Unternehmer, aber auch durch erstmalige Annahme der Dienste des HV durch den Unternehmer mit der Maßgabe, dies auch künftig für eine unbestimmte Vielzahl von Geschäften zu tun, BGH **62,** 74. Der Vertrag kommt bei Praktizierung auch dann zustande, wenn über die Höhe eines auf den Ausgleichsanspruch anzurechnenden Übernahmepreises für die HdlVertretung noch keine Einigung erzielt ist (§ 154 I BGB: nur „im Zweifel"), BGH NJW **83,** 1727. Ebenso ist stillschweigende Änderung möglich, BGH BB **61,** 497.

Der HVVertrag kann unter den Voraussetzungen des kaufmännischen **Bestäti-** 3 **gungsschreibens** (§ 346 Rn 16), Nürnb BB **57,** 560, vgl auch BGH DB **55,** 1085 (iErg abl), oder des § 362 auch durch **Schweigen** des HV zustande kommen oder geändert werden. Greift § 362 nicht ein, kann sich der HV, der sich öffentlich oder speziell dem Unternehmer zur Vertretung erboten hat, nach § 663 BGB schadensersatzpflichtig machen.

Formgebunden sind dagegen die Übernahme eines Delkredere (§ 86 b I 3) 4 und eines nachvertraglichen Wettbewerbsverbots (§ 90 a I 1).

C. **Gewillkürte Form:** Verlangt ein Teil bei Vertragsschluss eine Vertrags- 5 urkunde, so kann das über § 85, der an der Formfreiheit des HVVertrags nichts ändert, hinaus so zu verstehen sein, dass er ohne sie noch nicht gebunden sein will. Dann wird der Vertrag nicht ohne die Herstellung der Vertragsurkunde wirksam (qualifizierte Schriftformklausel), Ffm MDR **97,** 1139. Wenn beide Teile bei Vertragsschluss eine Vertragsurkunde verlangen oder einer sie verlangt und der andere zustimmt, kann ebenfalls Abhängigkeit des Vertrags von der Schriftform gewollt sein (§ 127 BGB). Als AGB sind (jedenfalls qualifizierte) Schriftformklauseln unwirksam, BGH NJW **85,** 630, idR auch einfache (Grund: Aushöhlung der Individualabrede und von **(5)** § 305 b BGB, Ul/Bra/He/H. Schmidt Anh § 310 BGB Rn 719 (§ 86 Rn 8). **Muster:** Hopt HVR 4. Aufl 2009 Materialien IX (9 Sprachen); Hopt/Graf v Westphalen 3. Aufl 2007 Form I. G.1 (CDH-HVVertrag), Form I. G.2 (VDMA-HVVertrag); The ICC Model Commercial Agency Contract 2 d ed (IntHK-Publikation Nr 644). Weitere Muster s Überbl vor § 84.

2) Vertragsurkunde (Satz 1, 2)

A. **Anspruch auf Vertragsurkunde:** Jeder Teil kann jederzeit **zwecks Klar-** 6 **stellung** des Vertragsinhalts (und aller späterer Änderungen) seine **Aufnahme in eine Urkunde** verlangen, die der andere Teil unterzeichnen muss (dann auch der fordernde Teil, wenn der andere es wünscht), **Satz 1.** Der Anspruch geht auf Errichtung der Urkunde (durch Schuldner oder Dritte) und eigenhändige Unterzeichnung durch Namensunterschrift (vgl § 126 BGB, aber oben Rn 2), BGH WM **06,** 1115. Statt eine vom Gläubiger selbst errichtete Urkunde zu unterschreiben, kann der Schuldner eigene Urkunde errichten und vom Gläubiger Mitunterzeichnung verlangen, aA Schlegelb/Schröder 6 b. Der Anspruch entsteht mit jeder Vertragsänderung neu und geht bei berechtigtem Interesse auf neue Urkunde über den gesamten Vertrag. Der Anspruch besteht ab Vertragsschluss (s Rn 2) über das Vertragsende hinaus bis zur vollständigen Abwicklung des Vertrags, GroßKo/Emde 15, Ko/Ro/Mo/Roth 2, str, was bei Streit um die Abwicklung, zB §§ 89 b, 90, 90 a, bedeutsam ist. Berechtigt sind auch Rechtsnachfolger jeder der Parteien; auch wenn Vertrag zB bei Tod des HV erlischt (§ 673 BGB), str.

Der Anspruch **verjährt** drei Jahre nach Schluss des Jahres, in dem Vertragsende 7 (nicht Vollbeendigung, str) eintritt, GroßKo/Emde 17.

Der Anspruch ist zum Schutz beider Teile **unabdingbar (Satz 2).** 8

B. **Durchsetzung:** Der Anspruch kann **eingeklagt** werden; idR auch Kün- 9 digung nach § 89 a. Die **Vollstreckung** richtet sich nach § 888 ZPO, nicht nach

§ 86

§ 894 ZPO, da keine Willenserklärung abzugeben, sondern eine Urkunde auszustellen und vom Schuldner zu unterschreiben ist (nicht vertretbare Handlung), aA MüKo/von Hoyningen-Huene 24. Geht es nur um Herausgabe der ausgestellten Urkunde, gilt § 883 ZPO.

10 C. **Rechtsfolgen:** Die ordnungsgemäß errichtete und vom anderen Teil vorbehaltlos angenommene Urkunde (Privaturkunde nach § 416 ZPO) begründet die widerlegbare **Vermutung** der Richtigkeit und Vollständigkeit, Mü VersR **57**, 97, LAG Brem DB **60**, 1212. Verweigerung der Niederschrift bzw der Aufnahme sämtlicher Vereinbarungen der Parteien in dieselbe kann das gegenseitige Vertrauen erschüttern, zur **fristlosen Kündigung** (§ 89 a Rn 22) berechtigen, BGH WM **06**, 1115, und schadensersatzpflichtig machen, Mü VersR **57**, 97.

[Pflichten des Handelsvertreters]

86 (1) **Der Handelsvertreter hat sich um die Vermittlung oder den Abschluß von Geschäften zu bemühen; er hat hierbei das Interesse des Unternehmers wahrzunehmen.**

(2) **Er hat dem Unternehmer die erforderlichen Nachrichten zu geben, namentlich ihm von jeder Geschäftsvermittlung und von jedem Geschäftsabschluß unverzüglich Mitteilung zu machen.**

(3) **Er hat seine Pflichten mit der Sorgfalt eines ordentlichen Kaufmanns wahrzunehmen.**

(4) **Von den Absätzen 1 und 2 abweichende Vereinbarungen sind unwirksam.**

Übersicht

1) Anwendbares Recht 1–11
   A. Besonderer Geschäftsbesorgungsvertrag nach HGB 1
   B. Dienstvertragsrecht des BGB 4
   C. Auftragsrecht des BGB 6
   D. Abweichende Vereinbarungen 7
2) Bemühenspflicht des Handelsvertreters (I Halbsatz 1), Weisungen, Verwahrung, Herausgabe 12–19
   A. Bemühenspflicht (I Halbsatz 1) 12
   B. Umsatzgarantie nur bei Vereinbarung 14
   C. Weisungen und ihre Grenzen 15
   D. Verwahrung, Herausgabe 17
   E. Persönliche Dienstleistung, Einsatz von Untervertretern 18
3) Allgemeine Interessenwahrungspflicht (I Halbsatz 2), Wettbewerbsverbot in der Vertragszeit 20–39
   A. Allgemeine Interessenwahrungspflicht (I Halbsatz 2) 20
   B. Wettbewerbsbeschränkungen nach Handelsrecht 26
   C. Wettbewerbsbeschränkungen durch AGB (§§ 305–310 BGB) 33
   D. Wettbewerbsbeschränkungen nach Kartellrecht (GWB, EGV) 34
4) Nachrichts- und Informationspflichten (II) 40–43
5) Sorgfalt (III); Sonstiges zu den Pflichten 44–49
   A. Sorgfalt (III) 44
   B. Vor- und nachvertragliche Pflichten 45
   C. Erfüllungsort 46
   D. Rechtsfolgen bei Verletzung 47
6) Abweichende Vereinbarungen (IV) 50–51
   A. Zwingendes Recht 50
   B. Nicht zwingendes Recht 51

Siebenter Abschnitt. Handelsvertreter 1–7 **§ 86**

1) Anwendbares Recht

A. **Besonderer Geschäftsbesorgungsvertrag nach HGB:** Der HVVertrag 1 ist Dienstvertrag über Geschäftsbesorgung (§§ 611 ff, 675 I BGB), ganz hM, und zwar nicht Arbeitsvertrag, sondern Vertrag über selbstständige Dienste (vgl § 84 Rn 35). Anwendbar sind deshalb HGB, Dienstvertrags- und Auftragsrecht des BGB. Dauerschuldverhältnis s § 84 Rn 43. Für partiarischen Einschlag Canaris § 15 Rn 54.

Das **HGB** umschreibt in § 86 I die Hauptpflicht des HV, verpflichtet ihn in II 2 zu Mitteilungen, bestimmt in III das Maß der von ihm geforderten Sorgfalt, regelt in § 86 a Hilfs- und Mitteilungspflichten des Unternehmers, in § 86 b die Delkrederehaftung und Delkredereprovision, in §§ 87–87 d die Provisions- und etwaigen Aufwendungsersatzanspruch des HV, in § 88 a das Zurückbehaltungsrecht, in §§ 89, 89 a die Kündigung des Vertrags, in § 89 b den Ausgleichsanspruch des HV nach Vertragsende, in § 90 die Geheimhaltungspflicht des HV, in § 90 a Möglichkeit und Wirkung von Wettbewerbsabreden, in §§ 91, 91 a Vollmachtsfragen. §§ 92–92 c handeln von VersVertretern, HV im Nebenberuf, ausländischen HV, HV in der Schifffahrt und von der Möglichkeit der Festsetzung von Mindestbedingungen.

Handelsbräuche ergänzen die gesetzliche Regelung, § 346. Sie gelten unter 3 bestimmten Voraussetzungen (§ 346 Rn 4) auch für HV von NichtKflten (§ 84 Rn 28). Zusammenstellung aus Gutachten der IHK s CDH, Der HdlBrauch im HdlVertragsrecht 1952.

B. **Dienstvertragsrecht des BGB: a) Anwendbar** sind auf HV ua § 613 4 (Dienstleistung in Person, Rn 18), § 615 (Annahmeverzug des Dienstberechtigten, s § 89 a Rn 37), § 618 I, III (Gesundheitsschutz, vgl § 86 a Rn 6), § 620 I (Vertragsablauf, § 89 Rn 6), § 624 (Kündigungsfrist bei Verträgen über mehr als 5 Jahre, aber § 89 Rn 7) str, § 625 (stillschweigende Vertragsverlängerung, s § 89 Rn 6). Weitergehend für unmittelbare oder analoge Anwendung von dienstvertraglichen Vorschriften, zB §§ 611, 612 a, 613, 615 und 616 (für Festvergütung), 617, 618, 620–622, 624, 625, 628 (für Festvergütung), 630 BGB GroßKo/Emde Vor § 84 Rn 36 ff, Emde MDR **02,** 190.

b) Unanwendbar sind ua §§ 620 II, 621, 622, 626–628 und in besonderen 5 Fällen auch § 624 (Kündigung s § 89 Rn 6 f, § 89 a Rn 2). Gegenstandslos angesichts des Rechts des HV zur Bestimmung seiner Arbeitszeit (§ 84 I 2) ist § 629 (nach Kündigung Freizeit zur Stellungssuche). Nicht anwendbar ist auch § 630 (Recht auf Zeugnis), RG **87,** 443, hL, aA GroßKo/Emde Vor § 84 Rn 71, Emde MDR **02,** 192; auch nicht auf selbstständige Einfirmenvertreter, Celle BB **67,** 775, Grund: selbstständiger Gewerbetreibender; anders nur für „arbeitnehmerähnliche" iSv § 92 a (§ 84 Rn 34).

C. **Auftragsrecht des BGB: §§ 663 ff BGB** sind anwendbar, soweit § 675 I 6 BGB für Geschäftsbesorgungsverträge darauf verweist: Auf HV **anwendbar** sind ua § 663 BGB (bei vorangegangenen Erbieten unverzügliche Ablehnung, s § 85 Rn 3), § 665 (Bindung an Weisungen, s Rn 15), § 666 (Nachrichten, Auskunft, Rechenschaft des HV), § 667 (Herausgabepflicht des Beauftragten, s Rn 17, § 86 a Rn 6), § 668 (Zins auf vom Beauftragten für sich verbrauchtes Geld), §§ 669, 670 (Vorschuss und Ersatz für Aufwendungen, s § 87 d), §§ 672–674 (Tod des Auftraggebers, Tod des Beauftragten, Fiktion des Fortbestehens des Vertrags zugunsten des noch nicht unterrichteten Beauftragten), näher Emde MDR **02,** 193.

D. **Abweichende Vereinbarungen:** Die Vertragspartner können den 7 HVVertrag von diesen Vorschriften des BGB und HGB **abweichend** gestalten, soweit §§ 84 ff keine zwingenden Vorschriften enthalten; zu diesen jeweils dort sowie Sonnenschein FS Boujong **96,** 481.

Hopt

§ 86 8–12   I. Buch. Handelsstand

8   **Grenzen** setzt vor allem die **Inhaltskontrolle nach AGB-Recht** bei nicht individuell ausgehandelten Vertragsbedingungen, vgl BGH **89,** 210, und zwar **(5)** § 307 BGB, **(5)** §§ 308, 309 BGB gelten unmittelbar (außer wenn der HV Unternehmer ist, vgl § 84 Rz 33), so auch wenn er Unternehmer erst durch den Vertrag wird, str, BGH **162,** 17 (zu § 1031 V 1 ZPO, Einl 89 vor § 1), s **(5)** § 310 I 1 BGB. Keine Umgehung der §§ 84 ff durch AGB als freier Mitarbeiter; Ul/Br/He/H. Schmidt Anh § 310 BGB Rn 406. Kritisch sind nach der Rspr ua Kundenschutz- und Wettbewerbsklauseln, Vertragsstrafeversprechen, Einschränkungen des Provisionsanspruchs, Anerkenntnisklauseln, Ausschluss- und Verjährungsabreden, Leistungsänderungsvorbehalte, Klauseln über den Kündigungsgrund, Abreden über den Ausgleichsanspruch; über Rückzahlung von Ausbildungskosten, Celle HVR **(03)** Nr 1076. Bspe: Klausel über Umsatzgarantie (§ 86 Rn 14); Klausel über Verbot von Stationskrediten (§ 86 Rn 15); Klausel über Recht zur willkürlichen Ablehnung von Aufträgen (§ 86a Rn 13); Klausel über einseitige Änderung des Provisionsanspruchs bzw Provisionssatzes (§ 87 Rn 48, § 87 b Rn 18) oder des zugewiesenen Bezirks (87 a Rn 18); Klausel über einseitige Verjährungsverkürzung zu Lasten des HV (§ 87 Rn 52); Kündigungs-, Freistellungs- und Rückzahlungsklauseln (§ 89 Rn 16); Klauseln über Kundenlisten (§ 90 Rn 79. Klausel über Einstandszahlung für Alleinvertriebsrecht wird nicht erfasst (gehört zu Hauptleistungspflicht), BGH WM **93,** 754, str. Sind AGB bei Verstoß gegen §§ 84 ff unwirksam, gilt § 306 BGB, BGH WM **92,** 1441. Lit: GroßKo/Emde Vor § 84 Rn 27 ff; Komm zu §§ 305 ff BGB, Ul/Br/He/H. Schmidt Anh § 310 BGB Rn 405, Wo/Li/Pf HVVertrag H 111, Evers/von Manteuffel 1998; Graf v Westphalen DB **84,** 2335, 2392, Preis/Stoffels ZHR 160 **(96)** 442.

9   Zu beachten ist ferner **§ 138 BGB,** Bsp: übermäßige, durch Recht zur fristlosen Kündigung gesicherte Abnahmegarantie des HV, Stgt NJW **57,** 1281; Bedingungen, nach denen der HV auch bei gewissenhaftester Geschäftsführung in keinem Fall Gewinn herauswirtschaften kann, BGH BB **60,** 1222 (Versicherung), DB **81,** 2274 (wegen des Unternehmerrisikos des HV iErg ablehnend), Düss NJW **98,** 2980 (Hungerprovision), dazu auch Evers BB **92,** 1365; nicht dagegen, wenn Vertrag zwar Existenzminimum nicht gestattet, aber weitere Vertretertätigkeit gestattet, Nürnb BB **60,** 1261.

10 **Gleichbehandlung** nach dem AGG gilt auch für HV, soweit es die Bedingungen für den Zugang zur Erwerbstätigkeit (Auswahlentscheidung des Unternehmers) sowie den beruflichen Aufstieg (zB Gebietserweiterung) betrifft (§ 6 III AGG), sonst nicht, Budde BB **07,** 731. Im Übrigen ist der Gleichbehandlungsgrundsatz grundsätzlich nicht anwendbar, Hopt ZIP **96,** 1538, MüKo/von Hoyningen-Huene § 84 Rn 73, Ko/Ro/Mo/Roth § 86a Rn 4, vgl Hamm HVR **(99)** Nr 966. Ausnahmen sind denkbar wegen Treuepflicht (§ 86a Rn 15) und bei schützenswertem Vertrauen, dass der HV in gleich gelagerten Fällen wie andere HV behandelt wird, BGH BB **71,** 484, uU auch § 20 II GWB. **Kartellrecht** s Rn 34.

11 Nichtigkeit vertraglicher Einzelbestimmungen macht idR nicht den ganzen Vertrag nichtig **(§ 139 BGB gilt nicht),** weil dies den Schutzzweck des zwingenden HVRechts vereiteln würde (vgl zB Fassung der §§ 85, 86b 87a, 87c, 89 III, 89a, 90a), BGH **40,** 239. Das gilt ohnehin bei Nichtigkeit einzelner AGB, **(5)** § 306 BGB (§ 86 Rn 8).

2) Bemühenspflicht des Handelsvertreters (I Halbsatz 1), Weisungen, Verwahrung, Herausgabe

12 A. **Bemühenspflicht (I Halbsatz 1):** Die Pflicht, sich um die Vermittlung oder den Abschluss von Geschäften zu bemühen (I Halbsatz 1) liegt schon im Begriff des HV, § 84 I: er ist ständig mit der Vermittlung oder je nach Vereinbarung auch mit dem Abschluss betraut, dh beauftragt (§ 84 Rn 41), und ein

Siebenter Abschnitt. Handelsvertreter **13–15 § 86**

Beauftragter muss sich um Erfüllung seines Auftrags bemühen, BGH LS NJW **72,** 251. Das ist seine eigentliche Aufgabe und Hauptpflicht. Nur gelegentliche Tätigkeit genügt nicht, zumal bei einem Bezirksvertreter mit Bezirks- oder Kundenkreisschutz (§ 87 II), Mü BB **55,** 714. Der HV ist nicht verpflichtet, so viele Abschlüsse hereinzuholen, wie ihm bei größter Anstrengung möglich wäre, aber er muss, jedenfalls nach einer Anlaufsphase, doch angemessene Umsätze erzielen, GroßKo/Emde 16. Dabei wird einem Einfirmenvertreter und erst recht von HV mit Bezirks- oder Kundenschutz mehr erwartet als von anderen HV (§ 87 Rn 28). Die Bemühenspflicht umfasst die gesamte Produktion des Unternehmers, also auch neue Produkte für einen anderen Kundenkreis, falls nicht einer ganz anderen Branche zugehörig, BGH DB **81,** 1772 (für gleichartige, qualitativ höherwertige Ware). Der Inhalt der Bemühenspflicht kann durch **Weisung,** soweit diese zulässig ist (§ 84 Rn 38), konkretisiert werden, zB durch Richtlinien des Unternehmers für Kundenbehandlung und Mustervorführung.

Der HV muss in seinem Bereich den Markt auf Lage und Tendenzen beobach- **13** ten, Marktlücken suchen und sie für den Unternehmer nutzbar machen, Celle BB **70,** 228, und neue Kunden werben sowie alte Kunden „pflegen", Hamm HVR **(70)** Nr 432. Bonitätsprüfung s Rn 21. Ihm obliegen aber keine eigentlichen Marktanalysen und **keine allgemeine Markt-, Produkt- oder Kundenpflege** über die konkreten Vermittlungs- und Abschlussbemühungen hinaus, so zB keine Werbung, die nicht unmittelbar auf bestimmte einzelne Geschäftsabschlüsse zielt; solche allgemeine Werbung ist mangels anderweitiger Vereinbarung Aufgabe des Unternehmers selbst (vgl § 87 d Rn 4). Ebenso Warenlagerhaltung (für Vertragshändler s Überbl 41 vor § 373); Warenauslieferung; umfangreiche Vergleichsverhandlungen oder Prozessinformationen, Hbg JW **36,** 2939; Umsatzgarantie s Rn 14. Der Transportvermittler ist nicht verpflichtet festzustellen, ob Kraftverkehrsunternehmer Erlaubnis nach GüKG besitzt, Hamm BB **68,** 1017. Die Bemühenspflicht kann durch vertragliche **Vereinbarung** erweitert oder eingeschränkt werden, Bsp Rn 14. Übernimmt der HV zB ein Muster- oder Auslieferungslager, ist er zur sorgfältigen Führung verpflichtet, vgl Karlsr DB **69,** 742 (Filialleiter).

B. **Umsatzgarantie nur bei Vereinbarung:** Vertraglich vereinbarte Umsatz- **14** garantie (vgl § 349 Rn 15) ist möglich mit verschiedener Wirkung, zB dass bei Nichterreichen dieses Umsatzes der HV für alle Schäden einsteht, die dem Unternehmer (zB durch vorbereitende Aufwendungen) hieraus erwachsen, oder dass der HV auf die vermittelten (den Garantiebetrag nicht erreichenden) Geschäfte keine oder nur eine verminderte Provision erhält (aber § 87 Rn 48), oder dass der Unternehmer uU außerordentlich kündigen kann (vgl § 89 a Rn 27), letzterenfalls entfällt aber der Ausgleich nach § 89 b nicht ohne weiteres (vgl § 89 b Rn 65). Die Formvorschrift des § 86 b I 3 gilt hier nicht. Allzu scharfe Bindung des HV in dieser Weise kann aber die Abrede, uU sogar den ganzen Vertrag, nichtig machen (Rn 8 f). **AGB** mit Schadensersatz-, Rückzahlungs- oder Abnahmepflichten oder Recht zur fristlosen Kündigung (soweit nicht schon § 89 a I 2, § 89 a Rn 27) können unwirksam sein, Ul/Br/He/Schmidt Anh § 310 BGB Rn 407, 412 (§ 86 Rn 8).

C. **Weisungen und ihre Grenzen:** Weisungen des Unternehmers, die aber **15** eindeutig sein müssen BGH NZG **09,** 313, hat der HV als Interessenwahrer des Unternehmers grundsätzlich zu befolgen (§ 665 BGB), sie dürfen produkt- und tätigkeitsbezogen sein (aber Rn 16): zB zur Person der Geschäftsgegner und den Bedingungen der Geschäfte, etwa an gewisse Personen nur gegen bar, an andere gar nicht zu verkaufen, BGH BB **60,** 574, Klausel über Verbot von Stationskrediten, die praxisüblich sind (BGH WM **06,** 247), kann aber gegen **(5)** BGB § 307 verstoßen, offen BGH NZG **09,** 312; zur Gestaltung der Tätigkeit des Vertreters (vgl § 84 Rn 38), besonders seiner Kundenwerbung und -betreuung,

§ 86 16–18 I. Buch. Handelsstand

etwa Art und Weise der Ausfüllung von Versicherungsanträgen, BGH VersR **86**, 1072, Eintragung der Preise in die Auftragsscheine, Nürnb MDR **74**, 144, Rückübertragung der Bestandsverwaltung, BGH VersR **68**, 642. Auf solche Weisungen ist § 14 aF GWB unanwendbar, BGH **51**, 168. **Umfang** des Weisungsrechts hängt von den Umständen ab, zB weiter bei Erteilung einer Abschlussvollmacht, BGH BB **60**, 534, in der Praxis häufig enger bis hin zum unselbstständigen Angestellten (§ 84 II, unten Rn 16).

16   **Grenzen** setzt aber die **Selbstständigkeit** des HV (§ 84 Rn 38). Die Weisung darf also die Selbstständigkeit des HV nicht im Kern antasten, BGH BB **66**, 265. Der HV darf abweichen, „wenn er den Umständen nach annehmen darf, dass der Auftraggeber bei Kenntnis der Sachlage die Abweichung billigen würde", muss aber zunächst die beabsichtigte Abweichung mitteilen und die Entschließung des Unternehmers abwarten, wenn damit nicht Gefahr verbunden ist, etwa dass ein für den Unternehmer wertvolles Geschäft nicht zustande kommt (§ 665 BGB); letzterenfalls muss er als Interessenwahrer uU sogar abweichen.

17   D. **Verwahrung, Herausgabe:** Der HV muss ihm überlassene Sachen (§ 86a Rn 6) pfleglich behandeln und sorgfältig **verwahren,** BGH WM **93**, 1596. §§ 388, 390 HGB (Kommissionsgut) gilt analog, GroßKo/Emde 61. Der HV muss die ihm überlassenen Sachen, zB Musterkollektion, nicht von sich aus versichern, Küstner/Thume I 621, aA LG Hann MDR **84**, 1028, Schlegelb/ Schröder § 86a Rn 6; Abrede empfehlenswert, § 86a III steht nicht entgegen, str. Er muss **herausgeben,** was ihm vom Unternehmer überlassen worden ist (§ 86a Rn 6), wenn er es für seine Tätigkeit nicht mehr benötigt bzw nach Vertragsende. Die Herausgabepflicht nach § 667 BGB erstreckt sich auch auf von dritter Seite erlangte Sachen, zB die vom ihm (mit Inkassovollmacht) **eingezogenen Beträge** (vgl § 87 IV HGB, § 43 Nr 4 aF, 69 II nF VVG), BGH NJW **03**, 743, Stgt DB **62**, 405, aber keine Vorfinanzierung derselben durch HV (AGB unwirksam, BGH § 307 I 1), BGH WM **06**, 245, Einzug nur auf Treuhandkonto (AGB wirksam), BGH WM **08**, 1895; Beweislast Kblz WM **06**, 1452. Sie erstreckt sich auch auf unberechtigt eingezogene Beträge und **Schmiergelder** (Rn 23). **Kundenlisten,** die der HV selbst erstellt hat (andere s § 86a Rn 5), muss er dem Unternehmer im Rahmen seiner Nachrichtspflicht (II) zugänglich machen, aber, da dem Unternehmer bekannt, nicht nach Vertragsende herausgeben, GroßKo/Emde 44; Vertragsstrafeversprechen (Rspr: DM 250 pro zurückbehaltene Adresse) ist zulässig, BGH NJW **93**, 1786, einschränkend für inaktive Kundenadressen BGH WM **95**, 1415 (s § 86 Rn 8). Ob der HV die Adressen nach Vertragsende selbst weiternutzen kann, ist eine Frage des §§ 90 (Rn 7), 90a (Rn 30). Herauszugeben ist auch der Schriftwechsel, den der HV bei Vorbereitung des Abschlusses mit dem Dritten geführt hat. Kein Zurückbehaltungsrecht an eingezogenen Beträgen, keine Aufrechnung gegen Herausgabeanspruch mit eigenem Provisionsanspruch, so Hamm NJW-RR **94**, 158, Grund: treuhänderisch, aber geht zu weit (§ 88a Rn 1). **Zeitpunkt** der Herausgabe je nach Art, iZw unverzüglich nach Erledigung des Geschäfts, Schmiergelder umgehend; bei eingezogenen Beträgen idR nicht unverzüglich, sondern in regelmäßigen Abständen, str, bis dahin Trennung von den eigenen Geldern, Ebenroth/Löwisch 40; überlassene Sachen erst mit Beendigung der HVTätigkeit für den Unternehmer. **Erstattung** s Rn 51.

18   E. **Persönliche Dienstleistung, Einsatz von Untervertretern:** § 613 S 1 BGB verlangt iZw **persönliche Dienstleistung.** Das ist gerade für den HV wichtig; Kundenwerben ist eine Kunst. Das Vertragsrecht auf die Dienste des HV ist iZw, auch bei Übertragung des Betriebs des Unternehmers, **unübertragbar,** § 613 S 2 BGB, BGH NJW **63**, 100 (betr Arbeitsverhältnisse vgl § 59 Rn 17), auch wenn HV in die Absatzorganisation eines Großunternehmens eingegliedert ist.

Doch darf der HV, wenn er Kfm ist, str (§ 84 Rz 33), HdlGehilfen beschäfti- 19
gen; bei entspr großem Geschäftsumfang wohl auch **Untervertreter** einsetzen,
iZw ist er dazu nicht verpflichtet; er haftet für sie im Verhältnis zum Unternehmer, § 278 BGB, BGH **59,** 92, Hamm MDR **59,** 1016.

3) Allgemeine Interessenwahrungspflicht (I Halbsatz 2), Wettbewerbsverbot in der Vertragszeit

A. **Allgemeine Interessenwahrungspflicht (I Halbsatz 2):** Sie ist für den 20
HVVertrag wesensbestimmend und zwingend, BGH **97,** 326, **112,** 222 und
beherrscht das gesamte Vertragsverhältnis, hL, Grundmann, Treuhandvertrag 1997, 385. Sie erstreckt sich entgegen dem Wortlaut („hierbei") nicht nur
auf Vermittlung und Abschluss, sondern generell auf die Tätigkeit des HV; zB
auch auf Wahrung von Geschäfts- und Betriebsgeheimnissen des Unternehmers
außerhalb seiner Vermittlungstätigkeit und nach Vertragsende (§ 90 Rn 1, 4)
oder auf Kundenbetreuung nach Abschluss, Kblz BB **73,** 866. Der HV ist Interessenwahrer des Unternehmers, nicht unparteiischer Makler zwischen beiden
Teilen des abzuschließenden Geschäfts, BGH BB **79,** 242; er kann nicht zugleich
für den Kunden Makler sein, BGH NJW **74,** 137.

Der HV muss alles tun, was im Interesse des Unternehmers erforderlich ist, 21
und alles unterlassen, was den Unternehmer schädigen kann, BGH **42,** 61. Dazu
gehört **Bonitätsprüfungspflicht,** also dass er sich bei Vertragsanbahnung über
die Bonität, Kredit- und Vertrauenswürdigkeit der Dritten erkundigt und je nach
Sachlage nicht vorher ausliefern lässt, Karlsr DB **69,** 741, Rö/Thume 15. Dabei
darf er mangels Indizien für das Gegenteil der allgemeinen Meinung über den
Kunden folgen, Düss HVR **(54)** Nr 59. Zweifel muss er mitteilen, auch wenn er
sie selbst nicht teilt, BGH BB **69,** 1196. Der HV braucht aber nicht für die
Bonität einzustehen (anders bei Delkredere, § 86 b Rn 1) und sie auch nicht
nach Geschäftsabschluss weiter zu überwachen, Hamm, HVR **(70)** Nr 432; erfährt er später Negatives, gehört das zur Nachrichtspflicht (II). Gegen die Interessenwahrungspflicht verstößt es, wenn er Kunden empfiehlt (bzw dem Unternehmer damit droht), den Vertrag aufzulösen und vom Unternehmer Schadensersatz zu verlangen, Kblz BB **73,** 866, oder wenn er dem Unternehmer einen
anderen HV zugunsten eines Dritten abwirbt, auch wenn dieser kein Wettbewerber ist, BGH MDR **77,** 644.

Aus der Interessenwahrungspflicht folgen weitere teils geschriebene, meist 22
aber ungeschriebene **konkrete Pflichten** des HV, zB die **Nachrichtspflicht** (II)
oder die **Verschwiegenheitspflicht** und das Verbot der Verwertung von Geschäfts- und Betriebsgeheimnissen (§ 90 Rn 1), vor allem aber das **Wettbewerbsverbot** (Rn 26 ff). Zur Kasuistik der Pflichtenkonkretisierung s auch beim
wichtigen Kündigungsgrund (§ 89 a Rn 17). Die **Konkretisierung** der Interessenwahrungspflicht nach I Halbs 2 im Einzelnen einschließlich, soweit daraus
abzuleiten, des Wettbewerbsverbots während der Vertragszeit (die EG-Ri regelt
in Art 20 nur das nachvertragliche Wettbewerbsverbot) kann Anlass zur Prüfung
auf Europarechtskonformität und **Vorlage nach Art 234 (177 aF) EG** geben
(Art 3 I 1. Alt EG-Ri, § 84 Rn 3). Das gilt auch für Art 3 I 2. Alt EG-Ri (Gebot
von Treu und Glauben für den HV, nach Art 5 zwingend), der, da § 242 BGB
entsprechend, nicht eigens umgesetzt worden ist (BTDrucks 11/3077, 7),
Grundmann EuropSchuldvertragsrecht 1999, 3.80 Rn 10, aA Canaris § 15
Rn 47. Doch setzt er nur einen allgemeinen Rahmen, vgl Roth FS Drobnig **(98)**
135, str, andernfalls wäre praktisch das gesamte HVVertragsrecht als Transformation der EG-Ri anzusehen. Vgl § 86 a Rn 1. Lit: Nachweise bei Ko/Ro/Mo/
Roth Vor § 84 Rn 1.

Schmiergelder und andere Provisionen von Dritten darf der HV nicht neh- 23
men, jedenfalls aber muss er sie dem Unternehmer **herausgeben** (§ 667 BGB;
Rn 17). Außerdem kann er sich schadensersatzpflichtig (wenn er zB bessere

§ 86 24–27　　　　　　　　　　　　　　　　　　　　　　　　　I. Buch. Handelsstand

Geschäfte ausließ) und sogar strafbar machen (§§ 299 ff StGB) und der außerordentlichen Kündigung ausgesetzt sein (§ 89 a). Der Einwand, der Abschluss wäre ohnehin und nicht besser zustande gekommen, leugnet nur den Schaden, rechtfertigt die Schmiergeldannahme nicht, das Vertrauensverhältnis (§ 84 Rn 41) verbietet geheime Nebenvorteile des HV wie solche des Unternehmers (vgl § 87 b Rn 7). **Hingabe von Schmiergeldern** durch den HV und Verlangen von Aufwendungsersatz dafür s § 87 d Rn 4.

24 Der **Mehrfirmenvertreter** schuldet jedem seiner Unternehmer Interessenwahrung. Dabei kann es zu schwierigen Interessenkonflikten kommen (s Rn 27). Die Aufnahme einer Konkurrenzvertretung bedarf deshalb der Zustimmung jedes der Unternehmer (Rn 30). Bei erlaubter Mehrfirmenvertretung ist der HV den mehreren vertretenen Unternehmen gleich verpflichtet, ihre Ware der Kundschaft vorteilhaft zu präsentieren; er braucht aber nicht sein Urteil über Vorzüge und Nachteile zu unterdrücken, BGH 27. 2. **76** (von Gamm NJW **79,** 2491). Schlecht machen darf er die Ware der einen keinenfalls mangels besonderer Vereinbarung ist ein sachgerechtes Repartierungsverfahren zu praktizieren, zB nach Territorium, prozentual, zeitlich oä; jedenfalls ist der HV in der Zuweisung des Kunden an den einen oder anderen Unternehmer nicht schlechthin frei. Folgeaufträge sind idR dem Unternehmer zuzuweisen, dessen Kunde der Dritte bereits ist, anders nur bei eigenem Wunsch des Dritten, LG Lüb VersR **50,** 182 m Anm Bronisch.

25 Pflichtverletzung des HV gegenüber einem Untervertreter kann zugleich pflichtwidrig gegenüber dem Unternehmen sein, BGH WM **92,** 2026. Der **Untervertreter** verletzt die Treuepflicht gegenüber dem Vertreter, wenn er mit dem Unternehmer die Kündigung des Vertreter/und des Untervertretervertrages abspricht zwecks Übertragung der Vertretung auf den Untervertreter, BGH **42,** 61, vgl § 86 a Rn 16.

26 B. **Wettbewerbsbeschränkungen nach Handelsrecht:** Hier ist klar zwischen der Zeit des Vertrags und danach zu unterscheiden. Ein Wettbewerbsverbot für den HV **in der Vertragszeit** folgt **ohne besondere Vereinbarung** aus § 86 I Halbs 2; dieses Wettbewerbsverbot kann vertraglich erweitert werden, aber nur unter Rücksicht auf die schutzwürdigen Belange des HV, BGH BB **68,** 60, und mit Grenzen aus Kartellrecht (Rn 34). Das Wettbewerbsverbot für den HV betrifft Wettbewerb mit dem Unternehmer, nicht auch mit seinen Kunden, insoweit auch nicht ohne weiteres Interessenwahrungspflicht des HV, Kln HVR **(02)** 978. Ein **Wettbewerbsverbot nach Vertragsende** bedarf dagegen einer besonders geregelten „Wettbewerbsabrede" **(§ 90 a);** bloße Vorbereitung des nachvertraglichen Wettbewerbs während Vertragszeit verstößt nicht gegen § 86 I Halbs 2, zB Beteiligung an Gründung einer Konkurrenzfirma schon vor Vertragsende (außer bei Vertrauensbruch), BGH HVR **(74)** Nr 485, Kln HVR **(02)** Nr 1097. Für die Vertragszeit ist dem HV schon auf Grund von § 86 I Halbs 2 jeder eigene Wettbewerb mit dem Unternehmer untersagt; ebenso jede Konkurrenzvertretung, die geeignet ist, das Interesse des Unternehmers (nicht ganz unerheblich) zu beeinträchtigen; BGH **42,** 61, **52,** 177, NJW **84,** 2101. Besonderheiten für Vertragshändler BGH **93,** 54, WM **93,** 1464 (Überbl 39 f v § 373). Wettbewerbsrichtlinien der VersWirtschaft (1. 9. 06) in Hopt HVR 4. Aufl 2009, Materialien VIII; sie geben nur die Anschauungen der VersWirtschaft wieder und sind bloße Auslegungshilfe, GroßKo/Emde Vor 84 Rn 268.

27 a) Voraussetzung für § 86 I Halbs 2 ist zunächst eine **Wettbewerbssituation,** und zwar räumlich, sachlich und zeitlich, näher Ebenroth/Löwisch 20, Heymann/Sonnenschein/Weitemeyer 17, Maier BB **79,** 500. (1) **Räumliche Reichweite:** Das Wettbewerbsverbot umfasst mangels anderer Vereinbarung das gesamte Absatzgebiet des Unternehmers, also bei einem Bezirksvertreter nicht nur dessen Bezirk, str. (2) **Sachliche Reichweite:** Das Wettbewerbsverbot erfasst nicht nur den vom Unternehmer zurzeit bedienten Kundenkreis, vgl aber Mü HVR **(90)** Nr 699; auch Gleichartigkeit der Waren nach Preis und Qualität und Überschneidung der Produktpalette sind nicht notwendig, entscheidend ist vielmehr der potentielle Wettbewerb aus der Sicht der Kunden, Düss HVR **(01)** Nr 1044, Ebenroth/Löwisch 20, weil dann der Wettbewerb des HV dem Unternehmer schaden kann. Erkennbar bevorstehende oder nahe liegende Produkt-, Gebiets- oder Kundenerweiterungen werden also mitumfasst (§§ 133, 157 BGB). Überschneidung hinsichtlich einzelner Sortimente genügt, Düss OLGR **99,** 53, HVR **(01)** Nr 1044; auch wenn das konkret vertriebene Sortiment vom Unternehmer nicht produziert wird, aA MüKo/von Hoyningen-Huene 38, Grund: Gefahr, dass Kunde auch bezüglich der vom Unternehmer produzierten Sortimente zur Konkurrenz abwandert, Ebenroth/Löwisch 20. Nur geringfügige Überscheidungen können außer Betracht bleiben, die kartellrechtliche Spürbarkeitsgrenze gilt aber nicht (anderer Zweck). Keine Konkurrenzlage besteht bei Waren, die von der Funktion her ganz andere Anforderungen erfüllen müssen oder sich an nicht austauschbare Kundenkreise wenden, Düss HVR **(01)** Nr 1044, zB handgefertigte, wertvolle Einzelstücke. (3) **Zeitliche Reichweite:** Kommt es zu der Wettbewerbssituation erst später ohne Zutun des HV, zB durch Wachstum oder Ausdehnung des oder eines der Unternehmer, Bonn DB **60,** 1305, NJW **87,** 778, oder bei Aufteilung nach Erbfall, Zweibr HVR **(65)** Nr 327, so gilt grundsätzlich das Prioritätsprinzip, im übrigen Interessenabwägung nach Fallgruppen (s Rn 28), für Mehrfirmenvertreter (s Rn 24) Küstner/Thume I 498. **Bei Zweifeln** über Vorliegen einer Wettbewerbssituation muss der HV den Unternehmer unterrichten und ggf seine Zustimmung einholen (s Rn 30).

b) Verstoß (§ 89 Rn 19) liegt nicht erst im Tätigwerden für den anderen **28** Unternehmer, sondern bereits im Angebot des HV zur Übernahme der Konkurrenzvertretung ohne Zustimmung (zu dieser Rn 30), BGH WM **77,** 318, Nürnb BB **61,** 64 (vgl § 89 a Rn 19). Schon Bürogemeinschaft kann Verstoß sein, BGH VersR **69,** 372. Gegen das Wettbewerbsverbot können auch mittelbare Förderung, zB als (echter) stiller Gfter in Konkurrenzunternehmen (§ 230 Rn 1), und Hilfstätigkeiten für Konkurrenten verstoßen, zB Nachrichten, Beratung, Überlassung von Geschäftsräumen, Zuführung von dritten HV (auch ohne Abwerbung, zu dieser oben Rn 21). Der HV darf alle Kundenliste, die er vom Unternehmer erhalten (§ 86 a Rn 5) oder für diesen erarbeitet hat, nicht Dritten zugänglich machen. Der HV hat den Unternehmer zu unterrichten, wenn er als Vertreter oder in anderer Eigenschaft für andere Unternehmer tätig werden will, BGH WM **77,** 319, auch als Prokurist im Geschäft der Ehefrau, Düss BB **69,** 330. Auch nach unberechtigter fristloser Kündigung durch Unternehmer muss sich HV bis zur rechtswirksamen Vertragsbeendigung an das Wettbewerbsverbot halten (§ 89 a Rn 39). Tritt die Wettbewerbssituation erst später auf (s Rn 27), kann der HV eine der Vertretungen kündigen oder, wenn die Kollision auf den Zweitunternehmer zurückgeht, dem Erstunternehmer Vertragsaufhebung anbieten und so den Verstoß vermeiden; ausnahmsweise, zB bei Kollision kraft Erbteilung, kann er auch die Entscheidung der konkurrierenden Unternehmer abwarten, Zweibr HVR **(65)** Nr 327; das hat Folgen für die Erhaltung des Ausgleichsanspruchs (§ 89 b III, dort Rn 58, 67).

Umgehung des Wettbewerbsverbots etwa durch Vorschieben der Ehefrau **29** steht nach allgemeinen Regeln einem Verstoß gleich, vgl BGH BB **64,** 409; doch muss sich der HV eine selbstständige Vertretung seiner Ehefrau oder anderer naher Angehöriger für einen Konkurrenzunternehmer nicht ohne weiteres zurechnen lassen, Brschw HVR **(68)** Nr 384. Die Maßstäbe dafür sind heute andere als früher. Allerdings muss der HV dann dafür sorgen, dass zwischen seinem Betrieb und dem des Angehörigen eine organisatorische und informatio-

§ 86 30–35 I. Buch. Handelsstand

nelle Trennung besteht, schädlich also zB Bestehen eines einheitlichen Telefonanschlusses, BGH VersR **69,** 372. Der HV muss auch den bloßen **Anschein unzulässigen Wettbewerbs** vermeiden, Grund: Interessenwahrungspflicht.

30 c) **Zustimmung** des Unternehmers zu Eigenvertrieb oder Konkurrenzvertretung ist nötig, und zwar ausdrücklich, Hamm NJW-RR **92,** 364, ausnahmsweise auch stillschweigend. Aber der HV hat keinen Anspruch auf solche Zulassung, auch nicht wenn andere HV die Zustimmung erhalten (kein Gleichbehandlungsgrundsatz für HV), doch kann es letzterenfalls an einer tatsächlichen Beeinträchtigung des Unternehmers durch die weitere Konkurrenz fehlen, BGH NJW **84,** 2101. Wächst sich erlaubte Zweitvertretung zu echtem Konkurrenzunternehmen aus, ist das Wettbewerbsverbot flexibel zu handhaben, so BGH 27. 2. **76** (von Gamm NJW **79,** 2491). Zur Interessenwahrungspflicht des Mehrfirmenvertreters s Rn 24.

31 d) Der Umstand, dass der HV ohne den Verstoß einen (auch erheblichen) Schaden erleiden würde, begründet allein noch nicht den Einwand der **unzulässigen Rechtsausübung** (§ 242 BGB), dazu ist mehr nötig, offen BGH **52,** 181.

32 e) **Rechtsfolgen:** Verletzung des Wettbewerbsverbots macht schadensersatzpflichtig und kann fristlose Kündigung rechtfertigen (§ 89a Rn 19). Der HV braucht aber nicht den durch den Verstoß erzielten Gewinn herauszugeben, ein §§ 61 und 113 sind nicht entspr anwendbar, der HV ist selbstständiger Gewerbetreibender (s Rn 33; anders bei Unselbstständigkeit, s Rn 39), BGH **171,** 78, hL, aA Canaris § 15 Rn 44, bloße wissentliche Ausnutzung des Vertragsbruchs durch den Unternehmer ist nicht unlauter, BGH **171,** 82. Der HV schuldet daher dem Unternehmer Auskunft über die unzulässig bei einem Konkurrenten vermittelten Geschäfte, auch mit Neukunden, nicht aber über das dabei von ihm Verdiente; BGH NJW **64,** 817, **96,** 2097, Hamm NJW-RR **87,** 1114. Die Auskunft ist zum Schutze des Konkurrenten, wenn der HV diesem Geheimhaltung schuldet, geeignet zu beschränken, vgl BGH **10,** 387, etwa durch Anordnung der Vorlegung der Bücher nur an einen zuverlässigen Dritten mit Schweigepflicht, zB Wirtschaftsprüfer, dies auch von Amts wegen. Eine Vertragsstrafe ist uU schon verwirkt durch Erbieten an Konkurrenz, für sie zu werben, Nürnb BB **61,** 64; AGB, die Vertragsstrafe und Schadensersatz statt der Leistung kumuliert, ist auch bei HV unwirksam, BGH BB **92,** 307 (s Rn 8). Lit: Gallus 1971; von Brunn AcP 163 **(64)** 487, Steindorff ZHR 130 **(68)** 82, Rittner FS Reinhardt **72,** 301, Maier BB **79,** 500.

33 C. **Wettbewerbsbeschränkungen durch AGB (§§ 305–310 BGB):** Die Wettbewerbsklausel, die idR eine AGB ist, muss den Anforderungen der **(5)** §§ 305–310 BGB, insbesondere der Inhaltskontrolle nach **(5)** §§ 307ff BGB (s Rn 8) standhalten, sonst ist sie unwirksam. Lit: Preis/Stoffels ZHR 160 **(96)** 457.

34 D. **Wettbewerbsbeschränkungen nach Kartellrecht (GWB, EGV):** Das Wettbewerbsverbot ist, auch ohne ausdrückliche Vertragsklausel, **stets** auf Verstoß gegen Kartellrecht **zu prüfen,** BGH NJW **84,** 2101, EuGH **75,** 1663 (Eur Zuckerindustrie). Die Unternehmereigenschaft des HV iSv § 1 GWB folgt aus seinem selbstständigen Auftreten am Markt, BGH **112,** 218 (TUI), Immenga/Mestmäcker/Zimmer 4. Aufl 2007 § 1 Rn 38ff, anders Arbeitnehmer (§ 84 Rn 39) bei wettbewerbsbeschränkenden Absprachen zugunsten ihres Arbeitgebers. Für das europäische Kartellrecht stellt der EuGH mehr auf die wirtschaftliche Selbstständigkeit ab, EuGH **75,** 2016 (Eur Zuckerindustrie), s Rn 38.

35 a) **GWB:** Die 7. Kartellnovelle 2005 hat das GWB weitgehend an das europäische Kartellrecht (s Rn 38, Einl 37 vor § 1) angepasst (Systemwechsel). Ausgangspunkt ist der Grundsatz der freien Vertriebsgestaltung, Hopt FS Ulmer **03,** 891. Das Verbot von **Vereinbarungen über Preisgestaltung und Geschäfts-**

Siebenter Abschnitt. Handelsvertreter **36–38 § 86**

bedingungen des § 14 aF **GWB**, das die Gestaltungsfreiheit des Vertragspartners für Zweitverträge sicherstellen sollte, galt nicht für (echte) HV, BGH **51,** 168, **52,** 173, **80,** 53, **97,** 317 (Telefunken), **140,** 351 (Sixt), NJW **00,** 3428, stRspr, hL, nunmehr Prüfung unter der Generalklausel des § 1 GWB, Immenga/ Mestmäcker/Zimmer 4. Aufl 2007 § 1 Rn 358 ff, vgl dazu Rn 38. Denn der Unternehmer trägt das typische Geschäftsrisiko der Verträge, die der HV in seinem Namen und auf seine Rechnung abschließt, sein Weisungsrecht bleibt also unberührt. Das gilt auch bei Einbeziehung des Facheinzelhandels als HV, sofern nicht nur formell, sondern materiell, insbesondere nach Risiko- und Lastenverteilung, ein HVVerhältnis vorliegt. Das liegt anders bei Vertragshändlern, die eigenunternehmerisch tätig werden, s Überbl 38 vor § 373, aber auch bei solchen HV, die an der Tragung zB des Absatz-, Lager-, Kreditrisikos maßgeblich beteiligt werden. Gegenüber echten HV soll sich der Unternehmer auch zur Gleichpreisigkeit verpflichten können, sehr str (s Rn 36).

Gleichermaßen galt auch die **Missbrauchsaufsicht über Ausschließlich-** 36 **keitsbindungen** des § 16 aF **GWB** nicht für (echte) HV, sofern die Bindung an den Unternehmer sich im Rahmen des § 86 I Halbs 2 hielt, BGH **52,** 173, vgl Ffm NJW-RR **86,** 716 (Sportlerwerbung), aA frühere Rspr (überhaupt nicht), aA Immenga/Mestmäcker/Emmerich 3. Aufl 2001 § 16 Rn 30 (ohne Rücksicht auf § 86 I Halbs 2). Vertragliche Wettbewerbsverbote, die über die dem HVVertrag wesenseigene und zur sachgerechten Interessenwahrung notwendige Bindung hinausgehen, konnte aber unter § 16 aF GWB fallen, BGH **112,** 218 (TUI), str, zB Verbot, Reisen anderer Pauschalreiseveranstalter anzubieten. Dagegen sollten bloße entsprechende Bindungen des Unternehmers gegenüber dem HV, zB zur Gleichpreisigkeit und zum Vertrieb nur über HV, nicht unter §§ 14, 16 aF GWB fallen, BGH **97,** 327 (Telefunken), üL, sehr str, aA Immenga/Mestmäcker/Emmerich 3. Aufl 2001 § 14 Rn 30, § 16 Rn 30, 58 (Tankstellenhalter), Oehler BB **87,** 765; Grenzen folgten dann nur nach §§ 19 I, IV, 20 I aF GWB (Rn 37). Ausschließlichkeitsbindungen sind nach Treu und Glauben auszulegen; bei Tankstelleninhaber erstreckt sich die ausschließliche Bindung an Erzeugnisse einer Firma nicht ohne weiteres auch auf verbundene Reparaturwerkstatt, BGH **52,** 171, anders noch BGH BB **68,** 60 (Shell-Tankstelle); die Belange des HV setzen Grenzen (zB bei Führung anderer Markenöle). Nach der **GWBNovelle 2005** sind bisher zulässige Vertriebsvereinbarungen nunmehr unter § 1 GWB in Anlehnung an die EGVertikalGVO (s Rn 38) zu beurteilen und sind, wenn sie dagegen verstoßen, ohne Vertrauensschutz nichtig, Immenga/Mestmäcker/Zimmer, 4. Aufl 2007 § 1 Rn 358 ff. Genaue **Überprüfung** der bisherigen Händlerverträge auf kritische Vertriebsvereinbarungen, sog **„schwarze Klauseln",** ist deshalb dringend zu empfehlen.

Grenzen setzen ferner **§ 19 I, IV GWB** (§ 22 IV aF) bei Missbrauch und 37 **§ 20 I GWB** (§ 26 II aF) bei unbilliger Behinderung und Diskriminierung, zB durch Nichtbelieferung mit Ersatzteilen, BGH BB **89,** 1575, Ffm HVR **(90)** Nr 685. Besonderheiten bei selektiven Vertriebssystemen, Bechtold NJW **03,** 3729, Rheinländer WRP **07,** 501, Emde BB **08,** 2707.

Wettbewerbsverbote nach Vertragsende sind, soweit sie sich im Rahmen von § 90 a halten, grundsätzlich ebenfalls mit Kartellrecht vereinbar, str (wie Rn 35, 36), aber keinesfalls darüber hinaus.

Lit: Komm zum GWB (Einl 77 vor § 1), Cramer 1972; Rittner DB **89,** 2587, Köhler ZHR 151 **(87)** 224, Baur WuW **87,** 464, Ebenroth/Parche BB Beil 10/**88,** Rittner WuW **93,** 592, Thume WRP **00,** 1033, Emmerich, Kartellrecht, 10. Aufl 2006, §§ 3 Rn 33, 4 Rn 90 ff, Hopt FS Ulmer **03,** 891.

b) EGV: Ausgangspunkt ist auch hier der Grundsatz der freien Vertriebsgestal- 38 tung, Hopt FS Ulmer **03,** 891. **Art 81 EG** (Art 85 aF) findet auf HV ebenfalls

§ 86 38

nur eingeschränkt Anwendung. Ob das nationale HVRecht ein entsprechendes Wettbewerbsverbot duldet oder sogar selbst vorsieht, ist dafür jedoch irrelevant. Wettbewerbsverbote und Ausschließlichkeitsbindungen der HV sind zwar idR zulässig, EuGH **66**, 321 (Grundig-Consten), 457 (Italienische Republik), **75**, 1663 (Eur Zuckerindustrie); HV verlieren ihre Eigenschaft als selbstständige Wirtschaftsteilnehmer, für die Art 81 gilt, jedoch nach der Rspr des **EuGH** und **EuG** nur, wenn sie keines der **Risiken** aus den für den Geschäftsherrn vermittelten Geschäften tragen und als Hilfsorgan in das Unternehmen des Geschäftsherrn **eingegliedert** sind (also anders akzentuiert als nach altem GWB, vgl Rn 35), sonst sind sie materiell Eigenhändler, EuGH **87**, 3801 (Flämisches Reisebüro), **95**, I-3477 Rn 19 = EuZW **95**, 795 (Volkswagen und VAG Leasing), EuG **05**, II-03319 = DB **05**, 2127 (DaimlerChrysler), EuGH EuZW **07**, 150 (Confederación/CEPSA) m Anm Wegner/Pfeffer, Ensthaler BB-Sp **07**, 31. Was Eingliederung als eigenständiges Kriterium ist, hat die Rspr bisher nicht zweifelsfrei konkretisiert. EuGH bzw EuG und Kommissionspraxis unterscheiden sich dogmatisch (Eingliederung als selbstständiges Kriterium) und praktisch (Risikotragung hinsichtlich der Sekundärrisiken von der Kommission konkreter nachzuweisen oder, so die Kommission, entspr den Leitlinien abstrakt), krit die Lit, zB Kapp/Andresen BB **06**, 2254, Kapp WuW **07**, 1218. Mit der Confederación/CEPSA-Entscheidung bewegt sich aber der EuGH anders als das EuG auf die Kommission zu. Die klassischen Risiken sind das Absatz-, Finanzierungs-, Investitions-, Produkt-, Produkthaftungs- und Zahlungsrisiko. Hinzu kommen die marktspezifischen Investitionen. Geringfügige Risiken bleiben außer Betracht. Entscheidend ist nicht eine formale Trennung der zwei Gesellschaften, sondern die wirtschaftliche Realität, das Verhalten der Unternehmen und die Gesamtabwägung im Einzelfall. Unabhängig von einer Eingliederung gilt Art 81 EGV für Verpflichtungen des Absatzmittlers betreffend den Warenabsatz, zB Ausschließlichkeits- und Wettbewerbsverbotsklauseln.

Nach der EGGruppenfreistellungsVO (s unten b) wird zwar auch der HV uneingeschränkt als Unternehmer betrachtet (Art. 1 lit g). Die eingeschränkte Anwendung des Art 81 EG auf HV wird dadurch aber nicht berührt. Die EGKomm hat die (Weihnachts)Bekanntmachung ABlEG 24. 12. 62 Nr 139/2921 durch ihre **Leitlinien für vertikale Beschränkungen** v 13. 10. 00 Rn 12–20 ersetzt (ABlEG 13. 10. 00 Nr C 291/1; Text in Hopt HVR 4. Aufl 2009 Materialien XII 1, mit Informationen des CDH zum europäischen Kartellrecht für HV und Vertragshändler XII 2–4). Die Leitlinien sind nicht bindend (keine Rechtssätze, kein sekundäres Gemeinschaftsrecht), sondern kündigen nur den Entscheidungsmaßstab der Kommission (nicht unbedingt auch des EuGH, s oben) an.

(1) Echte HV: Nach den Leitlinien fallen echte HVVerträge nicht unter Art 81, bedürfen also auch keiner Gruppenfreistellung (s b). Danach kommt es nicht (zusätzlich) auf Eingliederung, Ein- oder Mehrfachvertretung bzw Doppelprägung oder andere formale Kriterien an, sondern entscheidend auf die **Abgrenzung nach der Risikotragung.** Der HV ist echter HV, wenn er keine oder nur unbedeutende finanzielle oder geschäftliche Risiken in Bezug auf die ihm übertragenen Tätigkeiten trägt, Ffm HVR **(03)** Nr 1086. Ob der HV für einen oder für mehrere Auftraggeber handelt (Doppelprägung), ist unwesentlich. Für die Risikotragung kommt es nicht auf die Rechtsform, sondern die tatsächlichen wirtschaftlichen Gegebenheiten im Einzelfall an. Die EGKomm hat dazu eine nicht erschöpfende Liste von Negativkriterien aufgestellt (Mitt Rn 16); gefährlich sind danach Abreden über Transport-, Werbe- und Lagerkosten, Dienstleistungseinrichtungen, Investitionskosten, Haftungs- und Delkredererisiko (im einzelnen CDH Materialien XII 2 sowie Hintergrundinformationen Materialien XII 3). Ist danach der HV ein echter HV, fallen Beschränkungen hinsichtlich Gebiet, Kunden, Preisen und Bedingungen nicht unter

Art 81 I. Alleinvertreterklauseln dürften idR keine wettbewerbswidrigen Wirkungen haben (nur markeninterner Wettbewerb, s Mitt Rn 19). Wettbewerbsverbote während und nach der Vertragszeit können auch bei echten HV unter Art 81 I fallen, wenn sie zur Abschottung des relevanten Marktes führen (Mitt Rn 19), zust EuGH (Confederación/CEPSA) Rn 62 Auch echte HVVerträge fallen unter Art 81 I, wenn sie abgestimmte Verhaltensweisen (Kollusion) fördern (Mitt Rn 20). Für differenzierte Beurteilung ua des Wettbewerbsverbots, des Provisionsweitergabeverbots und der Delkrederehaftung als nach den Leitlinien die Lit, zB Kapp/Andresen BB **06,** 2254, Kapp/Schumacher WuW **07,** 126 (Provisionsweitergabeverbot), Kapp WuW **07,** 1218 (Wettbewerbsverbot), Kapp/Schumacher EuZW **08,** 167 (Delkredere, § 86 b), auch EuG (Daimler-Chrysler, s oben).

(2) Unechte HV, Vertragshändler: Nach den Leitlinien fallen alle anderen HV (unechte HV) sowie alle Vertragshändler unter Art 81. Sie können aber freigestellt sein durch Einzelfreistellung oder unter den Voraussetzungen der EGGruppenfreistellungsVO Nr 2790/99 (GVO) Vertikale Vereinbarungen **(Schirm- oder VertikalGVO)** v 22. 12. 99, ABlEG Nr L 336/21, 29. 12. 99, nebst Leitlinien, ABlEG Nr C 291/1, 13. 10. 00. Alle unmittelbaren oder mittelbaren Wettbewerbsverbote für eine unbestimmte Dauer oder eine Dauer von mehr als fünf Jahren sind nicht freigestellt (Art 5 lit a). Für den **KfzSektor** gilt die speziellere, strengere **GVO Nr 1400/2002 (KfzGVO)** v 31. 7. 02, ABlEG Nr L 203/30, die die alte KfzGVO von 1995 ablöst (Systemwechsel, Mü NJW **04,** 2530) und bis 31. 5. 2010 gilt, danach ist mit Aufhebung der KfzGVO und Anpassung der SchirmGVO zu rechnen, Wendel BB **08,** 1294 (EUKomm Bewertungsbericht 28. 5. 08). Erhebliche Lockerung der Bindung des KfzVertragshändlers an Hersteller, ua Mehrmarkenvertrieb, keine Standortklausel, keine Kombination von selektivem und exklusivem Vertrieb (mögliche Konsequenzen für § 89 b, § 84 Rn 12, 14). Bezüglich Neukfzverkauf, Instandsetzung, Wartung und Ersatzteile gilt die Freistellung nicht für alle unmittelbaren oder mittelbaren Wettbewerbsverbote (Art. 5 I). Umstrukturierung und Kündigung von Vertriebsverträgen, EuGH NJW **07,** 201 (BMW), RIW **07,** 60 (VW-Audi), Ensthaler NJW **07,** 815, Vereinbarkeit von Kündigungsklausel mit Gruppenfreistellung, EuGH NJW **07,** 1049 (Citroën) m Anm Ensthaler, Wegner/Schroeder EuZW **07,** 115, RsprDivergenzen zur Strukturkündigung nach Art 3 V KfzGVO, Reimann/Ströbl BB **08,** 1462, s auch § 89 Rn 28. Unternehmer ist nicht zur Anpassung eines alten, unwirksam gewordenen Vertrags verpflichtet, BGH NJW **07,** 3568 (BMW), Emde BB **08,** 2705. Anspruch auf Abschluss eines Werkstattvertrags, Niebling WRP **07,** 1417, Emde BB **08,** 2706. Hintergrundinformation zum Europäischen Kartellrecht bei Vertragshändlerverträgen CDH bei Hopt HVR 4. Aufl 2009 Materialien XII 4.

Lit: Komm zum EGKartellrecht (Einl 78 vor § 1), zB Immenga/Mestmäcker/Emmerich, Art 81 Abs 1 EVG Rn 251 ff, Langen/Bunte/Nolte Art 81 Fallgruppen Rn 741 ff; Horsch 2005 (HV); Schumacher 2005 (KfzVertrieb); M. Buchner 2006; Schultze/Pautke/Wagener 2. Aufl 2008 (Vertikal-GVO); Lange EWS **01,** 18 (HVLeitlinien), Emde BB **02,** 949 (HVLeitlinien), Hopt FS Ulmer **03,** 891 (freie Vertriebsgestaltung), Bechtold NJW **03,** 3729 (selektive Vertriebsgestaltung), Emde GRUR **06,** 997 (Strukturkündigung), Ensthaler/Gesmann-Nuissl BB **06,** 2589 (Kfz-GVO) u EuZW **06,** 167 (HV, Kfzvertrieb), Nolte WuW **06,** 252 (Leitlinien), Pfeffer/Wegner EWS **06,** 296 (HV), Rittner ZWeR **06,** 331 (HV), Schweitzer in Hopt/Tzouganatos, Europäisierung des Hdl- und Wirtschaftsrechts, 2006 (HV, krit zu Kommission), Siegert NJW **07,** 188 (§ 89 b), F. Immenga/Kessel/Schwedler BB **08,** 902 (GVOen), Wendel BB **08,** 1294 (Kfz-GVO), Ensthaler/Gesmann-Nuissl BB **09,** 618 (KfzGVO).

Grenzen setzt **Art 82 EG** (Art 86 aF) bei Missbrauch. **39**

4) Nachrichts- und Informationspflichten (II)

40 Der HV hat dem Unternehmer die erforderlichen Nachrichten zu geben (**Nachrichtspflicht, II**), und zwar unverzüglich (ohne schuldhaftes Zögern, § 121 I BGB) über Vermittlung (dh Abschlussbereitschaft des anderen Teils) oder Abschluss von Geschäften (§ 86 II). Auf Verlangen muss er auch über den Stand des Geschäfts, dh den Stand der Bemühungen und die Aussicht auf Abschlüsse Auskunft geben (**Auskunftspflicht**, § 666 BGB). Je nach Bedarf ist auch unverlangt ein Zwischenbericht nach II zu geben.

41 Er muss nach der Ausführung des Auftrags Rechenschaft ablegen (**Rechenschaftspflicht**, § 666 BGB), dh außer den Vermittlungen und Abschlüssen selbst auch alle sonst für den Unternehmer bedeutsamen Einzelheiten aus seiner Tätigkeit mitteilen, zB die angewandten (erfolgreichen oder erfolglosen) Werbemethoden, die etwa bei der Vermittlung oder dem Abschluss getroffenen, künftige Abschlüsse vorbereitenden Abreden, aber auch persönliche Umstände wie Eingang von Provisionen und Annahme von Schmiergeldern (Rn 23), Krankheit, Absicht der Aufnahme einer Konkurrenzvertretung (s Rn 28). Nachrichten über Zweifel an der Bonität (s Rn 21) eines Geschäftspartners, die der HV erhält, muss er weitergeben, selbst wenn er nicht von der Richtigkeit überzeugt ist, BGH BB **69**, 1196. Meinungsäußerungen und Wünsche der Kundschaft muss der HV exakt weitergeben.

42 **Art, Inhalt, Häufigkeit** der Berichte bestimmen sich danach, was das Interesse des Unternehmers (objektiv) nach Besonderheit und Dringlichkeit des Falls fordert. In dringenden Fällen muss HV den Unternehmer unverzüglich informieren, bei laufenden Beobachtungen genügt regelmäßige Information in festen Abständen, Ebenroth/Löwisch 12, str. Umsatzrückgang kann die Anforderungen erhöhen; uU darf Unternehmer wöchentliche Kundenbesuchsberichte fordern, BGH NJW **66**, 882, WM **88**, 33 Tägliche Berichtspflicht ist mit der Selbstständigkeit des HV nicht vereinbar (s Rn 16). Information zB über Kundenwünsche, Aktivitäten der Konkurrenz, Änderungen des Publikumsgeschmacks und sonstige Anregungen für Produktion und Vertrieb, eigene Verhinderung zB Krankheit, Vorbereitung von Konkurrenztätigkeit (Zustimmung s Rn 30). Nur Meldung über Geschäftsabschlüsse und Sachverhalte, die für Unternehmer von Wichtigkeit sind, ist erforderlich, dagegen nicht über jeden seiner Schritte und Besuche, Kln BB **71**, 543. Manches kann dem HV die Diskretion zu **verschweigen** gestatten, oder der berechtigte Wunsch, höchstpersönliche Werbekünste für sich zu behalten. Über Pflichtverletzungen des Kunden muss der HV den Unternehmer aber informieren, auch wenn das für den HV nachteilig ist, BGH BB **79**, 242. Vorbereitung von erlaubter Konkurrenztätigkeit nach HVVertragsende ist Sache des HV ohne Information, aA MüKo/von Hoyningen-Huene 50. Über Geheimhaltung der Kundenberichte des HV § 86 a Rn 16. Abrechnungspflicht besteht auch, wenn der Unternehmer Unterlagen vorenthält, HV aber bei ordnungsgemäßer eigener Buchführung zur Abrechnung imstande sein muss, Kln BB **71**, 760.

43 Eine bestimmte **Form** ist mangels Vereinbarung nicht vorgeschrieben, doch sind idR, auf jeden Fall bei einer Vielzahl von Kunden sowie auf Verlangen, schriftliche Berichte zu geben, Brschwg NJW-RR **96**, 1316. Bei berechtigtem Interesse kann der Unternehmer Mitteilung unter Verwendung von vom Unternehmer entworfenen Fragebögen, Vordrucken und Formularen verlangen, BGH VersR **64**, 331, WM **88**, 33, BAG DB **66**, 546.

5) Sorgfalt (III); Sonstiges zu den Pflichten

44 A. **Sorgfalt (III), Beweislast:** III verlangt vom HV die Sorgfalt eines ordentlichen Kaufmanns. III ist an sich neben § 347 I überflüssig. Beweislast für Pflichtverletzung liegt beim Unternehmer, für berechtigte Abweichung von Weisung

Siebenter Abschnitt. Handelsvertreter   45–51 § 86

und Einhaltung der Sorgfalt beim HV, Karlsr DB **69,** 741, Brdbg OLGR **07,** 202. III ist ebenso wenig wie § 347 I eine Anspruchsgrundlage, sondern regelt nur den Sorgfaltspflichtmaßstab. Sorgfaltspflicht ist unterschiedlich je nach den Umständen, zB Anforderungen das Verwahrung (s Rn 17) wachsen mit Wert und Gefahr, BGH WM **93,** 1596. Die verbreitete Übung, hier weitere Pflichten des HV zusammenzufassen, verdeckt das (demgegenüber oben Rn 12 ff, 20 ff).

B. **Vor- und nachvertragliche Pflichten:** Neben den normalen vertraglichen Pflichten, die im Einzelnen den Vertrag überdauern können (zB §§ 89 b, 90), gibt es auch hier vorvertragliche Pflichten, zB Geheimhaltungspflicht für Geschäftsgeheimnisse auch bei Nichtzustandekommen des HVVertrags (§ 90 Rn 1). **45**

C. **Erfüllungsort:** Erfüllungsort der Verpflichtungen des HV (§ 269 II BGB) ist idR der Ort seiner gewerblichen Niederlassung bei Begründung des HVVerhältnisses, auch wenn dieser außerhalb seines Vertretungsbezirks liegt (entspr § 92 c I, vgl dort Rn 2), Hbg HVR **(06)** 1221, nach aA Niederlassungsort des Unternehmers. Das hat Konsequenzen für den **Gerichtsstand** des § 29 ZPO (nur wenn HV Kfm ist: § 29 II ZPO; § 84 Rz 33). **46**

D. **Rechtsfolgen bei Verletzung:** Der Unternehmer hat die allgemeinen Rechtsbehelfe nach BGB, also Anspruch auf Erfüllung, bei Wettbewerbsverstoß auf Unterlassung; Schadensersatz (§ 280 BGB), Rücktritt (§§ 323 ff BGB); dabei muss der HV beweisen, dass er seine Sorgfaltspflicht nicht verletzt hat, Karlsr DB **69,** 741, Mitverschulden des Unternehmers nach § 254 BGB ebenda; Vertragsstrafe (§§ 348, 351), AGB s Rn 8; sogar fristlose Kündigung, wenn die Pflichtverletzung einen wichtigen Grund abgibt (§ 89 a), BGH WM **88,** 34 (iErg abl). **47**

Die Verletzung kann auch Rechtsfolgen für den eigenen Provisionsanspruch des HV haben, zB Zurückbehaltungsrecht des Unternehmers, Mü BB **55,** 714. **48**

Ganz ausnahmsweise kann der HV einen entstandenen Provisionsanspruch wegen grob pflichtwidrigen Verhaltens verlieren, zB bei auftragswidrigem Nichttätigwerden eines Bezirksvertreters („verwirken"), Hamm NJW **59,** 677. Das ist keine eigentliche **Verwirkung** (illoyale Verspätung, § 87 c Rn 19, § 89 b Rn 80), sondern ein Ausschluss des Rechts nach § 242 BGB. Rechtsfolge von Pflichtverstößen (§ 86) ist aber Schadensersatz, uU fristlose Kündigung (§ 89 a), ein verdienter Provisionsanspruch bleibt deshalb in aller Regel erhalten, weitergehend Kblz BB **73,** 866 bei gravierendem Interessenwahrungspflichtverstoß des HV. **49**

6) Abweichende Vereinbarungen (IV)

A. **Zwingendes Recht:** Die in I und II geregelten Pflichten können nicht erweitert, aber auch nicht beschränkt (AmtlBegr) werden, also auch nicht zugunsten des HV (IV neu 1990 s § 84 Rn 3), aA Heymann/Sonnenschein/Weitemeyer 26. IV ist aber missverständlich: er ist auf den kodifizierten Kern von I und II zu begrenzen. Vertragliche Konkretisierungen der Bemühenspflicht (zB betr Untervertreter), der Interessenwahrungspflicht (zB betr Wettbewerbsverbot) und der Nachrichtspflicht (zB welche Nachrichten „erforderlich" sein sollen) bleiben zulässig, Canaris § 15 Rn 31, Küstner/von Manteuffel BB **90,** 294. **50**

B. **Nicht zwingendes Recht:** Die sonstigen Pflichten des HV aus Gesetz und Vertrag können dagegen vertraglich bis zu den allgemeinen Grenzen (insbesondere auch nach **(5)** §§ 305 ff BGB) erweitert und eingeschränkt werden, zB Änderung des Sorgfaltspflichtsmaßstabes nach III. Der HV kann insbesondere ohne weiteres solche Aufgaben und damit entsprechende Pflichten übernehmen, die über die normale Tätigkeit eines HV hinausgehen, zB Lagerhaltung, Auslieferung, Werbung, Delkredere (§ 86 b), Inkasso (§ 87 IV); BGH **30,** 102. Umsatzgarantie s Rn 14. Klausel über anteilige Erstattung von Schulungskosten hält **(5)** BGB § 307 stand, BAG NJW **03,** 2627. **51**

§ 86a

[Pflichten des Unternehmers]

86a (1) Der Unternehmer hat dem Handelsvertreter die zur Ausübung seiner Tätigkeit erforderlichen Unterlagen, wie Muster, Zeichnungen, Preislisten, Werbedrucksachen, Geschäftsbedingungen, zur Verfügung zu stellen.

(2) ¹Der Unternehmer hat dem Handelsvertreter die erforderlichen Nachrichten zu geben. ²Er hat ihm unverzüglich die Annahme oder Ablehnung eines vom Handelsvertreter vermittelten oder ohne Vertretungsmacht abgeschlossenen Geschäfts und die Nichtausführung eines von ihm vermittelten oder abgeschlossenen Geschäfts mitzuteilen. ³Er hat ihn unverzüglich zu unterrichten, wenn er Geschäfte voraussichtlich nur in erheblich geringerem Umfange abschließen kann oder will, als der Handelsvertreter unter gewöhnlichen Umständen erwarten konnte.

(3) Von den Absätzen 1 und 2 abweichende Vereinbarungen sind unwirksam.

Übersicht

1) Pflichten des Unternehmers 1–4
2) Überlassung von Unterlagen (I) 5–6
   A. Erforderliche Unterlagen 5
   B. Überlassung 6
3) Nachrichts- und Informationspflichten (II) 7–12
   A. Erforderliche Nachrichten (II 1) 7
   B. Mitteilung der Annahme, Ablehnung oder Nichtausführung des Geschäfts (II 2) 10
   C. Unterrichtung über Geschäftsabschlüsse in erheblich geringerem Umfang (II 3) 11
4) Unterstützung und Rücksichtnahme bei voller unternehmerischer Freiheit 13–17
   A. Freie Annahme oder Ablehnung der Geschäfte 13
   B. Unterstützung und Rücksichtnahme 15
   C. Wettbewerbsverbot für den Unternehmer 17
5) Abweichende Vereinbarungen (III) 18–19
   A. Zwingendes Recht 18
   B. Nicht zwingendes Recht 19

1) Pflichten des Unternehmers

1 Im Anschluss an § 86 über die Pflichten des HV regelt § 86a Pflichten des Unternehmers, allerdings **nur Nebenpflichten** (die Hauptpflicht zur Provisionszahlung folgt erst in § 87) und auch diese **nicht vollständig** (vgl zB § 618 BGB, s § 86 Rn 4). I behandelt die Pflicht des Unternehmers, den HV mit den notwendigen Unterlagen zu versorgen. II betrifft die erforderlichen Nachrichten insbesondere über Annahme oder Ablehnung der vom HV vermittelten Geschäfte, also die Mitteilungs- und Informationspflichten des Unternehmers. Aus I und II und allgemeiner schon aus dem HVVertrag bzw § 242 BGB folgt, dass der Interessenwahrungspflicht des HV eine allgemeine Pflicht des Unternehmers zur Unterstützung und Rücksichtnahme entspricht, die aber die unternehmerische Freiheit des Unternehmers unberührt lässt (Rn 13). Manche sprechen auch von einer **Treuepflicht** des Unternehmers gegenüber dem HV. Diese konkretisiert sich in weiteren Pflichten des Unternehmers. Bei den Pflichten aus I und II handelt es sich um zwingendes Recht (s Rn 18). Die **Konkretisierung** der Treuepflicht im Einzelnen (s Rn 15) kann Anlass zur Prüfung auf Europarechtskonformität und **Vorlage nach Art 234 (177 aF) EG** geben (§ 84 Rn 3), obschon Art 4 I EG-Ri (Gebot von Treu und Glauben für den Unternehmer, nach Art 5 zwingend), da § 242 BGB entsprechend, nicht eigens umgesetzt worden ist (BTDrucks 11/3077, 7), aA Canaris § 15 Rn 21, doch setzt er nur

Siebenter Abschnitt. Handelsvertreter 2–6 § 86a

einen allgemeinen Rahmen; andernfalls wäre praktisch das gesamte HVVertragsrecht als Transformation der EG-Ri anzusehen. Vgl § 86 Rn 22.

Soweit der HVVertrag noch nicht zustande gekommen oder nichtig ist, beste- 2 hen entsprechende Informations- und Rücksichtspflichten des Unternehmers als **vorvertragliche** Schutzpflicht (§ 311 II iVm § 241 II BGB), zB Aufklärung über die Wertlosigkeit einer Kundenliste, über Einsatz weiterer HV im gleichen Gebiet, Nürnb BB **56,** 352 (Täuschung), über Arbeitsbedingungen und für den HV nicht ohne weiteres erkennbare Risiken der Vertretung, über Auslaufen eines Lizenzvertrags, Düss HVR **(00)** Nr 949, über wesentliche geplante Änderungen (zB Sortiment, Preisgestaltung, Betriebsveräußerung). Konkrete Prognosen des Unternehmers nur nach sorgfältiger Prüfung, aber kein blindes Vertrauen des HV, sondern Rückfragen. Lit: Schipper NJW **07,** 734, Emde BB **08,** 2755.

Die Pflicht zur Rücksichtnahme besteht auch **nach Vertragsende,** zB keine 3 Behinderung des HV in seiner nunmehrigen Erwerbstätigkeit. Andere Pflichten wie die zur Überlassung von Unterlagen nach I oder das Wettbewerbsverbot des Unternehmers, Kln BB **97,** 697 (s Rn 17; anders bei Wettbewerbsabrede, § 90 a gilt nur für den HV) enden dagegen.

Rechtsfolgen von Verstößen gegen diese Nebenpflichten des Unternehmers 4 sind die üblichen: bei arglistiger Täuschung Anfechtung, Karls HVR **(98)** 976, aber s § 89 Rn 5; bei Verschulden bei Vertragsverhandlungen (§ 311 II BGB) Schadensersatz (§ 280 BGB); bei Pflichtverletzung abgesehen von einem Erfüllungsanspruch Schadensersatz (§ 280 BGB) und je nach Schwere des Verstoßes Kündigungsrecht nach § 89 a.

2) Überlassung von Unterlagen (I)

A. **Erforderliche Unterlagen:** Nach I muss der Unternehmer muss dem HV 5 die zur Ausübung seiner Tätigkeit erforderlichen Unterlagen zur Verfügung stellen. I erwähnt (nicht abschließend) Muster, Zeichnungen, Preislisten, Werbedrucksachen, Geschäftsbedingungen. Darunter fallen auch einschlägige **Kundenlisten,** Mü HVR **(04)** Nr 1124, soweit vorhanden und nicht gerade erst vom HV zu erstellen (vgl Rn 6, § 86 Rn 17). Unterlagen iSv I sind auch sonstige Sachen, die der HV speziell zur Anpreisung bei der Kundschaft benötigt, zB sonstiges Werbematerial, Musterstücke, Musterkollektion, Mü BB **99,** 2320, HVR **(01)** Nr 991. Spezielle Software für den Zugang zu den für die Vermittlung erforderlichen aktuellen Unternehmensdaten, Kln VersR **06,** 407. Dabei ergeben sich Unterschiede je nach Aufgabe des HV und Branchenüblichkeit, zB betr Probestücke. **Nicht** unter I fällt Warenvorrat zur Auslieferung, Düss BB **90,** 1086, und alles, was der HV als Kaufmann sonst benötigt und selbst beisteuern muss, wie Musterkoffer und andere handelsübliche Behältnisse, Hbg HVR **(75)** Nr 101, Geschäftseinrichtung, Büromaterial; PC und dazu gehörige Software, Kln VersR **06,** 407. Pkw ua. In der Praxis wird dies idR vertraglich geregelt. Lit: Thume BB **95,** 1913 (Musterkollektion).

B. **Überlassung:** Die Sachen sind unentgeltlich, Mü HVR **(01)** Nr 991, 6 sobald erforderlich, fortlaufend und iZw am Ort der gewerblichen Niederlassung des HV (Bringschuld) zu überlassen, Mü BB **99,** 2320. Wegen des Zustandes der übergebenen Sachen, zB technischer oder chemischer Muster, haftet der Unternehmer dem HV nach § 618 I, III BGB (§ 86 Rn 4). Der Unternehmer bleibt idR Eigentümer der Sachen. Als solchem obliegt ihm, nicht dem HV eine eventuelle Versicherung (§ 86 Rn 17). Unterlagen muss der HV, wenn er sie nicht mehr braucht bzw nach Vertragsende, zurückgeben, zB auch die Kundenliste (Rn 5, § 86 Rn 17). Pflicht zum Erwerb der Musterkollektion nach Saisonende ist als AGB idR unwirksam, Düss HVR **(94)** Nr 770, Mü HVR **(01)** Nr 991, trotz anderweitiger Branchenüblichkeit (arg e III). Rücknahmepflicht bei Vertragsende s § 89 Rn 26.

§ 86a 7–11 I. Buch. Handelsstand

3) Nachrichts- und Informationspflichten (II)

7 **A. Erforderliche Nachrichten (II 1):** Der Unternehmer schuldet dem HV die nach dem Zweck des HVVerhältnisses erforderlichen Nachrichten. II 1 ist die **Grundnorm**, die durch II 2, 3 für besonders wichtige Fälle (nämlich Annahme, Ablehnung oder nur Teilabschluss eines konkreten Einzelgeschäfts und allgemeiner voraussichtlich erheblich beschränkte Auftragsannahme) näher ausgestaltet ist.

8 **Erforderlich** iSv II 1 ist grundsätzlich alles, was die Tätigkeit des HV für den Unternehmer fördern kann, soweit es nicht Sache des HV ist, sich selbst darum zu kümmern. Die Erforderlichkeit bestimmt auch den Zeitpunkt der Nachricht. Sie kann, aber muss nicht unbedingt entfallen, wenn der HV schon von anderer Seite Informationen erhalten hat (vgl Rn 12), aA wohl Heymann/Sonnenschein/ Weitemeyer 8. Aus II 1 folgt Nachrichtspflicht zB darüber, welche Geschäfte mit welchen Kunden der Unternehmer zu tätigen von vornherein bereit oder auch nicht bereit ist, wie er Lage und Entwicklung des Marktes beurteilt, wie er darauf mit seinem Angebot reagieren will und was sonst für die Tätigkeit des HV wichtig zu wissen ist. Leitlinie ist, dass der Unternehmer dem HV nicht ohne weiteres durch unerwartete geschäftliche Dispositionen den Erfolg seiner Arbeit verkürzen darf, BGH **26,** 165.

9 Wie immer bei Mitteilungs- und Informationspflichten ist aber zwischen dem **Informationsinteresse** des HV und der **unternehmerischen Freiheit und** einem daraus folgenden **Geheimhaltungsinteresse** des Unternehmers (s auch Rn 12) abzuwägen. Danach hat der HV keinen Anspruch auf Einweihung allgemein in Produktentwicklung und Unternehmensstrategie, aA Ebenroth/Löwisch 37.

10 **B. Mitteilung der Annahme, Ablehnung oder Nichtausführung des Geschäfts (II 2):** Der Unternehmer muss nach II 2 (Halbs 2 neu 1990, § 84 Rn 3) dem HV unverzüglich (ohne schuldhaftes Zögern, § 121 I 1 BGB) die Annahme oder Ablehnung und die Nichtausführung eines vom HV beigebrachten Geschäfts mitteilen. Ggf Zwischennachricht. II 2 betrifft somit nur den Vermittlungs-, nicht den Abschlussvertreter (§ 84 Rn 24), Ausnahme § 91a II. Der HV ist insoweit also nicht nur auf Anforderung eines Buchauszugs und der für den Provisionsanspruch relevanten Mitteilungen nach § 87 c II, III angewiesen; anders bei ohne Mitwirkung des HV zustandegekommenen Geschäften (Bezirks- oder Kundenkreisschutz, § 87 II, Folgegeschäfte § 87 I Fall 2), str, Grund: klarer Wortlaut, Abhilfe: Vereinbarung. Die Mitteilung muss so sein, dass der HV die Auswirkung auf die Provisionspflicht erkennen kann; idR ist also auch der Grund der Nichtausführung anzugeben. Auch Teilnichtausführung ist erfasst. Die Mitteilung wirkt nicht auf das Außenverhältnis zu dem Dritten (vgl § 84 Rn 52).

11 **C. Unterrichtung über Geschäftsabschlüsse in erheblich geringerem Umfang (II 3): a)** Nach II 3 schuldet der Unternehmer dem HV vor allem unverzügliche (s Rn 10) Unterrichtung von bevorstehender erheblich beschränkter Auftragsannahme, einerlei ob diese eine frei- oder unfreiwillige, quantitative oder qualitative ist. Maßstab ist einerseits, was der HV unter gewöhnlichen Umständen erwarten konnte, andererseits was der Unternehmer aus Unternehmen und Markt erwarten muss. Verletzung dieser Pflicht, auch nur fahrlässig, kann den Unternehmer dem HV für nutzlose Aufwendungen und für durch Unterlassen anderer Bemühungen entgangenen Gewinn schadensersatzpflichtig machen. Bsp: Rohstoffmangel mit voraussichtlicher Lieferungsschwierigkeit, BGH BB **59,** 864; bevorstehende Produktionseinstellung oder Betriebsstilllegung, BGH NJW **74,** 795; Absicht einer den HV ausschaltenden Vertriebsumstellung, BGH **49,** 44, **58,** 145; beabsichtigte Überlassung des Gebiets des HV an Konkurrenzunternehmen, BGH WM **87,** 595; sonstige den HV beeinträchtigende Betriebsänderungen (vgl § 89b Rn 18, 20); bevorstehende, den HV gefährdende Verschlechterung der Ware, BGH **26,** 167.

b) Grenzen: Sofern der HV die Umstände **bereits kennt,** kann Unterrich- 12
tung unnötig sein, aber uU Bestätigung, Ergänzung; entscheidend ist, dass HV
sich darauf einstellen kann. Kennenmüssen des HV lässt die Mitteilungspflicht
nicht entfallen, str, aber ggf § 254 BGB. Vor allem sind jedoch die unternehmerische Freiheit und das berechtigte **Geheimhaltungsinteresse** des Unternehmers zu berücksichtigen, BGH NJW **74,** 795. Der Unternehmer ist grundsätzlich nicht verpflichtet, den HV von sich aus von der ungünstigen wirtschaftlichen
Lage des Unternehmens und einer daraus folgender Gefahr eines nahen (ordnungsmäßigen) Endes der Vertretung zu unterrichten, anders uU auf Frage des
HV, BGH BB **60,** 606. Auch sonst kann eine zu frühe Mitteilung den Erfolg der
geplanten Maßnahme (Coup am Markt, Zustandekommen der Transaktion, notwendige Sanierung) gefährden. Eine beabsichtigte Betriebsstilllegung ist angemessene Zeit vorher, jedenfalls aber wenn sie beschlossene Sache ist, mitzuteilen,
BGH NJW **74,** 795.

4) Unterstützung und Rücksichtnahme bei voller unternehmerischer Freiheit

A. Freie Annahme oder Ablehnung der Geschäfte: a) Der Unternehmer 13
darf angebotene Geschäfte grundsätzlich frei annehmen oder ablehnen. Die
kaufmännische Entschließungsfreiheit ist allein Sache **des Unternehmers**
ohne Einfluss des HV (Geschäftsabschlüsse, Preis- und Qualitätsänderung, Vertriebsumstellung, zB Lieferung nur noch an Großabnehmer und nicht mehr an
die vom HV geworbenen Kunden), BGH **26,** 161, **49,** 39, **93,** 38 (Vertragshändlervertrag), WM **87,** 595, **93,** 1464, 1725, Nichtverlängerung eines Lizenzvertrags für die vom HV vertriebenen Produkte, Düss HVR **(00)** Nr 949, Geschäftsaufgabe und -änderung s § 89 b Rn 20. Unerheblich ist, ob der Unternehmer
wirtschaftlich zu der Maßnahme gezwungen ist oder nicht. Ablehnung ist grundsätzlich nicht Dienstannahmeverzug iSv § 615 BGB (Vergütung der abgelehnten
Dienste). AGB-Klausel über freie Ablehnung ist grundsätzlich wirksam, aA für
willkürliche Ablehnung Ul/Br/He/H. Schmidt Anh § 310 BGB Rn 406 (§ 86
Rn 8). Lit: Steindorff ZHR 130 **(68)** 82, Höft VersR **69,** 875, Hopt ZIP **96,**
1536.

b) Einschränkungen: Zunächst kann der Unternehmer trotz Nichtausfüh- 14
rung des Geschäfts **Provision** schulden (§ 87 a III 1). Ausnahmsweise schuldet
der Unternehmer **Schadensersatz:** so bei Willkür oder Absicht, den HV zu
schädigen, BGH BB **59,** 865, **60,** 1222; ebenso bei einer den HV schädigenden
Schlechtlieferung an Kunden infolge grober Mißwirtschaft, BGH **26,** 163, zB
wenn er dringende Vorstellungen des HV in den Wind schlägt oder vom HV
geworbene Kunden grundlos gegen andere zurücksetzt, obwohl der HV mit
Kenntnis des Unternehmers Aufwendungen für Folgeaufträge gemacht hat, Celle
BB **62,** 195. Schließlich kann eine Pflicht zur **Mitteilung** bestehen, so nach II 2,
3 und allgemeiner II 1.

B. Unterstützung und Rücksichtnahme: Aus I und schon aus dem Inhalt 15
des HVVertrags folgt allgemeiner eine Pflicht des Unternehmers, die Arbeit des
HV zu unterstützen und auf seine schutzwürdigen Belange Rücksicht zu nehmen, BGH **26,** 164, **58,** 145 (Shell-Tankstelle), **93,** 54, **124,** 354, BB **68,** 60. Im
Hinblick auf die Selbstständigkeit des HV als Gewerbetreibender reicht diese
Pflicht aber weniger weit als gegenüber einem Arbeitnehmer, Mü BB **58,** 247.
Eine Gleichbehandlungspflicht mehrerer HV hat der Unternehmer grundsätzlich
nicht (§ 86 Rn 10), anders uU wenn der Unternehmer ein eigenes Vertriebsnetz
aufgebaut und seine HV in dieses straff einbezogen hat. Der Unternehmer, der als
Franchisegeber ein bewährtes System anpreist, darf dem HV das Geschäftsrisiko
nicht uneingeschränkt aufladen, sondern muss ihn je nach den Umständen
beraten und vor Fehlinvestitionen bewahren, BAG DB **80,** 2039.

§ 86a 16–18   I. Buch. Handelsstand

16   Der Unternehmer hat umgekehrt alles zu **unterlassen,** was den HV (ungerechtfertigt) benachteiligt oder gefährdet, BGH BB **82,** 1626. Eine nach außen als freiwillig dargestellte Preissenkungsaktion einseitig zu Lasten des HV unter wirtschaftlichen Druck verstößt gegen die Treuepflicht, zumal wenn vorauszusehen ist, dass nur wenige HV sich ausschließen (Tankstellen), LG Ffm BB **69,** 1326, BGH NJW **70,** 855. Der Unternehmer darf den HV nicht willkürlich ausschalten (zB durch systematische Nichtannahme der von ihm vermittelten Geschäfte, vgl Rn 14) oder ihn behindern (zB durch über bloße Mitteilung des HVVertragsendes hinausgehende Anschwärzung bei der Kundschaft), Karlsr BB **59,** 1006, Düss HVR **(54)** Nr 113, Düss HVR **(04)** 1148, LG Dortmund HVR **(50)** Nr 44. Er darf nicht mit einem Untervertreter die Kündigung des Vertreter- und des Untervertretervertrags zwecks Übertragung der Vertretung auf den Untervertreter absprechen, BGH **42,** 62, BB **82,** 1626, aA von Brunn DB **64,** 1841, vgl § 86 Rn 25. Ein Verstoß ist auch nach Vertragsende die Bekanntgabe ungünstiger Kundenberichte des HV an diese, LG Fbg BB **66,** 999, vgl § 86 Rn 42. **Gleichbehandlung** s § 86 Rn 10.

17   C. **Wettbewerbsverbot für den Unternehmer:** Der Unternehmer darf dem HV je nach Vertrag weder selbst noch durch einen anderen HV Wettbewerb machen, insbesondere wenn dem HV Bezirks- oder Kundenschutz zugesagt ist (§ 87 Rn 23); dies gilt unabhängig vom Provisionsanspruch des HV nach § 87 II (Grund: Umfang von § 89 b, spätere Eigenverwertung). Das Wettbewerbsverbot für den Unternehmer ist also anders als das für den HV (§ 86 Rn 26) nicht vertragstypisch, sondern vom Inhalt des Vertrags und der Ausgestaltung des Absatzsystems abhängig, zutr Canaris § 15 Rn 77, str. Der Unternehmer kann sich besonderen Vertriebsweg (zB Internetvertrieb) wirksam vorbehalten, BGH WM **08,** 1894. Dem Unternehmer sind Direktgeschäfte **(Direktvertrieb)** im Bezirk bzw mit dem Kundenkreis des HV nicht allgemein verboten (anders bei Alleinvertretung, Kln BB **00,** 2595, s § 87 Rn 24), Canaris § 15 Rn 78, Ko/Ro/Mo/ Roth 4; er darf auch konkurrierende HV einsetzen, falls nicht anders vereinbart, Hopt ZIP **96,** 1533 (Direkt- und Parallelvertrieb), GroßKo/Emde 29/Wettbewerbsverbot; auf jeden Fall nach Kündigung, Mü HVR **(93)** Nr 766. Aber je mehr der HV (Vertragshändler) in die Vertriebsorganisation eingegliedert ist und den Unternehmer durch Einsatz von Kapital und Personal zu unterstützen hat, desto kritischer ist Direkt- und Parallelvertrieb, BGH **124,** 355, **164,** 15. WM **93,** 1464, Düss HVR **(01)** Nr 950. Vor allem darf er den HV nicht durch eigenen Wettbewerb systematisch schädigen, zB durch Übernahme einer Vertretung in Konkurrenzartikeln, ausführlich GroßKo/Emde 29/Wettbewerbsverbot; Abwerbung von Stammkunden des HV, BGH BB **59,** 720; Weitergabe von Adressen von vom HV vermittelten Kunden an andere HV oder Händler, Düss HVR **(04)** 1148; Ausspannen von Untervertretern des HV, BGH **42,** 62, BB **82,** 1626, Düss HVR **(57)** Nr 151, Mü BB **58,** 247 (Versicherungswirtschaft), aA Canaris § 15 Rn 80, aber Wechsel des Untervertreters als HV zum Unternehmer, auch mit vorheriger Absprache, muss möglich bleiben; Preisunterbietung durch den Unternehmer selbst oder ihre Zulassung für einen anderen HV, vgl Brem NJW **67,** 254 (vgl auch Rn 16), dies auch dann nicht, wenn der HV kein Alleinvertriebsrecht hat, BGH **97,** 327. Bei zulässigem Wettbewerb kann jedenfalls Ankündigung geboten sein, s Rn 7 ff, § 89 a Rn 23. Bei verbotenem Wettbewerb des Unternehmers kann der HV Auskunft fordern, BGH BB **57,** 452, HVR **(00)** Nr 926 (Vertragshändler). Zum Ausschließlichkeits-, Direkt- und Parallelvertrieb in der Versicherungswirtschaft Hopt ZIP **96,** 1809. Schranken aus **Kartellrecht** s § 86 Rn 34.

5) Abweichende Vereinbarungen (III)

18   A. **Zwingendes Recht:** Die Pflichten des Unternehmers nach I und II können weder eingeschränkt noch erweitert (AmtlBegr) werden (III neu 1990,

Siebenter Abschnitt. Handelsvertreter 1, 2 § 86b

§ 84 Rn 3). Hier gilt aber dasselbe wie zu § 86 IV (s § 86 Rn 50). Vertragliche Ausdehnung des II 2 auf den dort nicht geregelten Bezirksvertreter (Rn 10) ist möglich.

B. **Nicht zwingendes Recht:** Die sonstigen Pflichten des Unternehmers aus Gesetz und Vertrag können dagegen bis zu den allgemeinen Grenzen erweitert und eingeschränkt werden. 19

[Delkredereprovision]

86b (1) ¹**Verpflichtet sich ein Handelsvertreter, für die Erfüllung der Verbindlichkeit aus einem Geschäft einzustehen, so kann er eine besondere Vergütung (Delkredereprovision) beanspruchen; der Anspruch kann im voraus nicht ausgeschlossen werden.** ²**Die Verpflichtung kann nur für ein bestimmtes Geschäft oder für solche Geschäfte mit bestimmten Dritten übernommen werden, die der Handelsvertreter vermittelt oder abschließt.** ³**Die Übernahme bedarf der Schriftform.**

(2) **Der Anspruch auf die Delkredereprovision entsteht mit dem Abschluß des Geschäfts.**

(3) ¹**Absatz 1 gilt nicht, wenn der Unternehmer oder der Dritte seine Niederlassung oder beim Fehlen einer solchen seinen Wohnsitz im Ausland hat.** ²**Er gilt ferner nicht für Geschäfte, zu deren Abschluß und Ausführung der Handelsvertreter unbeschränkt bevollmächtigt ist.**

Übersicht

1) Delkrederehaftung 1–8
   A. Einstandspflicht (Delkredere) nur bei Vereinbarung (I 1) 1
   B. Zulässigkeit (I 2) 3
   C. Form (I 3) 5
   D. Rechtsnatur 6
   E. Verbindlichkeit aus dem Geschäft 7
2) Delkredereprovision (I, II) 9–11
   A. Besondere Provision (I 1) 9
   B. Höhe 10
   C. Entstehen (II) 11
3) Ausnahmen (III) 12–14
   A. Ausländer 12
   B. Unbeschränkte Vollmacht 14

1) Delkrederehaftung (I)

A. **Einstandspflicht (Delkredere) nur bei Vereinbarung (I 1):** Der HV muss zwar die Bonität des Kunden prüfen, vor allem wenn ihm Kredit gewährt werden soll (§ 86 Rn 21), sonst haftet er dem Unternehmer für den Schaden, den er durch Einlassen auf das Geschäft erleidet (negatives Interesse), LG Hdlbg BB **55**, 942. Aber der HV braucht nicht schlechthin für einen später eintretenden Ausfall einzustehen. 1

Zur Haftung für die Erfüllung der Verbindlichkeit des Geschäftsgegners bedarf es eines besonderen Verpflichtungstatbestands. Eine dahingehende Vereinbarung des HV mit dem Unternehmer, auch Übernahme des Delkredere genannt, regelt § 86 b mit einem Mindestschutz zugunsten des HV (vgl § 394 für den Kommissionär). Geschützt ist auch der HV als Kfm. I 1 betrifft nicht Haftungsübernahme des HV gegenüber Dritten, zB Bürgschaft des Abzahlungskaufverträge vermittelnden HV gegenüber Teilzahlungskreditbank für Verbindlichkeiten des Abzahlungsverkäufers, BGH WM **88**, 1048. **AGB** über Tragung der Beitreibungskosten bei zahlungsunfähigen oder -unwilligen Kunden kann unwirksam sein, Karls BB 2

Hopt 371

§ 86b 3–8 I. Buch. Handelsstand

74, 904, Ul/Br/He/H. Schmidt Anh § 310 BGB Rn 407 (§ 86 Rn 8). Zu EG-Recht Kapp/Schumacher EuZW **08,** 167 (§ 86 Rn 38). Lit: Castan BB **57,** 1124.

3 B. **Zulässigkeit (I 2):** Die Übernahme des Delkredere ist nach I 2 zum Schutz des HV grundsätzlich (Ausnahmen: III 1, 2) **nur zulässig bei Wahrung des Bestimmtheitsgrundsatzes,** also entweder

a) für ein **bestimmtes Geschäft** (I 2 1. Alt), auch ein künftiges bestimmtes, auch mehrere solche; auch wenn der HV (zB im Falle eines Bezirksvertreters, § 87 II) es nicht selbst vermittelt oder abschließt (insoweit weiter als die 2. Alt); oder

4 b) für (alle oder bestimmte) **Geschäfte mit einem bestimmten Dritten,** die der HV **selbst** (oder durch einen Untervertreter) **vermittelt** oder abschließt (I 2 2. Alt), auch mit mehreren bestimmten Dritten; also zB nicht für alle Geschäfte mit dem Kunden X, einerlei wer sie vermittelt oder abschließt (etwa Unternehmer selbst oder anderer HV); nicht für alle Geschäfte in einem bestimmten Bezirk; nicht für alle vom HV in einem bestimmten Bezirk vermittelten oder abgeschlossenen Geschäfte. Eine Klausel, die dem HV die Kosten des gerichtlichen Vorgehens gegen einen bestimmten Kunden oder in jedem Falle bei Zahlungsunfähigkeit oder Unwilligkeit der Kunden die Haftung bis zur Höhe der Beitreibungskosten auferlegt, ist unwirksam, Karlsr BB **74,** 904.

5 C. **Form (I 3):** Die Übernahme jeder Delkrederehaftung bedarf nach I 3 der **Schriftform.** Formgebunden ist nur die Erklärung des HV, nicht ihre Annahme durch den Unternehmer (wie bei § 766 S 1 BGB). Im Übrigen gelten §§ 125, 126 BGB. Im Falle einer Bürgschaft (s Rn 6) erfasst I 3, der § 350 vorgeht, auch den Kfm (s Rn 2), aber mit Heilungsmöglichkeit nach § 766 S 2 BGB.

6 D. **Rechtsnatur:** Die Übernahme des Delkredere ist (idR einfache, nicht selbstschuldnerische) **Bürgschaft,** hL wegen gleichen Wortlauts mit § 765 I BGB, GroßKo/Emde 5; doch kann je nach Parteiwillen auch ein anderer Interzessionsvertrag, etwa **Schuldbeitritt** (zur Verbindlichkeit des Geschäftspartners) oder **Garantievertrag,** vorliegen (§ 349 Rn 14 ff), ebenso GroßKo/Emde 5, Heymann/Sonnenschein/Weitemeyer 4, Kapp/Schumacher EuZW **08,** 167, str. Voraussetzungen und Umfang der Haftung können demgemäß verschieden sein. § 86 b gilt aber ohne Unterschied dieser Fälle, bindet also das Delkredere in der Form des Garantievertrags und Schuldbeitritts hier ebenso an Schriftform wie schon § 766 BGB die Bürgschaft. Auf sonstige schuldsichernde Vereinbarungen ist § 86 b nach dem klaren Wortlaut nicht anwendbar, doch kommt dann Analogie in Betracht, MüKo/von Hoyningen-Huene 6; in Ausnahmefällen auch Umgehung.

7 E. **Verbindlichkeit aus dem Geschäft: a)** Die Delkrederhaftung setzt danach das **Bestehen einer Verbindlichkeit des dritten Kunden** gegenüber dem Unternehmer voraus (bei Bürgschaft sog Hauptverbindlichkeit, § 767 BGB). Diese Verbindlichkeit ist idR der Anspruch des Unternehmers gegen den Kunden auf Gegenleistung, also Erfüllung; doch können je nach Inhalt der Delkrederevereinbarung auch alle anderen Verbindlichkeiten „aus dem Geschäft" gesichert sein (zB Ansprüche aus Nebenpflichten, auf Gewährleistung, auf Schadensersatz, auch vorvertragliche Ansprüche, auch auf Rückgabe und Herausgabe nach § 812 BGB).

8 b) Der HV hat im Falle einer Bürgschaft die Einreden nach §§ 768, 770 BGB und kann den Unternehmer auf **Vorgehen erst gegen den dritten Kunden** verweisen; letzteres folgt entweder aus § 771 BGB oder (falls der HV Kfm ist, dann an sich § 349, sowie im Falle der Garantie oder des Schuldbeitritts) aus der Treuepflicht des Unternehmers (§ 86 a Rn 1), abweichende Vereinbarung ist aber möglich, Heymann/Sonnenschein/Weitemeyer 12.

2) Delkredereprovision (I 1, II)

A. Besondere Provision (I 1): Die (wirksame) zusätzliche Übernahme des 9
Delkredere gibt dem HV nach I 1 Anspruch auf eine **Delkredereprovision**
neben der Provision für Vermittlung oder Abschluss der Geschäfte, §§ 87 ff. Das
ist nach I 1 Halbs 2 **zwingend,** der Anspruch kann also nicht im Voraus aus-
geschlossen werden. Möglich bleiben aber Fälligkeitsregelung (Rn 11) und Erlass
(§ 397 BGB).

B. Höhe: Mangels Vereinbarung und bei Vereinbarung eines unangemessen 10
niedrigen Satzes gilt der übliche Satz, § 87 b I, nach aA § 354. § 87 b hat zwar
die Vermittlungs- und Abschlussprovision im Auge, passt aber auch auf die
Delkredereprovision. Ist ein üblicher Satz nicht zu ermitteln, greifen §§ 315 ff
BGB. Liegt der Satz der Delkredereprovision fest, so ergibt sich die Rechnungs-
grundlage aus § 87 b II.

C. Entstehen (II): Der Anspruch auf die Delkredereprovision entsteht **mit** 11
dem Abschluss des Geschäfts, aus dem die garantierte Verbindlichkeit er-
wächst, bei Delkrederehaftung für mehrere Geschäfte (Rn 3 f) also bei jedem
Geschäftsschluss gesondert. Wirksamer Abschluss genügt, wird angefochten, ent-
fällt auch die Provision (§ 142 BGB). Das gilt auch bei Rücktritt nach § 323
BGB oder nach Vertrag, aA MüKo/von Hoyningen-Huene 28. Späteres Hinfäl-
ligwerden des Geschäfts infolge auflösender Bedingung, Aufhebungsvertrag oder
Kündigung eines in Vollzug gesetzten Dauerschuldverhältnisses ist nach Wortlaut
und Sinn des II unschädlich, denn der HV hat bis dahin das Risiko getragen, str.
Der Anspruch ist nach § 271 BGB sogleich **fällig,** allerdings vorbehaltlich abw
Abrede (zB Fälligkeit wie nach §§ 87 a IV, 87 c I), I 1 letzter Halbs steht nicht
entgegen (Rn 9).

3) Ausnahmen (III)

A. Ausländer: I gilt nicht für **ausländische Unternehmer,** die Niederlas- 12
sung, hilfsweise Wohnsitz im Ausland haben, **III 1.** Ob als Ausland iSv III 1 auch
EU/EWR angesehen werden kann, ist zweifelhaft, die Parteien sollten diese
Frage besser regeln. Im Auslandsverkehr besteht oft besonderer Anlass, die Del-
krederehaftung des inländischen HV vorzusehen, weil der Ausländer die Kredit-
würdigkeit der inländischen Kunden selbst oft nicht prüfen kann; ebenso kann
sich der HV darauf einlassen, für die Übernahme der Delkrederehaftung keine
zusätzliche Provision zu erhalten, ohne dahingehende Abrede hat er aber für die
Interzession Provisionsanspruch aus § 354, Canaris § 15 Rn 51, str. Vorausset-
zung ist Anwendbarkeit des deutschen Rechts, sie wird im Verhältnis zum
inländischen HV idR gegeben sein (§ 92 c Rn 8).

Dasselbe gilt (mit umgekehrten Vorzeichen) für Geschäfte mit **ausländischen** 13
Kunden. Lit: Masing BB **95,** 2589.

B. Unbeschränkte Vollmacht: I gilt ferner nicht für **Geschäfte, zu deren** 14
Abschluss und Ausführung der Handelsvertreter unbeschränkt bevoll-
mächtigt ist, III 2. Entscheidend ist, dass der HV rechtlich und wirtschaftlich
sein Risiko frei bestimmen kann; dann soll ihm die Übernahme eines Delkredere,
an der der Unternehmer ein besonderes wirtschaftliches Bedürfnis hat, nicht
erschwert werden, BGH BB **82,** 2009 (Flugscheine von Reisebüro); „Unbe-
schränkt" heißt „im Wesentlichen frei" (vgl § 84 I 2), die Person des Geschäfts-
gegners, die Bedingungen des Geschäfts (zB Kredit oder nicht) und Zeit und Art
der Ausführung bestimmen zu können. „Unbeschränkt" heißt nicht Alleinbevoll-
mächtigung, III 2 gilt also auch für mehrere Handelsvertreter mit Bezirksvollmacht,
BGH BB **66,** 1322; III 2 gilt auch bei unbeschränkter Vollmacht nur für Einzelge-
schäfte (also keine Delkredereprovision für Tankstellenvertreter), LG Essen BB **61,**
425. Ganz oder teilweiser Nichtgebrauch der Vollmacht durch HV (zB Überlassen
der Lieferung an Unternehmer) räumt III 2 nicht aus, BGH BB **66,** 1322.

§ 87

[Provisionspflichtige Geschäfte]

87 (1) ¹Der Handelsvertreter hat Anspruch auf Provision für alle während des Vertragsverhältnisses abgeschlossenen Geschäfte, die auf seine Tätigkeit zurückzuführen sind oder mit Dritten abgeschlossen werden, die er als Kunden für Geschäfte der gleichen Art geworben hat. ²Ein Anspruch auf Provision besteht für ihn nicht, wenn und soweit die Provision nach Absatz 3 dem ausgeschiedenen Handelsvertreter zusteht.

(2) ¹Ist dem Handelsvertreter ein bestimmter Bezirk oder ein bestimmter Kundenkreis zugewiesen, so hat er Anspruch auf Provision auch für die Geschäfte, die ohne seine Mitwirkung mit Personen seines Bezirkes oder seines Kundenkreises während des Vertragsverhältnisses abgeschlossen sind. ²Dies gilt nicht, wenn und soweit die Provision nach Absatz 3 dem ausgeschiedenen Handelsvertreter zusteht.

(3) ¹Für ein Geschäft, das erst nach Beendigung des Vertragsverhältnisses abgeschlossen ist, hat der Handelsvertreter Anspruch auf Provision nur, wenn

1. er das Geschäft vermittelt hat oder es eingeleitet und so vorbereitet hat, daß der Abschluß überwiegend auf seine Tätigkeit zurückzuführen ist, und das Geschäft innerhalb einer angemessenen Frist nach Beendigung des Vertragsverhältnisses abgeschlossen worden ist oder
2. vor Beendigung des Vertragsverhältnisses das Angebot des Dritten zum Abschluß eines Geschäfts, für das der Handelsvertreter nach Absatz 1 Satz 1 oder Absatz 2 Satz 1 Anspruch auf Provision hat, dem Handelsvertreter oder dem Unternehmer zugegangen ist.²Der Anspruch auf Provision nach Satz 1 steht dem nachfolgenden Handelsvertreter anteilig zu, wenn wegen besonderer Umstände eine Teilung der Provision der Billigkeit entspricht.

(4) Neben dem Anspruch auf Provision für abgeschlossene Geschäfte hat der Handelsvertreter Anspruch auf Inkassoprovision für die von ihm auftragsgemäß eingezogenen Beträge.

Übersicht

1) Provision des Handelsvertreters (§§ 87–87 d) 1–6
   A. Übersicht 1
   B. Provision 2
   C. Andere Vergütungsformen 5

2) Provision für vermittelte Geschäfte (I) 7–22
   A. Nur abgeschlossene Geschäfte (I 1) 7
   B. Mitverursachung durch den Handelsvertreter (I 1 Fall 1) 11
   C. Nachbestellungen und Folgeaufträge (I 1 Fall 2) 17
   D. Mehrere Handelsvertreter (I 2) 21

3) Bezirks- und Kundenkreisschutz (II) 23–36
   A. Bezirks- oder Kundenkreisschutz 23
   B. Bezirksprovision 30
   C. Mehrere Bezirksvertreter (II 2) 35

4) Zeitliche Abgrenzung gegenüber Vorgänger (I 2, II 2) 37–39
   A. Abschlüsse in der Vertragszeit 37
   B. Vorherige Abschlüsse (I 2, II 2) 39

5) Abschlüsse nach Vertragsende (III) 40–46
   A. Abschlüsse nach Vertragsende (III 1 Nr 1) 40
   B. Abschlüsse nach Vertragsende (III 1 Nr 2) 44
   C. Teilung der Provision (III 2) 46

6) Inkassoprovision (IV) 47

7) Abweichende Vereinbarungen 48

Siebenter Abschnitt. Handelsvertreter 1–5 § 87

8) Abtretung, Verpfändung, Pfändung, Insolvenz 49–51
A. Abtretung, Verpfändung 49
B. Pfändung 50
C. Insolvenz 51
9) Verjahrung 52–53

1) Provision des Handelsvertreters (§§ 87–87 d)

A. **Übersicht:** §§ 87–87 d und zuvor schon § 86 b (Delkredere) regeln die 1
Vergütung des HV. § 87 (I–III) zieht den Kreis der provisionspflichtigen Geschäfte, § 87 a (I–III und V) regelt die auf die Ausführung des einzelnen Geschäfts bezüglichen Voraussetzungen des Provisionsanspruchs. § 87 b handelt von der Höhe der Provision, § 87 c von der Provisionsabrechnung, § 87 a IV (und V) von der Fälligkeit der Provision. § 87 IV spricht dem HV außer der Vermittlungs- oder Abschlussprovision bei Einziehung von Geldern eine Inkassoprovision zu. Die Festsetzung einer Mindestvergütung ermöglicht in gewissem Umfang § 92 a. § 87 d regelt den Aufwendungsersatz. Das Recht der Provision des HV ist teilweise **europarechtlich** präformiert (Art 6–12 EG-Ri, § 84 Rn 3) mit der Folge möglicher Vorlageverfahren an den EuGH nach Art 234 (177 aF) EG.

B. **Provision:** Das übliche Entgelt des HV ist eine Provision, dh eine (irgend- 2
wie, vgl § 87 b Rn 1) nach dem Umfang vergütungspflichtiger (Einzel-)Geschäfte bemessene Zahlung als Gegenleistung für die erbrachten Dienste (vgl § 86 Rn 1). Es handelt sich also um eine **Erfolgsvergütung** (s § 87 a Rn 1), die idR tätigkeitsbezogen ist, aber wie etwa die Bezirksprovision (II) nicht sein muss. Für Geschäfte, die vor Beendigung des HVVertrags abgeschlossen, aber erst danach ausgeführt worden sind, entstehen sog **Überhangprovisionen**, BGH WM **98,** 723 (s Rn 38). Bei **Topfabrede** werden die Provisionen zusammengerechnet und anteilig nach dem Gesamterfolg verteilt, nach BAG 3. 6. 98 (Gebrauchtwagenvermittlung) bei Küstner/Thume I 742: Abrede sui generis nach §§ 311, 362 BGB, aber gekünstelt (s Rn 48). Weiterveräußerungschance bei KfzLeasing mit Rückkaufsrecht des HV ist keine Provision, BGH WM **06,** 875. Lit: Klinger DB **57,** 975 (Bemessung); Schröder BB **63,** 567 (außerbezirkliche Geschäfte); Kempfler NJW **63,** 524 (Werkverträge); Maier BB **70,** 1327 (verbundene Unternehmen, ZwNl).

Für Zusatzleistungen fallen **Zusatz- oder Sonderprovisionen** an, zB Del- 3
krediereprovision (§ 86 b), Inkassoprovision (IV), vereinbarte Provisionen für besondere Markt- oder Kundenpflege (s § 86 Rn 13) oder bei Konsignationslagerabrede (Überbl 41 vor § 373). §§ 87 ff gelten nur für die Vermittlungs- und Abschlussprovisionen, nicht für Delkredereprovision und für Verwaltungsvergütung (§ 89 b Rn 28), auch wenn diese sich am Warenumsatz orientiert, Schlesw VersR **77,** 1002 (zu § 87 a IV, dort Rn 31), Küstner/Thume I 975; § 87 c kann dagegen anwendbar sein (dort Rn 2).

Anspruch des HV auf Provision kann (neben Provision aus § 87) auch aus 4
§ 354 folgen, zB bei außergewöhnlicher Belastung durch Mängelrügeabwehr durch den HV, BGH BB **62,** 1345. Gelegenheitsagent s § 84 Rn 44.

C. **Andere Vergütungsformen:** Statt Provision kann der HVVertrag auch 5
andere Vergütungsformen vorsehen, zB **feste Vergütung; Prämie** für besondere Leistungen des HV, zB Leistungs- und Treueprämien s BAG BB **82,** 1486, Karlsr BB **80,** 226; **Umsatz- oder Gewinnbeteiligung** am Gesamtumsatz oder Gewinn des vertretenen Unternehmens (statt bezogen auf das Einzelne provisionspflichtige Geschäft). §§ 87–87 d sind dann auch unabwendbar, Karlsr BB **66,** 1169, Naumbg HVR **(02)** Nr 1108. Ein vereinbartes Fixum ist auch zu zahlen, wenn HV nach Ansicht des Unternehmers zu wenig Zeit und Kraft für ihn aufwandte (dann uU Gegenanspruch des Unternehmers auf Schadensersatz), aber nicht, wenn er gar nicht für ihn tätig war, Brschw DB **56,** 794. **Altersversorgung:**

§ 87 6–11 I. Buch. Handelsstand

BetrAVG gilt nach seinem § 17 entspr für Nichtarbeitnehmer (vgl § 59 Rn 83).
Lit: Stötter/Lindner/Karrer 2. Aufl 1980.

6 **Kombination** verschiedener Formen ist denkbar, §§ 87 ff sind dann nur bezüglich der Provision (aber s Rn 3) anwendbar.

2) Provision für vermittelte Geschäfte (I)

7 A. **Nur abgeschlossene Geschäfte (I 1): a)** Provisionspflichtig sind nur (während der Vertragszeit, Rn 37) abgeschlossene Geschäfte. Geschäfte sind (nur) die, welche der HV nach dem HVVertrag zu vermitteln oder abzuschließen übernommen hat (§ 84 Rn 22 ff). Notwendig ist grundsätzlich endgültiger, rechtswirksamer Vertragsabschluss. Vorvertrag genügt noch nicht, obwohl er Pflicht zum Abschluss des Hauptvertrags beinhaltet; aber BGH 30. 1. **64** (von Gamm NJW **79**, 2492); das gilt erst recht für bloßen Rahmen(bezugs)vertrag (Rn 41), BGH NJW **58**, 180, mangels Bezugsverpflichtung aus diesem muss erst die Einzelbestellung dazu kommen. Der aufschiebend bedingt abgeschlossene Vertrag ist (während der Vertragszeit, Rn 37) abgeschlossen, doch steht der Provisionsanspruch unter derselben Bedingung (und der weiteren Bedingung der Ausführung, § 87 a Rn 1); in Ausnahmefällen greift § 162 BGB. Sukzessivlieferungsvertrag s Rn 38. Der abgeschlossene Vertrag muss **rechtswirksam** sein, also keine Provision bei Nichtigkeit, Anfechtung (§ 142 I BGB) oder Eintritt einer auflösenden Bedingung, BGH WM **91**, 76, ebenso bei Ausübung eines vorbehaltenen Rücktritts; bei Teilnichtigkeit unter Restbestand (§ 139 BGB) Provision nur aus diesem; Leistungsstörungen s § 87 a II, III. Hat der Unternehmer die Unwirksamkeit des Vertrags zu vertreten, ggf Schadensersatzanspruch wegen Verschuldens bei Vertragsverhandlungen (§ 311 II BGB), aber kein Provisionsanspruch (s Rn 9), aA § 87 III analog, Canaris § 15 Rn 57. Ob ein konkreter Provisionsanspruch aus dem abgeschlossenen Geschäft besteht, folgt erst aus § 87 a.

8 b) Der **Unternehmer** ist **frei** zur Annahme oder Ablehnung der vom HV vermittelten (nicht von diesem auch abgeschlossenen, vgl § 84 Rn 24) Geschäfte (§ 86 a Rn 13). Der HV hat gegen den Unternehmer **keinen Anspruch auf Abschluss** eines von ihm vermittelten Geschäfts, also auch keinen Anspruch auf Ersatz des Schadens, der dem HV durch Nichtabschluss eines von ihm vermittelten Geschäfts entsteht, zB entgangene Provision (s Rn 7). Diese unternehmerische Freiheit darf nicht durch Berufung auf widersprüchliches Verhalten (§ 242 BGB) oder Verhinderung des Bedingungseintritts (§ 162 I BGB) beeinträchtigt werden, aA Canaris § 15 Rn 59, aber nur Ablehnung ohne vernünftigen Grund und nicht bei Wechsel der Geschäftspolitik.

9 Dagegen kann der HV **Schadensersatzanspruch** wegen Pflichtverletzung durch den Unternehmer haben, zB bei vertragswidriger Benachteiligung des HV (zB zugunsten eines anderen HV bei Alleinvertretung, Rn 24) oder fehlender unverzüglicher Mitteilungen nach § 86 a II 2, 3. Zu ersetzen sind zB unnütze Aufwendungen zur Vermittlung der Geschäfte, die der Unternehmer dann nicht abschloss, und entgangener Gewinn, den der HV ohne Bemühung um diese Geschäfte anderweitig hätte erzielen können.

10 Unbegründetes Nichtabschließen vermittelter Geschäfte kann dem HV auch Grund zur **fristlosen Kündigung** mit Ersatz des ihm aus der Vertragsauflösung entstehenden Schadens geben (§ 89 a I).

11 B. **Mitverursachung durch den Handelsvertreter (I 1 Fall 1):** Provisionspflichtig sind nach I 1 (Fall 1) Geschäfte, die auf die **Tätigkeit** des HV **zurückzuführen** sind. Mitursächlichkeit genügt (ebenso schon für die „Vermittlung", § 84 Rn 22). Nicht erforderlich ist zB: alleinige oder auch nur überwiegende Verursachung durch die Tätigkeit des HV, so wenn der Unternehmer selbst, durch seine Angestellten oder Dritte zum Abschluss beiträgt, BAG BB **71**, 492; unmittelbare Verhandlung des HV mit dem Kunden oder sonstige persönliche

376 *Hopt*

Mitwirkung am Abschluss (vgl § 84 Rn 22). Übermittlung der (mündlichen oder schriftlichen) Abschlusserklärungen von Unternehmer und Kunden durch HV; Kenntnis oder Kennenmüssen des Unternehmers bei Direktabschluss, dass HV den Kunden in Richtung auf den Abschluss beeinflusste, Nürnb BB **59**, 391. Ob Mitursächlichkeit vorliegt, ist danach zu beurteilen, welche Art von Mitwirkung nach dem HVVertrag zu erwarten ist, BAG BB **71**, 492.

Ausreichend: zB Ausschalten des HV durch Unternehmer und Herbeiführung des Abschlusses durch Unternehmer selbst, RG HRR **33**, 940; nach für sich allein erfolgloser Bemühung des HV Bestellung des Kunden über anderen HV oder direkt beim Unternehmer (vom HV **mitverursachtes Direktgeschäft mit Unternehmer**), BAG DB **69**, 266; Abschluss über eine Gesamtsache, für die der Unternehmer einige Einzelteile selbst von Dritten beschaffen muss, Brschw DB **56**, 794; Aufbauversicherung, die sich mangels Widerspruchs des Versicherungsnehmers regelmäßig erhöht, falls für Provisionspflicht nicht zeitliche Beschränkung (Dauer des Arbeitsverhältnisses, Beibehaltung des Aufgabengebiets) vereinbart, BAG BB **84**, 1687; Abgabe an Hauptniederlassung zur Empfehlung an Filialen und Abschluss mit diesen, BGH BB **60**, 111. 12

Im Einzelfall kann auch die vom HV als solche herbeigeführte **Weiterempfehlung** durch einen Kunden oder anderen Dritten und daraufhin erfolgende Bestellung durch einen Vierten ausreichen. Doch genügt nicht schon, dass andere mit dem Kunden verbundene Unternehmen, etwa Tochtergesellschaft, Celle BB **70**, 51 (aber s Rn 14), oder sonst zusammenarbeitende Unternehmen bestellen. Erst recht genügt nicht schon, dass der Kunde zufrieden ist und das Produkt weiterempfiehlt. 13

Davon zu trennen sind die Fälle **wirtschaftlicher Einheit zwischen Unternehmer und Kunden**. Provisionspflicht des Unternehmers besteht, wenn nicht er selbst, aber ein von ihm beherrschtes drittes Unternehmen abschließt, BGH NJW **81**, 1785, Kln HVR **(79)** Nr 526, Mü HVR **(93)** Nr 1103. Gleichstehen kann der Abschluss durch ein den Unternehmer beherrschendes anderes Unternehmen **(wirtschaftliche Einheit)**, BGH WM **87**, 546. Umgehung muss nicht unbedingt vorliegen. Andererseits genügt nicht jede Unternehmensverbindung (§§ 15 ff AktG), auch nicht die bloße Zugehörigkeit zum gleichen Konzern (s Rn 13). Entscheidend ist die wirtschaftliche selbstständige Entscheidung, etwa Abschluss durch ein in Produktion und Vertrieb selbstständiges Schwesterunternehmen, LG Münst MDR **83**, 673. Vgl § 89 b Rn 18 zur Verlagerung im Konzern. Lit: Maier BB **70**, 1327. 14

Nicht ausreichend: zB ganz nebensächliche Mitwirkung wie bloße Schreibhilfe oder Übersetzungshilfe (§ 84 Rn 23 mit weiteren Beispielen); ebenso Eigenbestellungen des HV (vgl § 84 Rn 23), aA Hbg OLGE **36**, 258 (sofern er nicht Sonderkonditionen erhält), aber Provisionsanspruch kann aus HdlBrauch folgen. Grenzfall: zum Kauf fest entschlossener Kunde bestellt bei HV, dessen Vermittlung reicht aus, MüKo/von Hoyningen-Huene 32, aA Canaris § 15 Rn 62, offen K. Schmidt § 27 IV 2 b, andernfalls erhebliche Unsicherheiten bei Dauerkunden. 15

Beweislast für die Verursachung trifft den HV. Dazu genügt als Beweis des ersten Anscheins Nachweis der Betätigung in Richtung auf den Abschluss und Zustandekommen des Geschäfts, Nürnb BB **59**, 391. 16

C. **Nachbestellungen und Folgeaufträge (I 1 Fall 2):** Provisionspflichtig sind nach I 1 (Fall 2) ferner solche Geschäfte, die nicht unmittelbar auf die Tätigkeit des Vertreters zurückzuführen sind, aber mit **von ihm** (für gleichartige Geschäfte) **geworbenen Kunden** geschlossen wurden. Diese Geschäfte sind meist wenigstens mittelbar auf die Tätigkeit des HV zurückzuführen. Doch gilt dies hier kraft unwiderleglicher Vermutung des Gesetzes, Gegenbeweis ist also unzulässig. I 2 gilt aber auch hier (s Rn 22). 17

§ 87 18–24

18 I 1 Fall 2 gilt nur für **gleichartige Geschäfte**. Darunter fallen ohne weiteres Nachbestellungen, auch bei veränderten Konditionen. Aber auch Folgeaufträge anderer Artikel gleichartig sein. Nach dem Normzweck ist auf die Zugehörigkeit zum vom HV vertriebenen Sortiment und im Übrigen die Verkehrsanschauung abzustellen.

19 Die Bestimmung ist **abdingbar** (Rn 48).

20 § 87 I 1 (Fall 2) gilt nicht für **Versicherungsvertreter**; deren Provisionsregelung ist enger (§ 92 III 1).

21 D. **Mehrere Handelsvertreter (I 2): a) Nebeneinander:** Wirken mehrere HV zur Herbeiführung eines Geschäfts zusammen, Bsp KG BB **69**, 1062, so hätte, wenn man allein auf die Mitursächlichkeit abstellt, jeder HV einen vollen Provisionsanspruch und der Unternehmer müsste für das eine Ergebnis vielfach bezahlen. Das entspricht weder Billigkeit noch idR dem Parteiwillen. In erster Linie ist deshalb eine besondere Vereinbarung zwischen dem Unternehmer und den einzelnen HV zu empfehlen und in der Praxis auch teilweise üblich, zB bei Teamarbeit mehrerer HV auf Messe (ganze Provision aus Geschäft mit Kunden aus dem Bezirk des HV), KG BB **69**, 1062 (vgl § 89 b Rn 14). Eine **stillschweigende Teilungsabrede** (s Rn 48, 35; im Zweifel nach Tatbeiträgen, mangels Feststellbarkeit derselben zu gleichen Anteilen, § 420 BGB) ist dann anzunehmen, wenn der Unternehmer die einzelnen HV von vornherein und für diese klar erkennbar in ein Vertriebssystem mit einer Mehrzahl von HV so einsetzt, dass mitursächliche Beiträge vom System her angelegt sind, Knütel ZHR 144 **(80)** 295. Ist dies nicht der Fall, folgt die Teilung nicht etwa aus § 420 BGB („eine" teilbare Leistung) und auch nur in Ausnahmefällen aus § 242 BGB. Vielmehr kann der einzelne HV dann davon ausgehen, dass der Unternehmer dafür sorgt, dass es nicht zu überschneidenden HVTätigkeitsbeiträgen kommt und er volle Provision verdient, sehr str, Ebenroth/Löwisch 34. **Untervertreter** s § 84 Rn 31.2–27

22 **b) Nacheinander:** Etwas anderes gilt nach **I 2**, wenn Ansprüche des HV mit solchen eines **Vorgängers** zusammentreffen. Der HV hat dann keinen Provisionsanspruch, wenn und soweit die Provision nach III dem Vorgänger zusteht (Rn 39). I 2 gilt für beide Alternativen von I 1 (Rn 11, 17). I 2 ist abdingbar (s Rn 48). Lit: Maier BB **70**, 1327; Knütel ZHR 144 **(80)** 289; Westphal BB **91**, 2027.

3) Bezirks- und Kundenkreisschutz (II)

23 A. **Bezirks- oder Kunden(kreis)schutz:** Bei Zuweisung eines bestimmten Bezirks, BGH WM **82**, 636, oder eines bestimmten Kundenkreises, zB Geschäftssparte (oder von beidem kombiniert), erweitert II den Kreis der provisionspflichtigen Geschäfte (s Rn 7 ff) auf nicht unmittelbar (wenn auch vielleicht mittelbar durch seine Arbeit im Bereich) vom Vertreter geworbene Kunden des Bezirks oder Kundenkreises. Auslegung der Zusage von „Projektschutz", Düss NJW **82**, 1231. Übertragung der Vertretung ohne weitere Verpflichtung für ein bestimmtes Gebiet ist nur Begrenzung der Wirkungskreises, keine Bezirksvertretung, BGH WM **82**, 635, Karls HVR **(05)** 1156.

24 Davon zu unterscheiden ist **Alleinvertretung**, BGH DB **61**, 601. Diese kann je nach Abrede entweder nur Ausschluss von Direktgeschäften des Unternehmers oder alleiniges Betätigungsrecht des Vertreters unter Ausschluss anderer HV oder wie zumeist beides bedeuten. Auch die Rechtsfolgen sind unterschiedlich: bei Alleinvertretung verstößt zB ein Direktabschluss des Unternehmers gegen dessen Vertragspflicht mit allen Konsequenzen, etwa Schadensersatz, BGH BB **75**, 1409, oder fristlose Kündigung durch den Vertreter nach § 89 a, Düss HVR **(72)** Nr 468; bei Bezirks- oder Kundenkreisschutz erhält der Vertreter dagegen ledig-

lich hieraus Bezirksprovision. Beides kann, aber muss nicht kombiniert sein, Düss HVR **(72)** Nr 468, Karls HVR **(05)** 1156 (s Rn 48).
Lit: Fock ZEuP **98**, 354 (EG).

Zuweisung des Bezirks oder Kundenkreises ist nicht einseitige Zuweisung 25 durch Unternehmer, sondern kommt nach allgemeinen Regeln durch **formfreie**, auch konkludente **Vereinbarung** zustande, Bsp für Auslegung BGH WM **82**, 635 (iErg abl), Düss HVR **(03)** Nr 1083 (iErg abl), zB durch die Klausel „direkte und indirekte Geschäfte provisionspflichtig", BGH BB **56**, 95. Bezeichnung „Generalvertreter" ist nicht eindeutig (§ 84 Rn 32). Zuweisung kann aber auch nur als Arbeitsgebiet des HV ohne solche konkludente Vereinbarung bedeuten, Ebenroth/Löwisch 43, im Falle eines solcher Vereinbarung (auch ohne zusätzliche Pflichten) treten die Rechtsfolgen des II aber kraft Gesetzes ein, str, von Hase BuW **03**, 685. Auch Änderungen der Zuweisung setzen Vereinbarung voraus. Schweigen des Bezirksvertreters auf Mitteilung des Unternehmers, er werde auf Direktgeschäfte mit einem bestimmten Kunden keine Provision mehr zahlen, gilt nicht als Zustimmung, Nürnb BB **57**, 560.

Umfang: Der Umfang der Zuweisung und des mit dieser verbundenen 26 Schutzes hängt von der Vereinbarung ab. Bezirksschutz umfasst Geschäfte mit Kunden, die Sitz oder Geschäftsniederlassung im Bezirk haben, auch wenn anderswohin zu liefern ist, BGH NJW **58**, 180; nicht Abschluss mit Käufer (von Kfz) außerhalb des Bezirks, der an Käufer (ersten Halter des Kfz) innerhalb des Bezirks weiterverkauft, auch wenn der Unternehmer diese Weiterverkaufsabsicht kennt, BGH BB **60**, 956. Entscheidend ist also die **Bezirksansässigkeit des Bestellers**, nicht der zufällige Vertragsabschlussort oder der Ort, an den zu liefern ist, Bambg **(99)** HRV Nr 936. Ist der Besteller eine juristische Person, ist der Ort ihrer tatsächlichen Geschäftstätigkeit maßgebend; findet diese an verschiedenen Orten statt oder ist der HV in mehreren Hoheitsgebieten tätig, „kann" der Schwerpunkt mittels anderer Elemente, insbesondere Verhandlungs- und Lieferort, bestimmt werden, EuGH EuZW **97**, 248 (Kontogeorgas) mAnm Fock ZEuP **98**, 351; Rspr und hL bleiben also unberührt, Habersack/Sanz EWS **97**, 289. Bezirksschutz umfasst, falls nichts anderes vereinbart, sämtliche (auch künftige) Kunden des Bezirks, Nürnb MDR **82**, 324. Bei Sitzverlegung nach außerhalb des Bezirks entfällt Provisionspflicht, Nürnb BB **01**, 1169.

Nach diesen Grundsätzen sind auch die Fälle zu entscheiden, in denen ein 27 Kundenunternehmen **mehrere Filialen** hat oder ein Kunde **mehrere Unternehmen** führt. Entscheidend ist, welche Filiale bzw welches Unternehmen bestellt, nicht an wen geliefert wird. Bei Geschäften mit bezirksansässiger Filiale eines Unternehmens von außerhalb des Bezirks ist das äußere Erscheinungsbild (nicht interne Bindung an Sortimentsliste der Zentrale ua) entscheidend; tritt die Zweigniederlassung auf Grund ihrer Entscheidungsfreiheit und Selbstständigkeit nach außen als der Besteller auf, greift II ein, BGH BB **76**, 1530, **78**, 1137, Düss WM **70**, 1284. Umgekehrt führt die Bestellung einer bezirksfremden Filiale eines bezirksansässigen Unternehmens nicht zur Bezirksprovision, BGH BB **57**, 9. Provisionskonkurrenzen s Rn 35.

Gegenleistung des Vertreters für die besonderen Rechte sind besondere 28 Pflichten. Der Vertreter muss den **zugewiesenen Bereich** laufend und in besonderer Weise pflegen, BGH **41**, 295. Er darf nicht im Bezirk für andere Unternehmer Waren gleicher Art vertreiben, zB Weine aus demselben Anbaugebiet, Mü BB **55**, 714.

Betätigung **außerhalb des zugewiesenen Bereichs** ist dem Bezirksvertreter nicht ohne weiteres verboten. Doch kann sich eine anderweitige Vereinbarung auch konkludent aus der Aufteilung des gesamten Absatzgebietes des Unternehmers in Bezirke mit Bezirksvertretern ergeben. Gestattung durch Unternehmer ist immer möglich, BGH WM **71**, 564, **06**, 1358; ob dieser dadurch in Rechte anderer HV eingreift, berührt den Bezirksvertreter grundsätzlich nicht.

§ 87 29–35 I. Buch. Handelsstand

29 § 87 II gilt **nicht für Versicherungsvertreter** (§ 92 III 2); **Vertragshändler** (§ 84 Rn 11).

30 B. **Bezirksprovision:** Der Bezirksvertreter erhält die **Provision** für **alle Abschlüsse** in der Vertragszeit **im Bezirk (II 1),** entsprechendes gilt bei Kunden (kreis)schutz. Provisionspflichtig sind Abschlüsse also auch ohne seine Mitwirkung, einerlei ob Direktgeschäfte des Unternehmers oder von Dritten vermittelte, Düss NJW **82,** 1232; auch wenn ein anderer Vertreter mitwirkt (und dafür Vergütung vom Unternehmer beanspruchen kann), BGH NJW **58,** 180, EuGH EuZW **97,** 249 (Kontogeorgas) mAnm Fock ZEuP **98,** 351; zur Frage der Teilung in solchen Fällen s Rn 35. Vorausgesetzt sind allerdings Geschäfte der Art, auf die sich seine Vermittlungs- oder Abschlusspflicht (§ 84 I) erstreckt (vgl § 84 Rn 26). Auch muss der Unternehmer unmittelbar oder mittelbar an diesem Geschäft beteiligt sein, EuGH NJW **08,** 1211 (Chevassus-Marché/Danone). Abschluss im Bezirk bedeutet nicht physischer Abschluss an einem Ort in demselben, sondern Zugehörigkeit des geworbenen Kunden zu diesem, also Bezirksansässigkeit (Rn 26). Keine Bezirksprovision bei Belegschaftsverkauf in üblichem Rahmen, MüKo/von Hoyningen-Huene 95.

31 Die Bezirksprovision nach II ist **Entgelt für Gesamtbemühung** des Vertreters, nicht für bestimmte Leistungen in bestimmter Zeit. Es kommt also nicht darauf an, warum das Geschäft nicht vom HV vermittelt wurde (aber Rn 32). Bezirksprovision fällt deshalb auch an, zB wenn HV nach unberechtigter fristloser, erst zum nächsten Kündigungstermin wirkender Kündigung des Unternehmers Tätigkeit einstellt, und zwar ohne Abzüge nach § 615 S 2 BGB, BGH BB **92,** 1162 (§ 89a Rn 38); während der Vertreter schuldlos arbeitsunfähig ist, BGH **41,** 295, Brschw BB **93,** 2113; wenn die Geschäftsverbindung zeitweise unterbrochen war, BGH BB **78,** 1137; bei Wehrdienst, Hamm HVR **(98)** Nr 964; selbst wenn der Vertreter in der ganzen Vertragszeit schuldlos untätig war, offen BGH **41,** 296.

32 **Verschuldete Untätigkeit** lässt Bezirksprovisionsanspruch nicht einfach entfallen, doch besteht aufrechenbarer **Gegenanspruch** des Unternehmers **auf Schadensersatz** für die ihm entgangenen Geschäfte und für seine Unkosten (die ihm der HV hätte ersparen sollen) und uU außerordentliches Kündigungsrecht (§ 89a).

33 **Treu und Glauben** stehen dem Verlangen der Provision für ein Direktgeschäft nur ausnahmsweise entgegen, zB wenn der HV arglistig Mühe und Kosten auf den Unternehmer abschob, weil er die Provision doch erhalte, vgl RG **109,** 256; wenn er die vom Unternehmer gewünschte Mitwirkung an Herbeiführung des Abschlusses ohne zureichenden Grund abgelehnt hat, Hamm BB **59,** 682; wenn er jegliche Tätigkeit für Unternehmer unterlassen hat, nicht jedoch schon bei nicht ausreichenden Bemühungen, Stgt BB **70,** 1112.

34 **Abweichende Vereinbarungen** zu II sind ohne weiteres möglich (Rn 48).

35 C. **Mehrere Bezirksvertreter (II 2): a) Nebeneinander:** Im Ausgangspunkt gilt dasselbe wie bei mehreren einfachen HV (Rn 21). Doch sind hier Provisionskonkurrenzen zB durch Aufteilung von Abschluss und Einzelbestellung zwischen Haupt- und Zweigniederlassungen oder Sitzwechsel systembedingt unvermeidbar und die Bezirksvertreter können nicht annehmen, dass der Unternehmer mehrfach voll bezahlen will. Zunächst erhält deshalb jeder Bezirksvertreter Bezirksprovision nur für Tatbeiträge in seinem eigenen Bezirk. Im Übrigen ist idR eine stillschweigende Teilungsabrede anzunehmen (Rn 21, 48, str), ohne eine solche besteht voller Zahlungsanspruch. Bei Sitzverlegung von Kunde K aus Bezirk A in Bezirk B braucht der Unternehmer weder zweimal volle Provision zu bezahlen, so Schröder DB **63,** 541, noch verliert A seine Provisionschance aus neuen Geschäften mit dem Kunden völlig an B, so Wessel BB **62,** 473, vielmehr volle Bezirksvertreterprovision von HV B und uU Folgeprovisionen von HV A,

GroßKo/Emde 113, nach aA ist zu teilen, LG Düss HVR **(41)** Nr 16. Bei Wechsel des Bezirksvertreters behält A seine Provisionsanwartschaften nach I 1, wenn nichts anderes vereinbart ist, GroßKo/Emde 113, str. Bei Messegeschäften ist von Teamvereinbarung auszugehen, MüKo/von Hoyningen-Huene 93. Lit: Schröder DB **63**, 541. Zu weiteren Provisionskonkurrenzen GroßKo/Emde 113; zu Rotationssystemen § 89 b Rn 32.

b) Nacheinander: II 2 bestimmt für Bezirksvertreter dasselbe wie allgemei- 36 ner I 2 (Rn 22), nämlich dass wenn und soweit die Provision dem **Vorgänger** zusteht, der Nachfolger keinen Provisionsanspruch hat (Rn 39).

4) Zeitliche Abgrenzung gegenüber Vorgänger (I 2, II 2)

A. **Abschlüsse in der Vertragszeit:** Die Provisionspflicht umfasst grund- 37 sätzlich alle Abschlüsse (welche die sonstigen Voraussetzungen nach I, II erfüllen) in der Vertragszeit und nur diese, I 1, zB nicht Nachbestellungen (I 1 Fall 2) nach Vertragsende, BGH BB **57**, 1086 (**Ausnahme:** wenn diese iSv **III** vom HV vorbereitet sind, dazu Rn 41 ff). Bei Kündigung, auch fristloser, kommt es nicht auf Eintritt des Kündigungsgrundes oder Aussprechen der Kündigungserklärung, sondern auf den Zeitpunkt des Wirksamwerdens an, Abschluss vorher genügt, BGH 27. 2. **76** (von Gamm NJW **79**, 2492).

Unerheblich ist der Zeitpunkt des Eintritts einer aufschiebenden Bedingung 38 (Rn 7) und der **Ausführung.** Provisionspflichtig sind auch Geschäfte, die vor Beendigung des HVVertrags abgeschlossen, aber erst danach ausgeführt worden sind (Überhangprovisionen), BGH WM **98**, 723, Naumbg HVR **(02)** Nr 1108. Dies gilt auch bei **Sukzessivlieferungsvertrag** mit bloßen Einzelabrufen (Einheitsvertrag, anders Rahmenvertrag Rn 41), BGH NJW **58**, 180, Düss DB **77**, 817; auch bei Fortsetzung eines Dauerschuldverhältnisses mangels Kündigung, anders wenn dieses trotz Unterlassung auf neuen Willen oder den Unternehmer zurückgeht. Liegt dieser Zeitpunkt erst nach Vertragsende, muss Provision eben nachgezahlt werden. Der Vertrag kann aber die Provisionspflicht von Ausführung vor Vertragsende oder vor Zeitpunkt x nach Vertragsende abhängig machen (§ 87 a Rn 8).

B. **Vorherige Abschlüsse (I 2, II 2):** Abschlüsse vor Vertragsbeginn und 39 Abschlüsse in der Vertragszeit, die ganz (III 1) oder teilweise (III 2; Provisionsteilung s Rn 46) noch für einen früheren ausgeschiedenen Handelsvertreter provisionspflichtig sind, sind (insoweit) nicht für den Nachfolger provisionspflichtig (I 2, s Rn 22; II 2, s Rn 36).

5) Abschlüsse nach Vertragsende (III)

A. **Abschlüsse nach Vertragsende (III 1 Nr 1):** Sie sind provisionspflichtig 40 entweder nach III 1 Nr 1 (zwei Fälle) oder nach III 1 Nr 2. Nach **III 1 Nr 1** sind sie unter zwei Voraussetzungen provisionspflichtig:

a) Der HV muss sie **entweder vermittelt haben (Nr 1 Fall 1) oder** er muss 41 sie eingeleitet und **so vorbereitet** haben, **dass der Abschluss überwiegend auf seine Tätigkeit zurückzuführen** ist **(Nr 1 Fall 2).** Der erste Fall („vermittelt") hat wenig Bedeutung. Denn wenn „vermittelt" bedeutet, dass der HV schon das Angebot des Kunden dem Unternehmen zugehen ließ (AmtlBegr), greift ohne die engeren Voraussetzungen von Nr 1 schon Nr 2 ein. Wichtig ist dagegen der zweite Fall („so vorbereitet"). Danach kann es zugunsten des HV genügen, dass er **Musterkäufe** (auf die zunächst allein Provision gezahlt wurde) veranlasste und die Abnehmer später, nach Erprobung der aus den Mustern gefertigten Waren auf einer Ausstellung (Kleider), größere Mengen bestellten, BGH BB **57**, 1086. Hat zum Abschluss nach Vertragsende auch der NachfolgerHV oder auch der Unternehmer selbst mitgewirkt, so ist nach dem Wortlaut von Nr 1 Fall 2 abzuwägen, wem das überwiegende Verdienst gebührt; ist das der HV, fällt ihm die volle Provision zu, sonst erhält er gar nichts, die Provision wird also nicht geteilt. Bei bloßem **Rahmen- bzw Bezugsvertrag** (mit immer neuen Abschlüssen, Rn 7; anders Sukzessivlieferungsvertrag, Rn 38, 42) liegt bloße, noch nicht provisionspflichtige Provisionsanwartschaft vor, GroßKo/Emde 74, aA noch Staub/Brüggemann 45, doch kommt eine Vergütung aus stillschweigender Vereinbarung (ergänzender Vertragsauslegung) oder nach § 354 in Betracht, jedenfalls bei noch weitgehender, dem Unternehmer vorteilhafter Bindung des Kunden (außer der Pflicht, nicht anderswo zu kaufen), BGH NJW **58**, 180. Zu Geschäften, die vorbereitet, aber nicht zustande gekommen waren, auf die der Kunde später zurückkommt, Schweizer/Heldrich WRP **76**, 25.

42 III 1 Nr 1 erfasst nach seinem klaren Wortlaut anders als I 1 **nicht Nachbestellungen und Folgeaufträge** (I 1, Fall 2, s Rn 17); aus Abschluss eines Sukzessivliefervertrags sind auch Bestellungen (Abrufe) nach Vertragsende schon nach I 1 provisionspflichtig (s Rn 38), nicht nach III. III 1 Nr 1 verlangt Tätigkeit für den in Rede stehenden Abschluss; es genügt nicht, dass der Kunde vom HV geworben war. Lit: Hohn BB **72**, 521 (zur aF).

43 **b)** Diese Provisionspflichtigkeit besteht für Abschlüsse nach Vertragsende nach III 1 Nr 1 (mit beiden Fällen) nur **innerhalb angemessener Zeit (III 1 Nr 1 Halbsatz 2).** Fristbeginn ist Vertragsende, hL, nach aA relevante Vermittlungstätigkeit des HV, Küstner/Thume I 891. Was angemessen ist, bestimmt sich je nach Art und Bedeutung des Geschäfts. Je länger die Vorbereitung des einzelnen Geschäfts bestimmter Art zu dauern pflegt (zB sofort lieferbare Stapelware oder große Maschinen in Spezialanfertigungen), desto länger muss die Provisionspflicht nach Vertragsende dauern. In einem Sonderfall galten zwei Jahre nach Vertragsende noch als angemessen, BGH 30. 1. **64** (von Gamm NJW **79**, 2492), sogar vier Jahre (Spezialmodell), Kblz HVR **(07)** 1226. Dagegen spielt das Alter des Vertrags keine Rolle (anders § 89: Kündigung und Übergang in eine neue Tätigkeit).

44 B. **Abschlüsse nach Vertragsende (III 1 Nr 2):** Sie sind ferner nach **III 1 Nr 2** (neu 1990, s § 84 Rn 3) provisionspflichtig unter zwei (von Nr 1 verschiedenen) Voraussetzungen:

a) Das **Angebot des Dritten** zum Abschluss eines nach I 1 oder II 1 provisionspflichtigen Geschäfts muss entweder dem HV oder dem Unternehmer **zugegangen** (§ 130 BGB, BGH **67**, 275) sein. Das Angebot muss verbindlich und annahmefähig sein, bloß ernsthaftes Interesse genügt nicht, Rö/Thume 36, aA Küstner/Thume/Küstner I 890. Tätigkeit des HV ist für III 1 Nr 2 nicht nötig (anders Nr 1, s Rn 41), auch der Bezirksvertreter (§ 87 II) ist also geschützt.

45 **b)** Der **Zugang** muss noch **vor Vertragsende** des HVVertrags erfolgen. Dann genügt die (auch modifizierte) Annahme nach HVVertragsbeendigung. Eine zeitliche Grenze wie in Nr 1 (innerhalb angemessener Zeit) ist nicht vorgesehen.

46 C. **Teilung der Provision (III 2):** Provisionsteilung mit dem nachfolgenden HV kommt bei besonderen Umständen nach Billigkeit in Betracht (III 2 neu 1990, s § 84 Rn 3; zur Provisionsteilung nebeneinander tätiger HV s Rn 21, 35). Besondere Umstände sind in der Mitwirkung des NachfolgerHV beim Geschäftsabschluss zu sehen. III 2 ist auch bei klar überwiegender Mitwirkung des einen Teils anwendbar (anders früher), aA MüKo/von Hoyningen-Huene 114. Hat zum Abschluss nach Vertragsende nicht ein NachfolgerHV, sondern der Unternehmer selbst oder sein Personal (zB bei Umstellung auf Eigenvertrieb) beigetragen, gilt III 2 nicht.

Siebenter Abschnitt. Handelsvertreter 47–49 § 87

6) Inkassoprovision (IV)

Für die (auftragsgemäße) Einziehung von Geldern (Inkassoauftrag und -vollmacht, § 55 III) hat der HV Anspruch auf besondere Provision (Inkassoprovision), auch neben der Provision für vermittelte oder unter Bezirks- oder Kundenschutz fallende Geschäfte (I–III). Die Inkassoprovision ist (anders die Delkredereprovision, § 86 b I 1) auch im Voraus abdingbar. Für die Höhe gilt wie für die Delkredereprovision (§ 86 b Rn 10) § 87 b, nach aA § 354. 47

7) Abweichende Vereinbarungen

Der Anspruch nach § 87 ist nicht zwingend, Gegenschluss zB aus §§ 87 a V, 87 c V; vertragliche Regelung (§ 85 Rn 1) ist sogar empfehlenswert; aA wegen EG-Ri J. Schmidt ZHR 156 **(92)** 512, aber Gegenschluss für Art 8, 9 aus Art 10 IV EG-Ri ist möglich, wie hier Canaris § 15 Rn 23. Abbedingung von I 1 2. Fall ist zulässig, darf aber nicht zu Umgehung von § 89 b führen (§ 89 b Rn 70), BGH **141,** 253. Anderweitige Vereinbarungen zu II sind möglich, BGH BB **78,** 1136, Nürnb BB **63,** 203, zB erweiternd über Inhalt und Umfang des Bezirks- oder Kundenkreisschutzes oder über Alleinvertretungsrecht (Rn 24); „Provision folgt der Ware" statt Bezirksansässigkeit des Bestellers (Rn 26); Einschränkungen dahin, dass zusätzlich eine Mitwirkung des Bezirksvertreters notwendig ist, werden zT unter Berufung auf EuGH EuZW **97,** 248 (Kontogeorgas, s Rn 30, § 84 Rn 3) für unmöglich erklärt, Habersack/Sanz EWS **97,** 290, aber andere Auslegung ist möglich, von Hase BuW **03,** 685, den Spezialfall mehrerer Bezirksvertreter (s Rn 35) hat der EuGH jedenfalls nicht behandelt. Das Provisionsrecht kann auch stillschweigend erweitert werden, BGH BB **61,** 497. Topfabreden s Rn 2. § 87 ist auch zu Lasten des HV abdingbar; Grenzen setzen aber ua für **AGB (5)** §§ 305 ff BGB (§ 86 Rn 8), zB BGH WM **98,** 723, Mü BB **92,** 455 (Beförderungsrichtlinien), kein Recht zur einseitigen Änderung des Bezirks ohne sachgerechte Begrenzung, BGH **89,** 206, zur freien Provisionsänderung bei neuen Tarifen, Mü VersR **08,** 121, Ul/Br/He/H. Schmidt Anh § 310 BGB Rn 408, vgl aber Karls OLGR **08,** 321 (IATA-Mustervertrag); unklare AGB Bezirksschutz/Alleinvertretung, Karsl HVR **(05)** 1156. Vereinbarung kann zB den Anspruch nach I 1 auf Überhangprovisionen (s Rn 37) individualvertraglich ausschließen, BGH **33,** 94, WM **98,** 723 (aber nur in den Grenzen von § 87 a III, s dort Rn 21, 33) oder den Anspruch nach III aus Nachgeschäften beschränken, etwa auf begrenzte Zeit nach der ersten Bestellung des Kunden, oder ganz ausschließen oder zB die Frist iSv III 1 Nr 1 genauer bestimmen, auch unter die angemessene Frist iSv III 1 Nr 1 kürzen. Vereinbarung von Provision „nach Absprache" betrifft iZw nur Höhe, Ffm HVR **(97)** Nr 1045. Stillschweigende Vereinbarung genügt auch insoweit, muss aber klar und eindeutig sein, vor allem bei Provisionskürzung in Formularvertrag, Karlsr BB **71,** 1123, Oldbg HVR **(95)** Nr 995, Grenze dann § 315 BGB, Karls OLGR **08,** 321. Wählt HV jahrelang pauschale Abrechnung, liegt darin weder schon konkludenter Verzicht auf spätere konkrete Provisionsabrechnung noch Verwirkung (vgl § 87 c Rn 19, § 89 b Rn 80), Hamm HVR **(98)** 962. Abweichender dem HV nachteiliger HdlBrauch soll sich gegen II wegen dessen Gerechtigkeitsgehalts nicht durchsetzen, Celle BB **61,** 1341, zweifelhaft. Lit: Schröder BB **62,** 738, **63,** 567. 48

8) Abtretung, Verpfändung, Pfändung, Insolvenz

A. **Abtretung, Verpfändung:** Der Vergütungsanspruchs des HV, auch der erst künftige, ist abtretbar und verpfändbar, anders nach §§ 400, 1274 II BGB, soweit die Forderung unpfändbar ist. Abtretungsverbot nach AGB ist möglich, aber § 354 a. Provisonsabtretungsverbot nach § 81 II 4 VAG, GroßKo/Emde 35. 49

50 B. **Pfändung:** Die Provisionsansprüche des HV unterliegen den Pfändungsschutzvorschriften der §§ 850 ff ZPO. Sie sind, obwohl der HV selbstständig ist, Arbeitseinkommen iSv § 850 II ZPO, BAG NJW **62,** 1121, Hamm BB **72,** 855, str, und zwar sonstige Vergütungen für Dienstleistungen, sofern diese die Erwerbstätigkeit des HV vollständig oder zu einem wesentlichen Teil in Anspruch nehmen. Bei Mehrfirmenvertretung ist für das Merkmal „zu einem wesentlichen Teil" nicht auf jede einzelne Vertretung, sondern auf die Gesamtinanspruchnahme abzustellen. Voll unpfändbar sind aber ggf Spesenbeträge (§ 850 a Nr 3 ZPO), Hamm BB **56,** 668. Von nicht wiederkehrend zahlbaren Vergütungen (vgl Rn 5) aus persönlicher Tätigkeit kann auf Antrag das Nötige zum Unterhalt des HV und seiner Familie belassen werden (§ 850 i ZPO). Für wiederkehrend zahlbare Vergütungen aus Vertretungen, die den HV nicht „wesentlich" iSv § 850 II ZPO in Anspruch nehmen, gibt es keinen Pfändungsschutz. Künftige Provisionsansprüche sind nach § 832 ZPO pfändbar, auch wenn sie unter § 850 ZPO fallen; eine Verrechnungsabrede zwischen Unternehmer und Inkassovertreter, nach der dieser vom Inkasso seine Provision einbehalten darf, setzt sich aber gegenüber der späteren Pfändung im Ergebnis nicht durch, anders nur bei echter Vorausaufrechnung, str, GroßKo/Emde 37. Lit: Küstner/Thume I 1329.

51 C. **Insolvenz:** Der HVVertrag erlischt mit Eröffnung des Insolvenzverfahrens über das Vermögen des Unternehmers (§§ 116 Satz 1, 115 I InsO, s § 89 Rn 4). In der Insolvenz des Unternehmers (§ 84 Rn 48) ist der HV einfacher Insolvenzgläubiger, auch wenn der Insolvenzverwalter Vertragserfüllung nach § 103 InsO wählt, BGH NJW **90,** 1665 (zu § 17 KO), Emde/Kelm ZIP **05,** 61, str, Grund: der Insolvenzmasse entsteht kein neuer Vorteil. Ansprüche nach § 87 c erfüllt der Insolvenzverwalter (§ 87 c Rn 7). Antrag auf Eröffnung ist wichtiger Kündigungsgrund für den HV (§ 89 a Rn 24). Auswirkung auf Wettbewerbsabrede ist str (§ 90 a Rn 18). Ausgleichsanspruch nach § 89 b I ist idR einfache Insolvenzforderung (§ 89 b Rn 85). Die früheren Konkursvorrechte bestimmter HV sind weggefallen (§ 84 Rn 48). Zur Insolvenz des HV § 84 Rn 48. Lit: Sellhorst 1997; GroßKo/Emde § 87 a Rn 87 ff; MüKo/von Hoyningen-Huene § 87 Rn 122 f; Küstner/Thume I 1351; Hoffstadt DB **83,** 645, Emde/Kelm ZIP **05,** 58.

9) Verjährung

52 **Regelverjährung** von drei Jahren (§ 195 BGB; Verjährungsbeginn § 199 BGB, s auch § 85 Rn 7); § 88 aF mit vierjähriger Verjährung ist durch VerjährungsanpassG 9. 12. 2004 BGBl 3214 aufgehoben worden. § 199 I BGB setzt Fälligkeit und Kenntnis oder grobfahrlässige Unkenntnis der den Anspruch begründenden Umstände (und der Person des Schuldners) voraus; an Kenntnis bzw grobfahrlässiger Unkenntnis kann es unter den Voraussetzungen des § 87 c (Informationsansprüche) fehlen, dann jedenfalls Verjährung nach 10 Jahren und bei Schadensersatzpflicht wegen Verschweigens sogar erst nach 30 Jahren (§ 199 III Nr 1, 2 BGB), Emde VersR **09,** 889. Abweichende Vereinbarungen sind weitgehend zulässig (Grenze § 202 BGB). Engere Grenzen für Abkürzung oder Verlängerung der Verjährung durch **AGB** (§ 86 Rn 8, **(5)** BGB § 307 II Nr 1), Ul/Br/He/H. Schmidt Anh § 310 BGB Rn 411; keine einseitige Verjährungsverkürzung zu Lasten des HV, BGH **78,** 220, WM **03,** 2102 (zu § 88 aF).

53 Das gilt auch für **Hilfsansprüche** aus § 87 c, BGH WM **79,** 463, NJW **81,** 457 (zu § 88 aF). Diese verjähren nach ihrem Zweck grundsätzlich jeweils **selbstständig,** BGH NJW **82,** 235, hL, bei vorgeschalteter Klage auf Buchauszug beginnt aber Verjährungsfrist für Anspruch auf Bucheinsicht erst mit Ablauf des Jahres der Erteilung des Buchauszuges, BGH NJW **79,** 764. Auch für Hilfsansprüche gelten §§ 195, 199 BGB, also nicht erst ab tatsächlicher Geltendmachung, Emde VersR **09,** 891 gegen Ebenroth/Löwisch § 87 c Rn 38. Die Hilfsansprüche aus § 87 c, zB auf Abrechnung, werden aber mit Verjährung der Provisionsansprüche, die sie vorbereiten sollen, gegenstandslos, BGH NJW **79,** 64, **82,** 236, **96,** 2100 (vgl § 87 c Rn 1); auch keine Auskunft über verjährte Provisionsansprüche (§ 89 b Rn 82).

[Fälligkeit der Provision]

87a (1) ¹Der Handelsvertreter hat Anspruch auf Provision, sobald und soweit der Unternehmer das Geschäft ausgeführt hat. ²Eine abweichende Vereinbarung kann getroffen werden, jedoch hat der Handelsvertreter mit der Ausführung des Geschäfts durch den Unternehmer Anspruch auf einen angemessenen Vorschuß, der spätestens am letzten Tag des folgenden Monats fällig ist. ³Unabhängig von einer Vereinbarung hat jedoch der Handelsvertreter Anspruch auf Provision, sobald und soweit der Dritte das Geschäft ausgeführt hat.

(2) Steht fest, daß der Dritte nicht leistet, so entfällt der Anspruch auf Provision; bereits empfangene Beträge sind zurückzugewähren.

(3) ¹Der Handelsvertreter hat auch dann einen Anspruch auf Provision, wenn feststeht, daß der Unternehmer das Geschäft ganz oder teilweise nicht oder nicht so ausführt, wie es abgeschlossen worden ist. ²Der Anspruch entfällt im Falle der Nichtausführung, wenn und soweit diese auf Umständen beruht, die vom Unternehmer nicht zu vertreten sind.

(4) Der Anspruch auf Provision wird am letzten Tag des Monats fällig, in dem nach § 87 c Abs. 1 über den Anspruch abzurechnen ist.

(5) Von Absatz 2 erster Halbsatz, Absätze 3 und 4 abweichende, für den Handelsvertreter nachteilige Vereinbarungen sind unwirksam.

Übersicht

1) Grundsatz der Erfolgsvergütung 1–4
   A. Übersicht 1
   B. Bilanzierung 2
   C. Anwendungsbereich 3
2) Vom Unternehmer oder Dritten ausgeführte Geschäfte (I) 5–12
   A. Provision bei Ausführung durch den Unternehmer (I 1) 5
   B. Abweichende Vereinbarungen (I 2) 8
   C. Provision bei Ausführung durch den Dritten (I 3) 10
3) Entfallen der Provision bei Feststehen der Nichtleistung des Dritten (II) 13–19
   A. Anwendungsbereich von II 13
   B. Feststehen der Nichtleistung des Dritten (II Halbsatz 1) 14
   C. Rückgewähr empfangener Beträge (II Halbsatz 2) 19
4) Vom Unternehmer nicht ausgeführte Geschäfte (III) 20–30
   A. Provisionspflicht trotz Nichtausführung durch den Unternehmer (III 1) 20
   B. Ausnahme bei Nichtvertretenmüssen des Unternehmers (III 2) 24
   C. Beweislast 30
5) Fälligkeit und Zahlung der Provision (IV) 31
6) Abweichende Vereinbarungen (V) 32–35
   A. II Halbsatz 1 zwingend 32
   B. III zwingend 33
   C. IV zwingend 34
   D. Abweichende Vereinbarungen sonst 35

§ 87a 1–6

1) Grundsatz der Erfolgsvergütung

1 A. **Übersicht:** § 87a steht im System der §§ 87–87d (§ 87 Rn 1) und ist nur von daher zu verstehen. § 87a bestätigt zunächst § 87, der die Provision grundsätzlich nicht als Leistungs-, sondern als **Erfolgsvergütung** gewährt: **keine Provision ohne Abschluss** (§ 87 Rn 7). Der Abschluss alleine genügt jedoch nicht (§ 87 ist insoweit mißverständlich), vielmehr ist **weitere Voraussetzung** für das Entstehen eines konkreten Provisionsanspruchs nach § 87a die **Ausführung des Geschäfts** entweder durch den Unternehmer oder durch den Dritten. § 87a I, II handeln von Geschäften, die der Unternehmer oder der Dritte ausführt. Die **Provision** steht **unter einer zweifachen Bedingung:** der aufschiebenden Bedingung der Ausführung des Geschäfts durch den Unternehmer (I, vorher nur Anwartschaft), BGH **159,** 395, und unter der auflösenden Bedingung des Feststehens der Nichtleistung durch den Dritten (II), BGH NJW **90,** 1665; zT wird dreifache Bedingung (Nichtzurückweisung des Geschäfts durch den Unternehmer, § 87 Rn 7) angenommen, Canaris § 15 Rn 55. III handelt von Geschäften, die der Unternehmer nicht ausführt. IV regelt die Fälligkeit der Provision. V macht die Regelungen weitgehend zwingend.

2 B. **Bilanzierung:** Die Provisionsforderung des HV, auch des Abschlussvertreters, ist entsprechend I nur dann Aktivum in der Bilanz, sobald und soweit der Unternehmer das Geschäft ausgeführt hat, BFH HVR **(83)** Nr 572, früher nur bei abw Vereinbarung über Provisionsentstehung; Passivierung beim Unternehmer erst, wenn die Provisionspflicht rechtlich entstanden ist (s I), str, Killinger BB **81,** 1925.

3 C. **Anwendungsbereich:** § 87a ist unanwendbar bei anderer Vergütung als **Provision,** zB Umsatzbeteiligung des Vertreters statt Provision (§ 87 Rn 5). § 87a II regelt den **Wegfall** des Provisionsanspruchs nur für einen ganz bestimmten Fall, im Übrigen kann dieser nach allgemeinen Regeln entfallen, zB durch Verzicht (s Rn 33), uU Verwirkung (vgl § 86 Rn 49).

4 Für **Versicherungsvertreter** gilt die Sondervorschrift des **§ 92 IV.**

2) Vom Unternehmer oder Dritten ausgeführte Geschäfte (I)

5 A. **Provision bei Ausführung durch den Unternehmer (I 1):** Die Provision ist nach I 1 verdient, sobald und soweit der Unternehmer (oder der Dritte, Rn 10) das Geschäft ausgeführt hat (aufschiebende Bedingung, Rn 1). **Ausführung** bedeutet Erbringung der vertraglich geschuldeten Leistung, einerlei welcher Art diese ist, ob sie schon fällig ist und ob sie Mängel hat (dann aber uU später II, nimmt der Dritte die nicht vertragsgemäße Leistung an, bleibt es bei I 1, str). Dabei kommt es auf die Leistungshandlung, nicht den Leistungserfolg an. Keine Ausführung liegt vor, wenn der Dritte die Leistung des Unternehmens zurückweist, zB mangels Fälligkeit (aber § 271 II BGB), als nicht vertraggemäß oder als Teilleistung (§ 266 BGB), aber auch unberechtigt (aber II; anders zu I 3, s Rn 10). Bei Vertrag von bestimmter **Dauer** (§ 87b III 1) liegt Ausführung bereits mit Gebrauchsüberlassung vor, nicht erst mit Ende der Nutzung bei Vertragsende, Ffm DB **07,** 2199; kommt es zur vorzeitigen Beendigung, gilt III entsprechend, str. Bei **Teilausführung** entsteht ein anteiliger Provisionsanspruch („soweit") entspr dem Wertverhältnis des gelieferten zum noch zu liefernden Teil (hinsichtlich des Rests s Rn 20). **Erfüllungssurrogate** und **Ersatzleistungen** s Rn 11. Beim **Untervertreter** (§ 84 Rn 31) kommt es auf die Ausführung durch den Unternehmer (nicht: Hauptvertreter) an, BGH **91,** 370, WM **08,** 923; aber zu II s Rn 17.

6 Der so entstandene Provisionsanspruch steht aber unter der auflösenden Bedingung des Feststehens der Nichtleistung durch den Dritten (II, s Rn 13). **Endgültig** ist die Provision also **erst bei Leistung** des **Dritten** verdient.

Das **Ende** des **Handelsvertretervertrags** vor voller Ausführung des Geschäfts 7
berührt den Provisionsanspruch dagegen nicht, BGH NJW **90,** 1665, auch nicht
bei Dauervertrag (§ 87 b Rn 17); VersVertreter s § 92.

B. Abweichende Vereinbarungen (I 2): a) HVVertrag kann von I 1 abwei- 8
chen. In der Praxis wird idR vereinbart, dass die Provision nicht bei Ausführung
durch den Unternehmer (zB Lieferung), sondern erst bei Ausführung durch den
Geschäftsgegner (zB Preiszahlung) verdient ist (vgl § 87 Rn 38). Bei Vorleistung
des Geschäftsgegners (zB Vorauszahlung) ist die Provision aber immer verdient
(I 3, s Rn 10).

b) Der HV hat mit Ausführung des Geschäfts durch den Unternehmer **zwin-** 9
gend ein Recht auf angemessenen **Vorschuss** nach Ausführung durch den
Unternehmer (zB Lieferung vor Bezahlung durch den Dritten), **I 2.** Grund: Der
HV hat uU erhebliche Aufwendungen, die er nicht soll vorfinanzieren müssen.
Die Höhe des angemessenen Vorschusses ist vor allem nach der Nähe und Sicherheit der Geschäftserfüllung durch den Dritten, dem Bedürfnis des HV, der Flüssigkeit des Unternehmers zu bestimmen. Er kann (in den Grenzen der Angemessenheit) durch Vertrag genauer bestimmt werden, zB auf x% der bevorschussten
Provision. Er ist fällig (wie danach die Provision selbst, IV mit § 87 c I 2, s
Rn 31) am letzten Tage des Monats nach dem Abrechnungsabschnitt (§ 87 c I 1),
in dem der Unternehmer ausführte (zB lieferte). HV im Nebenberuf s § 92 b I 3.

C. Provision bei Ausführung durch den Dritten (I 3): Sobald und soweit 10
der Dritte das Geschäft ausführt, hat der HV **auf jeden Fall,** also zwingend ohne
Rücksicht auf eine abweichende Vereinbarung nach I 2 (s Rn 8, 32). **Anspruch**
auf Provision. Denn mit der Erfüllungsleistung des Dritten ist der mit dem
Vertrag für den Unternehmer bezweckte wirtschaftliche Erfolg (ganz oder teilweise) eingetreten, BGH **85,** 138. Begriff der Ausführung s Rn 5. Auch mangelhafte, verspätete oder sonst pflichtwidrige Leistung ist Ausführung (dann aber uU
III 2), anders nur wenn tatsächlich Nichtleistung vorliegt (dann II). Anspruch
nach I 3 besteht auch, wenn der Unternehmer die Ausführungsleistung des
Dritten zur Stellung einer Sicherheit für diesen einsetzen muss, BGH **85,** 140.
Vorausleistung des Dritten genügt, BGH **85,** 138. Das gilt auch, wenn der
Unternehmer die Vorauszahlung zu Unrecht zurückweist (§ 162 BGB; insofern
anders als bei unberechtigter Zurückweisung durch den Dritten, s Rn 5). Bei
gleichzeitiger Teillieferung des Unternehmers und **Teilzahlung** des Dritten fällt
Provision an sogleich entspr der Höhe derjenigen der beiden Teilleistungen,
welche den höheren Anteil an der Gesamtleistung bildet. Bei **Insolvenz** des
Dritten ist Teil(nicht)ausführung anzunehmen; Provision berechnet sich nach der
Insolvenzquote, auch wenn der Unternehmer diese nicht eingefordert hat (vgl
Rn 15), BGH WM **91,** 199. Erfüllungssurrogate und Ersatzleistungen s Rn 11.

Erfüllungssurrogate stehen gleich, auch wenn sie wertmäßig der geschulde- 11
ten Leistung nicht gleich kommen; andere **Ersatzleistungen** stehen nur gleich,
soweit sie vollwertig sind. Bspe: Aufrechnung; Leistung an Erfüllungs Statt
(§ 364 I BGB), etwa Devisenschecks, BGH **85,** 138, oder Übernahme von
Effekten zu bestimmtem (später nicht realisierbarem) Kurs in Anrechnung auf
den Kaufpreis, RG **121,** 125; Inzahlunggabe eines Gebrauchtwagens bei Neukauf; Herausgabe des Ersatzes nach § 285 BGB, Zahlung von Schadensersatz statt
der Leistung, BGH DB **57,** 185, WM **91,** 199; voller Ersatz durch Versicherung
oder andere Dritte (zB § 765 BGB, §§ 267 f BGB), BGH WM **91,** 76, Ffm WM
91, 867. Bei Leistung erfüllungshalber, zB Hingabe von Wechsel und Schecks,
zählt erst die Einlösung (§ 364 II BGB). **Teilersatz** ist wie Teilausführung zu
behandeln (Rn 5, 10). **Nicht:** Einvernehmliche Vertragsaufhebung unter Abschluss eines neuen Vertrags über ganz andere, nicht wirtschaftlich gleichartige
Leistung, GroßKo/Emde 26, Westphal 541, aA wohl Küstner/Thume I 937.

§ 87a 12–17   I. Buch. Handelsstand

12 **Teilprovision** für ein durch den Dritten teilweise ausgeführtes Geschäft (Rn 10, 11) kann auch dann nicht ausgeschlossen werden, wenn vereinbart ist, dass umgekehrt HV volle Provision schon bei Teilausführung in bestimmten Umfange erhält (anders I 4 aF aufgehoben 1990, § 84 Rn 3). Die Klausel „Volle Provision bei halber Ausführung, vorher keine" ist unwirksam.

3) Entfallen der Provision bei Feststehen der Nichtleistung des Dritten (II)

13 A. **Anwendungsbereich von II:** Die Provision entfällt nach II Halbs 1, wenn feststeht, dass der Dritte das vermittelte Geschäft endgültig nicht erfüllt. II Halbs 1 ist missverständlich, er **betrifft nur** den Fall von **I 1**. Ist der Provisionsanspruch zum genannten Zeitpunkt noch nicht entstanden, bleibt es dabei unter den Voraussetzungen von III, II Halbs 1 betrifft diesen Fall nicht. Ist der Provisionsanspruch dagegen bereits entstanden, so bei Ausführung (Vorleistung) durch den Unternehmer (I 1), dann fällt er nach II Halbs 1 wieder weg (auflösende Bedingung, Rn 1). II Halbs 1 greift also zB ein, wenn der geworbene Käufer den Kaufpreis nicht zahlt, aber vorausgesetzt der Unternehmer hat schon geleistet (Lieferung vor Zahlung); lehnt der Käufer dagegen berechtigt oder unberechtigt Vertragserfüllung ab, ohne dass der Unternehmer seinerseits schon geleistet hat, gilt nur III, BGH BB **61,** 147, DB **83,** 2135. II Halbs 1 ist zugunsten des HV **zwingend** (V, Rn 32).

14 B. **Feststehen der Nichtleistung des Dritten (II Halbsatz 1):** II setzt voraus, dass (objektiv) feststeht, dass der Dritte nicht leistet, dh dass er das Geschäft endgültig nicht ausführt, BGH WM **84,** 271. Ausführung und Teilausführung, auch Insolvenz, s Rn 10. Bloße Annahme und Wahrscheinlichkeit genügen nicht. Bsp: Die Leistung des Dritten ist objektiv unmöglich. Keine Nichtleistung des Dritten liegt vor bei Kündigung des Werk- oder Werklieferungsvertrags durch diesen, weil er dann Vergütung nach § 649 BGB schuldet, BGH WM **84,** 271, Kln BB **93,** 606 (vgl Rn 21, 26).

15 Der Unternehmer muss grundsätzlich erst seine Rechte **einklagen**, sonst liegt keine Nichtleistung des Dritten vor. Dies allerdings nicht, soweit gerichtliches Vorgehen unzumutbar ist. Bspe: Der Dritte ist auf absehbare Zeit zahlungsunfähig, bloße Annahme der Zahlungsunfähigkeit genügt nicht, Celle NJW **72,** 879 (Insolvenzverfahren s Rn 14); er bestreitet seine Zahlungspflicht unter solchen Umständen (zB Beweisschwierigkeiten, uU auch ungeklärte Rechtsfragen), dass dem Unternehmer angesichts des unsicheren Prozessausgangs die Einklagung nicht zuzumuten ist; die Klage würde objektiv gesehen nur zu unverhältnismäßigen Kosten führen; der Unternehmer müsste bei kleineren Geschäften, zB Zeitschriftenabonnements, seine Ansprüche gegen zahlreiche, nicht abnahme- und zahlungswillige Kunden durchsetzen, BGH BB **71,** 1430, DB **83,** 2136; der Prozess würde praktisch nur geführt, um dem HV die Provision zu erhalten, Ffm DB **83,** 1592. Eine Bausparkasse (ebenso VersUnternehmen) hat ein berechtigtes Interesse daran, den Ruf eines rücksichtslosen Prozessierers zu vermeiden, Ffm DB **83,** 1592. Zurückbehaltung von Provisionen nach Vertragsende ist ausnahmsweise gerechtfertigt, wenn der Rückgewähranspruch wegen schlechter Vermögenslage des HV gefährdet ist, BGH DB **75,** 497.

16 Klageerhebung ist auch unter III 2 relevant, dort allerdings erst für das Nichtvertretenmüssen, insbesondere für Versicherer s Rn 26 f. Die Rspr von dort kann nicht ohne weiteres übertragen werden, denn nicht jede Nichtleistung des Dritten mangels zumutbarer Klageerhebung nach III 1 ist für den Unternehmer unvertretbar.

17 Provision an **Untervertreter** (s Rn 5) entfällt, wenn feststeht, dass entweder der Endabnehmer nicht an den Unternehmer zahlt oder der Endabnehmer zwar an den Unternehmer, dieser aber nicht Provision an den Hauptvertreter zahlt,

BGH **91**, 370. Unternehmer iSv III ist im Verhältnis zum Untervertreter nicht der HauptHV, sondern dessen Auftraggeber, BGH WM **08**, 923. Der Untervertreter trägt also das Risiko des Hauptvertreters mit, Ffm DB **07**, 2199; anders wenn der Hauptvertreter seinen begründeten Provisionsanspruch nicht geltend macht, Düss NJW-RR **93**, 1188.

Nichtleistung des Dritten nach II liegt nicht vor, wenn sie auf Nichtleistung 18 des Unternehmers nach III zurückzuführen ist. Der Grundsatz der **Provisionserhaltung nach III geht vor.** Das ist der Fall zB, wenn die Nichtleistung des Dritten ihren Grund in vom Unternehmer zu vertretenden Umständen hat (s Rn 24), BGH WM **08**, 923, oder wenn beide Vertragsteile einvernehmlich den Vertrag aufheben oder unausgeführt lassen.

C. **Rückgewähr empfangener Beträge (II Halbsatz 2):** Entfällt das Pro- 19 visionsrecht wegen Feststehens der Nichtleistung des Dritten (II Halbs 1), so sind etwa schon gezahlte Provision und Vorschüsse vom HV zurückzuzahlen. Der Rückzahlungsanspruch des Unternehmers ist nicht Bereicherungs-, sondern Vertragsanspruch. Anwendbar sind §§ 346 ff BGB analog, nicht §§ 812 ff BGB, BGH BB **63**, 8, WM **08**, 925. Der Anspruch entfällt also nicht durch Wegfall der Bereicherung (unabhängig von § 820 BGB). Er ist ab Fälligkeit nach §§ 353, 354 II zu verzinsen, BGH BB **63**, 8 (aber § 84 Rn 28). Anerkenntnis der Rückzahlungspflicht durch HV ohne Aufrechnung fälliger Provisionsansprüche kann Verzicht auf diese bedeuten, LAG Düss BB **62**, 1056.

4) Vom Unternehmer nicht ausgeführte Geschäfte (III)

A. **Provisionspflicht trotz Nichtausführung durch den Unternehmer** 20 **(III 1):** Unternehmer ist aus dem Abschluss dem Dritten (Geschäftsgegner) zur Ausführung (in bestimmter Weise) verpflichtet, nicht dem HV, Kblz BB **73**, 866. Er kann das Geschäft 1) ganz unausgeführt lassen, 2) nur zT ausführen, 3) anders ausführen als abgeschlossen (zB fehlerhaft). In allen drei Fällen der Nicht-, Teil- oder Andersausführung durch den Unternehmer bleibt grundsätzlich das Provisionsrecht erhalten: in Fall 1 (völlige Nichtausführung) nach III 1, aber mit der Einschränkung nach III 2; ebenso im Fall 2 (Teilnichtausführung), hinsichtlich des ausgeführten Teils verbleibt es bei I (s Rn 5). Im Fall 3 (Andersausführung) gilt III 1, aber nicht III 2, zB bei verspäteter Ausführung, BGH **33**, 92. III regelt die Wirkung auf den Provisionsanspruch des HV, und zwar insgesamt zugunsten des HV **zwingend** (V, Rn 32).

Nicht- oder Andersausführung setzt zunächst begrifflich voraus, dass das 21 Geschäft überhaupt wirksam ist (§ 87 Rn 7). Sodann muss es sich um eine Nicht- oder Andersausführung seitens des Unternehmers handeln (nicht um eine solche des Dritten, sonst II, außer wenn diese wiederum auf den Unternehmer zurückgeht, Rn 18). Keine Nichtausführung iSv III bei Anspruch gegen Besteller aus § 649 BGB; enger (nur bei Geltendmachung) Wolf/Ungeheuer NJW **94**, 1497 (vgl Rn 14, 26). Andersausführung liegt zB vor bei mangelhafter oder bei verspäteter Ausführung, BGH **33**, 95, WM **98**, 723; bei Lieferung einer anderen als der vereinbarten Sache liegt insoweit noch gar keine Ausführung vor, verbleibt es dabei, liegt Nichtausführung, nicht Andersausführung vor, str (Konsequenzen für III 2). Für III 1 (anders dann III 2) spielt es keine Rolle, aus welchen Gründen der Unternehmer nicht ausführt, zB Rückgängigmachung auf Angebot des Dritten oder im Einvernehmen mit ihm, BGH HVR **(56)** Nr 119 (Grund: keine Einigung zu Lasten des HV), mangelnde Wirtschaftlichkeit des Geschäfts, LG Bielef HVR **(58)** Nr 178, sogar eigene Vertragsuntreue des Unternehmers.

Das Nichtausführen durch den Unternehmer muss (objektiv) **feststehen.** 22 Bspe: Die Leistung des Unternehmers ist objektiv unmöglich; der Unternehmer weigert sich auszuführen und der Dritte fügt sich dem; der Dritte tritt deswegen nach §§ 326 V, 323 BGB zurück (das ist kein Fall des II, sondern des III, s

Rn 18). Der Begriff des Feststehens in III 1 seitens des Unternehmers ist nicht unbedingt derselbe wie in II seitens des Dritten, insbesondere was die klageweise Geltendmachung angeht, bevor Nichtleistung anzunehmen ist (Rn 15 f), denn die Rechtsfolgen in II und III 1 für die Provision des HV sind unterschiedlich.

23 **Schadensersatz** wegen Nichtausführung des Geschäftes, zB für Verlust anderer Aufträge des Kunden, die ihm für Fall der Ausführung zugesagt haben, kann der HV nicht verlangen, weil der Unternehmer ihm gegenüber allenfalls zur Provisionszahlung, aber nicht zur Ausführung verpflichtet, Kblz BB **73,** 866; anders nur bei abweichender Vereinbarung oder sittenwidriger Schädigung.

24 **B. Ausnahme bei Nichtvertretenmüssen des Unternehmers (III 2):** Bei Nichtausführung des Geschäfts durch den Unternehmer (Nichtausführung durch den Dritten s Rn 13) hat der HV grundsätzlich einen Provisionsanspruch des HV (III 1), also Vorrang von III vor II, BGH WM **08,** 924 (s Rn 18). Davon gibt es nur eine einzige Ausnahme in III 2 (nF 1990, § 84 Rn 3): Der Provisionsanspruch entfällt, wenn und soweit die Nichtausführung auf vom Unternehmer nicht zu vertretenden Umständen beruht. Betrifft dieses Nichtvertretenmüssen nur einen Teil der Nichtausführung, bleibt anteiliger Provisionsanspruch erhalten („soweit").

25 Nach III 2 ist **keine Unmöglichkeit nötig** (§ 275 BGB, anders III 2 Fall 1 aF), vielmehr genügt, dass der Unternehmer das Geschäft tatsächlich nicht ausführt und dass diese Nichtausführung von ihm nicht zu vertreten ist. Es kommt **auch nicht** auf die **Unzumutbarkeit** der Ausführung des Geschäfts für den Unternehmer an (anders III 2 Fall 2 aF). **Entscheidend ist allein das Nichtvertretenmüssen des Unternehmers.** Die früher bestehenden Abgrenzungsschwierigkeiten (Unmöglichkeit/Noch-nicht-Unmöglichkeit, Unzumutbarkeit/Noch-Zumutbarkeit) sind aber nicht ganz beseitigt, sondern können in anderer Form jedenfalls teilweise beim Merkmal des Vertretenmüssens wieder auftauchen.

26 **a) Vertretenmüssen** bedeutet nicht nur Vorsatz, Fahrlässigkeit und Übernahme eines Beschaffungsrisikos (§§ 276, 278 BGB), sondern wie auch sonst im Handelsrecht Einstehenmüssen für zurechenbare Risiken (aber s Rn 28). Das bedeutet, dass je nach den Umständen im Einzelfall die Provision erhalten bleibt in Fällen wie: Schwierigkeiten im eigenen Betrieb oder der eigenen Finanzierung; Verschulden von Erfüllungsgehilfen (§ 278 BGB); fehlerhafte Kalkulation; Wegfall des Interesses aus anderen Ursachen; Abspringen des Kunden wegen Lieferversäumnis des Unternehmers, BGH BB **61,** 147; Weigerung des Kunden, Ware wegen zu hohen Ausschusses abzunehmen, BGH **58,** 140; Kündigung des Kunden nach § 649 BGB, Kblz DB **94,** 208, aber s schon Rn 14, 21. Hinnahme des vertragswidrigen Abspringens von Kunden ohne übliche, aussichtsreiche Erzwingungsmaßnahmen, anders uU wenn sonst die Geschäftsverbindung abzubrechen droht, BGH BB **59,** 864, MDR **61,** 312, BAG NJW **67,** 846 (vgl zur Relevanz der Klageerhebung für Feststehen der Nichtausführung unter II, III 1, 2 Rn 15, 22), auch wenn bloße Forderung als Insolvenzgläubiger zu erwarten ist, BGH WM **91,** 199; Probleme des Bezugs und Transports der Rohstoffe; Lieferschwierigkeiten der Vorlieferanten, BGH DB **59,** 940; Arbeitskräftemangel; Insolvenz des Unternehmers, Grund: Risikosphäre des Unternehmers, BGH WM **08,** 923, Ffm DB **07,** 2199, str, aA RG **63,** 71 bei „schuldloser" Insolvenz, problematisch, allenfalls besondere Ausnahmefälle, nicht schon bei Zahlungsverbot der BaFin an den BankUnternehmer, BGH WM **08,** 925.

27 In der Versicherungs- und Bauspawirtschaft (§ 92 Rn 10): uU mangelnde **Nachbearbeitung** gefährdeter (Versicherungs)Verträge, soweit im Verkehr erforderlich, BGH DB **83,** 2136 (unter Abstellen auf Zumutbarkeit nach aF), auch bei Ausbleiben der Prämie, Art und Umfang der Nachbearbeitung hängen aber vom Einzelfall ab, der Versicherer kann **wahlweise** entweder selbst Stornoabwehr

betreiben oder dem Versicherungsvertreter durch zugangsbedürftige Stornomitteilung Gelegenheit geben, den notleidenden Vertrag selbst nachzubearbeiten, BGH WM **05,** 1487. Die bisherige untergerichtliche Rspr ist nur noch insoweit relevant, als der Versicherer keine der beiden Alternativen ergreift: für Pflicht zur Nachbearbeitung Ffm DB **83,** 1591, VersR **86,** 461, Düss HVR **(00)** Nr 948, Knorr BB **75,** 111, Platz VersR **85,** 621, auch im mehrstufigen Vertretungsverhältnis, Kln VersR **06,** 71; blosse Mahnschreiben genügen für Nachbearbeitung nicht, erforderlich idR persönliche Rücksprache und nachdrückliche Zahlungsaufforderung Kln VersR **06,** 71, Düss 21.2.**07,** 14 juris; für Pflicht zu **Stornogefahrmitteilungen,** Kln NJW **78,** 327, Schlesw MDR **84,** 760, Kln VersR **99,** 440, Düss OLGR **99,** 202, auch nach Ausscheiden des Vertreters, str, Saarbr VersR **00,** 1017, LG Mainz NJW-RR **00,** 915, MüKo/von Hoyningen-Huene § 92 Rn 32, aA wegen Abwerbegefahr, Saarbr VersR **00,** 1017; Kopie von Mahnschreiben genügt, Ffm VersR **81,** 480. Pflicht trifft auch den gewerbsmäßigen VersVermittler gegenüber dem nachgeordneten VersVertreter, Düss 21.2.**07,** 17 juris. Stornoeinbehalt s § 92 Rn 9. Einklagen der Prämien s Rn 29. Beweislast liegt beim Versicherer, für jeden einzelnen VersVertrag.

b) Nicht zu vertreten iSv III 2, da nicht in der Risikosphäre des Unter- 28 nehmers liegend, ist die Nichtlieferung insbesondere dann, wenn „in der Person des Dritten ein wichtiger Grund für die Nichtausführung vorliegt". Die zu diesem in der aF enthaltenen, die Zumutbarkeit konkretisierenden Merkmal ergangene Rechtsprechung, BGH MDR **61,** 312, BB **71,** 1430, Kln VersR **74,** 287, kann vorsichtig herangezogen werden. Nicht zu vertreten sind zB Eingriffe von hoher Hand wie Material-, Transport- oder Export-, Importsperre nach dem Abschluss, LAG Düss BB **60,** 1075 (Interzonenhandel), aA Ffm WM **91,** 867, anders wenn vorhersehbar und Ausweichmaßnahmen möglich, Mü BB **95,** 1559 (Ausfuhrquoten in China); Streiks beim Unternehmer oder Vorlieferanten; unvermeidbare Transportschwierigkeiten zB bei Überschwemmung; radikale Verteuerung, so dass die Geschäftsgrundlage entfällt (aber in solchen Fällen schuldet uU Unternehmer dem HV Schadensersatz, weil er die Akquisition pflichtwidrig nicht rechtzeitig bremste, vgl § 86 a II 3); (bei Abschlüssen auf Kredit) Insolvenz, auch berechtigter Insolvenzverdacht des Dritten; Vermögensverschlechterung bei dem Dritten mit Gefährdung der Kaufpreisforderung (Unsicherheitseinrede, § 321 BGB); Verdacht des Weiterverkaufs an eigene Kunden (des Unternehmers, die dann bei ihm nicht bestellen); Verdacht des rechtswidrigen, zB patentverletzenden Gebrauchs des zu Liefernden; wenn ein Dritter (hier: Vierter) die Lieferung (zB auf Grund von Schutzrechten) verbietet und darüber zu prozessieren wäre; selbstverständlich nach rechtskräftiger Verurteilung zur Unterlassung der Lieferung; unter bestimmten Voraussetzungen Unterlassung eines Prozesses gegen den Dritten (Rn 26). Vereinbarung über (nicht) zu vertretende Nichtausführung s Rn 33.

Versicherungs- und Bausparwesen (§ 92 Rn 10): bei der Lebensversiche- 29 rung ist das **Einklagen der ersten Prämie** idR nicht zumutbar, BAG NJW **68,** 518, Ffm VersR **81,** 480, Karls VersR **82,** 267 (Grund: §§ 38 aF, 37 nF VVG); anders in der Sachversicherung, Ffm VersR **86,** 462. Vgl auch Nachbearbeitung und Stornomitteilung, Rn 27.

C. **Beweislast:** Der trotz Nichtausführung des Geschäfts Provision begeh- 30 rende HV hat nur darzutun, dass die Nichtausführung (im ganzen oder zT) feststeht (dazu Rn 20 ff). Denn die Provision ist verdient außer bei Ausführung des Geschäfts (I 1) auch bei Feststehen der Nichtausführung (III 1). Der Unternehmer kann die Provisionspflicht nur abwenden durch den Nachweis, dass er die Nichtausführung nicht zu vertreten hat (III 2, dazu Rn 24), BGH BB **89,** 1077.

5) Fälligkeit und Zahlung der Provision (IV)

31   Die Fälligkeit der Provision richtet sich gemäß IV nach § 87 c I. Die Provision ist danach in allen Fällen am letzten Tag des ersten Monats nach dem Abrechnungszeitraum fällig, der iZw einen Monat, höchstens drei Monate umfasst. Das bedeutet, dass alle in den Abrechnungszeitraum fallenden Einzelprovisionsansprüche ohne Rücksicht auf ihr Entstehen einheitlich fällig werden. Verzugseintritt richtet sich nach § 286 BGB, BGH BB **62,** 543. Für Fälligkeit des Vorschusses gilt I 2 speziell (s Rn 9). IV gilt nicht für Verwaltungsvergütung (§ 89 b Rn 28), auch wenn diese sich am Warenumsatz orientiert, Schlesw VersR **77,** 1002 (§ 87 Rn 3). IV ist zugunsten des HV **zwingend** (V, s Rn 34).

6) Abweichende Vereinbarungen (V)

32   A. **II Halbsatz 1** ist zugunsten des HV **zwingend** (insoweit V nF 1990, s § 84 Rn 3), Abreden zu Lasten des Unternehmers bleiben also möglich. Der Provisionsanspruch des HV entfällt nach II Halbs 1 erst, wenn objektiv feststeht, dass der Dritte nicht leistet (Rn 14); dieser Zeitpunkt kann nicht zu Lasten des HV vorverlegt werden. Entgegenstehende Abreden sind unwirksam, zB Abrede über Feststehen der Nichtleistung des Dritten allgemein schon, wenn dem Unternehmer nach eigenem Ermessen weitere Schritte nicht aussichtsreich erscheinen, oder Klausel, dass der Unternehmer bei Abnahmeverzug generell nicht gerichtlich vorzugehen braucht, wohl auch Karlsr BB **74,** 904, zu weitgehend Ffm BB **77,** 1170 (nach altem Recht); vgl Rn 33.

33   B. **III** ist zugunsten des HV **zwingend**. Entgegenstehende Abreden sind unwirksam, zB für Geschäft mit unsicherer Vorlieferung, LAG Düss BB **60,** 1075; nur hälftige Provision bei Vertragsänderung mit dem Dritten durch HVVertragsende, Karlsr BB **80,** 226; Übernahme von Gerichtskosten durch HV für Vorgehen des Unternehmers bei Abnahmeverzug des Kunden, Karlsr BB **74,** 904. Wirksam ist jedoch nachträglicher Verzicht auf den nach III 1 entstandenen Provisionsanspruch, auch durch nachträgliche Abbedingung in allgemeiner Form, BGH BB **61,** 147, WM **03,** 2112, auch stillschweigend (§ 87 Rn 48). Auch rein klarstellende Klauseln, die nicht den Risikobereich des Unternehmers zu Lasten des HV einschränken, bleiben möglich. Das kann der Fall sein für Klausel darüber, wann der Versicherer von der Prämienklage absehen darf (Rn 29), zu weitgehend Ffm BB **77,** 1170 (nach altem Recht), oder inwieweit der VersVertreter zur Nachbearbeitung verpflichtet ist, vgl Ffm DB **83,** 1591; III darf aber nicht angetastet werden, vgl ebenso Rn 1 II Halbs 1 Rn 32.

34   C. **IV** ist ebenfalls nur zugunsten des HV **zwingend**. Es kann also nicht zum Nachteil des HV die Fälligkeit später gelegt werden. Nur der Abrechnungszeitraum kann zwischen einem und drei Monaten variiert werden. **Zulässig** zB: Abrechnung quartalsweise am 15. des 1. Monats nach Quartalsende (vgl § 87 c I) und Zahlung 10 Tage nach Abrechnung (vgl IV). **Nicht zulässig** zB: Zahlung jeweils drei Monate nach Entstehen des Anspruchs; Abrechnung monatlich, Zahlung quartalsweise; Abrechnung monatlich binnen 30 Tagen, Zahlung 10 Tage nach Abrechnung; Abrechnung und Zahlung binnen 6 Wochen nach Quartalsschluss. Umgehung ist unwirksam, zB Fälligkeit von Provisionsteilen erst später als Einmalzahlung in Form „einer Pensionszusage", LAG Hamm BB **85,** 464.

35   D. **Abweichende Vereinbarungen sonst:** Aus V folgt im Gegenschluss, dass § 87 a im Übrigen, also insbesondere dessen I 1, nicht zwingend ist, sondern freie Vereinbarung auch zu Lasten des HV zulässt (Rn 8), BGH WM **03,** 2112. Das gilt aber nur **vorbehaltlich I 2** (Vorschuss, Rn 9), **und I 3,** wonach der HV unabhängig von einer Vereinbarung Anspruch auf Provision hat, sobald und soweit der Dritte das Geschäft ausgeführt hat (Rn 10).

Siebenter Abschnitt. Handelsvertreter 1, 2 § 87b

[Höhe der Provision]

87b (1) Ist die Höhe der Provision nicht bestimmt, so ist der übliche Satz als vereinbart anzusehen.

(2) ¹Die Provision ist von dem Entgelt zu berechnen, das der Dritte oder der Unternehmer zu leisten hat. ²Nachlässe bei Barzahlung sind nicht abzuziehen; dasselbe gilt für Nebenkosten, namentlich für Fracht, Verpackung, Zoll, Steuern, es sei denn, daß die Nebenkosten dem Dritten besonders in Rechnung gestellt sind. ³Die Umsatzsteuer, die lediglich auf Grund der steuerrechtlichen Vorschriften in der Rechnung gesondert ausgewiesen ist, gilt nicht als besonders in Rechnung gestellt.

(3) ¹Bei Gebrauchsüberlassungs- und Nutzungsverträgen von bestimmter Dauer ist die Provision vom Entgelt für die Vertragsdauer zu berechnen. ²Bei unbestimmter Dauer ist die Provision vom Entgelt bis zu dem Zeitpunkt zu berechnen, zu dem erstmals von dem Dritten gekündigt werden kann; der Handelsvertreter hat Anspruch auf weitere entsprechend berechnete Provisionen, wenn der Vertrag fortbesteht.

Übersicht

1) Übersicht; Provisionssatz (I) 1–3
   A. Übersicht 1
   B. Übliche Provision (I) 2
2) Allgemeine Berechnungsgrundlagen der Provision (II) 4–12
   A. Provisionsberechnung nach dem Entgelt (II 1) 4
   B. Nachlässe (II 2 Halbsatz 1) 8
   C. Nebenkosten (II 2 Halbsatz 2) 10
   D. Mehrwertsteuer (II 3) 12
3) Berechnungsgrundlagen der Provision bei Dauerverträgen (III) 13–17
   A. Dauerverträge 13
   B. Verträge mit bestimmter Dauer (III 1) 14
   C. Verträge mit unbestimmter Dauer (III 2) 15
   D. Vorzeitige Beendigung des Dauervertrags 16
   E. Ende des Handelsvertretervertrags vor Ende des Dauervertrags 17
4) Abweichende Vereinbarungen 18
   A. Abweichungen von I und II 18
   B. Abweichungen von III 19

1) Übersicht; Provisionssatz (I)

A. **Übersicht:** § 87 b regelt die Höhe der Provision, soweit nicht gesetzlich 1 oder vertraglich (Rn 18) etwas anderes gilt. § 87 b trennt **Satz** (I) und **Berechnungsgrundlage** (II, III) der Provision. Das sind die beiden Faktoren der Provision in der üblichen Berechnungsweise: Provision = x% von y. III sieht für bestimmte **Dauerverträge** entspr den Vertragsabschnitten und Kündigungsmöglichkeiten jeweils neu entstehende Provisionsansprüche vor. **Versicherungsvertreter** s § 92.

B. **Übliche Provision (I):** Mangels anderweitiger Bestimmung (Rn 1, 18) 2 gilt nach I für die Höhe der Provision der übliche Satz (Prozentsatz oder Bruchteil). I gilt über den Wortlaut hinaus nicht nur für den Satz, sondern für das gesamte Entgelt einschließlich üblicher Berechnung. Maßgebend ist Üblichkeit im räumlichen und sachlichen Arbeitsgebiet des HV. Hat er in dem Bezirk seinen Geschäftssitz, kommt es in erster Linie auf die Übung an diesem Ort an, Bsp: 15% für Werbeanzeigenvermittlung, AG Hbg BB **81**, 2033. Maßgeblich ist Üblichkeit zum Zeitpunkt des vermittelten Geschäfts, Karls OLGR **08**, 321. Feststellung der Üblichkeit (vgl § 346) uU durch Sachverständige, BGH LM (61)

§ 87b 3–11

§ 87b Nr 1. Zur Provisionsberechnung für VersVertreter bei Fehlen vertraglicher Regelung Stgt BB **77,** 565. Verlangt der HV den üblichen Satz, muss er **beweisen,** dass die vom Unternehmer behauptete bestimmte Provisionshöhe nicht vereinbart ist, LAG Brem DB **60,** 1212, vgl BGH NJW **83,** 1782 (zu § 632 BGB).

3   Ist solche **Übung nicht feststellbar,** zB bei einem aus dem Rahmen fallenden Sonderauftrag, Bsp BGH DB **61,** 638, ist der Provisionsanspruch nach billigem Ermessen zu bestimmen (§§ 315, 316 BGB), BGH WM **05,** 1041.

2) Allgemeine Berechnungsgrundlagen der Provision (II)

4   A. **Provisionsberechnung nach dem Entgelt (II 1):** Die Provision (Satz nach I) berechnet sich aus dem Entgelt (II 1), das entweder der Dritte schuldet (zB als Käufer, Werkbesteller, Versicherungsnehmer) oder der vertretene Unternehmer (zB als Käufer bei Einkaufsvertretung). Ist das Geschäft ein Tausch, kommt es auf den in Geld ausgedrückten Wert der Leistung des Dritten an, str. Wird das Entgelt in Devisen vereinbart, ist Umrechnungskurs zum Zeitpunkt des Eingangs beim Unternehmer maßgeblich.

5   Entscheidend ist das **geschuldete** Entgelt, bei Preisvorschriften also der gesetzliche Preis, nicht ein überhöhter vertraglicher, Düss MDR **57,** 168 LS, aA auf tatsächliche Zahlung abstellend Schlegelb/Schröder 5 b. Freiwillige spätere Gewinnanteilsrückvergütungen des Unternehmers, etwa in der Versicherungsbranche, mindern die Provision nicht.

6   Das vereinbarte Entgelt ist auch maßgeblich, wenn statt des Entgelts eine **andere Leistung** angenommen wird; zB wenn von vornherein vereinbart ist, dass der Kaufpreis in bestimmten Effekten beglichen werden soll, und ihre Veräußerung dann weniger erbringt, RG **121,** 125; wenn es durch Leistung an Erfüllungs Statt (§ 364 BGB) gezahlt wird, aA Heymann/Sonnenschein/Weitemeyer 8; wenn der Unternehmer die Forderung gegen den Kunden unter Nennwert veräußert, weil er diesen für zahlungsunfähig halten darf, Celle NJW **72,** 879 (vgl § 87a Rn 15). Etwas anderes gilt, wenn es bei Teilausführung bleibt (§ 87a Rn 5), etwa wenn der Unternehmer nicht vollwertige Ersatzleistung empfängt (§ 87a Rn 11).

7   Geldwerte **Nebenvorteile** des Unternehmers, zB Preisnachlass auf Gegenlieferung, zählen für den HV mit, Unternehmer darf sie nicht geheim halten (ähnlich Schmiergeldannahme durch den HV, vgl § 86 Rn 23).

8   B. **Nachlässe (II 2 Halbsatz 1):** Nachlässe mindern das geschuldete Entgelt und damit idR auch die Provision nach II 1, sofern sie dem Dritten von vornherein zugesagt sind; anders nachträgliche Nachlässe und Sonderrabatte, Braunschw JR **57,** 103, denn das ginge zu Lasten des HV (vgl § 87a Rn 21). Bspe: Mengen-, Treue-, „Aktions"-Rabatt (für einmalig besonders große Bestellung), Jahresumsatzbonus.

9   **Nachlässe bei Barzahlung** (Skonto) sind ausgenommen **(II 2 Halbsatz 1),** mindern die Provision also nicht. Denn Barzahlung kommt direkt dem Unternehmer zugute, Düss DB **55,** 578. Dieser soll sich dagegen nicht auf abw HdlBrauch berufen können, Brem HVHM **65,** 71, zweifelhaft (vgl Rn 18).

10   C. **Nebenkosten (II 1 Halbsatz 2):** Nebenkosten für Fracht, Verpackung, Zoll, Steuern ua, die der Unternehmer aufwendet und dem Dritten (vertragsgemäß) **besonders in Rechnung stellt** (bzw umgekehrt, BGH HVR **(60)** Nr 250), sind nicht Teil des vom Dritten (bzw Unternehmer) geschuldeten Entgelts (II 1) und deshalb bei der Provisionsberechnung auszuscheiden.

11   Nicht besonders berechnete **Nebenkosten** gelten dagegen als durch das Entgelt mitabgedeckt und mindern deshalb die Provision nicht **(II 2 Halbsatz 2),** zB variable Luftlandegebühren, BGH NJW-RR **04,** 1206. Das gilt auch, wenn ursprünglich besonders berechnete Teuerungszuschläge im Lauf der

Siebenter Abschnitt. Handelsvertreter 12–16 § 87b

Vertragzeit nur noch innerbetrieblich kalkuliert werden, Celle HVR **(56)** Nr 116, Abzüge wären vom HV nicht mehr kontrollierbar. Ist Entgelt ohne besonders berechnete Nebenkosten vereinbart, tangiert spätere Aufteilung den HV dagegen nicht mehr; anders wenn ursprünglich vertraglich nicht vorgesehene Leistung später hinzukommt, BGH HVR **(60)** Nr 250. Auch umsatzfördernde Aufwendungen des Unternehmers mindern Provision idR nicht (vgl auch § 89 b Rn 19).

D. **Mehrwertsteuer (II 3):** Umsatzsteuer (Mehrwertsteuer) ist auf der Rech- 12 nung gesondert auszuweisen; II 3 fingiert das hinweg und setzt sie damit den nicht besonders berechneten Nebenkosten nach II 2 Halbs 2 gleich. Die Provision ist deshalb mangels besonderer Vereinbarung (üblich) auch aus dem Mehrwertsteuerbetrag zu bezahlen, BGH **61,** 114. Sondervorschrift für VersVertreter, BGH BB **92,** 597. Zu den Gestaltungsformen in der Praxis Küstner/Thume I 1025. Lit: Jansen/Westphal 1992.

3) Berechnungsgrundlagen der Provision bei Dauerverträgen (III)

A. **Dauerverträge:** III regelt (mangels anderer Vereinbarung, s Rn 18) Pro- 13 visionsberechnung bei vom HV vermittelten **Gebrauchsüberlassungs- und Nutzungsverträgen,** zB Miete oder Pacht, einerlei ob Sachen oder Rechte (zB Lizenzen, dingliche Rechte wie Erbbaurecht). III erfasst aber auch andere Dauerverträge **mit fest nach Zeitabschnitten bemessenem Entgelt,** zB Dienst-, Versicherungsverträge, offen BGH WM **05,** 1867. III gilt nicht für Verträge mit variablem, ergebnisbezogenem Entgelt, zB Lizenzverträge mit Stück- oder Umsatzlizenz, Verlagsverträge mit Autorenbeteiligung, Lieferabonnements: hier erwächst Provision mit jedem vergütungspflichtigen Vorgang (Verkauf der lizenzierten Gegenstände, Verkauf der Bücher, Lieferung der Zeitschrift) oder jeder Zahlung des anderen Teils (vgl § 87 a 1, 3); die etwa gewünschte Vereinfachung der Provisionsberechnung ist hier Sache besonderer Vereinbarung, die an die Schranken des § 87 a gebunden ist (etwa bei Zeitschriftenabonnements, vgl § 87 a Rn 15). Soweit III keine Sonderregeln enthält, bleiben I und II anwendbar. Ausführung bei Dauerverträgen s § 87 a Rn 5.

B. **Verträge mit bestimmter Dauer (III 1):** Bei Verträgen (mit fest nach 14 Zeitabschnitten bemessenem Entgelt, Rn 13) von bestimmter Dauer bereitet die Berechnung der Provision nach dem Entgelt (II 1) keine Schwierigkeit: Die (einmalige) Provision ist vom Entgelt für die vereinbarte Vertragsdauer zu berechnen, auch wenn Entgelt nur in Raten zu zahlen ist. Wird der Vertrag auf bestimmte Zeit verlängert, einerlei ob automatisch (Verlängerungsklausel) oder durch Willenserklärung (zB Verlängerungsoption), erwächst eine neue Provision; wird er auf unbestimmte Zeit verlängert, gilt nunmehr III 2.

C. **Verträge mit unbestimmter Dauer (III 2):** Bei Verträgen (mit fest nach 15 Zeitabschnitten bemessenem Entgelt, Rn 13) von unbestimmter Dauer ist Provision jeweils für die Zeit zwischen zwei Kündigungsterminen (Terminen, zu denen der Dritte, nicht notwendig auch der Unternehmer gesetzlich oder vertraglich kündigen kann) zu berechnen, erstmals für die Zeit vom Vertragsbeginn zum ersten Kündigungstermin. Bei mehreren aufeinander folgenden, nicht ausgenutzten Kündigungsterminen entsteht für jeden neuen Nutzungsabschnitt ein weiterer neuer Provisionsanspruch (aber s Rn 17). Kann zu jedem beliebigen Termin (einerlei ob mit Frist und mit welcher) gekündigt werden, so ergibt sich ein einziger, mit dem Vertragsablauf ständig wachsender Provisionsanspruch, die zeitliche Gliederung ergibt sich dann nur aus den Abrechnungsabschnitten (§ 87 c I).

D. **Vorzeitige Beendigung des Dauervertrags:** Die Provisionspflicht bei 16 vorzeitigem Ende des (auf bestimmte oder unbestimmte Zeit geschlossenen) Dauervertrags etwa durch außerordentliche Kündigung ist nicht in § 87 b gere-

§ 87c

gelt, sondern bestimmt sich nach § 87a III (nur analog, da bereits Ausführung, § 87a Rn 5), GroßKo/Emde 39, str. Danach entfällt der Provisionsanspruch nur dann, wenn der Unternehmer die Nichtzuendeführung des auf bestimmte Zeit geschlossenen Dauervertrags nicht zu vertreten hat. Beim auf unbestimmte Zeit geschlossenen Dauervertrag erhält der HV mangels anderer Abrede Provision jedenfalls nicht über das jeweils begonnenen Nutzungsabschnitt hinaus (§ 87a I 1, 3); soweit dieser selbst nicht zu Ende geführt wird, gilt wiederum § 87a III analog.

17 E. **Ende des Handelsvertretervertrags vor Ende des Dauervertrags: a)** Bei Vertrag mit bestimmter Dauer bleibt dem HV die Provision für die gesamte Zeit des Dauervertrags (aber s Rn 16) erhalten, auch wenn der HVVertrag zuvor endet (Grund: Ausführung bereits mit Gebrauchsüberlassung, vgl § 87a Rn 5, 7; § 87 III gilt nicht).

b) Bei Vertrag mit unbestimmter Dauer erhält der HV, dessen HVVertrag endigt, die Provision bis zu dem Zeitpunkt, zu dem erstmals von dem Dritten gekündigt werden kann (§ 87b III 2); kündigt der Dritte nicht, beginnen neue Nutzungsabschnitte, die provisionspflichtig sein können, GroßKo/Emde 36.

4) Abweichende Vereinbarungen

18 A. **Abweichungen von I und II:** Alle Bestimmungen des § 87b sind durch (ausdrückliche oder stillschweigende) Abrede **abdingbar.** Möglich ist also **anderer Provisionssatz** als nach I, zB differenzierend nach Geschäft, Kunde oder nach Verdienstspanne des Unternehmers, Karls HVR **(75)** Nr 494, und **andere Berechnung** als nach II, Naumbg HVR **(02)** Nr 1108, zB bei Inzahlungnahme gebrauchter Sachen Provision nur auf den Barpreis, BAG BB **66,** 386; Provision nach Stückzahl, Gewicht usw von verkaufter Ware (x DM je Stück, je Tonne usw); entgegen II 2 keine Provision auf Skonti; entgegen II 3 keine Provision auf Umsatzsteuer, BAG BB **83,** 197. Auch alle Kombinationen der Berechnung sind möglich, zB Stückprovision mit Aufschlag in % des x DM übersteigenden Preises. Möglich ist auch ganz andere Vergütungsart als Provision (§ 87 Rn 5). **Grenzen** §§ 138, 242 BGB; Hungerprovision § 86 Rn 9. II enthält kein Leitbild iSv **(5)** BGB § 307 II Nr 1 für Vergütung aller Nebenleistungen, BGH NJW-RR **04,** 1206. **AGB** über einseitige Änderung des Provisionssatzes ohne sachgerechte Begrenzung ist unwirksam (§ 87 Rn 48); AGB über Beteiligung des HV an Preisnachlässen kann, da im Ergebnis Provisionskürzung, kritisch werden, Ul/Br/He/H. Schmidt Anh § 310 BGB Rn 408 (§ 84 Rn 8).

19 B. **Abweichungen von III:** Auch III über Dauerverträge (aber nur III, vgl Rn 16, 17) ist voll dispositiv. Möglich ist zB auch **für Dauerverträge** (in erster Linie bei nach Zeitabschnitten bestimmter Vergütung, auch bei anderen) **Einmalprovision,** fällig bei Vertragsschluss oder nach Ablauf bestimmter Vertragszeit, BGH **30,** 107, WM **05,** 1867. Beabsichtigte und erreichte Vertragsdauer sind dann für die Provision unerheblich, Bsp: Vermittlung von Anstellungsverträgen, Provision x% des Monatsgehalts jedes Vertrags, verdient nach 3 Monaten Vertragsdauer.

[Abrechnung über die Provision]

87c (1) ¹Der Unternehmer hat über die Provision, auf die der Handelsvertreter Anspruch hat, monatlich abzurechnen; der Abrechnungszeitraum kann auf höchstens drei Monate erstreckt werden. ²Die Abrechnung hat unverzüglich, spätestens bis zum Ende des nächsten Monats, zu erfolgen.

(2) **Der Handelsvertreter kann bei der Abrechnung einen Buchauszug über alle Geschäfte verlangen, für die ihm nach § 87 Provision gebührt.**

Siebenter Abschnitt. Handelsvertreter 1, 2 § 87c

(3) **Der Handelsvertreter kann außerdem Mitteilung über alle Umstände verlangen, die für den Provisionsanspruch, seine Fälligkeit und seine Berechnung wesentlich sind.**

(4) **Wird der Buchauszug verweigert oder bestehen begründete Zweifel an der Richtigkeit oder Vollständigkeit der Abrechnung oder des Buchauszuges, so kann der Handelsvertreter verlangen, daß nach Wahl des Unternehmers entweder ihm oder einem von ihm zu bestimmenden Wirtschaftsprüfer oder vereidigten Buchsachverständigen Einsicht in die Geschäftsbücher oder die sonstigen Urkunden so weit gewährt wird, wie dies zur Feststellung der Richtigkeit oder Vollständigkeit der Abrechnung oder des Buchauszuges erforderlich ist.**

(5) **Diese Rechte des Handelsvertreters können nicht ausgeschlossen oder beschränkt werden.**

Übersicht

1) Übersicht, Reichweite 1–2
   A. Übersicht 1
   B. Reichweite 2
2) Abrechnung über die Provision (I) 3–12
   A. Inhalt und Zweck der Abrechnung 3
   B. Rechtsnatur 4
   C. Abrechnungspflicht 5
   D. Abrechnungszeitraum 7
   E. Abrechnungszeitpunkt 8
   F. Prozess 11
3) Buchauszug (II) 13–22
   A. Inhalt und Zweck des Buchauszugs 13
   B. Nur auf Verlangen 17
   C. Zeitliche Grenzen 19
   D. Rechte bei Unvollständigkeit 20
   E. Prozess 21
4) Auskunft (III) 23–24
   A. Anspruch auf Mitteilung 23
   B. Prozess 24
5) Einsicht in Bücher und Urkunden (IV) 25–28
   A. Einsichtsrecht 25
   B. Ausübung der Einsicht 27
   C. Prozess 28
6) Abweichende Vereinbarungen (V) 29–30

1) Übersicht, Reichweite

A. **Übersicht:** § 87 c regelt die Abrechnung über die Provision des HV. Dabei **1** geht es nicht nur um den Abrechnungsanspruch, vielmehr enthält § 87 c **mehrere Hilfsansprüche** (Nebenrechte) zur Vorbereitung und Durchsetzung des Provisionsanspruchs. Ihre **Reihenfolge** ist grundsätzlich: **Abrechnung (I), Buchauszug (II), Auskunft (III), Bucheinsicht (IV);** beliebige Änderung oder Kopplung ist nicht möglich, stR.spr, zB Düss OLGR **08,** 52. Ihr Charakter als Hilfsanspruch wird in folgendem deutlich: Die Ansprüche auf Rechnungslegung (I, II) und Auskunft (III) sind als Nebenrechte (nur) zusammen mit dem Provisionsanspruch abtretbar, LAG Brem BB **55,** 97. Verjährt der Provisionsanspruch oder ist er aus anderen Gründen nicht mehr durchsetzbar, werden die **Hilfsansprüche** gegenstandslos (vgl Rn 19, § 87 Rn 53); sie können aber auch selbstständig **verjähren** (§ 87 Rn 53).

B. **Reichweite:** § 87 c ist auf Provision nach § 87 gemünzt und deshalb bei **2** Umsatzbeteiligung des HV (statt Provision, § 87 Rn 5) unanwendbar, Karlsr BB **66,** 1169; einzelne Analogien (zB I 2 unverzüglich, IV Einsichtsrecht) bleiben aber

§ 87c 3–5 I. Buch. Handelsstand

möglich, im Übrigen § 259 BGB ua. § 87 c gilt auch in mehrstufigen Vertriebssystemen, BGH **56,** 290, Emde MDR **99,** 1108; uneingeschränkt auch gegenüber ausländischem Unternehmen, Hbg HVR **(05)** 1154 (Vollstreckung str, s Rn 12).

2) Abrechnung über die Provision (I)

3   A. **Inhalt und Zweck der Abrechnung:** Sie ist die Aufstellung darüber, auf welche Provision der HV Anspruch hat (I 1), also welche Provisionsansprüche (nach §§ 87 a, 87 b, ggf Vertrag) dem HV im Abrechnungszeitraum entstanden sind. Provision für abgeschlossene (§ 87), aber noch nicht ausgeführte Geschäfte ist nicht aufzunehmen (anders im Buchauszug, II, Rn 13 f), Nürnb BB **66,** 265, GroßKo/Emde 83, Heymann/Sonnenschein/Weitemeyer 4, also nicht, bevor eine aufschiebende Bedingung eingetreten ist (vgl § 87 a Rn 1), Ebenroth/Löwisch 59, Rö/Thume 12, aA Küstner/Thume/Küstner I 1406; auch nicht für solche, bei denen feststeht, dass der Dritte nicht leistet (§ 87 a II), außer wenn das Geschäft trotz Nichtausführung provisionspflichtig ist (§ 87 a III 1). Provisionsansprüche sind aber schon dann aufzunehmen, wenn sie nach § 87 a I erst auflösend bedingt entstanden sind (§ 87 a Rn 6), Ebenroth/Löwisch 59, sind aber (schon im Hinblick auf das Schuldanerkenntnisses, Rn 4) als solche kenntlich zu machen; ist die auflösende Bedingung eingetreten, ist das Geschäft nicht abzurechnen. Der Unternehmer hat nur abzurechnen, was er glaubt anerkennen zu können und erfüllen will, BGH WM **90,** 711, Ebenroth/Löwisch 61, Grund: abstraktes Schuldanerkenntnis (s Rn 4). Ist seiner Ansicht nach kein Provisionsanspruch entstanden, genügt er I durch diesbezügliche Mitteilung, BGH WM **90,** 711; Buchauszug nach II hat andere Funktion und reicht deshalb weiter (s Rn 14). Zur einheitlichen Fälligkeit aller in den Abrechnungszeitraum fallenden Provisionsansprüche s § 87 a Rn 31. Die Abrechnung soll dem HV ermöglichen, unter Vergleich mit seinen eigenen Unterlagen zuverlässig nachzuprüfen, ob alle ihm zustehenden Provisionen (§§ 87, 87 a) und sonstigen Vergütungen lückenlos erfasst sind, BGH BB **61,** 424, WM **89,** 1074. Dieser Zweck bedingt eine vollständige, klare und übersichtliche Zusammenstellung, vgl BGH WM **81,** 993, Karlsr HVR **(75)** Nr 494.

4   B. **Rechtsnatur:** Die Abrechnung ist **abstraktes Schuldanerkenntnis** des Unternehmers (§ 781 BGB, als solches nicht der Schriftform bedürftig, § 782 BGB, aber s Rn 6), BGH WM **90,** 710. Annahme nicht schon durch Schweigen des HV, Anerkenntnisklausel ist unwirksam (V, Rn 29). Saldoanerkenntnis des HV ist ebenfalls möglich, BGHZ **56,** 295, Karlsr BB **80,** 226; aber in (auch jahrelanger) stillschweigender Hinnahme der Provisionsabrechnungen liegt kein Schuldanerkenntnis des HV, dass ihm Buchauszug und weitere Provisionen nicht zustehen (Grund: §§ 87 a V, 87 c V), BGH NJW **96,** 588, auch bei HVGmbH, Hbg BB **98,** 971 (s auch Rn 19, 29). Auch nicht in Unterzeichnung eines Provisionsrechnungsentwurfs des Unternehmers durch HV, Hamm VersR **01,** 1106. Konkludente Anerkenntnisse des HV, zB Zustimmung zu Warenrücksendungen, bleiben möglich, von Manteuffel/Evers EWiR § 87 c 1/**96,** 175. Will der Unternehmer oder der HV die Abrechnung nach dem Schuldanerkenntnis zu seinen Gunsten ändern, muss er ihre Unrichtigkeit dartun und Anerkenntnis nach §§ 812 ff BGB (vgl § 812 II) zurückfordern. Lit: Stötter DB **83,** 867, Seetzen WM **85,** 213, Emde MDR **96,** 331.

5   C. **Abrechnungspflicht:** Abrechnung ist **Pflicht des Unternehmers** (I 1), nicht Pflicht beider Teile. Der Unternehmer kann aber ohne die Mitteilungen des HV nach § 86 II nicht abrechnen. Besonderes Verlangen des HV ist nicht nötig (anders für Buchauszug, II). Die Abrechnungspflicht besteht auch, wenn der HV die Provisionsansprüche aus den eigenen Unterlagen ersehen kann; auch wenn der HV falsche Angaben über das Inkasso gemacht und Beträge nicht abgeführt hat, BGH BB **61,** 424. Unrichtige oder unvollständige Abrechnung s Rn 11.

Die Abrechnung ist **schriftlich** zu erteilen. Das folgt nicht aus § 781 BGB **6** (Rn 4), sondern aus dem Zweck des I, der eine vollständige, klare und übersichtliche Zusammenstellung verlangt (Rn 3).

In der **Insolvenz** des Unternehmers (§ 87 Rn 51) sind die Ansprüche aus I, II **7** vom Insolvenzverwalter zu erfüllen, Naumbg NJW-RR **96,** 993 (Grund: Ersatzvornahme nach § 887 ZPO möglich, s Rn 12), aA Neust NJW **65,** 257.

D. **Abrechnungszeitraum:** Dieser beträgt **einen Monat (I 1),** dh iZw **8** Kalendermonat, und gestattet die **Verlängerung nur bis zu drei Monaten,** und zwar ohne Bindung an den Kalender (Bsp: Abrechnungsstichtage 15. 1., 15. 4., 15. 7. und 15. 10. jeden Jahres).

E. **Abrechnungszeitpunkt:** Nach **I 2** ist **unverzüglich** (§ 121 I BGB) nach **9** Ende des Abrechnungszeitraums (Rn 8) abzurechnen, spätestens aber (also falls möglich früher) bis zum Ende des nächsten Monats. Das bedeutet, falls Abrechnungszeitraum nicht mit Kalendermonaten zusammenfällt (Rn 8), binnen einem Monat nach Ablauf des Abrechnungszeitraums, str. Fälligkeit und Verzugseintritt s § 87 a IV.

Nach Vertragsende ist zunächst (über die schon erwachsenen Provisionsan- **10** sprüche) unverzüglich abzurechnen, auf Verlangen Buchauszug zu erteilen und das Ergebnis auszuzahlen (§ 614 S 1 BGB), Mü MDR **58,** 923, BGH NJW **81,** 457, sowie später (über später entstehende Provisionsansprüche, vgl § 87 a Rn 8) zu den Abrechnungs- und Fälligkeitsterminen des Vertrags. Das Gesetz sieht keine Schlussabrechnung vor; aber die vorher erteilten Einzelabrechnungen sind uU nach Vertragsende zu ergänzen, zB wenn die Provision sich noch durch Eingänge von Kunden ändern kann, Mü BB **64,** 698. Der Unternehmer darf von Abrechnung absehen, wenn mit neuen Provisionsansprüchen nicht mehr zu rechnen ist.

F. **Prozess: a)** Möglich ist **Klage** auf Abrechnung; aber nicht auf eine be- **11** stimmte, vom HV für richtig bzw vollständig gehaltene Abrechnung (denn abstraktes Schuldanerkenntnis des Unternehmers, Rn 4), BGH WM **90,** 710, stattdessen Klage aus II, III oder auf Zahlung. Klage auf Abrechnung auch verbunden mit Klage auf Zahlung des aus der Abrechnung hervorgehenden Schuldbetrags (Stufenklage, § 254 ZPO), Kln BB **72,** 468, Düss HVR **(03)** Nr 1082; auch Klage auf Zahlung des Anspruchs, soweit unbestritten, und im übrigen Klage auf Abrechnung; auch Klage auf Abrechnung und Auskunft (III), Kln BB **72,** 467; auch Klage auf Schadensersatz mit Schadensschätzung (§ 287 ZPO), Düss HVR **(93)** Nr 942 (auch Rn 16); **nicht:** Stufenklage auf Ausgleichszahlung nach § 89 b oder anderen Schadensersatz als den wegen entgangener Provision, Düss HVR **(03)** Nr 1082.

b) Vollstreckung des Urteils nach I (Abrechnung), II (Buchauszug, s auch **12** Rn 22), III (Mitteilungen) durch Ersatzvornahme (Mitteilungen soweit aus Büchern usw entnehmbar) nach § 887 ZPO durch geeigneten Beauftragten des HV (Wirtschafts-, Buchprüfer, zu dessen Honorar Düss HVR **(08)** 1215) auf Kosten des Unternehmers, BGH WM **07,** 1418 für II, Hamm NJW-RR **94,** 489, HVR **(97)** Nr 879, Kln NJW-RR **96,** 100, Nürnb BB **99,** 150, Düss NJW-RR **00,** 1298; Kln HVR **(04)** Nr 1102, aA Mü BB **60,** 188, Neust NJW **65,** 257, KG HVR **(01)** Nr 1004, Ffm HVR **(02)** Nr 1130 für III; der Zwangsvollstreckung steht das Gläubigerrecht aus IV nicht entgegen, Kln HVR **(01)** Nr 1050. Der Erfüllungseinwand ist im Verfahren des § 887 ZPO grundsätzlich zu prüfen, maßgeblich ist aber allein der Vollstreckungstitel, nicht die materiellrechtliche Rechtslage, BGH WM **07,** 1419, Bambg NJW-RR **08,**1423, also dass kein Streit um Tatsachen besteht oder die Erfüllung durch Urkunden (§ 775 Nr 4, 5 ZPO) belegt ist, Hamm HVR **(97)** Nr 879, Hbg HVR **(00)** Nr 956, Düss OLGR **01,** 283, Kln HVR **(01)** Nr 1050, **(04)** Nr 1102, Mü NJW-RR **02,** 1034, Hamm HVR **(03)** Nr 1093, sonst nur Vollstreckungsgegenklage nach § 767 ZPO, Mü

NJW-RR **02**, 1034, im Übrigen str. Aufrechnung gegen tituliertem Anspruch nach § 887 II ZPO auf Kostenvorschuss für Buchauszug mit Gegenforderung, jedenfalls bestrittener, nachträglich erworbener, ist unzulässig, Celle NJW-RR **05**, 1013. Vollstreckung nach § 887 ZPO gilt grundsätzlich auch gegen Schuldner mit Sitz im Ausland, Hamm HVR **(98)** 960, Düss HVR **(04)** Nr 1126, jedenfalls bei Buchauszug, aA nach § 888 ZPO Ffm HVR **(00)** Nr 1129, 1130, Hbg HVR **(05)** 1154. Nur ausnahmsweise ist nach § 888 ZPO (unvertretbare Handlung, Beugestrafen) zu vollstrecken, zB wenn notwendige rechnergestützte Übersicht nicht durch Außenstehenden erstellt werden kann, Hamm NJW-RR **94**, 489, Bambg NJW-RR **04**, 475, oder wenn Bücher überhaupt fehlen. Im Vollstreckungsverfahren Erfüllungseinwand, wenn der erteilte Buchauszug formal dem Urteilsausspruch entspricht, doch kann HV dann wegen Unvollständigkeit Ergänzung verlangen (s Rn 20), BGH WM **07**, 1418, Hbg HVR **(00)** Nr 956. Titulierter Buchauszugsanspruch kann bei rechtskräftig tituliertem Bucheinsichtsanspruch nicht mehr vollstreckt werden, Düss OLGR **08**, 52, Grund: letzterer geht weiter.

3) Buchauszug (II)

13 A. **Inhalt und Zweck des Buchauszugs:** II gibt dem HV in Ergänzung der Abrechnung und zu ihrer Nachprüfung Anspruch auf einen Buchauszug über alle provisionspflichtigen Geschäfte und ihre Ausführung, BGH WM **82**, 153, NJW **01**, 2333. Gemeint sind damit alle nach § 87 provisionspflichtigen Geschäfte, also auch schwebende, nach § 87 III nur bedingt provisionspflichtige, BGH WM **89**, 1074. Ist der Kreis der provisionspflichtigen Geschäfte vertraglich weiter gezogen, muss der Buchauszug auch diese umfassen. II hat **große** rechtliche und praktische **Bedeutung** für HV (Durchsetzung seiner Provisions- und an ihre Stelle tretenden Schadensersatzansprüche, zT auch Druckmittel, nicht seines Ausgleichsanspruchs, Düss HVR **(03)** Nr 1082, s Rn 11) und Unternehmer (Kosten, s Rn 15) und wird **von der Rechtsprechung** zugunsten des HV zu Recht **sehr weit gezogen.** Berechtigung des Buchauszugsverlangens ist idR zu vermuten, außer bei Einigung über Provision oder Missbrauch, Karls HVR **(05)** 1156. Der HV, der von seinem Recht in vollem Umfang Gebrauch macht, handelt **nicht missbräuchlich,** auch nicht, wenn er die Abrechnungen früher nie beanstandet hat, Düss HVR **(03)** Nr 1125. Der Missbrauchseinwand greift nur ganz ausnahmsweise, Karls HVR **(05)** 1156, 1157; zB LG Hann VersR **01**, 764, Emde EWiR 2/**01**, 731, KG HVR **(06)** 1247. Der Anspruch hängt nicht davon ab, ob für das nach § 87 (bzw Vertrag) provisionspflichtige Geschäft auch ein konkreter Provisionsanspruch nach § 87 a (bzw Vertrag) entstanden ist; Streit darüber ist im Anschluss an die Feststellung auszutragen, welche Geschäfte für die Provision überhaupt in Betracht kommen, BGH WM **89**, 1074, Kln HVR **(03)** Nr 1099, Düss HVR **(03)** Nr 1125, anders nur bei zweifelsfrei nicht provisionspflichtigen Geschäften. Hat der Unternehmer gar kein Geschäft in dem Bezirk gemacht, hat der Bezirksvertreter keinen Anspruch auf Buchauszug, Ffm MDR **95**, 165, dann auch nicht I, aber uU IV. Veräußerung des Geschäftsbereichs hindert nicht ohne weiteres, Kln HVR **(01)** Nr 982. II wird durch Auskunftsanspruch nach III ergänzt, nicht in seiner Reichweite eingeschränkt, BGH NJW **01**, 2334. Lit: Emde MDR **03**, 1151.

14 Der Buchauszug reicht also **weiter als die Abrechnung** (vgl Rn 3), BGH NJW **95**, 229, Ffm HVR **(93)** Nr 758, letztere ersetzt ihn also nicht. Die regelmäßig übersandten Provisionsabrechnungen können Buchauszug nur ersetzen, wenn sie sich lückenlos über den gesamten Vertragszeitraum erstrecken, chronologisch geordnet sind und alle für einen Buchauszug notwendigen Angaben enthalten, BGH WM **82**, 153, **91**, 200, **95**, 1774, NJW **01**, 2336, WM **07**, 178, Saarbr NJW-RR **02**, 391, Mü NJW-RR **02**, 1034. Diesen Anforderungen können Kassenjournale entsprechen, BGH 29.10.**08**, 22 juris, Mü OLGR **07**,

Siebenter Abschnitt. Handelsvertreter 15 § 87c

388. Bloße Zurverfügungstellung der buchmäßigen Unterlagen ist kein Buchauszug, Kblz HVR **(93)** Nr 759, der HV braucht sich die Informationen nicht selbst zusammenzusuchen, BGH WM **07,** 178, Düss HVR **(01)** Nr 1042, Mü HVR **(06)** 1168 (vgl Rn 15). II gilt auch bei Massengütern mit geringem Wert des Einzelstücks und entsprechend hohem Aufwand, Hbg HVR **(00)** 957 (Rn 15).

Im Einzelnen muss der Buchauszug alles enthalten, was sich aus allen dem 15 Unternehmer verfügbaren schriftlichen Unterlagen im Zeitpunkt der Ausstellung des Buchauszuges über die fraglichen Geschäfte ergibt und nach der getroffenen Provisionsvereinbarung für die Berechnung der Provision von Bedeutung sein kann, BGH NJW **01,** 2333, WM **07,** 178; also Umstände betreffend die Geschäftsbeziehung zwischen Unternehmer und Kunden, nicht Umstände, die allein das Vertragsverhältnis zwischen Unternehmer und HV betreffen, BGH NJW **01,** 2334 (gegen BGH WM **89,** 1073). Gefordert ist ein „Spiegelbild" der provisionsrelevanten Geschäftsbeziehungen zwischen Unternehmer, Kunden und Vertreter, Bambg NJW-RR **08,** 1424. Beispiele: Namen und Anschrift der Besteller samt Straße und Hausnummer; Art, Menge, Preis der verkauften Waren, Preisnachlässe, Rabatte; Kundenzahlungen mit Datum des Zahlungseingangs; Rückgaben und Nichtausführung von Geschäften, deren Gründe (wegen § 87a III), vertragswidrig nicht abgeschlossene Geschäfte, schwebende Geschäfte, Gutschriften mit Zuordnung zum ursprünglichen Geschäftsvorgang; nicht Provisionssatz sowie Provisionsbeträge, diese muss Vertreter selbst errechnen; näher BGH NJW **81,** 457, **96,** 588, WM **82,** 152, **89,** 1073, Mü NJW-RR **02,** 1034, Hamm HVR **(03)** Nr 1092, Bambg NJW-RR **04,** 475, Karls HVR **(05)** 1157, Mü HVR **(06)** 1168, Bambg NJW-RR **08,** 1422; Jahresprämie, Versicherungsbeginn; bei Lebensversicherung auch Versicherungssumme nebst Erhöhung bei Dynamikklausel, Eintrittsalter der VersNehmers und Laufzeit des Vertrags; Datum und Grund einer Stornierung, vom Unternehmer getroffene Bestandserhaltungsmaßnahmen, nicht dagegen Datum der Stornogefahrmitteilung (§ 87a Rn 27), BGH NJW **01,** 2335 (VersVertreter), Kln HVR **(04)** Nr 1102, vgl Hamm NJW-RR **04,** 1266 (VersVertreter). Besonderheiten bei Buchauszug im VersGeschäft, Saarbr NJW-RR **02,** 391 (genaue Auflistung). Die notwendigen Unterlagen muss sich Unternehmer notfalls bei PartnerGes besorgen, BGH NJW **01,** 2334.

Der Buchauszug ist in **Form** einer geordneten Zusammenstellung der geschuldeten Angaben zu erteilen, Anspruch auf eine bestimmte, etwa tabellarische Darstellungsweise besteht nicht; erforderliche Form hängt vom Einzelfall ab, BGH NJW **01,** 2336. Rechnungskopien samt Tippppstreifen mit Endzifferaddition genügen nicht, BGH WM **82,** 153. Aufzählung im Einzelnen (VersVertreter), Hamm BB **97,** 1329. Der Zweck des Buchauszugs bedingt wie bei der Abrechnung (Rn 3) eine vollständige, klare und übersichtliche Darstellung, BGH WM **82,** 153. EDVÜbersicht nicht notwendig sein, Hamm NJW-RR **94,** 489 (3000 S). EDVZugriffsmöglichkeit nur auf den jeweils aktuellen Stand, den der HV dann über den relevanten Zeitraum festhalten müsste, genügt nicht, BGH WM **07,** 177. Vorlage als einheitliches Werk ist zumal bei entsprechendem Umfang nicht nötig, Übersendung in Teilen getrennt nach zeitlichen Abschnitten genügt, Hamm HVR **(03)** Nr 1093. Ordnungsgemäßer Buchauszug verlangt nicht zugleich Belegvorlage, Hamm HVR **(98)** Nr 963. **Währung** für die Angaben im Buchauszug wie für Abrechnung und Auszahlung der Provision, Düss HVR **(03)** Nr 1125. **Erfüllungsort** ist idR der Sitz des Unternehmens, also Holschuld, Düss NJW **74,** 2185, iZw auch bei anderer Abrede für Abrechnungen, Düss MDR **08,** 697. Die **Kosten** des Buchauszugs trägt der Unternehmer, BGH **56,** 296; auch sehr hohe Kosten (276 000 DM) sind nicht unzumutbar, wenn Unternehmer seine Buchführung nicht hinreichend eingerichtet hat, BGH NJW **01,** 2336, Düss OLGR **96,** 221, Hbg HVR **(00)** 957, Stgt HVR **(05)** 1171 (100 000 Euro als Vorschuss), s auch Rn 14.

§ 87c 16–21 I. Buch. Handelsstand

16 Den Buchauszug schuldet **auch** ein Unternehmer **ohne** kfm **Buchführungspflicht** iSv §§ 238 ff (NichtKfm, vgl § 84 Rn 28); insoweit macht ihn der HVVertrag buchführungspflichtig. Der Buchauszug ist auch nicht mit dem Auszug nach § 259 S 1 gleichzusetzen, er beschränkt sich auch nicht auf Auszüge aus den HdlBüchern nach §§ 238, 257 I Nr 1, sondern bezieht alle vom Unternehmer aufbewahrten, schriftlichen Unterlagen über die vermittelten Geschäfte mit ein, BGH NJW **01,** 2334. Verstoß kann den Unternehmer (falls auch Auskunft nicht weiterhilft, s Rn 23) schadensersatzpflichtig machen, Düss HVR **(01)** Nr 951 (Rn 11).

17 B. **Nur auf Verlangen:** Der Unternehmer schuldet den Buchauszug (anders als die Abrechnung selbst, I) erst auf (formloses, nicht weiter begründetes) Verlangen des HV (II). Zweifel an der Richtigkeit oder Vollständigkeit der Provisionsabrechnung sind nicht Voraussetzung, BGH WM **82,** 153. Anspruch besteht auch bei Nichtbeanstandung der erteilten Abrechnungen und braucht nicht begründet zu werden, Hbg HVR **(00)** Nr 957. Auch hohe Kosten machen das Verlangen noch nicht missbräuchlich, BGH **56,** 296 (s Rn 15).

18 „**Bei Abrechnung**" bedeutet in Ergänzung und zur Nachprüfung der Abrechnung (Rn 13), also jedenfalls nicht vorher. HV kann aber Buchauszug auch später verlangen, BAG BB **83,** 196. „Bei Abrechnung" bedeutet keine zeitliche Beschränkung, BGH BB **61,** 424; zeitliche Grenzen s Rn 19.

19 C. **Zeitliche Grenzen:** Der Anspruch endet mit der (weitergehenden) Bucheinsicht, Düss OLGR **08,** 52; wenn HV und Unternehmer sich über die Provision bzw ihre die Abrechnung einigen, BGH NJW **81,** 457, Düss HVR **(01)** Nr 1042; Einigung liegt nicht schon in der jahrelangen widerspruchslosen Hinnahme der Abrechnungen, BGH WM **82,** 153, NJW **96,** 588 (Aufgabe von BGH BB **65,** 435), WM **07,** 179, auch wenn HV VollKfm (GmbH) mit erheblichen Umsätzen ist und 16 Jahre nicht beanstandet hat, Hbg BB **98,** 971. Entsprechende Vertragsklausel verstößt gegen V (s Rn 29). Saldoanerkenntnis des HV s Rn 29. Verwirkung (vgl § 89 b Rn 80) ist wie auch sonst möglich, vgl BGH HVR **(64)** Nr 314, das bloße Zeitelement reicht für Verwirkung aber nicht aus. Auch jahrelanges Hinnehmen muss nicht treuwidrig sein (Grund: §§ 87 a V, 87 c), BGH NJW **96,** 589. **Verjährung** s § 87 Rn 53.

20 D. **Rechte bei Unvollständigkeit:** Abgrenzung von unbrauchbarem und unvollständigem Buchauszug, Bambg NJW-RR **08,** 1422. HV hat letzterenfalls keinen Anspruch auf Neuerteilung, sondern neben dem Recht auf Einsicht (IV) Anspruch auf Ergänzung des Auszugs, Bambg NJW-RR **08,** 1423, zB betr fehlende Teilbezirke, Zeitabschnitte, vgl Rn 10. Der HV muss dazu die beanstandete Unvollständigkeit konkret darlegen, Bambg NJW-RR **08,** 1423, Hamm HVR **(03)** Nr 1092, 1093. Anspruch auf neuen Buchauszug hat der HV nur bei schweren, den Buchauszug unbrauchbar machenden Mängeln, BGH BB **64,** 409, Düss HVR **(94)** Nr 817, Nürnb BB **99,** 150, Kln HVR **(04)** Nr 1102, Düss HVR **(08)** 1215. Erst nach erfolgloser Einsicht (IV) oder mangels einsehbarer Bücher besteht Anspruch auf Abgabe einer eidesstattlichen Versicherung (§§ 259, 260 BGB, früher Offenbarungseid), BGH **32,** 305, Hamm NJW **59,** 51, Celle BB **62,** 1017.

21 E. **Prozess: a)** Möglich **Klage** auf Buchauszug, auch Stufenklage (§ 254 ZPO, s Rn 11) auf Buchauszug und eidesstattliche Versicherung (vgl Rn 20), BGH **10,** 385. Für Klage gleichzeitig auf Buchauszug und Bucheinsicht fehlt aber das Rechtsschutzbedürfnis, BGH **56,** 297. Teilurteil abl Saarbr NJW-RR **02,** 34. Inhalt des Buchauszugs ist konkret anzugeben (vollstreckungsfähige Urteilsformel), Saarbr NJW-RR **02,** 34. Rechtskräftiges Urteil auf Einsicht (IV) erledigt den Anspruch auf Auszug (II), BGH BB **59,** 935. Streitwert BGH BB **92,** 1032, Beschwer Kln HVR **(98)** Nr 886.

b) Vollstreckung des Urteils auf Buchauszug s Rn 12; dass der HV bei un- 22
vollständigem Buchauszug (s Rn 20) auch nach IV (Einsicht) vorgehen kann,
steht nicht entgegen, BGH NJW **79,** 764, WM **07,** 1420.

4) Auskunft (III)

A. **Anspruch auf Auskunft:** In Ergänzung der Abrechnung nach I und des 23
Buchauszugs nach II kann der HV Mitteilung über alle für den Provisions-
anspruch, seine Fälligkeit und seine Berechnung wesentlichen Umstände verlan-
gen, soweit sie sich nicht schon aus den Büchern des Unternehmers ergeben,
BGH BB **64,** 409, NJW **01,** 2334, Hamm DB **67,** 593. Der Auskunftsanspruch
ist nicht nachrangig zum Buchauszug, GroßKo/Emde 140, nach aA kann der HV
Auskunft erst und nur soweit verlangen, als ein Buchauszug erteilt worden ist und
nicht ausreicht, zB wegen Lücken oder verbleibender Unklarheiten, Hamm DB
67, 593, Bambg HRV **(99)** Nr 936, oder als ein solcher mangels Bücher nicht
erstellt werden kann, MüKo/von Hoyningen-Huene 61. Über Annahme, Ableh-
nung und Nichtausführung eines Geschäfts ist der Unternehmer bereits unaufge-
fordert mitteilungspflichtig (§ 86 a II 2). Nach III kann der HV Mitteilung
verlangen zB über die Ausführung der vermittelten Geschäfte durch den Unter-
nehmer und den Dritten (§ 87 a I–III), Preise, Preisnachlässe, Nebenkosten
(§ 87 b II), bei Dauerverträgen (§ 87 b III) über Kündigungsfristen. Der Aus-
kunftsanspruch nach III erstreckt sich nicht auf (auch zugängliche) Unterlagen
Dritter, Dresd HVR **(96)** Nr 813, Grund: Einbettung in I, II, IV, Buchführungs-
pflicht des Unternehmers (vgl Rn 16). UU weitere Auskünfte nach § 242, Emde
BB **08,** 2709.

B. **Prozess:** Möglich ist Klage, auch Stufenklage (§ 254 ZPO), s Rn 11. Die 24
Umstände, über die Auskunft begehrt wird, sind näher zu bezeichnen; spätestens
aber im Vollstreckungsantrag, so Hamm MDR **67,** 770. Vollstreckung s Rn 12.

5) Einsicht in Bücher und Urkunden (IV)

A. **Einsichtsrecht:** Wird der **Buchauszug verweigert** oder bestehen be- 25
gründete **Zweifel an der Richtigkeit oder Vollständigkeit der Abrechnung
oder des Buchauszugs,** so kann der HV nach IV (weiter als § 810 BGB)
Einsicht in die Geschäftsbücher (gesamte Buchführung) und „sonstigen Urkun-
den" (zB Verträge, Korrespondenzen, Lieferungs- und Zahlungsbelege) verlan-
gen. Einsichtnahme ist die umfassende Vergewisserung gegenüber dem Buchaus-
zug, Düss OLGR **08,** 52. Der Anspruch reicht aber nur so weit, wie die Einsicht
zur Feststellung der (Un)Richtigkeit oder (Un)Vollständigkeit der Abrechnung
oder des Buchauszugs erforderlich ist, also nicht ohne weiteres, sondern nur
nötigenfalls in sämtliche Bücher, Mü NJW **64,** 2257. Es genügen begründete
Zweifel auch nur in einem Punkt, Celle BB **62,** 2. Begründete Zweifel bestehen
zB bei Nichtübereinstimmen des Buchauszugs mit den Rechnungssummen, Düss
DB **71,** 1857.

HV hat Einsichtsrecht auch, wenn zwar ordnungsmäßig ein Buchauszug erteilt 26
ist, aber **keine Abrechnung** über die Provision, und der Buchauszug den Provi-
sionsanspruch nicht vollständig klärt (anders Wortlaut des IV, aber Begr Nov
1953). Rechtskräftige Abweisung der Klage auf Buchauszug, da schon erteilt,
hindert nicht, wenn dieser unvollständig ist (s Rn 20), Kln DB **00,** 2269. Der
HV kann jedoch nicht von vornherein gleichzeitig Buchauszug und Bucheinsicht
verlangen (mangelndes Rechtsschutzinteresse), BGH **56,** 290. **Grenzen:** Das
Einsichtsrecht entfällt nicht etwa wegen fristloser Kündigung des Unternehmers
(§ 89 a), BGH BB **61,** 425, oder für die Zeit schuldhaft vertragswidrigen Verhal-
tens des HV, aA Celle BB **62,** 2; auch kein Zurückbehaltungsrecht hinsichtlich
der Einsicht (Rn 29). Das Einsichtsrecht erlischt wie das Recht auf den Buchaus-
zug durch Einigung über die Abrechnung, Düss NJW **65,** 2351 (vgl Rn 19).
Verjährung s § 87 Rn 53.

27 B. **Ausübung der Einsicht:** Der Unternehmer kann wählen, ob der HV selbst oder ein (zur Verschwiegenheit verpflichteter) **Wirtschaftsprüfer oder vereidigter Buchsachverständiger** die Bücher und Urkunden einsehen soll (Geheimnisschutzrecht für den Unternehmer). Ersterenfalls kann sich der HV dennoch der Hilfe eines solchen Berufsangehörigen bedienen, KG DB **71,** 1204, auch ohne ausdrückliche Anordnung im Titel, Ffm DB **02,** 474; sonst wäre das Einsichtsrecht entwertet. Letzterenfalls steht die Auswahl einer der beiden Berufsstände und der Person dem HV zu. Die **Kosten** solcher Prüfung durch einen Dritten trägt der HV; ergibt sich aber die Unrichtigkeit der Abrechnung oder des Auszugs, so muss der Unternehmer sie als Schadensersatz wegen Verletzung seiner Abrechnungspflicht erstatten, BGH **32,** 306, NJW **59,** 1964, KG DB **71,** 1204, Hbg HVR **(03)** Nr 1127, Düss OLGR **08,** 52, str. Die Beiziehung eines Wirtschaftsprüfers ist kein kostentreibendes Mitverschulden, vgl KG DB **71,** 1204.

28 C. **Prozess: a)** Möglich ist **Klage** auf Gestattung der Einsicht; auch Stufenklage (§ 254 ZPO) hierauf und auf eidesstattliche Versicherung (offen BGH **32,** 305, s Rn 21 betr Buchauszug); auch einstweilige Verfügung (§§ 935, 940 ZPO), wenn Aufschub den Erfolg der Einsicht gefährdet. Keine Klage gleichzeitig auf Buchauszug und Bucheinsicht s Rn 26. Öffentlicher Zeugenaufruf des HV zur Erkundigung über (nicht abgerechnete) Verkäufe des Unternehmers verstößt gegen § 823 I BGB, Düss DB **56,** 664. Titulierung s auch Rn 27.

b) Vollstreckung nach § 887 ZPO, soweit es um vertretbare Handlung geht, s auch Rn 12; vorübergehende Überlassung der Geschäftsunterlagen im Geschäftslokal nach § 883 ZPO, Zutritt eines Wirtschaftsprüfers uU §§ 890, 892 ZPO, Ffm DB **02,** 474.

6) Abweichende Vereinbarungen (V)

29 V macht § 87 c **zwingend.** Alle in § 87 c dem HV gewährten Rechte (auf Abrechnung, Buchauszug, Mitteilungen, Einsicht), sind unabdingbar (V). Sie können auch bei hohen Kosten (s Rn 15, keine Beteiligung des HV an von dem Unternehmen zu tragenden Kosten) durch einzelvertragliche Vereinbarung nicht beschränkt, nur erweitert werden. V hindert aber nicht tarifvertragliche Ausschlussklausel, BAG BB **83,** 196. Entgegenstehende Vereinbarungen sind unwirksam; bei Verstoß gegen I 1 gilt nicht § 139 BGB, sondern die kürzere gesetzliche Frist. Unwirksam ist zB Klausel, nach der die Abrechnung mangels Widerspruchs in bestimmter Frist als genehmigt gilt (Anerkenntnisfiktion, s auch Rn 19), BGH DB **64,** 583, (vgl) NJW **96,** 588, WM **07,** 177 (gegen Kritik bestätigend), BAG BB **73,** 1411, Hamm BB **79,** 442, Karlsr BB **80,** 226, Düss HVR **(00)** Nr 948; aA Saarbr DB **85,** 2399, Naumbg VersR **99,** 578. Der Unternehmer kann den Ansprüchen aus § 87 c auch nicht mit einem Zurückbehaltungsrecht wegen Gegenansprüchen (etwa auf Rückgabe von Unterlagen, Mustern, vgl § 86 a I) begegnen, RG **102,** 111; er kann aber die aus der Abrechnung usw ermittelte Provisionszahlung zurückhalten. Verzicht auf die Rechte aus § 87 c für die Vergangenheit ist nach allgemeinen Regeln möglich (Einigung über Abrechnung, s Rn 19), zB durch ausdrückliche Bestätigung der Abrechnung (Vergleich § 782 BGB), Hamm HVR **(97)** 959, aber nicht schon durch (auch jahrelange) stillschweigende Hinnahme der Provisionsabrechnungen, BGH NJW **96,** 588 (s Rn 19), Saarbr NJW-RR **02,** 391, aA Scherer BB **96,** 2205. Saldoanerkenntnis s Rn 4.

30 Zu beachten ist aber, dass die Rechte aus § 87 c nur Hilfsrechte sind (Rn 1) und mit der Einigung zwischen HV und Unternehmer über die Höhe der Provision enden (Rn 19).

Siebenter Abschnitt. Handelsvertreter 1–4 § 87d

[Ersatz von Aufwendungen]

87d Der Handelsvertreter kann den Ersatz seiner im regelmäßigen Geschäftsbetrieb entstandenen Aufwendungen nur verlangen, wenn dies handelsüblich ist.

Übersicht

1) Aufwendungen im regelmäßigen Geschäftsbetrieb 1–4
 A. Grundsätzlich kein Aufwendungsersatz 1
 B. Aufwendungen 3
 C. Im regelmäßigen Geschäftsbetrieb 4
2) Aufwendungen außerhalb des regelmäßigen Geschäftsbetriebs 5

1) Aufwendungen im regelmäßigen Geschäftsbetrieb

A. **Grundsätzlich kein Aufwendungsersatz:** Der HV trägt wie andere 1 Kflte (anders als Geschäftsbesorger sonst, §§ 670, 675 I BGB) seine im regelmäßigen Geschäftsbetrieb entstandenen **Aufwendungen selbst** (§ 87 d). Der Unternehmer soll nur mit der nach dem Erfolg der Vermittlung bemessenen Provision belastet werden. Solche Aufwendungen im regelmäßigen Geschäftsbetrieb sind dann auch nicht nach § 670 BGB ersatzfähig, § 87 d geht vor.

Eine **Ausnahme** macht § 87 d (abdingbar) selbst, wenn **Aufwendungsersatz** 2 für einen HV dieser Branche **handelsüblich** ist. Auch kann der **Vertrag** die Kosten anders verteilen, der HV kann zB Aufwendungsersatz nach gewöhnlichen Regeln (wie nach § 670 BGB) erhalten oder feste Spesen (so dass Mehrauslagen den HV treffen), Braunschw BB **56,** 226, oder Vertrauensspesen (Vertreter braucht nicht im Einzelnen abzurechnen). **Pfändungsschutz** besteht für Ansprüche auf Aufwendungsersatz nach § 850a Nr 3 ZPO. Lit: Schröder DB **56,** 417, 441.

B. **Aufwendungen:** Aufwendungen sind alle Auslagen und Vermögensopfer 3 zum Zwecke der Ausführung des Auftrags, einerlei ob freiwillig oder auf Weisung des Auftraggebers. Keine Aufwendungen, jedenfalls keine solchen im regelmäßigen Geschäftsbetrieb (Rn 4), sind **Zufallsschäden** und andere unfreiwillige Vermögensopfer des HV bei Ausführung des Auftrags (anders § 110); zu weiteren Aufwendungsbegriff Steindorff FS Dölle **63** I 273. Doch kommt Ersatz nach anderen Grundlagen in Betracht, entweder nach § 670 BGB direkt oder analog oder nach dem Grundsatz der Risikozurechnung (vgl § 59 Rn 106).

C. **Im regelmäßigen Geschäftsbetrieb:** Dazu gehört alles, was im Rahmen 4 des konkreten HVVertrags (nicht allgemein der Branche) Sache des HV ist und im üblichen Umfang zur Herbeiführung von Abschlüssen dient, zB sämtliche Kosten des eigenen Betriebs, des Aufsuchens der Kundschaft (Pkw, Reisen) und der üblichen Repräsentation (Bewirtung von Kunden). Stellt der Unternehmer dem HV ein Kfz, muss er aber Ersatz durch HV vereinbaren, Düss HVR **(02)** Nr 1079. Auch im Ausland ortsübliche **Schmiergelder** (auch wenn die Zusage selbst nichtig ist) gehörten nach früherer Rspr zu den zu ersetzenden Aufwendungen, BGH **94,** 272, krit Fikentscher/Waibl IPRax **87,** 86, anders selbst für den Fall eventueller Ortsüblichkeit im Inland, aA wohl Heymann/Sonnenschein/Weitemeyer 6; inzwischen gilt das IntBestG v 10. 9. 98 BGBl II 2327, das das von der BRD ratifizierte OECDÜbk über die Bekämpfung der Bestechung ausländischer Amtsträger im internationalen Geschäftsverkehr BGBl II 1998, 2329 umsetzt. Danach werden aus- und inländische Amtsträger bei Bestechungsdelikten im internationalen Geschäftsverkehr gleichgestellt, wenn das Zuwendungsziel ein Auftrag oder unbilliger Vorteil im internationalen Geschäftsverkehr ist, Krause/Vogel RIW **99,** 488; ferner EU-BestechungsG v 10. 9. 98 BGBl II 2340, Zieschang NJW **99,** 105 und §§ 299 nF StGB über Korruption im geschäftlichen (seit 2002 auch ausländischen) Verkehr, Schmitz RIW **03**, 189; Auswirkungen im Steuerrecht Randt BB **00**, 1006. **Nicht** zB grundsätzlich die Kosten für allgemeine Markt-, Produkt- oder Kundenpflege, Werbung, Marktanalysen, technische Unterstützung von Abnehmern, Warenlager, Warenauslieferung (vgl § 86 Rn 13; dann aber uU § 670, Rn 5). Umfasst aber schon der HVVertrag ausnahmsweise auch eine solche Aufgabe, so fällt sie unter den regelmäßigen Geschäftsbetrieb, gilt also iZw mangels anderer Abrede als durch die Provision abgegolten; so für im Vertrag vorgesehene Teilnahme an Vertreterkonferenzen und Standdienst an Messen, Küstner/Thume I 1565, aber in dieser Allgemeinheit nicht richtig, vielmehr §§ 133, 157 BGB, iErg auch Westphal 749. Kommen solche Aufgaben erst später hinzu ohne Veränderung der Provision, ist iZw nicht anzunehmen, dass HV dies ohne Aufwendungersatz tun soll.

2) Aufwendungen außerhalb des regelmäßigen Geschäftsbetriebs

5 Der Gegenschluss aus § 87 d, für Aufwendungen außerhalb des „regelmäßigen Geschäftsbetriebs" könne der HV stets Ersatz fordern, wäre unrichtig. Vielmehr gilt insoweit § 670 BGB. Danach kann der HV uU Aufwendungsersatz verlangen zB für Vorstellungsgespräch für neue Vertretung, LG Hagen HVR **(81)** Nr 543, Erledigung von Aufgaben über seine vertraglichen Verpflichtungen hinaus (sonst s Rn 4), zB Marktanalyse, Kundenpflege, Werbungskosten, LAG Brem DB **55**, 535, aber auch **60**, 1212. Bei Geschäftsführung ohne Auftrag gilt § 683 BGB.

88 *(aufgehoben)*

1 § 88 ist aufgehoben durch VerjährungsanpassG 9. 12. 2004 BGBl 3214 mit Wirkung vom 15. 12. 2004. Statt der bisherigen Verjährung von vier Jahren ab Ende des Jahres, in dem der Anspruch aus dem Vertragsverhältnis fällig geworden ist, gilt jetzt die Regelverjährung, s § 87 Rn 52.

[Zurückbehaltungsrecht]

88a
(1) **Der Handelsvertreter kann nicht im voraus auf gesetzliche Zurückbehaltungsrechte verzichten.**

(2) **Nach Beendigung des Vertragsverhältnisses hat der Handelsvertreter ein nach allgemeinen Vorschriften bestehendes Zurückbehaltungsrecht an ihm zur Verfügung gestellten Unterlagen (§ 86 a Abs. 1) nur wegen seiner fälligen Ansprüche auf Provision und Ersatz von Aufwendungen.**

Übersicht

1) Zurückbehaltungsrechte des Handelsvertreters (I) 1–2
   A. Zurückbehaltungsrechte 1
   B. Abweichende Vereinbarungen (I) 2
2) Zurückbehaltung von Unterlagen (II) 3–5
   A. Unterlagen 3
   B. Während des Vertrags 4
   C. Nach Vertragsende (II) 5

1) Zurückbehaltungsrechte des Handelsvertreters (I)

1 A. **Zurückbehaltungsrechte: a) Gesetzliche** Zurückbehaltungsrechte hat der HV nach HGB und BGB kumulativ. Nach **§ 369** hat der HV, wenn er selbst Kfm ist (§ 84 Rz 33), wegen seiner Forderungen gegen den kfm Unternehmer

(nur gegen diesen, § 84 Rn 28) aus beiderseitigem HdlGeschäft ein Zurückbehaltungsrecht an den ihm vom Unternehmer übergebenen Sachen; auch an Gegenständen, die ihm für den Unternehmer von Dritten zukommen, insbesondere kassierten Geldern (§ 86 Rn 17), für diese gilt nicht der Ausschluss nach § 369 III; auch Kundenkartei, BGH WM **83,** 863. Das kfm Zurückbehaltungsrecht gewährt auch das Recht zur Befriedigung, aber nur auf Grund besonderen vollstreckbaren Titels (§§ 371 f). Daneben hat der HV wie jeder andere das allgemeine Zurückbehaltungsrecht nach **§ 273 BGB.**

b) Vertragliche Zurückbehaltungsrechte sind frei möglich.

B. **Abweichende Vereinbarungen (I):** I sieht **zwingendes** Recht vor. 2
Nach I sind (nur) die gesetzlichen Zurückbehaltungsrechte des HV nicht im Voraus verzichtbar; auch nicht vertraglich abdingbar oder sonst beschränkbar, zB durch Gerichtstandabrede entgegen § 371 IV, vertragliche Aufrechnungsverbote, Kln VersR **70,** 53. Erst wenn und soweit die Voraussetzungen des Zurückbehaltungsrechts konkret vorliegen (s Rn 1), kann der HV wirksam auf das Zurückbehaltungsrecht an dieser Sache verzichten.

2) Zurückbehaltung von Unterlagen (II)

A. **Unterlagen:** II betrifft speziell Unterlagen iSv § 86 a I, also zB Muster, 3
Drucksachen usw, aber auch Vorführgeräte, nicht Warenvorrat, Musterkoffer und andere handelsübliche Behältnisse, Pkw (s § 86 a Rn 5). II regelt nicht die Zeit bis zum Vertragsende, sondern nur nachher.

B. **Während des Vertrags:** Der HV hat an Unterlagen nur sehr beschränkt 4
ein Zurückbehaltungsrecht. Denn er muss mit ihnen wie vertraglich vorgesehen verfahren, zB zur Abgabe an Kunden bestimmte Unterlagen (Muster, Drucksachen) abgeben, zur Vorführung bestimmte (Vorführgeräte) vorführen, er kann also erstere nicht zurückhalten, letztere zwar zurückhalten, aber nicht durch Verkauf verwerten (§ 369 III, Ausnahme: § 370 II). Ein unbeschränktes Zurückbehaltungsrecht hat der HV nur an Sachen, die der Unternehmer zurückfordert oder die aus anderem Grunde nicht mehr zur Abgabe oder Vorzeigung an Kunden bestimmt sind.

C. **Nach Vertragsende (II):** Jetzt steht nicht mehr § 369 III entgegen (vgl 5
Rn 4), Düss BB **90,** 1086, aber es greift II (selbst nicht zwingend, aber über I, und nur für ein „nach allgemeinen Vorschriften bestehendes", dh gesetzliches Zurückbehaltungsrecht, s Rn 1). Denn der Unternehmer benötigt die Unterlagen idR dringend, um nach Ausscheiden des HV eine neue Geschäftsvermittlung einzurichten, und soll nicht erst den Ausgang eines Prozesses etwa über Ausgleichs- oder Schadensersatzansprüche abwarten müssen. Der HV hat folglich nach Vertragsende das Zurückbehaltungsrecht **nur wegen seiner fälligen Provisions- und Aufwendungsersatzansprüche** (die idR leichter zu klären und nach § 369 IV zu sichern, andererseits für den HV oft existenzwichtig sind). **Nicht** zB wegen Ausgleichsansprüchen nach § 89 b oder Schadensersatzansprüchen aus Pflichtverletzung.

[Kündigung des Vertrages]

89 (1) ¹**Ist das Vertragsverhältnis auf unbestimmte Zeit eingegangen, so kann es im ersten Jahr der Vertragsdauer mit einer Frist von einem Monat, im zweiten Jahr mit einer Frist von zwei Monaten und im dritten bis fünften Jahr mit einer Frist von drei Monaten gekündigt werden.** ²**Nach einer Vertragsdauer von fünf Jahren kann das Vertragsverhältnis mit einer Frist von sechs Monaten gekündigt werden.** ³**Die Kündigung ist nur für den Schluß**

§ 89 1–4
I. Buch. Handelsstand

eines Kalendermonats zulässig, sofern keine abweichende Vereinbarung getroffen ist.

(2) ¹Die Kündigungsfristen nach Absatz 1 Satz 1 und 2 können durch Vereinbarung verlängert werden; die Frist darf für den Unternehmer nicht kürzer sein als für den Handelsvertreter. ²Bei Vereinbarung einer kürzeren Frist für den Unternehmer gilt die für den Handelsvertreter vereinbarte Frist.

(3) ¹Ein für eine bestimmte Zeit eingegangenes Vertragsverhältnis, das nach Ablauf der vereinbarten Laufzeit von beiden Teilen fortgesetzt wird, gilt als auf unbestimmte Zeit verlängert. ²Für die Bestimmung der Kündigungsfristen nach Absatz 1 Satz 1 und 2 ist die Gesamtdauer des Vertragsverhältnisses maßgeblich.

Übersicht

1) Vertragsbeendigung(sgründe) 1–9
  A. Zeitablauf 1
  B. Eintritt von Ereignissen 2
  C. Anfechtung und entsprechende Beendigung eines in Vollzug gesetzten, fehlerhaften Handelsvertretervertrags 5
  D. Ordentliche Kündigung (§ 89) 6
  E. Außerordentliche Kündigung (§ 89 a) 8
  F. Aufhebungsvertrag 9
2) Ordentliche Kündigung von Verträgen auf unbestimmte Zeit (I) 10–18
  A. Reichweite des § 89 10
  B. Inhalt des I 11
  C. Kündigungserklärung 15
  D. Wirksamkeit der Kündigung 16
3) Fortsetzung und Kündigung von Zeitverträgen (III) 19–22
  A. Zeitverträge (§ 620 BGB) 18
  B. Fortsetzung und Kündigung von Zeitverträgen (III) 21
4) Wirkung der Kündigung 23–26
  A. Vertragsbeendigung 23
  B. Zeit bis zum Vertragsende 25
  C. Provisionsanspruch, weitere Ansprüche 26
5) Abweichende Vereinbarungen (I 3, II) 27–30
  A. Kündigungstermin (I 3) 27
  B. Kündigungsfristen (II) 28

1) Vertragsbeendigung(sgründe)

1 Der HVVertrag **endet durch:**

  A. Zeitablauf (§ 620 I BGB, s Rn 19).

2 B. **Eintritt von Ereignissen:** vor allem **auflösende Bedingung** (§ 158 II BGB); **Wegfall der Geschäftsgrundlage** (§ 313 BGB) nur ausnahmsweise, sofern Anpassung nicht ausreicht, vgl LG Düss HVR **(54)** Nr 32. **Nicht:** § 326 I BGB zB bei dauernder Arbeitsunfähigkeit des HV, Brschw BB **93,** 2113, stattdessen Kündigung.

3 **Tod des Handelsvertreters** (iZw: § 673 BGB), bei juristischen Personen und anderen Personengemeinschaften (vgl § 84 Rn 8 f) iZw deren Auflösung. **Nicht:** bloßer GfterWechsel bei der HVGes; iZw Tod des Unternehmers, § 672 BGB, oder Auflösung der vertretenen juristischen Person oder Personengemeinschaft, auch nicht ipso iure Ende des vertretenen Unternehmens, hier ist zu kündigen, idR ordentlich.

4 **Insolvenz des Unternehmers** (Verfahrenseröffnung, §§ 115, 116 InsO, § 87 Rn 51); **nicht:** bloße Betriebseinstellung ohne Kündigung; Insolvenz des HV, diese ist nur wichtiger Kündigungsgrund für den Unternehmer (§ 89 a Rz 20).

Siebenter Abschnitt. Handelsvertreter 5–9 § 89

C. **Anfechtung und entsprechende Beendigung eines in Vollzug gesetzten, fehlerhaften Handelsvertretervertrags,** sehr str, Heymann/Sonnenschein/Weitemeyer 8, Schlegelb/Schröder 42 a, Ko/Ro/Mo/Roth 1, Küstner/Thume I 385 (faktischer Vertrag, aA hL), Ebenroth/Löwisch § 84 Rn 34, 60, aA noch üL, Canaris § 15 Rn 27 (bloßer Bereicherungsausgleich), MüKo/von Hoyningen-Huene 17, vgl § 85 Rn 1, § 89 b Rn 8. Die Ausnahme von der ex tunc-Wirkung des § 142 I BGB und allgemeiner die Zurückdrängung der §§ 812 ff BGB bei Invollzugsetzung gilt zwar an sich nur für (fehlerhafte) Arbeits- und solche Dienstverträge, denen eine Anstellung zugrunde liegt, vgl BGH **41,** 282. Aber HV werden, auch wenn sie nicht unter § 92 a fallen, in §§ 84 ff trotz ihrer Selbstständigkeit allgemeiner als schutzbedürftig behandelt. Das rechtfertigt es, die Nichtigkeitsfolgen über die Fallgruppen der arbeits- und gesellschaftsrechtlichen Verträge hinaus rechtsfortbildend auch für in Vollzug gesetzte, fehlerhafte HVVerträge einzuschränken, so jedenfalls, wenn der Unternehmer die vom HV hergestellten Verbindungen weiter nutzen kann, BGH **129,** 290 (im LS ohne diese Einschränkung), NJW **97,** 655; zutr ohne Einschränkung Karls HVR **(98)** Nr 976; der Unternehmer sollte sich jedenfalls nicht durch Nichtnutzung den Folgen entziehen können, was in der Logik der Einschränkung (§ 242 BGG) läge; noch weiter beschränkend auf wirtschaftliche und soziale Überlegenheit des Unternehmers BGH **53,** 159, aber wohl überholt. Eine Differenzierung zwischen anfänglicher Nichtigkeit und späterer Anfechtung ist jedenfalls dogmatisch unhaltbar, str. Erkennt man den Bestand des wenngleich fehlerhaften HVVertrags mit dieser Begründung an, ist das allerdings auch für den Ausgleichsanspruch nach § 89 b das entscheidende Datum, (s § 89 b Rn 8). Lit: Herbert BB **97,** 1317.

D. **Ordentliche Kündigung (§ 89):** Neben §§ 89, 89 a sind auf Voraussetzungen und Folgen der Kündigung des HVVertrags **§§ 620 ff BGB nur teilweise anwendbar,** nämlich soweit nicht §§ 89, 89 a als Spezialgesetz vorgehen und §§ 620 ff BGB nicht ohnehin nur auf Arbeitsverhältnisse (Unselbständigkeit, s § 84 II) anwendbar sind (allgemeiner zu §§ 611 ff s § 86 Rn 4 f). Unanwendbar sind danach §§ 620 II, 621, 622 BGB (sowie §§ 626–628 BGB zur außerordentlichen Kündigung, s § 89 a Rn 2); ferner §§ 629, 630 (Rn 25 f). Anwendbar sind dagegen §§ 620 I, 625 BGB (Vertragsende, stillschweigende Verlängerung), aber Rn 22.

§ 624 BGB (einseitiges Kündigungsrecht des Dienstverpflichteten bei Vertrag auf Lebenszeit oder mehr als fünf Jahre) ist grundsätzlich anwendbar, da §§ 89 ff diese Frage nicht besonders regeln, str, offen BGH **52,** 171. Jedoch muss im konkreten Vertragsverhältnis das dienstvertragliche Element vorherrschen, Hamm BB **78,** 1335, KG MDR **97,** 1041; auf Arbeitnehmerähnlichkeit des HV kommt es nicht an, aA Duden NJW **62,** 1326, Würdinger NJW **63,** 1550. Unanwendbar ist § 624 BGB auf gemischte Verträge mit mehr unternehmensbezogenen als personenbezogenen Elementen, Rittner NJW **64,** 2255, Brüggemann ZHR 131 **(68)** 27, zB auf Tankstellenstationärverträge (Tankstelleninhaber stellt Tankstellengrundstück), BGH **52,** 171, **83,** 316 (vgl § 84 Rn 21), Grund: pachtvertragliche Elemente, längerfristige Investitionen des Unternehmers. Gespaltene Kündigung (nur dienstvertraglicher Teil nach § 624 BGB) entspricht dann nicht dem Parteiwillen und idR auch nicht dem Interesse des HV (Teilkündigung, s Rn 18), Heymann/Sonnenschein/Weitemeyer 12, wohl auch K. Schmidt § 27 III 2, aA Canaris § 15 Rn 95.

E. **Außerordentliche Kündigung** (§ 89 a).

F. **Aufhebungsvertrag:** auf einen beliebigen Zeitpunkt., BGH **52,** 15. Auch längere Nichtausübung der HVTätigkeit wegen wirtschaftlicher Verhältnisse ist nicht ohne weiteres stillschweigende Aufhebung, LG Düss HVR **(54)** Nr 32. § 89 ist nicht anwendbar.

2) Ordentliche Kündigung von Verträgen auf unbestimmte Zeit (I)

10 A. **Reichweite des § 89:** § 89 (völlig nF 1990, s § 84 Rn 3) betrifft **nur Verträge auf unbestimmte Zeit** (Zeitverträge und Abgrenzung dazu s Rn 19) und **nur deren ordentliche Kündigung** (außerordentliche Kündigung s § 89a). § 89 gilt für alle HV, aber **nicht für Handelsvertreter im Nebenberuf,** § 92b I 1. Für unselbstständige Vertreter (§ 84 II) gilt Kündigungsrecht und Kündigungsschutz nach Arbeitsrecht. Für Gfter, der als Kreditvermittler für die KG tätig ist, gilt nicht § 89, sondern Gesellschaftsrecht, BGH BB **85,** 824. **Vertragshändler** s § 84 Rn 11. Sonderregeln für Automobilhändler nach der EGGruppenfreistellungsVO (§ 86 Rn 38): 2 Jahre.

11 B. **Inhalt des I:** Die **Kündigungsfrist** ist **gestaffelt.** Sie beträgt im ersten Jahr der Vertragsdauer einen Monat, im zweiten zwei Monate, im dritten bis fünften drei Monate **(I 1).** **Vertragsdauer** bedeutet ununterbrochenes Bestehen des HVVertrags (nicht auch tatsächliche HVTätigkeit), Kündigung mit entsprechendem Neuabschluss unterbricht bei Umgehung (§ 242 BGB) nicht. Für die Vertragsdauer kommt es nach hL nicht auf den Kündigungstermin an, sondern auf den Zeitpunkt des Zugangs der Kündigungserklärung, MüKo/von Hoyningen-Huene 56.

12 Nach einer Vertragsdauer von fünf Jahren, also ab dem sechsten beträgt die Kündigungsfrist sechs Monate **(I 2).**

13 Nach **I 3** ist die Kündigung unabhängig von der Vertragsdauer nur für den **Schluss eines Kalendermonats** zulässig. Doch ist insoweit eine andere Abrede schon nach I 3 möglich (näher Rn 27).

14 **Fristbeginn** mit Zugehen der Kündigungserklärung (s Rn 15). Die Kündigungsfrist muss dem Gekündigten voll gewährt bleiben, auch wenn letzter Tag vor ihrem Beginn (oder Ablauf) ein Samstag, Sonntag oder Feiertag ist, BAG NJW **70,** 1470, BGH **59,** 265; § 193 BGB, der dem Schutz des Erklärenden bezweckt, ist unanwendbar. Fristberechnung §§ 186 ff BGB.

15 C. **Kündigungserklärung:** Kündigung ist empfangsbedürftige Willenserklärung, Zugang §§ 130–132 BGB. Sie ist, falls nichts anderes vereinbart (§ 127 BGB), formlos möglich; auch konkludent, vgl BGH VersR **61,** 82 (iErg abl), muss aber eindeutig sein, Düss HVR **(52)** Nr 24.

16 D. **Wirksamkeit der Kündigung:** Neben § 89 gelten nur die allgemeinen Kündigungsschranken der §§ 138, 242 BGB, zB bei sittenwidrigem Ausschluss der ordentlichen Kündigung, BGH NJW **95,** 2350 (iErg abl), oder ihrer sittenwidrigen Erschwerung oder bei Rechtsmissbrauch; engere Schranken speziell zum Schutz des HV vermittels § 242 BGB sind schon angesichts des Schutzes aus § 89b nicht angezeigt, Ulmer FS Möhring **75,** 311, aA Canaris § 15 Rn 85. Auch ordentliche Kündigung unter Fristeinhaltung kann sittenwidrig sein, so Kündigung wegen Weigerung, ein einseitig den HV belastendes Rabattsystem anzunehmen, BGH NJW **70,** 855, aber nicht schon weil Unternehmer eine günstigere Geschäftsentwicklung herbeiführen will, BGH VersR **69,** 445. Die Rspr zu Kündigungsschranken und/oder Ersatzanspruch bei noch nicht amortisierten **Investitionen** des Vertragshändlers (Überbl 40, 42 vor § 373) ist für HV idR aus tatsächlichen Gründen nicht einschlägig, im Einzelfall kann das aber anders liegen, Canaris § 15 Rn 85, dann ausnahmsweise umgekehrt (vgl § 84 Rn 11) Übertragung der dort entwickelten Wertungen auf HV. Für Kündigungsklauseln in **AGB** sind **(5)** §§ 307–309 BGB zu beachten (§ 86 Rn 8), insbesondere für Umgehung durch **Freistellungsklauseln,** also Entbindung des HV für die Dauer der Kündigungsfrist ohne ausreichende Entschädigung (entspricht vorgezogenem Wettbewerbsverbot, § 90a), BGH **129,** 193, oder Erschwerung der Kündigung durch **Rückzahlungsklauseln,** zB Rückzahlung von Vertragsanschlussgebühr, BGH NJW **82,** 181 (iErg unwirksam), Rückzahlung von Kostenzuschüssen und sonstige „Strafen", Kln HVR **(97)** Nr 885, teilweise Rückzahlung einer Provisionspauschale bei fristloser Kündigung des Unternehmers, Düss DB **72,** 182 (iErg wirksam, aber noch vor ehem AGBG). Unberechtigte (ordentliche) Kündigung kann als Pflichtverletzung schadensersatzpflichtig machen (unberechtigte außerordentliche Kündigung s § 89 a Rn 40).

Änderungskündigung, also ordentliche Kündigung mit dem (in bestimmter **17** Frist, vor Ablauf der Kündigungsfrist anzunehmenden) Angebot, den Vertrag zu geänderten Bedingungen fortzusetzen, ist zulässig. Schweigen des HV steht der Annahme (einer Provisionsminderungsabrede) nicht gleich, BGH DB **55,** 1085. Eine die Tätigkeit des HV einschränkende Weisung kann Änderungskündigung sein, Stgt BB **65,** 926. Ausnahmsweise besteht Anspruch auf **Vertragsanpassung** nach § 242 BGB (Erfüllung, nicht Kündigung), zB gegen VersVertreter bei neuer Tarifstruktur (BAV), BGH WM **92,** 311.

Teilkündigung eines einheitlichen Vertragsverhältnisses ist grundsätzlich un- **18** wirksam (s auch Rn 7), BGH BB **77,** 964, zB Untersagung des Besuchs bestimmter Kunden, Stgt BB **65,** 926, Teilbezirks-Kündigung, Karlsr DB **78,** 298, aA Bambg NJW **58,** 1830 m abl Anm Thiede NJW **59,** 1444; anders wenn HVVertrag und Bezirksleitervertrag (oder anderer Zusatzvertrag) getrennte, (wirklich) selbstständige Verträge sind, BGH BB **77,** 965, wenn bestimmter Vertragsteil, zB Konto oder Sicherheiten, nach Parteiwille auch nach Ende fortbestehen soll, Hamm HVR **(99)** Nr 969 (Tankstellenpacht), oder wenn sich der Unternehmer die Teilkündigung, zB Verkleinerung des Marktgebiets, wirksam ausbedungen hat, Grenze **(5)** § 307 BGB, BGH BB **84,** 233, Karls DB **78,** 298, danach ist möglichst genaue Bestimmung der Voraussetzungen und des Umfangs des Teilkündigungsrechts in den AGB erforderlich, Preis/Stoffels ZHR 160 **(96)** 485; Ausgleichsanspruch s § 89 b Rn 10.

3) Fortsetzung und Kündigung von Zeitverträgen (III)

A. **Zeitverträge (§ 620 BGB):** Ein Dienstvertrag ist auf bestimmte Zeit **19** eingegangen, wenn seine Dauer entweder (durch Kalenderdatum oder genauen Zeitraum bzw Frist) bestimmt oder „aus der Beschaffenheit oder dem Zweck der Dienste" zu entnehmen ist (vgl § 620 II BGB); Bsp: Vertretung in einer Saison, beim Verkauf einer Kampagne (§ 84 Rn 42); ebenso ein Vertrag, der an einem bestimmten Zeitpunkt endet, wenn er nicht vorher (einvernehmlich oder kraft Option) verlängert wird; ebenso HVVertrag auf Probe (anders wenn vor Ablauf der Probezeit kündbar oder wenn nach Ablauf automatisch verlängert, Rn 20). § 89 ist auf Zeitverträge nicht anwendbar; wird der Zeitvertrag aber nach Ablauf der vereinbarten Laufzeit von beiden Teilen fortgesetzt, gilt III (s Rn 21).

Nicht Zeitvertrag, sondern unbefristeter Vertrag ist ein „bis zum Widerruf" **20** geltender Vertrag, Bambg HVR **(52)** Nr 87; ein zu einem bestimmten Termin endender Vertrag, zB mit Erreichen der Altersgrenze des HV, falls vorher (so iZw) ordentliche Kündigung möglich ist, BGH VersR **69,** 445; HVVertrag auf Probe, falls während der Probezeit ordentlich kündbar, BGH **40,** 235; ebenso ein auf bestimmte Zeit abgeschlossener Vertrag, der sich mangels Kündigung **automatisch** (um eine bestimmte oder unbestimmte Zeit) **verlängert,** denn er soll gerade nicht ohne weiteres zu dem bestimmten Termin auslaufen, § 89 gilt direkt, üL, Hamm BB **73,** 1234, aA BGH NJW **75,** 387, Zeitvertrag, § 89 analog für Frist, offen ob auch für Termine, umgekehrt: § 89 für Termin, aber nicht für Frist Schröder FS Hefermehl **76,** 113; ebenso echte **Kettenverträge** (Umgehung von § 89 durch Aufspaltung in mehrere gleiche oder ähnliche Zeitverträge), BGH **141,** 251, VersR **59,** 129, NJW **96,** 848, BB **02,** 2037.

B. **Fortsetzung und Kündigung von Zeitverträgen (III):** III regelt einen **21** Sonderfall des an sich nicht unter § 89 fallenden Zeitvertrags. Wird der **Zeit-**

Hopt

vertrag nach Ablauf der vereinbarten Laufzeit von beiden Teilen (nicht nur von einem) **fortgesetzt,** dann gilt der Vertrag als auf unbestimmte Zeit verlängert (III 1). Fortsetzung von beiden Teilen ist schon dann anzunehmen, wenn der HV nach Ablauf der Vertragszeit seine Tätigkeit fortsetzt und der Unternehmer nicht unverzüglich widerspricht, sobald er davon Kenntnis erhält. Erneutes oder fortdauerndes Einigsein über die Bedingungen ist unnötig, beiderseitige Fortsetzung genügt, BGH WM **05,** 1041. § 89 wird damit anwendbar.

22 In Fall des III bestimmen sich die **Kündigungsfristen** der I 1 und 2 aber nicht nach der Dauer ab Fortsetzung, sondern **nach der Gesamtdauer** ab Beginn des Vertragsverhältnisses (III 2). Verlängerung auf unbestimmte Zeit ist nicht schon dann anzunehmen, wenn der HV nach Ablauf der Vertragszeit seine Tätigkeit fortsetzt, der Unternehmer das erfährt und nicht unverzüglich widerspricht; § 625 BGB tritt demgegenüber für HV zurück (AmtlBegr).

4) Wirkung der Kündigung

23 A. **Vertragsbeendigung:** Kündigung (mit Frist, § 89) wirkt grundsätzlich erst am Vertragsende (Kündigungstermin). Ist zu einem späteren Termin ordentlich und dann (unwirksam) fristlos gekündigt, kann erneute ordentliche Kündigung zu einem an sich zulässigen früheren Termin nach § 242 BGB ausgeschlossen sein, BGH BB **69,** 380. Auch ordentlich gekündigter HVVertrag kann aber bei wichtigem Grund noch außerordentlich gekündigt und fristlos oder auf einen früheren Termin beendet werden (§ 89 a), Nürnb HVR **(62)** Nr 342.

24 Die Kündigung ist nach Zugang unwiderruflich (§ 130 I 2), sie ist wie sonstige Willenserklärungen anfechtbar. Ihre Wirkungen können bis zum Vertragsende einvernehmlich aufgehoben werden (§ 311 BGB). Danach bleibt nur Neuabschluss. Wird bereits beendeter HVVertrag vom HV mit Wissen des Unternehmers **fortgesetzt,** gilt § 625. „Widerruf" einer Kündigung nach Vertragsende ist neues Vertragsangebot, Schweigen des HV darauf ist nicht ohne weiteres Annahme, BGH HVR **(60)** Nr 247, s § 346 Rn 30.

25 B. **Zeit bis zum Vertragsende:** Der Unternehmer darf nicht vor Vertragsende die vom HV vermittelten Geschäfte insgesamt ablehnen und einen anderen HV zur Bearbeitung von Bezirk (Kundschaft) des Gekündigten bestellen (vgl § 86a Rn 14, 16); Abweichungen uU nach §§ 157, 242 BGB. Der gekündigte HV ist idR zur Einführung eines Nachfolgers verpflichtet. Freistellung des HV gegen Ausgleich des Verdienstausfalls ist zulässig (Gefahr des Mitnehmens von Kunden zu Konkurrenzunternehmen). Freistellungsabrede aber nur in den Grenzen des § 90a (vorgezogene Wettbewerbsabrede), Zahlungen dürfen sich am Freistellungszeitpunkt ausrichten, BGH **129,** 190. § 629 BGB (nach Kündigung Freizeit zur Stellungssuche) ist idR gegenstandslos wegen freier Arbeitsgestaltung (§ 86 Rn 5).

26 C. **Provisionsanspruch, weitere Ansprüche:** Das Ende des Vertrags lässt das Recht des HV auf Provision auf noch auszuführende Geschäfte unberührt (§ 87a III 1), uU erhält er auch Provision aus späteren, von ihm vorbereiteten Abschlüssen (§ 87 III). Er hat uU einen Ausgleichsanspruch nach § 89b. Er muss die ihm überlassenen Unterlagen (§ 86a I), ggf überlassene Waren (§ 86a Rn 5; anders beim Vertragshändler, Überbl 41 vor § 373) und seine Korrespondenz mit Kunden herausgeben (Zurückbehaltung s § 88a); der Unternehmer ist zur Rücknahme seiner Sachen (Ersatzteile, Lager, Vorratsware ua) verpflichtet, grundsätzlich unabhängig vom Eigentumsübergang und auch ohne Konsignationslagerabrede wie beim Vertragshändler (Überbl 41 v § 373), auch ohne dass der Unternehmer das Vertragsende verschuldet hat, aA Schriefers BB **92,** 2158. Klausel, dass HV bei Vertragsende Arbeitsverhältnisse mit Familienmitgliedern beendet, ist unwirksam (§ 613a BGB), BGH WM **06,** 1262. Der gekündigte HV hat kein Recht auf Zeugnis (§ 86 Rn 5).

§ 89a

5) Abweichende Vereinbarungen (I 3, II)

A. **Kündigungstermin (I 3):** Vereinbarungen über den Kündigungstermin 27 sind, soweit die Kündigungsfrist gewahrt bleibt (Rn 28), **unbeschränkt** möglich, zB Kündigung statt zur Kalendermonatsende zur Monatsmitte oder nur auf Quartalsende. Vereinbarung über Kündigungsfrist beinhaltet nicht ohne weiteres auch solche über Kündigungstermin („Die Kündigungszeit beträgt ..."), LG Bielef HVR **(55)** Nr 89; dann bleibt es beim Schluss eines Kalendermonats. II betrifft nur die Kündigungsfristen, ist also hierauf nicht anwendbar. Doch gilt auch hier der dienstvertragsrechtliche Grundsatz, dass die Kündigungsfristen und Kündigungsbedingungen entweder für beide Teile gleich sein müssen oder nur zugunsten des Dienstverpflichteten ungleich sein dürfen (§ 622 V BGB analog).

B. **Kündigungsfristen (II):** Vereinbarungen über die Kündigungsfristen 28 nach I 1 und 2 sind dagegen **nur beschränkt** möglich (II; s auch Rn 16). Nach KfzGVO (§ 86 Rn 38) ist einjährige Kündigungsfrist möglich, auch EuGH RIW **07,** 60 (VW-Audi); obschon nur Freistellung, für Vorrang vor II Ffm BB **08,** 1417, Reimann/Ströbl BB **08,** 1467, dagegen Emde EWiR **08,** 497. So ist **keine Verkürzung** der Kündigungsfrist nach I 1 und 2 zulässig, auch nicht zugunsten des HV. Das gilt auch während einer im Vertrag vereinbarten **Probezeit,** BGH **40,** 237, NJW **82,** 181, weil sonst das zwingende Kündigungsrecht durch sehr lange Probezeiten umgangen werden könnte. Erschwerungen durch **Rückzahlungsklauseln** s Rn 16. Anstelle ungültiger Absprachen gilt idR die zwingende gesetzliche Regelung (Schutzzweck, also nicht § 139 BGB), BGH **40,** 238; doch kann sich aus dem Parteiwillen etwas anderes ergeben, bei AGB ist hier allerdings das Verbot der geltungserhaltenden Reduktion zu beachten, **(5)** § 306 II BGB, Nürnb HVR **(86)** Nr 614. Die Nichtigkeit zu II erfasst nicht auch die gleichzeitige, zulässige Absprache zu I.

Nach **II 1** ist jedoch eine **Verlängerung** zulässig, KG MDR **97,** 1041, 29 Schlesw HVR **(97)** Nr 997; allgemeine Grenzen s Rn 16. Diese verlängerte Kündigungsfrist darf für den Unternehmer nicht kürzer sein als den HV. Bei Vereinbarung einer kürzeren Frist für den Unternehmer gilt die für den HV vereinbarte (längere) Frist **(II 2).** Nach dem klaren Wortlaut kann aber umgekehrt die (verlängerte) Kündigungsfrist für den Unternehmer länger sein als für den HV. Der Grundsatz der **Fristenparität** ist insoweit zugunsten des HV durchbrochen. Für die Kündigungstermine gilt nicht II, sondern I 3 (Rn 27). II gilt analog für Arbeitsverhältnisse, BAG NJW **05,** 3230.

Bei Vereinbarung einer kürzeren Kündigungsfrist für den Unternehmer unter 30 Verstoß gegen II 1 gilt auch für den Unternehmer die für den HV vereinbarte längere Kündigungsfrist, der Grundsatz der Fristenparität setzt sich hier also zu Lasten des Unternehmers durch **(II 2).** II 2 geht §§ 134, 139 BGB vor.

[Fristlose Kündigung]

89a (1) ¹**Das Vertragsverhältnis kann von jedem Teil aus wichtigem Grunde ohne Einhaltung einer Kündigungsfrist gekündigt werden.** ²**Dieses Recht kann nicht ausgeschlossen oder beschränkt werden.**

(2) **Wird die Kündigung durch ein Verhalten veranlaßt, das der andere Teil zu vertreten hat, so ist dieser zum Ersatz des durch die Aufhebung des Vertragsverhältnisses entstehenden Schadens verpflichtet.**

Übersicht

1) Außerordentliche Kündigung 1–5
  A. Reichweite des § 89a 1
  B. Außerordentliche Kündigung (ohne oder mit Frist) 3
  C. Umdeutung in ordentliche Kündigung 5

§ 89a 1–5

2) Wichtiger Grund (I 1) 6–25
　A. Grundsatz 6
　B. Kündigungserklärung, Nachschieben von Gründen 13
　C. Wichtige Kündigungsgründe im Sinne von § 89 a 16
　D. Wichtige Kündigungsgründe des Unternehmers 17
　E. Wichtige Kündigungsgründe des Handelsvertreters 22
3) Abweichende Vereinbarungen (I 2); Verzicht, Verwirkung 26–32
　A. Zwingendes Recht 26
　B. Verzicht 29
　C. Zu späte Kündigung, Verwirkung 30
4) Folgen berechtigter Kündigung; insbesondere Schadensersatzpflicht (II) 33–35
　A. Folgen berechtigter Kündigung 33
　B. Schadensersatzpflicht bei berechtigter Kündigung (II) 34
5) Folgen unberechtigter Kündigung 36–40
　A. Unwirksamkeit, Kündigungsgrund für den anderen Teil 36
　B. Vergütung 37
　C. Schadensersatzpflicht bei unberechtigter Kündigung 40

1) Außerordentliche Kündigung

1　A. **Reichweite des § 89a:** § 89 a betrifft die außerordentliche Kündigung (auch fristlose Kündigung genannt, aber s Rn 4); die ordentliche Kündigung ist in § 89 geregelt. § 89 a gilt für alle HV, auch solche im Nebenberuf (§ 92 b). Für unselbstständige Vertreter (§ 84 II) gilt Arbeitsrecht. Die außerordentliche Kündigung ist **nicht europarechtlich** präformiert (Art 16 EG-Ri, § 84 Rn 3). § 89 a ist **Sondervorschrift zu § 314 BGB,** Saarbr HVR **(06)** 1170, aber ohne wesentliche Unterschiede, da § 314 BGB nur die bisherige Rechtslage kodifiziert. Die Definition des wichtigen Grundes in § 314 I 2 BGB kann auch für § 89 a I herangezogen werden (s Rn 3); Abmahnung (§§ 314 II, 323 II BGB) schon bisher (s Rn 10); Kündigung nur innerhalb angemessener Frist (§ 314 III BGB) schon bisher (s Rn 30); Schadensersatzpflicht bei berechtigter Kündigung (§ 314 IV BGB) s Rn 34. **Vertragshändler** s § 84 Rn 11.

2　**§§ 626–628 BGB** sind ersetzt. § 1 entspricht § 626 I BGB. § 626 II BGB gilt nicht (Rn 30). § 627 BGB wird durch §§ 89, 89 a ausgeschlossen. § 628 I BGB (Dienstvergütung bei außerordentlicher Kündigung) ist wohl idR durch §§ 87, 88 (Provisionsanspruch) ersetzt, aber entspr anwendbar auf feste Vergütung (vgl § 87 Rn 5). Statt § 628 II BGB gilt § 89 a II. Zur Geltung der §§ 620 ff BGB im Übrigen s § 89 Rn 6.

3　B. **Außerordentliche Kündigung (ohne oder mit Frist):** Wie bei allen Dauerschuldverhältnissen (§ 314 BGB) kann jeder Teil den Vertrag, mag er auf bestimmte oder unbestimmte Zeit geschlossen sein, **aus wichtigem Grunde ohne Frist kündigen (I 1;** wie § 626 I BGB).

4　Aber auch eine Kündigung **mit Frist** statt fristlos ist außerordentliche Kündigung, wenn klar zum Ausdruck kommt, dass sie aus einem Grund erfolgt, der zur fristlosen Kündigung berechtigen würde, zur Abgrenzung BGH NJW **00,** 1868, Kblz NJW-RR **07,** 1045. Die Mindestfrist nach § 89 I gilt für sie also nicht. Eine außerordentliche Kündigung mit Auslauffrist ist nur bei solcher Erklärung anzunehmen, sonst bleibt es bei sofortiger Wirkung, BGH NJW **99,** 946, Nürnb BB **69,** 391.

5　C. **Umdeutung in ordentliche Kündigung:** Ist die außerordentliche Kündigung mangels wichtigen Grundes unwirksam, kann sie als ordentliche Kündigung zum nächsten Termin wirksam sein, sofern der Kündigende dies bei Kenntnis der Nichtigkeit gewollt hätte und dies deutlich erkennbar geworden ist (Umdeutung, § 140 BGB), BGH BB **69,** 381, **92,** 1163, Karlsr DB **71,** 572. Eine derart in eine ordentliche umgedeutete, unwirksame außerordentliche Kündigung des Unternehmers berechtigt den HV, seine Tätigkeit sofort einzustellen,

Siebenter Abschnitt. Handelsvertreter 6–10 § 89a

Stgt BB **60,** 956; der HV behält Anspruch auf die ihm bis zur Vertragsbeendigung so entgehende Provision (vgl Rn 38, 40, zu den weiteren Folgen unberechtigter Kündigungs Rn 36). Die als außerordentliche unwirksame, als ordentliche wirksame Kündigung enthält iZw Widerruf der Vollmachten des HV (vgl §§ 55, 91), der schon vor dem ordentlichen Kündigungstermin wirksam ist, gegen Dritte aber nur bei Kundgebung, zB Rundbrief (§§ 168 S 2, 171 II BGB).

2) Wichtiger Grund (I 1)

A. **Grundsatz:** Ein Kündigungsgrund ist wichtig genug zur außerordentli- 6 chen Kündigung, wenn dem Kündigenden unter Berücksichtigung aller Umstände des Einzelfalls und unter Abwägung der beiderseitigen Interessen die Fortsetzung bis zur vereinbarten Vertragsbeendigung (§ 620 BGB, s § 89 Rn 19) oder bis zum Ablauf der Frist zur ordentlichen Kündigung (§ 89) nicht zugemutet werden kann, also **Abwarten unzumutbar** ist (§ 314 I 2 BGB, s Rn 1; vgl § 626 I 1).

Gegen Unzumutbarkeit fallen ins Gewicht zB: Aussicht auf Abhilfe; Nähe des 7 Vertragsablaufs oder nächsten ordentlichen Kündigungstermins (Abwarten eher möglich), BGH BB **79,** 242; zu erwartende Folgen der außerordentlichen Kündigung (im Gegensatz zur ordentlichen, zB auch Rechtsfolge des § 89b III 2, BGH WM **75,** 856, von Gamm NJW **79,** 2494); längere Vorhersehbarkeit, zB Betriebsumstellung bei Verlusten, BGH NJW **86,** 1931; langjährige erfolgreiche Tätigkeit für den Unternehmer, BGH DB **81,** 1772; längere Duldung oder laue Beanstandungen, BGH WM **82,** 633; Einräumung längerer Abstellfrist, etwa bei nicht genehmigter Konkurrenzvertretung, Nürn BB **65,** 809; Rückschlüsse aus eigenem Verhalten des Kündigenden nach Eintritt des Kündigungsgrundes sind möglich, BGH BB **83,** 1629, WM **84,** 558.

Eigene Vertragsuntreue kann Kündigung wegen Verstößen des anderen Teils 8 hindern (§ 242 BGB), falls diese nicht so gewichtig sind, dass Fortsetzung trotz der eigenen unzumutbar ist, BGH **44,** 275, BB **59,** 541, HVR **(59)** Nr 211, WM **92,** 313, Hamm HVR **(97)** Nr 878, oder andere Umstände (auch bei gleichem Verschulden) nach Treu und Glauben das Festhalten am Vertrag unzumutbar machen, BGH BB **60,** 381.

Mehrere Gründe können auch erst gemeinsam ausreichen, BGH **44,** 274, 9 Saarbr NJW-RR **02,** 542 (vgl auch Rn 15). Insgesamt gibt es also weder „absolute Kündigungsgründe" noch umgekehrt Tatsachen, die nie außerordentliche Kündigung rechtfertigen können (aber Vereinbarung, s Rn 27 f).

Abmahnung (§§ 314 II, 323 II BGB, s Rn 1) vor Ausspruch der außeror- 10 dentlichen Kündigung ist grundsätzlich immer notwendig, wenn Grund in Störung der Leistungsseite (nicht Vertrauensseite) besteht, BGH DB **78,** 1882, WM **81,** 172, NJW-RR **99,** 539, WM **06,** 873, NZG **09,** 312, Karls HVR **(97)** Nr 820, Düss HVR **(00)** Nr 949, HVR **(01)** Nr 952; auch bei Vertrauensseite ist sie grundsätzlich notwendig, Düss HVR **(01)** Nr 1073, Saarbr HVR **(06)** 1170, aA MüKo/von Hoyningen-Huene 29, Abmahnung jedenfalls bei langjähriger Tätigkeit des HV und sicherem Fehlen eines Schadens des Unternehmers, Kln HVR **(02)** Nr 1051; bei Verstoß gegen Verkäufe auf Kredit (falls nicht schon unwirksame AGB, § 86 Rn 15), wenn der Unternehmer dies jahrelang geduldet hat, und selbst bei kurz zuvor erteilter Weisung, wenn der HV die daraufhin die Kreditverkäufe schon erheblich reduziert hat, BGH NZG **09,** 310, uU auch bei Beleidigung im Erregungszustand, Stgt BB **08,** 1954 (zu weit). Abmahnung ist aber entbehrlich bei so schwerwiegenden Vertragsverletzungen, dass Abmahnung Vertrauensbasis nicht wiederherstellen kann, BGH ZIP **99,** 1309 (laufender Wettbewerb), Kln VersR **01,** 1023 (grob täuschende Werbeaktion), Kln VersR **02,** 482 (leichtfertiges Äußern strafrechtlicher Vorwürfe über wichtige Kunden des Unternehmers), Saarbr NJW-RR **02,** 542, Düss HVR **(05)** 1212 (Konkurrenz trotz Untersagung nach Ankündigung). Dass Billigung des Verhaltens offen-

§ 89a 11–16   I. Buch. Handelsstand

sichtlich ausgeschlossen ist, reicht für Verlust der Vertrauensbasis nicht ohne weiteres aus, aA wohl Kln VersR **01**, 1023. Ob HV sein Verhalten für berechtigt hält, soll für Vertrauensverlust unerheblich sein, BGH ZIP **99**, 1309; bei berechtigten Zweifeln ist jedoch Abmahnung zwecks Klärung nötig, BGH WM **01**, 1034. Ohne zumutbare Abmahnung fehlt es am wichtigen Grund (Grundsatz der Verhältnismäßigkeit), Mü BB **93**, 2403, vgl für das Arbeitsrecht Schaub NJW **90**, 874. Bloße **Anhörung** s Rn 20.

11 Die **Beweislast** für das Vorliegen eines wichtigen Grundes liegt beim Kündigenden, Karlsr DB **71**, 572, HVR **(75)** Nr 495, Saarbr HVR **(98)** Nr 897, HVR **(06)** 1170, allgemeiner bei dem, der sich darauf beruft, BGH NJW-RR **99**, 539, Düss WM **92**, 19.

12 Der Rechtsbegriff des wichtigen Grundes ist **revisibel,** soweit es um die generelle Eignung eines Sachverhalts bestimmter Art zur Begründung der außerordentlichen Kündigung geht, BGH WM **84**, 558, anders nur soweit die tatsächlichen Besonderheiten des Einzelfalls zu würdigen sind.

13 B. **Kündigungserklärung, Nachschieben von Gründen:** Kündigungserklärung s § 89 Rn 15. Die Kündigung ist als außerordentliche (§ 89a) klar und eindeutig zu **bezeichnen,** BGH **27**, 225, Mü HVR **(98)** Nr 894, aber nicht unbedingt mit dem Wort „außerordentliche" oder „fristlose" Kündigung. Die nicht so bezeichnete Kündigung gilt als ordentliche (§ 89 oder Vertrag) und wird nicht durch Nachschieben wichtiger Gründe rückwirkend zur außerordentlichen, dieses ist idR neue, nunmehr außerordentliche Kündigung, BGH **27**, 222, Nürnb BB **57**, 561. Die Angabe bestimmter wichtiger Gründe kann andere uU ausschließen (Rn 32).

14 Die Kündigung braucht grundsätzlich **nicht begründet** zu werden. Auch Gründe, die bei der Kündigung objektiv vorlagen, aber dem Kündigenden unbekannt waren, sind bei der Beurteilung der Wirksamkeit der nicht oder unvollständig begründeten Kündigung zu beachten, also **Nachschieben** alter, dh zurzeit der Kündigung bereits vorhandener Gründe; BGH **27**, 220, **40**, 16, BB **61**, 498, Saarbr HVR **(06)** 1170, jedenfalls bei gravierenden Verstößen, Brem HVR **(06)** 1144, str. § 626 II 3 BGB, der zur schriftlichen Mitteilung der Gründe auf Verlangen verpflichtet, gilt entspr auch für HV. Verfristung, Verwirkung s Rn 30, 31.

15 Ein **neuer** (erst nach der Kündigung entstandener) **Grund,** wirkt, falls er mit dem alten Grund nicht zusammenhängt, nur, wenn er die Kündigung allein trägt, und erst ab seiner Geltendmachung, BGH BB **61**, 48 (gegen RG **142**, 272: vom Zeitpunkt des Eintritts), Saarbr HVR **(06)** 1170. Dagegen soll ein neuer Grund, der mit dem bei der Kündigung erklärten alten zusammenhängt und mit diesem zusammen die Kündigung rechtfertigt (Bsp: unerlaubter Wettbewerb nach Kündigung wegen ähnlicher Handlung), die alte Kündigung ohne nochmalige neue schon ab Entstehen des neuen Grundes (nicht erst ab seiner Geltendmachung) wirksam machen, BGH **27**, 220, BB **59**, 540. Dieses letztere ist mit der heutigen Rspr und Lehre zum Nachschieben von Kündigungsgründen (§ 626 BGB, § 1 KSchG) nicht mehr vereinbar. Nach der Kündigung entstandene Gründe können nur neue Kündigung (ohne Rückwirkung) rechtfertigen, die allerdings konkludent im Nachschieben liegen kann, ebenso Heymann/Sonnenschein/Weitemeyer 33. „Nachschieben" unter § 89b, s dort Rn 56.

16 C. **Wichtige Kündigungsgründe im Sinne von § 89a:** § 89a sagt (ebenso wie § 626 BGB) nichts darüber, was als „wichtiger" Kündigungsgrund anzusehen ist (vgl aber § 723 I 2 BGB, § 133 II: insbesondere vorsätzliche oder grob fahrlässige Verletzung einer wesentlichen GesVertragspflicht oder Unmöglichwerden einer solchen Verpflichtung). Dazu gibt es jedoch eine reiche **Kasuistik** aus der Rspr (Rn 17 ff, 22 ff), die aber stets auf dem Hintergrund des allgemeinen Grundsatzes der (Un)zumutbarkeit (s Rn 6) gesehen werden muss. Wichtiger

Siebenter Abschnitt. Handelsvertreter 17 § 89a

Grund in § 89a I ist inhaltlich deckungsgleich mit dem in § 89b III Nr 2 Mittelsatz (s auch dort), BGH WM **85,** 982, NJW **99,** 947. Lit: Holling BB **61,** 994, Küstner/Thume I 1830 ff (alphabetische Übersicht über solche Gründe).

D. Wichtige Kündigungsgründe des Unternehmers: a) Umstände 17 **beim Handelsvertreter: wesentliche Vertragsverletzung des Handelsvertreters** (vgl § 86): besonders (aber nicht nur) vorsätzliche oder grob fahrlässige; zB grob eigennützige Missachtung der Interessen des Unternehmers; endgültige, unberechtigte Dienstverweigerung; Drohung, eigene Vorzugsbedingungen anderen HV mitzuteilen, BGH BB **84,** 237; Drohung, Betriebsinterna zu offenbaren, und sonstige widerrechtliche Drohungen, Saarbr NJW-RR **02,** 542; offenes Abraten von Empfehlungen des Unternehmers, Konterkarierung seiner Vertriebsbemühungen, Saarbr NJW-RR **02,** 542; versuchte Abwerbung anderer HV des Unternehmers zugunsten eines Nichtwettbewerbers, BGH BB **77,** 1170 (bei Wettbewerb s Rn 19); Mehrfachschreibungen bei Kundenbestellung in nennenswerter Anzahl, BGH DB **81,** 987; Inanspruchnahme erheblicher, dem Bezirksdirektor zustehender Versicherungsprovisionen, Mü VersR **02,** 568; Nichtbefolgung von (berechtigten, s § 86 Rn 16) Weisungen des Unternehmers, etwa bei der Bearbeitung von Versicherungsanträgen, BGH VersR **86,** 1072, Weisung zum regelmäßigen Besuch von Krankenhäusern, Mü NJW-RR **03,** 401, oder ein Veränderung der Warensortiments durch den Unternehmer, BGH DB **81,** 1772; vertragswidrige Nichtrückübertragung der VersBestandsverwaltung, BGH VersR **68,** 642; **Pflichtvernachlässigung** mit der Folge eines Umsatzrückgangs, BGH WM **82,** 633, Ffm DB **67,** 329; unzureichende Gebietsbetreuung (§ 87 II) mit Umsatzrückgang, Mü NJW-RR **03,** 401; dauernde Nachlässigkeit des HV, Stgt BB **60,** 956; ungenügende Beaufsichtigung des Personals, Celle BB **58,** 894; (berechtigte) Beschwerden der Kunden, Stgt BB **60,** 956; **Vertrauensverstöße:** Falschangaben zum Schadensfall im Zusammenwirken mit Versicherungsnehmer, Hamm VersR **99,** 1016; je nach den Umständen Beleidigung des Unternehmers, BGH VersR **59,** 887, Celle BB **63,** 711, oder leitender Angestellter, Stgt BB **60,** 956, Nürnb BB **63,** 447, auch anonym im Internet, uU auch Duldung durch HVDomaininhaber, LAG BaWü 7.5.**07** juris; sonstige beleidigende Herabwürdigung oder Verhaltensweisen und Umstände, welche Autorität und Ansehen des Unternehmens bei Mitarbeitern oder Kunden untergraben können, Saarbr NJW-RR **02,** 542, etwa ehrenrührige Verurteilung, Aufdeckung entsprechender Vorstrafen; je nach den Umständen Trunkenheit im Dienst, Celle VersR **61,** 507; leichtfertiges Äußern strafrechtlicher Vorwürfe über wichtige Kunden des Unternehmers, Kln VersR **02,** 482; unberechtigte Führung von Berufsbezeichnungen und akademischer Titel, Hbg BB 60, 1300 (Apotheker); unberechtigte außerordentliche Kündigung (Rn 36); Nichteinhaltung der Fortsetzungsvereinbarung nach einverständlicher Rücknahme der ordentlichen Kündigung, BGH BB **84,** 235; heimliche Verhandlung mit Dritten zwecks vorzeitiger Vertragsbeendigung, Düss HVR **(53)** NR 38; **nachhaltiges Zerwürfnis,** so dass gedeihliches Zusammenwirken nicht mehr zu erwarten ist, auch ohne Verschulden, auch bei beiderseitigem, Nürnb BB **60,** 956, **63,** 447, Saarbr NJW-RR **02,** 542, jedoch nicht schon harte geschäftliche Diskussion, BGH BB **79,** 243; uU unberechtigte Klageerhebung, vgl Celle BB **63,** 711; **Nichtmeldung** von Geschäftsabschlüssen und Sachverhalten, die für den Unternehmer von besonderer Wichtigkeit sind, Kln BB **71,** 543, aber nicht ohne weiteres schon einmalige Nichtmeldung, BGH BB **79,** 242; Nichtunterrichtung über Aufnahme nicht genehmigter Nebentätigkeit nur im Einzelfall, aber nicht ohne weiteres wie bei ungenehmigter Konkurrenz (s Rn 19), BGH WM **01,** 1031, aber wenn Unternehmer hintergangen wird, Bambg BB **79,** 1001; Nichtunterrichtung über Haftungsbeschränkung durch Umwandlung in GmbH & Co, BGH BB **78,** 982 (für Vertragshändler). Bei **HVGesellschaft** (§ 84 Rn 8) können die Umstände auch

Hopt 417

§ 89a 18–20

bei einem Gfter liegen, MüKo/von Hoyningen-Huene 49, Emde 1994. Bei persönlichem Vertrauen uU Umwandlung in HVGmbH, LG Gött VersR **07,** 1696. Für **Erfüllungsgehilfen** gilt **§ 278 BGB,** BGH NJW **07,** 3068 (anders zu § 89 b Rn 65). **Einbezogene Dritte:** s Rn 18. Vertrauensverstoß gegenüber der einen SchwesterGes im **Konzern** kann wichtiger Kündigungsgrund auch für andere sein, Brem **(06)** 1144; vgl zum Konzern Rn 21.

18   **Nicht:** Verweigerung der Zustimmung zur Verkleinerung des Bezirks; Verweigerung von Mitteilungen in der vom Unternehmer gewünschten Form (Wochenberichtsformulare), BGH WM **88,** 33; bloßes Nachlassen des HV in seiner Bemühung, besonders nach langer früherer erfolgreicher Zusammenarbeit, Fbg BB **57,** 561 (aber es kann den Ausgleich, § 89 b, drücken); Nichttätigwerden für zusätzlichen Absatz einer höherwertigen Kollektion bei neuem Kundenkreis, BGH DB **81,** 1772; Nichterreichen von unrealistischen Sollabsatzvorgaben, Düss HVR **(96)** Nr 875; geringe Umsätze oder Umsatzrückgang reichen für sich allein keinesfalls aus, die Rspr verlangt zT sogar grobfahrlässige Pflichtwidrigkeit, Karlsr BB **77,** 1672, HVR **(75)** Nr 495; (ohne vorherige Abmahnung) Vertragsverletzung oder Nichtmeldung bei unklaren Vertragsklauseln, Mü HVR **(90)** Nr 699; Verstoß gegen erstmalig anderslautende Weisung bei vorheriger jahrelanger Duldung, KG DB **07,** 1355; Verfehlungen Dritter (**§ 278 BGB unanwendbar,** weil Ausgleichsanspruch wegfällt), anders bei einvernehmlicher Einbeziehung in Vertrag, Saarbr HVR **(99)** Nr 899 (Ehemann) oder bei Geschäftsführer oder Gfter einer HVGmbH.

19   **Insbesondere unzulässiger Wettbewerb** (§ 86 Rn 26 ff): insbesondere Verstoß gegen vertragliche Wettbewerbsklausel, BGH BB **74,** 714, aber auch ohne solche; namentlich bei Verheimlichung, BGH BB **74,** 714, diese kann schon allein, selbst ohne Schädigung des Unternehmers, das Vertrauen zerstören; wettbewerbswidrige Eigengeschäfte, Mü NJW-RR **95,** 1186; ungenehmigte Übernahme einer Konkurrenzvertretung, BGH HVR **(56)** Nr 164, NJW **87,** 57, **99,** 947, verheimlichte ebenso wie offene Konkurrenztätigkeit, BGH ZIP **99,** 1309; auch nach der eigenen ordentlichen Kündigung des HV in der Zeit vor Vertragsende, Ffm HVR **(03)** Nr 1087; auch bei Überschneidung nur einzelner Sortimentsteile (§ 86 Rn 27); auch bei erstem Zugriff auf Geschäftsangebote, anders wenn bei Vertragsschluss bekannt, Düss HVR **(55)** Nr 106, Hamm HVR **(56)** Nr 128, oder später (in Kenntnis des wahren Ausmaßes) geduldet, BGH VersR **61,** 53, Kln BB **72,** 468, oder wenn Abwarten doch zumutbar, BGH VersR **60,** 846, WM **92,** 311 (vgl Rn 7); Übernahme einer weiteren (auch nicht konkurrierenden) Vertretung ohne die vertraglich vorgeschriebene Genehmigung des Unternehmers, BGH WM **77,** 318 (Tankstelle), Nürnb BB **63,** 203, Bambg BB **79,** 1000, aber nicht bei bloßer Anzeigepflicht, Karls HVR **(97)** Nr 820, auch nicht schon bei Auswachsen einer erlaubten Zweitvertretung zu echtem Konkurrenzunternehmen, BGH 22. 7. 76 (von Gamm NJW **79,** 2491); Vermittlung von Kunden zur Konkurrenz durch VersVertreter ohne Zustimmung des Unternehmers, auch wenn dieser bestimmte Risiken grundsätzlich ablehnt, BGH BB **74,** 714 (bedenklich: grundsätzliche Ablehnung kann als Verzicht auf Zustimmungseinholung angesehen werden); Abwerbung eines anderen HV des Geschäftsherrn für ein anderes (nicht unbedingt Konkurrenz-)Unternehmen, BGH BB **77,** 1170.

20   **Unmöglichkeit der Erfüllung wesentlicher Vertragspflichten** durch HV, **auch unverschuldet** (anders § 89 b III Nr 2, s dort Rn 63), zB Eröffnung des Insolvenzverfahrens über das Vermögen des HV, Vermögensverfall, BGH **129,** 296, Hamm HVR **(04)** Nr 1095, Geschäftseinstellung, Geschäftsübertragung des HV, uU Ausscheiden des maßgeblichen Gfters aus der HVGes (§ 84 Rn 8), MüKo/von Hoyningen-Huene 48; unerwartete Krankheit von unabsehbarer Dauer, BGH **129,** 294, Ffm NJW-RR **04,** 1174; uU auch schon der **Verdacht** eines Vertrauensbruchs (zB Rezeptdiebstahls), BGH **29,** 276; trotz Aufforderung nicht ausgeräumter Verdacht unzulässigen Wettbewerbs, Mü HVR **(98)** Nr 888;

Vertuschung von Inkassi, Verweigerung der Aufklärung des Verbleibs kassierter Versicherungsprämien, Kln VersR **71,** 1171; die Aufklärungspflicht des Unternehmers vor Ausspruch der Kündigung ist begrenzt, nicht aufgeklärte belastende Umstände gehen uU zu Lasten des HV, BGH BB **59,** 541 (mit arbeitsrechtlicher Rspr). Verdachtskündigung aber wie im Arbeitsrecht (§ 59 Rn 145) nicht ohne vorherige Anhörung, Bambg HVR **(97)** Nr 934. **Druckkündigung:** unberechtigte Vorwürfe anderer HV und von Kunden reichen idR nicht aus, anders bei schwerer Gefährdung der eigenen Lage, BGH BB **59,** 540 (Eigenhändler), vgl § 59 Rn 146.

b) Ausnahmsweise auch Umstände beim Unternehmer: zB Betriebsein- 21 und -umstellung des Unternehmers aus Gründen höherer Gewalt, zB mangelnder Rentabilität, namentlich wenn schon die Tätigkeit des HV etwa bei Provisionsgarantie Verluste einbringt, BGH VersR **58,** 243 (nicht aus von ihm zu vertretenden Gründen; vgl auch entspr Rspr zu § 87 a III 2, s dort Rn 28, und zu § 89 b I 1 Nr. 1 „Vorteil", s dort Rn 20), auch Hamm NJW-RR **88,** 550 (Wegfall der Geschäftsgrundlage). Der Unternehmer hat keine Pflicht, den geschäftlichen Niedergang abzuwarten, außerordentliche Kündigung ist schon vorher möglich, BGH VersR **58,** 244, NJW **05,** 1362, der HV muss sich am Risiko des geschäftlichen Niedergangs beteiligen lassen, GroßKo/Emde 28 (Verluste des Unternehmers), iErg abl Mü 18.7.**07,** 71 juris (UMTS), LS zu weit. Dass schon rote Zahlen geschrieben werden, ist nicht notwendig. Auf die Geschäftslage der Konzernmutter kommt es grundsätzlich nicht an (kein Konzerndurchgriff), DIS BB Beil 11/**99,** 15. **Nicht** genügt dagegen zB eine schon lange vorhersehbare Betriebsumstellung wegen wirtschaftlicher Verluste, BGH NJW **86,** 1931, aber s Rz 30; kein wichtiger Grund auch bei Risikoübernahme des Unternehmers, BGH VersR **58,** 244, fraglich. Auch wenn wichtiger Kündigungsgrund anzuerkennen ist, kann der Unternehmer nach Treu und Glauben ausnahmsweise zur Einhaltung einer angemessenen **Übergangsfrist** (nicht gleich ordentliche Kündigungsfrist) verpflichtet sein (außerordentliche, fristgebundene Kündigung), Hamm NJW-RR **88,** 551 (6 Monate), DIS BB Beil 11/**99,** 17, vgl auch Stgt NJW-RR **90,** 491. Vgl zur gleichen Frage beim HV Rn 25. Lit: Ende BB **96,** 2260, NJW **99,** 326 (Benetton).

E. **Wichtige Kündigungsgründe des Handelsvertreters: a) Umstände** 22 **beim Unternehmer: wesentliche Vertragsverletzung des Unternehmers,** etwa Verweigerung einer Vertragsurkunde trotz mehrfacher Aufforderung (§ 85 Rn 10), BGH WM **06,** 1115, wiederholte Säumnis mit Abrechnung und Zahlung; unberechtigte Provisionsverkürzung, BGH VersR **60,** 462, WM **74,** 870, auch bei Zahlung unter Vorbehalt, wenn nicht einmalig, BGH BB **89,** 1076; Lieferungsstoppp wegen offener Forderungen bei gleichzeitigem Festhalten an Wettbewerbsabrede, BGH WM **06,** 783, Nürnb NJW **72,** 2271; vertragswidrige Beschneidung des Bezirks, vgl BGH WM **71,** 561, Stgt DB **82,** 800; ehrenrührige Verurteilung; unberechtigte außerordentliche Kündigung (Rn 36); auch schon unberechtigte Vorwürfe des Unternehmers, etwa der Unterschlagung, Nürnb BB **65,** 688, oder einen Leistungseinbruchs mit Nahelegen des Ausscheidens, Karlsr HVR **(72)** Nr 472; nachhaltiges Zerwürfnis, auch ohne Verschulden (vgl Rn 17); Stoppen von Zugang zu Kundenkartei, Einbehalt von Stornogefahrmitteilungen nach ordentlicher Kündigung des Unternehmers vor Ablauf der Kündigungsfrist, Brdbg 14.3.**07** juris.

Insbesondere unzulässiger Wettbewerb (§ 86 a Rn 17), wie Abwerbung 23 von Stammkunden des HV zum Direktbezug vom Unternehmer, BGH MDR **59,** 911; Einsatz eines anderen HV im Bezirk des Alleinvertreters, Düss HVR **(72)** Nr 468; Ausspannen von Untervertretern, BGH BB **82,** 1626 (§ 86 a Rn 16); unangekündigte Aufnahme des parallelen Direktvertriebs durch Unternehmer, Mü BB **93,** 1472.

§ 89a 24–30

24 **Unmöglichkeit der Erfüllung wesentlicher Vertragspflichten** durch Unternehmer, **auch unverschuldet,** zB Vorliegen eines Grunds zur Eröffnung des Insolvenzverfahrens über sein Vermögen (§§ 16ff InsO; Eröffnung des Verfahrens beendet, § 89 Rn 4), jedenfalls Antrag des Unternehmers, Dresd ZIP **96,** 73 (Ausnahmen bei Sanierungsmöglichkeit); Geschäftseinstellung, einerlei aus welchen Gründen, auch wenn erst geplant; uU Tod oder Geschäftsunfähigkeit (oder Auflösung der juristischen Person); verspätete oder mangelhafte Belieferung der Kunden, RG **65,** 90, BGH WM **86,** 623; Wegfall eines wichtigen Kunden mit der Folge unvermeidlicher Existenzgefährdung, BGH DB **81,** 2275, so des Hauptlieferanten des Unternehmers ohne gleichwertigen Ersatzlieferanten, Kln HVR **(02)** Nr 1097.

25 **b) Ausnahmsweise auch Umstände beim Handelsvertreter:** zB Geschäftseinstellung oder längere Verhinderung des HV selbst aus Gründen höherer Gewalt. Vgl umgekehrt für den Unternehmer Rn 21.

3) Abweichende Vereinbarungen (I 2); Verzicht, Verwirkung

26 A. **Zwingendes Recht (I 2):** Das Recht zur außerordentlichen Kündigung nach I 1 ist für beide Teile zwingend (I 2 wie § 723 III BGB, § 133 III HGB), also weder im Voraus abdingbar noch beschränkbar, auch nicht mittelbar durch finanzielle Nachteile, zB durch Vertragsstrafe, Verlust von vertraglichen Leistungen, Boni, Verfall einer vom HV gestellten Sicherheit oder Verlust der Provision aus noch nicht abgewickelten Geschäften bei Kündigung des HV, LAG Stgt BB **55,** 177, Rückzahlung von Provisionsvorschüssen, Hbg HVR **(00)** Nr 1046; sofortige Rückzahlung langfristiger Darlehen, Verzinsung bislang zinsloser Darlehen, uU Verrechnung einer Einstandszahlung des Unternehmers mit ausstehenden Provisionen, Düss HVR **(01)** Nr 946.

27 **Absprachen** sind wegen I 2 nur in engem Rahmen zulässig, aber nicht gänzlich ausgeschlossen, hL, Canaris § 15 Rn 90, näher (für das Kreditrecht) Hopt/Mülbert § 609 Rn 103ff, aA Schwerdtner DB **89,** 1758, für AGB Preis/Stoffels ZHR 160 **(96)** 471. Nur in diesen Grenzen bleibt einvernehmliche Vorausbewertung bestimmter Tatbestände als Grund für außerordentlichen Kündigung möglich, BGH WM **56,** 138, **88,** 1490, **92,** 1162, Saarbr NJW-RR **99,** 1713, zB ungenehmigte Nebentätigkeit, Mü BB **93,** 1835. Unzulässig soll Vereinbarung einer übergroßen Zahl von Tatbeständen, etwa jeder Pflichtverletzung, als wichtigem Grund sein (Grund: Umgehung von § 89), BGH HVR **(56)** Nr 203, vgl Mü BB **56,** 20.

28 **Absprachen,** dass bestimmte Tatbestände die außerordentliche Kündigung nicht rechtfertigen sollen, sind dagegen grundsätzlich unzulässig, BGH HVR **(57)** Nr 159; auf jeden Fall in AGB, vgl BGH NJW **86,** 3134 (Abonnementvertrag). Solche Absprachen, zB dass die Kündigung nur bei besonders grobem Vertrauensbruch zulässig sein soll, sind aber bei der Zumutbarkeit zu berücksichtigen (dann besonders strenger Maßstab), BGH HVR **(57)** Nr 159. Lit: Schwerdtner DB **89,** 1757.

29 B. **Verzicht:** Nachträglicher Verzicht auf das schon entstandene Recht zur außerordentlichen Kündigung ist möglich, auch stillschweigend, Kln BB **72,** 468; mangels Willenserklärung uU Verwirkung (s Rn 31). Er soll in der ordentlichen Kündigung des zur außerordentlichen Kündigung Berechtigten liegen können (richtiger Verwirkung oder allgemeiner § 242 BGB, vgl Rn 32).

30 C. **Zu späte Kündigung, Verwirkung:** Die **Zweiwochenfrist des § 626 II BGB** ist auf HV (selbstständiger Gewerbetreibender) **nicht** anzuwenden, BGH NJW **82,** 2433, **87,** 57, auch nicht für Einfirmenvertreter (aber § 92a Rn 1), ganz üL. Doch muss der Kündigungsberechtigte innerhalb einer **angemessenen Frist** kündigen, nachdem er vom Kündigungsgrund Kenntnis erlangt hat (§ 314 III BGB, s Rn 1); er hat also angemessene Zeit zur Sachverhaltsaufklä-

rung und Überlegung oder zu Verhandlung über Fortsetzung des HVVerhältnisses und Schadensersatz, BGH WM **70**, 870, Celle BB **70**, 228. Zwei Monate nach Kenntnis des Kündigungsgrund sind aber idR zu spät, BGH BB **83**, 1630, **92**, 1162, NJW **94**, 722 (Aufgabe von BGH NJW **82**, 2433), ZIP **99**, 1310, Kln VersR **01**, 1234, Nürnb BB **60**, 956 (Beschlussfassung in Ges), BB **65**, 688 (jedenfalls mehr als drei Tage; uU sogar drei Wochen unschädlich), Bambg BB **79**, 1001 (acht Tage ausreichend), im Einzelfall bis zu zwei Monaten, KG NJW-RR **00**, 1566 (fraglich), Kln HVR **(01)** Nr 1047. Fristbeginn grundsätzlich erst bei sicherer Kenntnis, aber der Unternehmer muss hinreichend konkret begründetem Verdacht (nicht: bloßem Gerücht) nachgehen, BGH ZIP **99**, 1307. Bei fortlaufenden, stets neuen Pflichtverletzungen (Nichtabführung von Prämiengeldern) kann die Frist neu zu laufen anfangen, Mü HVR **(97)** Nr 826. Der in Schwierigkeiten befindliche Unternehmer versäumt die Frist nicht durch Geschäftsfortführung und Unterlassen der Kündigung in der Hoffnung auf Besserung, vielmehr entsteht das außerordentliche Kündigungsrecht mit der unternehmerischen Entscheidung, deren Zeitpunkt er selbst bestimmt (s Rn 20); ihn zu früherer Kündigung zu zwingen, würde auch dem HV nicht dienen, DIS BB Beil 11/**99**, 16. Diesen Gedanken auf Zuwarten in der Hoffnung auf Besserung der Krankheit des HV übertragend Ffm NJW-RR **04**, 1174. Grenzen bei Willkürentscheidung und Verwirkung (s Rn 31, 32); uU auch Vertrauenshaftung des Unternehmers, der den HV noch zu weiteren Investitionen veranlasst, obwohl er selbst die Entscheidung aufzugeben schon getroffen hat. Lit: Woltereck DB **84**, 279, Kindler BB **88**, 2051 (für § 626 II BGB), Börner/Hubert BB **89**, 1633.

Das Recht zur außerordentlichen Kündigung wird wie jedes Recht uU durch **31** illoyale Verspätung der Rechtsausübung **verwirkt** werden (vgl § 87 c Rn 19), zB durch Verzögerung der Kündigung solange und unter solchen Umständen, dass der andere Teil nicht mehr damit zu rechnen braucht.

Verwirkung iwS (§ 242 BGB, vgl § 86 Rn 49) ist auch möglich zB durch **32** ordentliche Kündigung aus demselben Grunde, ihre nachträgliche Umdeutung in eine außerordentliche scheidet aus, BGH **27**, 222, Nürnb BB **57**, 561, vgl Karlsr DB **78**, 1396; durch andersartige Reaktion auf die Verfehlung (die außerordentliche Kündigung erlaubt hätte), zB Verkleinerung der Arbeitsgebiets des nachlässigen HV, Nürnb BB **63**, 447. Wie das Kündigungsrecht im ganzen kann das Recht, sich auf bestimmte Tatsachen als Kündigungsgrund zu stützen, verwirkt werden, Bsp: außerordentliche Kündigung aus dem Grund x, Nachschieben des auch schon bekannt gewesenen Grundes y kann dann unzulässig sein (vgl Rn 13). Inwieweit der als solcher verwirkte Kündigungsgrund noch zur Unterstützung anderer nachgeschobener Gründe beitragen kann, ist strittig (Rn 15).

4) Folgen berechtigter Kündigung; insbesondere Schadensersatzpflicht (II)

A. **Folgen berechtigter Kündigung:** Der HVVertrag wird fristlos beendet, **33** nur bei klarer Kündigung mit Auslauffrist (Rn 4) mit deren Ablauf, also keine spätere Abmilderung durch Gericht, BGH NJW **99**, 946. Das außerordentliche Kündigungsrecht ist nicht auf den Bereich beschränkt, in den der Vertragsverstoß fällt, zB bei auf den Lebensversicherungsbereich beschränktem Ausschließlichkeitsgebot, Ffm NJW-RR **04**, 124. Die Kündigung aus wichtigem Grund kann Folgen für den **Ausgleichsanspruch** (§ 89 b III) und die **Wettbewerbsabrede** (§ 90 a III) haben. Das gilt auch für ein Mitverschulden des Kündigenden selbst. Unberechtigter Widerspruch gegen die Kündigung ist, da unerhebliche Rechtsäußerung, idR nicht pflichtwidrig, BGH HVR **(02)** Nr 1061.

B. **Schadensersatzpflicht bei berechtigter Kündigung (II):** Wer durch **34** ein Verhalten, das er zu vertreten hat (§ 276; auch § 278 BGB, s Rn 17), die berechtigte außerordentliche **Kündigung des anderen Teils** (ursächlich) **ver-**

§ 89a 35–39 I. Buch. Handelsstand

anlasst, ist diesem zum Schadensersatz verpflichtet (II, Auflösungsverschulden, sog Verfrühungsschaden; wie § 628 II BGB; vgl § 314 IV BGB, s Rn 1). Der Kündigende ist nach §§ 249, 252 BGB so zu stellen, als hätte der Vertragsverletzer den Vertrag ordentlich zu Ende gebracht (durch Auslaufen lassen oder ordentliche Kündigung zum nächstzulässigen Termin; also zeitlich begrenzt, Schutzzweck von II), BGH **122,** 9, WM **08,** 1841, Karls NJW-RR **04,** 191. Hat Kündigungsgegner auf ordentliche Kündigung verzichtet, insoweit keine zeitliche Begrenzung, BGH WM **08,** 1840 (anders als BAG zu § 628 II). Berechnung bei TankstellenHV, KG NJOZ **07,** 3163. Ein Schaden des Unternehmers kann auch darin liegen, dass der HV wegen der fristlosen Kündigung durch den Unternehmer nicht mehr dem Wettbewerbsverbot nach § 86 unterliegt; dann kann HV entschädigungslose Wettbewerbsunterlassung für die Zeit der ordentlichen Kündigungsfrist schulden. Vorteilsausgleichung greift ein, wenn der kündigende HV seine Arbeitskraft nunmehr für anderen Unternehmer einsetzt; nicht soweit er nur bei Kündigung noch freie Arbeitskapazitäten ausnutzt, BGH WM **84,** 1005. Abzug ersparter Betriebskosten bei Vertragshändler (§ 84 Rn 11), BGH WM **06,** 1408. Mitverschulden nach § 254 BGB ist zu berücksichtigen, also Schadensminderungspflicht nach § 254 II BGB, BGH WM **84,** 1006, WM **08,** 1842, uU auch durch Suche von Vertretung in anderer Branche, BGH WM **70,** 1515. Darlegungs- und Beweislast s BGH BB **89,** 2428. Zur Vorbereitung des Schadensersatzanspruchs ist ein **Auskunftsanspruch** möglich, BGH **44,** 273, vgl BGH WM **78,** 465; zu dessen Reichweite BGH BB **64,** 283. Gegen diesen hat der Unternehmer kein Zurückbehaltungsrecht aus eigenem Auskunftsanspruch (Grund: unselbstständiger Anspruch; § 242 BGB), vgl BGH WM **78,** 461.

35 Der Anspruch besteht auch bei einvernehmlicher Vertragsaufhebung unter den übrigen Voraussetzungen des II, BGH **44,** 274, BB **64,** 283, NJW **82,** 2432; bei ordentlicher Kündigung aus Rücksicht statt außerordentlicher; **nicht:** bei gleichem Kündigungsrecht des anderen Teils, auch wenn dieser nicht kündigte, BGH **44,** 277, **122,** 15 (falls nicht schon wichtiger Grund entfällt, vgl Rn 8 zur beiderseitigen Vertragsuntreue).

5) Folgen unberechtigter Kündigung

36 A. **Unwirksamkeit, Kündigungsgrund für den anderen Teil:** Die unberechtigte außerordentliche Kündigung ist **unwirksam;** Umdeutung in ordentliche Kündigung s Rn 5. Sie kann für den Gekündigten wichtiger Grund sein, **seinerseits** außerordentlich zu **kündigen,** BGH WM **74,** 870, **91,** 196, jedenfalls wenn sie mit Nichterfüllung des Vertrags einhergeht, BGH HVR **(60)** Nr 249 (Teilkündigung).

37 B. **Vergütung:** Setzt der zu Unrecht fristlos gekündigte HV den Unternehmer in Annahmeverzug (wozu mindestens gehört, dass er der Kündigung eindeutig widerspricht), kommt Vergütung nach **§ 615 BGB** in Betracht, BGH WM **82,** 636; § 254 BGB ist hier unanwendbar, BGH NJW **67,** 258, aber § 615 S 2 BGB, Düss DB **72,** 181.

38 Ein zu Unrecht fristlos gekündigter Bezirksvertreter (§ 87 II), der daraufhin seine Tätigkeit für den Unternehmer berechtigt einstellt (Rn 5), erhält bis zur rechtswirksamen Vertragsbeendigung Provision auf alle Geschäfte im Bezirk, ohne Abzüge nach § 615 S 2 BGB (Ersparnis bzw anderweitiger Erwerb) und ohne Vorteilsausgleichung (Anspruch aus § 87 II, nicht nur Anspruch aus § 615 BGB oder Schadensersatzanspruch, vgl Rn 37, 40), BGH BB **59,** 718, BGH 27. 2. **76** (von Gamm NJW **79,** 2492), Karlsr BB **77,** 1672.

39 Der Gekündigte, der die Rechtmäßigkeit der Kündigung bestreitet und am Vertrag festhalten will und jetzt nicht seinerseits kündigt, muss sich iZw bis zur Klärung **vertragstreu verhalten,** gekündigter HV muss also Wettbewerbsverbot

Siebenter Abschnitt. Handelsvertreter § 89b

einhalten, BGH WM **92,** 311, WM **03,** 2103, aA Ebenroth/Löwisch 75: wegen Recht auf Berufsausübung nur in Ausnahmefällen, Gravenhorst EzA Nr 2; anders soweit solche einseitige Bindung im Einzelfall unzumutbar ist (Bsp: Kündigung des Unternehmers wegen Wettbewerbs des HV, dieser beginnt nun erst den Wettbewerb), BGH MDR **54,** 606, HVR **(91)** Nr 713. Der HV kann aber wegen unberechtigter Kündigung selbst kündigen und den Aufhebungsschaden verlangen, BGH **53,** 150, WM **03,** 2103. Hat der HV nach einer unwirksamen fristlosen Kündigung des Unternehmers eine Konkurrenztätigkeit aufgenommen, kann der Unternehmer deswegen erneut und wirksam fristlos kündigen, Grenze Treu und Glauben.

C. **Schadensersatzpflicht bei unberechtigter Kündigung:** Wer unberechtigt kündigt (außerordentlich; aber auch ordentlich, § 89 Rn 16), wird dem anderen Teil wegen Pflichtverletzung schadensersatzpflichtig (§§ 280 I, III, 281 I , II Alt 1 BGB, in II nicht geregelt, Rn 34), BGH **53,** 150, NJW **67,** 248, BB **79,** 242, WM **91,** 196, **01,** 2010, Kln VersR **06,** 407. Zu ersetzen ist der andere Teil aus der unberechtigten Kündigung entstehende Schaden (**§ 249 BGB**), zB der dem Gekündigten entgangene Gewinn (§ 252 BGB), BGH NJW **67,** 250, WM **82,** 636, **01,** 2010, nämlich die Provisionen, die er bis zum Ablauf der ordentlichen Kündigungsfrist verdient hätte, BGH **53,** 150, auch für Jahresaufträge, welche die Kundschaft bei Kenntnis vom Ausscheiden des HV vorweg erteilt hätte; der durch die vorzeitige Beendigung entgangene höhere Ausgleich nach § 89 b, BGH **53,** 150; bei unberechtigter Kündigung und Tätigkeitseinstellung des HV die Kosten überstürzter Neueinrichtung der Vertretung. Vorteilsausgleichung nach allgemeinen Regeln. Mitwirkendes (wenn auch die Kündigung nicht rechtfertigendes) Verschulden des Gekündigten ist zu berücksichtigen (**§ 254 BGB**), BGH NJW **67,** 248. **Auskunftsanspruch** s Rn 34. Keine Schadensersatzpflicht bei unberechtigtem Widerspruch gegen Kündigung s Rn 33. 40

[Ausgleichsanspruch]

89b (1) ¹Der Handelsvertreter kann von dem Unternehmer nach Beendigung des Vertragsverhältnisses einen angemessenen Ausgleich verlangen, wenn und soweit

1. der Unternehmer aus der Geschäftsverbindung mit neuen Kunden, die der Handelsvertreter geworben hat, auch nach Beendigung des Vertragsverhältnisses Vorteile hat und
2. die Zahlung eines Ausgleichs unter Berücksichtigung aller Umstände, insbesondere der dem Handelsvertreter aus Geschäften mit diesen Kunden entgehenden Provisionen, der Billigkeit entspricht.

²Der Werbung eines neuen Kunden steht es gleich, wenn der Handelsvertreter die Geschäftsverbindung mit einem Kunden so wesentlich erweitert hat, daß dies wirtschaftlich der Werbung eines neuen Kunden entspricht.

(2) Der Ausgleich beträgt höchstens eine nach dem Durchschnitt der letzten fünf Jahre der Tätigkeit des Handelsvertreters berechnete Jahresprovision oder sonstige Jahresvergütung; bei kürzerer Dauer des Vertragsverhältnisses ist der Durchschnitt während der Dauer der Tätigkeit maßgebend.

(3) Der Anspruch besteht nicht, wenn
1. der Handelsvertreter das Vertragsverhältnis gekündigt hat, es sei denn, daß ein Verhalten des Unternehmers hierzu begründeten Anlaß gegeben hat oder dem Handelsvertreter eine Fortsetzung seiner Tätigkeit wegen seines Alters oder wegen Krankheit nicht zugemutet werden kann, oder

§ 89b I. Buch. Handelsstand

2. der Unternehmer das Vertragsverhältnis gekündigt hat und für die Kündigung ein wichtiger Grund wegen schuldhaften Verhaltens des Handelsvertreters vorlag oder
3. auf Grund einer Vereinbarung zwischen dem Unternehmer und dem Handelsvertreter ein Dritter anstelle des Handelsvertreters in das Vertragsverhältnis eintritt; die Vereinbarung kann nicht vor Beendigung des Vertragsverhältnisses getroffen werden.

(4) ¹Der Anspruch kann im voraus nicht ausgeschlossen werden. ²Er ist innerhalb eines Jahres nach Beendigung des Vertragsverhältnisses geltend zu machen.

(5) ¹Die Absätze 1, 3 und 4 gelten für Versicherungsvertreter mit der Maßgabe, daß an die Stelle der Geschäftsverbindung mit neuen Kunden, die der Handelsvertreter geworben hat, die Vermittlung neuer Versicherungsverträge durch den Versicherungsvertreter tritt und der Vermittlung eines Versicherungsvertrages es gleichsteht, wenn der Versicherungsvertreter einen bestehenden Versicherungsvertrag so wesentlich erweitert hat, daß dies wirtschaftlich der Vermittlung eines neuen Versicherungsvertrages entspricht. ²Der Ausgleich des Versicherungsvertreters beträgt abweichend von Absatz 2 höchstens drei Jahresprovisionen oder Jahresvergütungen. ³Die Vorschriften der Sätze 1 und 2 gelten sinngemäß für Bausparkassenvertreter.

Übersicht

1) Rechtsnatur und Reichweite 1–6
   A. Rechtsnatur des Ausgleichsanspruchs 1
   B. Reichweite; Vertragshändler 4
   C. Künftiger Anspruch 6

2) Voraussetzungen des Ausgleichsanspruchs (I 1 Nr 1–2) 7–44
   A. Beendigung des Handelsvertretervertrages (I 1) 7
   B. Vorteile des Unternehmers (I 1 Nr 1) 11
   C. Billigkeitsprüfung, insbesondere Povisionsverluste des Handelsvertreters (I 1 Nr 2) 23

3) Höhe des Ausgleichsanspruchs (I 1, II) 45–51
   A. Ausgleich „wenn und soweit" (I 1) 45
   B. Angemessenheit (I 1) 46
   C. Obergrenze (II) 49

4) Entfallen des Ausgleichsanspruchs (III) 52–69
   A. Eigenkündigung des Handelsvertreters (III Nr 1) 52
   B. Kündigung durch den Unternehmer (III Nr 2) 63
   C. Einverständlicher Eintritt eines Dritten (III Nr 3) 68
   D. Abschließende Regelung 69

5) Abweichende Vereinbarungen, Ausschlussfrist (IV); Verwirkung 70–80
   A. Zwingendes Recht (IV 1) 70
   B. Ausschlussfrist (IV 2); Verjährung 77
   C. Verwirkung 80

6) Prozess 81–85

7) Versicherungs- und Bausparkassenvertreter (V) 86–96
   A. Branchenspezifische Sonderregelung 86
   B. Neue Versicherungsverträge (V 1) 87
   C. Obergrenze (V 2, II) 94
   D. Abweichende Vereinbarungen 95

Schrifttum

s Überbl vor § 84.

Siebenter Abschnitt. Handelsvertreter 1–4 **§ 89b**

1) Rechtsnatur und Reichweite

A. **Rechtsnatur des Ausgleichsanspruchs:** § 89 b ist 1953 eingeführt und 1
geändert durch Novelle 1990 (§ 84 Rn 3) und 2009 (SchVFalschberG Art 6 a:
Aufhebung von I 1 Nr 2 und Integrierung von dessen Substanz in die bisherige
Nr 3, jetzt Nr 2, s Rn 24–26). Er ist die in Praxis und Rspr **wichtigste Norm**
des HVRechts. Für ein Geschäft, das vom HV eingeleitet ist, aber erst nach
Beendigung des HVVertrags abgeschlossen wird, erhält der HV nach § 87 III
noch Provision. Seine Tätigkeit kann aber darüber hinaus bei Kunden einen
Goodwill geschaffen haben, der statt wie bei Fortdauer des HVVertrags beiden
Teilen infolge des Vertragsendes allein dem Unternehmer zugute kommt. § 89 b
gibt deshalb dem HV, der als selbstständiger Gewerbetreibender keinen arbeitsrechtlichen Kündigungsschutz hat, einen **Ausgleichsanspruch** (Vorbilder
Schweiz und Österreich, Begr Nov 1953, aber wesentlich verändert). Der Ausgleichsanspruch ist zwar **europarechtlich** präformiert (Art 17–18 EG-Ri, nach
Art 19 zwingend, § 84 Rn 3) mit der Folge möglicher Vorlageverfahren an den
EuGH nach Art 234 (177 aF) EG; die Art 17 ff sind zwar an § 89 b orientiert,
EGKomm Bericht 23. 7. **96** (§ 84 Rn 3), aber Abweichungen bei der Umsetzung, Thume BB **04,** 2473 mit der Folge von Richtlinienverstoß EuGH 26. 3. **09**
(s Rn 45, § 84 Rn 3) und nunmehr Gesetzesreform. § 89 b ist **verfassungsgemäß**, Ffm HVR **(70)** Nr 428, zu III Nr 1, BVerfG NJW **96,** 381, Retzer BB **93,**
668, 963. Der Anspruch richtet sich **gegen den Unternehmer** als Vertragspartner, nicht (auch) gegen Konzernmutter (außer nach Konzernrecht).

Der Ausgleichsanspruch ist **kein Versorgungsanspruch**, sondern **Gegenleistung** 2
für die durch die Provision noch nicht voll abgegoltene Leistung des HV,
nämlich **für den Kundenstamm,** den der HV geschaffen und der Unternehmer
nunmehr allein nutzen kann, stRspr, BGH **24,** 222, also eine kapitalisierte,
synallagmatische Restvergütung für den Aufbau des Kundenstamms, GroßKo/
Emde 16. Dementsprechend kommt es für den Ausgleichsanspruch auf die Vorteile des Unternehmers und im Rahmen der Billigkeit insbesondere auch auf die
Provisionsverluste des HV an (I 1 Nr 1, 2 Mittelsatz). Ausgleichsanspruch bzw an
ihre Stelle tretende Berufsunfähigkeitsrente unterfallen deshalb nicht der Vorteilsanrechnung nach § 249 BGB, Mü VersR **01,** 1429.

Der Ausgleichsanspruch ist aber auch **kein reiner Vergütungsanspruch,** 3
BVerfG NJW **96,** 381, Mü WM **07,** 710, Ffm 10.7.**07** juris. Denn er ist nach
Entstehung und Bemessung weitgehend durch Gesichtspunkte der **Billigkeit**
bestimmt (ua I 1 Nr 2) und HV verliert Anspruch bei einer von ihm ohne Anlass
ausgesprochenen Kündigung (III Nr 1), stRspr, BGH **24,** 222, **43,** 162 (aber s
Rn 43). Der Preis für die Billigkeit ist geringere Rechtssicherheit. Die echte
Sozialschutznorm ist § 89 b dennoch nicht, hL, K. Schmidt § 27 V 2 vor a,
GroßKo/Emde 20, vermittelnd Canaris § 15 Rn 104, aA Ulmer FS Möhring **75,**
311, Martinek ZHR 161 **(97)** 74, Rö/Thume 6. Dass der Gesetzgeber mit der
Norm auch einen Beitrag zur Verbesserung der wirtschaftlichen Situation und
sozialen Absicherung von HV leisten wollte, BTDrucks I/3856, 33, 7/3918, 7,
BVerfG NJW **96,** 381, macht die Norm insgesamt noch nicht zu einer Sozialschutznorm. Vielmehr dominiert der Entgeltgedanke, MüKo/von Hoyningen-Huene 3. **Verzugszinsen** deshalb nach § 288 II BGB, Grund: trotz Mischcharakters überwiegend Entgeltforderung, aA KG NJOZ **07,** 3176, Schnabl
NJW **09,** 955 Verhältnis zur Entschädigung wegen Wettbewerbsverbot s § 90 a
Rn 6. **Steuerrecht** s Rn 32, Küstner/Thume/Otto II XXII/1. Lit: Grundmann,
Treuhandvertrag 1997 § 10. **RsprÜbersichten:** Thume BB **98,** 1425, Hübsch
WM Sonderbeil 1/**05,** 11; neuerdings vor allem zum Ausgleichsanspruch des
Vertragshändlers (§ 84 Rn 10, 12).

B. **Reichweite; Vertragshändler:** § 89 b gilt für alle **Handelsvertreter** 4
(Aufzählung s § 84 Rn 26), zB Toto-Lottobezirksstellenleiter BGH **59,** 87, BB

Hopt 425

§ 89b 5–8

75, 1409; Einkaufsvertreter Hbg MDR **67,** 310; Tankstellenpächter BGH **42,** 245, auch bei Selbstbedienung mit Treib- und Schmierstoffverkauf, BGH BB **85,** 353, bei zusätzlichem Shop-Geschäft (§ 92 b Rn 1, 84 Rn 13) nicht auch für dieses, Emde BB **07,** 2482, offen Thume BB **07,** 1753; juristische Personen und Personengemeinschaften (§ 84 Rn 8 f), Ahle DB **63,** 227; Generalvertreter (§ 84 Rn 32), Düss NJW **66,** 888, Glaser DB **57,** 1173, Ordemann BB **64,** 1323, Hauptvertreter BGH **56,** 290, Schlechtriem BB **71,** 1540; Untervertreter (§ 84 Rn 31 f) BGH **52,** 5; **Versicherungs- und Bausparkassenvertreter** s V. § 89 b gilt entsprechend: für **Kommissionsagent** (§ 84 Rn 19); auch für **Vertragshändler,** aber mit erheblichen Besonderheiten aa bei der Berechnung (näher § 84 Rn 12); auch **Franchisenehmer** (§ 84 Rn 10, 19, Überbl 43 vor § 373). Anspruchsgegner ist der **Unternehmer,** bei Übertragung des Vertriebsgeschäfts eventuell auch dessen Nachfolger (vgl § 89 b Rn 18), KG HVR **(03)** Nr 1114 (Gesamtschuld); das setzt aber eine Schuldübernahme oder einen sonstigen Rechtsgrund voraus (s Rn 75).

5 **Nicht:** HV im Nebenberuf (§ 92 b I 1); Ärzte- oder Industriepropagandist (§ 84 Rn 23), BGH NJW **84,** 2695; unselbstständige Vermittler (§ 84 II), zB HdlGehilfen BGH HVR **(58)** Nr 195, BAG BB **58,** 775, festbesoldeter, Vertreter beaufsichtigender „Reiseinspektor", Oldbg BB **64,** 1322; (Innen)Gfter mit Geschäftsvermittlungs- oder -abschlusspflicht, BGH BB **78,** 422; Pächter für Goodwill des gepachteten Geschäfts, auch nicht wenn Verpächter stiller Gfter des Pächters war, BGH NJW **86,** 2306.

6 C. **Künftiger Anspruch:** Der Ausgleichsanspruch ist nicht bedingter, sondern zukünftiger Anspruch, str. Er ist als solcher schon vor Beendigung des HVVertrags abtretbar, verpfändbar und (in den allgemeinen Grenzen) pfändbar. Als nur künftiger Anspruch ist er nicht Endvermögen beim Zugewinnausgleich (§ 1375 BGB), BGH **68,** 163. Dagegen ist er, da er mit dem Tod des HV entsteht, vererbbar (s Rn 9). **Bilanzrückstellung** für mögliche Ausgleichspflicht, Küstner/Thume/Otto II XXI/1, str, s § 249.

2) Voraussetzungen des Ausgleichsanspruchs (I 1 Nr 1–2)

7 A. **Beendigung des Handelsvertretervertrages (I 1):** Der Anspruch entsteht und wird fällig mit Beendigung des HVVertrages, BGH NJW **98,** 75. Das ist die erste Tatbestandsvoraussetzung und zugleich der maßgebliche Zeitpunkt für den Ausgleichsanspruch. Der Beendigungsgrund, zB Befristung oder Kündigung, spielt für I 1 keine Rolle (anders III, Rn 52), stRspr, BGH **52,** 13, ebenso wenig (auch nur kurze) Dauer, LG Fbg NJW-RR **00,** 110. Möglichkeit der Fortsetzung des Vertrags ist unerheblich (Bsp Tod des HV, s Rn 9, auch Kündigung), es kommt nur auf Beendigung an, BGH **24,** 216. Der Beendigung kann Fortführung auf völlig veränderter rechtlicher und tatsächlicher Grundlage gleichstehen, BGH 24. 11. **78** (von Gamm NJW **79,** 2494), offen BGH **124,** 12, etwa nach Beendigung der hauptberuflichen Tätigkeit Fortführung nebenberuflich (§ 92 b Rn 5, str), Nürnb BB **58,** 1151; ebenso Vertragsübernahme im Falle des III Nr 3 (Rn 68); Teilbeendigung s Rn 10.

Beispiele (vgl § 89 Rn 1 ff): Zeitablauf, auflösende Bedingung; Insolvenz des Unternehmers (§ 89 Rn 4), Karlsr WM **85,** 235; am häufigsten ordentliche und außerordentliche **Kündigung** (außer in den Fällen des III); einvernehmliche Aufhebung (außer wenn diese anstatt außerordentlicher Kündigung des Unternehmers erfolgt), Nürnb BB **59,** 318, auch auf Initiative des HV (aber bei I 1 Nr 2 zu berücksichtigen), BGH **52,** 12; Teilkündigung s Rn 10.

8 Beendigung eines in Vollzug gesetzten, **fehlerhaften** (nichtigen bzw angefochtenen) HVVertrags, BGH **129,** 290, NJW **97,** 655, sehr str (näher § 89 Rn 5), aA Canaris § 15 Rn 120 (bloßer Bereicherungsausgleich mit ähnlichem Ergebnis), aA zwischen Nichtigkeit und Anfechtung differenzierend Heymann/Sonnen-

Siebenter Abschnitt. Handelsvertreter 9–12 § 89b

schein/Weitemeyer 20, widersprüchlich Schlegelb/Schröder 3 a, denn wenn der (fehlerhafte) Bestehen überhaupt rechtlich anerkannt wird, kann weder dogmatisch noch erst recht nach dem Zweck von § 89 b zwischen Provisionszahlung und Ausgleichsanspruch (Gegenleistungscharakter, Rn 2) differenziert werden.

Tod des Handelsvertreters: § 89 b gilt auch dann, weil die dem Unter- 9 nehmer vom HV verschafften Vorteile noch nicht voll abgegolten sind, der Anspruch geht auf die Erben über, BGH **24,** 214, 224, **41,** 129. Wenn der Ausgleichsanspruch ausnahmsweise gerade wegen des Todes des HV unbillig wird, gilt I 1 Nr 2, BGH **24,** 223 (zu Nr 3 aF); zur Billigkeit bei Selbstmord Rn 34. Kein Ausschluss nach III Nr 1 wegen Selbstmord (Rn 54); str ob nach III Nr 2, wenn der HV stirbt, bevor der Unternehmer außerordentlich kündigen kann (Rn 64).

Teilbeendigung: Eine (vertraglich ausbedungene, einseitige oder spätere ein- 10 vernehmliche) wesentliche quantitative Einschränkung (Teilkündigung, § 89 Rn 18) kann als Teilbeendigung des Vertrags entspr § 89 b zu behandeln sein; üL, MüKo/von Hoyningen-Huene 52, Ebenroth/Löwisch 41, aA Heymann/Sonnenschein/Weitemeyer 18; zB wesentliche Bezirksänderung wie Halbierung des HVBezirks, Nürnbg BB **58,** 1151, offen BGH **124,** 12, **142,** 369; wesentliche Einschränkung des Kundenkreises, Küstner/Thume/Küstner II V/68; Fortsetzung mit Ersatzteilgeschäft, dann jedenfalls insoweit kein Ausgleichsanspruch, Ffm HVR **(06)** 1153; Fortsetzung als HV im Nebenberuf s Rn 7; **nicht:** bloße Übertragung der VersVertragsverwaltung, BGH **124,** 10; Bezirkstausch, Hbg HVR **(73)** Nr 481; Übergang vom Bezirksschutz zum Kundenschutz, Küstner/Thume/Küstner II V/71; bloße Änderung der Konditionen (vgl § 89 Rn 18); bloße Sortimentsverkleinerung oder andere Produktionseinschränkung, GroßKo/Emde 54, str; bloße Bestandsverringerung bei VersVertreter, Hamm VersR **93,** 833, Sitzverlegung eines Kunden, Nürnb BB **01,** 1169, anders wenn gravierende Provisionseinbußen, 20% nicht gravierend lt Nürnb BB **01,** 1169.

B. **Vorteile des Unternehmers (I 1 Nr 1):** Der Anspruch setzt (außer der 11 Beendigung, Rn 7) ferner **erstens** voraus (I 1 Nr 1), dass der **Unternehmer** auch nach Beendigung des Vertragsverhältnisses **aus der Geschäftsverbindung mit vom Handelsvertreter geworbenen neuen Kunden erhebliche Vorteile** hat. Die Auslegung von I 1 Nr 1 und Nr 2 Mittelsatz läuft häufig parallel (s Rn 26). Umstände, die nicht unter I 1 Nr 1 und Nr 2 Mittelsatz fallen, können unter Nr 2 (Billigkeitsprüfung insgesamt, s Rn 23) zu berücksichtigen sein. Der zuständige VIII. ZS hat gegenüber der früheren Rspr (I., II., VII. ZS) zu I Nr 1–3 erhebliche Änderungen gebracht, ua durch vier Urteile vom 6. 8. **97,** NJW **98,** 71 (BP I), **98,** 66 (BP II), VIII ZR 90/96 (Esso), VIII ZR 91/96 (Aral), krit Rittner DB **98,** 457, von Manteuffel/Evers EWiR § 89 b HGB 3/**97;** vgl Semmler 1995 (Tankstellenhalter; mit Rechtstatsachen).

a) **Geschäftsverbindung mit neuen Kunden:** Geschäftsverbindung bedeu- 12 tet Aussicht auf weitere Abschlüsse (Nachbestellungen) in einem überschaubaren Zeitraum. Sie besteht nicht mit Laufkunden (bloß potentielle Stammkunden), sondern mit **Stammkunden** (Mehrfachkunden, Kundenstamm, Dauerkunden), stRspr, BGH **42,** 244, **135,** 14, NJW **74,** 1242, **98,** 66, 71, WM **03,** 491, 499, NZG **09,** 313. Stamm- bzw Mehrfachkunden iSv I sind alle Kunden, die in einem überschaubaren Zeitraum, in dem üblicherweise mit Nachbestellungen zu rechnen ist, mehr als nur einmal ein Geschäft mit dem Unternehmer abgeschlossen haben oder voraussichtlich abschließen werden, BGH **135,** 14, **141,** 252, NJW **98,** 68, 73, WM **03,** 500, NZG **09,** 313; es genügt also schon ein Zweitkauf, anders noch für Reisebürokunden BGH NJW **74,** 1242, Rittner DB **98,** 457 und die früher hL, die nach Branchen und den Umständen differenzierte; auch zwei KfzVerkäufe an denselben Kunden am gleichen Tag, Ffm HVR **(01)** 954. Dass die Nachbestellungen bzw weiteren Geschäfte nur in größeren Abstän-

§ 89b 12

den erfolgen, steht nicht entgegen, jedoch ist eine gewisse Nachhaltigkeit notwendig, nur zufälliges Wiederaufsuchen der Tankstelle reicht nicht. Stammkunde ist im Allg, wer mindestens viermal jährlich tankt (Abzug von Urlaubs- und Krankheitszeiten, nicht unbedingt mindestens einmal im Quartal), BGH BB **07**, 2475, NZG **09**, 310. Stationskunden (mit Tankstellenkarte) gelten als Stammkunden, BGH BB **07**, 478. Stammkunden gibt es auch bei länger- und langlebigen Gütern, zB Kfz, BGH **135**, 14, Elektrohaushaltsgeräte, BGH NJW **85**, 859, Möbelversand, Hamm BB **78**, 1686. Überschaubarer Zeitraum s Rn 16. Neu sind auch verlorene, vom HV wiedergewonnene Kunden, Nürnb BB **59**, 318, **63**, 1313. Nach 10 jährigem Nichterscheinen eines Adressbuches sind dessen Interessenten alle „neu", Nürnb NJW **57**, 1720; ebenso frühere Kunden nach (über 9 Jahre) langer Geschäftsunterbrechung, Nürnb BB **64**, 1400. Stammkunden können auch Betriebs- und Familienangehörige sein, vgl BGH NJW **96**, 2305; auch Kunden, die nicht zeitlich hintereinander, sondern zeitgleich zwei oder mehrere Kfz kaufen, BGH NJW **96**, 2298, **97**, 1505; auch Kunden mit verschiedenen Bezugsquellen, BGH NJW **98**, 70, bei verschiedenen Tankstellen, KG NJOZ **07**, 3163; auch wenn HV Kfz nicht direkt beim Hersteller, sondern bei anderem Vertragshändler desselben bezieht, Kln VersR **02**, 437; auch mittelbare Kunden (ohne direkte Vertragsbeziehung mit dem Unternehmer) über zwischengeschalteten Großhändler, Bambg HVR **(08)** 1205, aber nicht Dritte mit bloßem Einfluss auf Kaufentscheidung eines Kunden, BGH NJW-RR **91**, 156. Stammkunden des neuen Unternehmers bei Insolvenz des Vorgängers s Düss HVR **(02)** Nr 1077. Bei der Ermittlung der Stammkunden sind **verschiedene Methoden** zulässig, auch eine statistische Ermittlung des Mehrfachkundenanteils; zu den Anforderungen an diese in der KfzBranche BGH **135**, 14, Thume BB **98**, 1428 (Statistiken und Schätzunterlagen beim Beweis s Rn 22). Maßgeblich ist der **Zeitpunkt** des Vertragsabschlusses noch im letzten Jahr vor HVVertragsende, nicht erst der Lieferung, BGH NJW **97**, 1505, Grund: damit ist Vermittlerleistung erbracht (vgl zur Überhangsprovision Rn 50). Zur Unterscheidung von Stammkundenanteil und Stammkundenumsatzanteil BGH NJW **98**, 70, 74. **Nicht:** dem HV vom Vorgänger überlassene Kunden, selbst bei Abfindung an diesen im Einverständnis mit dem Unternehmer, BGH NJW **85**, 58, aA Hamm DB **82**, 1167; Stammtankeranteil (Umfrage) ist nicht gleich Stammkundenanteil, BGH WM **03**, 495, 502.

Abwanderungsquote ist die Quote der neu geworbenen Kunden, die während des zugrundegelegten Zeitraums abwandern und deshalb nicht für die gesamte Zeit als Stammkunden gerechnet werden können. Für ihre Ermittlung ist Prognose mit Schätzung nach § 287 II ZPO (Rn 16, 22) nötig, BGH WM **03**, 498, 503, BB **07**, 2479. Bspe: jährlich 20% über 5 Jahre, Kln VersR **68**, 966; 20% degressiv bezogen jeweils auf das Vorjahr oder 15% über 4 Jahre linear, BGH HVR **(03)** Nr 1063; 38% über 5 Jahre, BGH NJW **94**, 1350; 20% jährlich, aber bei anderen Anhaltspunkten nicht schematisch, BGH WM **03**, 498, 503. Quote von 25% ist nicht erfahrungswidrig, muss aber konkret ermittelt werden, nur mangels ausreichender Anhaltspunkte (zB zu kurze Vertragsdauer) genügen Erfahrungswerte, BGH **135**, 14. Lineare und andere gebräuchliche schematisierte Berechnungsarten sind zulässig, auch ohne mathematisch richtige zeitliche Erfassung der tatsächlichen Abwanderung, BGH NJW **98**, 70, 75. Abwanderung wegen vorübergehender Schließung der Tankstelle zwecks Umbaus ist der Sphäre des Unternehmers zuzurechnen, BGH 6. 8. **97** VIII ZR 90/96 (Esso). Wenn die Mehrfachkundenquote bereits eine Abwanderungsquote für das nächste Kaufzeitintervall von 5 Jahren enthält, darf sie nicht doppelt angesetzt werden, BGH **135**, 22, Kln MDR **96**, 690. **Berechnungsbeispiel** mit Staffelung und Abzinsung in BGH NJW **96**, 2301, HVR **(98)** Nr 869 aE, 870 aE; Küstner/Thume/Küstner II XIX/1 (Warenvertreter); Küstner/von Manteuffel/Evers 1998, 5.1.5 ff, Emde VersR **06**, 1592 u BB **07**, 2480.

Siebenter Abschnitt. Handelsvertreter 13, 14 § 89b

b) Wesentlich erweiterte Geschäftsverbindung mit alten Kunden (I 2): 13
Alte Kunden stehen neuen dann gleich, wenn der HV die Geschäftsverbindung mit ihnen so wesentlich erweitert hat, dass dies wirtschaftlich der Werbung eines neuen entspricht, einerlei ob quantitativ (gleiche Produkte) oder qualitativ (andere), BGH **56,** 242. Umsatzsteigerung nur durch Geldentwertung genügt nicht, Heymann/Sonnenschein/Weitemeyer 25; Umsatzrückgang wegen Preisverfall schadet nicht, wenn Stückzahlumschlag wesentlich gesteigert wird, Müller NJW **97,** 3423. Mitwirkung allgemeiner Wirtschaftsbelebung steht nicht entgegen, Celle BB **70,** 227. Wesentlich in I 2 und erheblich in I 1 (Rn 15) entsprechen einander.

c) Vom Handelsvertreter geworben: Von den Stammkunden sind nur die 14 zu berücksichtigen, die von dem HV (neu) geworben sind. **Neukunde** ist auch ein für einen anderen Geschäftszweig des Unternehmers geworbener Altkunde, BGH NJW **99,** 2670; auch ein für den Unternehmensvorgänger (neu) geworbener Kunde, Kblz HVR **(98)** Nr 882, trotz Produktfortführung durch neu gegründete Ges, Mü HVR **(06)** 1236. Für Werbung neuer Kunden ist Ursächlichkeit nötig. Daran fehlt es bei zur Bestellung bereits fest entschlossenen Kunden, BGH NJW **96,** 2304, Karlsr BB **60,** 381. Doch genügt **Mitursächlichkeit** des HV, BGH NJW **85,** 860, bzw Beitrag seiner Angestellten, Hamm HVR **(77)** Nr 514. Eigene Beiträge des Unternehmers ändern daran nichts, zB Kundenkarte, BGH HVR **03,** 495, HVR **(03)** Nr 1063, Werbung, Düss HVR **(77)** Nr 504 (vgl aber auch Rn 19), missverständlich Kln BB **01,** 1601. Auch geringe Mitursächlichkeit **trotz Sogwirkung** der Marke (s Rn 35) genügt, BGH WM **87,** 1465 (Vertragshändler, s § 84 Rn 15), Karlsr BB **60,** 381 (Markenartikelvertreter); auch bei Zentralistungsvereinbarung, Hamm HVR **(01)** Nr 1021; auch wenn der Kundenstamm dem HV gleichsam in den Schoß fällt, KG HVR **(94)** Nr 811 (aber Billigkeitsprüfung, s Rn 35). Die Kunden selbst müssen vom HV **geworben** sein; auch Architekt oder Dachdecker, der für verschiedene Bauherren bestellt, Düss HVR **(77)** Nr 504; nicht, wenn sie nur weiterempfehlen, außer wenn der Vertrieb typisch von sachkundigen Dritten bestimmt wird, offen BGH WM **91,** 198; nicht zB die von Ärztepropagandisten für Verschreibung geworbenen Ärzte und Heilpraktiker, BGH NJW **84,** 2695 (§ 84 Rn 23). Mitursächliche Werbung neuer Kunden liegt nicht (mehr) nur bei zusätzlichem Service und Dienstleistungen des HV vor, der für diese Werbung ursächlich ist, vielmehr genügt nach BGH NJW **98,** 69, 75, WM **03,** 495 das **Offenhalten der betriebsbereiten Tankstelle,** auch wenn Kunden nur der Lage, der Marke oder des Preises wegen kommen, sehr str, aA Rittner DB **98,** 457. Damit wird der Stammkundenbegriff zulasten des Unternehmers, dem Lage, Marke und Preis zuzurechnen sind, erheblich erweitert und zugleich über die Branche hinweg vereinfacht (keine Differenzierung zB nach Tankstellen in der Stadt, auf dem Land und an der Autobahn; zur (teilweisen) Berücksichtigung bei der Billigkeitsprüfung s Rn 35. **Nicht:** Kunden des Unternehmers, die Sitz in Gebiet des HV verlegen oder die dieser von anderem HV des Unternehmers übernimmt, KG HVR **(98)** Nr 1000; Bezirks- und Kundenschutz (§ 87 II: ohne seine Mitwirkung; anders wenn im Einzelfall vom Bezirksvertreter geworben), aber für Messekunden genügt Mitarbeit im Team für Zuweisung der Kunden aus dem Bezirk des HV, KG BB **69,** 1062 (vgl § 87 Rn 21); Gewinnung von Dritten (ländliche Genossenschaft), die Kunden (Landwirte) zuführen können, wenn dies nicht hinreichend wahrscheinlich ist, BGH NJW **59,** 1677; Gewinnung von Kunden, während HV noch Angestellter (§ 84 II) des Unternehmers war; Verhinderung des Abwanderns eines Kunden. Neuorganisation des Geschäfts oder andere Ausdehnungen des Unternehmens nach Ende des HV-Vertrags heben idR die Ursächlichkeit des Wirkens des HV nicht auf, Düss DB Beil 2/**57.**

§ 89b 15–17 I. Buch. Handelsstand

15 **d) Erhebliche Vorteile: Vorteil** für den Unternehmer ist die Aussicht auf weitere Nutzung der Geschäftsverbindung auch nach HVVertragsende, also Aussicht auf Unternehmergewinn ohne Provisionszahlungspflicht (vgl Rn 2). Der Vorteil muss also **aus der Geschäftsverbindung** stammen (s Rn 12 f), der Aufbau eines HVNetzes genügt nicht, str. Der Vorteil muss **erheblich** sein. Die Erheblichkeit richtet sich nach Umfang und erwarteter Beständigkeit des vermittelten Neugeschäfts verglichen mit dem alten (und dem etwa während der Vertragszeit ohne Zutun des HV zugewachsenen), nicht nach dem Verhältnis zum Gesamtgeschäft des Unternehmers, BGH BB **91,** 1210, NJW **98,** 68, 74, BB **07,** 2479. Umsatzsteigerung ist nicht Voraussetzung, BGH **42,** 246; Vorteil kann auch bei Umsatzminderung vorliegen, BGH NJW **90,** 2890, aber I 1 Nr 3 (Rn 38). Vorteil kann erheblich sein, auch wenn nur ein Teil der Kunden beim Unternehmer verbleiben, BGH HVR **(63)** Nr 319. Verlust wegen Doppelbelastung durch Provisionszahlung auch an Nachfolger steht nicht entgegen, BGH BB **07,** 2479.

16 Notwendig wird damit eine **Prognose** über die künftige Entwicklung der Verhältnisse. Diese Prognose ist auf den Zeitpunkt der Beendigung des HVVertrags zu stellen, zu dem der Ausgleichsanspruch entsteht (s Rn 7), sie kann sich also nicht mehr durch später bis zur Entscheidung des Tatrichters noch eintretende Tatsachen ändern (außer wenn bereits absehbar, im Keim angelegt), BGH NJW **98,** 75 (Aufgabe von BGH **56,** 246, WM **91,** 1517), Kblz NJW-RR **07,** 1046, aA bisher hL, Rittner DB **98,** 457, und nach EuGH 26. 3. **09** (s Rn 45) für Ausnahmefälle Emde VersR **09,** 1484; aber nicht schematisch, BGH NJW-RR **00,** 109. Außer Betracht bleiben danach unvorhergesehene tatsächliche Entwicklungen, zB auch erheblich geringere Abwanderung (s Rn 12), und die Fortführung des HVGeschäfts, zB Tankstelle, während des Prognosezeitraums ist zu unterstellen. Die Prognose kann sich nur auf eine überschaubare Zeit beziehen. Prognosezeitraum ist aber nicht vorgegeben, sondern hängt vom Einzelfall ab, idR 2–3 Jahre, bei langlebigen Gütern (Rn 12) bis zu 5, BGH NJW **85,** 860, **94,** 1350, Ffm BB **73,** 212, Düss HVR **(01)** Nr 1043: bei Neuwagen 5 Jahre, in Ausnahmefällen auch länger, vgl BGH NJW **99,** 2670 (6 Jahre bei nur 9% jährlichem Umsatzverlust), BGH BB **91,** 1210 (Gabelstapler, 13 Jahre), BGH **135,** 19, BGH WM **06,** 1405. Maßgebend ist, wie lange die Verbindungen zu neugeworbenen Kunden (I 1 Nr 1, I 2) wahrscheinlich dauern werden, BGH BB **60,** 1261, **70,** 101, also die Zeitspanne, innerhalb derer noch mit Folgeaufträgen der vom HV neu geworbenen Kunden zu rechnen ist. Bei Warenvertrieb ist dafür ua der Neubedarf relevant, BGH NJW **85,** 859. Späterer Fortbestand der vom HV geknüpften Beziehungen ist zwar zu vermuten (Rn 22), doch genügt für die Prognose der Beständigkeit nicht ohne weiteres ein Jahr der Geschäftsbeziehung mit neuen Kunden, Celle BB **69,** 558; ebenso wenig einmalige Reisebuchung bei Reisebüro, BGH BB **75,** 198. Zu den Prognosemethoden (geschäftsverbindungsbezogene; Mittelwert-) bei langlebigen Gütern Küstner/von Manteuffel/Evers 1998, 5.1.9. Zur Prognose der Abwanderung s Rn 12. Erweist sich die Prognose später als unrichtig, gibt es keine Erstattung (etwa nach § 812 I 2 BGB), sei es dass neue Kunden nach Einigung oder Entscheidung über den Ausgleich wider Erwarten doch abspringen oder umgekehrt als unzuverlässig betrachtete Kunden sich treu zeigen, BGH NJW **98,** 74.

17 **Beispiele für Vorteile:** Aussicht auf längere und beständige Geschäftsbeziehung und Nachbestellung durch den Kunden in verhältnismäßig kurzen Zeitabständen, BGH BB **70,** 102; bei langlebigen Gütern auch Aussicht auf Neubestellung in den nächsten Jahren, auch erst nach fünf Jahren, falls HV entsprechende Kundentreue beweist, BGH NJW **85,** 859; Erlangung eines (dem Umsatz mit den vom HV geworbenen Kunden entsprechenden Mühlen-)Kontingents, auch wenn Unternehmer dieses ohne die vom Vertreter geworbene Kundschaft überträgt, BGH NJW **60,** 1292; Einmalprämienabschluss des Bausparkassenvertreters bei Aussicht auf Verlängerung und Summenerhöhung, BGH BB **70,** 102; Vorteile sind auch bei Rotationsvertriebssystem (ohne festen Bezirk des HV, s Rn 32) möglich, BGH NJW **85,** 860; auch bei Tageszulassungen (Aktionskfz), BGH NJW **96,** 2305. Bei **Untervertreter** kann Vorteil in der Ausgleichszahlung des Unternehmers liegen, BGH **52,** 5.

Geschäftsverpachtung, Geschäftsveräußerung, Verlagerung im Konzern: Bei Geschäftsverpachtung und anderen Unternehmensverträgen (vgl §§ 291 ff AktG) sind Art und Höhe des Entgelts maßgeblich. Bei Teilveräußerung kommt es zunächst auf den zurückbehaltenen Teil an. Im Übrigen und bei Gesamtveräußerung (§ 613 a BGB unanwendbar) ist entscheidend, ob der Unternehmer die vom HV geschaffenen Geschäftsbeziehungen dabei für sich nutzen kann. Vorteil ist danach Fortsetzung von Lieferungen an den Übernehmer, der seinerseits an die Kunden weiterliefert, BGH NJW **86,** 1932; Erlangung einer umsatzorientierten, entsprechend höheren Absatzgarantie bei einem Kooperationsvertrag; höherer, nicht unbedingt gesondert bezifferter Übernahmepreis infolge des Kundenstamms, BGH **49,** 43, NJW **60,** 1292, VersR **85,** 265, NJW **96,** 1752, Hamm HVR **(77)** Nr 511, Karlsr WM **85,** 235, Düss HVR **(01)** Nr 1043. Vergleichsmaßstab ist hypothetisch geringerer Übernahmepreis allein für das Anlagevermögen, BGH NJW **96,** 1752. Vermutung geht dahin, dass der Kaufpreis diesen Mehrwert enthält, jedenfalls bei Beibehaltung von Firmennamen und Vertriebsnetz, BGH NJW **96,** 1752, Karlsr WM **85,** 235, KG HVR **(03)** Nr 1114. Widerlegung der Vermutung ist nur schwer möglich. Bei **Geschäftsveräußerung im Konzern** ohne Entgelt für Kundenstamm kommt es auf Vorteil des Unternehmers an, BGH NJW **86,** 1932; hat nur der Übernehmer den Vorteil, kann aber Treuwidrigkeit oder Pflichtverletzung des Unternehmers zu Lasten des HV vorliegen, Düss HVR **(01)** Nr 1043, offen BGH NJW **86,** 1932 (s auch Rn 20). Bei **Verlagerung im Konzern** oder unter nahe stehenden Unternehmen (vgl zum Provisionsanspruch § 87 Rn 14) kommt es darauf an, ob dem Unternehmer Vorteile verbleiben. Das ist idR der Fall bei Fortführung der Produktion durch eine neue, vom gleichen Unternehmer gegründete EinmannGmbH, Mü HVR **(01)** Nr 1052 (Umgehung); uU auch bei Verlagerung des Vertriebs einer vergleichbaren Kollektion an eine dem Unternehmer nahe stehende Ges, Mü HVR **(01)** Nr 1052 (LS), aber nicht ohne weitere Feststellungen. Überleitung des Vertriebs von rechtsfähiger TochterGes auf produzierende MutterGes schließt Ausgleichsanspruch nicht aus, Brschw BB **76,** 854. Bei Überleitung des Vertriebs auf verbundene VertriebsGes werden Altkunden nicht ohne weiteres zu deren Neukunden (s Rn 12), Schlesw HVR **(96)** Nr 996. Bei unentgeltlicher Übernahme des Unternehmens durch anderes Konzernunternehmen kann es aber auch an verbleibenden Vorteilen fehlen, zB bei hohen Verlusten, BGH NJW **86,** 1932 (s auch Rn 20). Geschäftsänderung und -aufgabe s Rn 20. Gesamtschuldnerische Haftung des Erwerbers ist denkbar (s Rn 4). Lit: Sturm/Liekefett BB **04,** 1009, s auch Rn 75.

Minderung oder Entfallen des Ausgleichsanspruchs: so zB bei Abwanderung des Kunden allein wegen des Pächterwechsels, obwohl Nachfolgerservice objektiv nicht schlechter ist, BGH NJW **85,** 861; wenn HV zur Konkurrenz geht und die geworbenen Kunden mitnimmt, BGH BB **60,** 605, WM **75,** 856; wenn die vom HV geworbenen Kunden vom Bezug über HV beim Unternehmer zum Kauf beim Großhandel übergegangen waren, Oldbg BB **63,** 8; bei Umsatzrückgang nach Ausscheiden, auch wenn die Umstände dem HV nicht angelastet werden können, BGH **56,** 242 (bis zum Urteil zu berücksichtigen, Rn 16). **Nicht** abträglich wirken sich aus zB nur vorübergehende geringe Geschäftsstörungen infolge Ausscheidens des HV, Oldbg BB **73,** 1281; dass der Unternehmer die Kosten für den Ausgleich nicht auf den NachfolgerHV abwälzen kann (s Rn 73), Hamm HVR **(77)** Nr 514; dass auch an NachfolgerHV Provision gezahlt werden muss, BGH BB **07,** 2479; (normale) **umsatzfördernde Auf-**

wendungen des Unternehmers, zB Werbung, BGH **56,** 242, **73,** 99 (aber außergewöhnliche Aufwendungen und Sogwirkung, s Rn 35).

20 **Geschäftsaufgabe, Geschäftsänderung:** Auch damit können noch Vorteile verbunden sein, zB nationale oder EG-Stilllegungsprämien; Abfindung für vorzeitige Pachtgrundstücksräumung, Ffm BB **85,** 687 (Tankstellenaufgabe), erhöhter Kaufpreis wegen vom HV geworbenem Kundenstamm, LG Hann HVR **(96)** Nr 906. Überhaupt keine Geschäftsaufgabe mit der Folge mangelnder Vorteile ist Vertrieb nur noch über Großhandel, BGH NJW **84,** 2696, Ffm BB **73,** 212; bloße Einstellung einer Textil- oder Brillen-Kollektion, Mü BB **96,** 980, HVR **(05)** 1166; Geschäftsverpachtung und -veräußerung s Rn 18. Der **Ausgleichsanspruch entfällt** aber, wenn der Unternehmer die vom HV geschaffenen Geschäftsbeziehungen nicht mehr für sich nutzen kann (anders bei Geschäftsverpachtung oder Geschäftsveräußerung, Rn 18). Das muss bei HVVertragsende der Fall oder jedenfalls sicher nach außen absehbar sein, Düss HVR **(04)** Nr 1085, Grund: Ausgleichsanspruch beruht auf Prognose zu dieser Zeit. Ob die Maßnahme wirtschaftlich geboten oder unternehmerisch sinnvoll ist, hat der Unternehmer, nicht der HV oder das Gericht zu beurteilen (Entscheidungsfreiheit des Unternehmers, der auch die wirtschaftlichen Folgen trägt, s entspr Rspr zu § 89a Rn 21, vgl enger § 87a Rn 28), der HV trägt das Risiko des Misserfolgs seines Unternehmers und dessen Produkte mit, im Ansatz richtig BGH **49,** 41, VersR **58,** 244, Düss HVR **(98)** Nr 877, aber doch mit Prüfung, ob die Entscheidung noch wirtschaftlich vertretbar ist, aA Hamm HVR **(78)** Nr 518, Heymann/Sonnenschein/Weitemeyer 31: nur wenn sachlich geboten. Ist die Entscheidung des Unternehmers wirtschaftlich nicht mehr nachvollziehbar (business judgment) oder handelt er willkürlich, kann er sich nicht auf das Entfallen des Ausgleichsanspruchs berufen, nach aA macht er sich dem HV gegenüber schadensersatzpflichtig, Düss HVR **(04)** Nr 1085 (s auch Rn 18). Beispiele: Betriebsstilllegung; Sanierungsübernahme ohne Vorteile; uU auch unentgeltliche Übernahme des Unternehmens durch anderes Konzernunternehmen, zB bei hohen Verlusten, BGH NJW **86,** 1932 (s auch Rn 18); Einstellung der Erzeugung der vom HV vertriebenen Ware, BGH NJW **59,** 1964; sonstwie den Kundenstamm entwertende Geschäftsänderung; Vertriebsumstellung, zB Belieferung nur noch eines Großabnehmers, BGH **49,** 41 (des Großaktionärs der UnternehmerAG). Auf jeden Fall ist der Unternehmer zu rechtzeitiger Mitteilung verpflichtet (§ 86a II 3).

21 **Verlust alter Kunden** neben Gewinnung neuer ist nach dem Wortlaut von I 1 Nr 1 unerheblich, BGH BB **64,** 1399 (Tankstellenkunden), vgl auch Stgt DB **57,** 379, Schlesw DB **58,** 246; aber uU nach I 1 Nr 3 (Rn 37). Jedenfalls beim Massengeschäft, etwa Zeitschriftenabonnements, ist der Verlust wohl schon nach I 1 Nr 1 abzurechnen (Normzweck, Rn 2). Zur Abwanderungsquote bei der Ermittlung der neu geworbenen Kunden s Rn 12.

22 **e) Beweislast** für Vorteile des Unternehmers liegt beim HV, BGH **55,** 45, **135,** 24, zB für Werbung von Stammkunden, BGH NJW **85,** 859, **98,** 68, auch für atypischen Umsatzverlauf, BGH BB **08,** 2595. Aber Anscheinsbeweis, dass der bei Vertragsende bestehende Kundenkreis von den jahrelang ununterbrochen tätigen HV neu geworben sind, Düss HVR **(77)** Nr 504, Kln HVR **(00)** Nr 979, iErg auch BGH **56,** 245, **73,** 104, Celle HVR **(71)** Nr 436, und (widerlegliche) Vermutung, dass die Geschäftsverbindung auch nach HVVertragsende fortbesteht, BGH NJW **85,** 859, WM **91,** 198, Celle HVR **(02)** Nr 1040. Der HV kann Kundenlisten vorlegen oder, da Kundenlisten vielfach unvollständig sind, andere für eine Schätzung geeignete Unterlagen wie **statistisches** Material, zB im Bauspar- und Versicherungsbereich, BGH **34,** 319, **59,** 130, NJW **96,** 2100, im Tankstellengeschäft, BGH **135,** 14 (s Rn 12), NJW **98,** 68, 74, str, konsequent dann aber auch allgemein im anonymen Massengeschäft. Kundenliste ohne Be-

Siebenter Abschnitt. Handelsvertreter 23–25 **§ 89b**

zugsmengenangaben kann genügen, auch wenn wie bei Tankstelle dem Unternehmer unbekannt, BGH **42,** 246. Kundenliste ist entbehrlich, wenn Neuerwerbung aus der Gesamtumsatzsteigerung folgt, Düss HVR **(79)** Nr 535. Geeignete **Schätzunterlagen** können im Tankstellengeschäft auch **Umfragen** von Mineralölfirmen sein, die keine statistisch sichere Aussage für einzelne Großstädte und den Kundenkreis einer einzelnen Tankstelle erlauben, BGH NJW **98,** 68, BB **07,** 2475, aA Rittner DB **98,** 457, Schreiber NJW **98,** 3737; aber dies nur mit Vorsicht als Anhaltspunkt für die Schätzung und nur mangels konkreterer Daten für individuellere Schätzung, wegen fortschreitender elektronischer Erfassung der Zahlungsvorgänge (zB Bezahlung mit Karte) muss Tankstellenhalter zunehmend konkrete Anhaltspunkte für fallbezogene Schätzung dartun, BGH WM **03,** 491, 99, eine manuelle Auswertung der vielen Zahlungsbelege ist dem Tankstellenhalter aber unzumutbar, BGH BB **07,** 2476. Tankstellenhalter muss zumindest Brauchbarkeit und Aktualität des statistischen Materials belegen, Hamm HVR **(00)** Nr 972. Die Mineralölfirma kann dem konkret erfasste Zahlungsvorgänge über Einzelgeschäfte entgegenhalten, aber nur nach Prüfung auf Richtigkeit und Vollständigkeit durch Sachverständigen, BGH BB **07,** 2476. Zur Faustregel, dass die Vorteile des Unternehmers nicht niedriger als die Provisionsverluste des HV sind, Rn 47. Schätzung nach **§ 287 II ZPO** nach hinreichenden Stichproben ist zulässig, BGH **59,** 125, NJW **85,** 860, WM **03,** 493, 501; Anforderungen an Substantiierung, BGH NJW **00,** 1413; Abzüge wegen Ungenauigkeiten der Schätzung, aber nicht bei auf Daten gestützter Berechnung, BGH BB **07,** 2478. Schätzung ist nur dort zulässig, wo die Beweisaufnahme zwar kein klares Ergebnis, aber deutliche Anhaltspunkte geliefert hat, sonst Entscheidung nach Beweislast, BGH NJW **98,** 73. Zu Indizien- und Anscheinsbeweis und zur Schätzung § 287 II ZPO Semmler 1995 (Tankstellenhalter) 218. Pauschales Bestreiten des Unternehmers genügt nicht bei Umständen in seinem Wahrnehmungsbereich und Möglichkeit und Zumutbarkeit näherer Angaben, BGH NJW **99,** 2670.

C. **Billigkeitsprüfung, insbesondere Provisionsverluste des Handels-** 23
vertreters (I 1 Nr 2): Die Zahlung eines Ausgleichs **muss zweitens** unter Berücksichtigung aller Umstände des Einzelfalls **der Billigkeit entsprechen.**

a) Grundsatz: Dies ist idR erst nach Klärung der Voraussetzungen nach I 1 Nr 1 (bis 2009 auch Nr 2) zu prüfen, der Ausgleich darf also nicht ohne Feststellungen zu I 1 Nr 1 allein nach Nr 2 bemessen werden, BGH **43,** 154, NJW **85,** 59, **97,** 655. Umgekehrt ist I 1 Nr 2 eine selbstständige, zusätzliche Anspruchsvoraussetzung neben Nr 1. Zwar ist schon I 1 Nr 1 auch unter dem Aspekt des billigen Ausgleichs (Rn 3) auszulegen, Hamm HVR **(77)** Nr 511, aber die eigentliche Billigkeitsprüfung findet erst unter Nr 2 statt und korrigiert das Ergebnis aus Nr 1.

Nach der **EG-Richtlinie** 1986 (§ 84 Rn 3) setzt der Ausgleichsanspruch nur 24
Vorteile des Unternehmers und Billigkeit (wie I 1 Nr 1 und 2 nF) voraus; Provisionsverluste des HV (wie nach I 1 Nr 2 aF) stellen nur einen im Rahmen der Billigkeit (hier allerdings vorrangig, „insbesondere") zu berücksichtigenden Umstand dar, so eindeutig EuGH 26. 3. **09** (s Rn 45) und in Reaktion darauf I 1 Nr 2 nF (s Rn 1). In der Regel entspricht aber die Zahlung eines Ausgleichs ohne (näher bezifferte, str) Provisionsverluste des HV nicht der Billigkeit; sollte das ganz ausnahmsweise anders sein, ist ein Ausgleichsanspruch allein aus I 1 Nr 2 nF herzuleiten, so schon zur aF 33. Aufl, Ko/Ro/Mo/Roth 8, restriktiver wohl Emde VersR **09,** 1482.

Zu berücksichtigen sind **alle Umstände des Einzelfalls, insbesondere Pro-** 25
visionsverluste des Handelsvertreters. Umstände des Einzelfalls sind nach dem Schutzzweck der Norm (Rn 2, 3) grundsätzlich nur vertragsbezogene Umstände, also nicht Alter, Gesundheit, Vermögenslage der Parteien, Zahl der

§ 89b 26, 27

Kinder, Grundmann, Treuhandvertrag 1997, S 378, aA BGH **43**, 162 (aber idR keine wesentliche Bedeutung), **45**, 273, NJW **03**, 1246, Heymann/Sonnenschein 43. Nur in besonderen Ausnahmefällen kann es billig sein, auch vertragsfremde Umstände zu berücksichtigen (vgl Rn 43), GroßKo/Emde 161; nach der EG-Ri und der diese korrekt umsetzenden I 1 Nr 2 nF ist das dann aber auch geboten.

26 **b) Insbesondere Provisionsverluste des Handelsvertreters (I 1 Nr 2 Mittelsatz):** Der Ausgleichsanspruch setzte nach I 1 Nr 2 aF voraus, dass **dem Handelsvertreter infolge der Vertragsbeendigung Provisionen aus bereits abgeschlossenen oder künftigen Geschäften mit den von ihm geworbenen Kunden entgehen.** Das ist nunmehr zwar nicht mehr eine selbständige Voraussetzung des Ausgleichsanspruchs, aber ein in I 1 Nr 2 nF herausgehobener Umstand, dem im Rahmen der Billigkeitsprüfung nach I 1 Nr 2 besondere Bedeutung zukommt („insbesondere"). Nach I 1 Nr 2 nF sind **insbesondere die dem Handelsverteter aus Geschäften mit diesen** (I 1 Nr 1: neuen) **Kunden entgehenden Provisionen** zu berücksichtigen. Das entspricht zwar nicht im genauen Wortlaut, aber doch im Sinn der bisherigen Fassung und erlaubt es, auf die bisherigen Tatbestandsmerkmale und deren Auslegung zurückzugreifen, immer vorausgesetzt, dass dies nicht abschließend wie nach I 1 Nr 2 aF sein kann, sondern in das Gesamturteil der Billigkeit eingehen muss. Auch die Rspr zur Nichtberücksichtigung von Verwaltungsprovisionen (s Rn 28) kann bleiben, wenn diese nur nicht völlig ausgeblendet werden, aA Emde VersR **09**, 1482. Gewisse Unsicherheiten können aber bezüglich der Kriterien für die Billigkeit, soweit sie über Provisionsverluste und uU Unternehmervorteile hinausgeht, entstehen. Größere Änderungen der Rspr sind also nicht zu prognostizieren, zumal die Billigkeitsprüfung nur beschränkt revisibel ist (s Rn 84).

Ausgangspunkt der Berechnung ist die letzte Jahresprovision und davon nur der Teil, den der HV für Umsätze mit Stammkunden erhalten hat, denn nur mit diesem Kunden besteht ein Geschäftsverbindung iSv I 1 Nr 1. Die Provisionsverluste nach I 1 Nr 2 Mittelsatz sind das Gegenstück zu I 1 Nr 1 (Vorteile des Unternehmers). Die Auslegung von I 1 Nr 1 und 2 Mittelsatz läuft deshalb häufig parallel. Stammkunden s Rn 12 f, geworbene Kunden s Rn 14, dort auch zum Bezirksvertreter; Prognose und Prognosezeitraum s Rn 16; Verlust alter Kunden, Abwanderungsquote s Rn 17; Beweislast s Rn 22. Berechnungsbeispiel: Küstner/Thume/Küstner XIX/1. Für den **Vertragshändler** gelten zu I 1 Nr 2 analog wichtige Besonderheiten (näher § 84 Rn 12).

27 **Provisionen können nach I 1 Nr 2 Mittelsatz entgehen:**

(1) Aus bereits abgeschlossenen Geschäften mit vom HV geworbenen Kunden. Bei solchen, dh in der Vertragszeit zustande gekommenen Abschlüssen behält der HV zwar die Provisionsansprüche unabhängig vom Zeitpunkt der Ausführung des Geschäfts (§ 87 I 1), er kann sie aber uU gemäß Vertragsvereinbarung verlieren (§ 87 Rn 38), dann ist I 1 Nr 2 Mittelsatz einschlägig, GroßKo/Emde 144 noch zur aF; ob in Sonderfällen eine Geschäftsverbindung erforderlich ist, ist str, GroßKo/Emde 144, anders Küstner/Thume/Thume II VII/14. I 1 Nr 2 Mittelsatz umfasst nur entgehende Provision für (Vermittlung und) Abschluss von Geschäften, also für **werbende,** vermittelnde, abschließende Maßnahmen (**Abschlussprovisionen,** vgl Rn 2), stRspr BGH **30**, 98, NJW **98**, 69, 72; auch Superprovision, falls Abschlussprovision, BGH **59**, 128, NJW **79**, 653; auch Abschlussprovisionen mit Sicherungsfunktion für den Unternehmer bis zum Eingang der Verkaufserlöse, BGH NJW **79**, 653; auch sonstige Vergütungen wie Festvergütung (§ 87 Rn 5), sofern sie Entgelt für Abschlüsse sind, BGH **43**, 158; auch Zusatz- oder Sonderprovisionen (§ 87 Rn 2), zB für Werbung, Großabnehmerzuschüsse, Neuzulassungsboni, Rabatte ua, Kln HVR (**01**) Nr 1048, Mü OLGR **02**, 216, unabhängig vom Bestehen eines Anspruchs bei Vertrags-

Siebenter Abschnitt. Handelsvertreter   28–32 § 89b

beendigung dem Grunde nach, Ffm 10. 7. **07** juris (RsprÄnd). Werbende Maßnahmen sind **auch Lagerhaltung und Auslieferung durch Tankstellenhalter,** BGH NJW **98,** 69, 72 (Aufgabe von BGH NJW **85,** 860, WM **88,** 1204), aA bisher hL, Rittner DB **98,** 457, sowie Tätigkeiten, die bzw deren Ergebnis der Kunde sieht, zB für Zustand, Ordnung und Sauberkeit der Tankstelle und für Einstellung, Führung und Überwachung der Mitarbeiter, BGH NJW **98,** 69, 72.

Nicht (auch nicht nach Reform, s Rn 26): Provisionen für Tätigkeiten, die 28 (tatsächlich, Bezeichnung nicht entscheidend) von keiner oder nur ganz untergeordneter Bedeutung für Abschlüsse sind, zB Inkasso (§ 87 IV), **Verwaltung,** Bestandspflege, Buchführung, eigene Provisionsabrechnung, Schadensregulierung, Delkredere (§ 86b), stRspr BGH **30,** 98, NJW **85,** 861, **98,** 69, 72, BB **07,** 2479 (im konkreten Fall 10%), aA Emde VersR **09,** 1482 wegen EuGH 26. 3. **09** (s Rn 45); „Verwaltung", namentlich im Versicherungs- und Bausparkassengeschäft, BGH **30,** 102, **34,** 314, **55,** 49, **59,** 128, Mü BB **93,** 1754; durchlaufende Posten (Rn 32). Die Rspr will nur solche Tätigkeiten unberücksichtigt lassen, die ausschließlich verwaltenden Zwecken dienen, BGH NJW **98,** 69, 73. Dabei sind die Besonderheiten der jeweiligen Vertriebssparte zu berücksichtigen, also Unterschiede zB zwischen Tankstellen- und KfzVertragshändlergeschäft, BGH NJW **98,** 69, 72. Im Tankstellengeschäft sind Lagerhaltung, Auslieferung und Inkasso nicht vermittlungsfremd, sondern werbend (trotz § 87 IV), BGH WM **03,** 491. Überhöhte Verwaltungsanteilsabrede s Rn 70. **Beweislast** für Abgrenzung von werbenden und verwaltenden Tätigkeiten s Rn 33.

(2) **Aus künftigen Geschäften** mit von dem HV geworbenen Kunden, 29 gleich ob solche Abschlüsse nur mit oder auch ohne neue Bemühung des HV zustandekommen, BGH **24,** 226, **29,** 92, **30,** 103. Die Fortsetzung des HVVertrags und die gleich bleibende Tätigkeit des HV sind dafür zu unterstellen, davon ausgehend sind die Provisionseinkünfte zu ermitteln (Prognose, Rn 16), BGH **24,** 227, **141,** 252, BGH **08,** 2596, st Rpsr. Bei dieser Fiktion kommt es weder auf die Gründe der Beendigung an noch darauf, ob der HV überhaupt noch weitere provisionspflichtige Geschäfte hätte vermitteln können, BGH **24,** 217, 227, NJW **98,** 1070, zB weil Unternehmer insolvent wird, Ffm 10. 7. **07,** 27 juris, s Rn 7, 9. Solche Provisionen aus künftigen Geschäften entgehen, zB wenn zu erwarten ist (Prognose, Rn 16), dass einmal geworbener Kunde in verhältnismäßig kurzen Zeitabständen neu bestellen wird, BGH BB **70,** 101; auch aus vorbereiteten Abschlüssen iSv § 87 III, falls der Vertrag diese abw von § 87 III von der Provisionspflicht ausschließt; bei Versicherungs- und Bausparkassenvertretern auch aus (sog Nachfolge)Verträgen, die nach HVVertragsende abgeschlossen werden, aber in engem Zusammenhang mit einem früher vermittelten Verträgen stehen, zB Verlängerung oder Summenerhöhung, BGH **34,** 310, **59,** 125, BB **70,** 102, LG Heilbr BB **80,** 1819, LG Mü I BB **81,** 573 m Anm Brych. Berechtigte Vertriebsumstellungen (zB nur noch Belieferung von Großhändlern), die zu Provisionsverlusten geführt hätten, sind zu berücksichtigen, BGH BB **08,** 2594.

Nicht: bloße Aussicht, neue Kunden zu werben, BGH **24,** 228, **29,** 92, **34,** 30 314 (Bausparkassenvertreter), **135,** 21; auch bei ("unechter") Gruppenversicherung (die nur die Einzelabschlüsse mit den Gruppenmitgliedern vorbereitet), BGH BB **61,** 189; Bezirks- oder Kundenschutz (Rn 14), Schröder BB **62,** 740.

(3) **Entgehen:** Solche Provisionen müssen dem HV **infolge der Vertrags-** 31 **beendigung** tatsächlich entgehen, nicht zB bei Untervertreter, der die von ihm geworbenen Kunden jetzt unmittelbar für den Unternehmer bedient, BGH **52,** 5. Zum Entgehen ist Prognose nötig (Rn 16).

(4) Als **Bemessungsgrundlage** sind grundsätzlich die in den **letzten zwölf** 32 **Monaten** vor Beendigung des HVVerhältnisses verdienten Provisionen heranzuziehen; nur bei **atypischen Verlauf** des letzten Vertragsjahrs kann Durchschnittswert unter Heranziehung eines anderen Zeitraums gebildet werden, BGH

§ 89b 33, 34

135, 23, 141, 252. Diese Bemessungsgrundlage gilt auch bei **Rotationssystemen** (wechselnde HVBezirke), also Fiktion der Weiterbetreuung der in den letzten zwölf Monaten gewonnenen Stammkunden trotz Rotation, Änderungen sind über Billigkeit (noch zu I 1 Nr 3 aF) zu berücksichtigen, BGH **141**, 255, Celle HVR **(01)** Nr 1036, krit Thume BB **99**, 2313, Schaefer NJW **00**, 320, uU Berücksichtigung der gesamten Bezirke, Emde EWiR 1/99, 653. Maßgebend für I 1 Nr 2 Mittelsatz sind die zu erwartenden **Bruttoprovisionen** vor Abzug der Betriebskosten (vgl Rn 41), nicht der Reingewinn, BGH **29**, 92, **41**, 134, HVR **(03)** Nr 1063, samt der auf sie entfallenden **Mehrwertsteuer**, BGH **61**, 114, WM **87**, 1465, NJW **98**, 70, NJW **99**, 2670, BB **08**, 2597. Mehrwertsteuer auf den Ausgleichsanspruch schuldet der Unternehmer jedoch wie auch sonst nur bei Vereinbarung; auch die an Untervertreter abgegebenen Provisionsteile (Grund: Ausgleichsansprüche der Untervertreter gegen HV), BGH WM **85**, 982; uU schadet nicht, dass kein Reinverdienst zu erwarten war, BGH BB **60**, 1261, aA Brem BB **66**, 877, **67**, 430. **Abzuziehen** sind **durchlaufende Posten**, zB Mietkosten für Auslieferungslager, vgl BGH **61**, 114, Zahlungen vom Bausparkasse, die nach HVVertrag vom Bezirksvertreter an dessen freie Mitarbeiter weiterzuleiten sind, BGH BB **89**, 1075. **Nicht abzuziehen:** Provisionen an Untervertreter, BGH WM **85**, 981, Mü HVR **(00)** Nr 987; allgemeine Kostendeckungsbeiträge, BGH HVR **(03)** Nr 1063; Berücksichtigung der vom HV ersparten Aufwendungen, wenn überhaupt, erst bei Billigkeitsprüfung, s Rn 41. **Berechnungsbeispiel** in BGH NJW **98**, 71: Ausgangsbetrag letzte Jahresprovision (mit MWSt); davon 90% Stammkundenumsatz minus 8,75% Altstammkundenumsatz = 81,25% Umsatz mit neuen Stammkunden; davon 90% für werbende Tätigkeit; mal 200% (Gesamtprovisionsverlust von 80% + 60% + 40% + 20%, schematisierter Abwanderungsverlust von jährlich 20% über 5 Jahre); abgezinst nach anerkannter Abzinsungsmethode; nicht mehr als Höchstbetrag einer durchschnittlichen Jahresprovision nach II. Beispiele: Emde BB **07**, 2482; Münchener Formel, LG Mü I HVR **(98)** Nr 909, gegen diese Saarbr NJW-RR **03**, 900; Kainz/Lieber/Puszkajler BB **99**, 434, krit Reufels/Lorenz BB **00**, 1586; bei HVRotation BGH NJW **99**, 2670.

33 **(5) Beweislast** liegt beim HV, BGH **55**, 45, **135**, 24 (noch zu Nr 2 aF), anders wohl Emde VersR **09**, 1485, aber vielfach Anscheinsbeweis. Der wahrscheinliche Provisionsverlust des HV entspricht der Umsatzerwartung des Unternehmens, die für dieses nach Anscheinsbeweis bei Dauerkunden durch regelmäßige Lieferung besteht, Düss HVR **(77)** Nr 504. Auch bei Rotationssystem (s Rn 32) muss HV darlegen, wer Neu- und wer reaktivierter Altkunde ist, Düss HVR **(00)** Nr 947. Beweislast für Anteil der Verwaltungsprovisionen uä (s Rn 28) liegt beim Unternehmer (Grund: Sachnähe, Erfahrungswerte über Aufteilung der Provision; Besonderheiten für Vertragshändler, insbesondere Tankstellenhalter, § 84 Rn 12), BGH WM **88**, 1204, NJW **96**, 2300, **98**, 69, 73, WM **03**, 503. Vertragliche Aufteilung muss konkret und überprüfbar sein; ist sie das nicht, ist darin auch eine Rückverlagerung der Beweislast zu sehen, BGH **152**, 135. Sonderfall (individuelle Regalpflegeabsprachen), Hamm HVR **(97)** Nr 959. Schätzung nach § 287 II ZPO, Mü HVR **(02)** Nr 1053, auch dass die Vorteile des Unternehmers den Verlusten des HV entsprechen, BGH NJW **90**, 2891 (s Rn 47); aber nur bei greifbaren Anhaltspunkten, sonst bleibt es bei Beweislast, BGH NJW **98**, 73. Vgl auch (zu I 1 Nr 1) Rn 22.

34 **c) Weitere für Billigkeit sprechende Umstände: Umstände der Vertragsbeendigung:** Zu Lasten des HV (abgesehen von III Nr 2 Mittelsatz) gehen: sein oder seiner Leute **Verschulden** daran, BGH **29**, 280, DB **81**, 1773; Vorliegen von Gründen zur Kündigung des gestorbenen (nicht gekündigten) HV ohne Ausgleichsanspruch (§ 89 a, § 89 b III Nr 2 aF, nunmehr Mittelsatz), BGH NJW **58**, 1966 (falls nicht schon III Nr 2 Mittelsatz eingreift, s Rn 64); zur

Siebenter Abschnitt. Handelsvertreter 35–39 § 89b

ordentlichen Kündigung führende Vertragsverletzung des HV, BGH DB **81**, 1773. Nicht schon vereinzelter Vertragsverstoß während langjähriger guter Zusammenarbeit, BGH WM **85**, 469; Ablehnung eines Arbeitsvertrags, Düss HVR **(56)** Nr 130, oder neuen HVVertrags mit Nachfolger, Hamm HVR **(77)** Nr 511. Prüfung im Einzelnen bei Tod, BGH **24**, 223 (Rn 9), Unfall, BGH **41**, 132, und **Selbstmord**, BGH **45**, 388, **60**, 350 (s Rn 9). Zu berücksichtigen können ferner sein eine für den HV vorteilhafte besonders lange Kündigungsfrist, BGH WM **70**, 1515; überraschende Kündigung nur, wenn HV sich auf längere Dauer des HVVertrags einrichten durfte, BGH VersR **61**, 222.

Besonderheiten des beendeten Vertrags: Vergütung, zB feste Mindestvergütung, BGH NJW **67**, 249, Mü BB **61**, 651, Celle BB **62**, 156, Nürnb VersR **76**, 467, aber nicht wenn HV sonst nur unwesentliche Provisionsbezüge hatte, BGH **43**, 159; andere für HV besonders günstige Bedingungen, BGH **45**, 268; freiwillige Leistungen wie Stehenlassen von Provisionen durch den HV als Finanzhilfe für den Unternehmer, Fbg BB **57**, 561; in welchem Umfange HV für seine Goodwillschaffung schon durch Provision auf Nachbestellungen belohnt wurde, BGH BB **57**, 1161; Vergütungsabrede zwischen dem HV und seinem Nachfolger, BGH NJW **75**, 1926 (Rn 75); Veräußerung der Kundenkartei durch HV nach Vertragsende an Dritten, Mü HVR **(04)** 1165; **Aufwendungen des Unternehmers** für Werbung und Umsatzförderung nur, wenn sie außergewöhnlich sind, Ffm HVR **(70)** Nr 428, Hbg HVR **(76)** Nr 509, KG HVR **(94)** Nr 811, idR ist abgewogenes Verhältnis zur Provision anzunehmen (vgl Rn 19), BGH **56**, 245, **73**, 105; besonderer Einfluss von **Lage der Tankstelle und Marke,** die nicht mehr beim Stammkundenbegriff relevant werden (s Rn 12); insbesondere **Sogwirkung,** vor allem bei Markenware (Vertragshändler, § 84 Rn 15), BGH NJW **82**, 2820, WM **87**, 1465, **94**, 243, NJW **96**, 2298, 2302, **97**, 1506, WM **03**, 498, BB **07**, 2479, Mü BB **94**, 533, dazu tatrichterliches Schätzungsermessen, das aber auch ausgeübt werden muss, BGH WM **03**, 2107, danach sind Abzüge von 10%, 20%, BGH WM **06**, 1407, in Einzelfällen bis zu 25% (Kln BB **95**, 2548, vgl BGH NJW **96**, 2304), sogar 33% (Mü HVR **(02)** Nr 1053), anerkannt worden; nicht Belastung des Unternehmers durch Provisionen für NachfolgerHV, BGH **42**, 248. Gegen Sogwirkung bei großen Mineralölfirmen Emde BB **07**, 2482.

Vertragsdauer: Kurze Vertragsdauer kann nicht zu Lasten des HV gehen, BGH NJW **58**, 23, NJW **97**, 655, Hbg DB **63**, 1214, KG HVR **(70)** Nr 433. **Lange** Verbundenheit ist ambivalent, denn sie lässt den HV mehr Früchte seiner Arbeit ernten als eine kurze, aber zeugt auch von Vertragstreue des HV und erlaubt weniger Härten, Ffm HVR **(65)** Nr 368. Im Ergebnis ist sie aber zugunsten des HV zu berücksichtigen, zumal bei Eintritt in Ruhestand, BGH **55**, 45.

Verlust alter Kunden neben Gewinnung neuer ist (falls nicht schon unter I 1 Nr 1, s Rn 21) idR nicht zu Lasten des HV zu beachten, BGH NJW **90**, 2891, aA BGH BB **64**, 1399 (Tankstellenkunden); differenzierend Stgt DB **57**, 379, Schlesw DB **58**, 246.

Gesamtumsatz: Rückgang des Gesamtumsatzes trotz Werbung neuer Kunden kann Ausgleich mindern, muss ihn aber nicht völlig ausschließen, BGH **42**, 247, NJW **90**, 2891; dabei spielt eine Rolle, ob der Rückgang vom HV hätte verhindert werden können. Nicht wesentlich ist, ob ein anderer HV den Bezirk übernimmt oder Unternehmer ihn in eigene Regie nimmt und ob er so mehr herausholt. Aufbau des Kundenstammes mit Hilfe von **Schmiergeldern** unter Mitwirkung des Unternehmers schließt Ausgleichsanspruch nicht aus, BGH NJW **77**, 671.

Altersversorgung: Zwischen Ausgleichsanspruch und Altersversorgung besteht eine „funktionelle Verwandtschaft", BGH **153**, 14, NJW **03**, 1246. Leistungen des Unternehmers zur Altersversorgung des HV sind daher bei dahingehender Vereinbarung ganz oder teilweise auf den Ausgleichsanspruch anzurechnen,

§ 89b 40–43

wobei idR der Steuervorteil des Unternehmers nicht ins Gewicht fällt, BGH **45,** 278, der Kapitalwert ist dabei auf den Zeitpunkt der Vertragsbeendigung zu beziehen, BGH WM **06,** 1790; Anrechnung der so finanzierten Rente auf Ausgleichsanspruch aber nicht generell, sondern je nach Einzelfall, BGH **55,** 58, **153,** 14, Kln VersR **01,** 1377, Mü VersR **05,** 687. Die Altersversorgung muss aber den praktischen Zweck einer Ausgleichszahlung übernehmen. Daran fehlt es, wenn die Lebensversicherung bzw Rente nicht in angemessener Zeit nach HVVertragsende fällig wird, BGH **153,** 14, NJW **94,** 1350 (21 Jahre), Düss NJW-RR **96,** 225, Kln VersR **97,** 615 (13 Jahre); anders im Einzelfall nach Billigkeit (I 1 Nr 2), Mü VersR **05,** 687 (14 Jahre), WM **07,** 710 (11 Jahre), bei entsprechender Abrede, BGH BB **84,** 168 (24 Jahre). Eine solche Abrede kann, auch wenn unwirksam, bei Billigkeitsentscheidung des Gerichts berücksichtigt werden, BGH NJW **03,** 1246. Keine Anrechnung, wenn HV für Altersversorgung besondere Gegenleistung erbringt oder diese sonst (BetrAVG) geschuldet wird. Doppelbelastung ist zu vermeiden, auch wenn PersonenGes zwischengeschaltet ist, BGH NJW **82,** 1814. Vertragsabrede ist empfehlenswert, aber in den Grenzen von IV (unten Rn 70). Abrede über Wahl zwischen Ausgleich und Altersversorgung verstößt nicht gegen IV (s Rn 79). Altersversorgung durch Direktversicherung und Provisionsrenten, Küstner/Thume/Küstner II X/127, 131. AGBKlauselkontrolle s Mü NJW-RR **03,** 1286. Lit: Küstner/Thume/ Küstner II X/1; Honsel BB **84,** 365, Küstner BB **94,** 1590, VersR **01,** 58, Graf v Westphalen DB **00,** 2255 (Grundsätze Sach, s Rn 96), BB **01,** 1593 (abl), Evers/ Kiene DB **02,** 1309, ZfV **01,** 585, 618, 765, ZfV **01,** 585, 618, 765, Löwe/ Schneider ZIP **03,** 1129.

40 **Tätigkeit für Konkurrenz:** zB Möglichkeit für **Mehrfirmenvertreter,** den Kundenstamm für andere Firmen weiterzunutzen, BGH BB **60,** 1179, DB **81,** 1773, Ffm HVR **(66)** 365, aA GroßKo/Emde 162; nicht wenn branchenfremd, es sei denn, der HV hat sich vertragswidrig nicht hinreichend für den Unternehmer eingesetzt und dadurch zusätzlich verdient, BGH NJW **97,** 655. Vertragswidrige Tätigkeit für **Konkurrenz** vor Vertragsende muss nicht Ausgleichsanspruch notwendig entfallen lassen, BGH VersR **60,** 846, darf aber nicht außer Betracht bleiben, BGH WM **75,** 858. In Einzelfällen ist Abzug von 25% (zusammen mit Sogwirkung, s Rn 35, von 50%) anerkannt worden, vgl BGH NJW **96,** 2304. Geht HV nach Vertragsende ohne Verstoß gegen ein nachvertragliches Wettbewerbsverbot (§ 90 a) zur Konkurrenz, kann das allein nicht zu seinen Lasten gehen, BGH HVR **(63)** Nr 319; doch spielt wie bei Mehrfirmenvertretern das Mitnehmen des Kunden eine Rolle, BGH NJW **67,** 249, WM **75,** 856, aA Heymann/Sonnenschein/Weitemeyer 45. Vgl auch § 90 a Rn 6.

41 **Ersparte Unkosten:** I 1 Nr 2 Mittelsatz spricht nur von (Brutto)Provisionen des HV (also dort ohne Abzüge von Unkosten, s Rn 32), jedoch wäre es unbillig, die zugleich ersparten Aufwendungen des HV ganz, also auch bei der Billigkeitsprüfung, außer Betracht zu lassen, zB ersparte Betriebsunkosten, BGH **29,** 93, aber idR nur besonders hohe, BGH **41,** 135, **56,** 249 (50% noch nicht „besonders hoch"), NJW **79,** 653, HVR **(03)** Nr 1063 (50%); nicht dagegen ersparte Unterprovisionen (s Rn 32, 51), aber zB wenn der Untervertreter (§ 84 Rn 31) seinen Ausgleichsanspruch nicht rechtzeitig geltend macht, KG HVR **(94)** Nr 811. Da auf der Provisionsseite nur Abschlussprovisionen zählen, sind auch nur ersparte (Vermittlungs- und) Abschlusskosten zu berücksichtigen, nicht allgemeine Verwaltungskosten. Dass der HV keinen Reingewinn hatte, schließt nicht jeden Ausgleich aus, BGH BB **60,** 1261.

42 **Hohes Alter** des HV stärkt weder sein Ausgleichsrecht noch steht es diesem entgegen, weil er durch Arbeitsunfähigkeit die Provisionschancen ohnehin verlöre. **Tod** des HV s Rn 34.

43 **Wirtschaftliche und soziale Verhältnisse** der Parteien liegen außerhalb des Vertrags und sind allenfalls ganz ausnahmsweise und unter anderem beachtlich

Siebenter Abschnitt. Handelsvertreter   44–48 § 89b

(vgl Rn 3), aA weitergehend BGH **43,** 162 (beim HV: achtköpfige Familie), **45,** 271, **129,** 296 (beiläufig), Düss HVR **(77)** Nr 504 (beim Unternehmer: Gefahr für Betriebsfortführung).

c) Beweislast für Billigkeit liegt beim HV, BGH **55,** 45, **135,** 24, WM **03,** 44 493, 501. Sind I 1 Nr 1 und 2 Mittelsatz gegeben, spricht eine tatsächliche Vermutung dafür, dass der Ausgleich auch der Billigkeit entspricht. Für besondere Umstände, die dagegen sprechen, ist der Unternehmer beweispflichtig, BGH NJW **90,** 2891, LS in BGH **55,** 45 ist mißverständlich; für Umstände, die dagegen wiederum für den HV sprechen, ist dieser beweispflichtig. Vgl auch (zu I 1 Nr 1, 2) Rn 22, 33.

3) Höhe des Ausgleichsanspruchs (I 1, II)

A. **Ausgleich „wenn und soweit" (I 1):** Aus dem „wenn" folgt, dass beide 45 Tatbestandselemente (Nr 1–2) kumulativ gegeben sein müssen (Tatbestandsvoraussetzungen, Anspruchsgrund). Aus dem „soweit" in I 1 folgt, dass zunächst der Umfang der Vorteile (I 1 Nr 1) zu ermitteln ist; die Zahlung dieses Betrags muss dann „Berücksichtigung aller Umstände der Billigkeit" entsprechen (I 1 Nr 2). Der nach I 1 ermittelte Betrag wird dann an II gemessen und bei Überschreiten der dort gezogenen Obergrenze gekappt (Rn 49). Nach der bis 2009 geltenden Fassung konnte der angemessene Ausgleich (Rechtsfolge, Anspruchshöhe) nicht höher sein, als was sich als Niedrigstes unter einer der damaligen drei Nummern ergab, bis dahin ganz hL und Rspr. Dies war aber als ein **Verstoß gegen die Handelsvertreterrichtlinie** nicht mehr haltbar, EuGH 26. 3. 09 Rs C-348/07 (Semen), EuZW **09,** 304 = BB **09,** 1607 m Anm Eckhoff, Emde DStR **09,** 1478, EWiR **09,** 239, und ist deshalb durch **Reform von 2009** (s Rn 1, 24–26) korrigiert worden. Der Ausgleich ist jetzt nicht mehr von vornherein durch die Provisionsverluste beschränkt (fraglich, ob auch nicht durch die Unternehmervorteile, so Eckhoff), vielmehr muss der Ausgleich im Rahmen der Billigkeitskontrolle bis zur Obergrenze nach II erhöht werden können (Art 17 II b HVRi, § 84 Rn 3).

B. **Angemessenheit (I 1): a) Grundsatz:** Geschuldet wird der angemessene 46 Ausgleich. Die Abgrenzung von der Billigkeit (I 1 Nr 2) ist schwierig, MüKo/ von Hoyningen-Huene 124, und ohne praktische Bedeutung, GroßKo/Emde 159. Die Rspr prüft die relevanten Umstände idR bei der Billigkeit. Das ist jedenfalls nach EuGH 26. 3. **09** (s Rn 45) zwingend, Emde VersR **09,** 1483.

b) Einzelne Umstände: Bewertung der Vorteile des Unternehmers: Da 47 hierzu auch alle mittelbaren Vorteile gehören, ist die Bewertung zu I 1 Nr 1 schwieriger als die der Provisionsverluste des HV nach I 1 Nr 2 Mittelsatz. Nach einer Faustregel der Praxis gilt deshalb prima facie, dass der Unternehmer mindestens denselben Vorteil wie der HV einen Nachteil hat (Rn 33). Das ist angemessen, weil unter I 1 Nr 2 Mittelsatz nur Abschlussprovisionen (umsatzbezogene Provisionen wie idR oder fixes Entgelt) zu berücksichtigen sind.

Abzinsung: Der Gesamtbetrag, den der HV ja erst innerhalb mehrerer Jahre 48 verdient hätte, ist auf den **Barwert** abzuzinsen, BGH WM **87,** 1465, BB **91,** 368, und zwar nach anerkannter Abzinsungstabelle, zB Multifaktorentabelle von Gillardon); Düss HVR **(96)** Nr 875, Kblz HVR **(98)** Nr 882, 883 (Hoffmannsche Formel, vgl BGH **115,** 310); pragmatisch dagegen zB Kln HVR **(68)** Nr 388 (20%/5 Jahre), Kln HVR **(70)** Nr 428 (16%/4 Jahre), Celle BB **70,** 227 (10%/4 Jahre), BGH NJW **94,** 1350 (10%/5 Jahre). Zulässig ist freie Wahl unter den mehreren Abzinsungsmethoden (zB Gillardon, Hoffmannsche Formel und Schätzung nach § 287 ZPO), BGH NJW **98,** 75, WM **03,** 499, BB **07,** 2479. Für die Abzinsung ist der Zeitpunkt der Ausgleichszahlung irrelevant; abzuzinsen ist also auch, wenn der Ausgleichsbetrag erst lange nach Fälligkeit oder gar erst nach Ablauf des Prognosezeitraums gezahlt wird, BGH BB **91,** 368, NJW **98,** 75; stattdessen dann aber Fälligkeits-, Verzugs- und Prozesszinsen.

49 C. **Obergrenze (II):** II greift mit seiner Obergrenze (Kappungsgrenze, Deckelung) **erst** ein, **wenn der Ausgleichsanspruch nach I 1 Nr 1–2 höher wäre;** die Billigkeitsprüfung nach I 1 Nr 2 setzt also nicht den nach II ermittelten Höchstbetrag herab, stRspr, BGH **29,** 94, **55,** 55, NJW **97,** 655; eigene Billigkeitserwägungen unter II sind ausgeschlossen, BGH NJW **99,** 948. Dieser Höchstbetrag entspricht **einer Jahresprovision** (oder dem Jahresbetrag sonstiger Vergütung, § 87 Rn 5), diese berechnet nach dem Durchschnitt der letzten fünf Jahre der Tätigkeit des HV, bei kürzerer Vertragsdauer der Dauer der Tätigkeit, ggf auf ein Jahr hochgerechnet, str; kürzere Dauer auch bei grundlegender Änderung, etwa Verdopplung des Provisionssatzes, Karlsr HVR **(84)** Nr 975, Heymann/Sonnenschein/Weitemeyer 75, aber zweifelhaft.

50 Gleich ist, aus welchem Titel die einzelnen Provisionen verdient wurden, BGH **55,** 45, zB sind solche auf Nachbestellungen (§ 87 I 1 Fall 2) voll mitzurechnen (aber zu § 89 b I 1 Nr 2 s Rn 35), BGH BB **57,** 1161. II bezieht demnach ausdrücklich **auch sonstige Vergütungen** ein. Bei Berechnung des Höchstbetrags nach II sind also nicht nur die Provisionen für Abschluss- und Vermittlungstätigkeit (so aber bei Berechnung des Provisionsverlustes, I 1 Nr 2 Mittelsatz, Rn 27), sondern alle Provisionen und Vergütungen zu berücksichtigen, zB auch für Lagerhaltung, Inkasso und andere Dienstleistungen wie Delkredere (§ 86 b), BGH **55,** 53, **56,** 227, BB **71,** 105, WM **77,** 115, Karlsr BB **82,** 275; auch **Überhangprovisionen,** die erst nach Vertragsende unbedingt und fällig werden (§ 87 Rn 2), BGH **133,** 391, Grund: sie sind bereits erzielt iSv § 87 und nicht künftig iSv I 1 Nr 1, str.

51 Provision heißt hier (wie sonst) **Bruttoprovision,** BGH **29,** 83, **56,** 250, **61,** 112, einerlei ob tatsächlich ausbezahlt, einredebehaftet oder verjährt, BGH NJW **82,** 236; ohne Abzug von Mehrwertsteuer, BGH **61,** 112, ohne Abzug von Betriebsausgaben, BGH **29,** 92, **41,** 134, ohne Abzug von Provisionen für Untervertreter, BGH WM **85,** 981 (aber s Rn 41); ohne Abzug von „Spesenzuschuss" oder Kostenerstattungspauschale, Kblz HVR **(98)** Nr 883; rein durchlaufende Posten sind dagegen abzuziehen (vgl Rn 29), zB erstattete Mietkosten, erstattetes Lagergeld.

Beweislast für Höchstbetrag nach II liegt beim Unternehmer, Grund: Anspruchsbegrenzung, Ffm HVR **(01)** Nr 954.

4) Entfallen des Ausgleichsanspruchs (III)

52 A. **Eigenkündigung des Handelsvertreters (III Nr 1):** Der **Ausgleichsanspruch entfällt** nach III in drei Fällen (abschließend, Rn 69), für die allesamt Billigkeitserwägungen ausschlaggebend waren, BGH **45,** 386, und auch bei der Anwendung maßgeblich sind, BGH BB **76,** 332;

53 nämlich erstens **nach III Nr 1 bei Kündigung durch den Handelsvertreter selbst** (Leitgedanke: Der HV hat dies selbst in der Hand; nicht recht stimmig, vgl Rn 2, 3, Verfassungsmäßigkeit s Rn 1). Die Art der Kündigung (ordentliche oder außerordentliche, §§ 89, 89 a) macht hier keinen Unterschied. III Nr 1 gilt für Kündigung des HV auch, wenn dann der Vertrag einvernehmlich früher beendet wird, BGH **52,** 14, VersR **60,** 1111, Hamm BB **87,** 1761; wenn der HV eine auflösende Bedingung herbeiführt. III Nr 1 gilt trotz Kündigung des HV **nicht,** wenn der Vertrag vorher beendet wird durch Tod des HV (s Rn 9), Ffm NJW **61,** 514, oder durch eine später ausgesprochene fristlose Kündigung des Unternehmers, Heymann/Sonnenschein/Weitemeyer 82, aA Kln HVR **(59)** Nr 292. Lit: Saenger 1997; Noetzel DB **93,** 1557, Saenger DB **00,** 129.

54 Der Eigenkündigung steht gleich die (ohne Kündigung des Händlers beendende, BGH NJW **07,** 3494) Ablehnung der Verlängerung von HVVertrag mit

Verlängerungsoption oder KettenHVVertrag, BGH NJW **96,** 848, aA Thume BB **98,** 1429. **Nicht gleich stehen:** Ablehnung eines späteren Verlängerungsangebots des Unternehmers, str; Ablehnung eines Folgevertrags nach Strukturkündigung, auf die Gründe für die Kündigung (zB rechtlich oder wirtschaftlich notwendige Restrukturierung des Vertriebs) und die Zumutbarkeit des Folgevertrags kommt es nicht an (aber Billigkeitsausgleich, s Rn 23), BGH NJW **07,** 3493), BGH NJW **07,** 3493 (analog für Vertragshändler), Ffm HVR **(06)** 1151, 1152, 1153, Saarbr HVR **(07)** 1243; einvernehmliche Vertragsaufhebung, Düss HVR **(00)** Nr 947, auch auf Initiative (aber ohne Kündigung) des HV, BGH **52,** 12, BGH NJW **07,** 3493; Tod, auch Selbstmord des HV, BGH **41,** 131, **45,** 387, **60,** 350 (vgl Rn 9, 53); Auflösung einer Vertretergesellschaft; automatisches Vertragsende ein Jahr nach Tod des maßgeblichen Geschäftsführers bei Möglichkeit, sich um Neuabschluss zu bewerben, Kln BB **97,** 61; Kündigung des Unternehmers wegen arglistiger Täuschung durch den HV (aber s Rn 64); Kündigung durch Dritten, der nach dem Vertrag ausschließlich für den HV handelt, BGH NJW **98,** 1070.

Von diesem Grundsatz des Entfallens bei Eigenkündigung des HV macht III **55** Nr 1 **aber zwei Ausnahmen:** a) bei begründetem Anlass im Verhalten des Unternehmers und b) bei Unzumutbarkeit der Fortsetzung für den Handelsvertreter wegen seines Alters oder wegen Krankheit. Liegt keine der beiden Ausnahmen vor, entfällt der Ausgleichsanspruch ohne weitere Billigkeitsabwägung (s Rn 69). Die Beweislast trägt insoweit der HV.

a) Erste Ausnahme: Der Ausgleichsanspruch entfällt nicht **bei begründe- 56 tem Anlass im Verhalten des Unternehmers (III Nr 1 Fall 1).**

Verhalten ist weit zu verstehen, nicht nur aktives Verhalten, sondern „Umstände, die dem Unternehmer zuzurechnen sind (Art 18 lit b EGRi), Emde VersR **09,** 1483 8 (s Rn 24, 45). **Anlass** bedeutet entgegen dem Wortsinn **nicht Ursächlichkeit** (anders in III Nr 2 Mittelsatz, s Rn 66). Der Grund braucht nicht Motiv zur Eigenkündigung zu sein, nicht einmal Kenntnis des Kündigenden davon ist nötig (weitreichende Rechtsfolge der III), objektives Bestehen genügt, BGH **40,** 13. Der HV braucht bei Kündigung weder diesen noch anderen Grund zu nennen, Nachschieben genügt, ist aber nötig, BGH **40,** 14. Dieses **„Nachschieben"** ist hier ohne weiteres zulässig (anders bei der Kündigung, § 89a Rn 13), auch nach Ablauf der Ausschlussfrist des IV 2, Grenze aber nach § 242 BGB, BGH **40,** 18 (iErg noch nach über zwei Jahren zulässig). Richtiger kommt es auf Verwirkung an (vgl Rn 80).

Begründeter Anlass ist weniger als ein wichtiger Kündigungsgrund iSv § 89a. **57** Es genügt, wenn der HV durch ein Verhalten (Tun oder Unterlassen) des Unternehmers in eine für ihn nach Treu und Glauben nicht haltbare Lage kam, BGH **40,** 15, NJW **67,** 2153, **87,** 778, **96,** 848. Auch unverschuldetes, sogar rechtmäßiges Verhalten des Unternehmers genügt, BGH **52,** 8, aber HV kann nicht sein unternehmerisches Risiko einseitig auf den Unternehmer verlagern, Kln DB **07,** 517. Das Merkmal des Unternehmerverhaltens ist weit auszulegen. Auch dem Unternehmer zuzurechnende Umstände (Unternehmersphäre) sind darunter zu fassen, zB Betriebsstilllegung, Produktionseinschränkung, erhebliche wirtschaftliche Schwierigkeiten, BGH **52,** 8, NJW **76,** 671, enger GroßKo/Emde 207. Begründeter Anlass seitens des Unternehmers reicht aus, auch wenn der HV selbst Anlass gegeben hat; eigenes Verhalten des HV ist nur nach Billigkeit mitzuberücksichtigen, etwa wenn sich HV erst Jahre später darauf beruft, BGH BB **89,** 1076. Begründeter Anlass nur zur ordentlichen Kündigung des HV genügt, auch wenn HV unwirksam fristlos kündigt, BGH **91,** 321. Nur vermeintlich begründeter Anlass reicht nicht aus, doch mag der Unternehmer durch sein Verhalten Anlass zur Fehlbeurteilung gegeben haben, was genügt; ganz ohne Anlass seitens des Unternehmers kann die Ausnahme nicht vorliegen, zT aA Saenger.

§ 89b 58–63　　　　　　　　　　　　　　　　　　　　　　I. Buch. Handelsstand

58　**Beispiele:** S zunächst alle wichtigen Kündigungsgründe des HV, die aus der Unternehmersphäre resultieren (§ 89 a Rn 22); ferner (auch wenn sie für fristlose Kündigung des HV nicht ausreichen würden) zB unberechtigte Verkleinerung des Bezirks, Düss HVR **(55)** Nr 77; (idR) unberechtigte (daher unwirksame) Kündigung durch den Unternehmer, BGH NJW **67,** 248; auch schon deren Ankündigung, Aufgabe einer Suchanzeige für den Nachfolger; erhebliche Produktionseinschränkung und Übergang zur Lohnproduktion, BGH NJW **67,** 2153; erhebliche wirtschaftliche Schwierigkeiten des Unternehmers (Rn 57); schleppende Provisionszahlung; wesentliche Einschränkung der Unabhängigkeit des HV zB durch überzogene Berichtsanweisungen; Interessenkollision für HV aus Sortimentserweiterung des Unternehmers, BGH NJW **87,** 778; bei Relevanz für das HVVerhältnis, zB Befürchtung sachfremder Erwägungen, auch privates Verhalten eines Vorstandsmitglieds des Unternehmens, Düss NJW **64,** 1963. **Nicht:** Nichtfortzahlung (freiwilliger) Betriebszuschüsse für defizitären Tankstellenbetrieb, Kln DB **07,** 517. Einführung des zentralen Direktinkassos in der Versicherungswirtschaft, Küstner/Thume/Thume II XI/99.

59　Für **Untervertreter** kann der begründete Anlass im Verhalten des HV auch auf den Unternehmer zurückgehen, zB Gebietsverkleinerung oder teilweise Einstellung des Geschäftsbetriebes, BGH BB **70,** 101; Unterlassen des HV, nach Kündigung durch Unternehmer dem Untervertreter Vertragsfortsetzung zu angemessenen Bedingungen anzubieten, BGH **52,** 8, dies auch wenn Kündigungsmotiv für den Untervertreter Angebot des Unternehmers war, unmittelbar für ihn zu arbeiten (dann aber I 1 Nr 2), BAG BB **85,** 226.

60　**b) Zweite Ausnahme:** Der Anspruch des HV entfällt auch dann nicht, wenn ihm eine **Fortsetzung seiner Tätigkeit wegen seines Alters oder wegen Krankheit nicht zugemutet** werden kann **(III Nr 1 Fall 2).** Ursächlichkeit für Kündigung ist nicht nötig, Nachschieben ist möglich (wie bei III Nr 1 Fall 1, Rn 56), aA MüKo/von Hoyningen-Huene 168. III Nr 1 Fall 2 kommt auch in Betracht bei HVPersonenGes, KG HVR **(85)** Nr 659, etwa wenn phG der VertreterKG aufhört, str; nicht anwendbar auf HVGmbH, Hamm HVR **(82)** Nr 569, Mü HVR **(06)** 1168, anders, wenn das Vertragsverhältnis mit der Person des Geschäftsführers steht und fällt, Mü NJW-RR **03,** 541, weitergehend für EinmannGmbH uä Thume BB **99,** 2340, Westphal BB **99,** 2518.

61　**Alter:** Unzumutbarkeit ist idR mit Erreichen des allgemeinen Renten- bzw Pensionsalters anzunehmen, Düss HVR **(01)** Nr 1078, **(04)** Nr 1085, doch können im Einzelfall Ausnahmen bestehen. Die Eigenkündigung des HV wird bei Alter idR fristgemäß sein müssen, unwirksame fristlose Kündigung lässt aber Ausgleichsanspruch nicht entfallen, vgl BGH **91,** 312 (zu III Nr 1 Fall 1).

62　**Krankheit:** Die Störung des Gesundheitszustandes muss schwerwiegend, von nicht absehbarer Dauer und mit Ersatzkräften nicht behebbar sein und so die HVTätigkeit nachhaltig hindern, BGH WM **93,** 1681. Schwerbehinderteneigenschaft ist bloßes Indiz. Berufsunfähigkeit ist aber nicht nötig. Gleichzusetzen sind entsprechende Gebrechen des HV, insbesondere eine unfallbedingte Berufsbehinderung; nur diese Auslegung entspricht EGRecht (s § 84 Rn 3). Spätere Eigentätigkeit trotz Krankheit berührt III Nr 1 Fall 2 nicht, aber § 89 b I Nr 3, BGH WM **93,** 1681: Unzumutbarkeit entfällt nicht, wenn HV eine von zwei Vertretungen weiterbetreibt, er braucht seinen Beruf nicht vollständig aufzugeben, Düss HVR **(01)** Nr 1078. Bei dauernder, unerwarteter Krankheit kann auch fristlose Kündigung in Frage kommen (§ 89 a Rn 20), für III Nr 1 Fall 2 spielt die Art der Kündigung aber keine Rolle. Lit zu III Nr 1 Fall 2: Küstner BB **76,** 630 zur aF.

63　B. **Kündigung durch den Unternehmer (III Nr 2):** Der **Ausgleichsanspruch entfällt** zweitens nach III Nr 2 **bei Kündigung des Unternehmers, sofern ein wichtiger Grund wegen schuldhaften Verhaltens des Handelsvertreters vorliegt.**

Siebenter Abschnitt. Handelsvertreter **64–68 § 89b**

Kündigung des Unternehmers, einerlei ob ordentlich oder außerordentlich 64
(§§ (89, 89 a), BGH NJW **58,** 1967, WM **75,** 856, KG HVR **(94)** Nr 811.
Kündigung ist auch hier grundsätzlich unerlässlich, BGH **91,** 324; offen, ob sonst
uU analog, BGH NJW **90,** 2890. Anfechtung wegen arglistiger Täuschung durch
HV steht gleich (vgl Rn 8), aA Saenger 18. Bei Vorliegen eines wichtigen
Grundes (Rn 65; Nachschieben s Rn 56, 60) gilt III Nr 2 aber auch, wenn der
Unternehmer den Vertrag (der wiederholt verlängert worden war und wieder
verlängert werden sollte) nicht wieder verlängert, BGH **24,** 34; wenn der Vertrag
statt der Kündigung einvernehmlich beendet wird, Nürnb BB **59,** 318, str; zu
Recht zurückhaltend GroßKo/Emde 228. Die Rspr zu III Nr 1 liegt anders
(Eigenkündigung des HV, Rn 53) und ist nicht übertragbar. Falls III Nr 2
mangels Kündigung abgelehnt wird, ist der wichtige Grund jedenfalls unter I 1
Nr 2 (Billigkeit) zu berücksichtigen, BGH NJW **58,** 1967 (s Rn 34).

Der wichtige Grund (Begriff wie in § 89 a Rn 6 ff, BGH WM **85,** 982, NJW 65
99, 947, **00,** 1866, NZG **09,** 312) muss in einem **schuldhaften Verhalten des
Handelsvertreters** bestehen. Nicht jede wirksame Kündigung aus wichtigem
Grund führt also zum Verlust des Ausgleichsanspruchs. **III Nr 2** ist zugunsten des
HV **wesentlich enger als § 89 a,** wonach ein wichtiger Grund zur **Kündigung
eben nicht immer Verschulden des HV voraussetzt, BGH 40,** 15, NJW **00,**
1868, Mü HVR **(01)** Nr 990. Verschulden des HV selbst ist nötig (§ 276 BGB),
§ 278 BGB gilt hier nicht (anders zu § 89 a Rn 17), Schw BGH **29,** 278, NJW **07,** 3068,
außer wenn der Dritte als HV für den Unternehmer tätig werden sollte. **Beweislast**
liegt beim Unternehmer, Mü BB **97,** 1553, HVR **(04)** 1165 (vgl § 89 a Rn 11).

Die Kündigung und der wichtige Grund müssen **kumulativ** vorliegen. Nach 66
der früher hL und Rspr brauchte die Kündigung nicht wegen dieses Grundes zu
erfolgen (Wortlaut „und"), für III Nr 2 war also keine **Ursächlichkeit** notwendig, vgl BGH **24,** 35, **40,** 15, **48,** 222, HVR **(69)** Nr 399. Dies ist aber mit
Art 18 lit a EG-Ri („wegen schuldhaften Verhaltens des HV beendet")
nicht vereinbar. In richtlinienkonformer Auslegung (§ 84 Rn 3) ist deshalb Ursächlichkeit des wichtigen Grundes für die Kündigung zu verlangen, Kblz NJW-
RR **07,** 1045, Canaris § 15 Rn 119, aber Emde BB **08,** 2765, jedenfalls für
VersVertreter; der Unterschied in III Nr 1 (Rn 56) ist hinnehmbar. Falls III Nr 2
mangels Ursächlichkeit entfällt, bleibt I 1 Nr 3 (s Rn 64). Nunmehr Vorlage an
EuGH, BGH RIW **09,** 640.

Beispiele: alle wichtigen Kündigungsgründe des Unternehmers, die der HV 67
verschuldet hat (§ 89 a Rn 17), also wesentliche Vertragsverletzungen des HV, zB
Beleidigung, Celle BB **63,** 711, und insbesondere unzulässiger Wettbewerb
(§ 89 a Rn 19), BGH NJW **84,** 2101, Bambg BB **79,** 1000, Düss HVR **(01)**
Nr 1044. Schädigung des Unternehmers dadurch ist nicht nötig, doch kann dann
Unzumutbarkeit fehlen, BGH **129,** 295 (sogar bei Insolvenz des HV). **Nicht**
genügen dagegen alle wichtigen Kündigungsgründe des Unternehmers, die der
HV nicht verschuldet hat (vgl § 89 a Rn 20), so uU Insolvenz des HV, Mü ZIP
06, 1916 LS, oder die aus der Sphäre des Unternehmers resultieren (§ 89 a
Rn 21); Verdachtskündigung, BGH **29,** 276; Druckkündigung; Kündigung wegen Unterlassens einer dem HV nahegelegten technischen Weiterbildung, LG
Charl HVR **(55)** Nr 80; erst später durch Erbfall eingetretene Wettbewerbskollision, Zweibr HVR **(65)** Nr 327 (§ 86 Rn 28); Verweigerung von Mitteilungen
in der vom Unternehmer gewünschten Form, BGH WM **88,** 33; bevorstehende
Übernahme einer anderweitigen Haupttätigkeit, Düss HVR **(01)** Nr 1043; bloßes Verschulden von Angestellten des HV, BGH **29,** 278, anders Verschulden des
Ehemanns, der nach Vereinbarung mit dem Unternehmer allein als Vertreter der
Ehefrau (HV) tätig war, BGH BB **64,** 409.

C. **Einverständlicher Eintritt eines Dritten (III Nr 3):** Der Anspruch 68
entfällt drittens nach III Nr 3 (neu 1990, s § 84 Rn 3), wenn **ein Dritter**

§ 89b 69, 70

anstelle des Handelsvertreters in das Vertragsverhältnis eintritt und dies auf Grund einer Vereinbarung zwischen dem Unternehmer und dem Handelsvertreter geschieht (Vertragsübernahme). Die Parteien können also die Nachfolge und die dabei anfallende Vergütung des HV frei regeln, um Doppelzahlungen zu vermeiden. Entscheidend ist die **Eintrittsvereinbarung,** Ebenroth/Löwisch 66. Ob und zu welchen Bedingungen eine solche Vergütungsregelung getroffen wurde, ist für III Nr 3 grundsätzlich nicht maßgeblich (aber s Rn 70 aE), Westphal 1169, str. Die Vereinbarung kann aber **nicht vor Vertragsende** getroffen werden, denn ein Ausschluss der Vergütung des HV durch AGB soll verhindert werden (AmtlBegr). III Nr 3 setzt voraus, dass der HVVertrag als solcher fortbesteht (und trotzdem Beendigung iSv I 1, nämlich Ausscheiden des alten HV, vorliegt, vgl Rn 7), Vertragsänderungen schaden aber nicht. III Nr 3 liegt tatbestandlich nicht vor, wenn der Unternehmer den Vertrieb statt durch HV durch eigene Angestellte organisiert. Ist III Nr 3 nicht erfüllt, kommt (befreiende) Schuldübernahme des Nachfolgers in Betracht, aber erst nach Vertragsende (Rn 75). Von der Eintrittsvereinbarung zu unterscheiden ist die **Einstandsvereinbarung** (Zahlung des HV an Unternehmer für die Vertretung, s Rn 70), Naumbg HVR **(04)** 1239, und **Abwälzungsabrede** (Erstattung der Zahlungen des Unternehmens an alten HV durch den neuen). Auslegung der Einstandsvereinbarung (Amortisierung bei kurzer Vertragsdauer), BGH MDR **68,** 918, NJW **85,** 59, Kblz NJW-RR **07,** 1046. Lit: Kiene 2004; Küstner/von Manteuffel BB **90,** 1713, Thume BB **91,** 490, Kiene NJW **06,** 2007, Ensthaler BB-Special 3/**07,** 1, Ensthaler/Würmann BB **08,** 230 (krit zur hL).

69 D. **Abschließende Regelung:** III regelt das Entfallen des Ausgleichsanspruchs abschließend (abweichende Vereinbarungen s Rn 70). III ist **eng auszulegen** und nur begrenzt analogiefähig, BGH **45,** 387, **52,** 12, **129,** 294, NJW **89,** 35, **98,** 1070, **00,** 1868, **07,** 3495 m Anm Bieder 3471. Aber eine durch dreiseitigen Vertrag zwischen Unternehmer, HV und Nachfolger vereinbarte Vertragsübernahme steht gleich, str. Alle sonstigen, dh nicht zur Rechtsfolge von III führenden Umstände der Vertragsbeendigung sind schon nach I 1 Nr 3 (Billigkeit) zu berücksichtigen, BGH **41,** 131, NJW **07,** 3495. Eine wegen anderweitiger Beendigung des HVVertrags nicht mehr wirksam gewordene Kündigung des Unternehmers aus wichtigem Grund ist also nicht nach III, sondern nur nach I 1 Nr 2 berücksichtigbar, BGH **129,** 294, NJW **07,** 3493. Soweit Anspruch nach III nicht besteht, ist auch keine weitere Billigkeitsabwägung nach I 1 Nr 2 möglich und auch nicht nötig (s Rn 52, 45). Übersicht: Bieder NJW **07,** 3471.

5) Abweichende Vereinbarungen, Ausschlussfrist (IV); Verwirkung

70 A. **Zwingendes Recht (IV 1):** Der Anspruch ist **nicht im Voraus ausschliessbar,** auch nicht bei Vertragshändler (§ 84 Rn 12). Ob der HV des Schutzes im Einzelfall nicht mehr bedarf, ist irrelevant (Grund: Rechtssicherheit wie in § 90 a, s dort Rn 27), BGH NJW **90,** 2889, **96,** 2867. **Im Voraus** bedeutet: vor Beendigung des Vertrags, nicht schon Freistellung, Hamm HVR **(01)** Nr 1021. Unwirksam ist danach der vorherige Verzicht des HV, BGH WM **75,** 856, also Vertragsschluss, nicht schon Angebotsabgabe, Stgt HVR **(95)** Nr 837; der vorherige Ausschluss, falls der Unternehmer kündigt, selbst nur wenige Tage vor Einstellung der HVTätigkeit, BGH **55,** 126, Celle HVR **(02)** Nr 1041 (vgl § 90 a Rn 11); auch bei gleichzeitiger Aufhebung des HVVertrags und sofortiger Freistellung, BGH NJW **90,** 2889; vereinbarte Zahlung von 50% der Gesamtvergütung des Tankstellenhalters für Verwaltung (Rn 28), BGH **152,** 121, WM **03,** 491, nichtig nach **(5)** BGB § 307 I 1, da nur vereinbare Entgeltvereinbarung; erst recht völlige Ersetzung der Vermittlungsprovision des Versicherungsvertreters durch Verwaltungsprovision (s Rn 91), BGH WM **06,** 1788; vereinbarte Abgeltung durch Nachprovision oder sonstige nach Vertragsende zahlbare, vom Ausgleich nach § 89 b abweichende Vergütung, Bsp: Abbedingung des Ausgleichsanspruchs wegen Alterssicherung unter Ausschluss der Billigkeitsprüfung nach I 1 Nr 3 (s Rn 39), BGH **153,** 6 (wie Vorinstanz Mü DB **01,** 1066), NJW **03,** 1244. **Ausschließen** bedeutet nicht nur Totalausschluss, unwirksam ist auch Abrede, durch die der Anspruch im Ergebnis mehr oder weniger eingeschränkt wird, BGH **55,** 126, **153,** 12, Celle HVR **(02)** Nr 1041 (niedrigere „Grundsätze", vgl Rn 86). Abreden, welche Umstände im Rahmen der Billigkeitsprüfung, auch anspruchsmindernd, maßgeblich sein sollen, sind zulässig, BGH **153,** 13, Kln VersR **97,** 616, aA Küstner BB **94,** 1592. Gegen jede AGB über Anrechnung der Rente auf Ausgleichsanspruch, da Billigkeitsprüfung nur individuell möglich, Graf von Westphalen NJW **03,** 1989. **Anrechnung** von Vorauszahlungen auf künftigen Ausgleichsanspruch, wenn nicht rückzahlbar und aufgeschlüsselt, anders bei echter Zusatzleistung, Mü HVR **(00)** Nr 987; Anrechnung von Sondervergütungen und Kostenvorschüssen, Kblz HVR **(55)** Nr 76 oder eines Teils der laufenden Vergütung, außer wenn auch ohne Verrechnungsabrede keine höhere Provision vereinbart worden wäre (echte Vorauserfüllung, nur unter mehreren, engen, vom Unternehmer zu beweisenden Voraussetzungen), BGH **58,** 60, Düss HVR **(04)** Nr 1084; je nachdem auch bei HVRotationssystem (s Rn 29), BGH **141,** 248, NJW **85,** 859, aA Küstner FS Trinkner **95,** 193, dort auch zu anderen (unwirksamen) Umgehungsgestaltungen; **Einstandszahlung** an den Unternehmer (s Rn 68) nicht schon bei Stundung, aA Küstner ebenda, aber bei Umgehung durch überhöhten Übernahmepreis, BGH NJW **83,** 1727, Schlesw HVR **(00)** Nr 998, Celle HVR **(01)** Nr 1038, Naumbg HVR **(04)** 1239 (iErg abl).

Unwirksam ist nicht nur die quantitative Beschränkung des Ausgleichsanspruchs, sondern auch sonstige von der gesetzlichen Regelung abweichende Vereinbarungen, die für den HV **nachteilig** sind, Mü HVR **(04)** Nr 1124, zB jedwede andere Berechnung, Nichtberücksichtigung des übernommenen Kundenstammes trotz Bezahlung eines Entgelts für diesen durch den HV, Mü BB **05,** 630 m Anm Semler 965, Beschränkung der Vererblichkeit; Hinausschieben der gesetzlichen **Fälligkeit** (iZw sofort, § 271 I BGB), etwa Fälligkeit des Ausgleichsanspruch erst nach Anerkenntnis oder Zahlung in drei Jahresraten, aA Oldbg BB **73,** 1281, Veränderung der Beweislast. **Zulässig** unter IV 1 sind Vereinbarungen, die die Rechte des HV in keiner Weise antasten, sowie Vereinbarungen, auch für den HV nachteilige, über **nicht in § 89 b geregelte Rechte,** zB Provision, Kündigung, betriebliche Altersversorgung, BGH NJW **03,** 3350 (Wahlrecht des HV zwischen Ausgleich und Altersversorgung); das gilt jedenfalls nach Aufhebung von § 88 aF auch für Abkürzung der Verjährung, Ebenroth/Löwisch 140, aA noch Celle HVR **(78)** Nr 559. 71

Für den Fall der Kündigung nach Unfall des HV kann Ausgleich nicht von **Abtretung eines Schadensersatzanspruchs** des HV gegen den Verletzer abhängig gemacht werden, BGH **41,** 296, Grund: nicht mit Lohnfortzahlung (§ 616 BGB) vergleichbar (vgl Rn 2). 72

Abwälzung auf Nachfolgevertreter ist, soweit der Unternehmer von der Ausgleichszahlung befreit werden soll, im Vorhinein unwirksam; selbst bloße Pflicht zur Vorweginanspruchnahme des Nachfolgers entsprechend § 771 BGB. Schuldbeitritt des Nachfolgers oder Erfüllungsübernahme (§ 329 BGB) sind dagegen möglich, da sie den Unternehmer nicht befreien; BGH BB **67,** 935, DB **68,** 1486. Ebenso diesbezügliche Einstandszahlungsvereinbarungen zwischen dem Unternehmer und dem Nachfolger, häufig gegen Neukundenregelung (Anerkennung der Altkunden als vom Nachfolger geworbene Neukunden), letztere auch konkludent, Mü HVR **(00)** 991; Rückzahlung bei vorzeitiger HVVertragsbeendigung, Mü BB **97,** 222, 1553. Vereinbarungen zwischen dem HV und dem Unternehmer über den Vertragseintritt eines Dritten anstelle des HV sind vor Vertragsende unwirksam (so schon III Nr 3 letzter Halbs, Rn 68). 73

§ 89b 74–77 I. Buch. Handelsstand

74 **Abweichende Vereinbarungen** sind dagegen **nachher oder gleichzeitig mit** einvernehmlicher **Vertragsbeendigung** zulässig, BGH **51**, 188, BB **69**, 107, WM **75**, 856, Mü HVR **(98)** Nr 890, auch konkludent, BGH NJW **89**, 35; entscheidend ist der Zeitpunkt der Bindungswirkung des Verzichts (Aufhebungsvertrag), BGH NJW **96**, 2867, Kln HVR **(06)** 1163. Zulässig sind auch Ausschluss vor Ablauf der Kündigungsfrist, aber nach einvernehmlicher Einstellung der Tätigkeit, BGH **55**, 124; auch in einem Vergleich nach fristloser Kündigung des Unternehmers bei Vereinbarung kurzen Weiterlaufens des Vertrags, BGH BB **62**, 655 (nicht bei bloßer Ersetzung eines Vertrags durch einen anderen, BGH NJW **67**, 248 anlässlich Übertragung eines anderen Bezirks); Ausdehnung auf weitere Fälle, zB Kündigung durch HV selbst, mag im beiderseitigen Interesse an einheitlicher Abschlussregelung liegen, ist aber für den HV typischerweise gefährlich und deshalb nicht anzuerkennen (vgl Rn 70).

75 **Schuldübernahme des Nachfolgers:** Tritt der Dritte auf Grund einer (erst nach Vertragsende möglichen) Vereinbarung zwischen dem Unternehmer und dem HV an dessen Stelle in das Vertragsverhältnis ein (nicht nur Schuldübernahme betr Ausgleichsanspruch), dann entfällt der Ausgleichsanspruch des HV gegen den Unternehmer nach III Nr 3 (Rn 68) und es ist Sache des HV, in der Vereinbarung seinen Ausgleich sicherzustellen. Sind die Voraussetzungen des III Nr 3 nicht erfüllt, kann der dann bestehen bleibende Ausgleichsanspruch nach allgemeinen Grundsätzen (Schuldübernahme, §§ 414 ff BGB) mit Zustimmung des Ausgeschiedenen (bzw seiner Erben) vom Unternehmer auf den Nachfolger abgewälzt werden, wegen IV 1 aber mit Vereinbarung erst nach Vertragsende (Rn 73 f), BGH BB **68**, 927, NJW **75**, 1926, **89**, 36 (iErg abl). Der Nachfolger haftet dann auch, wenn er bald selbst ausscheidet, kann aber einen Anspruch gegen den Unternehmer auf teilweise Erstattung haben (§§ 133, 157 BGB), BGH DB **68**, 1486, NJW **75**, 58, Mü BB **97**, 223; aber keine Erhöhung des eigenen Ausgleichsanspruchs (s Rn 12). Einstandszahlungsvereinbarungen zwischen dem Unternehmer und dem Nachfolger ohne Schuldübernahme s Rn 73. Vereinbarungen zwischen dem HV und seinem Nachfolger, zB über Beteiligung an späteren Provisionen oder „Übertragung" der Vertretung gegen Entgelt, vgl BFH BB **91**, 49, werden durch IV nicht berührt, BGH NJW **75**, 1926, Hamm BB **80**, 1819. Lit: GroßKo/Emde 257 ff; Schröder DB **69**, 291, Eberstein BB **71**, 200, Küstner/von Manteuffel BB **90**, 1713, Thume BB **91**, 490, Sturm/Liekefett BB **04**, 1009.

76 Unwirksame Klausel kann, wenn gemeinsame Vorstellung der Parteien, vom Gericht bei Billigkeitsprüfung (s Rn 31) mitberücksichtigt werden, Kln VersR **01**, 1377. **Teilaufrechterhaltung** zugunsten des HV durch ergänzende Auslegung ist möglich, BGH WM **91**, 198. Klausel über tatsächliche Voraussetzungen der (fristlosen) Kündigung bleibt unberührt, BGH BB **92**, 1162. Der Einwand der **unzulässigen Rechtsausübung** bleibt wie immer möglich (§ 242 BGB), KG NJW **61**, 125, aber nicht schon, wenn der HV die unwirksame Vereinbarung in völliger Freiheit eingegangen ist, aA Schlegelb/Schröder 34 a. **Aufrechnung** des gestundeten Übernahmepreises gegen Ausgleichsanspruch ist zulässige Erfüllung (§ 389 BGB), BGH NJW **83**, 1728. Für **ausländische** HV und Schifffahrtsvertreter gilt IV nicht (§ 92 c). IV steht auch der Wahl eines fremden Rechts (ohne Ausgleichsanspruch) nicht entgegen (§ 92 c Rn 10).

77 B. **Ausschlussfrist (IV 2); Verjährung:** Der Anspruch unterliegt nicht nur der Verjährung (vgl § 87 Rn 51, 52), Kenntnis nach § 199 I Nr 2 BGB frühestens am Tag nach Vertragsbeendigung, idR nach letzter Abrechnung nach § 87 c und angemessener Prüfungszeit, Emde VersR **09**, 894), sondern einer **Ausschlussfrist von einem Jahr** ab Vertragsende (IV 2; neu 1990, früher drei Monate, s § 84 Rn 3). IV 2 schließt vertragliche Verkürzung im Voraus aus, nicht aber Verlängerung, GroßKo/Emde 182, aA zwingend, MüKo/von Hoyningen-

Huene 205. Fristlauf ab Tag nach Vertragsende (§ 187 I BGB). **Geltendmachung** durch den Anspruchsinhaber oder in seinem Namen, ohne besondere Form, außergerichtlich oder durch Klage, BGH **53**, 332, Düss HVR **(00)** Nr 947; auch ohne Bezifferung (für späteren Klagantrag s Rn 81), BGH **50**, 88, aber eindeutig und unmissverständlich, Düss HVR **(00)** Nr 944. Dazu genügt Hinweis auf die aus der Kündigung folgenden gesetzlichen Rechte (deren wichtigstes eben Ausgleich ist), BGH **50**, 88; nicht aber bloßes Nichteinverständnis unter Vorbehalt weiterer Schritte, wenn Unternehmer kündigt und erklärt, ein Ausgleichsanspruch bestehe nicht, BGH BB **69**, 1370.

Geltendmachung ist schon **vor Vertragsende** möglich (Fristlauf aber erst ab Vertragsende, Rn 77), zB im Kündigungsschreiben des HV selbst, BGH **40**, 18, in der Erwiderung auf die Kündigung des Unternehmers, KG NJW **60**, 631, in Anwaltsschreiben während der Verhandlung, die zum Vertragsende führte, BGH **50**, 89. Vertragsende muss aber absehbar sein, vorheriger Vorbehalt ist wirkungslos (Grund: Zweck der Frist), Düss HVR **(00)** Nr 944. **78**

Fristablauf: Keine **Hemmung** bei nebenberuflicher Weitervertretung (§ 92 b), Nürnb BB **58**, 1151, jedoch Nachlassablaufhemmung entspr § 211 BGB, BGH **73**, 99. Ferner gilt § 193 BGB, der für Willenserklärungen und Leistungen den Fristablauf auf den einem Samstag, Sonntag oder staatlich anerkannten allgemeinen Feiertag folgenden Werktag verschiebt. **79**

Mit Fristablauf ist der Anspruch **erloschen**, also auch keine Aufrechnung mehr mit dem Anspruch, Karlsr WM **85**, 237. Die Frist ist unerheblich nach Anerkennung des Anspruchs (auch nur dem Grunde nach) durch den Unternehmer, BGH BB **65**, 434, WM **06**, 1789. Keine Berufung auf Fristablauf bei **treuwidrigem** Abhalten von rechtzeitiger Geltendmachung (§ 242 BGB), BGH WM **87**, 21, zu weitgehend Karlsr WM **85**, 235 (Insolvenzverwalter). Das Erlöschen ist von Amts wegen zu berücksichtigen.

C. **Verwirkung:** Verwirkung ist illoyale Verspätung (vgl § 87 c Rn 19). Sie ist vor Ablauf der Jahresfrist nach IV 2 praktisch kaum vorstellbar, aber wenn HV nach Geltendmachung den Anspruch nicht weiter verfolgt. Bloße auch längere Untätigkeit des HV reicht keinesfalls aus, Düss HVR **(58)** Nr 184, Nürnb HVR **(62)** Nr 342 (6 Monate). **80**

6) Prozess

Die **Klage aus § 89 b** ist je nach Streitwert, dazu Schneider BB **76**, 1298, vor dem AG oder LG, dort ggf auch vor der KfH (§ 84 Rn 45). Unbezifferter Zahlungsantrag, der die Höhe des Ausgleichs in das Ermessen des Gerichts stellt, ist zulässig, doch nur mit Angabe der Tatsachengrundlagen für Bezifferung und der Größenordnung des Anspruchs, Düss HVR **(77)** Nr 504, vgl Kommentare zu § 253 ZPO. Vorprozessuales Anerkenntnis kann uU kondiziert werden, dann aber Umkehr der Beweislast, Kblz HVR **(98)** Nr 883. **81**

Klage aus § 89 b kann durch **Klage auf Auskunft**, zB über die in den letzten fünf Jahren gezahlte Provision, vorbereitet werden (mit Streitwert von etwa 20% des Werts der vorbereiteten Ansprüche), BGH BB **60**, 796; aber keine Auskunft über Provisionsansprüche, die der HV hat verjähren lassen, BGH NJW **82**, 236, **96**, 2100; auch nicht über die weitere Entwicklung der vom HV vermittelten Verträge (Grund: irrelevant wegen Prognose nach § 89 b), BGH NJW **96**, 2100; über die künftigen Provisionsverluste, soweit für die Prognose (Schätzung) nicht erforderlich, Hamm VersR **01**, 1154 (VersVertreter). Zum Auskunftsrecht Wolff BB **78**, 1246. Bei gleichzeitiger Beendigung der Verträge des HV und des Untervertreters (vgl § 84 III) bedarf dieser nicht stets der Auskunft über den Ausgleich, den der HV vom Unternehmer empfing; für seine Klage genügt zB Angabe seiner Umsätze in den letzten fünf Jahren (vgl II) und Darlegung der Billigkeitsgründe (vgl I 1 Nr 2), Düss NJW **66**, 888. **82**

§ 89b 83–89   I. Buch. Handelsstand

83   **Grundurteil** (§ 304 ZPO) über den Anspruch ist nicht ausgeschlossen, aber problematisch wegen des engen Zusammenhangs der den Grund und die Höhe des Ausgleichs betreffenden Tat- und Rechtsfragen; es setzt jedenfalls ua voraus, dass mit hoher Wahrscheinlichkeit erhebliche fortdauernde Vorteile des Unternehmers und Billigkeit eines Ausgleichs (§ 89 b I 1 Nr 1, 2) zu bejahen sein werden, BGH NJW **67**, 2153, **82**, 1758, **96**, 848. Die Vorabentscheidung wird regelmäßig unzweckmäßig und auch kaum durchführbar sein, Ffm BB **68**, 809, aber zB Vorinstanz BGH NJW **07**, 3493. **Teilurteil** über Mindesthöhe oder, wenn HV Provisions- und Ausgleichsanspruch geltend macht, über einen der beiden ist unzulässig, Mü NJW-RR **92**, 1191, Celle OLGR **07**, 790.

84   Die Ausgleichsbemessung (Vorteils- und Billigkeitsprüfung samt Verlustprognose, I 1 Nr 1–2) ist durch **Revisionsgericht** nur beschränkt (auf Rechtsirrtum, Verstoß gegen Erfahrungssätze, Außerachtlassung wesentlichen Parteivorbringens) nachprüfbar, stRspr, BGH **41**, 135, **55**, 46, **73**, 103, BGH NJW **07**, 3493. Inwieweit nähere Feststellungen des Tatrichters notwendig sind, hängt vom Parteivortrag ab, BGH NJW **67**, 249, WM **81**, 818, NJW **90**, 2890.

85   **Zwangsvollstreckung:** Der Anspruch genießt keinen Pfändungsschutz (vgl Rn 6).

     Insolvenz: Bei Insolvenz des Unternehmens (§ 87 Rn 51) ist der Ausgleichsanspruch idR einfache Insolvenzforderung, Emde/Kelm ZIP **05**, 62. Ausschlussfrist nach IV 2 gilt auch hier (s Rn 79).

7) Versicherungs- und Bausparkassenvertreter (V)

86   A. **Branchenspezifische Sonderregelung: V** (nF 1990, s § 84 Rn 3) ändert die Regelung des Ausgleichsanspruchs für VersVertreter (näher § 92 I) sowie nach **V** 3 sinngemäß für Bausparkassenvertreter, vgl BGH **34**, 313, **55**, 45, **59**, 125, WM **04**, 1483, in zweifacher Hinsicht (unten Rn 87, 94); im Übrigen gelten auch für VersVertreter und Bausparkassenvertreter uneingeschränkt I–IV. Die Abweichungen der **V 1, 2** rechtfertigen sich durch die lange Dauer vieler VersVerträge; Kundenverhältnisse mit wiederholten Abschlüssen (Stammkunden) gibt es hier weniger, dagegen ist ein neuer VersVertrag hier wie anderswo ein neuer Kunde. § 92 III 1 trägt dem für den Provisionsanspruch während des Vertrags Rechnung (provisionspflichtig sind nur seine eigenen Abschlüsse, nicht auch alle Nachbestellungen); dem entspricht V für den Ausgleichsanspruch nach Vertragsende. Lit: Specks 2002, Günther 2004; Schröder FS Nipperdey **65** I 715, Sieg VersR **64**, 789 (VersVertreter), Küstner BB **66**, 269, BB Beil 12/**81**, 1 (Bausparkassenvertreter), Höft VersR **67**, 524, Küstner BB **75**, 493 (KrankenVersVertreter), Graf von Westphalen BB **01**, 1593, Küstner VersR **02**, 513, Emde FS K. Schmidt **09**, 331. Für die Versicherungswirtschaft sind von den Verbänden mehrere praktisch sehr bedeutsame „**Grundsätze**" erarbeitet worden (Rn 96).

87   B. **Neue Versicherungsverträge (V 1): a) Vorteile des Unternehmers (I 1 Nr 1):** Nach V 1 kommt es anders als nach I 1 Nr 1 nicht darauf an, dass der HV neue (Stamm)Kunden geworben hat, sondern nur dass er neue VersVerträge sei es auch mit Altkunden vermittelt hat, aus denen der Unternehmer nach Ende des HVVertrags erhebliche Vorteile hat.

88   **Neu** ist ein VersVertrag zB mit demselben Kunden auf „Verlängerung" nach Ablauf des VersVertrags (anders bei echter Verlängerung mangels Kündigung) oder mit einem Altkunden über ein anderes Risiko oder zur Erfüllung eines anderweitigen Versicherungs- oder Bausparbedürfnisses (erst recht bei Verwandtenverträgen), BGH **59**, 131.

89   **V 1 2. Fall** stellt der Vermittlung eines neuen VersVertrages gleich, wenn der VersVertreter einen bestehenden VersVertrag so **wesentlich erweitert** hat, dass dies wirtschaftlich der Vermittlung eines neuen VersVertrags entspricht.

Die **erheblichen Vorteile** des Unternehmers nach Vertragsende können 90 entweder unmittelbar aus den vom Vertreter vermittelten Verträgen selbst stammen oder aus Ergänzungsverträgen, insbesondere Verlängerung oder Summenerhöhung (vgl zu I 1 Nr 2 Rn 92). Entscheidend ist die Zahl der Neuverträge, nicht das Verhältnis des Gesamtbestandes der Versicherungsverträge bei Beginn und Ende des Vertreterverhältnisses, Stgt DB **57,** 379.

b) Provisionsverluste des Handelsvertreters (I 1 Nr 2 Mittelsatz): Nach 91 V kommt es für I 1 Nr 2 Mittelsatz darauf an, ob der Vertreter ohne das Vertragsende (Folge)Provisionsansprüche aus den in der Vertragszeit vermittelten neuen Verträgen zu erwarten hätte, BGH **34,** 316. Das ist bei einer abschließenden **Einmalprovision** wie idR bei der Lebens- und Krankenversicherung nicht der Fall, BGH **30,** 106, LG Stgt VersR **00,** 972. Die **Folgeprovisionen** sind idR bloße Verwaltungsprovisionen und als solche nicht ausgleichspflichtig (s Rn 28), ausgenommen Verlängerungen und Summenerhöhungen, BGH WM **05,** 1868. Werden dagegen Folgeprovisionen zeitlich gestreckt auch noch für den Abschluss gewährt wie idR bei der Schadensversicherung, sind diese bereits verdient. Provisionsverluste treten deshalb praktisch nur auf, wenn wie häufig Verzicht auf solche Folgeprovisionen vereinbart ist, Ffm BB **78,** 728, **86,** 697, Kln VersR **01,** 1377 (§ 92 Rn 9), (wirksamer) Provisionsverzicht ist also insoweit Voraussetzung für Ausgleichsanspruch nach V, BGH NJW **03,** 1245. Abgrenzung nach den Umständen, nicht allein Bezeichnung im Vertrag, denn die als Verwaltungs- oder Inkassoprovision bezeichnete Vergütung enthält in manchen Versicherungszweigen Teile einer Vergütung für Vermittlung und Abschlusstätigkeit, BGH **30,** 105, **55,** 51, WM **04,** 1483, **05,** 1868, **06,** 1789. Hohe Sätze für Abschlussprovision bei niedrigen für Verwaltungsprovision sind typisch für Einmalprovision, durch die die Vermittlungsleistung vollständig abgegolten wird, BGH **30,** 106, WM **04,** 1483. Beweis- und Darlegungslast für die Abgrenzung liegt beim Versicherer, BGH WM **04,** 1483, **05,** 1868 (vgl für Tankstellenhalter Rn 28, 33). Zur Unwirksamkeit von Provisionsverzichtsklauseln s Rn 70, Graf von Westphalen DB **00,** 2256, **03,** 2319, vgl unten Rn 96.

Provisionsverluste des Vertreters nach Vertragsende können entweder unmittel- 92 bar aus den vom Vertreter vermittelten Verträgen selbst stammen oder aus **Ergänzungsverträgen** (insbesondere Verlängerung oder Summenerhöhung), BGH **34,** 313, **55,** 45, **59,** 130, BB **70,** 102. Dagegen bleiben **Zweitabschlüsse** nach Beendigung des HVVerhältnisses mit vom VersVertreter geworbenen Kunden außer Betracht, BGH **34,** 319, **59,** 130 (vgl entspr § 92 III 1 für die Provision während des Vertrags, Rn 86). Für die Abgrenzung ist nicht die äußere Form (Zusatzvertrag oder neuer Vertrag) entscheidend, sondern ob ein **enger wirtschaftlicher Zusammenhang** besteht, BGH **34,** 319, **59,** 130.

c) Billigkeitsprüfung (I 1 Nr 2): Die speziell in der VersWirtschaft gewähr- 93 ten, der Altersversorgung dienenden **Provisionsrenten** haben keinen Vergütungscharakter und sind wie andere Versorgungsleistungen zu berücksichtigen (vgl Rn 39); ein Wahlrecht, nämlich statt Altersversorgung voller Ausgleichsanspruch, gibt es nicht, Küstner/Thume/Küstner II X/138. Zu einem Wahlrecht s auch Rn 71. Zu Billigkeitsgesichtspunkten s Rn 39.

C. **Obergrenze (V 2, II):** Nach V 2 ist wegen der typisch längeren Dauer 94 von Versicherungsverträgen die Obergrenze für den Ausgleichsanspruch statt einer (II, Rn 49) **drei Jahresprovisionen** oder -vergütungen. Dieser Höchstbetrag ist nach II zu berechnen, also nicht einfach die Summe aller Bruttoprovisionen der letzten drei Jahre, sondern die Einjahresprovision nach dem Durchschnitt der letzten fünf Vertragsjahre wird verdreifacht.

D. **Abweichende Vereinbarungen:** V verweist auch auf IV 1 (Rn 70). 95 Auch der Ausgleichsanspruch des VersVertreters ist mitsamt der Besonderheiten

§ 90

aus V **zwingend**. Vereinbarung nach oder gleichzeitig mit Vertragsbeendigung ist aber möglich.

96 Die zwischen den Spitzenverbänden der Versicherungswirtschaft und des Versicherungsaußendienstes vereinbarten **"Grundsätze zur Errechnung der Höhe des Ausgleichsanspruchs"** nach § 89b HGB sind in der Praxis sehr bedeutsam, zB "Grundsätze-Sach", "Grundsätze-Leben", "Grundsätze-Kranken", "Grundsätze" im Bausparbereich, "Grundsätze" im Finanzdienstleistungsbereich, auch in der Vertrauensschaden- und Kautionsversicherung nach dem Schema der "Grundsätze-Sach". Seit ihrer Anwendung (in der Schadensversicherung Vorläufer schon seit 1958, Grundsätze-Sach dann idF 14. 11. 1972) sind Zehntausende von Ausgleichsansprüchen von VersVertretern danach abgewickelt worden (1959–1992 ca. 40 000). Rechtlich sind sie kein HdlBrauch und nicht verbindlich, da nicht vorher und generell bestimmt werden kann, was angemessener Ausgleich ist, BAG DB **86,** 920, Kln BB **74,** 1093, Ffm NJW-RR **96,** 548, Hamm VersR **01,** 1155, hL, Ko/Ro/Mo 24, aA Mü VersR **74,** 288, Ffm VersR **86,** 814, wohl auch Hbg VersR **93,** 476, Rö/Thume 170. Sie sind, da nicht nur begünstigend, auch nicht Vertrag zugunsten Dritter (der VersVertreter), Kln Vers **74,** 1093, aA Schlegelb/Schröder 43, können aber ohne weiteres mit Vertragsbeendigung vereinbart werden (Rn 74), BGH WM **75,** 856, NJW **03,** 1245. Sie haben als private AGB trotz Aushandelns unter den Verbänden nicht ohne weiteres die Vermutung der Richtigkeit und Billigkeit für sich, aA Düss VersR **79,** 837, sondern unterliegen wie AGB sonst uneingeschränkt den **(5)** §§ 305 ff BGB, Kln VersR **01,** 1379; vgl auch zu § 1 aF UWG für die Wettbewerbsrichtlinien der Versicherungswirtschaft BGH BB **91,** 648. Die Grundsätze bieten aber wichtige Erfahrungswerte, die bei Schätzung nach § 287 ZPO berücksichtigt werden können, Hbg VersR **93,** 476, offen BAG DB **86,** 920, aA Ffm BB **86,** 896, 1257, NJW-RR **96,** 548 (schlechthin unwirksam); vgl auch zu § 1 aF UWG (Indiz) BGH BB **91,** 648.

Lit: Küstner, Grundsätze, 1997; Martin VersR **70,** 796, Küstner/Thume/Küstner II Berechnungsbeispiele XX/148, 183, 210, 227 (Grundsätze Sach, Leben, Kranken, Bauspar). **Text der Grundsätze samt Erläuterungen und Berechnungsbeispielen** s Hopt HVR 4. Aufl 2009, Materialien IV; Schreiben des GDV zur Berechnung im Todesfall des VersVertreters, Materialien V; Hinweise des BVK für den Todesfall, Materialien VI.

[Geschäfts- und Betriebsgeheimnisse]

90 Der Handelsvertreter darf Geschäfts- und Betriebsgeheimnisse, die ihm anvertraut oder als solche durch seine Tätigkeit für den Unternehmer bekanntgeworden sind, auch nach Beendigung des Vertragsverhältnisses nicht verwerten oder anderen mitteilen, soweit dies nach den gesamten Umständen der Berufsauffassung eines ordentlichen Kaufmannes widersprechen würde.

Übersicht

1) Verschwiegenheitspflicht und Verwertungsverbot in der Vertragszeit
   (§ 86 I Halbsatz 2) 1–3
   A. Verschwiegenheitspflicht 1
   B. Verwertungsverbot 3

2) Verschwiegenheitspflicht und Verwertungsverbot nach Vertragsende
   (§ 90) 4–7
   A. Nachvertragliche Pflicht 4
   B. Geschäfts- oder Betriebsgeheimnisse 5
   C. Reichweite 7

Siebenter Abschnitt. Handelsvertreter   1–5 **§ 90**

3) Rechtsfolgen der Verletzung 8–9
   A. Nach BGB 8
   B. Nach UWG 9

1) Verschwiegenheitspflicht und Verwertungsverbot in der Vertragszeit (§ 86 I Halbsatz 2)

A. **Verschwiegenheitspflicht:** Die Pflicht des HV, bei seiner Tätigkeit zur 1
Geschäftsvermittlung, also im Verkehr mit Kunden und solchen, die es werden
sollen, die ihm bekannten Geschäfts- oder Betriebsgeheimnisse des Unternehmers (Rn 5) geheimzuhalten, folgt schon daraus, dass er bei dieser Tätigkeit das
Interesse des Unternehmers wahrnehmen muss (§ 86 I Halbs 2). Der HV muss
aber während der Vertragszeit auch außerhalb seiner Vermittlungstätigkeit die
Geheimnisse des Unternehmers respektieren (zB in Bezug auf Waren anderer
Gattung, mit denen er nichts zu tun hat). Auch das folgt aus der allgemeinen
Interessenwahrungspflicht des HV (§ 86 Rn 20), nach aA aus einer besonderen
Treuepflicht des HV. Soweit der HVVertrag noch nicht zustande gekommen oder
nichtig ist, besteht eine entsprechende Verschwiegenheitspflicht als vorvertragliche Schutzpflicht (§ 85 Rn 1).

Die Verschwiegenheitspflicht in der Vertragszeit reicht weiter als die nach 2
Vertragsende (vgl Rn 4): Sie ist nicht an bestimmte enge Tatbestandsmerkmale
gebunden. Für die Verschwiegenheitspflicht genügt es, dass der HV den Geheimnischarakter hätte erkennen müssen. Die Verschwiegenheitspflicht umfasst alle
geschäftlichen und persönlichen Belange des Unternehmers, soweit die (nicht
nur wirtschaftlichen) Interessen des Unternehmers beeinträchtigt werden können. Grenzen setzen aber die eigenen schutzwürdigen Interessen des HV. Insbesondere die **Kundenliste** ist während der Vertragszeit (nachher s Rn 7) strikt
geschützt, der HV darf sie auch nicht außerhalb der Branche des Unternehmers
Dritten zugänglich machen oder selbst verwerten.

B. **Verwertungsverbot:** Die Interessenwahrungspflicht beinhaltet für den 3
HV erst recht ein Verwertungsverbot bezüglich der Geschäfts- und Betriebsgeheimnisse (vgl Rn 4). Verwertung der Kundenliste s Rn 2, nach Vertragsende s
Rn 5.

2) Verschwiegenheitspflicht und Verwertungsverbot nach Vertragsende (§ 90)

A. **Nachvertragliche Pflicht:** § 90 konkretisiert die Interessenwahrungs- 4
pflicht des HV für die Zeit nach Vertragsende (§ 86 Rn 20) mit bestimmten,
engeren Tatbestandsmerkmalen. Der HV ist auch nach Vertragsende verpflichtet,
Geschäfts- und Betriebsgeheimnisse des Unternehmers, die ihm durch seine
Tätigkeit für den Unternehmer bekanntgeworden sind, nicht zu verwerten oder
anderen mitzuteilen. Es genügt jedwede Art des **Bekanntwerdens,** einerlei ob
befugt oder unbefugt. Das **Anvertrauen,** dh die vertrauliche Mitteilung, ist nur
ein Unterfall solchen Bekanntwerdens. **Verwertung** ist jede wirtschaftliche Ausnutzung des Geheimnisses für sich oder andere ohne Rücksicht auf den Beweggrund. **Mitteilung** ist jede beliebige Bekanntgabe, die die Ausnutzung des Geheimnisses in irgendeiner Form ermöglicht. Die Geheimhaltungspflicht besteht
unabhängig vom Grund des Vertragsendes, auch bei Kündigung des HV wegen
schuldhaft vertragswidrigen Verhaltens des Unternehmers (§ 89 a I). Die Geheimhaltungspflicht bleibt **ohne zeitliche Begrenzung** solange bestehen, als es
der Geheimhaltungszweck verlangt. Über das Verhältnis des Schweigegebots zur
Regelung der **Wettbewerbsabreden** s § 90 a Rn 6.

B. **Geschäfts- oder Betriebsgeheimnisse: a)** Dies sind mit einem Ge- 5
schäftsbetrieb zusammenhängende Tatsachen, die nur einem eng begrenzten
Personenkreis bekannt, also nicht offenkundig sind und nach dem bekundeten
Willen des Unternehmers geheimgehalten werden sollen, BGH 15. 5. **55** (Glaser

Hopt   451

§ 90 6–8   I. Buch. Handelsstand

DB Beil 2/57). Eine besondere Bekundung des Geheimhaltungswillens ist nicht notwendig, wenn sich das Geheimhaltungsinteresse aus der Sache ergibt (missverständlich BGH aaO), und ohne Bedeutung, wenn die Tatsache bereits offenkundig ist, dh Dritte beliebig Zugriff haben. Im Zweifel ist Geheimhaltungswille anzunehmen. Zu den Geschäfts- oder Betriebsgeheimnissen rechnen zB Fabrikationsverfahren, Computerprogramme (Software), Bezugsquellen, Kalkulationsunterlagen, Handelsspannen, Zahlungsbedingungen, Kapitalflussrechnung und interne Bilanzen, Ausschreibungsunterlagen und Preisangebote bei Submissionen, Vertriebsstrategien und -wege, auch Kundenlisten, falls nicht allgemein zugänglich (Rn 7).

6   **b)** Nach § 90 müssen die Geheimnisse dem HV als solche, also als Geheimnisse bekanntgeworden sein; die Geheimhaltungspflicht besteht nicht für Tatsachen, die zwar der Unternehmer geheim halten will, die aber dem HV nicht vertraulich mitgeteilt oder sonstwie **durch seine Tätigkeit für den Unternehmer als Geheimnis bekanntgeworden** sind. Dem HV muss also der Geheimnischarakter bekannt sein, fahrlässiges Nichterkennen steht gleich, hL. Das Geheimnis muss ihm durch seine Tätigkeit für den Unternehmer bekanntgeworden sein, also nicht zufällig sonst, etwa erst nach Vertragsende; soweit danach § 90 nicht eingreift, kann aber Geheimhaltung nach § 242 BGB geboten sein, Heymann/Sonnenschein/Weitemeyer 5.

7   **C. Reichweite:** Die Geheimhaltungspflicht reicht nach Vertragsende **weniger weit** als vorher, weil der HV jetzt nicht mehr für den Unternehmer tätig ist und in seiner neuen Erwerbstätigkeit nicht übermäßig eingeschränkt werden darf. Nach § 90 ist die Mitteilung und Verwertung nur **unbefugt,** soweit dies nach den gesamten Umständen der **Berufsauffassung eines ordentlichen Kaufmannes** widersprechen würde. Das macht eine Interessenabwägung nach Treu und Glauben im Einzelfall zwischen HV und Unternehmer notwendig. Diese kann anders ausfallen als unter § 3 UWG (Rn 9). Dabei ist stets zu berücksichtigen, dass der HV mangels vertraglicher Wettbewerbsvereinbarung (§ 90 a Rn 6) nach Beendigung des HVVerhältnisses in seiner Tätigkeit frei ist, Celle **BB 70,** 226. Ob der HV eine Ausgleichszahlung nach § 89 b erhalten hat, spielt für diese Freiheit und für die Geheimhaltungspflicht keine Rolle, aA Heymann/Sonnenschein/Weitemeyer 4. **Kundenlisten:** Vor Vertragsende s Rn 2, nachher herauszugeben, § 86 Rn 17. Verboten ist die Mitteilung von Namen von Kunden, auch soweit vom HV selbst geworben, an einen neuen Auftraggeber derselben Branche, Kblz NJW-RR **87,** 95. Branchenfremde Verwertung der Namen und Anschriften selbst geworbener Kunden ist dagegen frei. Das gilt auch für die branchengleiche Verwertung, wenn die Kunden ohne Zutun des HV entschlossen sind, die Geschäftsbeziehungen zu dem Unternehmer nicht mehr fortzusetzen, Kblz NJW-RR **87,** 95 (Glykolskandal), zu weit und unsicher Heymann/Sonnenschein/Weitemeyer 4: auch wenn Kunden zu dem bisherigen Unternehmer keinen dauerhaften Kontakt haben. Der ausgeschiedene HV darf Adressen von Kunden verwerten, die in seinem Gedächtnis geblieben sind oder die keinen dauerhaften Kontakt zum alten Unternehmer haben, BGH NJW **93,** 1876, BB **99,** 1452. Allgemein zugängliche Kundenlisten, zB in engen Märkten, sind schon gar kein Geheimnis (Rn 5). Verbot jedweder Nutzung von Kundenanschriften bei Vertragsstrafe verstößt gegen **(5)** § 307 BGB, keine Reduktion auf Reichweite des § 90, BGH NJW **93,** 1786, Preis/Stoffels ZHR 160 **(96)** 457, str.

3) Rechtsfolgen der Verletzung

8   **A. Nach BGB:** Der HV, der die Verschwiegenheitspflicht oder das Verwertungsverbot in der Vertragszeit (Rn 1) oder nach Vertragsende (Rn 4) verletzt, haftet aus Verletzung einer vertraglichen Nebenpflicht auf Schadensersatz (§ 280 BGB). Daneben können Unterlassungs- und Beseitigungsansprüche bestehen,

Siebenter Abschnitt. Handelsvertreter § 90a

auch bezüglich Aufzeichnungen des HV über Geschäfts- oder Betriebsgeheimnisse. Der durch verbotene Verwertung erzielte Gewinn ist unter den Voraussetzungen des § 687 II BGB an den Unternehmer herauszugeben. Während des Vertrags kann ein wichtiger Grund zur fristlosen Kündigung (§ 89a) vorliegen. In Betracht kommen auch Ansprüche aus §§ 823 I (Recht am Gewerbebetrieb), 826 BGB.

B. **Nach UWG:** § 3 UWG setzt anders als § 90 eine geschäftliche Handlung 9 (Definition § 2 Nr 1) des ehemaligen HV voraus. § 17 I UWG (strafbarer Geheimnisverrat) erfasst nur Arbeitnehmer („bei einem Unternehmen beschäftigte Person"), also nicht den HV, sondern nur den, der nach § 84 II als Angestellter gilt, RG JW **27,** 2378, MüKo/von Hoyningen-Huene 27, aA Schlegelb/Schröder 18. In Betracht kommt aber ein Verstoß des HV gegen § 17 II UWG, RG JW **27,** 2378, BGH NJW-RR **99,** 1131, NJW-RR **03,** 833, Saarbr HVR **(02)** Nr 1057, Naumbg HVR **(04)** Nr 1132. Ein solcher Verstoß ist dem neuen Unternehmer, für den der HV tätig ist, nicht nach § 8 II UWG zuzurechnen, BGH NJW-RR **03,** 833 (zu § 13 IV aF UWG). Schadensersatzpflicht nach § 823 II BGB iVm §§ 17–19 UWG.

[Wettbewerbsabrede]

90a (1) ¹**Eine Vereinbarung, die den Handelsvertreter nach Beendigung des Vertragsverhältnisses in seiner gewerblichen Tätigkeit beschränkt (Wettbewerbsabrede), bedarf der Schriftform und der Aushändigung einer vom Unternehmer unterzeichneten, die vereinbarten Bestimmungen enthaltenden Urkunde an den Handelsvertreter.** ²**Die Abrede kann nur für längstens zwei Jahre von der Beendigung des Vertragsverhältnisses an getroffen werden; sie darf sich nur auf den dem Handelsvertreter zugewiesenen Bezirk oder Kundenkreis und nur auf die Gegenstände erstrecken, hinsichtlich deren sich der Handelsvertreter um die Vermittlung oder den Abschluß von Geschäften für den Unternehmer zu bemühen hat.** ³**Der Unternehmer ist verpflichtet, dem Handelsvertreter für die Dauer der Wettbewerbsbeschränkung eine angemessene Entschädigung zu zahlen.**

(2) **Der Unternehmer kann bis zum Ende des Vertragsverhältnisses schriftlich auf die Wettbewerbsbeschränkung mit der Wirkung verzichten, daß er mit dem Ablauf von sechs Monaten seit der Erklärung von der Verpflichtung zur Zahlung der Entschädigung frei wird.**

(3) **Kündigt ein Teil das Vertragsverhältnis aus wichtigem Grund wegen schuldhaften Verhaltens des anderen Teils, kann er sich durch schriftliche Erklärung binnen einem Monat nach der Kündigung von der Wettbewerbsabrede lossagen.**

(4) **Abweichende für den Handelsvertreter nachteilige Vereinbarungen können nicht getroffen werden.**

Übersicht

1) Wettbewerb in der Vertragszeit (§ 86) 1
2) Wettbewerb nach Vertragsende (§ 90a) 2–9
   A. Freier Wettbewerb nach Vertragsende 2
   B. Übersicht 3
   C. Legaldefinition, Anwendungsbereich des § 90a 4
   D. Verhältnis zu anderen Vorschriften 6
   E. Recht der Handlungsgehilfen (§§ 74–75f) 8
3) Inhalt und Form der Wettbewerbsabrede (I 1) 10–15
   A. Wettbewerbsabrede im Sinne von § 90a 10

§ 90a 1-4　I. Buch. Handelsstand

　　B. Zustandekommen 13
　　C. Form (I 1) 14
4) Höchstdauer und Reichweite der Wettbewerbsabrede (I 2) 16–17
　　A. Höchstdauer 16
　　B. Reichweite 17
5) Entschädigung (I 3), Rechtsfolgen bei Verstößen 18–22
　　A. Entschädigungspflicht 18
　　B. Höhe der Entschädigung 19
　　C. Keine Anrechnung anderen Verdienstes 20
　　D. Rechtsfolgen bei Verstößen 21
6) Verzicht des Unternehmers (II), Aufhebungsvertrag 23–24
　　A. Verzicht des Unternehmers 23
　　B. Aufhebung 24
7) Vertragskündigung aus wichtigem Grund (III) 25–26
　　A. Kündigung des Unternehmers 25
　　B. Kündigung des Handelsvertreters 26
8) Abweichende Vereinbarungen (IV) 27–32
　　A. Zwingendes Recht zugunsten des Handelsvertreters 27
　　B. Abweichungen zum Nachteil 28
　　C. Rechtsfolge 31
　　D. Kein Wahlrecht des Handelsvertreters 32

1) Wettbewerb in der Vertragszeit (§ 86)

1　Wettbewerbsverbote für die Vertragszeit und nach Vertragsende sind strikt zu unterscheiden. Rechtsgrundlage, Formbedürftigkeit und Zulässigkeitsgrenzen sind ganz unterschiedlich zu beurteilen. Zum Wettbewerb in der Vertragszeit s § 86 Rn 26 ff.

2) Wettbewerb nach Vertragsende (§ 90 a)

2　A. **Freier Wettbewerb nach Vertragsende:** Der HV ist nach Vertragsende anders als zuvor frei, dem Unternehmer Wettbewerb zu machen, auch in dem Bereich, in dem er ihn vorher vertrat. Der HV muss zwar im Geschäftsverkehr darauf hinweisen, dass er nicht mehr für den Unternehmer tätig ist, aber er kann sich im Übrigen wettbewerblich voll auf den Unternehmer konzentrieren und dessen Methoden übernehmen, MüKo/von Hoyningen-Huene § 86 Rn 11. Da solch ein kundiger Wettbewerber gefährlich sein kann, versucht der Unternehmer häufig durch **Klauseln im Handelsvertretervertrag** solchen **Wettbewerb** nach Vertragende **zu verbieten.** Der HV dagegen will die in der Vertragszeit gewonnenen Kenntnisse, Erfahrungen und Kundenbeziehungen auch später frei verwerten. Der Gesetzgeber des § 90 a suchte hier einen Mittelweg zum Schutz des idR wirtschaftlich unterlegenen HV: solche **Abreden** wurden zwar nicht (wie in Österreich) verboten, aber (wie in der Schweiz) formbedürftig, inhaltlich beschränkt und **mit einer Entschädigungspflicht** verbunden **(Grundsatz der bezahlten Karenz).** Ohne eine solche Abrede ist der HV grundsätzlich berechtigt, auch Kunden seines bisherigen Unternehmers zu werben, Düss HVR **(03)** Nr 1081. Grenzen s Rn 7. § 90 a ist teilweise (nicht I 3) **europarechtlich** präformiert (Art 20 EG-Ri, § 84 Rn 3) mit der Folge möglicher Vorlageverfahren an den EuGH nach Art 234 (177 aF) EG. Lit: Grüll/Janert, Konkurrenzklausel, 5. Aufl 1993; Köhler FS Rittner **91,** 265.

3　B. **Übersicht:** I 1 regelt die Form solcher Abrede, I 2 die Höchstdauer und die Höchstreichweite der Wettbewerbsbeschränkung, I 3 die Gegenleistung des Unternehmers, II 1 die Wirkung seines Verzichts auf die Beschränkung, II 2 und III die Wirkung einer Kündigung des einen oder anderen Teils aus wichtigem Grunde auf die Abrede; IV erklärt die gesetzliche Regelung für nicht zum Nachteil des HV abdingbar.

4　C. **Legaldefinition, Anwendungsbereich des § 90 a: a) Wettbewerbsabrede** ist eine Vereinbarung, die den HV nach Beendigung des Vertragsverhält-

Siebenter Abschnitt. Handelsvertreter 5–9 **§ 90a**

nisses in seiner gewerblichen Tätigkeit beschränkt (§ 90 a I 1, unten Rn 10). Die Formulierung entspricht der des § 74 (unten Rn 8, aber Rn 9). Im Sinne des Gesetzes ist also Wettbewerbsabrede des HV immer nur die für die Zeit nach Vertragsende (leicht zu übersehen).

b) Anwendungsbereich: § 90 a gilt für alle HV; bei Auslandsbezug Streit- 5 fragen (§ 90 c Rn 10). Entspr Anwendung auf **Vertragshändler** (§ 84 Rn 11), nicht auf sonstige selbständige Gewerbetreibende wie Unternehmenspächter, BGH **24,** 165; für **Franchising** iErg abl Kln HVR **(04)** 1158.

D. **Verhältnis zu anderen Vorschriften: a) Verschwiegenheitspflicht** 6 **(§ 90):** Auch ein bloßes vertragliches Schweigegebot kann die gewerbliche Tätigkeit des HV beschränken. Soweit es durch § 90 gedeckt ist, greift § 90 a nicht ein; soweit es weiter reicht, ist es an § 90 a zu messen.

b) § 89 b: Ausgleichszahlung führt nicht (ohne Wettbewerbsabrede) zu Wettbewerbsverbot, BGH BB **89,** 1576, Wechselwirkungen im Übrigen vgl § 89 b Rn 40. Verhältnis der Entschädigungen zueinander s Rn 18.

c) §§ 138, 242 BGB: § 90 a regelt die Zulässigkeit von Wettbewerbsabreden 7 der HV besonders. Anders als früher ist deshalb Rückgriff auf §§ 138, 242 BGB betreff Zulässigkeit und Durchsetzung solcher Wettbewerbsabreden nur noch zu Korrekturen im Einzelfall möglich, KG MDR **97,** 1041, aA BezG Dresd BB **91,** 2030, so wenn trotz Wahrung der Anforderungen des § 90 a die Wettbewerbsabrede oder ihre Durchsetzung mit den guten Sitten oder Treu und Glauben unvereinbar erscheint (vgl Rn 17). Soweit § 90 a als lex specialis dagegen nicht einschlägig ist, zB **bei nach Vertragsende getroffener Vereinbarung** (s Rn 11), verbleibt es uneingeschränkt bei §§ 138, 242 BGB.

d) (5) §§ 305–310 BGB setzen eigene Schranken (§ 86 Rn 8).

e) Kartellrecht (GWB, Art 81, 82 EG): s § 86 Rn 34. Lit: Köhler FS Rittner **91,** 265.

f) Recht des unlauteren Wettbewerbs (UWG): s Einl 80 vor § 1, vgl § 90 Rn 9. Bsp: Düss HVR **(03)** Nr 1081.

E. **Recht der Handlungsgehilfen (§§ 74–75 f): a) Teilweise Gleichsin-** 8 **nigkeit:** § 90 a hat manches aus dem Recht der Handlungsgehilfen übernommen, zB die Umschreibung der „Wettbewerbsabrede" (Rn 4), die Formvorschrift (Rn 14), die Höchstdauer der Beschränkung (Rn 16), das Lossagungsrecht des HV, der außerordentlich kündigte (Rn 26). Insoweit sind Analogie und Rückgriff auf Rechtsprechung dort möglich, aA Heymann/Sonnenschein/Weitemeyer 6, allerdings immer unter Berücksichtigung des Umstands, dass der HV weniger schutzbedürftig ist als der Handlungsgehilfe (Rn 9).

b) Wesentliche Unterschiede: Vieles andere ist nicht übernommen, zB 9 Anrechnung anderen Erwerbs auf Karenzentschädigung (§ 74 c I 1), auch nicht entsprechend heranziehbar, BGH BB **75,** 197; der Mindestsatz der Entschädigung (§ 74 II, vgl Rn 19), die Prüfung auf ein berechtigtes geschäftliches Interesse des Unternehmers und auf unbillige Erschwerung des Fortkommens des Gebundenen (§ 74 a I 1, 2), das Verbot der Wettbewerbsabrede bei sehr niedrigem Einkommen oder unter Ehrenwort oder zu Lasten Dritter (§ 74 a II), der ausdrückliche Vorbehalt zugunsten des § 138 BGB (§ 74 a III), die Einschränkung der Abrede nach Vertragskündigung durch den Unternehmer (§ 75 II), das Verbot der Erweiterung der Vertragsstrafefolgen (§ 75 c I). §§ 74 ff und § 90 a unterscheiden sich insoweit wesentlich, BGH **63,** 355. Dem HV als selbstständigem Gewerbetreibenden mutet das Gesetz mehr Vertragsfreiheit und Vertragsrisiko zu als dem HdlGehilfen. Insoweit ist also grundsätzlich **keine Analogie** erlaubt, zB keine Mindestentschädigung entspr § 74 II, Nürnb BB **60,** 1261; keine Bemessung der Karenzentschädigung des HV entspr § 74 c I 1, BGH **63,**

§ 90a 10–15 I. Buch. Handelsstand

355; keine Nichtigkeit der Wettbewerbsabrede eines minderjährigen HV entspr § 74a II 2, BAG NJW **64,** 1641; zu § 61s § 86 Rn 32. Die Gleichstellung ist dann insoweit **auch nicht** mittelbar über §§ 138, 242 BGB möglich (Rn 7).

3) Inhalt und Form der Wettbewerbsabrede (I 1)

10 A. **Wettbewerbsabrede im Sinne von § 90a: a) Vereinbarung für die Zeit nach Vertragsende:** Die Wettbewerbsabrede iSv § 90a (Legaldefinition, oben Rn 4) ist nur eine solche, die den HV für die Zeit nach Vertragsende beschränken soll. Davon ist streng zu unterscheiden der Zeitpunkt der Vereinbarung. **Muster:** Hopt/Graf v Westphalen 3. Aufl 2007 Form I. G.1 (HVVertrag) Anm 6.

11 **b) Vor Vertragsende getroffene Vereinbarung:** Die Wettbewerbsabrede iSv § 90a muss vor Beendigung des HVVerhältnisses getroffen werden. Sie wird idR im HVVertrag vereinbart, Vereinbarung vor Vertragsbeginn im Vorgriff auf diesen steht gleich. § 90a ist auch anzuwenden, wenn Beendigung erst für Zukunft vereinbart wird, auch wenn nur in wenigen Tagen, BGH **53,** 91 (vgl § 89b Rn 70). **Nicht** einschlägig ist § 90a dagegen von seinem Schutzzweck her, **wenn die Vereinbarung** erst **nach Beendigung getroffen** wird oder wenn sie in einer Vereinbarung über die Beendigung des Vertrags enthalten ist, welche den Vertrag sofort oder sogar rückwirkend beendet, BGH **51,** 184, **53,** 89, MüKo/von Hoyningen-Huene 13, aA Oldbg HVR **(93)** Nr 994 (besonders gelagert), Kln VersR **98,** 97 wegen HVSchutz, aber Parteien müssen Gesamtschlussvereinbarung treffen können, ohne im Anschluss daran noch gesonderte Wettbewerbsabrede treffen zu müssen. Grenzen setzen dann nur, aber auch ausreichend §§ 138, 242 BGB (Rn 7).

12 **c) Wettbewerbsbeschränkung:** Erfasst ist jede Vereinbarung, die den HV nach Beendigung des Vertragsverhältnisses irgendwie in seiner gewerblichen Tätigkeit beschränkt, einerlei ob als HV, als Selbstständiger, als Gesellschafter oder als Arbeitnehmer. Ob die Vereinbarung eine Entschädigung vorsieht oder nicht, steht gleich (aber gesetzliche Folge des I 3).

13 B. **Zustandekommen:** Für das Zustandekommen gelten die allgemeinen Vertragsregeln; auch für minderjährigen HV (§§ 106ff BGB, nicht § 74a II 2 entspr, oben Rn 9). Die Wettbewerbsabrede wird idR ausdrücklich getroffen, kann sich aber auch aus den Umständen ergeben, etwa gewollte Fortdauer einer Vereinbarung für die Vertragszeit, LG Ffm HVR **(73)** Nr 475 (Verwertung von Adressenmaterial nur für den Unternehmer), Heymann/Sonnenschein/Weitemeyer 8. Fortsetzung des Wettbewerbsverbots während der Vertragszeit auch nachher muss aber bestimmt und eindeutig sein, Düss HVR **(03)** Nr 1081, Grund: freier Wettbewerb nach Vertragsende (s Rn 2).

14 C. **Form (I 1): a)** I 1 verlangt erstens **Schriftform,** also eigenhändige Unterzeichnung einer oder mehrerer, den gesamten Inhalt der Abrede wiedergebender Urkunden durch beide Parteien (näher § 126 BGB: Vorsicht geboten). Unterzeichnung durch Stellvertreter genügt (§ 164 BGB), Düss BB **62,** 731. Nicht genügt, wenn die nicht unterzeichnete Wettbewerbsabrede nur Anlage des unterzeichneten HVVertrags ist, selbst wenn dieser ausdrücklich auf sie Bezug nimmt, vgl LAG Hamm DB **74,** 1532, anders nur bei fester Verbindung beider Urkunden. Einverständliche Rücknahme der Kündigung ist kein Neuabschluss und bedarf, jedenfalls bei Rücknahme vor Vertragsende, nicht der Schriftform, BGH BB **84,** 237.

15 **b)** I 1 verlangt zweitens die **Aushändigung** einer Urkunde, welche die Vereinbarung komplett wiedergibt und (nach § 126 II 2 BGB) mindestens vom Unternehmer unterzeichnet ist, an den HV (entspr § 74 I für den HdlGehilfen). Die Aushändigung muss binnen angemessener Zeit nach Vereinbarung erfolgen,

Siebenter Abschnitt. Handelsvertreter 16–18 § 90a

sonst kann der HV sie ablehnen mit der Folge, dass die Wettbewerbsabrede nicht zustandekommt.

4) Höchstdauer und Reichweite der Wettbewerbsabrede (I 2)

A. **Höchstdauer:** Zwei Jahre von Beendigung des Vertrags (nicht schon des Tätigseins) an **(I 2 Halbsatz 1).** Die Wettbewerbsabrede wird nicht durch Tod oder Geschäftsaufgabe des HV gegenstandslos, auch nicht bei Insolvenz des Unternehmers, was für die Entschädigung wichtig ist, GroßKo/Emde 59 ff; nach aA soll die Wettbewerbsabrede gegenstandslos werden bei Betriebseinstellung oder -umstellung oder Tod (nicht Krankheit) des HV, sofern nicht Rechtsnachfolger Geschäft fortführt oder die Wettbewerbsabrede insoweit fortgilt (so iZw), sowie bei Insolvenz des Unternehmers (nach manchen analog § 74 a I 1, s Rn 9), Küstner/Thume I 2320. Die Zweijahresdauer ist zusammenhängend, also keine Unterbrechung und entsprechende Verlängerung. Diese Höchstdauer braucht nicht ausdrücklich vereinbart zu werden. Abweichende Abreden s Rn 27 ff. 16

B. **Reichweite: I 2 Halbsatz 2** (neu 1990, s § 84 Rn 3) setzt zwei Grenzen: 17

a) Die Wettbewerbsabrede darf sich nur auf den dem HV zugewiesenen Bezirk oder Kundenkreis (§ 87 II) und nur auf die Gegenstände (Erzeugnisse, Dienstleistungen oder Versicherungsverträge) erstrecken, auf die sich die Bemühenspflicht des HV nach § 86 I 1 bezieht. Bei Versicherungs- und Bausparkassenvertretern, für die § 87 II nicht gilt, kann die geographische Reichweite im Einzelfall nach §§ 138, 242 BGB einzuschränken sein (s Rn 7), weitergehend Küstner BB **97,** 1753.

b) Darüber hinaus muss der HV von Wettbewerbsbeschränkungen frei bleiben.

5) Entschädigung (I 3), Rechtsfolgen bei Verstößen

A. **Entschädigungspflicht:** Der Unternehmer hat dem Vertreter für die Dauer der Wettbewerbsbeschränkung eine Entschädigung (sog **Karenzentschädigung**) zu zahlen (I 3). Diese Entschädigung ist nicht Schadensersatz, sondern Entgelt für die Abrede der Wettbewerbsenthaltung, BGH **59,** 390, **63,** 355. Der Anspruch des HV besteht auch, wenn dieser gar keinen Wettbewerb machen wollte oder könnte, BGH **63,** 355. Die Wettbewerbsabrede ist nach I 3 (anders § 74 II für HdlGehilfen, nicht entspr anwendbar) auch ohne Entschädigungszusage gültig, Nürnb BB **60,** 1261, Düss BB **62,** 731, Karlsr VersR **73,** 857. Der Unternehmer schuldet also die Entschädigung kraft Gesetzes, auch wenn er annahm, dass ihn die Abrede nichts kostet; letzterenfalls sind weder §§ 154, 155 BGB (Dissens) anwendbar noch kann Unternehmer den Vertrag nach § 119 I BGB anfechten. Die Entschädigungspflicht bleibt auch bestehen, wenn der Unternehmer das Unternehmen aufgibt. Ob das auch bei Insolvenz des Unternehmens gilt (so 31. Aufl, Grund: auch einseitiger Verzicht ist nur bis zum Vertragsende möglich, Rn 23), ist str. Nach üL erlischt die Wettbewerbsabrede zusammen mit dem HVVertrag bei Verfahrenseröffnung (§ 87 Rn 51), dann grundsätzlich auch keine Entschädigung, aber § 74 a I 2 analog, also Fortbestehen und Entschädigung, falls das Wettbewerbsverbot dem berechtigten geschäftlichen Interesse des Unternehmers dient, zB bei Unternehmensfortführung oder -veräußerung durch den Insolvenzverwalter, Küstner/Thume I 2321, Emde/Kelm ZIP **05,** 62; war der HVVertrag bei Verfahrenseröffnung bereits beendet, hat der Insolvenzverwalter das Wahlrecht nach § 103 InsO. Die Entschädigung ist grundsätzlich sofort mit Beendigung des Vertrags (s Rn 10), also in einer Summe, fällig (anders § 74 b), doch ist Ratenzahlungsvereinbarung ohne Verstoß gegen IV zulässig (Schluss aus II 1: Freiwerden nach 6 Monaten), Heymann/Sonnenschein/Weitemeyer 16. Verhältnis dieser Entschädigung zum **Ausgleich** nach § 89 b s Weber 18

§ 90a 19–23 I. Buch. Handelsstand

BB **61**, 1220, Ordemann BB **65**, 932; grundsätzlich beeinträchtigt keines das andere; vgl Rn 6.

19 B. **Höhe der Entschädigung:** Nach I 3 schuldet der Unternehmer eine **angemessene** Entschädigung (weitergehend § 74 II für HdlGehilfen). Sie wird idR nicht über der vertraglichen Vergütung liegen, sonst stünde der HV unter dem Wettbewerbsverbot besser als unter dem Vertrag, doch wäre das zulässig (IV). Darunter sind verschiedene Abstufungen denkbar bis zur Grenze der Angemessenheit, Verstoß s Rn 21. Was angemessen ist, bestimmt sich mit Blick auf die dem HV durch den Wettbewerbsverzicht erwachsenden Nachteile, etwa im Verhältnis zu einer anderen Berufstätigkeit, und die Vorteilen für den Unternehmer, BGH **63**, 355. Die bisherige vertragliche Vergütung ist dabei mitzuberücksichtigen, aber nicht eine feste Obergrenze, so wenn der HV bei einem Konkurrenzunternehmen bessere Konditionen erzielen würde, vgl MüKo/von Hoyningen-Huene 43. Die Entschädigung muss (trotz „zahlen" in I 3) nicht in Geld bestehen. Deshalb soll ein dem HV günstiger Vergleich über Vertragsbeendigung mit Wettbewerbsverbot ohne besondere Entschädigung (bei Streit über fristlose Kündigung des Unternehmers) zulässig sein können, BGH NJW **62**, 1346, BB **62**, 655. Entschädigung ist mangels anderer Abrede ebenso wie Provision und Ausgleich Bruttoentgelt ohne zusätzliche Mehrwertsteuer, zugrundezulegen sind die Bruttoprovisionen, BGH **63**, 353.

20 C. **Anrechnung anderen Verdienstes:** Anders als für HdlGehilfen (§ 74 c) sagt das HGB für HV nichts über die Anrechnung anderen Verdienstes auf die vom Unternehmer aus der Wettbewerbsabrede geschuldete Entschädigung. § 74 c I 1 ist auch nicht entspr anwendbar. Doch kann anderweitiger Verdienst des HV als Umstand unter anderen angemessen berücksichtigt werden, BGH **63**, 356, Heymann/Sonnenschein/Weitemeyer 18; für analoge Anwendung von § 74 c MüKo/von Hoyningen-Huene 45. Da die Entschädigung Entgelt für Wettbewerbsabreden, nicht für den späteren konkreten Einkommensverlust ist, sind aber Einkommensvor- und -nachteile, Ersparnisse oder Kosten des HV, die in persönlichen Umständen oder Entschließungen des HV nach Vertragsende ihren Grund haben, idR nicht zu berücksichtigen, BGH **63**, 353, allenfalls ersparte Aufwendungen. Keinesfalls ist Zahlung nach § 89 b zu berücksichtigen (anderweitiger Ausgleichsanspruch).

21 D. **Rechtsfolgen bei Verstößen: a) des Handelsvertreters:** Der HV verliert für die Dauer des (Wettbewerbs)verstoßes und seiner Auswirkungen den Anspruch auf Entschädigung, BGH NJW **64**, 1641, und kann sich schadensersatzpflichtig machen. Rückzahlungsklausel und Vertragsstrafe s Rn 30.

22 **b) des Unternehmers:** Der HV kann auf Erfüllung klagen oder nach §§ 280, 323 BGB vorgehen. Er darf dagegen nicht seinerseits gegen das Wettbewerbsverbot verstoßen, denn das geht über § 320 BGB hinaus, Heymann/Sonnenschein/Weitemeyer 21, aA Karlsr DB **71**, 572, VersR **73**, 857; anders nach Rücktritt. Geltendmachung einer Vertragsstrafe durch Unternehmer in solchem Fall kann aber unzulässige Rechtsausübung sein, BAG NJW **64**, 1641.

6) Verzicht des Unternehmers (II), Aufhebungsvertrag

23 A. **Verzicht des Unternehmers:** Der Unternehmer kann bis zum Vertragsende auf die Wettbewerbsbeschränkung des HV verzichten (**II**, entspr § 75 a für HdlGehilfen). Der Verzicht ist schriftlich zu erklären (Schriftform § 126 BGB). Unwirksamer Verzicht (nach Vertragsende oder bei Formverstoß) kann Angebot zu Aufhebungsvertrag sein (§ 140 BGB). Teilverzicht ist möglich. Der Verzicht ist bedingungsfeindlich. Ist er erklärt, kann er nicht mehr zurückgenommen werden, es bleibt nur Anfechtung oder einvernehmliche Beseitigung seiner Wirkungen (§ 311 I BGB). Der Unternehmer kann sich aber nicht im Vertrag vorbehalten, ob er von Wettbewerbsverbot Gebrauch macht oder nicht (Rn 28).

Siebenter Abschnitt. Handelsvertreter 24–28 § 90a

Rechtsfolge des Verzichts ist eine gespaltene: für den HV Freiwerden von der Wettbewerbsbeschränkung, für den Unternehmer Verkürzung der Entschädigungspflicht auf sechs Monate seit der Erklärung (auch über das Vertragsende hinaus).

B. **Aufhebungsvertrag:** Einvernehmliche Aufhebung ist nach § 311 I BGB 24 jederzeit (während des Vertrags und nachher), auch teilweise (vgl Rn 17) und formfrei möglich.

7) Vertragskündigung aus wichtigem Grund (III)

A. **Kündigung des Unternehmers:** Kündigt der Unternehmer den Vertrag 25 aus wichtigem Grund wegen schuldhaften Verhaltens des HV (§ 89 a; wie Rn 26), kann er sich durch schriftliche Erklärung binnen eines Monats nach der Kündigung von der Wettbewerbsabrede lossagen und sich damit von der Zahlung der Entschädigung befreien. III (neu 1998, s § 84 Rn 3, dort auch zur Rückwirkung) stellt damit Unternehmer und HV hinsichtlich der Folgen der Kündigung aus wichtigem Grund für die Wettbewerbsabrede gleich (näher Rn 26). II 2 aF, wonach der HV dem vereinbarten Wettbewerbsverbot ohne Entschädigung unterlag, war verfassungswidrig, BVerfG NJW **90,** 1469 (s 29. Aufl). Wahlweise kann der Unternehmer an der Wettbewerbsabrede festhalten, schuldet dann aber angemessene Entschädigung (I 3). Bei deren Bestimmung ist aber das Verhalten des HV, das zur Kündigung aus wichtigem Grund Anlass gegeben hat, mit zu berücksichtigen, was zu Minderung des Entschädigungsbetrags führen kann. Der HV riskiert überdies Verlust des Ausgleichsanspruchs (§ 89 b III Nr 2) und Schadensersatzpflicht (§ 89 a II, s dort Rn 34).

B. **Kündigung des Handelsvertreters:** Kündigt der HV den Vertrag aus 26 wichtigem Grund (§ 89 a, auch ordentlich statt fristlos, auch einvernehmliche Beendigung statt Kündigung), und zwar wegen schuldhaften Verhaltens des Unternehmers (also nicht aus einem wichtigen Grund anderer Art), kann er sich von der Wettbewerbsabrede lossagen (III für HV wie vor 1998; vgl § 75 I für den HdlGehilfen). Er muss das schriftlich (§ 126 BGB) binnen einem Monat nach seiner Kündigung erklären (III). Mit Zugang der Erklärung (§ 130 I 1 BGB) beim Unternehmer ist der HV nicht mehr gebunden, Düss HVR **(57)** Nr 151, hat aber auch keinen Anspruch auf Entschädigung mehr. Kündigung mit Frist und Aufhebungsvertrag s Rn 25. Bei unbegründeter Lossagung uU einstweilige Verfügung wegen drohenden unerlaubten Wettbewerbs, Stgt BB **59,** 792.

8) Abweichende Vereinbarungen (IV)

A. **Zwingendes Recht zugunsten des Handelsvertreters:** In einer Wett- 27 bewerbsabrede (I 1) kann zwar zum Vorteil, aber nicht zum Nachteil des Handelsvertreters von den Vorschriften in I–III abgewichen werden (IV). Das gilt auch, wenn der HV des Schutzes im konkreten Fall nicht bedarf, BGH **53,** 92 (ebenso § 89 b Rn 70). Der Schutzzweck des IV zugunsten des HV bestimmt, was als nachteilige Abweichung (im Gegensatz zur bloßen Ergänzung) anzusehen ist (Rn 28 f), und begrenzt die Rechtsfolge von Verstößen (Rn 31).

B. **Abweichungen zum Nachteil** des HV können auch darin liegen, dass 28 ein unerlaubter wirtschaftlicher Druck auf den HV ausgeübt wird, etwa durch eine Vereinbarung, wonach der HV bei Konkurrenztätigkeit eine Inkassopauschale zurückzuzahlen hat, ohne dass dann Unternehmer Entschädigung zahlt, BGH **59,** 390, krit Schwerdtner JR **73,** 200. Auch ein vertraglicher Vorbehalt des Unternehmers, erst später zu entscheiden, ob er das Wettbewerbsverbot in Anspruch nehmen will, verstößt gegen Sinn und Zweck des § 90 a (Rechtsfolge s Rn 31), LG Tüb BB **77,** 671 m Anm Küstner. Klauseln über Beschränkung der **Verwertung von Kundenlisten** s § 90 Rn 7.

Hopt

§ 91

29 **Festlegung der angemessenen Entschädigung im Voraus** ist nicht Abweichung von I 3, ähnlich wie Festlegung wichtiger und nicht wichtiger Kündigungsgründe im Voraus das Recht zur Kündigung aus wichtigem Grunde nicht beschränkt (vgl § 89 a Rn 27 f); anders wenn ein Betrag vereinbart ist, der als angemessen nicht in Betracht kommt, entweder von vornherein oder so wie sich die Dinge bis zum Vertragsende entwickelten. Ratenzahlungsvereinbarung ist zulässig (Rn 18). Ausschluss des Rechts des Unternehmers zum Verzicht nach II 1 ist zulässig. Das Wettbewerbsverbot kann auch von vornherein auf den Fall des II 2 beschränkt werden, also der **Kündigung** des Unternehmers aus wichtigem Grunde wegen schuldhaften Verhaltens des Vertreters, im Einklang mit II 2 kann dann eine Entschädigung ausgeschlossen werden, BGH BB **84**, 236; Wettbewerbsverbot ohne Entschädigung in Vergleich nach fristloser Kündigung s Rn 19.

30 **Ergänzende Abreden** sind anders als abweichende Abreden durch IV nicht beschränkt, so besonders die Regelung der Folgen verbotenen Wettbewerbs. Zulässig ist zB die Vereinbarung einer **Vertragsstrafe**, § 75 c I 1 (zugunsten des HdlGehilfen) gilt nicht entspr. Möglich ist über § 340 BGB hinaus Vertragsstrafe für jede Verletzung des Wettbewerbsverbots unter Aufrechterhaltung des Verbots für die Zukunft, und Herabsetzung einer unverhältnismäßig hohen Vertragsstrafe nach § 343 BGB scheidet aus (§ 348; §§ 351, 4 sind aufgehoben), vgl BGH **5**, 136. Vertragsstrafe für versuchte Vertreterabwerbung BGH BB **83**, 2136, für Nutzung von Kundenlisten s § 90 Rn 7.

31 C. **Rechtsfolge:** Verstoß gegen I–III zum Nachteil des HV führt zur Nichtigkeit. § 139 BGB gilt aber zum Schutze des HV nicht. Unwirksamkeit der Wettbewerbsabrede macht also nicht den ganzen HVVertrag nichtig. Bei Abweichung von I 2 ist eine kürzere Frist nicht zum Nachteil des HV, also unbeschränkt möglich. Wettbewerbsabrede von über zwei Jahren ist nicht insgesamt nichtig, sondern beschränkt sich nach dem gesetzlichen Schutzumfang der Verbotsnorm auf zwei Jahre, Canaris § 15 Rn 125. Vorbehalt des Unternehmers, ob er sich nach Vertragsende auf das Wettbewerbsverbot berufen will, ist unwirksam, Wettbewerbsabrede bleibt wirksam, HV behält Anspruch auf Karenzentschädigung, LG Tüb BB **77**, 671 m Anm Küstner. Bei Verstoß gegen I 3 ohne oder mit unangemessen niedriger Entschädigung wird angemessene Entschädigung geschuldet, BAG NJW **64**, 1641, Nürnb BB **60**, 1261. Für AGB gelten Sonderregeln, **(5)** § 306 BGB, Preis/Stoffels ZHR 160 (**96**) 490, im Einzelnen str.

32 D. **Kein Wahlrecht des Handelsvertreters:** IV verbietet abweichende für den HV nachteilige Vereinbarungen, anders als § 75 d, der nur dem Prinzipal versagt, sich auf die abweichende Vereinbarung zu berufen und dem HdlGehilfen ein Wahlrecht einräumt. Eine Analogie ist angesichts des klaren Wortlauts nicht möglich. Entscheidet sich der HV für die Ausführung einer solchen Abrede (Bsp: Wettbewerbsverbot über zwei Jahre hinaus, mit Entschädigung, s I 2, 3), ist diese dennoch unwirksam mit entsprechenden Folgen für die Rückabwicklung, Grenzen nur aus allgemeinen Grundsätzen (venire contra factum proprium; Verwirkung, vgl § 87 c Rn 19, § 89 b Rn 80).

[Vollmachten des Handelsvertreters]

91 (1) § 55 gilt auch für einen Handelsvertreter, der zum Abschluß von Geschäften von einem Unternehmer bevollmächtigt ist, der nicht Kaufmann ist.

(2) ¹Ein Handelsvertreter gilt, auch wenn ihm keine Vollmacht zum Abschluß von Geschäften erteilt ist, als ermächtigt, die Anzeige von Mängeln einer Ware, die Erklärung, daß eine Ware zur Verfügung gestellt werde, sowie

Siebenter Abschnitt. Handelsvertreter 1–4 **§ 91**

ähnliche Erklärungen, durch die ein Dritter seine Rechte aus mangelhafter Leistung geltend macht oder sich vorbehält, entgegenzunehmen; er kann die dem Unternehmer zustehenden Rechte auf Sicherung des Beweises geltend machen. ²Eine Beschränkung dieser Rechte braucht ein Dritter gegen sich nur gelten zu lassen, wenn er sie kannte oder kennen mußte.

Übersicht

1) Abschlussvertreter von Nichtkaufleuten (I) 1
2) Vollmachten des Nicht-Abschlussvertreters (II) 2–3
   A. Vollmachten außer Abschlussvollmacht (II 1) 2
   B. Beschränkungen gegenüber Dritten (II 2) 3

1) Abschlussvertreter von Nichtkaufleuten (I)

§ 55 umschreibt den Umfang der (erteilten) Vollmacht von „HdlBevollmäch- **1** tigten, die HV sind", setzt also Vertretung eines Unternehmers mit HdlGewerbe, Kfm (vgl § 54 I) voraus. § 91 I erstreckt § 55 auf HV von NichtKflten (§ 84 Rn 28). Der **Umfang der Vollmacht** bestimmt sich somit für Abschlussvertreter von Kflten und NichtKflten gleichermaßen **nach §§ 54, 55 II–IV** (s dort).

2) Vollmachten des Nicht-Abschlussvertreters (II)

A. **Vollmachten außer Abschlussvollmacht (II 1):** Auch der HV ohne **2** Abschlussvollmacht hat zwecks Verkehrsschutzes jedenfalls gewisse Vollmachten (II 1 wie § 55 IV für den Abschlussvertreter, s dort): Entgegennahme von Erklärungen Dritter wegen mangelhafter Leistung des Unternehmers (also Empfangsvertreter des Unternehmers) und Beweissicherung für den Unternehmer. Der HV hat diese Vollmachten auch für Geschäfte, die er nicht vermittelt hat, früher str.
Sonderregeln für **Versicherungsvertreter** §§ 43 ff aF, §§ 69 ff nF VVG (§ 55 Rn 5). Allgemeiner sind auch andere Vermittlungsvertreter idR bevollmächtigt, Vertragsangebote Dritter entgegenzunehmen **(Empfangsvertreter)**, BGH **82,** 221; zum HdlGewerbe, Kfm (vgl § 54 I) voraus. § 91 I erstreckt § 55 auf HV von NichtKflten (§ 84 Rn 28). Der **Umfang der Vollmacht** bestimmt sich somit für Abschlussvertreter von Kflten und NichtKflten gleichermaßen **nach §§ 54, 55 II–IV** (s dort).

3) Vollmachten des Nicht-Abschlussvertreters (II)

A. **Vollmachten außer Abschlussvollmacht (II 1):** Auch der HV ohne **3** Abschlussvollmacht hat zwecks Verkehrsschutzes jedenfalls gewisse Vollmachten (II 1 wie § 55 IV für den Abschlussvertreter, s dort): Entgegennahme von Erklärungen Dritter wegen mangelhafter Leistung des Unternehmers (also Empfangsvertreter des Unternehmers) und Beweissicherung für den Unternehmer. Der HV hat diese Vollmachten auch für Geschäfte, die er nicht vermittelt hat, früher str.
Sonderregeln für **Versicherungsvertreter** §§ 43 ff aF, §§ 69 ff VVG (§ 55 Rn 5). Allgemeiner sind auch andere Vermittlungsvertreter idR bevollmächtigt, Vertragsangebote Dritter entgegenzunehmen **(Empfangsvertreter)**, BGH **82,** 221; zum Ausschluss der Empfangsvollmacht Luckey VersR **93,** 1151. Verschulden des HV bei den Vertragsverhandlungen, Anfechtung des Unternehmers § 84 Rn 52 ff.

B. **Beschränkungen gegenüber Dritten (II 2):** Die Vollmachten eines Ab- **4** schlussvertreters sind nach §§ 54 III, 55 I mit Wirkung gegen Dritte nur beschränkbar, soweit diese die Beschränkung kennen oder kennen müssen. II 2 spricht dasselbe aus für den HV ohne Abschlussvollmacht hinsichtlich seiner beschränkten Vollmachten nach II 1.

Hopt

§ 91a

[Mangel der Vertretungsmacht]

91a (1) Hat ein Handelsvertreter, der nur mit der Vermittlung von Geschäften betraut ist, ein Geschäft im Namen des Unternehmers abgeschlossen, und war dem Dritten der Mangel an Vertretungsmacht nicht bekannt, so gilt das Geschäft als von dem Unternehmer genehmigt, wenn dieser nicht unverzüglich, nachdem er von dem Handelsvertreter oder dem Dritten über Abschluß und wesentlichen Inhalt benachrichtigt worden ist, dem Dritten gegenüber das Geschäft ablehnt.

(2) Das gleiche gilt, wenn ein Handelsvertreter, der mit dem Abschluß von Geschäften betraut ist, ein Geschäft im Namen des Unternehmers abgeschlossen hat, zu dessen Abschluß er nicht bevollmächtigt ist.

Übersicht

1) § 91a im Verhältnis zum BGB 1–2
   A. Handelsrechtlicher Vertrauenstatbestand (I, II) 1
   B. Geltung der §§ 177 ff BGB 2
2) Voraussetzungen der Wirksamkeit des Geschäfts (I) 3–10
   A. Unkenntnis des Dritten vom Mangel an Vertretungsmacht 3
   B. Benachrichtigung des Unternehmers 5
   C. Keine unverzügliche Ablehnung 7
   D. Folge versäumter Ablehnung 9
   E. Anfechtung 10

1) § 91a im Verhältnis zum BGB

1 A. **Handelsrechtlicher Vertrauenstatbestand (I, II):** § 91a I handelt von Abschlüssen des (reinen, aber Auslegung von „nur", BGH WM **06**, 1109) Vermittlungsvertreters ohne Abschlussvollmacht, II von Abschlüssen des Abschlussvertreters außerhalb seiner Abschlussvollmacht (die nach Inhalt der Abschlüsse, Sitz der Kunden, Größe der Geschäfte oder sonstwie beschränkt sein kann). II verweist auf I, beide Fälle sind gleich geregelt. Danach gilt zwecks Verkehrsschutzes der **Abschluss als genehmigt, wenn der Unternehmer,** nachdem er davon benachrichtigt worden ist, ihn **nicht unverzüglich ablehnt.** Außergewöhnliche Geschäfte werden nicht erfasst, BGH WM **06**, 1109 (zu § 75h, s dort). § 91a weicht damit von § 177 BGB mehrfach ab, verdrängt ihn aber nicht (Rn 2). §§ 54 I, 55 I, 75h I, 91a I enthalten allgemeinen Vertrauensschutzgrundsatz, BGH WM **06**, 1109. § 91a entspricht in Regelungsgrund und zT in Voraussetzungen und Rechtsfolgen § 362, s dort, Hopt AcP 183 **(83)** 689.

2 B. **Geltung der §§ 177 ff BGB:** § 91a setzt einen eigenen handelsrechtlichen Vertrauenstatbestand, der §§ 177 ff BGB unberührt lässt. Der andere Teil kann also den Unternehmer zur Genehmigung (binnen zwei Wochen) auffordern (§ 177 II BGB), er kann das Geschäft noch solange widerrufen, als es noch nicht durch (echte oder nach § 91a fingierte) Genehmigung des Unternehmers wirksam geworden ist (§ 178 BGB) und bei Ablehnung des Geschäfts haftet der HV dem Dritten als Vertreter ohne Vertretungsmacht (§ 179 BGB).

2) Voraussetzungen der Wirksamkeit des Geschäfts (I)

3 A. **Unkenntnis des Dritten vom Mangel an Vertretungsmacht:** I gilt nur bei Mangel an Vertretungsmacht, Nichtbeachtung interner Weisungen durch den bevollmächtigten HV genügen für I nicht, auch nicht bei Kenntnis des Dritten davon. I setzt voraus, dass dieser Mangel an Vertretungsmacht des HV dem Dritten nicht bekannt war. Kenntnis liegt zB bei Abschluss des Geschäfts unter Vorbehalt der Genehmigung des Unternehmers vor. Nur Kennen schadet. Kennenmüssen, auch grobe Fahrlässigkeit, steht nicht gleich.

Hat der Dritte dagegen **Kenntnis** von diesem Mangel und schließt er trotzdem 4
im Vertrauen auf die Genehmigung des Unternehmers ab, ist I nach Wortlaut
und Sinn nicht anwendbar, sondern nur § 177 BGB (s Rn 2). Dabei spielt es
keine Rolle, ob der HV Abschlussvollmacht behauptete oder offen im Vertrauen
auf die Genehmigung des Unternehmers ohne Vollmacht abschloss.

B. **Benachrichtigung des Unternehmers:** I setzt weiter voraus, dass der 5
Unternehmer **von dem Handelsvertreter oder dem Dritten** über Abschluss
und wesentlichen Inhalt des Geschäfts benachrichtigt worden ist. Dritter (missverständlich) ist hier der Vertragspartner bzw Kunde, nicht beliebiger Dritter
oder Außenstehender. Solange der Unternehmer nur von einem solchen „Vierten" über den Abschluss gehört hat, trifft ihn der scharfe I nicht. Die (formlose)
Benachrichtigung durch den HV oder Dritten muss persönlich erfolgen
(Vertreter, Bote). Das Zugehen der Nachricht (§ 130 BGB) genügt.

Wesentlicher Inhalt des Geschäfts ist, was nach Lage des Falls für die 6
Entschließung des Unternehmers bedeutsam sein kann, also Leistung und Gegenleistung, uU aber relevante Einzelpunkte des Geschäfts wie Lieferfrist, Qualitätsanforderungen, Gewährleistung, Haftungsausschlüsse, BGH WM **06**, 1110 (zu
§ 75 h). Wird der Unternehmer von derartigen Abreden erst später benachrichtigt, gilt I ab diesem Zeitpunkt, der Unternehmer kann also das Geschäft, das er
auf die erste Nachricht hin passieren ließ, noch unverzüglich ablehnen.

C. **Keine unverzügliche Ablehnung:** Die **Ablehnung** kann formlos, BGH 7
WM **06**, 1110, und ohne Gründe, aber nur dem Dritten, dh dem Vertragspartner
(Rn 5) gegenüber erklärt werden. Sie wird wirksam, wenn sie ihm zugeht (§ 130
BGB). Sie kann mit Vollmacht des Unternehmers auch vom HV erklärt, natürlich
auch vom HV als Bote übermittelt werden. Der Unternehmer kann dem HV
selbst die Entscheidung über das Geschäft übertragen; auch dann kann es durchaus zur Ablehnung kommen, zB wegen geänderter Umstände. Ein venire contra
factum proprium liegt darin nicht (Vertretung). Die Ablehnung ist als rechtsgestaltender Akt (ebenso wie die Genehmigung) unwiderruflich, vgl BGH **13**, 187,
NJW **89**, 1673, denn nach allgemeinen Regeln erscheint denkbar, Schutz der Dritten,
die sich auf Ablehnung eingestellt haben, über § 122 BGB und Rechtsschein.

Die Ablehnung muss **unverzüglich** (ohne schuldhaftes Zögern, § 121 I 1 8
BGB) ab dem Zugang der Benachrichtigung erfolgen. Unverzüglich heißt nicht
sofort, dem Unternehmer steht also eine angemessene Überlegungsfrist zu. Frist
von zwei Wochen ist idR Obergrenze, BGH WM **06**, 1107 (zu § 75 h), gilt aber
nicht ohne weiteres nach § 177 II 2 BGB analog (Grund: handelsrechtlicher
Vertrauenstatbestand), aA wohl Heymann/Sonnenschein/Weitemeyer 10. Verschulden (§§ 276, 278, 121 I 1 BGB) ist nicht unerlässlich, der Unternehmer
trägt auch sein Organisationsrisiko.

D. **Folge versäumter Ablehnung:** Mangels unverzüglicher Ablehnung ge- 9
genüber dem Dritten gilt das Geschäft als von dem Unternehmer nach I genehmigt, falls es nicht schon vorher (auch stillschweigend) genehmigt worden ist.
Darauf kann sich auch der schweigende Unternehmer berufen, str, nach aA
Wahlrecht (wie zu § 362). Das Geschäft ist auch mit Wirkung für und gegen den
HV wirksam, dieser hat also Anspruch auf Provision nach §§ 87 ff, str. Eine
Pflichtverletzung des HV, die in dem Abschluss ohne Vollmacht liegen kann
(nicht muss), entfällt bei stillschweigender Genehmigung, nicht aber ohne weiteres kraft der Rechtsscheinwirkung des I; doch ist ein (schuldhaftes) Schweigen
des Unternehmers nach § 254 BGB zu berücksichtigen.

E. **Anfechtung:** Anfechtung der (auch fingierten) Genehmigung durch den 10
Unternehmer ist möglich nach §§ 119–124 BGB, jedoch nicht aus dem Grunde
(§ 119 I BGB), dass er durch sein Schweigen nicht habe annehmen wollen, denn
darauf kommt es nach § 91 a gerade nicht an, differenzierend GroßKo/Emde 23;

nach aA scheidet Anfechtung im Verkehrsinteresse („unverzüglich") bei Sorgfaltspflichtverstoß überhaupt aus (vgl § 362 Rn 6).

[Versicherungs- und Bausparkassenvertreter]

92 (1) **Versicherungsvertreter ist, wer als Handelsvertreter damit betraut ist, Versicherungsverträge zu vermitteln oder abzuschließen.**

(2) **Für das Vertragsverhältnis zwischen dem Versicherungsvertreter und dem Versicherer gelten die Vorschriften für das Vertragsverhältnis zwischen dem Handelsvertreter und dem Unternehmer vorbehaltlich der Absätze 3 und 4.**

(3) ¹In Abweichung von § 87 Abs. 1 Satz 1 hat ein Versicherungsvertreter Anspruch auf Provision nur für Geschäfte, die auf seine Tätigkeit zurückzuführen sind. ² § 87 Abs. 2 gilt nicht für Versicherungsvertreter.

(4) **Der Versicherungsvertreter hat Anspruch auf Provision (§ 87 a Abs. 1), sobald der Versicherungsnehmer die Prämie gezahlt hat, aus der sich die Provision nach dem Vertragsverhältnis berechnet.**

(5) **Die Vorschriften der Absätze 1 bis 4 gelten sinngemäß für Bausparkassenvertreter.**

Übersicht

1) Definitionen (I, V), anwendbares Recht (II) 1–3
   A. Versicherungsvertreter (I) 1
   B. Bausparkassenvertreter (V) 2
   C. Anwendbares Recht (II) 3
2) Provisionspflichtige Geschäfte (III, § 87) 4–6
   A. Keine Provision für Nachbestellungen und Folgeaufträge (III 1) 4
   B. Keine Bezirks- oder Kundenschutzprovision (III 2) 6
3) Voraussetzungen des Provisionsanspruchs (IV, § 87 a) 7–10
   A. Provision bei Zahlung der Prämie 7
   B. Leistungsstörungen 10

1) Definitionen (I, V), anwendbares Recht (II)

1   A. **Versicherungsvertreter (I):** Wer als HV damit betraut ist, VersVerträge zu vermitteln oder abzuschließen, ist VersVertreter iSd HGB (I, Legaldefinition). VersVerträge sind im VVG nF 23. 11. 07 BGBl 2631 geregelt, Versicherer im VAG. VersVertreter iSv I sind nur solche, die HV iSv § 84 sind, einerlei wie sie genannt werden (zB Hauptagent, Generalvertreter, Vermittler). Das VersVermG 19. 12. 06 BGBl 3232 hat den Begriff des VersAgenten durch den des VersVertreters ersetzt und eine abweichende Definition für die Zwecke des VVG und des Schutzes der Versicherungsnehmer gebracht (§§ 42 a II, 59 I nF VVG, s § 93 Rn 7). VersVertreter iSv I sind nur solche, die HV sind (I, 84 I: ständig betraut). VersVertreter (§ 55 Rn 5) sind idR HV, können aber auch bloße Gelegenheitsvermittler sein, str, Hamm VersR **95**, 168. VersVermittler, VersBerater, VersMakler, s § 93 Rn 7. Lit: Bangert 1982, Höft 1982, Hanau 1997 (Selbständigkeit); Höft VersR **76**, 205. **Muster:** Hopt HVR 4. Aufl 2009, Materialien XI (Hauptpunkte eines Vertrages für selbständige hauptberufliche VersVertreter, CDH).

2   B. **Bausparkassenvertreter (V):** § 92 gilt nach V sinngemäß für Bausparkassenvertreter. Ein solcher ist, wer als HV damit betraut ist, Bausparverträge zu vermitteln oder abzuschließen (V mit I). Bausparverträge und Bausparkassen sind im BauspG geregelt.

Siebenter Abschnitt. Handelsvertreter 3–7 § 92

C. Anwendbares Recht (II): Auf VersVertreter und Bausparkassenvertreter, 3 die beide HV sind, ist vorbehaltlich der Sonderregelungen in III und IV allgemeines HVRecht anwendbar (§§ 84 ff), zB über Provision (§ 87 a), Kln VersR **06,** 71. II ist nur deklaratorisch. Weitere Sonderregelungen enthalten § 89 b V (Ausgleichsanspruch), § 92 a II (Mindestarbeitsbedingungen, Ermächtigung zu VO) und § 92 b IV (rein deklaratorisch). Für VersVertreter (Rn 1) gelten §§ 43 ff aF. 69 ff nF VVG mit Besonderheiten zur Vollmacht (gegenüber § 55, s dort Rn 5). **„Grundsätze"** der Versicherungswirtschaft s § 89 b Rn 96. Besonderheiten gelten für bestimmte Versicherungszweige, Küstner/Thume I 1096. **EG-Ri über die VersVermittlung** 2002 bringt ab Ende 2004 Eintragungspflicht und berufliche Anforderungen an Kenntnisse, Fertigkeiten, guten Leumund, Berufshaftpflichtversicherung und statuiert weitgehende Informationspflichten. Lit: Höft VersR **76,** 205 (Provision), Platz VersR **85,** 621 (Stornierung), Bonvie VersR **86,** 119 (Stornierung).

2) Provisionspflichtige Geschäfte (III, § 87)

A. Keine Provision für Nachbestellungen und Folgeaufträge (III 1): 4 VersVertreter und Bausparkassenvertreter haben Anspruch auf Provision nur für Geschäfte, die auf ihre Tätigkeit zurückzuführen sind (III 1, § 87 I 1 Fall 1). Entgegen § 87 I 1 Fall 2 haben sie keinen Anspruch auf Provision auf Nachbestellungen und Folgeaufträge (vgl § 87 Rn 17). Bei Abänderung eines alten oder Abschluss eines neuen VersVertrags hat der Vertreter erhält der Vertreter nur dann Provision, wenn er dabei selbst fördernd mitwirkt, andere mittelbare Kausalität wie in § 87 I 1 Fall 1 genügt nicht, BGH BB **86,** 2091. Anschlussgeschäfte, die in unmittelbarem wirtschaftlichen Zusammenhang mit dem vom Vertreter vermittelten Abschluss stehen (**Ergänzungsverträge,** vgl § 89 b Rn 92), sollen aber genügen, zB bei echter Gruppenversicherung Einbeziehung eines neuen Gruppenmitglieds, GroßKo/Emde 54; anders bei unechter Gruppenversicherung (Rahmenvertrag mit bloßer Aussicht auf Einzelversicherungsverträge nach freier Wahl des Gruppenmitglieds), vgl BGH DB **61,** 269.

Wegen III 1, der nicht zwingend ist, hängt es allein vom **(Handelsvertreter)** 5 **Vertrag** ab, ob ein VersVertreter nach Ende seines Vertrags noch Folgeprovision aus den von ihm vermittelten VersVerträgen (anlässlich der Prämienzahlungen des Versicherten) erhält oder nicht, BGH **30,** 107, Ffm BB **86,** 697. HdlBrauch ist das nicht, Düss DB **56,** 1132. Über Ausgleich des Verlusts solcher Provisionen infolge Vertragsende § 89 b Rn 91. Verlorene Zuschüsse, Saldoanerkenntnis, Verjährung, Storni, Sittenwidrigkeit s BGH BB **60,** 1221.

B. Keine Bezirks- oder Kundenschutzprovision (III 2): Nach III 2 gilt 6 § 87 II nicht. Die Zuweisung eines bestimmten Bezirks- oder Kundenkreises begrenzt zwar auch für VersVertreter und Bausparkassenvertreter Auftrag und Vertretungsmacht (vgl § 46 aF VVG). Sie gewährt aber entgegen § 87 II keinen Bezirks- oder Kundenschutz, ändert also nichts daran, dass sie nur für die von ihnen vermittelten Geschäfte Provision erhalten (§ 87 I, III), BAG BB **00,** 932. III 2 ist nicht zwingend.

3) Voraussetzungen des Provisionsanspruchs (IV, § 87 a)

A. Provision bei Zahlung der Prämie: Nach IV hat der VersVertreter (bzw 7 Bausparkassenvertreter) Provisionsanspruch, sobald der VersNehmer die Prämie gezahlt hat, aus der sich die Provision nach dem Vertragsverhältnis berechnet; vorher besteht nur Provisionsanwartschaft. IV stellt entgegen § 87 a I nicht auf die Ausführung des Geschäfts durch den Unternehmer ab, sondern auf die Zahlung der Prämie durch den Dritten (letzteres entspr § 87 a I 3). Zahlung bedeutet (jedenfalls im Lebensversicherungsgeschäft mit §§ 35 aF, 33 nF VVG) Zahlung der gesamten Jahresprämie, Teilleistungen führen danach nicht zu Teil-

§ 92a

provisionen (vgl aber § 87a Rn 5), BAG NJW **68,** 520, Saarbr NJW-RR **98,** 1192.

8 IV spricht von der Prämie, aus der sich die Provision **nach dem Vertragsverhältnis,** dh dem HVVertrag, berechnet. In diesem kann bestimmt werden, welche von mehreren Prämienzahlungen des VersNehmers dem Vertreter Provision bringt, zB jede oder nur die Erste oder bis zu einer bestimmten Summe. Mangels besonderer Vertragsbestimmung gelten die allgemeinen Auslegungsregeln, ggf ergänzende Vertragsauslegung, Stgt BB **77,** 565. Rückgriff auf § 87a I 3 bleibt möglich, GroßKo/Emde 62, aA MüKo/von Hoyningen-Huene 24.

9 IV ist **nicht zwingend.** Vertraglich kann also zB ein Recht auf Vorschuss (wie § 87a I 2) oder auf Teilprovision (Rn 7, vgl § 87a Rn 5) eingeräumt werden. Umgekehrt ist Vereinbarung zulässig, dass jeder Provisionsanspruch bei Vertragsende wegfällt, also auch schon (bedingt durch Zahlung) verdiente Provision, Ffm BB **86,** 697, Kln VersR **01,** 1377; das wirkt sich aber auf den Ausgleichsanspruch aus (§ 89b Rn 91). In der Großlebensversicherung ebenso wie im Bausparwesen sind **Einmalprovisionsregelungen** üblich, Küstner/Thume I 967, 1257 (keine Rückzahlung). Die Provision wird dort nicht aus der Prämie berechnet, sondern orientiert sich an der Höhe der Versicherungssumme bzw Bausparvertragssumme (zB 25 oder 30‰); das BAV hat die so berechnete Provision aber auf 70% der vom VersNehmer zu zahlenden Jahresprämie begrenzt, Küstner/Thume I 970. Klausel über Einbehalt von Stornoreserve, Kln VersR **02,** 355.

10 B. **Leistungsstörungen:** IV bringt nur eine Änderung zu § 87a I. § 87a II–V bleiben auch auf VersVertreter (bzw Bausparkassenvertreter) anwendbar, BGH DB **83,** 2135, Kln NJW **78,** 328; erst recht § 87b über Höhe und Berechnung der Provision. Da § 87a II auf I Bezug nimmt, der insoweit durch § 92 IV anders geregelt ist (s Rn 7), ist bei Nichtausführung durch das (Vers)Unternehmen § 87a III maßgeblich (vgl § 87a Rn 20), Kln NJW **78,** 328. Der Provisionanspruch entfällt nach § 87a III 2, wenn und soweit dies auf Umständen beruht, die vom Unternehmen nicht zu vertreten sind. Das ist nicht der Fall (also Vertretenmüssen), wenn der Versicherer die **Nachbearbeitung** gefährdeter VersVerträge, soweit im Verkehr erforderlich, unterlassen hat (näher § 87a Rn 27, 29). **Stornogefahrmitteilungen** s § 87a Rn 27. Stornoreserve s Rn 7. Klageverzichtsklauseln s § 87a Rn 33. Hat der Dritte schon gezahlt und der Vertreter die Provision (ganz oder teilweise) erhalten, muss diese zurückbezahlt werden, § 812 BGB, Kln VersR **74,** 287, richtiger § 87a II Halbs 2 analog. Anfechtung des VersVertrags, Christoph/Effenberger VersR **07,** 593.

[Mindestarbeitsbedingungen]

92a (1) ¹Für das Vertragsverhältnis eines Handelsvertreters, der vertraglich nicht für weitere Unternehmer tätig werden darf oder dem dies nach Art und Umfang der von ihm verlangten Tätigkeit nicht möglich ist, kann das Bundesministerium der Justiz im Einvernehmen mit dem Bundesministerium für Wirtschaft und Technologie nach Anhörung von Verbänden der Handelsvertreter und der Unternehmer durch Rechtsverordnung, die nicht der Zustimmung des Bundesrates bedarf, die untere Grenze der vertraglichen Leistungen des Unternehmers festsetzen, um die notwendigen sozialen und wirtschaftlichen Bedürfnisse dieser Handelsvertreter oder einer bestimmten Gruppe von ihnen sicherzustellen. ²Die festgesetzten Leistungen können vertraglich nicht ausgeschlossen oder beschränkt werden.

(2) ¹Absatz 1 gilt auch für das Vertragsverhältnis eines Versicherungsvertreters, der auf Grund eines Vertrages oder mehrerer Verträge damit betraut ist, Geschäfte für mehrere Versicherer zu vermitteln oder abzuschließen, die

zu einem Versicherungskonzern oder zu einer zwischen ihnen bestehenden Organisationsgemeinschaft gehören, sofern die Beendigung des Vertragsverhältnisses mit einem dieser Versicherer im Zweifel auch die Beendigung des Vertragsverhältnisses mit den anderen Versicherern zur Folge haben würde. ²In diesem Falle kann durch Rechtsverordnung, die nicht der Zustimmung des Bundesrates bedarf, außerdem bestimmt werden, ob die festgesetzten Leistungen von allen Versicherern als Gesamtschuldnern oder anteilig oder nur von einem der Versicherer geschuldet werden und wie der Ausgleich unter ihnen zu erfolgen hat.

Übersicht

1) Arbeitnehmerähnliche Handelsvertreter 1–2
2) Reichweite des § 92 a I 3
3) Mindestbedingungen 4
4) Mehrfirmenversicherungsvertreter (II) 5

1) Arbeitnehmerähnliche Handelsvertreter

HV sind selbstständige Kflte, nicht Arbeitnehmer. Im Einzelfall können sie aber wirtschaftlich und sozial wie arbeitnehmerähnlich gestellt sein, vgl Herschel DB **77,** 1185, aber nicht schon jeder Einfirmenvertreter (vgl Rn 2f). Dann können die Arbeitsgerichte zuständig sein (§ 84 Rn 46), Celle HVR **(04)** 1145, und einzelne arbeitsrechtliche Normen zum Schutz dieser HV analog anwendbar sein, zB BUrlG, BAG DB **79,** 1708, s § 84 Rn 34; Hungerprovisionen s § 86 Rn 9. 1

§ 92 a schafft unter Verzicht auf den unscharfen Begriff des arbeitnehmerähnlichen HV für Einfirmenvertreter (s Rn 3) und Mehrfirmenversicherungsvertreter (s Rn 5) eine (problematische) Ermächtigungsgrundlage für Mindestbedingungen, namentlich Mindestentgelte. Eine **Verordnung nach § 92 a ist** jedoch bisher **weder erlassen noch geplant.** Insoweit liegt also keine Gesetzeslücke vor, die die Arbeitsgerichte füllen könnten, BAG NJW **03,** 2628. § 92 a hat aber kraft Verweisung Bedeutung für die Zuständigkeit des ArbG (§ 5 III ArbGG, § 84 Rn 46), früher auch für Konkursvorrechte (§ 84 Rn 48). Lit: Küstner/Thume I 212. 2

2) Reichweite des § 92 a I

§ 92 a I nF 2003 (Zuständigkeitsanpassung) gilt für **Einfirmenvertreter,** dh für jeden HV, auch im Nebenberuf (§ 92b), BAG NJW **05,** 1147, str, auch juristische Person (Ausschöpfung der Ermächtigung wäre aber nicht sinnvoll) oder Personengemeinschaft (§ 84 Rn 8f), üL, GroßKo/Emde 13, aA noch Staub/Brüggemann 5, Emde GmbHR **99,** 1008, der vertraglich nicht für weitere Unternehmer tätig werden darf (Einfirmenvertreter kraft Vertrags, vertraglicher Ausschluss, nicht erteilte Genehmigung), BAG NJW **05,** 1146, Stgt BB **66,** 1396, Düss HVR **(05)** 1149, Brdbg VersR **08,** 1066, und zwar einerlei ob Unternehmer eingewilligt hätte, Naumbg HVR **(04)** Nr 1109, oder dem dies nach Art und Umfang der von ihm verlangten Tätigkeit (objektiv nach dem Vertrag, nicht nur rein faktisch, also unabhängig von Weisungen des Unternehmers) nicht möglich ist (Einfirmenvertreter kraft Weisung, tatsächlicher Ausschluss), LAG Düss BB **56,** 593, Brdbg 24.7.**07,** 11 juris. Letzteres ist nicht schon wegen vertraglicher Pflicht des HV gegeben, „seine volle Arbeitskraft zur Verfügung zu stellen", Ffm BB **80,** 336; auch Wettbewerbsabrede genügt nicht, da Tätigkeit für Nichtwettbewerber möglich bleibt, Düss HVR **(05)** 1149, Saarbr VersR **05,** 1388; ebenso wenig Klausel über vorherige Abstimmung (anders bei Genehmigungsvorbehalt), Kln VersR **01,** 894. Ob HV von der anderweitigen Erwerbserlaubnis Gebrauch macht, ist unerheblich, Brdbg 24.7.**07,** 17 juris. 3

§ 92b 1   I. Buch. Handelsstand

Bloße Anzeigepflicht für andere Erwerbstätigkeiten bleibt ausser Betracht, da Tätigkeit als HV nicht betroffen, Kln HVR (05) 1159. Bei Genehmigungsvorbehalt verliert HV Schutz des § 92 a, wenn er mit Genehmigung Zweiterwerb aufnimmt, Kln VersR **01**, 895.

3) Mindestbedingungen

4   Das BMJ kann **die untere Grenze der vertraglichen Leistungen des Unternehmers** festsetzen, in erster Linie eine Mindestvergütung, zB Mindestmonatsprovision (unabhängig vom Erfolg der Tätigkeit des HV), auch eine Vergütung bei unverschuldeter Dienstverhinderung, einen Mindesturlaub, ein Recht auf Zeugnis (vgl § 86 Rn 5). Solche Festsetzung soll die notwendigen sozialen und wirtschaftlichen Bedürfnisse der Einfirmenvertreter oder einer Untergruppe sicherstellen, also nicht ein angemessenes Entgelt für ihre Arbeit, denn dieses ist die (grundsätzlich nach dem Erfolg seiner Arbeit bemessene) Provision.

4) Mehrfirmenversicherungsvertreter (II)

5   Der Einfirmenversicherungsvertreter fällt bereits unter I. Ihm stellt II 1 den HV mehrerer in einem Konzern oder einer Organisationsgemeinschaft verbundener Versicherer (einerlei ob auf Grund eines oder mehrerer HVVerträge) gleich, sofern die Beendigung seines HVVertrags mit dem einen Versicherer im Zweifel auch zur Beendigung bei den anderen Versicherern führt. II gilt entspr für Bausparkassenvertreter, hL.

[Handelsvertreter im Nebenberuf]

92b (1) ¹**Auf einen Handelsvertreter im Nebenberuf sind §§ 89 und 89b nicht anzuwenden.** ²**Ist das Vertragsverhältnis auf unbestimmte Zeit eingegangen, so kann es mit einer Frist von einem Monat für den Schluß eines Kalendermonats gekündigt werden; wird eine andere Kündigungsfrist vereinbart, so muß sie für beide Teile gleich sein.** ³**Der Anspruch auf einen angemessenen Vorschuß nach § 87 a Abs. 1 Satz 2 kann ausgeschlossen werden.**

(2) **Auf Absatz 1 kann sich nur der Unternehmer berufen, der den Handelsvertreter ausdrücklich als Handelsvertreter im Nebenberuf mit der Vermittlung oder dem Abschluß von Geschäften betraut hat.**

(3) **Ob ein Handelsvertreter nur als Handelsvertreter im Nebenberuf tätig ist, bestimmt sich nach der Verkehrsauffassung.**

(4) **Die Vorschriften der Absätze 1 bis 3 gelten sinngemäß für Versicherungsvertreter und für Bausparkassenvertreter.**

Übersicht

1) Reichweite der Sondervorschriften 1–6
   A. Handelsvertreter im Nebenberuf 1
   B. Bestimmung nach Verkehrsauffassung (III) 2
   C. Ausdrückliche Beschränkung auf Nebenberuf (II) 3
   D. Versicherungs- und Bausparkassenvertreter (IV) 6
2) Inhalt der Sondervorschriften (I 1–3) 7–9
   A. Ordentliche Kündigung 7
   B. Kein Ausgleichsanspruch nach Vertragsende 8
   C. Provisionsvorschuss 9

1) Reichweite der Sondervorschriften

1   A. **Handelsvertreter im Nebenberuf:** Nach I gelten HV im Nebenberuf als weniger schutzbedürftig und werden deshalb (nur) von einzelnen Vorschriften

Siebenter Abschnitt. Handelsvertreter **2–5 § 92b**

der §§ 84 ff, insbesondere dem Ausgleichsanspruch, ausgenommen (s Rn 5 ff). I setzt danach voraus, dass der HV zwei unterschiedliche Berufe ausübt, die im Hinblick auf seine wirtschaftliche Existenz voneinander unabhängig sind (zB Landwirt/Tankstellenpächter), anders nur in Sonderfällen (zB Hausfrauen, Studenten, Rentner), BGH WM **07,** 1859 mAnm Thume BB **07,** 1750. Aufspaltung in zwei Verträge mit Unternehmer und Konzerntochter wäre Umgehung. Auch juristische Person oder Personengemeinschaft (§ 84 Rn 8 f) können HV im Nebenberuf sein. Lit: Baums BB **86,** 891, Küstner BB **96,** 1212, Thume BB **07,** 1750.

B. **Bestimmung nach Verkehrsauffassung (III):** Ob Haupt- oder Neben- 2 beruf vorliegt, richtet sich allein nach der Verkehrsauffassung; liegt danach Hauptberuf vor, kann der HV nicht durch Parteivereinbarung auf Nebenberuf „herabgestuft" werden, BGH NJW **99,** 639, WM **07,** 1856 (AGBKontrolle), Grund s Rn 1. Bsp: Tankstellenpächter (mit On-the-Run-Shopvertrag) oder Sparkassenzweigstellenverwalter im Nebenberuf; Beamter, der auch Versicherungsverträge vermittelt; Warenvertreter, der nebenher Versicherungsverträge vermittelt, Küstner/Thume I 170, str, entspr bei anderen Mehrbranchenvertretern, anders wenn teils Waren-, teils VersVertretung, Küstner/Thume I 192. Ist bei einem Mehrfirmenvertreter die Tätigkeit für die mehreren Unternehmer Hauptberuf des HV, so ist § 92b im Verhältnis zu keinem anwendbar, einerlei wie die Tätigkeit sich auf diese verteilt, Stgt VersR **57,** 329, LG Düss HVR **(54)** Nr 84, str, vielmehr liegt ein nebenberufliches HdlGewerbe vor; so auch bei Verbindung von Versicherungs- und Bausparkassenvertretung. Hängt die Erwerbstätigkeit mit der daneben ausgeübten HVTätigkeit wirtschaftlich eng zusammen (s Rn 1), zB Großhandel und nebenher auch Vertretung, ist HVTätigkeit (jedenfalls nach Verkehrsauffassung) auch bei nur geringem Anteil nicht nebenberuflich, sondern gleichrangig, DIHT HVR **(57)** Nr 145. Ob eine und welche von verschiedenen Erwerbstätigkeiten (Bsp: Landwirtschaft, Handwerk, Ladengeschäft; unselbstständige Halbtagsanstellung neben HVTätigkeit; auch Saison- und andere Arbeit) Haupt- bzw Nebenberuf ist, wird nach Zeit, Umfang und auch Ertrag der einen oder anderen abzuwägen sein (sog Übergewichtstheorie), Bambg HVR **(97)** Nr 933, aA MüKo/von Hoyningen-Huene 8. Aber auch eine Tätigkeit ohne Ertrag (Bsp: Student, Hausfrau), Bambg HVR **(99)** Nr 935, oder eine Situation, die Einkommen ohne Tätigkeit bringt (Bsp: Pensionär) kann als Hauptberuf, die HVTätigkeit daneben als Nebenberuf erscheinen (beim Pensionär wohl idR dann, wenn sie weniger einbringt als die Pension). Vertragliche Regelung empfehlenswert, Bsp Rö/Thume 12.

C. **Ausdrückliche Beschränkung auf Nebenberuf (II): a)** Auf die Son- 3 dervorschriften des I (Rn 7 ff) kann sich der **Unternehmer** nur berufen, wenn er den HV **ausdrücklich** (einseitig, formlos; idR aber im Vertrag, dann bindend) als HV im Nebenberuf beauftragt hat. Sonst muss er die Normalregelung für HV (§§ 84 ff ohne § 92 b I) gegen sich gelten lassen. Im Falle einer solchen ausdrücklichen Erklärung muss der HV beweisen, dass sie unrichtig war oder aus dem Neben- der Hauptberuf wurde, LAG Hamm BB **71,** 439. II geht nicht I und III vor, BGH WM **07,** 1857. Lit: zur Abgrenzung Küstner BB **66,** 1212. II dient dem Schutz des HV und ist zwingend.

b) Der **Handelsvertreter** kann sich immer (auch ohne Erklärung nach II, 4 auch bei falscher Erklärung) darauf berufen, dass er in Wahrheit HV nur im Nebenberuf ist und deshalb die Sondervorschriften des I gelten, BGH **43,** 113, str.

c) Bei **späteren Veränderungen** sind HVVertragsinhalt und Anwendbarkeit 5 des § 92 b zu unterscheiden. Weitet sich die nebenberufliche Tätigkeit einvernehmlich zum Hauptberuf aus, gelten §§ 84 ff nunmehr uneingeschränkt. Ist nur nebenberufliche HVTätigkeit vereinbart, kann der HV sich aber nicht später

Hopt 469

§ 92c

einseitig zum hauptamtlichen HV (mit den Rechten aus §§ 84 ff) aufschwingen (Vertragstheorie), LG Hann VersR **73,** 153m zust Anm Höft, Heymann/Sonnenschein/Weitemeyer 13, offen Bambg HVR **(97)** Nr 933, aA MüKo/von Hoyningen-Huene 26 (Grund: II). Bei einvernehmlicher Herabstufung zur nebenberuflichen Tätigkeit gelten nunmehr die größeren Freiräume des § 92 b, § 89 b gilt nicht mehr, doch kommt dies einer Beendigung gleich (§ 89 b Rn 7). Ist hauptberufliche HVTätigkeit vereinbart und sinkt Tätigkeit tatsächlich auf eine nebenberufliche ab, verliert der HV nicht ohne weiteres den Schutz der §§ 84 ff, sondern erst nach (Teil)Kündigung des Unternehmers. Im Einzelnen str, Heymann/Sonnenschein 13.

6   D. **Versicherungs- und Bausparkassenvertreter (IV):** IV Auch diese können nach IV (rein deklaratorisch) HV im Nebenberuf sein, dann gilt § 92 b sinngemäß.

2) Inhalt der Sondervorschriften (I 1–3)

7   A. **Ordentliche Kündigung:** Es gilt nicht § 89, sondern I 1, 2. Danach ist ein HVVertrag auf unbestimmte Zeit mit Monatsfrist auf jeden Kalendermonatsschluss kündbar (I 2 Halbs 1). Abweichendes, auch kürzere Kündigungsfrist, kann vereinbart werden, nur muss die Kündigungsfrist (auch Kündigungstermin, vgl § 89 Rn 27) für beide Teile gleich sein (I 2 Halbs 2, zwingend); bei Vereinbarung ungleicher Fristen gilt für beide Teile die gesetzliche Frist nach I 2 Halbs 1. AGB mit Frist von 12 Monaten zum Kalenderjahrende für beide Teile ist aber unzulässig, Celle HVR **(05)** 1147, Grund: bloßer Nebenberuf, länger als nach § 89 I für Hauptberufler.

8   B. **Kein Ausgleichsanspruch nach Vertragsende:** § 89 b ist unanwendbar (I 1), vertragliche Regelung ist zu empfehlen. Lit: Küstner BB **66,** 1212.

9   C. **Provisionsvorschuss:** Der sonst unabdingbare Anspruch des HV auf Provisionsvorschuss, wenn noch nicht der andere Vertragsteil, wohl aber der vertretene Unternehmer den Abschluss ausgeführt (der Kunde noch nicht bezahlt, der Unternehmer schon geliefert) hat (§ 87 a I Rn 9), kann hier (ganz oder teilweise) ausgeschlossen werden (I 3).

[Handelsvertreter außerhalb der EG; Schifffahrtsvertreter]

92c (1) **Hat der Handelsvertreter seine Tätigkeit für den Unternehmer nach dem Vertrag nicht innerhalb des Gebietes der Europäischen Gemeinschaft oder der anderen Vertragsstaaten des Abkommens über den Europäischen Wirtschaftsraum auszuüben, so kann hinsichtlich aller Vorschriften dieses Abschnittes etwas anderes vereinbart werden.**

(2) **Das gleiche gilt, wenn der Handelsvertreter mit der Vermittlung oder dem Abschluß von Geschäften betraut wird, die die Befrachtung, Abfertigung oder Ausrüstung von Schiffen oder die Buchung von Passagen auf Schiffen zum Gegenstand haben.**

Übersicht

1) Internationales Handelsvertreterrecht 1–3
   A. Freie Rechtswahl 1
   B. Niederlassung des Handelsvertreters 2
   C. Andere Umstände 3

2) Ausländische Handelsvertreter in- und ausländischer Unternehmer 4–7
   A. Ausländischer Handelsvertreter eines inländischen Unternehmers 4

Siebenter Abschnitt. Handelsvertreter   1 **§ 92c**

    B. Bei Wahl des deutschen Rechts 5
    C. Ausländischer Handelsvertreter eines ausländischen
       Unternehmers 7
  3) Inländischer Handelsvertreter eines ausländischen
     Unternehmers 8–11
    A. Geltung des deutschen Rechts 8
    B. Geltung ausländischen Rechts 9
    C. Gerichtsstand, Schiedsvereinbarung 12
  4) Schifffahrtsvertreter (II) 13

1) Internationales Handelsvertreterrecht

A. Freie Rechtswahl: a) § 92 c (I nF 1990, Erweiterung auf **EWRStaaten**   **1**
durch EWRG 1993 s § 84 Rn 3) ist **keine Kollisionsvorschrift,** sondern befreit
in I nur auf materiellrechtlicher Ebene von intern zwingendem deutschem Recht
(hM, zB GroßKo/Emde 7, aA von Hoffmann IPR, 7. Aufl 2002, § 4 Rn 16; zur
Sonderanknüpfung international zwingender Normen s Rn 10; zur Unterscheidung von intern und international zwingendem Recht Kropholler IPR,
4. Aufl 2001, § 3 II 1). § 92 c ist also überhaupt nur anwendbar, wenn der
HVVertrag deutschem Recht untersteht. §§ 84 ff werden dann in vollem Umfang
abdingbar unter der Voraussetzung, dass der HV seine Tätigkeit für den Unternehmer nach dem Vertrag nicht innerhalb der EG (EWR) auszuüben hat (s
Rn 6). Zweck der Vorschrift ist es, eine Anpassung des Vertragsinhalts an die
jeweiligen örtlichen Bedürfnisse zu ermöglichen (BT-Drs 1/3856 Anl 1 S 18).
Für Ausbau des I zur Kollisionsnorm de lege ferenda Freitag/Leible RIW **01,**
295, Michaels/Kamann EWS **01,** 310.

b) Die Vorschrift beruht nicht auf der EG-Ri; sie ist aber grundsätzlich mit
Europarecht vereinbar (hM), weil eine zwingende Anwendung des umgesetzten
Richtlinienrechts bei einer Tätigkeit des HV außerhalb der EG (EWR) mangels
eines starken Gemeinschaftsbezugs idR nicht geboten ist und europäische Unternehmen außerhalb des Binnenmarkts keine Wettbewerbsnachteile erleiden
sollen, str, iErg wie hier Ko/Ro/Mo/Roth 2; Staudinger NJW **01,** 1976 unter
Berufung auf EuGH NJW **01,** 2007 (Ingmar); **aA,** weil die EG-Ri für alle den
Mitgliedstaaten unterfallenden Rechtsbeziehungen gelte, ohne Abweichungen
für Drittlandverkehr vorzusehen, Ebenroth/Löwisch 19, Grundmann Europ
Schuldvertragsrecht 1999 3.80 Rn 7, Fetsch Eingriffsnormen und EGV 2002,
317; auch Küstner/Thume I 2421, wenn HV Niederlassung in EG hat). Eine
richtlinienkonforme Auslegung kann aber Einschränkungen gebieten (s Rn 6);
Vorlage gemäß Art 234 EG s § 84 Rn 3.

c) Das auf den HVVertrag anwendbare Recht ist folglich zunächst nach
Art 27 ff EGBGB zu bestimmen. Auch ein „neutrales" Recht kann ausdrücklich oder stillschweigend gewählt werden, näher Emde MDR **02,** 194. Auch ein
reines Inlandsgeschäft kann grundsätzlich einem ausländischen Recht unterstellt
werden; jedoch bleiben dann die intern zwingenden Vorschriften des deutschen
Rechts zu beachten (Art 27 III EGBGB), näher GroßKo/Emde 31 ff. Art 30 I
EGBGB (Arbeitsverträge) ist auf HV auch nicht analog anwendbar, GroßKo/
Emde 66. Lit: s Rn 4, 10.

d) Die **Einbeziehung und Wirksamkeit von AGB** unterliegen gemäß
Art 31 I EGBGB dem gewählten, mangels Rechtswahl dem objektiv anwendbaren (s Rn 2) Recht, Pal/Heldrich Art 31 EGBGB Rn 3, aA Emde MDR **02,**
198; zur AGB-Kontrolle nach deutschem Recht nach **(5)** § 307 BGB (§ 86
Rn 8) Mü RIW **02,** 319, Eberl RIW **02,** 305, Emde EWiR 11/**02,** 485,
Wauschkuhn/Meese RIW **02,** 301. Art 29 a I, IV Nr 1 EGBGB betrifft allein
die Klauselkontrolle in Verbraucherverträgen (EG-Ri 5. 4. 93 93/13/EWG) und
schränkt die Rechtswahlfreiheit für HVVerträge nicht ein.

2 B. **Niederlassung des Handelsvertreters:** Mangels Rechtswahl unterliegt der HVVertrag dem Recht des Staates, mit dem er die engsten Verbindungen aufweist (Art 28 I, II 1 EGBGB), dh in dem der HVVertrag seinen Schwerpunkt hat. Die charakteristische Leistung erbringt der HV (bzw Vertragshändler), nicht der Unternehmer. Maßgeblich ist somit nach **Art 28 II 2 EGBGB** das **Recht am Ort der Niederlassung** (nicht des privaten Wohnsitzes) des HV, und zwar der Hauptniederlassung oder einer anderen Niederlassung, von der aus die Leistung nach dem Vertrag zu erbringen ist, BGH **127**, 371, NJW **93**, 2753, Düss RIW **95**, 55, Kblz RIW **96**, 152, Hbg HVR **(06)** 1221, Kln IHR **07**, 200, auch nach früherem Recht BGH **53**, 337, NJW **81**, 1899 (Iran): Sitz des HV, wenn er nur im Bereich einer einzigen Rechtsordnung tätig werden sollte und dort seine Niederlassung hat. Das gilt auch, wenn die Niederlassung ausnahmsweise nicht mit dem Tätigkeitsort identisch ist, str, zB wenn der HV nur eine Niederlassung für mehrere Länder hat; § 92 c I nF ändert daran nichts, denn I stellt zwar auf den Tätigkeitsort ab, ist aber keine Kollisionsvorschrift (Rn 1). Nach **aA** ist an das **Sitzrecht des Unternehmers** anzuknüpfen, denn alle HVVerträge müssten einheitlichem Recht unterstehen; das mag zwar für den Unternehmer günstiger sein, muss aber vereinbart werden. Besondere Umstände s Art 28 V EGBGB. Die Einzelnen auf Grund des HVVertrags geschlossenen Verträge unterliegen dem dafür maßgeblichen Vertragsstatut, zB Kauf, Düss RIW **96**, 959 (Vertragshändler), aA einheitliche Anknüpfung von Rahmen- und Ausführungsverträgen. Auf den **Vertragshändlervertrag** anwendbares Recht s Überbl 45 vor § 373, Sonderanknüpfung zwingender Normen s Rn 11, Gerichtsstand s Rn 12; Gleichlauf der Regeln für HV und Vertragshändler ist wünschenswert, Kindler FS Sonnenberger **04**, 433. Lit: Eberl 2005, Farmand 2005, beide zu § 89 b; Ebenroth/Kindler Anh § 92 c; Ebenroth RIW **84**, 167, Kränzlin ZVglRWiss 83 **(84)** 207, Klima RIW **87**, 796, Kindler RIW **87**, 660, **90**, 363, Mankowski MDR **02**, 1352, Mankowski in Hopt/Tzouganatos, Europäisierung, 2006, S. 131.

3 C. **Andere Umstände:** Nach der Gesamtheit der Umstände kann der HVVertrag aber engere Verbindungen mit einem anderen Staat aufweisen **(Art 28 V EGBGB).** Erfüllungsort- und Gerichtsstandsvereinbarungen sind Indiz für stillschweigende Rechtswahl, str. Hat der HV noch keinen eigenen Geschäftssitz, zB bei erstmaliger Entsendung durch das Unternehmen in ein anderes Land, dann gilt iZw das Recht des Geschäftssitzes des Unternehmens.

2) Ausländische Handelsvertreter in- und ausländischer Unternehmer

4 A. **Ausländischer Handelsvertreter eines inländischen Unternehmers:** Mangels Rechtswahl gilt für den Vertrag eines inländischen Unternehmers mit einem ausländischen HV idR **ausländisches Recht**, weil er überwiegend im Ausland, also von der ausländischen Niederlassung aus (s Rn 2), erfüllt wird. Dann sind die §§ 84 ff auch vor deutschen Gerichten unanwendbar. Zu möglichen Grenzen s Rn 6. Zum Vollmachtsstatut bei HV Überbl vor § 48 Rn 13.

Lit: Reithmann/Martiny/Häuslschmid 2026; Ebenroth/Kindler Anh § 92 c; Graf v Westphalen 1995 (HVRecht in EU und Schweiz); Stumpf, Internationales HVRecht, Teil 1, Verträge mit ausländischen HV, 6. Aufl 1987; Teil 2, Ausländisches HVRecht, 4. Aufl 1986; Detzer/van der Moolen, Verträge mit ausländischen HV, 4. Aufl 2005, mit ausländischen Vertragshändlern 3. Aufl 2006; Detzer/Ulrich, Gestaltung von Verträgen mit ausländischen HV und Vertragshändlern, 2000; Detzer/Schmitt/Zwernemann, Ausländisches HV- und Vertragshändlerrecht, 1997 (ca 180 kurze Länderberichte); Evers 1998; Haumann 6. Aufl 1987; Küstner/Thume I 2329–2470; Sura DB **81**, 1269, Wengler ZHR 146 **(82)** 30, Hepting/Detzer RIW **89**, 337, Müller-Feldhammer RIW **94**, 926 (Vertragshändler, BRD/Schweiz), Emde MDR **02**, 190, Bälz NJW **03**, 1559,

Hagemeister RIW **06**, 498; IntHK, Leitfaden für HVVerträge (IntHK-Publikation Nr 410); ICC Model Commercial Agency Code 2nd ed 2002 (IntHK-Publikation Nr 644); ICC Model Selective Distributorship Contract 2004 (IntHK-Publikation Nr 657).

B. **Bei Wahl des deutschen Rechts: a)** Der Vertrag zwischen dem inländischen Unternehmer und dem ausländischen HV kann auch unter deutschem Recht stehen, dann **gelten** für den Vertrag **§§ 84 ff.** Deutsches Recht kann gelten kraft Vereinbarung der Parteien (ausdrücklich oder stillschweigend), Bsp BGH LM (**56**) Art 7 ff EGBGB Deutsches Internat. Privatrecht Nr 1 (deutsche Firma in Uruguay), oder weil nach den Umständen des Falles der Schwerpunkt des Vertragsverhältnisses entgegen der Regel (s Rn 2) doch in der BRD liegt. Bsp: Der HV war zuvor Angestellter des Unternehmers, in der BRD ansässig und tätig, ist deutscher Staatsangehörigkeit, der Vertrag wurde in der BRD in deutscher Sprache nach Entwurf eines deutschen Juristen geschlossen, die Provision wird zT in der BRD gezahlt. 5

b) §§ 84 ff sind aber anders als sonst nach § 92 c I in allen Punkten **nachgiebig, sofern** der HV seine **Tätigkeit** für den Unternehmer nach dem Vertrag **nicht innerhalb der EG oder des EWR** auszuüben hat, hL, Ebenroth/Löwisch 15. Ob der HV eine Niederlassung innerhalb der EG (EWR) hat oder nicht, soll nach der AmtlBegr für I keine Rolle spielen; krit Kindler BB **01**, 12: Verstoß gegen EG-Ri (s Rn 19). I gilt nicht, wenn der HV teils innerhalb, teils außerhalb der EG (EWR) tätig zu werden hat, dann bleibt es auch für die Tätigkeit außerhalb der EG (EWR) beim intern zwingenden deutschen Recht, hL, Staudinger NJW **01**, 1976; nach aA gilt I beschränkt auf Drittlandtätigkeit, Müller NJW **98**, 17, Ko/Ro/Mo/Roth 2; vertraglicher Ausweg gespaltene Rechtswahl nach Art 27 I 3 EGBGB oder Vereinbarung eines neutralen Rechts, MüKo/von Hoyningen-Huene 11, aA Ebenroth/Löwisch 11, da Umgehung. Auch insoweit kommt aber bezogen auf die in der EG zu erbringende Tätigkeit eine **Sonderanknüpfung** international zwingender Normen (Art 17–19 EG-Ri) in Betracht, s Rn 10. I stellt auf die nach dem HVVertrag geschuldete Tätigkeit ab, nicht auf eine davon unabhängig tatsächliche; spätere tatsächliche Änderung kann Indiz für konkludente Vertragsänderung sein. Begleitung der ausländischen Kunden durch HV an Stammsitz reicht hierfür nicht aus, Mü RIW **02**, 321. Praktisch wird I vor allem für die freie Ausschliessbarkeit des **Ausgleichsanspruchs** nach § 89 b. I lässt den Ausschluss auch dann zu, wenn der HV nach dem ohne die Wahl des deutschen Rechts anwendbaren **Drittlandrecht** einen solchen Ausgleichsanspruch zwingend hätte, Mü RIW **02**, 319, **03**, 302, Eberl RIW 11/**02**, 305, Emde EWiR **02**, 485, Bälz NJW **03**, 1559, aA Ko/Ro/Mo/Roth 2: Sonderanknüpfung des ausländischen Ausgleichsanspruchs; Küstner/Thume I 2424: teleologische Reduktion von I. Ausschluss ist auch durch AGB möglich, Mü RIW **02**, 319, **03**, 302, Ebenroth/Löwisch 16, aA Hepting/Detzer RIW **89**, 340, Grund: (**5**) BGB § 307 II Nr 1 mit § 92 c. Wäre jedoch objektiv das Recht eines **Mitgliedstaates** anwendbar, weil HV seine Niederlassung in EG/EWR hat (s Rn 2), und sieht auch das Recht am Tätigkeitsort einen Ausgleich vor, ist der Ausschluss von § 89 b mit Art 17–19 EG-Ri nicht vereinbar, da ein Gemeinschaftsbezug besteht und die sachliche Rechtfertigung für I (Anpassung des Vertrages an lokale Standards außerhalb von EG/EWR, s Rn 1) nicht trägt (teleologische Reduktion von I kraft richtlinienkonformer Auslegung). 6

C. **Ausländischer Handelsvertreter eines ausländischen Unternehmers:** Kommt ein Vertrag zwischen ausländischem Unternehmer und ausländischem Handelsvertreter in der BRD vor Gericht (zB bei passiver Streitgenossenschaft mit inländischem Beklagten gemäß Art 6 Nr 1 EuGVO oder, sofern nach Art 3 II EuGVO zulässig, bei Klage im Gerichtsstand des Vermögens, § 23 ZPO), so gilt erst recht idR **ausländisches Recht,** ohne Sonderanknüpfung 7 deutscher zwingender Vorschriften (zur Sonderanknüpfung des Ausgleichsanspruchs nach Art 17–19 EG-Ri s Rn 10). Ist auf den Vertrag ganz ausnahmsweise (zB kraft nachträglicher Rechtswahl im Prozess) doch deutsches Recht anzuwenden, gelten §§ 84 ff unter den Voraussetzungen des § 92 c I nur nachgiebig.

3) Inländische Handelsvertreter eines ausländischen Unternehmers

8 A. **Geltung des deutschen Rechts:** Mangels mindestens stillschweigender Rechtswahl, Bsp Düss HVR **(03)** Nr 1081, gilt für den Vertrag eines ausländischen Unternehmers mit einem inländischen HV idR deutsches Recht, weil er überwiegend im Inland, also von der inländischen Niederlassung aus (Rn 2), erfüllt wird, vgl BGH **53,** 332, Düss HVR **(03)** Nr 1081. Dann gelten §§ 84 ff ohne Sonderregelung. § 92 c I ist nicht einschlägig, außer wenn der HV seine Vertragstätigkeit für den Unternehmer nur außerhalb der EG (EWR) auszuüben hat (Rn 6), uU gilt § 92 c II (Rn 13).

9 B. **Geltung ausländischen Rechts:** Der Vertrag kann kraft Vereinbarung der Parteien, ausnahmsweise auch sonst unter ausländischem Recht stehen. Letzteres ist etwa der Fall, wenn die Leistung des inländischen HV nach dem Vertrag nicht von seiner inländischen Hauptniederlassung, sondern von seiner ausländischen Niederlassung zu erbringen ist (Art 28 II 2 Alt 2 EGBGB, s Rn 2). Bsp: Der deutsche HV eines amerikanischen Unternehmers soll in Russland tätig werden, und zwar von seiner Zweigniederlassung in St. Petersburg aus.

10 **Grenzen:** Der auf Art 17–19 EG-Ri beruhende **Ausgleichsanspruch** des HV nach § 89 b hat **international zwingenden** Charakter iSv Art 34 EGBGB und kommt auch gegenüber einem von den Parteien vereinbarten Recht eines Drittstaates (etwa dem Recht am Sitz des Unternehmers in Kalifornien) zur Geltung, wenn der HV **in der BRD tätig** wird. Dies folgt aus den der EG-Ri zugrundeliegenden Zielsetzungen, gleiche Wettbewerbsbedingungen für die auf dem Binnenmarkt tätigen Unternehmer zu schaffen sowie einen Mindeststandard des Schutzes für die in der EG tätigen HV zu gewährleisten, **EuGH** NJW **01,** 2007 **(Ingmar),** zust Jayme IPRax **01,** 190, Kindler BB **01,** 11, Reich EuZW **01,** 51, Staudinger NJW **01,** 1974; krit Freitag/Leible RIW **01,** 287, Michaels/Kamann EWS **01,** 301, Schwarz ZVglRWiss 101 **(02)** 45. Vereinbart ein in der EG (EWR), aber **nicht (oder nicht nur) in der BRD** tätiger HV mit seinem Prinzipal die Geltung des Rechts eines Drittstaates, ist der Ausgleichsanspruch nach Art 17–19 EG-Ri in der Ausgestaltung gesondert anzuknüpfen, die er in demjenigen Recht erfahren hat, mit dem der Sachverhalt die **engsten Verbindungen** aufweist, Freitag/Leible RIW **01,** 293, idR ist also das Recht am Ort der Niederlassung des HV anwendbar, Michaels/Kamann EWS **01,** 310. Für diese Sonderanknüpfung besteht indes kein Bedürfnis, wenn das drittstaatliche Recht für den HV eine **günstigere** Regelung als die EG-Ri vorsieht, Michaels/Kamann EWS **01,** 310, Staudinger NJW **01,** 1976; Günstigkeitsvergleich nach Klagebegehren, str. Vereinbart schließlich ein in der BRD tätiger HV mit einem Unternehmer die Geltung des Rechts eines anderen Mitgliedstaates, kommt, da die EG-Ri nur einen **Mindestschutz** garantiert, allein die jeweilige ausländische Umsetzungsnorm zu Art 17–19 EG-Ri zur Anwendung, mag diese für den HV auch in concreto ungünstiger sein als § 89 b, Michaels/Kamann EWS **01,** 310, Staud/Magnus (2002) Art 34 EGBGB Rn 42.

11 **Vertragshändler** (s Rn 2) haben den Ausgleichsanspruch aus § 89 b nur kraft Analogie deutschen Rechtes (§ 84 Rn 12), eine auf die europäische Herkunft der Vorschrift gestützte Sonderanknüpfung scheidet daher aus, da insoweit nicht der eigentliche Anwendungsbereich der Richtlinie berührt wird, Käbisch IStR **01,** 325, Emde MDR **02,** 196, Kocher RIW **03,** 512.

12 C. **Gerichtsstand, Schiedsvereinbarung:** Für einheitlichen Heimatgerichtsstand des HV (Art 5 I lit b EuGVO, Dienstleistungsort; Einl 87 vor § 1),

8. Abschnitt. Handelsmakler **§ 93**

Kln IHR **07,** 200, Kblz OLGR **08,** 596, Emde RIW **03,** 505; für § 29 ZPO (Erfüllungsort) s Rn 2. Nach § 38 I ZPO keine Prorogation, wenn HV NichtKfm ist (§ 89 IV, s § 84 Rn 33). Die Wirksamkeit der Vereinbarung des ausschließlichen Gerichtsstands (Rn 86 f vor § 1) im Ausland bestimmt sich im Übrigen nach allgemeinem internationalen Zivilprozessrecht (Art 23 EuGVO, Einl 87 vor § 1, oder §§ 38–40 ZPO), Hbg NJW **04,** 3126; vgl BGH NJW **88,** 966, str. Ihr steht nicht entgegen, dass die Anwendung ausländischen Rechts vereinbart ist und dieses bei Vertragsende keinen Ausgleich entspr § 89 b gewährt, BGH NJW **61,** 1061, Michaels/Kamann EWS **01,** 310; aA Mü WM **06,** 1556, Emde RIW **03,** 505, wohl auch EGKomm 23. 7. **96,** KOM (96) 364 endg: verbindlich. Für unselbstständige HV ist ohnehin EG-Recht zu beachten, Hbg NJW **04,** 3126, Kindler RIW **90,** 364. Schiedsvereinbarung ist zulässig auch in Bezug auf den Ausgleichsanspruch, Zöller/Geimer ZPO, 23. Aufl 2002, § 1030 Rn 8; eine solche Klausel wird auch in manchen Ländern anerkannt, die eine Gerichtsstandsklausel nicht zulassen.

4) Schifffahrtsvertreter (II)

Volle Vertragsfreiheit, dh Abdingbarkeit auch zwingenden Rechts aus §§ 84 ff, **13** wie nach I räumt II auch bestimmten anderen HV ein. Dies betrifft Schifffahrtsvertreter, dh HV mit Vermittlungsauftrag für die Befrachtung, Abfertigung oder Ausrüstung von Schiffen oder die Buchung von Schiffspassagen. Nicht nur See-, sondern auch Binnenschifffahrt fällt unter II, Kln OLGZ **66,** 533. II ist auf Agenten mit entspr Verträgen für andere Verkehrsmittel, zB Luftverkehr, nicht analog anwendbar, hL, str. Lit: Belgard DB **66,** 1640; Puttfarken Seehandelsrecht 1997 Rn 586; Rabe Seehandelsrecht, 4. Aufl 2000, Vor § 556 Rn 46.

Achter Abschnitt. Handelsmakler

Überblick vor § 93

Schrifttum zum Maklerrecht

Außer dem allgemeinen Schrifttum (s Einl vor § 1) *Dehner* 2001. – *Schwerdtner/ Hamm,* 5. Aufl 2008. – *Würdinger* JZ **09,** 349 (Provisionsrecht). **Muster:** *Hopt/Graf von Westphalen,* Vertrags- und Formularbuch zum Hdl-, Ges- und Bankrecht, 3. Aufl 2007, Teil I. H (Kreditvermittlungsvertrag mit Verbrauchern). **RsprÜbersichten:** *Zopfs* 2000; *Dehner,* NJW **91,** 3254, **93,** 3236, **97,** 18, **00,** 1986, **02,** 3747; *Fischer* NJW **07,** 183, 3107.

[Begriff]

93 (1) **Wer gewerbsmäßig für andere Personen, ohne von ihnen auf Grund eines Vertragsverhältnisses ständig damit betraut zu sein, die Vermittlung von Verträgen über Anschaffung oder Veräußerung von Waren oder Wertpapieren, über Versicherungen, Güterbeförderungen, Schiffsmiete oder sonstige Gegenstände des Handelsverkehrs übernimmt, hat die Rechte und Pflichten eines Handelsmaklers.**

(2) **Auf die Vermittlung anderer als der bezeichneten Geschäfte, insbesondere auf die Vermittlung von Geschäften über unbewegliche Sachen, finden, auch wenn die Vermittlung durch einen Handelsmakler erfolgt, die Vorschriften dieses Abschnitts keine Anwendung.**

§ 93 1

(3) **Die Vorschriften dieses Abschnittes finden auch Anwendung, wenn das Unternehmen des Handelsmaklers nach Art oder Umfang einen in kaufmännischer Weise eingerichteten Geschäftsbetrieb nicht erfordert.**

Übersicht

1) Zivilmakler, BGB- und anderes Maklerrecht, verwandte Verträge, Reform 1–11
   A. Zivilmakler 1
   B. Maklergesetz, Wohnungsvermittlung, Darlehensvermittlung, Anlagevermittlung von Finanzinstrumenten, Geldmakler 3
   C. Verwandte Verträge 8
2) Handelsmakler (I–III) 12–15
   A. Verträge über Gegenstände des Handelsverkehrs (I, II) 12
   B. Vermittlung, nicht nur Nachweis 13
   C. Fehlen einer Dauerbeauftragung 14
   D. Erstreckung auf Kleingewerbetreibende (I, III) 15
3) Vertragsschluss, Wirksamkeit, Ende des Maklervertrags, Zusammenarbeit mehrerer Makler 16–22
   A. Vertragsschluss 16
   B. Wirksamkeit 17
   C. Ende 18
   D. Zusammenarbeit mehrerer Makler 19
4) Pflichten des Maklers 23–36
   A. Keine Tätigkeitspflicht, kein Erfolgsversprechen 23
   B. Interessenwahrungs- und Treuepflicht 24
   C. Doppeltätigkeit 32
   D. Einschaltung weiterer Makler 34
   E. Sonstige Rechtspflichten 35
   F. Rechtsfolgen bei Pflichtverletzung 36
5) Pflichten des Auftraggebers 37–39
   A. Hauptpflicht (Provisionszahlungspflicht) 37
   B. Nebenpflichten (kein Aufwendungsersatz) 39
6) Voraussetzungen des Provisionsanspruchs: Absprachegemäßes Zustandebringen des gewünschten Vertrags mit Dritten 40–52
   A. Tätigwerden des Maklers in Kenntnis des Auftraggebers 40
   B. Gewünschter Vertrag (Identität) 41
   C. Wirksamer Vertrag 42
   D. Vertrag mit Dritten (kein Selbsteintritt) 44
   E. (Mit-)Ursächlichkeit 50
   F. Keine Verwirkung 52
7) Schuldner, Höhe, Fälligkeit des Provisionsanspruchs 53–58
   A. Schuldner (bei Doppeltätigkeit) 53
   B. Höhe 55
   C. Fälligkeit 56
   D. Verjährung 57
   E. Insolvenz 58
8) Alleinauftrag 59–63
   A. Begriff und Funktion 59
   B. Vertragsschluss, Wirksamkeit, Ende des Alleinauftrags 60
   C. Pflichten des Maklers 61
   D. Pflichten des Auftraggebers 62
9) Typische Maklervertragsklauseln, Grenzen für Allgemeine Geschäftsbedingungen 64–66
10) Internationales Maklerrecht 67

1) Zivilmakler, BGB- und anderes Maklerrecht, verwandte Verträge, Reform

1   A. **Zivilmakler:** Der Zivilmakler (natürliche oder juristische Person, auch OHG, KG), genauer der Maklervertrag (Rechtsnatur s Rn 23), ist in §§ 652–656 BGB geregelt. Diese Regelung wird trotz der Reform durch das SMG der

8. Abschnitt. Handelsmakler 2–5 § 93

großen volkswirtschaftlichen Funktion der Maklertätigkeit nicht gerecht (s Rn 11). Inzwischen ist das Maklerrecht mit einer umfangreichen Kasuistik zur Domäne der Rechtsprechung geworden. Der Zivilmakler **unterscheidet sich vom Handelsmakler** vor allem **nach der Art der Vertragsgegenstände,** die beim HdlMakler solche des HdlVerkehrs sein müssen (s Rn 12); Zivilmakler sind vor allem die Grundstücksmakler, Darlehensvermittler und Ehevermittler. Nur Zivilmakler sind ferner Nachweismakler (s Rn 13) und Gelegenheitsmakler ohne gewerbliche Tätigkeit (s Rn 15). Der **Zivilmakler kann Kaufmann sein** (Ist-Kfm nach § 1 II, sonst Kfm nur mit Eintragung §§ 2 ff; betr Ehevermittler s § 1 Rn 21). Dann gelten für ihn zwar nicht §§ 93 ff, aber das gesamte übrige HdlRecht wie für Kflte sonst, zB auch Provisionsanspruch nach § 354, Heße NJW **02,** 1835 (vgl aber Rn 38).

Für den HdlMakler sind neben §§ 93 ff (sofern nicht § 93 II eingreift, s Rn 12) **2** und dem übrigen HGB (s Rn 15) aus dem BGB ergänzend anwendbar §§ 652 ff betr Lohnanspruch und Verwirkung; ergänzend ferner §§ 662 ff (Auftrag), zB § 663 (Anzeigepflicht bei Ablehnung), § 665 (Abweichung von Weisungen).

B. **Maklergesetz, Wohnungsvermittlung, Darlehensvermittlung, Anla- 3 gevermittlung von Finanzinstrumenten, Geldmakler: a)** Für gewerbliche Makler besteht Zulassungspflicht nach **§ 34 c GewO,** eingefügt durch G 16. 8. 72 BGBl 1465 (sog **Maklergesetz**). Gewisse öffentlichrechtliche, teils auch privatrechtliche Berufspflichten für Grundstücksmakler, Darlehens- und Vermögensanlagevermittler, Bauträger und Baubetreuer, zT unmittelbar betr Makler-Auftraggeber-Verhältnis, insbesondere zum Schutz von Vermögenswerten des Auftraggebers, sind näher geregelt in der **Makler- und BauträgerVO (MaBV)** idF 7. 11. 90 BGBl 2479 m Änd, viele Streitfragen zur MaBV-Bürgschaft. Näher BGH **146,** 250, **151,** 147, **160,** 277, **162,** 378, **172,** 63, NJW **07,** 1360, 1946, **08,** 1729, **09,** 673; Marcks, MaBV 7. Aufl 2003, Grziwotz 2006; Fischer WM **03,** 1 (MaBV-Bürgschaft), Weber/Kesselring NJW **04,** 3473 (MaBV-Bürgschaft). **Notare** dürfen keine Grundstücksgeschäfte vermitteln (§ 14 IV 1 BNotO), das gilt auch für mit ihnen zu gemeinsamer Berufsausübung verbundene Rechtsanwälte, BGH **147,** 39. **Steuerberater** und **Rechtsanwälte** dürfen wegen der Gefahr von Interessenkollisionen das Maklergewerbe nicht betreiben, BGH **78,** 263, BB **76,** 1102, NJW **00,** 3068, **04,** 212, aber als Gelegenheitsmakler, zB bei Finanzierungsvermittlung, tätig werden. Die unter Verstoß gegen diese Unvereinbarkeit oder trotz fehlender Gewerbeerlaubnis nach § 34 c GewO abgeschlossenen Maklerverträge sind nicht nichtig, BGH **78,** 269, **147,** 44; anders, wenn Steuerberater für Veranlassung seiner Mandanten zu Vermögensanlage geheime Maklerprovision erhalten soll (§ 347 Rn 30), BGH **95,** 85.

b) **Wohnungsvermittlung** ist in vielen wichtigen Maklerrechtsfragen beson- **4** ders geregelt durch G 4. 11. 71 BGBl 1747, abgedruckt und erläutert in den Komm zu § 652 BGB, dazu BGH **135,** 269. §§ 6 I, 7 des G verbieten (gewerbsmäßige) Vermittlung ohne Vermieterauftrag, bei Bußgeld (§ 8); Verstoß macht den Maklervertrag nicht nichtig nach § 134 BGB, BGH **152,** 10. Begrenzung der Provision. Zur Maklertätigkeit des WE-Verwalters bei enger wirtschaftl. Verflechtung BGH NJW **03,** 1249.

c) **Darlehensvermittlung** spielt in der Praxis eine wichtige Rolle, vor allem **5** für Banken (s (7) Bankgeschäfte Rn G/34 ff, zu sittenwidrigen Darlehenszinsen und -konditionen (7) Bankgeschäfte Rn G/6–10). Regelung für Vermittlung und Nachweis von Verbraucherdarlehensverträgen in §§ 655 a–e BGB (seit SMG, zuvor VerbrKrG s (7) Bankgeschäfte Rn G/35). Der **Darlehensvermittlungsvertrag** zwischen einem Unternehmer und Verbraucher ist ein eigener Vertragstyp (**§ 655 a BGB** iVm §§ 491 ff BGB). Reichweite mit Ausnahmen (§§ 655 a S 2 iVm 491 II BGB, § 491 III BGB ist in § 655 a S 2 BGB nicht erwähnt und spielt für den Darlehensvermittlungsvertrag als solchen keine Rolle).

§ 93 6–8   I. Buch. Handelsstand

Existenzgründer gelten als Verbraucher (§§ 655 e II, 507 BGB). Nicht erfasst ist die Vermittlung von entgeltlichen Zahlungsaufschüben und sonstigen Finanzierungshilfen wie Finanzierungsleasingverträge und Teilzahlungsgeschäfte (§§ 499 ff BGB), sowie von Sachdarlehen (§ 607 BGB), auch gegen Analogie Habersack/Schürnbrand WM **03,** 262. Besondere Vorschriften über Schriftform (§ 655 b BGB, dabei Trennung der Verträge, Schriftform auch für Vollmacht entspr § 492 IV, sehr str, Habersack/Schürnbrand WM **03,** 263), Vergütung (§ 655 c BGB, s Rn 45) und Nebenentgelte (§ 655 d BGB), Unabdingbarkeit und Umgehungsverbot (§ 655 e I BGB). Entgeltliche Darlehensvermittlung im Reisegewerbe ist unzulässig (§ 56 I Nr 6 GewO, früher auch Abschluss von Darlehensgeschäften, **(7)** Bankgeschäfte Rn G/9), für Nichtigkeitsfolge nach § 134 BGB BGH WM **99,** 724, aA seit SMG Habersack/Schürnbrand WM **03,** 264. Der Darlehensvermittler ist idR HdlMakler (sonstige Gegenstände des HdlVerkehrs, s Rn 12). Bei ständiger Betrauung mit der Darlehensvermittlung kann der Bankrepräsentant HV sein (§ 84 Rn 26). Lit: Komm zu §§ 655 a ff BGB, Habersack/Schürnbrand WM **03,** 261. **Muster:** Hopt/Graf von Westphalen 3. Aufl 2007 Form I. H.1 (Kreditvermittlungsvertrag mit Verbrauchern).

6   **Anlagevermittlung von Finanzinstrumenten** (Abschluss in mittelbarer Stellvertretung oder bloßer Nachweis) und **Abschlussvermittlung** bei solchen (Abschluss in offener Stellvertretung), beides bankaufsichtsrechtliche Begriffe, sind Finanzdienstleistungen (§ 1 I a 2 Nr 1–2 KWG, Text s **(7)** Bankgeschäfte Rn A/4). **Drittstaateneinlagenvermittlung** ist die Vermittlung von Einlagengeschäften mit Unternehmen mit Sitz außerhalb des Europäischen Wirtschaftsraums (Finanzdienstleistung nach § 1 I a 2 Nr 5 KWG, Text s **(7)** Bankgeschäfte Rn A/4). Finanzdienstleistungsinstitute (§ 1 I a 1 KWG) unterliegen der Aufsicht der BaFin. **Geldmaklergeschäfte** iSv KWG sind weder Bankgeschäft nach § 1 I 2 KWG noch Finanzdienstleistung nach § 1 I a 2 KWG, vielmehr sind Unternehmen, deren Haupttätigkeit darin besteht, Darlehen zwischen Kreditinstituten zu vermitteln, bloße Finanzunternehmen, falls sie nicht bereits Institute iSd KWG sind (§ 1 III 1 Nr 8 KWG, Text s **(7)** Bankgeschäfte Rn A/4).

7   **d) Versicherungs- und Bausparkassenvermittler** können **als Makler** (vgl § 104 S 2), Bspe BGH NJW **86,** 1036, NJW-RR **00,** 316, WM **05,** 1477, Ffm VersR **95,** 92, Hamm VersR **95,** 658, Düss VersR **00,** 54, **oder als Versicherungs- oder Bausparkassenvertreter** (§ 92) auftreten (für Versicherungsmittler ausdrücklich §§ 42 a I aF, 59 I nF VVG), Bspe BGH **94,** 359, NJW **88,** 60, mit unterschiedlichen Rechtsfolgen, Rö/Röhricht 7. Wer als Versicherungsvertreter (§ 92 Rn 1 und Rn 3 zur Vertretungsmacht) auftritt, ist nicht Makler, Hamm VersR **95,** 167. Der Versicherungsmakler wird idR vom Versicherungsnehmer beauftragt, erhält aber idR (nicht zwingend) Provision (Courtage, s Rn 55) nur vom Versicherer (Courtage-Abkommen, Provisionsteilungsabrede, § 99 Rn 3). § 87 a III gilt nicht analog, Ffm VersR **99,** 439. Besondere Mitteilungs- und Beratungspflichten der Versicherungsvermittler (einerlei ob Versicherungsvertreter oder -makler) nach §§ 42 a ff aF, 60 ff nF VVG und Rspr (s Rn 28). Versicherungs- und Bausparkassenvermittler unterliegen einzelnen Sondervorschriften, zB Verbot der Provisionsweitergabe bei Lebensversicherung, BGH **93,** 177. Berufliche Anforderungen an Kenntnisse, Fertigkeiten, guten Leumund und Berufshaftpflichtversicherung gemäß EGRi 9. 12. 02 über Versicherungsvermittlung ABlEG 2003 L 9/3, Umsetzung in GewO (Vermittlerregister, Konzessionspflicht für Versicherungsvermittler, Legaldefinition und Provisionsverbot für Versicherungsberater) und VVG durch VersVermG 19. 12. 06 BGBl 3232, VersVermV 15. 5. 07 BGBl 733, Reiff WM **06,** 1701 u VersR **07,** 1717, Emde BB **08,** 2757.

8   C. **Verwandte Verträge: a) Auftrag** (§§ 662 ff BGB): Der Beauftragte wird unentgeltlich tätig und hat Anspruch auf Aufwendungsersatz (§ 670 BGB), der Makler nicht (s Rn 40–52, 39).

b) Dienstvertrag (§§ 611 ff BGB): Der Dienstverpflichtete schuldet Tätigkeit, **9** der Makler nicht (s Rn 23). Ist vertraglich Tätigkeitspflicht vereinbart (zB Bearbeitungspflicht, so beim Alleinauftrag, s Rn 61; Pflicht betr Durchführung des vermittelten Vertrags, BGH WM **73,** 1383) liegt ein **Maklerdienstvertrag** vor, BGH **87,** 312 (Eheanbahnungsdienstvertrag). Auf ihn finden, falls schon diese Tätigkeit auch ohne Erfolgseintritt vergütet werden soll, §§ 611 ff BGB, ergänzend Maklerrecht Anwendung; es handelt sich dann um einen gegenseitigen Vertrag; bleibt es bei der Erfolgsbezogenheit der Maklervergütung, sind §§ 652 ff BGB anwendbar, BGH NJW **88,** 968. Beim Ehevermittler (§ 1 Rn 21) soll auch im Falle eines Maklerdienstvertrags § 656 BGB entspr gelten, BGH **87,** 309, aA Gilles NJW **83,** 2819. Dienstvertrag, uU Schuldversprechen liegt vor, wenn Bearbeitungsgebühr für eine Tätigkeit für den Erwerb einer Eigentumswohnung unabhängig von Nachweis oder Vermittlung versprochen wird; zur Auslegung BGH BB **78,** 1089; AGB s Rn 64–66. Provisionsversprechen unabhängig von Vermittlung (zB trotz Selbsteintritt oder wirtschaftlicher Verflechtung) ist aber auch beim Maklervertrag möglich (s Rn 46–49), allerdings nicht durch AGB (s Rn 66). **Anwaltsdienstvertrag** liegt vor, wenn nicht unwesentlich Rechtsbeistand geschuldet ist, einerlei ob daneben Vermittlungstätigkeit entfaltet werden soll, BGH WM **77,** 552; Maklervertrag liegt vor, wenn es nicht um rechtlichen Beistand geht, Hamm NJW-RR **95,** 951. Verbot gewerblicher Maklertätigkeit für Rechtsanwalt s Rn 3.

c) Werkvertrag (§§ 631 ff BGB): Der Unternehmer schuldet den Erfolg, der **10** Makler nicht (s Rn 23). Ist ausnahmsweise Erfolg versprochen, liegt ein **Maklerwerkvertrag** vor, zB für Versicherungsmakler BGH WM **71,** 966, auf den teils Werkvertrags-, teils Maklerrecht Anwendung finden, BGH NJW **88,** 969. Der Auftraggeber bleibt aber auch hier frei, ob er den Vertrag mit dem Dritten abschließen will (s Rn 37–38), BGH NJW **66,** 1405.

d) Handelsvertretervertrag (§§ 84 ff): Der HV ist mit der Vermittlung vertraglich ständig betraut, ihn trifft eine Tätigkeitspflicht (§ 84 Rn 41); der Makler **11** nicht (s Rn 23, auch zu besonderen Gestaltungen wie Alleinauftrag). Zur Abgrenzung BGH NJW **92,** 2818.

2) Handelsmakler (I–III)

A. **Verträge über Gegenstände des Handelsverkehrs (I, II):** Dieses Tat- **12** bestandsmerkmal des I steht für die Abgrenzung des HdlMaklers vom Zivilmakler im Vordergrund. I bestimmt, ob jemand HdlMakler ist; auch wenn er das ist, aber II vorliegt, gelten nicht §§ 93 ff, sondern nur HGB im Übrigen (§ 344 I) und BGB (s Rn 1). **I** liefert selbst Beispiele: Verträge über Anschaffung oder Veräußerung von **Waren** (bewegliche Sachen, § 1 II Nr 1 aF) oder **Wertpapieren** (zB Aktien, Schuldverschreibungen, Investmentanteile, auch übertragbare GmbHAnteile), über **Versicherungen, Güterbeförderungen, Schiffsmiete. Sonstige Gegenstände** des HdlVerkehrs sind ua: Bankdarlehen und sonstige Bankgeschäfte, auch gegen hypothekarische Sicherheit, RG **76,** 252, Mü NJW **70,** 1925; gewerbliche Schutzrechte; Filmaufführungslizenzen, Hbg BB **50,** 658 LS; Werbeverträge; Leasingverträge (außer Immobilienleasing, s II); genormte KdtBeteiligung (PublikumsGes, s Anh § 177 a Rn 52), Ffm WM **79,** 1396, von Grießenbeck BB **88,** 2188, str, offen BGH WM **84,** 668; Software, einerlei ob verkörpert oder nicht, vgl BGH **102,** 109, **109,** 97, Kort DB **94,** 1505. Unter § 93 fallen demnach auch die **Börsen- und Wertpapiermakler** (Sonderregeln für Kursmakler in (14) BörsG §§ 30 ff aF sind entfallen, nur noch für Skontroführer §§ 27 ff nF sowie Zulassung zur Börse § 19 I 1, II 1 Nr 2 und 3 nF iVm BörsO) und die **Versicherungsmakler. Nicht:** Grundstücke (ausdrücklich **II,** krit Krause FS Molitor **62,** 383); Hypothekengeschäfte; Unternehmen, Unternehmensbeteiligungen wie GmbHAnteile, hL (aber s oben PublikumsGes); Dienstverhältnisse (vgl § 655 BGB); Dienstleistungen mit Ausnahme des Trans-

§ 93 13–16

ports (s oben Güterbeförderung, Schiffsmiete), Rö/Röhricht 5. Solche anderen Geschäftsvermittlungen als über Gegenstände des HdlVerkehrs fallen auch dann nicht unter §§ 93 ff, wenn sie durch einen HdlMakler (der in der Hauptsache Gegenstände des HdlVerkehrs vermittelt) getätigt werden (ausdrücklich II aE).

13   B. **Vermittlung, nicht nur Nachweis:** Der HdlMakler hat den Vertragsschluss zu vermitteln, nicht nur die Gelegenheit dazu nachzuweisen. Die **Nachweistätigkeit** des Nachweismaklers ist erfüllt, wenn der Auftraggeber durch den Makler Kenntnis von der Vertragsmöglichkeit erhält. Zum Nachweis gehören hinreichend bestimmte Angaben über Objekt und Namhaftmachung des zum Vertragsschluss bereiten Geschäftsgegners, BGH **141**, 46, **161**, 349 (Unternehmenskauf), WM **87**, 23, WM **96**, 928, NJW-RR **88**, 1398, WM **05**, 1523. Ausnahmen von der Namhaftmachung, BGH NJW **06**, 3063. Maklerprovision kann auch für bereits erbrachten Nachweis versprochen werden, BGH NJW **98**, 63. Nicht genügt zB bloße Übersendung von Interessentenliste (mit 500 Namen), Mü BB **73**, 1551; Nachweis ohne Verkäuferangabe, aber Abschluss am Makler vorbei kann treuwidrig sein, BGH NJW **87**, 1628. Zur **Vermittlungstätigkeit** (des HdlMaklers) gehört, dass der Makler mit beiden Vertragsparteien in Verbindung tritt und dadurch zum Vertragsschluss beiträgt, BGH DB **67**, 1173, NJW **76**, 1844, **86**, 51, BB **97**, 1552, KG NJW **68**, 1783, Karls VersR **03**, 592. Zu den möglichen Vermittlungsleistungen Karlsr NJOZ **05**, 2930. Doch kann beides ineinander übergehen, zB wenn HdlMakler zwei zum Geschäft entschlossene Parteien zusammenführt. Der HdlMakler kann beider Vermittlung entweder nur einer oder auch beiden Seiten (Doppeltätigkeit s Rn 32–33) dienen. Zustandekommen des Hauptvertrags s Rn 42–45.

14   C. **Fehlen einer Dauerbeauftragung:** Wer auf Grund eines Vertragsverhältnisses ständig mit Vermittlung betraut ist (§ 84 Rn 41–44), ist nach I nicht HdlMakler, sondern nach § 84 HV, s auch Rn 20. Tatsächlich wiederholte, auch laufende Tätigkeit ohne Dauerbeauftragung (sog **Hausmakler**) fällt unter § 93.

15   D. **Erstreckung auf Kleingewerbetreibende (I, III):** I setzt gewerbsmäßige Vermittlung voraus (§ 1 Rn 13); Abgrenzung zum Gelegenheitsmakler, zB Baugrundstücke nachweisender Architekt, BGH BB **70**, 558 (zu § 653 BGB), für Bauunternehmer Bilda MDR **77**, 540; Steuerberater und Rechtsanwälte s Rn 3. Der HdlMakler ist Gewerbetreibender und seit HRefG 1998 nicht mehr stets Kaufmann (so § 1 II Nr 7 aF), sondern IstKfm nach § 1 II nF, sonst Kfm nur mit Eintragung §§ 2 ff (wie Zivilmakler, s Rn 1). Nach III (neu durch HRefG) bleiben §§ 93 ff jedoch anwendbar, wenn das Unternehmen des HdlMaklers nach Art oder Umfang einen in kfm Weise eingerichteten Geschäftsbetrieb nicht erfordert (vgl § 1 II). Der HldMakler wird nur in gewissen Beziehungen nach Art einer Amtsperson tätig, s zB §§ 100 ff (Tagebuch), §§ 373 II 1, 376 II 2 (bei entspr öffentlicher Ermächtigung: Durchführung von Notverkäufen und Käufen). Für (handelsmaklermäßige, s Rn 12) Geschäfte der HdlMakler gelten danach (1) §§ 94–104, (2) sofern der HdlMakler Kfm ist, das allgemeine HdlGeträge) und (3) als Grundlage das Maklerrecht des BGB (s Rn 2).

3) Vertragsschluss, Wirksamkeit, Ende des Maklervertrags, Zusammenarbeit mehrerer Makler

16   A. **Vertragsschluss:** Der Maklervertrag kann ausdrücklich oder durch **stillschweigende Erklärung** geschlossen werden. Für letztere genügt aber nicht schon eine unverbindliche Anfrage beim Makler oder jedes Entgegennehmen und Ausnutzen einer Maklerleistung, BGH NJW **84**, 232 oder Gesprächsfortsetzung nach Exposéübergabe, Schlesw NJW **07**, 1982. Notwendig ist vielmehr ein schlüssiges Verhalten des Interessenten, aus dem sein Vertragsabschlusswille eindeutig erkennbar hervorgeht, BGH NJW-RR **96**, 114, WM **07**, 662 (zu Maklerexposé), idR durch ausdrückliches Provisionsverlangen, BGH **95**, 395,

8. Abschnitt. Handelsmakler 17 § 93

NJW **00**, 283, sog (maklerrechtsspezifische) Unklarheitenregel, Fischer NZM **02**, 480. Häufigster Fall ist Angebot und Entgegennahme der Maklerdienste in Kenntnis von deren Entgeltlichkeit, etwa Makler bietet dem Interessenten unter Hinweis auf sein Provisionsverlangen ein Grundstück an, dieser lässt sich dessen Lage so beschreiben, dass er dann alles weitere selbst machen kann, BGH BB **67**, 649, WM **71**, 905, **81**, 495, NJW **84**, 232. Makler kann davon ausgehen, dass der Kaufinteressent diesbezügliches Exposé zur Kenntnis nimmt, BGH NJW-RR **07**, 400. Erklärt der Kaufinteressent, keine Provision zahlen zu wollen, steht das einem Vertragsschluss entgegen, BGH NJW-RR **96**, 114, NJW **02**, 817, 1945, außer bei protestatio facto contraria. Vertragsschluss mit noch nicht existierender Firmengruppe (§ 164 BGB), BGH NJW **98**, 62. Der Maklervertrag kann auch erst nach der Maklerleistung geschlossen werden, Hbg NJW-RR **03**, 487. Der Kaufinteressent kann mangels anderer Information davon ausgehen, dass der Makler das Objekt vom Verkäufer an die Hand bekommen hat und Provision nur von diesem bekommen soll, BGH **95**, 393, so bei Bitte um Nachweise aus dem „Maklerbestand", anders bei Erteilung eines eigenen Suchauftrags, BGH NJW **05**, 3779, Fischer NJW **07**, 3108. Jede Unklarheit über einen stillschweigenden Vertragsschluss geht zu Lasten des Maklers, BGH NJW **84**, 232. Viel seltener ist das stillschweigende Zustandekommen eines **Zweitauftrags** (Doppeltätigkeit, s Rn 32–33). Tritt der Makler gegenüber einem Interessenten als schon von einem Gegeninteressenten beauftragt auf, bedeutet Entgegennahme seiner Dienste durch den Interessenten regelmäßig nicht Maklervertragsabschluss auch mit ihm, BGH **95**, 395, NJW **81**, 279; das gilt auch, wenn der Interessent sich auf eine Anzeige des Maklers an diesen gewandt hat, BGH DB **71**, 2058; stillschweigender Abschluss eines Zweitauftrags ist nur anzunehmen, wenn der Makler bei einer solchen Kontaktnahme eindeutig zu erkennen gibt, er wolle auch für den zweiten Interessenten tätig sein und ggf auch von ihm Lohn fordern, BGH NJW **67**, 1365, DB **71**, 1521, 2058, NJW **00**, 282 (Auslegung des Objektnachweises), **02**, 1945; der Zweite muss sich in solchen Fällen vor Inanspruchnahme der Dienste des Maklers eindeutig gegen Provisionszahlung verwahren, nicht schon durch Vermerk „nach Vereinbarung" zu Provisions(satz)klausel, BGH NJW **02**, 816. Schweigen auf ein kfm oder berufliches **Bestätigungsschreiben** (§ 346 Rn 16–29) kann auch beim Maklervertrag den Inhalt des Vertrags verändern oder den Vertrag überhaupt erst zustandebringen, Bambg AIZ **75**, 147, Düss NJW-RR **95**, 501, str. Anspruch des Maklers aus Vertrag zu seinen Gunsten (§ 328 I BGB) s Rn 53. **Verschulden bei Vertragsverhandlungen, Prospekthaftung** s Rn 27.

B. **Wirksamkeit:** Der Abschluss des Maklervertrags ist **formfrei**. Formzwang 17 kann **aber** bei Grundstücken aus **§ 311 b I BGB** folgen, bei Darlehensvermittlungsvertrag (s Rn 5). Auch mittelbarer Zwang durch entsprechende Maklervertragsgestaltung kann zur Formbedürftigkeit nach § 311 b I BGB führen; zB erfolgsunabhängige Maklerprovision, Verfall von Kaufpreisanzahlung oder gewichtige Vertragsstrafe (Obergrenze 10–15% der Maklerprovision) für den Fall, dass der Eigentümer (Erwerber) des Grundstücks nicht verkauft (kauft), BGH **76**, 46, **103**, 235, NJW **87**, 54, **90**, 390 (Anlageberatungsvertrag), str. Heilung des formnichtigen Maklervertrags nach § 311 b I 2 BGB für Grundstückskaufvertrag, BGH NJW **87**, 1628. Rechtsfolgen der Nichtigkeit für Provision s Rn 45. Der Maklervertrag ist nach allgemeinen Regeln **nichtig** (§§ 104 ff, 117, 134, 138, 142 I, 179, 655 b I 2 iVm II BGB), zB bei unerlaubter Arbeitsvermittlung (AFG, § 134 BGB), BGH WM **86**, 943; Rechtsberatung s Rn 3, 29; mangelnde Konzession s Rn 3–4. Nichtigkeit einzelner AGBKlauseln s Rn 66. Anfechtung des Maklervertrags wegen Verschweigen einer Doppeltätigkeit s Rn 32–33. Widerrufsrecht des Verbrauchers (§§ 312, 312 b BGB), vor allem bei Darlehensvermittlung (s Rn 5), Habersack/Schürnbrand WM **03**, 264.

§ 93 18–24　　　　　　　　　　　　　　　　　　　　　　　　　　I. Buch. Handelsstand

18　　C. **Ende:** Der Maklervertrag ist idR nicht für bestimmte Dauer geschlossen (anders Allein- oder Festauftrag, s Rn 60). Er kann einverständlich aufgehoben werden und ist auch von jeder Partei jederzeit frei widerruflich (Kündigung mit Wirkung ex nunc). Selbst der „unwiderrufliche" Auftrag ist nicht schlechthin unwiderruflich (s Rn 60). Der Widerruf lässt Lohnanspruch nicht entfallen, wenn die vorherige Tätigkeit für den Abschluss des Hauptvertrags ursächlich geworden ist (s Rn 50) Wirkung eines Aufhebungsvertrags auf Lohnanspruch bzw -voraussetzungen ist Frage der Auslegung, BGH NJW **83,** 1848. Der Maklervertrag endet ferner mit dem Tod des Maklers, BGH NJW **65,** 964; bei Tod des Auftraggebers können die Erben kündigen.

19　　D. **Zusammenwirken mehrerer Makler: a) Untermaklervertrag:** Der Hauptmakler schaltet einen Untermakler zur Durchführung eines oder mehrerer Geschäfte gegen Provisionsbeteiligung ein (partiarisches Rechtsverhältnis, keine Ges), BGH BB **66,** 1367. Der Untermaklervertrag verpflichtet iZw beide Seiten nicht zum Tätigwerden, lässt andererseits den Untermakler frei, sich auch mit anderen (Haupt)Maklern zu verbinden, BGH BB **68,** 729. In Vertragsbeziehung zum Auftraggeber steht allein der Hauptmakler. Dieser handelt durch Einschaltung des Untermaklers gegenüber seinem Auftraggeber nicht pflichtwidrig, haftet für ihn aber nach § 278 BGB (s Rn 34).

20　　b) **Zubringergeschäft:** Der Zubringermakler schaltet gegen Provisionsbeteiligung oder andere Vergütung einen anderen Makler als Hauptmakler ein, BGH BB **63,** 835, **68,** 729. Bloße Weitergabe des Geschäfts an anderen Makler, weil eigene Erledigung nicht möglich ist, begründet nicht ohne weiteres Zubringergeschäft, sondern kann Gefälligkeit in Erwartung von Gegengefälligkeiten sein. Beteiligungszusage an den Zubringermakler, der dem anderen Makler Alleinauftrag verschafft, verbietet dem Zubringermakler nicht eigene Bemühung um das zweite Maklergeschäft BGH BB **66,** 1367. In Vertragsbeziehung zum Auftraggeber steht allein der, dem das Geschäft zugeführt worden ist. Bsp für Zubringervertrag BGH DB **74,** 1154.

21　　c) **Gemeinschaftsgeschäft:** Mehrere auf entgegengesetzter Seite tätige Makler können ein oder mehrere Geschäfte im Innenverhältnis als Gemeinschaftsgeschäfte behandeln, BGH BB **69,** 1330 (betr Kündigung, Kundenschutz), WM **86,** 1288, Breiholdt BB **93,** 600, das Außenverhältnis zwischen jedem Makler und seinen Auftraggeber bleibt davon unberührt. Fällt nur eine Provision an, wird sie geteilt, BGH BB **63,** 835, sonst erhält jeder Makler von seinem Auftraggeber Provision. „Geschäftsgebräuche für Gemeinschaftsgeschäfte unter RDM-Maklern" s Hbg MDR **73,** 225.

22　　d) **Franchisemakler:** Die Mitgliedermakler (Franchisenehmer) erhalten alle Hinweise von der Zentrale (Franchisegeber); diese ist an den Provisionen beteiligt, verliert sie aber (s Rn 52), wenn sie Kaufabschlüsse unzulässig zuteilt, BGH WM **78,** 245. Lit: Knütel ZHR 144 **(80)** 289.

4) Pflichten des Maklers

23　　A. **Keine Tätigkeitspflicht, kein Erfolgsversprechen:** Der Makler schuldet weder Tätigkeit noch Erfolg (s Rn 4–5); es fehlt insoweit an einer Hauptpflicht des Maklers. Der Maklervertrag ist also kein gegenseitiger Vertrag iSv §§ 320 ff BGB, sondern ein einseitig verpflichtender Vertrag. Herbeiführung des Vertragsschlusses mit Dritten (§ 652 I 1 BGB, § 93 beim Nachweismakler durch Nachweis, beim Vermittlungsmakler wie dem HdlMakler durch Vermittlung) ist nur Voraussetzung des Provisionsanspruchs (s Rn 40–52). Anders beim Alleinauftrag, s Rn 61; Maklerdienstvertrag, Maklerwerkvertrag s Rn 9–10.

24　　B. **Interessenwahrungs- und Treuepflicht:** Der Makler hat die Interessen des Auftraggebers wahrzunehmen. Gegenüber dem **Geschäftsgegner** hat der

8. Abschnitt. Handelsmakler 25–27 § 93

Makler außer bei Doppelauftrag (s Rn 33) keine vertraglichen Pflichten, aA Ebenroth/Reiner 45, es besteht auch kein Vertrag mit Schutzwirkung zugunsten des Geschäftsgegners (Problem: gegenläufige Interessen der Parteien), aA üL, K. Schmidt § 26 II 3 c, aber ein **gesetzliches Schuldverhältnis** auf Grund des beruflichen Auftretens als ehrlicher Makler (§ 347 Rn 22) bzw des insoweit in Anspruch genommenen Vertrauens (vgl § 311 III 2 BGB), Canaris § 19 Rn 26. Dieses Schuldverhältnis fällt unter § 311 III 1 BGB und ist zT besonders geregelt (§§ 94 ff, 98), vgl auch BGH **48**, 350, WM **63**, 433. Pflichten und Haftung gegenüber dem Geschäftsgegner sind demzufolge selbstständig (§ 347 Rn 22) und Einwendungen aus dem Verhältnis zum Auftraggeber nicht ausgesetzt. Aber Aufklärungspflicht (§ 311 II BGB) des Maklers, der bei Beurkundung des Hauptvertrags mit eigenem Provisionsanspruch gegen den Vertragsgegner anwesend ist, BGH NJW **05**, 3778.

Aus der allgemeinen Interessenwahrungs- und Treuepflicht **gegenüber dem Auftraggeber** folgen einzelne Schutz- und Rücksichtspflichten (§ 241 II BGB).

Dazu gehört eine **Schweigepflicht.** Der Makler darf vom Auftraggeber 25 anvertraute, diesem ungünstige Umstände nicht dem Geschäftsgegner mitteilen.

Er darf **keine Provision vom Geschäftsgegner** annehmen, außer wenn ihm 26 Doppeltätigkeit vertraglich gestattet ist (s Rn 32–33), sonst gilt das allgemeine Schmiergeldverbot für Beauftragte (vgl § 59 Rn 51).

Den Makler treffen wegen seiner beruflichen Fachkompetenz (vgl § 347 27 Rn 22) weitreichende **Aufklärungs- und Beratungspflichten,** Rö/Röhricht Vor § 93 Rn 31 ff. Wahrheit, Vollständigkeit, Klarheit, Berichtigung bei solchen Aufklärungs- und Informationspflichten, **auch schon bei Vertragsanbahnung** (Verschulden bei Vertragsverhandlungen, §§ 280, 311 II BGB) s § 347 Rn 23–40; überhöhte Innenprovisionen zB bei Bauherrnmodellen s § 349 Rn 30. Informationen, die er vom Verkäufer erhalten hat, darf der Makler grundsätzlich ungeprüft weitergeben, außer wenn sie ersichtlich unrichtig, unplausibel oder sonst bedenklich sind, BGH NJW **82**, 1147, WM **07**, 794, diese Informationen muss er aber, zumal bei Übernahme in ein eigenes Exposé, sorgfältig einholen und sondieren, eigene Ermittlungen schuldet er nicht (kein Anlagevermittlungsvertrag mit stillschweigender Auskunft, § 349 Rn 13), BGH WM **07**, 794. Der Makler schuldet Aufklärung von ihm bekannten Umständen, die für die Entschließung des Auftraggebers positiv oder negativ bedeutsam sein können, und sachkundige Beratung des Auftraggebers, BGH **36**, 328, DB **70**, 2214, WM **73**, 1383, NJW **82**, 1147. Er muss auf Zweifel an der Leistungsfähigkeit oder Kreditwürdigkeit des Vertragspartners hinweisen. Eine Hinweispflicht trifft den Makler aber nur bei erkennbar entscheidungserheblichen Umständen und offenbarer Aufklärungsbedürftigkeit des Auftraggebers gerade darüber, BGH NJW **81**, 2685, mindestens muss er auf fehlende eigene Prüfung (der Bonität des Mieters) hinweisen, BGH NJW-RR **03**, 700. Informationen des Veräußerers darf der Makler grundsätzlich ungeprüft weitergeben, BGH NJW **82**, 1147, NJW-RR **07**, 711, Ausnahmen Fischer NJW **07**, 3111. Fehlerhafte Angaben muss er richtig stellen, BGH NJW **00**, 3642. Erfährt er bedeutsame nachteilige Umstände, die er dem Auftraggeber nicht mitteilen kann, muss er diesem, ohne sie zu offenbaren, abraten oder seine Tätigkeit einstellen, BGH BB **69**, 894 (Makler-Prokurist, der zugleich Berater des Geschäftsgegners ist). Bsp: Falsche Darstellung der Chancen, ein Haus zu einem bestimmten Termin fertigzustellen, Kln NJW **72**, 1813; unrichtige Finanzierungsberechnung, LG Kln MDR **72**, 326; Pflicht zur richtigen Information über das Interesse des anderen Teils, BGH WM **73**, 614; Beratungspflicht bei Vermittlung einer Beteiligung, BGH WM **77**, 336; Kapitalanlagevermittler (vgl Rn 6) s § 347 Rn 8 ff; rechtliche und steuerliche Tatsachen s Rn 29; überhaupt darf der Makler den Auftraggeber nicht zu einem unvorteilhaften und überstürzten Vertragsschluss verleiten, so zB wenn er die zweifelhafte Verkäuflichkeit des bisher bewohnten, zur Finanzierung benötigten Hauses bagatellisiert, Ffm NJW-RR **88,** 1200. Bei mehr als bloßen Exposés kann ein Prospekt vorliegen, der zur **Prospekthaftung** auch des Maklers führen kann (Anh § 177 a Rn 60).

28 **Aufklärungspflichten des Darlehensmaklers** gegenüber der auftraggebenden Bank, BGH WM **70,** 1270, zB betr Gefährdung des zu finanzierenden Objekts, nicht rechtzeitige Fertigstellung, andere Darlehensverwendung, Auszahlung an Käufer statt an Verkäufer; Erkundigungspflicht über Kreditwürdigkeit des Darlehensnehmers, aber keine detaillierte Kreditwürdigkeitsprüfung, auch keine Prüfung der Sicherheiten, das ist Sache der Bank. Aufklärungspflicht entfällt, wenn der Bank sämtliche wertbildenden Faktoren bekannt sind, BGH WM **88,** 41. Weitergabe von Behördenauskünften, BGH NJW **82,** 1147. **Informationspflichten des Finanzierungsmaklers,** Abgrenzung von Finanzierungsberatungsvertrag, Kblz WM **07,** 780 (§ 347 Rn 14, 36, 37). Der **Versicherungsmakler** (s Rn 7) hat die Mitteilungs- und Beratungspflichten des Versicherungsvermittlers nach §§ 42a ff aF, 60 ff nF VVG (s Rn 7) und nach der Rspr als Sachwalter des von ihm betreuten Versicherungsnehmers besonders weitgehende Aufklärungs- und Beratungspflichten, BGH NJW **94,** 359, VersR **00,** 846, WM **07,** 1676 (aber idR nicht über Maklervertrag), Düss NJW-RR **98,** 395, VersR **00,** 54, Benkel/Reusch VersR **92,** 1306, AGB-Ausschlussklausel verstößt gegen **(5)** § 307 BGB, BGH **162,** 67.

29 Der Makler darf **Rechtsangelegenheiten** erledigen, die mit einem Geschäft seines Gewerbebetriebs unmittelbar zusammenhängen (RBerG Art 1 § 5 Nr 1), zB einen Vertragstext entwerfen, BGH NJW **74,** 1328, über entscheidungserhebliche (auch schwierige) Rechtsfragen aufklären, BGH NJW **81,** 2686. Der Makler hat aber keine Pflicht zur rechtlichen und steuerlichen Beratung, außer soweit vereinbart (s auch Rn 27, 28, § 347 Rn 25); bei schwierigeren Rechtsfragen kann er jedoch dem Auftraggeber zur Einholung von kompetentem Rechtsrat verpflichtet sein, BGH DB **74,** 1477. Rechtsanwalt als Makler s Rn 3.

30 **Interessenkonflikte,** zB eigenes Kaufinteresse oder Tätigkeit für den Geschäftsgegner (s Rn 32–33), muss der Makler offenlegen. Bei unlösbarem Interessenkonflikt muss er seine Tätigkeit aufgeben, außer wenn der Auftraggeber die Fortsetzung trotzdem wünscht, BGH NJW **83,** 1848. Pflichten bei Alleinauftrag s Rn 61. Lit: Hopt ZGR **04,** 1 u FS Doralt **04,** 213.

31 **Nachwirkende Treuepflicht** verbietet dem Nachweismakler, nach Nachweis im eigenen Interesse oder in dem eines Dritten das abschlussreife Geschäft zu hintertreiben, BGH NJW **83,** 1848.

32 C. **Doppeltätigkeit: a)** Dem **Zivilmakler** ist die Tätigkeit auch für den Geschäftsgegner nur erlaubt, wenn der Vertrag mit dem Auftraggeber dies gestattet (§§ 133, 157 BGB; Verkehrssitte, HdlBrauch, s § 346); so zB im Grundstücksgeschäft, BGH **48,** 346, **61,** 21, WM **03,** 2061, auch bei Versteigerung von Sammlungen. Von der Frage der Pflichtverletzung im Erstvertragsverhältnis ist die des Zustandekommens des Zweitvertrags (s Rn 16) und des Lohnanspruchs daraus (s Rn 53–54) zu unterscheiden. Engere wirtschaftliche Verbindung des Maklers mit dem Geschäftsgegner s Rn 47. Ist die Doppeltätigkeit dem Makler nicht gestattet, macht er sich durch sie schadensersatzpflichtig (§§ 280, 254 BGB) und verwirkt bei grober Fahrlässigkeit ohne Rücksicht auf Schaden seinen Lohn (s Rn 52).

33 **b)** Der **Handelsmakler** ist dagegen, wie ua §§ 94, 96, 98, 99, 101 zeigen, anders als der Zivilmakler als **Vermittler** zwischen beiden Teilen tätig (s Rn 13); er ist Schlichter zwischen den widerstreitenden Teilen, BGH **48,** 350. **Echte Doppeltätigkeit** (im Sinne eines Doppelauftrags) ua mit der Konsequenz eines Lohnanspruchs gegen beide Parteien liegt vor, wenn vereinbart, auch konkludent, oder HdlBrauch, so in manchen Branchen, folgt aber noch nicht ohne weiteres aus § 99 (dort Rn 2). Sie ist grundsätzlich zulässig, BGH **48**, 346, **61**, 21, zB für beide Teile als Nachweismakler oder für die eine Partei als Vermittlungsmakler, für die andere als Nachweismakler, BGH NJW **70**, 1075, **04**, 157. Doppeltätigkeit kann nach Art und Inhalt des Auftrags ausgeschlossen sein, zB bei Tätigkeit nur im Interesse des einen Teils als dessen Vertrauensmakler (s Rn 60), BGH WM **98**, 1189, oder bei konkretem Interessenkonflikt, zB Bestens-Aufträge von beiden Seiten. Die Parteien können sie auch dann zulassen, etwa wenn der Makler die Doppeltätigkeit offenlegt und sich als „ehrlicher Makler" auf Vermittlung zwischen den Interessen der Parteien beschränkt, BGH WM **00**, 422, NJW **04**, 157. Jedenfalls beim Immobilienkauf ist sie auch zulässig, wenn sie wenigstens für die jeweils andere Auftraggeberseite eindeutig erkennbar oder absehbar ist, BGH WM **98**, 1189, NJW **00**, 3067. Erlaubte Doppeltätigkeit ist auch bei **Alleinauftrag** (s Rn 59–63) nicht generell ausgeschlossen, aber Offenlegung und nur im Einverständnis auch der anderen Partei und nicht bei Alleinauftrag auf längere Zeit und mit Übertragung der Verhandlungsführung weitestgehend an den Makler, BGH NJW **64**, 1467; nach aA stets nur als Zivilmakler. Interessenkonflikt s Rn 30, wirtschaftliche Verflechtung s Rn 47.

Ist danach dem HdlMakler (und ausnahmsweise dem Zivilmakler, s Rn 32) die Doppeltätigkeit gestattet, ist er beiden Seiten zu **strenger Unparteilichkeit** verpflichtet, schon bei der Vertragsgestaltung und bei der Durchführung, BGH **48**, 344, **61**, 22, NJW **04**, 157. Er hat beide Seiten unparteilich über abschlusserhebliche Umstände zu informieren, insoweit tritt seine Schweigepflicht (s Rn 25) zurück. Er darf iZw nicht in die Preisverhandlungen eingreifen, etwa für einen marktgerechten oder sonst angemessenen Preis sorgen (sonst Verwirkung gegenüber dem benachteiligten Geschäftspartner, s Rn 52), BGH **48**, 347, NJW **68**, 150, oder Preis durch Beiziehung weiterer Interessenten drücken, Düss NJW-RR **01**, 1134. Besteht die Doppeltätigkeit in Vermittlung für den Verkäufer und im Nachweis für den Käufer und weiß der Käufer dies, braucht der Makler dem Käufer nicht mitzuteilen, dass er sich vom Verkäufer **Übererlös** über bestimmte Kaufpreissumme hinaus als Provision hat versprechen lassen (aber s Rn 55), BGH NJW **70**, 1075; doch darf er dem Käufer keinesfalls vorspiegeln, dem Verkäufer gar nicht verpflichtet zu sein, sonst Anfechtung, Ffm NJW-RR **88**, 1109, oder sogar Verwirkung (s Rn 52), Werner gegen Kln NJW **71**, 1943.

D. **Einschaltung weiterer Makler:** Der Makler darf iZw nicht die Ausübung 34 des Auftrags im ganzen einem anderen Makler überlassen (§ 664 I 1 BGB). Er darf aber Untermakler (s Rn 19) hinzuziehen, RG JW **29**, 3497, haftet für sie dann aber nach § 278 BGB (§ 664 I 3 BGB), Mü JR **61**, 95. Mehrere sich ablösende Versicherungsmakler müssen Courtage teilen (vgl § 99 Rn 3), uU Herausgabeanspruch gegen Vorgänger aus Geschäftsführung ohne Auftrag, Hamm VersR **95**, 658.

E. **Sonstige Rechtspflichten:** Zustellung von Schlussnoten, s § 94; Weiter- 35 gabe von Widerspruch einer Partei gegen die Schlussnote an die andere, s § 94 Rn 3, 6. Besondere Sorgfaltspflicht haben die beiden Makler bei einer **a-metà-Vermittlung** zwischen „verdeckten Kaufvertragsparteien"; die beiden Schlussnoten müssen dann unbedingt vollkommen übereinstimmen, OberSchiedsG WV Hbg Börse **(69)** St/Ul I D 1 d Nr 10. Berufspflichten aus Gewerberecht s Rn 3; besondere Pflichten von Wohnungsvermittlern s Rn 4; Darlehensvermittler s Rn 5. Die Makler stehen als Gewerbetreibende unter dem UWG, zB Verletzung der §§ 3, 4, 5 UWG durch Ankündigung niedriger Bearbeitungsgebühr unter Verschweigen, dass ein weiterer Provisionsteil im Kaufpreis enthalten ist, Ffm OLGZ **72**, 462; idR sittenwidriger Behinderungswettbewerb durch offene Werbung (durch Zeitungsanzeigen und Informationsstand am Objekt), falls kein Alleinauftrag (s Rn 59–63), Ffm BB **73**, 955. Nebenpflichten des HdlMaklers s Haberkorn MDR **60**, 93.

36 F. **Rechtsfolgen bei Pflichtverletzung:** Verletzung einer Pflicht des Maklers führt schon bei leichter Fahrlässigkeit (§ 347) und Schaden zur **Schadensersatzhaftung** nach § 280 BGB (und damit iErg zu Verlust oder Schmälerung der Provision), BGH WM **77,** 943, NJW **82,** 1145; Mitverschulden (§ 254 BGB) ist zu berücksichtigen, BGH WM **77,** 943. Haftung für Hilfspersonen nach §§ 278, 831 BGB, BGH BB **70,** 863. Bei Verletzung von Aufklärungs- und Beratungspflichten gelten die Grundsätze für diese, insbesondere Vermutung aufklärungsrichtigen Verhaltens (§ 347 Rn 37). Der Schaden kann je nachdem schon im Abschluss des Maklervertrags oder später des Hauptvertrags liegen. Beweislast nach § 280 I 2 BGB. Pflichtverletzung kann bei grober Fahrlässigkeit und ohne Schaden des Auftraggebers zur **Verwirkung der Provision** nach § 654 BGB führen, s Rn 52. **Verjährung** von Schadensersatzansprüchen gegen Makler in 3 Jahren (§§ 195, 199 BGB idF SMG); damit hat sich der Streit, ob § 88 betr HV (damals kürzere Verjährung) t entspr anwendbar ist, abl BGH BB **72,** 11, erledigt.

5) Pflichten des Auftraggebers

37 A. **Hauptpflicht** des Auftraggebers ist die **Provisionszahlungspflicht** (s Rn 40–58, § 99). Zu den drei Säulen des Maklerprovisionsrechts M. Würdinger JZ **09,** 349.

a) Der Maklerlohn ist iZw verdient mit Zustandekommen des als möglich nachgewiesenen oder vermittelten Abschlusses (§ 652 I 1 BGB); Voraussetzungen im Einzelnen s Rn 40–52. Abw Vereinbarung über erfolgsunabhängige Provision ist möglich, BGH DB **76,** 189, aber nicht in AGB, s Rn 64–66. Der Auftraggeber bleibt **Herr des Geschäfts** und behält seine volle **Abschlussfreiheit.** Er darf nicht nur weitere Makler einschalten (außer bei Alleinauftrag, s Rn 59–63; aber Vorsicht: Risiko mehrerer voller Provisionsansprüche, da Mitursächlichkeit genügt, s Rn 50–51) und sich selbst um den Abschluss bemühen, sondern ist auch iZw frei, das nachgewiesene bzw vermittelte Geschäft ohne Begründung zurückzuweisen, auch seinem Auftrag voll entsprechende oder sogar günstigere Geschäfte, BGH NJW **67,** 1225; diese Abschlussfreiheit besteht auch bei Alleinauftrag (Rn 62), hier auch bei Widerrufsverzicht auf bestimmte Zeit, BGH NJW **67,** 1225, WM **70,** 1458, anders uU bei bedingungsloser Festofferte (s Rn 62); auch bei Vorvertrag oder Vorweganzahlung zwischen Auftraggeber und Geschäftsgegner (Bindung nur intern), BGH NJW **75,** 647. Vom Auftraggeber verursachter Formmangel des Hauptgeschäfts (s Rn 43) führt wegen der Abschlussfreiheit weder zur Provisionszahlungspflicht noch zur Schadensersatzhaftung des Auftraggebers, BGH WM **77,** 1049, str. Ist nach der Vereinbarung der Lohn erst mit Ausführung des Abschlusses verdient (so nach HdlBrauch bei Schiffsverkauf, BGH NJW **66,** 502, Hbg MDR **63,** 849), bleibt der Auftraggeber im Verhältnis zum Makler bis dahin frei (aufschiebende Bedingung), BGH WM **85,** 777; anders nur ganz ausnahmsweise, wenn er die Ausführung treuwidrig vereitelt (§ 162 I BGB), § 87a III (betr HV) gilt nicht entspr, BGH **2,** 283, BB **66,** 516. Ist dagegen Entstehung des Lohnanspruchs schon mit Vertragsabschluss, Fälligkeit aber erst bei Ausführung gewollt (unbedingte, aber erst später fällige Verpflichtung), dann tritt idR mangels Ausführung doch Fälligkeit nach Ablauf der Zeit ein, in der die Ausführung zu erwarten war, BGH DB **81,** 2283 (zur Auslegung der Klausel „Zahlung der Maklerprovision bei Einlösung eines Akkreditivs"), WM **85,** 776. Der Makler hat uU einen Teillohnanspruch, soweit Auftraggeber infolge der Nichtausführung des Abschlusses vom Abschlusspartner Entschädigung erhält, BGH LM § 652 BGB Nr 3 („Fautfracht").

38 **b)** Besteht danach mangels der gesetzlichen Voraussetzungen, also mangels Erfolgs (s Rn 40–52) kein Provisionsanspruch aus § 652 I BGB, scheidet auch § **354** aus; kommt es zum Erfolg und ist der Makler auch ohne Vertrag zur Leistung berechtigt, kommt § 354 in Betracht (str, § 354 Rn 3). Fehlt es überhaupt an einem wirksamen Maklervertrag, kommt Provisionsanspruch uU auch aus §§ 677, 683 BGB oder §§ 812 I, 818 II BGB, RG **122**, 232, in Betracht. Kfm Zivilmakler s Rn 1.

B. **Nebenpflichten:** Der Auftraggeber muss dem Makler die Aufgabe seines Vertragsabschluss- oder -ausführungswillens (s Rn 37) und die Vornahme eines Eigengeschäfts **mitteilen**, um ihn vor unnötigen weiteren Bemühungen zu bewahren. Nach Verhandlungsfehlschlag und bei späterem neuen Geschäftsentschluss braucht der Auftraggeber nicht denselben Makler wieder zu beauftragen, anders uU bei Alleinauftrag, BGH WM **72**, 444. Den Auftraggeber trifft idR eine **Schweigepflicht** über die mitgeteilten Angebote des Maklers, von denen er selbst keinen Gebrauch macht, BGH NJW **87**, 2431, aA Knieper NJW **70**, 1296; andernfalls macht er sich schadensersatzpflichtig nach § 280 BGB, ausnahmsweise bleibt er sogar provisionspflichtig, s Rn 42, 50, Klauseln Rn 64–66. Der Auftraggeber schuldet dem Makler **keinen Aufwendungsersatz** (§ 652 II 1 BGB), anders nur bei besonderer Vereinbarung oder bei Übernahme konkreter, üblicherweise nicht geschuldeter Leistungen, Hamm NJW **73**, 1976; § 670 BGB ist nicht anwendbar, der Makler trägt seine Aufwendungen selbst, auch wenn der Vertrag trotz seiner Aufwendungen und Bemühungen nicht zustandekommt (§ 652 II 2 BGB) oder Provisionsanspruch nicht entsteht (s Rn 40–52). Weitere Pflichten durch Vertragsklauseln, aber nur beschränkt in AGB, s Rn 64–66. 39

6) Voraussetzungen des Provisionsanspruchs: Absprachegemäßes Zustandebringen des gewünschten Vertrags mit Dritten

A. **Tätigwerden des Maklers in Kenntnis des Auftraggebers:** Der Provisionsanspruch des Maklers (§ 652 I 1 BGB; Hauptpflicht des Auftraggebers, s Rn 37) setzt zunächst Tätigwerden des Maklers in Kenntnis des Auftraggebers entsprechend dem Maklervertrag voraus. 40

a) Der **Makler** muss entspr dem Maklervertrag tätig geworden sein, also je nachdem **Nachweis- oder Vermittlungstätigkeit** entfaltet haben (s Rn 13). Der Abschluss des Maklervertrags liegt idR vor dem Nachweis, notwendig ist das aber nicht, Ffm NJW-RR **00**, 751. Für Vermittlung versprochene Provision entfällt, wenn der Makler nur nachweist; uU entsteht dann aber geringerer Provisionsanspruch (§ 653 II BGB), BGH MDR **77**, 210.

b) Der **Auftraggeber** muss von diesem Tätigwerden des Maklers so rechtzeitig vor oder bei Abschluss des Vertrags mit dem Dritten **Kenntnis** haben, dass er die Provisionsforderung bei der Preisgestaltung des Hauptvertrags noch berücksichtigen kann, Mü NJW **68**, 894; auf selbstverschuldete Unkenntnis kann er sich aber nicht berufen. Eine Pflicht zur Rückfrage besteht aber idR nicht (anders uU bei Alleinauftrag), aA Mü NJW **68**, 894; erst recht nicht zur Kenntnisnahme der Nachweise des Maklers, doch liegt letzterenfalls die Beweislast für Unkenntnis beim Auftraggeber. Fehlende Kenntnis ist aber ohne Bedeutung, wenn sie keine Auswirkung auf die Ausgestaltung des Hauptvertrags hatte, BGH NJW-RR **94**, 1260.

B. **Gewünschter Vertrag:** Voraussetzung ist weiter, dass der Makler den gewünschten Vertrag nachweist oder vermittelt **(wirtschaftliche und personelle Identität bzw Kongruenz)**, BGH BB **73**, 1192, NJW **87**, 1628; zumindest muss der Abschluss wirtschaftlich dem angestrebten entsprechen, BGH NJW **82**, 2663, WM **84**, 342 (Umleitung über anderen Zwischenhändler), NJW **91**, 490, **98**, 2277 (Kauf der GmbH, der das Grundstück gehört), NJW-RR **04**, 851, WM **06**, 636 (asset deal/share deal), Hbg NJW-RR **03**, 487, Jena NJW-RR **05**, 1509. **Wirtschaftlich** ist wesentlich, wie günstig bzw belastend die Geschäfte für den Auftraggeber ist. Schon am Vertragsabschluss fehlt es bei Erwerb in der Zwangsvollstreckung, BGH **112**, 59, NJW **97**, 1581 (Anordnung derselben steht nicht gleich), aber Abrede über Gleichstellung ist möglich. Wirtschaftliche 41

Gleichwertigkeit ist zu verneinen zB bei Verpachtung statt Kauf, Grundstücksteil statt ganzem Grundstück, BGH NJW **87,** 1628, uU Leasing statt Kauf (vgl **(7)** Bankgeschäfte Rn P/1), nicht ganz unwesentlich schlechtere Konditionen, BGH NJW **88,** 968 (Finanzmakler), Wohnungseigentum statt freier Doppelhaushälfte, Karls NJW-RR **03,** 1695, anders bei besonderen Konstellationen, BGH NJW **08,** 651 (hälftiger Erwerb mit Ehefrau und Bruder). **Personell** ist Kongruenz nur ganz ausnahmsweise anzunehmen, so bei fester, auf Dauer angelegter idR gesellschafts- oder familienrechtlicher Bindung des Auftraggebers mit dem Abschließenden. Bspe: personenidentische GmbH mit gleichem Zweck, BGH NJW **95,** 3311, Abschluss mit Tochter- statt MutterGes (abl für Konzernschwester, Mü NJW-RR **95,** 1525), oder mit KomplementärGmbH statt KG, bloße Geschäftsverbindung genügt nicht, BGH NJW **84,** 359; mit nahen Familienangehörigen wie Ehegatten, Geschwistern, Ffm NJW-RR **00,** 434, Kblz NJW-RR **04,** 414, auch Lebensgefährten, BGH NJW **91,** 490, aA Düss NJW-RR **00,** 1081, vgl auch Dresd NJW-RR **99,** 1501. Ob Provision auch für ein aus dem nachgewiesenen bzw vermittelten Geschäft folgendes **Folgegeschäft** (zB Hauskauf nach Hausmiete) anfällt, hängt vom Maklervertrag ab (nicht AGB, s Rn 65), BGH WM **90,** 1680; uU HdlBrauch, zB im Holzhandel („Tegernseer Gebräuche", s § 346 Rn 15). Provision für **Ersatz- und Nachgeschäfte,** BGH BB **60,** 1345, Karlsr NJW **66,** 2169, Ffm MDR **75,** 315; AGB s Rn 64–66. Lit: Fischer DB **09,** 987.

42 C. **Wirksamer Vertrag:** Der Vertragsschluss muss wirksam zustandegekommen, nicht auch ausgeführt (s Rn 37–38) sein.

a) Der **Vertragsschluss** zwischen dem Auftraggeber und dem Geschäftsgegner muss perfekt sein. Der von HdlMakler vermittelte Abschluss kann durch Zugang von Angebot und Annahme beim HdlMakler zustandekommen, wenn diese wie idR von jeder Seite zur Entgegennahme ermächtigt ist, BGH **82,** 221, Karlsr BB **75,** 487; der Abschluss ist dann vor Unterrichtung der anbietenden Partei über die Annahme des anderen perfekt (davon geht § 94 I aus), RG **104,** 368. Der HdlMakler kann aber auch Abschlussvollmacht für eine der Parteien haben, BGH WM **83,** 684. Möglich ist auch Provisionszahlungspflicht schon bei Vorvertrag oder bei Vorwegauszahlung des Auftraggebers an Geschäftsgegner, aber nur durch Individualabrede, nicht durch AGB, BGH BB **75,** 299. Darlehensvermittlung s Rn 45. **Überlässt** der Auftraggeber im Stadium der Verhandlung das Geschäft einem **Dritten,** bleibt er lohnpflichtig, wenn er am Geschäft wirtschaftlich teil hat, BGH LM § 652 BGB Nr 7; ähnlich Stgt MDR **64,** 758; anders bei „nicht weitgehender" wirtschaftlicher Beteiligung, Mü OLGZ **72,** 422 (Architekt-Bauunternehmen), dann allenfalls Schadensersatz wegen unerlaubter Weitergabe der Information, s Rn 39; dazu Scheibe BB **88,** 849. Andere oder weitere Vertragspartner s Rn 53–54.

43 **b) Wirksames Zustandekommen:** Der Vertrag muss rechtlich wirksam zustandegekommen sein. Ist er das, sind Umstände, die die Leistungspflicht wieder beseitigen, für den Lohnanspruch **unschädlich,** zB: Wiederaufhebung des Vertrags, BGH **66,** 270; Eintritt einer auflösenden Bedingung (e contrario § 652 I 2 BGB, s Rn 44), BGH WM **71,** 905, NJW-RR **02,** 50; Rücktritt gemäß Gesetz nach §§ 323 ff BGB, vgl BGH BB **74,** 716, NJW **97,** 1583, NJW-RR **01,** 562, einerlei, ob der Mangel der Kaufsache bereits bei Vertragsschluss vorgelegen hat oder nicht, BGH NJW **01,** 966, str; vertraglicher Rücktritt, wenn dem gesetzlichen nachgebildet oder von bestimmten sachlichen Voraussetzungen abhängig gemacht, nicht wenn zeitlich befristet und ganz frei, BGH NJW **97,** 1583, NJW-RR **00,** 1302, auch wenn der Vorbehalt einer aufschiebenden Bedingung gleichkommt (s Rn 44), BGH WM **93,** 342, BB **98,** 1028; Kündigung; erst recht Nichterfüllung der Pflichten aus dem Hauptvertrag durch den Vertragspartner, BGH NJW-RR **01,** 562 (anfängliches Unvermögen), **05,** 1507

(keine Bezugsfertigkeit), in solchen Fällen auch kein Wegfall der Geschäftsgrundlage des Maklervertrags, BGH NJW-RR **05**, 1507. Möglich bleibt anderweitige, auch stillschweigende **Parteiabrede** (§§ 133, 157 BGB), dass späteres Hinfälligwerden des Vertrags provisionsschädlich ist (Behandlung wie aufschiebende Bedingung, s Rn 44, den Maklervertrag auflösende Bedingung oder Rückzahlungsabrede), zB bei offen liegendem Vertragsrisiko und Fehlschlag des Kaufs, BGH NJW **97**, 1583, aA Theobald JZ **97**, 1120. **Nicht wirksam zustandegekommen** ist der Vertrag, also keine Provision zB bei: Geschäftsunfähigkeit des Vertragsgegners (nicht nur bei bloßem Verdacht), BGH DB **76**, 2252; Formnichtigkeit; begründete Anfechtung des Hauptvertrags, BGH DB **71**, 1857, **76**, 2252, auch wegen arglistiger Täuschung durch den Auftraggeber des Maklers, BGH NJW **79**, 975; der Anfechtung gleich stehen bei der fehlerhaften Ges die Auflösungsklage oder außerordentliche Kündigung (§ 105 Rn 75, Anh § 177a Rn 58), BGH NJW **79**, 975; Rücktritt infolge arglistig verschwiegenen Mangels (anstelle Anfechtung nach § 123 BGB, Grenze § 124 I BGB), BGH NJW **01**, 966, offen für § 119 II BGB, dazu Keim NJW **01**, 3168; **vor** Erteilung und erst recht bei Versagung der erforderlichen behördlichen oder gerichtlichen **Genehmigung** (zB durch Vormundschaftsgericht), BGH **60**, 387, WM **76**, 1132, **77**, 22, Naumbb BB **97**, 2021, Düss MDR **01**, 209; Ausübung des Vorkaufsrechts bezüglich des zu erwerbenden Grundstücks, BGH **131**, 321, NJW **82**, 2662, auch bei anschließendem Zwangsversteigerungserwerb des Käufers, BGH NJW **99**, 2271 (Vorkaufsberechtigter als Schuldner s Rn 53).

c) Bei **aufschiebender Bedingung** entsteht der Lohnanspruch erst mit Bedingungseintritt (§ 652 I 2 BGB); BGH BB **74**, 716 (freies Rücktrittsrecht in bestimmter Frist), WM **77**, 23; der Auftraggeber braucht die Bedingung nicht eintreten zu lassen (s Rn 37–38), BGH DB **71**, 1857, aber § 162 BGB, BGH NJW-RR **02**, 50. Freier Rücktrittsvorbehalt im Hauptvertrag, zB bei Bebauungsunfähigkeit, kann einer aufschiebenden Bedingung gleichkommen (§§ 133, 157 BGB), BGH BB **98**, 1028, NJW-RR **00**, 1303, ebenso bei Finanzierbarkeitsvorbehalt, Karls NJW-RR **05**, 574. Auflösende Bedingung s Rn 43. Ob der Hauptvertrag noch während der Laufzeit oder sogar **nach Ende des Maklervertrags**, zB nach Tode des Maklers, zustandekommt, ist irrelevant; auch dann liegt Mitursächlichkeit vor, s Rn 50–51. 44

d) Bei **Darlehensvermittlung** an Verbraucher (s Rn 5) reicht Zustandekommen des Darlehensvertrags nicht aus, Vergütungspflicht erst mit Leistung an den Verbraucher und wenn Widerruf nach § 355 nicht mehr möglich ist (§ 655c BGB). Bei **Kreditvermittlung** im Übrigen ist grundsätzlich der Vertragsschluss (§ 488 BGB) ausreichend, BGH NJW **88**, 968 (Finanzmakler), auch wenn der Kreditnehmer vor Auszahlung noch Auflagen (zB Stellung von Sicherheiten) zu erfüllen hat und sie nicht erfüllt, BGH NJW **69**, 1107, **70**, 1273, NJW **82**, 2663. Im Einzelfall Vergütungspflicht aber auch erst bei tatsächlicher Kreditgewährung (§§ 133, 157 BGB). Bei nichtigem Kreditvermittlungsvertrag keine Provision (weder § 812 BGB noch § 354), BGH **163**, 332. Bei **Versicherungsvermittlung** einer Lebensversicherung mittels Nettopolice (§ 99 Rn 3) entfällt die vom Kunden in Raten zu zahlende Abschlussprovision auch bei dessen vorzeitige Kündigung (§ 652 BGB), BGH **162**, 67 m Anm Loritz NJW **05**, 1757. 45

D. **Vertrag mit Dritten (kein Selbsteintritt): a)** Erforderlich ist Vertragsschluss mit einem dritten Geschäftsgegner. **Nicht genügt** Vertragsschluss mit dem Makler selbst **(Selbsteintritt)**, BGH WM **74**, 58, 482, auch wenn sich der Makler die Leistung von einem Dritten besorgt, zB Darlehensmakler von Bank, es sei denn Zins und Rückzahlung sollen direkt an diese gehen, BGH WM **76**, 1161. 46

b) **Nicht genügt** auch Nachweis oder Zuführung **eines mit dem Makler wirtschaftlich** identischen oder so **eng verbundenen Dritten,** dass kein Raum 47

§ 93   48, 49

für eigenverantwortliche Maklertätigkeit (vertragsmäßige Maklerleistung) bleibt, also wenn ein institutionalisierter Interessenkonflikt vorliegt, BGH **112**, 240, **138**, 170, NJW **71**, 1839, **81**, 277, **92**, 2818, **03**, 1249, krit Dehner NJW **93**, 2225, Staud/Reuter §§ 652, 652 Rn 138: keine Entlastung von Provisionsanspruch, sondern Herausgabe an den Repräsentierten. Die schädliche Verflechtung kann **aus wesentlicher,** auch mittelbarer **Beteiligung,** beherrschendem oder maßgeblichem **Einfluss** oder besonderer **persönlicher Verbindung** stammen. Von Bedeutung sind danach ua Stellung als phG, Geschäftsführer, nicht unwesentlich beteiligter Gfter, Verflechtung (idR erst ab Schachtelbesitz), Entscheidung und wesentliche Willensbildung über den Hauptvertrag für den oder bei dem Auftraggeber. Bsp: der Makler ist an der VertragsgegnerGes hoch beteiligt (40% ohne Beherrschung genügt), BGH BB **76**, 1432 (BGH NJW **75**, 1215: 20%, aber Geschäftsführer); er ist mit der AbschlussvertreterGes eng verflochten, BGH NJW **85**, 2473; er ist phG oder Geschäftsführer der VertragsgegnerGes, BGH NJW **75**, 1215, oder deren phG-GmbH; er ist Handelsvertreter des Vertragsgegners (Grund: § 86 I) oder Verwalter des Vertragsobjekts für den Vertragsgegner, BGH NJW **74**, 137; er ist Vertreter des Dritten mit eigener Entscheidungsbefugnis, BGH NJW-RR **98**, 992; die Unternehmen des Maklers und des Vertragsgegners sind vom gleichen Dritten abhängig; der Makler ist KG, deren phG entspr mit dem Vertragsgegner verbunden ist; der Geschäftsführer der MaklerGmbH ist Vertragsgegner; der Makler ist Wohnungseigentumsverwalter, von dessen Zustimmung der Verkauf abhängt, BGH **112**, 240, NJW **03**, 1249, str; die die Zwangsvollstreckung betreibende Bank vermittelt das Grundstück, BGH NJW **97**, 2673; der Makler ist mit dem Dritten **verheiratet,** außer wenn die Interessenkollision (Ehe) dem Auftraggeber bekannt ist oder wegen besonderer Umstände nicht besteht, BVerfG NJW **88**, 2663, BGH NJW **87**, 1008. **Lohnunschädlich** sind dagegen zB: geringfügige Beteiligung, Ffm NJW-RR **03**, 1428 (im konkreten Fall nur 2%); bloß persönliche Beziehungen zwischen Makler und Vertragsgegner, BGH NJW **81**, 2293, Ffm NJW-RR **03**, 1428; wirtschaftliche Verflechtung zwischen Makler und Auftraggeber, BGH WM **76**, 1334; Arbeitsverhältnis des Maklers mit dem Vertragsgegner, wenn er Freiraum für eigenverantwortliche Maklertätigkeit hat, BGH **138**, 174; einfache Haus- bzw Wohnungseigentumsverwaltung (ohne Zustimmungsvorbehalt für Verkauf), BGH WM **05**, 1479; Hausverwaltung des zu verkaufenden Mietshauses, offen BGH NJW **81**, 2298. Auch sonstige wirtschaftliche Abhängigkeiten und langjährige Geschäftsbeziehungen sollten iZw lohnunschädlich sein. Lit: Zerres/Hauch ZfIR **03**, 137.

48   **c) Erfolgsunabhängiges bzw selbstständiges Provisionsversprechen:** Soll in solchen Fällen (s Rn 47) trotzdem Maklerlohn gezahlt werden, müssen die Verhältnisse präzise dargelegt und der Verpflichtungswille des Auftraggebers klar sein, BGH **112**, 242, NJW **81**, 278 (Kölner Modell), WM **83**, 42, **07**, 173, Kln WM **82**, 804 m Anm Lieb WM **82**, 782; auch bei kombinierter Finanzierungsvermittlung und -bearbeitung, BGH NJW **83**, 985. Die Rspr dazu geht sehr weit, BGH NJW **00**, 3781, **03**, 1249 (Provisionsversprechen in Kenntnis der Verflechtung, Rechtskenntnis unnötig), zurückhaltender BGH **138**, 173, und ist uneinheitlich. Jedenfalls Kenntnis von der besonderen persönlichen Beziehung genügt für Lohnerhaltung, BVerfG NJW **88**, 2663, Hamm MDR **00**, 635. Erfolgsunabhängiges Provisionsversprechen ist auch im vermittelten Hauptvertrag zugunsten des Maklers (§ 328 BGB) möglich, BGH NJW **03**, 1249; zur Maklerklausel s auch Rn 53. Unwirksamkeit solcher Klauseln in AGB s Rn 64–66.

49   **d)** Verwirkung des Anspruchs auf Rückzahlung der gezahlten (nach vorstehendem nicht geschuldeten) Provision s BGH WM **76**, 1194; Wegfall der zurückzuzahlenden Bereicherung (§ 818 III BGB), zB durch Provisionszahlung an Mitarbeiter, BGH BB **78**, 1090, NJW **81**, 278.

E. **(Mit-)Ursächlichkeit:** Die Tätigkeit des Maklers (HdlMakler ist Vermitt- 50
lungsmakler, s Rn 13) muss **für** den erfolgten **Abschluss des Auftraggebers**
(enge Ausnahmen s weiter unten) **mit dem Dritten** (s Rn 46 ff) zumindest
mitursächlich gewesen sein, nicht die Einzige oder hauptsächliche Ursache („infolge" in § 652 I 1 BGB), BGH WM **74,** 257. Mitursächlichkeit setzt eine für
das Zustandekommen des Vertrags wesentliche Maklerleistung voraus; der Auftraggeber muss durch sie den Anstoß zu konkreter Bemühung um das Objekt
bekommen haben, BGH NJW **83,** 1849, zufällige Erfolgsherbeiführung ohne
wesentliche Maklerleistung genügt nicht, BGH WM **88,** 1492 (Ergebnis zweifelhaft). Mitursächlichkeit durch **mittelbare Einwirkung** auf andere als die
beiden Vertragsinteressenten ist idR zu verneinen, zB späterer Abschluss mit dem
zur Beurkundung herangezogenen Notar, BGH NJW **76,** 1844, bei unbefugter
Weitergabe der Information aber Schadensersatzpflicht (s Rn 39); anders, also
Ursächlichkeit **bei fehlender personeller Identität** von Auftraggeber und dem
mit dem Dritten Abschließenden, **nur** ganz **ausnahmsweise,** s Rn 41. Mitursächlichkeit ist auch bei Abbruch der vom Makler eingeleiteten Verhandlung und
in angemessenem Abstand folgende Neuverhandlung und Abschluss ohne ihn
nicht ausgeschlossen, BGH **141,** 40, NJW **80,** 123, **08,** 651 (Nachweismakler).
Unterbrechung des Kausalzusammenhangs ist aber beim Nachweismakler
nur ganz ausnahmsweise anzunehmen, so wenn der frühere Nachweis keinerlei
Nachwirkungen mehr hat und Wiederaufnahme der Verhandlung auf völlig
neuem Kaufentschluss des Auftraggebers beruht, BGH WM **07,** 1076, Rö/Röhricht vor § 93 Rn 73, Bspe: Bambg NJW-RR **98,** 565, Ffm NJW-RR **99,** 635,
Düss NJW-RR **00,** 1362, 1504; ebenso wenn der Auftraggeber die Verkaufsabsicht endgültig aufgegeben oder sich für einen anderen Interessenten entschieden
hat und die Verkaufsgelegenheit dann später unter veränderten Umständen ohne
Zutun des Nachweismaklers neu entsteht, BGH NJW-RR **07,** 31, 402. Weisen
mehrere Makler nacheinander dieselbe Gelegenheit zu unterschiedlichen Preisangeboten nach, kann nicht einfach das günstigste Angebot als das allein ursächliche angenommen werden, vielmehr kommt es auf Unterbrechung des Kausalzusammenhangs und Fehlen der inhaltlichen Gleichwertigkeit im Hinblick auf
den Preisunterschied an, BGH **78,** 273, NJW **80,** 123. War die Tätigkeit des
Maklers ursächlich, so schadet es nicht, dass der **Abschluss erst nach Ende des
Maklervertrags** zustandekommt, zB nach Tod des Maklers, BGH BB **65,** 396,
oder nach (zulässigem) Widerruf (s Rn 18) des Auftrags, BGH BB **66,** 799, **69,**
934. **Vorkenntnis** des Auftraggebers von der nachgewiesenen Gelegenheit hindert Ursächlichkeit und damit Provisionsanspruch, außer wenn anders vereinbart
(s Rn 66), Celle NJW-RR **95,** 501. Der Auftraggeber muss seine Vorkenntnis
nicht umgehend klarstellen, BGH WM **84,** 63. Ursächlichkeitsfiktionsklausel
mangels Mitteilung der Vorkenntnis ist unwirksam, auch unter Kflten, BGH BB
76, 1100 (s Rn 66).

Die **Beweislast** für Ursächlichkeit liegt beim Makler, zB bei Eingehen von 51
Angeboten mehrerer Makler über dasselbe Objekt, BGH NJW **79,** 869. Bei
engem zeitlichem Zusammenhang zwischen Hinweis und entspr Abschluss besteht Vermutung für Ursächlichkeit, BGH WM **84,** 560, je nachdem auch noch
nach einem halben Jahr, BGH NJW **05,** 3781, nicht mehr nach einem Jahr, BGH
NJW **06,** 3063. Kausalitätsunabhängiges Provisionsversprechen nur bei eindeutiger, idR ausdrücklicher Individualvereinbarung, BGH WM **86,** 211, Bsp: Celle
NJW-RR **95,** 501; unwirksam in AGB, s Rn 64–66.

F. **Keine Verwirkung:** Der Makler verwirkt seinen Lohnanspruch nach 52
§ 654 BGB. § 654 BGB drückt einen allgemeinen Rechtsgedanken aus (nach
Rspr Strafcharakter und Anspornfunktion, BGH **36,** 323, NJW-RR **05,** 1424),
der ihn bei jeder schwerwiegenden Pflichtverletzung über seinen Wortlaut **(vertragswidrige Doppeltätigkeit)** hinaus anwendbar macht. Er greift nicht schon

bei jeder schuldhaften Pflichtverletzung ein (bei solcher Schadensersatzpflicht nach § 280 BGB, s Rn 36), sondern nur bei schwerwiegendem, mindestens grobfahrlässigen Verstoß gegen eine wesentliche Pflicht derart, dass der Makler „eines Lohnes unwürdig ist", auf Eintritt eines Schadens kommt es dabei nicht an; umfangreiche Kasuistik, zB BGH **36,** 327, **48,** 350 (treuwidrige Doppeltätigkeit), NJW **69,** 1628 (Verheimlichen von Sonderabmachungen), **81,** 280, 2297, **83,** 1847 (eigenes Kaufinteresse des Maklers), **86,** 2573 (unredlich erreichte Provisionserhöhung), WM **90,** 77 (Veranlassung zu formnichtiger Kaufverpflichtung, trotz späterer Heilung), NJW **92,** 681 (Anwalt, iErg abl), **00,** 3068 (nicht bei Offenlegung und Vermittlung als „ehrlicher Makler"); nicht schon bei Verwendung unzulässiger AGB, BGH WM **05,** 1480, anders bei besonderen Umständen, Fischer NJW **07,** 3111. Dabei haftet der Makler für Erfüllungsgehilfen nach § 278 BGB, Hamm NJW-RR **00,** 59. § 254 BGB ist auf Verwirkung nicht anwendbar (Grund: nicht Schadensersatz), BGH **36,** 326. Verwirkung nach § 654 BGB schließt auch entspr Zahlung nach § 812 BGB aus, Werner gegen Kln NJW **71,** 1943. Bei Treuepflichtverletzung nach Provisionsempfang keine Verwirkung (Rückzahlung), nur Schadensersatzpflicht nach § 280 BGB, BGH **92,** 184.

7) Schuldner, Höhe, Fälligkeit des Provisionsanspruchs

53 A. **Schuldner:** Provisionsschuldner ist der Auftraggeber. Bei Ausübung des **Vorkaufsrechts** entfällt die Provisionspflicht des Erstkäufers gegenüber dem Grundstücksmakler, da er nichts erhält (s Rn 43). Der Vorkaufsberechtigte, der anstelle des Erstkäufers in den Vertrag eintritt, ist provisionspflichtig, wenn der Kaufvertrag Provisionsversprechen zugunsten des Maklers beinhaltet (**Maklerklausel** im Erstvertrag; §§ 133, 157 BGB), BGH **131,** 318, BB **63,** 9, str, Ausnahme (Fremdkörper), BGH WM **07,** 696. Auch sonst kann der Makler einen unmittelbaren Anspruch aus Vertrag zu seinen Gunsten (§ 328 I BGB) haben, BGH **138,** 170. Versicherungsmakler s § 99 Rn 3. Zur Maklerklausel s auch Rn 48; Grziwotz MDR **04,** 61.

54 Bei **Doppeltätigkeit** (vgl Rn 32–33) schuldet jeder Auftraggeber dem Makler Lohn (vgl auch § 99 Rn 1 über Lohnanspruch gegen beide Parteien), andernfalls trotz § 354 nur der Vertragspartner, in dessen Interesse der Makler erkennbar handelt, BGH BB **81,** 756. Dem Lohnanspruch gegen den Käufer steht nicht entgegen, dass dieser infolge entsprechender Kaufpreiserhöhung schon den vom Verkäufer geschuldeten Lohn trägt, Kln BB **71,** 326. Vereinbarung, dass der Zweitauftraggeber (zB Eigentumswohnungskaufinteressent) erfolgsunabhängig (s Rn 48) vollen Lohn (nicht nur angemessene Tätigkeitsvergütung) schuldet, während der Erstauftraggeber (Verkäufer) ungebunden bleibt, ist unwirksam (§ 138 BGB, Widerspruch zur Unparteilichkeit, s Rn 32–33), BGH **61,** 23.

55 B. **Höhe:** Die Höhe des Maklerlohns bestimmt sich nach Vereinbarung, hilfsweise Taxe, ganz hilfsweise Üblichkeit (§ 653 II BGB), BGH **94,** 98, NJW **81,** 1444, **82,** 1523. Berechnung bei Unternehmensverkauf s BGH NJW **95,** 1738, Düss NJW-RR **00,** 1506. Mangels fester Übung iZw kein Bestimmungsrecht des Maklers nach § 316 BGB, sondern des Gerichts auf Grund (uU ergänzender) Vertragsauslegung, BGH **94,** 104. Keine Herabsetzung eines überhöhten Maklerlohns (Ausnahme § 655 BGB, aber fast gegenstandslos wegen AFG); bei sittenwidriger Höhe Unwirksamkeit des gesamten Maklervertrags, s Rn 17. Kaufpreisminderung (§§ 437 Nr 2, 441 BGB) lässt iZw die Provision unberührt, BGH WM **77,** 23. Makler kann iZw nicht zusätzlich Mehrwertsteuer überwälzen, Kln OLGZ **72,** 10, Zweibr OLGZ **77,** 216 (Überbl 4 vor § 373). Handelt der Auftraggeber selbstständig einen höheren Kaufpreis aus, schuldet er dem Makler Provision nur aus dem ursprünglich niedrigeren Preis, Nürnb MDR **77,** 52. Absprache, dass dem Makler der Verkaufserlös über einen bestimmten Betrag als

8. Abschnitt. Handelsmakler 56–60 § 93

Provision zukomme (**Übererlösklausel**), ist zulässig (s Rn 33); der Makler muss dann aber den Auftraggeber über den objektiv erzielbaren Erlös, Düss NJW-RR **99**, 1140, und über den erzielten Erlös unterrichten, BGH NJW **69**, 1628, ausnahmweise § 138 BGB, BGH **125**, 135. Verzicht auf Lohn, von dem der Auftraggeber den Abschluss abhängig macht, ist nicht anfechtbar wegen Drohung (§ 123 BGB), wenn nur so Einigung mit dem Geschäftspartner möglich war, BGH NJW **69**, 1627. Mehrere mitursächlich gewordene Makler können jeweils vollen Provisionsanspruch haben, hL, Rspr, aA Knütel ZHR 144 **(80)** 289: für Lohnteilung entspr § 660 I 1 BGB; andere Absprache ist möglich, BGH BB **63**, 835 (s Rn 37–38, 50–51). Als **Courtage** erhält der Versicherungsmakler je nachdem einmalige Provision, zB Lebensversicherung, oder laufend Prozente, dann auch für Bestandspflege, Ffm VersR **95**, 92, letzterenfalls deckt die Courtage Vermittlung und spätere Betreuung (idR hälftig) ab Hamm VersR **95**, 658 (vgl § 93 Rn 34, § 99 Rn 3).

C. **Fälligkeit:** Der Provisionsanspruch ist mit Zustandekommen des Hauptvertrags (s Rn 40–52) fällig (§ 652 I 1 BGB); bei entspr Vereinbarung auch schon vorher, zB mit Abschluss eines Vorvertrags (s Rn 42) oder unter den Voraussetzungen eines unabhängigen Provisionsversprechens (s Rn 48). Bei entspr Vereinbarung auch erst später, zB erst nach Vertragsausführung (s Rn 37–38); letzterenfalls ist § 87 a III nicht analog anwendbar, BGH BB **66**, 516, str, es kann aber aufschiebende Bedingung gewollt sein (s Rn 44). 56

D. **Verjährung:** Der Provisionsanspruch verjährt in 3 Jahren nach §§ 195, 199 BGB (Einl 16 vor § 343). 57

E. **Insolvenz:** s BGH **63**, 74. 58

8) Alleinauftrag

A. **Begriff und Funktion:** Bei **Alleinauftrag**, zT auch **Festauftrag** genannt, vgl Hbg BB **55**, 847, SchiedsG CaffeeHdlVerein **(75)** St/Ul II D 1 d Nr 19 („Festofferte", „An die Hand", „Fest an die Hand"), verzichtet der Auftraggeber auf das Recht, weitere Makler zum gleichen Zweck einzuschalten und den Auftrag jederzeit zu widerrufen. Der Alleinauftrag vermindert also das Risiko des Maklers, trotz großer Aufwendungen und Bemühungen keine Provision zu erlangen, BGH NJW **67**, 198. Der Bindung des Auftraggebers entspricht die Pflicht des Alleinmaklers zum Tätigwerden (Maklerdienstvertrag, s Rn 9), BGH WM **87**, 1044; ob der Alleinauftrag damit zum gegenseitigen Vertrag iSv §§ 320 ff BGB wird, ist str, wohl nicht, da der Auftraggeber iZw auch hier volle Abschlussfreiheit behält, § 326 II BGB also insoweit nicht gilt (s Rn 62). 59

B. **Vertragsschluss, Wirksamkeit, Ende des Alleinauftrags: a)** Der Alleinauftrag kann wie der einfache Maklervertrag **stillschweigend** abgeschlossen werden (s Rn 16), str, doch muss der auf den Alleinauftrag und die damit verbundenen besonderen Pflichten gehende Wille des Auftraggebers und des Maklers eindeutig erkennbar sein. Der (einfache) Alleinauftrag kann auch durch AGB begründet werden, BGH WM **78**, 791, jedenfalls unter Kflten, nicht dagegen der (qualifizierte), der auch dem Auftraggeber das Eigengeschäft untersagt (Hinzuziehungsklausel s Rn 66), BGH **88**, 368, **99**, 377, NJW **91**, 1678, Ul/Br/He/Christensen Anh § 310 BGB Rz 578, 581, oder ihn sonst zB durch Provisionszahlungspflicht in seiner Abschlussfreiheit einschränkt, Rö/Röhricht Vor § 93 Rn 20. 60

b) Für die **Wirksamkeit** des Alleinauftrags gilt dasselbe wie für den einfachen Maklervertrag, s Rn 17.

c) Der Alleinauftrag ist aber anders als der einfache Maklervertrag iZw **nicht** jederzeit **frei widerruflich** (s Rn 18), sondern gilt auf angemessene Zeit (§§ 133, 157 BGB, **Festauftrag**), BGH WM **74**, 254, **76**, 534; zB sechs Monate,

Hamm NJW **66,** 887, Ul/Br/He/Christensen Anh § 310 BGB Rz 585, für AGB allgemeine Grenze zwei Jahre s **(5)** § 309 Nr 9 BGB. Ein zeitlich unbegrenzter (Verkaufs)Auftrag ist idR nichtig, § 138 BGB, BGH WM **76,** 534. Bei längerer Bindung wird der Makler zum **Vertrauensmakler,** BGH NJW **64,** 1467, WM **00,** 423. Ist er auf längere Zeit eingegangen, ist er wie alle Dauerschuldverhältnisse doch vorzeitig aus wichtigem Grund kündbar (§ 314 BGB, zu beachten § 314 II, III BGB), zB durch den Auftraggeber, wenn der Makler untätig bleibt, BGH BB **69,** 850, uU auch bei Zuführung eines unseriösen Vertragspartners, BGH WM **70,** 1459. Die für den Fall vorzeitigen Widerrufs dem Makler zugesagte Zahlung ist iZw Reugeld (§ 348 Rn 9), dh Voraussetzung wirksamen Rücktritts, nicht (wie eine Vertragsstrafe) geschuldet, Mü NJW **69,** 1630; AGB s Rn 65–66. Wiederbeauftragung nach Fehlschlag s Rn 39.

61 C. **Pflichten des Maklers:** Beim Alleinauftrag hat der Makler anders als beim einfachen Maklervertrag (s Rn 23) eine **Tätigkeitspflicht** (Maklerdienstvertrag, s Rn 9), BGH **60,** 381, NJW **85,** 2478. Auch der alleinbeauftragte Makler ist aber nicht weisungsgebunden, BGH NJW **92,** 2818. Doppeltätigkeit ist auch bei Alleinauftrag nicht schlechthin ausgeschlossen (s Rn 33). Im Übrigen treffen ihn dieselben Nebenpflichten, insbesondere die Interessenwahrungs- und Treuepflicht (s Rn 24–36).

62 D. **Pflichten des Auftraggebers:** Der Alleinauftraggeber **behält** seine volle **Abschlussfreiheit** (s Rn 37–38), BGH NJW **67,** 1225; der Alleinauftrag beinhaltet auch keine Abschlussvollmacht an den Makler, SchiedsG CaffeeHdlVerein **(75)** St/Ul II D 1 d Nr 19; anders uU bei bedingungsloser Festofferte, SchiedsG Drogen- und Chemikalienverein **(58)** St/Ul II D 1 d Nr 18. Der Alleinauftrag lässt dem Auftraggeber iZw auch das **Recht zum Direktabschluss,** also ohne Mitwirkung des Maklers, BGH NJW **61,** 307, WM **76,** 534, Kblz NJW-RR **99,** 1000, str, nach aA § 326 II BGB; ebenso bei „Fest- und Alleinauftrag", Düss DB **73,** 2042. Der direkt abschließende Auftraggeber schuldet dem Makler keinen Aufwendungsersatz (s Rn 39), anders bei Übernahme konkreter, üblicherweise nicht zu erbringender Leistungen durch den Makler (entspr §§ 675 I, 670 BGB), Hamm NJW **73,** 1976.

63 E. **Provisionsanspruch:** AGBVersprechen erfolgsunabhängiger Provision ist auch bei Alleinauftrag unwirksam, auch wenn Makler noch gewisse Garantie übernimmt, BGH NJW **85,** 2477. S Rn 64–66.

9) Typische Maklervertragsklauseln, Grenzen für Allgemeine Geschäftsbedingungen

64 A. Das private Maklervertragsrecht ist **nicht zwingend. Abbedingung** durch **Einzelvereinbarung** ist in den allgemeinen Grenzen (s Rn 17) uneingeschränkt möglich, zB BGH WM **70,** 392. Aber die Anforderung an Individualabrede nach **(5)** § 305 I 3 BGB sind sehr streng, BGH NJW **88,** 410, krit Schwerdtner NJW **90,** 369.

65 B. **Anders** steht es bei **Allgemeinen Geschäftsbedingungen,** dazu **(5)** §§ 305–310 BGB, auch für den HdlMakler als Verwender von AGB; ist der Kunde Unternehmer, gelten zwar nach **(5)** § 310 I 1 BGB ua die Klauselverbote der §§ 308, 309 BGB nicht; doch erscheinen diese Klauselverbote über § 307 BGB im Gewande der allgemeinen Inhaltskontrolle für alle vom gesetzlichen Typ des Maklervertrags abweichenden Klauseln wieder. Im Übrigen findet, auch wenn die AGBKontrolle nicht greift, eine Inhaltskontrolle nach §§ 242, 315 III BGB Platz. Die Anforderungen müssen allerdings je nach Bereich unterschiedlich gestellt werden: was für Immobilien- und Ehemakler gilt, darf nicht ohne weiteres auf Waren-, Börsen- und Schiffsmakler ausgedehnt werden, auch Ul/Br/He/ Christensen Anh § 310 BGB Rz 588. Trotzdem sind die meisten der folgenden typischen Maklervertragsklauseln, wenn in AGB vereinbart, auch für HdlMakler

8. Abschnitt. Handelsmakler 66, 67 § 93

unwirksam, zumindest aber in ihrem Bestand rechtlich zweifelhaft. Lit: Ul/Br/ He/Christensen Anh § 310 BGB Rz 575 ff, Wo/Li/Pf Maklerverträge M 1.

C. Typische Klauseln: Abschlussbindungsklauseln, die die Abschlussfrei- 66 heit des Auftraggebers (s Rn 37–38) beseitigen, sind unwirksam, BGH NJW **67,** 1225. **Alleinauftragsklausel** s Rn 60. **Aufwendungsersatzklauseln** (s Rn 39) sind wirksam bei mäßigem Höchstbetrag, prozentuale Pauschalierung ist unwirksam, BGH **99,** 374. **Dienstvertragsklauseln,** die durch Deklarierung des Maklervertrags als Dienstvertrag zu einer erfolgsunabhängigen Provision kommen, sind uU unwirksam, BGH NJW **65,** 246 (Nachweis von Kapitalanlageinteressenten für Kreditsuchende), ähnlich Mü MDR **67,** 212. **Doppeltätigkeitsklauseln** nur in engen Grenzen, s Rn 52. **Eigenverkaufsklauseln,** nach denen der Auftraggeber bei Alleinauftrag kein provisionsfreies Eigengeschäft schließen darf, sind unwirksam, BGH NJW **91,** 6178; s auch Hinzuziehungsklauseln. **Erfolgsunabhängige Provision** kann zwar im Einzelvertrag (s Rn 48) wirksam vereinbart werden, BGH NJW **77,** 624, aber nicht in AGB, BGH **60,** 390, NJW **84,** 2163; das gilt auch für Alleinauftrag, s Rn 63. **Fälligkeitsklauseln:** Vorverlegung, KG NJW **61,** 512, oder Hinausschieben der (bloßen) Fälligkeit der Provision ist zulässig (s Rn 37–38). **Folgegeschäftsklauseln** (s Rn 41) sind unzulässig, BGH **60,** 243. **Freizeichnungsklauseln** s (5) § 309 Nr 7 BGB ua. **Gleichstellungsklausel** (s Rn 41), zB von Zwangsversteigerungserwerb, ist unwirksam, BGH **119,** 32, str. **Hinzuziehungs- und Verweisungsklauseln,** die Provisionspflicht bei Abschluss durch anderen Makler oder Direktabschluss durch den Auftraggeber statuieren, sind unwirksam, BGH **60,** 382, **88,** 368, BB **77,** 60, NJW **77,** 624, BB **81,** 757, NJW **86,** 1173 (Alleinvermietungsklausel bei Ferienhaus). **Provisionsabwälzungsklauseln** („Provision trägt Käufer") können Verschiedenes bedeuten, BGH MDR **67,** 836, und sind je nachdem wirksam oder unwirksam. **Reservierungsklauseln** gegen Reservierungspauschale sind idR unzulässig, BGH **103,** 235, LG Ffm NJW **84,** 2419; anders uU bei Alleinauftrag, s Rn 62. **Rückfrageklauseln,** nach denen mangels Rückfrage vor Abschluss ohne Mitwirkung des Maklers Provisionsanspruch entsteht, sind wie Vorkenntnisklauseln unwirksam. **Übererlösklauseln** sind grundsätzlich wirksam, s Rn 33, 55. **Vertragsstrafeversprechen** s (5) § 309 Nr 6 BGB; die Bestimmung, bei jeder Pflichtverletzung schulde Auftraggeber ohne Schadensnachweis die Gesamtprovision, ist nicht Provisionsvereinbarung, auch nicht Schadenspauschalierung, sondern Vertragsstrafeversprechen, BGH **49,** 88 (Grundstück, 6% Provision, Herabsetzung nach § 343 BGB). **Verweisungsklauseln** s Hinzuziehungsklauseln. **Vollmachtsklauseln** s (5) §§ 305 b, 307, 309 Nr 11 BGB, Ul/Br/He/Hensen Anh § 310 BGB Rz 1015. **Vorkenntnisklauseln** (s Rn 50–51) enthalten Vertragspflicht des Auftraggebers, innerhalb bestimmter Frist unter Hinweis auf seine Vorkenntnis zu widersprechen bzw diese mitzuteilen; soll andernfalls Provision geschuldet bzw Fehlen der Vorkenntnis unwiderleglich vermutet sein, sind sie unwirksam, BGH NJW **76,** 2345; anders wenn sie nur die Beweislast, die hier nach dem Gesetz ohnehin den Auftraggeber trifft, festhalten, BGH NJW **71,** 1173. **Weitergabeklauseln** (s Rn 39), also Provisionspflicht bei Weitergabe an Dritte, die die Information ausnützen, ohne selbst provisionspflichtig zu werden, sind wirksam, BGH NJW **87,** 2431, str. **Widerrufsklauseln,** nach denen bei vorzeitigem Widerruf volle Provision geschuldet wird, sind unwirksam, BGH NJW **67,** 1225, **79,** 367, nach aA nur, wenn in der ausbedungenen Zeit nicht Provision verdient worden wäre. **Zwangsversteigerungserwerb** s Gleichstellungsklausel.

10) Internationales Maklerrecht

Das auf den Maklervertrag anwendbare Recht kann ausdrücklich oder still- 67 schweigend gewählt werden (freie Rechtswahl, Art 27 I EGBGB). Ohne solche

§ 94 1, 2

Wahl gilt das Recht des Orts der charakteristischen Leistung, also der gewerblichen Niederlassung des Maklers (Geschäftssitz, Art 28 II 2 EGBGB); BGH AWD **63,** 58, Düss RIW **97,** 780, vgl BGH NJW **96,** 2569 (Vermittlergarantie), aA für Einzelfallprüfung, BGH NJW **77,** 1586, oder gemeinsame Staatsangehörigkeit, Ffm AWD **73,** 558. Nach der Gesamtheit der Umstände kann Maklervertrag aber engere Verbindungen mit einem anderen Staat aufweisen (Art 28 V EGBGB). Welchem Recht der vermittelte Vertrag untersteht, ist grundsätzlich unmaßgeblich, str. Untermaklervertrag und ähnliche Verträge (s Rn 19) sind mangels anderen Parteiwillens selbstständig anzuknüpfen, aA bloßer Annex zum Hauptmaklervertrag, Düss RIW **97,** 780. Für Sonderanknüpfung von § 100 Ebenroth/Reiner 82. Lit: Klingmann 1999; Reithmann/Martiny/Martiny 2082; Ebenroth RIW **84,** 165.

[Schlussnote]

94 (1) **Der Handelsmakler hat, sofern nicht die Parteien ihm dies erlassen oder der Ortsgebrauch mit Rücksicht auf die Gattung der Ware davon entbindet, unverzüglich nach dem Abschlusse des Geschäfts jeder Partei eine von ihm unterzeichnete Schlußnote zuzustellen, welche die Parteien, den Gegenstand und die Bedingungen des Geschäfts, insbesondere bei Verkäufen von Waren oder Wertpapieren deren Gattung und Menge sowie den Preis und die Zeit der Lieferung, enthält.**

(2) **Bei Geschäften, die nicht sofort erfüllt werden sollen, ist die Schlußnote den Parteien zu ihrer Unterschrift zuzustellen und jeder Partei die von der anderen unterschriebene Schlußnote zu übersenden.**

(3) **Verweigert eine Partei die Annahme oder Unterschrift der Schlußnote, so hat der Handelsmakler davon der anderen Partei unverzüglich Anzeige zu machen.**

1) Rechtliche Bedeutung der Schlussnote und des Schweigens auf sie

1 A. **Bloßes Beweismittel:** Die Erteilung der Schlussnote ist für das Zustandekommen und die Wirksamkeit des vermittelten Geschäfts (s § 93 Rn 42–45) ohne Bedeutung. Die Schlussnote ist bloßes Beweismittel für Abschluss und Inhalt des vermittelten Geschäfts; sie hat keine förmliche Beweiskraft, außer für die in ihr niedergelegte Erklärung des Maklers (Privaturkunde § 416 ZPO), RG **90,** 168, BGH NJW **55,** 1917. Das Fehlen von in der Schlussnote nicht erwähnten Abreden wird vermutet **(Vollständigkeitsvermutung),** soweit solche Abreden üblicherweise in sie aufgenommen werden.

2 B. **Schweigen auf Schlussnote:** Vorbehaltlose Annahme durch die Parteien **bedeutet** nach HdlBrauch **Zustimmung** zur Verbindlichkeit des Abschlusses mit dem in der Schlussnote angegebenen Inhalt (ohne weitere Abreden), **wie beim** kfm und beruflichen **Bestätigungsschreiben** (§ 346 Rn 32), RG **105,** 205, BGH NJW **55,** 1917, WM **83,** 684. Das gilt auch im Falle von II, die Unterschriften dienen dann nur der Beweissicherung, RG **59,** 350, Hbg BB **55,** 847; auch falls der Abschluss vorher noch nicht bindend war; anders bei ungleichen Schlussnoten, RG **123,** 99, oder wenn die Schlussnote einen Vorbehalt einer Partei vermerkt, zB „Schlussschein des Verkäufers folgt", dann bindet diese Partei erst ihre nachfolgende Bestätigung, erst deren vorbehaltlose Annahme durch die andere kann den Abschluss vollenden, erst gilt dann der Inhalt dieses Verkäuferschlussscheins BGH MDR **56,** 219. Schweigen auf eine vom HdlMakler vor Zustandekommen des Vertrags ausgestellte „Kaufbestätigung" ist noch nicht Schweigen auf Schlussnote, jedenfalls wenn der HdlMakler weiß, dass die von den Parteien vereinbarte Bedingung noch nicht eingetreten ist, Hbg frdsch Arbitr

(78) St/Ul II D 1 b Nr 30. Zurechnung des Schweigens (Organisationsrisiko), Schutzgrenzen und Anfechtbarkeit **wie** beim **Schweigen auf Bestätigungsschreiben** s § 346 Rn 16–29.

C. **Widerspruch gegen Schlussnote:** Es gelten dieselben Grundsätze wie für den Widerspruch gegen ein Bestätigungsschreiben (§ 346 Rn 25). Rechtzeitiger Widerspruch (unverzüglich, § 121 I BGB, empfangsbedürftig, § 130 BGB) ist idR der Gegenpartei zu erklären, ist also dann unwirksam, wenn er dem Makler erklärt und von diesem nicht weitergegeben worden ist (Haftungsfolgen für diesen s Rn 14), RG **105,** 206, Hbg frdsch Arbitr **(76)** St-Ul II D 1 b Nr 26; im Einzelfall genügt aber Widerspruch gegenüber dem Makler, BGH WM **83,** 684, zB bei HdlBrauch, Vereinbarung oder uU wenn jeder Partei ein Makler sekundiert. Kein Widerspruch liegt in einer auf einen früheren Termin als die Schlussnote datierten Erklärung, Hbg frdsch Arbitr **(76)** St/Ul II D 1 b Nr 26. Schweigen auf verspätete Bezeichnung bei vorbehaltener Aufgabe s § 95 Rn 2. Widerspruch ist **entbehrlich,** wenn die Schlussnote selbst entsprechenden Vorbehalt macht, zB Klausel „Schlussschein (der anderen Seite) folgt", BGH NJW **55,** 1916. In dem Widerspruchsschreiben kann uU **gegenläufiges Bestätigungsschreiben** liegen, das dann die Gegenpartei ihrerseits in Zugzwang setzt, weil sonst dessen Inhalt gilt, Hbg BB **55,** 847 (§ 346 Rn 25). Vom Widerspruch ist der **Berichtigungsanspruch** zu unterscheiden, den eine Partei gegen den Makler, der sich ihrer Ansicht nach geirrt hat, geltend macht.

2) Inhalt und Zustellung der Schlussnote

A. **Zustellung der vom Makler unterzeichneten Schlussnoten:** Unverzüglich (§ 121 I 1 BGB) nach Abschluss des vermittelten Geschäfts (auch eines bedingten, anfechtbar oder sonstwie nicht von sicherem Bestand erscheinenden) hat der HdlMakler jeder Partei eine für beide gleich lautende, von ihm unterzeichnete Schlussnote zuzustellen. Anders wenn beide Parteien des Geschäfts dies erlassen (verzichtet nur eine, bleibt es bei der Zustellung an beide) oder wenn der Ortsbrauch mit Rücksicht auf die Gattung der Ware davon entbindet; ein für alle Warengattungen von der Pflicht zur Erteilung der Schlussnoten entbindender Ortsbrauch wäre unwirksam. Der Mindestinhalt der Schlussnote umfasst nach **I** Angaben über die Parteien (Vorbehalt der Aufgabe s § 95) den Gegenstand und die Bedingungen des Geschäfts; bei Waren- oder Wertpapierverkäufen deren Gattung und Menge sowie Preis und Lieferzeit. Für Zustellung genügt einfacher Brief.

B. **Parteienunterschrift:** Soll das vermittelte Geschäft nicht sofort erfüllt werden, auch nur durch einen Teil, zB bei Stundung des Kaufpreises (str), muss der HdlMakler zur Stärkung der Beweiskraft der Schlussnoten jeder Partei eine (zunächst von ihm nach I unterzeichnete) Schlussnote zur (Mit)Unterschrift und Rückgabe, dann jeder Partei die von der anderen unterschriebene zustellen **(II).**

C. **Verweigerung der Annahme oder Unterschrift:** Verweigert eine Partei entweder die Annahme der Schlussnote (Fall von I) oder die Unterschrift (Fall von II), hat der HdlMakler dies unverzüglich der anderen mitzuteilen **(III),** um sie in die Lage zu setzen, Bestand oder Nichtbestand des Geschäfts rasch zu klären. Auch sonst muss der HdlMakler entspr III oder jedenfalls auf Grund seiner Interessenwahrungspflicht (§ 93 Rn 24–31) andere ihm bekannt werdende, das wirksame Zustandekommen des Geschäfts in Zweifel setzende Tatsachen den Parteien mitteilen, zB dass seine Schlussnote eine Partei nicht erreicht oder dass eine Partei ihm gegenüber widersprochen hat (s Rn 3). Verstoß führt zur Schadensersatzpflicht (s § 93 Rn 36).

§ 95 1 I. Buch. Handelsstand

3) Internationaler Verkehr

7 Die Grundsätze über das Schweigen auf Maklerschlussnoten gelten auch im internationalen HdlVerkehr, Hbg frdsch Arbitr (**76**) St/Ul II D 1b Nr 26; entscheidend ist aber das Recht des Sitzes bzw gewöhnlichen Aufenthaltsortes des Schweigenden, s § 346 Rn 29 zum Bestätigungsschreiben.

[Vorbehaltene Aufgabe]

95 (1) **Nimmt eine Partei eine Schlußnote an, in der sich der Handelsmakler die Bezeichnung der anderen Partei vorbehalten hat, so ist sie an das Geschäft mit der Partei, welche ihr nachträglich bezeichnet wird, gebunden, es sei denn, daß gegen diese begründete Einwendungen zu erheben sind.**

(2) **Die Bezeichnung der anderen Partei hat innerhalb der ortsüblichen Frist, in Ermangelung einer solchen innerhalb einer den Umständen nach angemessenen Frist zu erfolgen.**

(3) ¹**Unterbleibt die Bezeichnung oder sind gegen die bezeichnete Person oder Partei begründete Einwendungen zu erheben, so ist die Partei befugt, den Handelsmakler auf die Erfüllung des Geschäfts in Anspruch zu nehmen.** ²**Der Anspruch ist ausgeschlossen, wenn sich die Partei auf die Aufforderung des Handelsmaklers nicht unverzüglich darüber erklärt, ob sie Erfüllung verlange.**

1) Vorbehalt der Aufgabe (I)

1 Eine abschlusswillige Partei kann sich auf den Abschluss zu bestimmten Bedingungen mit einer erst noch vom Makler zu bestimmenden anderen Partei festlegen, so wenn sie eine Schlussnote des Maklers annimmt, in der dieser die übrigen Bedingungen (nach § 94 I, auch die Zeit der Lieferung) festlegt, die **Bezeichnung des Geschäftsgegners** aber (abw von § 94 I) sich noch **vorbehält** (I; „Aufgabe vorbehalten", „in Aufgabe", „für Aufgabe"). Der Abschluss wird idR vollendet, wenn der Makler fristgemäß (s Rn 2) dem Auftraggeber die andere Partei benennt, nach aA Zeitpunkt der Einigung zwischen (bevollmächtigtem) Makler und der anderen Partei, aber unter der auflösenden Bedingung, dass der Auftraggeber nicht begründete Einwendungen gegen die Person des Benannten erhebt, dh gegen seine Eignung zum Geschäftspartner, zB wegen ungenügender Leistungsfähigkeit, schlechten Rufs RG **24,** 70, fehlender Kreditwürdigkeit, Fehlens bestimmter vereinbarter Eigenschaften des zu Benennenden, RG **33,** 133 („prima Ablade"), nach aA auch nicht geschäftsrelevante, rein persönliche Einwendungen, Heymann/Herrmann 6. Konstruktion des Vertragsschlusses ist str: Annahme der Schlussnote durch Auftraggeber als auflösend bedingtes Angebot an unbestimmte Partei (ad incertam personam) durch Makler als Bote, hL, oder als unwiderrufliche Bevollmächtigung des Maklers zur Abgabe eines eingeschränkten Angebots, Canaris § 19 Rn 17, 20, je nachdem gelten §§ 158 II ff BGB oder §§ 177 ff BGB. Vorbehalt der Aufgabe braucht nicht notwendig in der Schlussnote selbst enthalten sein, sofern für die Partei eindeutig, I ist insoweit restriktiv auszulegen, nach aA Analogie (s Rn 5). Für die Erhebung der Einwendung (empfangsbedürftige Willenserklärung) gegen die Person des Benannten sieht das Gesetz zwar grundsätzlich keine Frist vor, aber Erklärung innerhalb handelsüblicher Frist kann erwartet werden, sonst nur noch Anfechtung (mit Schadensersatzpflicht nach § 122 BGB), Rö/Röhricht 10, aA unverzüglich (§ 121 BGB), aA überhaupt keine Frist mit Grenze nur aus § 242 BGB; jedenfalls Schadensersatz bei Pflichtverletzung des Maklers (§ 280 BGB). **Nicht** Vorbehalt der Aufgabe ist Abschluss (uno actu) mit bestimmter, jedoch vom

8. Abschnitt. Handelsmakler 2–5 § 95

Makler der ersten Partei (mit ihrem Einverständnis) nicht genannten Gegenpartei („verdeckte Partei"), RG **97**, 262; § 95 gilt nicht, auch keine Inanspruchnahme des Maklers nach III; Haftung des Maklers neben der ungenannten Gegenpartei oder nur Pflicht des Maklers, auf Anfordern diese zu nennen, kann vereinbart werden. I gilt auch nicht, wenn Benennung vereinbarungsgemäß nicht notwendig ist, so wenn der Auftraggeber nur an der Durchführung des Geschäfts einerlei durch wen interessiert ist, Hbg MDR **55**, 363 (Schiffsmakler/Verfrachter).

2) Benennung innerhalb der ortsüblichen Frist (II)

Der Hdlmakler muss dem Auftraggeber die zunächst nicht genannte Partei 2 innerhalb der ortsüblichen Frist, im Hbger Chartergeschäft: alsbald, Hbg MDR **55**, 234, hilfsweise in nach den Umständen angemessener Frist bezeichnen (**II**). Bei Verspätung gelten §§ 149, 150 I BGB; der Auftraggeber ist dann an seinen Antrag nicht mehr gebunden, der Vertrag kommt nicht mehr zustande (außer bei Annahme des neuen Angebots durch Auftraggeber), Schweigen des Auftraggebers auf eine solche verspätete Bezeichnung gilt nicht als Zustimmung (vgl § 94 Rn 2). Stattdessen Eigenhaftung des HdlMaklers (s Rn 3).

3) Eigenhaftung des Maklers (III)

A. **Eigenhaftung des Maklers:** Bei vorbehaltener Aufgabe legt der Makler 3 den Auftraggeber auf das Geschäft fest, bevor dieser den Geschäftsgegner kennt; er muss dann auch dafür einstehen, dass das Geschäft wirklich zustandekommt. Bestehen gegen die von ihm benannte Gegenpartei begründete Einwendungen (I) oder bezeichnet er die Gegenpartei nicht fristgemäß (II) und scheitert dadurch der Hauptvertrag, kann der Auftraggeber den Makler selbst auf Erfüllung in Anspruch nehmen (**III 1**). Es handelt sich dabei um eine Eigenhaftung kraft Gesetzes ähnlich der Eigenhaftung des Kommissionärs (384 III) und der Delkrederehaftung (§ 394). Der Abschluss kommt dann mit dem Makler selbst zustande, BGH **68**, 363; dieser haftet, wenn er nicht erfüllt, auf Schadensersatz statt der Leistung, wenn er verspätet erfüllt, auf Ersatz des Verzögerungsschadens; der Provisionsanspruch entfällt mangels Maklerleistung wie bei enger wirtschaftlicher Verbindung (§ 93 Rn 46–49), Rö/Röhricht 14, aA Canaris § 19 Rn 24. Auch eine Schiedsklausel in dem vorgesehenen Vertrag wirkt dann gegen den Makler (anders als im Falle § 179 BGB gegen den vollmachtlosen Vertreter), einschließlich der Kompetenz-Kompetenz-Klausel (Einl 2 vor § 1), BGH **68**, 363. Der Auftraggeber braucht von III keinen Gebrauch zu machen, er kann gegen den Makler auch wegen schuldhafter Pflichtverletzung (§ 280 BGB) vorgehen. III begründet ein Recht der Partei, nicht des Maklers. Der Makler hat iZw kein Recht zum Selbsteintritt; benennt er sich selbst als Geschäftsgegner, kann die Partei ihn ohne weitere Gründe ablehnen, Hbg OLGE **36**, 268; abweichende Abrede möglich. Der HdlMakler haftet wie bei nicht fristgemäßer Benennung auch dann, wenn er zwar eine Gegenpartei benennt, aber die mit dieser vereinbarten Vertragsbedingungen von der Schlussnote abweichen, und zwar auch nur geringfügig und ohne Verschulden des HdlMaklers, Grenze: § 242 BGB, nach aA entspr § 313 BGB (Geschäftsgrundlage), Canaris § 19 Rn 23.

B. **Aufforderung zur Erklärung:** Um die Ungewissheit über seine Erfül- 4 lungshaftung zu beseitigen, kann der HdlMakler den Auftraggeber zur Erklärung auffordern, ob er Erfüllung verlange. Erklärt sich der Auftraggeber nicht unverzüglich (§ 121 BGB), ist der Erfüllungsanspruch ausgeschlossen (**III 2**); ein Schadensersatzanspruch wegen Schlechtbenennung oder verspäteter Benennung wird dadurch nicht berührt und auch nicht schon verwirkt.

4) Anwendung in anderen Fällen

§ 95 gilt jedenfalls analog (s Rn 1), wenn der Makler **in anderer Form** (nicht 5 durch Schlussnote) der Auftraggeberpartei das Geschäft mit Vorbehalt der Bestimmung des Gegners als abgeschlossen bezeichnet und die Partei nicht widerspricht, RG **103**, 68, Hbg OLGE **36**, 268 (s § 94 Rn 2). § 95 ist ferner entspr auf **Handelsvertreter** anwendbar, RG **97**, 261.

[Aufbewahrung von Proben]

96 ¹ Der Handelsmakler hat, sofern nicht die Parteien ihm dies erlassen oder der Ortsgebrauch mit Rücksicht auf die Gattung der Ware davon entbindet, von jeder durch seine Vermittlung nach Probe verkauften Ware die Probe, falls sie ihm übergeben ist, so lange aufzubewahren, bis die Ware ohne Einwendung gegen ihre Beschaffenheit angenommen oder das Geschäft in anderer Weise erledigt wird. ² Er hat die Probe durch ein Zeichen kenntlich zu machen.

1   Ist ein Kauf nach Probe (oder Muster, s Überbl 14 vor § 373) geschlossen und dem Makler die **Probe** übergeben, so hat er sie **aufzubewahren,** bis sich das Geschäft erledigt hat, sei es durch Annahme der Ware seitens des Käufers ohne Einwendungen gegen ihre Beschaffenheit oder in anderer Weise, zB Unterlassen der Rüge (§ 377). Die Aufbewahrungspflicht besteht nicht nur gegenüber dem Auftraggeber, sondern gegenüber beiden Parteien (Erlassen nur durch beide, Satz 1). Aufbewahrungspflicht nach § 96, ohne Provision außer bei anderer Vereinbarung. Aufbewahrungspflicht wird durch Vorlagepflicht ergänzt (§ 809 BGB), Kostentragung nach § 811 BGB. Verjährung der Mängelansprüche, einvernehmliche Aufhebung. Danach darf und muss er (wenn sie nicht wertlos ist) die Probe zurückgeben, vgl §§ 675 I, 667 BGB. Zurückbehaltungsrecht wegen eigener Ansprüche (§ 273 BGB).

[Keine Inkassovollmacht]

97 Der Handelsmakler gilt nicht als ermächtigt, eine Zahlung oder eine andere im Vertrage bedungene Leistung in Empfang zu nehmen.

1   Der HdlMakler ist idR **nicht zur Empfangnahme von Leistungen ermächtigt,** die eine Partei aus dem vermittelten Vertrag der anderen schuldet. § 97 wiederholt nur, was allgemein gilt. Besondere Vollmacht solchen Inhalts (Inkassovollmacht) ist möglich, auch HdlBrauch, str, vgl RG **97**, 218 betr Abschlussvollmacht.

[Haftung gegenüber beiden Parteien]

98 Der Handelsmakler haftet jeder der beiden Parteien für den durch sein Verschulden entstehenden Schaden.

1) Haftung gegenüber beiden Parteien

1   Der HdlMakler steht (außer bei dem weitergehenden Doppelauftrag, § 93 Rn 33) auch zum Geschäftsgegner in einem gesetzlichen Schuldverhältnis (Rechtsnatur str, § 93 Rn 24). § 98 regelt im Verhältnis zum Geschäftsgegner die Folgen einer **Pflichtverletzung.** Der HdlMakler haftet nach § 98 iZw beiden Parteien, gleich ob mit oder ohne Tätigkeitspflicht (§ 93 Rn 61, 23); also der Partei, die ihn zuzog, und der, mit der er den Vertrag zu vermitteln begann oder vermittelt hat, vgl BGH WM **63**, 433, Mü NJW **70**, 1925 (Darlehensmakler). Verhaltenspflichten des HdlMaklers gegenüber dem Auftraggeber s § 93 Rn 23 ff; gegenüber der anderen Partei entspr, aber nicht unbedingt deckungs-

8. Abschnitt. Handelsmakler 1, 2 § 99

gleich, auch nicht bei Doppeltätigkeit, zB bei Vermittlung für den einen und Nachweis für den anderen (§ 93 Rn 32–33). Haftungsmaßstab s § 347 I. Haftung für Erfüllungsgehilfen nach § 278 BGB, mitwirkendes Verschulden § 254 BGB, zB Mü NJW **70,** 1925 (ungenügende Aufmerksamkeit der Bank). Bsp: Haftung des Darlehensmaklers, der bei Kauffinanzierung die Darlehenssumme entgegennimmt, um sie (was unüblich ist) an Käufer (statt Verkäufer) zu leiten, ohne diese Absicht dem Kreditinstitut mitzuteilen, Mü NJW **70,** 1925. Haftung des Emissionsgehilfen bei Vermittlung von KdtBeteiligungen (s § 93 Rn 12), Lutter FS Bärmann **75,** 613, v. Grießenbeck BB **88,** 2188.

2) Abweichende Vereinbarung

§ 98 ist nicht zwingend. Möglich ist abweichende, auch stillschweigende Vereinbarung (nach aA auch bloß tatsächliche Beseitigung des diesbezüglichen Vertrauenstatbestands, vgl § 93 Rn 24, § 347 Rn 38 a), dass der von Partei A zugezogene Makler unbeschadet seiner gesetzlichen Pflichten (vor allem betr Schlussnoten, §§ 94, 95, Proben, § 96, Tagebuch, §§ 100 ff) nur ihr verpflichtet sein soll. Dies kommt ua in Betracht, wenn Partei B in gleicher Weise einen anderen Makler zuzieht oder wenn der Makler deutlich macht, dass er allein im Interesse der Partei A tätig wird, idR auch, wenn Partei B von sich aus die Mitwirkung des Makler ablehnt. Auch dann ist eine Haftung des Makler gegenüber der Gegenpartei nicht schlechthin ausgeschlossen, zB aus § 823 II BGB iVm §§ 94 ua (s oben), die beide Parteien vor Unklarheitsrisiken schützen sollen. 2

[Lohnanspruch gegen beide Parteien]

99 Ist unter den Parteien nichts darüber vereinbart, wer den Maklerlohn bezahlen soll, so ist er in Ermangelung eines abweichenden Ortsgebrauchs von jeder Partei zur Hälfte zu entrichten.

1) Lohnanspruch gegen beide Parteien

Der HdlMakler steht zwischen den Parteien: in einem Vertragsverhältnis zum Auftraggeber und (außer bei dem weitergehenden Doppelauftrag, § 93 Rn 33, 54) in einem gesetzlichen Schuldverhältnis zum Geschäftsgegner (§ 93 Rn 24). § 99 begründet nach herkömmlicher Ansicht angesichts der besonderen Mittlerrolle des HdlMaklers einen Provisionsanspruch kraft Gesetzes auch gegen den Geschäftsgegner, Rö/Röhricht 2, MüKo/von Hoyningen-Huene 2, str. Da Erfüllungshaftung aber nur von Vertragsparteien geschuldet ist, sollte § 99 teleologisch auf die Fälle des echten Doppelauftrags reduziert werden, Canaris § 19 Rn 30, wohl auch K. Schmidt § 26 II 3 d, aA Rö/Röhricht 2. Ob Doppelauftrag vorliegt, folgt aber auch für den HdlMakler nicht schon allein aus § 99, sondern ist nach Parteivereinbarung und HdlBrauch zu entscheiden (§ 93 Rn 33). § 99 besagt weder etwas für den Grund noch die Höhe des Provisionsanspruchs. 1

Unter diesen Voraussetzungen schulden dem HdlMakler **beide** Parteien **Lohn.** Nach § 99 schulden sie den (Gesamt-)Lohn dem Makler hälftig (Außenverhältnis); über das Innenverhältnis besagt § 99 nichts, aA Rö/Röhricht 2, doch gilt dann idR, dass sie den Maklerlohn untereinander ebenso hälftig tragen, anders bei Sonderabmachung der einen Partei mit dem Makler über höheren Betrag, die sie dann auch intern allein tragen muss, Rö/Röhricht 2. Wendet man § 99 auch ohne Doppelauftrag an, schuldet der Auftraggeber dem HdlMakler die halbe, vertraglich vereinbarte Provision, der Geschäftsgegner dagegen nicht die andere Hälfte, sondern nur die halbe übliche Courtage (§ 354), Ko/Ro/Mo/Roth 4. 2

§ 100 1   I. Buch. Handelsstand

2) Abweichende Vereinbarung

3   § 99 ist voll dispositiv. Er gilt also nicht, wenn etwas anderes vereinbart ist, zB wenn die andere Partei die Vermittlungstätigkeit für sich gegenüber dem Makler von Anfang an ablehnt, Heymann/Herrmann 2, oder im Falle des Doppelauftrags bei abweichender Vereinbarung unter den Parteien (die aber für und gegen den Makler nur bei seiner Zustimmung wirkt) oder bei abweichendem Ortsgebrauch. Bei Verpflichtung des Maklers nur zu Dienst für eine Seite ist also nur diese provisionspflichtig, und es gilt dann auch § 654 BGB (Wegfall des Lohns bei vertragswidriger Tätigkeit für die andere Seite, § 93 Rn 32, 52), RG LZ **16**, 753. Der Courtageanspruch des Versicherungsmaklers (§ 93 Rn 7) richtet sich nur gegen den Versicherer, nicht gegen den Kunden (Versicherungsnehmer), BGH **94**, 359, **162**, 72 (Übung), Ffm VersR **95**, 93, Hamm VersR **95**, 658. Courtage bestehend aus Vermittlungs- und später Verwaltungs- bzw Bestandspflegeentgelt, BGH WM **05**, 1477. Die Courtage teilt das Schicksal der Versicherungsprämie (entspr § 92 IV), aber andere Vereinbarung (Nettoprämie, § 93 Rn 45), auch AGB, ist möglich (§ 652 BGB), BGH **162**, 72 m Anm Loritz NJW **05**, 1757. Provisionsteilungsabrede ist üblich, Hbg Vers **95**, 817, aber problematisch, Schwarz NJW **95**, 491.

[Tagebuch]

100   (1) ¹**Der Handelsmakler ist verpflichtet, ein Tagebuch zu führen und in dieses alle abgeschlossenen Geschäfte täglich einzutragen.** ²**Die Eintragungen sind nach der Zeitfolge zu bewirken; sie haben die in § 94 Abs. 1 bezeichneten Angaben zu enthalten.** ³**Das Eingetragene ist von dem Handelsmakler täglich zu unterzeichnen oder gemäß § 126a Abs. 1 des Bürgerlichen Gesetzbuchs elektronisch zu signieren.**

(2) **Die Vorschriften der §§ 239 und 257 über die Einrichtung und Aufbewahrung der Handelsbücher finden auf das Tagebuch des Handelsmaklers Anwendung.**

1) Tagebuchführungspflicht

1   HdlMakler (nicht Krämermakler, § 104) ist verpflichtet, und zwar öffentlichrechtlich (insofern auch bei Verzicht der Parteien) und (mangels abweichender Abrede) privatrechtlich gegenüber beiden Parteien:

a) ein **Tagebuch zu führen (I 1)**, Art und Weise s II iVm § 239;

b) alle von ihm vermittelten u abgeschlossenen **Geschäfte am Abschlusstag,** nach ihrer Zeitfolge (nicht notwendig mit Angabe der Stunde der einzelnen Abschlüsse) **einzutragen,** mit Angabe von Parteien, Gegenstand, Bedingungen (**I 2** iVm § 94 I betr Inhalt der Schlussnoten), auch Geschäfte, deren Rechtswirksamkeit zweifelhaft ist oder die klar unwirksam erscheinen, auch wieder aufgehobene, str, auch wenn Parteien auf Schlussnoten verzichteten oder Ortsbrauch sie überflüssig macht (§ 94 I); die Wirksamkeit der Geschäfte hängt hiervon nicht ab;

c) täglich (mit einer Unterschrift für das ganze) das Eingetragene **zu unterzeichnen** oder gemäß § 126a I BGB elektronisch zu signieren (**I 3** idF FormVAnpG 2001, dazu Hähnchen NJW **01**, 2831);

d) das Buch **zehn Jahre aufzubewahren,** II iVm § 257, diese Pflicht trifft auch Erben und andere Rechtsnachfolger, auch NichtHdlMakler. IPR s § 93 Rn 67.

8. Abschnitt. Handelsmakler **§§ 101–103**

2) Haftung

Den Parteien, mit denen er im Vertragsverhältnis steht, **haftet** der HdlMakler 2
für Verletzung der Pflichten aus § 100 vertraglich, einer Partei, zu der er nicht im
Vertragsverhältnis steht, nach § 823 II BGB mit §§ 100, 103 (vgl § 98 Rn 2).

[Auszüge aus dem Tagebuch]

101 Der Handelsmakler ist verpflichtet, den Parteien jederzeit auf Verlangen Auszüge aus dem Tagebuche zu geben, die von ihm unterzeichnet sind und alles enthalten, was von ihm in Ansehung des vermittelten Geschäfts eingetragen ist.

1) Auszugserteilungspflicht

Die Parteien eines im Tagebuch eingetragenen Geschäfts, auch eine Partei 1
ohne Vertragsverhältnis zum Makler haben gegen diesen (oder seine das Buch
verwahrenden Rechtsnachfolger, vgl § 100 Rn 1) jederzeit Anspruch auf einen
unterzeichneten (wohl ggf auch durch Rechtsnachfolger) **Auszug,** klagbar, vollstreckbar nach § 887 ZPO (Anfertigung und Unterzeichnung des Auszugs durch
Dritten).

2) Aufklärungs- und Beratungspflicht

Der HdlMakler schuldet den Parteien Aufklärung und Beratung (§ 93 Rn 27, 2
§ 98 Rn 1); die Parteien haben ferner bei rechtlichem Interesse (zB wenn ein
Nicht-Makler-Rechtsnachfolger den Auszug gibt) Anspruch auf **Einsicht** in das
Tagebuch (§ 810 BGB).

[Vorlegung im Rechtsstreit]

102 Im Laufe eines Rechtsstreits kann das Gericht auch ohne Antrag einer Partei die Vorlegung des Tagebuchs anordnen, um es mit der Schlußnote, den Auszügen oder anderen Beweismitteln zu vergleichen.

1) Im Prozess, zwischen den Parteien des vermittelnden Geschäfts, zwischen 1
Makler und einer Geschäftspartei, zwischen Dritten, kann das Gericht, auf
Antrag einer Prozesspartei von Amts wegen, **Vorlegung** des Tagebuchs
anordnen, „um es mit der Schlussnote, den Auszügen oder anderen Beweismitteln zu vergleichen". Ist der Makler Prozesspartei, sind auch § 810 BGB,
§§ 422 ff ZPO anwendbar. Grenzen der Einsicht entspr § 259 Rn 1.

[Ordnungswidrigkeiten]

103 (1) **Ordnungswidrig handelt, wer als Handelsmakler**
1. **vorsätzlich oder fahrlässig ein Tagebuch über die abgeschlossenen Geschäfte zu führen unterläßt oder das Tagebuch in einer Weise führt, die dem § 100 Abs. 1 widerspricht oder**
2. **ein solches Tagebuch vor Ablauf der gesetzlichen Aufbewahrungsfrist vernichtet.**

(2) **Die Ordnungswidrigkeit kann mit einer Geldbuße bis zu fünftausend Euro geahndet werden.**

1) § 103 enthält **Sanktion** der öffentlichrechtlichen Pflicht zur Führung und 1
Aufbewahrung des Tagebuchs. Näheres s OWiG. II idF NaStraG 2001 (Euro).

§§ 104, 104a

[Krämermakler]

104 ¹Auf Personen, welche die Vermittlung von Warengeschäften im Kleinverkehre besorgen, finden die Vorschriften über Schlußnoten und Tagebücher keine Anwendung. ²Auf Personen, welche die Vermittlung von Versicherungs- oder Bausparverträgen übernehmen, sind die Vorschriften über Tagebücher nicht anzuwenden.

1 1) § 104 bildet unter den HdlMaklern die Kategorie der sog **Krämermakler** nach der Art der vermittelten Geschäfte: Warengeschäfte im Kleinverkehr. Auch Krämermakler sind Kflte, Kleingewerbetreibende sind keine Krämermakler. Ein unter § 104 fallender HdlMakler ist **nach Satz 1 nicht verpflichtet, Schlussnoten zu erteilen** (§§ 94, 95) und **Tagebuch zu führen** (§§ 100–103). Erteilt er Schlussnoten, auch ohne sich dazu verpflichtet zu haben, so werden §§ 94 III, 95 anwendbar sein, uU Rechtsscheinhaftung; hat er sich verpflichtet, so kann er aus einer Säumnis nach § 98 haftbar werden. Führt er Tagebuch, auch ohne sich dazu verpflichtet zu haben, so sind §§ 101, 102 anwendbar, nicht §§ 100, 103.

2 2) **Versicherungs- und Bausparkassenmakler** (§ 93 Rn 7) sind nach Satz 2 (neu 1990, s § 84 Rn 3) **nicht verpflichtet, Tagebuch zu führen** (§§ 100–103); tun sie es freiwillig, sind §§ 101, 102, nicht aber §§ 100, 103 anwendbar.

Neunter Abschnitt. Bußgeldvorschriften

Bußgeldvorschrift

104a (1) ¹Ordnungswidrig handelt, wer vorsätzlich oder leichtfertig entgegen § 8b Abs. 3 Satz 1 Nr. 2 dort genannten Daten nicht, nicht richtig oder nicht vollständig übermittelt. ²Die Ordnungswidrigkeit kann mit einer Geldbuße bis zu zweihunderttausend Euro geahndet werden.

(2) **Verwaltungsbehörde im Sinne des § 36 Abs. 1 Nr. 1 des Gesetzes über Ordnungswidrigkeiten ist die Bundesanstalt für Finanzdienstleistungsaufsicht.**

1) § 104a enthält eine Bußgeldvorschrift für Verstöße gegen § 8b III 1 Nr 2 (Übermittlung von bestimmten kapitalmarktrechtlichen Daten an das Unternehmensregister). Zuständig ist die BaFin.

＃ Zweites Buch.
Handelsgesellschaften und stille Gesellschaft

Einleitung vor § 105

Schrifttum

a) Kommentare: *Ebenroth/Boujong/Joost/(Bearbeiter)* 2001, ErgBd 2003, *Ebenroth(/Boujong/Joost/Strohn)/(Bearbeiter)* Bd 1 2. Aufl 2008. – *GK(HGB)/(Ensthaler ua)* 6. Aufl 1999. – *HdlbgKo/(Glanegger ua)* 7. Aufl 2007. – *Heymann/(Bearbeiter)* 2. Aufl 1995 ff. – *Ko(ller)/Ro(th)/Mo(rck)/(Bearbeiter)* 6. Aufl 2007. – *Michalski*, OHG-Recht, 2000. – *MüKo(HGB)/(Bearbeiter)* 2. Aufl 2005 ff. – *MüKoBGB/Ulmer/Schäfer* §§ 705 ff BGB (BGBGes und PartG), Sonderausgabe 5. Aufl 2009 (komm teils von Ulmer, teils von Ulmer/Schäfer). – *Oetker/(Bearbeiter)* 2009. – *Rö(hricht/Graf v Westphalen)/(Bearbeiter)* 3. Aufl 2008. – *Schlegelberger/(Bearbeiter)* 5. Aufl 1973 ff. – *Staub(GroßKoHGB)/(Bearbeiter)* 4. Aufl 1983 ff.

b) Lehrbücher: *Eisenhardt* 13. Aufl 2007. – *Grunewald* 7. Aufl 2008. – *Hopt/Hehl/Vollrath* 4. Aufl 1996. – *Hueck/Windbichler* 21. Aufl 2008. – *Hüffer* 7. Aufl 2007. – *Kindler* 4. Aufl 2009 (Grundkurs Hdl/GesRecht). – *Klunzinger* 15. Aufl 2009. – *Kraft/Kreutz* 11. Aufl 2000. – *Kübler/Assmann* 6. Aufl 2005. – *Lettl* 2008 (Fälle). – *G. H. Roth* 6. Aufl 2001. – *K. Schmidt* GesR 4. Aufl 2002. – *Wiedemann* I 1980, II 2004. – *Wiedemann/Frey* 7. Aufl 2007 (PdW).

c) Einzeldarstellungen und Sonstiges: *Flume* I 1 Personengesellschaft, 1977, I 2 Die juristische Person, 1983. – *Hey,* Freie Gestaltung in GesVerträgen und ihre Schranken, 2004. – *Hueck* Recht der OHG, 4. Aufl 1971. – *Lutter* Europäisches Unternehmensrecht, 4. Aufl 1996. – MünchHdbdGesR, Bd 1 BGB-Ges, OHG, PartG, EWIV, 3. Aufl 2009, Bd 2 KG, StG, 3. Aufl 2009. – *Ulmer* Richterrechtliche Entwicklungen im Gesellschaftsrecht 1971–1985, 1986. – *Westermann* ua, Hdb der Personengesellschaften I (Lbl). – *Ulmer* ZHR 161 **(97)** 102. **Muster:** *Hopt/Volhard* Vertrags- und Formularbuch zum Hdl-, Ges- und Bankrecht, 3. Aufl 2007, Teil II. A–K (mit 75 Vertragsmustern und Formularen). – *Müller/Hoffmann,* Beck'sches Hdb der PersonenGes, 3. Aufl 2009. – MüVertragsHdb, Bd I (GesR), 6. Aufl 2005. – MüHdbGesRecht, Bd 1 3. Aufl 2009 (OHG ua), Bd 2 3. Aufl 2009 (KG, GmbH Co KG, PublikumsGes, stGes). **RsprÜbersichten:** *Kellermann/Stodolkowitz* 4. Aufl 1994, BGHFSWissII/*Westermann* **00,** 245 (Gestaltungsfreiheit); *Stimpel* ZGR **73,** 73, *Kuhn* WM **73,** 1186, **77,** 126 (OHG), *U. Fischer* WM **81,** 638 (GbR, stGes), *Reuter* JZ **86,** 16, 72, *Brandes* WM Sonderbeil 1/**86,** *Hüffer* ZHR 151 **(87)** 396, *Brandes* WM **90,** 1221, **94,** 569, **98,** 261, **00,** 385, *Hirte* NJW **03,** 1285, **05,** 718, **07,** 817, **08,** 964; *Wertenbruch* NZG **06,** 408; *Straatmann/Ulmer* (Schiedsspruchsammlung) Bd 11975, Bd 21982; *Straatmann/Ulmer/Timmermann* Bd 31984, Bd 41988; *HK Hbg* Bd 51994, Bd 61998, keine weiteren Bde.

Übersicht

1) Verbands- und Gesellschaftsformen 1–7
   A. Gesellschaften: alle privatrechtlichen, rechtsgeschäftlich begründeten Personenzusammenschlüsse zu einem gemeinsamen Zweck 1
   B. Anwendbares Recht 2
   C. System der Normativbestimmungen 3
   D. Freie Rechtsformenwahl 4

2) Handelsgesellschaften 8–13
   A. Handelsgesellschaften und stille Gesellschaften 8
   B. Kaufmannseigenschaft 9
   C. Innen- und Außengesellschaften 10
   D. Personen- und Kapitalgesellschaften 13

3) Personenhandels- und nahe stehende Gesellschaften 14–18
   A. Gesellschaft des bürgerlichen Rechts (GbR) 14
   B. Offene Handelsgesellschaft (OHG) 15
   C. Kommanditgesellschaft (KG), GmbH & Co KG 16
   D. Stille Gesellschaft (stGes) 18
4) Umwandlung kraft Gesetzes und kraft Rechtsgeschäfts 19–27
   A. Gründe für eine Umwandlung 19
   B. Umwandlung kraft Gesetzes (BGB, HGB) 21
   C. Umwandlung kraft Rechtsgeschäfts (UmwG) 23
   D. Auflösung und Neugründung 27
5) Intertemporales Gesellschaftsrecht 28
6) Internationales und europäisches Gesellschaftsrecht 29–36
   A. Internationales Gesellschaftsrecht und europäische Einflüsse 29
   B. Europäisches Gesellschaftsrecht 34

1) Verbands- und Gesellschaftsformen

1 A. **Gesellschaften sind alle privatrechtlichen, rechtsgeschäftlich begründeten Personenzusammenschlüsse zu einem gemeinsamen Zweck.** GesRecht ist das Recht der so abgegrenzten Verbindungen (zum Unternehmensrecht s Einl 31 vor § 1). Keine Ges sind daher zB öffentlichrechtliche juristische Personen (Körperschaften, Anstalten, Stiftungen; vgl § 89 BGB), Bruchteilsgemeinschaft §§ 741–758 BGB, Stiftung §§ 80–88 BGB, die familien- und erbrechtlichen Gemeinschaften. Die Ges ist die Gesamtheit der Gfter (nicht rechtsfähige Ges, idR Gesamthandsgemeinschaft); sie kann aber auch ein selbstständiges Rechtssubjekt (rechtsfähige Ges) sein. Als juristische Person ist sie allein Träger der Rechte und Pflichten, die für sie begründet werden; sie ist aktiv und passiv parteifähig (§ 50 I ZPO); nur sie, nicht ihre Gfter, haftet für die GesSchulden (Ausnahme Durchgriff, s § 172 a Rn 40). Nicht rechtsfähige Ges sind zB die InnenGbR §§ 705–740 BGB (s Rn 14); stGes §§ 230–237; Reederei §§ 489–508. AußenGbR und entsprechend nichtrechtsfähiger Verein s Rn 14. Für OHG §§ 105–160 und KG §§ 166–177 a s Rn 11, § 124 Rn 1. Rechtsfähige Ges sind zB der rechtsfähige Verein §§ 21–53, 55–79 BGB; AG §§ 1 ff AktG; KGaA §§ 278–290 AktG; GmbH §§ 1 ff GmbHG; eG §§ 1 ff GenG; VVaG §§ 7, 15 ff VAG. Gegenstand der **Kommentierung** ist **nur OHG, KG (samt GmbH & Co KG und Publikumsgesellschaft) und stille Gesellschaft.** Weitgehend parallel verläuft die Einteilung in **Personengesellschaften** (Ges ieS, Grundtyp: GbR) und **Vereine** (körperschaftlich organisierte Ges, Grundtyp: rechtsfähiger Verein); nicht zu den PersonenGes gehört der nichtrechtsfähige Verein (§ 54 BGB ist missverständlich).

2 B. **Anwendbares Recht:** In erster Linie gelten die besonderen Gesetze bzw. Vorschriften für die jeweilige Ges: zB OHG §§ 105 ff, KG §§ 161 ff, GmbH §§ 1 ff GmbHG. In zweiter Linie gilt, subsidiär zur Füllung verbleibender Lücken, das Recht des jeweiligen Grundtyps: zB für die OHG das Recht der GbR (§ 105 II), für die KG das Recht der OHG (§ 161 II) und insoweit auch das der GbR (§§ 161 II, 105 II), für die GmbH das Recht der rechtsfähigen Vereins. Schließlich sind die allgemeinen Vorschriften des BGB, HGB und anderer Gesetze anwendbar, die ebenso wie für natürliche Personen auch für juristische Personen gelten.

3 C. **System der Normativbestimmungen:** Ges können im Rahmen der Gesetze **frei** gebildet werden, bedürfen also keiner staatlichen Konzession. Den Schutz der Gläubiger, des Publikums und der Gfter übernehmen besondere Struktur- und Verhaltensnormen sowie uU eine zwingende externe Gründungs- und Abschlussprüfung (sog Normativbestimmungen für rechtsfähige Ges seit AktG 1884). Ebensowenig besteht eine allgemeine Staatsaufsicht über Ges, auch nicht derart, dass wie in anderen Ländern ein (Aktien-)Aufsichtsamt über die Einhaltung der Normativbestimmungen wacht. **Nur** in ganz wenigen besonders gläubiger- und publikumsgefährlichen Branchen, zB für **Kreditinstitute** (KWG, **(7)** Bankgeschäfte Rn A/4) und **Versicherungsunternehmen** (VAG), gibt es auch heute den **Konzessionszwang und** eine laufende **Staatsaufsicht** (durch BAKred und BAV).

D. **Freie Rechtsformenwahl:** Die Unternehmer können nach deutschen 4 GesRecht grundsätzlich frei nach ihren persönlichen Bedürfnissen und Wünschen zB eine OHG oder eine GmbH oder eine AG gründen. Sogar bestimmte Mischformen wie die GmbH & Co sind anerkannt.

Zum Schutz der Gläubiger und des Publikums besteht jedoch **ausnahms-** 5 **weise** ein **Rechtsformzwang.** Bsp: Lebens-, Unfall-, Haftpflicht-, Feuer-, Hagelversicherung dürfen nur als AG oder VVaG (und öffentlichrechtliche Körperschaften und Anstalten) betrieben werden (§ 7 VAG, zur Anwendbarkeit des HGB auf VVaG § 6 Rn 1); private Bausparkassen nur als AG (§ 2 I BauspG); nach § 32 I 1 KWG erlaubnispflichtige Kreditinstitute nur als HdlsGes, nicht durch EinzelKfm (§ 2 b I KWG; Sondervorschr für Pfandbrief-, Hypotheken- und Schiffspfandbriefbanken sind mWv 19. 7. 05 entfallen); Kapitalanlagegesellschaften nur als AG oder GmbH (§ 6 I 2 InvG); Wirtschaftsprüfungsgesellschaften (unter dieser Bezeichnung) nur als HdlsGes (s Rn 8), nicht als GbR (§ 27 WPO). Apotheken (soweit Ges) nur als GbR oder OHG (§ 8 ApG), auch als stGes (§ 230 Rn 5).

Auch für die jeweils gewählte Ges besteht Spielraum für **Vertragsfreiheit,** 6 besonders weit zB bei OHG und KG (§ 109 Rn 2–3, § 163 Rn 1), nur gering zB bei AG (§ 23 V AktG, im Einzelnen str). Welche GesForm in casu vorliegt, bestimmt der objektive Sachverhalt (einschließlich der noch nicht verwirklichten Abreden), Jahnke ZHR 146 **(82)** 602; Umwandlung kraft Gesetzes s Rn 21–22. Unerheblich ist, welche Form die Gfter für gegeben halten oder zu schaffen gedachten, BGH **10,** 96. Auslegung von PersonenGesVerträgen s § 105 Rn 59.

Die **richtige Gesellschaftsformenwahl und Gesellschaftsvertragsgestal-** 7 **tung** hängen von zahlreichen Faktoren ab: Haftung (persönlich und unbeschränkt; persönlich, aber beschränkt; nur mit Stamm- bzw Grundkapital), Geschäftsführung (Selbst- oder Drittorganschaft), Auftreten nach außen (Personen-, Sachfirma), Beteiligung Dritter am Unternehmen (Kinder, Mitarbeiter), Gfter-Wechsel und Vererbung, Publizität und Rechnungslegung, Mitbestimmung und ganz besonders **Steuern** (Besteuerung der Gfter von PersonenGes nach EStG; Besteuerung der Körperschaften nach KStG und ihrer Gfter bei Gewinnausschüttung nach EStG). Die Zuziehung erfahrener Anwälte oder Notare ist unbedingt zu empfehlen. Einführende Hdb: Tiefenbacher/Dernbach, Klauss/Birle, Stehle/Stehle, Zartmann/Litfin, Familienunternehmen s Hennerkes/May NJW **88,** 2761. Beispielsfall s Doralt ZGR **81,** 249.

2) Handelsgesellschaften

A. **Handelsgesellschaften und stille Gesellschaften:** Buch II des HGB ist 8 überschrieben: HdlGes und stGes. Ursprünglich waren hier OHG, KG, AG, KGaA und stGes geregelt. AG und KGaA (früher Abschn 3 §§ 178–319, Abschn 4 §§ 320–334) wurden durch das AktG 1937 aus dem HGB herausgenommen und ganz neu geregelt. **Handelsgesellschaften sind nur OHG, KG, GmbH, AktG, KGaA, EWIV** (§§ 105 I, 161 I HGB; §§ 3, 278 III AktG; § 13 III GmbHG; § 1 EWIVAG, s Anh § 160 Rn 39). Nicht so eindeutig ist die Verwendung des Begriffs in §§ 13–13 h, wo die HdlGes neben die juristische Person gesetzt ist. **Nicht** HdlGes sind also zB GbR, stGes, eG, PartG, VVaG. KapitalGes & Co s § 6 Rn 1.

B. **Kaufmannseigenschaft:** Für HdlGes (s Rn 8) gelten die Vorschriften für 9 Kflte (§ 6 I). Die stGes betreibt nur der Inhaber des HdlGeschäfts, nur er ist Kfm

(§ 230). Die eG gilt nach § 17 II GenG als Kfm. Auf den VVaG findet weitgehend HGB entspr Anwendung (§ 16 VAG, § 6 Rn 1).

10 C. **Innen- und Außengesellschaften: Innengesellschaften** sind Ges, bei denen die Gfter nach außen nicht gemeinsam hervortreten. Die InnenGes nimmt nicht als Ges am Rechtsverkehr teil. Ein zweites Merkmal, Verzicht auf die Bildung von Gesamthandvermögen, ist streitig. Typisch ist die **stille Gesellschaft,** bei der die Einlage des Stillen in das Vermögen des Inhabers des HdlGeschäfts übergeht und nur dieser aus den im Betrieb geschlossenen Geschäften berechtigt und verpflichtet ist (§ 230); Unterbeteiligung am GesAnteil, s § 105 Rn 38. Zur InnenGes BGH **12,** 314, NJW **82,** 99, ZIP **08,** 2311, Düss WM **82,** 969 (Tippgemeinschaft); MüKoBGB/Ulmer/Schäfer/Ulmer § 705 Rn 275; Lit: Steckhan 1966.

11 **Außengesellschaften** sind Ges, bei denen nach außen eine Gesamtheit hervortritt, MüKoBGB/Ulmer/Schäfer/Ulmer § 705 Rn 289. Die GbR kann bloße InnenGes (zB idR EhegattenGes, § 105 Rn 52) oder AußenGes (zB Anwaltssozietät, § 105 Rn 3) sein. Dagegen sind **alle Handelsgesellschaften** notwendig AußenGes. Sie treten als Ges zu Dritten in Rechtsbeziehung. Sie können als Ges eigene Rechte und Pflichten haben, klagen und verklagt werden. Alle haben eine Firma (§ 19 HGB, § 4 GmbHG, §§ 4, 279 AktG). Auch bei AußenGes gibt es eine strenge Trennung zwischen Innenverhältnis unter den Gftern (vgl §§ 109 ff) und Außenverhältnis der Ges (Gfter) zu Dritten (vgl §§ 123 ff), s § 114 Rn 1.

12 Einige HdlGes sind darüber hinaus **juristische Person,** also rechtsfähig (s Rn 1): AG, KGaA (§§ 1, 278 AktG), GmbH (vgl § 13 GmbHG); auch die eG (§ 17 I GenG). OHG und KG sind anders als durchweg die entspr GesFormen im Ausland zwar nicht juristische Person, zB BGH **34,** 296, hL, sie sind aber rechtlich weitgehend verselbststständigt und deshalb als Übergangsform zur juristischen Person weithin den gleichen Regeln unterworfen (§ 124 Rn 1).

13 D. **Personen- und Kapitalgesellschaften** werden nach der rechtlichen Bedeutung des eingebrachten Kapitals unterschieden. Unter den HdlGes ist typische PersonenGes die OHG (persönliche Mitarbeit und persönliche Haftung der Gfter), typische KapitalGes die AG (Grundkapital, Kapitalbeteiligung der Mitglieder, Umlauffähigkeit dieser Kapitalanteile, Kapitalverwaltung durch besondere Organe (Drittorganschaft ua). Weniger typisch sind für die PersonenGes die KG, für die KapitalGes die GmbH. Mischformen sind die KGaA und die GmbH & Co und zumal die PublikumsKG (Anh § 177 a Rn 1 ff, 52 ff). „Wesenselemente" der PersonenGes in der Rspr s Reuter GmbHR **81,** 129, Strukturelemente der GesFormen s Hadding FG Zivilrechtslehrer 34/35, **99,** 147, PersonenGes als Rechtsfigur des „AT" s K. Schmidt AcP 209 **(09)** 181.

3) Personenhandels- und nahe stehende Gesellschaften

14 A. Die **Gesellschaft des bürgerlichen Rechts (GbR)** ist Grundform der PersonenGes; ihr Recht (§§ 705–740 BGB) ist subsidiär anwendbar auf die OHG, KG und stGes (s Rn 15 ff). Die GbR spielt im Wirtschaftsverkehr eine beachtl Rolle, wenn auch nicht vergleichbar mit der der OHG. Bsp: Ges der freien Berufe, Landwirtschaft und sonstiger NichtKfl (§ 105 Rn 2 ff), vor allem Anwaltssozietäten (aber auch PartG, Anh B § 160), Gemeinschaftspraxen von Notaren, Steuerberatern, Ärzten, Architekten; Arbeitsgemeinschaften namentlich in der Bauwirtschaft; Konsortien (zur Emission von Wertpapieren, zur Kreditgewährung, zum Stillhalten oder zur Sanierung); Poolverträge (Gewinne, sog Metaverbindung; Stimmrechte), Kooperation (Forschung, Entwicklung ua), Interessengemeinschaften, Kartelle, Gemeinschaftsuntern; Unterbeteiligung (§ 105 Rn 38); Ehegattengesellschaft (§ 105 Rn 52). Die GbR kann Innen- oder AußenGes sein (s Rn 10–11), Spielart der GbR als InnenGes ist die stGes (s Rn 18).

Die (**Außen**)**GbR** besitzt, ohne juristische Person zu sein (BGH **146,** 347), **Rechtsfähigkeit,** soweit sie durch Teilnahme am Rechtsverkehr eigene Rechte und Pflichten begründet; insoweit ist sie zugleich im Zivilprozess aktiv und passiv parteifähig (auch insolvenzrechtsfähig); persönliche Haftung des Gfters akzessorisch wie bei OHG, BGH **146,** 341 (Arge Weißes Ross), **149,** 84, **154,** 94, NJW **02,** 1207, dort allerdings einschränkend bei Entgegenstehen spezieller Gesichtspunkte (1208: „besondere Rechtsvorschriften und die Eigenart des zu beurteilenden Rechtsverhältnisses"); K. Schmidt §§ 8 III 4 d, 58 V 1, NJW **01,** 993, MüKoBGB/Ulmer/Schäfer § 705 Rn 303, AcP 198 (**98**) 113, Mülbert AcP 199 (**99**) 38, Hadding ZGR **01,** 712; im Einzelnen str, aA die früher hL, zB Zöllner FS Gernhuber **93,** 563, FS Kraft **98,** 701, Hueck FS Zöllner **98,** 275; Gesamthand und Gruppe s § 124 Rn 1. Die AußenGbR kann demnach auch Kdtist (§ 161 Rn 4) und OHGGfter sein (§ 105 Rn 28). Haftungsbeschränkung der Gfter nicht schon als „GbR mbH", BGH **142,** 315, auch nicht durch AGB, sondern nur durch Individualabrede; formularmäßige Haftungsbeschränkung dagegen für AnlageGfter geschlossener ImmobilienfondsGbR, kein Verstoß gegen (**5**) § 307 BGB, BGH **150,** 1, Grund: wie reine KapitalanlageGes. Die GbR aus natürlichen Personen kann Verbraucher iSv §§ 13, 491 BGB sein, BGH **149,** 80 (zu VerbrKrG), aA Kessal-Wulf GS Sonnenschein 03, 671. Auf die im HdlVerkehr auftretende GbR können bestimmte Vorschriften über die **OHG analog** angewandt werden (§ 105 Rn 17), das ist **aber für jede Vorschrift besonders zu prüfen,** vgl Katalog bei K. Schmidt § 58 V 2; vgl § 130 Rn 3, § 173 Rn 3). Für die GbR gilt auch **§ 31 BGB,** BGH **154,** 88, **155,** 210, NJW **07,** 2490, hL (§ 124 Rn 25), GfterHaftung analog **§ 128,** BGH **142,** 318, **146,** 341, **150,** 1, **157,** 364, NJW **07,** 2492 (auch für RechtsanwaltsGbR), also auch für Deliktsschulden der Ges, K. Schmidt NJW **03,** 1897, aA Canaris ZGR **04,** 69, einschränkend bei Verbraucherschutz Mülbert WM **04,** 913. § 129 a analog auch für GbR (dort Rn 1). § 130 analog auch für GbR (dort Rn 3), str für § 28 (dort Rn 2), offen, aber jedenfalls nicht für AnwaltsGbR, BGH **157,** 361. Zumindest rechtspolitisch ist dann aber Einschränkung auf unternehmenstragende GbR geboten, K. Schmidt NJW **03,** 1904. Die (Außen)GbR wäre an sich auch **grundbuchfähig,** BGH NJW **09,** 594 (V ZB), Stgt ZIP **07,** 419 m Anm Kesseler, KG NJW **08,** 3444, MüKoBGB/Ulmer/Schäfer § 705 Rn 314, Leipold FS Canaris **07,** 230, sehr str, mit der Folge der Eintragung der GbR unter der im GesVertrag vorgesehenen Bezeichnung, sonst als GbR mit Namen der Gfter, BGH NJW **09,** 594. Jedoch hat das ERVGBG 2009 gesetzliche Sonderregeln geschaffen, und zwar zwingende Eintragung aller Gfter (§ 47 II GBO nF) und fakultative Eintragung des Namens und des Sitzes der Ges (§ 15 I lit c GBV); außerdem neue Vermutungs- und Gutglaubensvorschriften (§ 899 a nF BGB), Steffek ZIP **09,** 1445. Die GbR ist **kontofähig,** s (**7**) Bankgeschäfte Rn A/48. Sie ist auch **markenfähig,** BGH NJW-RR **01,** 114 ist überholt (BPatG GRUR **08,** 448; vgl § 5 I Nr 2 S 2 MarkenV 2004). Ebenso ist sie **prozessfähig,** aber (,,vorerst") ohne volle Gleichstellung mit OHG (Titel gegen alle Gfter ausreichend, aber nicht erforderlich, nicht § 124 II analog), K. Schmidt gegen BGH NJW **08,** 1378. Lit: MüKoBGB/Ulmer/Schäfer 5. Aufl 2009, Wiedemann II § 7; Wertenbruch NJW **02,** 324 (Gerichts- und Vollstreckungspraxis), Ulmer ZIP **03,** 1113, Armbrüster ZGR **05,** 34 (Haftung), Damm FS Raiser **05,** 23 (GesRecht der freien Berufe), Geibel WM **07,** 1496, K. Schmidt NJW **08,** 1841.

B. Die **offene Handelsgesellschaft (OHG),** im HGB wie schon im **15** ADHGB ausführlich geregelt, ist die alte Grundform der Zusammenarbeit von Kflten. Diese wirken gleichermaßen persönlich mit und stellen sich mit ihrem ganzen Vermögen hinter das Unternehmen. Im Gegensatz zur „stillen" Beteiligung nennt das HGB im Anschluss an das ADHGB die Ges „offen". Andere Rechte heben in der Bezeichnung ihrer entsprechenden GesForm das Auftreten im HdlVerkehr unter gemeinsamer Firma hervor: „société en nom collectif" (Frankreich), „KollektivGes" (Schweiz), „vennootschap onder firma" (Niederlande). Das angloamerikanische Recht unterscheidet bei der „partnership" nicht zwischen HdlGes und GbR, da es die Trennung von HdlRecht und bürgerlichem Recht im deutschen Sinn nicht kennt. Ausländisches Recht s Einl 25 vor § 1. Der OHG nahe stehen die **EWIV** (Anh § 160 Rn 1) und die **Partnerschaftsgesellschaft** für Freiberufler (G 1994, § 105 Rn 3, Anh § 160 Rn 57).

16 C. Die **Kommanditgesellschaft (KG)** stammt aus derselben Grundform wie die stGes: A macht Geschäfte, B gibt Geld dazu. Die Bezeichnung kommt von (lateinisch) „commenda". Die entspr GesForm ist in Frankreich die „société en commandite simple", ähnlich in anderen romanischen Rechten. Im niederländischen Recht ist es die „vennootschapen commandite", im anglo-amerikanischen Recht die „limited partnership". Das prALR und öABGB kannten nur die „stille Ges", der Code de commerce nur die „société en commandite", man nannte die stGes „deutsche KG". Das ADHGB nahm beide Formen auf.

17 Die **GmbH & Co KG** ist rechtlich eine KG, deren idR einziger phG eine GmbH ist. Die damit praktisch verbundene Haftungsbeschränkung (die GmbH haftet unbeschränkt, ist aber selbst nur „mbH") hat zu einem langdauernden Streit um die Zulässigkeit dieser Mischform geführt, der heute positiv entschieden ist (Anh § 177a Rn 4). Die Sachprobleme dieser Typenverbindung bestehen fort, vgl ua Anm zu §§ 19 II, 172 VI, § 177a iVm §§ 125a, 130a sowie Anh § 177a. Die PublikumsGes ist rechtlich idR eine GmbH & Co, wirtschaftlich eine KGaA (Anh § 177a Rn 52). Im Ausland mit Ausnahme Österreich ist die GmbH & Co KG ohne große Bedeutung, teils sogar ausdrücklich verboten, zB Art 594 II (entspr § 552 I für die OHG, sog KollektivGes) schweizerisches OR.

18 D. Die **stille Gesellschaft (stGes)** ist InnenGes (s Rn 10); nur der Inhaber des Unternehmens, an dem der „Stille" beteiligt ist, hat Rechte und Pflichten gegenüber Dritten (§ 230 II). Eben darum wird sie, obwohl im HGB geregelt, nicht zu den HdlGes gezählt, sondern neben sie gestellt (s Überschrift Buch II). Sie ist weder PersonenGes, weil der stille Geldgeber idR nicht persönlich im Geschäft mitwirkt, noch KapitalGes (s Rn 13), weil sie keinen nach außen verselbstständigten Zusammenschluss von Geldgebern wie bei der AG oder GmbH darstellt. Die stGes hängt historisch eng mit der KG zusammen (s Rn 16), ist aber vom HGB ganz verschieden geregelt. Im Ausland (société occulte, silent oder dormant partner) fehlt meist eine gesonderte gesetzliche Regelung, sie ist Unterfall der gewöhnlichen Ges (des bürgerlichen Rechts, soweit man Hdl- und bürgerliches Recht scheidet).

4) Umwandlung kraft Gesetzes und kraft Rechtsgeschäfts

19 A. **Gründe für eine Umwandlung: a) Umwandlung kraft Gesetzes:** Das allgemeine PersonenGesRecht unterscheidet Ges nach bestimmten Tatbestandsmerkmalen. Sind diese nicht mehr erfüllt, kann das Gesetz vorsehen, dass eine bestimmte Ges sich kraft Gesetzes in eine andere verwandelt, Bsp: OHG treibt kein HdlGewerbe mehr, sie wird mit Herabsinken auf ein Kleingewerbe zur GbR; der vorletzte Gfter einer OHG oder KG scheidet aus, das Vermögen der Ges geht auf den verbleibenden Gfter als EinzelKfm über. Diese Änderungen der Rechtsform werden vom UmwG nicht tangiert (§ 190 II UmwG).

20 b) **Umwandlung kraft Rechtsgeschäfts:** In der Praxis kommt es häufig vor, dass die ursprünglich gewählte Rechtsform des Unternehmens nicht mehr die für das Unternehmen geeignetste ist (Wechsel der Rechtsform) oder dass Strukturänderungen angezeigt sind, zB die Verschmelzung mit einem anderen Unternehmen, die Spaltung einer Ges in neue Unternehmen oder die Vermögensübertragung vom alten auf ein neues Unternehmen. Bspe: Tod des einzigen phG und mangelnde Bereitschaft der Erben zum Eintritt mit persönlicher Haftung und

Geschäftsführung; Eigenkapitalbedarf und Gang zum Kapitalmarkt; Zusammengehen mit einem anderen Unternehmen; Aufspaltung in zwei Ges, die sich selbstständig besser positionieren können; steuerliche Entwicklungen; Flucht aus rechtlich besonders belasteten GesFormen (Schwerfälligkeit, Publizität, Mitbestimmung).

B. **Umwandlung kraft Gesetzes (BGB, HGB): a)** Die Umwandlung **zwischen GbR, OHG, KG** setzt keine besondere Vereinbarung der Gfter voraus; sie erfolgt kraft Gesetzes, sogar gegen den Willen der Gfter. Bsp: GbR wird automatisch OHG, wenn sie ein HdlGewerbe beginnt, BGH BB **67,** 143 (§ 105 Rn 7). OHG oder KG werden automatisch GbR, wenn sie ihr HdlGewerbe freiwillig oder unfreiwillig aufgeben oder dieses auf den Umfang eines NichtHdlGewerbes zurückgeht, BGH **32,** 310 (§ 105 Rn 8). Die OHG wird zur KG, wenn für einen Gfter Haftungsbeschränkung vereinbart und eingetragen oder ein beschränkt haftender Gfter aufgenommen wird (§ 161 Rn 6, 17). Die KG wird zur OHG, wenn die Ges nach Ausscheiden des einzigen Komplementärs fortgesetzt wird (§ 131 Rn 18), ebenso nach Ausscheiden des einzigen Kdtisten oder wenn seine Haftungsbeschränkung aufgehoben wird, vgl BGH **68,** 12. „**Verschmelzung**" von PersonenGes ist unter Ausnutzung der Umwandlung kraft Gesetzes (§ 140 Rn 25, § 142 aF) im Wege der Gesamtrechtsnachfolge möglich, zB durch gleichzeitige Übertragung aller OHGAnteile auf GbR, die damit zur OHG wird, BGH WM **90,** 586, Barz FS Ballerstedt **75,** 143. Konsequenzen für die Firmenfortführung s § 24 Rn 7–8. Lit: Freund 2005.

b) Die Umwandlung von GbR, OHG oder KG in ein einzelkfm Unternehmen erfolgt ebenfalls kraft Gesetzes, zB wenn von zwei Gftern der eine ausscheidet. Das Vermögen der Ges geht **auf den** übrigbleibenden **Einzelkaufmann** im Wege der **Gesamtrechtsnachfolge** über (§ 105 Rn 8). Konsequenzen für die Firmenfortführung s § 24 Rn 9. Der umgekehrte Fall des Unternehmensformwechsels **vom Einzelkaufmann** in eine (neue) GbR, OHG oder KG ist hingegen nicht Umwandlung, sondern **Neugründung** einer Ges, so auch wenn der EinzelKfm in ein bestehendes HdlGeschäft als Gfter eintritt. Konsequenzen für die Firmenfortführung s § 24 Rn 5. Tritt der EinzelKfm in eine bereits bestehende OHG als Kdtist ein, wird die OHG zur KG (s Rn 20). Die Praxis nutzt die Möglichkeit der Umwandlung kraft Gesetzes besonders bei der Verschmelzung einer **GmbH & Co KG** auf ihre KomplementärGmbH. Dieses sog Anwachsungsmodell (Gesamtrechtsnachfolge) hat auch noch nach dem UmwG Bedeutung (s Rn 25). Zur Frage der Umgehung bzw analogen Anwendung bestimmter Schutznormen des UmwG ua hierauf K. Schmidt § 13 I 4, ZGR **95,** 675. **Muster:** Hopt/Volhard 3. Aufl 2007 Form II.J.1 (Umwandlung einer GmbH & Co KG in GmbH durch Anwachsung).

C. **Umwandlung kraft Rechtsgeschäfts (UmwG): a) Begriffe und Arten der Umwandlung:** Nach § 1 I UmwG 1994 (Änderungen 2. UmwGÄndG 2007, Neye BB **07,** 389) sind vier Arten der Umwandlung kraft Rechtsgeschäfts möglich: 1. Verschmelzung, 2. Spaltung (Aufspaltung, Abspaltung, Ausgliederung), 3. Vermögensübertragung und 4. Formwechsel. Außer diesen im UmwG geregelten Fällen sind solche Umwandlungen nur kraft eines anderen Bundes- oder Landesgesetzes möglich (numerus clausus, § 1 II UmwG). Das UmwG ermöglicht den Übergang des Vermögens eines Unternehmens (Rechtsträger) auf ein anderes schon vorhandenes oder neu entstehendes (Verschmelzung, §§ 20, 36 UmwG; Spaltung, §§ 131, 135 UmwG) und die Fortsetzung des Unternehmens in einer anderen Rechtsform ohne Änderung seiner Identität (Formwechsel, § 202 UmwG). Allein der letztere Fall wurde früher als Umwandlung (im engeren Sinne) bezeichnet. Theoretisch und praktisch entscheidend ist zweierlei, was das UmwG ermöglicht: Wechsel der Rechtsform ohne Änderung der Identität und Gesamtrechtsnachfolge bzw Universalsukzession bei Übergang des Vermögens des alten Unternehmens auf ein anderes, denn auf diese Weise werden die umständlichen und zumeist steuerschädlichen Einzelübertragungen überflüssig (so bei Auflösung und Neugründung, s Rn 27). Dieser Gestaltungsvorteil für die Unternehmen darf allerdings nicht zu Lasten der MinderheitsGfter und der Gläubiger einschließlich der Arbeitnehmer gehen. Das bedingt diesbezügliche Schutzvorschriften im UmwG. **Grenzüberschreitende Verschmelzung** innerhalb EU/EWR ist seit 2007 möglich (§§ 122 a-l UmwG, VerschmelzungsRi Einl 36 v § 105), Müller ZIP **07,** 1081. Lit: Dauner-Lieb/Simon 2009; Kallmeyer 3. Aufl 2006; Lutter/Winter 4. Aufl 2009; Maulbetsch/Klumpp/Rose 2009; Schmitt/Hörtnagl/Stratz 5. Aufl 2009; Semler/Stengel 2. Aufl 2007; Widmann/Mayer (LBl); K. Schmidt AcP 191 **(91)** 495, Kallmeyer ZIP **94,** 1746 (Hdl-Ges), Mayer/Weiler DB **07,** 1235, 1291. Muster: Hopt/Volhard 3. Aufl 2007 Form II. J.1-13 (Umwandlungen: ua GmbH & Co KG in GmbH, OHG in zwei GmbH, EinzelKfm in GmbH, PersonenGes in GmbH, GmbH in PersonenGes, KG in AG).

24 **b) Regelung der vier Grundarten der Umwandlung:** (1) **Verschmelzung:** Die Verschmelzung (Fusion) ist die rechtliche Vereinigung der Vermögen mehrerer Rechtsträger unter Auflösung ohne Abwicklung unter Gewährung von Anteilsrechten des übernehmenden oder neuen Rechtsträgers an die Anteilsinhaber des erlöschenden Rechtsträgers. Dafür gibt es zwei Arten (§ 2 Nr 1, 2 UmwG). Bei der Verschmelzung **durch Aufnahme** wird das Vermögen von einem oder mehreren Rechtsträgern (übertragende Rechtsträger) als Ganzes auf einen anderen bestehenden Rechtsträger (übernehmender Rechtsträger) übertragen. Bei der Verschmelzung **durch Neubildung** wird das Vermögen zweier oder mehrerer Rechtsträger jeweils als Ganzes auf einen neuen, von ihnen dadurch gegründeten Rechtsträger übertragen. Die Vermögensübertragung erfolgt bei beiden Arten der Verschmelzung gegen Gewährung von Anteilen oder Mitgliedschaften des übernehmenden oder neuen Rechtsträgers an die Anteilsinhaber (Gfter, Aktionäre etc) der übertragenden Rechtsträger. Verschmelzungsfähige Rechtsträger sind ua PersonenHdlGes (OHG, KG) und PartGes, KapitalGes (GmbH, AG, KGaA), eG ua (§ 3 I UmwG). An der Verschmelzung können auch natürliche Personen, die als AlleinGfter einer KapitalGes deren Vermögen übernehmen, beteiligt sein (§§ 3 II, 120 ff UmwG). An der Verschmelzung können als übertragende Rechtsträger auch aufgelöste Rechtsträger beteiligt sein, wenn die Fortsetzung dieser Rechtsträger beschlossen werden könnte (§ 3 III UmwG). Die Verschmelzung durch Aufnahme ist in §§ 4–35 UmwG, die durch Neubildung in §§ 36–38 UmwG näher geregelt. Besondere Vorschriften betreffen ua die Verschmelzung unter Beteiligung von PersonenGes (§§ 39–45 e UmwG, s Rn 25). Für die Verschmelzung in eine PersonenGes (s Rn 26) sind die besonderen Vorschriften für die Verschmelzung unter Beteiligung der GmbH, AG ua zu beachten (§§ 46 ff, 60 ff ua UmwG). Bei der Verschmelzung sind notwendig ein Verschmelzungsvertrag (§§ 4 ff, 36, 37 UmwG), Verschmelzungsbericht und Verschmelzungsprüfung (§§ 8, 9 ff, 36 UmwG), die Beschlüsse der beteiligten Rechtsträger (§§ 13, 36 UmwG) und die Anmeldung und Eintragung der Verschmelzung (§§ 16 ff, 36, 38 UmwG). Konsequenzen für die Firmenfortführung s § 19 Rn 39.

(2) **Spaltung:** Die Spaltung ist in drei Formen möglich (§§ 1 I Nr 2, 123 I–III UmwG), durch **Aufspaltung** des übertragenden Rechtsträgers, der ohne Abwicklung aufgelöst wird, unter gleichzeitiger Übertragung seines Vermögens auf andere Rechtsträger, durch **Abspaltung** von Teilen des Vermögens des übertragenden Rechtsträgers auf einen oder mehrere andere Rechtsträger und durch **Ausgliederung,** wenn der übertragende Rechtsträger Teile seines Vermögens auf einen oder mehrere andere Rechtsträger überträgt und dafür selbst (nicht wie in den beiden ersten Fällen seine Anteilsinhaber) Anteile oder Mitgliedschafts-

rechte des übernehmenden bzw neuen Rechtsträgers erhält. Die Spaltung kann in allen drei Formen **zur Aufnahme** oder **zur Neugründung** erfolgen. Keine Spaltung iSv UmwG ist die Betriebsaufspaltung (§ 1 Rn 18). Konsequenzen für die Firmenfortführung s § 19 Rn 40.

(3) **Vermögensübertragung:** Die Vermögensübertragung ist bestimmten Rechtsträgern vorbehalten (§ 175 UmwG). Sie ist als Voll- oder Teilübertragung unter Gesamtrechtsnachfolge möglich (§ 174 UmwG) und entspricht wirtschaftlich und rechtlich einer Verschmelzung oder einer Spaltung (§§ 176, 177 UmwG).

(4) **Formwechsel:** Beim Formwechsel erhält ein Rechtsträger ohne Änderung seiner Identität eine andere Rechtsform (§ 190 I UmwG). Formwechselnde Rechtsträger können PersonenHdlGes, PartGes, KapitalGes ua sein (§§ 191 I, 3 I UmwG), Rechtsträger neuer Rechtsform können sein GbR, PersonenHdlGes, PartGes, KapitalGes, eG (§ 191 II UmwG). Formwechsel aufgelöster Rechtsträger ist möglich, wenn ihre Fortsetzung in der bisherigen Rechtsform beschlossen werden könnte (§ 191 III UmwG). Konsequenzen für die Firmenfortführung s § 19 Rn 41.

c) Umwandlung von PersonenGes: Für die Umwandlung von PersonenHdlGes (OHG, KG, auch GmbH & Co KG) und PartGes gibt es zusätzlich besondere Vorschriften (§§ 214–225 c UmwG); eine grenzüberschreitende Verschmelzung von PersonenHdlGes sieht 2. UmwGÄndG 2007, Neye BB **07,** 389, nicht vor, ist aber nach EuGH 13. 12. 05 Sevic NJW **06,** 425 m Anm Oechsler 812, Bayer/Schmidt, Teichmann, Weiss/Wöhlert ZIP **06,** 210, 355, **07,** 580, jedenfalls für die Hereinverschmelzung zulässig, zu Hilfskonstruktionen Simon/Rubner Konzern **06,** 842. Eine PersonenHdlGes kann auf Grund eines Umwandlungsbeschlusses **nur** die **Rechtsform einer Kapitalgesellschaft oder einer eingetragenen Genossenschaft** erhalten (§ 214 I UmwG). Auch **nach Auflösung** kann eine PersonenHdlGes noch die Rechtsform wechseln (§ 191 III UmwG), aber nicht wenn die Gfter nach § 145 HGB eine andere Art der Auseinandersetzung als die Abwicklung oder als den Formwechsel vereinbart haben (§ 214 II UmwG). Ein Umwandlungsbericht und eine Unterrichtung der Gfter zur Vorbereitung des Umwandlungsbeschlusses sind nur erforderlich, wenn nicht alle Gfter der formwechselnden Ges geschäftsführungsberechtigt sind (§§ 215, 216 UmwG), sonst sind sie an der Vorbereitung beteiligt. Der **Umwandlungsbeschluss** durch die GfterVersammlung bedarf als Grundlagengeschäft der Zustimmung aller Gfter, auch der nicht erschienenen. Der GesVertrag kann Mehrheitsentscheidung vorsehen (§ 119 Rn 33 ff, Bestimmtheitsgrundsatz), aber nicht weniger als **Dreiviertelmehrheit** der abgegebenen Stimmen (§ 217 I UmwG). Da es zu einer neuen KapitalGes bzw eG kommt, sind deren Gründungsvorschriften bezüglich Kapitalschutz ua zu beachten (§§ 219 ff UmwG). Anmeldung und Eintragung s §§ 198, 222, 202 UmwG. Die Fortdauer und zeitliche Begrenzung der persönlichen Haftung eines phG der formwechselnden Ges sind wie die Nachhaftung bei Ausscheiden aus der Ges geregelt (§ 224 UmwG; s § 160 HGB). Die Problematik der Haftung aus Dauerschuldverhältnissen stellt sich entsprechend (§ 128 Rn 28 ff). Die Haftung des Kdtisten nach §§ 171 I, 172 IV, 176 HGB ist in § 224 UmwG nicht besonders geregelt, aber entsprechend zu behandeln. Eine **GmbH & Co KG** kann auch nach § 214 UmwG in eine KapitalGes umgewandelt werden (neben dem Anwachsungsmodell, s Rn 22), Einzelheiten sind str, K. Schmidt § 13 II 3 c. Lit: H. Schmidt, Joost in Lutter, Kölner Umwandlungsrechtstage 1995, 59, 245; H. Schmidt FS Brandner **96,** 133 (Mehrheitsklauseln); Kallmeyer GmbHR **96,** 80.

d) Umwandlung in PersonenGes: Unternehmen mit Rechtsträgern in anderen Rechtsformen, insbesondere KapitalGes, können auch in PersonenGes umgewandelt werden (§§ 3 I Nr 1, 124, 191 II Nr 2 UmwG). Dabei sind außer den allgemeinen Vorschriften des UmwG die besonderen für diese Rechtsformen, zB GmbH und AG, anwendbar (§§ 46 ff, 138 ff, 226 ff UmwG). Zusätzlich sind die Vorschriften des PersonenGesRechts zu beachten. Bsp: Umwandlung einer GmbH in eine OHG setzt HdlGewerbe der Letzteren voraus (§ 228 I UmwG, § 105 I, II HGB).

27 D. **Auflösung und Neugründung: a) Nicht verschmelzungsfähige Rechtsträger:** Aus der abschließenden Aufzählung in § 3 UmwG folgt, dass alle anderen Rechtsträger nicht nach dem UmwG verschmolzen werden können. Das gilt für stGes, GbR, nicht rechtsfähigen Verein, schlichte Rechtsgemeinschaft, Erbengemeinschaften ua. Für den Formwechsel nach UmwG sieht § 191 UmwG einen ähnlichen abschließenden Katalog vor, doch kann die GbR hier Rechtsträger neuer Rechtsform sein (§ 191 II Nr 1 UmwG). Ähnliches gilt für die Spaltung (§ 124 I UmwG), bei der Ausgliederung können aber auch EinzelKfm, wirtschaftlicher Verein ua übertragender Rechtsträger sein.

b) Auflösung und Neugründung: Soweit keine Umwandlung kraft Gesetzes (BGB, HGB) oder kraft Rechtsgeschäftes (UmwG, Sondergesetze) möglich ist (numerus clausus) oder wenn die Beteiligten davon keinen Gebrauch machen wollen, bleibt die Möglichkeit der Auflösung und Neugründung. Der alte und der neue Rechtsträger sind dann nicht identisch, eine Vermögensübertragung im Wege der Einzelübertragung ist nötig (Einl 42 vor § 1), und die stillen Reserven müssen aufgelöst und versteuert werden. Das schließt diesen Weg in der Praxis meist aus.

c) Stille Gesellschaft: Die Auflösung und Neugründung kommt auch für die stGes in Betracht. Der an einem einzelkfm Unternehmen beteiligte Stille kann phG oder Kdtist nur durch Neugründung einer OHG oder KG mit dem bisherigen Alleininhaber des HdlGeschäfts werden. Umgekehrt wird der phG (oder Kdtist) nur durch Auseinandersetzung der Gfter nach § 738 BGB und Umwandlung seines Auseinandersetzungsguthabens in eine stille Einlage zum Stillen, RG **170,** 105. **Muster:** Hopt/Volhard 3. Aufl 2007 Form II.K.6–7 (Auflösung einer KG/GmbH).

5) Intertemporales Gesellschaftsrecht

28 Auch HdlGes, die älter sind als das HGB, unterstehen dem HGB im Hinblick auf ihre Rechtsbeziehungen zu Dritten; nur im Innenverhältnis gilt nach Art 170 EGBGB für OHG (KG; auch stGes, die nicht HdlGes ist; AG und KGaA s §§ 2 ff EGAktG 1937) das alte Recht fort, soweit das neue nicht zwingend ist (zB § 133 III, RG **71,** 255). Praktisch gilt jedoch auch hier meist das neue Recht auf Grund stillschweigender Unterwerfung der Gfter, RG **145,** 291. Übergangsrecht zu den zahlreichen Reformen des HGB s **(1)** EGHGB, zB bezüglich des HRefG **(1)** EGHGB Art 38 ff. Lit: Großfeld/Irriger JZ **88,** 531.

6) Internationales und europäisches Gesellschaftsrecht

29 A. **Internationales Gesellschaftsrecht und europäische Einflüsse:** Dabei handelt es sich als Teil des internationalen Privatrechts um deutsches Recht. Ausländische Ges, die nach dem für sie gültigen Recht existent sind, werden ohne weiteres **anerkannt,** BGH **25,** 144. Für die Rechtsverhältnisse einer PersonenHdlGes gilt herkömmlich das **Recht des Sitzes,** RG **117,** 217, BGH **51,** 28, **53,** 183, **78,** 334, **97,** 271, BayObLG WM **92,** 1371, Hamm NJW **01,** 2183, **(Sitztheorie),** Staud/Großfeld EGBGB IntGesR 28, immer noch Wiedemann II 50, nach a A Gründungstheorie und Mischtheorien, schon bisher sehr str. Die Sitztheorie lässt sich aber nach den Urteilen des EuGH, NJW **99,** 2027 (Centros), NJW **02,** 3614 **(Übersering),** ZIP **03,** 1885 **(Inspire Art)** und ZIP **04,** 662 **(Hughes de Lasteyrie du Saillant)** allenfalls noch **gegenüber Drittstaaten** aufrechterhalten (auch nicht für USA, nach Freundschaftsvertrag Grün-

Einleitung 29 **Einl v § 105**

dungsrecht, BGH **153**, 353, Dammann RabelsZ 78 **(04)** 609), so gegenüber der Schweiz BGH NJW **09**, 289 (II ZR) m abl Anm Kieninger, jetzt aber Reform durch MoMiG 2008 (s unten). **In der EU** (und EWR, BGH **164**, 148) nicht nur keine Versagung der Rechts- und Prozessfähigkeit, BGH **154**, 185 (Überseering, vgl auch schon BGH **151**, 204), sondern **volle Anerkennung als ausländische Gesellschaft** wie inländische Ges ohne Zwang zur Umwandlung bzw Neugründung, schon BGH **154**, 185, ZIP **03**, 718 (II. ZS). Primäres (Art 43, 48 EG) und sekundäres EGRecht sind unstreitig vorrangig. Str bleibt bis zur Klärung durch weitere Urteile des EuGH, was die Mitgliedstaaten im öffentlichen Interesse von EU-ausländischen Unternehmen noch verlangen können (Gebhard-Formel, Vierkonditionentest), insbesondere unternehmerische Mitbestimmung, dazu Ebke JZ **03**, 931, Sandrock AG **04**, 57, Thüsing ZIP **04**, 381, Henssler, Roth, Zimmer, GedS Heinze **05**, 333, 709, 1123. **Briefkastenfirmen** aus der EU sind jedenfalls grundsätzlich **kein Rechtsmissbrauch;** sie können in Deutschland tätig werden ohne Behandlung als OHG mit der Folge von § 128. Zu den zahlreichen Streitfragen zB Zimmer, Lutter BB **03**, 1, 7, Kersting NZG **03**, 9, Kindler NJW **03**, 1073, Leible/Hoffmann ZIP **03**, 925, Zimmer NJW **03**, 3585 u RabelsZ 67 **(03)**, 298, Horn NJW **04**, 893, Eidenmüller FS Heldrich **05**, 581, Goette DStR **05**, 197, allgemeiner Mülbert/Schmolke ZVglRWiss 100 **(01)** 233 (Niederlassungsfreiheit von Ges). **Außergesellschaftsrechtliche Schutzinstrumente** zur Bewahrung deutscher Gemeininteressen bleiben zulässig, insbesondere Delikts- und Insolvenzrecht, Einzelheiten sind sehr str, Ulmer JZ **99**, 662, NJW **04**, 1201, Merkt in VGR, GesR 1999, **00**, 112, Borges RIW **00**, 167; str, ob auch für die Haftung aus existenzvernichtendem Eingriff nach § 826 BGB gilt (zu dieser § 172 n Rn 41); die Insolvenzverschleppungshaftung (§ 64 GmbHG, §§ 130 a) ist dagegen gesellschaftsrechtlich, Ulmer NJW **04**, 1207, sehr str, ebenso bis zum MoMiG das Eigenkapitalersatzrecht, aA Ulmer NJW **04**, 1207; mwN ausführlich Fleischer in Lutter, Europ AuslandsGes, 2005, S 49. Eintragung in das **Handelsregister** erfolgt als ZwNl nach §§ 13 d ff, str (§ 13 d Rn 1); Erzwingung der Eintragung nach § 14, nicht nach § 11 II GmbHG, § 41 I AktG, da Eintragung bereits im Gründungsstaat erfolgt und im Inland nur deklaratorisch ist, Sanktion wäre auch unverhältnismäßig, str. Keine Eintragung bei Gewerbeverbot gegen director (§ 13 g Rn 1), BGH NJW **07**, 2328 m zust Anm Eidenmüller/Rehberg NJW **08**, 28, Grund: keine Diskriminierung, zwingende Gründe des Allgemeininteresses, zur Zielerreichung geeignet und erforderlich (Vier-Kriterien-Test). **Firmierung** s § 17 Rn 48, 49, § 18 Rn 36, § 19 Rn 42; Angaben auf Geschäftsbriefen § 37 a Rn 9. Auf jeden Fall besteht weiterhin **Vorlagepflicht,** üL, aA BayObLG DB **98**, 2318 (vor Centros), Kindler NJW **99**, 1998; sonst droht Vorenthaltung des „gesetzlichen Richters", BVerfG ZIP **01**, 350. Maßgebend war nach der deutschen Sitztheorie der tatsächliche Sitz der Ges, deshalb auch keine Sitzverlegung ins Ausland, Mü ZIP **07**, 2124, sonst Auflösungsverfahren (§ 399 IV FamFG), BGH ZIP **08**, 1627, auch Hbg ZIP **07**, 1108. **Seit MoMiG,** in Kraft 1. 11. 08, ist maßgebend der **Satzungssitz,** der allerdings weiterhin im Inland liegen muss (§ 4 a GmbHG, § 5 AktG, § 106 Rn 8); Ermöglichung der Verlegung des Verwaltungssitzes ins Ausland, Lu/Ho/Bayer § 4 a GmbHG Rn 15, aber Anerkennung durch Zuzugstaat nach dessen Kollisionsrecht. Aufgabe der Sitztheorie nicht nur gegenüber EU-AuslandsGes, str, dies richtigerweise auch für PersonenGes (§ 106 Rn 8), Gfter- und Gläubigerschutz nicht über IPR, sondern Sachrecht (Delikts-, Insolvenz-, öffentliches Recht; Rechtsscheinhaftung s § 5 Rn 10). Die Nichtanerkennung ausländischer Ges unter der Sitztheorie hatte zu erheblichen Folgeproblemen ua für Vertragsschluss und Haftung der Ges geführt, Eidenmüller/Rehm ZGR **97**, 89. Bei **Sitzverlegung ins EU-Ausland** (Wegzug) hatte der inländische Gesetzgeber nach EuGH, RIW **89**, 304 **(Daily Mail)** bisher noch mehr Eingriffsmöglichkeiten, BayObLG NJW-RR **04**, 836, dann aber EuGH NJW **04**, 2439

Einl v § 105 30–32   II. Buch. Handelsgesellschaften und stille Gesellschaft

(Hughes de Lasteyrie du Saillant), dazu Kleinert/Probst NJW **04,** 2425, Franz EuZW **04,** 270, Roth FS Heldrich **05,** 973, nunmehr die künstliche Differenzierung zwischen Zuzug und Wegzug aufrecht erhaltend EuGH NZG **09,** 61, NJW **09,** 569 **(Cartesio,** C-210/06), dazu Goette DStR **09,** 128, Leible/Hoffmann BB **09,** 58, Zimmer/Naendrup NJW **09,** 545: Mitgliedstaat braucht Fortbstand „seiner" GesForm durch die wegziehende KapitalGes nicht zu dulden (nur insoweit wie Daily Mail), muss aber Sitzverlegung bei gleichzeitiger Umwandlung in GesForm des (diese erlaubenden) Zielstaats hinnehmen (außer bei zwingenden Gründen des Allgemeinwohls, s oben), dann also keine Auflösung dieser Ges mehr, anders noch Hamm EuZW **98,** 31, NJW **01,** 2183, und Eintragung der Sitzverlegung in das HdlReg, anders noch Düss BB **01,** 900 m Anm Emde, Brdbg GmbHR **05,** 484 m Anm Ringe. Grenzüberschreitende **Verschmelzungen** innerhalb der EU müssen jedenfalls wie inländische zulässig sein, also Eintragung in das nationale HdlReg, EuGH NJW **06,** 425 **(Sevic),** das gilt unabhängig von der VerschmelzungsRi (s Rn 36). Ist das ausländische Recht als Sitzland zu beachten, verweist dieses wie bei der Gründungstheorie auf das deutsche Recht zurück, wird diese Rückverweisung beachtet, Art 4 I 1 EGBGB, Ffm DB **90,** 1224. Führt die Sitzverlegung zum Statutenwechsel, sind die Folgen (Liquidation oder nicht) für die PersonenGes str (§ 106 Rn 8). Konsequenzen bei Sitzverlegung in das Inland s § 105 Rn 10. Ausländische rechtsfähige Ges als phG einer deutschen OHG s § 105 Rn 28. **Rechtspolitisch** besteht Handlungsbedarf: auf EUEbene SitzverlegungsRi (s Rn 36) und im Inland Verankerung der Gründungstheorie, so BMJ RefE Ges zum IPR der Ges 7. 1. 08 (IPRGesVJPG), Sonnenberger 2007, Wagner/Timm IPRax **08,** 81, Franz/Laeger BB **08,** 678, Rotheimer NZG **08,** 181, Franz BB **09,** 1255. Lit: Zimmer 1996; MüKoBGB/Kindler IntGesRecht, Eidenmüller 2004, Hirte/Bücker 2. Aufl 2006, Lutter 2005, Spahlinger/Wegen 2005, auch Stünkel, EG-Grundfreiheiten und Kapitalmärkte 2005, Hirte/Bücker, Grenzüberschreitende Ges, 2. Aufl 2006; Spindler/Berner RIW **04,** 7, Schuster/Binder WM **04,** 1665 (Sonderfall Finanzdienstleister), Bitter WM **04,** 2190 (Gläubigerschutz), Eidenmüller JZ **04,** 24, Eidenmüller/Rehm ZGR **04,** 159, Hirte NJW **05,** 478, Leible ZGR **04,** 531, Hopt ZIP **05,** 461, Eidenmüller RabelsZ 70 **(06)** 474 (Ges-/Insolvenzstatut), Goette ZIP **06,** 541, Leible/Hoffmann RIW **06,** 161 (Sevic), Mansel 70 **(06)** 651 (gegenseitige Anerkennung), Haar GPR **07,** 27, Krause/Kulpa ZHR 171 **(07)** 38 (Sevic, UmwandlÄndG), Goette DStR **09,** 128 (Cartesio), Leible/Hoffmann BB **09,** 58 (Cartesio), Teichmann ZIP **09,** 393 (Cartesio), Zimmer/Naendrup NJW **09,** 545 (Cartesio). **RsprÜbersicht:** BGHFSWissII/Ebke/Roth/Hommelhoff **00,** 799, 847, 889 (BGH; EuGH; nationale Gerichte), Henze DB **03,** 2159 (BGH), Goette DStR **05,** 197 (BGH).

30   Das Recht des Sitzes gilt vor allem für das **Außenverhältnis** zu Dritten (zB Vertretung der Ges, Haftung der Gfter für GesSchulden, Parteifähigkeit der Ges im Prozess). Also Haftung der deutschen Gfters einer ausländischen Ges idR nach dem ausländischen Recht, BGH **78,** 334, Staud/Großfeld 348; ebenso **Geschäftsführerhaftung** bei englischer private limited company nach Gründungsrecht, nicht § 11 II GmbHG analog, BGH NJW **05,** 1648 m Anm Eidenmüller 1618, Leible RIW **05,** 543, Wachter DStR **05,** 1817, Goette ZIP **06,** 543; ebenso für andere Fälle der Durchgriffshaftung (§ 172 a Rn 40), Henze WM **06,** 1655.

31   Für das **Innenverhältnis** können die Gfter die Rechtsordnung beim Vertragsschluss (auch stillschweigend) wählen. Doch gilt das zwingende Recht des Sitzes (zB über Kündigung, Auflösungsklage, Zulässigkeit der Anteilsübertragung) auch unter ausländischen Gftern.

32   Die **Form** gesellschaftsrechtlicher Geschäfte richtet sich nach dem Recht des Sitzes, doch genügt die Wahrung der Form des Landes, in dem das Geschäft vorgenommen wird **(Ortsform),** Art 11 I EGBGB; eine andere Frage ist, ob das

Recht des ausländischen Sitzes den in der BRD in deutscher Form vorgenommenen Akt, zB mündliche Abtretung eines Anteils an einer ausländischen PersonenGes, als wirksam anerkennt.

Besonders schwierig sind die Regelungsprobleme des **internationalen Konzernrechts** und der **multinationalen Unternehmen.** Lit: Staud/Großfeld, EGBGB IntGesRecht 1998; Zimmer 1996 S 357, 406; GroßKoAktG/Assmann Einl D; MüKoBGB/Kindler IntGesR; Kübler § 34; H. P. Westermann ZGR **75,** 68 (Methodendiskussion), Behrens ZGR **78,** 499 (Anerkennung), RabelsZ 52 **(88)** 498 (Niederlassungsfreiheit), Ebenroth JZ **88,** 18 u 75. 33

B. **Europäisches Gesellschaftsrecht:** Dabei handelt es sich um 34
a) Verordnungen, zB VO 25. 7. 85 über die Europäische wirtschaftliche Interessenvereinigung, dazu **EWIVAG,** s Anh § 160; VO 8. 10. 01 über das Statut der **Europäischen Gesellschaft (SE),** ABlEG 10. 10. 01 L 291/1 mit eigener MitbestimmungsRi 8. 10. 01, ABlEG L 291/22, dazu Kalss/Hügel 2004 (Wien), Theisen/Wenz 2002, Jannott/Frodermann 2005, Blanquet, Heinze ZGR **02,** 20, 66, Hirte NZG **02,** 1, Lutter BB **02,** 1; deutsche Ergänzung und Umsetzung durch **SEAG** und **SEBG** 2004 BGBl 3675, dazu Lutter/Hommelhoff 2005, Neye BB **04,** 1973, Ihrig/Wagner NZG **04,** 1449, Horn DB **05,** 147. Zu nennen ist auch die VO 29. 5. 00 über **Insolvenzverfahren,** dazu Kemper ZIP **01,** 1609.

b) Übereinkommen, zB über die gegenseitige Anerkennung von Ges und 35 juristischen Personen, Entwurf eines Übereinkommens über die internationale Fusion von AG. Sie spielen bisher keine wichtige Rolle im GesRecht. Das gilt auch für bloße **Empfehlungen,** die keine Bindungswirkung entfalten.

c) Richtlinien iVm Primärrecht: Die weitaus größte Rolle spielen die 36 EG-Ri, die eine begrenzte Rechtsvereinheitlichung anstreben (Einl 27 vor § 1) und durch nationale Durchführungsgesetze in das deutsche GesRecht eingehen, zB 1. EG-Ri 9. 3. 68 (PublizitätsRi) G 15. 8. 69 BGBl 1146, ÄndRi 15. 7. 03 EHUG 10. 11. 06 (§ 8 Rn 2 a); 2. EG-Ri 13. 12. 76 (KapitalRi) G 13. 12. 78 BGBl 1959, ÄndRi 6. 3. 06, ABlEU L 264/32, vgl auch Ri über angemessene Eigenkapitalausstattung von WPFirmen und Kreditinstituten nF 14. 6. 06 ABlEU L 177/201; 3. EG-Ri 9. 10. 78 (FusionsRi) G 25. 10. 82 BGBl 1425; 4. EG-Ri 25. 7. 78 (BilanzRi), 7. EG-Ri 13. 6. 83 (KonzernrechnungslegungsRi) und 8. EG-Ri 25. 3. 84 (RechnungsprüferRi), alle drei transformiert durch BiRiLiG 19. 12. 85 BGBl 2355, dazu EG-Ri 21. 3. 94 (BetragserhöhungsRi) und MittelstandsRi 8. 11. 90, beide transformiert durch DMBilGÄndG 25. 7. 94 und GmbH & Co-Ri (Einl 8 vor § 238), BankbilanzRi (§ 340 Rn 1, 2) und VersicherungsbilanzRi (Einl 8, 49 vor § 238); 6. EG-Ri 17. 12. 82 (SpaltungsRi), transformiert durch UmwG 28. 10. 94 BGBl 3210, ber 95 S 428; 10. EG-Ri 26. 10. 05 (grenzüberschreitende VerschmelzungsRi; s auch EuGH Sevic Rn 29), 2. UmwandlÄndG 19. 4. 07 BGBl 542; 11. EG-Ri 21. 12. 89 (ZweigniederlassungsRi), G 22. 7. 93 BGBl 1282; 12. EG-Ri 21. 12. 89 (EinpersonenGmbHRi), G 18. 12. 91 BGBl 2206; 13. EG-Ri 21. 4. 04 (Übernahmeangebote); weitere Richtlinien und Richtlinienentwürfe sowie Empfehlungen im Gefolge des Aktionsplans (unten). Die 5. EG-Ri (StrukturRi) und die 9. EG-Ri (KonzernrechtsRi) sind zu Recht aufgegeben. Vordringlich ist nach Erlass der 10. EG-Ri die 14. EG-Ri (GesSitzverlegung), Vorentwurf ZGR **99,** 157, Leible ZGR **04,** 563, Entwurf für Mitte 2007 erwartet, auch wenn die Rspr des EuGH (s Rn 29) die Liberalisierung weit vorwärts getrieben hat (Sitztheorie nur noch für EU-AuslandsGes, s Rn 29), dazu Zimmer, Lutter BB **03,** 1, 7, Leible/Hoffmann RIW **02,** 925, Goette DStR **05,** 197. Der opt in/opt out-Kompromiss der 13. EG-Ri ist rechtspolitisch kurzatmig, die **Urteile** des **EuGH** ZIP **02,** 1085, 1090, **03,** 991, 995, **07,** 221 (PTT/KPN) m Anm Möslein 208 ua und EuGH ZIP **07,** 2068 (VW-Gesetz), zu den **goldenen Aktien** und ihren Zulässigkeitsgrenzen aus der Niederlassungsfreiheit sind dazu wegweisend, **Festhalten am VW-Gesetz** (1960 mit Änd 1966 und 1970) durch ÄndG 8. 12. 08 BGBl 2369 (Höchststimmrecht von 20%, satzungsändernde Mehrheit von 80%, beides im Hinblick auf Niedersachsen) ist verfehlt, aA LG Hann ZIP **09,** 666, erneute Korrektur durch EuGH bleibt abzuwarten. Lit Grundmann/Möslein BKR **02,** 758, ZGR **03,** 317, Rühland in Beiträge für Hopt **08,** 501. Neue Anstöße für eine liberale GesRechtsangleichung (transparente Regulierung, Konzentration auf Kernbereiche, ua corporate governance) durch zwei Berichte für die EG-Kommission (**High Level Group of Company Law Experts,** auch Winter-Gruppe), 10. 1. 02 und 4. 11. 02, dazu Nobel SZW **02,** 30, Wiesner ZIP **02,** 208, BB **03,** 213, Maul DB **03,** 27, Hopt JCorpLStudies 3 **(03)** 221 u ZIP **05,** 461. Ein umfassender, den Empfehlungen der High Level Group weitestgehend folgender **Aktionsplan** der EUKomm für GesRecht und corporate governance ist am 21. 5. 2003 vorgelegt worden, Maul ua BB **03,** 1289, Wiesner ZIP **03,** 977; Umsetzung und Interdependenzen mit deutschem Recht Hopt ZIP **05,** 461, Baum AG **07,** 57. Die Konzernbilanzierung wurde ab 2005 auf IAS/IFRS umgestellt, VO 19. 7. 02 NZG **02,** 1095, Mitgliedstaatenwahlrecht auch für Einzelbilanz. Jedenfalls mittelbar relevant für Gesellschaften sind die Richtlinien über Kapitalmarktrecht (Einl 1 vor **(16)** WpHG).

Rechtswirkung von EG-Ri erst ab **Umsetzung** in nationales Recht, aber bei verspäteter oder falscher Umsetzung Staatshaftung, EuGH EuZW **91,** 758 (Francovich), inzwischen stRspr, Albers 1995, zur Vorwirkungsfrage Ehricke ZIP **01,** 1311; zur unmittelbaren innerstaatlichen Anwendbarkeit (auch von Teilen), Steindorff AG **88,** 57, Kirchhoff DB **89,** 2261; zur Rechtswirkung von Richtlinien nach EuGHRspr von Danwitz JZ **07,** 697, nicht unter Privaten, Mörsdorf EuR **09,** 219. Umsetzung so, dass die Begünstigten von allen ihren Rechten Kenntnis erlangen und diese ggf gerichtlich geltend machen können, EuGH EuZW **02,** 466 m Anm Pfeiffer (zu AGBRi). Europarechtskonforme Auslegung des deutschen Rechts nach Umsetzung wirft schwierige Probleme auf (s zB zur HV-Ri § 84 Rn 3, § 86 Rn 22). Pflicht der Gerichte zur richtlinienkonformen Rechtsfortbildung, zB teleologische Reduktion, aber nicht contra legem, BGH WM **09,** 316 (zu § 439 IV BGB), Canaris FS Bydlinski **02,** 81, Möllers/Möhring JZ **08,** 919, aA Ehricke ZIP **04,** 1028. Praktisch und prozessual wichtig ist vor allem, dass für Zweifelsfragen bei der Auslegung der EG-Ri ausschließlich der EuGH im **Vorlage**verfahren nach **Art 234 (177 aF) EG** zuständig ist (§ 84 Rn 3); bei Verkennung der Vorlagepflicht Vorenthaltung des „gesetzlichen Richters", BVerfG ZIP **01,** 350; zur Vorlagepflicht im GesRecht Hirte RabelsZ 66 **(02)** 553, allgemeiner Hakenberg, Hess RabelsZ 66 **(02)** 367, 470. Zur Auslegung angeglichenen deutschen Rechts Everling ZGR **92,** 376, Lutter JZ **92,** 593, FS Everling **95,** 765, Grundmann ZEuP **96,** 399, Auer NJW **07,** 1106, Höpfner/Rüthers AcP 209 **(09)** 1, bei **überschießender Umsetzung** Habersack/Mayer JZ **99,** 913, Drexl FS Heldrich **05,** 67, Lutter FS Heinze **05,** 571, **gespaltene Auslegung** (dh nur, soweit Richtlinienvorgabe, nicht im Übrigen), Habersack/Mayer WM **02,** 257, Grenzen richtlinienkonformer Rechtsfortbildung Herresthal EuZW **07,** 396, Schürnbrand JZ **07,** 910. Vorlagepflicht bei unbestimmten Rechtsbegriffen Remien RabelsZ 66 **(02)** 503. Textsammlungen Lutter, Europäisches Unternehmensrecht, 4. Aufl 1996, Hopt/Wymeersch 4. Aufl 2007 (OUP, engl). RsprÜbersichten: Klinke ZGR **02,** 163 (EuGH). Lit: Grundmann 2004, Habersack 3. Aufl 2006, Schwarz 2000, Scheuing ua 2001, van Hulle/Gesell 2006 (engl), Teichmann 2006; Hopt ZIP **05,** 461, Neye ZIP **05,** 1893 (10. Ri), Neye/Timm DB **06,** 488 (10. Ri), Bayer/Schmidt NJW **06,** 401 (10. Ri), Kallmeyer/Kappes AG **06,** 224 (Sevic, 10. Ri), Lutter/Drygala JZ **06,** 770 (10. Ri), Oechsler NZG **06,** 161 (10. Ri), Samson/Flindt NZG **06,** 290 (int Zusammenschlüsse), Simon/Rubner Konzern **06,** 835 (Umsetzung 10. Ri), Baums AG **07,** 57, Hopt ZHR 171 **(07)** 199 (Konzernrecht), Krause/Kulpa

ZHR 171 (**07**) 38 (Sevic, UmwandlÄndG), Veil FS Priester **07**, 799, Bayer/Schmidt BB **08**, 454 (2004–2007), Ringe in Beiträge für Hopt **08**, 217 (EuGH und nationales GesRecht), Roth EWS **08**, 401 (Kompetenz Privatrecht).

Erster Abschnitt. Offene Handelsgesellschaft
Erster Titel. Errichtung der Gesellschaft

[Begriff der OHG; Anwendbarkeit des BGB]

105 (1) Eine Gesellschaft, deren Zweck auf den Betrieb eines Handelsgewerbes unter gemeinschaftlicher Firma gerichtet ist, ist eine offene Handelsgesellschaft, wenn bei keinem der Gesellschafter die Haftung gegenüber den Gesellschaftsgläubigern beschränkt ist.

(2) [1] Eine Gesellschaft, deren Gewerbebetrieb nicht schon nach § 1 Abs. 2 Handelsgewerbe ist oder die nur eigenes Vermögen verwaltet, ist offene Handelsgesellschaft, wenn die Firma des Unternehmens in das Handelsregister eingetragen ist. [2] § 2 Satz 2 und 3 gilt entsprechend.

(3) **Auf die offene Handelsgesellschaft finden, soweit nicht in diesem Abschnitt ein anderes vorgeschrieben ist, die Vorschriften des Bürgerlichen Gesetzbuchs über die Gesellschaft Anwendung.**

Übersicht

1) Begriff und Merkmale der OHG (I) 1–11
   A. Gesellschaft 1
   B. Betrieb eines Handelsgewerbes 2
   C. Gemeinschaftliche Firma 5
   D. Unbeschränkte Haftung aller Gesellschafter 6
   E. OHG von Rechts wegen bei objektivem Vorliegen ihrer Voraussetzungen 7
   F. OHG kraft Rechtsschein 11

2) Bürgerlichrechtliche und Vermögensverwaltungsgesellschaft nach Eintragung und als Kannkaufmann (II) 12–14
   A. Eingetragene Gesellschaft als OHG (II 1) 12
   B. GbR und Vermögensverwaltungsgesellschaft als Kannkaufmann (II 2 iVm § 2 Satz 2, 3) 14

3) Verweisung auf das Recht der bürgerlichrechtlichen Gesellschaft (III) 15–17
   A. Verweisung auf §§ 705 ff BGB (II) 15
   B. Geltung von OHGRecht für andere Gesellschaften 17

4) Gesellschafter: Zahl, Kaufmannseigenschaft, Gesellschafterfähigkeit 18–30
   A. Zahl 18
   B. Kaufmannseigenschaft 19
   C. Ehegatten 24
   D. Minderjährige 26
   E. Gesellschaften, Gemeinschaften 28

5) Treuhänder, Unterbeteiligte, Nießbraucher 31–46
   A. Treuhänder 31
   B. Unterbeteiligte 38
   C. Nießbraucher 44

6) Gesellschaftsvertrag 47–66
   A. Rechtsnatur 47
   B. Abschluss 50
   C. Form 54
   D. Vorvertrag 58
   E. Auslegung 59
   F. Vertragsänderung 60
   G. Zustimmungspflicht zur Vertragsänderung 64

7) Gesellschafterwechsel 67–74
   A. Eintritt 67
   B. Übertragung 69
   C. Austritt 74
8) Fehlerhafte Gesellschaft 75–97
   A. Grundsatz 75
   B. Fehlerhafter Vertrag 79
   C. Vollzug 81
   D. Fehlen vorrangiger Schutzinteressen 83
   E. Wirksamkeit nach innen und außen 85
   F. Geltendmachung des Fehlers 88
   G. Ausdehnung auf fehlerhafte Vertragsänderungen 91
9) Scheingesellschaft und Rechtsscheinhaftung 98, 99
   A. Scheingesellschaft 98
   B. Rechtsscheinhaftung 99
10) Konzernrecht der Personengesellschaft 100–107
   A. Grundlagen 100
   B. Die beherrschte (abhängige oder konzernierte) Personengesellschaft 102
   C. Die herrschende Personengesellschaft 106
   D. Ausblick auf Zusammenschlusskontrolle 107

1) Begriff und Merkmale der OHG (I)

1 A. **Gesellschaft:** Die OHG ist Ges iSv §§ 705 ff BGB (Einl 1, 2 vor § 105), also ein Zusammenschluss zu einem **gemeinsamen Zweck.** § 705 BGB verlangt gegenseitige Verpflichtung zur Förderung eines gemeinsamen Zwecks. Zweck der OHG im Unterschied zur GbR ist **Betrieb eines Handelsgewerbes unter gemeinschaftlicher Firma** (s Rn 2 ff, 5), und zwar im Unterschied zur KG ohne Haftungsbeschränkung (s Rn 6), so **§ 105 I** (der insoweit zwingend ist, s Rn 7–8). Den GesZweck fördern die Gfter durch Beiträge (§ 109 Rn 6), aber uU auch schon durch ihre bloße Mitwirkung mit ihrem Namen und ihrer persönlichen Haftung. Der gemeinsam verfolgte Zweck kann für die Gfter Mittel zu ganz unterschiedlichen Endzwecken sein. Lit: Schulze-Osterloh 1973; Ballerstedt JuS **63,** 253, Petzoldt BB **73,** 1332, Fikentscher FS Westermann **74,** 87, Hopt ZGR **87,** 159 („Verwalten" eines Grundstücks), von Gamm NJW **88,** 1245 (GWB).

2 B. **Betrieb eines Handelsgewerbes: a) Gewerbe:** Die Abgrenzung, besonders Merkmal der Gewinnerzielungsabsicht, ist str (näher § 1 Rn 11 ff). Gewerbe ist idR zu bejahen bei ImmobilienGes (zur Kapitalanlage und -nutzung in Grundbesitz, ua Mietshäuser), Abgrenzung str, Hopt ZGR **87,** 160; ApothekenGes (§ 1 Rn 19), die Gfter müssen aber Apotheker sein (§ 8 ApG), Schiedermair FS Laufke **71,** 253; AbschreibungsGes, Hopt ZGR **87,** 154, str; für HoldingGes und BesitzGes mit Unternehmensverpachtung (Betriebsaufspaltung) sehr str (§ 1 Rn 18); auch Land- und Forstwirtschaft (früher str, § 3 Rn 3). Wirtschaftsprüfungsgesellschaften sind als OHG und KG zulässig, wenn diese wegen ihrer Treuhandtätigkeit als HdlGes in das HdlReg eingetragen sind (s **(4 c)** WPO § 27 I 2, II).

3 **Nicht** ein Gewerbe begründen zB: Durchführung einzelner Geschäfte (§ 1 Rn 13); Tätigkeit, die nicht auf Förderung des Unternehmens der Ges selbst, sondern nur auf Förderung der Mitglieder zielt (zB Entwicklungs-, Patent-, Einkaufsgemeinschaft, erlaubtes Kartell); bloße Vermögensverwaltung (§ 1 Rn 17, aber II nF, s Rn 13). **Freie Berufe** (§ 1 Rn 19, außer bei gewerblichem Zuschnitt, § 1 Rn 20), BGH **97,** 273 (Mithaftung); Ärztegemeinschaften, Hopt/Hehl JuS **79,** 273; Anwaltssozietät, BGH **56,** 355, **70,** 247, **83,** 328, **108,** 290 (überörtlich), Steindorff FS Fischer **79,** 747; Zusammenschlüsse zu solchen Zwecken können aber GbR sein, uU auch GmbH, AG, uU eG, wirtschaftender Verein (§ 22 BGB), mangels Gewerbeeigenschaft dagegen nicht OHG, KG,

1. Abschnitt. Offene Handelsgesellschaft 4–7 § 105

GmbH & Co, aber EWIV (Anh § 160 Rn 2) und PartG (speziell für Freiberufler und OHG-ähnlich, PartGG 25. 7. 94 BGBl 1744, Anh § 160 Rn 57). Lit: Michalski 1989 (GesRecht der freien Berufe); Hopt ZGR **87**, 145. **Muster:** Hopt/Volhard 3. Aufl 2007 Form II. A.1–5 (ErwerbsGes, GrundstücksverwaltungsGes, FreiberuflerGes, Konsortial/Schutzgemeinschaftsvertrag, Architektenarbeitsgemeinschaft), Form II. G.1 (Joint Venture als GbR über internationales Gemeinschaftsunternehmen in der Form einer GmbH, Equity Joint Venture).

b) Handelsgewerbe: HdlGewerbe (§ 1 Rn 30), nach § 1 I, II oder § 2 4 Satz 1, auch in GesForm betriebene Land- oder Forstwirtschaft oder Nebengewerbe solcher nach Eintragung (§ 3 II, III); **nicht Kleingewerbe** vor Eintragung (§ 2 Satz 2). Betriebsübernahme ohne Eintragung genügt, wenn Betrieb nach § 2 für EinzelKfm eingetragen war (zB Aufnahme eines Gfters durch EinzelKfm, § 2 Rn 11); anders bei Übernahme des Betriebs einer GmbH, BGH **59**, 183. Maßgeblich ist der **Zeitpunkt** der Eintragung (bzw Löschung), bloße Zukunftserwartungen genügen nicht, BGH **10**, 96 (§ 1 Rn 23); anders wenn nach der Anlage des Unternehmens kfm Einrichtung klar und alsbald erforderlich sein wird, vgl BGH **32**, 311, BayObLG NJW **85**, 983, aber Zurückhaltung geboten (§ 1 Rn 23). Fehlgeschlagene OHG s Rn 7. Rückgang auf Kleingewerbe oder Betriebseinstellung s Rn 8.

C. **Gemeinschaftliche Firma:** Mit diesem in I genannten Merkmal ist die 5 Ausrichtung der Ges auf ein gemeinschaftliches Auftreten nach außen gemeint (OHG als Außen-, nicht InnenGes). Die so gebildete Ges als OHG ist firmenpflichtig. Die gemeinschaftliche Firma ist also Rechtsfolge, nicht Voraussetzung der OHG, Staub/Ulmer 36, aA früher hL. Die OHG entsteht konsequent auch, wenn sich die Gfter auf keine Firma einigen können, aber trotzdem den Betrieb gemeinsam beginnen, str; jedenfalls aber bei unzulässiger Firma, zB unzulässiger Sachfirma, oder sonstiger Geschäftsbezeichnung, RG **82**, 25, BGH **22**, 243. Zur Firma der OHG s §§ 18 II, 19 I Nr 2, II, 22, 24. Jede OHG kann nur eine Firma haben, auch wenn sie mehrere Unternehmen betreibt, BGH **67**, 166 (§ 17 Rn 9); die Gfter können aber zum Betrieb mehrerer Unternehmen mehrere OHG mit verschiedener Firma (auch gleiche Firma bei verschiedenem Sitz, § 30) gründen.

D. **Unbeschränkte Haftung aller Gesellschafter:** Die Ges zum Betrieb 6 eines HdlGewerbes unter gemeinschaftlicher Firma ist KG, wenn eine Haftungsbeschränkung nach § 161 I vereinbart ist, sonst ist sie zwingend OHG, auch wenn die Gfter in anderer Weise die Haftung beschränken wollen, zB indem sie sich als Verein bezeichnen und die Mitglieder nur zu bestimmten Beiträgen verpflichten. Es liegt dann eine OHG vor, das Registergericht kann ihre Anmeldung als OHG erzwingen. Im Innenverhältnis kann die Haftung dagegen beliebig geregelt werden (§ 109).

E. **OHG von Rechts wegen bei objektivem Vorliegen ihrer Voraussetzungen: a) Entstehung:** Die Ges ist OHG, wenn objektiv die Voraussetzungen 7 einer OHG vorliegen, mögen die Gfter in anderer Verbindung stehen wollen, BGH **32**, 310, zB als GbR, BGH **10**, 97, oder als GmbH, BGH **22**, 245. War umgekehrt OHG gewollt, aber mangels HdlGewerbes nicht möglich, kommt Aufrechterhaltung als GbR in Betracht (§ 140 BGB), BGH **19**, 269. Bleibt eine als OHG gegründete Ges GbR, zB bei Kleingewerbe mangels Eintragung nach § 2 (**fehlgeschlagene OHG** oder KG, mißverständlich auch „bürgerlichrechtliche" genannt), kann für ihre Geschäftsführung und Vertretung das Recht der OHG bzw KG als Vertragsregelung gelten, BGH BB **72**, 61; auch im Übrigen entspr Regeln, wie wenn OHG oder KG kraft Gesetzes GbR wird (s Rn 8). Besteht eine GbR (§ 705 BGB) und nimmt sie ein kfm Gewerbe unter gemeinsamer Firma auf, wird sie ohne weiteres OHG, BGH BB **67**, 143 (Einl 21 vor § 105). Konsequenzen für die Firmenfortführung s § 24 Rn 7, 8. Besteht eine

§ 105 8, 9 II. Buch. Handelsgesellschaften und stille Gesellschaft

andere Gemeinschaft als eine Ges, zB **Erbengemeinschaft** (§ 1 Rn 37) oder eine fortgesetzte Gütergemeinschaft (s Rn 48), RG JW **26,** 552, setzt OHG Abschluss eines GesVertrags voraus; wird ein kfm Gewerbe unter gemeinsamer Firma aufgenommen, kann dieser aber stillschweigend geschlossen sein. Das gilt auch für den Unternehmensformwechsel vom EinzelKfm in Ges (Neugründung, Einl 22 vor § 105).

8   b) **Rückgang auf Kleingewerbe** oder **Betriebseinstellung** (falls die Ges fortbesteht und nicht eingetragen ist, s Rn 12) machen die OHG zur GbR, gleich ob die Einstellung freiwillig (zB Vermietung der Gewerberäume) oder aufgezwungen oder ganz von GfterWillen unabhängig ist, BGH **32,** 312, NJW **71,** 1698, WM **75,** 99; nicht: nur vorübergehende Stilllegung oder Aufgabe, zB infolge Verlusts der Betriebsmittel, RG **110,** 425, **155,** 82, BGH **32,** 312. Wie Betriebseinstellung behandelt die Rspr die **Verpachtung des Betriebs,** so BGH **32,** 312, BB **62,** 349, NJW **71,** 1698; bei Lösung der Pacht wird die GbR wieder OHG, BGH BB **62,** 349. Ob bei **Betriebsaufspaltung** das Besitzunternehmen noch ein Gewerbe betreibt, ist sehr str (§ 1 Rn 18). Besteht **Eintragung** der OHG fort, kann II 1 eingreifen (str ob Antrag nach II 2 iVm § 2 S 2 nötig ist, s Rn 14); war ohne Antrag eingetragen, greift nicht II 1, sondern nur § 5 ein (s Rn 12). Auftreten der GbR wie OHG, kann zur OHG kraft Rechtsschein führen (s Rn 11).

Umwandlung von Rechts wegen: Bei Wegfall der Voraussetzungen erlischt die OHG oder wird von Rechts wegen in GbR umgewandelt (Einl 21 vor § 105). Die Identität der Ges ändert sich nicht, die Rechte und Pflichten bleiben dieselben, die stillen Reserven bleiben unberührt, eine Vermögensübertragung ist nicht notwendig. Scheidet von zwei Gfter der eine aus, geht das Vermögen der Ges **auf den** übrigbleibenden **Einzelkaufmann** im Wege der **Gesamtrechtsnachfolge** über (§ 131 Rn 35), BGH **113,** 134, aA bzw unklar noch (entspr § 142 aF HGB, § 738 I 1 BGB, was aber unterschiedliche Haftungskonsequenzen hat, § 131 Rn 35), BGH **32,** 315, **50,** 308. Die stillen Reserven bleiben bei dem EinzelKfm unberührt (anders beim Ausscheidenden, wenn er mehr als eine Buchwertabfindung ausbezahlt erhält, § 131 Rn 48–49, 58). Im Grundbuch ist nur zu berichtigen, BayObLG BB **83,** 333. Konsequenzen für die Firmenfortführung s § 24 Rn 9.

Rechtsverhältnisse bei der umgewandelten Gesellschaft: Das **Gesellschaftsvermögen** der bisherigen OHG ist nunmehr das Gesamthandsvermögen der Gfter der GbR. Auflassung ist nicht nötig, das Grundbuch ist dahin zu berichtigen, RG **155,** 85, KG JW **35,** 1792, BayObLG NJW **82,** 110; das ist jedoch keine (eine sachlich falsche Eintragung beseitigende) Berichtigung iSv §§ 22, 39, 53 GBO, § 894 BGB, sondern nur Richtigstellung der falschen Bezeichnung des Berechtigten, BayObLG NJW **52,** 29. **Geschäftsführung und Vertretung** der bisherigen OHG gelten entspr für die nunmehrige GbR fort, BGH NJW **87,** 3126. Dementsprechend wird bei bisheriger KG die Vertretungsmacht des phG zur Vollmacht, die die Verpflichtung der bisherigen Kdtisten entspr ihrer beschränkten Haftung gestattet; diese können von den geschäftsführenden Gftern verlangen, dass sie diese Begrenzung ihrer Vertretungsmacht soweit nötig nach außen erkennbar machen; hatte der bisherige Kdtist Geschäftsführungsbefugnis und Vollmacht (§ 164 Rn 7, § 170 Rn 3), kann er in der GbR je nachdem den bisherigen phG gleichstehen, BGH NJW **71,** 1698, BB **72,** 61; dazu K. Schmidt DB **71,** 2345, **73,** 653, BB **73,** 1612, Beyerle NJW **72,** 229, Kornblum BB **72,** 1032. Lit: K. Schmidt DB **73,** 703, JZ **74,** 219, Beyerle BB **73,** 1376. Zur Haftung vor Eintragung § 176 Rn 1.

9   c) **Geplante Kapitalgesellschaft:** Die **werdende GmbH, AG, eG,** für die der Gründungsvertrag zwar geschlossen, die Eintragung aber noch nicht erfolgt ist, ist **Vorgesellschaft** (zB VorGmbH) unter dem Recht der geplanten Form

1. Abschnitt. Offene Handelsgesellschaft 10–13 **§ 105**

mit den Abweichungen, die aus der noch fehlenden Eintragung folgen (also nicht OHG); Haftungsfolgen s Anh § 177 a Rn 15 ff. Wird die **Eintragung** als GmbH, AG, eG **nicht** oder nicht mehr **betrieben, entsteht** durch den gemeinsamen Geschäftsbetrieb trotz Bezeichnung als GmbH, AG, eG eine **OHG**, BGH **22**, 240, **50**, 32, WM **65**, 246, wohl auch BayObLG DB **78**, 1685 (Folge: für Gfter, der Ges Gläubiger befriedigte, Ersatzklage gegen MitGfter im Gerichtsstand § 22 ZPO); mangels kfm HdlGewerbes (§ 1) entsteht bloße **GbR**, BGH **61**, 67, beide Formen mit persönlicher Haftung aller Gfter. Entspr gilt für Gfter einer **bestehenden GmbH,** die, ohne gemäß § 53 GmbHG Gegenstand, Sitz und Firma der Ges zu ändern, ein neues kfm Unternehmen unter neuer (GmbH) Firma eröffnen, BGH **22**, 244. Lit: Rittner 1973; K. Schmidt GmbHR **70**, 162, **73**, 146, Lieb DB **70**, 961, Flume FS Geßler **71**, 3, Ulmer FS Ballerstedt **75**, 279; RsprÜbersicht: Fleck ZGR **75**, 212.

d) **Bei Sitzverlegung in das Inland:** Verlegt eine ausländische rechtsfähige 10 Ges nach Gründung ihren Verwaltungssitz (§ 106 Rn 8, 10) in das Inland, ist das Statutenwechsel, die Ges wurde nach der herkömmlichem deutschen Sitztheorie zur OHG, vgl BGH **97**, 269, Mü NJW **86**, 2197, Ebke ZGR **87**, 245, aA formwechselnde Umwandlung analog UmwG Großfeld/Jasper RabelsZ 53 **(89)** 52, Staud/Großfeld, EGBGB IntGesR 645. Dies ist jedoch mit EGRecht unvereinbar, Konsequenzen im Einzelnen str (Einl 29 vor § 105), richtiger ist genereller Übergang zur Gründungstheorie auch für PersonenGes (§ 106 Rn 8). Ausländische rechtsfähige Ges als Gfter s Rn 28.

F. **OHG kraft Rechtsschein:** Fehlt es an einem der genannten Merkmale 11 und damit an einer OHG, können bei entsprechendem Rechtsschein doch die Regeln der OHG anwendbar sein, zB §§ 128 ff, BGH **11**, 190, **17**, 13, **61**, 59; auch wenn es überhaupt an einem GesVertrag fehlt (dann keine fehlerhafte Ges, s Rn 98–99). Dafür müssen aber die einzelnen Voraussetzungen der Rechtsscheinhaftung erfüllt sein (näher § 5 Rn 9–17).

2) Bürgerlichrechtliche und Vermögensverwaltungsgesellschaft nach Eintragung und als Kannkaufmann (II)

A. **Eingetragene Gesellschaft als OHG (II 1): a) GbR:** II idF HRefG 12 1998 ist die gesellschaftsrechtliche Parallelregelung zu § 2 nF (näher dort), II 1 entspricht § 2 Satz 1; II 2 verweist auf § 2 Satz 2 und 3. II 1, 2 gilt auch für die land- und forstwirtschaftliche GbR (§ 2 Rn 2). Eine Ges, deren Gewerbebetrieb nicht schon nach § 1 II HdlGewerbe, sondern nur Kleingewerbe ist (s Rn 4), ist **OHG** oder **KG** (§ 161 II), wenn die Firma des Unternehmens im HdlReg eingetragen ist (II 1, also nicht bloße FiktivOHG, vgl § 2 Rn 3). Das ist in der Praxis besonders wegen der bei der KG eröffneten **Haftungsbeschränkung** (§§ 171, 172, 176 I 2, s dort) wichtig. Ges, die kein Gewerbe betreiben, fallen nicht unter II (str, s Rn 13); auch § 5 findet keine Anwendung (§ 5 Rn 5). Die **Eintragung** ist unter II 1 (anders als unter I iVm § 106) **konstitutiv.** Fehlte für die Eintragung Antrag nach II 2 iVm § 2 S 2, greift nicht II 1, sondern nur § 5 ein, str (§ 2 Rn 3). Rechtsnachfolger s § 2 Rn 11.

b) **Vermögensverwaltungsgesellschaft:** Die Gesellschaft, die nur eigenes 13 Vermögen verwaltet, betreibt kein Gewerbe (§ 1 Rn 13), aA Siems NZG **01**, 738, und kann deshalb nicht OHG nach I werden. Das nimmt die Rspr auch für HoldingGes mit bloßer Anteilsverwaltung und für alle Besitzgesellschaften (Betriebsaufspaltung) an, str (§ 1 Rn 18). II 1 2. Alt stellt die VermögensverwaltungsGes der GbR gleich (erweitert also insoweit die 1. Alt), sie kann also durch Eintragung nach II 1 konstitutiv OHG oder KG (s Rn 12) werden. Der **Anwendungsbereich von II** (Ges, „die nur eigenes Vermögen verwaltet") ist str. Völlig unbedeutende und wirtschaftlich nicht über den alltäglichen privaten Bereich hinausreichende Betätigungen sollen nicht erfasst werden (RegE S 41),

§ 105 14, 15   II. Buch. Handelsgesellschaften und stille Gesellschaft

zB Vermögensverwaltung von Ehegatten in der Form der GbR, vgl BGH NJW **82,** 170, diese Einschränkung ist aber in II nicht zum Ausdruck gekommen, führt zur Rechtsunsicherheit und ist deshalb nicht anzuerkennen, str, offen Mü NZG **09,** 105. Der VermögensverwaltungsGes sollen Einzelpersonen nicht gleichstehen, Mü ZIP **09,** 813, Schön DB **98,** 1169, wohl auch RegE S 41, aber Analogie überlegenswert (§ 1 Rn 17), BayObLG NJW-RR **00,** 1701. Die Tätigkeit muss darüber hinausgehend „einem Gewerbe vergleichbar" sein (RegE S 39), Bspe: ImmobilienverwaltungsGes, ObjektGes, Holding-(Personen)Ges oder BesitzGes (aber nur wenn nicht schon HdlGewerbe, § 1 Rn 18); auch PoolGes, falls nicht wie idR InnenGes (vgl BGH **126,** 234). Nach dem eindeutigen Wortlaut wird nur die Eigenvermögensverwaltung erfasst, also nicht auch die (idR gewerbliche) Fremdvermögensverwaltung. Geringfügige zusätzliche Fremdverwaltung oder anderweitige nichtgewerbliche Tätigkeit ist nicht notwendigerweise schädlich („nur" ist typologisch zu verstehen), aA Schön DB **98,** 1169, Abgrenzung vielmehr wie bei gemischten Betrieben (Gesamtbetrachtung, § 1 Rn 28). Holding(Personen)Ges als Konzernspitze, geschäftsleitende KomplementärGmbH & Co KG bei der doppelstöckigen GmbH & Co und KGaA (Anh § 177 a Rn 9) uä fallen noch unter II, K. Schmidt DB **98,** 62; auch Sicherungsübereignung des GesVermögens oder Sale-and-lease-back sollten II nicht entfallen lassen, str. Analoge Ausdehnung von II 1 Alt 2 auf jede nichtgewerbliche Betätigung, insbesondere FreiberuflerGes (dafür gibt es die PartG), ist vom Gesetz jedoch klar nicht vorgesehen, Schön DB **98,** 1174, Ammon DStR **98,** 1476, aA das Gesetz korrigierend für jede AußenGbR, K. Schmidt NJW **98,** 2165, DB **03,** 706 (Bauarbeitsgemeinschaft), JZ **03,** 591, DB **09,** 271 (s auch Anh § 177 a Rn 4). Zur steuerrechtlichen Abgrenzung Schnorr NJW **04,** 3241.

14   B. **GbR und Vermögensverwaltungsgesellschaft als Kannkaufmann (II 2 iVm § 2 Satz 2, 3): a) Eintragungsoption:** Die kleingewerbliche GbR und die VermögensverwaltungsGes (s Rn 13) sind ebenso wie Einzelkleingewerbetreibende berechtigt, aber nicht verpflichtet, die Eintragung nach den für die Eintragung kfm Firmen geltenden Vorschriften herbeizuführen (II 2 iVm § 2 Satz 2). Land- und forstwirtschaftliche GbR s Rn 12. Voraussetzung für die Eintragung ist bei GbR und VermögensverwaltungsGes ein auf einem **Beschluss** der Gfter (Grundlagengeschäft, grundsätzlich einstimmig, vgl § 114 Rn 3, nach aA § 217 I 1 UmwG analog), beruhender, **gemeinschaftlicher Antrag** der Gfter, sonst gilt nicht II 1, sondern § 5, Schön DB **98,** 1174, ebenso bei unbegründetem Antrag, str (§ 2 Rn 4). Die Eintragung ist freiwillig und Willenserklärung, nicht nur registerrechtliche Erklärung, str (§ 2 Rn 4). Notwendigkeit eines Antrags bei Herabsinken auf Kleingewerbe, str (§ 2 Rn 6). Prüfung durch das Registergericht s § 2 Rn 7–8.

b) Löschungsoption: Die durch Eintragung nach II 1 zur OHG gewordene Ges wird auf freiwilligen Antrag wieder gelöscht und zur GbR (II 2 iVm § 2 Satz 3), außer wenn sie inzwischen OHG nach I geworden ist (sonst wäre nach § 106 sofort wieder anzumelden). Auch der Löschungsantrag bedarf eines Gfter-Beschlusses, der wiederum Grundlagengeschäft ist (trotz § 191 II Nr 1 UmwG), Schlitt NZG **98,** 581. Die Löschung wirkt ex nunc.

3) Verweisung auf das Recht der bürgerlichrechtlichen Gesellschaft (II)

15   A. **Verweisung auf §§ 705 ff BGB (II):** Als Sonderform der GbR unterliegt die OHG, wo das HGB nichts Abweichendes sagt, dem GesRecht des BGB (II). **Anwendbar** sind aus dem BGB § 705 (s Rn 1), 706 (§ 109 Rn 6–8), 707 (§ 109 Rn 12–14), 708 (§ 109 Rn 5), 712 II (§ 114 Rn 19), 717 (§ 109 Rn 15–22), 718–720 (§ 124 Rn 3), 722 II (§ 121 Rn 9), 725 II (§ 135 Rn 2), 732 (§ 131 Rn 41), 735 (§ 155 Rn 3), 738–740 (§ 131 Rn 37).

1. Abschnitt. Offene Handelsgesellschaft   16–24 **§ 105**

Die übrigen Vorschriften sind durch solche des HGB **ersetzt:** statt §§ 709– **16** 711 BGB s §§ 114 f, 119 II; statt § 712 I BGB s § 117; statt §§ 714 f BGB s §§ 125–127; statt § 716 BGB s § 118; statt § 721 BGB s §§ 120, 122; statt § 722 I BGB s § 121; statt § 723 BGB s §§ 132 f; statt § 724 BGB s § 134; statt § 725 I BGB s § 135; statt § 726 BGB s § 131; statt §§ 727, 728 BGB s § 131; statt §§ 730 f, 733 f BGB s §§ 145 ff; statt § 736 BGB s § 131; statt § 737 BGB s § 140.

B. **Geltung von OHGRecht für andere Gesellschaften:** Umgekehrt kön- **17** nen §§ 105 ff für andere Ges entspr gelten, so für die KG (§ 161 II), die EWIV (§ 1 EWIVAG, Anh § 160 Rn 8) und teilweise für die GbR, für § 142 aF schon BGH **32,** 307, nach heutigem Verständnis der GbR allgemeiner (s vor § 105 Rn 14), str.

4) Gesellschafter: Zahl, Kaufmannseigenschaft, Gesellschafterfähigkeit

A. **Zahl:** Die OHG muss mindestens zwei Gfter haben. Anders als bei Kapi- **18** talGes gibt es keine EinpersonenGes, BGH **65,** 83, aA Weimar ZIP **97,** 1769 als Fortsetzungs- oder LiquidationsGes. Der einzelne Gfter kann auch nicht mehrere separate Anteile haben (§ 124 Rn 16).

B. **Kaufmannseigenschaft:** Gfter der OHG und der phG der KG sind, da **19** sie deren Geschäfte als Gfter betreiben, nach Rspr und üL Kflte, BGH **34,** 296, **45,** 284, NJW **60,** 1852, BB **68,** 1053, Hueck OHG § 3 III; anders für Kdtisten BGH **45,** 285, NJW **80,** 1049, 1574, **82,** 570, sogar für Kdtisten aber Ballerstedt JuS **63,** 259. Diese Meinung wird seit langem als zu pauschal kritisiert, wie Zöllner DB **64,** 795, Lieb DB **67,** 759, Landwehr JZ **67,** 198, K. Schmidt JZ **73,** 299, Kötter ZHR 137 **(73)** 179. Sie setzt sich über die Trennung von Gesamthand und Gfter hinweg und berücksichtigt nicht die unterschiedliche Schutzbedürftigkeit der Gfter. Zutreffend handelt es sich um ein Normzweck- bzw Analogieproblem, Staub/Ulmer 77. Danach ist zu unterscheiden:
Öffentlichrechtliche Normen: Der Gfter der OHG ist Kfm iSv § 109 GVG **20** (HdlRichter, Einl 84 vor § 1); **nicht:** iSv §§ 29 II, 38 I ZPO (Einl 86 vor § 1), Kornblum ZHR 138 **(74)** 490, Hopt AcP 183 **(93)** 676, aA Staub/Ulmer 79.

Unter den Gesellschaftern: Der Gfter ist als solcher nicht Kfm im GesVer- **21** hältnis selbst, zB bei Abschluss oder Änderung des OHGVertrags (dieser ist nicht HdlGeschäft, s Rn 49), und bei Eingehung einer Schiedsvereinbarung (§ 1031 ZPO, Einl 90 vor § 1), auf Grundlagengeschäfte beschränkend Staub/Ulmer 81. Das gilt auch für Drittgeschäfte zwischen Ges und Gfter, aA Staub/Ulmer 80.

Geschäfte im Zusammenhang mit Geschäften der OHG: Der Gfter ist **22** nicht ohne weiteres Kfm bei Geschäften im eigenen Namen im Zusammenhang mit GesGeschäften, zB Bürgschaft für GesSchuld (§ 128 Rn 7). Vielmehr kommt es auf den Normzweck der jeweiligen Vorschrift an, zB § 350 iVm §§ 766, 780, 781 S 1 BGB. Danach können organschaftliche Vertreter der OHG ebenso wie Kdtisten, die gleich gestellt sind (§ 164 Rn 7) oder die zugleich Geschäftsführer der KomplementärGmbH sind, zB sich für GesSchulden formlos verbürgen, K. Schmidt HdlRecht § 18 III 2 c, aA BGH **121,** 224 (GmbHGeschäftsführer), vgl BGH **133,** 78 (Anwendung des Verbraucherdarlehensrechts auf GmbHGeschäftsführer); entspr für §§ 348, 349, Staub/Ulmer 78, 80; noch weitergehend K. Schmidt ZIP **86,** 1510: formlose Bürgschaft jedes phG.

Persönliche Geschäfte außerhalb der OHG: Hier ist der Gfter als solcher **23** keinesfalls Kfm, zB bei einem Schuldanerkenntnis außerhalb des GesBetriebs, nicht formfrei nach § 350, BGH BB **68,** 1053.

C. **Ehegatten: a) Im gesetzlichen Güterstand** (Zugewinngemeinschaft, **24** §§ 1363 ff BGB) ist jeder Ehegatte ohne Mitwirkung des anderen frei zur Beteiligung an der Ges und zur **Verfügung über seinen Anteil.** In der Praxis zu beachten ist aber **§ 1365 BGB,** der auch eingreift, wenn nicht ausdrücklich über

§ 105 25, 26   II. Buch. Handelsgesellschaften und stille Gesellschaft

das **Vermögen im Ganzen** verfügt wird, sondern über einen einzigen Gegenstand, der aber das ganze (einzige wesentliche) Vermögen des Verfügenden bildet, BGH **35**, 135, sofern der Geschäftsgegner diesen Umstand kennt, BGH **43**, 174, **64**, 246, **106**, 253, **123**, 93, NJW **84**, 609. Dingliche Belastungen sind als Wertminderung zu berücksichtigen; bei kleinen Vermögen ist § 1365 BGB idR nicht erfüllt, wenn dem Verfügenden Werte von 15% seines ursprünglichen Gesamtvermögens verbleiben, BGH **77**, 293, bei größeren Vermögen 10%, BGH NJW **91**, 1739. Unerheblich ist der Wert der Gegenleistung, BGH **43**, 174. Die Begründung von Geldschulden in Höhe des ganzen Vermögens (zB Kauf, Darlehen, Bürgschaft) fällt nicht unter § 1365 BGB, BGH WM **83**, 267; auch nicht eine Vollstreckungsunterwerfungserklärung, BGH WM **08**, 1507. Im GesRecht kann § 1365 BGB Platz greifen zB: bei Einbringung des HdlGeschäfts eines EinzelKfm in eine Ges; bei Änderung eines GesVertrags, Fischer NJW **60**, 940; bei GesKündigung, BGH **35**, 144, Kln MDR **63**, 51, Hbg MDR **70**, 419. Ohne Bedeutung ist § 1365 BGB bei Gläubigerkündigung (§ 135), Hbg MDR **70**, 419. Lit: Sandrock FS Bosch **76**, 841 u FS Duden **77**, 513. Zur Wirkung des gesetzlichen Zugewinnausgleichs, vor allem nach Ehescheidung (§§ 1371 ff BGB), auf GesVerhältnisse s Sudhoff NJW **61**, 801, Tubbesing BB **66**, 829. Davon zu unterscheiden ist die Frage, ob eine Ges unter Ehegatten vorliegt, sog **Ehegattengesellschaft** (s Rn 52).

25   **b) Bei Gütergemeinschaft** (§§ 1415 ff BGB) können die **Gesellschaftsanteile** durch (formgebundenen) Ehevertrag zum **Vorbehaltsgut** eines Ehegatten erklärt werden (§ 1418 II Nr 1, 1410 BGB). Ges unter den Ehegatten (reine EhegattenGes) setzt das nach BGH **65**, 79 sogar zwingend voraus, außer wenn noch ein Dritter beteiligt ist, BayObLG DB **81**, 519; aA zutr hL, MüKoBGB/ Ulmer/Schäfer § 705 Rn 75, Beitzke FamRZ **75**, 575, Reuter/Kunath JuS **77**, 736. Der mit Mitteln des Gesamtguts erworbene GesAnteil wird Sondergut, wenn er unübertragbar ist (§ 1417 II, 719 BGB), aber auch sonst, weil die Gütergemeinschaft nicht Gfter sein kann (s Rn 29), MüKoBGB/Ulmer/Schäfer § 705 Rn 75.

26   D. **Minderjährige: a) Genehmigung:** Zur Beteiligung eines Minderjährigen an einer Ges (Abschluss oder Eintritt) bedarf es des Vertragsschlusses durch den gesetzlichen Vertreter (der nicht MitGfter sein darf, §§ 181, 1795 II, 1629 II BGB; dann Pfleger, § 1909 BGB) mit Genehmigung des Vormundschaftsgerichts (**§§ 1822 Nr 3, 1643 I BGB**), auch zur Teilnahme als Kdtist, BGH **17**, 160, **38**, 26; auch unentgeltliche Übertragung, hL, Ffm NZG **08**, 749, Grund: Haftungsrisiko, Pflichten, aA Brem NZG **08**, 750, anders, also mangels Erwerbsgeschäfts genehmigungsfrei, wenn ohne jedes unternehmerisches Risiko (bloße Verwaltung des von den Gftern selbst genutzten Wohnhauses), Mü NZG **09**, 104, aA MüKo/Grunewald § 161 Rn 23; auch als Treugeber und als Unterbeteiligter (s Rn 32, 39). Fortführung des HdlGeschäfts als Erbengemeinschaft s § 1 Rn 37. Voraussetzungen der Erteilung (KG: Verlustbeteiligung, Geschäftsbeginn vor Eintragung: nicht notwendig hindernd) s BayObLG BB **77**, 669, DB **79**, 2314. Der Genehmigung bedarf auch das Ausscheiden aus der OHG bzw KG (§ 1822 Nr 3 BGB: Veräußerung eines Erwerbsgeschäfts), BGH **38**, 27; **nicht:** automatischer Eintritt als Erbe auf Grund einer Nachfolgeklausel (§ 139 Rn 12); Zustimmung zu GesVertragsänderung, auch wenn einschneidend wie Aufnahme neuer Gfter, BGH **38**, 27, Ausscheiden von MitGftern, BGH LM § 138 Nr 8, Neubestimmung der Anteile, BGH DB **68**, 932, Einlageerhöhung, Ffm BB **68**, 764, zT str; Auflösung der Ges, BGH **52**, 319 (GmbH), str; Fortsetzung einer aufgelösten (noch nicht vollbeendeten) Ges, str; Vertretung des Ges, an der Minderjährige beteiligt ist, gegenüber Dritten (Außenverhältnis), auch bei Geschäften der in §§ 1643, 1822 BGB bezeichneten Art, BGH **38**, 30, DB **71**, 189. Auch **§ 1822 Nr 10 BGB** (Übernahme einer fremden Verbindlichkeit) kann

eingreifen, zB wenn minderjähriger Kdtist phG wird; BGH **41,** 71 steht dem nicht entgegen (bloße Nachschusspflicht bei der eG). § 1821 I Nr 1, 4 BGB bei Grundstücksveräußerung durch verwaltende GbR, Kblz NJW **03,** 1401. **Haftungsbeschränkungen** Minderjähriger nach MHBeG 25. 8. 98, BGBl 2487 (**§ 1629 a BGB**) s § 1 Rn 34. Lit: Binninger 2007; Winkler ZGR **73,** 177, Fortun NJW **99,** 754, Rust DStR **05,** 1942, 1992, Maier-Reimer/Marx NJW **05,** 3025.

b) Ausübung der Gesellschafterrechte: Der gesetzliche Vertreter (oder Pfleger, s Rn 26) übt für den Minderjährigen die Gfterrechte, auch Geschäftsführungsbefugnis und Vertretungsmacht, aus, BGH **68,** 100; der GesVertrag kann das nicht hindern, aber §§ 117, 127 gelten für den Vertreter entspr. Der Minderjährige kann mit Genehmigung des Vormundschaftsgerichts zur selbstständigen Ausübung der GfterRechte ermächtigt werden (§ 112 BGB); er ist dann für alle Rechtsgeschäfte unbeschränkt geschäftsfähig, die der GesBetrieb mit sich bringt, jedoch mit Ausnahme der in §§ 1643 I, 1821 f BGB genannten, was dies unpraktikabel machen kann). Vertretung Minderjähriger bei GfterBeschlüssen, insbesondere **§ 181 BGB,** s § 119 Rn 22, 23. Eine Dauerergänzungspflegschaft für minderjährige Kdtisten, deren Eltern MitGfter sind (§§ 1795 I, 1909 BGB, s Rn 26), ist idR unzulässig, da Vertretung durch die Eltern bei GfterBeschlüssen möglich ist (§ 119 Rn 21), notfalls Pflegschaft für einzelne Geschäfte, BGH **65,** 95. Lit: Biddermann 1965, Fastrich 1976; Winkler ZGR **73,** 177, Klamroth BB **75,** 525, Rust DStR **05,** 1942, 1992. 27

E. **Gesellschaften, Gemeinschaften:** Gfter können auch **juristische Personen** des privaten und öffentlichen Rechts sein; die GmbH & Co KG ist seit RG **105,** 101 (1922) und inzwischen auch gesetzlich anerkannt (Anh § 177 a Rn 4; wegen des Leerlaufens der „unbeschränkten Haftung" anders zB in der Schweiz, Einl 16 vor § 105). Doch muss das in der Firma klargestellt werden (§ 19 II), und es gelten besondere Gläubigerschutznormen (Anh § 177 a Rn 5). GmbH & Co OHG, Bsp: Hamm BB **73,** 354, s Anh § 177 a Rn 11. Geschäftsführung durch juristische Person als Gfter s § 114 Rn 4. Auch **OHG** und **KG** können Gfter sein (§ 124 Rn 32), heute ganz hL; auch **EWIV** und **VorAG** und **VorGmbH,** BGH **80,** 132, str (Anh § 177 a Rn 15). Dies gilt auch für die **AußenGbR** (Einl 11, 14 v § 105), BGH **148,** 291 (als Kdtistin), BayObLG NZG **01,** 123 (als Kdtistin), K. Schmidt § 46 I 1 b, und zwar auch als phG, Bergmann ZIP **03,** 2231, aA bisher hL, Rspr (s Rn 29), PartG (wie GbR); Grund: die AußenGbR besitzt Rechtsfähigkeit (Einl 14 v § 105), Publizitätsprobleme sind lösbar, wie in § 162 I 2 nF 2001 anerkannt (s § 106 Rn 6), wichtig dabei § 106 II Nr 4 nF über die Vertretungsmacht (s dort Rn 12). Was für die GBR gilt, muss auch für den **nicht rechtsfähigen Verein** gelten (§ 54 BGB); bei großer Mitgliederzahl zwar Eintragungsprobleme, die aber wie bei der PublikumsGes (Anh § 177 a Rn 52) und beim Grundbuch und anderen Registern nicht unlösbar sind. Auch wechselseitige Beteiligung ist ohne die Grenzen wie bei KapitalGes zulässig, BGH **119,** 356. **Ausländische** rechtsfähige Ges kann phG einer deutschen KG sein, BayObLG NJW **86,** 3029, Saarbr NJW **90,** 647, Bokelmann ZGR **94,** 337, Wachter GmbHR **06,** 79, str (vgl Rn 10), und zwar ohne Eintragung des ausländischen phG als inländische ZwNl in das HdlReg, Ffm GmbHR **08,** 709, str. 28

Nicht Gfter einer OHG (KG) können sein: InnenGbR (trotz § 162 I 2, s dort Rn 2, aber bei Beitritt kann diese zu AußenGbR werden) und, soweit ein solcher vorliegt, InnenVerein, nach überholter (s Rn 28) früher hL u Rspr auch AußenGbR, BGH **46,** 296, WM **66,** 190, **90,** 584), und nicht rechtsfähiger Verein (§ 54 BGB); eheliche Gütergemeinschaft als solche (Grund: §§ 1417, 717, 719 BGB, aber das Auseinandersetzungsguthaben nach Auflösung der Ges fällt ins Gesamtgut, RG **146,** 283), BayObLG ZIP **03,** 480 (KG), Staub/Ulmer Rn 100, 29

§ 105 30–32 II. Buch. Handelsgesellschaften und stille Gesellschaft

krit Grziwotz ZIP **03,** 848, gemeinsame Inhaberschaft des HdlGeschäfts ohne Ges s § 1 Rn 48; Erbengemeinschaft, BGH **58,** 317, NJW **83,** 2377, **02,** 3389, BayObLG ZIP **03,** 480, aA Klamroth BB **83,** 796, zT krit auch MüKo/ K. Schmidt 104.

30 Die Ges kann **nicht ihr eigener Gesellschafter** sein (anders § 71 AktG, § 33 GmbHG), die rechtliche Verselbstständigung der PersonenHdlGes (§ 124) geht nicht so weit wie bei HdlGes mit Rechtspersönlichkeit. Doch kann sich die OHG über eine **Tochtergesellschaft,** auch eine ausländische, deren sämtliche Anteile die hält, mittelbar an sich selbst beteiligen.

5) Treuhänder, Unterbeteiligte, Nießbraucher

31 A. **Treuhänder: a) Rechtsnatur und Formen der Treuhand:** Ein Gfter kann Treuhänder für Dritte (Treugeber) sein, idR liegt fremdnützige Vollrechtsübertragung vor (im Gegensatz zur Sicherungsabtretung s § 124 Rn 19). Die Treuhand ist besonders häufig bei PublikumsGes (Anh § 177 a Rn 77–81). Gfter ist allein der Treuhänder, nicht der Treugeber, sowohl im Innenverhältnis gegenüber MitGftern und wie im Außenverhältnis gegenüber Dritten, BGH **3,** 360, **32,** 29 (GmbH), **76,** 130, es gilt also der Trennungsgrundsatz (Durchbrechung s Rn 34). Nur der fter/Treuhänder beschließt mit, vertritt die Ges, haftet (§§ 125 ff, 171 ff). Das gilt uneingeschränkt bei der **verdeckten** Treuhand, im Grundsatz aber auch bei der **offenen** (dh gegenüber den MitGftern offengelegte, aber nicht notwendig gebilligte, str) Treuhand, BGH **10,** 44, **77,** 395, vorbehaltlich anderer Ausgestaltung im GesVertrag (s Rn 34). Treuhand für Anteilsteile s § 124 Rn 16. Treuhand bei ImmobilienfondsKG s Kindermann WM **75,** 782. Verdeckte und offene Treuhand bei Bankkonten s **(9)** AGB-Anderkonten Einl 1. **Nicht** Treuhand ist die bloße **Ausübung** von GfterRechten (ohne Übertragung der GfterStellung) durch MitGfter oder Dritte, zB Verwaltung durch TV oder Nachlassverwalter (§ 139 21, 32) oder gemeinsame Vertretung mehrerer Kdtisten (Vertreterklausel, § 163 Rn 10–11). Lit: Coing 1973, Blaurock 1981, Grundmann 1997, Tebben 2000 (an GesAnteilen), Armbrüster 2001 (Ges), Singhof/ Seiler/Schlitt 2004 (mittelbare GesBeteiligungen), Löhnig 2006 (Interessenkonflikt), Bitter 2006, Geibel 2008. Überbl Hopt/Mössle/Schmitt § 1 Rn 47; Beuthien ZGR **74,** 26, Decher ZIP **87,** 1097, Hadding FS Fleck **88,** 71, Tebben ZGR **01,** 586, Wiesner FS Ulmer **03,** 673, Pfeifle/Heigl WM **08,** 1485. **Muster:** Hopt/Volhard 3. Aufl 2007 Form II. F.1, 2 (Treuhand an GmbH/PersonenGes-Anteil).

32 b) **Begründung:** Entweder durch Anteilsübertragung von Gfter (Treugeber oder Dritter) auf den Treuhänder (Übertragungstreuhand), die der Zustimmung der MitGter bedarf (§ 105 Rn 70), BGH **24,** 106, oder durch vertragliches Versprechen eines Gfter (künftiger Treuhänder), seinen GesAnteil treuhänderisch für den Treuhänder zu halten (Vereinbarungstreuhand). Auch für diese ist wie bei der Anteilsübertragung **Zustimmung der Mitgesellschafter** nötig, üL, MüKo/K. Schmidt Vor § 230 Rn 54, sehr str, aA Staub/Ulmer 103 (s auch Rn 33). Dabei sind Begründung der treuhänderischen Rechtsmacht in der Ges (s Rn 33), zB durch Anteilsübertragung, und der Abschluss des Treuhandvertrags (Innenverhältnis, s Rn 35) zu unterscheiden; sie können, müssen aber nicht zeitlich zusammenfallen. Das (verfehlte, s Rn 36) Unmittelbarkeitsprinzip spielt nur für ersteres eine Rolle, hL. Bei **minderjährigen** Treugebern gelten dieselben Grundsätze wie bei unmittelbarer GfterBeteiligung insbesondere Genehmigungserfordernis nach §§ 1822 Nr 3, 1643 I BGB, Heymann/Emmerich 51, Grund: Erstattungsanspruch des Treugebers wie gegen einen Gfter (s Rn 37). **Prospekthaftung** des Treuhänders bei der PublikumsGes s Anh § 177 a Rn 78. **Nichtigkeit des Treuhandvertrags samt Vollmacht zum Beitritt** bei Immobilienmodellen s Anh § 177a Rn 78a. Vorweggenommene Zustimmung zur Rückübertragung s Rn 37.

c) Rechtsstellung in der Gesellschaft: Das Treuhandverhältnis (s Rn 35) 33
berührt MitGfter und Ges grundsätzlich nicht unmittelbar. Aber MitGfter können rechtliches Interesse an **Feststellung** haben, ob Gfter Treuhänder für Dritten ist, BGH WM **71**, 306. Verdeckte Treuhand ohne **Offenlegung** und **Zustimmung** der MitGfter kann treuwidrig sein, zB bei Interessenkollisionen, Staub/Ulmer 103, mit der Folge von Haftung, §§ 117, 127 und sogar § 140. **Verfügungen** des Treuhänders über GfterRechte **entgegen Weisung** des Treugebers (Innenverhältnis, s Rn 35) sind wirksam. Das gilt nach der Rspr auch bei erkennbarem Weisungsverstoß, den Treuger schützen nur uU §§ 826, 138, 823 II BGB (mit § 266 StGB), BGH BB **68**, 560, WM **77**, 527, **90**, 638; nach zutr aM sind jedoch die Grundsätze über den Missbrauch der Vertretungsmacht (§ 50 Rn 4) entspr anwendbar, MüKoBGB/Ulmer/Schäfer § 705 Rn 90, üL. **Gestaltungsklagen** in der Ges (§§ 117, 127, 130, 140) nur durch und gegen den GfterTreuhänder, nicht auch Treugeber. **Beschlussfassung** nur mit den Stimmen der Gfter. **Stimmbindung** des Treuhänders wirkt nur im Innenverhältnis, nicht gegenüber der Ges; jedenfalls bei Treuepflichtverstoß ist sie auch nicht nach § 894 ZPO vollstreckbar, Staub/Ulmer 104, str. **Drittschadensliquidation** des Treuhänders zugunsten des Treugebers bei schädigenden Handlungen der Ges gegenüber dem Treuhänder ist möglich, BGH NJW **67**, 930, KG WM **08**, 852. Schädigendes Verhalten des Treugebers ist dem Treuhänder zuzurechnen **(§ 278 BGB),** wenn sich darin die besondere Gefährdung durch die Treuhand verwirklicht. Der Treugeber ist der Ges gegenüber grundsätzlich nicht wie ein Gfter verantwortlich, str, Ausnahme bei verbotenen Zuwendungen, dann uU Rückzahlungspflicht des Treugebers. Einlagerückgewähr und GfterDarlehen s § 236 Rn 5. **Ausscheiden** des Treuhänders aus der Ges, zB Ausschluss, vgl BGH **10**, 51, führt nicht ohne weiteres zum Eintritt der Treuger; diese können uU vom Treuhänder-Gfter den Abfindungsanspruch herausfordern (§ 667 BGB) und damit selbst oder über andern Treuhänder (bei Zustimmung der MitGfter) in die Ges eintreten.

Abweichende Vereinbarungen: Die über den offenen Treuhänder nur mit- 34
telbar beteiligten Treugeber können aber, wenn die Treuhand nicht nur offen (offenkundig) ist, sondern auch von den MitGftern gebilligt wird (s Rn 31, 33, im GesVertrag bzw mit dessen Änderung) **Rechte auf Grund Gesellschaftsvertrag** wie ein Gfter erhalten (qualifizierte mittelbare Beteiligung, „Quasi-Gfter", BGH WM **08**, 2360), das Abspaltungsverbot steht dem nicht entgegen: zB im Innenverhältnis wie Gfter gestellt werden, BGH **10**, 50, NJW **87**, 2677, ZIP **03**, 1702, oder Rechte gegen Ges und MitGfter haben, zB zu Weisung und Kontrolle, auch beschränkt auf Ausübung durch Ausschüsse, OGH **2**, 253, BGH **10**, 47, **76**, 131, Mü WM **08**, 2212; auch Stimmrechte (jedenfalls wie Vertreterklausel, § 163 Rn 10), BGH **LM** § 109 HGB Nr 6, unentschieden Ffm BB **76**, 1626, aber BGH **3**, 360, **32**, 29 (Grenzen s § 163 Rn 6, 11); Recht zur Feststellungsklage auf Nichtigkeit von GfterBeschlüssen. All diese Rechte und Pflichten bleiben jedoch grundsätzlich intern, also **keine Außenhaftung der Treugeber nach § 128, 171, 172** analog, hL, BGH WM **08**, 2359, **09**, 593, Mü BeckRS **07**, 15793, MüKoBGB/Ulmer/Schäfer § 714 Rn 42, Tebben ZGR **01**, 612, Wiesner FS Ulmer **03**, 681, aA Schlesw ZIP **07**, 2258 (Unterbeteiligung, s Rn 41), Celle WM **08**, 2247, Schiemann FS Zöllner **98**, 511, Pfeifle/Heigl WM **08**, 1485, sie sind auch nicht im HdlReg einzutragen, str (§ 106 Rn 6), Außenwirkung aber bei Rechtsschein (§ 105 Rn 99), Durchgriffshaftung (§ 172a Rn 40) und Delikt (§ 826 BGB); Schutz der Gläubiger durch Vereinbarung oder mittelbar über Ansprüche des Treuhänders gegen die Treugeber. Auch kein Bereicherungsanspruch der Bank iVm § 128 HGB gegen die Treugeber (Darle-

§ 105 35–38   II. Buch. Handelsgesellschaften und stille Gesellschaft

henszahlung auf Treuhandkonto zugunsten der Ges), KG ZIP **06,** 1814, Mü WM **09,** 217. Die qualifiziert mittelbar beteiligten Treugeber unterliegen konsequent auch der gesellschafterlichen Zweckförderungs- und Treuepflicht (§ 109 Rn 23). All das gilt aber nicht schon notwendig bei jeder offenen, also auch den MitGfter nur bekannt gegebenen oder sonst bekannten Treuhand, BGH WM **62,** 1353, Ffm BB **76,** 1626, aA wohl Staub/Ulmer 102. Qualifizierte mittelbare Beteiligung wird wie der GesAnteil übertragen (Gfterwechsel s Rn 69). Lit: Tebben ZGR **01,** 586.

35   **d) Treuhandverhältnis, Schutz des Treugebers:** Das Treuhandverhältnis ist rechtlich zB Geschäftsbesorgungsvertrag (§§ 675 I, 611 BGB), so wenn der Treuhänder den gesamten Anteil für den Treugeber hält; doch kann auch InnenGes vorliegen (dann Übergang zur Unterbeteiligung s Rn 38), so wenn der hauptbeteiligte Gfter den Anteil teils für sich, teils für den Treugeber hält, BGH NJW **94,** 2887, üL. Allgemeine Grenzen, zB § 138 BGB bei Selbstentmündigung, BGH **44,** 161 (von Dritter bestellter, weisungsfreier Treuhänder auf Lebenszeit). Aus dem Treuhandverhältnis folgen Bindung an Weisungen, Auskunfts- und Rechenschaftspflicht, Herausgabepflicht, Befreiungs- und Erstattungsrecht (§§ 665–667, 670 BGB), BGH **76,** 132. Pflichten und (vorvertragliche) Haftung des Treuhänders s BGH **84,** 144.

36   Allgemein bei der Treuhand wird der Treugeber geschützt durch **Aussonderungsrecht** (§ 47 InsO) bei Insolvenz des (fremdnützigen) Treuhänders, sowie durch **Drittwiderspruchsklage** (§ 771 ZPO) bei Zwangsvollstreckung in den GesAnteil durch dessen Privatgläubiger; anders bei GesGläubigern, denn insoweit ist auch der Treugeber betroffen, Heymann/Emmerich 55. Diese Rechte begrenzt die Rspr durch das Erfordernis der unmittelbaren Übertragung des Treuguts vom Treugeber auf den Treuhänder (Unmittelbarkeitsprinzip), Heymann/Emmerich 55, aA zutr üL. Bei der PublikumsGes übt die Rspr eine **Inhaltskontrolle** über die Verträge aus (Anh § 177 a Rn 68). Dabei gilt der Grundsatz, dass den Anlegern aus der nur mittelbaren Beteiligung keine unnötigen Rechtsnachteile entstehen dürfen, nämlich soweit sie nicht aus der Zwischenschaltung des Treuhänders unvermeidlich folgen, BGH **104,** 50 (Anh § 177 a Rn 80).

37   **e) Beendigung:** Das Treuhandverhältnis kann nach allgemeinen Regeln (zB §§ 675 I, 620 ff, 626 BGB) beendet werden, jederzeit aus wichtigem Grund bei grobem Pflichtverstoß des Treuhänders, BGH **73,** 294 m Anm Kraft ZGR **80,** 399. Die Beendigung des Treuhandverhältnisses lässt die GfterStellung des Treuhänders außer bei auflösender Bedingung unberührt, BGH **77,** 395 (Sicherungsabtretung); insbesondere führt sie nicht zum Übergang seines Anteils auf den Treugeber, sondern dieser hat iZw nur Anspruch gegen den Treuhänder auf Übertragung (§ 667 BGB) bei Zustimmung der MitGfter, BGH BB **71,** 368; in der Zustimmung der MitGfter zur treuhänderischen Sicherungsabtretung (eines KdtitAnteils) liegt zugleich unwiderrufliche Einwilligung zur Rückübertragung auf Treugeber, BGH **77,** 392, WM **85,** 1143. Erstattungspflicht des ausgeschiedenen Anleger-Treugebers gegenüber dem TreuhandKdtisten (§ 670 BGB), BGH **76,** 132 (Anh § 177 Rn 81). Bei fehlerhaftem Beitritt (Haustürgeschäft) Rückgewähranspruch gegen die (Publikums)Ges und deren Gfter, BGH **148,** 201 (wirtschaftliche Betrachtungsweise, Anh § 177 a Rn 81).

38   **B. Unterbeteiligte: a) Rechtsnatur und Formen der Unterbeteiligung:** Die Unterbeteiligung an einem GesAnteil (des Hauptbeteiligten) ist **Innengesellschaft** (§ 705 BGB, Einl 10 vor § 105), und zwar GbR (nahe stehend der stGes, §§ 230 ff), BGH **50,** 320/323, WM **66,** 191, NJW **94,** 2886, MüKoBGB/ Ulmer/Schäfer Vor § 705 Rn 67, aber auch 68, danach gelten §§ 705 ff BGB, sowie (entspr) §§ 230 ff, zB §§ 231 I, 233 statt §§ 722 I, 716 I BGB, str. Gfter der (Haupt)Ges ist allein deren Gfter, nicht der Unterbeteiligte. Wie bei der Treuhand (s Rn 31) sind die beiden Rechtsverhältnisse (HauptGes, InnenGes)

klar zu trennen (Trennungsgrundsatz, Durchbrechung s Rn 41). Abgrenzung von der Treuhand ist str: Treuhand bei Halten eines GesAnteils, im Innenverhältnis auch GbR denkbar (s Rn 35), hL, nach aA Abgrenzung rein nach Innenverhältnis, Unterbeteiligung nur bei GbR, dann Treuhand aber auch nur für einen Teil des HauptGesAnteils möglich. Verdeckte und offene Unterbeteiligung wie bei der Treuhand (s Rn 31). Typische und atypische Unterbeteiligung wie bei stiller Ges (§ 230 Rn 3). Schaffung einer Unterbeteiligung ist zulässig ohne besondere Zulassung durch HauptGes (MitGfter), BGH **50**, 325 (anders Treuhand, s Rn 33). Unterbeteiligung an Anteilsteilen s § 124 Rn 16. Unterbeteiligung über geschlossene Industriefonds (§ 741 BGB) s Lipps BB **72**, 860. Lit: Wagner 1975; Blaurock 1981, Ulbrich 1982, Tebben 2000 (an GesAnteilen), Armbrüster 2001 (Ges), Singhof/Seiler/Schlitt 2004 (mittelbare GesBeteiligungen); Paulick ZGR **74**, 253, Durchlaub DB **78**, 873, Schmidt-Diemitz DB **78**, 2397, Bilsdorfer NJW **80**, 2785, Obermüller FS Werner **84**, 607. **Muster:** Hopt/Volhard 3. Aufl 2007 Form II. F.6, 7 (typische/atypische Unterbeteiligung), Form II. H.3 (Nießbrauch an Unterbeteiligung/stiller Beteiligung).

b) Begründung: Begründung durch Vertrag zwischen Gfter und Unterbeteiligtem; uU auf Grund Vermächtnisses von GfterErblasser unter mehreren Erben (§ 139 Rn 18). Der Vertrag ist formfrei; bei Schenkung gilt § 518 I 1 BGB, BGH **7**, 179 u 378, Heilung nach § 518 II BGB ist str (§ 230 Rn 10). Bei minderjährigem Unterbeteiligten gelten dieselben Grundsätze wie bei unmittelbarer GfterBeteiligung, insbesondere Genehmigungserfordernis nach §§ 1822 Nr 3, 1643 I BGB, wenn auch Verlustbeteiligung vorgesehen ist (selbst bei Schenkung der Beteiligung), Hamm BB **74**, 294 (vgl Rn 32; § 230 Rn 8). 39

c) Rechtsstellung in der Hauptgesellschaft: Die Unterbeteiligung berührt die (Haupt)Ges und die MitGfter in dieser grundsätzlich nicht unmittelbar (s Rn 38). Stimmbindung und Grundsätze über Missbrauch der Vertretungsmacht wie bei der Treuhand (s Rn 33). 40

Abweichende Vereinbarungen: Der Unterbeteiligten kann durch (Haupt)-GesVertrag wie bei der Treuhand Rechte wie ein Gfter erhalten, zB Geschäftsführungsrecht haben und Mithaftung übernehmen und dann wie Gfter stehen, BGH BB **73**, 1368 (s näher Rn 34). 41

d) Schutz des Unterbeteiligten: Es gilt das Recht der InnenGes mit Vertragsfreiheit, Grenzen zB außerordentliches Informations- und Kündigungsrecht (soweit für stGes zwingend, s Rn 38). Der Unterbeteiligte hat entspr § 233 (aA weitergehend § 716 BGB) Recht auf Jahresbilanz über den Anteil und dessen Erträge (auch deren Zusammensetzung: Gewinnanteil, Kapitalzins, Geschäftsführergehalt), nicht auf Bilanz (Hdl-, Steuer-)Bilanz und GuV der HauptGes außer bei Zustimmung durch die HauptGes, str (näher § 233 Rn 13). Er hat kein „Bezugsrecht" bei Einlageerhöhung in der HauptGes, str. 42

e) Beendigung: Bei Beendigung der Unterbeteiligung sind §§ 234, 123, 135 anwendbar, hL, nach aA §§ 723, 725 BGB. Unterbeteiligung ist möglich auf bestimmte Zeit oder auf Dauer der HauptGes; ist letzterenfalls die HauptGes auf unbestimmte Zeit eingegangen, ist die Unterbeteiligung zwingend kündbar nach § 723 I 1, III BGB, BGH **50**, 322, bei Gleichstellung mit stGes: nach §§ 234, 132, 135 (§ 234 Rn 8). Ist Unterbeteiligung auf bestimmte Zeit eingegangen (so iZw wenn HauptGes auf bestimmte Zeit eingegangen ist), dann so lange nur Kündigung aus wichtigem Grund, § 723 I 2, III BGB, BGH **50**, 323, WM **77**, 527. Für die Auseinandersetzung gilt § 235, nach aA § 730 BGB. 43

C. Nießbraucher: a) Zulässigkeit: Der Nießbrauch am GesAnteil, praktisch häufig, ist zulässig, hL, str, BGH **58**, 316, BB **75**, 296; auch am eigenen GesAnteil, BGH NJW **99**, 571. Es handelt sich um einen Nießbrauch an Rechten (§§ 1068 ff BGB). Das gesellschaftsrechtliche Abspaltungsverbot (§ 109 44

Rn 16) steht ihm nicht entgegen, str. Voraussetzung ist aber Zulassung im GesVertrag oder Zustimmung der MitGfter, Grund: Auswirkungen auf die MitGfter, allgemeine Zulassung der Anteilsübertragung genügt nicht. Unnötig sind Ersatzkonstruktionen wie zB Nießbrauch an den übertragbaren Vermögensrechten (§ 717 S 2 BGB) oder treuhänderische Übertragung des gesamten Anteils, vgl noch BGH BB **75,** 295. Nach außen haftet weiterhin der Gfter, nicht (auch) der Nießbraucher, MüKo/K. Schmidt Vor § 230 Rn 24, üL, aA für gleichrangige Haftung MüKoBGB/Ulmer/Schäfer § 705 Rn 106, dann konsequent aber auch Eintragung im HdlReg, str. Die GfterRechte sind zwischen dem Gfter und dem Nießbraucher aufgeteilt (s Rn 45–46). Bloßer Ertragsnießbrauch ohne Mitwirkungsrechte ist unzulässig, str. Lit: Goebel 2004; Staud/Frank Anh §§ 1068, 1069; Teichmann ZGR **72,** 1, **73,** 24, Sudhoff NJW **74,** 2205, Finger DB **77,** 1033, Bender DB **79,** 1445, Petzold GmbHR **87,** 381 u 433, Ulmer FS Fleck **88,** 383, Schön ZHR 158 (**94**) 229, K. Schmidt ZGR **99,** 601. **Muster:** Hopt/Volhard 3. Aufl 2007 Form II. H.1–3 (Nießbrauch an Anteil: OHG, GmbH, Unterbeteiligung, stGes).

45 **b) Ertrag des Anteils:** Dem Nießbraucher steht der bestimmungsmäßiger Ertrag des Anteils zu (§§ 1030 I, 100, 99 II BGB). Dieser ergibt sich idR aus dem Jahresabschluss und dem Gewinnverwendungsbeschluss, also nur der zur Ausschüttung freigegebene Vermögensanteil ohne den zulässig in Rücklage (zB Kapitalkonto II) eingestellten Gewinn. Bei Kapitalerhöhung aus GesMitteln und entsprechendem Bezugsrecht liegt kein solcher Ertrag vor, BGH **58,** 316, **78,** 188, str. Außerordentliche Erträge verbleiben dem Gfter (§ 1039 I BGB), ebenso Kursgewinne. Das Entnahmerecht des Gfters (§ 122) bleibt unberührt, Staub/Ulmer 122, str.

46 **c) Verwaltungsrechte:** Sie verbleiben nicht insgesamt dem Gfter, aA früher hL, für GmbH Kblz NJW **92,** 2163 (Untrennbarkeit von Mitgliedschaft und Mitgliedschaftsrechten, aber Stimmrechtsvollmacht), sondern verteilen sich zwischen dem Gfter und dem Nießbraucher. Allein Sache des Gfters sind Grundlagengeschäfte (§ 114 Rn 3), BGH NJW **99,** 571, außer soweit sie den Bestand des Nießbrauchs tangieren, dann nur mit Zustimmung des Nießbrauchers (§ 1071 BGB), abweichende Vertragsgestaltung ist zulässig, K. Schmidt ZGR **99,** 610. Der Nießbraucher hat die Geschäftsführung und das Stimmrecht in laufenden Angelegenheiten, nach aA Gfter und Nießbraucher gemeinschaftlich (dann bei Nichteinigung Verfallen), sowie die Informations- und Kontrollrechte aus §§ 118 I, 166 I; der Gfter hat aber zwingend die Rechte aus §§ 118 II, 166 III. Der Nießbraucher ist konsequent wie ein Gfter treupflichtig. Der Nießbraucher hat aber nicht mehr Rechte als der Gfter (wichtig, wenn Mehrheitsbeschlüsse zulässig sind).

6) Gesellschaftsvertrag

47 **A. Rechtsnatur: a) Gemeinschafts- und Organisationsvertrag:** Unerlässliche Voraussetzung der OHG ist ein GesVertrag iSv § 705 BGB (s Rn 1; OHG kraft Rechtsscheins s Rn 14). Der GesVertrag der OHG ist (anders als zB der Vertrag über eine stGes) **nicht rein schuldrechtlich,** BGH **112,** 45, sondern begründet auch ein Gemeinschaftsverhältnis, dem die Vermögenswerte der Ges zugeordnet sind, und bildet einen korporativen Zusammenschluss (Folge zB § 31 BGB, § 124 Rn 25). Er ist nicht auf gegenseitigen Austausch von Leistungen zwischen den Gftern gerichtet, sondern auf wechselseitige Förderung des gemeinsamen Zwecks ohne Synallagma, und er ist Grundlage der Organisation der Ges mit GesOrganen und idR GesVermögen, Staub/Ulmer § 105 Rn 140 ff. Für den **Inhalt** des GesVertrag gilt weitgehende Gestaltungsfreiheit, dazu und zu den Grenzen s § 109 Rn 2–3. Lit: Wiedemann WM Sonderbeil 8/**90.**

§§ 320 ff BGB passen für die PersonenHdlGes **nicht**, sehr str, differenzierend **48** K. Schmidt § 20 III, nach aA (ohne große praktische Unterschiede) anwendbar, aber nur soweit Zweck und Struktur der Ges es gestatten, stRspr RG, vgl Heymann/Emmerich 5. Unanwendbar sind §§ 320–322 BGB, der Gfter kann sich gegenüber der Forderung der Ges nicht auf Säumnis eines anderen Gfters berufen, hL; gegen Anspruch des Gfter-Geschäftsführers auf Vergütung kann nicht eingewandt werden, er habe einem MitGfter zu Unrecht die Mitgeschäftsführung verweigert; auch nicht bei OHG mit nur zwei Gftern, aA Heymann/ Emmerich 6, aber uU § 242 BGB. Unanwendbar sind auch §§ 323–326 BGB, sehr str, statt dessen gelten die Besonderheiten der in Vollzug gesetzten Ges, also statt Rücktrittsrecht Auflösungsklage nach §§ 133 ff ohne Rückwirkung, daneben bei Auflösungsverschulden Schadensersatzpflicht nach § 280 BGB (nicht § 281 BGB unter Gftern, § 109 Rn 4). Unanwendbar sind schließlich die speziellen Mängelvorschriften (Kauf-, Miet- oder Werkvertrag) für Beiträge, Staub/ Ulmer 154, aA üL, sehr str (§ 109 Rn 10). Anwendbar sind §§ 103 ff InsO. Lit: Hüttemann 1998.

b) Kein Handelsgeschäft: Der Abschluss des GesVertrags der OHG ist kein **49** HdlGeschäft (§ 343 I) des Gfters (schon mangels KfmEigenschaft, s Rn 21, aber auch bei deren Bejahung, zutr Staub/Ulmer 144). Er kann ausnahmsweise HdlGeschäft sein, so wenn der Gfter bereits Kfm ist und im Betrieb seines eigenen HdlGewerbes die Ges mit andern eingeht. Folglich gelten die Vorschriften über HdlGeschäfte (§§ 346–372) im GesVerhältnis nicht, zB §§ 369 ff, RG **118**, 303; §§ 346 (HdlBrauch), 358–361 (Auslegung), aber §§ 157, 242 BGB führen idR zum gleichen Ergebnis. § 352 (Zinsfuß) gilt iVm §§ 110 II, 111, nicht auf Grund § 343. Schiedsklauseln im GesVertrag s Einl 90 vor § 1.

B. **Abschluss: a) Zustandekommen:** Für das Zustandekommen des Ges- **50** Vertrag (Innenverhältnis; Außenverhältnis s § 123) gelten die allgemeinen Regeln mit Ausnahmen, die durch das gemeinsame Interesse der Gfter am Bestand der Ges bedingt sind. Ist die vereinbarte Beurkundung noch nicht erfolgt oder ein als wichtig angesehener Punkt noch nicht geregelt, aber die Ges in Vollzug gesetzt, gelten **§ 125 Satz 2,** BGH **49,** 365 (anders für Vertragsänderungen s Rn 63) und **§ 154 I, II BGB** nicht bzw umgekehrt, BGH NJW **82,** 2816 (anders für Vertragsänderungen, s Rn 60); iZw also schlüssiger (s Rn 542), mindestens aber vorläufiger Vertragsschluss mit jederzeitiger Kündbarkeit, Staub/Ulmer 162. Liegen Nichtigkeitsgründe oder Anfechtung vor, greifen die Sonderregeln über die **fehlerhafte Gesellschaft** ein (s Rn 75). Bei Nichtigkeit von Einzelbestimmungen bleibt GesVertrag im Übrigen idR gültig, BGH **49,** 365, **107,** 358, WM **09,** 183 (**§ 139 BGB** gilt nicht bzw umgekehrt, oft auch ausdrückliche salvatorische Klausel), ausnahmsweise anders RG **87,** 220, BGH DB **76,** 2107; bei ungenehmigter Teilnahme eines Minderjährigen wirksame jedenfalls unter den übrigen Gftern, s Rn 84. **§ 140 BGB** bleibt anwendbar. Vertragsschluss unter (aufschiebender oder auflösender) **Bedingung** oder Befristung ist möglich, so häufig bei Beitritt des Kdtisten vor Eintragung (§ 161 Rn 7). Rückwirkung kann nur im Innenverhältnis vereinbart werden, BGH WM **79,** 889, also ohne Außenwirkung (Gesamthand, § 123, Auflösung der Ges ex nunc). **Vertretung** bei Vertragsschluss ist zulässig, bei Vertretung durch MitGfter sind § 181 BGB zu beachten, BGH **58,** 115 (GmbH & Co), und uU §§ 1795 II, 1629 II BGB (s Rn 26–27). Grenzen der Vertragsfreiheit s § 109 Rn 3, § 163 Rn 2. **Muster:** Hopt/Volhard 3. Aufl 2007 Form II. B.1, 2 (Einfacher/ausführlicher OHGVertrag).

b) Verschulden bei Vertragsverhandlungen: Haftung aus §§ 280, 311 II **51** BGB, so zB bei falschen Angaben über Wert und Pfandfreiheit einzubringender Maschinen (Vertrauensschaden), BGH BB **57,** 837; wenn der GründungsGfter Beitrittswillige täuscht, auch die übrigen GründungsGfter haften, wenn sie ihn zu

§ 105 52–54 II. Buch. Handelsgesellschaften und stille Gesellschaft

ihrer Vertretung ermächtigt haben, BGH WM **87**, 1336, anders bei Publikums-Ges (Anh § 177 a Rn 58); **Prospekthaftung** s Anh § 177 a Rn 63.

52 **c) Ehegattengesellschaft:** Eine stillschweigend geschlossene Ehegattengesellschaft (Ehegatte als Gfter s Rn 24) liegt nur ausnahmsweise vor (gesetzlicher Güterstand ist Indiz dagegen, BGH **165**, 5), nämlich bei einem zumindest schlüssig zustande gekommenen Vertrag, so wenn ein über die Ehegemeinschaft hinausgehender Zweck vorliegt, also nicht nur der eine Ehegatte im Geschäft des andern mitarbeitet, wozu er als Ehegatte ohnehin im Rahmen des Üblichen verpflichtet ist, sondern die Ehegatten über den typischen Rahmen der ehelichen Lebensgemeinschaft hinaus durch beiderseitige Leistungen ein Erwerbsgeschäft aufbauen oder unterhalten und die Tätigkeit des mitarbeitenden Ehegatten funktional gleichberechtigte Mitarbeit ist, BGH **165**, 6 (gegen BGH **77**, 55, **84**, 388); weitere Urteile zB BGH **47**, 162, **142**, 137, **155**, 254 (Anspruch auf Zustimmung zur Zusammenveranlagung), NJW **74**, 1554, 2045, **86**, 1871, WM **87**, 843. Indizien folgen zB aus Planung, Umfang und Dauer der Vermögensbildung sowie Absprachen über die Verwendung und Wiederanlage erzielter Erträge, BGH **142**, 154. Außer Tätigkeit ist Kapitaleinsatz beachtlich und dessen buchungsmäßige und steuerliche Behandlung. Bei Gütertrennung ist eher Ges anzunehmen als bei Gütergemeinschaft. Einschränkende Rspr zur Bildung einer OHG durch Ehegatten in Gütergemeinschaft (reine EhegattenGes) s Rn 25. Bei Formmangel kann fehlerhafte Ges vorliegen (s Rn 75). Die Art der Ges (GbR, OHG oder KG) folgt aus der Art des Auftretens und des Geschäfts (s Rn 1, 10), die Ges soll häufig bloße InnenGes sein, BGH WM **90**, 1463, dann scheidet OHG aus. Rechtsfolge einer Ehegattengesellschaft ist ein gesellschaftsrechtlicher Ausgleichsanspruch (§§ 738 ff BGB), der selbständig neben dem Anspruch auf Zugewinnausgleich besteht, BGH **155**, 255, **165**, 1, Haußleiter NJW **06**, 2741.

53 **Nichteheliche Lebensgemeinschaft:** Auch hier kann Ges vorliegen mit gesellschaftsrechtlichen Ansprüchen beim Auseinandergehen, aber auch hier nur bei einem zumindest schlüssig zustande gekommenen Vertrag (s Rn 52), BGH **165**, 10 (zuständiger XII. ZS) und schon BGH **142**, 146, grosszügiger noch II. ZS, BGH **77**, 55, **84**, 388. Soll ein Partner das Unternehmen nach außen allein führen, aber nur InnenGes (also keine OHG), BGH NJW **85**, 1841 (Heilpraktikerpraxis). Ein wesentlicher Beitrag zu dem im Alleineigentum des Partners stehenden Grundstück kann Indiz einer gemeinschaftlichen Wertschöpfungsabsicht sein, ersetzt diese aber nicht, BGH ZIP **03**, 1846. Geht der Zweck nicht über die Verwirklichung der nichtehelichen Lebensgemeinschaft hinaus, bestehen Zweifel am Rechtsbindungswillen, BGH NJW **08**, 3278, 3282. Mangels einer BGBGes kann aber Bereicherung (§ 812 I 2 Alt 2 BGB) oder Wegfall der Geschäftsgrundlage vorliegen, BGH NJW **08**, 3277, 3282 m Anm Freiherr von Proff 3266, anders noch BGH NJW **04**, 48.

54 **C. Form: a) Grundsatz:** Der Abschluss des GesVertrags ist **formfrei.** Vertragsänderung s Rn 62. Der Abschluss ist, wenn nicht wie bei der OHG die Regel schriftlich, so ausdrücklich mündlich. Möglich ist aber auch **Abschluss durch schlüssiges Verhalten:** zB wenn mehrere vor förmlichem GesVertragsschluss tatsächlich ein HdlGewerbe beginnen, BGH **11**, 192, NJW **60**, 430, NJW **82**, 2816 (zu § 154 BGB s Rn 50); wenn ein nicht rechtsfähiger Verein ein kfm Gewerbe beginnt, BGH **22**, 244 (dagegen wird GbR ohne neuen Vertragsschluss zur OHG, s Rn 10); wenn GmbHGfter außerhalb des GmbHVertrags ein zweites HdlGeschäft beginnen, BGH **22**, 244 (s Rn 12); wenn im Einverständnis der Beteiligten eine Anmeldung als OHG zum HdlReg erfolgt, BGH WM **84**, 1605, **85**, 1229; wenn **Erben**, die das ererbten Geschäft fortführen, zB die einseitige Auflösung ausschließen oder sonst engere Bindung als in einer gewöhnlichen Erbengemeinschaft eingehen (§ 1 Rn 38).

1. Abschnitt. Offene Handelsgesellschaft 55–58 § 105

b) Ausnahmen: Der GesVertrag ist ausnahmsweise formbedürftig, wenn ein 55 Gfter darin eine Verpflichtung übernimmt, die nur in bestimmter Form übernommen werden kann. Entsprechend GfterWechsel, zB Anteilsübertragung (s Rn 71). Bsp: wenn ein **Grundstück** (§ 311 b I 1 BGB) eingebracht werden soll, BGH **22,** 317, BayObLG BB **87,** 712, oder bei dahingehender Erwerbspflicht des Gfters, BGH NJW **78,** 2506 (Kdtist); bei Auftrag des Gfters zur Beschaffung eines Grundstücks (im eigenen Namen) für die Ges, BGH **85,** 248, Grund: zwar folgt Übereignungspflicht schon aus § 667 BGB, aber Erwerbspflicht; auch bei ErbenOHG, wenn die Betriebsgrundstücke zwar in ungeteilter Erbengemeinschaft verbleiben, aber ausscheidender Gfter seinen Grundstücksanteil übertragen muss. **Heilung** nach § 15 IV 2 GmbHG, § 311 b I 2 BGB. **Nicht:** reines Nutzungsrecht, BGH WM **67,** 952 oder „Einbringung" nur im Innenverhältnis, BGH NJW **74,** 2279; Beteiligung an GrundstücksGes, also Pflicht, in Ges mit Grundbesitz einzutreten, auszuscheiden, Anteile an ihr zu erwerben oder zu übertragen, BGH **86,** 369 (s Rn 71), Grund: Eigentumserwerb durch Anwachsung (§ 738 I BGB); ebenso bei Ausschließung aus ZweipersonenenGes (§ 142 aF, § 140 Rn 25, Gesamtrechtsnachfolge); wie bei Grundstücken so auch bei GmbHAnteil (§ 15 IV GmbHG), BGH ZIP **08,** 876 (GbR) str, aber anders bei Umgehung, Ulmer/Schäfer § 705 BGB Rn 36, aA Wertenbruch NZG **08,** 454; Pflicht, Grundstück nicht zu erwerben. Lit: Wiesner NJW **84,** 95, Schwanecke NJW **84,** 1585 (Durchgangserwerb), Reinelt NJW **92,** 2052 (geschlossene Immobilienfonds), Binz/Mayer NJW **02,** 3054 (GmbH & Co).

Schenkung: Die Aufnahme eines Gfters ohne Einlage durch den Alleininhaber 56 (Bsp Vater-Sohn) oder in bestehende OHG soll wegen Übernahme der Haftung und Pflichten als Gfter keine Schenkung des Anteils iSv § 516 BGB sein, BGH **112,** 44, BB **65,** 472, WM **77,** 864, NJW **81,** 1956; nach zutr aA kommt es darauf an, ob im Ergebnis Vermögensmehrung (auch gemischte Schenkung) gewollt ist, dann Form nach **§ 518 I BGB,** Staub/Ulmer 176. Das gilt mangels Übernahme der persönlichen Haftung auch nach der Rspr jedenfalls bei Schenkung eines KdtAnteils, auch bei GesGründung, BGH **112,** 40. **Heilung** nach § 518 II BGB tritt bei der OHG/KG schon mit der Beteiligung des Beschenkten als Gfter ein. **Widerruf** der Schenkung wegen groben Undanks ist möglich, Vollzug kann aber mangels Zustimmung der MitGfter scheitern, BGH **112,** 40; auch freier Widerrufsvorbehalt ist zulässig, Jülicher ZGR **96,** 82, str. Besonderheiten bei Abfindung § 131 Rn 62, 66. Lit: Mayer ZGR **95,** 93, Brandner/Bergmann FS Sigle **00,** 327 (Schenkung von GesAnteilen).

c) Rechtsfolge bei Verstoß: Die formwidrige Einbringungs- oder Erwerbs- 57 verpflichtung ist und bleibt **mangels Heilung** (s Rn 55–56) **nichtig.** Soweit sich das Formerfordernis auf den gesamten GesVertrag bezieht, scheidet Teilwirksamkeit im Übrigen zwar grundsätzlich aus, aber Umdeutung (§ 140 BGB), zB bei Grundstücken in Einbringung zum Gebrauch oder dem Werte nach denkbar, MüKoBGB/Ulmer/Schäfer § 705 Rn 40, 52, Grund: Zweck der Form, aA MüKo/K. Schmidt 137, wonach auch hier der GesVertrag im Übrigen idR gültig bleibt (s Rn 50 zu § 139 BGB), anders wenn die formwidrige Verpflichtung für die Ges zentral ist; Rechtsfolge ist fehlerhafte Ges (s Rn 75).

D. **Vorvertrag:** In der Praxis häufig, so wenn dem Abschluss des GesVertrags 58 noch rechtliche oder tatsächliche Hindernisse entgegenstehen, die Parteien sich aber sogleich binden wollen. Vorvertrag zu OHG/KG ist rechtlich meist GbR, Staub/Ulmer 205. Voraussetzung ist (abgesehen von wirksamem Vertragsschluss und ggf Form, s Rn 50, 54) die inhaltliche Bestimmtheit oder zumindest Bestimmbarkeit. Der wesentliche Vertragsinhalt für die OHG/KG muss also festliegen oder doch durch (notfalls ergänzende, s Rn 59) Auslegung durch Gericht feststellbar sein, BGH WM **76,** 180. Aus dem Vorvertrag kann auf Abschluss des

§ 105 59–62 II. Buch. Handelsgesellschaften und stille Gesellschaft

Hauptvertrags geklagt werden (§ 894 ZPO), BGH **108,** 380 (Kauf), NJW **06,** 2843 (Kauf). Das Urteil muss den Inhalt des abzuschließenden (Haupt)Vertrags genau angeben, bei Änderungen der Verhältnisse seit Vorvertragsschluss so, wie Parteien bei deren Kenntnis abgeschlossen hätten, BGH BB **62,** 1056. Rücktritt vom Vorvertrag aus wichtigem Grund (Kündigung bei Dauerschuldverhältnis, § 314 BGB) ist möglich, BGH DB **58,** 955, entspr Einwendung BGH WM **83,** 170. Lit: Henrich 1965; Wenner BB **66,** 669.

59   E. **Auslegung:** Auch GesVertrag ist nach §§ 133, 157 BGB auszulegen, aber mit **Besonderheiten,** die sich vor allem aus dem gemeinsamen Interesse der Gfter am Bestand der Ges (s Rn 50) und der tatsächlichen Übung in der länger dauernden Ges ergeben. Konsequenz: Umkehrung der Auslegungsregeln der §§ 125, 139, 154 BGB (s Rn 50; fehlerhafte Ges s Rn 75). Besondere Bedeutung hat die **ergänzende Auslegung,** BGH WM **67,** 253, **79,** 891, zB bei Tod eines Gfters auch ohne ausdrückliche Bestimmung Fortsetzung statt Auflösung (nach früherem Recht), BGH BB **86,** 421 (iErg abl, aber Treuepflicht). Auch ergänzende Auslegung hat Vorrang vor dispositivem Recht, BGH BB **79,** 287, **86,** 421. Der Übergang zwischen ergänzender GesVertragsauslegung und GesRechtsauslegung, insbesondere Treuepflicht und § 242 BGB, ist fließend, vgl BGH BB **77,** 1271. Ergänzende Auslegung des GesVertrags, die den Vertrag gegen zwingendes Recht verstoßen ließe (zB § 119 Rn 19 betr Stimmvollmachten), scheidet aus. Für OHG/KG gilt die normale subjektive Auslegung, bei **Publikumsgesellschaft** objektive wie bei Satzungen (Anh § 177a Rn 67). Normale Auslegung ohne „Beweislast" dessen, der Abweichung vom Gesetz behauptet, BGH WM **75,** 662. Schriftlicher GesVertrag hat Vermutung der Vollständigkeit und Richtigkeit für sich, damit Umkehr der **Beweislast** für angebliche Nebenabreden (Einl 9 vor § 343). Die Auslegung von GesVerträgen ist revisionsrechtlich nur beschränkt überprüfbar, stRspr, BGH ZIP **07,** 478. Lit: Wiedemann DNotZ Sonderheft **77,** 99, Coing ZGR **78,** 659, Grunewald ZGR **95,** 68.

60   F. **Vertragsänderung: a) Zustandekommen:** Vertragsänderung ist **Grundlagengeschäft** (§ 114 Rn 3), das grundsätzlich einstimmig zu beschließen ist, nur ausnahmsweise besteht dabei Zustimmungspflicht (s Rn 64). Der GesVertrag kann Änderung mit **Mehrheit** zulassen (§ 119 Rn 34). Der Vertrag kann auch einem Schiedsgericht (Einl 90 vor § 1) ergänzende Auslegung erlauben; der hierauf gestützte Schiedsspruch bindet auch Gfter, die in einer an sich Einstimmigkeit fordernden Frage überstimmt wurden zB: Kdtist soll phG werden, BGH BB **58,** 820. Unterwerfung gewisser Gfter im Voraus unter beliebige Vertragsänderung durch gewisse andere ist idR sittenwidrig, OGH **4,** 69. Bei **Teileinigung** über mehrere geplante Änderungen, zB Einigung über KapErhöhung, nicht über neue Gewinnverteilung, gilt § 154 I BGB, BGH BB **66,** 52 (anders Vertragsschluss, s Rn 50). Fehlerhafte Vertragsänderung s Rn 91. Bei **Vertretung** durch MitGfter ist § 181 BGB zu beachten (§ 119 Rn 22).

61   b) **Verschulden bei Vertragsverhandlungen:** Gfter können einander, zB bei mangelnder Lebens- und Geschäftserfahrung, **Aufklärung** über Nachteile der Vertragsänderung schulden (§§ 311 II, 241 II BGB), bei Verstoß Anfechtung oder Schadensersatz nach § 280 BGB mit Vertragsanpassung, BGH NJW **92,** 300.

62   c) **Form:** Sie ist ebenso wie der GesVertrag selbst grundsätzlich jederzeit **formfrei** möglich, BGH **58,** 118, außer bei Formvorschriften wie § 311b I BGB (s Rn 55–57, 63), BayObLG BB **87,** 712 (iErg abl); auch **stillschweigend,** BGH NJW **89,** 2688. Gemeinsame Anmeldung einer Vertragsänderung bedeutet idR Zustimmung der Anmeldenden auch im Innenverhältnis (s Rn 54), BGH BB **72,** 1474, WM **85,** 1229. Stillschweigende Vertragsänderung kann auch bei **langjähriger Übung** anzunehmen sein, BGH **132,** 271, WM **67,** 1099, **78,** 301, **05,** 1410 (iErg abl, nur konkludenter Beschluss über andere Entnahmepra-

xis). 20 Jahre faktische Abweichung vom GesVertrag lässt dessen Änderung vermuten (Beweislastumkehr), BGH NJW **66**, 826, anders für PublikumsGes BGH NJW **90**, 2684. Beteiligung Minderjähriger s Rn 26.

Schriftformklausel: Im GesVertrag vorgeschriebene Form für Vertragsänderungen (Schriftformklausel, Einl 9 vor § 343) soll wegen des gemeinsamen Bestandsinteresses und der Häufigkeit von GesVertragsänderungen idR nicht Gültigkeitserfordernis sein, sondern nur Klarstellungsfunktion haben (entgegen § 125 S 2 BGB, s Rn 50), BGH **49**, 365. Das ist so allgemein als Auslegungsregel nicht anzuerkennen, hL, DB **68**, 1207, MüKoBGB/Ulmer/Schäfer § 705 Rn 50, MüKo/K. Schmidt 162; entscheidend ist die Auslegung des GfterWillens (§§ 133, 157 BGB), die jedoch häufig eben dies ergeben wird. Ebenso allgemeiner für GfterBeschlüsse (§ 119 Rn 23). Auch wenn die Schriftformklausel im konkreten Fall Gültigkeitserfordernis ist, können die Gfter einstimmig ohne Wahrung der vorgeschriebenen Form den Vertrag für den Einzelfall durchbrechen, BGH **58**, 115, auch wenn sie an die Schriftformklausel nicht gedacht haben, BGH **71**, 164, **132**, 270. PublikumsGes s Anh § 177a Rn 69. 63

G. **Zustimmungspflicht zur Vertragsänderung:** Ein Gfter ist grundsätzlich nicht verpflichtet, einer Vertragsänderung zuzustimmen, auch nicht zur Förderung des GesZweckes, zB Übernahme der Geschäftsführung zur Erlangung einer sonst nicht erlangbaren Geschäftserlaubnis. Nur ausnahmsweise besteht Zustimmungspflicht, stRspr, hL, krit Kollhosser FS Westermann **74**, 275 u FS Bärmann **75**, 533. 64

a) Rechtsgrund: Treuepflicht (§ 109 Rn 23, 27), BGH **44**, 41, **98**, 279, WM **86**, 1349, aA Störung der **Geschäftsgrundlage** (§ 313 BGB), BGH BB **74**, 1135, dazu Reuter ZGR **76**, 88, Westermann FS Hefermehl **76**, 225. Die Zustimmungspflicht reicht nur soweit, wie die Anpassung an die geänderten Verhältnisse zur verständigen Weiterverfolgung des GesZwecks, insbesondere zur Erhaltung des Geschaffenen oder zur Vermeidung wesentlicher Verluste dringend geboten und dem Widerstrebenden unter Berücksichtigung seiner eigenen schutzwerten Belange zumutbar ist, BGH **64**, 257, NJW **85**, 973, 974. Zustimmungspflicht ist idR weniger einschneidend als Ausschließung des Widerstrebenden (§ 140 Rn 4), Brem BB **72**, 811. Lit: Zöllner 1979; Hueck ZGR **72**, 237, Kollhosser FS Westermann **74**, 275 u. FS Bärmann **75**, 533, Westermann FS Hefermehl **76**, 225, Pabst BB **77**, 1524, Lettl AcP 202 (**02**) 3, Baier NZG **04**, 356 (Geschäftsgrundlage).

b) Verfahren: Die Vertragsänderung ist idR nicht wirksam vor Zustimmung oder rechtskräftiger Verurteilung (§ 894 ZPO) des Zustimmungspflichtigen, BGH WM **75**, 1263, NJW **84**, 173, Ausnahmen s § 109 Rn 28, § 119 Rn 7. Einzelfragen zum Verfahren vgl §§ 117 Rn 7, 140 Rn 20. 65

c) Einzelfälle: Pflicht zu redaktioneller Änderung, wenn Klarstellung zB für künftige Gfter wesentlich ist; Änderung der Verzinsung von Kapitaleinlagen, BGH NJW **85**, 973, 974; Heilung verdeckter Sacheinlagen (GmbH), BGH **155**, 329; Erhöhung der Tätigkeitsvergütung für geschäftsführenden Gfter, BGH **44**, 41; Stimmrechtsvertretung (§ 119 Rn 21), BGH NJW **70**, 706, ZIP **04**, 2283. Entziehung der Geschäftsführungsbefugnis, BGH NJW **84**, 174; vorzeitige Beiratsabwahl (§ 163 Rn 13), BGH BB **70**, 226; Nachfolge als phG statt als Kdtist, BGH NJW **87**, 952; Nachfolgeklauseländerung bei Ehescheidung, BGH BB **74**, 1135; vorweggenommene Nachfolge wegen Alter oder Krankheit, BGH WM **05**, 39; zeitweilige Aufnahme eines neuen phG (GmbH) zur Vermeidung der Auflösung, BGH BB **79**, 1522; Ausscheiden eines Gfters, BGH NJW **61**, 724, WM **86**, 68; Ausschließung eines MitGfters (§ 140 Rn 15), BGH **64**, 257; Wiederaufnahme eines nach § 135 ausgeschiedenen Gfter, BGH **30**, 201; Hinnahme der Fortsetzung durch die MitGfter, BGH NJW **73**, 1602; Auflösung einer dauerhaft unrentablen Ges, BGH NJW **60**, 434. **Nicht:** eigene Übernahme 66 der Geschäftsführung, BGH BB **54**, 456; Verlängerung der Ges, BGH NJW **73**, 1602; idR Nachschüsse (§ 109 Rn 12, aber auch § 109 Rn 13).

7) Gesellschafterwechsel

67 A. **Eintritt:** Der Eintritt (Beitritt, Aufnahme) eines Gfters (außerhalb Erbgangs, § 139) ist Änderung des GesVertrags (Grundlagengeschäft, § 114 Rn 3). Notwendig ist dafür grundsätzlich ein **Aufnahmevertrag** sämtlicher AltGfter (nicht der Ges) mit dem Neuen, BGH **26**, 333, **76**, 164, NJW **98**, 1226. Das gilt auch, wenn der GesVertrag den Beitritt bereits vorsieht, RG JW **26**, 2099, **128**, 176; doch kann darin ein Beitrittsangebot liegen, das der Neue nur anzunehmen braucht. Der GesVertrag kann **Mehrheitsbeschluss** über die Aufnahme und auch über deren Vollzug zulassen. Er kann auch die Entscheidung darüber und den Abschluss des Aufnahmevertrags einem Gfter, Beirat und sogar einem Dritten (§§ 317ff BGB) übertragen (§ 163 Rn 14, 16), zB von Kdtisten bei der GmbH & Co durch den GmbHGeschäftsführer; dabei ist Aufnahme „namens der Ges" uU Aufnahme namens der Gfter (§ 164 I 2 BGB), BGH BB **76**, 154. Doch können die Gfter auch die Ges ermächtigen, statt namens der Gfter im eigenen Namen neue Gfter aufzunehmen, dies nicht nur bei der PublikumsGes (Anh § 177a Rn 57).

68 Die Gfter können **Aufnahmepflicht** übernehmen, auch zB gegenüber dem ausscheidenden Vater zur Aufnahme der Tochter, OGH MDR **50**, 147. Diese enthält dadurch einen unmittelbarer Anspruch (§ 328 BGB). Bestehen gegen die aufzunehmende Person Ausschlussgründe (§ 133), kann bereits die Aufnahme verweigert werden, offen OGH MDR **50**, 147, vgl BGH WM **61**, 305. **Form** s Rn 54–57, 62–63; Aufnahme eines Gfters in eine OHG ohne Einlage als **Schenkung** s Rn 56. Ob wirklich Beitritt vorliegt, kann bei unklarer Fassung Frage der **Auslegung** sein (s Rn 59); Übertragung der Geschäftsführung allein genügt nicht zur Bejahung, Unterbleiben der Eintragung im HdlReg nicht zur Verneinung, OGH **4**, 242, anders wenn Eintragung ausdrücklich ausgeschlossen ist, RG **165**, 265, OGH **2**, 253. Eintritt in fehlerhafte Ges und **fehlerhafter Eintritt** s Rn 75, 92. **Haftung des Eintretenden** s § 130; um diese Haftung zu vermeiden, kann statt Eintritts eines neuen Gfters die alte Gesellschaft auflöst und eine neue begründet wird; was vorliegt, ist Auslegungsfrage, Stgt OLGE **19**, 311. Wirkung auf Firma s § 24. **Muster:** Hopt/Volhard 3. Aufl 2007 Form II. K.1 (Eintritt in PersonenGes).

69 B. **Übertragung: a) Formen:** Der Gfter kann seinen Anteil an einen MitGfter oder einen (dadurch Gfter werdenden) NichtGfter übertragen (Verfügung über die Mitgliedschaft, §§ 413, 398 BGB). §§ 717, 719 BGB sind nicht einschlägig, heute ganz hL, RG WM **64**, 1130. Der Umweg über einen Doppelvertrag der Gfter mit dem Ausscheidenden und dem Eintretenden ist überflüssig, aber möglich und zT andere Rechtsfolgen, Staub/Ulmer 304. Auch bloße Teilabtretung ist möglich, BGH **24**, 114 (s Rn 70, 72). Möglich ist auch eine gleichzeitige Übertragung **aller Anteile** an mehrere Dritte (Auswechslung aller Gfter ohne Änderung der Identität der Ges), BGH **13**, 187, **44**, 229; auch auf einen einzigen Erwerber, dieser wird Alleininhaber des Vermögens der Ges, die erlischt (§ 140 Rn 25). Übertragung an einen Gfter, der seine eigene Beteiligung vorher auf eine nach der Anteilsübertragung liegenden Zeitpunkt gekündigt hat, ist ausgeschlossen, Grund: **keine Aufspaltung** in zwei Anteile (keine Mehrfachmitgliedschaft), kein berechtigtes GfterInteresse (Spekulationsgefahr), BGH WM **89**, 1221, aber Ausnahmen bei Sonderzuordnung des Anteils (Erb- und Sicherungsfälle), Bspe bei K. Schmidt GesR § 45 I 2 b bb, Mü NJW-RR **04**, 334, str. **Verpfändung** s § 135 Rn 15. **Muster:** Hopt/Fabritius 3. Aufl 2007 Form I. K.12–16 (Anteilskauf bei OHG, Kauf eines KdtAnteils, Anteilskauf bei GmbH & Co KG, jeweils mit Anmeldung).

b) Zustimmung: Die Übertragung (§§ 413, 398 BGB, zu unterscheiden von 70 Verpflichtungsgeschäft) ändert den GfterKreis, sie ist Grundlagengeschäft (§ 114 Rn 3) und setzt die Zulassung im GesVertrag oder Zustimmung aller MitGfter voraus (§§ 182 ff BGB), nicht schon das Verpflichtungsgeschäft, BGH BB **58,** 57. Der GesVertrag kann auch Mehrheitsbeschluss oder Delegation der Zustimmung an andere vorsehen (s Rn 67), auch Zustimmung nur des Komplementärs in der (Publikums)KG, Mü NZG **09,** 25, auch generelle Übertragbarkeit ohne Zustimmung. Zustimmung zur Übertragung deckt nicht ohne weiteres die zur Teilübertragung (s Rn 69), Grund: Vermehrung der Gfter. Übertragung an einen Minderjährigen s Rn 26. Zustimmung zugleich als Vertreter eines MitGfters, zB eines Minderjährigen, fällt nicht unter § 181 BGB, BayObLGZ **77,** 80 (§ 119 Rn 22). Bis zur wirksamen Zustimmung ist die Übertragung schwebend unwirksam, der Übertragende bleibt Rechtsträger und voll stimmberechtigt, BGH **24,** 114. Verweigerung der Zustimmung sind unwiderruflich (Rechtssicherheit), sie macht den Vertrag endgültig unwirksam, BGH **13,** 187. Die vorherige Zustimmung (Einwilligung) ist bis zur Vornahme der Übertragung grundsätzlich frei widerruflich, doch kann vorbehaltlose Einwilligung unwiderruflich erteilt sein, BGH **77,** 396 (so iErg). Anfechtung der Zustimmung, auch der nachträglichen (Genehmigung) ist möglich und allen MitGftern (nicht nur dem übertragenden) zu erklären, BGH WM **76,** 448, **86,** 165. Der Willensmangel muss aber gerade die Zustimmung betreffen, nicht das zugrundeliegende Geschäft.

c) Einzelfragen: Der GesVertrag kann die Wirksamkeit der Übertragung an 71 weitere Voraussetzungen knüpfen, zB „Vollziehung" des Übergangs erst mit Anmeldung zum HdlReg, BGH BB **55,** 490. **Form** s Rn 54–57, 62–63. Pflicht zur Anteilsübertragung fällt auch bei Grundstücksgesellschaften nicht unter § 311 b I BGB, BGH **86,** 369 (s Rn 55), auch wenn das Vermögen der Ges im Wesentlichen aus einem Grundstück besteht und alle Anteile übertragen werden. Stillschweigend einverständliche Aufhebung gesellschaftsvertraglicher Formvorschriften ist möglich, einerlei ob an die letzteren gedacht wird, BGH **71,** 164. **Schenkung** s Rn 56. Schenkung durch **Vorerben** unterliegt § 2113 II BGB, BGH **69,** 50. Übertragung von Todes wegen s § 139 Rn 4. Fehlerhafte Übertragung s Rn 94.

d) Rechtsfolgen: Die **Mitgliedschaft** als solche **geht über,** also alle Rechte 72 und Pflichten des bisherigen Gfter aus dem GesVertrag, wenn nichts anderes vereinbart ist, BGH **45,** 221, **79,** 378 (GbR), **81,** 89 (KG), **82,** 84. Das gilt iZw auch für alle entstandenen Sozialansprüche und Sozialverbindlichkeiten der Ges gegenüber dem bisherigen Gfter entsprechend dem Rechenwerk der Ges, BGH **45,** 222, BB **73,** 165, WM **86,** 1314, **88,** 265, aA MüKoBGB/Ulmer/Schäfer § 719 Rn 44: nur mit Genehmigung der Ges (befreiende Schuldübernahme, § 415 BGB), vgl BGH WM **09,** 805. Das gilt nicht, wenn diese ersichtlich nur den bisherigen Gfter betreffen, zB Geschäftsführungs- und Vertretungsmacht wegen besonderer Befähigung; Umgekehrtes kann gelten bei Ausschluss davon aus persönlichen Gründen, die beim Nachfolger nicht mehr vorliegen. Der alte und der neue Gfter können etwas anderes vereinbaren, BGH **45,** 222, aber nicht zu Lasten eines Dritten etwa eine Enthaftung des alten (§ 415 BGB), Staub/Ulmer 321, idR also gesamtschuldnerische Haftung beider. Bei Teilübertragung stehen die Verwaltungsrechte beiden voll zu, die Vermögensrechte und -pflichten iZw anteilig. Hat der alte Gfter über Rechte nach § 717 S 2 bereits wirksam verfügt, wirkt das auch gegenüber dem Neuen, anders bei erst künftigen Ansprüchen, zB Vorausabtretung des Auseinandersetzungsguthabens (§ 109 Rn 21). §§ 738, 739 BGB finden auf den Übertragenden keine Anwendung. Eintragung nach § 107, nur deklaratorisch ohne Bedeutung wie bei Kdtist. Bei Übertragung von **Kommanditanteilen** lebt dagegen nach der Rspr ohne Eintragung eines Nachfolgevermerks im HdlReg die Haftung des Übertragenden wieder auf

(§ 173 Rn 13). Ein vom Gfter gegen MitGfter eingeklagter Anspruch aus der Ges kann nach Abtretung des Anteils weiter verfolgt werden (§ 265 ZPO), BGH MDR **60,** 472. Wirkung auf Firma s § 24.

73 **Verkauf aller oder nahezu aller Anteile** entspricht wirtschaftlich dem des Unternehmens. Dementsprechend gilt **Mängelhaftung wie beim Unternehmenskauf,** nämlich Sachmängelrecht (gemäß § 453 I BGB entspr §§ 434 ff BGB, Einl 46 vor § 1), BGH **65,** 246 (GmbH). Verkauf nur einzelner Anteile ist dagegen Rechtskauf, Verkäufer haftet nur für Mängel des Rechts, nicht des Unternehmens, daran hat auch das SMG durch § 453 I nF BGB nichts geändert (arg § 453 III BGB), Huber AcP 202 **(02)** 231, Wolf/Kaiser DB **02,** 415, aA Gaul ZHR 166 **(02)** 38. Die genaue Grenze ist bisher offen: sicher Rechtskauf bei Anteilen von 49%, BGH **65,** 250; aber auch bei 50% Anteilen an AG, aA BGH DB **80,** 679; bei 60% Anteil an GmbH, BGH NJW **80,** 2408 (keine satzungsändernde Mehrheit). Aber auch satzungsändernde Mehrheit genügt noch nicht, Sachkauf erst bei Ausschaltung von Minderheitsrechten (§ 50 I GmbHG: über 90%, §§ 122 I, 258 II AktG: über 95%, vgl auch § 327 a AktG: Squeeze-out ab 95%), Hiddemann ZGR **82,** 441, aA Mössle BB **83,** 2147. Auch Haftung aus **Verschulden bei Vertragsverhandlungen** wegen mangelnder Aufklärung (Einl 47 vor § 1), zB über Geschäftsschulden, BGH **69,** 53, NJW **80,** 2409, bei überhöhten Gewinnausweisungen (Buchungsfehler, § 278 BGB), BGH WM **03,** 2139; gegen Überspannung BGH BB **81,** 700 (für GmbH). Zur Haftung bei Unternehmens(anteils)verkauf Baur BB **79,** 381, Westermann ZGR **82,** 45, Hommelhoff ZGR **82,** 366. Sicherungsgeschäfte bei Anteilsübertragung s Vossius BB Beil 5/**88.**

74 C. **Austritt:** Ausscheiden s §§ 131–144; zu unterscheiden ist Austritt kraft Vertrag (dafür gelten ähnliche Grundsätze wie für Eintritt und Übertragung) und Ausscheiden kraft Gesetz. Wirkung auf Firma s § 24.

8) Fehlerhafte Gesellschaft

75 A. **Grundsatz: a)** Nach der Lehre von der fehlerhaften Ges wird unter **drei Voraussetzungen** (1) **fehlerhafter Gesellschaftsvertrag** (s Rn 79), (2) **Vollzug der Gesellschaft** (s Rn 81) und (3) **Fehlen vorrangiger Schutzinteressen** (s Rn 83) die fehlerhafte Ges als **Rechtsfolge wie eine wirksam nach innen und außen** behandelt wird (s Rn 85) mit der Maßgabe, dass der Fehler nur noch für künftig und bei der OHG bzw KG grundsätzlich nur durch Gestaltungsklage geltend gemacht werden kann (s Rn 88). Dies entspricht der stRspr und hL, K. Schmidt § 6 II 2, 3, Wiesner 1980; aA für Abwicklung nach §§ 812 ff, 818 I–III BGB und Rechtsschein- und Vertrauenshaftung Canaris, Vertrauenshaftung 172, Möschel FS Hefermehl **76,** 171, Weber 1978 ua, teils nur für das Innenverhältnis, teils auch für das Außenverhältnis. Besonderheiten unter EURecht (HWiG) s **(7)** Bankgeschäfte Rn G/9. RsprÜbersichten: Ronke FS Laufke **71,** 217 u FS Paulick **73,** 55. Lit: C. Schäfer 2002 (fehlerhafter Verband), Westermann VGR **08,** 145; Bälz in Münch. Hdb d. GesR Bd 1, 3. Aufl 2009, §§ 100, 101; Miras/Schweizer in dto. Bd 2, 3. Aufl 2009, §§ 95, 96.

76 **Dogmatisch** handelt es sich weder um eine „faktische" Ges (faktisches Vertragsverhältnis iSv Siebert, Haupt ua, betr vor allem Arbeits-, Versorgungs-, Beförderungsverhältnisse), so frühere Bezeichnung (s Rn 77), noch um eine reine Beschränkung der Nichtigkeitsfolgen, so bisher üL, Heymann/Emmerich 74, sondern um die Konsequenz daraus, dass die in Vollzug gesetzte Ges ein **Gemeinschafts- und Organisationsverhältnis** ist (s Rn 47), Ulmer FS Flume **78,** II 301, Flume I 1 § 2 III, Staub/Ulmer 338. Das kann für die fehlerhafte stGes bedeutsam sein (§ 230 Rn 11).

77 **b) Entwicklung:** In Anlehnung an das Recht der KapitalGes und eG (§§ 275 ff AktG, 75 ff GmbHG, 94 ff GenG) hat schon das RG auch bei OHG

1. Abschnitt. Offene Handelsgesellschaft 78–80 **§ 105**

und KG **im Verhältnis zu Dritten,** insbesondere für die persönliche Haftung der Gfter, die Nichtigkeitsfolge (§§ 119 ff, 142, 138 ua BGB) nach Eintragung der Ges verneint, RG **145,** 158. Entsprechend wurde später die fehlerhafte Ges auch **unter den Gesellschaftern** als wirksam (und nur für die Zukunft auflösbar) behandelt, RG **165,** 203. Grund: Unangemessenheit der Rückgängigmachung der Ergebnisse der vertragsmäßigen Zusammenarbeit, darum **Bestandsschutz** bis zur Geltendmachung des Fehlers, BGH **55,** 8, **62,** 26. Die vorher übliche Bezeichnung „faktische" Ges gab der BGH auf zugunsten der Bezeichnung als „fehlerhaft", zur Hervorhebung des Erfordernisses eines Vertrags und Absetzung von wirklich nur faktischen Vertragsverhältnissen, BGH **21,** 319, Fischer **LM** § 105 Nr 19 u FS Heymanns Verlag **65,** 271.

c) Art der Gesellschaft: Auf die Art der fehlerhaften Gesellschaft kommt es 78 nicht an, mindestens sofern sie echte Risikogemeinschaft ist mit auf längere Zeit vereinbarter Gewinn- und Verlustteilung und Beiträgen aller Gfter zum Unternehmenserfolg, zB KG BGH **3,** 285; GbR BGH BB **65,** 1004, NJW **92,** 1501; GmbHGründerGes, BGH **13,** 320; atypische stGes BGH **8,** 157, **62,** 239/241. Keine Einschränkungen macht die Rspr für bloße InnenGes, BGH BB **65,** 1004, und typische stGes, BGH **55,** 9, stRspr, aA üL, notwendig Bildung von Gesamthandsvermögen, Staub/Ulmer 339 a (näher § 230 Rn 11).

B. Fehlerhafter Vertrag: Auch eine fehlerhafte Ges setzt zwingend einen 79 wenngleich fehlerhaften Vertrag voraus, ganz hL, BGH **11,** 190, BB **65,** 1004, WM **76,** 180, NJW **88,** 1321, **92,** 1501; sonst liegt bloße ScheinGes vor (s Rn 98–99). Bsp: Scheingründung (§ 117 BGB, s Rn 98); automatischer Eintritt des ScheinGfterErben auf Grund Nachfolgeklausel (anders seine Aufnahme durch Vertrag, denn die Geschäftsgrundlage fehlt), Fischer FS Heymanns Verlag **65,** 271 (§ 131 Rn 20). Dissens s Rn 80. Zu **beachten** ist, dass kein fehlerhafter Vertrag und keine fehlerhafte Ges vorliegen, wenn der Vertrag schon nach anderen vertraglichen oder gesetzlichen Regeln (zu §§ 139, 140 BGB s Rn 50) **im Übrigen gültig** bleibt oder wenn es zur **nachträglichen Heilung** des Fehlers kommt (s Rn 55–57).
Anwendungsfälle (Arten von Fehlern): Formnichtigkeit (§ 125 BGB) 80 des (über Jahre hinweg von den Gftern als gültig betrachteten und durchgeführten) GesVertrags zB wegen § 311 b I BGB (s Rn 55, 71) BGH **8,** 165, DB **77,** 1250, auch bei OHG nur unter Ehegatten in Gütergemeinschaft (s Rn 25), offen BGH **65,** 85. Verstoß gegen **§ 138 BGB,** etwa wenn die Nichtigkeit einer Einzelbestimmung den ganzen Vertrag fehlerhaft erscheinen lässt (aber s Rn 50), BGH BB **70,** 897, DB **76,** 2106, ZIP **03,** 1442 (§ 138 BGB bei fehlender Spielhallenkonzession abl); sittenwidrige **Übervorteilung** (§ 138 I, II BGB), BGH BB **75,** 759. **Dissens** über eine wesentliche Bestimmung (§§ 154, 155 BGB und ähnliche Fälle), sofern wenigstens übereinstimmend eine Ges gewollt ist, BGH **11,** 191, NJW **92,** 1501. **Anfechtung** wegen **Irrtums** (§§ 119, 120 BGB), unstr, aber auch wegen **arglistiger Täuschung** oder **Drohung** (§ 123 BGB, unbeschadet der Schadensersatzpflicht hieraus, s Rn 89), str, BGH **13,** 324, **26,** 335, **44,** 235, **55,** 10, **63,** 346, BB **73,** 1090, **74,** 1501; auch in schweren Fällen arglistiger Täuschung, MüKoBGB/Ulmer/Schäfer § 705 Rn 340, aA früher BGH **13,** 323, **55,** 9. **Fehlen der Geschäftsgrundlage** (§ 313 II BGB, s Rn 64), BGH **62,** 26, BB **59,** 318 (Rechtsmängel einer Einlage), Kln BB **71,** 211 (Ausbleiben zugesagten Darlehens); ebenso bei **Veränderung der Geschäftsgrundlage** (§ 313 I BGB) kein einfaches Rücktritts- bzw Kündigungsrecht, sondern nur Auflösungs- oder Ausschließungsklage, falls nicht Anpassung ausreicht (s Rn 64), BGH **10,** 51. **Nicht:** bei Vertretung ohne Vertretungsmacht (§ 177 BGB), Grund: nicht zurechenbar; bei Unwirksamkeit nur einzelner Vertragsbestimmungen, wenn der Vertrag ohnehin im Übrigen gültig bleibt

§ 105 81–84 II. Buch. Handelsgesellschaften und stille Gesellschaft

(s Rn 79 aE), anders wenn das ausnahmsweise nicht der Fall ist, vgl iErg BGH **47,** 301; bei vorrangigen Schutzinteressen s Rn 83.

81 C. **Vollzug: a) Vor Vollzug:** Nichtigkeit und Anfechtung richten sich hier nach den allgemeinen Regeln für schuldrechtliche Verträge, was die Ges auch ist (s Rn 47). Es gelten also §§ 104 ff, 119 ff, 142, 143; 138 ua BGB von Anfang an (ex tunc § 142 I BGB), ohne dass Klage entspr § 133 erhoben werden müsste. § 139 BGB gilt aber nicht, zB bei OHG zwischen einem Minderjährigen und zwei MitGftern (s Rn 50).

82 **b) Invollzugsetzung:** Dies ändert sich mit der Invollzugsetzung der Ges nach außen oder nach innen (jeweils mit Wirkung sowohl nach außen als nach innen, s Rn 85), ähnlich Ingangsetzung einer verfassten Organisation K. Schmidt § 6 III 1 b. Invollzugsetzung liegt erst vor, wenn Rechtstatsachen geschaffen sind, an denen die Rechtsordnung nicht vorbeigehen kann, BGH NJW **78,** 2505, **92,** 1502. Bspe: **Tätigkeit nach außen,** auch nur vorbereitende Geschäfte, BGH **13,** 321 (GmbH), str, auch bloße Eintragung im HdlReg (§ 123 I), BGH **26,** 334 (Beitritt eines Kdtisten), aA K. Schmidt AcP 186 **(86)** 440, Staub/Ulmer 343, aber Indiz für Geschäftsaufnahme; **Leistung der Einlage,** BGH **13,** 322, WM **67,** 420, NJW **92,** 1502, NZG **05,** 261 (stGes, wenn auch Teilgewinnabführungsvertrag iSv § 292 AktG), aA nur, wenn nicht ohne weiteres gegenständlich rückgängig machbar, bloße Entstehung von Gesamthandsvermögen genüge nicht, Soergel/Hadding § 705 Rn 75; nicht ow schon Ausübung (irgendwelcher) gesellschaftsvertraglicher Rechte, aA BGH NJW **92,** 1502 (für Beitritt).

83 D. **Fehlen vorrangiger Schutzinteressen: a)** Die rechtliche Anerkennung der fehlerhaften Gesellschaft endet, wo **gewichtige Interessen der Allgemeinheit** oder **einzelner schutzwürdiger Personen** entgegenstehen, BGH **3,** 288, **26,** 334, **55,** 9. Bsp: gemeinschaftlichem Verstoß der Gfter gegen Gesetz oder gute Sitten (**§§ 134, 138 BGB**), BGH **13,** 323, **17,** 166, **55,** 9 (besonders grober Sittenwidrigkeit), **62,** 241 (RBerG), **75,** 217 (ApG), **97,** 250 (Sozietätsverbot), **153,** 214 (RBerG, iErg abl), WM **73,** 165 (Hauptzweck der Ges Steuerhinterziehung), WM **86,** 1325 (Berufsverbot für Vermessungsingenieure), Hamm NJW-RR **86,** 1487 u WRP **88,** 48 (§ 1 GWB), ZIP **03,** 168 (RBerG, iErg abl), str; Grund: Zweck dieser Verbotsgesetze, kein Widerspruch der Rechtsordnung mit sich selbst, zutr Staub/Ulmer 355, aA K. Schmidt AcP 186 **(86)** 444, Schwintowski NJW **88,** 937, Wertenbruch NJW **05,** 2825: Verkehrsschutz bei Außen-Ges. Es handelt sich hier um eine objektive Grenze, auf Kenntnis oder Kennenmüssen der Gfter kommt es nicht an, außer wenn das Verbotsgesetz selbst darauf abstellt, Staub/Ulmer 84, aA BGH BB **54,** 456, Soergel/Hadding § 705 Rn 81. **Nicht:** bei einfacher Bordellgesellschaft, BGH NJW-RR **88,** 1379; wenn (und solange) die zuständige (Genehmigungs)Behörde zeitweilig die Ges wirken lässt, BGH **62,** 241, LM § 105 Nr 8, aA Staub/Ulmer 356; Verstoß gegen § 1365 BGB, Sandrock FS Duden **77,** 524, Staub/Ulmer 352, str, aber Rückgewähranspruch aus §§ 985, 1368 BGB; auch sonst bei Nichtigkeit nur einzelner Vertragsbestimmungen (s Rn 80 aE) oder nur einzelnen Verstößen, zB einzelnen Steuerhinterziehungen, ohne dass das der Hauptzweck der Ges ist, in all diesen Fällen vorausgesetzt, dass überhaupt fehlerhafte Ges vorliegt (s Rn 80 aE). Änderung der Rspr bei der stGes unter Zulassung von Schadensersatzansprüchen auf Rückzahlung geleisteter Einlagen (§ 230 Rn 11), gegen Ausdehnung auf alle fehlerhaften Ges Schäfer ZHR 170 **(06)** 373.

84 **b) Geschäftsunfähige oder beschränkt Geschäftsfähige:** Der Schutz dieser Personen geht dem Verkehrsschutz vor, auch bei § 105 II BGB, BGH NJW **92,** 1503. Eine fehlerhafte Ges wird also nicht anerkannt, soweit ein Gfter geschäftsunfähig ist, RG **145,** 158; entspr bei Teilnahme eines Minderjährigen ohne elterliche oder vormundschaftsgerichtliche Genehmigung (s Rn 26), BGH **17,** 166, NJW **83,** 748, BayObLG DB **77,** 860. Der Minderjährige nimmt also

1. Abschnitt. Offene Handelsgesellschaft **85–88 § 105**

an Verlusten nicht teil. Dann kann er aber auch nicht an den Gewinnen teilhaben oder sonstige Rechte als Gesellschafter haben, eine Aufspaltung in Vor- und Nachteile ist weder gerecht noch konsequent durchführbar, ebenso Staub/Ulmer 348, aA üL, differenzierend MüKo/K. Schmidt 239, sehr str. Unter den übrigen Gftern kann, wenn das gewollt ist, ohne weiteres eine normal wirksame Ges ohne den Minderjährigen bestehen (zu § 139 BGB s Rn 50); sonst eine fehlerhafte Ges ohne diesen, BGH NJW **83**, 748. Keine Anerkennung auch bei fehlerhaftem Ausscheiden des Minderjährigen (s Rn 95), BGH NJW **92**, 1504, aA Staub/Ulmer 373.

E. **Wirksamkeit nach innen und außen: a) Grundsatz:** Die Ges ist (nicht 85 nur: scheint oder gilt) damit als vorläufig (bis zur Geltendmachung des Fehlers für die Zukunft, s Rn 88) nach innen u außen voll wirksam. Auf Gutgläubigkeit oder Vertrauen der Gläubiger kommt es nicht an (keine Rechtsschein- o Vertrauenshaftung, s Rn 75), stRspr, BGH **44**, 235, **153**, 222, ZIP **03**, 168. Schutz Geschäftsunfähiger s Rn 84. Verhältnis zu § 15 III s Bürck AcP 171 **(71)** 328.

b) Innenverhältnis: Rechte und Pflichten der Gesellschafter in der feh- 86 lerhaften Ges richten sich grundsätzlich nach dem (fehlerhaften) GesVertrag, stRspr, BGH **26,** 330. Das gilt nicht für unmittelbar vom Fehler des Vertrags betroffene Vertragsbestimmungen, zB nach formnichtige oder nach § 138 BGB nichtige; statt ihrer gilt die gesetzliche oder eine andere nach den Umständen angemessene Regelung, BGH **47**, 365, **65**, 85, WM **77**, 783. Vor allem sind die **Einlagen** zu erbringen und die **Verlustausgleichpflicht** ist zu erfüllen, auch soweit nur infolge arglistiger Täuschung übernommen. Grundsätzlich besteht dagegen **keine Arglisteinrede**, so auch nicht und soweit die Leistung nur den Gläubigern (zB nach einem Liquidationsvergleich) oder MitGftern zugute kommt, denen die Täuschung (zB durch den phG der KG) nicht nach § 278 BGB zugerechnet werden kann; anders, soweit die Leistung ausschließlich dem Betrüger zugute kommen würde, BGH **26**, 335, **63**, 343, **69**, 161, BGH **73**, 1091, WM **75**, 348, NJW **76**, 894, DB **76**, 142 (alle betr KG mit vielen Kdtisten, Anh § 177 a Rn 58), sehr str. Das gilt grundsätzlich auch für den „schwer" Getäuschten, der leisten soll, bevor er sein Auflösungsklagrecht (§ 133, s Rn 88) ausüben kann, str, s Rn 80, offen BGH **26**, 335. Zur Berücksichtigung der Belange des Getäuschten in der Auseinandersetzung s Rn 90.

c) Außenverhältnis: Die fehlerhafte Ges ist auch **gegen Dritte** voll wirk- 87 sam, zu Gunsten und zu Lasten sowohl der Ges als auch der Dritten, zB bei unrichtiger Vertretung der Ges; auch bei Kenntnis des Dritten von dem Fehler (s Rn 85); auch prozessual (§ 124 I, II HGB, § 17 ZPO, § 11 Nr 1 InsO), BGH WM **06**, 2254. Beitretende haften nach §§ 128–130, RG **142,** 105, BGH **44**, 235, ZIP **08**, 1320. Kdtisten haften uU unbeschränkt nach § 176, BGH DB **77,** 1250.

F. **Geltendmachung des Fehlers: a) Rechtsbehelfe:** Die fehlerhafte Ges ist 88 zwar wirksam, aber die Gfter müssen den Fehler nicht auch für die Zukunft hinnehmen. Der fehlerhafte Vertragsschluss als solcher bildet einen wichtigen Grund zur **Auflösungsklage** (§ 133), BGH **3**, 290, **63,** 345, NJW **76**, 894, **oder außerordentliche Kündigung,** so für die stGes BGH **55**, 7, NJW **92**, 2698, **93,** 2107 und allgemein für die PublikumsGes (Anh § 177 a Rn 58), so auch bei Zulassung der außerordentlichen Kündigung im GesVertrag (§ 133 Rn 18). Nach dem HRefG ist **Austritt** statt Auflösung allgemeiner für die PersonenHdlGes zuzulassen, str (§ 133 Rn 1). Kein wichtiger Grund, wenn der Fehler nicht mehr ernstlich interessiert, Bsp: Irrtum über Eigenschaften eines Gfters, der inzwischen ausschied; es muss aber nur der Fehler fortdauern, nicht dieser auch noch später einen wichtigen Grund darstellen, Staub/Ulmer 361. Trifft der Fehler nur eine einzelne Bestimmung des Vertrags (zB: Gewinnteilung, Kündigung, Auseinandersetzung), ist idR nur diese durch die angemessene Re-

§ 105 89–93   II. Buch. Handelsgesellschaften und stille Gesellschaft

gelung zu ersetzen, BGH **47,** 301. Fällt der Fehler einzelnen Gftern gegenüber andern zur Last (§§ 123 I, II, 138 I, II BGB), kommt statt der Auflösungs- die **Ausschließungs- bzw Übernahmeklage** (§ 140 I 1, 2) gegen diese in Betracht, BGH **10,** 51 oder ein **Übernahmerecht** durch einfache Erklärung entspr § 140 I 2, so bei Aufnahme eines Gfters durch Alleininhaber infolge Betrugs oder Drohung, BGH **47,** 301. Bei der Ausübung dieser Rechte sind die **Fristen** nach §§ 121, 124 BGB analog zu beachten.

89 Gänzlich unberührt bleiben Ansprüche auf **Schadensersatz**, zB aus § 122 BGB, §§ 280, 311 II BGB (Verschulden bei Vertragsverhandlungen, s Rn 51, 61), §§ 823 II, 826 BGB, BGH NJW **93,** 2107 (stGes); Geltendmachung in der Auseinandersetzung s Rn 90.

90 **b) Auseinandersetzung:** Nach Auflösung (s Rn 88) kommt es zur **Auseinandersetzung** (Abwicklung, Liquidation). Diese richtet der Ges sich grundsätzlich nach dem (fehlerhaftem) GesVertrag und im Übrigen nach §§ 145 ff; jedoch ohne Bestimmungen im Widerspruch zur ratio des verletzten Gesetzes, BGH **65,** 85. Ein durch Drohung oder Täuschung erlangter besonders günstiger Gewinn- oder Liquidationsanteil entfällt in der Auseinandersetzung uU ohne weiteres, BGH **13,** 323, **26,** 335, **55,** 9, aber doch nur, soweit die Leistung ausschließlich dem Betrüger zugute kommen würde (wie für die Arglisteinrede, s oben), ähnlich Staub/Ulmer 360, sehr str, vgl Rn 80, 86. In der Auseinandersetzung kommt es zur **Gesamtabrechnung** (§ 145 Rn 6), BGH WM **72,** 1056 (stGes), NJW-RR **88,** 1379; dabei kann der Getäuschte (Bedrohte, Übervorteilte, s Rn 80) auch seine **Schadensersatzansprüche** (s Rn 89) einbringen.

91 **G. Ausdehnung auf fehlerhafte Vertragsänderungen: a) Grundsatz:** Dieselben Regeln wie für die Gründung durch fehlerhaften GesVertrag gelten grundsätzlich auch für spätere fehlerhafte Vertragsänderungen verschiedenster strukturändernder Art, soweit es zu einer Invollzugsetzung **entsprechend** derjenigen bei GesGründung (s Rn 82) gekommen ist, zutr Staub/Ulmer 366 (s Rn 96), MüKo/K. Schmidt 252, Wiedemann II § 2 V 5, aA die Rspr, zB für fehlerhafte Änderung einer Nachfolgeklausel BGH **62,** 20 („nicht ohne weiteres anzuwenden", nur bei Statusänderungen, s Rn 97), aber Unterscheidung nicht praktikabel. Entsprechend der fehlerhaften GesGründung ist die allerdings seltene **fehlerhafte Auflösung** zu behandeln. Ist sie in Vollzug gesetzt (mit Beginn der Auseinandersetzung), besteht nur noch ein Anspruch nach § 133 auf Rückumwandlung in eine werbende Ges, Staub/Ulmer 367, aA MüKo/K. Schmidt 251. Lit: Steines 1964.

92 **b) Fehlerhafter Eintritt:** Die Grundsätze der fehlerhaften Ges gelten entspr für fehlerhaften Beitritt eines neuen Gfters (s Rn 67), BGH **26,** 334, **44,** 236, **63,** 344, **69,** 160, **153,** 214, NJW **88,** 1321, 1324, **92,** 1501, ZIP **03,** 168. Ein Beitritt in Ges, bei dem ein Teil der Gfter nicht mitwirkt, oder ein Gfter seine Beitrittsabschlussvollmacht überschreitet, genügt allerdings grundsätzlich nicht (wie Rn 79, 80 aE); anders wenn der Beitretende und die Gfter in Unkenntnis des Mangels den Beitritt für wirksam gehalten und vollzogen haben, BGH NJW **88,** 1321, **92,** 1501. Vollzug des Beitritts, nicht nur der Ges ist nötig, BGH NJW **92,** 1501, zB durch Beitragszahlung, Ausübung von GfterRechten, längere Hinnahme der Geschäftsführung durch die Ges und damit auch für sich; auch durch Eintragung im HdlReg, BGH **26,** 334, str (s Rn 82).

93 Auch der fehlerhafte Beitritt musste nach bisheriger Rspr und hL idR durch **Auflösungsklage** bzw **Ausschließungs- bzw Übernahmeklage** geltend gemacht werden (§§ 133, 140 I 1, 2, anders nach dem HRefG: Austritt, s Rn 88). Jedenfalls wenn der GesVertrag ein Kündigungsrecht (mit Frist) gibt, kann dieses nun fristlos geltend gemacht werden, BGH BB **73,** 1090. Ein solches außerordentliches Kündigungsrecht kann auch auf Grund ergänzender Vertragsauslegung anzunehmen sein, BGH **63,** 346, **69,** 163, BB **75,** 759, NJW **76,** 894 (Publi-

kumsGes, Anh § 177 a Rn 58). Die „Anfechtung" des Beitritts kann als Kündigung zu werten sein, BGH BB **75,** 759, NJW **76,** 894. Kündigung gegenüber dem phG genügt, wenn schon Beitritt gegenüber diesem genügte (Anh § 177a Rn 56–57), BGH NJW **76,** 894. Die **Einlage** muss grundsätzlich erbracht werden, ohne dass die Arglisteinrede hilft (s Rn 86, aber Auseinandersetzung s Rn 88). Bei Fehlen der Geschäftsgrundlage (zB Irrtum über Erbrecht) geht der Rückgängigmachung (zB Ausschließung des falschen Erben) eine zumutbare Anpassung vor (§ 313 III BGB), zB kommt bei langer Dauer bis zur Aufklärung und Verdiensten des Eingetretenen um die Ges seine endgültige Anerkennung als Gfter bei Abfindung des wahren Erben in Betracht, Fischer **LM** § 105 Nr 19.

c) Fehlerhafte Übertragung: Auch fehlerhafte Abtretung des GesAnteils **94** (s Rn 69) wurde früher nach der Grundsätzen der fehlerhaften Ges behandelt, BGH NJW **88,** 1324, jedenfalls bei Zustimmung aller Gfter oder bei Eintragung des Erwerbers im HdlReg, Staub/Ulmer 376, Grunewald ZGR **91,** 452, immer noch Wiedemann II 163. Jedoch berührt die Anteilsübertragung den GesVertrag nicht, BGH NJW **90,** 1915 (GmbHAnteil), WM **05,** 282 (Vorgesellschaft), NJW **07,** 1058 (GmbHAnteil), K. Schmidt § 6 V 2 b, MüKoBGB/Ulmer/Schäfer § 705 Rn 374; bei derivativem Erwerb (anders als Eintritt, s Rn 92) bleibt es danach bei § 812 BGB, Schutz im Außenverhältnis durch §§ 413, 409, 407 und uU § 15 III und Rechtsscheingrundsätze.

d) Fehlerhafter Austritt: Auch fehlerhaftes Ausscheiden (kraft Vertrag unter **95** den Gftern) ist idR nicht ex tunc unwirksam, BGH WM **55,** 1702, NJW **69,** 1483, BB **75,** 759, NJW **88,** 1324, **92,** 1503, NJW-RR **03,** 533. Der Austritt ist nicht schon mit unwirksamer einseitiger Hinauskündigung, sondern erst mit Anwachsung und Mitwirkungshandlung des Betroffenen vollzogen, vorher entspr Feststellungsklage, zutr MüKo/K. Schmidt 249. Nach Vollzug hat der Betroffene Anspruch auf Wiederaufnahme idR ex tunc, ggf Neubestimmung der Abfindung, BGH NJW **69,** 1483. Der zugleich erfolgte Eintritt eines anderen wird uU fehlerhaft, wenn der Ausgeschiedene wieder eintritt. Der Minderjährigenschutz geht wie auch sonst (s Rn 84) vor, der Minderjährige bleibt also in der Ges und nimmt an deren Gewinnen teil, BGH NJW **92,** 1503, nach aA benötigt der Minderjährige hier diesen Schutz nicht, Staub/Ulmer 373. Lit: Gursky 1969; Däubler BB **66,** 1292.

e) Sonstige Fälle: Die Regeln für die fehlerhafte Ges gelten grundsätzlich **96** auch für **sonstige fehlerhafte Änderungen** eines (fehlerfreien oder fehlerhaften) GesVertrags, soweit es zu einer Invollzugsetzung **entsprechend** derjenigen bei GesGründung (s Rn 79, 82) gekommen ist, Staub/Ulmer 366, MüKo/K. Schmidt 252, sehr str (s Rn 91), so zB bei Änderungen der Haftungsverfassung, des Gesamthandsvermögens und der Geschäftsführung und Vertretung, der Umwandlung der Ges oder eines Anteils (kraft Vertrags, nicht ex lege) ua. Ebenso fehlerhafte Unternehmensverträge, K. Schmidt § 6 IV 4, ZGR **91,** 373. Die fehlerhafte Umwandlung (Verschmelzung, Spaltung, Formwechsel) ist heute im UmwG geregelt (Einl 23 vor § 105), Mängel lassen die Wirkungen der Eintragung unberührt (§§ 20 II, 131 II, 202 III UmwG), Restitutionsanspruch ist str (vgl § 16 III 6 UmwG), K. Schmidt § 6 IV 5.

Genau umgekehrt lehnen Rspr und üL für diese Fallgruppe die Anwendung **97** ab, außer wenn im Einzelfall auch hier ein Bedürfnis nach Bestandsschutz (s Rn 77) besteht, BGH **62,** 26. Das wird grundsätzlich nur bei **Statusänderung** der Ges angenommen, zB Änderung des Bestands der Ges oder der Gfter (s Rn 91–95), nicht bloße Änderung der Beziehungen der Gfter untereinander, jedenfalls soweit dem Gfter nur fehlerhaft Rechte vorenthalten wurden, zB Geschäftsführungsbefugnis, BGH **62,** 28; anders uU wenn ihm tatsächlich fehlerhaft zu viel Rechte gewährt wurden, BGH **62,** 28. Differenzierung nach Statusänderung ist aber schwierig und rechtsunsicher. Lit: Finger ZGR **76,** 240.

9) Scheingesellschaft und Rechtsscheinhaftung

98 A. **Scheingesellschaft:** Wird überhaupt kein GesVertrag oder ein solcher nur zum Schein abgeschlossen, handelt es sich nicht um eine fehlerhafte Ges, sondern um den bloßen Schein einer Ges. Keine ScheinGes ist eine von den Gfter gewollte, wenngleich unwirksam vereinbarte Ges (fehlerhafte Ges, s Rn 75), und erst recht ein wenngleich aus Umgehungsgründung tatsächlich gewollte Ges, zB Strohmanngründung. Die Grundsätze über die fehlerhafte Ges finden deshalb auf die ScheinGes nicht, auch nicht entsprechend, Anwendung, BGH NJW **54,** 231, hL. Wird der GesVertrag nur zum Schein geschlossen, gilt zwischen den Gftern das wirklich Gewollte (§ 117 BGB), BGH NJW **53,** 1220, WM **66,** 736, DB **76,** 2057; Außenverhältnis s Rn 99. ScheinGes in Prozess und Zwangsvollstreckung s Lindacher ZZP 96 **(83)** 486.

99 B. **Rechtsscheinhaftung:** Im Rechtsverkehr finden stattdessen die Grundsätze über die Rechtsscheinhaftung Anwendung (s Rn 14), Bsp: nach außen praktizierte ScheinGes (§ 117 BGB). Das hat erhebliche praktische Bedeutung, denn diese Grundsätze greifen nur bei Voraussetzungen ein, die im Falle der fehlerhaften Ges gerade nicht vorzuliegen brauchen (§ 5 Rn 10–13).

10) Konzernrecht der Personengesellschaften

100 A. **Grundlagen: a) AktG, GmbHG:** Das kodifizierte Recht der verbundenen Unternehmen (Konzernrecht) zielt auf den Schutz der Aktionäre der abhängigen Ges vor Maßnahmen der herrschenden Ges, aber auch der Aktionäre der herrschenden Ges vor Maßnahmen der Verwaltung sowie auf den Schutz der Gläubiger. Der Konzern selbst ist keine einheitliche juristische Person (Einl 41 vor § 1). Ist eine AG oder KGaA an einer Unternehmensverbindung (§§ 15 ff AktG; Unternehmensbegriff s Einl 32 vor § 1) beteiligt, gilt zu ihrem Schutz das **Konzernrecht des Aktiengesetzes**, besonders §§ 15–19 (Definitionen), §§ 20–22 (Mitteilung des Erwerbs von über 25% der Aktien; aber **(16)** WpHG §§ 21 ff ab 3%), §§ 291–337 (verbundene Unternehmen); die Konzernrechnungslegung folgt seit dem BiRiLiG 1985 aus §§ 290 ff HGB, ab 2005 § 315 a HGB mit IAS/IFRS. Diese Vorschriften richten sich also auch gegen Personengesellschaften, Bsp: vertragliche oder faktische Beherrschung einer AG durch eine KG (§§ 17, 308 ff, 311 ff AktG), Beteiligung einer OHG oder KG an einer AG (§§ 20–22 AktG); Einbeziehung der OHG unter der einheitlichen Leitung einer inländischen AG oder KGaA in die Konzernrechnungslegung (§§ 290 ff HGB). Entsprechendes gilt für das nicht kodifizierte **GmbHKonzernrecht**. Zur richterrechtlichen Durchgriffshaftung bei existenzvernichtenden Eingriffen im GmbHKonzern und außerhalb desselben (Bremer Vulkan) s § 172 a Rn 40. Schrifttum zum Aktien- und GmbHKonzernrecht s Einl zu **(2 a)** AktG, **(2 b)** GmbHG. **Muster:** Hopt/Volhard 3. Aufl 2007 Form II. H.11 (Beherrschungs- und Ergebnisabführungsvertrag).

101 b) **Grundbegriffe verbundener Personengesellschaften:** Auch PersonenGes sind zunehmend an Unternehmensverbindungen beteiligt, vor allem als beherrschende PersonenGes (Betriebsaufspaltung mit TochterGmbH, § 1 Rn 18), BAG ZIP **99,** 723 (s Rn 103 aE), aber auch als beherrschte, Erscheinungsformen (Typenreihe) s MüKoHGB/Mülbert Anh § 236 Rn 9 ff (vgl unten Anh § 177 a Rn 6). Das Recht der verbundenen PersonenGes ist bisher gesetzlich nicht geregelt. Ein (teilweise noch rudimentäres) **Konzernrecht für Personengesellschaften** ist jedoch von Rspr und Lehre schon unter geltendem Recht entwickelt worden. Dabei ist die fundamentale Unterscheidung diejenige zwischen beherrschter und herrschender PersonenGes (s Rn 102, 106), die sich aber nicht mit der Unterscheidung zwischen Schutz- und Organisationsrecht deckt. Der Unternehmensbegriff (Einl 32 vor § 1), die **Definitionen** der Abhängigkeit und des Konzerns (§§ 17, 18 AktG), die Unterscheidung zwischen Vertragskon-

1. Abschnitt. Offene Handelsgesellschaft   102 § 105

zern und faktischen Konzern (§§ 304 ff, 311 ff AktG) und die Unterteilung in verschiedene Unternehmensverträge (§§ 291, 292 AktG) gelten grundsätzlich auch für die PersonenGes, wenn auch mit Besonderheiten ua wegen der Einstimmigkeitsregel (§ 119 I). Als **Unternehmen** ist auch hier jede juristische oder natürliche Person anzusehen, die nicht nur in der Ges, sondern auch außerhalb derselben unternehmerische Interessen verfolgt, BGH **69,** 334 (VEBA/Gelsenberg), also insbesondere auch Einzelpersonen, BGH **96,** 330 (Autokran). Einschaltung einer **Zwischenholding** ändert insoweit nichts (s Rn 103), str, vgl BGH **65,** 16 (ITT, GmbH & Co), hL. **Vermutungen:** Die Abhängigkeitsvermutung des § 17 II AktG bei in Mehrheitsbesitz stehenden Unternehmen (§ 16 AktG) gilt nicht, Grund: Einstimmigkeitsregel, anders bei Stimmrecht nach Kapitalanteilen wie bei der körperschaftlich strukturierten KG (Anh § 177 a Rn 10). Die Konzernvermutung des § 18 I 2 und auch 3 AktG gilt, vgl BGH **89,** 167 (Heumann/Ogilvy), Staub/Ulmer Anh § 105 Rn 31, str.

Lit: MüKoHGB/Mülbert, Anh § 236 Konzernrecht der PersonenGes, 2. Aufl 2007, Staub/Ulmer Anh § 105, Heymann/Emmerich Anh § 105, Ebenroth/Lange Anh § 105, Emmerich/Habersack, Konzernrecht, 9. Aufl 2008, §§ 33–35, Westermann/Tröger HdbPersGes § 59 (2008), Wiedemann II § 6 I; Schießl 1985, Baumgartl 1986, Heck 1986, Stehle 1986, Löffler 1988, Burbach 1989, Kleindiek 1991, Geiger 1996 (Wettbewerbsverbote), Ehrhardt 1996 (GmbH & Co), Bitter 2000 (Durchgriffshaftung), Haar 2006 (PersonenGes im Konzern, Habil Hbg, Neuansatz auf ökonomischer Grundlage); Schneider ZGR **75,** 253, **80,** 511, FS Bärmann **75,** 873, BB **75,** 1353, **80,** 1057, ZHR 143 **(79)** 485, Raiser ZGR **80,** 558, FS Stimpel **85,** 855, Reuter ZHR 146 **(82)** 30, JZ **86,** 16, 72, AG **86,** 130, Emmerich FS Stimpel **85,** 743, Hepting FS Pleyer **86,** 301, Kronke ZGR **89,** 473 (IPR), Ulmer in Probleme des Konzernrechts, Symposion Schilling **89,** 26, Ebenroth FS Boujong **96,** 99, Jaeger DStR **97,** 1770, 1813, Mülbert ZHR 163 **(99)** 1 (Unternehmensbegriff), Drygala FS Raiser **05,** 63 (GfterRegress), Hüffer FS Röhricht **05,** 251 (krit zu Heumann/Ogilvy).

B. **Die beherrschte (abhängige oder konzernierte) Personengesell-** 102 **schaft:** Auch die PersonenGes ist vor missbräuchlicher und fehlerhafter Ausübung der Leitungsmacht durch personengesellschaftsrechtliche Regeln zu schützen.

a) **Begründung des Abhängigkeitsverhältnisses:** Die PersonenGes kann abhängig werden zB durch mehrheitlichen Anteilserwerb eines Konkurrenten oder Beteiligung des geschäftsführungsbefugten phG (§§ 109, 114 II) oder des MehrheitsGfters an Konkurrenzunternehmen etwa nach Befreiung vom Wettbewerbsverbot nach § 112 (§ 112 Rn 2, 4, Anh § 177 a Rn 22). Abhängig ist die PersonenGes auch von einem alleingeschäftsführenden Unternehmens-Gfter. Die Begründung der Konzernabhängigkeit der PersonenGes (§ 18 I AktG) ohne **vorherige Zustimmung aller Gesellschafter** ist, wenn im GesVertrag nichts anderes bestimmt ist, unzulässig (Grundlagengeschäft § 114 Rn 3, Anh § 177 a Rn 22) mit der Folge eines Anspruchs auf Rückgängigmachung der Konzernabhängigkeit (§§ 705, 280, 249 BGB), K. Schmidt § 43 III 3 a, aA nur außergewöhnliches Geschäft, MüKo/Mülbert 82, Emmerich/Habersack § 34 vor I; einfache Abhängigkeit als solche (§ 17 AktG) bedarf keiner solchen Legitimation durch Gfter(Konzernierungs)Beschluss, soweit ein solcher nicht schon nach allgemeinem GesRecht notwendig ist, Staub/Ulmer Anh § 105 Rn 40, sehr str. Die Rspr hält entsprechende Mehrheitsbeschlüsse für grundsätzlich rechtswidrig, falls sie nicht durch sachliche Gründe im Interesse der Ges gerechtfertigt sind, so bei Befreiung vom Wettbewerbsverbot aus schwerwiegenden Gründen im Interesse künftiger Leitungs- und Wettbewerbsfähigkeit der Ges, BGH **80,** 74 (Süßen GmbH), **89,** 162 (Heumann/Ogilvy GmbH & Co, Anh § 177 a Rn 22). Allgemein gehaltene Abhängigkeits- und Konzernierungsklauseln im GesVertrag, wie immer häufiger, können konkrete Zustimmung nicht ersetzen, Staub/Ulmer Anh § 105 Rn 60, str. Das herrschende Unternehmen muss die PersonenGes auf Grund der Treuepflicht (s Rn 103) von sich aus vom Eintritt der Abhängigkeit (§ 17 AktG, nicht erst § 18 I AktG) **unterrichten**, damit diese ihrer Pflicht zur Unterrichtung der außenstehenden Gfter von der Abhängigkeitslage nachkommen kann, MüKo/Mülbert Anh § 236 Rn 214, anders, wenn sich die Abhängigkeit schon aus GesVertrag ergibt.

103 **b) Einfache Abhängigkeit, faktischer Konzern:** Die PersonenGes ist abhängig, wenn ein anderes (herrschendes) Unternehmen auf sie einen beherrschenden Einfluss ausüben kann (§ 17 I AktG); ist sie mit dem herrschenden Unternehmen unter dessen einheitlicher Leitung zusammengefasst, bilden beide einen Konzern (§ 18 I AktG). Das herrschende Unternehmen verstößt bei ungerechtfertigter Schädigung der beherrschten Ges gegen seine **Treuepflicht** als Gfter, zB Octroi einer Konzernumlage ohne entspr Gegenwert gegenüber konzernabhängiger KG und ihrer TochterKG, BGH **65,** 15 (ITT, Anh § 177a Rn 23), **75,** 328 (Benachteiligung), **89,** 168 (Wettbewerbsverbot). Nachteilsausgleich entspr § 311 AktG findet nicht statt, vielmehr ist jede ungerechtfertigte Schädigung ohne die Möglichkeit eines späteren Nachteilsausgleichs verboten. Die Pflichtenbindung wächst mit der Einwirkungsmöglichkeit (Enge der Unternehmensverbindung). Aus der Treuepflicht folgt die Pflicht des herrschenden UnternehmensGfter, die MitGfter bei drohenden Interessenkonflikten und schon vor schädigenden Einwirkungen auf die Ges zu **unterrichten** (Grund: Widerspruchsrecht, § 115 I Halbs 2, s dort Rn 1), also schon im Vorfeld der Informationsrechte der Gfter (vgl auch schon Rn 102). Die MitGter können mit der **actio pro socio** Schadensersatz nach § 280 BGB an die Ges verlangen (§ 109 Rn 32). Minderheitenschützend wirken ua die Treuepflicht mit einem Verbot jeder schädigenden Einwirkung auf die Ges (§ 109 Rn 23); sehr wichtig sodann die vorweg und im Nachhinein die Informationsrechte (§ 118 Rn 16, § 166 Rn 16; s auch § 233 Rn 10, 13), Grenze des § 118 II AktG für einschränkende Vereinbarungen, Verdachtsgründe liegen bei Unternehmensverbindung, zumal bei mittelbarer, wegen geringerer Durchsichtigkeit näher als ohne solche (§ 118 Rn 16, 18, § 166 Rn 17); die Widerspruchs- und Mitspracherechte (§§ 115 I Halbs 2, 116 II, 164), zB der Kdtisten der Mutter bezüglich Tochter, BGH BB **73,** 212 (näher § 163 Rn 5); für die Durchsetzung entscheidend sind die Möglichkeiten der actio pro socio und der Gestaltungsklagen zB nach §§ 117, 127, 133, 140, näher Staub/Ulmer Anh § 105 Rn 46 ff; in gravierenden Fällen bestehen Auflösungs- und Ausschließungsrechte nach §§ 133, 140. Begründung der Konzernabhängigkeit (§ 18 I AktG) ist Grundlagengeschäft (§ 114 Rn 3), nicht die der einfachen Abhängigkeit (§ 17 AktG), sehr str (s Rn 102). Das herrschende Unternehmen ist unterlassungspflichtig (§ 1004 BGB) und haftet nach §§ 280, 276, 278, 280 (nicht 708) BGB (vgl Rn 104) mit Beweislastumkehr nach § 280 I 2 BGB (Verschulden), weitergehende Beweislastumkehr ist str (s Rn 104); Schadensersatz nach § 249 BGB, aber nach Wahl der PersonenGes im Wege der Naturalherstellung oder in Geld. Die Verletzung der Mitspracherechte schlägt unter den Gftern, also vor allem im Verkehr mit dem herrschenden Unternehmen, auf die Vertretungsmacht durch (§ 126 Rn 6, 7). Diese Behelfe sind in geeigneter Weise auf das **nur mittelbar** (an den PersonenGes nicht unmittelbar als Gfter beteiligte) herrschende Unternehmen (**mehrstufiger Konzern,** Zwischenholding, s Rn 101) auszudehnen, iErg BGH **65,** 15 (ITT), MüKo/Mülbert Anh § 236 Rn 206 ff, sehr str, so Wettbewerbsverbot (§ 112 Rn 2, Anh § 177a Rn 22) und Treuepflicht auch eines beherrschenden NichtGfter, Staub/Ulmer Anh § 105 Rn 53, nach aA §§ 311, 317 AktG analog oder Organhaftung des herrschenden Unternehmens (§ 93 II AktG, § 43 II GmbHG, §§ 713, 664 BGB analog), jedenfalls aber auch bei nur mittelbarer Beherrschung umfassendes Schädigungsverbot. Für den **Gläubigerschutz** bei der abhängigen PersonenGes gelten: wenn das herrschende Unternehmen phG ist, § 128; Durchgriffshaftung bei existenzvernichtenden Eingriffe (Bremer Vulkan, § 172 a Rn 40); die (mittelbar gläubigerschützende) Verlustausgleichspflicht greift erst bei qualifizierter Konzernierung (falls an diesem Konzept festgehalten wird, s Rn 104), nach aA schon bei einfacher Staub/Ulmer Anh § 105 Rn 75, Emmerich/Habersack § 34 II 1 b. Die **GmbH & Co KG** ist nicht schon als solche konzernrechtlich relevant, solange sich die KomplementärGmbH, der sie beherrschende Gfter bzw der Kdtist bei der EinheitsGmbH & Co ohne anderweitige Unternehmertätigkeit auf ihre Rolle als Komplementär oder Kdtist der KG beschränken, BSozG AG **95,** 282, MüKo/Mülbert Anh § 236 Rn 52 ff, str; anders in Sonderfällen der Unternehmensaufspaltung, BAG ZIP **99,** 723, Henssler ZGR **00,** 479 (§ 242 BGB, s auch Rn 104). Im Gleichordnungskonzern (§ 18 II AktG) und bei sternförmiger GmbH & Co (dann GmbH als herrschendes Unternehmen) ist auch ein horizontaler Durchgriff nicht ausgeschlossen, idR aber nur einseitig (§ 670 BGB analog), ausnahmsweise als Verlustgemeinschaft (entspr § 730 BGB), K. Schmidt FS Wiedemann **02,** 1199.

c) Qualifizierter faktischer Konzern, Haftung für existenzvernichtenden Eingriff: Ein qualifizierter faktischer Konzern lag nach der früher hL vor, wenn das Eigeninteresse der abhängigen Ges infolge eines von dem herrschenden Unternehmen sachlich umfassend und zeitlich andauernd ausgeübten Einflusses nachhaltig beeinträchtigt wird (Einzelausgleich ist dann nicht mehr möglich bzw reicht nicht mehr aus), vgl BGH **95,** 344. Auch Betriebsaufspaltung konnte in besonderen Fällen zu qualifizierter faktischer Konzernierung führen, Ziegler 1989, Weimar ZIP **88,** 1525 (s auch Rn 103). Die qualifizierte Beherrschung einer PersonenGes war nicht generell unzulässig, str, für Zulässigkeit nur in der Form des Vertragskonzerns K. Schmidt § 43 III 4. Die neuere Rechtsprechung zur GmbH hat die Figur des qualifizierten faktischen Konzerns ua wegen der schwierigen Unterscheidung zwischen einfachem und qualifiziertem faktischen Konzern aufgegeben (**Bremer Vulkan,** § 172 a Rn 41), krit K. Schmidt § 39 III. Abschied vom qualifizierten Konzern liegt dann auch für PersonenGes nahe, iErg auch Emmerich/Habersack § 34 II 1 b, aA K. Schmidt § 43 III 4: Schon vorher war diese Unterscheidung für die Personengesellschaft durch Annahme eines Konzernierungsbeschlusserfordernisses (formlos, str, deklaratorische Eintragung in HdlReg, s Rn 105), so Staub/Ulmer Anh § 105 Rn 36, unwesentlich. Von einem solchen Erfordernis ist auch künftig auszugehen. Auch auf der Basis der neuen Rechtsprechung steigen gesellschaftsrechtlich die Anforderungen und Pflichten mit der nachhaltigeren Verbindung und damit größeren Gefährdung. Unklar ist, ob die Rechtsprechung an den bisher bei Vorliegen eines qualifizierten Konzerns gezogenen **Rechtsfolgen** festhält. Davon wird man auf der Grundlage der gesellschafterlichen Treuepflicht ausgehen können. Das würde bedeuten, dass das herrschende Unternehmen wie bisher der PersonenGes (wie bei der einfachen Abhängigkeit, s Rn 103) für jeden Eingriff in ihre Substanz (Bestandsschutz) und für jede nicht durch überwiegende Konzerninteressen gerechtfertigte Verletzung ihrer Interessen nach §§ 280, 276, 278 BGB haftet, BGH NJW **80,** 232 (Gervais, KG), ohne Haftungsmilderung nach § 708 BGB, Grund: über die Ges hinausreichende Schutznorm, vgl BGH WM **85,** 194. Es trägt (über § 280 I 2 BGB betr Verschulden wie nach Rn 103 hinaus) sogar die Beweislast dafür, dass es keine schädigende Handlung vorgenommen hat bzw dass diese nicht pflichtwidrig war, vgl BGH NJW **80,** 232; nach aA soll das schon bei einfacher Abhängigkeit gelten, sehr str, vgl Rn 102. Darüber hinaus (**Gläubigerschutz**) ist das herrschende Unternehmen (im qualifizierten faktischen Konzern bzw bei existenzvernichtendem Eingriff, nach aA allgemeiner im faktischen

§ 105 105, 106   II. Buch. Handelsgesellschaften und stille Gesellschaft

Konzern, s Rn 103, sehr str) der PersonenGes zum Ausgleich des Jahresfehlbetrags verpflichtet **(Verlustausgleichspflicht)**, vgl BGH **95**, 330 (Autokran, GmbH), bei Vermögenslosigkeit der PersonenGes Ausfallhaftung, Rechtsgrund str: nach früher üL § 302 AktG analog, eher Risikohaftung über § 670 hinaus, Staub/Ulmer Anh § 105 Rn 74, demgegenüber je nach Verbandszweck (typisch oder dienend) differenzierend MüKo/Mülbert Anh § 236 Rn 179; Befreiung von der Verlustausgleichspflicht durch GesVertrag oder einstimmigen GfterBeschluss ist möglich, hL, Staub/Ulmer Anh § 105 Rn 76, aA K. Schmidt § 43 III 4 b; aber Grenzen: zwingende Kapitalerhaltungsvorschriften, zB §§ 129 a, 172 a, und § 138 I BGB. Sicherheitsleistung entspr § 303 AktG, BGH **95**, 346.

105   d) **Vertragskonzern:** Die PersonenGes kann mit Zustimmung aller Gfter Unternehmensverträge nach § 292 AktG (Gewinngemeinschaft, Teilgewinnabführungsvertrag, Betriebspacht, Betriebsüberlassung) abschließen, BGH NJW **82**, 1817 (Holiday Inn, KG, § 114 Rn 24). **Beherrschungs- und Gewinnabführungsverträge** (§ 291 AktG) sind nicht generell unzulässig, Staub/Ulmer Anh § 105 Rn 13, MüKo/Mülbert Anh § 236 Rn 165; jedenfalls nicht, wenn keine natürlichen Personen als Gfter in der abhängigen PersonenGes beteiligt sind, BayObLG NJW **93**, 1804 (BSW), und allgemeiner bei kapitalistischen PersonenGes (vgl Anh § 177 a Rn 10). Gewinnabführungsverträge spielen aber schon aus steuerrechtlichen Gründe praktisch keine Rolle. Der Beherrschungsvertrag erlaubt nachteilige Weisungen (entspr § 308 I 2 AktG); Grenzen für diese folgen aus dem Verbandszweck der dienenden PersonenGes, MüKo/Mülbert Anh § 236 Rn 237, sonst aus den Grundsätzen ordnungsgemäßer Konzerngeschäftsführung (business judgment rule, aber Grenzen ua bei cash management, unzulässig sind jedenfalls Existenzgefährdung und Ausplünderung), persönliche Haftung von MitGftern ist dabei zu mitzuberücksichtigen, keine Weisungsbefugnis zu GesVertragänderung. Das herrschende Unternehmen ist der durch Beherrschungsvertrag eingegliederten PersonenGes zum Verlustausgleich (wie § 304 AktG) verpflichtet, außer wenn es sich pflichtgemäß verhalten hat (§§ 276, 278 BGB, s Rn 103, 104), BGH NJW **80**, 231 (Gervais, KG) m Anm Raiser ZGR **80**, 558. Unternehmensverträge bedürfen grundsätzlich der Schriftform (entspr § 293 III AktG) und sind zwingend in das HdlReg einzutragen (vgl § 8 Rn 5), aA MüKo/Mülbert Anh § 236 Rn 153, differenzierend K. Schmidt § 43 III 4 b, nach aA bereits (nicht konstitutiv) Konzernierungsbeschluss Staub/Ulmer Anh § 105 Rn 62. Kündigung des Unternehmensvertrags aus wichtigem Grund ist jederzeit möglich (entspr § 297 I AktG, bei PersonenGes wohl durch Gestaltungsklage). **Gläubigerschutz** entspr §§ 302, 303 AktG (s Rn 104).

106   C. **Die herrschende Personengesellschaft:** Die Konzernrechtsregeln sind fast durchweg aus der Sicht der beherrschten PersonenGes entwickelt (s Rn 100, 102) und gelten dann nur für jedes herrschende Unternehmen ohne Besonderheiten für herrschende PersonenGes. Der Schutz der Aktionäre der OberGes durch ungeschriebene Mitwirkungsbefugnisse der Hauptversammlung, so BGH **83**, 122 (Holzmüller, zu § 119 II AktG) und restriktiv fortbildend BGH **159**, 30 (Gelatine), str, hat für die Gfter der herrschenden PersonenGes wegen der Unterschiede im Mitwirkungs- und Beschlussrecht keine unmittelbar entspr Bedeutung. Denn die Gfter der herrschenden PersonenGes, auch nicht geschäftsführende, haben schon nach allgemeinem PersonenGesRecht Widerspruchs-, Mitsprache- und Informationsrechte (§§ 115 I Halbs 2, 116 II, 164; 118, 166), auch soweit TochterGes betroffen sind, Emmerich/Habersack § 35 II, III. Sie haben ein Mitspracherecht bei außergewöhnlichen Geschäften der TochterGesBGH BB **73**, 213 (Einzelfälle s § 116 Rn 2), in bestimmten Fällen kann sogar Grundlagengeschäft vorliegen (§ 114 Rn 3), einschränkend MüKo/Mülbert Anh § 236 Rn 82 (aber engerer Begriff dort Rn 73). Die Bildung stiller Reserven (§ 120 Rn 6) bei einer beherrschten Ges bedürfen grundsätzlich der Zustim-

mung aller Gfter der herrschenden Ges (Mehrheitsklausel s § 119 Rn 37), vgl Hbg ZIP **06,** 895 (Vorinstanz), MüKo/Mülbert Anh § 236 Rn 97, Haar NZG **07,** 601, Wertenbruch ZIP **07,** 798, aA für pflichtgemäßes Ermessen des Geschäftsführungsorgans der Mutter, Priester DStR **07,** 31, tendenziell wohl ebenso, aber noch offen BGH ZIP **07,** 479 (Otto); hält man daran fest, können die Gfter jedenfalls kraft Treuepflicht (§ 109 Rn 23) zustimmungspflichtig sein, Hopt FS Odersky **96,** 799, das ist allerdings gegenüber der Zustimmungsbedürftigkeit schwächer (Beweislast bei der Minderheit), BGH ZIP **07,** 477, krit Haar NZG **07,** 602. Bilanzrechtlich kann sich das aber bei der herrschenden Ges nur auswirken, wenn nicht eine anderweitige Gewinnthesaurierung bei der beherrschten Ges beschlossen ist, Klärung durch Feststellungsklage gegen die OberGes, uU auch Klage gegen die MitGfter wegen Treupflichtverletzung, näher BGH ZIP **07,** 479 (Otto), m Anm Wertenbruch 798, Westermann 2289, Binz/Mayer DB **07,** 1779, Haar NZG **07,** 601, Holler DB **08,** 2067, Priester DStR **08,** 1391. Vorbeugende Unterlassungsklage der MitGfter s § 116 Rn 4; in gravierenden Fällen Abberufung nach §§ 117, 127. Angelegenheiten der Ges iSv §§ 118, 166 sind auch solche der Ges als OberGes der ihr verbundenen Unternehmen, BGH WM **83,** 911 (§ 118 Rn 16, § 166 Rn 16; s auch § 233 Rn 10, 13). Erstreckung auf Unterlagen jedenfalls einer 100%igen TochterGes s BGH 25, 118 (§ 166 Rn 16).

D. **Ausblick auf Zusammenschlusskontrolle:** Personengesellschaften in der Zusammenschlusskontrolle (§§ 35 ff GWB/eur FusionskontrollVO; Einl 77–78 vor § 1). Komm: s Einl 77 vor § 1. **107**

[Anmeldung zum Handelsregister]

106 (1) **Die Gesellschaft ist bei dem Gericht, in dessen Bezirke sie ihren Sitz hat, zur Eintragung in das Handelsregister anzumelden.**

(2) **Die Anmeldung hat zu enthalten:**
1. **den Namen, Vornamen, Geburtsdatum und Wohnort jedes Gesellschafters;**
2. **die Firma der Gesellschaft, den Ort, an dem sie ihren Sitz hat, und die inländische Geschäftsanschrift;**
3. *(aufgehoben)*
4. **die Vertretungsmacht der Gesellschafter.**

Übersicht

1) Die OHG im Handelsregister 1–4
   A. Die OHG im Handelsregister 1
   B. Einzutragende Tatsachen 2
   C. Eintragung und Bekanntmachung 3
   D. Verfahren 4
2) Anmeldung der Gesellschaft (I), Beginn und Dauer der Anmeldepflicht 5
3) Inhalt der Anmeldung, insbesondere Sitz der Gesellschaft (II) 6–12
   A. Gesellschafter (II Nr 1) 6
   B. Firma (II Nr 2) 7
   C. Sitz, Ort und inländische Geschäftsanschrift (II Nr 2) 8
   D. Zeitpunkt (II Nr 3 aF) 11
   E. Vertretungsmacht der Gesellschafter (II Nr 4) 12
   F. Sonstiger Inhalt der Anmeldung mit und ohne Eintragung 13

1) Die OHG im Handelsregister

A. **Die OHG im Handelsregister:** § 106 II Nr 2 idF MoMiG 2008. Die OHG gehört wie jeder andere Kfm (§ 29) in das Handelsregister. Einerlei ob sie **1**

§ 106 2–5   II. Buch. Handelsgesellschaften und stille Gesellschaft

schon vor Eintragung im HdlReg OHG ist (weil sie ein HdlGewerbe betreibt: §§ 1, 6 I, 105) oder es erst durch die Eintragung wird (nach §§ 2, 3, 6 I). Wirkung der Eintragung s §§ 15, 123, für KG §§ 174, 176. **§§ 106–108** bringen nur **wenige Sonderregeln** für die OHG betr die **Anmeldung;** dazu wiederum besonders für die KG § 162. §§ 106–108 sind **zwingend.**

2   B. **Einzutragende Tatsachen:** Außer der **Errichtung** der Ges (§ 106) sind viele **sonstige** die Ges betreffende **Vorgänge** im Register zu vermerken: §§ 107 (Firmenänderung, Sitzverlegung, Eintritt eines Gfters, Änderung der Vertretungsmacht eines Gfters), 143 (Auflösung, Ausscheiden eines Gfters), 144 (Fortsetzung nach Insolvenz) und Fortsetzung in anderen Fällen (vgl § 131 Rn 31), 148, 150 (betr Liquidation), 157 (Erlöschen der Firma nach Liquidation), für die KG ferner: § 162 I, II (Kdtist und Einlage), § 162 III (KdtAnteilsübertragung, Nachfolgevermerk, str, § 162 Rn 8), § 175 (Änderung der Einlage). Ferner wie für alle Kflte §§ 13–13 g (betr Zweigniederlassung), 13 h (Sitzverlegung, vgl § 107), 25 II (Haftungsausschluss bei Geschäftsübernahme), 28 II (Haftungsausschluss bei Eintritt eines Gfters in EinzelKfmGeschäft), 31 I (Änderung des Inhabers, zB Übernahme), 31 II (Erlöschen der Firma), 32 (Eröffnung des Insolvenzverfahrens und andere Insolvenzakte), 53 (Erteilung und Erlöschen einer Prokura). **Weitere,** im Gesetz nicht genannte Tatsachen sind per Analogie teils eintragungspflichtig, teils nur **eintragungsfähig** (§ 8 Rn 5), zB Änderung der Personalien (§ 107 Rn 3). **Nicht** eintragungsfähig ist zT im Gegensatz zur AG und GmbH: der GesVertrag (falls überhaupt schriftlich, s § 105 Rn 54–56); der GesZweck; die das Innenverhältnis der Gfter betreffenden Tatsachen; gesetzliche oder organschaftliche Vertreter von Gftern, früher str; wenn eine OHG oder KG Gfter der einzutragenden OHG ist, die Gfter der GfterGes; Geschäftszweig und Geschäftsräume (trotz Anmeldung, s Rn 12), Unternehmensgegenstand, KG JW **34,** 1730; Beirat, Hamm MDR **52,** 549.

3   C. **Eintragung und Bekanntmachung:** Die Eintragungen erfolgen idR nur auf Anmeldung, ausnahmsweise von Amts wegen in den Fällen der §§ 31 II 2 (Erlöschen, wenn Anmeldung nicht zu erwirken), 32 (Insolvenzverfahren), 148 II (Bestellung von Liquidatoren durch Gericht). Anmeldepflichtige Personen s § 108 I. Erzwingung der Anmeldung s § 108 Rn 5, 6. Bekanntmachung s § 10; Sonderregel für die KG § 162 II.

4   D. **Verfahren:** Anzumelden ist beim **Gericht des Sitzes** (§ 106 I). Bei Sitzverlegung s §§ 107, 13 h, bei Errichtung oder Vorhandensein von ZwNl §§ 13–13 g. **Form** der Anmeldung s § 12. **Prüfung durch das Gericht** s § 8 Rn 7–8; hier besonders auf (jedenfalls in den Formalien) richtigen Vertragsschluss, zB richtige Vertretung Minderjähriger und Genehmigung des Vormundschaftsgerichts, KGJ **23** A 89. Einreichung des schriftlichen GesVertrags (nicht eintragungsfähig, s Rn 2) kann wegen der Öffentlichkeit der Registerakten (§ 9) idR nicht gefordert werden, aber Vorlegung zur Prüfung auf Gültigkeit bei begründeten Zweifeln, vgl BayObLGZ **77,** 78, DB **78,** 1832. Eintragung in **Abteilung A** des Registers, **(4)** HRV §§ 3, 13, 39 ff. **Inhalt** der Eintragung s Rn 2 und im Einzelnen zum Inhalt der Eintragungen in die Abteilungen A und B (die einschlägigen gesetzlichen Anordnungen für den Gebrauch des Registergerichts zusammenfassend) **(4)** HRV §§ 40, 43 idF EHUG 2006. **Amtslöschung** s **(3)** FamFG § 395, s § 8 Rn 12–13.

2) Anmeldung der Gesellschaft (I), Beginn und Dauer der Anmeldepflicht

5   Die Errichtung der Ges ist zur Eintragung anzumelden (I). Die Anmeldepflicht beginnt bei OHG mit HdlGewerbe (§ 1) mit Geschäftsbeginn (§ 123 II), nicht vorher; überhaupt nicht unter §§ 2, 3 (KannKfm). Anmeldung vor Geschäftsbeginn ist möglich (vgl § 123 I). Eine unterbliebene Anmeldung (und Eintra-

1. Abschnitt. Offene Handelsgesellschaft   6–9 **§ 106**

gung) der Errichtung muss **auch nach Auflösung** der Ges nachgeholt werden, RG JW **02,** 172, hL, Grund: §§ 143, 148, 157, 159. Vorlegung des GesVertrags s Rn 4.

3) Inhalt der Anmeldung, insbesondere Sitz der Gesellschaft (II)

A. **Gesellschafter (II Nr 1):** Die Anmeldung (und die Eintragung) hat nach   6
II Nr 1 nF HRefG von allen Gftern die nachfolgenden Angaben zu enthalten. Ist eine **GbR Gesellschafter** (AußenGbR, § 105 Rn 28), sind auch deren Gfter und spätere Änderungen in der Zusammensetzung der Gfter zur Eintragung anzumelden (entsprs II, § 162 I 2 idF ERJuKoG 2001, s dort Rn 2), BGH **148,** 291 (für GbR als Kdtistin). Die Gfter der GbR sind mit dem Zusatz „in Gesellschaft bürgerlichen Rechts" anzugeben, auch wenn die GbR keine Namen hat.

a) Name: dh Nachname. Für Kfm als Gfter genügt seine Firma; weicht diese von seinem bürgerlichen Namen ab, ist dieser hinzuzufügen (Firma X, Inhaber Y), BayObLG BB **73,** 397 (für Kdtist, § 162 Rn 4), aA Staub/Ulmer 14. Für OHG oder KG als Gfter genügt ihr Name (Firma) ohne die Namen ihrer Gfter, früher str. VorGmbH s Anh § 177 a Rn 13. Treuhänder ist auch bei der qualifizierten Treuhand nicht einzutragen, str, s § 105 Rn 31, 34; Unterbeteiligung s § 105 Rn 38; Nießbraucher s § 105 Rn 44.

b) Vorname: Rufname genügt.

c) Geburtsdatum: als Identifikationsmerkmal, früher Stand bzw Beruf.

d) Wohnort. Gfter einer **KG,** die Kdtist ist, werden durch § 162 I 2 nF erfasst (§ 162 Rn 2).

B. **Firma (II Nr 2):** Firma der OHG s § 19 I Nr 2, II, § 105 Rn 5.   7

C. **Sitz, Ort und inländische Geschäftsanschrift (II Nr 2): a) Tatsäch-**   8
licher Verwaltungssitz, gesellschaftsvertraglicher Sitz: Die Anmeldung muss außer der Firma auch den Ort, an dem die Ges ihren Sitz hat, und die inländische Geschäftsanschrift (seit 2008, s Rn 1; Grund: Zustellungserleichterung für Gläubiger, s § 29 Rn 5) enthalten (II Nr 2). Jede OHG (KG; anders GbR) hat einen Sitz an einem bestimmten Ort (vgl II Nr 2). Vom Sitz hängen wichtige Zuständigkeiten, ua die des Registergerichts (§ 106 I, §§ 13 ff) und der allgemeine Gerichtsstand juristischer Personen (§ 17 I 1 ZPO), sowie nach der bislang herrschenden Sitztheorie, die aber unter EGRecht nur noch gegenüber Drittländern gilt und nach MoMiG für die KapitalGes aufgegeben ist (Einl 29 vor § 105), das GesStatut und das international anwendbare Recht. Dieser Sitz ist, wenn man die Sitztheorie für PersonenGes aufrechterhält, bei der OHG bzw KG der Ort der tatsächlichen (Haupt-) Verwaltung, also der Geschäftsführung. Richtiger ist es jedenfalls nach MoMiG, auch für die PersonenGes einen vom tatsächlichen Sitz unterschiedenen gesellschaftsvertraglichen bzw satzungsmäßigen Sitz wie bei den KapitalGes (§§ 5, 23 III Nr 1 AktG, § 3 I Nr 1 GmbHG; auch § 24 BGB für den Verein) anzunehmen, Staub/Ulmer 20, Rö/Gerkan/Haas 11, E. Voigt, HdlRecht der ZwNl (Diss Hbg) § 9; Behrens IPRax **03,** 193, Pluskat WM **04,** 608, Zimmer/Naendrup NJW **09,** 548; mangels Angabe im GesVertrag ist dieser Sitz in Gesamtschau zu bestimmen. Nach der Rspr ist jedoch bis zur Änderung durch den Gesetzgeber (RefE, Einl 29 vor § 105) der tatsächliche Sitz maßgebend, BGH NJW **09,** 289 m Anm Kieninger, Hellgardt/Illmer NZG **09,** 94 (schweiz AG), erklärend Goette DStR **09,** 63 (richterliche Zurückhaltung), und Ort der Geschäftsführung ist Sitz auch bei abweichender Vertragsbestimmung und Eintragung, BGH BB **57,** 799, MDR **69,** 662. Lit: Ebenroth/Bippus JZ **88,** 677, Koch ZHR 173 **(09)** 101 (freie Sitzwahl).

b) Doppelsitz: Der Zweck des Sitzes verlangt grundsätzlich, dass jede OHG   9
bzw KG **nur einen Sitz** hat. Die Zulässigkeit eines Doppelsitzes wie für KapitalGes bei besonderem Bedürfnis gilt für die OHG (KG) nicht; anders als bei der

§ 107
II. Buch. Handelsgesellschaften und stille Gesellschaft

KapitalGes besteht bei der OHG bzw KG auch in aller Regel dafür kein Bedürfnis. Ausnahmsweise Doppelsitz, s BayObLG BB **62**, 497, KG NJW **73**, 1201, BayObLG AG **86**, 49, LG Düss BB **66**, 1036, zB für SpaltGes nach 1945 oder bei besonderem berechtigten Interesse, so uU bei grenzüberschreitenden Unternehmen oder Verschmelzung von Unternehmen mit besonderer Tradition, LG Essen ZIP **01**, 1632 (ThyssenKrupp), MüKo/Langhein 27, Verschmelzung allein genügt nicht. Jeder Sitz ist für sein Rechtsgebiet grundsätzlich der allein maßgebende, die Ges muss an jedem Sitz alle Registerpflichten erfüllen, auch betr Verhältnisse aller ZwNl.

10 **Sitzverlegung:** Verlegung des tatsächlichen Sitzes geschieht durch tatsächliche Verlegung der Geschäftsführung auch ohne GfterBeschluss, BGH BB **57**, 799, für den gesellschaftsvertraglichen Sitz (str, s Rn 8) zu Recht anders, Staub/Ulmer 20. Sie ist im HdlRegister einzutragen (§§ 13h, 107), die Eintragung ist aber rein deklaratorisch. In der Liquidation dürfen die Liquidatoren den Sitz nur verlegen, wenn das der Liquidationszweck verlangt, BGH MDR **69**, 662. Folgen der Sitzverlegung ausländischer rechtsfähiger Ges in das Inland s § 105 Rn 10, deutscher Ges in das EU-Ausland s Einl 29 vor § 105.

11 D. **Zeitpunkt (II Nr 3 aF)** braucht seit 1. 9. 2004 nicht mehr angegeben zu werden (1. JuMoG).

12 E. **Vertretungsmacht der Gesellschafter (II Nr 4):** II Nr 4 neu ERJuKOG 2001 (**Übergangsrecht** in (1) EGHGB Art. 52) verlangt Angabe der Vertretungsmacht der Gfter, auch den normalen gesetzlichen jedes phG (anders § 125 IV aF), Kln NJW-RR **04**, 1106 (GmbH & Co), wichtig für HdlPraxis und internationalen Verkehr (vgl § 33 Rn 3). Eintragung der Befreiung vom Selbstkontrahierungsverbot auch für englische plc als phG deutscher KG, Ffm ZIP **06**, 1673 (anders hL betr Vertretungsverhältnisse der plc nach englischem Recht, § 13g Rn 1). Bei KG wird (nicht organschaftliche, § 170) Vollmacht von Kdtisten nicht eingetragen, Ffm GmbHR **06**, 265. Bei GbR als phG gilt II Nr 4 auch für deren Gfter (vgl § 162 I 2 bei der KG). Lit: Servatius NZG **02**, 456.

13 F. **Sonstiger Inhalt der Anmeldung mit oder ohne Eintragung:** Eingetragen werden grundsätzlich nur die gesetzlich angeordneten Tatsachen und Rechtsverhältnisse, also zB nicht solche betreffend das Innenverhältnis der Gfter, klärende Vermerke sind aber zulässig. **Ausnahmen** von diesem Grundsatz sind möglich, zB Angabe auch der Gestattung des Selbstkontrahierens (§ 8 Rn 5, § 119 Rn 22, vgl § 53 Rn 3), MüKo/Langhein 38, Staub/Habersack 64, nach aA nur fakultativ, üL jedenfalls für Eintragungsfähigkeit BayObLG DB **00**, 37, ZIP **00**, 701; **nicht** aber Ermächtigungen nach II 2, III 2 (§ 125 Rn 17, 24). Weitere Ausnahmen: Unternehmensverträge (§ 8 Rn 5), Fortsetzung nach Auflösung (§ 144 Rn 4), MüKo/Langhein 38. Sonstiger Inhalt der Anmeldung ergibt sich aus anderen Vorschriften über einzutragende Tatsachen (s Rn 2). Treuhänder s schon Rn 6. Angabe der Lage der Geschäftsräume und des Unternehmensgegenstands s **(4)** HRV § 24 II, IV, insoweit aber keine Eintragung (s Rn 2). Ergänzung von II für die **KG** durch § 162 I.

[Anzumeldende Änderungen]

107 Wird die Firma einer Gesellschaft geändert, der Sitz der Gesellschaft an einen anderen Ort verlegt, die inländische Geschäftsanschrift geändert, tritt ein neuer Gesellschafter in die Gesellschaft ein oder ändert sich die Vertretungsmacht eines Gesellschafters, so ist dies ebenfalls zur Eintragung in das Handelsregister anzumelden.

1. Abschnitt. Offene Handelsgesellschaft **§ 108**

1) Anmeldepflichtige Änderungen nach § 107

A. Änderungen nach § 107: § 107 idF MoMiG 2008. Nach § 107 idF 1
ERJuKoG 2001, der § 31 ergänzt, sind nur bestimmte Änderungen von Angaben
nach § 106 (erstmalige Anmeldung) anmeldepflichtig. Einzutragen sind ua (§ 106
Rn 2):

a) Änderung der Firma: s § 19, § 105 Rn 5; jede Änderung, einerlei ob
Änderung des Firmenkerns oder von Zusätzen.

b) Sitzverlegung, Änderung der Geschäftsanschrift: Nach der Sitztheorie Verlegung des tatsächlichen Verwaltungssitzes an einen anderen Ort, nach
neuerer Theorie Verlegung des gesellschaftsvertraglichen Sitzes, Staub/Ulmer 5
(näher § 106 Rn 10; § 13 h). Seit 2008 (s Rn 1) auch Änderung der inländischen
Geschäftsanschrift (§ 106 Rn 8).

c) Eintritt eines neuen Gesellschafters: Eintritt eines „neuen Gfters"
(§ 105 Rn 67 ff), einerlei ob durch rechtsgeschäftliche Übertragung oder durch
Erbgang (näher für die KG § 162 Rn 8–9); auch Wiedereintritt eines „alten";
auch eines inzwischen bereits wieder ausgeschiedenen Gfters (§ 108 Rn 1); für
die KG § 162 III; bei GbR als Gfter gilt das auch für deren Gfter (§ 106 Rn 6);

d) Änderungen der Vertretungsmacht eines Gfters: s § 106 II Nr 4 (dort
auch **Übergangsrecht**); einerlei ob die Änderung einen Gfter speziell betrifft
(zB Ausschluss von der Vertretung, § 127) oder die ganze Regelung der Vertretung (zB Gesamt- statt Einzelvertretung). Auch die Aufhebung (oder Änderung
der Modalitäten) der gemischten Gesamtvertretung (§ 125 Rn 19) ist Änderung
in der Vertretungsmacht eines Gfters. Die Aufhebung oder Änderung der einzelnen Prokura ist gemäß § 53 anzumelden. **Nicht:** GfterWechsel in GfterGes
(§ 106 Rn 2), Erwerb weiterer Kapitalbeteiligung durch phG, BayObLG WM
83, 279. Eintritt von Erben s § 139 Rn 50. Anmeldung (und Eintragung) des
Eintritts (und Ausscheidens, § 143 II), auch wenn dadurch die Firma unzulässig
wird (§ 143 Rn 2), dann aber keine Mitwirkungspflicht des Ausgeschiedenen
(§ 108 Rn 6). § 107 gilt auch nach Auflösung der OHG (§ 106 Rn 5). Austritt
s § 143 II und für die KG § 162 III.

B. Sonstige anmeldepflichtige Änderungen: § 107 bezieht sich eng auf 2
§ 106 und schließt sonstige anmeldepflichtige Änderungen nicht aus, zB Wechsel
in eine andere GfterStellung (§ 162 Rn 10); Änderung der Rechtsform oder
sogar Auflösung als Folge des GfterWechsels bzw des Wechsels in eine andere
GfterStellung (§ 162 Rn 11).

2) Nicht anmeldepflichtige Änderungen

Nicht anmeldepflichtig (insoweit Gegenschluss aus § 107; Rn 2 steht nicht 3
entgegen) sind vor allem **Änderungen der Personalien** (Nachname, Vorname,
Geburtsdatum, Wohnort, § 106 II Nr 1) eines Gfters, Hbg OLGE **19,** 309, str.
Sie sind aber auf (wünschenswerte, jedoch freiwillige) Anmeldung eintragungsfähig (Berichtigung entspr **(4)** HRV § 17 I idF EHUG 2006).

[Anmeldung durch alle Gesellschafter; Aufbewahrung der Unterschriften]

108 Die Anmeldungen sind von sämtlichen Gesellschaftern zu bewirken.

Übersicht

1) Anmeldung durch sämtliche Gesellschafter 1–6
   A. Sämtliche Gesellschafter 1
   B. Vertretung 3

§ 108 1–5   II. Buch. Handelsgesellschaften und stille Gesellschaft

2) Rechtsnatur der Anmeldung und der Anmeldepflicht 1–6
 A. Rechtsnatur der Anmeldung 4
 B. Öffentlichrechtliche Anmeldepflicht 5
 C. Gesellschaftsrechtliche Mitwirkungspflicht 6

1) Anmeldung durch sämtliche Gesellschafter

1   A. **Sämtliche Gesellschafter:** § 108 idF EHUG 2006, II aF (Zeichnung der Namensunterschrift) aufgehoben (Grund s § 14 Rn 1). Anmeldepflichtig sind nach I sämtliche Gfter (auch ohne Geschäftsführungs- und Vertretungsmacht, anders II, s Rn 7) betr die Errichtung der Ges und die Vorgänge, welche die Struktur der Ges ändern: §§ 108, 125 IV, 143, 144, 148 I, 150, 162 (mit 106, 108, 161 II), 175; auch die Kdtisten (§ 162 Rn 3); auch die ausgeschiedenen Gfter bezüglich ihres Ausscheidens; bei Tod eines Gfters seine Erben (auch soweit sie nicht Gfter werden), Nachweis durch Erbschein oder öffentliches Testament mit Eröffnungsprotokoll, Hbg NJW **66,** 986, Hamm Rpfleger **86,** 140; Testamentsvollstrecker nur in den Grenzen seines Mandats, Bln BB **91,** 1283; auch Gfter, die einer (gültig beschlossenen) einzutragenden Änderung widersprachen. Wegen der Publizitätswirkung des HdlReg auch Gfter, dessen Eintritt nicht angemeldet wurde und der inzwischen ausgeschieden ist (vgl Fall Oldbg DB **87,** 1527). Bei der Anmeldung der gemischten Gesamtvertretung (§ 125 Rn 19) nur die Gfter, nicht auch der Prokurist (für diesen selbst gilt § 53 II). Treuhänder s § 105 Rn 31, 34; Unterbeteiligung s § 105 Rn 38; Nießbraucher s § 105 Rn 44. **Nicht:** die Ges selbst; ausgeschiedene Gfter bezüglich des späteren Eintritts von neuen, BayObLG DB **78,** 1832.

2   **Sonstige Anmeldepflichtige** sind die Liquidatoren betr Erlöschen nach Liquidation (§ 157), die vertretungsberechtigten Personen betr andere anmeldepflichtige Vorgänge (§ 106 Rn 2), der Insolvenzverwalter.

3   B. **Vertretung:** Vertretung bei der Anmeldung ist möglich (§ 12 Rn 3–4). Vertretung juristischer Personen und von HdlGes durch ihre organschaftlichen Vertreter in vertretungsbefugter Zahl (andere Frage in Rn 7), auch bei GbR als Gfter, Bergmann ZIP **03,** 2239. §§ 181, 1629, 1795 BGB sind unanwendbar, also zB Anmeldung durch Gfter A zugleich für vertretene (gesetzlich oder mit Vollmacht) Gfter B und C, BayObLG BB **70,** 940, BayObLGZ **77,** 78 u 134, Hamm OLGZ **83,** 261; Anmeldung in Doppelfunktion bei KG und GmbH & Co s § 162 Rn 3, Anh § 177a Rn 13. Vollmacht kann bereits im GesVertrag erteilt werden, Ffm BB **73,** 722, aA Staub/Ulmer 13 (außer für PublikumsGes), s § 162 Rn 3. Die Vollmacht ist grundsätzlich widerruflich, Staub/Ulmer 12, aA KG DNotZ **80,** 166. Auch unwiderrufliche Vollmacht, dann Widerruf nur aus wichtigem Grund, BayObLG Rpfleger **75,** 251. Prokura genügt nicht (§ 49 Rn 2); aber Generalvollmacht (allgemeine Grenzen s Überbl 2 v § 48), MüKo/Langhein 15, üL verlangt Präzisierung, BayObLGZ **75,** 14, **77,** 132, Ffm OLGZ **73,** 271, offen BGH ZIP **05,** 1322, NJW **06,** 2855.

2) Rechtsnatur der Anmeldung und der Anmeldepflicht

4   A. **Rechtsnatur der Anmeldung:** Die Anmeldung ist eine Verfahrenshandlung, entspr Anwendung der Regeln über Rechtsgeschäfte ist dadurch nicht ausgeschlossen, zB §§ 104 ff, 130 I 1, II. Die Anmeldung ist bis zur Eintragung durch das Registergericht durch jeden Gfter frei widerruflich, notfalls eben Erzwingung, KG OLGE **43,** 205 (s Rn 5). **Mängel der Anmeldung** berühren Rechtswirkungen der Eintragung nicht. Haben nicht alle angemeldet, ist aber eingetragen, so ist der Mangel geheilt, vgl KGJ **53,** 257.

5   B. **Öffentlichrechtliche Anmeldepflicht:** Erzwingung der Anmeldung durch das Gericht s § 14; Beugestrafen gegen den Anmeldepflichtigen, Bsp BayObLG DB **78,** 1832 (Eintritt), bei juristischen Personen gegen ihre gesetzlichen

1. Abschnitt. Offene Handelsgesellschaft **§ 109**

Vertreter (§ 14 Rn 1). Keine Erzwingung bei Erledigung (auch wenn gesellschaftsrechtliche Mitwirkungspflicht fortbesteht), Staub/Ulmer § 106 Rn 6. Rechtsmittel auch der Ges gegen Zwangsmittel gegen die registerpflichtige natürliche Person, BGH **25**, 154 (eG), BayObLG BB **88**, 89.

C. Gesellschaftsrechtliche Mitwirkungspflicht: Mehrere anmeldungspflichtige Personen sind auch einander zur Mitwirkung bei der Eintragung verpflichtet. Klage der Gfter, nicht der Ges auf Mitwirkung ist möglich, BGH WM **83**, 786 (§ 124 Rn 41). Obsiegendes Urteil ersetzt die Mitwirkung (§ 16 I 1). Die Verpflichtung zur Mitwirkung entfällt, wo der Gfter einen Anspruch auf Auflösung der Ges aus §§ 133, 140 hat (dolo petit qui petit quod statim redditurus est), RG **112**, 282, OGH NJW **49**, 382. Der ausgeschiedene Gfter kann Mitwirkung von der durch sein Ausscheiden erforderlich gewordenen Firmenänderung abhängig machen (§ 107 Rn 1). Mitwirkung an einer Anmeldung ist iZw auch im Innenverhältnis der Gfter **als Billigung** des in der Anmeldung Erklärten zu werten (§ 105 Rn 54), BGH BB **76**, 529, WM **84**, 1606, **85**, 1229. Verletzung der Mitwirkungspflicht kann schadensersatzpflichtig machen.

Zweiter Titel. Rechtsverhältnis der Gesellschafter untereinander

[Gesellschaftsvertrag]

109 Das Rechtsverhältnis der Gesellschafter untereinander richtet sich zunächst nach dem Gesellschaftsvertrage; die Vorschriften der §§ 110 bis 122 finden nur insoweit Anwendung, als nicht durch den Gesellschaftsvertrag ein anderes bestimmt ist.

Übersicht

1) Vertragsfreiheit im Rechtsverhältnis der Gesellschafter untereinander 1–3
   A. Rechtsverhältnis der Gesellschafter untereinander 1
   B. Vertragsfreiheit 2
   C. Grenzen der Vertragsfreiheit 3
2) Rechte und Pflichten der Gesellschafter untereinander, insbesondere Sorgfalt, Beitrag, Übertragung von Rechten 4–22
   A. Überblick 4
   B. Eigenübliche Sorgfalt (§ 708 BGB) 5
   C. Beiträge 6
   D. Leistungspflichten wie bei Dritten 11
   E. Nachschüsse 12
   F. Keine Übertragung von Verwaltungsrechten 15
   G. Übertragung von Vermögensrechten 19
3) Treuepflicht der Gesellschafter 23–28
   A. Rechtsnatur und Inhalt 23
   B. Beispiele 25
   C. Rechtsfolgen der Verletzung 28
4) Gleichbehandlungsgrundsatz 29–31
   A. Grundsatz 29
   B. Rechtsfolgen der Verletzung 30
   C. Abweichende Vereinbarungen 31
5) Actio pro socio 32–37
   A. Actio pro socio 32
   B. Ausnahmsweise Klage auf Leistung an sich selbst 36
   C. Abweichende Vereinbarungen
6) Prozesse über gesellschaftsrechtliche Fragen 38–45
   A. Prozesse über Grundlagen der Gesellschaft 38
   B. Prozesse über Sozialansprüche und -verbindlichkeiten 41
   C. Abweichende Vereinbarungen 44

§ 109 1–3   II. Buch. Handelsgesellschaften und stille Gesellschaft

1) Vertragsfreiheit im Rechtsverhältnis der Gesellschafter untereinander

1 A. **Rechtsverhältnis der Gesellschafter untereinander:** Abschn 1 Titel 2 (§§ 109–122) handelt nach der Überschrift vom „Rechtsverhältnis der Gfter untereinander". Dazu gehören, da die OHG selbstständige Trägerin von Rechten und Pflichten ist (§ 123 Rn 2), sowohl unmittelbare Beziehungen zwischen Gfter und Ges als auch solche zwischen Gfter und Ges (wie Titel 3 nach der Überschrift nur von Rechtsbeziehungen „der Gfter" zu Dritten handeln soll, aber größtenteils die Beziehungen der Ges als verselbstständigter Organisation zu Dritten regelt). Titel 2 meint das **ganze Innenverhältnis** der Ges und Gfter (Titel 3 das ganze Außenverhältnis). **Innen- und Außenverhältnis** sind **scharf zu trennen,** obschon die Regeln immer wieder ineinander übergreifen (§ 114 Rn 1). Über die auf **Vermögen** und **Schulden** der Ges bezüglichen Rechtsverhältnisse, auch der Gfter untereinander und zur Ges (§ 124 Rn 3, 23, 48). Mitgliedschaft ist subjektives Recht. Verbandsinterner Deliktsschutz der Mitgliedschaft ist str. Lit zur Mitgliedschaft: Habersack 1996; Lutter AcP 180 **(80)** 84.

2 B. **Vertragsfreiheit: a) Gesellschaftsvertrag:** Im Innenverhältnis der Ges gilt in erster Linie der Gesellschaftsvertrag **(§ 109),** soweit nicht ausnahmsweise zwingendes Recht entgegensteht. Im GesVertrag (§ 105 Rn 47) ist manches ausdrücklich geregelt, manches erst durch Auslegung zu erschließen. Auslegung des GesVertrag s § 105 Rn 59. Der Regelung im eigentlichen, vielfach schriftlichen GesVertrag stehen die (auch stillschweigend, durch schlüssiges Verhalten) außerhalb desselben getroffenen, ihn ändernden oder ad hoc beiseite setzenden **Gesellschafterbeschlüsse** gleich. Rückwirkung nur im Innenverhältnis (§ 105 Rn 50).

b) Gesetzesrecht: In zweiter Linie gelten **§§ 110–122** und ergänzend, soweit das HGB wie häufig keine Sonderregeln für das Innenverhältnis enthält, das **BGB** (§ 105 II, § 105 Rn 15). Zwingend ausgestaltet ist unter den §§ 110–122 nur § 118 I, II (Kontrollrecht jedes Gfters, auch § 716 II BGB, 166 III, 233 III); sonstige Grenzen s Rn 3.

3 C. **Grenzen der Vertragsfreiheit:** Die Parteien machen in der Kautelarpraxis von der Vertragsfreiheit im GesRecht umfassenden Gebrauch. Die Gestaltungsformen der OHG und mehr noch der KG (§§ 161 II, 109) sind vielfältig (Anh § 177a Rn 6–11). Grenzen setzen die allgemeinen **zwingenden** Vorschriften des Privatrechts wie §§ 118, 166, §§ 134, 138 BGB. Daneben bestehen ungeschriebene **gesellschaftsrechtliche Schranken** wie die gesetzlich vorgegebenen Abgrenzungsmerkmale der OHG, KG und GbR (§ 105 Rn 7–10), keine Nachschüsse ohne Zustimmung (§ 707, s Rn 12–14), die Treuepflicht (s Rn 23), der Gleichbehandlungsgrundsatz (s Rn 29), das Abspaltungsverbot (s Rn 16), der Grundsatz der Selbstorganschaft (§ 114 Rn 24, § 125 Rn 5) und die Kernbereichslehre (§ 119 Rn 36). Darüber hinaus praktiziert die Rspr eine auf § 242 BGB und die Grundprinzipien des GesRechts gestützte **Inhaltskontrolle,** dies zuerst bei der PublikumsGes (Anh § 177a Rn 68), inzwischen iErg auch sonst bei den PersonenGes, zB Hinauskündigung (§ 140 Rn 30 ff) und bei Abfindungsklauseln (§ 131 Rn 61 ff); außer bei der PublikumsGes besteht dafür angesichts ua der Treuepflicht jedoch kein Bedürfnis, zur Inhaltskontrolle außerhalb der **(5)** §§ 305 ff BGB Coester-Waltjen AcP 190 **(90)** 1. Im Schrifttum finden sich noch weiter reichende Versuche, Grenzen zB aus **Typus** und **Institution** zu finden, die aber unbestimmt bleiben und sich nicht allgemein durchgesetzt haben.

Lit: Westermann 1970, Teichmann 1970, dazu Geßler ZHR 135 **(71)** 90 u Duden ZGR **73,** 380; Fastrich 1992 (Inhaltskontrolle); Hey 2004 (statt Inhaltskontrolle Treupflicht mit Ausübungskontrolle); Wiedemann II § 2 IV 2004.

1. Abschnitt. Offene Handelsgesellschaft 4–6 **§ 109**

2) Rechte und Pflichten der Gesellschafter untereinander, insbesondere Sorgfalt, Beitrag, Übertragung von Rechten

A. **Überblick:** Die Rechte und Pflichten der Gfter untereinander, genauer: zwischen Gfter und Gfter und Gfter und Ges, sind äußerst **vielfältig**, ihr Kern ist jedoch die aus der Mitgliedschaft entspringende **Treue-, Förder- und Rücksichtspflicht** (s Rn 23); zur Theorie der Mitgliedschaft Lutter AcP 180 **(80)** 84. Die **Erfüllung** der Pflichten der Gfter untereinander ist grundsätzlich mit denselben prozessualen Behelfen **erzwingbar** wie die Erfüllung gleichartiger Pflichten außerhalb einer Ges, auch durch Beugestrafen nach § 888 ZPO (von Dritten nicht ausführbare Handlung, zB Bilanzaufstellung, Vorlage von Geschäftsbüchern, Mitwirkung bei einem GesGeschäft) oder § 890 ZPO (Unterlassung zB von Wettbewerb nach § 112 oder eigenmächtiger Geschäftsführung), RG JW **37,** 236. **Verletzung** von GfterPflichten verpflichtet zu Schadensersatz und Ersatzherausgabe nach §§ 280, 281 str (Haftung des Gfters bei Nichtleistung eines Sachbeitrags auf Schadensersatz statt der Leistung gegenüber der Ges), 285, 286 BGB, § 113 (für Wettbewerbsverstöße) und kann Grund zur Auflösung der Ges (§ 133) oder Ausschließung des Gfters (§ 140) liefern. §§ 320 ff BGB sind grundsätzlich unanwendbar, str (§ 105 Rn 48), Mängelhaftung bei Beiträgen s Rn 10. Lit: Lutter AcP 180 **(80)** 84, Wiedemann II § 3 II 3, WM Sonderbeil 7/**92.**

B. **Eigenübliche Sorgfalt (§ 708 BGB):** Die Gfter, die sich zur Förderung des gemeinsamen Zwecks so zusammengetan haben und nehmen müssen, wie sie persönlich sind, schulden bei Erfüllung ihrer GfterPflichten (zB Beitrag, Geschäftsführung, Wettbewerbsverbot, Treuepflicht) nur die Sorgfalt, die sie in eigenen Angelegenheiten anzuwenden pflegen (§ 708 BGB). § 708 BGB ist rechtspolitisch fragwürdig, K. Schmidt § 59 III 2 (deshalb für bloße Auslegungsregel), aA MüKoBGB/Ulmer/Schäfer § 708 Rn 2, 13. Bei überdurchschnittlicher Sorgfalt haftet der Gfter nur für normale, bei gewohnheitsmäßiger Nachlässigkeit in eigenen Angelegenheiten jedenfalls nicht für mehr, aber jedenfalls für grobe Fahrlässigkeit. § 708 BGB gilt auch für deliktische Ansprüche wegen derselben schädigenden Handlung (sonst Leerlauf), hL; auch für Neben- und Schutzpflichten aus Gesetz (§§ 242, 241 II BGB), Grund: keine strengere Haftung als für Hauptpflichten, üL, aA Larenz FS Westermann **74,** 307, anders bei rein deliktsrechtlichen Pflichten. **Nicht anwendbar** ist § 708 zB bei Überschreitung der Geschäftsführungsbefugnisse, falls der Gfter die Überschreitung erkennt oder nach § 708 BGB erkennen muss, dann § 677 ff, 678 BGB, sehr str (§ 114 Rn 15); bei Stellung des Gfters gegenüber der Ges kraft besonderen Rechtsverhältnisses wie ein Dritter (s Rn 11) oder bei anderen Pflichtverletzungen ohne Zusammenhang mit der Stellung als Gfter; bei kapitalistisch oder körperschaftlich strukturierter Ges (Anh § 177a Rn 26) und bei PublikumsGes (Anh § 177a Rn 74, 75); im Straßenverkehr, zB gegenüber mitfahrenden MitGftern (aber uU Mitverschulden, § 254 BGB), zutr BGH **46,** 318, aA MüKoBGB/Ulmer/Schäfer § 708 Rn 13; entspr im allgemeinen Luftverkehr, offen BGH JZ **72,** 88. § 708 BGB gilt auch nicht für das herrschende Unternehmen gegenüber der abhängigen oder konzernierten PersonenGes (§ 105 Rn 103–104). **Beweislast** liegt nach allgemeinen Regeln bei der Ges; dagegen beim Gfter das Geschäftsführung (§ 114 Rn 15, Anh § 177a Rn 26) sowie für geringere eigenübliche Sorgfalt als nach § 276 BGB. **Abweichende Vereinbarung** ist möglich. Lit: Larenz FS Westermann **74,** 299, Müller-Graff AcP 91 **(91)** 475.

C. **Beiträge: a) Begriffe: Beiträge im weiteren Sinn** sind die Leistungen, die der Gfter auf Grund des GesVertrag zur Förderung des GesZwecks erbringen muss (Förderungspflicht nach § 705 BGB). **Beiträge im engeren Sinn** sind die vermögenswerten Leistungen des Gfters, die das GesVermögen (§ 718 I BGB) mehren (Beiträge iSv §§ 706, 707 BGB).

Einlagen sind Beiträge ieS, die die Haftungsmasse mehren (Bar- bzw Geldeinlage oder Sacheinlage), K. Schmidt § 20 II 3, nach aA die bereits in das GesVermögen übergegangenen Beiträge ieS, MüKoBGB/Ulmer/Schäfer § 706 Rn 3. Einlagen sind idR solche zu Eigentum der Ges sowie dingliche Nutzungsrechte, aber auch andere vermögenswerte, der Ges zur freien Verfügung übertragbare Leistungen, str, also nicht Dienstleistungen.

Aufwendungen eines Gfters im GesInteresse sind keine Beiträge. Sie sind erstattungsfähig (§ 110), aber verändern nicht den Kapitalanteil des Gfters.

Nachschüsse, die einvernehmlich geleistet werden (§ 707 BGB, s Rn 12) sind Beiträge, nicht aber solche, die erst in der Liquidation geschuldet werden (§ 735 BGB).

Beitragspflicht (§ 706 I BGB): Ob und welche Beiträge zu leisten sind, bestimmt der GesVertrag, sonst sind gleiche Beiträge zu leisten (s Rn 29). Ein Gfter kann **„beitragsfrei"** in dem Sinne sein, dass er keinen Beitrag ieS (s oben) beitragen muss, str; ohne Beitrag iwS kann er dagegen kein Gfter sein (Förderungspflicht). Eine OHG bzw KG ist **auch ohne Einlagen** möglich, zB ein einfaches Maklergeschäft.

7   **b) Beitragsarten:** Beiträge, einmalig oder wiederkehrend, können bestehen zB in Geld, Sachen, Rechten, zB Gewerbeerlaubnis, OGH **1,** 349, Erfindung (§ 124 Rn 8), Gebrauchsüberlassung und Nutzungseinlagen, Groh BB **82,** 133, Dienste (**§ 706 III BGB,** wichtigster Fall ist die Geschäftsführung, §§ 114 ff), Unterlassungen (Grenzen durch Kartellrecht), vermögenswerten tatsächlichen Beziehungen (Goodwill, § 124 Rn 4), Know-how (§ 120 Rn 11) und sogar bloße Mithaftung nach § 128 (Standing und Kredit für die Ges). Die Ges hat aber keinen Anspruch gegen den Gfter auf Erfüllung der Haftung nach § 128, BGH **121,** 181. Werden Dienstleistungen als Beitrag erbracht, liegt ein gesellschafts-, kein arbeitsrechtliches Verhältnis vor, MüKoBGB/Ulmer/Schäfer § 706 Rn 14, str, keine arbeitsrechtliche Kündigung, aber für kollektives und Arbeitnehmerschutzrecht Schulze-Osterloh AG **03,** 27. Mitarbeit des Ehegatten eines Gfters kann auf Grund der Ehe für diesen oder als MitGfter der Ges oder in einem Dienstverhältnis zur Ges wie mit einem Dritten geleistet sein (s Rn 11, § 105 Rn 52). Mitarbeit von Familienangehörigen. Lit: Fenn 1970.

8   Sachen und Rechte können beigetragen werden durch (1) **Übertragung zu voller Rechtsinhaberschaft** auf die Ges, (2) durch **Einbringung nur dem Werte nach,** dann bleiben sie im Eigentum des Gfters, sind aber im Innenverhältnis wie Eigentum der Ges zu behandeln, BGH WM **65,** 746, so dass alle Wertänderungen, Lasten, Nutzungen des Gegenstands der Ges zukommen, BGH BB **55,** 203 (Betriebsgrundstücke); auch der Verkaufserlös gebührt dann allen Gftern, nicht nur dem Einbringer, BGH WM **72,** 214, oder (3) durch bloße **Überlassung zur Nutzung** (§ 124 Rn 6), BGH WM **67,** 951, zB Sachen zum Gebrauch, gewerbliche Schutzrechte zur Benutzung, ein ganzes HdlGeschäft zur Fortführung für Rechnung der Ges wie bei Pacht; diese sind dann bei Ausscheiden des Gfters an ihm zurückzugeben (§ 131 Rn 41). Vertretbare oder verbrauchbare Sachen sollen nach **§ 706 II BGB** (Auslegungsregel) iZw Eigentum der Ges werden; ebenso andere Sachen, wenn sie nach einer Schätzung beizutragen sind (diese darf aber nicht nur für die Gewinnverteilung bestimmt sein, sondern als Grundlage weitergehender Rechte des Gfters zB für die Bestimmung seines späteren Auseinandersetzungsguthabens). § 706 II BGB enthält für die von ihm nicht erfassten Fälle keine Vermutung für das Gegenteil (Überlassung nur zur Nutzung), vielmehr gelten normal §§ 133, 157 BGB.

9   **c) Beitragsleistung:** Die Beitragsleistung ist iZw sofort fällig (§ 271 I BGB). Der Einleger muss der Ges an Geld oder einer anderen nicht nur vorübergehenden Leistung tatsächliche dauernde Verfügungsmacht verschaffen. Die Ges trägt die Gefahr des späteren Verlusts der Einlage, auch ihrer zweckwidrigen Verwen-

dung, zB durch unberechtigte Entnahme durch MitGfter. Die tatsächliche Wertzuführung und ihre Belassung bei der Ges (keine Rückzahlung der Einlage) ist Voraussetzung für die beschränkte Haftung der Kdtisten (§ 171 Rn 6, § 172 Rn 4), dabei ist allerdings zwischen Innenverhältnis und Enthaftung im Außenverhältnis (§§ 171 I Halbs 2, 172 IV) klar zu trennen. Es besteht **kein Aufrechnungsverbot** (ungleich § 66 I 2 AktG, § 19 II 2 GmbHG); tatsächliche Wertzuführung bei Aufrechnung durch den Kdtisten s § 171 Rn 7. Die Einlageschuld ist iZw auch **erfüllbar durch Dritte** (§ 267 I 1 BGB), auch durch MitGfter aus deren Vermögen, BGH NJW **84**, 2290, aber nicht aus GesMitteln, auch nicht aus Drittdarlehen, das die Ges sichert, BGH **73**, 862. In Absprache mit der Ges ist auch Erfüllung durch **Leistung an Dritte**, zB GesGläubiger, möglich (Leistung an Erfüllungs Statt); ohne Absprache entsteht zumindest aufrechenbarer Erstattungsanspruch (§ 110), BGH NJW **84**, 2290. **Bewertung** der Beiträge ist im Innenverhältnis frei (§ 120 Rn 17). Geldbeiträge sind nach § 111 zu **verzinsen.** Fehlen und Wegfall der **Geschäftsgrundlage** (§ 313 BGB) von GesVertrag und Beitragspflicht s § 105 Rn 80. Die **Abtretung** der Einlageforderung ist zulässig, vor allem der Einlageforderung gegen Kdtist an einen GesGläubiger (§ 171 Rn 9). Der Gfter behält seine Einwendungen (§ 404 BGB), ggf ein Kündigungsrecht wegen Täuschung beim Beitritt (§ 105 Rn 88, 91), und kann gegenüber dem Zessionar mit einer persönlichen Forderung an die Ges nach § 406 BGB aufrechnen, BGH **51**, 392. Pfändet Gfter-GesGläubiger A die Einlageforderung der Ges an Gfter B, kann dieser mit Forderung an die Ges aufrechnen, in der Liquidation aber nur abzüglich der auf ihn entfallenden Verlustquote, BGH BB **76**, 853. **Verjährung** der Einlageforderung nach §§ 195, 199 BGB, nicht analog § 19 VI GmbHG ua (KapitalGes), Grund: bei PersonenGes hinreichender Schutz nach § 128 (aber GmbH & Still, § 230 Rn 20).

Leistungsstörungen: §§ 320 ff passen für die PersonenHdlGes **nicht** (näher 10 § 105 Rn 48). Auf **andere als Geldbeitragspflichten** sind die Regeln des nächstliegenden Vertragstyps (Kauf, Pacht, Miete, Werk-, Dienst-, Lizenzvertrag usw) nur entspr anwendbar, soweit das die Zugehörigkeit der Beitragspflicht zum GesVerhältnis gestattet. Die besonderen Vorschriften über die Mängelhaftung bei fehlerhaften Sach- oder Werkleistungen passen nicht, aA für Zuzahlung des Minderwerts oder bei Rücktritt des vollen Geldwerts Soergel/Hadding § 706 Rn 21, üL. Vielmehr gilt allgemeines Leistungsstörungsrecht, Staub/Ulmer § 105 Rn 154, Wiedemann WM Sonderbeil 8/**90**, 5. Nur wenn der Beitragspflichtige die Nicht- oder Schlechtleistung zu vertreten hat, ist er schadensersatzpflichtig nach §§ 280 ff BGB. Sonst kommt es zur Vertragsanpassung (§ 242 BGB, nach aA § 313 BGB), äußerstenfalls zur Auflösung der Ges (§ 133), unter den Voraussetzungen des § 140 auch zum Ausschluss des Gfters.

D. **Leistungspflichten wie bei Dritten:** Der Gfter kann eine Leistung (nicht 11 als Beitrag oder neben einem solchen) auf Grund eines normalen Kauf-, Miet-, Werk-, Dienst- oder Arbeitsvertrags ua schulden, den er mit der Ges wie ein Dritter geschlossen hat. Bsp: Verpachtung von Grundstücken an die Ges oder Lizenzvergabe an sie. Solche Abreden können auch gleichzeitig mit dem GesVertrag und sogar in diesem getroffen werden, dann liegt aber iZw Beitrag vor. Ansonsten ist ein Indiz, ob die Vergütung fest oder abhängig vom Geschäftsergebnis vereinbart ist; bei festem Pachtzins liegt Drittbeziehung nahe, sonst Beitrag als Gfter. Rechtlich sind zu unterscheiden **echter Beitrag** (s Rn 6), **Drittgeschäft auf Grund des Gesellschaftsvertrags** (Anh § 177a Rn 71) **und reines Drittgeschäft** (§ 124 Rn 52). Die Unterscheidung kann aus vielen Gründen wichtig sein, zB Kündigung vor GesEnde, besondere Formvorschriften (zB §§ 550, 578, 581 II BGB), Grad der Sorgfaltspflicht (§ 708 BGB), persönliche Haftung der MitGfter gegenüber dem Gfter, der Drittgläubiger ist (§ 128 Rn 24).

§ 109 12–15 II. Buch. Handelsgesellschaften und stille Gesellschaft

12 E. **Nachschüsse: a) Grundsatz des § 707 BGB:** Der Gfter ist zur Erhöhung des vereinbarten Beitrags ieS (s Rn 6) **nicht verpflichtet,** auch nicht zu einer (dem gleichkommenden) Ergänzung der durch Verlust verminderten Einlage (§ 707 BGB). Er haftet daher auch nicht persönlich für Ansprüche eines MitGfters gegen die Ges (§ 124 Rn 22). § 707 BGB steht aber Ausgleichsansprüchen gegen MitGfter nach Bezahlung von GesSchulden nicht entgegen (§ 128 Rn 27). Wegen der klaren Regelung des § 707 BGB ist in aller Regel **keine Zustimmungspflicht** zur Begründung von Nachschusspflichten anzunehmen (Treuepflicht, § 105 Rn 66), BGH WM **05**, 1608, **06**, 577. Eine solche mag zwar in ganz besonderen Ausnahmefällen zu bejahen sein, doch ist die Hürde in hier besonders groß, BGH WM **07**, 743, **07**, 837, bloßer Sanierungsbedarf der Ges reicht nicht aus, RG JW **38**, 1522, Celle WM **06**, 31, ZIP **06**, 807, selbst wenn die Gfter zahlungskräftig sind (freie Investition); die Ges ist dann eben aufzulösen, BGH WM **61**, 32. § 707 steht der Nachschusspflicht bei Verlust im Stadium der **Liquidation** oder beim **Ausscheiden** (§§ 735, 739 BGB) nicht entgegen, BGH **23**, 30. Feststellungsklage des dissentierenden Gfters, nicht erst Abwarten der Inanspruchnahme durch Ges, BGH NZG **07**, 381.

13 Ein Gfter ist auch **nicht berechtigt,** freiwillig **seinen Beitrag zu erhöhen,** denn er würde damit die Beteiligungsverhältnisse in der Ges ändern. Ausnahmsweise können die anderen aber verpflichtet sein, etwa bei dringendem, anders nicht deckbarem Kapitalbedarf der Ges einem entsprechenden Angebot zuzustimmen (Vertragsänderung, s Rn 27, § 105 Rn 64), Hueck OHG § 14 IV, Grunewald FS Großfeld **99**, 333.

14 **b) Abweichende Vereinbarungen:** § 707 BGB ist nachgiebig. Die Gfter können sich etwa bei Ges zur Verwirklichung eines sachlich und wirtschaftlich begrenzten Projekts auch stillschweigend zur Beitragung des zur Erreichung dieses Zwecks Erforderlichen verpflichten, BGH NJW **80**, 340. § 707 BGB greift nicht ein, wenn die Gfter versprochen haben, das zur Erreichung des GesZwecks Erforderliche beizutragen, oder neben fester Einlage laufende Beträge zu leisten (gespaltene Beitragspflicht), Festlegung ist dann ohne GfterBeschluss Sache des Geschäftsführers, BGH WM **07**, 835, 2383, Höhe der laufenden Beiträge muss aber mindestens objektiv bestimmbar sein, BGH WM **07**, 835, 2383. **Nachschusspflichten** können im GesVertrag vereinbart werden, aber nur klar verständlich, nicht versteckt, BGH NJW **83**, 164, und nur so, dass Ausmaß und Umfang erkennbar sind, also mit Angabe von Obergrenze oder sonstigen das Erhöhungsrisiko eingrenzenden Kriterien, BGH **66**, 85, WM **05**, 1608, **06**, 577 (GbR), 774 (PublikumsGes, s auch Anh 177 a Rn 70), **07**, 835 (PublikumsGes), ZIP **07**, 476, KG ZIP **07**, 183. Der GesVertrag kann auch Mehrheitsbeschluss vorsehen, aber in derselben Weise und durch Bestimmtheitsgrundsatz (§ 119 Rn 35, 37) beschränkt, einfache Mehrheitsklausel allein genügt nicht, BGH ZIP **07**, 1458. Angabe der maximalen Höhe, zB Netto-Gesamtaufwand, in GesVertrag selbst oder iVm der zugehörigen Beitrittserklärung (dies auch bei PublikumsGes trotz objektiver Auslegung des GesVertrags, Anh § 177 a Rn 67) genügt, BGH WM **07**, 2381, ZIP **08**, 695. Klausel „soweit bei der laufenden Bewirtschaftung der Grundstücke Unterdeckungen auftreten" genügt nicht, BGH WM **07**, 835 (PublikumsGes). Umgekehrt können der GesVertrag oder ein (dort vorgesehener Mehrheits)GfterBeschluss die Herabsetzung der Beiträge bei bestimmten Entwicklungen vorsehen. Bei Verstoß Unwirksamkeit jedenfalls gegenüber dem nicht zustimmenden Gfter, Einwendung gegen Zahlungsklage auch noch nach Fristablauf für Beschlussanfechtung, BGH ZIP **07**, 1368, WM **09**, 805. Lit: Armbrüster ZGR **09**, 1.

15 F. **Keine Übertragung von Verwaltungsrechten: a) Grundsatz:** Die (Verwaltungs)Rechte des Gfters aus dem GesVerhältnis sind nicht übertragbar (**§ 717 S 1 BGB**), weder an MitGfter noch an Dritte. § 717 BGB erfasst nicht nur die

1. Abschnitt. Offene Handelsgesellschaft 16–20 § 109

Individualansprüche aus der Mitgliedschaft gegen die Ges (**Sozialverbindlichkeiten**), sondern auch alle Verwaltungsrechte, zB Geschäftsführung, Vertretung, Stimmrecht, Informations- und Kontrollrecht. § 717 BGB erfasst **nicht** Ansprüche der Ges ggen den Gfter (**Sozialansprüche**), zB auf Leistung der Beiträge, auf Geschäftsführung ua, sie sind Teil des Gesamthandsvermögens (§ 718 BGB).

b) Abspaltungsverbot: § 717 S 1 ist **zwingend**, BGH **3**, 357, **20**, 364, **36**, 16 293, **43**, 267, NJW **70**, 468. Der GesVertrag kann also nicht wirksam vorsehen, dass Verwaltungsrechte wie das Stimmrecht des Gfters (§ 119 Rn 19) an NichtGfter, aber auch an Gfter übertragen werden können. Das Abspaltungsverbot gründet (auch unabhängig von § 717 S 1) in der Mitgliedschaft, die als Stammrecht ebenso wie in den daraus folgenden Einzelrechten ihrer Natur nach den Gftern vorbehalten ist (verbandsrechtlich zwingende Selbstbestimmung), K. Schmidt § 19 III 4. Das Abspaltungsverbot erschöpft sich also nicht im Schutz der Gfter vor Einmischung Dritter und ist nicht nur ein relatives Veräußerungsverbot iSv § 135 BGB, sondern schlechthin zwingend.

c) Überlassung zur Ausübung: Das Abspaltungsverbot steht der Überlas- 17 sung der Ausübung von Verwaltungsrechten an MitGfter oder Dritte (Vollmacht, § 167 I BGB, oder Ermächtigung, § 185 I BGB analog) nicht entgegen, sofern das im GesVertrag vorgesehen ist oder alle Gfter einverstanden sind. Das gilt zB für die Geschäftsführung (§ 114 Rn 11), das Stimmrecht (§ 119 Rn 20), die Vertretung (§ 125 Rn 7–9). Eine gegen das Abspaltungsverbot verstoßende Übertragung kann in eine wirksame Überlassung zur Ausübung umzudeuten sein (§ 140 BGB), BGH **20**, 366. Das Abspaltungsverbot steht auch der **Vertreterklausel** nicht entgegen (§ 114 Rn 26, § 163 Rn 10), str, diese fasst die Ausübung der Rechte nur zusammen.

d) Anteilsübertragung, also des GesAnteils im ganzen, kann **wirksam** vor- 18 gesehen werden, §§ 717, 719 BGB sind nicht einschlägig (§ 105 Rn 69). Das gilt auch für **Treuhand, Unterbeteiligung und Nießbrauch** (§ 105 Rn 31, 38, 44). **Testamentsvollstrecker** und **Nachlassverwalter** s § 139 Rn 21, 32.

G. Übertragung von Vermögensrechten: § 717 BGB erfasst alle aus der 19 Mitgliedschaft herrührenden Rechte (s Rn 15), dagegen nicht Drittgläubigerforderungen (s Rn 11). Übertragbar (sowie verpfändbar und pfändbar, § 124 Rn 20, 21) sind nach **§ 717 S 2 BGB:**

a) Die aus der Geschäftsführung zustehenden Ansprüche: Übertragbar ist der Anspruch des Geschäftsführers auf Aufwendungsersatz (§ 110); iErg auch Ansprüche auf Geschäftsführervergütung, Begründung str, jedenfalls als gewinnunabhängige Entnahme (s Rn 20), MüKoBGB/Ulmer/Schäfer § 717 Rn 34. Dem stehen gleich **gesamtschuldnerische Ausgleichsansprüche** zwischen den Gftern (§ 128 HGB, §§ 426, 735 BGB).

b) Gewinn: Übertragbar sind die Ansprüche des Gfters auf seinen Gewinn- 20 anteil, auch an künftigem Gewinn (**Gewinnansprüche,** § 121 Rn 3–4). Von diesen Geldforderungen ist zu unterscheiden das **Gewinnstammrecht**, das den einzelnen Gewinnansprüchen zugrundeliegt. Dieses ist in die Mitgliedschaft eingebunden, § 717 S 2 gilt also nicht, es nicht übertragbar, üL, auch nicht mit Zustimmung aller Gfter, MüKoBGB/Ulmer/Schäfer § 717 Rn 15, aA wohl BGH ZIP **87**, 1042 mit der Folge, dass dann alle späteren Gewinnansprüche von vornherein in der Person des Zessionars entstünden (§ 121 Rn 4). Analog § 717 S 2 abtretbar sind Ansprüche auf gewinnunabhängige Vorabansprüche und andere periodische Geldleistungen (§ 121 Rn 8), differenzierend MüKoBGB/Ulmer/Schäfer § 717 Rn 36, § 721 Rn 13 f, str; dagegen nicht das nach der Vorstellung des Gesetzgebers für den Mindestunterhalt des Gfters bestimmte **Entnahmerecht** nach § 122 I Halbs 1 (§ 122 Rn 4).

Wirkung: Der Zessionar erwirbt nur das übertragene Vermögensrecht, **nicht** dagegen die zu seiner Kontrolle und Durchsetzung dienenden **Verwaltungsrechte** (näher § 121 Rn 5). Er hat also weder Einfluss auf die Feststellung des Gewinns noch ein Informationsrecht (§ 118) über das Geschäftsgebaren der Ges, aber einen Anspruch gegen die Ges auf Mitteilung der Höhe des Anspruchs (§ 242 BGB), BGH BB **76,** 11; im Übrigen nur schuldrechtliche Nebenpflichten des Veräußerers. Sicherer ist deshalb die Verpfändung oder Sicherungsübertragung der Mitgliedschaft (§ 121 Rn 6), vgl BGH **88,** 205.

21 c) **Auseinandersetzungsguthaben:** Übertragbar ist schließlich der Anspruch auf das Auseinandersetzungsguthaben (§ 131 Rn 48, 54, §§ 145 ff, 155). Zustimmung der Gfter ist unnötig, auch wenn sie zur GesAnteilsübertragung nötig ist, BGH WM **81,** 649. Der Anspruch auf das Auseinandersetzungsguthaben ist ein künftiger Anspruch, BGH **88,** 205 (GmbH), **104,** 353, NJW **97,** 3370, aA aufschiebend bedingt entstandener Anspruch BGH **58,** 330 (eG); das hat Konsequenzen, zB falls der Zedent vor der Auseinandersetzung ausgeschieden ist, MüKoBGB/Ulmer/Schäfer § 717 Rn 32, vgl § 105 Rn 72.

22 d) **Abweichende Vereinbarungen:** § 717 S 2 BGB ist anders als S 1 nicht zwingend. Der GesVertrag kann vorsehen, dass solche Vermögensrechte unübertragbar sind (§ 399 BGB), BGH WM **78,** 515. Reine Drittgläubigerforderungen werden dadurch nicht berührt (s Rn 19).

3) Treuepflicht der Gesellschafter

23 A. **Rechtsnatur und Inhalt:** Die Treuepflicht der Gfter gegenüber der Ges und untereinander ist fundamental und beherrscht die gesamte Mitgliedschaft der Gfter mit all ihren Einzelpflichten, BGH **30,** 201, **44,** 40, **64,** 257, **68,** 82, ganz hL, K. Schmidt § 20 IV. Die Treuepflicht hat ihre Grundlage im GesVertrag (§ 705 BGB), nach aA besonders starke Ausprägung des § 242 BGB im GesRecht; sie ist jedenfalls nicht bloße Schutzpflicht iSv § 241 II BGB. Die Treuepflicht ist fremdnützig (Pflichtrecht im Gegensatz zu eigennützigen Rechten), dh ihr Inhalt ist **Wahrnehmung der Gesellschaftsinteressen,** nicht der persönlichen Interessen der MitGfter, sofern das nicht im Hinblick auf die Zusammenarbeit der Gfter und deren Erfolg geboten ist, BGH **30,** 201, **34,** 83, BB **62,** 349 (GbR). Der Gfter muss alles dem GesZweck Abträgliche unterlassen, nicht aber GfterRechte zugunsten der MitGfter aufgeben, BGH **34,** 83 (Option auf MitGfterAnteil). Die Treuepflicht kann je nach **Gesellschaftstyp** unterschiedlich weit reichen, zB bei der körperschaftlich strukturierten KG (Anh § 177 Rn 10) und bei der PublikumsGes (Anh § 177 Rn 52) weniger weit, BGH NJW **85,** 973, 974, jedoch besteht sie auch bei der Letzteren uneingeschränkt, wenn es um die Erhaltung des GesUnternehmens geht, BGH NJW **85,** 975. Die Treuepflicht gilt **nur im mitgliedschaftsrechtlichen Bereich** und endet vor dem berechtigten eigenen Interesse, OGH **4,** 73 (keine Ungleichbehandlung), BGH NJW **89,** 166 (Berufung auf Formnichtigkeit von GfterVertrag mit GmbH), **92,** 3171 (Aktienzeichnung), Hbg ZIP **83,** 576. Das entbindet aber nicht von Rücksichtnahme (s Rn 25). Die Treuepflicht wirkt rechtsbegrenzend (zB Stimmrechtsschranken, s auch Rn 25), pflichtbegründend (Handlungs- und Unterlassungspflichten, Bspe Rn 26, 27) und spielt auch bei der Auslegung des GesVertrags eine Rolle (§ 105 Rn 59). Lit: Zöllner 1963, Hueck 1974, Winter 1988 (GmbH), Grundmann, Treuhandvertrag 1997, Martin Weber 1999 (vormitgliedschaftlich), Janke 2003 (ökonomisch); Hueck FS Hübner **35,** 72, Hüffer FS Steindorff **90,** 59, Lutter AcP 180 **(80)** 84, ZHR 153 **(89)** 446 (AG), ZHR 162 **(98)** 164, Henze ZHR 162 **(98)** 186 (KapitalGes), Michalski NZG **98,** 460, Fleischer NZG **00,** 561 (Aufklärungspflichten), Wellenhofer-Klein RabelsZ 64 **(00)** 564.

1. Abschnitt. Offene Handelsgesellschaft 24–26 § 109

Zeitlicher Anwendungsbereich: Die Treuepflicht besteht **während der** 24 **ganzen Mitgliedschaft** in der Ges, **schon vorher** in der VorGes und in der VorgründungsGes (Anh § 177a Rn 18) und sogar bei der Vertragsanbahnung, K. Schmidt GesR § 20 IV 1 b, Martin Weber 1999, sehr str, bis zur vollständigen Beendigung des GesVerhältnisses, BGH ZIP **03,** 74, und sogar **nachwirkend,** zB Treuepflicht zur Nichtbeeinträchtigung nach Ausscheiden, BGH BB **60,** 305 (GbR; auch § 131 Rn 37). Das entspricht der modernen Theorie der Sonderrechtsverbindungen (vgl § 311 II BGB). Sie besteht insbesondere auch noch in der **Liquidation,** jedoch unter Berücksichtigung des nunmehrigen Abwicklungs- statt Erwerbszwecks der Ges (§ 145 Rn 4) und damit zunehmend schwächer mit Fortschreiten der Liquidation. Soweit die Ges nicht mehr werbend tätig ist, besteht kein Wettbewerbsverbot nach § 112 mehr (§ 112 Rn 3), aber das Verbot der Nutzung von GesVermögen (Vertriebsrechte, Geschäftsverbindungen ua) ohne Ausgleich, BGH WM **71,** 442, NJW **80,** 1628. Sie verbietet nicht, die Eröffnung des Insolvenzverfahrens anzustreben, wenn die Lage der Ges aussichtslos und schnelle Liquidierung allen nützlich ist, BGH BB **68,** 850.

B. **Beispiele:** Auf der Treuepflicht beruht vor allem das **Wettbewerbsverbot** 25 der §§ 112, 113. Die Treuepflicht wird besonders praktisch bei der **Ausübung von Pflichtrechten,** zB Geschäftsführung, Widerspruch (§ 115 Rn 3), Zustimmung zu außergewöhnlichen Geschäften (§ 116 Rn 5). Sie verpflichtet aber auch zur **Rücksichtnahme bei der Ausübung eigennütziger Rechte** wie Vermögens-, Stimm- und Informations- und Kontrollrechte, zB bei Einziehung einer Forderung gegen die Ges, besonders aus zur Förderung der Ges gegebenem Darlehen, RG JW **37,** 1986 (§ 128 Rn 24), so zB bei Anwendung des § 135 (§ 135 Rn 4), bei Aufrechnung gegen Einlageschuld (vgl § 171 Rn 7). Der Gfter muss hier das **schonendste Mittel** gegenüber der Ges und den MitGftern wählen (Grundsatz der Verhältnismäßigkeit), vgl BGH **80,** 74 (Süßen, GmbH). Die Treuepflicht liegt dem gesamten **Minderheitenschutz** in der Ges zugrunde (Pflicht der Mehrheit zur Rücksichtnahme), Wiedemann I § 8 II 3, Fischer FS Barz **74,** 33, und ist wichtigstes Instrument für den GfterSchutz im **Konzernrecht** der PersonenGes (§ 105 Rn 100 ff). Die Treuepflicht führt aber **bei Interessenkonflikt** (s Rn 26, § 112 Rn 1, § 119 Rn 8) außer bei Rechtsmissbrauch **nicht zum völligen Ausschluss eigener Rechte,** so muss der Gfter außer bei Rechtsmissbrauch die Rechte und Klagen nach §§ 117, 127, 131, 132, 133, 140 geltend machen können, also sich zB von der Ges lösen können (§ 132 Rn 6), aber ohne auf jeden Fall trotz vollwertiger Abfindung auf Auflösung beharren zu können, BGH WM **86,** 68. Auch massive **Kritik** eines Kdisten an der Geschäftsführung des phG ist, wenn gesellschaftsintern (in Brief an Beiratsmitglieder), nicht pflichtwidrig, BGH DB **72,** 279. Die Treuepflicht gegenüber MitGftern besteht **nicht im reinen Privatbereich,** nur ausnahmsweise schlagen persönliche Zerwürfnisse und Verfehlungen, uU sogar solche von Ehegatten, auf den mitgliedschaftlichen Bereich durch, Bspe BGH **4,** 109/110, **46,** 392.

Geschäftschancen der Gesellschaft (Erwerbschancen, corporate opportu- 26 nity), an sich zu ziehen, ist ein besonders klarer Fall von Interessenkonflikt (s Rn 25) und als treuwidrig anzusehen (unabhängig von § 112, dort Rn 1), BGH WM **67,** 679 (GmbH), NJW **86,** 584, **89,** 2687, Düss NJW-RR **86,** 1296, so wenn die Geschäftschance in den Geschäftsbereich der Ges fällt und dieser bereits konkret zugeordnet ist und der Gfter erst als solcher (zB kraft seiner Geschäftsführung oder durch Information der Ges) zu der Geschäftschance Zugang erhält. Darauf, dass die Ges die Geschäftschance nicht selbst ausnutzen kann, kommt es grundsätzlich nicht an, Grund: der Gfter müsste sich gerade darum bemühen; anders zB wenn die Ges daran rechtlich gehindert ist (GWB). Die selbstständige Berufstätigkeit zu einengend aber BGH NJW **86,** 585 (für GmbH-Geschäftsführer); s auch Anh § 177a Rn 22. Gfter darf aber Gewinn aus Unterverpachtung des ihm verpachteten Gegenstands der Ges behalten, BGH NJW **98**, 1225. Zustimmung der Ges zu Eigenwahrnehmung ist zulässig (vgl § 112 Rn 13). Bei Verstoß muss der Gfter Schadensersatz nach § 280 BGB leisten derart, dass er die Ges stellt, wie wenn er das Geschäft für sie geschlossen hätte, zB das erworbene Grundstück zum Erwerbspreis in die Ges einbringen, RG **82**, 14. Statt Schadensersatz mit § 252 BGB (s Rn 28) ist auch Eintritt analog §§ 61 I, 113 I HGB, § 88 II AktG möglich. Gegen den Ersatzanspruch aus Untreue (§ 823 II BGB, § 266 StGB) kann der Gfter nicht mit einem Gewinnanspruch aufrechnen (§ 393 BGB), BGH BB **60**, 755. Besondere Pflichten des geschäftsführenden Gfters in solchen Fällen s § 114 Rn 13. Lit: Grundmann, Treuhandvertrag 1997, S 425 ff; Schiessl GmbHR **88**, 53 (GmbH), Kübler/Waltermann ZGR **91**, 162, Paefgen AG **93**, 457, Merkt ZHR 159 **(95)** 423, Fleischer NZG **03**, 985 u NJW **06**, 3239.

27 Die Treuepflicht kann gehen auf **Zustimmung zu den verschiedenen Gestaltungsklagen** (§§ 117, 127, 140, zB § 117 Rn 6–7), BGH **64**, 257, **68**, 82 (beide zu § 140) und allgemeiner auf **Zustimmung zur Änderung des Gesellschaftsvertrags** (§ 105 Rn 64–66), zB zur Aufgabe des dauerhaft unrentabel gewordenen Geschäftsbetriebs, besonders für einen (nur beschränkt haftenden) Kdtisten, BGH NJW **60**, 434; auf **Mitwirkung an Sanierung** (s (7) Bankgeschäfte Rn G/32), Eidenmüller 1999, Häsemeyer ZHR 160 **(96)** 109, Lutter ZHR 162 **(98)** 170.

28 C. **Rechtsfolgen der Verletzung:** Die Treuepflicht muss erfüllt werden (Zustimmungspflicht, § 894 ZPO; Unterlassungsanspruch, § 1004 BGB). Auf **Zustimmung** muss idR geklagt werden, doch kann ausnahmsweise die treuwidrig verweigerte Zustimmung als gegeben behandelt werden, BGH NJW **60**, 434 (treuwidriger Widerspruch), BB **79**, 1522 (Vermeidung der Auflösung), NJW **85**, 973, 974 (Vertragsänderung bei PublikumsGes), WM **86**, 1556 (Funktionsfähigkeit der Ges, existentielle Bedeutung für die Ges); insoweit richtiger zwischen Beschlüssen mit und ohne Außenwirkung differenzierend Staub/Ulmer 250. Verletzung der Treuepflicht kann bei schuldhaftem Verstoß (§ 708 BGB) zu **Schadensersatzpflicht** nach § 280 BGB führen, auch hinsichtlich des durch vorzeitige Beendigung der Ges entstandenen Schadens, RG **89**, 398, mit entgangenem Gewinn (§ 252 BGB). Im Falle des § 112 bestehen die (nicht abschließenden) Rechte nach § 113. Eintrittsrecht entspr §§ 61 I, 113 I HGB, § 88 II AktG im Falle der corporate opportunity (s Rn 26). In schweren Fällen kommt Entziehung der Geschäftsführungs- und Vertretungsbefugnis und sogar Auflösung (§ 133) oder **Ausschluss** (§ 140) in Betracht, RG **163**, 38. Treuwidrig geschlossene Beschlüsse können **unwirksam**, nach aA anfechtbar sein (§ 119 Rn 31). Das treuepflichtwidrig mit Dritten geschlossene Geschäft kann nichtig sein (§ 138 BGB), zB bei Schmiergeldabrede oder sonst ungerechtfertigten Eigenvorteilen im Einverständnis mit dem Dritten, BGH NJW **89**, 26, oder bei absichtlicher Vereitelung des Mitbestimmungs- und Mitverwaltungsrechts eines MitGfters und seines Rechts auf Abwicklung der Ges nach §§ 145 ff, RG **162**, 375. Durchbrechung der Rechtskraft nur wie auch sonst (§ 826 BGB), BGH WM **87**, 579.

4) Gleichbehandlungsgrundsatz

29 A. **Grundsatz:** Der Gleichbehandlungsgrundsatz ist ebenso wie die Treuepflicht ein zentraler Grundsatz des Gesellschafts- und Verbandsrechts, BGH **16**, 70, **20**, 369, **116**, 373 (zu GmbH), WM **74**, 1153. Er ist in zahlreichen Vorschriften ausgeprägt, zB §§ 706 I, 709 I, 711, 722 I BGB, §§ 114 I, 119 II, 121 III, 122, 125 I ua; für die AG § 53 a AktG. Mangels abweichender Regelung haben iZw alle Gfter **gleiche Rechte und Pflichten**, so für die Beitragspflicht § 706 BGB (s Rn 6). Auch bei verschiedenen Rechten und Pflichten sind grundsätzlich aus gleichen Situationen gegenüber den Gftern gleiche Konsequen-

1. Abschnitt. Offene Handelsgesellschaft 30–32 **§ 109**

zen zu ziehen. Bsp: keine Vorwegeinziehung ausstehender Einlagen von einzelnen Gftern statt im gleichen Verhältnis von allen (Gleichbehandlungsgrundsatz statt Einrede des nicht erfüllten Vertrags nach § 320 BGB, § 105 Rn 48), auch umgekehrt keine einseitige Einlageerhöhung durch einen Gfter (s Rn 13). Einzelne Gfter können nicht durch Mehrheitsbeschluss von der Möglichkeit, ihre Kapitalanteile zu erhöhen, ausgeschlossen werden, BGH WM **74**, 1153. Der Gleichbehandlungsgrundsatz verbietet aber nur willkürliche, dh nicht durch sachliche Gründe gerechtfertigte Ungleichbehandlung von Gftern. Sachlich gerechtfertigte Unterschiede folgen zB aus unterschiedlichen Anteilen, Beiträgen oder sonstigen Leistungen, BGH **116**, 373, **164**, 104 u 112 (Manager- und Mitarbeitermodell), WM **65**, 1286. Der Gleichbehandlungsgrundsatz ist besonders wichtig für den Minderheitenschutz gegenüber Mehrheitsbeschlüssen, Staub/Ulmer § 105 Rn 260. Lit: Hueck 1958; Raiser ZHR 111 **(48)** 75, Coing ZGR **78**, 672.

B. **Rechtsfolgen der Verletzung:** Der einseitig benachteiligte Gfter kann 30 auf Gleichbehandlung klagen (**Erfüllung** bzw **Unterlassung**), BGH NJW **60**, 2142 (eG), Saarbr NJW **85**, 811 (GbR), auch auf Ausgleichszahlung, falls zumutbar und sachgerecht, BGH WM **72**, 933 (GmbH). Das ist vor allem wichtig für die übergangene Minderheit. Einen Anspruch auf Sonderzuwendung, die nur einzelnen Gftern gewährt wurde, besteht jedoch nicht, Karlsr ZIP **83**, 445, insoweit kann Ges anderweitige Wiederherstellung der Gleichheit wählen. Der benachteiligte Gfter hat bei schuldhaftem Verstoß (§ 708 BGB) Anspruch auf **Schadensersatz** nach § 280 BGB. Der Grundsatz „Keine Gleichheit im Unrecht" gilt aber auch hier: gleichheitswidrige Bevorzugung einzelner, zB Gewährung von Sondervorteilen, gibt den übrigen grundsätzlich keinen Anspruch auf dieselben Vorteile, sondern nur auf Rückgängigmachung bzw auf Ausgleich nach Treu und Glauben, Karls ZIP **83**, 446. Die den Gleichbehandlungsgrundsatz verletzende Maßnahme kann **unwirksam** sein, auch ein GfterBeschluss (§ 119 Rn 31), RG **118**, 67 (AG), aber grundsätzlich nur mit interner Wirkung. Nachträgliche Zustimmung kann heilen.

C. **Abweichende Vereinbarungen** im GesVertrag oder mit Einverständnis 31 des Betroffenen sind wie allgemein im Innenverhältnis im Rahmen der Vertragsfreiheit (s Rn 2–3) ohne weiteres möglich, BGH **20**, 369, WM **66**, 1036, zB unterschiedliche Beitragspflichten, Mehrheitsbeschlüsse, Sonderrechte. Grenzen folgen aus der Kernbereichslehre (§ 119 Rn 36) sowie aus dem Minderheitenschutz zB mittels des Bestimmtheitsgrundsatzes (§ 119 Rn 37). Nachschüsse durch Mehrheitsbeschluss sind idR nur zulässig bei Festsetzung einer Obergrenze (§ 119 Rn 35). Notfalls ist ein Austrittsrecht zu angemessenen Bedingungen einzuräumen, Heymann/Emmerich 15.

5) Actio pro socio

A. **Actio pro socio:** Alle Ansprüche der Gesamthand gegen den einzelnen 32 Gfter aus dem GesVerhältnis (**Sozialansprüche;** dagegen nicht Verwaltungs- und Vermögensrechte des einzelnen Gfters gegen die Gesamthand, Sozialverbindlichkeiten) kann **auch jeder Mitgesellschafter** einzeln geltend machen (actio pro socio, Einzelklagebefugnis), allerdings nur gerichtet **auf Leistung an die Gesellschaft** (Ausnahmen s Rn 36), BGH **10**, 101, Grund: Ausfluss der Mitgliedschaft, Instrument des Minderheitenschutzes. Mit der actio pro socio klagt der Gfter **keinen eigenen materiellrechtlichen Anspruch ein,** aA üL, frühere Rspr, BGH **25**, 49, sondern es handelt sich um einen Fall richterrechtlich entwickelter **Prozessstandschaft,** insofern allerdings um ein eigenes Klagerecht des Gfters, Soergel/Hadding 50 (Mitverwaltungsrecht), Staub/Ulmer § 105 Rn 262, Bork ZGR **01**, 515, wohl auch BGH NJW **85**, 2830, sehr str. Die actio pro socio gibt nur die Einziehungs- und Prozessführungsbefugnis, der Gfter kann aber nicht materiell verfügen, zB Erlass oder Vergleich (§§ 397, 779), zutr Soergel/Hadding § 705 Rn 50. Die actio pro socio ist aber nicht nur subsidiär und als Notkompetenz gegeben, üL, Rspr, aA Soergel/Hadding § 705 Rn 50 (nur wenn die Gesamtwillensbildung nicht funktioniert bzw in der Abwicklung), vermittelnd Staub/Ulmer 268 a. Aber auch die actio pro socio findet ihre Schranken an der Treuepflicht (s Rn 23), BGH **25,** 50, zu weitgehend RG **171,** 51. Die actio pro socio gilt auch für Ansprüche aus Beschlüssen der GfterVersammlung oder eines Beirats (§ 114 Rn 27). Sie steht den Gftern auch noch in der **Liquidation** offen, BGH **10,** 91, NJW **84,** 1455, Besonderheiten s Rn 35. Lit: Hadding 1966, Grunewald 1990, Nitschke ZHR 128 **(65)** 48, Hadding JZ **75,** 159, Hassold JuS **80,** 32, Raiser ZHR 153 **(89)** 1 (GfterKlagen), Bork ZGR **01,** 515, Kort DStR **01,** 2162.

33   **Nicht** derart von jedem MitGfter geltend machbar sind Ansprüche der Ges gegen Dritte, hL, BGH **10,** 103, MüKo/K.Schmidt § 105 Rn 200, Grund: keine Einmischung in die Geschäftsführung, Ausnahme Notgeschäftsführung (§ 114 Rn 7); keine actio pro socio ist auch die Geltendmachung von Ansprüchen gegen MitGfter aus dem GesVerhältnis (s Rn 38).

34   **Beispiele:** Leistung der Beiträge, BGH WM **55,** 1585, **87,** 1515 (Bauherrngemeinschaft); Schadensersatzpflicht wegen Nichtleistung von Beiträgen der Beitragspflicht, BGH WM **61,** 427; Rückzahlung von Entnahmen, BGH **25,** 49; Durchführung eines Beiratsbeschlusses (§ 163 Rn 12); Auskunft und Rechnungslegung zur Klärung einer Treuepflichtverletzung, BGH WM **71,** 725; Verletzung des Wettbewerbsverbots durch MehrheitsGfter, BGH **89,** 162; deliktische Schädigung des Gewerbebetriebs der Ges, BGH **10,** 101; Schadensersatz wegen pflichtwidriger Geschäftsführung, BGH **25,** 49, BB **60,** 15, BB **73,** 1507, WM **85,** 1227; Unterlassung vertragswidrigen Handelns selbst und der Unterstützung einer GesVertragsverletzung durch MitGfter, BGH BB **73,** 1506; Unterlassung von Geschäftsführungsmaßnahmen nur eingeschränkt (§ 116 Rn 4).

35   **Einzelfragen:** Die Klage bedarf **nicht der Zustimmung** der MitGfter, aA noch RG **171,** 51, doch können die Gfter einstimmig oder, soweit zulässig, durch Mehrheitsbeschluss (s Rn 37) die Verpflichtung stunden oder erlassen und dadurch der Klage den Boden entziehen, BGH **25,** 49, jedoch nicht soweit sie dadurch in GfterRechte zB auf pflichtgemäße Geschäftsführung eingreifen, BGH NJW **85,** 2831. Geltendmachung durch MitGfterErben, OGH **3,** 214. Weiterverfolgung nach Anteilsabtretung (§ 265 ZPO), BGH BB **60,** 340. Ist schuldender MitGfter eine OHG (KG), kann der Gfter auch deren Gfter (phG) in Anspruch nehmen (§ 128), BGH BB **73,** 1506. Der klagende Gfter kann über den Anspruch nicht verfügen, zB durch Vergleich oder Verzicht. Er allein ist Kostenschuldner. Die actio pro socio hindert die Ges nicht an der eigenen Geltendmachung (keine Rechtshängigkeit). Klagabweisendes Urteil hat **keine Rechtskraft gegen die OHG,** RG **90,** 302, üL, aA für Rechtskrafterstreckung auf Ges und MitGfter wohl Soergel/Hadding § 705 Rn 50 aE.

36   B. **Ausnahmsweise Klage auf Leistung an sich selbst:** Ausnahmsweise kann der Gfter mit der actio pro socio Leistung statt an die Ges unmittelbar an sich selbst verlangen, nämlich soweit dies bei aufgelöster Ges, besonders bei nur zwei Gftern, die Auseinandersetzung vorwegnimmt (zu unterscheiden von Drittgläubigerforderungen, § 128 Rn 24) und weitere Auseinandersetzung erspart (näher § 145 Rn 6, § 149 Rn 3). Bsp: die Auseinandersetzung würde sich auf Teilung des Werts der Forderung beschränken da keine GesVerbindlichkeit und außer der Forderung an den Gfter auch kein Vermögen mehr vorhanden ist, BGH **10,** 102, WM **71,** 725; der von dem Gfter geschuldete Wert kommt bei der Auseinandersetzung voll dem MitGfter zu, BGH BB **58,** 603.

37   C. **Abweichende Vereinbarungen:** Die actio pro socio ist für den Minderheitenschutz grundlegend und deshalb jedenfalls **im Kernbereich zwingend**

1. Abschnitt. Offene Handelsgesellschaft   38–42 § 109

unentziehbar und unverzichtbar, Staub/Ulmer 264, sehr str, offen BGH NJW **85,** 2830, str.

6) Prozesse über gesellschaftsrechtliche Fragen

A. **Prozesse über Grundlagen der Gesellschaft: a) Grundsatz:** Streitig- 38 keiten über das GesVerhältnis selbst (vgl Grundlagengeschäfte, § 114 Rn 3) sind grundsätzlich **nur unter den Gesellschaftern** (nicht zwischen einzelnen oder allen Gftern und der Ges) auszutragen, Grund: die Ges hat darüber keine Dispositionsbefugnis, sondern ist selbst Objekt, stRspr, hL. Das gilt grundsätzlich auch in der PublikumsGes, BGH WM **83,** 785, Rstk WM **09,** 255, str (Anh § 177a Rn 73).

b) Beispiele: Bestehen und Rechtsform der Ges; Mitwirkung bei der Anmel- 39 dung zum HdlReg, BGH WM **83,** 786 (§ 106 Rn 6); Eigenschaft einer Person als Gfter, zB Wirksamkeit eines Beitritts, Ausscheidens oder Eintritts als Erbe, BGH **30,** 197, **48,** 175, **81,** 265, **91,** 133; Eigenschaft eines Gfters als phG oder Kdtist, BGH BB **66,** 1122; Übernahmerecht eines Gfters, BGH **48,** 175; Recht zur Einlageerhöhung, RG **163,** 388; Wirksamkeit einer GesVertragsänderung, BGH **85,** 353, BB **65,** 14; Wirksamkeit einer Mehrheitsklausel, BGH NJW **09,** 670; Vereitelung vertraglicher Sonderrechte eines Gfters durch einen MitGfter (auch durch eine Geschäftsführungshandlung eines geschäftsführenden Gfters), BGH BB **62,** 349; Wirksamkeit eines GfterBeschlusses, BGH BB **66,** 1169, **68,** 145, WM **83,** 785; Gültigkeit einer Beiratsmitgliedsbestellung, BGH **77,** 1086.

c) Verfahrensfragen: Solche Klagen sind **gegen die bestreitenden MitGf-** 40 **ter** zu richten. Klage gegen die Ges ist wegen fehlender Passivlegitimation derselben unbegründet. Es besteht **keine notwendige Streitgenossenschaft** iSv § 62 ZPO zwischen den Gftern, weder als Kläger noch als Beklagte, BGH NJW **09,** 670; **außer bei Gestaltungsklagen,** zB §§ 117, 127, 140, die allen übrigen Gftern gemeinsam zustehen (notwendige Streitgenossenschaft auf der Aktivseite), oder § 133, weil die Auflösungsklage gegen alle Gfter wirkt und deshalb gegen alle MitGfter zu erheben ist (notwendige Streitgenossenschaft auf der Passivseite), BGH **30,** 197, BB **57,** 1087, **66,** 1169, Hbg BB **67,** 1267, krit Scholz WM **06,** 961, aA Kln NJW-RR **94,** 491, unklar BGH **91,** 133: Feststellungklage gegen die anderen (alle?) Gfter; in all diesen Fällen genügt aber bindende Einverständniserklärung eines Gfters (§ 133 Rn 13, vgl § 117 Rn 7, § 140 Rn 12, 14). Klage auf Zustimmung zur Vertragsänderung kraft Treuepflicht (§ 105 Rn 64) kann also jeder Gfter gegen jeden einzelnen MitGfter erheben. In einem Prozess zwischen Gfter und Ges können solche Streitfragen nur als Vorfragen entschieden werden (Bsp Gewinnauszahlungsklage des Gfter-Prätendenten), nicht etwa auf Inzidentfeststellungsantrag, BGH **48,** 177. **Einstweilige Verfügung** (gegen GfterBeschlüsse) s § 119 Rn 32. Die **rechtskräftige Entscheidung** einer solchen Streitfrage unter den Gftern **wirkt auch für und gegen die Gesellschaft,** BGH **48,** 175 (dahingestellt, ob als Folge des GesVertrags oder der Rechtskraft oder durch das Zusammenwirken beider). Lit: Raiser ZHR 153 **(89)** 1, Bork ZGR **90,** 125, Damm ZHR 154 **(90)** 413 (einstweiliger Rechtsschutz).

B. **Prozesse über Sozialansprüche und -verbindlichkeiten: a) Klage aus** 41 **eigenem oder fremdem Recht:** Der Gfter kann außer eigenen Ansprüchen aus dem Mitgliedschaftsverhältnis gegen die Gesamthand auch Sozialansprüche der Gesamthand gegen einen MitGfter mit der actio pro socio im eigenen Namen (Klage aus fremdem Recht) geltend machen (s Rn 32).

b) Passivlegitimation: Ansprüche der Gfter auf Grund der Mitgliedschaft 42 gegen die Gesamthand sind grundsätzlich **gegen die Gesellschaft,** vertreten durch ihren Geschäftsführer, zu richten, zB vermögensrechtliche Ansprüche auf Aufwendungsersatz (§ 110), Einsicht und Information (§ 118 I), Gewinn und

§ 110
II. Buch. Handelsgesellschaften und stille Gesellschaft

Entnahmen, BGH BB **55,** 1068, Abfindung (§ 131 Rn 48), BGH WM **72,** 1400. Dass damit inzident auch über die Grundlagen der Ges entschieden wird, steht nicht entgegen (Vorfrage, s Rn 40).

43 Solche Ansprüche können zu einer Klage **auch gegen einen Mitgesellschafter** führen, wenn ein besonderes Rechtsschutzbedürfnis besteht, zB wenn dieser den Anspruch bestreitet (Feststellungsinteresse) oder für seine Erfüllung in der Ges zuständig ist (Klage auf Mitwirkung), Staub/Ulmer 68. Jedenfalls in der Zwei-Mann-OHG kann A auf Feststellung, dass die Zinsen einer GesSchuld von der Ges, nicht von ihm zu tragen sind, auch (statt gegen die Ges) gegen B klagen, BGH NJW **65,** 1591. Eine Klage gegen den MitGfter auf Erfüllung des Anspruchs scheidet dagegen aus, da diese dafür nicht nach § 128 haften (§ 128 Rn 22).

44 C. **Abweichende Vereinbarungen: a) Klageart und Beklagter:** Der Ges-Vertrag kann Abweichungen zulassen, zB Streit über Wirksamkeit von GesVertragsänderung oder Anfechtung von GfterBeschlüssen durch Klage gegen die Ges (§ 119 Rn 32), BGH **85,** 353, NJW **95,** 1218, **99,** 3113, ZIP **03,** 843, NJW **06,** 2853, auch konkludent zB durch Fassung einer Schiedsklausel. Mangels solcher Klausel kann konkludente Vereinbarung über Vertragsdurchbrechung im Einzelfall vorliegen, BGH WM **90,** 309, 675. Die Zulässigkeit solcher Vereinbarungen wird zT bezweifelt, weil Gestaltungsklagen nicht frei vereinbart werden können und die gewillkürte Prozessstandschaft auf der Passivseite unzulässig sei, bei Feststellungsklage dann aber Umdeutung in Vollmacht zur gemeinsamen Vertretung, Staub/Ulmer 77. **Grenzen** setzen unentziehbare GfterRechte, namentlich solche auf rechtliches Gehör im Prozess, Staub/Ulmer 78.

45 **b) Sonstige Abweichungen:** Häufig sind Schiedsvereinbarungen (Einl 89, 90 vor § 1). Der GesVertrag kann die Klageerhebung auch an bestimmte Formen, Fristen und sonstige **Klagevoraussetzungen** binden, zB Gutachten und Schlichtungsversuch eines Beirats, BGH BB **77,** 1321. Solche Klauseln sind aber nur in **Grenzen** möglich, insbesondere dürfen sie nicht in den Kernbereich der GfterRechte eingreifen (§ 163 Rn 14). Wird eine solche Klagevoraussetzung nicht beachtet und auch nicht nachgeholt, ist die Klage als unbegründet abzuweisen (materielle Klagevoraussetzung), Staub/Ulmer 74, nach aA derzeit unzulässig wegen Prozesshindernis, BGH NJW **84,** 669, wohl auch BGH BB **77,** 1321.

[Ersatz für Aufwendungen und Verluste]

110 (1) **Macht der Gesellschafter in den Gesellschaftsangelegenheiten Aufwendungen, die er den Umständen nach für erforderlich halten darf, oder erleidet er unmittelbar durch seine Geschäftsführung oder aus Gefahren, die mit ihr untrennbar verbunden sind, Verluste, so ist ihm die Gesellschaft zum Ersatze verpflichtet.**

(2) **Aufgewendetes Geld hat die Gesellschaft von der Zeit der Aufwendung an zu verzinsen.**

Übersicht

1) Grundsatz, Ersatzberechtigte, Ersatzverpflichtete 1–6
   A. Grundsatz 1
   B. Ersatzberechtigte 2
   C. Ersatzverpflichtete 5
   D. Ersatzpflichtige Dritte 6

2) Aufwendungsersatz (I Fall 1) 7–10
   A. Aufwendung 7
   B. In Gesellschaftsangelegenheiten 8

1. Abschnitt. Offene Handelsgesellschaft 1–5 § 110

    C. Erforderlichkeit 9
    D. Beispiele 10
  3) Ersatz für Verluste (I Fall 2) 11–14
    A. Verluste 11
    B. Untrennbare Verbundenheit mit Geschäftsführung 12
    C. Geldstrafen 14
  4) Verzinsung (II), sonstige Ansprüche und Pflichten 15–17
    A. Verzinsung 15
    B. Vorschuss, Freistellung 16
    C. Pflichten 17
  5) Abweichende Vereinbarungen 18
  6) Vergütung für Geschäftsführung und sonstige
    Dienstleistungen 19–21
    A. Vergütung für Geschäftsführung 19
    B. Drittgeschäfte 21

1) Grundsatz, Ersatzberechtigte, Ersatzverpflichtete

A. **Grundsatz:** § 110 wiederholt und erweitert § 670 BGB (lex specialis 1 dazu, §§ 713, 664–670 im Übrigen bleiben unberührt, s Rn 16, 17). Jeder Gfter hat danach Anspruch auf Aufwendungsersatz (I 1. Fall, s Rn 7) und über § 670 BGB hinaus ausdrücklich auch Anspruch auf Ersatz von Verlusten (I 2. Fall, s Rn 11). Nach II ist aufgewendetes Geld zu verzinsen (s Rn 15). § 110 trägt nicht auch einen Anspruch auf Vergütung für Geschäftsführung und sonstige Dienstleistungen, doch wird das wegen der Sachnähe hier mitbehandelt (s Rn 19). § 110 ist Ausprägung des Grundsatzes der **Risikozurechnung** (§ 59 Rn 106).

B. **Ersatzberechtigte:** § 110 gilt für **alle Gesellschafter,** nicht nur für „ge- 2 schäftsführende" iSv §§ 114 ff, auch für Kdtisten, BGH NJW **08,** 3438 (überschießende Außenhaftung); **nicht** für **ausgeschiedene** Gfter, die nach Ausscheiden Aufwendungen oder Verluste im GesInteresse haben, BGH **39,** 324, WM **78,** 114, aA entspr § 774 I 1 BGB Preuß ZHR 160 **(96)** 174, dann aber § 670 BGB oder §§ 683, 670 BGB und bei Bezahlung von GesSchulden (§§ 159, 128) § 426 I BGB (§ 128 Rn 27). **§§ 844, 845 BGB** gilt entspr, RG **167,** 89, BGH **7,** 34. Auch beim nicht geschäftsführenden Gfter keine Einschränkung auf objektiv befugtes Handeln des nicht geschäftsführenden Gfters im Gesellschaftsinteresse, Ebenroth/Goette 7, aA Staub/Ulmer 10.

Nicht: Tätigwerden **im eigenen Interesse,** zB Ausübung von **Stimm-,** 3 **Informations- und Kontrollrechten** (§§ 118, 166). Teilnahme an GfterVersammlung ist Tätigwerden im eigenen Interesse, Kostenersatz nur bei Vereinbarung, Staub/Ulmer 7. Eine solche kommt auch bei langjähriger Übung in Betracht (§ 105 Rn 62). Tätigwerden **auf Grund eines Drittgeschäfts** (§ 109 Rn 11, § 128 Rn 24) fällt nicht hierher, Vergütung und Ersatz richten sich nach der Vertragsbeziehung (s Rn 21).

Geschäftsführung ohne Auftrag: Der Gfter ist gedeckt (§ 114 Rn 15) und 4 dann auch nach § 110 ersatzberechtigt, soweit er ohne Verschulden (§ 708 BGB) annimmt, seine Geschäftsführungsbefugnis nicht zu überschreiten oder, falls er nicht Geschäftsführer ist, im konkreten Fall Geschäftsführungsbefugnis zu haben, zB Notgeschäftsführung (§ 744 II BGB, § 114 Rn 7); manchmal wird auch Genehmigung einer unbefugten Tätigkeit für die Ges durch diese angenommen werden können. Andernfalls kommt ein Ersatzanspruch nur aus Geschäftsführung ohne Auftrag in Betracht (§§ 683, 670 BGB), also bei a) objektiver Übereinstimmung mit dem GesInteresse und b) Übereinstimmung mit dem wirklichen oder mutmaßlichen Willen der Ges (der sie vertretenden Gfter) oder Erfüllung öffentlicher Pflichten der Ges (§§ 683 S 2, 679 BGB).

C. **Ersatzverpflichtete:** Aufwendungsersatz nach § 110 schulden während 5 ihres Bestehens **nur die Gesellschaft,** dagegen **nicht die Mitgesellschafter.**

§ 110 6–11 II. Buch. Handelsgesellschaften und stille Gesellschaft

Andernfalls käme es über § 110 zu Nachschussverpflichtung entgegen § 707 BGB (§ 109 Rn 12), aus demselben Grund greift insoweit auch § 128 nicht ein, selbst wenn aus dem GesVermögen keine Befriedigung zu erlangen, BGH **37**, 301, NJW **80**, 339, MüKo/Langhein 10, hL, aA Wiedemann I 270; das gilt grundsätzlich auch in der Liquidation, aber ausnahmsweise kommt anteilige Inanspruchnahme als Vorwegnahme der Schlussabrechnung in Betracht, Staub/Ulmer 31. Andere Grundsätze gelten auf Grund von § 426 I BGB nach Deckung einer GesSchuld durch einen Gfter (§ 128 Rn 27).

6 D. **Ersatzpflichtige Dritte** brauchen nicht vor der Ges in Anspruch genommen werden. Auch die gesellschafterliche Treuepflicht (§ 109 Rn 23) begründet **keine Subsidiarität** des Ersatzanspruch nach § 110, selbst wenn dieser leicht realisierbar wäre, zB Anspruch gegen haftpflichtversicherten Kraftfahrer. Ansprüche gegen Dritte sind aber an die Ges abzutreten (§ 255 BGB).

2) Aufwendungsersatz (I Fall 1)

7 A. **Aufwendung:** Aufwendungen sind (im Innenverhältnis) freiwillige Vermögensopfer des Gfters im Interesse der Ges (vgl § 87 d Rn 3, § 396 Rn 5), RG **122**, 303, BGH NJW **60**, 1569. Zufallsschäden fallen nicht unter I 1. Fall, anders die Rspr zu § 670 BGB (§ 59 Rn 106), Grund: Haftung folgt allgemein aus dem Grundsatz der Risikozurechnung (s Rn 1), speziell hier aus I 2. Fall (s Rn 11). Keine Aufwendung iSv I ist die bloße Bereitschaft zur Haftung nach § 128, BGH BB **73**, 1369.

8 B. **In Gesellschaftsangelegenheiten:** Der Gfter muss objektiv in GesAngelegenheiten (nicht nur Geschäftsführung, auch Gefahrenabwehr ua, s Rn 12) gehandelt und subjektiv dies gewollt haben. Dass der Gfter zugleich eine eigene Pflicht erfüllt, zB nach § 128 (s Rn 10), steht nicht entgegen.

9 C. **Erforderlichkeit:** Der Gfter muss die Aufwendung nach den Umständen für erforderlich halten dürfen, BGH NJW **80**, 339. Aufwendungen können also auch dann ersatzfähig sein, wenn sie objektiv nicht erforderlich waren oder der Gfter sie bei ihrer Tätigkeit subjektiv nicht für erforderlich hielt. Es kommt nur darauf an, ob ein sorgfältiger Gfter sie ex ante für erforderlich halten durfte (§ 708 BGB, s § 109 Rn 5), zB Bezahlung einer vermeintlichen GesSchuld.

10 D. **Beispiele:** Geldauslagen; auch Prozesskosten aus Klärung von Rechtsfragen der Ges, zB richtige Buchführung, und uU auch mit der Ges, zB Auslegung von GesVertrag; Überlassung von Gegenständen wie private Erfindung (falls diese nicht der Ges entgeltlos zusteht, § 124 Rn 8), Hamm NJW-RR **86**, 780; auch Dienste, die nicht schon auf Grund des GesVertrags (zB Geschäftsführung, s Rn 19), BGH **10**, 55, oder auf Grund eines Drittgeschäfts (s Rn 21) geschuldet werden, sofern Vergütung üblich ist, insbesondere berufliche; Schmiergelder s § 87 d Rn 3. Auch **Deckung von Gesellschaftsschulden** (§ 128) ist Aufwendung iSv § 110 (§ 128 Rn 27), BGH **37**, 301; falls Aufwendung zu Unrecht (Innenverhältnis, s Rn 7) wegen mangelnder Freiwilligkeit abgelehnt wird, gilt § 110 jedenfalls entspr. Auch Rückzahlung von berechtigten Entnahmen, obschon zur Vermeidung von Inanspruchnahme nach § 172 IV, BGH ZIP **05**, 1552. Der noch nach Ausscheiden zu einer die Ges treffenden **Steuer,** zB Gewerbesteuer, Herangezogene hat den Ersatzanspruch; das gilt auch für Ges, die Hdlgeschäft und Firma einer anderen aufgelösten Ges übernahm (§ 25); BGH WM **78**, 114.

3) Ersatz für Verluste (I Fall 2)

11 A. **Verluste:** I 2. Fall gewährt dem Gfter über § 670 BGB hinaus auch Ersatz für Verluste bzw Schäden (ohne Abzug eines eigenen Verlustanteils, aber § 254 BGB). I 2 ist aber kein Schadens-, sondern Aufwendungsersatzanspruch wie I 1. Fall. Verluste sind im Unterschied zu Aufwendungen (s Rn 7) **unfreiwillige**

1. Abschnitt. Offene Handelsgesellschaft **12–18 § 110**

Vermögensnachteile, zB Sach-, Vermögens- oder Personenschäden; auch Verdienstausfall, BGH **33,** 257, auch Prozessrisiken und -kosten, auch strafrechtliche (abs s Rn 14). Immaterielle Schäden sind nicht Verlust iSv § 110, also zB kein Anspruch gegen die Ges auf Schmerzensgeld aus Unfall auf Geschäftsreise; die Ges kann aber zur Naturalbeseitigung verpflichtet sein (§ 242 BGB), zB zu richtig stellender Veröffentlichung, wenn der Ruf des Gfters durch Dienst für die Ges geschädigt ist.

B. **Untrennbare Verbundenheit mit Geschäftsführung: a) Geschäftsführung:** § 110 erfasst Schäden aus der Geschäftsführung des Gfters oder aus mit ihr untrennbar verbundenen Gefahren. Geschäftsführung ist dem Sinn von § 110 nach nicht die organschaftliche nach §§ 114 ff, sondern jede Geschäftsbesorgung iSv § 675 I BGB für die Ges, auch durch nicht geschäftsführende Gfter, zB Abwehr von Gefahren für die Ges, eine einzelne Reise, ein chemischer Versuch. 12

b) Untrennbare Verbundenheit: Bloße Kausalität genügt nicht. Die Gefahr muss gerade mit der Tätigkeit für die Ges zusammenhängen. **Nicht** erstattungsfähig sind deshalb Schäden aus dem allgemeinen Lebensrisiko, idR Teilnahme am Straßenverkehr, aber BGH **38,** 270 (fremdnützige Selbstschädigung); aus einer vom Gfter im persönlichen Interesse geschaffenen Gefahrenlage, zB durch Verknüpfung persönlicher mit GesGeschäften, BGH NJW **60,** 1568. 13

C. **Geldstrafen:** Straftaten und Ordnungswidrigkeiten, die in der Tätigkeit für die Ges begangen werden, sind keine erlaubte Geschäftsführung für die Ges, auch wenn die MitGfter die Handlung billigen, Grund: Straf(norm)zweck, Ebenroth/Goette 19; vgl aber auch BGH **10,** 54, **25,** 222. Daher idR kein Ersatz für Geldstrafen oder Geldbußen, auch wenn die Tätigkeit insoweit besonders gefährdend ist, zB Straßenverkehr. Etwas anderes kann auch nicht schlechthin für ausländisches Recht gelten, Ebenroth/Goette 19, jedenfalls nicht innerhalb der EU. Anders aber für Strafprozessrisiken (s Rn 11). Abweichende Vereinbarung ist aber bei PersonenGes zulässig, bei (einstimmiger) Billigung auch stillschweigend. Lit: Bastuck, Enthaftung des Managements, 1986; Rehbinder ZHR 148 **(84)** 555. 14

4) Verzinsung (II), sonstige Ansprüche und Pflichten

A. **Verzinsung:** Aufgewendetes Geld muss die Ges ab Eintritt des Vermögensnachteils verzinsen (II). II spricht nur von Aufwendungen, gilt aber sinngemäß auch für Verluste. Der Zinsanspruch folgt meist schon aus § 256 BGB, dagegen idR nicht auch aus § 352, da die Gfter nicht ohne weiteres Kflte sind (§ 105 Rn 19, 21). II hat aber Bedeutung für den Zinssatz (§ 352). 15

B. **Vorschuss, Freistellung:** Die geschäftsführenden Gfter haben Anspruch auf Vorschuss für Auslagen nach § 105 II HGB, §§ 713, 669 BGB, anders bei Widerspruch oder fehlender Zustimmung nach § 115 oder in Falle des § 117. Von Verbindlichkeiten, die ein Gfter im Interesse der Ges eingegangen ist und deren Eingehung er für erforderlich halten durfte, kann er Freistellung fordern (§ 257 BGB). 16

C. **Pflichten:** Der nach § 110 ersatzberechtigte Gfter hat wie ein Beauftragter Pflichten aus § 105 II HGB, §§ 713, 664 ff (s Rn 1). Praktisch werden die Auskunfts- und Rechenschaftspflicht (§ 666 BGB) und die Herausgabepflicht (§ 667 BGB). 17

5) Abweichende Vereinbarungen

Abweichende Vereinbarungen zu § 110 sind ohne weiteres zulässig (Innenverhältnis, § 109), auch stillschweigend (Bsp s Rn 14), BGH NJW **80,** 339. 18

§ 111 1   II. Buch. Handelsgesellschaften und stille Gesellschaft

6) Vergütung für Geschäftsführung und sonstige Dienstleistungen

19   A. **Vergütung für Geschäftsführung: a) Anspruch:** Die geschäftsführenden Gfter enthalten grundsätzlich keine Vergütung bzw Ersatz für ihre Dienstleistung für die Ges, weder aus § 110, BGH **17,** 301, noch nach § 354 oder § 612 BGB. Entgelt ihrer Arbeit (wie ihres Kapitaleinsatzes) ist iZw nur ihre Gewinnbeteiligung, BGH **44,** 41, BB **73,** 1369, Kblz NJW-RR **87,** 24. Diese ist für geschäftsführende Gfter oft im **Gesellschaftsvertrag** besonders erhöht oder durch einen Vorrang besonders gesichert (Gewinnvoraus), manchmal auch durch eine vom Geschäftsertrag unabhängige, auch ohne Gewinn und bei Verlust zahlbare Dienstvergütung („Gehalt") ergänzt. Vergütung kann ausnahmsweise auch stillschweigend, etwa bei außergewöhnlicher Dienstleistungspflicht, als vereinbart gelten, BGH **17,** 301, Kblz NJW-RR **87,** 24, aber nicht schon wenn ein Gfter in einer FamilienGes für den ausgefallenen anderen einspringen muss. Rechtlich liegt idR eine bloße Gewinnverteilungsabrede vor, dann ist nur Ges-Recht, nicht auch Dienstvertragsrecht anwendbar, Kblz BB **80,** 855, WM **86,** 590, MüKoBGB/Ulmer/Schäfer § 709 Rn 32, aA BGH NJW **63,** 1052 (§ 616 BGB), Nürnb BB **65,** 887 (Gratifikation); doch kann auch zusätzlicher **Dienst- oder Arbeitsvertrag** vorliegen. In besonderen Fällen ist der geschäftsführende Gfter tatsächlich Arbeitnehmer, das GesRecht bietet keinen gleichwertigen Schutz, Arbeitsrecht ist dann anwendbar neben GesRecht (Typenmischung), str, von Hoyningen-Huene NJW **00,** 3233. Die Vergütung für die Geschäftsführung wird idR nur solange geschuldet, als der Gfter tätig wird (§§ 133, 157 BGB) oder er bei Verhinderung für Vertreter sorgt, also nicht mehr nach Entziehung der Geschäftsführungsmacht (§ 117 Rn 9); Leistungsstörungen s Kblz BB **80,** 855, § 105 Rn 48. Für die Vergütung haften nur die Ges (Sozialverpflichtung), nicht auch die MitGfter, Kblz BB **80,** 855. Kdtist s § 164 Rn 7, 8. Lit: Ganssmüller 1961 u NJW **65,** 1948, DB **66,** 1505; Dänzer-Vanotti BB **83,** 999.

20   **b) Änderung** solcher Vergütung ist Vertragsänderung, nicht Geschäftsführung, BGH BB **67,** 143. Anpassung entspr den Lebenshaltungskosten oder der Entwicklung der Gehälter leitender Angestellter ist iZw nicht vereinbart, BGH **44,** 41; aber uU ergänzende Vertragsauslegung, Störung der Geschäftsgrundlage (§ 313 BGB) und ganz ausnahmsweise Treuepflicht der MitGfter (§ 105 Rn 66), BGH **44,** 42, BB **67,** 1307, WM **74,** 376, **77,** 1140.

21   B. **Drittgeschäfte:** Der Gfter kann mit der Ges ein Drittgeschäft abgeschlossen haben (§ 109 Rn 11, § 128 Rn 24), zB als Anwalt, Steuerberater oder Wirtschaftsprüfer. Solche Vereinbarung den Dienst- oder Geschäftsbesorgungsvertrag sein (§§ 611, 675 I BGB). Vergütung und Auslagen richten sich dann nach diesem Vertragsverhältnis, nicht nach § 110. Kdtist s § 164 Rn 7, 8.

[Verzinsungspflicht]

111   (1) **Ein Gesellschafter, der seine Geldeinlage nicht zur rechten Zeit einzahlt oder eingenommenes Gesellschaftsgeld nicht zur rechten Zeit an die Gesellschaftskasse abliefert oder unbefugt Geld aus der Gesellschaftskasse für sich entnimmt, hat Zinsen von dem Tage an zu entrichten, an welchem die Zahlung oder die Ablieferung hätte geschehen sollen oder die Herausnahme des Geldes erfolgt ist.**

(2) **Die Geltendmachung eines weiteren Schadens ist nicht ausgeschlossen.**

1) Verzinsungspflicht (I)

1   Jeder Gfter, der der Ges Gelder vorenthält, hat diese auch ohne Verzug (also ab Fälligkeit, ohne Verschulden) zu verzinsen (I, lex specialis zu § 668 BGB; vgl §§ 353, 354 II). Das gilt nach I in drei Fällen:

1. Abschnitt. Offene Handelsgesellschaft 1 § 112

a) Nichtzahlung von Geldeinlagen; auch Wechsel, Scheck und marktgängige Wertpapiere, str; auch unberechtigte Kapitalrückzahlungen, Ebenroth/Goette 8, § 172 V betrifft nur das Verhältnis zu den GesGläubigern, str (§ 172 Rn 9);

b) Nichtablieferung von Gesellschaftsgeldern, zB bei Ansprüchen aus §§ 713, 667 oder 681, 684 BGB, nicht nur Bargeld (wie zu a); und

c) unbefugte Geldentnahmen aus der GesKasse; auch Umbuchung von GesGeldern auf privates Konto (nicht schon Kapitalkonto bei Ges, noch keine Entnahme), Scheckausstellung zu Lasten der Ges; **nicht** bei Entnahme als Vorschuss auf bevorstehende Aufwendungen (§§ 713, 669 BGB), „genehmigter Überziehung" und Schulden aus Darlehen. Wo § 111 nicht eingreift, kann § 353 anwendbar sein. Zinssatz § 352.

2) Geltendmachung sonstiger Rechte (II); abweichende Vereinbarungen

I ist nicht abschließend (so klarstellend II); Schadensersatzpflichten (bei Ver- 2 schulden) und sonstige Ansprüche bleiben unberührt. I und II sind voll dispositiv (§ 109).

[Wettbewerbsverbot]

112 (1) **Ein Gesellschafter darf ohne Einwilligung der anderen Gesellschafter weder in dem Handelszweig der Gesellschaft Geschäfte machen noch an einer anderen gleichartigen Handelsgesellschaft als persönlich haftender Gesellschafter teilnehmen.**

(2) **Die Einwilligung zur Teilnahme an einer anderen Gesellschaft gilt als erteilt, wenn den übrigen Gesellschaftern bei Eingehung der Gesellschaft bekannt ist, daß der Gesellschafter an einer anderen Gesellschaft als persönlich haftender Gesellschafter teilnimmt, und gleichwohl die Aufgabe dieser Beteiligung nicht ausdrücklich bedungen wird.**

Übersicht

1) Wettbewerbsverbot während der Vertragszeit (I) 1–8
   A. Normzweck 1
   B. Anwendungsbereich 2
   C. Verbotene Geschäfte im gleichen Handelszweig 4
   D. Verbotene Beteiligung mit persönlicher Haftung an gleichartiger Handelsgesellschaft 6
   E. Rechtsfolgen 8
2) Einwilligung (I, II) 9–11
   A. Einwilligung (I) 9
   B. Unwiderleglich vermutete Einwilligung (II) 10
3) Abweichende Vereinbarungen 12, 13
   A. Erweiterung des Wettbewerbsverbots 12
   B. Befreiung vom Wettbewerbsverbot 13
4) Nachvertragliches Wettbewerbsverbot 14
5) Verhältnis zu § 1 GWB 15–17
   A. Wettbewerbsverbot während der Vertragszeit (§§ 112, 113) 15
   B. Nachvertragliches Wettbewerbsverbot 17

1) Wettbewerbsverbot während der Vertragszeit (I)

A. **Normzweck:** §§ 112, 113 regeln einen wichtigen **Interessenkonflikt** 1 (Beeinträchtigung durch Wettbewerb des phG mit Insiderinformationen über die Ges, Zuweisung von Geschäftschancen an die Ges; nicht: Erhaltung der vollen Arbeitskraft des Gfters) zugunsten der Ges mittels eines Gefährdungstatbestands. Das Verbot ist eine (selbstständige) Ausprägung der Treuepflicht der Gfter (§ 109

§ 112 2–5 II. Buch. Handelsgesellschaften und stille Gesellschaft

Rn 23), BGH **89,** 165. Aus der Treuepflicht resultiert auch die über §§ 112, 113 hinausgehende (unklar BGH NJW **98,** 1225) Pflicht, Geschäftschancen der Ges nicht anzutasten (corporate opportunity, § 109 Rn 26, § 114 Rn 13). Funktion als konzernrechtlicher Präventivschutz s Rn 2, 4, Anh § 177 Rn 22. Mit §§ 112, 113 stimmt weitgehend überein § 284 AktG für den phG der KGaA, dagegen weitergehend und zT abweichend §§ 60, 61 für HdlGehilfen. Zu Interessenkonflikten s § 109 Rn 25, 26, § 119 Rn 8. Lit: Kardaras 1967, Schütte 1971, Salfeld 1987; Raiser FS Stimpel **85,** 855, Löffler NJW **86,** 223 (KG), Röhricht WPg **92,** 766, Armbrüster ZIP **97,** 261.

2   B. **Anwendungsbereich: a) Persönlich:** Das Wettbewerbsverbot gilt für alle Gesellschafter der OHG, ob geschäftsführend oder nicht, letzterenfalls zu einengend Staub/Ulmer 7. Nach dem Normzweck kann es auch bei Treuhand, Unterbeteiligung und Nießbrauch gelten (§ 105 Rn 34, 41, 46). Im mehrstufigen Konzern erstreckt sich das Wettbewerbsverbot auf die OberGes, BGH **89,** 166 (näher Anh § 177 Rn 22, § 105 Rn 103). In der KG gilt es nur für den phG, nicht den Kdtisten, außer wenn dieser eine Stellung wie ein phG hat (§ 165 Rn 3), entspr für stGes. Für gesetzliche Vertreter eines Gfters gilt es grundsätzlich nicht, es gilt aber bei GmbH & Co, Anh § 177 Rn 23, 27, str; sehr str, ob es auch für Vorstandsmitglieder einer KomplementärAG gilt, verneinend BGH ZIP **09,** 1162, Hbg ZIP **07,** 1370 m Anm Hellgardt 2248, bejahend Cahn Konzern **07,** 716, für konzernrechtliche Lösung Altmeppen ZIP **08,** 437; jedenfalls können die §§ 1667, 1909 BGB eingreifen oder solche Gfter verpflichtet sein, für die Beseitigung der Kollision, die ihnen nach § 278 BGB zuzurechnen ist, zB durch andere Geschäftszuteilung oder Abberufung zu sorgen. Das gilt auch bei Zwischenschaltung sonstiger Personen, außer bei Strohmann und Umgehung, dann gelten für den umgehenden Gfter unmittelbar §§ 112, 113. Ein Doppelmandatsträger hat auf jeden Fall bei seinen Entscheidungen stets die Interessen des jeweiligen Pflichtenkreises einzuhalten, BGH ZIP **09,** 1163.

3   **b) Zeitlich:** Das Wettbewerbsverbot gilt nur für Gfter, also nicht schon vorher, BGH NJW **98,** 1225 (GmbH für spätere GmbH & Co), und es erlischt mit **Ausscheiden** des Gfters, auch wenn der Gfter nur deshalb ausscheidet (nachvertragliches Wettbewerbsverbot s Rn 14) und bei Auflösung der Ges mit deren **Beendigung,** nicht schon mit Auflösung, aA früher hL. Nach dem Normzweck gilt das Wettbewerbsverbot auch noch während der Liquidation (§ 145), aber nur soweit und solange das GesUnternehmen ganz oder teilweise weitergeführt wird, BGH WM **61,** 631, NJW **80,** 1627; für die Zeit später s § 109 Rn 24. Die **Vorbereitung** der späteren eigenen Geschäftstätigkeit, die unmittelbar mit Beendigung beginnen darf, ist aber schon jetzt möglich, RG **90,** 100 sowie entspr dem Zsp HdlGehilfen (§ 60 Rn 1), enger Ebenroth/Goette 20: nur untergeordnete Hilfsgeschäfte und nicht nach außen.

4   C. **Verbotene Geschäfte im gleichen Handelszweig (I 1. Fall): a) Geschäfte:** Verboten sind Geschäfte im gleichen Handelszweig, einerlei ob für eigene oder fremde Rechnung (arg § 113 I Halbs 2), zB als Makler, Kommissionär oder als HdlVertreter, BGH WM **72,** 1229; auch als GmbHGeschäftsführer, Vorstand der AG oder bei sonstiger aktiver Mitwirkung an der Geschäftsführung eines anderen Unternehmens; nach Nürnb BB **81,** 452 auch mittelbar als Geschäftsführer einer GmbH mit 50%iger Beteiligung an dem Konkurrenzunternehmen wegen des „tatsächlich erheblichen Einflusses", richtiger kommt es auf Abhängigkeitsverhältnis (§ 17 AktG) an, Staub/Ulmer 24; auch über Strohmann oder zwischengeschaltete abhängige Ges; nicht schon bei bloßer Kapitalbeteiligung oder Aufsichtsratstätigkeit. Geschäfte sind solche zu Erwerbszwecken.

5   **b) Relevanter Markt (Handelszweig):** Das Wettbewerbsverbot gilt nur innerhalb des sachlich und räumlich relevanten Markts (sonst bleibt immer noch die Geschäftschancenlehre, s Rn 1). Mit HdlZweig der Ges ist der für das Wett-

bewerbsverbot (sachlich) relevante Markt gemeint. Dieser ist weiter als der konkrete Unternehmensgegenstand, wie ihn die Gfter auf Grund des GesVertrag führen wollen, Staub/Ulmer 17, jedoch nicht ohne weiteres so weit wie die idR umfassende Umschreibung der erlaubten Tätigkeiten im GesVertrag, wohl aA BGH **89,** 170. Der HdlZweig ist von den Gfter iZw nicht eng gemeint, BGH WM **57,** 1128, und umfasst auch spätere Weiterentwicklung der GesTätigkeit, BGH **70,** 333. Darüber hinausgehende eigenmächtige Ausdehnung durch die Ges erweitert das Wettbewerbsverbot der Gfter jedoch nur bei deren Zustimmung oder bei wirksamer (auch konkludenter) GesVertragsänderung, Staub/Ulmer 16, Heymann/Emmerich 12 a, unklar BGH **70,** 333, nach aA ist stets maßgeblich das jeweilige tatsächliche Betätigungsgebiet der Ges. Jedenfalls darf Ausdehnung nicht einseitig zu Lasten des Gfters gehen, für Lösung über § 242 BGB Ebenroth/Goette 17. Wird der konkrete Unternehmensgegenstand später einvernehmlich eingeschränkt, schrumpft damit auch der relevante Markt, BGH **70,** 332, **89,** 170. Unwesentlich ist, ob Ges das Geschäft selbst so wie der Gfter oder überhaupt vorgenommen hätte, BGH **70,** 333, WM **84,** 229.

D. **Verbotene Beteiligung mit persönlicher Haftung an gleichartiger** 6 **Handelsgesellschaft (I 2. Fall): a) Beteiligung mit persönlicher Haftung:** Verboten ist Beteiligung als phG einer nach GesVertrag oder Satzung auf einen ganz oder teilweise gleichen Zweck gerichteten HdlGes einerlei welcher Rechtsform (OHG, KG, KGaA), BGH **38,** 306. Nach dem Normzweck können auch andere als HdlGes erfasst sein, zB ErwerbsGbR und ausländische Ges. Die Beteiligung als Kdtist oder in anderer Form wird grundsätzlich nicht erfasst; etwas anderes gilt nach dem Normzweck (trotz des Wortlauts), wenn der Gfter als Kdtist in der anderen Ges eine Stellung wie ein phG hat (vgl oben Rn 4 und ähnlich § 165 Rn 3). Beteiligung an konkurrierender AG oder GmbH fällt nicht unter den 2. Fall, ist aber bei Begründung eines Abhängigkeitsverhältnisses unter den 1. Fall zu subsumieren (s Rn 4), Staub/Ulmer 25.

b) **Relevanter Markt (Gleichartigkeit):** Für die Gleichartigkeit gilt das zum 7 relevanten Markt bereits Gesagte entsprechend (s Rn 5), auch partielle Marktüberschneidung genügt, aber nicht nur in Randgebieten oder ganz unerheblichem Umfang. Die Gleichartigkeit kann sich auch durch die eigenmächtige Ausgliederung von Unternehmenstätigkeiten der Ges, zB Vertrieb, durch den Gfter auf die andere Ges ergeben, Ffm BB **76,** 383.

E. **Rechtsfolgen:** s § 113, dort auch Rn 4, 5. 8

2) Einwilligung (I, II)

A. **Einwilligung (I):** Einwilligung der anderen Gfter (also aller, auch der 9 nicht geschäftsführenden) macht die Wettbewerbshandlung erlaubt (I). Für die Einwilligung gelten §§ 182–184 entspr, str. Ein GfterBeschluss ist nicht nötig, aA wohl Ebenroth/Goette 25 (GfterVersammlung, dann wohl mit Mehrheit?). Sachliche Rechtfertigung der Einwilligung durch das Interesse der OHG ist nicht erforderlich, Ebenroth/Goette 25, str. Widerspruchslose Hinnahme einer Konkurrenztätigkeit ist noch keine Einwilligung (s Rn 10, 11). Mangels Vorbehalt ist sie grundsätzlich unwiderruflich (Grund: Treuepflicht der Gfter), spätestens nach Aufnahme der Wettbewerbstätigkeit durch die Gfter. Auch dann ist sie aber bei wichtigem Grund widerruflich, nach aA überhaupt nur bei Vorbehalt des Widerrufs, Hueck OHG § 13 II 4, oder nur bei ganz schwerwiegenden Gründen. Auslegung gesellschaftsvertraglicher Wettbewerbsverbote (Erstreckung auf Ehegatten), BGH BB **70,** 1374. Widerruf eines einzelnen Gfters genügt nicht, Ebenroth/Goette 25 (GfterVersammlung). Die Beweislast trägt der konkurrierende Gfter. Erst nachträgliche Zustimmung (Genehmigung) hat Wirkung nach § 184 BGB.

10 B. **Unwiderleglich vermutete Einwilligung (II):** Die Einwilligung gilt im Falle des II als erteilt (unwiderlegliche Vermutung), nämlich wenn alle übrigen Gfter bei Eingehung der Ges (Abschluss des GesVertrags) die Beteiligung als phG an einer gleichartigen Ges (positiv) kennen und die Aufgabe dieser Beteiligung nicht ausdrücklich ausbedingen. Ausdrücklich bedeutet eindeutig, nicht notwendig im GesVertrag oder schriftlich. II gilt entspr bei späterem Beitritt eines Gfters. II gilt nach seinem klaren Wortlaut nur für I 2. Fall (s Rn 6).

11 In allen anderen Fällen von Wettbewerbsverboten kommt nur eine tatsächliche (auch stillschweigende) Einwilligung in Betracht. Diese kann, aber muss (anders II) nicht stets vorliegen, wenn die Tätigkeit des Gfters als EinzelKfm bekannt ist und nicht untersagt wird (für GmbH & Co s Anh § 177 Rn 22). Die Beweislast liegt dann bei dem betroffenen Gfter, tatsächliche Vermutung kann eingreifen; weitergehend für widerlegliche Vermutung in sinngemäßer Anwendung von II Staub/Ulmer 30.

3) Abweichende Vereinbarungen

12 A. **Erweiterung des Wettbewerbsverbots:** § 112 ist dispositiv. Der GesVertrag kann für alle oder einzelne Gfter das Verbot verschärfen. Grenzen setzen § 138 BGB, BGH **37,** 384, und GWB (s Rn 15), nicht unmittelbar Art 12 GG (nur Ausstrahlung). Nachvertragliches Wettbewerbsverbot s Rn 14.

13 B. **Befreiung vom Wettbewerbsverbot:** Der GesVertrag kann allen oder einzelnen Gfter ganz oder teilweise Wettbewerb mit der Ges erlauben. Dann gilt § 112 (mit Einwilligungserfordernis nach I, II und § 113) erst gar nicht. Er kann statt der Einwilligung durch jeden einzelnen Gfter (s Rn 9) auch GfterBeschluss mit Mehrheit vorsehen, dabei hat der betroffene Gfter aber kein Stimmrecht und die Befreiung muss durch sachliche Gründe im Interesse der Ges gerechtfertigt sein, BGH **80,** 71/74 (GmbH), Staub/Ulmer 31. Führt die Befreiung zur Begründung der Konzernabhängigkeit (§ 18 I AktG), ist das ein Grundlagengeschäft (§ 114 Rn 3, § 105 Rn 102), für das grundsätzlich ein Mehrheitsbeschluss nicht genügt); Konzernrecht s § 105 Rn 103 ff.

4) Nachvertragliches Wettbewerbsverbot

14 §§ 112, 113 gelten nicht für ausgeschiedene Gfter (s Rn 3). Ein Wettbewerbsverbot folgt auch nicht schon aus der nachvertraglichen Treuepflicht des Gfters (§ 131 Rn 37), Düss ZIP **90,** 869, aber s § 109 Rn 24. Ein nachvertragliches Wettbewerbsverbot ergibt sich auch nicht ohne weiteres als Schadensersatz (§ 113 Rn 1). Möglich ist aber ein **vertragliches Wettbewerbsverbot** in den Grenzen des GWB (s Rn 14) und § 138 BGB, BGH WM **74,** 74, **86,** 1282. Ein solches ist auch stillschweigend möglich, zB bei längerdauernder Gewinnbeteiligung als Abfindung, Staub/Ulmer 13. Nach (Art 12 GG iVm) § 138 BGB ist die Wettbewerbsbeschränkung auf das zeitlich, räumlich und gegenständlich notwendige Maß zu beschränken, so für Mandantenschutzklauseln BGH NJW **91,** 699 (GbR), NJW **00,** 2584, **04,** 66, **05,** 3061 (Freiberuflersozietät, längstens 2 Jahre, aktuelle Mandanten). Zu berücksichtigen ist auch, dass das Wettbewerbsverbot idR in der Auseinandersetzungsabfindung einkalkuliert ist. Ein zeitlich zu langes Wettbewerbsverbot kann mit wirksamer kürzerer Laufzeit aufrecht erhalten werden (§ 139 BGB), BGH NJW **91,** 699, **00,** 2584. §§ 74 ff (HdlGehilfe), 90 a (HV) sind nicht, auch nicht entspr anwendbar, ihr Sozialschutzzweck gilt grundsätzlich nicht für Gfter. Wer von MitGftern schuldhaft zum Ausscheiden veranlasst wurde, kann sich von der Wettbewerbsabrede lossagen (vgl § 323 BGB, §§ 75 I, 90 a III HGB, aber § 105 Rn 48). Ges iL s § 156. Bei Verstoß Schadensersatzpflicht nach § 280 BGB und allgemeine Rechtsfolgen, § 113 I–IV gilt nicht.

1. Abschnitt. Offene Handelsgesellschaft **§ 113**

5) Verhältnis zu § 1 GWB

A. **Wettbewerbsverbot während der Vertragszeit (§§ 112, 113):** Bei einer der gesetzlichen Regelform entsprechenden OHG und KG, deren GesVertrag nicht geeignet ist, durch Beschränkung des Wettbewerbs die Marktverhältnisse zu beeinflussen, sichern §§ 112, 113 nur gesellschaftstreue Mitarbeit der geschäftsführenden Gfter und kollidieren deshalb nicht mit § 1 GWB, BGH **70,** 334 (Gabelstapler), **89,** 169 (Werbeagentur), **104,** 251 (GmbH). Entscheidend ist die Funktionsnotwendigkeit des Wettbewerbsverbots für den gemeinsamen Betrieb der Ges. Sie ist auch noch gegeben, wenn der Gfter zwar nicht geschäftsführungsbefugt ist, aber umfassende Informations- und Kontrollrechte hat, vgl Stgt WuW/E OLG 4136, Staub/Ulmer 47, str. 15

In Ausnahmefällen fehlt diese Funktionsnotwendigkeit und § 1 GWB greift ein, so zB bei wesentlich kapitalistisch organisierter OHG (KG), wenn der Gfter von Geschäftsführung und Vertretung ausgeschlossen ist und §§ 112, 113 hauptsächlich die Tätigkeit der Gfter außerhalb der Ges beschränken, BGH **38,** 306 (2 KinoOHG, beide spezialisiert auf Aktionsfilme) oder wenn Rechtsform der OHG bzw KG für kartellrechtswidrige Ziele verwandt wird, BGHSt **30,** 270, BGH NJW **82,** 938 (VertriebsGmbH & Co von Baustoffhändlern), str. Dazu Staub/Ulmer 40; Beuthien ZHR 142 **(78)** 259, DB **78,** 1625, 1677, Kellermann FS Fischer **79,** 307, K. Schmidt ZHR 149 **(85)** 1. 16

B. **Nachvertragliches Wettbewerbsverbot:** Für dieses gilt § 1 GWB uneingeschränkt, da §§ 112, 113 nicht anwendbar sind (s Rn 14). Es gelten grundsätzlich dieselben Regeln wie bei Wettbewerbsverboten im Rahmen von Unternehmensveräußerungen (Einl 45 v § 1), Staub/Ulmer 48. 17

[Verletzung des Wettbewerbsverbots]

113 (1) Verletzt ein Gesellschafter die ihm nach § 112 obliegende Verpflichtung, so kann die Gesellschaft Schadensersatz fordern; sie kann statt dessen von dem Gesellschafter verlangen, daß er die für eigene Rechnung gemachten Geschäfte als für Rechnung der Gesellschaft eingegangen gelten lasse und die aus Geschäften für fremde Rechnung bezogene Vergütung herausgebe oder seinen Anspruch auf die Vergütung abtrete.

(2) Über die Geltendmachung dieser Ansprüche beschließen die übrigen Gesellschafter.

(3) Die Ansprüche verjähren in drei Monaten von dem Zeitpunkt an, in welchem die übrigen Gesellschafter von dem Abschluss des Geschäfts oder von der Teilnahme des Gesellschafters an der anderen Gesellschaft Kenntnis erlangen oder ohne grobe Fahrlässigkeit erlangen müssten; sie verjähren ohne Rücksicht auf diese Kenntnis oder grob fahrlässige Unkenntnis in fünf Jahren von ihrer Entstehung an.

(4) Das Recht der Gesellschafter, die Auflösung der Gesellschaft zu verlangen, wird durch diese Vorschriften nicht berührt.

Übersicht

1) Schadensersatz (I Halbsatz 1) 1

2) Gewinnherausgabe (I Halbsatz 2) 2, 3
   A. Bei verbotenen Geschäften 2
   B. Bei verbotener Beteiligung 3

3) Sonstige Rechtsfolgen von Verstößen 4, 5
   A. Unterlassungsanspruch 4
   B. Weitere Rechtsfolgen 5

4) Geltendmachung nur auf Grund von Beschluss (II) 6–9
   A. Anwendungsbereich von II 6
   B. Gesellschafterbeschluss 7
5) Verjährung (III) 10
6) Auflösung (IV) 11
7) Abweichende Vereinbarungen 12

1) Schadensersatz (I Halbsatz 1)

1 § 113 regelt bestimmte Rechtsfolgen bei Verstoß gegen § 112 (nur gegen diesen, nicht gegen nachvertragliches Wettbewerbsverbot, § 112 Rn 13). Verstoß gegen § 112 berechtigt bei Verschulden (§ 708 BGB) zum Schadensersatz (I Halbs 1, entspr § 61 I Halbs 1). Beweislast nach § 280 I 2 BGB. Der Schaden der Ges deckt sich nicht ohne weiteres mit dem Gewinn des Gfters, außer wenn die Ges das Geschäft sonst selbst gemacht hätte (aber § 112 Rn 5). Führt der Verstoß zum Ausschluss, kommt als Schaden auch Nichteinhaltung des Wettbewerbsverbots bis zum nächsten ordentlichen Kündigungstermin in Betracht, BAG NJW **75,** 1987 (zu § 628 II BG), Paefgen ZIP **90,** 839, BB **90,** 1777 gegen Düss ZIP **90,** 861.

2) Gewinnherausgabe (I Halbsatz 2)

2 A. **Bei verbotenen Geschäften:** Statt des (uU schwer nachzuweisenden) Schadensersatzes hat die Ges das Eintrittsrecht, dh sie kann (ebenfalls nur bei Verschulden, § 708 BGB) verlangen, dass der Gfter die für eigene Rechnung gemachten Geschäfte (§ 112 Rn 4) als für Rechnung der Ges gelten lässt und bei für fremde Rechnung gemachten Geschäften den Gewinn herausgibt bzw den Anspruch darauf abtritt (I Halbs 2, entspr § 61 I Halbs 2). Der Gfter hat dann Anspruch auf Aufwendungsersatz.

3 B. **Bei verbotener Beteiligung:** I Halbs 2 („Geschäfte") gilt auch für den Fall der verbotenen Beteiligung an einer anderen Ges (§ 112 Rn 6), BGH **38,** 306, Staub/Ulmer 21, Ebenroth/Goette 12, aA früher hL sowie zu § 61 I (aber Sozialschutz) RG **73,** 423, BAG BB **62,** 638. Die OHG kann danach den vollen Ertrag aus der Beteiligung (Gewinn abzüglich Aufwendungen nach § 670 BGB) an sich zu ziehen. Das gilt grundsätzlich auch, soweit die andere Ges in anderen relevanten Märkten tätig ist, Staub/Ulmer 21, unklar BGH **89,** 172, aA Ebenroth/Goette 20 (Überdehnung), Hueck OHG § 13 II Fn 25, und der Ertrag auch auf Eigenleistungen des Gfters beruht (vgl § 687 II BGB). I Halbs 2 gibt aber kein Eintrittsrecht mit Außenwirkung gegen die andere OHG, auch nicht auf Abtretung des (abtretbaren) Anteils an der anderen OHG, BGH **89,** 170. Die OHG kann aber Ausscheiden aus der anderen Ges verlangen (Unterlassung, s Rn 4).

3) Sonstige Rechtsfolgen von Verstößen

4 A. **Unterlassungsanspruch:** § 113, auch dessen IV, ist nicht abschließend. Die Ges (durch ihrer Vertreter) und jeder einzelne MitGfter (actio pro socio) können auf (Erfüllung des GesVertrags durch) Unterlassung klagen, BGH **70,** 336, **89,** 170, auch ohne Beschluss nach II, hL, Nürnb BB **81,** 452. Zu III näher Rn 10. Erzwingung nach § 890 ZPO.

5 B. **Weitere Rechtsfolgen:** In Betracht kommen neben den allgemeinen Hilfsrechten auf Auskunft (§ 242 BGB) und auf Rechnungslegung (§ 666 BGB), BGH WM **72,** 1230, zB die Entziehung der Geschäftsführung und Vertretung (§§ 117, 127), Ausschließung des Schuldigen (§ 140), Unzulässigkeit des Beitritts, BGH ZIP **82,** 309, Heymann/Horn § 165 Rn 7, letztlich sogar Auflösung der Ges (§ 133).

Selbstverständlich unberührt bleiben Ansprüche aus anderem Rechtsgrund, zB wegen gleichzeitiger Verletzung der Geschäftsführungspflicht (§ 114 Rn 15)

1. Abschnitt. Offene Handelsgesellschaft 6–10 § 113

oder auf Herausgabe (§ 105 II, §§ 713, 667 BGB; §§ 687 II, 681, 667 BGB) etwa bei Aneignung von Erwerbschancen (§ 112 Rn 1).

4) Geltendmachung nur auf Grund von Beschluss (II)
A. **Anwendungsbereich von II:** Das Erfordernis eines GfterBeschlusses nach 6 II gilt auch in der Liquidation; die Liquidatoren (Gfter oder Dritte) müssen ihn ausführen. Auskunftsklage des Gfters gegen MitGfter ohne solchen Beschluss zur Klärung von Voraussetzungen eines Ersatzanspruchs aus § 113 I, Ffm BB **76,** 382 (§ 145 Rn 7). In der Insolvenz der Ges entscheidet über die Geltendmachung der Insolvenzverwalter nach dem Interesse der Insolvenzgläubiger.

B. **Gesellschafterbeschluss:** Die Geltendmachung der Ansprüche nach I 7 (auch des Schadensersatzspruches) setzt nach II einen Beschluss der übrigen (auch nicht geschäftsführenden) Gfter voraus, bei der Zwei-Mann-Ges die Entschließung des anderen Gfters. Stillschweigender Beschluss genügt, zB Klageerhebung gemeinsam oder mit Zustimmung, BGH **89,** 172. Liegt der Beschluss vor, erfolgt die Geltendmachung durch die Ges (also ihre Vertreter) oder jeden einzelnen MitGfter (actio pro socio auf Leistung an die Ges, § 109 Rn 32), bei Zwei-Mann-Ges durch den einzigen MitGfter gegen den ungetreuen alleingeschäftsführenden Gfter.

Ausübung des Wahlrechts: Mit dem GfterBeschluss wird das Wahlrecht 8 nach I (elektive Konkurrenz, nicht §§ 262 ff BGB) ausgeübt; die Ges ist an die Ausübung des Eintrittsrechts (gegenüber dem Gfter, Zugang) gebunden; nicht aber an das Schadensersatzverlangen (elektive Konkurrenz), Staub/Ulmer 11, aA hL, Ebenroth/Goette 3. Die Wahl ist bei einheitlichem Verstoß auch nur einheitlich möglich, anders bei Mehrzahl von Verstößen.

Ohne Beschluss nach II können die Ansprüche nach I nicht geltend gemacht 9 werden, jedoch sonstige Ansprüche (Unterlassung und andere Rechtsfolgen, s Rn 4, 5), sowie Ansprüche aus anderem Rechtsgrund (s Rn 5). Die MitGfter sind grundsätzlich nicht zur Zustimmung verpflichtet; ausnahmsweise besteht aber **Zustimmungspflicht** bei grundloser, also vertragswidriger Weigerung, dann Klage auf Zustimmung. Die Klage aus §§ 112, 113 gegen den einen Gfter und die Klage auf Zustimmung gegen den anderen ist zulässig (wie bei der Entziehungs- und Ausschließungsklage, § 117 Rn 6, § 140 Rn 15).

5) Verjährung (III)
III idF VerjährungsanpassG 9. 12. 04 BGBl 3214 (vgl § 61 II, dort Rn 4). Es 10 gilt kumulativ eine doppelte Verjährung, von drei Monaten ab Kenntnis oder grob fahrlässiger Unkenntnis (nF) aller übrigen Gfter von dem (einmaligen oder Dauer-)Verstoß (III; vgl § 61 II) und jedenfalls von fünf Jahren ab Anspruchsentstehung ohne Rücksicht auf Kenntnis oder grob fahrlässige Unkenntnis. Das gilt iZw auch bei vertraglicher Wiederholung des gesetzlichen Verbots. Die Verjährung erfasst nur die Ansprüche aus I, str. **Nicht:** Unterlassungsanspruch, ebenso wenig wie II (s Rn 4, 9), MüKo/Langhein 11, aA Ebenroth/Goette 41 und noch üL, 31. Aufl (nach dieser aber nur aus Dauerverstoß, nicht aus künftigen neuen Verstößen), Grund: auch II gilt für diesen nicht, schwierige Abgrenzung von Dauer- und Einmalverstoß; Deliktsansprüche, BGH WM **72,** 1230, sonstige Ansprüche (s Rn 5), Anspruch auf Vertragsstrafe. Das gilt grundsätzlich auch für den Anspruch wegen gleichzeitiger Verletzung der Geschäftsführungs- oder Treuepflicht (§ 114 Rn 15), BGH WM **71,** 413, WM **72,** 1230 (Überleitung von GesGeschäften auf sich selbst), Düss NJW **70,** 1373 (Abwicklung über anderes Unternehmen), Ebenroth/Goette 41, für diese bleibt es bei der für sie geltenden Verjährung, idR § 195 BGB; erschöpft sich die Treupflichtverletzung oder die Geschäftschancenaneignung (§ 113 Rn 13) jedoch gerade in dem Verstoß gegen das Wettbewerbsverbot, muss es bei III bleiben, Kln NZG **09,** 306, vgl GroßKoAktG/Hopt § 93 Rn 429.

6) Auflösung (IV)

11 IV stellt klar, dass das Recht auf Auflösung (§ 133) unberührt bleibt. Das ist nur beispielhaft, § 113 berührt auch nicht sonstige Rechte der Ges oder MitGfter (s Rn 4, 5).

7) Abweichende Vereinbarungen

12 § 113 ist ebenso wie § 112 dispositiv (dort Rn 12, 13), Verjährung nach III aber nur im Rahmen des § 202 BGB. In der Praxis geläufig sind Vertragsstrafen (§§ 340, 341 BGB).

[Geschäftsführung]

114 (1) **Zur Führung der Geschäfte der Gesellschaft sind alle Gesellschafter berechtigt und verpflichtet.**

(2) **Ist im Gesellschaftsvertrage die Geschäftsführung einem Gesellschafter oder mehreren Gesellschaftern übertragen, so sind die übrigen Gesellschafter von der Geschäftsführung ausgeschlossen.**

Übersicht

1) Begriff und Abgrenzung der Geschäftsführung 1–3
   A. Abgrenzung zur Vertretung 1
   B. Inhalt der Geschäftsführung (I) 2
   C. Grundlagengeschäfte 3
2) Teilnahme aller Gesellschafter an der Geschäftsführung (I) 4, 5
   A. Einzelgeschäftsführung durch alle Gesellschafter (I) 4
   B. Erben 5
3) Ausschluss einzelner Gesellschafter von der Geschäftsführung (II) 6–8
   A. Auslegungsregel (II) 6
   B. Notgeschäftsführung 7
   C. Haftung von Gesellschaftern ohne Geschäftsführung 8
4) Rechte und Pflichten der geschäftsführenden Gesellschafter 9–19
   A. Rechtsgrundlage 9
   B. Ausübung 10
   C. Einzelne Pflichten 12
   D. Haftung 15
   E. Vergütung, Aufwendungsersatz 18
   F. Kündigung der Geschäftsführung 19
5) Abweichende Vereinbarungen 20–28
   A. Grundsatz 20
   B. Abspaltungsverbot 23
   C. Selbstorganschaft 24
   D. Vertreterklausel 26
   E. Beirat 27
   F. Mitwirkung Dritter 28

1) Begriff und Abgrenzung der Geschäftsführung

1 A. **Abgrenzung zur Vertretung:** Grundlegend ist die Unterscheidung zwischen Geschäftsführung(srecht und -pflicht) im Verhältnis der Gfter zueinander **(Innenverhältnis)** und Vertretungsmacht, dh Rechtsmacht zur Bindung der Ges gegenüber Dritten **(Außenverhältnis),** so §§ 709–713/§§ 714, 715 BGB und §§ 114–117/§§ 125–127 HGB. Vertragsklauseln über „Geschäftsführung" meinen oft nur oder auch Vertretung. **§§ 114–117** regeln nur die Geschäftsführung. § 114 besagt, wer von den Gftern an der Geschäftsführung teilnimmt, § 115 wie sie unter mehreren Geschäftsführern geregelt ist, § 116 welchen Umfang sie hat, also zu welcher Art von Handlungen sie berechtigt; § 117 regelt die Entziehung

1. Abschnitt. Offene Handelsgesellschaft 2–4 **§ 114**

dieser Befugnis. Ergänzend gelten auch für die OHG §§ 709–713 BGB und nach § 713 BGB auch §§ 664–670 BGB. Für die KG gilt die Sonderregelung des § 164. Lit: Gogos 1953.

B. **Inhalt der Geschäftsführung (I):** Die Geschäftsführung umfasst sämtliche tatsächlichen und rechtsgeschäftlichen, gewöhnlichen und außergewöhnlichen (§ 116) Handlungen der Gfter, die auf die Verwirklichung der GesZwecks gerichtet sind. Bsp: Tätigkeiten in Betrieb und Unternehmen, zB Organisation, Einsatz des Personals, Buchführung, Aufstellung des Jahresabschlusses (aber s Rn 3); Handeln für die Ges gegenüber Dritten, auch gegenüber Gftern persönlich, Einzug von Forderungen; idR auch Aufnahme von stillen Gftern (§ 230 Rn 5). Auch höchstpersönliche Arbeit zB als Erfinder, Entwerfer oder Prüfer kann Teil der Geschäftsführung sein, auch wenn sie GfterBeitrag iSv § 706 III BGB ist, vgl MüKoBGB/Ulmer/Schäfer § 706 Rn 14, aber ggf Sonderrecht des Gfters; anders wenn der Gfter sie nicht als solcher, sondern als Dritter auf Grund eines besonderen Vertrags mit der Ges leistet (s auch § 110 Rn 21).

C. **Grundlagengeschäfte:** Diese betreffen das GesVerhältnis und seine Gestaltung, sie sind überhaupt kein Teil der Geschäftsführung, also weder gewöhnliche noch außergewöhnliche Geschäfte derselben, BGH **76,** 164 (entspr für Vertretungsmacht, § 126 Rn 3 und Bspe dort). Bspe: Änderung des GesVertrags, Umwandlung, Auflösung, Wahl des Abschlussprüfers (§ 318 I 1, auch sonst), BGH **76,** 342, Entlastung, str; Beitragserhöhung, RG **151,** 327; Entziehung der Geschäftsführungs- und der Vertretungsbefugnis (§§ 117, 127); Aufnahme eines neuen Gfter, BGH **76,** 164, Verpflichtung der Ges zur Aufnahme, aA RG JW **21,** 1239; Ausschließung eines Gfters; Veräußerung des HdlGeschäfts jedenfalls mit Firma, BGH NJW **95,** 596, hL (s aber § 22 Rn 9 für das Vollzugsgeschäft), aber (sofern wie idR der GesVertrag berührt wird) auch ohne Firma, str, Heymann/Emmerich § 126 Rn 14, aA RG **85,** 399, für Einbringung des HdlGeschäfts in AG gegen Aktien KG OLG **42,** 196; ebenso Unternehmensvertrag (§§ 291 f AktG) einschließlich Betriebspacht und Betriebsüberlassung, offen BGH NJW **82,** 1818; Übertragung des gesamten GesVermögens, BGH NJW **95,** 596, RG **162,** 372 (aber für Vollzugsgeschäft s § 126 Rn 3), auch wesentlicher Teile des Unternehmens; Begründung eines Konzernverhältnisses mit einem herrschenden Unternehmen (§ 18 I AktG, Konzernabhängigkeit), str (§ 105 Rn 102), nach aA nur außergewöhnliches Geschäft, nach aA Grundlagengeschäft auch schon die Begründung der einfachen Abhängigkeit von einem anderen Unternehmen (§ 17 AktG, § 105 Rn 102 f), sehr str, aber nicht schon Erwerb einer Mehrheitsbeteiligung (§ 16 AktG), aA Staub/Schilling § 164 Rn 5; ausnahmsweise auch konzernumstrukturierende Maßnahmen, wenn diese über außergewöhnliche Geschäfte (§ 116 Rn 2) hinausreichen. Erlass von Ersatzansprüchen gegen Gfter aus pflichtwidriger Geschäftsführung, BGH WM **85,** 1227, Grund: Eingriff in actio pro socio. Beim **Jahresabschluss** gehört die Aufstellung, dh seine Vorbereitung bis zur Beschlussreife, zur Geschäftsführung, seine Feststellung (Billigung) erfolgt dagegen als bilanzrechtliches Grundlagengeschäft (näher § 164 Rn 3, 4). Katalog bei Schulze-Osterloh FS Hadding **04,** 645.

Grundlagengeschäfte bedürfen grundsätzlich der **Zustimmung aller** Gfter, sofern im Gesetz (zB §§ 117, 127) oder im GesVertrag nichts anderes vorgesehen ist (§ 109), zB Einforderungen von Nachschüssen, RG **151,** 328, Aufnahme weiterer Gfter, BGH **76,** 164, vor allem bei der PublikumsGes (Anh § 177 a Rn 57).

2) Teilnahme aller Gesellschafter an der Geschäftsführung (I)

A. **Einzelgeschäftsführung durch alle Gesellschafter (I):** Gesetzliche Regel ist Geschäftsführungsrecht und -pflicht aller Gesellschafter, jeder Gesellschafter hat Geschäftsführungsbefugnis. Auch ein Minderjähriger kann Geschäftsfüh-

Hopt 583

§ 114 5–9 II. Buch. Handelsgesellschaften und stille Gesellschaft

rer sein, bedarf aber für rechtsgeschäftliches Handeln der Zustimmung seines gesetzlichen Vertreters außer bei Ermächtigung nach § 112 BGB. Der gesetzliche Vertreter kann ohne Zustimmung aller übrigen Gfter auch selbst tätig werden, MüKo/Rawert 36, aA Rö/v Gerkan/Haas 17, Grund: er kann auch die sonstigen GfterRechte, zB Stimmrecht, ausüben. Für Ges als Gfter handeln ihre organschaftlichen Vertreter. Ist eine **juristische Person** Gfter der OHG oder KG (§ 105 Rn 28, § 161 Rn 3), kann sie auch Geschäftsführer sein (anders § 6 II 1 GmbH, § 76 IV 1 AktG); sie handelt durch ihre gesetzlichen Vertreter. GmbH & Co vgl Anh § 177a Rn 34.

5   B. **Erben:** Wird die Ges mit dem GfterErben als phG fortgesetzt (§ 139), ist dieser iZw wie der Erblasser zur Geschäftsführung (und Vertretung) berechtigt (§§ 114 ff, 125 ff); der GesVertrag kann aber etwas anders bestimmen, RG DR **42,** 1057, BGH **41,** 368, NJW **59,** 192, Fischer BB **56,** 839. Ein Testament kann den **Testamentsvollstrecker** (§ 139 Rn 21) nicht ermächtigen, an Stelle des eintretenden Erben einen Geschäftsführer mit Vertretungsbefugnis zu bestellen, KG DR **43,** 353; es kann aber die Ernennung durch den Erben an die Zustimmung des Testamentsvollstreckers binden.

3) Ausschluss einzelner Gesellschafter von der Geschäftsführung (II)

6   A. **Auslegungsregel (II):** Der GesVertrag kann, da §§ 114–117 dispositiv sind (§ 109), einen oder einige Gfter von der Geschäftsführung ausschließen, entweder direkt oder indirekt dadurch, dass er diese nur den anderen überträgt. II bringt eine Auslegungsregel dahin, dass die Übertragung der Geschäftsführung an einen oder mehrere Gfter als Ausschluss der übrigen Gfter von ihr anzusehen ist.

7   B. **Notgeschäftsführung:** Jeder Gfter, auch der von der Geschäftsführung ausgeschlossene, hat das Recht, ohne Zustimmung der anderen notwendige Maßnahmen zur Erhaltung von Gegenständen des GesVermögens **(§ 744 II BGB)** oder der Ges selbst, RG **112,** 367, BGH **17,** 183, **39,** 20, ZIP **08,** 1585. Der Gfter kann aus diesem Titel uU auch gegen Dritte klagen, zB auf eine Leistung an die Ges, jedoch nur im eigenen Namen, nicht namens der Ges, BGH **17,** 186 (§ 124 Rn 14).

Bei Gefahr im Verzug und in anderen außergewöhnlichen Fällen (uU auch zur Wahrnehmung einer außergewöhnlichen, sonst der Ges entgehenden Chance) kann der von der Geschäftsführung ausgeschlossene Gfter doch wie ein geschäftsführender für die Ges zu handeln berechtigt, uU sogar verpflichtet sein. Das kann sich aus dem (uU ergänzend ausgelegten) GesVertrag (Zweckgemeinschaft; Treueverhältnis, § 109 Rn 23) oder aus §§ 677 ff BGB ergeben.

Unberührt bleibt die Möglichkeit, den Gfter zu ermächtigen, einen Anspruch der Ges im eigenen Namen und auf eigene Rechnung geltend zu machen (gewillkürte Prozessstandschaft), BGH NJW **88,** 1585 (GbR).

8   C. **Haftung von Gesellschaftern ohne Geschäftsführung:** Auch ein nicht geschäftsführender Gfter kann der Ges nach § 280 BGB haftbar sein, wenn er (insbesondere als MehrheitsGfter) einen maßgeblichen Einfluss auf geschäftsführende Gfter ausübt, ihn sie zu einem Pflichtverstoß zu bewegen, BGH **65,** 19 (ITT, Anh § 177a Rn 23), **75,** 328, 89, 168, BB **73,** 1506. Auch schuldhaft pflichtwidrige Notgeschäftsführung macht schadensersatzpflichtig nach § 280 BGB.

4) Rechte und Pflichten der geschäftsführenden Gesellschafter

9   A. **Rechtsgrundlage:** Die Geschäftsführung von Gftern ist Ausfluss des Gesellschaftsverhältnisses selbst, RG **142,** 18. Für sie gilt daher, was allgemein für Rechte und Pflichten der Gfter aus dem GesVerhältnis gilt (§ 109; ergänzend §§ 709–713, 664–670 BGB, s Rn 1). Zusätzlich kann Dienstvertrag abgeschlos-

1. Abschnitt. Offene Handelsgesellschaft   10–14 § 114

sen sein (§ 110 Rn 19, 20). Die geschäftsführenden Gfter üben das Geschäftsführungsrecht in eigener Verantwortung aus. Weisungen durch GfterBeschluss binden sie nur, soweit das besonders vorgesehen ist (zB im GesVertrag oder nach § 116 II für Beschluss sämtlicher Gfter), BGH **76**, 164; Grenze § 117.

B. **Ausübung:** Recht und Pflicht zur Geschäftsführung sind grundsätzlich **10 umfassend,** interne Arbeitsteilung lässt Gesamtverantwortung (Information und Kontrolle) unberührt, RG **98**, 100. Jedoch hat jeder Geschäftsführer ein Recht, dass die anderen die gesellschaftsvertragliche Ordnung beachten und nicht in seinen Zuständigkeitsbereich eingreifen, BGH NJW **84**, 173.

Die (organschaftliche) Geschäftsführung als solche ist **höchstpersönlich** und **11 nicht übertragbar** (§§ 717, 664, 713 BGB), BGH BB **62**, 233. Dieses Abspaltungsverbot (§ 109 Rn 16) schließt auch die echte Vertretung in der Geschäftsführung aus, RG **123**, 299, auch durch MitGfter, auch während nur kurzer Zeit der Verhinderung. Keine unzulässige Übertragung der Geschäftsführung bzw Vertretung ist die Delegation an Mitarbeiter und Einschaltung Dritter. Die **Mitarbeiter** in der Ges sind weder Vertreter des Geschäftsführers noch seine Erfüllungsgehilfen gegenüber den anderen Gftern, BGH **13**, 64; der Geschäftsführer haftet nur für eigenes Verschulden (Auswahl, Leitung, Überwachung). Die Betrauung eines **Dritten** mit Geschäftsführungsaufgaben, die nach GesVertrag oder GfterBeschluss auch umfassend sein kann (s Rn 24), ist nicht Übertragung der Geschäftsführung iSv § 114; der Dritte wird idR kraft Dienstvertrags tätig (§§ 675 I, 611 BGB). Er hat keine GfterTreuepflicht, er ist abberufbar im Rahmen seines Vertrags (nicht § 117, s dort Rn 2) und steht der Ges auch sonst, zB Vergütung, als Drittgläubiger gegenüber, BGH BB **62**, 233. Auch wenn ein geschäftsführender Gfter statt seiner einen Dritten einschalten darf, haftet er nicht für diesen aus § 278, sondern nur für eigenes Verschulden, aA Hueck OHG § 10 V 2.

C. **Einzelne Pflichten:** Die Geschäftsführung beinhaltet zahlreiche hier nicht **12** aufzuführende Sorgfaltspflichten und Interessenwahrungs- und Loyalitätspflichten (vgl Rspr zum Auftragsrecht und zu § 43 GmbHG, § 93 AktG); ferner zB Handeln gegen den Widerspruch eines Mitgeschäftsführers oder pflichtwidriger Widerspruch (§ 115 Rn 4). **Schmiergelder:** Ihre Annahme ist pflichtwidrig; das gilt auch für sonstige der Ges nicht offengelegte Provisionen (vgl § 347 Rn 30). Sie sind wie alles durch die Geschäftsführung Erlangte herauszugeben (§ 667 BGB), RG **99**, 31, **164**, 102.

Geschäftschancen der Gesellschaft (corporate opportunity, näher § 109 **13** Rn 26) darf der geschäftsführende Gfter wie jeder Gfter nicht für sich oder andere, sondern nur für die Ges nutzen, BGH NJW **89**, 2687; darin liegt wie bei allen Gftern ein Verstoß gegen die Treuepflicht sowie eine Verletzung der Geschäftsführungspflicht. Bei ungenügenden Mitteln der Ges muss er sich uU um Kredite bemühen, jedenfalls aber erst Entscheidung der GfterVersammlung herbeiführen, BGH NJW **86**, 584 (Erwerb des der Ges verpachteten Geschäftsgrundstücks durch Ehefrau des Gfters). **Nebentätigkeit** ist iZw zulässig im Rahmen des Wettbewerbsverbots (§§ 112, 113), grundsätzlich unbeschränkt als Abgeordneter (Art 48 II 1 GG), BGH **43**, 385, Konzen AcP 172 **(72)** 317.

Auskunft und Rechenschaft: Die geschäftsführenden Gfter schulden der **14** Ges Bericht (ohne besondere Aufforderung), Auskunft auf Verlangen und nach Beendigung der Geschäftsführung Rechenschaft (§§ 713, 666 BGB), nach aA ebenfalls Individualrecht (Auskunft an sich selbst), Huber ZGR **82**, 546. Dieses Recht kann auch von jedem einzelnen Gftern zugunsten der Ges geltend gemacht werden (actio pro socio, § 109 Rn 32), MüKoBGB/Ulmer/Schäfer § 713 Rn 8, offen, bei Kdtisten jedenfalls nur nach Maß ihrer Mitwirkungsrechte (§ 166 Rn 12), BGH NJW **92**, 1890. Diese Rechte der MitGfter bestehen neben

§ 114 15–17 II. Buch. Handelsgesellschaften und stille Gesellschaft

ihrem Kontrollrecht (§ 118), das sie nur verstärken, nicht ersetzen, str (§ 118 Rn 12). Das allgemeine Auskunfts- und Rechenschaftsrecht nach §§ 713, 666 BGB ist zwingend (Grund: persönliche Haftung der Gfter), das nach § 118 nicht (§ 118 Rn 17–19).

15 D. **Haftung:** Für Verletzung der Geschäftsführungspflicht haften die Gfter nach § 280 BGB bei Verschulden (grundsätzlich § 708 BGB, aber Ausnahmen § 109 Rn 5) auf Schadensersatz. Sie haften der Ges; die Ges selbst und jeder Gfter können Schadensersatzleistung an die Ges fordern (actio pro socio, § 109 Rn 32). Beweislast für Pflichtwidrigkeit liegt nicht bei der Ges (aber § 109 Rn 5), sondern geschäftsführender Gfter muss sich entlasten (entspr §§ 93 II 2, 116 AktG; §§ 34 II 2, 41 GenG; allgemein § 280 I 2 BGB), vgl BGH BB **75,** 1753; die Ges trägt nur die Darlegungs- und Beweislast für ein möglicherweise pflichtwidriges Verhalten und für ihren Schaden, BGH **152,** 280 (GmbH). Bei **Überschreitung** der Geschäftsführungsbefugnis (zB Handeln gegen Widerspruch eines anderen Geschäftsführers, § 115 I) haftet der Gfter nicht aus Vertrag (§ 708), sondern aus Geschäftsführung ohne Auftrag (§§ 677 ff, insbesondere § 678 BGB), ohne dass ihm § 708 BGB zugute kommt, MüKoBGB/Ulmer/Schäfer § 708 Rn 10, str, iErg auch BGH NJW **97,** 314, allerdings nur als vertragliche Haftung. **Klage auf Erfüllung** der Geschäftsführungspflicht bleibt möglich, ist aber wenig praktisch, da ein Urteil nicht vollstreckbar ist (§ 888 III ZPO, persönliche Dienste).

16 **Entlastung:** Entlastung ist die (einseitige, nicht vertragliche) verbindliche Billigung der Art und Weise der Geschäftsführung während der zurückliegenden Entlastungsperiode (vgl § 120 II 1 AktG), idR verbunden mit einem Vertrauensbeweis für die zukünftige Geschäftsführung. Sie wird durch eigenen Beschluss ausgesprochen und liegt spätestens in der gemeinsamen Unterzeichnung der Bilanz (§ 245 S 2). Mit der Entlastung ist die Ges von der Entziehung aus wichtigem Grund (§ 117) und der Geltendmachung von **Ersatzansprüchen** aus pflichtwidriger Geschäftsführung ausgeschlossen, entweder wegen Verzichts (anders ausdrücklich § 120 I 2 AktG), üL, oder treffender wegen Präklusion, K. Schmidt § 14 VI 2 b, unklar BGH WM **86,** 791. Voraussetzung ist ordnungsmäßige Rechenschaftslegung, idR Aufstellung der Jahresbilanz. Der Ausschluss umfasst nur verzichtbare Ansprüche und reicht nur soweit, wie die Umstände der Ges bekannt oder bei sorgfältiger Prüfung aller Vorlagen und Berichte erkennbar waren oder sonst sämtlichen Gftern privat bekannt waren, BGH **94,** 326 (GmbH), WM **83,** 912, **87,** 727. Er erstreckt sich auf Ersatzansprüche verschiedenster Rechtsgrundlage (zB Schadensersatz aus Vertrag und Delikt, § 113, § 812 BGB), BGH WM **86,** 790, aber nicht auf Ansprüche aus anderen Rechtsverhältnissen als der Geschäftsführung in der Ges. Der Geschäftsführer hat keinen einklagbaren Anspruch auf Entlastung (denn Vertrauenskundgabe mit Ausschluss von Ansprüchen), BGH **94,** 326, K. Schmidt § 14 VI 3, Ebenroth/Mayen 46, MüKo/Rawert 73, aA (einklagbar und vollstreckbar nach § 894 ZPO) Schlegelb/Martens 44 für die PersonenGes, anders wenn wie häufig im GesVertrag vorgesehen; aber grundlose Verweigerung der Entlastung ist pflichtwidrig, der Geschäftsführer kann ggf aus wichtigem Grund kündigen, RG **89,** 396, und er kann negative Feststellungsklage bezüglich pflichtwidriger Geschäftsführung und Ansprüchen daraus erheben, BGH **94,** 328 (GmbH), auch RG **89,** 397.

17 **Erlass** der Ersatzpflicht (§ 397 BGB) ist durch Vertrag (GfterBeschluss und Annahme durch den Geschäftsführer) möglich. Erschwerende Vorschriften wie bei der AG (§ 124 AktG) bestehen nicht. Mehrheitsbeschluss, wenn zugelassen (§ 119, ohne den Ersatzpflichtigen), reicht aus. **Generalbereinigung** ist (vertraglicher) Verzicht auf sämtliche denkbaren und verzichtbaren Ersatzansprüche, BGH WM **76,** 737, **86,** 791.

E. **Vergütung, Aufwendungsersatz:** Ersatz für Aufwendungen und Schä- 18
den § 110 (statt und weiter als § 670 BGB) und bei Geschäftsführung ohne
Auftrag §§ 683, 670 BGB (§ 110 Rn 4), Vorschuss § 669 BGB (§ 110 Rn 16),
Vergütung („Gehalt", § 110 Rn 19–21), Zinspflicht § 111 (statt § 668 BGB).

F. **Kündigung der Geschäftsführung:** Der Gfter kann die Geschäftsführung 19
bei wichtigem Grund kündigen (§ 105 II HGB, § 712 II BGB). Dieses Kündigungsrecht betrifft sowohl die vertraglich übertragene als auch die gesetzliche
Geschäftsführung, für die OHG hL; dasselbe gilt jedoch auch für die GbR,
MüKoBGB/Ulmer/Schäfer § 712 Rn 27, aA früher hL (§ 117 Rn 3). Die
Geschäftsführung wird nicht im Rechtssinn „niedergelegt", aA Weimar JR **77**,
234, sondern die Kündigung hat den Wegfall der Geschäftsführungsmacht zur
Folge, K. Schmidt DB **88**, 2241. Die Kündigung setzt einen wichtigem Grund
voraus (vgl §§ 314, 626, 671 III BGB), sonst ist sie unwirksam, verletzt die
Pflicht zur Geschäftsführung und macht haftbar (s Rn 15). Auch bei wichtigem
Grund darf der Gfter nicht zur Unzeit, also so, dass die Ges nicht für die
Weiterführung ihrer Geschäfte angemessen sorgen kann, kündigen (§§ 712 II,
671 II BGB, außer wenn der wichtige Grund auch insoweit vorliegt); sonst zwar
keine Unwirksamkeit, aber Haftung. Die wirksame Kündigung lässt den GesVertrag unberührt (anders § 89a; § 626 BGB), kann aber für einen MitGfter seinerseits zur (ordentlichen oder außerordentlichen) Kündigung berechtigen, zB wenn
infolge der Kündigung Gesamtgeschäftsführung auch für bisher freigestellte Gfter
eintritt. Abweichende Vereinbarungen s Rn 22.

5) Abweichende Vereinbarungen

A. **Grundsatz:** § 114 ist wie das gesamte Geschäftsführungsrecht 20
(§§ 114–117) dispositiv (§ 109). Der GesVertrag kann zB die Teilnahme der
Gfter an der Geschäftsführung noch anders als nach I, II regeln. Bsp: Geschäftsführung auf Zeit; alternierend; unter bestimmten Voraussetzungen, Bestellung
durch Mehrheitsbeschluss. Aber **Grenzen** folgen aus dem Abspaltungsverbot
(s Rn 23), dem Gebot der Selbstorganschaft (s Rn 24), aus dem Verbot des Eingriffs in den Kernbereich, so namentlich bei Vertreterklauseln (s Rn 26) und
Beiräten (s Rn 27).

Der GesVertrag kann einzelne Gfter berechtigen, einem anderen (bei dessen 21
Eintritt oder später) Geschäftsführung (und Vertretung) zu übertragen, sei es
unmittelbar **(Optionsrecht),** sei es über einen GfterBeschluss **(Präsentationsrecht).** Sind die Voraussetzungen vertraglich bestimmt (zB: Alter, bestimmte
Ausbildung) und gegeben, sind die MitGfter zur Zustimmung verpflichtet, selbst
geschäftsführende Gfter, deren Gewinnvoraus dadurch gekürzt wird. Sieht der
Vertrag Anfechtbarkeit des Beschlusses vor, beschränkt sich die Anfechtung auf
Ermessensmissbrauchsfälle. „Entsprechende Eignung und Vorbildung" fordert
nicht Bewährung in einer Geschäftsleitung gleicher Bedeutung, auch nicht Ausbildung gerade in der zZ vakanten Sparte (Ausbildung als Chemiker, gebraucht
wird ein Kfm), BGH BB **67**, 309.

Die **Kündigung der Geschäftsführung** (s Rn 19) kann durch den GesVer- 22
trag beliebig erleichtert, aber nicht erschwert werden (§§ 712 II, 671 III BGB).
Bestimmte Kündigungsgründe können einvernehmlich als wichtig vorausbewertet werden, aber grundsätzlich nicht umgekehrt (vgl § 89a Rn 27, 28). Ein
erweitertes (nicht von wichtigem Grunde abhängiges) Kündigungsrecht kann
durch Kündigungsfristen ua beschränkt werden.

B. **Abspaltungsverbot:** Die eigene Geschäftsführungsmacht ist nicht über- 23
tragbar (s Rn 11), auch nicht teilweise. Dieses Abspaltungsverbot umfasst alle aus
der Mitgliedschaft resultierenden Verwaltungsrechte (§ 109 Rn 16). Es steht der
Überlassung zur Ausübung aber nicht entgegen (s Rn 11, § 109 Rn 17).

§ 115

24 C. **Selbstorganschaft:** Organschaftliche Geschäftsführer iSv §§ 125 ff können idR nur **Gesellschafter** sein (Selbstorganschaft, keine Drittorganschaft wie bei KapitalGes), BGH **36**, 293, str; entspr für Vertretung (§ 125 Rn 5). Jedoch können die Gfter (im GesVertrag oder später, iZw nur einstimmig) einen Dritten durch Dienstvertrag (§ 675 I BGB, keine Übertragung von Geschäftsführung iSv § 114, s Rn 11) mit entsprechenden, auch umfassenden Aufgaben als Geschäftsführer bestellen (und ihm eine Vollmacht, zB Generalvollmacht erteilen, § 125 Rn 9), BGH **36**, 293, NJW **82**, 878, auch eine juristische Person (zB GmbH, Stiftung). Zulässig ist auch ein umfassender Betriebsführungsvertrag (Hotel) frei von Einzelweisungen, wenn nur die Kontroll- und Planungsbefugnis den Gftern erhalten bleiben § 105 Rn 105), BGH NJW **82**, 1817 (Holiday Inn, KG), Löffler NJW **83**, 2920, restriktiver Lit: Veelken 1975, Schürnbrand 2007 (Organschaft, private Verbände); K. Schmidt GD Knobbe-Keuk **97**, 307.

25 Wegen der persönlichen Haftung der Gfter gelten aber zwingende Grenzen. Die Gfter müssen solchen dritten Geschäftsführern zwar nicht zwingend jederzeit ohne wichtigen Grund die Geschäftsführung entziehen können, BGH NJW **82**, 878, aA Heymann/Emmerich 28 (zur Vertretungsmacht s strenger § 125 Rn 7). Aber Kündigung aus wichtigem Grund kann nicht und das Weisungsrecht der Gfter an solche Vertreter nicht völlig ausgeschlossen werden (vgl Rn 26), jedenfalls sämtliche Gfter gemeinsam bleiben weisungsbefugt (Umdeutung nach § 140 BGB in Gesamtgeschäftsführung), Heymann/Emmerich 29, Grenzen im Übrigen s § 125 Rn 7. Noch engere Grenzen gelten bei Publikums-Ges (Anh § 177 a Rn 74).

26 D. **Vertreterklausel:** Bei der OHG soll anders als bei der KG (§ 163 Rn 10) eine Vertreterklausel schlechthin ausscheiden, üL, K. Schmidt ZHR 146 **(82)** 529, offen BGH **46**, 297, aA Flume I 2 S 222 (Stimmrechtsausschluss). Jedoch gelten auch bei der KG Grenzen (§ 163 Rn 11). Diese lassen sich statt einer starren Ablehnung auch bei der OHG fruchtbar machen, wohl auch Heymann/ Emmerich 42, und zwar wegen der persönlichen Haftung tendenziell strenger, zB keine Verdrängung, Recht jedes einzelnen Gfter, die Vertretungsmacht für seine Person jedenfalls aus wichtigem Grund zu beenden (vgl Rn 25).

27 E. **Beirat:** Der GesVertrag kann einen Beirat (auch Aufsichts-, Verwaltungsrat, GfterAusschuss ua genannt) mit Kompetenzen in Bezug auf die Geschäftsführung (Beratung, Entscheidung, Kontrolle, Vertretung, aber s Rn 25, 26) vorsehen. Das findet sich in der Praxis häufig bei der KG (Einzelheiten dort, § 163 Rn 12–15) und vor allem der GmbH & Co und der PublikumsGes (Anh § 177 a Rn 75), ist aber rechtlich zulässig auch bei der OHG. Grenzen wie dort, vor allem kein Eingriff in den Kernbereich der GfterRechte (§ 163 Rn 11, 14, 16).

28 F. **Mitwirkung Dritter:** Eine echte Mitwirkung Dritter an der Willensbildung der Ges durch Stimm- und Kontrollrechte ist nur auf Grund des GesVertrags und nur mit abgeleiteten (nicht originären) Befugnissen zulässig (wie für KG § 163 Rn 16).

[Geschäftsführung durch mehrere Gesellschafter]

115 (1) **Steht die Geschäftsführung allen oder mehreren Gesellschaftern zu, so ist jeder von ihnen allein zu handeln berechtigt; widerspricht jedoch ein anderer geschäftsführender Gesellschafter der Vornahme einer Handlung, so muß diese unterbleiben.**

(2) **Ist im Gesellschaftsvertrage bestimmt, daß die Gesellschafter, denen die Geschäftsführung zusteht, nur zusammen handeln können, so bedarf es für jedes Geschäft der Zustimmung aller geschäftsführenden Gesellschafter, es sei denn, daß Gefahr im Verzug ist.**

1. Abschnitt. Offene Handelsgesellschaft 1–3 § 115

Übersicht

1) Einzelgeschäftsführung, Widerspruchsrecht (I) 1–4
   A. Einzelgeschäftsführungsbefugnis (I Halbsatz 1) 1
   B. Widerspruchsrecht (I Halbsatz 2) 2
2) Gesamtgeschäftsführung (II) 5, 6
   A. Gesamtgeschäftsführung 5
   B. Grenzen 6
3) Abweichende Vereinbarungen 7

1) Einzelgeschäftsführung, Widerspruchsrecht (I)

A. **Einzelgeschäftsführungsbefugnis (I Halbsatz 1):** Nehmen alle oder 1 mehrere Gfter an der Geschäftsführung teil, ist jeder von ihnen im ganzen Bereich der Geschäftsführung allein zu handeln berechtigt (Vertretungsmacht s § 125 I). Er ist dazu auch verpflichtet, wenn Abstimmung mit den MitGftern nicht möglich ist. Er muss aber jedenfalls bei bedeutenderen Maßnahmen die MitGfter vorab unterrichten und ihnen Gelegenheit zum Widerspruch geben; das Alleinhandlungsrecht deckt nicht bewusste Übergehung des MitGfters, von dem Widerspruch (s Rn 2) zu erwarten ist, zB gegen Kündigung des Sohnes des MitGfters, BGH BB **71,** 759, oder gegen großes, bedeutsames Geschäft, BGH NJW **84,** 1461. Der MitGfter kann die Maßnahme selbst rückgängig machen (auch gegen den Widerspruch des anderen), BGH BB **71,** 759. Auch ohne zu erwartenden Widerspruch müssen die anderen über die geplanten Maßnahmen rechtzeitig informiert werden, sonst sind diese rückgängig zu machen, falls tatsächlich berechtigt widersprochen worden wäre (§ 249 BGB).

B. **Widerspruchsrecht (I Halbsatz 2): a) Grundsatz:** Jeder Mitgeschäfts- 2 führer (bei Gesamtgeschäftsführung mehrerer nur gemeinsam) hat ein Recht und, wenn das Interesse der Ges es verlangt, auch die Pflicht zum Widerspruch. Ein Geschäftsführer darf nicht gegen den Widerspruch eines Mitgeschäftsführers handeln (nur interne Wirkung, s Rn 4). Der Widerspruch muss mit einer, auch konkludent, erklärt werden. Der Widerspruch ist grundsätzlich zu begründen, BGH NJW **72,** 863, aA MüKoBGB/Ulmer/Schäfer § 709 Rn 44, zumal wenn pflichtwidrige Erhebung naheliegt (s Rn 3), spätestens im Prozess (s Rn 4), anders, wenn Streit vorausgegangen ist oder Grund auf der Hand liegt. Widerspruch ohne Begründung ist aber nicht einfach unbeachtlich, str, sondern nur, wenn er treuwidrig erklärt wird, (s Rn 3), MüKoBGB/Ulmer/Schäfer § 711 Rn 11, iErg auch MüKo/Rawert 24. Der Widerspruch kann auch mehrere Geschäfte oder alle Geschäfte bestimmter Art umfassen, zutr großzügig MüKo/Rawert 18, aber nicht die gesamte Tätigkeit des Mitgeschäftsführer, RG **84,** 139, Grund: Umgehung des § 117. Der Widerspruch ist möglich nur bis zur Vornahme der Handlung, späterer Widerspruch ist unbeachtlich (aber s Rn 1). Der Widerspruch wird nicht durch Zustimmung(sbeschluss) der übrigen Gfter ausgeschlossen, aber durch eigene frühere Zustimmung des Widersprechenden, anders nur bei wichtigem Grund. Widerruf des Widerspruchs ist jederzeit möglich. Kein Widerspruch gegen den Widerspruch, BGH **LM** § 115 Nr 2. Lit: Weygand AcP 158 **(59)** 150.

b) Grenzen: Das Widerspruchsrecht ist als Teil der Geschäftsführungsbefugnis 3 ausschließlich im Interesse der Ges auszuüben. In der Beurteilung dieses Interesses hat der Gfter aber einen weiten Ermessensspielraum, insbesondere bei Personalentscheidungen, BGH NJW **86,** 844, WM **88,** 970. Es ist nicht Sache der Gerichte, den Widerspruch auf seine Zweckmäßigkeit zu überprüfen. Der Widerspruch ist jedoch **unbeachtlich,** wenn er eine pflichtwidrige Verletzung des GesInteresses darstellt (s auch Rn 2), BGH NJW **86,** 844, ZIP **02,** 398. Bsp: Widerspruch gegen gesetzlich gebotene Handlungen; von Seiten eines Gfters, gegen den ein Anspruch der Ges erhoben, BGH BB **74,** 996, oder dem gegenüber für die Ges ein Rechtsgeschäft vorgenommen werden soll, zB Vertragskün-

§ 115 4–6 II. Buch. Handelsgesellschaften und stille Gesellschaft

digung (Interessenkollision, § 119 Rn 8), RG **81**, 94; gegen unerlässliche Maßnahmen zur Erhaltung der Ges und ihres Vermögens, zB Zahlung eines Wechsels zur Vermeidung von Protest und Insolvenzantrag (Notgeschäftsführung entspr § 744 II BGB, BGH **17**, 183); wenn der Widersprechende sich aus Eigennutz über das GesInteresse hinwegsetzt, RG **158**, 310, **163**, 39, BGH BB **56**, 92, **71**, 759; wenn der Gfter bei Streit mit der Ges oder den MitGftern die Geschäftstätigkeit der Ges blockiert, MüKoBGB/Ulmer/Schäfer § 711 Rn 12; durch bei systematischer Verweigerung der Mitwirkung an der Geschäftsführung kann das Widerspruchsrecht überhaupt verwirkt werden, außer gegen pflichtwidrige Maßnahmen der Mitgeschäftsführer, vgl BGH BB **72**, 551 (GbR). **Nicht:** schon bei Gefahr im Verzug (II Halbs 2 gilt nicht entspr), RG **109**, 60; wenn die Maßnahme, der der Gfter widersprach, im Rückblick zweckmäßig erscheint; wenn beim Widerspruch neben dem GesInteresse auch persönliches Interesse mitwirkt, BGH NJW **86**, 844; gegen andere als Geschäftsführungsmaßnahmen, zB actio pro socio oder Geltendmachung eines eigenen Anspruchs des MitGfters gegen die Ges, zB von Informations- und Kontrollrechten. Wer Unwirksamkeit des Widerspruchs behauptet (zB der Mitgeschäftsführer, der trotz Widerspruch handelte), trägt die Beweislast.

4   c) **Rechtsfolgen: Bei berechtigtem Widerspruch** muss die Geschäftsführungsmaßnahme unterbleiben (I Halbs 2). Das gilt aber nur zwischen den Gftern, also **ohne Außenwirkung** gegen Dritte (Vertretungsmacht, § 126 II, s § 126 Rn 5, 6), hL, BGH **16**, 398, ZIP **08**, 1582 (GbR), Grund: Handlungsfähigkeit der Ges; dies auch, wenn der Widerspruch dem Dritten gegenüber erklärt wird, MüKo/Rawert 30, Grenze: Missbrauch der Vertretungsmacht (§ 126 Rn 11). Handeln gegen Widerspruch ist Überschreitung der Geschäftsführungsbefugnis (§ 114 Rn 15) und macht bei Verschulden (§ 708 BGB) nach § 280 BGB haftbar, anders bei Verletzung einer Begründungspflicht (s Rn 2), selbst wenn sich später die Berechtigung des Widerspruchs herausstellt. Die anderen geschäftsführenden Gfter können trotzdem vorgenommene Handlungen rückgängig machen (dagegen kein Widerspruch des Handelnden, s Rn 2). Der widersprechende Gfter hat klagbaren, im Eilfall mit einstweiliger Verfügung durchsetzbaren **Unterlassungsanspruch** gegen den Gfter, zB bei Personaleinstellung, Hamm BB **93**, 165; so auch die anderen geschäftsführungsberechtigten Gfter, für nichtgeschäftsführender MitGfter str, § 116 Rn 4.
Bei unberechtigtem Widerspruch kann der Widersprechende der Ges bei schuldhafter (§ 708 BGB, § 109 Rn 5) Treuepflichtverletzung nach § 280 BGB haftbar werden. Das Widerspruchsrecht kann, da Teil der Geschäftsführungsbefugnis (s Rn 3), aus wichtigem Grund entzogen werden (§ 117).

2) Gesamtgeschäftsführung (II)

5   A. **Gesamtgeschäftsführung:** Sieht der GesVertrag vor, dass alle geschäftsführenden Gfter nur zusammen handeln können (Gesamtgeschäftsführung II; gesetzliche Regel für GbR § 709 I BGB), ist für jedes Geschäft Zustimmung (nicht notwendig Mitwirkung) aller Geschäftsführer notwendig, bei Gefahr im Verzug nur derjenigen, deren Zustimmung schnell genug erhältlich ist. Generelle Zustimmung zur gesamten Tätigkeit ist als Umgehung unwirksam, BGH **34**, 30. Die Zustimmung ist grundsätzlich bindend, aber bis zur Vornahme der Handlung aus wichtigem Grunde widerruflich. Die Gesamtgeschäftsführung verlangt auch gemeinsame Beratung der ganzen Geschäftsführung.

6   B. **Grenzen:** Das Zustimmungsrecht ist wie das Widerspruchsrecht als Teil der Geschäftsführungsbefugnis ausschließlich im Interesse des Ges auszuüben. Auch hier hat der Gfter einen weiten Ermessensspielraum, insbesondere bei Personalentscheidungen (s Rn 3). Die Versagung der Zustimmung ist bei Verletzung des GesInteresses pflichtwidrig, Bspe wie zum Widerspruch (Rn 3). Wäh-

1. Abschnitt. Offene Handelsgesellschaft **§ 116**

rend der pflichtwidrige Widerspruch aber unbeachtlich ist (s Rn 3), ist hier grundsätzlich (Leistungs)Klage auf Zustimmung (§ 894 ZPO) notwendig, BGH WM **08,** 1556 (GbR), ganz enge Ausnahmen in Fällen von existenzieller Bedeutung für die Ges, BGH WM **85,** 195, **86,** 1557, **08,** 1556. Bei systematischer Verweigerung der Mitwirkung an der Geschäftsführung kann das Zustimmungsrecht überhaupt verwirkt werden (wie Widerspruchsrecht, s Rn 3).

3) Abweichende Vereinbarungen

§ 115 ist dispositiv. Der Gesellschaftsvertrag kann die Geschäftsführung durch 7
mehrere abw von I, zB Gesamtgeschäftsführung (II); Einschränkung oder Ausschluss des Widerspruchs des Mitgeschäftsführers, BGH WM **88,** 968, wohl außer im direkten Gegensatz zum Handeln des Mitgeschäftsführers; Gesamtbefugnis einiger, Alleinbefugnis anderer Geschäftsführer; Mehrheitsentscheid der Geschäftsführer (ähnlich Vorstandsbeschluss der AG); Unterscheidung nach Arten von Geschäften, nach Sachgebieten (Ressorts), dh mit Ausschluss (entsprechend § 114 II) der Geschäftsführungsbefugnis (auch des Widerspruchsrechts nach § 115 I) des B im Ressort des A und umgekehrt und entsprechend geteilter Verantwortung und Haftung (im Gegensatz zur schlichten Arbeitsteilung unter Gftern mit gemeinsamer Geschäftsführung), vgl Schwamberger BB **63,** 279, zu Ressortverteilungen MüKo/Rawert 7; Bindung einzelner an Mitwirkung von Mitgeschäftsführern, Prokuristen, Dritten; Gewährung von Überwachungs- und Widerspruchsrecht an Dritte, so BGH NJW **60,** 963, ist mit Selbstorganschaft (§ 114 Rn 24) und Abspaltungsverbot (§ 119 Rn 19) unvereinbar, MüKoBGB/ Ulmer/Schäfer § 711 Rn 5, MüKo/Rawert 41, aber vertragliche Rechte möglich. Die zu § 114 genannten Grenzen sind auch hier zu beachten (§ 114 Rn 23 ff).

[Umfang der Geschäftsführungsbefugnis]

116 (1) **Die Befugnis zur Geschäftsführung erstreckt sich auf alle Handlungen, die der gewöhnliche Betrieb des Handelsgewerbes der Gesellschaft mit sich bringt.**

(2) **Zur Vornahme von Handlungen, die darüber hinausgehen, ist ein Beschluß sämtlicher Gesellschafter erforderlich.**

(3) ¹**Zur Bestellung eines Prokuristen bedarf es der Zustimmung aller geschäftsführenden Gesellschafter, es sei denn, daß Gefahr im Verzug ist.** ²**Der Widerruf der Prokura kann von jedem der zur Erteilung oder zur Mitwirkung bei der Erteilung befugten Gesellschafter erfolgen.**

Übersicht

1) Beschränkung der Geschäftsführung auf gewöhnliche Geschäfte
   (I) 1–4
   A. Gewöhnliche Geschäfte (I) 1
   B. Außergewöhnliche Geschäfte 2
   C. Grundlagengeschäfte 3
   D. Vorbeugende Unterlassungsklage 4
2) Beschluss sämtlicher Gesellschafter bei außergewöhnlichen Geschäften (II) 5–7
   A. Beschluss sämtlicher Gesellschafter 5
   B. Wirkungen des Beschlusses 6
   C. Fehlen des Beschlusses 7
3) Erteilung und Widerruf einer Prokura (III) 8–10
   A. Erteilung (III 1) 8
   B. Widerruf (III 2) 9
   C. Erweiterung, Beschränkung 10
4) Abweichende Vereinbarungen 11

§ 116 1–4   II. Buch. Handelsgesellschaften und stille Gesellschaft

1) Beschränkung der Geschäftsführung auf gewöhnliche Geschäfte (I)

1   A. **Gewöhnliche Geschäfte (I):** Die Geschäftsführung berechtigt zu allen Handlungen, die der gewöhnliche Betriebs des HdlGewerbe der konkreten Ges mit sich bringt. Gewöhnlich ist, was in einem HdlGewerbe, wie es diese OHG betreibt, normalerweise vorkommen kann. Gewöhnliche Geschäfte sind iZw alle Geschäfte im HdlZweig, der den Gegenstand des Unternehmens bildet, zB auch übliche Kreditgewährung. Unter I fallen idR auch Erteilung und Widerruf einer **Handlungsvollmacht** (§ 54; Prokura s Rn 8).

2   B. **Außergewöhnliche Geschäfte:** Der Gegensatz sind außergewöhnliche Geschäfte, dh solche mit Ausnahmecharakter nach Art und Inhalt (zB einschneidende Änderung von Organisation oder Vertrieb, Beteiligung an anderen Unternehmen) oder Zweck (zB außerhalb des Unternehmensgegenstands) oder Umfang und Risiko (zB Großkredit, Spekulationsgeschäft), bei Beachtung der besonderen Verhältnisse der Ges und der Zeitumstände, RG **158**, 308, BGH **76**, 162.

Beispiele: Außergewöhnlich sind nach Gegenstand, Umfang, Bedingungen oder Dauer aus dem Rahmen fallende, potentiell gefährliche Geschäfte; Bauausführungen auf dem Geschäftsgrundstück, vgl RG **109**, 57; Ersteigerung von Grundstücken, RG LZ **14**, 580; Einrichtung von Zweigniederlassungen; Verkauf von als Kapitalrücklage bestimmten Wertpapieren, RG JW **30**, 706; Klage gegen MitGfter, RG **171**, 54, anders bei Drittgeschäft, BGH WM **97**, 1431; Aufnahme eines stillen Gfter (vgl § 230 Rn 9); uU Ausgliederung in eine TochterGes (§ 105 Rn 106), vgl (für die AG) BGH **83**, 130 (Holzmüller), oder andere strukturelle Maßnahmen, die wesentliche Gewinne oder Geschäftschancen an der MutterGes vorbeileiten, vgl auch Katalog bei GroßKoAktG/Mülbert § 119 Rn 30, aber es ist jeweils genau zu prüfen, ob gewöhnliches, außergewöhnliches oder Grundlagengeschäft (§ 114 Rn 3) vorliegt; Erwerb von Finanzbeteiligungen nur in Ausnahmefällen, idR bloße Anlageverwaltung, MüKo/Mülbert Anh § 236 Rn 77. Eine sonst nicht gewöhnliche Maßnahme kann ungewöhnlich sein, wenn sie eine schwere Interessenkollisionsgefahr begründet, zB Zusammenlegung des Einkaufs der Ges mit dem privaten Unternehmen des geschäftsführenden Gfters, BGH BB **73**, 213. Typische Interessenkollision, zumal bei gesellschaftsvertraglicher Gestattung des Selbstkontrahierens (§ 181 BGB), genügt dafür aber nicht, BGH **76**, 163. Was bei der Ges als ungewöhnlich zu werten ist, ist das iZw auch bei einer 100%igen Tochter (Betriebsspaltung); Zustimmung der Kdtisten ist dann auch erforderlich, soweit der geschäftsführende Gfter der Mutter deren Rechte in der Tochter wahrnimmt, BGH BB **73**, 213.

3   C. **Grundlagengeschäfte:** Diese betreffen das GesVerhältnis und seine Gestaltung, sie sind überhaupt kein Teil der Geschäftsführung, also weder gewöhnliche noch außergewöhnliche Geschäfte derselben, BGH **76**, 164; näher § 114 Rn 3, § 126 Rn 3.

4   D. **Vorbeugende Unterlassungsklage:** Bei pflichtwidrigen einfachen Geschäften soll dem nicht geschäftsführungsberechtigten Gfter kein Unterlassungsanspruch, sondern nur später Schadensersatz zustehen, BGH **76**, 160, anders nur, wenn dies wegen besonderer Umstände zur Erhaltung des gemeinsamen Vermögens erforderlich ist (§ 744 II BGB), BGH **76**, 168. Der dafür angegebene Grund der Organisationsordnung und Funktionsfähigkeit der Ges trägt dies jedoch nicht. Liegt eine Maßnahme noch im Rahmen des unternehmerischen Ermessens, besteht mangels Pflichtverletzung schon gar kein Anspruch. Überschreitet der Geschäftsführer dagegen seine Kompetenz (also nicht bloß fehlerhafte Geschäftsführung), kann jeder MitGfter ihn daran hindern, Kblz NJW-RR **91**, 488 (SAT I), Lutter AcP 180 (**80**) 139, MüKo/Jickeli 46, aA Grunewald DB **81**, 407: nur bei evidenter Überschreitung.

1. Abschnitt. Offene Handelsgesellschaft 5–9 **§ 116**

2) Beschluss sämtlicher Gesellschafter bei außergewöhnlichen Geschäften (II)

A. **Beschluss sämtlicher Gesellschafter:** Außergewöhnliche Geschäfte (s 5 Rn 2) setzen einen Beschluss sämtlicher Gesellschafter (§ 119) voraus, auch der nicht geschäftsführenden und in der KG der Kdtisten (§ 164 Rn 2). Eine Ausnahme bei Gefahr im Verzug (wie in III, § 115 II) ist in II nicht gemacht (aber s Rn 8). Alle Gfter sind zur Mitwirkung an der Beschlussfassung nach II verpflichtet. Verhinderung der Beschlussfassung durch grundlose Enthaltung oder Abwesenheit ist pflichtwidrig, Ebenroth/Mayen 10, und kann bei Wiederholung zur Verwirkung des Stimmrechts führen, so für das Recht, die Zustimmung aus Zweckmäßigkeitsgründen zu versagen, BGH **LM** § 709 BGB Nr 7; außerdem Schadensersatzpflicht nach § 280 BGB. Ausnahmsweise besteht sogar **Pflicht zur Zustimmung,** BGH WM **73,** 1294 (§ 115 Rn 3, 6). Besteht diese, kann der geschäftsführende Gfter handeln, weil Berufung auf Fehlen des Beschlusses treuwidrig wäre, doch handelt er auf eigenes Risiko. Sicherer, aber umständlicher ist actio pro socio (§ 109 Rn 32).

B. **Wirkungen des Beschlusses:** Der Beschluss bindet. Der einzelne Gfter 6 kann seine Zustimmung nur noch aus wichtigem Grund widerrufen, aA Heymann/Emmerich 10: jederzeit bis zu Durchführung der Maßnahme. § 183 BGB ist unanwendbar. Die Ausführung des GfterBeschlusses ist Recht und Pflicht der Geschäftsführer.

C. **Fehlen des Beschlusses:** Unerlässliche außergewöhnliche Erhaltungs- 7 maßnahmen sind bei Unmöglichkeit rechtzeitiger Beschlussfassung (falls nicht schon Zustimmungspflicht besteht, s Rn 5) auch ohne sie erlaubt und uU sogar geboten (Notgeschäftsführung nach § 744 II BGB (§ 114 Rn 7). Das Fehlen des GfterBeschlusses berührt nicht die Vertretungsmacht (Außenverhältnis, §§ 125 ff), BGH **26,** 332, ZIP **08,** 1582 (GbR), WM **08,** 2252 (KG); daher prüft zB der Grundbuchrichter bei Eintragung eines Geschäfts vertretungsberechtigter Gfter nicht, ob es außergewöhnlich ist, also ein GfterBeschluss erforderlich war, und ob dieser Beschluss gefasst wurde, KGJ **23** A 122.

3) Erteilung und Widerruf einer Prokura (III)

A. **Erteilung (III 1):** Die Erteilung der Prokura ist idR ein gewöhnliches 8 Geschäft (I; sonst bleibt es bei II, der III vorgeht, aA Staub/Schilling § 164 Rn 1). Trotzdem bedarf sie nach III 1 (abw von § 115 I, entspr § 115 II) der **Zustimmung aller geschäftsführenden Gesellschafter,** außer bei Gefahr im Verzug. Gefahr im Verzug besteht, wenn infolge ungenügender Vertretung der Ges, die nur durch Erteilung der Prokura behoben werden kann, ernsthaft Schaden droht. Dann darf (ggf muss) der geschäftsführungsberechtigte Gfter Prokura erteilen. Doch muss er dann unverzüglich die Zustimmung der übrigen geschäftsführenden Gfter einholen; wird diese verweigert, ist die Prokura zu widerrufen. Auch dieses Erfordernis gilt nur im Innenverhältnis (s Rn 7; im Außenverhältnis deckt die gewöhnliche Vertretungsmacht der Gfter die Prokuraerteilung), es berührt also zB nicht den Registerrichter bei Eintragung der vom vertretungsberechtigten Gfter erteilten Prokura, RG **134,** 307, BGH 62, 169. III betrifft nur die Prokura, nicht: HdlVollmacht (s Rn 1), Generalvollmacht (je nachdem I oder II), Abschluss und Aufhebung des der Prokura zugrundeliegenden Arbeitsvertrags. HdlVollmacht s Rn 1. **Anmeldung** zum HdlReg s § 53.

B. **Widerruf (III 2):** Widerrufen darf die Prokura **jeder geschäftsführende** 9 **Gesellschafter,** auch bei Gesamtgeschäftsführung, obwohl er sie dann nicht allein erteilen könnte. Widerspruch der anderen Gfter ist unerheblich (anders als in § 115 I). III 2 betrifft nur das Innenverhältnis, gegenüber dem Prokuristen gilt § 126 I. Ist die Prokura wirksam widerrufen, kann sie durch die vertretungsberechtigten Gfter (s Rn 6, 8) wieder erteilt werden, RG **163,** 38. Ist die Wieder-

§ 117

II. Buch. Handelsgesellschaften und stille Gesellschaft

erteilung offensichtlich pflichtwidrig und somit alsbaldiger Widerruf zu erwarten, kann das Registergericht die Eintragung der Erteilung ablehnen, BayObLG HRR 28, 638. Äußerstenfalls bleibt nur die Auflösung (§ 133). Entziehung der im GesVertrag einem Kdtisten erteilten Prokura s § 170 Rn 4.

10 C. **Erweiterung, Beschränkung:** Auf Erweiterung einer Prokura ist III 1 entspr anzuwenden, auf Beschränkung III 2, MüKo/Jickeli 54, 58, str.

4) Abweichende Vereinbarungen

11 Die Regelung der Geschäftsführung (Innenverhältnis) ist dispositiv (§ 109), so schon § 115 (Einzel- oder Gesamtgeschäftsführung oder beide kombiniert), aber auch § 116 I–III. Der GesVertrag kann den Umfang der Geschäftsführungsbefugnis (für einen oder mehrere Geschäftsführer) abw von I regeln. Er kann das Erfordernis des GfterBeschlusses (II) erweitern, zB auf nicht außergewöhnliche Geschäfte bestimmter Art, oder beschränken, zB auf außergewöhnliche Geschäfte bestimmter Art unter Ausschluss der anderen. Er kann schließlich Erteilung und Widerruf der Prokura gegenüber III erleichtern oder erschweren, zB (so häufig) den Widerruf ebenso an Zustimmung der Mitgeschäftsführer binden wie die Erteilung (ohne Wirkung im Außenverhältnis, RG **163**, 37, s Rn 6), BGH WM **73**, 1293. Wenn der GesVertrag für Maßnahmen bestimmter Art die Zustimmung der Nichtgeschäftsführer fordert, gilt dies iZw auch, soweit der Geschäftsführer die Rechte der Ges in Bezug auf gleichartige Maßnahmen einer hundertprozentigen TochterGes ausübt, BGH BB **73**, 214. Haftung bei Nichtbeachtung der internen Kompetenzordnung, BGH WM **08**, 1453.

[Entziehung der Geschäftsführungsbefugnis]

117 Die Befugnis zur Geschäftsführung kann einem Gesellschafter auf Antrag der übrigen Gesellschafter durch gerichtliche Entscheidung entzogen werden, wenn ein wichtiger Grund vorliegt; ein solcher Grund ist insbesondere grobe Pflichtverletzung oder Unfähigkeit zur ordnungsmäßigen Geschäftsführung.

Übersicht

1) Entziehung der Geschäftsführung aus wichtigem Grund 1–5
   A. Anwendungsbereich 1
   B. Gegenstand der Entziehung 3
   C. Wichtiger Grund 4
2) Klage auf Entziehung 6–8
   A. Klage der übrigen Gesellschafter 6
   B. Verfahren 7
   C. Schiedsvereinbarung 8
3) Wirkung der Entziehung, Neuordnung der Geschäftsführung 9, 10
   A. Gegenüber dem beklagten Gesellschafter 9
   B. Neuordnung der Geschäftsführung 10
4) Abweichende Vereinbarungen 11, 12
   A. Erschwerung 11
   B. Erleichterung 12

1) Entziehung der Geschäftsführung aus wichtigem Grund

1 A. **Anwendungsbereich:** Die Geschäftsführung kann nur durch Urteil auf Klage der MitGfter entzogen werden (S 1 Halbs 1; § 712 I BGB: durch Gfter-Beschluss; so auch vertraglich, s Rn 12). Die Geschäftsführung kann auch dem einzigen Geschäftsführenden (vgl § 114 II) entzogen werden, BGH **33**, 107, NJW **84**, 173, auch dem einzigen phG der KG (§ 164 Rn 1), **51**, 201; die Geschäftsführung fällt dann iZw an die Gesamtheit aller Gfter. Geschäftsfüh-

1. Abschnitt. Offene Handelsgesellschaft 2–4 § 117

rungsmacht des Kdtisten s Rn 3. Entziehung der Vertretungsmacht s übereinstimmend § 127, Verbindung beider Entziehungen s Rn 7. Lit: Westermann 1980; Pabst BB **78**, 892, Hopt ZGR **79**, 1 (GmbH & Co), Reichert/Winter BB **88**, 981, Harrer GesRZ **03**, 307 (wie actio pro socio).

Nicht § 117, sondern Dienstvertragsrecht gilt für geschäftsführende **Dritte** 2 (§ 114 Rn 11), BGH **36**, 294, danach beurteilt sich Kündigung (§ 59 Rn 121) und Freisetzungsrecht (idR jederzeit bei Gehaltsfortzahlung nach § 615 BGB, § 59 Rn 96). Ist Gfter eine andere OHG, fällt nur diese selbst unter § 117, nicht auch ihr GmbHGeschäftsführer, insoweit auch keine auf den Wirkungskreis der Ges beschränkte Entziehung entspr §§ 117, 127, Hopt ZGR **79**, 9; anders bei der GmbH & Co (Anh § 177 a Rn 30). **Niederlegung** bzw Kündigung der Geschäftsführung durch den Gfter selbst s § 114 Rn 19.

B. **Gegenstand der Entziehung:** Jede Art von Geschäftsführung, gesetzlich 3 oder vertraglich, kann nach § 117 entzogen werden (anders § 712 I BGB, Unentziehbarkeit der gesetzlichen Gesamtgeschäftsführung); § 117 betrifft sowohl die vertraglich übertragene als auch die gesetzliche Geschäftsführung, für die OHG hL (anders für Unentziehbarkeit der gesetzlichen Gesamtgeschäftsführung nach § 712 I BGB die früher hL, § 714 Rn 19, dann bleibt nur die Ausschließung des Gfters oder die Auflösung der Ges, deshalb zu § 712 I BGB wie zu § 117 zutr MüKoBGB/Ulmer/Schäfer § 712 Rn 5, 27). Auch die dem Kdtisten abw von § 164 eingeräumte Geschäftsführung (§ 164 Rn 7) ist entziehbar, RG **110**, 418, Kln BB **77**, 465; phG der KG s Rn 1. § 117 ist analog anwendbar auf einzelne die Geschäftsführung betreffende Rechte, zB vertragliches Weisungs- oder Vetorecht nicht geschäftsführender Gfter, Kln BB **77**, 465, Hueck OHG § 10 VII 2, aber nicht sonstige Rechte wie Informations- und Kontrollrechte nach §§ 118, 166 (§ 118 Rn 1), Peters NJW **65**, 1212, str, oder nicht organschaftliche, sondern im eigenen Interesse des Gfters eingeräumt sind, Fischer NJW **59**, 1058. Mitgliedschaftliche Mitarbeitsrechte können jedenfalls nicht ohne wichtigen Grund entzogen werden, offen ob durch GfterBeschluss, so Wackerbarth NZG **08**, 281, oder nur nach § 117, BGH NZG **05**, 34. Die Übertragung der zustehenden Geschäftsführung kann bei wichtigem Grund verweigert werden, aber ohne das Verfahren nach § 117.

C. **Wichtiger Grund:** Zur Entziehung bedarf es eines wichtigen Grundes 4 (§ 117; insoweit wie § 712 I BGB). Ein wichtiger Grund liegt vor, wenn die unveränderte Belassung der Geschäftsführung nicht mehr zumutbar ist. Dafür ist eine umfassende Abwägung der Belange aller Beteiligten notwendig (Gesamtbetrachtung aller Umstände des Einzelfalls, so auch § 314 I 2 BGB). Ein wichtiger Grund ist nach Halbs 2 (ebenso § 712 I Halbs 2) insbesondere

a) grobe Pflichtverletzung durch den Geschäftsführenden, der das Verhältnis der übrigen Gfter zu ihm nachhaltig zerstört hat. Bsp: hartnäckige Nichtbeachtung der Mitwirkungsrechte anderer Gfter, BGH NJW **84**, 173; grundlose Kündigung von Angestellten gegen den erklärten Willen eines MitGfters, BGH ZIP **02**, 396; anhaltende Störung und Blockierung der Geschäftsführung der Ges, BGH LM § 709 BGB Nr 7; Verstoß gegen § 112; führt der Geschäftsführer die Geschäfte auch in anderen Ges, finanzielle Unregelmäßigkeiten zu Lasten des jeweiligen GesVermögens, auch ohne solche gerade bei der (entziehenden Ges), BGH ZIP **08**, 597 (GbR); Antrag auf Eröffnung des Insolvenzverfahrens über das Vermögen der Ges aus persönlichen Motiven, Düss JW **32**, 1671. Bereits der Verdacht eines unredlichen Verhaltens kann dazu führen, dass das erforderliche Vertrauensverhältnis unreparabel zerstört ist, BGH **31**, 304, ZIP **08**, 597 (GbR).

b) Unfähigkeit zur ordnungsmäßigen Geschäftsführung. Bsp: dauernde Krankheit. Damit sind **sonstige wichtige Gründe** („insbesondere") nicht ausgeschlossen. Verschulden ist nicht unbedingt erforderlich, wie b) zeigt, zB unverschuldetes, nicht behebbares Zerwürfnis der Gfter; aber hohes Alter genügt nicht ohne weiteres, BGH **LM** § 117 Nr 1. Auch für § 117 ist das Verhalten der Kläger von Bedeutung BGH WM **77,** 502, **LM** § 117 Nr 1. Ist eine juristische Person Gfter, muss sie sich das Verhalten ihres organschaftlichen Vertreters, BGH WM **77,** 502, NJW **84,** 173, sowie ihrer Mutter und uU auch Tochter zurechnen lassen, RG HRR **40** Nr 1074, Heymann/Emmerich 8. Weitere Beispiele für wichtige Gründe s bei §§ 127, 133, 140.

5 **Verhältnismäßigkeit:** Ein wichtiger Grund liegt nach § 117 wie auch sonst (vgl § 314 I 2 BGB) nur vor, wenn keine weniger einschneidende Maßnahme genügt und auch dem Beklagten zumutbar ist, zB eine bestimmte Beschränkung seiner Geschäftsführungsbefugnis statt ihrer Entziehung, OGH **1,** 33, BGH **51,** 203, WM **77,** 502; auch Gesamt- statt Einzelgeschäftsführung, BGH ZIP **02,** 396, aA Fischer NJW **59,** 1057, Lukes JR **60,** 47 (vgl § 133 Rn 6, § 140 Rn 6); auch zeitlich. Teilentziehung setzt prozessual einen entsprechenden Antrag (zB Haupt- und Hilfsantrag) voraus (anderer Streitgegenstand, kein bloßes Minus), BGH ZIP **02,** 396, MüKo/K. Schmidt § 127 Rn 23, aA RG JW **35,** 696.

2) Klage auf Entziehung

6 A. **Klage der übrigen Gesellschafter:** Antrag der übrigen, dh aller Gesellschafter außer dem Beklagten ist nötig, auch der Gfter ohne Geschäftsführung und bei der KG der Kdtisten, Kln BB **77,** 465, auch bei Gefahr im Verzug; GmbH & Co s Anh § 177 a Rn 30. Bei PublikumsGes genügt zwingend Mehrheitsbeschluss (Anh § 177 a Rn 74). Mit Antrag ist Klageerhebung gemeint. Wäre die Entziehung unverhältnismäßig, ist von vornherein Klage auf bestimmte Beschränkung angezeigt (s Rn 5). **Mitwirkungspflicht:** Anderer Gfter kann zur Mitwirkung an der Klageerhebung (bzw zur Zustimmung, s Rn 7) verpflichtet sein (kein freies Ermessen, Treuepflicht, § 109 Rn 23), BGH **102,** 176 (GbR), üL, K. Schmidt § 47 V 1 b, sehr str, zB wenn er trotz eines vertraglich vorgesehen Mehrheitsbeschlusses oder sonst treuwidrig die Mitwirkung verweigert. Anspruchshäufung s Rn 7.

7 B. **Verfahren:** Mehrere Kläger sind **notwendige Streitgenossen** (§ 62 ZPO), RG **122,** 315, BGH **30,** 197, Ulmer FS Geßler **71,** 269; bindende Einverständniserklärung mit Klageerhebung genügt (gewillkürte Prozessstandschaft), Ebenroth/Mayen 20, MüKo/Jickeli 61, aA MüKo/K. Schmidt § 127 Rn 20. Möglich und häufig ist **Anspruchshäufung** nach § 260 ZPO (vgl § 140 Rn 17, 20, str), BGH **64,** 256, **68,** 82, WM **88,** 25. Bspe: Verbindung mehrerer Klagen auf Entziehung, auch ohne Sachzusammenhang, str; Verbindung einer Klage auf Entziehung und einer auf Zustimmung zur Entziehung oder zur Neuordnung der Geschäftsführung, BGH **51,** 201; Verbindung der Klagen auf Entziehung der Geschäftsführung und der Vertretungsmacht (§ 127 Rn 8). **Widerklage** auf Auflösung (s Rn 9, 10) ist zulässig, str. **Einstweilige Verfügung** (§§ 935, 940 ZPO) auf Beschränkung oder auf vorläufige Entziehung ist auf Antrag aller übrigen Gfter im Prozess möglich (Schiedsverfahren, s Rn 8); auch mit Bestellung eines Dritten als Geschäftsführer (auch mit Vertretungsmacht, § 125 Rn 8), so vor allem im Prozess gegen den einzigen Geschäftsführenden (s Rn 1), BGH **33,** 107; auch auf Zustimmung; auch auf Untersagung der Wahrnehmung von Geschäftsführungsaufgaben, dann bereits auf Antrag eines Gfters, Schlegel/K. Schmidt § 127 Rn 31. Lit: Semler BB **79,** 1533, von Gerkan ZGR **85,** 167. Zum **Verfahren** vgl auch § 140 Rn 12–18. **Urteil:** Gestaltungsurteil (s Rn 9). Besteht wichtiger Grund, muss das Gericht entziehen („kann" in § 117 gibt kein Ermessen), RG **122,** 314, **146,** 179. Fehlt es an der Verhältnismäßigkeit, kann das Gericht mangels Klagantrags (§ 308 ZPO, aber Hinweispflicht, § 139 ZPO) nicht von sich aus weniger einschneidende Maßnahme wählen, BGH **35,** 284 zu § 140, Ebenroth/Mayen 24, str.

1. Abschnitt. Offene Handelsgesellschaft 8–12 **§ 117**

C. **Schiedsvereinbarung:** Sie ist möglich (Einl 90 vor § 1) für die Entzie- 8
hungsklage, RG **71,** 255, ebenso wie für den Streit über vertraglich zugelassenen
Entziehungsbeschluss (s Rn 12). Entziehung durch Schiedsspruch erst nach Vollstreckbarerklärung (§ 1060 ZPO), BayObLG WM **84,** 809, str. Einstweiliger
Rechtsschutz (s Rn 7) auch durch das Schiedsgericht (§ 1041 ZPO). Die
Schiedsvereinbarung kann aber dem Schiedsgericht erlauben, bei Verfahrensbeginn Enthaltungspflicht, auch vorläufige Entziehung auszusprechen. Lit: Erman FS Möhring **65,** 3, Lindacher ZGR **79,** 201, Westermann FS Fischer **79,**
853.

3) Wirkung der Entziehung, Neuordnung der Geschäftsführung

A. **Gegenüber dem beklagten Gesellschafter:** Das Geschäftsführungsrecht 9
erlischt oder wird beschränkt **mit Rechtskraft** des entziehenden (Gestaltungs)Urteils (Schiedsspruch s Rn 8) oder Zustellung der einstweiligen Verfügung (s Rn 7). Mit Entziehung der Geschäftsführung entfällt auch die eine
besondere **Vergütung** (§ 110 Rn 19) bzw sie kommt jetzt in angemessener
Höhe den nunmehr geschäftsführenden MitGftern zu, str. Auch die wirksame
Abberufung kann den betroffenen Gfter uU berechtigen zu kündigen (zur Abfindung in diesem Fall vgl § 140 Rn 22, Herabstufung) oder die Auflösung der Ges
verlangen, BGH **LM** § 119 Nr 9.

B. **Neuordnung der Geschäftsführung:** Die Entziehung kann eine Neu- 10
ordnung der Geschäftsführung (Vertragsänderung) nötig machen, zB wenn kein
Geschäftsführender bleibt oder von zwei Geschäftsführern mit Gesamtgeschäftsführung der verbleibende nun ohne Mitgeschäftsführer ist (und auch nicht ohne
weiteres Alleingeschäftsführer wird) und die Gfter (samt dem nach § 117 Beklagten) sich nicht einigen können. Dann kann jeder Gfter verpflichtet sein, zur
Erhaltung der Ges einem zumutbaren Neuordnungsvorschlag zuzustimmen
(Treuepflicht, § 109 Rn 23, 27), vgl BGH **51,** 202. Die Klage auf diese Zustimmung kann bereits mit der Klage auf Entziehung verbunden werden (s Rn 7).
Kommt auch so die Neuordnung nicht zustande, kann jeder Gfter unter den
Voraussetzungen des § 140 Ausschließung des die Neuordnung vereitelnden
Gfters oder Auflösung der Ges (§ 133) verlangen. Der Mangel ordnungsmäßiger
Geschäftsführung macht die Ges nicht unvertreten (§ 125 Rn 1).

4) Abweichende Vereinbarungen

A. **Erschwerung:** § 117 ist (in weitem Umfang) dispositiv (§ 109), BGH ZIP 11
04, 2284. Der GesVertrag kann die Entziehung der Geschäftsführung weiter
erschweren, zB durch einengende Umschreibung der Entziehungsgründe, durch
(zusätzliches) Erfordernis eines GfterBeschlusses (mit qualifizierter oder einfacher
Mehrheit) oder der Vorprüfung durch Schiedsgutachter oder Beirat (§ 163
Rn 14). Der GesVertrag kann die Entziehung aus wichtigem Grund jedoch nicht
völlig ausschließen; aA früher hL, da Ausschließung des Gfters (§ 140, dann
Auszahlung, uU mit Aufrechnung von Schadensersatz) und Auflösung der Ges
(§ 133) möglich bleiben. Aber das schränkt die übrigen Gfter unzumutbar ein.
Mittelmeinung will Erschwerung zulassen, aber im Einzelfall über § 242 BGB
korrigieren, MüKo/Jickeli 81, Heymann/Emmerich 25 a.

B. **Erleichterung:** Der GesVertrag kann die Entziehung der Geschäftsführung 12
auch erleichtern, materiell und verfahrensmäßig. Bsp: Aufstellung absoluter
(nicht im Streitfall auf „Wichtigkeit" nachprüfbarer) Entziehungsgründe; Klage
schon bei Mehrheitsbeschluss; Entziehung statt auf Klage durch GfterBeschluss
(wie nach § 712 I BGB), mit qualifizierter oder einfacher Mehrheit, dabei treuwidrig ausgeübte Stimme ist unwirksam, BGH **102,** 176 (GbR); aus wichtigem
Grund oder ohne besonderen Grund (nicht vergleichbar mit Ausschließung nach
§ 140), RG HRR **40,** 1074, BGH **86,** 180, **LM** § 119 Nr 9. Abberufung durch

Beirat s § 163 Rn 14. Die Entziehung wird dann wirksam mit Mitteilung des Beschlusses an den Betroffenen. Im Streitfall stellt das Gericht dann nur die Wirksamkeit der Entziehung durch den Beschluss fest, spricht diese nicht aus, der betroffene Gfter kann dagegen Feststellungsklage erheben, BGH **86,** 180. Die Möglichkeit der gerichtlichen Nachprüfung kann nicht wirksam ausgeschlossen werden, Schlegelb/K. Schmidt § 127 Rn 8.

[Kontrollrecht der Gesellschafter]

118 (1) **Ein Gesellschafter kann, auch wenn er von der Geschäftsführung ausgeschlossen ist, sich von den Angelegenheiten der Gesellschaft persönlich unterrichten, die Handelsbücher und die Papiere der Gesellschaft einsehen und sich aus ihnen eine Bilanz und einen Jahresabschluß anfertigen.**

(2) **Eine dieses Recht ausschließende oder beschränkende Vereinbarung steht der Geltendmachung des Rechtes nicht entgegen, wenn Grund zu der Annahme unredlicher Geschäftsführung besteht.**

Übersicht

1) Das Informationsrecht jedes, auch nicht geschäftsführenden Gesellschafters (I) 1–10
   A. Grundsatz und Reichweite 1
   B. Unterrichtung in Angelegenheiten der Gesellschaft 3
   C. Einsichtsrecht 4
   D. Recht auf Abschriften 6
   E. Auskunftsrecht 7
   F. Ausübung 8
2) Sonstige Informationsrechte 11–14
   A. Einsichtsrecht nach § 810 BGB 11
   B. Auskunftsrecht 12
   C. Vorlegungsrechte 14
3) Verfahren 15
4) Die Informationsrechte bei verbundenen Personengesellschaften 16
5) Abweichende Vereinbarungen (II) 17–20
   A. Einschränkung 17
   B. Erweiterung 20

1) Das Informationsrecht jedes, auch nicht geschäftsführenden Gesellschafters (I)

1 A. **Grundsatz und Reichweite:** Nach § 118 I (wie § 716 I BGB für die GbR) hat **jeder Gesellschafter,** ob mit oder ohne Geschäftsführungsbefugnis, ein höchstpersönliches allgemeines Informationsrecht über die Angelegenheiten der Ges. Dieses Recht ist aber vor allem für nicht geschäftsführende Gfter wichtig. Dieses Recht richtet sich **gegen die Gesellschaft,** BGH BB **62,** 899, aber auch unmittelbar gegen die zuständigen geschäftsführenden Gfter, BGH WM **55,** 1585, **83,** 911, aA Wiedemann I 290, und geht in erster Linie auf Duldung und Gewährung des Zugangs (s Rn 4), nur ausnahmsweise Auskunft (s Rn 7). Es ist ein Verwaltungsrecht (s Rn 8), aber kein reines Pflichtrecht, sondern steht dem Gfter im eigenen Interesse zu. Ähnliche, aber nicht so weit gehende Informationsrechte haben die Kdtisten (§ 166) und der stille Gfter (§ 233). Nachweis eines besonderen Interesses an der Information ist unnötig, Kln BB **61,** 953. Säumnis mit der Erfüllung eigener GfterPflichten, zB Beiträgen, hindert grundsätzlich nicht, RG LZ **18,** 66; vgl zu § 320 BGB § 105 Rn 48; auch nicht die Absicht, Informationen für Abfindungs- oder Schadensersatzansprüche und -klagen gegen die Ges zu erhalten. **Grenzen** folgen aber aus dem

1. Abschnitt. Offene Handelsgesellschaft 2–5 **§ 118**

Missbrauchsverbot und der Treuepflicht (§ 109 Rn 23), zB bei Ausübung zur Störung (s auch Rn 4) oder für sonstige vertragswidrige Zwecke wie Wettbewerb, RG **148,** 280, BGH **10,** 387 (§ 259 BGB), BB **70,** 187, BayObLG WM **88,** 1790 (GmbH); bei berechtigtem Wettbewerb bleibt das Informationsrecht des Gfter unberührt, kann aber uU nur durch einen Sachverständigen ausgeübt werden (s Rn 10). Doch ist das Informationsrecht anders als die Geschäftsführungsbefugnis nicht entspr § 117 entziehbar (§ 117 Rn 3), auch nicht unter Vorbehalt von II, aA OGH **1,** 39, **4,** 39 (Erbin eines Gfters); möglich ist aber von I abweichende Vereinbarung (s Rn 17–18). Lit: K. Schmidt 1984, Wohlleben 1989, Akermann 2002, Wiedemann II § 3 III 4; Schiessl GmbHR **85,** 109.

Auflösung, Ausscheiden: Der Gfter hat das Informationsrecht auch noch 2 nach Auflösung der Ges in der Liquidation (später § 157 III), KG HRR **32,** 1142, BayObLG BB **87,** 2184. § 118 gilt nicht für ausgeschiedene Gfter, BGH **50,** 324 (stGes), WM **63,** 989, BayObLG BB **87,** 711, aA betr die Zeit vorher Hamm MDR **61,** 325, **70,** 595, Heymann/Emmerich 4; für den Gfter werdenden Nacherben vor Eintritt des Nacherbfalls, BGH WM **82,** 709 (KG); für die nicht Gfter werdenden Erben des Gfter, RG **170,** 395, OGH **4,** 39; für den Testamentsvollstrecker, außer wenn ihm der Anteil übertragen worden ist oder die MitGfter zustimmen, RG **170,** 395. Sie haben betr die Zeit vor ihrem Ausscheiden (zB zur Bestimmung der Abfindung, § 131 Rn 52; betr Beteiligung an schwebenden Geschäften s § 131 Rn 47) aber das Einsichtsrecht nach § 810 BGB (s Rn 11), BGH BB **77,** 1168 (GmbH), NJW **89,** 226 (GmbH), WM **89,** 878 (KG), und das Auskunftsrecht aus § 242 BGB (s Rn 13), hL.

B. **Unterrichtung in Angelegenheiten der Gesellschaft:** Angelegenheiten 3 der Ges sind **weit** zu verstehen, nämlich alles, was die Lage der Ges betrifft. Der Gfter hat ein Recht, sich darüber zu unterrichten, und zwar angesichts seiner persönlichen Haftung **umfassend.** Informationsrechte bei verbundenen PersonenGes s Rn 16. Die Unterrichtung erfolgt idR durch Einsicht (s Rn 4). Der Gfter hat kein Recht zur selbstständigen Befragung des Personals, Ebenroth/Mayen 12.

C. **Einsichtsrecht:** Das Einsichtrecht des Gfters erstreckt sich auf alle **Han-** 4 **delsbücher und Papiere der OHG** und ist anders als das des Kdtisten (§ 166) nicht auf die Kontrolle des Rechnungsabschlusses beschränkt. Der Gfter darf dazu Geschäftsräume betreten; Anlagen, Einrichtungen, Sachen besichtigen; die HdlBücher einsehen, auch soweit sie Konzernbeziehungen betreffen (s Rn 16); auch Privatbücher eines Gfters, wenn er geschäftliche und persönliche Aufzeichnungen nicht getrennt hat, RG **103,** 72, BGH BB **70,** 187; die sonstigen „Papiere", besonders Verträge, Korrespondenzen, Aktenvermerke, einsehen, auch soweit nur in EDV vorhanden; auch Geheimpapiere wie Modelle, Konstruktionen und Verfahren, RG **117,** 334; sich Notizen und Kopien machen und diese mitnehmen, Kln ZIP **85,** 800 (§ 51a GmbHG), außer bei berechtigtem Interesse der Ges (s Rn 6). Einsicht ist nach **Zeit, Ort, Art und Weise** zu möglichst reibungsloser Durchführung entspr der Treuepflicht (s Rn 1) zu bestimmen, also nicht zur Unzeit (aber nicht unbedingt nur zur Geschäftszeit) und idR in den Geschäftsräumen (also keine Herausgabe, Mitnahme, Versendung), BGH WM **84,** 1273, Celle BB **83,** 1450. Bei wichtigem Grund kann der Gfter ausnahmsweise vorübergehende Überlassung von Unterlagen verlangen, Kln BB **61,** 953, aber nicht bei Unternehmensgeheimnissen. Das Einsichtsrecht ist innerhalb angemessener Frist nach Vorlage der Bilanz auszuüben. Es entfällt nicht schon mit vorbehaltsloser Anerkennung der Bilanz (§ 166 Rn 4), KG GmbHR **88,** 224 (GmbH), Ebenroth/Mayen 15, aA RG **117,** 334. Wirkung der Entlastung s § 114 Rn 16.

Kosten trägt grundsätzlich der einsehende Gfter, BGH BB **70,** 187, Mü BB 5 **54,** 669, dagegen die Ges, wenn nur ihretwegen Sachverständiger eingeschaltet wird (Bsp wegen schlechter Buchführung, auch Rn 10), aA BGH BB **70,** 187 (GbR), und bei Ansprüchen aus §§ 713, 666 BGB (§ 114 Rn 14); uU Schadensersatzanspruch des Gfters auf Erstattung (wenn Prüfung Verstoß ergibt).

6 D. **Recht auf Abschriften:** Der Gfter darf sich ferner selbst oder durch eigene Hilfspersonen (nicht die der Ges) aus den HdlBüchern und Papieren eine Bilanz und einen Jahresabschluss (nF 1986, Anpassung an § 242 III) anfertigen (idR nicht: solche fordern). Die Ges kann dem Gfter die Anfertigung von Photokopien (auf eigene Kosten, s Rn 5) nur bei berechtigtem Interesse verweigern, zB bei Unternehmensgeheimnissen.

7 E. **Auskunftrecht:** Das Informationsrecht nach § 118 kann **ausnahmsweise** zum Auskunftsrecht des einzelnen Gfter erstarken, nämlich wenn die erforderlichen Angaben nicht aus den Büchern und Papieren der Ges ersichtlich sind und sich der Gfter etwa bei Lückenhaftigkeit oder Widersprüchlichkeit der Unterlagen ohne die Auskunft keine Klarheit über die Angelegenheiten der Ges verschaffen kann, BGH BB **72,** 1245, **74,** 1272, **84,** 1272, hL. Auskunftsrecht aus §§ 713, 666 BGB s Rn 12.

8 F. **Ausübung: a) Persönlich:** Das Informationsrecht des Gfters nach § 118 ist ein Verwaltungsrechts, das grundsätzlich **nur persönlich,** ausgeübt und nicht übertragen werden kann (§ 717 S 1 BGB, § 109 Rn 15), BGH **25,** 122, BB **62,** 899. Bei Minderjährigen wird es durch den gesetzlichen Vertreter ausgeübt, BGH **44,** 100 (§ 105 Rn 27), dieser unterliegt dann insoweit der Treuepflicht bzw hat sich dieser zu unterwerfen, Ebenroth/Mayen 18. Bei Abtretung und Verpfändung von Vermögensrechten verbleibt das Informationsrecht beim Gfter (§ 109 Rn 20). Ausübung durch **Bevollmächtigte** ist nur mit Zustimmung der MitGfter zulässig; ohne Zustimmung nur bei wichtigem Grund, zB wenn der Gfter durch besondere Umstände wie längere Abwesenheit oder längere Krankheit verhindert ist, BGH **25,** 123, Hamm OLGZ **70,** 398. Der Bevollmächtigte kann aus Gründen in seiner Person abgelehnt werden (s Rn 9), RG DR **42,** 279. Bspe: mangelnde Vertrauenswürdigkeit oder wenn gerade durch seine Einschaltung die Ges geschädigt oder das Verhältnis der Gfter weiter verschlechtert würde.

9 b) **Hinzuziehung Dritter:** Der einsichtsberechtigte Gfter darf aber, auch ohne mangelnde Sachkunde oder sonstige Gründe nachweisen zu müssen, einen geeigneten **Sachverständigen** hinzuziehen, BGH **25,** 115, BB **62,** 899, **84,** 1274. Der Gfter soll dem Sachverständigen nicht die Ausübung übertragen dürfen, BGH **25,** 113, Soergel/Hadding § 716 Rn 10; das ist zwar theoretisch richtig, aber der Gfter braucht weder persönlich anwesend zu sein noch für die „Leitung der Büchereinsicht" die Verantwortung tragen, zutr MüKoBGB/Ulmer/Schäfer § 716 Rn 16. Geeignet ist idR nur, wer berufsrechtlich zur Verschwiegenheit verpflichtet, BGH BB **62,** 899, zB Wirtschaftsprüfer, Rechtsanwalt, Steuerberater, vereidigter Buchprüfer, Notar. Ein Sachverständiger kann bei berechtigtem Grund von der (dafür beweispflichtigen) Ges abgelehnt werden, nicht allein Befürchtung besonders kritischer Ausübung, Hamm BB **70,** 104, oder wegen ständiger enger Verbindung mit dem einsichtsberechtigten Gfter oder bei voraussichtlicher Ausübung im Interesse vor allem des Gfters, BayObLG BB **91,** 1589, aber zB wenn er für Verleumdung in der Klageschrift verantwortlich ist oder nachweislich schon Störenfried in anderen Ges war, BGH BB **62,** 900. Bestellung des Sachverständigen notfalls auf Kosten des Ges durch das Gericht, BGH BB **70,** 187. Lit: Goerdeler FS Stimpel **85,** 125, Hirte BB **85,** 2208 u FS Röhricht **05,** 217.

10 c) **Ausübung nur durch Dritte:** Der Gfter kann ausnahmsweise, zB bei (erlaubtem) Wettbewerb mit der Ges, sein Informationsrecht überhaupt nur durch einen Sachverständigen ausüben, der dann dem Gfter ihm nicht zustehende Informationen nicht zugänglich machen darf (überwiegende Interessen

1. Abschnitt. Offene Handelsgesellschaft 11–17 § 118

der Ges, Treuepflicht, § 109 Rn 23), BGH BB **70,** 187 (GbR), **79,** 1316 (KG), WM **82,** 1403, näher § 166 Rn 7. Kosten s Rn 5. Ausübung nur durch gemeinsamen Kdtistenvertreter ist bei der PublikumsGes sogar die Regel (Anh § 177 Rn 72).

2) Sonstige Informationsrechte

A. **Einsichtsrecht nach § 810 BGB:** Wenn § 118 wie zB dem ausgeschiede- 11
nen Gfter nicht zur Verfügung steht, kann er auf § 810 BGB rekurrieren (s Rn 2). Grundsätzlich keine strengen Anforderungen, BGH **55,** 203, es genügen zB konkrete Anhaltspunkte für Diskrepanz zwischen Buchwert und vollem Wert, BGH WM **89,** 878. Errichtung „im Interesse einer Partei" bedeutet: bestimmt, ihr als Beweismittel zu dienen, mindestens ihre rechtlichen Beziehungen zu fördern, BGH DB **71,** 1416. § 810 erstreckt das Einsichtsrecht bei GmbH & Co auf Bilanz samt Prüfungsberichte beider Ges, vgl BGH NJW **89,** 225. Kein rechtliches Interesse an Einsicht ist das zur „Ausforschung" (nicht zur Beweisführung für bestimmte Tatsachen), BGH **109,** 267.

B. **Auskunftsrecht:** Unabhängig von § 118 (bzw in der GbR § 716 BGB) 12
und dazu nicht subsidiär, Ebenroth/Mayen 41, str, schulden die geschäftsführenden Gfter persönlich der Gesamtheit der übrigen Gfter Nachricht, Rechenschaft und auf Verlangen Auskunft (**§§ 713, 666 BGB;** § 114 Rn 14). Dieses Recht ist kein Individualrecht, kann aber von jedem einzelnen Gftern zugunsten der Ges geltend gemacht werden (actio pro socio, § 109 Rn 32), MüKoBGB/Ulmer/Schäfer § 713 Rn 8, offen BGH NJW **92,** 1890.

Ausnahmsweise folgt ein Auskunftsrecht aus **§ 242 BGB,** so desjenigen, der 13
entschuldbar über Bestand und Umfang seiner Rechte im Ungewissen ist, gegenüber dem, der darüber unschwer Auskunft geben kann, BGH **10,** 385, **14,** 56 (GmbH), **55,** 203 (HV), **95,** 288, hL. Dieses Auskunftsrecht ist unabhängig von dem Einsichtsrecht nach § 810 BGB.

C. **Vorlegungsrechte** aus § 258 HGB und §§ 422 ff ZPO bestehen neben 14
den Informationsrechten, BGH BB **77,** 1168 (§ 810 BGB). Ein Auskunftsberechtigter (aus §§ 260 I oder 242 BGB, s Rn 13) hat uU das Recht auf eidesstattliche Versicherung (§ 260 II BGB), BGH **55,** 201.

3) Verfahren

Die Rechte nach I, auch das außerordentliche Informationsrecht nach II, sind 15
durch (Leistungs-, Schadensersatz-)**Klage** vor dem Prozessgericht geltend zu machen. Bestellung von Sachverständigen durch das Gericht ist möglich (s Rn 9). Vorläufiger Rechtsschutz, zB nach §§ 935 ff ZPO auf Sicherstellung von Büchern und Papieren, ist möglich. **Vollstreckung** des Rechts auf Einsicht in Urkunden (Vorlage dieser) nach § 883 ZPO (ähnlich Herausgabe), Ffm WM **91,** 1555; Auskunftserteilung ist dagegen unvertretbare Handlung, Vollstreckung nach § 888 ZPO, BayObLG WM **89,** 372 (§ 51 a GmbHG).

4) Die Informationsrechte bei verbundenen Personengesellschaften

Verbundene PersonenGes s § 105 Rn 100, 103. Angelegenheiten der Ges sind 16
auch solche der Ges als ObergesGes der ihr verbundenen Unternehmen, BGH BB **84,** 1274 (stGes). Einsicht in Bücher und Papiere der Ges, auch soweit ihre Konzernbeziehungen betroffen sind. Kein Informationsrecht gegen selbstständige TochterGes (näher § 166 Rn 16). Ist die Ges abhängig oder konzerniert (§ 105 Rn 102–105), ist das nicht als solches schon ein Grund nach II (s Rn 18; s auch § 166 Rn 17). Lit: § 166 Rn 16.

5) Abweichende Vereinbarungen (II)

A. **Einschränkung: a) Grundsatz:** I ist dispositiv. Der GesVertrag oder ein- 17
stimmiger GfterBeschluss können das Informationsrecht allgemein oder ad hoc

Hopt 601

einschränken, zB nur bezüglich begrenzter Unterlagen oder nur zu bestimmten Terminen oder Ausübung überhaupt nur durch Sachverständige oder einen Beirat, BGH WM **84,** 808 (stGes). Auch völliger Ausschluss des Informationsrechts nach I ist zulässig (im Gegensatz zu § 51a GmbHG, aber § 166 Rn 16), BGH WM **88,** 1790, Grenzen s Rn 18. Aber keine Entziehung entspr § 117 (s Rn 1).

18 **b) Grenzen:** Einschränkung und Verzicht sind nach **II** (wie § 716 II BGB für die GbR) nicht wirksam, soweit **Grund zur Annahme unredlicher Geschäftsführung** besteht (vgl auch §§ 166 III, 233 III: wichtige Gründe). Dazu genügt bereits, dass der Gfter Verdachtsgründe für eine pflichtwidrige Schädigung der Ges durch den Geschäftsführer dartut, BGH WM **84,** 808 (stGes), Glaubhaftmachung iSd ZPO ist nicht nötig. Verdachtsgründe iSv II liegen bei Unternehmensverbindung, zumal bei mittelbarer, wegen geringerer Durchsichtigkeit näher als ohne solche (§ 105 Rn 103, s auch Rn 16). Dafür muss der Gfter keinesfalls Beweis erbringen, aber doch idR konkrete Tatsachen für den Verdacht behaupten, den auszuräumen dann Sache der Ges ist, MüKoBGB/Ulmer/Schäfer § 716 Rn 19, zB Vertuschungsversuche, grundlose Verweigerung der Ausübung des Informationsrechts, Hamm OLGZ **70,** 396 (KG), wesentliche Lücken und Fehlen wichtiger Unterlagen in der Buchführung, Heymann/Emmerich 19. Auch II steht unter der gesellschafterlichen Treuepflicht (s Rn 1).

19 Unberührt bleibt das Auskunftsrecht nach **§§ 713, 666 BGB,** das schon wegen der persönlichen Haftung unentziehbar ist (§ 114 Rn 14), hL.

20 B. **Erweiterung:** Der GesVertrag kann die Informationsrechte des Gfter **erweitern,** zB zugunsten ausgeschiedener Gfter und GfterErben zu Zwecken ihrer Abfindung (s Rn 2); Ausscheiden auf 30. 6., Vereinbarung der Prüfung auf diesen Termin, schließt Prüfung des Jahresabschlusses (31. 12.) zur Bestimmung des Gewinnanteils 1. 1.–30. 6. ein, BGH BB **61,** 1341.

[Beschlussfassung]

119 (1) **Für die von den Gesellschaftern zu fassenden Beschlüsse bedarf es der Zustimmung aller zur Mitwirkung bei der Beschlußfassung berufenen Gesellschafter.**

(2) **Hat nach dem Gesellschaftsvertrage die Mehrheit der Stimmen zu entscheiden, so ist die Mehrheit im Zweifel nach der Zahl der Gesellschafter zu berechnen.**

Übersicht

1) Erforderlichkeit von Gesellschafterbeschlüssen (I) 1–4
 A. Beschluss aller Gesellschafter (I) 1
 B. Beschluss aller geschäftsführender Gesellschafter 3
 C. Beschluss aller Mitgesellschafter 4
2) Das Stimmrecht 5–24
 A. Stimmrecht 5
 B. Stimmrechtsausschluss kraft Gesetz (Stimmverbot) 8
 C. Stimmrechtsausschluss und -grenzen aus Vertrag 12
 D. Stimmbindungsvertrag 17
 E. Stimmrechtsübertragung, Abspaltungsverbot 19
 F. Stimmrechtsvertretung 21
 G. Fehlerhafte Stimmabgaben 24
3) Der Gesellschafterbeschluss 25–32
 A. Rechtsnatur des Beschlusses 25
 B. Zustandekommen 26
 C. Gesellschafterversammlung 29
 D. Fehlerhafte Beschlüsse 31

1. Abschnitt. Offene Handelsgesellschaft 1–6 **§ 119**

4) Mehrheitsbeschlüsse (II), Bestimmtheitsgrundsatz 33–41
A. Grundsatz der Einstimmigkeit 33
B. Zulassung von Mehrheitsbeschlüssen (II Halbsatz 1) 34
C. Allgemeine Grenzen für Mehrheitsbeschlüsse, Kernbereich 35
D. Der Bestimmtheitsgrundsatz 37
E. Mehrheit der Stimmen (II Halbsatz 2) 41

1) Erforderlichkeit von Gesellschafterbeschlüssen (I)

A. **Beschluss aller Gesellschafter (I):** Für GfterBeschlüsse ist grundsätzlich 1 die Zustimmung aller mitwirkungsberechtigten Gfter nötig (I). Beschluss aller Gfter (Gegensatz: aller geschäftsführenden oder aller MitGfter), also einschließlich eines besonders Betroffenen (Stimmrechtsausschluss s Rn 8) ist nötig zu außergewöhnlichen Geschäftsführungsmaßnahmen (§ 116 II), zur einvernehmlichen Auflösung der Ges (§ 131 Nr 2), zu verschiedenen Maßnahmen in und nach der Liquidation (§§ 146 I, 147, 152, 157 II 2) und allgemein zur Änderung des GesVertrags (§ 105 Rn 60) und allen sonstigen Grundlagengeschäften (§ 114 Rn 3); zur Abweichung vom GesVertrag für den Einzelfall; in anderen vom GesVertrag vorgesehenen Fällen. Zulässig sind GfterBeschlüsse in allen GesAngelegenheiten, auch solchen, die nach dem GesVertrag einzelnen Gftern zugewiesen sind; sie weichen insoweit wirksam vom Vertrag ab. Lit: zu Stimmrecht, Stimmabgabe, Beschluss Winnefeld DB **72,** 261.

§ 119 ist aber **dispositiv** (§ 109). Statt des einstimmigen Beschlusses aller Gfter 2 kann Mehrheitsbeschluss vorgesehen sein (s Rn 34, Grenzen 35 ff). Statt Zuständigkeit der Gfter kann in bestimmten Grenzen Zuständigkeit anderer Organe, zB Beirat oder Schiedsgericht, vereinbart sein (s Rn 16).

B. **Beschluss aller geschäftsführenden Gesellschafter** ist nötig bei Ge- 3 samtgeschäftsführung (§ 115 II), zur Bestellung von Prokuristen (§ 116 III) und wo im GesVertrag vorgesehen.

C. **Beschluss aller Mitgesellschafter:** Beschluss aller MitGfter (der „übri- 4 gen" Gfter) sehen vor §§ 113 II (Ansprüche aus unzulässigem Wettbewerb), 122 II (Verminderung des Kapitalanteils eines Gfters), gemeinsame Klage aller MitGfter, die idR auf einem Beschluss beruhen wird, nach §§ 117, 127, 140 (Entziehung, Ausschließung).

2) Das Stimmrecht

A. **Stimmrecht:** Das Stimmrecht ist mit das wichtigste GfterRecht. Es ist 5 höchstpersönlich und kann nicht übertragen werden (s Rn 19). Stimmrechtsvertretung kann zulässig sein (s Rn 21), dabei wird das Verbot des Selbstkontrahierens (§ 181 BGB) praktisch (s Rn 22). Die Stimmabgabe ist (im Gegensatz zum Beschluss s Rn 25) eine einfache **Willenserklärung,** für die die allgemeinen Vorschriften über Zustandekommen (Zugang an die MitGfter, § 130 BGB), BGH **65,** 97, und Wirksamkeit, also Nichtigkeit und Anfechtbarkeit (§§ 104 ff, 134, 138, 142 ua BGB) gelten, BGH **14,** 267, **48,** 173. Fehlerhafte Stimmabgabe s Rn 24.

Stimmpflicht: Das Stimmrecht ist kein rein eigennütziges Recht, sondern 6 durch die Pflicht zur Förderung des gemeinsamen Zwecks (§ 105 Rn 1) und die gesellschafterliche Treuepflicht (§ 109 Rn 23) gebunden. Die Gfter sind, soweit sie an Beschlüssen mitwirken können (s Rn 1–4), zur Mitwirkung (Information, Erörterung, Stellungnahme) und Stimmabgabe verpflichtet. Das gilt auch bei Mehrheitsbeschlüssen, anders wenn bestimmte Quoren für die Beschlussfähigkeit der Gfter vorgesehen sind, Heymann/Emmerich 16. Die Stimmpflicht kann grundsätzlich auch durch Stimmenthaltung erfüllt werden, Ebenroth/Goette 24, str. Abstimmung in einer bestimmten Richtung, sei es Ablehnung oder Zustimmung, ist damit noch nicht vorgeschrieben (aber s Rn 7).

7 Ablehnungs- und Zustimmungspflicht: Aus der Treuepflicht der Gfter kann die Pflicht zur Abstimmung in bestimmtem Sinne folgen, zB Ablehnung bei rechtswidrigen Beschlussvorschlägen oder Zustimmung zu gebotenen Geschäftsführungsmaßnahmen (§ 115 Rn 6, § 116 Rn 5), zur Vertragsänderung (§ 105 Rn 64–66) oder zur Mitwirkung bei Klageerhebung nach §§ 117, 127, 140 (§ 109 Rn 27). Bei pflichtwidriger Ablehnung der Zustimmung ist grundsätzlich Leistungsklage der übrigen Gfter gegen den Ablehnenden nötig; die geschuldete Zustimmung wird dann durch Urteil ersetzt (§ 894 ZPO), BGH **64,** 259. Zum Verfahren s § 109 Rn 38 ff und zu §§ 117, 127, 140. Zur Verfügung steht auch die actio pro socio (§ 109 Rn 32). Ausnahmsweise ist der Gfter kraft Treuepflicht auch ohne Zustimmung an den Beschluss der übrigen gebunden (§ 105 Rn 28). Die aus der Treuepflicht folgende innergesellschaftliche Zustimmungspflicht ist streng von einer besonderen vertraglichen Stimmbindung gegenüber MitGftern oder Dritten zu unterscheiden (s Rn 17–18).

8 B. **Stimmrechtsausschluss kraft Gesetz (Stimmverbot):** Für die OHG und KG ist die Frage des Ausschlusses des Stimmrechts eines Gfters bei Interessenkonflikten seines persönlichen Interesses mit dem GesInteresse gesetzlich nicht geregelt. Andere Gesetze bieten Parallelen. Das Stimmrecht bei GfterBeschlüssen (und entspr bei Beschlüssen in Beirat ua) entfällt

a) bei Beschluss über gerichtliche oder außergerichtliche **Geltendmachung eines Anspruchs gegen den Gesellschafter,** BGH NJW **74,** 1555, Grund: Rechtsgedanke des § 113 II (s Rn 4), ebenso § 136 I 1 AktG, § 43 VI GenG;

b) bei der **Einleitung oder Erledigung eines Rechtsstreits mit ihm,** BGH WM **83,** 60, so §§ 34 2. Fall BGB, 47 IV 2 GmbHG;

c) bei **Entlastung oder Befreiung von einer Verbindlichkeit,** so § 47 IV 1 1. u 2. Fall GmbHG, 136 I 1 AktG, 43 VI GenG.

d) Gleiches gilt entspr §§ 34 1. Fall BGB, 47 IV 2 GmbHG, bei **Vornahme eines Rechtsgeschäfts mit einem Gesellschafter** oder ihm gegenüber (zB Vertrag, Vertragskündigung), RG **136,** 245 (sogar: Zulassung des Mitstimmens in solchem Falle sei gesetzwidrig, § 134 BGB), üL, aA MüKo/Enzinger 33, offen (da Änderung des Aktienrechts im Gegensinne: § 114 V AktG 1937, jetzt § 136 I 1 AktG 1965, gegen früher § 252 III HGB) RG **162,** 373, BGH **48,** 256. Rechtsgeschäfte sind auch einseitige rechtsgeschäftliche sowie rechtsgeschäftsähnliche Maßnahmen, zB Zuwendung eines besonderen Vorteils an den Gfter.

e) Das gilt auch für **sonstige Maßnahmen gegen ihn aus wichtigem Grund,** zB Entziehung der Geschäftsführungs- oder Vertretungsmacht und Ausschluss nach §§ 117, 127, 140 oder seine Abberufung als Beiratsmitglied aus wichtigem Grund, BGH **86,** 178 (GmbH), Staub/Schilling § 163 Rn 13, Grund: Rechtsgedanke der §§ 113, 117, 127, 140, 141. Dieser besondere gesetzliche Stimmrechtsausschluss liegt gegenüber dem allgemeinen Stimmverbot des § 181 BGB (s Rn 22, bloßes Vertretungsproblem) anders und ist im Rahmen seines Geltungsbereichs eine Sonderregelung, str, vgl für § 47 IV 2 GmbHG Lu/Ho § 47 Rn 16.

Zusammenfassend gilt also in der OHG und KG ein **Stimmverbot bei Interessenkonflikt** (§ 109 Rn 25, 26, § 112 Rn 1) entspr § 34 BGB, § 47 IV GmbHG für Stimmrechtsausübung für sich oder andere, wenn ein Interessenkonflikt zwischen unmittelbaren Vermögensinteressen der Ges und des Gfters besteht und das Mitstimmen bei dem Beschluss ein **Richten in eigener Sache** wäre, BGH **9,** 178, **97,** 33 (beide GmbH), Ebenroth/Goette 14. § 181 BGB als weiterer Rechtsgedanke ist angesichts der Restriktionen dieser Norm möglich, aber wenig hilfreich. Das einheitliche verbandsrechtliches Prinzip hilft auch nicht über die unterschiedliche Reichweite je nach GesForm hinweg. Das Stimmver-

1. Abschnitt. Offene Handelsgesellschaft 9–13 **§ 119**

bot gilt auch im **Konzern,** BGH NJW **73,** 1040 (GmbH), sowie in einer von dem Gfter beherrschten Ges (wirtschaftliche Einheit, vgl § 172a Rn 27), BGH **56,** 53, **68,** 110 (GmbH). Das Stimmverbot erfasst auch alle **Umgehungen,** zB Zwischenschaltung eines Vertreters oder Treuhänders. Dieses gesetzliche Stimmverbot ist bis auf den zwingenden Kern in seinen einzelnen Ausprägungen **dispositiv** (s Rn 12). Zu weitergehenden Sanktionen bei Interessenkonflikten Hopt ZGR **04,** 1, FS Doralt **04,** 213.

Dieses Stimmverbot lässt **alle anderen Rechte** des Gfter wie Teilnahme an 9 der GfterVersammlung, Rederecht, Antragstellung ua **unberührt.**

Kein Stimmrechtsausschluss: Das Stimmrecht entfällt nicht **bei Beschlüs-** 10 **sen über die innere Ordnung der Gesellschaft,** hier hat das Mitverwaltungsrecht des Gfters Vorrang, Ebenroth/Goette 13. Bspe: Änderung des GesVertrag, zB Abtretungsgenehmigung, BGH **48,** 167 (GmbH), oder Änderung der Zuständigkeitsordnung, zB der Geschäftsführungs- und Vertretungsbefugnis (einschließlich der finanziellen Vereinbarungen) mit Auswirkung auf den Gfter, BGH **51,** 215, **52,** 320, WM **90,** 1618 (alle GmbH); allgemein bei vermögenswertem Eigeninteresse, zB Gewährung einer Pension an den Gfter, BGH **18,** 205 (GmbH), Entscheidung über Nachfolge eines ausscheidenden Gfters, BGH WM **74,** 374 (GmbH), Einforderung von Einlagen, BGH WM **90,** 1618 (GmbH). Das gilt auch für Maßnahmen als wichtigem Grund zB nach §§ 117, 127, 140 (s Rn 7). Lit: Zöllner 1963, K. Schmidt § 21 II u NJW **86,** 2018, Immenga/Werner GmbHR **76,** 54 (GmbH). RsprÜbersicht: Wank ZGR **79,** 222 (GmbH).

Stimmrechtsmissbrauch: Soweit danach ein Stimmrechtsausschluss entspr 11 § 34 BGB, § 47 IV GmbHG nicht vorliegt, kommt darüber hinaus dort als weitere Schranke von Rechts wegen ein Stimmrechtsmissbrauch in Betracht (Treuepflicht, § 109 Rn 23), BGH **80,** 71 (GmbH), Ebenroth/Goette 13, Lu/Ho § 47 Rn 26, so wenn der Gfter Sondervorteile verfolgt oder wenn er nach seiner Kündigung eine sachlich vertretbare, seine Vermögensinteressen nicht tangierende Maßnahme blockiert, BGH **88,** 328 (GmbH), oder wenn dem Gfter besonders nahe stehende Gfter (Ehegatte, Kinder, Eltern) im Einzelfall eindeutig befangen sind, BGH **80,** 71 (GmbH), oder wenn Abschlussprüfer ohne sachlich gerechtfertigten Grund gegen den Willen der MitGfter abberufen wird, BGH WM **91,** 1951 (§ 318 Rn 4).

C. **Stimmrechtsausschluss und -grenzen aus Vertrag:** Der Stimmrechts- 12 ausschluss kraft Gesetzes ist grundsätzlich **dispositiv.** Der GesVertrag kann also **Einschränkungen des Stimmverbots** vorsehen ebenso wie Ausdehnungen. Das gesetzliche Stimmverbot kann in seinen Einzelausprägungen und Abgrenzungen ohne weiteres entschärft werden, **das Verbot des Richtens in eigener Sache** ist dagegen im Kern zwingend, BGH BB **89,** 1496 (Entlastung), Lu/Ho § 47 Rn 13. Praktisch häufiger und wichtiger sind die vertraglichen **Ausdehnungen.**

Vertraglicher Stimmrechtsausschluss: Möglich ist auch ein vertraglicher 13 Ausschluss des Stimmrechts für Gfter (wie für GmbHGfter, BGH **14,** 269), außer für Beschlüsse, die in die Rechtsstellung des Gfter eingreifen (**Kernbereichslehre,** s Rn 36) zB durch Änderung der Gewinnbeteiligung, des Auseinandersetzungsguthabens (ähnlich dem Schutz der Sonderrechte des GmbHGfters, § 35 BGB, § 53 III GmbHG), BGH **20,** 368 (KG, § 163 Rn 5), NJW **93,** 2100 (GmbH in der GmbH & Co, Anh § 177a Rn 25), MüKoBGB/Ulmer/Schäfer § 709 Rn 63, vgl K. Schmidt § 21 II c, Lutter AcP 180 (**80**) 147.

Nach aA ist dieser für die KG mangels persönlicher Haftung noch hinnehmbare Stimmrechtsausschluss bei der OHG nicht mehr akzeptabel. Auch liege ein Wertungswiderspruch zum Verbot der Stimmrechtsabtretung nahe, Heymann/Emmerich 25. Dem Interesse der Gfter an Entscheidungsfindung und Mehrheits-

§ 119 14–18   II. Buch. Handelsgesellschaften und stille Gesellschaft

bildung werde durch die Möglichkeit von Mehrheitsbeschlüssen hinreichend Rechnung getragen (s Rn 26 ff), Wiedemann I § 7 II 1 a, Heymann/Emmerich 25. Lit: Comes DB **74,** 2189, 2237.

14   **Ungleiches Stimmrecht (Mehrstimmrechte)** als solches ist bei PersonenGes (anders § 12 II AktG) idR unbedenklich, außer wenn GesVertrag mit Mehrheit geändert werden kann und das ungleiche Stimmrecht sittenwidrige Abhängigkeit schafft, BGH **20,** 370; ebenso für die KG § 163 Rn 8. Das ungleiche Stimmrecht darf aber nicht einem bei der OHG unzulässigen Stimmrechtsausschluss gleichkommen (s Rn 13). Bei PublikumsGes ist sachliche Rechtfertigung nötig, K. Schmidt GesR § 21 II 1 e.

15   **Vertreterklausel** und **Beirat** mit bestimmten Entscheidungsbefugnissen sind auch bei der OHG nicht grundsätzlich ausgeschlossen, str, aber nur in bestimmten Grenzen (§ 114 Rn 26, 27).

16   **Mitwirkung Dritter** an der Willensbildung der Ges durch Stimmrechte ist nur auf Grund des GesVertrags und nur mit abgeleiteten Befugnissen zulässig (§ 114 Rn 28). Entscheidung über Meinungsverschiedenheiten durch **Schiedsgericht** oder **Schiedsgutachter** (Einl Rn 90, 93 vor § 1) kann wirksam vorgesehen werden, BGH **43,** 261 (GmbH).

17   D. **Stimmbindungsvertrag: a) Gegenüber anderen Gesellschaftern:** Gfter können sich gegenüber anderen Gftern schuldrechtlich verpflichten, in bestimmten Sinne abzustimmen, zB nach festen inhaltlichen Vorgaben, nach Weisung eines anderen Gfters, BGH NJW **51,** 268, oder nach (Mehrheits-)Beschluss einer Gruppe oder eines Familienstammes von Gftern (Konsortialvertrag, meist als InnenGbR), BGH NJW **09,** 670. Eine solche Stimmbindung ist ohne Zustimmung der anderen Gfter (ähnlich wie bei AG, GmbH) zulässig. Grenzen folgen außer wie immer aus § 138 BGB, aus dem Schutz des Kernbereichs (s Rn 13), aus der Treuepflicht der Gfter (§ 109 Rn 23) und aus Stimmverboten und Stimmpflichten gegenüber MitGtern (s Rn 6–16). Die bindungswidrig abgegebene Stimme ist im GesVerhältnis wirksam, aber Erfüllungsklage auf Stimmabgabe wie vereinbart; Vollstreckung nach § 894 ZPO, BGH **48,** 163, Kln WM **88,** 974 (beide GmbH), aber diese kommt häufig zu spät. Die Gewährung einstweiligen Rechtsschutzes sollte deshalb jedenfalls im Grundsatz möglich sein, Kblz NJW **86,** 1692, aA üL, auch das nur restriktiv und nicht wenn sie einer endgültigen Vorwegnahme gleichkommt, sehr str. Das Urteil auf Stimmabgabe in bestimmtem Sinne, wenn dem die Beschlussfassung Leitenden mitgeteilt (BGH **48,** 174), ersetzt die Stimmabgabe. Unwirksamkeit der Abrede macht grundsätzlich nicht auch die ihr gemäß abgegebene Stimme unwirksam, aA Flume I 2 § 7 VI, aber Schadensersatz.

18   **b) Gegenüber Dritten:** Stimmbindungen gegenüber Dritten sind nach der Rspr ebenfalls zulässig und nach § 894 ZPO vollstreckbar, BGH **48,** 163 (GmbH). Indessen kollidieren sie mit dem Abspaltungsverbot (§ 109 Rn 16) und sind wegen der Fremdbestimmung mit dem Charakter einer PersonenGes grundsätzlich nicht zu vereinbaren, MüKoBGB/Ulmer/Schäfer § 717 Rn 25, Staub/Schilling § 163 Rn 12, Flume I § 14 VI, auch Ebenroth/Goette 22, aA für Stimmbindungen nur ad hoc K. Schmidt § 21 II 4 a cc. Keinesfalls zulässig sind sie ohne Zustimmung der MitGfter, wenn auch die Anteilsübertragung nur mit ihrer Zustimmung zulässig ist. Zulässig ist die Stimmbindung gegenüber Dritten jedoch bei Treuhand, Unterbeteiligung und Nießbrauch (§ 105 Rn 31, 38, 44), weil diese Rechtsverhältnisse an die Mitgliedschaft gebunden sind; dann ohne Zustimmung der anderen Gfter, aA Staub/Schilling § 163 Rn 12 und mit Wirksamkeit in denselben Grenzen wie gegenüber Gftern. Zulässig ist auch eine Stimmbindung als Nebenpflicht zu einem Austauschvertrag, zB bei Anteilsübertragung Pflicht, beim GfterBeschluss darüber zuzustimmen. Lit: Overrath 1973, Herfs 1994 (Einwirkung Dritter, GmbH); Hueck FS Nipperdey **65** I, 401,

Zöllner ZHR 155 **(91)** 168, Zutt ZHR 155 **(91)** 190 (einstweiliger Rechtsschutz).

E. **Stimmrechtsübertragung, Abspaltungsverbot:** Das Stimmrecht des 19
Gfters kann als Verwaltungsrecht (§ 717 S 1 BGB; anders bei Vermögensrechten,
§ 717 S 2 BGB) isoliert von der Mitgliedschaft (Anteil) weder einem Dritten
noch einem MitGfter übertragen werden (Abspaltungsverbot, § 109 Rn 16),
BGH **3**, 354, **20**, 364, **36**, 293, **43**, 267; auch nicht mit Zustimmung der
MitGfter, BGH NJW **60**, 963. Unzulässig sind auch andere Gestaltungen, auf
Grund derer der andere das Stimmrecht rechtlich wie ein eigenes Recht ausüben
kann, BGH NJW **87**, 780 (AG), zB die Legitimationszession, offen BayObLG
ZIP **86**, 305, und verdrängende Vollmachten wie unwiderrufliche Stimmrechtsvollmacht mit Stimmverzicht des Gfters, BGH **3**, 357, **20**, 365, oder mit dessen
Verpflichtung, nicht gegen den Willen des Bevollmächtigten zu stimmen (also
auch keine dahin gehende Auslegung), BGH BB **70**, 187. Dieses Abspaltungsverbot gilt auch für Kdtisten, auch bei kapitalistisch organisierter KG, BGH **20**,
364. Eine gegen das Abspaltungsverbot verstoßende Übertragung kann in eine
bloße Überlassung zur Ausübung (§ 140 BGB) oder eine andere zulässige Gestaltung umzudeuten sein (§ 140 BGB), BGH **20**, 366.

Zulässige Gestaltungen auf Grund GesVertrags oder mit Zust aller Gfter: 20
Überlassung nur zur Ausübung (§ 109 Rn 17), also durch Vollmacht (§ 167 I
BGB) oder Ermächtigung zur Ausübung im eigenen Namen (§ 185 I BGB
analog); Ausschluss des Stimmrechts (s Rn 13; eventuell Umdeutung in einen
solchen Ausschluss, § 140 BGB); ungleiches Stimmgewicht (s Rn 14, KG § 163
Rn 8); Vertreterklausel (s Rn 15, KG § 163 Rn 10); Mitwirkungsrechte eines
Beirats (s Rn 15, KG § 163 Rn 12). Zulässig ist auch die Aufteilung der Rechte
zwischen dem Gfter und einem Treuhänder, Unterbeteiligten und Nießbraucher
(§ 105 Rn 31, 38, 44), sowie einem Testamentsvollstrecker (§ 139 Rn 21).
Möglich nach der Rspr auch die Gewährung eines zusätzlichen (entziehbaren) Stimmrechts an NichtGfter (ohne Beschränkung desjenigen der Gfter) entspr
§ 317 BGB sein, BGH NJW **60**, 963, auch eines Überwachungs- und Widerspruchsrechts iSv § 115 I (s dort Rn 2–3); anders oben Rn 16, § 114 Rn 28,
MüKoBGB/Ulmer/Schäfer § 717 Rn 10, Ebenroth/Goette 15. Lit: Hueck
ZHR 125 **(63)** 1, Martens DB **73**, 413, Fleck FS Fischer **79**, 107 (GmbH).

F. **Stimmrechtsvertretung:** Die Stimmerklärungen der Gfter können, da das 21
Stimmrecht höchstpersönlich ist (s Rn 5), grundsätzlich nicht durch **Vertreter**
(außer gesetzlichen Vertretern, § 105 Rn 27) erfolgen, auch nicht durch MitGfter als Vertreter. Der GesVertrag kann aber die **Stimmvollmacht** zulassen, auch
für NichtGfter, auch eine unwiderrufliche, wenn sie nicht der Stimmrechtsübertragung gleichkommt (s Rn 19–20). Auch ad hoc können die MitGfter eine
Vertretung zulassen, uU sind sie dazu verpflichtet (vorübergehend, durch vertrauenswürdigen Dritten), BGH DB **70**, 437, zB für Ausübung des Informationsrechts (§ 118 Rn 8–10). Ausnahmsweise Zustimmungspflicht der MitGfter
(§ 105 Rn 66). Nießbrauchers s § 105 Rn 46.

Verbot des Selbstkontrahierens: § 181 **BGB** (s auch § 126 Rn 9) hindert 22
grundsätzlich nicht Stimmerklärung über Geschäftsführung (vgl §§ 116 II, 164)
und andere gemeinsame GesAngelegenheiten durch einen Gfter für sich und
zugleich in Vertretung von MitGftern, BGH **65**, 97. § 181 BGB erfasst dagegen
den Vollzug durch Abschluss eines Vertrags mit dem Gfter, BGH **112,** 341;
vertragsbegründende und vertragsändernde Beschlüsse, zB GesVertragsänderung,
BGH **65**, 96, **112,** 342, und zwar einstimmig, BGH BB **61**, 304, **76,** 901,
ebenso wie solche mit Mehrheit. Untervertretung ändert nichts, BGH **112,** 343.
Möglich ist aber **Gestattung** (vgl § 181 BGB), die zB enthalten ist in unbeschränkter Vollmacht zur Stimmabgabe in der für einen solchen Beschluss vorgesehenen Versammlung, BGH **66**, 86, **112,** 343, nicht schon wenn der vertretene

Gfter zur Zustimmung zur Vertragsänderung verpflichtet ist (§ 105 Rn 64, 65), BGH NJW **61**, 724. Nachträgliche **Genehmigung** durch die Gfter ist möglich. **Befreiung** von § 181 BGB ist im HdlReg ist **eintragungsfähig**, Hamm BB **83**, 858, Hbg BB **86**, 1255, BayObLG DB **00**, 37, s auch § 53 Rn 3, Anh § 177 a Rn 39; Eintragungspflicht s § 125 Rn 26. Lit: Hübner 1977; Schilling FS Ballerstedt **75**, 257, Fischer FS Hauß **78**, 61, Röll NJW **79**, 627.

23 Bedeutung für Vertretung **Minderjähriger** s § 105 Rn 26, 27. GmbH & Co s Anh § 177 a Rn 39–40. Zwischen Mutter als einzigem phG und minderjährigen Kindern als Kdtisten ist die Generalbevollmächtigung der Mutter, um bei späteren Rechtsgeschäften unter den Gftern Ergänzungspflegerbestellung zu vermeiden, unzulässig, Hamm BB **72**, 593.

24 G. **Fehlerhafte Stimmabgaben:** Die Stimmerklärungen sind als Willenserklärungen **nichtig** oder **anfechtbar** (s Rn 4). Im Falle des Entscheids über Geschäftsführungsmaßnahmen sind sie bei pflichtwidriger Abgabe **unwirksam** (wie bei Widerspruch gegen Geschäftsführungsmaßnahmen, § 115 Rn 4). Sie sind bei solchem Entscheid bis zur Ausführung der Maßnahme **widerruflich**, jedoch nur aus wichtigem Grunde, bei das GesVerhältnis berührenden Beschlüssen nur bis zur Perfektion des Beschlusses. Ungültigkeit einer Stimmerklärung macht den **ganzen Beschluss ungültig**, wenn die Erklärung für das Ergebnis ursächlich gewesen sein kann, sei es, dass ohne sie ohne weiteres die erforderliche Mehrheit fehlte, sei es auch, dass bei anderer Stimmabgabe des Gfters vielleicht MitGfter auch anders gestimmt hätten, BGH **12**, 331 (Aufsichtsrat in AG), **69**, 267 (GmbH).

3) Der Gesellschafterbeschluss

25 A. **Rechtsnatur des Beschlusses:** Die Rechtsnatur des GfterBeschluss ist str (Vertrag, Gesamtakt, Sozialakt ua), er ist jedenfalls ein Rechtsgeschäft, aber im Gegensatz zur einzelnen Stimmabgabe (s Rn 5) keine Willenserklärung iSv §§ 116 ff BGB. GfterBeschlüsse, die vom GesVertrag nicht nur für den Einzelfall abweichen, sondern ihn ändern, haben die gleiche Rechtsnatur wie der GesVertrag selbst (§ 105 Rn 47). Fehlerhafter Beschluss s Rn 31. Lit: K. Schmidt § 15.

26 B. **Zustandekommen:** Beschlüsse kommen durch die **Stimmabgaben** der Gfter zustande. Sie können in einer Gfterversammlung, im Umlaufverfahren, näher Ebenroth/Goette 39, durch Briefwechsel oder anderweitig gefasst werden. Es genügt gesonderte (also nicht unbedingt gleichzeitige), auch mündliche Stimmabgabe; iZw gegenüber jedem Mitstimmenden; falls nach GesVertrag ein Gfter die Beschlussfassung leitet (nicht ohne weiteres der alleinige Geschäftsführer), gegenüber diesem. Bei gesonderter Stimmabgabe (nach oder ohne Abhaltung der GfterVersammlung) wird der Beschluss idR erst mit Zugang der letzten Stimmerklärung (an den letztempfangenden MitGfter oder den Leiter) wirksam, aber nur wenn bis dahin kein Mitstimmender widerrufen hat, RG **128**, 177, **163**, 392, offen BGH WM **90**, 586, jedenfalls kann Bindung bis zur letzten Stimmabgabe erklärt sein. Ausnahmsweise kann Verzicht auf Zugang (§ 151 BGB) anzunehmen sein, OGH **4**, 70. Widerruf s Rn 24. Ist der Beschluss zustandegekommen, kann er nur durch einen neuen Beschluss umgestoßen werden, falls keine Rechte Dritter begründet worden sind, BGH **48**, 172.

27 **Form:** Beschlüsse sind grundsätzlich **formfrei**, GfterVersammlung (s Rn 29) ist nicht erforderlich. Sie können auch **stillschweigend** durch übereinstimmendes schlüssiges Verhalten der Gfter zustandekommen, BayObLG BB **87**, 713, auch vertragsändernde Beschlüsse, uU auch durch **langjährige Übung** (§ 105 Rn 62).

28 **Schriftformklausel:** Im GesVertrag vorgeschriebene Form (Schriftformklausel, Einl 9 vor § 343) soll für Vertragsänderungen (§ 105 Rn 63) und deshalb ohne weiteres auch für vertragsändernde Beschlüsse idR nicht Gültigkeitserfordernis sein, sondern nur Klarstellungsfunktion haben (entgegen § 125 S 2 BGB), BGH **49**, 365, str (§ 105 Rn 63). Dasselbe wäre dann iZw auch für sonstige Beschlüsse und Beschlussformvorschriften anzunehmen, RG **104**, 415, **122**, 367 (für Protokollierung), tendenziell auch Ebenroth/Goette 32. Das ist indessen so allgemein weder für Vertragsänderungen (Nachweise s § 105 Rn 63) noch erst recht für sämtliche Beschlüsse anzuerkennen, entscheidend ist die Auslegung des GfterWillens (§§ 133, 157 BGB), BGH WM **61**, 1275, BayObLG BB **87**, 713. Dementsprechend genügt bei Schriftformklausel in PublikumsGesVertrag (Anh § 177a Rn 69) einfache Protokollierung, BGH **66**, 82. Ist im normalen Ges-Vertrag notarielle Beurkundung vorgesehen, ist das idR als Gültigkeitserfordernis gemeint, RG **122**, 369 (GmbH). Auch wenn die Schriftformklausel im konkreten Fall Gültigkeitserfordernis ist, können die Gfter einstimmig ohne Wahrung der vorgeschriebenen Form den Vertrag für den Einzelfall durchbrechen, BGH **58**, 115, WM **72**, 312, auch wenn sie an die Schriftformklausel nicht gedacht haben, BGH **71**, 164.

C. Gesellschafterversammlung: a) Formalien: Die Gfter können dies frei regeln, Leitlinien aus GmbHRecht, Ebenroth/Goette 36. Schreibt der GesVertrag Beschlussfassung in einer GfterVersammlung vor, kann diese grundsätzlich jeder Gfter **einberufen.** Sieht der GesVertrag Einberufung allein durch den Versammlungsleiter vor, kann jedenfalls bei wichtigem Grund zwingend jeder Gfter die Einberufung verlangen und bei unbegründeter Verweigerung entspr § 50 III GmbHG selbst einberufen, Kln ZIP **87**, 1120. Ort, Zeit und Art der Vorbereitung der Versammlung (Ladung mit Frist und Ankündigung der Verhandlungsgegenstände) müssen tunlich allen die Teilnahme ermöglichen und Überrumpelungen ausschließen. Ein ohne ordnungsgemäße Ladung zustandegek Beschluss ist außer bei Zustimmung aller Gfter unwirksam, BGH **59**, 373 (eV), WM **83**, 1407; großzügiger für PublikumsGes (Anh § 177a Rn 69). Monogr Vogel 2. Aufl 1986.

b) Teilnahmeberechtigung: Zur Teilnahme an der Versammlung berechtigt sind iZw nur Gfter (sofern nicht vertreten) und zuzulassende Vertreter (s Rn 21), nicht Beistände neben Gftern, bloße „Beobachter" für abwesende Gfter, Angestellte, Berater der Ges. Hinzuziehung sachverständiger Dritter wie Wirtschaftsprüfern, Rechtsanwälte ua ist nur auf Grund GesVertrag oder (einstimmigen) GfterBeschlusses zulässig; aber die GfterTreuepflicht (§ 109 Rn 23) kann Zustimmung gebieten, so wenn die angemessene Wahrnehmung der GfterRechte sonst nicht gewährleistet ist, LG Kln BB **75**, 343, Kirberger BB **78**, 1390, MüKoBGB/Ulmer/Schäfer § 709 Rn 61, aA stets im Kernbereich der Mitgliedschaft Saenger NJW **92**, 348; dann aber mit denselben Schranken wie bei Ausübung des Informationsrechts (§ 118 Rn 9). Wird eine Niederschrift errichtet, ob im Ges-Vertrag vorgeschrieben oder nicht, hat jeder Gfter Recht auf Einsicht, § 810 BGB, auch auf Abschrift, auch auf Einsicht in ein Verhandlungstenogramm, hier abw Rutenfranz BB **65**, 601.

D. Fehlerhafte Beschlüsse: a) Fehlerhaftigkeit: Fehlerhafte Beschlüsse sind **nichtig** (§§ 134, 138 BGB), nicht nur anfechtbar wie nach §§ 243 ff AktG, „Anfechtung" heißt hier Geltendmachen der Nichtigkeit (s Rn 32), hL, BGH **81**, 264, **85**, 353, Ebenroth/Goette 68, aA K. Schmidt §§ 15 II 3, 21 V 2, FS Stimpel **85**, 217, Scholz WM **06**, 897; Ausnahme bei Eingreifen der Regeln über die fehlerhafte Ges (§ 105 Rn 75, 91 ff); GesVertrag kann anders regeln, BGH WM **90**, 675, NJW **95**, 1218, **99**, 3113. Voraussetzung ist, dass der Fehler nicht nur im Verstoß gegen bloße Ordnungsvorschriften besteht. Außerdem ist **Kausalität** zwischen Fehler und Abstimmungsergebnis notwendig, BGH NJW **87**, 1263. Bloße Teilnichtigkeit eines Beschlusses ist möglich, wenn der Rest ein sinnvoller Beschluss bleibt; ob er für sich allein gelten soll, bestimmt sich nach § 139 BGB, BGH BB **73**, 771. Die Darlegungslast (Tatsachenbehauptung, nicht ins Blaue hinein) liegt bei dem, der sich auf die Nichtigkeit beruft; die Beweislast für die Wirksamkeit des Beschlusses liegt dann bei dem, der Rechte aus ihm ableitet, BGH NJW **87**, 1263, WM **87**, 928. Beschlüsse über unberechtigte Nachschüsse (s Rn 35) sind unwirksam, BGH WM **07**, 743.

32 **b) Geltendmachung:** Die Geltendmachung erfolgt durch Feststellungsklage nach § 256 I ZPO (s Rn 31), BGH NJW **99**, 3113, nach aA Beschlussanfechtungsklage (K. Schmidt, s Rn 31), gegen die MitGfter (§ 109 Rn 38 ff), bei unberechtigten Nachschüssen gegen die Ges oder gegen jeden einnzelnen MitGfter, BGH WM **07**, 743. Eine gesetzliche oder am Leitbild des § 246 I AktG orientierte **Klagefrist** gibt es anders als im KapitalGesRecht nicht. Der Ges-Vertrag kann aber für die Geltendmachung eine Frist bestimmen, jedoch nicht unter 1 Monat (entspr § 246 AktG), BGH NJW **95**, 1218; sie gilt iZw nicht für von vornherein unzulässige Beschlüsse, BGH **68**, 216 (GfterAusschließung ohne wichtigen Grund, vgl § 140 Rn 24), WM **87**, 1103. Mangels vertraglicher Frist ist der Mangel in angemessener Zeit (nach Kenntnis) geltend zu machen, sonst droht Verwirkung, BGH **112**, 344, im konkr Fall 6 Monate ausreichend, uU aber bis zu 3 Jahren (vgl § 256 VI AktG), BGH WM **91**, 509, NJW **99**, 3113. **Einstweilige Verfügungen** sind nur in engen Grenzen (eindeutige Rechtslage oder besonderes Schutzbedürfnis zB gegen Vollzug nichtiger Beschlüsse) möglich, Ffm BB **82**, 274, Stgt NJW **87**, 2449 (GmbH), von Gerkan ZGR **85**, 167. Lit: Noack 1990; K. Schmidt § 15 II, FS Fischer **79**, 693 (Kartellbeschlüsse), FS Stimpel **85**, 217, ZGR **08**, 24.

4) Mehrheitsbeschlüsse (II), Bestimmtheitsgrundsatz

33 A. **Grundsatz der Einstimmigkeit:** Nach gesetzlicher Regel können bei OHG und KG (wie bei der GbR § 709 I BGB) GfterBeschlüsse nur mit Zustimmung aller zur Mitwirkung bei der Beschlussfassung berufenen Gfter (s Rn 1–4), also **einstimmig** gefasst werden.

34 B. **Zulassung von Mehrheitsbeschlüssen (II Halbsatz 1):** Mehrheitsbeschlüsse sind zulässig auf Grund GesVertrag (§§ 109, 119 II), stRspr, zB BGH NJW **09**, 669, BayObLG BB **87**, 713, oder einstimmige GfterBeschluss, uU auch stillschweigend durch längere Übung (§ 105 Rn 62), RG **151**, 327; weitergehend bei PublikumsGes (Anh § 177 a Rn 69). Mehrheitsbeschlüsse können zugelassen werden für Geschäftsführungsmaßnahmen, aber auch für Änderungen des GesVertrags, zB für Bestellung und Abberufung der Geschäftsführer (§ 114 Rn 20, Entziehung der Geschäftsführung aus wichtigem Grund (§ 117 Rn 12), Ausschluss (§ 140 Rn 23) und Aufnahme (§ 105 Rn 67) von Gftern, Annahme eines Antrags nach § 139 (§ 139 Rn 39).

35 C. **Allgemeine Grenzen für Mehrheitsbeschlüsse, Kernbereich:** Allgemeine Grenzen setzen §§ 134, 138 BGB **(gute Sitten).** Der Mehrheitsbeschluss darf keine sittenwidrige Abhängigkeit des einzelnen Gfters von der Mehrheit begründen. Eine **Nachschusspflicht** (§ 109 Rn 14) nur in vorausbestimmten Grenzen **(Obergrenze),** RG **91**, 168, **151**, 327, **163**, 391, oder mit Austrittsrecht des Überstimmten zulässig, hL; für die PublikumsGes flexibler BGH **66**, 85 (Anh § 177 a Rn 69); Konsequenzen bei Verstoß Rn 31, 32. Ähnlich für Verlängerung der Ges BGH NJW **73**, 1602 auf Grund § 723 III BGB (§ 234 Rn 8). Der **Minderheitenschutz** setzt selbst qualifizierten Mehrheitsbeschlüssen Grenzen, zB keine nachteilige **Ungleichbehandlung** eines Gfters gegenüber den anderen ohne seine Zustimmung; kein rückwirkender **Entzug erworbener Rechte,** zB bereits entstandener Anspruch auf Zinsen, BGH NJW **85**, 974 (aber uU Zustimmungspflicht zu GesVertragsänderung, § 105 Rn 66). Die Mehrheit muss den Grundsatz der **Verhältnismäßigkeit** wahren (Treuepflicht, § 109 Rn 25).

Eingriff in den **Kernbereich** der GfterPosition ist allgemein nur mit Zustim- 36
mung der betroffenen Gfter zulässig, BGH NJW **85,** 972, 974 (PublikumsGes),
also von einer Mehrheitsklausel im GesVertrag nicht gedeckt, BGH NJW **95,**
194. Umfang und Bedeutung dieser Kernbereichslehre sind str. Doch können
mindestens dazu gerechnet werden: Änderung des GesVertrags; Eingriffe in das
Stimm-, Gewinn-, Geschäftsführungs- und Liquidationsbeteiligungsrecht, BGH
NJW **95,** 194; völliger Entzug des Informationsrechts bei erlaubter Konkurrenz-
tätigkeit, BGH NJW **95,** 194 (§ 166 Rn 18); Mehrheitsentscheidung bei Bilanz-
feststellung (§ 164 Rn 3), BGH **132,** 268 (s auch Rn 38); Entzug und Begrün-
dung von Sonderrechten, Verbot im GesVertrag nicht vorgesehener Belastungen,
Eingriffe in die vermögensmäßige Rechtsstellung der Gfter, Erhaltung der actio
pro socio mindestens im Kern, näher Löffler, NJW **89,** 2656. Die Kernbereichs-
lehre steht selbstständig neben dem Bestimmtheitsgrundsatz (Rn 37, 39), BGH
NJW **95,** 194, K. Schmidt § 16 II 2, ZHR 158 (**94**) 220; aA diesen ersetzend
MüKoBGB/Ulmer/Schäfer § 709 Rn 91. Die Zustimmung der betroffenen
Gfter ist grundsätzlich auch schon im GesVertrag möglich, MüKoBGB/Ulmer/
Schäfer § 709 Rn 92, aA Wiedemann § 7 I 1 b aE, Immenga ZGR **74,** 425. Lit:
Röttger 1989, Heinrichs 2006; K. Schmidt § 16 III 3, Wiedemann § 7 I 1 b,
MüKoBGB/Ulmer/Schäfer § 709 Rn 91, Immenga ZGR **74,** 385 (Kdtisten),
Löffler NJW **89,** 2656, Hermanns ZGR **96,** 103, Haar NZG **07,** 601,
K. Schmidt ZGR **08,** 1, Priester DStR **08,** 1386.

D. **Der Bestimmtheitsgrundsatz:** GesVertragsklauseln über **Zulassung** 37
von Mehrheitsbeschlüssen sind für die Gfter gefährlich und deshalb **eng aus-
zulegen.** Nicht spezifizierte Mehrheitsklausel nur Beschlüsse über laufende
GesGeschäfte bzw „gewöhnliche" Beschlussgegenstände. Eine pauschal Vertrags-
änderungen erfassende Mehrheitsklausel deckt nur übliche Vertragsänderungen.
Bei Vertragsänd mit **ungewöhnlichem Inhalt** muss sich der Beschlussgegen-
stand **unzweideutig,** sei es auch nur durch Auslegung, aus dem GesVertrag
ergeben **(Bestimmtheitsgrundsatz),** BGH **85,** 356, ZIP **94,** 1942, gegen
Kritik daran zutr festhaltend BGH ZIP **07,** 475 (Otto, dazu § 105 Rn 106).
Dabei handelt es sich nicht um eine bloße Auslegungsregel, sondern um eine
formale, grundsätzlich unverzichtbare Regel des Minderheitenschutzes, str. Der
Bestimmtheitsgrundsatz steht selbstständig neben der Kernbereichslehre und wird
nicht durch diese ersetzt (s Rn 36, 39), beides nebeneinander und gestuft statt
bloßer Inhaltskontrolle hat auch erhebliche praktische Bedeutung (Darlegungs-
last), zutr Ebenroth/Goette 57, Goette FS Sigle **00,** 145, str. Zu **prüfen** ist
danach **in zwei Stufen:** auf der **ersten,** formalen geht es darum, ob der Gfter
überhaupt auf die Einstimmigkeit verzichtet hat, auf der **zweiten,** ob der
Mehrheitsbeschluss gegen unverzichtbare Mitgliedschaftsrechte verstößt,
insoweit aber **keine volle Inhaltskontrolle.** Der Bestimmtheitsgrundsatz bei
einer **Mehrheitsklausel,** die als wertneutrale Verfahrensregel je nachdem jedem
Gfter zugutekommen kann, verlangt nur Eindeutigkeit der Vertragsregelung,
nicht Auflistung der betroffenen Beschlussgegenstände (wäre Förmelei), auch
nicht bei gravierenden Strukturmaßnahmen, sogar Auflösung, kein Recht auf
Erhaltung einer Sperrminorität, die kapitalgesellschaftsrechtlichen Erfordernisse
an eine qualifizierte Mehrheit schlagen nicht auf die Konsortialbindung durch,
BGH NW **09,** 671, K. Schmidt ZIP **09,** 742, str; Grund und Tragweite der
Legitimation für Mehrheitsentscheidungen können sich vielmehr durch GesVer-
tragsauslegung ergeben, BGH ZIP **07,** 475. Ob ein konkreter Mehrheitsbeschluss
wirksam ist, ist erst auf einer zweiten Stufe (Kernbereichslehre ua, s Rn 36) zu
prüfen, BGH ZIP **07,** 476, nämlich ob ein Eingriff in schlechthin unverzichtbare
oder in „relativ unentziehbare" Mitgliedschaftsrechte vorliegt, letztere können
nur mit (ggf antizipierter) Zustimmung des einzelnen Gfters oder aus wichtigem
Grund entzogen werden, dabei hat die Minderheit den Nachweis einer treu-

pflichtwidrigen Mehrheitsentscheidung zu führen, BGH ZIP **07,** 477, str. Aber auch einfache Treupflichtverletzung ist auf der zweiten Stufe zu prüfen, klarstellend BGH NJW **09,** 671. Treupflichtverletzung durch Mehrheitsklausel als solche und durch einen auf sie gestützten Mehrheitsbeschluss ist zu unterscheiden, letztere tangiert nicht für sich die Mehrheitsklausel, BGH NJW **09,** 672.

38 **Beispiele:** Ausschluss, Entziehung der Geschäftsführung oder Vertretung, Aufnahme eines neuen Gfter, nach oben unbegrenzte Beitragserhöhung, Begründung neuer Pflichten für Gfter, Schaffung oder Beseitigung von Sonderrechten, im Einzelnen: Fortsetzung nach Auflösung, BGH **8,** 39; Änderung von Kündigungsfolgen nach Kündigung, BGH **48,** 254; KG-"Kapitalerhöhung", BGH **66,** 85; Umwandlung von KG in GmbH, BGH **85,** 356; Änderung des Auseinandersetzungsmodus, BGH WM **66,** 707; Abberufung aus Beirat auf Grund Klausel über Entziehung der phG-Stellung und Geschäftsführung, BGH WM **73,** 101; Verlängerung der Ges, soweit mit Mehrheit möglich (s Rn 35), BGH DB **73,** 1545; Eingriff in schon entstandene GfterAnsprüche, zB Guthabenzinsen, BGH WM **75,** 663; Bildung von Rücklagen (§ 120 Rn 5, 8), BGH BB **76,** 948; Mehrheitsentscheidung bei Bilanzfeststellung (§ 164 Rn 3), BGH **132,** 268, ZIP **07,** 475, Hbg ZIP **06,** 895 (s auch Rn 36); Beschränkung der actio pro socio (§ 109 Rn 32), BGH NJW **85,** 2830; Gestattung von im GesVertrag nicht vorgesehener Entnahme (Kostenübernahme), BGH WM **86,** 1109; rückwirkende Änderung der Berechnung der Höhe des Gewinnanteils, BGH WM **86,** 1556; Herabsetzung eines bestimmten Mehrheitserfordernisses, BGH NJW **88,** 411. Zulassung der Beitragserhöhung durch Mehrheitsbeschluss ist idR nur möglich bei Festsetzung einer Obergrenze, BGH **8,** 39, **66,** 85, Ausmaß und Umfang einer möglichen zusätzlichen Belastung muss erkennbar sein, BGH ZIP **07,** 476 (§ 109 Rn 14). Rspr-Übersicht: Brändel FS Stimpel **85,** 95, Goette FS Sigle **00,** 145.

39 Mit dieser Neubestimmung der zweistufigen Beschlusskontrolle durch Bestimmtheitsgrundsatz und grundlegende inhaltliche Anforderungen sollte der lange Streit um den Bestimmtheitsgrundsatz ad acta gelegt werden. Gewiss hat die Rspr den Bestimmtheitsgrundsatz früher zT überzogen und der Bestimmtheitsgrundsatzes hat bei der heutigen Kautelarpraxis nur eine erste, beschränkte Siebfunktion. Zuzugeben ist auch, dass die Kernbereichslehre und die **Treuepflicht** der Gfter als objektive Schranken für Mehrheitsbeschlüsse **wichtiger** geworden sind (s Rn 36; § 109 Rn 23). Aber die Kritik am Bestimmtheitsgrundsatz und gar die Empfehlung, ihn ganz über Bord zu werden, sollte als überwunden gelten, K. Schmidt ZIP **09,** 738 (wohl endgültig etabliert), aA aber noch zB MüKoBGB/Ulmer/Schäfer § 709 Rn 87, 90, ältere Lit 33. Aufl. Vielmehr behält der **Bestimmtheitsgrundsatz** auf seinen berechtigten Kern reduziert auch neben Kernbereichslehre und der Treuepflicht **seine Funktion,** BGH ZIP **07,** 476 (Otto), NJW **09,** 672; zutr schon Ebenroth/Goette 57, K. Schmidt ZHR 158 (**94**) 205, GesR § 16 II 2. Lit: Heinrichs 2006 (Mehrheitsbeschlüsse bei PersonenGes); K. Schmidt ZGR **08,** 1, Priester DStR **07,** 29, **08,** 1386, Holler DB **08,** 2067.

40 **Keine Geltung des Bestimmtheitsgrundsatzes:** Sonderregeln gelten nach der Rspr für die kapitalistische KG (§ 161 Rn 12) und vor allem für die **Publikumsgesellschaft** (Anh § 177a Rn 69).

41 E. **Mehrheit der Stimmen (II Halbsatz 2):** Mehrheit der Stimmen ist iZw Mehrheit **nach Köpfen.** Das bedeutet Mehrheit der stimmber Mitglieder, **Enthaltung wirkt also wie Gegenstimme,** str, aA für Verein BGH **83,** 36. II ist aber **dispositiv.** Der GesVertrag kann die Mehrheit anders, insbesondere **nach Kapitalanteilen** (§ 120 Rn 12) berechnen lassen, BGH NJW **09,** 670. Er kann statt einfacher auch eine irgendwie **qualifizierte** Mehrheit fordern oder statt Mehrheit aller Gfter Mehrheit unter einer Mindestzahl von an der Beschluss-

1. Abschnitt. Offene Handelsgesellschaft **1 § 120**

fassung teilnehmenden Gfter (**Quorum,** vgl §§ 32 I 3 BGB, 47 I GmbHG, 133 I AktG) ausreichen lassen. Ein mit ausreichender Mehrheit gefasster Beschluss ist trotzdem unwirksam (weil nicht vertragsgemäß zustande gekommen), wenn nicht **alle Stimmberechtigten** ihre Stimme abgeben konnten und (iZw) auch Gelegenheit zur Begründung hatten. Beschlüsse mit ungenügender Mehrheit können (nach Grundsätzen der Verwirkung, § 242 BGB) uU **mangels Widerspruchs** der überstimmten oder zu Unrecht an der Beschlussfassung nicht beteiligten Gfter **wirksam werden,** OGH **4,** 68, BGH DB **73,** 467. Unrichtige Vertretung (s Rn 21–23) steht iZw der Nichtbeteiligung gleich.

[Gewinn und Verlust]

120 (1) Am Schlusse jedes Geschäftsjahrs wird auf Grund der Bilanz der Gewinn oder der Verlust des Jahres ermittelt und für jeden Gesellschafter sein Anteil daran berechnet.

(2) **Der einem Gesellschafter zukommende Gewinn wird dem Kapitalanteile des Gesellschafters zugeschrieben; der auf einen Gesellschafter entfallende Verlust sowie das während des Geschäftsjahrs auf den Kapitalanteil entnommene Geld wird davon abgeschrieben.**

Übersicht

1) Ermittlung des Gewinns oder Verlusts der OHG und der Anteile der Gesellschafter daran (I) 1–11
   A. Jahresabschluss 1
   B. Einzelne Posten 2
   C. Gewinnermittlung 7
   D. Gewinnverwendung 8
   E. Berechnung des Anteils des Gesellschafter (I Halbsatz 2) 9
   F. Abweichende Vereinbarungen 10
2) Bildung und Behandlung der Kapitalanteile der Gesellschafter (II) 12–23
   A. Begriff und Rechtsnatur 12
   B. Variabler Kapitalanteil 14
   C. Fester Kapitalanteil 15
   D. Bewertung und Einlagen 17
   E. Kapitalkonto und Privatkonto 18
   F. Negativer Kapitalanteil 22
   G. Gesellschafter ohne Kapitalanteil 23

1) Ermittlung des Gewinns oder Verlusts der OHG und der Anteile der Gesellschafter daran (I)

A. **Jahresabschluss:** Die OHG hat wie jeder Kfm bei Beginn ihres HdlGe- **1** werbes eine Eröffnungsbilanz und dann für den Schluss jedes Geschäftsjahrs einen Jahresabschluss zu machen (§§ 242 ff). Der Jahresabschluss besteht aus der **Bilanz** und einer besonderen **Gewinn- und Verlustrechnung** (§ 242 III). **Aufstellung** und **Feststellung** des Jahresabschlusses sind zu unterscheiden (wichtig wegen unterschiedlicher Zuständigkeit nur der geschäftsführenden Gfter oder aller Gfter einschließlich der Kdtisten, § 114 Rn 2, 3, § 164 Rn 3). Unterzeichnung § 245, Aufbewahrung § 257. Ein förmlicher Lagebericht (vgl § 289 für KapitalGes) ist für die OHG nicht vorgeschrieben. Über Berichtspflicht § 114 Rn 14, Kontrollrechte § 118. Die Buchführungs- und Bilanzierungspflichten des III. Buchs sind öffentlichrechtliche Pflichten (§ 238 Rn 4), die Rechte und Pflichten der Gfter untereinander nach §§ 120–122 sind davon unabhängig (§ 243 Rn 34). Lit: IdW 1990; Goerdeler FS Fleck **88,** 53.

§ 120 2–7 II. Buch. Handelsgesellschaften und stille Gesellschaft

2 B. **Einzelne Posten: a)** Zu den Aktiva gehören die Ansprüche der Ges gegen die Gfter, ihre Verbindlichkeiten gegenüber den Gftern gehören zu ihren Passiva (vgl § 124 Rn 3, 23). Die Haftung der Gfter für GesSchulden nach § 128 berührt die Bilanz der Ges nicht.

3 **b) Eigenkapital und Einlagen:** Ein Stamm- oder Grundkapital mit einem festen Kapitalbetrag wie bei AG und GmbH ist gesetzlich ebenso wenig vorgeschrieben wie Einlagen der Gfter, das gilt bilanzrechtlich (s Rn 1) und gesellschaftsrechtlich (§ 109 Rn 6). Doch können Eigenkapital und Einlagen nach GesVertrag oder Übung der Gfter vorgesehen sein. Das Eigenkapital ist dann idR gleich der Summe fester Kapitalanteile der Gfter (s Rn 15). Denkbar wäre auch ein fester Kapitalbetrag der Ges mit variablen, nach besonderem Schlüssel wechselnden Kapitalanteilen (s Rn 14). Der gesetzlichen Regelung entspricht die Ausweisung solcher veränderlicher Kapitalanteile, deren Summe der Differenz von Aktiven und Passiven am Bilanztage entspricht. Bewertung der Einlagen s Rn 17. Lit: Pauli 1990.

4 **c) Rückstellungen:** Für ungewisse Verbindlichkeiten und drohende Verluste aus schwebenden Geschäften ua sind Rückstellungen zu bilden (näher § 249 I 1).

5 **d) Rücklagen:** Die Bildung von **gesetzlichen Rücklagen** ist, anders als zB nach § 150 AktG, für die OHG nicht vorgeschrieben (§ 122 Rn 3), doch ist nach GoB (§ 238 Rn 11) jedenfalls Bildung der für die Lebens- und Widerstandsfähigkeit der Ges erforderlichen Rücklagen zu fordern, Ulmer FS Hefermehl **76,** 218, Westermann FS von Caemmerer **78,** 657. Der **Gesellschaftsvertrag** kann darüberhinaus die Bildung von **freien Rücklagen** vorschreiben oder zulassen. Sie ist auch zulässig, soweit alle Gfter (auch konkludent) einverstanden sind. Mangels vertraglicher Zulassung ist Rücklagenbeschluss Vertragsänderung, die Gfter müssen aber angemessenen offenen Rücklagen zustimmen (Treuepflicht, § 109 Rn 23), sehr str. Gestattet Vertrag allgemein Änderung mit Mehrheit (§ 119 Rn 34), erlaubt das Mehrheitsbeschluss nur für Bildung kfm notwendiger Rücklagen, BGH BB **76,** 948 (Bestimmtheitsgrundsatz, § 119 Rn 37, 38), strenger BGH **132,** 275: dann überhaupt kein Mehrheitsbeschluss. Den Gftern sollte dabei aber nach Möglichkeit ein Betrag übrigbleiben, der für die Steuerschuld ausreicht (aber s § 122 Rn 17), Ebenroth/Ehricke 30, weitergehend Heymann/Emmerich 20: das sei stets Grenze für Rücklagen. Lit: Großfeld WPg **87,** 698, Priester FS Quack **91,** 373, Haar NZG **07,** 601.

6 **Stille Reserven:** Die bilanzrechtlich in bestimmten Grenzen erlaubte Bildung stiller Reserven (§ 253 Rn 25–35) ist nicht ohne weiteres auch gesellschaftsrechtlich zulässig. Soweit stille Reserven nicht durch GoB oder durch GesVertrag gedeckt sind, sind sie nur zulässig, soweit alle Gfter einverstanden sind (Mehrheitsbeschluss s Rn 5), eine Zustimmungspflicht besteht grundsätzlich nicht, BGH **132,** 275 f (§ 164 Rn 3), Ulmer FS Hefermehl **76,** 220, Heymann/Emmerich 18 a, sehr str, Grund: stille Reserven sind für die Ges gefährlich und verkürzen künstlich den ausschüttungsfähigen Bilanzgewinn, das betrifft ebenso wie die Feststellung der Bilanz die Grundlagen (s Rn 1). Lit: Priester FS Quack **91,** 373, Ulmer FS Lutter **00,** 935, Haar NZG **07,** 601.

7 **C. Gewinnermittlung:** Gewinn und Verlust der Ges ergeben sich aus den Veränderungen des GesVermögens gegenüber der Vorjahresbilanz (s Rn 1). Eigenkapital als Gewinnermittlungs- und -ausschüttungssperre ist anders als bei AG und GmbH nicht vorgeschrieben (s Rn 3). Der Gewinn ist danach der nach Rücklagenbildung von den Gftern als „Überschuss" erklärte und damit gleichzeitig freigegebene Anteil am GesVermögen, BGH **58,** 320, **80,** 358. Die Gewinnermittlung in der Bilanz gibt den Rahmen für die Gewinnverwendung (s Rn 8). Für die Zuständigkeit sind Aufstellung und Feststellung der Bilanz zu unterscheiden (s Rn 1).

1. Abschnitt. Offene Handelsgesellschaft 8–13 **§ 120**

D. **Gewinnverwendung:** Sie ist von der Gewinnermittlung zu unterscheiden 8 und wird von allen Gfter beschlossen, falls der GesVertrag nicht einen Mehrheitsbeschluss zulässt (§ 119 Rn 34), MüKo/Priester 81, Kernbereichsrelevanz offen, BGH ZIP **07**, 477, str (s auch § 164 Rn 3, 4). Weicht die Gewinnverwendung vom GesVertrag ab, liegt Vertragsänderung vor, für die ebenfalls Mehrheitsbeschluss vorgesehen werden kann (aber Bestimmtheitsgrundsatz, § 119 Rn 37, 38, § 164 Rn 3, 4).

E. **Berechnung des Anteils der Gesellschafter (I Halbsatz 2):** Aus dem 9 Gewinn bzw Verlust sind **Anteile** der Gfter zu bilden (I Halbs 2, § 121). Aus der Feststellung der Anteile der Gfter am Gewinn oder Verlust folgt nach dem Gesetz nur die Zu- oder Abschreibung dieser Beträge zum oder vom Kapitalanteil (II, s Rn 12). Der Gewinn kommt dem Gfter persönlich nur mittelbar zugute, indem er sein Entnahmerecht stärkt (§ 122 I) und den Fall der Auflösung der Ges das dem Gfter dann zukommende Auseinandersetzungsguthaben (für den Normalfall der Liquidation des Unternehmens, § 155 I) erhöht. Der Verlust berührt ihn mittelbar in derselben Weise, unmittelbar trifft er ihn nicht, er hat nichts nachzuschießen (§ 707 BGB, § 109 Rn 12).

F. **Abweichende Vereinbarungen: a) Bilanzierung:** Die Pflicht zur Auf- 10 stellung einer Jahresabschlusses nach § 242 und die Vorgaben des III Buchs dafür sind zwingend (s Rn 1). **§§ 120–122, 155** sind dagegen **dispositiv** (§§ 109, 145).

b) Gewinnermittlung und Gewinnverwendung: Die Gfter können für 11 die Zwecke der Gewinnermittlung und Gewinnverteilung besondere, von § 121–123 abweichende Vereinbarungen treffen. Mangels anderer Vereinbarung werden dafür alle Vorfälle des Geschäfts der Ges in gleicher Weise erfasst. Abweichungen, zB gesonderte Rechnung und Bilanz für einzelne Abteilungen, Niederlassungen, Einzelgeschäfte, sind nach Vereinbarung möglich, zB als Grundlage einer Gewinnverteilung gemäß Teilergebnissen, an denen die Gfter in verschiedener Weise teilhaben sollen. Der GesVertrag kann auch schlicht (ohne die Einschränkung des § 122 I) Ausschüttung der Gewinnanteile, andererseits Deckung der Verlustanteile durch Nachschüsse anordnen (§ 109 Rn 13).

2) Bildung und Behandlung der Kapitalanteile der Gesellschafter (II)

A. **Begriff und Rechtsnatur:** Das HGB geht in den (sämtlich dispositiven, 12 s Rn 10) II, § 121 (Gewinnverteilung), § 122 (Entnahmerecht), § 155 (Auseinandersetzung) vom Bestehen von Kapitalanteilen aus, ohne diese zu definieren. Die Kapitalanteile zeigen das **Verhältnis der Beteiligung der verschiedenen Gesellschafter** durch Zahlen an, nach Gesetz in Bezug auf die drei genannten Punkte (§§ 121, 122, 155), nach dem vorrangigen GesVertrag uU nicht für alle drei (zB Gewinnverteilung und Entnahmerecht unabhängig und nur die Auseinandersetzung nach Auflösung der Ges abhängig von Kapitalanteilen) oder darüberhinaus für weitere Punkte (zB Stimmrechte, Zuschusspflichten ua). Macht der GesVertrag auch die Auseinandersetzung von den Kapitalanteilen unabhängig (zB durch Zuweisung bestimmter Beträge an Gfter A und B, des Restes des Liquidationserlöses an C), sind diese rechtlich überflüssig; werden sie dennoch auf den Kapitalkonten und in der Bilanz ausgewiesen, hat das wie gewöhnliche Buchungen nur die Bedeutung historischer Feststellung.

Rechtlich ist danach der Kapitalanteil **nur eine Rechnungsziffer** (Verhält- 13 niszahl), die für gewisse Zwecke das Verhältnis der Rechte und Pflichten der Gfter angeben soll, RG **117**, 242, BGH NJW **99**, 2438, hL. Er bezeichnet **nicht** dasselbe wie der (auch oft Kapitalanteil genannte) **Anteil am Gesellschaftsvermögen** (§ 719 I BGB, s § 124 Rn 16) noch ist er eine **Forderung** des Gfters gegen die Ges ebenso wenig wie ein negativer Kapitalanteil (s Rn 22) eine

§ 120 14–17   II. Buch. Handelsgesellschaften und stille Gesellschaft

Forderung der Ges gegen den Gfter ist, BGH **68**, 227. Deshalb ist rechtlich **keine Verfügung über den Kapitalanteil** möglich wie Abtretung, Verpfändung, Pfändung des Ganzen oder von Teilen; gewollt sein kann aber eine Verfügung über den Gewinnanspruch, das Gewinnstammrecht oder die ganze Mitgliedschaft (§ 121 Rn 3–6). In der **Insolvenz** der Ges ist der Kapitalanteil nicht Insolvenzforderung (sowenig der EinzelKfm in seiner Insolvenz mit dem Betrag, den er in sein Geschäft gesteckt hat, Insolvenzgläubiger ist). Dementsprechend ist ein negativer Kapitalanteil (s Rn 21) keine Verbindlichkeit, die der Insolvenzverwalter vom Gfter einziehen könnte. Lit: Huber 1970; Ganssmüller DB **67**, 2103, **70**, 389, Hopt/Hehl JuS **79**, 728.

14   B. **Variabler Kapitalanteil:** Nach II, § 121 wird ein veränderlicher Kapitalanteil gebildet, und zwar durch Gutschrift der ersten Einlage (vom Gesetz stillschweigend unterstellt) sowie Zuschreibung der Gewinnanteile (und etwaiger weiterer Einlagen) und Abschreibung der Verlustanteile und Entnahmen (auch unzulässiger, § 122 Rn 1). Das geschieht idR jährlich einmal bei Feststellung des Jahresabschlusses. Die vom Kapitalanteil abhängigen Regelungen (s Rn 12) richten sich dann jeweils nach den im letzten Jahresabschluss festgestellten Kapitalanteilen.

15   C. **Fester Kapitalanteil:** In der Praxis wird der Kapitalanteil sehr häufig nach GesVertrag einfach durch Festsetzung eines Betrages (etwa genau oder ungefähr den Einlagen der Gfter entspr) gebildet, der (bis zu einer Vertragsänderung) unverändert bleibt, zB: A EUR 30000, B EUR 20000, C EUR 10000. Gewinne, Verluste, Entnahmen der Gfter werden dann gesondert gebucht (s Rn 19, 20) mit der Folge, dass die Kapitalanteile und die von ihrer Höhe abhängigen Beziehungen (s Rn 12) gleich bleiben, zB Anteile an Gewinn und Verlust, Höhe der erlaubten Entnahmen, Stimmrechte, Zuschusspflichten, Anteile am Liquidationserlös nach Auflösung der Ges usw. Diese Regelung sichert also das Einfluss-, Rechte- und Pflichtenverhältnis der Gfter gegen rasche, uU unerwartete Änderung, die das Einvernehmen stören kann. Bsp: BGH NJW **72**, 1756.

16   Der Kapitalanteil kann nach Vertrag (selten) auch als bloße **Quote** (zB 3/5, 2/6, 1/6 oder x%, y%, z%) gebildet werden, OGH **1**, 349; dieser Kapitalanteil ist mit einem festen Kapitalanteil (s Rn 15) weitgehend gleichbedeutend, führt aber zu anderer Buchung (s Rn 19).

17   D. **Bewertung der Einlagen:** In der Bewertung der Einlagen für die Bestimmung der Kapitalanteile sind die Gfter grundsätzlich frei (**Innenverhältnis**, zu unterscheiden von zwingenden Bilanzansätzen, Ebenroth/Ehricke 25). Sie können Bareinlagen niedriger (zB bei Aufnahme eines neuen Gfters wegen stiller Rücklagen im Altvermögen) oder höher als ihren Nennwert, Sacheinlagen über oder unter Verkehrswert ansetzen, BGH **17**, 130, BB **59**, 92, **70**, 1070, WM **72**, 214, **74**, 1151, **75**, 327. Grenzen setzen §§ 138, 826 BGB, zur sittenwidrigen Unterbewertung BGH WM **75**, 327. Diese Bewertungsfreiheit im Innenverhältnis steht in scharfem Gegensatz zum **Erfordernis tatsächlicher Wertzuführung im Außen- und Haftungsverhältnis bei der KG** (§ 171 Rn 6). An der durch Unterbewertung einer Sacheinlage gebildeten stillen Rücklage haben bei Auseinandersetzung die MitGfter teil, wenn nicht ausdrücklich vereinbart, dass der Mehrwert als Darlehen des Einbringers zu behandeln, BGH WM **72**, 214; Abfindungsklauseln s § 131 Rn 64. Eine Ges, die im Einvernehmen aller Gfter vorbehaltlich der Bewertung von Einlagen vollzogen ist, ist abweichend von § 154 I BGB wirksam zustandegekommen (keine fehlerhafte Ges, § 105 Rn 50). Auch **Dienste** (§ 109 Rn 7) können als Einlagen bewertet werden, und zwar mit einem Erinnerungswert oder als laufende Einlage oder kapitalisiert als Summe des Werts künftiger Dienste, Sudhoff NJW **64**, 1249 zT abw Ganssmüller DB **70**, 285; stGes s § 230 Rn 20, 22, § 235 Rn 1. Auch Kenntnisse und Erfahrungen (**Know-how,** Einl 34 vor § 1), Barz FS W. Schmidt **59**, 157.

1. Abschnitt. Offene Handelsgesellschaft 18–21 § 120

E. **Kapitalkonto und Privatkonto: a) Kapitalkonto:** Der Kapitalanteil jedes Gfters wird buchmäßig auf seinem Kapitalkonto ausgewiesen, entweder veränderlich (idR von Jahr zu Jahr, s Rn 14) oder wie meist in der Praxis mit stets gleich bleibendem Betrag (s Rn 15) oder auch in jeder Bilanz mit dem der Quote (s Rn 16) entsprechenden Teilbetrag des aus der Bilanz hervorgehenden Reinvermögens. Die Kapitalanteile der Gfter stehen in der **Bilanz** der OHG unter den Passiven wie Grund- bzw Stammkapital in der Bilanz der AG und GmbH (§§ 247 I, 266 III A) und zeigen das buchmäßige (vom wahren Wert oft sehr abweichende) Reinvermögen der Ges, wenn nicht (was besonders beim festen Kapitalanteil, in Betracht kommt) aus Gewinnen Rücklagen gebildet sind. Verzinsung nur bei (auch stillschweigender) Vereinbarung. 18

b) Kapitalkonto I, II: In der Praxis wird das Kapitalkonto häufig **in einen festen** Teil für die Einlage (Kapitalkonto I) **und einen variablen Teil** für Gewinne, Verluste und Entnahmen (Kapitalkonto II) **zweigeteilt** (auch Drei- und Vierteilung kommt vor, zB zusätzlich separates Rücklagenkonto). Bsp: BGH NJW **72,** 1756. Die Einheitlichkeit des Kapitalanteils wird dadurch nicht beseitigt (Konsequenz s § 122 Rn 8). Das echte Kapitalkonto II ist ein Kapitalkonto, und zwar ein Einlagenkonto, nach aA bloßes Forderungskonto. Die Bezeichnungen (statt Kapitalkonto II manchmal auch variables Sonderkonto; zT auch mißverständlich Privat-, Darlehenskonto, s Rn 20) sind aber rechtlich nicht maßgeblich. Die Bedeutung der Konten richtet sich vielmehr nach dem GesVertrag und den Gfterbeschlüssen und nach der Art der ihrer Bildung zugrundeliegenden Geschäftsvorgänge, BGH **58,** 316, BB **75,** 295, WM **82,** 1311. Verrechnung von Gewinn und Verlust nur innerhalb des Kapitalkontos II, nicht zwischen diesem und einem Privatkonto (s Rn 20). Verzinsung nur bei (auch stillschweigender) Vereinbarung. Lit: Huber ZGR **88,** 1, Wertenbruch FS Gerhardt **04,** 1077 (Pfändung Kapitalkonto II). 19

c) Privatkonto: Auf anderen Konten (Sonder-, Privat-, Darlehenskonto ua genannt) bucht man die grundsätzlich jederzeit fälligen Ansprüche und Verbindlichkeiten zwischen Ges und Gfter, zB Ansprüche des Gfters auf Gehalt, Aufwendungsersatz oder der Ges gegebenen Darlehen, Ansprüche der Ges auf Zahlung rückständiger Einlagen, Rückzahlung unzulässiger Entnahmen, Ansprüche und Verbindlichkeiten aus Geschäften zwischen Ges und Gfter usw. Bsp: BGH BB **78,** 630. Bei festen Kapitalanteilen gehören hierhin auch der Anspruch auf Auszahlung des Gewinns (der hier nicht weim System des § 120 II dem Kapitalanteil zugeschrieben wird) und entspr die Verbindlichkeit des Gfters zur Einzahlung des ihn treffenden Verlustanteils (der hier nicht dem Kapitalanteil abgeschrieben wird). Das Konto ist danach ein **reines Forderungskonto.** Doch kommt es auch hier nicht auf die Bezeichnung, sondern das tatsächlich Gewollte an (s Rn 19). Das ist in der Praxis oft schwer festzustellen. Für ein Privatkonto sollen zB mangelnde Relevanz für Rechte nach §§ 121, 122, 155 (s Rn 12), Kündigungsmöglichkeit, feste Verzinsung sprechen; das ist aber unzuverlässig, richtiger kommt es auf die Verlustdeckungsfunktion des auf dem Konto ausgewiesenen Kapitals an, BGH BB **78,** 631, Ebenroth/Ehricke 85. Die auf solchem Konto gebuchten Beträge können rechtlich nicht teils als Kapital teils anders gewertet werden, BGH BB **78,** 631, aber es kann fehlerhafte Buchung vorliegen (s Rn 21). Umwandlung in Einlage oder in Darlehen nur durch (auch stillschweigende) Vereinbarung (§ 167 Rn 7); deshalb in der Praxis oft eigenes Darlehenskonto neben dem allgemeinen Privatkonto. Verzinsung der Beträge auf Privatkonto nur bei (auch stillschweigender) Vereinbarung, so idR bei Beträgen auf Darlehenskonto. Lit: Huber ZGR **88,** 1. 20

d) Abweichende Buchungen: Die Buchung des auf Kapitalkonto Gehörenden auf Privatkonto oder umgekehrt ist entweder unrichtig und für die Rechtslage unerheblich, oder sie ist bei Einverständnis aller Gfter eine Änderung des 21

§ 121 II. Buch. Handelsgesellschaften und stille Gesellschaft

Rechtsverhältnisses, Bsp: Umwandlung einer Darlehensforderung des Gfters in eine Einlage, die nun wie der übrige Kapitalanteil gebunden ist, also nicht mehr wie ein Darlehen auszahlbar und in der Insolvenz der Ges als Insolvenzforderung anmeldbar ist.

22 F. **Negativer Kapitalanteil:** Werden Verluste und Entnahmen vom (variablen, s Rn 14) Kapitalanteil abgeschrieben, kann der Kapitalanteil einzelner Gfter oder auch aller passiv (oder negativ, Gegensatz: aktiv oder positiv) werden. Das ändert seine Bedeutung als reine Verhältniszahl (s Rn 13) nicht. Er weist keine Forderung gegen den Gfter aus, BGH **68**, 227, NJW **99**, 2438, somit keine Verzinsung (s Rn 18, 19); auch besteht keine Nachschusspflicht (§ 707 BGB, § 109 Rn 12), BGH WM **82**, 1311. Bei negativem Kapitalanteil **entfällt das Entnahmerecht** (§ 122 I 1. Fall: 4% des Kapitalanteils ohne Rücksicht auf Gewinn; der negative Kapitalanteil muss erst wieder positiv werden), nicht aber der Gewinnanteil (§ 121 III) und die Mitverwaltungsrechte des Gfter. Der GesVertrag kann an das „Passivwerden" eines Gfters aber weitere Folgen knüpfen (zB hinsichtlich Stimmrechts). Sieht der GesVertrag Gewinnverteilung statt nach Köpfen nach Kapitalanteilen vor, ist nach einem den Umständen nach angemessenen Verhältnis zu verteilen (§ 168 II analog), Heymann/Emmerich 26. Für die **Liquidation** zeigt der negative Kapitalanteil der OHG die Höhe der Ausgleichspflicht des Gfters gegenüber seinen MitGftern an (außer bei Liquidationsgewinn, § 154 Rn 3). In der **Insolvenz** der Ges ist der passive Kapitalanteil nicht vom Insolvenzverwalter einzuziehen, er ist nicht Verbindlichkeit des Gfters an die Ges, aber er gibt an, wieweit der Gfter im Innenverhältnis die ungedeckten GesSchulden auf sich nehmen muss, wenn die Gläubiger ihn oder andere Gfter auf Grund ihrer persönlichen Haftung (§ 128) in Anspruch nehmen.

23 G. **Gesellschafter ohne Kapitalanteil:** In der Praxis haben mitunter einzelne Gfter nach dem GesVertrag keinen Kapitalanteil, Hbg ZIP **07**, 1237, zB GmbH in der GmbH & Co. Das bedeutet iZw nur, dass solche Gfter keine Rechte aus §§ 121, 122, 155 (s Rn 12) haben. Der GesVertrag kann aber (im Innenverhältnis) anderes vorsehen.

[Verteilung von Gewinn und Verlust]

121 (1) ¹**Von dem Jahresgewinne gebührt jedem Gesellschafter zunächst ein Anteil in Höhe von vier von Hundert seines Kapitalanteils.** ²**Reicht der Jahresgewinn hierzu nicht aus, so bestimmen sich die Anteile nach einem entsprechend niedrigeren Satze.**

(2) ¹**Bei der Berechnung des nach Absatz 1 einem Gesellschafter zukommenden Gewinnanteils werden Leistungen, die der Gesellschafter im Laufe des Geschäftsjahrs als Einlage gemacht hat, nach dem Verhältnisse der seit der Leistung abgelaufenen Zeit berücksichtigt.** ²**Hat der Gesellschafter im Laufe des Geschäftsjahrs Geld aus seinem Kapitalanteil entnommen, so werden die entnommenen Beträge nach dem Verhältnisse der bis zur Entnahme abgelaufenen Zeit berücksichtigt.**

(3) **Derjenige Teil des Jahresgewinns, welcher die nach den Absätzen 1 und 2 zu berechnenden Gewinnanteile übersteigt, sowie der Verlust eines Geschäftsjahrs wird unter die Gesellschafter nach Köpfen verteilt.**

Übersicht

1) Gewinnverteilung (I, II, III) 1–6
   A. Vorzugsgewinnanteil 1
   B. Mehrgewinn (III) 2
   C. Gewinnanspruch, Gewinnstammrecht 3

1. Abschnitt. Offene Handelsgesellschaft 1–5 **§ 121**

2) Verlustverteilung (III) 7
3) Abweichende Vereinbarungen 8–10
   A. Gewinnverteilung 8
   B. Verlustverteilung 9
   C. Änderung 10

1) Gewinnverteilung (I, II, III)

A. **Vorzugsgewinnanteil:** § 121 besagt, zu welchen Teilen der nach § 120 I **1**
ermittelte Jahresgewinn den einzelnen Gesellschaftern gebührt (ob er nur wie
nach § 120 II dem Kapitalanteil zugeschrieben oder nach GesVertrag als gesonderter Anspruch neben dem unverändert festen Kapitalanteil, § 120 Rn 12, gebucht wird); das Recht auf Auszahlung bestimmt sich in beiden Fällen nach § 122 bzw GesVertrag.

a) Bei ausreichendem Gewinn erhält nach **I 1** jeder Gfter (außer Gfter mit negativem oder ganz ohne Kapitalanteil, § 120 Rn 22, 23) zunächst **4% seines Kapitalanteils** bei Geschäftsjahresanfang (Vorzugsgewinnanteil, Vordividende, Vorzugsdividende).

b) Eingerechnet werden 4% auf im Geschäftsjahr gemachte **Einlagen** abzüglich 4% auf im Geschäftsjahr vorgenommene Entnahmen, beides aber nur mit dem Anteil entspr dem Teil des Jahres, der nach der Einlage bzw vor der Entnahme verstrich **(II). c)** Reicht der Gewinn hierfür nicht aus, dann gilt derjenigen **unter 4%** liegenden Prozentsatz, dessen Anwendung den Gewinn erschöpft (I 2). Vorausgesetzt ist positiver Kapitalanteil, ein negativer (§ 120 Rn 22) bleibt unberührt, wird also nicht etwa entspr belastet. Auch ein Gfter ohne Kapitalanteil (§ 120 Rn 23) bleibt unberührt. Fehlt ein Gewinn, so erhalten die Gfter nichts, denn die 4% nach I 1 sind Vorzugsdividende, nicht Kapitalzins. Lit: Flume DB **73,** 786.

B. **Mehrgewinn (III):** Der 4% übersteigende Jahresgewinn ist nach Köpfen zu **2**
verteilen, dh gleichmäßig auf alle Gfter, insbesondere ohne Rücksicht auf ihre Kapitalanteile. Reine Buchgewinne sind nicht auszuschütten, BGH WM **86,** 355.

C. **Gewinnanspruch, Gewinnstammrecht:** Das Recht eines Gfters auf **3**
einen bestimmten Gewinnanteil **(Gewinnanspruch) entsteht** mit und gemäß Feststellung des Jahresabschlusses. Der Gewinnanspruch kann während des Bestehens der Ges nur gegen diese geltend gemacht werden (§ 128 Rn 22). **Verfügung** über den Gewinnanspruch ist möglich (anders Kapitalanteil, § 120 Rn 13, und Entnahmerecht, § 122 Rn 4), er ist also abtretbar, verpfändbar, pfändbar (bei Zuschreibung zum Kapitalanteil wie bei gesonderter Buchung, § 120 Rn 11–13), § 717 S 2 BGB (§ 109 Rn 19). Die Schranken der Gewinnauszahlung (§ 122 I) wirken auch gegen Zessionar, Pfand- und Pfändungsgläubiger. **Verjährung** des Gewinnsanspruchs in 3 Jahren (§§ 195, 199 BGB). Lit: Gansmüller DB **67,** 2103, **70,** 285.

Auch **künftige Gewinnansprüche** sind nach allgemeinen Regeln abtretbar, **4**
verpfändbar, pfändbar (Vorausverfügung über künftiges Recht); dagegen nicht das **Gewinnstammrecht,** das den einzelnen Gewinnansprüchen zugrundeliegt (§ 109 Rn 20), str.

Wirkung der Verfügung: Die Abtretung (Verpfändung, Pfändung) hindert **5**
nach Mitteilung an die Ges die Gewinnauszahlung an den Gfter und anderweitige Verfügungen über die Gewinne, gibt aber dem Zessionar, Pfand- und Pfändungsgläubiger **nicht** die der Kontrolle und Durchsetzung des erworbenen Vermögensrechts dienenden **Verwaltungsrechte** (§ 109 Rn 20), BGH WM **83,** 1280. Er hat also keinen Einfluss auf die Feststellung der die künftigen Gewinne bestimmenden Jahresabschlüsse, zB Rücklagenbildung, RG **98,** 318 (GmbH); kein Informationsrecht gegenüber der Ges (§ 118) außer auf Mitteilung des Gewinnanteils, RG **90,** 19, BGH BB **76,** 11; kein Veto gegen Änderung des GesVertrags, die das Gewinnrecht des Zedenten (Verpfänders, Pfändungsschuld-

§ 122
II. Buch. Handelsgesellschaften und stille Gesellschaft

ners) schmälert, str; Grenzen: §§ 138, 826 BGB. Er bleibt also auf schuldrechtliche Nebenpflichten des Veräußerers angewiesen.

6 Mit stärkerer Wirkung kann der Gfter über sein Gewinnrecht nur im Rahmen der **Verfügung über seinen ganzen Gesellschaftsanteil (Mitgliedschaft)** einwirken, welche über Auflösung der Ges Zugriff auf die Rücklagen und stillen Reserven gewährt (§ 105 Rn 69, § 120 Rn 4). Nießbrauch s § 105 Rn 44; Sicherungsabtretung, Verpfändung, Pfändung s § 124 Rn 19–21.

2) Verteilung eines Verlusts (III)

7 Nach III ist der nach § 120 I ermittelte Jahresverlust nach Köpfen (insbesondere ohne Rücksicht auf die Kapitalanteile) auf die Gfter umzulegen, dh entweder nach § 120 II von den Kapitalanteilen abzuziehen oder neben festen Kapitalanteilen (§ 120 Rn 12) gesondert zu buchen. Ihn durch Nachschüsse auszugleichen, sind die Gfter weder verpflichtet (§ 707 BGB) noch berechtigt (§ 109 Rn 12–14). Unberechtigte Nachschüsse sind auf dem Privatkonto zu verbuchen, abweichende Buchung s § 120 Rn 21.

3) Abweichende Vereinbarungen

8 A. **Gewinnverteilung:** Der GesVertrag kann in der Gewinnverteilung von § 121 beliebig (im Rahmen des § 138 BGB) abweichen und tut das in der Praxis regelmäßig, zB: die Vorzugsdividende auf die Kapitalanteile (I 1) erhöhen oder senken; statt einer Vorzugsdividende eine Festverzinsung vorsehen; den Mehrgewinn anders als nach Köpfen (III) verteilen; die Anteile je nach Höhe des Gewinns verschieden bestimmen; Vorausanteile einzelnen Gftern zuteilen, insbesondere Gewinntantiemen für geschäftsführende Gfter, GründerGfter, für Überlassung von Gegenständen zur Nutzung usw, statt oder neben Gehalt (§ 110 Rn 19) oder anderen auch ohne Gewinn geschuldeten Leistungen. Anwendung des Gewinnverteilungsschlüssels auf Schulderlass durch Zwangs- oder freiwilligen (Liquidations-)Vergleich früheren Rechts s BGH **26,** 129. Ausschüttung auch bloßer Buchgewinne ist iZw nicht vereinbart, BGH WM **86,** 356. Lit: Paulick FS Laufke **71,** 193 (FamilienGes).

9 B. **Verlustverteilung:** Ebenso kann der GesVertrag in der Verlustverteilung von § 121 III (nur Innenverhältnis) abweichen, zB: wie häufig den Verlust ganz oder zum Teil nach Kapitalanteilen verteilen (als negativen Kapitalertrag); einzelne Gfter von Verlustbeteiligung ganz freistellen (was iZw als minus aus einer Gewinngarantie folgt, iZw nicht aus Gewährung einer Voraustantieme), BGH WM **75,** 662. Die Bestimmung der Gewinnanteile gilt iZw entspr für die Umlegung eines Verlusts (§ 722 II BGB). Lit: Gansmüller DB **68,** 1699.

10 C. Jede **Änderung** der Gewinn- bzw Verlustverteilung, sei es der gesetzlichen nach § 121 oder besonderer Bestimmungen des GesVertrags, bedarf grundsätzlich (§ 105 Rn 60, § 114 Rn 3) eines einstimmigen (auch stillschweigenden) Beschlusses der Gfter; langdauernde Abweichung vom GesVertrag kann den Beschluss ersetzen, wenn im Einverständnis aller Gfter geübt, nicht wenn ihr nicht alle zustimmten, BGH NJW **66,** 826, BB **67,** 1307. Der GesVertrag kann Änderung mit Mehrheit vorsehen, aber vorbehaltlich des Bestimmtheitsgrundsatzes (§ 119 Rn 37, 38), BGH WM **86,** 1556.

[Entnahmen]

122 (1) **Jeder Gesellschafter ist berechtigt, aus der Gesellschaftskasse Geld bis zum Betrage von vier vom Hundert seines für das letzte Geschäftsjahr festgestellten Kapitalanteils zu seinen Lasten zu erheben und, soweit es nicht zum offenbaren Schaden der Gesellschaft gereicht, auch die Auszahlung seines den bezeichneten Betrag übersteigenden Anteils am Gewinne des letzten Jahres zu verlangen.**

1. Abschnitt. Offene Handelsgesellschaft 1–3 § 122

(2) Im übrigen ist ein Gesellschafter nicht befugt, ohne Einwilligung der anderen Gesellschafter seinen Kapitalanteil zu vermindern.

Übersicht

1) Entnahmerecht und andere Zahlungsansprüche 1–7
   A. Entnahmen 1
   B. Gewinnrecht und Entnahmen 2
   C. Kein festes Grundkapital 3
   D. Entnahmerecht 4
   E. Gesellschafterdarlehen 7
2) Entnahmerecht in Höhe von 4% des letzten Kapitalanteils
   (I Halbsatz 1) 8–11
   A. Entnahmerecht (I Halbsatz 1) 8
   B. Grenzen 9
   C. Vorschuss 11
3) Anspruch auf den Mehrgewinn (I Halbsatz 2) 12, 13
   A. Gewinnrecht (I Halbsatz 2) 12
   B. Grenzen 13
4) Verbot der Verminderung des Kapitalanteils (II) 14
5) Abweichende Vereinbarungen 15, 16
   A. Erweiterungen 15
   B. Beschränkungen 16
6) Entnahmen und Steuerrecht 17

1) Entnahmen und andere Zahlungsansprüche

A. **Entnahmen:** § 122 spricht von Erheben von Geld aus der GesKasse durch **1** Gfter, Auszahlung an Gfter und Vermindern ihres Kapitalanteils durch Gfter. All das sind Formen der Entnahme der Gfter. Entnahme kann aber jede Art von Vermögenszuwendung der Ges an einen Gfter sein, insbesondere Zahlungen wie die oft im GesVertrag vorgesehene Bezahlung persönlicher Steuerschulden der Gfter durch die Ges (s Rn 17) und verdeckte Zuwendungen. Keine Entnahmen sind Leistungen der Ges an den Gfter auf Grund eines Drittgeschäfts (§ 109 Rn 11). Differenzierend für Steuerrückerstattungen BGH NJW **95**, 1088. Lit: Hopt/Hehl JuS **79**, 728 (Bspe zu §§ 120–122), Balz DB **88**, 1305, Ulmer FS Lutter **00**, 935, Schön 5. Hachenburg-Gedächtnisvorlesung 2002, 2003, S 17 (Gewinnermittlung, -verteilung, -ausschüttung).

B. **Gewinnrecht und Entnahmen:** § 122 unterscheidet nicht, ob die Ent- **2** nahme aus Gewinn oder Kapital erfolgt. Die Reichweite des Gewinnrechts (§ 121) und des Entnahmerechts (§ 122) decken sich nur zum Teil. Insbesondere sind das gewinnunabhängige Entnahmerecht nach § 122 I Halbs 1 und der Vorzugsgewinnanteil nach § 121 I (beide 4%) nicht zu verwechseln. § 122 geht von der gesetzlichen Regel (§ 120 II) aus, nach der Gewinnanteile stets sogleich dem Kapitalanteil zugeschlagen werden, der also sowohl Kapital wie Gewinn (im wirtschaftlichen Sinne) enthält. Bestimmt der GesVertrag dagegen, dass das Gewinnrecht Ansprüche außerhalb des Kapitalanteils begründet (§ 120 Rn 15), wird zweckmäßigerweise auch das Entnahmerecht abw von § 122 geregelt, also gesondert für Kapitalanteil und Gewinnanteil. § 122 I gilt **nicht** in der Liquidation (§ 155 II 3) und in der KG für Kdtisten (§ 169 I).

C. **Kein festes Grundkapital:** Bei OHG und KG besteht wegen der per- **3** sönlichen Haftung der Gfter (für Kdtisten vor Einzahlung und nach Rückzahlung ihrer Einlage, §§ 171, 172) **kein** (im Gläubigerinteresse erlassenes) **Verbot von Auszahlungen an die Gesellschafter aus dem Kapital** wie bei AG und GmbH (§ 120 Rn 3). Schon die gesetzliche Regelung (§ 122 I) gestattet in gewissem Umfang Auszahlungen aus dem Kapital, diese Möglichkeit kann vertraglich erweitert werden.

§ 122 4–8 II. Buch. Handelsgesellschaften und stille Gesellschaft

4   D. **Entnahmerecht:** Das Entnahmerecht nach § 122 **entsteht** mit Feststellung des Jahresabschlusses. Es ist ein **Recht, keine Pflicht;** wird es nicht ausgeübt, erhöht sich der variable Kapitalanteil des Gfters (§ 120 Rn 14); bei festem Kapitalanteil wird auf Kapitalkonto II, sonst auf Privatkonto gebucht (§ 120 Rn 19, 20). **Verfügung** über das Entnahmerecht nach I Halbs 1 ist separat von dem Gewinnanspruch (§ 121 Rn 3) nicht möglich, Grund: es knüpft unabhängig von einer Gewinnerzielung der Ges an den Kapitalanteil an, hat einen spezifischen Schutzzweck für den Gfter (Mindestunterhalt, s Rn 8) und ist selbst kein Gewinnrecht, für das § 717 S 2 BGB gälte (s Rn 8), es ist also grundsätzlich nicht für sich allein abtretbar, verpfändbar oder pfändbar (§ 109 Rn 20), RG **67,** 17, hL, differenzierend Ebenroth/Ehricke 30, sehr str. Es geht aber auf den Zessionar (Pfändungsgläubiger) durch Abtretung (Überweisung) des Anspruchs auf den Gewinnanspruch über (§ 717 S 2 BGB, § 109 Rn 20). Die Schranken des Entnahmerechts (s Rn 9–10) wirken auch gegen Zessionar, Pfand- und Pfändungsgläubiger des Gewinnanspruchs. Soweit die Entnahme unzulässig ist, muss der Zessionar (Pfändungsgläubiger) den Gewinn bei der Ges stehen lassen. Das vom Gewinnanspruch unabhängige vertragliche Entnahmerecht ist abtretbar, verpfändbar, pfändbar, MüKoBGB/Ulmer § 717 Rn 33, § 721 Rn 13, Wertenbruch FS Gerhardt **04,** 1077, aA Soergel/Hadding § 717 Rn 10, da nicht auf Geldleistung, sondern nur Duldung gerichtet, aber zu formal (§ 109 Rn 20). **Verfall** und **Verjährung** s Rn 10. Lit: Winnefeld DB **77,** 897.

5   **Durchsetzung der Entnahme:** Das Entnahmerecht gestattet nicht eigenmächtige Entnahme durch jeden Gfter. Nur vertretungsberechtigte Gfter dürfen im Rahmen ihrer Vertretungsmacht die zu entnehmenden Beträge **selbst** der GesKasse **entnehmen** (§ 181 BGB). Andere Gfter müssen ihr Entnahmerecht durch **Zahlungsklage** gegen die Ges, nicht gegen die MitGfter verfolgen (§ 128 Rn 22); die Rspr lässt darüberhinaus Klage gegen die die Auszahlung verweigernden Alleingeschäftsführer-MitGfter auf Zahlung aus der GesKasse zu, RG **170,** 395. Die Beweislast für das Entnahmerecht trifft den Gfter, der entnommen hat, wie den, der Entnahme begehrt, BGH BB **60,** 188.

6   **Unzulässige Entnahmen** sind zurückzuzahlen und bis zur Rückzahlung zu verzinsen (§ 111 I). Beweislast s Rn 5. Die Rückzahlung an die Ges kann jeder Gfter mit der actio pro socio geltend machen (§ 109 Rn 32). Ein Gfter, der selbst unzulässig entnahm, verwirkt uU das Recht, von MitGftern Rückzahlung unzulässiger Entnahmen zu fordern, BGH WM **73,** 101. Unzulässige Entnahmen mindern nicht den Kapitalanteil und damit den Gewinnanteil (§ 121 I, II) und das Entnahmerecht im folgenden Jahr (§ 122 I), sondern sind dem Privatkonto zu belasten, Heymann/Emmerich 9, str. Der Gfter schuldet uU der Ges Schadensersatz über den Zins hinaus (§ 111 II).

7   E. **Gesellschafterdarlehen** (Darlehen eines Gfters an die Ges) sind gemäß Vereinbarung zurückzuzahlen und zu verzinsen, sie berühren den Kapitalanteil nicht, somit auch nicht den Gewinnanteil und das Entnahmerecht (§§ 121, 122). Wichtige **Schranken** ergeben sich aber bei der Ges ohne eine natürliche Person als phG aus §§ **129 a, 172 a.** Eine vereinbarte außerordentliche rückzahlbare „Entnahme" des Gfters ist idR Darlehen der Ges an den Gfter.

2) Entnahmerecht in Höhe von 4% des letzten Kapitalanteils (I Halbsatz 1)

8   A. **Entnahmerecht (I Halbsatz 1):** Der Gfter darf 4% des Betrags seines Kapitalanteils am letzten Geschäftsjahresende (nach Zu- und Abschreibung nach § 120 II, vorbehaltlich anderer Vertrags, § 120 Rn 12) entnehmen, **einerlei ob** das letzte Geschäftsjahr der Ges **Gewinn oder Verlust** gebracht hat. Diese gewinnunabhängige Regelung soll nach der Vorstellung des Gesetzgebers einen Mindestunterhalt für den Gfter sichern. Prozentbasis ist der gesamte einheitliche

Kapitalanteil, also mangels anderer Vereinbarung einschließlich Kapitalkonto II (§ 120 Rn 19), Ebenroth/Ehricke 27, str. Das Entnahmerecht beläuft sich auf einen Prozentsatz des Kapitalanteils des Gfters, steht also einem Gfter mit negativem oder ganz ohne Kapitalanteil nicht zu (§ 120 Rn 22, 23). Es ist nicht separat von dem Gewinnanspruch abtretbar (s Rn 4).

B. Grenzen: a) Treuepflicht: Die Einschränkung „soweit es nicht zum offenbaren Schaden der Ges gereicht" (I Halbs 2) gilt nicht schon für die Entnahme. Aber die allgemeine Treuepflicht der Gfter (§ 109 Rn 23) kann das Entnahmerecht ausnahmsweise beschränken, vgl. BGH **132,** 276 f (§ 164 Rn 3), doch gilt das nur vorübergehend und soweit der Ges ein schwerer, nicht wieder gut zu machender Schaden droht, Heymann/Emmerich 12, denn bei de OHG gibt es wegen der persönlichen Haftung der Gfter kein festes Grund- und Mindestkapital der OHG (§ 120 Rn 3). Die Entnahme kann zB auf die Höhe der auf den Gewinn anfallenden Steuern begrenzt sein (s Rn 17).

b) Zeitlich: Das Entnahmerecht besteht nur bis zur Feststellung des nächsten Jahresabschlusses und verfällt, soweit es nicht bis dahin geltendgemacht wurde, Grenze: § 242 BGB. Gestattung der Entnahme nach Verfall ist Vertragsänderung, für die idR Einstimmigkeit nötig ist, BGH BB **75,** 1605. Mit dem nächsten Jahresabschluss kann ein neues, aber möglicherweise betragsmäßig ganz verschiedenes Entnahmerecht entstehen. Das rechtzeitig geltend gemachte Entnahmerecht führt zu einem Zahlungsanspruch, der in 3 Jahren verjährt (§§ 195, 199 BGB, vgl § 121 Rn 3).

C. Vorschuss: Vor Feststellung des Jahresabschlusses für das Vorjahr sind iZw angemessene Vorschüsse kraft GesVertrag entnehmbar nach Maßgabe des ungünstigsten möglich erscheinenden Abschlussergebnisses. Die Vorschüsse sind zurückzuzahlen, wenn ihre Voraussetzungen nicht vorlagen (zB bei negativem Kapitalanteil) oder später weggefallen sind. Rückzahlung einer bedingt (vorschussweise) gestatteten Entnahme ist Vertragspflicht, nicht Bereicherungsschuld (§ 812 BGB), BGH **48,** 74.

3) Anspruch auf den Mehrgewinn (I Halbsatz 2)

A. Gewinnrecht (I Halbsatz 2): Hatte der Gfter am letzten Geschäftsjahresende einen Gewinnanteil und war dieser größer als 4% des (diesen Gewinnanteil nach § 120 II mitenthaltenden) Kapitalanteils (Mehrgewinn, s Rn 8, § 121 Rn 2), so darf der Gfter auch diesen Überschuss entnehmen. Dieses Gewinnrecht knüpft anders als das Entnahmerecht nach I Halbs 1 nicht an den Kapitalanteil an, steht also auch einem Gfter mit negativem Kapitalanteil und (je nach Ausgestaltung) ganz ohne Kapitalanteil zu (§ 120 Rn 22, 23). Es ist abtretbar und zieht dann das Entnahmerecht mit sich (s Rn 4).

B. Grenzen: Anders als beim Entnahmerecht ist nach I Halbs 2 die Entnahme des Mehrgewinns nur zulässig, **soweit es nicht zum offenbaren Schaden der Gesellschaft gereicht,** also zB nur ohne ihr unentbehrliche Betriebsmittel zu nehmen oder den Kredit der Ges zu erschüttern; aA weitergehend Hueck OHG § 17 III 3: bereits der Entgang besonders günstiger Geschäftsmöglichkeiten für die Ges als Folge der Entnahme. Rücklagen s § 120 Rn 5. Droht ein solcher Schaden, kann die Ges die Entnahme solange ablehnen, wie sie die Betriebsmittel benötigt; nach teilweise, dann aber gleichmäßig (§ 109 Rn 29). Die Grenze nach I 2 gilt nicht schon für die Entnahme und überhaupt nicht für den Kdtisten (§ 169), dann folgen aber ausnahmsweise Grenzen aus der Treuepflicht (s Rn 9, § 169 Rn 3).

§ 123

4) Verbot der Verminderung des Kapitalanteils (II)

14 Abgesehen von zulässigen Entnahmen nach I darf ein Gfter nicht ohne Einwilligung der anderen Gfter seinen Kapitalanteil vermindern. Unzulässige Entnahmen sind zurückzuzahlen (s Rn 6).

5) Abweichende Vereinbarungen

15 A. **Erweiterungen:** § 122 ist dispositiv (§ 109). Der GesVertrag kann Voraussetzungen und Umfang der Entnahme nach I Halbs 1 und des Anspruchs auf den Mehrgewinn (I Halbs 2) abweichend regeln und tut vor allem ersteres in der Praxis häufig. Ein Verbot der Kapitalrückzahlung besteht nicht (s Rn 3). GesVertrag kann GfterBeschluss über Entnahmen aus dem Liquiditätsüberschuss der Ges zulassen, BGH NJW **82,** 2065, 2066 (iErg unwirksam). Tätigkeitsvergütung kann als Gewinnvoraus oder aus besonderem Dienstvertrag zugesagt sein (§ 169 Rn 7, § 110 Rn 19). Auch zu II kann anderes vereinbart sein, zB statt Einwilligung aller anderen Gfter Mehrheitsbeschluss (aber Bestimmtheitsgrundsatz, § 119 Rn 37).

16 B. **Beschränkungen:** Der GesVertrag kann zur Deckung des Kapitalbedarfs der Ges das Entnahmerecht entgegen I beschränken. Er kann vorsehen, dass nicht entnehmbare Beträge auf einem Darlehenskonto gutzuschreiben sind (§ 120 Rn 20, § 167 Rn 7). Ein Rücklagenkonto ist iZw nur mit der Mitgliedschaft kündbar, Staub/Schilling § 169 Rn 8. Der GesVertrag kann Entnahme nur nach den Bedürfnissen der Gfter vorsehen; ob diese vorliegen, bestimmen weder der betroffene Gfter noch Geschäftsführer oder MitGfter (§ 315 BGB gilt nicht), vielmehr dann angemessene Deckung der Bedürfnisse bei Rücksicht auf das GesInteresse vom Gericht zu ermitteln. Mehrheitsbeschluss nur unter Wahrung des Bestimmtheitsgrundsatzes (§ 119 Rn 37). Lit: Barz FS Knur **72,** 25.

6) Entnahmen und Steuerrecht

17 Nach dem geltenden **Steuerrecht** (§ 15 EStG) wird der Gfter mit seinem Anteil am GesGewinn besteuert, nicht nur mit der Ausschüttung an ihn; er schuldet aus der Beteiligung Vermögenssteuer auch ohne Gewinn; gesetzliche Ausschüttungen (§ 122 I) und Besteuerung des Gfters fallen zeitlich nicht zusammen. Das Gesetz kennt zwar **kein Steuerentnahmerecht** neben § 122, BGH **132,** 277 (vgl § 253 Rn 34), sehr str, aber im Einzelfall besteht ein solches kraft Treupflicht der Gfter, Staub/Ulmer 21, nach aA kraft § 110, Schön FS Beisse **97,** 487. Doch kann (auch stillschweigend) ein selbstständiges Steuerentnahmerecht oder doch ein Entnahmerecht mindestens in Höhe der auf den Gewinn anfallenden Steuer vereinbart sein (s Rn 9, § 120 Rn 5); iZw nicht, wenn eine Tätigkeitsvergütung (§ 110 Rn 19) die Steuern deckt. Ausnahmsweise besteht Pflicht zu entspr Vertragsänderung (§ 105 Rn 64, 66). **Verdeckte Entnahmen** (bei KapitalGes entsprechend der verdeckten Gewinnausschüttung) sind steuerlich zu berücksichtigen. Besteuerung des Gewinns der OHG s von Wallis FS Fischer **79,** 809. Steuerrückerstattungen s Rn 1. Lit: Gansmüller 1962 (Steuerentnahmerecht), Knobbe-Keuk, Bilanz- und Unternehmenssteuerrecht; Ernst BB **61,** 377, Balz DB **88,** 1305, Schön FS Beisse **97,** 487.

Dritter Titel. Rechtsverhältnis der Gesellschafter zu Dritten

[Wirksamkeit im Verhältnis zu Dritten]

123 (1) **Die Wirksamkeit der offenen Handelsgesellschaft tritt im Verhältnisse zu Dritten mit dem Zeitpunkt ein, in welchem die Gesellschaft in das Handelsregister eingetragen wird.**

1. Abschnitt. Offene Handelsgesellschaft 1–3 **§ 123**

(2) **Beginnt die Gesellschaft ihre Geschäfte schon vor der Eintragung, so tritt die Wirksamkeit mit dem Zeitpunkte des Geschäftsbeginns ein, soweit nicht aus § 2 oder § 105 Abs. 2 sich ein anderes ergibt.**

(3) **Eine Vereinbarung, daß die Gesellschaft erst mit einem späteren Zeitpunkt ihren Anfang nehmen soll, ist Dritten gegenüber unwirksam.**

Übersicht

1) Das Rechtsverhältnis der Gesellschaft und der Gesellschafter zu Dritten 1–4
   A. Übersicht (§§ 123–130 b) 1
   B. Entstehung der OHG im Außenverhältnis (§ 123) 2
   C. Entstehen und Bestehen als Handelsgesellschaft (Kaufmannseigenschaft) 3
   D. Eintritt eines neuen Gesellschafters 4
2) Die Handelsgesellschaft kraft Eintragung im Handelsregister (I) 5–8
   A. Eintragung 5
   B. Eintragung eines Zeitpunkts vor der Eintragung 7
   C. Eintragung eines Zeitpunkts nach der Eintragung 8
3) Die Handelsgesellschaft kraft Geschäftsbeginns (II) 9–14
   A. Geschäftsbeginn 9
   B. Einvernehmlicher Geschäftsbeginn 12
   C. Wirkungen des Geschäftsbeginns 13
4) Unwirksamkeit abweichender Vereinbarungen (III) 15
5) Die Gesellschaft vor Erwerb der Kaufmannseigenschaft 16–22
   A. Entstehung im Innenverhältnis 16
   B. Entstehung der Gesellschaft als Rechtsträger 17
   C. Rechtsverhältnisse vor Entstehung im Außenverhältnis 18
   D. OHG kraft Rechtsscheins 22

1) Das Rechtsverhältnis der Gesellschaft und der Gesellschafter zu Dritten

A. **Übersicht (§§ 123–130 b):** Abschn 1 Titel 3 (§§ 123–130 b) handelt vom **1** Rechtsverhältnis der Ges und (entgegen der Überschrift) auch der Gfter zu Dritten. §§ 123–130 scheiden auch im Verhältnis zu Dritten klar Ges und Gfter. § 123 handelt vom Eintritt der Wirkungen des GesVertrags im Verhältnis zu Dritten, § 124 von der rechtlichen Selbstständigkeit der Ges, §§ 125–127 von der Vertretungsmacht der Gfter für die Ges, §§ 128–130 von der Haftung der Gfter für Verbindlichkeiten der Ges, §§ 130 a, 130 b von der Antragspflicht bei Insolvenz.

B. **Entstehung der OHG im Außenverhältnis (§ 123):** Der Vertrag zur **2** Errichtung einer OHG ist ohne weiteres unter den Gftern wirksam (Innenverhältnis, s Rn 15). Die Ges entsteht als Rechtsträger mit der Begründung der Gesamthand durch die Gfter (s Rn 17). Aber § 123 fordert für die Entstehung der OHG im Außenverhältnis wegen der Konsequenzen für Dritte ebenso wie für die einzelnen Gfter (vor allem persönliche Haftung nach § 128) zusätzlich entweder die **Eintragung** der Ges im HdlReg (die alle Gfter beantragen müssen, §§ 106, 108 I) oder den **Geschäftsbeginn** (im Einvernehmen aller Gfter, s Rn 10), s Rn 5 ff und 9 ff. Fehlerhafte OHG s § 105 Rn 75. Bloßer Rechtsschein s § 15 Rn 16, § 105 Rn 99.

C. **Entstehen und Bestehen als Handelsgesellschaft (Kaufmannseigen- 3 schaft):** Die Ges erlangt auch die Eigenschaft als Kfm (§ 6 I), deren Bedeutung primär im Verhältnis zu Dritten liegt, erst mit ihrer Wirksamkeit im Verhältnis zu Dritten; mit der Eintragung auch dann, wenn sie erst später ihre Geschäfte aufnimmt und damit erst ihr HdlGewerbe beginnt (I; s auch § 5). Da eine Ges, die kein HdlGewerbe (§ 1 II), sondern ein unter **§ 2** oder **§ 3** fallendes Gewerbe

§ 123 4–9 II. Buch. Handelsgesellschaften und stille Gesellschaft

oder bloße Vermögensverwaltung betreibt, erst durch die Eintragung OHG wird (**§ 105 II 1**), treten für die Ges **ohne Handelsgewerbe** die Wirkungen gegenüber Dritten nach OHGRecht immer **nur durch Eintragung** im HdlReg ein, nicht schon durch früheren Geschäftsbeginn (einschließlich anderer Kundgebungen an die Öffentlichkeit als Eintragung, s Rn 11).

4 D. **Eintritt eines neuen Gesellschafters:** § 123 ist entspr anwendbar beim Eintritt eines neuen Gfters in eine schon bestehende Ges (vgl § 176 II). Nicht schon der Beitrittsvertrag (§ 105 Rn 67), sondern erst die Eintragung des Eintritts im HdlReg oder die Fortsetzung der Geschäfte mit Zustimmung des Neuen auch für seine Rechnung macht den Eintritt gegenüber Dritten wirksam, zB den Neuen haftbar nach § 130. Fehlerhafter Eintritt s § 105 Rn 91. Bloßer Rechtsschein des Eintritts, etwa bei entspr Neufirmierung, s § 15 Rn 16, § 105 Rn 99.

2) Die Handelsgesellschaft kraft Eintragung im Handelsregister (I)

5 A. **Eintragung:** Spätestens mit Eintragung (nicht erst Bekanntmachung) wird die Ges, die zuvor idR schon als GbR bestand (s Rn 17), Dritten gegenüber als OHG wirksam (s Rn 3). Nach § 106 II Nr 3 ist mit der Ges anzumelden und einzutragen der Zeitpunkt, mit welchem die Gesellschaft begonnen hat, und zwar entweder der Zeitpunkt der Eintragung selbst oder ein früherer, nicht ein späterer (§ 106 Rn 11). Die Anmeldung zur Eintragung muss durch alle Gfter erfolgen, sie sind einander dazu verpflichtet (s Rn 16).

6 **Gleiche Wirkung** wie Eintragung der Ges selbst hat die **Übernahme eines eingetragenen Unternehmens** (EinzelKfm oder Ges) durch die Ges. Diese Übernahme macht die Ges also zur OHG, auch wenn sie selbst noch nicht eingetragen ist, BGH **59,** 179, hL, und zwar nach II, MüKo/K. Schmidt 7, die Übernahme ist Geschäftsbeginn. Wenn die Ges das Unternehmen eines eingetragenen **Formkaufmanns** (AG, GmbH, eG) übernimmt, ist zu beachten, dass diese als Kflte gelten, auch ohne ein HdlGewerbe iSv §§ 1 ff zu betreiben (§ 6 I iVm § 3 AktG, § 13 III GmbHG; § 17 II GenG); die übernehmende Ges wird deshalb selbst Kfm nur, wenn der übernommene FormKfm ein HdlGewerbe iSv § 1 II betreibt, BGH **59,** 179, MüKo/K. Schmidt 7, aA wohl Heymann/Emmerich 10. Ist das nicht der Fall, kommt Rechtsschein einer OHG oder KG in Betracht, BGH **59,** 185, **61,** 60; vgl auch BGH **63,** 45 (§ 179 BGB).

7 B. **Eintragung eines Zeitpunkts vor der Eintragung:** Ist für den Beginn der Ges ein Zeitpunkt vor der Eintragung eingetragen und begann die Ges zu diesem früheren Zeitpunkt tatsächlich ihre Geschäfte, so wurde sie damals im Verhältnis zu Dritten wirksam (II, s Rn 13; Ausnahme §§ 2, 3, s Rn 14). Begann sie tatsächlich ihre Geschäfte später, wurde sie erst später im Verhältnis zu Dritten wirksam (II; spätestens durch die Eintragung, I), aber die Gfter müssen gegen sich gelten lassen, dass sie schon früher eine OHG sein wollten, sie müssen sich daher als OHG seit dem angegebenen früheren Zeitpunkt behandeln lassen, iErg auch RG **34,** 55, str, vgl Rn 18–22.

8 C. **Eintragung eines Zeitpunkts nach der Eintragung:** Ist unzulässigerweise (§ 106 Rn 11) für den Beginn der Ges ein Zeitpunkt nach der Eintragung eingetragen, so wird die Ges trotzdem im Zeitpunkt der Eintragung im Verhältnis zu Dritten wirksam (III, s Rn 15).

3) Die Handelsgesellschaft kraft Geschäftsbeginns (II)

9 A. **Geschäftsbeginn:** Maßgeblich ist der **wirkliche** Geschäftsbeginn, nicht der vereinbarte oder was nach § 106 II Nr 3 über den Beginn der Ges angemeldet und eingetragen wurde. Beginn der Geschäfte der Ges sind nur Handlungen **im Namen der Gesellschaft** (der künftigen OHG oder KG, s Rn 21) nicht solche von Gftern im eigenen Namen, mögen sie sie auch für Rechnung der werdenden Ges gelten lassen wollen, RG **119,** 66. Die Rückdatierung des

1. Abschnitt. Offene Handelsgesellschaft 10–17 § 123

Beginns der Ges im HdlReg (s Rn 7) beweist nicht, dass Geschäfte in der Zwischenzeit im Namen der Ges geschlossen wurden, RG 119, 67.

Die Ges beginnt ihre Geschäfte nicht erst mit ihrem HdlGewerbe entspr ihrem 10 GesZweck, sondern bereits durch die **Vorbereitung** desselben durch Geschäfte (Rechtsgeschäfte oder geschäftsähnliche Handlungen) nach außen, BGH WM **90,** 586, zB Miete von Geschäftsräumen, Einstellung von Personal, Eröffnung eines Bankkontos, RG DR **41,** 1944, **43,** 1221, BGH ZIP **04,** 1208, Verhandlungen über Kauf eines Betriebsgrundstücks oder Vorbereitungen des notariellen Abschlusses des Grundstückkaufvertrags, BGH ZIP **04,** 1209, Erscheinen eines Vertreters der Ges vor einem Notar zu einem Vertragsschluss (nicht Gründungsvertrag), so dass für diesen schon OHGRecht gilt, zB Erwerb eines Grundstückes auf den Namen der Ges (§ 124), KG DR **39,** 1795. Zur VorgründungsGes vgl Anh § 177 a Rn 18.

Gleiche Wirkung wie Eintragung oder Geschäftsbeginn haben Kundgebun- 11 gen an die Öffentlichkeit, zB Zeitungsanzeigen, Rundschreiben oder sonstige **Mitteilung an Dritte,** dass die Ges bestehe.

B. **Einvernehmlicher Geschäftsbeginn:** Alle Gfter müssen dem Beginn der 12 Geschäfte (wie der Anmeldung zur Eintragung, s Rn 5) zugestimmt haben, ROHG **12,** 409, hL, offen BGH ZIP **04,** 1209, aA MüKo/K. Schmidt 10. Einzelvertretung (§ 125) gilt hier noch nicht, sondern erst nachdem mit Zustimmung aller Gfter die Geschäfte begonnen sind. Die Beweislast liegt bei dem, der sich auf einvernehmlichen Geschäftsbeginn beruft.

C. **Wirkung des Geschäftsbeginns:** Die Ges wird auch ohne Eintragung 13 Dritten gegenüber mit Geschäftsbeginn wirksam. Der Geschäftsbeginn nach II wirkt also wie die Eintragung im Verhältnis zu allen Dritten, nicht etwa nur im Verhältnis zu den Partnern derjenigen Geschäfte, mit denen die Ges ihre Geschäfte beginnt.

Ausnahme: II gilt nicht für Kleingewerbetreibende, GbR und Vermögensver- 14 waltungsGes (**II letzter Halbsatz** idF HRefG 1998 iVm §§ 2, 3 II, III, 105 II; vgl § 176 Rn 5). Diese behalten ihre freiwillige Eintragungsoption, ihre Eintragung wirkt konstitutiv (§ 2 Rn 3, § 105 Rn 12).

4) Unwirksamkeit abweichender Vereinbarungen (III)

Dass die Ges als OHG später als gemäß I, II im Verhältnis zu Dritten wirksam 15 werden soll, können die Gfter nicht mit Wirkung gegen Dritte vereinbaren (III). Anders im Innenverhältnis s Rn 16–18.

5) Die Gesellschaft vor Erwerb der Kaufmannseigenschaft

A. **Entstehung im Innenverhältnis:** Den Beginn des GesVerhältnisses unter 16 den Gftern bestimmt der **Gesellschaftsvertrag,** iZw fallen dessen Abschluss und der Beginn zusammen. Bedingung und Befristung sind möglich (§ 105 Rn 50). Verlegt er ihn zurück, gehen vorbereitende Maßnahmen von Gftern in der Zwischenzeit oder, wenn die Ges ein schon bestehendes HdlGeschäft übernimmt, dessen Ergebnis in der Zwischenzeit auf Rechnung der Ges, nicht ohne weiteres mit persönliche Rechtsverhältnisse, BGH WM **76,** 974, **79,** 891; zur Rückdatierung Schneider AcP 175 **(75)** 297. Zur Wirkung unter den Gftern bedarf es weder der Eintragung noch des Beginns der Geschäfte unter gemeinsamer Firma, der Vertrag muss nur hierauf gerichtet sein. Allein auf Grund des Vertrags kann also ein Gfter vom anderen die **Mitwirkung bei der Eintragung** als OHG fordern (§ 108 Rn 6), RG **112,** 281, durch welche die Ges dann auch im Verhältnis zu Dritten wirksam wird.

B. **Entstehung der Gesellschaft als Rechtsträger:** Die Ges entsteht nur 17 als OHG, soweit sich nicht aus §§ 2, 3, 105 II etwas anderes ergibt (§ 123 II aE, s Rn 14). Vorher kann nur eine **Gesellschaft bürgerlichen Rechts** be-

§ 124
II. Buch. Handelsgesellschaften und stille Gesellschaft

stehen; s für die KG § 176 Rn 6. Entscheidend für das Entstehen der GbR als Rechtsträger (AußenGes, Einl 14 vor § 105) ist die Begründung der Gesamthand durch die Gfter, K. Schmidt § 11 IV 1, MüKoBGB/Ulmer/Schäfer § 705 Rn 301, Soergel/Hadding Vor § 705 Rn 21. Eine Gesamthand entsteht nicht bei der bloßen InnenGes (Einl 10 vor § 105), selbst wenn diese Vermögen hat, sondern durch Auftreten nach außen, also Teilnahme der GbR am Rechtsverkehr, MüKoBGB/Ulmer/Schäfer § 705 Rn 305; aber hier ist die Ges von vornherein als OHG und damit als AußenGes gewollt (Einl 11 vor § 105). Umwandlung der GbR in OHG (und umgekehrt) von Rechts wegen (Einl 21 vor § 105).

18   C. **Rechtsverhältnisse vor Entstehung im Außenverhältnis: a) Anwendbares Recht im Innenverhältnis:** Beginn der Ges im Innenverhältnis s Rn 16. Unter den Gftern gilt **OHGRecht** (nicht Recht der GbR) schon vor Beginn der Wirksamkeit im Außenverhältnis.

19   **b) Außenverhältnis:** § 123 wirkt zugunsten der Gfter, aber **auch zugunsten Dritter.** Die Firma der Ges ist also vor Eintragung oder Geschäftsbeginn nicht gegen Dritte (firmenmäßig, § 17 Rn 32 ff) geschützt. Dritte müssen sich nicht von der Ges (nur von den Gftern) verklagen lassen (§ 124). Zur Vollstreckung in GesVermögen brauchen sie vorher keinen Titel gegen die Ges (§ 124 II). Nach Eintragung bis zu deren Bekanntmachung, nach Geschäftsbeginn bis die Ges eingetragen und bekanntgemacht ist, gilt ferner zugunsten Dritter § 15 I.

20   Nach dem Willen der Vertragschließenden gilt im Übrigen aber iZw OHG-Recht auch im Verhältnis zu Dritten auch in den Fällen der §§ 2, 3 (wo die Ges erst durch die Eintragung OHG wird), weil die Gfter eine OHG (nicht GbR) errichten (für einen Sonderfall s Rn 7). Die Vertragschließenden können es aber auch beim Recht der der GbR belassen. Für die Vertretungsmacht gelten also iZw schon jetzt §§ 125 ff, 170, nicht § 714 BGB, MüKo/K. Schmidt 17. Für § 128 str (§ 128 Rn 1).

21   Die auf eine OHG hin angelegte GbR kann als **„OHG in Gründung"** bereits im Grundbuch eingetragen werden, BayObLG WM **85,** 1398; bei Entstehen der OHG geht das Vermögen der GbR wegen Identität der beiden Ges ohne Einzelübertragung über. Aus Geschäften vor Eintragung ggf Klage des Vertragsgegners gegen die Gfter, Hamm WM **75,** 46. Rechtsgeschäfte mit der künftigen OHG (im Unterschied zu der OHG in Gründung, also GbR) sind möglich (s Rn 9), einerlei ob die Ges unter § 1 oder § 2 fällt, so zB Auflassung, BayObLG NJW **84,** 497.

22   D. **OHG kraft Rechtsscheins** s § 105 Rn 14. **OHG nach Wegfall der Kaufmannseigenschaft** s § 105 Rn 11.

[Rechtliche Selbständigkeit; Zwangsvollstreckung in Gesellschaftsvermögen]

124 (1) **Die offene Handelsgesellschaft kann unter ihrer Firma Rechte erwerben und Verbindlichkeiten eingehen, Eigentum und andere dingliche Rechte an Grundstücken erwerben, vor Gericht klagen und verklagt werden.**

(2) **Zur Zwangsvollstreckung in das Gesellschaftsvermögen ist ein gegen die Gesellschaft gerichteter vollstreckbarer Schuldtitel erforderlich.**

Übersicht

1) Die OHG als selbstständiger Träger von Rechten und Pflichten 1, 2
   A. Rechtsnatur der OHG 1
   B. Trägerin von Rechten und Pflichten 2

1. Abschnitt. Offene Handelsgesellschaft 1–3 § 124

 2) Die OHG als Trägerin des Gesellschaftsvermögens 3–15
  A. Anwendbares Recht 3
  B. Arten von Gesellschaftsvermögen 4
  C. Fehlen von Gesellschaftsvermögen 5
  D. Erwerb von Gesellschaftsvermögen 7
  E. Verfügung über Gesellschafsvermögen 12
  F. Geltendmachung von Vermögensrechten der Gesellschaft 13
 3) Anteile der Gesellschafter am Gesellschaftsvermögen 16–22
  A. Gesellschaftsanteil 16
  B. Keine Anteile der Gesellschafter an den einzelnen
     Gegenständen 17
  C. Verfügung über den Anteil 18
  D. Rechte der Mitgesellschafter 22
 4) Verbindlichkeiten der OHG 23–30
  A. Rechtsgeschäftliche Verbindlichkeiten 23
  B. Haftung der OHG 24
  C. Erfüllung 30
 5) Andere Rechtsverhältnisse der OHG 31–40
  A. OHG im Privatrecht 31
  B. Öffentliches Recht 38
  C. Strafrecht 39
 6) Die OHG im Prozess 41–44
  A. Trennung von Gesellschafts- und Gesellschafterprozess 41
  B. Gesellschaftsprozess 42
  C. Einzelprobleme 43
 7) Die OHG in Zwangsvollstreckung und Insolvenz 45–47
  A. Zwangsvollstreckung gegen OHG (II) 45
  B. Gesellschaftsinsolvenz 46
 8) Rechtsübertragung und Drittgeschäfte zwischen OHG und
    Gesellschafter 48–55
  A. Rechtsübertragung 48
  B. Rechtsgeschäfte zwischen Gesellschaft und Gesellschafter 51

1) Die OHG als selbstständiger Träger von Rechten und Pflichten

A. **Rechtsnatur der OHG:** Die OHG ist keine juristische Person. Träger der **1** namens der OHG begründeten Rechte und Pflichten ist nicht ein von den Gftern verschiedenes Rechtssubjekt, sondern die gesamthänderisch verbundenen Gfter, so BGH **34,** 296, **110,** 128, Hueck OHG § 3 III. Die OHG ist jedoch eine Gesamthand mit der Fähigkeit der selbstständigen Rechtsträgerschaft. Das folgt nach der früher hL erst aus § 124 I, nach der modernen Gesamthandslehre zutr schon aus der Gesamthand (schon oben § 123 Rn 17), Flume I 1 § 4, ZHR 136 **(72)** 187, Ulmer AcP 198 **(98)** 113, MüKoBGB/Ulmer/Schäfer § 705 Rn 303, 308, K. Schmidt § 8 III 2, 4, IV, krit Zöllner FS Gernhuber **93,** 563. Ebenso für die GbR BGH **146,** 341 (Einl 14 vor § 105).

B. **Trägerin von Rechten und Pflichten:** Unabhängig vom Streit über die **2** Rechtsnatur der OHG ist diese als rechtlich selbstständige Trägerin von Rechten und Pflichten gesetzlich anerkannt (§ 124). Sie ist insbesondere Trägerin des GesVermögens (s Rn 3), falls ein solches vorhanden ist (s Rn 5). Sie kann eigene Verbindlichkeiten haben (s Rn 23), aus Rechtsgeschäften ebenso wie aus Delikt und sonst aus Gesetz. Sie ist auch in anderen Rechtsverhältnissen selbst berechtigt und verpflichtet (s Rn 31). Das zeigt sich auch in Prozess, Zwangsvollstreckung und Insolvenz (s Rn 41) und in der Notwendigkeit einer Rechtsübertragung und der Möglichkeit von Drittgeschäften zwischen der OHG als solcher und einem Gesellschafter (s Rn 47).

2) Die OHG als Trägerin des Gesellschaftsvermögens

A. **Anwendbares Recht: a) §§ 718–720 BGB:** Auf die OHG als Trägerin **3** des GesVermögens („Rechte", I) finden §§ 718–720 BGB entspr Anwendung (§ 105 II). Danach wird das GesVermögen aus den Beiträgen der Gfter und den für die Ges erworbenen Gegenständen als „gemeinschaftliches Vermögen der Gfter" (Legaldefinition) gebildet (§ 718 I BGB) und ist gesamthänderisch gebunden (§ 719 BGB). Das gemeinschaftliche Vermögen der Gfter ist hier als Vermögen der OHG vom **Einzelvermögen** der Gfter klar getrennt (s Rn 1, 2). Klar geschieden ist das Vermögen der OHG auch von dem einer aus denselben Personen bestehenden GbR oder OHG (Konsequenz: besondere Übertragungsakte, s Rn 49). Das **Gesamthandsvermögen** nach §§ 718 ff BGB ist die Normalform der dinglichen Rechtsverhältnisse unter den Gftern, daher kann iZw kein Gfter Teilung des GesVermögens fordern (§ 719 BGB, aber abdingbar); das gilt sogar nach Auflösung der Ges, dann wird mangels anderer Vereinbarung liquidiert und der Liquidationserlös (nach Tilgung der Schulden) geteilt, nicht das bei Auflösung vorhandene GesVermögen realiter (§ 145 ff).

b) §§ 741 ff BGB: Soweit §§ 718–720 BGB und das sonstige GesRecht nichts anderes ergeben, gelten für das GesVermögen iSv §§ 718 ff BGB die Vorschriften über die Gemeinschaft nach Bruchteilen, also zB § 744 BGB (§ 114 Rn 7).

4   B. **Arten von Gesellschaftsvermögen:** Zum GesVermögen können **Vermögensrechte aller Art** gehören, vor allem Eigentum an beweglichen Sachen (Besitz s Rn 36), Grundstücke (s Rn 37), Forderungen, insbesondere die Einlagenforderung (§ 109 Rn 6); aber auch gewerbliche Schutzrechte wie Patente, Marken (Eintragung der OHG als solcher in die Register ebenso wie bei Grundbuch, s Rn 37), Urheberrechte, Firma (§ 17); Namensrecht nach § 12 BGB, unabhängig davon, ob die Firma einen persönlichen Namen enthält (§ 17 Rn 33); Unternehmenskennzeichen (§§ 5, 15 MarkenG); Nießbrauch und beschränkte persönliche Dienstbarkeiten wie bei juristischen Personen (§§ 1059a II, 1061 S 2, 1092 II, 14 BGB); Vorkaufsrecht, BGH **50,** 307. Auch **öffentlich-rechtliche Vermögensrechte,** zB Gewerbekonzessionen (die aber zT nur Einzelpersonen erteilt werden), Entschädigungsanspruch, BGH BB **58,** 394. Auch **vermögenswerte tatsächliche Beziehungen** wie Erfindungen (s Rn 8), Kenntnisse, Betriebsgeheimnisse, Geschäftsbeziehungen mit Lieferanten, Abnehmern, Geldgebern, Behörden und sonstiger Goodwill.

5   C. **Fehlen von Gesellschaftsvermögen:** Die OHG hat zwar als AußenGes (Einl 11 vor § 105) zwingend die Fähigkeit, GesVermögen iSv §§ 718 ff BGB zu erwerben und in aller Regel auch tatsächlich ein solches Vermögen (zB bei Pachtung der Betriebsmittel oder eines ganzen Betriebes: die Rechte aus dem Pachtvertrag). Rechtlich notwendig ist aber das Vorhandensein eines GesVermögens nicht. Statt Eigentum der OHG selbst kann auch am Eingebrachten und Erworbenen Eigentum der Gfter bestehen, zB **Bruchteilseigentum der Gesellschafter,** Eigentum einzelner Gfter in einer besonderen Gemeinschaft (etwa GbR) unter Ausschluss anderer, Eigentum eines Gfters allein ua (Überlassung zur Nutzung in solchen Fällen s Rn 6). Das kann von vornherein oder nach Gründung der Ges vereinbart werden. Soll die OHG Eigentümerin werden, ist besondere Übertragung notwendig (s Rn 48).

6   **Überlassung zur Nutzung:** Bei Überlassung von GfterEigentum an die Ges nur zur Nutzung (§ 109 Rn 8) wird dieses nicht GesVermögen (ebenso wie bei Einbringung nur dem Werte nach, § 109 Rn 8), jedoch ein der Ges eventuell zustehendes Nutzungsrecht; auch die Rechte aus Verwendungen auf solche Gegenstände, zB bei Bauten auf Betriebsgrundstücken; auch der Besitz, zB wenn Baugerät des A der Bauunternehmerarbeitsgemeinschaft AB überlassen wird, BGH BB **63,** 576.

7   D. **Erwerb von Gesellschaftsvermögen:** Die Ges erwirbt GesVermögen iSv §§ 718 ff BGB ua:

a) durch **Beiträge** der Gfter (§ 718 I BGB, § 109 Rn 6);

b) durch die **Geschäftsführung**, idR durch Handeln von Gftern in Vertretung der Ges (§§ 125 ff); durch Handeln von Gftern im eigenen Namen für Rechnung der Ges (vgl § 383 Rn 25 zur Einkaufskommission); derivativ oder **originär**, zB durch im Betrieb erfolgende Verarbeitung, Verbindung, Vermischung (§§ 946 ff BGB), Gewinnung von Verkehrsgeltung für eine Marke (§ 4 Nr 2 MarkenG). Arbeitnehmererfindungen s § 59 Rn 54. Die persönliche **Erfindung** eines geschäftsführenden Gfters gehört ihm, falls nicht im GesVertrag anders bestimmt und im Voraus über sie zugunsten der Ges verfügt wird; der GesVertrag kann den Gfter verpflichten, sie als einen Beitrag (§ 705 BGB) der Ges zu übertragen oder zur Benutzung zu überlassen (§ 110 Rn 10), BGH NJW **55**, 542, Hamm NJW-RR **86**, 780; 8

c) auf Grund zum GesVermögen gehörender Rechte, zB Früchte und andere Nutzungen (§§ 99 f BGB), Erwerb aus Option (zB Bezug junger Aktien), dabei ist je nachdem rechtsgeschäftlicher oder tatsächlicher Erwerbsakt nötig; 9

d) durch **Surrogation** bei Zerstörung, Beschädigung oder Entziehung eines Gesamthandgegenstandes (§ 718 II BGB), zB Schadensersatzanspruch, Entschädigung aus privatem oder öffentlichem Recht, Versicherungs- und Bereicherungsansprüche; 10

e) aus anderem, im Falle der OHG wirksamem Rechtsgrund, zB durch letztwillige Verfügung (s Rn 38). 11

E. Verfügung über Gesellschaftsvermögen: Die Verfügung über ungeteiltes Gesellschaftsvermögen, über einzelne Gegenstände oder auch das gesamte Vermögen (im Gegensatz zur Verfügung über einzelne GfterAnteile, s Rn 18 ff) ist durch die Vorschriften über die Vertretung der OHG (§§ 125 ff) geregelt. **Aufrechnung** gegen eine GesForderung mit einer Forderung gegen einen Gfter ist nicht möglich. Dem Dritten verwehrt dies § 719 II BGB (bei Aufrechnung im Prozess Hemmung der Verjährung der GfterSchuld nach § 204 I Nr 5 BGB, vgl BGH **80**, 227, aber dogmatisch überholt). Der schuldende Gfter andererseits kann nur als Vertreter nach §§ 125 ff über die GesForderung verfügen; hat er solche Vertretungsmacht, könnte er doch idR (mangels Gegenseitigkeit, § 387 BGB, anders nach Abtretung) die GesForderung nicht zur Tilgung seiner persönlichen Schuld verwenden. Die schuldende Ges kann ebenso wenig den Anspruch eines Gfters zur Aufrechnung einsetzen, Celle NZG **02**, 481. 12

F. Geltendmachung von Vermögensrechten der Gesellschaft: Rechte der Ges gegen Dritte sind in ihrem Namen durch vertretende Gfter (§§ 125–127, nach Auflösung Liquidatoren, §§ 149 ff) oder Bevollmächtigte, zB Prokuristen (§ 48 Rn 1) geltend zu machen. Der einzelne Gfter kann Rechte der Ges weder im eigenen Namen geltend machen noch (außer nach § 744 II BGB, s Rn 14) Leistung an die Ges verlangen, BGH NJW **92**, 112. Insbesondere gelten für **Forderungen** der Ges nicht §§ 428 ff, 432 BGB, auch nicht in der Liquidation, auch nicht in der GesInsolvenz nach Freigabe einer GesForderung durch den Insolvenzverwalter, BGH BB **64**, 823. Die von BGH **12**, 308, **17**, 340, **39**, 15 für die GbR aufgestellten Grundsätze (betr Voraussetzungen der Geltendmachung von Gesamthand-Forderungen durch einzelne Gfter) sind auf OHG, KG nicht anwendbar, BGH BB **73**, 1507, str, dazu Hadding JZ **75**, 159. 13

Ein Recht des Gfters zur Geltendmachung von Rechten der Ges gegen Dritte im eigenen Namen folgt uU aus **§ 744 II BGB** (§ 114 Rn 7), wenn das Recht gefährdet ist und hierdurch erhalten wird, BGH **17**, 186. 14

Schaden am Gesellschaftsvermögen: Rechte daraus gehören zum GesVermögen (§ 718 II BGB) und sind gegen Dritte geltend zu machen wie andere Rechte der Ges (s Rn 13, 14). Der einzelne Gfter hat weder aus § 823 I BGB auf Grund seiner Mitgliedschaft noch ggf aus §§ 823 II, 826 BGB oder wegen Pflichtverletzung (zB §§ 280 ff, BGB) unmittelbar Anspruch gegen den Dritten 15

§ 124 16–19 II. Buch. Handelsgesellschaften und stille Gesellschaft

(Schädiger) auf Schadensersatz wegen der Auswirkungen der die Ges schädigenden Handlung auf ihn persönlich, BGH **10,** 102. Auch soweit der Schädiger MitGfter ist, kann der mittelbar geschädigte Gfter den Schädiger idR nur auf Zahlung an die Ges in Anspruch nehmen (Grund: Zweckwidmung des GesVermögens, keine Sonderausschüttung entgegen Gleichbehandlungsgebot), anders zB wenn die Ges den Anspruch selbst nicht mehr geltend machen kann, zB wegen Verjährung, BGH NJW **88,** 413 (stGes).

3) Anteile der Gesellschafter am Gesellschaftsvermögen

16 A. **Gesellschaftsanteil:** GesAnteil oder Geschäftsanteil (vgl § 14 GmbHG) nennt man die Gesamtheit der Rechte und Pflichten eines Gfters aus dem GesVerhältnis; in ihm enthalten ist sein Anteil an dem GesVermögen (§ 719 I BGB, s Rn 3). Die **Beteiligung** eines Gfters ist **stets einheitlich,** abw von § 15 II GmbHG (Gfter mit mehreren Geschäftsanteilen) und erst recht vom Aktienrecht (Aktien), BGH **24,** 108, **58,** 316, NJW **84,** 363, BayObLG ZIP **03,** 1443; aber im Innenverhältnis der Gfter kann andere Behandlung vereinbart werden. Der phG der KG wird durch Erwerb des Anteils eines Kdtisten nicht auch Kdtist, sondern bleibt (nur) phG mit vergrößertem Anteil; ein Kdtist kann nicht, ohne diese Rechtsstellung zu verlieren, phG werden, auch nicht befristet, BGH **101,** 129. Aufspaltung eines KdtAnteils in Teile, die Kdtist treuhänderisch (§ 105 Rn 31) für verschiedene Personen hält, ist ausgeschlossen; daher ist Unterbeteiligung am volleingezahlten KdtAnteil nur möglich nach Volleinzahlung des ganzen Anteils, BGH WM **76,** 1262. Auslegungsfrage ist, ob eine (nach GesVertrag zulässige) Teilanteilsübertragung von phG auf Kdtisten diesen zum (weiteren) phG macht, BGH DB **75,** 2123. Das Verhältnis der Beteiligungen der Gfter zueinander wird durch die Kapitalanteile ausgedrückt (§ 120 Rn 12). Der GesAnteil ist nicht unbewegliches Vermögen, auch wenn Grundstücke im GesVermögen sind, BGH **24,** 268. Lit: U. Huber 1970; Hadding FS Reinhardt **72,** 249, Ulmer ZHR 167 **(03)** 103.

17 B. **Keine Anteile der Gesellschafter an den einzelnen Gegenständen:** Die Gfter haben nur einen GesAnteil insgesamt, aber keine Anteile an den einzelnen Gegenständen des GesVermögens. § 719 I BGB spricht zwar von solchen Anteilen, schließt aber die Verfügung über sie zwingend aus; § 859 I 2 ZPO erklärt ihre Pfändung für unmöglich. Rechtlich gibt es solche Anteile an den einzelnen Gegenständen als gesonderte Rechte ebenso wenig wie Anteile der Mitglieder einer juristischen Person (zB AG, GmbH) an den einzelnen Gegenständen ihres Vermögens. Werden also Verfügungen über solche Anteile erklärt (zB Abtretung des „Anteils" des Gfters A am Auto der Ges an den einzigen MitGfter B), so sind sie, wenn möglich, umzudeuten (in casu in Übertragung des Autos aus dem GesVermögen in Eigentum des B; bei einem Grundstück bedürfte es dazu der Auflassung und Umschreibung im Grundbuch). Die Verfügung der vertretenden Gfter über GesVermögen (zB ein Grundstück) ist daher nicht Verfügung über Rechte der einzelnen Gfter; daher bedarf es zB dazu nicht der Genehmigung des Vormundschaftsgerichts nach § 1821 I Nr 1 BGB, wenn ein Gfter minderjährig ist (§ 105 Rn 26).

18 C. **Verfügung über den Anteil:** Übertragung s § 105 Rn 69; Treuhand s § 105 Rn 31; Unterbeteiligung s § 105 Rn 38; Nießbrauch s § 105 Rn 44.

19 **Sicherungsabtretung** des Anteils (an NichtGfter) ist möglich (mit Zustimmung der MitGfter) als Eintritt des Gläubigers in die Ges mit Übernahme des Anteils des Schuldners (ganz oder teilweise, mit oder ohne Ausscheiden des Schuldners aus der Ges) unter Verpflichtung des Gläubigers zum Wiederausscheiden nach Tilgung seiner Forderung (Sanktion: entweder Klage auf Zustimmung zum Ausscheiden oder, wenn im Vertrag vorgesehen, Ausschluss, § 140 Rn 23). Geschäftsführungsbefugnis, Vertretungsmacht, Gewinn- und Verlustbe-

1. Abschnitt. Offene Handelsgesellschaft 20–23 § 124

teiligung, Entnahmerecht nach Vereinbarung. Nicht ausschliessbar Haftung des Eintretenden (§§ 128, 130), str. Betr Kommanditanteil s § 172 Rn 5; möglich ist Umwandlung einer phG-Beteiligung in solchen ad hoc. Ohne jene Zustimmung möglich ist Sicherungsabtretung von Gewinn- und Auseinandersetzungsansprüchen (vgl Rn 21); in solche umdeutbar (§ 140 BGB) uU die des Anteils; dann keine Haftung des Gläubigers, auch keine Mitverwaltung; Verwertung ggf nach § 135; Wert solcher Sicherung, Riegger BB **72**, 115. Lit: Rümker WM **73**, 626, Vossing BB Beil 5/88.

Verpfändung des Anteils (näher § 135 Rn 15, 16) ist möglich bei Zulassung 20 im GesVertrag oder Zustimmung der MitGfter ad hoc, ihre Zulässigkeit folgt wohl nicht ohne weiteres aus der der Übertragung (s Rn 18). Anders Verpfändung von Gewinn- und Auseinandersetzungsansprüchen (vgl Rn 21). Lit: Hakkenbroch 1970. **Muster:** Hopt/Volhard 3. Aufl 2007 Form II. H.7 (Verpfändung eines KGAnteils).

Pfändung des Anteils erfolgt nach §§ 859 I, 857 I ZPO, BGH **97**, 392 21 (GbR), hL, nach aA Globalpfändung aller abtretbaren Forderungen aus dem GesVerhältnis; neben der Anteils(Mitgliedschafts)pfändung sind aber auch die Einzelansprüche pfändbar, MüKo/K. Schmidt § 135 Rn 2. Zustellung (§§ 857 I, 829 III ZPO) an Ges (§ 125), nicht an alle MitGfter, letztere reicht aber aus, MüKo/K. Schmidt § 135 Rn 10, str. Pfändung auch bei negativem Kapitalanteil (§ 120 Rn 22). Pfändung des Anteils erfasst die Gesamtheit der GfterRechte des Schuldners, soweit diese pfändbar sind, ua Gewinnansprüche und (künftiges) Auseinandersetzungsguthaben (§ 717 S 2 BGB, s § 109 Rn 20–22), BGH **116**, 229; sie erfasst erst recht, falls Ges schon aufgelöst, die schon begründete Abfindungsforderung, so wie sie von den Gftern vertraglich bestimmt ist, auch wenn der Pfändende diesen Vertrag nicht kennt, BGH BB **72**, 11. Eine „Überweisung des Anteils zur Einziehung" wirkt auf diese Ansprüche, vgl BGH BB **72**, 11. Pfändung und Überweisung berechtigen den Gläubiger zu allen im Recht des Schuldners begründeten Maßnahmen zur Befriedigung (§ 836 I ZPO); offen für höchstpersönliche Hilfsrechte (entspr § 851 ZPO) BGH **116**, 229 (GbR). Herbeiführung der Auseinandersetzung durch Gläubiger erfolgt nach § 135; zur Pfändung und Überweisung des Auseinandersetzungsguthabens als Voraussetzung dort s § 135 Rn 7. Die Anteilspfändung bewirkt keine Verfügungsbeschränkung der einzelnen GesVermögensgegenstände, deshalb keine Grundbucheintragung, Zweibr OLGZ **82**, 406. Kein Zwangsverkauf des Anteils, keine Überweisung an Zahlungs Statt (vgl §§ 844, 857 ZPO), auch nicht an Gläubiger-MitGfter; anders wenn die Mitgliedschaft übertragbar ist oder sämtliche Gfter zustimmen. Lit: K. Schmidt JR **77**, 177, Marotzke ZIP **88**, 1509 (krit zum Vorrang der Stammrechtsverfügung).

D. **Rechte der Mitgesellschafter:** Der GesVertrag kann A unter gewissen 22 Voraussetzungen (auch ohne wichtigen Grund iSv § 140, zB bei Erbfällen) das **Recht zur Übernahme** des (oder eines Teils des) Anteils des B geben, als Forderung auf Übertragung oder weitergehend als einseitiges Gestaltungsrecht, Grenze § 138 BGB, BGH **34**, 83, NJW **67**, 2161 (GmbH), Fischer **LM** § 105 Nr 16.

4) Verbindlichkeiten der OHG

A. **Rechtsgeschäftliche Verbindlichkeiten:** Die OHG kann unter ihrer 23 Firma Verbindlichkeiten eingehen (I). Hier ist zunächst an Rechtsgeschäfte gedacht, die OHG wird dabei nach §§ 125 ff vertreten. Kommt es für Rechtswirkungen eines Rechtsgeschäftes auf Eigenschaften der Person an, so hier auf Eigenschaften der Gfter. Näheverhältnis eines Gfters (nahe stehende Person iSv § 138 II Nr 1, 3, I InsO) genügt zur Anfechtung nach § 3 II AnfG, § 133 II

§ 124 24–30   II. Buch. Handelsgesellschaften und stille Gesellschaft

InsO. Guter Glaube, Kenntnis, Kennenmüssen, Absicht ua bestimmt sich aus der Person der Gfter (**Wissenszurechnung**, s Rn 50, § 125 Rn 4).

24   B. **Haftung der OHG: a) §§ 278, 831 BGB:** Die Verletzung ihrer Pflichten aus **rechtsgeschäftlichen und rechtsgeschäftsähnlichen** Schuldverhältnissen (§ 311 BGB) macht die OHG haftbar. Sie haftet dabei für ihre Erfüllungsgehilfen, insbesondere ihre Vertreter, nach § 278 BGB.

Außerhalb dieser Sonderverbindungen, zB bei **Verkehrssicherungspflicht** der OHG (§ 823 I BGB), haftet die OHG für Verrichtungsgehilfen nur bei eigenem Verschulden nach § 831 BGB. Das gilt auch bei **Gefährdungshaftung** der OHG.

25   b) **31 BGB analog:** Die OHG ist darüber hinaus für jeden Schaden verantwortlich, den einer ihrer „verfassungsmäßig berufenen Vertreter" durch eine in Ausführung der ihm zustehenden Verrichtungen begangene, zum Schadensersatz verpflichtende Handlung einem Dritten zufügt (§ 31 BGB analog), BGH **45,** 312, **154,** 94, NJW **52,** 528 (auch für GbR, Einl 14 vor § 105). Abweichende Vereinbarung ist ausgeschlossen (§ 40 BGB analog). § 31 BGB gilt für unerlaubte Handlungen (§§ 823 ff BGB, die OHG ist deliktsfähig), Pflichtverletzungen (§§ 280 ff BGB), Verschulden bei Vertragsverhandlungen (§§ 280, 311 II BGB), §§ 122, 311 a BGB, schuldloses zum Schadensersatz verpflichtendes Handeln ua.

26   **Verfassungsmäßig berufener Vertreter:** Jeder Gesellschafter ist Vertreter der OHG (KG) iSv § 31 BGB im Rahmen der Tätigkeit, die der GesVertrag oder GfterBeschluss ihm zuweist, BGH WM **73,** 165, **74,** 153; **auch ohne Vertretungsmacht,** zB wenn der mit der Werbung betraute Gfter gegen § 3 UWG oder § 826 BGB verstößt. Auch die bei Geschäftsabschluss begangene unerlaubte Handlung eines von mehreren **Gesamtvertretern** (§ 125 II, III) macht die OHG haftbar, auch wenn die unerlaubte Handlung gerade in der Vortäuschung rechtlicher Verbindlichkeiten einer von dem einen Gesamtvertreter allein abgegebenen Willenserklärung besteht, BGH **98,** 148 (GmbH), aA RG **134,** 375, BGH WM **67,** 714.

27   Verfassungsmäßig berufener Vertreter ist in erweiternder Auslegung von § 31 BGB auch jeder **Nichtgesellschafter,** dem durch „allgemeine Betriebsregelung und Handhabung bedeutsame, wesensmäßige Funktionen (der Ges) zur selbstständigen eigenverantwortlichen Erfüllung zugewiesen" sind, zB Filialleiter einer Auskunftei, BGH **49,** 21, hL, stRspr. Das kann vorliegen auch bei (sogar vorsätzlichem) Missbrauch der Vertretungsmacht, vgl BGH **49,** 23, WM **73,** 1293, BB **74,** 297; auch ohne jede rechtsgeschäftliche Vertretungsmacht; auch außerhalb des Aufgabenbereichs der geschäftsführenden Verwaltung.

28   **Organisationsmangel:** Soweit danach Gfter und Angestellte keine verfassungsmäßig berufenen Vertreter iSv § 31 BGB sind, kommt Haftung aus Organisationsmangel (ohne Exkulpationsrecht nach § 831 I 2 BGB) in Betracht. Die OHG muss ihrem GesBereich so organisieren, dass für alle wichtigen Aufgabengebiete ein solcher Vertreter vorhanden ist, der die wesentlichen Entscheidungen selbst trifft. Bspe (nicht speziell für OHG): BGH **24,** 212, **27,** 280, **39,** 129, NJW **80,** 2810. Lit: Landwehr AcP 164 (**64**) 482, Steindorff AcP 170 (**70**) 93.

29   **Mitverschulden:** Entspr § 31 BGB wird der OHG, die ihrerseits einen Schadensersatzanspruch geltend macht, Mitverschulden ihrer verfassungsmäßig berufenen Vertreter nach § 254 BGB zugerechnet, BGH NJW **52,** 537.

30   C. **Erfüllung** der GesVerbindlichkeiten ist Aufgabe der geschäftsführenden (§§ 114 ff), die dazu erforderlichen Verfügungen über GesVermögen treffen die vertretungsberechtigten Gfter (§§ 125 ff). GesVerbindlichkeiten können (soweit nach ihrem Inhalt möglich) statt durch die Ges durch Gfter persönlich erfüllt werden, auch durch Aufrechnung (vgl Rn 12), ohne Widerspruchs- und Ablehnungsrecht von Ges und Gläubiger nach § 267 II BGB; die (nach § 128 für die GesSchuld haftenden) Gfter sind nicht „Dritte" iSv § 267 BGB.

1. Abschnitt. Offene Handelsgesellschaft 31–39 § 124

5) Andere Rechtsverhältnisse der OHG

A. **OHG im Privatrecht:** Die OHG kann nicht nur Vermögen aller Art 31 haben (s Rn 4 ff) und Verbindlichkeiten eingehen (s Rn 23 ff), auch **Wechsel,** sondern ist, abgesehen vom Familienrecht, auch sonst Träger aller möglichen Rechte und Pflichten. Sie kann Verträge verschiedenster Art schließen. Bei **Versicherung** von GesVermögen durch die Ges sind auch die Gfter geschützt, iErg BGH **110,** 127 (Gfter als Versicherungsnehmer, bei Firmenrechtsschutzversicherung jedenfalls der phG), zutr präziser MüKo/K. Schmidt 15. Der KfzKaskoversicherer kann nach Entschädigung der Ges nicht gegen einen Gfter als Dritten (§ 67 I 1 aF, 86 I nF VVG) Rückgriff nehmen, BGH MDR **64,** 485.

Die OHG kann **Mitglied** einer privatrechtlichen Vereinigung sein, zB Aktio- 32 när, GmbHGfter, Genosse einer eG, Gfter einer anderen OHG (§ 105 Rn 28), einer KG (§ 161 Rn 3), GbR, RG **142,** 21, Mitglied eines auch nicht rechtsfähigen Vereins; auch phG einer KGaA (Anh § 177 a Rn 34), MüKo/K. Schmidt 6, früher aA Schlegelb/K. Schmidt 15. Für OHG (KG) mit GmbHAnteil (Aktien) gelten nicht § 18 GmbHG, § 69 AktG (mehrere Berechtigte), hM, aA Schwichtenberg DB **76,** 375.

Die OHG kann **Vollmachten** empfangen, auch HdlVollmacht (§ 54), aber 33 keine Prokura (nur natürliche Person ua wegen § 52 II, § 54 Rn 7). Die OHG (zB eine BankOHG) kann **Verwalter fremden Vermögens** sein, zB als Beauftragter, Liquidator einer HdlGes (§ 146 Rn 4), str, Testamentsvollstrecker, Abwesenheitspfleger (§ 1911 BGB, keine Vermögensfürsorge), aA MüKo/K. Schmidt 20 wegen Personalpflegschaft, aber mit Ausnahmen; **nicht** Organ einer juristischen Person (zB § 76 III 1 AktG, § 6 II 1 GmbHG), Insolvenzverwalter, str, auch nicht Vormund, Betreuer oder Pfleger nach §§ 1773 ff BGB, Grund: Personenfürsorge grundsätzlich durch natürliche Personen, nur ausnahmsweise durch Verein, Jugendamt, Behörde (§ 1791 a–c, 1900 BGB).

Die OHG genießt wie alle HdlGesellschaften als solche zivilrechtlichen **Eh-** 34 **renschutz** (§§ 823, 824 BGB), bei rufschädigenden Angriffen auf einen Gfter oder Betriebsangehörigen aber nur, soweit sie dadurch selbst unmittelbar getroffen wird; keine Geldentschädigung der OHG für immaterielle Nachteile, BGH **78,** 24, str. Persönlichkeitsrechtsschutz juristischer Personen s Leßmann AcP 170 **(70)** 266, Wronka WRP **76,** 425. Grundrechte s Rn 38. Deliktsrecht s Rn 24 ff.

Besitz: Besitzer der Sachen der Ges (§ 854 BGB) sind nicht die Gfter, sondern 35 die Ges selbst durch ihre vertretungsberechtigten Gfter, BGH **57,** 167 (keinesfalls die Kdtisten), **86,** 307, 344, WM **67,** 938, Flume FS Hengeler **72,** 76, Kuchinke FS Paulick **73,** 45, aA Steindorff FS Kronstein **67,** 151, JZ **68,** 69. Folge: Besitzschutz nur der Ges selbst; Besitzschutz gegen die Ges, die Gfter haften nach § 128.

Grundbuch: Rechte an Grundstücken sind in I besonders hervorgehoben. 36 Da die OHG sie unter ihrer Firma erwirbt, wird sie mit ihrer Firma im Grundbuch eingetragen (anders BGB-Ges, vgl § 899 a BGB). Dingliche Rechte der OHG s Rn 4. Rechtsübertragung von Ges auf Gfter und umgekehrt, s Rn 47.

Erbrecht: Die OHG kann auch als **Erbe** eingesetzt werden, BGH NJW **89,** 2495, 37 oder mit einem **Vermächtnis** bedacht werden.

B. **Öffentliches Recht:** Die OHG kann mit Verfassungsbeschwerde das 38 Grundrecht auf allgemeine Handlungsfreiheit (Art 2 I GG) auf wirtschaftlichem Gebiet geltend machen, sie ist auch sonst **grundrechtsfähig,** BVerfG **10,** 89, **42,** 383. Die OHG hat die öffentlichen Pflichten, die aus ihrem Gewerbebetrieb folgen, und ist darum auch Adressat für einschlägige polizeiliche Anordnungen, vgl OVG Münst BB **69,** 1327.

C. **Strafrecht: a) Strafrechtsschutz:** Die OHG genießt Strafrechtsschutz, 39 zB nach §§ 186, 187 StGB, str für § 186 StGB; dagegen schützt § 185 StGB nur natürliche Personen (zivilrechtlicher Ehrenschutz s Rn 34); nach § 266 StGB

(Untreue), vgl BGH WM **87**, 815. Sie kann bei Verletzung ihrer Rechte, zB gewerblicher Schutzrechte, Strafanträge stellen.

40 b) **Strafbarkeit:** Bestraft werden kann die OHG nach dem StGB (und WiStG 1954 idF von 1975) grundsätzlich nicht, aber ihre Organe (vgl § 14 StGB, § 9 OWiG). Anordnung des Verfalls (§ 73 III StGB) und der Einziehung (§ 75 StGB) sind auch gegenüber der OHG möglich, nach § 30 OWiG ferner Geldbuße gegenüber der OHG, so auch bei Steuerordnungswidrigkeiten. Die OHG ist nicht strafbar nach §§ 16 ff UWG, strafbar sind hier nur natürliche Einzelpersonen. Ein Strafantrag gegen die OHG ist, wenn nur Einzelpersonen bestraft werden können, idR als Antrag gegen die Personen zu verstehen, die für die Ges gehandelt haben.

6) Die OHG im Prozess

41 A. **Trennung von Gesellschafts- und Gesellschafterprozess:** Da die OHG selbstständiger Träger von Rechten und Pflichten ist (s Rn 2), sind auch prozessual der **Gesellschaftsprozess** (I) **und der Gesellschafterprozess** (§ 128 Rn 39) **klar zu trennen.** Ges und Gfter sind verschiedene Prozessparteien, BGH **62**, 132, **64**, 156. Klage gegen beide führt nicht zur notwendigen Streitgenossenschaft (§ 128 Rn 39); weitere Konsequenzen BGH **62**, 133. Dieser Trennungsgrundsatz ist trotz der vielfältigen gegenseitigen Auswirkungen der Prozesse infolge der Akzessorietät der GfterHaftung (§ 129 Rn 1) strikt durchzuhalten. Prozesse zwischen der Ges und ihren Gftern sind ohne weiteres möglich (s Rn 53, 54). Nicht gegen die Ges gerichtet, sondern gegen die MitGfter sind die **actio pro socio** (§ 109 Rn 32, auch wenn man Prozessstandschaft annimmt). Auch Rechtsstreitigkeiten um **Grundlagengeschäften** (§ 114 Rn 3, § 126 Rn 3) tragen die Gfter nur unter sich, also ohne Beteiligung der Ges (aber dispositiv, § 109), aus.

42 B. **Gesellschaftsprozess:** Die **OHG ist** nach § 124 im Zivilprozess **parteifähig,** BGH **17**, 342, **62**, 132, früher str. Sie wird als Prozesspartei mit ihrer Firma bezeichnet, der Namen der Gfter bedarf es nicht. Falsche Bezeichnung schadet bei Klage einer OHG oder gegen eine OHG sowenig wie sonst, wenn die Identität der Partei feststeht (zB als Inhaber eines bestimmten Unternehmens, mag er EinzelKfm oder Ges sein), RG **157**, 373. Dazu ist Auslegung nötig, BGH ZIP **89**, 1260 (unklarer Mahnbescheid). Wechsel der Gfter berührt Prozesse der OHG nicht. Übergang vom Ges- zum Gfterprozess ist gewillkürter Parteiwechsel (§ 128 Rn 39). Die OHG ist selbst **nicht prozessfähig** (§ 51 I ZPO), sie wird von ihren **organschaftlichen Vertretern** vertreten (§§ 125 ff); für Zustellungen an sie gelten § 125 II 3, III 2 (§ 170 I ZPO). Bei Durchsetzung von Ersatzansprüchen gegen diese(n) Vertreter kann **besonderer Vertreter** analog § 46 Nr 8 Halbs 2 GmbHG bestellt werden, Karrer NZG **08**, 206. Prozesspflegerbestellung nach § 57 ZPO. Ihren allgemeinen **Gerichtsstand** hat die OHG nach § 17 ZPO an ihrem Sitz ohne Rücksicht auf den Wohnsitz der Gfter. Urteilswirkung für Gfter s § 128 Rn 43, § 129 Rn 7. Lit: Noack DB **73**, 1157 (KG), Hüffer FS Stimpel **85**, 165 (Gesamthand).

43 C. **Einzelprobleme: Schiedsvereinbarungen** s Einl 89, 90 vor § 1, § 128 Rn 40. Die Gfter können der OHG oder dem Prozessgegner als **Nebenintervenienten** (Streitgehilfen) beitreten (§ 66 ff ZPO), BGH **62**, 133. Im Prozess der OHG, KG sind ihre vertretungsberechtigten **Gesellschafter** als **Partei** (Beweis durch Parteivernehmung, §§ 445 ff ZPO) zu hören; die nicht vertretungsberechtigten Gfter (falls nicht mitverklagt) als **Zeugen,** BGH **42**, 231, BB **65**, 1167, str, überholt BGH **34**, 297 (obiter), zB phG der KG iL, wenn er nicht Liquidator ist, der Gfter der OHG ohne Vertretung (§ 125), der Kdtist, auch wenn er Prokura hat (§ 170 Rn 3). **Prozesskostenhilfe** s § 116 S 1 Nr 2 ZPO (nF 1980, partei-

1. Abschnitt. Offene Handelsgesellschaft   44–46 § 124

fähige Vereinigung), bei einer KG kommt es auch auf die Leistungsfähigkeit der Kdtisten an, Stgt NJW **75,** 2022.

Auswirkung der Auflösung der OHG: Bei **Auflösung** der Ges während 44 des Prozesses dauert die Parteifähigkeit bis zur Prozessbeendigung notwendig fort (§§ 156, 124). Ob Abwicklung eintritt oder eine andere Art der Auseinandersetzung, ist gleich. Keine Unterbrechung (§ 241 ZPO, aber Aussetzung, § 246 ZPO) im Normalfall des § 146 I 1, Kln BB **59,** 463, anders wenn die Gfter nicht Liquidatoren werden und Dritte nicht umgehend bestellt werden, BGH WM **82,** 1170. **Vollbeendigung** der Ges (§ 157 I, aber § 15; § 131 Rn 3) macht die Klage unzulässig, BGH **74,** 212 (Erlöschen von eV), ganz hL, aA früher RG. Aufnahme durch (gegen) die Gfter ist gewillkürter Parteiwechsel, bei Wegfall der beklagten Ges also (jedenfalls in der Berufungsinstanz, BGH **21,** 285, **40,** 189) nur mit Zustimmung der nunmehr beklagten Gfter, außer bei Missbrauch, zB weil die Gfter als Geschäftsführer der Ges (auch der phG-GmbH) bereits mit dem Prozess befasst waren, BGH **62,** 132, Ffm DB **76,** 2299, aA Henckel ZGR **75,** 232: gesetzlicher Parteiwechsel entspr §§ 239 ff ZPO. Bei Übergang des Vermögens der OHG ohne Liquidation auf den letzten verbliebenen Gfter gelten §§ 239 ff, 246, 86 Halbs 1 ZPO analog, BGH NJW **02,** 1207, ZIP **04,** 1047. Erledigung der Hauptsache bei Verlust der Rechtsfähigkeit der KG und der KomplementärGmbH während des Rechtsstreits, falls Klage gegen sie bis dahin begründet war, BGH NJW **82,** 238. Geschäftsübernahme durch einen einzigen Gfter s § 140 Rn 14, 25.

7) Die OHG in Zwangsvollstreckung und Insolvenz

A. **Zwangsvollstreckung gegen OHG (II):** Zur Vollstreckung gegen die 45 OHG bedarf es des Titels gegen sie (II), nicht eines gegen die sämtlichen Gfter (vgl umgekehrt § 129 IV). Doch sollte herkömmlich ein solcher (§ 736 ZPO) genügen, wenn eine GbR ohne Kenntnis des Gläubigers OHG wurde (Einl 23 vor § 105), BGH BB **67,** 143, so noch Schlegelb/K. Schmidt 34, aber ungewiss wegen BGH **146,** 341 (Einl 14 vor § 105), MüKo/K. Schmidt 30, konsequenter ist Erfordernis eines Titels gegen die Ges selbst, Habersack BB **01,** 481, Hadding ZGR **01,** 734. Umschreibung (§§ 727 ff ZPO) gegen Gfter ist nicht möglich, auch nicht nach Ende der Ges (s Rn 44), Grund: persönliche Einwendungen (§ 129 I) würden abgeschnitten, aber Gfter können mitverklagt werden (§ 128, dort Rn 39), BGH **62,** 133. Eidesstattliche Versicherung (§§ 899 ff ZPO) gibt der vertretungsberechtigte Gfter ab. Zwangsvollstr gegen Gfter s § 128 Rn 45, § 129 Rn 15.

B. **Gesellschaftsinsolvenz:** Die InsO macht ein **besonderes Insolvenzver-** 46 **fahren über das Gesellschaftsvermögen** möglich (§ 131 I Nr 3 HGB, § 11 II Nr 1 InsO), unterschieden vom Insolvenzverfahren über das Privatvermögen von Gftern (**Gesellschafterinsolvenz,** § 128 Rn 47). Schuldner iSv InsO ist die OHG, nicht die Gfter, heute ganz hL, MüKo/K. Schmidt Anh § 158 Rn 5, aA noch BGH **34,** 297. Insolvenzfähig ist auch die fehlerhafte OHG, nicht die ScheinOHG (§ 105 Rn 75, 98). Die Insolvenzfähigkeit der OHG endet nicht schon mit Auflösung, sondern erst mit Vollbeendigung (§ 11 II InsO), auch mit Gesamtrechtsnachfolge des letzten Gfters (§ 131 Rn 13, 35). Insolvenzgrund ist für die OHG bzw KG Zahlungsunfähigkeit (§ 17 InsO) und, falls kein phG eine natürliche Person ist, auch Überschuldung (§ 130 a HGB, § 19 III InsO, Überschuldungsbegriff § 19 II InsO s § 130 a Rn 4). Drohende Zahlungsunfähigkeit s § 18 I, III InsO. Antragsberechtigt sind außer wie immer den Insolvenzgläubigern jeder phG ohne Rücksicht auf seine Vertretungsmacht und jeder Abwickler (§ 15 I InsO). Wird der Antrag nicht von allen Gftern gemeinsam gestellt, ist der Insolvenzgrund glaubhaft zu machen (§ 15 II InsO). Durch die GesInsolvenz wird die OHG aufgelöst (§ 131 I Nr 3, dort Rn 13). Die Insolvenzmasse ist das GesVermögen. Insolvenzgläubiger (§§ 38, 39 InsO) sind nur die Gläubiger der

Ges, nicht auch Gläubiger von Forderungen gegen einen oder auch alle Gfter persönlich. Die Gfter selbst mit ihrer Einlage sind nicht Insolvenzgläubiger, auch nicht mit einem Darlehen mit Eigenkapitalcharakter (Anh § 177a Rn 71), BGH **93,** 159, anders mit bestimmten Sozialansprüchen wie Aufwendungsersatz (§ 110) und echten Drittforderungen (§ 124 Rn 52), auch Abfindungen von Gftern, die vor Verfahrenseröffnung ausgeschieden sind. Für Dienstverträge von Gftern (§ 114 Rn 9, § 110 Rn 19, 20) gilt § 103 InsO; Unterhaltsanspruch nach §§ 101 I 3, 100 InsO ist str. Rückständige Einlagen samt Zinsen (§ 111), Ansprüche der Ges aus für sie geführten Geschäften und Schadensersatzansprüche wegen Verletzung gesellschaftsvertraglicher Pflichten macht nur noch der Insolvenzverwalter geltend, die actio pro socio entfällt insoweit. Auch die Firma der OHG gehört zur Insolvenzmasse, aber Veräußerung nur mit Zustimmung der Namensträger (§ 17 Rn 47). Auswirkungen der GesInsolvenz auf die Gfter s § 128 Rn 46. Die GesInsolvenz hindert die Gläubiger während des Insolvenzverfahrens am Vorgehen gegen einzelne Gfter (§ 128 iVm § 93 InsO, § 128 Rn 46). GfterInsolvenz s § 128 Rn 47. Lit: Komm zur InsO, Häsemeyer Insolvenzrecht 3. Aufl 2003 Kap. 31; K. Schmidt ZGR **98,** 633.

47 Das besondere Vergleichsverfahren über das Vermögen der Ges (§§ 109–110 VerglO aF) gibt es nicht mehr. Die InsO sieht dafür nur noch einheitlich den Insolvenzplan vor.

8) Rechtsübertragung und andere Rechtsgeschäfte zwischen Gesellschaft und Gesellschafter

48 A. **Rechtsübertragung** von einem Gfter auf die Ges und umgekehrt ist **echte Übertragung** von dem einen auf den anderen Rechtsträger. Sie bedarf daher der für eine solche vorgeschriebenen **Form** (zB bei Einbringung eines Grundstücks, einer beweglichen Sache, eines GmbHAnteils durch einen Gfter der Formen der §§ 311b I, 873, 925 BGB, §§ 929ff BGB, § 15 GmbHG, s § 105 Rn 55). **Sachenrechtlich** stehen die allgemeinen Möglichkeiten für eine solche Übertragung zur Verfügung (vgl § 383 Rn 25 zur Einkaufskommission). Im Falle des § 930 BGB wird das Besitzkonstitut idR im GesVerhältnis stillschweigend vereinbart sein.

49 **Einzelfälle:** Die Übertragungsformen sind ferner ua zu wahren: bei Übertragung aus Bruchteilseigentum der Gfter in GesVermögen (s Rn 5); aus einer neben der OHG bestehenden GbR der Gfter der OHG an die OHG; aus GesVermögen der OHG in Gesamthandseigentum einer GbR derselben Gfter, RG **136,** 405, BayObLG NJW **82,** 110; aus einer OHG in eine personengleiche andere OHG, BGH BB **63,** 747, BayObLG NJW **82,** 110; aus ungeteilter Erbengemeinschaft in das Vermögen einer von den Erben errichteten OHG (§ 105 Rn 55). Anders bei bloßer Umwandlung einer GbR zur OHG bzw KG oder umgekehrt (Einl 21 vor § 105, § 105 Rn 8).

50 **Gutgläubiger Erwerb** eines Gfters vom nichtberechtigten OHG ist möglich. Erwirbt umgekehrt die OHG vom nichtberechtigten Gfter (zB bei Einbringung von Sachen durch den Gfter), so kommt es auf den guten Glauben der für sie handelnden Gfter an (§ 166 I BGB, s Rn 23, § 125 Rn 4). Zu diesen gehört der übertragende Gfter nicht (anders im Fall § 181 BGB), seine Bösgläubigkeit hindert also den Erwerb der OHG nicht, wenn die anderen Gfter gutgläubig sind, str, anscheinend aA BGH BB **59,** 318. Der gute Glaube der OHG ist aber zB bei Beschluss aller Gfter, von dem einen zu erwerben, ausgeschlossen (§ 166 II BGB, § 125 Rn 4). Mangels gutgläubigen Erwerbs ist die rechtlich unwirksame Einlage (im Unterschied zu Ges oder Eintritt, § 105 Rn 80) nicht nach den Grundsätzen der fehlerhaften Ges wirksam, BGH BB **59,** 318.

51 B. **Rechtsgeschäfte zwischen Gesellschaft und Gesellschafter: a) Sozialansprüche und -verbindlichkeiten:** Schuldverhältnisse zwischen Ges

1. Abschnitt. Offene Handelsgesellschaft **§ 125**

und Gfter können aus dem **Gesellschaftsverhältnis** selbst hervorgehen, zB aus Beitragspflicht (§ 109 Rn 6), Geschäftsführungsrecht und -pflicht (§§ 114 ff), Aufwendungen (§ 110), Wettbewerb (§ 113), Entnahmerecht (§ 122) usw. Sozialansprüche der Gesamthand gegen einen Gfter kann außer der Ges auch jeder MitGfter einzeln mit der **actio pro socio** geltend machen, allerdings nur gerichtet auf Leistung an die Ges (§ 109 Rn 32). Der Gfter kann für einen Sozialanspruch gegen die Ges **nicht** auch die **Mitgesellschafter nach** § 128 in Anspruch nehmen (§ 128 Rn 22), Grund: das käme einer Nachschusspflicht gleich (§ 109 Rn 12). Zur Lage nach Ausscheiden oder Auflösung s § 128 Rn 23, 28, § 145 Rn 6.

b) Drittgeschäfte: Zwischen Ges und Gfter sind aber auch unabhängig vom 52 GesVerhältnis Rechtsverhältnisse möglich wie sonst zwischen Rechtspersonen (§ 109 Rn 11), zB Verträge, dingliche Rechtsverhältnisse (zB Miteigentum, beschränkte Rechte des einen Teils am Eigentum des anderen), Vollmacht, Options- und andere Gestaltungsrechte. Die **Abgrenzung** zwischen Ansprüchen aus GesVertrag (zB Beitrag oder Geschäftsführung als Gfter) und Drittgeschäft (zB Grundstückspacht, BGH BB **61,** 6, Überlassung von Baugerät, BGH BB **63,** 576, zusätzlicher Dienst- oder Arbeitsvertrag) kann im Einzelnen schwierig sein (§ 109 Rn 11, § 110 Rn 19–21). Vertretung der Ges bei Vertrag zwischen Ges und Gfter s Rn 53. Lit: Loritz, Die Mitarbeit Unternehmensbeteiligter, 1984.

Vorgehen der Gesellschaft gegen den Gesellschafter: Die Ges kann eine 53 Forderung gegen einen Gesellschafter aus einem Drittgeschäft durch ihre vertretungsberechtigten Gfter geltend machen. **Notwendig** ist hier aber (anders als gegenüber einem Dritten) **außer Vertretungsmacht auch Geschäftsführungsbefugnis** (§ 126 Rn 6). Bei Einzelgeschäftsführung kann danach jeder MitGfter widersprechen (§ 115 I, aber nicht der schuldende Gfter, § 115 Rn 3), bei Gesamtgeschäftsführung müssen alle geschäftsführenden Gfter, unter den Voraussetzungen des § 116 II alle Gfter, auch die nicht geschäftsführenden, zustimmen (§§ 115 II, 116 II, dispositiv), wiederum mit Ausnahme des schuldenden Gfters. Einziehung von Forderungen der Ges gegen Gfter in der Liquidation s § 149 Rn 3.

Vorgehen des Gesellschafters gegen die Gesellschaft: Der Gfter kann eine 54 Forderung gegen die Gesellschaft aus Drittgeschäft grundsätzlich ebenso wie ein NichtGfter geltend machen, Grenze: **Rücksicht** bei der Einziehung kraft Treuepflicht (§ 109 Rn 23), zB bei einem im Hinblick auf die Zugehörigkeit zur Ges und zur Förderung der GesInteressen gegebenen Darlehen, RG JW **37,** 1986, abw Prediger BB **71,** 245.

Vorgehen des Gesellschafters gegen Mitgesellschafter: Der Gfter kann 55 für eine Drittgläubigerforderung gegen die Ges auch **nach** § 128 die Mitgesellschafter in Anspruch nehmen, **aber** bei Geldforderungen mit **Abzug** mindestens des seinem **Verlustanteil** entspr Forderungsteils (§ 128 Rn 24). Zur Lage nach Ausscheiden oder Auflösung s § 128 Rn 23, 28, § 145 Rn 6.

[Vertretung der Gesellschaft]

125 (1) **Zur Vertretung der Gesellschaft ist jeder Gesellschafter ermächtigt, wenn er nicht durch den Gesellschaftsvertrag von der Vertretung ausgeschlossen ist.**

(2) ¹Im Gesellschaftsvertrage kann bestimmt werden, daß alle oder mehrere Gesellschafter nur in Gemeinschaft zur Vertretung der Gesellschaft ermächtigt sein sollen (Gesamtvertretung). ²Die zur Gesamtvertretung berechtigten Gesellschafter können einzelne von ihnen zur Vornahme bestimmter Geschäfte oder bestimmter Arten von Geschäften ermächtigen. ³Ist der Ge-

§ 125 1, 2   II. Buch. Handelsgesellschaften und stille Gesellschaft

sellschaft gegenüber eine Willenserklärung abzugeben, so genügt die Abgabe gegenüber einem der zur Mitwirkung bei der Vertretung befugten Gesellschafter.

(3) ¹Im Gesellschaftsvertrage kann bestimmt werden, daß die Gesellschafter, wenn nicht mehrere zusammen handeln, nur in Gemeinschaft mit einem Prokuristen zur Vertretung der Gesellschaft ermächtigt sein sollen. ²Die Vorschriften des Absatzes 2 Satz 2 und 3 finden in diesem Falle entsprechende Anwendung.

Übersicht

1) Begriff und Abgrenzung der Vertretungsmacht; Wissenszurechnung 1–4
   A. Abgrenzung zur Geschäftsführung 1
   B. Organschaftliche und andere Vertretungsmacht 2
   C. Verschuldenszurechnung 3
   D. Wissenszurechnung 4
2) Selbstorganschaft und Vollmachten an Dritte 5–9
   A. Selbstorganschaft 5
   B. Nichtübertragbarkeit der organschaftlichen Vertretungsmacht 6
   C. Keine Umgehung der Selbstorganschaft 7
   D. Ausnahmen 8
   E. Normale Vollmachten an Dritte 9
3) Einzelvertretungsmacht aller, Ausschluss einzelner Gesellschafter (I) 10–15
   A. Einzelvertretungsmacht jedes Gesellschafters (I Halbsatz 1) 10
   B. Ausschluss einzelner Gesellschafter von der Vertretung (I Halbsatz 2) 12
   C. Abbedingung der gesetzlichen Vertretung nach I 13
   D. Sonstige abweichende Vereinbarungen 14
   E. Keine Notvertretungsmacht 15
4) Gesamtvertretungsmacht mehrerer Gesellschafter (II) 16–18
   A. Gesamtvertretung (II 1) 16
   B. Ermächtigung einzelner Gesellschafter (II 2) 17
   C. Passive Einzelvertretung (II 3) 18
5) Gemischte Gesamtvertretung (III) 19–25
   A. Gemischte Gesamtvertretung (III 1) 19
   B. Auswirkung auf den Prokuristen 23
   C. Ermächtigung, passive Einzelvertretung (III 2) 24
   D. Prokura mit Bindung an Mitwirkung eines Gesellschafters 25

1) Begriff und Abgrenzung der Vertretungsmacht; Wissenszurechnung

1   A. **Abgrenzung zur Geschäftsführung:** Die Vertretungsmacht ist die Rechtsmacht zur rechtsgeschäftlichen Bindung der Ges gegenüber Dritten (**Außenverhältnis**). Sie steht damit im Gegensatz zur Geschäftsführung im Verhältnis der Gfter zueinander (Innenverhältnis, § 114 Rn 1) und ist auch abweichend geregelt, zB §§ 114 II, 115 I 2. Halbs, II (Gefahr im Verzug), 116. **§§ 125–127** regeln nur die Vertretung. § 125 besagt, wer von den Gftern Vertretungsmacht hat. § 125 a betrifft Angaben für den Geschäftsverkehr. § 126 steckt zwingend den Umfang der Vertretungsmacht ab. § 127 regelt ihre Entziehung.

2   B. **Organschaftliche und andere Vertretungsmacht:** Die Vertretungsmacht der §§ 125 ff ist eine organschaftliche, BGH **33**, 108, **36**, 295, **51**, 200, **64**, 75. Ihrer Rechtsnatur nach ist sie eine gesetzliche Vertretungsmacht (wie bei juristischen Personen; keine Vollmacht, keine dritte Kategorie), vgl K. Schmidt § 10 II, str. Die vertretenden Gfter sind Organe der Ges entspr den gesetzlichen Vertreter juristischer Personen. Die Anwendung von Vollmachtsvorschriften ist aber nicht ausgeschlossen, zB des § 166 II BGB (zB: kein Erwerb der Ges kraft

guten Glaubens, wenn der handelnde Gfter gutgläubig ist, aber nach Weisungen der anderen Gfter handelt, von denen auch nur einer bösgläubig), s Rn 4.

C. **Verschuldenszurechnung:** Die Vertretung ist rechtsgeschäftliches Handeln im Namen der Ges. Die Verschuldenszurechnung betrifft das Einstehen der Ges für Schäden, zB nach §§ 31, 278, 831 BGB (§ 124 Rn 24 ff). 3

D. **Wissenszurechnung:** Für die Wissenszurechnung (Kenntnis oder Kennenmüssen zB bei Irrtum, Gutgläubigkeit nach § 15, gutgläubigem Erwerb; entspr persönliche Beziehungen und Verhältnisse, zB im Insolvenzrecht) gilt § 166 I BGB, § 125 II 3 analog, wonach es auf die Person des Vertreters, nicht des Vertretenen ankommt, üL, Rspr, nach aA Rechtsgedanke von § 31 BGB (organschaftliche Kenntnis), K. Schmidt § 10 V 2 b, aber führt zu weit; allgemeiner zur Dogmatik der Wissenszurechnung **(Pflicht zur ordnungsgemäßen Organisation der Kommunikation)**, die im Bankvertragsrecht besonders relevant wird, (7) Bankgeschäfte Rn A/16, dabei ist zu beachten, dass ältere Rspr mit absoluter Wissenszurechnung überholt ist (Unterschiede zwischen den Senaten), keine Zurechnung von Wissen, sondern von wissensgetragenem, rechtserheblichem (aktivem oder passivem) Verhalten, Nobbe Bankrechtstag **02**, 126. Für Wissenszurechnung von juristischen Personen und PersonenGes gilt grundsätzlich dasselbe. Aus der (uneinheitlichen) Rspr ist hervorzuheben: Das Wissen eines einzigen Gfters genügt, BGH **34**, 297, jedenfalls wenn die Nichtweitergabe des Wissens an den handelnden Gfter organisationspflichtwidrig war, BGH **140**, 61 (IX ZS); nach aA nur, wenn er konkret vertreten hat, für die übrigen Vertreter nur nach § 166 II BGB, offen BGH NJW **95**, 2160. Das gilt auch bei Gesamtvertretung, BGH **20**, 153, 62, 173; wenn ein Gesamtvertreter am Vertragsschluss nicht mitwirkt; wenn er das Wissen im privaten Bereich erworben hat, BGH WM **55**, 832; wenn der Organvertreter ausgeschieden oder verstorben ist (so bei juristischen Personen), aber nur sofern es sich um typischerweise aktenmäßig festgehaltenes Wissen handelt, BGH **109**, 332 (V ZS), NJW **95**, 2160, **96**, 1205 (beide iErg abl). Auch das Wissen von verfassungsmäßigen Vertretern (§ 124 Rn 25) ist der Ges zuzurechnen (vgl (7) Bankgeschäfte Rn A/16). Handelt ein Vertreter nach Weisung, kann § 166 II BGB entspr anwendbar sein. Beim Erwerb einer Sache vom Nichtberechtigten auf Grund Beschlusses aller Gfter schließt deshalb Bösgläubigkeit eines Gfters den Rechtserwerb kraft guten Glaubens aus, auch wenn der mit dem Erwerb beauftragte vertretungsberechtigte Gfter gutgläubig ist, Hueck/Windbichler § 9 Rn 3, anders wenn ein gutgläubiger Gfter aus eigener Initiative erwirbt (§ 124 Rn 50). Lit: Schilken 1983, Buck 2001 (Habilitationsschrift); Baumann ZGR **73**, 284, Waltermann AcP 192 **(92)** 181, Grunewald FS Beusch **93**, 301, Medicus u Taupitz, Karlsruher Forum **94**, 4, 16, Drexl ZHR 161 **(97)** 491 (Konzern), Fassbender/Neuhaus WM **02**, 1253, Drexl, Nobbe Bankrechtstag **02**, 85, 121. 4

2) Selbstorganschaft und Vollmachten an Dritte

A. **Selbstorganschaft:** Organschaftliche Vertreter iSv §§ 125 ff können idR nur **Gesellschafter** sein (Selbstorganschaft, entspr für Geschäftsführung § 114 Rn 24), BGH **26**, 333, **33**, 108, **41**, 367, NJW **82**, 1817, str; bei der KG nur phG (§ 170), BGH **51**, 200. Dies ist ein wichtiger Unterschied zur KapitalGes, wo die Drittorganschaft sogar die Regel ist. Konsequenz ist ua, dass nicht alle Gfter von der Vertretung ausgeschlossen werden können (s Rn 12). Der Grundsatz der Selbstorganschaft für PersonenGes ist wegen der persönlichen Haftung der Gfter berechtigt, str, und schränkt die Ges in der Praxis nicht übermäßig ein (Generalvollmacht s Rn 7, 9; umfassende Geschäftsführung durch Dritte, sogar Betriebsführungsvertrag s § 114 Rn 24). Lit: Werra 1991; Helm/Wagner BB **79**, 225. 5

§ 125 6–11   II. Buch. Handelsgesellschaften und stille Gesellschaft

6   B. **Nichtübertragbarkeit der organschaftlichen Vertretungsmacht:** Die organschaftliche Vertretungsmacht als solche ist **höchstpersönlich** und **nicht übertragbar** (§§ 717, 664, 713 BGB), BGH **33,** 108, **34,** 30, **36,** 295; ebenso für Geschäftsführung (§ 114 Rn 11), Stimmrecht (§ 119 Rn 19), sonstige Verwaltungsrechte.

7   C. **Keine Umgehung der Selbstorganschaft:** Auch nichtorganschaftliche, umfassende Vollmachten **an Dritte** kann unzulässige Fremdorganschaft darstellen, zB bei unwiderruflicher Generalvollmacht, bei Ausschluss aller Gfter von der Vertretungsmacht, bei Bindung in der eigenen Ausübung an die Weisungen Dritter, bei Verzicht auf Ausübung der Vertretungsmacht als Gfter oder bei völligem Ausschluss des Weisungsrechts. Die Gfter können also solchen dritten Vertretern zwingend jederzeit die Vertretungsmacht entziehen, auch bei Betriebsführungsvertrag, Heymann/Emmerich § 114 Rn 28, aA BGH NJW **82,** 1817 (für Geschäftsführungsbefugnis s enger § 114 Rn 3). Das Weisungsrecht der Gfter an solche Vertreter kann nicht völlig ausgeschlossen werden, jedenfalls alle Gfter gemeinsam bleiben weisungsbefugt (§ 114 Rn 22). Noch engere Grenzen gelten bei PublikumsGes (Anh § 177 a Rn 74).

8   D. **Ausnahmen:** Der Grundsatz der Selbstorganschaft ist durchbrochen in der Liquidation (§ 146 II, gerichtliche Bestellung auch von NichtGftern), und vorübergehend in Prozesssituationen, zB während Ausschließungs-, Auflösungs-, Entziehungsprozesses, BGH **33,** 108, **51,** 200 (§ 127 Rn 8, § 133 Rn 14, § 140 Rn 16); aber nicht stets aus wichtigem Grund, Müller NJW **55,** 1910 und nicht allgemein als Notvertretung entspr § 29 BGB (s Rn 15). Möglich ist ferner Prozesspflegerbestellung nach § 57 ZPO; wohl auch Pflegschaft nach §§ 1911, 1913 BGB, Peters MDR **57,** 243. Lit: Teichmann 1970, H. P. Westermann 1970, Werra 1991; Dellmann FS Hengeler **72,** 64, Helm/Wagner BB **79,** 225. Vererbung des Vertretungsrechts s § 114 Rn 5, § 139 Rn 13.

9   E. **Normale Vollmachten an Dritte:** NichtGfter können von der Ges Vollmachten verschiedener Art erhalten (Prokura, HdlVollmacht), **auch Generalvollmacht** (Überbl 2 vor § 48), BGH **36,** 295, und uU mit solcher die Geschäfte allein führen (§ 114 Rn 24). In besonderen Fällen besteht sogar Zustimmungspflicht der Gfter zur Erteilung auch weitreichender Vollmachten, zB bei Verhinderung des vertretungsberechtigten Gfters durch Krankheit oder längere Abwesenheit, Heymann/Emmerich § 114 Rn 25. Aber die Generalvollmacht kann namentlich bei gleichzeitigem Verzicht des Gfter auf die Ausübung seiner Rechte eine unzulässige Übertragung der organschaftlichen Vertretungsmacht (s Rn 6) und eine unzulässige Drittorganschaft darstellen (s Rn 7).

3) Einzelvertretungsmacht aller, Ausschluss einzelner Gesellschafter (I)

10   A. **Einzelvertretungsmacht jedes Gesellschafters (I Halbsatz 1):** Mangels anderer Vereinbarung hat jeder Gfter ohne Mitwirkung der anderen Vertretungsmacht (I; anders bei GbR, §§ 714, 709 BGB), also auch Geschäftsunfähige, beschränkt Geschäftsfähige, juristische Person und andere Personenvereinigungen, die Gfter sein können (§ 105 Rn 26–30), auch aufgelöste GmbH (Anh § 177 a Rn 45). **Beschränkt Geschäftsfähige** können außer nach § 112 BGB, str, nicht selbst vertreten, § 165 BGB ist unanwendbar, Schlegelb/K. Schmidt 18. Die namens der Ges handelnden Vertreter solcher Gfter handeln mit Wirkung für und gegen die Ges, nicht die Gfter persönlich, also ohne vormundschaftsgerichtliche Genehmigungen (vgl § 105 Rn 26). Geben mehrere Gfter einander **widersprechenden Erklärungen** ab, gilt, wenn die Erklärung bindend ist, die Erste (idR nach der Zeit des Zugehens), andernfalls die letzte (zB Widerruf, Anfechtung) gleichzeitige heben sich auf, RG **81,** 95.

11   **Rechtliche Bedeutung:** Die Ges vertreten heißt **in ihrem Namen** handeln. Gewöhnlich genügt, dass die Umstände dies ergeben (schon § 164 I 2, nicht erst

1. Abschnitt. Offene Handelsgesellschaft 12–15 § 125

II BGB; vgl auch Handeln für die Firma Überbl 8 vor § 48); bei skripturgemäßer Verpflichtung muss es aus der Urkunde, zB dem Wechsel, hervorgehen, RG **47,** 166. Die klarste Form der Unterschrift namens der Ges ist das Zeichnen des eigenen Namens mit Vermerk, dass man für die Ges handelt („für die X-Ges", „namens der X-Ges"). Möglich ist Zeichnen mit der GesFirma allein, auch im Grundbuchverkehr; dieses kann im Einzelfall auch umgekehrt Handeln im eigenen Namen bedeuten, Bsp: Einspruch gegen Strafandrohung nach § 37 I HGB, **(3)** FamFG §§ 388 ff, KGJ **31,** 211. An die GfterVertretungsmacht knüpfen **öffentlichrechtliche** Verhaltenspflichten an; der Gfter mit Vertretungsmacht bleibt ihnen unterworfen, obwohl er die Betriebsleitung einem anderen überträgt; Bsp Kblz BB **75,** 983 (Transport gefährlicher Güter).

B. **Ausschluss einzelner Gesellschafter von der Vertretung (I Halb-** 12 **satz 2):** Der GesVertrag kann einen oder mehrere Gfter von der Vertretung ausschließen, so schon kraft Rechtsform bei der KG (§ 170 Rn 1), aber nicht alle (Selbstorganschaft, s Rn 5), BGH **41,** 367. Benenng einiger Gfter als („zeichnungs-", „firmierungs-") vertretungsberechtigt bedeutet idR Ausschluss der übrigen (§§ 133, 157 BGB; die Auslegungsregel des § 114 II gilt hier nicht). Klauseln über „Geschäftsführung" meinen meist sowohl Geschäftsführungsbefugnis (§§ 114 ff) wie Vertretung (§§ 125 ff). Die Vertretungsmacht kann nicht nur teilweise oder befristet oder bedingt ausgeschlossen werden (II), aber der von ihr (ganz) ausgeschlossene Gfter kann ebenso wie ein NichtGfter (s Rn 9) **Vollmacht** erhalten, zB auch HdlVollmacht, Generalvollmacht, Prokura, hM; diese Vollmacht ist nicht organschaftlich, aber bei Erteilung auf Grund GesVertrags nur aus wichtigem Grund entziehbar (§ 170 Rn 4). **Feststellungklage** zwischen den Gftern (nicht Ges), ob Gfter Vertretungsmacht hat oder nicht, ist möglich (§ 256 ZPO); Klage eines Gfters gegen den Geschäftspartner der Ges auf Feststellung seiner Vertretungsmacht ist mangels eines feststellbaren Rechtsverhältnisses idR unzulässig, BGH BB **79,** 286.

C. **Abbedingung der gesetzlichen Vertretung nach I:** Ist die gesetzliche 13 Vertretung abbedungen, die vereinbarte aber nicht wirksam, gilt **Gesamtvertretung aller** Gfter mit passiver Einzelvertretung (II 1, 3), KG HRR **39,** Nr 94, BGH **33,** 108. Bspe: bei vertraglichem Ausschluss aller Gfter von der Vertretung (s Rn 5, 12) oder Wegfall des einzigen vertretenden etwa durch Tod, Geschäftsunfähigwerden, Ausschließung (§ 140 Rn 8), Entziehung der Vertretungsmacht (§ 127 Rn 2). Bei nur tatsächlicher **Verhinderung** der vertretenden Gfter bleibt die geltende Regelung der Vertretung in Kraft (s Rn 16).

D. **Sonstige abweichende Vereinbarungen:** §§ 125–126 sind im Interesse 14 des Rechtsverkehrs zwingend, soweit nicht das Gesetz Abweichungen zulässt, BGH **17,** 186. Der GesVertrag kann Gesamtvertretung mehrerer Gfter (II, s Rn 16), gemischte Gesamtvertretung eines oder mehrerer Gfter in Gemeinschaft mit Prokuristen (III, s Rn 19) oder auch **Kombinationen** davon vorsehen, zB Einzelvertretung durch Gfter A, Gesamtvertretung durch B mit C oder A, C mit B oder A); auch Einzelvertretung durch A, Gesamtvertretung durch B mit A (was nicht dem Ausschluss des B von der Vertretung gleichsteht), RG **90,** 22, BGH **62,** 171 (halbseitige Gesamtvertretung, vgl § 48 Rn 6 für Prokura). Umfang der Vertretungsmacht stets nur nach § 126.

E. **Keine Notvertretungsmacht:** Das Recht der Gfter zu Notmaßnahmen 15 zur Erhaltung des GesVermögens (§ 744 II BGB, § 114 Rn 7) gibt dem Gfter keine Vertretungsmacht, BGH **17,** 183. Vertretungsmacht folgt auch nicht aus einem (zu Unrecht) teilweise vertretenen Recht des einzelnen Gfter, uU Rechte der Ges im gegen Dritte im eigenen Namen geltend zu machen (§ 124 Rn 13); ebenso wenig aus Geschäftsführung ohne Auftrag (§§ 677 ff BGB), BGH **17,** 187. Auch eine Notbestellung durch das Amtsgericht entspr § 29 BGB scheidet aus, BGH **51,** 200, str. Ausnahme für Sonderfälle, zB Prozess gegen den einzigen vertretungsberechtigten Gfter, MüKo/K. Schmidt 7; für § 46 Nr 8 Halbs 2 GmbHG, § 147 II 1 AktG analog (Sondervertreter) Karrer NZG **08,** 206, uU gegen KonzernGes.

4) Gesamtvertretungsmacht mehrerer Gesellschafter (II)

16 A. **Gesamtvertretung (II 1):** Der GesVertrag kann alle oder mehrere Gfter nur in Gemeinschaft zur Vertretung ermächtigen (Gesamtvertretung, II 1, auch gewöhnliche oder echte genannt im Unterschied zu III; vgl § 48 II Gesamtprokura, § 71 II AktG, § 35 II GmbHG). Die so ermächtigten Gfter können die für die Ges verbindliche Erklärung nur gemeinsam bewirken. Willensmängel, Kenntnis, Kennenmüssen eines der mehreren Handelnden wirken für und gegen die Ges. Die Gesamtvertreter müssen nicht gleichzeitig handeln, aber die erste Erklärung muss noch in Kraft sein, wenn die andere folgt. Ein Gesamtvertreter kann den anderen zum alleinigen Handeln ermächtigen (s Rn 17) oder solches auch nachträglich nach § 177 BGB **genehmigen**, Mü ZIP **09,** 621, bei Verhinderung auch für einzelne Geschäfte (nicht in allgemeiner Weise) einen Dritten zur Mitwirkung an seiner Statt bevollmächtigen (s Rn 9). §§ 174, 180 BGB (Zurückweisung mangels Vorlage einer Ermächtigungsurkunde, Unzulässigkeit einseitiger Rechtsgeschäfte) gelten entspr, BAG NJW **81,** 2374. **Wegfall** des einen Gesamtvertreters (A) gibt nicht dem anderen (B) Alleinvertretung, sofern noch anderweitige Gesamtvertretung möglich ist (zB BC oder CD), anders wenn diese unmöglich ist, zB bei nur zwei phG einer KG, BGH **41,** 367, KG JW **39,** 424. Nur tatsächliche **Verhinderung** des einen Gesamtvertreters ändert an der Gesamtvertretung nichts, BGH **34,** 27 (GmbH). Täuscht ein Gesamtvertreter die Verbindlichkeit einer von ihm allein abgegebenen Willenserklärung vor, haftet die Ges aus § 31 BGB (§ 124 Rn 25), BGH **98,** 148, aA BGH WM **67,** 714; vgl (problematisch) Dieckmann WM **87,** 1473, 1509. Gesamtvertretung von phG und Kdtist s § 170 Rn 1. Halbseitige Gesamtvertretung s Rn 14.

17 B. **Ermächtigung einzelner Gesamtvertreter (II 2):** Die Gesamtvertreter können einzelne unter ihnen zur Alleinvornahme bestimmter Geschäfte oder bestimmter Arten von Geschäften ermächtigen (II 2); also nicht im ganzen Umfang ihrer Vertretungsmacht, BGH **34,** 27 (GmbH), NJW-RR **86,** 778 (GmbH), Grund: Wortlaut, Zweck. II 2 ist nur klarstellend, beseitigt aber Zweifel aus § 181 BGB. Die **Erteilung** der Ermächtigung erfolgt durch formlose, auch stillschweigende Erklärung an den zu Ermächtigenden. So kann die Klage des Gfters A gegen die Ges, vertreten durch den (einzigen) MitGfter B, bei Gesamtvertretung als Ermächtigung des B zur Vertretung der Ges in dem Rechtsstreit verstanden werden, RG 116, 18, BGH **41,** 367 (zu § 150 II 1). Erteilung entspr §§ 167 I, 170 ff BGB (gegenüber Dritten, öffentlich) ist möglich, aber wenig praktisch. Die Ermächtigung bedarf keiner Annahme und kann nicht abgelehnt werden. **Widerruf** ist jederzeit, ohne wichtigen Grund und nicht notwendig durch dieselben Gesamtvertreter, die die Ermächtigung ausgesprochen haben, möglich. Nach BGH **64,** 75 ist die Ermächtigung ihrer **Rechtsnatur** nach nicht einfache oder HdlVollmacht (dann Problem des § 181 BGB), sondern macht den Ermächtigten partiell zum organschaftlichen Alleinvertreter, aA MüKo/K. Schmidt 45, aber iErg ähnlich (s auch § 126 Rn 9). §§ 174, 180 BGB s Rn 16. Lit: Lüdtke-Handjery DB **72,** 565.

18 C. **Passive Einzelvertretung (II 3):** Die vereinbarte Gesamtvertretung gleich welcher Art gilt nicht für die **passive Vertretung** der Ges beim Empfang von Willenserklärungen. Hier gilt zwingend Einzelvertretung. Die Erklärung braucht also nur einem Gesamtvertreter zuzugehen (II 3; entspr § 78 II 2 AktG, § 35 II 2 GmbHG; § 170 III ZPO für Zustellungen im Prozess), zB Wechselprotest, RG **53,** 227, Urteilsverkündung in Anwesenheit eines Gesamtvertreters,

RG JW **28,** 68. Die passive Einzelvertretung umfasst nicht **stillschweigende Zustimmung** zu einer zugegangenen Erklärung. Kenntnis nur eines Gesamtvertreters von einem Bestätigungsschreiben bewirkt zwar Kenntnis der Ges, genügt aber nicht als Voraussetzung stillschweigender Genehmigung durch die Ges, RG JW **27,** 1676; aber Ges kann bei Willensmangel auch nur eines Gesamtvertreters anfechten (s Rn 16).

5) Gemischte Gesamtvertretung (III)

A. **Gemischte Gesamtvertretung (III 1):** II 1 setzt voraus, dass überhaupt Gesamtvertretung vereinbart ist, also nicht bei Einzelvertretungsmacht aller oder einzelner Gfter nach I. Wird Gesamtvertretung vereinbart, kann Gesamtvertretung durch einen oder mehrere Gfter mit einem oder mehreren Prokuristen angeordnet werden (gemischte oder unechte Gesamtvertretung, III 1). Sehr häufig ist die Anordnung der Vertretung durch entweder zwei Gfter oder einen Gfter mit einem Prokuristen. Weitere Varianten bei MüKo/K. Schmidt 34 ff.

Grenzen: a) Selbstorganschaft: Das gilt nicht, wenn außer der gemischten Gesamtvertretung keine Vertretung durch Gfter allein, entweder einzeln oder gesamt, besteht, BGH **26,** 332, WM **61,** 322, Grund: Selbstorganschaft (s Rn 5). Gemischte Gesamtvertretung mit Kdtisten s § 170 Rn 3.

b) Einzelvertretung des einen Gfter und gemischte Gesamtvertretung des anderen Gfter mit ihm oder mit einem Prokuristen ist zulässig, nicht aber des anderen nur mit dem Prokuristen, BGH **26,** 333, WM **87,** 107, Grund: Wortlaut erlaube nur Erleichterung einer ohnehin bestehenden Gesamtvertretung mehrerer Gfter, aber sehr formal.

c) Handlungsvollmacht: Gemischte Gesamtvertretung mit Bindung des Gfters an Mitwirkung eines HdlBevollmächtigten ist unzulässig (vgl § 48 Rn 6). Zulässig ist nur Bindung des HdlBevollmächtigten an Mitwirkung des Gfters, aber Vertretungsmacht entweder dieses allein oder zusammen mit einem andern Gfter (vgl Rn 25).

B. **Auswirkung auf den Prokuristen:** Die gemischte Gesamtvertretung erweitert sachlich die Vertretungsmacht des beteiligten Prokuristen (§ 49 Rn 3). Bei gemischter Vertretung handelt der Prokurist unter eigener Verantwortung, nicht als Erfüllungsgehilfe (§ 278 BGB) seines Gesamtvertreters oder eines anderen geschäftsführenden Gfters, diese haften nur für eigenes Verschulden, zB für mangelnde Überwachung, BGH **13,** 64 (§ 114 Rn 11).

C. **Ermächtigung, passive Einzelvertretung (III 2):** Bei gemischter Gesamtvertretung gelten keine Besonderheiten, III 2 verweist auf II 2, 3 (s Rn 17, 18).

D. **Prokura mit Bindung an Mitwirkung eines Gesellschafters:** Die gemischte Gesamtvertretung nach III ist zu unterscheiden von der Erteilung einer Prokura unter Bindung an die Mitwirkung eines oder mehrerer Gesellschafter (§ 48 Rn 6). Diese Gfter sind dann selbst nicht nach III eingeschränkt. Entspr gilt für HdlVollmacht (s Rn 22).

Die Eintragung der Vertretungsmacht und ihrer Änderungen regelt § 106 II Nr 4 neu ERJuKOG 2001, IV aF konnte deshalb entfallen. Eintragungspflichtig ist die Vertretungsmacht der Gfter, auch der normalen gesetzlichen, nicht nur einer vom Gesetz abweichenden vertraglichen (§ 106 Rn 12, anders IV aF). Anmeldepflichtig sind sämtliche Gfter, auch die von der Vertretung ausgeschlossenen (§ 108 Rn 1).

§ 125a 1, 2

[Angaben auf Geschäftsbriefen]

125a (1) ¹Auf allen Geschäftsbriefen der Gesellschaft gleichviel welcher Form, die an einen bestimmten Empfänger gerichtet werden, müssen die Rechtsform und der Sitz der Gesellschaft, das Registergericht und die Nummer, unter der die Gesellschaft in das Handelsregister eingetragen ist, angegeben werden. ²Bei einer Gesellschaft, bei der kein Gesellschafter eine natürliche Person ist, sind auf den Geschäftsbriefen der Gesellschaft ferner die Firmen der Gesellschafter anzugeben sowie für die Gesellschafter die nach § 35a des Gesetzes betreffend die Gesellschaften mit beschränkter Haftung oder § 80 des Aktiengesetzes für Geschäftsbriefe vorgeschriebenen Angaben zu machen. ³Die Angaben nach Satz 2 sind nicht erforderlich, wenn zu den Gesellschaftern der Gesellschaft eine offene Handelsgesellschaft oder Kommanditgesellschaft gehört, bei der ein persönlich haftender Gesellschafter eine natürliche Person ist.

(2) Für Vordrucke und Bestellscheine ist § 37a Abs. 2 und 3, für Zwangsgelder gegen die zur Vertretung der Gesellschaft ermächtigten Gesellschafter oder deren organschaftliche Vertreter und die Liquidatoren ist § 37a Abs. 4 entsprechend anzuwenden.

Übersicht

1) Normzweck, Anwendungsbereich 1–4
   A. Normzweck 1
   B. Anwendungsbereich 2
2) Pflichtangaben auf Geschäftsbriefen (I) 5–7
   A. Pflichtangaben 5
   B. Geschäftsbriefe 7
3) Vordrucke, Bestellscheine; Zwangsgeld (II) 8–11
   A. Vordrucke (II iVm § 37a II) 8
   B. Bestellscheine (II iVm § 37a III) 9
   C. Zwangsgeld (II iVm § 37a IV) 10
   D. Zivilrechtliche Folgen 11

1) Normzweck, Anwendungsbereich

1   A. **Normzweck:** § 125a eingefügt durch GmbHNovelle 1980, idF HRefG 1998, I 1 idF EHUG 2006 (Geschäftsbriefe „gleich welcher Form", vgl § 37a Rn 4). § 125a ist § 80 AktG, § 35a GmbHG (auch § 25a GenG) teilweise nachgebildet und verweist zT darauf. Diese gehen ihrerseits auf die 1. EG-Ri 1968 zurück (Einl 36 vor § 105), die aber ausdrücklich nur für AG, KGaA und GmbH gilt und nicht ausdrücklich auf die GmbH & Co erstreckt worden ist (vgl zur entsprechenden Streitfrage bei §§ 238ff Einl 8 vor § 238). Dies erklärt, aber rechtfertigt nicht die unübersichtliche Normaufsplittung, K. Schmidt JZ **03**, 592. **Grundnorm zu § 125a** ist seit dem HRefG **§ 37a**, deshalb grundsätzlich einheitliche Auslegung (s zu allen Einzelheiten die Komm dort). Der Normzweck von § 125a ist seit 1998 ein doppelter: Die Norm soll bei allen OHG dem Geschäftsverkehr allgemeine Grundinformationen über diese geben sowie wie schon bisher zusätzliche Informationen über Gfter ua bei solchen OHG, bei denen kein Gfter eine natürliche Person ist und bei der deshalb den Gläubigern nur eine begrenzte Haftungsmasse zur Verfügung steht. Dem Normzweck entsprechend ist § 125a weit auszulegen und **zwingend**. Europäisches Recht s § 37a Rn 9. Übergangsvorschrift (1) EGHGB Art 39. Lit: Hüttmann DB **80**, 1884, Lutter DB **80**, 1325, Schaffland BB **80**, 1501.

2   B. **Anwendungsbereich: a) I 1** erfasst seit 1998 alle OHG mit dem Erfordernis bestimmter Grundangaben. I 1 gilt für alle inländischen OHG ohne Unterschied, ob sie eingetragen sind oder nicht (s Rn 5) und ob es um einen

1. Abschnitt. Offene Handelsgesellschaft 3–8 **§ 125a**

Geschäftsverkehr im Inland oder mit dem Ausland geht. I gilt auch für inländische ZwNln ausländischer OHG (§ 37 a Rn 2) sowie inländische Betriebsstätten ausländischer OHG, str; zusätzliche Normen s Rn 3.

b) I 2 betrifft nur solche OHG, bei denen **keine natürliche Person als** 3 **Gesellschafter** da ist, zB OHG mit zwei GmbH als Gfter. Inländische ZwNln sowie inländische Betriebsstätten ausländischer OHG, letzteres str, werden zusätzlich über § 35 a IV GmbHG, § 80 IV AktG erfasst. Bei AuslandsGes aus der EU ist das Erfordernis der Angabe der Geschäftsleiter (I 2 iVm § 35 a I 1 GmbHG, § 80 I 1 AktG) durch die 11. EG-Ri nicht gedeckt (§ 37 a Rn 9), str.

I 3 schränkt I 2 für **doppelstöckige OHG** (dreistufige, vgl Anh 9 zu § 177 a) 4 ein und belässt es für solche OHG, bei denen zu den Gftern eine OHG oder KG gehört, bei der ein phG eine natürliche Person ist, bei I 1. Denn dann haftet eine natürliche Person unbeschränkt mit ihrem Vermögen. Dies ist nicht nur wie nach dem Wortlaut von I 3 bei doppelstöckigen OHG, sondern auch dann der Fall, wenn die MitgliedsOHG oder -KG zwar selbst keine natürliche Person als phG hat, sondern wiederum OHG oder KG, bei der jedoch dann ein phG eine natürliche Person ist. Das entspricht § 19 II nF (§ 19 Rn 10) und schon aF, BayObLG ZIP **94**, 1695, str, Gegenschluss wegen Nichtanpassung von I 3 überzeugt nicht. I 2, 3 erhalten ihre Praxisbedeutung hauptsächlich über die **Verweisungsnormen des § 177 a** für die **GmbH & Co** (zu dieser Anh § 177 a Rn 1).

2) Pflichtangaben auf Geschäftsbriefen (I)

A. **Pflichtangaben: a) Alle OHG (I 1):** Auf allen Geschäftsbriefen der Ges 5 (gleich welcher Form, s Rn 7) an einen bestimmten Empfänger sind anzugeben: Rechtsform (§ 19 I Nr 2, 3); Angabe auch, wenn Rechtsform bereits aus Firma deutlich wird, Grund: EG-weiter Verkehrsschutz, aA Heymann/Emmerich 8) und Sitz der Ges (§ 106, auch bei Geschäftsbriefen von ZwNl, str, § 37 a Rn 3), das Registergericht (des Sitzes der Ges) und die Nummer der Eintragung der Ges in das HdlReg. Auch die nicht eingetragene OHG kann Firma führen und muss deshalb entsprechende Angaben machen, soweit trotz Nichteintragung möglich, vgl Zimmer ZIP **98**, 2051. Bei inländischen ZwNl ausländischer Ges sind die Angaben zur HauptNl zu machen, die registerrechtlich an die Stelle der ausländischen Ges tritt.

b) OHG ohne natürliche Personen als Gesellschafter (I 2, 3): Bei Ges, 6 bei der kein Gfter eine natürliche Person ist (mehrstöckige OHG s Rn 3) sind zusätzlich zu den Angaben nach I 1 die Firmen der Gfter der OHG anzugeben. Außerdem sind für Gfter, soweit es sich um GmbH oder AG handelt, die nach § 35 a GmbHG oder § 80 AktG vorgeschriebenen Angaben zu machen (I 2). Ausnahme I 3 (s Rn 4).

B. **Geschäftsbriefe:** I erfasst Geschäftsbriefe gleich welcher Form (s Rn 1). 7 Der Begriff der Geschäftsbriefe (weiter als HdlBrief, § 257 II) ist derselbe wie in § 37 a I (näher dort Rn 4). Erfasst werden also:

a) alle (nicht mündlichen oder telefonischen) Mitteilungen des Kfm über **geschäftliche Angelegenheiten** nach außen (außerhalb der Ges und der Gfter außer bei Drittgeschäften und Konzernbeziehungen);

b) nur solche, die an einen **bestimmten Empfänger** gerichtet werden, also nicht solche an eine größere, unbestimmte Vielzahl von Empfängern wie allgemeine Rundschreiben an alle Kunden.

3) Vordrucke, Bestellscheine; Zwangsgeld (II)

A. **Vordrucke (II iVm § 37 a II):** Bei Mitteilungen oder Berichten im 8 Rahmen einer bestehenden **Geschäftsverbindung** (Einl 3 vor § 343) und für die **üblicherweise Vordrucke** verwendet werden, in denen nur die im Einzelfall

Hopt

§ 126 1 II. Buch. Handelsgesellschaften und stille Gesellschaft

erforderlichen besonderen Angaben eingefügt zu werden brauchen, sind die Angaben nach I entbehrlich.

9 **B. Bestellscheine (II iVm § 37a III):** Sie gelten als Geschäftsbriefe iSv I, nicht als Vordrucke. Die Ausnahme des § 37a II gilt für sie also nicht.

10 **C. Zwangsgeld (II iVm § 37a IV):** Wenn die zur Vertretung der Ges ermächtigten Gfter oder deren organschaftliche Vertreter (§§ 125ff) und die Liquidatoren (§§ 146f) ihren Pflichten nach § 125a (ganz oder teilweise) nicht nachkommen, sind sie vom Registergericht durch Zwangsgeld dazu anzuhalten (§ 14 Satz 2, (3) FamFG § 388). Zwangsgeld ist auch gegen Geschäftsführer des phG, zB der GmbH der GmbH & Co KG, sowie gegen die Liquidatoren möglich, nicht gegen GmbH selbst (keine physische Person).

11 **D. Zivilrechtliche Folgen:** § 37a IV, den II verweist, besagt nichts über mögliche zivilrechtliche Folgen. § 37a IV bewirkt keine Nichtigkeit und ist kein Schutzgesetz iSv § 823 II BGB, str (§ 37a Rn 8). Denkbar ist Rechtsscheinhaftung, jedenfalls Rechtsschein einer mangelnden Haftungsbeschränkung nach § 19 II (vgl § 19 Rn 29). Zu möglichen allgemeinen zivilrechtlichen Ansprüchen s § 37a Rn 8.

[Umfang der Vertretungsmacht]

126 (1) **Die Vertretungsmacht der Gesellschafter erstreckt sich auf alle gerichtlichen und außergerichtlichen Geschäfte und Rechtshandlungen einschließlich der Veräußerung und Belastung von Grundstücken sowie der Erteilung und des Widerrufs einer Prokura.**

(2) **Eine Beschränkung des Umfanges der Vertretungsmacht ist Dritten gegenüber unwirksam; dies gilt insbesondere von der Beschränkung, daß sich die Vertretung nur auf gewisse Geschäfte oder Arten von Geschäften erstrecken oder daß sie nur unter gewissen Umständen oder für eine gewisse Zeit oder an einzelnen Orten stattfinden soll.**

(3) **In betreff der Beschränkung auf den Betrieb einer von mehreren Niederlassungen der Gesellschaft finden die Vorschriften des § 50 Abs. 3 entsprechende Anwendung.**

Übersicht

1) Umfang der Vertretungsmacht (I) 1–4
   A. Grundsatz und Anwendungsbereich 1
   B. Prokura 2
   C. Grundlagengeschäfte 3
2) Unbeschränkbarkeit der Vertretungsmacht gegenüber Dritten (II); Vertretung gegenüber Gesellschaftern 5–8
   A. Grundsatz der Unbeschränkbarkeit 5
   B. Vertretung gegenüber Gesellschaftern 6
   C. Verbot des Selbstkontrahierens (§ 181 BGB) 9
3) Beschränkbarkeit auf Zweigniederlassungen (III) 9, 10
4) Missbrauch der Vertretungsmacht 11

1) Umfang der Vertretungsmacht (I)

1 **A. Grundsatz und Anwendungsbereich:** Die Vertretungsmacht der Gfter umfasst **alle gerichtlichen und außergerichtlichen Geschäfte und Rechtshandlungen** (I), also nicht nur solche, die der Betrieb eines derartigen HdlGewerbes gewöhnlich mit sich bringt (HdlVollmacht, § 54 I) oder der Betrieb eines HdlGewerbes mit sich bringt (Prokura, § 49 I). Sie umfasst also zB auch Übernahme fremder Verbindlichkeiten und Schenkungen (auch außerhalb des ge-

1. Abschnitt. Offene Handelsgesellschaft   2–5 § 126

schäftlich Üblichen) und gilt auch, wenn unter den Gftern ein Minderjähriger ist, ohne die Beschränkungen der §§ 1821 f BGB, RG **125,** 380. Die Vertretungsmacht wird auch nicht durch den GesZweck beschränkt (keine ultra-vires-Lehre). **Weisungen** an Personal der Ges sind diesen gegenüber Ausübung der Vertretungsmacht; Berechtigung und Umfang der Weisungsmacht (Innenverhältnis) folgt aber iZw nach dem Willen der Gfter der Geschäftsführung, MüKo/K. Schmidt 4. I erwähnt ausdrücklich auch Veräußerung und Belastung von **Grundstücken** (anders § 49 II).

B. **Prokura:** I erwähnt klarstellend auch Erteilung und Widerruf einer Prokura (§ 48 I). Ihre Wirksamkeit folgt allein aus §§ 125, 126, einerlei ob Zustimmung nach § 116 III 1 fehlt oder die Erteilung sonst pflichtwidrig war. Eine solche Prokura ist ohne Nachweis der Zustimmung nach § 116 III 1 im HdlReg einzutragen, RG **134,** 307 (AG), Düss SJZ **49,** 780 (GmbH). Einzutragen ist auch bei ausdrücklichem Widerspruch, doch kann dann Anlass zur Prüfung auf Missbrauch der Vertretungsmacht (s Rn 10) bestehen. Widerruf der Prokura und ihre Anmeldung zum HdlReg erfordert bei Gesamtvertretung (§ 125 II, III) Mitwirkung der mehreren Gesamtvertreter (anders § 116 III 2 im Innenverhältnis, § 116 Rn 9). Bei gemischter Gesamtvertretung (§ 125 III) erklären Gfter und Prokurist gemeinsam die Erteilung und den Widerruf der (anderen) Prokura samt Anmeldung zum HdlReg, RG **134,** 307 (AG), KG JW **37,** 890. 2

C. **Grundlagengeschäfte:** Die Vertretungsmacht der Gfter nach §§ 125, 126 erstreckt sich trotz ihrer Unbeschränkbarkeit ebenso wenig wie die Geschäftsführung auf die Tätigung (und die Verpflichtung der Ges zur Tätigung) von Grundlagengeschäfte, also solche Geschäfte, die das innere Verhältnis der Gfter zueinander betreffen (§ 114 Rn 3 und die Bspe dort), RG **162,** 374, BGH **26,** 333; Bspe: so Änderung des GesVertrags; Entziehung der Geschäftsführungs- und Vertretungsmacht (§§ 117, 127); Aufnahme eines neuen Gfters, BGH **26,** 333, Verpflichtung der Ges zur Tätigung, aA RG JW **21,** 1239; Ausschließung eines Gfters; Veräußerung des HdlGeschäfts jedenfalls mit Firma, BGH NJW **95,** 596, hL, aber idR auch ohne Firma, str (§ 114 Rn 3); ebenso Unternehmensvertrag (§§ 291 f AktG) einschließlich Betriebspacht und Betriebsüberlassung, offen BGH NJW **82,** 1818; Übertragung des gesamten GesVermögens (aber nur Verpflichtungsgeschäft, nicht die einzelnen Verfügungen, insoweit uU Missbrauch, s Rn 11), BGH NJW **95,** 596, K. Schmidt ZGR **95,** 681; ausnahmsweise auch konzernumstrukturierende Maßnahmen, wenn diese über außergewöhnliche Geschäfte (§ 116 Rn 2) hinausreichen (§ 114 Rn 3); Änderung der GesFirma, BGH NJW **52,** 537; Auflösung der Ges. Die Vertretungsmacht erstreckt sich grundsätzlich auch nicht auf die gesellschaftsfreie **Privatsphäre** der MitGfter (§ 128 Rn 9), Heymann/Emmerich 9. **Nicht** Grundlagengeschäfte sind zB die (das OHGVerhältnis nicht ändernde) Aufnahme eines stillen Teilhabers und die Kündigung einer **stillen Gesellschaft** der Ges mit einem Gfter, BGH WM **79,** 72 (§ 230 Rn 5); die Ausübung von Rechten der Ges in anderen Ges auf Grund von **Beteiligungen** und Unternehmensverbindungen (Grenzen s § 114 Rn 3, § 105 Rn 102–104). 3

Abweichende Vereinbarungen: Die Vertretungsmacht kann aber ebenso wie die Geschäftsführung im GesVertrag auch auf Grundlagengeschäft erweitert werden (§ 114 Rn 3; Anh § 177 a Rn 57). Lit: Schlüter 1965. 4

2) Unbeschränkbarkeit der Vertretungsmacht gegenüber Dritten (II); Vertretung gegenüber Gesellschaftern

A. **Grundsatz der Unbeschränkbarkeit:** Der Umfang der Vertretungsmacht kann weder durch GesVertrag noch einstimmigen GfterBeschluss mit Wirkung gegenüber Dritten beschränkt werden (II, zwingender Verkehrsschutz), 5

§ 126   6–9   II. Buch. Handelsgesellschaften und stille Gesellschaft

auch nicht bei fälschlicher Eintragung im HdlReg. Die dritten Geschäftspartner der Ges sollen sich um das Innenverhältnis, zB einen **Widerspruch** nach § 115 I Halbs 2, nicht kümmern müssen. Grenzen: Drittgeschäfte von Gftern mit der Ges (s Rn 6), § 181 BGB (s Rn 9) und Missbrauch der Vertretungsmacht (s Rn 11).

6   B. **Vertretung gegenüber Gesellschaftern: a) Keine Geltung von II:** I (mit § 125) gilt auch für Vertretung der Ges bei Rechtsgeschäften mit Gftern, heute hL. Dagegen gilt II hier nicht, BGH **38**, 33, NJW **74**, 1555, WM **79**, 72, aA Lindacher JR **73**, 376, Grund: die Gfter können sich gegenüber ihren MitGtern nicht auf eine ihre Dürfen übersteigende Rechtsmacht (Können) berufen, unter ihnen kein Verkehrsschutz. Der Umfang der Vertretungsmacht richtet sich also hier nach dem ihrer Geschäftsführungsmacht (wie § 714 BGB); deren Beschränkungen nach §§ 114–116, GesVertrag oder GfterBeschluss schlagen auf die Vertretungsmacht durch, so zB auch bei Vorgehen der Ges gegen den Gfter aus einem Drittgeschäft (§ 124 Rn 53). Ob der GfterGeschäftspartner die Beschränkung im Einzelfall kennt und ob er sie **kennen** muss (zB Widerspruch eines dritten Gfters, § 115 I), ist **unerheblich**, str, aA Hueck OHG § 20 III 2 d. Die Nichtanwendung von II reicht bei dieser Auffassung weiter als die Einschränkung durch den Missbrauch der Vertretungsmacht (s Rn 11), aA umgekehrt MüKo/K. Schmidt 17: hL von der Nichtgeltung von II überflüssig; anders nur, wenn der Abschluss trotz der (dem GfterGeschäftspartner bekannten) Pflichtwidrigkeit noch von der Geschäftsführungsbefugnis gedeckt war.

7   **b) Reichweite der Einschränkung:** Diese Einschränkung gilt je nachdem auch für Treugeber, Unterbeteiligte und Nießbraucher (§ 105 Rn 34, 41, 46); TochterGes, jedenfalls wenn keine Dritten beteiligt sind, also hundertprozentige TochterGes, Heymann/Emmerich 21; von Gftern beherrschte Ges, BGH WM **79**, 72, nicht aber ausgeschiedene Gfter und Erben, BGH NJW **74**, 1555.

8   **c) Beispiele:** Der gemäß I, aber ohne vertraglich vorgeschriebene Erfordernisse (zB Zustimmung eines MitGfters, GfterBeschluss) oder gegen Widerspruch (§ 115 I) Handelnde vertritt die Ges ohne Vertretungsmacht, BGH **38**, 33, NJW **74**, 1555, BB **76**, 527. Hat ein Kdtist nach dem GesVertrag Geschäftsführungsmacht ohne besondere Vergütung (§ 164 Rn 7), beschränkt dies die Vertretungsmacht des phG bezüglich der Zusage einer solchen, BGH BB **76**, 527. Das gilt auch bei Bindung der Vertretenden nicht durch den GesVertrag, sondern durch (idR einstimmigen) GfterBeschluss ad hoc; wird eine demgemäß erteilte Zustimmung wirksam angefochten, entfällt die Vertretungsmacht rückwirkend zu Lasten der GfterVertragspartner (§ 142 I BGB), BGH BB **73**, 771.

9   C. **Verbot des Selbstkontrahierens (§ 181 BGB):** Für Geschäfte der Ges mit den Gesellschaftern, die sie vertreten (auch mit einem von mehreren Gesamtvertretern), gilt § 181 BGB (vgl § 119 Rn 22). Befreiung und Eintragung im HdlReg s § 119 Rn 22. Ein Gfter mit Alleinvertretung kann iZw nicht GesForderungen an sich abtreten, auch nicht, wenn die Ges dadurch nur Vorteil hätte, RG **157**, 31, wohl aber Alleinvertreter A an B und zugleich Alleinvertreter B an A, Hbg BB **59**, 173. Wenn zwei Gftern mit Gesamtvertretung kann A den B ermächtigen (§ 125 II 2, s dort Rn 17), die Ges gegenüber ihm (A) zu vertreten, so BGH **64**, 75, BAG NJW **81**, 2374, nur iErg auch MüKo/K. Schmidt § 125 Rn 45, krit Reinicke NJW **75**, 1185, Klamroth BB **75**, 851, Plander DB **75**, 1493. Die Frage der Anwendbarkeit von § 181 BGB beim Abschluss des AlleinGfters mit sich als Vertreter der Ges (für GmbH & Co Anh § 177a Rn 39–40) stellt sich für OHG grundsätzlich nicht (keine EinpersonenGes; Sonderfall Vorerbschaft, § 131 Rn 17). Nachträgliche Genehmigung durch die Gfter ist möglich. Bei Nichtigkeit des Vertrags nach § 181 BGB Rückabwicklung nach §§ 812 ff BGB; Kenntnis des Insichgeschäfts ist Geschäftsleuten nicht

ohne weiteres zu unterstellen, Zweifel und Kennenmüssen steht iSv § 814 BGB (Ausschluss der Rückforderung) nicht gleich, BGH WM **73,** 295.

3) Beschränkbarkeit auf Zweigniederlassungen (III)

Vom Grundsatz der Unbeschränkbarkeit der Vertretungsmacht (II) macht III **10** unter Verweisung auf § 50 III (Filialprokura) eine Ausnahme für den Fall, dass die Ges mehrere Niederlassungen unter verschiedenen Firmen, auch nur durch Zusätze unterschieden (§ 50 III 2) betreibt. Die Vertretungsmacht von Gftern der OHG kann dann mit Wirkung gegen Dritte auf Handlungen im Betrieb einer dieser ZwNl beschränkt werden (III, entspr § 50 III für die Prokura).

4) Missbrauch der Vertretungsmacht

Die organschaftliche Vertretung nach §§ 125, 126 ist wie jede Vertretung **11** durch die Lehre vom Missbrauch der Vertretungsmacht begrenzt (§ 50 Rn 4–6). Das gilt ohne weiteres bei vorsätzlichem Zusammenwirken **(Kollusion)** des vertretenden Gfters (mit oder ohne Befugnisüberschreitung im Innenverhältnis) und des dritten Geschäftsgegners zum Nachteil der Ges. Die Vertretungsmacht entfällt aber auch (§§ 138, 826 BGB, nach aA § 177 ff BGB, s § 50 Rn 5), wenn der Dritte das missbräuchliche Verhalten des vertretenden Gfters **positiv kennt** oder **grob fahrlässig** (str) **nicht kennt**, hL. Grobe Fahrlässigkeit liegt bei evidentem Missbrauch vor, keine Nachforschungspflicht des Geschäftsgegners. Die Rspr stellt dagegen darauf ab, ob der vertretende Gfter bewusst zum Nachteil der Ges handelte und der Dritte dies erkannte oder bei Anwendung der im Verkehr erforderlichen Sorgfalt (§ 276 BGB) erkennen musste, vgl BGH **50,** 114 (betr Prokura, teils ausdrücklich auch für Vertretungsmacht des Gfters), gegenüber einfacher Fahrlässigkeit einschränkend die jüngere Rspr (§ 50 Rn 5): Untreue des Vertreters muss sich dem Dritten nach den Umständen geradezu aufdrängen. Verstärkt gilt der Missbrauchseinwand unter Gftern, falls hier nicht schon wie idR die Geschäftsführungsbefugnis fehlt (Nichtanwendung von II, s Rn 6); zB Anstellungs- und Pensionsvertrag des phG mit seinem Schwiegersohn, BAG GmbHR **78,** 272. Rechtsfolgen aus §§ 177–179 BGB, ggf ergänzt durch Verschulden bei Vertragsverhandlungen (§§ 280, 311 II BGB) iVm § 254 BGB, str (§ 50 Rn 6). Lit: Geßler FS von Caemmerer **78,** 531.

[Entziehung der Vertretungsmacht]

127 **Die Vertretungsmacht kann einem Gesellschafter auf Antrag der übrigen Gesellschafter durch gerichtliche Entscheidung entzogen werden, wenn ein wichtiger Grund vorliegt; ein solcher Grund ist insbesondere grobe Pflichtverletzung oder Unfähigkeit zur ordnungsgemäßen Vertretung der Gesellschaft.**

Übersicht

1) Entziehung der Vertretungsmacht aus wichtigem Grund 1–7
   A. Parallelität zur Entziehung der Geschäftsführung 1
   B. Anwendungsbereich 2
   C. Gegenstand der Entziehung 5
   D. Wichtiger Grund 6
2) Klage auf Entziehung 8
3) Wirkung der Entziehung 9, 10
   A. Gegenüber dem beklagten Gesellschafter 9
   B. Gegenüber Dritten 10
4) Abweichende Vereinbarungen 11
   A. Erschwerung 11
   B. Erleichterung 12

§ 127 1–7   II. Buch. Handelsgesellschaften und stille Gesellschaft

1) Entziehung der Vertretungsmacht aus wichtigem Grund

1   A. **Parallelität zur Entziehung der Geschäftsführung:** Die Entziehung der Vertretungsmacht ist aus entsprechenden Gründen und im gleichen Verfahren wie die der Geschäftsführung möglich, § 127 entspricht weitestgehend § 117, auf die Kommentierung dort wird **verwiesen**. Beide Entziehungen werden idR miteinander verbunden (s Rn 6).

2   B. **Anwendungsbereich:** Entziehung der Vertretungsmacht auch des **einzigen vertretungsberechtigten Gesellschafters der OHG** ist möglich, sie schafft ohne weiteres Gesamtvertretung aller Gfter, RG **74**, 299, BGH **33**, 108, **41**, 368 (§ 125 Rn 5), doch sollte das Entziehungs-Urteil dies der Klarheit halber aussprechen. Während des Prozesses ist ebenso wie im Ausschließungsprozess gegen den einzigen Vertretenden Vertretung durch Dritten möglich (§ 125 Rn 8).

3   **Nicht** möglich ist nach der Rspr die Entziehung der Vertretungsmacht ggü dem einzigen **Komplementär** (phG) der **KG,** ihm kann nur die Geschäftsführungsbefugnis entzogen werden (§ 117 Rn 1), BGH **41**, 369, **51**, 200. Grund: sonst gäbe es keine (organschaftliche) Vertretung der Ges; die Kdtisten können statt nach § 127 nach §§ 133, 140 vorgehen; nach besserer aA ist Entziehung möglich mit der Folge der Auflösung und Vertretung durch alle Gfter als Liquidatoren (§§ 133, 146 I 1), aber der Möglichkeit eines Fortsetzungsbeschlusses mit neuem Vertreter, MüKo/K. Schmidt 7, Wiedemann JZ **69**, 471. Der **Kommanditist,** dem abw von § 170 vertretungsberechtigt ist, hat keine organschaftliche Vertretungsmacht (aber Sonderrecht als Gfter), die Gestaltungsklage nach § 127 ist deshalb weder nötig noch möglich (§ 170 Rn 4). Ebensowenig fallen vertretungsberechtigte **Dritte** unter § 127 (wie § 117 Rn 2), zB Prokurist, auch bei gemischter Gesamtprokura gilt für ihn nur § 52 I. Bei der **Publikumsgesellschaft** gilt zwingend Entziehungsmöglichkeit durch Beschluss mit einfacher Mehrheit, ohne weiteres bei Zulässigkeit von Mehrheitsbeschlüssen, aber auch ohne diese (Anh § 177 a Rn 72, 74).

4   **Niederlegung** der Vertretungsmacht ist in § 127 ebenso wenig geregelt wie die der Geschäftsführung in § 117. Eine eigentliche Niederlegung (aus wichtigem Grund) wie durch GmbHGeschäftsführer, BGH **78**, 82, NJW **78**, 1435, ist zwar nicht möglich, aA § 712 II BGB analog Heymann/Emmerich 10: Aber die Kündigung der Geschäftsführung bei wichtigem Grund (§ 105 II HGB, § 712 II BGB) führt auch zum Erlöschen der Vertretungsmacht (§ 168 S 1 BGB), K. Schmidt DB **88**, 2241; zu deren Voraussetzungen s § 117 Rn 19. Eintragung im HdlReg und Wirkung gegen Dritte s Rn 10.

5   C. **Gegenstand der Entziehung:** Jede Art von Vertretungsmacht des Gfter (Einzel-, Gesamt-, gesetzliche und vertragliche Vertretungsmacht), kann nach § 127 entzogen werden. **Nicht** Prokura bei der gemischten Gesamtvertretung (s Rn 3); Ermächtigung nach § 125 II 2 (§ 125 Rn 17).

6   D. **Wichtiger Grund:** Zur Entziehung bedarf es eines wichtigen Grundes (§ 127, s § 117 Rn 4). Wichtiger Grund zur Entziehung der Geschäftsführung ist idR auch notwendig und ausreichend zur Entziehung der Vertretung, doch muss das nicht so sein. Die auch hier notwendige Abwägung der Belange aller Beteiligten kann eine unterschiedliche Behandlung rechtfertigen.

7   **Verhältnismäßigkeit:** Beschränkung der Vertretungsmacht statt Entziehung setzt voraus, dass das Gesetz eine (mit Wirkung gegen Dritte) beschränkte Vertretungsmacht kennt (vor allem echte oder unechte Gesamtvertretung nach § 125 II, III; auch Beschränkung auf ZwNl nach § 126 III; auch zeitlich). Nur Beschränkung ist zulässig, wenn sie nach den Umständen genügt und dem

1. Abschnitt. Offene Handelsgesellschaft   § 128

Beklagten zumutbar ist, str (wie § 117 Rn 5). Teilentziehung setzt einen entsprechenden Antrag voraus, str (§ 117 Rn 5).

2) Klage auf Entziehung

Klage der übrigen Gesellschafter, Mitwirkungspflicht und **Verfahren** 8
wie bei Entziehung der Geschäftsführung s § 117 Rn 6–8. **Verbindung** der
Klagen auf Entziehung der Geschäftsführung und der Vertretungsmacht ist zulässig und praktisch häufig. Der Antrag auf Entziehung der „Geschäftsführungsbefugnis" kann als Antrag auf Entziehung beider Rechte auszulegen sein, BGH **51,**
199. Das (Gestaltungs)Urteil zu beiden Klagen kann unterschiedlich ausfallen
(s Rn 6). **Einstweilige Verfügung** (§§ 935, 940 ZPO) nicht nur auf Entziehung, sondern auch Bestellung eines Dritten zum Vertreter, BGH **33,** 107 (§ 117
Rn 7).

3) Wirkung der Entziehung

A. **Gegenüber dem beklagten Gesellschafter:** Die Vertretungsmacht er- 9
lischt oder wird beschränkt erst mit Rechtskraft des entziehenden (Gestaltungs)Urteils (§ 117 Rn 9) oder Zustellung der einstweiligen Verfügung
(s Rn 8). Entziehung der Vertretungsmacht eines **Gesamtvertreters** (§ 125 II,
III) vernichtet auch die des (der) anderen, wenn nicht die (mehreren) anderen
ohnehin miteinander ohne ersteren vertretungsberechtigt sind.

B. **Gegenüber Dritten:** Die Entziehung ist von allen übrigen Gftern (also 10
ohne den Beklagten) im **Handelsregister** anzumelden (§§ 125 IV, 16). Bei
Entziehung ohne Prozess auf Grund des Vertrags und bei Niederlegung müssen
alle, auch der Betroffene, anmelden (§ 125 IV), notfalls erst nach seiner Verurteilung zur Mitwirkung. Wirkung gegen Dritte s § 15.

4) Abweichende Vereinbarungen

A. **Erschwerung:** § 127 ist partiell zwingend. Der GesVertrag kann die 11
Entziehung als wichtigen Grund nicht völlig ausschließen, BGH NJW **98,**
1226, MüKo/K. Schmidt 9; aA früher hL, da Ausschließung des Gfters und
Auflösung der Ges möglich bleiben, aber das schränkt die übrigen Gfter unzumutbar ein. Einengende Umschreibung der Entziehungsgründe und verfahrensmäßige Anforderungen sind zulässig, Entziehung aus wichtigem Grund muss
aber möglich bleiben (wegen der Außenwirkung von § 127 tendenziell strengere
Anforderungen als unter § 117, s dort Rn 11).

B. **Erleichterung:** Der GesVertrag kann die Entziehung auch erleichtern, 12
materiell und verfahrensmäßig (wie § 117 Rn 12), BGH NJW **98,** 1226, zB
Entziehung auch ohne wichtigen Grund und Entziehung durch GfterBeschluss
mit einfacher Mehrheit (so schon von Rechts wegen bei der PublikumsGes,
s Rn 3), aber nur mit gerichtlicher Nachprüfungsmöglichkeit. Der GesVertrag
kann aber nicht die Anmeldung zum HdlReg (s Rn 10) erleichtern, zB durch
Prozessbevollmächtigten der Kläger.

[Persönliche Haftung der Gesellschafter]

128
[1] **Die Gesellschafter haften für die Verbindlichkeiten der Gesellschaft den Gläubigern als Gesamtschuldner persönlich.** [2] **Eine entgegenstehende Vereinbarung ist Dritten gegenüber unwirksam.**

Schrifttum

Kornblum 1972. – *Flume* FS Knur **72,** 125, FS Reinhardt **72,** 223, FS Westermann
74, 119 (= I 1 § 16 II, III, IV). – *Hadding* ZGR **81,** 577. – *Wiedemann* WM
Sonderbeil 4/**75.** – *Beuthien* DB **75,** 725, 773.

Übersicht

1) Art und Voraussetzungen der Haftung nach § 128 1–7
   A. Art der Haftung nach § 128 1
   B. Gesellschaftsverbindlichkeit 2
   C. Gesellschaftereigenschaft 3
   D. Dauer der Haftung 4
   E. Rechtsscheinhaftung 5
   F. Sonstige Haftungstatbestände 6
2) Inhalt der Haftung, Gesamtschuld 8–18
   A. Theorienstreit 8
   B. Auslegung und Interessenabwägung 9
   C. Umgehung, Durchgriff 12
   D. Konsequenzen für Prozess und Vollstreckung 13
3) Gesamtschuldfrage 19–21
   A. Keine Gesamtschuld zwischen Gesellschaft und Gesellschafter 19
   B. Die Gesellschafter als Gesamtschuldner 21
4) Haftung aus § 128 gegenüber Mitgesellschaftern 22–24
   A. Aus dem Gesellschaftsverhältnis (Sozialverbindlichkeit) 22
   B. Aus Drittgeschäft (Drittgläubigerforderung) 24
5) Erstattungsansprüche (Haftungsregress) 25–27
   A. Regress gegen die Gesellschaft 25
   B. Regress gegen die Mitgesellschafter 27
6) Haftung ausgeschiedener Gesellschafter 28–36
   A. Forthaftung nach Ausscheiden 28
   B. Haftung nur für Altschulden 29
   C. Haftungseinschränkungen 31
   D. Verzicht und Verwirkung 35
   E. Gesamtschuld 36
7) Abweichende Vereinbarungen (Satz 2) 37, 38
   A. Vereinbarungen der Gesellschafter untereinander 37
   B. Vereinbarungen mit dem Gläubiger 38
8) Prozess gegen Gesellschaft und Gesellschafter 39–44
   A. Gesellschafts- und Gesellschafterprozess 39
   B. Schiedsvereinbarung der OHG 40
   C. Einzelprobleme 41
   D. Urteilswirkung 43
9) Die Gesellschafter in Zwangsvollstreckung und Insolvenz 45–47
   A. Zwangsvollstreckung gegen Gesellschafter 45
   B. Auswirkungen der Gesellschaftsinsolvenz auf die Gesellschafter 46
   C. Gesellschafterinsolvenz 47

1) Art und Voraussetzungen der Haftung nach § 128

1   A. **Art der Haftung nach § 128:** Die **OHG** ist selbstständiger Träger von Rechten und Pflichten (§ 124 Rn 2). Für die Verbindlichkeiten der OHG haften außer ihr selbst nach § 124 auch die Gfter als Gesamtschuldner persönlich nach § 128 S 1. Das ist für die OHG rechtlich ein konstitutives Merkmal (§ 105 Rn 9) und im HdlVerkehr **Grundlage ihres Kredits**. §§ 128–130 gelten für die **KG** nicht nur für phG, sondern auch für die Kdtisten, aber mit den Einschränkungen nach §§ 171–176. Bei der **GbR** gilt § 128 analog, MüKoBGB/Ulmer/Schäfer § 714 Rn 36, MüKo/K. Schmidt 4, Mülbert AcP 199 **(99)** 90, aA früher hL, sehr str (Einl 14 vor § 105). Die Haftung der Gfter ist zu der der Ges **akzessorisch** (s Rn 8), wie auch aus § 129 folgt, also ist zB kein Erlass der GesSchuld unter Aufrechterhaltung der GfterHaftung möglich (§ 129 Rn 3). Das hat Konsequenzen für die Frage der Gesamtschuld zwischen Ges und Gfter (s Rn 19). Die Gfter der OHG haften **persönlich** (also mit ihrem gesamten Vermögen), **unbeschränkt** (anders als der Kdtist, § 171 I), **unmittelbar** (nicht bloße Nachschusspflicht gegenüber der Ges), **primär** (anders als der nicht selbstschuldneri-

1. Abschnitt. Offene Handelsgesellschaft 2–7 § 128

sche Bürge nach § 771 BGB) und auf das **Ganze** (aber Innenausgleich). Sie haften untereinander **als Gesamtschuldner** (s Rn 21).

B. **Gesellschaftsverbindlichkeit:** § 128 gilt für alle Verbindlichkeiten einer 2 OHG oder KG (bloßer Rechtsschein einer solchen s Rn 5), gleich aus welchem **Rechtsgrund**, zB aus Vertrag, ungerechtfertigter Bereicherung, Delikt, BGH NJW **07**, 2492, Gefährdungshaftung, arbeitsrechtlichen Pensionszusagen, BGH **87**, 288, sonstigem privaten oder öffentlichen Recht, etwa Steuerschulden; aA für Delikt (§ 31 BGB) Altmeppen NJW **96**, 1017. § 128 gilt grundsätzlich für GesVerbindlichkeiten gleich mit welchem **Inhalt**; nur der Inhalt der Haftung der Gfter ist je nachdem unterschiedlich (s Rn 8). Auch Verbindlichkeiten der Ges gegenüber Gftern können unter § 128 fallen, die Gfter können also aus § 128 **auch gegenüber Mitgesellschaftern** haften, aber das gilt nur für Drittgläubigerforderungen, nicht für Sozialverbindlichkeiten der Ges (s Rn 22–24). Ein Gfter kann gegen den anderen auf **Feststellung** klagen, dass die Verbindlichkeit eine solche der Ges ist, nicht des einen Gfters, BGH JZ **65**, 407.

C. **Gesellschaftereigenschaft:** Nach § 128 haften **alle Gesellschafter**, die 3 zurzeit der Entstehung der Verbindlichkeit der Ges angehören, auch nach ihrem späteren Ausscheiden (s Rn 28). Auch später in die Ges eintretende treten in die Haftung ein (§ 130). Bereits ausgeschiedene Gfter werden durch eine erst später entstehende Haftung nicht mehr berührt (aber §§ 15 I, 143). Rechtsscheingesellschafter s Rn 5.

D. **Dauer der Haftung:** Die Haftung dauert **während Bestehens der Gesellschaft** unverändert fort, verjährt auch nicht, der Gfter hat die Verjährungseinrede nur so wie die Ges (§ 129 I), also zB nicht, wenn die Ges auf sie verzichtete, auch nicht, wenn die Verjährung der GesSchuld durch Klage gegen sie gehemmt wurde, BGH **73**, 217. Nach **Auflösung** der Ges verjährt sie für alle Gfter (§ 159), nach **Ausscheiden** eines Gfters für diesen (s Rn 28; § 160).

E. **Rechtsscheinhaftung: a) Rechtsschein einer OHG oder KG:** Liegen 5 die Voraussetzungen des § 128, insbesondere Bestehen einer OHG oder KG (s Rn 1), nicht vor, kann bei dem Anschein, dass eine solche Ges besteht, unter bestimmten Voraussetzungen (§ 5 Rn 9 ff) eine Rechtsscheinhaftung mit der Wirkung des § 128 bestehen, BGH NJW **07**, 2492.

b) Scheingesellschafter: Dasselbe gilt beim Anschein, dass jemand Gfter der OHG oder KG ist (§ 5 Rn 9 ff), BGH **17**, 13, BB **70**, 684, NJW **72**, 1418, Hamm MDR **65**, 580. Ausgeschiedene Gfter s Rn 3.

c) Scheingesellschafter einer Scheingesellschaft: Beide Rechtsscheintatbestände können zusammenkommen, BGH **17**, 13.

F. **Sonstige Haftungstatbestände:** Neben der (beim Kdtisten gemäß 6 §§ 161 ff beschränkten) Haftung nach §§ 128–130 kommt (unbeschränkte) Haftung des Gfters (auch Kdtisten) aus sonstigen Haftungstatbeständen in Betracht, zB Verletzung der **Insolvenzantragspflicht** (§§ 130 a, 130 b), **Verschulden bei Vertragsverhandlungen** (§§ 280, 311 II, III BGB), so des Geschäftsführers bei Insolvenzverschleppung (§ 130 a Rn 6), oder wenn der Gfter eigene Aufklärungspflichten gegenüber einem Gläubiger verletzt (§ 347 Rn 8 ff; vgl für den GmbHGeschäftsführer Anh § 177 a Rn 44), oder **§ 826 BGB**, wenn der Gfter sittenwidrig und vorsätzlich schädigend die Verletzung von Verpflichtungen der Ges veranlasst. Diese Haftungstatbestände sind vor allem bei den nur beschränkt haftenden Kdtisten bedeutsam.

Gesellschafterbürgschaft: Die nach § 128 persönlich haftenden Gfter kön- 7 nen sich **außerdem** für GesSchulden **verbürgen**. Eine Bürgschaft, die der Bürge vor Eintritt in die Ges übernommen hat, bleibt neben der Haftung aus § 130 bestehen, BGH NJW **86**, 2308. Formlose Verbürgung von organschaftlichen Vertretern der OHG s § 105 Rn 22. Die GfterBürgen haften aus der Bürgschaft

§ 128 8–10 II. Buch. Handelsgesellschaften und stille Gesellschaft

ohne die Verjährung bzw zeitliche Begrenzung der Haftung nach §§ 159, 160 und ohne Befreiung durch Bestätigung des Insolvenzplans (§ 254 II 1 InsO). Verbürgen sich ein phG und ein dritter Bürge, so hat der aus der Bürgschaft in Anspruch genommene Gfter iZw keinen Rückgriff gegen den Dritten (sondern umgekehrt), BGH **LM** § 774 BGB Nr 3. Lit: MüKo/K. Schmidt 95.

2) Inhalt der Haftung

8   A. **Theorienstreit:** Nach älterer Auffassung sind GesSchuld und GfterHaftung, da die Ges nicht als Rechtsperson verstanden wurde, im Grunde eins, das Nebeneinander der §§ 124, 128 zeigt dann nur die Möglichkeit des Zugriffs auf mehrere Vermögensmassen. Derartige Identitätsvorstellungen sind heute überholt. Die OHG ist eine selbstständige Trägerin von Rechten und Pflichten (§ 124 Rn 2). Die Gfter haften für fremde Schuld (**Akzessorietät,** s Rn 1), hL, BGH **74,** 242. Die Wahl zwischen der **Erfüllungstheorie** (die Gfter schulden grundsätzlich wie die Ges in natura) und der **Haftungstheorie** (sie müssen nur dafür einstehen) ist damit nicht entschieden, doch entspricht die Erfüllungstheorie als Ausgangspunkt der Funktion des § 128 (Kreditwürdigkeit der Ges, Gläubigerschutz, s Rn 1) besser, iErg auch K. Schmidt § 49 III 1. Konkrete Ergebnisse lassen sich aber weder aus der einen noch der anderen Theorie deduzieren. Lit: Flume FS Knur **72,** 125 u FS Reinhardt **72,** 223, Kühne ZHR 133 (**70**) 149, Hadding ZGR **73,** 144, **81,** 577.

9   B. **Auslegung und Interessenabwägung: a) Grundlinien:** Die Entscheidung, welchen Inhalt die Haftung der Gfter nach § 128 hat, wird heute überwiegend nicht mehr von der einen oder anderen Theorie abhängig gemacht. Vielmehr kommt es zunächst auf die Auslegung des jeweiligen Vertrags zwischen der Ges und dem GesGläubiger an, im Übrigen hat eine Interessenabwägung stattzufinden. Bei der Auslegung kann eine Rolle spielen, ob danach eine **Pflicht der Gesellschaft** besteht, **für die Leistung durch ihre Gesellschafter** an den Gläubiger **zu sorgen,** BGH **23,** 306, BB **74,** 482, das spricht idR für einen unmittelbaren Erfüllungsanspruch des Gläubigers gegen diese Gfter, Grund: Vertragsauslegung, kein unzulässiger Schluss aus dem Innenverhältnis. Ein wichtiger Gesichtspunkt bei der Auslegung ist weiter die **Wahrung der gesellschaftsfreien Privatsphäre,** BGH **23,** 305. Der Gläubiger kann nicht ohne weiteres annehmen, dass diese tangiert werden soll, zumal der **Umfang der Vertretungsmacht** der Gfter die Einbeziehung dieser gesellschaftsfreien Privatsphäre grundsätzlich nicht deckt (§ 126 Rn 3), Heymann/Emmerich 22. **Geldschulden** sind danach unproblematisch, hier decken sich GesSchuld und GfterHaftung ohne weiteres. Bei **Schulden anderer Art** besteht ein unmittelbarer Erfüllungsanspruch außer gegen die Ges auch gegen den phG, wenn es auf die Person des Ausführenden nicht ankommt und die Erfüllung ihn in seiner gesellschaftsfreien Privatsphäre nicht wesentlich mehr als eine Geldleistung beeinträchtigt, BGH **73,** 221, NJW **87,** 2369. Haftung aus § 128 gegenüber MitGftern bei Sozialverbindlichkeiten und Drittgläubigerforderungen s Rn 22–24.

10 **b) Haftungsbeispiele aus der Rechtsprechung:** Klage auch gegen die geschäftsführenden Gfter (aber s Rn 15) bei Streit um Einsicht in die GesBücher, RG DR **44,** 246, BGH WM **55,** 1585; von Ges geschuldete Rechnungslegung, BGH **23,** 305; Gewinnauszahlung, RG **170,** 396, BGH WM **61,** 1075. Klage allgemeiner gegen Gfter (auch nicht geschäftsführende) bei von Ges geschuldeter Übereignung von GfterGrundstück, wenn der Gfter der Ges zur Übereignung verpflichtet ist (s Rn 9), vgl BGH **23,** 306 (anderer Fall); bei Verwahrung durch Ges auch gegen ausgeschiedenen Gfter, selbst wenn der verbliebene Gfter die Sache später unterschlagen hat, BGH **36,** 224, NJW **87,** 2369; bei von Ges geschuldeter Unterlassung von Wettbewerb nach Betriebsverkauf gleiche Pflicht der Gfter, BGH BB **74,** 482; bei von Ges geschuldeter Herausgabe einer Leasing-

1. Abschnitt. Offene Handelsgesellschaft **11–17 § 128**

sache Klage auch gegen ausgeschiedenen Gfter, BGH NJW **87**, 2367; bei Verletzung des GesVertrags durch GfterGes und deren phG (Unterlassungs-, Schadensersatzpflicht), BGH BB **73**, 1507.

Bei **KG** gilt für den phG dasselbe wie für die Gfter der OHG, BGH BB **74**, 11 482. Für Kdtisten besteht jedenfalls nach Erbringung der Hafteinlage keine Haftung, idR auch vorher nur bei Geldschuld und begrenzt durch die Hafteinlage. Anders in Ausnahmefällen, zB bei Kdtisten mit Stellung wie phG (§ 170 Rn 3); bei Zwischenschaltung einer KG (s Rn 12), BGH BB **74**, 482. Kdtisten einer kapitalistischen KG (Anh § 177 a Rn 10) haften uU auf Geldersatz, wenn bei Unterlassungsanspruch (s Rn 17) der Unterlassungswert ihre ausstehende Einlage übersteigt, dazu Kornblum BB **71**, 1434.

C. **Umgehung, Durchgriff:** Umgehungen sind wie immer nicht hinzuneh- 12 men, vgl BGH BB **74**, 482. Nur ausnahmsweise liegt ein Durchgriffsproblem (zur Durchgriffshaftung vgl § 172a Rn 40) vor, vgl dazu K. Schmidt § 49 III 2 c. Handeln alle Gfter einer Unterlassungspflicht der Ges zuwider, kann der GesGläubiger gegen sie vorgehen, RG **136**, 270, auch gegen eine von ihnen gebildete **weitere Gesellschaft**, zB bei Kiesgrubenpacht mit Sperrbezirksklausel, BGH **59**, 67, bei Wettbewerbsverbot nach Betriebsverkauf, BB **74**, 482, auch wenn in die Ges ein weiterer Gfter aufgenommen worden ist, jedenfalls wenn dieser nicht geschäftsführend ist, BGH WM **75**, 777.

D. **Konsequenzen für Prozess und Vollstreckung: a) Geldschulden:** Der 13 Gläubiger kann auch gegen den Gfter (§ 128) Zahlungsklage erheben, allgM. Vollstreckung nach §§ 803 ff ZPO.

b) Sachschulden: Schuldet der Gfter der Ges Lieferung oder Herausgabe 14 **vertretbarer** Sachen, wie sie Ges dem Gläubiger schuldet, hat der Gläubiger gegen den Gfter die Leistungsklage, BGH **73**, 221, NJW **87**, 2369. Vollstreckung nach §§ 883, 884 ZPO, wenn die Sache beim Gfter vorgefunden wird, sonst Schadensersatz nach § 281 BGB. Bei Verbindlichkeiten zur Lieferung oder Herausgabe **nicht vertretbarer** Sachen ebenfalls Leistungsklage. Vollstreckung ggf nach §§ 883, 885 ZPO; Übereignung, insbesondere Auflassung, s Rn 18.

c) Handlungen (Tun): Schuldet die Ges eine **vertretbare Handlung** (zB 15 Beförderung, sonstige unpersönliche Werkleistung, Instandsetzung vermieteter Sachen, Baumängelbeseitigung) und ist der Gfter zu solcher Leistung für die Ges verpflichtet, hat der Gläubiger gegen den Gfter die Leistungsklage. Vollstreckung nach § 887 ZPO. Bei Verbindlichkeit zu **unvertretbarer Handlung** (zB Rechnungslegung, Auskunft, Zeugnisserteilung, Mitteilung von Kenntnissen und Erfahrungen, technische Spezialleistungen, Prüfungen) nach der Rspr ebenfalls Leistungsklage auch gegen den betreffenden Gfter, aA zutr K. Schmidt § 49 III 2 b, Grund: Handeln nur als Organ, nicht persönlich. Vollstreckung nach § 888 ZPO.

d) Duldungen und Unterlassungen: Bei Verbindlichkeit der Ges zur Dul- 16 dung (zB Einwirkung auf ein Grundstück, Befriedigung aus Pfand oder zurückbehaltener Sache nach § 371) kommt es darauf an, ob der Gfter in der Lage ist, Widerstand gegen die Handlung zu leisten (zB ob er die Sache besitzt, ihr Eigentümer ist oder Herausgabeanspruch hat), und auch persönlich duldungspflichtig ist (zB weil er das ihm gehörende Grundstück der Ges zur Verfügung nach Maßgabe ihrer Verpflichtungen halten muss). Dann Duldungsklage, Vollstreckung nach § 890 ZPO; anderer Gfter haften nur auf Geldersatz.

Bei Verbindlichkeit der Ges zur Unterlassung (zB von Wettbewerb, Bspe: 17 § 165 Rn 3) kommt es darauf an, ob die verbotene Handlung nur im HdlGeschäft der Ges zu unterbleiben hat (wie Rechnungslegung, s Rn 10). Wenn ja, kann der Gläubiger nach der Rspr (aber s Rn 15) unmittelbar gegen den geschäftsführenden Gfter auf Unterlassung klagen, gegen andere Gfter auf Geldersatz. Hat die Handlung auch außerhalb des GesHdlGeschäfts unterbleiben, zB in GfterHdlGeschäft (s Rn 12), kann der Gläubiger nach der Rspr (s Rn 12) unmittelbar gegen jeden Gfter auf Unterlassung klagen, der der Ges zur Unterlassung verpflichtet ist, zB nicht bei einem von der Ges genehmigtem Konkurrenzgeschäft, iErg wohl auch MüKo/K. Schmidt 29, allerdings nicht aus § 128, sondern aus eigener Primärschuld des Gfters, zB § 1 UWG oder Durchgriffshaftung. Vollstreckung nach § 890 ZPO; andere Gfter haften auf Geldersatz.

18 **e) Abgabe einer Willenserklärung:** Auf Abgabe einer Willenserklärung namens der Ges kann kein Gfter, auch nicht ein vertretender, persönlich in Anspruch genommen werden. Die Verurteilung der Ges ersetzt die verweigerte Erklärung (§ 894 ZPO), die Inanspruchnahme des (vertretenden) Gfters fügt nichts hinzu, BGH WM **83,** 221, NJW **08,** 1378 (GbR). Etwas anderes gilt, wenn die Erklärung zur Ausführung einer Leistung gehört, welche die Ges schuldet, die aber nach Lage des Falles der Gfter erbringen kann, zB Auflassung eines von der Ges verkauften, dem Gfter persönlich gehörenden Grundstücks. Hier Klage gegen den Gfter mit der Wirkung des § 894 ZPO (wegen der Herausgabe s Rn 15). Sonst nur Haftung des Gfters auf Geldersatz.

3) Gesamtschuldfrage

19 A. **Keine Gesamtschuld zwischen Gesellschaft und Gesellschafter:** Zwischen Ges und Gftern liegt keine echte Gesamtschuld iSv §§ 421 ff BGB vor, vielmehr ist **jeweils zu prüfen,** ob der Rechtsgedanke der §§ 422 ff BGB anwendbar ist, BGH **47,** 378, **104,** 78. Nur ausnahmsweise folgt das unmittelbar aus Gesetz, zB für Prozesskostenschuld der zusammen verurteilten Ges und Gfter (§ 100 IV ZPO), Karlsr NJW **73,** 1202. Auch zwischen Ges und ausgeschiedenem Gfter besteht keine Gesamtschuld, aber teilweise unterschiedliche Ergebnisse (s Rn 36).

20 Das bedeutet im Einzelnen: Anwendbar sind § 422 BGB (Erfüllung), § 424 BGB (Wirkung des Gläubigerverzugs), also Wirkung bei Ges wirkt sich jeweils bei Gfter aus. **Nicht** anwendbar sind, also Wirkung bei Ges wirkt sich auch bei Gfter aus: § 423 BGB (Erlass, § 129 Rn 3), BGH **47,** 379, Grund: Gfter würde sonst seine Rechte aus § 129 verlieren; § 425 BGB (zB Kündigung, Verzug, Unmöglichkeit, Verjährung), BGH **36,** 224, **48,** 204, **73,** 224, Grund: Auseinanderentwicklung der Ges- und der GfterHaftung widerspräche der Akzessorietät; Neubeginn der Verjährung, Hemmung und Ablaufhemmung s § 129 Rn 2; Rechtskrafterstreckung s 129 Rn 6; § 426 BGB (s Rn 25).

21 B. **Die Gesellschafter als Gesamtschuldner:** Die mehreren nach § 128 haftenden Gfter sind Gesamtschuldner iSv § 421 ff BGB. Der Gläubiger hat also die Wahl nach § 421 BGB. Nimmt der Gläubiger eine Leistung des einen Gfters an Erfüllungs Statt an, wird auch der MitGfter frei (§ 422 I BGB), BGH BB **72,** 1113; auch sonst gilt § 422 BGB. Erlass nur der Schuld des einen unter Vorbehalt der des anderen Gfters ist möglich (§ 423 BGB; anders bei Erlass der GesSchuld, s Rn 20), aber dieser kann beim ersteren Regress nehmen (§ 426 BGB), BGH NJW **86,** 1098 (GmbH) u Hamm NJW-RR **88,** 1174 (Gesamtschuld) mit jeweils unterschiedlichem Erlassinhalt. Gläubigerverzug des einen wirkt zugunsten des anderen Gfters (§ 424 BGB). Andere Tatsachen als nach §§ 422–424 BGB wirken nicht auch für und gegen den anderen Gfter, zB Verjährungshemmung (§ 425 II BGB; anders betr GesSchuld, s Rn 20). Bei Begleichung eines GesSchuld hat der Gfter Ausgleichsansprüche nach §§ 426 I, II BGB gegen seine MitGfter (s Rn 27).

4) Haftung aus § 128 gegenüber Mitgesellschaftern

22 A. **Aus dem Gesellschaftsverhältnis (Sozialverbindlichkeit):** Für Forderungen eines Gfters gegen die Ges aus dem Gesellschaftsverhältnis (zB auf Aufwendungsersatz, Geschäftsführervergütung, Gewinn; Sozialverbindlichkeiten,

§ 109 Rn 32) **haften** während Bestehens der Ges die **Mitgesellschafter nicht nach § 128** (§ 110 Rn 5); Grund: sie würden sonst wirtschaftlich entgegen § 707 BGB (§ 109 Rn 12) zu Nachschüssen in die Ges genötigt, BGH **37,** 201. Davon wird eine **Ausnahme** für Erstattungsansprüche nach **Bezahlung einer Gesellschaftsschuld** gemacht (s Rn 25). Bei GesSchulden anderer Art als Geldschulden kann der Gfter außer der Ges uU auch die MitGfter persönlich auf Erfüllung in Anspruch nehmen (s Rn 14 ff).

Einem **ausgeschiedenen** Gfter haften für Ansprüche an die Ges die anderen 23 Gfter wie einem Dritten, zB für seine Abfindung (§ 131 Rn 48), BGH **148,** 206. Zur Lage nach Auflösung s § 145 Rn 6.

B. **Aus Drittgeschäft (Drittgläubigerforderung):** Der Gfter kann für eine 24 Forderung gegen die Ges aus anderem Rechtsgrund als dem GesVerhältnis (Drittgeschäft, § 124 Rn 52) auch die MitGfter nach § 128 in Anspruch nehmen, RG **153,** 307 (Darlehen), BGH **LM** § 138 Nr 7 (stille Beteiligung), **aber** bei Geldforderungen mit **Abzug** mindestens des seinem eigenen **Verlustanteil** (§§ 120 I, 121 III, s § 121 Rn 7) entspr Forderungsteils (§ 124 Rn 55), RG **153,** 310, auch eines entsprechenden Teils vom Anteil eines mit Sicherheit zahlungsunfähigen anderen MitGfters; aA Altmeppen NJW **09,** 2241. Bsp: A, B, C haben gleiche Verlustbeteiligung, A hat EUR 9000 zu fordern, C ist zahlungsunfähig, A kann von B EUR 9000−3000−1500 = EUR 4500 fordern. Der Abzug des Verlustanteils trifft auch einen dritten Zessionar (§ 404 BGB), BGH NJW **83,** 749 m Anm Walter JZ **83,** 260. Der in Anspruch genommene Gfter hat die Einwendungen der Ges (§ 129 I), zB den Einwand mangelnder Rücksichtnahme auf das GesInteresse (§ 124 Rn 54). Auch die Treue- und Rücksichtspflicht gegenüber den MitGftern (§ 109 Rn 23, 25) kann Grenzen setzen, so muss sich der Gfter iZw **erst** an **die Gesellschaft** halten, hL, aA Prediger BB **71,** 246. Die Inanspruchnahme der Gfter kann auch durch (stillschweigende) Vereinbarung ausgeschlossen oder beschränkt sein (s Rn 38), RG **153,** 314, JW **37,** 1986. Mehrere MitGfter haften als Gesamtschuldner, str. Zur Lage nach Ausscheiden s Rn 28; nach Auflösung s § 145 Rn 6.

5) Erstattungsansprüche (Haftungsregress)

A. **Regress gegen die Gesellschaft:** Der Gfter, der nach § 128 an einen 25 GesGläubiger geleistet hat, kann von der Ges nach § 110 Ersatz fordern (§ 110 Rn 10), ein ausgeschiedener Gfter nach § 670 BGB (§ 110 Rn 2). Im Verhältnis zur Ges besteht keine Gesamtschuld iSv §§ 421 ff BGB (s Rn 19), daher kein Forderungsübergang und kein Übergang von Sicherungsrechten vom befriedigten Gläubiger auf den Gfter (vgl §§ 426 II, 412, 401 BGB), BGH **39,** 323; dies ohne Unterschied ob Ges, andere Gfter oder Dritte die Sicherheit stellten. Forderungs- und Sicherheitenübergang entspr § 426 II BGB dagegen auf den ausgeschiedenen Gfter, BGH **39,** 325, aA § 774 I 1 BGB analog Preuß ZHR 160 (**96**) 174. Der zahlende Gfter hat auch Zugriff auf bei Dritten befindliches GesVermögen, BGH WM **86,** 906. Rückgriff des Gfters, der von der Ges ausgestellten Wechsel einlöste, ohne Rechtsnachfolge iSv §§ 265, 727 ZPO, Hbg MDR **68,** 1014, str.

Bei drohender Inanspruchnahme durch Gläubiger braucht der Gfter nicht erst 26 zu zahlen und dann Regress zu nehmen, sondern hat bereits einen **Freistellungsanspruch** gegen die Ges entspr § 257 BGB, LG Hagen BB **76,** 763.

B. **Regress gegen die Mitgesellschafter:** Der Gfter, der eine GesSchuld 27 begleicht (§ 128; auch der Kdtist, der dies freiwillig tut, BGH ZIP **02,** 394), hat gegen seine MitGfter Ausgleichsansprüche nach § 426 I BGB, BGH WM **79,** 1282, ZIP **07,** 2313; Forderungsübergang schon nach §§ 412, 401 als Folge des Übergangs der Hauptforderung, Staub/Habersack 48, nach üL § 426 II BGB, nach aA § 774 I 1 BGB analog, aA (kein Forderungsübergang) Harrer GesRZ

08, 266. Die MitGfter haften alsbald, subsidiär, pro rata, BGH **37,** 302, **103,** 76, ZIP **02,** 394 (ganz anders bei Drittgläubigerforderung der Gfter: alsbald, nicht strikt subsidiär, nicht nur pro rata, s Rn 24). Die Ausgleichspflicht der MitGfter gründet auf der auch sie treffenden Haftung nach § 128, verteilt nur deren Folgen, bedeutet also nicht Nachschusszwang im Widerspruch zu § 707 BGB, BGH **37,** 302. Freistellungsanspruch, BGH ZIP **07,** 2313.

a) Haftung alsbald: Die MitGfter haften nicht wie im Regelfall des § 110 (s dort Rn 5) erst nach Auflösung oder Ausscheiden, sondern alsbald. Im Liquidationsstadium gelten Sonderregeln (Lähmung, § 145 Rn 6).

b) Subsidiär: Der Gfter muss jedoch zuerst von der Ges Erstattung suchen. Diese darf ihn nicht auf eine bestrittene Forderung (der Ges) gegen MitGfter verweisen. Die subsidiäre Haftung der MitGfter greift nicht erst bei Aussichtslosigkeit der Zwangsvollstreckung in das GesVermögen ein, sondern schon wenn die Ges keine freiverfügbaren Mittel hat, BGH NJW **80,** 340.

c) Pro rata: Ausgleich im Innenverhältnis nur pro rata in Höhe der jeweiligen Verlustbeteiligung, mehrere MitGfter haften also nicht als Gesamtschuldner, BGH **103,** 76, ZIP **07,** 2313; anders wenn die gesamtschuldnerische Haftung auf dem schuldhaften Verhalten eines der Gfter beruht (Gedanke des § 254 BGB), BGH ZIP **08,** 1915.

d) Die Ansprüche des § 426 I BGB und aus übergegangener Forderung sind selbstständig (Verjährung, Einwendungen), aber zweckverbunden (gemeinsames Erlöschen, keine gesonderte Abtretung, Übergang nach § 401 BGB entspr). Zur Inanspruchnahme eines durch Anteilsabtretung ausgeschiedenen Gfters BGH NJW **81,** 1095. Lit: Prediger BB **70,** 868, Hadding FS Stimpel **85,** 139 (nach Ausscheiden), WM **88,** 1585 (GbR), Habersack AcP 198 **(98)** 152, Drygala FS Raiser **05,** 63 (Konzern), Faust FS K. Schmidt **09,** 357.

6) Haftung ausgeschiedener Gesellschafter

28 A. **Forthaftung nach Ausscheiden:** Das Ausscheiden des Gfters beseitigt seine Haftung nicht (s Rn 3). Das bestätigen auch § 159 über die Verjährung bei Auflösung der OHG und § 160 über die Nachhaftungsbegrenzung bei Ausscheiden. Der ausgeschiedene Gfter bleibt auch haftbar, wenn nach seinem Ausscheiden die Ges aufgelöst wird und ein Gfter das HdlGeschäft (mit Aktiven und Passiven) übernimmt (§ 140 Rn 25, § 145 Rn 11), BGH **48,** 205, **50,** 237.

29 B. **Haftung nur für Altschulden: a) Grundsatz:** Die Haftung gilt für alle Altschulden, nicht für Neuschulden aus der Zeit nach dem Ausscheiden (§§ 15 I, 143, s Rn 3). Altschulden sind grundsätzlich auch Verpflichtungen, deren **Rechtsgrund noch vor dem Ausscheiden gelegt** ist, auch wenn weitere Voraussetzungen ihres Entstehens erst später erfüllt werden, stRspr, BGH **55,** 269, **142,** 329, NJW **86,** 1690, BAG NJW **04,** 3287, Hamm NZG **08,** 101.

30 **b) Einzelfälle:** Verbindlichkeit aus einem vorher geschlossenen und erst später erfüllten Werkvertrag, BGH **55,** 269; Haftung auf Ersatz von vorher begründeten, erst später getätigten Aufwendungen (Grundschuld wird vom Dritten für GesSchuld vorher bestellt und erst später ausgelöst), BGH NJW **86,** 1690; für Vertragsverletzung durch die Ges auch erst nach seinem Ausscheiden, BGH **36,** 226 (Wertpapierverwahrung vor Ausscheiden, schuldhafte Auslieferung an Nichtberechtigten nachher, § 283 BGB), ähnlich schon RG **125,** 418; auf Entschädigung aus erlaubten, aber zur Entschädigung verpflichtenden Handlungen der Ges nach seinem Ausscheiden, RG **140,** 12 (Vergleichsverfahren, Mietkündigung, vgl §§ 50, 51 II, 52 I VerglO aF); auf Schadensersatz statt der Leistung, wenn die Ges (oder ein Alleinübernehmer, s Rn 28) insolvent wird und der Insolvenzverwalter die Vertragserfüllung ablehnt (§ 103 InsO), BGH **48,** 205.

1. Abschnitt. Offene Handelsgesellschaft 31–35 **§ 128**

Die Haftung gilt auch für nach dem Ausscheiden **gestundete Verbindlichkeiten,** Düss HRR **38,** 538, und für Ratenzahlungen. Sie gilt nicht für Prolongationswechsel, RG **140,** 13, wohl aber für die fortbestehende Verbindlichkeit, für die erfüllungshalber, nicht an Erfüllungsstatt **Wechsel** gegeben sind, RG JW **13,** 324. Für **Kreditgewährung** nach Ausscheiden, auch auf Grund von Kreditzusage vorher, haftet der Ausgeschiedene nicht, Gamp/Werner ZHR 147 **(83)** 1; ebenso Kreditprolongierung durch Vereinbarung, die der Neugewährung gleichkommt (zB in der Bank-Refinanzierung), **Subvention,** aA OVG Kblz NJW **86,** 2129. **Kontokorrent:** Für Schulden in laufender Rechnung (§§ 355 ff) haftet der Ausgeschiedene bis zur Höhe der Schuld bei seinem Ausscheiden, jedoch nicht über den niedrigsten späteren Rechnungsabschluss-(nicht Tages-) Saldo hinaus (vgl § 356 Rn 2), BGH **26,** 142, **50,** 278, 283, DB **73,** 2439; ergibt sich einmal beim Abschluss einer Rechnungsperiode ein Guthaben der Ges, erlischt die Haftung des Ausgeschiedenen, BGH WM **72,** 284. **Sicherheiten** kann der Ausgeschiedene erst zurückfordern, wenn seine Haftung aus § 128 weggefallen ist (Freigabe anderer Sicherheiten durch Gläubiger s Rn 35), BGH BB **72,** 1112. **Vertragsverlängerung** betrifft den Ausgeschiedenen nicht mehr, anders bei zuvor eingeräumter Verlängerungsoption des Gläubigers, aA Heymann/Emmerich 60, Grenzen nach §§ 133, 157, 242 BGB.

C. **Haftungseinschränkungen: a) Ausschlussfrist von fünf Jahren (§ 160 nF):** Die Forthaftung für Altverbindlichkeiten gilt grundsätzlich auch für laufende und neue Teilverbindlichkeiten aus Dauerschuldverhältnissen (zB Dauerliefer- und Dauerabnahmeschulden, Verbindlichkeiten aus Miete, Pacht, Arbeits-, Lizenz- und Verlagsverträgen, Wertpapierverwahrung). Das ginge jedoch, strikt durchgehalten, untragbar weit. Seit 1994 gilt kraft Gesetzes eine Ausschlussfrist von fünf Jahren, so schon früher die Rspr, BGH **87,** 292, NJW **83,** 2941, und hL. § 160 regelt die Haftungseinschränkungen abschließend (§ 159 Rn 2, § 160 Rn 1), BGH **142,** 324 (Aufgabe der Kündigungstheorie), NJW **02,** 2170, BAG NJW **04,** 3287, K. Schmidt § 51 I 3, II 4. 31

b) **Übergangsrecht:** Die früheren, sehr streitigen Einschränkungen der Nachhaftung können im Einzelfall zu einer kürzeren Begrenzung führen und bleiben relevant für das Übergangsrecht, s (1) EGHGB Art 35, 36. Lit: Lieb 1992; Ulmer/Wiesner ZHR 144 **(80)** 393, von Stebut ZGR **81,** 183, Ulmer BB **83,** 1865, Wiesner ZIP **83,** 1032, Priester/K. Schmidt ZIP **84,** 1064, Lieb ZGR **85,** 124, Hönn ZHR 149 **(85)** 300, Honsell/Harrer ZIP **86,** 341, K. Schmidt ZHR 152 **(88)** 105; weitere Literatur s § 59 Rn 22. 32

Die wichtigste Einschränkung war die, dass die Haftung des ausgeschiedenen Gfters nur für solche Ansprüche anerkannt wurde, die bis zum Ersten ordentlichen Kündigungstermin nach Ausscheiden entstanden waren, BGH **70,** 135, **87,** 291; die Rspr stellte dabei auf die Kündigungsmöglichkeit des Gläubigers ab. Weitere Rspr s 29. Aufl. 33

Die Lehre hatte bis zum NachhBG 1994 teilweise weitergehend insbesondere bei langfristigen Verträgen über bestimmte Leistungen eine Enthaftung analog § 613 a II BGB entwickelt, Ulmer/Wiesner ZHR 144 **(80)** 393 ua, sehr str. Die Rspr hat diese Analogie seit jeher abgelehnt, BGH **87,** 295, NJW **83,** 2942, BAG WM **90,** 1466 (§ 59 Rn 22 mwN). In der Tat sind die Interessenlagen verschieden, und die Analogie führte zu Wertungsdifferenzen. 34

D. **Verzicht und Verwirkung:** Der Gläubiger kann auf die Haftung nach § 128 verzichten (s Rn 38). Wenn er ohne verständigen Grund seine Stellung verschlechtert, also die Chance seiner Inanspruchnahme erhöht, kann er die Inanspruchnahme des Ausgeschiedenen verwirken, BGH DB **73,** 2440. Gibt der Gläubiger **andere Sicherheiten** frei, wirkt das nicht ohne weiteres entspr § 776 BGB (Bürgschaft) zugunsten des Ausgeschiedenen; doch kann dieser die Freigabe 35 dem Gläubiger entgegenhalten, allerdings nicht bei Freigabe zugunsten eines anderen, für die Ges existenzwichtigen Kredits, BGH BB **72,** 1112.

36 **E. Gesamtschuld: Auch zwischen Gesellschaft und Ausgeschiedenem** liegt **keine echte Gesamtschuld** iSv §§ 421 ff vor (s Rn 19). Das Verhältnis des ausgeschiedenen Gfters zur Ges (bzw dem Alleinübernehmer, soeben) wird zwar der Gesamtschuld ähnlicher, aber es bleibt doch **jeweils** zu **prüfen**, ob die unterschiedliche Interessenlage die entspr Anwendung der §§ 422 ff BGB erlaubt oder nicht, BGH **36,** 227, **39,** 324, **44,** 233, **48,** 204, Fischer **LM** § 105 Nr 21, § 128 Nr 10. Kein Erlass gegenüber der Ges unter Vorbehalt der Inanspruchnahme des Ausgeschiedenen (§ 129 Rn 3). Der Erstattungsanspruch des Ausgeschiedenen, der zahlte, gegen die Ges folgt nicht aus § 110, sondern aus § 670 BGB (§ 110 Rn 2); hier ist dann (anders als vor Ausscheiden, s Rn 25) § 426 II BGB anwendbar, die bezahlte Forderung geht also samt Sicherheiten (§§ 412, 401 BGB) über, BGH **39,** 324; die anderen Gfter haften dem Ausgeschiedenen gesamtschuldnerisch auf Erstattung, im Einzelnen str, MüKo/K. Schmidt 62. Urteile gegen die Ges wirken nicht gegen den ausgeschiedenen (forthaftenden) Gfter (vgl § 425 BGB), BGH **44,** 233 (s Rn 43); so auch in anderen Fällen des § 425 II, BGH **36,** 227, str, zB Hemmung der Verjährung der GesSchuld (§ 129 Rn 2). Lit: Hadding ZGR **73,** 137, FS Stimpel **85,** 139.

7) Abweichende Vereinbarungen (Satz 2)

37 A. **Vereinbarungen der Gesellschafter untereinander:** Von S 1 abweichende Vereinbarungen der Gfter untereinander sind **Dritten gegenüber unwirksam** (S 2). Die Gfter können zwar die Ausgleichspflichten im Innenverhältnis (s Rn 27), nicht aber die Haftung gegenüber den GesGläubigern ändern. Auf einen guten Glauben des Gläubigers kommt es nicht an. Die Gfter haften nach § 128 S 1 selbst bei positiver Kenntnis des Gläubigers von der abweichenden Vereinbarung, nur ganz ausnahmsweise kann unzulässige Rechtsausübung des Gläubigers vorliegen.

38 B. **Vereinbarungen mit dem Gläubiger:** Möglich ist **Verzicht** des Gläubigers auf die Haftung nach § 128 („Entlassung" aus dieser), BGH BB **71,** 975, **oder sonstige Haftungsvereinbarung** mit ihm, zB Verzicht gegenüber einem ausscheidenden Gfter (s Rn 28) oder Vereinbarung eines ausscheidenden Gfters mit den verbleibenden, dass ihm für seine Abfindung nur die Ges selbst haften soll (§ 131 Rn 48) oder Abbedingung der gesamtschuldnerischen Haftung der Gfter, also nur Teilschuld; auch Vereinbarung der Ges mit dem Gläubiger zugunsten von Gftern (§ 328 BGB). Solche Haftungsvereinbarungen sind auch stillschweigend möglich. Aber dies ist jedenfalls für dritte Gläubiger ungewöhnlich und nur anzunehmen, wenn der Gläubiger nach den Umständen das Festhalten an der Haftung der Gfter hätte erklären müssen; die Vermutung spricht dagegen (für Dauerschuldverhältnisse s Rn 32, 34), Mü WM **03,** 1327. Anders kann es liegen, wenn der dritte Gläubiger Gfter ist (s Rn 24).

8) Prozess gegen Gesellschaft und Gesellschafter

39 A. **Gesellschafts- und Gesellschafterprozess:** Der Gläubiger kann nach Belieben die Ges u alle Gfter oder einen oder einige Gfter verklagen. Prozess gegen die Ges s § 124 Rn 41. Übergang vom Ges- zum Gfterprozess ist **gewillkürter Parteiwechsel,** BGH **17,** 342, **62,** 132, WM **82,** 1170, ebenso umgekehrt (§ 124 Rn 42). Werden Ges und Gfter zusammen verklagt, sind sie einfache und **nicht notwendige Streitgenossen** (§ 62 ZPO), BGH **54,** 254, **63,** 54, NJW **88,** 2113, auch wenn der Gfter keine persönlichen Einwendungen erhebt. Maßgebend ist, ob nach Klagebegründung oder -erwiderung verschiedene Beurteilung der Klage gegen Ges und gegen Gfter möglich ist, ua bei Geltendmachung persönlicher Einwendungen (§ 129 I). **Tenor** des (Zahlungs-)Urteils ge-

1. Abschnitt. Offene Handelsgesellschaft 40–43 § 128

gen Ges und Gfter ist bis heute unklar, wahrscheinlich (obwohl kein Fall der §§ 421 ff BGB, s Rn 19–20) „als Gesamtschuldner", vgl (Fall Hauptschuldner und Bürge) Celle JZ **56,** 490, Schneider MDR **67,** 353, nicht „als unechte Gesamtschuldner" (Hbg MDR **67,** 50) oder „als wären sie Gesamtschuldner" (LG Hbg MDR **67,** 401). Prozesskosten s § 100 IV ZPO (Streitgenossen). **Rechtsmittel** des Gfters hindert nicht Rechtskraft des Urteils gegen die Ges. Urteilswirkung s Rn 43–44. Lit: Barnert, GfterKlage, 2003; M. Schwab, Prozessrecht gesellschaftsinterner Streitigkeiten, 2004; Fischer FS Hedemann **58,** 74, Hüffer FS Stimpel **85,** 165 (Gesamthand).

B. **Schiedsvereinbarung der OHG:** Schiedsvereinbarung der OHG mit Dritten (Einl 89 vor § 1; davon streng zu unterscheiden ist Schiedsklausel im GesVertrag, Einl 90 vor § 1) wirkt idR auch für und gegen die nach § 128 haftenden Gfter, BGH NJW **80,** 1797 (bei Eintritt als Gfter), **81,** 2646, WM **91,** 384, BayObLG SchiedsVZ **04,** 45, hL, aA Habersack SchiedsVZ **03,** 241, anders für Kdtisten (§ 171 Rn 3) und natürlich, wenn der Gfter eigene, von der Ges nicht abgeleitete Rechte einklagt. Das folgt nach üL u Rspr schon aus § 128, richtiger aus Auslegung der Schiedsvereinbarung. Für diese ist idR konkludente Vollmacht der nicht unterzeichnenden Gfter anzunehmen. Bloße Nachweisform nach § 1031 I (statt V) ZPO genügt für alle Gfter der OHG, nicht nur die geschäftsführenden, aA Staub/Ulmer § 105 Rn 78. Rechtsschutzinteresse für Klage gegen Gfter nach Schiedsspruch gegen Ges s BGH BB **69,** 892. Lit: K. Schmidt ZHR 162 **(98)** 273, DB **89,** 2315, Weber/v Schlabrendorff FS Glossner FS **93,** 477, Habersack SchiedsVZ **03,** 241, Haas/Oberhammer FS K. Schmidt **09,** 493; s auch Einl 90 vor § 1. 40

C. **Einzelprobleme: Gerichtsstandsvereinbarung** (Einl 86 vor § 1) der Ges wirkt idR auch für und gegen die nach § 128 in Anspruch genommen Gfter, BGH NJW **81,** 2644. Klage gegen die Ges macht die Sache **nicht rechtshängig** gegen den Gfter und umgekehrt, Partei und Prozessgegenstand sind verschieden, BGH **62,** 133, hL. Der (mitverklagte, vgl BGH **8,** 78, oder nicht mitverklagte) Gfter kann der verklagten Ges als **Nebenintervenient** beitreten, da unstr ein vom Gläubiger gegen die Ges erwirktes Urteil gegen ihn wirksam wäre (s Rn 43), BGH **62,** 133. **Unterbrechung** des Prozesses gegen die Ges durch Eröffnung des Insolvenzverfahrens über das Vermögen der Ges hindert nicht Ausdehnung der Klage auf die Gfter, BGH BB **61,** 426, unterbricht nicht schon anhängigen Prozess gegen Gfter, gleich ob dieser persönliche Einwendungen erhob oder nicht, Nürnb MDR **68,** 502. Beim Tod des beklagten Gfters ist nur gegen ihn auszusetzen, nicht gegen die Ges, Celle NJW **69,** 515. 41

Feststellungsklage: Neben Klage gegen die Ges auf Feststellung einer GesVerbindlichkeit fehlt idR das Rechtsschutzinteresse (§ 256 ZPO) für gleiche Klagen gegen Gfter, weil das Urteil auf die erstere Klage auch gegen die Gfter wirkt (§ 129 I), BGH **2,** 254. Bei Klage auf Feststellung nicht einer Verbindlichkeit, sondern eines umfassenden Rechtsverhältnisses kann das anders sein, Hbg MDR **67,** 498. **Wechselprozess:** Aufgrund § 128 kann aus einem Wechsel, den der eine Gfter namens der Ges zeichnete, auch der andere Gfter im Wechselprozess verklagt werden, BGH **60,** 341. **Arbeitsgerichtsprozess** (§ 22 ArbGG) auch bei Klage aus § 128 gegen Gfter der Arbeitgeberin, BAG NJW **80,** 1710. **Öffentlichrechtlicher Haftungsbescheid** (Verwaltungsakt) statt Zivilprozess bei öffentlichrechtlichen Verbindlichkeiten der Gfter der OHG, Wochner BB **80,** 1757. 42

D. **Urteilswirkung: a) Gesellschaftsprozess:** Auf ein Urteil zugunsten der Ges kann sich auch der Gfter gegen den Gläubiger berufen, Grund: § 128. Ein Urteil gegen die Ges wirkt auch gegen den Gfter, indem es ihm die Einwendungen nimmt, die der Ges abgesprochen werden (§ 129 Rn 7), BGH **54,** 255, **64,** 156 (nicht § 325 I ZPO), WM **76,** 1085 (Präklusion ähnlich § 767 II ZPO). Das 43 gegen die Ges ergangene Urteil wirkt nicht gegen den ausgeschiedenen Gfter, jedenfalls bei Klage nach dem Ausscheiden, BGH **44**, 229 (s Rn 36); Wirkung aber gegen den ehemaligen phG, der nach Umwandlung in GmbH & Co KG Kdtist und Geschäftsführer der GmbH ist, BGH **78**, 114 (aber § 160 III nF).

44 **b) Gesellschafterprozess:** Das Urteil im Prozess gegen den Gfter wirkt weder für noch gegen die Ges (s auch § 129 Rn 8), aber Erstattungsansprüche (s Rn 25–27). Zweckmäßig verkündet er der Ges den Streit.

9) Die Gesellschafter in Zwangsvollstreckung und Insolvenz

45 A. **Zwangsvollstreckung gegen Gesellschafter:** Zur Vollstreckung in das GesVermögen bedarf der Gläubiger des Titels gegen die Ges (§ 124 II, dort Rn 45), zur Vollstreckung in das private Vermögen eines Gfters des Titels gegen ihn (§ 129 IV). Er kann auf Grund dieses Titels auch den Anteil des Gfters an der Ges (oder nur seinen Anspruch auf das künftige Auseinandersetzungsguthaben) pfänden (§ 124 Rn 21), aber die Ges nicht kündigen (§ 135). Lit: Hüffer FS Stimpel **85**, 165 (Gesamthand).

46 B. **Auswirkungen der Gesellschaftsinsolvenz auf die Gesellschafter:** Die GesInsolvenz (§ 124 Rn 46) berührt grundsätzlich nicht die Haftung des Gfters, diese kann aber während des GesInsolvenzverfahrens nur vom Insolvenzverwalter geltend gemacht werden (§ 93 InsO; vgl § 171 II HGB), Grund: kein Wettlauf der Gläubiger. Rechtsstreit von Gläubigern gegen Gfter aus § 128 wird unterbrochen, BGH ZIP **09**, 47 (zu § 160 III). § 93 InsO bezieht sich aber nur auf Ansprüche aus der gesetzlichen akzessorischen GfterHaftung, BGH **151**, 245, nach aA auch bei Bürgschaften und entsprechender Mithaftung von Gftern. Die Gfter haften nicht für vom Insolvenzverwalter begründete Neuverbindlichkeiten, hL, MüKo/K. Schmidt 81, Brdbg ZIP **07**, 1756, str, Grund: teleologische Reduktion, Behandlung wie Ausgeschiedene. Der Insolvenzverwalter hat die Wahl, gegen welche Gfter und in welcher Höhe er vorgeht (§ 128), aber nur soweit noch Fehlbedarf besteht. Einwendungen jedes Gfters nach § 129. Das nach § 93 InsO Beigetriebene bildet eine Sondermasse. Gläubiger der Ges, die nach Verfahrenseröffnung von Gftern etwas erlangen, müssen dies in diese Sondermasse erstatten. Die Gfter werden, falls im Insolvenzplan nichts anderes vorgesehen ist, ebenso wie die Ges mit der im gestaltenden Teil vorgesehenen Befriedigung der Insolvenzgläubiger von ihrer restlichen persönlichen Haftung frei (§§ 227 II, I, 221 InsO), BGH **100**, 126, auch (zu § 109 I Nr 3 VerglO aF) BGH **26**, 126, **118**, 82; auch die vor Eröffnung des Insolvenzverfahrens ausgeschiedenen Gfter, die für Altschulden noch haften, von ihrer Nachhaftung (s Rn 28), aA RG **142**, 208, **159**, 319, BGH **LM** § 193 KO Nr 2 (für Anwendung von § 193 S 2 KO aF, entspr § 254 II 1 InsO); nicht die Gfter aus von ihnen gewährten dinglichen Sicherheiten, BGH WM **87**, 571, GfterBürgschaften (s Rn 7) ua (§ 254 II 1 InsO). Jeder Gfter kann angemeldete Forderungen bestreiten, also der Anmeldung widersprechen (§§ 178 II, 201 II InsO entsprechend), Grund: § 129 HGB, Einziehungsbefugnis des Insolvenzverwalters; die rechtskräftige Feststellung einer GesVerbindlichkeit zur Tabelle (§ 178 III, 201 II InsO) ohne Widerspruch eines Gfters wirkt gegen alle Gfter (§ 129 I HGB), Widerspruch eines Gfters hindert Rechtskraft gegenüber diesem, BGH BB **61**, 426. § 189 I InsO gilt entsprechend auch für bestrittene GfterVerbindlichkeiten. In der GesInsolvenz ist jeder vertretungsberechtigte phG auskunfts- und mitwirkungspflichtig (früher jeder Gfter), auch soweit er innerhalb der Letzten zwei Jahre ausgeschieden ist (§§ 101 I 1, 2, 97 ff InsO). Ansprüche von Gftern gegen die Insolvenzmasse aus Drittgeschäften s § 124 Rn 46. Rechtsgeschäfte zwischen der OHG und Gftern (und den ihnen nahe stehenden Personen) unterliegen mit Verfahrenseröffnung der verschärften Insolvenzanfechtung (§§ 130 III, 131 II, 132 III, 133 II, 138 II, I InsO), Ausübung durch den Insolvenzverwalter (§ 93 InsO analog), BGH **178**,

1. Abschnitt. Offene Handelsgesellschaft   1 § 129

171 (dort auch zur Doppelinsolvenz). Nur alle Gfter gemeinsam können einen Insolvenzplan vorlegen (vgl § 218 I InsO) und einem vom Verwalter vorgelegten Insolvenzplan (§ 247 I InsO) zustimmen, Grund: Bedeutung für persönliche Haftung der Gfter (vgl § 227 InsO). Lit: Häsemeyer Insolvenzrecht 3. Aufl 2003 Kap 31; Hüffer FS Stimpel **85**, 165; K. Schmidt ZGR **96**, 209 (§§ 92, 93 InsO).

C. **Gesellschafterinsolvenz:** Werden wie häufig neben der Ges auch die 47
Gfter insolvent (Folge: Ausscheiden des Gfter § 131 III 1 Nr 2, dort Rn 22), werden beide Verfahren grundsätzlich unabhängig voneinander und nach ihrer jeweils eigenen Haftungsordnung abgewickelt. § 93 InsO (s Rn 46) gilt auch in den einzelnen GfterInsolvenzverfahren (RegE). Die GesGläubiger werden (trotz des Interesses der Privatgläubiger des Gfters, denen schon der GesAnteil ihres Schuldners entgeht) im Insolvenzverfahren über das Vermögen des Gfters mit dem vollen Betrag berücksichtigt (§ 43 InsO), nicht nur mit dem bei der Ges erlittenen Ausfall (anders § 212 KO aF). Masseverbindlichkeiten in der GesInsolvenz berühren das GfterInsolvenzverfahren nicht, RG **135**, 62, BGH **34**, 294, anders nur Masseverbindlichkeiten, die aus Insolvenzforderungen erwachsen (§§ 55 I Nr 1, 103 ff InsO), insoweit ist aber in der GfterInsolvenz nur Insolvenzquote zu erlangen. Geraten mehrere Gfter in Insolvenz, kann der Gläubiger in jedem Verfahren bis zu seiner vollen Befriedigung den vollen Betrag geltend machen, den er von den Gftern persönlich bei Eröffnung des Verfahrens fordern konnte (§ 43 InsO). Lit: Krantz BB **53**, 76.

[Einwendungen des Gesellschafters]

129 (1) **Wird ein Gesellschafter wegen einer Verbindlichkeit der Gesellschaft in Anspruch genommen, so kann er Einwendungen, die nicht in seiner Person begründet sind, nur insoweit geltend machen, als sie von der Gesellschaft erhoben werden können.**

(2) **Der Gesellschafter kann die Befriedigung des Gläubigers verweigern, solange der Gesellschaft das Recht zusteht, das ihrer Verbindlichkeit zugrunde liegende Rechtsgeschäft anzufechten.**

(3) **Die gleiche Befugnis hat der Gesellschafter, solange sich der Gläubiger durch Aufrechnung gegen eine fällige Forderung der Gesellschaft befriedigen kann.**

(4) **Aus einem gegen die Gesellschaft gerichteten vollstreckbaren Schuldtitel findet die Zwangsvollstreckung gegen die Gesellschafter nicht statt.**

Übersicht

1) Einwendungen des Gesellschafters (I) 1–8
   A. Einwendungen der Gesellschaft 1
   B. Persönliche Einwendungen 6
   C. Urteilswirkung 7
2) Anfechtung (II) 9, 10
3) Aufrechnung (III) 11–14
   A. Bereits erfolgte Aufrechnung 11
   B. Aufrechnungsmöglichkeit der Gesellschaft 12
   C. Aufrechnungsmöglichkeit nur der Gläubigers 13
   D. Aufrechnungsmöglichkeit des Gesellschafters 14
4) Zwangsvollstreckung (IV) 15

1) Einwendungen des Gesellschafters (I)

A. **Einwendungen der Gesellschaft:** Der nach §§ 128 f haftende Gfter 1
(auch der ausgeschiedene, § 128 Rn 28) hat gegen Inanspruchnahme aus Ges-

§ 129 2–7 II. Buch. Handelsgesellschaften und stille Gesellschaft

Schulden zunächst die Einwendungen der Gesellschaft, Grund: Akzessorietät der Haftung (§ 128 Rn 1). Umgekehrt wirkt auch die Entkräftung solcher Einwendungen durch den Gläubiger im Verhältnis zur Ges auch gegen den haftenden Gfter. I gilt für **Einwendungen und Einreden jeglicher Art**, zB Erfüllung, Erlass, Vergleich, Annahmeverzug; auch solche, die der Gfter nach § 425 BGB nicht hätte (§ 128 Rn 20); Verwirkung, rechtskräftige Abweisung, persönliche Unmöglichkeit, Verjährung, pactum de non petendo. Bei Einreden auch bevor die Ges sie geltend macht (vgl § 768 BGB), nach aA II entspr; anders für Gestaltungsrechte vor Geltendmachung durch die Ges (s Rn 5). Besonderheiten für den ausgeschiedenen Gfter s Rn 2, 7, § 128 Rn 36. Lit: Klimke ZGR **06**, 541.

2 **Neubeginn, Hemmung und Ablaufhemmung der Verjährung** der GesSchuld wirken auch gegen den Gfter, BGH **73**, 223, **78**, 120 heute hL, aber nicht gegen Ausgeschiedenen (§ 128 Rn 36); ebenso Ausschlussfristen, Heymann/Emmerich 2; Neubeginn, Hemmung (nicht nur nach § 204 BGB, enger § 159 IV) und Ablaufhemmung gegenüber dem Gfter persönlich wirken gegen diesen, BGH **104**, 76 (zu Unterbrechung), nicht auch gegen die Ges, MüKo/K. Schmidt 9, offen BGH **104**, 81, das zwingt allerdings den Gläubiger zur Klage oder zu sonstigem Tätigwerden auch gegenüber der Ges. Nachträgliche Verjährung gegenüber der Ges s Rn 8.

3 Nicht möglich ist **Erlass** durch den GesGläubiger unter Vorbehalt der Inanspruchnahme des (auch ausgeschiedenen) Gfters (§ 128 Rn 20, 36), weil sie diesem Rechte (vgl I, II, III) nehmen würde (§ 423 BGB gilt nicht entspr); der Vorbehalt und damit idR der ganze Erlass sind unwirksam, anders bei Zustimmung des Gfters, BGH **47**, 376, WM **75**, 974, Reinicke FS Westermann **74**, 487, hL, aA RG JW **28**, 2612, Tiedtke DB **75**, 1109, früher hL; umgekehrt ist Erlass gegenüber dem Gfter unter Vorbehalt der Inanspruchnahme der Ges möglich, BGH BB **71**, 975. Das gilt entspr für **Stundung** nur der GesSchuld und Abrede, dass der Gläubiger erst den Gfter in Anspruch nehmen solle, Heymann/Emmerich § 128 Rn 8.

4 I gilt nicht für **prozessuale Einreden** wie örtliche Unzuständigkeit nach Sitz der Ges, Rechtshängigkeit wegen eines Prozesses der Ges (§ 128 Rn 41). Der Gläubiger kann zwischen den Gerichtsständen der Ges und der Gfter wählen. Schiedsvereinbarungen, Gerichtsstand, Wechselprozess s § 128 Rn 40–42.

5 I gilt auch nicht für **Gestaltungsrechte** der Ges, zB Anfechtung und Aufrechnung (insoweit II, III, s Rn 9, 11), Rücktritt; diese kann nur die Ges (§ 125) geltend machen. Der Gfter hat in diesen Fällen aber ein Leistungsverweigerungsrecht entspr II (s Rn 10).

6 B. **Persönliche Einwendungen:** Der Gfter hat selbstverständlich seine persönlichen Einwendungen und Einreden, BGH ZIP **08**, 1320, zB solche aus §§ 159, 160; Vereinbarung mit dem Gläubiger über Entlassung aus § 128 (§ 128 Rn 38) oder Stundung; Vergleich des Gfters mit dem Gläubiger (§ 779 BGB); Abrede zwischen Ges und Gläubiger, dass zuerst ein anderer Gfter in Anspruch genommen werden soll (Vertrag zugunsten eines Dritten, § 328 BGB); Kollusion, insbesondere Urteilserschleichung (§ 826 BGB), BGH NJW **96**, 658; Einwendung aus Schutzzweck der RBerG (§ 105 Rn 87, Anh § 177 a Rn 78 a), BGH WM **08**, 1359.

7 C. **Urteilswirkung: a) Gesellschaftsprozess:** Nach rechtskräftigem Urteil gegen die Gesellschaft bleiben dem (nicht ausgeschiedenen, sonst § 128 Rn 43) Gfter nur noch: (1) die der Ges noch offen stehenden Einwendungen, zB die nach § 767 ZPO (Vollstreckungsabwehrklage), im Übrigen wirkt die Rechtskraft auch gegen den Gfter (§ 128 Rn 43) und (2) die persönlichen Einwendungen (s Rn 6), diese kann der Gläubiger nur durch gegen den Gfter selbst erwirktes Urteil beseitigen. Art des Urteils macht keinen Unterschied, zB streitiges, An-

1. Abschnitt. Offene Handelsgesellschaft 8–15 § 129

erkenntnis- oder Versäumnisurteil, BGH **73,** 224, Feststellungsurteil (§ 128 Rn 40), Vorbehaltsurteil im Urkundenprozess (§ 599 ZPO), auch Eintragung in (Insolvenz-)Tabelle, BGH WM **61,** 429. Keine Titelumschreibung s Rn 12.

b) Gesellschafterprozess: Nach rechtskräftigem Urteil gegen den Gfter 8 (Wirkung für die Ges s § 128 Rn 44) kann der Gfter noch die später entstandenen Einwendungen der Ges geltend machen, zB nachträgliche Erfüllung durch die Ges (§§ 767 II, 796 II ZPO). Das gilt nicht für die Einrede, die Forderung des Gläubigers gegen die Ges sei nachträglich verjährt (vgl Rn 2), BGH **104,** 76, NJW **81,** 2579.

2) Anfechtung (II)

Ein **Anfechtungsrecht der Gesellschaft** (§§ 119 ff BGB), kann der Gfter 9 nicht aus eigenem Recht ausüben, Grund: Willenserklärung der Ges, nur diese kann anfechten (s Rn 5). Der Gfter hat aber (anders als die Ges selbst und als Ausnahme von I) ein **Leistungsverweigerungsrecht** (aufschiebende Einrede), solange die Ges anfechten und damit den Anspruch beseitigen kann (vgl § 770 BGB). Hat die Ges angefochten, so kann sich der Gfter nach I auf die Folgen berufen wie die Ges selbst.

II gilt entspr für **sonstige Gestaltungsrechte der Gesellschaft,** die der Gfter 10 (mangels Vertretungsmacht für die Ges) nicht geltend machen kann (s Rn 5).

3) Aufrechnung (III)

A. **Bereits erfolgte Aufrechnung:** Ist die Aufrechnung durch die Ges oder 11 den Gfter bereits erklärt, gilt § 389 BGB, darauf kann sich der Gfter schon nach I berufen. III erfasst die Fälle der Aufrechenbarkeit.

B. **Aufrechnungsmöglichkeit der Gesellschaft:** Der Gfter kann mit einer 12 Gegenforderung der Ges nicht aufrechnen, weil er über GesGegenstände nicht verfügen kann (auch keine Gegenseitigkeit, § 124 Rn 12). Nach III hat er aber eine aufschiebende Einrede (wie II, s Rn 9). Er kann also die Leistung an den Gläubiger verweigern, wenn die Ges mit eigener Forderungen gegen den Gläubiger aufrechnen könnte. In der Regel kann dann auch der Gläubiger aufrechnen; doch kommt es darauf nicht an. III gilt auch, wenn nur die Ges aufrechnen kann, nicht der Gläubiger, die Ges aber nicht aufrechnet, früher str, Grund: III zieht wie II nur die Konsequenz daraus, dass der Gfter das Gestaltungsrecht der Ges nicht selbst ausüben kann, der Gläubiger kann ohne weiteres gegen die Ges vorgehen.

C. **Aufrechnungsmöglichkeit nur des Gläubigers:** Der Gfter hat das Ver- 13 weigerungsrecht nach **III nicht** (entgegen dem Wortlaut), wenn zwar der Gläubiger, nicht aber die Ges aufrechnen darf, BGH **42,** 397, noch offen BGH **38,** 122, heute hL, Grund: wie Rn 10. Bspe: § 393 BGB, § 394 BGB zB iVm §§ 850 ff ZPO, vertragliches Aufrechnungsverbot der Ges aus Vertrag mit dem Gläubiger. Lit: Schlüter FS Westermann **74,** 509.

D. **Aufrechnungsmöglichkeit des Gesellschafters:** Bestehen eine Ges- 14 Schuld einerseits und eine persönliche Forderung des Gfters gegen den Gläubiger andererseits, dann gilt **III nicht,** sondern der Gfter und der Gläubiger können beide normal aufrechnen (§ 387 BGB).

4) Zwangsvollstreckung (IV)

Zur Zwangsvollstreckung gegen einen Gfter ist ein **Titel gegen den Gesell-** 15 **schafter** erforderlich (IV entspricht § 124 II für die Ges). Ein Titel gegen die Ges genügt nicht (§ 128 Rn 45), auch nicht nach Auflösung der Ges, keine Umschreibung des Titels nach § 727 ZPO, Hamm NJW **79,** 51, Ffm BB **82,** 399. Wird ohne solchen Titel vollstreckt, ist das unzulässig (§§ 766, 771 ZPO).

§§ 129a a.F., 130   II. Buch. Handelsgesellschaften und stille Gesellschaft

[*Rückgewähr von Darlehen*]

129a *(aufgehoben)*

¹ *Bei einer offenen Handelsgesellschaft, bei der kein Gesellschafter eine natürliche Person ist, gelten die §§ 32a und 32b des Gesetzes betreffend die Gesellschaften mit beschränkter Haftung sinngemäß mit der Maßgabe, daß an die Stelle der Gesellschafter der Gesellschaft mit beschränkter Haftung die Gesellschafter oder Mitglieder der Gesellschafter der offenen Handelsgesellschaft treten.* ² *Dies gilt nicht, wenn zu den Gesellschaftern der offenen Handelsgesellschaft eine andere offene Handelsgesellschaft oder Kommanditgesellschaft gehört, bei der ein persönlich haftender Gesellschafter eine natürliche Person ist.*

Hinweis: § 129a ist durch das MoMiG v 23. 10. 08 BGBl I 2026 mit Wirkung vom 1. 11. 2008 aufgehoben und durch eine rechtsformneutral formulierte Regelung in der InsO und im AnfG ersetzt worden, **Altfälle** Art 103d EGInsO, BGH NJW **09,** 997. Siehe Hinweis zu § 172a.

1) Anwendungsbereich

1 *§ 129a regelte die eigenkapitalersetzenden GfterDarlehen bei der OHG. § 129a war 1980 zusammen mit § 172a für die KG und §§ 32a, b GmbHG eingeführt worden und verhinderte deren Umgehung etwa durch die Bildung einer OHG mit zwei GmbH bzw ohne natürliche Personen als Gfter.*

*a) OHG: § 129a galt auch für die die AußenGbR, BGH NJW **09,** 997, MüKo/ K. Schmidt 4, K. Schmidt FS Fleck **88,** 271.*

b) Keine natürliche Person als Gesellschafter: Erfasst wurde die OHG, bei der kein Gfter eine natürliche Person ist (Satz 1), deren Gläubiger also nur Zugriff auf eine beschränkte Haftungsmasse wie bei einer KapitalGes haben. Davon wurden die Fälle ausgenommen, in denen letztlich doch eine natürliche Person (als phG des phG) haftet (Satz 2, vgl § 19 Rn 10).

2 *§ 129a war nach der hL ohne besondere Bedeutung, weil OHG ohne natürliche Personen als Gfter gegenüber der GmbH & Co (s Anh § 177a), für die § 172a galt, keine Rolle spielen. Bei der gesetzestypischen OHG gab es nach Wortlaut und Sinn keine eigenkapitalersetzenden Gesellschafterdarlehen, BGH **112,** 39, Staub/Habersack 6, Habersack ZHR 162 **(98)** 213, aA für Eigenkapitalersatz auch bei unbeschränkter Haftung MüKo/K. Schmidt 15, ZIP **91,** 1; das ist relevant, weil für OHG und Gfter unterschiedliche Insolvenzverfahren stattfinden und bei Anwendung von § 129a Vermögensverschiebungen durch Rückzahlung in die Insolvenzmasse der OHG korrigiert werden könnten.*

2) Rechtsfolgen für eigenkapitalersetzende Darlehen

3 *Nach § 129a galten entspr §§ **32a, 32b** GmbHG (näher bei § 172a). Danach konnte ein Gfter, der der Ges unmittelbar oder mittelbar ein eigenkapitalersetzendes Darlehen (§ 32a I GmbHG) gewährt hatte (entspr bei Sicherheitengewähr oder darlehensähnlichen Geschäften, § 32a II, III GmbHG), dieses im gerichtlichen Insolvenzverfahren nicht zurückfordern bzw haftete für ein bereits zurückgezahltes Darlehen (insolvenzrechtliche Lösung).*

4 *Daneben fanden, so ist § 129a zu verstehen, nach wie vor §§ **31, 32 analog,** wie von der Rspr entwickelt, Anwendung (näher bei § 172a).*

[**Haftung des eintretenden Gesellschafters**]

130

(1) Wer in eine bestehende Gesellschaft eintritt, haftet gleich den anderen Gesellschaftern nach Maßgabe der §§ 128 und 129 für die

1. Abschnitt. Offene Handelsgesellschaft   1–4 § 130

vor seinem Eintritte begründeten Verbindlichkeiten der Gesellschaft, ohne Unterschied, ob die Firma eine Änderung erleidet oder nicht.
(2) Eine entgegenstehende Vereinbarung ist Dritten gegenüber unwirksam.

Übersicht

1) Bedeutung von § 130 und ähnlichen Normen 1
2) Anwendungsbereich 2–6
   A. Bestehen einer OHG oder KG 2
   B. Eintritt 4
   C. Vollzug nach außen 6
3) Rechtsfolgen 7
4) Abweichende Vereinbarungen (II) 8
   A. Vereinbarungen der Gesellschafter untereinander 8
   B. Vereinbarungen mit dem Gläubiger 9

1) Bedeutung von § 130 und ähnlichen Normen

§ 130 regelt die Haftung dessen, der in eine bestehende OHG als Gfter eintritt. Dem entspricht § 173 für den Eintritt als Kdtist. Der neue Gfter soll wie die alten voll für alle Verbindlichkeiten, auch die alten, der OHG haften. Das entspricht einer im Verkehrsschutzinteresse zu Ende gedachten Akzessorietät der Haftung (§ 128 Rn 1), BGH **154,** 373, str. Eine verwandte Regelung enthält § 28 für den Eintritt als Gfter in das Geschäft eines EinzelKfm (Neugründung einer OHG oder KG). Doch geht es bei § 28 um die Kontinuität des Unternehmens nach außen, diese steht bei §§ 130, 173 erst gar nicht in Frage. Lit: Gerlach 1976; Honsell/Harrer ZIP **83,** 259; s auch zu § 130. 1

2) Anwendungsbereich

A. **Bestehen einer OHG oder KG:** I setzt das Bestehen einer PersonenHdlGes voraus (vgl § 28 Rn 2). I gilt auch bei einer im HdlRegister noch als OHG eingetragenen „GbR" (§ 5), BGH NJW **82,** 45, anders wenn diese kein Gewerbe (§ 1 Rn 1) mehr betreibt (§ 5 Rn 5); auch bei KG, wenn jemand als phG eintritt oder ein Kdtist im Wege der Beteiligungsumwandlung zum phG wird (§§ 161 II, 130); auch bei aufgelöster, aber noch nicht vollbeendeter OHG oder KG. 2

Der Grundsatz des § 130 gilt, jedenfalls nach Änderung der Rspr zur GbR (Einl 14 vor § 105), auch bei Eintritt in **GbR** (die GbR bleibt, also nicht zur OHG wird), BGH **154,** 370, MüKo/K. Schmidt 5, gegen BGH **74,** 240, und früher hL, zB Staub/Habersack 5, weiterhin Canaris ZGR **04,** 69; Ausnahme für Berufshaftungsschulden offen, BGH **154,** 370, verneinend K. Schmidt NJW **05,** 2807; Vertrauensschutz, BGH NJW **06,** 765 (iErg abl), ZIP **07,** 67, 79. **Nicht** entspr gilt § 130 in anderen Fällen der Umwandlung von GbR in OHG (außerhalb des UmwG, Einl 21 vor § 105), Rö/v Gerkan/Haas § 173 Rn 46, für weitergehende Analogie MüKo/K. Schmidt § 173 Rn 10, 50; bei Auflösung der OHG unter Neugründung, auch mit denselben Gftern, doch können je nachdem § 25 oder § 28 vorliegen. 3

B. **Eintritt:** I setzt weiter Eintritt in die PersonenHdlGes voraus. Eintritt durch Aufnahmevertrag (§ 105 Rn 67), Erbgang (§ 139) oder Anteilsübertragung (§ 105 Rn 69), auch in zweigliedriger OHG, stehen gleich. I gilt auch bei fehlerhaftem Eintritt, Eintritt in eine fehlerhafte Ges und fehlerhaftem Eintritt in eine fehlerhafte Ges (§§ 105 Rn 75, 92), nicht bei fehlerhafter Übertragung (§ 105 Rn 94), MüKo/K. Schmidt 15 (aber uU Rechtsscheinhaftung, § 5 Rn 9); auch bei arglistiger Täuschung (§ 105 Rn 80), aA Honsell/Harrer ZIP **83,** 259. I gilt auch bei tatsächlichem Eintritt in eine RechtsscheinOHG (§ 105 Rn 99), Heymann/Emmerich 4. 4

§ 130a

5 **Nicht** anwendbar ist I bei nur scheinbarem Eintritt, Saarbr ZIP **06**, 1952, dann aber eventuell Rechtsscheinhaftung (§ 5 Rn 9 ff), zB Eintritt in eine als OHG firmierende Ärztegemeinschaft, Hopt/Hehl JuS **79**, 274.

6 C. **Vollzug nach außen:** Der Eintritt muss entspr § 123 durch Eintragung oder Fortsetzung der Geschäfte mit Zustimmung des Eintretenden nach außen vollzogen sein (§ 123 Rn 4).

3) Rechtsfolgen

7 Der Eintretende **haftet** Dritten gegenüber nach §§ 128, 129 nicht nur für neue, sondern **auch für Altschulden,** auch für solche gegenüber MitGftern und ausgeschiedenen Gftern. Kenntnis oder Kennenmüssen des Eintretenden von der Haftung ist unnötig. Auf den guten Glauben des Gläubigers kommt es nicht an. Der Eintretende ist auf Ausgleichs- und Schadensersatzansprüche gegen seine MitGfter angewiesen.

4) Abweichende Vereinbarungen (II)

8 A. **Vereinbarungen der Gesellschafter untereinander:** Von I abweichende Vereinbarungen der bisherigen Gfter und des neu eintretenden sind **Dritten gegenüber unwirksam** (II; anders § 28 II). Die Gfter können zwar die Ausgleichspflichten im Innenverhältnis, nicht aber die Haftung gegenüber den GesGläubigern ändern.

9 B. **Vereinbarungen mit dem Gläubiger:** Möglich ist Haftungsvereinbarung mit dem Gläubiger (wie § 128 Rn 38).

[Antragspflicht bei Zahlungsunfähigkeit oder Überschuldung]

130a (1) ¹Nachdem bei einer Gesellschaft, bei der kein Gesellschafter eine natürliche Person ist, die Zahlungsunfähigkeit eingetreten ist oder sich ihre Überschuldung ergeben hat, dürfen die organschaftlichen Vertreter der zur Vertretung der Gesellschaft ermächtigten Gesellschafter und die Liquidatoren für die Gesellschaft keine Zahlungen leisten. ²Dies gilt nicht von Zahlungen, die auch nach diesem Zeitpunkt mit der Sorgfalt eines ordentlichen und gewissenhaften Geschäftsleiters vereinbar sind. ³Entsprechendes gilt für Zahlungen an Gesellschafter, soweit diese zur Zahlungsunfähigkeit der Gesellschaft führen mussten, es sei denn, dies war auch bei Beachtung der in Satz 2 bezeichneten Sorgfalt nicht erkennbar. ⁴Die Sätze 1 bis 3 gelten nicht, wenn zu den Gesellschaftern der offenen Handelsgesellschaft eine andere offene Handelsgesellschaft oder Kommanditgesellschaft gehört, bei der ein persönlich haftender Gesellschafter eine natürliche Person ist.

(2) ¹Wird entgegen § 15 a Abs. 1 der Insolvenzordnung die Eröffnung des Insolvenzverfahrens nicht oder nicht rechtzeitig beantragt oder werden entgegen Absatz 2 Zahlungen geleistet, so sind die organschaftlichen Vertreter der zur Vertretung der Gesellschaft ermächtigten Gesellschafter und die Liquidatoren der Gesellschaft gegenüber zum Ersatz des daraus entstehenden Schadens als Gesamtschuldner verpflichtet. ²Ist dabei streitig, ob sie die Sorgfalt eines ordentlichen und gewissenhaften Geschäftsleiters angewandt haben, so trifft sie die Beweislast. ³Die Ersatzpflicht kann durch Vereinbarung mit den Gesellschaftern weder eingeschränkt noch ausgeschlossen werden. ⁴Soweit der Ersatz zur Befriedigung der Gläubiger der Gesellschaft erforderlich ist, wird die Ersatzpflicht weder durch einen Verzicht oder Vergleich der Gesellschaft noch dadurch aufgehoben, daß die Handlung auf einem Beschluß der Gesellschafter beruht. ⁵Satz 4 gilt nicht, wenn der Ersatzpflichtige zahlungsunfähig ist und sich zur Abwendung des Insolvenzverfahrens mit

1. Abschnitt. Offene Handelsgesellschaft 1–3 **§ 130a**

seinen Gläubigern vergleicht oder wenn die Ersatzpflicht in einem Insolvenzplan geregelt wird. ⁶ Die Ansprüche aus diesen Vorschriften verjähren in fünf Jahren.

(3) Diese Vorschriften gelten sinngemäß, wenn die in den Absätzen 1 und 2 genannten organschaftlichen Vertreter ihrerseits Gesellschaften sind, bei denen kein Gesellschafter eine natürliche Person ist, oder sich die Verbindung von Gesellschaften in dieser Art fortsetzt.

Übersicht

1) Inhalt von § 130a vor und nach dem MoMiG 2008 1–8
   A. Inhalt und Reichweite 1
   B. Zahlungsunfähigkeit, Überschuldung (I 1 aF und I 1 nF) 2
   C. Antragspflichtige (I 2 aF) 5
   D. Zeitraum (I 3 aF) 8
2) Zahlungsverbot (I nF, II aF) 9
3) Haftung (II nF, III aF) 10–14
   A. Inhalt und Umfang der Haftung nach II nF 10
   B. Verschulden bei Vertragsverhandlungen 12
   C. Deliktshaftung 13
4) Umgehungsverbot (III nF, IV aF) 15

1) Inhalt von § 130a vor und nach dem MoMiG 2008

A. **Inhalt und Reichweite:** § 130a idF EGInsO 1994, durch MoMiG 2008 I **1** aF mit Wirkung vom 1. 11. 2008 aufgehoben, II–IV aF wurden I–III nF, I 3, 4 nF neu; Altfälle Art 103d EGInsO. **§§ 130a, 130b, 177a aF entsprachen §§ 64, 84 aF GmbHG** ebenfalls idF EG InsO; § 130a II aF, nunmehr I nF ist in **§ 15a InsO** überführt worden, II nF verweist nunmehr statt auf I aF auf § 15a InsO. Einzelprobleme und Rspr sind in den Kommentaren zum GmbHG und der durch MoMiG novellierten InsO zu finden. Lit zur Neuregelung: Lu/Ho/Kleindiek 17. Aufl Anh A zu § 64 (Insolvenzantragspflicht); Wagner FS K. Schmidt **09,** 1665; allgemein Vor § 172a Rn 1.

Nach § 130a I 1 aF galt für eine OHG, bei der kein Gfter eine natürliche Person ist, anders als für die normale OHG (§ 124 Rn 46) eine Pflicht zur Herbeiführung des Insolvenzverfahrens sowohl bei **Zahlungsunfähigkeit** (s Rn 3) als auch **Überschuldung** (s Rn 4); für KG s **§ 177a** aF, ebenso bei anderen Ges ohne persönliche GfterHaftung), **unabhängig von Bilanzaufstellung,** vgl BGH NJW **91,** 3146. Der Eröffnungsgrund der drohenden Zahlungsunfähigkeit (§ 18 InsO) reichte für § 130a nicht, Grund: keine Erschwerung der freien Sanierung vor Insolvenz.

Die Ergänzung des **I 1** aF durch den **letzten Halbsatz** nahm nach dem Sinn **2** der gesetzlichen Regelung solche OHG aus, bei denen zwar kein Gfter eine natürliche Person ist, für deren Verbindlichkeiten aber **letztlich eine natürliche Person** unbeschränkt haftet, weil sie Gfter der MitgliedsOHG oder phG der MitgliedsKG ist. Bei solchen OHG sollte nicht schon die Überschuldung Insolvenzgrund sein; sie verfügen nicht wie KapitalGes nur über eine beschränkte Haftungsmasse. Entsprechendes galt für den Überschuldungstatbestand nach § 19 III 2 InsO. Lit zur aF: K. Schmidt ZIP **80,** 328, Schulze-Osterloh AG **84,** 141, Uhlenbruck ZIP **80,** 73, BB **85,** 1277. Zu § 64 GmbHG Hach/Ulmer, Scholz/ K. Schmidt, K. Schmidt ZHR 168 **(04)** 637, Bayer/Lieder WM **06,** 1; zu § 92 GroßKoAktG/Habersack.

B. **Zahlungsunfähigkeit, Überschuldung (I 1 aF und I 1 nF): a) Zahl- 3 ungsunfähigkeit:** Die Ges ist zahlungsunfähig, wenn sie nicht in der Lage ist, die fälligen Zahlungspflichten zu erfüllen; Zahlungsunfähigkeit ist idR anzunehmen, wenn sie ihre Zahlungen eingestellt hat (§ 17 II 1, 2 InsO). Es muss sich

§ 130a 4   II. Buch. Handelsgesellschaften und stille Gesellschaft

dabei um fällige und durchsetzbare, nicht nur künftige Geldschulden handeln. Solche sind auch GfterAnsprüche aus Drittgeschäften (§ 124 Rn 52), Ausnahme bei eigenkapitalersetzenden Darlehen (§§ 129 a, 172 a). Die Geldschulden müssen ernsthaft angefordert sein, BGH **173,** 286, ZIP **05,** 706. Es genügt Unvermögen zur Zahlung des wesentlichen Teils dieser Verbindlichkeiten, BGH WM **85,** 396. Ganz geringfügige Liquiditätslücken und vorübergehende Zahlungsstockung sind noch keine Zahlungsunfähigkeit, RegE InsO S 114. Vermutungen s BGH **163,** 134.

4   **b) Überschuldung:** Die Überschuldungsbegriffe wechselten im Laufe der Zeit erheblich. Galt ursprünglich nach üL ein zweistufiger Überschuldungsbegriff, wurde mit der InsO ab 1. 1. 99 der in § 19 II InsO gesetzlich definierte einstufige Überschuldungsbegriff eingeführt. Als Reaktion auf die Finanzkrise wurde (erst im Rechtsausschuss) zeitlich begrenzt bis 31. 12. 2013 der modifiziert zweistufige Überschuldungsbegriff wieder eingeführt (FMStG BGBl **08,** 1988 iVm FMStErgG BGBl **09,** 725), K. Schmidt DB **08,** 2467, Ahrend/Plischkaner NJW **09,** 964, Hecker/Glozbach BB **09,** 1544 (auch zu den IDW-Standards), Rokas ZInsO **09,** 18.

aa) Fassung des § 19 II InsO bis 31. 12. 2013: Danach ist die Ges überschuldet, wenn ihr Vermögen bei Ansatz von Liquidationswerten (unter Einbezug der stillen Reserven, ohne Rücksicht auf § 248 II) ihre Schulden nicht mehr deckt **(rechnerische Überschuldung)** und die Finanzkraft der Ges nach überwiegender Wahrscheinlichkeit mittelfristig (laufendes und folgendes Geschäftsjahr) zur Fortführung des Unternehmens nicht ausreicht, also die Ertrags- bzw Lebensfähigkeit der Ges zu verneinen ist **(negative Überlebens- oder Fortbestehensprognose),** BGH **119,** 214, **128,** 153, ZIP **07,** 676, Hach/Ulmer § 63 Rn 23, 33 ff, aA für Prüfung auf der Basis der handelsrechtlichen Ansatz- und Bewertungsvorschriften KöKo/Mertens § 92 AktG Rn 30 f, Einzelheiten sehr str, vgl Hbg BB **81,** 1441, Düss NJW **88,** 3166. Notfalls muss sich der Vertreter eben fachkundig beraten lassen. Überwiegende Wahrscheinlichkeit heißt, dass die Fortführung nach den Umständen wahrscheinlicher ist als die Stilllegung. Risiko der Gläubiger ist es, wenn sich die Prognose als falsch erweist, deshalb für Reform Rechtsausschuss zu § 23 RegEInsO (= § 19 InsO) BTDrucks 12/7302 S 157. Dem trägt der reformierte, durch InsO eingeführte und nur temporär bis 31. 12. 2013 (ursprüngl 2010) ausgesetzte einstufige Überschuldungsbegriff Rechnung.

bb) Fassung des § 19 II InsO ab 1. 1. 2014: Überschuldung liegt danach bei juristischen Personen und bei Ges ohne Rechtspersönlichkeit ohne natürliche Person als phG (§ 19 III 1, 2 InsO) vor, wenn das Vermögen des Schuldners die bestehenden Verbindlichkeiten nicht mehr deckt; bei der Bewertung des Vermögens des Schuldners ist jedoch die Fortführung des Unternehmens zugrunde zu legen, wenn diese nach den Umständen überwiegend wahrscheinlich ist (§ 19 II InsO). Mit diesem Überschuldungsbegriff sollen Überschneidungen mit dem drohenden Zahlungsunfähigkeit (Prognoseelement, § 18 II InsO) vermieden werden. Damit gilt (wieder) ein **einstufiger Überschuldungstatbestand,** der jedoch in der Sache von der richtig verstandenen, bis zur InsO weithin vertretenen modifizierten zweistufigen Überschuldungsprüfung kaum abweichen dürfte, K. Schmidt ZGR **98,** 652, Hach/Ulmer § 63 Rn 50, aber Rechtsausschuss BTDrucks 12/7302, S 157 (oben aa) ausdrücklich gegen BGH **119,** 214, Groß-KoAktG/Habersack § 92 Rn 45.

Der **Überschuldungsstatus** ist strikt **von der Jahresbilanz zu unterscheiden** (andere Funktion, andere Ansätze ua, § 266 Rn 17). Der Begriff Bewertung in § 19 II InsO schließt den Ansatz in den Überschuldungsstatus ein, Bsp: wertloser Gegenstand bleibt außer Ansatz, dh Bewertung mit Null (Rechtsausschuss). Zu den Ansätzen und der Bewertung im Überschuldungsstatus Hach/

1. Abschnitt. Offene Handelsgesellschaft   5–9   § 130a

Ulmer § 63 Rn 38 ff, GroßKoAktG/Habersack 46 ff. Zur Passivierung bei eigenkapitalersetzenden Leistungen vor MoMiG s 33. Aufl. Kredit Dritter berührt nur die Zahlungsunfähigkeit, nicht die Überschuldung. Der Überschuldungstatbestand ist objektiv, auf Kenntnis des jeweiligen Organwalters kommt es nicht an, Prognose ist unter InsO objektiv zu sehen, aA bisher Staub/Habersack 19. Empfehlungen zur Überschuldungsprüfung bei Unternehmen IdW-FAR 1/96 WPg **97,** 22: Empfehlungen zur Prüfung eingetretener oder drohender Zahlungsunfähigkeit bei Unternehmen IDW PS 800 (1999).

C. **Antragspflichtige (I 2 aF):** Nach I 2 aF traf die Antragspflicht die 5 **organschaftlichen Vertreter** der Organisationen, die Gfter der OHG und zu ihrer Vertretung ermächtigt sind, zB den Geschäftsführer der GmbH, die vertretender Gfter der OHG ist, im Fall einer AG oder rechtsfähigen Stiftung ihre Vorstandsmitglieder, im Falle einer OHG oder KG (die vertretender Gfter der insolventen oder überschuldeten OHG ist) die vertretenden Gfter dieser OHG oder KG, usw. Die Antragspflicht traf, wenn die OHG in Liquidation war, ihre Liquidatoren.

I 2 aF erfasste auch den **faktischen Geschäftsführer,** BGH **104,** 44, **150,** 69, 6 NJW **00,** 2285 (BGHSt), ZIP **05,** 1550, BayObLG BB **97,** 850, Karls NJW **06,** 1364 (GmbH), Hach/Ulmer § 64 Rn 11, GroßKoAktG/Hopt § 93 Rn 50. Das sind nicht nur fehlerhaft bestellte Geschäftsführer, aA Stein ZHR 148 **(84)** 217, Staub/Habersack 12. Jedoch genügt auch nicht schon jeder satzungsmäßige oder tatsächliche (zB aus Beherrschung der Ges folgende) Einfluss (vgl § 17 I AktG); vielmehr muss der Betreffende in maßgeblichem Umfang Geschäftsführungsfunktionen übernommen haben, und zwar durch eigenes Handeln im Außenverhältnis, BGH ZIP **05,** 1414. Eine völlige Verdrängung des phG aus der Geschäftsführung ist allerdings nicht nötig, BGH **104,** 44, aA BGH **75,** 106. Zur Ausfallhaftung des faktischen Geschäftsführers BGH **150,** 69 (GmbH). Lit: Stein ZHR 148 **(84)** 207, Fleischer AG **04,** 517.

Die Antragspflicht traf jeden Vertreter **persönlich,** also einzeln, auch bei 7 bloßer Gesamtvertretung. Interne Geschäftsaufteilung mit Mitgeschäftsführer entlastet nicht, BGH NJW **94,** 2149. Die Antragspflichtigen konnten sich ihrer Pflicht nicht durch Amtsniederlegung entziehen. Einwilligung der Gfter und der Gläubiger berührte Antragspflicht nicht. Rechtspflichten des Geschäftsführers der GmbH & Co in der Krise s Uhlenbruck BB **85,** 1277.

D. **Zeitraum (I 3 aF):** Nach I 3 aF war der Antrag ohne schuldhaftes Zögern 8 (Fahrlässigkeitshaftung, s Rn 10), spätestens aber binnen drei Wochen zu stellen. Die Antragsfrist begann nach hL nicht schon bei objektivem Eintritt der Insolvenz, sondern erst bei positiver Kenntnis des Antragspflichtigen vom Insolvenzgrund (Grund: Bedenkfrist), BGH **75,** 110 (Herstatt, zu § 92 AktG), Hach/Ulmer § 64 Rn 25), zT wurde differenziert: bei Zahlungsunfähigkeit objektive Theorie ohne Notwendigkeit von Kenntnis, die aber typischerweise vorliegt; bei Überschuldung Erkennbarkeit der Insolvenzreife notwendig und genügend, Lu/Ho § 64 Rn 26, vermittelnd Scholz/K. Schmidt § 64 Rn 16 (Fakten müssen zutage liegen); einheitlich auf Erkennbarkeit der Insolvenzreife abstellend Staub/Habersack 19, ebenso die Rspr (s Rn 9). Die Dreiwochenfrist war eine zeitliche Höchstgrenze, die nur bei triftigen Gründen ausgeschöpft werden durfte, BGH **75,** 110. Ein danach sinnvoll erscheinender Sanierungsversuch implizierte Geheimhaltung und machte auch bei späterem Scheitern nicht haftbar, BGH **75,** 96.

2) Zahlungsverbot (I nF, II aF)

I nF verbietet bei einer Ges, bei der kein Gfter eine natürliche Person ist, den 9 Antragspflichtigen im Grundsatz alle Zahlungen nach Eintritt der Zahlungsunfähigkeit oder Überschuldung (s Rn 4); Ausnahme: im Interesse der Gläubiger

§ 130a 9a, 10 II. Buch. Handelsgesellschaften und stille Gesellschaft

liegende Zahlungen (I 2 nF), zu Zahlungen im Konzern, BGH ZIP **08,** 1229 (§ 64 II 1, 2 aF GmbHG), str. II aF stand selbstständig neben I aF, I 3 aF galt nicht. Zahlungen sind nicht nur Geldzahlungen, sondern auch Hingabe von Sachen und Rechten ohne hinreichende Gegenleistung; auch der Scheckeinzug auf ein debitorisches Bankkonto der insolvenzreifen Ges, BGH **143,** 184, NJW **01,** 304 (GmbH). I nF erfasst auch die Begründung neuer quotenschmälernder Verbindlichkeiten, Staub/Habersack 25, aA Rspr, str. Zahlungsverbot beginnt mit der für den Geschäftsführer erkennbaren Zahlungsunfähigkeit oder Überschuldung der Ges, Beweislast für fehlende Erkennbarkeit trifft den Geschäftsführer, BGH **143,** 184. Verschulden kann nach I 2 nF ausnahmsweise entfallen, wenn die Zahlung nicht die Masse verkürzt oder durch sie größere Nachteile für die Masse abgewendet werden, BGH **146,** 275.

9a Entsprechendes gilt für Zahlungen an Gfter, soweit diese zur Zahlungsunfähigkeit der Ges führen mussten, es sei denn, dies war auch bei Beachtung der in Satz 2 bezeichneten Sorgfalt nicht erkennbar (**I 3** neu). Das entspricht § 64 Satz 3 neu GmbHG (siehe Komm dort). Damit soll der Schutz der GesGläubiger gegen Vermögensverschiebungen zwischen Ges und Gftern (ua §§ 129 ff InsO, AnfG) ergänzt werden. I 3 richtet sich gegen den Abzug von Vermögenswerten, die die Ges bei objektiver Betrachtung zur Erfüllung ihrer Verbindlichkeiten benötigt (Parallelen zum solvency test). I 3 erfasst einen Teilbereich der Existenzvernichtungshaftung (§ 177a Rn 41b), diese und das Verhältnis zu I 3 bleiben aber der Rechtsfortbildung überlassen (RegE zu § 64 GmbHG). Zahlungen iSv I 3 sind nicht nur Geldzahlungen, sondern auch andere vergleichbare Leistungen zu Lasten des GesVermögens (RegE). Die Ersatzpflicht der Geschäftsleiter setzt Kausalität der Zahlungen an die Gfter (nicht an gesellschaftsfremde Dritte) für den Eintritt der Zahlungsunfähigkeit voraus („soweit ... führen mussten"), was bei entsprechenden liquiden Gegenleistungen nicht der Fall ist. Mitkausalität genügt nicht, die Zahlung muss ohne Hinzutreten weiterer Kausalbeiträge zur Zahlungsunfähigkeit führen (RegE). Umgekehrt bleiben außergewöhnliche Umstände, die die Zahlungsfähigkeit hätten retten können, mit denen man aber bei Auszahlung nicht rechnen konnte, außer Betracht (RegE). I 3 letzter Halbsatz ermöglicht Entlastungsbeweis bei Nichterkennbarkeit trotz der Sorgfalt eines ordentlichen und gewissenhaften Geschäftsleiters (I 2). Die Geschäftsleiterhaftung nach § 64 nF GmbHG hat nach der Vorstellung des Gesetzgebers einen starken insolvenzrechtlichen Bezug und soll deshalb auch auf AuslandsGes angewandt werden (RegE, Einl 29 v § 105), nur eingeschränkt für EU/EWRGes, Greulich/Rau NZG **08,** 567. I 1 bis 3 nF gelten nicht, wenn zu den Gftern der OHG eine andere OHG/KG gehört, bei der ein phG eine natürliche Person ist (**I 4** neu). Lit: Lu/Ho/Kleindiek, § 64 GmbHG Rn 20; Greulich/Rau NZG **08,** 284 (§ 64 S 3 GmbHG, RegE), Greulich/Rau NZG **08,** 565.

3) Haftung (II nF, III aF)

10 **A. Inhalt und Umfang der Haftung nach II nF: a) Verpflichteter: II 1 nF** regelt die Haftung der Antragspflichtigen (faktischer Geschäftsführer s Rn 6) gegenüber der OHG bei Verletzung von § 15a I InsO (I aF) oder I nF (II aF, zT entspr §§ 64 II aF, 71 III aF GmbHG, §§ 93 II, III Nr 6, VI, 268 II AktG, aber dort „Ersatz", hier „Schadensersatz"; Rechtsnatur dort und Gleichlauf von II 1 nF mit diesen sehr str, BGH ZIP **07,** 1006, MüKo/K. Schmidt 44, K. Schmidt ZIP **05,** 2184 krit zu Schlesw ZIP **05,** 2211, Lu/Ho/Kleindiek § 64 GmbHG Rn 5). Fahrlässigkeit genügt (aber s Rn 8), BGH **75,** 111, **126,** 199, ZIP **07,** 1274 (iErg abl), hL. Teilnahme ist an § 64 (II aF) GmbHG, BGH **146,** 278, ZIP **08,** 1026, aber s Rn 14. **II 2** nF enthält Vermutung hinsichtlich des Verschuldens, die der Antragspflichtige widerlegen muss, BGH **143,** 184, ZIP **07,** 677, ZIP **07,** 1265, 1501, im Übrigen (Vorliegen eines Eröffnungsgrundes) gelten die allgemeinen Regeln, str, Staub/Habersack 32, Hach/Ulmer § 64 Rn 19, 58,

1. Abschnitt. Offene Handelsgesellschaft **11, 11a § 130a**

zur Beweislastumkehr hinsichtlich der Fortbestehensprognose offen BGH **126**, 200. Mitverschulden nach § 254 BGB. Die Haftung ist zwingend, keine Haftungsbeschränkungsvereinbarung mit den Gftern (**II 3 nF**). Verzicht und Vergleich der Ges sind grundsätzlich ausgeschlossen, gewisse Ausnahmen im Gläubigerinteresse nach Zahlungsunfähigkeit (**II 4, 5 nF**). Verjährung in fünf Jahren (**II 6 nF**); für Altfälle str, für Regelverjährung, Saarbr ZIP **09**, 565. Daneben außerordentliche Kündigung seitens der Ges (§ 626 BGB), BGH NJW **05**, 3069. Lit: Lu/Ho/Kleindiek, § 64 GmbHG; Meyke ZIP **98**, 1179 (Prozess), K. Schmidt ZIP **05**, 2177.

b) Berechtigte: II nF schützt die Gesamtheit der Alt- und Neugläubiger (dh **11** Gläubiger schon vor oder erst nach Insolvenzeröffnung) durch Auffüllung des GesVermögens, unstr.

(1) **II 1 Alternative 1:** Bei Verstoß gegen § 15 a I InsO, also II 1 1. Alt nF, gilt das für **Altgläubiger** nur beschränkt auf den **Umfang**, in dem durch die verzögerte Insolvenzverfahrenseröffnung die Befriedigung der Gläubiger verringert ist (**Quotenschaden;** § 287 ZPO), **anders** für **Neugläubiger,** zutr ohne diese Einschränkung, aber Haftung nur für Vertrauensschaden, BGH **126**, 181 (II. ZS in Abstimmung mit übrigen ZS und BAG, gegen BGH **29**, 100, **100**, 19), **164,** 50, ZIP **03**, 1713 m krit Anm K. Schmidt, NJW **07**, 3130, sehr str; denn die Neugläubiger hätten bei rechtzeitiger Insolvenzantragstellung überhaupt nicht mehr kontrahiert. Auch erfüllt die Insolvenzantragspflicht nur bei dieser Sanktion ihre Schutzfunktion. Eine Ungleichbehandlung beider Gläubigergruppen liegt darin nicht, denn es geht nicht um einen unterschiedlichen Schutz, sondern um unterschiedliche Schäden. Abgrenzung von Alt- und Neugläubiger richtet sich nach dem Entstehen des Anspruchs ohne Rücksicht auf Bestehen einer Geschäftsverbindung, BGH NJW **07**, 3130. Eine Bank, bei der die Ges einen Kontokorrentkredit unterhält, ist Neugläubigerin, soweit sich das von der Ges in Anspruch genommene Kreditvolumen während der Insolvenzverschleppung erhöht, auf zwischenzeitliche Rechnungsabschlüsse (§ 355 Rn 9) kommt es dabei nicht an, BGH ZIP **07**, 676. Der Geschäftsführer haftet (s Rn 10) für den Differenzschaden (negatives Interesse) ohne Kürzung um Insolvenzquote (gegen BGH **126**, 201), aber Abtretung der Insolvenzforderung des Neugläubigers gegen Ges (§§ 255 iVm 273f BGB), BGH ZIP **07**, 676. Dagegen sind GesGläubiger, die ihre Forderung überhaupt erst nach Eröffnung des Insolvenzverfahrens erworben haben, nicht geschützt, zB Bundesagentur für Arbeit (s Rn 13). Der Insolvenzverwalter kann nur den einheitlichen Quotenschaden der Altgläubiger (Gesamtgläubigerschaden), nicht auch einen Quoten- oder sonstigen Schaden der Neugläubiger geltend machen, BGH **138**, 211, Goette DStR **98**, 654, GroßKoAktG/Habersack § 92 Rn 81, str, Grund: der Neugläubigerschaden ist jeweils individuell, bei Bildung einer Sondermasse für Neugläubiger käme es zu Prozessverdopplungen. Zur Frage einer Vorteilsausgleichung BGH NJW **07**, 3130.

(2) **II 1 Alternative 2:** Bei Verstoß gegen I nF (II nF ist Redaktionsversehen), **11a** also II 1 2. Alt, ist der Erstattungsanspruch wie nach § 64 (§ 64 II aF) GmbHG auf Erstattung der dem Verbot des I zuwider geleisteten Zahlungen gerichtet, also anders als nach II 1 1. Alt (s Rn 11) nicht auf Ersatz eines Quotenschadens, BGH ZIP **07**, 1006, 1501 (GmbH & Co), BGH **146**, 264 (GmbH). Der Schaden liegt hier schon im Abfluss der Mittel, nicht Differenzhypothese (Ersatzanspruch eigener Art, BGH **146**, 278, oder iErg gleich Schadenersatzanspruch eigener Art, BGH ZIP **07**, 1006), BGH ZIP **07**, 1006, 1501, aA mit beachtlichen Gründen K. Schmidt ZIP **05**, 2177, **08**, 1401: statt strikte Erstattung einzelner Zahlungen besser Schadensersatz aus Insolvenzverschleppung. Zahlungen mit Kreditmitteln aus einem debitorisch geführten Bankkonto einer insolvenzreifen GmbH oder GmbH & Co fallen nicht unter die (dem Schutz ihrer Gläubigergesamtheit

§ 130 b
II. Buch. Handelsgesellschaften und stille Gesellschaft

dienenden) I, II 1 HGB, § 64 GmbHG, sondern gehen allein zum Nachteil der Bank, BGH ZIP **07**, 1006, bloßer Gläubigertausch, BGH **143**, 187, auch hier aA K. Schmidt ZIP **08**, 1401 gegen Verschiedenbehandlung debitorischer und kreditorischer Konten. Eine aus der Debeterhöhung resultierende höhere Zinsschuld der Ges ist keine Zahlung iSv I, § 64 GmbHG, BGH **43**, 187, ZIP **07**, 1007. Der Geschäftsführer der insolvenzreifen GmbH oder GmbH & Co muss auf Grund seiner Massenerhaltungspflicht (BGH **146**, 275) dafür sorgen, dass Zahlungen von GesSchuldnern nicht auf ein debitorisch geführtes Bankkonto der Ges geleistet werden, sondern auf ein neues, kreditorisch eröffnetes Bankkonto bei einer anderen Bank (BGH **143**, 88), sonst haftet er für die Zahlungen nach II, § 64 GmbHG, BGH ZIP **07**, 1006.

Lit: GroßKoAktG/Habersack § 92 Rn 79; Altmeppen/Wilhelm NJW **99**, 673, K. Schmidt NZI **98**, 9, ZGR **98**, 663 u ZIP **05**, 2177, Bayer/Lieder WM **06**, 1.

12 B. **Verschulden bei Vertragsverhandlungen:** Der **Geschäftsführer** haftet unmittelbar gegenüber den Vertragspartnern der Ges aus Verschulden bei Vertragsverhandlungen (§§ 280, 311 II, III BGB), s § 172 a Rn 44, 45.

13 C. **Deliktshaftung:** Die Haftung nach §§ 823 II, 826 BGB bleibt unberührt. Schutzgesetze iSv § 823 II BGB sind auch Insolvenzantragsvorschriften, zB § 15 a InsO, zuvor (alle aF) §§ 130 a, 177 a HGB, § 64 I GmbHG, § 92 II AktG, BGH **110**, 360, **126**, 199; für § 64 II aF GmbHG K. Schmidt ZHR 168 **(04)** 637, str. Die Bundesagentur für Arbeit als Insolvenz(ausfall)geldschuldnerin fällt nicht in den Schutzbereich des § 130 a aF (s Rn 11), BGH **108**, 134 (GmbHG), aber bei Eventualvorsatz § 826 BGB.

14 Täter (Insolvenzantragspflicht) können nur Geschäftsführer sein (echtes Sonderdelikt). **Anstifter** oder **Gehilfen** haften nach §§ 830 II, 840 BGB (vorsätzlich bei vorsätzlicher Haupttat, vgl §§ 26, 27 StGB), BGH **164**, 50. Auch nicht antragsberechtigte Gfter können als Anstifter oder Gehilfen haften, BGH **75**, 107; uU auch Dritte, zB Banken, Konzernmütter, K. Schmidt ZIP **88**, 1497, doch darf das iErg nicht wesentlich weiterführen als die sittenwidrige Insolvenzverschleppung nach § 826 BGB. Der Teilnehmer haftet für Neugläubigerschäden infolge krimineller Machenschaften des Geschäftsführers im Stadium der Insolvenzverschleppung (Exzess) nur bei Wissen davon, BGH **164**, 50, Grund: Schutzzweck der Norm, kein Vertrauensschaden nichtvertraglicher Neugläubiger, insoweit nur Quotenschaden, Bayer/Lieder WM **06**, 1. Einschränkend auf Vorsatz Schulze-Osterloh AG **84**, 141. Beschränkter Umfang der Schadensersatzpflicht s Rn 11. **Geltendmachung** des Gesamt(alt)gläubigerschadens in der Insolvenz durch Insolvenzverwalter (§ 92 InsO) im Gegensatz zum Individualschaden der Neugläubiger, BGH **126**, 190, **138**, 214, ZIP **07**, 678.

4) Umgehungsverbot (III nF, IV aF)
15 III nF verlangt entspr Anwendung der I–II nF, wenn der organschaftliche Vertreter selbst eine Ges ist, bei der kein Gfter natürliche Person ist, und bei noch weiter gehender Verschachtelung, zB doppelstöckiger OHG, vgl § 125 a Rn 4, § 19 Rn 25.

130b *(aufgehoben)*

Hinweis: Die Strafvorschriften des § 130 b sind durch das MoMiG v 23. 10. 08 BGBl I 2026 mit Wirkung vom 1. 11. 2008 aufgehoben und durch eine rechtsformneutral formulierte Regelung in der InsO ersetzt worden.

§ 131

1. Abschnitt. Offene Handelsgesellschaft

Vierter Titel.
Auflösung der Gesellschaft und Ausscheiden von Gesellschaftern

[Auflösungsgründe]

131 (1) Die offene Handelsgesellschaft wird aufgelöst:
1. durch den Ablauf der Zeit, für welche sie eingegangen ist;
2. durch Beschluß der Gesellschafter;
3. durch die Eröffnung des Insolvenzverfahrens über das Vermögen der Gesellschaft;
4. durch gerichtliche Entscheidung.

(2) ¹Eine offene Handelsgesellschaft, bei der kein persönlich haftender Gesellschafter eine natürliche Person ist, wird ferner aufgelöst:
1. mit der Rechtskraft des Beschlusses, durch den die Eröffnung des Insolvenzverfahrens mangels Masse abgelehnt worden ist;
2. durch die Löschung wegen Vermögenslosigkeit nach § 394 des Gesetzes über das Verfahren in Familiensachen und in den Angelegenheiten der freiwilligen Gerichtsbarkeit.

²Dies gilt nicht, wenn zu den persönlich haftenden Gesellschaftern eine andere offene Handelsgesellschaft oder Kommanditgesellschaft gehört, bei der ein persönlich haftender Gesellschafter eine natürliche Person ist.

(3) ¹Folgende Gründe führen mangels abweichender vertraglicher Bestimmung zum Ausscheiden eines Gesellschafters:
1. Tod des Gesellschafters,
2. Eröffnung des Insolvenzverfahrens über das Vermögen des Gesellschafters,
3. Kündigung des Gesellschafters,
4. Kündigung durch den Privatgläubiger des Gesellschafters,
5. Eintritt von weiteren im Gesellschaftsvertrag vorgesehenen Fällen,
6. Beschluß der Gesellschafter.

²Der Gesellschafter scheidet mit dem Eintritt des ihn betreffenden Ereignisses aus, im Falle der Kündigung aber nicht vor Ablauf der Kündigungsfrist.

Übersicht

1) Systematik der §§ 131 ff, Grundbegriffe, Überblick und Anwendungsbereich von § 131 1–10
   A. Systematik der §§ 131–144 1
   B. Grundbegriffe: Ausscheiden, Auflösung, Abwicklung (Liquidation), Vollbeendigung 2
   C. Inhalt und Anwendungsbereich von § 131 3
   D. Auflösungsgründe im HGB und außerhalb 6
   E. Keine Auflösungsgründe, insbesondere die Umwandlung 9
2) Auflösungsgründe (I Nr 1–4, II) 11–17
   A. Zeitablauf (I Nr 1) 11
   B. Auflösungsbeschluss der Gesellschafter (I Nr 2) 12
   C. Insolvenz der Gesellschaft (I Nr 3) 13
   D. Gerichtliche Entscheidung (I Nr 4) 14
   E. Besondere Auflösungsgründe bei OHG ohne natürliche Person als persönlich haftendem Gesellschafter (II Nr 1, 2, II 2) 15
3) Gründe für das Ausscheiden eines Gesellschafters (III 1 Nr 1–6, III 2) 18–28
   A. Tod des Gesellschafters (III 1 Nr 1) 18
   B. Insolvenz des Gesellschafters (III 1 Nr 2) 22
   C. Kündigung des Gesellschafters (III 1 Nr 3) 23
   D. Kündigung durch den Privatgläubiger des Gesellschafters (III 1 Nr 4) 24

§ 131 1   II. Buch. Handelsgesellschaften und stille Gesellschaft

    E. Eintritt von weiteren im Gesellschaftsvertrag vorgesehenen Fällen (III 1 Nr 5) 25
    F. Beschluss der Gesellschafter (III 1 Nr 6) 26
    G. Analogie zu III 1 Nr 1–6 27
    H. Zeitpunkt des Ausscheidens (III 2) 28
4) Rechtsfolgen der Auflösung, Fortsetzung der aufgelösten Gesellschaft 29–33
    A. Rechtsfolgen der Auflösung, Beginn der Abwicklung 29
    B. Fortsetzung der aufgelösten Gesellschaft 30
5) Rechtsfolgen des Ausscheidens eines Gesellschafters 34–47
    A. Ausscheiden und Fortsetzung unter den übrigen Gesellschaftern 34
    B. Rechte und Pflichten der Gesellschaft und des Ausgeschiedenen 37
    C. Auseinandersetzung mit dem Ausgeschiedenen nach §§ 738–740 BGB 38
    D. Anwachsung des Anteils am Gesellschaftsvermögen 39
    E. Rückgabe von Gegenständen 41
    F. Befreiung von Schulden 42
    G. Gesamtabrechnung 44
    H. Beteiligung an schwebenden Geschäften 45
6) Die Abfindung des ausscheidenden Gesellschafters 48–57
    A. Abfindungsanspruch 48
    B. Bewertung 49
    C. Abschichtungsbilanz 50
    D. Informationsrecht des Ausgeschiedenen 52
    E. Schiedsgutachter 53
    F. Zahlung 54
    G. Prozess 57
7) Abfindungsklauseln und ihre Grenzen 58–73
    A. Abweichende Vereinbarungen über die Auseinandersetzung 58
    B. Zulässiger Abfindungsausschluss bei Tod 62
    C. Abfindungsbeschränkung durch Abfindungsklauseln 64
    D. Berechnung und Zahlung gemäß Abfindungsklauseln 67
    E. Ausübungskontrolle 69
    F. Einzelprobleme 71
    G. Rechtsfolgen 73
8) Abweichende Vereinbarungen zur Auflösung (zu I, II) 74–81
    A. Erweiterung der Auflösungsgründe 74
    B. Einschränkung der Auflösungsgründe, Fortsetzungsklauseln 78
9) Abweichende Vereinbarungen zum Ausscheiden (zu III) 82–84
    A. Erweiterung der Ausscheidensgründe 82
    B. Einschränkung der Ausscheidensgründe, Fortsetzungsklauseln 83

1) Systematik der §§ 131 ff, Grundbegriffe, Überblick und Anwendungsbereich von § 131

1   A. **Systematik der §§ 131–144:** Das HRefG vom 22. 6. 1998 BGBl 1474 (Liste der geänderten Vorschriften Einl 15 vor § 1) hat den 4. Titel über Auflösung der Ges und Ausscheiden von Gftern **grundlegend geändert.** Es gilt die Regel **„Fortführung der Gesellschaft und Ausscheiden des Gesellschafters"** statt wie bisher umgekehrt „Auflösung der Ges durch Austritt eines Gfters" (Gedanke der Unternehmenserhaltung), BGH NJW **07,** 591. Die bisherige, schon im ADHGB verwirklichte Konzeption entsprach nicht mehr den wirtschaftlichen Bedürfnissen der Praxis (Wertverluste durch Zerschlagung) und der Realität der Kautelarjurisprudenz (Fortsetzungsklauseln). Die neue Konzeption folgt auch einer Empfehlung der Europäischen Kommission (keine Bindungswirkung, vgl Einl 35 vor § 105) zugrunde. Sie lag bereits dem PartGG 1994 zugrunde. Auf die GbR ist die neue Konzeption wegen ihrer unterschiedlichen Erscheinungsformen nicht erstreckt worden. Für § 131 bedeutete die Reform, dass aus den bisherigen Auflösungsgründen nach I alle auf die Gfter bezogenen Gründe als

1. Abschnitt. Offene Handelsgesellschaft 2–6 **§ 131**

Ausscheidensgründe in III übernommen wurden. Materialien und Lit: zu HRefG § 1 Rn 4, speziell zum GesR A. Hess 2006; Lamprecht ZIP **97**, 919, Sethe JZ **97**, 989, K. Schmidt DB **98**, 63, Habersack in Dreher ua (Bayer-Stiftung) 1999, S 73, Wiedemann GedS Lüderitz **00**, 799, K. Schmidt BB **01**, 1, Bork/Jacoby ZGR **05**, 611.

B. **Grundbegriffe: Ausscheiden, Auflösung, Abwicklung (Liquidation), Vollbeendigung: a) Ausscheiden:** Ausscheiden eines Gfters bedeutet zunächst nur, dass der betreffende Gfter aus der Ges ausscheidet und zwischen den verbleibenden Gftern und ihm eine Auseinandersetzung stattfindet (§ 738 BGB). Nach der Konzeption der §§ 131 ff nF führt das Ausscheiden anders als früher nicht mehr zur Auflösung der Ges, sondern lässt diese bestehen. 2

b) Auflösung: Auflösung der Ges bedeutet nicht Ende der Ges, sondern idR nur ihren Übergang aus der dem GesZweck gewidmeten, werbenden Tätigkeit in die Abwicklung (Zweckänderung). Die Ges besteht also bis zu deren Beendigung weiter.

c) Abwicklung (Liquidation): Die Abwicklung oder Liquidation ist die Auseinandersetzung unter den Gftern (§§ 145 ff HGB, §§ 730 ff BGB). Sie schließt sich als gesetzliche Regelfolge an die Auflösung an, wenn die Gfter nichts anderes vereinbart haben und nicht über das Vermögen der Ges das Insolvenzverfahren eröffnet ist.

d) Vollbeendigung: Das Ende der Abwicklung (vgl § 155) bewirkt die Vollbeendigung (Ende) der Ges. Nach Vollbeendigung ist keine Fortsetzung mehr möglich (s Rn 33).

C. **Inhalt und Anwendungsbereich von § 131: a) Inhalt:** § 131 nF HRefG 1998 mit auf Unternehmenskontinuität gerichteter Neukonzeption (s Rn 1). I regelt (nur), aus welchen Gründen die OHG aufgelöst wird (I, II) und welche Gründe zum Ausscheiden eines Gfters führen (III). Für die Auflösung bringt I vier Gründe (I Nr 1–4). II 1 ergänzt dies für die OHG, bei der kein persönlich haftender Gfter eine natürliche Person ist (KapitalGes & Co OHG), durch zwei weitere Gründe (II Nr 1–2); dieser Ergänzung bedarf es nicht in der mehrstöckigen Ges, in der letztlich doch eine natürliche Person persönlich haftet (II 2). Für das Ausscheiden nennt III 1 sechs Gründe (III 1 Nr 1–6). III 2 regelt (nur) den Zeitpunkt des Ausscheidens. Streitig ist, ob § 131 die Auflösungs- und die Ausscheidensgründe bei der OHG abschließend regelt (s Rn 6, 27). § 131 besagt nichts zu den Rechtsfolgen der Auflösung und des Ausscheidens. 3

b) Zusammenspiel mit §§ 132–144: § 131 wird durch §§ 132–144 ergänzt. § 131 I Nr 3 (Insolvenz der Ges) wird durch § 144 (Fortsetzungsmöglichkeit) ergänzt. § 131 I Nr 4 (Auflösung durch gerichtliche Entscheidung) wird durch §§ 133, 134 ergänzt. Statt Auflösung kann bei wichtigem Grund in der Person eines Gfters dessen Ausschließung durch gerichtliche Entscheidung verlangt werden (§ 140). An § 131 III Nr 1 schließt § 139 (Fortsetzung mit den Erben) an. § 131 III Nr 3 (Kündigung des Gfters) wird durch §§ 132, 134 ergänzt, § 131 III Nr 4 (Kündigung durch Privatgläubiger eines Gfters) durch § 135. Nach § 143 sind Auflösung und Ausscheiden zum HdlReg anzumelden. §§ 136–138 aF, 141, 142 aF sind entfallen. 4

c) Anwendungsbereich: § 131 gilt für die OHG und KG; GmbH & Co s Anh § 177 a Rn 45. § 131 gilt auch für die fehlerhafte Ges (§ 105 Rn 75); auch für die aufgelöste (aber nicht vollbeendete) Ges, zutr MüKo/K. Schmidt 10, Grund: eigenes Schicksal jedes Auflösungs- bzw Ausscheidensgrundes, Konsequenzen für Fortsetzung (vgl § 135 Rn 2). 5

D. **Auflösungsgründe im HGB und außerhalb: a) Innerhalb von § 131:** Die Auflösungsgründe für die OHG und die KG sind in § 131 grundsätzlich abschließend aufgeführt, BGH **75**, 179, **82**, 326, WM **73**, 864, hL, krit 6

§ 131 7–12   II. Buch. Handelsgesellschaften und stille Gesellschaft

K. Schmidt ZHR 153 (89) 278; das gilt aber jedenfalls nicht für Vollbeendigungsgründe aus allgemeinem PersonenGesRecht und für Auflösungsgründe aus Sondergesetzen (s Rn 7, 8). Eine analoge Anwendung der III 1 Nr 1–6 auf weitere gesellschafterbezogene Ausscheidensgründe ist jedenfalls nicht ausgeschlossen (RegE, s Rn 27). Eingreifen mehrerer Auflösungsgründe s Rn 5. Abweichende Vereinbarungen s Rn 74 f.

7   **b) Außerhalb des HGB:** Aus allgemeinem PersonenGesRecht ergibt sich auch für die OHG und KG, dass die Ges **mit Wegfall des vorletzten Gesellschafters aufgelöst und** ohne Liquidation **vollbeendet** ist (s Rn 19, 35). Die KG wird durch Wegfall ihres einzigen phG aufgelöst (s Rn 18).

8   **Sondergesetze:** Auflösungsgründe folgen ferner aus Sondergesetzen. So wirkt für **Kreditinstitute** die Abwicklungsanordnung des BAKred wie ein Auflösungsbeschluss (§ 38 KWG). Verbot nach §§ 3 ff **VereinsG** s dort. **Entflechtung** eines Zusammenschlusses wirkt nicht unmittelbar auflösend (§ 41 III, IV GWB). Zur **Umwandlung (Verschmelzung** ua) einer OHG bzw in eine OHG nach dem **UmwG** s Einl 25, 26 vor § 105.

9   E. **Keine Auflösungsgründe, insbesondere die Umwandlung: a) Umwandlung:** Keine Auflösung der OHG oder KG iSv §§ 131 ff ist ihr Ende als OHG, also ihre **Umwandlung (kraft Gesetzes)** durch Wegfall einer Voraussetzung einer OHG bzw KG oder durch Vertrag) in eine GbR oder eine KG, entspr für KG (Einl 21 vor § 105), BGH **82,** 326.

10   **b) Keine Auflösungsgründe** sind auch: **Vermögenslosigkeit** ohne Eröffnung des Insolvenzverfahrens, BGH **82,** 326; **Enteignung des Auslandsvermögens** (Bsp: ehemalige DDR), wenn Fortsetzung der Tätigkeit anderswo möglich und beabsichtigt ist, BGH **13,** 108, **17,** 212, WM **71,** 724, Grund: nur beschränkte Gebietshoheit; **Auflösung** eines Gesellschafters, der juristische Person ist (s Rn 20). **Zweckerreichung** oder **Unmöglichwerden** des Gesellschaftszwecks lösen im Gegensatz zu § 726 BGB die OHG nicht auf, BGH **69,** 162, WM **73,** 864, str (§ 133 Rn 10); die Gfter können ihr idR nur einstimmig einen anderen, dem § 105 entsprechenden Zweck setzen, sonst hat jeder Gfter an der Auflösungsklage (§ 133). Wird die Absicht, HdlGeschäfte irgendwelcher Art zu betreiben, endgültig ganz aufgegeben, so wird die OHG zur GbR (§ 105 Rn 18, außer bei § 105 II) und ist, falls ihr auch kein anderer Zweck gesetzt wird, nach § 726 BGB aufgelöst.

2) Auflösungsgründe (I Nr 1–4, II)

11   A. **Zeitablauf (I Nr 1):** Ist die Ges nur für eine bestimmte Zeit (kalendermäßig bestimmt oder an ein bestimmtes, zeitlich noch nicht feststehendes Ereignis geknüpft, auch bei Höchstdauer, s auch § 132 Rn 2; nicht: bloße Mindestdauer) eingegangen, so ist die Ges mit deren Ablauf automatisch aufgelöst. Der GesVertrag kann aber auch vorsehen, dass sich die Ges bei Eintritt eines bestimmten Umstandes um eine bestimmte oder unbestimmte Zeit verlängert, wenn sie nicht gekündigt ist (vgl § 132). Die bestimmte Zeitdauer kann sich auch allein aus einem zeitlich begrenzten GesZweck ergeben, BGH WM **85,** 1369, zB auf die Dauer der durch die Ges auszuwertenden Schutzrechte, Nr 1 kommt dann § 726 BGB (s Rn 13) nahe. Bei Nichtbeachtung des Zeitablaufs und stillschweigender Fortsetzung gilt § 134 (dort Rn 5).

12   B. **Auflösungsbeschluss der Gesellschafter (I Nr 2):** Die Auflösung ist ebenso wie jede Vertragsänderung (§ 105 Rn 60) idR einstimmig zu beschließen; Mehrheitsbeschluss s § 119 Rn 34. Ganz ausnahmsweise kann Zustimmungspflicht bestehen (Treuepflicht, § 105 Rn 64–66), zB bei dauerhaft unrentabler Ges, BGH NJW **60,** 434. Der Auflösungsbeschluss ist formlos und stillschweigend möglich (§ 105 Rn 62). Ein Auflösungsbeschluss kann vorliegen zB bei Annahme der unstatthaften Kündigung eines Gfters durch die übrigen, Einstel-

1. Abschnitt. Offene Handelsgesellschaft   13–18 § 131

lung des Gewerbebetriebs, Übertragung des ganzen Vermögens, BGH BB **58**, 891, Auflösungsklage aller übrigen Gfter gegen einen widersprechenden Gfter (Mehrheitsbeschluss). Der Auflösungsbeschluss kann gegen die Treuepflicht der Gfter verstoßen (§ 109 Rn 23), vgl BGH **76**, 352 (GmbH), **103**, 184 (AG). Fehlerhafte Auflösung s § 105 Rn 91, 96. **Muster:** Hopt/Volhard 3. Aufl 2007 Form II. K.6 (Auflösung einer KG).

C. Insolvenz der Gesellschaft (I Nr 3): Die Eröffnung des Insolvenzverfahrens über das Vermögen der Ges (näher § 124 Rn 46) löst die Ges zwingend auf (I Nr 3; vgl § 11 II Nr 1 InsO, ebenso § 728 I 1 BGB für die GbR), nicht schon Antrag auf Eröffnung (§ 13 InsO), Anordnung von Sicherungsmaßnahmen und Bestellung eines vorläufigen Insolvenzverwalters (§§ 21, 22 InsO). Auflösende Bedingung ist Aufhebung des Eröffnungsbeschlusses auf Beschwerde. Nach Ende des Insolvenzverfahrens kann sich, wenn ausnahmsweise ein Überschuss verbleibt, noch eine Abwicklung anschließen (§ 145 Rn 1), BGH **93**, 164. Die Ges kann fortgesetzt werden (s Rn 79, vgl § 144 aF). Der Vertragspartnerschutz nach § 115 III InsO (erst bei Kenntnis des Beauftragten) wird durch die Auflösung der Ges nicht berührt, BGH **63**, 91 (zu § 23 I 2 KO aF). Keine Auflösung der Ges durch Abweisung mangels Masse (§ 26 InsO), BGH **75**, 178, **96**, 154, NJW **95**, 196, MüKo/K. Schmidt 22, Rö/v Gerkan/Haas 20. 13

D. Gerichtliche Entscheidung (I Nr 4): Die Ges wird auch durch gerichtliche Entscheidung aufgelöst. I Nr 4 verweist damit auf die Auflösung nach Auflösungsklage (§ 133). 14

E. Besondere Auflösungsgründe bei OHG ohne natürliche Person als persönlich haftendem Gesellschafter (II): a) Ablehnung mangels Masse (II 1 Nr 1): II 1 Nr 1 idF EGInsO wie § 60 I Nr 5 GmbHG, § 262 I Nr 4 AktG. Eine OHG, bei der kein phG eine natürliche Person ist (KapitalGes & Co OHG), wird auch aufgelöst mit Rechtskraft des Beschlusses, durch den die Eröffnung des Insolvenzverfahrens mangels Masse abgelehnt worden ist (§ 26 InsO), aA zum alten Recht BGH NJW-RR **89**, 995, II 1 Nr 1 betrifft nur die GmbH & Co, nicht die GmbH (Anh § 177 a Rn 45). 15

b) Löschung wegen Vermögenslosigkeit (II 1 Nr 2): II 1 Nr 2 idF EGInsO wie § 60 I Nr 7 GmbHG, § 262 I Nr 6 AktG (früher LöschG). Eine KapitalGes & Co OHG (s Rn 18) wird zum Schutz des Rechtsverkehrs auch aufgelöst durch die Löschung wegen Vermögenslosigkeit nach (3) FamFG § 394 IV. Mit der Löschung fehlt es an der in § 106 geforderten Publizität. 16

c) Ausnahme von II 1 Nr 1, 2 (II 2): Die Auflösung der KapitalGes & Co OHG (s Rn 18) ist dann nicht geboten, wenn die Ges mehrstöckig ist und in ihr letztlich doch eine natürliche Person persönlich haftet (II 2). Vgl § 19 II 2. 17

3) Gründe für das Ausscheiden eines Gesellschafters (III 1 Nr 1–6, III 2)

A. Der Tod des Gesellschafters (III 1 Nr 1): Grundsätzliches Ausscheiden: Wenn im GesVertrag nichts anderes bestimmt ist (§ 139), scheidet der Gfter mit seinem Tode aus (III 1 Nr 1). Dem steht die Todeserklärung gleich. Zur Auflösung der Ges kommt es mangels anderweitiger Vereinbarung im GesVertrag nicht (anders § 131 Nr 4 aF). Die Mitgliedschaft ist nicht ohne weiteres vererblich, dazu bedarf es einer Nachfolgeklausel, die der Praxis dringend zu empfehlen ist (§ 139 Rn 10), K. Schmidt ZIP **08**, 2345. Krit zu III 1 Nr 1 K. Schmidt NJW **98**, 2166, JZ **03**, 594, K. Schmidt ZIP **08**, 2337 zur Simultaninsolvenz bei der GmbH & Co (s Rn 35). Stirbt der **einzige Komplementär der KG,** ohne dass ein Erbe als phG nachfolgt, ist die KG aufgelöst, kann aber, wenn sich ein phG findet, fortgesetzt werden (§ 177 Rn 1); dasselbe gilt bei Ausscheiden des phG aus anderem Grund als III 1 Nr 1 (s Rn 36). 18

19 **Zweipersonengesellschaft:** Die Ges **erlischt** in jedem Falle, wenn von zwei Gftern einer stirbt und der andere ihn allein beerbt, falls nicht auf Grund Vereinbarung beider Gfter mit einem Dritten dieser an Stelle des Verstorbenen tritt (s Rn 35), BGH **65,** 82, **113,** 133, WM **57,** 513. Wird der einzige MitGfter des Erblassers Vorerbe, erlischt die Ges nicht, Baur/Grunsky ZHR 133 **(69)** 209, vgl BGH **98,** 57, aA Staub/Ulmer 69.

20 **Gesellschafter-Gesellschaft:** Analog zu III 1 Nr 1 (I Nr 4 aF) wird der Wegfall einer Gesellschafter-Gesellschaft (§ 105 Rn 28) behandelt (s Rn 27, RegE HRefG S. 66). Diese, also zB GmbH in GmbH & Co, scheidet allerdings nicht schon mit ihrer Auflösung (zB bei AG § 262 AktG, bei GmbH § 60 GmbHG), sondern erst mit ihrer **Vollbeendigung** (zB bei AG § 273 AktG, bei GmbH § 74 GmbHG) aus, RG **122,** 257, **123,** 294, BGH WM **82,** 974, Hbg NJW **87,** 1896, ZIP **07,** 1237, aA MüKo/K. Schmidt 68 (nicht III 1 Nr 1, sondern ergänzende Auslegung des GesVertrags: Unumkehrbarkeit der Auflösung), str, für Insolvenz der GmbH in der GmbH & Co iErg auch BGH **75,** 178, str (s Rn 22). Konsequenzen für die Auflösung der OHG bzw KG s Rn 36, Anh § 177 a Rn 45.

21 **Umwandlung:** III 1 Nr 1 gilt analog bei Umwandlung der GfterGes, wenn diese dabei erlischt, Schlegelb/K. Schmidt 33, str, nicht wenn sie bei Verschmelzung aufnehmender Rechtsträger ist (§ 2 I Nr 1 UmwG), RG **123,** 294, oder bei bloß formwechselnder Umwandlung.

22 B. **Insolvenz des Gesellschafters (III 1 Nr 2):** Die Eröffnung des Insolvenzverfahrens über das Vermögen eines Gfters (§ 128 Rn 47), bei der KG eines phG, aber auch eines Kdtisten (§§ 161 II; 177), führt mangels abweichender Bestimmung im GesVertrag (s Rn 78) für die ZweipersonenGes ergänzende Vertragsauslegung, MüKo/K. Schmidt 75) zum Ausscheiden des Gfters (III 1 Nr 2), auch nach Erbeneintritt in die Ges, auch aus der aus anderem Grunde aufgelösten Ges; GmbH & Co s Anh § 177 Rn 45. Zur Auflösung der Ges infolge der GfterInsolvenz kommt es mangels anderweitiger Vereinbarung im GesVertrag nicht (anders § 131 Nr 5 aF, BGH **75,** 181, und auch nach HRefG § 728 II 1 BGB für die GbR). Zum Ausscheiden bedarf es keiner Erklärung der übrigen Gfter gegenüber dem Insolvenzverwalter (anders § 141 II aF). Zum Ausscheiden führt auch die Nachlassinsolvenz des GfterErben (§§ 315 ff InsO), K. Schmidt § 50 II 3 b, aA BGH **91,** 132 (zu § 131 Nr 5 aF); der Gfter-Erbe kann jedoch von seinen MitGftern Verbleiben in der Ges fordern, wenn er den Anteil durch Zahlung aus seinem Privatvermögen aus der Nachlassinsolvenz auslöst. Abweisung des Antrags auf Eröffnung des Insolvenzverfahrens über das Vermögen des Gfters führt nicht zum Ausscheiden, auch nicht bei Abweisung mangels Masse (§ 26 InsO, s auch Rn 20), BGH **75,** 181, **96,** 154, NJW-RR **89,** 995, Hbg ZIP **07,** 1237, Staub/Schäfer 88, aA MüKo/K. Schmidt 74, K. Schmidt BB **80,** 1497: a fortiori, zur GmbH & Co Anh § 177a Rn 45.

23 C. **Kündigung des Gesellschafters (III 1 Nr 3):** Wenn im GesVertrag nichts anderes bestimmt ist, scheidet der Gfter mit seiner Kündigung aus (III 1 Nr 3). Zur Auflösung der Ges kommt es mangels anderweitiger Vereinbarung im GesVertrag nicht (anders § 131 Nr 6 aF), anders bei Kündigung des einzigen Komplementärs der KG (s Rn 18). Voraussetzung für III 1 Nr 3 ist eine wirksame **ordentliche Kündigung** oder eine im GesVertrag zugelassene wirksame **Kündigung aus wichtigem Grund** (§ 133 Rn 18). Nach Wortlaut und Sinn von III 1 Nr 3, § 133 wird man weitergehend auch die gesetzliche Kündigung aus wichtigem Grund (Austritt ohne Gestaltungsklage) hierher rechnen können, str (§ 133 Rn 1); nicht aber die gesetzliche Hinauskündigung eines Gfters aus wichtigem Grund, diese ist nur nach § 140 möglich, der aber seinerseits nicht zwingend ist (§ 140 Rn 28, 30). Kündigungsfrist für den Gfter s §§ 132, 134.

D. **Kündigung durch den Privatgläubiger des Gesellschafters (III 1** 24
Nr 4): Wenn im GesVertrag nichts anderes bestimmt ist, scheidet der Gfter mit
der Kündigung durch den Privatgläubiger des Gfters aus (III 1 Nr 4). Zur Auflösung der Ges kommt es mangels anderweitiger Vereinbarung im GesVertrag
nicht (anders § 131 Nr 6 aF). Einziger Komplementär einer KG s Rn 18. Voraussetzungen und Rechtsfolgen der Kündigung s § 135.

E. **Eintritt von weiteren im Gesellschaftsvertrag vorgesehenen Fällen** 25
(III 1 Nr 5): Der GesVertrag kann das Ausscheiden eines Gfters aus der Ges auch
in anderen Fällen als nach III 1–4, 6 vorsehen (III Nr 5, s auch Rn 82), zB bei
außerordentlicher Kündigung des Gfters (aber § 133 III, s dort Rn 19), bei
Eintritt bestimmter Umstände in der Person des Gfters wie Alter, Arbeitsunfähigkeit, Wiederverheiratung, BGH BB **65**, 1167, ua. III 1 Nr 5 ist insoweit missverständlich, als III 1 Nr 5 den Gftern nicht freie Hand für einen beliebigen
Ausschluss gibt. III 1 Nr 5 ändert nichts an den zu §§ 138, 140, 142 aF entwickelten Zulässigkeitsschranken für gesellschaftsvertragliche Ausschlussklauseln
(RegE), näher unten § 140 Rn 30 ff. Zulässig ist Ausscheidensklausel, die an ein
festes Tatbestandsmerkmal (zB Tod eines MitGfters) anknüpft, vgl BGH **105**, 213
(zur Kündigung, § 140 Rn 31), oder an nur in der Person des Ausscheidenden
gegebene, sachliche Gründe, zB Alter, Berufszulassung (vgl § 9 III PartGG),
Abberufung als Drittgeschäftsführer, Scheidung des Eingeheirateten ua.

F. **Beschluss der Gesellschafter (III 1 Nr 6):** Ein GfterBeschluss nach III 1 26
Nr 6 setzt mangels anderer Vereinbarung Einstimmigkeit voraus (§ 119 Rn 33).
Ausschluss gegen den Willen des Gfters ist nur durch Ausschlussklage nach
§§ 140, 133 bei wichtigem Grund in der Person des Gfters oder bei entsprechender Ausschlussklausel im GesVertrag möglich, str, aA iErg Wiedemann GedS
Lüderitz **00**, 809: auch ad hoc. III 1 Nr 6 ist wie Nr 5 missverständlich. Gemeint
ist nicht, dass die Gfter auf Grund von III 1 Nr 6 einen MitGter ohne dessen
Zustimmung bzw bei entsprechender GesVertragsklausel nach freiem Ermessen
ausschließen könnten (§ 140 Rn 31). III 1 Nr 6 ändert nichts an den zu §§ 138,
140, 142 aF entwickelten Zulässigkeitsschranken für solche gesellschaftsvertraglichen Ausschlussklauseln (RegE), so auch Wiedemann GedS Lüderitz **00**, 809 f,
812, näher unten § 140 Rn 30 ff.

G. **Analogie zu III 1 Nr 1–6:** Die analoge Anwendung von III 1 Nr 1–6 auf 27
weitere gesellschafterbezogene Ausscheidensgründe bleibt möglich, RegE,
MüKo/K. Schmidt 56. Dabei tritt Ausscheiden des Gfters an die Stelle der bisher
in Analogie zu I Nr 1–6 aF angenommenen Auflösung der Ges. Eine solche
Analogie zu III 1 Nr 1 (I Nr 4 aF) wird für den Wegfall einer GesellschafterGesellschaft gezogen (s Rn 20). Ausschließungs § 140.

H. **Zeitpunkt des Ausscheidens (III 2):** II regelt (nur) den Zeitpunkt des 28
Ausscheidens nach III 1. Dieser fällt mit dem Eintritt des den Gfter betreffenden
Ereignisses zusammen, im Falle von III Nr 2 also mit der Eröffnung des
Insolvenzverfahrens (§ 27 I, III InsO). Im Fall der Kündigung (III 1 Nr 3, 4)
scheidet der Gfter nicht vor Ablauf der Kündigungsfrist aus (III 2 letzter Halbs,
§§ 132, 134, 135).

4) Rechtsfolgen der Auflösung, Fortsetzung der aufgelösten Gesellschaft

A. **Rechtsfolgen der Auflösung, Beginn der Abwicklung:** Die Auflösung 29
der Ges (I, II) bedeutet idR nicht die Beendigung der Ges, sondern bloße
Zweckänderung von werbender in abwickelnde Tätigkeit (s Rn 2). Mit der
Auflösung beginnt die Abwicklung oder Liquidation als Auseinandersetzung
unter den Gftern (§§ 145 ff HGB, §§ 730 ff BGB) als gesetzliche Regelfolge,
wenn die Gfter nichts anderes vereinbart haben und nicht über das Vermögen
der Ges das Insolvenzverfahren eröffnet ist. Mit Auflösung der Ges verlieren die Gfter
ihre Geschäftsführungs- und Vertretungsbefugnis an die Liquidatoren (§§ 146 ff).

§ 131 30–34 II. Buch. Handelsgesellschaften und stille Gesellschaft

Schutz der Ges bei Auflösung durch Tod oder Insolvenz des Gfters entgegen III 1 Nr 1, 2 s Rn 74. Gutgläubig kraft Gesetz oder Vertrag geschäftsführende Gfter werden durch den dispositiven **§ 729 Satz 1 nF BGB** geschützt (weiter als § 136 aF). Das gilt nicht für die Vertretungsmacht; diese wirkt, solange sie eingetragen und ihr Erlöschen Dritten unbekannt ist (§§ 15, 143). Der geschäftsführende Gfter wird damit vor Ersatzansprüchen geschützt, wenn er das Ende seiner Geschäftsführungsbefugnis infolge Auflösung der Ges ohne Fahrlässigkeit nicht kannte (§§ 122, 708 BGB, § 109 Rn 5).

30 B. **Fortsetzung der aufgelösten Gesellschaft:** Die Auflösung ist nicht (rückwirkend vom Auflösungstag) aufhebbar, keinesfalls mit Wirkung nach außen. Die Gfter können aber vor Vollbeendigung (s Rn 2) die in der Auseinandersetzung befindliche Ges ex nunc **fortsetzen,** dh wieder zur werbenden machen (Zweckänderung nach § 705 BGB, § 105 HGB), der dies ausdrücklich besagende § 144 enthält einen allgemeinen Grundsatz.

31 **Fortsetzungsbeschluss:** Zur Fortsetzung ist ein Fortsetzungsbeschluss nötig, auch formlos und stillschweigend (vgl § 105 Rn 62), zB bei gemeinsamer Einstellung von Personal oder Abschluss längerfristiger Verträge, nicht bloße Verhandlungen über Fortsetzung, BGH NJW **95,** 2843. Stillschweigende Fortsetzung nach Zeitablauf s § 134. Da es sich um eine Zweckänderung handelt, muss der Beschluss einstimmig sein, nachträgliche Zustimmung heilt (§ 184 I BGB), BGH **8,** 39, ZIP **07,** 1988. Der GesVertrag kann Mehrheitsbeschluss genügen lassen, doch genügt allgemeine Zulassung der Änderung des GesVertrags mit Mehrheit iZw nicht (Bestimmtheitsgrundsatz, § 119 Rn 37). Ausnahmsweise kann Zustimmungspflicht bestehen (Treuepflicht, § 109 Rn 23, 27, § 105 Rn 66), uU bei Abfindungsangebot des MitGfter. Der minderjährige Erbe bedarf nicht der Genehmigung des Vormundschaftsgerichts (entspr Vertragsänderung, § 105 Rn 26), str, anders, wenn er erst nach Auflösung durch Erbfall eintrat. Fortsetzung ist ausgeschlossen, wenn öffentlichrechtliche Vorschriften (zB KWG, s Rn 8) entgegenstehen. Der Fortsetzungsbeschluss wirkt grundsätzlich nicht zurück, die Gfter können aber unter sich etwas anderes vereinbaren. Die Fortsetzung ist stets anmeldepflichtig, arg aus § 144 II. Fehlerhafte Fortsetzung s 105 Rn 96–97.

32 **Rechtsfolgen:** Die Ges bleibt dann auch bei Firmenänderung dieselbe. Statt der Auseinandersetzung (§§ 145 ff, 158) gelten dann mangels anderer Vereinbarung wieder Geschäftsführung und Vertretung nach dem GesVertrag, RG **106,** 66, BGH **1,** 327. Die aufgelöste und dann wieder zur werbenden gemachte Ges haftet für die alten Schulden, Grund: es ist dieselbe Ges, die Schulden sind ihre eigenen (anders nach Vollbeendigung, s Rn 33).

33 **Keine Fortsetzung nach Vollbeendigung:** Das Ende der Ges ist nicht aufhebbar, eine ganz abgewickelte oder anders zu Ende geführte Ges (zB Übernahme durch einen Gfter, Oldbg BB **55,** 237) kann nicht wiederhergestellt werden. Die Gfter müssen ggf eine neue Ges gründen. Das kann mit solchem Wiederbelebungsbeschluss gemeint sein. Diese neue Ges haftet nicht für die alten Schulden, wohl aber haften die Gfter (§§ 128 ff, 159 f). Auffinden von Vermögen nach angenommenem Ende der Ges s § 157 Rn 3.

5) Rechtsfolgen des Ausscheidens eines Gesellschafters

34 A. **Ausscheiden und Fortsetzung unter den übrigen Gesellschaftern: a) Grundsätzliche Fortsetzung:** Nach III scheidet der betroffene Gfter mangels abweichender vertraglicher Vereinbarung aus, Erben des verstorbenen Gfters treten nicht ein. Rechtsfolge bei Ausscheiden ist, ohne dass das im Gesetz ausdrücklich gesagt werden muss, die Fortsetzung der Ges unter den übrigen Gesellschaftern (vgl § 143 II, III). Etwas anderes gilt beim Ausscheiden des phG in der KG, das führt mangels Nachfolge etwa eines Erben zur Auflösung, da die

1. Abschnitt. Offene Handelsgesellschaft   35–37 § 131

KG ohne phG als werbende nicht fortbestehen kann (s Rn 18, § 177 Rn 1). Zeitpunkt des Ausscheidens s III 2 (s Rn 28). Der Grundsatz der Fortsetzung ohne den Ausgeschiedenen, aber auch des Übergangs auf den Verbliebenen bei der ZweipersonenGes (s Rn 35) kann durchaus zu unbefriedigenden Ergebnissen führen (das sieht auch der RegE); abweichende Vereinbarungen entweder schon zu Auflösung statt Ausscheiden (s Rn 74) oder zur Höhe und Berechnung der Abfindung (Abfindungsklauseln, s Rn 58) wird sich in vielen Fällen empfehlen.

b) Zweipersonengesellschaft: Die Ges **erlischt** in jedem Falle, wenn von 35 den zwei Gftern nur noch einer übrig bleibt (Konfusion), zB wenn alle anderen ausscheiden oder ausgeschlossen werden (§ 140 I 2) oder der eine Gfter den anderen beerbt oder seinen Anteil unter Lebenden erwirbt (s Rn 19), BGH **65,** 82, **113,** 133, WM **57,** 513, NJW **93,** 1918, Ffm ZIP **04,** 1458 (Vereinigung zweier GmbH & Co), KG ZIP **05,** 1640, MüKoBGB/Ulmer Vor § 723 Rn 9. Das GesVermögen geht auf den Verbliebenen im Wege der **Gesamtrechtsnachfolge** über (§ 105 Rn 8, 140 Rn 25), BGH ZIP **04,** 1047, Hbg ZIP **07,** 1237 (Simultaninsolvenz von GmbH und KG), MüKoBGB/Ulmer/Schäfer § 718 Rn 13, 730 Rn 81, nicht Anwachsung s § 738 I 1 BGB (s Rn 39, Fortsetzungsklausel s Rn 81), so aber BGH ZIP **08,** 1677 (GbR), was Konsequenzen für die Haftung hat (der verbleibende Kdtist haftet als Gesamtrechtsnachfolger grundsätzlich unbeschränkt, str, für alle Altschulden der Ges), BGH **48,** 206, **113,** 134, und kautelarische Vorsorge geraten sein lässt (s Rn 84, 81), Haftungsbeschränkung (entspr § 27), Bork/Jacoby ZGR **05,** 632, krit K. Schmidt ZIP **08,** 2337. Statt Abwicklung hat der Ausgeschiedene einen Abfindungsanspruch. Die nach § 159 fortbestehende Haftung der Gfter für die GesSchulden und die aus ihr etwa folgenden Ausgleichspflichten unter ihnen tragen unter den Gftern kein GesVerhältnis, es fehlt insoweit am gemeinsamen Zweck (§ 705 BGB, § 105 Rn 1). Vollbeendigung und Gesamtrechtsnachfolge während eines Prozesses s § 124 Rn 44; Auswirkung auf Insolvenzverfahren str, für Partikularinsolvenzverfahren des auf den Kdtisten übergegangenen Sondervermögens Bork/Jacoby ZGR **05,** 630, Hbg ZIP **07,** 1236. Näher zu den Folgen der Gesamtrechtsnachfolge auf Rechtsverhältnisse § 140 Rn 25.

c) Gesellschafter-Gesellschaft: Mit **Wegfall des einzigen Komplemen-** 36 **tärs** bei der KG kommt es bei dieser zur **Auflösung** und Abwicklung, BGH **8,** 37, WM **78,** 675, BayObLG BB **00,** 1211. Berufung eines neuen phG ist in der MehrpersonenGes möglich (Anh § 177 Rn 45). Ist eine **Gesellschafter-Gesellschaft** Komplementär, scheidet diese nicht schon mit ihrer Auflösung, sondern erst mit ihrer **Vollbeendigung** aus (s Rn 20), str; erst ihre Vollbeendigung führt dann zur Auflösung der KG. Ist die KG ZweipersonenGes, sind Auflösung und gleichzeitige Vollbeendigung die Folge (s Rn 35). Lit: Frey/von Bredow ZIP **98,** 1620, Bork/Jacoby ZGR **05,** 611.

B. Rechte und Pflichten der Gesellschaft und des Ausgeschiedenen: Im 37 **Innenverhältnis** zwischen der Ges und dem Ausgeschiedenen kommt es zur Auseinandersetzung nach §§ 738–740 BGB (s Rn 38 ff). Praktisch wichtig ist dabei für beide Teile vor allem die Abfindung des Ausscheidenden und ihre eventuelle Modifikation durch eine Abfindungsklausel (s Rn 58). Die verbleibenden Gfter haben aber immer noch die Möglichkeit, die Auflösung zu beschließen. Das ändert dann zwar nichts daran, dass der Ausgeschiedene ausgeschieden bleibt, doch wird sich dann der Abfindungsanspruch am Liquidationserlös der übrigen Gfter ausrichten. Gutgläubig kraft Gesetz oder Vertrag geschäftsführende Gfter werden durch das dispositive **§ 729 Satz 2 nF BGB** geschützt (s Rn 29). Auch der ausgeschiedene Gfter ist durch die **nachwirkende Treuepflicht** (§ 109 Rn 24) noch insoweit gebunden, als er die Belange der Ges nicht durch unlautere Handlungen beeinträchtigen, zB keine Geheimnisse verraten und den Ruf der OHG nicht schädigen darf. Ein **Wettbewerbsverbot** für den ausgeschiedenen Gfter gemäß §§ 112, 113 folgt daraus aber nicht. Dazu ist eine besondere Wettbewerbsabrede nötig, zB Mandantenschutzklausel (§ 112 Rn 14). **Informationsrecht** s Rn 47, 52. Im **Außenverhältnis** haftet der Ausgeschiedene für vor seinem Ausscheiden begründete Gesellschaftsverbindlichkeiten weiter (§ 128 Rn 28–36); zeitliche Begrenzung der **Nachhaftung** des ausgeschiedenen Gfters nach § 160 (§ 128 Rn 31). Besonderheiten gelten in der ZweipersonenGes (s Rn 35). Der Erbe des ausgeschiedenen Gfters haftet für dessen Verbindlichkeiten nach § 128 und für Ansprüche der Ges gegen den Erblasser, diese Erbenhaftung ist aber erbrechtlich beschränkbar (§§ 1975 ff BGB). Haftung bei Nichteintragung im HdlReg s § 143 Rn 6. Auswirkungen auf die **Firma** s § 24 I, II. Bei der **Anmeldung** des Ausscheidens hat der Ausgeschiedene bzw sein Erbe mitzuwirken (§ 108 Rn 1), er kann dies nicht von der Zahlung der Abfindung abhängig machen, Hbg OLGE **40,** 189.

38   C. **Auseinandersetzung mit dem Ausgeschiedenen nach §§ 738–740 BGB:** Auch für die OHG und KG gelten §§ 738–740 BGB (§§ 161 II, 105 II). Aber diese sind mit Ausnahme von § 738 I 1 BGB (Anwachsung, s Rn 39) nicht zwingend, **abweichende Vereinbarungen** sind **die Regel,** zB Abfindungsklauseln (s Rn 58 ff). Bei Insolvenz des Gfters nach III 1 Nr 2 erfolgt die Auseinandersetzung mit dem Insolvenzverwalter, das Auseinandersetzungsguthaben des ausgeschiedenen GfterSchuldners kommt der Insolvenzmasse zu.

39   D. **Anwachsung des Anteils am Gesellschaftsvermögen:** Der Anteil des Ausgeschiedenen am GesVermögen (§ 124 Rn 16) wächst den andern Gftern mit dem Ausscheiden automatisch, also ohne besonderen Übertragungsakt, zu (§ 738 I 1 BGB), RG **136,** 99, hL; nach aA folgt dies schon aus der Kontinuität der Gesamthand, K. Schmidt § 45 II 5, bei ZweipersonenGes dagegen Gesamtrechtsnachfolge (mit Konsequenzen für die Haftung, s Rn 35). Bei Grundstücken vollzieht sich dies also außerhalb des Grundbuchs. Ein besonderer Gläubigerschutz ist nicht vorgesehen. § 738 BGB gilt nicht bei Anteilsübertragung (§ 105 Rn 69) zwischen dem alten und dem neuen Gfter, BGH NJW **75,** 166 (GbR). § 738 I 1 BGB ist zwingend, RG **56,** 208, Soergel/Hadding § 738 Rn 1, str, das betrifft jedoch nur das Anwachsungsprinzip, nicht die Anwachsungsquote, die von den bisherigen Beteiligungsverhältnissen abweichen kann, MüKo/Ulmer/Schäfer § 738 Rn 13, K. Schmidt FS Huber **06,** 987, Früchtl NZG **07,** 368.

40   Nach Anwachsung sind die **Kapitalanteile** (§ 120 Rn 12) der bleibenden Gfter neu, iZw entspr ihren bisherigen Anteilen, zu bestimmen. Sie ändern sich ausnahmsweise nicht, wenn sich das Abfindungsguthaben des ausgeschiedenen Gfter mit seinem Kapitalanteil deckt, also in der Bilanz dem Eigenkapital gerade das abgeht, was den MitGftern zukommt.

41   E. **Rückgabe von Gegenständen:** Gegenstände, die ein Gfter zur Benutzung überlassen hat, sind ihm zurückzugeben, ohne Ersatz für Verluste durch Zufall (§§ 738 I 2, 732 BGB). Die Ges hat ein Zurückbehaltungsrecht bis zur genauen Feststellung eines wahrscheinlich bestehenden Ausgleichsanspruchs gegen den Gfter in der Abschichtungsbilanz, BGH NJW **81,** 2802. Umgekehrt ist der Ausgeschiedene verpflichtet, Gegenstände, die ihm auf Grund des GesVerhältnisses von der Ges oder MitGftern zu Eigentum oder zur Benutzung überlassen sind, zurückzugeben (§§ 667, 713 BGB).

42   F. **Befreiung von Schulden:** Der ausgeschiedene Gfter haftet im Außenverhältnis nach § 128 fort (§ 128 Rn 28), auch bei Kenntnis und Zustimmung des GesGläubigers zu einer entsprechenden Freistellungsvereinbarung, BGH WM **76,** 809. Der Ausgeschiedene hat deshalb einen Anspruch gegen die Ges, ihn von den gemeinschaftlichen Schulden zu befreien (§ 738 I 2 BGB), BGH **23,** 28. Der Anspruch geht auf **sofortige Befreiung,** also Beseitigung entweder der Schuld selbst (zB durch deren Erfüllung) oder der Haftung des Ausscheidenden für die Schuld (zB indem eine Entlassungserklärung des Gläubigers für ihn besorgt

1. Abschnitt. Offene Handelsgesellschaft 43–46 § 131

wird), auch wenn die Schuld noch nicht fällig ist und derzeit keine Inanspruchnahme des Ausgeschiedenen droht. Für nicht fällige Schulden genügt aber Sicherheitsleistung statt sofortiger Befreiung (§ 738 I 3 BGB). Für eine vom Dritten behauptete, von der Ges aber bestrittene Schuld gilt dies nicht, RG **60**, 156, der Ausscheidende trägt hier dasselbe Risiko wie sonst bei einer noch unbekannten Schuld. Der Ausscheidende kann entspr § 738 I 2 BGB fordern, dass die Ges ihn von einer **Sicherheit** befreit, die er aus seinem Privatvermögen einem GesGläubiger bestellt hat, RG **132**, 294, BGH BB **74**, 811; entspr von einer Bürgschaft gegenüber einem GesGläubiger, iErg anders BGH **51**, 208. Die Ges hat ein Zurückbehaltungsrecht (§ 273 BGB), wenn feststeht, dass der ausscheidende Gfter keine Abfindung bekommt, sondern Verlustausgleich (s Rn 55) schuldet, uU auch (§ 242 BGB) vor dieser Klärung, BGH BB **74**, 811. Der Anspruch auf Freihaltung von einer Verbindlichkeit ist an deren Gläubiger **abtretbar** und wird dann Zahlungsanspruch, BGH **23**, 22.

Keine Befreiung: Bei Anteilsübertragung hat der alte Gfter keinen Freistellungsanspruch gegen den neuen, BGH DB **75**, 145, NJW **81**, 1095 (GbR, bei OHG beachte § 130). Falls es nicht zur Befreiung kommt und der ausgeschiedene Gfter von GesGläubigern in Anspruch genommen wird, hat er Anspruch auf **Erstattung** aus § 670 BGB (§ 128 Rn 36). 43

G. **Gesamtabrechnung:** Einzelansprüche zwischen Ges und Ausgeschiedenem sind ebenso wie nach Auflösung (§ 145 Rn 6) bloße unselbstständige **Rechnungsposten** in der Auseinandersetzungsrechnung. Sie können also idR nicht mehr gesondert geltend gemacht werden, BGH **23**, 29, WM **71**, 131, **73**, 864, 88, 446, NJW **00**, 2586, **05**, 2618. Diese **Durchsetzungssperre** gilt für den Gfter ebenso wie für die Ges, zB Forderung auf Einlagennachschuss, BGH BB **52**, 870, Karlsr BB **73**, 1457 (stGes); Konsequenzen im Prozess s Rn 57. Eine **Ausnahme** davon gilt insbesondere für solche Einzelposten, von denen mit Sicherheit feststeht, dass der Gfter den so erlangten Betrag keinesfalls mehr zurückzahlen muss, BGH **37**, 305, WM **81**, 487, **88**, 448 (vgl § 145 Rn 6), auch bei Truepflichtverletzung oder besonderer Absprache, BGH NJW **98**, 376; im Einzelfall auch für solche aus unerlaubter Handlung, LG Hbg MDR **72**, 596; erst recht für Drittgeschäfte (§ 124 Rn 52), RG **118**, 299, MüKo/K. Schmidt 132, aA BGH WM **78**, 90, **79**, 938, Düss BB **91**, 946 (atypische stGes). Die Gesamtabrechnung erfolgt idR durch Abschichtungsbilanz zum Zeitpunkt des Ausscheidens (Stichtag s Rn 50). 44

H. **Beteiligung an schwebenden Geschäften: a) Grundsatz:** Der ausgeschiedene Gfter nimmt im Innenverhältnis am Gewinn und Verlust der schwebenden Geschäfte teil (§ 740 I 1 BGB). § 740 BGB verselbstständigt den Anspruch aus schwebenden Geschäften gegenüber dem Abfindungsanspruch zwecks Erleichterung der Auseinandersetzung der Gfter, BGH NJW **93**, 1194. § 740 BGB ist jedoch mit der Ertragswertermittlung unvereinbar (s Rn 49) und deswegen insoweit heute weitgehend **überholt**, MüKoBGB/Uimer/Schäfer § 740 Rn 3. Bei anderer Wertermittlung, namentlich Substanzwertermittlung, wird dagegen von der Rspr weiterhin § 740 BGB angewandt. § 740 ist in vollem Umfang **abdingbar**, BGH WM **79**, 1065, so idR durch Buchwertklausel, die auf den letzten Jahresabschluss abstellt, MüKoBGB/Ulmer/Schäfer § 740 Rn 8. 45

b) Begriff des schwebenden Geschäfts: Ein schwebendes Geschäft ist ein die Ges im Zeitpunkt des Ausscheidens des Gfters bereits bindendes, aber von beiden Vertragspartnern bis dahin noch nicht voll erfülltes Geschäft, BGH WM **86**, 709. Nur unternehmensbezogene Umsatzgeschäfte gehören dazu, nicht bloße Hilfsgeschäfte. Dauerschuldverhältnisse fallen nicht darunter, BGH WM **86**, 709, 967, sonst Perpetuierung der GesZugehörigkeit. Die Verbleibenden können die Geschäfte nach pflichtmäßigem Ermessen abwickeln (§§ 740 I 2, 708 BGB; § 109 Rn 5). 46

Hopt

§ 131 47–50   II. Buch. Handelsgesellschaften und stille Gesellschaft

47 **c) Rechenschaft, Auszahlung, Auskunft:** An jedem Geschäftsjahresende kann der ausgeschiedene Gfter Rechenschaft, Auszahlung des ihm gebührenden Betrags und Auskunft über den Stand der noch schwebenden Geschäfte verlangen (§ 740 II BGB), dazu BGH WM **80**, 212. Der ausgeschiedene Gfter hat nicht mehr das Informationsrecht nach § 118, str (s Rn 52, § 118 Rn 2), also kein Recht auf Einsicht der Bücher und Papiere der Ges, sondern nur auf Rechnung, Belege und uU Abgabe einer eidesstattlichen Versicherung nach § 259 BGB, BGH BB **59**, 828, **61**, 190. Auszahlung nicht unbedingt nach dem Ergebnis der Rechnungslegung; der Gfter kann sein Guthaben ohne Rechnung einklagen, wenn er es anderweit berechnet. Generalunkosten treffen den Ausgeschiedenen anteilig. Der Anspruch aus § 740 BGB ist, da selbstständig, kein Rechnungsposten der Ermittlung des Abfindungsguthabens (s Rn 22), BGH WM **85**, 1166, hL; er kann daher, wenn er ausnahmsweise früher geklärt wird, auch vor Regelung der Abfindung geltend gemacht werden, BGH BB **69**, 773, NJW **93**, 1194.

6) Die Abfindung des ausscheidenden Gesellschafters

48 A. **Abfindungsanspruch:** Der Ausgeschiedene erhält für seinen Anteil am GesVermögen das, was er bei Auflösung der Ges und Auseinandersetzung erhalten würde (**Auseinandersetzungsguthaben,** § 738 I 2 BGB). Der Abfindungsanspruch entsteht mit Ausscheiden des Gfters (Stichtag s Rn 50), BGH **88**, 207, und richtet sich gegen die Ges (§ 124), BGH WM **72**, 1400, und die Gfter (§§ 128, 130), BGH **148**, 206, WM **71**, 1451. Gleichzeitig Ausgeschiedene haften einander nicht, Stimpel **LM** § 135 Nr 2. Zahlung und Abtretung s Rn 54.

49 B. **Bewertung:** Die Abfindung bestimmt sich mangels anderer Vereinbarung (Abfindungsklauseln s Rn 58 ff) nach dem wahren Wert des GesVermögens am Tag des Ausscheidens (anders Jahresabschluss). Das erfordert eine Bewertung, deren Einzelheiten streitig sind (ausführlich Einl 34–37 vor § 1). Maßgeblich ist der volle wirtschaftliche Wert des lebenden Unternehmens (**Verkehrswert**) einschließlich aller stillen Reserven (§ 253 Rn 25 ff) und des Goodwill. Das ist der **Fortführungswert, nicht** der **Liquidationswert** (entgegen Wortlaut des § 738 I 2 BGB), dieser ist **nur** ein Mindestwert, also idR **Untergrenze** (Einl 37 vor § 1), und zwar auch bei einer Ertragswertklausel, BGH WM **06**, 776. Der Fortführungswert ergibt sich im Allgemeinen aus dem Preis, der bei der Veräußerung des Unternehmens als Einheit erzielt würde, BGH **116**, 370 (GmbH), WM **71**, 1450, **84**, 1506. Zutreffend ist nicht auf den Substanzwert, sondern auf den **Ertragswert** abzustellen (Prognose der künftigen Überschüsse der Einnahmen über die Ausgaben unter Abzinsung), hL im Anschluss an die Betriebswirtschaftslehre, BGH NJW **85**, 192, stRspr, vgl BGH **116**, 371; zu den Schwierigkeiten dieser Methode und zu Wertuntergrenzen (Liquidationswert, Börsenkurs) s Einl 37 vor § 1. Bei Ertragswertermittlung gibt es keine gesonderte Abrechnung schwebender Geschäfte mehr, § 740 BGB (s Rn 46) ist insoweit überholt. Meist ist Schätzung nötig (§ 738 II BGB), idR nur auf Grund von Sachverständigengutachten, BGH NJW **85**, 193. Bei Anteilsermittlung ist erst der Wert der Gesellschaft und dann erst der des Anteils zu ermitteln (indirekte Methode), IDW S 1 Tz 13 WPg **05**, 1303 (Einl 35 vor § 1), nach aA Direktermittlung ggf mit Paketzuschlag oder Minderheitsabschlag. Lit: Casper/Altgen DStR **08**, 2319 (ErbStReform), Einl 37 vor § 1.

50 C. **Abschichtungsbilanz:** Die Bewertung des GesVermögens ist grundsätzlich in einer besonderen Bilanz (Auseinandersetzungs-, Abfindungs- oder Abschichtungsbilanz) auszuweisen, BGH **17**, 136, **23**, 29, NJW-RR **86**, 454, üL, generell aA Ebenroth/Lorz 102 wegen Ertragswertberechnung. Sie ist ausnahmsweise entbehrlich, so in ganz einfach gelagerten Fällen, idR bei bloßem Buchwertabfindungsanspruch, BGH WM **80**, 1362, NJW-RR **87**, 1386, auch bei

Ertragswertberechnung (s Rn 49), aA MüKo/K. Schmidt 135, sonst nur bei Zustimmung des ausgeschiedenen Gfters (s Rn 23), wohl aA weitergehend Schulze-Osterloh ZGR **86,** 552. **Stichtag** ist der Zeitpunkt des Ausscheidens des Gfters (vgl demgegenüber §§ 140 II, 142 III), doch können auch nachträgliche Erkenntnisse Rückschlüsse auf die Werte am Stichtag erlauben, BGH WM **81,** 452. **Gewinn oder Verlust** ergeben sich aus dem Vergleich der Abfindungsbilanz mit dem letzten Jahresabschluss (bei Ausscheiden zum Geschäftsjahresende: mit dem vorigen Jahresabschluss). Der so ermittelte Auseinandersetzungsgewinn, einschließlich insbesondere der aufgelösten stillen Reserven und des aktivierten Goodwill (s Rn 49), ist nach dem (vertraglichen, sonst gesetzlichen) Gewinnverteilungsschlüssel (und zwar dem zuletzt gültigen, nicht davon abweichenden früheren bei Bildung der stillen Reserven) dem Kapitalanteil des Ausscheidenden zuzuschlagen, BGH **17,** 133, **19,** 47, im Einzelnen str. Schwebende Geschäfte gehen nicht in die Abschichtungsbilanz ein, sondern werden gesondert abgerechnet (s Rn 47).

Aufstellung der Abschichtungsbilanz ist grundsätzlich Recht aller Gfter ein- 51 schließlich des ausgeschiedenen, auch unter Beiziehung von Sachverständigen (vgl § 118 Rn 9). Sie obliegt aber idR den Gftern, die dafür zuständig sind bzw dies am ehesten können, also idR den verbliebenen geschäftsführenden Gftern, BGH NJW **09,** 433, doch kann auch der Ausgeschiedene selbst mitwirkungspflichtig sein, BGH BB **73,** 441. Der ausgeschiedene Gfter hat einen klagbaren **Anspruch auf Aufstellung** der Abschichtungsbilanz (Ausnahmen s Rn 50) und ihrer Vorlegung. Der Anspruch richtet sich gegen die Ges, MüKo/K. Schmidt 136, nach aA gegen den oder die zuständigen Gfter, stRspr, üL, zB den einzig verbleibenden phG, BGH NJW **59,** 1491, oder einen Kdtisten mit Geschäftsführungsmacht (§ 164 Rn 7), BGH BB **73,** 441; nach aA Wahlmöglichkeit zwischen Ges und Gfter, Heymann/Emmerich § 138 aF Rn 18. Die **Feststellung** (Billigung) der Abschichtungsbilanz ist ein auch stillschweigend geschlossener **kausaler Feststellungsvertrag** ebenso wie beim Jahresabschluss (§ 164 Rn 3, § 242 Rn 3), str, MüKo/K. Schmidt 137. Bindungswirkung s § 164 Rn 3, Schwung BB **85,** 1375.

D. **Informationsrecht des Ausgeschiedenen:** Der ausgeschiedene Gfter hat 52 nicht mehr das Informationsrecht nach § 118, str (§ 118 Rn 2), aber bezüglich der Zeit vor dem Ausscheiden die Einsichts- und Auskunftsrechte aus § 810 BGB und § 242 BGB (für schwebende Geschäfte § 740 II, s Rn 47), BGH WM **89,** 878. Im Prozess kann das Gericht Sachverständige zuziehen (§ 287 ZPO); dadurch verliert der Ausgeschiedene aber nicht das Recht zur eigenen Überprüfung, BGH BB **59,** 505. Der Gfter kann noch vor Ausscheiden etwa durch Kündigung ein Recht auf Vorabklärung der Abfindung haben (Rücksichtspflicht, § 109 Rn 23), Erman FS Westermann **74,** 75. Abweichende Vereinbarungen zum Informationsrecht sind in bestimmten Grenzen möglich (§ 118 Rn 2, 17 ff, § 166 Rn 2, 18 ff).

E. **Schiedsgutachter:** Möglich und häufig ist die Vereinbarung im GesVer- 53 trag oder ad hoc, dass das Abfindungsguthaben verbindlich durch einen sachverständigen Schiedsgutachter festgestellt werden soll, vgl BGH NJW **57,** 1834. Dann gelten §§ 317–319 BGB, näher Einl 93–95 vor § 1. Das Schiedsgutachten ist im Rahmen von § 319 BGB nachprüfbar (Einl 93 vor § 1), BGH **6,** 339. Meist ist Feststellung nach billigem Ermessen (§ 319 I BGB), nicht nach freiem Belieben (§ 319 II BGB), gewollt (Einl 95 vor § 1), so bei Bindung an die allgemeinen wirtschaftlichen Grundsätze für einschlägige Bewertungen und die wahren Werte, BGH WM **76,** 253. Offenbar unrichtiger einzelner Wertansatz berührt idR nicht die schiedsgutachterliche Bilanz im Übrigen, BGH NJW **57,** 1834. Krasse Abweichung mehrerer Schiedsgutachten s BGH NJW **64,** 2401. Lit: Michalski ZIP **91,** 914.

§ 131 54–57   II. Buch. Handelsgesellschaften und stille Gesellschaft

54 F. **Zahlung:** Die Abfindung des ausgeschiedenen Gfters ist grundsätzlich sofort, dh sofern und sobald sie bestimmbar ist, **fällig** (§ 271 I BGB), Mü-KoBGB/Ulmer/Schäfer § 738 Rn 20, so jedenfalls mangels Aufstellung einer Abschichtungsbilanz (s Rn 50); wird eine solche aufgestellt, ist die Fälligkeit nach dem Parteiwillen für die dafür benötigte Zeit hinausgeschoben, nach aA stets erst mit Feststellung der Abschichtungsbilanz, aber Verzögerungsgefahr. Zahlung in mehrjährigen **Raten** ist zulässig mit Zustimmung des Ausgeschiedenen, bei Gefährdung der Ges durch sofortige Zahlung ausnahmsweise Zustimmungspflicht dazu (nachwirkende Treuepflicht, s Rn 37). Ist dabei eine vermeintlich wertbeständige, ausländische Währung als Wertmesser angenommen und wird diese unerwartet abgewertet, Ausgleich wegen Störung der Geschäftsgrundlage (§ 313 BGB), vgl RG **163,** 327, aber nur, wenn die Abwertung erheblich über normale Paritätsänderung hinausgeht. Recht auf Abschlagszahlung, wenn Mindesthöhe der Abfindung feststeht, BGH **LM** § 138 Nr 7, BB **61,** 348, DB **62,** 867. Kein Anspruch auf Sicherheit vor Auszahlung, RG JW **19,** 34. **Verzinsung** ab Fälligkeit, also grundsätzlich sofort (§ 271 BGB, Stichtag s Rn 50), BGH BB **59,** 719, jedenfalls für unter den Gftern unstreitige Beträge, sonst erst, wenn der Anspruch zu diesem Zeitpunkt bereits berechenbar ist, MüKo/K Schmidt 129; ist das nicht der Fall, dann erst zB wenn Abschichtungsbilanz festgestellt ist oder zumutbar hätte festgestellt werden können, uU stillschweigende Verzinsungsabrede, aber nicht ohne weiteres, aA Staub/Schäfer 142; Höhe nicht nach § 353, da der Abschluss des GesVertrags kein HdlGeschäft ist (§ 105 Rn 21), aA RG JW **38,** 3047, selbst wo Erben abzufinden sind, die nicht Kfm sind. Der Abfindungsanspruch ist **abtretbar** (§ 717 S 2 BGB, § 109 Rn 21), Rechtsstellung des Zessionars s § 109 Rn 20.

55 **Debetsaldo, Verlustausgleich:** Die Abschichtungsbilanz kann aber auch einen Debetsaldo zu Lasten des ausgeschiedenen Gfters ergeben. Dieser hat anteilig für einen Fehlbetrag der Ges aufzukommen (§ 739 BGB) und muss sein negatives Kapitalkonto (§ 120 Rn 22) und den Debetsaldo anderer Konten durch Zahlung an die Ges ausgleichen (kein selbstständiger Anspruch, § 120 Rn 13, 22), BGH NJW **99,** 2439. Dies widerspricht nicht dem (während Bestehens des GesVerhältnisses geltenden) Grundsatz, dass die Gfter nicht nachschusspflichtig sind (§ 109 Rn 13), BGH **23,** 30, WM **73,** 864.

56 **Aufrechnung:** Erst mit Feststellung des Abfindungsguthabens weiß man, ob der ausscheidende Gfter überhaupt einen Anspruch gegen die Ges hat; daher vorher keine Aufrechnung gegen Forderungen der Ges aus mit ihm abgeschlossenen Geschäften, Ansprüche aus solchen Geschäften kann die Ges außerhalb des Auseinandersetzungsverfahrens geltend machen, RG **118,** 297, 299.

57 G. **Prozess:** In Frage kommen eine Klage des Gfters auf **Zahlung** einer Abfindung in bestimmter Höhe wie umgekehrt Klage der Ges bei Debet (s Rn 50), und zwar auch schon vor oder ohne Auf- und Feststellung einer Abschichtungsbilanz, BGH WM **87,** 1280, Grund: Anspruch ist auch ohne solche fällig (s Rn 54); aber keine gesonderte Geltendmachung einzelner Rechnungsposten (s Rn 44); Klagegegner (Passivlegitimation) sind die Ges oder die Gfter (s Rn 20). Die Durchsetzungssperre (s Rn 44) schließt aber nicht Klage auf **Feststellung** bestimmter Einzelansprüche vorweg aus, BGH NJW **85,** 1898, etwa dass in die Abfindungsbilanz bestimmte Posten aufzunehmen oder dort außer Ansatz zu lassen sind. Nicht möglich ist dagegen eine Gestaltungsklage derart, dass die ganze Bilanz durch das Gericht festgestellt wird, BGH **26,** 28, WM **71,** 1450. Die zurzeit unbegründete Leistungsklage beinhaltet ohne weiteres Feststellungsbegehren (§ 140 BGB), BGH NJW **95,** 188, 00, 2586. Klagegegner ist hier die Ges oder der oder die bestreitenden Gfter. Klage auf **Aufstellung der Abschichtungsbilanz,** Klagegegner ist die Ges (s Rn 51), str, Vollstreckung nach § 887 ZPO, BGH NJW **09,** 432, MüKo/K. Schmidt 136, str. Dagegen

nach Auflösung der InnenGes idR keine Klage auf Zustimmung zur Abschichtungsbilanz, BGH WM **86**, 1144, str. Möglich ist auch **Stufenklage** (§ 254 ZPO) auf Aufstellung der Abschichtungsbilanz und auf Zahlung des Auseinandersetzungsguthabens, Karls BB **77**, 1475, Stötter BB **77**, 1219.

7) Abfindungsklauseln und ihre Grenzen

A. **Abweichende Vereinbarungen über die Auseinandersetzung:** Die 58 Auseinandersetzung kann durch GesVertrag oder durch spätere Vereinbarung ad hoc abweichend vom Gesetz geregelt werden (s Rn 38). Solche Abfindungsklauseln haben unterschiedliche **Zwecke**. Im Vordergrund steht meist die Erhaltung der Liquidität und Substanz des Unternehmens. Hinzu kommen der Wunsch, die stillen Reserven offenzulegen und Streit über die Höhe der Abfindung zu vermeiden. Auch kann durch eine ungünstige Abfindungsklausel Druck auf die Gfter ausgeübt werden, in der Ges zu verbleiben, Bsp: BGH NJW **89**, 2685.

Sehr unterschiedlich ist der **Inhalt** der Abfindungsklauseln. Sie können die 59 Abfindung völlig ausschließen, zB bei Tod eines Gfters für dessen Erben (s Rn 62), oder die Abfindung zu einem niedrigeren als dem wahren Wert (s Rn 49) vorsehen, zB so am häufigsten zum Buchwert (Kapitalkonto, s Rn 64), zum Substanzwert, Nennwert der Einlage oder Substanzwert kombiniert mit Ertragswert. Sie können aber auch nur die Berechnung, Zahlung oder sonstigen Modalitäten der Abfindung (s Rn 67) regeln. Lit: Rasner ZHR 158 **(94)** 293.

Das Problem der Abfindungsklauseln ist das ihrer **Grenzen**. Solche Grenzen 60 kann der **Gläubigerschutz** setzen. Bei Gläubigerbeeinträchtigung greift über die insolvenzrechtliche Anfechtung hinaus **§ 138 BGB** ein, MüKoBGB/Ulmer/Schäfer § 738 Rn 45. Das gilt insbesondere, wenn die Abfindungsklausel nicht den Gfter, sondern nur seine Gläubiger betrifft. Umgekehrt können die Gläubiger des Gfters jedoch grundsätzlich nicht mehr beanspruchen als dieser selbst, aA Heymann/Emmerich § 138 aF Rn 50, der den Ehegatten des ausgeschiedenen Gfters (Zugewinnausgleich, § 1376 BGB) und Pflichtteilsberechtigten (§ 2311 BGB), nach altem Recht auch nichtehelichen Kindern (ehem Erbersatzanspruch, § 1934 a aF BGB) stets Anspruch auf den vollen Wert des GesAnteils zubilligt und Buchwertklauseln insoweit für unwirksam hält.

Viel häufiger und praktisch wichtiger sind die Grenzen, die sich aus dem 61 **Gesellschafterschutz** ergeben. Rechtsgrundlage dafür ist ebenfalls **§ 138 BGB**, aber auch **§ 242 BGB** und nach der Rspr **§ 723 III BGB, § 133 III HGB** (s Rn 64), womit aber den Schutzzweck des § 133 III unter § 138 BGB berücksichtigen will. Eine Inhaltskontrolle nach **(5)** §§ 307 ff BGB scheidet bei GesVerträgen aus, **(5)** § 310 IV 1 BGB. Die so gesetzten Grenzen verlaufen in verschiedenen Fallgruppen unterschiedlich und sind auch seit etwa 1980 durch die höchstrichterliche Rechtsprechung deutlich zu Lasten der Ges und der verbleibenden Gfter (Konzept der „angemessenen" Abfindung) verschoben worden.

Lit: Heckelmann 1973, Gehrlein 1997 (GmbH), Richter 2002, Wangler 2. Aufl 2003, Haar 2006 (PersonenGes im Konzern, ökonomische Theorie); Ulmer/Schäfer ZGR **95**, 134, Schön ZHR 166 **(02)** 585 (PersonenGesKonzern), Boujong FS Ulmer **03**, 41, Habersack/Verse ZGR **05**, 451 (Mitarbeiterbeteiligung), Casper/Altgen DStR **08**, 2319 (ErbStReform), Henze FS K. Schmidt **09**, 619.

B. **Zulässiger Abfindungsausschluss bei Tod:** Der GesVertrag kann die 62 Abfindung für den (nicht eintretenden) Erben des verstorbenen Gfters wirksam völlig ausschließen, der Anteil des Gfters geht dann an die MitGfter, an einzelne von ihnen oder an Dritte, RG **145**, 294, **171**, 350, BGH **22**, 194, WM **71**, 1339, MüKo/K. Schmidt 161, hL, aA Heymann/Emmerich § 138 aF Rn 43. Eine

§ 131   63–65   II. Buch. Handelsgesellschaften und stille Gesellschaft

solche Vereinbarung ist, wenn sie gleichmäßig für alle Gfter gilt, keine Schenkung, BGH **22**, 194. Bei ungleicher Regelung kann Entgeltlichkeit aus Vorgängen bei Gründung der Ges folgen, vgl BGH WM **71**, 1339, KG JR **71**, 422 m Anm Säcker. Ist Schenkung anzunehmen (§ 105 Rn 56), ist sie unter Lebenden vollzogen durch Zuwendung der Anwartschaft auf den Anteil an die Begünstigten, Formmangel ist damit geheilt (§§ 2301 II, 518 II BGB), BGH WM **71**, 1339; KG JR **71**, 422. Abfindungsausschluss hindert nicht Rückforderung unzulässiger Entnahmen, ggf von den Erben, BGH BB **74**, 996.

63   **Unzulässiger Abfindungsausschluss in sonstigen Fällen:** Für die GbR wird zu Recht noch eine zweite Fallgruppe zulässigen Abfindungsausschlusses angenommen, nämlich für Ges mit rein ideellem Zweck, BGH **135**, 387, MüKoBGB/Ulmer/Schäfer § 738 Rn 62. Diese spielt jedoch für HdlGes keine Rolle. Im Übrigen ist der völlige Abfindungsausschluss jedoch grundsätzlich unwirksam, auch bei Ausschließung des Gfters aus wichtigem Grund, MüKo/K. Schmidt 166, MüKoBGB/Ulmer/Schäfer § 738 Rn 60, aA Flume I 1 § 12 III.

64   C. **Abfindungsbeschränkung durch Abfindungsklauseln: a) Grundsatz:** Häufig sind **Buchwertklauseln**, zB Beschränkung auf Buchwert (dh auf die Werte in der Jahresbilanz, also ohne stille Reserven, § 253 Rn 25 ff; Auslegung s Rn 71) oder Buchwert und stille Reserven (ohne Geschäftswert); Bspe für reine Buchwertklauseln, BGH BB **78**, 1333, WM **86**, 1527, für Buchwertklauseln mit Zu- und Abschlägen, BGH NJW **84**, 362, **89**, 2685. Sie werden heute von der Rspr anders als früher nicht mehr für grundsätzlich zulässig, sondern jedenfalls bei erheblicher Abweichung für grundsätzlich unzulässig angesehen, zB BGH NJW **79**, 104, allerdings nicht schon nach § 138 BGB, zutr MüKoBGB/Ulmer/Schäfer § 738 Rn 46, 64, sondern nach § 723 III BGB (und § 133 III HGB). Das Recht des Gfters auf Abfindung bei Ausscheiden ist ein Grundmitgliedschaftsrecht. **Bei erheblichem Missverhältnis** zwischen dem Buchwert und vollem wirtschaftlichen Wert (Ermittlung s Rn 49–50) ist eine Buchwertklausel aber wegen unzumutbarer Erschwerung der Kündigung (§ 723 III BGB) **unzulässig**, BGH **116**, 369 (GmbH), **123**, 283, WM **79**, 1065, NJW **85**, 192. Dazu gibt es **keine festen Prozentsätze**, vgl BGH NJW **93**, 2102 (s Rn 70); die in der Literatur zT vorgeschlagenen Grenzen (etwa 50%, Ulmer/Schäfer ZGR **95**, 153) mögen praktisch wünschenswert sein, täuschen jedoch über die Unterschiedlichkeit der Fallgruppen hinweg und gaukeln eine falsche Sicherheit vor. Typische Kündigungserschwerung genügt, tatsächliche Auswirkung auf den Kündigungsberechtigten ist unnötig. Diskrepanz zum vollen Wert kann auch bei Zugrundelegung der Einkommensteuerbilanz oder der Vermögensaufstellung nach BewG vorliegen, BGH WM **89**, 878. Klauseln über weniger als der Buchwert sind in aller Regel unzulässig, das wird vor allem für Klauseln über **Abschläge** vom Buchwert relevant sein, nach aA Unzulässigkeit nur mangels besonderer Gründe. Jedenfalls die Kürzung auf die Hälfte ist unzulässig, BGH NJW **89**, 2685, auch bei Hinauskündigung aus wichtigem Grund (s Rn 65) oder bei vorausgegangener Anteilsschenkung (s Rn 66). Ganz ausnahmsweise sind Abschläge akzeptabel, zB bei Absinken des wirklichen Werts unter den Buchwert.

65   **b) Anlass des Ausscheidens:** Buchwertabfindung für den Fall der **Ausschließung aus wichtigem Grund** ist grundsätzlich zulässig, offen BGH NJW **89**, 2685. Unzulässig ist dagegen auch dann die Kürzung auf die Hälfte, BGH NJW **89**, 2685. Buchwertklausel auch für den Fall der Ausschließung ohne sachlich gerechtfertigten Grund ist dagegen unzulässig (falls nicht schon wie idR die Ausschließung selbst unzulässig ist, § 140 Rn 31 ff), zulässig ist dann nur eine angemessene Abfindung, BGH NJW **79**, 104; anders kann es liegen, wenn die Persönlichkeit eines oder mehrerer Gfter entscheidend den inneren Wert der Ges prägt. Begrenzung der Abfindung bei **sachlich berechtigter Hinauskündi-**

1. Abschnitt. Offene Handelsgesellschaft   66–71   **§ 131**

gung (§ 140 Rn 31) auf den von dem Gfter (zB Mitarbeiter) für den Erwerb des Anteils gezahlten Betrag (zB Nennwert des Anteils) unter Ausschluss späterer Wertsteigerungen ist zulässig, BGH **164**, 108.

c) Art der Beteiligung: Diese Grundsätze gelten ebenso bei **Anteilsschenkung** (§ 105 Rn 56), auch der Beschenkte ist kein Gfter „minderen Rechts", BGH **164**, 115, NJW **89**, 2685, str (§ 140 Rn 31). Das schließt zwar nicht allgemein eine Berücksichtigung der Art der Beteiligung aus, zB für eine an die Beschäftigung bei der Ges gebundene Beteiligung mit bloßer Nennwerteinlage oder für unternehmerisch zweckbeschränkte Mitgliedschaften (s Rn 65). Aber das Konzept von Gftern minderen Rechts ist dafür ungeeignet, BGH **164**, 116. Wer einmal Gfter geworden ist und einen Anteil erworben hat, hat grundsätzlich Anspruch auf die diesem Anteil entsprechende Abfindung.   66

D. Berechnung und Zahlung gemäß Abfindungsklauseln: Klauseln über die Art und Weise der Berechnung der Abfindung, insbesondere über die Bewertungsmethode, sind ohne weiteres zulässig, soweit sie sich im Rahmen der üblichen Bewertungsmethoden halten (s Rn 49) und eine angemessene Abfindung zulassen. Schiedsgutachten s Rn 53.   67

Klauseln über Stundung des Abfindungsanspruchs sind zulässig; auch über Abfindung in Raten, aber in aller Regel nicht über 10 Jahre und nur bei angemessener Verzinsung und Sicherstellung, str, aA strenger Heymann/Emmerich § 138 aF Rn 51. Klausel über 15 gleiche Jahresraten ist auch bei 6% Zinsen unzulässig, BGH NJW **89**, 2685.   68

E. Ausübungskontrolle: a) Rechtsmissbrauch: Die Berufung auf eine Abfindungsklausel kann rechtsmissbräuchlich (§ 242 BGB, Treuepflicht, s Rn 37) sein, wenn derjenige, der sich darauf beruft, das Ausscheiden durch grob vertragswidriges Verhalten herbeigeführt hat, zB Berufung der verbliebenen Gfter auf eine weitreichende Buchwertklausel.   69

b) Anpassung an veränderte Umstände: Eine wirksame Abfindungsklausel wird nicht durch ein erst später eingetretenes grobes Missverhältnis zum wirklichen Anteilswert unwirksam, BGH **123**, 281. Das Festhalten an einer Abfindungsklausel kann aber durch die spätere Entwicklung unzumutbar werden (§ 242 BGB), eine feste quotenmäßige Grenze dafür gibt es nicht, BGH NJW **93**, 2101. Die Abfindung soll dann in ergänzender Vertragsauslegung zu ermitteln sein (zwischen Buch- und Verkehrswert), BGH **123**, 281, aber wohl nur in Ausnahmefällen hilfreich; richtiger Störung der Geschäftsgrundlage (§ 313 BGB), vgl BGH **126**, 226: §§ 157, 242 BGB, oder Ausübungs-, nicht Inhaltskontrolle nach § 242 BGB, Ulmer/Schäfer ZGR **95**, 144, dabei Orientierung am hypothetischen Parteiwillen. Relevant sind dabei ua Grad des Missverhältnisses (s Rn 64), Anlass des Ausscheidens (s Rn 65), Dauer der Mitgliedschaft, Beitrag zum Unternehmenserfolg, BGH NJW **93**, 2102, spätere Steuerentwicklungen, MüKoBGB/Ulmer/Schäfer § 738 Rn 42, auch sonstige Gründe, Büttner FS Nirk **92**, 128, aber nicht Gründe außerhalb des GesVerhältnisses, zB wirtschaftliche Lage oder private Umstände des Ausscheidenden.   70

F. Einzelprobleme: „Buchmäßiger Kapitalanteil" bedeutet nicht notwendig Bewertung nur nach Buchwerten und damit Ausschluss von den stillen Reserven, schließt aber iZw Geschäftswert aus, BGH BB **73**, 442. Abfindung „zu Buchwerten" erfasst idR nicht stille Reserven und Firmenwert, aber offene Rücklagen und sonstige Posten mit Rücklagecharakter, BGH BB **78**, 1333. Steuerrechtliche Sonderabschreibungen sind grundsätzlich nicht aufzulösen, MüKoBGB/Ulmer/Schäfer § 738 Rn 63. Klausel „Betriebsfortsetzungswert unter Auflösung stiller Reserven", BGH BB **61**, 348. Buchwert umfasst auf jeden Fall die offenen Rücklagen. Klausel über Erstattung der auf die Abfindung anfallenden Einkommensteuer (aus Veräußerungsgewinn) des Ausscheidenden durch die Ges kann   71

Hopt   693

auch Pflicht zum Ausgleich mittelbarer Steuerfolgen beinhalten, BGH BB **57,** 907. Ob mit Wert der Wert für die verbleibenden Gfter oder der bei (unterstellter) Veräußerung an Dritten maßgebend ist, ist Auslegungsfrage, BGH WM **73,** 286. Die Abfindungsvereinbarung hindert nicht nachträgliche Geltendmachung eines Ersatzanspruchs aus Untreue gegen den Ausgeschiedenen, BGH BB **60,** 755; aA im Falle einer ausdrücklichen Pauschalierungsklausel wohl BGH BB **62,** 1303.

72 Sittenwidrigkeit der Abfindungsklausel macht nicht ohne weiteres die Ausschließung überhaupt unwirksam (§ 140 Rn 33). Darlegungs- und Beweislast, zB für hinreichende Diskrepanz zwischen Buch- und wahrem Wert, liegt beim Gfter, BGH WM **89,** 878. Er hat dazu aber ein Einsichtsrecht nach § 810 BGB (s Rn 52), auch in die Prüfungsunterlagen, BGH WM **89,** 878 (vgl § 166 Rn 4).

73 G. **Rechtsfolgen:** Abfindungsklauseln, die die oben genannten Grenzen (s Rn 60 ff) überschreiten, sind unwirksam. Die Unwirksamkeit beschränkt sich auf die Klausel, sie erfasst nicht weitergehend den GesVertrag (§ 105 Rn 50). Die Klausel selbst ist nicht notwendigerweise insgesamt unwirksam. **(5)** § 306 II BGB greift zwar nicht ein (s Rn 61), eine geltungserhaltende Reduktion der Abfindungsklausel ist aber auch unter § 138 BGB nicht möglich, Grund: sie würde den sittenwidrig Handelnden belohnen, anders jedoch in den übrigen Fällen der Unwirksamkeit, MüKoBGB/Ulmer/Schäfer § 738 Rn 75, Büttner FS Nirk **92,** 127. Sie geschieht durch (auch **ergänzende**) **Vertragsauslegung** (§ 105 Rn 59). Diese führt idR zu dem Ergebnis, dass eine angemessene Abfindung geschuldet ist, BGH NJW **85,** 193.

8) Abweichende Vereinbarungen zur Auflösung (zu I, II)

74 A. **Erweiterung der Auflösungsgründe: a) Auflösungsklausel:** § 131 I, II ist nicht zwingend abschließend, der GesVertrag kann weitere Auflösungsgründe bestimmen (arg aus I Nr 1, 2), zB Auflösung statt Ausscheiden bei Tod, Insolvenz oder Kündigung des Gfters oder bei Kündigung durch den Privatgläubiger des Gfters (entgegen III 1 Nr 1–4, wie I Nr 3–6 aF). Auch Klausel über Auflösung bei Tod ua, verbunden mit Fortsetzung bei Beschluss und Ausscheidensrecht des Erben ist möglich.

75 **b) Rechtsfolgen:** Wird die Ges kraft **Auflösungsklausel** durch den **Tod des Gesellschafters** aufgelöst statt Ausscheidens des Gfters nach III 1 Nr 1, wird der **Erbe,** wenn die Ges nicht zugleich erlischt, neuer vollwertiger Gfter der Ges iL (§§ 145 ff), BGH **1,** 327, NJW **82,** 170. Er wirkt mit an der Ges iL (zB nach § 146 I), nimmt ggf teil am Fortsetzungsbeschluss (s Rn 30), KG HRR **42,** 477, auch bei Fortsetzung ohne ihn, und hat das Übernahmerecht nach § 140 I 2, BGH **1,** 327. Er hat das Anzeige- und Geschäftsführungspflichten nach § 727 II BGB (s Rn 79). Er haftet (beschränkbar als Erbe, ua § 1975 BGB, mit Erblasseranteil und Nachlass außerhalb der Ges) für GesSchulden, BGH **113,** 134, auch in der Liquidation (nach dem Erbfall) eingegangene, unter Geltung von § 15, BGH **66,** 102. Mehrere Erben treten als **Erbengemeinschaft** (§§ 2032 ff BGB) in die LiquidationsGes ein, RG **106,** 65, BGH NJW **82,** 170. Sie haben einen gemeinsamen Vertreter zu bestellen (§ 146 I 2). Der Testamentsvollstrecker verwaltet den Anteil, BGH **98,** 58. **Vor- und Nacherbe** s § 139 Rn 19.

76 **Scheinerben:** Der Scheinerbe bzw Scheinmiterben (mit und ohne Erbschein) wird nicht über § 1922 Gfter, auch nicht nach den Grundsätzen der fehlerhaften Ges, aA Konzen ZHR 145 **(81)** 61. Der wahre Erbe hat den Erbschaftsanspruch nach § 2018 ff BGB gegen den Scheinerben. Tritt der Scheinerbe dagegen auf Grund einer rechtsgeschäftlichen Eintrittsklausel (§ 139 Rn 3, 5) in die Ges ein, liegt eine fehlerhafte Ges vor (§ 105 Rn 79). Im übrigen Gutglaubensschutz bei Erbschein (§§ 2365 ff BGB). Lit: Fischer FS Heymanns Verlag **65,** 271, Schreiner NJW **78,** 921, Konzen ZHR 145 **(81)** 29.

1. Abschnitt. Offene Handelsgesellschaft 77–80 § 131

Wird die Ges danach bei **Tod** des Gfters aufgelöst, wird die Ges durch die 77 Pflicht des Erben zur unverzüglichen Anzeige und bei Gefahr im Verzuge durch **einstweilige Fortdauer** des Rechts und der Pflicht zur **Geschäftsführung** seitens des Erben (Miterben, §§ 431, 425, 2038 BGB; ab Erbschaftsanfall; bei Ausschlagung § 1959 BGB) und der übrigen Gfter geschützt (§ 727 II BGB, ähnlich § 137 I aF). Bei Auflösung wegen **Insolvenz** des Gesellschafters entsprechend einstweilige Geschäftsführung durch die übrigen Gfter (§ 728 II 2 BGB, ähnlich § 137 II aF), nicht den insolventen Gfter oder den Insolvenzverwalter, letzterer wirkt nur bei Liquidation mit (§ 146 III). § 727 II gilt entspr für Testamentsvollstrecker und Nachlassverwalter. Im Rahmen der notwendigen Maßnahmen hat der Erbe auch Vertretungsmacht. Die Pflicht des Erben ist eine Nachlassverbindlichkeit (§ 1967 BGB); daher gelten die gesetzlichen Beschränkungsmöglichkeiten (§§ 1975 ff BGB). Für eingegangene Verbindlichkeiten haften die Gfter (§ 128) und der Nachlass. Verletzung der Anzeige und Fortführungspflichten macht ersatzpflichtig (§ 280 BGB), Haftungsmaßstab ist § 708 BGB, str (§ 109 Rn 5). Im Falle der Insolvenz eines Gfters sind die MitGfter wegen ihrer Aufwendungen (§ 110) Massegläubiger in der Insolvenz des Gfters (§ 118 InsO); schließen sie Geschäfte mit Dritten, haftet diesen auch der insolvente Gfter persönlich (§ 128), nicht die Insolvenzmasse. Zur Stellung des Erben in der AbwicklungsGes MüKoBGB/Ulmer/Schäfer § 727 Rn 13.

B. Einschränkung der Auflösungsgründe, Fortsetzungsklauseln: a) 78 **Einschränkung der Auflösungsgründe:** Die Auflösungsgründe sind zT zwingendes Recht, so nach I Nr 3, II 1 Nr 1, 2 sowie die Auflösungsgründe nach Sondergesetzen (s Rn 8). Auch die Vollbeendigung mit Wegfall des vorletzten Gesellschafters (s Rn 7) ist nicht dispositiv (nur EinpersonenKapitalGes). Privatautonomie besteht dagegen nach I Nr 1, 2, einer Fortsetzungsklausel (s Rn 79) bedarf es dazu nicht. Dispositiv ist auch I Nr 4 iVm § 133, der GesVertrag kann dazu zB statt Auflösung Ausscheiden des Gfters vorsehen (§ 133 Rn 19).

b) Fortsetzungsklauseln: Die vor Reform des § 131 verbreiteten Fortset- 79 zungsklauseln zielten auf die Auflösung der Ges durch Kündigung, Tod und Insolvenz eines Gfters (§ 131 Nr 6, 5, 4 aF) und ersetzten die Auflösung (und Liquidation) der Ges durch Ausscheiden des Gfters aus der unter den MitGftern fortbestehenden Ges (§ 138 aF). Da in diesen Fällen der Gfter nunmehr nach III ausscheidet, haben sie für Fortsetzung der Ges ihre Funktion verloren (anders für die GbR, s § 736 BGB). In besonderen Fällen haben Fortsetzungsklauseln aber nach wie vor für die Fortsetzung der Ges Bedeutung, zB nach Ende des Insolvenzverfahrens (I Nr 3, s Rn 13), im Fall des § 133 (dort Rn 19), bei Auflösung infolge Wegfalls des vorletzten Gfters (s Rn 35) oder des einzigen Komplementärs (s Rn 36) oder wenn die Ges nach Sondergesetzen aufgelöst ist (s Rn 8) und der sondergesetzliche Auflösungsgrund später wegfällt. Die Gfter können die Fortsetzung auch ad hoc vereinbaren. Dazu ist grundsätzlich Einstimmigkeit erforderlich, doch kann GesVertrag Mehrheitsbeschluss zulassen (s Rn 30). Vertragskonstruktionen vom Ziel der „ewigen" NachfolgeGes, Sudhoff DB **71**, 2097. Mit der Fortsetzungsklausel wird nur die Fortsetzung der Ges gesichert; soll die Ges mit dem Erben statt dessen Ausscheiden fortgesetzt werden, ist eine Nachfolgeklausel notwendig (§ 139 Rn 10, 14).

c) Einzelprobleme bei Fortsetzungsklauseln: Die folgende Rspr hat ihre 80 Hauptanwendungsfälle verloren, aber ist für Sonderfälle weiterhin relevant (s Rn 79). Der GesVertrag kann die Fortsetzung ausdrücklich vorsehen, Bsp: BGH BB **73**, 166, **74**, 902. Dieser GfterWille kann sich aber auch erst aus (auch ergänzender) Vertragsauslegung ergeben (§ 105 Rn 59), BGH WM **73**, 37, BB **79**, 287. Dafür genügt nicht allein Entwicklung zum Großunternehmen, sofern die Personenbezogenheit der Ges gewahrt bleibt, BGH DB **77**, 1303. In der PublikumsGes ist dagegen in aller Regel eine Fortsetzungsklausel als gewollt anzusehen (Anh § 177a Rn 83). Fortsetzungsklausel für einen Fall (Todesfall nach § 131 Nr 4 aF) zwingt nicht zu entspr Auslegung für einen anderen (Kündigung nach § 131 Nr 6 aF), BGH DB **77**, 1303. Möglich ist Klausel, dass die MitGfter nicht ohne weiteres fortsetzen, sondern dies nur beschließen können, mit oder ohne Teilnahme des Kündigenden, einstimmig oder mit Mehrheit, vgl BGH BB **74**, 902. Scheidet bei einer KG der Einzige phG aus (s Rn 36), so kann GesVertrag vorsehen, dass die verbleibenden Kdtisten einen neuen phG aufnehmen; verweigert ein Kdtist hierbei seine Mitwirkung, kann dies treuwidrig sein (§ 109 Rn 23), BGH DB **79**, 1836. Fortsetzungsklausel ist auch auf Ausscheiden mehrerer AltGfter anwendbar, § 723 III BGB greift nicht, BGH NJW **08**, 1943, 2987 (GbR).

81 **Zweipersonengesellschaft:** Bei Ges mit nur (noch) zwei Gftern (ZweiPersonenGes, s Rn 19, 35) ist die Fortsetzungsklausel, auch wenn die Ges ursprünglich mehr Gfter hatte, idR dahin zu verstehen, dass bei Wegfall des einen Gfters der andere ein Übernahmerecht hat (§ 140 Rn 30) und bei dessen Ausübung das Geschäft von Rechts wegen auf ihn als Alleininhaber übergeht (Gesamtrechtsnachfolge s Rn 35, nicht Anwachsung, s Rn 39, entsprechende Haftungsfolgen, s Rn 84), BGH **LM** § 138 Nr 2, BB **65**, 844, Mü BB **81**, 1117 (Kündigung); s auch Rn 84. Übernahmerecht, iZw nicht Übernahmepflicht, Karls ZIP **07**, 1908. Eine vor Übernahme bewilligte, später für die Ges eingetragene Hypothek entsteht dann unmittelbar für den Übernehmer. Die Übernahme kann missbräuchlich sein, zB wenn doch liquidiert werden muss und die Übernahme nur dem Übernehmer einen besonderen Liquidationsgewinn bringen würde, BGH BB **58**, 851.

9) Abweichende Vereinbarungen zum Ausscheiden (zu III)

82 A. **Erweiterung der Ausscheidensgründe:** Der GesVertrag kann das Ausscheiden eines Gfters aus der unter den MitGftern fortbestehenden Ges auch in anderen Fällen als nach III 1–4, 6 vorsehen (III Nr 5, s Rn 25). Die Gfter können das Ausscheiden eines Gfters und die Fortsetzung unter den übrigen auch ad hoc vereinbaren. Dazu ist grundsätzlich Einstimmigkeit erforderlich, doch kann GesVertrag Mehrheitsbeschluss zulassen (§ 131 Rn 20 ff). Erleichterung der Ausschließung s § 140 Rn 30.

83 B. **Einschränkung der Ausscheidensgründe, Fortsetzungsklauseln:** Die Ausscheidensgründe nach III Nr 1–6 sind nicht zwingend. Der GesVertrag kann vorsehen, dass in den Fällen III Nr 1–4 die Ges aufgelöst ist (wie nach I Nr 3–6 aF). Der GesVertrag kann umgekehrt vorsehen, dass der Gfter oder sein Erbe in der Ges länger als nach III 2 verbleibt, zB um Ges als GmbH & Co weiterzuführen, oder ein bloßes Ausscheidensrecht hat oder gar nicht ausscheidet, auch zu III Nr 2, MüKo/K. Schmidt 71, 75, 76, Voigt NZG **07**, 695, aA üL, Göcke NZG **09**, 211. Letzterem dienen die verschiedenen Nachfolgeklauseln, die den GesAnteil erst vererblich machen (§ 139 Rn 1 ff). Denkbar ist auch die Bildung einer **stillen Gesellschaft.** Soll nach dem GesVertrag im Todesfall die OHG oder KG unter den übrigen Gftern fortgesetzt und der Erbe stiller Gfter werden, scheidet der Erbe aus der Ges aus und die MitGfter sind ihm und untereinander zur Gründung einer stGes mit dem Erben verpflichtet. Sein Auseinandersetzungsguthaben bildet seine Einlage (§ 230 I). Erschwerung der Ausschließung und bloße Herabstufung s § 140 Rn 28 f.

84 Vorsorge bietet sich auch für den Fall des Ausscheidens des vorletzten Gfters aus der **Zweipersonengesellschaft** an, da dann der andere von Gesetzes wegen im Wege der Gesamtrechtsnachfolge (auch als bisheriger Kdtist) unbeschränkt für alle Altschulden der Ges haftet (s Rn 35). Ein Recht zu Ablehnung der Übernahme (RegE) kommt zu spät, statt dessen kommt eine Klausel über Auflösung statt Ausscheiden verbunden mit Übernahmeklausel in Betracht (s Rn 74, 81).

1. Abschnitt. Offene Handelsgesellschaft 1–3 § 132

[Kündigung eines Gesellschafters]

132 Die Kündigung eines Gesellschafters kann, wenn die Gesellschaft für unbestimmte Zeit eingegangen ist, nur für den Schluß eines Geschäftsjahrs erfolgen; sie muß mindestens sechs Monate vor diesem Zeitpunkte stattfinden.

Übersicht

1) Kündigung der auf unbestimmte Zeit eingegangenen Gesellschaft 1, 2
   A. Inhalt von § 132 1
   B. Für unbestimmte Zeit eingegangen 2
2) Ordentliche gesetzliche Kündigung 3–7
   A. Kündigungserklärung 3
   B. Kündigungsfrist 4
   C. Keine Kündigung zur Unzeit 5
   D. Missbräuchliche Kündigung 6
   E. Rechtsfolgen 7
3) Abweichende Vereinbarungen 8–14
   A. Erleichterungen 8
   B. Erschwerungen 9

1) Kündigung der auf unbestimmte Zeit eingegangenen Gesellschaft

A. **Inhalt von § 132:** § 132 regelt Termin und Frist der ordentlichen Kündi- 1 gung der auf unbestimmte Zeit eingegangenen OHG bzw KG (auf bestimmte Zeit eingegangene Ges s § 131 I Nr 1); im Übrigen, vor allem zum Kündigungsrecht, bleibt § 723 BGB anwendbar, insbesondere § 723 III BGB (s Rn 6, 12–13), BGH **23,** 15, NJW **85,** 192. Die außerordentliche Kündigung ist in § 133 geregelt und nur als Auflösungsklage möglich, falls der GesVertrag nichts anderes vorsieht. Lit: Strothmann/Vieregge, FS Oppenhoff **85,** 451, Henssler/Kilian ZIP **05,** 2229 (Kollektivaustritt), s auch § 134 Rn 1.

B. **Für unbestimmte Zeit eingegangen:** Eine bestimmte Zeit ist nicht nur 2 eine solche nach dem Kalender, sondern auch durch den GesZweck (§ 131 Rn 11), zB bis zum Erscheinen der ersten Publikation eines Verlags, BGH **10,** 98, **50,** 321, oder auf die Dauer des Bestehens einer anderen Ges, die nicht Gfter ist. Eine unbestimmte Zeit ist eine solche, die nicht in diesem Sinne bestimmt ist; doch muss wohl in jedem Falle die Dauer der Bindung für die Gfter einigermaßen übersehbar sein, so dass sie ähnlich wie bei kalendermäßig bestimmter Dauer danach Dispositionen treffen können, BGH **50,** 322, NJW **92,** 2696. Ges auf Lebenszeit und stillschweigend fortgesetzte Ges stehen der für unbestimmte Zeit eingegangenen Ges gleich (§ 134).

2) Ordentliche gesetzliche Kündigung

A. **Kündigungserklärung:** Die Kündigung ist eine empfangsbedürftige Wil- 3 lenserklärung. Sie ist **an alle übrigen** (auch nicht geschäftsführenden) Gftern zu erklären, nicht an die Ges, außer wenn anders vereinbart. Doch wirkt die Kündigung an die Ges, sobald sie die übrigen Gfter erfahren, BGH NJW **93,** 1002. Die Kündigung ist **formfrei,** doch kann der GesVertrag Form vorsehen; auch dann wirkt die Kündigung sobald sie die übrigen Gfter erfahren, RG **77,** 70. Sie ist konkludent möglich, muss aber eindeutig sein. Bedingte Kündigung und Änderungskündigung sind zulässig, wenn keine unzumutbare Ungewissheit entsteht, vgl BGH WM **86,** 975, wohl aA Heymann/Emmerich 6, zulässig sind jedenfalls unechte Bedingungen, OGH **3,** 250. Die Kündigung ist in der Auflösungsklage (§ 133) idR enthalten, wegen der anderen Wirkungen dagegen nicht in der Übernahmeklage (§ 140 I 2).

§ 132 4–11   II. Buch. Handelsgesellschaften und stille Gesellschaft

4   B. **Kündigungsfrist:** Bei Ges auf unbestimmte Zeit ist Kündigung jederzeit zum Ende des Geschäftsjahrs mit Frist von sechs Monaten möglich; wenn Geschäftsjahr gleich Kalenderjahr: spätestens am 30. 6. (zugehend) zum 31. 12. Verspätete Kündigung wirkt idR auf den nächstfolgenden Termin. Geltenlassen verspäteter Kündigung (nicht ohne weiteres bloßes Schweigen, § 346 Rn 32) wird idR Beschluss über Ausscheiden des Kündigenden (§ 131 III Nr 6, dort Rn 26) zum genannten Termin bedeuten.

5   C. **Keine Kündigung zur Unzeit:** Die Kündigung kann unzeitig sein; dann ist sie zwar wirksam, macht aber schadensersatzpflichtig (§ 723 II BGB auch für OHG, nach aA § 280 BGB wegen Verletzung der Treuepflicht). Schadensersatzpflicht setzt wie auch sonst (vgl § 280 I 2 BGB) Verschulden voraus, Soergel/Hadding § 723 Rn 25, MüKoBGB/Ulmer/Schäfer § 723 Rn 55.

6   D. **Missbräuchliche Kündigung:** Die Kündigung kann ausnahmsweise treuwidrig sein (Treuepflicht, § 109 Rn 23), nach der Rspr rechtsmissbräuchlich (§ 242 BGB), aber nur in besonderen Ausnahmefällen, OGH **3**, 250, uU eine Kündigung schon in den ersten Jahren der Ges, BGH **23**, 16. Das Missbrauchsverbot darf keinesfalls zum dauernden Ausschluss der Kündigung führen (§ 723 III BGB), BGH **23**, 16, DB **77**, 1404. Missbrauch **nicht** schon bei grundloser Kündigung; bei Ausnutzung einer dem kündigenden Gfter einen Vorteil bei der Auseinandersetzung sichernden Dauerlage, da sonst Kündigungsausschluss, BGH JZ **54**, 195; bei Kündigung, um Fortsetzung unter günstigeren Bedingungen zu erreichen, BGH DB **77**, 1404, WM **88**, 328, str. Lit: Ulmer 2. FS Möhring **75**, 295 (Treuepflicht).

7   E. **Rechtsfolgen:** Die Kündigung führt nach Ablauf der Kündigungsfrist zum Ausscheiden des Gfters (§ 131 III Nr 3, anders § 131 Nr 6 aF). Bis dahin kann **anderer Kündigungsgrund** zuvorkommen, zB Tod des Kündigenden vor Ende der Kündigungsfrist, OGH **3**, 254, hL; für die Zeit nachher str (§ 131 Rn 5). Die Rechtsfolgen der Kündigung können grundsätzlich nur einstimmig verändert werden, BGH **48**, 251.

3) Abweichende Vereinbarungen

8   A. **Erleichterungen:** Erleichterung der Kündigung bezüglich Termin und Frist sind ohne weiteres zulässig, auch ordentliche Kündigung jederzeit fristlos, aber § 723 II BGB (s Rn 5). Auch Regelung der Rechtsfolgen der Kündigung (vgl Rn 11), zB auch Auflösung (§ 131 Rn 74).

9   B. **Erschwerungen:** Zulässig ist die Festlegung einer bestimmten Zeitdauer der Ges oder gleichstehend der Ausschluss der Kündigung auf Zeit. Der Ausschluss braucht nicht Zeitraum oder Zeitpunkt kalendermäßig festzusetzen. Hinreichende Bestimmbarkeit der Vertragsdauer genügt, zB bis zum Erscheinen der ersten Ausgabe eines Verlags (s Rn 2), RG HRR **26**, 1266; mangels solcher Bestimmbarkeit ist Ges auf unbestimmte Zeit eingegangen (s Rn 2). Zulässig ist auch die Verlängerung der gesetzlichen Kündigungsfrist (§ 105 II iVm § 723 I 3 BGB), zB Frist von zwei Jahren. Kündigungsfrist und -modalitäten können für die Gfter auch ungleich sein, vgl BGH WM **68**, 532.

10   Zulässig sind auch **Abtretungs- und Umwandlungsklauseln.** Bspe: Ersetzung der ordentlichen Kündigung durch Anspruch auf Umwandlung in Kapital-Ges, RG **156**, 136, Grenze im Einzelfall bei Unzumutbarkeit, MüKo/K. Schmidt 29,; Ersetzung durch Anspruch auf Anteilsübertragung; auch Ausschluss des ordentlichen Kündigungsrechts der GmbH bei der GmbH & Co; ebenso bei der KG für Kdtisten bei Zulassung freier Anteilsübertragung.

11   Auch **Klauseln über die Rechtsfolgen** der Kündigung können die Kündigung zulässig erschweren, zB durch Beschränkung der Abfindung (aber Grenzen, § 131 Rn 64 ff) oder Übernahmerecht (§ 140 Rn 30 ff).

1. Abschnitt. Offene Handelsgesellschaft §133

Grenzen: a) Kein Ausschluss: Unzulässig ist der Ausschluss der (ordentli- 12
chen) Kündigung auf Dauer (**§ 723 III BGB**, s Rn 1), auch bei kapitalistischer
Ges, BGH **23**, 15. Gleiches gilt für andere dem Ausschluss nahekommende
Erschwerungen (vgl § 133 Rn 20), zB durch Bindung an Zustimmung von
MitGftern, RG **21**, 94, Anordnung von Nachteilen gegen den Kündigenden,
BGH **126**, 231, insbesondere Abfindungsklauseln (§ 131 Rn 61). Abtretungs-
und Umwandlungsklauseln sind umstritten (s Rn 10).

b) Keine übermäßig lange Bindung: Das folgt für krasse Fälle bereits aus 13
§ 138 BGB, für andere Fälle aus der Normzweck des § 723 III BGB (§ 234
Rn 9), MüKoBGB/Ulmer/Schäfer § 723 Rz 65 (Umgehung), str, nach aA ist
beliebig lange Befristung möglich, üL, Grenze dann erst §§ 138, 826 BGB.
Eine feste zeitliche Grenze (zB Lebenszeit aller Gfter, § 134 Rn 3) gibt es
allerdings nicht. 30 Jahre bei Anwaltssozietät ist, obschon Teil der Alterssiche-
rung der Seniorpartner, unwirksam (Grenzziehung des Untergerichts bei
14 Jahren akzeptiert), BGH NJW **07**, 295 m Anm Römermann, vgl aber noch
BGH WM **67**, 316 (30 Jahre). Es kommt immer auf die Umstände des Einzel-
falls an. Eine zwingende Rechtfertigung aus dem GesZweck ist nicht notwen-
dig, str.

c) Rechtsfolge der unzulässigen Kündigungserschwerung ist in aller Regel 14
nicht Nichtigkeit des GesVertrags (§ 139 BGB gilt nicht, § 105 Rn 50), RG
162, 393. Statt der unzulässigen Kündigungsklausel kann im Wege der (auch
ergänzenden) **Vertragsauslegung** (§ 105 Rn 59) eine zulässige anzunehmen
sein, BGH WM **67**, 316, nach aA (wohl nur) bei Störung der Geschäftsgrundlage
(§ 313 BGB), Soergel/Hadding § 723 Rn 28, nach aA stets nur dispositives
Recht. Das Verbot der geltungserhaltenden Reduktion (AGBRecht) und das
Transparenzgebot (s (**5**) § 307 I 2 BGB) stehen dem nicht entgegen (s (**5**) § 310
IV 1 BGB). Jedoch ist wie unter § 138 BGB zu beachten, dass nicht der sitten-
widrige Handelnde belohnt wird, dann keine geltungserhaltende Reduktion
(§ 131 Rn 73), sondern nur dispositives Recht (gleiche Problematik zB in
§§ 133, 138, 140, vgl § 131 Rn 73). Ausnahmsweise kommt wie nach § 134
Annahme einer Ges auf unbestimmte Zeit mit Kündigungsrecht nach § 132 in
Betracht, BGH NJW **54**, 106.

[Auflösung durch gerichtliche Entscheidung]

133 (1) **Auf Antrag eines Gesellschafters kann die Auflösung der Gesell-
schaft vor dem Ablaufe der für ihre Dauer bestimmten Zeit oder
bei einer für unbestimmte Zeit eingegangenen Gesellschaft ohne Kündigung
durch gerichtliche Entscheidung ausgesprochen werden, wenn ein wichtiger
Grund vorliegt.**

(2) **Ein solcher Grund ist insbesondere vorhanden, wenn ein anderer Gesell-
schafter eine ihm nach dem Gesellschaftsvertrag obliegende wesentliche Ver-
pflichtung vorsätzlich oder aus grober Fahrlässigkeit verletzt oder wenn die
Erfüllung einer solchen Verpflichtung unmöglich wird.**

(3) **Eine Vereinbarung, durch welche das Recht des Gesellschafters, die
Auflösung der Gesellschaft zu verlangen, ausgeschlossen oder diesen Vor-
schriften zuwider beschränkt wird, ist nichtig.**

Übersicht

1) Auflösung aus wichtigem Grund durch gerichtliche
   Entscheidung 1–4
   A. Grundsatz 1
   B. Geltungsbereich 2

§ 133 1, 2   II. Buch. Handelsgesellschaften und stille Gesellschaft

2) Wichtiger Grund für die Auflösung (I, II) 5–12
  A. Grundsatz 5
  B. Beispielsfälle des II 7
  C. Weitere Beispiele 10
  D. Verzicht, Verwirkung, Verzeihung 12
3) Auflösungsklage (I) 13–17
  A. Parteien 13
  B. Prozess 14
  C. Schadensersatz 17
4) Abweichende Vereinbarungen (III) 18–21
  A. Erleichterung der Auflösung 18
  B. Erschwerung der Auflösung 19

1) Auflösung aus wichtigem Grund durch gerichtliche Entscheidung

1 A. **Grundsatz:** Neben der ordentlichen Kündigung (§§ 132, 134, Vertrag) gibt es die außerordentliche. Erstere führt zum Ausscheiden des Gfters (§ 131 III 1 Nr 3), mit letzterer kann die Ges aus wichtigem Grund außerordentlich zu Ende gebracht werden. § 133 setzte bisher anstelle der außerordentlichen Kündigung (so § 723 BGB für die GbR, aber s Rn 2) aus Gründen der Rechtssicherheit die Auflösung durch gerichtliche Entscheidung (ebenso § 140 I 1, 2), BGH **10,** 52, so auch nach neuem Recht üL, Habersack in Bayer-Stiftung 1999 S 92. § 133 und § 723 BGB sind Sondervorschriften zu § 314 BGB. Verhältnis zu § 140 s § 140 Rn 1, 5. § 133 ist bei der Änderung und dem Paradigmenwechsel zu §§ 131 ff durch das HRefG (§ 131 Rn 1) unverändert geblieben, was zu Unstimmigkeiten führt. Wenn die ordentliche Kündigung idR nicht mehr zur Auflösung, sondern nur zum Ausscheiden des kündigenden Gfters führt (anders § 131 Nr 6 aF), muss erst recht die außerordentliche Kündigung zulässig sein und konsequent idR nur zum **Ausscheiden (Austritt) aus wichtigem Grund** führen, so auch die Rspr und hL zur PublikumsGes, Anh § 177a Rn 58; für ein allgemeines Austrittsrecht aus wichtigem Grund auch bei der OHG Röhricht FS Kellermann **91,** 379, für den fehlerhaften Beitritt auch K. Schmidt § 6 V 1, allgemeiner § 50 II 4 d. Die Frage ist dann nur noch, um welchen Weg auch sonst durch Kündigungserklärung oder nur durch Gestaltungsklage geltend zu machen ist. Die besseren Gründe sprechen für ersteres, also **Kündigung:** Wortlaut der §§ 131 III 1 Nr 3 (jede Kündigung), 133 (nur Auflösungsklage); Normzweck von § 133 (Auflösung durch Gestaltungsurteil im Interesse der Verkehrssicherheit); Rspr und hL zur PublikumsGes (Austritt ohne Gestaltungsklage, Anh § 177a Rn 58), aA Habersack in Bayer-Stiftung 1999, S 92. Ein Interesse an Verkehrssicherheit auch für den Fall des Austritts wird schon bisher nicht anerkannt, weil die Gfter die normale außerordentliche Kündigung ohne Gestaltungsklage zulassen können (s Rn 18). Nach dieser Konzeption stehen außerordentliche Kündigung ohne Klage, Auflösungsklage nach § 133 und Ausschluss- und Übernahmeklage nach § 140 I 1, 2 gut abgrenzbar nebeneinander. Folgt man dem nicht, müsste nach dem HRefG konsequent § 133 über den Wortlaut hinaus dahin ausgelegt werden, dass das Gericht statt Auflösung als milderes Mittel das Ausscheiden bzw den Austritt des Gfters aussprechen kann, so bei Einverständnis des Klägers mit dem Ausscheiden (und der Abfindung). Konsequent müsste dann auch von vornherein eine auf einen solchen Austritt gerichtete Klage möglich sein. § 133 würde dann die Gestaltungsklage auf Auflösung oder auf Ausscheiden bzw Austritt aus wichtigem Grund regeln.

2 B. **Geltungsbereich:** § 133 gilt für die OHG und KG (§ 161 II), auch die fehlerhafte (§ 105 Rn 75), nur bildet dort schon der fehlerhafte Vertragsschluss als solcher einen wichtigen Grund zur Auflösungsklage (§ 105 Rn 88). § 133 gilt nicht für die GbR, hL, aA für die unternehmenstragende GbR MüKo/K. Schmidt 3, s aber auch Einl 14 vor § 105.

1. Abschnitt. Offene Handelsgesellschaft 3–7 **§ 133**

Ist die Ges bereits aufgelöst, fehlt es idR am **Rechtsschutzbedürfnis** für die 3
Auflösungsklage, zB wenn die Auflösung unstreitig oder rechtskräftig festgestellt
ist, Staub/Schäfer 9, anders, wenn Auflösung noch nicht feststeht, MüKo/
K. Schmidt 5. Ebenso fehlt das Rechtsschutzbedürfnis, wenn der Gfter auf Grund
des GesVertrags die Ges jederzeit fristlos ordentlich oder außerordentlich kündigen kann mit der Folge der Auflösung der Ges (nicht des bloßen Austritts,
s Rn 1, 18). Das soll nach manchen auch bei zumutbarer kurzer Kündigungsfrist
gelten, Heymann/Emmerich 2, richtiger fehlt es dann am wichtigen Grund
(s Rn 5).

Das Klagerecht nach § 133 kann grundsätzlich **nicht mittels Einwendung** 4
oder Einrede geltend gemacht werden, Grund: Gestaltungsklage (s Rn 15), zB
nicht gegenüber der Klage auf Feststellung des Bestehens der OHG, OGH **1**,
351, Heymann/Emmerich 17; anders nach der Rspr gegen die Forderung zur
Mitwirkung bei der Anmeldung der noch nicht eingetragenen OHG ins HdlReg
(§ 108 Rn 6), RG **112**, 282.

2) Wichtiger Grund für die Auflösung (I, II)

A. **Grundsatz:** Wichtiger Grund zur Auflösung ist ein Sachverhalt, der das 5
Zusammenwirken der Gfter zur Erreichung des GesZwecks beeinträchtigt und
dem Kläger die Fortsetzung der Ges **unzumutbar** macht, RG LZ **16**, 40, JW
29, 1360, BGH **69**, 169, vgl allgemein § 314 I 2 BGB. Die Gesamtheit der
Umstände (bei Schluss der Letzten mündlichen Verhandlung) ist unter diesem
Gesichtspunkt zu würdigen, umfassende Interessenabwägung, BGH **84**, 382
(stGes). Florieren des Unternehmens fällt gegen die Auflösung ins Gewicht,
schließt sie aber nicht aus, OGH **2**, 259, BGH **4**, 112. Die eben beginnende Ges
ist idR eher auflösbar als die ältere, BGH WM **69**, 526, **76**, 1032. Die unrentable
oder kränkelnde Ges ist idR eher auflösbar als wenn erhebliche wirtschaftliche
Werte zerschlagen werden müssten, BGH **LM** Nr 4, WM **64**, 201. Der kapitalistische Charakter der Ges (Anh § 177 a Rn 10) kann für die Zumutbarkeit eine
Rolle spielen (§ 140 Rn 8), BGH **18**, 361. Am wichtigen Grund fehlt es, wenn
dem Kläger die ordentliche Kündigung (§§ 132, 131 III 1 Nr 3 mit der Folge des
Ausscheidens), ggf das Warten auf den Kündigungstermin, zumutbar ist (s Rn 6,
§ 314 I 2 BGB). Lit: Stauf 1980.

Vorrang von Anpassungsmaßnahmen, Verhältnismäßigkeitsgrundsatz: 6
Kein wichtiger Grund liegt vor, wenn die Auflösung durch zumutbare Anpassung
oder weniger einschneidende Maßnahmen vermieden werden kann (letztes Mittel), BGH **69**, 169. So kann es liegen, wenn Ausschließung des Auflösungsklägers
(§ 140) gerechtfertigt wäre (Vorrang von den Fortbestand der Ges sichernden
Abhilfemaßnahmen), BGH **80**, 348 (GmbH; vgl § 140 Rn 6, 15); dagegen geht
Übernahmerecht nach § 140 I 2 der Auflösung nicht vor, der Übernahmeberechtigte kann auch Auflösung verlangen, MüKo/K. Schmidt 7. Ebenso wenn
eine weniger einschneidende Regelung möglich und dem Kläger zumutbar ist,
RG **146**, 180, JW **38**, 2213; zB Neuregelung der Geschäftsführung und Vertretung, uU Ausscheiden des Klägers, OGH **2**, 262; dabei aber keine Grundumgestaltung der Ges oder Erhöhung der GfterPflichten, Nürnb BB **58**, 1001. Auch
braucht sich der Kläger nicht generell auf sein Austrittsrecht aus wichtigem
Grund (s Rn 1) verweisen zu lassen, ein wichtiger Grund nicht gewünschte Austritt
ist also nicht schlechthin ein milderes Mittel zur Auflösung (aber s Rn 9). Anpassung statt Auflösung vor allem dann, wenn eine Änderung der Verhältnisse den
Kläger begünstigen würde, BGH **LM** § 133 Nr 6. Rechtsschutzbedürfnis
s Rn 3.

B. **Beispielsfälle des II:** II bezeichnet (entspr § 723 I 3 Nr 1 BGB; **§ 723 I 3** 7
Nr 2 BGB idF MHBeG 1998 bei **Volljährigwerden** sollte nach dem RegE ZIP
96, 939, ebenso BReg [Ausstrahlungswirkung, Regelung deshalb unnötig], auch

§ 133 8–12   II. Buch. Handelsgesellschaften und stille Gesellschaft

für § 133 gelten, Behnke NJW **98**, 3082, sachgerechter ist Kündigung des Volljährigen nach § 131 III Nr 3 nF ohne Auflösung der Ges, Grunewald ZIP **99**, 599, str; vgl § 1 Rn 34) zwei Sachverhalte nicht abschließend als Auflösungsgrund:

8 a) **Verletzung einer wesentlichen Verpflichtung** aus dem GesVertrag; gleich ob der Vertrag selbst oder das Gesetz die Pflicht begründet; auch der allgemeinen Treuepflicht (§ 109 Rn 23); gleich ob durch Nichterfüllung oder unzulässiges Handeln; uU auch Verletzung allgemeinerer Pflichten gegenüber MitGftern (Körperverletzung, Beleidigung, Verleumdung, unbegründete Anzeigen), BGH **4**, 118, **46**, 394, **51**, 207; auch von Pflichten in Bezug auf das Verhalten gegenüber dem Personal, RG JW **38**, 2752, KG OLGE **36**, 272: **Abmahnung** ist bei Störung im Leistungsbereich (je nach den Umständen auch im Vertrauensbereich, aber anders bei Zerrüttung der Vertrauensbasis) idR erforderlich (vgl § 314 II BGB: auch § 57 Rn 130, aber die arbeitsrechtlichen Grundsätze sind nicht unbesehen übertragbar).

II nennt vorsätzliche oder grobfahrlässige Pflichtverletzung, doch nur beispielhaft. Auch leicht fahrlässige Verstöße, sogar solche **ohne Verschulden,** können Auflösungsgrund sein. Doch wiegen verschuldete Verletzungen mehr, OGH **2**, 259. Verfehlungen des Klägers fallen bei Würdigung derjenigen des Beklagten ins Gewicht, RG **122**, 13; vgl § 140 Rn 7, 16.

9 b) **Unmöglichkeit der Erfüllung** einer wesentlichen Verpflichtung aus dem GesVertrag (s Rn 7), zB durch Krankheit, Alter, anderweitige Berufstätigkeit, unlösbare Interessenkonflikte, vgl BGH **84**, 256; wegen Bedenken nach KWG Auszahlung des Auseinandersetzungsguthabens statt der vereinbarten Verrentung, BGH NJW **05**, 1784, WM **05**, 841 (stGes); uU solche Verhinderung auf der Seite des Klägers, dann ist aber an Austritt als milderes Mittel zu denken (s Rn 1).

10 C. **Weitere Beispiele:** Noch nicht geheilte Gründungsfehler (§ 105 Rn 88), hL, Staub/Schäfer 37, einschränkend MüKo/K. Schmidt 15; Zweckerreichung oder Unmöglichkeit der Erreichung des GesZwecks, die die OHG nicht ipso iure auflösen (§ 131 Rn 10), BGH **69**, 162, WM **73**, 864, hL, aA für die Zweckerreichung MüKo/K. Schmidt 16: bei HdlGes nicht möglich; derart nachhaltige Zerrüttung des persönlichen Vertrauensverhältnisses, dass keine vertrauensvolle Zusammenarbeit mehr zu erwarten ist, RG JW **29**, 1360, BGH **4**, 113, **LM** § 133 Nr 4, 6, auch durch schuldhafte Erweckung des Verdachts unredlichen Verhaltens, BGH **31**, 304, auch ohne Verschulden hier oder dort, zumal aber wenn vorwiegend vom Beklagten verschuldet, stets nach Lage des Falls, vgl BGH WM **63**, 282, **66**, 1051, **75**, 330, 770 (zT zu § 723 BGB); dauernde Unrentabilität des Unternehmens, RG LZ **07**, 139, **08**, 61. Weitere Kasuistik von personen- und gesellschaftsbezogenen Auflösungsgründen bei Staub/Schäfer 23 ff, 34 ff.

11 **Nicht** wichtig ist der Grund zB, wenn mildere Maßnahmen ausreichen, zB nach §§ 117, 127 (s Rn 6); idR Gründe nur aus der Privatsphäre (§ 140 Rn 11, 16); wenn alle mit dem Verhalten einverstanden waren, außer unter besonderen Umständen wie Ausnutzung einer Unerfahrenheit oder Notlage, BGH **31**, 307. Auch aus langem Zuwarten mit der Klageerhebung kann auf fehlende Unzumutbarkeit geschlossen werden (s auch Rn 12).

12 D. **Verzicht, Verwirkung, Verzeihung:** Langes Warten mit der Auflösungsklage (bei GbR Kündigung, s Rn 1) kann Verzicht auf das Auflösungsrecht (aus den bis dahin gegebenen Gründen) bedeuten, RG JW **32**, 2213, oder es kann das Klage- bzw Kündigungsrecht verwirkt werden oder jedenfalls die (tatsächliche) Vermutung entstehen, dass seine Gründe entkräftet sind, BGH LM § 133 Nr 4, NJW **66**, 2160, **99**, 2820 (Ausschließung eines Kdtisten), vgl allgemein § 314 III BGB. Der wichtige Grund entfällt bei Verzeihung oder nachträglicher Billigung eines Fehlverhaltens, RG **51**, 91, BGH **31**, 307.

3) Auflösungsklage (I)

A. Parteien: Jeder einzelne Gfter hat das Klagerecht, auch ein Kdtist, bei der 13 GmbH & Co auch die GmbH. Zur einheitlichen Entscheidung über das GesVerhältnis unter allen Gftern müssen grundsätzlich alle am Prozess (als Kläger oder Beklagte) teilnehmen, BGH **30,** 197. Doch genügt außergerichtliche (dem Gericht nachzuweisende) bindende Erklärung des Einverständnisses mit der Auflösung, sie macht nachträglichen Widerspruch unbeachtlich, RG **146,** 169, BGH NJW **58,** 418, **98,** 146, Ulmer FS Geßler **71,** 269, aA MüKo/K. Schmidt 48 (wie § 117 Rn 7). PublikumsGes s Anh § 177a Rn 83. Klagen mehrere zusammen, so sind sie notwendig Streitgenossen (§ 62 ZPO, BGH **LM** Nr 3); ebenso sind es mehrere Beklagte, BGH **30,** 197, Ulmer FS Geßler **71,** 269. Klageberechtigt ist grundsätzlich nur der GfterTreuhänder, nicht auch der Treugeber (§ 105 Rn 33). Mitverklagung von NichtGftern, zB idR Treugeber (§ 105 Rn 34), kann nicht vorgeschrieben werden (vgl III, s Rn 20), OGH **2,** 257. Nicht klageberechtigt sind (vor Ende der Letzten mündlichen Verhandlung) bereits ausgeschiedene Gfter (Austrittsrecht s Rn 6). Zustimmungsklage s § 140 Rn 20.

B. Prozess: Gerichtsstand s §§ 17, 22 ZPO. Während des Auflösungsprozes- 14 ses ist Vertretung und Geschäftsführung durch Dritten möglich, BGH **33,** 110 (§ 125 Rn 8; vgl § 127 Rn 8, § 140 Rn 21). Ausscheiden des Klägers während des Prozesses (s Rn 13) macht Klage unbegründet, RG **89,** 336; Ausscheiden eines Beklagten macht die Klage gegen ihn grundsätzlich unzulässig. Die Klage ist möglich als Widerklage. Einstweilige Verfügung auf Auflösung der Ges ist unzulässig. Streitwert (§ 3 ZPO) entspr dem Interesse des Klägers an Auflösung, Kln BB **82,** 1384. Auflösung und Ausschließung (§§ 133, 140 I 1, 2) sind Verschiedenes. Übergang vom einen zum anderen ist Klageänderung (§ 140 Rn 21). Wegfall des Rechtsschutzbedürfnisses s Rn 3.

Gestaltungsurteil: Die Klage geht auf Auflösung der Ges, also Rechtsgestal- 15 tung. Wirkung erst mit Rechtskraft, RG **123,** 153. Ist zu Unrecht für vorläufig vollstreckbar erklärt, so ist das ohne Wirkung, lässt namentlich keine Eintragung zu, KG RJA **11,** 225. Schiedsspruch s Rn 19. Lit: K. Schmidt, Mehrseitige Gestaltungsprozesse, 1992; Becker ZZP 97 **(84)** 314, H. Roth FS Großfeld **99,** 915.

„**Kann**" in I stellt die Entscheidung nicht ins Ermessen des Gerichts, RG 16 **122,** 314, früher str.

C. Schadensersatz: Der Gfter, der durch schuldhaft vertragswidriges Verhal- 17 ten die Kündigung veranlasst hat, hat dem anderen Teil den durch vorzeitige Beendigung der Ges erwachsenden Schaden zu ersetzen, RG **89,** 400, BGH WM **63,** 283; das folgt aus § 280 BGB (§ 109 Rn 4), nach aA aus § 628 II BGB analog, Umfang §§ 249, 252 BGB, dazu gehört auch der Geschäftswertverlust des zu Ende gebrachten Unternehmens. Bei Mitverschulden gilt § 254 BGB.

4) Abweichende Vereinbarungen (III)

A. Erleichterung der Auflösung: § 133 ist grundsätzlich nicht zwingend, 18 BGH **31,** 300. Der GesVertrag kann bestimmte Verhaltensweisen oder Ereignisse stets als wichtigen Grund bezeichnen. Er kann statt Auflösungsklage normale außerordentliche Kündigung vorsehen und es als Rechtsfolge derselben bei der Auflösung belassen (idR anders, s Rn 19). Der GesVertrag kann vorsehen, dass das Unternehmen bei Auflösung in eine KapitalGes einzubringen ist und die Gfter nur Aktien oder Geschäftsanteile erhalten, RG **156,** 136. Der Streit über die Auflösung ist dann unter den Gftern auszutragen (kein gestaltendes Auflösungsurteil wie nach § 133) BGH **91,** 133, NJW **08,** 2989 (GbR).

B. Erschwerung der Auflösung: Der GesVertrag kann bestimmte Verhal- 19 tensweisen oder Ereignisse als wichtigen Grund ausschließen, RG Warn **14** Nr 248 (zu § 626 BGB), sofern er damit das Kündigungsrecht nicht unzulässig beschränkt (s Rn 20), zB wenn er andere Abhilfe vorsieht. Statt Auflösungsklage

§ 134 1 II. Buch. Handelsgesellschaften und stille Gesellschaft

nach § 133 kann der GesVertrag wie häufig die **normale Kündigung aus wichtigem Grund mit Ausscheiden** (statt Auflösung, § 131 III 1 Nr 3) zulassen, BGH **31**, 298, wie fest etabliert und wichtig bei der PublikumspersonenGes (Anh § 177a Rn 58, 83, 84); solche Klausel ist sinnvoll trotz des Austrittsrechts aus wichtigem Grund, weil dieses str ist (s Rn 1). Diese Klausel ist auch für das Kündigungsrecht des Minderjährigen nach § 723 I 3 Nr 2 BGB zulässig (s Rn 7, 20). Umgekehrt wird man **Ersetzung des Austrittsrechts** aus wichtigem Grund (str, s Rn 1) **durch Auflösungsklage** wie vor HRefG für zulässig halten können. Ohne weiteres möglich ist Verzicht auf Klage aus schon gegebenem Grund. Statt des staatlichen Gerichts kann **Schiedsgericht** vorgesehen werden, RG **71**, 255 (Einl 88 vor § 1). Ein Schiedsspruch äußert auflösende Wirkung erst mit der Vollstreckbarerklärung (§ 1060 ZPO, Einl 92 vor § 1), BayObLG NJW **84**, 809, hL, aA Vollmer BB **84**, 1774.

20 Grenzen: Die **Auflösungsklage aus wichtigem Grund** ist **zwingend** gegeben, entgegenstehende Vereinbarungen sind nichtig **(III)**. Unzulässige Beschränkungen sind zB Ausschluss bestimmter wichtiger Kündigungsgründe, zB bei Minderjährigen nach § 723 I 3 Nr 2 BGB (s Rn 7, 19), Ausschluss des Rechtswegs, Abhängigmachen von der Mitwirkung Dritter, Ausscheiden ohne weiteres bei unbegründeter Klage bzw Kündigung (strafähnlich), statt Auflösung Ausscheiden nur unter nachteiliger Abfindungsregelung für den Gfter (s Rn 19, § 131 Rn 58 ff). Mitverklagen von Treugebern s Rn 13.

21 **Rechtsfolge** der unzulässigen Kündigungserschwerung ist nicht Nichtigkeit des GesVertrags (§ 139 BGB gilt nicht, § 105 Rn 50). Statt der unzulässigen Kündigungsklausel kann im Wege der (auch ergänzenden) Vertragsauslegung eine zulässige anzunehmen sein (näher § 132 Rn 14), str.

[Gesellschaft auf Lebenszeit; fortgesetzte Gesellschaft]

134 Eine Gesellschaft, die für die Lebenszeit eines Gesellschafters eingegangen ist oder nach dem Ablaufe der für ihre Dauer bestimmten Zeit stillschweigend fortgesetzt wird, steht im Sinne der Vorschriften der §§ 132 und 133 einer für unbestimmte Zeit eingegangenen Gesellschaft gleich.

Übersicht

1) Gesellschaft auf Lebenszeit 1–4
   A. Grundsatz 1
   B. Gesellschaft auf Lebenszeit 2
   C. Rechtsfolgen 4
2) Nach Ablauf stillschweigend fortgesetzte Gesellschaft 5
3) Abweichende Vereinbarungen 6, 7
   A. Gesellschaft auf Lebenszeit 6
   B. Fortgesetzte Gesellschaft 7

1) Gesellschaft auf Lebenszeit

1 A. **Grundsatz**: § 134 entspricht für die OHG und KG § 724 BGB für die GbR. Danach ist eine auf Lebenszeit eines Gfter eingegangene Ges ebenso wie eine nach Ablauf der bestimmten Zeit stillschweigend fortgesetzte Ges (s Rn 5) für die Kündigung wie eine für unbestimmte Zeit eingegangene Ges zu behandeln. Für sie gelten also die ordentliche Kündigung zum Ende des Geschäftsjahrs mit Frist von sechs Monaten (§ 132) und das Auflösungsklagerecht und Austrittsrecht (str) aus wichtigem Grund (§ 133 Rn 1). § 134 1. Fall ist im Kern zwingend, § 134 2. Fall ist eine bloße Auslegungsregel (s Rn 6, 7). Lit: Simon DB **61**, 1679, Merle FS Bärmann **75**, 631.

1. Abschnitt. Offene Handelsgesellschaft 2–7 § 134

B. **Gesellschaft auf Lebenszeit:** Die Ges muss im GesVertrag ausdrücklich 2 (s Rn 3) auf Lebenszeit eines oder mehrerer Gfter als Mindestdauer eingegangen sein. Es genügt, wenn nur ein Gfter so gebunden ist, RG **156**, 136.

Nicht anwendbar ist § 134 bei Abschluss auf bestimmte Zeit, längstens aber 3 auf Lebenszeit eines Gfters (Höchstdauer; entspricht § 131 III Nr 1); bei Abschluss mit fester kalendermäßiger Dauer über die voraussichtliche Lebenszeit eines oder aller Gfter hinaus, Schlegelb/K. Schmidt 5, heute hL, aA RG **156**, 136 (aber andere Grenzen, § 132 Rn 12–13); bei Abschluss auf Lebenszeit, wenn jeder Gfter durch Kündigung ausscheiden kann, BGH **23**, 10 (stGes, § 234 Rn 8); ebenso wenn der Gfter statt des Kündigungsrechts das Recht auf Umwandlung in eine KapitalGes hat, RG **156**, 136, anders wenn er statt zu kündigen nur seinen Anteil abgeben kann. Bei Abschluss auf die Dauer des Bestehens einer als Gfter teilnehmenden **juristischen Person** oder Ges, zB GmbH & Co KG (§ 105 Rn 28, § 161 Rn 3), gilt nicht § 134, sondern, wenn die juristische Person auf bestimmte Zeit eingegangen ist, § 132, sonst § 132, heute hL, MüKoBGB/Ulmer/Schäfer § 724 Rn 8, vgl BGH **50**, 321, differenzierend nach Schlegelb/K. Schmidt 7: für bestimmte Fälle § 134 analog, aber praktisch irrelevant, MüKo/K. Schmidt 13. § 134 gilt an sich auch für **KG,** aber wenn KdtBeteiligung ohne Zustimmung der Gfter übertragbar ist, ist mangels persönlicher Haftung über die Einlage und Übertragbarkeit wie bei der GmbH Schutz des § 134 unnötig, K. Schmidt § 50 II 4 c bb, auf funktionierenden Anteilsmarkt kommt es dann nicht an, Ebenroth/Lorz § 132 Rn 28.

C. **Rechtsfolgen:** Die auf Lebenszeit eingegangene Ges wird von Gesetzes 4 wegen in eine solche auf unbestimmte Zeit umgedeutet (also keine Teilnichtigkeit der Lebenszeitklausel), BGH WM **67**, 315; im Einzelfall kann es aber bei einer auf eine bestimmte (noch zulässige) Zeit eingegangenen Ges verbleiben (s Rn 6). Ersterenfalls gelten §§ 132, 133 (s Rn 1). Das Kündigungsrecht nach § 132 hat jeder entgegen § 134 gebundene Gfter, nicht nur der Gfter, auf dessen Lebenszeit abgestellt ist, heute hL.

2) Nach Ablauf stillschweigend fortgesetzte Gesellschaft

Auch die Ges, die nach Ablauf der für ihre Dauer bestimmten Zeit (§ 131 I 5 Nr 1) stillschweigend fortgesetzt wird, kann nach §§ 132, 133 gekündigt werden. Dasselbe gilt schon nach §§ 132, 133 bei ausdrücklicher Fortsetzung auf unbestimmte Zeit, auch bei Streichung des Endtermins (Änderung der Ges auf bestimmte in Ges auf unbestimmte Zeit). § 134 gilt **nicht** bei Fortsetzung der Ges nach dem Zeitablauf wiederum auf (ausdrücklich oder stillschweigend) bestimmte Zeit, zB bis zum Ablauf eines Patents oder Vertrags (§ 131 I Nr 1, dort Rn 11); bei Fortsetzung in anderen Fällen als nach Auflösung infolge Zeitablauf (§ 131 I Nr 1), zB durch Kündigung, Tod oder Insolvenz eines Gfters, hier bleibt es grundsätzlich bei der im GesVertrag bestimmten Dauer, heute hL.

3) Abweichende Vereinbarungen

A. **Gesellschaft auf Lebenszeit:** § 134 1. Fall schließt Bindung (ausdrück- 6 lich, nicht nur mittelbar) auf Lebenszeit zwingend aus, MüKoBGB/Ulmer/Schäfer § 724 Rn 1, 6. Jedoch bleibt die (auch ergänzende) Vertragsauslegung oder geltungserhaltende Reduktion auf eine feste, aber noch zulässige Dauer (statt Umdeutung in auf unbestimmte Zeit eingegangene Ges und § 132) möglich, Staub/Schäfer 7, nach aA ist dazu Rückgriff auf Störung der Geschäftsgrundlage (§ 313 BGB) nötig, BGH WM **67**, 315, wohl auch Heymann/Emmerich 6.

B. **Fortgesetzte Gesellschaft:** § 134 2. Fall ist nicht zwingend, sondern eine 7 bloße Auslegungsregel. Die Gfter können also in ihrem Fortsetzungsbeschluss (auch stillschweigend) anderes bestimmen.

§ 135 [Kündigung durch den Privatgläubiger]

135 Hat ein Privatgläubiger eines Gesellschafters, nachdem innerhalb der letzten sechs Monate eine Zwangsvollstreckung in das bewegliche Vermögen des Gesellschafters ohne Erfolg versucht ist, auf Grund eines nicht bloß vorläufig vollstreckbaren Schuldtitels die Pfändung und Überweisung des Anspruchs auf dasjenige erwirkt, was dem Gesellschafter bei der Auseinandersetzung zukommt, so kann er die Gesellschaft ohne Rücksicht darauf, ob sie für bestimmte oder unbestimmte Zeit eingegangen ist, sechs Monate vor dem Ende des Geschäftsjahrs für diesen Zeitpunkt kündigen.

Übersicht

1) Zugriff des Privatgläubigers durch Kündigung nach Pfändung 1–3
   A. Grundsatz 1
   B. Anwendungsbereich 2
2) Voraussetzungen der Kündigung 4–8
   A. Privatgläubiger 4
   B. Titel 5
   C. Vollstreckungsversuch 6
   D. Pfändung und Überweisung des Auseinandersetzungsanspruchs 7
   E. Reihenfolge 8
3) Kündigung 9
4) Rechtsfolgen der Kündigung 10, 11
   A. Ausscheiden und Fortsetzung der Gesellschaft 10
   B. Wiederaufnahme des Gesellschafters 11
5) Abweichende Vereinbarungen 12–14
   A. Erschwerungen 12
   B. Erleichterungen 13
6) Verpfändung des Anteils 15, 16
   A. Verpfändbarkeit 15
   B. Rechtsstellung des Pfandgläubigers 16

1) Zugriff des Privatgläubigers durch Kündigung nach Pfändung

1 A. **Grundsatz:** § 135 gewährt, zT entspr § 725 BGB, dem Privatgläubiger eines Gfters die Möglichkeit des Zugriffs auf den Kapitalwert des GesAnteils seines Schuldners (nicht nur dessen Gewinnrechte, § 124 Rn 21) durch ein selbstständiges, nicht von dem Gfter abgeleitetes Kündigungsrecht. Lit: Paschke Diss 1981, Wössner 2000; K. Schmidt JR **77,** 177.

2 B. **Anwendungsbereich:** § 135 (und § 725 II BGB) gilt für die OHG und KG. Für die GbR gilt § 725 BGB, aA für unternehmenstragende GbR MüKo/K. Schmidt 3. § 135 gilt auch für die bereits aufgelöste Ges, mehrere Auflösungsgründe sind nebeneinander möglich (§ 131 Rn 5), hL.

3 § 135 gilt nur für Einzelgläubiger (s Rn 4), nicht für den Insolvenzverwalter (§ 131 III Nr 2) und den Nachlassinsolvenzverwalter, da die Nachlassinsolvenz schon unter § 131 III Nr 2 fällt (str, § 131 Rn 22). Dagegen hat der **Nachlassverwalter** (§§ 1981 ff BGB, für OHGAnteil str, § 139 Rn 32) ein Kündigungsrecht analog § 135, BGH **91,** 86, Staub/Schäfer 6, Ulmer/Schäfer 160 **(96)** 437, str; ebenso der Testamentsvollstrecker.

2) Voraussetzungen der Kündigung

4 A. **Privatgläubiger:** § 135 gilt nur für Privatgläubiger eines Gfters. GesGläubiger können nur direkt gegen die Ges vorgehen (§ 123 Rn 41, 45). § 135 gilt auch für einen Gfter mit einem nicht aus dem GesVerhältnis herrührenden Anspruch gegen einen MitGfter, sofern seiner Kündigung nicht ausnahmsweise die Treuepflicht (§ 109 Rn 23) entgegensteht, BGH **51,** 87, WM **78,** 675.

1. Abschnitt. Offene Handelsgesellschaft 5–10 § 135

Anspruch aus § 128 trägt § 135 also nicht. Forderung aus gerichtlicher Kostenfestsetzung ist dagegen gesellschaftsfremd, auch wenn aus Streit über GesVerhältnis entstanden, BGH DB **78**, 1395. § 135 gilt auch für Nachlassgläubiger eines Gfters. § 135 entfällt mit der späteren Befriedigung des Privatgläubigers.

B. **Titel:** Der Privatgläubiger muss einen nicht bloß vorläufig vollstreckbaren 5 Schuldtitel haben, also einen, gegen den es kein ordentliches Rechtsmittel mehr gibt. Das sind zB rechtskräftiges Urteil, rechtskräftiger Vollstreckungsbescheid, Prozessvergleich und vollstreckbare Urkunden (§ 794 Nr 1, 5 ZPO), entsprechender verwaltungsrechtlicher Titel; **nicht:** nur vorläufig vollstreckbares Urteil, Vorbehaltsurteil, Vollstreckungsbescheid (§§ 699 ff ZPO), Arrest (§ 922 ZPO).

C. **Vollstreckungsversuch:** Der Privatgläubiger oder ein anderer Gläubiger 6 muss innerhalb der Letzten sechs Monaten vor Zustellung des Pfändungs- und Überweisungsbeschlusses an die Ges einen erfolglosen (nicht zur vollen Befriedigung des Gläubigers führenden) Zwangsvollstreckungsversuch (wegen einer Geldforderung) in das bewegliche Vermögen des Gfters unternommen haben. Vollstreckung gleich aus welchem Titel (hier auch aus einem vorläufig vollstreckbaren). Nachweis der Erfolglosigkeit idR durch Unpfändbarkeitsprotokoll des Gerichtsvollziehers.

D. **Pfändung und Überweisung des Auseinandersetzungsguthabens:** 7 Anders als § 725 BGB (Anteilspfändung) setzt § 135 Pfändung sowie Überweisung des Auseinandersetzungsguthabens des Gfters voraus (§§ 859 I, 857 I, 829 I, 835 ZPO. Näher zur Anteilspfändung s § 124 Rn 21; zu den verschiedenen Pfändungszugriffsmöglichkeiten MüKo/K. Schmidt 8. Pfändung des Anteils umfasst auch das Auseinandersetzungsguthaben (§ 124 Rn 21) und genügt deshalb. Ist der Auseinandersetzungsanspruch bereits abgetreten (auch an den Privatgläubiger selbst), kann die Pfändung desselben nicht greifen, dagegen geht die Pfändung des GesAnteils (s Rn 15) der Vorausabtretung des künftigen Auseinandersetzungsanspruchs vor, BGH **104**, 351, Staub/Schäfer 14, aA Marotzke ZIP **88**, 1509, zweifelnd MüKo/Schmidt 16. Zustellung des Pfändungsbeschlusses an die Ges, BGH **97**, 396. Die Ges und die Gfter können von da an die Rechtsstellung der Pfändungspfandgläubigers nicht mehr ohne dessen Zustimmung schmälern, zB durch Abfindungsvereinbarungen (s Rn 12). Zur Pfändung und Verpfändung von GesAnteilen H. Roth ZGR **00**, 187.

E. **Reihenfolge** der verschiedenen Voraussetzungen ist entgegen dem Wort- 8 laut des § 135 gleichgültig, BGH NJW **82**, 2773, Düss ZIP **81**, 1210.

3) Kündigung

Wenn im Zeitpunkt der Kündigung sämtliche Voraussetzungen derselben 9 (s Rn 4 ff) noch vorliegen, kann der Gläubiger die Ges (richtiger der Ges, s Rn 10) mit Sechsmonatsfrist auf das Ende des Geschäftsjahrs kündigen. Die Kündigung ist nicht der Ges, str, sondern wie nach § 132 allen Gftern, also dem SchuldnerGfter und den übrigen Gftern, zu erklären; die Ges kann aber rechtzeitig weiterleiten, BGH WM **93**, 460. Die Gfter können die Kündigung entspr § 174 BGB zurückweisen, wenn ihnen der Gläubiger auf ihr Verlangen nicht die Voraussetzungen nachweist. Die Kündigung kann vom Gläubiger nicht ohne Zustimmung aller Gfter zurückgenommen werden.

4) Rechtsfolgen der Kündigung

A. **Ausscheiden und Fortsetzung der Gesellschaft:** Die Kündigung des 10 Privatgläubigers führt zum Ausscheiden des SchuldnerGfters zum Ende des Geschäftsjahrs (§ 131 III 1 Nr 4, III 2), nicht zur Auflösung (anders § 131 Nr 6 aF). Einer Erklärung gegenüber dem Privatgläubiger bedarf es dafür nicht (anders § 141 I aF), auch keiner Fortsetzungsklausel. Zwischen dem Ausgeschiedenen und der Ges findet eine Auseinandersetzung statt (§§ 738–740 BGB, dazu § 131

Rn 38). Der Privatgläubiger kann sich aus dem ihm überwiesenen (vgl § 135) Auseinandersetzungsguthaben des GfterSchuldners befriedigen, aber nur so, wie sich dieses für den Gfter nach Gesetz oder GesVertrag ergibt (zB Abfindungsklauseln, § 131 Rn 58 ff); uU kommt Insolvenzanfechtung nach §§ 129 ff InsO, § 3 I AnfG in Betracht. Auskunftsrechte wie bei Auflösung nach § 135 (s dort Rn 11). Vereinbarungen über die Abfindung sind nach Pfändung und Überweisung des Auseinandersetzungsanspruchs nur noch mit Zustimmung des Privatgläubigers möglich.

11 B. **Wiederaufnahme des Gesellschafters:** Hat SchuldnerGfter inzwischen seinen Gläubiger befriedigt, können die verbleibenden Gfter auf Grund ihrer Treuepflicht (§ 109 Rn 23) verpflichtet sein, ihn wieder aufzunehmen, RG **169**, 155, BGH **30**, 201, bzw bei Übernahme nach § 140 I 2 die Ges wieder zu begründen. Gfter A, der arglistig den Gläubiger des B zur Kündigung veranlasste und Hilfe durch C, D hinderte, kann sich auf Ausscheiden des B nicht berufen, BGH **30**, 202, **101**, 120 (GmbH), WM **64**, 1128, nicht schon weil A das Vorgehen des Privatgläubigers gegen B mitverursachte, BGH **LM** § 142 Nr 7 (Selbstanzeige A an Finanzamt, Vorgehen dieses gegen B, Übernahmeerklärung des A).

5) Abweichende Vereinbarungen

12 A. **Erschwerungen:** § 135 ist zum Schutz des Privatgläubigers **zwingend**. Das Kündigungsrecht des Privatgläubigers kann nicht ohne dessen Zustimmung angetastet werden. Es kann also weder ganz ausgeschlossen noch erschwert werden, zB durch Fristverlängerung.

13 B. **Erleichterungen:** Das Kündigungsrecht des Privatgläubigers kann aber erleichtert und in seinen Folgen erweitert werden. So sind kürzere Kündigungsfristen möglich. Der GesVertrag kann vorsehen, dass der GfterSchuldner bereits bei Privatgläubigerpfändung, also nicht erst bei Kündigung nach III 1 Nr 4 ausscheidet, vgl BGH **51**, 205. Der GesVertrag kann auch statt des Ausscheidens die **Auflösung** nach der Ges vorsehen (wie nach § 131 Nr 5 aF) oder zB Fortsetzung nur mit Zustimmung des betroffenen Gfters und des Privatgläubigers. Die Ges wird dann bzw mangels Zustimmung am Ende des Geschäftsjahrs aufgelöst. Die Liquidation kann nur mit Zustimmung des Gläubigers unterbleiben (§ 145 II), außer wenn dieser inzwischen befriedigt ist. Er kann beim Registergericht dahin wirken, dass es die Anmeldung der Auflösung veranlasst (Zwangsgeld, § 14), RG **95**, 233. Die Ges und die MitGfter haben ein Ablösungsrecht entspr § 268 BGB, offen BGH **97**, 396, oder sonstiger Wegfall des Kündigungsgrunds beseitigt Zustimmungserfordernis nach § 145 II, nicht die Auflösung (aber s Rn 11). Auch nach eingetretener Auflösung können die Gfter einschließlich des Betroffenen mit Zustimmung des Privatgläubigers die Frist über den Auflösungszeitpunkt hinaus unter Aufschub der Liquidation verlängern, BGH **51**, 90. Ist die Ges danach aufgelöst, können die Gfter sich das anders überlegen und die Fortsetzung der aufgelösten Ges beschließen, aber grundsätzlich nur einstimmig (§ 131 Rn 30 f). Da der GfterSchuldner noch Gfter ist und es § 141 I 1 aF (Erklärung der übrigen Gfter) nicht mehr gibt, nimmt er an dem Fortsetzungsbeschluss teil, wenn das nicht, wie empfehlenswert, im GesVertrag anders vorgesehen ist. Ohne eine solche Klausel kommt in besonderen Fällen Zustimmungspflicht des insolventen Gfters zur Fortsetzung ohne ihn aus nachwirkender Treuepflicht in Betracht, str. Entsprechendes gilt in der ZweipersonenGes (vgl § 142 II aF).

14 Die aufgelöste Ges ist **abzuwickeln** (Fortsetzung s Rn 12). An der Liquidation kann der Gläubiger, der nicht Gfter wird (s Rn 16), nur nach §§ 146 II 2, 147, 152 mitwirken (Bestellung, Abberufung, Instruktion von Liquidatoren). Der Gläubiger hat Rechte auf Einsicht, Prüfung, Rechnungslegung, Auskunft nicht nur gegen den SchuldnerGfter (zugrundeliegendes Rechtsverhältnis, § 836 III 1

ZPO), sondern auch gegen die Ges selbst (vertreten durch die Liquidatoren), soweit notwendig zur Klärung, was ihm als Auseinandersetzungsguthaben (das ihm zur Einziehung überwiesen ist) zukommt, KG OLGE **21**, 386, str. Zur Rechtsstellung des Vertragspfandgläubigers allgemein s Rn 16.

6) Verpfändung des Anteils

A. **Verpfändbarkeit:** Soweit der Anteil übertragbar ist (§ 105 Rn 70), ist er 15 auch verpfändbar (§§ 1273, 1274 BGB); Anzeige ist nicht nötig, § 1280 gilt nicht, RG **57**, 415. Verpfändung des Anteils setzt Zulassung im GesVertrag oder Zustimmung der MitGfter ad hoc voraus, ihre Zulässigkeit folgt wohl nicht ohne weiteres aus der der Übertragung (§ 124 Rn 20). Ohne Zustimmung bleibt nur die Verpfändung von Gewinn- und Auseinandersetzunganprüchen (§ 717 S 2 BGB, vgl § 124 Rn 21). Lit: Hackenbroch 1970, Hadding/Schneider 1979; Vossius BB Beil 5/**88**. **Muster:** Hopt/Volhard 3. Aufl 2007 Form II. H.7 (Verpfändung eines KGAnteils).

B. **Rechtsstellung des Pfandgläubigers:** Der Vertragspfandgläubiger wird 16 nicht Gfter (vgl § 725 II BGB), die GfterRechte und die GfterHaftung verbleiben bei dem verpfändenden Gfter. Die Rechtsstellung des Vertragspfandgläubigers kann durch spätere GesVertragsänderung und der Verpfändung nachfolgende Verfügungen des verpfändenden Gfters nicht mehr tangiert werden, MüKo/ K. Schmidt 36; Schutz vor mittelbaren Beeinträchtigungen entspr § 1276 BGB ist umstritten, RG **139**, 229 (GmbH), 36, Staub/Ulmer § 105 Rn 291, Staub/ Schäfer 14 Fn 53. Er hat entspr §§ 1273 II, 1258 BGB gegen die Ges Informations- und Kontrollrechte zur Durchsetzung seines Pfandrechts, Staub/Ulmer § 105 Rn 291, nach aA § 1258 BGB allgemeiner oder überhaupt nicht. Er muss sich nach § 1277 BGB befriedigen, also durch Zwangsvollstreckung und anschließende Kündigung nach § 135. Rechtsstellung nach Kündigung s Rn 10 ff. Lit: H. Roth ZGR **00**, 187.

136 -138 *(aufgehoben)*

[Fortsetzung mit den Erben]

139 (1) Ist im Gesellschaftsvertrage bestimmt, daß im Falle des Todes eines Gesellschafters die Gesellschaft mit dessen Erben fortgesetzt werden soll, so kann jeder Erbe sein Verbleiben in der Gesellschaft davon abhängig machen, daß ihm unter Belassung des bisherigen Gewinnanteils die Stellung eines Kommanditisten eingeräumt und der auf ihn fallende Teil der Einlage des Erblassers als seine Kommanditeinlage anerkannt wird.

(2) Nehmen die übrigen Gesellschafter einen dahingehenden Antrag des Erben nicht an, so ist dieser befugt, ohne Einhaltung einer Kündigungsfrist sein Ausscheiden aus der Gesellschaft zu erklären.

(3) ¹Die bezeichneten Rechte können von dem Erben nur innerhalb einer Frist von drei Monaten nach dem Zeitpunkt, in welchem er von dem Anfalle der Erbschaft Kenntnis erlangt hat, geltend gemacht werden. ²Auf den Lauf der Frist finden die für die Verjährung geltenden Vorschriften des § 210 des Bürgerlichen Gesetzbuchs entsprechende Anwendung. ³Ist bei dem Ablaufe der drei Monate das Recht zur Ausschlagung der Erbschaft noch nicht verloren, so endigt die Frist nicht vor dem Ablaufe der Ausschlagungsfrist.

§ 139

(4) **Scheidet innerhalb der Frist des Absatzes 3 der Erbe aus der Gesellschaft aus oder wird innerhalb der Frist die Gesellschaft aufgelöst oder dem Erben die Stellung eines Kommanditisten eingeräumt, so haftet er für die bis dahin entstandenen Gesellschaftsschulden nur nach Maßgabe der die Haftung des Erben für die Nachlaßverbindlichkeiten betreffenden Vorschriften des bürgerlichen Rechtes.**

(5) **Der Gesellschaftsvertrag kann die Anwendung der Vorschriften der Absätze 1 bis 4 nicht ausschließen; es kann jedoch für den Fall, daß der Erbe sein Verbleiben in der Gesellschaft von der Einräumung der Stellung eines Kommanditisten abhängig macht, sein Gewinnanteil anders als der des Erblassers bestimmt werden.**

Übersicht

1) Überblick über die Rechtsfolgen des Todes eines Gesellschafters und § 139 sowie die üblichen Vertragsklauseln 1–9
    A. Die Rechtsfolgen des Todes eines Gesellschafters, Vertragsklauseln 1
    B. Überblick über § 139 6
2) Die Nachfolge aller Erben (einfache Nachfolgeklausel) 10–13
    A. Einfache Nachfolgeklausel 10
    B. Ausgestaltung von Nachfolgeklauseln 11
    C. Erbenstellung 12
    D. Rechtsfolgen der Nachfolge 13
3) Die Nachfolge nicht aller Erben (qualifizierte Nachfolgeklausel) 14–18
    A. Sondererbfolge mehrerer Erben 14
    B. Berufung nur eines Erben zum Komplementär 15
    C. Berufung nur eines Erben zum Nachfolger unter Abfindung der übrigen 16
    D. Berufung nur eines Erben zum Nachfolger ohne Abfindung der übrigen 17
4) Vor- und Nacherbfolge 19–20
    A. Nachfolge 19
    B. Verfügungen des Vorerben 20
5) Testamentsvollstreckung 21–31
    A. OHGAnteil 21
    B. Kommanditanteil 24
    C. Anmeldung 28
    D. Rechtsausübung durch den Testamentsvollstrecker 29
    E. Rechtsausübung durch den Erben 30
    F. Freigabe durch den Testamentsvollstrecker 31
6) Nachlassverwaltung 32–36
    A. Zulässigkeit 32
    B. Rechtsausübung durch den Nachlassverwalter 35
    C. Rechtsausübung durch den Erben 36
7) Das Wahlrecht des Erben (I–III) 37–43
    A. Wahlrecht des Erben 37
    B. Wechsel des Erben in die Kommanditistenstellung 41
    C. Ausscheiden des Erben (II) 43
8) Die Haftung des Erben (IV) 44–49
    A. Grundsatz 44
    B. Haftung während der Schwebezeit 45
    C. Die Haftung des Erben als persönlich haftender Gesellschafter 46
    D. Die Haftung des Erben als Kommanditist 47
    E. Die Haftung bei Ausscheiden des Erben 48
    F. Die Haftung bei Auflösung der Gesellschaft 49
9) Eintrittsklauseln 50–55
    A. Begriff und Rechtsnatur der Eintrittsklausel 50
    B. Ausübung des Eintritts 53
    C. Rechtsfolgen des Eintritts 54

10) Rechtsgeschäftliche Nachfolgeklauseln 56–58
   A. Begriff und Rechtsnatur der Nachfolgeklausel 56
   B. Mitwirkung des Begünstigten 57
   C. Ohne Mitwirkung des Begünstigten 58
11) Unrichtige oder verspätete Eintragung 59
12) Abweichende Vereinbarungen (V) 61–64
   A. Erschwerungen 61
   B. Erleichterungen 63
   C. Letztwillige Verfügungen 64

1) Überblick über die Rechtsfolgen des Todes eines Gesellschafters und § 139 sowie die üblichen Vertragsklauseln

A. Die Rechtsfolgen des Todes eines Gesellschafters. Vertragsklauseln: 1
a) Fortsetzungsklausel: Der Tod eines Gfters führt zu dessen Ausscheiden aus der Ges, sofern sich nicht aus dem GesVertrag etwas anderes ergibt (§ 131 III 1 Nr 1). Bei der KG gilt dasselbe nur für den Tod des phG (§§ 161 II; 177). Der GesVertrag kann statt des Ausscheidens Fortsetzung mit den Erben vorsehen (Fortsetzungs- und Nachfolgeklauseln, § 131 Rn 79, unten Rn 10, 14). Wird die Ges ohne die Erben des verstorbenen Gfters unter den MitGftern fortgesetzt, werden die Erben abgefunden, außer wenn der GesVertrag die Abfindung ausgeschlossen hat (zulässig, s § 131 Rn 62).

b) Nachfolgeklauseln: Der GesVertrag kann vorsehen, dass die Ges mit dem 2 einen oder sämtlichen Erben fortgesetzt wird **(einfache Nachfolgeklausel)**. Statt alle Erben als Gfter hereinzunehmen, kann der GesVertrag auch Fortsetzung mit nur einem oder mehreren von ihnen vorsehen **(qualifizierte Nachfolgeklausel)**. Nachfolgeklauseln stellen nur den GesAnteil vererblich. Ob und wie sie sich auswirken, hängt vom Erbfall ab. Soll der Erbe des phG Kdist werden, spricht man von **Umwandlungsklausel**. Diese Klauseln können **auch kombiniert** werden, zB kombinierte Nachfolge- und Umwandlungsklausel. Lit: Sethe JZ **97**, 989.

c) Eintrittsklauseln: Soll der Eintritt des bzw der Erben nicht ohne weiteres 3 mit dem Erbfall erfolgen, sondern diese oder Dritte nur durch Rechtsgeschäft unter Lebenden in die Ges eintreten können, spricht man von einer Eintrittsklausel (auch gesellschaftsrechtliche Nachfolgeklausel genannt).

d) Sonstige Fälle: Ohne die Öffnung der Ges durch derartige Klauseln für 4 die Erben ist eine Nachfolge derselben in die GfterStellung des Erblassers nicht möglich. Erbrechtliche Wege wie Testament (§§ 2229 ff BGB), Vermächtnis (§§ 2147 ff BGB) oder Auseinandersetzung (§§ 2042 ff BGB) vermögen dagegen nichts. Die Nachfolge kann sich allerdings auch ohne Klausel im GesVertrag durch freie Vereinbarung ad hoc, auch im Wege der sog vorweggenommenen Erbfolge (unter Lebenden), abspielen. Nachfolgerbestimmung durch Dritte s § 1 Rn 36.

e) Scheinerbe: Die Nachfolgeklausel betrifft nur den Erben, nicht den Schei- 5 nerben. Ein rechtsgeschäftlicher Eintritt kann dagegen auch mit einem Scheinerben vollzogen werden, aber dann fehlerhafte Ges (§ 105 Rn 79). Näher § 131 Rn 76.

B. Überblick über § 139: a) Inhalt: § 139 handelt vom Fall, dass der Ges- 6 Vertrag bei Tod eines Gfters Fortsetzung der Ges mit dem oder den Erben anordnet. Er **betrifft** also **nur Fälle der Nachfolgeklausel, nicht solche der Eintrittsklausel** (s Rn 50), RG **170**, 108. § 139 will den Erben das Dilemma ersparen, entweder die gefährliche persönliche Haftung nach § 128 akzeptieren oder die Erbschaft ausschlagen zu müssen. Der Erbe kann vielmehr die Erbschaft antreten und hat das Wahlrecht, entweder voll haftender Gfter zu werden oder aber seinen Verbleib in der Ges von der Einräumung des Kdtistenstatus abhängig zu machen.

7 **b) Anwendungsbereich:** § 139 gilt für die OHG; auch für die KG, dort aber nur für den Erben des phG (vgl § 177); auch, wenn der Erbe bereits Kdtist ist (s Rn 37); in der zweigliedrigen Ges, doch geht dann bei Ausscheiden des Erben das Unternehmen auf den einzig verbliebenen Gfter über (s Rn 43). § 139 gilt auch, wenn der Eintritt als Gfter nach dem GesVertrag vom Beschluss der MitGfter abhängt, die Ges mit dem Erben fortzusetzen, und die MitGfter dies beschließen, RG JW **12,** 475. § 139 gilt auch bei negativem Kapitalanteil des Erblassers (s Rn 42); entspr wenn der Erblasser Gfter ohne Kapitalanteil war, mit Differenzierungen MüKo/K. Schmidt 63, vgl Hamm DB **99,** 273.

8 **Nicht** anwendbar ist § 139, wenn die Ges bereits aufgelöst ist, BGH NJW **82,** 45, hL, aA MüKo/K. Schmidt 61, Grund: hier schützt IV (s Rn 49). § 139 entfällt nach seinem Zweck, wenn der Erbe des Wahlrechts nicht bedarf, zB wenn er bereits phG ist, KG JW **36,** 2933, Grund: Einheitlichkeit des GesAnteils (s Rn 37). § 139 gilt nicht in der GbR, bisher hL, aA für unternehmenstragende GbR MüKo/K. Schmidt 60, allgemeiner Schäfer NJW **05,** 3665.

9 **Lit:** Wiedemann 1965, Rokas 1965, Behrens 1969, Säcker 1970, Finger 1974. Damrau NJW **84,** 2787, Emmerich ZHR 150 **(86)** 193, Esch NJW **84,** 339, Flume FS Schilling **73,** 23, NJW **88,** 161, Herfs DB **91,** 2121, Koch BB **87,** 2106, Marotzke AcP 184 **(84)** 541, AcP 187 **(87)** 223, K. Schmidt ZGR **89,** 445, BB **89,** 1702, Tiedau NJW **80,** 2446, Ulmer ZGR **72,** 195, 324, FS Schilling **73,** 79, BB **77,** 805, NJW **84,** 1496, **90,** 73, D. Weber FS Stiefel **87,** 829, Wiedemann JZ **77,** 689, Feddersen/Kiem ZHR 159 **(95)** 479 (steuerliche Gestaltung).

2) Die Nachfolge aller Erben (einfache Nachfolgeklausel)

10 **A. Einfache Nachfolgeklausel:** Eine einfache Klausel im GesVertrag (auch **erbrechtliche Nachfolgeklausel** genannt) sorgt nur dafür, dass der GesAnteil überhaupt vererblich ist. Die Klausel begründet also nicht Eintrittsrechte für den Erben, sie kann vielmehr jederzeit geändert werden (s Rn 15), BGH **62,** 23. Schon gar nicht stellt sie eine rechtsgeschäftliche Verfügung über den Anteil zugunsten des späteren Erben dar. Vielmehr bestimmt sich beim Erbfall die Nachfolge allein nach Erbrecht. Das gilt auch, wenn in der Nachfolgeklausel bereits ein bestimmter Nachfolger benannt ist. Wird dieser auf Grund einer auch jüngeren letztwilligen Verfügung nicht Erbe, kann er auch nicht auf Grund der erbrechtlichen Nachfolgeklausel im GesVertrag Gfter werden, BGH **68,** 225, BayObLG DB **80,** 2028. Scheitert die Nachfolge, weil die in der Nachfolgeklausel Benannten nicht Erben werden, kommt aber ergänzende Auslegung (sonst Umdeutung, § 140 BGB) der Nachfolge- als Eintrittsklausel (s Rn 50) in Betracht, BGH NJW **78,** 264, Ffm NJW-RR **88,** 1251. Jedoch liegt iZw stets eine Nachfolge-, keine Eintrittsklausel vor, BGH **68,** 225, BayObLG DB **80,** 2028, Grund: nur die Nachfolgeklausel führt zum automatischen Eintritt des Nachfolgers.

11 **B. Ausgestaltung von Nachfolgeklauseln:** Die Berufung von Erben zum Eintritt in die Ges anstelle des verstorbenen Gfters kann im GesVertrag von **Bedingungen,** auch Potestativbedingungen und Benennungsrechten abhängig gemacht werden, zB betr Alter, Geschlecht, Ausbildung; Berufungsrecht des ErblasserGfters, idR Bestimmung des Nachfolgers durch formfreie Erklärung an die MitGfter; Beschluss der MitGfter nach seinem Tode, zB Wahl eines unter mehreren Erben; Zustimmung der Berufenen; Präsentation des Nachfolgers durch Beschluss mehrerer Erben ua. Tritt die (aufschiebende) Bedingung, zB Beschluss oder Zustimmung, erst nach dem Erbfall ein, besteht bis dahin ein Schwebezustand, RG **170,** 108; falls nicht überhaupt nur ein ex nunc wirkendes

Eintrittsrecht gewollt ist (s Rn 50). Der Fiskus als Erbe nach § 1936 BGB kann zum Eintritt berufen werden, str; die Berufung von „Erben" meint ihn aber iZw nicht. Verschaffungsvermächtnis über Gewinn bis zum Eintritt s BGH BB **83,** 1562. Auslegung einer Nachfolgeklausel bei Vorversterben des Benannten, BGH **68,** 235, krit Heymann/Emmerich 6.

C. **Erbenstellung:** Die Fortsetzung der Ges mit Erben des Verstorbenen setzt **12** Annahme der Erbschaft durch diese voraus (s Rn 6). Nachlassinsolvenz führt zum Ausscheiden des Gfters, aber uU Recht zum Bleiben (§ 131 Rn 22). Ein **minderjähriger Erbe** wird Gfter ohne Genehmigung des Vormundschaftsgerichts, BGH **55,** 269, BB **72,** 1475, WM **87,** 1161, Grund: automatische Nachfolge nach Erbrecht. Aber Haftungsbeschränkung Minderjähriger nach § 1629 a BGB (§ 1 Rn 34, 39). Die Rechte des Minderjährigen, auch persönliche, übt der gesetzliche Vertreter, uU ein Pfleger aus, als Pfleger kann auch der Testamentsvollstrecker bestellt werden, KG JW **35,** 3558.

D. **Rechtsfolgen der Nachfolge:** Der Erbe hat die Rechte aus § 139 **13** (s Rn 37, 44). Je nachdem bestimmt sich seine endgültige Rechtsstellung, nämlich Verbleib in der Ges als voll haftender Gfter bzw phG, Wechsel in die Stellung eines Kdtisten, Ausscheiden aus der Ges oder deren Auflösung (s Rn 44 aE). Verbleibt er in der Ges als voll haftender Gfter, tritt er iZw auch in alle übrigen GfterRechte und -Pflichten des Erblassers, betr Geschäftsführung und Vertretung (§ 114 Rn 5). **Pflichtteilsansprüche** von Nichterben gegen den eintretenden Erben bestimmen sich (§ 2311 I 1 BGB) nach dem wahren Wert der fortgeführten Beteiligung, ungeachtet gesellschaftsvertraglicher Beschränkung der Abfindung bei Ausscheiden von Gftern (§ 131 Rn 58 ff), Zimmermann BB **69,** 965, Heinrich/Brunk, DB **73,** 1003, Haegele BWNotZ **76,** 25, abw Sudhoff DB **73,** 53, 1006.

3) Die Nachfolge nicht aller Erben (qualifizierte Nachfolgeklausel)

A. **Sondererbfolge mehrerer Erben:** Mehrere Erben, die nach dem Ges- **14** Vertrag alle an Stelle des Verstorbenen Gfter werden sollen, werden es durch eine **Sondererbfolge** (Einzelnachfolge außerhalb der Erbengemeinschaft nach §§ 2032 ff BGB, da diese nicht Mitglied einer OHG werden kann, § 105 Rn 29) als Gfter je mit dem ihrer Erbquote entsprechenden Teil des GesAnteils des Verstorbenen (auch des KdtAnteils), BGH **22,** 192, **68,** 237, **91,** 135, **98,** 51, **108,** 192, NJW **96,** 1284 (GbR), heute ganz hL. Der GesAnteil gehört trotz dieser Sondererbfolge insofern **zum Nachlass,** als er Teil des vom Erblasser hinterlassenen Vermögens ist, str; er ist aber aus dem gesamthänderisch gebundenen übrigen Nachlass ausgegliedert, BGH **108,** 192, dies allerdings mit Ausnahme der auf die Beteiligung entfallenden übertragbaren Vermögensrechte, zB Anspruch auf das Auseinandersetzungsguthaben (§ 109 Rn 21, § 131 Rn 48). Für Nachlasszugehörigkeit MüKo/K. Schmidt 12, Esch NJW **84,** 339, Damrau NJW **84,** 2787, Flume NJW **88,** 161; aA früher Ulmer NJW **84,** 1496. Differenzierung zwischen TV an OHG- und KGAnteil s Rn 21, 24. Denkbar wäre dann überhaupt Ablehnung der Sondererbfolge des typischen KdtAnteils, Ulmer NJW **90,** 75. Zugriff der Nachlass- und Privatgläubiger auf den übergegangenen Anteil s Ulmer/Schäfer ZHR 160 **(96)** 413. Lit: Raddatz 1991.

B. **Berufung nur eines Erben zum Komplementär:** Der GesVertrag kann **15** vorsehen, dass nur ein vom GfterErblasser bestimmter Erbe Komplementär bzw phG wird, die anderen Kdtisten, vgl BGH BB **87,** 20. Nach dem GesVertrag richtet sich, wie solche Bestimmung erfolgen muss. Ist sie erfolgt, selbst erbvertraglich oder in einem gemeinschaftlichem Testament bindend, schließt das nicht abweichende Regelung durch Änderung des GesVertrags aus, BGH **62,** 23 (vgl § 2286 BGB). Bei irriger Annahme der Gfter, der ErblasserGfter sei auch erbrechtlich frei zur Änderung seiner Bestimmung, kann der GesVertragsänderung aber die Geschäftsgrundlage fehlen (§ 313 BGB), BGH **62**, 25 (fehlerhafte Ges, § 105 Rn 80). Der GesVertrag kann vorsehen, dass mangels Bestimmung durch den Erblasser die Erben selbst diese Bestimmung treffen; dies kann auch durch Auslegung dem Vertrag zu entnehmen sein, BGH BB **66**, 1123. Hat der Erblasser den Nachfolger bestimmt, wird dieser mit dem Erbfall zum phG, jeder Miterbe Kdtist; haben ihn die Erben zu wählen, werden sie zunächst alle Kdtisten, der Gewählte wird mit der Wahl phG, BGH BB **63**, 323. Gemeinsamer Kdtisten-Vertreter s § 163 Rn 10. Empfehlenswert kann eine kombinierte Nachfolge- und Umwandlungsklausel sein, K. Schmidt BB **89**, 1702.

16   C. **Berufung nur eines Erben zum Nachfolger unter Abfindung der übrigen:** Der GesVertrag kann vorsehen, dass überhaupt nur ein Erbe (im Wege der Sonderrechtsnachfolge) mit dem seinem Erbteil entsprechenden Teil des GesAnteils des Verstorbenen Gfter wird, während seine Miterben für ihre Teile abzufinden sind. Sind mehrere so ausgeschlossen, haben sie für die Summe ihrer Teile den Abfindungsanspruch zur gesamten Hand entspr § 2032 BGB, RG **170**, 106, **171**, 350, BGH **22**, 194.

17   D. **Berufung nur eines Erben zum Nachfolger ohne Abfindung der übrigen:** Der GesVertrag kann schließlich sogar vorsehen, dass von mehreren Erben einer den ganzen GesAnteil des Verstorbenen erhält, während die Miterben nichts, auch keine Abfindung bekommen. Die Nachfolge vollzieht sich auch hier durch unmittelbaren Übergang des ganzen Anteils auf diesen einen Nachfolger **(Vollnachfolge)**, BGH **68**, 237, Ulmer ZGR **72**, 206, MüKo/K. Schmidt 18, heute hL, aA noch BGH **22**, 195: zunächst bloße Teilnachfolge dieses Erben entsprechende seiner Erbquote. Die Befugnis des TV zur Bestimmung des Nachfolgererben setzt entsprechende Nachfolgeklausel im GesVertrag oder Zustimmung der MitGfter voraus, BGH NJW-RR **86**, 28.

18   **Ausgleichspflicht:** Abfindungsansprüche der nicht nachfolgenden Miterben nach GesRecht entstehen nicht (s Rn 17). Erbrechtlich ist dagegen der Zuvielempfang des allein nachfolgenden Erben gegenüber den Miterben gemäß den Erbquoten auszugleichen, RG **170**, 107 (selbstverständliche Folge der Zuteilung eines Nachlassgegenstandes an einen Erben), BGH **22**, 197 (nach § 242 BGB), **68**, 238; uU auf Grund Testaments (Vermächtnis) durch Schaffung von Unterbeteiligungen (§ 105 Rn 38) der Miterben, BGH **50**, 318 (Umdeutung eines Testamentes, das die Miterben entgegen dem GesVertrag zum Nachfolger beruft). Der Erblasser kann diese erbrechtliche Augleichspflicht jedoch durch Teilungsanordnung oder Vorausvermächtnis ausschließen, MüKo/K. Schmidt 20, nicht dagegen durch Rechtsgeschäft unter Lebenden, str. Auch in diesem Falle haften alle Erben, nicht nur der GfterNachfolger, für Schulden des Erblassers an die Ges, zB aus unzulässigen Entnahmen (§ 122 Rn 6), BGH **68**, 239.

4) Vor- und Nacherbfolge

19   A. **Nachfolge:** § 139 gilt auch für die Vor- und Nacherben (§§ 2100 ff BGB). Zur Auflösung bei Vorerbschaft s § 131 Rn 19. Der Vorerbe und später der Nacherbe werden bei Nachfolgeklausel statt des Erblassers unmittelbar Gfter, BGH **69**, 50. Bei qualifizierter Nachfolgeklausel müssen sowohl der Vorerbe als auch der Nacherbe deren Voraussetzungen erfüllen, BGH **78**, 177. Die MitGfter des Erblassers brauchen sich aber keinen Gfter-Nachfolger aufdrängen zu lassen; trotz Surrogation (§ 177) kann der Nacherbe nicht ohne die auch nachträgliche Zustimmung aller Gfter MitGfter werden, offen BGH **109**, 219. Ausnahmsweise besteht aber eine Zustimmungspflicht, BGH **109**, 219. Wurde der Vorerbe gemäß § 139 Kdtist, kann der Nacherbe nicht mehr verlangen, phG zu werden, BGH **69**, 52.

20   B. **Verfügungen des Vorerben:** Der Vorerbe wird voller Gfter mit allen Rechten und Pflichten. Er kann auch die Rechte des § 139 mit Wirkung für den

1. Abschnitt. Offene Handelsgesellschaft   21–24 § 139

Nacherben ausüben (s Rn 19). Der Vorerbe unterliegt aber zum Schutze des Nacherben den Beschränkungen der §§ 2113 ff BGB. Diese berühren aber die Ges selbst nicht, BGH **69**, 50. Der Vorerbe kann über den Anteil verfügen, aber nicht unentgeltlich wie zB gegen eine Leibrente (§ 2113 II BGB), BGH **69**, 47. Entgeltlich heißt vollwertige Gegenleistung. Bei gesellschaftsinternen Maßnahmen bedeutet das ordnungsgemäße Verwaltung, str. GesVertragsänderung für alle Gfter gleichmäßig oder einseitige Änderung zu Lasten des Vorerben als Konzession für zusätzlichen Einsatz der MitGfter für GesUnternehmen sind nicht unentgeltlich, BGH **78**, 177. Ausscheiden des Vorerben wegen Abfindungsklausel kann bei nicht vollwertiger Abfindung als teilweise unentgeltliche Verfügung unwirksam sein, BGH NJW **84**, 362; je nachdem auch Sanierungsmaßnahmen der Vorerben aus Mitteln des Nachlasses, BGH NJW **84**, 366. Anfallende Gewinnanteile gebühren dem Vorerben als Nutzung iSv § 2111 I 1 BGB, BGH **78**, 188, das gilt aber nur für den zur Ausschüttung freigegebenen Vermögensanteil ohne den zulässig in Rücklage eingestellten Gewinn (wie bei Nießbrauch, § 105 Rn 45). Zustimmung des Vorerben zur Änderung des Gewinnverteilungsschlüssels mit Auswirkung auf Verteilung der stillen Reserven bei Auflösung, s BGH NJW **81**, 1561. Lit: Baur/Grunsky ZHR 133 **(70)** 209, Hefermehl FS Westermann **74**, 223, Lutter ZGR **82**, 108, Paschke ZIP **85**, 129, Michalski DB Beil 16/87.

5) Testamentsvollstreckung

A. **OHGAnteil:** Anders als ein ganzes HdlGeschäft (BGH **12**, 102, § 1 21
Rn 40) unterliegt der Anteil an einer OHG der Verwaltung durch TV **nicht**. Die unbeschränkte Haftung des Gfters nach § 128 und die nach § 2208 BGB beschränkte Rechtsmacht des nicht persönlich haftenden TV sind mit einer solchen Verwaltung unvereinbar, BGH **108**, 195 (II ZS), hL, Staub/Schäfer 58; nach aA gilt dies schon mangels Nachlasszugehörigkeit des Anteils infolge Sondererbfolge (str, s Rn 14); nach aA ist die TV am OHGAnteil ebenso zulässig wie am KdtAnteil (s Rn 24), BGH **98**, 48, NJW **96**, 1284 (IV ZS), MüKo/ K. Schmidt 47. Der **Anspruch auf Auseinandersetzungsguthaben** bei Ausscheiden des Gfter oder Auflösung der Ges und sonstige aus der Beteiligung abzuleitende übertragbare Vermögensrechte unterliegen dagegen der TV, BGH **91**, 136, **108**, 192, Zustimmung des Gfter ist dafür nicht nötig.

Möglich ist aber eine **Überlassung der Rechtsausübung** durch den (die) 22
Erben-Nachfolger an den TV, jedenfalls für phG, BGH **24**, 112, **68**, 239, **91**, 132, NJW **81**, 750 (für GbR). Die Überlassung der Rechtsausübung (oder Übertragung des Anteils) bedarf der **Zustimmung** der MitGfter (im Voraus im GesVertrag oder ad hoc), sie ist vor dieser schwebend unwirksam, BGH **24**, 114 (zB das Stimmrecht aus dem Anteil vorher beim Erben, nicht TV), entspr der Verfügung eines Gfters über seinen Anteil unter Lebenden (§ 105 Rn 69). Der GesVertrag kann die MitGfter zur Zustimmung verpflichten. Auslegung des GesVertrags iS der Zustimmung (mangels ausdrücklicher Regelung) allenfalls, wenn GesVertrag dem Erblasser-Gfter zur Nachfolgerbestimmung ganz freie Hand lässt, BGH **68**, 241. In der letztwilligen Anordnung einer den Anteil erfassenden TVVerwaltung liegt wohl iZw die Auflage an den Erben, dem TV die Rechtsausübung zu überlassen oder den Anteil treuhänderisch zu übertragen, RG **172**, 205, abw BGH BB **69**, 773, s aber BGH **24**, 112 für Einzelschaft (§ 1 Rn 40 ff).

Mit Zustimmung der MitGfter kann (falls kein anderer Wille des Erblassers 23
erhellt) der TV wie bei Vererbung eines ganzen HdlGeschäfts (BGH **12**, 101, § 1 Rn 42), auch den **Anteil auf sich als Treuhänder übertragen** lassen. So jedenfalls den Anteil eines phG, BGH **24**, 112, NJW **81**, 750.

B. **Kommanditanteil:** TV für den KdtAnteil ist dagegen möglich, BGH **98**, 24
55 (IVa ZS), **108**, 195 (II ZS), sehr str, aber heute wohl hL, MüKo/K. Schmidt

Hopt 715

§ 139 25–31   II. Buch. Handelsgesellschaften und stille Gesellschaft

45, Staub/Schäfer 58, heute hL. Grund: Der Kdtist haftet nur beschränkt auf seine Einlage und auch sonst ist ausreichender Kdtistenschutz möglich. So ist im Fall des § 176 II der TV zur umgehenden Anmeldung verpflichtet, und die Rückzahlung der Einlage an den TV (§ 172 IV) verstößt gegen § 2216 I BGB.

25 Die frühere Gegenansicht, Ulmer ZHR 146 **(82)** 555, Koch NJW **83**, 1762, arbeitete mit Ersatzlösungen: ua Vermächtnis; postmortale, unwiderrufliche (dh vom Erben nur bei wichtigem Grund widerrufliche) Vollmacht an TV betr KdtAnteil (§§ 133, 140 BGB), sogar verdrängend, so Ulmer ZHR 146 **(82)** 573, str; Übertragung des Anteils auf den TV als Treuhänder (s Rn 23), aber unnötig weitgehend. Nunmehr wie hL Ulmer/Schäfer ZHR 160 **(96)** 439.

26 Dazu, dass der KdtAnteil der TV unterfällt, ist aber Zustimmung der MitGfter nötig, hL, Grund: Ges als persönlicher Zusammenschluss der Gfter. Diese kann schon im GesVertrag enthalten sein, BGH **108**, 191, NJW **85**, 1954; so konkludent bei freier Übertragbarkeit der Anteile, aber nicht schon bei einfacher Nachfolgeklausel. War der Erbe schon vor dem Erbfall Gfter, scheidet eine TV aus. Denn die Aufspaltung des einheitlichen GesAnteils in einen normalen und einen der TV unterfallenden ist nicht möglich, BGH **24**, 113, wohl auch BGH **108**, 199 (II ZS), aA BGH NJW **96**, 1284 (IV ZS); aber dann kommen die genannten Ersatzlösungen in Betracht. TV scheidet dagegen nicht schon aus, wenn und weil der Kdtist/Erbe Geschäftsführungsbefugnis hat, Ulmer NJW **90**, 76.

27 Ausübung der GfterRechte, auch betr Vertragsänderung, obliegt dem TV. Das Abspaltungsverbot steht nicht entgegen. Der TV bedarf aber der Zustimmung des Gfter/Erben, wenn dessen persönliche Haftung begründet oder in den Kernbereich seiner Mitgliedschaftsrechte eingegriffen wird. Treuepflicht (§ 109 Rn 23) gilt auch für TV. TVVermerk im HdlReg s Rn 28. Lit: Ulmer NJW **90**, 73.

28 C. **Anmeldung** des Erbeneintritts zum HdlRegister (§ 143) bei der **OHG** erfolgt durch den Erben selbst (mit den MitGftern, vgl §§ 107, 108), str, BayObLG ZIP **03**, 1443. Bei der **KG** ist die Anmeldung des Gfterwechsels durch Vererbung des KdtAnteils Sache des TV nach § 2205 BGB, BGH **108**, 187. Daneben hat der Erbe ein Recht zu Anmeldung, offen BGH **108**, 190. Eintragung der TV selbst im HdlReg ist umstritten (für TV am HdlGeschäft differenzierend § 1 Rn 41, 42, § 8 Rn 5), verneinend KG WM **95**, 1890, Damrau BWNotZ **90**, 69, bejahendEbenroth/Strohn § 177 Rn 22, offen BGH **108**, 190. Unanwendbarkeit von § 15 während der Schwebezeit nach III s Rn 45–49.

29 D. **Rechtsausübung durch den Testamentsvollstrecker:** Mitverwaltungsrechte des Erben werden grundsätzlich insgesamt vom TV ausgeübt. Eine Stimmrechtsabspaltung findet auch bei der DauerTV für KdtAnteile nicht statt, BGH **108**, 199. Die MitGfter müssen die Mitwirkung des TV statt des Erben zB bei GfterBeschlüssen dulden, wie bei Vertreterklausel (§ 163 Rn 10). HdlRegisteranmeldung durch den TV s Rn 28, § 108 Rn 1.

30 E. **Rechtsausübung durch den Erben:** Von der TV unberührt und nur vom Erben auszuüben sind iZw die Rechte des Erben betr Entscheidung gemäß § 139 I, II, Auflösung einer (durch den Erbfall nicht aufgelösten) Ges, Fortsetzung einer aufgelösten Ges (§ 131 Rn 75, 79), Mitwirkung an einer Einlagenerhöhung; aber auch sonstige den Kernbereich (§ 119 Rn 36) betreffende Maßnahmen wie Änderung der Gewinnbeteiligung oder Beschneidung des Auseinandersetzungsguthabens, offen BGH **108**, 198. Auch das Informationsrecht des Erben (§ 118) ist nicht durch die TV beschränkt (mangels anderer Anordnung des Erblassers oder im GesVertrag), RG **170**, 395.

31 F. **Freigabe durch den Testamentsvollstrecker:** Der TV kann den Anteil (ebenso wie ein ganzes HdlGeschäft, § 1 Rn 43) freigeben; nach § 2217 I BGB ist er dazu uU verpflichtet. Die Freigabe ist wirksam, auch wenn sie den Anordnungen des Erblassers zuwiderläuft; fehlen aber die Voraussetzungen der Freigabe nach diesen Anordnungen oder nach § 2217 I BGB, so kann der TV nach § 812 BGB Wiederherstellung seines Verwaltungsrechts fordern, ggf auch durch Rückübertragung auf ihn als Treuhänder, BGH **24,** 109.

6) Nachlassverwaltung

A. **Zulässigkeit:** Die Zulässigkeit der Nachlassverwaltung (§§ 1975 ff BGB) 32 am **OHGAnteil** ist wie die der Testamentsvollstreckung (s Rn 21 ff) umstritten. Nach manchen ist die Nachlassverwaltung schon mangels Nachlasszugehörigkeit des Anteils infolge Sondererbfolge ausgeschlossen (str, s Rn 14), BayObLG BB **88,** 792; nach üL ist sie zulässig, BGH **47,** 293, MüKo/K. Schmidt 55, aber beschränkt auf die Vermögensrechte des Erben. Jedenfalls kann der Nachlassverwalter nicht die Rechte des Erben aus §§ 139, 133, 140 geltend machen, sondern nur Ansprüche auf Gewinn bzw Abfindung. Er kann auch entspr § 135 kündigen (§ 135 Rn 3). Der **Anspruch auf Auseinandersetzungsguthaben** bei Ausscheiden des Gfter oder Auflösung der Ges und sonstige aus der Beteiligung abzuleitende übertragbare Vermögensrechte unterliegen dagegen der Nachlassverwaltung, BGH **47,** 296, **91,** 136, Zustimmung der Gfter ist dafür nicht nötig.

Möglich ist aber die Nachlassverwaltung am **Kommanditanteil** (wie TV, 33 s Rn 24).

Anmeldung durch den Erben, in bestimmten Fällen auch durch den Nachlass- 34 verwalter (s Rn 28).

B. **Rechtsausübung durch den Nachlassverwalter:** Der Nachlassverwalter 35 (§§ 1984, 1985 BGB) kann aber nur über Vermögensrechte des Erben verfügen (s für den TV Rn 29), zB Ansprüche auf Gewinn oder Abfindung, nicht über persönliche Rechte des Erben als Gfter (s Rn 36), BGH **47,** 295. Der Nachlassverwalter kann den früheren MitGfter auf Herausgabe des Geschäftsvermögens verklagen, wenn der Erblasser ein Übernahmerecht ausgeübt hatte mit der Folge der Alleininhaberschaft des Erblassers und jetzt des Erben, BGH **47,** 293. Der Nachlassverwalter kann auch das GesVerhältnis analog § 135 kündigen (§ 135 Rn 3).

C. **Rechtsausübung durch den Erben:** Auch soweit die Nachlassverwal- 36 tung zulässig ist, kann der Nachlassverwalter jedenfalls nicht die ererbten Mitgliedschaftsrechte des Erben ausüben (s für den TV Rn 30). Nur der Erbe hat die Rechte nach § 139. Nur er selbst kann den GesVertrag ändern, zB für den Fall einer Auflösung durch den Tod die Fortsetzung (§ 131 Rn 75) mit beschließen, KG HRR **42,** 477. Nur der Erbe ist aktiv oder passiv legitimiert im Streit darüber, ob er mit dem Erbfall Gfter geworden ist, zB ob ein gültiger GesVertrag besteht. Er hat die Klagerechte aus §§ 133, 140 I 1, 2, BGH **47,** 297, und ist auf Ausschließung zu verklagen (§ 140).

7) Das Wahlrecht des Erben (I–III)

A. **Wahlrecht des Erben: a) Berechtigung und Ausübung:** Der Erbe, der 37 durch Erbgang Gfter der OHG bzw in der KG phG geworden ist, kann wählen, ob er mit voller Haftung in der Ges verbleibt oder sein Verbleiben in der Ges von der Einräumung der Kdtistenstatus durch die MitGfter abhängig machen (I). **Anwendungsbereich** von I s Rn 7. Der GfterErbe übt dieses Wahlrecht aus, indem er an die übrigen Gfter (nicht an die Ges; nicht an die Miterben als solche, außer wenn sie schon vorher Gfter waren, BGH **55,** 270, vgl II) den formlosen **Antrag** richtet, ihn unter Änderung des GesV zum Kdtisten zu machen, BayObLG ZIP **03,** 1444. **Mehrere Erben** können das Wahlrecht jeder einzeln und unterschiedlich ausüben, BGH NJW **71,** 1268. Wahlberechtigt ist auch ein Vorerbe und, sofern dieser nicht schon Kdtist geworden oder ausgeschieden ist, auch der Nacherbe (s Rn 19). Ist der Erbe bereits phG, hat er wegen der Einheitlichkeit des GesAnteils (§ 124 Rn 16) das Wahlrecht nicht (s Rn 8); ist der Erbe bereits Kdtist, kann er das Wahlrecht zwar ausüben, aber aus demselben Grund nur einheitlich.

38 **b) Antragsfrist (III):** Der GfterErbe hat nach III 1 eine Bedenkzeit (vgl § 27 II) von drei Monaten. Für nicht voll geschäftsfähige Erben ohne gesetzlichen Vertreter beginnt die dreimonatige Bedenkzeit erst mit Eintritt der vollen Geschäftsfähigkeit oder Bestellung eines Vertreters (Ablaufhemmung, III 2 iVm § 210 I 2 BGB, Verweisung durch SMG angepasst). Die gesetzliche Vertretung fehlt auch dann, wenn ein gesetzlicher Vertreter vorhanden, aber verhindert ist, zB durch § 181 BGB (s Rn 32), BGH **55**, 271. Die Bedenkzeit nach III 1 (ab Kenntnis vom Anfall der Erbschaft) ist uU kürzer als die Erbausschlagungsfrist nach § 1944 BGB (zwar nur sechs Wochen, aber erst ab Kenntnis vom Anfall und vom Grunde der Berufung). Deshalb endet nach **III 3** die Bedenkfrist nicht, solange die Erbschaft noch nicht angenommen und die Ausschlagung noch möglich ist.

39 **c) Vertrag mit den Gesellschaftern:** Die Beteiligungsumwandlung erfolgt durch Vertrag der Erben mit allen MitGftern. Ist ein Erbe minderjährig, braucht es zu dieser sein Risiko beschränkenden Vereinbarung nicht der Genehmigung des Vormundschaftsgerichts. Jeder Erbe hat das Wahlrecht unabhängig vom anderen. War ein Erbe schon Gfter, kann er hierbei einen anderen nicht vertreten, § 181 BGB, BGH **55**, 270. Der Antrag bedarf der Annahme durch alle MitGfter, der GesVertrag kann aber Mehrheitsbeschluss zulassen (§ 119 Rn 33). Der Antrag kann für mehrere Erben unterschiedlich beschieden werden, BGH NJW **71**, 1268. Der Antrag muss innerhalb der Frist des III zustandekommen, damit IV gilt. Der einverständliche Wechsel in die Stellung eines Kdtisten ohne die Folgen des § 139 ist dagegen jederzeit auch noch später möglich.

40 **d) Rechtsfolgen:** Kommt es zu einem solchen Vertrag, wird der Erbe mit Vertragsschluss Kdtist (s Rn 41). Kommt es nicht zum Vertrag, hat der Erbe, falls der Antrag fristgerecht und ohne erschwerende Bedingungen gestellt war, das Wahlrecht zwischen Verbleib in der Ges als nunmehr endgültig voll haftender Gfter oder dem Ausscheiden (s Rn 43).

41 **B. Wechsel des Erben in die Kommanditistenstellung:** Kommt es zu dem Vertrag zwischen dem Erben und den Gftern, wird die Ges zur KG, an Stelle der Rechte und Pflichten eines phG treten für den ErbenGfter die eines Kdtisten, die übrigen Bestimmungen des GesVertrags bleiben unberührt. Der Kdtist hat denselben Gewinnanteil und Verlustanteil wie der Erblasser, soweit der GesVertrag nicht in den Grenzen des V (s Rn 61) etwas anderes bestimmt, BGH WM **67**, 318. Gemäß I wird der Erbe Kdtist mit dem auf ihn fallenden Teil der Einlage des Erblassers (I). Das ist der **Kapitalanteil des Erblassers** (§ 120 Rn 12) bei seinem Tode. Bei mehreren Erben entfällt der Kapitalanteil auf diese verteilt. Bei festen Kapitalanteilen ist der Anteil an zusätzlichen Guthaben oder einem Debet des Erblassers zu- bzw abzurechnen, geschuldete Einlagen bzw Nachschüsse und unzulässige Entnahmen sind hinzuzurechnen, näher Staub/Schäfer 100 ff, hL, zT anders K. Schmidt ZGR **89**, 445, MüKo/K. Schmidt 71 ff.

42 Das kann dazu führen, dass der für den Kdtisten sich ergebende Kapitalanteil auf Null sinkt oder sogar negativ wird. Nach dem Sinn des § 139 soll der Erbe jedoch nur begrenzt wie ein Kdtist haften. Ein **negativer Kapitalanteil** (§ 120 Rn 22) steht deshalb der Ausübung des Wahlrechts nach I nicht entgegen, BGH **101**, 125, NJW **71**, 1269, str. Bei Verbleiben des Erben in der Ges als Kdtist bleibt die Pflichteinlage negativ, die Hafteinlage beträgt 1 Euro, Staub/Schäfer 109, üL; nach aA freie Wahl der Hafteinlage durch Erben bis zur Obergrenze des Kapitalanteils des Erblassers, nach aA Hafteinlage stets in Höhe des Betrags der bedungenen Einlage, MüKo/K. Schmidt 79 a.

C. **Ausscheiden des Erben (II):** Kommt der Vertrag nach I nicht zustande, 43
kann der Erbe entweder es dabei belassen und als voll haftender Gfter in der Ges
verbleiben oder aber ohne Einhaltung einer Kündigungsfrist aus der Ges ausscheiden (II). Er hat dieses Recht aber nur, wenn der Antrag fristgerecht und
ohne erschwerende Bedingungen gestellt war (s Rn 40). Der Erbe muss auch das
Ausscheiden noch in der Frist nach III erklären. Er kann schon mit dem Antrag
nach I für den Fall der Ablehnung das Ausscheiden erklären. Die Ges besteht
unter den übrigen fort. Bleibt nur ein Gfter übrig, kann dieser das Unternehmen
entspr § 140 I 2 im Wege der Gesamtrechtsnachfolge übernehmen (s Rn 7,
§ 131 Rn 25). Mit dem Ausgeschiedenen findet die Auseinandersetzung statt
(§ 131 Rn 38). Eine das Abfindungsguthaben eines kündigenden Gfters beschränkende Abrede gilt iZw nicht für den wegen Ablehnung der Umwandlung
nach II ausscheidenden Erben.

8) Die Haftung des Erben (IV)

A. **Grundsatz:** Scheidet der Erbe in der Frist gemäß III aus oder wird in 44
dieser Frist die Ges aufgelöst oder der Erbe Kdtist, so haftet er für bis dahin
entstandene Schulden der Ges nur mit den erbrechtlichen Beschränkungsmöglichkeiten (§§ 1967 ff BGB; so IV). Wie II gilt IV nur, wenn der Antrag fristgerecht (s Rn 38) und ohne erschwerende Bedingungen (s Rn 40) gestellt war.
Dann bringt IV in den dort genannten drei Fällen eine **Haftungserleichterung
für den Erben;** diese Haftungserleichterung beschränkt sich aber auf die Haftung des Erben als Gfter und auf Verbindlichkeiten ab Erbfall bis zum Eintritt
eines dieser Fälle. Die richtige Anwendung von IV setzt voraus, dass gleichzeitig
vier Unterscheidungen berücksichtigt werden. Zu unterscheiden sind: (1) zeitlich
die Haftung während der Schwebezeit des III (s Rn 45) und später (s Rn 46 ff),
(2) nach Art der Verbindlichkeiten **Altschulden** (bis zum Erbfall), **Zwischenneuschulden** (vom Erbfall bis zur endgültigen Entscheidung nach III) und
echten Neuschulden (ab der endgültigen Entscheidung nach III), s jeweils
Rn 46–49); (3) im Hinblick auf den Rechtsgrund die in IV nicht geregelte Haftung als Erbe und die dort geregelte Haftung als Gfter (s jeweils Rn 46–49),
und (4) sachlich die Haftung in den vier Fallvarianten, die eintreten können: der
Erbe bleibt endgültig phG (s Rn 46), er wird Kdtist (s Rn 47), er scheidet aus
(s Rn 48) oder die Ges wird aufgelöst (s Rn 49). Ausführlich zu den folgenden
Fallgruppen MüKo/K. Schmidt 102 ff, Staub/Schäfer 121 ff.

B. **Haftung während der Schwebezeit:** Die Schwebezeit dauert höchstens 45
drei Monate (III, s Rn 38). In dieser Zeit ist der Erbe zwar persönlich haftender
Gfter, BGH **55,** 273, nach aA nur Treuhänder, aber § 139 schützt ihn vorläufig
vor der Haftung mit seinem Privatvermögen. Der Erbe haftet also in seiner
Eigenschaft als Erbe für die Altschulden (bis zum Erbfall) der Ges (§§ 124, 128)
als Nachlassverbindlichkeiten persönlich (§ 1967 BGB), aber mit der Möglichkeit
der Haftungsbeschränkung (§ 1975 BGB). Der Erbe haftet auch als vorläufiger
persönlich haftender Gfter für Altschulden der Ges (§ 130) und für die Neuschulden vom Erbfall bis zur endgültigen Entscheidung nach IV (Zwischenneuschulden; §§ 124, 128), jedoch vorläufig noch nicht mit seinem Privatvermögen.
Dieser Schutz des § 139 darf nicht durch das HdlRegister ausgehöhlt werden,
deshalb besteht während dieser Zeit keine Eintragungspflicht (bezüglich des
Haftungsbeschränkungsrechts nach IV; vgl § 107), § 15 ist insoweit unanwendbar, BGH **55,** 273, darüberhinaus gehender besonderer Rechtsscheintatbestand
ist aber nicht ausgeschlossen; Anmeldung zum HdlReg s Rn 28.

C. **Die Haftung des Erben als persönlich haftender Gesellschafter:** 46
Diese greift Platz, wenn der Erbe schon vorher Gfter der OHG oder phG der KG
war (s Rn 8) oder wenn er das Wahlrecht nach III verloren hat. Der Erbe haftet
in seiner Eigenschaft als Erbe persönlich wie schon während der Schwebezeit

(s Rn 45), die erbrechtliche Haftungsbeschränkungsmöglichkeit bleibt unberührt. Mehrere Miterben haften an sich trotz Sondererbfolge (s Rn 14) den Nachlassgläubigern gesamtschuldnerisch (§§ 2058 ff BGB), hier hilft entweder § 2062 BGB analog (Nachlassverwaltung), Heymann/Emmerich 51, oder nur der interne Haftungsregress, MüKo/K. Schmidt 109. Der Erbe haftet als nunmehr endgültig persönlich haftender Gfter auch uneingeschränkt mit seinem Privatvermögen, und zwar für Alt- und Neuschulden gleichermaßen (§§ 130, 124, 128), BGH NJW **82**, 46. Die erbrechtliche Haftungsbeschränkung vermag daran nichts zu ändern.

47 D. **Die Haftung des Erben als Kommanditist:** Wird der Erbe innerhalb der Frist des III Kdtist, haftet er in seiner Eigenschaft als Erbe für die Altschulden bis zum Erbfall und für die Neuschulden bis zur Beteiligungsumwandlung als Nachlassverbindlichkeiten persönlich, aber mit der Möglichkeit der erbrechtlichen Haftungsbeschränkung (IV), BGH **55**, 273. Außerdem haftet er als Kdtist für diese Schulden nach § 173, MüKo/K. Schmidt 112, aA Heymann/Horn § 173 Rn 8 (näher § 173 Rn 15). Die ursprüngliche Haftung nach §§ 130, 124, 128 (s Rn 45) erlischt. Für Neuschulden ab Beteiligungsumwandlung (erst dann ist er Kdtist; auch echte Neuschulden genannt) haftet der Erbe ohne weiteres nach §§ 171 ff. Strittig ist, ob auch in diesem Fall § 176 II gilt (§ 176 Rn 12). Der Wechsel in die Stellung eines Kdtisten ist aber auf jeden Fall eintragungspflichtig (§ 162 Rn 10), der Erbe ist selbst mitwirkungspflichtig (s Rn 28, § 108 Rn 1), erst jetzt gilt auch § 15 (vgl Rn 45), BGH **66**, 102, str.

48 E. **Die Haftung bei Ausscheiden des Erben:** Scheidet der Erbe innerhalb der Frist des III durch Kündigung nach II oder gleichstehend Vereinbarung mit den MitGftern, BGH **55**, 271, aus, haftet er in seiner Eigenschaft als Erbe für die Altschulden bis zum Erbfall und für die Neuschulden bis zur Beteiligungsumwandlung als Nachlassverbindlichkeiten persönlich, aber mit der Möglichkeit der erbrechtlichen Haftungsbeschränkung (IV), BGH **55**, 273. Für Neuschulden nach seinem Ausscheiden haftet der Erbe überhaupt nicht. Haftung mehrerer Erben (§§ 2058 ff BGB) s Rn 46. Als Gfter, der er hier endgültig nicht wird, haftet der Erbe nicht, weder für Alt- noch für Neuschulden; die ursprüngliche Haftung nach §§ 130, 124, 128 (s Rn 45) erlischt. Das Ausscheiden ist eintragungspflichtig (§ 143 II), der Erbe ist selbst mitwirkungspflichtig (s Rn 28, § 108 Rn 1), erst jetzt gilt auch § 15 (vgl Rn 45), BGH **66**, 102, str.

49 F. **Die Haftung bei Auflösung der Gesellschaft:** Bei Auflösung der Ges innerhalb der Frist des III (einerlei ob dann mit diesem oder schon vorher, BGH NJW **82**, 46) gilt grundsätzlich dasselbe wie bei Ausscheiden des Erben (s Rn 48), hL, aber str (s Rn 8). Haftung als Erbe s Rn 48. Haftung mehrerer Erben (§§ 2058 ff BGB) s Rn 46. Der Erbe haftet als Gfter der nunmehr aufgelösten Ges, in der § 139 nicht gilt und deshalb auch das Wahlrecht nach III weggefallen ist (str, s Rn 8), gemäß IV nur nach Maßgabe der Haftung des Erben für Nachlassverbindlichkeiten (§§ 1967, 1975 BGB), BGH NJW **82**, 46; die ursprüngliche Haftung nach §§ 130, 124, 128 (s Rn 45) erlischt. Die Auflösung ist eintragungspflichtig (§ 143 I), der Erbe ist selbst mitwirkungspflichtig (s Rn 28, § 108 Rn 1), erst jetzt gilt auch § 15 (vgl Rn 45), BGH **66**, 102, str.

9) Eintrittsklauseln

50 A. **Begriff und Rechtsnatur der Eintrittsklausel:** Die Eintrittsklausel (auch gesellschaftsrechtliche Nachfolgeklauseln genannt) begründet für den begünstigten Erben oder Dritten, der nicht Erbe wird, ein bloßes rechtsgeschäftliches Eintrittsrecht, wenn der Gfter stirbt (oder für andere Fälle als im Todesfall), BGH **22**, 188, **68**, 231, WM **71**, 1339. Die Eintrittsklausel kann für den Eintritt bestimmte Voraussetzungen bestimmen und es erst zu einem späteren Zeitpunkt (zB Volljährigkeit, bestimmtes Alter) einräumen, BGH NJW **78**, 264. Die Eintrittsklausel soll den Begünstigen iZw wie den Erben bei einer (qualifizierten) Nachfolgeklausel stellen, also mit einer GfterStellung wie der des Erblassers. Wenn nicht alle Erben eintrittsberechtigt sein sollen, spricht man auch (missverständlich) von qualifizierter Eintrittsklausel. **Dritte,** die nicht Erbe werden, können überhaupt nur durch Eintrittsklausel (rechtsgeschäftliche Nachfolgeklausel, s Rn 56) Gfter werden, da die Nachfolgeklauseln die Erbenstellung voraussetzen. Eine Eintrittsklausel kann auch bei Scheitern einer Nachfolgeklausel, etwa weil die Benannten nicht Erbe werden, anzunehmen sein (ergänzende Auslegung des GesVertrags, § 105 Rn 59), BGH NJW **78,** 264, Ffm NJW-RR **88,** 1251.

Rechtlich liegt idR ein begünstigender **Vertrag zugunsten Dritter** auf den Todesfall (§§ 328, 331 BGB) vor. Ein solcher Vertrag verstößt nicht gegen § 2301 BGB. Die Eintrittsklausel kann aber auch bereits ein bindendes **Vertragsangebot** der Gfter an den Begünstigten enthalten oder diesem ein Optionsrecht einräumen. Der Begünstigte kann auch später, durch den Erblasser oder durch einen Dritten bestimmt werden. Zu den rechtlichen Unterschieden zwischen solchen Eintrittsklauseln und den (erbrechtlichen) Nachfolgeklauseln s MüKo BGB/Ulmer/Schäfer § 727 Rn 55. 51

Der GesVertrag kann **keine Eintrittspflicht** eines Dritten begründen (Vertrag zu Lasten Dritter), BGH **68,** 232. Der Dritte kann sich aber selbst zu einem solchen Eintritt verpflichten, gegenüber dem Gfter und späteren Erblasser oder gegenüber den Gftern. Ist der Begünstigte Erbe, kann der Erblasser den Begünstigten durch letztwillige Verfügung wie Bedingungen und Auflagen beeinflussen. 52

B. **Ausübung des Eintritts:** Der Eintritt wird durch Erklärung des Berechtigten nach dem Erbfall ausgeübt. Ob der Berechtigte diese Erklärung abgibt, ist seine Sache (s Rn 38). Solange er die Erklärung nicht abgibt, verbleibt es bei den Rechtsfolgen des Todes des Gfters, also Anwachsung des Anteils des Ausgeschiedenen am GesVermögen bei den MitGftern und Abfindungsrecht der Erben (§ 131 Rn 39, 48). Das ist kein Schwebezustand, aA RG **170,** 108, sondern die eingetretene Rechtslage wird durch Aufnahmevertrag mit dem Berechtigten verändert, BGH NJW **78,** 266. Der Eintritt kann iZw nur binnen angemessener Frist ausgeübt werden (§§ 133, 157 BGB), BGH NJW-RR **87,** 989, nach aA gilt § 139 III analog. 53

C. **Rechtsfolgen des Eintritts:** Der Berechtigte wird Gfter kraft Eintritts, nicht kraft Anteilsübertragung, BGH NJW **78,** 264. Der Berechtigte hätte dann an sich seine Einlage zu erbringen und die nicht Gfter werdenden Erben hätten einen Abfindungsanspruch. Das lässt sich am besten rechtsgeschäftlich so verhindern, dass die Abfindung der Erben ausgeschlossen (zulässig, s § 131 Rn 62) und der Berechtigten von der Einlagepflicht freigestellt wird und die MitGfter sich nach §§ 328, 331 BGB zur Übertragung der mit dem Anteil des Erblassers ursprünglich verbundenen Rechte an den Berechtigten verpflichten **(Treuhandlösung),** Ulmer ZGR **72,** 219, MüKoBGB/Ulmer/Schäfer § 727 Rn 59, vgl BGH NJW **78,** 265. Gefahren sieht dabei Heymann/Emmerich 70. 54

Möglich ist aber auch die Abtretung des Abfindungsanspruchs der Erben an den Berechtigten, wozu der Erblasser die Erben durch Vermächtnis oder Teilungsanordnung veranlassen kann **(erbrechtliche Lösung),** Ulmer ZGR **72,** 220, wohl auch BGH NJW-RR **87,** 989. Ausgleichsansprüche der weichenden Miterben sind umstritten, vgl Rn 46. 55

10) Rechtsgeschäftliche Nachfolgeklauseln

A. **Begriff und Rechtsnatur der Nachfolgeklausel:** Rechtsgeschäftliche Nachfolgeklauseln versuchen insoweit wie erbrechtliche Nachfolgeklauseln die Nachfolge des Begünstigten (Erben oder Dritter) auf den Zeitpunkt des Todesfalles zu erreichen, aber im Unterschied zu diesen durch Rechtsgeschäft unter 56

Lebenden. Sie unterscheiden sich von den Eintrittsklauseln (auch gesellschaftsrechtliche Nachfolgeklauseln genannt) dadurch, dass die Nachfolge eo ipso auf den Zeitpunkt des Todesfalles stattfinden soll, nicht erst auf Grund der Ausübung eines rechtsgeschäftlichen Eintrittsrechts. Rechtsgeschäftliche Nachfolgeklauseln kommen vor allem in Betracht, wenn unsicher ist, ob der Begünstigte Erbe wird.

57 B. **Mitwirkung des Begünstigten:** Rechtsgeschäftliche Nachfolgeklauseln sind weniger problematisch bei Mitwirkung des Begünstigten. Sie sind dann so zu verstehen, dass der Gfter (spätere Erblasser) seinen GesAnteil unter Lebenden an den Begünstigten überträgt, aber unter der aufschiebenden Bedingung seines Todes bzw einer entsprechenden Befristung, BGH **68,** 234, NJW **70,** 1639. Bedenken ergeben sich hier wie allgemein bei Rechtsgeschäften auf den Todesfall aus § 2301 BGB. Ausgleichsansprüche der Erben und Pflichtteilsberechtigten, denen der Abfindungsanspruch entgeht, sind möglich nach §§ 2050 ff, 2301, 2316, 2325, näher MüKo/K. Schmidt 20.

58 C. **Ohne Mitwirkung des Begünstigten:** Rechtsgeschäftliche Nachfolgeklauseln ohne Mitwirkung des Begünstigten beinhalten eine Verfügung zu Gunsten eines Dritten und zugleich einen Vertrag zu Lasten des Dritten, der als Gfter zwingend nach §§ 128, 130 haftet. Beides ist unzulässig. Solche Klauseln sind unwirksam, BGH **68,** 225, NJW **78,** 264, Ulmer BB **77,** 806. Sie können aber je nachdem in eine erbrechtliche Nachfolgeklausel oder in eine Eintrittsklausel umgedeutet werden (§ 140 BGB), BGH **68,** 233, NJW **78,** 264, MüKoBGB/Ulmer/Schäfer § 727 Rn 60.

11) Unrichtige oder verspätete Eintragung

59 Für die Haftungsbeschränkung nach IV ist entscheidend, dass der Erbe fristgemäß entweder aus der Ges ausscheidet oder die Ges aufgelöst wird oder der Erbe die Stellung eines Kdtisten erhält. Bei Ausscheiden haftet der Erbe mangels Eintragung und Bekanntmachung (§ 143 II, III) nach **§ 15.** Dasselbe gilt, wenn die Auflösung der Ges nicht eingetragen und bekanntgemacht wird (§ 143 I, III). Unterlagen für die Eintragung s § 12 Rn 5.

60 Wird der Erbe **Kommanditist,** findet nach herkömmlicher Ansicht § 176 II Anwendung, dann haftet der Erbe haftet, wenn der Wechsel in die Stellung eines Kdtisten nicht unverzüglich eingetragen wird. Findet § 176 II richtigerweise keine Anwendung (§ 176 Rn 12), gilt jedenfalls § 15, da der Wechsel entspr § 143 einzutragen ist. Geschützt werden dann nur die Neugläubiger, dh von Verbindlichkeiten, die erst nach der Umwandlung, aber vor Eintragung und Bekanntmachung, entstanden sind, MüKo/K. Schmidt 128.

12) Abweichende Vereinbarungen (V)

61 A. **Erschwerungen:** § 139 I–IV schützt den Erben in seiner Wahlmöglichkeit und ist deshalb **zwingend** (V 1. Halbs), vgl BGH BB **63,** 323. Das Recht des Erben, Kdtist zu werden oder auszuscheiden, kann nicht erschwert werden, zB durch Vorgabe einer höheren KdtBeteiligung oder Verkürzung der Wahlfrist.

62 Der GesVertrag kann jedoch für den Fall, dass der Erbe nur Kdtist zu werden bereit ist, vorsehen, dass sein **Gewinnanteil** anders als der des Erblassers bestimmt, also gekürzt wird (V 2. Halbs). Das ist im Hinblick auf die eingeschränkte Haftung des Kdtisten sachgerecht.

63 B. **Erleichterungen:** Regelungen, die die Haftungsbeschränkung des Erben erleichtern, bleiben möglich. Der GesVertrag kann es beim Ausscheiden des Erben belassen (§ 131 III 1 Nr 1) und die Abfindung ausschließen (zulässig, § 131 Rn 62). Der GesVertrag kann auch automatischen Wechsel in die Stellung eines Kdtisten, also ohne Wahlrecht, vorsehen **(Umwandlungsklausel),** BGH **66,** 101, **101,** 125; Wahlrecht zwischen Stellung als voll haftender Gfter oder Kdtist ohne vertragliche Zustimmung der MitGfter (vgl Rn 39); Verlängerung der Wahlfrist (aber nur intern, nicht mit Wirkung gegenüber den Gläubigern), Recht zum sofortigen Ausscheiden, besseren Gewinnanteil ua. Lit: K. Schmidt BB **89**, 1702 (kombinierte Nachfolge- und Umwandlungsklausel).

C. Letztwillige Verfügungen: V betrifft nur die Gfter als solche. Der Erblas- 64 ser kann den Erben jederzeit durch letztwillige Verfügung zugunsten seiner MitGfter belasten, zB durch Auflage, nicht Kdtist zu werden. Wirksamkeit und Folgen bestimmen sich allein nach Erbrecht.

[Ausschließung eines Gesellschafters]

140 (1) ¹**Tritt in der Person eines Gesellschafters ein Umstand ein, der nach § 133 für die übrigen Gesellschafter das Recht begründet, die Auflösung der Gesellschaft zu verlangen, so kann vom Gericht anstatt der Auflösung die Ausschließung dieses Gesellschafters aus der Gesellschaft ausgesprochen werden, sofern die übrigen Gesellschafter dies beantragen.** ²**Der Ausschließungsklage steht nicht entgegen, daß nach der Ausschließung nur ein Gesellschafter verbleibt.**

(2) **Für die Auseinandersetzung zwischen der Gesellschaft und dem ausgeschlossenen Gesellschafter ist die Vermögenslage der Gesellschaft in dem Zeitpunkte maßgebend, in welchem die Klage auf Ausschließung erhoben ist.**

Übersicht

1) Ausschließung aus wichtigem Grund durch gerichtliche Entscheidung (I) 1, 2
   A. Grundsatz 1
   B. Geltungsbereich 1
2) Ausschließung aus wichtigem Grund durch gerichtliche Entscheidung aus der Zweipersonengesellschaft (I 2, Übernahme) 3, 4
   A. Grundsatz 3
   B. Geltungsbereich 4
3) Wichtiger Grund für die Ausschließung (I 1) 5–13
   A. Grundsatz 5
   B. Beispiele für wichtigen Grund 7
   C. Besondere Fallgestaltungen 8
   D. Verzicht, Verwirkung, Verzeihung 13
4) Wichtiger Grund für die Ausschließung aus der Zweipersonengesellschaft (I 2, Übernahme) 14–16
   A. Grundsatz 14
   B. Beispiele für wichtigen Grund 16
5) Ausschließungsklage, Übernahmeklage 17–23
   A. Parteien 17
   B. Prozess 21
   C. Gestaltungsurteil 22
6) Rechtsfolgen der Ausschließung eines Gesellschafters (II) 24–27
   A. Rechte und Pflichten der Gesellschaft und des Ausgeschiedenen 24
   B. Gesamtrechtsnachfolge bei Ausschließung aus der Zweimanngesellschaft 25
   C. Auseinandersetzung (II) 26
   D. Schadensersatz 27
7) Abweichende Vereinbarungen 28–33
   A. Erschwerung der Ausschließung 28
   B. Herabstufung 29
   C. Erleichterung der Ausschließung 30
   D. Grenzen der Erleichterung der Ausschließung 31
   E. Rechtsfolgen einer unzulässigen abweichenden Vereinbarung 33

§ 140 1–4 II. Buch. Handelsgesellschaften und stille Gesellschaft

1) Ausschließung aus wichtigem Grund durch gerichtliche Entscheidung (I)

1 A. **Grundsatz:** Ist die Ges aus einem wichtigem Grund in der Person eines Gfters nach § 133 aufzulösen, kann das Gericht stattdessen auf Antrag der übrigen Gfter die Ausschließung dieses Gfters aussprechen. § 140 will den übrigen Gftern die im Unternehmen steckenden Werte erhalten, BGH **50**, 309. Die gerichtliche Entscheidung dient der Rechtssicherheit, BGH **31**, 300. § 140 steht **im engen Zusammenhang mit § 133,** doch bringt § 140 zusätzliche und zT andere Voraussetzungen (zum wichtigen Grund s Rn 5, 14). Strenger als § 140 I 1 ist der an diesen anschließende § 140 I 2, wenn einer von zwei Gftern ausgeschlossen und der andere das Geschäft übernehmen soll (s Rn 3), str. Lit: Grunewald 1987, Westermann 4. Aufl 1988; Schöne 1993; Sandrock JR **68**, 323, Lindacher FS Paulick **73**, 73, Merle ZGR **79**, 84, Behr ZGR **85**, 475; Lit speziell zu Ausschließungsklauseln s Rn 31.

2 B. **Geltungsbereich:** § 140 gilt für die OHG und KG (§ 161 II; s Rn 10), auch die fehlerhafte (§ 105 Rn 75, § 133 Rn 2), nicht für die GbR, str (§ 133 Rn 2). § 140 gilt ab Beginn der Ges im Innenverhältnis bis zur Vollbeendigung, Ausschließung ist also auch aus der aufgelösten Ges möglich, es fehlt hier auch nicht Rechtsschutzbedürfnis (anders § 133 Rn 3), jedoch bezieht sich der wichtige Grund dann auf die aufgelöste Ges, BGH **1**, 332 (s Rn 18), also Ausschließung nur, soweit für deren Abwicklung oder Fortsetzung als werbende Ges notwendig, Heymann/Emmerich 4. Das Klagerecht nach § 140 kann grundsätzlich nicht mittels Einwendung oder Einrede geltend gemacht werden (§ 133 Rn 4).

2) Ausschließung aus wichtigem Grund durch gerichtliche Entscheidung aus der Zweipersonengesellschaft (I 2, Übernahme)

3 A. **Grundsatz:** I 2 idF HRefG (statt § 142 I, III aF). Die Ausschließung aus wichtigem Grund durch gerichtliche Entscheidung ist auch aus der ZweipersonenGes möglich, nur ist die Rechtsfolge dann das Erlöschen der Ges und die Übernahme des HdlGeschäfts durch den anderen Teil. I 2 nF bringt richtiger Ansicht nach gegenüber § 142 I, III aF, der schon bisher in vielen, aber eben nicht allen Punkten § 140 entsprach, in der Sache keine Änderungen. Insbesondere sollen die höheren Anforderungen an den wichtigen Grund bei Ausschließung aus der ZweipersonenGes nicht berührt werden (RegE), und auch die Rechts- und Haftungsfolgen sind unterschiedlich (bei Übernahme Gesamtrechtsnachfolge, s Rn 25). Dann ist aber I 2 kein Fortschritt, sondern eher eine Verunklarung, aA K. Schmidt ZIP **97**, 918. Jedenfalls kann man bei I 2 wie bisher von einer **Übernahmeklage** sprechen. I 2 steht ebenso wie I 1 im engen Zusammenhang mit § 133 (s Rn 1). Rechtssicherheit und Werterhaltung sind auch die Zwecke des I 2 (s Rn 1), BGH **50**, 309. Lit: Sandrock JR **68**, 323, K. Schmidt FS Frotz **93**, 401.

4 B. **Geltungsbereich:** I 2 gilt für die OHG und KG (s Rn 2), Stgt DB **61**, 1644, auch die fehlerhafte (s Rn 2). I 2 gilt entspr für die GbR, zB frühere OHG nach Betriebseinstellung (§ 105 Rn 8), BGH **32**, 314, K. Schmidt § 58 V 2 b: (nur) für die unternehmenstragende GbR, nach aA nur § 737 BGB analog bei Fortsetzungsklausel im GesVertrag, MüKoBGB/Ulmer/Schäfer § 730 Rn 76. I 2 gilt ab Beginn der Ges im Innenverhältnis bis zur Vollbeendigung, Übernahme also auch bei der bereits aufgelösten Ges (wichtig für gegenläufige Übernahmeversuche), aber Konsequenzen für den wichtigen Grund (s Rn 2, 18), BGH **1**, 330, Heymann/Emmerich § 142 Rn 5. I 2 gilt auch in den MehrpersonenGes, wenn der eine Gfter von den übrigen Übernahme begehrt, hL, Stgt DB **61**, 1644. I 2 gilt nicht für die stGes. Das Klagerecht nach I 2 kann grundsätzlich nicht mittels Einwendung oder Einrede geltend gemacht werden (s Rn 2).

1. Abschnitt. Offene Handelsgesellschaft 5–7 § **140**

3) Wichtiger Grund für die Ausschließung (I 1)

A. **Grundsatz:** Der Begriff des wichtigen Grundes ist grundsätzlich derselbe 5 in § 133 wie in § 140; vgl deshalb zunächst zu § 133 II (§ 133 Rn 5 ff), also Unzumutbarkeit der Fortsetzung der Ges, umfassende Interessenabwägung der Lage bei Abschluss der Letzten mündlichen Verhandlung. Der wichtigste Unterschied liegt darin, dass der **wichtige Grund** nach § 140 **gerade in der Person** des Auszuschließenden liegen muss, sonst bleibt nur die Auflösungsklage nach § 133. Eine Rechtsregel, dass an die **Ausschließung** idR höhere Anforderungen (da notwendigerweise nur den einen, nicht auch alle anderen treffend) als an die **Auflösung** zu stellen wären, lässt sich nicht aufstellen, aA früher hL. Zwar mag ein Grund in der Person eines Gfters im Einzelfall die Auflösung der Ges, nicht aber seine Ausschließung tragen, aber auch umgekehrt mag nur Ausschließung, nicht Auflösung gerechtfertigt sein. Für die Beurteilung, ob ein Gfter für die anderen untragbar geworden ist, ist Gesamtschau unerlässlich, diese kann einzelne gravierende Umstände in anderem Licht erscheinen lassen. Lit: Stauf 1980.

Ausschließung als äußerstes Mittel: Die Ausschließung ist keine Strafe für 6 den Betroffenen, sondern das letzte Mittel, wenn nur noch so Schaden von der Ges abgewendet werden kann (vgl § 133 Rn 6). Das zwischen den Gftern bestehende Treueverhältnis (§ 109 Rn 23) erlaubt sie daher **nur, wo sich kein anderer zumutbarer Weg findet,** RG **146,** 180, JW **38,** 2213, BGH BB **55,** 1038, stRspr, hL, vgl allgemein § 314 I 2 BGB. Das ist auch dann der Fall, wenn es zwar ein solches milderes Mittel gibt und es dem Auszuschließenden verbindlich angeboten worden ist, dieser es aber endgültig abgelehnt hat (näher Rn 23).

Beispiele für mildere Mittel: Bloße Entziehung oder Beschränkung der Vertretungsmacht oder Geschäftsführung (§§ 117, 127), OGH **1,** 33, BGH DB **71,** 140, WM **77,** 500; bei Ges im Liquidationsstadium Abberufung des Gfters als Liquidator oder Einschränkung eines Dritten zur Ausübung der Liquidatorrechte, OGH **3,** 210; Vertragsänderungen (s Rn 23), zB Umwandlung der GfterStellung als phG in Kdtist, BGH NJW **61,** 1767, DB **71,** 140, Kontrollrechtsbeschränkung für Kdtist oder Ausübung der GfterRechte nur durch Treuhänder uä, BGH **18,** 362, **LM** § 142 Nr 6, JR **68,** 339. Solche Alternativen sind besonders sorgfältig zu prüfen bei Ausschließung des einzigen KG-phG, zumal aus einer FamilienGes, BGH DB **71,** 140, dann ist zB auch an Übertragung des Anteils an einen anderen Familienangehörigen zu denken. Ausschließung auch bei GmbH & Co (Anh § 177a Rn 47), BGH WM **77,** 500. Zur Rspr krit Westermann NJW **77,** 2185: das Ausschlussrecht sei eine stumpfe Waffe. Nicht milderes Mittel ist idR die Auflösung (§ 133 Rn 6), BGH **80,** 348.

B. **Beispiele für wichtigen Grund:** Vgl zunächst die personenbezogenen 7 wichtigen Gründe für die Auflösung in § 133 II (§ 133 Rn 7–9), auch für die Übernahme (s Rn 14). Wichtiger Grund zur Ausschließung können sein: Veruntreuung, BGH **16,** 323, **32,** 17, unberechtigte Entnahmen, BGH **80,** 350 (jeweils GmbH); objektiv begründeter Verdacht grober Unredlichkeit, zB Verschleierung von Sonderentnahmen, BGH **31,** 304; Aushöhlung des GesUnternehmens und Aufbau eines eigenen in Erwartung der Trennung, BGH JR **68,** 340; Verstoß gegen das Wettbewerbsverbot (§§ 112, 113), BGH WM **57,** 583, Stgt DB **61,** 1644; unberechtigtes Ansichziehen von Geschäftschancen der Ges (§ 109 Rn 26); Schädigung der Ges im Zusammenwirken mit Dritten, BGH WM **85,** 997; Übervorteilung bei gemeinsamer Steuerhinterziehung (keine Analogie zu § 817 BGB), BGH **31,** 303. Umstände **auch ohne Verschulden** des Beklagten können genügen, wie Krankheit oder nicht vorwerfbare, aber mit dem GesVerhältnis unvereinbare Bindung, RG **146,** 176, BGH **LM** § 140 Nr 2, oder Scheidung der Ehe, Grundlage der GfterStellung des Beklagten, Brem BB **72,** 813 (aber s Rn 11).

Abzuwägen sind ua die Verdienste um das Unternehmen wie die gegenseitigen Verfehlungen, dabei sind ihre Folgen für beide Seiten zu beachten, BGH **LM**

§ 140 8–11 II. Buch. Handelsgesellschaften und stille Gesellschaft

§ 140 Nr 2, § 133 Nr 6, WM **77**, 500, NJW **98**, 146; auch das Alter und ob mit dem Beklagten ein ganzer Familienstamm ausscheiden würde, kann eine Rolle spielen, BGH DB **71**, 140; ferner können die Art des Unternehmens, zB Familienunternehmen oder kapitalistischer Charakter, BGH **4**, 111, **18**, 361, die Dauer seines Bestehens und der Beteiligung und die auf dem Spiele stehenden Werte relevant sein (vgl § 133 Rn 5); auch wer das Unternehmen am besten weiterführen kann, RG HRR **41**, 777, BGH **4**, 111, JR **68**, 341, str und nicht unproblematisch. Mitausschließung der Ehefrau, die die Verfehlungen des ersten Beklagten duldete, ist nicht ausgeschlossen, Stgt DB **61**, 1644. Privatsphäre s Rn 11. Ein wichtiger Grund für die Ausschließung liegt grundsätzlich **nicht** vor, **wenn** in der Person des (oder auch nur eines) **Verbleibenden selbst ein Ausschließungsgrund** vorliegt, BGH **32**, 35 (GmbH), **LM** § 142 Nr 9, str, Grund: dann darf nicht einer vertrieben werden, es bleibt nur Auflösung nach § 133; ist das nicht der Fall, so kann zwar ein überwiegendes Verschulden des Auszuschließenden ausreichen, BGH **80**, 351 (GmbH), zurückhaltend (Gleichbehandlung, uU § 254 BGB) Heymann/Emmerich 14, genügt aber nicht in jedem Fall. Nicht wichtig ist ein Verhalten, mit dem alle einverstanden waren, außer unter besonderen Umständen wie Ausnutzung einer Unerfahrenheit oder Notlage, BGH **31**, 307. Ebenso, wenn die anderen Gfter (auch ohne Einverständnis) die Verfehlung offenbar selbst nicht für so gravierend angesehen haben, dass Trennung unvermeidlich wäre, BGH NJW **97**, 1226. Weitere Kasuistik verhaltens- und nicht verhaltensbezogener Ausschließungsgründe bei MüKo/K. Schmidt 39 ff, 53 ff.

8 C. **Besondere Fallgestaltungen: Der einzig vertretende Gesellschafter** kann ausgeschlossen werden, dann Gesamtvertretung der andern; auch des einzigen phG der KG, dann aber Auflösung, wenn nicht ein Kdtist phG wird oder ein Dritter als phG zutritt, BGH **6**, 116, **51**, 200, **68**, 82 (GmbH & Co), vgl § 131 Rn 18. Ausschließung des einzigen weiteren Gfters ist möglich (I 2, s Rn 14). Besonderheiten im Ausschließungsprozess s Rn 21.

9 **Mehrheits- und Minderheitsgesellschafter:** Die Größe des Anteils des Auszuschließenden ist nach der Rspr idR unerheblich, BGH **51**, 207 (§ 142 aF), aA Sandrock JR **68**, 323, differenzierend MüKo/K. Schmidt 33; Sonderfall bei extrem kleinen Anteil, BGH **6**, 117. Auch ein oder mehrere MehrheitsGfter können ausgeschlossen werden, auch im gleichen Prozess (s Rn 19). Jedoch wirkt die Ausschließung idR umso stärker, je größer der Anteil ist. Eine schematische Regel, dass eine Minderheit unter 25% kein Ausschließungsrecht habe, ist abzulehnen, str. Die Art des vom Auszuschließenden Eingebrachten ist wohl erst recht idR unerheblich, BGH **51**, 207.

10 **Kommanditisten:** Das Ausschließungsrecht gilt in der KG auch gegen Kdtisten, aber wegen ihres loseren Verhältnisses zu den MitGftern idR unter strengeren Anforderungen, so zB auf Grund von Zerwürfnis der Gfter nur in besonders schwerwiegenden Fällen; anders bei Handlungen des Kdtisten, die für die MitGfter ebenso gefährlich sind wie solche eines phG, oder nach ganz kurzer GesZugehörigkeit und bei Wegfall der Voraussetzungen der Aufnahme, BGH NJW **61**, 1767, **95**, 597, **98**, 147, Hamm BB **76**, 722. In einer FamilienGes ist Fehlverhalten eines Kdtisten ambivalent, es kann besonders schwer wiegen oder Nachsicht bzw mildere Maßnahmen erheischen, BGH NJW **95**, 597. Das Ausschließungsrecht gilt auch bei einer kapitalistisch organisierten KG (Anh § 177a Rn 10), doch fällt die unpersönliche Organisation ins Gewicht (§ 133 Rn 5), BGH **18**, 361. Ausschließung des einzigen phG s Rn 14. **Herabstufung** des Gfters der OHG oder des phG in der KG zum Kommanditisten (ohne Geschäftsführungs- und Vertretungsbefugnis) kommt in Betracht als mildere Maßregel als Ausschließung (s auch Rn 29).

11 **Privatsphäre:** Rein Privates begründet nicht gesellschaftsrechtlich die Ausschließung (keine Strafe, s Rn 6), so idR nicht Eheverfehlungen gegen Tochter

oder Schwester des MitGfters; anders bei unmittelbarer persönlicher Verletzung von MitGftern (zB Bruch der Ehe des MitGfters), oder wenn die persönliche Verfehlung aus besonderen Gründen das Unternehmen schädigt, BGH **4**, 113, BB **73**, 62; s auch zu I 2 Rn 16.

Zurechnung des Verhaltens anderer: Das Verhalten **gesetzlicher Vertre-** 12 **ter** ist grundsätzlich wie eigenes zuzurechnen, BGH WM **77**, 502 (GmbH), nicht ohne weiteres dagegen das Verhalten von **Angehörigen**, BGH WM **58**, 50, Stgt DB **61**, 1644 (s Rn 7). Zurechnung des Verhaltens des herrschenden Unternehmens ist möglich, aber die allgemeinen konzernrechtlichen Regeln (§ 105 Rn 100 ff) sind nicht unbesehen übertragbar. Zurechnung des Verhaltens des **Treugebers**, der auf den Treuhänder einwirken kann, BGH **32**, 33, WM **80**, 1084. Ausschließungsgründe gegen den **Rechtsvorgänger** wirken idR nicht gegen seinen Rechtsnachfolger, der bei seinem Tod ins Erbe oder nach Ges-Vertrag an seine Stelle rückt, RG **153**, 277, OGH **3**, 211, BGH **1**, 330, BB **58**, 58, str. Nach Tod des Klägers kann idR sein Nachfolger (Erbe) die Klage fortführen; der Beklagte kann ihm Verfehlungen des Klägers (Erblassers) idR nicht entgegenhalten, selbst wenn nur dessen Tod ihn (Beklagten) an der Gegenausschließungsklage hinderte, RG **153**, 277, OGH **3**, 211.

D. **Verzicht, Verwirkung, Verzeihung:** Sie sind wie in § 133 möglich, zB 13 BGH NJW **99**, 2820 (näher § 133 Rn 12).

4) Wichtiger Grund für die Ausschließung aus der Zweipersonengesellschaft (I 2, Übernahme)

A. **Grundsatz:** Begriff des wichtigen Grundes grundsätzlich wie in I 1, § 133 14 (s Rn 5, § 133 Rn 5 ff), also Unzumutbarkeit der Fortsetzung der Ges, umfassende Interessenabwägung der Lage bei Abschluss der Letzten mündlichen Verhandlung. An den wichtigen Grund sind zwar nach alter Rspr gegenüber der Ausschließung nach I 1 bei der Übernahme nach I 2 grundsätzlich noch höhere Anforderungen als für die Ausschließung dort (Rn 5 ff) zu stellen, BGH **4**, 110, **51**, 205, GroßKo/ Ulmer § 142 Rn 12, anders schon früher Schlegelb/ K. Schmidt § 140 Rn 17, heute Staub/Schäfer 21, Grund: die Ausschließung eines von zwei sei idR noch härter als eines von drei oder mehr Gftern; aber dies ist nur ein einzelner Abwägungsgesichtspunkt bei der notwendigen Gesamtwürdigung (s Rn 3).

Rechtsmissbrauch des Übernahmerechts wie bei jedem Recht, vgl für Ehegatten BGH **34**, 80, **46**, 392, weitere Bspe Heymann/Emmerich § 142 Rn 6; aber dann fehlt es unter I idR schon am wichtigen Grund.

Übernahme als äußerstes Mittel: Die Übernahme ist das äußerste Mittel, 15 wenn sich kein anderer zumutbarer Weg für den MitGfter findet (s Rn 6), BGH **1**, 333, **4**, 108, stRspr, hL. Das ist auch dann der Fall, wenn es zwar ein solches milderes Mittel gibt und es dem Auszuschließenden verbindlich angeboten worden ist, dieser es aber endgültig abgelehnt hat (näher § 140 Rn 23). Möglichkeit milderer Mittel näher s Rn 6.

B. **Beispiele für wichtigen Grund:** Vgl die wichtigen Gründe für die Aus- 16 schließung (s Rn 7) sowie die personenbezogenen wichtigen Gründe für die Auflösung in § 133 II (§ 133 Rn 7–9); aber s auch Rn 15. **Abwägung** sämtlicher Umstände unter Berücksichtigung des beiderseitigen Verhaltens, zB BGH NJW **06**, 844 (GbR), s Rn 7. Ein wichtiger Grund für die Übernahme liegt grundsätzlich **nicht** vor, **wenn** in der Person des (oder auch nur eines) **Übernehmenden selbst ein Ausschließungsgrund** vorliegt, BGH **4**, 111, **32**, 35 (GmbH), **46**, 394, NJW **57**, 873, **LM** § 142 Nr 9, str, Grund: dann darf nicht der andere vertrieben werden, es bleibt nur Auflösung; ist das nicht der Fall, kann aber ein überwiegendes Verschulden des Auszuschließenden ausreichen (s auch Rn 6), BGH **80**, 351 (GmbH), aA Heymann/Emmerich § 142 Rn 10 (idR nur Auflösung), genügt aber nicht in jedem Fall. Übernahme scheidet idR aus, wenn

§ 140 17–20   II. Buch. Handelsgesellschaften und stille Gesellschaft

der klagende Gfter den Freistellungsanspruch des MitGfters wegen Bürgschaft für die Ges B (§ 131 Rn 42) nicht erfüllen könnte, BGH **51**, 207. Der Kdtist kann die Übernahmeklage auch gegen den **einzig vertretenden Gesellschafter** der KG erheben (s Rn 8), Stgt DB **61**, 1644. **Mehrheits- und Minderheitsgesellschafter** s Rn 9. Die Größe des Anteils ist nach der Rspr idR unerheblich, BGH **51**, 207, aA Sandrock JR **68**, 323; Sonderfall bei extrem kleinen Anteil, BGH **6**, 117. Auch der MinderheitsGfter kann übernahmeberechtigt sein (s Rn 9). **Privatsphäre** s Rn 11. Unter **Verwandten** gelten nicht allgemein strengere Anforderungen an die Übernahmeklage, manches kann hier leichter, anderes schwerer wiegen, BGH **4**, 115, **51**, 206. Unter Ehegatten ist außergeschäftliches ehewidriges Verhalten des Klägers beachtlich (s Rn 11); es schließt aber die Übernahme nicht aus, besonders wenn Kläger das Unternehmen schuf und führt und der Partner wichtige Unternehmensinteressen grob verletzte, BGH **46**, 396 (kein Staatszwang zur Ehetreue, dazu BGH **34**, 80). **Zurechnung des Verhaltens anderer** s Rn 12. **Verzicht, Verwirkung, Verzeihung** s Rn 13.

5) Ausschließungsklage, Übernahmeklage

17   A. **Parteien: a) Kläger:** Notwendig ist idR **Klage aller Mitgesellschafter.** Nicht notwendig ist Mitwirkung eines MitGfters, der verbindlich dem Klagziel zustimmte (entspr § 133 Rn 13), BGH NJW **58**, 418, **98**, 146, aA Ulmer FS Geßler **71**, 269 (hier anders als bei Auflösung), MüKo/K. Schmidt 62, 71, für Beiladung nach § 856 III ZPO H. Roth FS Großfeld **99**, 926. Die Kläger sind bei der Ausschlussklage notwendige Streitgenossen (§ 62 ZPO), BGH **30**, 197, hL, Bsp: Abweisung aller, wenn Verfehlungen eines einzigen die Klage entkräften, RG **122**, 315. Lit: Nickel JuS **77**, 14, Pabst BB **78**, 892.

18   Die Ausschließungsklage nach I 1, 2 ist **auch nach Auflösung** der Ges möglich (s Rn 2), auch durch einen Gfter, der die Ges durch Kündigung zur Auflösung brachte; jedoch, wenn die Ausschließungsgründe erst nach der Auflösung in der Person des Beklagten eingetreten sind, nicht mehr zu seinem Ausscheiden aus dem Unternehmen und dessen Sicherung für die Kläger allein, sondern nur noch als äußerstes Mittel zur Durchführung einer sachgemäßen und gerechten Abwicklung OGH **3**, 206, BGH **1**, 331. Diese Einschränkung gilt nicht, wenn die Ausschließungsgründe vor der Auflösung eingetreten waren, BGH BB **68**, 230.

19   b) **Beklagte: Ausschließungsklage** nach I 1, 2 ist auch gegen mehrere Gfter möglich (vgl Rn 9), auch aus verschiedenen wichtigen Gründen. Sie ist aber, wenn gegen einen Beklagten unbegründet, im ganzen abzuweisen, weil dann gegen den (die) andern der Antrag aller MitGfter fehlt, BGH **64**, 255. Nicht notwendig ist Mitwirkung eines MitGfters, der sich dem Kläger verpflichtete, bei Erfolg der Klage auch auszuscheiden, RG **146**, 172 (str wie Rn 17). Mehrere Beklagte sind auch hier notwendige Streitgenossen iSv § 62 ZPO, aA RG **146**, 174 (s Rn 12).

20   **Zustimmungsklage:** Die Treuepflicht der Gfter kann auf Zustimmung zur Mitwirkung an der (begründeten) Ausschließungsklage gehen (§ 109 Rn 27), BGH **64**, 257. Das gilt auch für die bei vertragsmäßiger Mehrheitsentscheidung (s Rn 30) überstimmten Gfter, außer bei triftigen persönlichen Gegengründen wie naher Verwandtschaft, RG **162**, 388, Nürnb BB **58**, 1001. Zu Unrecht nicht Mitwirkende machen sich nicht nur schadensersatzpflichtig nach § 280 BGB (§ 109 Rn 4), sondern können auch auf Zustimmung verklagt werden, aA wegen Beiladungsmöglichkeit kein Rechtsschutzbedürfnis H. Roth FS Großfeld **99**, 925. Das Urteil ersetzt die Teilnahme an der Ausschließungsklage (§ 894 ZPO), BGH **64**, 259, **68**, 82. Möglich ist Anspruchshäufung § 260 ZPO (vgl § 117 Rn 7), also Klage zugleich gegen X auf seine Ausschließung und Y auf Zustimmung dazu, BGH **68**, 83, aA Ulmer FS Geßler **71**, 269; Y kann X als

1. Abschnitt. Offene Handelsgesellschaft 21–24 **§ 140**

Streithelfer beitreten, BGH **68,** 85. Auf diese Zustimmung kann (anders als auf die Ausschließung) jeder MitGfter gegen jeden allein klagen, BGH **64,** 256. Lit: K. Schmidt, Mehrseitige Gestaltungsprozesse 1992, § 7; Pabst BB **77,** 1524, H. Roth FS Großfeld **99,** 915.

B. **Prozess:** Gerichtsstand beim Auszuschließenden (§ 13 ZPO) und bei der 21 Ges (§ 22 ZPO), letzterer auch für Zustimmungsklagen gegen MitGfter. Während des Auflösungsprozesses ist Vertretung und Geschäftsführung durch Dritten möglich (ähnlich § 146 II), BGH **33,** 110 (§ 125 Rn 8; vgl § 127 Rn 8, § 133 Rn 14); auch Änderung der GfterRechte und -Pflichten durch einstweilige Verfügung, zB nach §§ 117, 127, BGH **33,** 105, Stgt DB **61,** 1644. Aber kein Ausschluss im Wege der einstweiligen Verfügung. Möglich ist Widerklage nach §§ 117, 127, 133, 140. Ausschließung bzw Übernahme und Auflösung (§§ 140 I 1, 2, 133) sind Verschiedenes. Übergang von einem zum anderen ist Klageänderung; Gericht kann nicht auf das eine erkennen statt des beantragten anderen, RG JW **17,** 292. Dagegen ist der Streitgegenstand bei Ausschließung nach I 1 und Übernahme nach I 2 (jedenfalls nach HRefG) derselbe, aA früher hL (zu §§ 140, 142 aF), die sich aber mit Auslegung des Klageantrags und ggf Urteils behalf. Klage auf Ausschließung ist nicht „weitergehend" als Auflösung, Prozess über erstere ist deshalb nicht auszusetzen (§ 148 ZPO) bis zur Entscheidung über letztere; vielmehr sind beide Verfahren wenn möglich zu verbinden, sonst gesondert durchzuführen, Ffm BB **71,** 1479.

C. **Gestaltungsurteil:** Die Klage geht auf Ausschließung des Gfters (I 1) oder 22 Übernahme (I 2), also Rechtsgestaltung (näher § 133 Rn 15). Wirkung erst mit Rechtskraft des Urteils bzw Vollstreckbarkeitserklärung des Schiedsspruchs (§ 133 Rn 19). Das rechtskräftige Urteil zu I 2 gibt nicht nur ein Recht zur Übernahme, sondern überträgt unmittelbar, hL (missverständlich § 142 aF); iZw auch ein Schiedsspruch (wenn für vollstreckbar erklärt, § 133 Rn 19). Nach Aufhebung des Ausschließungsurteils im Wiederaufnahmeverfahren kann eine neue Ausschließungsklage sich auf das Verhalten des Beklagten in der Zwischenzeit stützen mit Berücksichtigung, dass er sich in dieser Zeit als NichtGfter fühlen durfte, BGH **18,** 358.

„Kann" in I stellt die Entscheidung nicht ins Ermessen des Gerichts (§ 133 23 Rn 16). Die Klage kann abzuweisen sein, wenn der Beklagte eine dem Kläger zumutbare, **weniger einschneidende Regelung** als die Ausschließung **vorgeschlagen** und die Kläger sie abgelehnt haben oder das Gericht solche Regelung vorschlug, der Beklagte annahm, die Kläger ablehnten, BGH **18,** 363, zB Vorschlag der Übertragung des Anteils des Beklagten auf dessen Söhne, Ruhen des Stimmrechts aus dem Anteil auf Lebzeit des Beklagten. Notwendig ist aber ein verbindliches Angebot, und das Gericht muss die Klagevorwürfe erschöpfend aufklären, BGH WM **75,** 769. Umgekehrt kann der sonst nicht hinreichend begründeten Klage stattzugeben sein, wenn der Beklagte eine vorgeschlagene mildere, ihm zumutbare Regelung ablehnt. Auch das **Revisionsgericht** kann solches noch vorschlagen und sein Urteil nach der Stellungnahme der Parteien zu solchem Vorschlag bestimmen, BGH **18,** 363, **LM** § 142 Nr 6, Fischer **LM** § 161 Nr 6.

6) Rechtsfolgen der Ausschließung eines Gesellschafters (II)

A. **Rechte und Pflichten der Gesellschaft und des Ausgeschiedenen:** 24 Die Rechtsfolgen der wirksamen Ausschließung eines Gfters sind grundsätzlich dieselben wie bei seinem Ausscheiden nach § 131 III (dort Rn 34 ff). Dabei ist zwischen dem Innenverhältnis und dem Außenverhältnis zu unterscheiden (§ 131 Rn 37). Besonderheiten ergeben sich bei der Ausschließung aus der ZweipersonenGes (s Rn 25). Es findet also eine Auseinandersetzung zwischen dem Ausgeschlossenen und der Ges bzw dem Übernehmer statt (s Rn 26). Abfindung und Abfindungsklauseln s § 131 Rn 48 ff, 58 ff.

Hopt

§ 140 25–29   II. Buch. Handelsgesellschaften und stille Gesellschaft

25 B. **Gesamtrechtsnachfolge bei Ausschließung aus der Zweipersonengesellschaft:** Die Ges **erlischt** (§ 131 Rn 35), nicht etwa EinpersonenGes (Rechtsausschuss), aA Weimar ZIP **97**, 1769. Das GesVermögen wird Alleinvermögen des Übernehmers durch **Gesamtrechtsnachfolge** (§ 105 Rn 8), MüKoBGB/Ulmer/Schäfer §§ 718 Rn 13, 730 Rn 81, nicht Anwachsung nach § 738 I 1 BGB, was Konsequenzen für die Haftung hat (der verbleibende Kdtist haftet als Gesamtrechtsnachfolger unbeschränkt für alle Altschulden der Ges), BGH **48**, 206, **113**, 134 (§ 131 Rn 35). An der Haftung eines Gfters, der schon vor der Übernahme ausschied (§ 128 Rn 28; § 160), ändert sich nichts, BGH **50**, 237. Vermögensübergang also ohne Liquidation (§§ 145 ff), ohne Einhaltung von Formvorschriften (zB § 311 b I BGB, § 15 GmbHG) und außerhalb des Grundbuchs (Grundbuchberichtigung). Maßgebender Zeitpunkt ist die Rechtskraft des Urteils, II gilt nur für die Auseinandersetzung (Innenverhältnis, s Rn 26). Es gelten die Grundsätze für die Umwandlung kraft Gesetzes, zB für Beibehaltung der stillen Reserven und für Firmenfortführung (Einl 22 vor § 105). Ein dingliches Vorkaufsrecht der Ges erlischt nicht nach § 514 BGB, sondern besteht fort nach §§ 1059a Nr 1, 1098 III BGB (betr juristische Person, entspr anwendbar auf OHG), BGH **50**, 310. Höchstpersönliche Rechte, zB persönliche öffentlichrechtliche Erlaubnis, erlöschen. Eine Vereinbarung über die Ausnahme einzelner Gegenstände von der Gesamtrechtsnachfolge hat nur schuldrechtliche Wirkung, str. Im anhängigen Prozess der Ges erfolgt Parteiwechsel kraft Gesetzes, nicht durch gewillkürten Parteiwechsel bzw Klageänderung (§ 124 Rn 44), BGH NJW **71**, 1844, **93**, 1917, aA Huber ZZP 82 (**69**) 253. §§ 239 ff ZPO gelten entspr, K. Schmidt § 46 II 3 a. War in 1. Instanz gegen die Ges abgewiesen, hindert Berufung mit Antrag gegen Übernehmer die Rechtskraft, BGH NJW **71**, 1844. Übernahmeerklärung mit Vereinbarung der „Liquidation" kann bedeuten: Übergang des Unternehmens, aber während der Auseinandersetzung auch Fortführung auch zugunsten des Ausscheidenden, BGH BB **73**, 910. Anmeldung zum HdlReg s § 143 Rn 1. Für die **Firmenfortführung** gilt § 24 II, nicht § 22 (§ 24 Rn 11).

26 C. **Auseinandersetzung (II):** Zwischen dem Ausgeschlossenen und der Ges findet eine Auseinandersetzung statt (§§ 738–740 BGB, dazu § 131 Rn 38–47). Dafür ist der Zeitpunkt der Klageerhebung, nicht der der Rechtskraft des Gestaltungsurteils maßgebend (II). Das gilt für die Ausschließung ebenso wie für die Übernahme nach I 2, BGH WM **65**, 426. Der Ausgeschlossene nimmt also nicht teil am Gewinn (oder Verlust) der Prozesszeit. Das soll auch gelten, wenn der durchschlagende Ausschließungsgrund erst später (s Rn 6) eintrat, RG **101**, 242, zweifelnd OGH BB **50**, 174. Abfindung und Abfindungsklauseln s § 131 Rn 48 ff, 58 ff.

27 D. **Schadensersatz:** Der Ausgeschlossene kann den übrigen schadensersatzpflichtig sein (§ 133 Rn 17).

7) Abweichende Vereinbarungen

28 A. **Erschwerungen der Ausschließung:** § 140 ist nicht zwingend (anders das Recht auf Auflösung, § 133 III), weder I 1, BGH NJW **98**, 146, noch I 2, BGH **51**, 205 (zu § 142 aF). Der GesVertrag kann das Ausschließungs- bzw Übernahmerecht ohne weiteres erschweren oder sogar ganz beseitigen, es bleibt dann eben nur die Auflösung, BGH **51**, 204, oder der eigene Austritt aus wichtigem Grund, str (§ 133 Rn 1). Der GesVertrag kann zB bestimmte Verhaltensweisen oder Ereignisse als wichtigen (Ausschließungs-)Grund ausschließen, eine Vorprüfung durch GfterVersammlung oder Beirat vorsehen oder die Zustimmung Dritter verlangen.

29 B. **Herabstufung:** Der GesVertrag kann als gegenüber der Ausschließung milderes Mittel vorsehen, dass ein Gfter der OHG oder der phG der KG zum Kdtisten herabgestuft wird (s Rn 10). Eine solche Regelung ist nicht schon

deshalb unwirksam, weil die Herabstufung dem Gfter Grund zum Ausscheiden gibt, dieses aber durch eine einschneidende Abfindungsklausel erschwert wird, vielmehr können dann Herabstufungsklausel und entspr GfterBeschluss wirksam sein, die Abfindung ist danach angemessen zu bestimmen, BGH NJW **73,** 651, dazu Schneider NJW **73,** 750, s Rn 33.

C. **Erleichterungen der Ausschließung:** Umgekehrt kann der GesVertrag, 30 wie auch § 133 III 1 Nr 5 nF nahelegt (aber s dort Rn 25), die Ausschließung bzw Übernahme erleichtern, also Gründe und Verfahren abweichend vom Gesetz regeln, zB weitere Umschreibung und Fixierung der möglichen Ausschlussgründe („absolute" Ausschlussgründe), BGH **51,** 205, **81,** 266, oder Einräumung eines Übernahmerechts in anderen Fällen (auch in der Ges mit zwei oder mehr Gftern), BGH **32,** 22, **50,** 308. Bspe: Altersgrenze, Vermögensverfall, Berufszulassungsentzug, Beendigung der Mitarbeit, Abreißen verwandschaftlicher Beziehungen, Gehrlein NJW **05,** 1970. Auslegungsfrage ist es, ob das Übernahmerecht auch für und gegen einen später eintretenden MitGfter gilt, BGH WM **73,** 866. Die Erleichterungen können auch beinhalten zB Mehrheitsentscheidung über Erhebung der Ausschlussklage, Antragsrecht einzelner Gfter, nähere Regelung der Geltendmachung des Ausschließungsrechts. Feststellungs- statt Ausschlussklage, BGH NJW **98,** 146. Übertragung an ein Schiedsgericht. Der GesVertrag kann auch Ausschließung durch **bloßen Gesellschafterbeschluss** der übrigen Gfter vorsehen (Stimmrechtsausschluss des Auszuschließenden, § 119 Rn 8), BGH **31,** 301, **68,** 214, ZIP **05,** 1322, Ulmer JZ **76,** 97; auch durch Mehrheitsbeschluss (aber Bestimmtheitsgrundsatz, § 119 Rn 37). Ein einseitiges **Ausschließungsrecht** der GfterMehrheit oder einzelner Gfter gegen andere, auch als „Kündigungsrecht" mit -folge des Ausscheidens des Gekündigten statt Auflösung der Ges (§ 133) oder Ausscheiden des Kündigenden (§ 133 III 1 Nr 3), sog **Hinauskündigung,** ist zwar grundsätzlich unwirksam (§ 138 BGB, str), aber Ausnahmen **in engen Grenzen** (s Rn 31). Der Beschluss bzw die Hinauskündigung wirkt (wenn rechtmäßig) mit Mitteilung an den Ausgeschlossenen (wie nach § 737 BGB). Der rechtswidrige Beschluss ist unwirksam (§ 119 Rn 31, Geltendmachung und Frist § 119 Rn 32) und kann die Beschließenden nach § 280 BGB schadensersatzpflichtig machen, BGH **31,** 301.

Übernahme (mit Wirkung der Gesamtrechtsnachfolge) ist auch ohne Vereinbarung im GesVertrag durch **Übernahmevereinbarung ad hoc** möglich, sowohl bei noch werbender Ges (die dadurch aufgelöst wird) wie bei schon aufgelöster (§ 145 Rn 10), BGH **50,** 308, **71,** 299, NJW **89,** 1030, BAG NJW **91,** 1972. Mit entspr Wirkung (Erlöschen der Ges, Gesamtrechtsnachfolge) möglich ist Übernahme aller Anteile (§ 105 Rn 69) durch einen einzigen **Nichtgesellschafter,** BGH **71,** 299.

D. **Grenzen der Erleichterung der Ausschließung: a) Kernbereichslehre** 31 **und Treuepflicht:** Grenzen für Ausschließung und Übernahme folgen allgemein aus § 138 I BGB und spezieller aus dem Schutz des Kernbereichs der GfterPosition (§ 119 Rn 36) und der Treuepflicht (§ 109 Rn 23). Eine Vereinbarung (im oder neben dem GesVertrag, BGH **112,** 107, **164,** 98), dass Kdtisten durch Mehrheitsbeschluss **ohne wichtigen Grund** ausgeschlossen werden können (**Hinauskündigung,** s Rn 30), ist grundsätzlich **unzulässig,** anders nur **ausnahmsweise,** wenn sie eindeutig vereinbart und **durch besondere Gründe sachlich gerechtfertigt** ist, BGH **68,** 215, **81,** 264, **105,** 216, **107,** 356, **112,** 107 (GmbH), **164,** 98 u 107 (GmbH), NJW **04,** 2013 (GbR), ZIP **05,** 706 (GmbH), **07,** 1309 (ÄrzteGes), ZIP **07,** 1309, stRspr (zur Abfindung in solchen Fällen § 131 Rn 65). § 131 III 1 Nr 6 hat daran nichts geändert (§ 131 Rn 26). Die Einräumung eines Rechts an einen Gfter, MitGfter (zB auch Kdtisten) nach freiem Ermessen aus der Ges auszuschließen, ist nichtig; anders nur bei sachlicher Rechtfertigung durch besondere Umstände, BGH **81,** 269, **105,** 213, **107,** 351, **164,** 98 u 107,

§ 140 32, 33   II. Buch. Handelsgesellschaften und stille Gesellschaft

MüKoBGB/Ulmer/Schäfer § 737 Rn 19, str, Fallgruppenbildung bei MüKo/ K. Schmidt 101 ff, umstritten ist insbesondere die Figur des „Gfters minderen Rechts". Solche besonderen Umstände können sein: zB Beteiligung nur von persönlich mitarbeitenden Gftern, WM **83,** 956, Einräumung der GfterStellung nur wegen enger persönlicher Beziehungen (insoweit „auf Zeit", treuhänderähnlich), BGH **112,** 103 (GmbH), einlagenfreie Aufnahme in Sozietät mit Prüfungszeit, BGH NJW **04,** 2013 (GbR, 10 Jahre bei weitem zu lang), maximal dreijährige „Probezeit" bei Gemeinschaftsarztpraxis, BGH ZIP **07,** 1309, Gfter-Beteiligung nur als bloßer Annex eines Kooperationsvertrags ohne darüber hinausgehende Chancen, BGH ZIP **05,** 706, Minderheitsbeteiligung eines Drittgeschäftsführers für die Zeit seines Amtes und gegen bloßes Nennwertentgelt (Managermodell), BGH **164,** 98 m Anm Gehrlein BB **05,** 2433, wohl auch allgemeiner für führende Mitarbeiter (sog leaver-Klausel bei private equity-Transaktionen), Drinkuth NJW **06,** 413, Minderheitsbeteiligung eines verdienten Mitarbeiters gegen bloßes Nennwertzahlung (Mitarbeitermodell), kein Verstoß gegen § 622 VI BGB, BGH **164,** 107, auf Testament zurückgehende Differenzierung zwischen Kindern, BGH ZIP **07,** 862, aA MüKo/Ulmer/Schäfer § 737 Rn 19, besondere Verdienste des Ausschließungsberechtigten um die Ges; treuhandähnliches Verhältnis, Prüfung gedeihlicher Zusammenarbeit, Beendigung der für die Beteiligung maßgeblichen Zusammenarbeit, genereller für Zulassung bei (auch nachgeschobenem) sachlichem Grund Gehrlein NJW **05,** 1971. **Nicht:** Kein solcher Grund ist der Erwerb der Mitgliedschaft durch **Vererbung,** BGH **81,** 270 (aber Testament, oben, damit wird dieser Grundsatz verwässert), **geringe Kapitalbeteiligung,** vgl BGH NJW **85,** 2421. Für **Anteilsschenkung** gilt, dass der Beschenkte kein Gfter minderen Rechts ist (§ 131 Rn 66), BGH **164,** 116; für Anteilsschenkung unter Widerrufsvorbehalt noch freiem Belieben mit Rückübertragungsverpflichtung ist solcher Grund anzuerkennen, aber Ausübungskontrolle vorzusehen, MüKo/Ulmer/Schäfer § 738 Rn 22, str, vgl Karls NZG **07,** 423 m Anm Wälzholz 416, Nichtzulassungsbeschwerde abgelehnt, Nassall NZG **08,** 852. Diese Grenzen gelten selbst bei voller oder jedenfalls angemessener Abfindung, weil die vom „Damoklesschwert der Hinauskündigung" bedrohten Gfter in ihrer gesellschaftlichen Willensbildung unzulässig beeinflusst werden, BGH **81,** 268, **84,** 16, **104,** 50, **125,** 79 (stGes). Diese Grenzen gelten nicht für ein an ein festes Tatbestandsmerkmal (zB Tod eines MitGfters) anknüpfendes, zeitlich begrenztes Kündigungsrecht, BGH **105,** 213; Entscheidungsfrist bis zu einem Jahr (offen).

Zu diesen Grenzen Goette DStR **97,** 337, Harrer FS Sonnenberger **04,** 235 (Wertungsparallele zu § 327 a AktG), Gehrlein NJW **05,** 1969, Habersack/Verse ZGR **05,** 451 (Mitarbeiterbeteiligung), Drinkuth NJW **06,** 410, Werner WM **06,** 213, Kilian WM **06,** 1567, Peltzer ZGR **06,** 702, Verse DStR **07,** 1822, Wälzholz NZG **07,** 416, Nassall NZG **08,** 851.

32   **b) Sittenwidrigkeit:** Neben diesen engen Grenzen aus den Grundprinzipien des GesRechts sind die allgemeinen Grenzen, zB **§ 138 BGB,** nur noch von geringer Bedeutung. Zu prüfen sind ua Rechtsstellung der Betroffenen als Gfter (zB Ausscheidensrecht ihrerseits), Herkunft ihrer Beteiligung (zB familienfremde Geschäftsführer-Gfter ohne Kapitalanteil). Kündigungs- und Übernahmerecht nach freiem Ermessen ist sittenwidrig, wenn die Mitgliedschaft Lebensberuf und Existenzgrundlage bildet, auch bei FamilienGes, auch wenn dem Gründer vorbehalten, BGH NJW **85,** 2421, str. Ausschluss der gerichtlichen (auch schiedsgerichtliche) Nachprüfung ist unzulässig.

33   E. **Rechtsfolgen einer unzulässigen abweichenden Vereinbarung: a) Gesellschaftsvertrag:** Rechtsfolge der unzulässigen Ausschlussklausel ist nicht Nichtigkeit des GesVertrags (§ 139 BGB gilt nicht, § 105 Rn 50).

b) Ausschließung: Statt der unzulässigen Ausschlussklausel kann im Wege der (auch ergänzenden) Vertragsauslegung eine zulässige anzunehmen sein (näher

1. Abschnitt. Offene Handelsgesellschaft **§§ 141–143**

§ 132 Rn 14), str, zB kann Ausschlussklausel nach freiem Ermessen insoweit wirksam sein, als sie Ausschließung aus wichtigem Grund zulässt (insoweit gilt § 139 BGB), BGH **107**, 351 m Anm Fastrich ZGR **91**, 306. Die Sittenwidrigkeit oder sonstige Unzulässigkeit der **Abfindungsklausel** (§ 131 Rn 58 ff) lässt die Wirksamkeit der Ausschließung unberührt, die angemessene Abfindung ist notfalls in einem besonderen Rechtsstreit festzustellen, BGH **105**, 222, **112**, 111, **164**, 104, NJW **73**, 1606 (s Rn 29) gegen frühere Rspr.

141, 142 *(aufgehoben)*

[Anmeldung von Auflösung und Ausscheiden]

143 (1) ¹**Die Auflösung der Gesellschaft ist von sämtlichen Gesellschaftern zur Eintragung in das Handelsregister anzumelden.** ²**Dies gilt nicht in den Fällen der Eröffnung oder der Ablehnung der Eröffnung des Insolvenzverfahrens über das Vermögen der Gesellschaft (§ 131 Abs. 1 Nr. 3 und Abs. 2 Nr. 1).** ³**In diesen Fällen hat das Gericht die Auflösung und ihren Grund von Amts wegen einzutragen.** ⁴**Im Falle der Löschung der Gesellschaft (§ 131 Abs. 2 Nr. 2) entfällt die Eintragung der Auflösung.**

(2) **Absatz 1 Satz 1 gilt entsprechend für das Ausscheiden eines Gesellschafters aus der Gesellschaft.**

(3) **Ist anzunehmen, daß der Tod eines Gesellschafters die Auflösung oder das Ausscheiden zur Folge gehabt hat, so kann, auch ohne daß die Erben bei der Anmeldung mitwirken, die Eintragung erfolgen, soweit einer solchen Mitwirkung besondere Hindernisse entgegenstehen.**

Übersicht

1) Anmeldung von Auflösung und Ausscheiden 1, 2
   A. Auflösung (I) 1
   B. Ausscheiden (II) 2
2) Anmeldepflicht sämtlicher Gesellschafter 3, 4
   A. Öffentlichrechtliche Anmeldepflicht (§ 143) 3
   B. Gesellschaftsrechtliche Mitwirkungspflicht 4
3) Rechtsfolgen der (fehlenden) Eintragung 5, 6
   A. Eintragung 5
   B. Fehlende Eintragung 6

1) Anmeldung von Auflösung und Ausscheiden

A. **Auflösung (I):** § 143 idF EGInsO 1994. 1

a) **Regelfälle (I 1):** Über die OHG und KG im HdlReg s zunächst §§ 106–108, 162. Nach I 1 ist die Auflösung der Ges (§ 131 I, II) anzumelden und einzutragen; bei Übernahme durch einen Gfter, etwa nach § 140 I 2 (dort Rn 25) mit Besonderheiten, nämlich Auflösung und Wechsel des Firmeninhabers, MüKo/K. Schmidt 4, Staub/Schäfer 11. Auch Auflösung einer (zu Unrecht) nicht eingetragenen Ges und mangelnde Voreintragung stehen nicht entgegen, die Ges ist vielmehr zugleich mit ihrer Auflösung einzutragen, allgM. Auch bei Fortsetzung der Ges ist vor dieser zunächst noch die Auflösung einzutragen, MüKo/K. Schmidt 3, str. Fallen Auflösung und Erlöschen ausnahmsweise zusammen (§ 131 Rn 5, 10), stehen Anmeldung nach I 1 und § 157 nebeneinander.

b) Auflösung bei Insolvenz (I 2, 3): I gilt **nicht** für Auflösung in den Fällen der Eröffnung oder der Ablehnung der Eröffnung des Insolvenzverfahrens über das Vermögen der Ges (§ 131 I Nr 3, II 1 Nr 1); in diesen Fällen werden die Auflösung und ihr Grund von Amts wegen eingetragen (I 2, 3 iVm §§ 32, 6), vgl BGH NJW **82**, 2443.

c) Auflösung durch Löschung (I 4): Bei Löschung nach § 131 II 1 Nr 2 entfällt die Eintragung der Auflösung überhaupt. Bereits die Löschung erfüllt die Warnfunktion des HdlReg.

2 B. **Ausscheiden (II):** Anzumelden und einzutragen ist ebenso das Ausscheiden eines Gfters (bei GbR als Gfter auch deren Gfter, § 106 Rn 6), gleich wodurch, zB Tod, auch Ausschließung (§ 140), sofern die Ges wie idR fortgesetzt wird. Wechsel des phG in die Stellung eines Kdtisten ist zwar kein Ausscheiden, die Beteiligungsumwandlung ist aber als solche anmeldepflichtig (§ 162 Rn 10). Einzutragen ist auch, wenn dadurch die Firma unzulässig wird, zB bei Wegfall der Letzten natürlichen Person unter den phG (§ 19 II); Eintragung kann auch nicht von gleichzeitiger Anmeldung der entsprechenden Firmenänderung abhängig gemacht werden (§ 14 Rn 1), BGH NJW **77**, 1879, Hamm NJW **94**, 393. Vorgehen gegen unzulässige Firma nach § 37. Eintritt von Gftern, auch Eintritt von Erben s § 107.

2) Anmeldepflicht sämtlicher Gesellschafter

3 A. **Öffentlichrechtliche Anmeldepflicht (§ 143):** Anmeldepflichtig bei Tod eines Gfters sind alle MitGfter (näher § 108 Rn 1, 2), daneben alle Erben, auch soweit sie nicht nachfolge- oder eintrittsberechtigt sind (vgl III), BayObLG DB **79**, 86, BB **93**, 385; auch das Erbe eines vor seinem Tod ausgeschiedenen Gfters, MüKo/K. Schmidt 10, str; auch ScheinGfter, BGH WM **66**, 736. III macht Ausnahmen im Fall besonderer Hindernisse, MüKo/K. Schmidt 15. Testamentsvollstrecker (§ 139 Rn 21), BGH **108**, 190. Anmeldepflichtig ist bei Ausscheiden auch der Ausgeschiedene (§ 108 Rn 1), BayObLG DB **78**, 1832. Bei §§ 133, 140 ersetzt das rechtskräftige Urteil die Anmeldung des Ausgeschiedenen. Statt des wegen Insolvenz ausscheidenden Gfters hat der Insolvenzverwalter mitanzumelden (§ 146 III analog), BGH NJW **81**, 822. Die Anmeldepflicht ist öffentlichrechtlicher Natur (§ 108 Rn 5), also Erzwingung (§ 14).

4 B. **Gesellschaftsrechtliche Mitwirkungspflicht:** Daneben besteht eine Mitwirkungspflicht aller Gfter untereinander (näher § 108 Rn 6), RG HRR **42**, 763. Einwendungen aus dem GesVerhältnis s § 108 Rn 6. Klage nicht der Ges, sondern der Gfter untereinander (§ 108 Rn 6), ohne notwendige Streitgenossenschaft auf Aktiv- oder Passivseite, vgl BGH **30**, 197. Streitwert (§ 3 ZPO) nach BGH BB **79**, 647 etwa ¼ des Anteils (samt stillen Reserven) des klagenden Gfters, nach Kln DB **71**, 1055 etwa ¹/₁₀ der (Kdt-)Einlage.

3) Rechtsfolgen der (fehlenden) Eintragung

5 A. **Eintragung:** Die Eintragung ist nur deklaratorisch (§ 8 Rn 11).

6 B. **Fehlende Eintragung:** Die Wirksamkeit der Auflösung und des Ausscheidens hängen nicht von der Eintragung ab. Aber im Verhältnis zu Dritten gilt § 15. Kenntnis des Auflösungsgrunds ist nicht gleich Kenntnis der Auflösung (vgl § 15 I), denn der Schluss verlangt Rechtskenntnis und abweichende GesVertragsregelung sind häufig, RG **144**, 204. § 15 gilt nur insoweit nicht, als § 139 IV entgegensteht (dort Rn 45), aber im Falle eines darüber hinausgehenden besonderen Rechtsscheintatbestands. Weitere Rspr: RG **70**, 273, **127**, 99, **128**, 181, BGH **55**, 273, **66**, 103.

1. Abschnitt. Offene Handelsgesellschaft §§ 144, 145

[Fortsetzung nach Insolvenz der Gesellschaft]

144 (1) Ist die Gesellschaft durch die Eröffnung des Insolvenzverfahrens über ihr Vermögen aufgelöst, das Verfahren aber auf Antrag des Schuldners eingestellt oder nach der Bestätigung eines Insolvenzplans, der den Fortbestand der Gesellschaft vorsieht, aufgehoben, so können die Gesellschafter die Fortsetzung der Gesellschaft beschließen.

(2) Die Fortsetzung ist von sämtlichen Gesellschaftern zur Eintragung in das Handelsregister anzumelden.

Übersicht

1) Fortsetzung nach § 144   1, 2
   A. Fortsetzung (I)   1
   B. Eintragung (II)   2
   C. Abweichende Vereinbarungen   3
2) Fortsetzung allgemein nach Auflösung   4

1) Fortsetzung nach § 144

A. **Fortsetzung (I):** § 144 (I idF EGInsO) regelt die Fortsetzung der durch 1 GesInsolvenz (§ 131 I Nr 3) aufgelösten Ges für zwei Fälle der Beendigung des Insolvenzverfahrens: Einstellung des Verfahrens auf Antrag des Schuldners und Aufhebung des Verfahrens nach der Bestätigung eines Insolvenzplans, der den Fortbestand der Ges vorsieht (§§ 212, 213, 248 InsO). § 144 setzt voraus, dass nach Beendigung des Insolvenzverfahrens überhaupt noch GesVermögen vorhanden ist; der Fortsetzungsbeschluss vermeidet das sich sonst jetzt anschließende normale Liquidationsverfahren, vgl BGH **93**, 164. § 144 gilt entspr bei Einstellung mangels Masse (§ 207 InsO) oder Aufhebung des Insolvenzverfahrens nach der Schlussverteilung § 207 InsO), BGH NJW **95**, 196, hL, nach aA hier nur Fortsetzung allgemein (s Rn 3), MüKo/K. Schmidt 3.

B. **Eintragung (II):** Die Fortsetzung ist von sämtlichen Gftern (§ 108 Rn 1) 2 zur Eintragung in das HdlReg anzumelden, insoweit gilt § 15. Die Eintragung der Beendigung des Insolvenzverfahrens erfolgt von Amts wegen ohne Geltung von § 15 (§ 32 Rn 2, 3).

C. **Abweichende Vereinbarungen:** I ist nicht zwingend, zB kann Mehr- 3 heitsbeschluss vorgesehen werden (§ 119 Rn 34). Rechte Dritter können aber nicht beeinträchtigt werden. II ist zwingend.

2) Fortsetzung allgemein nach Auflösung

Die Fortsetzung einer aufgelösten Ges vor Vollbeendigung ist über § 144 4 hinaus allgemein möglich (§ 131 Rn 30), zB Fortsetzungsbeschluss vor Ende des Insolvenzverfahrens mit Zustimmung aller Gfter und des Insolvenzverwalters. Auch insoweit ist einzutragen (§ 106 Rn 13).

Fünfter Titel. Liquidation der Gesellschaft

[Notwendigkeit der Liquidation]

145 (1) Nach der Auflösung der Gesellschaft findet die Liquidation statt, sofern nicht eine andere Art der Auseinandersetzung von den Gesellschaftern vereinbart oder über das Vermögen der Gesellschaft das Insolvenzverfahren eröffnet ist.

(2) Ist die Gesellschaft durch Kündigung des Gläubigers eines Gesellschafters oder durch die Eröffnung des Insolvenzverfahrens über das Vermögen

§ 145 1–4   II. Buch. Handelsgesellschaften und stille Gesellschaft

eines Gesellschafters aufgelöst, so kann die Liquidation nur mit Zustimmung des Gläubigers oder des Insolvenzverwalters unterbleiben; ist im Insolvenzverfahren Eigenverwaltung angeordnet, so tritt an die Stelle der Zustimmung des Insolvenzverwalters die Zustimmung des Schuldners.

(3) Ist die Gesellschaft durch Löschung wegen Vermögenslosigkeit aufgelöst, so findet eine Liquidation nur statt, wenn sich nach der Löschung herausstellt, daß Vermögen vorhanden ist, das der Verteilung unterliegt.

Übersicht

1) Liquidation (I 1. Halbsatz) 1–7
2) Andere Art der Auseinandersetzung (I 2. Halbsatz) 8–10
3) Zustimmung des Gläubigers oder Insolvenzverwalters (II) 11
4) Löschung wegen Vermögenslosigkeit (III) 12

1) Liquidation (I 1. Halbsatz)

1 A. § 145 idF HRefG 1998. **Auf die Auflösung** (§ 131 Rn 1) der Ges **folgt die Auseinandersetzung** unter den Gftern (§ 730 BGB), idR durch die Liquidation (vgl §§ 731–735 BGB) oder bei entspr Vereinbarung auf eine andere Art (vgl § 731 BGB). Auf Auflösung durch Eröffnung des Insolvenzverfahrens über das Vermögen der Ges (§ 131 I Nr 3) folgt nur das Insolvenzverfahren (mit Verteilung eines eventuellen Überschusses bei der Schlussverteilung an die Gfter, § 199 S 2 InsO, Ziel: Vollabwicklung im Rahmen des Insolvenzverfahrens), ausnahmsweise nach dessen Ende (wenn noch Vermögen auftaucht) Auseinandersetzung (durch Liquidation oder anders), BGH **93**, 164, oder Fortsetzung der Ges (§ 144). Ausnahmsweise entfällt jede Art der Auseinandersetzung, so wenn von zwei Gftern der eine stirbt und der andere ihn beerbt, dann Gesamtrechtsnachfolge und Abfindungsanspruch (§ 131 Rn 35). Bei **Umwandlung** der (nicht aufgelösten) Ges durch Verschmelzung oder Vermögensübertragung nach dem UmwG (Einl 24–25 vor § 10) entfällt die Liquidation. Auch Umwandlung einer bereits aufgelösten Ges ist unter bestimmten Voraussetzungen möglich (§§ 3 III, 39, 124 II, 191 III UmwG, Einl 24 vor § 105).

2 B. **Liquidation** ist der **Normalfall,** sie allein ist in der Überschrift des fünften Titels erwähnt und in §§ 146 ff des näheren geregelt. Mangels anderer Abrede hat jeder Gfter Anspruch darauf (solange GesVermögen vorhanden ist, RG **40**, 31), dass die Auseinandersetzung in dieser Form erfolgt. Die Gfter können anderes vereinbaren, s Rn 8. Vorausverzicht auf Liquidation kann aber sittenwidrig sein. Grundsätzlich sind die Gfter in diesen Entscheidungen frei; uU stehen aber Rechte eines Vertragspartners der Ges der Liquidation entgegen und verlangen eine andere Art der Auseinandersetzung, so wenn die Ges kein eigenes, sondern ein gepachtetes Unternehmen betreibt und den Pachtvertrag nicht lösen kann, RG **123**, 155. Lit: Ensthaler 1985, Hillers 1989; K. Schmidt ZHR 153 **(89)** 270.

3 C. In der **Terminologie** herrscht Verwirrung. RG **123**, 155 unterscheidet Liquidation der Ges und Liquidation des Unternehmens, das Gegenstand der Ges ist, gewöhnlich gehe die Erste den Weg über die zweite. Das HGB spricht aber nur von einer Art von Liquidation; es nennt sie im Text (§§ 145 I, II, 146 I ua) einfach „Liquidation", in der Überschrift „Liquidation der Ges"; es ist die in § 149 S 1 beschriebene, von Liquidatoren zu erfüllende Aufgabe. Statt Liquidation sagt man neuerdings auch **Abwicklung** (auch in Gesetzen: §§ 264 ff AktG), statt „Liquidator" „Abwickler", ein zweifelhafter Gewinn: abwickeln gibt vage ein Bild der Art der hier verlangten Tätigkeit, liquidieren (flüssig machen) kennzeichnet klar ihr normales Ziel.

4 D. **Wirkung** auf die **Gesellschaft:** Vgl § 156. Die Auflösung berührt nicht die Identität der Ges, RG **155**, 85; grundsätzlich auch nicht die Rechtsverhält-

1. Abschnitt. Offene Handelsgesellschaft   5–8 § 145

nisse am GesVermögen, der Gfter untereinander, zwischen Ges und Gfter. Durch die Auflösung entfällt der Erwerbszweck der Ges, sie ist nicht mehr werbend, die Gfter schulden einander nur noch Mitwirkung zur Abwicklung. Nach RG JW **30**, 3743 bleiben die Gfter Kflte (s aber § 105 Rn 19). Die Geschäfte der Ges nach Auflösung sind HdlGeschäfte. Die Firma bleibt bestehen, ist aber als Liquidationsfirma zu bezeichnen (§ 153, s dort); sie kann in der Liquidation noch geändert werden, zB nach Veräußerung des Unternehmens (oder eines Teils) mit der (bisherigen) Firma, KGJ **39** A 104. Die Vertretungsmacht der Gfter entfällt zugunsten derjenigen der Liquidatoren (§§ 146–153). Prokuren erlöschen, werden HdlVollmachten im Rahmen des Liquidationszwecks, RG **72**, 123, str; ebenso str ist, ob noch Prokura erteilt werden kann (§ 48 Rn 1).

E. **Wirkung** auf **Dritte**. Vgl § 156. Forderungen an die Ges werden idR 5 nicht vorzeitig fällig, natürlich auch nicht Forderungen der Ges an Dritte. Die Auflösung kann dem Partner der Ges in einem langfristigen Vertrag, uU auch der Ges selbst, Grund zu außerordentlicher Kündigung (vgl §§ 314, 626, 723 BGB) oder zu Anpassungsverlangen oder Kündigung wegen Störung der Geschäftsgrundlage (§ 313 BGB) liefern. Dies vor allem, wenn das von der Ges betriebene Unternehmen liquidiert wird, uU auch wenn die Gfter sich anders auseinandersetzen (s Rn 8) dabei das Unternehmen zwar erhalten bleibt, aber in andere Hand übergeht. Aus einer Genossenschaft scheidet die Ges bei Auflösung zu Ende des Geschäftsjahres aus (§ 77 a GenG), nicht schon mit Auflösung, aA KG JW **26**, 2933, früher str.

F. Auf der Ges beruhende Ansprüche **unter Gesellschaftern** sind (wie solche 6 zwischen Ges und Gftern, dazu § 149 Rn 3, 5) in der Liquidation idR nicht mehr selbstständig geltend zu machen, sondern nur Rechnungsposten der Auseinandersetzung **(Grundsatz der Gesamtabrechnung, Durchsetzungssperre)**, BGH **37**, 304, NJW **68**, 2005, NJW **84**, 1455, **06**, 1077 (GbR); anders wenn schon vor Liquidation feststeht, dass Gfter jedenfalls einen bestimmten Betrag verlangen kann, BGH WM **93**, 1340, NJW **95**, 188 (GbR), Hamm NZG **04**, 765 (GbR). Das gilt auch für Anspruch aus § 426 II BGB (s § 128 Rn 27), BGH **103**, 72. Möglich bleibt Feststellungsklage, BGH NJW **85**, 1898; auch Zahlungsverlangen, soweit schon vor Ende der Auseinandersetzung ein Anspruch aus dieser sicher erscheint, BGH **37**, 305; ebenso wenn Schuldner-Gfter die Auseinandersetzung absichtlich verzögert (er muss dann Zuviel-Vorausleistung riskieren), BGH NJW **68**, 2005; so auch uU ein Erstattungsanspruch gegen MitGfter, BGH BB **75**, 7. Umdeutung der zurzeit unbegründeten Zahlungsklage in Feststellungsantrag (§ 131 Rn 57). Die Durchsetzungssperre gilt nicht für die Klage eines Gfter-**Drittgläubigers**, BGH WM **06**, 1078 (GbR), hier gelten die allgemeinen Regeln (§ 128 Rn 24) gegen MitGfter. Lit: Messer FS Stimpel **85**, 205.

G. Möglich ist Klage auf **Auskunft** unter Gftern gegen Gfter auf Klärung 7 bestimmter Rechnungsposten (vgl Rn 6) für die Auseinandersetzung, zB eines Schadensersatzanspruchs der Ges gegen Beklagten aus Wettbewerb (§§ 112, 113), Ffm BB **76**, 382.

2) Andere Art der Auseinandersetzung (I 2. Halbsatz)

A. Der **Gesellschaftsvertrag** kann statt der Liquidation eine **andere Art** der 8 Auseinandersetzung vorsehen. Die Gfter können solche **auch ad hoc** vereinbaren, mangels anderer Vertragsbestimmung einstimmig; auch noch nach Auflösung und Beginn der Liquidation, die dadurch abgebrochen wird, ohne Mitwirkung des NichtGfter-Liquidators, KGJ **39** A 111, BayObLG DB **81**, 518, Hamm ZIP **84**, 181. Mehrere Erben eines Gfters haben als Erbengemeinschaft nur die eine Stimme des Erblassers. Für nicht voll Geschäftsfähige kann der gesetzliche Vertreter, uU Pfleger, an solcher Vereinbarung teilnehmen, und zwar, sofern eine Auseinandersetzung in üblicher Art (wenn auch ohne Liquidation)

Hopt   737

beschlossen wird, ohne Genehmigung des Vormundschaftsgerichts, auch wenn Grundstücke zum GesVermögen gehören.

9 B. Die Gfter können nach Auflösung der Ges uU aus wichtigem Grunde die Liquidation zunächst **aufschieben** und die Art der Auseinandersetzung zeitweilig in der Schwebe lassen, zB bei Anhängigkeit einer Klage auf Übernahme nach § 140, die durch Liquidation vereitelt würde; während dieser Zeit darf die werbende Tätigkeit fortgeführt werden, darin liegt noch keine Fortführung der Ges (dh Wiederaufnahme ihres werbenden Zwecks), BGH **1,** 329.

10 C. Als „andere Art der Auseinandersetzung" kommen insbesondere in Betracht:

a) Übernahme des HdlGeschäfts durch einen **Gesellschafter** auf Grund kaufähnlicher Vereinbarung, auch Versteigerung, mit Abfindung des (der) MitGfter (vgl § 131 Rn 35, § 140 Rn 25). Erlass einer GesSchuld durch Gläubiger nach Auflösung vor Auseinandersetzung kommt allen Gftern, nicht nur dem übernehmenden zugute, Nürnb BB **58,** 891. Die GesRechte und -Schulden setzen sich in der Person des Übernehmers fort; wird er insolvent, hat der Insolvenzverwalter das Wahlrecht nach § 103 InsO in Bezug auf noch unerfüllte Verträge des Ges, BGH **48,** 206 (Vorbehaltskauf der Ges);

b) Einbringung des HdlGeschäfts **in eine GmbH, AG, KGaA,** die zu diesem Zweck gegründet wird (Umwandlung nach UmwG, Einl 23, 27 vor § 105) oder schon besteht und dafür neue Anteile ausgibt;

c) Naturalteilung des GesVermögens (einschließlich des HdlGeschäfts, zB mehrerer Niederlassungen auf je einen Gfter);

d) Übertragung des Gesamtvermögens auf Treuhänder zur endgültigen Abfindung der Gläubiger (**Liquidationsvergleich**) und Ausgleich unter Gftern mit aktivem und passivem Kapitalkonto, BGH **26,** 128 (noch unter VerglO aF), str, anders wenn noch Ansprüche gegen den Treuhänder auf Herausgabe des Erlangten bestehen können (vgl § 155 Rn 3), Staub/Habersack 37;

e) Übertragung aller Anteile (auf Grund Verkaufs durch die Gfter) auf einen NichtGfter, vgl § 140 Rn 130.

3) Zustimmung des Gläubigers oder Insolvenzverwalters (II)

11 **Gläubiger der Gesellschaft** können dem Ausschluss der Liquidation nicht widersprechen, sie schützt die noch eine bestimmte Zeit fortdauernde Haftung der Gfter (§§ 128 ff, 159, 160 und § 25, uU das AnfG). Dagegen bedarf es nach **II** bei Auflösung der Ges durch **Kündigung des Privatgläubigers eines Gesellschafters** (§ 135 iVm § 131 Nr 6 aF oder Auflösungsklausel, § 135 Rn 13) **oder Eröffnung des Insolvenzverfahrens** über sein Vermögen zum Ausschluss der Liquidation der Zustimmung des Privatgläubigers (Insolvenzverwalters), wenn der Ausschluss der Liquidation nicht schon vor der Pfändung (Eröffnung des Insolvenzverfahrens) unter den Gftern vereinbart ist, str. Entfallen des Zustimmungserfordernisses s § 135 Rn 13. Die Zustimmung des Schuldner-Gfters ist entbehrlich im Insolvenzfall (weil er die Verwaltung seines Vermögens verliert), nicht im Pfändungsfall. Bei Eigenverwaltung (§ 270 InsO) tritt an die Stelle der Zustimmung des Insolvenzverwalters die Zustimmung des Schuldners (II letzter Halbsatz).

4) Löschung wegen Vermögenslosigkeit (III)

12 III nF EGInsO entspr § 66 V GmbHG, § 264 II AktG (früher LöschG). Bei Auflösung der Ges durch Löschung wegen Vermögenslosigkeit (§ 131 II 1 Nr 2) findet eine Liquidation nur statt, wenn sich nach der Löschung noch verteilungsfähiges Vermögen findet (so III, s auch Rn 1). Das ist selbstverständlich, III hat aber iVm § 146 II 3 Bedeutung. III gilt auch für gelöschte OHG nach § 105 II, die zur GbR abgesunken ist (§ 105 Rn 8, 12), verdrängt also §§ 730 ff BGB. Die

1. Abschnitt. Offene Handelsgesellschaft 1, 2 § 146

gelöschte Ges gilt als vollbeendet, ist aber in einem Rechtsstreit über solche vermögensrechtlichen Ansprüche, die zurzeit der Löschung bestanden haben, parteifähig, BAG NJW **03,** 80.

[Bestellung der Liquidatoren]

146 (1) ¹Die Liquidation erfolgt, sofern sie nicht durch Beschluß der Gesellschafter oder durch den Gesellschaftsvertrag einzelnen Gesellschaftern oder anderen Personen übertragen ist, durch sämtliche Gesellschafter als Liquidatoren. ²Mehrere Erben eines Gesellschafters haben einen gemeinsamen Vertreter zu bestellen.

(2) ¹Auf Antrag eines Beteiligten kann aus wichtigen Gründen die Ernennung von Liquidatoren durch das Gericht erfolgen, in dessen Bezirke die Gesellschaft ihren Sitz hat; das Gericht kann in einem solchen Falle Personen zu Liquidatoren ernennen, die nicht zu den Gesellschaftern gehören. ²Als Beteiligter gilt außer den Gesellschaftern im Falle des § 135 auch der Gläubiger, durch den die Kündigung erfolgt ist. ³Im Falle des § 145 Abs. 3 sind die Liquidatoren auf Antrag eines Beteiligten durch das Gericht zu ernennen.

(3) Ist über das Vermögen eines Gesellschafters das Insolvenzverfahren eröffnet und ist ein Insolvenzverwalter bestellt, so tritt dieser an die Stelle des Gesellschafters.

Übersicht

1) Übersicht 1
2) Gesetzliche Regelung (geborene Liquidatoren, I, III) 2, 3
3) Abweichende Vereinbarung (gekorene Liquidatoren, I 1 1. Halbsatz) 4
4) Bestellung durch das Gericht (II) 5–9

1) Übersicht

Bei Auflösung der Ges erlöschen Geschäftsführungsbefugnis und Vertretungsmacht der Gfter, wie sie nach Gesetz (§§ 114 ff, 125 ff) und Vertrag für die werbende Ges gelten. Erfolgt die Auseinandersetzung der Gfter durch Liquidation, so führen in ihr **Liquidatoren** (uU Gfter als Liquidatoren) die Geschäfte und vertreten die Ges. Über ihre Rechtsstellung s bei § 149. Erfolgt die Auseinandersetzung in anderer Weise (§ 145 Rn 8), so bedarf es der Bestellung von Liquidatoren nicht; was an Geschäftsführung erforderlich ist, haben die Gfter als solche zu leisten, sie vertreten auch die Ges (§ 158). 1

2) Gesetzliche Regelung (geborene Liquidatoren, I, III)

A. Mangels gegenteiligen GesVertrags oder GfterBeschlusses sind Liquidatoren: **sämtliche Gesellschafter,** auch die vor der Auflösung nicht Geschäftsführungsbefugnis und Vertretungsmacht hatten, in der KG auch die Kdtisten, BGH WM **82,** 1170, auch die sie durch Entziehung (§§ 117, 127) verloren (auch wenn eben diese Entziehung zur Auflösung führte, vgl § 127 Rn 3); im Falle des § 135 auch der Gfter-Schuldner (nicht der Gläubiger); an Stelle eines nicht voll geschäftsfähigen Gfters der **gesetzliche Vertreter,** uU Pfleger (dieser selbst, nicht der vertretene Gfter ist Liquidator mit Rechten, Pflichten, Haftung eines solchen, str, vgl dagegen Geschäftsführungsbefugnis des nicht voll geschäftsfähigen Gfters, § 105 Rn 26, 27); an Stelle eines in der Insolvenz befindlichen Gfters (ebenso im Falle des Insolvenzverfahrens über den Nachlass eines verstorbenen Gfters) der bestellte **Insolvenzverwalter (III),** dazu BGH NJW **81,** 822; an Stelle mehrerer Erben eines Gfters (falls dessen Tod die Ges auflöste 2

§ 146 3–6   II. Buch. Handelsgesellschaften und stille Gesellschaft

oder der nach der Auflösung der Ges starb, KGJ **32** A 135) ein von ihnen zu bestellender **gemeinsamer Vertreter** (**I 2**: dieser selbst, nicht die von ihm vertretenen Erben, ist Liquidator mit Rechten, Pflichten, Haftung eines solchen).

3   B. Die Gfter erlangen das Amt kraft Gesetzes, sie sind **einander** zur Erfüllung der Pflichten des Liquidators **verpflichtet.** Zur Bestellung des gemeinsamen Vertreters nach I 2 sind die **Erben** einander verpflichtet, er kann mit Mehrheit gewählt werden, §§ 2038 II 1, 745 BGB, Säumnis kann die Bestellung eines Liquidators durch das Gericht nach II auf Antrag anderer Gfter rechtfertigen, die Bestellung ist nicht nach § 14 erzwingbar. Bestellung eines MitGfters (Nicht-Erbe) verlangt Zustimmung aller Erben, § 181 BGB (da der MitGfter-Vertreter als Liquidator zugleich mit Wirkung für und gegen sich selbst und die Erbengemeinschaft handelt); anders wohl Bestellung eines der Erben (der als Liquidator nicht mit Wirkung für und gegen sich selbst, nur für und gegen die Erbengemeinschaft handelt).

3) Abweichende Vereinbarung (gekorene Liquidatoren, I 1 1. Halbsatz)

4   Durch den GesVertrag oder GfterBeschluss ad hoc, vor oder nach Auflösung der Ges, mangels anderer Bestimmung des GesVertrags einstimmig (mit Vertretung mehrerer Erben und in anderen Fällen gemäß I 2 und oben Rn 2), kann die Liquidation **einzelnen Gesellschaftern** unter Ausschluss anderer oder **Dritten** übertragen werden; auch einer **juristischen Person** (zB TreuhandGes) oder anderen OHG (KG), die ja auch Gfter sein können (§ 105 Rn 28); auch einem von der Gfter-Versammlung erst zu Bestimmenden, Brem BB **78,** 275 (bis dahin keine gesetzliche Vertretung, außer ggf nach II, nicht gilt I, str); auch einem oder mehreren **Gläubigern** der Ges, auch mit der Ermächtigung, sich aus dem GesVermögen selbst zu befriedigen (§ 181 BGB). Geschäftsführende Gfter sind iZw zur Annahme des so übertragenen Liquidatoramtes verpflichtet. Der Gfter, dem durch GfterBeschluss die Liquidation übertragen ist, hat grundsätzlich nicht Anspruch auf Vergütung; diese kann ihm durch Beschluss bewilligt, auch wieder entzogen werden, Hamm BB **60,** 1355.

4) Bestellung durch das Gericht (II)

5   A. **Bestellung auf Antrag eines Beteiligten:** Auf **Antrag** eines **Beteiligten,** zB jedes Gfters, jedes Erben eines Gfters, des Testamentsvollstreckers, Nachlassverwalters, Insolvenzverwalters (III und oben Rn 2), nicht jedes GesGläubigers, kann das Gericht Liquidatoren, Gfter oder Dritte, bestellen **(II);** vorsorglich schon vor Auflösung der Ges, KG HRR **39,** 95; nach Auflösung der Ges bis nichts mehr zu verteilen ist, KG OLGE **9,** 262, nicht bei Streit, ob aufgelöst ist, das ist im Zivilprozess zu klären, Hamm ZIP **07,** 1905. Im Falle des § 135 gilt als Beteiligter außer den Gftern auch der kündigende Privatgläubiger **(II 2).** Die Bestellung bedarf der **Annahme** durch den Bestellten gegenüber der Ges. Das Rechtsverhältnis des Bestellten zur Ges ist nicht anders als beim gesetzlichen oder durch Vereinbarung berufenen Liquidator (s bei § 149). II gilt entsprechend während des Ausschließungs-, Auflösungs-, Entziehungsprozesses (§ 125 Rn 8).

6   B. **Voraussetzung:** Außer dem Antrag ist Voraussetzung für die Bestellung durch das Gericht nach **II 1, 2** ein **wichtiger Grund** für solche Änderung der gesetzlichen oder vereinbarten Regelung und (falls die Bestellung nicht schon vor der Auflösung erfolgt) Abberufung der durch Gesetz oder Vereinbarung berufenen Liquidatoren, zB: Verdacht der Unfähigkeit, Parteilichkeit, Unredlichkeit, zu starke Behinderung, Fehlen des Mindestmaßes an Vertrauen der Interessenten (Gfter und Gläubiger), Nichtbestellung des gemeinsamen Vertreters nach I 2, BayObLG JW **28,** 2639, Brschw OLGE **24,** 136, KGJ **32** A 133, Hamm BB **58,**

497. Die Bestellung im Falle von § 145 III erfolgt auf Antrag auch **ohne** wichtigen Grund (**II 3 nF** durch EGInsO 1994).

C. **Ernennung, nicht Weisungen durch das Gericht:** Das Gericht kann zwar bestimmen, dass der bestellte Abwickler Einzel- oder Gesamtbefugnis hat, dass er neben oder statt dem vorhandenen Abwickler tätig wird, nicht aber im Übrigen seine Befugnisse beschränken oder ihm Weisungen geben, auch nicht mit Wirkung in Innenverhältnis, RG LZ **13,** 212. Es hat kein Überwachungsrecht, KG RJA **6,** 131. Seine Tätigkeit erschöpft sich mit der Ernennung; auch die Vergütung darf es nicht festsetzen, KG RJA **4,** 144, und nicht einem verhinderten Abwickler einen Vertreter bestellen, KG RJA **15,** 127. Ebenso Hbg MDR **73,** 54. Bei Aufhebung der Ernennung bleiben inzwischen vorgenommene Rechtsgeschäfte wirksam (§ 47 FamFG). 7

D. **Zuständig** für die Bestellung ist das Amtsgericht als Gericht der freiwilligen Gerichtsbarkeit (§ 23 a GVG idF FGG-RG), nicht das Registergericht. Die Entscheidung ergeht auf Antrag eines Beteiligten. Anhörung der Beteiligten (auch soweit nicht „Gegner") nach § 34 FamFG. Gegen abweisende Verfügung Beschwerde des Antragstellers, gegen die Bestellung Beschwerde jedes in seinem Recht Beeinträchtigten. 8

E. Eine kumulative oder auch nur Ersatzzuständigkeit des Prozessgerichts neben dem Amtsgericht (s Rn 8) ist nicht vorgesehen; also auch **keine einstweilige Verfügung des Prozessgerichts,** Ffm ZIP **89,** 39. 9

[Abberufung von Liquidatoren]

147 Die Abberufung von Liquidatoren geschieht durch einstimmigen Beschluß der nach § 146 Abs. 2 und 3 Beteiligten; sie kann auf Antrag eines Beteiligten aus wichtigen Gründen auch durch das Gericht erfolgen.

Übersicht

1) Abberufung 1–4
2) Niederlegung des Amts 5
3) Tod 6

1) Abberufung

A. Jeder Liquidator, auch ein vom Gericht bestellter, kann durch einstimmigen Beschluss aller Beteiligten (§ 146 II, III, ggf mit der Vertretung nach § 146 I 2, s § 146 Rn 5) **abberufen** werden. Neben der Abberufung gibt es andere Beendigungsgründe, zB Erledigung der übertragenen Tätigkeit, Übergang zu einer anderen Art der Auseinandersetzung (§ 158), Amtsniederlegung (s Rn 5), Tod (s Rn 6), BayObLG DB **81,** 518. Abberufung vom Amt und Kündigung des Dienstvertrags eines Nicht-Gfter-Liquidators sind ebenso wie im Aktienrecht auseinanderzuhalten, anders wohl BayObLG DB **81,** 518. Die Abberufung aus wichtigem Grunde ist unverzichtbar, die aus freier Entschließung verzichtbar. Im GesVertrag kann auch für die Abberufung Mehrheitsbeschluss der Gfter vorgesehen sein; er ist auch gegen Insolvenzverwalter möglich, hingegen nicht bei vom Gericht bestelltem Liquidator gegen den Gfter oder Insolvenzverwalter, auf dessen Antrag er bestellt wurde. 1

B. Die Bestellung weiterer Liquidatoren ist **Beschränkung** der vorhandenen und deren Abberufung iSv § 147 gleichzustellen, ebenso ihre Beschränkung in anderer Weise. 2

§ 148 1   II. Buch. Handelsgesellschaften und stille Gesellschaft

3   C. Die Abberufung durch das **Gericht** ist möglich aus **wichtigen Gründen,** vgl dazu §§ 117, 127; aber die Aufgabe des Liquidators ist (sachlich und zeitlich) anders und enger begrenzt, daher rechtfertigt ein Sachverhalt, der Rechtsentziehung nach §§ 117, 127 rechtfertigen würde, nicht notwendig Abberufung nach § 147 und umgekehrt, Hamm BB **60,** 918. Abberufung wegen Gehaltsentnahme nach Widerruf der Gehaltsbewilligung durch die Gfter, Hamm BB **60,** 1355 (vgl § 146 Rn 4); wegen begründeter Zweifel an Unparteilichkeit, bei unzureichender Information vor grundlegenden Entscheidungen, Kln BB **89,** 1432.

4   D. **Verfahren** und **Zuständigkeit** bei gerichtlicher Abberufung: § 146 Rn 7, 8. Vorherige Einberufung der Liquidation ist nicht unbedingte Voraussetzung, KG JW **39,** 163. Beteiligter ist ua jeder Miterbe eines Gfters, auch der Liquidator, er kann also seine Abberufung beantragen, str. Entscheidung nur auf Abberufung oder Zurückweisung des Antrags, nicht auf Vornahme oder Unterlassung einer Handlung. Dass ein Liquidator einen Prozess gegen die Ges führen will, ist kein Abberufungsgrund, auch nicht, wo der Prozess grundlos ist. Gegen Abberufung besteht kein Beschwerderecht (§ 59 I FamFG) des einzelnen MitGfters, BayObLG BB **88,** 791, aA Hamm DB **77,** 2089.

2) Niederlegung des Amts

5   Amtsniederlegung steht Drittem frei, als unentgeltlichem Beauftragten nach § 671 BGB, als Dienstverpflichtetem nach § 627 BGB; bei unzeitiger Niederlegung Ersatzpflicht. Der GfterLiquidator darf nur aus wichtigem Grunde niederlegen.

3) Tod

6   Der Tod des vom Gericht bestellten Liquidators, iZw auch des von den Gftern besonders bestellten (§ 146 I 1, auch eines Gfters), beendet sein Amt. An die Stelle eines durch Gesetz berufenen (§ 146 I 1: jedes Gfters) tritt sein Erbe; mehrere Erben müssen entspr § 146 I 2 einen Vertreter bestellen. An die Stelle des gekorenen (§ 146 Rn 2) tritt der gesetzliche, wenn der Gfter oder das Gericht keinen anderen bestellt haben, Hamm BB **82,** 399.

[Anmeldung der Liquidatoren]

148 (1) ¹**Die Liquidatoren und ihre Vertretungsmacht sind von sämtlichen Gesellschaftern zur Eintragung in das Handelsregister anzumelden.** ²**Das gleiche gilt von jeder Änderung in den Personen der Liquidatoren oder in ihrer Vertretungsmacht.** ³**Im Falle des Todes eines Gesellschafters kann, wenn anzunehmen ist, daß die Anmeldung den Tatsachen entspricht, die Eintragung erfolgen, auch ohne daß die Erben bei der Anmeldung mitwirken, soweit einer solchen Mitwirkung besondere Hindernisse entgegenstehen.**

(2) **Die Eintragung gerichtlich bestellter Liquidatoren sowie die Eintragung der gerichtlichen Abberufung von Liquidatoren geschieht von Amts wegen.**

Übersicht

1) Anmeldung, Eintragung und Bekanntmachung 1
2) Anmeldung durch sämtliche Gesellschafter 2

1) Anmeldung, Eintragung und Bekanntmachung

1   Über die Behandlung der OHG im HdlReg allgemein s bei **§§ 106–108.** Die Eintragung ist nur rechtsbekundend (§ 8 Rn 11), Bestellung und Abberufung

1. Abschnitt. Offene Handelsgesellschaft **1 § 149**

der Liquidatoren erfolgen außerhalb des HdlRegisters nach materiellem Recht. Zur Eintragung anzumelden sind auch: die **Person der Liquidatoren und ihre Vertretungsmacht** (**I 1** idF ERJuKoG 2001, **Übergangsrecht** in **(1)** EGHGB Art 52), auch der Gfter im Falle § 146 I 1), jede **Änderung** der **Personen** oder ihrer **Vertretungsmacht** (**I 2,** vor allem ihre Abberufung), auch schon jede (durch GesVertrag, GfterBeschluss oder gerichtliche Entscheidung, § 146 I, II angeordnete) Abweichung von der Gesamtvertretung (§ 150); gilt nicht für Person gerichtl bestellter Liquidatoren und ggf ihre Abberufung, diese werden von Amts wegen eingetragen (§ 148 II). Ist die Ges noch nicht eingetragen, so sind vorweg ihre Errichtung und ihre Auflösung einzutragen, KG OLGE **41,** 202. I 1 gilt auch, wenn zugleich das Erlöschen der Firma angemeldet wird, BayObLG BB **82,** 1749. III aF (Zeichnung der Namensunterschrift) aufgehoben durch EHUG 2006 (Grund s § 14 Rn 1).

2) Anmeldung durch sämtliche Gesellschafter

Anmeldepflichtig sind **alle Gesellschafter** (§ 108 Rn 1); bei Insolvenz eines 2 Gfters der Insolvenzverwalter; im Falle des § 135 nicht der Gläubiger, sondern der GfterSchuldner; ggf alle Erben eines verstorbenen Gfters, aber mit der Erleichterung nach I 3 (entspr § 143 III); für nicht voll geschäftsfähige Gfter die gesetzlichen Vertreter. Einen Streit darüber, wer Liquidator ist, kann das Registergericht selbstständig entscheiden und entspr Anmeldung erzwingen; es kann aber auch anstelle der gesetzlich Berufenen, wenn deren Person nicht feststeht, selbst Liquidatoren bestellen (§§ 146 II, 147).

[Rechte und Pflichten der Liquidatoren]

149 [1] Die Liquidatoren haben die laufenden Geschäfte zu beendigen, die Forderungen einzuziehen, das übrige Vermögen in Geld umzusetzen und die Gläubiger zu befriedigen; zur Beendigung schwebender Geschäfte können sie auch neue Geschäfte eingehen. [2] **Die Liquidatoren vertreten innerhalb ihres Geschäftskreises die Gesellschaft gerichtlich und außergerichtlich.**

Übersicht

1) Verhältnis zur Gesellschaft 1
2) Aufgaben 2–6
3) Vertretungsmacht 7, 8

1) Verhältnis zur Gesellschaft

§§ 149–151 regeln die Rechte und Pflichten der Liquidatoren in der Gesell- 1 schaft. Ein Gfter-Liquidator handelt auf Grund des **Gesellschaftsverhältnisses** wie ein geschäftsführender Gfter (§ 114), ein Dritter (auch der vom Gericht bestellte, § 146 II) auf Grund **Dienstvertrags zur Geschäftsbesorgung** (§ 675 I BGB), RG LZ **13,** 212. In beiden Fällen (nach § 713 BGB und nach § 675 I BGB) gilt weitgehend Auftragsrecht. Die Sorgfaltsanforderung bestimmt sich dort nach § 708 BGB, hier nach § 276 BGB. Eigeninteressen hat der Liquidator zurückzustellen, schädliche Folgen einer Pflichtverletzung muss er möglichst gering halten, BGH **110,** 354. Die Gfter, die nicht Liquidatoren sind, haben die Kontrollrechte nach § 118 oder GesVertrag. Über Weisungsrecht (vgl §§ 665, 675 I, 713 BGB) s auch § 152. Über Auskunft, Rechenschaft §§ 666, 675 I, 713 BGB s Karlsr LZ **17,** 556, RG **91,** 35. Gfter erhalten als Liquidatoren iZw keine besondere **Vergütung,** BGH **17,** 301, anders Dritte, Hbg MDR **73,** 54, uU auch Vorschuss.

Hopt 743

§ 149 2–5 II. Buch. Handelsgesellschaften und stille Gesellschaft

2) Aufgaben

2   A. Die Liquidatoren haben die **laufenden Geschäfte** zu **beendigen**. Anhängige Prozesse setzen die Abwickler unter der Abwicklungsfirma fort; die Auflösung unterbricht nicht, wenn die Gfter Abwickler werden. Die Abwickler brauchen bei minderjährigen Gftern keine vormundschaftsgerichtliche Genehmigung.

3   B. Die Liquidatoren haben die **Forderungen** der Ges **einzuziehen** (oder anders zu verwerten). Auch solche gegen **Gesellschafter:** Ohne besondere Einschränkung Forderungen aus anderen Rechtsverhältnissen (vgl § 124 Rn 52). Rückständige Einlagen (auch gleichstehende zurückbezahlte GfterDarlehen, soweit zur Durchführung der Abwicklung benötigt); den Gfter trifft die Gegenbeweislast, jedoch mit Aufklärungspflicht der Abwickler; BGH BB **78,** 1134. Pflichtgemäßes Ermessen des Liquidators, ob und in welchem Umfang einzelne rückständige Einlagen eingezogen werden, nicht notwendig anteilsmäßig (Praktikabilität, keine Vorwegauseinandersetzung), BGH NJW **80,** 1522; kein Einzug zwecks endgültigen Ausgleichs unter den Gftern, dieser ist Sache der Gfter nach beendeter Liquidation, BGH NJW **84,** 435. Schadensersatz wegen pflichtwidriger Geschäftsführung (§§ 280, 708 BGB, s § 114 Rn 15) nicht, soweit der Gfter-Schuldner auch bei Schadensersatzleistung im Endergebnis aus der Liquidationsmasse noch etwas zu fordern hätte, BGH WM **60,** 47, **77,** 618, **92,** 306. Ferner entfällt für die Forderungen aus dem GesVerhältnis idR die selbstständige Geltendmachung, sie werden Rechnungsposten der Auseinandersetzung (s Rn 5, § 145 Rn 6). Darunter fallen uU auch Drittgläubigeransprüche von Gftern, die eng mit dem GesVerhältnis verbunden, BGH WM **71,** 931 (aufgelöste Ges), **78,** 89 (Ausscheiden von Gftern). Ob **actio pro socio** der Gfter (§ 124 Rn 51) noch möglich ist, ist str, offen BGH **155,** 125, jedenfalls aber nur, soweit Einlagen für Liquidation benötigt werden, MüKo/K. Schmidt § 146 Rn 55 (s auch Rn 5). Keine Forderung der Ges gegen einen Gfter ist der durch Verluste u zulässige Entnahmen auf seinem Kapitalkonto entstandene **Sollsaldo;** Ausgleich der Kapitalkonten unter den Gftern s § 155 Rn 2, 3.

4   C. Die Liquidatoren haben das **übrige Vermögen in Geld umzusetzen,** ohne Einschränkung (abw von § 733 III BGB), freihändig oder durch Versteigerung. Öffentliche Versteigerung nicht vorgeschrieben. Sie sind zum Verkauf im ganzen (oder solcher Teile wie möglich) verpflichtet, wenn das die vorteilhafteste Verwertung ist; vgl RG LZ **13,** 212; zum Verkauf an den Meistbietenden, auch einen Gfter oder eine GfterGruppe, Hamm BB **54,** 913, auch gegen Widerspruch eines anderen Gfters (der nicht Liquidator), auch mit Firma bei Einwilligung sämtlicher Gfter, auch wenn die Firma ihren Namen nicht enthält, § 22, RG JW **38,** 3182. Zeit der Versilberung nach pflichtmäßigem Ermessen der Abwickler; sie können aber nicht unbeschränkt auf Besserung der Marktlage warten. Zulässig auch Teilung in Natur oder Zuweisung bestimmter Vermögensstücke nach (iZw einstimmigem) GfterBeschluss (vgl über Ersetzung der ganzen Liquidation durch Naturalteilung § 145 Rn 10).

5   D. Die Liquidatoren haben die **Gläubiger** zu **befriedigen.** Sie haften diesen nur nach § 826 BGB; § 149 ist nicht Gesetz zum Schutze der Gläubiger iSv § 823 II BGB. Ist eine Schuld noch nicht fällig oder bleibt sie streitig, so ist das zur Berichtigung Erforderliche zurückzubehalten (§ 733 I 2 BGB). Können die Gläubiger nicht voll befriedigt werden, müssen die Liquidatoren Insolvenzantrag stellen. Ansprüche **von Gesellschaftern** gegen die Ges aus dem GesVerhältnis (zB aus § 110, aus Abdeckung von GesSchulden, § 128 Rn 25) sind in der Liquidation grundsätzlich nicht mehr selbstständig geltend zu machen (weder gegen die Ges noch gegen MitGfter), sondern nur noch Rechnungsposten der Auseinandersetzung (s Rn 3, § 145 Rn 6).

1. Abschnitt. Offene Handelsgesellschaft **§ 150**

E. „Zur Beendigung schwebender Geschäfte" (§ 149 I 1) dürfen die Liquidatoren **neue Geschäfte** eingehen, Bsp: Einkauf von Ware zur Erfüllung von Verbindlichkeiten. Allgemeiner: zur Abwicklung gehören neue Geschäfte (auch außerhalb einzelner älterer schwebender), soweit zur Erhaltung des Werts des GesVermögens notwendig oder wirtschaftlich sinnvoll, BGH **LM** § 149 Nr 2, zB uU Grundstücksbelastung, KG RJA **9,** 122, Miete von Geschäftsräumen, Wechselindossierung, RG **44,** 82, Kauf von X-Aktien zur Stützung der X-AG, an welcher die Y-AG beteiligt, deren Aktien 100% bei der OHG und realiter auf die Gfter verteilt werden sollen, BGH **LM** § 149 Nr 2. Die Liquidatoren dürfen Vergleiche schließen, in denen sie auf zweifelhafte Ansprüche verzichten, RG HRR **32,** 257. **Nicht** erlaubt sind ihnen idR werbende Geschäfte (auf Vermögens-Mehrung, nicht nur -Erhaltung und -Flüssigmachung zielend), mögen sie der Ges nützlich sein oder nicht; sind alle Gfter Liquidatoren, kann aber in der Vornahme werbender Geschäfte ein Beschluss zur Fortführung der Ges, also ein Rückgängigmachen der Auflösung, liegen (§ 131 Rn 30). Die Liquidatoren dürfen auch nicht die Grundlagen des GesVerhältnisses ändern; auch nicht die GesFirma (das bei Veräußerung zu tun ist Sache der Erwerber); auch nicht den Sitz der Ges, außer wenn der Abwicklungszweck das ausnahmsweise verlangt (§ 106 Rn 10). **6**

3) Vertretungsmacht

A. Die Liquidatoren **vertreten** die Ges gerichtlich und außergerichtlich (§ 149 S 2); die Ges haftet für ihre Handlungen auch nach § 31 BGB (§ 124 Rn 25). Ihre Vertretungsmacht besteht „innerhalb ihres Geschäftskreises", dh für alle Handlungen, die ihrer Art und den Umständen nach (objektiv) **Handlungen für den Liquidationszweck** sein können; dass dies zutrifft, ist zugunsten Dritter zu vermuten, RG **146,** 378. Auch das nachweislich liquidationsfremde Geschäft verpflichtet die Ges; anders wenn der Geschäftsgegner die Liquidationsfremdheit kannte oder kennen musste, wofür die Ges beweispflichtig ist, BGH **LM** § 149 Nr 2, ZIP **84,** 315; dazu K. Schmidt AcP 174 **(74)** 55 (in Wahrheit unbeschränkte Vertretung), 184 **(84)** 529. Vertretung im Verhältnis zu Gftern, Selbstkontrahieren, Missbrauch vgl § 126 Rn 6, 9, 11; die Überschreitung der Vertretungsmacht kann von den (allen) Gftern genehmigt werden, § 177 BGB, BGH ZIP **84,** 315. Durch **Gesellschaftsvertrag** oder (iZw einstimmigen) GfterBeschluss kann die Vertretungsmacht erweitert (von jener Beschränkung auf den Liquidationszweck befreit), dagegen nicht mit Wirkung gegen Dritte beschränkt werden (§ 151, s dort). **7**

B. Im **Prozess** der Ges sind GfterLiquidatoren Partei wie vertretungsberechtigte Gfter; Gfter, die nicht Liquidatoren sind, sind Partei wie nicht vertretungsberechtigte vor der Auflösung (§ 124 Rn 41, 43). Dritte sind als Liquidatoren hier wie bei AG, GmbH, eG nicht Partei, können Zeuge sein, str. **8**

[Mehrere Liquidatoren]

150 (1) Sind mehrere Liquidatoren vorhanden, so können sie die zur Liquidation gehörenden Handlungen nur in Gemeinschaft vornehmen, sofern nicht bestimmt ist, daß sie einzeln handeln können.

(2) ¹Durch die Vorschrift des Absatzes 1 wird nicht ausgeschlossen, daß die Liquidatoren einzelne von ihnen zur Vornahme bestimmter Geschäfte oder bestimmter Arten von Geschäften ermächtigen. ²Ist der Gesellschaft gegenüber eine Willenserklärung abzugeben, so findet die Vorschrift des § 125 Abs. 2 Satz 3 entsprechende Anwendung.

§§ 151, 152   II. Buch. Handelsgesellschaften und stille Gesellschaft

Übersicht

1) Gemeinsames Handeln, Gesamtvertretung 1–4
2) Ermächtigung, passive Vertretung (II) 5, 6

1) Gemeinsames Handeln, Gesamtvertretung

1   A. § 150 I 2. Halbs neu ERJuKoG 2001 (**Übergangsrecht** in (1) EGHGB Art 52). Mehrere Liquidatoren **dürfen nur gemeinsam handeln,** keiner als gegen Widerspruch des anderen, es sei denn bei **Gefahr im Verzug** und bei unzulässigem Widerspruch (§ 115). Einen pflichtwidrig nicht mitwirkenden Liquidator kann die Ges, hierbei vertreten durch sämtliche Gfter, auf Mitwirkung verklagen, einen Gfter-Liquidator auch jeder MitGfter (im eigenen Namen, actio pro socio, § 109 Rn 32). Entfällt ein Liquidator, so verschafft das dem verbleibenden keine Alleinbefugnis, RG **103,** 417.

2   B. Mehrere Liquidatoren können die Ges auch **nur gemeinsam vertreten,** auch bei Gefahr im Verzug, es gibt keine Noteinzelvertretungsmacht (§ 125 Rn 15); kein Gegenstück zB zur uU möglichen Alleinklage eines Gfters der aufgelösten GbR gegen Dritte nach § 432 BGB, vgl BGH **17,** 346. Gerichtliche Abberufung und Bestellung nach §§ 146 II, 147 kann helfen.

3   C. Zur Geltendmachung eines Anspruchs der Ges **gegen einen Gesellschafter-Liquidator** oder Verfügung über solchen Anspruch bedarf es anderweitiger Regelung der Vertretung durch einstimmigen Beschluss, Ermächtigung einzelner nach § 150 II 1 oder Ernennung nach § 146 II, RG **162,** 376 (ebenso RG **47,** 18, zweifelnd KG JW **36,** 943).

4   D. Durch **Gesellschaftsvertrag,** GfterBeschluss (iZw einstimmig), gerichtliche Anordnung (§ 146 II) kann Einzelgeschäftsführung und Einzelvertretung der Liquidatoren vorgesehen sein (§ 150 I), auch Kombination von Gesamt- und Einzelvertretung (§ 125 Rn 149), nicht gemischte Gesamtvertretung mit Prokuristen (vgl § 125 Rn 19), da Prokuren in der Liquidation nicht bestehen (§ 145 Rn 4).

2) Ermächtigung, passive Vertretung (II)

5   A. § 150 II 1 entspricht § 125 II 3 (§ 125 Rn 18).
6   B. Entspr § 125 II 3 (s dort) genügt für Erklärungen an die Ges die Abgabe gegenüber einem Liquidator (§ 150 II 2).

[Unbeschränkbarkeit der Befugnisse]

151 Eine Beschränkung des Umfanges der Befugnisse der Liquidatoren ist Dritten gegenüber unwirksam.

1   1) Die Vertretungsmacht der Liquidatoren kann nicht mit Wirkung gegen Dritte beschränkt werden, auch nicht entspr § 126 III auf eine von mehreren Niederlassungen. § 151 gilt nicht gegenüber den Gftern. Erweiterung der Vertretungsmacht bleibt möglich, s § 149 Rn 7.

[Bindung an Weisungen]

152 Gegenüber den nach § 146 Abs. 2 und 3 Beteiligten haben die Liquidatoren, auch wenn sie vom Gerichte bestellt sind, den Anordnungen Folge zu leisten, welche die Beteiligten in betreff der Geschäftsführung einstimmig beschließen.

1   1) Die **Bindung des Liquidators an Weisungen** gemäß Auftragsrecht (mit §§ 713 oder 675 I BGB, § 149 Rn 1) wird präzisiert durch § 152. Beteiligte:

§§ 146 II, III (§ 146 Rn 5), vor allem die Gfter. Nur einstimmig beschlossene Weisungen binden nach § 152 den Nicht-Gfter-Liquidator, BGH **LM** § 149 Nr 2, nicht liquidationsfremde (§ 149 Rn 6); den Gfter-Liquidator binden sie also nur mit seiner eigenen Zustimmung. Abweichung von nach § 152 bindender Weisung ist zulässig nach § 665 BGB. Unverbindliche Weisung (zB nur von einem Gfter) verpflichtet uU den anders handelnden Liquidator zu erhöhter Sorgfalt, fällt dann bei Misserfolg für Schuldvorwurf gegen ihn ins Gewicht, BGH **LM** § 149 Nr 2. Durch Ges**Vertrag** oder GfterBeschluss kann das Weisungsrecht erweitert oder eingeschränkt werden; die Gfter können auf es verzichten, auch stillschweigend, zB bei Berufung eines Treuhänders der GesGläubiger als Liquidatoren mit Überlassung des GesVermögens an ihn zur Befriedigung der Gläubiger, unverzichtbar bleibt auch dann die Abberufung aus wichtigem Grunde (§ 147 Rn 3). Der GesVertrag kann abweichen. Möglich zB Mehrheitsentscheid über Weisungen. Fraglich ob der entspr Vertragsänderung möglich durch Mehrheitsbeschluss auf Grund Klausel, die Vertragsänderungen mit Mehrheit zulässt (§ 119 Rn 34), jedenfalls nicht mehr nach (zu Auflösung und Liquidation führender) Kündigung, BGH **48,** 255.

[Unterschrift]

153 Die Liquidatoren haben ihre Unterschrift in der Weise abzugeben, daß sie der bisherigen, als Liquidationsfirma zu bezeichnenden **Firma ihren Namen beifügen.**

1) Über die Firma der OHG (KG) in Liquidation s § 145 Rn 4. Übliche **1** Zusätze „i. L.", „in Liq", „i. A.". Verstoß gegen § 153 kann Geschäftsgegner zur Anfechtung nach § 119 II BGB (wesentliche Eigenschaft) und zum Schadensersatz gegen Ges und Liquidator (Verschulden bei Vertragsverhandlungen, §§ 280, 311 II, III BGB; § 823 II BGB iVm § 263 StGB) berechtigen. § 153 selbst ist Schutzgesetz iSv § 823 II BGB, Staub/Habersack 8, str, zu § 68 II GmbHG Ffm NJW **91,** 3286, NZG **98,** 550, Naumbg OLGR **00,** 482, Verse ZHR 170 **(06)** 416.

[Bilanzen]

154 Die Liquidatoren haben bei dem Beginne sowie bei der Beendigung der Liquidation eine Bilanz aufzustellen.

Übersicht

1) Buchführung 1
2) Bilanzen 2–5

1) Buchführung

Die Buchführungspflicht (§§ 238 ff) gilt auch in der Liquidation. Die Liquida- **1** toren, aber auch die Gfter, können sich strafbar machen (§ 238 Rn 18).

2) Bilanzen

A. Die **Liquidationseröffnungsbilanz,** unverzüglich nach Auflösung aufzu- **2** stellen auf den Tag der Auflösung, ist Wertfeststellungs-, Vermögens-, statische Bilanz (§ 242 Rn 7), dient nicht zur Ermittlung eines Geschäftsergebnisses (etwa der Zeit vom letzten Jahresabschluss bis zur Auflösung), nur zur vorläufigen Klärung des Standes von Aktiven und Passiven, somit der Aussichten der Liquidation, als Grundlage der Entschlüsse der Liquidatoren und ihrer Verhandlungen

§ 155   1   II. Buch. Handelsgesellschaften und stille Gesellschaft

mit Gläubigern. Man übernimmt die Kapitalanteile (§ 120 II) aus dem letzten Jahresabschluss und weist das Mehr oder Weniger an Eigenkapital ungeteilt gesondert aus, vgl RG **98**, 360, KG OLGE **21**, 378. Auch bei Auflösung der Ges am Geschäftsjahresende ist außer dem Jahresabschluss auf denselben Zeitpunkt die Liquidationseröffnungsbilanz aufzustellen.

3   B. Eine **Liquidationsschlussbilanz** ist (entgegen dem Wortlaut) nicht erst bei Beendigung der Liquidation aufzustellen, sondern sobald das Vermögen vollständig gemäß § 155 verteilbar ist, idR also wenn das Sachvermögen flüssig gemacht ist, die Schulden getilgt, wenigstens festgestellt sind, so dass das Liquidationsergebnis festgestellt und auf die Gfter umgelegt werden kann. Gewinn oder Verlust der Liquidation ergibt der Vergleich mit dem letzten Jahresabschluss (die Liquidationseröffnungsbilanz, s Rn 2, dient nicht der Verteilung eines Ergebnisses). Liquidationsgewinn und -verlust werden nach gleichen Regeln (s bei § 120) wie vorher Gewinn und Verlust verteilt, BGH **19**, 48. Die Liquidationsschlussbilanz ist überflüssig, wenn aus der Liquidation in das Insolvenzverfahren über das Vermögen der Ges übergegangen wird.

4   C. **Jahresbilanzen** (§ 242) sind während der Liquidation (mangels Weisung, § 152) idR nicht geboten, weil vom Zweck der Liquidation nicht gefordert; anders bei längerer Liquidation mit umfangreichen Geschäften, BGH NJW **80**, 1523; dann kann auch Pflicht zur Aufstellung von **Zwischenbilanzen** bestehen, Celle BB **83**, 1451.

5   D. **Aufstellung** der Bilanz ist Vorbereitung der Bilanz für die Feststellung; sie ist jedem einzelnen Gfter möglich, deshalb keine notwendige Streitgenossenschaft (selbst wenn mehrere Gfter zur Aufstellung verpflichtet sind), BGH WM **83**, 1280. Erst die **Feststellung** der Bilanz ist rechtsgeschäftlicher Natur und legt die Bilanzansätze verbindlich fest (§ 242 Rn 3).

[Verteilung des Gesellschaftsvermögens]

155 (1) **Das nach Berichtigung der Schulden verbleibende Vermögen der Gesellschaft ist von den Liquidatoren nach dem Verhältnisse der Kapitalanteile, wie sie sich auf Grund der Schlußbilanz ergeben, unter die Gesellschafter zu verteilen.**

(2) [1] **Das während der Liquidation entbehrliche Geld wird vorläufig verteilt.** [2] **Zur Deckung noch nicht fälliger oder streitiger Verbindlichkeiten sowie zur Sicherung der den Gesellschaftern bei der Schlußverteilung zukommenden Beträge ist das Erforderliche zurückzubehalten.** [3] **Die Vorschriften des § 122 Abs. 1 finden während der Liquidation keine Anwendung.**

(3) Entsteht über die Verteilung des Gesellschaftsvermögens Streit unter den Gesellschaftern, so haben die Liquidatoren die Verteilung bis zur Entscheidung des Streites auszusetzen.

Übersicht

1) Verteilung 1–5
2) Rückgabe 6

1) Verteilung

1   A. Der Anspruch auf **Zwischen- und Schlussverteilung** (I, II 1, 2) **geht auf Geld** (Grundsatz der Versilberung); Abweichung mit Einverständnis des Gfters; BayObLG BB **83**, 82. Der Anspruch setzt nicht in jedem Fall Aufstellung der Schlussbilanz (§ 154) voraus, BGH BB **68**, 268, str, der Gfter kann also seinen Anteil selbst errechnen und einklagen, RG **47**, 19, ebenso der Gläubiger im Falle

§ 135, über dessen Auskunftsrechte § 135 Rn 14; im Prozess vertreten die Ges die unbeteiligten Liquidatoren, notfalls Prozesspfleger nach § 57 ZPO. Die Zwischenverteilung ist vorläufig (II 1); zu viel Gezahltes ist ggf auf Grund dieses Vorbehalts (nicht nach §§ 812 ff BGB) zurückzuzahlen, RG LZ **31,** 1261 (wohl mit angemessenem Zins, vgl RG **151,** 125), im Falle des § 135 auch vom Gläubiger, bei (vor der Zahlung eröffnetem) Insolvenzverfahren über das Vermögen des Gfters als Masseschuld (§ 55 InsO). Über die „Entbehrlichkeit" von Geld (II 1) entscheiden die Liquidatoren pflichtgemäß, Klage der Gfter gegen sie auf Zahlung ist möglich. Das **Entnahmerecht** nach § 122 I entfällt in der Liquidation (II 3).

B. Schluss- und auch schon Zwischenverteilung erfolgen **nach Kapitalanteilen.** Die bei der GbR nach § 733 II BGB zu erstattenden Einlagen fallen bei der OHG in die nach §§ 120, 155 I gebildeten Kapitalanteile. Dem flüssigen GesVermögen entspricht die Summe dieser Kapitalanteile, wenn diese alle aktiv sind. Bestehen neben positiven auch negative Anteile, so ist die Summe der Ersten abzüglich der Summe der zweiten gleich dem Schlussvermögen. Die positiven Anteile erhalten dann je nur eine Quote und sind zwecks Auffüllung auf den Ausgleichsanspruch gegen die Inhaber negativer Anteile angewiesen; diesen Betrag haben nur bei entspr Bestimmung des GesVertrags oder GfterBeschlusses die Liquidatoren einzuziehen und zu verteilen. Sonst geht er anteilig auf die Gfter mit positiven Anteilen über, der Ausgleich vollzieht sich unter den Gftern unmittelbar, RG LZ **14,** 1030, jeder Gfter kann und muss seine etwaige Ausgleichsforderung persönlich gegen die MitGfter geltend machen, BGH BB **66,** 844. Mit Beendigung der Schlussverteilung ist die Liquidation beendet. Stellt sich später heraus, dass noch ungeteiltes Vermögen da ist, so ist die Liquidation in Wahrheit nicht beendet und fortzusetzen; die Liquidatoren werden wieder tätig, die Schlussbilanz ist zu berichtigen. Sehen die Gfter nach Befriedigung der GesGläubiger von Verteilung des Restvermögens ab, so bilden sie eine GbR, KG DR **40,** 806.

C. Für **ungedeckte Schulden** der Ges besteht Nachschusspflicht (§ 735 BGB). Danach gilt:

a) Sind GesSchulden in der Abwicklung ungedeckt geblieben, so haften die Gfter auf den Fehlbetrag nach dem (vertraglichen oder gesetzlichen) Verlustverteilungsschlüssel;

b) sind die GesGläubiger befriedigt, aber die Gfter mit aktivem Kapitalkonto ganz oder teilweise ungedeckt, so haften die Gfter mit passivem Kapitalkonto (s oben); für jeden Ausfall bei einem Gfter haften alle anderen nach dem Verlustverteilungsschlüssel. Diesen Ausgleich müssen und dürfen die Gfter ohne Rücksicht auf rückständige GesSchulden vornehmen; nimmt ein Gläubiger dann einen Gfter in Anspruch, so muss ein neuer Ausgleich stattfinden, RG **40,** 32. Denn die Haftung der Gfter den Gläubigern gegenüber berührt die Verteilung nicht. Ausgleich unter Gftern mit aktiven und passiven Kapitalkonten nach Zwangs- oder freiwilligem (Liquidations-)Vergleich (§ 145 Rn 10), BGH **26,** 129 (Teilung des durch Teilschulderlass entstandenen Liquidationsgewinns).

D. Streiten die Gfter über die **Verteilung (III),** so geht dieser Streit die Liquidatoren nichts an, RG **59,** 59, sofern nicht die Beteiligten ihnen die Entscheidung übertragen. Die Gfter haben ihn unter sich auszutragen; die Liquidatoren müssen die Verteilung bei Meidung der Ersatzpflicht bis zur Entscheidung des Streits aussetzen, und zwar sowohl eine Abschlags- als auch die Schlussverteilung, und ohne ein Recht, die Aussichten zu prüfen. Die Entscheidung bindet die Liquidatoren. Vor Erledigung ist die Liquidation nicht beendet, BayObLG BB **83,** 82; doch können sie die Liqidatoren durch Hinterlegung des Betrags beenden, BayObLG WM **79,** 655.

§ 156 1, 2   II. Buch. Handelsgesellschaften und stille Gesellschaft

5   E. Ein Gfter, der nach Abwicklung des GesUnternehmens dessen Hauptaktivum (zB Importquote) persönlich nutzen kann und nutzt, während sein früherer MitGfter daran (faktisch, nicht rechtlich) gehindert ist, muss diesem uU nach Treu und Glauben einen **Ausgleich** leisten, BGH MDR **58,** 584. Entspr schuldet der deutsche ex-Gfter seinem französischen MitGfter Ausgleich, wenn dieser aus der Aktivität der Straßburger KG auf Grund der französischen Nachkriegsgesetze allein (auf die volle Wiedergutmachung) in Anspruch genommen wurde, BGH NJW **67,** 36.

2) Rückgabe

6   Wie beim Ausscheiden eines Gfters aus fortbestehender Ges sind in der Liquidation der Ges den Gftern die von ihnen der Ges zur Benutzung überlassenen **Gegenstände zurückzugeben** (§ 732 BGB, § 131 Rn 41). Rückgabe, sobald das der Liquidationszweck erlaubt, spätestens bei Beendigung der Liquidation. Ersatz für Verlust oder Verschlechterung nur bei Verschulden; die Gefahr trägt der Gfter. Anspruch erfasst Surrogate entspr § 285 BGB. Kein Ersatz für die gewährte Benutzung und für geleistete Dienste (§ 733 II 3 BGB); anders bei werkvertraglichen Leistungen, BGH NJW **80,** 1744 (Architekt). Gegenstände, die der Ges als Einlage zu Eigentum (nicht nur zur Benutzung) überlassen sind, sind wie anderes GesEigentum zu versilbern. § 732 BGB gilt ferner nicht bei Miete oder Pacht von Gegenständen des Gfters durch die Ges, solche Verträge erlöschen nicht durch die Auflösung der Ges. Der VermieterGfter ist auch nicht ohne weiteres zur vorzeitigen Vertragsauflösung verpflichtet.

[Rechtsverhältnisse der Gesellschafter]

156 **Bis zur Beendigung der Liquidation kommen in bezug auf das Rechtsverhältnis der bisherigen Gesellschafter untereinander sowie der Gesellschaft zu Dritten die Vorschriften des zweiten und dritten Titels zur Anwendung, soweit sich nicht aus dem gegenwärtigen Titel oder aus dem Zwecke der Liquidation ein anderes ergibt.**

Übersicht

1) Allgemeines 1
2) Anwendbare Vorschriften 2–6

1) Allgemeines

1   Über die Wirkung der Auflösung s § 131 Rn 1–2, § 145 Rn 1. § 156 bringt zum Ausdruck, dass die Ges fortbesteht und die Rechtsverhältnisse der Gfter untereinander und der Ges zu Dritten unverändert bleiben, soweit nicht besondere Vorschriften oder der Liquidationszweck entgegenstehen. § 156 nennt nur die Vorschriften des 2. und 3. Titels (§§ 109 ff, 123 ff), aber auch Vorschriften aus dem 1., 4. und 6. Titel sind auf die Ges in Liquidation anwendbar:

2) Anwendbare Vorschriften

2   **1. Titel: § 105 II:** anwendbar. Namentlich regeln die Vorschriften des BGB über die Ges die Haftung der Gfter für Verschulden; die Übertragbarkeit der GfterRechte; die Beitragspflicht, auch in Form der Dienstleistung als Liquidatoren; die Gesamtbindung des GesVermögens (ein Gfter kann während der Liquidation Leistung an sich nur verlangen, wenn die Verteilung des letzten Vermögenswerts in Frage steht und keine Schulden mehr da sind, RG **158,** 314); den Ausschluss der Haftung des GesVermögens für persönliche Schulden der Gfter; die Aufrechnungsvorschriften. – **§ 106:** unanwendbar. – **§§ 107, 108:** nur für Änderung von Sitz und Firma anwendbar, soweit der Liquidationszweck diese

1. Abschnitt. Offene Handelsgesellschaft **1 § 157**

Änderung verlangt. Jedenfalls müssen alle Liquidatoren anmelden. § 108 II ist ersetzt durch § 148 III.

2. Titel: § 109: anwendbar. Auch für die LiquidationsGes gilt in erster Linie 3 der GesVertrag, unbedingt, soweit er gerade die Liquidation vorsieht, im Übrigen unter Beachtung des Liquidationszwecks (Auslegungsfrage). – **§ 110:** anwendbar. Aufwendungen, die ein Gfter als Liquidator macht, sind ihm zu erstatten, aber nur, soweit hinreichende Mittel da sind. Aufwendungen eines sonstigen Liquidators fallen unter §§ 670, 675 I BGB. – **§ 111:** (Verzinsungspflicht) anwendbar. – **§§ 112, 113:** (Wettbewerbsverbot) s § 109 Rn 24, § 112 Rn 3. – **§§ 114–117:** (Geschäftsführung) durch §§ 146, 147, 149 ersetzt. – **§ 118:** (Überwachungsrecht) anwendbar, KG Recht **32,** 337. Auch nach Ende der Liquidation besteht noch ein Einsichtrecht, § 157 III. – **§ 119:** (Beschlussfassung) anwendbar (Ausnahme § 147). Mehrheitsbeschlüsse nach Vertrag zulässig; iZw muss man die Vereinbarung auch auf die Liquidation beziehen, hM. – **§§ 120–122:** (Gewinn und Verlust der Gfter) nur sehr beschränkt anwendbar (s §§ 154, 155 mit Anm). § 122 II gilt fort.

3. Titel: § 123: (Beginn der Wirksamkeit) unanwendbar. – **§ 124:** (Rechts- 4 stellung und Zwangsvollstreckung in GesVermögen) anwendbar. Die Liquidatoren handeln unter der Firma der OHG mit Liquidationszusatz, auch wenn die LiquidationsGes kein HdlGewerbe mehr betreibt. Der Gerichtsstand des § 17 ZPO dauert fort. – **§§ 125–127:** (Vertretung) ersetzt durch §§ 146, 147, 149–151. – **§§ 128, 129:** anwendbar. Die alte Gesamthaftung der Gfter besteht fort; sie tritt ein für die von den Liquidatoren eingegangenen GesSchulden. Nur die Gfter haften, nicht ihre eingetretenen Erben (Erbenhaftung) und nicht die Liquidatoren. Fortdauer auch bei Eröffnung des Insolvenzverfahrens über das Vermögen eines Gfters; die Masse haftet nur für vor Eröffnung entstandene Schulden. – **§ 130:** anwendbar. Während der Liquidation eintretende neue Gfter haften; so auch, wenn die LiquidationsGes nicht wieder ErwerbsGes wird.

4. Titel: Da ein Gfter auch in der Liquidation ausscheiden kann, sind die 5 Vorschriften, die Ausscheiden betreffen, anwendbar.

6. Titel: §§ 159, 160: anwendbar, allgM. Ansprüche des Gläubigers gegen die 6 Ges sind auch die in der Liquidation entstandenen.

[Anmeldung des Erlöschens; Geschäftsbücher]

157

(1) **Nach der Beendigung der Liquidation ist das Erlöschen der Firma von den Liquidatoren zur Eintragung in das Handelsregister anzumelden.**

(2) ¹Die Bücher und Papiere der aufgelösten Gesellschaft werden einem der Gesellschafter oder einem Dritten in Verwahrung gegeben. ²Der Gesellschafter oder der Dritte wird in Ermangelung einer Verständigung durch das Gericht bestimmt, in dessen Bezirke die Gesellschaft ihren Sitz hat.

(3) **Die Gesellschafter und deren Erben behalten das Recht auf Einsicht und Benutzung der Bücher und Papiere.**

Übersicht

1) Erlöschen der Firma (I) 1–3
2) Bücher und Papiere (II) 4–6
3) Einsicht und Benutzung (III) 7

1) Erlöschen der Firma (I)

A. Zu I s schon **§ 31 II.** Die Firma **erlischt** im Falle der Liquidation mit 1 Beendigung der Verteilung des reinen Vermögens, RG JW **26,** 1432, es dürfen

§ 157 2–6   II. Buch. Handelsgesellschaften und stille Gesellschaft

also zwar noch GesSchulden vorhanden sein, aber keine beitreiblichen Forderungen mehr, auch nicht gegen Gfter oder Liquidatoren, vgl KGJ **28** A 44. Ein Prozess gegen die Ges hindert nicht, aA BayObLG LZ **14**, 785. Findet keine Liquidation statt oder geht man von ihr zu anderer Auseinandersetzung über, übernimmt zB ein Gfter das Geschäft mit Aktiven, Passiven und Firma, so gilt § 157 (auch Abs 1) nicht, KGJ **39** A 112, der Übernehmer ist anmeldepflichtig nach § 31 I. Die Eintragung enthält die öffentliche Kundgabe der Beendigung; ist früher beendigt, so ist das nur nach § 15 Dritten entgegenzusetzen, RG JW **30**, 3743. Nach Beendigung der OHG geht der Prozess gegen die letzten Gfter als notwendige Streitgenossen weiter, Berichtigung der Parteibezeichnung, notfalls von Amts wegen, RG DR **44**, 665.

2   B. **Anmeldepflichtig sind sämtliche Liquidatoren.** So auch, wo sie oder die Gfter das Geschäft ohne Firma veräußern. Erlischt die Firma ohne Liquidation, haben die Gfter dies anzumelden, KGJ **22** A 109. Auch sonst können alle Gfter zusammen das Erlöschen der Firma anmelden, weil sie auch die Abwicklung beenden oder selbst übernehmen können.

3   C. Die Löschungseintragung wirkt nur deklaratorisch. Findet sich nach Schlussverteilung (§ 155), auch Löschung (§ 151 I), doch noch GesVermögen, so ist die Liquidation noch nicht beendet, die Firma in Wahrheit noch nicht erloschen, BGH NJW **79**, 1987, BayObLG BB **83**, 82. Die bisherigen (Vertretungsmacht besteht ohne Neubestellung weiter, BGH NJW **79**, 1987), ggf neu bestellte Liquidatoren haben die Liquidation zu vollenden. Die unzutreffende Löschung der Firma ist (falls zum Registerzweck geboten) ihrerseits zu löschen (vgl § 8 Rn 12).

2) Bücher und Papiere (II)

4   A. II trifft alle Fälle, in denen **liquidiert** ist und die Bücher nicht auf einen Übernehmer oder Erwerber übergegangen sind; aber entspr auch alle Fälle, in denen keine **Liquidation stattgefunden** hat und für die Verwahrung nicht anderweitig gesorgt ist, wie bei Beendigung der GesInsolvenz, KG OLGE **19**, 317. Zu verwahren sind die Bücher und Papiere der aufgelösten Ges. Ergänzt wird § 157 durch § 257. Die Kosten der Verwahrung tragen die Gfter gemeinsam; sie sind von den Liquidatoren zurückzubehalten. Sind bei Beendigung der Liquidation keine Bücher usw vorhanden, so ist II unanwendbar; so namentlich, wo die Bücher mit den Aktiven in den Besitz eines Geschäftserwerbers übergehen. Vgl Hbg BB **72**, 417 (GbR).

5   B. Aufzubewahren hat ein **Gesellschafter oder** ein **Dritter.** Die Person bestimmt sich:

a) nach Vereinbarung der Gfter oder ihrer Erben, die nach § 119 stattzufinden hat. Fremde Zustimmung, auch die der Liquidatoren, unnötig. Ebenso die des Insolvenzverwalters (nach manchen bestimmt der Insolvenzverwalter, nach anderen er mit den Gftern). Die Liquidatoren müssen dem Beschluss nach § 152 gehorchen und die Bücher usw abliefern. Die Vereinbarung ist unwiderruflich.

6   **b)** Fehlt sie, so bestimmt das AG des Sitzes der Ges, nicht unbedingt das Registergericht, einen Verwahrer, wobei es an Anträge auch bezüglich der Person gebunden ist. Verfahren nach FamFG (§ 146 Rn 8). Das Gericht stellt die nötigen Ermittlungen von Amts wegen an. Zulässig auch Bestellung durch einstweilige Verfügung des Prozessgerichts. Nachträgliche Vereinbarung der Gfter macht den Beschluss hinfällig. Kein Zwang zur Annahme des Amts. Mit Annahme entsteht zwischen den früheren Gftern und dem Aufbewahrer ein Verwahrungsverhältnis. Vergütung entspr § 689 BGB; das Gericht ist dabei unbeteiligt.

3) Einsicht und Benutzung (III)

Sie stehen den Gftern und ihren Erben zu, die dabei Sachverständige zuziehen dürfen. Jeder Gfter und jeder Erbe ist für sich berechtigt, GesGläubiger und Privatgläubiger nach § 135 dürfen nur nach § 810 BGB benutzen, ebenso ein vor Liquidationsende ausgeschiedener Gfter. Berechtigt ist aber auch der Insolvenzverwalter. Einsicht an fremdem Ort nur nach § 811 BGB. Rechtliches Interesse unnötig. Der Gfter kann sich Abschriften fertigen; er hat auch das Recht, sich die Beziehungen der Ges und ihre Geschäftsgeheimnisse zunutze zu machen. Sind die Bücher mit dem Geschäft veräußert, richtet sich das Einsichtsrecht früherer Gfter nach dem Vertrag und § 810 BGB, RG **43**, 135.

[Andere Art der Auseinandersetzung]

158 Vereinbaren die Gesellschafter statt der Liquidation eine andere Art der Auseinandersetzung, so finden, solange noch ungeteiltes Gesellschaftsvermögen vorhanden ist, im Verhältnisse zu Dritten die für die Liquidation geltenden Vorschriften entsprechende Anwendung.

1) § 158 bringt für den Fall einer „andern Art der Auseinandersetzung" (§ 145 Rn 8; wie § 156 für den Fall der Liquidation) zum Ausdruck, dass die aufgelöste Ges **fortbesteht**. Im Verhältnis zu Dritten soll **Liquidationsrecht** (ohne Berufung von Liquidatoren) entspr gelten, solange noch ungeteiltes GesVermögen vorhanden ist. Die Ges haftet nach § 124, wird vertreten durch die Gfter entspr §§ 146 I, III, 150 I, II, 151.

2) § 158 gilt, wenn die **andere Art der Auseinandersetzung** unmittelbar auf die Auflösung folgt und wenn von der Liquidation zu ihr übergegangen wird (wodurch die Liquidation endet, das Amt der Liquidatoren erlischt, § 145 Rn 8). Wird die OHG **Gesellschaft bürgerlichen Rechts** (Einl 23 vor § 105), so gilt § 158 nicht, die Rechtsverhältnisse zu Dritten bestimmen sich nicht nach HGB, sondern BGB (zB §§ 714 f, 427; §§ 719 f, 725).

Sechster Titel. Verjährung. Zeitliche Begrenzung der Haftung

[Ansprüche gegen einen Gesellschafter]

159 (1) **Die Ansprüche gegen einen Gesellschafter aus Verbindlichkeiten der Gesellschaft verjähren in fünf Jahren nach der Auflösung der Gesellschaft, sofern nicht der Anspruch gegen die Gesellschaft einer kürzeren Verjährung unterliegt.**

(2) **Die Verjährung beginnt mit dem Ende des Tages, an welchem die Auflösung der Gesellschaft in das Handelsregister des für den Sitz der Gesellschaft zuständigen Gerichts eingetragen wird.**

(3) **Wird der Anspruch des Gläubigers gegen die Gesellschaft erst nach der Eintragung fällig, so beginnt die Verjährung mit dem Zeitpunkte der Fälligkeit.**

(4) **Der Neubeginn der Verjährung und ihre Hemmung nach § 204 des Bürgerlichen Gesetzbuchs gegenüber der aufgelösten Gesellschaft wirken auch gegenüber den Gesellschaftern, die der Gesellschaft zur Zeit der Auflösung angehört haben.**

Übersicht

1) Übersicht über §§ 159, 160 1, 2
   A. Grundsatz der Forthaftung des Ausgeschiedenen 1
   B. Anwendungsbereich 2

2) Verjährung in fünf Jahren (§ 159 I) 3–5
  A. Sonderverjährung nach Auflösung der Gesellschaft 3
  B. Erfasste Ansprüche 4
  C. Dauer der Verjährung 5
3) Beginn der Verjährung (II, III) 6–8
  A. Beginn mit Eintragung (II) 6
  B. Beginn mit Fälligkeit (III) 7
4) Neubeginn und Hemmung der Verjährung (IV) 9

1) Übersicht über §§ 159, 160

1 A. **Grundsatz der Forthaftung des Ausgeschiedenen: Ausgeschiedene Gesellschafter** (nicht eintretende Erben eines verstorbenen Gfters) **haften weiter** für die Verbindlichkeiten der Ges (§ 128 Rn 28). Dasselbe gilt **auch** für alle Gfter **nach Auflösung der Gesellschaft.**

2 B. **Anwendungsbereich:** §§ 159, 160 nF NachhBG (§ 26 Rn 1) mildern das uU lange Haftungsrisiko. **§ 159** gilt **nur noch für** den Fall der **Auflösung** der Ges und ist wie bisher eine echte Verjährungsvorschrift (**Sonderverjährung**, s Einl 16 vor § 343). **§ 160** gilt **für** den Fall des **Ausscheidens** des Gfters und sieht keine Verjährung, sondern eine zeitliche **Begrenzung der Nachhaftung** des ausgeschiedenen Gfters vor (Ausschlussfrist, § 160 Rn 2). §§ 159, 160 begrenzen die Nachhaftung abschließend (§ 160 Rn 1). Lit: s § 160 Rn 1; zur aF K. Schmidt ZHR 152 (**88**) 105.

2) Verjährung in fünf Jahren (§ 159 I)

3 A. **Sonderverjährung nach Auflösung der Gesellschaft:** Die Sonderverjährung nach § 159 gilt nach Auflösung der Gesellschaft (§§ 131 ff). § 160 findet insoweit keine Anwendung (§ 160 Rn 1).

4 B. **Erfasste Ansprüche:** § 159 betrifft **nur Ansprüche** aus der persönlichen Haftung (**§§ 128 ff**) für GesVerbindlichkeiten; **nicht** aus Bürgschaft des Gfters für solche (§ 128 Rn 7), Schuldbeitritt, aA BGH **42**, 382 (zu § 25), Wechselzeichnung, Geschäftsübernahme (§ 25, RG **142**, 301). § 159 gilt auch gegen MitGfter als Gläubiger der Ges aus anderem Rechtsgrund als dem GesVerhältnis. § 159 gilt auch, wenn über die GesSchuld ein rechtskräftiges Urteil (gegen die Ges) vorliegt (das idR nicht gegen den Ausgeschiedenen wirkt, § 128 Rn 43); ist aber der (ex-)Gfter selbst verurteilt, gilt Verjährung nach § 197 I Nr 3 BGB, BGH NJW **81**, 2579 (zu § 218 aF BGB).

5 C. **Dauer der Verjährung:** Die Sonderverjährung beträgt **fünf Jahre.** Wenn der Anspruch jedoch nach allgemeinem Recht (oder Rechtsgeschäft) rascher verjährt, bleibt es bei der kürzeren Verjährung, hL; aA BGH NJW **82**, 2443, Brandes FS Stimpel **85**, 113, aber Berufung auf Verjährungseinwand der OHG (§ 129 Rn 1).

3) Beginn der Verjährung (II, III)

6 A. **Beginn mit Eintragung (II):** Die Fünfjahresfrist läuft mit dem Ende des Tages der Eintragung der Auflösung des Ges (oder des Insolvenzvermerks nach § 32, BGH NJW **82**, 2443) oder des Ausscheidens des Gfters in das HdlReg (II). Unerheblich ist, ob diese sich verzögert, ob und wann sie bekannt gemacht wird, ob und wann Gläubiger vom Ausscheiden (der Auflösung) Kenntnis erlangt. § 15 ist nicht anwendbar. Ist das Ausscheiden nicht eingetragen, kann sich der Ausgeschiedene doch auf die Fünfjahresfrist nach Eintragung der Auflösung der Ges berufen, BGH NJW **83**, 2259.

7 B. **Beginn mit Fälligkeit (III):** Fälligkeit erst nach der Eintragung schiebt den Fristbeginn hinaus (III). Erst recht späteres Entstehen des Anspruchs, zB Begründung in der Liquidation. Bei Fälligkeit auf Anfechtung oder Kündigung entscheidet Wirksamwerden der Erklärung, nicht ihre Möglichkeit (anders

1. Abschnitt. Offene Handelsgesellschaft **§ 160**

§§ 199, 200 aF BGB). Im Fall einer Dauerschuld mit wiederkehrenden Einzelfälligkeiten (zB Rentenschuld aus Kauf) verjährt nach § 159 nicht der Gesamtanspruch schon in fünf Jahren, sondern der Anspruch auf jede einzelne Rate erst nach deren Fälligkeit; so (wegen des Zwecks dieser Haftung) BGH **50,** 235, str. Eine andere Frage ist Verjährung des Gesamtanspruchs, neben der der Teilansprüche, in solchem Falle nach BGB, hier der Ges gegenüber; dahingestellt vom BGH **50,** 234.

III betraf schon in aF nicht die Haftung ausgeschiedener Gfter aus **Dauer-** 8
schuldverhältnissen, die Lücke war anderweitig zu füllen (§ 128 Rn 31 ff), BGH **87,** 291, NJW **83,** 2942. III nF betrifft überhaupt nur noch die Auflösung, nicht mehr das Ausscheiden einzelner Gfter, insoweit s § 160 nF.

4) Neubeginn und Hemmung der Verjährung (IV)

IV idF SMG 2001 (nur redaktionell) entspricht in der Funktion § 160 aF. Der 9
Neubeginn (zB durch Anerkenntnis, § 212 I Nr 1 BGB) und Hemmung durch Rechtsverfolgung (§ 204 BGB) der Verjährung im Verhältnis Ges-Gläubiger wirken gegen die nicht ausgeschiedenen Gfter (§ 129 Rn 2); nicht gegen vorher Ausgeschiedene (§ 128 Rn 36). IV stellt klar, dass nach Auflösung der Ges der Neubeginn und die Hemmung nach § 204 BGB im Verhältnis zwischen Gläubiger und (aufgelöster, damit nicht erloschener) Ges (§ 145 Rn 4, 5) gegen die Gfter wirken, die ihr im Zeitpunkt der Auflösung angehört haben. Dies gilt, solange noch ungeteiltes Vermögen vorhanden ist (oder nachträglich aufgefunden wird § 157 Rn 3). Kein Neubeginn, keine Hemmung nach § 204 BGB gegenüber den Gftern, wenn die Forderung der Ges verjährt ist, BGH NJW **82,** 2443. Neubeginn und Hemmung nach § 204 BGB im Verhältnis zwischen Gläubiger und Gfter wirken nicht gegen MitGfter. Bei Neubeginn (aber § 212 II, III BGB) läuft erneut die Frist des § 159 (§ 212 I BGB), während der Hemmungszeitraum nur in die laufende Frist des § 159 nicht eingerechnet wird (§ 209 BGB).

[Haftung des ausscheidenden Gesellschafters; Fristen; Haftung als Kommanditist]

160 (1) ¹**Scheidet ein Gesellschafter aus der Gesellschaft aus, so haftet er für ihre bis dahin begründeten Verbindlichkeiten, wenn sie vor Ablauf von fünf Jahren nach dem Ausscheiden fällig und daraus Ansprüche gegen ihn in einer in § 197 Abs. 1 Nr. 3 bis 5 des Bürgerlichen Gesetzbuchs bezeichneten Art festgestellt sind oder eine gerichtliche oder behördliche Vollstreckungshandlung vorgenommen oder beantragt wird; bei öffentlich-rechtlichen Verbindlichkeiten genügt der Erlass eines Verwaltungsakts. ²Die Frist beginnt mit dem Ende des Tages, an dem das Ausscheiden in das Handelsregister des für den Sitz der Gesellschaft zuständigen Gerichts eingetragen wird. ³Die für die Verjährung geltenden §§ 204, 206, 210, 211 und 212 Abs. 2 und 3 des Bürgerlichen Gesetzbuches sind entsprechend anzuwenden.**

(2) **Einer Feststellung in einer in § 197 Abs. 1 Nr. 3 bis 5 des Bürgerlichen Gesetzbuchs bezeichneten Art bedarf es nicht, soweit der Gesellschafter den Anspruch schriftlich anerkannt hat.**

(3) ¹**Wird ein Gesellschafter Kommanditist, so sind für die Begrenzung seiner Haftung für die im Zeitpunkt der Eintragung der Änderung in das Handelsregister begründeten Verbindlichkeiten die Absätze 1 und 2 entsprechend anzuwenden. ²Dies gilt auch, wenn er in der Gesellschaft oder einem ihr als Gesellschafter angehörenden Unternehmen geschäftsführend tätig wird. ³Seine Haftung als Kommanditist bleibt unberührt.**

§ 160 1–4 II. Buch. Handelsgesellschaften und stille Gesellschaft

Übersicht

1) Begrenzung der Nachhaftung des ausgeschiedenen Gesellschafters (I) 1–5
   A. Allgemeiner Grundsatz 1
   B. Begrenzung auf fünf Jahre (I 1) 2
   C. Fristbeginn (I 2) 5
2) Schriftliches Anerkenntnis (II) 6
3) Wechsel in die Stellung eines Kommanditisten (III) 7
4) Abweichende Vereinbarungen 8

1) Begrenzung der Nachhaftung des ausgeschiedenen Gesellschafters (I)

1 A. **Allgemeiner Grundsatz:** § 160 nF NachhBG 1994 (§ 26 Rn 3), I 1, 3 idF SMG 2001, begrenzt die Nachhaftung des ausgeschiedenen Gesellschafters **wie § 26** und zahlreiche andere Normen (§ 159 Rn 2, § 26 Rn 1). § 160 gilt über §§ 172 IV, 161 II auch bei Ausscheiden des Kdtisten unter Einlagenrückgewähr. Schon bisher galt der entsprechende § 159 aF analog für die GbR, BGH **117,** 168, Wiedemann/Frey DB **89,** 1809; jetzt § 736 II nF BGB, aber mangels Registerpublizität der GbR wohl nur bei positiver Kenntnis des Gläubigers (Abhilfe: Umwandlung der GbR in KG). Einheitliche Auslegung ist geboten (§ 26 Rn 1). § 160 gilt nicht bei Ausscheiden aller Gfter bei Auflösung der Ges, weil dann dem Gläubiger nicht die Ges als Schuldner verbleibt. § 160 ist abschließend, BGH **142,** 324 (Aufgabe der Kündigungstheorie); NJW **02,** 2170, kürzere Verjährungs- und Ausschlussfristen nach altem Recht sind aber für das Übergangsrecht relevant (§ 159 Rn 2, § 128 Rn 32–34). **Übergangsrecht:** s (1) EGHGB Art 35, 36. Lit: Ulmer/Timmann ZIP **92,** 1, Reichold NJW **94,** 1617, Seibert DB **94,** 461, Dehmer WiB **94,** 297, Steinbeck WM **96,** 2041, Medicus FS Lutter **00,** 891, Siems/Maaß WM **00,** 2328.

2 B. **Begrenzung auf fünf Jahre (I 1):** I 1 betrifft nur Ansprüche aus der persönlichen Haftung (§§ 128 ff) für GesVerbindlichkeiten (nicht andere Ansprüche wie Schuldbeitritt ua, str, § 159 Rn 4), aber für alle, auch solche aus betrieblicher Altersversorgung von Arbeitnehmern oder aus Delikt, nicht nur solche aus Dauerschuldverhältnissen (§ 128 Rn 31, 33), BGH NJW **02,** 2170; auch aus Delikt. I 1 betrifft nicht Ansprüche aus anderem Rechtsgrund, zB aus eigener persönlicher Sicherung für Verbindlichkeit der Ges wie Bürgschaft (§ 128 Rn 7). Bei mietvertraglicher Verlängerungsautomatik wird der alte Vertrag fortgesetzt, kein neuer geschlossen, I 1 bleibt also anwendbar, BGH NJW **02,** 2170.

3 Für solche früheren Verbindlichkeiten bringt I 1 eine doppelte Nachhaftungsbegrenzung (Fünfjahresgrenze und Erfordernis der besonderen Feststellung oder Vollstreckungshandlung). Der ausgeschiedene Gfter haftet nur, wenn sie **vor Ablauf von 5 Jahren fällig** sind (wie § 26 Rn 5). I 1 enthält eine **Ausschlussfrist** (Einwendung), keine Verjährung (§ 26 Rn 1), I 3 ändert daran nichts (s Rn 5). Die Verjährungseinrede nach § 129 I, so wenn die Verjährungsfrist schon vor der Ausschlussfrist nach I 1 abläuft, bleibt aber unberührt. Für rechtskräftig festgestellte Ansprüche greift I 1 nicht, es bleibt bei deren Verjährung (30 Jahre, § 197 I Nr 3 BGB).
I 1 verlangt wie § 26 I 1 zusätzlich, dass der Anspruch gegen den ausgeschiedenen Gfter (nicht: Ges) in einer in § 197 I Nr 3–5 BGB bezeichneten Art (Rechtskraft oder Vollstreckbarkeit) **festgestellt** ist oder eine gerichtliche oder behördliche Vollstreckungshandlung vorgenommen oder beantragt wird; Maßnahmen der Rechtsverfolgung unter anderem Umstände hemmen aber den Fristablauf (I 3 wie § 26 I 3). Zu diesem schwer verständlichen System s § 26 Rn 6, 8.

4 Bei öffentlichrechtlichen Verbindlichkeiten genügt zur Geltendmachung der Erlass eines Verwaltungsakts (I 1 Halbs 2; § 26 Rn 7). I 1 Halbs 2 macht deutlich, dass sich die Fristwahrung durch Verwaltungsakt, zB im Steuerrecht, auch bezüg-

lich der Zeitdauer primär nach Zivilrecht (§ 160 sowie Verjährungsrechtsregeln über § 160 I 3 oder Verweisungen auf diese im öffentlichen Recht) richten soll. Das schließt aber besondere öffentlichrechtliche Vorschriften nicht aus, zB dass für die Fristwahrung nicht die Absendung, sondern der Zugang des Verwaltungsakts maßgeblich ist.

C. **Fristbeginn (I 2):** Die Frist beginnt grundsätzlich mit Ende des Tages der 5 Eintragung des Ausscheidens, Hofmeister NJW **03,** 93 (rechtsgeschichtlich), MüKo/K. Schmidt 26; bei positiver Kenntnis des Gläubigers vom Ausscheiden des Gfters beginnt sie aber schon vorher, MüKo/K. Schmidt 27, Altmeppen NJW **00,** 2529. Auch mangels Eintragung Fristbeginn mit positiver Kenntnis, BGH NJW **07,** 3784, MüKo/K. Schmidt 26, aA früher hL (Eintragung konstitutiv, Wortlaut). Maßgebend ist das HdlReg des für den Sitz der Ges zuständigen Gerichts. Das gilt abw von § 15 IV auch für Schulden aus einer ZwNl. Nach **I 3** idF SMG sind bestimmte Verjährungsvorschriften entspr anzuwenden (näher § 26 Rn 10).

2) Schriftliches Anerkenntnis (II)

Bei einem schriftlichen Anerkenntnis des früheren Geschäftsinhabers bedarf es 6 der Feststellung in einer nach § 197 I Nr 3–5 BGB bezeichneten Art (s Rn 3) nicht (II, wie § 26 II, dort Rn 11). Die Schriftform dient der Rechtssicherheit, mündliches oder tatsächliches Anerkenntnis, zB durch Abschlags- oder Zinszahlung genügt nicht. II verlangt kein Schuldanerkenntnis nach § 780 BGB, iZw ist ein solches bei einer Erklärung nach II auch nicht gewollt. Im Übrigen verbleibt es aber bei der Begrenzung auf fünf Jahre. Anders nur bei abweichender Vereinbarung mit dem Gläubiger (s Rn 8).

3) Wechsel in die Stellung eines Kommanditisten (III)

Die Ausschlussfrist nach I und II gilt auch den für phG, der Kdtist wird (III 1). 7 III nF entspricht § 28 III nF (s dort Rn 7). Dass der frühere Geschäftsinhaber, in der Ges oder einem ihr als Gfter angehörenden Unternehmen geschäftsführend tätig wird, steht der Begrenzung nicht entgegen (III 2). Damit ist die frühere Rspr zur Umwandlung der Ges in eine GmbH & Co überholt, wonach der phG, der zwar Kdtist wurde, aber zugleich Geschäftsführer der GmbH blieb, unbegrenzt weiter haftete, BGH **78,** 114, **108,** 341, NJW **83,** 2258, 2941. **Übergangsrecht** zu III 2: s **(1)** EGHGB Art 36. III 3 stellt klar, dass die Haftung als Kdtist unberührt bleibt. Lit: Bormann NZG **04,** 751.

4) Abweichende Vereinbarungen

§ 160 I–III ist nicht zwingend (vgl § 26 Rn 12), hL, Seibert DB **94,** 462, aA 8 Staub/Habersack 7, Leverenz ZHR 160 **(96)** 7. Die Nachhaftungsbegrenzung wird aber nicht schon durch eine Vereinbarung zwischen dem ausscheidenden oder in die Stellung eines Kdtisten wechselnden Gfter und der Ges beseitigt, sondern nur durch eine solche zwischen dem ihm und dem jeweiligen Gläubiger. Diese Vereinbarung braucht anders als das Anerkenntnis nach II nicht schriftlich zu sein. Sie kann zB in einer Prolongationsabrede liegen; auch in der Bestellung einer eigenen persönlichen Sicherung des Gfters für Verbindlichkeiten der Ges (RegE).

Anhang nach § 160:
Europäische wirtschaftliche Interessenvereinigung (EWIV); Partnerschaftsgesellschaft (PartG)

A. Europäische wirtschaftliche Interessenvereinigung (EWIV)

Schrifttum

Autenrieth 1990. – *Brindlmayer ua* 1989. – *Ganske* BAnz Nr 200 a 21. 10. 88. – *Hartard* 1991. – *von der Heydt/von Rechenberg* 1991. – *Lentner* 1994. – *Lenz* 1997. – *Meyer-Landrut* 1988. – *Müller-Gugenberger/Schotthöfer* 1994 (rechtsvergleichend). – *Rübesamen* 1995 (Kartellrecht). – *Scriba* 1988. – *Selbherr/Manz* 1995 (Komm). – *Ebenroth/Hakenberg* Anh § 160. – *Autenrieth* BB **89**, 305. – *Weimar/Delp* WPg **89**, 89. – *Gloria/Karbowski* WM **90**, 1313. – *Zuck* NJW **90**, 954 (anwaltliche Zusammenarbeit). – *Grüninger* BB **90**, 2161 (Steuern). – *von Rechenberg* ZGR **92**, 299. – *Knoll/Schüppen* WiB **94**, 889, 926, 936. – *Knobbe-Keuk* EWS **92**, 1 (Steuern). – *Funkat* EWS **98**, 122 (Zahlen). **Muster:** *Hopt/Volhard,* Vertrags- und Formularbuch zum Hdl-, Ges- und Bankrecht, 3. Aufl 2007, Teil II.C.1.

Übersicht

Die Europäische wirtschaftliche Interessenvereinigung (EWIV)

I. Begriff, Allgemeines 1–11

1) Begriff, praktische Bedeutung 1
2) Rechtliche Zulässigkeit (EG, D) 3
3) Anwendbares Recht 8

II. Errichtung 12–24

1) Gründung 12
2) Haftung im Gründungsstadium 17
3) Sitz 20
4) Firma 22
5) Fehlerhafte Gesellschaft 23

III. Rechtsverhältnisse der Gesellschafter untereinander 25–38

1) Rechte und Pflichten der Gesellschafter 25
2) Geschäftsführung, Geschäftsführer 30
3) Beirat 33
4) Gesellschafterversammlung 34
5) Gesellschaftsvertragsänderung 38

IV. Rechtsverhältnisse der Gesellschafter zu Dritten 39–47

1) Rechtliche Selbstständigkeit der Gesellschaft 39
2) Vertretung, Selbstkontrahieren 40
3) Haftung gegenüber Dritten 43

V. Auflösung, Ausscheiden von Gesellschaftern, Auseinandersetzung 48–53

1) Auflösung 48
2) Gesellschafterwechsel 49
3) Auseinandersetzung (Liquidation) 52

VI. Mitbestimmung 54

VII. Rechnungslegung 55

VIII. Publikumsgesellschaft 56

A. Europ. wirtsch. Interessenvereinigung (EWIV) 1–5 **Anh § 160**

I. Begriff, Allgemeines

1) Begriff, praktische Bedeutung

A. **Begriff:** Die EWIV ist eine **neue supranationale Gesellschaftsrechts-** 1
form zur Erleichterung der grenzüberschreitenden Zusammenarbeit von Unternehmen und Angehörigen freier Berufe in der EG. Rechtlich ist sie in Deutschland eine **besondere Form der OHG,** deren **Geschäftsführer** aber ähnlichen Regeln unterstellt sind wie bei der **GmbH** („OHG mit Fremdgeschäftsführung").

B. **Praktische Bedeutung:** Das **Bedürfnis nach grenzüberschreitender** 2
Zusammenarbeit, ohne eine nationale Rechtsform eines bestimmten Mitgliedstaates wählen zu müssen, war seit langem dringlich. Die EWIV bietet sich als eine neue einheitliche EGGesRechtsform an, die doch zugleich in den grundsätzlich unveränderten Rahmen des nationalen Rechts eingebettet ist. Die EWIV ist nicht nur für kleinere und mittlere Unternehmen geeignet, sondern steht ebenso wie die OHG Unternehmen verschiedenster Art und Größe offen. Insbesondere ist sie anders als die OHG auch für Freiberufler bestimmt. Sie ist einfach und flexibel konzipiert. Das Ergebnis der Tätigkeit der EWIV wird nur bei ihren Mitgliedern versteuert; die EWIV ist auch steuerrechtlich OHG. Dennoch ist ihre praktische Bedeutung wegen der Zweckrestriktion und Einzelverbote (s Rn 5, 6) gering geblieben. Sie wird in Deutschland vorwiegend für die grenzüberschreitende Zusammenarbeit von Anwaltskanzleien und anderen freien Berufen genutzt, selten von mittelständischen und Großunternehmen. Anwendungsmöglichkeiten: Einrichtung gemeinsamer Einkaufs- und Verkaufsorganisationen oder Durchführung von Kooperationsprojekten in Forschung und Entwicklung, gemeinsames Rechenzentrum, gemeinsame Buchführung (Grenzen s Rn 5). Zahlenmäßige Verbreitung der EWIV in der EG s Rechenberg ZGR **92**, 300, praktische Akzeptanz Neye DB **97**, 861, Funkat EWS **98**, 122, Schlüter EuZW **02**, 589. Bekanntmachungen im ABlEG, Übersichten erhältlich bei der EGKomm.

2) Rechtliche Zulässigkeit (EG, D)

A. **EGVO:** Grundlage ist die VO (EWG) (im Folgenden: VO) über die 3
Schaffung einer EWIV 25. 7. 85 ABlEG 31. 7. 85 Nr L 199/1. Diese ist Teil des europäischen GesRechts (Einl 34 ff vor § 105 HGB). Die VO regelt wesentliche Teile des EWIVRechts unmittelbar, vor allem die für die Gründung und die innere Verfassung der EWIV wichtigsten Fragen. Lit: Habersack, Eur GesR 2. Aufl 2003 § 11; Gleichmann ZHR 149 (**85**) 633, Ganske DB Beil 20/**85**, Abmeier NJW **86**, 2987.

B. **EWIVAG:** Ergänzend greift das deutsche EWIVAusführungsG (EWIVAG) 4
14. 4. 88 BGBl 514 ein. Es enthält Regelungen über die anzuwendenden Vorschriften (§ 1 EWIVAG), die Anmeldung zum HdlReg und die Bekanntmachungen (§§ 2–4), die Pflichten des Geschäftsführers und seine Entlassung (§§ 5–7), das Ausscheiden eines Mitglieds bei Insolvenz (§ 8), die Abwicklung (§ 10) und die Eröffnung des Insolvenzverfahrens (§ 11), ferner Zwangsgeld- und Straftatbestände (§§ 12–15) sowie Schlussvorschriften. Komm s vor Rn 1; Müller-Guggenberger NJW **89**, 1449.

C. **Zweckbeschränkungen: a) Zur Gewinnerzielung:** Die EWIV ist in 5
ihrer Zwecksetzung nicht frei, der zulässige Zweck der EWIV ist vielmehr durch Art 3 VO positiv und negativ abgegrenzt. Die EWIV hat den Zweck, die wirtschaftliche Tätigkeit ihrer Mitglieder zu erleichtern oder zu entwickeln sowie die Ergebnisse dieser Tätigkeit zu verbessern oder zu steigern; sie hat **nicht den Zweck, Gewinn für sich selbst zu erzielen** (Art 3 I VO; im Unterschied zu Gewinn für die Mitglieder). Das schließt nicht aus, dass die EWIV selbst Unternehmensträger sein kann (vgl § 1 HGB Rn 15). Art 3 I VO enthält also kein

Gewinnverbot (Gegenschluss aus Art 3 II VO); gemachter Gewinn reicht allein nicht aus für Auflösung (Art 32 VO, s Rn 48), er ist nach allgemeinen Regeln zu verteilen (s Rn 29). Die Tätigkeit der EWIV muss im Zusammenhang mit der wirtschaftlichen Tätigkeit (im weitesten Sinne auszulegen) ihrer Mitglieder stehen und darf nur eine Hilfstätigkeit hierzu bilden (Art 3 I). Die EWIV darf zB keinen freien Beruf gegenüber Dritten ausüben. Aber Großprojekte im Ausland, bei denen typischerweise Gewinn erzielt wird, sind der EWIV nicht verwehrt, Rechenberg ZGR **92,** 304.

6 **b) Einzelverbote:** Daher gelten für die EWIV folgende Verbote (Art 3 II VO): **(a)** keine Ausübung der Leitungs- oder Kontrollmacht über die eigenen Tätigkeiten ihrer Mitglieder oder die Tätigkeiten eines anderen Unternehmens, insbesondere auf den Gebieten des Personal-, Finanz- und Investitionswesens (Konzernleitungsverbot); **(b)** keine Haltung von Anteilen oder Aktien an einem Mitgliedsunternehmen; an anderen Unternehmen nur, soweit für das Ziel der EWIV notwendig, und nur für Rechnung ihrer Mitglieder (Holdingverbot); **(c)** nicht mehr als 500 Arbeitnehmer (kein Unterlaufen der Mitbestimmung); **(d)** keine Umgehung von Vorschriften über Darlehensgewährung an einen Leiter der Ges oder eine mit ihm verbundene Person oder über die Übertragung eines Vermögensgegenstandes an diese Personen; **(e)** keine Mitgliedschaft einer EWIV an einer anderen EWIV.

7 **c) Rechtsfolgen:** Bei Verstoß gegen Art 3 VO droht Auflösung nach Art 32 VO (s Rn 48), keine zivilrechtliche Nichtigkeit.

3) Anwendbares Recht

8 A. **EGRecht:** In erster Linie gelten die Vorschriften der **VO** selbst sowie anderes einschlägiges EGRecht. Diese sind unabhängig von nationalem Recht gemeinschaftsrechtlich auszulegen. Konsequent uU Vorlagepflicht nach Art 234 (177 aF) EG (Interpretationsmonopol des EuGH).

9 B. **EWIVAG:** Sodann ist das innerstaatliche Recht des Staates anzuwenden, in dem die EWIV nach dem Gründungsvertrag ihren Sitz hat (s Rn 20). Das gilt für den Gründungsvertrag (mit Ausnahme des Personenstands und der Rechts-, Geschäfts- und Handlungsfähigkeit der Gründer, insoweit gilt das jeweilige Personalstatut) und die innere Verfassung der EWIV (Art 2 I VO). Hat die EWIV also ihren Sitz in der BRD, ist deutsches Recht anwendbar und damit das **EWIVAG** (s Rn 4). Außenbeziehungen der EWIV s Rn 11.

10 C. **OHGRecht:** Soweit das anwendbare EWIVAG nichts bestimmt, gelten im Übrigen entsprechend die **§§ 105 ff HGB** (§ 1 EWIVAG).

11 D. **Außenbeziehungen:** Das innerstaatliche Steuerrecht (aber Besteuerung nur bei den Mitgliedern, Art 40 VO), Sozial- und Arbeitsrecht, Wettbewerbsrecht, Recht des geistigen Eigentums ua bleiben unberührt. Für diese Außenbeziehungen gilt das innerstaatliche Recht des Staates, in dem sich das betreffende Außenverhältnis verwirklicht (Auswirkungsprinzip zB im Kartellrecht) oder dessen Recht nach allgemeinem IPR anwendbar ist.

II. Errichtung

1) Gründung

12 A. **Mögliche Gesellschafter:** Mögliche Gfter **(Mitglieder)** sind nach Art 4 I VO natürliche Personen, die eine gewerbliche, kaufmännische, handwerkliche, landwirtschaftliche oder freiberufliche Tätigkeit in der Gemeinschaft ausüben oder dort andere Dienstleistungen erbringen (also nicht reine Privatleute) und alle anderen Wirtschaftssubjekte (Ges iSv Art 48 II EG und andere juristische Einheiten des nationalen öffentlichen oder privaten Rechts mit Grün-

dung, Sitz und Hauptverwaltung in der Gemeinschaft, also nicht in Drittstaaten, s Rn 14). Minderjährige s § 105 HGB Rn 26.

Auch GbR kann Gfter der EWIV sein (für OHG str, § 105 HGB Rn 29), Bach BB **90**, 1432, das folgt zwingend aus der Verweisung auf Art 48 II (58 II aF) EG. Ein Erwerbszweck ist zwar für Ges nach Art 48 II EG (aber s § 1 HGB Rn 2), nicht aber für eine juristische Einheiten nötig. Angehörige freier Berufe können zwar keine OHG (§ 1 HGB Rn 19, § 105 HGB Rn 3, 13), aber eine EWIV gründen. Auch Anwaltskanzleien und andere Sozietäten können Gfter der EWIV sein, str. 13

B. **Aus verschiedenen Mitgliedstaaten:** Aus Art 4 II VO folgt aber, dass die EWIV mindestens zwei Gfter aus verschiedenen Mitgliedstaaten haben muss. Das bestimmt sich nicht nach der Staatsangehörigkeit, sondern wirtschaftlich nach dem Ort der Haupttätigkeit der natürlichen Person bzw der Hauptverwaltung des jeweiligen Wirtschaftssubjekts. Das Erfordernis des Art 4 II VO ist formaler Art. Es schadet nicht, wenn die ganz überwiegende wirtschaftliche Betätigung im Inland bzw bei dem inländischen Partner stattfindet. **Nicht** zulässig ist die (auch nur zusätzliche) Beteiligung von Unternehmen **aus Drittstaaten** (eindeutig Art 4 I, s Rn 12); diese können sich aber über eine TochterGes beteiligen oder ein joint venture bilden. 14

C. **Gründungsvertrag:** Voraussetzung der EWIV sind ein GesVertrag (Gründungsvertrag iSv Art 5 VO; § 105 HGB Rn 47) und die Eintragung (Art 6 VO). Der GesVertrag bedarf der Schriftform (anders OHG, § 105 HGB Rn 54) und muss bestimmte nur Mindestangaben enthalten, ua den Namen der Ges mit der Bezeichnung EWIV (Firma s Rn 22). Doch empfiehlt sich schon wegen der Teilnehmer aus verschiedenen Mitgliedstaaten ein detaillierter GesVertrag. **Muster:** Hopt/Volhard 3. Aufl 2007 Form II. C.1 (GesVertrag einer EWIV). 15

D. **Handelsregister:** Die EWIV ist im Staat des Sitzes in das HdlReg **einzutragen** (Art 6 VO). Dort sind auch der Gründungsvertrag sowie weitere Urkunden und Angaben zu hinterlegen, Einzelheiten dazu s Art 7 VO und § 2 EWIVAG (nur zT entspr §§ 106, 107 HGB). Die Anmeldung zur Eintragung einer EWIV ist durch sämtliche Geschäftsführer zu bewirken, für andere Anmeldungen gelten Abweichungen; Zeichnung der Namensunterschrift ist nicht mehr erforderlich (§ 3 EWIVAG nF 1998 idF EHUG 2006), vgl § 108 HGB, § 78 GmbHG). Was **bekanntzumachen** ist, folgt aus Art 8 VO und § 4 EWIVAG. Anzeige im ABlEG s Art 11 VO. Für die Eintragungen und Bekanntmachungen gilt die allgemeine Publizität des HdlReg nach § 15 HGB. Dritte sind nach Art 9 I VO iVm § 15 HGB geschützt (Publizität des HdlReg); darüber hinaus ist auch bei der EWIV Rechtsscheinhaftung möglich (§ 15 HGB Rn 15, 17 ff). ZwNl in einem anderen Mitgliedstaat als dem Sitzstaat sind in diesem Mitgliedstaat einzutragen (Art 10 VO). 16

2) Haftung im Gründungsstadium

A. **Vor Eintragung:** Eröffnen die Gründer den Geschäftsbetrieb **vor** Entstehen der EWIV, besteht zwischen den Gründern eine **Vorgesellschaft (Vor-EWIV,** Anh § 177a Rn 15, grundsätzlich GbR, § 123 Rn 17). Unter den Gftern und iZw auch gegenüber Dritten gilt schon vor Eintragung EWIVRecht (§ 123 HGB Rn 18), soweit dieses nicht zwingend die Eintragung voraussetzt. Von der VorGes ist die VorgründungsGes zu unterscheiden (Anh § 177a HGB Rn 18), sie unterliegt nicht der EWIVVO. 17

B. **Nach Eintragung:** Mit Eintragung entsteht die **EWIV.** Die VorGes geht in dieser auf, die Rechte und Pflichten aus Geschäften der VorGes gehen mit Eintragung der EWIV grundsätzlich auf diese über. Einer besonderen rechtsgeschäftlichen Übernahme durch die EWIV bedarf es nicht, str. 18

C. **Handelndenhaftung:** Persönliche Haftung **der vor Eintragung** im Namen der EWIV rechtsgeschäftlich Handelnden folgt aus Art 9 II VO, falls die 19

EWIV nach der Eintragung die sich aus diesen Handlungen ergebenden Verpflichtungen nicht übernimmt (s Rn 18; vgl Anh § 177 a HGB Rn 17).

3) Sitz

20 A. **Sitzwahl:** Der im Gründungsvertrag genannte Sitz muss in der Gemeinschaft gelegen sein (Art 12 I VO). Nach Art 12 II VO können die Gfter dabei wählen: entweder den Ort, an dem die EWIV ihre (tatsächliche) Hauptverwaltung (nicht: tatsächliche Tätigkeit) hat, oder den Ort, an dem einer der Gfter der EWIV seine Hauptverwaltung hat oder als natürliche Person seine Haupttätigkeit ausübt; zur Vermeidung von Mißbräuchen ist für die zweite Alternative aber Voraussetzung, dass auch die EWIV selbst dort tatsächlich eine Tätigkeit (zB Betriebsstätte oder Lager) ausübt. Die tatsächliche Tätigkeit kann durchaus eine Nebentätigkeit sein, aber nicht nur von völlig untergeordneter Bedeutung. Art 12 stellt somit einen Kompromiss zwischen Sitz- und Gründungstheorie dar, angesichts des Erfordernisses einer tatsächlichen Tätigkeit der EWIV aber im Sinne einer abgeschwächten Sitztheorie (vgl Einl 29 vor § 105 HGB, § 106 HGB Rn 8). Bei Verstoß droht Auflösung (Art 32 VO, s Rn 48).

21 B. **Sitzverlegung:** Vom Sitz hängt das anwendbare nationale Recht ab (s Rn 9). Sitzverlegung ist nur innerhalb der Gemeinschaft möglich und ist unterschiedlich geregelt, je nachdem ob die Verlegung zu einem Wechsel des anwendbaren Rechts führt oder nicht (Art 13, 14 VO).

4) Firma

22 Die EWIV muss ihren Namen mit den voran- oder nachgestellten Worten „Europäische wirtschaftliche Interessenvereinigung" oder der Abkürzung „EWIV" führen, es sei denn, dass diese Worte oder diese Abkürzung bereits im Namen enthalten sind (Art 5 a VO). Im Übrigen gelten grundsätzlich die allgemeinen Regeln des deutschen Firmenrechts, zB zur Bildung der Firma (§§ 18, 19 HGB wie bei der OHG), zum Täuschungsverbot und zu den (un)zulässigen Zusätzen (§ 18 HGB Rn 9 ff). Die EWIV kann danach auch eine Sachfirma bilden; vor HRefG str, zu Unrecht abl Ffm WM **93**, 1097, EuZW **97**, 285, vgl EuGH NJW **98**, 972.

5) Fehlerhafte Gesellschaft

23 A. **Grundsätzliche Wirksamkeit:** Für die EWIV gelten nach deutschem Recht die allgemeinen Grundsätze für die fehlerhafte OHG (§ 105 HGB Rn 75). Voraussetzung ist mindestens ein Vertrag, mag er auch zB wegen Dissenses unwirksam sein (§ 105 HGB Rn 79, 80); andernfalls nur § 15 HGB und uU Rechtsscheinhaftung (§ 5 HGB Rn 9 ff, § 15 HGB Rn 15, 17 ff).

24 B. **Geltendmachung des Fehlers:** Der Vertragsfehler liefert aber grundsätzlich einen wichtigen Grund zur Auflösung, die nur im Wege der Auflösungsklage möglich ist (Art 15 VO). Das Gericht muss, sofern eine Behebung der Mängel der EWIV möglich ist, dafür eine Frist setzen. Das die Auflösung aussprechende Urteil ist beim HdlReg zu hinterlegen und unterliegt der Publizität des HdlReg (Art 7 S 2 c, 15 III VO); im Übrigen gilt § 15 HGB. Amtslöschung nach **(3)** FamFG §§ 392, 393, 395 ist möglich, nach aA gehen Art 15, 32 EWIVVO vor, Lentner 92.

III. Rechtsverhältnisse der Gesellschafter untereinander

1) Rechte und Pflichten der Gesellschafter

25 **Geltung von OHGRecht:** Die Rechte und Pflichten der Gfter bestimmen sich nach allgemeinem OHGRecht, soweit nicht besondere Vorschriften des EGRechts eingreifen.

Treuepflicht: Die Gfter haben vor allem eine allgemeine Förderungs- und 26
Treuepflicht (§ 109 HGB Rn 23).

Wettbewerbsverbot: Das Wettbewerbsverbot der §§ 112, 113 HGB gilt nur 27
in dem eingeschränkten Tätigkeitsbereich der EWIV (s Rn 5).

Auskunfts- und Einsichtsrecht: Mindestanforderungen an die Kontroll- 28
rechte der Gfter stellt Art 18 VO. Danach hat jeder Gfter das Recht, von den
Geschäftsführern Auskünfte über die Geschäfte der EWIV zu erhalten und in die
Bücher und Geschäftsunterlagen Einsicht zu nehmen. Dieses Recht kann zwar
erweitert, aber nicht beschränkt oder ganz ausgeschlossen (anders für OHG
§ 118 HGB Rn 17, Grenze auch dort § 118 II HGB) werden. Grundlage im
deutschen Recht ist § 51 a GmbHG (Auskunfts- und Einsichtsrecht), nicht § 118
HGB, str, Grund: die Kontrollrechte betreffen die Geschäftsführung. Im Übrigen
stellen sich ähnliche Probleme wie dort, zB zur Ausübung durch Dritte und zum
Verfahren (§ 118 HGB Rn 9, 10, 15).

Gewinn und Verlust: Es gilt Art 21 VO und subsidiär §§ 120, 121 HGB. 29
Auch ein Entnahmerecht wie nach § 122 HGB ist zu bejahen, str, Grund: die
EWIV kann durchaus Gewinn erzielen (s Rn 5).

2) Geschäftsführung, Geschäftsführer

A. **Geschäftsführung:** Die Geschäftsführung ist anders als bei der OHG 30
nicht Sache der Gfter, sondern des bzw der Geschäftsführer. Die Organe der
EWIV sind die gemeinschaftlich handelnden Gfter (s Rn 25) und der oder die
Geschäftsführer (Art 16 I VO). Die Geschäftsführung umfasst gleichermaßen
gewöhnliche und außergewöhnliche Geschäfte (anders für die OHG § 116 I, II).

B. **Geschäftsführer: a) Status:** Nach Art 19 I VO werden die Geschäfte der 31
EWIV von einer oder mehreren natürlichen (nicht juristischen; von Art 19 IV VO
hat das EWIVAG keinen Gebrauch gemacht) Personen geführt. Die Geschäfts-
führer (Gfter oder Dritte, also anders als bei der OHG keine Selbstorganschaft,
§ 125 HGB Rn 5) werden im GesVertrag oder durch GfterBeschluss bestellt.
Ausschlussgründe s Art 19 I 2 VO. Bestellung, Entlassung und Befugnisse der
Geschäftsführer regelt der GesVertrag oder ein einstimmiger GfterBeschluss
(Art 19 III VO); andernfalls ist die Bestellung der Geschäftsführer jederzeit wider-
ruflich, unbeschadet von Entschädigungsansprüchen aus dem zugrundeliegenden
Dienstvertrag oder anderen Verträgen (§ 7 EWIVAG, entspr § 38 I GmbHG).

b) Rechte und Pflichten: Die Geschäftsführer haben bei ihrer Geschäfts- 32
führung die Sorgfalt eines ordentlichen und gewissenhaften Geschäftsleiters an-
zuwenden und die Schweigepflicht zu beachten (§ 5 I 1, 2 EWIVAG; Straftat-
bestand der Geheimhaltungspflichtverletzung, § 14 EWIVAG entspr § 85
GmbHG). Bei Pflichtverletzungen sind sie der EWIV als Gesamtschuldner zum
Schadensersatz verpflichtet; die Beweislast für die Anwendung der gebotenen
Sorgfalt trifft die Geschäftsführer (§ 5 II EWIVAG). Die Ansprüche daraus ver-
jähren in fünf Jahren (§ 5 III EWIVAG). Die Aufstellung des Jahresabschlusses
obliegt den Geschäftsführern (§ 6 EWIVAG, §§ 238 ff HGB). §§ 5, 6 EWIVAG
entsprechen § 93 I, II, V AktG, § 41 GmbHG. Insolvenzantragspflicht entspr
§ 130 a HGB (§ 11 S 2 EWIVAG, s Rn 47).

3) Beirat

Der GesVertrag kann neben den gemeinschaftlich handelnden Gftern und den 33
Geschäftsführern weitere Organe vorsehen und deren Befugnisse bestimmen
(Art 16 I 2 VO). In Frage kommt vor allem ein Beirat (§ 114 HGB Rn 27).

4) Gesellschafterversammlung

A. **Gesellschafterversammlung:** Eine GfterVersammlung ist für die EWIV 34
nicht zwingend vorgesehen. Die Gfter sind als „die gemeinschaftlich handelnden
Mitglieder" Organ der EWIV und handeln durch formlosen Beschluss (Art 16

Anh § 160 35–40   II. Buch. Handelsgesellschaften und stille Gesellschaft

VO). Sie können auch uneingeschränkt über Dinge der Geschäftsführung beschließen (Allzuständigkeit, Art 16 II VO); die Geschäftsführung völlig an sich ziehen können sie aber nicht. Weisungen an den Geschäftsführer sind möglich, aber ohne unmittelbare Wirkung im Außenverhältnis (s Rn 40).

35   B. **Stimmrecht:** Jeder Gfter hat zwingend eine Stimme (Stimmrecht, § 119 HGB Rn 5). Stimmrecht nach Kapitalanteilen ist nicht möglich (anders § 119 II HGB). Mehrstimmrecht (§ 119 HGB Rn 14) ist möglich, aber nicht derart, dass ein einziger Gfter die Stimmenmehrheit besitzt (Art 17 I VO).

36   C. **Gesellschafterbeschlüsse:** Außer bei Grundlagengeschäften (s Rn 38) regelt der GesVertrag die Bedingungen für die Beschlussfähigkeit und die Mehrheitserfordernisse für GfterBeschlüsse (§ 119 HGB Rn 25); andernfalls bleibt es beim Einstimmigkeitsgrundsatz (Art 17 III VO, iErg also Bestimmtheitsgrundsatz, vgl § 119 HGB Rn 37). Auf Veranlassung eines Geschäftsführers oder auf Verlangen eines Gfter haben die Geschäftsführer eine Anhörung der Gfter durchzuführen, damit diese einen Beschluss fassen (Art 17 IV VO); Anhörung bedeutet bei Beschlussfassung im Umlaufverfahren idR einen zweiten Durchgang.

37   **Minderheitenschutz** ist auch in der EWIV gegeben. Wichtiger als der Bestimmtheitsgrundsatz (§ 119 HGB Rn 37) sind der Schutz des Kernbereichs (§ 119 HGB Rn 36) und die Treuepflicht der Gfter (§ 109 HGB Rn 23). Auch bei der EWIV gilt ein Stimmverbot bei Interessenkollision (§ 119 HGB Rn 8), zB §§ 113 II, 117, 127, 140 HGB. Auch **§ 181 BGB** ist zu beachten (§ 119 HGB Rn 22; vgl Anh § 177a HGB Rn 39).

5) Gesellschaftsvertragsänderungen

38   GesVertragsänderungen und andere Grundlagengeschäfte (§ 114 HGB Rn 3) sind nur einstimmig (dh mit den Stimmen aller, nicht nur der anwesenden Gfter) möglich. Art 17 I VO zählt diese Fälle abschließend auf.

IV. Rechtsverhältnisse der Gesellschafter zu Dritten

1) Rechtliche Selbstständigkeit der Gesellschaft

39   Die durch Vertrag und Eintragung gegründete EWIV hat von der Eintragung an die Fähigkeit, im eigenen Namen Träger von Rechten und Pflichten jeder Art zu sein, Verträge zu schließen oder andere Rechtshandlungen vorzunehmen und vor Gericht zu stehen (Art 1 II VO). Ob die EWIV Rechtspersönlichkeit hat, ist Sache der Mitgliedsstaaten und damit wie für die OHG nach § 124 HGB zu bestimmen. Die EWIV ist HandelsGes iS des HGB (§ 1 EWIVAG), zB § 6 I HGB, dagegen sind ihre Gfter keinesfalls schon als solche Kflte. Die EWIV darf sich nicht öffentlich an den Kapitalmarkt wenden (Art 23 VO). GesProzess s § 124 HGB Rn 41. Zwangsvollstreckung und Insolvenz der Ges s § 124 HGB Rn 45.

2) Vertretung, Selbstkontrahieren

40   A. **Vertretung:** Die Vertretung der EWIV kann organschaftlich oder rechtsgeschäftlich sein. **Organschaftlich** wird die EWIV ausschließlich durch jeden einzelnen Geschäftsführer vertreten, es sei denn, dass der GesVertrag Gesamtvertretung vorsieht (näher Art 20 I 1, II VO). Die Vertretungsmacht ist nicht an die Einhaltung des Unternehmensgegenstandes gebunden (also auch „ultra vires"); Grenze: Kenntnis des Dritten oder wenn er „nach den Umständen nicht in Unkenntnis sein konnte", Beweislast bei EWIV, Bekanntmachung des Unternehmensgegenstandes reicht dafür nicht aus (Art 20 I 2 VO). Der Umfang der Vertretungsmacht kann durch GesVertrag oder GfterBeschluss nicht mit Wirkung gegen Dritte beschränkt werden, selbst bei Bekanntmachung (Art 20 I VO). Das ist als abschließend anzusehen. § 126 III HGB für ZwNl gilt also nicht. Die

A. Europ. wirtsch. Interessenvereinigung (EWIV) 41–48 **Anh § 160**

Grundsätze des Missbrauchs der Vertretungsmacht (vgl § 50 HGB Rn 4) sind aber als nicht spezifisch gesellschaftsrechtlich (s Rn 11) anwendbar, Gleichmann ZHR 149 (**85**) 644.

B. **Selbstkontrahieren** ist nur möglich bei bloßer Erfüllung einer Verbindlichkeit oder bei Gestattung (§ 181 BGB, § 119 HGB Rn 22, § 126 Rn 9). 41

C. **Angaben auf Geschäftsbriefen** wie nach § 125 a HGB (Art 25 VO). 42

3) Haftung gegenüber Dritten

A. **Haftung der EWIV:** Die EWIV haftet unbeschränkt mit ihrem gesamten Vermögen (Art 1 II VO, s Rn 39). 43

B. **Haftung der Gesellschafter:** Die Gfter haften persönlich, unbeschränkt und gesamtschuldnerisch für jedwede Verbindlichkeit der EWIV (Art 24 I VO), also nicht nur für Zahlungsansprüche (§ 128 HGB Rn 9), Art 24 II VO steht nicht entgegen (s Rn 45), str. Inhalt und Folgen dieser Haftung bestimmen sich im Übrigen nach §§ 128, 129 HGB, s dort. Zwischen der EWIV und den Gfter besteht keine Gesamtschuld (§ 128 Rn 19). 44

Keine primäre Haftung: Bis zum Schluss der Abwicklung der EWIV können deren Gläubiger ihre Forderung gegenüber einem Gfter jedoch erst dann geltend machen, wenn sie die EWIV zur Zahlung aufgefordert haben und die Zahlung nicht innerhalb einer angemessenen Frist erfolgt ist (Art 24 II VO, demgegenüber ist die Haftung des Gfters der OHG eine primäre, § 128 HGB Rn 1). Art 24 II VO betrifft nur eine Voraussetzung, nicht den Inhalt der Haftung. 45

Die Haftung kann nur durch besondere Abrede mit dem Dritten beschränkt oder ausgeschlossen werden (§ 128 HGB Rn 38). Haftung des neu Eintretenden für Altschulden (Art 26 II, s Rn 50). Forthaftung des Ausgeschiedenen und Nachhaftungsbegrenzung s Rn 51. 46

C. **Haftung des Geschäftsführers:** Der Geschäftsführer der EWIV haftet als Vertreter nicht selbst. Aber wie beim GmbHGeschäftsführer sind besondere Haftungsgründe denkbar und praktisch: im Gründungsstadium s Rn 19; aus Insolvenzverschleppung s § 11 S 2 EWIVAG iVm § 130 a HGB; aus Verschulden bei Vertragsverhandlungen (Eigenhaftung des Vertreters, § 311 III 2 BGB) s Überbl 9 vor § 48 HGB, § 172 a HGB Rn 45; aus § 826 BGB. Prospekthaftung scheidet in aller Regel aus, schon weil die EWIV sich nicht öffentlich an den Kapitalmarkt wenden darf (s Rn 39). 47

V. Auflösung, Ausscheiden von Gesellschaftern, Auseinandersetzung

1) Auflösung, Insolvenz

Die Auflösung ist näher geregelt in Art 30 Halbs 2 VO (ausnahmsweise bei Ausscheiden eines Gfter), 31 VO (Beschluss), 32 VO (Auflösung durch Gericht). Ergänzend gelten §§ 131 ff HGB. Das Gericht muss auf Antrag jedes Beteiligten oder einer zuständigen Behörde die Auflösung aussprechen bei Verstoß gegen Art 3 VO (unzulässiger Zweck, s Rn 5–6), 12 VO (Sitzwahl, s Rn 20), 31 III VO iVm 4 II (s Rn 14), außer bei Behebung des Mangels vor der Entscheidung in der Sache (Art 32 I VO. Das Gericht kann auf Antrag eines Gfters die Auflösung aus wichtigem Grund aussprechen (Art 32 II VO). Die EWIV ist **insolvenzfähig** (§ 11 II Nr 1 InsO). Sie wird wie die OHG aufgelöst durch die Eröffnung des Insolvenzverfahrens über ihr Vermögen (§ 131 I Nr 3 HGB). Insolvenzgrund ist Zahlungsunfähigkeit (Art 36 VO), für EWIV ohne natürliche Person als phG auch Überschuldung (§ 19 III InsO, Überschuldungsbegriff § 19 II InsO, s § 130a Rn 4). Stellung des Insolvenzantrags (auch) durch die Ge- 48 schäftsführer (§ 11 EWIVAG). Wenn kein phG eine natürliche Person ist, gilt für das Antragsrecht § 15 III InsO. In den Fällen von § 130 a I oder IV HGB iVm § 11 S 2 EWIVAG droht dem Geschäftsführer oder Abwickler bei Verletzung der Insolvenzantragspflicht Strafe (§ 15 EWIVAG). Das Insolvenzverfahren über das Vermögen der EWIV und ein solches über das Vermögen eines ihrer Gfter folgen eigenen Regeln, im letzteren gilt § 93 InsO (§ 124 Rn 46, § 128 Rn 46, 47).

2) Gesellschafterwechsel

49 A. **Ausscheiden:** Gftern können aus der EWIV ausscheiden ua durch Kündigung des Gfter (Austritt) nach Maßgabe des GesVertrages, mit einstimmiger Zustimmung der übrigen Gfter oder aus wichtigem Grund (Art 27 I VO), durch Ausschluss bei grobem Pflichtverstoß oder drohender Verursachung schwerer Störungen der Arbeit der EWIV oder aus den im GesVertr angeführten Gründen (Art 27 II VO, idR nur durch Ausschlussklage), durch Tod oder Wegfall der GfterVoraussetzungen nach Art 4 I (Art 28, s Rn 12), bei Eröffnung des Insolvenzverfahrens über sein Vermögen oder Kündigung durch einen Privatgläubiger (§ 8 EWIVAG, s §§ 131 III 1 Nr 2, 4, 135 HGB). Die EWIV besteht unter den Voraussetzungen des Art 30 VO unter den übrigen Gftern fort. Der GesAnteil ist grundsätzlich unvererblich (Art 28 II VO).

50 B. **Gesellschafterwechsel:** Übertragung des GesAnteils (§ 105 Rn 69) ganz oder teilweise (Teilübertragung, § 105 Rn 69, nicht Abspaltung, str, § 109 Rn 16) an einen anderen Gfter oder an einen Dritten ist möglich, wird aber erst mit Zustimmung aller übrigen Gfter wirksam (Art 22 I VO). Diese kann auch schon im GesVertrag gegeben werden (§ 105 HGB Rn 70). Sicherheitsbestellung am GesAnteil s Art 22 II VO. **Aufnahme neuer Gesellschafter** ist einstimmig möglich. Der Neue haftet aber für Altschulden, wenn nicht im GesVertrag oder im Aufnahmevertrag ausgeschlossen und gemäß Art 8 bekanntgemacht (Art 26 II, 9 I VO iVm § 15 HGB, s oben Rn 16; vgl § 130 HGB). Die Haftungsbeschränkung nach Art 26 II steht nur bei Neuaufnahme, nicht bei Übertragung des GesAnteils offen.

51 C. **Forthaftung des Ausgeschiedenen:** Der Ausgeschiedene haftet für alle Verbindlichkeiten der EWIV fort, die sich aus der Tätigkeit der EWIV vor seinem Ausscheiden ergeben (Art 34 VO, entspr nach Liquidation). Art 37 VO sieht dazu eine Verjährung von fünf Jahren nach Bekanntmachung ähnlich § 159 HGB vor. Die Probleme der Enthaftung bei Dauerschuldverhältnissen stellen sich auch hier und sind grundsätzlich ebenso zu lösen wie bei der OHG (§§ 159, 160 HGB nF 1994, § 128 HGB Rn 31 ff).

3) Auseinandersetzung (Liquidation)

52 A. **Nach Auflösung:** Die Auflösung der EWIV führt zu deren Abwicklung (Art 35 VO). Diese richtet sich nach §§ 145 ff HGB. Die Insolvenz der EWIV erstreckt sich nicht von Rechts wegen auch auf deren Gfter; im Übrigen verweist Art 36 VO auf das einzelstaatliche Insolvenzrecht. Die Abwicklung erfolgt außer bei Insolvenz (s Rn 83) durch die Geschäftsführer, falls nicht durch GesVertrag oder GfterBeschluss anders vorgesehen (§ 10 EWIVAG entspr § 66 I GmbHG; nicht alle Gfter wie bei OHG, § 146 I HGB); § 146 II 1 HGB bleibt unberührt. Forthaftung der Gfter s Rn 51.

53 B. **Nach Ausscheiden:** Bei Ausscheiden außer durch Übertragung findet eine Auseinandersetzung (Liquidation) mit dem Ausgeschiedenen statt, „auf der Grundlage des Vermögens" der EWIV, „wie es im Zeitpunkt des Ausscheidens des Mitglieds vorhanden ist". Art 33 S 2 VO schreibt dazu vor, dass der Wert der Ansprüche und Verbindlichkeiten des ausscheidenden Gfter nicht im Voraus pauschal bestimmt werden darf. Abfindungsklauseln (§ 131 HGB Rn 58) sind danach nur sehr eingeschränkt möglich. Forthaftung des Ausgeschiedenen s Rn 51.

VI. Mitbestimmung

PersonenGes fallen nicht unter das MitbestG 1976. 54

VII. Rechnungslegung

Die EWIV ist keine KapitalGes. Es gelten also nur §§ 238 ff HGB, nicht auch 55 §§ 264 ff HGB. Eine zwingende Abschlussprüfung ist somit nicht vorgesehen. Für eine EWIV, bei der keine natürliche Person phG ist, gilt aber dasselbe wie für die GmbH & Co (Anh § 177 a Rn 51, Einl 8 vor § 238).

VIII. Publikumsgesellschaft

Das Sonderrecht der PublikumsGes (Anh § 177 a HGB Rn 52) spielt für die 56 EWIV wegen Art 23 VO (Verbot des Vertriebs am Kapitalmarkt, s Rn 39) keine Rolle.

B. Partnerschaftsgesellschaft (PartG)

I. Gesetz über Partnerschaftsgesellschaften Angehöriger Freier Berufe (Partnerschaftsgesellschaftsgesetz – PartGG)

Vom 25. Juli 1994 (BGBl I 1744) mit den späteren Änderungen

Schrifttum

Castan/Wehrheim 3. Aufl 2005. – *Eggestecker* 1996. – *Feddersen/Meyer-Landrut* 1995. – *Henssler* 2. Aufl 2008. – *Meilicke/Graf von Westphalen/Hoffmann/Lenz/Wolff* 2. Aufl 2006. – *Michalski/Römermann* 3. Aufl 2005. – MüKoBGB/*Ulmer/Schäfer,* GbR und PartG, Sonderausgabe 5. Aufl 2009. – *K. Schmidt* NJW **95,** 1. – *Scharlach/Hoffmann* WM **00,** 2082. **Muster:** *Hopt/Volhard* Vertrags- und Formularbuch zum Hdl-, Ges- und Bankrecht, 3. Aufl 2007, Teil II.C.2; *Michalski/Römermann* 3. Aufl 2002.

Das PartGG vom 25. 7. 94 (geändert ua durch ERJuKoG 2001, EHUG 2006, 57 MoMiG 2008), eröffnet Angehörigen Freier Berufe zur Ausübung ihrer Berufe die Partnerschaft (PartG) als eine neue, auf sie zugeschnittene Gesellschaftsform. Die PartG übt kein HdlGewerbe aus und kann nur natürliche Personen, und zwar Freiberufler, als Angehörige haben (§ 1 I 2, 3 PartGG), und trotz § 7 III PartG auch keine Prokura erteilen (§ 48 Rn 1). Auf die PartG finden zwar, soweit das PartGG nichts anderes bestimmt, die Vorschriften über die GbR Anwendung (§ 1 IV PartGG). Das PartGG verweist jedoch an vielen Stellen ausdrücklich auf Vorschriften über die OHG und ist dieser in vielfacher Weise ähnlich. Insbesondere wird die PartG im Verhältnis zu Dritten mit ihrer Eintragung in das Partnerschaftsregister wirksam (§ 7 PartGG; VO v 16. 6. 95, BGBl 808). Das Partnerschaftsregister entspricht weitgehend dem HdlReg (§ 5 PartGG). Es ist wie dieses elektronisch zu führen und genießt denselben Bezeichnungsschutz (§ 5 PartGG iVm § 8 II HGB idF EHUGl, Übergangsrecht § 11 III PartGG). Die PartG ist wie die OHG selbstständige Trägerin von Rechten und Pflichten (§ 7 II PartGG iVm § 124 HGB). Für Verbindlichkeiten der PartG haften den Gläubigern neben dem Vermögen der PartGG die Partner als Gesamt-

Anh § 160 PartGG §§ 1, 2   II. Buch. HandelsG und stille Gesellschaft

schuldner (§ 8 PartGG mit Haftungsbeschränkungsmöglichkeiten nach § 8 II, III PartGG). Im Übrigen sind das materielle HdlRecht und insbesondere die Pflicht zu kfm Rechnungslegung auf die PartG unanwendbar. Andere Ges, die nach dem 1. 7. 95 gegründet oder umbenannt werden, dürfen nicht mit „und Partner" oder „Partnerschaft" firmieren (§ 2 PartGG, § 18 HGB Rn 22); BGH **135**, 257, Karls NJW **98**, 1160, KG NJW-RR **04**, 976. „artax" als Kanzleiname s § 19 Rn 18. Es gibt in Ergänzung von **(4)** HRV eine eigene PartRV 16. 6. 95 BGBl 808 mit späteren Änderungen ua durch EHUG 2006.

58   Das PartGG ist in verschiedenen spezialisierten Kommentaren, darunter MüKoBGB/Ulmer, GbR und PartG, ausführlich erläutert. Von einer Kurzkommentierung wird deshalb hier abgesehen.

Voraussetzungen der Partnerschaft

PartGG 1 (1) ¹**Die Partnerschaft ist eine Gesellschaft, in der sich Angehörige Freier Berufe zur Ausübung ihrer Berufe zusammenschließen.** ²**Sie übt kein Handelsgewerbe aus.** ³**Angehörige einer Partnerschaft können nur natürliche Personen sein.**

(2) ¹**Die Freien Berufe haben im allgemeinen auf der Grundlage besonderer beruflicher Qualifikation oder schöpferischer Begabung die persönliche, eigenverantwortliche und fachlich unabhängige Erbringung von Dienstleistungen höherer Art im Interesse der Auftraggeber und der Allgemeinheit zum Inhalt.** ²**Ausübung eines Freien Berufs im Sinne dieses Gesetzes ist die selbständige Berufstätigkeit der Ärzte, Zahnärzte, Tierärzte, Heilpraktiker, Krankengymnasten, Hebammen, Heilmasseure, Diplom-Psychologen, Mitglieder der Rechtsanwaltskammern, Patentanwälte, Wirtschaftsprüfer, Steuerberater, beratenden Volks- und Betriebswirte, vereidigten Buchprüfer (vereidigte Buchrevisoren), Steuerbevollmächtigten, Ingenieure, Architekten, Handelschemiker, Lotsen, hauptberuflichen Sachverständigen, Journalisten, Bildberichterstatter, Dolmetscher, Übersetzer und ähnlicher Berufe sowie die Wissenschaftler, Künstler, Schriftsteller, Lehrer und Erzieher.**

(3) **Die Berufsausübung in der Partnerschaft kann in Vorschriften über einzelne Berufe ausgeschlossen oder von weiteren Voraussetzungen abhängig gemacht werden.**

(4) **Auf die Partnerschaft finden, soweit in diesem Gesetz nichts anderes bestimmt ist, die Vorschriften des Bürgerlichen Gesetzbuchs über die Gesellschaft Anwendung.**

Name der Partnerschaft

PartGG 2 (1) ¹**Der Name der Partnerschaft muß den Namen mindestens eines Partners, den Zusatz „und Partner" oder „Partnerschaft" sowie die Berufsbezeichnungen aller in der Partnerschaft vertretenen Berufe enthalten.** ²**Die Beifügung von Vornamen ist nicht erforderlich.** ³**Die Namen anderer Personen als der Partner dürfen nicht in den Namen der Partnerschaft aufgenommen werden.**

(2) **§ 18 Abs. 2, §§ 21, 22 Abs. 1, §§ 23, 24, 30, 31 Abs. 2, §§ 32 und 37 des Handelsgesetzbuchs sind entsprechend anzuwenden; § 24 Abs. 2 des Handelsgesetzbuchs gilt auch bei Umwandlung einer Gesellschaft bürgerlichen Rechts in eine Partnerschaft.**

Partnerschaftsvertrag

PartGG 3 (1) Der Partnerschaftsvertrag bedarf der Schriftform.

(2) Der Partnerschaftsvertrag muß enthalten
1. den Namen und den Sitz der Partnerschaft;
2. den Namen und den Vornamen sowie den in der Partnerschaft ausgeübten Beruf und den Wohnort jedes Partners;
3. den Gegenstand der Partnerschaft.

Anmeldung der Partnerschaft

PartGG 4 (1) ¹Auf die Anmeldung der Partnerschaft in das Partnerschaftsregister sind § 106 Abs. 1 und § 108 des Handelsgesetzbuchs entsprechend anzuwenden. ²Die Anmeldung hat die in § 3 Abs. 2 vorgeschriebenen Angaben, das Geburtsdatum jedes Partners und die Vertretungsmacht der Partner zu enthalten. ³Änderungen dieser Angaben sind gleichfalls zur Eintragung in das Partnerschaftsregister anzumelden.

(2) ¹In der Anmeldung ist die Zugehörigkeit jedes Partners zu dem Freien Beruf, den er in der Partnerschaft ausübt, anzugeben. ²Das Registergericht legt bei der Eintragung die Angaben der Partner zugrunde, es sei denn, ihm ist deren Unrichtigkeit bekannt.

Inhalt der Eintragung; anzuwendende Vorschriften

PartGG 5 (1) Die Eintragung hat die in § 3 Abs. 2 genannten Angaben, das Geburtsdatum jedes Partners und die Vertretungsmacht der Partner zu enthalten.

(2) Auf das Partnerschaftsregister und die registerrechtliche Behandlung von Zweigniederlassungen sind die §§ 8, 8a, 9, 10 bis 12, 13, 13d, 13h und 14 bis 16 des Handelsgesetzbuchs über das Handelsregister entsprechend anzuwenden; eine Pflicht zur Anmeldung einer inländischen Geschäftsanschrift besteht nicht.

Rechtsverhältnis der Partner untereinander

PartGG 6 (1) Die Partner erbringen ihre beruflichen Leistungen unter Beachtung des für sie geltenden Berufsrechts.

(2) Einzelne Partner können im Partnerschaftsvertrag nur von der Führung der sonstigen Geschäfte ausgeschlossen werden.

(3) ¹Im übrigen richtet sich das Rechtsverhältnis der Partner untereinander nach dem Partnerschaftsvertrag. ²Soweit der Partnerschaftsvertrag keine Bestimmungen enthält, sind die §§ 110 bis 116 Abs. 2, §§ 117 bis 119 des Handelsgesetzbuchs entsprechend anzuwenden.

Wirksamkeit im Verhältnis zu Dritten; rechtliche Selbständigkeit; Vertretung

PartGG 7 (1) Die Partnerschaft wird im Verhältnis zu Dritten mit ihrer Eintragung in das Partnerschaftsregister wirksam.

(2) § 124 des Handelsgesetzbuchs ist entsprechend anzuwenden.

Anh § 160 PartGG §§ 8–10   II. Buch. HandelsG und stille Gesellschaft

(3) Auf die Vertretung der Partnerschaft sind die Vorschriften des § 125 Abs. 1 und 2 sowie der §§ 126 und 127 des Handelsgesetzbuchs entsprechend anzuwenden.

(4) ¹ Die Partnerschaft kann als Prozess- oder Verfahrensbevollmächtigte beauftragt werden. ² Sie handelt durch ihre Partner und Vertreter, in deren Person die für die Erbringung rechtsbesorgender Leistungen gesetzlich vorgeschriebenen Voraussetzungen im Einzelfalle vorliegen müssen, und ist in gleichem Umfang wie diese postulationsfähig. ³ Verteidiger im Sinne der §§ 137 ff. der Strafprozessordnung ist nur die für die Partnerschaft handelnde Person.

(5) Für die Angaben auf Geschäftsbriefen der Partnerschaft ist § 125a Abs. 1 Satz 1, Abs. 2 des Handelsgesetzbuchs entsprechend anzuwenden.

Haftung für Verbindlichkeiten der Partnerschaft

PartGG 8 (1) ¹ Für Verbindlichkeiten der Partnerschaft haften den Gläubigern neben dem Vermögen der Partnerschaft die Partner als Gesamtschuldner. ² Die §§ 129 und 130 des Handelsgesetzbuchs sind entsprechend anzuwenden.

(2) Waren nur einzelne Partner mit der Bearbeitung eines Auftrags befaßt, so haften nur sie gemäß Absatz 1 für berufliche Fehler neben der Partnerschaft; ausgenommen sind Bearbeitungsbeiträge von untergeordneter Bedeutung.

(3) Durch Gesetz kann für einzelne Berufe eine Beschränkung der Haftung für Ansprüche aus Schäden wegen fehlerhafter Berufsausübung auf einen bestimmten Höchstbetrag zugelassen werden, wenn zugleich eine Pflicht zum Abschluß einer Berufshaftpflichtversicherung der Partner oder der Partnerschaft begründet wird.

Ausscheiden eines Partners; Auflösung der Partnerschaft

PartGG 9 (1) Auf das Ausscheiden eines Partners und die Auflösung der Partnerschaft sind, soweit im folgenden nichts anderes bestimmt ist, die §§ 131 bis 144 des Handelsgesetzbuchs entsprechend anzuwenden.

(2) *[aufgehoben]*

(3) Verliert ein Partner eine erforderliche Zulassung zu dem Freien Beruf, den er in der Partnerschaft ausübt, so scheidet er mit deren Verlust aus der Partnerschaft aus.

(4) ¹ Die Beteiligung an einer Partnerschaft ist nicht vererblich. ² Der Partnerschaftsvertrag kann jedoch bestimmen, daß sie an Dritte vererblich ist, die Partner im Sinne des § 1 Abs. 1 und 2 sein können. ³ § 139 des Handelsgesetzbuchs ist nur insoweit anzuwenden, als der Erbe der Beteiligung befugt ist, seinen Austritt aus der Partnerschaft zu erklären.

Liquidation der Partnerschaft; Nachhaftung

PartGG 10 (1) Für die Liquidation der Partnerschaft sind die Vorschriften über die Liquidation der offenen Handelsgesellschaft entsprechend anwendbar.

2. Abschnitt. Kommanditgesellschaft   PartGG § 11 § 161

(2) Nach der Auflösung der Partnerschaft oder nach dem Ausscheiden des Partners bestimmt sich die Haftung der Partner aus Verbindlichkeiten der Partnerschaft nach den §§ 159, 160 des Handelsgesetzbuchs.

Übergangsvorschriften

PartGG 11 (1) ¹Den Zusatz „Partnerschaft" oder „und Partner" dürfen nur Partnerschaften nach diesem Gesetz führen. ²Gesellschaften, die eine solche Bezeichnung bei Inkrafttreten dieses Gesetzes in ihrem Namen führen, ohne Partnerschaft im Sinne dieses Gesetzes zu sein, dürfen diese Bezeichnung noch bis zum Ablauf von zwei Jahren nach Inkrafttreten dieses Gesetzes weiterverwenden. ³Nach Ablauf dieser Frist dürfen sie eine solche Bezeichnung nur noch weiterführen, wenn sie in ihrem Namen der Bezeichnung „Partnerschaft" oder „und Partner" einen Hinweis auf die andere Rechtsform hinzufügen.

(2) ¹Die Anmeldung und Eintragung einer dem gesetzlichen Regelfall entsprechenden Vertretungsmacht der Partner und der Abwickler muss erst erfolgen, wenn eine vom gesetzlichen Regelfall abweichende Bestimmung des Partnerschaftsvertrages über die Vertretungsmacht angemeldet und eingetragen wird oder wenn erstmals die Abwickler zur Eintragung angemeldet und eingetragen werden. ²Das Registergericht kann die Eintragung einer dem gesetzlichen Regelfall entsprechenden Vertretungsmacht auch von Amts wegen vornehmen. ³Die Anmeldung und Eintragung des Geburtsdatums bereits eingetragener Partner muss erst bei einer Anmeldung und Eintragung bezüglich eines der Partner erfolgen.

(3) ¹Die Landesregierungen können durch Rechtsverordnung bestimmen, dass Anmeldungen und alle oder einzelne Dokumente bis zum 31. Dezember 2009 auch in Papierform zum Partnerschaftsregister eingereicht werden können. ²Soweit eine Rechtsverordnung nach Satz 1 erlassen wird, gelten die Vorschriften über die Anmeldung und die Einreichung von Dokumenten zum Partnerschaftsregister in ihrer bis zum Inkrafttreten des Gesetzes über elektronische Handelsregister und Genossenschaftsregister sowie das Unternehmensregister vom 10. November 2006 (BGBl. I S. 2553) am 1. Januar 2007 geltenden Fassung. ³Die Landesregierungen können durch Rechtsverordnung die Ermächtigung nach Satz 1 auf die Landesjustizverwaltungen übertragen.

Zweiter Abschnitt. Kommanditgesellschaft

[Begriff der KG; Anwendbarkeit der OHG-Vorschriften]

161 (1) Eine Gesellschaft, deren Zweck auf den Betrieb eines Handelsgewerbes unter gemeinschaftlicher Firma gerichtet ist, ist eine Kommanditgesellschaft, wenn bei einem oder bei einigen von den Gesellschaftern die Haftung gegenüber den Gesellschaftsgläubigern auf den Betrag einer bestimmten Vermögenseinlage beschränkt ist (Kommanditisten), während bei dem anderen Teile der Gesellschafter eine Beschränkung der Haftung nicht stattfindet (persönlich haftende Gesellschafter).

(2) Soweit nicht in diesem Abschnitt ein anderes vorgeschrieben ist, finden auf die Kommanditgesellschaft die für die offene Handelsgesellschaft geltenden Vorschriften Anwendung.

Hopt

§ 161 1–3 II. Buch. Handelsgesellschaften und stille Gesellschaft

Schrifttum

S Einl vor § 105; *Wiedemann* II § 8. – Zur **GmbH & Co** s Anh § 177a unter A; zur **Publikumsgesellschaft** s Anh § 177a unter B. – **Muster:** *Hopt/Volhard*, Vertrags- und Formularbuch zum Hdl-, Ges- und Bankrecht, 3. Aufl 2007, Teil II.B (mit 4 KGVertragsmustern). **RsprÜbersichten:** *Kuhn* WM **68,** 1074, **74,** 674, Sonderbeil I/**78,** *Jasper* WiB **97,** 628.

Übersicht

1) Begriff der Kommanditgesellschaft: Abwandlung der OHG 1, 2
   A. Die KG als Abwandlung der OHG (I) 1
   B. Merkmale der KG wie der OHG 2
2) Gesellschafter; Kaufmannseigenschaft 3–6
   A. Komplementär 3
   B. Kommanditist 4
   C. Kaufmannseigenschaft 5
   D. Wechsel in andere Gesellschafterstellung 6
3) Gesellschaftsvertrag 7
4) Gesellschafterwechsel 8
5) Erscheinungsformen der KG 9–13
   A. Gesetzliches Leitbild der KG 9
   B. GmbH & Co KG 10
   C. Kapitalistische KG 11
   D. KG ähnlich wie eine KGaA 12
   E. Die konzernverbundene KG 13
6) Anwendbares Recht (II) 14–16
   A. Sonderregeln der §§ 161–177a 14
   B. Recht der OHG (II) 15
   C. Sonderregeln außerhalb des 2. Buches 16
7) Umwandlung von und in KG 17, 18
   A. Umwandlung kraft Gesetzes 17
   B. Umwandlung kraft Rechtsgeschäfts 18

1) Begriff der Kommanditgesellschaft: Abwandlung der OHG

1 A. **Die KG als Abwandlung der OHG (I):** Die KG **entspricht der OHG** mit dem **einzigen Unterschied,** dass in der Ges mindestens ein persönlich haftender Gfter vorhanden ist, sog **Komplementär, und** mindestens ein sog **Kommanditist,** der den GesGläubigern nicht nach §§ 128 ff, sondern nur beschränkt nach **§§ 171 ff** haftet. Die §§ 171–176 betr die Haftung des Kdtisten bilden den Kern des Rechts der KG, die übrigen Vorschriften des Abschn 2 (§§ 161–170, 177) bringen durch diesen Hauptunterschied veranlasste weitere Abweichungen vom Recht der OHG. Diese Unterschiede können dazu führen, dass die KG als Rechtsform nicht zur Verfügung steht, zB für Apotheken (§ 8 ApG, s § 1 Rn 25).

2 B. **Merkmale der KG wie der OHG:** Die KG ist also im Übrigen wie die OHG eine PersonenGes und anders als die stille Ges (§§ 230–237) eine Außen-Ges. Träger des GesVermögens ist die KG als Gesamthandsgemeinschaft (§ 124 Rn 1, 2). Besitz s § 124 Rn 35. Die KG ist eine **Handelsgesellschaft** (Einl 8 vor § 105). Ihr Zweck ist auf den Betrieb eines HdlGewerbes (§ 1 II) **unter gemeinschaftlicher Firma** (§ 19 Rn 19) gerichtet (§ 105 Rn 1–6). „KG" bei Fehlen oder Wegfall des HdlGewerbes s § 105 Rn 7–10. Die KG tritt unter ihrer Firma **im Rechtsverkehr selbstständig** auf (II, § 124 I). Auch deliktsrechtlich und für das Verfahrensrecht gilt dasselbe wie für die OHG. Anwendbares Recht s Rn 14.

2) Die Gesellschafter; Kaufmannseigenschaft

3 A. **Komplementär:** Die KG muss mindestens einen Komplementär haben (Wegfall s § 131 Rn 36). Komplementär bzw phG kann jeder sein, der phG der OHG sein kann (§ 105 Rn 24–30), zB eine OHG oder eine andere KG; nur ein

2. Abschnitt. Kommanditgesellschaft   4–7 **§ 161**

einziger (aber mindestens einer, da Begriffsmerkmal, s Rn 1) oder mehrere; auch eine **juristische Person,** zB eine GmbH (GmbH & Co KG), so die Praxis seit RG **105,** 104 (Anh § 177 a Rn 4).

B. **Kommanditist:** Die KG muss mindestens einen Kdtisten haben, der als 4 solcher nur beschränkt, dh nach außen nur in Höhe seiner Haftsumme haftet (anders uU interne Pflichteinlage, § 171 Rn 1). Kdtist kann jeder sein, der auch Gfter der OHG sein kann (§ 105 Rn 24–30), zB auch eine OHG, andere KG, (Außen)GbR oder nicht rechtsfähiger Verein (§ 105 Rn 28). **Nicht** Kdtist können sein (§ 105 Rn 29): InnenGbR (§ 105 Rn 29), eheliche Gütergemeinschaft, BayObLG ZIP **03,** 480; **Erbengemeinschaft** (§ 105 Rn 29), auch nicht bei Beerbung eines Kdtisten, auch hier gilt, wie bei Beerbung eines Gfters der OHG oder phG der KG Sondernachfolge der einzelnen Erben als Kdtisten (§ 139 Rn 14, § 177 Rn 3), BGH **58,** 317, **68,** 225. **Treuhänder**Kdtisten können Vielzahl von Treugebern haben (§ 105 Rn 31–37). Ein phG kann nicht gleichzeitig Kdtist sein und umgekehrt (**Einheit des Anteils jedes Gfters,** § 124 Rn 16).

C. **Kaufmannseigenschaft:** Kfm ist die KG als HdlGes (§ 6 I). Der phG ist 5 als solcher, also persönlich, nicht Kfm, aA noch üL (§ 105 Rn 19). Erst recht ist der Kdtist als solcher **nicht Kaufmann,** weder grundsätzlich noch bei Geschäften mit MitGftern oder der KG (ua Rechtsunsicherheit), BGH **45,** 285 (Schiedsvereinbarung, Einl 90 vor § 1), NJW **80,** 1049, 1574, **82,** 570 (Bürgschaft), Staub/Schilling 12, hL, aA Ballerstedt JuS **63,** 259; näher § 105 Rn 19–23. Das gilt auch dann, wenn die Stellung des Kdtisten vertraglich der eines phG angenähert ist, etwa bei Geschäftsführungsbefugnis entgegen § 164, str. **Schiedsvereinbarung** der KG mit Dritten erstreckt sich idR nicht auf den Kdtist (§ 171 Rn 3). Kdtist ist „Gewerbetreibender" iSv GewO (zB § 14 I: Anzeigepflicht, § 35: Untersagung), auch ggf eintragungspflichtig in Handwerksrolle (§ 7 HwO); OVG Münst BB **62,** 541.

D. **Wechsel in andere Gesellschafterstellung:** Durch Änderung des Ges- 6 Vertrags kann ein phG Kdtist, ein Kdtist phG werden. Bei der Beteiligungsumwandlung handelt es sich nicht um einen Gfterwechsel, die Mitgliedschaft dauert fort, BayObLG NJW **70,** 1796 (§ 162 Rn 10). Das kann, aber braucht nicht eine Umwandlung der Ges zur Folge haben (s Rn 17).

3) Gesellschaftsvertrag

GesVertrag wie bei der OHG (§ 105 Rn 47, 54), auch **stillschweigend,** die 7 stillschweigende Vereinbarung muss sich dann aber auch auf die beschränkte Haftung und eine bestimmte Haftsumme eines der Gfter erstrecken. Bedingter Vertragsschluss (§ 105 Rn 48) oder Beitritt zur KG ist zulässig, BGH WM **79,** 613, NJW **85,** 1080 (PublikumsGes), zB bis zur vollen Beitragsfinanzierung, Klärung einer Steuerfrage oder Eintragung (Grund: § 176 II). **Grenzen der Vertragsfreiheit** s § 163 Rn 2. **Form** nach § 311 b I BGB nicht erforderlich für GesVertrag und Beitritt von Kdtisten bei einer KG zur Verschaffung von Eigentumswohnungen, wohl aber für Beitritt, den der Kdtist zum Erwerb der Wohnung verpflichtet, BGH BB **78,** 726. Schenkung des KdtAnteils, auch bei KGGründung, ist möglich (§ 105 Rn 56). Zur Schriftformklausel bei der PublikumsKG s Anh § 177 a Rn 69. Schiedsvereinbarungen s Einl 90 vor § 1. Der GesVertrag kann **Vertragsänderung** mit Mehrheit zulassen, aber **Bestimmtheitsgrundsatz** (§ 119 Rn 37); letzterer gilt nicht bei der PublikumsKG (Anh § 177 a Rn 69). **Muster:** Hopt/Volhard 3. Aufl 2007 Form II. B.3, 4 (Einfacher/ausführlicher KGVertrag), Form II. B.5 (FamilienKG), Form II. B.6 (geschlossene ImmobilienfondsKG).

§ 161 8–14 II. Buch. Handelsgesellschaften und stille Gesellschaft

4) Gesellschafterwechsel

8 Für die KG gelten zunächst dieselben Grundsätze wie bei der OHG (§ 105 Rn 67). Eine Ausnahme macht § 177 für den Tod des Kdtisten. Die KdtBeteiligung (Mitgliedschaft) ist mit Zustimmung aller Gfter übertragbar (§ 105 Rn 69–73). GfterWechsel in eine andere GfterStellung s Rn 6. Fehlerhafter Beitritt von Kdtisten s § 105 Rn 92–94. Treuhand, Unterbeteiligung, Nießbrauch s § 105 Rn 31, 38, 44. Nur einheitliche Beteiligung (§ 124 Rn 16). GfterWechsel bei der PublikumsKG s Anh § 177 a Rn 83–85.

5) Erscheinungsformen der KG

9 A. **Gesetzliches Leitbild der KG:** Bei der KG stehen typischerweise ein oder wenige voll haftende und führende Gfter und ein oder wenige nur Kapital gebende, nicht führende Gfter nebeneinander. Die Möglichkeit der Haftungsbeschränkung für alle Gfter außer einem führt jedoch in der Praxis zu vielen, zT grundlegenden Abwandlungen, zwischen denen wiederum Vermischungen möglich sind.

10 B. **GmbH & Co KG** ist der Prototyp der OHG/KG mit einer juristischen Person als phG. Diese in der Praxis besonders häufige GesForm ist zwar rechtlich eine KG, in der Sache dagegen ein Zwitter von Personen- und KapitalGes. Sie wird deshalb **eigens** im **Anhang § 177 a** unter A (Rn 1–51) dargestellt.

11 C. **Kapitalistische KG:** Die Kdtisten halten das ganze oder fast das ganze Kapital und beherrschen die GfterVersammlung (ähnlich Aktionären), der bzw die phG führen die Geschäfte (ähnlich dem angestellten Vorstand der AG). Dieser Sachverhalt ändert zwar nicht die Grundregeln des KG-Rechts, vgl zB BGH **18,** 351 (betr Ausschließung), **20,** 364 (Stimmrechtsausschluss), **23,** 15 (Kündigung), **45,** 204 (Rektor-Fall, kein Durchgriff auf den Kdtisten), **50,** 320. Er ist aber doch in vielfacher Hinsicht von Bedeutung, Bspe: Auslegung des Vertrags etwa zum Wettbewerbsverbot des Kdtisten (vgl § 165 Rn 3–5); Geschäftsführung und Vertretung von den Gfter nachfolgenden phGErben (§ 114 Rn 5). Der Bestimmtheitsgrundsatz (§ 119 Rn 37) gilt nur beschränkt, BGH **85,** 358, Hbg ZIP **06,** 895, offen BGH ZIP **07,** 478. Einstehen der Kdtisten für Täuschung durch phG s § 105 Rn 86. Grenzen der KdtistenRechte (§ 138 BGB), Maiberg DB **80,** 2175. Lit: Nitschke 1970; Wiedemann FS Bärmann **75,** 1048, K. Schmidt JZ **08,** 425.

12 D. **KG** kann **ähnlich wie eine KGaA** ausgestaltet sein, also einen phG und viele aktionärsähnliche Kdtisten haben. Ist ersterer eine natürliche Person, hat er angesichts seiner persönlichen Haftung idR das Sagen; letztere sind dann häufig in einer besonderen Organisation zusammengefasst, etwa unter Geltung einer Vertreterklausel (§ 163 Rn 10). Der phG kann aber auch eine juristische Person sein (s Rn 3) und die aktionärsähnliche Stellung der Kdtisten, insbesondere bei öffentlichem Vertrieb der Anteile, kann so weit getrieben sein, dass eine **Publikumsgesellschaft** vorliegt. Diese wird eigens im **Anhang § 177 a** unter B (Rn 52–85) dargestellt.

13 E. **Die konzernverbundene KG:** Die KG kann ein verbundenes Unternehmen iSv §§ 15 ff AktG sein, insbesondere abhängige Ges oder herrschende Ges (§ 105 Rn 102, 106).

6) Anwendbares Recht (II)

14 A. **Sonderregeln der §§ 161–177 a:** In erster Linie gelten §§ 161–177 a als Sonderregeln zu §§ 105–160. Der Aufbau der §§ 161–177 a entspricht dem bei der OHG: § 161–162 entsprechen dem 1. Titel dort (§§ 105–108), dabei bestimmt § 161 I den Begriff der KG, § 162 enthält Sonderregelungen zu § 106. §§ 163–169 entsprechen dem 2. Titel (§§ 109–122) mit Sonderregeln über das Rechtsverhältnis der Gfter untereinander (Innenverhältnis). §§ 170–176 entspre-

2. Abschnitt. Kommanditgesellschaft **§ 162**

chen dem 3. Titel (§§ 123–130 b) mit Sonderrecht zum Rechtsverhältnis der Gesellschafter zu Dritten (Außenverhältnis). § 177 bringt eine Klarstellung zum 4. Titel (§§ 131–144), nämlich, dass bei Tod des Kdtisten die Ges mit den Erben fortgesetzt wird. Zum 5. Titel (Liquidation) und 6. Titel (Verjährung, zeitliche Begrenzung der Haftung) sind keine Sonderregeln vorgesehen. § 177 a schließlich bringt Sonderregeln für den Fall, dass keine natürliche Person in der KG voll haftet (zB GmbH & Co KG), gesetzestechnisch durch Verweisung auf die entspr Sonderregeln im Recht der OHG.

B. **Recht der OHG (II):** Da die KG eine bloße Abwandlung der OHG ist, **15** gilt mangels spezieller anderer Regelung dort dasselbe wie für die OHG. Die Kommentierung der §§ 105–160 ist daher auch auf die KG anwendbar, soweit nachstehend zu §§ 161–177 nichts anderes gesagt wird. Prozess und Vollstreckung (§ 124 Rn 41, 45), Noack DB **73,** 1157. Über §§ 161 II, 105 II findet mangels besonderer Regeln für die KG und die OHG das **Recht der Gesellschaft des bürgerlichen Rechts** (§§ 705–740), wo teilweise weiter auf das Recht der Gemeinschaft (§§ 741–758) verwiesen wird (§ 731 S 2).

C. **Sonderregeln** für die KG finden sich **außerhalb des 2. Buches,** zB in **16** § 19 I Nr 3, II über die Firma der KG, sowie außerhalb des HGB.

7) Umwandlung von und in KG

A. **Umwandlung kraft Gesetzes:** Zwischen KG, OHG, GbR und Ein- **17** zelKfm erfolgt wegen der jeweiligen Begriffsbestimmungen die Umwandlung ohne besondere Vereinbarung, uU sogar gegen den Willen der Gfter, kraft Gesetzes, zB wenn aus einer KG mit zwei phG der Kdtist ausscheidet (OHG) oder nur noch ein Gfter übrig bleibt (EinzelKfm; Einl 21–22 vor § 105). Die Umwandlung der Ges ist vom bloßen Wechsel der GfterStellung zu unterscheiden (s Rn 6).

B. **Umwandlung kraft Rechtsgeschäfts:** Die Umwandlung kraft Rechts- **18** geschäfts von einer KG in eine KapitalGes und umgekehrt ist unter den Voraussetzungen des UmwG möglich (Einl 26–26 vor § 105). Daneben ist die rechtsgeschäftliche Umwandlung unter Ausnutzung der Umwandlung kraft Gesetzes möglich (Einl 21 vor § 105). Für die Verschmelzung einer GmbH & Co KG auf ihre phG-GmbH sind beide Wege möglich (Einl 22, 25 vor § 105, Anh § 177 a Rn 14).

[Anmeldung zum Handelsregister]

162 (1) ¹**Die Anmeldung der Gesellschaft hat außer den in § 106 Abs. 2 vorgesehenen Angaben die Bezeichnung der Kommanditisten und den Betrag der Einlage eines jeden von ihnen zu enthalten.** ²**Ist eine Gesellschaft bürgerlichen Rechts Kommanditist, so sind auch deren Gesellschafter entsprechend § 106 Abs. 2 und spätere Änderungen in der Zusammensetzung der Gesellschafter zur Eintragung anzumelden.**

(2) **Bei der Bekanntmachung der Eintragung der Gesellschaft sind keine Angaben zu den Kommanditisten zu machen; die Vorschriften des § 15 sind insoweit nicht anzuwenden.**

(3) **Diese Vorschriften finden im Falle des Eintritts eines Kommanditisten in eine bestehende Handelsgesellschaft und im Falle des Ausscheidens eines Kommanditisten aus einer Kommanditgesellschaft entsprechende Anwendung.**

Übersicht

1) Anmeldung der Gesellschaft (I) 1–3
   A. Allgemeines 1
   B. Inhalt und Form der Anmeldung 2
   C. Anmeldepflichtige Personen 3

§ 162 1–4 II. Buch. Handelsgesellschaften und stille Gesellschaft

   2) Eintragung und Bekanntmachung (II) 4–6
      A. Eintragung 4
      B. Bekanntmachung (II) 5
      C. Wirkung 6
   3) Anmeldung, Eintragung und Bekanntmachung von Veränderungen
      (III) 7–11
      A. Eintritt, Austritt 7
      B. Wechsel in andere Gesellschafterstellung 10
      C. Änderung der Rechtsform, Auflösung 11

1) Anmeldung der Gesellschaft (I)

1   A. **Allgemeines:** Für die Behandlung der KG im HdlReg gelten **wie für die OHG** allgemein §§ 106–108; **GmbH & Co** s Anh § 177 a Rn 13. Verzögerung der Anmeldung gefährdet den Kdtisten wegen § 176 besonders. Die (zunächst versäumte) Anmeldung ist auch im Liquidationsstadium noch notwendig und sinnvoll.

2   B. **Inhalt und Form der Anmeldung:** Die Anmeldung der KG muss außer den Angaben nach § 106 II auch die Bezeichnung der Kdtisten und den Betrag der Einlage eines jeden von ihnen enthalten **(I 1)**. **Einlage** ist die (mit Außenwirkung) vereinbarte Haftsumme, nicht die im Innenverhältnis versprochene Pflichteinlage (§ 171 Rn 1). Bezeichnung s Rn 4. Ist eine **GbR Kommanditistin**, sind auch deren Gfter entsprechend § 106 II und spätere Änderungen in der Zusammensetzung der Ges (unscharf I 2: Zusammensetzung der Gfter) zur Eintragung anzumelden (**I 2** idF ERJuKoG 2001), dazu Bergmann ZIP **03,** 2236. I 2 ordnet abgeleitete (auf die KG bezogene und unter ihrer Eintragung zu findende) Publizität an und trägt damit der Rspr und Lehre Rechnung, wonach eine (Außen)GbR Kdtist sein kann, dann aber auch neben der GbR deren Gfter im HdlReg einzutragen sind, BGH **148,** 291. I 2 spricht zwar generell von GbR als Kdtist, besagt aber selbst nichts darüber, wann GbR Kdtist sein kann (§ 105 Rn 28 f, nur AußenGbR). Die Gfter der GbR sind mit dem Zusatz „in Gesellschaft bürgerlichen Rechts" anzugeben, auch wenn die GbR keine Namen hat. Anmeldung der **Änderung** der Einlage s § 175 S 1. Form der Anmeldung s § 12 I. Rechtsnatur der Anmeldung s § 108 Rn 4.

3   C. **Anmeldepflichtige Personen:** Anmeldepflichtig sind sämtliche Gfter (§ 108 Rn 1), also auch die Kdtisten, BayObLG WM **88,** 710. **Vertretung** bei der Anmeldung ist möglich (§ 108 Rn 3). Anmeldung zugleich als MitGfter im eigenen Namen und als gesetzlicher Vertreter eines minderjährigen Kdtisten wird durch § 181 BGB nicht gehindert, BayObLG BB **70,** 940 (näher § 108 Rn 3). Anmeldung in Doppelfunktion als Kdtist und Geschäftsführer der Komplementär-GmbH einer GmbH & Co s Anh § 177 a Rn 13. Die Vollmacht kann bereits im GesVertrag erteilt werden, Ffm BB **73,** 722 (§ 108 Rn 3); das ist grundsätzlich keine Umgehung des Gebots der Anmeldung durch alle Gfter, aA Staub/Ulmer § 108 Rn 13 (außer für PublikumsGes), LG Bln BB **75,** 251). Widerruf der Vollmacht, str (§ 108 Rn 3). Prokura genügt nicht (§ 49 Rn 2), aber Generalvollmacht (§ 108 Rn 3). Zur Auslegung einer Vollmacht (des phG) zur Anmeldung (ua) des Beitritts von Kdtisten (sie umfasst iZw nicht die Anmeldung der Auswechslung des phG) s KG OLGZ **76,** 30. Der Kdtist kann durch das Registergericht (§ 108 Rn 5) sowie durch jeden MitGfter, auch einen anderen Kdtisten, im Klagewege zur Anmeldung gezwungen werden; der Kdtist macht sich ggf seinen MitGftern schadensersatzpflichtig (§ 108 Rn 6).

2) Eintragung und Bekanntmachung hinsichtlich Kdtisten (II)

4   A. **Eintragung:** Angabe auch des Geburtsdatums, nicht mehr des Standes (entspr § 106 II Nr 1 nF). Ein EinzelKfm, der unter seiner Firma als Kdtist einer Ges beitritt (§ 17 Rn 18), kann unter seiner Firma als Kdtist eingetragen werden; weicht diese von seinem bürgerlichen Namen ab, ist dieser hinzuzufügen

2. Abschnitt. Kommanditgesellschaft 5–9 § 162

(Firma X, Inhaber Y), BayObLG BB **73,** 397, üL, teilweise aA Staub/Schilling § 161 Rn 25. Ist eine OHG oder KG Gfter der einzutragenden KG, wird nur die GfterGes, nicht auch deren Gfter eingetragen, früher str. Einzutragen ist die vereinbarte **Einlage** (Haftsumme, s Rn 2), nicht ob und in welcher Höhe geleistet wurde. BGH **81,** 87. Die Einlage braucht nicht ausdrücklich als Haftsumme bezeichnet zu werden, wenn sich dies auch so ergibt, zB bei Bezeichnung als Bareinlage, Celle OLGZ **75,** 385. Eintragung der **Änderung** der Einlage s § 175 S 3. Sonstige Umstände, zB Beirat, GfterVertreter, sind nicht einzutragen, Hamm MDR **52,** 549 (näher § 106 Rn 2).

B. **Bekanntmachung (II):** II idF HRefG 1998 und NaStraG 2001. Bekannt- 5
gemacht wird anders als sonst unter § 10 nicht der volle Inhalt der Eintragung, sondern der Inhalt ohne jede Angabe zu den Kdtisten, auch ohne deren Zahl, die für die Gläubiger irrelevant ist (anders II aF), konsequent greift (nur) insoweit (keine Bekanntmachung) auch § 15 nicht (klarstellend II Halbs 2 nF), str, K. Schmidt ZIP **02,** 413, Grunewald ZGR **03,** 541, Burgard FS Hadding **04,** 325. Person und Haftsumme der Kdtisten sind aber aus dem HdlReg selbst ersichtlich. Wird die Haftsumme trotzdem und unrichtig bekanntgemacht, ist die eingetragene Haftsumme allein maßgeblich, wegen II greift § 15 II nicht ein. Bekanntmachung im Übrigen s § 10. Bekanntmachung der **Änderung** der Einlage s § 175 S 2.

C. **Wirkung:** Die Wirkung der Eintragung ist bezüglich des Umfangs der 6
Haftung des Kdtisten in §§ 172, 174, 176 zT abw von § 15 geregelt. Haftsumme und § 15 II s Rn 5.

3) Anmeldung, Eintragung und Bekanntmachung von Veränderungen (III)

A. **Eintritt, Austritt:** III ergänzt §§ 107, 143 II für den Eintritt und Austritt 7
eines Kdtisten. Für Eintritt und Austritt eines Gfters der GbR, die Kdtist ist, folgt das aus I 2. Anmeldung der Übertragung durch alle Gfter, § 108 I, auch durch Bevollmächtigte (Form s § 12 II). GfterMehrheitsbeschluss ersetzt nicht die Vollmachten aller Gfter, wohl aber Bevollmächtigung im GesVertrag, sofern in der Form des § 12 II, Ffm BB **73,** 722 (GmbH & Co, Vollmacht für phG zur Anmeldung von KdtAnteilsübertragungen). Bekanntmachung wegen II nF (s Rn 5) unnötig.

Bei rechtsgeschäftlicher **Übertragung** des Anteils an anderen Kdtisten (nicht 8
bei Übertragung an Komplementär, BayObLG BB **83,** 334, Kln BB **92,** 1742, denn Einheit des Anteils, § 124 Rn 16) ist nicht das Ausscheiden des alten (§ 143 II) und der Eintritt des neuen Gfters (§ 107) als solche einzutragen, sondern die Übertragung der Mitgliedschaft (Einzel- oder Sonder-)Rechtsnachfolge deutlich zu machen **(Nachfolgevermerk),** RG DNotZ **44,** 201 u WM **64,** 1130, BGH WM **06,** 37 (Gewohnheitsrecht), so auch unter II nF Kln ZIP **04,** 505, MüKo/Grunewald 15. Dafür wird eine Versicherung gefordert, dass der Veräußerer keinerlei Abfindung von der Ges erhalten habe **(negative Abfindungsversicherung),** die zwar gesetzlich nicht vorgesehen, aber ständige Praxis ist, daran festhaltend BGH WM **06,** 36, üL, gegen KG ZIP **04,** 1847, MüKo/ Grunewald 15, diese ist nicht eintragungsfähig, BGH **81,** 87, Michel DB **88,** 1985. Die Eintragung des Nachfolgevermerks ist für die Wirksamkeit der Übertragung ohne Bedeutung, näher MüKo/Grunewald § 173 Rn 26 f, auch MüKo/ Krebs § 15 Rn 56. Er wird auch nicht bekannt gemacht (anders unter II aF, s Rn 5). Zu den Haftungsfragen bei Übertragung des KdtAnteils s § 173 Rn 11– 13.

Bei Übergang eines KdtAnteils durch **Erbgang** ist im HdlReg nicht das Aus- 9
scheiden eines Kdtisten und der Eintritt eines anderen (oder mehrerer) als solche einzutragen, sondern, dass dieser als Erbe eintrat, so dass deutlich wird, dass nicht

§ 163 1
II. Buch. Handelsgesellschaften und stille Gesellschaft

mehr Gfter als vorher haften, MüKo/Grunewald 16. Anmeldung des Eintritts mehrerer Erben-Kdtisten durch sie alle, KGJ **44,** 135. Anmeldepflichtig sind neben den Gftern alle (auch nicht nachfolgeberechtigten) Erben, außer bei § 143 III, BayObLG DNotZ **79,** 109. Bei Beerbung des Kdtisten durch nur einen Erben, ist Angabe der Haftsumme unnötig; bei Beerbung durch mehrere, ist die Höhe der Haftsumme der einzelnen Erben anzugeben. Bei Testamentsvollstreckung ist Testamentsvollstreckervermerk einzutragen (Grund: § 2211 II BGB).

10   B. **Wechsel in andere Gesellschafterstellung:** Die Beteiligungsumwandlung (phG in Kdtist und umgekehrt, § 161 Rn 6) lässt die Mitgliedschaft unberührt, III gilt also nicht unmittelbar. Die Beteiligungsumwandlung ist als solche anmeldepflichtig. Sie wird im HdlReg dargestellt als Ausscheiden in dieser, Eintritt in jener Eigenschaft (vgl entspr **(4)** HRV § 40 Nr 5 II c aF vor EHUG); Anmeldung gerade in dieser Form ist aber nicht zu fordern, BayObLG NJW **70,** 1796, WM **88,** 710, Düss BB **76,** 1759. Bekanntgemacht werden mit Namen Ausscheiden bzw Eintritt des phG ohne Angaben zu den Kdtisten (s Rn 7). Kein Wechsel in andere GfterStellung ist Änderung der Einlage, für Anmeldung gilt § 175 S 1.

11   C. **Änderung der Rechtsform, Auflösung:** Führt der Gfterwechsel bzw der Wechsel in eine andere GfterStellung zur Änderung der Rechtsform der Ges (KG in OHG oder OHG in KG, § 161 Rn 17), ist auch diese Umwandlung der Ges anzumelden, einzutragen und bekanntzumachen. Bei Wegfall aller Komplementäre, zB unter § 139 I, ist die Ges aufgelöst (§ 131 Rn 18); dann ist auch die Auflösung anzumelden, einzutragen und bekanntzumachen, KG JW **39,** 163, außer bei Fortsetzungsbeschluss unter Behebung des Mangels.

[Rechtsverhältnis der Gesellschafter untereinander]

163 Für das Verhältnis der Gesellschafter untereinander gelten in Ermangelung abweichender Bestimmungen des Gesellschaftsvertrags die besonderen Vorschriften der §§ 164 bis 169.

Übersicht

1) Vertragsfreiheit im Rechtsverhältnis der Gesellschafter untereinander 1–3
   A. Vertragsfreiheit 1
   B. Grenzen der Vertragsfreiheit 2
2) Beschlüsse, Stimmrechtsbeschränkung, Stimmrechtsbindung 4–9
   A. Mehrheitsbeschlüsse 4
   B. Stimmrechtsbeschränkung 5
   C. Stimmbindungsvertrag 9
3) Vertreterklausel 10, 11
   A. Vertreterklausel 10
   B. Grenzen 11
4) Beirat 12–15
   A. Gesellschaftsorgan 12
   B. Bestellung, Abberufung 13
   C. Befugnisse 14
   D. Haftung 15
5) Mitwirkung Dritter 16

1) Vertragsfreiheit im Rechtsverhältnis der Gesellschafter untereinander

1   A. **Vertragsfreiheit:** Das Verhältnis der Gfter untereinander (**Innenverhältnis**) regelt in erster Linie der **Gesellschaftsvertrag** (§ 161 Rn 7). Dabei gilt Vertragsfreiheit. Bsp: Bei kapitalistischer KG (§ 161 Rn 12) kann der phG im

2. Abschnitt. Kommanditgesellschaft 2–5 § 163

Innenverhältnis Angestellter der Kdtisten sein. Mangels abweichender Bestimmung des GesVertrags gelten **§§ 164–169** und, soweit diese nicht abweichen, gemäß § 161 II die **§§ 109–122;** subsidiär gelten §§ 705 ff BGB. Diese Vorschriften sind dispositiv, können also grundsätzlich durch GesVertrag ausgeschlossen werden (aber s Rn 2).

B. **Grenzen der Vertragsfreiheit: a) Normale KG:** Nicht nur im Außen- 2 verhältnis (§§ 170 ff) bestehen zwingende Rechtsnormen, zB zur (organschaftlichen) Vertretung und zur Haftung. Auch im Innenverhältnis ist die Vertragsfreiheit nicht schrankenlos. Grenzen setzen zB für Mehrheitsbeschlüsse §§ 134, 138 BGB und der Minderheitsschutz. Die Instrumente sind sehr unterschiedlich, zB Verbot des Eingriffs in den **Kernbereich, Bestimmtheitsgrundsatz** und **Treuepflicht** der Gfter (§ 119 Rn 36, 37, § 109 Rn 23). Wohlerworbene Rechte können ohne Zustimmung nachträglich entzogen werden. **Abfindungsklauseln** werden von der Rspr streng kontrolliert, vor allem bei Kombination mit Ausschluss des Gfters aus der Ges (§ 131 Rn 64). Dasselbe gilt für **Ausschließungsrechte.** Einseitiges Ausschließungsrecht nach freiem Ermessen ist idR nichtig, anders nur bei sachlicher Rechtfertigung durch außergewöhnliche Umstände, BGH **81,** 263 (§ 140 Rn 30). Für die KG gilt insoweit grundsätzlich dasselbe wie für die OHG. Kdtisten, die von der Geschäftsführung und zwingend von der Vertretung ausgeschlossen sind, benötigen einen speziellen Schutz wenigstens durch einen Kern unentziehbarer **Kontroll- und Informationsrechte** (s zu § 166).

b) **Publikumsgesellschaft:** Besonders schutzbedürftig sind die (Anle- 3 ger)Kdtisten bei der Publikumsgesellschaft, bei der es sich wirtschaftlich um eine KapitalGes mit Aktionären im Kleide einer PersonenGes mit Kdtisten handelt. Die Rspr hat deshalb für diese zutreffend in vielfacher Hinsicht ein Sonderrecht entwickelt (Anh § 177 a Rn 52 ff).

2) Beschlüsse, Stimmrechtsbeschränkung, Stimmrechtsbindung

A. **Mehrheitsbeschlüsse:** Der KGVertrag kann wie der der OHG wirksam 4 (auch vertragsändernde) Mehrheitsbeschlüsse zulassen. Grenzen setzen ua der Schutz des Kernbereichs der GfterRechte (§ 119 Rn 36), die Treuepflicht der Gfter (§ 109 Rn 23) und der Bestimmtheitsgrundsatz (§ 119 Rn 37). Die Schutzwirkung des Bestimmtheitsgrundsatzes würde sich allerdings bei der PublikumsGes ins Gegenteil verkehren, dieser gilt deshalb dort nicht (Anh § 177 a Rn 69), zB bei Verzicht auf vertraglich vorgesehene Verzinsung von Kapitaleinlagen in Notlage, BGH NJW **85,** 974 (jedenfalls bei Treuepflicht der Gfter zur Zustimmung, § 105 Rn 66). Grenzen von Mehrheitsbeschlüssen bei der KG s Kort DStR **93,** 401 u 438.

B. **Stimmrechtsbeschränkung:** Grenzen des Stimmrechts folgen schon aus 5 Gesetz zB als Folge des auch für Kdtisten geltenden Abspaltungsverbots (§ 109 Rn 16, § 119 Rn 19), bei Interessenkonflikt (§ 119 Rn 8) und aus der Treuepflicht der Gfter (§ 109 Rn 23). Mit Stimmrechtsbeschränkung ist idR der **vertragliche Ausschluss des Stimmrechts** gemeint. Der GesVertrag kann das Stimmrecht von Kdtisten (wie von GmbHGfter, BGH **14,** 269) grundsätzlich wirksam ausschließen, BGH **20,** 363, also auch für außergewöhnliche Handlungen (§§ 164, 116 II) und zwar für sog laufende Grundlagengeschäfte, Staub/Schilling § 164 Rn 6, aber uU auch für andere Grundlagengeschäfte und sogar für bestimmte GesVertragsänderungen, Heymann/Horn § 164 Rn 15, aA Staub/Schilling 10; Bsp: Aufnahme weiterer Kdtisten durch KG selbst oder Vertreter (Vertreterklausel s Rn 10–11), jedenfalls bei der PublikumsGes, Anh § 177 a Rn 57, ebenso Einlagenerhöhung, aber ohne persönliche Nachschusspflicht des Kdtisten.

Hopt 779

§ 163 6–11   II. Buch. Handelsgesellschaften und stille Gesellschaft

Wie Stimmrechtsausschluss kann **Auslagerung** von Geschäftstätigkeiten **in Tochtergesellschaft** wirken; dann gilt zwar iZw dass die Zustimmungsrechte der Kdtisten in der MutterGes auch, soweit der geschäftsführende Gfter der MutterGes deren Rechte in der TochterGes wahrnimmt, BGH BB **73**, 213, andere Vereinbarung ist aber möglich (Konzernrecht s § 105 Rn 102, 103).

6 **Grenzen:** Der Stimmrechtsausschluss allgemein für GesVertragsänderungen ist jedoch unwirksam, insbesondere für Beschlüsse, die in die Rechtsstellung des Kdtisten als solche eingreifen, zB durch Änderung der Beteiligung als Kdtist, der Haftsumme, der Gewinnbeteiligung, des Auseinandersetzungsguthabens (ähnlich dem Schutz der Sonderrechte des GmbHGfters, § 35 BGB, § 53 III GmbHG), BGH **20**, 368. Soweit der Stimmrechtsausschluss unwirksam ist, kann aber die Treuepflicht des Gfter Zustimmung gebieten (vgl Rn 4).

7 Bei der **OHG** gelten für die Stimmrechtsbeschränkung dieselben, wegen der persönlichen Haftung nach manchen engere Grenzen (§ 119 Rn 13).

8 **Ungleiches Stimmrecht (Mehrstimmrecht)** als solches ist bei PersonenGes (anders § 12 II AktG) idR unbedenklich, außer wenn GesVertrag mit Mehrheit geändert werden kann und das ungleiche Stimmrecht sittenwidrige Abhängigkeit schafft, BGH **20**, 370.

9 C. **Stimmbindungsvertrag** Sie ist für Kdtisten ebenso und mit denselben Schranken zulässig wie für Komplementäre (§ 119 Rn 17, 18). Praktisch wird sie besonders beim TreuhandKdtisten (Anh § 177 a Rn 77–78).

3) Vertreterklausel

10 A. **Vertreterklausel:** Der GesVertrag kann mehreren Kdtisten (zB Erben eines Gfters) vorschreiben, ihre Rechte **gemeinsam** durch einen **Vertreter** ausüben zu lassen **(Gruppenvertreter)**. Das ist wirksam und zur Vermeidung von Zersplitterung vor allem bei Erbgang sinnvoll. Die Anteile werden dadurch nicht vereinigt. Der gemeinsame Vertreter kann MitGfter oder Dritter sein, BGH **46**, 295, letzteres aber nur wenn im GesVertrag zugelassen (s Rn 13). Er ist Bevollmächtigter der Gruppe (bei Mehrheitsbeschluss auch der überstimmten Mitglieder), nach aA GesOrgan; er ist grundsätzlich weisungsgebunden und zwingend abberufbar (s Rn 16). Er unterliegt auch als NichtGfter der gesellschafterlichen Treuepflicht, da er GfterRechte ausübt. Die Vertreterklausel gebietet iZw einheitliche Rechtsausübung, notwendig ist das aber nicht, wohl aA BGH **46**, 296. GesVertrag kann aber nicht die Willensbildung innerhalb des Stamms regeln, offen BGH **119**, 353. Dieser kann sich als Gesellschaft (§§ 705 ff BGB) organisieren oder bloße Gemeinschaft bleiben (§§ 741 ff, 745 BGB), nach aA nur Ges, Heymann/Horn § 164 Rn 18, wohl auch BGH ZIP **04**, 2284. Je nachdem erfolgt auch die gruppeninterne Willensbildung, Einstimmigkeit ist dabei nicht unbedingt nötig (zB § 745 BGB), BGH **119**, 354, aber iZw vorgesehen (§ 709 BGB), BGH ZIP **04**, 22854, str; einfache Mehrheit nach Größe der Anteile genügt iZw für die Bestellung, auf jeden Fall für die Abberufung. Die Vertreterklausel verpflichtet die Beteiligten zur Mitwirkung an der Bestellung des Vertreters und Erteilung von Weisungen (§§ 675 I, 665) an ihn. Sie berührt iZw nicht das Recht jedes Mitglieds zur Geltendmachung seiner Rechte im Prozess, BGH **46**, 291. Unberührt bleibt auf jeden Fall die Ausübung der GfterRechte im Kernbereich (s Rn 11). Ähnliche Gestaltungen ermöglicht die Treuhand (§ 105 Rn 31). Überlassung von Gfterrechten zur Ausübung an MitGfter oder Dritte s § 109 Rn 17.

11 B. **Grenzen:** Vertreterklausel unterliegt, wenn sie die Majorisierung des einzelnen Kdtisten erlaubt, denselben Grenzen wie die Zulassung vertragsändernder Mehrheitsbeschlüsse (s Rn 4, 5, § 119 Rn 35 ff), BGH NJW **73**, 1602, Zweibr OLGZ **75**, 404. Auch sonst stößt die Vertreterklausel an Grenzen: nicht bei unzulässiger Stimmrechtsbeschränkung (s Rn 6), keine unwiderrufliche verdrän-

gende Stimmrechtsvollmacht (Abspaltungsverbot, § 119 Rn 19); zwingende Letztzuständigkeit der Gfter mit satzungsändernder Mehrheit, Flume I 1 S 239 f; keine obligatorische Gruppenvertretung im Kernbereich der GfterRechte (§ 119 Rn 36), BGH **46,** 297; nicht für höchstpersönliche GfterRechte wie Kündigungsrecht und, soweit unentziehbar, Informationsrechte und Prozessführungsrecht bezüglich persönlicher GfterRechte, unscharf BGH **46,** 300; zwingende Abberufbarkeit mit Mehrheit und auch ohne wichtigen Grund, aA Heymann/ Horn § 164 Rn 18, jedenfalls durch GesVertragsänderung. Außenwirkung §§ 170 ff BGB. Diese Grenzen decken sich nicht mit den GesVertragänderungen, str (wie Rn 5–6), zulässig zB Verlängerung der GesDauer in zeitlichen Grenzen, BGH NJW **73,** 1602, aA Staub/Schilling 16. Lit: A. Hueck ZHR 125 **(62)** 1 (Vertreterklausel), Immenga ZGR **74,** 385, K. Schmidt ZHR 146 **(82)** 525.

4) Beirat

A. **Gesellschaftsorgan:** Der GesVertrag kann die Einrichtung eines Beirats 12 (auch Aufsichts-, Verwaltungsrat, GfterAusschuss ua genannt) vorsehen, so häufig bei der GmbH & Co (dort entweder bei KG oder GmbH, Anh § 177 a Rn 31) und der PublikumsGes (mit Besonderheiten zur Haftung, Anh § 177 a Rn 75). Der Beirat ist iZw GesOrgan, jedenfalls bei Rechten entspr einem Aufsichtsrat der AG, nur bei besonderer Gestaltung ist er Organ einer Gftergruppe (zB KdtistenGesamtheit), BGH **69,** 208, NJW **85,** 1900. Wirksamen Entscheidungen des Beirats binden die Gfter, davon abweichender GfterBeschluss ist Vertragsänderung. Ihre Durchführung kann Gfter gegen MitGfter einklagen (actio pro socio, § 109 Rn 32), auch noch nach Auflösung des Beirats, BGH BB **70,** 226. Sie sind iZw nicht nach §§ 317 ff BGB angreifbar (Schiedsgutachter, Einl 93 vor § 1). Lit: Voormann 1981, Maulbetsch 1984, Huber 2004; Kormann 2008 u A. Wiedemann/Kögel 2008 (Familienunternehmen); Schneider DB **73,** 953, Wiedemann FS Schilling **73,** 105, Rinze NJW **92,** 2790 (Haftung).

B. **Bestellung, Abberufung:** Bestellung, Amtszeit, Vergütung, Aufgabe und 13 Befugnisse sind idR im GesVertrag geregelt. Dem Beirat können sowohl Gfter wie NichtGfter angehören. Ein Beiratsmitglied steht grundsätzlich im Dienstverhältnis (§ 675 I BGB) zur Ges; zugleich gehört es dem GesOrgan an (ähnlich Aufsichtsrat der AG), BGH NJW **85,** 1900. Zur Abberufung ist iZw GfterBeschluss nötig, iZw genügt einfache Mehrheit, BGH WM **73,** 101. Weder einzelne Gfter selbst noch die vertretenden (§ 125) namens der Ges können abberufen, BGH BB **68,** 145. GfterBeiratsmitglied kann trotz Interessenkollision mitstimmen, BGH WM **73,** 844 (§ 119 Rn 10), anders bei wichtigem Grund. Sieht der GesVertrag bestimmte personelle Besetzung vor, ist Änderung, zB vorzeitige Abwahl, nur mit vertragsändernder Mehrheit möglich; dies auch bei wichtigem Abberufungsgrund, dann aber (idR) Zustimmungspflicht (Treuepflicht, § 105 Rn 64), BGH BB **70,** 226. Sonderrecht (§ 35 BGB) auf Entsendung ist möglich, auch dann aber Abberufung bei wichtigem Grund mit vertragsändernder Mehrheit, Staub/Schilling 19. Entsendungsrecht Dritter s Rn 16.

C. **Befugnisse:** Der Beirat übt neben den Kdtisten oder an ihrer Stelle 14 Zustimmungs- und Kontrollrechte (vgl §§ 164, 166) aus, eine (unzulässige) Übertragung der GfterGeschäftsführung liegt darin nicht (§ 114 Rn 11, 24), BGH **36,** 293. Bspe: Bestellung, Abberufung, Kontrolle der Geschäftsführer, BGH **69,** 207; Beteiligung an Feststellung des Jahresabschlusses und Vorbereitung der Entlastung, BGH **84,** 214 (für bergrechtliche Gewerkschaft), Entscheidung über Gewinnverteilung; Aufnahme neuer Gfter (Anh § 177 a Rn 57). GesVertrag kann Klage unter Gftern vom Gutachten und Schlichtungsversuch des Beirats abhängig machen; auch gegen ausgeschiedenen Gfter, aber ohne nach seinem Ausscheiden vereinbarte Modalitäten, BGH BB **77,** 1321. Mitwirkungsbefugnisse sind sogar bei GesVertragsänderungen nicht schlechthin ausgeschlossen,

§ 164
II. Buch. Handelsgesellschaften und stille Gesellschaft

BGH WM **85,** 256, jedenfalls neben der GfterVersammlung oder bei Zustimmungspflicht der Gfter, aA BGH **43,** 264, Staub/Schilling 21 mit Ausnahmen. Beschlussfassung des Beirats iZw mit einfacher Mehrheit. Der Beirat unterliegt auch bei Besetzung durch NichtGfter der gesellschafterlichen Treuepflicht, da er abgeleitete GfterRechte ausübt. **Grenzen** wie bei einem Vertreter, also vor allem zwingende Letztzuständigkeit der Gfter mit satzungsändernder Mehrheit, Flume I 1 S 239 f, kein Eingriff in den Kernbereich der GfterRechte, kein Ausschluss der Abberufbarkeit einzelner Beiratsmitglieder und der Abschaffung des gesamten Beirats (näher s Rn 11).

15   D. **Haftung:** Die Beiratsmitglieder müssen ihre Aufgaben pflichtgemäß erfüllen, insbesondere die Geschäftsführung hinreichend kontrollieren, BGH **69,** 213 (PublikumsGes), bei Kontrolle des Jahresabschlusses unter Heranziehung von Fachleuten, idR von Wirtschaftsprüfern. Sie sind ausschließlich auf das Interesse der Ges verpflichtet, auch wenn sie von GfterGruppen oder Dritten entsandt sind, Interessenkonflikt entlastet nicht, BGH NJW **80,** 1630 (AG, § 347 Rn 30). Haftungsmaßstab iZw § 708 BGB, aA Staub/Schilling 23 (differenzierend), Heymann/Emmerich 39 (stets); anders bei PublikumsGes (Anh § 177 a Rn 75) und je nach Umständen, zB Beirat nur aus Dritten. Schadensersatzansprüche gemäß § 280 BGB (§§ 116, 93 AktG analog nur bei PublikumsGes, Anh § 177 a Rn 75) sind, wenn der Beirat GesOrgan ist, nur durch die Ges (bzw Insolvenzverwalter) geltend zu machen, BGH NJW **75,** 1318; ist er Sachwalter der KdtistenGesamtheit, ist diese berechtigt, BGH WM **83,** 556, näher Hüffer ZGR **80,** 349. Ausnahmsweise kann dieses Recht nach GesVertrag oder Geschäftsbesorgungsvertrag auch den Gftern zustehen (Drittschutzwirkung), sie können Zahlung, aber nur an die Ges verlangen (entspr actio pro socio), BGH NJW **85,** 1900. Aktienrechtsähnliche Besonderheiten gelten für die Beiratshaftung in der PublikumsGes (Anh § 177 a Rn 75).

5) Mitwirkung Dritter

16   NichtGfter, einzeln oder als Gremium (s Rn 10, 13), können an der Willensbildung der Ges nicht durch gesellschafterliche Stimm- und Kontrollrechte beteiligt werden, weder mit abgeleiteten (abgespaltenen) noch mit originären Befugnissen, MüKoBGB/Ulmer/Schäfer § 717 Rn 10, K. Schmidt § 21 II 1 d, str, aA BGH NJW **60,** 936 für originäres Stimmrecht, Grund: bei Abspaltung Abspaltungsverbot (§ 119 Rn 19), sonst und in der Sache Beschränkung der Willensbildung (samt Verwaltungsrechten) auf die Mitglieder. Einschaltung bei der Aufnahme von Gftern s § 105 Rn 66. Entsendungsrechte in Beirat (s Rn 13), aber jedenfalls bei Kontrollfunktion muss Mehrheit der Mitglieder von Gftern bestellt werden, vgl für Geschäftsführung einer PublikumsGbR BGH **LM** § 709 Nr 9. Bei Eingriffen in den Kernbereich von GfterRechten sind NichtGfter (außer als Vertreter) ausgeschlossen, Staub/Schilling 14. Die Rechte können den Dritten durch Änderung des GesVertrag jederzeit und ohne seine Zustimmung wieder entzogen werden (kein unentziehbares Sonderrecht). Für den Testamentsvollstrecker gelten besondere Regeln (§ 139 Rn 21). Entscheidung über Meinungsverschiedenheiten durch **Schiedsgericht** oder **Schiedsgutachter** (Einl Rn 90, 93 vor § 1) kann wirksam vorgesehen werden, BGH **43,** 261 (GmbH). Lit: Herfs 1994 (GmbH).

[Geschäftsführung]

164 ¹Die Kommanditisten sind von der Führung der Geschäfte der Gesellschaft ausgeschlossen; sie können einer Handlung der persönlich haftenden Gesellschafter nicht widersprechen, es sei denn, daß die Handlung über den gewöhnlichen Betrieb des Handelsgewerbes der Gesellschaft hinausgeht. ²Die Vorschriften des § 116 Abs. 3 bleiben unberührt.

2. Abschnitt. Kommanditgesellschaft 1–3 § 164

Übersicht

1) Geschäftsführung der Komplementäre, Ausschluss der Kommanditisten (Satz 1) 1
2) Zustimmung zu außergewöhnlichen Geschäften (Satz 1 letzter Halbsatz, § 116 II) 2–4
  A. Zustimmung zu außergewöhnlichen Geschäften 2
  B. Aufstellung und Feststellung des Jahresabschlusses 3
  C. Grundlagengeschäfte 4
3) Erteilung und Widerruf der Prokura (Satz 2, § 116 III) 5
4) Abweichende Vereinbarungen 6
  A. Einschränkung der Kommanditistenrechte 6
  B. Stärkung der Kommanditistenrechte 7
  C. Geschäftsführender Kommanditist 8

1) Geschäftsführung der Komplementäre, Ausschluss der Kommanditisten (Satz 1)

Bei der KG ist die Geschäftsführung Sache der Komplementäre. Kdtisten sind **1** mangels abw Vertragsbestimmung (s Rn 6) von der Geschäftsführung (§§ 114–117) ausgeschlossen. Der Kdtist kann Handlungen der geschäftsführenden Gfter nicht nach § 115 I Halbs 2 widersprechen, soweit sie nicht über den gewöhnlichen Betrieb des HdlGewerbes der Ges hinausgehen (sonst s Rn 2). Der Ausschluss von der Geschäftsführung berührt nicht das Recht auch des Kdtisten, gegen pflichtwidrige Geschäftsführungsmaßnahmen vorzugehen (actio pro socio, § 109 Rn 31). Die Kdtisten wirken auch an der Klage auf Entziehung der Geschäftsführungsbefugnis mit (§ 117: „übrige" Gfter). Haftung nichtgeschäftsführender Gfter (insbesondere MehrheitsGfter) aus Einflussnahme auf geschäftsführende s § 114 Rn 8.

2) Zustimmung zu außergewöhnlichen Geschäften (Satz 1 letzter Halbsatz, § 116 II)

A. **Zustimmung zu außergewöhnlichen Geschäften:** Der Kdtist hat **2** **nicht** ein **bloßes Widerspruchsrecht** gegen Handlungen der geschäftsführenden Gfter, die über den gewöhnlichen Betrieb des HdlGewerbes der Ges hinausgehen (so missverständlich Satz 1), sondern es bleibt auch für die KG bei § 116 II, dass dafür ein Beschluss sämtlicher, auch der nichtgeschäftsführungsberechtigten Gfter, also einschließlich der Kdtisten, notwendig ist, RG **158,** 305, ganz hL. Außergewöhnliche Geschäfte s § 116 Rn 2. Das Fehlen der Zustimmung berührt nicht die Vertretungsmacht (Außenverhältnis, § 116 Rn 7).

B. **Aufstellung und Feststellung des Jahresabschlusses: a)** Die **Aufstel- 3 lung** (dh Vorbereitung bis zur Beschlussreife) des Jahresabschlusses (Bilanz und Gewinn- und Verlustrechnung, § 242 III), einschließlich der Bilanzierungsmaßnahmen, die der Darstellung der Vermögenslage iSv § 238 I 2 dienen, ist im Rahmen von Gesetz und GoB allein Sache der geschäftsführenden Gfter (§ 114 Rn 2), BGH **132,** 272, BB **80,** 121. Bilanzierungsentscheidungen, die der Sache nach Ergebnisverwendungen sind, können gem BGH **132,** 263, grundsätzlich nur durch alle Gfter gemeinschaftlich getroffen werden, soweit der GesVertrag nichts anderes bestimmt, weniger streng Hopt FS Odersky **96,** 805, s auch Ulmer FS Lutter **00,** 940; dazu gehören ua Bildung offener Rücklagen, Abschreibungen nach § 253 IV (stille Reserven, § 120 Rn 6), Aufwandrückstellungen nach § 249 I 3, II, steuerliche Sonderabschreibungen, differenzierend Schön FS Beisse **97,** 471. Die Entscheidung über die Ergebnisverwendung steht aber nicht im Belieben eines jeden Gfters. Vielmehr sind die Ausschüttungsinteressen der einzelnen Gfter und das Bedürfnis der Selbstfinanzierung und Zukunftssicherung der Ges abzuwägen, BGH **132,** 263. Die geschäftsführenden Gfter müssen ggf sachverständige Hilfskräfte beiziehen. Jeder Gfter kann sie durch actio pro socio

§ 164 4, 5 II. Buch. Handelsgesellschaften und stille Gesellschaft

(§ 109 Rn 32) zur Aufstellung des Jahresabschlusses zwingen. Die übrigen Gfter haben Recht auf Prüfung, ob Gesetz und GoB eingehalten sind, BGH **132,** 263. Meinungsverschiedenheiten über die aufzustellende Bilanz und ihre einzelnen Posten sind notfalls durch Klage gegen den widerstrebenden Gfter zu klären, BGH WM **79,** 1330, ohne notwendige Streitgenossenschaft, BGH WM **83,** 1279.

b) Die **Feststellung** (dh Verbindlicherklärung im Verhältnis der Gfter untereinander und der Ges zu Dritten) des Jahresabschlusses ist dagegen Sache der Gfter und (nur) in diesem Sinne Grundlagengeschäft (s Rn 4; Gewinnverwendung, § 120 Rn 8), BGH ZIP **07,** 477. Der Kdtist nimmt daran und, falls auch bei der KG eine Abschlussprüfung stattfindet (grundsätzlich nur bei KapitalGes, Ausnahme PublG), auch an der Wahl der Abschlussprüfer teil, BGH **76,** 338 (vgl § 116 II), **80,** 358, **132,** 266, Hbg ZIP **06,** 895, Staub/Schilling § 167 Rn 3, Ulmer FS Hefermehl **76,** 207, Schulze-Osterloh BB **80,** 1402, Priester FS Quack **91,** 380, aA Heymann/Horn § 167 Rn 2 und früher hL wegen §§ 166, 245 S 2 über die Unterzeichnung (nur) durch alle phG, aber dies ist eine rein öffentlich-rechtliche Vorschrift (§ 245 Rn 2). Die Feststellung des Jahresabschlusses ist nach der Rspr rechtsgeschäftliches Anerkenntnis (Feststellung von Gewinnbeteiligung ua, § 242 Rn 3), BGH WM **60,** 187, Hbg ZIP **83,** 62, Karls DB **95,** 264, nach aA kausaler Feststellungsvertrag, Ulmer FS Hefermehl **76,** 215, Heymann/Emmerich § 120 Rn 9, nach heute hL **Organbeschluss,** MüKo/Priester § 120 Rn 57, auch Staub/Ulmer § 120 Rn 19. Die Feststellung hat unter den Gftern Bindungswirkung (nicht gegenüber Dritten, zB Stille oder partiarische Gläubiger), Staub/Ulmer § 120 Rn 17, nach MüKo/Priester § 120 Rn 61 ohne Auswirkungen auf Ansprüche von Ges und Gfter; nach der Rspr ist Anfechtung möglich (§§ 119 ff BGB, § 242 Rn 3). Bildung stiller Reserven s oben a, § 120 Rn 6, Bildung offener Rücklagen s § 120 Rn 5. Ein Rechtsstreit ist nicht gegen die Ges, sondern unter den Gftern auszutragen, BGH BB **80,** 120, Hbg ZIP **06,** 895, hier notwendige Streitgenossenschaft, wohl BGH WM **83,** 1279. Auswirkung der Mitunterzeichnung auf § 166 ist str (§ 166 Rn 4). Bilanzrechtliche Rechtswirkung des festgestellten Jahresabschlusses s § 245 Rn 3 ff. Keine Dritthaftung des Kdtisten, der an der Feststellung mitwirkt und (unnötig) mitunterzeichnet; anders nur ganz ausnahmsweise, zB wenn Kdtist den Abschluss Dritten mitvorlegte (§ 347 Rn 21). Lit: Schulze-Osterloh BB **95,** 2519, Hopt FS Odersky **96,** 799, Binz/Sorg DB **96,** 969, Schön FS Beisse **97,** 471, Ulmer FS Lutter **00,** 935, Schön 5. Hachenburg-Gedächtnisvorlesung 2002, 2003 S 21.

4 C. **Grundlagengeschäfte:** Die Geschäftsführungsbefugnis erstreckt sich überhaupt nicht auf Grundlagengeschäfte (§ 114 Rn 3, § 126 Rn 3), Bsp: Konzernierung (§ 105 Rn 102). Sie sind Sache aller Gfter, auch der Kdtisten, BGH **132,** 266. Die Feststellung des Jahresabschlusses ist „Grundlagengeschäft" nur in dem Sinne, dass die Geschäftsführungsorgane nicht zuständig sind, berührt jedoch nicht wie zB eine Vertragsänderung die Grundlagen der Ges, BGH ZIP **07,** 477, sie wird deshalb idR von einer allgemeinen Mehrheitsklausel im GesVertrag gedeckt, BGH ZIP **07,** 475 (Otto, dazu § 105 Rn 106; Aufgabe von BGH **132,** 266), Priester DStR **07,** 28. Ob das auch für die Feststellung des Jahresabschlusses mit einer in ihm vorweggenommenen Ergebnisverwendung (vgl § 268 I 1, § 120 Rn 8) gilt, insbesondere bei Bildung stiller Reserven (§ 120 Rn 6), ist noch offen, BGH ZIP **07,** 477, aber zu erwarten (wichtig im Konzern, § 105 Rn 6).

3) Erteilung und Widerruf der Prokura (Satz 2, § 116 III)

5 Erteilung und Widerruf der Prokura erfolgen nach § 116 III, der unberührt bleibt (S 2), durch alle geschäftsführenden Gfter, auch wenn an bei Einzelgeschäftsführungsbefugnis. Die nicht geschäftsführungsbefugten Kdtisten wirken

also nicht mit. § 116 III ändert aber nichts an § 116 II, wenn die Prokuraerteilung ein außergewöhnliches Geschäft ist (§ 116 Rn 8), aA Staub/Schilling 1. Zur KdtistenProkura § 170 Rn 3.

4) Abweichende Vereinbarungen

A. **Einschränkung der Kommanditistenrechte:** § 164 ist dispositiv. Der 6 GesVertrag kann die Rechte des Kdtisten in Bezug auf die Geschäftsführung weiter einschränken, zB sein Stimmrecht auch für außergewöhnliche Geschäfte (s Rn 2) ganz ausschließen, BGH **20**, 368, **119**, 357 (§ 163 Rn 5); einen Mehrheitsbeschluss vorsehen (§ 163 Rn 4); mehrere Kdtisten ungleich stellen (§ 163 Rn 8), s BGH BB **73**, 213; einen gemeinsamen Vertreter anordnen oder die Befugnisse auf einen Beirat übertragen (§ 163 Rn 10, 12), BGH **132**, 267. Katalog zustimmungspflichtiger Geschäfte im GesVertrag ist auszulegen, ob abschließend gemeint oder nicht, aA iZw nicht abschließend Staub/Schilling 7. Grenze der Einschränkung: Der Kernbereich der KdtistenRechte (§ 119 Rn 36) ist unantastbar und unverzichtbar. Lit: Immenga ZGR **74**, 385 (Kdtisten-Minderheitsrechte).

B. **Stärkung der Kommanditistenrechte:** Der GesVertrag kann dem Kdtis- 7 ten Geschäftsführungsbefugnis entspr § 116 geben (idR ohne Vertretungsmacht, dazu § 170), BGH BB **76**, 526, auch andere Rechte auf Mitwirkung an der Geschäftsführung, zB Weisungsrecht an den Komplementär, BGH **45**, 204 und sogar alleinige Geschäftsführung durch den Kdtisten unter Ausschluss des Komplementärs, BGH **51**, 198, str, dann aber Schutz des persönlich Haftenden (§ 116 II). Die Geschäftsführung des Kdtisten ist dann Teil seines GfterBeitrags, BGH **17**, 394. § 114 II gilt nur für § 114 I, nicht hier. Solche Rechte sind, sofern sie echte Bestandteile des GesVertrags sind, dann grundsätzlich nur durch Änderung des GesVertrag entziehbar. Dann auch keine isolierte Kündigung eines eventuellen, gesellschaftsvertraglich eingeräumten Dienst- oder Arbeitsvertrags, BAG NJW **79**, 999. Entziehung durch Klage nach § 117, BGH **17**, 395, nicht durch bloßen GfterBeschluss, außer wenn im GesVertrag vorgesehen, str, offen BGH WM **74**, 177, ZIP **04**, 2284. Die Geschäftsführungsbefugnis an einen Kdtisten ist iZw nicht als Ausschluss des phG von der Geschäftsführung zu verstehen (anders § 114 II), doch ist solcher Ausschluss (nicht von der Vertretungsmacht) möglich, BGH **17**, 394, **41**, 369, **51**, 201, DB **68**, 797. Der Widerruf einer KdtistenProkura (§ 170 Rn 4) berührt nicht seine Geschäftsführungsbefugnis. Die organschaftliche Geschäftsführung eines Kdtisten (uU mit zusätzlichem Dienst- oder Arbeitsvertrag) ist streng von reinem Dienst- oder Arbeitsvertrag mit des KG zu unterscheiden, der isoliert nach Arbeitsrecht gekündigt werden kann, BGH **17**, 395.

C. **Geschäftsführender Kommanditist:** Die Geschäftsführung kann im 8 GesVertrag als Leistung der KdtEinlage vereinbart sein (§ 706 III BGB); die Höhe der Einlage muss aber beziffert werden (§ 171 Rn 1). Gibt der GesVertrag dem Kdtisten Geschäftsführungsbefugnis, bedarf auch die Vergütung der Bestimmung im GesVertrag oder eines vertragsändernden Beschlusses, BGH BB **76**, 526. Der Kdtist ist kein Arbeitnehmer (anders bei Arbeitsvertrag, s Rn 7), nach aA Anwendung einzelner arbeitsrechtlicher Vorschriften; für phGs § 110 Rn 19. Betriebliche Altersversorgung s § 59 Rn 88.

Rechtsstellung des geschäftsführenden Kommanditisten: 9

a) **Gegenüber der KG:** Er haftet gegenüber der Ges wie phG (§ 114 Rn 15). Haftung des nicht geschäftsführenden Kdtisten s Rn 1.

b) **Gegenüber Dritten:** Den GesGläubigern haftet der geschäftsführende Kdtisten dagegen nicht § 128 wie phG, auch nicht bei alleinigem Weisungs- oder Geschäftsführungsrecht, BGH **45**, 204 (Rektorfall), hL; anders nur bei (darüber hinausgehendem) Rechtsmissbrauch oder aus Rechtsgeschäft mit dem Gläubiger (§ 171 Rn 4).

§ 165 1–3 II. Buch. Handelsgesellschaften und stille Gesellschaft

[Wettbewerbsverbot]

165 Die §§ 112 und 113 finden auf die Kommanditisten keine Anwendung.

Übersicht

1) Komplementäre (§§ 112, 113) 1
2) Kommanditisten (§ 165) 2, 3
   A. Normalfall 2
   B. Kommanditist mit Stellung wie Komplementär 3
3) Abweichende Vereinbarungen 4, 5
   A. Vertragliches Wettbewerbsverbot 4
   B. Befreiung vom Wettbewerbsverbot 5

1) Komplementäre (§§ 112, 113)

1   In der KG unterliegen phG dem Wettbewerbsverbot der §§ 112, 113, BGH **70**, 331; auch wenn sie von der Geschäftsführung ausgeschlossen sind (str, s § 112 Rn 2). Die Einwilligung nach § 112 muss auch von dem (den) Kdtisten erteilt, ein Beschluss nach § 113 II mit ihrer Mitwirkung gefasst werden. GmbH in GmbH & Co s Anh § 177 a Rn 22.

2) Kommanditisten (§ 165)

2   A. **Normalfall:** Für Kdtisten, der keine Geschäftsführungsmacht und nur begrenzte Informations- und Kontrollrechte hat (§§ 164, 166), gelten §§ 112, 113 **nicht** (§ 165). Seine Treuepflicht im Übrigen (§ 112 Rn 1) bleibt aber unberührt; sie kann die Ausnutzung von Informationen aus der GesSphäre verbieten. Da bei Wettbewerbssituation die persönlichen Einsichtsrechte eingeschränkt sind (§ 166 Rn 7), muss das Wettbewerbsverbot der Ausübung eines Eintrittsrechts eines Wettbewerbers als Kdtist nicht entgegenstehen, BGH WM **82**, 234.

3   B. **Kommanditist mit Stellung wie Komplementär:** Allein auf die formale KdtistenStellung kommt es nach dem Normzweck der §§ 165, 112, 113 (anders Wortlaut), die auf der Treupflicht der Gfter beruhen (§ 112 Rn 1), nicht an. Hat der Kdtist nach dem GesVertrag Geschäftsführungsbefugnis (§ 164 Rn 7) oder sonst (zB im Konzern, Anh § 177 a Rn 23 oder als Gründer in einer FamilienGes) einen maßgeblichen Einfluss auf die Geschäftsführung zB durch Weisungsrecht, insbesondere auf Grund Mehrheitsbeteiligung (§ 18 AktG), gelten §§ 112, 113 auch für ihn (Treuegedanke, § 112 Rn 1), BGH **89**, 166, NJW **02**, 1047, WM **05**, 391 (GmbH), ZIP **09**, 1163 (s auch § 112 Rn 2). So auch, wenn der Kdtist ohne Geschäftsführungsbefugnis Zugang zu den Informationen des Geschäftsführungsbereichs hat wie phG (§ 118, nicht nur § 166), Ebenroth/Weipert 8, Stgt WuW/E OLG 4136 (§ 112 Rn 1, 15), oder ähnlich (nicht unbedingt gleich), str, je nachdem auch beschränkt auf Geschäftsbereiche, MüKo/Grunewald 6. Konzernrecht s Anh § 177 a Rn 22. Sperrminorität oder unternehmerische Beteiligung (welcher Art?) allein reichen aber nicht aus, Müller NJW **07**, 1726, str, bei Einstimmigkeitserfordnis (§§ 161 II, 119 I) liefe § 165 sonst leer. Vielfach erstreckt schon der GesVertrag das Wettbewerbsverbot (nach §§ 112, 113 oder mit Abweichungen) auf die Kdtisten. Verhältnis zu § 1 GWB s § 112 Rn 15. Rechtsfolgen s § 113, dort auch Rn 4, 5. **Geschäftschancen** der KG darf der Kdtist nicht an sich ziehen, das folgt nicht aus § 165, sondern aus der Treuepflicht (§ 109 Rn 26, 112 Rn 1). Lit: Löffler NJW **86**, 223, Müller NJW **07**, 1725 und § 112 Rn 1.

2. Abschnitt. Kommanditgesellschaft 1 § 166

3) Abweichende Vereinbarungen

A. **Vertragliches Wettbewerbsverbot:** § 165 ist dispositiv. Auch im Normalfall der KG kann dem Kdtisten in den Grenzen der § 138 BGB, § 1 GWB ein vertragliches Wettbewerbsverbot auferlegt werden (vgl § 112 Rn 12), auch ein nachvertragliches (vgl § 112 Rn 14). 4

B. **Befreiung vom Wettbewerbsverbot:** Umgekehrt kann der Kdtist, für den wegen seiner Stellung wie ein Komplementär §§ 112, 113 gelten (s Rn 3), wie ein phG in bestimmten Grenzen von dem Wettbewerbsverbot befreit werden (§ 112 Rn 13). 5

[Kontrollrecht]

166 (1) **Der Kommanditist ist berechtigt, die abschriftliche Mitteilung des Jahresabschlusses zu verlangen und dessen Richtigkeit unter Einsicht der Bücher und Papiere zu prüfen.**

(2) **Die in § 118 dem von der Geschäftsführung ausgeschlossenen Gesellschafter eingeräumten weiteren Rechte stehen dem Kommanditisten nicht zu.**

(3) **Auf Antrag eines Kommanditisten kann das Gericht, wenn wichtige Gründe vorliegen, die Mitteilung einer Bilanz und eines Jahresabschlusses oder sonstiger Aufklärungen sowie die Vorlegung der Bücher und Papiere jederzeit anordnen.**

Übersicht

1) Das ordentliche Informationsrecht des Kommanditisten (I) 1–7
   A. Grundsatz und Reichweite 1
   B. Mitteilung des Jahresabschlusses 3
   C. Einsichtsrecht 4
   D. Ausübung 5
2) Das außerordentliche Informationsrecht (vgl III) 8–10
   A. Grundsatz 8
   B. Wichtiger Grund 9
   C. Umfang 10
3) Sonstige Informationsrechte (vgl II) 11–13
   A. Allgemeines Informationsrecht des Kommanditisten 11
   B. Auskunftsrecht 12
4) Verfahren allgemein und nach III 14, 15
   A. Allgemeines Verfahren 14
   B. Sonderverfahren nach III 15
5) Die Informationsrechte bei verbundenen
   Personengesellschaften 16, 17
   A. KG als herrschende Gesellschaft 16
   B. KG als beherrschte Gesellschaft 17
6) Abweichende Vereinbarungen 18–21
   A. Einschränkung 18
   B. Erweiterung 21

1) Das ordentliche Informationsrecht des Kommanditisten (I)

A. **Grundsatz und Reichweite:** Nach § 166 (wie § 233 für die stGes) hat der Kdtist zur Kontrolle der Geschäftsführung ein Recht auf Mitteilung und Nachprüfung des Jahresabschlusses (I) und bei Vorliegen wichtiger Gründe darüber hinaus ein außerordentliches Informationsrecht (vgl III). § 166 ist zwar enger als § 118, aber im Übrigen diesem vergleichbar (Grundkommentierung des Informationsrechts erfolgt bei § 118). Das Informationsrecht richtet sich **gegen die Gesellschaft,** Celle BB **83,** 1451, BayObLG BB **91,** 1589, aber auch un- 1

§ 166 2–6 II. Buch. Handelsgesellschaften und stille Gesellschaft

mittelbar gegen die zuständigen geschäftsführenden Gfter (§ 118 Rn 1). Einsichtsrecht besteht auch, wenn Kdtist Wettbewerber der KG ist; bei überwiegenden Interessen der KG jedoch Ausübung uU durch Sachverständigen (s Rn 7). Weitere **Grenzen** aus Missbrauchsverbot und Treuepflicht (§ 118 Rn 1). Lit: K. Schmidt 1984; Huber ZGR **82,** 539, Grunewald ZGR **89,** 545, Goerdeler FS Kellermann **91,** 77, Binz/Freudenberg/Sorg BB **91,** 785.

2 **Auflösung, Ausscheiden:** § 166 gilt auch in der Liquidation (wenn Kdtist nicht selbst Liquidator ist), BayObLG BB **87,** 2184, bis zur Vollbeendigung (später § 157 III), Celle BB **83,** 1450. In der Insolvenz Anspruch gegen Insolvenzverwalter, Zweibr ZIP **06,** 2047. § 166 gilt nicht für ausgeschiedene Kdtisten, BGH **50,** 324, BayObLG BB **87,** 712, aA betr die Zeit vorher Hamm BB **70,** 509 (zu III), Heymann/Horn 4. Erben und Nacherben s § 118 Rn 2. Sie haben betr die Zeit vor ihrem Ausscheiden aber die aus § 810 BGB und § 242 BGB folgenden Einsichts- und Auskunftsrechte (s Rn 12), BGH WM **89,** 878. Ein Verfahren nach III ist nicht mehr zulässig, BayObLG BB **87,** 712, aA Hamm MDR **70,** 596, Heymann/Horn 4.

3 B. **Mitteilung des Jahresabschlusses:** Jahresabschluss bedeutet bei Personen-Ges Bilanz samt Gewinn- und Verlustrechnung (§ 242 III). I (nF 1986, Anpassung an § 242 III) umfasst seinem Zweck nach neben der Handelsbilanz auch die höchst wichtige Steuerbilanz (dh die Handelsbilanz mit den steuerlich notwendigen Änderungen), Stgt OLGZ **70,** 264, auch Eröffnungsbilanz (§ 242 I), str, und Liquidationsbilanz (§ 154). **Nicht:** Zwischenabschlüsse, Prüfungsberichte (zB über freiwillige Abschlussprüfung oder des Finanzamts), insoweit also keine Aushändigung, str, sondern nur Einsichtsrecht (s Rn 4).

4 C. **Einsichtsrecht:** Der Kdtist kann die Richtigkeit des Jahresabschluss unter Einsicht der Bücher und Papiere der Ges prüfen. Zu den **Büchern und Papieren der KG** gehören alle Unterlagen der Ges, auch Prüfungsberichte (keine Aushändigung, s Rn 3), BGH WM **89,** 878, auch Geheimbücher der Ges, Mü WM **08,** 2211 (§ 118 Rn 4). Der Kdtist kann unter den Schriftstücken wählen, Mü WM **08,** 2211; der geschäftsführende Gfter kann dartun, dass die Einsicht in ein gewähltes Stück nicht zur sachgerechten Prüfung des Jahresabschlusses erforderlich, daher missbräuchlich ist. Im Urteil auf Duldung der Einsicht Tenor idR ohne Einschränkung, die Gründe können uU auf mögliche Einschränkungen hinweisen, BGH **25,** 120, 122, BB **75,** 1083. Das Einsichtsrecht ist **auf die Kontrolle des Rechnungsabschlusses beschränkt** (anders § 118), BGH **25,** 120, BB **84,** 1273. **Zeit, Ort, Art und Weise** der Einsicht entspr der Treuepflicht, keine Herausgabe, Mitnahme, Versendung (§ 118 Rn 4). **Mitunterzeichnung der Bilanz** durch Kdtist ist nach der Rspr (§ 164 Rn 3) Anerkennung ihrer Richtigkeit, schließt aber spätere Einsicht in die Unterlagen nicht ohne weiteres aus (§ 118 Rn 4), KG GmbHR **88,** 224 (GmbH), erst recht nicht bei Annahme eines bloßen Organbeschlusses (§ 164 Rn 3), aA RG **117,** 334 (bei vorbehaltslosem Anerkenntnis), BGH BB **62,** 426 (unklar), Nürnb BB **57,** 1047, Heymann/Horn 26, Ebenroth/Weipert 16, dann aber wenigstens nach Anfechtung. Wirkung der Entlastung s § 114 Rn 16. **Kosten** s § 118 Rn 5.

5 D. **Ausübung: a) Persönlich:** Es kann grundsätzlich **nur persönlich** ausgeübt und nicht übertragen werden, bei Minderjährigen durch den gesetzlichen Vertreter (§ 118 Rn 8). Ausübung durch **Bevollmächtigte** ist nur mit Zustimmung der MitGfter zulässig; ohne Zustimmung nur bei wichtigem Grund, zB wenn der Gfter durch besondere Umstände wie längere Abwesenheit oder längere Krankheit verhindert ist, BGH **25,** 123 (näher § 118 Rn 8).

6 **b) Hinzuziehung Dritter:** Der einsichtsberechtigte Kdtist darf aber, auch ohne mangelnde Sachkunde oder sonstige Gründe nachweisen zu müssen, einen geeigneten **Sachverständigen** hinzuziehen, BGH **25,** 115, BB **84,** 1274. Möglich ist Ablehnung aus Gründen in der Person des Vorgeschlagenen, bei Streit

2. Abschnitt. Kommanditgesellschaft 7–11 § 166

hierüber Bestimmung durch das Gericht, BGH BB **70**, 187, Hamm BB **70**, 104 (näher § 118 Rn 9).

c) **Ausübung nur durch Dritte:** Der Kdtist kann ausnahmsweise, zB wenn 7 der Kdtist Wettbewerber der Ges ist (§ 165) sein Informationsrecht nicht persönlich, sondern nur durch einen Sachverständigen ausüben, der dann dem Kdtisten ihm nicht zustehende Informationen nicht zugänglich machen darf (überwiegende Interessen der Ges, Treuepflicht, § 109 Rn 23), BGH BB **79**, 1316, WM **82**, 1403. Ausübung nur durch gemeinsamen Kdtistenvertreter ist bei der PublikumsGes sogar die Regel (Anh § 177 Rn 72). Die Beweislast für konkrete Gefährdung betr bestimmter Geschäftsunterlagen liegt bei der Ges, BGH BB **79**, 1316. Auswahl des Sachverständigen liegt auch hier beim Kdtisten als Rechtsinhaber, aA (wegen Gefährdung der Ges) Einigung mit KG, BayObLG WM **89**, 372; aber Widerspruchsrecht der KG bei begründeten Zweifeln (§ 118 Rn 9). Kosten § 118 Rn 5.

2) Das außerordentliche Informationsrecht (vgl III)

A. **Grundsatz:** Neben dem Informationsrecht nach I, Mü WM **08**, 2212, 8 besteht bei wichtigem Grund ein außerordentliches Informationsrecht, das nach üL aus III folgt, richtiger aber unabhängig von III (dann nur Verfahrensvorschrift) besteht (s Rn 11). Das außerordentliche Einsichtsrecht ist anders als I **nicht auf die Kontrolle des Rechnungsabschlusses beschränkt,** sondern erstreckt sich auch auf die Geschäftsführung des Komplementärs allgemein und die damit zusammenhängenden Unterlagen, Mü WM **08**, 2211. Es ist unanwendbar zur Prüfung von Unterlagen (Schlussbilanz) eines einzelkfm Unternehmens, aus dem die KG hervorging, Düss DB **71**, 1779. Es richtet sich idR gegen die Ges selbst, Mü WM **08**, 2211 (s Rn 1). III gilt nicht nach Ausscheiden, str (s Rn 2). Ausübung persönlich oder durch Dritte s Rn 5–7.

B. **Wichtiger Grund:** Ein solcher liegt vor, wenn über I hinaus sofortige 9 Überwachung im Interesse des Kdtisten geboten ist, zB bei drohender Schädigung von Ges oder Kdtist, BGH BB **84**, 1274 (stGes), bei begründetem Verdacht nicht ordnungsmäßiger Geschäfts- oder Buchführung, Hbg MDR **65**, 666, Mü WM **08**, 2212; idR bei Verweigerung oder längerer Verzögerung der Kontrolle nach I, Hamm BB **70**, 509, MDR **71**, 1014, iErg BayObLG BB **91**, 1589. Der wichtige Grund begrenzt zugleich Umfang und Dauer der Überwachung, also uU nur einmalig, nach aA immer nur einmalig, so wohl BayObLG BB **91**, 1589.

C. **Umfang:** Mitteilung (Kopie) von Bilanz, Jahresabschluss (III nF 1986, 10 Anpassung an § 242 III) und sonstige Aufklärungen (Auskunft) sowie Vorlegung (Einsicht) der Bücher und Papiere, auch Zwischenabschlüsse (anders I, s Rn 3). III beschränkt nur die Anordnungsbefugnis des Gericht nach FamFG, das außerordentliche Informationsrecht kann weiter reichen. Der Umfang richtet sich im Übrigen nach Lage des Falles; Bsp: Teile eines Berichts, vgl Hbg MDR **65**, 666. Auch Aufstellung einer Zwischenbilanz kann verlangt werden, Staub/Schilling 12.

3) Sonstige Informationsrechte (vgl II)

A. **Allgemeines Informationsrecht des Kommanditisten:** Die Rechte 11 des § 118, zB allgemeines Büchereinsichtsrecht, hat der Kdtist nicht (II), BGH WM **83**, 911. Dennoch ist ein allgemeines Informationsrecht auch des Kdtisten über § 166 hinaus anzuerkennen, K. Schmidt §§ 53 III 3 b, 21 III, Goerdeler FS Kellermann **91**, 77, aA Heymann/Horn 18, offen BGH NJW **92**, 1890; jedenfalls bei PublikumsGes hL (Anh § 177 a Rn 72). Es kann bestehen zB bei Steuerpflichten des Kdtisten als steuerrechtlichem Mitunternehmer, Heymann/Horn 19; bei Abstimmung über außergewöhnliche Geschäfte (§ 164 Rn 2); bei Änderungen des GesVertrags oder andere Grundlagengeschäften (§ 164 Rn 4). Auch dieses allgemeine Informationsrecht ist aber funktionsgebunden, besteht also

§ 166 12–16   II. Buch. Handelsgesellschaften und stille Gesellschaft

nicht zwecks Einwirkung auf die Geschäftsführung, BGH NJW **92,** 1890. Das Informationsrecht nach § 166 kann **ausnahmsweise** zum **Auskunftsrecht** des einzelnen Gfter erstarken, nämlich wenn die erforderlichen Angaben nicht aus den Büchern und Papieren der Ges ersichtlich sind und sich der Gfter etwa bei Lückenhaftigkeit oder Widersprüchlichkeit der Unterlagen ohne die Auskunft keine Klarheit über die Angelegenheiten der Ges verschaffen kann (§ 118 Rn 7).

12   B. **Auskunftsrecht:** Neben dem Informationsrecht (Individualrecht) des Kdtisten gegen die Ges und durch § 166 nicht ausgeschlossen, Huber ZGR **82,** 539, str, besteht ein (kollektives) Informationsrecht aller Gfter gegen den geschäftsführenden (**§§ 713, 666 BGB;** § 114 Rn 14). Dieses Recht ist kein Individualrecht, kann aber von jedem einzelnen Gftern zugunsten der Ges geltend gemacht werden (actio pro socio, § 109 Rn 32), MüKoBGB/Ulmer/Schäfer § 713 Rn 8, offen, aber jedenfalls nur nach Maß der Mitwirkungsrechte des Kdtisten, also nicht betr Geschäftsführung, BGH NJW **92,** 1890.

13   Wenn § 166 wie zB dem ausgeschiedenen Kdtisten nicht zur Verfügung steht, kann er auf **§ 810 BGB** rekurrieren (s Rn 2, § 118 Rn 11). Ausnahmsweise folgt ein Auskunftsrecht aus **§ 242 BGB** (§ 118 Rn 13). Hinzu kommen **Vorlegungsrechte** aus § 258 HGB und §§ 422 ff ZPO (§ 118 Rn 14).

4) Verfahren allgemein und nach III

14   A. **Allgemeines Verfahren:** Die Rechte nach I sind idR durch (Leistungs-, Schadensersatz-)**Klage vor dem Prozessgericht** geltend zu machen. Das ist auch für das außerordentliche Informationsrecht (nach üL III, s Rn 8) möglich, BGH BB **84,** 1273 (stGes), offen BayObLG BB **91,** 1589. Umgekehrt ist für Rechte nach I (ebenso wie für das außerordentliche Informationsrecht) bei wichtigem Grunde auch das Verfahren nach III möglich; wichtiger Grund ist insbesondere (s Rn 9) schon Verweigerung (ausdrücklich oder faktisch) der Kontrolle nach I (so dass bei Klageanlass meist auch der Weg nach III offen sein wird), Hamm BB **70,** 509, MDR **71,** 1014. Der Kdtist kann gleichzeitig auf beiden Wegen vorgehen (unterschiedliche Voraussetzungen), Celle BB **83,** 1451, was (lösbare) Probleme aufwirft, Ebenroth/Weipert 36, 45. Keine Klage des Kdtisten gegen KG auf Änderung eines Bilanzentwurfs, BGH BB **80,** 121. Vorläufiger Rechtsschutz, zB nach §§ 935 ff ZPO auf Sicherstellung von Büchern und Papieren, ist zu I und zum außerordentlichen Informationsrecht möglich (nicht nach III, s Rn 15), nach aA ist III eine Sonderverfahrensregel für den einstweiligen Rechtsschutz, K. Schmidt § 53 II 3 c. Bestellung von Sachverständigen durch das Gericht ist möglich (s Rn 6). Vollstreckung s § 118 Rn 15.

15   B. **Sonderverfahren nach III:** Streitiges Verfahren nach **FamFG** (Einl 81 vor § 1, § 146 Rn 8) mit entspr Anwendung der ZPO, BayObLG DB **78,** 2405. Amtsermittlung (§ 26 FamFG). Bei Tod des geschäftsführenden Gfters ist Verfahren gegen Nachfolger fortzusetzen (keine Unterbrechung nach § 239 ZPO), Hamm BB **70,** 104. Bei Vorliegen von III kein Ermessen des Gerichts zum Ob, nur zum Wie, BayObLG BB **91,** 1589. Im Verfahren nach III kann Anspruch nach I mitgeprüft werden (s Rn 14). Einstweilige Verfügung ist im FamFGVerfahren nach III nicht möglich, aber richterliche Anordnung, MüKo/Grunewald 36. Das Verfahren nach III kann durch Vergleich beendet werden, BayObLG DB **78,** 2405.

5) Die Informationsrechte bei verbundenen Personengesellschaften

16   A. **KG als herrschende Gesellschaft:** Bücher und Papiere der Ges, nicht nur solche über die inneren Angelegenheiten der Ges, sondern auch über ihre Konzernbeziehungen (§ 105 Rn 100, 106), BGH BB **84,** 1274 (stGes). Ein eigenes oder abgeleitetes Informationsrecht gegen selbstständige TochterGes hat der Kdtist nach I nicht, auch nicht gegen die KG auf Ermöglichung solcher unmittelbarer Kontrolle, BGH BB **84,** 1272, 1274 (stGes), aA für Sonderfall Kln

2. Abschnitt. Kommanditgesellschaft **§ 167**

OLGZ **67,** 362. Ausnahmsweise besteht Anspruch gegen die Ges auf Einsicht in Bücher der (nahezu) 100%igen TochterGes, BGH **25,** 118 (EinpersonenGmbH), Stgt BB **56,** 573; uU auch bei Manipulationen und personeller Verflechtung, Heymann/Horn 24, aber die Rechte der Gfter der TochterGes sind zu wahren; für allgemeinere Erstreckung auch auf Angelegenheiten des verbundenen Unternehmens im Konzern Kln ZIP **85,** 800 (GmbH), Schneider BB **75,** 1353, Entspr gilt unter § 51a GmbHG bei GmbH & Co (Anh § 177a Rn 25). Lit: MüKo/Mülbert Anh § 236 Rn 100 ff; Schneider BB **75,** 1353 u ZHR 143 **(79)** 501, Hepting FS Pleyer **86,** 301, Kort ZGR **87,** 46.

B. **KG als beherrschte Gesellschaft:** Ist die KG abhängig oder konzerniert 17 (§ 105 Rn 102–105), ist dies nicht schon für sich allein ein wichtiger Grund iSv III, Rö/v Gerkan/Haas 22, MüKo/Grunewald 31, aA Heymann/Horn 23, Schneider BB **75,** 1353. Doch liegt ein solcher bei Unternehmensverbindung, zumal bei mittelbarer, wegen geringerer Durchsichtigkeit näher als ohne solche (§ 105 Rn 103, s auch § 116 Rn 16). Im qualifizierten faktischen Konzern, nach aA auch schon im einfachen, hilft auch Beweislastumkehr, BGH NJW **80,** 232 (§ 105 Rn 104).

6) Abweichende Vereinbarungen

A. **Einschränkung: a) Das ordentliche Informationsrecht:** I und II sind 18 nicht schlechthin unabdingbar, aA MüKo/Grunewald 48 für gesetzestypische KG, Einzelheiten sehr str. Der GesVertrag kann die Informationsrechte zwar nicht ganz beseitigen, aber ausgestalten und dabei auch einschränken, BayObLG WM **88,** 1790, auch K. Schmidt § 53 III 3 d, so insbesondere hinsichtlich der Art und Weise der Ausübung, zB Vertreterklausel (Ausübung der Rechte nur durch gemeinsamen Vertreter) bei PublikumsGes BGH NJW **84,** 2471 (Anh § 177a Rn 72); offen oder sogar aA BGH NJW **89,** 225m zust Anm Schießl 1597, Grunewald ZGR **89,** 545 entspr dem (problematischen, Mertens FS Werner **84,** 557) § 51a III GmbHG. Solche Einschränkungen dürfen aber nicht den Kern des Informations- und Kontrollrechts berühren, so bei völligem Entzug wegen erlaubter Konkurrenztätigkeit, BGH NJW **95,** 194 (Kernbereichslehre, § 119, Rn 36). Keinesfalls wirken sie bei Verdacht unredlicher Geschäftsführung (entspr § 716 II BGB, § 118 II HGB); auch das Recht auf Mitteilung der Bilanz und eine Möglichkeit zur Prüfung ist zwingend, K. Schmidt § 53 III 3 d, str.

b) Das außerordentliche Informationsrecht und die Befugnisse des Ge- 19 richts bei wichtigem Grund nach III sind wie immer unbeschränkbar, Hamm BB **70,** 509. Besonderheiten gelten für die PublikumsGes (Anh § 177a Rn 72). Doch hindert eine im GesVertrag enthaltene Schiedsklausel solche Anträge, BayObLG DB **78,** 2405. Lit: Veltins/Hikel DB **89,** 465.

Unberührt bleibt das zwingende Auskunftsrecht nach **§§ 713, 666 BGB** 20 (§ 114 Rn 14).

B. **Erweiterung:** Erweiterungen von I und II sind ohne weiteres möglich, 21 auch des außerordentlichen Informationsrechts (zB bezüglich des wichtigen Grundes). Das Verfahren nach III ist dagegen nicht disponibel.

[Gewinn und Verlust]

167 (1) **Die Vorschriften des § 120 über die Berechnung des Gewinns oder Verlustes gelten auch für den Kommanditisten.**

(2) **Jedoch wird der einem Kommanditisten zukommende Gewinn seinem Kapitalanteil nur so lange zugeschrieben, als dieser den Betrag der bedungenen Einlage nicht erreicht.**

§ 167 1–5

(3) **An dem Verluste nimmt der Kommanditist nur bis zum Betrage seines Kapitalanteils und seiner noch rückständigen Einlage teil.**

Übersicht

1) Ermittlung von Gewinn und Verlust der KG (I) 1
2) Begrenzte Gewinnzuschreibung (II) 2, 3
   A. Dem Kapitalanteil zugeschriebener Gewinn 2
   B. Nicht dem Kapitalanteil zugeschriebener Gewinn 3
3) Begrenzter Verlustanteil (III) 4, 5
   A. Begrenzter Verlustanteil 4
   B. Negativer Kapitalanteil 5
4) Abweichende Vereinbarungen 6–8
   A. Vertragsfreiheit 6
   B. Gewinnzuschreibung, Konten 8
   C. Verlustanteil 8

1) Ermittlung von Gewinn und Verlust der KG (I)

1   Für die **Ermittlung** des Gewinns oder Verlusts der Ges **im ganzen** gilt bei der KG nichts anderes als bei der OHG (§ 120 I).

2) Begrenzte Gewinnzuschreibung (II)

2   A. **Dem Kapitalanteil zugeschriebener Gewinn:** Für die Bildung und Behandlung der Kapitalanteile der Gfter gilt grundsätzlich dasselbe wie bei der OHG (§ 120 II, dort Rn 12). Dem Kapitalanteil des Kdtisten wird aber abw von § 120 II (also anders als phG) iZw **Gewinn nur** solange **zugeschrieben, bis** der Kapitalanteil die zugesagte **Einlage erreicht** (Pflichteinlage, nicht Hafteinlage, § 171 Rn 1), also gar nicht, wenn diese sogleich voll geleistet ist und nicht durch Verluste oder Entnahmen vermindert wird. Darüber hinaus kommen Gewinnanteile des Kdtisten außerhalb seines Kapitalanteils zugute, wie im System der festen Kapitalanteile alle Gewinnanteile allen Gftern (§ 120 Rn 15, 18–21). Dem Kapitalanteil zugeschriebener Gewinn wird auf dem Kapitalkonto verbucht (§ 120 Rn 18, 19). Verzinsung nur bei Vereinbarung (s Rn 7).

3   B. **Nicht dem Kapitalanteil zugeschriebener Gewinn:** Dieser ist nicht auf dem Kapitalkonto, sondern auf dem Privatkonto zu buchen (§ 120 Rn 18–21). Er ist jederzeit fristlos verfügbar (abrufbar, abtretbar, verpfändbar; Grenze: Treuepflicht § 109 Rn 23) und für Gläubiger pfändbar. Das gilt auch, wenn das Kapitalkonto negativ ist (s Rn 5), also keine Verrechnung. Verzinsung nur, wenn (auch stillschweigend) vereinbart. Umwandlung des Guthabens in zusätzliche Einlage oder in Darlehen setzt (auch stillschweigenden) Vertrag voraus (s Rn 7).

3) Begrenzter Verlustanteil (III)

4   A. **Begrenzter Verlustanteil:** Der Kdtist nimmt am Verlust nur bis zum Betrage seines Kapitalanteils und seiner noch rückständigen Einlage teil (III). Der Kdtist hat nicht nur während des Bestehens der KG keine Nachschusspflicht (§ 707 BGB, s § 109 Rn 12), sondern nach III auch nicht in der Liquidation oder beim Ausscheiden, etwaige Verluste bleiben vielmehr allein beim phG hängen, BGH **86,** 126, WM **86,** 235.

5   B. **Negativer Kapitalanteil:** III bedeutet jedoch nicht, dass die Belastung des Kdtisten mit Verlusten bei Erschöpfung seines (durch Einlage und Gewinnzuschreibungen gebildeten, s Rn 2) Kapitalanteils zuzüglich der noch zu leistenden Einlage aufhört. Vielmehr kann der Kdtist ebenso wie der phG einen negativen Kapitalanteil haben (§ 120 Rn 22), den er durch spätere Gewinnanteile zuerst wieder auf Null bringen muss, bevor er Beträge ausbezahlt verlangen kann (§ 168 Rn 1). Darin erschöpft sich aber mangels anderer Vereinbarung (s Rn 6)

2. Abschnitt. Kommanditgesellschaft **§ 168**

die Bedeutung des negativen Kapitalanteils. Der Kdtist, der bei Auflösung der Ges oder bei seinem Ausscheiden einen negativen Kapitalanteil hat, braucht diesen also nicht aufzufüllen (s Rn 4). Steuerrechtliche Einschränkung des negativen Kapitalkontos s Anh § 177a Rn 43.

4) Abweichende Vereinbarungen

A. **Vertragsfreiheit:** 167 ist dispositiv (Innenverhältnis, § 109). Zu I sind 6 abweichende Vereinbarungen wie bei der OHG möglich (§ 120 Rn 11), zB zur Aufstellung und Feststellung des Jahresabschlusses (§ 164 Rn 3, 6–9).

B. **Gewinnzuschreibung, Konten:** Der GesVertrag kann dem Kdtisten entgegen II ein **Aufstockungsrecht** einräumen, dann kann er (bei variablen Kapitalanteilen, § 120 Rn 14) durch Stehenlassen von Gewinnen seine Einlage erhöhen. Sonst setzt Umwandlung des Guthabens in zusätzliche **Einlage** einen (auch stillschweigenden) Vertrag. Bloßes Stehenlassen genügt auch nicht für (Vereinbarungs-)**Darlehen.** Bei einvernehmlicher Buchung als Darlehen oder sonstwie Einigung auf Behandlung als Darlehen ist das so gebildete Darlehen iZw kündbar (Fristen § 488 III BGB), Düss BB **63,** 284, Grenze: Treuepflicht (§ 109 Rn 23). Der GesVertrag kann die Kündigung ausschließen, Düss BB **63,** 284, auch durch Beschränkung des Gewinnentnahmerechts, str. Auch dann darf der Kdtist aber iZw den Betrag entnehmen, der zur Zahlung der auf den Gewinn anfallenden Steuern notwendig ist (vgl § 122 Rn 16), Heymann/Horn 12, str. Je nachdem werden auch unterschiedliche **Konten,** zB Kapitalkonto I, II, Privatkonten, vereinbart (§ 120 Rn 18–21). Übergang von festem zu variablem Konten mit Gewinnzuschreibung gilt iZw auch für Kdtisten, BGH WM **67,** 317. Auslegung von Buchungen auf variablen Konten (Einlagen oder Darlehen), Kln ZIP **00,** 1726. Gfter ohne Kapitalanteil s § 120 Rn 23. Verzinsung, auch eines Vorschusses, kann (auch stillschweigend) vereinbart werden (§ 120 Rn 18, 19); sie kann haftungsschädliche Entnahme nach § 172 IV sein (§ 168 Rn 4), BGH **39,** 332. Lit: Huber ZGR **88,** 1.

C. **Verlustanteil:** Abbedingung des Verlustanteils bei Gfter ohne Kapitalanteil 8 (§ 120 Rn 23). Nachschusspflicht kann besonders vereinbart sein, aber nur beschränkt durch Bestimmtheitsgrundsatz und Obergrenzen (§ 109 Rn 14). Abbedingung von III (Freistellungspflicht des Kdtisten) bei GmbH & Co, s Anh § 177a Rn 43.

[Verteilung von Gewinn und Verlust]

168 (1) Die Anteile der Gesellschafter am Gewinne bestimmen sich, soweit der Gewinn den Betrag von vier vom Hundert der Kapitalanteile nicht übersteigt, nach den Vorschriften des § 121 Abs. 1 und 2.

(2) In Ansehung des Gewinns, welcher diesen Betrag übersteigt, sowie in Ansehung des Verlustes gilt, soweit nicht ein anderes vereinbart ist, ein den Umständen nach angemessenes Verhältnis der Anteile als bedungen.

Übersicht

1) Gewinnverteilung (I, II) 1, 2
    A. Vorzugsgewinnanteil 1
    B. Mehrgewinn 2
2) Verlustverteilung (II) 3
3) Abweichende Vereinbarungen 4, 5
    A. Gewinn- und Verlustverteilungsabreden 4
    B. Sonstige Änderungen 5

Hopt

§ 169

II. Buch. Handelsgesellschaften und stille Gesellschaft

1) Gewinnverteilung (I, II)

1 A. **Vorzugsgewinnanteil:** Nach I werden entspr § 121 (falls nicht wie üblich vertraglich anders geregelt) aus dem Gewinn zunächst bis zu 4% auf die Kapitalanteile (§ 167 Rn 2) verteilt, bei Berücksichtigung von Einlagen und Entnahmen während des Geschäftsjahrs nach § 121 II. Die 4% sind ggf anteilig zu kürzen (§ 121 I 2). Ein negativer Kapitalanteil wird nicht bedient (§ 167 Rn 5).

2 B. **Mehrgewinn** wird iZw nicht wie nach § 121 III nach Köpfen, sondern in angemessenem Verhältnis verteilt (II), vgl RG Gruch **38,** 1132, BGH WM **56,** 1062. Angemessen ist idR Gewinnvoraus an den phG (wegen § 128) und die vergütungslos tätigen (§ 110 Rn 19) geschäftsführenden Gfter (auch Kdtisten, § 164 Rn 7), Verteilung des Restbetrags nach Kapitalanteilen (wie nach I). Streit über die Gewinn- und Verlustverteilung ist unter den Gftern, nicht mit der Ges auszutragen, BGH WM **74,** 177. Leistungsklage betrifft nur das konkrete Jahr, deshalb besteht idR Rechtsschutzbedürfnis für Feststellungsklage.

2) Verlustverteilung (II)

3 Auch Verlust wird abw von § 121 III in angemessenem Verhältnis umgelegt (II, s Rn 2). Angemessen ist idR Verteilung nach Kapitalanteilen. Klage s Rn 2.

3) Abweichende Vereinbarungen

4 A. **Gewinn- und Verlustverteilungsabreden:** § 168 ist dispositiv (Innenverhältnis, § 109); so für Gewinnverteilung (§ 121 Rn 8), BGH WM **78,** 1230, ebenso wie für Verlustverteilung (§ 121 Rn 9). Tätigkeitsvergütung s § 169 Rn 5. Der Gewinnvoraus für phG und Geschäftsführer (s Rn 2) kann näher bestimmt werden. Gewinne und Verluste können statt nach I, II nur nach Kapitalanteilen verteilt werden. Feste Verzinsung oder garantierter Gewinnanteil an Kdtisten sind auch bei Verlust der Ges zu bezahlen, sie sind iZw Ausschluss der Verlustbeteiligung des Kdtisten, BGH WM **75,** 662. Dies kann zu haftungsschädlicher Entnahme nach § 172 IV führen (§ 167 Rn 7). Gfter ohne Kapitalanteil s § 168 Rn 7, 8.

5 B. **Sonstige Änderungen:** Jede Änderung der Gewinn- und Verlustverteilung ist Vertragsänderung (§ 121 Rn 10).

[Gewinnauszahlung]

169 (1) [1]**§ 122 findet auf den Kommanditisten keine Anwendung.** [2]**Dieser hat nur Anspruch auf Auszahlung des ihm zukommenden Gewinns; er kann auch die Auszahlung des Gewinns nicht fordern, solange sein Kapitalanteil durch Verlust unter den auf die bedungene Einlage geleisteten Betrag herabgemindert ist oder durch die Auszahlung unter diesen Betrag herabgemindert werden würde.**

(2) **Der Kommanditist ist nicht verpflichtet, den bezogenen Gewinn wegen späterer Verluste zurückzuzahlen.**

Übersicht

1) Gewinnentnahmen der Kommanditisten (I) 1–5
   A. Kein gewinnunabhängiges Entnahmerecht (I 1) 1
   B. Gewinnrecht (I 2 Halbsatz 1) 2
   C. Grenzen 3
2) Keine Gewinnrückzahlung (II) 6
3) Abweichende Vereinbarungen 7, 8
   A. Erweiterungen 7
   B. Beschränkungen 8

2. Abschnitt. Kommanditgesellschaft 1–7 **§ 169**

1) Gewinnentnahmen der Kommanditisten (I)

A. **Kein gewinnunabhängiges Entnahmerecht (I 1):** Für Kdtisten gilt 1 (anders als für phG der KG) § 122 nicht (I 1). Der Kdtist hat also kein gewinnunabhängiges Entnahmerecht nach § 122 I 1. Halbs (§ 122 Rn 8). Das Verbot des § 122 II kehrt der Sache nach wieder in § 169 I 2. Es besteht kein Auszahlungsverbot zum Schutze der Gläubiger, aber Auszahlungen an den Kdtisten können seine persönliche Haftung begründen (§ 172 IV).

B. **Gewinnrecht (I 2 Halbsatz 2):** Den ihm zukommenden Gewinn darf der 2 Kdtist grundsätzlich ganz entnehmen. Entnehmen bedeutet für den nicht geschäftsführenden Kdtisten: sich auszahlen lassen (§ 122 Rn 5).

C. **Grenzen: a)** Die Grenze des § 122 I, wonach die Entnahme nicht zum 3 offenbaren Schaden der Ges gereichen darf, gilt nicht, str, nach aA allgemeiner Grundsatz, doch kann die **Treuepflicht** des Kdtisten das Entnahmerecht ausnahmsweise beschränken, so gilt das nur vorübergehend und soweit der Ges ein schwerer, nicht wiedergutzumachender Schaden droht (§ 122 Rn 9, 13), Staub/Schilling 5. Steuerentnahme s § 122 Rn 9, 17.

b) Der Kdtist darf einen Gewinnanteil nicht entnehmen, wenn sein Kapital- 4 anteil infolge von Verlusten unter dem Betrage der von ihm zugesagten Einlage (**Pflichteinlage**) liegt oder durch die Auszahlung unter diesem Betrag käme (**I 2 Halbsatz 2**). Ist der Kdtist mit seiner Pflichteinlage im Rückstand, so hat er nach dem klaren Wortlaut des I 2 Halbs 2 dennoch Anspruch auf Auszahlung seines Gewinnanteils, aber die Ges kann diesen und die Einlageschuld aufrechnen; anders soweit die Einlage noch nicht fällig ist (§ 387 BGB), bis dahin darf der Kdtist Gewinnanteile entnehmen. Die Beschränkung des I 2 Halbs 2 gilt iZw nur gegen den gesetzlichen Gewinnanspruch (§§ 167, 168), nicht eine vertragliche Gewinngarantie, BGH WM **75**, 662.

c) Zeitlich: Die Einjahresgrenze nach § 122 I 1. Halbs (§ 122 Rn 10) gilt für 5 den Kdtisten grundsätzlich nicht (I 1), Staub/Schilling 5, str. Ist nämlich die Pflichteinlage erbracht, wird der Gewinn nicht dem Kapitalanteil zugeschrieben und ist dann jederzeit abrufbar (§ 167 Rn 3). Ist die Pflichteinlage dagegen noch nicht voll erbracht oder hat der Kdtist ein Aufstockungsrecht (§ 167 Rn 7), so gilt für den dem Kapitalanteil zuzuschreibenden Gewinn die Einjahresgrenze in entspr Anwendung, Heymann/Horn 7.

2) Keine Gewinnrückzahlung (II)

Der Kdtist braucht ebenso wie der Gfter der OHG und der phG der KG 6 einmal bezogene (ausgezahlte oder zur freien Verfügung auf Privatkonto gutgeschriebene) Gewinne nicht wegen späterer Verluste zurückzuzahlen. Anders, nämlich Bereicherungsanspruch der KG, wenn der Kdtist Gewinn unter Verstoß gegen I bzw GesVertrag bezogen hat oder wenn der Jahresabschluss unrichtig ist oder nachträglich geändert wird unter Antastung des Gewinns (§ 245 Rn 3–5). Guter Glaube schützt den Kdtisten nicht, § 172 V gilt nicht entspr (vgl § 172 Rn 9), str. Rückzahlung einer vorschussweise gestatteten Entnahme s § 122 Rn 11. II gilt nur im Innenverhältnis. Für die Haftung gegenüber Gläubigern aus Entnahmen gelten § 172 IV, V.

3) Abweichende Vereinbarungen

A. **Erweiterungen:** § 169 ist dispositiv (Innenverhältnis, § 109; Außenver- 7 hältnis s Rn 1). Zulässig sind Erweiterungen (näher § 122 Rn 15). Der GesVertrag kann den Kdsten (wie phG, § 122 Rn 8) zB entgegen I 1 ein gewinnunabhängiges Entnahmerecht einräumen, BGH WM **79**, 803. GesVertrag kann GfterBeschluss über Entnahmen aus dem Liquiditätsüberschuss der Ges zulassen, BGH NJW **82**, 2065, 2066 (iErg unwirksam). Eine vereinbarte Tätigkeitsvergütung folgt entweder aus dem GesVertrag (als Voraus auf den Gewinnanteil nach

§ 169 oder abw von § 169 vereinbarte gewinnunabhängige Ausschüttung) oder aus besonderem Dienstvertrag (§ 164 Rn 7, § 110 Rn 19); das Erste gilt iZw bei Übertragung der Geschäftsführung an den Kdtisten neben dem phG, Celle OLGZ **73,** 343 (Folge: Haftung nach § 172 IV).

8 B. **Beschränkungen:** Der GesVertrag kann zur Deckung des Kapitalbedarfs der Ges das Entnahmerecht entgegen I 2 Halbs 1 beschränken (näher § 122 Rn 16). Bei Ausschluss der Gewinnentnahme kann (auch stillschweigend) jedenfalls Steuerentnahmerecht des Kdtisten vereinbart sein (§ 122 Rn 17), weitergehend Heymann/Horn 9. Er kann vorsehen, dass nicht entnehmbare Beträge auf einem Darlehenskonto gutzuschreiben sind (§ 167 Rn 7). Das Entnahmerecht des Kdtisten-Erben eines phG bestimmt sich in erster Linie nicht nach § 169, sondern in ergänzender Auslegung (§ 105 Rn 59) anhand der Entnahmeregelung für den Erblasser (zB ähnlich beschränkt), BGH BB **73,** 1000. Mehrheitsbeschluss nur unter Wahrung des Bestimmtheitsgrundsatzes (§ 119 Rn 37).

[Vertretung der KG]

170 Der Kommanditist ist zur Vertretung der Gesellschaft nicht ermächtigt.

Übersicht

1) Gesetzliche Regelung 1, 2
 A. Vertretung der KG durch den Komplementär 1
 B. Haftung der KG 2
2) Kommanditisten mit Vollmacht 3, 4
 A. Prokura und andere Vollmachten 3
 B. Entziehung der Prokura 4

1) Gesetzliche Regelung

1 A. **Vertretung der KG durch den Komplementär:** Die KG wird nach §§ 161 II, 125–127 durch den phG vertreten. **Kommanditisten** sind von der organschaftlichen Vertretung (§ 125 Rn 2, 5) **zwingend ausgeschlossen,** BGH **51,** 200, üL, krit MüKo/Grunewald 10, aA Bergmann ZIP **06,** 2064, ggf Umdeutung in Vollmacht (§ 140 BGB, s Rn 3). Mehrere phG können nach § 125 III (gemischte Gesamtvertretung) an Mitwirkung eines Kdtisten mit Prokura gebunden werden, aber nicht der Einzige phG, KG JW **39,** 424 (Selbstorganschaft, § 125 Rn 5, 20), aA Brox FS Westermann **74,** 21. Aus demselben Grund kann dem einzigen phG die Vertretungsmacht nicht entzogen werden, BGH **41,** 369, **51,** 200 (näher § 127 Rn 3). In einer KG mit nur zwei phG führt bei Gesamtvertretungsmacht beider das Ausscheiden des einen zur Alleinvertretung durch den anderen, BGH **41,** 367 (§ 125 Rn 16). Mitunterschrift des Kdtisten s § 17 Rn 12. Im Prozess der KG ist sind die Kdtisten, auch bei Vollmacht (s Rn 3), nicht als Partei, sondern nur als Zeugen zu hören (§ 124 Rn 43).

2 B. **Haftung der KG:** Die Ges haftet für ihre Gfter, auch für die Kdtisten, je nachdem entspr § 31 BGB, nach § 278 BGB oder § 831 BGB (näher § 124 Rn 24 ff). Ob der Kdtist Geschäftsführungs- und Vertretungsmacht hat oder nicht (§ 164 Rn 1, 7) ist für diese Zurechnung nicht das entscheidende Kriterium.

2) Kommanditisten mit Vollmacht

3 A. **Prokura und andere Vollmachten:** Kdtisten können, durch GesVertrag oder durch den phG namens der Ges, Vollmacht jeder Art für die Ges erhalten, auch Prokura, BGH **17,** 394; auch Generalvollmacht, BGH **36,** 295; auch still-

2. Abschnitt. Kommanditgesellschaft 1 **§ 171**

schweigend durch schlüssiges Verhalten des (der) phG, BGH BB **72**, 726. Ein Kdtist kann auch Geschäftsführer der GmbH bei der GmbH & Co werden (Anh § 177 a Rn 27).

B. Entziehung der Prokura: Die dem Kdtisten im GesVertrag erteilte Prokura kann ihm jederzeit durch einfache Erklärung mit Wirkung nach außen entzogen werden (§ 52 I), also ohne Prozess (§ 127 Rn 3). Im Innenverhältnis ist dafür aber ein wichtiger Grund nötig (nur insoweit entspr §§ 117, 127), BGH **17**, 394. Das gilt auch, wenn der Kdtist von der Geschäftsführung ausgeschlossen ist (Titularprokura). Anders, wenn die Prokura des Kdtisten auf Dienst- oder sonstigem Vertrag beruht (§ 109 Rn 11, § 110 Rn 19), dann richtet sich die Entziehung allein nach diesem Rechtsverhältnis. Der GesVertrag kann die Entziehung von Zustimmung aller andern Gfter oder einer Mehrheit von ihnen abhängig machen, Karlsr BB **73**, 1551. 4

[Haftung des Kommanditisten]

171 (1) **Der Kommanditist haftet den Gläubigern der Gesellschaft bis zur Höhe seiner Einlage unmittelbar; die Haftung ist ausgeschlossen, soweit die Einlage geleistet ist.**

(2) **Ist über das Vermögen der Gesellschaft das Insolvenzverfahren eröffnet, so wird während der Dauer des Verfahrens das den Gesellschaftsgläubigern nach Absatz 1 zustehende Recht durch den Insolvenzverwalter oder den Sachwalter ausgeübt.**

Übersicht

1) Beschränkung der Haftung (I Halbsatz 1) 1–5
   A. Auf die Haftsumme beschränkte Haftung des Kommanditisten 1
   B. Rechtsmissbrauch 4
   C. Haftung aus anderen Gründen 5
2) Wegfall der Haftung (I Halbsatz 2) 6–10
   A. Leistung der Einlage 6
   B. Aufrechnung 7
   C. Leistung an einen Gesellschaftsgläubiger 8
   D. Abtretung der Einlageforderung 9
   E. Verfahrensfragen 10
3) Haftung des Kommanditisten in der Gesellschaftsinsolvenz (II) 11–14
   A. Zuständigkeit des Insolvenzverwalters 11
   B. Zahlung zur Masse 12
   C. Ausscheiden vor Eröffnung des Insolvenzverfahrens 14

1) Beschränkung der Haftung (I Halbsatz 1)

A. Auf die Haftsumme beschränkte Haftung des Kommanditisten: Der Kdtist haftet den GesGläubigern **nur bis zur Höhe** der im GesVertrag bestimmten, nach § 162 I ins HdlReg einzutragenden „Einlage", besser **Haftsumme** (Haftungssumme, Außenverhältnis). Diese ist streng von der im Verhältnis unter den Gftern zu leistenden Einlage (sog **Pflichteinlage**, Innenverhältnis) zu unterscheiden, BGH NJW **95**, 197. Mangels besonderer Vereinbarung entspricht zwar die Haftsumme der Pflichteinlage, BGH DB **77**, 1249; die Pflichteinlage kann jedoch von der Haftsumme abweichen, vgl § 172 III. Auch der StrohmannKdtist und der offene TreuhänderKdtist haften als Gfter, daneben uU auch der Treugeber, Celle ZIP **85**, 102, s Rn 5. Haftung vor Eintragung des Einlagebetrags s § 176. Lit: K. Schmidt 1977; K. Schmidt GmbHR **86**, 337, Huber ZGR **88**, 11. 1

§ 171 2–5   II. Buch. Handelsgesellschaften und stille Gesellschaft

2   **Art und Inhalt der Haftung (§§ 128, 129):** Die Haftung des Kdtisten ist, von der Beschränkung und von der Sondervorschrift für die Gesellschaftsinsolvenz (II) abgesehen, keine andere als die der Gfter der OHG und des phG in der KG (§§ 128, 129, s dort). Wie deren Haftung dauert sie über Auflösung der Ges und Ausscheidens des Gfters fort, im Fall des Ausscheidens beschränkt auf die vor dem Ausscheiden begründeten GesVerbindlichkeiten (Altgläubiger), § 128 Rn 29, § 160 nF 1994. Sie ist nicht subsidiär, gilt ohne Rücksicht auf Möglichkeit oder Unmöglichkeit der Befriedigung des Gläubigers aus dem GesVermögen, BGH **39,** 322. So auch bei Übertragung des GesAnteils (näher § 173 Rn 11–13).

3   **Einzelfälle:** Gewerbesteuer für den GesBetrieb nach GewStG: persönliche Steuerpflicht nur nach Maßgabe der bürgerlichrechtlichen Haftung für Verbindlichkeiten, des Gewerbebetriebs, des Kdtisten also nur gemäß KdtistenHaftung. Vgl BB **66,** 319. Ebenso nur beschränkte Haftung für Grundsteuer, RFH **48,** 160; ebenso für die Fernsprechgebührenschuld der KG, BGH BB **65,** 303. Für HdlRegEintragungskosten haftet der Kdtist persönlich, soweit er selbst anmeldepflichtig ist (Bsp Sitzverlegung, §§ 107, 108 I, 161 II); anders für (auch damit verbundene) andere Anmeldung der Ges (Bsp ZwNlErrichtung, § 13), Hamm BB **76,** 811.

Schiedsvereinbarung der KG: Schiedsvereinbarung der KG mit Dritten (Einl 89 vor § 1; davon streng zu unterscheiden ist Schiedsklausel im GesVertrag, Einl 90 vor § 1) wirkt anders als bei der OHG (§ 128 Rn 40) idR nicht für und gegen Kdtisten, die nach §§ 171 ff in Anspruch genommen werden, wohl BGH WM **91,** 385, Hbg RIW **89,** 577, hL, aA BGH WM **71,** 308. Die Verneinung oder Bejahung dieser Erstreckung folgt aber nicht schon aus den Haftungsnormen der §§ 171 ff (entspr üL u Rspr bei der OHG § 128), sondern aus Auslegung der Schiedsvereinbarung (§ 128 Rn 40). Für diese ist bei geschäftsführenden Kdtisten (§ 164 Rn 7) ebenso wie bei phG idR konkludente Vollmacht des nicht unterzeichnenden Kdtisten anzunehmen. Für andere Kdtisten ist dazu klarer Vertragswille notwendig, bei PublikumsKG wird dieser nie vorliegen (ggf Inhaltskontrolle, Anh § 177 a Rn 68). Lit: K. Schmidt DB **89,** 2315, Weber/ v Schlabrendorff FS Glossner **93,** 477.

4   B. **Rechtsmissbrauch:** Der Kdtist haftet den GesGläubigern auch bei alleinigem Weisungs- oder Geschäftsführungsrecht nicht nach § 128 wie phG; anders bei (darüber hinausgehendem) Rechtsmissbrauch oder aus Rechtsgeschäft mit dem Gläubiger, zB Schuldbeitritt oder Garantie, BGH **45,** 210 (§ 164 Rn 9). Die Berufung des Kdtisten auf die Beschränkung seiner Haftung ist nicht immer schon dann missbräuchlich, wenn er allein Kapitalinhaber ist und den maßgeblichen Einfluss in der Ges hat, während der phG vermögenslos und daher seine persönliche Haftung für Gläubiger nutzlos ist (s § 161 Rn 12, kapitalistische KG), Ebenroth/Strohn 29, str: zu weitgehend (kein Rechtsmissbrauch) BGH **45,** 209, Staub/Schilling § 164 Rn 12; zu eng (immer Rechtsmissbrauch) Wiedemann I 545, aber der Gleichlauf von Herrschaft und Haftung ist de lege lata nicht zwingend. Vielmehr kommt es auf die Umstände im Einzelfall an. Danach kann der Kdtist haften zB wenn er durch solche Gestaltung Dritte vorsätzlich sittenwidrig schädigt (§ 826 BGB); wenn er den Rechtsschein einer Haftung wie phG erweckt (§ 5 Rn 9), zB wenn er auf seine persönliche Kreditwürdigkeit und Zahlungsbereitschaft hinwies (vgl Vorinstanz Hamm MDR **63,** 849), aA BGH **45,** 209; unter den Voraussetzungen der Durchgriffshaftung, BGH **54,** 222 (e. V.), § 172 a Rn 40.

5   C. **Haftung aus anderen Gründen:** Möglich (und häufig) ist die Haftung des Kdtisten aus anderem Schuldgrund, Ebenroth/Strohn 20, zB **Verschulden bei Vertragsverhandlungen** oder **Rechtsschein** (s Anh § 177 a Rn 43), **Bürgschaft** oder Schuldbeitritt. Bei Dauer-Mitschuld-Vertrag des Kdtisten uU

2. Abschnitt. Kommanditgesellschaft   6, 7 § 171

aus § 314 BGB Kündigungsrecht aus wichtigem Grund, nicht allein wegen Vermögensverschlechterung der KG, Mü MDR **72,** 243. **Verlustausschluss des persönlich haftenden Gesellschafters** kann als nur intern wirkende Verteilungsvorschrift gemeint sein; Pflicht des (der) Kdtisten, phG von Außenhaftung freizustellen, führt mittelbar zu unbeschränkter Haftung des (der) Kdtisten (Anh § 177a Rn 43). Gegen den Haftungsanspruch (Inanspruchnahme des Kdisten durch Gläubiger) ist entspr § 387 BGB **Aufrechnung** mit Anspruch des Kdisten gegen die Ges möglich, so wie Aufrechnung gegenüber Ges als enthaftende Einlageleistung wirksam (vgl Rn 6), BGH **58,** 75, NJW **74,** 2000, **76,** 418.

2) Wegfall der Haftung (I Halbsatz 2)

A. **Leistung der Einlage:** Die Haftung (I Halbs 1) entfällt durch Leistung der 6 Einlage in Höhe des Werts des Geleisteten. Erforderlich ist **tatsächliche Wertzuführung (Kapitalaufbringungsprinzip),** BGH **95,** 197, **109,** 334. Bei wertmäßiger Deckung (auch ohne Aktivierung der stillen Reserven) genügt Einbuchung, zB bei schenkweiser Aufnahme der Kdtisten oder bei Umwandlung der phG- in KdtBeteiligungen, BGH **101,** 126; Schenkung des Anteils durch Einbuchung, K. Schmidt BB **90,** 1992. Auch Zahlung durch phG, s § 172 Rn 6. Absprache über Leistung der Einlage aus späteren GesTantiemen und Wegfall der Beitragspflicht im Übrigen ist nur im Innenverhältnis relevant, BGH WM **82,** 7. Die freie **Bewertung** im Innenverhältnis der Gfter (§ 120 Rn 17) gilt nicht für den Haftungswegfall. Eine Sachleistung ist mit objektivem Zeitwert anzusetzen, BGH **95,** 195, unmittelbar vor Insolvenz nur mit Versilberungswert, BGH **39,** 330; entspr eine dubiose Forderung gegen Dritte, BGH **61,** 71; ebenso ein eingebrachtes HdlGeschäft und eine Forderung gegen dieses, BGH DB **77,** 394. Eine Goodwill-Anteil-Gutschrift, ohne wirkliche Wertzuführung, wirkt nicht gegen die Gläubiger, Kln BB **71,** 1077. Bei Unterbewertung wirkt auch der „stille" Teil der Einlage gegen die Gläubiger, kürzt die sonst gegebene Direkthaftung, kann später eine Haftsummenerhöhung decken (iS § 171 I Halbs 2), kann ohne Haftungseffekt gemäß § 172 IV (s dort Rn 4) entnommen werden, str, s Felix NJW **73,** 491. Anteile an der phG-GmbH s § 172 VI. Anteilsübertragung s § 172 Rn 11–13. Zahlung auf zusätzlich versprochene Darlehen s Anh § 177a Rn 71. Sind Dienste als Einlage geleistet (§ 109 Rn 7, 11, § 120 Rn 17, § 230 Rn 20, § 235 Rn 1), kommt es auf deren objektiven Wert an. Sach- (Grundstücks-)Einbringung „dem Werte nach" s Ullrich NJW **74,** 1490. Einbringung eines schon **überschuldeten** HdlGeschäfts als Einlage (zu Wert x) wirkt nicht befreiend (I Halbs 2), begründet aber keine Haftung über die Einlage (Haftsumme) hinaus, BGH **60,** 327. Auszahlung s § 172. GmbH & Co s § 172a. Vgl aber Kuhn FS Schilling **73,** 69: uU Erstattungsanspruch der Ges gegen Kdtist aus § 812 BGB, mit § 138 BGB (bei bewusster Gläubigerbenachteiligung) oder § 242 BGB. S auch K. Schmidt DB **73,** 2228. Sanierungsgründung einer AuffangKG unter Einbringung der Kstisten gegen die bisherige Ges ist möglich, aber gefährlich, Ebenroth/Strohn **76,** unabhängig davon gilt § 172a (immerhin dort Rn 12). Finanzplankredite s § 172a Rn 21. Lit: K. Schmidt 1977 (Verhältnis Einlage-Haftung), Elsing 1977; K. Schmidt ZGR **76,** 307, DB **77,** 2313, ZGR **89,** 445, Saßenrath BB **90,** 1209.

B. **Aufrechnung:** Enthaftende Einlageleistung erfolgt auch (wesentlicher Un- 7 terschied von § 19 II 2 GmbHG, § 66 I 2 AktG) durch Aufrechnung mit einer Forderung gegen die Ges, gleich welcher Art, auch mit einem Schadensersatzanspruch. Befreit den Kdtist die Ges durch Aufrechnung von einer Drittgläubigerforderung, enthaftet ihn das in Höhe des Nennwertes, also ohne Rücksicht auf die Bonität der Forderung des Drittgläubigers im Hinblick auf die Vermögenslage der Ges, BGH **95,** 195. Rechnet der Kdtist jedoch gegen die Einlageforderung mit einer Eigenforderung gegen die Ges auf, kommt es auf die

§ 171 8–11   II. Buch. Handelsgesellschaften und stille Gesellschaft

tatsächliche Wertzuführung an (s Rn 6), BGH **95,** 196 m Anm K. Schmidt ZGR **86,** 152, aA BGH **51,** 394 l, differenzierend von Olshausen ZGR **01,** 175. Der Kdtist steht als GesGläubiger also schlechter als der außenstehende Gläubiger. Die Aufrechnung ist auch bei nur teilweiser Wertzuführung nicht überhaupt nichtig (anders als für GmbH), sondern befreit teilweise, BGH **95,** 198.

8   C. **Leistung an einen Gesellschaftsgläubiger:** Die Befriedigung eines Ges-Gläubigers, gleich welcher Art, auch durch Aufrechnung mit einer persönlichen Gegenforderung an den Gläubiger, ist auch bei Inanspruchnahme durch den GesGläubiger keine Einlageleistung, BGH NJW **84,** 2291, MüKo/K. Schmidt 50, aA Staub/Schilling 2. Die Einlage erbringt der Kdtist erst mit Aufrechnung seines Regressanspruchs (§ 110) gegen die Einlageforderung der Ges, BGH NJW **84,** 2291, MüKo/K. Schmidt 60. Diese Aufrechnung (gegenüber der Ges, nicht ggb GesGläubigern) ist auch im Insolvenzverfahren möglich (s Rn 13, 14), MüKo/K. Schmidt 111, 107. Mit der Aufrechnung wird der Kdtist gegenüber allen Gläubigern von der Haftung frei, auch gegenüber einem anderen Gläubiger, der den Kdtist schon verklagt hat; BGH **36,** 328, **42,** 192, **51,** 393. Der Kdtist hat die Wahl, ob er an die Ges oder an einen GesGläubiger und an welchen er leistet, mit der rechtskräftigen Verurteilung soll er das Wahlrecht verlieren, Staub/Schilling 14, str. Dieselben Grundsätze gelten für den (forthaftenden) ex-Kdtisten bei Befriedigung eines Altgläubigers (vgl Rn 2), BGH **42,** 193.

9   D. **Abtretung der Einlageforderung:** Gleich wirkt Abtretung (§ 109 Rn 9) der Einlageforderung Ges-Kdtist an GesGläubiger an Erfüllungs Statt (also Ges gegenüber Gläubiger befreiend, gleich wie Vermögenslage der Ges), BGH **63,** 341, NJW **82,** 35; auch Abtretung zur Sicherung, erfüllungshalber, und daraufhin Zahlung an den Gläubiger nach Eröffnung des Insolvenzverfahrens über das Vermögen der Ges, BGH **63,** 341. Erlass oder Rückabtretung der Einlageforderung durch den Gläubiger an Kdtisten schadet nicht, BGH NJW **84,** 874.

10   E. **Verfahrensfragen:** Der **Beweis** der die Haftung ausschließenden Einlage obliegt dem Kdtisten, Kln BB **71,** 1077; auch der des Werts der Einlage (vgl Rn 6), BGH WM **77,** 168. Er kann die Leistung der Einlage noch durch Vollstreckungsabwehrklage (§ 767 ZPO) geltend machen. Die Haftungsklage des Gläubigers erledigt sich durch Einlageleistung des beklagten Kdtisten während des Prozesses. Der Kdtist, der über die Leistung der Einlage dem Gläubiger nicht Auskunft gab, schuldet ihm (der mit der Haftungsklage abgewiesen wird) Kostenersatz (§ 280 BGB). Regressprozess (Aufwendungsersatz) s § 110 Rn 2.

3) Haftung des Kommanditisten in der Gesellschaftsinsolvenz (II)

11   A. **Zuständigkeit des Insolvenzverwalters bzw Sachwalters:** Für die Insolvenz der KG gilt grundsätzlich dasselbe wie für die OHG (§ 124 Rn 46, § 128 Rn 46, 47), Besonderheiten für die KG folgen aus II und der beschränkten KdtistenHaftung. Ist über das Vermögen der OHG das Insolvenzverfahren eröffnet, so sind meist auch die Gfter insolvent. Anders bei der KG, in der mindestens ein Gfter nur beschränkt haftet und deshalb idR nicht neben der Ges ebenfalls insolvent wird. Um Wettrennen der GesGläubiger um die Verwertung dieser Haftung des Kdtisten zu unterbinden, lässt II (inhaltlich eine Insolvenzrechtsnorm) die Rechte aus dieser Haftung bei Insolvenz der Ges **ausschließlich** den **Insolvenzverwalter oder** bei Eigenverwaltung den **Sachwalter** nach § 270 III InsO (im Interesse der GesGläubiger) ausüben. Für Vorgehen gegen den phG und die nach § 176 unbeschränkt haftenden Kdtisten ist die umstrittene Reichweite des § 93 InsO zu beachten, BGH **151,** 245, s § 128 Rn 46. II gilt auch gegenüber ausgeschiedenen Kdtisten, BGH NJW **90,** 3145, Hbg ZIP **07,** 1239, aber nicht entspr gegenüber phG, BGH **121,** 190 (vgl § 109 Rn 7). II gilt seinem Schutzzweck nach auch in der Insolvenz einer NichtKG (zB umgewandelte Ges oder Rechtsnachfolgerin der KG), für deren Schulden ein Kdtist summenmäßig

beschränkt haftet, BGH **112**, 31, aA BGH BB **76**, 383. II gilt auch in der Insolvenz einer als KG eingetragenen GbR, BGH **113**, 216 (kein Rechtsschein, sondern Vertretungsmacht) m krit Anm von Gerkan ZGR **92**, 109. Kdtistenhaftung und Insolvenzrecht s Häsemeyer ZHR 149 **(85)** 42.

B. **Zahlung zur Masse:** Der Kdtist schuldet Zahlung des Betrags, mit dem er **12** haftet und der zur Befriedigung der Gläubiger benötigt wird, RG **51**, 40, zur Masse: sog „Hafteinlageschuld" (zu unterscheiden von der „Pflichteinlage", s Rn 1). Er kann keinen Gläubiger mehr mit Wirkung gegen den Insolvenzverwalter befriedigen, RG **37**, 86. Ein anhängiger Rechtsstreit des GesGläubigers mit dem Kdtisten wird unterbrochen, BGH **82**, 218, also keine Erledigung in der Hauptsache (anders hL), Insolvenzverwalter kann also in den Rechtsstreit eintreten, Kdtist kann ihn später uU wieder aufnehmen. Werden nicht alle Kdtistenhaftsummen zur Befriedigung der Gläubiger benötigt, entscheidet der Insolvenzverwalter nach pflichtgemäßem Ermessen über Einziehung; er braucht nicht anteilig einzuziehen, BGH **109**, 344. Erlass und Vergleich zwischen Insolvenzverwalter und Kdtisten wirken gegen die Gläubiger, RG **39**, 64. Der Insolvenzverwalter kann den Anspruch gegen den Kdtisten nicht auf Gläubiger „übertragen" oder „rückübertragen" oder ihnen „freigeben", vgl RG **74**, 430, str; möglich ist wohl treuhänderische Abtretung an einen Insolvenzgläubiger zur Einziehung für die Masse, BGH BB **74**, 1361.

Der Kdtist kann gegen den Anspruch des Insolvenzverwalters **aufrechnen** mit **13** einer (vor Insolvenzeröffnung begründeten) Drittgläubiger-Forderung (§ 124 Rn 52) an die Ges (entspr Anwendung § 387 BGB, §§ 94 ff InsO: Kdtist ist zwar nach § 171 Schuldner nicht der Ges, sondern der GesGläubiger, kann aber befreiend an die Ges leisten, § 171 I Halbs 2); nicht so aufrechnen kann er mit einem Erstattungsanspruch aus Inanspruchnahme als Bürge oder Mitschuldner durch einen GesGläubiger (anders RG **37**, 87 betr Kdtist-Bürge), soweit der Anspruch sich mit der Hafteinlageschuld (§ 171 II) deckt; insoweit zahlt er doppelt; BGH **58**, 75, BB **74**, 1361, NJW **81**, 232; aA Fromm BB **81**, 813: für GmbH & Co § 19 II 2 GmbHG analog. Entscheidend ist dabei aber, dass die Aufrechnung nur in Höhe der tatsächlichen Wertzuführung enthaftet (s Rn 7), Rö/von Gerkan/Haas 69. Zur Sacheinlageleistungspflicht (gemäß Vertrag) des Kdtisten, der vor Eröffnung des Insolvenzverfahrens schon gemäß seiner Haftsumme einen Gläubiger befriedigte (doppeltes Risiko des Kdtisten) BGH **39**, 323, **63**, 342, str; s Gursky DB **78**, 1261.

C. **Ausscheiden vor Eröffnung des Insolvenzverfahrens:** Der vor Eröff- **14** nung des Insolvenzverfahrens über das Vermögen der Ges ausgeschiedene Kommanditist haftet nur noch für vor seinem Ausscheiden begründete Verbindlichkeiten der Ges; die Ansprüche der Altgläubiger gegen den ex-Kdtisten macht nach II der Insolvenzverwalter im eigenen Namen für ihre Rechnung geltend (sie werden nicht Teil der Insolvenzmasse), das Eingezogene darf der Insolvenzverwalter nur für die Altgläubiger verwenden (Bildung einer Sondermasse), BGH **27**, 56, **39**, 321, **71**, 304; Fischer LM § 172 Nr 2, 3, 4. Die Einziehung setzt nicht Feststellung der Altforderung im Prüfungstermin voraus, Stgt NJW **55**, 1928. Der Insolvenzverwalter darf den Anspruch des einzigen Altgläubigers nicht gemäß § 171 II geltend machen, wenn der Gläubiger sich nicht am Insolvenzverfahren beteiligt, BGH NJW **58**, 1139, vgl BGH **39**, 321. Der haftende ex-Kdtist befreit sich nicht durch unmittelbare Befriedigung eines einzelnen GesGläubigers, auch nicht durch Aufrechnung mit einer eigenen Forderung gegen diesen, BGH **42**, 192. Er hat für nach Eröffnung des Insolvenzverfahrens an Altgläubiger geleistete Zahlungen Erstattungsanspruch an die Ges; er kann diesen nicht neben einer Restforderung der Altgläubiger im Insolvenzverfahren geltend machen (§ 43 InsO), wohl aber nach Vollbefriedigung der Altgläubiger (durch ihn selbst oder kraft eines Vorrechts aus der Masse) in gleichem Rang mit Neugläubigern, BGH **27**, 58, **38**, 325, 327, str.

[Umfang der Haftung]

172

(1) Im Verhältnisse zu den Gläubigern der Gesellschaft wird nach der Eintragung in das Handelsregister die Einlage eines Kommanditisten durch den in der Eintragung angegebenen Betrag bestimmt.

(2) Auf eine nicht eingetragene Erhöhung der aus dem Handelsregister ersichtlichen Einlage können sich die Gläubiger nur berufen, wenn die Erhöhung in handelsüblicher Weise kundgemacht oder ihnen in anderer Weise von der Gesellschaft mitgeteilt worden ist.

(3) Eine Vereinbarung der Gesellschafter, durch die einem Kommanditisten die Einlage erlassen oder gestundet wird, ist den Gläubigern gegenüber unwirksam.

(4) [1] Soweit die Einlage eines Kommanditisten zurückbezahlt wird, gilt sie den Gläubigern gegenüber als nicht geleistet. [2] Das gleiche gilt, soweit ein Kommanditist Gewinnanteile entnimmt, während sein Kapitalanteil durch Verlust unter den Betrag der geleisteten Einlage herabgemindert ist, oder soweit durch die Entnahme der Kapitalanteil unter den bezeichneten Betrag herabgemindert wird. [3] Bei der Berechnung des Kapitalanteils nach Satz 2 sind Beträge im Sinn des § 268 Abs. 8 nicht zu berücksichtigen.

(5) Was ein Kommanditist auf Grund einer in gutem Glauben errichteten Bilanz in gutem Glauben als Gewinn bezieht, ist er in keinem Falle zurückzuzahlen verpflichtet.

(6) [1] Gegenüber den Gläubigern einer Gesellschaft, bei der kein persönlich haftender Gesellschafter eine natürliche Person ist, gilt die Einlage eines Kommanditisten als nicht geleistet, soweit sie in Anteilen an den persönlich haftenden Gesellschaftern bewirkt ist. [2] Dies gilt nicht, wenn zu den persönlich haftenden Gesellschaftern eine offene Handelsgesellschaft oder Kommanditgesellschaft gehört, bei der ein persönlich haftender Gesellschafter eine natürliche Person ist.

Übersicht

1) Höhe der Haftsumme (I–III) 1–3
   A. Haftsumme gemäß Eintragung (I) 1
   B. Erhöhung der Haftsumme (II) 2
   C. Erlass, Stundung im Innenverhältnis (III) 3
2) Rückzahlung der Einlage (IV–V) 4–12
   A. Wiederaufleben der Haftung 4
   B. Rückzahlung (IV 1) 6
   C. Gewinnentnahme (IV 2, 3) 8–8a
   D. Gutgläubiger Gewinnbezug (V) 9
3) KG ohne natürliche Person als persönlich haftendem Gesellschafter (VI) 13
4) Anteilsübertragung (Verweisung) 14

1) Höhe der Haftsumme (I–III)

1 **A. Haftsumme gemäß Eintragung (I):** § 172 IV 3 neu BilMoG. Nach Eintragung der Ges bestimmt sich die Höhe der Haftung des Kdtisten im Verhältnis zu Dritten allein nach dem Eingetragenen, I (vorher gilt grundsätzlich unbeschränkte Haftung, § 176); anderweitige Vereinbarungen und Fehler (Irrtum, Täuschung) im Innenverhältnis sind unmaßgeblich, Celle ZIP **85**, 100. Der Kdtist

2. Abschnitt. Kommanditgesellschaft 2–6 **§ 172**

kann dem Dritten ggf entgegenhalten, dass ein höherer als der angemeldete Betrag eingetragen wurde und der Dritte zZ der Begründung seiner Forderung dies wusste, hM; idR (vorbehaltlich der §§ 826, 242 BGB) kann er nicht einwenden, es sei ein höherer als der vereinbarte Betrag angemeldet worden und dies dem Dritten bekannt gewesen; dieses Risiko liegt in der Sphäre des Gfters, jenes nicht.

B. **Erhöhung der Haftsumme (II):** Eine Erhöhung der Haftsumme wird 2 (auch für ältere Schulden) zugunsten Dritter außer durch Eintragung nach I wirksam durch **Kundmachung** nach II, und zwar handelsübliche Bekanntmachung, II 1. Alt, zB in einer verbreiteten Zeitung, RG JW **30**, 2658, oder Mitteilung irgendwelcher Art an den Gläubiger, der sich auf sie beruft. Die Kundmachung durch die Ges bedarf der Zustimmung des Kdtisten, BGH **108**, 198, kann aber auch vom Kdtisten selbst ausgehen, BGH WM **92**, 687. Der TV kann für den Kdtisten nicht ohne dessen Zustimmung handeln (§ 139 Rn 21).

C. **Erlass, Stundung im Innenverhältnis (III):** III bringt zum Ausdruck, 3 dass für die Haftung des Kdtisten gegenüber Dritten **nicht maßgebend** ist, was er nach Vereinbarung der Gfter einzulegen hat; wie von vornherein, so kann auch später durch Erlass oder Stundung der Einlage dies unabhängig von jenem geregelt werden.

2) Rückzahlung der Einlage (IV–V)

A. **Wiederaufleben der Haftung:** IV, V ergänzen § 171 I Halbs 2: Was **zu-** 4 **rückgewährt** ist, gilt **wie nicht geleistet.** Die Haftung lebt insoweit wieder auf (nur für die Zukunft kann sie nach §§ 174, 175 herabgesetzt werden). Sie kann dann durch erneute tatsächliche Wertzuführung wieder beseitigt werden (§ 171 Rn 6), Bezeichnung als Einlageleistung ist unnötig, Mü ZIP **90**, 1266. Eine andere, von den internen Abreden abhängige Frage ist, ob die Ges abermalige Einlegung des Zurückgegebenen fordern kann. Nach Ausscheiden des Kdtisten Ausschlussfrist für Ansprüche gegen ihn nach § 160 nF 1994. Unerheblich ist wohl der Zeitpunkt der Rückgewähr der Einlage (nach Eintragung des Ausscheidens), Tschierschke NJW **68**, 1367, str. Dazu LG Gött NJW **70**, 1375. Rückgewähr bisher stiller Reserven s § 171 Rn 6. Rückzahlung von Aufgeld (Agio), das Kdtist neben Einlage gezahlt hat, ist nur unschädlich, wenn nicht Kapitalanteil dadurch unter der Haftsumme sinkt, sonst nicht, so BGH **84**, 387, WM **07**, 1885 (ber 2355), **08**, 1228, MüKo/K. Schmidt §§ 171, 172 Rn 67, Böttcher/Kautzsch NZG **08**, 583, aA Bayer/Lieder ZIP **08**, 809, Charakter und Zweckbindung der Zusatzzahlung, auch bei gesplitteter Einlage, können aber eine Rolle spielen. Vgl betr Einbringung eines überschuldeten Geschäfts § 171 Rn 6. GmbH & Co s § 172 a. Lit: K. Schmidt DB **73**, 2228. Anteilsübertragung s § 173 Rn 11–13.

Haftungsobergrenze: Über die Einlage (Haftsumme) hinausgehende Zah- 5 lungen der Ges an Kdtist lassen ihn nicht höher haften (GesVermögensminderung zugunsten des Kdtisten ist nicht verboten, macht ihn nicht schlechthin haftbar, nur im Rahmen der Einlage), BGH **60**, 327.

B. **Rückzahlung (IV 1):** Rückzahlung der Einlage ist auch die Auszahlung 6 des Auseinandersetzungsguthabens (§ 131 Rn 48) an den ausgeschiedenen (aber weiterhaftenden, § 171 Rn 2) Kdtisten: liegt es infolge von Verlusten (nicht Überentnahmen, vgl Rn 8, 9) unter dem Eingelegten, lebt die Haftung entspr niedriger auf. Ferner stehen der Rückzahlung iSv IV 1 gleich: Rückzahlung eines Agio (s Rn 4); Überentnahmen; Begleichung persönlicher Verbindlichkeiten des Kdtisten durch die Ges; Leistung an Dritten, der dafür entspr dem Kdisten leistet, BGH **47**, 149; Eigentümergrundschuldantretung durch die Ges an Kreditgeber des Kdtisten, BGH BB **76**, 383; Rückzahlung aus Privatvermögen des MitGfters mit der Folge von Erstattung(sanspruch, § 110) aus GesVermögen, also bei Zahlung auf GesSchuld, BGH **61**, 151, **76**, 130, **93**, 249; Anteilsübertragung Kdtist-phG gegen Kaufpreis, Ffm NJW **63**, 545, s auch BGH

§ 172 7–9   II. Buch. Handelsgesellschaften und stille Gesellschaft

WM **77,** 919; Auszahlung durch MitGfter-Geschäftsübernehmer, nach dieser Übernahme oder auch vorwegnehmend vorher, BGH **61,** 151. Ebenso Rückzahlung an den TV ohne Zustimmung des Erben, BGH **108,** 197, str, aber der TV ist idR zur Rückzahlung verpflichtet, BGH **108,** 198, Grund: Fehlen der Vertretungsmacht des TV, nach aA jedenfalls für den TV erkennbarer Missbrauch der Vertretungsmacht des Gfters.

7 **Nicht** Rückzahlung aus (den Gläubigern auch haftendem) phG-(uU Kdtist-) Privatvermögen, wenn Erstattung rechtlich oder tatsächlich ausscheidet, BGH **93,** 246, denn Privatvermögen unterliegt keiner gesetzlichen Kapitalerhaltung; aA Riegger BB **75,** 1282, differenzierend Bälz BB **77,** 1481. Nicht Rückzahlung ist Zahlung angemessener Tätigkeitsvergütung für Geschäftsführung des Kdtisten, str (Anh § 177 a Rn 42). Umwandlung des Auseinandersetzungsguthabens (§ 131 Rn 48) in Darlehensforderung, anders Begleichung dieser Darlehensschuld, auch schon Zinszahlung auf das Darlehen, soweit nicht gleich Gewinnanteil, BGH **39,** 331; dazu Keuk ZHR 135 **(71)** 421.

8

C. **Gewinnentnahme (IV 2, 3):** Werden Gewinne entnommen, nachdem das Eingelegte durch Verlust vermindert war, so lässt die Entnahme die Haftung wie eine Rückzahlung des Eingelegten wiederaufleben (zuerst soll der durch Einlegung begründete, durch Verlust verminderte Kapitalanteil des Kdtisten wieder aufgefüllt werden). Gleiches gilt, wenn noch kein Verlust bestand, aber nun die „Gewinnentnahme" den Kapitalanteil mindert **(IV 2)**. Das ist (wie bei der Feststellung der Unterbilanz einer GmbH) auf Grund einer Erfolgsbilanz zu fortgeführten Buchwerten (zB §§ 248, 253, 255 IV) zu beurteilen; auch bei Bildung stiller Reserven aus Sonderabschreibungen, BGH **109,** 334, Schulze-Osterloh ZGR **91,** 510, aA, da reine Buchwertverluste, Priester BB **76,** 1004, früher hL. Bei Überbewertung des Eingelegten (§ 171 Rn 7) gilt der wahre Wert, Schmeding BB **71,** 1301. Im Innenverhältnis verneint § 167 II (nachgiebig) den Anspruch des Kdtisten auf Gewinnauszahlung in diesen Fällen. § 169 I 2 und § 172 IV 2 treffen nicht Gewinnauszahlungen auf einen unter dem Betrage der Einlage liegenden Kapitalanteil, wenn dieser niemals höher war als bei der Auszahlung, eine Wiederauffüllung also nicht in Frage steht. Auch Zahlung von Geschäftsführerbezügen an Kdtist, falls kein Arbeitsverhältnis begründet, was iZw nicht anzunehmen (§ 164 Rn 7, 8), kann (als Gewinnvoraus) zu Haftung nach IV 2 führen, Celle OLGZ **73,** 343, Hamm DB **77,** 717, dazu Priester DB **75,** 1878.

8a Bei der Berechnung des Kapitalanteils nach Satz 2 sind Beträge (nicht: Erträge, wie irrtümlich im RegE) iSv § 268 VIII nicht zu berücksichtigen **(IV 3** neu BilMoG). Nach § 268 VIII (neu BilMoG) sind selbst geschaffene immaterielle Vermögensgegenstände des Anlagevermögens, die wegen der stärker informationsorientierten Bilanzierung nach BilMoG in der Bilanz ausgewiesen werden (§ 268 VIII 1 sowie § 268 VIII 2, 3 betr latente Steuern), unter bestimmten Voraussetzungen ausschüttungs- und nach § 301 Satz 1 AktG (neu BilMoG) abführungsgesperrt. Diese Sperren gelten für den KG mangels strenger Entnahmegrenzen wie für KapitalGes zwar nicht, aber auch das Wiederaufleben der Haftung des Kdtisten für den Fall, dass dieser Gewinne entnimmt, während sein Kapitalanteil durch Verlust unter den Betrag der geleisteten Einalge herabgemindert ist oder durch die Entnahme unter diesen Betrag herabgemindert wird, ist auszuschließen. Nach IV 3 bleiben deshalb Beträge iSv § 268 VIII für die Berechnung des Kapitalanteils nach Satz 2 außer Betracht.

9 D. **Gutgläubiger Gewinnbezug (V):** V spricht vom „Zurückzahlen" von Gewinnen, meint aber, wie der Zusammenhang mit I–IV ergibt, die Haftung des Kdtisten im Verhältnis zu GesGläubigern nämlich das Wiederaufleben seiner Haftung. Gewinn iSv V ist der aufgrund eines Jahresabschlusses und eines

2. Abschnitt. Kommanditgesellschaft § 172a a. F.

Gewinnverwendungsbeschlusses ausgeschüttete Gewinn, nicht Gewinnvorausoder -garantiezahlungen; allein nach dem Inhalt der Bilanz beurteilt sich die Herabminderung nach IV, BGH WM 09, 1198.

Guter Glaube: In den Fällen einer unrichtigen Bilanz (nur in diesen, selbstverständlich, so auch 33. Aufl), BGH WM 09, 1199, soll die Haftung bei doppeltem guten Glauben nicht gemäß IV aufleben, nämlich wenn (1) die Bilanz in gutem Glauben errichtet war, also (von allen an der Errichtung beteiligten Gftern) ohne Vorsatz, BGH 84, 385, und ohne grobe (nicht schon leichte, vgl § 62 I 2 AktG, aA Staub/Schilling 18: § 276 BGB, nicht § 708 BGB) Fahrlässigkeit für richtig (dh nicht unerlaubt günstig) gehalten wurde, vgl RG Gruch 37, 1163, (2) der Kdtist ohne grobe Fahrlässigkeit, Nürnb ZIP 08, 2269, Ebenroth/Strohn 53 (nach aA nur ohne positive Kenntnis, MüKo/K. Schmidt §§ 171, 172 Rn 89) den Gewinnbezug für ordnungsmäßig, dh keinen der genannten drei Fälle für gegeben ansah. Rechtsirrtum entlastet nur, wenn er unverschuldet (dh nicht grob fahrlässig) ist, Ebenroth/Strohn 53. 10

Bezug als Gewinn: Nur Bezug als Gewinn ist geschützt, nicht Gutschrift auf das Einlagenkonto des Kdtisten, MüKo/K. Schmidt 85, aA Staub/Schilling 17. Fordert der Kdtist den Gewinn nicht bis zur nächsten Jahresbilanz ein, so verliert seine Forderung den Charakter als Gewinnanspruch. Vorauszahlungen auf Gewinn fallen nicht unter V, RG 37, 82, ebenso wenig Beträge auf Grund einer Gewinngarantie oder verdeckte Gewinnausschüttung bei Austauschgeschäften, Ebenroth/Strohn 50. 11

Beweislast: Die Voraussetzungen des IV 2, insbesondere die Unrichtigkeit der Bilanz muss der Gläubiger, den guten Glauben muss der Kdtist beweisen. 12

3) KG ohne natürliche Person als persönlich haftendem Gesellschafter (VI)

Der durch die GmbH-Novelle 1980 eingefügte VI dient dem verbesserten Schutz der Gläubiger einer KG, bei der kein phG eine natürliche Person ist und den Gläubigern deshalb nur eine begrenzte Haftungsmasse zur Verfügung steht (vgl § 19 Rn 7). Werden in einer solchen KG Anteile am phG (meist Geschäftsanteile der Komplementär-GmbH) als Kommanditeinlage geleistet, so gilt die Einlage des Kdtisten gegenüber den Gläubigern der KG als nicht geleistet, der Kdtist haftet ihnen also persönlich bis zur Höhe seiner Einlage (§ 171 V). Grund dieser schon vorher vertretenen Regelung ist, dass die Haftungsmasse einer solchen KG aus der Haftung der Komplementär-GmbH und der beschränkten Haftung der Kdtisten besteht. Könnten die Geschäftsanteile an der GmbH als Kommanditeinlagen befreiend geleistet werden, würde das Vermögen der GmbH gleichzeitig als Haftungsmasse der Komplementär-GmbH und als Haftungsmasse der Kdtisten dienen; den Gläubigern stünde in Wirklichkeit nur eine Haftungsmasse zur Verfügung. 13

4) Anteilsübertragung (Verweisung)

S bei § 173. 14

[Rückgewähr von Darlehen]

172 a *(aufgehoben)*

[1] Bei einer Kommanditgesellschaft, bei der kein persönlich haftender Gesellschafter eine natürliche Person ist, gelten die §§ 32a, 32b des Gesetzes betreffend die Gesellschaften mit beschränkter Haftung sinngemäß mit der Maßgabe, daß an die Stelle der Gesellschafter der Gesellschaft mit beschränkter Haftung die Gesellschafter oder Mitglieder der persönlich haftenden Gesellschafter der Kommanditgesellschaft sowie die Kommanditisten treten. [2] Dies gilt nicht, wenn zu den persönlich haftenden Gesellschaf-

§ 172a a. F.

tern eine offene Handelsgesellschaft oder Kommanditgesellschaft gehört, bei der ein persönlich haftender Gesellschafter eine natürliche Person ist.

Hinweis: §§ 129a, 172a aF sind ebenso wie §§ 32a, 32b GmbHG aF durch das MoMiG v 23. 10. 08 BGBl I 2026 mit Wirkung vom 1. 11. 2008 aufgehoben und durch eine rechtsformneutral formulierte Regelung in der InsO und im AnfG ersetzt worden, Altfälle Art 103d EGInsO BGH ZIP **09,** 615, Dahl/Schmitz NZG **09,** 331, Holzer ZIP **09,** 206, vgl Hirte/Mock NZG **09,** 48. Gesellschafterdarlehen werden nicht mehr als materielles Eigenkapital behandelt. Alle Darlehensrückzahlungsansprüche von Gftern einer Ges ohne eine natürliche Person als phG (§ 39 IV 1 InsO) sind vielmehr nachrangige Insolvenzforderungen, ohne dass es auf den Eigenkapitalersatzcharakter ankommt (§§ 39 I Nr 5, 44a, 135, 143 InsO, Ausnahmen: Sanierungprivileg und Kleinbeteiligungsprivileg, §§ 39 IV 2, V InsO). Die „Rechtsprechungsregeln" zum Eigenkapitalersatz (§§ 30, 31 GmbHG analog) entfallen (§ 30 I 3 GmbHG, BRDrucks 354/07 S 95, sog „Nichtanwendungsgesetz", BGH ZIP **09,** 617), die Finanzplanrechtsprechung, BGH **142,** 116, ist damit nicht direkt betroffen. Die kapitalersetzende Nutzungsüberlassung ist nunmehr in § 135 III InsO geregelt. Die Geschäftsführer haften der Ges für Zahlungen an Gfter, soweit diese zur Zahlungsunfähigkeit der Ges führen mussten, außer wenn nicht erkennbar (§ 64 S 3 GmbHG, § 92 II 3 AktG). Die Insolvenzanfechtung ist gestärkt (§§ 135, 143 InsO, §§ 6, 6a AnfG). Die Figur der **Finanzplankredite** (s Rn 21) ist unabhängig von den Grundsätzen über eigenkapitalersetzende Darlehen, BGH **142,** 115; konsequent Fortgeltung auch nach MoMiG, K. Schmidt ZIP **06,** 1933, Buschmann NZG **09,** 91. Lit: Lu/Ho/Kleindiek 17. Aufl Anh B zu § 64 (GfterDarlehen in der Insolvenz); Altmeppen NJW **08,** 3601, Bork ZGR **07,** 250 (RefE), Habersack ZIP **07,** 2145 (RegE), Veil ZIP **07,** 1241(RegE), Bork ZIP **08,** 1041 (Insolvenzanfechtung), Gehrlein BB **08,** 846, Habersack ZIP **08,** 2385 (Erstreckung auf Dritte), Heinze ZIP **08,** 110 (Nutzungsüberlassung), Hirte NZG **08,** 761 u WM **08,** 1429, K. Schmidt BB **08,** 1966 (durch Gfter besicherte Drittkredite), Dahl/Schmitz NZG **09,** 325, Haas DStR **09,** 976 (Übergangsrecht), Spliedt ZIP **09,** 149.

Die Kommentierung aus der 33. Aufl wird, um einzelne Hinweise ergänzt, für Altfälle (nach Inkrafttreten des MoMiG eröffnete Insolvenzverfahren, Art. 103d EGInsO) **bis zur nächsten Auflage kursiv markiert beibehalten. Die Anmerkungen zu 9) Unterkapitalisierung, Durchgriffshaftung, existenzvernichtender Eingriff bleiben auch nach neuem Recht erhalten.**

Schrifttum

Hachenburg/Ulmer, GmbHG, *8. Aufl 1992, §§ 32a, b, Ulmer/Habersack/Winter, GroßKommGmbHG, 2005f. – Lutter/Hommelhoff,* GmbHG, *15. Aufl 1999. – Baumbach/Hueck,* GmbHG, *17. Aufl 2000 und Komm zu* (2) *GmbHG. – Mundry 1992 (KG). – von Gerkan/Hommelhoff/(Bearbeiter), Hdb des Kapitalersatzrechts, 2. Aufl 2002. – Goette/Kleindiek, 5. Aufl 2007. – G. Löwisch 2007. – K. Schmidt/Uhlenbruck, Die GmbH in Krise, Sanierung und Insolvenz, 4. Aufl 2009. – Blömer 2004. – Canaris FS Fischer* **79,** *31 (Rückgewähr durch Zuwendung an Dritte). – Lutter/Hommelhoff ZGR* **79,** *31 (nachrangiges Haftkapital). – Ulmer ZIP* **84,** *1163, ZGR* **85,** *598. – Fleck, FS Werner* **84,** *107 (Bankdarlehen). – K. Schmidt GmbHR* **86,** *387. – Hommelhoff u Rümker ZGR* **88,** *460, 494. – Groß BB* **91,** *2386. – von Gerkan ZGR* **97,** *173. – Habersack ZHR 162* **(98)** *201. – Goette ZHR 162* **(98)** *223.*

Übersicht

1) *Gesellschafterdarlehen bei der KG 1–4*
   A. *KG ohne natürliche Person als persönlich haftendem Gesellschafter 1*
   B. *Praktische Bedeutung 3*
   C. *Reform des Rechts der eigenkapitalersetzenden Darlehen und Überführung in das Insolvenzrecht (MoMiG) 4*

2) *Eigenkapitalersetzende Gesellschafterdarlehen (§ 32 a I GmbHG) 5–8*
  A. Grundsatz 5
  B. Eigenkapitalersatz 6
  C. Insolvenzrechtliche Lösung 7
  D. Vergleich 8
3) *Sicherheiten (§ 32 a II GmbHG) 9*
4) *Darlehensähnliche Geschäfte (§ 32 a III GmbHG) 10–14*
  A. Generalklausel 10
  B. Sanierungsprivileg (III 3) 11
  C. Weitere Fallgruppen 13
  D. Kleinbeteiligungen (III 2) 14
5) *Zurückgewährte Darlehen (§ 32 b GmbHG) 15*
6) *Ergänzende Vorschriften (InsO, AnfG) 16, 17*
  A. § 135 InsO 16
  B. § 6 AnfG 17
7) *Gesellschafterdarlehen in der GmbH & Co nach §§ 30, 31 GmbHG 18–35*
  A. Entsprechende Anwendung der §§ 30, 31 GmbHG 18
  B. Entsprechende Anwendung auf die GmbH & Co 32
8) *Verhältnis von § 172 a HGB und §§ 30, 31 GmbHG 36–38*
  A. Normkonkurrenz 36
  B. Materielle Normkontinuität 37
9) Die unterkapitalisierte GmbH & Co, Durchgriffshaftung, Haftung aus existenzvernichtendem Eingriff 39–45
  A. Keine Ausdehnung auf Unterkapitalisierung ohne Gewährung von Gesellschafterdarlehen 39
  B. Allgemeine Haftungstatbestände, insbesondere Durchgriffshaftung 40
  C. Haftung aus existenzvernichtendem Eingriff 41–41 c
  D. Qualifizierte Unterkapitalisierung 42
  E. Eigenhaftung des GmbHGeschäftsführers 45

1) Gesellschafterdarlehen bei der KG

A. KG ohne natürliche Person als persönlich haftendem Gesellschafter: § 172 a **1** stammt mit mehreren zusammengehörenden Vorschriften in verschiedenen Gesetzen (s sogleich und Rn 14–17) aus der GmbHNovelle 1980 (Einl 13 vor § 1). § 129 a regelt das Problem der eigenkapitalersetzenden Gfter-Darlehen (ausführliche Begr RegE BT-DrS 8/1347, erhebliche Änd durch Rechtsausschuss BT-DrS 8/3908). Für die KG, bei der kein persönlich haftender Gesellschafter eine natürliche Person ist, deren Gläubigern also nur eine beschränkte Haftungsmasse wie bei einer KapitalGes zusteht, gelten §§ 32 a und 32 b GmbHG *(jeweils mehrfach geändert)* **sinngemäß**.

Ausnahme: Ausgenommen sind nach **Satz 2** solche KG, zu deren phG eine OHG **2** oder KG gehört, die eine **natürliche Person** als phG **persönlich haftet** (vgl § 19 Rn 25). Satz 1 gilt also nicht, hL, Staub/Schilling 5, Grunewald FS Großfeld **99**, 329, vgl BGH **112**, 39. Kapitalersetzende Darlehen auch bei KG mit natürlichem Komplementär sollen jedoch nach §§ 39, 135 InsO (weiter gefasst als § 32 a aF KO) analog erfassbar sein, so MüKo/K. Schmidt 5, Grund: Eigenkapitalersatzregeln als allgemeine Finanzierungsregeln; bei einer solchen KG ist aber die Rückzahlung von Einlagen und Darlehen grundsätzlich nicht verboten, BGH **112**, 31. Demgegenüber entsprechende Anwendung auf GmbH & Co, s Rn 32.

B. Praktische Bedeutung: § 172 a hat in der Praxis die größte Bedeutung für die **3** GmbH & Co (s Anh § 177 a), vgl BGH 127, 1 u 17. § 172 a erfasst auch eigenkapitalersetzende Darlehen von Kdtisten, die nicht einmal gleichzeitig Gfter der Komplementär-GmbH sein müssen (str, s Rn 33). § 172 a in seiner nicht auf die GmbH & Co beschränkten Fassung und der wortlautgleiche § 129 a für die OHG machen die Flucht in andere Gestaltungen, zB AG & Co, OHG aus zwei GmbH ua, müßig. Bilanzierung eigenkapitalersetzender Darlehen: BGH 146, 264, Paulus ZGR 02, 320, näher § 266 Rn 17.

§ 172a a. F. 4–9   II. Buch. Handelsgesellschaften und stille Gesellschaft

4   *C. Reform des Rechts der eigenkapitalersetzenden Darlehen und Überführung in das Insolvenzrecht (MoMIG):*
S Hinweis vor Rn 1.

2) Eigenkapitalersetzende Gesellschafterdarlehen (§ 32 a I GmbHG)

5   A. **Grundsatz:** *Gewährt ein Gfter der KG in einem Zeitpunkt, in dem ihr die Gfter als ordentliche Kaufleute Eigenkapital zugeführt hätten (Krise der Ges, Legaldefinition), statt dessen ein Darlehen, so kann er den Anspruch auf Rückgewähr des Darlehens im Insolvenzverfahren über das Vermögen der Ges nur als nachrangiger Insolvenzgläubiger geltend machen (§ 32 a I 1 GmbHG).* Das Darlehen wird also wie Eigenkapital behandelt. Der Gfter kann allerdings seine Forderung nach Abschluss des Insolvenzverfahrens geltend machen, soweit noch GesVermögen vorhanden ist; im Verhältnis zu anderen Gftern wird das Darlehen also nicht als Einlage behandelt (§ 39 I Nr 5 InsO). Gfter iSv § 32 a I GmbHG sind nach Wortlaut und Sinn nur die mittelbar an der KG beteiligten Gfter, phG haften bereits aus § 128, Staub/Habersack § 129 a Rn 11, Habersack ZHR 162 **(98)** 212, üL, zu beachten ist aber § 93 InsO, K. Schmidt ZGR **96**, 209, auch sind Finanzplankredite möglich (s Rn 21); nach aA sind auch phG den Eigenkapitalersatzregeln zu unterwerfen (§ 129 a Rn 2), MüKo/K. Schmidt 25, von Gerkan ZGR **97**, 188. Gfter iSv § 32 a I GmbH ist auch der **Treuhänder**-Gfter (Treugeber und Strohmänner können unter § 32 a III GmbHG fallen, s Rn 10); auch der Gfter ohne unternehmerisches Eigeninteresse; BGH **105**, 168.

6   B. **Eigenkapitalersatz:** *Unter welchen Voraussetzungen das Darlehen Eigenkapital ersetzt, ist die Kernfrage.* Sie ist bewusst offen geblieben (RegE S 39). Sie wird von Rspr und Literatur wie zu §§ 30, 31 GmbHG beantwortet. Eigenkapitalersetzender Charakter des Darlehens liegt vor, wenn es dazu dient, die Insolvenz der Ges abzuwenden oder hinauszuschieben; auch dann, wenn keine Insolvenzreife vorliegt, Kredit zu marktüblichen Bedingungen von Dritten jedoch nicht zu erlangen und deshalb die Liquidation unvermeidlich gewesen wäre, vgl BGH **76**, 326 (s Rn 20). Stehenlassen von Darlehen kann dem Gewähren gleichstehen, BGH NJW **85**, 858, 2719 (s Rn 20).

7   *C.* **Insolvenzrechtliche Lösung:** Die **Rechtsfolge** *eines Verstoßes ist auf das Insolvenzverfahren beschränkt, dort allerdings ohne Begrenzung durch die Höhe des Nennkapitals; ein Zurückhaltungs- oder Rückgewährungsanspruch der GmbH vorher besteht nicht, BGH* **90**, *378.* Anders nach §§ 30, 31 GmbHG, s Rn 18. Allgemeiner zu GfterDarlehen in der Insolvenz Eidenmüller FS Canaris **07** II 48.

8   *D.* **Vergleich:** *§ 32 a I 2 aF GmbHG, der die Wirkung eines Zwangsvergleichs und eines im gerichtlichen Vergleichsverfahren abgeschlossenen Vergleichs regelte, ist mit der InsO weggefallen (EGInsO).*

3) Sicherheiten (§ 32 a II GmbHG)

9   Hat nicht der Gfter, sondern ein Dritter ein eigenkapitalersetzendes Darlehen gewährt und hat der Gfter dem Dritten dafür eine Sicherung bestellt (zB Sicherungsübereignung, Grundschuld etc, Bsp für GmbH & Co s Hbg WM **84**, 1088), oder hat er sich verbürgt, *so kann der Dritte im Insolvenzverfahren über das Vermögen der Ges nur für den Betrag verhältnismäßige Befriedigung verlangen, mit dem er bei Inanspruchnahme der Sicherheit oder des bürgenden Gfters ausgefallen ist (§ 32 a II GmbHG).* Ansprüche auf Rückgewähr kapitalersetzender GfterDarlehen werden danach als nachrangige Insolvenzforderungen in das Insolvenzverfahren einbezogen (§ 39 InsO), aA nach altem Recht BGH NJW **85**, 858. In einem Insolvenzplan kann auch die Erfüllung dieser Ansprüche geregelt werden (vgl §§ 222, 225, 246 InsO). Zur Doppelsicherung durch Gfter und Ges s Monßen DB **81**, 1603, Feuerborn BB **82**, 401. Praktische Bedeutung hat die Vorschrift vor allem für kreditgewährende Banken. § 32 a II GmbHG ist zur Ergänzung des § 32 a I GmbHG unbedingt notwendig, da sonst solche Gestaltung naheliegt und § 32 a I GmbHG weitgehend leerliefe. Auch „harte" Patronatserklärungen (§ 349 Rn 22) fallen darunter, Obermüller ZIP **82**, 920.

4) Darlehensähnliche Geschäfte (§ 32 a III GmbHG)

A. Generalklausel: *§ 32 a III GmbHG unterwirft als Generalklausel auch alle* **10** *anderen Rechtshandlungen eines Gfters oder eines Dritten den Rechtsfolgen der I und II, die **der Darlehensgewährung** nach diesen Vorschriften **wirtschaftlich entsprechen**. Damit wird nur darauf verzichtet, weitere Sachverhalte (wie noch im RegE) kasuistisch festzuschreiben (zB Erwerb gestundeter Forderung eines Dritten durch Gfter, Stundung einer Forderung des Gfters gegen die Ges, Erstreckung der Sachverhalte auf mit der Ges oder Gftern verbundene Unternehmen (vgl § 15 AktG) oder nahe Verwandte (s Rn 28), Beteiligung als stGfter (§ 236 Rn 5). Materiell fallen aber entspr Sachverhalte unter die Generalklausel, BGH **81**, 315, **105**, 168. Lit: Schwintowski/Dannischewski ZIP **05**, 840.*

B. Sanierungsprivileg (III 3): a) Rechtslage bis 1998: *Ein eigentliches Sanierungs-* **11** *oder (enger) Bankenprivileg wurde von der Rspr und üL nicht für erforderlich gehalten, BGH **81**, 311 (Sonnenring), Düss WM **83**, 880, K. Schmidt ZHR 147 (**83**) 165, Ullrich GmbHR **83**, 133, aA Westermann ZIP **82**, 386, Uhlenbruck GmbHR **82**, 141, Rümker ZIP **82**, 1385 u FS Stimpel **85**, 673.*

b) Sanierungsprivileg nach III 3: *Der Gesetzgeber des KonTraG hält demgegenüber* **12** *ein solches Sanierungsprivileg für notwendig (III 3, nicht RegE, erst Rechtsausschuss, Wirkung ab 1. 5. 98). III 3 und 2 (s Rn 14) sind selbstständige Freistellungen, str. III 3 befreit von dem gesamten Kapitalersatzrecht (Novellenregelung und RsprRegeln), BGH **165**, 106. Erwirbt ein Darlehensnehmer (nicht nur Kreditinstitute) in der Krise der Ges (Legaldefinition in I 1, s Rn 5) zum Zweck der Überwindung der Krise Geschäftsanteile, führt dies für seine bestehenden oder neugewährten Kredite (und sonstige Leistungen, s Rn 13) nicht zur Anwendung der Regeln über den Eigenkapitalersatz. Bürgschaft ua steht der Darlehenshingabe gleich, Düss ZIP **04**, 508. Der Darlehensnehmer muss **zum Zweck der Sanierung** handeln. Dafür sind neben dem zu vermutenden Sanierungswillen objektiv notwendig: Vorliegen der Sanierungsfähigkeit der Ges im Zeitpunkt des Anteilserwerbs und Geeignetheit der konkret in Angriff genommenen Maßnahmen, die Ges in überschaubarer Zeit durchgreifend zu sanieren, BGH **165**, 106, Düss ZIP **04**, 508, Lu/Ho §§ 32 a/b GmbHG Rn 84 (vgl (**7**) Bankgeschäfte Rn G/32 mit weitergehenden Verfahrenspflichten). Auf Reihenfolge von Darlehenshingabe und Anteilserwerb kommt es nicht an, hL, Düss ZIP **04**, 508. Eine Mindest- oder Höchstbeteiligung (bis hin zu Alleinbesitz) ist für III 3 nicht vorgesehen, auch keine feste zeitliche Beschränkung. Das Privileg erfasst alle wie in der Krise neu gegebene GfterDarlehen und sowohl neue Geschäftsanteile aus einer Kapitalerhöhung als auch bestehende Anteile, die der Darlehensnehmer von den Alteigentümern übernimmt. Auch dieses letztere, zumeist verbunden mit dem Austausch des Management, kann sanierungswichtig sein. Bereits vorher zu Eigenkapitalersatz umqualifizierte Darlehen werden von III 3 nicht erfasst, also keine rückwirkende Umqualifizierung. Aber AltGfter und gleichgestellte Dritte sind nicht generell ausgeschlossen, aA Lu/Ho §§ 32 a/b GmbHG Rn 80, str. Lit: Pentz ZIP **06**, 1169.*

C. Weitere Fallgruppen: *Unter III fallen auch:* **Finanzierungsleasing** *(s (**7**) Bank-* **13** *geschäfte Rn P/2), hL, Hueck ZGR **89**, 227;* **Gebrauchsüberlassung** *auf Grund von* **Miete** *oder* **Pacht**, *BGH **109**, 55, **121**, 31, **127**, 1 u 17, **140**, 150, NJW **97**, 3026, **00**, 3565, WM **05**, 561, 747, üL, aA K. Schmidt ZIP **93**, 161, auch Nichtgeltendmachung von Schadensersatzansprüchen wegen Beschädigung der überlassenen Sache; Rechtsfolge: Erfassung des Nutzungswerts (ohne Änderung der dinglichen Zuordnung, nach aA des Substanzwerts), also Weiternutzung bzw anderweitige Verpachtung durch Insolvenzverwalter mit allen in dem Gebrauchsüberlassungsvertrag eingegangenen Verpflichtungen des Gfters, aber nur in den vereinbarten zeitlichen Grenzen und grundsätzlich ohne Pflicht des Gfters zur Ablösung in Geld (bloßes Abzugsverbot, keine Zuführungspflicht), BGH **127**, 1 u 17, NJW **00**, 3565, sehr str; § 566 BGB greift aber nicht, BGH **166**, 125 (auch Rn 29). Lit: Ziegler 1989, Hueck ZGR **89**, 216, Ulmer FS Kellermann **91**, 485;* **Betriebsaufspaltung**, *BGH **121**, 31, sehr str (Lit: Ziegler 1989, Drygala 1991, Schulze-Osterloh ZGR **83**, 123, Wiedemann ZIP **86**, 1293, von*

§ **172a a. F.** 14–16   II. Buch. Handelsgesellschaften und stille Gesellschaft

*Gerkan GmbHR **86**, 222, aA Knobbe-Keuk BB **84**, 1);* **unechtes Factoring** *(s (7) Bankgeschäfte Rn O/4), Kln ZIP **86**, 1585; Verkauf von Anlagevermögen an Gfter unter Eigentumsvorbehalt und Stundung des Kaufpreises, Karlsr WM **89**, 497;* **GmbHAnteilspfändung** *nur bei zusätzlicher Einräumung von Befugnissen wie Gfter, BGH **119**, 191, dazu Altmeppen ZIP **93**, 1677, Dreher ZGR **94**, 144.*

14   *D.* **Kleinbeteiligungen (III 2):** *III 2 idF KapAEG 1998 stellt den nicht geschäftsführenden Gfter, der mit 10% (BR sogar für 25%) oder weniger am Stammkapital beteiligt ist, von der Regeln über den Eigenkapitalersatz frei. Damit soll ein eigenkapitalersatzrechtliches und zugleich auch ein steuerliches Schachtelprivileg (ebenfalls ab 10%) geschaffen werden. III 2 und 3 (s Rn 12) sind selbstständige Freistellungen, str. Relevanz statutarischer Einflussverstärkung bzw -verminderung der Kleinbeteiligung ist str. Stimmübergewicht und bereits Sperrminorität, auch durch Stimmbindungsvertrag, sind schädlich, str. Umgekehrt fällt stimmrechtslose Beteiligung über 10% unter III 2, str, Lu/Ho §§ 32a/b GmbHG Rn 67. III 2 bleibt anwendbar auf geschäftsführende Gfter bzw auf juristische Personen als Gfter, bei denen einer ihrer gesetzlichen Vertreter zugleich Geschäftsführer in dem Beteiligungsunternehmen ist. III 2 erfasst gezielt nicht nur §§ 32a, 32b GmbHG, sondern auch Eigenkapitalersatz anlog §§ 31, 32 GmbHG (RegE S 12, Zwerganteile), das ist für die Rspr trotz Kritik in der Lit bindend. GmbH & Co s Rn 32. Lit: Habersack ZHR 162 **(98)** 201 (208); Goette ZHR 162 **(98)** 223 (226), Pentz GmbHR **99**, 437.*

5) Zurückgewährte Darlehen (§ 32 b GmbHG)

15   **Erstattungspflicht:** *§ 32a GmbHG wird durch § 32b GmbHG für bereits zurückgewährte Darlehen ergänzt. § 32b GmbHG verpflichtet den Gfter, der nach § 32a II, III GmbHG dem darlehensgewährenden Dritten eine Sicherung bestellt oder sich verbürgt hat, der Ges den durch sie an den Dritten zurückgezahlten Betrag zu erstatten, wenn die Rückzahlung im letzten Jahr vor dem Antrag auf Eröffnung des Insolvenzverfahrens über das GesVermögen oder nach diesem Antrag erfolgte, BGH ZIP **07**, 1006. Der Anfechtungsanspruch verjährt in zwei Jahren seit Eröffnung des Insolvenzverfahrens (§ 32b Satz 1 letzter Halbs GmbHG, § 146 InsO), aA nach altem Recht BGH **123**, 289: einjährige Ausschlussfrist (entspr § 41 I KO). Erstattungspflicht wird begrenzt durch die Höhe der Bürgschaft bzw den Wert der gewährten Sicherung im Zeitpunkt der Rückzahlung des Darlehens (§ 32b S 2 GmbHG), BGH NJW **90**, 2260. Statt dessen kann (nicht muss, s Rn 9) der Gfter der Ges die zur Sicherung dienenden Gegenstände zur Befriedigung zur Verfügung stellen und sich so befreien (§ 32b S 3 GmbHG). Denn er soll gegenüber der Ges nicht strenger haften, als er gegenüber dem Dritten gehaftet hätte. § 32b gilt auch für der Darlehensgewährung wirtschaftlich entsprechende Rechtshandlungen (§ 32b S 4 GmbHG).*

6) Ergänzende Vorschriften (InsO, AnfG)

16   *A.* **§ 135 InsO:** *§ 135 InsO unterwirft solche Rechtshandlungen der Insolvenzanfechtung, die für die Forderung eines Gfters auf Rückgewähr eines kapitalsetzenden Darlehens oder für eine gleichgestellte Forderung Sicherung gewähren, wenn die Handlung in den letzten zehn Jahren (früher 30 Jahre) vor Insolvenzantrag oder nach diesem Antrag vorgenommen worden ist (§ 135 Nr 1 InsO) oder dem Gfter im letzten Jahr vor dem Insolvenzantrag oder nach diesem Antrag Befriedigung gewährten (§ 135 Nr 2 InsO). § 135 InsO spricht allgemein von Gfter ohne ausdrücklichen Bezug auf § 32a I, III GmbHG wie früher und stellt damit klar, dass auch die Fälle der §§ 129a, 172a HGB sowie die von der Rspr anerkannten weiteren Fälle kapitalsetzender Darlehen vor allem auch bei der Aktiengesellschaft erfasst werden. Gleichgestellte Forderungen sind insbesondere die nach § 32a III GmbHG. Die Anfechtbarkeit nach § 135 InsO entfällt nicht deshalb, weil der Nachrang der Forderung im Insolvenzverfahren zusätzlich vertraglich vereinbart ist (vgl § 39 II InsO).*

B. § 6 AnfG: *Eine § 135 InsO entsprechende Regelung über die Rückgewähr von* **17** *Darlehen enthält auch § 6 AnfG nF 1994. Bei Gläubigerbenachteiligung durch „Firmenbestattung" (stille Liquidation nach Sitzverlegung ins Ausland) kann die anfechtbare Handlung in der Unterlassung liegen, Anspruch (§§ 30, 31 GmbHG) gegen Gfter geltend zu machen, BGH* **165**, *343.*

7) Gesellschafterdarlehen in der GmbH & Co nach §§ 30, 31 GmbHG

Schrifttum

Zacher 1992. – K. Schmidt ZIP **08**, 481. Allgemein s vor Rn 1.

A. Entsprechende Anwendung der §§ 30, 31 GmbHG: *Die Rspr hat schon bisher* **18** *in Anwendung der §§ 30, 31 GmbHG für die GmbH (ohne Beteiligungsuntergrenze, Ulmer ZIP* **84**, *1167) und bei unternehmerischer Beteiligung (idR über 25%, besser jetzt entspr § 271 I 20%) auch bei der* **AG**, *BGH* **90**, *381, ZIP* **05**, *1361, Junker ZHR 156 (92) 394, Veil ZGR* **00**, *223, ähnliche Regeln für eigenkapitalersetzende GfterDarlehen aufgestellt wie §§ 32 a, 32 b GmbHG, Sonderregel für UBG (§ 25 UBGG).*

a) Gesellschafterdarlehen, *die der Ges zur Abwendung der Insolvenzantragspflicht* **19** (**Zahlungsunfähigkeit oder Überschuldung,** *§§ 63, 64 GmbHG, näher § 130 a Rn 3, 4) gegeben werden, dürfen wie haftendes Kapital nicht zurückgezahlt (§ 30 I GmbHG) bzw müssen bei Rückzahlung der Ges erstattet werden (§ 31 I GmbHG), solange der Insolvenzabwendungszweck nicht nachhaltig erreicht ist; BGH* **31**, *258, WM* **72**, *75. Das GfterDarlehen braucht nicht für den Insolvenzabwendungszweck bestimmt zu sein oder verbraucht zu werden, wenn nur ohne es die Ges zahlungsfähig oder überschuldet wäre oder eine vorhandene Überschuldung noch verschärft würde bzw wenn es der insolvenzreifen Ges eine sonst nicht mehr mögliche Aufwendung gestattet, BGH* **67**, *182,* **75**, *336. Darlehen für einen nur vorübergehenden, unerwartet aufgetretenen Geldbedarf sind idR nicht wie haftendes Kapital zu behandeln; anders wenn sie der illiquiden Ges Eigenkapital ersetzen, BGH* **67**, *171,* **75**, *337. Es muss sich um bereits hingegebene Darlehen handeln, die Grundsätze über Eigenkapitalersatz begründen keine Pflicht zur Zuführung neuer Eigenmittel (Finanzplankredite, s Rn 21), BGH* **127**, *23,* **142**, *116.*

§§ 30, 31 GmbHG greifen **schon vor Insolvenzreife** *ein, wenn die Ges von dritter* **20** *Seite keinen Kredit zu marktüblichen Bedingungen mehr bekommt und ohne das Gfterdarlehen liquidiert werden müsste* (**Kreditunwürdigkeit**), *BGH* **75**, *337,* **76**, *326,* **81**, *255,* **109**, *60,* **119**, *201,* **121**, *31. Das ist bei Vorhandensein einer ausreichenden Kreditlinie, BGH* **119**, *205, oder ausreichender Sicherheiten idR nicht der Fall, BGH NJW* **85**, *2720,* **88**, *824. Auch stille Reserven können der Kreditunwürdigkeit entgegenstehen, bloße Unterbilanz (nach fortgeführten Buchwerten) genügt allein nicht, BGH NJW* **99**, *3120. Die Rückforderung eines noch unter wirtschaftlich gesunden Verhältnissen gegebenen Darlehens* **bei** *Eintritt der Kreditunwürdigkeit (dann jedenfalls außerordentliches Kündigungsrecht) ist zulässig, BGH* **95**, *194. Die Rückforderung ist nicht zulässig, wenn die Finanzierungshilfe von vornherein (auch) als Krisenfinanzierung angelegt war wie bei Rangrücktritt ua, BGH NJW* **92**, *1763, oder wenn der Gfter das Darlehen* **stehen lässt,** *so dass die sonst notwendige Liquidation unterbleibt, BGH* **76**, *331,* **81**, *257. Dafür genügt nicht nur die (rechtsgeschäftliche) Stundung, sondern auch eine uU stillschweigende Vereinbarung und sogar schon das tatsächliche Stehenlassen, sofern der Gfter erkennen kann und muss, dass sein Darlehen nunmehr als Kapitalgrundlage unentbehrlich ist, BGH* **75**, *339 mit Klarstellung* **76**, *223, sonst nicht, BGH* **127**, *336 Grund. „Kennen- und Handelnmüssen" wegen* **Finanzierungs(folgen)verantwortung** *des Gfters. Das Fehlen einer solchen Erkenntnismöglichkeit ist nur bei ganz besonderen, von dem Gfter zu beweisenden Umständen anzunehmen, BGH* **127**, *336. Umqualifizierung in Eigenkapitalersatz ist für jedes Darlehen eigenständig zu prüfen, auch wenn schon früher eigenkapitalersetzende Darlehen gewährt wurden und Unterbilanz nach fortgeführten Buchwerten besteht, BGH* **119**, *201. Stehenlassen liegt auch vor, wenn der Gfter fortlaufende, erhebliche Überschreitung von Zahlungszielen bei seinen Warenlieferungen duldet, BGH NJW* **95**, *457; wenn er zwar die Finanzierungsleistung nicht abziehen, aber die Ges*

§ 172a a. F. 21–27   II. Buch. Handelsgesellschaften und stille Gesellschaft

*liquidieren kann, BGH **121**, 31 m Anm Ebenroth/Wilken BB **93**, 305. Stehenlassen nach Ausscheiden des Gfters genügt nur, wenn das Darlehen schon vorher auch als Krisenfinanzierung angelegt war, BGH **104**, 38, NJW **85**, 2720, so bei (auch stillschweigendem) Verzicht auf Kündigung aus wichtigem Grund für späteren Krisenfall, BGH NJW **87**, 1080.* **Maßgeblicher Zeitpunkt** *ist der Zeitpunkt der Auszahlung, BGH NJW **03**, 3611, bzw der verbindlichen Kreditzusage, sofern die Leistung später gewährt wird, BGH **133**, 298. Liegt danach ein Verstoß gegen § 30 vor, entfällt der Erstattungsanspruch nach § 31 durch spätere Auffüllung des Stammkapitals nicht, BGH **144**, 336, NJW **03**, 3631. Bei Erfolg versprechendem Sanierungskonzept ist die Bürgschaft erst bei endgültigem Scheitern der Verhandlungen umzuqualifizieren, Düss ZIP **01**, 2278. Zur Beweislast für Kreditunwürdigkeit BGH NJW **98**, 1143, **99**, 3120, **01**, 1136, HdlBilanz hat nur indizielle Bedeutung, notwendig ist eine* **Überschuldungsbilanz** *(§ 19 II 1 InsO; Rn 4, § 130a Rn 4), bei der auch Rückstellungen nach § 249 I zu berücksichtigen sind, BGH NJW **03**, 3629, ZIP **05**, 807.*

21   *Finanzplankredite: Unabhängig von den Grundsätzen über eigenkapitalersetzende Darlehen, BGH **142**, 116, sind GfterDarlehen, die kraft gesellschaftsvertraglicher Einlagepflicht gegeben und in der Ges* **wie Eigenkapital** *behandelt werden, uneingeschränkt und mit Wirkung gegen Zessionar (§ 404 BGB) Haftungsmasse, Indiz zB Pflicht zur langfristigen Belassung und Unentbehrlichkeit für GesZiele, BGH **104**, 33. Der Gfter muss sie auch nach Eintritt der Krise wie eine Einlagepflicht erfüllen, keine Berufung auf §§ 610, 775 I Nr 1 BGB, BGH WM **97**, 576 (Sanierungsdarlehen), Befreiung von dieser Pflicht nur außerhalb der Krise je nachdem durch Satzungsänderung oder einvernehmliche Aufhebung der bloß schuldrechtlichen Nebenabrede, BGH **142**, 116, Grund: Einlageversprechen, nicht Eigenkapitalersatz. Auch Darlehen eines phG kann Finanzplankredit sein (s Rn 5). Lit: Fleischer 1995; Habersack ZHR 161 **(97)** 457, ZGR **00**, 410, Altmeppen NJW **99**, 2812, Steinbeck ZGR **00**, 503.*

22   *Sonderregeln für kurzfristigen Überbrückungskredit, strenge Anforderungen (Dreiwochenfrist, § 64 I GmbHG), BGH **75**, 337, **90**, 394, WM **06**, 2171, aber BGH **133**, 304. Sonderregeln für von UnternehmensbeteiligungsGes belassene Darlehen s § 25 UBGG. Verlustausgleichsanspruch der Ges gegen das sie beherrschende Unternehmen aus einem (auch fehlerhaften, s § 105 Rn 75) Unternehmensvertrag beseitigt Kreditunwürdigkeit nicht, BGH **105**, 168, krit K. Schmidt NJW **88**, 3148. GfterDarlehen trotz Rangrücktrittsvereinbarung s BGH NJW **82**, 121. Banken haben kein Sanierungsprivileg, s Rn 12. Subordination von GfterKrediten s Habersack ZGR **00**, 384. Rangrücktritt s Haarmann FS Röhricht **05**, 137.*

23   *Das Darlehen verliert Darlehenscharakter* **nicht** *durch* **nachträgliche Zweckänderung** *in Tilgung einer GesSchuld oder des Rückgewähranspruchs aus § 31 GmbHG, BGH NJW **84**, 1036.*

24   *b) Diese Grundsätze gelten auch für* **Sicherheiten** *und darlehensähnliche Geschäfte, so wenn der Gfter das Darlehen nicht an die Ges, sondern in ihrem Auftrag und für ihre Rechnung unmittelbar an einen Dritten auszahlt oder sich bei einem Darlehen des Dritten an die Ges diesem verbürgt, BGH **67**, 182, **81**, 255, ZIP **07**, 1006, Hbg ZIP **80**, 94, oder wenn die GmbH einem Dritten für dessen Forderung gegen einen Gfter eine Sicherheit bestellt, BGH WM **82**, 1402, oder der Gfter die Schuld eines Dritten an die Ges durch einverständliche Aufrechnung mit seinem Darlehensanspruch tilgt, BGH **81**, 368; auch bloß nachrangige Bürgschaft der Gfter, BGH NJW **88**, 824.* **Nicht:** *Kaution des Gfters für nichtige GesSchuld, BGH NJW **89**, 1733.*

25   **Darlehensähnliche Geschäfte:** *Fallgruppen s Rn 13.*

26   *Stundung von Kaufpreisforderungen aus Warenlieferungen eines Gfters an die Ges* **(Warenkredit)** *kann Kapitalersatz sein, wenn Stundungen Bestandteile eines einheitlichen Sanierungskonzepts sind und ein fremder Lieferant in gleicher Lage dazu nicht bereit wäre, BGH **81**, 263.*

27   *Dieselben Grundsätze gelten nach der Rspr für mit der Ges oder den Gftern eine* **wirtschaftliche Einheit bildende Unternehmen,** *so (wohl grundsätzlich, nach aA nur*

2. Abschnitt. Kommanditgesellschaft 28–30 § 172a a. F.

*im Einzelfall) bei verbundenen Unternehmen (§§ 15 ff AktG), wenn sie eigenkapitalersetzende Darlehen geben oder Rückgewähr erhalten, BGH NJW **91**, 357, 1057, **92**, 1168, Düss BB **97**, 958, bei wirtschaftlicher Vergleichbarkeit aber auch ohne solche Verbundenheit, BGH **105**, 168 (HSW) m Anm Lutter ZIP **89**, 477, Hüffer ZHR 153 **(89)** 322, zB wenn sich eine Gebietskörperschaft über ihre öffentlichrechtliche Landesbank beteiligt. Verbundenheit ist auch anzunehmen bei **maßgeblicher Beteiligung** BGH **81**, 311; dafür genügt idR, vorbehaltlich gegenteiliger Regelung im GesVertrag, eine Beteiligung von mehr als 50%, BGH NJW **99**, 2822, **01**, 1490, WM **05**, 747, nur bei maßgeblicher Beteiligung an beiden Unternehmen, Stgt ZIP **07**, 275, Prozentsätze str. Grund: typischer, gesellschaftsrechtlich fundierter Einfluss auf Gewährung oder Abzug der Kredithilfe. Im Einzelnen können kapitalersetzende Bankkredite an GmbH auch bei Erwerb der Mehrheit der Geschäftsanteile der GmbH durch 100%ige Banktochter unter §§ 30, 31 GmbHG fallen, BGH **81**, 311 (vgl § 32 a III GmbHG, s Rn 10); die Beteiligung eines Vorstandsmitglieds der Bank an einem Schuldnerunternehmen ist uU der Bank als Treugeberin zuzurechnen, BGH **107**, 7, **118**, 107 (Strohmann), str; koordiniertes Stehenlassen, BGH ZIP **05**, 1316 (iErg abl). Darlehensgeber haftet, auch wenn er selbst nicht an der GmbH beteiligt, aber ein ihr oder einem Gfter verbundenes Unternehmen ist, BGH NJW **84**, 1036, oder für ihn der GesAnteil treuhänderisch gehalten wird, BGH **31**, 264, **75**, 336, **95**, 193. All dies gilt kraft unwiderleglicher Vermutung für den Vertragskonzern und den qualifizierten faktischen Konzern sowie bei Begründung der wirtschaftlichen Einheit durch öffentlichrechtliche Normen. Dagegen genügen bloßer Mehrheitsbesitz, schlichte Abhängigkeit und einfacher faktischer Konzern allein nicht, sondern nur bei Übernahme einer Finanzierungs(folgen)verantwortung, zutr Lu/Ho §§ 32 a/b GmbHG Rz 64 gegen üL und die Rspr, schon bei bloßer maßgeblicher Beteiligung von mehr als 50% BGH ZIP **99**, 1314. Zur Kreditbesicherung im Konzern Schön, Messer, Sonnenhol/Groß ZHR 159 **(95)** 351, 375, 388, Mülbert ZGR **95**, 578, s auch Rn 29.*

Nahe Verwandte *stehen nicht ohne weiteres gleich (nicht stets Interessengleichheit),* 28
*BGH WM **91**, 678, auch nicht Ehegatten und minderjährige Kinder, BGH NJW **92**, 1168, mißverständlich BGH **81**, 365; anders im Einzelfall, zB bei Leistung der GmbH auf Veranlassung des Gfters an dessen minderjähriges Kind, dieses haftet entspr §§ 89 III, 115 II AktG, § 31 I GmbHG selbst auf Erstattung, zumindest bei Kenntnis oder Kennenmüssen des gesetzlichen Vertreters, BGH **81**, 365; Gegenbeispiel Hbg WM **86**, 826; Zwischenschaltung einer von den Verwandten beherrschten Ges ändert nichts, BGH WM **86**, 239.*

Sonstige Dritte haften nicht, *außer wenn sie mit dem Gfter bewusst zum Schaden* 29
*der Ges oder der Gläubiger zusammenwirken (Täuschungsabsicht, Kollusion, § 826 BGB), BGH **138**, 298 (IX ZS, Kreditbesicherung im Konzern, s Rn 27), AG **81**, 227, WM **82**, 1402; dazu Canaris FS Fischer **79**, 31, Sonnenhol/Stützle WM **83**, 2.*
Stille Gfter *s § 236 Rn 5. In Mietverhältnisse des Gfters eintretende dritte* **Vermieter**
trotz § 566 BGB (s Rn 13).

---

c) Auszahlungssperre *und* **Rückgewährpflicht** *der §§ 30, 31 GmbHG erfassen* 30
nur das satzungsmäßige **Stammkapital** *und greifen deshalb nur ein, wenn und soweit die Leistung verlorenes Stammkapital oder eine über den Verlust hinausgehende Überschuldung abdeckt, BGH **76**, 335, **90**, 378, **95**, 193. Dabei steht die Herbeiführung der Überschuldung deren Vertiefung gleich, BGH NJW **90**, 1730. Das bedeutet bei der GmbH & Co keine Begrenzung durch die Höhe des Nennkapitals der GmbH, BGH **81**, 259, s Rn 33. Stammkapitalersetzende Darlehen gelten als Haftungsfonds für alle gegenwärtigen und künftigen GesGläubiger ohne Rücksicht auf Ursachenzusammenhang zwischen deren Forderungen und Kredithingabe des Gfters, BGH **81**, 320. Ersichtlichkeit der Darlehen und ihrer Absicherung aus dem Grundbuch ist gleichgültig, BGH **81**, 320. Erhaltung des Stammkapitals ist nach fortgeführten Buchwerten zu beurteilen, stille Reserven bleiben idR außer Betracht, offen BGH **81**, 261. Maßgeblich ist die Bilanzierung, Rückstellungen sind aufzulösen, eigener Anteil am Stammkapital ist nicht*

§ 172a a. F. 31–33   II. Buch. Handelsgesellschaften und stille Gesellschaft

abzuziehen, BGH NJW 03, 3631. Eine nach § 30 GmbHG verbotene Rückgewähr bzw Schmälerung von Stammkapital kann auch in einer Aufrechnung gegen eine GesForderung liegen, BGH 95, 191; auch in der Stundung des Kaufpreises für veräußertes GesVermögen, BGH 81, 321. Sicherheitsleistung der GmbH für GfterVerbindlichkeiten s Meister WM 80, 390. Verstoß gegen § 30 GmbHG führt zu § 31 GmbHG, nicht zur Nichtigkeit des Erfüllungsgeschäfts, auch nicht bei bewusstem Zuwiderhandeln, BGH 136, 125 (in Abgrenzung von BGH 95, 192), 138, 299, üL. Der einmal entstandene Erstattungsanspruch entfällt nicht bei späterer, nachhaltiger Wiederauffüllung des GesVermögens, BGH 144, 336 (gegen BGH ZIP 87, 1113), 165, 400.

31   *d) Erstattungspflichtig sind die Gfter, die die Rückzahlungen erhalten haben. Die **Geschäftsführer** und die **übrigen Gesellschafter**, nicht auch Prokuristen, BGH 148, 167 m Anm Müller ZGR 03, 441 (aber uU § 826 BGB), haften dafür auch bei Mitwirkung an der Transaktion (außer bei Existenzgefährdung der Ges, s Rn 41) idR nur unter den Voraussetzungen der §§ 43 III 3, 31 III GmbHG, wofür die Ges die Darlegungs- und Beweislast trifft, BGH 142, 92 gegen BGH 93, 146. Die Geschäftsführer haften uU auch bei Unterlassen, BGH NJW 92, 1166. Haftung ohne Milderung nach § 708 BGB. Die Haftung der MitGfter aus § 31 III GmbHG ist beschränkt, str, und zwar auf die Höhe der Stammkapitalziffer, nach aA auf die Höhe des Stammeinlagebetrags des verbotswidrig empfangenden Gfter, offen BGH NJW 90, 1730.*

32   *B. **Entsprechende Anwendung auf die GmbH & Co:** §§ 30, 31 GmbHG gelten entsprechend für die GmbH & Co KG, bei der sich die Haftungsverhältnisse für die Gläubiger ähnlich wie bei der GmbH darstellen, BGH 60, 328, 67, 174, 69, 274, 75, 334, 76, 326, 95, 191, 109, 67, 110, 342, 123, 296, 127, 21, 166, 140, NJW 88, 824 (Bürgschaft zugunsten der KG). Freistellung von **Kleinbeteiligungen** und **Sanierungsprivileg** (§ 32 a III 2, 3 GmbHG, s Rn 14, 12) gelten entspr, str. Für die 10%-Schwelle kommt es auf die Beteiligung an der GmbH an, außer bei gesellschaftsvertraglicher Sperrminorität des Kdtisten, Lu/Ho §§ 32 a/b GmbHG Rn 72, str, z T anders Westermann DZWiR 00, 4. KG mit natürlicher Person als phG s Rn 2.*

33   *a) In einer GmbH & Co KG verstößt eine Auszahlung an den Kdtisten, der zugleich der GmbH angehört, auch dann gegen § 30 I GmbHG, wenn sie nicht aus dem Vermögen der GmbH, sondern aus dem der KG erbracht wird und soweit dadurch mittelbar das Vermögen der GmbH unter den Nennwert des Stammkapitals herabsinkt, BGH 60, 324. Dasselbe gilt, wenn der Kdtist der GmbH & Co nicht zugleich der GmbH angehört, BGH 110, 342 (auch bloßer Anleger, 358; für Kleinanleger, insbesondere bei PublikumsGes, Anh § 177 a Rn 52, greift § 32 a III 2 GmbHG, s Rn 32), BGH 110, 342, nach aA nur bei Hinzutreten besonderer Umstände wie gleichzeitige GmbHGeschäftsführerstellung oder Halten aller GmbHAnteile durch KG. Eine derartige **mittelbare Auswirkung** auf das **Stammkapital der GmbH** liegt in zwei Fällen vor: (1) wenn die KG überschuldet ist und die GmbH keine über ihr Stammkapital hinausgehende Vermögenswerte hat (Grund: Haftung der GmbH nach § 128 für die Schulden der KG), (2) wenn die GmbH am Vermögen der KG beteiligt ist, die Entwertung dieser Beteiligung durch Kapitalverlust das Stammkapital der GmbH in Mitleidenschaft gezogen hat und die GfterLeistung diese Kapitallücke ausfüllt, BGH 76, 326. Keine Rolle spielt, ob die Ges von Anfang an unterkapitalisiert war; auch nicht, dass bei Rückgewährung des GfterDarlehens das in die KG eingebrachte Stammkapital der GmbH bereits verloren ist. Die Erstattungspflicht wird nicht durch den Nennbetrag des satzungsmäßigen Stammkapitals begrenzt, sondern entspricht den darüberhinausgehenden ungedeckten Verbindlichkeiten; denn das Darlehen ist als Ersatz für eine sonst notwendige Kapitalerhöhung zu betrachten, BGH 67, 179, 81, 259; insoweit weniger streng für die Mithaftung der anderen Gfter, BGH 60, 331. Eine Ausfallhaftung nach § 31 III GmbHG setzt dagegen förmliche Zugehörigkeit zur GmbH voraus, MüKo/K. Schmidt 46, Hach/Ulmer §§ 32 a, b GmbHG Rn 196.*

2. Abschnitt. Kommanditgesellschaft 34–39 § 172a a. F.

*b) Bei der **Umwandlung** der Einlage des **ausscheidenden Kommanditisten** in Dar- 34 lehen sind für §§ 30, 31 GmbHG die Vermögensverhältnisse zum Zeitpunkt des Ausscheidens maßgeblich; steht danach § 30 I GmbHG einer Rückzahlung entgegen, darf auch später solange nicht zurückgezahlt werden, als das zur Erhaltung des Stammkapitals der GmbH erforderliche Vermögen beeinträchtigt würde, BGH **69**, 274; der Ausgeschiedene kann die Erstattung nach § 31 I GmbHG nicht von einer Gesamtabrechnung abhängig machen, BGH **76**, 328. Zur Umwandlung der Einlage oder des Auseinandersetzungsguthabens des Kdtisten als möglicher Verstoß gegen § 172 IV1 BGH **39**, 331, **60**, 327. Rückgewährung durch Zuwendung an Dritte s Rn 24. Kenntnis des Kdtisten von Vorliegen des § 172 IV 1 bedeutet nicht Böslichkeit iSv § 31 V 2 GmbHG, Mü WM **83**, 101.*

c) Soweit die verbotswidrige Zahlung aus dem Vermögen der KG erbracht worden ist, 35 *gehört der **Anspruch** der GmbH nach § 31 GmbHG zum Gesamthandsvermögen **der KG**, BGH **60**, 330. **Abtretung** dieses Anspruchs **an Gesellschaftsgläubiger** ist möglich, auch wenn diese sonst aus dem GesVermögen keine Befriedigung erlangen könnten, BGH **69**, 274.*

8) Verhältnis von § 172 a HGB und §§ 30, 31 GmbHG

*A. **Normkonkurrenz:** § 172 a HGB, §§ 32 a, 32 b GmbHG regeln die eigenkapital-* 36 *ersetzenden GfterDarlehen gezielt und umfassend (vgl § 32 a III GmbHG und die flankierenden Normen in anderen Gesetzen, s Rn 16–17), jedoch mit Ansatz im Insolvenzverfahren. Die Rspr behandelt deshalb auch nach dem 1. 1. 81 gewährte Darlehen (s Rn 4) weiterhin auch nach §§ 30, 31 GmbHG, BGH **90**, 370.*

*B. **Materielle Normkontinuität:** a) Die Vorschriften bringen zwar verschiedene* 37 *Neuerungen gegenüber der bisherigen Rspr. Vor allem knüpft § 32 a I GmbHG nicht mehr an die Erhaltung des Stammkapitals an. Der darlehensgebende Gfter braucht außer Kdtist nicht gleichzeitig auch GmbH-Gfter zu sein. Bei Sicherungen eines Gfters für Darlehen Dritter an die Ges muss der Dritte erst die Sicherung bzw den Bürgen in Anspruch nehmen (§ 32 a II GmbHG). Ein weites Feld eröffnet das Umgehungsverbot des § 32 a III GmbHG.*

*b) Aber wesentliche Voraussetzungen und Rechtsfolgen sind gleich oder **ähnlich**. So ist* 38 *ua das zentrale Merkmal des eigenkapitalersetzenden GfterDarlehens in der Neuregelung bewusst offengelassen worden. Die Substanz der Rspr zu §§ 30, 31 GmbHG kann deshalb weitgehend zur Auslegung der §§ 172 a (u 129 a) HGB, §§ 32 a, 32 b GmbHG herangezogen werden.*

9) Die unterkapitalisierte GmbH & Co, allgemeine Durchgriffshaftung, Haftung aus existenzvernichtendem Eingriff (s Hinweis vor Rn 1 aE)

A. **Keine Ausdehnung auf Unterkapitalisierung ohne Gewährung von** 39 **Gesellschafterdarlehen:** Weder § 172 a noch §§ 30, 31 GmbHG erfassten schon vor dem MoMiG die (von vornherein oder ab einem späteren Zeitpunkt) unterkapitalisierte GmbH bzw GmbH & Co, sofern keine Gesellschafterdarlehen gewährt wurden. Der Gesetzgeber der GmbHNovelle 1980 hat sich zu einem eigenen Haftungstatbestand der Unterkapitalisierung nicht entschließen können, vgl Herber GmbH-Rdsch **78**, 28. Gegen den Haftungsdurchgriff bei einer unterkapitalisierten EinpersonenGmbH BGH **68**, 312 (VIII. ZS) m Anm K. Schmidt NJW **77**, 1451; abl Emmerich NJW **77**, 2163, Fleck **LM** § 30 GmbHG Nr 6, Kuhn WM **78**, 598 u Sonderbeil 1/**78**, 16, Meyer-Cording JZ **78**, 10. Der II. (gesrechtliche) ZS hat offengelassen, ob dem „in Anbetracht neuerer, auch in der Rspr des II. ZS zu verzeichnender Tendenzen zu einem verstärkten Gläubigerschutz gefolgt werden kann", BGH NJW **77**, 1686, in BGH **69**, 95 nicht abgedruckt; seine restriktiven Äußerungen in BGH **76**, 335 beziehen sich nur auf §§ 30, 31 GmbHG.

§ 172a a. F. 40–41a II. Buch. Handelsgesellschaften und stille Gesellschaft

40 B. **Allgemeine Haftungstatbestände, insbesondere Durchgriffshaftung:** Demgegenüber greift die Rspr zT auf **§ 826 BGB,** zB BGH NJW **05,** 145 (planmäßige Entziehung von Vermögen für SchwesterGmbH), und auf die **allgemeine Durchgriffshaftung** bei sittenwidriger Einschaltung einer vermögenslosen GmbH durch den Gfter zurück. Die allgemeine zivilrechtliche Durchgriffshaftung findet nur in besonderen Ausnahmefällen statt, weil sonst die Rechtsform der juristischen Person und die damit bezweckte Haftungsbeschränkung der Gfter entwertet würde. Bspe: BGH **31,** 271, **54,** 222 (Durchgriff bei e. V.), **68,** 322 (willkürliche, von vornherein nicht praktikable Ausgliederung), **78,** 333 (Rechtsmissbrauch), **95,** 334 (Vermischung von Ges- und Privatvermögen durch undurchsichtige Buchführung oder sonstige Verschleierung), **125,** 366 (Vermögensvermischung, dazu klarstellend **165,** 85), NJW **79,** 2104 (§ 826 BGB bei krass nachteiligem Geschäft der beherrschenden Gfter mit GmbH & Co), **85,** 740 (restriktiv zur Vermögensvermengung), BGH **165,** 85 (§ 128 analog wegen unkontrollierbarer „Vermögensvermischung", aber nicht schon mangels doppelter Buchführung und nur bei Verantwortlichkeit dafür als Allein- oder Mehrheits-Gfter, Verhaltens-, keine Zustandshaftung, Geltendmachung durch den Insolvenzverwalter nach § 93 InsO), NJW-RR **88,** 1181 (§ 826 BGB bei Schädigungsabsicht auch ohne Verschleierung; problematisch), ZIP **08,** 364 (Kolpingwerk, Verein, abl) m Anm Reuter NZG **08,** 650, NJW **08,** 2439 (GAMMA, abl) m Anm Veil 3264 u Kleindiek NZG **08,** 686, BSozG NJW **84,** 2117 (Missbrauch durch „Staffette" einer illiquiden GmbH nach der anderen), Karlsr BB **78,** 1332, KG ZIP **08,** 1535. **Nicht:** Beherrschung einer rechtlich selbstständigen Ges und entscheidende Beeinflussung ihrer Geschäftsführung, BGH NJW **79,** 1828, WM **80,** 956, auch nicht bei EinpersonenGes, BGH NJW **81,** 2811; einfache Unterkapitalisierung, hL, BGH stRspr, auch BAG NJW **99,** 740, 2299. Bei Durchgriffshaftung gilt § 129 I entspr, BGH **95,** 330 (Autokran), **165,** 95, (§ 178 III InsO, aber rechtliches Gehör). Lit: Bitter 2000, Mülhens 2006; Rehbinder FS Fischer **79,** 579, Nirk FS Stimpel **85,** 443, Ehricke AcP 199 **(99)** 258, K. Schmidt ZIP **07,** 605 (Verein), Altmeppen ZIP **08,** 1201, Hofmeister ZIP **09,** 161, Steffek JZ **09,** 77.

41 C. **Haftung aus existenzvernichtendem Eingriff:** Bei Vermögenslosigkeit einer abhängigen Ges (GmbH) kam nach früherer konzernrechtlicher Rspr auch Ausfallhaftung des herrschenden Konzernunternehmens entspr §§ 303, 322 II, III AktG in Betracht, BGH **95,** 330 (Autokran), **115,** 187 (Video), zutr einschränkend **122,** 93 (TBB), sehr str; dazu Stodolkowitz ZIP **92,** 1517, K. Schmidt ua ZIP **93,** 549 ff; für AlleinGfter einer GmbH & Co BAG NJW **91,** 2923. Diese Rspr hat der II. ZS 2001 durch das bahnbrechende Urteil zur **Haftung bei existenzvernichtendem Eingriff** zu Recht aufgegeben (bewusster **„Abschied vom qualifizierten faktischen Konzern",** Altmeppen NJW **02,** 321, krit K. Schmidt § 39 III) und auf eine andere, konzernunabhängige Grundlage gestellt, BGH **149,** 10 (Bremer Vulkan), **150,** 61, **151,** 181 (KBV), ZIP **05,** 117, 250, ZIP **08,** 308. Diese Rspr wurde vorbereitet vom damaligen Senatspräsidenten Röhricht FS 50 Jahre BGH **00** I 83, vgl auch BGHSt NJW **04,** 1331 (Bremer Vulkan), ist aber unter seinem Nachfolger Goette dogmatisch und im Ergebnis völlig verändert worden, BGH NJW **07,** 2689 (Trihotel).

41a a) **Allgemeine Durchgriffs(außen)haftung seit 2001 bis 2006:** Die Rspr und die zust Lit betrachteten diesen neuen Haftungstatbestand seit 2001 zunächst als Fall der Durchgriffshaftung neben einer möglichen Haftung aus § 826 BGB, BGH **151,** 183. Entziehen die Gfter unter Außerachtlassung der gebotenen angemessenen Rücksichtnahme auf die Erhaltung der Fähigkeit der Ges zur Bedienung ihrer Verbindlichkeiten in einem ins Gewicht fallenden Ausmaß Kapital, haften sie danach den GesGläubigern persönlich (außerhalb des Insolvenzverfahrens) wegen Rechtsmissbrauchs (Zweckbindung des Haftungsprivilegs des § 13 II GmbHG), soweit nicht der der GmbH durch den Eingriff insgesamt zugefügte Nachteil bereits nach §§ 30, 31 GmbHG ausgeglichen werden kann. Die Gfter können aber die Existenz der Ges jederzeit in einem geordneten Verfahren (freiwillige Liquidation oder Insolvenzverfahren) beenden.

b) Haftung aus § 826 BGB seit 2007: In einem bahnbrechenden Urteil von 2007 hat der Senat an dieser Rspr zwar festgehalten, sie aber zu Recht unter Preisgabe der Durchgriffsaußenhaftung auf die rechtssicherere dogmatische Grundlage der **Haftung aus § 826 BGB** gestellt, BGH NJW **07**, 2689 (Trihotel), **08**, 2437 (GAMMA). Missbräuchliche Schädigung des im Gläubigerinteresses zweckgebundenen Gesellschaftsvermögens ist damit nur noch eine besondere Fallgruppe des § 826 BGB (Entnahmesperre gegen Selbstbedienung der Gfter vor den Gläubigern). Das hat ganz erhebliche, **positive Auswirkungen:** (1) Der Gfter haftet nunmehr nur noch bei (bedingt) vorsätzlicher sittenwidriger Schädigung, also nicht mehr schon bei jedem objektiv vorliegenden existenzvernichtenden Eingriff. Für Erweiterung auf gröbliche Sorgfaltspflichtverletzung (§ 93 V 2, 3 AktG) Altmeppen NJW **07**, 2659. (2) Der Gfter haftet nur für die durch seinen Eingriff verursachten Schäden, während er bisher wegen des Durchgriffs grundsätzlich für alle Forderungen gegen die insolvente Ges haftete. (3) Der Gfter haftet grundsätzlich nur der Ges (Innenhaftung), nicht mehr wie an sich beim Haftungsdurchgriff unmittelbar allen Gläubigern (Außenhaftung), vielmehr wird der Anspruch ohne Wettlauf der Gläubiger allein vom Insolvenzverwalter geltend gemacht (§ 92 InsO). Für §§ 93 V ua AktG analog üL. (4) Die Haftung ist nicht mehr nachrangig gegenüber der Haftung aus §§ 30, 31 GmbHG. (5) Die neue Rspr bestätigt die dogmatisch und wirtschaftlich berechtigte, große Zurückhaltung von Rspr und Lehre gegenüber einem Haftungsdurchgriff und leistet dadurch auch einen Beitrag zur GmbHReform, die die GmbH attraktiver machen möchte (MoMiG). (6) In Fällen mit Auslandsbezug gilt für die Anknüpfung des § 826 BGB das allgemeine Deliktsstatut (Art 40 EGBGB). Das gilt auch für ScheinauslandsGes, deren GesStatut sich in der EU nach dem Gründungsrecht richtet (Einl 29 vor § 105), aA Greulich/Rau NZG **08**, 568.

c) Haftung im Einzelnen: Bei Vorliegen der Voraussetzungen des § 826 BGB kann jeder Gfter haften, auch GfterGfer, schon bisher jedenfalls bei beherrschendem Einfluss, BGH ZIP **05**, 117; auch Gfter, die nicht selbst etwas empfangen, aber durch ihr Einverständnis mit dem Vermögensabzug an dem existenzvernichtenden Eingriff mitgewirkt haben, haften, schon bisher BGH **150,** 61 (aber s Rn 31); uU auch faktische Geschäftsführer (§ 130 a Rn 6), offen BGH **150,** 69; fraglich bei SchwesterGmbH, BGH NJW **05,** 146 (aber § 826 BGB, s Rn 40). Die Haftung greift („erst recht") im Liquidationsstadium (§§ 69 ff, 73 GmbHG), auch ohne die Zusatzkriterien einer Insolvenzverursachung oder -vertiefung, BGH ZIP **09,** 802. Geltendmachung in Insolvenz nur durch Insolvenzverwalter, BGH **164,** 50. Die allgemeine Durchgriffshaftung, etwa wegen Vermögensvermischung (s Rn 40), galt schon bisher als durch diejenige bei existenzvernichtendem Eingriff nicht überholt, sondern steht neben dieser, BGH **165,** 91. Lit: Matschernus 2007; Henze WM **06,** 1656, Altmeppen NJW **07,** 2657, Paegfen DB **07,** 1907, Wagner FS Canaris **07** II 473 (§ 826 BGB), Weller, Ihrig DStR **07,** 1166, 1170, Weller ZIP **07,** 1681 u DStR **07,** 1166, Dauner-Lieb ZGR **08,** 34, Gehrlein WM **08,** 761, Habersack ZGR **08,** 533, Hönn WM **08,** 769, Osterloh-Konrad ZHR 172 **(08)** 274, Veil NJW **08,** 3264, Steffek JZ **09,** 77.

D. Qualifizierte Unterkapitalisierung: Umstritten ist ein eigener Haftungstatbestand der (qualifizierten) Unterkapitalisierung, üL, s zB Hach/Ulmer Anh § 30, Lutter/Hommelhoff § 13 Rn 9; Blaurock FS Stimpel **85,** 553; iErg

§ 172a a. F. 43–45   II. Buch. Handelsgesellschaften und stille Gesellschaft

Stimpel FS Goederler **87**, 601, aA BGH NJW **08**, 2437 (GAMMA) m Anm Kleindiek NZG **08**, 547, Ehricke AcP 199 **(99)** 275; Annahme einer Pflicht zur angemessenen Kapitalausstattung der Ges (dagegen BGH **76**, 334) ist dafür unnötig. Die Rspr zum existenzvernichtendem Eingriff (s Rn 41) deckt die mit einem Haftungstatbestand der qualifizierten Unterkapitalisierung erfassten Fallgestaltungen nicht ab, zutr BGH NJW **08**, 2437. Dort geht es um den Bestandsschutz der GmbH, der nicht kompensationslos zum Schaden der Gläubiger die Mittel zur Bedienung ihrer Verbindlichkeiten entzogen werden dürfen. Hier geht es um zu geringe Mittelausstattung von vornherein oder später. Beide Ansätze arbeiten aber mit dem Normzweck und dem Verlust des Haftungsprivilegs. Lehnt man dies ab, bleibt nur § 826 BGB, insoweit noch offen BGH NJW **08**, 2437 (iErg zugunsten der Arbeitnehmer wegen Täuschung bejahend) sowie allgemeiner Haftung als Geschäftsführer, wegen Masseschmälerung, Insolvenzverschleppung (§§ 43 II, III, 64 S 3 GmbHG).

43   **a) Tatbestandsvoraussetzungen:** (1) qualifizierte, dh eindeutig unzureichende Kapitalausstattung der Ges (Relation zwischen Eigenkapital und Geschäftsumfang je nach Geschäftsart und Finanzplan) von vornherein oder später und Unmöglichkeit einer Fremdfinanzierung (fehlende Kreditfähigkeit), Hach/Ulmer Anh § 30 Rn 55; entfällt bei Vorhandensein einer natürlichen Person als phG (Rechtsgedanke der §§ 172a S 2, 129a S 2) und soweit eigenkapitalersetzende GfterDarlehen gewährt werden (wie Eigenkapital), vgl BGH **31**, 271; (2) als Folge davon Insolvenz der Ges; nicht bei Insolvenz infolge ungewöhnlicher anderer Ereignisse; (3) Zurechenbarkeit; dafür genügt, dass der Gfter die Unterkapitalisierung mit ihren Folgen für die Gläubiger erkennen kann und muss, vgl BGH **75**, 339; entfällt uU für Gfter mit geringer Beteiligung oder ungenügendem internen Mitspracherecht. Einwendung bei bewusster Risikoübernahme des Dritten, zB Kenntnis, insbesondere Spekulationsabsicht, Hach/Ulmer Rn 65. Diese Tatbestandsvoraussetzungen sind zwar mangels Rspr noch wenig konkret, aber doch schon hinreichend fassbar und praktikabel, str.

44   **b) Rechtsfolgen:** Verlust des Haftungsprivilegs der Gfter bei Insolvenz der Ges (Normzweck), also unbeschränkte, persönliche Ausfallhaftung der Gfter, und zwar Außenhaftung, str.

45   E. **Eigenhaftung des GmbHGeschäftsführers** (Anh § 177 a Rn 44; verzögerter Insolvenzantrag § 130 a Rn 10–14) ist möglich bei weiterer **Kreditinanspruchnahme trotz** einer für den Zeitpunkt der Rückzahlung abzusehenden **Zahlungsunfähigkeit oder** (str) bloßer **Überschuldung** der Ges (Überschuldungsbegriff § 19 II InsO, s § 130a Rn 4). Sie kann aus Verschulden bei Vertragsverhandlungen des Vertreters wegen mangelnder Aufklärung folgen, jedenfalls wenn der Kreditgeber in laufender Geschäftsbeziehung mit dem Alleingeschäftsführer und MehrheitsGfter anfragt, BGH **87**, 27, NJW **88**, 2234, aA Grunewald ZGR **86**, 580. Notwendig ist aber ein **besonderes Verhandlungsvertrauen**, BGH WM **91**, 1548 (iErg abl; s § 311 III 2 BGB, Überbl 9 vor § 48: erste Fallgruppe). Ein **unmittelbares wirtschaftliches Eigeninteresse** des (die Verhandlung maßgeblich beeinflussenden) GmbHGeschäftsführers genügt dagegen für sich allein nicht, aA die frühere Rspr, BGH NJW **88**, 2234 inzwischen aber deutlich eingeschränkt (Überbl 9 vor § 48: zweite Fallgruppe). Nicht genügen jedenfalls bloße Beteiligung des Geschäftsführers an der GmbH (auch EinpersonenGmbH), BGH NJW **86**, 586 und gleichzeitig an der KG, BGH NJW **89**, 292; Sicherheitenbestellung, BGH NJW **93**, 2931. Bei Nichtoffenbarung in gravierenden Fällen greift § 826 BGB, BGH WM **91**, 1548, Düss WM **93**, 1747. Lit: Steininger 1986, Medicus FS Steindorff **90**, 725, Ebenroth/Kräutter BB **90**, 569 (Anlagevermittlung).

2. Abschnitt. Kommanditgesellschaft 1–4 § 173

[Haftung bei Eintritt als Kommanditist]

173 (1) **Wer in eine bestehende Handelsgesellschaft als Kommanditist eintritt, haftet nach Maßgabe der §§ 171 und 172 für die vor seinem Eintritte begründeten Verbindlichkeiten der Gesellschaft, ohne Unterschied, ob die Firma eine Änderung erleidet oder nicht.**
(2) **Eine entgegenstehende Vereinbarung ist Dritten gegenüber unwirksam.**

Übersicht

1) Bedeutung von § 173 und ähnliche Normen 1
2) Anwendungsbereich 2–6
   A. Bestehen einer OHG oder KG 2
   B. Eintritt 4
   C. Vollzug nach außen 6
3) Rechtsfolgen 7, 8
4) Abweichende Vereinbarungen (II) 9, 10
   A. Vereinbarungen der Gesellschafter untereinander 9
   B. Vereinbarungen mit dem Gläubiger 10
5) Kommanditistenwechsel (Anteilsübertragung) 11–13
   A. Haftung bis zur Anteilsübertragung 11
   B. Anteilsübertragung ohne Rechtsnachfolgevermerk 13
6) Gesamtrechtsnachfolge 14–16
   A. Gesamtrechtsnachfolge 14
   B. Erbgang 15

1) Bedeutung von § 173 und ähnliche Normen

1) § 173 entspricht § 130. Regelungszweck und Abgrenzung zu § 28 **1** s § 130 Rn 1. Bei Eintritt eines Teilhabers als Kdtist in das Geschäft eines EinzelKfm gilt § 28, RG **142,** 101.

2) Anwendungsbereich

A. **Bestehen einer OHG oder KG:** I setzt das Bestehen einer Per- **2** sonenHdlGes voraus (§ 130 Rn 2), entweder eine KG oder eine OHG, die durch den Zutritt eines Kdtisten KG wird. Tritt bei der KG jemand als phG ein oder wird ein Kdtist im Wege der Beteiligungsumwandlung zum phG, gilt § 130 (§ 161 II).

§ 173 gilt nach bisher hL nicht bei Eintritt in **GbR**, nach der Änderung der **3** Rspr zur GbR (Einl 14 vor § 105) kann man das für die AußenGbR anders sehen, sehr str, Hamm NZG **02,** 282 (zu § 130), zwingend ist das aber keineswegs (§ 130 Rn 3); da es bei der GbR aber keine beschränkt haftenden Gfter gibt, BGH **142,** 315, greift § 173 analog nur bzw jedenfalls dann, wenn die GbR durch Eintritt zur KG wird, MüKo/K. Schmidt 14. **Nicht** entspr gilt § 130 in anderen Fällen der Umwandlung von GbR in KG (außerhalb des UmwG, Einl 21 vor § 105), Rö/v Gerkan/Haas 46, Folgen s Rn 4, für weitergehende Analogie MüKo/K. Schmidt 10, 50; bei Auflösung der KG unter Neugründung (§ 130 Rn 3).

B. **Eintritt:** I setzt weiter Eintritt als Kdtist in die PersonenHdlGes voraus. **4** Eintritt durch Aufnahmevertrag (§ 105 Rn 67) oder Erbgang (§ 139) stehen gleich. Anteilsübertragung s Rn 11–13. I gilt auch bei fehlerhaftem Eintritt, Eintritt in eine fehlerhafte Ges und fehlerhaftem Eintritt in eine fehlerhafte Ges (§ 105 Rn 75, 92), auch bei arglistiger Täuschung (§ 105 Rn 80), aA Honsell/ Harrer ZIP **83,** 259. I gilt auch bei tatsächlichem Eintritt in einer RechtsscheinKG (§ 130 Rn 4). I gilt auch bei Beteiligungsumwandlung (phG/Kdtist), Rechtsfolgen s Rn 8. Umwandlung einer GbR von Rechts wegen in KG ist zwar mangels Eintritt kein Fall von I (s Rn 3), aber die bisherigen GbRGfter haften für Altschulden unbeschränkt weiter (bei Ausscheiden § 736 II BGB), nach aA auch § 173 analog, MüKo/ K. Schmidt 50 (s Rn 3), für Neuschulden gelten normal §§ 171, 172.

5 **Nicht** anwendbar ist I, wenn phG zusätzlich KdtAnteil erwirbt (einheitliche Beteiligung als phG, § 124 Rn 16); bei nur scheinbarem Eintritt, dann aber eventuell Rechtsscheinhaftung (§ 5 Rn 9 ff).

6 C. **Vollzug nach außen:** Der Eintritt muss entspr § 123 durch Eintragung oder Fortsetzung der Geschäfte mit Zustimmung des Eintretenden nach außen vollzogen sein (§ 123 Rn 4). Davon zu unterscheiden ist § 176 II (Neuschulden, s Rn 7).

3) Rechtsfolgen

7 Der Eintretende **haftet** Dritten gegenüber nach §§ 171, 172, 176 nicht nur für neue (hier ist § 176 II zu beachten), sondern **auch für Altschulden,** auch für solche gegenüber MitGftern und ausgeschiedenen Gftern. Kenntnis oder Kennenmüssen des Kdtisten von der Haftung ist unnötig. Auf den guten Glauben kommt es nicht an. Der Eintretende ist auf Ausgleichs- und Schadensersatzansprüche gegen seine MitGfter angewiesen.

8 Wird ein phG im Wege der **Beteiligungsumwandlung** Kdtist, haftet er für Altschulden weiterhin unbeschränkt nach §§ 128 ff (aber fünfjährige Ausschlussfrist, § 160 III nF), für Neuschulden beschränkt als Kdtist. Entfällt die unbeschränkte Haftung für Altschulden zB nach § 160 III nF, bleibt jedenfalls die beschränkte Haftung für Altschulden nach § 173, der hier anwendbar ist (s Rn 4), bestehen, MüKo/K. Schmidt 9.

4) Abweichende Vereinbarungen (II)

9 A. **Vereinbarungen der Gesellschafter untereinander:** Von I abweichende Vereinbarungen der bisherigen Gfter und des neu eintretenden sind **Dritten gegenüber unwirksam** (II wie § 130 II; anders § 28 II). Die Gfter können zwar die Ausgleichspflichten im Innenverhältnis, nicht aber die Haftung gegenüber den GesGläubigern ändern.

10 B. **Vereinbarungen mit dem Gläubiger:** Möglich ist Haftungsvereinbarung mit dem Gläubiger (wie § 128 Rn 38).

5) Kommanditistenwechsel (Anteilsübertragung)

11 A. **Haftung bis zur Anteilsübertragung:** Die Übertragung des Anteils vom ausscheidenden auf den eintretenden Kdtisten (§ 161 Rn 8; als solche ohne Aus- und Einzahlungen einzutragen, § 162 Rn 8) ist vom gesonderten Ausscheiden und Eintritt (sei es auch ohne Auszahlung an den Ausscheidenden, sondern mit Umbuchung seines Kapitalguthabens auf den Eintretenden) zu unterscheiden. Für die Haftung gemäß §§ 171 I, 172 IV gilt folgendes: Die Leistung durch den AltKdtisten (früher oder jetzt) wirkt für den Neuen, die Leistung durch den Neuen (jetzt oder später) wirkt für den Alten (also keine Verdoppelung der Haftsumme); soweit die Einlage nicht geleistet ist, haften beide gesamtschuldnerisch, RG GrS DNotZ **44,** 199 = WM **64,** 1131, BayObLG BB **83,** 334. Die Rückzahlung an den Alten bis zur Anteilsübertragung wirkt auch gegen den Neuen.

12 **Nach Anteilsübertragung,** mit der der Alte endgültig ausgeschieden ist, schaden diesem spätere Auszahlungen nicht mehr, sehr str. Die Kdtistenhaftung des Alten lebt also durch eine Auszahlung an ihn nicht mehr auf (unbeschadet anderweitiger Rückzahlungsansprüche); noch macht ihn die Rückzahlung an den Neuen haftbar, Michel ZGR **93,** 118, früher Schlegelb/K. Schmidt 33, Grund: Übergang der Finanzierungsverantwortung, aA üL RG WM **64,** 1131, BGH NJW **76,** 752, auch MüKo/K. Schmidt 33, Begründungen: kein Gläubiger braucht sich einen anderen Schuldner aufzwingen zu lassen, Gläubigerschutz. Etwas anderes kann bei Umgehungen gelten. Vermögensverschiebungen nach Anteilsübertragung, Michel ZGR **93,** 118. Bei fehlerhafter Anteilsübertragung gelten auch hier die Grundsätze der fehlerhaften Ges, str (§ 105 Rn 94). Diese Grundsätze gelten entspr bei Teilübertragung, MüKo/K. Schmidt 34.

B. Anteilsübertragung ohne Rechtsnachfolgevermerk: Bei Abtretung 13 eines KdtAnteils und Eintragung in das HdlReg ohne Rechtsnachfolgevermerk („im Wege der Sonderrechtsnachfolge", „als Rechtsnachfolger" oä, § 162 Rn 8) haftet der Rechtsnachfolger nicht, wenn der Rechtsvorgänger die Haftsumme eingezahlt hat, vielmehr haftet der Rechtsvorgänger entspr § 172 IV (Grund: seine Einlageleistung wirkt jetzt für den Neuen), BGH **81**, 82 gegen die früher hL, dazu Eckert ZHR 147 (**83**) 565, Huber ZGR **84,** 146; aA MüKo/K. Schmidt 36: nur bei Rechtsschein (§ 5 Rn 9) mit Konsequenzen für guten Glauben und Kausalität (§ 5 Rn 12 f); Rekurs auf § 15 scheidet jedenfalls wegen § 162 II nF (§ 162 Rn 8) aus; ausführlich von Olshausen GedS Knobbe-Keuk **97**, 262, K. Schmidt ZIP **02**, 413. Das gilt entspr für Teilübertragung (s Rn 12). Weitere Fälle unrichtiger Registerlage, so Nichteintragung der Anteilsveräußerung selbst bei MüKo/K. Schmidt 37–39.

6) Gesamtrechtsnachfolge

A. Gesamtrechtsnachfolge: Auch eine Gesamtrechtsnachfolge ist Eintritt 14 iSv § 173, zB bei Umwandlung (Einl 23 vor § 105).

B. Erbgang: a) Erwerb von Todes wegen: Bei Vererbung des KdtAnteils 15 im Normalfall des § 177 ist § 173 anwendbar, üL, MüKo/K. Schmidt 41, Ebenroth/Strohn 25, aA Liebisch ZHR 116 (**54**) 161, Heymann/Horn 8; auch bei anderer Gesamtrechtsnachfolge. Zu unterscheiden sind nämlich die Haftung des Erben als solchen nach § 1967 BGB, §§ 171, 172 HGB und die Haftung des Erben als neuem Kdtisten nach § 173 (§ 177 Rn 3–4, § 139 Rn 47). Die Gegenmeinung will dem Erben des Kdtisten ebenso wie dem Erben einer OHGAnteils entsprechend § 139 IV die Möglichkeit der erbrechtlichen Haftungsbeschränkung für Altschulden einräumen, danach würde § 139 IV den § 173 verdrängen. Jedoch gibt es keinen Grund einen neu eintretenden Dritten, der ohne weiteres nach § 173 für Altschulden haftet (s Rn 16), schlechter zu stellen als einen Erben nach § 139 oder den Erben eines KdtAnteils. Mehrere Miterben erwerben kraft Sondernachfolge unmittelbar anteilig, dementsprechend haften sie auch nach § 173 nur insoweit, str. Dieselben Grundsätze gelten, wenn der GesVertrag bestimmt, dass nur ein Erbe von mehreren Kdtist wird (wie bei der qualifizierten Nachfolgeklausel bei der OHG, § 177 Rn 3), dieser Erbe haftet nach § 173, die übrigen dagegen nicht nach § 173. Nachfolgevermerk zB „als Erbe" ist nötig, str (§ 162 Rn 8), sonst droht Haftung kraft Rechtsschein, wegen § 162 II nF allerdings nicht mehr § 15 (s Rn 13), MüKo/K. Schmidt 45.

b) Erwerb bei Eintrittsklausel: Erwirbt der Kdtist nicht wie im Normalfall 16 des § 177 von Todes wegen, sondern kraft Eintrittsklausel (§ 177 Rn 7) unter Lebenden (§ 139 Rn 50), gilt § 173 ohne weiteres, aA auch hier Heymann/Horn 12. Erst recht gilt § 173, wenn der als Kdtist Eintretende den Anteil erst vom Erben infolge eines Vermächtnisses erhält (§ 177 Rn 3), hier wohl auch Heymann/Horn 13. Nachfolgevermerk zB „als Erbe" ist nötig, sonst droht Haftung kraft § 15.

[Herabsetzung der Einlage]

174 Eine Herabsetzung der Einlage eines Kommanditisten ist, solange sie nicht in das Handelsregister des Gerichts, in dessen Bezirke die **Gesellschaft ihren Sitz hat, eingetragen ist, den Gläubigern gegenüber unwirksam; Gläubiger, deren Forderungen zur Zeit der Eintragung begründet waren, brauchen die Herabsetzung nicht gegen sich gelten zu lassen.**

§§ 175, 176

1 1) Herabsetzung:

Mit Einlage meint § 174 ebenso wie § 175 die Haftsumme (§ 171 Rn 1). § 174 regelt das **Wirksamwerden der Herabsetzung** der KdtEinlage, während § 175 nur das Verfahren regelt. Die Herabsetzung der Einlage wirkt gegen Dritte nur durch Eintragung ins HdlReg (§ 174 Satz 1), sie hat also konstitutive Wirkung. Wie bei § 176 I 1 aE ist aber positive Kenntnis des Gläubigers von der Herabsetzung schädlich, MüKo/K. Schmidt 17. Ist die Herabsetzung eingetragen, aber noch nicht bekannt gemacht, schützt § 15; bis dahin kann die Herabsetzung einem Dritten nicht entgegengesetzt werden, es sei denn, dass dieser sie kannte (§ 15 I, II). § 15 III hat bei Herabsetzung keine Funktion. Rechtsscheinhaftung (§ 5 Rn 9) ist dagegen vorstellbar.

2 Altschulden: Vor Eintragung begründete Verbindlichkeiten bleiben unberührt, für sie haftet der Kdtist bis zur alten Haftsumme (Halbs 2). Die Altschuld unterliegt aber in Höhe des über dem herabgesetzten Betrag liegenden Teils der Ausschlussfrist nach § 160 nF 1994.

3 2) Erhöhung:

Wirkung der Erhöhung s § 172 II.

[Anmeldung der Änderung einer Einlage]

175 ¹Die Erhöhung sowie die Herabsetzung einer Einlage ist durch die sämtlichen Gesellschafter zur Eintragung in das Handelsregister anzumelden. ²§ 162 Abs. 2 gilt entsprechend. ³Auf die Eintragung in das Handelsregister des Sitzes der Gesellschaft finden die Vorschriften des § 14 keine Anwendung.

1 1) Anmeldung (Satz 1):

§ 175 regelt das Verfahren für die Eintragung im HdlReg für die Erhöhung und Herabsetzung der Einlage, § 174 regelt nur das Wirksamwerden der Herabsetzung. § 175 handelt (ebenso wie § 174) von der Haftsumme des Kdtisten, nicht seiner Pflichteinlage (§ 171 Rn 1), BayObLG ZIP **03**, 1444. Über die Behandlung der KG im HdlReg s §§ 106–108 (mit § 161 II) und § 162. Auch Erhöhung und Herabsetzung der Haftsumme sind gemäß S 1 zur Eintragung in das HdlReg anzumelden. S 1 macht sie zu einer **einzutragenden Tatsache** iSv § 15 (§ 15 Rn 5). Die Anmeldung hat durch sämtliche Gfter einschließlich der Kdtistn zu erfolgen (S 1, § 162 Rn 3). Für die Anmeldung durch anderen Gfter kann schon der GesVertrag eine Vollmacht enthalten (§ 162 Rn 3). Die Vollmacht muss sich aber auf diese Anmeldung erstrecken, LG Bln BB **75**, 251.

2 2) Bekanntmachung (Satz 2):

S 2 idF NaStraG 2001 verweist auf § 162 II nF, Bekanntmachung der Eintragung über eine Änderung der KdtEinlage erfolgt nicht mehr.

3 3) Keine Erzwingung (Satz 3):

Die Anmeldung soll vom Gericht nicht erzwungen (§ 14) werden, sondern den Gftern freistehen, BayObLG ZIP **03**, 1444. Eintragung im HdlReg des Sitzes verpflichtet aber zur Einreichung von Stücken für die ZwNln (§§ 13 c, 14).

[Haftung vor Eintragung]

176 (1) ¹Hat die Gesellschaft ihre Geschäfte begonnen, bevor sie in das Handelsregister des Gerichts, in dessen Bezirke sie ihren Sitz hat, eingetragen ist, so haftet jeder Kommanditist, der dem Geschäftsbeginne zugestimmt hat, für die bis zur Eintragung begründeten Verbindlichkeiten

2. Abschnitt. Kommanditgesellschaft 1–4 § 176

der Gesellschaft gleich einem persönlich haftenden Gesellschafter, es sei denn, daß seine Beteiligung als Kommanditist dem Gläubiger bekannt war. ² Diese Vorschrift kommt nicht zur Anwendung, soweit sich aus § 2 oder § 105 Abs. 2 ein anderes ergibt.

(2) Tritt ein Kommanditist in eine bestehende Handelsgesellschaft ein, so findet die Vorschrift des Absatzes 1 Satz 1 für die in der Zeit zwischen seinem Eintritt und dessen Eintragung in das Handelsregister begründeten Verbindlichkeiten der Gesellschaft entsprechende Anwendung.

Übersicht

1) Haftung vor Eintragung der Gesellschaft (I 1) 1–4
 A. Grundsatz und Reichweite (I 1) 1
 B. Ausnahme bei Kenntnis des Gläubigers (I 1 letzter Halbsatz) 4
2) Unanwendbarkeit auf Gesellschaft ohne Handelsgewerbe (I 2) 5–8
 A. Gesellschaft ohne Handelsgewerbe (I 2) 5
 B. Rechtsscheinhaftung 7
 C. Eigenhaftung 8
3) Haftung bei Eintritt (II) 9–13
 A. Haftung bei Eintritt (II) 9
 B. Keine Geltung von II 10
 C. Haftungsbegrenzung 13

1) Haftung vor Eintragung der Gesellschaft (I 1)

A. Grundsatz und Reichweite (I 1): a) KG: Beginnt die KG ihre Ge- 1
schäfte vor ihrer Eintragung ins HdlReg (§ 123 II), so **haftet jeder Kommanditist, der** dem früheren Geschäftsbeginn **zustimmte,** für die zwischen Geschäftsbeginn und Eintragung (nicht Anmeldung, str, s Rn 6, nicht Bekanntmachung) begründeten GesSchulden grundsätzlich wie ein phG, also **ohne Beschränkung** gemäß §§ 171, 172 (so **I 1**). Auch § 171 II (Zugriff nur des Insolvenzverwalters) greift vor Eintragung nicht ein, s § 171 Rn 11. Normzweck ist objektiver Vertrauensschutz im Rechtsverkehr, Haftungsbeschränkung setzt Publizität voraus. Dieser vielfach als zu streng empfundenen Regelung sollte der Kdtist dadurch entgehen, dass er seinen Beitritt unter die **aufschiebende Bedingung** der HdlRegEintragung stellt, BGH **82,** 212, NJW **83,** 2259. Verbindlichkeiten iSv § 176 sind nicht solche aus unerlaubter Handlung, BGH **82,** 215; richtiger ist Erstreckung auf den gesamten **Geschäfts- und Prozessverkehr** wie in § 15 (§ 15 Rn 8), str. Die Haftung aus § 176 entfällt (anders als nach § 11 II GmbHG, s Anh § 177 a Rn 17) nicht mit späterer Eintragung. Die Verjährung des Anspruchs aus § 176 wird auch durch die Klage zunächst nur aus § 171 I gehemmt, BGH NJW **83,** 2813. Verjährung und Ausschlussfrist gemäß §§ 159, 160 (nF 1994) erst ab Eintragung, vgl BGH **78,** 117. Dauerschuldverhältnisse s § 128 Rn 31 ff. KdtistenHaftung und Registerpublizität, Mattheus/Schwab ZGR **08,** 65.

b) GmbH & Co. KG: Geltung des § 176 für GmbH & Co-Kdtisten str, 2
s Anh § 177 a Rn 19.

c) Rechtsschein-KG: Hier gilt § 176 nicht, sondern nur Rechtsscheinhaf- 3
tung (s Rn 7, § 5 Rn 9); anders BAG NJW **80,** 1071, Priester BB **80,** 911: § 176 analog. Lit: Beyerle 1976, dazu Lieb ZHR 141 **(77)** 374; Crezelius BB **83,** 5, Knobbe=Keuk FS Stimpel **85,** 187, Dauner-Lieb FS Lutter **00,** 835, K. Schmidt GmbHR **02,** 341, Jacobs DB **05,** 2227.

B. Ausnahme bei Kenntnis des Gläubigers (I 1 letzter Halbsatz): War 4
dem Gläubiger die Beteiligung als Kdtist, gleichviel mit welcher Einlage, bekannt, so entfällt die unbeschränkte Haftung. Kenntnis, dass die Ges eine KG ist, genügt nicht, aber Kenntnis aller phG, BGH WM **86,** 1280. Kennenmüssen steht der Kenntnis nicht gleich, RG **128,** 183, bei Evidenz str, Clauss/Fleckner WM

§ 176 5–8   II. Buch. Handelsgesellschaften und stille Gesellschaft

03, 1792. Beweispflichtig ist der Kdtist. § 15 gilt nicht: bei zwischen Eintragung und Bekanntmachung begründeter Verbindlichkeit kann weder der Dritte sich auf Unkenntnis der Eintragung (der Ges als KG, des Gfters als Kdtist) berufen noch muss Kdtist dem Dritten Kenntnis der beschränkten Haftung beweisen. Höhe der beschränkten Haftung: Haftsumme laut GesVertrag, BGH DB **77,** 1250; dazu K. Schmidt DB **77,** 2313, nunmehr § 162 II (§ 162 Rn 5). Beitritt s Rn 9. S auch Ffm BB **72,** 333: volle Haftung des X, auch wenn Gläubiger von ihm überhaupt nichts weiß.

2) Unanwendbarkeit auf Gesellschaft ohne Handelsgewerbe (I 2)

Schrifttum

Fischer NJW **73,** 2188. – *Canaris* NJW **74,** 455. – *Flume* FS Westermann **74,** 137. – *K. Schmidt* JZ **74,** 219, NJW **75,** 665. – *Beyerle* BB **75,** 944. – *Teichmann/Schick* JuS **75,** 18. – *Kollhosser* ZGR **76,** 231. – *Huber* FS Hefermehl **76,** 127. – *Dauner-Lieb* FS Lutter **00,** 835. – *K. Schmidt* GmbHR **02,** 341. – *Clauss/Fleckner* WM **03,** 1790.

5   A. **Gesellschaft ohne Handelsgewerbe: I 2** entspricht § 123 II letzter Halbs (§ 123 Rn 14). I 1 gilt nicht für Kleingewerbetreibende, GbR und VermögensverwaltungsGes (I 2 idF HRefG 1998 iVm §§ 2, 3 II, III, 105 II). Diese behalten ihre freiwillige Eintragungsoption, ihre Eintragung wirkt konstitutiv (§ 2 Rn 3, § 105 Rn 12). I 1 ist jedoch anwendbar, wenn die (noch nicht eingetragene) KG ein schon nach § 2 eingetragenes EinzelKfmGeschäft übernimmt und unter alter Firma fortführt (§ 28); unanwendbar bei Übernahme des nicht unter § 1 fallenden Geschäfts einer GmbH (obwohl diese stets als HdlGes gilt, § 13 III GmbHG), BGH **59,** 183, **61,** 60, **73,** 220.

6   Bei Unanwendbarkeit von I 1 gilt für die (noch nicht eingetragene) KG das **Recht der BGBGesellschaft** (MitunternehmerGbR), BGH **69,** 95, NJW **83,** 1907, das aber inzwischen dem der OHG angenähert ist (§ 128 analog, Einl 14 vor § 105). Ausdehnung der Haftungsprivilegierung nach I 1 ist nicht schon durch Information der Gläubiger über die beschränkte Haftung möglich, aA Mülbert AcP 199 **(99)** 96: Haftungsbeschränkung kraft Individualpublizität. Für Ausdehnung jedenfalls dann, wenn der Antrag zur Eintragung als KG gestellt ist, Dauner-Lieb FS Lutter **00,** 839, schon wenn Eintragung betrieben wird, MüKo/ K. Schmidt 3, 9, Wachter ZErb **08,** 125, was de lege lata sehr weit geht, Clauss/ Fleckner WM **03,** 1793. Aus Wechselzeichnung (namens der „KG") durch Geschäftsführer der phG-GmbH (vgl oben) haftet idR nur dieser selbst, BGH **59,** 184, **61,** 60, dazu Schwerdtner JR **73,** 319. Der Akzeptzeichner haftet nicht (Art 8 WG ist unanwendbar); die nach hM (vom BGH dahingestellt) für solche „Mitunternehmer-GbR" geltende ungünstigere Prozessregelung (Klage gegen die Gfter) muss Gläubiger hinnehmen; BGH **61,** 60, **69,** 99.

7   B. **Rechtsscheinhaftung:** Diese kommt bei Auftreten namens der „KG" in Betracht. Dann haften die „Kdtisten"-(GbRGfter), soweit sie der Geschäftsaufnahme zustimmten, aus Rechtsschein durch Auftreten als Gfter der HdlGes (vgl § 5 Rn 9), jedoch nicht weiter als wäre der Schein Wahrheit, dh beschränkt gemäß dem KGVertrag; nicht etwa gilt § 176 I 1, gleich ob Gläubiger weiß, wer Kdtist, wer phG sein soll, str; BGH **61,** 60, **69,** 99. Lit: Beyerle BB **75,** 944, Teichmann/Schick JuS **75,** 18, Kollhosser ZGR **76,** 231, Huber FS Hefermehl **76,** 127, Wackerbarth ZGR **99,** 365, Clauss/Fleckner WM **03,** 1795.

8   C. **Eigenhaftung:** Im Falle von I 2 idR auch keine Haftung des Handelnden aus § 179 I BGB (Vertreter ohne Vertretungsmacht), da die KG mit Eintragung Schuldnerin wird, BGH **69,** 101; abw in einem Sonderfall (rechtskräftige Abweisung der Klage gegen die KG) BGH **63,** 48. Zum Wegfall der Haftung des Handelnden aus § 11 II GmbHG s Anh § 177 a Rn 17 bei der GmbH & Co. Möglich (idR nicht anzunehmen) ist persönliche Einstehensverpflichtung der Gründer (§ 427 BGB), BGH **63,** 48; Wegfall der Verpflichtung der Gründer für

2. Abschnitt. Kommanditgesellschaft **§ 177**

Verbindlichkeiten der Vorgesellschaft bei Eintragung der GmbH, BGH **80,** 130, s Anh § 177a Rn 16.

3) Haftung bei Eintritt (II)

A. **Haftung bei Eintritt:** Der in eine bestehende „HdlGes", dh OHG (die 9 dadurch KG wird) oder KG, eintretende Kdtist haftet unbeschränkt, entsprechend I 1 für die zwischen seinem Eintritt und dessen Eintragung ins HdlReg begründeten GesSchulden **(II). Eintritt** ist iZw der Abschluss des Eintrittsvertrags; anders wenn nach diesem der Eintritt zu anderer Zeit wirksam werden soll, zB erst mit Eintragung des Eintritts, wodurch das Risiko aus II entfällt, BGH **82,** 212 m Anm K. Schmidt NJW **82,** 886. Anders als nach I 1 bei Beitritt vor Geschäftsbeginn ist nach II **keine Zustimmung** des Eintretenden zur Fortführung der Geschäfte erforderlich, BGH **82,** 211. II gilt auch für GbR als Kdtist, nicht aber für deren nicht eingetragene Gfter (§ 162 I 2), wenn die GbR selbst eingetragen ist. II gilt auch, wenn der GesGläubiger bei Geschäftsabschluss die GesZugehörigkeit des Kdtisten nicht gekannt hat, BGH **82,** 212, aA Priester BB **80,** 913. Bei Kenntnis des Gläubigers vom Eintritt als Kdtist beschränkte Haftung vgl Rn 4. Höhe (falls nicht im GesVertrag bestimmt, vgl Rn 4): vereinbarte Einlage (Haftsumme gleich Pflichteinlage); wenn Sacheinlage deren wirklicher Wert; soweit Einbringungszusage rechtswirksam (zB nicht bei Formverstoß, § 311b I BGB); BGH DB **77,** 1250.

B. **Keine Geltung von II: a)** Umwandlung der phG- in KdtBeteiligung 10 nach § 139, MüKo/K. Schmidt 24, Ebenroth/Strohn 27, aA BGH **66,** 100 mit Ausnahme, wenn der Erbe bereits Gfter war; doch kommt dann Haftung als Erbe des phG in Betracht (§§ 15 I, 128, Erbenhaftungsrecht).

b) Eintritt (eines NichtGfters) durch **Anteilsübertragung,** zB Abtretung 11 des KdtAnteils, MüKo/K. Schmidt 21, Ebenroth/Strohn 27, aA BGH **66,** 100, NJW **83,** 2259.

c) Nachfolge von Todes wegen, MüKo/K. Schmidt 22, Ebenroth/Strohn 12 27, wohl auch BGH **108,** 197; aA noch BGH **66,** 100, NJW **83,** 2259, aber mit Einschränkungen: erst nach Schonfrist für unverzügliche Herbeiführung der Eintragung (als Kdtist) und auch nicht, wenn ein (schon der Ges angehörender) Kdtist einen phG beerbt. Davon zu unterscheiden ist die fehlende Eintragung der KG bzw des Eintritts des Erblassers; die Haftung des Erblassers geht auf den Erben über, BGH **108,** 197.

C. **Haftungsbegrenzung:** Haftung erlischt nicht mit Eintragung der KG 13 (anders § 11 II GmbHG, s Anh § 177a Rn 17), doch kommt es zur Haftungsbegrenzung auf fünf Jahre entspr § 160 nF 1994.

[Tod des Kommanditisten]

177 Beim Tod eines Kommanditisten wird die Gesellschaft mangels abweichender vertraglicher Bestimmung mit den Erben fortgesetzt.

Übersicht

1) Tod eines persönlich haftenden Gesellschafters 1
2) Tod eines Kommanditisten 2–5
   A. Keine Auflösung der Gesellschaft bei Tod des Kommanditisten 2
   B. Nachfolge 3
   C. Testamentsvollstreckung 5
3) Abwicklung 6
4) Abweichende Vereinbarungen 7

§ 177 1–4 II. Buch. Handelsgesellschaften und stille Gesellschaft

1) Tod eines persönlich haftenden Gesellschafters

1 § 177 idF HRefG 1998. Beim Tod eines phG gilt dasselbe wie beim Tod eines Gfters in der OHG. Die KG wird nicht aufgelöst (anders § 131 Nr 4 aF), sondern der phG scheidet aus (§ 131 III 1 Nr 1, s dort Rn 18), außer bei einer Nachfolgeklausel (§ 139 Rn 1, 2), aA (Verbleiben des phG bzw seiner Erben in der KG iL) Frey/v Bredow ZIP **98,** 1620. Allerdings kann eine KG ohne phG nicht fortbestehen (§ 161 Rn 3). Sie wird weder kraft Gesetzes zur OHG noch besteht eine werbende KG ohne phG weiter, bis irgendwann einmal vielleicht ein phG gefunden wird, sondern die KG ist aufgelöst (§ 145, KG iL § 131 Rn 18). Der bzw die Kdtisten können aber einen neuen phG suchen und sind sich dazu auch kraft ihrer Treuepflicht verpflichtet, uU auch derart, dass sie eine GmbH als künftigen phG gründen. Tritt dieser ein, kann die KG iL als werbende KG fortgeführt werden. Dazu bedarf es mangels Bestimmung im GesVertrag (uU §§ 133, 157 BGB, vgl BGH NJW **79,** 1706) eines Fortsetzungsbeschlusses (§ 131 Rn 31). Führen die Kdtisten die KG ohne phG als werbende weiter, wird sie damit idR zur OHG, BGH NJW **79,** 1706. Eine Nachfolgeklausel findet sich bei der KG häufig. § 139 gilt über § 161 II grundsätzlich uneingeschränkt. Auflösung der GmbH bei der GmbH & Co steht dem Tod des phG nicht gleich, zum Ausscheiden (früher: Auflösung) führt erst die Vollbeendigung, BGH **75,** 178 hL, str (§ 131 Rn 20. 36, Anh § 177a Rn 45). Abweisung mangels Masse der GmbH (§ 26 InsO) löst die KG nicht auf, hL, str (§ 131 Rn 22, Anh § 177a Rn 45). Berufung nur eines Erben zum phG, der anderen zu Kdtisten s § 139 Rn 15. Wechsel in die Stellung eines Kdtisten nach §§ 139 I, III s § 139 Rn 41. Lit: Bork/Jacoby ZGR **05,** 611.

2) Tod eines Kommanditisten (§ 177)

2 A. **Keine Auflösung der Gesellschaft bei Tod des Kommanditisten:** Erst recht wird die KG beim Tod eines Kdtisten nicht aufgelöst, der Kdtist scheidet aber anders als der phG (§ 131 III 1 Nr 1) nicht aus, sondern die KG wird mangels abweichender vertraglicher Bestimmung mit den Erben fortgesetzt (§ 177 nF). Damit entfällt die Grundlage für § 139.

3 B. **Nachfolge:** Der GesAnteil des Kdtisten fällt an seine Erben, ohne dass es dazu einer (einfachen) Nachfolgeklausel wie bei der OHG (§ 139 Rn 2, 10) bedarf, BGH **68,** 230. Die Kdtistenstellung des Vorerben gehört als Surrogat zum Nachlass (§ 139 Rn 14), BGH **109,** 214, Aufgabe von NJW **77,** 433. Mehrere Erben treten auch anstelle eines Kdtisten nicht als Erbengemeinschaft ein, die nicht Gfter sein kann (§ 161 Rn 4), sondern einzeln im Wege der **Sondererbfolge** (§ 139 Rn 14). Der GesVertrag kann bestimmen, dass nur ein Erbe Kdtist wird (wie bei der qualifizierten Nachfolgeklausel bei der OHG, § 139 Rn 15–18). Der Abfindungsanspruch der (nicht eintretenden) Erben kann wirksam völlig ausgeschlossen werden (§ 131 Rn 62). Die Nachfolge findet auch bei negativem Kapitalkonto des Erblassers (§ 120 Rn 22) statt (§ 139 Rn 42). Ist wirksam unter Lebenden auf den Todesfall über den Anteil verfügt, fällt der Anteil an den so Bestimmten. Ist dies der einzige MitGfter (phG), wird er Alleininhaber (§ 140 Rn 25). Ist durch **Vermächtnis** über den Anteil verfügt, wird zunächst der Erbe Kdtist mit der Pflicht, den Anteil dem Bedachten zu verschaffen bzw, wenn der GesVertrag das nicht zulässt, die übertragbaren Rechte aus dem Anteil (zB auf Gewinn, Auseinandersetzungsguthaben), BGH WM **76,** 251. Ergänzende Auslegung eines GesVertrags über Beerbung eines Kdtisten s BGH WM **79,** 535. Vor- und Nacherbschaft beim KdtAnteil wie bei der OHG (§ 139 Rn 19–20).

4 Der Erbe tritt von Rechts wegen in die Stellung des Erblassers als Kdtist ein. **§§ 171, 172** gelten für ihn so wie für den Erblasser. Ob **§ 173** für den so nachfolgenden Kdtisten gilt, ist str (§ 173 Rn 15). Ist der Erbe bereits Gfter,

greift der Grundsatz der Einheitlichkeit des GesAnteils durch (§ 124 Rn 16): ist er phG, erhöht der KdtAnteil seinen Kapitalanteil, an der unbeschränkten Haftung ändert sich nichts, Hbg ZIP **84**, 1227; ist er Kdtist, hat erhöht sich sein KdtAnteil.

C. **Testamentsvollstreckung** für einen KdtAnteil ist möglich (ausführlich § 139 Rn 24–27), sehr str. Dasselbe gilt für **Nachlassverwaltung** (§ 139 Rn 33). **5**

3) Abwicklung

Für die Abwicklung gelten wie bei der OHG §§ 145 ff, sofern nicht anderes **6** bestimmt ist (§ 145 I). Auch die Kdtisten sind zu Liquidatoren berufen (§ 145 Rn 2), BGH WM **82**, 1170. Wird die aufgelöste KG als GbR fortgeführt, gilt nicht § 158, sondern BGB (§ 158 Rn 2); das Grundbuch ist zu berichtigen, Hamm ZIP **84**, 180.

4) Abweichende Vereinbarungen

§ 177 ist, wie dort ausdrücklich gesagt, dispositiv. Der GesVertrag kann be- **7** stimmen, dass der KdtAnteil nicht vererblich ist, oder statt automatischer Nachfolge kraft Erbrechts nur eine Eintrittsklausel vorsehen (§ 139 Rn 50). Er kann die Abfindung beschränken oder ganz ausschließen (§ 131 Rn 62). Dass §§ 145 ff dispositiv sind, folgt schon aus § 145 I 2. Halbs.

[Angaben auf Geschäftsbriefen; Antragspflicht bei Zahlungsunfähigkeit oder Überschuldung]

177a ¹Die §§ 125a und 130a gelten auch für die Gesellschaft, bei der ein Kommanditist eine natürliche Person ist, § 130a jedoch mit der Maßgabe, daß anstelle des Absatzes 1 Satz 4 der § 172 Abs. 6 Satz 2 anzuwenden ist. ²Der in § 125a Abs. 1 Satz 2 für die Gesellschafter vorgeschriebenen Angaben bedarf es nur für die persönlich haftenden Gesellschafter der Gesellschaft.

1) § **177a** idF HRefG 1998, vorher GmbHNovelle 1980, idF MoMiG 2008. **1** §§ **125a** und **130a** (s dort) gelten auch für die KG, bei der zwar ein Kdtist natürliche Person ist, nicht jedoch ein phG. Ausgenommen sind auch hier nach dem Zweck des Gesetzes solche KGen, zu denen ein phG eine OHG oder KG gehört, bei der ein phG eine natürliche Person ist (Verweisung auf § 172 VI 2); doppelstöckige KG s § 125a Rn 4, 130a Rn 15, vgl § 19 Rn 25. Die nach § 125a I 2 für die Gfter vorgeschriebenen Angaben auf Geschäftsbriefen müssen nur für die phG der KG, nicht jedoch für die Kommanditisten gemacht werden. § 130a entfaltet praktische Bedeutung im Wesentlichen nur über § 177a, insbesondere für die GmbH & Co.

Anhang nach § 177a:
GmbH & Co; Publikumsgesellschaft
(mit Prospekthaftung)

A. GmbH & Co

Schrifttum

a) Kommentare: s Kommentare zum HGB (s Einl vor § 105) und GmbHG (s (**2b**) GmbHG Einl) sowie *Ebenroth(/Boujong/Joost/Strohn)/Henze* Bd 1 2. Aufl 2008 Anh nach § 177a.

Anh § 177a

b) Handbücher: *Binz/Sorg*, 10. Aufl 2005. – Münch. Hbd des GesR Bd 2 KG, GmbH & Co. KG, Publikums-KG, StGes, 3. Aufl 2009, §§ 49–60. – *(Hesselmann/)Tillmann/Mueller-Thuns*, 20. Aufl 2009 (Hdb). – *Schulze zur Wiesche/Ottersbach* 3. Aufl 2005. – *Sudhoff*, 6. Aufl 2005. – *Westermann* ua, Hdb der Personengesellschaften I (LBl).

c) Einzeldarstellungen und Sonstiges: Centrale für GmbH Dr. O. Schmidt, Hrsg, Aktuelle Probleme der GmbH & Co, 1967. – *H. P. Westermann,* Die GmbH & Co im Lichte der Wirtschaftsverfassung, 1973. – *Binz,* Haftungsverhältnisse im Gründungsstadium der GmbH & Co KG, 1977. – *K. Schmidt/Uhlenbruck,* Die GmbH in Krise, Sanierung und Insolvenz, 4. Aufl 2009. – *Zacher,* Kapitalsicherung und Haftung in der GmbH & Co KG, 1992. – **Muster:** *Hopt/Volhard,* Vertrags- und Formularbuch zum Hdl-, Ges- und Bankrecht, 3. Aufl 2007, Teil II.E (mit 6 Vertragsmustern). – *Priester,* 3. Aufl 2000. – *Sommer,* 3. Aufl 2005. **RsprÜbersichten:** *Goette* 1997 (GmbH), BGHFSWissII/*Hopt* **00,** 497 (Kapitalmarktrecht mit Prospekthaftung); *Kuhn* WM Sonderbeil 1/**78,** *Brandes* WM Sonderbeil 1/**87,** *K. Schmidt* FS Priester **07,** 691 u JZ **08,** 425, *Wachter* GmbHR **08,** 87 (Sonderheft); zur GmbH *Brandes* WM Sonderbeil 3/**92.** – Zahlreiche Aufsätze bes in GmbHR. – Laufende Materialsammlung bei Centrale für GmbH Dr. Otto Schmidt. – Zum HRefG 1998 s § 105 II, dort Rn 12; Schlitt NZG **98,** 580. – Zum MoMiG *Ehinger* BB **06,** 2701 (RefE).

Schrifttum zur PublikumsGes s unter B vor Rn 52.

Übersicht

A. Die GmbH & Co

I. Begriff, Allgemeines 1–11

1) Begriff, praktische Bedeutung 1–3
   A. Begriff 1
   B. Praktische Bedeutung 2
2) Rechtliche Zulässigkeit 4, 5
   A. Rechtliche Zulässigkeit 4
   B. Gesetzgeberische Kautelen 5
3) Erscheinungsformen 6–11
   A. Die personen- und beteiligungsgleiche GmbH & Co (echte GmbH & Co) 6
   B. Die nicht personen- und beteiligungsgleiche GmbH & Co 7
   C. Die wechselseitig beteiligte GmbH & Co (EinheitsGmbGH & Co) 8
   D. Die doppelstöckige (dreistufige) GmbH & Co 9
   E. Kapitalgesellschaftsähnliche Formen der GmbGH & Co 10
   F. Typenverbindungen mit anderen Gesellschaften 11

II. Errichtung 12–20

1) Gründung 12–14
   A. Gesellschaftsvertrag 12
   B. Anmeldung und Eintragung im Handelsregister 13
   C. Umwandlung 14
2) Haftung im Gründungsstadium 15–19
   A. Vor Eintragung 15
   B. Nach Eintragung 16
   C. Handelndenhaftung 17
   D. Haftung der Mitglieder der Vorgründungsgesellschaft 18
   E. Haftung der Kommanditisten vor Eintragung 19
3) Firma 20

III. Rechtsverhältnisse der Gesellschafter untereinander 21–33

1) Rechte und Pflichten der Gesellschafter 21–25
   A. Grundlage im Recht der KG 21
   B. Einzelne Rechte und Pflichten 22
2) KGGeschäftsführung, GmbHGeschäftsführer 26–30
   A. Geschäftsführung in der KG 26
   B. Geschäftsführer der GmbH 27
3) Beirat 31

A. GmbH & Co   1–3 **Anh § 177a**

    4) Gesellschafterversammlung 32
    5) Gesellschaftsvertragsänderung 33

    IV. Rechtsverhältnisse der Gesellschafter zu Dritten 34–44
    1) Rechtliche Selbstständigkeit der Gesellschaft 34, 35
      A. Wirksamkeit und Rechtsstellung der KG 34
      B. Prozess 35
    2) Vertretung, Selbstkontrahieren 36–40
      A. Organschaftliche Vertretung 36
      B. Rechtsgeschäftliche Vertretung 37
      C. Vertretung der Kommanditisten 38
      D. Selbstkontrahieren 39
    3) Haftung gegenüber Dritten 41–44
      A. Haftung der GmbH & Co 41
      B. Haftung der Kommanditisten 42
      C. Haftung des GmbHGeschäftsführers 44

    V. Auflösung, Gesellschafterwechsel, Auseinandersetzung 45–49
    1) Auflösung 45, 46
      A. KG 45
      B. GmbH 46
    2) Gesellschafterwechsel 47, 48
      A. KG 47
      B. GmbH 48
    3) Auseinandersetzung (Liquidation) 49

        VI. Mitbestimmung 50

        VII. Rechnungslegung 51

    B. Publikumsgesellschaft (mit Prospekthaftung)
      s unter B vor Rn 52

I. Begriff, Allgemeines

1) Begriff, praktische Bedeutung

    A. **Begriff:** Die **GmbH & Co** (KG) ist eine **KG, an der eine GmbH als** 1
fast immer einziger **Komplementär beteiligt ist.** Als KG ist sie rechtlich eine
PersonenGes, die ein HdlGewerbe voraussetzt, §§ 1, 2, 3, 5, 161 I (str, Lüdtke-
Handjery BB **73,** 71; die KG selbst, nicht nur die GmbH muss Kfm sein,
BayObLG NJW **85,** 982, str; vgl Rn 9) und auf die grundsätzlich KGRecht
Anwendung findet. Der Umstand, dass ihr phG eine Ges „mbH" (juristische
Person, KapitalGes) ist, bedeutet eine Typenverbindung und wirtschaftliche An-
näherung an eine KapitalGes, BGH **62,** 227 („der Form nach eine Personenge-
sellschaft", „sachlich Gesellschaft mbH"). Dies ist der Grund für die besonderen
Rechtsprobleme der GmbH & Co. Dabei geht es um die Überlagerung des
KGRechts durch KapitalGesRecht oder eigene Regeln für den besonderen
Mischtyp. Lit: K. Schmidt JZ **08,** 425.

    B. **Praktische Bedeutung:** Die GmbH & Co hat sich seit den 20er Jahren 2
vor allem aus **steuerlichen Gründen** rasch ausgebreitet. Die Doppelbesteuerung
nach KStG (Besteuerung der Gewinne zB der AG und noch einmal der Dividen-
den bei den Aktionären) ist zwar seit 1977 und die Vermögensbesteuerung seit
1997 beseitigt, Steueranreize ergeben sich aber ua aus Sonderabschreibungen, die
nur der PersonenGes offen stehen. Bei der Entscheidung für GmbH & Co oder
bloße GmbH ist ein **konkreter Belastungsvergleich** unerlässlich. Lit: Binz/Sorg
§ 1 V (Verbreitung), § 22 (Rechtsformenwahl), von der Osten GmbHR **95,** 438.

    Heute stehen die **gesellschaftsrechtlichen Vorteile** klar **im Vordergrund.** 3
Sie liegen in der Kombination von Vorteilen der KapitalGes und der Personen-
Ges. Zu den ersteren gehören zB Haftungsbeschränkung, Drittorganschaft, Lö-
sung des Nachfolgeproblems (Unternehmensperpetuierung), leichtere Kapital-

beschaffung durch besseren Zugang zum Finanz- und Kapitalmarkt (vgl Rn 52–53), Beherrschung ohne Kapitalmehrheit, EinpersonenGes ua (Sachfirma ist inzwischen allgemeiner möglich, § 19 I). Dies alles ermöglichte diese Rechtsform bei gleichzeitiger Inanspruchnahme der Vorteile einer PersonenGes, zB freie Gestaltung des Innenverhältnisses, Entnahmerecht ohne Gewinnerwirtschaftung, Vermeidung der unternehmerischen Mitbestimmung (im Aufsichtsrat) nach BetrVG und Entschärfung derjenigen nach MitbestG (s Rn 50), und bis zum KapCoRiLiG 2000 (Einl 8 vor § 238) erheblich geringerer Zwang zur Publizität.

2) Rechtliche Zulässigkeit

4   A. **Rechtliche Zulässigkeit:** Die Zulässigkeit der GmbH & Co ist trotz Widerstands der Literatur schon früh von der Rspr **anerkannt,** BayObLG OLGE **27,** 331 **(1912),** RG **105,** 101 **(1922),** inzwischen auch vom Gesetzgeber (KVStG 1972; § 4 I MitbestG 1976; 1976: §§ 130 a, 130 b; 1981: §§ 19 V, 125 a, 129 a aufgehoben, 172 VI, 172 a aufgehoben, 177 a). Heute sogar KGaA mit GmbH als phG, BGH **134,** 392 (s Rn 34), aA K. Schmidt ZHR 160 **(96)** 265. Nach MoMiG auch UG (haftungsbeschränkt) & Co (s Rn 11). Auch eine WirtschaftsprüfungsGes und eine StBerGes, die die Voraussetzungen des § 50 a StBerG erfüllt, können Komplementär einer Wirtschaftsprüfungs- bzw StBerKG sein, K. Schmidt DB **09,** 271 (s auch § 105 Rn 13). Ausländische juristische Person & Co s Rn 11. **Konzernrecht** betrifft die GmbH & Co nicht als solche, anders wenn die GmbH als phG gleichzeitig mehrere Ges leitet; s § 105 Rn 103. Lit: Krebs 1991, Ehrhardt 1996, Henssler ZGR **00,** 479.

5   B. **Gesetzgeberische Kautelen:** Eine Reihe der wichtigsten Probleme wie Firmierung (§ 19 II), Angabe der Rechtsform ua auf Geschäftsbriefen (§§ 125 a, 177 a), Antragspflicht außer bei Zahlungsunfähigkeit auch bei Überschuldung (§§ 130 a, 130 b, 177 a, alle aF, seit MoMiG § 15 a InsO, s vor § 177 a), Leistung der Kommanditeinlage durch Einbringung des GmbHAnteils (§ 172 VI), Darlehensrückgewähr der (unterfinanzierten) Ges an die Gfter-Darlehensgeber (§§ 129 a und 172 a aF; seit MoMiG §§ 39 I Nr 5, IV, V, 44 a, 135, 143 III InsO, §§ 6, 6 a AnfG) sind besonders durch die GmbHNovelle 1980 und 2008 durch das MoMiG (s vor § 177 a) gelöst oder entschärft worden. Das gilt seit dem KapCoRiLiG 2000 auch für die Rechnungslegung (s Rn 51). Die Problematik der GmbH & Co hat sich heute im Rahmen der klassischen GmbH & Co zu vielen Detailfragen, im Übrigen zur PublikumsGes (s Rn 52) verlagert. Lit: K. Schmidt GmbHR **84,** 272.

3) Erscheinungsformen

6   A. **Die personen- und beteiligungsgleiche GmbH & Co (echte GmbH & Co):** Diese Form ist in der Praxis herkömmlich am gebräuchlichsten; bei ihr sind die Gfter der GmbH und die Kdtisten der KG identisch und haben dieselben Beteiligungsquoten in der GmbH und KG, Bsp Hbg ZIP **06,** 898. Das führt zum rechtlichen Gleichlauf **(Verzahnung),** vermeidet Probleme und ist für viele Fälle empfehlenswert. Ausschluss des Stimmrechts der GmbH empfiehlt sich (s Rn 25).

Ein **Sonderfall** der personengleichen GmbH & Co ist die **Einpersonen-GmbH & Co.** Hier ist der AlleinGfter der GmbH zugleich der einzige Kdtist. Seit 1981 kann die GmbH und damit die GmbH & Co auch als EinpersonenGes gegründet werden (§ 1 GmbHG); damit ist auch die EinpersonenVorGmbH anerkannt (s Rn 15). Rechtsprobleme der Einpersonengründung der GmbH, Ulmer BB **80,** 1001, Hüffer ZHR 145 **(81)** 521, K. Schmidt ZHR 145 **(81)** 540, Flume ZHR 146 **(82)** 205. Wettbewerbsverbot s Rn 6. Verbot des Selbstkontrahierens (§ 181 BGB, § 35 III GmbHG nF) s Rn 39. **Muster:** Hopt/Volhard 3. Aufl 2007 Form II. D.2 (EinpersonenGmbH).

A. GmbH & Co 7–11 **Anh § 177a**

B. **Die nicht personen- und beteiligungsgleiche GmbH & Co**: Auch 7 diese Form ist praktisch wichtig. Bei ihr sind die Gfter der GmbH und die Kdtisten der KG entweder verschiedene Personen oder ihre Beteiligungsverhältnisse weichen in beiden Ges ab; zB bestimmte Gfter wollen oder sollen keinen Einfluss auf die Geschäftspolitik haben. Gelegentlich fungiert dieselbe GmbH als phG bei verschiedenen GmbH & Co (**sternförmige GmbH & Co**). In besonderen Fällen horizontaler Haftungsdurchgriff (§ 105 Rn 103). GmbH & Co mit AnlageGftern als Kdtisten (PublikumsGes) s Rn 52, mit Arbeitnehmern als Kdtisten Tillmann DB **70,** 2157. Abwandlung der internen Organisation s Rn 10. **Muster:** Hopt/Volhard 3. Aufl 2007 Form II. E.4 (Vertrag einer GmbH & Co KG mit mehreren Familienstämmen).

C. **Die wechselseitig beteiligte GmbH & Co (EinheitsGmbH & Co)**: 8 Bei dieser Form besteht die nach dem GesVertrag zu erbringende Einlage der Kdtisten in ihren Anteilen an der GmbH. Damit kann die KG AlleinGfter der GmbH, also ihres Komplementärs, werden, BayObLG DB **74,** 962, Mertens NJW **66,** 1049. Diese Form ist durch § 172 VI nF seit 1981 entgegen früheren Zweifeln gesetzlich anerkannt; die KdtEinlage gilt aber als nicht geleistet, wenn sie in Anteilen am phG bewirkt wird, außer wenn letztlich doch eine natürliche Person (als phG des Komplementärs der GmbH & Co) haftet (§ 172 VI 2). Weisung an den GmbHGeschäftsführer s Rn 27. Willensbildung in der Einheits-Ges s Rn 32. Lit: Binz/Sorg § 8; Bülow DB **82,** 527, Esch BB **91,** 1128, Fleck FS Semler **93,** 115, K. Schmidt JZ **08,** 435, FS Westermann **08,** 1425. **Muster:** Hopt/Volhard 3. Aufl 2007 Form II. E.6 (Vertrag einer EinheitsGmbH & Co KG), Form II. D.6 (GmbH als phG einer EinheitsGes).

D. **Die doppelstöckige (dreistufige) GmbH & Co:** Bei dieser Form ist 9 Komplementär der GmbH & Co eine weitere GmbH & Co, Bsp LG Brem BB **71,** 1121. Auch diese Form ist zulässig (zB § 4 I 2 MitbestG), hL, Hbg GmbHR **69,** 135 (für KGaA, s Rn 34) m zust Anm Hesselmann, aA Pfander/von Stumm DB **73,** 2499. Das HdlGewerbe der KomplementärGmbH & Co kann im Betreiben des HdlGewerbes der dreistufigen GmbH & Co KG bestehen, sehr str (§ 1 Rn 18). Jedenfalls kann die KomplementärGmbH & Co Kfm nach § 105 II idF HRefG werden (§ 105 Rn 13), Schlitt NZG **98,** 581.

E. **Kapitalgesellschaftsähnliche Formen der GmbH & Co:** Auch die 10 einfache, nicht personengleiche GmbH & Co (s Rn 7) kann durch entspr Rechte und Pflichten der Kdtisten vom Normaltyp doch noch einer PersonenGes ähnlichen GmbH & Co zu einer **kapitalistischen GmbH & Co** (Geldgeber und beherrschend sind die Kdtisten, § 161 Rn 11, häufig bei großer FamilienKG, Lit: Barbasch 1989) oder einer **Publikumsgesellschaft** (Geldgeber sind die Kdtisten, beherrschend sind die Gfter der GmbH oder Außenstehende, s Rn 52, § 161 Rn 12) ausgestaltet werden. Letzteres führt idR zu einer **körperschaftlich strukturierten KG.** Für diese sind typisch: Abstimmung mit Mehrheit und nach Kapitalbeträgen; GfterWechsel ohne Folgen für den Bestand der Ges; Pooling der Kontrollrechte; Aufsichtsorgane, Beiräte und Treuhänder; Verbriefung der Mitgliedschaftsrechte (nur Beweisurkunde, keine WP) ua. Lit: K. Schmidt FS Röhricht **05,** 511. **Muster:** Hopt/Volhard 3. Aufl 2006 Form II. E.2, II.D.4 (ausführlicher GmbH & Co KGVertrag, ausführlicher GmbHVertrag für Familien-Ges), Form II.F.8 (Genussrechtsvertrag).

F. **Typenverbindungen mit anderen Gesellschaften:** Typenverbindungen 11 sind zB OHG nur mit juristischen Personen als Gfter (§ 105 Rn 28); AG & Co, Lit: Beckmann 1992; GmbH & Still (§ 230 Rn 5); Limited & Still (§ 230 Rn 5); GbR & Co, Bergmann ZIP **03,** 2240; da die UnternehmerGes (§ 5 a GmbHG) nur eine Unterform der GmbH ist, auch UG (haftungsbeschränkt) & Co, aber Ausschluss der UG von der Gewinnbeteiligung ist wegen § 5 a III GmbHG sehr problematisch, Veil GmbHR **07,** 1084, Gehrlein Konzern **07,** 779, Wachter

GmbHR Sonderheft 10/**08**, 89, für Zulässigkeit Stenzel NZG **09**, 168, Kock/Vater/Mraz BB **09**, 848; rechtsfähige Stiftung & Co (aber Stiftungsaufsicht schränkt ein), Lit: Delp 1991. Zulässig und einzutragen ist auch die **ausländische juristische Person & Co**: (1) sofern sie nach IPR als rechtsfähig anzuerkennen ist; sie braucht nicht zusätzlich (besondere Rechtsfähigkeit) nach ihrem Heimatrecht sich an der dort der KG entspr PersonenGes beteiligen zu können, Staub/Hüffer § 19 Rn 79, aA Staud/Großfeld IntGesR 542, Staub/Ulmer § 105 Rn 92; Bspe BayObLG NJW **86**, 3029 (UK private limited company), Saarbr NJW **90**, 647 (schweiz AG), Stgt JZ **95**, 795, (2) sofern sie nach deutschem GesRecht zulässig ist (insbesondere Haftungsstruktur), Kapitalerhaltungsschutz entspr §§ 30 f GmbHG ist dazu aber nicht notwendig, aA K. Schmidt § 56 VII 2; für Ges aus EU und EWR ist nunmehr die Überseering-Rspr des EuGH zu beachten (Einl 29 vor § 105). Eine englische Limited kann ohne weiteres Komplementärin einer deutschen GmbH & Co sein, ohne eigene Registerpflicht (§ 106 Rn 6), Ffm ZIP **08**, 1286, sie ist nicht als ZwNl einzutragen (§ 13 d Rn 1). In der Praxis spielen diese Typenverbindungen eine gewisse, wenngleich nicht überragende Rolle. Die Rechtsprobleme sind dieselben oder ähnliche wie bei der GmbH & Co (vgl §§ 19 V, 125 a, 129 a, 130 a, 130 b). **Muster:** Hopt/Volhard 3. Aufl 2007 Form II. D.8–9 (AG, KGaA); II. E.5 (Vertrag einer Stiftung & Co KG), Form II. D.10, 12 (Stiftung als phG einer KG, gemeinnützige Stiftung). Lit: Duys 2001.

II. Errichtung

1) Gründung

12 A. **Gesellschaftsvertrag:** Beim **KGVertragsschluss** greift § 181 BGB ein, wenn der GmbHGeschäftsführer selbst Kdtist ist (vgl Rn 37); wenn GmbH hierzu gegründet wird, Gestattung durch GmbHVertrag, BGH BB **68**, 481. **GmbHVertragsschluss** nach GmbHG. Formerfordernisse s § 105 Rn 54, 57, Binz/Mayer NJW **02**, 3054. Schiedsklauseln: GmbHVertrag § 1066 ZPO, str, KGVertrag Form des § 1031 ZPO (Einl 90 vor § 1), BGH NJW **80**, 1049; bei Beschlussmängelstreitigkeiten nach Rspr Doppelprozesse, Hamm DB **92**, 2180, Timm ZIP **96**, 449 (Einl 88 vor § 1). **Muster:** Hopt/Volhard 3. Aufl 2007 Form II. E.1, 2 (einfacher/ausführlicher GmbH & Co KGVertrag), Form II. D.1, 5 (einfacher GmbHVertrag, GmbH als phG einer KG), Muster für besondere Formen der GmbH & Co s Rn 6–11; Form II. D.1–13 (Satzungen juristischer Personen).

13 B. **Anmeldung und Eintragung im Handelsregister:** Anmeldung der KG (§§ 106, 162) idR erst nach Eintragung der GmbH, die vorher nicht besteht (§ 11 I GmbHG), BayObLG GmbHR **69**, 22, Hamm OLGZ **77**, 58; die künftige GmbH kann nicht eingetragen werden. Wenn jedoch eine VorGmbH besteht, die bereits phG der KG sein kann (s Rn 15), str, ist auch ein früherer Zeitpunkt möglich, Ulmer ZGR **81**, 617, aA Hamm BB **76**, 1094, und wegen des für Kdtisten drohenden Haftungsrisikos aus § 176 I (s Rn 19) empfehlenswert. Danach richtet sich auch der einzutragende Zeitpunkt des Beginns der KG (§ 106 II Nr 3). Eintragung der VorGmbH als phG der KG ist zulässig (s Rn 15), aber nicht mehr, wenn bereits die GmbH eingetragen ist, BGH NJW **85**, 736. Die VorGmbH ist als solche zB mit Zusatz „i. G." kenntlich zu machen. Der Zusatz wird nach der Eintragung der GmbH gelöscht.

Als Gegenstand des Unternehmens der GmbH (§ 10 GmbHG) soll konkret der Tätigkeitsbereich der GmbH & Co anzugeben sein, nicht nur „phG-Funktion in der KG X", Hbg BB **68**, 267, BayObLG NJW **76**, 1694, dagegen wegen Vermischung der Eigen- und Fremdgeschäftsführung zu Recht üL, Hach/Ulmer

§ 3 Rz 24. Die bei der Anmeldung der GmbH abzugebende Versicherung über Einlageleistungen (§ 8 II GmbHG) und die Prüfung durch das Registergericht (§ 9 c GmbHG) haben sich bei einer Bargründung auch darauf zu erstrecken, inwieweit das Anfangskapital der GmbH bereits durch Schulden vorbelastet ist (s Rn 16), BGH **80,** 143. Keine Eintragung der gesetzlichen Vertreter der phG-GmbH im HdlReg der KG, str, aA BayObLG DB **00,** 37 (Gestattung des Selbstkontrahierens, § 125 Rn 26), erst recht nicht von der GmbH erteilte Prokura.

Zeichnung der Namensunterschrift bei Anmeldung zum HdlReg ist seit EHUG 2006 nicht mehr notwendig (§ 14 Rn 1), damit sind zahlreiche Streitfragen entfallen (s 32. Aufl).

C. **Umwandlung:** Umwandlung einer GmbH & Co ist kraft Gesetzes möglich (Einl 21–22 vor § 105). Umwandlung einer GmbH & Co kraft Rechtsgeschäfts erlaubt das UmwG (Einl 23–26 vor § 105, 2. UmwGÄndG 2007 erfasst GmbH & Co nicht). Praktisch wichtig ist die Verschmelzung der GmbH & Co KG auf ihre phG-GmbH, sie ist sowohl nach dem Anwachsungsmodell als auch nach dem UmwG möglich (Einl 22, 25 vor § 105). Haftung des ehemaligen phG und jetzigen Kdtisten/GmbHGeschäftsführers dauert anders als früher nicht unbegrenzt fort (§ 160 III nF 1994, s dort Rn 7). Entsprechend nach § 224 UmwG (Einl 25 vor § 105). Umwandlung in GmbH & Co kann den Gläubiger zur fristlosen Kündigung (§ 314 BGB) eines langfristigen Vertrags berechtigen, wenn der Schuldner ihm nicht von sich aus Mitteilung macht, BGH BB **78,** 982; zur Rechtsscheinhaftung in solchen Fällen s § 15 Rn 15. GmbHMantel s Priester DB **83,** 2291, Vorrats-Mantelkauf wie Neugründung, s § 23 Rn 4.

2) Haftung im Gründungsstadium

A. **Vor Eintragung:** Eröffnen die Gründer den Geschäftsbetrieb vor Eintragung der GmbH und der KG, besteht GbR, wenn der Betrieb nicht unter § 1 fällt (im Innenverhältnis unter den Gftern gilt trotzdem nicht das Recht der GbR, sondern der KG, str), sonst hdlrechtliche PersonenGes. Diese ist **KG**, denn die (mit Abschluss des GmbHVertrags entstehende, selbst nicht eingetragene) **VorGmbH** kann bereits phG der KG sein (VorGmbH & Co, § 105 Rn 28), BGH **80,** 132 gegen **63,** 47, noch offen in **69,** 95, **70,** 132. Auf die VorGmbH finden weitgehend die für die spätere Rechtsform gültigen Rechtsgrundsätze Anwendung, stRspr, BGH **79,** 241, **80,** 132, **117,** 326, NJW **98,** 1079 (aktiv parteifähig), **07,** 589 (VorAG), bei EinpersonenVorGmbH (s Rn 6) aber ohne Haftungsbeschränkung, Ulmer/Ihrig GmbHR **88,** 382, str. Die **Vertretungsmacht** des Geschäftsführers der VorGmbH ist durch deren Zweck begrenzt; bei Bargründung also idR auf Herbeiführung der Eintragung und ihrer Voraussetzungen (außer bei einer weitergehenden, nicht der Form des § 2 GmbHG bedürftigen Ermächtigung aller Gfter), BGH **80,** 139; bei Sachgründung ist Fortführung des eingebrachten HdlGeschäfts gedeckt, BGH WM **63,** 249. Laufende Geschäfte namens der künftigen Ges verpflichten aus der Sicht des Geschäftsgegners iZw auch die VorGes. Für Verbindlichkeiten der VorGmbH haften auch die Gründer (**Verlustdeckungshaftung** als Teil der einheitlichen **Gründerhaftung**, s Rn 16), soweit sie den handelnden Geschäftsführer (auch stillschweigend) ermächtigt haben, der Ges (bloße Innenhaftung wie Rn 16) persönlich und nicht begrenzt durch die Höhe ihrer Einlagen (wie Rn 16), BGH **134,** 333, Teilaufgabe von BGH **65,** 378, **72,** 45, **80,** 129, **91,** 148. Die Verlustdeckungshaftung entfällt mit Eintragung der GmbH (s Rn 16). Sie entfällt auch dann, wenn bei Scheitern der Gründung der GmbH die Geschäftstätigkeit nicht sofort beendet und die VorGmbH abgewickelt wird; vielmehr haften dann die Gründer für sämtliche Verbindlichkeiten der VorGmbH, auch für die bis zum Scheitern entstandenen, wie PersonenGfter, BGH NJW **03,** 429.

Anh § 177a 16, 17   II. Buch. Handelsgesellschaften und stille Gesellschaft

16   B. **Nach Eintragung:** Mit Eintragung entsteht die GmbH; die VorGmbH und die persönliche Haftung der Gfter der VorGmbH fallen weg. Die Rechte und Pflichten aus Geschäften der VorGmbH gehen mit Eintragung der GmbH voll auf diese über **(Schuldenübergang ohne Vorbelastungsverbot)**, BGH **80,** 134, Gründe: Übergang auch aller Aktiva der VorGmbH auf die GmbH, Rechtsgedanke des früheren § 419 aF BGB; sehr str. Konsequent haften die Gfter der Ges (Innenhaftung wie Rn 15, str, aA Kleindiek ZGR **97,** 436) anteilig für die Differenz, die sich durch solche Vorbelastungen zwischen dem Stammkapital und dem Wert des GesVermögens zum Zeitpunkt der Eintragung ergibt (**Vorbelastungs-** oder **Unterbilanzhaftung,** Teil der einheitlichen Gründerhaftung, s Rn 15; Rechtsgedanke der Differenzhaftung nach § 9 GmbHG nF auch bei Bargründung), BGH **80,** 140. Diese Haftung ist grundsätzlich wie Anspruch auf Leistung fehlender Bareinlagen zu behandeln, auch bezüglich der Kapitalaufbringungsregeln, BGH **165,** 391. Die Haftung geht über Stammkapital und -einlage hinaus auf vollen Verlustausgleich (wie Rn 15), BGH **134,** 333, WM **82,** 40. Sie verjährt wie Differenzhaftung (§ 9 II GmbHG), BGH **105,** 300. Als Korrelat zu Schuldenübergang und Unterbilanzhaftung kommt es mit Eintragung der GmbH zum Erlöschen der Haftung der Gründer aus Verbindlichkeiten der VorGmbH (s Rn 15), BGH **80,** 144, an ihre Stelle tritt die Vorbelastungshaftung. Zu ihrer Feststellung ist eine besondere Bilanz auf den Zeitpunkt der Eintragung der GmbH ins HdlReg aufzustellen (Vorbelastungsbilanz, vgl § 242 HGB), BGH **124,** 285, **165,** 391 (start-up-Unternehmen); Bewertung des VorGmbHUnternehmens nach Ertragswertmethode (Einl 37 vor § 1), BGH **140,** 35; analog § 252 I Nr 2, bei negativer Fortbestehensprognose nach Veräußerungswerten (Einl 36 f vor § 1), BGH NJW **98,** 233; Lit: Meister FS Werner **84,** 540, Schulze-Osterloh FS Goerdeler **87,** 531. Kein Sonderrecht für die Kapitalaufbringung bei der GmbH (§ 19 GmbHG) in der GmbH & Co, BGH ZIP **08,** 175 m abl Anm K. Schmidt ZIP **08,** 481 mit Praxiswarnungen, aber s § 172 a vor Rn 1. Darlehensweise Überlassung des Stammkapitals an die KG bei vollwertigem, jederzeit fälligem oder fällig stellbarem Rückgewähranspruch (§ 19 V 1 GmbHG), Wachter GmbHR Sonderheft **10/08,** 91. – Mit der Eintragung beider Ges wird die KG, soweit nicht anderes vereinbart ist, Schuldnerin der namens der GmbH & Co eingegangenen Verbindlichkeiten; hierfür haftet die eingetragene GmbH nach § 128, BGH **69,** 95, **76,** 320.

17   C. **Handelndenhaftung:** Persönliche Haftung der vor Eintragung rechtsgeschäftlich im Namen der GmbH Handelnden folgt aus **§ 11 II GmbHG;** der Sinn des II liegt nicht so sehr in der Beschaffung eines Ersatzschuldners vor Entstehen der GmbH, sondern in einem den Gläubigern gebührenden Ausgleich für die geringere rechtliche Kontrolle und Absicherung der Kapitalgrundlage der VorGes, BGH **80,** 184 gegen **65,** 381. „Handelnder" ist eng auszulegen, BGH **65,** 378, **66,** 359, WM **80,** 955, Hbg WM **86,** 738 (mindestens aktive Einflussnahme auf konkrete Geschäftsführung). Der Geschäftsführer der VorGmbH haftet persönlich nach § 11 II GmbHG, auch wenn er im Namen der KG handelt, aber dadurch die Haftung der VorGmbH nach § 128 auslöst, BGH **80,** 133. § 11 II GmbHG greift erst nach notariellem Abschluss des GesVertrags bzw Einpersonenerrichtungserklärung (§§ 1, 2 GmbHG), ohne den auch noch keine VorGes besteht, ein, BGH **91,** 148, anders noch BGH NJW **80,** 287. Die Haftung aus § 11 II GmbHG greift nicht ein zugunsten eines GründungsGfters und seines Treugebers, auch nicht bei Erwerb einer Forderung gegen die Ges als Drittgläubiger vor Eintragung der GmbH, BGH **76,** 320. Die Haftung nach § 11 II GmbHG aus namens der Ges mit Ermächtigung aller Gründer getätigten Geschäfte **erlischt** (bei Sach- und bei Bargründung gleichermaßen) **mit Eintragung der GmbH,** BGH **76,** 320, **80,** 143, 182; ebenso eine eventuelle Haftung aus § 179 BGB, BGH **76,** 320 (vgl BGH **63,** 45 zu § 179 BGB; überholt).

D. **Haftung der Mitglieder der Vorgründungsgesellschaft:** Persönliche 18
Haftung der Gründer als Mitglieder einer vor Abschluss des GmbHVertrags
geschlossenen Vorgründungsgesellschaft: diese Ges („GmbH in Gründung") ist
entweder BGBGes oder, wenn sie bereits ein HdlGewerbe unter gemeinsamer
Firma betreibt, eine OHG. Aus für sie abgeschlossenen Geschäften haften die
Gfter persönlich unbeschränkt, BGH ZIP **97,** 926; eine anderweitige Vereinbarung folgt anders als bei der VorGes (s Rn 15) aus dem Auftreten für die
„GmbH in Gründung", BGH NJW **83,** 2822. Diese Haftung endet nicht mit
Abschluss des GmbHVertrags und dadurch Entstehen der VorGmbH, trotz deren
Haftung für dieselbe Verbindlichkeit; Grund: keine GesIdentität und keine befreiende Schuldübernahme ohne Zustimmung der Gläubiger. Die Haftung der
VorgründungsGes endet anders als bei der VorGes und bei § 11 II GmbHG auch
nicht mit Eintragung der GmbH, außer wenn das mit dem Gläubiger so vereinbart ist, BGH NJW **82,** 932 (iErg ja), **83,** 2822 (iErg nein). Lit: K. Schmidt
GmbHR **82,** 6, Maulbetsch DB **84,** 1561.

E. **Haftung der Kommanditisten vor Eintragung:** Noch nicht im 19
HdlReg eingetragene Kommanditisten haften richtigerweise nicht nach § 176 I
unbeschränkt, weil üblicherweise alle Gfter außer der KomplementärGmbH
Kdtisten sind und der Verkehr das weiß (kein Vertrauenstatbestand, s § 176
Rn 1), Ffm ZIP **07,** 1809, Ebenroth/Strohn 22, K. Schmidt ZHR 144 **(80)** 202,
Priester BB **80,** 913, str; dies gilt angesichts § 19 V jedenfalls für Vorgänge ab
1. 1. 81, offen BGH NJW **83,** 2260, aA für früher zB BGH NJW **80,** 54, **83,**
2260. Möglicher Ausweg ist Eintragung der KG vor der GmbH (s Rn 13).

3) Firma

Die Firma der **GmbH & Co** ist in § 19 II geregelt, s dort (§ 19 Rn 24–36). 20
Auch die **VorGmbH** kann wie spätere GmbH firmieren, auch wenn sie selbst
kein HdlGewerbe betreibt, hL; das gilt nicht für **Vorgründungsgesellschaft.**

III. Rechtsverhältnisse der Gesellschafter untereinander

1) Rechte und Pflichten der Gesellschafter

A. **Grundlage im Recht der KG:** Die Rechte und Pflichten der Gfter 21
bestimmen sich nach KGRecht; für die GmbH sind es die eines phG der KG.
Doch können das Fehlen der unbeschränkt haftenden natürlichen Person und die
besondere Erscheinungsform, zB personengleiche GmbH & Co (s Rn 6), zu
Abweichungen und Anwendung von OHGRecht, zT auch von GmbH- und
Aktienrecht (s für die PublikumsGes Rn 53) führen.

B. **Einzelne Rechte und Pflichten: a) Treuepflicht:** Grundlegend ist auch 22
bei der GmbH & Co die Treuepflicht der KGGfter (§ 109 Rn 23). Hängt nach
dem GesVertrag der KG die Vergütung der GmbH von der Höhe ihres Stammkapitals ab, dürfen die KGGfter das Stammkapital nicht ganz erheblich erhöhen,
BGH WM **06,** 436 (um das 42-fache). Die gegenseitige Treuepflicht der Gfter
der GmbH, die satzungsgemäß die Geschäfte der KG führt, verbietet es dem
MehrheitsGfter, die GmbHGeschäftsführung zu nachteiligen Geschäften (Konzernumlage) zu Lasten der KG und ihrer TochterKG zu veranlassen; der MinderheitsGfter der GmbH und KG kann Schadensersatz nach § 280 BGB an die
benachteiligten Ges verlangen, BGH **65,** 18 (ITT); dazu Schilling BB **75,** 1451,
Rehbinder ZGR **76,** 386, Ulmer NJW **76,** 192, Westermann GmbHR **76,** 77,
Wiedemann JZ **76,** 392.

b) **Wettbewerbsverbot:** Für die GmbH gilt wie für jeden phG §§ 112, 113, 23
hL, aA Ffm BB **82,** 1383. Bei bekannter Altkonkurrenz der GmbH kann, soweit
nicht § 112 II eingreift, entweder Einstellung oder Fortführung gewollt sein

(§ 112 Rn 10), Lüdtke-Handjery BB **73**, 69, ausdrückliche GesVertragsklausel empfiehlt sich. Für die Kdtisten der personengleichen GmbH & Co gelten §§ 112, 113 (§ 165 Rn 3). Ein Wettbewerbsverbot der GmbHGfter gegenüber der KG und den KGGftern besteht unmittelbar nicht (§ 112 Rn 2). Doch kann es je nach den Umständen mittelbar aus der Treuepflicht gegenüber der GmbH folgen, zB wenn der GmbHGfter und -Geschäftsführer auf Grund hoher Mehrheitsbeteiligungen an GmbH und KG die Ges beherrscht (§§ 17 II, 18 I 3 AktG, anders bei bloßer Finanzbeteiligung), BGH **89**, 162 (Heumann/Ogilvy). Geschäftsführer der GmbH s Rn 27. Ist der beherrschende Gfter eine HoldingGes, deren sich ihre MutterGes beim Erwerb jener Mehrheitsbeteiligungen bedient hat (mehrstufiger Konzern), kann auch die Mutter(Ober)Ges dem Wettbewerbsverbot unterliegen (§ 105 Rn 103), BGH **89**, 162, Wiedemann/Hirte ZGR **86**, 163, krit Immenga JZ **84**, 579. GesVertrag kann Befreiung vom Wettbewerbsverbot durch GfterBeschluss mit Mehrheit vorsehen, aber ohne Stimmrecht des betroffenen Gfter und nur bei Rechtfertigung durch sachliche Gründe im Interesse der Ges, BGH **80**, 69 (Süssen), Raiser FS Stimpel **85**, 855; bei Begründung der Abhängigkeit genügt Mehrheitsbeschluss aber nicht (§ 105 Rn 103, § 112 Rn 12), Staub/Schilling 3. Erwerbschancen der Ges (corporate opportunity) s § 109 Rn 26, § 114 Rn 13, Timm GmbHR **81**, 177. Kollision mit § 1 GWB s § 112 Rn 15. Lit: Röhricht WPg **92**, 766 (GmbH), Müller NJW **07**, 1724.

24   c) **Gewinn und Verlust:** s §§ 167–169. Vertragsändernde Beschlüsse darüber sind grundsätzlich nur einstimmig möglich (Mehrheitsbeschlüsse nur unter Wahrung des Bestimmtheitsgrundsatzes, § 119 Rn 37).

25   d) **Stimmrecht:** Das Stimmrecht der GmbH kann soweit wie bei Kdtisten ausgeschlossen werden. Zulässig jedenfalls bei personengleicher GmbH & Co (s Rn 6), dort auch betr Kernbereich (§ 119 Rn 36), BGH NJW **93**, 2100. Der Bestimmtheitsgrundsatz (§ 119 Rn 37) ist auch bei der GmbH & Co anwendbar, statt eines Katalogs ist an Verweisung auf GmbHRecht zu denken, K. Schmidt ZHR 158 **(94)** 205.

Informationsrechte der Kdtisten bestehen nach § 166 (und nach anderen Rechtsgrundlagen, § 166 Rn 11–14). Als GmbHGfter (sonst nicht, str) hat Kdtist daneben das Informationsrecht aus **§ 51a GmbHG**, das sich auf die Angelegenheiten der KG erstreckt, BGH NJW **89**, 225, Düss WM **90**, 1823, sowie deren (nahezu) 100%iger TochterGes, und durch Ausgliederung nicht tangiert werden kann, BGH **25**, 118 (§ 166), Hamm WM **86**, 740; weitergehende Erstreckung auch auf Angelegenheiten des verbundenen Unternehmens im GmbHKonzern Kln ZIP **85**, 800, Schneider BB **75**, 1353. Die GmbH hat kein Zurückbehaltungsrecht wegen eigener Auskunfts- oder Zahlungsansprüche, Ffm NZG **08**, 158, Grund: Informationszweck. Geheimhaltungsinteressen der Ges, Mü NZG **08**, 878. Auch der ausgeschiedene Gfter, der jetzt bei einem Wettbewerber ist, hat das Recht, aber uU nur an einen Treuhänder (§ 118 Rn 9), Grenze erst § 51a II GmbHG, Mü NZG **08**, 199. Informationsrechte bei verbundenen PersonenGes s § 166 Rn 16–17. Lit: Kort ZGR **87**, 46, Grunewald ZGR **89**, 545, Binz/Freudenberg/Sorg BB **91**, 785, Witte ZGR **98**, 151 (GmbH).

2) KGGeschäftsführung, GmbHGeschäftsführer

26   A. **Geschäftsführung in der KG:** Freie Regelung im GesVertrag (§§ 161 II, 109) und §§ 164 ff. Verbot des Selbstkontrahierens s Rn 39. Der GmbH kann die Geschäftsführungsbefugnis nach § 117 entzogen werden; sie muss sich dabei das Handeln ihres Geschäftsführers zurechnen lassen, ohne dass stets vorrangig dessen Abberufung betrieben werden müsste, BGH NJW **84**, 173 m Anm Westermann ZIP **83**, 1070. Die Geschäftsführung kann dem Kdtisten allein übertragen, die Vertretungsmacht aber der GmbH nicht entzogen werden (§ 164 Rn 7, § 170 Rn 3). Grundlagengeschäfte sind kein Teil der Geschäftsführung

A. GmbH & Co 27–30 **Anh § 177a**

(§ 114 Rn 3, dort auch zur Konzernierung). Die geschäftsführende GmbH haftet der KG zwar grundsätzlich wie jeder phG nur für Sorgfalt wie in eigenen Angelegenheiten, MüKoBGB/Ulmer/Schäfer § 708 Rn 5; aber bei kapitalistischer oder körperschaftlich strukturierter GmbH & Co (s Rn 10) und auf jeden Fall bei der PublikumsGes (s Rn 74, 75) haftet sie für jede Sorgfalt eines ordentlichen Geschäftsmannes (§ 43 I GmbHG), BGH **75,** 327, **76,** 166 u 338. Dieser schärfere Sorgfaltsmaßstab gilt auch für den Gfter der KomplementärGmbH, der maßgeblichen Einfluss auf deren Geschäftsführung ausübt, BGH NJW **76,** 192 (ITT, § 114 Rn 8). Beweislast liegt beim Geschäftsführer (§ 114 Rn 15).

B. **Geschäftsführer der GmbH:** Der GmbHGeschäftsführer steht im 27 Dienstvertrag zur GmbH; nur bei besonderer Vertragsgestaltung wird er von der GmbH & Co angestellt und bezahlt, BAG WM **83,** 800 (mit Konsequenz für Kündigungsschutz), ZIP **92,** 1496, Celle GmbHR **80,** 32; zur Drittanstellung Fleck ZHR 149 **(85)** 387. Ein **Weisungsrecht** hat idR nur die GmbH (§§ 37 I, 45 GmbHG, „Angelegenheiten der Ges" ist auch die Geschäftsführung der KG), nicht die KG, BGH **75,** 326, Esch NJW **88,** 1553. Aber bei personengleicher GmbH & Co (s Rn 6) sind die Kdtisten als GmbHGfter weisungsberechtigt. Auch sonst, sinnvoll vor allem bei der EinheitsGmbH & Co (s Rn 8), kann Weisungsrecht der KG oder eines Kdtisten im GesVertrag wirksam vereinbart werden, dazu Konzen NJW **89,** 2982. Für den GmbHGeschäftsführer gilt ein **Wettbewerbsverbot** gegenüber der GmbH und anders als nach dem Grundsatz (§ 112 Rn 2) und als für GmbHGfter (s Rn 23) auch gegenüber der KG (jedenfalls in den in Rn 28 genannten Fällen), MüKo/Grunewald § 165 Rn 14, str, Kln NZG **09,** 307, offen Hbg ZIP **07,** 1372 m Anm Hellgardt 2248, iErg abl Kblz NZG **08,** 423, anders für die EinpersonenGes (s Rn 6), Röhricht WPg **92,** 766. Keine Arbeitnehmereigenschaft, str, § 59 Rn 26.

Der Geschäftsführer der GmbH, deren wesentliche Aufgabe die Geschäfts- 28 führung der KG ist, haftet jedoch auch der KG aus Dienstvertrag mit der GmbH (§ 43 II GmbHG mit **Schutzwirkung für die KG**), BGH **75,** 321, **76,** 327, **100,** 193, NJW **95,** 1357, ZIP **09,** 1164, Kblz NZG **08,** 423, Kln NZG **09,** 307, hL, Hüffer ZGR **81,** 351; iErg auch Staub/Schilling § 164 Rn 16, aber ohne Anknüpfung an den Dienstvertrag; s auch Rn 79. **Er haftet** der KG bei Untreue auch deliktisch (Verjährung nach §§ 195, 199 BGB), BGH **100,** 190. Die Verletzung von Geschäftsführerpflichten kann beim GfterGeschäftsführer zugleich Verstoß gegen GfterPflichten sein; es gelten dann (aber nur insoweit) statt § 43 I, IV GmbHG (s Rn 26) § 708 BGB und §§ 195, 199 BGB, BGH NJW **82,** 2869 m krit Anm Westermann. Schutzwirkung für die KG hat auch die Haftung des Gfter der KomplementärGmbH, der maßgeblichen Einfluss auf deren Geschäftsführung ausübt (s Rn 26).

Grundsätzlich keine **Eigenhaftung** des Geschäftsführers gegenüber Dritten, zB 29 Vertragspartnern der GmbH oder KG, BGH NJW **90,** 389, WM **91,** 1548, aber s § 172a Rn 45; Überbl 9 vor § 48. Ausnahmsweise soll der Geschäftsführer persönlich nach § 823 I BGB als Garant aus Organisationspflicht haften, Bsp: Vermeidung der Kollision zwischen dem verlängertem Eigentumsvorbehalt des Lieferanten der GmbH mit einem Abtretungsverbot ihrer Auftraggeber, so BGH **109,** 297; zu Recht kritisch Dreher ZGR **92,** 22. Richtiger ist Eigenhaftung nur bei besonderem persönlichen Vertrauen des Dritten in den Geschäftsführer (§ 311 III 2 BGB, Überbl 9 vor § 48) oder nach § 823 II BGB bei Schutzgesetzverletzung.

Die Bestellung des GmbHGeschäftsführer ist jederzeit widerruflich, außer 30 wenn die Satzung dies auf wichtigen Grund beschränkt (§ 38 I, II GmbHG), letzterenfalls ist Widerruf aus wichtigem Grund auch bei Sonderrecht auf Geschäftsführung möglich. Kündigungsfrist nach § 622 I BGB gilt auch für den von der KG angestellten GmbHGeschäftsführer, soweit dieser nicht herrschender Gfter ist, BGH NJW **87,** 2073. **Abberufung** des GmbHGeschäftsführers bei der

GmbH & Co, str, (zu) strikt nach § 46 Nr 5 GmbHG (KG als AlleinGfterin der GmbH), BGH ZIP **07,** 1658 m Anm Gehrlein BB **07,** 1915, für Beschlüsse in KG und GmbH durch Kdtisten, K. Schmidt ZIP **07,** 2193, analog §§ 117, 127, Hopt ZGR **79,** 1, Hüffer ZGR **81,** 359, dagegen MüKo/Grunewald § 161 Rn 80, weil bei der GmbH & Co die KdtistenRechte zurückgedrängt seien und §§ 117, 127, 140 gegen die GmbH ausreichten, letzteres trifft aber praktisch nicht zu. Bestellungswiderruf in GmbH mit zwei gleich hoch beteiligten Gftern s BGH **86,** 177, Schneider ZGR **83,** 535. Insolvenzsicherung für Ruhegeldansprüche des GmbHGeschäftsführers s § 59 Rn 88. Stimmrechtsausübung bei der GmbH im Alleinbesitz ihrer KG s Bülow GmbHR **82,** 121.

Lit: Brandmüller 17. Aufl 2005; Jula 3. Aufl. 2009; Tillmann/Mohr 9. Aufl 2009; Meyke 5. Aufl 2007 (Haftung); Krebs 1991 (Haftung bei GmbH & Co). RsprÜbersicht: Fleck WM **85,** 677 (Geschäftsführer). **Muster:** Hopt/Volhard 3. Aufl 2007 Form II. H.10 (Geschäftsordnung für GmbHGeschäftsführung).

3) Beirat

31 Ein Beirat kann entweder **in der KG** (§ 163 Rn 12; PublikumsGes s Rn 75) **oder in der GmbH** oder in beiden (dann möglichst in gleicher Besetzung) bestehen. Der Beirat der GmbH ist vom (fakultativen) Aufsichtsrat derselben (§ 52 GmbHG) zu unterscheiden. Prozess über Zugehörigkeit zum Beirat der GmbH (und KG) ist möglich unter den GmbHGftern (Kdtisten), BGH WM **77,** 477 (§ 109 Rn 39). Haftung der GmbHBeiratsmitglieder gegenüber der KG wie Rn 28. Lit: Hölters 1979, Huber 2004; Hölters DB **80,** 2225, Haack BB **93,** 1607 und bei § 163 Rn 12. Vgl **Muster:** Hopt/Volhard 3. Aufl 2007 Form II. D.3 (GmbH mit Aufsichtsrat), Form II. H.9 (Geschäftsordnung für GmbH Aufsichtsrat).

4) Gesellschafterversammlung

32 Eine Gesellschafterversammlung ist im HGB nicht vorgesehen (anders §§ 48 ff GmbHG), fördert aber klare Beschlüsse und die Integration der Gfter und ist deshalb für die Satzung zu empfehlen (Regelung entspr GmbHRecht).

Bei der **EinheitsGmbH & Co** (s Rn 8) vollzieht sich die Willensbildung praktisch durch die Kdtisten als GfterVersammlung, rechtlich kann so die GfterVersammlung der GmbH aber nicht ersetzt werden, str; die GmbH kann ihre GfterRechte nicht bei sich selbst in ihrer eigenen GfterVersammlung ausüben, das können aber die von ihr bevollmächtigten Kdtisten, dazu ist entspr Vertragsgestaltung nötig, zu diesen MüKo/Grunewald § 161 Rn 99, Schranken derselben s Fleck FS Semler **93,** 115. Stimmbindung der GmbH gegenüber den Kdtisten (zB Wiederwahl des GmbHGeschäftsführers) ist wirksam (§ 119 Rn 17–18), Kln WM **88,** 974, str. Lit: Vogel 1976, Eickhoff 3. Aufl 2001.

5) Gesellschaftsvertragsänderung

33 Änderung des Gesellschaftsvertrags als Grundlagengeschäft s § 105 Rn 60; sonstige Grundlagengeschäfte (§ 114 Rn 3). In der personengleichen GmbH & Co (s Rn 6) liegt im einstimmigen Beschluss zur KGVertragsänderung die Gestattung des Selbstkontrahierens an den Kdtisten, der zugleich GmbHGeschäftsführer ist (§ 119 Rn 22), BGH BB **76,** 901.

IV. Rechtsverhältnisse der Gesellschafter zu Dritten

1) Rechtliche Selbstständigkeit der Gesellschaft

34 A. **Wirksamkeit und Rechtsstellung der KG:** Für die Wirksamkeit der KG im Verhältnis zu Dritten gilt wie für die OHG § 123 I, II. Betreibt die KG kein HdlGewerbe, entsteht sie erst mit Eintragung (§ 123 Rn 3). KfmEigenschaft der

A. GmbH & Co   35–39 **Anh § 177a**

GmbH (§ 6) ersetzt nicht die der KG, BayObLG NJW **85**, 982. **Inhaber** des HdlGeschäfts und Eigentümer des Geschäftsvermögens ist die KG (Verpachtung s § 1 Rn 18, 30). Sie ist auch Besitzer der Sachen der Ges (§ 124 Rn 35). Sie ist in die Handwerksrolle einzutragen (vgl § 1 Rn 26). Die GmbH & Co (und andere KapitalGes) kann, wie sich seit HRefG schon aus § 279 II AktG ergibt, trotz § 281 I AktG phG einer KGaA sein, zutr BGH **134**, 392, schon früher Hbg NJW **69**, 1030, aA früher üL, K. Schmidt 160 (**96**) 265; Grund: außer § 279 II AktG Gestaltungsfreiheit bei phG der KGaA, Geschäftsleitung durch den Komplementär, wichtig für mittelständische Unternehmen.

B. **Prozess:** Im Prozess der GmbH & Co ist der Geschäftsführer der GmbH 35
als Partei, nicht als Zeuge zu hören, LG Oldbg BB **75**, 983 (§ 124 Rn 41–43). Titel gegen die GmbH trägt keine Vollstreckung gegen die KG (Einheits-GmbH & Co, s Rn 8).

2) Vertretung, Selbstkontrahieren

A. **Organschaftliche Vertretung:** Die Vertretung der KG kann organschaft- 36
lich oder rechtsgeschäftlich sein. Organschaftlich (s Überbl 3 vor § 48) wird die KG durch die GmbH vertreten (§§ 125, 161 II, 170). Für die **GmbH** handeln, auch soweit sie als phG der KG für diese tätig wird, ihre gesetzlichen Vertreter, also die **GmbHGeschäftsführer;** Abberufung s Rn 30. Nach Löschung der GmbH ist die KG nicht mehr prozessfähig, Zweibr ZIP **83**, 941. Bestellung eines Notliquidators (§§ 29, 48 I BGB) für die aufgelöste GmbH zur Sicherung von Vertretung und Geschäftsführung der nicht aufgelösten KG auf Antrag von Kdtisten, BayObLG DB **76**, 1571.

B. **Rechtsgeschäftliche Vertretung:** Für die rechtsgeschäftliche Vertretung 37
der KG gilt allgemeines Vertretungsrecht. Ein **Prokurist** der GmbH kann für die GmbH als Vertreter in der KG (dh mittelbar für die KG) handeln, Hamm NJW **67**, 2163. Prokuristen der KG werden durch die GmbH bestellt (§§ 161 II, 126 I). Möglich ist auch gemischte Gesamtprokura für die KG mit Bindung an die Mitwirkung der GmbH (nicht deren Geschäftsführer) s § 48 Rn 6–7. Auch die Geschäftsführer der GmbH können Prokura für die KG erhalten, Hamm BB **73**, 354, BayObLG BB **80**, 1487. Auch **Kommanditisten** können trotz § 170 Prokura oder Vollmacht für die KG erhalten (§ 170 Rn 3). § 170 hindert nicht die Vertretung der GmbH & Co durch GmbH, für die ein Geschäftsführer handelt, der auch Kdtist ist, aA BPatG BB **75**, 1127; Kdtisten als solche sind aber von der organschaftlichen Vertretung ausgeschlossen (§ 170 Rn 1).

C. **Vertretung der Kommanditisten:** Die rechtsgeschäftliche Vertretung 38
der Kommanditisten persönlich durch die GmbH setzt deren Vollmacht voraus, zB Übernahme der persönlichen Haftung der Kdtisten für ein der KG zu gewährendes Bankdarlehen; zur Auslegung der von der GmbH vorformulierten Vollmacht, BGH DB **80**, 534.

D. **Selbstkontrahieren:** Selbstkontrahieren des GmbHGeschäftsführers kann 39
auf der Ebene der GmbH und der KG relevant werden. Selbstkontrahieren des GmbHGeschäftsführers (als Vertreter der Ges mit sich selbst) ist nur möglich bei bloßer Erfüllung einer Verbindlichkeit, zB Einlageschuld, oder bei Gestattung (§ 181 BGB; § 119 Rn 22).

a) Mit der GmbH: Eigene Rechtsgeschäfte des GmbHGeschäftsführers mit der GmbH erfordern Gestattung der GmbH. Das gilt auch für die EinpersonenGmbH, so § 35 III GmbHG (anders zu aF BGH **56**, 97, **75**, 358 für die GmbH & Co, **81**, 367, aber strenge Beweisanforderungen, mindestens Verbuchung des Insichgeschäfts). Die generelle Befreiung des Geschäftsführers und AlleinGfters der EinpersonenGmbH ist nur im GesVertrag möglich oder aber nachträglich durch Satzungsänderung (nicht bloßen GfterBeschluss) und bedarf dann der Eintragung im HdlReg, BGH **87,** 60, BayObLG NJW **81,** 1565, BB **82,** 577 (vgl § 119 Rn 22), str. Die Befreiung bleibt wirksam, auch wenn der Geschäftsführer AlleinGfter der GmbH wird, BGH WM **91,** 891. Befreiung durch GfterBeschluss ist bei Ermächtigung im GesVertrag zulässig und nach unterschriebener Niederschrift (§ 48 III GmbHG) im HdlReg einzutragen, BayObLG BB **89,** 2426. Beschränkung auf den AlleinGfter ist jedoch nicht eintragbar, da die Vertretungsmacht so nicht allein aus dem HdlReg ersichtlich ist, BGH **87,** 63 (s auch § 8 Rn 5). § 181 BGB gilt entspr, wenn der GmbHGeschäftsführer sich durch seinen Ehegatten vertreten lässt, Hamm NJW **82,** 1105; auch bei anderen Unterbevollmächtigten, nicht aber bei Prokuristen, BGH **91,** 336. Lit: Altmeppen NJW **95,** 1182.

40 **b) Mit der KG:** Eigene Rechtsgeschäfte des GmbHGeschäftsführers mit der KG erfordern Gestattung der KG. Eine Gestattung auf den Einzelfall obliegt als Maßnahme der KGGeschäftsführung und -Vertretung allein der KomplementärGmbH; auch bei rechtlicher Verhinderung des GmbHGeschäftsführers sind dazu weder die Kdtisten noch die GmbHGfter befugt, BGH **58,** 115, aA Frank NJW **74,** 1073. Möglich ist aber ein den GesVertrag für den Einzelfall ändernder Beschluss der Gfter der KG mit satzungsändernder Mehrheit; ist Einstimmigkeit nötig, liegt für den GmbHGeschäftsführer zugleich ein eigenes Rechtsgeschäft mit der GmbH vor (s Rn 39), BGH **58,** 118, mit Sachverhaltsvariante Düss NZG **05,** 131. Der GmbHGeschäftsführer kann namens der GmbH der Übertragung des (einzigen) Kommanditanteils auf ihn zustimmen, BayObLG WM **77,** 949.

3) Haftung gegenüber Dritten

41 A. **Haftung der GmbH & Co:** Die GmbH & Co haftet unbeschränkt mit ihrem gesamten Vermögen. Für Handlungen ihres Geschäftsführers haftet die GmbH entspr § 31 BGB (vgl § 124 Rn 25).

42 B. **Haftung der Kommanditisten: a) Als Kommanditisten:** Die Kdtisten haften nach **§§ 171 ff.** Leistung der KG an die GmbH und dieser an einen Dritten, der dafür entsprechend an den Kdtisten leistet, ist Einlagenrückgewähr nach § 172 IV, BGH **47,** 149. Keine Einlagenrückgewähr ist Bezug angemessener Tätigkeitsvergütung als GmbHGeschäftsführer durch Kdtisten, BAG WM **83,** 514, differenzierend Riegger DB **83,** 1909, Bork AcP 184 (**84**) 465; s § 172 Rn 6. Weder der unter Abbedingung des § 164 geschäftsführende Kdtist noch der EinpersonenGfter haftet als solcher unbeschränkt; Ausnahme Durchgriffshaftung s § 172 a Rn 40. Zur beschränkten GfterHaftung in der PublikumsGbR Schäfer FS Nobbe **09,** 909.

43 **b) Sonstige Haftungsgrundlagen:** Daneben werden besondere Haftungsgründe praktisch. **Finanzplankredite,** BGH **104,** 33, s § 172 a aF Rn 21. **Verschulden bei Vertragsverhandlungen** wegen mangelnder Aufklärung eines Kreditgebers (§ 172 a aF Rn 45), BGH NJW **84,** 2284 m krit Anm Wiedemann. **Rechtsscheinhaftung** der Kdtisten, die wie phG auftreten, s § 5 Rn 9, § 128 Rn 5. Weiterhaftung nach **§ 15** bei Wechsel des phG in KdtistenStellung (§ 15 Rn 4). Die Nachhaftung des früheren EinzelKfm und jetzigen Kdtisten für Altschulden ist begrenzt (§ 28 III, dort Rn 7). Bei Ausschluss der Verlustbeteiligung der GmbH trifft die Kdtisten nach GesVertrag bei Inanspruchnahme der GmbH nicht ohne weiteres eine **Freistellungspflicht,** diese setzt vielmehr eine klare Abbedingung des § 167 III (idR zu verneinen) voraus, Karlsr BB **82,** 327; dann haften die Kdtisten (mittelbar) unbeschränkt den auf die Freistellungsansprüche zugreifenden KGGläubigern; Ganssmüller NJW **72,** 1034, Sudhoff DB **73,** 2175, K. Schmidt DB **73,** 2227, Fehl BB **76,** 109. Die Abbedingung des § 167 III gilt nur im Innenverhältnis und steht einer Eintragung der Ges als KG nicht entgegen, aA Buchheister BB **73,** 687. Haftung bei Geschäftsaufnahme vor

A. GmbH & Co   44–47 **Anh § 177a**

Eintragung s 17–18, § 176 Rn 1. Bürgschaft von Kdtisten bei Scheingeschäften zur Umgehung der Bardepotpflicht, BGH NJW **80**, 1572.

C. **Haftung des GmbHGeschäftsführers:** Die Haftung des GmbHGe- **44** schäftsführers kann sich aus sehr unterschiedlichen Anlässen und Rechtsgrundlagen ergeben: im Gründungsstadium s 15 ff; aus Prospekthaftung s Rn 63; aus Rechtsscheinhaftung mangels Kennzeichnung der Haftungsbeschränkung s § 19 Rn 24–30; sonst aus Verschulden bei Vertragsverhandlungen (Eigenhaftung des Vertreters), s § 311 III 2 BGB, Überbl 9 vor § 48, § 172 a Rn 45; aus Insolvenzverschleppung s § 130 a HGB (§ 15 a I InsO iVm § 823 II BGB), § 64 GmbHG; aus § 826 BGB, BGH WM **82**, 740.

V. Auflösung, Gesellschafterwechsel, Auseinandersetzung

1) Auflösung

A. **KG: a) Auflösung der KG (§ 131 III 1 Nr 1 HGB):** Die GmbH & Co **45** wird beim Tod eines Kdtisten mangels abweichender vertraglicher Bestimmung mit dessen Erben fortgesetzt (§ 177 HGB, vgl § 60 GmbHG). Erbfolge und TV s Petzold GmbHR **77**, 32, Lenzen GmbHR **77**, 56. Auflösung der GmbH steht dem Tod eines phG nach § 131 III Nr 1 nicht gleich (näher § 131 Rn 20), die GmbH behält bis zur Vollbeendigung ihre Alleinvertretungsbefugnis, BGH **75**, 178, **96**, 154, Hbg NJW **87**, 1896, Schlitt NZG **98**, 584, aA K. Schmidt BB **80**, 1497, MüKo/K. Schmidt § 131 Rn 68. Insolvenzgrund ist nicht nur Zahlungsunfähigkeit (§ 17 InsO), sondern mangels einer natürlichen Person als phG auch Überschuldung (§ 19 III InsO, Überschuldungsbegriff § 19 II InsO, s § 130 a Rn 4). Insolvenzantragsberechtigung s § 15 III iVm I, II InsO. Insolvenzantragspflicht für die zahlungsunfähige oder überschuldete KG s §§ 177 a, 130 a, 130 b aF, seit MoMiG § 15 a InsO (s vor § 177 a); antragspflichtig sind die Geschäftsführer der GmbH, nach Auflösung der KG ihre Liquidatoren (§ 130 a I 2); dazu Blumers BB **76**, 1441, Mühlberger GmbHR **77**, 146. Haftung der Kdtisten in der Insolvenz der GmbH & Co, Aufrechnungsverbot, s § 171 Rn 11. Lit: Uhlenbruck 1977, K. Schmidt GmbHR **02**, 1209 (Insolvenz, Insolvenzabwicklung).

b) Ausscheiden der GmbH (§ 131 III 1 Nr 2 HGB): Insolvenz der GmbH (zB bei Überschuldung der KG, wenn daraus wie idR die Überschuldung der persönlich haftenden GmbH folgt) führt zur Auflösung der GmbH und deren Ausscheiden aus der KG (§ 60 I Nr 4 GmbHG, §§ 161 II, 131 III 1 Nr 2 HGB), BGH ZIP **04**, 1047; nach Hamm ZIP **03**, 2264 auch bei Simultaninsolvenz von GmbH und KG, anders MüKo/K. Schmidt 76, K. Schmidt GmbHR **02**, 1213, ZIP **08**, 2337: konsolidierte Abwicklung von KG und GmbH. Fortsetzungsbeschluss durch Berufung eines neuen phG ist möglich, BGH **8**, 37; ZweipersonenGes s § 131 Rn 19, 35. Ablehnung der Eröffnung des Insolvenzverfahrens mangels Masse (§ 26 InsO) bei der KG löst die KG auf (§ 131 II 1 Nr 1); Abweisung des Antrags bei der GmbH führt nur zu deren Auflösung (§ 60 I Nr 5 GmbHG), nicht zu ihrem Ausscheiden aus der KG (vgl § 131 II Nr 1, III Nr 2) und nicht zur Auflösung der KG, str (§ 131 Rn 15, 20, 22), BGH **75**, 181, Schlitt NZG **98**, 584, hL, aA K. Schmidt BB **80**, 1497, MüKo/K. Schmidt § 131 Rn 74, Grund ua: Ges in Liquidation kann nicht als phG fungieren.

B. **GmbH:** Die GmbH wird durch die Auflösung der GmbH & Co iZw **46** nicht aufgelöst, sie nimmt teil an der Auseinandersetzung der KG.

2) Gesellschafterwechsel

A. **KG:** Ausscheiden des phG oder von Kdtisten aus der KG und die Über- **47** tragung von Kommanditanteilen richtet sich nach KGRecht (§ 161 Rn 8, § 105 Rn 70), Mü NZG **09**, 25. Ausschließung geschäftsführender Gfter (GmbH,

Kdtist) s Tillmann DB **74,** 1705. Selbstkontrahieren bei Anteilsübertragung s Rn 39. Kopplung der Übertragung der Kommandit- und GmbHAnteile s Rn 48. Bei Zustimmungsklausel Verweigerung der Übertragung des KdtAneils nur nach pflichtgemäßem Ermessen, die Klausel kann aber auch wichtigen Grund vorsehen, Brem ZIP **07,** 1502, Mü NZG **09,** 26, Weisner/Lindemann ZIP **08,** 766. Vereinigung aller GesAnteile der KG bei der GmbH hat Rechtsfolgen wie bei Ausschließung aus ZweipersonenGes (§ 140 Rn 25; Firmierung s § 24 Rn 9). Haftung bei Übertragung der EinpersonenGmbH & Co (s Rn 6) s Westerhoff DB **75,** 1973. Anmeldung der Übertragung des Kommanditanteils s § 162 Rn 8. Lit: Göz NZG **04,** 345 (Nachfolgeregelung in KG und GmbH).

48 B. **GmbH:** Ausscheiden von Gftern aus der GmbH und Übertragung von GmbHAnteilen richtet sich nach GmbHRecht. Bei Verpflichtung zur Veräußerung der Gesamtbeteiligung gilt die Formvorschrift des § 15 IV GmbHG auch für den KdtAnteil, BGH NJW **86,** 2642, aber § 139 gilt entsprechend. Heilung nach § 15 IV 2 GmbHG erfasst auch KdtAnteil, str.

3) Auseinandersetzung (Liquidation)

49 Einzug rückständiger Kommanditeinlagen ist uU auch noch im Liquidationsstadium möglich, BGH NJW **80,** 1522 (s § 149 Rn 3, § 235 Rn 1). Kein Rückgewähranspruch des Kdtisten in der Insolvenz der Ges, wenn sein Darlehen Eigenkapitalcharakter hat (§ 172a Rn 20). Lit: Binz/Sorg § 12 (Insolvenz); K. Schmidt GmbHR **80,** 261.

VI. Mitbestimmung

50 PersonenGes fallen nicht unter das MitbestG 1976. Hat die Mehrheit der Kdtisten aber die Mehrheit der Anteile oder Stimmen der GmbH inne, wird die Zahl der Arbeitnehmer der GmbH & Co der GmbH zugerechnet (§ 4 MitbestG); die KomplementärGmbH wird dann ab idR 2000 Arbeitnehmern, einerlei ob bei ihr oder der KG, mitbestimmungspflichtig (außer bei eigenem Geschäftsbetrieb der GmbH mit idR mehr als 500 Arbeitnehmern), Zöllner ZGR **77,** 329, U. Schneider ZGR **77,** 342, Kunze ZGR **78,** 321. Ist die KG herrschendes Unternehmen eines Konzerns, gelten die Arbeitnehmer der Konzernunternehmen als solche der GmbH (§ 5 II MitbestG), Schneider ZGR **78,** 344. Versuche, der Mitbestimmung durch Einschaltung einer doppelstöckigen GmbH & Co (s Rn 9) zu entgehen (§ 4 MitbestG), sind rechtlich unbehelflich, zumindest unsicher, str. Die GmbH & Co kann auch Konzern iSv § 5 MitbestG sein, hL, str. Komm: GroßKoAktG/Oetker (MitbestGe) 1999; Hanau/Ulmer 1981, Gemeinschaftskomm MitbestG (LBl); zur GmbH & Co Zöllner ZGR **77,** 319, Wiesner GmbHR **81,** 36. Vgl **Muster:** Hopt/Volhard 3. Aufl 2007 Form II. D.7 (mitbestimmte GmbH); Aufsichtsrat s Rn 31. Lit: Binz/Sorg § 14.

VII. Rechnungslegung

51 Die 4. EG-Ri (Bilanzrichtlinie) erfasste die GmbH & Co nicht ausdrücklich, aber ihrem Zweck nach (Einl 8 vor § 238), Lutter DB **79,** 1285. Das BiRiLiG 1985 hatte die GmbH & Co trotzdem noch wie eine reine PersonenGes behandelt. Mit der (verspäteten) Umsetzung der Kapitalges & Co-Richtlinie 1990 durch das KapCoRiLiG 2000 unterfällt auch die GmbH & Co den §§ 264ff für KapitalGes, sofern keine natürliche Person phG ist (§ 264a I, s Einl 8 vor § 238). Die GmbH & Co ist außerdem ab entspr Größe rechnungslegungspflichtig nach dem Publizitätsgesetz s Farr GmbHR **96,** 185, Veit DB **96,** 641, Herrmann WPg **01,** 271. Lit: Binz/Sorg § 15.

B. Publikumsgesellschaft (mit Prospekthaftung)

Schrifttum

a) Kommentare: s Kommentare zum HGB und GmbHG.

b) Handbücher: Assmann/Schütze/*Wagner,* Hdb des Kapitalanlagerechts, 3. Aufl 2007 § 15. – Münch. Hbd des GesR Bd 2 KG, GmbH & Co KG, Publikums-KG, StGes, 3. Aufl 2009, §§ 61–71.

c) Einzeldarstellungen und Sonstiges: *Wagner* 1985. – *Dietrich* 1988. – *Reusch* (stGes) 1989. – *Grundmann,* Treuhandvertrag 1997, S 482 (kupierte PublikumsKG). – *Hopt* ZHR 141 **(77)** 404. – *U. Schneider* ZHR 142 **(78)** 228, ZGR **78,** 1. – *Hüffer* JuS **79,** 457. – *Reuter* AG **79,** 321. – *Stimpel* FS Fischer **79,** 771. – *Bälz* ZGR **80,** 1. – *Kraft* ZGR **80,** 399. – *Moll* BB Beil 3/**82.** – *Graf v. Westphalen* DB **83,** 2745. – *Hopt, Kellermann, Krieger, Pleyer* FS Stimpel **85,** 265, 295, 307, 335. – *Crezelius* BB **85,** 209. – *Pleyer/Hegel* ZIP **86,** 1370. – *Nasall* BB **88,** 286. – *Reichert/Winter* BB **88,** 981. – *Westermann* FS Fleck **88,** 423. – *Junker* DStR **93,** 1786. – *Kaligin* NJW **94,** 1456. – **Muster:** *Loritz/Wagner,* KonzeptionsHdb der steuerorientierten Kapitalanlage Bd 21995. – *Reinelt* NJW **09,** 1 (Kapitalanlagefonds). **RsprÜbersichten:** *Kellermann* 1980; *Schlarmann* BB **79,** 192, *Kraft* FS Fischer **79,** 321, *Brandes* WM **90,** 1230, **94,** 578, BGHFSWissII/*Hopt* **00,** 497.Schrifttum zur Prospekthaftung s Rn 61, 62; zur GmbH & Co s unter A vor Rn 1; zum Prospektrecht Einl 15 vor **(14)** BörsG.

Übersicht

B. Publikumsgesellschaft (mit Prospekthaftung)

I. Begriff, Sonderrecht 52–55

1) Begriff 52

2) Sonder(gesellschafts)recht 53

3) Kapitalmarktrecht, Steuerrecht 54, 55
  A. Kapitalmarktrecht 54
  B. Steuerrecht 55

II. Errichtung, Beitritt 56–58

1) Errichtung 56

2) Beitritt 57, 58
  A. Aufnahmeverträge 57
  B. Fehlerhafter Beitritt 58

III. Prospekthaftung 59–66

1) Prospektherausgabe 59

2) Allgemeine zivilrechtliche und spezialgesetzliche Prospekthaftungen 60, 61
  A. Allgemeine zivilrechtliche Prospekthaftung 60
  B. Spezialgesetzliche Prospekthaftung 61

3) Rechtsnatur der Prospekthaftung 62

4) Prospekthaftpflichtige 63, 64
  A. Prospekthaftpflichtige 63
  B. Nicht Prospekthaftpflichtige 64

5) Anspruchsinhalt 65

6) Besondere Rechtspflichten der beteiligten Banken 66

IV. Gesellschaftsvertrag 67–69

1) Gesellschaftsvertrag, insbesondere Auslegung 67

2) Inhaltskontrolle 68

3) Gesellschaftsvertragsänderung ohne Bestimmtheitsgrundsatz 69
  A. Keine Geltung des Bestimmtheitsgrundsatzes 69 a
  B. Mehrheitsbeschluss als Regel 69 b
  C. Einzelprobleme 69 c

V. Rechtsverhältnisse der Gesellschafter untereinander, Organe,
Treuhänder 70–81
1) Rechte und Pflichten der Kommanditisten 70–73
   A. Beitragspflicht 70
   B. Sonstige Leistungspflichten 71
   C. Rechte 72
   D. Verfahrensrecht 73
2) Geschäftsführer 74
3) Aufsichtsorgane, Beirat 75
4) Gesellschafterversammlung 76
5) Treuhänder bei Publikumsgesellschaften und
   Anlagemodellen 77–81
   A. Treuhand bei der Publikumsgesellschaft 77
   B. Begründung 78
   C. Rechtsstellung in der Gesellschaft 79
   D. Treuhandverhältnis, Schutz der Treugeber 80
   E. Beendigung 81

VI. Rechtsverhältnisse der Gesellschafter zu Dritten 82

VII. Auflösung, Ausscheiden von Gesellschaftern, Liquidation 83–85
1) Auflösung 83
2) Ausscheiden von Gesellschaftern 84
3) Liquidation 85

I. Begriff, Sonderrecht

1) Begriff

52 **Publikumsgesellschaft** (PublikumsKG, MassenKG) ist rechtlich eine PersonenGes, idR eine GmbH & Co KG (aber auch andere Formen, zB stGes, auch ImmobilienGbR, Bsp BGH WM **05**, 1698, **06**, 1673, **07**, 62), die zur Kapitalsammlung eine unbestimmte Vielzahl rein kapitalistisch beteiligter Kdtisten als AnlageGfter auf Grund eines fertig vorformulierten GesVertrags aufnehmen soll. Häufig ist sie Abschreibungsgesellschaft zur Nutzung steuerlicher (Sonder-)Abschreibungen (s Rn 55). Die Initiatoren oder GründungsGfter (idR die Gfter der GmbH) behalten fast immer die Herrschaft, die Kdtisten sind auf Kontrollrechte beschränkt, die sie häufig nur über einen Beirat oder einen Kdtistenvertreter (unechte Treuhand) ausüben können, Mü WM **08**, 2212. Bei der echten Treuhand ist nur der Treuhänder Kdtist, die Anleger stehen nur zu ihm in rechtlicher Beziehung. Wirtschaftlich handelt es sich danach um eine KapitalGes (KGaA, str) im Kleid einer PersonenGes (KG), Mü WM **91**, 100, s Rn 70.

2) Sonder(gesellschafts)recht

53 Wegen dieser Zwitterstellung und erheblicher Missstände hat die Rspr, vor allem der II. ZS des BGH, seit 1972 (BGH NJW **73**, 1604) in rascher Folge ein **Sonderrecht** der PublikumsGes herausgebildet. Die Sonderregeln, die oft dem Recht der KapitalGes angenähert sind, beruhen einerseits auf der vom gesetzlichen Leitbild abweichenden, körperschaftlichen Struktur der PublikumsGes, andererseits auf dem öffentlichen Vertrieb der Anteile auf dem Kapitalmarkt an unbestimmte Anleger ähnlich Aktien. Im Übrigen gilt das Recht der GmbH & Co (s Rn 1–51), häufig bleibt jedoch für §§ 161 ff kaum mehr Raum.

3) Kapitalmarktrecht, Steuerrecht

54 A. **Kapitalmarktrecht:** Die Probleme des Anlegerschutzes in der PublikumsGes stellen nur einen Teilaspekt der Regelungsprobleme auf dem (grauen) Ka-

B. **Publikumsgesellschaft (mit Prospekthaftung)** 55–58 **Anh § 177a**

pitalmarkt dar. Die Regelung dieser Probleme erfolgt außer durch GesRecht vor allem durch das Kapitalmarktrecht, Hopt ZHR 141 **(77)** 389, s ua VerkProspG idF 1998 (s Rn 59), **(16)** WpHG und § 264a StGB (Kapitalanlagebetrug), Schutzgesetz iSv § 823 II BGB, BGH **116,** 7. Lit: 51. DJT **76** (GA Hopt), 64. DJT **02** (GA Fleischer, Merkt), GroßKoAktG/Assmann Einl C, Schwark, Kapitalmarktrechtskomm, und umfangreiches Schrifttum bei **(16)** WpHG Einl vor § 1. RsprÜbersicht: BGHFSWissII/Hopt **00,** 497.

B. **Steuerrecht:** Die PublikumsGes und vor allem die AbschreibungsGes 55 hängen maßgeblich vom Steuerrecht ab. § 15a EStG beschränkte jedoch 1980 das negative Kapitalkonto (dh die buchmäßig auf einen Mitunternehmer entfallenden, seine Einlage übersteigenden Verluste). Weitere Einschränkungen brachte die Rspr des BFH (GrS, 25. 6. 84) NJW **85,** 93. Die wirtschaftliche Bedeutung und vor allem die Zahl der Neugründungen sind seither deutlich zurückgegangen. Besteuerung der GmbH & Co s Binz/Sorg §§ 16 ff. Lit: Komm zu EStG.

II. Errichtung, Beitritt

1) Errichtung

Die PublikumsGes wird idR als GmbH & Co errichtet (s Rn 12 ff). Aber 56 auch andere Formen kommen vor, zB stGes, auch in Kombination von Kdtisten und Stillen (§ 230 Rn 3). **Muster:** Hopt/Volhard 3. Aufl 2007 Form II. E.3. (Vertrag einer PublikumsGmbH & Co KG).

2) Beitritt

A. **Aufnahmeverträge:** Sie werden mit Kdtisten idR durch den phG 57 (GmbH) im Namen auch der übrigen Gfter geschlossen (§ 105 Rn 70, § 126 Rn 3–4), BGH WM **76,** 15. Der GesVertrag kann jedoch vorsehen, dass die KG selbst oder ein Treuhänder Aufnahmeverträge im eigenen Namen mit Wirkung für alle Gfter abschließt, BGH NJW **78,** 1000; dann kann die KG auch, sofern der Kdtist seine Beteiligung nicht finanzieren kann, wirksam ihrer Herabsetzung zustimmen, BGH NJW **83,** 1117. Beitrittserklärung unter Vorbehalt s BGH NJW **85,** 1080, unter der aufschiebenden Bedingung der Erfüllung der Mittelfreigabekriterien, KG WM **03,** 1066.

B. **Fehlerhafter Beitritt:** Auch bei der PublikumsGes gelten grundsätzlich 58 die Regeln über fehlerhafte Ges und den fehlerhaften Beitritt (§ 105 Rn 75, 92), aber mit Besonderheiten. Bei Haustürgeschäft Widerruf nach §§ 312, 355 BGB mit der Folge eines fehlerhaften Beitritts, BGH **148,** 201, Rückgewähr bei nur mittelbarer Beteiligung s Rn 81. Arglistige Täuschung des beitretenden Kdtisten durch den phG (GmbH) bzw seiner Organvertreter (Geschäftsführer der GmbH) berechtigt den Getäuschten (auch schon vor HRefG, nunmehr § 105 Rn 93) ohne besondere Grundlage im GesVertrag zur fristlosen **außerordentlichen Kündigung** mit Wirkung des sofortigen Ausscheidens aus der fortbestehenden Ges (also ohne Klage nach § 133), Anfechtung ist als Kündigung zu verstehen, BGH **63,** 338, **148,** 207, **153,** 223, NJW **73,** 1604, **75,** 1700, **76,** 894, WM **76,** 355, NJW **78,** 225, WM **81,** 452. Die Kündigung erfolgt gegenüber der KG, wenn diese selbst die Aufnahmeverträge abschließe (s Rn 57), BGH **63,** 346. Nach Auflösung des Ges ist im Interesse einer zügigen Liquidation keine solche Kündigung mehr möglich, BGH NJW **79,** 765, vgl Kblz WM **78,** 856, vgl Rn 84 Zur Unanwendbarkeit der Grundsätze des finanzierten Abzahlungskaufs BGH NJW **81,** 389, s **(7)** Bankgeschäfte Rn G/49. Zum Ganzen Loritz NJW **81,** 369.

III. Prospekthaftung

1) Prospektpflicht und verschiedene Prospekthaftungshaftungstatbestände

59 **Prospektpflicht** besteht nach Börsen- und Investmentrecht sowie für jedes erstmalige öffentliche Angebot von Wertpapieren, **WpPG** 22. 6. 05 BGBl 1698 (s **(14)** BörsG Einl 15 vor § 1), Lit: Arndt/Voß WpPG 2008, Holzborn WpPG 2008, Groß Kapitalmarktrecht 4. Aufl 2009. Dasselbe gilt für öffentlich angebotene nicht in Wertpapieren verbriefte Anteile, die eine Beteiligung am Ergebnis eines Unternehmens gewähren, Treuhandvermögensanteile und Anteile an sonstigen geschlossenen Fonds (**§ 8 f VerkProspG** idF AnSVG 2004, Prospektinhalt nach § 8 g VerkProspG und **VermVerkProspV** 16. 12. 04). Beim öffentlichen Vertrieb von sonstigen Kapitalanlagen besteht eine solche Pflicht nicht. Für Verstöße ist eine **Prospekthaftung** vorgesehen (§ 13 VerkProspG bei fehlerhaftem Prospekt, § 13 a VerkProspG bei fehlendem Prospekt). Damit sind weite Teile des grauen Kapitalmarkts einschließlich der PublikumsGes erfasst und die seit langem kritisierte Lücke (ua Hopt DJT 1976), zu deren Füllung die Rspr die allgemeine zivilrechtliche Prospekthaftung (s Rn 60 ff) entwickelt hat, ist weitgehend geschlossen. Dennoch hat der Gesetzgeber des AnSVG die allgemeine zivilrechtliche Prospekthaftung ungetastet gelassen, obschon die Harmonisierung der Prospekthaftung insgesamt seit langem gefordert wird (s Rn 61). Bis auf weiteres gelten deshalb deren Grundsätze und die §§ 13, 13 a VerkProspG **nebeneinander** weiter (s Rn 62), zumal beide Prospekthaftungen nicht deckungsgleich sind (s Rn 60 ff). Eine Subsidiarität der allgemeinen zivilrechtlichen Prospekthaftung bei Deckungsgleichheit wäre sinnvoll und von der Rspr zu entwickeln. Die allgemeine zivilrechtliche und die börsen- und investmentrechtlichen Prospekthaftungen haben dagegen einen unterschiedlichen Anwendungsbereich (s Rn 61). **Prospektprüfung** § 347 Rn 29. Lit: Mülbert/Steup WM **05,** 1633, Manzei WM **06,** 845, Benecke BB **06,** 2597, Mattil/Möslein WM **07,** 819.

2) Allgemeine zivilrechtliche und spezialgesetzliche Prospekthaftungen

60 A. **Allgemeine zivilrechtliche Prospekthaftung:** Auch ohne arglistige Täuschung berechtigt schuldhafte Irreführung den beitretenden Kdtisten zum Schadensersatz nach §§ 280, 311 II, III BGB aus Verschulden bei Vertragsverhandlungen. Vor allem zur Publikumsgesellschaft hat die Rspr hier die allgemeine **zivilrechtliche** Prospekthaftung entwickelt. Sie ist aus Verschulden bei Vertragsverhandlungen und Vertrauenshaftung hergeleitet und richtet sich in Anspruchsinhalt und Rechtsfolgen nach der Haftung für Rat und Auskunft (§ 347 Rn 8 ff, 23 ff). Die Rspr hat die Prospekthaftung zutreffend ausgedehnt auf **Bauherrnmodelle,** BGH **111,** 314, und **Bauträgermodelle,** BGH **145,** 121, was in der Praxis erhebliche Bedeutung gewonnen hat. Richtigerweise ist sie bei jedem öffentlichen Vertrieb von **Gesellschaftsanteilen, Vermögens- und Fondsanteilen** und anderen **Kapitalanlagen,** die unter Prospektherausgabe vertrieben werden, zu bejahen (soweit keine Sondervorschriften vorliegen, vgl Rn 59, 61), zB bei Vertrieb von Aktien außerhalb der geregelten Aktienmärkte, BGH **123,** 106, stille Beteiligungen an AG, Celle AG **96,** 372; offen für Geldanlagen im Devisen- und Warentermingeschäft, BGH NJW **95,** 1025; aber iErg kein Unterschied, s § 347 Rn 26. **Nicht:** Franchiseangebote, Mü BB **01,** 1759. Die Prospekthaftung hat sich damit heute, zumal nach Erlass von §§ 8 f, 13, 13 a VerkProspG (s Rn 59) vom Recht der Publikumsgesellschaft gelöst; sie gehört **systematisch zur Haftung für unterlassene Aufklärung** (Rn 61 f, § 347 Rn 8 ff), auch wenn dieser gegenüber Besonderheiten bestehen (zB zur Verjährung, § 347 Rn 39).

B. Publikumsgesellschaft (mit Prospekthaftung) 61–63 **Anh § 177a**

B. **Spezialgesetzliche Prospekthaftung:** Von der allgemeinen zivilrecht- 61
lichen Prospekthaftung zu unterscheiden ist die besondere **börsen- und invest-
mentrechtliche Prospekthaftung.** Diese ist gesetzlich genau geregelt und
1998 novelliert (s **(14)** BörsG §§ 44–47 mit bloßer Umnummerierung durch das
4. FinanzmarktfördG, § 127 InvG und seit 2004 auch §§ 13, 13 a VerkProspG, s
Rn 59) und in Voraussetzungen, Anspruchsinhalt und Rechtsfolgen deutlich
enger; eine punktuelle Annäherung beider folgt aus den BuM-Urteilen und der
Novellierung 1998, s **(14)** BörsG § 44 Rn 2. Zu beachten ist auch § 264 a StGB
(Kapitalanlagebetrug), der Schutzgesetz iSv § 823 II BGB ist, BGH **116,** 7, NJW
00, 3346. Für Angleichung der allgemeinen zivilrechtlichen und der spezialge-
setzlichen Prospekthaftung 64. DJT ZIP **02,** 1782; vom AnsVG 28. 10. 04
BGBl 2630 und auch vom WpPG (s **(14)** BörsG Einl 15 vor § 1) leider (noch)
nicht aufgegriffen. Die EG-ProspektRi macht zur Prospekthaftung nur allge-
meine Vorgaben. Zur Haftung für **falsche und unterlassene Kapitalmarktin-
formationen** s **(16)** WpHG §§ 37 b, 37 c und zur Infomatec-Rspr des BGH s
(16) WpHG Einl 10 a, 18, 19 vor § 1.

Lit: Fleischer DJTGA 64 **(02)** F 41; Hopt/Voigt, Prospekt- und Kapitalmarkt-
informationshaftung, 2005 u WM **04,** 1801.

3) Rechtsnatur der Prospekthaftung

Ihrem **Rechtscharakter** nach ist die allgemeine Prospekthaftung ein kapital- 62
marktrechtlicher Unterfall der Vertrauens- und Berufshaftung (§ 347 Rn 22),
BGHFSWissII/Hopt **00,** 524. Sie wird durch die gesetzliche Prospekthaftung
nach **(14)** BörsG §§ 44, 45, § 127 InvG (§§ 13, 13 a VerkProspG; jeweils außer-
halb ihres Anwendungsbereichs, in WpPG 2005 systemwidrig ausgespart) nicht
ausgeschlossen, BGH BB **78,** 1033 (aber s Rn 59). Lit: Köndgen 1983 = AG **83,**
85, 120; Assmann 1985; Hopt, Verantwortlichkeit der Banken bei Emissionen,
1991; Assmann/Schütze/Assmann, HdbKapitalanlagerecht, 2. Aufl 1997 § 7,
BankrechtsHdb/Siol § 45 II; Vortmann, Prospekthaftung und Anlageberatung,
2000; Ellenberger 2001; Hopt FS Lorenz **91,** 413 (IPR), Schwark FS Raisch **95,**
269 (Kapitalerhaltung), Assmann FS Kübler **97,** 317, Hopt FS Drobnig **98,** 525
(3. FinanzmarktfördG). RsprÜbersicht: Wagner ZfBR **91,** 133 (VII. ZS, Bau-
recht), Wolf NJW **94,** 24, BGHFSWissII/Hopt **00,** 497.

4) Prospekthaftpflichtige

A. **Prospekthaftpflichtige:** Anspruchsgegner ist zunächst der unmittelbar 63
Irreführende, idR der den Aufnahmevertrag abschließende phG (GmbH). Der
Kreis der Haftenden reicht jedoch weit darüber hinaus. Alle das Management
bildenden **Initiatoren, Gestalter und Gründer** der Ges haften dem beigetrete-
nen Kdtisten (idR aus Verschulden bei Vertragsverhandlungen) für Vollständigkeit
und Richtigkeit der mit ihrem Wissen und Willen in Verkehr gebrachten (Wer-
be)Prospekte, BGH **71,** 284, **111,** 314 u **115,** 213 (Bauherrnmodell), zB die
Geschäftsführer des phG (GmbH); die **hinter der Gesellschaft stehenden
Personen,** die in der Ges besonderen Einfluss ausüben und Mitverantwortung
tragen, auch wenn sie nicht der Geschäftsleitung angehören, BGH **72,** 382, **145,**
125 (Bauträgermodell), ZIP **06,** 420 (konzernbeherrschender Gfter); auch wenn
sie dem Beitretenden im Einzelfall nicht bekannt werden (typisches Vertrauen),
BGH **72,** 387, **79,** 342; auch wenn sie zugleich Kdtisten sind, BGH NJW **85,**
380, **87,** 2677, etwa GründungsKdtisten, BGH ZIP **03,** 1651; Rechtsanwälte,
Wirtschaftsprüfer ua (**Garantiestellung als berufsmäßige Sachkenner** oder
auf Grund ihrer besonderen wirtschaftlichen Stellung), wenn sie, ohne Vertreter
der Ges zu sein, durch ihr nach außen in Erscheinung tretendes Mitwirken am
Prospekt einen konkreten **Vertrauenstatbestand** schaffen, BGH **77,** 172, **111,**
314, WM **92,** 906, NJW **04,** 3420, WM **07,** 1503 (Wirtschaftsprüfer, daneben
uU Vertrag mit Schutzwirkung, § 347 Rn 21), **08,** 728, **08,** 1546, Bambg WM

06, 960 (Wirtschaftsprüfer, Bestätigungsvermerk, Zusatzerklärung), **09,** 400 (iErg abl). Haftung aus culpa in contrahendo (§ 311 II Nr 2, III BGB) auch ohne Prospekt oder über Prospekt hinaus bei persönlicher Information durch Organvertreter gegenüber Anlageinteressenten, BGH WM **08,** 1545, m Anm Mülbert/ Leuschner JZ **09,** 158. Mangels Schaffung eines Vertrauenstatbestands haftet **nicht** die Bank, die nur die Voraussetzungen für die Anlegergeldfreigabe zu überprüfen hat, BGH NJW **04,** 1376, Grund: keine Übernahme der Gesamtverantwortung (zur Problematik dieser Begründung s Rn 64); der Wirtschaftsprüfer, der nur die Einzahlungen der Anleger und die Mittelverwendung regelmäßig überprüfen und dies bestätigen soll (aber Testatshaftung, § 347 Rn 21), BGH **145,** 196, WM **07,** 924; idR keine Garantenstellung haben auch Treuhänder bzw TreuhandKdtisten, BGH BB **84,** 94, NJW **87,** 1264, **95,** 1025, dessen Geschäftsführer, BGH WM **86,** 583, aber uU weitergehende Haftung, vor allem Aufklärungspflichten, BGH NJW **02,** 1711, WM **07,** 927, s Rn 78 (dort auch Treugeber als Anspruchsberechtigter). Kapitalanlagevermittler s BGH **74,** 103, BB **78,** 1031 (Handelsvertreter, Auslandsfondsanteile); **Banken** s Rn 66.

64 B. **Nicht Prospekthaftpflichtige:** Das sind

a) die **KG selbst** und

b) die vorhandenen **Kommanditisten (Anlagegesellschafter)** als solche. Die Täuschung durch die GmbH und ihren Geschäftsführer ist nur diesen selbst zuzurechnen, BGH NJW **85,** 380. Grund: der Anlegerschutz bei der PublikumsKG fordert Ausnahmen von § 278 BGB. Diese Ausnahme gilt nicht für den Kdtisten, der selbst täuscht, BGH WM **92,** 482, auch ein wirtschaftlich herrschender Kdtist haftet nach § 278 BGB, BGH NJW **91,** 1608, auch Gründungs-Kdtist, BGH ZIP **03,** 1651 (Aufklärungspflicht als Vertragspartner). Der getäuschte Kdtist kann deshalb auch nicht seine Schadensersatzforderung gegen die Einlageforderung der KG aufrechnen, BGH NJW **73,** 1604, **78,** 225, aA Moll BB Beil 3/**82,** 12; bei Beitritt unter Vorbehalt (zB einer bestimmten Verlustzuweisung) kann Einlageverpflichtung jedoch entfallen, BGH WM **79,** 612.

c) Nicht prospekthaftpflichtig sind ferner die nach außen nicht erwähnten Prospektverfasser, Konzeptionsplaner und Gutachter, BGH WM **86,** 904; **bloße Angestellte,** vgl BGH **88,** 67, **115,** 219; HdlVertreter oder HdlMakler außer bei Inanspruchnahme eines besonderen persönlichen Vertrauens (§ 311 III 2 BGB), BGH WM **71,** 499; GmbHGfter und -Geschäftsführer, wenn keine PublikumsKG, sondern nur ein Warentermingeschäft mit seiner GmbH vorliegt (Grund: kein Durchgriff), BGH NJW **81,** 2810, WM **83,** 554, aber § 826 BGB, BGH WM **86,** 734, NJW-RR **88,** 1002; auch nicht jeder, der mit seiner Zustimmung als Kdtist und Beiratsmitglied im Prospekt genannt ist, BGH **79,** 348.

d) **Wirtschaftsprüfer** und andere **Sachverständige,** die nicht für den gesamten Prospekt Verantwortung übernommen haben, haften **nur für** die von ihnen verantworteten Prospektaussagen bzw **Teile,** BGH WM **84,** 20, **06,** 425, **07,** 1506, **08,** 728, Bambg WM **06,** 960, Schwark FS Hadding **04,** 1127, str (s **(14)** BörsG § 44 Rn 3), also Beschränkung durch Stichtagsbezogenheit, Maßstab einer Rechnungslegungsprüfung und konkreter Testatinhalt, Bambg WM **06,** 960. Personen, die an der Herausgabe oder Gestaltung des Prospekts bloß mitwirken, BGH WM **08,** 727. Keine Prospekthaftung, wenn sie überhaupt keinen Vertrauenstatbestand geschaffen haben (s Rn 63). **Richtigstellung** des irreführenden Prospekts ist bis zum Beitritt des Kdtisten möglich und schließt Haftung aus, BGH **72,** 387.

5) Anspruchsinhalt

65 Anspruchsinhalt und andere schadensersatzrechtliche Probleme der Prospekthaftung s ausführlich bei § 347 Rn 23 ff; Verschuldens-, keine Garantiehaftung

B. Publikumsgesellschaft (mit Prospekthaftung) 66–68 **Anh § 177a**

(§ 347 Rn 34). Verjährung idR 30 Jahre, bei bloß typischem Vertrauen im Gegensatz zu persönlichem Vertrauen ein Jahr (seit 4. FinanzmarktFördG, vorher 6 Monate) ab Kenntnis bis höchstens drei Jahre (näher § 347 Rn 39). Abgrenzung von Prospekthaftung und Verschulden bei Vertragsverhandlungen s BGH NJW **84**, 2523. Die Prospekthaftung begründet nur einen Schadensersatz-, keinen Unterlassungsanspruch, BGH WM **80**, 953.

6) Besondere Rechtspflichten der beteiligten Banken

Besondere Rechtspflichten treffen die **beteiligten Banken**, s **(7)** Bankge- 66 schäfte Rn A/16–29. Prospekthaftung der Bank bei Finanzierungsgeschäften nur bei Aktivitäten über die Rolle als Kreditgeber hinaus (s **(7)** Bankgeschäfte Rn A/25), BGH **93**, 266, NJW **88**, 1584, Hopt FS Stimpel **85**, 288. Haftung der Bank zB bei Einverständnis mit ihrer Nennung als Referenz für Bauherrnmodell, BGH NJW **92**, 2148, aber nicht allein wegen Nennung für (richtige) Angaben zur Zwischenfinanzierung, Mü WM **91**, 447, wegen Nennung als künftige Darlehensgeberin, Hausbank und Treuhandkontostelle, KG WM **03**, 1066. Zur Warn- und Schutzpflicht einer Bank als Hauptgläubigerin der KG gegenüber Kdtisten, die auf ihren Aufruf die KG mit von der Bank finanzierten Darlehen unterstützen, BGH NJW **78**, 2547; der Einwendungsdurchgriff (s **(7)** Bankgeschäfte Rn G/36) soll nach BGH NJW **81**, 389 nicht durchgreifen. Lit: Hopt, Verantwortlichkeit der Banken bei Emissionen, 1991; Graf v. Westphalen BB **94**, 85.

IV. Gesellschaftsvertrag

1) Gesellschaftsvertrag, insbesondere Auslegung

Der GesVertrag ist **wie** eine **Satzung** nach dem objektiven Erklärungsbefund 67 **auszulegen** (vgl § 105 Rn 59), BGH NJW **79**, 2102, BB **84**, 170, WM **07**, 836, 2383, **09**, 806, Wiedemann DNotZ Sonderheft **77**, 99, Coing ZGR **78**, 674, Grunewald ZGR **95**, 89. Das gilt auch für Emissionsprospekte, deren Inhalt in die vorformulierten Einzelverträge einbezogen ist, BGH NJW **01**, 1271. Schiedsklauseln im GesVertrag gelten nur bei Wahrung der **Form** des § 1031 ZPO (Einl 90 vor § 1), BGH NJW **80**, 1049; Zulässigkeit von Schlichtungsklauseln im GesVertrag vor Eröffnung des Rechtswegs s BGH NJW **77**, 2263. Schiedsvereinbarungen der PublikumsGes mit Dritten s § 171 Rn 3. Verpflichtungen der Ges zum Vorteil von GründungsGftern (Bsp Tätigkeitsvergütung) bedürfen der Festlegung im schriftlichen GesVertrag oder im ordnungsgemäß protokollierten GfterBeschluss, BGH BB **76**, 526 m Anm Heinze ZGR **79**, 106; das gilt auch, wenn die Anleger nicht unmittelbar an der KG beteiligt sind, sondern nur über einen TreuhänderKdtisten, BGH NJW **78**, 755. Diese Form gilt ihrem Sinn nach nicht auch für Vereinbarungen mit am Kapitalmarkt geworbenen Gftern, BGH NJW **83**, 1118.

2) Inhaltskontrolle

Der fertig vorformulierte GesVertrag (einschließlich einbezogener Emissions- 68 prospekte, s Rn 67, sowie einer Treuhandabrede, s Rn 77, 80) unterliegt wegen **(5)** § 310 IV 1 BGB zwar nicht der Kontrolle nach **(5)** §§ 305 ff BGB, eine **gerichtliche Inhaltskontrolle** findet aber über § 242 BGB statt. Sie erfolgt jedoch wegen der Unterschiede von Ges- und Austauschverträgen „mit Vorsicht" und uU einem „gewissen Vertrauensschutz" für die Gfter, die nicht mitformulierten, BGH **64**, 241 (s Rn 75), **84**, 15 (s Rn 84), **102**, 172 (s Rn 74), **104**, 50, NJW **82**, 2495 (s Rn 74), **01**, 1271. Die Inhaltskontrolle erstreckt sich auf die Treuhandabrede, auch wenn die Anleger nur mittelbar beteiligt sind (s Rn 80), BGH **104**, 50. Die Auslegung (s Rn 79) geht jedoch der Inhaltskontrolle vor und macht diese zum Behelf für Notfälle, BGH NJW **79**, 2102. Die bloße

Möglichkeit eines abändernden Mehrheitsbeschlusses (s Rn 69) verdrängt die Inhaltskontrolle noch nicht. Lit: Hille 1986 (abl); Schneider ZGR **78**, 1 u ZHR 142 **(78)** 228, Reuter AG **79**, 321, Graf v. Westphalen DB **83**, 2745, Heid DB Beil 4/**85**, Westermann FS Stimpel **85**, 69.

3) Gesellschaftsvertragsänderung ohne Bestimmtheitsgrundsatz

69a   A. **Keine Geltung des Bestimmtheitsgrundsatzes:** GesVertragsänderung durch Mehrheitsbeschluss ist möglich, wenn der GesVertrag das (auch stillschweigend) vorsieht; auch ohne dass der GesVertrag den Beschlussgegenstand näher bezeichnet (keine Geltung des Bestimmtheitsgrundsatzes, vgl § 119 Rn 37, MüKoBGB/Ulmer/Schäfer § 709 Rn 94, Wertenbruch ZIP **07**, 799, aA K. Schmidt ZGR **08**, 13, weil die PublikumsGes sonst in Krisen blockiert wäre), BGH **71**, 53, dazu Hadding ZGR **79**, 636, Wiedemann JZ **78**, 612, K. Schmidt ZHR 158 **(94)** 205. Das gilt auch für weitgehende Änderungen, zB Gegenstand der Ges oder Geschäftsführung; überstimmte Kdtisten können dann aber ausscheiden, BGH **69**, 165; für Umwandlung, BGH **85**, 358 (für kapitalistische KG); für Verzicht auf Verzinsung von Kapitaleinlagen, BGH NJW **85**, 974.

69b   B. **Mehrheitsbeschluss als Regel:** Zulässig ist Bestimmung im GesVertrag, wonach Kapitalerhöhung ohne feste Obergrenze für diese durch einfachen Mehrheitsbeschluss möglich ist, falls die Kdtisten keine Pflicht, sondern nur das Recht zur Teilnahme entspr ihrer bisherigen Beteiligung haben, BGH **66**, 82 m krit Anm Wiedemann ZGR **77**, 690; der Schriftformklausel (§ 105 Rn 63) wird in diesem Fall uU schon durch privatschriftliche Beschlussprotokollierung genügt, BGH **66**, 83 (bezüglich Kapitalerhöhung, nicht bezüglich Anteilszeichnung durch Gfter). Mehrheitsentscheidungen sind zum Anlegerschutz **auch ohne Zulassung im Gesellschaftsvertrag** möglich (Inhaltskontrolle, § 242 BGB), Staub/Schilling Anh § 161 Rn 25, Stimpel FS Fischer **79**, 779 (jedenfalls konkludente Zulassung), Reuter GmbHR **81**, 131 (entspr § 278 AktG), offen BGH **76**, 165, aA K. Schmidt ZGR **08**, 13, für Dreiviertelmehrheit bei Satzungsänderungen Priester DStR **08**, 1388. GesVertragsklausel über Änderungen des GesVertrag nur mit Zustimmung des phG kann einen solchen Mehrheitsbeschluss grundsätzlich nicht verhindern, Staub/Schilling Anh § 161 Rn 25, aA bei Eingriffen in das Recht zur gewöhnlichen Geschäftsführung BGH **76**, 165. Für Änderungen des GesVertrags ist wie im KapitalGesRecht eine **qualifizierte Mehrheit** von drei Vierteln der abgegebenen Stimmen nötig.

69c   C. **Einzelprobleme:** Vertragsänderung durch Übung ist denkbar (§ 105 Rn 62). Wirksame Vertragsänderung durch dazu ermächtigten Beirat s BGH NJW **85**, 972, jedenfalls uU Zustimmungspflicht der Gfter (§ 105 Rn 64). Beschlüsse der GfterVersammlung sind trotz Ladungsmängeln wirksam, wenn sie darauf sicher nicht beruhen, BGH BB **84**, 170, WM **87**, 425, 928.

V. Rechtsverhältnisse der Gesellschafter untereinander, Organe, Treuhänder

1) Rechte und Pflichten der Kommanditisten

70   A. **Beitragspflicht:** Besonderheiten gelten auch für die Beitrags- und Einlagepflichten der Kdtisten aus GesVertrag (§ 109 Rn 6). Die Rspr bestimmt sie idR im Wege der Auslegung (s Rn 67), nicht der Inhaltskontrolle (s Rn 68). Der Einlageanspruch besteht nicht, wenn der Beitritt unter **Bedingung** (Vorbehalt oä) der im Prospekt genannten Verlustzuweisung durch das Finanzamt erfolgt ist und die anerkannte Verlustzuweisung prospektwidrig die Einlagenhöhe nicht wesentlich übersteigt, BGH WM **79**, 612, **86**, 255 (iErg nein), Mü WM **84**, 1335. Eine **Nachschussklausel** nur in denselben engen Grenzen wie bei OHG

B. Publikumsgesellschaft (mit Prospekthaftung) 71–73 **Anh § 177a**

(§ 109 Rn 14), BGH WM **05,** 1608, **06,** 577, 774, 835. Sie gilt iZw nur für solche Nachschüsse, die nicht der Drittgläubigerbefriedigung, sondern der Förderung des GesZwecks dienen, BGH NJW **79,** 419. Unzulässig ist Nachschusspflicht auf Verlangen eines NichtGfters (Bank), KG DB **78,** 1922, Kaligin DB **81,** 1172.

B. Sonstige Leistungspflichten: Im GesVertrag können auch andere als **71** Beitrags- und Einlagepflichten begründet werden (§ 109 Rn 11). Soll im GesVertrag die Pflicht des Kdtisten zur **Bürgschaftsübernahme** für Ges begründet werden, muss der GesVertrag eine derart weitgehende Verpflichtung eindeutig erkennbar machen, BGH NJW **79,** 2102. Übernehmen Kdtisten neben Einlage- auch **Darlehens**pflichten, sind diese iZw ebenfalls Pflichten aus GesVertrag, str, die Darlehen sind also nicht gesondert kündbar, BGH **70,** 61, **93,** 161, BB **78,** 1134; dann sind aber auch Zahlungen auf das Darlehen auf die Haftsumme nach §§ 171, 172 anzurechnen, BGH NJW **82,** 2253. Außerdem verpflichtet der GesVertrag die Kdtisten häufig über ihre Einlage hinaus zu **stillen Beteiligungen;** BGH BB **78,** 14, NJW **80,** 1523 (§ 230 Rn 3). Haben diese Darlehen und stillen Beteiligungen Eigenkapitalcharakter, entfällt Rückforderung im Insolvenzverfahren (§ 124 Rn 46, § 236 Rn 3, 5), zu beachten sind dazu die Grundsätze über **Finanzplankredite** (§ 172a Rn 21). Zur **Sittenwidrigkeit** einer Vereinbarung, dass der Kdtist eine Einlage durch Abtretung seines Zwischengewinns aus Beschaffung von Maschinen für das geplante Unternehmen erbringen soll, BGH WM **78,** 88. Globalabtretung aller Einlageforderungen gegen Kdtisten im Rahmen eines unechten Factoring (s **(7)** Bankgeschäfte Rn O/4) kann bei Entstehung übermäßiger Abhängigkeit der Ges sittenwidrig sein, BGH BB **79,** 12 (s **(7)** Bankgeschäfte Rn H/3).

C. Rechte: Informationsrechte jedes Kdtisten bestehen nach § 166 (und **72** weiteren Rechtsgrundlagen s § 166 Rn 11–13), BayObLG NJW **86,** 140, zu § 166 III Mü WM **08,** 2211. Der Kdtist hat jedenfalls in der GfterVersammlung zwingend ein allgemeines Informationsrecht (§ 166 Rn 11), dessen Reichweite jedenfalls soweit wie §§ 131 ff AktG geht. Die Informationsrechte sind auch ohne persönliches Erscheinen allein durch Sachverständige, bei großer Zahl der Gfter uU sogar nur durch gemeinsamen Kdtistenvertreter ausübbar (§ 166 Rn 7), Celle BB **83,** 1451, offen Mü WM **08,** 2213; entsprechende GesVertragsklausel ist wirksam, BGH NJW **84,** 2471, aber auch ohne solche können die Kdtisten kraft ihrer Treuepflicht zustimmungspflichtig sein. Die Vertreter- oder Beiratsklausel kann zwar auch auf das außerordentliche Informationsrecht (vgl § 166 III) erstreckt werden, Mü WM **08,** 2212, auch dann kann der Kdtist aber dieses ordentliche Recht notfalls (wichtiger Grund) individuell wahrnehmen; nicht disponibel ist die Verfahrensvorschrift des § 166 III (§ 166 Rn 18). Ein Recht auf **Mitteilung der Namen und Adressen der MitGfter** ist grundsätzlich zu bejahen (Grund: Quoren- und Mehrheitsbildung, Kdtistenschutz), aber nicht ohne Einwilligung des jeweiligen MitGfters; Ausschluss dieses Rechts im GesVertrag ist unwirksam (s Rn 68), beseitigt aber mutmaßliche Einwilligung. **Sonderprüfungen** sind möglich. Sie sind aber nicht an §§ 142 ff AktG analog gebunden, BayObLG NJW **86,** 140. **Entziehung der Geschäftsführung und Vertretungsmacht** geschieht anders als nach §§ 117, 127 nicht durch Gestaltungsklage, sondern durch Beschluss mit einfacher Mehrheit, so ohne weiteres bei Mehrheitsbeschlüssen (s Rn 69), aber auch ohne diese, BGH **102,** 172 (s Rn 74). Die Kdtisten haben ein **Einberufungsrecht** zur GfterVersammlung analog § 50 GmbHG, Reichert/Winter BB **88,** 985.

D. **Verfahrensrecht:** Streit über Gesellschaftsvertrag, zB Wirksamkeit von **73** GfterBeschlüssen, ist mangels anderer Vereinbarung auch in der PublikumsGes unter den Gftern auszutragen (§ 109 Rn 38), BGH **85,** 353, WM **83,** 785,

Anh § 177a 74, 75 II. Buch. Handelsgesellschaften und stille Gesellschaft

NJW **03,** 1729, **06,** 2854, aA Heymann/Emmerich 19; aber eine solche Vereinbarung (also Klage gegen Ges, § 109 Rn 44) kann uU durch ergänzende Vertragsauslegung gefunden werden, BGH NJW **99,** 3113, **03,** 1729, Rstk WM **09,** 255, vgl Stimpel FS Fischer **79,** 781. Auch ist ein diesbezüglicher Mehrheitsbeschluss (s Rn 69) möglich und zu empfehlen, Staub/Schilling Anh § 161 Rn 5. Für Klagen von Kdtisten auf Feststellung der Nichtigkeit des Ausschlusses anderer Kdtisten fehlt idR Feststellungsinteresse (§ 256 I ZPO), BGH NJW **06,** 2854.

2) Geschäftsführer

74 **Bestellung, Abberufung:** Bestellung eines umfassend zuständigen Fremdgeschäftsführers für Ges (Immobilienfonds, PublikumsGbR; Organ, nicht Arbeitnehmer, § 59 Rn 26)) verstößt nicht gegen RBerG, BGH WM **05,** 1698, **06,** 1673, Schimansky WM **05,** 2209, Altmeppen ZIP **06,** 1, aA Ulmer ZIP **05,** 1343, Habersack BB **05,** 1695, Abgrenzung zu Verstoß gegen RBerG bei Geschäftsbesorgung von Fondsbeitritt, BGH WM **07,** 62. Abberufung des Fremdgeschäftsführers der KG (aber auch des GfterGeschäftsführers) aus wichtigem Grund ist zwingend mit einfacher Mehrheit möglich, BGH **102,** 172 (Treuhänder), NJW **82,** 2495 (vgl Rn 72). Offen ist, ob dies auch für Neubestellung gilt (aber zu bejahen, str), jedenfalls ist Sperrminorität der GründerGfter bei Wahl des den Geschäftsführer kontrollierenden Aufsichtsrats unwirksam, BGH BB **84,** 169. Zur Abberufung des GmbHGeschäftsführers durch die Kdtisten der PublikumsGes Hopt ZGR **79,** 21, Stimpel FS Fischer **79,** 781, Reichert/Martin BB **88,** 981.

Geschäftsführung: Die Abgrenzung zwischen gewöhnlichen und außergewöhnlichen Geschäften ist dieselbe wie bei OHG und KG (§ 116 Rn 1–2, § 164 Rn 1–3), aA für weite Auslegung der Ungewöhnlichkeit zwecks Anlegerschutz Staub/Schilling Anh § 161 Rn 31. Der GesVertrag kann den Geschäftsführer und die GmbH von § 181 BGB befreien, BGH **76,** 163, der Anlegerschutz erfordert keine generelle Unwirksamkeit im Wege der Inhaltskontrolle (s Rn 68), aA Staub/Schilling Anh § 161 Rn 32; im Einzelfall kann die Berufung des Geschäftsführers darauf aber missbräuchlich sein (§ 242 BGB). Bei Überschreitung seiner Geschäftsführungsbefugnis haben die Kdtisten die Unterlassungsklage (§ 116 Rn 4), jedenfalls in der PublikumsGes, Staub/Schilling Anh § 161 Rn 34, aA BGH **76,** 160.

Haftung: Der Geschäftsführer der GmbH, ob Kdtist oder Dritter, haftet **gegenüber der KG** (s Rn 28). Leichte Fahrlässigkeit genügt, § 708 BGB ist bei der PublikumsGes unanwendbar, BGH **75,** 327. Wettbewerbsverbot des Geschäftsführers, Röhricht WPg **92,** 766. Eigenhaftung des Geschäftsführers **gegenüber Dritten** s Überbl 9 vor § 48. In der Versicherung des GfterGeschäftsführers, der Warenlieferant „bekomme sein Geld" auf jeden Fall, kann selbstständige Garantie (§ 349 Rn 15) liegen, BGH ZIP **01,** 1496.

3) Aufsichtsorgane, Beirat

75 In der PublikumsGes ist idR ein Aufsichtsorgan (Aufsichtsrat, Verwaltungsrat, Beirat) vorgesehen. Ohne Grundlage im GesVertrag lässt sich ein solches aber nicht im Wege der gerichtlichen Inhaltskontrolle (s Rn 68) schaffen, Stimpel FS Fischer **75,** 776. Es ist iZw **Gesellschaftsorgan** (Einzelheiten § 163 Rn 12; Bestellung, Abberufung ebenda). Befugnisse und Grenzen wie bei der KG (§ 163 Rn 11, 14), aber ohne Bestimmtheitsgrundsatz (s Rn 69); nach aA weniger enge Grenzen als bei der KG (§ 163 Rn 5). Ermächtigung zu GesVertragsänderung s Rn 57 und § 163 Rn 5. Zum Aufwendungsersatz ohne § 113 AktG s BGH NJW **98,** 1946.

Haftung: Besonderheiten gelten bei der PublikumsGes für Verantwortlichkeit und Haftung (der Mitglieder) des Aufsichtsorgans, von der Rspr zwingend in

B. Publikumsgesellschaft (mit Prospekthaftung) 76–78a **Anh § 177a**

Anlehnung an die der Aufsichtsratsmitglieder bei der AG ausgestaltet. Pflicht zur Überwachung der Geschäftsführung und zur Prüfung des Jahresabschlusses, dagegen nicht jeder einzelnen Geschäftsführungsmaßnahme, BGH **69**, 207, NJW **78**, 425, BB **80**, 546, Düss WM **84**, 1080. Die Prüfung des Jahresabschlusses hat durch unabhängigen Sachverständigen zu erfolgen, BGH WM **77**, 1448, Hüffer ZGR **80**, 330. Haftung uU schon aus Beteiligung an Beirat in dubioser Ges (§ 826 BGB), BGH NJW **85**, 1900; im übrigen Haftung gegenüber der Ges entspr §§ 116, 93 AktG ohne Milderung nach § 708 BGB, BGH **69**, 207. Keine Haftung bei bindendem GfterBeschluss, außer bei Pflicht gerade zur Verhinderung des Beschlusses, BGH **69**, 207. Am Schaden kann es fehlen, wenn Wiedereinziehung der zu Unrecht an Gfter ausgeschütteten Beträge möglich ist, BGH NJW **78**, 425. Die Beweislast liegt bei den Aufsichtsratsmitgliedern (§ 93 II 2 AktG). Die Verjährung dauert fünf Jahre (§ 93 VI AktG), BGH **64**, 238, **87**, 84. Der Schadensersatzanspruch steht grundsätzlich nur der Ges zu (näher § 163 Rn 15). Haftung eines Bankenvertreters im Aufsichtsorgan trotz Interessenkollision, BGH NJW **80**, 1629 (für AG), Ulmer NJW **80**, 1603; Interessenkonflikte von Bankenvertretern im Aufsichtsrat s Lutter, Werner ZHR 145 **(81)** 224, 252. Lit: Grote 1995; Hüffer ZGR **80**, 320, **81**, 348, Neumann/Böhme DB **07**, 844, und § 163 Rn 12.

4) Gesellschafterversammlung

Eine Gesellschafterversammlung ist hier satzungsmäßig idR vorgesehen 76 (s Rn 32). Sie kann je nach Ausgestaltung eine der Hauptversammlung der Aktionäre vergleichbare Funktion haben. Einberufung und Abstimmung wie im KapitalGesRecht; Enthaltungen zählen nicht mit, BGH NJW **98**, 1946.

5) Treuhänder bei Publikumsgesellschaften und Anlagemodellen

A. **Treuhand bei der Publikumsgesellschaft:** Zum Treuhänder in der 77 OHG/KG ausführlich § 105 Rn 31–37. In der PublikumsGes ist ein Treuhänder (TreuhandKdtist) mit einer Vielzahl von Treugebern (Anlegern) besonders häufig vorgesehen. Die Gründe liegen je nachdem mehr im Interesse der Ges, der Anleger oder der Initiatoren: notwendige Mediatisierung der vielen Anleger (vgl Vertreterklausel bei der KG, § 163 Rn 10), effektivere Bündelung der Treugeberinteressen, Zurückdrängung oder sogar Entrechtung der Anleger. Auch bei **Anlagemodellen** ist Treuhand beliebt. Lit: Blaurock 1981, Maulbetsch 1984, Grundmann, Treuhänder 1997, S 489 ff; Bälz ZGR **80**, 1, Giesecke DB **84**, 970, Weipert ZHR 157 **(93)** 513, ferner § 105 Rn 31.

B. **Begründung:** Der Treuhänder kann zum Abschluss des Aufnahmevertrags 78 in die KG ermächtigt sein (s Rn 57). Der Treuhänder haftet uU für Verschulden der KG, wenn diese bei Abschluss des Treuhandvertrags im Verantwortungsbereich des Treuhänders tätig wird (§ 278 BGB), dann auch für ohne sein Wissen vorgelegte **Prospekte**, BGH **84**, 141; im Übrigen ist der Treuhänder vor allem **aufklärungspflichtig**, BGH **84**, 144, NJW **02**, 1711, WM **08**, 1205 (regelwidrige Auffälligkeiten, Sondervorteile), 2355, **09**, 593, Mü **09**, 651 (Tätigwerden der BaFin, dann § 826 BGB). Prospekthaftung des Treuhänders s Rn 63. Interessenkonflikte, vor allem auch solche bei Treuhändern, müssen im Prospekt offengelegt werden (s Rn 79, § 347 Rn 30). Auch nur mittelbar beteiligte Treugeber können eigene Ansprüche aus Prospekthaftung haben, BGH NJW **87**, 2677. Mittelverwendungskontrollpflicht besteht auch für die Zeit vor Abschluss des Treuhandvertrags, BGH ZIP **03**, 1844.

Treuhandvertrag (§ 105 Rn 31) kann **nichtig** sein nach § 134 BGB iVm 78a Art 1 § 1 I **RberG** (seit 2008 RDG, Lettl WM **08**, 2233) wegen geschäftsmäßiger Besorgung fremder Rechtsangelegenheiten (dazu auch Vertragsschluss, Erlaubsnistatbestände liegen idR nicht vor), BGH **145**, 265 (IX ZR), erstmals 2000, mittlerweile stRspr (aller ZS), NJW **01**, 3774 (Beitritt zu geschlossenem

Anh § 177a 79   II. Buch. Handelsgesellschaften und stille Gesellschaft

Immobilienfonds), **04,** 839, 841, 844 (Bauherren-, Bauträgermodell), ZIP **09,** 311 (stille Ges, Anleihe); Nichtigkeit erfasst **auch Vollmacht zum Beitritt,** stRspr, BGH NJW **03,** 2088, 2091, **04,** 2090, WM **07,** 110, NJW **08,** 3357, auch Prozessvollmacht, BGH **154,** 283, nicht aber separate Vollmacht im formularmäßigen Zeichnungsschein (Frage des § 139 BGB), BGH **167,** 228, WM **07,** 117, falls eine solche wirklich vorliegt, BGH WM **08,** 2362, **09,** 543. Vertrauensschutz gegen Rückwirkung, BGH NJW **07,** 1130. Aber Grundsätze über fehlerhaften Beitritt können anwendbar sein, BGH **153,** 214, ZIP **03,** 165. In Betracht kommen auch **Duldungsvollmacht** (Grenze bei Vollmachtsurkunde, Überbl 5 vor § 48), BGH NJW **02,** 2325 (iErg abl), **§§ 171 I, 172 I BGB** sowie **Rechtsscheinhaftung,** BGH (XI ZS) **161,** 15, NJW **03,** 2091, **04,** 158, 844, 2090, 2378, 2745, **05,** 668, 2987, **08,** 3357, auch BGH (IV ZS) NJW **04,** 62, (V ZS) **05,** 820; das gilt **auch bei verbundenem Geschäft** (s (7) Bankgeschäfte Rn G/9, 36), BGH (XI ZS) **167,** 223, NJW **05,** 666, 1578, **06,** 1957 (gegen BGH II ZS **159,** 301, aber II ZS hält daran wohl nicht mehr fest, 1957 li Sp; vgl 32. Aufl), auch wenn Verkäufer Erwerbsmodell initiiert und Treuhänder ausgesucht hat, BGH NJW **08,** 1585 (Crailsheimer Volksbank). Grenze: allgemeine Grundsätze des Vollmachtsmissbrauchs (§ 50 Rn 4), BGH (XI ZS) NJW **05,** 664, 668, nicht ohne weiteres bei Interessenkonflikt des Treuhänders, BGH (XI ZS) **161,** 15, NJW **05,** 668. §§ 171, 172 BGB setzen voraus, dass die Vollmachtsurkunde spätestens bei Abschluss des Vertrags, nicht erst bei Auszahlung des Darlehens vorliegt, BGH NJW **08,** 3355. Ob bzw wann Verstoß gegen RBerG **auch** den **Kreditvertrag** nichtig macht, ist str; die Kreditgewährung ist (als solche) keine Beteiligung der Bank am Verstoß, BGH (XI ZS) **159,** 301 = NJW-RR **03,** 1203, NJW **04,** 2090, Vorliegen eines einheitlichen Geschäfts ist Tatfrage (Parteiwille), BGH NJW **07,** 1131; näher zur Auswirkung des verbundenen Geschäfts auf die Bank s **(7)** Bankgeschäfte Rn G/9. Bei Nichtigkeit nicht schon § 242 BGB, weil der Kreditnehmer auf Bitte der Bank einen eigenen Krediteröffnungsantrag gestellt oder der Ablösung des Kredits zugestimmt hat, BGH NJW **08,** 3357; anders uU wegen Treupflicht der FondsGfter gegenüber FondsGbR, BGH WM **07,** 1648. Prozessuale Unterwerfung und § 242 BGB, BGH NJW **04,** 59, 62, **05,** 2985, Nobbe WM Sonderbeil 1/**07,** 10. Bei Nichtigkeit von Treuhandvertrag und Vollmacht ist Wissen des Treuhänders dem Treugeber bei Verjährung (§ 199 I Nr 2 BGB) nicht zuzurechnen, BGH NJW **07,** 1584 m Anm Witt. Bei Nichtigkeit nach RBerG Rückabwicklung über Bereicherungsausgleich, BGH ZIP **08,** 1319 (s auch § 129 Rn 6), Nobbe WM Sonderbeil 1/**07,** 7 und **(7)** Bankgeschäfte G/11, 12. Bei unwirksamer Zahlungsanweisung durch den Geschäftsbesorger (zB Nichteintritt einer Bedingung für Auszahlung) Nichtleistungskondiktion zwischen Bank und Zahlungsempfänger (s Rn C/18), BGH WM **04,** 1230. Zur Bevollmächtigung des Treuhänders als Haustürgeschäft (§ 312 BGB) BGH **144,** 223, NJW **00,** 2270. Lit: Mülbert/Hoger WM **04,** 2281, Hellgardt/Majer WM **04,** 2380, Nobbe WM Sonderbeil 1/**07,** 3, ferner bei **(7)** Bankgeschäfte Rn G/9.

79   C. **Rechtsstellung in der Gesellschaft:** Zur Rechtsstellung in der OHG/KG näher § 105 Rn 33; **keine Haftung der Treugeber nach §§ 128, 171, 172 s** § 105 Rn 34. In der PublikumsGes unterliegen GesVertrag (und Treuhandabrede) der **Inhaltskontrolle** (s Rn 68). Jedenfalls bei der Publikums-Ges gilt als zentraler Grundsatz die **Unabhängigkeit des Treuhänders von der Geschäftsführung,** BGH **73,** 299, Maulbetsch DB **84,** 2232. Verstoß dagegen **(Interessenkonflikte)** ist pflichtwidrig. Offenlegung s Rn 78. **Haftung** des Geschäftsführers der TreuhänderGmbH mit Schutzwirkung (nicht nur für die PublikumsGes, s Rn 28), sondern) auch für die Anleger-Treugeber, Düss WM **84,** 1080. Der **Einlageanspruch** der KG gegen den Treuhänder hängt von der Zahlung der Anleger-Treugeber an diesen ab, Mü NJW **84,** 810. Die KG hat keine unmittelbaren Einlageansprüche gegen die Anleger-Treugeber, Düss ZIP **91**, 1494. Im GesVertrag vereinbarte Abtretung der Zahlungsansprüche des Treuhänders gegen die Anleger-Treugeber an die Ges ungeachtet der Mittelfreigabevoraussetzungen verletzt § 399 BGB (Zweckbindung), BGH WM **91**, 1502; zur Mittelfreigabe BGH WM **92**, 685, WM **03**, 2382. Auch bei drohendem Vermögensverfall der PublikumsKG ist der Treuhänder idR weder gegenüber der Ges zur Zurückhaltung der Kdtisteneinlagen berechtigt noch gegenüber den Treugebern dazu verpflichtet, BGH NJW **80**, 1162. **Noteinberufung** der GfterVersammlung durch Anleger-Treugeber analog § 50 III GmbHG, BGH **102**, 172 (GbR). Bei **Beschlüssen** kommt es auf den KdtVertrag mit der PublikumsKG an, ob die Kdtisten als materielle oder nur der Treuhänder als formaler Gfter stimmberechtigt sind. Im ersteren Fall kann der Treuhänder nur mit Vollmacht der Kdtisten abstimmen; dazu §§ 134, 135 AktG analog, str, Kblz ZIP **89**, 100. **Rückgewähransprüche** gegenüber der PublikumsGes s Rn 81.

D. **Treuhandverhältnis, Schutz der Treugeber:** Treuhandverhältnis bei 80 OHG/KG s § 105 Rn 35. In der PublikumsGes unterliegen außer dem GesVertrag auch die Treuhandabrede der **Inhaltskontrolle** (s Rn 68). Dabei gilt der Grundsatz, dass aus der der nur mittelbaren Beteiligung dem Anleger **keine unnötigen Rechtsnachteile** entstehen dürfen, nämlich soweit sie nicht aus der Zwischenschaltung des Treuhänders unvermeidlich folgen (§ 105 Rn 36), BGH **104**, 50. Das Weisungsrecht darf nicht völlig ausgeschlossen werden. Der Treuhänder kann sich kein Veto bzw. keine Sperrminorität vorbehalten. Der Treuhänder muss auch ohne wichtigen Grund, auch durch Mehrheitsbeschluss abberufbar sein. Auch die nur mittelbare Beteiligung ist gegen einseitige Übernahme- und unberechtigte Abfindungsklauseln (§ 131 Rn 64) geschützt, BGH **104**, 50. Verlusttragung idR allein durch die Anleger-Treugeber, dementspr Aufwendungsersatzanspruch des Treuhänders nach § 670 BGB. Grundlagengeschäfte (§ 164 Rn 4) sind zustimmungspflichtig, § 164 S 1 Halbs 2 ist jedenfalls abdingbar (§ 164 Rn 6), nach aA unabdingbar, nach aA gilt er in PublikumsG überhaupt nicht (wie AG); Zustimmungsvorbehalt aber jederzeit wieder durch Mehrheitsbeschluss (s Rn 69).

E. **Beendigung:** Bei fehlerhaftem Beitritt (zB Haustürgeschäft, s Rn 58) 81 Ausscheiden nach den Grundsätzen über die fehlerhafte PublikumsGes (s Rn 58), Rückgewähranspruch gegen die PublikumsGes und deren Gfter (§ 128 Rn 23), BGH **148**, 201 (wirtschaftliche Betrachtungsweise). Abberufung des geschäftsführenden Treuhänders s Rn 74. Auch ein nur mittelbar über einen Treuhänder beteiligter Anleger kann sich aus wichtigem Grund, zB grobe Pflichtverletzung des Treuhänders durch Übertragung der Treuhandbeteiligungen an ein Geschäftsführungsmitglied, von seiner „Beteiligung" völlig lösen, BGH **73**, 294 m Anm Kraft ZGR **80**, 399. Der ausgeschiedene Anleger-Treugeber muss bis zur Höhe der ihm zurückgezahlten Einlage dem TreuhandKdtisten erstatten, was dieser wegen der wiederaufgelebten Haftung (§ 172 Rn 6) einem GesGläubiger leistet (§ 670 BGB), BGH **76**, 127. Abfindungsklauseln im GesVertrag s Rn 80.

VI. Rechtsverhältnisse der Gesellschafter zu Dritten

Besonderheiten der PublikumsGes ggü der GmbH & Co (s Rn 1) sind in der 82 Rspr bisher kaum aufgetaucht. Der Kdtist haftet nach § 172; § 172 V ist nicht entspr § 62 I, III AktG einzuschränken, BGH **84**, 386 m Anm K. Schmidt NJW **82**, 2501. Der Vertrag zwischen der PublikumsGes und dem Mittelverwendungskontrolleur ist echter Vertrag zugunsten der (potentiellen) Anleger (§ 328 BGB), Mü ZIP **08**, 278.

§§ 178–229 II. Buch. Handelsgesellschaften und stille Gesellschaft

VII. Auflösung, Ausscheiden von Gesellschaftern, Liquidation

1) Auflösung

83 Die Auflösungsklage unter Beteiligung aller Gfter (§ 133 Rn 13) wirft bei der PublikumsGes erhebliche Schwierigkeiten auf, Abhilfe durch Mehrheitsbeschluss (s Rn 69, 73); denkbar ist auch § 61 GmbHG analog, MüKo/K. Schmidt § 133 Rn 50. In der PublikumsGes ergab sich schon früher eine Fortsetzungsklausel fast immer aus GesVertrag, sonst aus ergänzender Vertragsauslegung, so für den Fall der außerordentlichen Kündigung (s Rn 84), BGH **63**, 346, NJW **73**, 1604, aber auch für andere Fälle; § 131 I idF HRefG hat diese Frage entschärft, die Fortsetzungsklausel behält eine eingeschränkte Bedeutung (§ 131 Rn 79). Massenaustritt (zB 86 von 91 Gftern) führt trotz Fortsetzungsklausel (§ 138 aF) zur Auflösung, Stgt BB **83**, 12 m Anm Schneider JZ **83**, 768.

2) Ausscheiden von Gesellschaftern

84 Automatisches Ausscheiden bei Verkauf, wenn nur Eigentümer Kdtisten einer EigentumswohnungsPublikumsGes sein können, BGH NJW **03**, 1729. Ausscheiden durch fristlose Kündigung wegen arglistiger Täuschung s Rn 58. Bei Unerreichbarkeit des GesZwecks kann der Kdtist nur dann fristlos kündigen, wenn die Gfter einen Beschluss auf Zweckänderung (und ggf weitere Umgestaltung) ohne seine Zustimmung treffen (s Rn 69); ohne solchen Beschluss bleibt ihm nur die Auflösungsklage nach § 133 (Gedanke der Risikogemeinschaft), BGH **69**, 160, NJW **78**, 376, **79**, 765. Fristlose Kündigung wegen Pflichtverletzung des Treuhänders s Rn 81. Der Kdtist kann selbst bei angemessener Abfindung nicht einseitig nach freiem Ermessen hinausgekündigt werden (§ 140 Rn 30), BGH **84**, 15, **104**, 50. Buchwertklausel wie bei normaler KG, Rasner NJW **83**, 2910, näher § 131 Rn 64. Für ein unabdingbares Austrittsrecht des Kdtisten (entspr § 39 BGB) Reuter AG **79**, 324, AcP 181 **(81)** 8, allgemeiner nach HRefG, str, § 133 Rn 1, 20.

3) Liquidation

85 Wer Liquidator bei der PublikumsGes ist streitig, für KomplementärGmbH, Scholz/K. Schmidt, GmbHG, 9. Aufl, § 66 Rn 1, wohl besser gerichtlich zu bestellender Abwickler (§ 146 II), Ebenroth/Henze § 177a Anh A 224. In der Liquidation können rückständige Kdtisteneinlagen erst eingezogen werden, wenn die Auseinandersetzungsrechnung einen Passivsaldo zu Lasten des Kdtisten ergibt, BGH **73**, 302, NJW **78**, 424 (§ 149 Rn 3). Einziehung rückständiger stiller Einlagen des Kdtisten-Stillen bei der PublikumsGes s BGH NJW **80**, 1522 (vgl § 235 Rn 1). Keine Aufrechnung des Kdtisten in der GesInsolvenz mit Anspruch, dessen Erfüllung Eigenkapitalrückgewähr war, BGH **93**, 159 (§ 172a Rn 20). Nachtragsliquidator entspr § 273 IV AktG, BGH **155**, 121.

178 -229 *(aufgehoben)*

Dritter Abschnitt. Stille Gesellschaft

Schrifttum

a) Lehr- und Handbücher, Kommentare: Außer dem allgemeinen Schrifttum (s Einl vor § 105) *Blaurock*, 6. Aufl 2003. – Münch. Hbd des GesR Bd 2 KG, GmbH & Co KG, Publikums-KG, StGes, 3. Aufl 2009, §§ 72–95. – *MüKo(HGB)/K. Schmidt*

3. Abschnitt. Stille Gesellschaft **1, 2 § 230**

Bd 3 2. Aufl 2007. – *Singhof/Seiler/Schlitt* 2004 (mittelbare GesBeteiligungen). – *Wiedemann* II § 10. – *Zacharias/Hebig/Rinnewitz*, Die atypisch stGes, 2. Aufl 2000.
b) Einzeldarstellungen und Sonstiges: *Blaurock*, Unterbeteiligung und Treuhand an GesAnteilen, 1981. – *Friehe*, Die Unterbeteiligung bei Personengesellschaften, 1974. – *Reusch,* Die stGes als PublikumspersonenGes, 1989. – *Schulze zur Wiesche,* GmbH & Still, 5. Aufl 2009. – *Thomsen,* Die Unterbeteiligung an einem Personengesellschaftsanteil, 1978. – *Mock* DStR **08,** 1645 (MoMiG); *K. Schmidt,* ZHR 140 **(76)** 475, DB **76,** 1705, KTS **77,** 1, 65, FS Bezzenberger **00,** 401, DB **02,** 829. – **Muster:** *Hopt/Volhard,* Vertrags- und Formularbuch zum Hdl-, Ges- und Bankrecht, 3. Aufl 2007, Teil II.F (mit 8 Vertragsmustern). **RsprÜbersichten:** *Kuhn* WM **68,** 1114, **75,** 718, *U. Fischer* WM **81,** 638, *Brandes* WM **89,** 1357.

[Begriff und Wesen der stillen Gesellschaft]

230 (1) **Wer sich als stiller Gesellschafter an dem Handelsgewerbe, das ein anderer betreibt, mit einer Vermögenseinlage beteiligt, hat die Einlage so zu leisten, daß sie in das Vermögen des Inhabers des Handelsgeschäfts übergeht.**

(2) **Der Inhaber wird aus den in dem Betriebe geschlossenen Geschäften allein berechtigt und verpflichtet.**

Übersicht

1) Begriff der stillen Gesellschaft 1–3
2) Abgrenzung gegenüber anderen Verträgen 4
3) Mögliche Gesellschafter 5–8
4) Gesellschaftsvertrag 9–12
5) Rechte und Pflichten des Inhabers 13–19
6) Rechte und Pflichten des Stillen 20–24
7) Rechtsverhältnis zu Dritten 25–28
8) Umwandlung von stiller und in stille Gesellschaft 29

1) Begriff der stillen Gesellschaft

A. §§ 230–237 (bis 1986 §§ 335–342, durch BiRiLiG ohne inhaltliche Än- **1** derung nach vorn versetzt) handeln von der Beteiligung als **stiller Gesellschafter** („Stiller") am HdlGewerbe eines anderen mit einer Vermögenseinlage; auch nur an einem Teil des **Handelsgeschäfts** (selbstständig abgrenzbaren Geschäftszweig), BFH GmbHR **75,** 188. Der Begriff der stGes ist aber nicht auf diese Fälle beschränkt. Er kann stille Beteiligungen an anderen Unternehmen und anders als mit solcher Einlage umfassen, auch dann können §§ 230 ff (unmittelbar oder entspr) anzuwenden sein, zB bei stiller Beteiligung an NichtHdlGewerbe (zB Landwirtschaft) oder freiem Beruf oder bei gesellschaftsmäßiger Beteiligung am Ertrag von HdlGewerbe oder anderen Unternehmen auf anderer Grundlage als einer Vermögenseinlage, str. Vgl Fischer JR **62,** 202, Esch NJW **64,** 902, Schneider FS Möhring **65,** 115. Andere partiarische Verhältnisse und Beteiligung an einzelnen Geschäften (Unterbeteiligung) s Rn 4. Atypische stGes s Rn 3. Steuerrecht s Scheuffele BB **79,** 1026.

B. Die stGes nach § 230 ist **Gesellschaft** (§ 705 BGB); Unterscheidungen **2** s Rn 3, 4. Sie ist **Innengesellschaft** (Einl 10 vor § 105), darum vom Gesetzgeber **nicht** als **Handelsgesellschaft** betrachtet; das vom Stillen dem Unternehmen zu widmende Vermögen wird nicht gemeinschaftliches GesVermögen iSv § 718 BGB, sondern ist dem Partner zu übertragen, der allein in seinem Namen das HdlGewerbe betreibt und daraus berechtigt und verpflichtet wird (I, II), vgl RG **142,** 21, **166,** 162, BGH **7,** 378. Die stGes als solche ist deshalb kein

§ 230 3, 4 II. Buch. Handelsgesellschaften und stille Gesellschaft

Unternehmensträger (s Einl 41 vor § 1). Zur Frage, ob es neben der stGes eine InnenGes (an einem HdlGeschäft), die nicht stGes ist, gibt, s Rn 20 (betr Beteiligung mit Diensten). Die stGes ist **Schuldverhältnis**, nicht Rechtserwerbs- und Verpflichtungsgemeinschaft; sie erscheint nicht im HdlReg (muss aber iZw nicht geheim bleiben); sie bleibt aber trotzdem Ges im Rechtssinne, BGH **127,** 184 (Konsequenz für AGB-Kontrolle s Rn 9).

3 C. Der Stille nimmt iZw gemäß §§ 231, 232 und dem GesVertrag am Gewinn und Verlust des HdlGeschäfts teil (**typische** stGes). Es können aber auch Gestaltungen mit weitergehenden Rechten des Stillen vereinbart werden (**atypische** stGes, wegen Vertragsfreiheit zu diesem Begriff krit MüKo/K. Schmidt 74).

a) Beteiligung am Gesellschaftsvermögen: Bei dieser Hauptform der atypischen stGes wird im Verhältnis der Parteien (rein schuldrechtlich ohne dingliche Wirkung) das ganze Geschäftsvermögen, auch das vor der Einlage des Stillen vorhanden gewesene, als gemeinsames Vermögen behandelt, so dass der Stille bei der Auseinandersetzung nach Auflösung der stGes so zu stellen ist, als wäre er am ganzen Geschäftsvermögen gesamthänderisch beteiligt gewesen, die Wertänderungen des ganzen Geschäftsvermögens also ihm auch zukommen (vgl § 235 Rn 1), RG **126,** 390, **166,** 160, BGH **7,** 178, 379, **8,** 160. Der gesetzliche Abfindungsanspruch umfasst nicht den Buchwert, sondern ist wie das Auseinandersetzungsguthaben bei Ausscheiden aus OHG zu ermitteln (Abschichtungsbilanz, § 131 Rn 50, anders bei stG § 235 Rn 1), BGH WM **95,** 1277, sofern der GesVertrag nicht anderes bestimmt (Abfindungsklauseln s § 131 Rn 58), BGH NJW **01,** 3778. Die (hierbei maßgebenden) „Anteile" des Stillen und des Inhabers müssen nicht nach den objektiven Werten des Altvermögens des Inhabers und der Einlage des Stillen, sondern können anders bestimmt werden, BGH **7,** 179, bei Überschreitung der Grenze zur Schenkung aber (nach BGH **7,** 179, 380, dagegen § 230 Rn 10) nur in der Form gemäß § 518 I BGB. Die schuldrechtliche Vermögensbeteiligung kann zu einer **InnenKG** verstärkt werden, Schlesw ZIP **09,** 422, so idR GmbH & Still, MüKo/K. Schmidt 81, FS Bezzenberger **00,** 405, Groh FS Kruse **01,** 417, K. Schmidt NZG **09,** 361, der Stille hat dann (nur) im Innenverhältnis Rechte und Pflichten wie ein Kdtist.

b) Mitwirkungsbefugnisse: Die Mitwirkungsbefugnisse des atypisch Stillen sind trotz Beteiligung am GesVermögen nicht notwendig, Dresd WM **04,** 726 (dann wie Rn 14). Werden sie vorgesehen, können sie von einem bloßen Widerspruchsrecht über Zustimmungsrechte bis hin zur Geschäftsführungsbefugnis reichen, BGH NJW **92,** 2696.

c) Verbindung mit anderen Gesellschaften oder Gesellschaftern: Als atypisch wird die stGes zT auch bezeichnet, wenn der Stille zugleich Kdtist ist (Anh § 177 a Rn 67) oder wenn mehrere Stille in einem einzigen GesVerhältnis stehen (s Rn 7). Weitere Bspe s MüKo/K. Schmidt 72 ff. StGes an GmbH, AG (GmbH & Still, AG & Still) s Rn 5. StGes kommt auch als PublikumsGes vor, auch Kombination von Kdtisten und Stillen, BGH BB **78,** 14, NJW **80,** 1523, NJW **98,** 1946; s auch § 235 Rn 1; Lit: Reusch 1989, Schulze zur Wiesche GmbHR **99,** 902, Stenenbach DStR **00,** 1669 (mit Steuern), Bornemann ZHR 166 **(02)** 211 (stPublikumsGes). **Muster:** s Rn 9.

2) Abgrenzung gegenüber anderen Verträgen

4 Von partiarischen Verträgen, bes **partiarischen Darlehen** (Darlehen mit Gewinnbeteiligung) unterscheidet sich die stGes durch die Verfolgung eines gemeinsamen Zwecks anstelle der Wahrnehmung ausschließlich eigener Interessen (zB Kreditaufnahme und -gewährung). Bei dieser Abgrenzung sind Vertragszweck und -inhalt und wirtschaftliche Ziele der Teilnehmer umfassend zu würdigen. Beachtlich sind ua: Bezeichnung (zB auch „Beteiligung"); Gründungs- oder spätere Zusatzfinanzierung, im ersten Fall liegt die Annahme der Ges näher;

3. Abschnitt. Stille Gesellschaft 5, 6 § 230

Fehlen einer Kreditsicherung; lange feste Vertragsdauer; Informations- und Kontrollrechte des Geldgebers wie in § 233; Notwendigkeit seiner Zustimmung zu Änderung des Unternehmensgegenstandes oder Veräußerung, Verpachtung und Einstellung des Unternehmens; Möglichkeit seiner Einflussnahme auf die Geschäftsführung; Maß seiner Teilnahme an der Chance und am Risiko (dazu § 231 II); Beschränkung der Übertragbarkeit; nicht aussagekräftig zB: Erhebung einer Abschluss- und Verwaltungsgebühr. Zu den Abgrenzungskriterien BGH **3,** 81, **127,** 176, BB **67,** 349, WM **88,** 172 (Umsatzmiete), NJW **90,** 573, Ffm WM **82,** 199. Immer für stGes Schön ZGR **93,** 210. Dem **partiarischen Dienstvertrag** ähnlich ist stGes mit Einlage von Diensten (s Rn 20), BGH NJW **92,** 2696, der Unterschied liegt in der Gleichordnung der Gfter. Ein Dienstverpflichteter, zB HdlGehilfe des Geschäftsinhabers, kann daneben (mit anderer Einlage als seinen Dienstvertrags-Diensten) stiller Gfter sein. Beteiligung des A **an einzelnen Geschäften,** die B im eigenen Namen für gemeinsame Rechnung ausführt, zB **a-metà-Geschäft** (ital: Hälfte; Lit: Obermüller FS Werner **84,** 611), ist nicht stGes, sondern GbR (InnenGes, Einl 10 vor § 105, und GelegenheitsGes), BGH DB **64,** 67, WM **82,** 1403, NJW **90,** 573. Der still Beteiligte kann die Ergebnisse zurückweisen, wenn der geschäftsführende Partner abredewidrig handelt, RG JW **32,** 1667. **Unterbeteiligung** (Beteiligung an Beteiligung) mit Mustern s § 105 Rn 38.

3) Mögliche Gesellschafter

A. Der **Inhaber** muss **Kaufmann** sein, einerlei welcher Art, §§ 1–6, ein 5 EinzelKfm oder eine HdlGes; OHG: RG **142,** 21, BGH **LM** § 128 Nr 7; KG: BGH DB **71,** 189; AG, Bsp Celle NZG **00,** 85, Kln NZG **00,** 89, aber Schranken aus §§ 293, 294 AktG (Teilgewinnabführungsvertrag), K. Schmidt ZGR **84,** 295; GmbH: „GmbH & Still", idR InnenKG (s Rn 3), MüKo/ K. Schmidt 87, Schulze zur Wiesche 1984, Blaurock BB **92,** 1969, Weimar ZIP **93,** 1509, Limited & Still, Blaurock FS Westermann **08,** 821, heute auch eG, str; auch Erbengemeinschaft, die das HdlGewerbe des Erblassers fortführt (s § 1 Rn 37). Zwischen einer Ges iL und einem still an ihr Teilnehmenden ist keine stGes iSv §§ 230 ff möglich, nur eine ihr ähnliche GbR, weil sie nicht werbend tätig ist, str. Ist der Inhaber eine OHG (KG), so tritt der Stille in das Rechtsverhältnis der stGes nur zu dieser Ges (§ 124), nicht ihren Gftern, nimmt am GesVerhältnis unter diesen nicht teil; daher kann diesen Vertrag für die OHG (KG) der vertretende Gfter (unbeschadet § 116 II, s dort) schließen wie andere Verträge mit Dritten, RG **153,** 373 (gegen ältere Rspr), **170,** 105, BGH DB **62,** 1638, **71,** 189; für Ansprüche des Stillen haften (anders als für Ansprüche eines MitGfters aus dem OHG § 128 Nr 2) die Gfter der OHG auch persönlich nach § 128, BGH **LM** § 128 Nr 7. **Nicht möglich** ist stGes iSv §§ 230 ff an stGes; am einzelnen Anteil (der Rechtsstellung) eines Gfters (einer OHG, KG, GmbH), str, vgl § 105 Rn 38 (Unterbeteiligung). Typische (§ 230 Rn 3) stGes eines Nichtapprobierten mit Apotheker ist unzulässig (§ 8 S 2 ApG), so schon früher bei persönlicher und wirtschaftlicher Abhängigkeit des Apothekers durch unangemessene wirtschaftliche Bedingungen, dann § 134 BGB, BGH **75,** 214 (s Rn 11); ebenso bei stGes mit Inkassounternehmen (RBerG), BGH **62,** 238. Verhältnis stGes mit AG/Konzernrecht Schulze-Osterloh ZGR **74,** 427. Lit über die Parteien der stGes s K. Schmidt DB **76,** 1705.

B. **Stiller** Gfter kann jedermann sein, Kfm oder Nichtkfm (er wird nicht etwa 6 durch die stille Beteiligung Kfm, die stGes ist nicht schon als solche beiderseitiges HdlGeschäft, vgl § 235 Rn 2), jede HdlGes, UBG (§§ 3ff, 8 UBGG), auch eine GbR, oder Erbengemeinschaft, RG **126,** 390, auch ein Treuhänder (mit oder ohne Wissen des Inhabers), vgl für die OHG § 105 Rn 31.

7 C. **Mehrere still** an einem HdlGeschäft **Beteiligte** können je für sich in einem GesVerhältnis gemäß § 230 zum Inhaber stehen oder zusammen mit dem Inhaber in einem einzigen GesVerhältnis (**mehrgliedrige** stGes, zT als atypische stGes bezeichnet, s Rn 3) oder unter sich in einer GbR, die ihrerseits (vgl Rn 2) in stGes mit dem Inhaber steht; BGH **125,** 77, **127,** 179, NJW **72,** 338, Blaurock NJW **72,** 1119; oder es tritt bei mehrere still für mehrere Beteiligte (die untereinander eine GbR bilden) einer von ihnen oder ein Dritter als Treuhänder (s Rn 2) ins GesVerhältnis nach § 230 zum Inhaber, während die Unterbeteiligten oder Treugeber ohne unmittelbares Rechtsverhältnis zum Inhaber bleiben.

8 D. **Minderjährige** bedürfen zu stiller Beteiligung der Genehmigung des Vormundschaftsgerichts nach §§ 1643, 1822 Nr 3 BGB, LG Bielefeld NJW **69,** 753, Hamm BB **74,** 294, außer bei nur einmaliger Kapitaleinlage und Ausschluss von Verlust und vom Geschäftsbetrieb, BGH JZ **57,** 382, Knopp NJW **62,** 2184; nach aA immer, GroßKo/Schilling 35, oder überhaupt nicht, Fischer JR **62,** 202. Dagegen bedarf es der Genehmigung nicht, wenn ein minderjähriger Geschäftsinhaber einen stillen Teilhaber aufnimmt, Fischer JR **62,** 202, aA Knopp NJW **62,** 2184. Unentgeltliche Beteiligung eines Kindes als Stiller, Tiedtke DB **77,** 1064. Vgl für die OHG § 105 Rn 26–27, dort auch zur Haftungsbeschränkung bei Volljährigwerden (§ 1629 a BGB).

4) Gesellschaftsvertrag

9 A. Der Vertrag über eine stille Beteiligung ist GesVertrag iSv § 705 BGB; zu den Rechtsfragen s § 105 Rn 47 ff. Auch der GesVertrag der stGes ist idR im ganzen nach § 138 BGB nur nichtig, wenn ihr Zweck gegen die guten Sitten verstößt, nicht bei Übervorteilung des einen durch den andern Gfter, BGH DB **73,** 1739, **76,** 2106. Sittenwidrigkeit einzelner Bestimmungen s Rn 11. Entsprechendes gilt in Bezug auf § 134 BGB (Gesetzwidrigkeit), BGH BB **70,** 1069. S auch Rn 4. Auf den GesVertrag der stGes, auch der typischen, ist wie bei jeder Ges das **AGBRecht nicht** anwendbar, (5) § 310 IV 1 BGB, BGH **127,** 183, üL, aA H. Schmidt ZHR 159 **(95)** 734, Grund: Übergänge zu partiarischem Darlehen (s Rn 4); aber § 242 BGB kann eingreifen. Inhaber (und Bank) schulden bei (finanzierten) stillen Beteiligungen von Arbeitnehmern Aufklärung, BGH **72,** 92, NJW **93,** 2107. Änderung des Unternehmensgegenstands (Vertragsänderung) nur mit Zustimmung des Stillen, BGH **127,** 180, **156,** 44. **Muster:** Hopt/Volhard 3. Aufl 2007 Form II. F.3, 4 (typische/atypische stGes), Form II. F.5 (GmbH & Still).

10 B. Der Vertrag ist grundsätzlich **formfrei,** auch stillschweigend möglich, BayObLG OLGE **38,** 196, vgl § 105 Rn 54 ff. Soll der Stille ein **Grundstück** einbringen, gilt § 311 b I BGB. Unerheblich ist, was für Vermögen im HdlGeschäft liegt, da es Alleineigentum des Inhabers bleibt. Vorkaufsrecht für **GmbHAnteil** bedingt Form nach § 15 IV GmbHG. Formverstoß erfasst nicht unbedingt die gesamte stGes (§ 139 BGB), BGH DB **76,** 2107, NJW **92,** 2696.

Das Versprechen der **Schenkung** einer stillen Beteiligung bedarf der Form des § 518 I BGB. Der Formmangel wird durch die formlose (aber s Rn 8) Begründung der Beteiligung geheilt (Vollzug iSv § 518 II BGB), aA BGH **7,** 179, 380 (weil der Stille als InnenGfter nur schuldrechtliche Ansprüche habe, aber unvereinbar mit der Rspr zur stillen Einlage, s Rn 21), offen BGH **112,** 46.

11 C. Bei **Fehlerhaftigkeit** der stGes (in allen Formen) gelten dieselben Grundsätze wie für OHG und KG (§ 105 Rn 75, 78), BGH **8,** 157 (atypische stGes), **55,** 5 (typische stGes), **62,** 237, NJW **92,** 2696, (ausdrücklich für beide), **93,** 2107 (für alle Formen der stGes), **05,** 1784, WM **05,** 278, 833, 838, 2228, Ffm NJW-RR **04,** 36, Celle WM **05,** 737, Staub/Zutt 68, Rö/von Gerkan/Mock 14, Ebenroth/Gehrlein 31, aA einige Instanzgerichte sowie ein Teil der Lehre wegen der Grundlage der Lehre von der fehlerhaften Ges im Organisationsver-

3. Abschnitt. Stille Gesellschaft 12–14 § 230

hältnis (§ 105 Rn 76) mit Unterscheidung zT zwischen typischer und atypischer st Ges, MüKo/K. Schmidt 134, zT nach Bildung von Gesamthandsvermögen, Staub/Ulmer § 105 Rn 339a, Soergel/Hadding § 705 Rn 92, zT nach Zwei- oder Mehrgliedrigkeit, Bayer/Riedel NJW **03,** 2567, generell Schäfer ZHR 170 **(06)** 373. In Frage kommende Fehler bei Abschluss des GesVertrag (Anlagemodellvertrieb), BGH NJW **05,** 1784. Aber die Grundsätze über die fehlerhafte stGes werden, da zweigliedrig, insoweit eingeschränkt, als Prospekt- und Informationshaftungsansprüche (§§ 311 II, 241 II bzw 823 II, 826 BGB) geltend gemacht werden können (entweder direkt oder erst im Rahmen der Auseinandersetzung), BGH ZIP **04,** 1706 m Anm Hey NZG **04,** 1099, WM **05,** 278, 833, 838, NJW **05,** 1784 (Göttinger Gruppe) m Anm Wertenbruch 2823, offen, ob weitergehend für alle stGes, da diese anders als PublikumsGes idR zweigliedrig sind, aber in der Praxis bestehen vielfältige, auch mehrgliedrige Gestaltungen, auch Splittungen zwischen PublikumsKG- und stillen Anteilen (s Rn 3). **Rechtsfolgen:** Bei Nichtigkeits- oder Anfechtungsgrund ist (nach der Rspr jede, nach der Lit nur bestimmte) fehlerhafte stGes nur für die Zukunft vernichtbar, also nur Recht zur Auflösung ex nunc durch Kündigung; nicht wegen Sittenwidrigkeit einzelner Bedingungen (die nach Gesamtheit der Umstände zu beurteilen), wenn Vertrag vorsieht, dass Teilunwirksamkeit ihn nicht ganz entkräftet; BGH WM **73,** 901; wie bei Sittenwidrigkeit von Kernbestimmungen (Einlagenbewertung, Vermögens- und Ertragsanteil), BGH DB **76,** 2107. Ausnahmsweise keine Anwendung der Grundsätze über fehlerhafte stGes (§ 134 BGB), BGH **62,** 234, **75,** 214, NJW **05,** 1785 (s Rn 5, 9). Beansprucht der Gfter Rückzahlung der Einlage, steht ihm ein Auseinandersetzungsguthaben gegen die Ges nicht zu, denn er kann nicht gleichzeitig den Vertrag als wirksam behandeln, BGH WM **05,** 838/841, daran ist er dann auch gegenüber den Prospekt- oder Vertriebsverantwortlichen gebunden, BGH WM **06,** 438. Nach Schenkung der stillen Beteiligung (s Rn 10) Nichteintritt der gewünschten Steuer-Wirkung, Folgen: Winterberg DB **75,** 1925. Lit: Armbrüster/Joos ZIP **04,** 189, Hey NZG **04,** 1099, Gehrlein WM **05,** 1489 (bei allen Ges Schadensersatz wegen Vertragsmangel ohne Durchsetzungssperre als Mindestanspruch der späteren Auseinandersetzung), Geibel BB **05,** 1009, Schäfer ZHR 170 **(06)** 373, Schubert WM **06,** 1328, Konzen FS Westermann **08,** 1133, Westermann VGR **08,** 145.

D. Streitigkeiten aus dem GesVertrag gehören wie bei OHG, KG, anders als **12** bei GbR und anderen partiarischen Verträgen (vgl Rn 4) mit NichtKflten, vor die **Kammer für Handelssachen** (obwohl die stGes nicht als solche beiderseitiges HdlGeschäft ist), so ausdrücklich § 95 I Nr 4a GVG. Schiedsvereinbarungen s Einl 88 vor § 1.

5) Rechte und Pflichten des Inhabers

A. Der **Inhaber** ist dem Stillen zur Führung (ggf vorher zur Errichtung) des **13** HdlGeschäfts **für gemeinsame Rechnung** verpflichtet. Bei der Führung hat er einen großen kfm Handlungsspielraum, auch bezüglich Ausdehnung und Einschränkung des HdlGeschäfts. Wesentliche Veränderungen, Veräußerung und Einstellung bedürfen aber der Zustimmung des Stillen, BGH WM **63,** 1210. Danach unberechtigte Geschäfte braucht der Stille nicht gegen sich gelten zu lassen. Der Inhaber hat die Einlage des Stillen bestimmungsgemäß zu verwenden. Er darf dem Unternehmen nicht bestimmungswidrig Vermögen entziehen. Verletzung gibt Schadensersatzanspruch des Stillen gemäß § 280 BGB auf Wiederzuführung entspr Mittel an das Unternehmen (nicht unmittelbar an den Stillen, anders zB bei Verletzung seines Gewinnanspruchs), BGH NJW **88,** 413, Grunewald ZGR **89,** 434.

B. Recht und Pflicht zur **Geschäftsführung** (§§ 709 ff BGB), bestehend im **14** Betrieb des HdlGeschäfts (s Rn 13), hat nach dem Gesetz nur der Inhaber. Dieses

§ 230 15–20 II. Buch. Handelsgesellschaften und stille Gesellschaft

Recht ist unentziehbar, § 712 BGB unanwendbar, der Stille kann uU die Ges kündigen, s bei § 234. Nach Vereinbarung kann der Stille an der Geschäftsführung, dh am Betrieb des HdlGeschäfts des Inhabers, teilnehmen, der Inhaber sich darin in grundsätzlich beliebiger Weise an ihn binden, BGH **8**, 160, Dresd WM **04**, 728, auch durch schlüssiges Verhalten, BGH DB **66**, 187. Atypische stGes s Rn 3.

15 C. Der Inhaber darf iZw nicht ohne die Zustimmung des Stillen wesentliche Grundlagen des Gewerbebetriebs ändern, BGH BB **63**, 1277, ebenso wenig die **Rechtsform** des Unternehmens ändern oder Dritte als **Teilhaber** aufnehmen, wohl auch nicht als stille Gfter, str. Dazu Sudhoff/Sudhoff GmbHR **81**, 235.

16 D. §§ 112, 113 betr **Wettbewerb** gelten in der stGes nicht, anders uU für atypisch stillen Gfter, BGH **89**, 166; aber die Pflicht zum Geschäftsbetrieb zu gemeinsamen Nutzen (s Rn 13) und die **Treuepflicht** (§ 109 Rn 23) verbieten dem Inhaber konkurrierende, das HdlGeschäft (an dem die stille Beteiligung besteht) schädigende Tätigkeit. Grenzen setzt das Kartellrecht, s § 112 Rn 15.

17 E. Der Inhaber schuldet **Sorgfalt** nach §§ 708, 277 BGB (§ 109 Rn 5); ist er GmbH, dann gilt § 43 I GmbHG und für Geschäftsführerhaftung Schutzwirkung zugunsten der Stillen (wie bei GmbH & Co, Anh § 177 a Rn 28), BGH NJW **95**, 1353. Er darf von dem Stillen (Anleger als GbR) nicht Einlagen einziehen, die vom Vertragszweck nicht gedeckt sind, Düss NJW-RR **86**, 1294. Er darf das Geschäftsvermögen nicht schmälern und den GesZweck nicht gefährden, BGH BB **63**, 1277; private Nutzung des Firmen-Kfz ist aber noch nicht treuwidrig, Hamm BB **78**, 1585. Schadenersatzklage mehrerer Stiller, im konkreten Fall keine actio pro socio, s BGH NJW **95**, 1355.

18 F. Über Gewinn, Verlust, Entnahmen s bei §§ 231, 232. Der Inhaber hat mangels abweichender Vereinbarung iZw gegenüber dem Stillen kein weiteres Recht auf **Vergütung seiner Arbeit**, vgl für geschäftsführende Gfter der OHG, KG § 110 Rn 19. Er hat Recht auf **Aufwendungsersatz** nach §§ 713, 670 BGB, vgl § 110 Rn 1, bei der atypischen stGes (§ 230 Rn 3) auch auf **Verlustersatz** entspr § 110 (§ 110 Rn 11), BGH ZIP **02**, 394 m krit Anm K. Schmidt JuS **03**, 228, vgl MüKo/K. Schmidt 180.

19 G. Der Inhaber schuldet **Rechenschaft**, ist daher beweispflichtig für Verluste, BGH BB **60**, 15.

6) Rechte und Pflichten des Stillen

20 A. Der Stille hat eine **Vermögenseinlage** zum HdlGeschäft des Inhabers zu leisten. Die Einlage kann (wie die eines Kdtisten, § 171 Rn 6) in jedem mit einem Geldbetrag schätzbaren Vorteil bestehen, zB: Umwandlung einer Darlehensforderung in stille Beteiligung, BGH **7**, 177, Know-how, BFH GmbHR **75**, 187, eine vermögenswerte Unterlassungspflicht, Kenntnis von Bezugsquellen; auch Geld- oder Warenkredit zu Sonderbedingungen; nicht Warenkredit, der nicht selbstständig bewertbar ist, RG **31**, 74. Die Einlage kann vom Inhaber geschenkt sein (Verrechnung zwischen Schenk- und Einlageforderung), Hengeler ZHR 147 **(83)** 329, aA Herrmann ZHR 147 **(83)** 313: überhaupt keine stGes. Über Erhöhung der Einlage und Nachschüsse s § 707 BGB, § 109 Rn 12, §§ 231, 232 (betr Verluste). Die Vermögenseinlage kann auch in **Diensten** bestehen, § 706 III BGB, RG **142**, 21, BGH BB **66**, 53 (nicht in früheren Diensten, RG LZ **08**, 158, wohl aber in der Forderung auf deren Vergütung). Doch spricht die Rspr im Fall bloßer Dienstleistung, falls ein GesVerhältnis angenommen wird, lieber schlicht von „Innen-", statt von „stiller" Ges; vgl BGH FamRZ **61**, 212, **67**, 319, 618, **68**, 589 betr Ehegatten, **68**, 194 betr Vater und Sohn. Vermögenseinlagen des Stillen als haftendes Eigenkapital s § 10 IV KWG. Nießbrauch s § 124 Rn 44. Verjährung der Einlageforderung nach § 195

BGB (§ 109 Rn 9), bei GmbH & Still entspr § 19 VI GmbHG, K. Schmidt NZG **09**, 363. **Muster:** Hopt/Volhard 3. Aufl 2007 Form II. H.3 (Nießbrauch an stiller Beteiligung).

B. Der Stille hat die Einlage so zu leisten, dass sie **in das Vermögen des** **21** **Inhabers übergeht.** Dh idR: Übereignung vom Stillen an den Inhaber; der Stille behält obligatorische, nicht dingliche Rechte (**Fremdkapital,** nicht Eigenkapital, Ausnahme § 236 Rn 3, 5); das Gesamtverhältnis ist aber anderer Art als ein Darlehen: Die Einlage des Stillen ist wirtschaftlich ein qualifizierter Kredit, rechtlich aber „verantwortliches Kapital"; er hat (vor Auflösung der stGes) keinen bloßen Vermögensanspruch, sondern ein Mitgliedschaftsrecht; RG **168,** 286, BGH **4,** 368, **51,** 353 (Folgen für Vollzug der Schenkung s Rn 10). Str, aA K. Schmidt ZHR 140 **(76)** 475. Möglich auch Einlage eines Miteigentumsanteils (§ 1008 BGB) durch dessen Übertragung vom Stillen (bisher Alleineigentümer) an den Inhaber. Möglich auch Einlage von Benutzungsrechten, an Gegenstand im Eigentum des Stillen (zB Grundstück, Patent), auch an Gegenstand im Gesamthandseigentum von Stillem und Inhaber (nur das Benutzungsrecht, nicht das Miteigentum dieser Art ist dann Geschäftsvermögen). Vgl hierzu § 109 Rn 6. Einschaltung von Treuhändern (§ 105 Rn 31), Hamm GmbHR **79,** 255.

C. Die **Bewertung** des Eingebrachten steht den Parteien frei, doch ist Überbewertung uU Schenkung (und nach BGH **7,** 179 formgebunden, s Rn 10). Atypische stGes s Rn 3. Auch Dienste (vgl Rn 20) können Einlage sein und mit bestimmtem Betrag bewertet werden, BGH BB **66,** 53, dazu § 120 Rn 17, § 235 Rn 1. **22**

D. Auch den Stillen trifft eine **Treuepflicht** (§ 109 Rn 23), Kontrollrechte s § 233. Ist der Stille nach Vereinbarung an der Geschäftsführung beteiligt, kann er nichtgeschäftsführenden Gftern der OHG (KG), die Inhaber des HdlGeschäfts sind, auskunftspflichtig sein, RG HRR **33, 1447. 23**

E. Gewinn, Verlust, Entnahmen s §§ 231, 232. **24**

7) Rechtsverhältnis zu Dritten

A. Das **Geschäftsvermögen** ist Alleinvermögen des Inhabers, die im Betrieb geschlossenen Geschäfte (II) und alle andern Vorgänge im **Geschäftsbetrieb berechtigen** und **verpflichten** nur den Inhaber. Die stGes wird nicht im **Handelsregister** vermerkt. In der **Firma,** unter welcher der Inhaber das HdlGeschäft betreibt, darf der Stille nicht genannt, auf das Bestehen der stGes nicht hingewiesen werden (§ 18 II 1, § 19 Rn 16). **25**

B. Dem Stillen kann Recht und Pflicht zur **Geschäftsführung** (Entscheidungspflicht und -befugnis) gegeben werden, auch in gleichem Umfang wie Inhaber, BGH BB **61,** 583 (andere InnenGes, Einl 10 vor § 105). **Vertretungsmacht** des Stillen für den Inhaber ist (nur) möglich durch besondere Vollmacht, auch Prokura, auch HdlVollmacht für Inhaber (nicht für die Ges), BGH BB **61,** 583, vgl § 170 Rn 3. **26**

C. Der Stille haftet **Geschäftsgläubigern** nicht, auch nicht analog § 171 II bei Kdtistenstellung im Innenverhältnis der atypischen stillen KG, Schlesw ZIP **09,** 421, K. Schmidt NZG **09,** 361, vgl für Treugeber BGH WM **08,** 2359, **09,** 593 (§ 105 Rn 34, Anh § 177 a Rn 79). Er haftet unmittelbar nur aus besonderer Verpflichtung (zB Bürgschaft); Rechtsscheinhaftung, wenn er wie der Gfter einer OHG auftritt, BAG JZ **55,** 582 (Haftung für Gehalt eines unter besonderer Mitwirkung des Stillen angestellten Geschäftsführers), BGH BB **64,** 327, s § 5 Rn 9. Die **Einlagepflicht** des Stillen kann von den Geschäftsgläubigern nicht unmittelbar geltend gemacht, nur auf Grund Titels gegen den Inhaber gepfändet und ihnen überwiesen werden; der Stille behält gegenüber dem Gläubiger alle Ein- **27** wendungen aus dem GesVertrag, zB uU das Recht, aus wichtigem Grunde (§ 723 BGB, s bei § 234) die Ges zu kündigen, so dass die Einlagepflicht entfällt.

28 D. **Gläubiger des Stillen** können in die in § 717 S 2 BGB bezeichneten Ansprüche des Stillen vollstrecken und haben nach Pfändung und Überweisung der Forderung des Stillen auf sein künftiges Auseinandersetzungsguthaben auch das Recht zur Kündigung der Ges entspr § 135 und Befriedigung aus dem so entstehenden Guthaben, § 234 I, s dort.

8) Umwandlung von stiller und in stille Gesellschaft

29 Die Umwandlung einer stGes und in eine stGes ist weder kraft Gesetzes noch kraft Rechtsgeschäfts nach UmwG (numerus clausus des UmwG) vorgesehen. Möglich ist Auflösung und Neugründung (Einl 27 vor § 105).

[Gewinn und Verlust]

231 (1) **Ist der Anteil des stillen Gesellschafters am Gewinn und Verluste nicht bestimmt, so gilt ein den Umständen nach angemessener Anteil als bedungen.**

(2) **Im Gesellschaftsvertrage kann bestimmt werden, daß der stille Gesellschafter nicht am Verluste beteiligt sein soll; seine Beteiligung am Gewinne kann nicht ausgeschlossen werden.**

Übersicht

1) Beteiligungsmaßstab (I) 1
2) Ausschluss der Beteiligung (II) 2, 3

1) Beteiligungsmaßstab (I)

1 Die Bildung der **Gewinn- oder Verlustanteile** regelt in erster Linie der **Gesellschaftsvertrag**, hilfsweise gelten „den Umständen nach **angemessene** Anteile", in letzter Linie wohl **gleiche** Anteile, § 722 I BGB. Bei vertraglicher Bestimmung der Gewinn-, nicht der Verlustanteile, sind diese iZw gleich jenen, § 722 II BGB. Sollen die Gewinnanteile sich nach den Einlagen beider Teile richten, so bleibt das ursprüngliche Verhältnis maßgebend, auch wenn die Einlage des Stillen später in anderem Verhältnis zum (Gesamt-)Geschäftsvermögen steht, RG **25**, 46.

2) Ausschluss der Beteiligung (II)

2 A. Der Vertrag kann die Beteiligung des Stillen am **Gewinn** anders gestalten, auch einschränken, zB durch Ausschluss des Gewinns aus bestimmten Geschäften, Arten von Geschäften, der Geschäfte einer bestimmten Niederlassung, der bei Eingehung der stGes schwebenden Geschäfte, RG JW **39**, 490, auch durch Festsetzung eines Höchstzinses, BGH **156**, 44, eines Höchst- oder Mindestbetrags, sonstige Einschränkung der Gewinnbeteiligung zB durch Vorwegabzüge des Inhabers. Sie kann aber **nicht ganz ausgeschlossen** werden (II Halbs 2). Fester Zins ist nicht Beteiligung am Gewinn iSv § 231, RG **122**, 390; ebenso bloße Umsatzbeteiligung. Eine „stGes" mit Ausschluss der Gewinnbeteiligung ist Darlehen (vgl § 230 Rn 4), BGH **127** 181, oder GbR (anderer Art als die stGes).

3 B. Die Teilnahme des Stillen am **Verlust** kann im Vertrag anders geregelt, auch ganz **ausgeschlossen** werden (II Halbs 1), so idR bei Garantie eines Mindestgewinns. Wird nur Gewinn ausdrücklich geregelt, schließt das noch nicht Verlustbeteiligung aus, BGH NJW **92**, 2696.

3. Abschnitt. Stille Gesellschaft 1–4 § 232

[Gewinn- und Verlustrechnung]

232 (1) Am Schlusse jedes Geschäftsjahrs wird der Gewinn und Verlust berechnet und der auf den stillen Gesellschafter fallende Gewinn ihm ausbezahlt.

(2) ¹Der stille Gesellschafter nimmt an dem Verluste nur bis zum Betrage seiner eingezahlten oder rückständigen Einlage teil. ²Er ist nicht verpflichtet, den bezogenen Gewinn wegen späterer Verluste zurückzuzahlen; jedoch wird, solange seine Einlage durch Verlust vermindert ist, der jährliche Gewinn zur Deckung des Verlustes verwendet.

(3) Der Gewinn, welcher von dem stillen Gesellschafter nicht erhoben wird, vermehrt dessen Einlage nicht, sofern nicht ein anderes vereinbart ist.

Übersicht

1) Ermittlung des Gewinns oder Verlusts 1–3
2) Auszahlung des Gewinnanteils 4, 5
3) Begrenzter Verlustanteil (II) 6, 7
4) Nicht abgehobener Gewinn (III) 8

1) Ermittlung des Gewinns oder Verlusts

A. Anders als die Gfter der OHG, KG (vgl § 120) ist der Stille nicht am 1 Geschäftsergebnis schlechthin beteiligt. Er ist iZw beteiligt an **Anlagevermögen,** die durch Aufwendung von GesMitteln herbeigeführt sind, RG **120,** 410, BGH **7,** 177, 379, also am Wert von Investitionen mit Berücksichtigung nicht der steuerlich zulässigen, sondern der betriebswirtschaftlich richtigen Abschreibungen (insbesondere nicht hoher steuerlich zulässiger Erstjahresabschreibungen bei Auseinandersetzung einer nur einjährigen Ges), BGH BB **60,** 15. Er ist dagegen iZw nicht beteiligt an anderen Wertänderungen im Anlagevermögen, zB nicht am Verkehrswertzuwachs unbebauter Grundstücke, nicht am Gewinn oder Verlust aus der Veräußerung von Anlagegütern, zB Grundstücken, Maschinen. Er ist beteiligt an Wertänderungen im **Umlaufvermögen;** iZw auch aus vor GesVertrag abgeschlossenen, aber erst nachher verwirklichten Geschäften, str. Diese Beschränkung der Teilnahme des Stillen am Geschäftsergebnis gilt für die Jahresabschlüsse sowie für die Auseinandersetzung nach Auflösung der stGes (§ 235 Rn 1). Anders bei atypischer stGes, s § 230 Rn 3. Gewinnermittlung bei Beteiligung an Geschäftsteil s § 230 Rn 4. Umlegung der Generalunkosten, BFH GmbHR **75,** 188.

B. Der Stille kann die Belastung mit dem Ergebnis von **Geschäften** ablehnen, 2 zu denen der Inhaber ihm gegenüber **nicht berechtigt** war, § 230 Rn 13, RG **92,** 293, RG HRR **33,** 465. Umgekehrt ist der Stille nicht beteiligt an Gewinnen, die der Inhaber anders als durch den Betrieb des HdlGewerbes erzielt, RG JW **39,** 490.

C. Zur Ermittlung des Gewinns oder Verlusts bedarf es der Buchführung und 3 des regelmäßigen Jahresabschlusses des Inhabers, so nach § 238 für jeden Kfm. Probleme ergeben sich bei Inhabern, die kraft § 5 oder nur RechtsscheinKfm und als solche nicht buchführungspflichtig sind (§ 238 Rn 7), dazu § 233 Rn 3 und zur Wirkung des Rechtsscheins § 5 Rn 14 ff.

2) Auszahlung des Gewinnanteils (I)

A. Der **Stille** hat ähnlich dem Kdtisten (§ 169) kein Entnahmerecht unabhän- 4 gig vom Gewinn (§ 122), sondern kann nur **Auszahlung seines Gewinnanteils** fordern, I, außer soweit er zur Deckung eines ihm früher belasteten Verlusts benötigt wird, II 2 Halbs 2; aus Treuepflicht (§ 109 Rn 23) muss auch er (vgl

§ 233 II. Buch. Handelsgesellschaften und stille Gesellschaft

§ 122 I) uU zur Verhütung von Schäden auf die Auszahlung verzichten. Das richtig Ausgezahlte braucht er nicht später zur Deckung von Verlusten zurückzuzahlen, II 2 Halbs 1. Die Auszahlung ist fällig nach Rechnungsabschluss oder sobald dieser im ordnungsmäßigen Geschäftsgang möglich. Zins, wenn der Stille Kfm ist, ab Fälligkeit (§ 353), sonst ab Verzug (§§ 286, 288 BGB); Zinssatz s § 352 HGB, § 288 I 2 BGB (nicht § 288 II BGB, da keine Entgeltforderung).

5   B. Der **Inhaber** kann über die Mittel des (ihm allein gehörenden) HdlGeschäfts grundsätzlich nach Belieben verfügen, dabei iZw auch Beliebiges für sich entnehmen, unbeschadet seiner Pflicht gegenüber dem Stillen, das HdlGeschäft zu gemeinsamem Nutzen ordnungsmäßig zu führen (§ 230 Rn 13).

3) Begrenzter Verlustanteil (II)

6   A. **Keine Nachschusspflicht:** II 1 begrenzt entspr § 167 III den (endgültigen) Verlustanteil des Stillen auf seine Einlage. Auch bei Ende der Ges trifft ihn keine Nachschusspflicht, wenn nichts anderes vereinbart ist. Bloße Verlustbeteiligungsklausel, die II 1 ausgestaltet, ist zB: „Der Stille nimmt im Verhältnis am Verlust uneingeschränkt teil, jedoch unbeschadet seiner nur auf die Einlage beschränkten Haftung nach außen", Karlsr ZIP **86**, 916. Nachschussklausel dagegen zB, wenn der Inhaber im Innenverhältnis von der Außenhaftung ganz oder teilweise freigestellt wird oder sonst eindeutig Zuzahlungen des Stillen vorgesehen sind. II 1 hindert also nicht die Bildung eines Passivsaldos auf dem Einlagekonto.

7   B. **Spätere Gewinne:** Ein Passivsaldo des Stillen ist (solange die stGes besteht) durch spätere Gewinne auszugleichen, bevor diese wieder auszahlbar werden **(II 2)**. Bezogene Gewinne kann der Stille behalten.

4) Nicht abgehobener Gewinn (III)

8   Nicht erhobener Gewinn des Stillen erhöht iZw nicht seine Einlage, § 232 III, ist daher gesondert zu buchen (zB auf Privatkonto, vgl § 120 Rn 20) und berührt nicht die (nach dem GesVertrag) vom Betrag der Einlage abhängigen Rechte und Pflichten des Stillen (zB betr Gewinn- und Verlustanteil). Stehenlassen im Einvernehmen mit dem Inhaber, besonders auf bestimmte längere Zeit, kann zusätzliche Einlage bedeuten. Vgl hierzu § 167 Rn 3, 7 (Kdist).

[Kontrollrecht des stillen Gesellschafters]

233 (1) **Der stille Gesellschafter ist berechtigt, die abschriftliche Mitteilung des Jahresabschlusses zu verlangen und dessen Richtigkeit unter Einsicht der Bücher und Papiere zu prüfen.**

(2) **Die in § 716 des Bürgerlichen Gesetzbuchs dem von der Geschäftsführung ausgeschlossenen Gesellschafter eingeräumten weiteren Rechte stehen dem stillen Gesellschafter nicht zu.**

(3) **Auf Antrag des stillen Gesellschafters kann das Gericht, wenn wichtige Gründe vorliegen, die Mitteilung einer Bilanz und eines Jahresabschlusses oder sonstiger Aufklärungen sowie die Vorlegung der Bücher und Papiere jederzeit anordnen.**

Übersicht

1) Das ordentliche Informationsrecht des Stillen (I) 1–5

2) Das außerordentliche Informationsrecht (vgl III) 6

3) Sonstige Informationsrechte (vgl II) 7

4) Verfahren allgemein und nach III 8, 9

3. Abschnitt. Stille Gesellschaft 1–6 § 233

5) Die Informationsrechte bei verbundenen Personengesellschaften 10
6) Abweichende Vereinbarungen 11, 12
7) Das Informationsrecht des Unterbeteiligten 13

1) Das ordentliche Informationsrecht des Stillen (I)

A. **Grundsatz und Reichweite:** I, III (nF 1986, Anpassung an § 242 III) 1 entsprechen wörtlich, und II (der statt § 166 HGB § 716 BGB, nennt, weil stGes Abart der GbR ist) entspricht sachlich **§ 166**; auf die Kommentierung dort ist voll zu verweisen. Das Informationsrecht richtet sich **gegen den Inhaber**. Ob der Stille seine Verpflichtungen erfüllt, namentlich seine Einlage geleistet hat, ist für die Rechte nach § 233 unwesentlich (§ 118 Rn 1), BayObLG KGJ 53 A 260. **Grenzen** aus Missbrauchsverbot und Treuepflicht (§ 118 Rn 1). Lit: Schlitt 1996; Kort DStR **97,** 1372.

Auflösung der Gesellschaft: § 233 gilt in der Liquidation bis zu deren 2 Beendigung (§ 234 Rn 1), dann nicht mehr (wie § 166 Rn 2). § 233 gilt nicht für die ausgeschiedenen Stillen, BGH **50,** 324, DB **69,** 39, BB **76,** 11, aA btr die Zeit vorher Ffm BB **67,** 1182, Heymann/Horn 4. Der ausgeschiedene Stille hat dann btr die Zeit vor seinem Ausscheiden die aus §§ 810 und 242 BGB folgenden Einsichts- und Auskunftsrechte (s Rn 7), BGH **50,** 324, DB **69,** 39, **76,** 41, 2107, Hbg ZIP **04,** 1099 (§ 166 Rn 2). Schwebende Geschäfte s § 235 Rn 5.

B. **Mitteilung des Jahresabschlusses:** Jahresabschluss s § 242 III. I (nF 3 1986, Anpassung an § 242 III) umfasst auch die Steuerbilanz, nach aA nur wenn die Ermittlung der Gewinnbeteiligung des Stillen auf dieser Grundlage erfolgt; auch einen sonstigen Status (vgl § 242 Rn 7), falls vereinbart oder wegen spezieller Gewinn- und Verlustbeteiligung des Stillen erforderlich oder bei einem nicht bilanzierungspflichtigen Inhaber (§ 232 Rn 3); **nicht** Zwischenabschlüsse, Prüfungsberichte, insoweit aber Einsichtsrecht (s Rn 4). Anspruch geht auf Mitteilung, nicht Aufstellung, insoweit aber Informationsrecht, Hbg ZIP **04,** 1099.

C. **Einsichtsrecht:** Der Stille kann die Richtigkeit des Jahresabschlusses unter 4 Einsicht der **Bücher und Papiere des Inhabers** prüfen. Bücher und Papiere des Inhabers s § 166 Rn 4. Das Einsichtsrecht ist **auf die Kontrolle des Rechnungsabschlusses beschränkt** (anders § 118), BGH **25,** 120, BB **84,** 1273. **Zeit, Ort, Art und Weise** der Einsicht entspr der Treuepflicht, keine Herausgabe, Mitnahme, Versendung (§ 118 Rn 4), BGH BB **84,** 1273. **Kosten** s § 118 Rn 5.

D. **Ausübung:** Persönlich oder durch Dritte, ausnahmsweise nur durch Dritte 5 (wie § 166 Rn 5–7). Bei PublikumsGes (mit stillen Beteiligungen) idR Ausübung durch Vertreter oder Beirat (Anh § 177 a Rn 72). Die Rechte aus § 233 sind nicht abtretbar. Bei der zulässigen Abtretung des Gewinnanteils (§ 717 S 2 BGB) hat der Zessionar Anspruch gegen die Ges auf Mitteilung von dessen Höhe (§ 109 Rn 20), BGH BB **76,** 11.

2) Das außerordentliche Informationsrecht (vgl III)

Neben dem Informationsrecht nach I besteht ein außerordentliches Informati- 6 onsrecht, das nach üL aus III folgt, richtiger aber unabhängig von III (dann nur Verfahrensvorschrift) besteht, MüKo/K. Schmidt 13 ff. Das außerordentliche Einsichtsrecht ist anders als I nicht auf die Kontrolle des Rechnungsabschlusses beschränkt. Ausübung persönlich oder durch Dritte s Rn 5. Wichtiger Grund und Umfang s § 166 Rn 9–10. Ein wichtiger Grund liegt jedenfalls dann vor, wenn die Belange des Stillen durch I nicht hinreichend gewahrt sind und Schädigung droht, BGH BB **84,** 1274.

3) Sonstige Informationsrechte (vgl II)

7 Die Rechte des § 716 BGB, zB allgemeines Büchereinsichtsrecht, hat der Kdtist nicht (II), BGH WM **83,** 911. Allgemeines Informationsrecht des Stillen über § 233 hinaus ist str, aber wie beim Kdtisten anzunehmen (§ 166 Rn 11), Hbg ZIP **04,** 1099; auf jeden Fall ist es funktionsgebunden, besteht also nicht zwecks Einwirkung auf die Geschäftsführung, BGH NJW **92,** 1890. Das Auskunftsrecht aus §§ 713, 666 BGB besteht auch bei der zweigliedrigen stGes (§ 166 Rn 12), aA MüKo/K. Schmidt 20, der Unterschied zwischen Individual- und Kollektivrecht löst sich dabei allerdings auf. Einsichts- und Auskunftsrechte aus §§ 810, 242 BGB s § 166 Rn 13.

4) Verfahren allgemein und nach III

8 A. **Allgemein:** Das ordentliche und das außerordentliche Informationsrecht können durch (Leistungs- und Schadensersatz-)**Klage vor dem Prozessgericht** geltend gemacht werden, BGH BB **84,** 1273. Der Kdtist kann gleichzeitig auch nach III vorgehen (unterschiedliche Voraussetzungen), Celle BB **83,** 1451. Vorläufiger Rechtsschutz ist möglich (§ 166 Rn 14), aA MüKo/K. Schmidt 29 Zum Verfahren allgemein näher § 166 Rn 14. Vollstreckung s § 118 Rn 15.

9 B. **Sonderverfahren nach III:** Verfahren nach FamFG, näher § 166 Rn 15.

5) Die Informationsrechte bei verbundenen Personengesellschaften

10 Bücher und Papiere der Ges, nicht nur solche über die inneren Angelegenheiten der Ges, sondern auch über ihre Konzernbeziehungen (§ 105 Rn 100), BGH BB **84,** 1274, näher § 166 Rn 16. Ein eigenes oder abgeleitetes Informationsrecht gegen selbstständige TochterGes hat der Stille nach I nicht, auch nicht gegen den Inhaber auf Ermöglichung solcher unmittelbarer Kontrolle, BGH BB **84,** 1272, 1274. Ausnahmen s § 166 Rn 16. Inhaber als beherrschte Ges s § 166 Rn 17.

6) Abweichende Vereinbarungen

11 A. **Einschränkung:** I und II sind abdingbar, das außerordentliche Informationsrecht und die Verfahrensnorm des III sind zwingend (näher § 166 Rn 18–20).

12 B. **Erweiterung:** Erweiterungen von I und II sind ohne weiteres möglich (verbreitet vor allem bei der atpyischen stGes), auch des außerordentlichen Informationsrechts (zB bezüglich des wichtigen Grundes). Das Verfahren nach III ist dagegen nicht disponibel.

7) Das Informationsrecht des Unterbeteiligten

13 § 233 (einschließlich der Einschränkung des II) ist entspr (nach aA unmittelbar) anwendbar auf Unterbeteiligung (§ 105 Rn 38), BGH **50,** 323, MüKo/K. Schmidt 33, nach aA weitergehend § 716 BGB, Heymann/Horn 12. § 233 gilt nicht für den ausgeschiedenen Unterbeteiligten (wie für Stillen, s Rn 2), aA BGH **50,** 324. Der Unterbeteiligte hat Anspruch gegen den Hauptbeteiligten auf Information über die Beteiligung an der anderen Ges, soweit deren berechtigte Interessen nicht entgegenstehen, BGH BB **84,** 1272 (stGes), Karls BB **84,** 2016 (GmbHG). Ein Recht auf Mitteilung der Bilanzen und sonstiger Unterlagen der HauptGes braucht im Unterbeteiligungsvertrag nicht eigens vorgesehen zu sein, aA BGH **50,** 316, setzt aber Zustimmung (nicht nur Zulassung oder Kenntnis der Unterbeteiligung) durch die HauptGes voraus, BGH **50,** 316. Direkte Informationsrechte gegen die andere Ges hat der Unterbeteiligte nicht (s Rn 10).

3. Abschnitt. Stille Gesellschaft 1–5 **§ 234**

[**Kündigung der Gesellschaft; Tod des stillen Gesellschafters**]

234 (1) ¹**Auf die Kündigung der Gesellschaft durch einen der Gesellschafter oder durch einen Gläubiger des stillen Gesellschafters finden die Vorschriften der §§ 132, 134 und 135 entsprechende Anwendung. ²Die Vorschriften des § 723 des Bürgerlichen Gesetzbuchs über das Recht, die Gesellschaft aus wichtigen Gründen ohne Einhaltung einer Frist zu kündigen, bleiben unberührt.**

(2) **Durch den Tod des stillen Gesellschafters wird die Gesellschaft nicht aufgelöst.**

Übersicht

1) Auflösung und Ende 1
2) Auflösungsgründe (außer Kündigung) 2–7
3) Kündigung 8–10

1) Auflösung und Ende

Wie bei OHG, KG (§ 131 Rn 2) bedeutet auch bei der stGes **Auflösung** 1 noch nicht ohne weiteres das **Ende** der Ges, aA noch hL, BGH NJW **82**, 99; das ist jedenfalls für mehrgliedrige stGes unabweisbar, MüKo/K. Schmidt 2. Zwar wirkt das GesVerhältnis gegenüber Dritten nach der Auflösung so wenig wie vorher (da sie reine InnenGes ist, § 230 Rn 2), aber bis zur Abwicklung der Geschäfte des Inhabers, an denen der Stille noch Teil hat (§ 235 II, III), besteht das GesVerhältnis (jedenfalls bei mehrgliedrigen stGes) fort, nur mit geändertem Zweck (vgl § 131 Rn 2): nicht mehr zum Betrieb des HdlGewerbes im ganzen zu gemeinsamem Nutzen, sondern nur noch zur Abwicklung der schwebenden Geschäfte zu gemeinsamem Nutzen, str. Anders wenn der GesVertrag die Beteiligung an bei Auflösung der stGes schwebenden Geschäften (§ 235 II, III) ausschließt, dann ist Auflösung der stGes Ende des GesVerhältnisses und bleibt nur die schlichte Forderung auf das Auseinandersetzungsguthaben (§ 235 I). Nimmt man Fortbestehen der stGes an, ist bis zur Vollbeendigung **Fortsetzung** (§ 131 Rn 30) möglich, MüKo/K. Schmidt 3.

2) Auflösungsgründe (außer Kündigung)

A. Die stGes kann gemäß **Vereinbarung** enden durch Ablauf ihrer vereinbarten Dauer, Eintritt vereinbarter auflösender Bedingung, unmittelbar auflösende Vereinbarung. Rückgewähr (einvernehmlich) der (ganzen) Einlage muss nicht notwendig die Ges auflösen (vgl § 237 aF, der Rückgewähr ohne Auflösung als möglich unterstellte), RG HRR **41**, 637.

B. Die stGes wird (anders als OHG, KG, s bei § 131) aufgelöst durch **Erreichen** des vereinbarten Zwecks oder **Unmöglichwerden** der Erreichung dieses Zwecks (§ 726 BGB). Unmöglichkeit der Zweckerreichung muss dauernd und offenbar sein, nicht nur vorübergehend, BGH **84**, 381. So zB wenn das HdlGewerbe, auch aus in der Person des Inhabers liegenden Gründen, nicht fortgeführt werden kann; nicht schon, wenn es ohne Gewinnaussicht erscheint, dies kann Grund zur außerordentlichen Kündigung sein (s Rn 9).

C. **Tod** des Inhabers löst iZw die stGes auf (§ 727 I BGB, anders für OHG und KG § 131 III 1 Nr 1). Nach § 234 II gilt das nicht beim Tode des Stillen, die Ges wird iZw mit seinen Erben fortgeführt. Ist der Inhaber eine HdlGes (§ 230 Rn 5), steht deren Auflösung iZw nicht dem Tod gleich, doch kann der Stille uU außerordentlich kündigen (s Rn 9), BGH **84**, 380.

D. **Eröffnung des Insolvenzverfahrens** (beachte Änderungen von § 19 II InsO zur Überschuldung ab 18. 10. 08 und 1. 1. 11, s § 130a Rn 4) über das

§ 234 6–9 II. Buch. Handelsgesellschaften und stille Gesellschaft

Vermögen des Inhabers löst die stGes (zwingend) auf, BGH **51,** 352, auch nach seinem Tode (wenn dieser nicht schon die Ges auflöst, s Rn 4) bei Nachlassinsolvenz, ebenso Eröffnung des Insolvenzverfahrens über das Vermögen des Stillen (auch des Nachlassinsolvenzverfahrens), so § 728 BGB, RG **122,** 72. Konsequenzen im Insolvenzverfahren über das Vermögens des Inhabers s § 236. Zur Auflösung durch Insolvenz des Stillen K. Schmidt KTS **77,** 5.

6 E. Das früher mögliche Vergleichsverfahren gibt es so nicht mehr, an die Stelle der VerglO ist mWv 1. 1. 99 die InsO getreten (§ 236 Rn 1).

7 F. **Geschäftsübertragung:** Veräußert der Inhaber das Unternehmen oder stellt es ein, ist das kein Auflösungsgrund; die stGes setzt sich mit dem bisherigen Inhaber fort (nicht mit dem Übernehmer, § 25 ist nicht einschlägig), ausnahmsweise liegt Zweckvereitelung vor (s Rn 3), idR Recht zur außerordentlichen Kündigung (s Rn 9). Dem Stillen kann ein Anspruch auf (auch unentgeltliche) Geschäftsübertragung eingeräumt werden, zB wenn der Stille das Unternehmen einrichtete und (ohne Gegenleistung) dem Inhaber überließ, BGH **62,** 237 (vgl bei OHG, KG § 140).

3) Kündigung

8 A. **Ordentliche Kündigung** einer auf bestimmte Zeit eingegangenen stGes durch den Inhaber oder Stillen ist nicht vor Ablauf dieser Zeit möglich, einer auf unbestimmte Zeit eingegangenen, auch einer auf Lebenszeit des Inhabers oder Stillen eingegangenen oder nach Ablauf bestimmter Zeit stillschweigend fortgesetzten, abweichend von § 723 I 1 BGB, mit Sechsmonatsfrist auf das Ende des Geschäftsjahrs (des Unternehmens des Inhabers) entspr §§ 132, 134 (so **I** 1). Die ordentliche Kündigung kann bei der auf unbestimmte Zeit oder Lebenszeit geschlossenen stGes (auch der kapitalistischen) wie bei jeder andern InnenGes nicht vertraglich ausgeschlossen werden (§ 723 III BGB); das Gegenteil folgt nicht daraus, dass § 234 I nur für die außerordentliche, nicht die ordentliche Kündigung auf § 723 BGB verweist, BGH **23,** 12, **50,** 321, NJW **92,** 2696. Dagegen kann ordentliche Kündigung für gewisse Zeit **ausgeschlossen,** die Ges also auf diese bestimmt und danach auf weitere unbestimmte (oder Lebens-) Zeit (mit ordentlicher Kündigung) eingegangen werden, RG JW **36,** 1959; auch stillschweigend, wenn die Umstände zu dieser Auslegung nötigen. Grenzen vgl § 132 Rn 12 ff. Unterstellen die Vertragsschließenden Unkündbarkeit des Lebenszeitvertrags (zB zwecks sicherer Versorgung des Stillen), so fehlt eine Geschäftsgrundlage und ist uU Anpassung des Vertrags (§ 313 BGB) durch solche Teilung der Vertragszeit geboten, BGH **LM** § 339 Nr 2. **Hinauskündigung** grundsätzlich auch nicht bei der atypischen stGes, BGH **125,** 74 (s § 140 Rn 23 f).

9 B. **Außerordentliche Kündigung** der stGes durch Inhaber oder Stillen ist möglich nach § 723 I 2, 3, II, III BGB (so ausdrücklich **I** 2). Es bedarf nicht der Klage entspr § 133. Über wichtige Gründe vgl § 133 Rn 5 ff; aber wie schon zwischen phG und Kdtist (OGH **2,** 261), so erträgt erst recht zwischen Inhaber und Stillem das idR weniger enge persönliche Verhältnis uU Dinge, die zwischen Gftern der OHG zur Auflösung zwängen. Auflösung des Inhabers (HdlGes) ist nicht immer wichtiger Grund für den Stillen, BGH **84,** 382. Anders bei auf aktive Zusammenarbeit gerichteter (atypischer, vgl § 230 Rn 3) stGes, BGH DB **77,** 88. Fristlose Kündigung des atypischen Stillen bei wesentlicher GesVertragsänderung ohne seine Zustimmung, BGH BB **80,** 958, s Anh § 177 a Rn 69. Dauernde Ertragslosigkeit kann Grund zur außerordentlichen Kündigung sein, RG JW **27,** 1350. Umdeutung der außerordentlichen in ordentliche Kündigung ist möglich (§ 140 BGB), aber nur wenn dies gewollt und dem andern Teil erkennbar ist, BGH ZIP **98,** 509. Ausschluss oder Beschränkung des außerordentlichen Kündigungsrechts ist nichtig, § 723 III BGB (s oben); Vereinbarung

3. Abschnitt. Stille Gesellschaft 1 **§ 235**

schiedsgerichtlicher Entscheidung über das Kündigungsrecht ist nicht Beschränkung, vgl § 133 Rn 19 und KG HRR **29,** 743.

C. Kündigung durch einen **Gläubiger des Stillen** (ein Gläubiger des Inha- 10 bers hat ohnehin Zugriff auf das ganze Geschäftsvermögen) ist möglich nach fruchtloser Vollstreckung, Pfändung und Überweisung des Auseinandersetzungsguthabens mit Sechsmonatsfrist auf das Ende des Geschäftsjahrs (des Unternehmens des Inhabers) entspr § 135 (so **I 1**). Dazu K. Schmidt KTS **77,** 5.

[Auseinandersetzung]

235 (1) **Nach der Auflösung der Gesellschaft hat sich der Inhaber des Handelsgeschäfts mit dem stillen Gesellschafter auseinanderzusetzen und dessen Guthaben in Geld zu berichtigen.**

(2) **¹Die zur Zeit der Auflösung schwebenden Geschäfte werden von dem Inhaber des Handelsgeschäfts abgewickelt. ²Der stille Gesellschafter nimmt teil an dem Gewinn und Verluste, der sich aus diesen Geschäften ergibt.**

(3) **Er kann am Schlusse jedes Geschäftsjahrs Rechenschaft über die inzwischen beendigten Geschäfte, Auszahlung des ihm gebührenden Betrags und Auskunft über den Stand der noch schwebenden Geschäfte verlangen.**

Übersicht

1) Auseinandersetzung, Guthaben (I) 1–3
2) Ergebnis schwebender Geschäfte (II, III) 4, 5

1) Auseinandersetzung, Guthaben (I)

A. Die **Auseinandersetzung** ist im Falle der typischen stGes anderer Art als 1 bei (Außen-)GbR (vgl Einl 11 vor § 105) und OHG, KG. Sie erfolgt bei diesen „in Ansehung des GesVermögens" (§ 730 I BGB), hier im (schuldrechtlichen) Verhältnis Inhaber-Stiller (§ 235 I). Dort werden grundsätzlich alle Ansprüche aus dem GesVerhältnis zwischen Ges und Gftern und unter Gftern unselbstständige Rechnungsposten (vgl § 145 Rn 6, § 149 Rn 3); hier ist das Endguthaben des Stillen (aus seiner Beteiligung) zu ermitteln, auf dessen Auszahlung er Anspruch hat (§ 235 I); diesem Anspruch können Ansprüche des Inhabers aus dem GesVerhältnis gegenüberstehen; so BGH BB **68,** 268 (Aufrechnung des Stillen; Zurückbehaltung, § 273 BGB, des Inhabers); aA BGH BB **61,** 583, WM **72,** 1056, DB **77,** 2040, NJW **92,** 2696: auch bei stGes Gesamtabrechnung; anders soweit (Gesamt- oder Teil-)Anspruch des Stillen ohne weiteres klar (§ 131 Rn 44). Das aus der Auseinandersetzung folgende **Guthaben** des Stillen ist (ggf mit Vorbehalt der Abrechnung über schwebende Geschäfte, II, III, s 4, 5) zu ermitteln idR durch vom Inhaber unverzüglich nach Auflösung auf den Auflösungstag (RG JW **29,** 321) aufzustellenden **Abschluss (Auseinandersetzungsbilanz,** Gewinnermittlungs- nicht Vermögensbilanz), BGH WM **95,** 1277, Mü HRR **39,** 1299. Dieser entspricht dem zur Ermittlung des Guthabens eines aus OHG, KG ausscheidenden Gfters aufzustellenden (§ 131 Rn 50), jedoch bei der typischen stGes mit der für den Stillen (im Gegensatz zu den Gftern der OHG, KG) geltenden beschränkten Teilnahme an den Wertänderungen des Geschäftsvermögens, der typisch Stille ist also **nicht** am **Geschäftswert** des HdlGeschäfts und an den (zulässigerweise gebildeten) **stillen Reserven** beteiligt, BGH **127,** 181 (s auch § 232 Rn 1); anders im Falle der atypischen stGes (§ 230 Rn 3, dort Abschichtungs-, also Vermögensbilanz), doch sind auch andere Vereinbarungen möglich, Mü WM **93,** 2126. Als Einlage geleistete **Dienste** des Stillen sind, soweit bewertet und als Einlage gebucht (vgl § 230 Rn 20, 22, als solche zu

§ 235 2–5 II. Buch. Handelsgesellschaften und stille Gesellschaft

vergüten; sonst iZw nicht, § 733 II 3 BGB; anders wenn durch den Gewinnanteil nicht voll abgegolten und noch als greifbarer und messbarer Vermögenswert im Geschäft vorhanden; BGH NJW **66,** 501 (Teppichhandel, Einkaufstätigkeit, Gekauftes noch im Lager: Schätzung des noch vorhandenen Werts der Einkaufstätigkeit). Aber keine entsprechende Anwendung des § 89 b (Ausgleichsanspruch für HdlVertreter), BGH BB **78,** 422. Einbeziehung der „atypisch" (§ 230 Rn 3) still an einer **Publikumsgesellschaft** (s Anh § 177 a Rn 52, § 230 Rn 3) Beteiligten gleich wie die Kdtisten, BGH BB **78,** 14, ebenso des über einen Treuhänder Beteiligten (§ 105 Rn 92), also Grundsätze über fehlerhaften Eintritt in Gesellschaft (mit Grenzen, s § 230 Rn 11). Bei PublikumsKG mit GesKapital aus Kommanditeinlagen und stillen Beteiligungen der Kdtisten kann § 235 unanwendbar sein, BGH NJW **80,** 1523. Zur Bedeutung von Auseinandersetzungsabsprachen Ffm DB **77,** 1841. Unternehmenspacht mit stiller Ges s Einl 45 vor § 1.

2 B. Das Guthaben ist stets **in Geld** zu berichtigen, einerlei, was der Stille eingelegt hat. Barliquidation kann nur mit Zustimmung aller still Beteiligten durch Genussscheine ersetzt werden (Kernbereich, § 119 Rn 36), Stgt ZIP **07,** 771. **Zins** nach Vereinbarung, sonst nur bei Verzug oder unter Kflten § 353 (§ 232 Rn 4). Zinssatz s § 232 Rn 4; § 352 (5%) nur, wenn die stGes auch für den Stillen HdlGeschäft ist, OGH Wien BB **65,** 100 (vgl § 230 Rn 6, 12). Ein **Passivsaldo** verpflichtet den Stillen iZw nicht zur Nachzahlung, sondern wird gegenstandslos (§ 232 Rn 6). **Fälligkeit** des Guthabens des Stillen idR erst nach Gesamtabrechnung, anders soweit schon vorher ein Zahlungsanspruch sicher erscheint, BGH DB **77,** 89 (vgl für OHG, KG § 145 Rn 6).

3 C. Der Stille kann **klagen** auf Zahlung, auf Rechnungslegung, RG JW **26,** 1812, auf Rechnungslegung und Zahlung nach § 254 ZPO (Stufenklage), ggf schon vor Abwicklung der schwebenden Geschäfte, an denen er noch beteiligt ist. Kontrollrechte s § 233 Rn 2, auch § 118 Rn 2 (OHG), § 166 Rn 2 (Kdtist). Der Stille, der die Richtigkeit des vom Inhaber zur Auseinandersetzung aufgestellten Abschlusses bestreitet, ist nicht auf (ihm idR unmögliche) Aufstellung einer Gegenrechnung zu verweisen, sondern kann Richtigstellung einzelner Unrichtigkeiten verlangen, BGH BB **60,** 15. Für behaupteten Verlust hat Inhaber die Beweislast auf Grund seiner Rechenschaftspflicht (§ 230 Rn 19). Der künftige Auseinandersetzungsanspruch ist abtretbar. Die Abtretung wirkt auch für den Erben des Stillen, wird jedoch hinfällig, wenn der Stille seine Beteiligung vor Entstehen des Anspruchs auf einen Dritten überträgt, BGH NJW **97,** 3370.

2) Ergebnis schwebender Geschäfte (II, III)

4 A. II und III entsprechen zwar § 740 BGB (§ 131 Rn 45), sind aber nicht ohne weiteres ebenso überholt wie dieser, Schulze-Osterloh ZGR **86,** 561, str. Nach II und III ist der Stille am Ergebnis schwebender Geschäfte iZw beteiligt (obwohl er am Geschäftswert als solchem idR gerade nicht beteiligt ist, s § 232 Rn 1). Bedeutsam ua bei saisonabhängigem Betrieb (zB Getreidehandel). Abbedingung ist möglich, BGH **127,** 181, zB Beteiligung nur am Ergebnis bis Stichtag der Auflösung nach gewöhnlicher Gewinn- und Verlustrechnung.

5 B. Ggf hat der Stille die schwebenden Geschäfte abzuwickeln, es besteht noch ein GesVerhältnis zu beschränktem Zweck (§ 234 Rn 1), mit **Sorgfalts- und Treuepflicht** grundsätzlich wie vorher (vgl § 230 Rn 13, 20). Der Inhaber darf zur Abwicklung der schwebenden auch neue Geschäfte eingehen (vgl § 149 I 1). Über schwebende Geschäfte (II, III) ist gesondert abzurechnen außerhalb der Auseinandersetzungsbilanz auf den Auflösungstag, BGH BB **60,** 15, DB **76,** 2107. Der Stille hat die **Kontrollrechte** nach III, daneben, da das GesVerhältnis noch nicht zu Ende ist, wohl auch die nach § 233 (s oben Rn 3), beschränkt auf die Kontrolle der Abwicklung der schwebenden Geschäfte, str. Lit: K. Schmidt DB **83,** 2401.

3. Abschnitt. Stille Gesellschaft 1–3 § 236

[Insolvenz des Inhabers]

236 (1) Wird über das Vermögen des Inhabers des Handelsgeschäfts das Insolvenzverfahren eröffnet, so kann der stille Gesellschafter wegen der Einlage, soweit sie den Betrag des auf ihn fallenden Anteils am Verlust übersteigt, seine Forderung als Insolvenzgläubiger geltend machen.

(2) Ist die Einlage rückständig, so hat sie der stille Gesellschafter bis zu dem Betrage, welcher zur Deckung seines Anteils am Verlust erforderlich ist, zur Insolvenzmasse einzuzahlen.

Übersicht

1) Insolvenz des Inhabers; Forderung des Stillen (I) 1–3
2) Einzahlungspflicht des Stillen (II) 4
3) Rückgewähr von Einlagen und Gesellschafterdarlehen entgegen § 32a III GmbHG, § 172a aF 5
4) Besonderes Insolvenzanfechtungsrecht (§ 136 InsO) 6–8

1) Insolvenz des Inhabers; Forderung des Stillen (I)

A. § 236 idF EGInsO 1994. § 236 regelt die Insolvenz des Inhabers ohne 1 wesentliche Änderung durch die InsO (beachte Änderungen von § 19 II InsO zur Überschuldung ab 18. 10. 08 und 1. 1. 11). Das früher mögliche Vergleichsverfahren (VerglO) ist durch die InsO integriert, die VerglO ist mWv 1. 1. 99 aufgehoben, zur früheren Rechtslage 29. Aufl § 236 Rn 5–6. Die stGes ist als reine InnenGes nicht insolvenzfähig. Deshalb gelten Sonderregeln für die Insolvenz des Inhabers, während es für die Insolvenz des Stillen bei den allgemeinen Regeln bleibt (Auflösung des stGes nach § 728 BGB, Auseinandersetzung nach § 84 InsO). Die Eröffnung des Insolvenzverfahrens über das Vermögen des Inhabers löst die stGes auf (§ 728 BGB, § 234 Rn 5). (Gemein)Schuldner ist nur der Inhaber, er allein hat die Schuldnerrechte. Auf den Tag der Eröffnung (und Auflösung der stGes) ist ein Abschluss aufzustellen und (unter Berücksichtigung seiner Beteiligung an den bis dahin eingetretenen Verlusten) das Guthaben des Stillen zu ermitteln (§ 235 Rn 1); mit diesem ist der Stille **Insolvenzgläubiger** wie die andern nicht bevorrechtigten Gläubiger. Ein Absonderungsrecht (etwa an dem von ihm Eingelegten) hat er nur, wenn sein Guthaben pfandgesichert, RG Gruch **29,** 996, oder durch eine andere Sicherheit gesichert ist; anders bei Rangrücktritt (§ 39 II InsO), vgl Hamm NJW-RR **94,** 672, oder wenn seine Einlage wie haftendes Eigenkapital zu behandeln ist (s Rn 3). Nur zum Gebrauch überlassene Gegenstände kann er aussondern. I regelt nur Einlagenrückzahlung; Schadensersatz wegen Verlusts der Einlage kann der Stille uneingeschränkt fordern (außer bei Vereinbarung nachrangiger Hafteinlagen, vgl § 10 IV KWG, s Rn 3), BGH **83,** 344. Nach Beendigung des Insolvenzverfahrens gemäß Insolvenzplan können der Inhaber und der Stille gemäß Insolvenzplan die stGes fortsetzen, der Stille kann dann nicht als Insolvenzgläubiger seine Einlage zurückfordern, sondern nimmt am Verlust und eventuellem Sanierungsgewinn teil, vgl auch BGH **51,** 352. Lit: K. Schmidt KTS **77,** 1, 65.

B. **Schwebende Geschäfte** nach § 235 II, III hat der Insolvenzverwalter 2 abzuwickeln (vgl §§ 103 ff InsO), ein Gewinnanteil des Stillen hieraus ist ebenfalls Insolvenzforderung.

C. Eine stille Einlage ist zwar grundsätzlich Fremdkapital (§ 230 Rn 21), kann 3 aber entgegen § 236 **gesellschaftsrechtlich als** Teil der **Eigenkapital**grundlage des Inhabers (KG) **vereinbart** sein, so wenn die Erbringung der stillen Einlage gesellschaftsrechtliche Beitragspflicht eines Kdtisten ist, BGH NJW **81,** 2251, oder wenn Stiller wie Kdtist oder wie GmbHGfter mitbestimmt, BGH **106,** 7,

§ 236 4–6 II. Buch. Handelsgesellschaften und stille Gesellschaft

NJW **85**, 1079, WM **06**, 691, aber nicht allgemein für atypische Stille, Stgt NZG **09**, 259, aA Ffm WM **81**, 1371; dann muss die stille Einlage als Haftungsmasse für die Gläubiger voll eingezahlt werden. Auch **schuldrechtlich** kann Behandlung wie Eigenkapital vereinbart sein **(Finanzplanvereinbarung)**. Bei nachrangiger Hafteinlage bzw **Rangrücktritt** kann der Stille die Einlage erst nach Befriedigung der Gläubiger zurückfordern, BGH **83**, 344, **106**, 9, **156**, 44, Hamm ZIP **93**, 1321, Habersack ZGR **00**, 400. Zur KG & Still Weimar DB **87**, 1077. Lit: MüKo/K. Schmidt § 230 Rn 170f, Schön ZGR **90**, 220.

2) Einzahlungspflicht des Stillen (II)

4 Eine noch geschuldete Einlage hat der Stille in die Insolvenzmasse zu zahlen, aber erst bei Fälligkeit und nur (auch wenn er mit der Einzahlung im Verzug war) bis zu dem Betrag, der zur Deckung seines Anteils am Verlust benötigt wird. Wenn er am Verlust gar nicht beteiligt ist (§ 231 II), hat er nichts mehr einzuzahlen, RG **84**, 436. Noch zu erfüllende Sacheinlageschulden werden nicht Geldschuld, str. Der Stille kann gegen den Einzahlungsanspruch mit seinem Rückzahlungsanspruch aufrechnen, sofern dieser bereits feststeht.

3) Rückgewähr von Einlagen und Gesellschafterdarlehen entgegen § 32a III GmbHG, § 172a aF

5 § 32a GmbHG, § 172a sind durch MoMiG aufgehoben, jetzt insolvenzrechtliche Regelung, s vor § 172a. Das gilt auch für die Darlehen durch den atypisch stGfter, für GmbH & Still str, Mock DStR **08**, 1647.

Altes Recht vor MoMiG: Bei der GmbH & Still (§ 230 Rn 5) fehlt zwar eine Vorschrift wie §§ 172a, 129a (vgl § 32a VII idF RegE GmbH-Novelle 1980, s § 172a Rn 1), aber §§ 32a, 32b GmbHG gelten sinngemäß für andere Rechtshandlungen, die der Darlehensgewährung wirtschaftlich entsprechen (§ 32a III GmbHG, s § 172a Rn 10). Das ist auch für §§ 30, 31 GmbHG (§ 172a Rn 18) anzunehmen. Der Stille kann danach uU entsprechend §§ 172a, 129a HGB iVm §§ 32a, 32b GmbHG einerseits und §§ 30, 31 GmbHG andererseits eigenkapitalersetzende Einlagen und eigenkapitalersetzende Darlehen im Insolvenzverfahren über das Vermögen der stGes nicht zurückfordern bzw haftet für ein bereits zurückgezahltes Darlehen, kann also entgegen § 236 seine Forderung aus nicht als normaler Insolvenzgläubiger geltend machen. Das gilt für atypische Stille, die ähnlich wie GmbHGfter die Geschicke der Ges bestimmen sowie an Vermögen und Ertrag beteiligt sind, BGH 106, 7, WM 06, 691, Hamm ZIP 93, 1321, bei Stellung ähnlich einem Kdtisten, Hbg ZIP 90, 791; dagegen nicht für typisch Stille, die als solche nicht an der GmbH beteiligt sind und keine Pflicht zur Erhaltung des Stammkapitals der GmbH haben, BGH NJW 83, 1856. Die Mitgliedschaft auch in der GmbH ist jedoch hier ebenso wenig zu fordern wie beim Kdtisten der GmbH & Co in der GmbH (§ 172a Rn 33), str, es kommt nur auf den eigenkapitalersetzenden Charakter an. Stille Einlage selbst als Teil des Eigenkapitals s Rn 3. Lit: MüKo/K. Schmidt 25, Hopt/Mülbert § 607 Rz 128; K. Schmidt ZHR 140 (76) 488, Lutter/Hommelhoff ZGR 79, 49, Kollhosser WM 85, 929, Reusch BB 89, 2358.

4) Besonderes Insolvenzanfechtungsrecht (§ 136 InsO)

6 A. **§ 136 I 1 InsO:** § 136 InsO ersetzt ohne größere sachliche Änderungen § 237 aF HGB. Neben dem allgemeinen Anfechtungsrecht nach §§ 129ff HGB hat der Insolvenzverwalter nach § 136 InsO ein besonderes Insolvenzanfechtungsrecht, das selbstständig neben die allgemeinen Anfechtungstatbestände (zB §§ 132, 134 InsO) tritt, ohne diese zu verdrängen. Grund für § 136 InsO sind das Insiderwissen des Stillen (vgl § 233) und die typischerweise engen Beziehungen zwischen dem Inhaber und dem Stillen. Anfechtbar ist eine Rechtshandlung, durch die dem Stillen die **Einlage** ganz oder teilweise **zurückgewährt** oder sein **Anteil an dem entstandenen Verlust** ganz oder teilweise **erlassen** wird, wenn

die **zugrundeliegende Vereinbarung im letzten Jahr vor dem Antrag** auf Eröffnung des Insolvenzverfahrens über das Vermögen des Inhabers oder nach diesem Antrag getroffen worden ist (I 1). Benachteiligungsabsicht ist nicht notwendig, das besondere Verhältnis zwischen Inhaber und Stillem in der stGes rechtfertigt hier rein objektive Anfechtungsvoraussetzungen (RegE). Der Rückgewähr steht hier jede andersartige Beseitigung des Zugriffs anderer Gläubiger (neben Leistung alle Leistungssurrogate, vor allem Aufrechnung), auch (nachträgliche) **Sicherung** des Stillen mit Gegenständen des Geschäftsvermögens, gleich, RG **84**, 436. Keine derartige Vereinbarung liegt vor bei Rückgewähr auf Grund des GesVertrags, RG **84**, 438, auch wenn er erst während des letzten Jahres vor Eröffnung des Insolvenzverfahrens eingegangen wurde; bei Rückgewähr nach Kündigung des GesVertrags durch den Stillen aus wichtigem Grunde, zB wegen Täuschung beim Vertragsschluss (§ 105 Rn 80), BGH **55**, 10, oder nach sonst wirksamer Kündigung, BGH NJW **01**, 1270; bei Erlass einer Einlagepflicht, soweit die Einlage nicht zur Verlustdeckung benötigt wird (§ 236 II). Eigenkapitalersetzende GfterDarlehen des Stillen s Rn 5. Die Anfechtung macht nicht das rückgewährende Rechtsgeschäft nichtig, sondern verpflichtet nur den Empfänger zur Rückgewähr (§ 143 InsO), BGH WM **71**, 183. § 136 InsO setzt als besonderer Fall der Insolvenzanfechtung Aktivlegitimation des Insolvenzverwalters wie zu §§ 129 ff InsO voraus, zB für Ansprüche aus § 826 BGB nur bei Schädigung des Gemeinschuldners oder der zur gemeinsamen Befriedigung dienenden Insolvenzmasse, BGH NJW **86**, 1174.

B. **§ 136 I 2 InsO:** Das Insolvenzanfechtungsrecht nach I 1 besteht **auch,** 7 wenn im Zusammenhang mit der Vereinbarung die stGes **aufgelöst** worden ist (I 2). Bsp: Annahme einer nicht zulässigen Kündigung des Stillen durch den Inhaber, welche die Rückzahlungspflicht begründet.

C. **§ 136 II InsO:** Die Anfechtung ist ausgeschlossen, wenn ein **Eröffnungs-** 8 **grund erst nach der Vereinbarung** iSv I **eingetreten** ist (II). Solche Eröffnungsgründe sind Zahlungsunfähigkeit, drohende Zahlungsunfähigkeit, bei juristischen Personen und Ges ohne eine natürliche Person als phG auch Überschuldung (§§ 17–19 InsO, Überschuldungsbegriff § 19 II InsO, s § 130 a Rn 4). Der Stille trägt die Beweislast, BGH **83**, 346.

237 *(aufgehoben)*

§ 237 über das besondere Insolvenzanfechtungsrecht bei der stillen Ges ist 1 aufgehoben durch EGInsO 1994 und ersetzt worden durch § 136 InsO (s § 236 Rn 6).

Drittes Buch. Handelsbücher

Einleitung vor § 238

Schrifttum

1) HGB-Bilanzrecht

A. **Kommentare:** *Adler/Düring/Schmaltz,* Rechnungslegung und Prüfung der Unternehmen, 6. Aufl von *Forster, Goerdeler* ua, 1994 ff (LBl, zit ADS). – *Baetge/Kirsch/ Thiele,* Bilanzrecht – Kommentar, 2002 ff (LBl). – *Berger/Ellrott/Förschle/Hoyos/Winkeljohann,* Beck'scher Bilanz-Kommentar, Handels- und Steuerrecht – §§ 238 bis 339 HGB –, 6. Aufl 2006 (zit BeckBilKomm). – *GK/HGB (Ensthaler)* 7. Aufl 2007. – *HdlbgKo/(Glanegger ua)* 7. Aufl 2007. – *Ulmer* (Hrsg), Großkomm Bilanzrecht, 2 Bde 2002 (zit GK BilR). – *Heymann* 2. Aufl 1995 ff. – *Koller/Roth/Morck* 6. Aufl 2007. – *MüKo(AktG)* Band 5/1 – §§ 238 bis 264 c, 2. Aufl 2003 – *MüKo(HGB)* 2. Aufl 2009. – *KöKo/Claussen/(Korth)* 3. Aufl 2004 ff (Einzellieferungen). – *L. Schmidt,* EStG, 27. Aufl 2008. – *Wiedmann* 2. Aufl 2004. Zur AG s **(2)** AktG; zur GmbH s **(2)** GmbHG, besonders *Baumbach/Hueck (/Schulze-Osterloh)* 17. Aufl 2000.

B. **Lehr- und Handbücher:** *Achleitner/Behr,* International Accounting Standards, 3. Aufl 2003. – *Baetge/Kirsch/Thiele,* Bilanzen, 9. Aufl 2007. – *Baetge/Kirsch/Thiele,* Konzernbilanzen, 7. Aufl 2004. – *Baetge/Kirsch/Thiele,* Bilanzanalyse, 2. Aufl 2004. – *Bitz/Schneeloch/Wittstock,* Der Jahresabschluss, 4. Aufl 2003. – *Budde/Förschle,* Sonderbilanzen, 9. Aufl 2008. – *Castan ua (Hrsg),* Beck'sches Hdb der Rechnungslegung (LBl, zit BeckHdb). – *Großfeld/Luttermann,* Bilanzrecht, 4. Aufl 2005. – *Hofbauer/Kupsch,* Bonner Hdb der Rechnungslegung (LBl, zit BoHdR). – *Knobbe-Keuk,* Bilanz- und Unternehmenssteuerrecht, 9. Aufl 1993. – *Küting/Weber,* Hdb der Konzernrechnungslegung, 5. Aufl 2002 ff. (LBl, zit Kü/We) – *Küting,* Hdb der Konzernrechnungslegung 2. Aufl 1998 (zit HdbKonzernRL); *Küting/Weber,* Der Konzernabschluss, 11. Aufl 2008. – Küting/Pfitzer/Weber, Das neue deutsche Bilanzrecht, 2008. – *Moxter,* Bilanzlehre Bd II: Einführung in das neue Bilanzrecht, 3. Aufl 1984. *Moxter,* Grundsätze ordnungsgemäßer Rechnungslegung, 2003. – *Weber/Rogler,* Betriebswirtschaftliches Rechnungswesen. Band 1: Bilanz sowie Gewinn- und Verlustrechnung, 5. Aufl 2004. – *Weber-Grellet,* Bilanzsteuerrecht, 8. Aufl 2004. – *Winnefeld,* Bilanz-Hdb, 4. Aufl 2006. – *Wirtschaftsprüfer-Handbuch,* 2 Bde, Bd I 13. Aufl 2006, Bd 2 13. Aufl 2007 (WP-Hdb). – *Wöhe,* Die Handels- und Steuerbilanz, 5. Aufl 2005. – *von Wysocki/Schulze-Osterloh,* Hdb des Jahresabschlusses in Einzeldarstellungen (LBl, zit HdJ).

C. **Einzeldarstellungen und Sonstiges:** *Deimel,* in: *Jannott/Frodermann,* Handbuch der Europäischen Aktiengesellschaft, 2005, 237–265 (SE-Rechnungslegung). – *Dörner/Menold/Pfitzer/Oser,* Reform des Aktienrechts, der Rechnungslegung und Prüfung, 2. Aufl 2003. – *Herzig,* Europäisierung des Bilanzrechts, 1997. – *IDW,* Fachgutachten und Stellungnahmen (LBl). – *IDW,* IDW Prüfungsstandards (IDW PS) IDW Stellungnahmen zur Rechnungslegung (IDW RS) (LBl). *IDW– Korth/Kasperzak,* Konzernrechnungslegung nach HGB, 1999. – *Leffson,* Die Grundsätze ordnungsmäßiger Buchführung, 7. Aufl. 1987. – *Leffson/Rückle/Großfeld,* Handwörterbuch unbestimmter Rechtsbegriffe im Bilanzrecht des HGB, 1986. – *von Wysocki/Wohlgemuth,* Konzernrechnungslegung, 4. Aufl 1996. – *Küting* BB **00**, 451 (Perspektiven). – *Moxter* BB 00, 2143. – *Ernst,* BB **04**, 936. – Lit zu IAS/IFRS und US GAAP s § 315 a. **Muster:** *Hopt/Kraft,* Vertrags- und Formularbuch zum Hdl-, Ges- und Bankrecht, 3. Aufl 2007, Teil III. A–K (mit 51 Mustern und Formularen). **RsprÜbersichten:** *Moxter,* BilanzRspr, 6. Aufl. 1997 (meist BFH). – *Weber-Grellet,* BB **03**, 37; **04**, 35; **05**, 36, **06**, 35, **07**, 35, **08**, 43, **09**, 38 (BFH-Rspr zum Bilanzsteuerrecht).

2) IAS/IFRS

A. **Kommentare:** *Adler/Düring/Schmaltz,* Rechnungslegung nach Internationalen Standards, LBl 2002 ff, zit ADS-International – *Baetge ua,* Rechnungslegung nach IAS. Kommentar auf der Grundlage des deutschen Bilanzrechts (LBl 2 Bände, zit *Baetge,* IAS-Kommentar) – *Baetge/Kirsch/Thiele,* Bilanzrecht (LBl 2 Bände, zit Baetge/Kirsch/

Einl v § 238

Thiele, Bilanzrecht-Kommentar) – *Lüdenbach/Hoffmann*, IAS/IFRS-Kommentar, 4. Aufl 2006. – *MüKo(BilanzR/IFRS)*, Kommentar zum Bilanzrecht Band 1 (IFRS), 2008 (LBl). B. **Lehr- und Handbücher:** *Achleitner/Behr*, International Accounting Standards, 3. Aufl 2003. – *Ammann/Müller*, IFRS – International Financial Reporting Standards, 2. Aufl 2006. *Ballwieser/Beine/Hayn/Peemöller/Schruff/Weber* (Hrsg.), Wiley-Kommentar zur internationalen Rechnungslegung nach IAS/IFRS, 4. Aufl 2008 (entgegen dem Titel kein Kommentar, sondern Handbuch). – *Böckli*, Einführung in die IFRS/IAS, 2. Aufl, Zürich 2005. – *Bohl ua*, Beck'sches IFRS-Hdb, 2. Aufl 2006 (zit Beck-IFRS-Hdb). – *Heuser/Theile*, IAS-Handbuch. Einzel- und Konzernabschluss, 3. Aufl 2007. – *Heyd*, Internationale Rechnungslegung, 2003. – *Kirsch*, Einführung in die internationale Rechnungslegung nach IAS/IFRS, 5. Aufl 2008. – *KPMG*, International Financial Reporting Standards, 4. Aufl 2007. – *Pellens/Fülbier/Gassen*, Internationale Rechnungslegung, 7. Aufl 2008. – *Ruhnke*, Rechnungslegung nach IFRS und HGB, 2. Aufl 2008. – *Wagenhofer*, Internationale Rechnungslegungsstandards – IAS/IFRS, 5. Aufl 2005. – *Winkeljohann*, Rechnungslegung nach IFRS, 2. Aufl 2006.

C. **Einzeldarstellungen und Sonstiges:** *Bieg/Heyd*, Fair Value, 2005. – *Löw*, Rechnungslegung für Banken nach IAS, 2. Aufl. 2005. – *Kahle*, Internationale Rechnungslegung und ihre Auswirkungen auf Handels- und Steuerbilanz, 2002. – *Krumnow ua* (Hrsg.), Rechnungslegung der Kreditinstitute, 2. Aufl 2004. – *Mandler*, Der deutsche Mittelstand vor der IAS-Umstellung 2005, 2004.

D. **Vergleichend:** *Born*, Rechnungslegung international. Einzel- und Konzernabschlüsse nach IAS, US-GAAP, HGB und EG-Richtlinien, 5. Aufl 2007. – *Bossert/Lorch*, Konzernrechnungslegung international, 2005. – *Hayn/Waldersee*, IFRS/US GAAP/HGB im Vergleich, 6. Aufl 2006. – *Oestreicher*, Handels- und Steuerbilanzen. HGB, IAS/IFRS, US-GAAP, EStG und BewG, 6. Aufl 2003. – *Rockel/Helten/Loy/Ott*, Versicherungsbilanzen, 2. Aufl 2007. – *Selchert/Erhardt*, Internationale Rechnungslegung. Der Jahresabschluss nach HGB, IAS und US GAAP, 3. Aufl 2002.

E. **Glossare (engl-dt):** *Baetge*, IAS-Kommentar, Anh III. – *Hohenstein/Kremin-Buch*, Fachbegriffe Internationale Rechnungslegung, 2. Aufl 2002. – BeckIFRS-Hdb S 927 ff.

3) US GAAP S § 315a Rn 5.

Übersicht

I. Bilanzrecht des HGB

1) Die Bilanzrechtsreform 1985 durch das Bilanzrichtliniengesetz (BiRiLiG) 1–3
2) Die Bilanzrechtsentwicklung bis 2009 4–24
   A. Weiterentwicklung des europäischen Rechnungslegungsrechts 5–13
   B. Die Bilanzrechtsreform 2004 14–21
   C. Wichtige Reformmaßnahmen seit 2004 22–24
3) Das Bilanzrechtsmodernisierungsgesetz 2009 (BilMoG) 25–62
4) Der Inhalt des Dritten Buches 63–80
   A. Überblick 63
   B. Aufbauprinzipien und damit verbundene Sachentscheidungen 64–65
   C. Definitionen und Größenmerkmale 66–69
   D. Die wichtigsten Sachentscheidungen des Dritten Buches 70–80
5) Bilanzrecht außerhalb des HGB 81
6) Übergangsrecht 82–110
   A. Übergangsvorschriften in (1) EGHGB Art 23–28 82–88
   B. Übergangsvorschriften in (1) EGHGB Art 30–31 89–91
   C. Übergangsvorschriften in (1) EGHGB Art 32–33 92
   D. Übergangsvorschriften für die neuen Bundesländer (DMBilG) 93
   E. Übergangsvorschriften in (1) EGHGB Art 47 94
   F. Übergangsvorschriften in (1) EGHGB Art 48 95

G. Übergangsvorschriften in (1) EGHGB Art 49 96
H. Übergangsvorschriften in (1) EGHGB Art 50 97
I. Übergangsvorschriften in (1) EGHGB Art 51 98
J. Übergangsvorschriften in (1) EGHGB Art 54 99
K. Übergangsvorschriften in (1) EGHGB Art 55 100
L. Übergangsvorschriften in (1) EGHGB Art 56 101
M. Übergangsvorschriften in (1) EGHGB Art 57 u 58 102–104
N. Übergangsvorschriften in (1) EGHGB Art 59 105
O. Übergangsvorschriften in (1) EGHGB Art 60 106
P. Übergangsvorschriften in (1) EGHGB Art 61 107
Q. Übergangsvorschriften in (1) EGHGB Art 62 108
R. Übergangsvorschriften in (1) EGHGB Art 66 109
S. Übergangsvorschriften in (1) EGHGB Art 67 110

II. Internationale Rechnungslegungsstandards

1) Gründe für die Internationalisierung der Rechnungslegung 111–114
  A. Internationalisierung der Kapitalmärkte 111
  B. Vorteile internationaler Rechnungslegung 112
  C. Probleme internationaler Rechnungslegung 113

2) Das International Accounting Standards Board und die internationalen Rechnungslegungsstandards 115–138
  A. Entwicklung und Zielsetzung 115–121
  B. Organisation 122–126
  C. Verlautbarungen des IASB 127–135
  D. Zur Terminologie von IAS, IFRS und „internationalen Rechnungslegungsstandards" 136–138

3) Grundlagen der internationalen Rechnungslegungsstandards 139–164
  A. Framework 139–149
  B. Rechnungslegungsgrundsätze 150–156
  C. Abschlusselemente 157
  D. Erstmalige Aufstellung eines IFRS-Abschlusses 158–163
  E. Auslegung der internationalen Rechnungslegungsstandards 164

4) Der Einfluss der internationalen Standards auf die europäische und die deutsche Rechnungslegung 165–175
  A. Kapitalaufnahmeerleichterungsgesetz (KapAEG) 165–166
  B. Richtungswechsel auf EU-Ebene 167–170
  C. Bilanzrechtsreformgesetz (BilReG) 171–172
  D. Befreiender IAS/IFRS-Abschluss 173
  E. BilMoG 2009: Dauerhafter und vollwertiger Wettbewerb der HGB- mit der IFRS-Bilanz 174–175

5) Inhaltliche Gegenüberstellung der HGB-Grundsätze und der internationalen Rechnungslegungsstandards 176–186
  A. Formale Unterschiede 176–178
  B. Inhaltliche Unterschiede 179–186

6) Übersicht über die geltenden IAS, IFRS, SIC- und IFRIC-Interpretationen 187

7) Übersicht über die von der EU-Kommission übernommenen IAS, IFRS, SIC- und IFRIC-Interpretationen 188–217

8) Fundstellenverzeichnis der Erläuterungen der internationalen Rechnungslegungsstandards in dieser Kommentierung 218

I. Bilanzrecht des HGB

1) Die Bilanzrechtsreform 1985 durch das Bilanzrichtlinien-Gesetz (BiRiLiG):

1 Das heutige deutsche Bilanzrecht ist in seinen wesentlichen Grundentscheidungen unverändert geprägt durch das „G zur Durchführung der Vierten, Siebenten und Achten Richtlinie des Rates der Europäischen Gemeinschaften zur Koordinierung des Gesellschaftsrechts (Bilanzrichtlinien-Gesetz – BiRiLiG)" vom

Einleitung 2–9 **Einl v § 238**

19. 12. 85 (BGBl I 2355), materiell in Kraft ab 1. 1. 86, das die **bis dahin einschneidendste Änderung des HGB** seit Herausnahme des Aktienrechts (Streichung von § 20 und Buch II Abschn 3, 4) bei Erlass des AktG **1937** gebracht hat (zur 4., 7. und 8. EG-Richtlinie und zu den Reformzielen des BiRiLiG siehe in der Vorauflage Rdnr. 4–13). Es hat neben kleineren Änderungen des HGB im Ersten und Zweiten Buch (§§ 8 a, 9 II, 100 II, 118 I, 166; Aufhebung der §§ 38–47 b; Umbenennung der §§ 335–342 in §§ 230–237) ein eigenes **neues Drittes Buch** des HGB mit 102 Paragraphen (Überschriften im Dritten Buch sind amtlich, im übrigen HGB außerhalb des Dritten Buches außer bei einigen neueren Paragraphen nichtamtlich) geschaffen und gleichzeitig tiefe Einschnitte in zahlreiche andere Gesetze wie AktG, GmbHG, GenG, PublG, WPO und andere (s Rn 81) vorgenommen.

In der Sache fasste das BiRiLiG das bis dahin höchst rudimentäre Buchführungs- und Bilanzrecht des HGB (§§ 38–47 b aF, seither in §§ 238 ff inkorporiert) und wesentliche Teile des früheren Rechnungslegungsrechts für AG (über die Aufstellung des Jahresabschlusses, über die Prüfung des Jahresabschlusses und über die Rechnungslegung im Konzern, s Rn 67–78) in einem eigenen Buch des HGB zusammen. Dieses Dritte Buch bildet eine Art **Grundgesetz des Bilanzrechts** (Grundgesetz für Soll und Haben des Kfm), das die wesentlichen Teile des Rechts der Buchführung, Bilanzierung und Rechnungslegung, Prüfung und Offenlegung enthält und für alle Kflte (1. Abschn), Kapitalges (2. Abschn: AG, KGaA, GmbH) und eingetragene Genossenschaften (3. Abschn) zusammenfassend zugänglich macht. Nur abgestimmt, aber nicht integriert in das HGB hatte das BiRiLiG 1985 im Wesentlichen nur das Bilanzrecht für Großunternehmen, die nicht KapitalGes sind (PublG). 2

Das **HGB** insgesamt erfuhr mit dem BiRiLiG nach einem jahrzehntelangen Aushöhlungsprozess (s Einl Rn 1–3 vor 2. Teil Handelsrechtliche Nebengesetze) eine enorme Aufwertung, die es in seiner Rolle **als das grundlegende privatrechtliche Gesetz für Kaufleute, Handelsges und Unternehmen bestätigt.** 3

2) Die Bilanzrechtsentwicklung bis 2009: 4

A. **Weiterentwicklung des europäischen Rechnungslegungsrechts.** 5
a) Allgemein hatte das BiRiLiG 1985 erhebliche Auswirkungen auf die Unternehmensbilanzen (Informationsgewinne als auch -verluste), Nachweise DBBk 10/**90,** 17.

b) Das BankBiRiLiG 1990 hat das Sonderbilanzrecht der **Kreditinstitute** 6 nach EG-rechtlichen Vorgaben ganz neu geregelt (s Rn 17, § 340 Rn 1).

c) Das VersRiLiG 1994 hat das Sonderbilanzrecht der **Versicherungsunternehmen** 7 nach EG-rechtlichen Vorgaben ganz neu geregelt (s Rn 18, § 341 Rn 1).

d) Für **weitere Änderungsgesetze** s Einl 15 vor § 1; ua DMBilGÄndG 1994, UmwBerG 1994, BegleitG EG-Ri 1997, 3. FinanzmarktfördG 1998, StückAG 1998, KapAEG 1998, KonTraG 1998, EuroEG 1998, HRefG 1998, SteuerÄndG 1998, KapCoRiLiG 2000, WPOÄG 2000, AVmG 2001, EuroBilG 2001, VersKapAG 2002, 4. FinanzmarktfördG 2002, TransPuG 2002, BilKoG 2004, BilReG 2004.

e) Das **Gesetz über Offenlegung der Vorstandsvergütungen** (VorstOG) v 8
3. 8. 2005 BGBl I 2267 brachte eine Erweiterung der Pflichtangaben zu den Vorstandsvergütungen besonders bei börsennotierten AG in § 285 Nr 9 a, § 314 I Nr 6 a, s § 285 Rn 9 und § 314 Rn 6. Dazu Fleischer DB **05,** 1611.

f) Die Ausklammerung der **GmbH & Co** aus dem BiRiLiG (anders RegE 9 1982) war verfehlt, Lutter/Mertens/Ulmer BB **83,** 1737. Die GmbH &Co ist keine bloße PersonenhandelsGes (unrichtig AmtlBegr), sondern sachlich eine Gesellschaft mbH mit ähnlichem Gläubigerschutz (Anh § 177 a Rn 5). Die Ab-

Merkt 879

Einl v § 238 10–13 III. Buch. Handelsbücher

schlusspublizität ist Korrelat der Marktteilnahme des Unternehmens und schafft zugleich einen Ausgleich für die Haftungsbeschränkung, grdl Merkt, Unternehmenspublizität 332 ff., ebenso jetzt Baums (Hrsg), Bericht der Regierungskommission Corporate Governance 2001 Rn 251, so auch LG Osnabrück BB **05**, 2461. Die 4. EG-Ri nannte ursprünglich zwar die Rechtsform der GmbH & Co nicht ausdrücklich, aber erfasste sie ihrem Sinn nach. Die **GmbH & Co-Richtlinie** 8. 11. 90 ABlEG 16. 11. 90 Nr L 317/60 bezieht solche PersonenGes (OHG, KG), bei denen die Komplementäre ausschließlich KapitalGes oder KapitalGes & Co iSd 4. EG-Ri sind oder bei Sitz außerhalb EU oder EWR eine vergleichbare Rechtsform haben, ausdrücklich in die 4. und 7. EG-Ri ein, sofern der phG eine AG oder GmbH ist, und damit auch in die 8. EG-Ri; ohne Übergangsmaßnahmen für Abschlussprüfer, Everling ZGR **93**, 153. Die Umsetzung ist vertragswidrig bis 1999 verzögert worden, EuGH **97**, 6843 (Daihatsu), s a EuGH BB **04**, 2413 (Axel Springer AG) mit Anm Schulze-Osterloh BB **04**, 2461, jetzt §§ 264 a–c, 285 S 1 Nr 11 a, 15, § 286 III 1, 318 I 2 idF KapCoRiLiG 24. 2. 2000 BGBl 154 (**Übergangsrecht** in (1) EGHGB Art 48). Nach Schätzungen erfasst das KapCoRiLiG rund 100 000 „& Co"-Ges bei Prüfungspflicht von mehr als 20 000 und bis zu 10 000 mittelständischen Bilanzkonzernen, **Übergangsrecht** s Rn 65. Lit: IDW WPg **99**, 433 (zum Entwurf), Strobel DB **99**, 1025, Wiechmann WPg **99**, 916, Eisolt/Verdenhalven NZG **00**, 130, Theile BB **00**, 555.

10   g) Im Gegenzug zu dieser Ausdehnung schaffte die **Mittelstandsrichtlinie** 8. 11. 90 ABlEG 16. 11. 90 Nr L 317/57 **Erleichterungen** zugunsten kleiner und mittlerer Unternehmen durch Anhebung der Größenmerkmale und weitere Wahlrechte der Mitgliedstaaten. Umsetzung durch DMBilGÄndG 25. 7. 94 BGBl 1686 (§§ 26 4, 267, 274 a, 276, 286, 288, 293, 325, 326, 328). **Betragserhöhungsrichtlinie** 21. 3. 94 ABlEG Nr L 82/33.

11   h) Die **Bankbilanz-Richtlinie** 8. 12. 86 ABlEG 31. 12. 86 Nr L 372/1 ergänzt in enger Verbindung zur Bankrechtsangleichung die 4. und 7. EG-Ri für die Kreditwirtschaft (Umsetzung s Rn 48, § 340 Rn 2).

12   i) Die **Versicherungsbilanz-Richtlinie** 19. 12. 91 ABlEG 31. 12. 91 Nr L 374/7 unternimmt dasselbe für die Versicherungsbranche (Umsetzung s Rn 49, § 341 Rn 2).

13   **j) Fortentwicklung unter internationaler Konkurrenz (IAS/IFRS, US GAAP):** Das Ziel der Harmonisierung in der EG, soweit notwendig, wurde trotz der verschiedenen Richtlinien noch nicht erreicht. Die Bemühungen darum in der EG und international gingen weiter. In der EG war ursprünglich an eine Ermächtigungs-Ri gedacht, wonach die EGKomm unter Einschaltung von Ausschüssen ohne EG-Ri unmittelbar Bilanzrechtsvorschriften erlassen könnte. In der Zwischenzeit erwiesen sich jedoch die 4. und 7. EG-Ri unter dem internationalen Einfluss der US GAAP und der IAS/IFRS (s Rn 89 ff) als stark überholungsbedürftig. Sie müssen flexibler gestaltet werden. Der Konzernabschluss hat gegenüber dem Einzelabschluss praktisch vorrangige Bedeutung gewonnen. Da es wegen der grundlegenden Unterschiede zwischen den Mitgliedstaaten zu einer einheitlichen europäischen Rechnungslegung auf absehbare Zeit nicht kommen wird, wird auf andere internationale Regelwerke wie IAS/IFRS oder US GAAP zurückgegriffen (vgl § 315 a). Die parallele Anwendung der 4. und 7. EG-Ri und IAS/IFRS oder US GAAP wirft erhebliche Probleme auf, und es sind aufwändige Überleitungsrechnungen notwendig. Eine Ausklammerung bestimmter Unternehmen (zB börsennotierte) aus der 4. und 7. EG-Ri zugunsten von IAS/IFRS oder US GAAP führt hingegen zu Ungleichheiten innerhalb der EU. Die Durchsetzung der Rechnungslegungsnormen und die Koordinierung sowie Vereinheitlichung auf europäischer Ebene werden immer wichtiger, auch ohne dass es zu einem Europäischen Accounting Standards Board kommt. Überkommene deutsche Rechnungslegungsprinzipien wie Vorsichts-, Maßgeblichkeits- und umgekehrtes Maßgeblichkeitsprinzip (letzteres aufgegeben durch BilMoG, s Rn 25 ff) haben im internationalen Wettbewerb einen schweren Stand. Mit der EG-IAS-VO v 11. 9. 02 (ABlEG L 243/1) steht nun fest, dass kapitalmarktorientierte Ges ihre konsolidierten Jahresabschlüsse ab 2005 nach IAS/IFRS erstellen müssen (Übergangsfrist bis 2007 für Unternehmen, deren Wertpapiere auf Grund der Anwendung internationaler Standards zum öffentlichen Handel in Nichtmitgliedstaat oder von denen nur Schuldtitel zum Handel am geregelten Markt der EU zugelassen sind). Darüber hinaus werden den nationalen Gesetzgebern mit der IAS-VO weitere Optionen eröffnet. Gem Art 5 IAS-VO wird den Mitgliedstaaten ein Wahlrecht in Bezug auf Jahresabschlüsse und hinsichtlich nicht kapitalmarktorientierter Ges eingeräumt. Die Mitgliedstaaten können gestatten oder vorschreiben, dass kapitalmarktorientierte Ges ihre Jahresabschlüsse und nicht kapitalmarktorientierte Ges ihre konsolidierten Abschlüsse und/oder ihre befreienden Einzelabschlüsse nach IAS/IFRS aufstellen, s befürwortend AK Schmalenbach DB **01,** 160, IDW WPg **02,** 985, abl AK Bilanzrecht der Hochschullehrer Rechtswissenschaft BB **02,** 2372, Deutsche Bundesbank Monatsbericht Juni 02, 41. Zur Rechtswirkung von EG-Ri s Einl 36 vor § 105. Lit: Van Hulle ZGR **00,** 537, Ernst BB **01,** 823, krit Busse von Colbe BB **02,** 1530, Ekkenga BB **01,** 2362, Kahle WPg **03,** 262; Kirsch, WPg **03,** 275.

B. **Die Bilanzrechtsreform 2004. a)** Im Jahr 2002 hat die Bundesregierung 14 ein **„10-Punkte-Programm zur Stärkung der Unternehmensintegrität und des Anlegerschutzes"** (nebst Maßnahmenkatalog v 25. 2. 03) vorgelegt. Damit sollten die Bilanzregeln weiterentwickelt und internationalen Rechnungslegungsgrundsätzen angepasst werden (Punkt 4), die Rolle der Abschlussprüfer gestärkt (Punkt 5) und die Rechtmäßigkeit von Unternehmensabschlüssen durch eine unabhängige Stelle (Enforcement) überwacht werden (Punkt 6). Lit: Ernst BB **03,** 1487; Freidank/Pottgießer StuB **03,** 886, Meyer DStR **05,** 41.

b) Mit dem „Gesetz zur Einführung internationaler Rechnungslegungsstan- 15 dards und zur Sicherung der Qualität der Abschlussprüfung (**Bilanzrechtsreformgesetz** – BilReG)" v 4. 12. 04 (BGBl. I 3166) wird das HGB in Umsetzung von Punkt 4 u 5 des 10-Punkte-Programms (s Rn 20) im Bereich des Bilanzrechts und der Abschlussprüfung modernisiert. Im bilanzrechtlichen Teil geht es um die Anpassung des nationalen Rechts an **vier EG-Rechtsakte:**

c) Die **IAS-VO** betreffend internationale Rechnungslegungsstandards (s 16 Rn 21). Insoweit hat das BilReG § 292 a (Befreiung von der Jahresabschluss-Aufstellung nach HGB bei Aufstellung nach international anerkannten Rechnungslegungsgrundsätzen) aufgehoben und statt dessen § 315 a (Konzernabschluss nach internationalen Standards) eingeführt.

d) Die **Modernisierungsrichtlinie** v 18. 6. 03 ABlEU Nr L 178/16 zur 17 Änderung der 4. EGRi (s Rn 4); sie führt die Internationalisierung des europäischen Bilanzrechts weiter und räumt zugleich den Mitgliedstaaten mehr Flexibilität bei der Anpassung ihres nationalen Rechts ein. Dabei werden die IAS nicht unterschiedslos auf alle bilanzierungspflichtigen Unternehmen erstreckt, sondern es werden zusätzliche Wahlrechte geschaffen, die an die Unternehmen weitergegeben werden. Dadurch wird ein Zwang zu einem umfassenden Paradigmenwechsel in der Handelsbilanzierung vermieden. Das BilReG beschränkt sich dementsprechend darauf, das Bilanzrecht an die zwingenden Vorgaben der Ri anzupassen. Änderungen wurden vorgenommen bei §§ 289, 291 III, 298 III, 315, 322, 325 III a, 328 II 3, 340 a I. §§ 295 und 340 j wurden aufgehoben.

e) Die **Schwellenwertrichtlinie** v 13. 5. 03 ABlEU Nr L 120/22 zur Ände- 18 rung der 4. EGRi (s Rn 4). Das BilReG passt die Schwellenwerte in § 267 I, II (Größenklassen für kleine, mittelgroße und große Kapitalges) u § 293 I (Schwellenwerte für die Konzernabschlusspflicht) an. Insgesamt wird eine deutliche, knapp 17%ige Anhebung vorgenommen, AmtlBegr BTDrucks 15/3419, 25.

19 f) Die **Fair-Value-Richtlinie** v 27. 9. 01 ABlEG Nr L 283/28. Diese Ri enthält neben einer großen Zahl von Wahlrechten auch eine beschränkte Zahl von obligatorischen Regelungen zum Anhang und zum Lagebericht. Diese zwingenden Vorgaben werden mit dem BilReG umgesetzt. Soweit die Ri verlangt, Ansatz und Bewertung von Finanzinstrumenten nach Marktwerten jedenfalls als Unternehmenswahlrecht im Konzernabschluss zuzulassen, trug dem bereits das geltende Recht mit § 292 a Rechnung. Das BilReg hebt zwar diese Bestimmung auf, führt aber mit dem neuen § 315 a III ebenfalls ein Unternehmenswahlrecht für den IAS/IFRS-Konzernabschluss ein. Lit: Huthmann/Hofele, KoR **05,** 181.

20 g) Im Bereich der **Abschlussprüfung** geht es im BilReG um die Stärkung der Unabhängigkeit des Abschlussprüfers insbesondere durch Neufassung von § 319 und Einfügung von § 319 a. Darüber hinaus wurden umfangreiche Änderungen bei der **Lageberichterstattung** vorgenommen. Lit: AK Bilanzrecht der Hochschullehrer Zivilrecht BB **04,** 546; Baetge/Brötzmann Konzern **04,** 724; Deutscher Anwaltverein NZG **04,** 412; Ernst BB **03,** 1487; Heuser/Theile, GmbHR **05,** 201; Hoffmann/Lüdenbach GmbHR **04,** 145; Hüttemann BB **04,** 203; Kirsch/Scheele WPg **04,** 1; Lange ZIP **04,** 981.

21 h) Das **Bilanzkontrollgesetz (BilKoG)**: Bis 2004 umfasste das deutsche System zur Durchsetzung der Rechnungslegungsvorschriften nur die Prüfung der Jahres- und Konzernabschlüsse durch den Abschlussprüfer und den Aufsichtsrat. Dies wurde besonders vor dem Hintergrund der jüngeren Bilanzskandale (Comroad, Flowtex ua) zunehmend als unzulänglich angesehen. Abhilfe verspricht man sich durch ein von staatlicher Seite beauftragtes Gremium, das neben Abschlussprüfer und Aufsichtsrat regelmäßig die Richtigkeit von Jahresabschlüssen kapitalmarktorientierter Unternehmen prüft. Mit dem „Gesetz zur Kontrolle von Unternehmensabschlüssen (Bilanzkontrollgesetz – BilKoG)" v 15. 12. 04, BGBl I 3408 wird in Umsetzung von Punkt 6 des 10-Punkte-Programms (s Rn 20) durch Einführung eines nach § 342 a angefügten sechsten Abschnitts („Prüfstelle für Rechnungslegung" §§ 342 b–342 e) ein solches Enforcement der Rechnungslegung börsennotierter Unternehmen eingeführt. Geprüft werden die Abschlüsse und Berichte von Unternehmen, deren Wertpapiere iSd (**16**) WpHG § 2 I S 1 an einer inländischen Börse zum Handel im amtlichen oder geregelten Markt zugelassen sind. Enforcement wird dabei definiert als die Überwachung von Unternehmensberichten, dh der externen Rechnungslegung, durch eine außerhalb des Unternehmens stehende unabhängige Stelle, die nicht mit dem gesetzlichen Abschlussprüfer identisch ist. Verstöße werden durch die BAFin geahndet. Die Prüfstelle als privatrechtliches Gremium steht also neben dem Abschlussprüfer. Ziel der gesonderten Prüfung ist, das verloren gegangene Vertrauen der Anleger in den Kapitalmarkt wiederherzustellen, ferner die Stärkung des Kapitalmarktes und der internationalen Wettbewerbsfähigkeit des Finanzplatzes Deutschland (AmtlBegr 18). Lit: AK Externe Unternehmensrechung Schmalenbach DB **04,** 329, Deutsches Aktieninstitut NZG **04,** 224, Deutscher Anwaltverein NZG **04,** 220, Ernst BB **04,** 936, Großfeld NZG **04,** 393, Hommelhoff/Mattheus BB **04,** 93, Lenz BB **04,** 1951, Zülch StuB **05,** 1, Gelhausen/Hönsch AG **05,** 511.

22 C. **Wichtige Reformmaßnahmen seit 2004. a)** Durch das **„Gesetz über die Offenlegung der Vorstandsvergütungen (VorstOG)"** v 3. 8. 05, BGBl I 2265 wurde in § 285 S 1 Nr 9 a die Pflicht zur Offenlegung von Aktienoptionen und Vorstandsbezügen börsennotierter AG (Einzelbezüge mit Namensnennung, aufgegliedert nach erfolgsabhängigen und -unabhängigen sowie langfristig anreizwirkenden Bestandteilen) erweitert. Lit: Baums ZHR 169 **(2005)** 299; Fleischer DB **05,** 1611; Spindler NZG **05,** 689; Lücke NZG **05,** 692; Thüsing ZIP **05,** 1389.

Einleitung 23–25 **Einl v § 238**

b) Das „**Gesetz über elektronische Handelsregister und Genossen-** 23
schaftsregister sowie das Unternehmensregister (EHUG)" v 10. 11. 06,
BGBl I 2553 hat in Umsetzung der EU-Ri 2003/58/EG v 17. 7. 03 ABlEG Nr
L 221/13 und 2004/109/EG v 15. 12. 04 ABlEG Nr L 390/38 das System der
Offenlegung von Jahresabschlüssen für Kapitalgesellschaften sowohl im organisatorischen Ablauf als auch in der Sanktionierung der Verletzung der Einreichungs- und Veröffentlichungspflichten grundlegend geändert. Gestrichen wurde die Unterscheidung zwischen großen, mittelgroßen und kleinen Kapitalgesellschaften im Hinblick auf die Form der Offenlegung ihrer Jahresabschlüsse. Weggefallen ist ferner die Einreichungspflicht beim Handelsregister. § 325 I und II bestimmen nun für alle Kapitalgesellschaften, dass deren gesetzliche Vertreter den Jahresabschluss und die weiteren in § 325 I 3 nF genannten Dokumente spätestens vor Ablauf des zwölften Monats des dem Abschlussstichtag nachfolgenden Geschäftsjahrs beim Betreiber des elektronischen Bundesanzeigers in elektronischer Form einreichen und unverzüglich nach der Einreichung dort bekannt machen lassen müssen. Dies gilt gem § 264 a auch für die dort aufgeführten haftungsbeschränkten Personengesellschaften (§ 325 III für Konzernabschlüsse). Die Sanktionen für die Verletzung der Einreichungs- und Veröffentlichungspflichten wurden verschärft (§§ 329, 335). Lit: Liebscher/Scharff NJW **06,** 3745.

c) Das **Transparenzrichtlinie-Umsetzungsgesetz (TUG)** v 5. 1. 07, BGBl 24
I 10 hat in Umsetzung der EU-TransparenzRi 2004/109/EG v 15. 12. 04 ABlEG
Nr L 390/38 im Bereich des Bilanzrechts insbesondere den **Bilanzeid** in das
HGB eingeführt, der neben dem Grundtatbestand in § 264 II für den Jahresabschluss auf den Lagebericht (§ 289 I), den Konzernabschluss (§ 297 II) und
den Konzernlagebericht (§ 315 I) erstreckt ist. Abzugeben ist der Bilanzeid auch,
sofern nach internationalen Standards bilanziert wird (§§ 315 a I, 325 II a). Verstöße sind unter Strafe gestellt (§ 331). Das Vorliegen des Bilanzeids wird in den
Umfang der Prüfung der Prüfstelle für Rechnungslegung einbezogen (§ 342 b).

3) Das Bilanzrechtsmodernisierungsgestz 2009 (BilMoG)

a) Mit dem BilMoG 2009 (RegE BT-Drucks 16/10067, Beschlussempfeh- 25
lung und Bericht des BT-Rechtsausschusses BT-Drucks 16/12407) soll das deutsche Bilanzrecht modernisiert werden. International tätige Unternehmen müssen
zunehmend internationale Rechnungslegungsstandards beachten, unabhängig davon, ob sie kapitalmarktorientiert sind. Jedoch ist die Anwendung der IFRS mit
erheblichen Kosten und Publizitätspflichten verbunden, die besonders beim Mittelstand vielfach in keinem angemessenen Verhältnis zum Zusatznutzen informationsorientierter Rechnungslegung stehen. Die Unternehmen sollen eine gleichwertige, aber einfachere und kostengünstigere **Alternative zur Rechnungslegung nach IFRS** erhalten. Besonders kleine und mittelständische Unternehmen
sollen wesentlich entlastet werden. Ferner sollen Lehren aus der Finanzkrise
gezogen werden. Dabei verfolgt der Gesetzgeber im Einzelnen vier große Ziele: **1.**
Die **Deregulierung der Publizitätspflichten** durch die Befreiung kleiner Einzelkaufleute von bestimmten Rechnungslegungspflichten und durch Anhebung
der die einzelnen Größenklassen und damit Rechnungslegungspflichten bestimmenden Schwellenwerte; **2.** die **Verbesserung der Aussagekraft der HGB-Abschlusses** durch Annäherung der Abbildungsvorschriften an die IFRS. Dabei
geht es vor allem um das Aktivierungswahlrecht bei selbst erstellten immateriellen
Vermögensgegenständen des Anlagevermögens, die Bewertung von Finanzinstrumenten zum Marktwert bei Kreditinstituten, die marktnähere Bewertung von
Rückstellungen sowie die Abschaffung einer Vielzahl nicht mehr zeitgemäßer
Wahlrechte; **3.** Die **Erhöhung der Transparenz des HGB-Konzernabschlusses** durch eine veränderte Konzeption der Aufstellungspflicht und durch eine
grundsätzlichen Verpflichtung zur Konsolidierung sog. Zweckgesellschaften;

4. die Umsetzung weiterer EU-Vorgaben und die Stärkung der Kontrollmechanismen für die Einhaltung von Rechnungslegungsvorschriften. Das HGB soll dabei Grundlage sowohl der Ausschüttungsbemessung als auch der steuerlichen Gewinnermittlung bleiben. Die Grundgedanken des Vorsichtsprinzips und des Gläubigeschutzes sollen – wenn auch mit gewissen Einschränkungen – weiter maßgebend bleiben. Weder das System der GoB noch die grundsätzliche Möglichkeit zur Erstellung einer Einheitsbilanz sollen aufgegeben werden. Der Grundsatz der umgekehrten Maßgeblichkeit wird allerdings abgeschafft, die einfache Maßgeblichkeit wird an vielen Stellen durchbrochen. Lit: Ernst/Seidler BB **09**, 766; Lüdenbach/Hoffmann StuB **09**, 287; Oser PiR **09**, 121; Petersen/Zwirner KoR **08**, Beil. 1, Beil. 3; **09**, Beil. 1; StuB **09**, 335; Zwirner NZG **09**, 530.

26   b) Mit dem BilMoG 2009 werden zwei EU-Richtlinien umgesetzt: 1. Die Richtlinie 2006/46/EG vom 14. 6. 06 zur Änderung der Richtlinien 78/660/EWG (4. gesellschaftsrechtliche Richtlinie) über den Jahresabschluss von Gesellschaften bestimmter Rechtsformen, 83/349/EWG über den konsolidierten Abschluss, 86/635/EWG über den Jahresabschluss und den konsolidierten Abschluss von Banken und anderen Finanzinstituten und 91/674/EWG über den Jahresabschluss und den konsolidierten Abschluss von Versicherungsunternehmen **(EU-Abänderungsrichtlinie)** sowie um die Richtlinie 2006/43/EG vom 17. 5. 06 über Abschlussprüfungen von Jahresabschlüssen und konsolidierten Abschlüssen zur Änderung der Richtlinien 78/660/EWG und 83/349/EWG zur Aufhebung der Richtlinie 84/253/EWG **(Abschlussprüferrichtlinie)**. Die Umsetzung der Abänderungsrichtlinie betrifft vorrangig das Bilanzrecht und soll zu ener Stärkung des Vertrauens des Kapitalmarktes in die Richtigkeit und Vollständigkeit der Rechnungslegung durch Aufwertung einzelner Anhangangaben im Bereich der einzelgesellschaftlichen sowie konsolidierten Rechnungslegung führen. Die Umsetzung der Abschlussprüferrichtlinie führt zu Änderungen im Recht der handelsrechtlichen Abschlussprüfung und dient der Harmonisierung der Abschlussprüfung auf europäischer Ebene. Beide Richtlinien werden „eins zu eins" in deutsches Recht umgesetzt. Lit.: Petersen/Zwirner KoR **08**, Beil. 1, Beil. 3; **09**, Beil. 1.

27   c) Das BilMoG 2009 betrifft eine ganze Reihe von unterschiedlichen Regelungsbereichen. Im **Überblick: Die Publizitätspflichten** deutscher Unternehmen werden weiter dereguliert. Der neue § 241 a ermöglicht kleinen Einzelkflten eine Befreiung von der Buchführungspflicht nach § 238, wenn diese an zwei aufeinanderfolgenden Abschlussstichtagen nicht mehr als 500 000 EUR Umsatzerlöse und nicht mehr als 50 000 Euro Jahresüberschuss ausweisen. Bei Neugründungen tritt eine Befreiung bereits ein, wenn die Werte am ersten Abschlussstichtag nach der Neugründung nicht überschritten werden. Für PersonenhandelsGes gelten die genannten Kriterien nicht. Die Ergänzung in § 242 IV stellt zudem sicher, dass die Pflicht zur Aufstellung eines Jahresabschlusses nicht für Unternehmen gilt, die unter § 241 a fallen.

28   Das **Maßgeblichkeitsprinzip** bleibt zwar grundsätzlich erhalten, wird aber **in weiten Teilen durchbrochen.** So besteht zB nach § 248 II künftig ein Aktivierungswahlrecht für selbst erstellte immaterielle Vermögensgegenstände des Anlagevermögens, während § 5 II EStG weiterhin ein Ansatzverbot vorsieht. Das Prinzip der **umgekehrten Maßgeblichkeit** nach § 5 I 2 EStG aF wird **aufgehoben,** dh steuerliche Wertansätze entfalten keine Geltung mehr für die handelsrechtl Rechnungslegung. §§ 247 III (steuerliche Sonderposten), 254 (steuerrechtliche Abschreibungen), 273 (Sonderposten mit Rücklageanteil), 279 II (Vornahme steuerrechtlicher Abschreibungen), 280 werden aufgehoben.

29   **Änderungen im Bereich des handelsrechtlichen Einzelabschlusses:** Mit der Änderung des § 246 I 1 HGB wird der **Grundsatz der wirtschaftlichen Zurechnung** im HGB verankert. Zwar ist für den Bilanzansatz grds zunächst das rechtl Eigentum maßgebend. Ist ein Vermögensgegenstand allerdings nicht dem

Einleitung 30–35 **Einl v § 238**

Eigentümer, sondern einem anderen wirtschaftlich zuzurechnen (durch Beurteilung, welchem Unternehmen die wesentlichen Chancen und Risiken zuzurechnen sind), hat dieser ihn in seiner Bilanz auszuweisen.

Geschäfts- oder Firmenwert: Gem. § 246 ist der entgeltlich erworbene **Geschäfts- oder Firmenwert** als zeitlich begrenzt nutzbarer Vermögensgegenstand anzusehen und zwingend zu aktivieren. Er ist planmäßig bzw. bei Vorliegen entsprechender Hinweise auch außerplanmäßig abzuschreiben. Nach § 253 V ist eine spätere Wertaufholung explizit ausgeschlossen. Bei einer Abschreibung über einen Zeitraum von mehr als fünf Jahren sind ergänzende Anhangangaben nötig. 30

Saldierungen nach § 246 II: Die Neuerungen des § 246 II durchbrechen das grds geltende Bruttoprinzip bei der Darstellung von Vermögensgegenständen und Schulden. Vermögensgegenstände, die dem Zugriff aller übrigen Gläubiger entzogen und unbelastet sind sowie ausschließlich zur Erfüllung von Schulden aus Altersversorgungsverpflichtungen oder vergleichbaren langfristig fälligen Verpflichtungen dienen, sind unmittelbar mit den korrespondierenden Schulden zu verrechnen. Nach § 253 I 4 sind die genannten Vermögensgegenstände verpflichtend mit ihrem beizulegenden Zeitwert zu bewerten. Der der verrechneten Schulden übersteigende Betrag ist in einem gesonderten Verrechnungsposten zu aktivieren. Auf den zum Zeitwert bewerteten Betrag sind passive latente Steuern abzugrenzen. 31

Aktivierungswahlrecht selbst erstellter immaterieller Vermögensgegenstände: Das Aktivierungsverbot selbst erstellter immaterieller Vermögensgegenstände des Anlagevermögens nach § 248 II aF wird aufgehoben und durch ein entsprechendes Wahlrecht zum Ansatz der auf die Entwicklungsphase immaterieller Werte des Anlagevermögens entfallenden Herstellungskosten ersetzt. Bei Nutzung des Ansatzwahlrechts sind passive latente Steuern anzusetzen. Nach § 248 II besteht aber für nicht entgeltlich erworbene Marken, Drucktitel, Verlagsrechte, Kundenlisten oder vergleichbare immaterielle Vermögensgegenstände des Anlagevermögens ein Aktivierungsverbot. Der Ansatz der Aufwendungen, die auf die Forschungsphase entfallen, ist nach § 255 Abs. 2 HGB untersagt. Einen definitorischen Versuch der Abgrenzung zwischen Forschung und Entwicklung sieht § 255 IIa vor. Sofern keine verlässliche Unterscheidung zwischen Forschung und Entwicklung möglich ist, verbietet § 255 IIa eine Aktivierung der angefallenen Kosten. 32

Wegfall von Aufwandsrückstellungen: Durch das BilMoG 2009 wird das Wahlrecht zur Bildung von Aufwandsrückstellungen nach § 249 I 3 aF (unterlassene Aufwendungen für Instandhaltung, die mehr als drei Monate nach Geschäftsjahresende, aber im folgenden Geschäftsjahr nachgeholt werden) sowie nach § 249 II aF (insb. für Generalüberholungen und Großreparaturen) aufgehoben. 33

Rechnungsabgrenzungsposten: Die Möglichkeit zur Aktivierung von als Aufwand berücksichtigten Zöllen und Verbrauchsteuern nach § 250 I 2 Nr 1 aF sowie der als Aufwand berücksichtigten Umsatzsteuer nach Nr 2 entfällt. 34

Zugangs- und Folgebewertung: Aktivseite – Die zunächst im Regierungsentwurf vorgesehene Bewertung von zu Handelszwecken erworbenen Finanzinstrumenten mit ihrem Zeitwert gilt alleine für Kreditinstitute und Finanzdienstleistungsinstitute (§ 340 e III u IV). Damit bleibt es für alle anderen Unternehmen grundsätzlich bei der Bewertung zu den fortgeführten Anschaffungskosten nach § 253 I. Vermögensgegenstände, die der Saldierung nach § 246 II unterliegen, sind jedoch generell mit ihrem beizulegenden Zeitwert zu bewerten (§ 253 I); die die Anschaffungskosten übersteigenden Beträge sind als Verrechnungsposten zu aktivieren (§ 246 II), unterliegen aber der Ausschüttungssperre nach § 268 VIII, s Rn 43. Zudem sind passive latente Steuern zu berücksichtigen. Außerplanmäßige Abschreibungen im Anlagevermögen sind rechtsformunabhängig nach § 253 III nur noch einheitlich dann vorzunehmen, wenn es sich um eine voraussichtlich dauernde Wertminderung handelt. Bei einer nur vorübergehenden Wertminderung besteht nun für alle Unternehmen nur noch bezogen auf die Finanzanlagen 35

Merkt

ein Abschreibungswahlrecht. Das in § 253 III 3 aF kodifizierte Abschreibungswahlrecht für Vermögensgegenstände des Umlaufvermögens auf Grundlage von erwarteten Wertschwankungen entfällt. Daneben entfällt auch die Möglichkeit, Abschreibungen im Rahmen vernünftiger kfm Beurteilung nach § 253 IV aF durchzuführen. Die Neufassung von § 253 V regelt ein rechtsformunabhängiges Wertaufholungsgebot, wenn die Gründe für eine außerplanmäßige Abschreibung nicht mehr bestehen. Das frühere Wertaufholungswahlrecht für Personenhandels-Ges und Einzelkflte entfällt. Alleine beim Geschäfts- oder Firmenwert besteht ein Wertaufholungsverbot (§ 253 V). **Passivseite** – Der Ansatz von Rückstellungen hat in Höhe des nach vernünftiger kfm Beurteilung nötigen Erfüllungsbetrags zu erfolgen. Dabei sind unter Wahrung des Stichtagsprinzips künftige Preis- und Kostensteigerungen bei der Rückstellungsbewertung zu berücksichtigen. Nach § 253 II sind Rückstellungen mit einer Restlaufzeit von mehr als einem Jahr mit dem ihrer Restlaufzeit entsprechenden durchschnittlichen, von der Deutschen Bundesbank monatlich bekannt gegebenen, Marktzinssatz der vergangenen sieben Geschäftsjahre abzuzinsen. Auch der Ansatz von Verbindlichkeiten hat zum Erfüllungsbetrag zu erfolgen.

36 **Bildung von Bewertungseinheiten:** § 254 nF regelt die Bildung von Bewertungseinheiten. Demnach erfolgt eine gemeinsame Bewertung von Grund- und Sicherungsgeschäft, wobei die Anwendung des Imparitätsprinzips sowie des Einzelbewertungsgrundsatzes eingeschränkt wird. Bei einem effektiven Ausgleich einzelner gegenläufiger Entwicklungen aus vergleichbaren Risiken sind die allgemeinen Bewertungsnormen der §§ 249 und 253 sowie § 256 a nicht anzuwenden. Anpassung der Herstellungskostenuntergrenze. Die in § 255 geregelte Herstellungskostenuntergrenze wird künftig an die steuerrechtl Regelungen angepasst. Nach § 255 II HGB zählen künftig zu den aktivierungspflichtigen Herstellungskosten auch angemessene Teile der Materialgemeinkosten, der Fertigungsgemeinkosten und des Wertverzehrs des Anlagevermögens, soweit dieser durch die Fertigung veranlasst ist. Vertriebskosten und die auf die Forschungsphase entfallenden Kosten sind nicht aktivierungsfähig.

37 **Änderungen der zulässigen Verbrauchsfolgeverfahren:** Nach § 256 kann eine Bewertung des Vorratsvermögens ausschließlich nach der Lifo- oder Fifo-Methode oder zu Durchschnittswerten (es gilt unverändert § 240 IV) erfolgen. Die Möglichkeit zur Wahl einer sonstigen bestimmten Verbrauchsfolge wird aufgehoben.

38 **Einfügung einer Regelung zur Währungsumrechnung:** Der neue § 256 a regelt erstmals, dass auf fremde Währung lautende Vermögensgegenstände und Verbindlichkeiten mit einer Restlaufzeit von mehr als einem Jahr am Abschlussstichtag mit dem Devisenkassamittelkurs umzurechnen sind. Hierbei sind das Realisations- und Imparitätsprinzip (§ 252 I 1 Nr 4) und das Anschaffungskostenprinzip (§ 253 I 1) grundsätzlich zu beachten. Bei einer Restlaufzeit von weniger als einem Jahr hat die Umrechnung ohne die genannten Einschränkungen mit dem Devisenkassamittelkurs zu erfolgen.

39 **Ausweitung der handelsrechtlichen Berichterstattungspflichten für kapitalmarktorientierte Kapitalgesellschaften:** § 264 I wird erweitert, sodass der Jahresabschluss kapitalmarktorientierter KapitalGes, die nicht zur Aufstellung eines Konzernabschlusses verpflichtet sind, um eine Kapitalflussrechnung und einen Eigenkapitalspiegel zu ergänzen ist. Darüber hinaus kann er um eine Segmentberichterstattung erweitert werden.

40 **Legaldefinition von „kapitalmarktorientiert":** Nach der neuen Legaldefinition in § 264 d ist eine Gesellschaft kapitalmarktorientiert, wenn sie einen organisierten Markt iSv § 2 V WpHG in Anspruch nimmt und andiesem Markt Wertpapiere iSv § 2 I 1 WpHG ausgegeben oder zumindest deren Zulassung zum Handel beantragt hat. Die Kriterien eines organisierten Markts im Sinne des WpHG erfüllen der Regulierte Markt gem §§ 32 ff BörsG sowie die Termin-

Einleitung 41–45 **Einl v § 238**

börse EUREX, aber nicht der Freiverkehr. Zu den Wertpapieren nach § 2 I 1 WpHG zählen insb Aktien, Schuldtitel, insb Genussscheine und Schuldverschreibungen sowie Zertifikate, die Aktien oder Schuldtitel vertreten.

Anhebung der Größenkriterien des § 267: Die Schwellenwerte der Bilanzsumme und der Umsatzerlöse für kleine und mittelgroße KapitalGes nach § 267 I u II werden durch das BilMoG 2009 um rund 20% angehoben; die Anzahl der Arbeitnehmer bleibt unverändert. 41

Wegfall der Aktivierung von Aufwendungen für die Ingangsetzung und Erweiterung des Geschäftsbetriebs: § 269, der ein Wahlrecht zur Aktivierung von Aufwendungen für die Ingangsetzung und Erweiterung des Geschäftsbetriebs vorsieht, entfällt ebenso wie § 282. 42

Regelungen zur Ausschüttungssperre: Mit § 268 VIII besteht eine Ausschüttungssperre für bestimmte Beträge, die sich aus der Anwendung der Neuregelungen nach BilMoG 2009 ergeben. Werden selbst geschaffene immaterielle Vermögensgegenstände des Anlagevermögens oder Vermögensgegenstände iSv § 246 II 2 in der Bilanz ausgewiesen, so ist eine Ausschüttung von Gewinnen nur möglich, wenn die nach der Ausschüttung verbleibenden frei verfügbaren Rücklagen abzüglich eines Verlustvortrags oder zuzüglich eines Gewinnvortrags den insgesamt angesetzten Beträgen abzüglich der hierfür gebildeten passiven latenten Steuern mindestens entsprechen. Zusätzlich gilt eine Ausschüttungssperre für die in der Bilanz aktivierten latenten Steuern, soweit diese die passiven latenten Steuern übersteigen. 43

Änderungen in der Eigenkapitaldarstellung: § 272 I nF schreibt hinsichtlich des Ausweises ausstehender Einlagen auf das gezeichnete Kapital den Nettoausweis verbindlich vor, der Bruttoausweis ist nicht mehr zulässig. Der nach der Saldierung des gezeichneten Kapitals mit den nicht eingeforderten ausstehenden Einlagen verbleibende Betrag ist unter dem Posten „Eingefordertes Kapital" in der Hauptspalte auf der Passivseite auszuweisen. Der eingeforderte, aber noch nicht eingezahlte Betrag ist unter den Forderungen gesondert auszuweisen und entsprechend zu bezeichnen. § 272 Ia enthält eine rechtsformunabhängige Vorschrift zur handelsbilanziellen Erfassung eigener Anteile. Der Nennbetrag bzw. der rechnerische Wert von erworbenen eigenen Anteilen ist in der Vorspalte offen vom Posten „Gezeichnetes Kapital" abzusetzen. Der Unterschiedsbetrag zwischen dem Nennbetrag bzw. dem rechnerischen Wert der Anteile und den Anschaffungskosten der eigenen Anteile ist mit den frei verfügbaren Rücklagen zu verrechnen. § 272 Ib regelt die Veräußerung eigener Anteile: Der Vorspaltenausweis nach § 272 Ia ist rückgängig zu machen. Ein den Nennbetrag bzw. den rechnerischen Wert übersteigender Veräußerungserlös ist bis zur Höhe des mit den frei verfügbaren Rücklagen verrechneten Betrags in diese einzustellen. Ein darüber hinausgehender Veräußerungserlös muss in die Kapitalrücklage eingestellt werden. Bei der Anschaffung oder der Veräußerung anfallende Nebenkosten sind Aufwand des Geschäftsjahrs. 44

Neue Abgrenzungskonzeption latenter Steuern: Eine der wesentlichsten Neuregelungen des BilMoG 2009 ist in § 274 nF zu sehen. Künftig ist die Abgrenzung latenter Steuern nach dem international üblichen bilanzorientierten Konzept (Temporary-Konzept) vorzunehmen (bisheriges Konzept im HGB: Timing-Konzept). Soweit Unterschiede zwischen den handelsrechtlichen Wertansätzen einzelner Vermögensgegenstände, Schulden und Rechnungsabgrenzungsposten und ihren steuerlichen Wertansätzen bestehen, die sich in späteren Jahren voraussichtlich abbauen, oder die Verrechnung steuerlicher Verlustvorträge innerhalb der nächsten fünf Jahre zu erwarten ist, ist eine sich daraus insgesamt ergebende Steuerbelastung als passive latente Steuern in der Bilanz anzusetzen. Für eine sich insgesamt ergebende Steuerentlastung besteht ein Wahlrecht zum Ansatz von aktiven latenten Steuern. Eine Verrechnung der beiden Posten ist weiterhin zulässig. Übt der Bilanzierende das Ansatzwahlrecht für aktive latente Steuern nach 45

Merkt 887

§ 274 I aus, so muss er bei den aktiven latenten Steuern die steuerlichen Verlustvorträge berücksichtigen, sofern für diese innerhalb der folgenden fünf Jahre mit einer Verlustverrechnung zu rechnen ist. Der Betrag der künftigen Steuerbe- bzw. -entlastung ist nach § 274 II mit dem unternehmensindividuellen Steuersatz im Zeitpunkt der Umkehrung der Differenz zu ermitteln. Er ist nicht abzuzinsen.

46 **Neue Angabepflichten im Anhang:** Die Angabepflichten nach § 285 werden durch das BilMoG 2009 aufgewertet. § 285 wird um eine Vielzahl von Informationen erweitert; bereits bestehende Angabepflichten werden darüber hinaus teilweise modifiziert. Vorzunehmen sind künftig u. a. Angaben zu nicht bilanzierten Geschäften (§ 285 Nr 3), Angaben zu nicht marktüblichen Geschäften mit related parties (§ 285 Nr 21) sowie ausführliche Erläuterungen von gebildeten Bewertungseinheiten (§ 285 Nr 23).

47 **Änderungen im Bereich der Lageberichterstattung:** Die Vorschriften zur Lageberichterstattung werden um § 289 V erweitert. Danach haben KapitalGes iSv § 264 d im Lagebericht die wesentlichen Merkmale des internen Kontroll- und des Risikomanagementsystems im Hinblick auf den Rechnungslegungsprozess darzustellen; eine Einschätzung hinsichtlich der Effektivität ist nicht gefordert. Die Ausgestaltung des internen Kontroll- und Risikomanagementsystems bleibt jedoch den geschäftsführenden Organen überlassen. § 289 a wird neu in das HGB aufgenommen. Demnach müssen börsennotierte AktienGes sowie AktienGes, die auf eigene Veranlassung im Freiverkehr notiert sind, aber außerdem andere Wertpapiere als Aktien zum Handel an einem organisierten Markt ausgegeben haben, künftig eine Erklärung zur Unternehmensführung als eigenständigen Abschnitt des Lageberichts darstellen. Alternativ ist auch eine Veröffentlichung auf der Internetseite der Ges möglich, auf die im Lagebericht Bezug zu nehmen ist. In die Erklärung zur Unternehmensführung sind nach § 289 a II die Erklärung zum Corporate Governance Codex nach § 161 AktG, relevante Angaben zu Unternehmensführungspraktiken und eine Beschreibung der Arbeitsweise von Vorstand und Aufsichtsrat sowie der Zusammensetzung und Arbeitsweise von deren Ausschüssen aufzunehmen.

48 **Änderungen im Bereich des handelsrechtlichen Konzernabschlusses: Wegfall des Konzepts der einheitlichen Leitung und Anpassung des bisherigen Control-Konzepts:** Mit dem BilMoG 2009 wird das Konzept der einheitlichen Leitung nach § 290 I aF aufgegeben. Künftig löst nur das Vorliegen eines – unmittelbaren oder mitelbaren – beherrschenden Einflusses (Begriffsdefinition in § 290 II nF) die Pflicht zur Aufstellung eines Konzernabschlusses aus. Für die Konsolidierungspflicht von Ges ist künftig die Möglichkeit einer Beherrschung (tatsächliche Ausübung nicht nötig) ausreichend.

49 **Einbeziehungspflicht von Zweckgesellschaften:** ZweckGes (Special Purpose Entities = Unternehmen mit einem engen, genau definierten Ziel der Unternehmenstätigkeit, deren Gründung in der Praxis häufig der außerbilanziellen Durchführung bestimmter Sachverhalte dient. Geschäfte dient) sind in den Konzernabschluss einzubeziehen (§ 290 II Nr 4), wenn bei wirtschaftlicher Betrachtung die Mehrheit der Risiken und Chancen aus dem Unternehmen dem Mutterunternehmen zuzurechnen ist.

50 **Konkretisierung der faktischen Befreiungsmöglichkeit von der Konzernrechnungslegungspflicht:** § 290 V nF stellt klar, dass ein Mutterunternehmen dann von der Verpflichtung zur Erstellung eines Konzernabschlusses nach HGB befreit ist, wenn es ausschließlich über Beteiligungen an Tochterunternehmen verfügt, die gemäß § 296 nicht konsolidierungspflichtig sind.

51 **Möglichkeit zur Aufstellung befreiender Konzernabschlüsse:** Um die Besserstellung kleinerer gegenüber größeren Minderheiten in § 291 aufzuheben, wird der Minderheitenschutz für Gter, deren Anteile weniger als 10% des Grundkapitals betragen, dahingehend eingeschränkt, dass diese Minderheiten zukünftig der Befreiung nicht mehr zwingend zustimmen müssen. § 292 schränkt dies

Einleitung 52–56 **Einl v § 238**

insoweit ein, als Konzernabschlüsse eines Mutterunternehmens aus einem Drittstaat idR nur dann befreiende Wirkung entfalten können, wenn der Abschlussprüfer dieses Konzernabschlusses bei der Wirtschaftsprüferkammer in Deutschland eingetragen ist.

Erhöhung der einschlägigen Größenkriterien: Die in § 293 geregelten 52 Größenkriterien, die eine Befreiung von der Konzernrechnungslegungspflicht bewirken, sofern zwei der drei Kriterien an zwei aufeinanderfolgenden Abschlussstichtagen erfüllt werden, werden ab dem Jahr 2008 angehoben. Darüber hinaus wird ausdrücklich festgelegt, dass § 267 Abs. 4 Satz 2 HGB auch für den Konzernabschluss gilt, d. h., dass bei einer Umwandlung oder Neugründung die Rechtsfolgen bereits eintreten, wenn die genannten Voraussetzungen am ersten auf die Umwandlung bzw. Neugründung folgenden Abschlussstichtag erfüllt sind.

Abschaffung der Buchwertmethode und Ausnahmen von der Zeit- 53 **wertbewertung:** Das für die Kapitalkonsolidierung von Tochterunternehmen im Rahmen der Vollkonsolidierung gemäß § 301 bestehende Wahlrecht zwischen der Buchwertmethode und der Neubewertungsmethode wird aufgehoben. Zukünftig ist nach § 301 I nF ausschließlich die Neubewertungsmethode zulässig. Nach § 301 nF sind grundsätzlich alle im Zuge der Erstkonsolidierung (erstmals) in den Konzernabschluss aufzunehmenden Vermögensgegenstände, Schulden, Rechnungsabgrenzungsposten und Sonderposten mit ihrem jeweiligen beizulegenden Zeitwert zu bewerten. Ausgenommen von der Zeitwertbewertung im Zuge der Erstkonsolidierung sind Rückstellungen, die nach § 253 I 2 u 3, II zu bewerten sind, sowie latente Steuern, deren Bewertung sich nach § 274 II richtet.

Einheitlicher Aufrechnungszeitpunkt und Einräumung einer Anpas- 54 **sungsfrist:** Auch die Wahlrechte in § 301 aF bezüglich des Zeitpunkts, der der Kapitalaufrechnung zugrunde gelegt wird, werden abgeschafft, so dass die Kapitalaufrechnung zwingend zu dem Zeitpunkt vorzunehmen ist, an dem das Unternehmen Tochterunternehmen geworden ist (§ 301 II). Sofern die entsprechenden Wertansätze zu diesem Zeitpunkt noch nicht endgültig bestimmt werden können, ist es zulässig, in den auf den Zeitpunkt der Erstkonsolidierung, Rn 48 d. h. Kapitalaufrechnung, folgenden zwölf Monaten eine Anpassung vorzunehmen (§ 301 II). Ist ein Unternehmen erstmalig zur Konzernrechnungslegung verpflichtet, sind die Wertansätze zum Zeitpunkt der Einbeziehung des Tochterunternehmens in den Konzernabschluss maßgebend, wenn das Unternehmen nicht erst in dem betreffenden Geschäftsjahr Tochterunternehmen geworden ist (§ 301 II). Gleiches gilt im Fall der erstmaligen Einbeziehung eines Tochterunternehmens, das bisher auf Grund von § 296 nicht konsolidiert wurde.

Änderungen hinsichtlich der Unterschiedsbeträge aus der Kapitalkon- 55 **solidierung:** Die Saldierungsmöglichkeit positiver und negativer Unterschiedsbeträge aus der Kapitalkonsolidierung nach § 301 aF wird aufgehoben. Ebenso entfällt die Unterscheidung des bilanziellen Ausweises eines passivischen Unterschiedsbetrags in Abhängigkeit von seinem bilanziellen Charakter. Nach § 301 III hat entweder ein Ausweis als Geschäfts- oder Firmenwert auf der Aktivseite der Bilanz oder auf der Passivseite der Bilanz als „Unterschiedsbetrag aus der Kapitalkonsolidierung" zu erfolgen.

Abschaffung der Interessenzusammenführungsmethode: Eine weitere 56 Annäherung an die IFRS liegt in der Abschaffung der Pooling-of-Interests-Methode. Es ist nur noch die Erwerbsmethode anzuwenden.

Latente Steuern: § 306 nF folgt den konzeptionellen Änderungen des § 274 nF. Nach § 306 erfolgt eine Abgrenzung latenter Steuern nicht mehr nur auf erfolgswirksame, sondern auf alle aus Konsolidierungsmaßnahmen resultierenden sich ausgleichenden Differenzen zwischen handelsrechtlichen und steuerrechtlichen Wertansätzen. Nur Differenzen aus dem erstmaligen Ansatz eines Geschäfts-

oder Firmenwerts bzw. eines passivischen Unterschiedsbetrags sind explizit von der Steuerabgrenzung ausgenommen. Das Gleiche gilt für so genannte outside basis differences, die nicht Gegenstand der Steuerabgrenzung sind. Anders als § 274 sieht § 306 eine Ansatzpflicht sowohl für die aktiven als auch die passiven latenten Steuern vor. Hierbei erfolgt der Ausweis der Beträge in Übereinstimmung mit der einzelgesellschaftlichen Rechnungslegung (§ 274) entweder unsaldiert unter den eigenständigen Bilanzposten oder saldiert. Zudem dürfen die Posten nach § 306 mit den Posten nach § 274 zusammengefasst werden.

57 **Einfügung einer Regelung zur Währungsumrechnung:** Durch § 308 a wird erstmals eine Vorschrift zur Umrechnung von auf fremde Währung lautenden Abschlüssen in das HGB integriert. Die Umrechnung der Aktiv- und Passivpositionen der Bilanz erfolgt mit dem Devisenkassamittelkurs am Konzernbilanzstichtag; lediglich der Umrechnung des Konzerneigenkapitals werden historische Kurse zugrunde gelegt. Die Umrechnung der Positionen der Gewinn- und Verlustrechnung sowie damit auch des Jahresergebnisses wird mit dem Durchschnittskurs vorgenommen. Der Ausweis einer sich ergebenden Umrechnungsdifferenz erfolgt innerhalb des Konzerneigenkapitals nach den Rücklagen als ‚Eigenkapitaldifferenz aus Währungsumrechnung'. Scheidet ein Tochterunternehmen teilweise oder vollständig aus dem Konsolidierungskreis aus, wird der Posten in entsprechender Höhe erfolgswirksam aufgelöst.

58 **Änderung der Behandlung eines Geschäfts- oder Firmenwerts:** Der Geschäfts- oder Firmenwert ist künftig als Vermögensgegenstand zu interpretieren und nach § 309 I ausschließlich planmäßig über seine voraussichtliche Nutzungsdauer, die bei einer Überschreitung von fünf Jahren gesondert im Anhang zu erläutern ist, sowie bei Bedarf darüber hinaus außerplanmäßig abzuschreiben. Damit entfallen die beiden Alternativen der Behandlung eines Geschäfts- oder Firmenwerts durch quotale Abschreibung in Höhe von mindestens 25% in jedem folgenden Geschäftsjahr oder durch erfolgsneutrale Verrechnung mit den Rücklagen.

59 **Änderungen bei der Behandlung assoziierter Unternehmen:** In § 312 I nF wird die Kapitalanteilsmethode aufgehoben. Anteile an assoziierten Unternehmen (bzw nicht vollkonsolidierten Tochterunternehmen sowie nicht quotal konsolidierten Gemeinschaftsunternehmen) sind ausschließlich nach der Buchwertmethode in den Konzernabschluss einzubeziehen, wobei auch die bisherige Anschaffungskostenrestriktion beseitigt wird (§ 312 I). Analog zur Vollkonsolidierung erfolgt die Ermittlung des beizulegenden Zeitwerts des anteiligen Eigenkapitals für die Equity-Bewertung nach § 312 III zwingend zu dem Zeitpunkt, zudem das Unternehmen assoziiertes Unternehmen geworden ist, um auch hier eine Vereinheitlichung der handelsrechtlichen Konzernrechnungslegung zu erreichen. Ausgenommen von der Zeitwertbewertung sind die Rückstellungen sowie die latenten Steuern. Eine Anpassung ist innerhalb der auf den Erstkonsolidierungszeitpunkt folgenden zwölf Monate erlaubt, wenn zum Zeitpunkt des Anteilserwerbs die Wertansätze noch nicht endgültig ermittelt werden können.

60 **Erweiterung der Angabepflichten im Konzernanhang:** Aus dem BilMoG 2009 resultieren weit reichende Änderungen der Angaben im Konzernanhang. Neben den Anpassungen, die in Analogie zur Veränderung der einzelgesellschaftlichen Anhangangaben erfolgen, sind auch konzernspezifische Neuerungen vorgesehen. So sind zB Angaben zu nicht in der Bilanz enthaltenen Geschäften sowie finanziellen Verpflichtungen des Mutterunternehmens und der in den Konzernabschluss einbezogenen Tochterunternehmen, soweit diese Informationen für die Beurteilung der Finanzlage des Konzerns notwendig sind (§ 314 I Nr 2 und Nr 2 a), aufzunehmen.

61 **Veränderungen der Lageberichterstattung:** Im Rahmen der Lageberichterstattung ist gemäß § 315 II auch auf die wesentlichen Merkmale des internen Kontroll- und des Risikomanagementsystems im Hinblick auf den Prozess der

Konzernrechnungslegung einzugehen, sofern das Mutterunternehmen oder eines der in den Konzernabschluss einbezogenen Tochterunternehmen kapitalmarktorientiert im Sinne des § 264 d ist.

Inkrafttreten der Neuregelungen: Die Neuregelungen durch das BilMoG 2009 sind, sofern das Geschäftsjahr mit dem Kalenderjahr übereinstimmt, erstmals im Geschäftsjahr 2010 anzuwenden **(1) EGHGB** Art 66 III. Lediglich die Befreiung von der Pflicht zur Buchführung nach § 241 a iVm § 242 IV sowie die veränderten Größenkriterien des § 267 sowie des § 293 gelten nach (1) EGHGB Art 66 I bereits ab dem Geschäftsjahr 2008. **(1) EGHGB** Art 66 II sieht die Anwendung bestimmter Regelungen bereits ab dem Geschäftsjahr 2009 vor. Allerdings erlaubt **(1) EGHGB** Art 66 III 3, dass die Neuregelungen insgesamt bereits auch erstmals auf das nach dem 31. 12. 08 beginnende Geschäftsjahr angewandt werden dürfen. Hierauf ist dann im Anhang hinzuweisen. Bei der erstmaligen Anwendung der HGB-Normen idF des BilMoG 2009 auf den Jahresabschluss brauchen die im HGB kodifizierten und sich aus den GoB ergebenden Stetigkeitsvorschriften nicht beachtet zu werden. Zudem müssen die Vorjahreszahlen bei der erstmaligen Anwendung der geänderten Vorschriften nicht angepasst werden, **(1) EGHGB** Art 67 VIII. Hierauf ist imAnhang hinzuweisen. Ergänzende Übergangsvorschriften zur Anwendung einzelner Regelungen sowie zur Handhabung bestimmter einmaliger Umstellungseffekte finden sich in **(1) EGHGB** Art 67.

4) Der Inhalt des Dritten Buches
A. **Überblick:**
Drittes Buch. Handelsbücher (§§ 238–342 e)
1. Abschn. Vorschriften für alle Kflte (§§ 238–263)
  1. Unterabschn. Buchführung. Inventar (§§ 238–241)
  2. Unterabschn. Eröffnungsbilanz. Jahresabschluss (§§ 242–256)
     [Allgemeine Vorschriften §§ 242–245; Ansatzvorschriften §§ 246–251; Bewertungsvorschriften §§ 252–256]
  3. Unterabschn. Aufbewahrung und Vorlage (§§ 257–261)
  4. Unterabschn. Landesrecht (§ 263)
2. Abschn. Ergänzende Vorschriften für KapitalGes (AG, KGaA und GmbH) sowie bestimmte PersonenGes (§§ 264–335 b)
  1. Unterabschn. Jahresabschluss der KapitalGes und Lagebericht (§§ 264–289)
     [Allgemeine Vorschriften §§ 264–265; Bilanz §§ 266–274 a; Gewinn- und Verlustrechnung §§ 275–278; Bewertungsvorschriften §§ 279–283; Anhang §§ 284–288; Lagebericht § 289]
  2. Unterabschn. Konzernabschluss und Konzernlagebericht (§§ 290–315)
     [Anwendungsbereich §§ 290–293; Konsolidierungskreis §§ 294–296; Inhalt und Form des Konzernabschlusses §§ 297–299; Vollkonsolidierung §§ 300–307; Bewertungsvorschriften §§ 308–309; Anteilsmäßige Konsolidierung § 310; Assoziierte Unternehmen §§ 311–312; Konzernanhang §§ 313–314; Konzernlagebericht § 315; Konzernabschluss nach internationalen Rechnungslegungsstandards § 315 a]
  3. Unterabschn. Prüfung (§§ 316–324 a)
  4. Unterabschn. Offenlegung (Einreichung zu einem Reg, Bekanntmachung im BAnz). Veröffentlichung und Vervielfältigung. Prüfung durch das Registergericht (§§ 325–329)
  5. Unterabschn. Verordnungsermächtigung für Formblätter und andere Vorschriften (§ 330)
  6. Unterabschn. Straf- und Bußgeldvorschriften. Zwangsgelder (§§ 331–335 b)
3. Abschn. Ergänzende Vorschriften für eingetragene Genossenschaften (§§ 336–339)

Einl v § 238 64, 65   III. Buch. Handelsbücher

4. *Abschn. Ergänzende Vorschriften für Unternehmen bestimmter Geschäftszweige* (§§ 340–341 p)

1. Unterabschn. Ergänzende Vorschriften für Kreditinstitute und Finanzdienstleistungsinstitute (§§ 340–340 o)
[nicht abgedruckt]

2. Unterabschn. Ergänzende Vorschriften für Versicherungsunternehmen und Pensionsfonds
(§§ 341–341 p)
[nicht abgedruckt]

5. *Abschn. Privates Rechnungslegungsgremium; Rechnungslegungsbeirat* (§§ 342–342 a)
6. *Abschn. Prüfstelle für Rechnungslegung* (§§ 342 b–342 e)

64   B. **Aufbauprinzipien und damit verbundene Sachentscheidungen: a) Formal** folgt das Dritte Buch vier Aufbauprinzipien: vom Einfachen zum Komplizierten (Kflte §§ 238–263, unabhängige KapitalGes §§ 264–289 samt GmbH & Co §§ 264 a–c, Konzern §§ 290–315 a); vom Allgemeinen zum Besonderen (Vorschriften für alle Kflte einschließlich der KapitalGes §§ 238–263, ergänzende Vorschriften für KapitalGes §§ 264–335 b, ergänzende Vorschriften für eG §§ 336–339, ergänzende Vorschriften für Unternehmen bestimmter Geschäftszweige §§ 340–341 p); in zeitlicher Reihenfolge vom Anfang zum Ende (Buchführung §§ 238–241, Bilanz und Jahresabschluss §§ 242–256 a, Aufbewahrung und Vorlage §§ 257–261; Jahresabschluss §§ 264–289, Prüfung §§ 316–324 a, Offenlegung §§ 325–329) und formelle wie materielle Vorschriften (§§ 238–341 p) vor institutionellen Regelungen (§§ 342, 342 a Privates Rechnungslegungsgremium; Rechnungslegungsbeirat; §§ 342 b–342 e Prüfstelle für Rechnungslegung). Aus Praktikabilitätsgründen wird davon innerhalb des 2. Abschn vereinzelt abgewichen, zB werden die Gliederungsvorschriften für die Bilanz und die Gewinn- und Verlustrechnung zunächst für die großen KapitalGes gebracht (§§ 266, 275) und dann erst die Erleichterungen dazu für kleine und mittelgroße KapitalGes (§§ 266 I 3, 267, 276).

65   **b)** Mit dem formalen Aufbau des Dritten Buchs sind indessen wichtige **Sachentscheidungen verbunden.** Durch die klare Einteilung in einen 1. Abschn, der für Einzelkflte und PersonenGes abschließend und darüber hinaus für alle anderen Kflte und gleichgestellte Ges (Einl 8–9 vor § 105) gilt, und einen 2. Abschn für KapitalGes und GmbH & Co soll ausdrücklich der früheren Tendenz nach Erlass des AktG 1965 Einhalt geboten werden, die strengen Rechnungslegungsvorschriften für KapitalGes auf PersonenGes und EinzelKflte entsprechend anzuwenden. Dieses Problem stellt sich nunmehr in vergleichbarer Weise bei der zunehmenden Verwendung von IAS/IFRS im Mittelstand. Denn auch die IAS/IFRS sind ursprünglich für KapitalGes und für große Unternehmen konzipiert und erfordern von kleineren Unternehmen teilweise unverhältnismäßigen Aufwand. Im Dritten Buch des HGB sind die Regelvorschriften die weniger strengen des 1. Abschn. Die Sondervorschriften des 2. Abschn für KapitalGes sollen es schwer haben, sich gegenüber der Regel zu behaupten (Amtl Begr). Methodisch ist das zwar nicht zwingend, kommt es doch bei einer Analogie nicht auf ein formales Regel-Ausnahme-Verhältnis an, sondern auf Sinn und Zweck der Regel bzw der Ausnahme. In der Sache ist aber eine Entscheidung des Gesetzgebers, dass eine bestimmte Vorschrift des Dritten Buches nur für KapitalGes gelten soll, zu respektieren (zB § 264 I 1 Aufstellung des Jahresabschlusses samt Anhang und Lagebericht gegenüber § 242). Damit wird jedoch nicht schlechthin jede Analogie vom 2. Abschn auf den 1. Abschn ausgeschlossen, und erst recht bleibt eine einheitliche Auslegung Aufgabe. Entscheidend ist die Teleologie des Gesetzes. So steht die Normierung des § 264 II nur für KapitalGes einer Erstreckung auf sonstige Kflte nicht entgegen. Ähnliches ist

Einleitung 66–69 **Einl v § 238**

aus dem Grundsatz der Bilanzwahrheit auch für EinzelKflte und PersonenGes zu folgen. Die Einschränkung stiller Reserven für KapitalGes nach dem Vorbild des AktG hindert nicht, auch für EinzelKflte und PersonenGes die geltenden Grundsätze ordnungsmäßiger Buchführung (GoB) dahin fortzuentwickeln, dass auch für diese stille Reserven einzuschränken sind (unklar AmtlBegr A IV 2, 3; s § 243 Rn 2, § 252 Rn 13–17).

C. Definitionen und Größenmerkmale: a) Das Dritte Buch gilt für **alle** 66 **Kaufleute** (Überschrift des 1. Abschn). Kfm iSv § 238 sind die Kflte des § 1 (auch §§ 4, 5, 6). Auf den im RegE enthaltenen Begriff des Unternehmens ist bewusst verzichtet worden. Der Gesetzgeber des HGB hält sich also aus der Unternehmensrechtsdiskussion (Einl 31 ff für § 1) heraus, auch wenn das HGB in seiner heutigen Fassung im Ansatz um eine rechtsformunabhängigere Rechnungslegung (jedenfalls aller KapitalGes) bemüht ist, die sich nach Inhalt und Umfang im Kern an der Intensität der Marktteilnahme bzw -beanspruchung orientiert (vgl Merkt, Unternehmenspublizität, 2001 S 358 ff). Die sich unter § 1 stellenden Abgrenzungsschwierigkeiten (Gewinnerzielungsabsicht, freie Berufe, gesetz- oder sittenwidriger Betrieb) stellen sich auch hier (§ 238 Rn 7). Rechnungslegung von politischen Parteien IDW ERS HFA 12, WPg **03,** 821, Vereinen IDW ERS HFA 14, WPg **04,** 1397, Krankenhäusern IDW RS KHFA 1 nF, WPg **04,** 365, öffentlicher Verwaltung IDW ERS ÖFA 1, WPg **01,** 1405.

b) Der 2. Abschn bringt ergänzende Vorschriften für **KapitalGes** und be- 67 stimmte PersonenGes. KapitalGes sind nach der Legaldefinition in der Überschrift **AG, KGaA und GmbH.** Wie KapitalGes iSv §§ 264–335 b werden auch die GmbH & Co und andere KapitalGes & Co behandelt (s Rn 15). Für die **eG** verweist der 3. Abschn (§§ 336–339) im Wesentlichen auf den 2. Abschn. Ähnliches gilt für **bestimmte Großunternehmen** in der Rechtsform einer PersonenHdlGes, eines EinzelKfm ua (§§ 3 I, 5 PublG). Besonderheiten gelten für die Konzernrechnungslegung (2. Unterabschn), s § 290 Rn 1.

c) Das Dritte Buch differenziert in seinen Anforderungen je nach Größe der 68 KapitalGes und bildet dazu drei Größenklassen, die **kleine,** die **mittelgroße** und die **große Kapitalgesellschaft:** § 267 umschreibt diese anhand von drei Merkmalen, von denen mindestens zwei vorliegen müssen (ähnliche Gesetzgebungstechnik wie im PublG und MitbestG). Diese Merkmale sind bei der **kleinen** KapitalGes: Bilanzsumme nicht größer als 4,84 Mio Euro, Umsatzerlöse nicht höher als 9,68 Mio Euro, Zahl der Arbeitnehmer nicht mehr als 50 (§ 267 I); bei der **mittelgroßen** KapitalGes: Bilanzsumme nicht größer als 19,25 Mio Euro, Umsatzerlöse nicht höher als 38,5 Mio Euro, Zahl der Arbeitnehmer nicht mehr als 250 (§ 267 II); bei der **großen** KapitalGes: Bilanzsumme größer als 19,25 Mio Euro, Umsatzerlöse höher als 38,5 Mio Euro, Zahl der Arbeitnehmer mehr als 250 (§ 267 III). Bei Inanspruchnahme eines organisierten Marktes gilt eine KapitalGes stets als große (§ 267 III 2). Die jeweiligen **Grenzwerte** sind also: **Bilanzsumme 4,84 Mio und 19,25 Mio Euro; Umsatzerlöse 9,68 Mio und 38,5 Mio Euro; Zahl der Arbeitnehmer: 50 und 250.** Mit dem BilMoG 2009 neu hinzugekommen ist die **Befreiung kleiner Einzelkaufleute** von der Pflicht zur Buchführung nach § 238, wenn diese an zwei aufeinanderfolgenden Abschlussstichtagen nicht mehr als 500 000 Euro Umsatzerlöse und nicht mehr als 50.000 Euro Jahresüberschuss ausweisen, § 241 a. Für Personenhandelsgesellschaften gelten diese Kriterien nicht, s § 241 a Rn 2 f.

d) Das HGB hält am handelsrechtlichen Begriff des **Vermögensgegenstandes** 69 (zB §§ 240, 246, 248) fest und folgt weder dem steuerrechtlichen noch dem betriebswirtschaftlichen Begriff des Wirtschaftsgutes. Das erscheint zum einen unnötig, weil der BFH Wirtschaftsgut und Vermögensgegenstand gleichgesetzt hat. Zum anderen bildet der Begriff Vermögensgegenstand im Interesse der Rechtssicherheit einen Grenzpfahl für den steuerrechtlichen Begriff Wirtschaftsgut; steuerrechtliche

Merkt 893

Einl v § 238 70–74   III. Buch. Handelsbücher

Ausdehnungstendenz § 246 Rn 6. Das ist deshalb möglich, weil als Wirtschaftsgüter bei der Gewinnermittlung steuerrechtlich nur Vermögensgegenstände nach HGB berücksichtigt werden dürfen (Maßgeblichkeitsgrundsatz, § 242 Rn 4).

70   D. **Die wichtigsten Sachentscheidungen des Dritten Buches: a)** Die grundlegenden inhaltlichen Entscheidungen des Dritten Buches werden erst bei den einzelnen Vorschriften angesprochen. Im Überblick können aber die wichtigsten in 10 Gruppen (b–k) zusammengestellt werden (in der Reihenfolge des HGB, nicht nach Wichtigkeit):

71   b) Der 1. Abschn (§§ 238–263) enthält **allgemeine Buchführungs- und Bilanzierungsvorschriften** angereichert durch Bilanzierungs-, Ansatz- und Bewertungsvorschriften. Damit wird die Maßgeblichkeit der Handelsbilanz für die steuerrechtliche Gewinnermittlung verdeutlicht (siehe aber oben Rn 28 zu den Durchbrechungen des Maßbeglichkeitsgrundsatzes durch das BilMoG 2009). Hervorzuheben ist: Aktivierungspflicht besteht auch für den derivativen (entgeltlich erworbenen) Firmenwert, der kraft Fiktion als zeitlich begrenzt abnutzbarer Vermögensgegenstand gilt; Abschreibung s § 256 Rn 10. Aktivierungswahlrecht besteht für originäres immaterielles Anlagevermögen (§ 248 II). **Pensionen und ähnliche Verpflichtungen** sind zu passivieren (§ 249 I; § 266 III Passivseite B 1).

72   c) Die meisten Sachentscheidungen befinden sich im 2. Abschn über den **Jahresabschluss der KapitalGes** und auch bestimmten PersonenGes (GmbH & Co, s Rn 8). Davon ist vor allem die GmbH betroffen. Hier ist zunächst die **Grundsatznorm des § 264** zu nennen. Der Jahresabschluss der KapitalGes besteht nicht nur aus Bilanz und Gewinn- und Verlustrechnung wie nach § 242 bei anderen Kflten, sondern zusätzlich aus einem **Anhang** (§ 264 I 1). Die **Frist** für die Aufstellung des Jahresabschlusses ist grundsätzlich auf **die Ersten drei Monate des nachfolgenden Geschäftsjahres** verkürzt (§ 264 I 2). Für kleine KapitalGes (§ 267 I) gilt eine Erleichterung, falls dies einem ordnungsgemäßen Geschäftsgang entspricht, jedoch bis höchstens sechs Monate (§ 264 I 3). Kernstück ist § 264 II, der die **Vermittlung eines den tatsächlichen Verhältnissen entsprechenden Bildes der Vermögens-, Finanz- und Ertragslage** der KapitalGes vorschreibt. Die Vorstellung, dass damit die bisherige unter dem Gläubigerschutz- und Vorsichtsprinzip stehende Bilanzpraxis der GmbH zugunsten des anglo-amerikanischen **„true and fair view"**-Prinzips aufgegeben würde, war jedoch trügerisch. Inwieweit sich dies durch die mit dem BilMoG 2009 verbundene Öffnung des HGB-Bilanzrechts für internationale Rechnungslegungsgrundsätze ändern wird, bleibt abzuwarten.

73   d) Für die **Bilanz** aller KapitalGes ist ein **festes Gliederungsschema** vorgeschrieben (§ 266). Für kleine KapitalGes (§ 267 I) genügt eine stark verkürzte Bilanz (§ 266 I 3). Das gilt auch für die kleine AG, was mit der Förderung der Risikokapitalausstattung der deutschen Wirtschaft begründet wird, aber doch eine bedauerliche Verringerung an Publizität bedeutet. **Wertberichtigungen** zu Aktivposten **auf der Passivseite** sind **nicht zulässig**. Auch die Pauschalwertberichtigung zu Forderungen muss auf der Aktivseite erfolgen. Für den **Anlagespiegel** nach § 268 II ist **nur die Bruttomethode** erlaubt. Danach werden auf der Aktivseite die historischen Anschaffungs- und Herstellungskosten sowie die Abschreibungen in ihrer gesamten Höhe gesondert aufgeführt. Bei jedem gesondert ausgewiesenen Posten ist der Betrag der Forderungen mit einer **Restlaufzeit** von mehr als einem Jahr und der Betrag der Verbindlichkeiten mit einer Restlaufzeit bis zu einem Jahr zu vermerken (§ 268 IV, V).

74   e) Für die **Gewinn- und Verlustrechnung** aller KapitalGes ist ein **festes Gliederungsschema** vorgeschrieben (§ 275). Dabei besteht ein Wahlrecht zwischen dem Gesamtkostenverfahren und dem Umsatzkostenverfahren (§ 275 I 1).

Einleitung 75–80 **Einl v § 238**

Kleine und mittelgroße KapitalGes (§ 267) dürfen einen Teil der Posten zu einem Posten „**Rohergebnis**" zusammenfassen (§ 276). Nach dem Ergebnis der gewöhnlichen Geschäftstätigkeit (§ 275 II Nr 14, III Nr 13) ist ein **außerordentliches Ergebnis** auszuweisen (§ 275 II Nr 15–17, III Nr 14–16), das gegenüber der früheren Bilanzierungspraxis erheblich enger definiert ist (§ 277 IV).

f) Die auf den vorhergehenden Jahresabschluss angewandten **Bewertungsmethoden** sollen beibehalten werden **(Stetigkeitsgrundsatz);** davon darf nur in begründeten Ausnahmefällen abgewichen werden (§ 252 I Nr 6 sieht das für alle Kflte vor). Höchstwertgrenzen und Mindestwertgrenzen werden nur vereinzelt vorgeschrieben (zB § 253 V) und gelten seit dem BilMoG rechtsformunabhängig für alle Bilanzierenden. Damit werden die Möglichkeiten zur Bildung stiller Reserven (§ 252 Rn 13–17) erheblich eingeschränkt: außerplanmäßige Abschreibungen auf Anlagevermögen bei nur vorübergehender Wertminderung sind nur für Finanzanlagen zulässig, niedrigere Wertansätze dürfen grds nicht beibehalten werden, wenn ihre Gründe nicht mehr bestehen (Wertaufholungsgebot). 75

g) Der **Anhang** besteht aus einer Erläuterung der Bilanz und der Gewinn- und Verlustrechnung, ua Angaben über die Bilanzierungs- und Bewertungsmethoden oder die Grundlagen der Währungsumrechnung (§ 284), sowie aus sonstigen Pflichtangaben in zahlreichen Berichtsgruppen (§ 285), die durch BilMoG 2009 erheblich erweitert wurden, s Rn 46 und § 284 Rn 4. 76

h) Im **Lagebericht,** der bei der KapitalGes eine zwingende Ergänzung des Jahresabschlusses ist, sind der Geschäftsverlauf und die Lage der KapitalGes so dazustellen, dass ein den tatsächlichen Verhältnissen entsprechendes Bild vermittelt wird (§ 289). Damit wird das true and fair view-Prinzip des § 264 II abgestützt. Der Lagebericht, der ebenso wie der Jahresabschluss prüfungspflichtig ist (s Rn 44), ist deshalb ein wichtiges Instrument externer Unternehmensanalyse. 77

i) In **Konzernen** muss das Mutterunternehmen einen Konzernabschluss und einen Konzernlagebericht aufstellen (§ 290). Bei beherrschendem Einfluss (s § 290 Rn 6) des Mutterunternehmens muss es die Aktiva und Passiva sowie die Erträge und Aufwendungen der Tochterunternehmen vollständig in die Weltbilanz einbeziehen ebenso wie bei einem einheitlichen Unternehmen. Gewinne und Verluste, die zwischen den Konzernunternehmen entstehen, bleiben grundsätzlich unberücksichtigt. Von diesen umfangreichen Konzernrechnungslegungsregeln (§§ 290–315) gibt es größenabhängige Befreiungen (§ 293). Unternehmen, die als Wertpapieremittenten an einem organisierten Kapitalmarkt auftreten, sind nach IAS-VO verpflichtet, seit 2005 in ihren Konzernabschlüssen zwingend die IAS/IFRS anzuwenden (Zehnter Titel: Konzernabschluss nach internationalen Rechnungslegungsstandards, § 315 a). 78

j) Der Jahresabschluss und der Lagebericht von KapitalGes mit Ausnahme der kleinen iSv § 267 I unterliegen der **Prüfung** durch einen Abschlussprüfer (§ 316 I). Dasselbe gilt für den Konzernabschluss und den Konzernlagebericht (§ 316 II). 79

k) Der Jahresabschluss der KapitalGes (Bilanz, Gewinn- und Verlustrechnung, Anhang) mit dem Bestätigungsvermerk, der Lagebericht, der Bericht des Aufsichtsrates und die Ergebnisverwendung bedürfen der **Offenlegung;** die sind spätestens zwölf Monate nach dem Geschäftsjahr beim Betreiber des elektronischen BAnz in elektronischer Form einzureichen und unverzüglich dort bekanntmachen zu lassen (§ 325). Bei großen KapitalGes (§ 267 III) sind sie zunächst im BAnz bekanntzumachen (§ 325 II), wobei wegen des Informationszwecks der offen zu legenden Abschlüsse und Lageberichte an die Stelle des Jahresabschlusses ein Einzelabschluss treten kann, der nach IAS/IFRS aufgestellt worden ist, (§ 325 II a iVm § 315 a I). Die Bekanntmachungspflicht trifft auch Konzerne (§ 325 III). 80

Merkt

Doch braucht die Aufstellung des Anteilsbesitzes nicht bekannt gemacht zu werden (§ 325 II 2). Mittelgroße KapitalGes (§ 267 II) brauchen die Bilanz und den Anhang nur in verkürzter Form beim HdlReg einzureichen (§ 327). Im BAnz wird nur die Einreichung zum HdlReg, nicht der Jahresabschluss usw selbst bekannt gemacht. Es genügt also die Einreichung der offen zu legenden Unterlagen beim HdlReg (reine Registerpublizität). Bei kleinen KapitalGes (§ 267 I) verbleibt es ebenfalls bei der reinen Registerpublizität, doch ist selbst diese noch erheblich eingeschränkt. Gewinn- und Verlustrechnung und Lagebericht brauchen überhaupt nicht offen gelegt zu werden, die Bilanz und der Anhang nur in stark verkürzter Form (§§ 266 I 3, 288) sowie, falls daraus nicht ersichtlich, die Ergebnisverwendung (§ 326).

5) Bilanzrecht außerhalb des HGB

81   Das **Bilanzrecht** jedenfalls für den befreienden Einzelabschluss ist heutzutage zwar **weitgehend im Dritten Buch des HGB** enthalten (für den Konzernabschluss kapitalmarktorientierter Unternehmen gilt nach dem im Jahre 2004 eingeführten § 315a die Pflicht zur Bilanzierung nach IAS/IFRS, näher Rn 111 ff und § 315a). Doch sind **einige Normkomplexe nicht eingearbeitet,** sondern ua im AktG, GmbHG, GenG, PublG, in der WPO, im KWG, VAG und in der InsO enthalten.

6) Übergangsrecht

82   A. **Übergangsvorschriften in (1) EGHGB Art 23–28: a)** Art 11 BiRiLiG hat den 2. Abschn über **Übergangsvorschriften zum BiRiLiG** in (1) EGHGB eingefügt. Das BiRiLiG selbst konnte somit zugleich mit seiner Verkündung entfallen, weil es seiner Konzeption nach nur andere Gesetze änderte. **Übergangsrecht** nach BiRiLiG außerhalb von (1) EGHGB, besonders § 7 GmbHGÄndG mit § 29 GmbHG s 28. Aufl Einl V 2 v § 238.

83   **b) (1) EGHGB Art 23** betrifft den **Jahresabschluss** und regelt den Übergang zu den durch das BilRiLiG reformierten Bilanzierungsvorschriften (näher 31. Aufl Rn 53).

84   **c) (1) EGHGB Art 24** betrifft den Übergang zu den durch das BiRiLiG reformierten Vorschriften für die **Bewertung** (näher 31. Aufl Rn 54).

85   **d) (1) EGHGB Art 25** idF KapCoRiLiG 2000 betrifft die Prüfung des Jahres(-Konzern)abschlusses von gemeinnützigen Wohnungsunternehmen. Den früher vorgesehenen Prüfungsverbänden wurde eine längere Übergangszeit eingeräumt, bis die strengen neuen Vorschriften für WirtschaftsprüfungsGes (mehr als die Hälfte der Mitglieder des Vorstands müssen Wirtschaftsprüfer sein) erfüllt werden müssen.

86   **e) (1) EGHGB Art 26 I** hat sich erledigt, da §§ 131b II, 131f II WPO zwischenzeitlich weggefallen sind. **II** schob die Geltung der verschärften Unvereinbarkeitsregelungen in § 319 II, III HGB partiell (Aufsichtsratstätigkeit) kurzfristig auf.

87   **f) (1) EGHGB Art 27** enthält eine Übergangsregelung für die durch das BiRiLiG zum Regelfall erhobene Kapitalkonsolidierung nach angelsächsischem Vorbild (§ 301 HGB, näher 31. Aufl Rn 57).

88   **g) (1) EGHGB Art 28** regelt den Übergang von Passivierungswahlrechten für Pensionsverpflichtungen und pensionsähnlichen Verpflichtungen, die vor dem 1. 1. 87 eingegangen worden sind (näher 31. Aufl Rn 58).

89   B. **Übergangsvorschriften in (1) EGHGB Art 30–31: a)** Art 30–31 sind durch das BankBiRiLiG 1990 (§ 340 Rn 1) eingefügt worden.

90   **b) Art 30** regelt (entspr Art 23 für das BiRiLiG) die erstmalige Anwendung der Vorschriften des BankBiRiLiG (§§ 340–340o, näher 31. Aufl Rn 60).

c) **Art 31** enthält (entspr Art 24 für das BiRiLiG) die notwendigen Übergangs- 91
vorschriften für den Bilanzansatz und die Bewertung (näher 31. Aufl Rn 61).

C. **Übergangsvorschriften in (1) EGHGB Art 32–33:** Art 32–33 sind 92
durch das **VersRiLiG 1994** (§ 341 Rn 1) eingefügt worden.

D. **Übergangsvorschriften für die neuen Bundesländer (DMBilG):** 93
S 30. Aufl.

E. **Übergangsvorschriften in (1) EGHGB Art 47:** Nach Art 47 gilt 94
§ 257 IV idF SteuerÄndG 19. 12. 98 BGBl 3816 erstmals für Unterlagen, deren
Aufbewahrungsfrist in der bis zum 23. 12. 98 aF noch nicht abgelaufen ist.

F. **Übergangsvorschriften in (1) EGHGB Art 48:** Art 48 enthält die Über- 95
gangsvorschriften zum **KapCoRiLiG** 2000 (s Rn 14, Änderungen s Einl 15 vor
§ 1).

G. **Übergangsvorschrift in (1) EGHGB Art 49:** Art 49 enthält die Über- 96
gangsvorschrift zur der im **KapCoRiLiG** 2000 enthaltenen Anpassung der Abgrenzungsmerkmale
für größenabhängige Befreiungen beim Konzernabschluss
(§§ 290–293).

H. **Übergangsvorschrift in (1) EGHGB Art 50:** Art 50 enthält die Über- 97
gangsvorschrift zu den Änderungen der Vorschriften über die Tätigkeit der Wirtschaftsprüfer
in § 319 II 2 Nr 2 und III 3 Nr 7.

I. **Übergangsvorschriften in (1) EGHGB Art 51:** Art 51 enthält die Über- 98
gangsvorschriften zu § 323 II betr die Erhöhung der gesetzlichen Haftungsobergrenze
(§ 323 Rn 9) und § 340 k IV 4 betreffend die erleichterte Auswahl von
Abschlussprüfern kleinerer Finanzdienstleistungsinstitute sowie zu §§ 325 a I 1
S 3–5, 340 I 1, 2 S 3, 4 IV 4 betr ZwNl von KapitalGes mit Sitz im Ausland.

J. **Übergangsvorschriften in (1) EGHGB Art. 54:** Art. 54 enthält die 99
Übergangsvorschrift zu verschiedenen Vorschriften betr Pflichtangaben im Anhang
(§§ 285, 286), Konzernabschluss (§§ 291 ff), Prüfung (§§ 316 ff) und Offenlegung (§ 325).

K. **Übergangsvorschriften in (1) EGHGB Art. 55:** Art 55 enthält Über- 100
gangsvorschriften zum **Wirtschaftsprüferexamens-Reformgesetz,** in denen
es um die Anwendung und Berechnung der Verjährungsfristen geht.

L. **Übergangsvorschriften in (1) EGHGB Art. 56:** Art 56 enthält Über- 101
gangsvorschriften zum **BilKoG.** Dessen Bestimmungen sind erstmals anwendbar
auf Abschlüsse des am 31. 12. 04 oder später endenden Geschäftsjahres. Prüfungen
iSv § 342 b I nicht vor 1. 7. 05.

M. **Übergangsvorschriften in (1) EGHGB Art 57 u 58: a)** Art 57 enthält 102
Übergangsvorschriften zu Art 4 **IAS-VO.** Geltung gem Wahlrecht in Art 9 VO
erst für Geschäftsjahre beginnend nach 31. 12. 06.

b) Art 58 enthält Übergangsvorschriften zu den zahlreichen durch das **BilReG** 103
vorgenommenen Änderungen im Bilanzrecht (Zusammenstellung s Einl 15 vor
§ 1, für die Abschlussprüfung s Einl 1 vor § 316). I betrifft die Schwellenwerte nach
§ 267 I, II, 293 I. II betrifft die Änderungen auf Grund der Fair-Value-Richtlinie.
In III 1 finden sich Übergangsvorschriften ua zu § 321 a (Offenlegung des Prüfungsberichts
in besonderen Fällen) und § 322 (Bestätigungsvermerk); erstmals für das
nach dem 31. 12. 04 beginnende Geschäftsjahr. Abweichend davon findet § 315 a II
erstmals auf das nach dem 31. 12. 06 beginnende Geschäftsjahr und § 318 III idF
des BilReG erstmals auf Ersetzungsverfahren Anwendung, die nach dem 31. 12. 04
beantragt werden. V betrifft die Fälle des Art 57, VI betrifft § 292 a aF.

c) Art 58 IV fasst die Übergangsregelung für die Abschlussprüfung nach 104
§ 319 (Auswahl der Abschlussprüfer und Ausschlussgründe) und § 319 a (Ausschlussgründe
in besonderen Fällen) zusammen. Grundsätzlich ist gem IV 1 das

neue Recht erstmals auf das Geschäftsjahr 2005 bzw die Prüfung des entsprechenden Abschlusses anzuwenden. VI 2 betrifft die letztmalige Anwendung von 319 aF. IV 3 schiebt die Anforderungen von 319 I 3 bezüglich der Qualitätskontrolle (außer für Ges mit amtlich notierten Aktien) um ein Jahr hinaus. Nach IV 4 findet § 319a I 1 Nr 1, 4 und S 4 erstmals auf Abschlussprüfungen für das nach dem 31. 12. 06 beginnende Geschäftsjahr Anwendung. IV 5 betrifft § 319 III Nr. 6 aF. IV 6 enthält **Übergangsrecht** zu §§ 319 III 1 Nr 3, 319a 11 Nr 2.

105 N. **Übergangsvorschriften in (1) EGHGB Art 59:** Art 59 enthält Übergangsvorschriften zum VorstOG. Die Änderungen sind erstmals auf Jahres- und Konzernabschlüsse für das nach dem 31. 12. 05 beginnende Geschäftsjahr anzuwenden.

106 O. **Übergangsvorschriften in (1) EGHGB Art 60:** Art 60 enthält die Übergangsvorschriften zum ÜbernahmeRi-Umsetzungsgesetz. Die Änderungen sind erstmals auf Jahres- und Konzernabschlüsse für das nach dem 31. 12. 05 beginnende Geschäftsjahr anzuwenden.

107 P. **Übergangsvorschriften in (1) EGHGB Art 61:** Art 61 enthält die Übergangsvorschriften zum EHUG. Gem V 1 sind die im 3. Buch vorgenommenen Änderungen erstmals auf Jahres- und Konzernabschlüsse für das nach dem 31. 12. 05 beginnende Geschäftsjahr anzuwenden. Nach V 2 finden die Vorschriften in ihrer alten Fassung letztmalig Anwendung auf Jahres- und Konzernabschlüsse für das vor dem 1. 1. 06 beginnende Geschäftsjahr.

108 Q. **Übergangsvorschriften in (1) EGHGB Art 62:** Art 62 enthält die Übergangsvorschriften zum Transparenzrichtlinie-Umsetzungsgesetz. Die Änderungen sind erstmals auf Jahres- und Konzernabschlüsse sowie Lageberichte und Konzernlageberichte und Halbjahresfinanzberichte sowie Zwischenabschlüsse und Konzernzwischenabschlüsse für das nach dem 31. 12. 06 beginnende Geschäftsjahr anzuwenden.

109 R. **Übergangsvorschriften in (1) EGHGB Art 66:** Übergangsregelungen zum BilMoG 2009 in **(1) EGHGB** Art 66, Erleichterungen in **(1) EGHGB** Art 67. Grds gilt: Erleichterungen (zB §§ 241a, 267 nF) anzuwenden für Geschäftsjahre ab 1. 1. 08 (I). Optionale Anwendung aller Änderung ab 1. 1. 09, dann Anhangabgabe (III 5). Verpflichtende Anwendung der erweiterten Berichterstattungspflichten ab 1. 1. 09 (II). Für alle anderen Änderungen Anwendung ab 1. 1. 2010 (**(1) EGHGB** Art 66 III 1); zur Anwendung der §§ 246 I 4, 255 II s III 2, 3; Anwendung der Änderungen bei den Konsolidierungspflichten s III 4. Sonstige Änderungen: zum Prüfungsausschuss (§ 324 HGB) s IV; letztmalige Anwendung alter Vorschriften s V; zu Änderungen beim Ordnungsgeldverfahren (§ 335 HGB) s VI. Lit: Zwirner/Künekele DB **09**, 1081.

110 S. **Übergangsvorschriften in (1) EGHGB Art 67:**
(1) **EGHGB** Art 67 enthält Erleichterungen hinsichtlich der Befolgung der Übergangsregelungen nach **(1) EGHGB** Art 66. Zuführung zu und Auflösung von Pensionsrückstellungen (I, II) s § 249 Rn 6 ff. III regelt Auflösung von Instandhaltungs- und Aufwandsrückstellungen. Beibehaltung von Abschreibungen nach altem Recht möglich, IV. Beibehaltung von aktivierten Bilanzierungshilfen nach § 269 aF HGB möglich (V). Aufwendungen und Erträge aus geänderter Bilanzierung latenter Steuern sowie aus Einstellung in Gewinnrücklagen nach I-IV sind mit Gewinnrücklagen zu verrechnen (VI). Ebenso sonstige Aufwendungen und Erträge aus Anwendung der neuen Regelungen, ansonsten Darstellung im außerordentlichen Ergebnis der GuV (VII). Keine Beachtung des Stetigkeitsgrundsatzes (§ 253 I Nr 6) bei erstmaliger Anwendung der neuen Regelungen und keine Angabe von Vorjahresvergleichszahlen (VII). Lit: Zwirner/Künekele DB **09**, 1081.

II. Internationale Rechnungslegungsstandards

Lit: Knorr/Schmidt PiR **05**, 73, Kussmaul/Zabel StuB **05**, 800, Zülch PiR **05**, 1, Zülch/Willms StuB **05**, 719, Ballwieser IRZ **06**, 23, Ekkenga AG **06**, 389, Gleißner/Heyd IRZ **06**, 103, Heintges **06**, 1569, Hillmer KoR **06**, 342, IDW WPg **06**, 802, IDW FN-IDW **06**, 582, Kirsch BB **06**, 1266, Küting/Hayn BB **06**, 1211, Luttermann WPg **06**, 778, Madziar/Tiedje IRZ **06**, 5, Paulitschek/Wiese KoR **06**, 634, Pöckel PiR **06**, 71, Ruhnke DB **06**, 1169, Schmidt KoR **06**, 65, Schreiber BB **06**, 1379, Sorgenfrei PiR **06**, 38, Vater StuB **05**, 67.

1) Gründe für die Internationalisierung der Rechnungslegung

A. **Internationalisierung der Kapitalmärkte:** Mit der Globalisierung und dem Zusammenwachsen der Kapitalmärkte ergibt sich das Bedürfnis nach international standardisierten und vereinheitlichten Rechnungslegungsgrundsätzen. Denn die bislang bestehenden nationalen Unterschiede in Grundverständnis, Funktion und Methode der Rechnungslegung führen zu teilweise erheblichen qualitativen Ausweisdifferenzen. Dies wurde durch den Gang deutscher Unternehmen an den New York Stock Exchange besonders deutlich. So ergibt der Vergleich der Abschlüsse etwa von Daimler-Benz im Jahre 1993 einen Gewinn nach HGB von 615 Mio. DM und einen Verlust nach US-GAAP von 1,839 Mrd. DM, näher *Heyd*, Internationale Rechnungslegung. Die dadurch hervorgerufene Verunsicherung der Anleger, das **Bedürfnis nach weltweiter Vergleichbarkeit von Abschlüssen** und die erhebliche Doppelbelastung der Unternehmen fördern die Bemühungen um internationale Rechnungslegungsstandards. Synoptische Darstellung HGB/IFRS: Schmid DStR **05**, 80.

B. **Vorteile internationaler Rechnungslegung:** Sie erleichtert den Zugang zu ausländischen Kapitalmärkten. International agierende Konzerne profitieren von einer Standarisierung im Hinblick auf die Konzernabschlüsse, weil im Rahmen der Konzernabschlusserstellung die Aufbereitung und Anpassung der Einzelabschlüsse auf das Rechnungslegungsrecht des Mutterunternehmens entfällt. Grenzüberschreitend agierende Investoren, Analysten, Gläubiger und Ratingagenturen erhalten international vergleichbare Abschlussinformationen. Zugleich wird durch die Anwendung eines weltweit verbreiteten Standards die Globalisierungsfähigkeit erhöht. Die Kosten der Transformation der Daten in ein anderes System entfallen. Für international agierende WirtschaftsprüfungsGes kann die Standarisierung die Einsatzfähigkeit ihrer Prüfer erhöhen, während sich auf nationaler Ebene die Überprüfung von Einzelabschlüssen ausländischer Töchter im Rahmen der Konzernabschlussprüfung vereinfacht, Baetge, IAS-Kommentar I Rn 3 f. Lit: Littkemann/Schulte StuB **05**, 285.

C. **Probleme internationaler Rechnungslegung: a)** Gegen die internationale Standarisierung wird **allgemein** eingewandt, sie könne unerwünschte Auswirkungen auf das Entscheidungsverhalten der Unternehmen haben. Befürchtet wird etwa, dass die Umstellung von der Bewertung nach Anschaffungskosten auf die Fair Value-Bewertung eine auf kurzfristige Gewinnerzielung verengte Sicht zur Folge hat. Da institutionelle Anleger für ihre Analyse primär auf nationale Konkurrenten und landes- bzw branchenspezifische Entwicklungen schauen, fragt sich, ob eine internationale Standarisierung notwendig ist. Schließlich ist bislang ungeklärt, ob und in welchem Umfang die Adressaten der Rechnungslegung tatsächlich auf die gebotenen Abschlussinformationen zurückgreifen und ob sie in der Lage sind, diese Informationen angemessen zu verarbeiten und die richtigen Schlüsse daraus zu ziehen, Winkeljohann 4 f. Lit: Böckli, Einführung, Rn 26 ff, Dücker, StuB **03**, 448, Haller/Eierle, BB **04**, 1838, Beiersdorf StuB **05**, 762, Heintges/Härle, DB **05**, 173, Kussmaul/Tcherveniachki DStR **05**, 616, Lüdenbach/Hoffmann DStR **05**, 884, Zabel/Cairns KoR **05**, 207, Beiersdorf BB **06**, 1898, Beiersdorf/Schreiber DStR **06**, 480, Beiersdorf/

Davis BB **06,** 987, Harr/Walber **06,** 169, IDW FN-IDW **06,** 513, Hennrichs ZHR **06,** 499, Kümmel/Zülch StuB **06,** 39, Küting/Zwirner StuB **06,** 1, Kussmaul/Henkes BB **06,** 2235, Lüdenbach/Hoffmann DStR **06,** 1464, Niehus DB **06,** 2529, Ochs/Leibfried PiR **06,** 183, Poll, IRZ **06,** 87, Pottgießer PiR **06,** 7, Zülch PiR **06,** 2333, Velthuis/Wesner/Schabel BB **06,** 875.

114 **b)** Gesondert diskutiert wird darüber hinaus, ob und in welcher Form die eigentlich für große bzw kapitalmarktorientierte Unternehmen konzipierten regulären internationalen Standards **(Full IFRS) für KMU geeignet** sind. Seit 2001 befasst sich das IASB mit der Ausgestaltung spezieller internationaler Rechnungslegungsstandards für KMU. Gründe dafür sind die zunehmende Komplexität der Full Standards (etwa IAS 36, IAS 39 und IFRS 2) sowie die überbordenden Anhangangaben, die als für den Mittelstand ungeeignet angesehen werden. Das Projekt wird vom DRSC, vom IDW und von EFRAG aktiv begleitet. Zugleich haben sich große deutsche Familienunternehmen zu einer Vereinigung zur Mitwirkung an der Entwicklung des Bilanzrechts für Familiengesellschaften (VMEBF) zusammengeschlossen. Anlass war die für den deutschen Mittelstand in der Rechtsform der Personengesellschaft ungeeignete Eigenkapitaldefinition in IAS 32 (s § 253 Rn 51 ff). Nach Vorarbeiten wurde im Februar 2007 ein Exposure Draft of a Proposed IFRS for Small and Medium-sized Entities **(IFRS-SME)** vorgelegt (Fundstelle: www.iasb.org). Der IFRS-SME ist für nicht kapitalmarktorientierte Unternehmen konzipiert. Unklar ist, ob die IAS-VO der EU-Kommission die Kompetenz zum Endorsement des IFRS-SME gibt, denn die VO hat nach ihrem Art 1 nur Standards für kapitalmarktorientierte Unternehmen zum Gegenstand, Beiersdorf/Davis BB **06,** 987, Kussmaul/Henkes BB **06,** 2235. Der IFRS-SME stellt ein **eigenständiges Regelwerk** von über 250 Textseiten dar, das in 38 Abschnitte gegliedert ist und praktisch ein Kurzfassung der Full Standards darstellt. Segment- und Zwischenberichterstattung sowie die Angabe des Ergebnisses je Aktie sind nicht vorgeschrieben. Allerdings finden sich häufig Verweise auf die Full Standards. Der IFRS-SME sieht keine Erleichterungen zur Eigenkapitalabgrenzung von Personengesellschaften vor (s IFRS-SME 21.1). Die Schwierigkeiten, die sich aus IAS 32 ergeben, bestehen also fort. Als Erleichterungen bietet der IFRS-SME: offenes Aktivierungswahlrecht bei Entwicklungsaufwendungen, fair value-Bewertung nur bei aktiven Märkten, Bewertung von Aktienoptionsprogrammen zum inneren Wert, nur anlassgetriebener Goodwill Impairment Test, Beschränkung auf zwei Kategorien von Finanzinstrumenten, Reduzierung der Anhangangaben. Dem stehen zwei wesentliche Verschärfungen gegenüber: Abschaffung der Verteilungswahlrechte bei Pensionsverpflichtungen und Abschaffung der auf einzelne Vermögenswerte beschränkten Neubewertung bei Umstellung auf IFRS, Heuser/Theile Rn 5240 ff. Gegenwärtig ist noch nicht abzusehen, ob das Projekt Erfolg haben wird. Nicht geklärt ist insbesondere, ob die Ausstrahlungswirkung der Full Standards eine wirkliche Vereinfachung für die KMU verhindern wird. Lit: Baetge/Kirsch/Leuschner/Jerzembek DB **06,** 2133, Ballwieser IRZ **06,** 29, Barckow/Martin Schmidt WPg **06,** 950, Beiersdorf BB **06,** 987 u 1898, Hoffmann/Lüdenbach DStR **06,** 1903, Hoffmann/Lüdenbach DB **06,** 1797, Kuhn/Friedrich BB **06,** 925, Kussmaul/Henkes BB **06,** 2235, Pawelzik DB **06,** 793, Martin Schmitt BB **06,** 1563, Niehus DB **06,** 2529, Schubert PiR **06,** 251, Weidenhammer PiR **06,** 155, Velthuis/Wesner/Schabel BB **06,** 875.

2) Das International Accounting Standards Board und die internationalen Rechnungslegungsstandards

115 A. **Entwicklung und Zielsetzung: a)** Am Anfang der Entwicklung internationaler Rechnungslegungsstandards stand die Vorläuferin des heutigen International Accounting Standards Board (IASB), das **International Accounting Stan-**

Einleitung 116–118 **Einl v § 238**

dards Committee (IASC). Es wurde 1973 durch Vereinbarung als private Vereinigung von Abschlussprüferverbänden aus Australien, Deutschland, Großbritannien, Frankreich, Japan, Kanada, Mexiko, den Niederlanden und den USA in London gegründet, IFRS-Vorwort Nr 4. Aus Deutschland traten die WPK und das IDW als Gründer auf. Dabei ging die Initiative vor allem von angelsächsischer Seite aus. Durch den ebenfalls 1973 vollzogenen Beitritt Großbritanniens zur EWG, in der seinerzeit die Bilanzrechtsharmonisierung vorbereitet wurde, sah Großbritannien seine vom kontinentaleuropäischen System abweichende Rechnungslegung gefährdet und versuchte, dieser Gefahr mit der internationalen Standardisierung entgegenzuwirken. Da es Großbritannien gelang, Grundgedanken des englischen Bilanzrechts unmittelbar in die BRiLi einzubringen, verlor das IASC als Gremium zur Harmonisierung der Rechnungslegung vorübergehend an Bedeutung.

b) Von **1978 bis 1988** wurden vom IASC insgesamt 28 Standards zu unter- **116** schiedlichen Fragen veröffentlicht, zwei davon wurden innerhalb dieser Zeit ersetzt und einer wurde ausgesetzt. Anglo-amerikanischer Regelungskultur folgend enthielten die Standards kasuistische Bestimmungen zu Einzelproblemen ohne systematischen Zusammenhang, aber mit einer Vielzahl von Wahlrechten, mit deren Hilfe nahezu sämtliche alternativen nationalen Bilanzierungsmethoden als gleichwertig und zulässig nebeneinander gestellt werden sollten. Von 1989 bis 1993 folgten drei weitere Standards sowie als theoretische Basis das **Framework for the Preparation and Presentation of Financial Statements** mit der Zielsetzung und den übergeordneten Prinzipien der IAS. Dabei war man im Rahmen des 1987 auf Anregung der IOSCO eingeleiteten **Comparability and Improvement Project** darum bemüht, die Zahl der Wahlrechte und der Inkonsistenzen so weit wie möglich zu beseitigen, um die Vergleichbarkeit der Abschlüsse entsprechend den Anforderungen der internationalen Kapitalmärkte zu verbessern.

c) Nachdem die **IOSCO** in Aussicht gestellt hatte, die **IAS als Zulassungs-** **117** **standards an allen nationalen Börsen** einzuführen, erlangte das IASC als Instrument zur Verbesserung und Harmonisierung einer kapitalmarktorientierten Rechnungslegung erneut an Bedeutung. Nachdem von 1989 bis 1993 zunächst an der Konsolidierung bestehender Standards gearbeitet wurde, gelang ab 1995 die Fertigstellung dieser Standards, die gemeinsam mit der IOSCO als Kernstandards (core standards) definiert wurden. Das Programm fand Ende 1998 mit dem Beschluss von IAS 39 seinen Abschluss und von 1999 bis 2001 mit der Überarbeitung bestehender und der Verabschiedung zweier neuer Standards seine Vervollständigung. Im Januar 2000 hatte das IASC 143 Mitglieder aus 104 Ländern. Mit der im Mai 2000 getroffenen Entscheidung der IOSCO, den Mitgliedsbörsenaufsichtsbehörden zu empfehlen, börsennotierten ausländischen Unternehmen die Bilanzierung nach IAS zu gestatten, gewannen das IASC und seine Arbeit weiter an Bedeutung. Eine weitere Stärkung der IAS ergab sich aus dem Inkrafttreten der europäischen IAS-VO v 19. 7. 02, nach der alle börsennotierten Konzerne für Geschäftsjahre, die ab dem 1. 1. 05 bzw 1. 1. 07 beginnen, den Konzernabschluss nach IAS erstellen müssen, BeckIFRS-Hdb § 1 Rn 3 ff.

d) Gleichzeitig diskutierte das IASC die **Reform** seiner **inneren Organisa-** **118** **tionsstruktur,** wodurch besonders die Unabhängigkeit des IASC insbesondere von den Berufsverbänden der Wirtschaftsprüfer und die Kooperation mit den nationalen Standardsettern verbessert werden sollte, um den Anforderungen an einen globalen Standardsetter besser zu genügen. Im Mai 2000 wurde eine neue Satzung beschlossen, die im Januar 2001 in Kraft trat. Im Mai 2002 trat das **International Accounting Standards Board (IASB)** an die Stelle des IASC. Zwischen Mai 2002 und Juni 2003 wurden zahlreiche IAS im Rahmen des sog Improvement Project 2002 überarbeitet sowie neue IAS in Entwurfsform (Exposure Draft, ED) vorgelegt bzw neu beschlossen. Zugleich wurde eine Reihe von

Merkt 901

Einl v § 238 119–124

Interpretationen des Standing Interpretation Committee (SIC) aufgehoben, geändert bzw neu bekannt gegeben.

119 e) Nachdem bereits im Mai 2003 das Standing Interpretation Committee durch das **International Financial Reporting Interpretations Committee (IFRIC)** ersetzt wurde, das bis September 2003 zwei Entwürfe neuer Interpretationen veröffentlichte, von denen eine inzwischen in Kraft ist (IFRIC 1), ging das IASB im Juni 2003 mit der Veröffentlichung von IFRS 1 dazu über, seine Standard nicht mehr als IAS, sondern als International Financial Reporting Standards bekannt zu geben, wobei allerdings bestehende IAS als solche weiterhin in Kraft blieben, Winkeljohann 7 f.

120 f) Seit Juli 2003 befasst sich das IASB mit der Frage, ob **IFRS auch für KMU** geeignet sind. Im Juni 2004 wurde dazu ein Diskussionspapier veröffentlicht, und die interessierte Öffentlichkeit wurde zu Stellungnahmen aufgefordert. Im Oktober 2004 wurde ein Unterausschuss gebildet, dem die weitere Betreuung des Projekts übertragen wurde. Nach Auswertung der Reaktionen auf das Projekt beschloss das IASB, sich primär auf die Relevanz der IFRS für die Finanzberichterstattung von „nonpublicly accountable entities" (NPAEs) zu konzentrieren. Das Hauptproblem liegt darin, dass die Rechnungslegungsanforderungen für KMU im internationalen Vergleich sehr unterschiedlich sind. Umfang und Inhalt möglicher IFRS-Vereinfachungen für KMU sind Gegenstand intensiver Diskussion, Zabel/Cairns KoR **05,** 207; Coenenberg, DBW 65 **(05)** 109.

121 g) Die **Zielsetzung des IASB** ist laut dem IFRS-Vorwort, „(a) im öffentlichen Interesse einen einzigen Satz an hochwertigen, verständlichen und durchsetzbaren globalen Rechnungslegungsstandards zu entwickeln, die hochwertige, transparente und vergleichbare Informationen in Abschlüssen und sonstigen Rechnungslegungsinstrumenten erfordern, um die Teilnehmer der verschiedenen weltweiten Kapitalmärkte und andere Informationsadressaten beim Treffen wirtschaftlicher Entscheidungen zu unterstützen, (b) die Nutzung und strenge Anwendung dieser Standards zu fördern und (c) aktiv mit nationalen Rechnungslegungsgremien zusammenzuarbeiten, um eine Kongruenz der nationalen Rechnungslegungsstandards und der IFRS zu hochwertigen Lösungen zu erreichen." Das unter (c) genannte Ziel ist bes im Verhältnis zu den amerikanischen US-GAAP wichtig. Das IASB strebt eine Konvergenz an, damit die IFRS auch von den US-Börsen anerkannt werden, BeckIFRS-Hdb § 1 Rn 5.

122 B. **Organisation: a)** Trägerorganisation des IASB ist die im März 2001 gegründete **IASC-Foundation.** Ihre Organe sind neben dem IASB das Board of Trustees, das IFRIC sowie der Standards Advisory Council (SAC), Baetge, IAS-Kommentar I Rn 41 ff.

123 b) Das **IASB** hat als fachlich unabhängiges Exekutivorgan eine zentrale Stellung bei der Überwachung und Änderung bestehender IAS und IFRS und bei der Entwicklung und Verabschiedung neuer IFRS. Sitz des IASB ist London. Es hat 14 Mitglieder, darunter 12 haupt- und zwei nebenamtliche. Im Interesse der Ausgewogenheit sollen mindestens fünf der Mitglieder bereits als Wirtschaftsprüfer tätig gewesen sein und jeweils mindestens drei als Bilanzersteller und Jahresabschlussadressaten. Ein Mitglied des Board soll in der Vergangenheit wissenschaftlich tätig gewesen sein. Sieben der vierzehn Mitglieder haben weiterhin eine direkte Verbindung zu den jeweiligen nationalen Standardsettern. Durch diese Verknüpfung soll langfristig die internationale Konvergenz der Rechnungslegungsvorschriften erreicht werden. Die IFRS und die Interpretationen des IFRIC werden mit acht von vierzehn Stimmen verabschiedet, für alle anderen Entscheidungen genügt die einfache Mehrheit.

124 c) Das **Board of Trustees** hat 19 Mitglieder. Es ernennt die Mitglieder des IASB, des IFRIC und des SAC. Es überwacht die Aktivitäten des IASB, berät und entscheidet über Änderungen der Satzung und stellt die Finanzierung der IASC Foundation sicher. Seine Mitglieder werden für drei Jahre berufen und nach einem festen geographischen Schlüssel ausgewählt, der die Internationalität des Gremiums sicherstellen soll, darunter 6 Trustees aus Nordamerika, 6 aus Europa, 4 aus Asien/Pazifik und 3 aus beliebigen Regionen.

d) Das **IFRIC** (International Financial Reporting Interpretations Committee) wurde 1997 unter dem Namen Standing Interpretations Committee (SIC) eingeführt und 2001 im Rahmen der Umstrukturierung neu konstituiert. Es hat 12 stimmberechtigte Mitglieder. Sie werden von den Trustees für drei Jahre bestimmt. Die Trustees ernennen weiterhin eines der Mitglieder des Board als Chair des IFRIC. Der Chair hat das Recht, sich in fachlichen Fragen zu äußern, jedoch kein Stimmrecht. Aufgabe des IFRIC ist ua, die IAS und IFRS für die Anwendung zu interpretieren und unter Berücksichtigung der Vorschriften des Rahmenkonzepts Hilfe in solchen Rechnungslegungsfragen zu leisten, die nicht explizit in den IAS und IFRS angesprochen werden. Außerdem bearbeitet es Anfragen des IASB.

e) Das **SAC** (Standards Advisory Council) steht dem IASB als weiteres beratendes Gremium zur Seite. Es besteht aus mindestens 30 Mitgliedern, die von den Trustees für drei Jahre berufen werden. Der Chairman des IASB ist zugleich Chairman des SAC. Es berät den IASB in Fragen des Arbeitsprogramms und bei der Wahl der Arbeitsschwerpunkte und informiert den IASB über die Ansichten der Organisationen und Mitglieder des Council über große Standardsetting-Projekte.

C. **Verlautbarungen des IASB: a)** Die vom IASB herausgegebenen Verlautbarungen, nämlich das Preface, das Framework, die IAS bzw IFRS, die SIC-/IFRIC Interpretationen sowie die Leitlinien zur Implementierung (implementation guidance), unterscheiden sich im Verpflichtungsgrad.

b) Eingeleitet werden die weiteren Verlautbarungen mit einem **Preface** (Vorwort), in dem Allgemeines zu Zielen, Grundsätzen, Anwendungsbereich, Verpflichtungsgrad der IFRS, zum Verfahren der Verabschiedung und zur Arbeitssprache ausgeführt wird. Mangels rechtssystematischer Einordnung hat das Preface für Anwendung und Auslegung der IFRS keine Bedeutung, Winkeljohann 12.

c) Das **Framework** (Rahmenkonzept) bildet den konzeptionellen Bezugsrahmen für das Rechnungslegungssystem der IFRS. Es ist Auslegungs- und Orientierungshilfe bei der Entwicklung neuer IFRS und zugleich Grundlage für die deduktive Beantwortung von Bilanzierungsfragen, die sich in Praxis der bilanzierenden Unternehmen und der Wirtschaftsprüfung stellen, die aber nicht explizit in den IFRS geregelt sind. Die im Framework enthaltenen Grundsätze selbst gelten jedoch nicht als Rechnungslegungsstandards und gehen den IFRS daher nicht vor, Achleitner/Behr 96.

d) Die **IAS** bzw (seit Juni 2003) **IFRS** regeln Einzelfragen der Rechnungslegung. Jeder einzelne Standard behandelt ein spezielles Thema, wobei die Themen und mit ihnen die Standards keiner inhaltlichen Systematik folgen. Zum Teil decken die Standards Bilanzpositionen (etwa IAS 16, Property, Plant and Equipment) und Probleme der Rechnungslegung (etwa IAS 11, Construction Contracts) ab, zum Teil wird die Gestaltung von Rechnungslegungsinstrumenten (etwa IAS 7, Cash Flow Statement) oder das Problem einer Branche(etwa IFRS 6, Exploration for and Evaluation of Mineral Resources) geregelt. Die einzelnen Standards unterscheiden sich themenabhängig in Komplexität und Umfang (etwa IAS 10, Events after the Balance Sheet Date = 15 Seiten; IAS 19, Employee Benefits = 135 Seiten). Da jeder Standard ein Thema in sich geschlossen behandelt (Ausnahme: Finanzierungsinstrumente: IAS 32, IAS 39), sind alle für ein bestimmtes Problem maßgeblichen Regelungen an einem Ort zu finden. Allerdings führt diese Regelungstechnik zu Wiederholungen, falls eine Regelung auf verschiedene Probleme Anwendung finden soll. Die Überarbeitung eines Standards kann Anpassungen an mehreren anderen Standards erforderlich machen.

131 Formal folgt der **Aufbau aller Standards** einem einheitlichen Muster: Zielsetzung des Standards (objective), Anwendungsbereich (Scope), Definitionen der verwendeten Begriffe (definitions), verbindlich anzuwendende Vorschriften und Erläuterungen, Angaben (disclosures) und zT auch Darstellung (presentation), ggf. Übergangsvorschriften (transitional provisions), Zeitpunkt des Inkrafttretens (effective date) sowie ggf. Anhänge, etwa Beispiele, Illustrationen, Gegenüberstellungen, Anwendungsleitlinien (application guidance).

132 Für bestimmte Bilanzierungsfragen enthalten verschiedene Standards **Wahlrechte.** Während ältere Standards solche Wahlrechte häufig einfach aufgelistet haben, wird in neueren Standards zwischen einer sog **Benchmark-Methode** (benchmark treatment) und alternativ zulässigen Methoden (allowed alternative treatment) unterschieden. Zwar impliziert der Begriff benchmark, dass das betreffende Problem mit dieser Methode besser bewältigt wird, doch soll damit keine Präferenz des IASB ausgedrückt werden, Winkeljohann 14.

133 Die **Entwicklung eines IFRS** durchläuft vier Stufen, die Projektvorbereitung, die Erarbeitung eines Diskussionspapiers, die Entwicklung des Exposure Draft (ED) und die Verabschiedung und Veröffentlichung des IFRS.

134 e) Die vom IFRIC erarbeiteten **IFRIC Interpretationen** (bis Mai 2001: die vom SIC erarbeiteten **SIC-Interpretationen**) stellen die vom IASB autorisierten und daher verbindlich anzuwendenden Auslegungsregeln zu speziellen Bilanzierungs- und Bewertungsfragen bestehender Standards dar. Sie sollen eine weltweit einheitliche Auslegung und Anwendung der IFRS sicherstellen. Die Interpretationen werden möglichst kurze Zeit nach den betreffenden Standards herausgegeben und beziehen sich nur auf Fragen von allgemeiner Bedeutung. Zu beachten ist, dass die Interpretationen den IFRS gleichgestellt sind. Ein Abschluss ist nur dann IFRS-konform, wenn er sowohl allen IFRS als auch allen Interpretationen entspricht. Als Draft (D) wird der Entwurf einer Interpretation des IFRIC bezeichnet.

135 f) Die **Leitlinien zur Implementation** (implementation guidelines) befassen sich mit Einzelfragen und Problemen der Anwendung einzelner IFRS und sind diesen zugeordnet. Im Gegensatz zu den IFRS und den IFRIC Interpretationen haben sie keine Bindungswirkung.

136 D. **Zur Terminologie von IAS, IFRS und „internationalen Rechnungslegungsstandards": a)** Der internationale Sprachgebrauch weicht vom Sprachgebrauch der EU ab. Das **IASB** veröffentlicht seine Standards seit Juni 2003 als IFRS. Die bereits zu diesem Zeitpunkt geltenden Standards behalten ihre Bezeichnung als IAS bei, wobei die Bezeichnung **IFRS** zugleich **Oberbegriff** ist sowohl für alle bereits geltenden IAS als auch für alle neu veröffentlichten IFRS.

137 b) Hingegen bezeichnet nach Art 2 der europäischen **IAS-VO** der Terminus „**internationale Rechnungslegungsstandards**" (in der englischen Fassung „international accounting standards") als **Oberbegriff** die IAS, die IFRS und damit verbundene Interpretationen (SIC/IFRIC Interpretationen), spätere Änderungen dieser Standards und damit verbundene Auslegungen sowie künftige Standards und damit verbundene Auslegungen, die vom IASB herausgegeben oder angenommen werden.

138 c) Mithin verwendet das IASB den Oberbegriff IFRS, während sich die IAS-VO für den Oberbegriff „internationale Rechnungslegungsstandards" (international accounting standards) entschieden hat. Wegen der Maßgeblichkeit der IAS-VO für das deutsche Recht folgt diese Kommentierung der Terminologie der IAS-VO und verwendet den Begriff der internationalen Standards bzw Standards.

Einleitung 139–147 **Einl v § 238**

3) Grundlagen der internationalen Rechnungslegungsstandards

A. **Framework: a)** Ziel des **Framework** als Rahmenkonzept der internationalen Rechnungslegung ist es, das IASB bei der Entwicklung neuer IFRS und der Überarbeitung bestehender Standards zu unterstützen. Außerdem soll das Framework die Abschlussersteller bei der Anwendung der Standards und die Wirtschaftsprüfer bei der Beurteilung unterstützen, ob Abschlüsse standardkonform sind. Schließlich soll das Framework allgemein bei der Interpretation von IFRS-Abschlüssen helfen (F. 1). Das Framework selbst ist kein Standard (F. 2) und stellt auch kein overriding principle dar. Dementsprechend hat keine Regelung des Framework Vorrang vor den spezifischen Regelungen der Standards. Abschlüsse, die nach den IFRS aufgestellt werden, sollen entscheidungsnützliche **(decision usefulness)** Informationen über die Vermögens-, Finanz- und Ertragslage des Unternehmens sowie deren Veränderung liefern (F. 12–21, IAS 1.7). Mit den vermittelten Informationen sollen die Adressaten die Fähigkeit des Unternehmens beurteilen können, zukünftige Einzahlungsüberschüsse zu erwirtschaften (F. 15, IAS 1.7). Hierbei sollen sowohl der Grundsatz der Periodenabgrenzung als auch der Grundsatz der Unternehmensfortführung berücksichtigt werden (F. 22 u 23). Verständlichkeit, Entscheidungsrelevanz, Wesentlichkeit, Zuverlässigkeit und Vergleichbarkeit sind die qualitativen Anforderungen an den Abschluss (F. 24–46). Ferner definiert das Framework die Abschlussposten und erläutert die Voraussetzungen für Ansatz, Erfassung (F. 47–98) sowie Bewertung (F. 99–101), schließlich Kapital- und Kapitalerhaltungskonzepte (F. 102–110). Lit: Kampmann/Schwedler KoR **06,** 521, IDW WPg **06,** 1474. 139

b) Die **konzeptionellen Grundsätze** der Standards werden vom Framework differenziert nach folgenden Kategorien dargestellt: 1. Grundlegende Annahmen, 2. Qualitative Merkmale, 3. Einschränkende Nebenbedingungen, 4. Wirklichkeitsgetreue Darstellung. 140

c) Als **Abschlussposten** bezeichnet das Framework Vermögensgegenstände (assets), Schulden (liabilities) und Eigenkapital (equity) sowie Erträge (income) und Aufwendungen (expenses). 141

d) Asset ist eine in der Verfügungsmacht des Unternehmens stehende Ressource, die ein Ergebnis von Ereignissen der Vergangenheit darstellt, und von der erwartet wird, dass dem Unternehmen aus ihr künftiger wirtschaftlicher Nutzen zufließt (F. 49, IAS 38.7). 142

e) Liability ist eine gegenwärtige Verpflichtung des Unternehmens aus Ereignissen der Vergangenheit, von deren Erfüllung erwartet wird, dass aus dem Unternehmen Ressourcen abfließen, die wirtschaftlichen Nutzen verkörpern (F. 49, IAS 37.10). 143

f) Equity ist der nach Abzug aller Schulden verbleibende Restbetrag der Vermögenswerte des Unternehmens (F. 49). 144

g) Income stellt eine Zunahme des wirtschaftlichen Nutzens in der Berichtsperiode in Form von Zuflüssen oder Erhöhungen von Vermögenswerten oder einer Abnahme von Schulden dar, die zu einer Erhöhung des Eigenkapitals führen, welche nicht auf eine Einlage der Anteilseigner zurückzuführen ist (F. 70). 145

h) Expenses stellen eine Abnahme des wirtschaftlichen Nutzens in der Berichtsperiode in Form von Abflüssen oder Verminderungen von Vermögenswerten oder einer Erhöhung von Schulden dar, die zu einer Abnahme des Eigenkapitals führen, welche nicht auf Ausschüttungen an die Anteilseigner zurückzuführen ist (F. 70). 146

i) Nach den Vorschriften zum **Ansatz** von Vermögenswerten und Schulden sowie zur Erfassung von Erträgen und Aufwendungen in der GuV ist ein Sachverhalt dann zu erfassen, wenn er die Definition eines Abschlusspostens erfüllt, es wahrscheinlich ist, dass ein mit dem Sachverhalt verbundener Nutzen dem 147

Einl v § 238 148–155   III. Buch. Handelsbücher

Unternehmen zufließen oder von ihm abfließen wird und die zuverlässige Bewertung des Sachverhaltes möglich ist (F. 82–98).

148 j) Als Maßstäbe der **Bewertung** nennt das Framework die historischen Anschaffungs- und Herstellungskosten (historical cost), den Tageswert (current cost), den Veräußerungswert (realisable value, settlement value) sowie den Barwert (present value).

149 k) Die im Framework geregelten **Kapitalerhaltungskonzepte** bilden die Grundlage für die Bestimmung des auszuweisenden Gewinns. Neben dem Financial Capital Maintenance-Konzept (Konzept der finanzwirtschaftlichen Kapitalerhaltung, F. 104 (a)) nennt das Framework das Physical Capital Maintenance-Konzept (Konzept der leistungswirtschaftlichen Kapitalerhaltung, F. 104 (b)). Da diese Kapitalerhaltungskonzepte unterschiedliche Wertmaßstäbe zulassen, ergeben sich besonders bei Preisänderungen Unterschiede im Ausweis. Die Entscheidung zwischen den beiden Konzepten wird dem Management übertragen (F. 110).

150 B. **Rechnungslegungsgrundsätze: a)** Die **grundlegenden Annahmen** (underlying assumptions) bilden die Basis der Rechnungslegung und sind sowohl im Framework (F. 22–23) als auch in den IAS (IAS 1.23–26) definiert: die Periodenabgrenzung (accrual basis) und die Unternehmensfortführung (going concern).

151 b) Nach der **Periodenabgrenzung (accrual principle)** wird der Abschluss mit Ausnahme der Angaben in der Kapitalflussrechnung auf der Grundlage einer periodengerechten Aufwands- und Ertragsverrechnung erstellt (F. 22, IAS 1.25). Maßgebend ist die wirtschaftliche Zugehörigkeit der Geschäftsvorfälle zu den einzelnen Berichtsperioden (F. 22). Hierzu gehört auch das Prinzip der sachlichen Abgrenzung von Aufwendungen **(matching principle)**, wonach in der GuV die Aufwendungen zu erfassen sind, die für die entsprechenden Ertragspositionen entstanden sind (F. 95).

152 c) Bei der Abschlusserstellung ist vom Grundsatz der **Unternehmensfortführung** (going concern) auszugehen, solange weder Absicht noch Notwendigkeit besteht, das Unternehmen zu liquidieren oder die Geschäftstätigkeit einzustellen (F. 23, IAS 1.23 f). Die Prognose muss mindestens 12 Monate nach dem Bilanzstichtag umfassen (IAS 1.24).

153 d) Im Interesse der Informationsvermittlungsfunktion stellen die Standards vier **qualitative Anforderungen** (qualitative characteristics, F. 24–46) auf: 1. **Verständlichkeit** (understandability, F. 25), 2. **Relevanz** (relevance, F. 26 ff) mit der Unteranforderung Wesentlichkeit (materiality, F. 29 f), 3. **Verlässlichkeit** (reliability, F. 31 f) mit den Unteranforderungen glaubwürdige Darstellung (faithful presentation, F. 33 f), wirtschaftliche Betrachtungsweise (substance over form, F. 35), Neutralität (neutrality, F. 36), Vorsicht (prudence, F. 37) und 4. **Vollständigkeit** (completeness, F. 38) sowie der **Vergleichbarkeit** (comparability, F. 39 ff). Zu beachten ist ferner der Grundsatz der Stetigkeit, der zwar nicht im Framework, aber in den IAS genannt wird (Darstellungsstetigkeit, IAS 1.27; Stetigkeit der Bilanzierungs- und Bewertungsmethoden, IAS 8.13).

154 e) Die Anforderungen der Relevanz und der Stetigkeit werden durch sog **einschränkende Nebenbedingungen** (constraints) begrenzt, F. 43–45. Solche Nebenbedingungen sind die **zeitnahe Berichterstattung** (timeliness, F. 43), die **Wirtschaftlichkeit** (Informationsnutzen gegen -kosten, F. 44) und die **angemessene Ausgewogenheit der qualitativen Anforderungen und Kriterien** (balance between qualitative characteristics, F. 45).

155 f) Nach IAS 1.13, F. 46 müssen die nach internationalen Standards erstellten Abschlüsse die Vermögens-, Finanz- und Ertragslage sowie Mittelzu- und Abflüsse eines Unternehmens den tatsächlichen Verhältnissen entsprechend darstellen (Gebot der wirklichkeitsgetreuen Darstellung, **fair presentation, true and**

Einleitung 156–161 **Einl v § 238**

fair view). Ausnahmen sind nach IAS 1.17 zulässig. Dabei handelt es sich um ein **overriding principle,** BeckHdB-IFRS B 106 Rn 63.

g) Hinzu treten **weitere grundlegende Anforderungen,** die zwar weder im 156 Framework noch in IAS 1, aber in anderen Standards geregelt sind. So gilt der Grundsatz der **Einzelbewertung** (IAS 2, IAS 16, IAS 36), das **Realisationsprinzip** (IAS 18) und das **Imparitätsprinzip,** das allerdings lediglich implizit in verschiedenen Standards angesprochen wird (zB IAS 16, IAS 38), das **Stichtagsprinzip** (IAS 10.8, IAS 10.10) und der Grundsatz der **Wertaufhellung** (IAS 10.8, IAS 10.10). Dass der Grundsatz der Bilanzidentität (Schlussbilanz ist mit der folgenden Eröffnungsbilanz identisch) nicht in den Standards explizit oder implizit angesprochen wird, erlaubt nicht die Folgerung, dass er für die Standards keine Bedeutung hätte, Winkeljohann 40.

C. **Abschlusselemente:** Ein vollständiger Abschluss nach internationalen 157 Standards (complete set of financial statements) besteht nach IAS 1.8 aus fünf Teilen: **Bilanz** (balance sheet), **GuV** (income statement), **Eigenkapitalveränderungsrechnung** (statement of change in equity), **Kapitalflussrechnung** (cash flow statement) und **Anhang** (notes). Ein Lagebericht ist nicht vorgeschrieben, es wird aber ein vergleichbarer Bericht empfohlen (IAS 1.9).

D. **Erstmalige Aufstellung eines IAS/IFRS-Abschlusses (IFRS 1):** 158 **a) Gegenstand von IFRS 1 (Erstmalige Anwendung der IFRS):** Erstmalige Erstellung eines IFRS-Abschlusses (IFRS 1.1). **Zeitliche Anwendung:** Geschäftsjahre, die am oder nach dem 1. 1. 04 beginnen. Frühere Anwendung empfohlen (IFRS 1.47). IFRS 1 ersetzt SIC-8. Lit: IDW RS HFA 2 nF, Baetge, IAS-Kommentar, Andrejewski/Böckem, KoR **04,** 332, Böcking/Busam/Dietz, Konzern **03,** 457, Grünberger, StuB **03,** 587, Hayn/Bösser/Pilhofer, BB **03,** 1607, Knorr/Wendlandt, KoR **02,** 201, Lüdenbach/Hoffmann, DStR **03,** 1498, Strieder/Ammedick, BB **04,** 2679, Theile DB **03,** 1745.

b) **Sachliche Anwendung:** Das Unternehmen ist nach IFRS 1 verpflichtet, 159 diesen Standard für den ersten IFRS-Abschluss und für die Zwischenberichte anzuwenden, die Teil der ersten IFRS-Berichtsperiode sind und gemäß IAS 34 (Zwischenberichterstattung) aufgestellt werden (IFRS 1.2 ff).

c) **Wesentlicher Inhalt:** Anzuwenden sind grundsätzlich alle IFRS, die am 160 Bilanzstichtag gültig sind. Insbesondere hat die **IFRS-Eröffnungsbilanz** zwingend folgenden **Inhalt:** Erfassung aller Vermögenswerte und Schulden, deren Erfassung von den IFRS gefordert wird; kein Ansatz von Posten nicht als Vermögenswert oder Schulden, wenn IFRS dies nicht zulassen; Umklassifizierung von Posten, die unter den vorherigen Rechnungslegungsregeln als eine bestimmte Klasse von Vermögenswerten, Schulden oder Eigenkapital klassifiziert wurden, wenn diese Komponenten gemäß den IFRS anders eingeteilt sind; Anwendung der IFRS bei der Bewertung von Vermögenswerten und Schulden. Übergangsrückstellungen in anderen IFRS sind nicht bei der erstmaligen Anwendung der IFRS anzuwenden. Die Anwendung neuer noch nicht verpflichtend anzuwendender Standards ist gestattet, wenn diese Standards eine frühere Anwendung gestatten (IFRS 1.7 ff).

d) IFRS 1 gewährt für folgende Bereiche, in denen die Kosten der Umsetzung 161 wahrscheinlich den Nutzen übersteigen würden, bestimmte **Befreiungen:** Unternehmenszusammenschlüsse; Bewertung mit dem beizulegenden Zeitwert oder Neubewertung als Ersatz für die Bewertung mit den (fortgeführten) Anschaffungs- oder Herstellungskosten; Leistungen an Arbeitnehmer; kumulierte Umrechnungsdifferenzen; zusammengesetzte Finanzinstrumente; Vermögenswerte und Schulden von Tochterunternehmen, assoziierten Unternehmen und Joint Ventures; Klassifizierung von vorher erfassten Finanzinstrumenten; aktienbasierte Vergütung; Versicherungsverträge, in Sachanlagen enthaltene Kosten für die

Entsorgung, Leasingverhältnisse, erstmaliger Ansatz von Finanzinstrumenten zum beizulegenden Zeitwert (IFRS 1.13 ff).

162 e) IFRS 1 enthält ein **Verbot der retrospektiven Anwendung** der IFRS in bestimmten Fällen, insbesondere dann, wenn eine retrospektive Anwendung Schätzungen des Managements über frühere Bedingungen verlangen würde, bei denen jedoch das Ergebnis der Transaktion bereits bekannt ist. Unzulässig ist ferner die Anwendung einzelner Regelungen anderer Standards im Zusammenhang mit der Ausbuchung finanzieller Vermögenswerte und finanzieller Schulden und der Bilanzierung von Schätzungen (IFRS 1.26 ff).

163 f) IFRS 1 verlangt Angaben darüber, wie der **Übergang** von den bisherigen Rechnungslegungsnormen **auf die IFRS** die Vermögens-, Finanz- und Ertragslage des Unternehmens beeinflusst hat: Darstellung und Angabe von Vergleichsinformationen (IFRS 1.35 ff) und Erläuterungen des Übergangs (IFRS 1.38 ff).

164 E. **Auslegung der internationalen Rechnungslegungsstandards:** Nach IAS 8.7–IAS 8.12 sollen für die Auslegung einer Anweisung absteigend folgende Texte herangezogen werden: Text der Standards einschließlich Appendices; SIC-/IFRIC Interpretationen; Auslegungshilfen, soweit vom IASB oder IFRIC veröffentlicht. Lit: Küting/Ranker, BB **04,** 2510 (Auslegung als sekundäres EG-Recht), Schön, BB **04,** 763 (Auslegung durch deutsche Gerichte), Schreiber BB **06,** 1379.

4) Der Einfluss der internationalen Standards auf die europäische und die deutsche Rechnungslegung

165 A. **Kapitalaufnahmeerleichterungsgesetz (KapAEG): a)** Mit dem **KapAEG** vom 20. 4. 98 (BGBl I 707) hatte der deutsche Gesetzgeber einen ersten Schritt zur Internationalisierung der Rechnungslegung unternommen und auf die Praxis der Rechnungslegung seit 1993 (duale bzw parallele Konzernabschlüsse) reagiert. Mit dem KapAEG eingeführt wurde § 292 a, der es einem Mutterunternehmen, das einen organisierten Markt durch von ihm oder einem solchen Tochterunternehmen ausgegebene Wertpapiere in Anspruch nimmt, ermöglicht, einen vom HGB-Konzernabschluss und -lagebericht befreienden Konzernabschluss nach international anerkannten Rechnungslegungsgrundsätzen aufzustellen und offen zu legen. International anerkannte Rechnungslegungsgrundsätze iSv § 292 a sind die IAS/IFRS und die US-GAAP (BTDrucks 13/9909 S 12), s die Kommentierung zu § 292 a in der 31. Aufl.

166 **b)** Die durch das KapAEG bewirkte Deregulierung der Konzernrechnungslegung für bestimmte deutsche Konzernmütter hat dazu geführt, dass der überwiegende Teil der DAX-Ges ihre Konzernabschlüsse befreiend nach IAS/IFRS bzw US-GAAP aufstellen. Von den 30 im Jahre 2002 im DAX notierten Ges haben 17 nach IFRS, 11 nach US-GAAP und 2 nach HGB bilanziert, Winkeljohann 19.

167 B. **Richtungswechsel auf EU-Ebene: a)** Nachdem man den Bemühungen um internationale Standardisierung zunächst zurückhaltend gegenüberstand, da man befürchtete, dass die kontinentale Rechnungslegungstradition in die Defensive geraten könnte, beschloss die EU-Kommission Ende 1995, sich der Internationalisierung zu öffnen. Insbesondere wurde gefordert, die EU stärker in die Internationalisierung einzubeziehen, um auf diesem Wege internationale Standards zu schaffen, die den europäischen Bedürfnissen entsprechen und mit den geltenden Richtlinien harmonieren. Zugleich wurde eine Bilanzierung europäischer Unternehmen nach US-GAAP abgelehnt, da es sich um nationale Standards ohne europäischen Einfluss handelt, van Hulle WPg **98,** 138, Wüstemann/Kierzek BB Special 4 **06,** 14.

168 **b) IAS-VO:** Entsprechend der Empfehlung des Ausschusses der Weisen (Lamfalussy-Gruppe) wurde Mitte des Jahres 2002 schließlich mit der Zustimmung des

Einleitung 169–171 **Einl v § 238**

Ministerrates die **IAS-VO** verabschiedet (Verordnung (EG) Nr 1606/2002 v 19. 7. 02, ABlEG v 11. 9. 02, L 243/1). Art 4 IAS-VO verpflichtet **Ges**, die dem Recht eines Mitgliedstaates unterliegen und deren Wertpapiere am jeweiligen Bilanzstichtag in einem Mitgliedstaat zum **Handel im geregelten Markt** zugelassen sind, ihren **konsolidierten Abschluss** für Geschäftsjahre, die am oder nach dem 1. 1. 05 beginnen, nach **internationalen Rechnungslegungsstandards** aufzustellen. Abweichend davon können die Mitgliedstaaten gem Art 9 vorsehen, dass Ges, (a) von denen lediglich Schuldtitel zum Handel zugelassen sind oder (b) deren Wertpapiere zum öffentlichen Handel in einem Nichtmitgliedstaat zugelassen sind und die schon zuvor nach international anerkannten Standards bilanziert haben, erst für Geschäftsjahre nach internationalen Standards bilanzieren, die am oder nach dem 1. 1. 07 beginnen. Lit: Buchheim/Gröner/ Kühne BB **04,** 1783, van Hulle WPg **03,** 968, Pooten KoR **05,** 58, Theile StuB **03,** 957.

Für alle **übrigen Abschlüsse**, dh für die Konzernabschlüsse nicht im geregelten Markt eines Mitgliedstaates notierter Ges sowie für alle Einzelabschlüsse aller KapitalGes ist gem Art 5 IAS-VO die Anwendung der **internationalen Standards** prinzipiell **fakultativ.** Den Mitgliedstaaten ist dabei vorbehalten, die Anwendung der IFRS auf nicht notierte Ges und auf Einzelabschlüsse den Ges zur Wahl zu stellen, vorzuschreiben oder zu verbieten. Da es sich um eine VO handelt, gilt die Pflicht zur IFRS-Bilanzierung unmittelbar, dh ohne einen gesonderten Umsetzungsakt des jeweiligen Mitgliedstaates (s Art 249 II EGV). Hingegen bedürfen die Wahlrechte der VO einer Ausübung der Mitgliedstaaten durch gesonderten Rechtsakt. 169

c) Die Übernahme der einzelnen Standards und der Interpretationen in das Recht der EU erfolgt nicht automatisch. Vielmehr sieht Art 6 IAS-VO vor, dass die EU-Kommission mit Unterstützung des Regelungsausschusses auf dem Gebiet der Rechnungslegung (Accounting Regulatory Committee) in einem **Komitologieverfahren** über die Annahme und Anwendbarkeit der Standards befindet (sog Endorsement-Verfahren). Dabei ist zu prüfen, ob sie den Grundanforderungen der 4. und 7. RiLi entsprechen und ein den tatsächlichen Verhältnissen entsprechendes Bild der Vermögens-, Finanz- und Ertragslage des Unternehmens vermitteln, ob sie dem öffentlichen Interesse entsprechen und ob sie die grundlegenden Kriterien von entscheidungsnützlichen Informationen (Verständlichkeit, Relevanz, Verlässlichkeit und Vergleichbarkeit) erfüllen. Zur Vermeidung von EU-IFRS werden Standards grds (s u) entweder unverändert übernommen oder abgelehnt, van Hulle WPK-Mitt **02,** 178. Die Anerkennung der Standards und Interpretationen erfolgt in Form der VO. Das Endorsement ist keine bloße Formalie. So wurden beim Endorsement von IAS 39 bestimmte Vorschriften nicht übernommen (carve outs). ZB ist die umstrittene Fair Value Option für finanzielle Verbindlichkeiten entgegen der Regelung des vom IASB verabschiedeten IAS 39 nicht zulässig. Dies ist neben den Einwänden der Banken und Finanzdienstleister Grund dafür, dass das IASB am 16. 6. 05 ein Amendment zu IAS 39 veröffentlicht hat, in dem die Fair Value Option eingeschränkt wurde. Lit: Kuhn DB **05,** 1341; Jerzembek/Große KoR **05,** 221; Schmidt KoR **05,** 269, Velthuis/Wesner/Schabel BB **06,** 875, Wagenhofer IRZ **06,** 31, Hitz KoR **06,** 357, Pfaff/Kukule KoR **06,** 542. Zum Stand der Anerkennung s Rn 161 a ff. 170

C. **Bilanzrechtsreformgesetz (BilReG): a)** Der deutsche Gesetzgeber hat 171 mit dem BilReG v 4. 12. 04 (BGBl I 3166) von den eröffneten Wahlrechten in folgender Weise Gebrauch gemacht: Für alle Unternehmen besteht ein umfassendes Wahlrecht, im **Konzernabschluss** die in das EG-Recht übernommenen internationalen Standards anzuwenden, § 315 a. Eine Verpflichtung zur Konzernbilanzierung nach internationalen Standards über den Pflichtanwendungsbereich hinaus besteht nur für solche Mütter, die die Zulassung eines Wertpapiers zum Handel an einem geregelten Markt beantragt haben, § 315 a II, § 11 VI Nr 2 PublG. Ferner müssen Unternehmen, die entweder nur Schuldtitel emittieren oder die bei Erlass der IAS-VO in einem Nicht-EU- oder Nicht EWR-Staat Wertpapiere in den Börsenhandel gebracht haben und dazu nach den US-GAAP bilanzieren, die internationalen Standards erst zwei Jahre später, dh zum 1. 1. 07 anwenden, (2) EGHGB Art 57.

172 b) In Bezug auf den **Einzelabschluss** lässt der deutsche Gesetzgeber die Bilanzierung nach internationalen Standards nur beschränkt auf dessen informatorische Funktion zu. Begründet wird dies mit der heterogenen Zwecksetzung des Einzelabschlusses (Informationszwecke, Ausschüttungsbemessung, §§ 57 III, 58 IV AktG, steuerliche Gewinnermittlung, § 5 I 1 EStG). Für die **Ausschüttungsbemessung** erscheint ein Abschluss nach internationalen Standards kaum geeignet, weil nach dem Fair-Value-Gedanken noch nicht realisierte Gewinne erfasst werden, und zwar zunehmend erfolgswirksam. Eine Ausschüttung solcher Gewinne an die Anteilseigner ist wenig sinnvoll; s aber Hbg DB **04,** 2805: nach IAS ermittelte Ertragswerte sind zur Bestimmung angemessener Barabfindung zu akzeptieren, krit Knoll EWiR **05,** 287. Gegen eine Heranziehung internationaler Standards für die **Besteuerungsbemessung** spricht aus Sicht des Gesetzgebers va, dass er sich seiner Kompetenz für die Steuergesetzgebung nicht durch Übertragung auf ein privates Gremium wie das IASB entledigen kann. Ferner bieten die bei Anwendung internationaler Standards von Jahr zu Jahr stark schwankenden Ergebnisse nicht genügend Planungssicherheit für den Fiskus, AmtlBegr, BTDrucks 15/3419, S 23. Demnach kann die Anwendung internationaler Standards im Einzelabschluss allein auf **freiwilliger Basis** erfolgen. In diesem Fall muss **daneben** für gesellschafts- und steuerrechtliche Zwecke ein **HGB-Abschluss** erstellt werden. Der mit der Doppelbilanzierung verbundene Mehraufwand wird dadurch gemindert, dass bei großen KapitalGes iSv § 267 III eine Offenlegung im BAnz nur für den Abschluss nach internationalen Standards verlangt wird, § 325 II a. Eine Abkopplung der Steuer- von der Handelsbilanz durch Schaffung eines eigenen Steuerbilanzrechts erscheint dem deutschen Gesetzgeber derzeit nicht geboten, weil der damit verbundene abrupte Systemwechsel die Unternehmen unverhältnismäßig stark belasten würde, AmtlBegr S 24. Empirischer Befund zur IFRS-Rechnungslegung in Deutschland bei Zwirner PiR **07,** 45.

173 D. **Befreiender IAS/IFRS-Einzelabschluss:** Noch offen ist damit, ob der deutsche Gesetzgeber zukünftig in erweiterter Nutzung der Wahlrechte der IAS-VO die Anwendung der internationalen Rechnungslegungsstandards auch für einen **befreienden IAS/IFRS-Einzelabschluss** zulassen oder sogar vorschreiben kann oder soll. Dabei wären insbes die Funktion der Handelsbilanz (Ausschüttungsbemessung oder Information) sowie das Verhältnis der Handels- zur Steuerbilanz zu klären, Herzig, IAS/IFRS und steuerliche Gewinnermittlung, 2004 u dazu Bohl, DB **04,** 2381. Zu den Optionen des Gesetzgebers Coenenberg DBW 65 (**05**) 109. Für einen befreienden IFRS-Abschluss für sämtliche Unternehmen mit wirtschaftlicher Bedeutung hat sich langfristig der Arbeitskreis Externe Unternehmensrechnung der Schmalenbach-Gesellschaft für Betriebswirtschaft eV ausgesprochen, DB **03,** 1585; s auch Hüttche DStR **04,** 1189, Ekkenga AG 06, 389.

174 E. **BilMoG 2009: Dauerhafter und vollwertiger Wettbewerb der HGB- mit der IFRS-Bilanz: a)** Mit dem BilMoG 2009 (RegE BT-Drucks 16/10067, Beschlussempfehlung und Bericht des BT-Rechtsausschusses BT-Drucks 16/12407) will der deutsche Gesetzgeber die HGB-Bilanz zu einer dauerhaften und im Verhältnis zu den IFRS vollwertigen, aber **kostengünstigeren und einfacheren Alternative** weiterentwickeln.

b) Kernpunkte sind: 1. Mit dem **Ansatzwahlrecht für selbst erstellte im-** 175
materielle Vermögenswerte des Anlagevermögens nähert sich die HGB-
Rechnungslegung den IFRS an. Mit der Aktivierung solcher Werte ergeben sich
Probleme der Abgrenzung von Forschungs- und Entwicklungsaufwand und der
angemessenen Werthaltigkeitsprüfung. **2.** Der deutsche Gesetzgeber hat **keine
umfassende Fair Value-Bewertung** eingeführt. Besonders die Erkenntnisse
aus der Finanzmarktkrise und die dadurch verstärkte Diskussion um „faire"
Werte haben zu einer Abkehr von der Forderung nach durchgängiger verbindlicher Zeitwertbilanzierung geführt. Die Fair Value-Bewertung löst die herkömmliche Bewertung zu Anschaffungs- und Herstellungskosten nur in Einzelfällen ab.
3. Die Abgrenzung latenter Steuern wird durch das BilMoG 2009 neu geregelt.
Konzeptionell verfolgt der Gesetzgeber einen von der früheren Anwendung
abweichenden Ansatz. Besonders mit der **Aktivierung latenter Steuern auf
steuerliche Verlustvorträge** und einer **bilanzorientierten Abgrenzung** nähert sich das HGB den IFRS an. **4.** Die Annäherung des HGB-Bilanzrechts an
eine aus der IFRS-Bilanzierung bekannte **wirtschaftliche Betrachtungsweise**
schlägt sich einerseits in der Neuregelung der Zurechnungsvorschriften für die
Aufnahme bestimmter Vermögensgegenstände in die Bücher des Bilanzierenden
und andererseits im Bereich der künftigen Konsolidierungspflicht von Zweckgesellschaften nieder. Lit: Zwirner NZG **09**, 530.

5) Inhaltliche Gegenüberstellung der HGB-Grundsätze und der internationalen Rechnungslegungsstandards

A. Formale Unterschiede: a) Formal besteht ein erster Unterschied in der 176
Rechtsqualität: Die HGB-Rechnungslegungsgrundsätze sind gesetzlicher Natur, die internationalen Standards werden vom IASB als einem privaten Gremium geschaffen. Darin liegt zunächst ein **verfassungsrechtliches Problem,**
denn über den Maßgeblichkeitsgrundsatz des § 5 EStG erlangt ein privates
ausländisches Gremium im Bereich der Eingriffsgesetzgebung Quasi-Gesetzgebungsmacht. Eine verfassungsrechtlich bedenkliche Verweisung auf ausländisches
Recht liegt darin allerdings nicht, sehr str, iErg wie hier Biener FS Ludewig **96,**
114, Heintzen KoR **01,** 150 und BB **01,** 825; aA GK BilR/Hommelhoff
Rn 24 ff, Kirchhoff ZGR **00,** 681. Dieses Problem wird in dem deutschen Recht entschärft, dass die Standards im deutschen Recht nur über den Weg der Transformation durch die EU im Rahmen des Endorsement-Verfahrens Geltung
erlangen.

b) Die HGB-Grundsätze gehören der kontinentalen Kodifikationskultur an 177
(code law). Es handelt sich um juristisch relativ exakt und zugleich weit gefasste
Regeln, die für eine Vielzahl von Sachverhalten geeignet sind und eine Auslegung erlauben bzw erforderlich machen. Die Standards hingegen kommen aus
der Kultur des Fallrechts **(case law).** Sie sind einzelfallbezogen und bilden ein
detailliertes Regelwerk, das für spezifische, in der Praxis bereits aufgetretene
Probleme Lösungen bietet, bei der Beantwortung neuer Fragen aber nicht selten
wenig Orientierung gibt, Ruhnke 53 ff.

c) Eine direkt den **deutschen GoB** vergleichbare Rechtsquelle gibt es bei den 178
internationalen Standards nicht. Aber wichtige Grundsätze, die zu den GoB
gehören, sind in den Standards, insbesondere in IAS 1 und in IAS 8 sowie im
Framework geregelt.

B. Inhaltliche Unterschiede: a) Auch nach der partiellen Annäherung des 179
HGB-Bilanzrechts an die internationalen Standards im Zuge des BilMoG 2009
bestehen unverändert erhebliche, wenn auch leicht verringerte, Unterschiede
zwischen dem HGB-Bilanzrecht und den IAS. Hauptziel des HGB-Einzelabschlusses ist unverändert die **Gewinnermittlung** als Grundlage der **Ausschüttungs-** und der **Steuerbemessung.** Die Information des Kapitalmarktes tritt

nur untergeordnet als Nebenfunktion hinzu, die weit weniger konsequent verfolgt wird. Mit dem Ziel der Bemessung wird zugleich eine Begrenzung zum **Schutz der Gesellschaftsgläubiger** angestrebt. Bilanzrecht hat nach diesem Verständnis die gesellschaftsrechtliche Funktion, den unbedenklich ausschüttbaren Gewinn zu ermitteln. Insgesamt wird versucht, einen Ausgleich der Interessen der unterschiedlichen Beteiligten zu erreichen. Hingegen dient der nach den Standards erstellte Jahresabschluss ausschließlich der **Informationsvermittlung**. Bilanzierung liefert Angaben, die für die Anlageentscheidung relevant bzw nützlich sind **(decision usefulness)**. Dafür benötigt der Anleger realitätsnahe Aussagen über die Vermögens- und Finanzlage, die Ertragskraft und über die Cashflows des Unternehmens, IAS 1.5. Der Abschluss wendet sich an folgende aktuelle und potentielle Adressaten: Investoren, Arbeitnehmer, Kreditgeber, Lieferanten und andere Gläubiger, Kunden, Regierungen und ihre Institutionen und die Öffentlichkeit, F. 9.

180 b) Die HGB-Bilanz ist gem § 5 EStG zugleich maßgeblich für die steuerliche Gewinnermittlung **(Maßgeblichkeitsgrundsatz)**, wenngleich der Maßgeblichkeitsgrundsatz durch das BilMoG 2009 vielfach durchbrochen wurde, oben Rn 28. Die sog umgekehrte Maßgeblichkeit, etwa in Gestalt der Option zur Übernahme rein steuerlich motivierter erhöhter Absetzungen in Gestalt steuerlicher Mehrabschreibungen (§ 254) oder in Gestalt des Ausweises eines Sonderpostens mit Rücklageanteil (§§ 247 III, 279, 281) wurde durch das BilMoG 2009 aufgegeben, oben Rn 28. Hingegen ist der Abschluss nach den Standards losgelöst von nationalen Vorschriften und mithin für die Besteuerung **unmaßgeblich**. Es herrscht strikte Trennung. Die Übernahme rein steuerrechtlich beeinflusster Werte in einen Abschluss nach internationalen Standards ist ausgeschlossen.

181 c) Bei den **Rechnungslegungsgrundsätzen** besteht zwischen den HGB-Regeln und den internationalen Standards in vielfacher Hinsicht relative Übereinstimmung, wenn es auch in einzelnen Punkten markante Divergenzen gibt. Der Abschluss hat nach beiden Systemen ein den tatsächlichen Verhältnissen entsprechendes Bild der Vermögens-, Finanz- und Ertragslage zu vermitteln. Allerdings hat das **true and fair view-Prinzip** nach HGB im Unterschied zu den internationalen Standards nicht den Status eines overriding principle. So ist dessen Beachtung in §§ 264 u 297 mit dem Zusatz „unter Beachtung der GoB" versehen, und bei Verletzung verlangt das HGB nur Zusatzangaben im Anhang, während Einzelvorschriften nicht verletzt werden dürfen. Nach IAS darf hingegen nur abgewichen werden, wenn – äußerst selten – die Vermittlung eines tatsächlichen Verhältnissen entsprechenden Bildes dies erfordert (IAS 1.13). Die **Periodenabgrenzung** erfolgt der Sache und der Zeit nach. Für beide Systeme gelten die Annahme der **Unternehmensfortführung** (going concern) sowie die Grundsätze der Verständlichkeit, der Entscheidungsrelevanz, der glaubwürdigen Darstellung, der wirtschaftlichen Betrachtungsweise, der Neutralität, der Willkürfreiheit, der Vorsicht, der Vollständigkeit, der Vergleichbarkeit und der Einzelbewertung, ferner der Grundsatz der formellen und materiellen **Stetigkeit;** allerdings ist er nach HGB relativ leicht, nach internationalen Standards nur relativ schwer zu durchbrechen. In beiden Systemen gelten Stichtagsprinzip und Wertaufhellung. Anders als das HGB lassen die Standards die Berücksichtigung von Ereignissen nach dem Stichtag ausnahmsweise dann zu, wenn diese Ereignisse die going concern-Annahme nicht mehr rechtfertigen.

182 d) Größere Unterschiede gibt es bei den **Ansatzvorschriften.** Während das HGB insoweit vom engen und traditionellen Begriff des **Vermögensgegenstands** ausgeht, verwenden die Standards den Begriff des **asset,** der weiter und schwächer konturiert ist. Bei den **Bilanzierungshilfen** besteht im HGB für

Einleitung **183, 184 Einl v § 238**

den Ansatz von aktiven latenten Steuern ein Wahlrecht, wogegen der Ansatz nach den Standards Pflicht ist. Die Bildung von **Rechnungsabgrenzungsposten** ist in beiden Systemen Pflicht. Nach HGB gilt für den Ansatz derivativer **immaterieller Vermögensgegenstände** des Anlagevermögens eine Pflicht. Das Verbot des Ansatzes originärer immaterieller Vermögensgegenstände nach § 248 II aF wurde im Zuge des BilMoG 2009 aufgehoben und durch ein entsprechendes Wahlrecht ersetzt. Nach IAS ist der Ansatz originärer immaterieller Vermögenswerte bei Erfüllung postenspezifischer Ansatzkriterien vorgeschrieben. Der Ansatz des originären **Firmenwertes** ist nach beiden Systemen verboten, der derivative Wert muss hingegen angesetzt werden. Ebenfalls müssen nach beiden Systemen **Verbindlichkeitsrückstellungen** angesetzt werden. Sowohl nach HGB als auch nach IAS gilt nunmehr ein Ansatzverbot für Aufwandsrückstellungen. Durch die Neufassung des § 274 wurde für die **Abgrenzung latenter Steuern** das früher maßgebliche Timing-Konzept aufgegeben zugunsten des international üblichen bilanzorientierten Temporary-Konzepts.

e) Ebenfalls markante Unterschiede trotz zahlreicher und durch das BilMoG **183** 2009 noch vermehrter Übereinstimmungen gibt es schließlich bei den **Bewertungsvorschriften**. Für **Aktiva** bilden nach beiden Systemen die Anschaffungs- oder Herstellungskosten die Bewertungsobergrenze. Für das HGB gibt es davon keine, für die Standards hingegen zahlreiche Ausnahmen. Die grundsätzliche Unterscheidung der Standards zwischen Erst- und Folgebewertung ist dem HGB unbekannt. **Anschaffungskosten** werden in beiden Systemen aus Anschaffungspreis zuzüglich Nebenkosten abzüglich Preisminderungen ermittelt. Bei den **Herstellungskosten** nach HGB müssen die Einzelkosten, können die Gemeinkosten, dürfen aber nicht die Vertriebskosten in die Bewertung eingehen. Nach § 255 II nF zählen zukünftig zu den aktivierungspflichtigen Herstellungskosten auch die angemessenen Teile der Materialkosten, der Fertigungsgemeinkosten und des Werteverzehrs des Anlagevermögens, soweit dieser durch die Fertigung veranlasst ist. Auch insoweit hat sich das HGB den IAS angenähert. Bei der Bewertung von **Sachanlagen** gelten nach HGB wie auch – allerdings nur für die Erstbewertung – nach den Standards als Obergrenze die Anschaffungs- und Herstellungskosten. Nach beiden Systemen sind über die Nutzungsdauer planmäßige Abschreibungen vorzunehmen. Außerplanmäßige Abschreibungen sind nach HGB bei dauernder Wertminderung Pflicht, bei vorübergehender optional hinsichtlich Finanzanlagen. Nach den Standards ist eine außerplanmäßige Abschreibung auf den sog recoverable amount Pflicht. Zuschreibungen sind nach HGB Pflicht, für den derivativen Geschäfts- oder Firmenwert aber verboten. Nach den Standards sind Zuschreibungen grundsätzlich Pflicht, nach dem cost model höchstens auf fortgeführte Anschaffungs- und Herstellungskosten, nach dem revaluation model durch erfolgsneutrale Neubewertung auch über die Anschaffungs- und Herstellungskosten hinaus. Bei **immateriellen Vermögensgegenständen** gilt in beiden Systemen weitgehend übereinstimmend die Bewertungsobergrenze der Anschaffungs- und Herstellungskosten mit planmäßiger Abschreibung über die Nutzungsdauer sowie außerplanmäßiger Abschreibung und Zuschreibung wie bei Sachanlagen.

Während der **Firmenwert** nach den Standards ein asset, nach HGB hingegen **184** nur Kraft Fiktion Vermögensgegenstand ist, bildet in beiden Systemen der Unterschiedsbetrag die Bewertungsobergrenze. Abschreibung erfolgt planmäßig über die Nutzungsdauer. Eine außerplanmäßige Abschreibung ist nach HGB Pflicht, falls der Wert gesunken ist. Eine Zuschreibung ist verboten. Nach den Standards ist eine außerordentliche Abschreibung auf den recoverable amount Pflicht und eine Zuschreibung nur unter den Voraussetzungen von IAS 36 109 ff (2004) möglich.

185 Bei **Wertpapieren des Anlagevermögens** hat das BilMoG 2009 für das HGB zu einer Differenzierung geführt. Sie sind grundsätzlich höchstens mit den fortgeführten Anschaffungskosten zu bewerten. Lediglich die von **Kreditinstituten** und Finanzdienstleistungsinstituten **zu Handelszwecken** erworbene Finanzinstrumente dürfen demgegenüber mit ihrem Zeitwert bewertet werden, § 340 e III u IV. Außerplanmäßige Abschreibungen sind nach den Änderungen durch das BilMoG 2009 rechtsformunabhängig nach § 253 III nur noch einheitlich dann vorzunehmen, wenn es sich um eine voraussichtlich dauernde Wertminderung handelt. Bei nur vorübergehender Wertminderung besteht für alle Unternehmen nur noch bezogen auf die Finanzanlagen ein Abschreibungswahlrecht. Nach den Standards werden sog Held-to-Maturity Securities zu fortgeführten Anschaffungskosten bewertet, Wertminderungen werden grundsätzlich erfolgswirksam ausgewiesen. Sog Available-for-Sale Securities sind zum fair value zu bewerten, Kursänderungen werden grundsätzlich erfolgsneutral ausgewiesen. **Wertpapiere des Umlaufvermögens** werden nach HGB höchsten zu den Anschaffungskosten bewertet, wobei außerplanmäßige Abschreibungen auf den Börsen- oder Marktpreis vorgenommen werden müssen und Zuschreibungen Pflicht sind. Nach den Standards sind Trading Securities höchstens mit dem fair value zu bewerten. Ein erfolgswirksamer Ausweis von Kursänderungen findet auch über die Anschaffungskosten hinaus statt.

186 **Vorräte** werden in beiden Systemen höchstens mit den Anschaffungskosten bewertet. Außerplanmäßige Abschreibungen auf den Börsen- oder Marktwert (HGB) bzw den net realisable value (Standards) sind Pflicht. Zuschreibungen ebenfalls. Das HGB kennt verschiedene Verbrauchsfolgeverfahren und sieht Festbewertung vor. Nach den Standards gibt es wenige Verbrauchsfolgeverfahren und keine Festbewertung. Für **Auftragsfertigung** gilt nach HGB die Completed-Contract-Methode, nach den Standards die Percentage-of-Completion-Methode. **Forderungen** werden in beiden Systemen höchstens zum Anschaffungswert bewertet. Außerplanmäßige Abschreibungen sind bei Ausfallrisiko vorgesehen. Eine Pauschalwertberichtigung ist zwar nach HGB, nicht aber nach den Standards vorgesehen. **Verbindlichkeiten** werden nach HGB mit dem Erfüllungsbetrag, nach den Standards mit fortgeführten Anschaffungskosten nach der Effektivzinsmethode bewertet. **Rückstellungen** werden nach HGB grundsätzlich nach vernünftiger kfm Beurteilung, nach den Standards grundsätzlich in Höhe der wahrscheinlichsten Belastung bewertet. Nach § 253 II in der Neufassung durch das BilMoG 2009 sind aber nunmehr Rückstellungen mit einer Restlaufzeit von mehr als einem Jahr künftig mit dem ihrer Restlaufzeit entsprechenden durchschnittlichen, von der Deutschen Bundesbank monatlich bekannt gegebenen Marktzinssatz der vergangenen sieben Geschäftsjahre abzuzinsen. **Pensionsverpflichtungen** werden in beiden Systemen mit dem Barwert bewertet, wobei nach HGB das Teilwert- oder Gegenwartswertverfahren, nach den Standards die Methode der laufenden Einmalprämien angewendet wird. Während in der Vergangenheit die Abzinsung der Pensionsrückstellungen in der handelsrechtlichen Praxis regelmäßig mit dem steuerlichen Zinssatz erfolgte, wird es im Zuge des BilMoG 2009 zukünftig zu einem deutlich höheren Wertansatz kommen. Dabei räumt **(1) EGHGB** Art 67 I dem Bilanzierenden verschiedene bilanzpolitische Optionen ein, den Anpassungsbetrag auf einen Zeitraum von bis zu 15 Jahren zu verteilen. Noch nicht feststehende Gehaltssteigerungen werden nicht nach HGB, aber nach den Standards berücksichtigt. Diskontiert wird nach HGB mit langfristigen Zinssätzen, nach den Standards mit dem aktuellen Marktzinssatz für Industrieobligationen. Lit zu Unterschieden zwischen HGB und internationalen Standards: Baetge, IAS-Kommentar und ADS International am Ende der jeweiligen IAS-Einzelkommentierung. Speziell zu den Annäherungen des HGB an IAS durch das BilMoG 2009 Zwirner NZG **09**, 530.

6) Übersicht über die geltenden IFRS, IAS, IFRIC und SIC-Interpretationen und ihr Endorsement (Fundstelle der VOen s Rn 162 ff)

IAS/IFRS IFRIC/SIC-Interpretationen	in Kraft seit	zugehörige Interpretationen bzw Standards	Anmerkung
IFRS 1 Erstmalige Anwendung der IFRS	Anwendbar auf Geschäftsjahre beginnend am oder nach dem 1. 1. 04	–	Folgeänderung 09 zu IFRS 5 VO 70/09; geändert 09 VO 69/09; Folgeänderung 08 zu IAS 1 VO 1274/08; Folgeänderung 08 zu IAS 23 VO 1260/08; geändert 06 und Folgeänderung 06 zu IFRS 7 VO 108/2006; Folgeänderung 2005 zu IFRS 6, IAS 19, IFRIC 4 VO 1910/05; Folgeänderung 2005 zu IAS 39 VO 1864/05; Folgeänderung 2005 zu IAS 39 VO 1751/2005; Endorsement VO 707/04
IFRS 2 Aktienbasierte Vergütung	1. 1. 05	–	geändert 08 VO 1261/08; Endorsement VO 211/05
IFRS 3 Unternehmenszusammenschlüsse	1. 1. 05	–	Endorsement VO 2236/04
IFRS 4 Versicherungsverträge	1. 1. 05	–	Folgeänderung 08 zu IAS 1 VO 1274/08; geändert 06 und Folgeänderung zu IFRS 7 06 VO 108/06; Endorsement VO 2236/04
IFRS 5 Zur Veräußerung gehaltene langfristige Vermögenswerte und aufgegebene Geschäftsbereiche	1. 1. 05	–	geändert 09 und Folgeänderung 09 zu IAS 41 VO 70/09; Folgeänderung 08 zu IAS 1 VO 1274/08; Folgeänderung 07 zu IFRS 8 VO 1358/07; Endorsement VO 2236/04
IFRS 6 Exploration und Evaluierung von mineralischen Ressourcen	1. 1. 06	–	Folgeänderung 07 zu IFRS 8 VO 1358/07; Endorsement VO 1910/2005

IAS/IFRS IFRIC/SIC-Interpretationen	in Kraft seit	zugehörige Interpretationen bzw Standards	Anmerkung
IFRS 7 Finanzinstrumente: Angaben	1. 1. 07		Folgeänderung 09 zu IAS 1, 28, 31 32 VO 53/09; Folgeänderung 08 zu IAS 1 VO 1274/08; geändert 08 VO 1004/08; Endorsement VO 108/2006
IFRS 8 Geschäftssegmente	1. 1. 09	–	Folgeänderung 08 zu IAS 1 VO 1274/08; Endorsement VO 1358/2007
IAS 1 Darstellung des Abschlusses	1. 1. 05 1. 1. 05: Inkrafttreten der Änderung aus 05; 1. 1. 09 Inkrafttreten der Änderungen aus 08 und 09	SIC-15, -27, -29	geändert 09 VO 70/09; geändert 09 VO 53/09; geändert 08 VO 1274/08; Folgeänderung 08 zu IAS 23 VO 1260/08; geändert 06 VO 108/2006; Folgeänderung 2005 zu IAS 19 05 VO 1910/05; geändert 05; überarbeitet 03; Endorsement VO 2238/04
IAS 2 Vorräte	1. 1. 05	–	Folgeänderung 09 zu IAS 41 VO 70/09; Folgeänderung 07 zu IFRS 8 VO 1358/07; überarbeitet 03; Endorsement VO 2238/04
IAS 7 Kapitalflussrechnungen	1. 1. 94	–	Folgeänderung 09 zu IAS 16 VO 70/09; Folgeänderung 08 zu IAS 1 VO 1274/08; Folgeänderung 08 zu IAS 23 VO 1260/08; Folgeänderung 07 zu IFRS 8 VO 1358/07; überarbeitet 92; Endorsement VO 1725/03
IAS 8 Bilanzierungs- und Bewertungsmethoden, Änderungen von Schätzungen und Fehler	1. 1. 05	–	geändert 09 VO 70/09; Folgeänderung 08 zu IAS 1 VO 1274/08; neu 05; Endorsement VO 2238/04

Einleitung

IAS/IFRS IFRIC/SIC-Interpretationen	in Kraft seit	zugehörige Interpretationen bzw Standards	Anmerkung
IAS 10 Ereignisse nach dem Bilanzstichtag	1. 1. 05	–	geändert 09 VO 70/09; Folgeänderung 08 zu IAS 1 VO 1274/08; neu 05; Endorsement VO 2238/04
IAS 11 Fertigungsaufträge	1. 1. 00	–	Folgeänderung 08 zu IAS 1 VO 1274/08; Folgeänderung 08 zu IAS 23 VO 1260/08; überarbeitet 99; Endorsement VO 1725/03
IAS 12 Ertragssteuern	1. 1. 00	SIC-12, -21, -25	Folgeänderung 08 zu IAS 1 VO 1274/08; überarbeitet 00; Endorsement VO 1725/03; spätere Änderungen von der EU noch nicht übernommen
IAS 14 Segmentberichterstattung	1. 1. 98 ersetzt durch IFRS 8 Geschäftssegmente	–	Folgeänderung 08 zu IAS 1 VO 1274/08; Ersetzt 07 VO 1358/07; Folgeänderung 06 zu IFRS 7 VO 108/06; überarbeitet 97; Endorsement VO 1725/03
IAS 16 Sachanlagen	1. 1. 05	–	Folgeänderung 09 zu IAS 40 VO 70/09; geändert 09 VO 70/09; Folgeänderung 08 zu IAS 1 VO 1274/08; Folgeänderung 08 zu IAS 23 VO 1260/08; Folgeänderung 06 zu IFRS 7 VO 108/06; überarbeitet 03; Endorsement VO 2238/04
IAS 17 Leasingverhältnisse	1. 1. 05	SIC-15, -27	Folgeänderung 06 zu IFRS 7 VO 108/06; überarbeitet 03; Endorsement VO 2238/04
IAS 18 Erträge	1. 1. 05	SIC-15, -27, -31	Folgeänderung 09 zu IFRS 1, IAS 27 VO 69/09; überarbeitet 03; Endorsement VO 1725/03

Merkt

Einl v § 238 187

IAS/IFRS IFRIC/SIC-Interpretationen	in Kraft seit	zugehörige Interpretationen bzw Standards	Anmerkung
IAS 19 Leistungen an Arbeitnehmer	zT 1. 1. 99/zT 1. 1. 01/zT 31. 5. 02	IFRIC 14	geändert 09 VO 70/09; Folgeänderung 08 zu IAS 1 VO 1274/08; überarbeitet 02; Endorsement VO 1725/03
IAS 20 Bilanzierung und Darstellung von Zuwendungen der öffentlichen Hand	1. 1. 84	SIC-10	geändert 09 VO 70/09; Folgeänderung 08 zu IAS 1 VO 1274/08; umgegliedert 94; Endorsement VO 1725/03
IAS 21 Auswirkungen von Änderungen der Wechselkurse	1. 1. 05 1. 1. 06 (VO 708/06)	SIC-7	Folgeänderung 09 zu IFRS 1, IAS 27 VO 69/09; Folgeänderung 08 zu IAS 1 VO 1274/08; geändert 06 VO 708/2006; überarbeitet 03; Endorsement VO 2238/04
IAS 23 Fremdkapitalkosten	1. 1. 95	–	geändert 09 VO 70/09; überarbeitet 08 VO 1260/08; überarbeitet 93; Endorsement VO 1725/03
IAS 24 Angaben über Beziehungen zu nahe stehenden Unternehmen und Personen	1. 1. 05	–	Folgeänderung 08 zu IAS 1 VO 1274/08; Folgeänderung 05 zu IAS 19 VO 1910/05; überarbeitet 03; Endorsement VO 2238/04
IAS 26	1. 1. 88	–	umgegliedert 94; Endorsement VO 1725/03
IAS 27 Konsolidierte Abschlüsse und Bilanzierung von Anteilen an Tochterunternehmen	1. 1. 05	SIC-12	geändert 09 VO 70/09; geändert 09 VO 69/09; Folgeänderung 08 zu IAS 1 VO 1274/08; Folgeänderung 07 zu IFRS 8 VO 1358/07; überarbeitet 03; Endorsement VO 2238/04
IAS 28 Bilanzierung von Anteilen an assoziierten Unternehmen	1. 1. 05	–	geändert 09 VO 70/09; Folgeänderung 08 zu IAS 1 VO 1274/08; überarbeitet 03; Endorsement VO 2238/04

IAS/IFRS IFRIC/SIC-Interpretationen	in Kraft seit	zugehörige Interpretationen bzw Standards	Anmerkung
IAS 29 Rechnungslegung in Hochinflationsländern	1. 1. 90	SIC-19	geändert 09 VO 70/09; Folgeänderung 08 zu IAS 1 VO 1274/08; umgegliedert 94; Endorsement VO 1725/03
	1. 1. 91 ersetzt durch IFRS 7 Finanzinstrumente: Angaben	–	ersetzt 06 VO 108/06; umgegliedert 94; Endorsement VO 1725/03
IAS 31 Rechnungslegung über Anteile an Joint Ventures	1. 1. 05	SIC-13	geändert 09 VO 70/09; überarbeitet 03; Endorsement VO 2238/04
IAS 32 Finanzinstrumente: Angaben und Darstellung	1. 1. 05 1. 1. 09 Inkrafttreten der Änderungen aus 09	IFRIC 2	Folgeänderung 09 zu IAS 28, 31 VO 70/09; geändert 09 VO 53/09; Folgeänderung 08 zu IAS 1 VO 1274/08; Folgeänderung 06 zu IFRS 7, IAS 39 und IFRS 4 VO 108/06; Folgeänderung 2005 zu IAS 39 VO 1864/05 überarbeitet 03; Endorsement VO 2237/04
IAS 33 Ergebnis je Aktie	1. 1. 05	–	Folgeänderung 08 zu IAS 1 VO 1274/08; Folgeänderung 07 zu IFRS 8 VO 1358/07; Folgeänderung 06 zu IFRS 7 VO 108/06; überarbeitet 03; Endorsement VO 2238/04
IAS 34 Zwischenberichterstattung	1. 1. 99	IFRIC 10	geändert 09 VO 70/09; Folgeänderung 08 zu IAS 1 VO 1274/08; Folgeänderung 07 zu IFRS 8 VO 1358/07; Endorsement VO 1725/03

Merkt

Einl v § 238 187

IAS/IFRS IFRIC/SIC-Interpretationen	in Kraft seit	zugehörige Interpretationen bzw Standards	Anmerkung
IAS 36 Wertminderung von Vermögenswerten	1. 7. 99	IFRIC 10	geändert 09 und Folgeänderung 09 zu IAS 41 VO 70/09; Folgeänderung 09 zu IFRS 1, IAS 27 VO 69/09; Folgeänderung 08 zu IAS 1 VO 1274/08; Folgeänderung 07 zu IFRS 8 VO 1358/07; Endorsement VO 2236/04
IAS 37 Rückstellungen, Eventualschulden und Eventualforderungen	1. 7. 99	–	Folgeänderung 08 zu IAS 1 VO 1274/08; Endorsement VO 1725/03
IAS 38 Immaterielle Vermögenswerte	1. 7. 99	SIC-32	geändert 09 VO 70/09; Folgeänderung 08 zu IAS 1 VO 1274/08; Folgeänderung 08 zu IAS 23 VO 1260/08; Folgeänderung 05 zu IFRS 6 VO 1910/05; Endorsement VO 2236/04
IAS 39 Finanzinstrumente: Ansatz und Bewertung	1. 1. 05	IFRIC 10	geändert 09 VO 70/09; Folgeänderung 09 zu IAS 1, 32 VO 53/09; Folgeänderung 08 zu IAS 1 VO 1274/08; geändert 08 VO 1004/08; geändert 06 und Folgeänderung zu IFRS 7 VO 108/06; geändert 05 VO 2106/05; Folgeänderung 05 zu IFRIC 5 VO 1910/05; geändert 05 VO 1864/05 („Fair-Value Option"); geändert 05 VO 1751/05; überarbeitet 03; Teil-Endorsement VO 2086/04 (ohne IAS 39.9 b, IAS 39.25, IAS 39.81 A und Teile der Anwendungsleitlinien

IAS/IFRS IFRIC/SIC-Interpretationen	in Kraft seit	zugehörige Interpretationen bzw Standards	Anmerkung
IAS 40 Als Finanzinvestition gehaltene Immobilien	1. 1. 05	–	geändert 09 und Folgeänderung 09 zu IAS 20 VO 70/09; Folgeänderung 08 zu IAS 1 VO 1274/08; überarbeitet 03; Endorsement VO 2238/04
IAS 41 Landwirtschaft	1. 1. 04	–	geändert 09 VO 70/09; Folgeänderung 08 zu IAS 1 VO 1274/08; Endorsement VO 1725/03
IFRIC 1 Änderungen bestehender Rückstellungen für Entsorgungs-, Wiederherstellungs- und ähnliche Verpflichtungen	27. 5. 04	–	Folgeänderung 08 zu IAS 1 VO 1274/08; Folgeänderung 08 zu IAS 23 VO 1260/08; Endorsement VO 2237/04
IFRIC 2 Mitgliedsanteile an Genossenschaften und ähnliche Instrumente	1. 1. 05 (rückwirkend)	–	Folgeänderung 09 zu IAS 1, 32 VO 53/09; Endorsement VO 1073/05
IFRIC 3 Emissionsrechte	zurückgezogen		
IFRIC 4 Feststellung, ob eine Vereinbarung ein Leasingverhältnis enthält	1. 1. 06	–	Endorsement VO 1910/05
IFRIC 5 Rechte auf Anteile an Fonds für Entsorgung, Wiederherstellung und Umweltsanierung	1. 1. 06	–	Endorsement VO 1910/05
IFRIC 6 Verbindlichkeiten, die sich aus einer Teilnahme an einem spezifischen Markt ergeben – Elektro- und Elektronik-Altgeräte	1. 1. 06 (1. 1. 05, wenn das Geschäftsjahr im Dezember 2005 beginnt)	–	Endorsement VO 108/06
IFRIC 7 Anwendung des Anpassungsansatzes unter IAS 29 Rechnungslegung in Hochinflationsländern	1. 1. 06 (1. 1. 07, wenn Geschäftsjahr erst im Januar od. Februar beginnt)	–	Folgeänderung 08 zu IAS 1 VO 1274/08; Endorsement VO 708/2006

IAS/IFRS IFRIC/SIC-Interpretationen	in Kraft seit	zugehörige Interpretationen bzw Standards	Anmerkung
IFRIC 8 Anwendungsbereich von IFRS 2	1. 1. 06 (1. 1. 07, wenn Geschäftsjahr erst im Januar, Februar, März od. April beginnt)	–	Endorsement VO 1329/06
IFRIC 9 Neubeurteilung eingebetteter Derivate	1. 1. 06 (1. 1. 07, wenn Geschäftsjahr erst im Januar, Februar, März od. April beginnt)	–	Endorsement VO 1329/06
IFRIC 10 Zwischenberichterstattung und Wertminderung	1. 11. 06	IAS 34, 36, 38	Folgeänderung 08 zu IAS 1 VO 1274/08; Endorsement VO 610/07
IFRIC 11 Geschäfte mit eigenen Aktien und Aktien von Konzernunternehmen	1. 3. 07	IFRS 2	Endorsement VO 611/07
IFRIC 13 Kundenbindungsprogramme	1. 7. 08	IAS 8, 18, 37	Endorsement VO 1262/08
IFRIC 14 Die Begrenzung eines leistungsorientierten Vermögenswertes, Mindestdotierungsverpflichtungen und ihre Welchselwirkung	1. 1. 08	IAS 19	Folgeänderung 08 zu IAS 1 VO 1274/08; Endorsement VO 1263/08
SIC-7 Einführung des Euro	1. 7. 98	IAS 21	Folgeänderung 08 zu IAS 1 VO 1274/08; Endorsement VO 1725/03
SIC-10 Beihilfen der öffentlichen Hand – kein spezifischer Zusammenhang mit betrieblichen Tätigkeiten	1. 8. 98	IAS 20	Folgeänderung 08 zu IAS 1 VO 1274/08; Endorsement VO 1725/03

IAS/IFRS IFRIC/SIC-Interpretationen	in Kraft seit	zugehörige Interpretationen bzw Standards	Anmerkung
SIC-12 Konsolidierung – Zweckgesellschaften	Anwendbar auf Geschäftsjahre beginnend am oder nach dem 1. 7. 99	IAS 27	Endorsement VO 1725/03; geändert 05 VO 1751/05
SIC-13 Gemeinschaftlich geführte Unternehmen – nicht monetäre Einlagen durch Partnerunternehmen	Anwendbar auf Geschäftsjahre beginnend am oder nach dem 1. 1. 99	IAS 31	Folgeänderung 08 zu IAS 1 VO 1274/08; Endorsement VO 1725/03
SIC-15 Operating-Leasingverhältnisse – Anreizvereinbarungen	Anwendbar auf Leasingverhältnisse beginnend am oder nach dem 1. 1. 99	IAS 1, 17, 18	Folgeänderung 08 zu IAS 1 VO 1274/08; Endorsement VO 1725/03
SIC-21 Ertragssteuern – Realisierung von neu bewerteten, nicht planmäßig abzuschreibenden Vermögenswerten	15. 7. 00	IAS 12	Endorsement VO 1725/03
SIC-25 Ertragssteuern – Änderungen im Steuerstatus eines Unternehmens oder seiner Anteilseigner	15. 7. 00	IAS 12	Folgeänderung 08 zu IAS 1 VO 1274/08; Endorsement VO 1725/03
SIC-27 Beurteilung des wirtschaftlichen Gehalts von Transaktionen in der rechtlichen Form von Leasingverhältnissen	31. 12. 01	IAS 1, 17, 18	Endorsement VO 1725/03
SIC-29 Angabe – Vereinbarungen von Dienstleistungslizenzen	31. 12. 01	IAS 1	Folgeänderung 08 zu IAS 1 VO 1274/08; Endorsement VO 1725/03
SIC-31 Erträge – Tausch von Werbeleistungen	31. 12. 01	IAS 13, 18	Endorsement VO 1725/03
SIC-32 Immaterielle Vermögenswerte – Websitekosten	25. 3. 02	IAS 38	Folgeänderung 08 zu IAS 1 VO 1274/08; Endorsement VO 1725/03

Einl v § 238 188–212   III. Buch. Handelsbücher

7) Übersicht über die von der EU-Kommission übernommenen IAS, IFRS, SIC- und IFRIC Interpretationen und ihre Änderungen mit Fundstellen (Stand 9. 9. 09)

188   VO (EG) 1725/2003 v 29. 9. 03, AB1EG Nr L 261 v 13. 10. 03 S 1 ff: **IAS** 1, 2, 7, 8, 10, 11, 12, 14, 15, 16, 17, 18, 19, 20, 21, 22, 23, 24, 26, 27, 28, 29, 30, 31, 33, 34, 35, 36, 37, 38, 40, 41; **SIC** 1, 2, 3, 6, 7, 8, 9, 10, 11, 12, 13, 14, 15, 18, 19, 20, 21, 22, 23, 24, 25, 27, 28, 29, 30, 31, 32 u 33.

189   VO (EG) 707/2004 v 6. 4. 04, AB1EG Nr L 111 v 17. 4. 04 S 3: **IFRS** 1.

190   VO (EG) 2086/2004 v 19. 11. 04, AB1EG Nr L 363 v 9. 12. 04 S 1: **IAS** 39.

191   VO (EG) 2236/2004 v 29. 12. 04, AB1EG Nr L 392 v 31. 12. 04 S 1: **IFRS** 3, 4 u 5; **IAS** 36 u 38.

192   VO (EG) 2237/2004 v 29. 12. 04, AB1EG Nr L 393 v 31. 12. 04 S 1: **IAS** 32; **IFRIC** 1.

193   VO (EG) 2238/2004 v 29. 12. 04, AB1EG Nr L 394 v 31. 12. 04 S 1 ff: **IAS** 1, 2, 8, 10, 16, 17, 21, 24, 27, 28, 31, 33 u 40.

194   VO (EG) 211/2005 v 4. 2. 05, AB1EG Nr L 41 v 11. 2. 05 S 1 ff: **IFRS** 2.

195   VO (EG) 1073/2005 v 7. 7. 05, AB1EG Nr 175 v 8. 7. 05 S 3 ff: **IFRIC 2.**

196   VO (EG) Nr. 1751/2005 v 25. 10. 05, AB1EG Nr 282 v 26. 10. 05 S 3 ff: **IAS** 39, **SIC**-12, **IFRS** 1.

197   VO (EG) Nr 1864/2005 v 15. 11. 05, AB1EG Nr 299 v 16. 11. 05 S 45 ff: **IAS** 39 (Fair Value Option), 32 **IFRS** 1.

198   VO (EG) Nr 1910/2005 v 8. 11. 05, AB1EG Nr 305 v 24. 11. 05 S 4 ff: **IFRS** 6, 1 **IAS** 1, 16, 19, 24, 38, 39 **IFRIC** 4, 5.

199   VO (EG) 2106/2005 v 21. 12. 05, AB1EG Nr 337 v 22. 12. 05 S 16 ff: **IAS** 39.

200   VO (EG) 108/2006 v 27. 1. 06, AB1EG Nr 24 v 27. 1. 06 S 1 ff: **IFRS** 1, 4, 6, 7 **IAS** 1, 14, 17, 30, 32, 33, 39, **IFRIC** 6.

201   VO (EG) 708/2006 v 8. 5. 06, AB1EG Nr 122 v 9. 5. 06 S 19 ff: **IAS** 21, **IFRIC** 7.

202   VO (EG) 1329/2006 v 8. 9. 06, AB1EG Nr 247 v 9. 9. 06 S 3 ff: **IFRIC** 8, 9.

203   VO (EG) 610/2007 v 1. 6. 07, AB1EG Nr L 141 v 2. 6. 07 S 48 ff: **IFRIC** 10.

204   VO (EG) 611/2007 v 1. 6. 07, AB1EG Nr L 141 v 2. 6. 07 S 51 ff: **IFRIC** 11.

205   VO (EG) 1358/2007 v 21. 11. 07, AB1EG Nr 304 v 22. 11. 07 S 9 ff: **IFRS** 8, 6, **IAS** 2, 7, 14, 19, 33, 34, 36.

206   VO (EG) 1004/2008 v 15. 10. 08, AB1EG Nr L 275 v 16. 10. 08 S 37 ff: **IFRS** 7, **IAS** 39.

207   VO (EG) 1126/2008 v 3. 11. 08, AB1EG Nr L 320 v 29. 11. 08 S 1 ff: **IFRS** 1, 2, 3, 4, 5, 6, 7, 8, **IAS** 1, 2, 7, 8, 10, 11, 12, 16, 17, 18, 19, 20, 21, 23, 24, 26, 27, 28, 29, 31, 32, 33, 34, 36, 37, 38, 39, 41, IFRIC 1, 2, 4, 5, 6, 7, 8, 9, 10, **SIC** 7, 10, 12, 13, 15, 21, 25, 27, 29, 31, 32.

208   VO (EG) 1260/2008 v 10. 12. 08, AB1EG Nr L 338 v 17. 12. 08 S 10 ff: **IFRS** 1, **IAS** 1, 7, 11, 16, 23, 38, **IFRIC** 1.

209   VO (EG) 1261/2008 v 16. 12. 08, AblEG Nr. L 338 v 17. 12. 08 S 17 ff: **IFRS** 2.

210   VO (EG) 1262/2008 v 16. 12. 08, AB1EG Nr L 338 v 17. 12. 08 S 21 ff: **IFRIC** 13.

211   VO (EG) 1263/2008 v 16. 12. 08, AB1EG Nr L 338 v 17. 12. 08 S 25 ff: **IFRIC** 14.

212   VO (EG) 1274/2008 v 17. 12. 08, AB1EG Nr L 339 v 18. 12. 08 S 3 ff: **IFRS** 1, 4, 5, 7, 8, **IAS** 1, 7, 8, 10, 12, 12, 14, 16, 19, 20, 21, 14, 27, 28, 29, 32, 34, 36, 37, 39, 40, 41, **IFRIC** 1, 7, 10, 14, **SIC** 7, 10, 13, 15, 25, 29, 32.

VO (EG) 53/2009 v 21. 1. 09, ABlEG Nr L 17 v 22. 1. 09 S 23 ff: **IFRS** 7, 213
IAS 1, 32, 39, **IFRIC** 2.
VO (EG) 59/2009 v 23. 1. 09, ABlEG Nr L 21 v 24. 1. 09 S 21 ff: **IFRS** 1, 214
IAS 18, 21, 27, 36.
VO (EG) 70/2009 v 23. 1. 09, ABlEG Nr L 21 v 24. 1. 09 S 16 ff: **IFRS** 1, 5, 215
7, **IAS** 1, 2, 7, 8, 10, 16, 19, 20, 23, 27, 28, 29, 31, 32, 34, 36, 38, 39, 40, 41.
VO (EG) 495/2009 v 3. 6. 09, ABlEG Nr L 149 v 12. 6. 09 S 22 ff: **IFRS** 3. 216
VO (EG) 824/2009 v 9. 9. 09, ABlEG Nr L 239 v 10. 9. 09 S 48 ff: **IAS** 39, 217
IFRS 7.

8) **Fundstellenverzeichnis der Erläuterungen der Standards und Interpretationen in dieser Kommentierung**

218

IFRS/IAS IFRIC/SIC-Interpretationen	Fundstelle(n) im Kommentar (Fettdruck = Hauptfundstelle)
IFRS 1	Einl 119, 158 ff v **§ 238**, § 247 Rn 10, § 315a Rn 9
IFRS 2	§ 249 Rn 34, § 253 Rn 68, **§ 272 Rn 13 ff,** Rn 18, Rn 19, § 341 Rn 5
IFRS 3	§ 248 Rn 15 f, § 249 Rn 45, § 252 Rn 56, § 253 Rn 33 Rn 53, Rn 68, **§ 255 Rn 28 ff,** § 274 Rn 14, § 290 Rn 18, Rn 22, § 298 Rn 3, § 300 Rn 7, § 301 Rn 11, Rn 12, § 306 Rn 3, § 309 Rn 3, § 314 Rn 21
IFRS 4	§ 246 Rn 44, § 249 Rn 45, § 253 Rn 33, Rn 59, § 275 Rn 38, **§ 341 Rn 4 ff**
IFRS 5	§ 253 Rn 38, Rn 59, Rn 80, § 255 Rn 31, **§ 275 Rn 36 ff,** § 394 Rn 4, § 310 Rn 9, § 311 Rn 8
IFRS 6	**§ 252 Rn 230 ff**
IFRS 7	**§ 253 Rn 30 ff**
IFRS 8	§ 242 Rn 22, § 264 Rn 8, § 297 Rn 9, **§ 297 Rn 10 ff**
IAS 1	Einl 139, 150, 151, 152, 155, 156, 157, 178, 181 v § 238, § 242 Rn 21, Rn 22, § 244 Rn 23, Rn 24, § 246 Rn 42, Rn 44, **§ 247 Rn 9 ff,** § 248 Rn 16, § 249 Rn 55, § 252 Rn 59, § 264 Rn 27, § 265 Rn 11, § 266 Rn 25, § 268 Rn 11, Rn 13, Rn 14, § 270 Rn 3, § 272 Rn 17, § 275 Rn 49, § 277 Rn 5, Rn 6, § 284 Rn 16, § 289 Rn 4, § 297 1, Rn 19, Rn 20, § 315a Rn 8
IAS 2	Einl 156 v § 238, § 238 Rn 24, § 248, Rn 8, Rn 15, Rn 16, § 253 Rn 61, § 255 Rn 46, Rn 47, § 256 Rn 5, **§ 266 Rn 23 ff**

Einl v § 238

IFRS/IAS IFRIC/SIC-Interpretationen	Fundstelle(n) im Kommentar (Fettdruck = Hauptfundstelle)
IAS 7	Einl 130 v § 238, § 242 Rn 21, **§ 297 Rn 5 ff,** Rn 2, Rn 20.
IAS 8	Einl 153, 164, 178 v § 238, § 246 Rn 40, Rn 41, § 249 Rn 55, **§ 252 Rn 34 ff,** § 252 Rn 54, Rn 55, Rn 59, § 255 Rn 38, § 290 Rn 23, § 342b Rn 10
IAS 10	Einl 130, 156 v § 238, § 244 Rn 20, **§ 252 Rn 41 ff**
IAS 11	Einl 130 v § 238, § 248 Rn 15, Rn 16, § 249 Rn 45, **§ 252 Rn 45 ff,** Rn 55, Rn 56, § 253 Rn 59, § 266 Rn 25
IAS 12	§ 244 Rn 21, Rn 22, § 248 Rn 15, § 249 Rn 45, § 252 Rn 56, § 253 Rn 59, **§ 274 Rn 9 ff,** § 306 Rn 3
IAS 14	**§ 297 Rn 9 ff**
IAS 16	Einl 130, 156 v § 238, § 238 Rn 24, § 244 Rn 21, § 246 Rn 46, § 248 Rn 14, Rn 16, § 249 Rn 55, **§ 253 Rn 36 ff,** Rn 77, Rn 81, Rn 82, Rn 89, Rn 91, § 255 Rn 46, Rn 47, § 268 Rn 12
IAS 17	**§ 246 Rn 30 ff,** Rn 43, Rn 44, Rn 45 § 248 Rn 15, Rn 16, § 249 Rn 45, § 252 Rn 50, § 253, Rn 68, Rn 76, § 341 Rn 6
IAS 18	Einl 156 v § 238, § 246 Rn 44, **§ 252 Rn 48 ff,** Rn 52, Rn 53, Rn 55, Rn 59, Rn 61, § 310 Rn 12, § 341 Rn 6
IAS 19	Einl 130 v § 238, § 248 Rn 15, **§ 249 Rn 32 ff,** Rn 44, Rn 53, § 253 Rn 33, Rn, 49, Rn 53, Rn 59, Rn 68, § 275 Rn 38, § 341 Rn 6
IAS 20	§ 252 Rn 60, **§ 255 Rn 34 ff**
IAS 21	**§ 244 Rn 3 ff,** Rn 24, § 252 Rn 54, § 256a Rn 3, § 308a Rn 3, § 313 Rn 15, § 314 Rn 21, § 340h Rn 2
IAS 23	§ 247 Rn 13, § 249 Rn 55, § 252 Rn 55, **§ 255 Rn 42 ff,** Rn 49
IAS 24	§ 268 Rn 15, **§ 271 Rn 11 ff,** Rn 17
IAS 26	§ 249 Rn 34, **§ 253** Rn 36, **Rn 47 ff,** § 341 Rn 6

IFRS/IAS IFRIC/SIC-Interpretationen	Fundstelle(n) im Kommentar (Fettdruck = Hauptfundstelle)
IAS 27	§ 246 Rn 39, § 253 Rn 53, Rn 68, § 271 Rn 11, Rn 16, § 290 Rn 6, **§ 290 Rn 15 ff,** Rn 22, Rn 23, § 291 Rn 10, § 294 Rn 4, § 296 Rn 8, § 298 Rn 3, § 299 Rn 4, § 300 Rn 5, Rn 6, Rn 7, Rn 8, Rn 9, Rn 10, § 301 Rn 11, § 303 Rn 3, § 304 Rn 3, § 305 Rn 3, § 307 Rn 3, § 308 Rn 9, § 313 Rn 15, § 314 Rn 21
IAS 28	§ 252 Rn 50, § 253 Rn 53, Rn 68, § 271 Rn 11, Rn 16, § 290 Rn 23, § 298 Rn 3, § 310 Rn 9, **§ 311 Rn 5 ff,** § 312 Rn 10, § 313 Rn 15, § 314 Rn 21
IAS 29	**§ 244 Rn 14 ff**
IAS 31	§ 253 Rn 53, Rn 68, § 271 Rn 11, § 290 Rn 23, § 298 Rn 3, **§ 310 Rn 3 ff,** § 311 Rn 9, § 313 Rn 15, § 314 Rn 21
IAS 32	Einl 130, 170 v § 238, § 252 Rn 44, **§ 253 Rn 51 ff,** Rn 68, Rn 85, Rn 87, Rn 91, § 340 Rn 11, § 340 e Rn 6
IAS 33	§ 242 Rn 21, **§ 275 Rn 41 ff**
IAS 34	**§ 242 Rn 13 ff**
IAS 36	Einl 156, 183 v § 238, § 248 Rn 12, § 249 Rn 45, Rn 54, **§ 253 Rn 36,** Rn 42, **Rn 57 ff,** Rn 90, Rn 91, § 255 Rn 32, § 275 Rn 39, § 309 Rn 3
IAS 37	**§ 249** Rn 32, **Rn 43 ff,** Rn 55, § 251 Rn 5, § 252 Rn 55, § 253 Rn 85, Rn 86, § 268 Rn 15, § 290 Rn 23, § 340 Rn 6
IAS 38	Einl 156, 183 v § 238, § 238 Rn 24, § 246 Rn 46, **§ 248 Rn 6 ff,** Rn 14, Rn 15, Rn 16, § 253 Rn 83, Rn 89, Rn 90, § 255 Rn 47, Rn 48, § 340 Rn 6
IAS 39	Einl 117, 130, 170, v § 238, § 244 Rn 5, § 246 Rn 46, § 248 Rn 8, § 249 Rn 45, § 252 Rn 50, **§ 253** Rn 34, Rn 36, Rn 52, Rn 56, Rn 59, **Rn 66 ff,** Rn 84, Rn 85, Rn 87, § 254 Rn 3, Rn 5, § 255 Rn 25, Rn 26, § 266 Rn 25, § 275 Rn 38, § 290 Rn 21, Rn 23, § 310 Rn 5, § 311 Rn 7, Rn 9, § 340 Rn 5, Rn 6, § 340 e Rn 6, Rn 8, § 341 Rn 5

IFRS/IAS IFRIC/SIC-Interpretationen	Fundstelle(n) im Kommentar (Fettdruck = Hauptfundstelle)
IAS 40	§ 253 Rn 36, Rn 59, **Rn 74 ff,** Rn 82, § 275 Rn 38
IAS 41	**§ 238 Rn 22 ff,** § 246 Rn 32, § 252 Rn 31, Rn 32, Rn 50, § 253 Rn 38, Rn 89, § 255 Rn 36, § 266 Rn 25, § 275 Rn 38
IFRIC 1	**§ 249 Rn 55**
IFRIC 2	**§ 253 Rn 92**
IFRIC 4	**§ 246 Rn 45**
IFRIC 5	**§ 290 Rn 23**
IFRIC 6	**§ 249 Rn 56**
IFRIC 7	**§ 244 Rn 19**
IFRIC 8	**§ 272 Rn 18**
IFRIC 9	**§ 253 Rn 93**
IFRIC 10	**§ 253 Rn 94**
IFRIC 11	**§ 272 Rn 19**
IFIRC 12	**§ 246 Rn 46**
IFRIC 13	**§ 252 Rn 59**
IFRIC 14	**§ 249 Rn 57**
SIC-7	**§ 244 Rn 19**
SIC-10	**§ 252 Rn 60**
SIC-12	§ 246 Rn 38, **§ 290 Rn 23**
SIC-13	**§ 310 Rn 12**
SIC-15	**§ 246 Rn 43**
SIC-21	**§ 244 Rn 21**
SIC-25	**§ 244 Rn 22**
SIC-27	**§ 246 Rn 44**
SIC-29	**§ 242 Rn 23**
SIC-31	**§ 252 Rn 60**
SIC-32	**§ 248 Rn 16**

Erster Abschnitt. Vorschriften für alle Kaufleute
Erster Unterabschnitt. Buchführung Inventar

Buchführungspflicht

238 (1) ¹Jeder Kaufmann ist verpflichtet, Bücher zu führen und in diesen seine Handelsgeschäfte und die Lage seines Vermögens nach den Grundsätzen ordnungsmäßiger Buchführung ersichtlich zu machen. ²Die Buchführung muß so beschaffen sein, daß sie einem sachverständigen Dritten innerhalb angemessener Zeit einen Überblick über die Geschäftsvorfälle und über die Lage des Unternehmens vermitteln kann. ³Die Geschäftsvorfälle müssen sich in ihrer Entstehung und Abwicklung verfolgen lassen.

(2) Der Kaufmann ist verpflichtet, eine mit der Urschrift übereinstimmende Wiedergabe der abgesandten Handelsbriefe (Kopie, Abdruck, Abschrift oder sonstige Wiedergabe des Wortlauts auf einem Schrift-, Bild- oder anderen Datenträger) zurückzubehalten.

Übersicht

1) Begriff, Bedeutung, Beweisart der Handelsbücher 1
   A. Begriff 1
   B. Bedeutung 2
   C. Beweiswert 3
2) Rechtsgrundlagen der Buchführungspflicht 4
   A. Handelsrechtliche Buchführungspflicht 4
   B. Steuerrechtliche Buchführungspflicht (§§ 140 ff AO) 5
   C. Sonstige Buchführungspflichten 6
3) Verpflichtete Personen (I 1) 7
   A. Kaufmann
   B. Organe, gesetzliche Vertreter, Amtspersonen 8
   C. Zweigniederlassungen 9
   D. Hilfspersonen 10
4) Art und Weise der Buchführung, GoB (I 1–3) 11
   A. Grundsätze ordnungsmäßiger Buchführung (GoB, I 1) 11
   B. Doppelte Buchführung 12
   C. Gegenstand der Buchungen, Realisationsprinzip 13
   D. Allgemeine materielle Anforderungen an Buchführung 14
5) Briefkopien (II) 15
6) Beginn und Ende der Buchführungspflicht 16
7) Folgen der Verletzung der Buchführungspflicht 18
   A. Strafrechtliche Sanktionen 18
   B. Zivilrechtliche Sanktionen 19
   C. Festsetzung von Zwangsgeld 20
   D. Steuerrecht 21
8) IAS 41 (Landwirtschaft) 22
9) Sonstige IAS/IFRS-Regelungen 27

1) Begriff, Bedeutung und Beweiswert der Handelsbücher

A. **Begriff:** § 238 entspricht § 38 aF. Das HGB setzt den Begriff der HdlBücher voraus. Welche Bücher HdlBücher iSv §§ 238 ff und wie sie zu führen sind, ergibt sich aus den GoB (s Rn 11–14). HdlBuch ist auch das Verwahrungsbuch nach **(13)** DepotG § 14; **nicht** das Tagebuch des HdlMaklers nach § 100 (§ 100 II verweist nur auf §§ 239, 257), das Tagebuch des Kursmaklers, das Aktienbuch nach § 67 AktG. Die entspr Anwendung einzelner Vorschriften des 1. Abschn ist damit nicht ausgeschlossen (ausdrücklich zB § 100 II). Zu den 1

§ 238 2–5   III. Buch. Handelsbücher

Aufgaben des kfm Rechnungswesens s Moxter FS Goerdeler **87**, 361. HdlBücher iSv HGB haben nichts mit dem HdlBuch nach KWG zu tun (s **(7)** Bankgeschäfte A/4). Lit: Moxter, DStR **03**, 1586, Schmidbauer, DStR **04**, 699.

2   B. **Bedeutung:** Die HdlBücher sind **Urkunden gemäß §§ 267 ff StGB.** Fälschung vorhandener, nachträgliche Einfügung unrichtiger oder Beseitigung richtiger Eintragungen ist Urkundenfälschung, wenn ein anderer ein gesetzliches oder vertragliches Recht auf unveränderten Fortbestand der Bücher erlangt hat; der nachträgliche, als ursprünglich getarnte unrichtige Eintrag durch den Buchführer (oder einen Dritten) ist dann nicht straflose schriftliche Lüge, sondern fälscht das Buch als Gesamturkunde, RGSt **69**, 398, KG JW **36**, 1538. Das Vorhandensein auch nur eines HdlBuchs begründet den **Gerichtsstand des Vermögens** (§ 23 ZPO), RG **51**, 165. HdlBücher sind **unpfändbar** (§ 811 I Nr 11 ZPO) und unterliegen nicht dem Vermieterpfandrecht (§§ 562 ff BGB). Sie fallen aber in die **Insolvenzmasse** (§ 36 II Nr 1 InsO). Der Insolvenzverwalter darf sie nunmehr auch ohne Unternehmensveräußerung selbstständig verwerten, gesetzliche Aufbewahrungspflichten (§ 257; § 147 AO 1977 ua) bleiben aber unberührt (s auch Rn 8).

3   C. **Beweiswert:** Im Erkenntnisverfahren sind HdlB Privaturkunden iSv § 416 ZPO. Der Inhalt der HdlBücher ist im Zusammenhang mit dem sonstigen Verhandlungs- und Beweisaufnahmeergebnis frei zu würdigen (§ 286 ZPO, s auch § 257 Rn 4), Hamm NJW **87**, 965. Ordnungsmäßig geführte HdlBücher können eine erhebliche Wahrscheinlichkeit für die Richtigkeit der einzelnen Einträge und das Nichtbestehen auszuweisender, nicht ausgewiesener Vorgänge begründen. Sie liefern aber keinen Beweis des ersten Anscheins (prima-facie-Beweis) derart, dass zur Erschütterung ihrer Glaubwürdigkeit bestimmte widersprechende Tatsachen bewiesen werden müssten, BGH BB **54**, 1044. Für das Steuerrecht s § 158 AO.

2) Rechtsgrundlagen der Buchführungspflicht

4   A. **Handelsrechtliche Buchführungspflicht:** Eine (öffentlichrechtliche) Buchführungspflicht folgt aus dem allgemeinen Handelsrecht und den handelsrechtlichen Nebengesetzen. §§ 238 ff werden durch **(2 a)** AktG §§ 150 ff, **(2 b)** GmbHG §§ 41 ff, GenG § 33 für AG, KGaA, GmbH und eG und durch das PublG für bestimmte Großunternehmen (s Einl 35 v § 238) ergänzt. Besondere handelsrechtliche Buchführungsvorschriften § 100, **(13)** DepotG § 14, § 67 AktG (s Rn 1) ua. Buchführung in **Euro** ab 1. 1. 99 zulässig, nach 31. 12. 2001 vorgeschrieben (Jahresabschluss s § 244 Rn 2), Scheffler NJW **98**, 3174.

5   B. **Steuerrechtliche Buchführungspflicht (§§ 140 ff AO):** Nach § 140 AO ist **die nach anderen Gesetzen bestehende Buchführungspflicht** (also besonders die handelsrechtliche) **auch für die Besteuerung** zu erfüllen und dadurch offen für **steuerrechtliche Sanktionen** wie Zurückweisung schlecht geführter Bücher als Besteuerungsgrundlage oder Verlust gewisser Steuervorteile.

§ 141 AO verpflichtet **weitergehend** unter bestimmten Bedingungen gewerbliche Unternehmer und Land- und Forstwirte, auch soweit sie der handelsrechtlichen Buchführungspflicht nicht unterliegen, zu Buchführung und Jahresabschlüssen entspr §§ 238, 240–242 I, 243–245 HGB. Zu beachten sind zusätzliche steuerrechtliche **Aufzeichnungspflichten.** § 142 AO verlangt von Land- und Forstwirten neben Inventar und Abschluss ein Anbauverzeichnis, §§ 143, 144 AO von gewerblichen Unternehmern Aufzeichnungen des Warenein- und -ausgangs. § 145 AO formuliert allgemeine Anforderungen an Buchführung und Aufzeichnung gemäß der AO. §§ 146, 147 AO geben Ordnungsvorschriften für Buchführung, Aufzeichnungen und Aufbewahrung von Unterlagen. § 148 AO erlaubt die Bewilligung von Erleichterungen. Weitere Aufzeichnungspflichten folgen zB aus UStG, ADS 62 ff. Insolvenzverwalter s Rn 8.

1. Abschnitt. Vorschriften für alle Kaufleute   6–8 § 238

C. **Sonstige Buchführungspflichten:** Eine Buchführungspflicht kann all- 6
gemeiner aus Gesetz oder Vertrag folgen, besonders **aus Pflicht zur Verwaltung
fremden Vermögens und Rechnungslegung** hierüber, so für Beauftragte,
Geschäftsbesorger, geschäftsführende Gfter (vgl §§ 662, 666, 675, 713 BGB),
Geschäftsführer ohne Auftrag (vgl §§ 666, 681 BGB), Vormünder, Nachlassverwalter,
Testamentsvollstrecker (vgl §§ 1840 ff, 1985, 2215, 2218 BGB). Sie kann
auch folgen aus Leistungspflichten, deren Erfüllung Buchführung voraussetzt, zB
aus Gewinn- oder Umsatzbeteiligungspflicht (zB aus Lizenz-, Darlehens-,
Dienstvertrag). Sie kann durch solche und andere Verträge auch **ausdrücklich**
begründet werden.

3) Verpflichtete Personen (I 1)
   A. **Kaufmann:** Die Buchführungspflicht nach § 238 galt vor Inkrafttreten des 7
BilMoG 2009 für **jeden Kaufmann** (§§ 1, 2, 3), auch HdlGes (§ 6), eG (§ 17 II
GenG), juristische Personen nach § 33, aber für Gebietskörperschaften, mit dem
Recht abzuweichen (§ 263). Jetzt sieht § 241 a eine Befreiung für EinzelKflte
vor, die in zwei aufeinander folgenden Geschäftsjahren nicht mehr als
500 000 Euro Umsatzerlöse und 50 000 Euro Jahresüberschuss aufweisen.
SollKflte, die nach § 262 (aufgehoben durch HRefG 1998) auch ohne Eintragung
buchführungspflichtig waren, gibt es nicht mehr. Die Buchführungspflicht
nach § 238 gilt **nicht** für NichtKflte, zB Kleingewerbetreibende und Freiberufler,
auch wenn sie nach § 5 zu Unrecht (noch) im HdlReg als Kfm eingetragen
sind, Celle NJW **68,** 2119 (§ 5 Rn 1), aA BeckBilKomm/Winkeljohann/Klein
21, oder wenn sie als Kfm aufgetreten sind (§ 5 Rn 16); erst recht nicht, wenn
ein Minderjähriger ein HdlGeschäft ohne die erforderliche Genehmigung betreibt
(§ 112 BGB, str, § 1 Rn 33), RGSt **45,** 4, Grund: öffentlichrechtliche,
strafbewehrte Pflicht (vgl § 5 Rn 6). Der Kfm ist buchführungspflichtig **nur mit**
seinem **Betriebsvermögen** und den im Betrieb des Unternehmens begründeten
Verbindlichkeiten (vgl § 25 Rn 11), nicht mit dem Privatvermögen oder dem
einem anderen Unternehmen gewidmeten Vermögen des EinzelKfms, Gfters
einer OHG oder KG, Land- oder Forstwirts (§ 3), der juristischen Person (§ 33);
s § 246 Rn 21. Auch hiernach nicht buchführungspflichtige Personen können
aber **steuerrechtlich** buchführungspflichtig sein, s Rn 5. Zur Buchführungspflicht
des Mitunternehmers s Ley WPg **06,** 904.

B. **Organe, gesetzliche Vertreter, Amtspersonen:** Bei HdlGes und eG 8
sind die **zuständigen Organmitglieder** für die Erfüllung dieser Pflicht verantwortlich,
zB Gesamtvorstand (§ 91 AktG), nicht nur das für Rechnungslegung
zuständige Vorstandsmitglied, RGSt **45,** 387: GmbHGeschäftsführer (§ 41
GmbHG), Karls WM **87,** 536 (AG, Jahresabschluss). Liquidatoren; bei OHG und
KG jeder phG (§ 245 S 2), auch wenn nicht er selbst, sondern nur die geschäftsführenden
Gfter die Bücher führen, hA, ADS 10. Die Arbeitsteilung mehrerer so
Verantwortlicher ist zulässig, die nach der **Geschäftsverteilung** nicht zuständigen
bleiben aber für sorgfältige Auswahl und Überwachung des zuständigen
Organmitglieds verantwortlich (s Rn 10), BGH NJW **86,** 55. Auch nur tatsächliche
Geschäftsführer ohne oder ohne wirksame Bestellung sind buchführungspflichtig,
nicht strafrechtlich verantwortlich (Analogieverbot), im Einzelnen
str, Baumb/Hueck/Schulze-Osterloh § 41 Rn 20, Lu/Ho Vor § 35 Rn 12, vgl
§ 130 a Rn 6 zur Insolvenzantragspflicht. Strafrechtlich verantwortlich (s Rn 16)
ist der gesetzlich zur Buchführung Verpflichtete, auch das Organmitglied, ein
gesetzlicher Vertreter eines anderen oder mit der Leitung des Betriebs oder
der Erfüllung der Buchführungspflichten in eigener Verantwortung Beauftragter
(vgl § 14 StGB). Das betrifft auch **Testamentsvollstrecker** (§ 1 Rn 40) und
Insolvenzverwalter (§ 1 Rn 47), einerlei, ob sie selbst Kfm sind, hA, BeckBilKomm/Winkeljohann/Klein
42, differenzierend GK BilR/Hüffer 28 ff. In der

Merkt   931

§ 238 9–11 III. Buch. Handelsbücher

Insolvenz ändern sich die handels- und steuerrechtlichen Buchführungspflichten des Schuldners nicht. In Bezug auf die Insolvenzmasse hat sie aber nunmehr der Insolvenzverwalter zu erfüllen, vgl BGH **74**, 316, KG DB **97**, 1708, aber Beginn eines neuen Geschäftsjahrs mit Eröffnung des Insolvenzverfahrens und Bestellung des Abschlussprüfers nach § 318 durch das Registergericht auf Antrag des Insolvenzverwalters (§ 155 InsO).

9   C. **Zweigniederlassungen:** S § 13 Rn 8. Der Kfm ist für die Buchführung insgesamt, auch der ZwNl verantwortlich (aber s Rn 8). §§ 238 ff gelten auch für inländische ZwNl ausländischer Kflte; beachte aber Sondervorschriften für inländische ZwNl ausländischer Kredit- und Versicherungsunternehmen (§ 53 II Nr 2 KWG, §§ 106 ff VAG)

10 D. **Hilfspersonen, Buchführung außer Haus:** Die Buchführungspflicht trifft auch den dazu nicht fähigen Kfm (Organmitglied ua). Der Buchführungspflichtige braucht aber die Bücher nicht persönlich zu führen, sondern darf sie Hilfspersonen übertragen oder auch außer Haus geben, und zwar unabhängig von der Größe des geführten Unternehmens (Fernbuchführung, § 239 Rn 4). Entspr für Erstellung des Jahresabschlusses (§ 264 Rn 6). Buchführung im Ausland s § 239 Rn 4. Geschäftsverteilung s Rn 8. Er ist dann zivil- und strafrechtlich nur für sorgfältige Auswahl und Überwachung verantwortlich, BGH GmbHR **53**, 123 LS.

4) Art und Weise der Buchführung, GoB (I 1–3)

11 A. **Grundsätze ordnungsmäßiger Buchführung (GoB, I 1):** Das HGB hat nur einige Vorschriften über Buchführung (§§ 238 ff) und verweist im Übrigen auf die GoB, so ausdrücklich I 1. Den GoB kommt damit zentrale Bedeutung zu. Sie gelten außer für die eigentliche Buchführung (GoB ieS, I 1), zB Buchführung mit EDV (§ 239 IV 1), auch **für** Art und Weise der **gesamten Rechnungslegung**, zB für Inventurverfahren (§ 241 I 2, II, III Nr 2), Aufstellung der Bilanz (§ 243 I), Bewertungsverfahren (§ 256 S 1), Aufbewahrung auf Bildträger (§ 257 III 1) und Inhalt der Bilanz (true and fair view, § 264 II 1). Dabei sind **formelle GoB** (Buchführungstechnik, zB doppelte Buchführung, s Rn 12, und Bilanzierungstechnik, s § 243 Rn 1), und **materielle GoB** (zB allgemeine Bilanzierungsgrundsätze, s Rn 14, § 243 Rn 1–9, und besondere Regeln zu Gliederung, Ansatz und Bewertung) zu unterscheiden. Die **Rechtsnatur** der GoB (Gewohnheitsrecht, HdlBrauch, kfm Standesrecht, außerrechtliche Fachnormen ua) ist umstritten; zutreffend sind sie herkömmlich zT Gewohnheitsrecht, zT HdlBrauch. Viel davon ist durch §§ 238 ff nunmehr kodifiziert. Den Inhalt der GoB (**unbestimmter Rechtsbegriff**) ermitteln letztlich die Gerichte (revisionsrichterliche Prüfung), besonders der BFH (wegen des Grundsatzes der Maßgeblichkeit der HdlBilanz für die Steuerbilanz, s § 242 Rn 4–5). Die GoB sind Regeln, nach denen der Kfm zu verfahren hat, um zu einer dem **gesetzlichen Zweck** (s Einl 8–13 v § 238, für verschiedene Bilanzarten s § 242 Rn 4–7) entspr Buchführung (s I 2, 3) und Bilanz (s § 264 II) zu gelangen, nicht aber Regeln, die tatsächlich eingehalten werden; zwar kann für ihre Ermittlung die tatsächliche Übung der Kflte eine wichtige Erkenntnisquelle sein, aber sie vermag nicht GoB rechtsschöpferisch zu gestalten, BFH BStBl III **67**, 609, GrS BStBl II **69**, 292, hL (**deduktive Methode,** also Herleitung der GoB aus den tragenden Bilanzrechtsgrundsätzen; Gegensatz: induktive Methode, wonach die Anschauung ordentlicher, ehrenwerter Kflte festzustellen ist). Daran ändert sich auch durch das BilMoG 2009 grds nichts. Anhaltspunkte für GoB geben außer Gesetz und Rspr (BGH, BFH, LG nach § 324 ua) zB die Fachgutachten und Stellungnahmen des IDW, die Fachliteratur (insbesondere die gesicherten Erkenntnisse der Betriebswirtschaftslehre), die Standards (DRS) des Deutschen Rechnungslegungs Standards Committee (DRSC) nach § 342 (spe-

1. Abschnitt. Vorschriften für alle Kaufleute   12–14   § 238

ziell im Bereich der Konzernrechnungslegung) sowie die International Accounting Standards/International Financial Reporting Standards (IAS/IFRS) des IASB (International Accounting Standards Board) (Einl 111 ff v § 238), str. Lit: Leffson, 7. Aufl 1987, Euler 1996, Ballwieser FS Budde **95,** 43, Budde/Steuber, in Baetge, Deutsches Bilanzrecht – In der Krise oder im Aufbruch 2001, 57, Vater StuB **05,** 67, Fülbier/Gassen DB **07,** 2605, Kirsch StuB **08,** 453, Hennrichs FS K. Schmidt **09,** 581, Moxter WPg **09,** 7, Rammert/Thies WPg **09,** 34.

B. **Doppelte Buchführung:** Notwendig ist heute idR **doppelte** Buchführung (also Bestandskonten mit Gegenbuchung auf Erfolgskonten) oder eine gleichwertige kameralistische bei öffentlichen Körperschaften (aber auch hier zunehmend doppelte Buchführung, sogar zwingend, falls Wirtschaftsbetrieb der öffentlichen Hand in privater Trägerform); die Buchführungsform im Übrigen ist, sofern sie § 239 und GoB entspricht, frei. **Einfache** Buchführung (nur Bestandskonten) genügt nur unter besonderen Verhältnissen, etwa in Kleinbetrieben des Einzelhandels und Handwerks (die aber idR handelsrechtlich nicht buchführungspflichtig sind, § 4), sonst uU in Unternehmen mit ganz wenigen oder völlig gleichartigen Geschäftsvorfällen, hL, GK BilR/Hüffer § 239 Rn 7, aA mit guten Gründen jedenfalls für KapitalGes (§ 264 I 1) einfache Buchführung ungenügend, Baumb/Hueck/Schulze-Osterloh § 41 Rn 25. Bei der doppelten Buchführung werden sämtliche Geschäftsvorfälle (nach Aufstellung des systematisch in Konten aufgelösten Eröffnungsinventars) als „Tauschakte" dargestellt: Die **Konten** (Sach- und Personenkonten; Konten betr Ausschnitte des Vermögens: zB Grundstücke, Maschinen, Waren, Kasse, Forderungen, Verbindlichkeiten; Konten betr Eigenmittel: Kapitalkonto, Gewinn- und Verlustkonto) sind bei doppelter Buchführung so gebildet, dass jeder zu buchende Geschäftsvorfall zu Soll- und Haben-Buchungen (Tauschvorgang) in gleicher Höhe führt. Die Salden werden im Rechnungsabschluss (Bilanz oder GuV) zusammengefasst. Der Saldo des Abschlusses ist Gewinn oder Verlust. Die Gewinn- und Verlustrechnung nach §§ 275 ff setzt idR doppelte Buchführung voraus.

C. **Gegenstand der Buchungen, Realisationsprinzip:** Gewohnheitsrechtlich (gegen Wortlaut des I 1) bucht der Kfm **nicht unmittelbar seine Handelsgeschäfte, sondern nur** die **Änderungen der Lage seines Vermögens,** Bsp: nicht schon Kaufabschluss, sondern erst Lieferung der Ware oder Kaufpreiszahlung. Bei Lieferung vor Zahlung: Warenabgang hier, -zugang dort und Entstehung der Preisforderung (die vorher als nicht buchbar behandelt wird) hier, der Preisschuld dort. Bei Zahlung: Geldzugang hier, -abgang dort und Tilgung der Forderung hier, der Schuld dort. Bei Zahlung vor Lieferung (Anzahlung, die wie Darlehen behandelt wird): Geldzugang hier, -abgang dort und entspr Schuld hier, Forderung dort. Bei Lieferung: Warenabgang hier, -zugang dort und Tilgung der Schuld hier, Forderung dort. Die Buchungen müssen aber den Abschluss, aus dem sie hervorgehen, und den Geschäftspartner angeben. Der buchungsrechtliche Begriff der Änderung der Lage des Vermögens des Kfm entspricht nicht den Vorschriften des BGB über Erwerb, Änderung und Verlust von Rechten, vielmehr gelten hier einfachere, am wirtschaftlichen Effekt orientierte Begriffe von **Zu- und Abgang von Vermögenswerten** (**Realisationsprinzip,** s § 252 Rn 18–20). Bsp: Sicherungsübereignung von im Betrieb des Kfm bleibenden Waren ist nicht als Abgang der Ware (und beim Gläubiger als Zugang) zu buchen, vielmehr wird bis zur Verwertung der Sicherheit durch den Gläubiger nur die Schuldforderung gebucht.

D. **Allgemeine materielle Anforderungen an Buchführung (I 2, 3):** I 2, 3 entsprechen § 145 I 1, 2 AO. **I 2** verlangt, dass die Buchführung einem sachverständigen Dritten (nicht beliebiger Privatmann, aber auch nicht Wirtschaftsprüfer, sondern jemand, der Bilanzen lesen kann) innerhalb angemessener Zeit (hängt vom Fall ab) einen Überblick über die Geschäftsvorfälle und über die Lage

§ 238 15–20   III. Buch. Handelsbücher

des Unternehmens (schlechthin, nicht nur Vermögens-, Finanz- und Ertragslage, AmtlBegr) vermitteln kann. Darin kommt in allgemeinster Form die Ausrichtung auf Nachprüfbarkeit und Kontrolle durch Außenstehende (s Einl 11 v § 238) zum Ausdruck. I 2 bedeutet des Näheren, dass die Buchführung richtig und vollständig (§ 239 II), klar und übersichtlich sein muss. I 3 verlangt, dass die Buchführung zeitlich fortlaufend (§ 239 II) ist, damit die Geschäftsvorfälle in ihrer Entstehung und Entwicklung verfolgt werden können. Diese allgemeinen Grundsätze für die Buchführung schlagen sich in den gleichnamigen Grundsätzen ordnungsmäßiger Bilanzierung nieder und sind dort näher erläutert (s § 243 Rn 1–9). Frist s § 239 Rn 2.

5) Briefkopien (II)

15   Der Kfm muss Kopie, Abdruck, Abschrift oder sonstige Wiedergabe seiner abgesandten HdlBriefe (Legaldefinition in § 257 II) zurückbehalten und aufbewahren (§ 257 I Nr 3). Seit 1977 ist die Speicherung auf anderen Datenträgern als in Schrift oder Bild zugelassen.

6) Beginn und Ende der Buchführungspflicht

16   A. Die Buchführungspflicht **beginnt** mit dem ersten buchungspflichtigen Geschäftsvorfall nach Aufnahme des HdlGewerbes durch den Kfm (s Rn 7); bei FormKfltn nach Abschluss des GesVertrags (also VorGes) ohne Rücksicht auf Eintragung, hL, und auf Aufnahme der Geschäftstätigkeit. Erster Geschäftsvorfall ist bei FormKfm schon die Entstehung der Einlageforderung, heute allgM, Baumb/Hueck/Schulze-Osterloh § 41 Rn 18.

17   B. Die Buchführungspflicht **endet** mit der KfmEigenschaft; bei PersonenGes und FormKflten mit Ende der Abwicklung ohne Rücksicht auf Löschung im HdlReg.

7) Folgen der Verletzung der Buchführungspflicht

18   A. **Strafrechtliche Sanktionen:** Die Verletzung der Buchführungspflicht nach §§ 238 ff ist sanktionsbewehrt (hA, aA Wiedmann 36): Sie kann (abgesehen von steuerrechtlichen ua Sanktionen, s Rn 5) **strafbar** sein, so bei Zahlungseinstellung oder Insolvenz (§§ 283 VI, 283 b III StGB) nach §§ 283 ff StGB, sog Insolvenzstraftaten, ua § 283 I Nr 5, 6, 7 (Bankrott), § 283 b I Nr 1–3 (Verletzung der Buchführungspflicht). Dazu BGH NJW **79**, 1418, **81**, 2206, Düss NJW **80**, 1292. Unrichtige Darstellung kann nach § 331 HGB strafbar sein, **Ordnungswidrigkeiten** mit Geldbuße s § 334 HGB. Lit: Pohl wistra **96**, 14, Weyand, Insolvenzdelikte **98**, Wolf/Nagel StuB **06**, 621.

19   B. **Zivilrechtliche Sanktionen:** Die Missachtung der GoB kann in besonderen Fällen zur **Nichtigkeit des Jahresabschlusses** führen (§ 264 Rn 18). Die Verletzung der Buchführungspflicht macht den Vorstand oder Geschäftsführer der Ges **schadensersatzpflichtig** nach § 93 II AktG, § 43 II GmbHG, BGH NJW **74**, 1468, **86**, 55. §§ 238 ff sind **nicht Schutzgesetze** nach § 823 II BGB zugunsten Dritter, RG **73**, 34. Wer sich im Vertrauen auf falsch geführte Bücher an einem HdlGeschäft beteiligt, kann für daraus folgende Verluste nicht einen ausgeschiedenen, früher für die Buchführung Verantwortlichen haftbar machen, BGH BB **64**, 1273, offen BGH **125**, 377 (iErg abl), str. Möglich ist aber Schadensersatzhaftung aus Auskunft, Bescheinigung ua (Vertrag, culpa in contrahendo gemäß § 311 Abs 2 und 3 BGB, § 826 BGB; s § 347 Rn 8–40).

20   C. **Festsetzung von Zwangsgeld:** Ist nach § 335 möglich. Die früher bestehende Sanktion der Löschung der Ges nach § 2 I 2 LöschG ist durch Aufhebung des LöschG im Jahre 1994 (s EGInsO) und Überführung der Vorschrift in § 144 a II 1 FGG ersatzlos weggefallen.

1. Abschnitt. Vorschriften für alle Kaufleute   21–26   § 238

D. **Steuerrecht:** Die Verletzung der handelsrechtlichen Buchführungspflicht 21
stellt wegen der Maßgeblichkeit zugleich eine **Verletzung der steuerrechtlichen Buchführungspflicht** dar. Mängel der Buchführung beeinträchtigen steuerrechtliche Beweiskraft der Bücher (Umkehrschluss aus § 158 AO). Folge: Steuerlicher Gewinn kann geschätzt werden (§ 162 II AO), FG München BeckRS 2005, 26018304. Zudem kann die Finanzverwaltung die Buchführungspflicht durch Zwangsgeld erwirken (§ 328 I AO). Vorsätzliche oder leichtfertige Verletzung der Buchführungspflicht ist Ordnungswidrigkeit (Steuergefährdung gemäß § 379 AO, soweit nicht leichtfertige Steuerverkürzung gemäß § 378).

8) IAS 41 (Landwirtschaft)

A. Eine eigene **branchenspezifische Regelung der Bilanzierung von** 22
landwirtschaftlichen Betrieben nach Art der geschäftszweigspezifischen Regelungen für Kreditinstitute und Versicherungsunternehmen kennt das **HGB nicht.** Die bilanzielle Erfassung landwirtschaftlicher Tätigkeit orientiert sich vorwiegend an steuerlichen Gewinnermittlungsvorschriften und ergänzend an den Regelungen des vom Bundesministerium für Verbraucherschutz, Ernährungsschutz und Landwirtschaft jährlich veröffentlichten BMVEL-Jahresabschluss. Demgegenüber findet sich in den internationalen Standards mit **IAS 41** eine **eigene** branchenspezifische **Bilanzierungsregelung,** s Baetge IAS-Kommentar 52, Kümpel KoR **06,** 550, Haller/Egger WPg **06,** 281.

B. **Gegenstand:** IAS 41 regelt Ansatz und Bewertung von biologischen Ver- 23
mögenswerten und landwirtschaftlichen Erzeugnissen. **Zeitliche Anwendung:** Geschäftsjahre, die am oder nach dem 1. 1. 03 beginnen. Frühere Anwendung empfohlen (IAS 41.58).

C. **Sachliche Anwendung:** IAS 41 regelt neben Ansatz und Bewertung auch 24
die Darstellung im Abschluss sowie die Angaben in Bezug auf landwirtschaftliche Tätigkeiten. Er findet Anwendung auf **biologische Vermögenswerte** und **landwirtschaftliche Erzeugnisse** im Zeitpunkt der Ernte sowie auf Zuwendungen der öffentlichen Hand, die in Verbindung mit biologischen Vermögenswerten stehen. Ein biologischer Vermögenswert ist ein lebendes Tier oder eine Pflanze. IAS 41 ist **nicht anzuwenden** auf Grundeigentum, das mit landwirtschaftlicher Tätigkeit in Verbindung steht, s IAS 16 (Sachanlagen), auf immaterielle Vermögenswerte, die mit landwirtschaftlicher Tätigkeit verbunden sind, s IAS 38 (Immaterielle Vermögensgegenstände) und auf die Verarbeitung von landwirtschaftlichen Produkten nach der Ernte, s IAS 2 (Vorräte) (IAS 41.1 ff).

D. **Wesentlicher Inhalt:** Ein biologischer Vermögenswert ist im Zeitpunkt 25
des erstmaligen Ansatzes und an jedem weiteren Abschlussstichtag mit dem **beizulegenden Zeitwert** abzüglich der Verkaufskosten zu bewerten. Landwirtschaftliche Erzeugnisse, die von den biologischen Vermögenswerten des Unternehmens geerntet werden, sind im Zeitpunkt der Ernte mit dem beizulegenden Zeitwert abzüglich Verkaufskosten zu bewerten. Die **Verkaufskosten** beinhalten Provisionen, Zölle und Steuern (IAS 41.10 ff). Lit: Olbrich/Brösel DB **07,** 1543.

E. Ein **Gewinn oder Verlust** aus der erstmaligen Bewertung zum beizule- 26
genden Zeitwert abzüglich Verkaufskosten und aus der Änderung des beizulegenden Zeitwertes abzüglich der Verkaufskosten wird im Periodenergebnis erfasst (IAS 41.26). Eine unbedingte **Zuwendung der öffentlichen Hand,** die mit einem biologischen Vermögenswert in Verbindung steht, ist als Ertrag zu erfassen, wenn die Zuwendung einforderbar wird. Eine bedingte Zuwendung wird dann erfasst, wenn die mit der Zuwendung verbundenen Bedingungen erfüllt sind (IAS 41.34 ff), Freiberg StuB **05,** 94. Der Standard enthält **Angabepflichten** in Bezug auf landwirtschaftliche Tätigkeit (IAS 41.40 ff).

§ 239 1, 2   III. Buch. Handelsbücher

9) Sonstige IAS/IFRS-Regelungen

27 A. Die internationalen Standards enthalten keine Vorschrift zur Buchführungspflicht, zum System oder zur Form der Buchführung. Jedoch wird wie nach HGB eine systematische und doppelte Buchführung verlangt. Das Framework und die Standards enthalten Regelungen, die den GoB konzeptionell und inhaltlich ähnlich sind, Küting/Weber 23.

28 B. Ein den materiellen Anforderungen der **I 2, 3** vergleichbarer **Verständlichkeitsgrundsatz** (sachverständiger Dritter muss sich in angemessener Zeit einen Überblick über die Unternehmenslage verschaffen können) gilt nach F. 25.

Führung der Handelsbücher

239 (1) ¹ Bei der Führung der Handelsbücher und bei den sonst erforderlichen Aufzeichnungen hat sich der Kaufmann einer lebenden Sprache zu bedienen. ² Werden Abkürzungen, Ziffern, Buchstaben oder Symbole verwendet, muß im Einzelfall deren Bedeutung eindeutig festliegen.

(2) Die Eintragungen in Büchern und die sonst erforderlichen Aufzeichnungen müssen vollständig, richtig, zeitgerecht und geordnet vorgenommen werden.

(3) ¹ Eine Eintragung oder eine Aufzeichnung darf nicht in einer Weise verändert werden, daß der ursprüngliche Inhalt nicht mehr feststellbar ist. ² Auch solche Veränderungen dürfen nicht vorgenommen werden, deren Beschaffenheit es ungewiß läßt, ob sie ursprünglich oder erst später gemacht worden sind.

(4) ¹ Die Handelsbücher und die sonst erforderlichen Aufzeichnungen können auch in der geordneten Ablage von Belegen bestehen oder auf Datenträgern geführt werden, soweit diese Formen der Buchführung einschließlich des dabei angewandten Verfahrens den Grundsätzen ordnungsmäßiger Buchführung entsprechen. ² Bei der Führung der Handelsbücher und der sonst erforderlichen Aufzeichnungen auf Datenträgern muß insbesondere sichergestellt sein, daß die Daten während der Dauer der Aufbewahrungsfrist verfügbar sind und jederzeit innerhalb angemessener Frist lesbar gemacht werden können. ³ Absätze 1 bis 3 gelten sinngemäß.

1) Sprache und Schriftzeichen (I)

1 Nach **I 1** ist bei der Führung der HdlBücher (s § 238 Rn 1–2) und bei den sonst erforderlichen Aufzeichnungen nur eine lebende Sprache verwendbar. Abw vom Wortlaut des I 1 sind nur solche lebenden Sprachen verwendbar, deren Übertragung ins Deutsche (im Prozess, vgl §§ 258–260, oder sonst wie im Rechtsverkehr) durch erreichbare Dolmetscher praktisch möglich ist (Grund § 238 I 2). Personen mit hinreichenden Deutschkenntnissen haben aus I 1 kein Wahlrecht auf Fremdsprache, str; entscheidend ist dabei, wer die Bücher tatsächlich führt (s § 238 Rn 10). Nur Abkürzungen, Ziffern, Buchstaben und Symbole mit eindeutiger Bedeutung sind zulässig **(I 2)**. Der Jahresabschluss ist demgegenüber in deutscher Sprache aufzustellen (§ 244).

2) Vollständigkeit, Richtigkeit, Zeitgerechtheit und Ordnung (II)

2 II entspricht § 146 I 1 AO. Er konkretisiert § 238 I 2, 3 (s dort Rn 14). Die Eintragungen müssen **richtig** sein (Buchführungswahrheit, vgl § 243 Rn 5). Konten auf falsche oder erdichtete Namen sind unzulässig (§ 154 I AO); Nummernkonto s **(7)** Bankgeschäfte A/47. **Vollständig** bedeutet lückenlose Erfassung aller Geschäftsvorfälle. Die Eintragungen müssen **zeitgerecht** erfolgen, also nicht sofort oder unverzüglich, auch nicht täglich (außer bare Einnahmen und Ausgaben), sondern in vernünftigen, kurzfristigen Buchungsintervallen. Starre Gren-

1. Abschnitt. Vorschriften für alle Kaufleute **§ 240**

zen sind nicht angebracht, aber doch nicht später als einen Monat, BFH BB **92**, 1964. Entscheidend ist, dass die Buchführungs- und Bilanzierungszwecke (s Einl 8–13 v § 238, für KapitalGes § 264 II 1) ohne weiteres erreicht werden. Kasseneinnahmen und Kassenausgaben sollen täglich festgehalten werden (§ 145 II AO). Zeitliche Grenzen für Inventur und Bilanz s §§ 240 II 3, 243 III. **Geordnet** bedeutet heute nicht mehr fortlaufend gebunden, sondern eine Anordnung, die den zeitlichen Ablauf der Geschäftsvorgänge erkennen lässt (§ 238 I 3) und den Einblick nach § 238 I 2 ermöglicht. Geordnete Buchführung setzt Abstützung jeder Buchung durch einen **Buchungsbeleg** (§ 257 I Nr 4) voraus, BGH BB **54**, 455, hL, aus dem sich die Art des Geschäftsvorfalls, Betrag bzw Menge/Wert und Firma des Ausstellers, bei Eigenbelegen Name des Ausstellenden, ergeben. Die Buchung selbst muss das Datum, bei der doppelten Buchführung das Gegenkonto und die Belegnummer oä erkennen lassen. Lit: Zepf DStR **96**, 1259, WPg **97**, 277, **99**, 569, Schuppenhauer WPg **00**, 128, Fröhlich/Heese WPg **01**, 589, IDW ERS FN **01**, 141, BMF WPg **01**, 852.

3) Änderungen und Berichtigungen (III)

Änderungen sind nur zulässig, wenn sie den ursprünglichen Inhalt und die 3 Tatsache späterer Änderung erkennen lassen. Das gilt auch für Buchführung mit EDV (s Rn 4). Änderung und Berichtigung des Jahresabschlusses s § 245 Rn 3–5. Lit: Zepf DB **95**, 1039.

4) Buchführung mit EDV (IV)

Buchführung **mit EDV** ist nach IV als zulässig anerkannt, sofern sie den GoB (s 4 § 238 Rn 11) entspricht **(IV 1)**. IV 2 verlangt speziell bei Führung der Bücher und Aufzeichnungen die Sicherstellung jederzeitiger Verfügbarkeit und prompter Lesbarkeit der Daten. I–III gelten sinngemäß **(IV 3)**, also unter Berücksichtigung der Besonderheiten der EDV, zB bei III Änderungsprotokolle, Umbuchungslisten ua erforderlich. Nach IV sind statt Aufzeichnung in gebundenen Büchern auch **Loseblattbuchführung, Offene-Posten-Buchhaltung** (Gemeinsamer Ländererlass NRW 10. 6. 63 BStBl II **63**, 93 = DB **63**, 849, so auch nach HdlRecht) und andere Buchführungsformen wie zB **EDV-gestützte Buchführungssysteme** zulässig, ADS 62. Buchführung **außer Haus** ist zulässig, auch im Ausland (anders für Steuerrecht § 146 II AO). Stellungnahmen IDW-FAMA 1/87 WPg **88**, 1 (GoB bei computergestützten Verfahren und deren Prüfung), idF 1993 FN **93**, 462; BMF-Schreiben 7. 11. 95 BStBl I **95**, 738 (Grundsätze ordnungsmäßiger DV-gestützter Buchführungssysteme, GoBS), dazu IDW-FAMA FN **96**, 276, ADS 62, Schuppenhauer WPg **96**, 691; projektbegleitende Prüfung EDV-gestützter Systeme IDW-HFA 4/97; GoB bei Einsatz von Informationstechnologie IDW RS FAIT 1, WPg **02**, 1157, IDW RS FAIT 2, WPg **03**, 1258. Lit: Schuppenhauer, Grundsätze für eine ordnungsmäßige Datenverarbeitung, 3. Aufl 1989; Zepf DB **95**, 1039, DStR **96**, 1259 (GoBS), Schuppenhauer WPg **00**, 128 (GoDV 2000), Hüttche BB **02**, 1638 (virtual close beim Konzernabschluss).

5) IAS/IFRS-Regelungen

Die internationalen Standards enthalten **keine** dem § 239 entsprechende Re- 5 gelung.

Inventar

240 (1) Jeder Kaufmann hat zu Beginn seines Handelsgewerbes seine Grundstücke, seine Forderungen und Schulden, den Betrag seines baren Geldes sowie seine sonstigen Vermögensgegenstände genau zu verzeichnen und dabei den Wert der einzelnen Vermögensgegenstände und Schulden anzugeben.

§ 240 1-3

(2) ¹Er hat demnächst für den Schluß eines jeden Geschäftsjahrs ein solches Inventar aufzustellen. ²Die Dauer des Geschäftsjahres darf zwölf Monate nicht überschreiten. ³Die Aufstellung des Inventars ist innerhalb der einem ordnungsmäßigen Geschäftsgang entsprechenden Zeit zu bewirken.

(3) ¹Vermögensgegenstände des Sachanlagevermögens sowie Roh-, Hilfs- und Betriebsstoffe können, wenn sie regelmäßig ersetzt werden und ihr Gesamtwert für das Unternehmen von nachrangiger Bedeutung ist, mit einer gleichbleibenden Menge und einem gleichbleibenden Wert angesetzt werden, sofern ihr Bestand in seiner Größe, seinem Wert und seiner Zusammensetzung nur geringen Veränderungen unterliegt. ²Jedoch ist in der Regel alle drei Jahre eine körperliche Bestandsaufnahme durchzuführen.

(4) Gleichartige Vermögensgegenstände des Vorratsvermögens sowie andere gleichartige oder annähernd gleichwertige bewegliche Vermögensgegenstände und Schulden können jeweils zu einer Gruppe zusammengefaßt und mit dem gewogenen Durchschnittswert angesetzt werden.

Übersicht

1) Inventarpflicht, Eröffnungsinventar (I) 1
2) Jahresinventar, Inventurfrist (II) 6
3) Festbewertung (III) 7
4) Gruppenbewertung (IV) 8
5) IAS/IFRS-Regelungen 9

1) Inventarpflicht, Eröffnungsinventar (I)

1 A. Zur Buchführungspflicht (§ 238) gehört die Inventarpflicht. Konsequent gilt die durch BilMoG eingeführte Befreiung des § 241 a für „kleine" Kflte auch hier. **Inventar** ist das genaue Verzeichnis aller Vermögensgegenstände und Schulden mit Angabe ihrer Werte (I). I spricht vom Anfangs- oder Eröffnungsinventar, das zu Beginn des HdlGewerbes (dh Beginn der Buchführungspflicht, s § 238 Rn 16) aufzustellen und Grundlage der Eröffnungsbilanz (s § 242 Rn 1) ist. II regelt das Inventar zum Schluss des Geschäftsjahrs. Lit: Quick BB **91**, 723, Buchner BB **95**, 816, Olbrich FS Ludewig **96**, 753, Pooten BB **96**, 839, Zehetmair/Hofmann BB **96**, 261.

2 B. Die **Inventur** ist die Aufstellung des Inventars. Sie verlangt herkömmlich bei körperlichen Gegenständen (Sachen, Urkunden) eine **körperliche Bestandsaufnahme am Stichtag (Stichtagsinventur)**; das ist auch bei noch stichtagsbezogener Bestandsaufnahme (idR 10 Tage vorher oder nachher) erfüllt (sog **ausgeweitete Stichtagsinventur**), hL, ADS 38 entspr Steuerrecht. Es gelten die Grundsätze ordnungsmäßiger Inventur (GoB, s § 238 Rn 11), vor allem Klarheit, Wahrheit, Vollständigkeit (vgl § 243 Rn 4–9) und im Ausgangspunkt Einzelerfassung und -bewertung. **III, IV und § 241** bringen bestimmte **Erleichterungen** von der körperlichen Bestandsaufnahme am Stichtag. Zur körperlichen Bestandsaufnahme im Rahmen von Inventurverfahren IDW-HFA 1/**90** WPg **90**, 143.

3 C. Der handelsrechtliche Begriff **Vermögensgegenstand** ist mit dem steuerrechtlichen des Wirtschaftsguts identisch (s Einl 37 v § 238). Der Begriff umfasst nach HGB grundsätzlich nur Gegenstände der Aktivseite; passive Vermögensgegenstände werden deshalb idR als Schulden oder Verbindlichkeiten bezeichnet. Nicht Vermögensgegenstände sind der Geschäfts- oder Firmenwert (hA, HdlbgKo/Kirnberger 3) sowie steuerliche Verlustvorträge (IDW-HFA FN **01**, 489). Vermögensgegenstand umfasst auch Nutzungsmöglichkeit als immaterielles Wirtschaftsgut (auch wenn nur schuldrechtlich und nicht dinglich begründet), BFH BFH/NV **06**, 1812.

1. Abschnitt. Vorschriften für alle Kaufleute   4–7 § 240

D. **Inventarpflichtig** sind grundsätzlich alle Vermögensgegenstände und 4
Schulden (Vollständigkeitsgrundsatz); also nicht Aktivposten, die keine Vermögensgegenstände sind (zB §§ 250, 268 III, 274 I; Geschäfts- oder Firmenwert s § 246 Rn 8), und Passivposten, die keine Schulden sind (zB §§ 249 I 2 Nr 1, 266 III A); **Schulden** sind sowohl Verbindlichkeiten als auch Rückstellungen, BFH BStBl **98** II 249; vgl entspr zur Bilanzierungspflicht § 242 Rn 8–16. Vermögenszuordnung s § 242 Rn 17–27. Schwebende Geschäfte s § 252 Rn 16. Nicht entgeltlich erworbene immaterielle Vermögensgegenstände des Anlagevermögens waren bisher nicht bilanzierungsfähig (§ 248 II aF), aber inventarpflichtig, Baumb/Hueck/Schulze-Osterloh § 41 Rn 44, str. Nach Neufassung des § 248 (s § 248 Rn 3) besteht Aktivierungswahlrecht und gilt Inventarpflicht unabhängig von dessen Ausübung erst recht. Abgeschriebene Gegenstände des Anlagevermögens s IDW-NA 2/**66** WPg **66**, 328.

E. Die **Bewertungsvorschriften** der §§ 252–256 für den Jahresabschluss 5
(§ 242 III) gelten als zu einengend nicht unmittelbar für das Inventar (AmtlBegr, krit GK BilR/Hüffer 37). Es gilt der Grundsatz der Einzelbewertung, s Rn 7. Das Inventar muss datiert aber nicht unterzeichnet werden (§ 245 gilt nicht).

2) Jahresinventar, Inventurfrist (II)

Zum Schluss eines jeden Geschäftsjahrs (idR identisch mit dem Kalenderjahr) 6
schreibt II den Schlussinventur vor **(Jahresinventur)**. Das **Geschäftsjahr** darf kürzer als 12 Monate sein (Rumpfgeschäftsjahr), so das Erste, und später bei Umstellung oder Geschäftsaufgabe, aber nicht regelmäßig, es darf aber nicht länger sein **(II 2)**. Ausnahme war § 58 I 2 DMBilG. **Umstellung** des Geschäftsjahrs aus sachlichem Grund ist zulässig, steuerlich Zustimmung des Finanzamts, bei KapitalGes idR Satzungsänderung (§ 53 GmbHG), nach Stgt WM **93**, 1754 durch Satzung der Geschäftsführung übertragbar, üL, str. Stichtagsprinzip (s § 243 Rn 11). **II 3** schreibt die (Schluss)Inventurfrist nicht selbst vor, sondern verweist auf GoB. Fristen für die Bestandsaufnahme folgen schon aus dem Stichtagsprinzip und nach dem jeweiligen Inventurverfahren; II 3 behält praktische Bedeutung für Bewertung und Fertigstellung des Inventars, BeckBilKomm/Winkeljohann/Philipps 66. Da die Inventur unerlässliche Grundlage der Bilanz ist, muss so zeitig vorher inventarisiert werden, dass die Frist für die Bilanzaufstellung (s § 243 Rn 10) sicher eingehalten werden kann. II 3 gilt entspr für die Anfangsinventur (s Rn 1–5).

3) Festbewertung (III)

Vermögensgegenstände sind einzeln zu bewerten (Grundsatz der **Einzelbewertung**, I aE). Davon gibt es zwei wichtige Ausnahmen (III, IV; vgl auch 7
§ 256: Sammelbewertung wie Lifo ua). Vermögensgegenstände des Sachanlagevermögens (s § 247 I) sowie Roh-, Hilfs- und Betriebsstoffe (§ 266 II B I Nr 1, Teil des Umlaufvermögens, s § 247 I) können nach **III 1** mit gleich bleibender Menge und gleich bleibendem Wert angesetzt werden **(Festbewertung)**. Voraussetzung sind regelmäßige Ersetzung, nachrangig bedeutsamer Gesamtwert für das Unternehmen und nur geringe Veränderungen des Bestands in Größe, Wert und Zusammensetzung. Grund dafür ist, dass sich dann Zugänge und Abgänge in etwa entsprechen werden. Nachrangig ist unbestimmter Rechtsbegriff. Er bezieht sich auf jeden einzelnen, getrennt zu prüfenden Festwert, hL, ADS 79, aA BeckBilKomm/Winkeljohann/Philipps 86, und kann nicht zahlenmäßig fixiert werden, str, offen ADS 80, aA alle in das Festbewertungsverfahren einbezogenen Vermögensgegenstände maximal 5% der Bilanzsumme (abzüglich des Betrags nach § 268 III), BeckBilKomm/Winkeljohann/Philipps 87; vielmehr sind die jeweiligen Bilanzrelationen entscheidend, GK BilR/Hüffer 55. Keine Festbewertung für besonders wertvolle Vermögensgegenstände. Zur Kontrolle ist aber nach **III 2** idR alle drei Jahre eine körperliche Bestandsaufnahme nötig. III ist auch auf

§ 241

den Jahresabschluss anwendbar (§ 256 S 2). III ist praktisch vor allem für Sachanlagevermögen, zB Werkzeugbestände, Bahn- und Gleisanlagen. **Übergangsrecht** zu III, IV in **(1)** EGHGB Art 24 I, III (s Einl 67 v § 238). Lit: Harrmann BB **91**, 303.

4) Gruppenbewertung (IV)

8 IV bringt eine weitere Ausnahme zur Einzelbewertung (s Rn 7). Gleichartige Vermögensgegenstände des Vorratsvermögens (§ 266 II B I, Teil des Umlaufvermögens, s § 247 I) sowie andere gleichartige oder annähernd gleichwertige bewegliche Vermögensgegenstände (des Anlage- oder Umlaufvermögens, außer Vorratsvermögen) und Schulden (nF VersRiLiG 1994) können jeweils zu einer Gruppe zusammengefasst werden. Gleichartigkeit bestimmt sich nach Warengattung oder Funktion und setzt zusätzlich annähernde Wertgleichheit voraus. Annähernde Gleichartigkeit gibt Spielraum bis etwa 20%, setzt aber zusätzlich zB Sortimentsgleichheit oä voraus. Allerdings erfasst Wahl der Gruppenbewertung zwingend alle gleichartigen Güter der Gruppe, BFH **195**, 172, 175. Für diese Vermögensgegenstände und Schulden gilt dann der **gewogene Durchschnittswert**, dh sie werden bewertet nach dem gewogenen (nicht auch sonst wie ermittelten oder bekannten) Mittel der zu Anfang des Geschäftsjahres vorhandenen und während des Geschäftsjahres erworbenen Vermögensgegenstände. Zulässig sind der einfache und der gleitende gewogene Durchschnittswert, Berechnungsbspe s GK BilR/Hüffer 70. Korrekturen nach dem Niederstwertprinzip (s § 253 Rn 3), Baumb/Hueck/Schulze-Osterloh § 41 Rn 36. Diese jetzt in IV geregelte Durchschnittsbewertung war schon früher im HdlRecht zulässig, im Steuerrecht war sie sogar die Regel. Sie darf nicht zu offenbar unrichtiger Bewertung führen, zB wenn der Bestand im Geschäftsjahr auf null sinkt (Durchschnittsbewertung dann nur für die später angeschafften Bestände) oder bei sinkenden Preisen im Laufe des Geschäftsjahrs (Niederstwertprinzip), Knobbe-Keuk § 5 III 2 d aa. IV ist auch auf den Jahresabschluss anwendbar (§ 256 S 2). Angabe im Anhang § 284 II Nr 4. **Übergangsrecht** s Rn 73.

5) IAS/IFRS-Regelungen

9 A. Im Unterschied zum HGB, das den Wesentlichkeitsgrundsatz nicht ausdrücklich nennt, sondern nur verschiedentlich darauf hinweist, s etwa III und IV, ferner § 252, zählt der **Wesentlichkeitsgrundsatz** (principle of materiality, F. 29 f) nach den internationalen Standards ausdrücklich zu den qualitativen Anforderungen (qualitative characteristics) an den Abschluss.

10 B. Die internationalen Standards sehen **keine Festbewertung** vor, Ruhnke 441. Eine **Gruppenbewertung** bei gleichartigen Vermögenswerten ist erlaubt, ADS International 15 Rn 126.

11 C. Eine Regelung zu **Inventur** und **Inventar** ist in den internationalen Standards nicht vorgesehen, Ruhnke 110.

Inventurvereinfachungsverfahren

241 (1) ¹Bei der Aufstellung des Inventars darf der Bestand der Vermögensgegenstände nach Art, Menge und Wert auch mit Hilfe anerkannter mathematisch-statistischer Methoden auf Grund von Stichproben ermittelt werden. ²Das Verfahren muß den Grundsätzen ordnungsmäßiger Buchführung entsprechen. ³Der Aussagewert des auf diese Weise aufgestellten Inventars muß dem Aussagewert eines auf Grund einer körperlichen Bestandsaufnahme aufgestellten Inventars gleichkommen.

(2) Bei der Aufstellung des Inventars für den Schluß eines Geschäftsjahrs bedarf es einer körperlichen Bestandsaufnahme der Vermögensgegenstände

1. Abschnitt. Vorschriften für alle Kaufleute 1–3 § 241

für diesen Zeitpunkt nicht, soweit durch Anwendung eines den Grundsätzen ordnungsmäßiger Buchführung entsprechenden anderen Verfahrens gesichert ist, daß der Bestand der Vermögensgegenstände nach Art, Menge und Wert auch ohne die körperliche Bestandsaufnahme für diesen Zeitpunkt festgestellt werden kann.

(3) In dem Inventar für den Schluß eines Geschäftsjahrs brauchen Vermögensgegenstände nicht verzeichnet zu werden, wenn

1. der Kaufmann ihren Bestand auf Grund einer körperlichen Bestandsaufnahme oder auf Grund eines nach Absatz 2 zulässigen anderen Verfahrens nach Art, Menge und Wert in einem besonderen Inventar verzeichnet hat, das für einen Tag innerhalb der letzten drei Monate vor oder der ersten beiden Monate nach dem Schluß des Geschäftsjahrs aufgestellt ist, und
2. auf Grund des besonderen Inventars durch Anwendung eines den Grundsätzen ordnungsmäßiger Buchführung entsprechenden Fortschreibungs- oder Rückrechnungsverfahrens gesichert ist, daß der am Schluß des Geschäftsjahrs vorhandene Bestand der Vermögensgegenstände für diesen Zeitpunkt ordnungsgemäß bewertet werden kann.

1) Stichprobenverfahren (I)

I 1 erlaubt ein anerkanntes mathematisch-statistisches Stichprobenverfahren. Voraussetzung ist, dass es den GoB (s § 238 Rn 11) entspricht (I 2) und ein Inventar mit dem gleichen Aussagewert wie bei körperlicher Bestandsaufnahme ermöglicht (I 3). Notwendig ist dazu, dass die Stichprobeninventur richtig, vollständig und nachprüfbar erfolgt. Gefordert wird Aussageäquivalenz, nämlich mit Sicherheitsgrad von 95%, relativer Stichprobenfehler von höchstens 1% des Werts der Grundgesamtheit, ADS 14. Stichprobenverfahren für die Vorratsinventur IDW-HFA 1/81 idF 90, WPg 90, 649; auch IDW-HFA 1/90 C IV WPg 90, 143; zT str, GK BilR/Hüffer 9. Lit: Gans DStR 95, 306, ders/Quick DStR 95, 1162, Jaspers BB 96, 45, Strieder/Habel DB 96, 1836, Eckmann/Peters DB 96, 488, Quick, Inventur 2000. **1**

2) Permanente Inventur (II)

II erlaubt Inventur durch Fortrechnung des einmal festgestellten Istbestandes auf Grund der Buchungsunterlagen. Der Sollbestand wird für den Istbestand genommen. Das geht nur, wenn das den GoB entsprechende Buchhaltungsverfahren eine solche Fortrechnung nach Art, Menge und Wert auch ohne körperliche Bestandsaufnahme zum Inventurzeitpunkt gestattet, zB nicht bei Materialien mit hoher Schwundquote oder sonst bei unkontrollierbaren Abgängen. II entbindet nicht von der Verpflichtung zur körperlichen Bestandsaufnahme (mindestens einmal jährlich), sondern nur von dieser Art der Aufnahme für den Zeitpunkt der Inventur. Die Anforderungen wie nach Steuerrecht (ua an Lagerbuchführung und jährliche körperliche Bestandsaufnahme) gelten auch nach HdlRecht, sonst stellt die permanente Inventur kein „anderes" Verfahren iSv II dar, hL. Zur körperlichen Bestandsaufnahme bei automatisch gesteuerten Lagersystemen IDW-HFA 1/90 WPg 90, 143, Quick, Inventur 00, 57 ff. **2**

3) Vor- oder nachverlagerte Stichtagsinventur (III)

III gestattet, die Inventur auch ohne mengenmäßige Bestandsfortschreibung vom Bilanzstichtag wegzuverlagern. Erlaubt ist also wertmäßige Rückrechnung oder Fortschreibung des Bestands ohne ein zu einem einzigen Zeitpunkt erstelltes Gesamtinventar. Voraussetzung sind ein besonders zeitnahes (drei Monate vor, zwei Monate nach Schluss des Geschäftsjahrs) Inventar, das entweder durch körperliche Bestandsaufnahme oder durch permanente Inventur nach II aufgestellt ist (Nr 1) und Eignung des den GoB entsprechenden Buchhaltungsver- **3**

§ 241a 1–3

fahrens für die ordnungsgemäße Bewertung des Bestands für diesen Zeitpunkt (Schluss des Geschäftsjahrs; Nr 2). Grenzen wie nach II, ua bei unkontrollierbaren Abgängen. Lit: IDW-HFA 1/**90** WPg **90,** 143.

4) Kombinierte Verfahren

4 Die verschiedenen Inventurvereinfachungsverfahren dürfen auch kombiniert werden, IDW-HFA 1/**90** WPg **90,** 147, ADS § 240 Rn 45, zB bei mehreren getrennten Lagern.

5) IAS/IFRS-Regelungen

5 Die internationalen Standards enthalten **keine** Vorschriften zum Inventar und daher auch keine Regeln zu Inventurvereinfachungsverfahren, Küting/Weber 133.

Befreiung von der Pflicht zur Buchführung und Erstellung eines Inventars

241a
[1] Einzelkaufleute, die an den Abschlussstichtagen von zwei aufeinander folgenden Geschäftsjahren nicht mehr als 500 000 Euro Umsatzerlöse und 50 000 Euro Jahresüberschuss aufweisen, brauchen die §§ 238 bis 241 nicht anzuwenden. [2] Im Fall der Neugründung treten die Rechtsfolgen schon ein, wenn die Werte des Satzes 1 am ersten Abschlussstichtag nach der Neugründung nicht überschritten werden.

1) Befreiungen für Einzelkaufleute

1 § 241a eingefügt durch BilMoG, Übergangsrecht in (1) EGHGB Art 66, sieht Befreiung bestimmter Einzelkfl von der Pflicht zur handelsrechtl Buchführung und zur Aufstellung des Inventars vor; sie brauchen §§ 238 bis 241 nicht anzuwenden (Wahlrecht). Damit einher geht Befreiung von der Pflicht zur Erstellung eines Jahresabschlusses, § 242 IV nF. Befreiung auch bestimmter Personenhandelsges war noch im RefE vorgesehen, wurde aber nicht Gesetz. § 241a ist § 141 I AO nachgebildet, aber nicht mit diesem kongruent. Konzeptionell ist er § 267 IV vergleichbar.

2 Voraussetzung für die Befreiung ist kumulativ, dass an den Stichtagen (§ 243 Rn 11) zweier aufeinander folgender Geschäftsjahre der Umsatzerlös nicht mehr als 500 000 Euro und der Jahresüberschuss nicht mehr als 50 000 Euro beträgt. Damit wird die zwingende Verknüpfung von Kaufmannseigenschaft und Buchführungs- und Inventarpflicht im Interesse von Kosteneinsparungen gelockert (krit Schulze-Osterloh DStR **08,** 63, weil es für die Kfmseigenschaft gem § 1 II auch auf das tasächliche Erfordernis doppelter Buchführung ankomme). Die so von diesen Verpflichtungen befreiten Kfl können im nächsten Geschäftsjahr ihre Rechnungslegung auf Einnahmen-Überschuss-Rechnung gem § 4 III EStG beschränken, RegE BilMoG 46. Das Erfordernis der Unterschreitung der Schwellenwerte in zwei aufeinander folgenen Geschäftsjahren dient der Eliminierung von Zufallsmomenten und der Kontinuität der Rechnungslegung und soll einen jährlichen Wechsel von handels- zu steuerrechtlicher Rechnungslegung verhindern, RegE BilMoG 46. Zur Feststellung, ob die Schwellenwerte in zwei aufeinander folgenden Geschäftsjahren überschritten wurden, genügt eine überschlägige Ermittlung nach den handelsrechtl Vorschriften und Grundsätzen; die Aufstellung eines Jahresabschlusses nach Maßgabe der §§ 238 bis 241 zur Feststellung des Bestehens einer gesetzl Verpflichtung zur Buchführung und Inventaraufstellung ist nicht erforderlich.

3 Für Neugründungen genügt das einmalige Unterschreiten der Werte des S 1 zum ersten Abschlussstichtag, S 2. Zunächst besteht also stets Buchführungs- und Inventarpflicht. Die Rechtsfolgen des S 1 treten aber im Falle von Neugründungen bereits bei einmaliger Unterschreitung der Schwellenwerte zum ersten Abschlussstichtag ein und führen so zur Befreiung in der nächsten Periode. Hierzu ist aber im ersten Geschäftsjahr erforderlich, dass die bis dahin verpflichtende Befolgung der §§ 238 bis 241 keine Überschreitung der Schwellenwerte ergibt; eine überschlägige Rechnung reicht hier nicht aus. Ist das erste Geschäftsjahr ein Rumpfgeschäftsjahr (§ 240 Rn 6) kommt es – wie bei § 267 IV 2 (dort Rn 2) – auf die tatsächlichen Zahlen des verkürzten Jahres an, Hochrechnung auf 12 Monate ist unzulässig. Das gilt, obwohl es sich anders als bei § 267 IV 2 um eine umfassende Befreiung (und nicht nur um eine Erleichterung) handelt, denn nach S 1 führt bereits die erstmalige Überschreitung der Schwellenwerte zum Wegfall der Befreiung. S 2 nennt anders als § 267 IV 2 nicht die Umwandlung neben der Neugründung, sodass in diesem Fall zweimaliges Unterschreiten der Werte erforderlich ist. Lit: Schulze-Osterloh DStR **08,** 63, Ernst/Seidler ZGR **08,** 631, Kussmaul/Meyering DB **08,** 1445, Kersting BB **08,** 790, Oser/Ross/Wader/Drögemüller WPg **08,** 675.

2) IAS/IFRS-Regelungen
Keine vergleichbaren Regelungen in den Standards. 4

Zweiter Unterabschnitt. Eröffnungsbilanz. Jahresabschluß
Erster Titel. Allgemeine Vorschriften
Pflicht zur Aufstellung

242 (1) ¹**Der Kaufmann hat zu Beginn seines Handelsgewerbes und für den Schluß eines jeden Geschäftsjahrs einen das Verhältnis seines Vermögens und seiner Schulden darstellenden Abschluß (Eröffnungsbilanz, Bilanz) aufzustellen.** ²**Auf die Eröffnungsbilanz sind die für den Jahresabschluß geltenden Vorschriften entsprechend anzuwenden, soweit sie sich auf die Bilanz beziehen.**

(2) **Er hat für den Schluß eines jeden Geschäftsjahrs eine Gegenüberstellung der Aufwendungen und Erträge des Geschäftsjahrs (Gewinn- und Verlustrechnung) aufzustellen.**

(3) **Die Bilanz und die Gewinn- und Verlustrechnung bilden den Jahresabschluß.**

(4) ¹**Die Absätze 1 bis 3 sind auf Einzelkaufleute im Sinn des § 241a nicht anzuwenden.** ²**Im Fall der Neugründung treten die Rechtsfolgen nach Satz 1 schon ein, wenn die Werte des § 241a Satz 1 am ersten Abschlussstichtag nach der Neugründung nicht überschritten werden.**

Übersicht
1) Bilanz (I) 1
2) Bilanzarten, insbesondere Handels- und Steuerbilanz 4
3) Gewinn- und Verlustrechnung (II) 9
4) Jahresabschluss des Kaufmanns (III) 10
5) IAS 34 (Zwischenberichterstattung) 13
6) IFRIC 10 20
7) Sonstige IAS/IFRS-Regelungen 21

§ 242 1–3

1) Bilanz (I), insbesondere Eröffnungsbilanz

1 A. **Aufstellung: I 1** enthält die grds Pflicht jedes Kfm (s § 238 Rn 7–10; Hilfspersonen s § 264 Rn 6) zur Aufstellung der Eröffnungsbilanz und der Jahresabschlussbilanz und regelt ihren Inhalt, soweit alle Kflte betroffen sind. Der durch BilMoG neu hinzugefügte **IV** sieht eine Befreiung für „kleine" Kfm iSd § 241 a vor. Für KapitalGes gelten weitergehende Anforderungen nach § 264. Grund und Folgen dieser Trennung zwischen §§ 242 ff und §§ 264 ff s Einl 32–33 v § 238 sowie § 243 Rn 2. **Bilanzierungskompetenz** bei der KG, str, s § 164 Rn 3. Der zu Beginn des HdlGewerbes (dh Beginn der Buchführungspflicht, im Einzelnen str, s § 238 Rn 16) aufzustellende Abschluss **(Eröffnungsbilanz)** basiert auf dem Eröffnungsinventar (§ 240 I), der für den Schluss des Geschäftsjahrs aufzustellende Abschluss (Bilanz oder Jahresbilanz) auf dem Schlussinventar (§ 240 II). Nach **I 2** sind auf die Eröffnungsbilanz die für den **Jahresabschluss** (III, s Rn 10) geltenden Vorschriften **entsprechend** anzuwenden, soweit sie sich auf die Bilanz beziehen. Das gilt insbesondere für **Gliederung** und **Bewertung**. Zum **Inhalt** der Eröffnungsbilanz der GmbH, ua Sacheinlagen, Unternehmenseinbringung und Gründungskosten s Baumb/Hueck/Schulze-Osterloh § 41 Rn 41, Crezelius DStR **87**, 743. **Aufstellungsfrist** für Eröffnungsbilanz s I 2, §§ 243 III, 264 I 2, Rodewald BB **93**, 1693; Fristverlängerung für kleine KapitalGes nach § 264 I 3 gilt nicht für Eröffnungsbilanz, Grund: kein ordnungsgemäßer Geschäftsgang nach § 243 II; vgl zur Inventurfrist § 240 Rn 6. **Feststellung** (s § 264 Rn 10, zum begrifflichen Unterschied zur Aufstellung GK BilR/Hüffer 16) der Eröffnungsbilanz fällt nicht unter § 46 Nr 1 GmbHG, aber Weisungsrecht der GfterVersammlung im Hinblick auf Jahresabschluss, Baumb/Hueck/Schulze-Osterloh § 41 Rn 43. Keine Pflichtprüfung, s § 316 Rn 1. Keine Offenlegung, s § 325 Rn 2. **Zusätzliche Bilanz** auf den **Zeitpunkt der Eintragung** der Ges **im Handelsregister** ist wegen Differenzhaftung (Anh § 177 a Rn 16) nach GmbHRecht nötig, BGH **80**, 140. **Muster:** Hopt/Kraft 3. Aufl 2007 Form III.A.1 (Eröffnungsbilanz), Form III.B.2 (Bilanz einer PersonenHdlGes). Lit: Herrmann WPg **94**, 500, Rodewald BB **93**, 1693, HFA 2/1993 WPg **94**, 22; Schulze-Osterloh BB **95**, 2519, Joswig DStR **96**, 1907, IDW HFA 2/97 WPg **97**, 235, v Kanitz WPg **03**, 324 (PersonenGes), zu **IV** Kersting BB **08**, 790

2 B. **Begriff:** Bilanz (spätlateinisch bilanx, Waage) iSv I ist der für den Schluss eines jeden Geschäftsjahrs das Verhältnis des Vermögens und der Schulden des Kfm darstellende Abschluss (Legaldefinition in I 1). Bilanz ist also ein Abschluss, der auf der linken oder Aktivseite das Vermögen (Summe aller Aktiva, s Rn 3; untergliedert in Anlage- und Umlaufvermögen, s § 247 I) und auf der rechten oder Passivseite die Schulden (auch Kapital genannt, Summe aller Passiva, s Rn 3; untergliedert in Eigenkapital und Fremdkapital, s § 247 I) aufzeigt und gegenüberstellt. Aus der rechten Seite ist die Mittelherkunft (Eigenkapital, bei KapitalGes vor allem Grundkapital bzw gezeichnetes Kapital; Fremdkapital), aus der linken Seite die Mittelverwendung ersichtlich. Aktiv- und Passivseite der Bilanz sind definitionsgemäß stets gleich groß. Bilanztechnisch wird das durch Ansatz des Bilanzverlustes auf der Aktivseite bzw des Bilanzgewinns auf der Passivseite oder durch Ansatz des Jahresüberschusses/Jahresfehlbetrags auf der Passivseite (§ 266 III A V) und des „nicht durch Eigenkapital gedeckten Fehlbetrags" auf der Aktivseite (§ 268 III) erreicht. Die sog **Bilanzgleichung** lautet: **Aktiva = Passiva** oder Vermögensformen = Vermögensquellen oder Vermögen = Kapital. Die sog **erweiterte Bilanzgleichung** lautet: **Vermögen = Eigenkapital + Fremdkapital**.

3 C. **Rechtsnatur:** Bilanz ist nach der Rspr ein rechtsgeschäftliches Anerkenntnis iSv §§ 780, 781 BGB unter mehreren sie gemeinsam Feststellenden (vgl § 245 S 2), besser kausaler Feststellungsvertrag (§ 164 Rn 3, § 114 Rn 3),

1. Abschnitt. Vorschriften für alle Kaufleute **4–6 § 242**

ebenso im Verhältnis zu Interessierten, denen sie mitzuteilen und mitgeteilt ist (Kdtist § 166 I, stiller Gfter § 233 I, vertraglich am Ergebnis Beteiligter). Sie ist formlos mitteilbar (§ 782), BGH **LM** § 128 Nr 7. Nach der Rspr ist sie anfechtbar (§§ 119 ff BGB) mit Wirkung des Wegfalls der Verbindlichkeit derjenigen Punkte, auf welche sich der Willensmangel bezieht, nicht der ganzen Bilanz, BGH **LM** § 128 Nr 7; besser Bindungswirkung entspr § 779 BGB unter den sie gemeinsam Feststellenden (§ 164 Rn 3). Haftung s § 238 Rn 19.

2) Bilanzarten, insbesondere Handels- und Steuerbilanz

A. **Handels- und Steuerbilanz:** Je nach dem Zweck der Bilanz sind nach 4 Aufbau und Inhalt ganz unterschiedliche Bilanzen möglich. Die wichtigste Unterscheidung betrifft die HdlBilanz und die Steuerbilanz. Die HdlBilanz ist die des HGB (§§ 242 I 1, 266). Zwecke s Einl 8–13 v § 238. Die Steuerbilanz ist die von der Finanzbehörde als Grundlage der steuerlichen Gewinnermittlung anerkannte Bilanz; das ist idR die HdlBilanz mit gewissen Abweichungen (**Grundsatz der Maßgeblichkeit der Handelsbilanz für die Steuerbilanz**, § 5 I EStG, einengend aber BFH, stRspr), uU eine unabhängig von der HdlBilanz aufgestellte Bilanz; dazu Schildbach BB **89**, 1443. Der Maßgeblichkeitsgrundsatz ist schon heute ganz erheblich durchlöchert und lässt sich auf Dauer international nicht mehr halten, die umgekehrte Maßgeblichkeit (§ 5 I 2 EStG) wurde ebenfalls durch jüngste Rspr in ihrer Wirkung eingeschränkt, BFH DStR **08**, 1870, und durch BilMoG nunmehr aufgegeben. Zur möglichen künftigen Maßgeblichkeit der IFRS für die Steuerbilanz Kahle/Dahlke/Schulz StuW **08**, 266. Lit zur zukünftigen Entwicklung: Selchert FS Fischer **99**, 913, Clemm FS Offerhaus **99**, 631, Theile GmbHR **99**, 1241, Weber-Grellet StuB **00**, 700, Steck StuB **00**, 487, Küting FS Rößler **00**, 95, Kort FR **01**, 53, Klein/Kussmaul DStR **01**, 546, Clemm StB **01**, 321, Andressen DB **01**, 2561, Kahle WPg **02**, 178, Wehrheim/Lenz StuB **05**, 455, Jensen-Nissen/Lochmann StuB **06**, 307, Theile/Hartmann DStR **08**, 2031.

Der **Grundsatz der umgekehrten Maßgeblichkeit der Steuerbilanz für** 5 **die Handelsbilanz,** wenn nämlich die steuerrechtliche Anerkennung zB einer Steuervergünstigung davon abhängt, dass von ihr auch in der HdlBilanz Gebrauch gemacht ist, wurde durch Änderung des § 5 I 2 EStG und der damit im Zusammenhang stehenden Normen des HGB (§§ 247 III, 254, 273, 279 II, 280 II, 281 I 1) aufgegeben. Grund: Die HdlBilanz wurde durch den Grundsatz der umgekehrten Maßgeblichkeit verfälscht (s Rn 4), was zT als europarechtswidrig gilt; krit Knobbe-Keuk § 2 III, Schulze-Osterloh ZGR **00**, 603. Lit: Krawitz FS Börner **98**, 297, Kühnberger/Schmidt BB **99**, 2602, AK HLR Wiss DStR **08**, 1057, Theile/Hartmann DStR **08**, 2031.

Die **Divergenzen** beider Bilanzen nach Ob (Ansatz) und Wie (Bewertung) 6 der Bilanzierung sind erheblich; s BayObLG NJW **88**, 917. HdlBilanz und Steuerbilanz können **getrennt** erstellt werden, so bei größeren Unternehmen, **oder** die (alleinige) HdlBilanz berücksichtigt schon die steuerlichen Vorschriften (**Einheitsbilanz**); so bei Satzungsklausel „Bilanzierung muss nach Steuerrecht erfolgen". Einheitsbilanzklausel im GesVertrag ist (nur) als Anpassungsregel (vgl § 245 Rn 3–5) zulässig. Satzung kann nicht HdlBilanz allgemein durch Steuerbilanz ersetzen, BayObLG NJW **88**, 916. Bildung der Einheitsbilanz nur unter Vorbehalt des zwingenden Handelsrechts, sonst Teilnichtigkeit, BGH **132**, 270. Änderung von Jahresabschlüssen zur Anpassung an die Steuerbilanz s § 245 Rn 5. Die Möglichkeit der Einheitsbilanz soll auch nach Inkrafttreten des BilMoG bestehen bleiben, RegE BilMoG 49, aber geringere Bedeutung, da Berücksichtigung steuerrechtlicher Vorschriften häufig handelsrechtliche Aktivierungspflichten entgegenstehen. RsprÜbersicht: Moxter, 3. Aufl 1993 (BFH). Lit: Gail FS Havemann **95**, 109, Moxter BB **97**, 195, Weber-Grellet BB **99**, 2659,

§ 242 7–10

Herzig/Briesemeister DB **09,** 1. **Muster:** Hopt/Kraft 3. Aufl 2007 Form III.J.1 (Steuerliche Sonderbilanz), Form III.J.2 (Steuerliche Ergänzungsbilanz).

7 B. **Weitere Bilanzarten:** Es gibt zahlreiche weitere Bilanzarten. Sie unterscheiden sich nach:

a) **Zeit:** Eröffnungsbilanz und Schlussbilanz (s Rn 1);

b) **abgebildete Periode:** Jahresbilanz, Halbjahres- o Zwischenbilanz, Quartalsbilanz;

c) **Bilanzierungsanlass:** Abschlussbilanz (Jahresabschluss), Sonderbilanzen (zB Gründung, Umwandlung, Auseinandersetzung, Sanierung, Insolvenz), zB Vorbelastungsbilanz einer GmbH (Unterbilanzhaftung, Anh § 177a Rn 16), dazu Celle NJW-RR **00,** 1706, Liquidationsbilanzen, Lit: Förster 3. Aufl 1992, s § 154;

d) **einbezogene Unternehmen:** Einzel-, Konzernbilanz (§ 290);

e) **Rechtsgrundlage:** Handels- und Steuerbilanz, Bilanzen für Unternehmen verschiedener Rechtsformen (EinzelKfm und PersonenGes, KapitalGes, s Rn 1), branchenspezifische Bilanzen, zB Bankbilanzen (s Einl 2 u 14 vor § 238). **Muster:** Hopt/Kraft 3. Aufl 2007 Form III.H.1–11 (Bilanzierung bei Strukturveränderungen: ua Verschmelzung, Aufspaltung, Abspaltung, Ausgliederung, Formwechsel, Eintritt in eine PersonenGes, Betriebsaufspaltung, Realteilung von PersonenGes). Lit: Budde/Förschle, Sonderbilanzen 2008; Pohl 1995 (HdlBilanz bei Verschmelzung), Schmidtbauer BB **01,** 2466 (Konzernabschluss bei konzerninterner Verschmelzung).

8 C. Bilanzierungsfähiges Vermögen und Schulden des Kfm s § 246 Rn 2ff mit Begriff des Vermögensgegenstands und der Vermögenszuordnung.

3) Gewinn- und Verlustrechnung (II)

9 Gewinn- und Verlustrechnung iSv II ist die für den Schluss eines jeden Geschäftsjahrs aufzustellende Gegenüberstellung der Aufwendungen und Erträge des Geschäftsjahrs (Legaldefinition in II). II stellt die Pflicht zur Aufstellung nicht nur der Bilanz, sondern auch der Gewinn- und Verlustrechnung für jeden Kfm ausdrücklich fest, Hbg AG **06,** 45. Das folgte schon vorher aus den GoB. Ausgenommen sind aber „kleine" Kflte iSd § 241a. §§ 242–256 enthalten keine Gliederungsvorschriften für die Gewinn- und Verlustrechnung des EinzelKfm und der PersonenGes. §§ 275–278 gelten nur für KapitalGes. Eine Mindestgliederung verlangen aber die GoB, s § 247 Rn 3. Lit: Kirsch StuB **06,** 651.

4) Jahresabschluss des Kaufmanns (III)

10 A. **Begriff und Inhalt:** Der Jahresabschluss des (bilanzierungspflichtigen) EinzelKfm und der PersonenGes besteht nach der Legaldefinition des III aus der **Bilanz** (I) **und** der **Gewinn- und Verlustrechnung** (II). Der Inhalt des Jahresabschlusses wird somit durch die Anforderungen an den Inhalt der Bilanz (zB § 247; Sondervorschriften s § 247 Rn 3) und der Gewinn- und Verlustrechnung (s Rn 9) festgelegt. **Bei KapitalGes** umfasst der Jahresabschluss **zusätzlich** den **Anhang** (§ 264 I 1, praktisch ein anderer erweiterter Begriff des Jahresabschlusses; Lagebericht s § 264 Rn 5), bei kapitalmarktorientierten (§ 264d) auch **Kapitalflussrechnung** und **Eigenkapitalspiegel** (s § 264 Rn 6–7), sofern kein Konzernabschluss zu erstellen ist; Wahlrecht bzgl Segmentberichterstattung. Auch die Anforderungen an den Inhalt sind weitaus strenger (§ 264 II). Es steht aber nichts entgegen, dass EinzelKflte und PersonenGes freiwillig den strengeren Vorschriften für KapitalGes folgen, also zB einen Anhang als Teil des Jahresabschlusses aufstellen (AmtlBegr, § 243 Rn 2). Berichtigung und Änderung s § 245 Rn 4–5. Lit: Bitz/Schneeloch/Wittstock, 3. Aufl 2000, Boemle, 4. Aufl

1. Abschnitt. Vorschriften für alle Kaufleute 11–17 § 242

2001, Lehmann/Müller 2002, Int-Veen 3. Aufl 2002, Endriss 5. Aufl 2002, Döring/Buchholz 8. Aufl 2003.

B. **Prüfung:** Der Jahresabschluss des EinzelKfm und der PersonenGes braucht nicht durch Abschlussprüfer geprüft zu werden, außer wenn sie Kreditinstitute sind (§ 340 k), oder dem PublG (s Einl 81 v § 238) unterfallen. Das gilt auch für kleine KapitalGes (§ 316 I 1). 11

C. **Offenlegung:** Der Jahresabschluss des EinzelKfm und der PersonenGes braucht nicht zum HdlRegister eingereicht und erst recht nicht im BAnz bekannt gemacht und veröffentlicht zu werden (Ausnahmen für Kreditinstitute § 340 Buchst l, Versicherungsunternehmen § 341 Buchst l und nach PublG, s Rn 11). Anders für KapitalGes §§ 325–329. 12

5) IAS 34 (Zwischenberichterstattung)

A. Ein **Zwischenbericht** ist im deutschen Bilanzrecht – in Umsetzung der EG-Zwischenberichtsrichtlinie v 15. 2. 82 (82/121/EWG), ABlEG Nr L 48 v 20. 2. 82, 26 – nur für **Unternehmen,** deren Aktien **im amtlichen Handel** zugelassen sind, vorgeschrieben. Wahlrecht besteht aber seit BilMoG gem § 264 I 2 für sonstige KapitalGes iSd § 264 d. Dabei ist kein vollständiger Abschluss offen zu legen, sondern nur **ausgewählte Unternehmensdaten.** Im Januar 2001 hat der DSR den **DRS 6 „Zwischenberichterstattung"** für alle Ges verabschiedet, die gesetzlich oder privatrechtlich zur Zwischenberichterstattung verpflichtet sind (für Geschäftsjahre beginnend nach dem 30. 6. 01). An seine Stelle tritt für Geschäftsjahre ab 31. 12. 07 nun DRS 16 „Zwischenberichterstattung" s Wiechers StuB **07,** 270. Die internationalen Standards widmen der Zwischenberichterstattung mit **IAS 34** einen eigene Regelung, s Baetge, IAS-Kommentar 227 ff, Alvarez PiR **06,** 220, Kopatschek WPg **06,** 1504, Henkel/Schmidt/Ott KoR **08,** 36 und 110 (TUG). 13

B. **Gegenstand:** IAS 34 regelt den Mindestinhalt eines Zwischenberichts sowie die Ansatz- und Bewertungsgrundsätze, die in einem für eine Zwischenberichtsperiode aufgestellten Abschluss zu beachten sind. **Zeitliche Anwendung:** Geschäftsjahre, die am oder nach dem 1. 1. 99 beginnen. Frühere Anwendung empfohlen (IAS 34.46). Lit: Strieder/Ammedick, BB **04,** 2679, Loitz DB **07,** 2048 (Steuern), Dahlke BB **07,** 1831 (Steuern). 14

C. **Sachliche Anwendung:** IAS 34 **regelt nicht,** welche Unternehmen einen Zwischenbericht aufzustellen haben und in welcher Frequenz (Häufigkeit und zeitlicher Abstand). Die Entscheidung darüber obliegt ua den nationalen Regierungen, Aufsichtsbehörden bzw Börsen (IAS 34.1). 15

D. **Wesentlicher Inhalt:** Der Mindestinhalt eines Zwischenberichts besteht gemäß IAS 34 aus einer verkürzten **Bilanz,** einer verkürzten **GuV,** einer verkürzten **Eigenkapitalveränderungsrechnung,** einer verkürzten **Kapitalflussrechnung** und ausgewählten **Anhangangaben** (IAS 34.8). 16

E. Ein Zwischenbericht deckt die folgenden **Perioden** ab: 1) eine **Bilanz** zum Ende der laufenden Zwischenperiode und eine Vergleichsbilanz zum Stichtag des jüngsten abgeschlossenen Geschäftsjahres; 2) eine **GuV** der laufenden Zwischenperiode und eine vom Beginn des laufenden Geschäftsjahres bis zum Zwischenberichtstermin kumulierte GuV mit vergleichenden GuV für die vergleichbaren Zwischenberichtsperioden des unmittelbar vorangegangenen Geschäftsjahres; 3) eine **Eigenkapitalveränderungsrechnung** vom Beginn des laufenden Geschäftsjahres bis zum Zwischenberichtstermin und eine vergleichende Aufstellung für die vergleichbare Berichtsperiode vom Beginn des Geschäftsjahres an bis zum Zwischenberichtstermin des unmittelbar vorangegangenen Geschäftsjahres; 4) eine **Kapitalflussrechnung** vom Beginn des laufenden Geschäftsjahres bis zum Zwischenberichtstermin und eine vergleichende Auf- 17 stellung für die vom Beginn des Geschäftsjahres an kumulierte Berichtsperiode des vorherigen Geschäftsjahres (IAS 34.20 ff).

18 F. Die Angaben zum Zwischenbericht werden vorwiegend als ein **Update des letzten Geschäftsberichts** angesehen. Erforderlich sind **Angaben** über Änderungen der Bilanzierungs- und Bewertungsmethoden, Saison und Konjunktur, Änderungen von Schätzungen, Änderungen bei ausstehenden Schulden oder Eigenkapital, Dividenden, Segmenterlöse und -ergebnis, Ereignisse, die nach dem Bilanzstichtag auftreten, Erwerb bzw Verkauf von Tochterunternehmen und langfristigen Investitionen, Restrukturierungen, eingestellte Geschäftsbereiche und Änderungen von Eventualverbindlichkeiten und -schulden (IAS 34.16 ff).

19 G. Das Unternehmen hat in den Zwischenabschlüssen die gleichen **Bilanzierungs- und Bewertungsmethoden** anzuwenden, die auch im aktuellen Jahresabschluss angewendet werden (IAS 34.28 ff). Der Zwischenbericht enthält außerdem eine Erklärung über die **Übereinstimmung** mit IAS 34 (IAS 34.19).

20 **6) IFRIC 10 (Zwischenberichterstattung und Wertminderung)** zu IAS 34 (Zwischenberichterstattung) behandelt den offensichtlichen Widerspruch zwischen IAS 34 sowie IAS 36 (Wertminderung von Vermögenswerten) und IAS 38 (Immaterielle Vermögenswerte) in Bezug auf die Erfassung und die Wiederaufholung von Wertminderungsaufwendungen im Jahresabschluss beim Geschäfts- oder Firmenwert und bestimmten finanziellen Vermögenswerten. Nach IFRIC 10 darf ein Unternehmen einen in einer früheren Zwischenperiode erfassten Wertminderungsaufwand beim Geschäfts- oder Firmenwert, bei einem gehaltenen Eigenkapitalinstrument oder bei einem zu Anschaffungskosten gehaltenen finanziellen Vermögenswert nicht wiederaufholen. Ein Unternehmen darf den Anwendungsbereich von IFRIC 10 nicht durch Analogieschluss auf andere mögliche Widersprüche zwischen IAS 34 und anderen Standards erweitern. IFRIC 10 tritt für am oder nach dem 1. 11. 06 beginnende Geschäftsjahre in Kraft. Eine frühere Anwendung wird empfohlen. Lit: Schreiber BB **06,** 1842, Zülch/Fischer PiR **06,** 175, Alvarez PiR **06,** 220, Kopatschek WPg **06,** 150.

7) Sonstige IAS/IFRS-Regelungen

21 A. **Korrespondierend** zu § 242 spezifiziert für die internationalen Standards IAS 1 – allerdings deutlich detaillierter – den **Mindestausweis** und den **Inhalt** der **Bilanz** (IAS 1.54 ff), der **Gesamtergebnisrechnung** (IAS 1.81 ff; sie beinhalte auch eine GuV, IAS 1.88 ff), der **Eigenkapitalveränderungsrechnung** (IAS 1.106 ff), der **Kapitalflussrechnung** (IAS 1.111) und des **Anhangs** (IAS 1.112 ff); zudem den Inhalt einer bei Vorliegen bestimmter Voraussetzungen zu erstellenden Vergleichsbilanz (IAS 1.10). Kurzfristige und langfristige Vermögenswerte sowie kurzfristige und langfristige Verbindlichkeiten sind als separate Klassifizierungen in der Bilanz darzustellen.

22 B. **IAS 30,** der bisher zusätzliche Anforderungen an Abschlüsse von **Banken** und Finanzinstitutionen definierte, ist durch IFRS 7 ersetzt worden (VO(EG) 108/**06** v 11. 1. 06). Die Struktur der **Kapitalflussrechnung** ist in **IAS 7** geregelt. Die **Segmentberichterstattung** ist in **IFRS 8** definiert, die Darstellung des **Ergebnisses je Anteil** in **IAS 33.**

23 C. **SIC-29 (Angabe – Vereinbarungen von Dienstleistungslizenzen)** zu IAS 1 (Darstellung des Abschlusses): Bei der Bestimmung der angemessenen Angaben im Anhang sind alle Aspekte einer Vereinbarung von **Dienstleistungslizenzen** zu berücksichtigen, darunter eine Beschreibung der Vereinbarung, wesentliche Bestimmungen der Vereinbarung, Art und Umfang von Rechten und zu erfüllenden Verpflichtungen etc sowie Veränderungen der Vereinbarung.

1. Abschnitt. Vorschriften für alle Kaufleute 1–3 **§ 243**

Aufstellungsgrundsatz

243 (1) **Der Jahresabschluß ist nach den Grundsätzen ordnungsmäßiger Buchführung aufzustellen.**
(2) **Er muß klar und übersichtlich sein.**
(3) **Der Jahresabschluß ist innerhalb der einem ordnungsmäßigen Geschäftsgang entsprechenden Zeit aufzustellen.**

Überblick

1) Aufstellung nach den Grundsätzen ordnungsmäßiger Buchführung
 (I), stille Reserven 1
2) Grundsätze ordnungsmäßiger Bilanzierung (II) 4
3) Aufstellungsfrist (III), Stichtagsprinzip 10
4) IAS/IFRS-Regelungen 13

1) Aufstellung nach den Grundsätzen ordnungsmäßiger Buchführung (I), stille Reserven

A. **Aufstellung nach GoB:** Nach I ist der Jahresabschluss (§ 242 III) nach 1 den GoB (näher § 238 Rn 11) aufzustellen. Die GoB beinhalten nicht nur Grundsätze für die Buchführung, sondern auch für die Bilanzierung; diese sind teilweise als eigene Grundsätze ordnungsmäßiger Bilanzierung normiert (II, auch anderwärts). Auch hier sind **formelle GoB** (zB Bilanzklarheit II, Verrechnungsverbot § 246 II 1, formelle Bilanzkontinuität § 265 I) und **materielle GoB** zu unterscheiden (zB Vollständigkeit § 246 I, Bilanzidentität § 252 I Nr 1, Fortführungsprinzip § 252 I Nr 2, Vorsichtsprinzip § 252 I Nr 4). Wo es an speziellen Gliederungs- und Bewertungsvorschriften fehlt, ist auf die allgemeinen GoB zurückzugreifen, zB für den Zeitpunkt der Bilanzierung (Gewinnrealisierung, s § 252 I Nr 4 Halbs 2), insbesondere Bilanzierung bei Eigentumsvorbehalt und Sicherungsübereignung (ebenda), die Bilanzierung schwebender Geschäfte sowie überall dort, wo ein Beurteilungsspielraum besteht, zB wenn die Bewertung eine Schätzung erfordert. Dabei wird zT noch einmal besonders auf GoB verwiesen, zB § 256. Dass das zwingende Recht einzuhalten ist, folgt nicht erst aus GoB. Bedeutung von Sondervorschriften für GoB s Rn 3. Lit: Ballwieser FS Budde **95,** 43, Moxter FS Budde **95,** 419, Biener FS Claussen **97,** 59, Budde/Steuber, in Baetge, Deutsches Bilanzrecht – In der Krise oder im Aufbruch 2001 S 57. Zur Lage der GoB nach dem BilMoG Fülbier/Gassen DB **07,** 2605, Kirsch StuB **08,** 453, Moxter WPg **09,** 7.

B. **Stille Reserven:** § 243 verzichtet bewusst auf eine § 264 II entsprechende 2 Vorschrift, dass der Jahresabschluss ein den tatsächlichen Verhältnissen entsprechendes Bild der Vermögens-, Finanz- und Ertragslage zu vermitteln hat (AmtlBegr, aA RegE § 237), was auch durch BilMoG trotz Betonung der Informationsfunktion nicht verändert wurde. Allerdings entfallen die bisher bestehenden Möglichkeiten für EinzelKflte und PersonenGes zur Bildung stiller Reserven (zB § 253 IV aF) und zur Anwendung von Vorschriften des Steuerrechts (zB § 254 aF), s § 242 Rn 4 ff. Die Bildung stiller Reserven nach § 253 IV aF und der Grundsatz der umgekehrten Maßgeblichkeit (§ 5 I 2 EStG aF) wurden mit der starken Betonung des Gläubigerschutzes nach alter Rechtslage gerechtfertigt, mit der angestrebten Anhebung der Informationsfunktion war eine Beibehaltung aber nicht mehr zu vertreten (RegE BilMoG 57 und 59).

C. **Sondervorschriften:** Zu § 243 und §§ 242 ff gibt es Sondervorschriften, 3 vor allem für Kapitalges, §§ 264 ff, **(2 a)** AktG §§ 150 ff, **(2 b)** GmbHG §§ 42, 42 a, GenG § 33 ua. Diese Sondervorschriften sind auch für die Auslegung des § 243, der §§ 242 ff und der jeweils anderen Sondervorschriften bedeutsam, sie

Merkt 949

§ 243 4–8

dürfen aber nach Erlass des BiRiLiG noch weniger als bisher (s Einl 33 v § 238) pauschal als GoB (s Rn 1) für alle anderen Bilanzierungspflichtigen übernommen werden (Sperrfunktion des § 243 I), ADS 35, GK BilR/Hüffer 3, 20.

2) Grundsätze ordnungsmäßiger Bilanzierung (II)

4 A. **Bilanzklarheit (II):** Der Jahresabschluss muss nach II klar und übersichtlich sein. Buchführung und Jahresabschluss müssen einem sachverständigen Dritten (§ 238 I 2) verständlich sein. Notwendig sind ua die eindeutige Bezeichnung der einzelnen Bilanzposten, sachgerechte Gliederungen und das Unterlassen von Verrechnungen (Saldierungsverbot, § 246 II, mit Ausnahme für Pensionsverpflichtungen oder vergleichbare langfristig fällige Verpflichtungen). Ausdrückliche Angaben der Bilanzierungs- und Bewertungsmethoden und der Abweichungen von ihnen gehören ebenfalls zum Bilanzklarheitsgrundsatz und wurden durch § 285 nF erheblich erweitert, sind aber gesetzlich nur für KapitalGes vorgeschrieben. Ebenso wenig gibt es für Nicht-KapitalGes ausdrückliche **Gliederungsvorschriften.** Aus II 1 und GoB folgt jedoch, dass auch der Jahresabschluss von EinzelKflten und PersonenGes zumindest in seiner Grundform § 266 entsprechen muss (Knobbe-Keuk § 3 III 2, str, aA BeckBilKomm/Förschle 56: §§ 266, 275 f sollten freiwillig eingehalten werden; vgl auch Einl 33 v § 238). Abweichungen von der Postenbezeichnung des § 266 sind wegen der Gefahr der Irreführung unzulässig, zB Ausweis von Rücklagen und Rückstellungen als Verbindlichkeiten, anders nur, wenn wegen Besonderheiten des Unternehmens für die Klarheit und Übersichtlichkeit des Abschlusses erforderlich (§ 265 IV). Der Grundsatz der Bilanzklarheit erlaubt bei KapitalGes nicht ohne weiteres Abweichungen von den gesetzlichen Gliederungsvorschriften der §§ 265, 266, 268, 275–277; anders aber zB nach § 265 V bei nicht in das allgemeine Schema passenden Posten oder Besonderheiten des Geschäftszweigs; Formblätter s § 330.

5 B. **Bilanzwahrheit:** In § 246 I in seiner Ausprägung als Vollständigkeitsgebot verankert. Der Jahresabschluss muss nicht nur formal, sondern auch materiell ordnungsmäßig sein. Es gilt der Grundsatz der Bilanzwahrheit. Bilanzwahrheit bedeutet aber nicht, dass die Bilanz der objektiven Wahrheit (wirkliche Vermögenslage) entspricht, ganz hL. Wahrheit ist vielmehr als Richtigkeit in Bezug auf den Bilanzzweck (s § 242 Rn 4–7, Einl 8–13 v § 238), die gesetzlichen Vorschriften und die GoB zu verstehen. Danach darf die Bilanz nichts Falsches enthalten. Vermögensgegenstände und Schulden dürfen nicht fingiert werden. Sie müssen vollständig aufgeführt werden (s Rn 6). Die Bewertung muss den Bewertungsvorschriften (§§ 252 ff) und -grundsätzen entsprechen. Wo diese die Wahl zwischen Bewertungsmethoden, Bewertungsspielräumen und stillen Reserven zulassen, liegt kein Verstoß gegen die Bilanzwahrheit vor. Für KapitalGes gelten weitergehende Anforderungen, die sich aber weniger aus dem true and fair view-Prinzip des § 264 II, als aus konkreten Einzelvorschriften wie zB §§ 253, 284, 285, 289 ergeben. Das Gebot der Bilanzwahrheit gilt auch für die GuV, Hbg AG **06,** 45, 48.

6 C. **Bilanzvollständigkeit:** Der Grundsatz der Bilanzvollständigkeit folgt aus dem der Bilanzwahrheit und ist entsprechend zu verstehen (s Rn 5). Er ist in § 246 I besonders niedergelegt und nennt seit dem BilMoG die wirtschaftliche Betrachtungsweise als Zurechnungskriterium der Vermögensgegenstände, wobei dadurch eine Änderung des bisherigen Rechtszustandes nicht beabsichtigt ist (RegE BilMoG 47).

7 D. **Bilanzidentität:** Der Grundsatz der Bilanzidentität ist in § 252 I Nr 1 ausgesprochen. Er entspricht der fortlaufenden Buchführung.

8 E. **Bilanzkontinuität:** Die Grundsätze der formellen Bilanzkontinuität (Ausweiskontinuität, s § 252 Rn 20) und der materiellen Bilanzkontinuität (Bewer-

1. Abschnitt. Vorschriften für alle Kaufleute 9–12 § 243

tungsstetigkeit, § 252 Nr 6) dienen der Aussagekraft des Jahresabschlusses durch Vergleichbarkeit über den einen Abschluss hinaus.

F. **Grundsatz der Vorsicht:** Der Grundsatz der Vorsicht dient vor allem dem 9 Gläubigerschutz, leichte Einschränkungen durch BilMoG zugunsten der Informationsfunktion (zB §§ 246 I 4, 248). Er ist in § 252 I Nr 4 näher geregelt. Ausprägungen des Grundsatzes der Vorsicht sind das **Imparitätsprinzip** (s § 252 Rn 11), das **Realisationsprinzip** (s § 252 Rn 18–23) und das **Niederstwertprinzip** (§ 253 Rn 13, 15).

3) Aufstellungsfrist (III), Stichtagsprinzip

A. **Aufstellungsfrist:** III sieht für EinzelKflte und PersonenGes anders als 10 § 264 I 2, 3 für KapitalGes keine absoluten Aufstellungsfristen vor, sondern verlangt Aufstellung innerhalb der einem ordnungsmäßigen Geschäftsgang entsprechenden Zeit (aA RegE § 39 III 2: 5 Monate). Vgl BVerfG BB **78,** 572: je nach den Verhältnissen des betroffenen Unternehmens. Die Sechsmonatsfrist für kleine KapitalGes (§ 264 I 3) gilt aber grundsätzlich entsprechend auch für EinzelKflte und PersonenGes und darf nur ausnahmsweise geringfügig überschritten werden, Düss NJW **80,** 1292 (zu § 283 b I Nr 3 b StGB); Satzung einer kleinen KapitalGes ist unwirksam, soweit sie generell Frist von sechs Monaten vorsieht, BayObLG BB **87,** 869; auch BGH BB **55,** 109 m Anm Rowedder (Krisen); offen BFH ZIP **84,** 882 (jedenfalls nicht über ein Jahr), aA ADS 41 ff: 6–9 Monate. In Krisensituationen ist zeitnah und ohne schuldhaftes Zögern aufzustellen, zB 2–3 Monate, ADS 44, BeckBilKomm/Förschle 95, sonst drohen Strafen (§ 238 Rn 18). RsprÜbersicht: GK BilR/Hüffer 38. Inventarfrist s § 240 II 3. Fristüberschreitung ist Tatbestandsmerkmal in §§ 283 ff StGB. Lit: Schoor StBP **99,** 216, Hüttche/Diemer BB **00,** 2035, Eggemann/Petry BB **00,** 1635 (zur beschleunigten Aufstellung – fast close – bes bei an internationalen Kapitalmärkten agierenden Unternehmen).

B. **Stichtagsprinzip:** Der Jahresabschluss ist innerhalb der Aufstellungsfrist 11 für einen bestimmten Stichtag aufzustellen. Bilanzstichtag ist der Schluss des Geschäftsjahres (§ 242 I, II). Das Geschäftsjahr darf zwölf Monate nicht überschreiten (§ 240 II 2), aber unterschreiten (sog Rumpfgeschäftsjahr, zB bei Anpassung des Geschäftsjahres an das Kalenderjahr). Dem Geschäftsjahr entspricht steuerrechtlich das Wirtschaftsjahr (§ 4 a EStG). Festsetzung und Änderung des Stichtags sind frei; die Umstellung des Wirtschaftsjahres auf einen vom Kalenderjahr abweichenden Zeitpunkt bedarf bei im HdlReg eingetragenen Gewerbetreibenden des Einvernehmens mit dem Finanzamt (§ 4 a EStG). Bei Gewerbetreibenden gilt der Gewinn des Wirtschaftsjahres als in dem Kalenderjahr bezogen, in dem das Wirtschaftsjahr endet (§ 4 a II Nr 2 EStG). Nach dem Stichtagsprinzip sind tatsächliche Verhältnisse nach dem Stichtag nicht zu berücksichtigen, die bisherige Ausnahme des § 253 III 3 aF (Ausgleich von Wertschwankungen in nächster Zukunft mittels Abschreibung) wurde durch das BilMoG gestrichen, s § 253 Rn 18.

Bei nach dem Stichtag erlangten Kenntnissen des Kfm ist zwischen sog **wert-** 12 **aufhellenden Tatsachen,** die zum Stichtag bereits vorlagen, ohne dass der Kfm das wusste, und wertbeeinflussenden Tatsachen, die erst nach dem Stichtag eingetreten sind, scharf zu unterscheiden. Erstere sind bis zur Aufstellung des Jahresabschlusses zu berücksichtigen (ausdrücklich § 252 I Nr 4 für Risiken und Verluste); letztere müssen als zum nächsten Geschäftsjahr gehörend außer Betracht bleiben (aber § 252 Rn 11). Bsp: Bekanntwerden einer schon vor dem Stichtag bestehenden Veräußerungsabsicht, Mü WM **94,** 744. Zerstörung einer Maschine vor dem 31. 12. und nach dem 31. 12., was der Kfm erst nach dem 31. 12., aber vor Bilanzaufstellung erfährt. Das gilt entspr für die Bewertung (s § 252 Rn 8–12). Zieht sich die Bilanzaufstellung wie üblich über einen längeren Zeitraum

Merkt 951

§ 244 1, 2

hin, kommt es auf den Endzeitpunkt an, hA, BeckBilKomm/Winkeljohann/ Geißler, § 252 Rn 39. Lit: Gschwendtner DStZ **00**, 648, Küting/Kaiser WPg **00**, 577. Für wesentliche Risiken und Wertminderungen ist der Berücksichtigungszeitraum entgegen dem Wortlaut auszudehnen, BeckBilKomm aaO.

4) IAS/IFRS-Regelungen

13 A. Ein der Regelung in **I** entsprechender Bezug auf **GoB** existiert in den internationalen Standards nicht. Vielmehr gelten dort die Regelungen des **Framework,** die allerdings nicht den Rang von Standards haben, aber konzeptionell und inhaltlich den GoB ähnlich sind, s Ruhnke 215 ff.

14 B. **II** entspricht F. 25 (**Verständlichkeit**).

15 C. **III** entspricht F. 43 (**Zeitnähe der Berichterstattung**).

Sprache. Währungseinheit

244
Der Jahresabschluß ist in deutscher Sprache und in Euro aufzustellen.

Überblick

1) Sprache 1
2) Währungseinheit 2
3) IAS 21 (Auswirkungen von Änderungen der Wechselkurse) 3
4) IAS 29 (Rechnungslegung in Hochinflationsländern) 14
5) IFRIC 7 (Anwendung des Anpassungsansatzes unter IAS 29 Rechnungslegung in Hochinflationsländern) 19
6) IAS/IFRS-Regelungen 20

1) Sprache

1 Der Jahresabschluss (§ 242 III) ist in **deutscher Sprache** aufzustellen. Diese Klarstellung ist für die zahlreichen ausländischen Kflte wichtig. Für die Buchführung sind dagegen auch andere lebende Sprachen zugelassen (§ 239 I).

2) Währungseinheit

2 § 244 idF EuroEG 1998 verlangt die Aufstellung des Jahresabschlusses (auch des Konzernabschlusses, § 298) **in Euro.** Die einzelnen Werte sind ggf umzurechnen, zB ausländische Sachwerte und Beteiligungen. Das BilMoG führt mit § 256 a erstmals eine Bilanzierungsnorm zur Währungsumrechnung ein und gibt damit der bisherigen Umrechnungspraxis eine gesetzliche Grundlage (s § 256 a Rn 1). Die Geldentwertung (schleichende Inflation) bleibt nach dem deutschen Hdl- und Steuerbilanzrecht grundsätzlich unberücksichtigt (**Nominalwertprinzip:** Mark/Euro = Mark/Euro), um nicht zusätzliche Inflationsimpulse zu geben. Allerdings führt das zu Scheingewinnen ohne realen Vermögenszuwachs, deren Ausschüttung die Substanz antasten würde, und zur Außerachtlassung der gestiegenen Wiederbeschaffungswerts von Anlage- und Umlaufgütern. Eine besondere Substanzerhaltungsrücklage ist bisher rechtlich nicht anerkannt, erst recht nicht die sog inflationsbereinigte Bilanz. Das BiRiLiG hat gegen die Möglichkeit der im Ausland verbreiteten Bilanzierung zu Wiederbeschaffungspreisen (Wahlrecht nach Art 33 der 4. EG-Ri, Einl 4–6 v § 238) optiert. **Übergangsrecht** in **(1)** EGHGB Art 42–45. Lit: Betsche DStR **98**, 1895, Ernst ZGR **98**, 20, Groh BB **98**, 1491, Scheffler NJW **98**, 3174, Pooten DStR **98**, 51 (Euro und Bilanzrecht).

1. Abschnitt. Vorschriften für alle Kaufleute 3–9 § 244

3) IAS 21 (Auswirkungen von Änderungen der Wechselkurse)

A. Neben der allgemeinen Pflicht, die Grundlagen der Währungsumrechnung im Anhang anzugeben (§ 284 II Nr 2, § 313 I Nr 2) und den Regelungen zur Währungsumrechnung bei Kreditinstituten (§ 340 h) enthält das **HGB** erst seit dem BilMoG mit § 256 a eine gesonderte **Regel zur Währungsumrechnung.** Die internationalen Standards widmen mit **IAS 21** den Auswirkungen von Wechselkursschwankungen einen eigenen Standard, s Baetge, IAS-Kommentar 115 ff. **3**

B. **Gegenstand:** IAS 21 regelt die Umrechnung von Fremdwährungsgeschäften sowie die Umrechnung von Abschlüssen, die in fremder Währung aufgestellt werden. **Zeitliche Anwendung:** Geschäftsjahre, die am oder nach dem 1. 1. 95 beginnen. Frühere Anwendung empfohlen (IAS 21.58 ff). **4**

C. **Sachliche Anwendung:** IAS 21 regelt, wie Fremdwährungsgeschäfte und ausländische Geschäftsbetriebe in den Abschlüssen eines Unternehmens zu berücksichtigen sind und wie die Abschlüsse in eine Darstellungswährung umzurechnen sind. IAS 21 ist **nicht anzuwenden** auf Fremdwährungsderivate und Sicherungsgeschäfte in Fremdwährungen, die durch IAS 39 (Finanzinstrumente: Ansatz und Bewertung) abgedeckt werden (IAS 21.3 ff). **5**

D. **Wesentlicher Inhalt:** Ein Fremdwährungsgeschäft ist bei der erstmaligen Erfassung mit dem zum Zeitpunkt des Geschäftsvorfalls gültigen Umrechnungskurs **(Kassakurs)** zwischen der funktionalen Währung und der Fremdwährung in die funktionale Währung umzurechnen. Aus Vereinfachungsgründen können als Näherungswert auch **Durchschnittskurse** angewendet werden. Die funktionale Währung ist die Währung des primären Wirtschaftsumfelds, in dem das Unternehmen tätig ist (IAS 21.20 ff). **6**

E. An jedem Bilanzstichtag sind **monetäre Posten** in Fremdwährung mit dem Stichtagskurs umzurechnen. **Nicht monetäre Posten,** die zu **historischen Anschaffungs- oder Herstellungskosten** bewertet werden, sind mit dem Kurs am Tag des Geschäftsvorfalls umzurechnen. Nicht monetäre Posten, die mit dem beizulegenden **Zeitwert** bewertet werden, sind mit dem Kurs zum Zeitpunkt der Ermittlung des beizulegenden Zeitwerts umzurechnen (IAS 21.23 ff). **7**

F. **Umrechnungsdifferenzen,** die aus der Erfüllung von monetären Posten oder der Umrechnung von monetären Posten, zu anderen Umrechnungskursen als dem im Zeitpunkt der erstmaligen Erfassung, entstehen, sind grundsätzlich als Aufwand oder Ertrag der Periode zu erfassen. Umrechnungsdifferenzen in monetären Posten, die im Zusammenhang mit Nettoinvestitionen in ausländischen Geschäftsbetrieben entstehen, werden im Eigenkapital des Abschlusses erfasst, der sowohl den ausländischen Geschäftsbetrieb als auch das berichtende Unternehmen enthält (zB Abschlüsse, in denen der ausländische Geschäftsbetrieb voll oder quotal konsolidiert oder gemäß der Equity-Methode bewertet ist). Diese Umrechnungsdifferenzen werden beim Abgang der Nettoinvestition erfolgswirksam erfasst (IAS 21.27 ff). **8**

G. Wird ein ausländischer Geschäftsbetrieb zum Zweck der **Integration in den Abschluss des berichtenden Unternehmens** umgerechnet (dh Umrechnung in eine Darstellungswährung), so werden die Vermögenswerte und Schulden zum Stichtagskurs und die Erträge und Aufwendungen zum historischen Kurs umgerechnet. Alle auftretenden Umrechnungsdifferenzen werden separat im Eigenkapital ausgewiesen. Beim **Abgang** des ausländischen Geschäftsbetriebs werden alle separat im Eigenkapital erfassten Umrechnungsdifferenzen, die mit diesem Geschäftsbetrieb verbunden sind, im Periodenergebnis erfasst. Verlangt werden **Angaben** über die funktionale Währung eines Unternehmens sowie über Umrechnungsdifferenzen, die während der Periode ent- **9** stehen (IAS 21.44 ff). Lit: Wüstemann, BB **03,** 2501, Lienau PiR **08,** 7 (latente Steuern).

10   H. **Wesentliche Unterschiede zum HGB:** Im HGB findet sich erst seit dem BilMoG eine allgemeine Regelung zur Fremdwährungsumrechnung (vorher nur für Rechnungslegung der Kreditinstitute).

11   Die erfolgswirksame Behandlung (unrealisierter) positiver **Umrechnungsdifferenzen** steht grundsätzlich im Widerspruch zum Realisationsprinzip. Soweit es sich um Fremdwährungsforderungen oder -verbindlichkeiten aus Lieferungen und Leistungen bzw sich in naher Zukunft realisierende Fremdwährungsposten handelt, wird eine erfolgswirksame Umrechnung zum Bilanzstichtag jedoch für zulässig erachtet.

12   Nach dem Entwurf einer Stellungnahme des IDW-HFA (Zur Währungsumrechnung im Konzernabschluss) sind bei der Schuldenkonsolidierung **Währungsgewinne oder -verluste,** die **nach Aufrechnung** der Forderungen und Verbindlichkeiten in der GuV **verbleiben,** erfolgsneutral (zB durch Einstellung in den Posten Währungsumrechnungsdifferenz) zu erfassen. Nach IAS 21.34 gelten diese Erfolgswirkungen im Konzernabschluss als realisiert und verbleiben in der GuV, obwohl das Grundgeschäft (gem dem Einheitsgrundsatz) eliminiert wurde. Eine erfolgsneutrale Behandlung (Einstellung in den Posten Währungsumrechnungsdifferenz) ist nur dann zulässig, wenn die Transaktion wie ein zusätzliches Investment in die Beteiligung zu qualifizieren ist.

13   Weitergehende **Angabepflichten** als nach HGB. Lit: ADS International 5 Rn 160 ff.

4) IAS 29 (Rechnungslegung in Hochinflationsländern)

14   A. Eine eigene Regelung zur Rechnungslegung in Hochinflationsländern, die es in vergleichbarer Form **im HGB nicht** gibt, findet sich in **IAS 29.**

15   B. **Gegenstand:** IAS 29 enthält Regelungen für Unternehmen, die ihren Abschluss in der Währung eines Hochinflationslands aufstellen. **Zeitliche Anwendung:** Geschäftsjahre, die am oder nach dem 1. 1. 90 beginnen (IAS 29.41).

16   C. **Sachliche Anwendung:** IAS 29 ist auf Abschlüsse, einschließlich Konzernabschlüsse, eines Unternehmens anzuwenden, dessen funktionale Währung die eines Hochinflationslandes ist. **Hyperinflation** lässt sich durch Anhaltspunkte des wirtschaftlichen Umfelds eines Landes erkennen, dazu gehört u. a. auch eine kumulative Inflationsrate, die sich in den letzten drei Jahren 100% annäherte oder diese sogar überstieg (IAS 29.1 ff).

17   D. **Wesentlicher Inhalt:** Wenn die funktionale Währung eines Unternehmens die eines Hochinflationslandes ist, so ist der Abschluss des Unternehmens in der **am Bilanzstichtag geltenden Maßeinheit** aufzustellen. Vergleichende Beträge sind auch gemäß der am Bilanzstichtag geltenden Maßeinheit darzustellen. Der Gewinn oder Verlust aus der Nettoposition der monetären Posten ist in das Periodenergebnis einzubeziehen (IAS 29.8 ff).

18   E. Wenn eine Volkswirtschaft **nicht mehr hochinflationär** ist, so hat ein Unternehmen die Aufstellung und Darstellung von Abschlüssen in Übereinstimmung mit IAS 29 zu beenden. Die Wertansätze im Abschluss der vorherigen Periode, ausgedrückt in der geltenden Maßeinheit, sind als Grundlage für die Buchwerte in dem darauf folgenden Abschluss anzusehen (IAS 29.38). Der Standard spezifiziert die **Pflichten zu Angaben** über die Auswirkungen der Hochinflation auf das Unternehmen (IAS 29.39 f).

5) IFRIC 7 (Anwendung des Anpassungsansatzes unter IAS 29 Rechnungslegung in Hochinflationsländern)

19   Zu IAS 29 (Rechnungslegung in Hochinflationsländern): Anzuwenden auf Berichtsperioden, die am oder nach dem 1. 3. 06 beginnen. IFRIC 7 regelt,

wie ein Unternehmen seinen Abschluss im ersten Jahr, in dem es das Bestehen von Hyperinflation in der Volkswirtschaft seiner funktionalen Währung feststellt, anzupassen hat. Der Restatement-Ansatz, auf dem IAS 29 fußt, unterscheidet zwischen monetären **und nicht-monetären Posten.** In der Periode, in der die Volkswirtschaft mit der funktionalen Währung des Unternehmens hyperinflationär wird, hat das Unternehmen die Vorschriften in IAS 29 so anzuwenden, als wäre die Volkswirtschaft schon immer hyperinflationär gewesen. Dadurch werden Restatements nicht-monetärer Posten, die zu Anschaffungs- oder Herstellungskosten bewertet werden, ab dem Zeitpunkt vorgenommen, zu dem die Posten erstmalig angesetzt wurden; für andere nicht-monetäre Posten erfolgen die Restatements ab den Zeitpunkten, zu denen geänderte Wiederbeschaffungspreise für diesen Posten vorliegen. Latente Steuerposten werden in der Eröffnungsbilanz in zwei Schritten ermittelt: (a) **Latente Steuerposten** werden in Übereinstimmung mit IAS 12 neubewertet, nachdem die Nominalbuchwerte der nicht-monetären Posten in der Eröffnungsbilanz durch Anwendung der zum Stichtag gültigen Maßeinheit angepasst wurden. (b) Die auf diese Weise neubewerteten latenten Steuerposten werden um die Änderung der Maßeinheit vom Datum der Eröffnungsbilanz bis zum Datum der Schlussbilanz angepasst. IFRIC 7 ist für Geschäftsjahre anzuwenden, die am oder nach dem 1. 3. 06 beginnen. Eine frühere Anwendung wird empfohlen. Lit: Schreiber BB **06,** 1842, Zülch/Willms StuB **06,** 71, Lienau PiR **08,** 7 (latente Steuern).

6) Sonstige IAS/IFRS-Regelungen

A. **SIC-7 (Einführung des Euro)** zu IAS 10 (Ereignisse nach dem Bilanzstichtag) und IAS 21 (Auswirkungen von Änderungen der Wechselkurse): Die Regelungen in IAS 21 bezüglich der Umrechnung von Fremdwährungstransaktionen 20

B. **SIC-21 (Ertragssteuern – Realisierung von neubewerteten, nicht planmäßig abzuschreibenden Vermögenswerten)** zu IAS 12 (Ertragssteuern) und IAS 16 (Sachanlagen): Die latente Steuerschuld oder der latente **Steueranspruch aus der Neubewertung** eines nicht abzuschreibenden Vermögenswertes gem IAS 16.31 ist auf der Grundlage der steuerlichen Konsequenzen zu bewerten, die sich aus der Realisierung des Buchwertes dieses Vermögenswertes durch seinen Verkauf ergäben, unabhängig von der Methode der Buchwertermittlung. 21

C. **SIC-25 (Ertragssteuern – Änderungen im Steuerstatus eines Unternehmens oder seiner Anteilseigner)** zu IAS 12 (Ertragssteuern): Die **Änderung des Steuerstatus** eines Unternehmens oder seiner Anteilseigner führt nicht zu einer Erhöhung oder Verringerung von unmittelbar im **Eigenkapital** erfassten Beträgen. Die Konsequenzen, die sich aus der Änderung im Steuerstatus für die Ertragssteuern ergeben, sind im Periodenergebnis zu erfassen. 22

D. **SIC-29 (Angabe – Vereinbarungen von Dienstleistungslizenzen)** zu IAS 1 (Darstellung des Abschlusses): Bei der Bestimmung der angemessenen Angaben im Anhang sind alle Aspekte einer Vereinbarung von **Dienstleistungslizenzen** zu berücksichtigen, darunter eine Beschreibung der Vereinbarung, wesentliche Bestimmungen der Vereinbarung, Art und Umfang von Rechten und zu erfüllenden Pflichten etc sowie Veränderungen der Vereinbarung. 23

E. Die internationalen Standards machen im Unterschied zu § 244 keine **Sprachvorgabe.** Die Angabe der im Abschluss verwendeten **Berichtswährung** ist in IAS 1. 51 vorgeschrieben. Für **Fremdwährungsgeschäfte** s IAS 21. 24

§ 245

Unterzeichnung

245 ¹ Der Jahresabschluß ist vom Kaufmann unter Angabe des Datums zu unterzeichnen. ² Sind mehrere persönlich haftende Gesellschafter vorhanden, so haben sie alle zu unterzeichnen.

1) Unterzeichnung (Satz 1)

1   Persönliche Unterschrift des Kfm (oder sämtlicher Geschäftsführer der Ges, s Rn 2) mit Datumsangabe ist nur für den Jahresabschluss (Bilanz und Gewinn- und Verlustrechnung, § 242 III; KapitalGes s § 264 I 1) und über § 242 I 2 auch für die Eröffnungsbilanz vorgeschrieben. Inventar s § 240 Rn 1. Zu unterzeichnen ist der festgestellte (verbindliche) Jahresabschluss (der Ges; beim Einzelkfm fallen Feststellung und Unterschrift idR zusammen, s Rn 3), nur ausnahmsweise schon der nicht festgestellte, BGH BB **85,** 567, str für Ges, Baumb/Hueck/Schulze-Osterloh § 41 Rn 55, GK BilR/Hüffer 5, zT aA Lu/Ho § 42 Rn 14, Erle WPg **87,** 640. Der Kfm kann sich nicht vertreten lassen. Die Unterzeichnung ist öffentlichrechtliche Pflicht; Ordnungswidrigkeit § 334 I Nr 1 a. Sie hat bloße Beweisfunktion. Ihr Fehlen macht den Jahresabschluss nicht unwirksam, Karls WM **87,** 536, Ffm BB **89,** 395. Lit: Erle WPg **87,** 637, Küting/Kaiser WPg **00,** 577.

2) Gesellschaftermehrheit (Satz 2), mehrere Organmitglieder

2   S 2 beinhaltet eine öffentlichrechtliche Pflicht (Recht zur Mitwirkung an der Feststellung s § 114 Rn 3, § 164 Rn 3). Fehlende Unterschrift eines phG s Rn 1, § 238 Rn 7. Die Bilanz ist (mindestens im Innenverhältnis) gültig, sobald aus den Umständen der Gfterwille erhellt, sie als abschließende kontenmäßige Gegenüberstellung der Aktiva und Passiva der Ges gelten zu lassen, BGH BB **75,** 1606. S 2 gilt entspr für mehrere zuständige Organmitglieder (s § 238 Rn 8) samt ihren Stellvertretern (s zB § 94 AktG, § 44 GmbHG), Karlsr AG **89,** 35.

3) Nichtigkeit, Berichtigung und Änderung des Jahresabschlusses

3   A. **Unverbindlichkeit noch nicht festgestellter oder nichtiger Jahresabschlüsse:** Bevor der Jahresabschluss nicht festgestellt ist (bei EinzelKfm idR mit Unterschrift, bei Ges durch Beschluss der Gfter, bei AG nach §§ 172, 173 AktG), kann er jederzeit frei geändert werden. Das gilt auch für den nichtig aufgestellten oder wirksam angefochtenen Jahresabschluss (vgl §§ 256, 257 AktG), aA für nach §§ 119, 123 BGB angefochtene Bilanz einer PersonenGes BGH WM **60,** 189.

4   B. **Berichtigung:** Der wirksam festgestellte Abschluss ist für das Unternehmen bzw die Ges verbindlich, BGH WM **85,** 569. Berichtigung ist die **Beseitigung eines unrichtigen Bilanzansatzes**, ggf schon der zugrunde liegenden Buchungen, auch einer unzulässigen Gliederung. Sie ist möglich (vgl § 4 II 1 EStG), aber wenn sie in bestehende Rechte Dritter (zB die durch Gewinnverwendungsbeschluss entstandenen Gewinnansprüche) eingreift, nur mit deren Zustimmung, str (s auch Rn 5). Wird nicht berichtigt, ist der Fehler im nächsten Jahresabschluss unter Berücksichtigung der zwischenzeitigen Entwicklung (zB Abschreibungen, die hätten vorgenommen werden müssen) richtig zu stellen. Bei Berichtigung ist § 239 III zu beachten. **Muster:** Hopt/Kraft 3. Aufl 2007 Form III. B.7 (Bilanzberichtigung).

5   C. **Änderung:** Änderung ist der **Ersatz eines zulässig gewählten Bilanzansatzes** durch einen anderen (besonders hinsichtlich der Bewertung, §§ 252 ff), ggf schon der zugrunde liegenden Buchungen, auch einer unzulässigen Gliederung. Sie ist nur bei wichtigem Grund, zB Fehlerhaftigkeit oder steuerliche Gründe, und unter erneuter Aufstellung, Prüfung und Verabschiedung möglich, und nur

wenn die Dritten, in deren Rechte eingegriffen würde, zB bei HdlGes die Gfter mit entstandenen Gewinnauszahlungsansprüchen, damit einverstanden sind, Baumb/Hueck/Schulze-Osterloh § 42 Rn 468 (s auch Rn 4). Steuerrechtlich ist Bilanzänderung (nicht bloße Bilanzberichtigung) nur in den Grenzen des § 4 II 2 EStG zulässig (Möglichkeit der Änderung nach Einreichung beim Finanzamt mit dessen Zustimmung (§ 4 II 2 EStG aF) ist durch SteuerentlastungsG und SteuerbereinigungsG 1999 beseitigt worden). Änderung von Jahresabschlüssen und Anpassung der HdlBilanz an die Steuerbilanz, IDW- RS HFA 6, Breker/Kuhn WPg **07**, 770. Lit: Balthasar 1999; H. P. Müller FS Budde **95**, 431, Rätke StuB **08**, 760, Hirschberger StuB **08**, 795. **Muster:** Hopt/Kraft 3. Aufl 2007 Form III. A.7 (Bilanzänderung).

Zweiter Titel. Ansatzvorschriften

Vollständigkeit. Verrechnungsverbot

246 (1) ¹Der Jahresabschluss hat sämtliche Vermögensgegenstände, Schulden, Rechnungsabgrenzungsposten sowie Aufwendungen und Erträge zu enthalten, soweit gesetzlich nichts anderes bestimmt ist. ²Vermögensgegenstände sind in der Bilanz des Eigentümers aufzunehmen; ist ein Vermögensgegenstand nicht dem Eigentümer, sondern einem anderen wirtschaftlich zuzurechnen, hat dieser ihn in seiner Bilanz auszuweisen. ³Schulden sind in die Bilanz des Schuldners aufzunehmen. ⁴Der Unterschiedsbetrag, um den die für die Übernahme eines Unternehmens bewirkte Gegenleistung den Wert der einzelnen Vermögensgegenstände des Unternehmens abzüglich der Schulden im Zeitpunkt der Übernahme übersteigt (entgeltlich erworbener Geschäfts- oder Firmenwert), gilt als zeitlich begrenzt nutzbarer Vermögensgegenstand.

(2) ¹Posten der Aktivseite dürfen nicht mit Posten der Passivseite, Aufwendungen nicht mit Erträgen, Grundstücksrechte nicht mit Grundstückslasten verrechnet werden. ²Vermögensgegenstände, die dem Zugriff aller übrigen Gläubiger entzogen sind und ausschließlich der Erfüllung von Schulden aus Altersversorgungsverpflichtungen oder vergleichbaren langfristig fälligen Verpflichtungen dienen, sind mit diesen Schulden zu verrechnen; entsprechend ist mit den zugehörigen Aufwendungen und Erträgen aus der Abzinsung und aus dem zu verrechnenden Vermögen zu verfahren. ³Übersteigt der beizulegende Zeitwert der Vermögensgegenstände den Betrag der Schulden, ist der übersteigende Betrag unter einem gesonderten Posten zu aktivieren.

(3) ¹Die auf den vorhergehenden Jahresabschluss angewandten Ansatzmethoden sind beizubehalten. ² § 252 Abs. 2 ist entsprechend anzuwenden.

Überblick

1) Grundsatz der Vollständigkeit (I 1) 1
2) Vermögensgegenstände und Schulden (Aktivierbarkeit, Passivierbarkeit) 2
3) Persönliche Zuordnung von Vermögensgegenständen (I 2) 14
4) Sachliche Zuordnung bei Kaufleuten (Betriebsvermögen, Privatvermögen) 24
5) Verrechnungsverbot (II) 25
6) Ansatzstetigkeit (III) 29
7) IAS 17 (Leasingverhältnisse) 30
8) Sonstige IAS/IFRS-Regelungen 40

§ 246 1–3 III. Buch. Handelsbücher

1) Grundsatz der Vollständigkeit (I 1)

1 Der Grundsatz der Vollständigkeit ist eine Ausprägung des Grundsatzes der Bilanzwahrheit (§ 243 Rn 5) bezogen auf die Bilanzansätze. Die Norm ist durch das BilMoG neu gefasst worden. Übergangsrecht in **(1)** EGHGB Art 66 III. Erstmals wird der Grundsatz der wirtschaftlichen Betrachtungsweise gesetzlich verankert und damit der bisherigen Praxis Rechnung getragen. Die Beschränkung dieses Prinzips in I 2 und 3 aF auf Einzelfälle ist aufgehoben. I sieht eine umfassende Aktivierungs- und Passivierungspflicht für den Jahresabschluss, also Bilanz und Gewinn- und Verlustrechnung (§ 242 III), vor. Sämtliche Vermögensgegenstände (s Rn 3–12), Schulden (s Rn 13) und Rechnungsabgrenzungsposten (§ 250) sind in der Bilanz und sämtliche Aufwendungen und Erträge (vgl §§ 275 II, III) in der GuV vollständig aufzuführen, soweit gesetzlich nichts anderes bestimmt ist. Die noch im RegE BilMoG enthaltene Aktivierungspflicht für latente Steuern wurde wieder gestrichen. Gesetzliche Ausnahmen folgen aus Bilanzierungsverboten (zB § 248 II) sowie Aktivierungs- und Passivierungswahlrechten (§ 264 Rn 18), soweit nach dem BilMoG beibehalten (zB §§ 248 II, 250 III). Mittels einer Fiktion wird der entgeltlich erworbene Geschäfts- oder Firmenwert in I 4 zum aktivierungspflichtigen zeitlich begrenzt abnutzbaren Vermögensgegenstand erhoben. Abgeschriebene Werte sind als Erinnerungsposten mit 1 Euro weiterzuführen, RG **131**, 197. Dass umgekehrt Vermögensgegenstände und Schulden nicht fingiert werden dürfen, folgt aus der Bilanzwahrheit (§ 243 Rn 5). Lit: Moxter DB **00**, 2333, Schulze-Osterloh ZGR **01**, 497, Kraft WPg **01**, 2, Fischer DB-Beil 5/**01**, Bormann GmbHR **01**, 689, IDW ERS WPg **01**, 1398, Hasbargen/Seta BB **03**, 515 (Share-based Payment), Hoffmann DStR **03**, 681 (Optionsprämie), Lüdenbach BB **03**, 835, Peter DB **03**, 1341 (Software), Schmidtbauer DStR **03**, 2035 (DRS-IAS-Vergleich), Wehrheim/Krause BB **03**, 1552 (Optionsprämien), Wüstemann/Duhr BB **03**, 2501 (Fremdwährungsrisiken), Fischer BB **04**, 657 (Werkliefervertäge), Gerpott DB **04**, 2485 (Marken), Reuter WM **04**, 610 (Betreibermodelle, Projektfinanzierung nach HGB, IFRS und US-GAAP), Schulze-Osterloh BB **04**, 1561 (Rückdeckungsversicherung), Wehrheim/Lenz StuB **05**, 455, Marx/Köhlmann StuB **05**, 693 (Entsorgungsverpflichtungen), Pottgießer/Velte StuB **06**, 131 (Handy-Subventionen), Küting/Koch KoR **07**, 533 (sale-and-lease-back), Schmittmann StuB **07**, 217, Ernst/Seidler ZGR **08**, 631, Küting/Tesche GmbHR **08**, 953, Hommel/Franke/Rößler Konzern **08**, 157 (Minderheitengoodwill), Hoffmann PiR **08**, 72 (Verkauf mit Rückgaberecht).

2) Vermögensgegenstände und Schulden (Aktivierbarkeit, Passivierbarkeit)

2 A. **Ansatz- und Bewertungsvorschriften:** Die **Ansatzvorschriften** (zB §§ 246–251, 266–278) bestimmen, welche Posten in der Bilanz bzw der Gewinn- und Verlustrechnung ausgewiesen werden dürfen (Bilanzierbarkeit, Bilanzfähigkeit) oder müssen (Bilanzpflichtigkeit). Sie regeln also das Ob. Die **Bewertungsvorschriften** (zB §§ 252–256) bestimmen, mit welchem Wert diese Posten angesetzt werden dürfen (Bewertungswahlrecht) oder müssen (gesetzlich vorgeschriebene Bewertung). Sie regeln also das Wie.

3 B. **Aktivierbarkeit: a)** Aktivierbar ist nach I 1 das Vermögen des Kfm, also jeder **Vermögensgegenstand** (Einl 69 v § 238, auch zum steuerrechtlichen Begriff des Wirtschaftsguts), sofern er wirtschaftlich zum Vermögen des Kfm gehört (s Rn 14–24) und kein Aktivierungsverbot besteht. Der Grds der wirtschaftlichen Zurechnung ist nach der Neufassung in I 2 ausdrücklich normiert (s Rn 13). Zum wirtschaftlichen Eigentum beim sale-and-buy-back-Geschäft IDW ERS HFA 13. Ausnahmsweise sind auch Nichtvermögensgegenstände aktivierbar (§ 266 Rn 3). Körperliche Gegenstände (§ 90 BGB) sind wenig problematisch,

1. Abschnitt. Vorschriften für alle Kaufleute 4, 5 § 246

auch Miteigentumsanteile, selbstständige Anlagen und Gebäudeeinbauten (§ 266 Rn 6). Bloße Erwerbschancen sind keine Vermögensgegenstände, deshalb § 248 I Nr 1, Nr 2. Grundlegend jetzt Kahle/Günter in: Schmiel/Breithecker, Steuerliche Gewinnermittlung nach dem BilMoG – 2008 S 61. Lit: Jorde/Wetzel WPg **95,** 444 (Dividenden), Winter BB **96,** 2083 (Finanzderivate), Kusterer DStR **96,** 438 (Bauten auf fremdem Boden), Babel, Ansatz **1997** (Nutzungsrechte), Mörstedt DStR **97,** 1225 (Gewinn aus KapitalGes), Moxter BB **98,** 259 (Mietereinbauten), Fischer/Vielmeyer BB **01,** 1294 (Kosten für Internetauftritt), Hennrichs DB **08,** 537, Küting/Tesche GmbHR **08,** 953.

b) Problematischer sind dagegen **immaterielle Güter.** Hier ergeben sich 4 erhebliche Änderungen durch das BilMoG. Das Aktivierungsverbot des § 248 II aF entfällt. Galt hiernach grds ein Aktivierungsverbot für nicht entgeltlich erworbene Vermögensgegenstände des Anlagevermögens, besteht jetzt **Ansatzwahlrecht** (s § 248 Rn 3), sofern es sich um einen Vermögensgegenstand handelt. Einschränkend erlaubt § 255 II 4 bei dessen Ausübung nur den Ansatz der Entwicklungs-, nicht aber der Forschungskosten und verbietet § 248 II 2 die Aktivierung bestimmter selbstgeschaffener immaterieller Güter. **Handelsrechtlich** setzt die Aktivierbarkeit immaterieller Güter voraus:

(1) **Selbstständige Bewertbarkeit:** Diese (auch Einzelbewertbarkeit) wurde ausschließlich bei entgeltlichem Erwerb als gegeben angesehen und wird bei derivativem Erwerb daher auch künftig stets erfüllt sein. Nach Streichung des Bilanzierungsverbots gem § 248 II aF kann es darauf aber nicht mehr allein ankommen. Selbstständige Bewertbarkeit soll sich nach RegE BilMoG 50 bei originären immateriellen Gütern daher nun allein nach der selbständigen Veräußerlichkeit und Verkehrsfähigkeit richten, Jedoch stellt das Gesetz in § 248 II 2 selbst ausdrücklich auch weiterhin auf selbstständige Bewertbarkeit ab, indem dort genannte (zB Marke) und diesen vergleichbare nicht entgeltlich erworbene Güter von der Aktivierbarkeit ausgenommen werden, Hennrichs DB **08,** 537, nämlich solche, denen Herstellungskosten (§ 255 IIa) nicht zweifelsfrei zugerechnet werden können und die damit nicht selbstständig bewertbar sind, RegE BilMoG 50. Selbstständige Bewertbarkeit setzt daher künftig entweder derivativen Erwerb voraus oder, wenn es sich um originäre immaterielle Güter des Anlagevermögens handelt, Möglichkeit der klaren Zuordnung der Herstellungskosten zu diesem Gut (Einzelbewertungsgrundsatz).

(2) **Selbstständige Veräußerlichkeit bzw Verkehrsfähigkeit:** Dieses Merk- 5 mal war nach hL schon vor dem BilMoG unverzichtbar, denn es sondert entsprechend dem Vorsichtsprinzip (s § 252 Rn 10) nicht einzeln verwertbare Güter aus. Aktivierbar sind allerdings auch Nießbrauch (obwohl nicht übertragbar, § 1059 S 1 BGB, str, aA Ekkenga ZHR 161 (**97**) 611: Nießbrauch und andere Nutzungsrechte aber wie immaterielles Gut zu behandeln (§ 248 Rn 3), Urheberrecht (trotz § 29 UrhG) und Forderungen, deren Abtretung durch Vereinbarung mit dem Schuldner ausgeschlossen ist (§ 399 BGB). In all diesen Fällen liegt Verkehrsfähigkeit (selbstständige Veräußerlichkeit iwS) vor, weil diese Güter individuell wirtschaftlich nutzbar sind, wenn nicht durch rechtliche Veräußerung, so durch Überlassung zur Nutzung oder anderen Form der wirtschaftlichen Übertragung, zB bei Spielerlaubnis für Berufsfußballspielers, BFH NJW **93,** 222. Nach aA liegen insoweit Ausnahmen vor, die das Merkmal nicht in Frage stellen. Schadstoffimmissionsrechte: IDW ERS HFA 15, WPg **05,** 465, Hommel/Wolf BB **05,** 1782, IDW RS HFA 15, WPg **05,** 273. Realisationsprinzip und schwebende Geschäfte s § 252 Rn 18–21, BFH HFR **06,** 353. Zur Rechtslage nach dem BilMoG Hennrichs DB **08,** 537, AK HLR Wiss BB **08,** 152, AK Immaterielle Werte im Rechnungswesen der SBG DB **08,** 1813, Hoffmann/Lüdenbach DStR **08,** Beihefter zu Heft 30, S 49, Küting/Pfirmann/Ellmann KoR **08,** 689, Hüttche StuB **08,** 163.

§ 246 6–10

6 **Steuerrechtlich** sind immaterielle Wirtschaftsgüter des Anlagevermögens zu aktivieren, wenn sie entgeltlich erworben wurden (§ 5 II EStG). Daraus folgert die hA ein ausdrückliches steuerliches **Aktivierungsgebot**, Weber-Grellet in Schmidt, EStG, § 5 Rn 161. Fehlt Entgeltlichkeit, besteht steuerliches Aktivierungsverbot. Die Streichung des § 248 II aF wirkt sich steuerrechtlich nicht aus, RegE BilMoG 50. Für verdeckt eingelegte immaterielle Wirtschaftsgüter besteht Aktivierungspflicht nach § 6 I Nr 5 EStG, BFH BStBl 87 II 455.

7 **Einzelfälle:** Nicht aktivierbar sind zB Ausgaben für einen einmaligen Werbefeldzug, aA früher BFH BStBl III **63,** 8; gesicherte Stromversorgung infolge Zuschuss an E-Werk zum Bau einer Trafo-Station, aA BFH GrS BStBl II **69,** 292, II **70,** 37; entgeltlich erlangtes Wettbewerbsverbot, sehr str, aA BFH BStBl II **82,** 57, Domain-Name ist Vermögensgegenstand, BFH **BB 07,** 769. Kasuistik s Baumb/Hueck/Schulze-Osterloh § 42 Rn 77 (krit gegen BFH), Hommel, Bilanzierung 1998, Niemann, Immaterielle Wirtschaftsgüter 1999.

8 **c) Entgeltlich erworbener Geschäfts- oder Firmenwert:** (1) **Ansatzpflicht:** Der neue I 4 erhebt den entgeltlich erworbenen Geschäfts- oder Firmenwert mittels einer Fiktion zum aktivierungspflichtigen zeitlich begrenzt abnutzbaren Vermögensgegenstand (früher (Ansatz-)Wahlrecht gem § 255 IV 1 aF, gesehen als Bilanzierungshilfe, hL, aA Vermögensgegenstand oder Wert eigener Art, so ADS 272), Eine Änderung des Vermögensgegenstandsbegriffes ist damit nicht verbunden, RegE BilMoG 48. Beibehaltung des Aktivierungswahlrechts war mit dem Reformziel besserer Vergleichbarkeit nicht vereinbar. Übergangsvorschriften: (1) EGHGB Art 66 III. Lit: Oser/Ross/Wader/Drögemüller WPg **08,** 675, Hommel/Franke/Rößler Konzern **08,** 157 (Minderheitengoodwill).

9 (2) **Derivativer Geschäftswert:** Geschäftswert ist der Mehrwert eines lebenden (bereits eröffneten) Unternehmens über den Substanzwert der einzelnen Vermögensgegenstände (Wirtschaftsgüter) abzüglich Schulden hinaus, BFH BB **93,** 1914. Für den originären Geschäfts- oder Firmenwert besteht ein Aktivierungsverbot, zB BFH BFH/NV **06,** 822. Er ist, da zu unsicher, schon kein Vermögensgegenstand (trotz § 266 II A I Nr 3), hL, nach aA fällt er jedenfalls unter das Aktivierungsverbot des § 248 I Nr 1 (s auch § 248 Rn 1). Der derivative, also entgeltlich erworbene Geschäfts- oder Firmenwert muss dagegen aktiviert werden. Angesetzt werden darf nur die Differenz zwischen dem (höheren) Kaufpreis und dem Wert der einzelnen Vermögensgegenstände abzüglich der Schulden im Zeitpunkt der Übernahme, also nicht der Unternehmenswert insgesamt (dazu Einl 34–37 vor § 1). Statt des Verkehrswerts der einzelnen Vermögensgegenstände darf der vom Erwerber fortgeführte Buchwert angesetzt werden. Lit: Lutz, Firmenwert 1997; Mujkanovic DB **95,** 1735 (Verschmelzung), Geiger DB **96,** 1533 (negativer Geschäftswert), Pickhardt DB **97,** 1095 (negativer Geschäftswert), Möhrle DStR **99,** 1414, Jessen/Weller DStR **05,** 489 und 532 (Bilanzrechtsmodernisierung), Wolf/Kurz StuB **05,** 484 (Überschuldungsbilanz).

10 (3) **Tilgungszeitraum:** Der aktivierungspflichtige Geschäfts- oder Firmenwert ist gem § 253 III planmäßig (oder außerplanmäßig) abzuschreiben. Dabei ist seine individuelle betriebliche Nutzungsdauer zugrunde zu legen, wie sie sich zum Aktivierungszeitpunkt darstellt, RegE BilMoG 48. Wird planmäßig über mehr als 5 Jahre abgeschrieben, ist dies im Anhang (§ 285 Nr 13) begründet anzugeben. § 253 V 2 normiert ein Wertaufholungsgebot für den außerplanmäßig abgeschriebenen Geschäfts- oder Firmenwert, da eine später eintretende Wertaufholung selbstgeschaffen und nicht entgeltlich erworben ist. Der nach IFRS geltende Impairment-Only-Approach wird damit nicht übernommen. Steuerrechtlich beträgt die betriebsgewöhnliche Nutzungsdauer des Geschäfts- oder Firmenwerts 15 Jahre (§ 7 I 3 EStG).

1. Abschnitt. Vorschriften für alle Kaufleute 11–14 § 246

d) Forderungen: Besonderheiten für Forderungen aus Austauschgeschäften s 11
§ 252 Rn 14, andere Forderungen, zB Schadensersatzansprüche, s § 252 Rn 20,
und Forderungen aus schwebenden Geschäften, s § 252 Rn 21, ferner § 254
Rn 1. Vgl für Schulden Rn 10.

e) Aktivseite im Übrigen s §§ 247 I, 266 II. 12

C. Passivierbarkeit: Passivierbar sind nach I 1 die **Schulden** des Kfm. Sie 13
sind stets in die Bilanz des Schuldners aufzunehmen, I 3, damit ist das Prinzip
wirtschaftlicher Zurechnung für sie stark eingeschränkt, RegE BilMoG 47.
Schuld ist bilanzrechtlich nicht die rechtlich bestehende Verbindlichkeit, sondern
die den Kfm wirtschaftlich belastende, erzwingbare, BFH BB **06,** 1623. Passivierbar ist also eine existente Verbindlichkeit, auch wenn die tatsächliche Inanspruchnahme ungewiss ist, BFH BB **07,** 494, ebenso wie eine rechtlich nicht existente
Verbindlichkeit, der sich der Kfm aber nicht entziehen kann; auch eine nicht
durchsetzbare, wenn sich der Kfm auf den Termin- oder Differenzeinwand oder
die Verjährung (§ 214 BGB) nicht berufen will. Nicht passivierbar ist zB eine
bestehende Verbindlichkeit, die der Kfm mit an Sicherheit grenzender Wahrscheinlichkeit nicht erfüllen muss, BFH BB **89,** 664; bloßer Rangrücktritt rechtfertigt diese Annahme nicht, BFH DB **05,** 259; nicht passivierbar sind Verpflichtungen des Kfm gegen sich selbst, zB Selbstversicherung. Bei auflösender Bedingung ist Verbindlichkeit zu passivieren; bei aufschiebender Bedingung
grundsätzlich erst mit Bedingungseintritt, str, aber uU Rückstellung (s § 249
Rn 2). Ungewisse Verbindlichkeiten und drohende Verluste sind nicht zu passivieren, nur Rückstellung, s § 249 I 1. Realisationsprinzip und schwebende
Geschäfte s § 252 Rn 18–25. Erhaltene Anzahlungen s § 252 Rn 22. Passivseite
im Einzelnen s §§ 247 I, 266 III. Rangrücktritt, Eigenkapital ersetzende Gfter-Darlehen s § 266 Rn 19.

3) Persönliche Zuordnung von Vermögensgegenständen (I 2)

A. Maßgeblichkeit des wirtschaftlichen Eigentums: Die **Vermögenszu-** 14
gehörigkeit (Zurechnung) bestimmt sich nicht einfach nach dem Sachenrecht
des BGB (rechtliche Position als Eigentümer ua), sondern nach der wirtschaftlichen Inhaberschaft (sog. **wirtschaftliche Zurechnung).** Dies ist seit Inkrafttreten des BilMoG in I 2 normiert und entspricht der früher schon hL, BFH
BStBl **02** II 741, BFH BB **08,** 2288; BGH **137,** 380 (Tomberger, phasengleiche
Aktivierung von Tochtergewinnen bei Mutter), vgl EuGH ZIP **96,** 1168, NJW
96, 459 (mit Eingrenzungen), BFH NJW **92,** 2047 (Mietkauf), Körner/Weiken
BB **92,** 1033 (zeitlich begrenzte Nutzungsrechte, EStG), Kellner WM **00,** 229,
aA Ekkenga ZGR **97,** 262, war aber als Prinzip nur in I 2 und 3 aF. angedeutet.
Diese entfallen konsequent mit der Neufassung. Vermögensgegenstände sind nun
grds in der Bilanz des Eigentümers aufzunehmen, jedoch dann nicht, wenn sie
wirtschaftlich einem anderen zuzurechnen sind (zB Sicherungsgut, Rn 5); dann
sind sie in dessen Bilanz auszuweisen. Zuzurechnen ist der Vermögensgegenstand
dem, der die tatsächliche Herrschaft über ihn so ausübt, dass er den Eigentümer
im Regelfall für die gewöhnliche Nutzungsdauer von der Einwirkung wirtschaftlich ausschließen kann (vgl § 39 II Nr 1 AO, BFH DB **89,** 410; **96,** 1448, aber
HdlRecht bestimmt Vermögenszugehörigkeit selbstständig), BeckBilKomm/
Förschle/Kroner 5. Die Berechtigung zur Verwertung auf eigene Rechnung ist
nicht nötig, str, IDW-HFA 1/**73** WPg **73,** 101, ADS 19, aA Baumb/Hueck/
Schulze-Osterloh § 42 Rn 90, offen BGH NJW **96,** 459. Beginn und Ende
dieser Inhaberschaft s § 252 Rn 18–123 **(Realisationsprinzip).** Buchung s
§ 238 Rn 13. Lit: Küting/Tesche GmbHR **08,** 953, Schulze-Osterloh DStR **08,**
63, Ernst/Seidler ZGR **08,** 633, Hoffmann/Lüdenbach DStR **08,** Beihefter zu
Heft 30, S 49, Hoffmann StuB **09,** 1, Lüdenbach/Hoffmann DB **09,** 861 (nichtiges Sicherungsgeschäft).

§ 246 15–21 III. Buch. Handelsbücher

15 B. **Eigentumsvorbehalt, Pfandrecht, Sicherungsübertragung:** Vermögensgegenstände, die unter Eigentumsvorbehalt erworben oder an Dritte für eigene oder fremde Verbindlichkeiten verpfändet oder in anderer Weise als Sicherheit übertragen worden sind, sind in die Bilanz des Sicherungsgebers aufzunehmen. Das gilt auch für die Sicherungsübereignung, die Sicherungszession und alle sonst vorkommenden Sicherungsformen unabhängig von den Besitzverhältnissen. Wirtschaftlich handelt es sich um ein Aktivum des Sicherungsgebers, also beim Eigentumsvorbehalt des Käufers und bei der Sicherungsübereignung des Schuldners, schon bisher hL.

16 C. **Weitere Einzelfälle: a) Grundstücksgeschäfte:** Beim Grundstückskauf ist das Grundstück mit Übergang der Verfügungsgewalt, zB tatsächliche Übernahme, dem Käufer zuzurechnen, auch wenn die Eintragung im Grundbuch noch aussteht. Bauten auf fremdem Grund (fest verbunden) gehören als wesentliche Grundstücksbestandteile dem Grundeigentümer. Bei bloß vorübergehender Errichtung auf Grund obligatorischen oder dinglichen Rechts können Bauten uU wirtschaftliches Eigentum des Errichtenden sein, ADS 408. Bei Erbbaurecht sind Gebäude wesentliche Bestandteile dieses Rechts.

17 **b) Versendungskauf:** Verfügungsgewalt liegt idR beim Absender, anders wenn der Empfänger bereits während des Transport über die Ware verfügen kann, zB mittels Traditionspapier (§ 363 Rn 6). Das entspricht dem Realisationsprinzip (§ 252 Rn 13–18), Ausbuchung durch den Verkäufer und Einbuchung durch den Käufer müssen aber nicht unbedingt zusammenfallen.

18 **c) Kommission:** Bei Ein- und Verkaufskommission Aktivum des Kommittenten; bei Wertpapieren praktisch mit Abrechnung der Bank (§ 252 Rn 19), also schon vor Eigentumsübergang zB nach **(13)** DepotG §§ 18 III, 24.

19 **d) Treuhand:** Aktivum des Treugebers (vgl § 39 II Nr 1 S 2 AO), auch wenn Treuhänder das Treugut für den Treuhänder erworben hat. Treugeber darf dann statt Treugut den Herausgabeanspruch aktivieren, str. Erfassung als Aktivum auch beim Treuhänder in oder unter der Bilanz (ersterenfalls unter gleichzeitiger Bildung eines Passivpostens über Heraugabepflicht an Treugeber) ist nicht vorgeschrieben, BeckBilKomm/Förschle/Kroner 12, str, aber zu empfehlen. Zur Verrechnung von Altersversorgunsverpflichtungen mittels doppelseitiger Treuhand s Rn 23. Besonderheiten bei Kreditinstituten s § 330 Rn 4. Lit: Mathews BB **87,** 642, Fischer DB Beil 5/**01,** 21 (doppelseitige Treuhand).

20 **e) Pensionsgeschäft:** Zu unterscheiden sind das unechte und das echte Pensionsgeschäft (s § 340 b III, II für das Pensionsgeschäft der Kreditinstitute): (1) Beim **unechten** Pensionsgeschäft (bloßes Rückgaberecht) ist das Wertpapier beim Pensionsnehmer als Aktivum zu verbuchen (für Kreditinstitute § 340 b V), unstr. (2) Beim **echten** Pensionsgeschäft (Rückgabepflicht zu einem bestimmten oder vom Pensionsgeber zu bestimmenden Zeitpunkt, Konditionen fest vereinbart) rechnet § 340 b für Kreditinstitute das wirtschaftliche Eigentum dem Pensionsgeber zu. Das Wertpapier ist danach weiter in der Bilanz des Pensionsgebers auszuweisen; in Höhe des erhaltenden Geldbetrags hat er eine Verbindlichkeit aufzunehmen (Bilanzverlängerung). Der Pensionsnehmer darf nicht das empfangene Wertpapier, sondern muss eine Forderung in Höhe des gezahlten Betrags aktivieren (Aktivtausch), str, nach aA wegen Eigentums auf Zeit Aktivum auch beim Pensionsnehmer. § 340 b gilt zwar nur für Kreditinstitute, entspricht aber darüber hinaus richtiger Bilanzierung, str. Lit: Meyer-Sievers WPg **88,** 292.

21 **f) Wertpapierleihe:** Die Wertpapierleihe (s **(7)** Bankgeschäfte T/1) gilt als Sachdarlehen. Das Wertpapier ist danach als Eigentum des Wertpapierentleihers einzubuchen (idR zum Börsen- oder Marktpreis), dieser passiviert eine entsprechende Rückgabeverpflichtung. Der Wertpapierverleiher bucht das Wertpapier zum Buchwert aus und eine entsprechende Sachdarlehensforderung ein, diese gehört als Surrogat für das Wertpapier zum Anlage- oder zum Umlaufvermögen. Nach aA Bilanzierung wie beim Pensionsgeschäft, Prahl/Naumann WM **92**, 1173. Lit: Dörge 1992; Häuselmann/Wiesenbart DB **90**, 2129.

g) Factoring: Beim echten wie beim unechten Factoring (s **(7)** Bankgeschäfte O/1–4) Aktivum des Factors; Ausfallrisiko beim unechten Factoring ist bei Bewertung der Forderung des Factorkunden gegen den Factor zu berücksichtigen, nach Zahlung der Forderung Vermerk nach § 251, ADS 322; nach aA Behandlung des unechten Factoring als Darlehen, zutr nur bei stiller Zession. Nach hA gelten Factoring-Grundsätze auch für Securization (asset-backed securities), IDW-RS HFA 8 WPg **04**, 138, ADS 326, aA Häuselmann DStR **98**, 826, 829, Dreyer/Schmidt/Kronat BB **03**, 91, 93.

h) Leasing: Bilanzierung beim Finanzierungsleasing (s **(7)** Bankgeschäfte P/1–5) ist sehr str. Die Leasingsache ist dem Leasingnehmer zuzurechnen, wenn er der wirtschaftliche Inhaber ist, IDW-HFA 1/**73** WPg **73**, 101, hL, die Verbindlichkeiten des Leasingnehmers sind voll zu passivieren (§ 253 I 2). Ist der Leasingnehmer nicht der wirtschaftliche Inhaber, ist die Leasingsache dem Leasinggeber zuzurechnen; beim Leasingnehmer erfolgt dann kein Ausweis im Einzelnen, str. Zur Bilanzierung beim Leasinggeber IDW-HFA 1/**89** WPg **89**, 625. Abgrenzung, wann **Leasingnehmer wirtschaftlicher Inhaber** ist, ist sehr str, vgl **(7)** Bankgeschäfte P/3 (wirtschaftliche Einheit). Bsp: zu bejahen, wenn er die Leasingsache nach Ablauf der Grundmietzeit zu Eigentum erhält oder fordern kann (unentgeltlich oder wesentlich unter Restwert) fordern kann; wenn er die Leasingsache (von vornherein oder mittels Verlängerungsrecht) über die nahezu ganze betriebsgewöhnliche Nutzungsdauer nutzen kann (Grundmietzeit bis zum Schrottwert); wenn Rückgabe wirtschaftlich sinnlos ist (Spezialleasing); wenn derartige Verlängerungs- oder Kaufoption besteht, dass mit Rückgabe nicht zu rechnen ist (Gegenleistung bei Optionsausübung von wesentlich geringerem Wert als Zeitwert der Leasingsache). Kasuistik s Baumb/Hueck/Schulze-Osterloh § 42 Rn 94 (BFH); steuerrechtlich (Leasingerlasse) WP-Hdb **06** I E 27. Lit: Bink DB **94**, 1304, Helmschrott, Leasinggeschäfte 1997, Küting/Koch KoR **07**, 533, Hoffmann/Lüdenbach DStR **08**, Beihefter zu Heft 30, S 49.

4) Sachliche Zuordnung bei Kaufleuten (Betriebsvermögen, Privatvermögen)

Gegenstand der Bilanz des Kfm sind nur „sein" Vermögen und „seine" Schulden (§ 242 I 1). Sein Vermögen, über das er Rechnung legen muss, ist nur das dem HdlGeschäft gewidmete Vermögen, also das Betriebsvermögen (§ 238 Rn 7, ebenso für Inventar § 240 Rn 1). Nicht dazu gehört das Privatvermögen des Kfm sowie das einem anderen Unternehmen desselben Kfm zugehörige Vermögen. Ebenso sind seine Schulden nur die im Betrieb des HdlGewerbes bzw Unternehmens begründeten Verbindlichkeiten (§ 238 Rn 7). Diese bilanzrechtliche Unterscheidung zwischen Betriebsvermögen und Privatvermögen wird durch § 5 IV nF PublG (entspr § 5 III aF PublG) bestätigt und gilt auch nach §§ 4 I, 5 EStG (steuerliche Gewinnermittlung durch Betriebsvermögensvergleich, Hoffmann DStR **00**, 15). Die Unterscheidung entfällt bei KapitalGes, die kein Privatvermögen haben; bei PersonenGes ist Betriebsvermögen das Gesamthandsvermögen. In der Praxis kann die Zuordnung schwierig sein, einfach bei **notwendigen Betriebsvermögen** (zB Fabrikgebäude, Maschinen, Waren) und beim **notwendigen Privatvermögen** (zB Privatwohnung, Hausrat), aber bei Gütern, die erst durch die Zuordnungsentscheidung des Kfm (Widmung) zu einem dem Betrieb dienenden Vermögen werden (**gewillkürtes Betriebsvermögen**). Dieses muss in einem gewissen objektiven Zusammenhang mit dem Betrieb stehen und ihn zu fördern bestimmt und geeignet sein. Bei zT betrieblicher, zT privater Nutzung ist bei Grundstücken eine Aufteilung zulässig, nicht

§ 246 25–28 III. Buch. Handelsbücher

aber bei beweglichen Gütern. Ein in das Betriebsvermögen eingebrachtes Gut (**Einlage,** § 4 I 5 EStG) kann idR dem Betrieb auch wieder entzogen werden (**Entnahme,** § 4 I 2 EStG), aber mit der steuerlichen Folge der Gewinnrealisierung. Änderung von Privat- in Betriebsschuld s BFH BStBl II **85,** 621.

5) Verrechnungsverbot (II)

25 A. Das Verrechnungs- oder Saldierungsverbot ist eine Ausprägung des Vollständigkeitsgebots (I). II enthält ein Mindestverbot: Posten der Aktivseite dürfen nicht mit Posten der Passivseite verrechnet werden, Aufwendungen nicht mit Erträgen und Grundstücksrechte nicht mit Grundstückslasten. Nicht mehr ausdrücklich erwähnt, aber selbstverständlich ist das Verbot, nicht abgerechnete Leistungen nicht mit Anzahlungen zu verrechnen. Weitergehende Anforderungen gelten in Verbindung mit den Gliederungsvorschriften (§§ 266 ff, 275 ff) für KapitalGes. Ausnahme für Kreditinstitute § 340 a II 3. Bei Rückdeckungsversicherung für Pensionsverpflichtung sind Rückdeckungsanspruch und Pensionsverpflichtung unabhängig und unsaldiert zu erfassen, BFH BStBl II **04,** 654.

26 B. a) **Gesetzliche Ausnahmen (II 2):** Nach dem durch das BilMoG neu eingefügten II 2 sind Vermögensgegenstände, die ausschließlich der Erfüllung von Schulden aus eingegangenen Altersversorgungsverpflichtungen oder vergleichbaren langfristig fälligen Verpflichtungen dienen, mit diesen Schulden zu verrechnen (zB Aktiva aus Rückdeckungsversicherungen). Weitere Voraussetzung hierfür ist, dass sie dem Zugriff aller Gläubiger entzogen sind. Das ist der Fall, wenn die Vermögensgegenstände sowohl Gläubigern des Unternehmens als auch solchen eines unabhängigen Rechtsträgers, auf den die Vermögensgegenstände übertragen wurden, in Einzel- und Gesamtvollstreckung entzogen sind, was in jedem Einzelfall gesondert festzustellen ist, RegE BilMoG 48. Es soll aber regelmäßig der Fall sein, wenn § 7 e II SGB IV erfüllt ist, BT-Drucks 16/12407. Ebenso wie mit Vermögensgegenständen ist mit den Aufwendungen und Erträgen aus der Abzinsung und aus dem verrechneten Vermögen zu verfahren, II 2 Halbs 2. Grund für die Verrechnungspflicht: Dieses Vermögen ist der Haftungsmasse des Unternehmens entzogen und die Schulden stellen keine Belastung für das Unternehmen dar. Ausweis in der Bilanz ist daher unnötig und untunlich. Zwar verbietet Art 7 der Bilanzrichtline grds die Verrechnung, II 2 trägt aber ihrem Zweck Rechnung, ein den tatsächlichen Verhältnissen entsprechendes Bild der Vermögenslage des Unternehmens zu vermitteln. Auch erfolgt so eine angestrebte Annäherung an die IFRS, RegE BilMoG 48.

27 Die der Erfüllung der Schulden dienenden Vermögensgegenstände sind mit dem beizulegenden Zeitwert (§ 255 IV) zu bewerten, § 253 I 4, begrenzt um den Erfüllungsbetrag (§ 253 Rn 2) der jeweiligen Schulden; für etwaige aus der Zeitwertbewertung resultierende Gewinne sieht § 268 VIII eine Ausschüttungssperre vor; der die Schulden übersteigende Betrag ist als gesonderter Verrechnungsposten zu aktivieren (Ausweis § 266 II E). Anschaffungskosten und beizulegender Zeitwert der Vermögensgegenstände sowie Erfüllungsbetrag der verrechneten Schulden sind im Anhang anzugeben, §§ 285 Nr 25, 314 I Nr 17. Übergangsregelungen in **(1)** EGHGB Art 66 III, V. Lit: Ernst/Seidler ZGR **08,** 631, Küting/Kessler/Keßler WPg **08,** 748, Pellens/Sellhorn/Strzyz, DB **08,** 2373, Höfer/Hagemann DStR **08,** 1747.

28 b) **Sonstige Ausnahmen:** II gilt **nicht** bei (mindestens seitens des bilanzierenden Kfm) aufrechenbaren Forderungen und Verbindlichkeiten zwischen denselben Personen (§ 387 BGB), BFH BB **91,** 510; ebenso wenn die Zeitpunkte der Fälligkeit der Forderung und der Erfüllbarkeit der Verbindlichkeit auseinander fallen (und damit Aufrechnung ausscheidet, § 387 BGB aE), aber nur unwesentlich und es bis zur Aufstellung der Bilanz zum Erlöschen kommt (str). In diesen Fällen darf, aber muss nicht verrechnet werden. Keine Ausnahme zu II

1. Abschnitt. Vorschriften für alle Kaufleute 29–34 § 246

liegt beim Kontokorrent vor, wenn nur noch der Saldo geschuldet ist (§ 355). Offene Absetzung erhaltener Anzahlungen vom Posten „Vorräte" nach § 268 V 2; auch für Einzelkflte und PersonenGes. Saldierung bei latenten Steuern s § 274 Rn 1. Saldierung in GuV s § 275 II Nr 2. Wichtige Ausnahme von II enthält § 275 II Nr 2 für kleine und mittlere KapitalGes; das ist auf Einzelkflte und PersonenGes auszudehnen.

6) Ansatzstetigkeit (III)

Der neu eingefügte III ergänzt das in § 252 I Nr 6 verankerte Prinzip der 29 Bewertungsstetigkeit um das Gebot der Ansatzstetigkeit zur Verbesserung der Transparenz des Abschlusses; richtigerweise wurde schon früher ein Gebot der Ansatzstetigkeit aus § 252 I Nr 6 entnommen (s § 252 Rn 24), ADS 110, str. Bedeutung erlangt er unmittelbar hinsichtlich Ansatz originärer immaterieller Güter des Anlagevermögens, von Disagio (§ 250 III), Aktivierung latenter Steuern (§ 274 I) und Bildung von Pensonsrückstellungen (**(1)** EGHGB Art 28 I). Diese Wahlrechte können künftig nur noch einheitlich ausgeübt werden. Abweichungen sind wegen des Verweises auf § 252 II aber in begründeten Ausnahmefällen zulässig. Lit: Küting/Tesche/Tesche StuB **08,** 655.

7) IAS 17 (Leasingverhältnisse)

A. Einen dem § 246 **funktional entsprechenden Standard** zur Vollständig- 30 keit und zum Verrechnungsverbot **kennen** die **internationalen Standards nicht.** Während das Vollständigkeitsgebot in F. 38 enthalten ist, sind spezifische Zuordnungsfragen beim Leasing in **IAS 17** (Leasingverhältnisse) geregelt, Baetge IAS-Kommentar 87 ff.

B. **Gegenstand:** IAS 17 regelt Ansatz und Bewertung im Zusammenhang mit 31 Leasingverhältnissen. **Zeitliche Anwendung:** Geschäftsjahre, die am oder nach dem 1. 1. 05 beginnen. Frühere Anwendung empfohlen (IAS 17.69). Lit: Götz/ Spanheimer, BB **05,** 259, Esser StuB **05,** 429, Dettmeier/Pöschke BB **06,** 1731, Löw KoR **06,** 220, Küting/Hellen/Koch KoR **06,** 649, Kümpel/Becker PiR **06,** 81, Freiberg PiR **06,** 92, Lüdenbach PiR **06,** 149, Kümpel/Becker PiR **06,** 243, Oversberg KoR **07,** 376, Küting/Koch KoR **07,** 533 und 607 (Sale-and-lease-back).

C. **Sachliche Anwendung:** Ansatz und Bewertung im Zusammenhang mit 32 Finanzierungs- und Operating-Leasingverhältnissen sowohl für den **Leasingnehmer** als auch für den **Leasinggeber** (IAS 17.2 f). Der Standard unterscheidet gegenwärtig noch zwischen Finanzierungsleasing **(finance leases),** Operating-Leasing **(operating leases)** sowie **Sale and lease back-Transaktionen** (IAS 17.7 ff), der IASB strebt aber eine Neuregelung zur Gleichbehandlung aller Leasingverträge an, Schulz IRZ **08,** 407. IAS 17 ist **nicht anzuwenden** auf Leasingverhältnisse zur Entdeckung und Verarbeitung von nicht regenerativen Ressourcen (Öl, Gas uä) und Lizenzvereinbarungen (Filme, Patente uä) (IAS 17.2 S 1 (a), (b)), ebenso wenig für vom Leasinggeber gehaltene Immobilien, die als Finanzinvestition bilanziert oder im Rahmen eines operating leasing gehalten werden sowie auf biologische Vermögenswerte, für die IAS 41 (Landwirtschaft) maßgeblich ist (IAS 17.2 S 2).

D. **Wesentlicher Inhalt:** Die Zuordnung des Leasinggegenstands zum Lea- 33 singnehmer oder -geber richtet sich nach den mit dem wirtschaftlichen Eigentum verbundenen Chancen und Risiken am Leasinggegenstand **(Prinzip wirtschaftlicher Zugehörigkeit).** Trägt sie der Leasingnehmer, liegt finance lease vor, sonst operating lease (IAS 17.7 ff).

E. Beim **finance lease** hat der Leasingnehmer das Leasingverhältnis von 34 Beginn an als Vermögenswert und Schuld in der Bilanz anzusetzen, und zwar zum niedrigeren der Werte aus beizulegendem Zeitwert des Leasingobjektes und

Barwert der Mindestleasingzahlungen. Alle zu Beginn direkt zurechenbaren Kosten des **Leasingnehmers** werden dem aktivierten Vermögenswert hinzugerechnet. Mindestleasingzahlungen werden auf die Finanzierungskosten und den Tilgungsanteil der Restschuld aufgeteilt. Der aktivierte Leasinggegenstand ist gem IAS 16 (Sachanlagen) planmäßig abzuschreiben. Zahlungen aus einem Operating-Leasingverhältnis werden vom Leasingnehmer über den Leasingzeitraum gleichmäßig als Aufwand erfasst (IAS 17.20 ff).

35   F. Der **Leasinggeber** weist den Nettoinvestitionswert aus dem finance lease als Forderung aus. Der Nettoinvestitionswert ist der Barwert aus den Mindestleasingzahlungen und dem nicht garantierten Restwert. Alle zu Beginn direkt zurechenbaren Kosten des Leasinggebers, der kein Hersteller oder Händler ist, sind in der Forderung aus dem Finanzierungsleasing zu berücksichtigen. Erträge des Leasinggebers aus dem Leasingverhältnis sind gleichmäßig über die Laufzeit des Leasingverhältnisses zu erfassen (IAS 17.36 ff).

36   G. Zur Bilanzierung von **operating leasing** s. IAS 17.33 ff., 17.49 ff., zu **Sale-and-lease-back-Transaktionen** s IAS 17.58 ff., 49 ff.

37   H. **Wesentliche Unterschiede zum HGB:** Handelsrechtliche **Zuordnungskriterien** fehlen im HGB; die Praxis verfährt idR nach den steuerlichen **Leasingerlassen.** Die Zuordnung des wirtschaftlichen Eigentums nach den Kriterien der steuerlichen Leasingerlasse ist nur eingeschränkt auf die Kriterien des IAS 17 übertragbar. Eine Einordnung des konkreten Sachverhalts als Finanzierungs- oder Operating-Leasing nach IAS 17 ist im Einzelfall zu prüfen.

38   Der Abschluss von **Immobilien-Leasingverträgen** ist aus steuerlichen Gründen in der Praxis idR mit der Gründung von sog **Objekt- bzw. Zweckgesellschaften** gekoppelt. Dabei hält die Zweckgesellschaft den Leasinggegenstand im rechtlichen Eigentum. Der Leasingnehmer ist idR selbst Gesellschafter. Für solche Zweckgesellschaften ergibt sich nach SIC-12 eine Zuordnung zum Konsolidierungskreis des **Leasingnehmers** (s IAS 27 u SIC-12). Nach HGB erfolgt eine solche Zuordnung idR nicht.

39   **Sale-and-Lease-Back-Geschäfte** werden nach HGB Recht idR als Veräußerung mit entsprechender Gewinnrealisierung behandelt.

8) Sonstige IAS/IFRS-Regelungen

40   A. Wie in **I** beinhalten die internationalen Standards ein **Vollständigkeitsgebot** (completeness, F. 38, IAS 8.10), das den Ansatz sämtlicher Posten im Abschluss fordert, die die Kriterien für Abschlussposten erfüllen. Ausnahmen sind nur nach dem Grundsatz der Wesentlichkeit und aus Gründen der Informationskosten zulässig.

41   B. Wie nunmehr auch ausdrücklich nach I 2 zählt der Grundsatz der **wirtschaftlichen Betrachtungsweise** (substance over form, F. 35, IAS 8.10) nach den Standards zu den qualitativen Anforderungen (qualitative characteristics) an den Abschluss.

42   C. Das **Saldierungsverbot** in **II** findet seine funktionale Entsprechung in IAS 1.32.

43   D. **SIC-15 (Operating-Leasingverhältnisse – Anreizvereinbarung)** zu IAS 17 (Leasingverhältnisse): Der Leasingnehmer hat die gewährten Vorteile als Minderung der Mietaufwendungen linear über die Laufzeit des Leasingverhältnisses zu erfassen. Der Leasinggeber verteilt die entstandenen Kosten entsprechend linear über die Laufzeit des Leasingverhältnisses und erfasst sie als Minderung seiner Mieterträge.

44   E. **SIC-27 (Beurteilung des wirtschaftlichen Gehalts von Transaktionen in der rechtlichen Form von Leasingverhältnissen)** zu IAS 1 (Dar-

1. Abschnitt. Vorschriften für alle Kaufleute § 247

stellung des Abschlusses), IAS 17 (Leasingverhältnisse), IAS 18 (Erträge) und IFRS 4 (Versicherungsverträge): Mehrere Transaktionen, die in der rechtlichen Form eines Leasingverhältnisses vereinbart wurden, sind miteinander verknüpft und als ein einheitlicher Geschäftsvorfall zu bilanzieren, wenn die wirtschaftlichen Auswirkungen insgesamt nur bei einer **Gesamtbetrachtung** der einzelnen Transaktionen verständlich sind.

F. **IFRIC 4 (Feststellung, ob eine Vereinbarung ein Leasingverhältnis** 45 **enthält)** zu IAS 17 (Leasingverhältnisse): Anzuwenden auf Berichtsperioden, die am oder nach dem 1. 1. 06 beginnen. Gemäß IFRIC 4 ist oder enthält eine Vereinbarung ein Leasingverhältnis iSv IAS 17, wenn folgende Voraussetzungen vorliegen: Die Erfüllung der Vereinbarung hängt von der Nutzung eines bestimmten Vermögenswertes ab, der allerdings nicht explizit festgelegt werden muss. Die Vereinbarung überträgt das Recht, die Verwendung des zugrunde liegenden Vermögenswertes zu kontrollieren. Dies ist der Fall, wenn eine der nachstehenden Bedingungen erfüllt wird: 1. Der Käufer in der Vereinbarung hat die Fähigkeit oder das Recht, den Vermögenswert zu betreiben oder andere anzuweisen, den Vermögenswert zu betreiben (wobei er mehr als nur einen geringfügigen Betrag des Ausstoßes des Vermögenswertes erhält); 2. Der Käufer hat die Fähigkeit oder das Recht, den Zugang zu dem zugrunde liegenden Vermögenswert zu kontrollieren (wobei er mehr als nur einen geringfügigen Betrag des Ausstoßes des Vermögenswertes erhält); 3. Es besteht nur eine geringe Wahrscheinlichkeit, dass außer dem Käufer andere Parteien einen mehr als geringfügigen Betrag des Ausstoßes des Vermögenswertes erhalten und der Preis, den der Käufer zahlen wird, weder pro Produktionseinheit festgelegt ist noch dem aktuellen Marktpreis zum Zeitpunkt der Lieferung entspricht. Lit: Beck'sches IFRS-Hdb/Doll § 22 Rn 106f, Esser StuB **05**, 429, Küting/Hellen/Koch KoR **06**, 649, Kümpel/Becker PiR **08**, 1, Alvarez/Büttner PiR **08**, 45.

G. **IFRIC 12 (Dienstleistungskonzessionsvereinbarungen):** Anzuwenden 46 auf Berichtsperioden ab 1. 1. 08. IFRIC 12 regelt die Bilanzierung im Zusammenhang mit Aufträgen der Regierung an Private im Abschluss des privaten Unternehmens. Dienstleistungskonzessionsverträge werden entweder als immaterieller oder finanzieller Vermögenswert bilanziert: Erbringt das Unternehmen eine Bau- oder Ausbauleistung, wird die Vereinbarung als immaterieller Vermögenswert (IAS 38) bilanziert, wenn das Unternehmen statt eines Anspruchs auf einen Geldbetrag das Recht erhält, von Benutzern eine Gebühr zu verlangen; besteht ein vertragliches Recht auf Zahlung eines Entgelts, ist ein finanzieller Vermögenswert (IAS 39) anzusetzen (IFRIC 12.17); ggf ist die Gegenleistung zu teilen, wenn sie ein Entgelt, teilweise ein Recht auf Gebührenerhebung ist. Die betreffende Infrastruktureinrichtung ist nicht als Sachanlage (IAS 16) zu bilanzieren, weil das wirtschaftliche Eigentum nicht auf das Unternehmen übergeht, sondern nur Zugang gewährt wird (IFRIC 12.11). Erträge und Aufwendungen aus Betriebsleistungen sind gem IAS 11 und 18 zu bilanzieren (IFRIC 12.13). Lit: Schreiber/Thiele/Büchel BB **07**, 1999.

Inhalt der Bilanz

247 (1) **In der Bilanz sind das Anlage- und das Umlaufvermögen, das Eigenkapital, die Schulden sowie die Rechnungsabgrenzungsposten gesondert auszuweisen und hinreichend aufzugliedern.**

(2) **Beim Anlagevermögen sind nur die Gegenstände auszuweisen, die bestimmt sind, dauernd dem Geschäftsbetrieb zu dienen.**

§ 247 1–4 III. Buch. Handelsbücher

Übersicht

1) Gesonderter Ausweis, hinreichende Aufgliederung (I) 1
2) Anlagevermögen (II) 4
3) Sonderposten mit Rücklageanteil (III) 8
4) IAS 1 (Darstellung des Abschlusses) 9

1) Gesonderter Ausweis, hinreichende Aufgliederung (I)

1 A. **Gesonderter Ausweis:** Folgende Posten sind in der Bilanz gesondert auszuweisen: **Anlagevermögen,** (Definition in II), **Umlaufvermögen** (negativ definiert in II, s Rn 4); **Eigenkapital** (vgl § 266 III A; vgl § 272 für KapitalGes); **Schulden** (§ 246 Rn 10); **Rechnungsabgrenzungsposten** (§ 250). Alle diese Posten finden sich als mit Großbuchstaben bezeichnete Oberbegriffe in der Bilanz der KapitalGes (§ 266 II, III), mit Ausnahme der Rückstellungen (§ 266 III B). Nach § 249 müssen aber auch der EinzelKfm bzw die PersonenGes bestimmte Rückstellungen bilden. Sonderposten mit Rücklageanteil nach altem Recht s Rn 8. Ausnahme von I für Kreditinstitute § 340 a II 2. Ansatz von Eigenkapital bei PersonenGes folgt anderen Regeln als bei der KapitalGes, nämlich §§ 120 ff (§ 120 Rn 3), dabei ist strikt zwischen Kapitalkonto I, II und Privatkonto (Darlehenskonto) zu trennen (§ 120 Rn 18–20), BeckBilKomm/Förschle/Hoffmann 155 ff. Lit: Thiele, Eigenkapital 1998, IDW-HFA 2/**93** WPg 2/**94,** 22 (PersonenHdlGes); Theile BB **00,** 555 (GmbH & Co), Wengel DStR **01,** 1316 (Genussrechte), Peter DB **03,** 1341 (Software), Werheim BB **03,** 2508 (Vorführprodukte), Brüggemann/ Lühn/Siegel KoR **04,** 340 und 389 (hybride Finanzinstrumente nach HGB, IFRS und US-GAAP), Kaiser DB **04,** 1109 (Spielerwerte), Streck/Binnewies DB **04,** 1116 (Treibhausgasemissionen), Janssen BB **05,** 1895 (Verbindlichkeiten mit Rangrücktritt), Röhrig DStR **06,** 489 (PersonenHdlGes), Bingel/Weidenhammer DStR **06,** 675 (PersonenHdlGes), Hoffmann StuB **08,** 286 (Grundbesitz).

2 B. **Hinreichende Aufgliederung der Bilanz:** I macht deutlich, dass die in dem gesonderten Ausweis der genannten Posten liegende Gliederung auch bei EinzelKfm und PersonenGes nicht ausreicht („und hinreichend aufzugliedern", I aE). I ist somit eine Ausweisvorschrift, aber zugleich auch eine (Mindest)Gliederungsvorschrift (aA AmtlBegr). Wie tiefer zu gliedern ist, folgt aus dem Grundsatz der Bilanzklarheit und -übersichtlichkeit (s § 243 Rn 4) und den GoB. Diese beinhalten für EinzelKfm und PersonenGes aber nicht dieselben Anforderungen wie für KapitalGes, § 266. Das bedeutet, dass die Bilanz der EinzelKflte und PersonenGes über die Angaben nach I hinaus eine Mindestgliederung nach § 266 II, III grundsätzlich bis zur Tiefe der römischen Ziffern einhalten muss (str); für sie gilt also nach GoB dasselbe wie für kleine KapitalGes nach § 266 I 3. **Muster:** Hopt/Kraft 3. Aufl 2007 Form III. A.2 (Einfache Bilanz einer PersonenHdlGes).

3 C. **Hinreichende Aufgliederung der Gewinn- und Verlustrechnung:** § 247 bezieht sich nur auf die Bilanz. Eine Mindestgliederung der Gewinn- und Verlustrechnung (§ 242 II) folgt aber aus GoB. Danach sind mindestens auszuweisen das Ergebnis der gewöhnlichen Geschäftstätigkeit des Geschäftsjahrs, das außerordentliche Ergebnis des Geschäftsjahrs, periodenfremde Aufwendungen und Erträge. Die Erträge und die zugehörigen Aufwendungen dürfen saldiert werden (Nettomethode). Zulässig sind Staffel- und Kontoform, Gesamtkostenverfahren und Umsatzkostenverfahren. Strenger für die KapitalGes § 275. **Muster:** Hopt/Kraft 3. Aufl 2007 Form III. C.1.-5 (GuV). Lit: Kirsch StuB **06,** 651.

2) Anlagevermögen (II)

4 A. **Abgrenzung zum Umlaufvermögen:** Nach II können bei der Zuordnung zum Anlage- oder zum Umlaufvermögen ausnahmsweise auch vor oder nach dem Stichtag liegende Tatsachen berücksichtigt werden, allerdings nur, soweit sie die am Stichtag bestehende Funktionsbestimmung lediglich erhellen (wertaufhellende Tatsachen, § 243 Rn 12, § 252 Rn 8). Anlagevermögen bilden die Gegenstände, die bestimmt sind (s Rn 5), dauernd (s Rn 5) dem Geschäftsbetrieb zu dienen (s Rn 7). Umlaufvermögen ist alles Vermögen, was nicht Anlagevermögen iSv II ist (oder zu den Rechnungsabgrenzungsposten gehört, § 250), zB das zum Verbrauch durch Verarbeitung oder Veräußerung bestimmte Vorratsvermögen, str zB für Bilanzierung unfertiger Bauten bei Bauunternehmen, Rogler/Jacob BB **00,** 2407. Schadstoffimmissionsrechte: IDW ERS HFA 15, WPg **05,** 465, IDW RS HFA 15, WPg **06,** 273. Die Abgrenzung ist wichtig zB für die Bilanzierung immaterieller Vermögensgegenstände (§ 248), die Bewertung (§§ 252 ff; § 6 EStG) und im Subventionsrecht. Lit: Fischer/Vielmeyer BB **01,** 1294 (Kosten für Internetauftritt), Bräsick Konzern **08,** 275 (Gebäude).

B. **Dauernd zu dienen bestimmte Gegenstände:** Entscheidend ist nicht 5 der rein subjektive Wille des Kfm (so aber KöKo/Claussen § 152 Rn 2), sondern die sich objektiv betrieblich niederschlagende Zweckbestimmung zum maßgeblichen Zeitpunkt (s Rn 4), BFH BStBl II **75,** 353, II **77,** 685, ZIP **87,** 861. Dauernd bedeutet nicht immer, sondern für eine bestimmte längere Zeit. Nicht dauernd zu dienen bestimmt sind Vermögensgegenstände, die zur Be- und Verarbeitung sowie zum Umsatz bestimmt sind, zB auch Anteile, die veräußert werden sollen. Einzige Immobilie einer Objektgesellschaft ist trotz mehrjähriger Vermietung Umlaufvermögen, wenn Verkauf von Anfang an geplant war, FG Düsseldorf EFG **06,** 834. Bei Erwerb von Wirtschaftsgütern zum Zweck der Einbindung in bestehenden Geschäftsbetrieb aber Anlagevermögen, auch wenn kurze Zeit später Weiterveräußerung des gesamten Betriebs inkl. der Wirtschaftsgüter mit Weiterführungsabsicht erfolgt, BFH BFH/NV **06,** 163. Umwidmung (Umgliederung) ist möglich, zB bei Aufteilung von Mietwohngrundstück in Eigentumswohnungen und Veräußerung, BFH BStBl II **72,** 578, str ab wann Umwidmung. Gegenstände nach § 266 II A. sind iZw solche des Anlagevermögens, andere Gegenstände sind iZw solche des Umlaufvermögens. Kreditinstitute s § 340 e Rn 2.

Objektive Merkmale sind zB Art des Vermögensgegenstands, der Verwen- 6 dung im Unternehmen, uU auch der Bilanzierung. Halten zB von Wertpapieren über einen längeren Zeitraum genügt allein nicht; auch nicht in der Praxis übliche Bezeichnungen zB Wertpapiersonderbestand.

C. **Dem Geschäftsbetrieb dienend:** Nicht nur Sachanlagen wie Maschinen 7 und immaterielle Vermögensgegenstände wie gewerbliche Schutzrechte, sondern auch Finanzanlagen (§ 266 II A) dienen dem Geschäftsbetrieb. Nicht zu veräußernde, sondern nur zu vermietende Gegenstände dienen nicht deshalb schon dem Geschäftsbetrieb, sondern können Umlaufvermögen sein, zB Kopiergeräte, Videokassetten, Leihfilme, str, aA bei langfristiger Bindung an den Betrieb BFH ZIP **87,** 861 (Leasing). Beteiligungen s § 271.

3) Sonderposten mit Rücklageanteil (III aF)

Die Regelung des III aF wurde mit Abschaffung der umgekehrten Maßgeb- 8 lichkeit (§ 242 Rn 5) ersatzlos gestrichen. Ausweis latenter Steuern vgl § 246 Rn 25. **Übergangsrecht** in **(1)** EGHGB Art 66 V.

4) IAS 1 (Darstellung des Abschlusses)

A. Die sachlich in § 247 enthaltenen Bestimmungen und eine ganze Reihe 9 weiterer **elementarer Grundsätze der Rechnungslegung,** die im HGB über das dritte Buch verteilt sind, finden sich bei den internationalen Standards in **IAS 1** (Darstellung des Abschlusses). Lit: Bogajewskaja BB **06,** 1155, Bischof/

§ 247 10–14   III. Buch. Handelsbücher

Molzahn, Konzern **06**, 674, IDW FN-IDW **06**, 499, Hasenburg/Dräxler KoR **06**, 289, Zimmermann/Volmer PiR **06**, 105.

10   B. **Gegenstand** von IAS 1 (Darstellung des Abschlusses): Er soll die **Vergleichbarkeit von Abschlüssen** sicherstellen (IAS 1.1). Deshalb regelt der Standard die Grundlagen für die Darstellung und die Struktur des Abschlusses, ferner Mindestanforderungen an den Inhalt eines Abschlusses. Der Standard wurde 2007 neu gefasst. **Zeitliche Anwendung:** IAS 1 aF gilt für Geschäftsjahre, die am oder nach dem 1. 1. 05 beginnen. Frühere Anwendung empfohlen (IAS 1.127); IAS 1 (rev. 2007) ab 1. 1. 2009, frühere Anwendung zulässig (1.139). Beachte auch in diesem Zusammenhang IFRS 1 (Erstmalige Anwendung der IFRS). Lit: Knorr/Wendland KoR **02**, 201, Ruhnke/Nerlich WPg **03**, 753, Kirsch StuB **05**, 878, Kirsch StuB **06**, 651, Teitler IRZ **06**, 179, Zülch/Fischer/Erdmann WPg **07**, 963 (IAS rev. 2007), Kirsch StuB **08**, 251 (GuV/IAS 1 rev. 2007), Bischof/Molzahn IRZ **08**, 171 (IAS 1 rev. 2007), Loitz/Weber DB **08**, 2149 (Anhang).

11   C. **Sachliche Anwendung:** IAS 1 ist bei der Darstellung aller Abschlüsse für allgemeine Zwecke, die in Übereinstimmung mit den IFRS aufgestellt und dargestellt werden, anzuwenden. Er ist **nicht** auf die **Zwischenberichterstattung** gemäß IAS 34 Zwischenberichterstattung anzuwenden (IAS 1.2).

12   D. **Wesentlicher Inhalt:** Die Aufgabe des Abschlusses ist die **Information über die Vermögens-, Finanz- und Ertragslage** des Unternehmens. Nach IAS 1 zählen die Bilanz, die Gesamtergebnisrechnung (zu der eine GuV gehört, s Rn 14), die Eigenkapitalveränderungsrechnung, die Kapitalflussrechnung und der Anhang, bestehend aus der Darstellung der Bilanzierungs- und Bewertungsmethoden sowie sonstiger erläuternder Angaben, zum Abschluss (IAS 1.10). Der Abschluss hat **ein den tatsächlichen Verhältnissen entsprechendes Bild** der Vermögens-, Finanz- und Ertragslage des Unternehmens zu vermitteln und darf nicht als übereinstimmend mit den IFRS bezeichnet werden, sofern er nicht **sämtliche** Anforderungen der Standards und Interpretationen erfüllt (IAS 1.15 ff), zum Grundsatz der „fair presentation" und „principle override" s Küting/Gattung PiR **06**, 33 u 49.

13   E. Für die **Anfertigung und Darstellung** des Abschlusses verlangt IAS 1: Die Abschlüsse sind auf der Grundlage **der Going-Concern-Prämisse** anzufertigen, es sei denn, das Management beabsichtigt entweder das Unternehmen zu liquidieren oder den Handel einzustellen, oder es bleibt ihm nicht anderes übrig, als dies zu tun (IAS 1.25 f). Abschlüsse sind, außer für Cashflow-Informationen, auf der Basis der **Periodenabgrenzung** aufzustellen (IAS 1.27 f). Die Darstellung und Klassifizierung von Posten in den Abschlüssen ist grundsätzlich von Periode zu Periode beizubehalten (**Stetigkeitsgrundsatz,** IAS 1.45 f). Jede wesentliche Klasse von gleichartigen Posten ist separat darzustellen. Jede nicht gleichartigen Posten sind separat darzustellen, es sei denn, sie sind unwesentlich (IAS 1.29 f). Vermögenswerte und Schulden, Erträge und Aufwendungen werden **nicht saldiert,** es sei denn, ein IFRS verlangt oder erlaubt dies (IAS 1.32 ff). Vergleichende Informationen sind für alle dargestellten Beträge in den Abschlüssen auszuweisen, es sei denn, ein IFRS verlangt oder erlaubt etwas Abweichendes (IAS 1.38 ff). Abschlüsse sind **mindestens jährlich** aufzustellen (IAS 1.36 f).

14   F. IAS 1 spezifiziert den **Mindestausweis** und den **Inhalt** der **Bilanz** (IAS 1. 51 ff), der **Gesamtergebnisrechnung** (IAS 1. 81 ff), der **Eigenkapitalveränderungsrechnung** (IAS 1.106 ff), der **Kapitalflussrechnung** (IAS 1.111) und des **Anhangs** (IAS 1.112 ff). Kurzfristige und langfristige Vermögenswerte sowie kurzfristige und langfristige Verbindlichkeiten sind als separate Klassifizierungen in der Bilanz darzustellen, sofern nicht eine Darstellung nach der Liquidität höhere Relevanz hat (IAS 1.60). Der Inhalt der Gesamtergebnisrechnung ent-

spricht nicht mehr allein der bisherigen GuV: bisher waren Erfolgsbestandteile sowohl in der GuV als auch in der Eigenkapitalveränderungsrechnung zu zeigen, in letzterer aber erfolgsneutral; das machte für vollständige Information einen komplizierten Vergleich beider Positionen erforderlich. Deshalb sieht IAS 1.81 ff eine umfassende Periodenerfolgsrechnung vor. Grundlage dafür bildet die GuV (IAS 1.88 ff), die aber jetzt nur eine Zwischensumme hervorbringt, hinzu kommen die zuvor in der Eigenkapitalveränderungsrechnung erfassten Beträge. Darüber hinaus besteht die Pflicht, Angaben zu veröffentlichen, mittels derer der Abschlussadressat das Kapitalmanagement des Unternehmens bewerten kann (IAS 1.134 ff.). Gefordert werden Angaben zu Zielen, Methoden und Managementprozessen des Kapitals, die sich auf interne den Mitgliedern der Geschäftsleitung vorgelegte Informationen stützen (IAS 1.124B). Lit: Kuhn/Paa DB **05,** 1977; Eckes/Sittmann-Haury WPg **06,** 425.

Bilanzierungsverbote und -wahlrechte

248 (1) **In die Bilanz dürfen nicht als Aktivposten aufgenommen werden**

1. Aufwendungen für die Gründung eines Unternehmens,
2. Aufwendungen für die Beschaffung des Eigenkapitals und
3. Aufwendungen für den Abschluss von Versicherungsverträgen.

(2) ¹ **Selbst geschaffene immaterielle Vermögensgegenstände des Anlagevermögens können als Aktivposten in die Bilanz aufgenommen werden.**
² **Nicht aufgenommen werden dürfen selbst geschaffene Marken, Drucktitel, Verlagsrechte, Kundenlisten oder vergleichbare immaterielle Vermögensgegenstände des Anlagevermögens.**

1) Aufwendungen für Unternehmensgründung und Eigenkapitalbeschaffung (I Nr 1, I Nr 2)

Aufwendungen für die Unternehmensgründung (zB Beratungs-, Sacheinlagenbewertungs-, Beurkundungs-, Gründungsprüfungskosten, auch sog Gründerlohn) und die Beschaffung des Eigenkapitals (keine erweiternde Auslegung für Fremdkapital zulässig, str) bei Gründung oder Kapitalerhöhung (zB Bankprovisionen, Aktien- und Prospektdruckkosten, GesSteuer; für die AG vgl §§ 182–221 AktG) sind keine Vermögensgegenstände und deshalb nicht aktivierungsfähig. Passivposten bleiben möglich. Aufwendungen für die Ingangsetzung und Erweiterung des Geschäftsbetriebs fallen nach Streichung von § 269 ebenfalls unter das Verbot des I Nr 1. Aufwendungen für die Beschaffung von Fremdkapital sind von I Nr 2 nicht betroffen, Aktivierung uU nach §§ 250 III, 255 III 2. Lit: Hommel BB **00,** 2516, AK Externe Unternehmensrechnung Schmalenbach DB **01,** 989, Euler BB **01,** 2631, Peter DB **03,** 1341 (Software), Marten/Köhler/Schlereth DB **03,** 2713 (Preisstrategien bei Handy-Subventionen), Gerpott/Thomas DB **04,** 2485 (Marken), Haun/Golücke BB **04,** 651 (ERP-Software), Klein/Völker-Lehmkuhl DB **04,** 332 (Emissionsrechte), Kaiser DB **04,** 1109 (Spielerwerte), Streck/Binnewies DB **04,** 1116 (Treibhausgasemissionen), Strunck StuB **04,** 644 (selbst geschaffene immaterielle Wirtschaftsgüter), Littkemann/Schulte StuB **05,** 660 (Spielerwerte), Hoffmann StuB **06,** 56 (ERP-Software). 1

2) Aufwendungen für den Abschluss von Versicherungsverträgen (Nr 3)

Aufwendungen für den Abschluss von Versicherungsverträgen dürfen nicht 2 aktiviert werden (III idF VersRiLiG 1994).

3) Immaterielles Anlagevermögen (II)

3 **A. Ansatzwahlrecht (II 1).** Mit Neufassung durch das BilMoG (**Übergangsrecht** in (1) EGHGB Art 66 III, VII) wurde das Bilanzierungsverbot für selbstgeschaffene immaterielle Güter des Anlagevermögens (§ 248 II aF) gestrichen, für solche Güter gilt nun **Aktivierungswahlrecht,** sofern es sich um Vermögensgegenstände iSd § 246 I handelt (§ 246 Rn 4). Dies ist von Art 9 der Bilanzrichtline getragen. Grund ist die zunehmende Bedeutung immaterieller Güter im Wirtschaftsleben einer wissensbasierten Gesellschaft und das Bestreben, sie stärker als bisher in den Fokus der Abschlussadressaten zu rücken, die so ihre Außendarstellung verbessern können (RegE BilMoG 49). Das bisherige Aktivierungsverbot war dem Vorsichtsprinzip und Gläubigerschutz geschuldet, da selbstgeschaffenen immateriellen Gütern des Anlagevermögens auf Grund ihrer Unkörperlichkeit, unsicheren künftigen Nutzungsdauer und der oft nicht eindeutig zurechenbaren Herstellungskosten nur schwer ein objektiver Wert zugewiesen werden kann. Um hinreichenden Gläubigerschutz gleichwohl zu gewährleisten, wird gem § 268 VIII eine Ausschüttungssperre an die Aktivierungspflicht gekoppelt. Sowohl Erstbewertung als auch Folgebewertung erfolgt wie bei anderen Vermögensgegenständen durch Ansatz der Herstellungskosten, §§ 253 I 1, 255 II 2 und 3, IIa, Vertriebs- und Forschungskosten (§ 255 IIa) sind gem § § 255 II 4 nicht aktivierbar. Flankiert wird das Wahlrecht durch das Gebot der Ansatzstetigkeit (§ 246 III). Allerdings handelt es sich bei immateriellen Gütern, insbesondere bei Forschungs- und Entwicklungsprojekten, oft um schwerlich vergleichbare singuläre Fälle; damit kann auch gem §§ 246 III, 252 II eine begründete Ausnahme vom Stetigkeitsgebot vorliegen. Übergangsrecht: **(1)** EGHGB Art 66 III. Lit: AK Immaterielle Werte im Rechnungswesen der SBG DB **08,** 1813, Hennrichs DB **08,** 537, Küting/Pfirmann/Ellmann KoR **08,** 689, Beyer/Mackenstedt WPg **08,** 338, Madeja/Roos KoR **08,** 342, Dobler/Kurz KoR **08,** 485.

4 B. **Ansatzverbote (II 2):** Hiernach besteht Ansatzverbot für Marken, Drucktitel, Verlagsrechte, Kundenlisten oder vergleichbare selbstgeschaffene immaterielle Güter. Ihnen sind Herstellungskosten teilweise nicht zweifelsfrei zuzurechnen, etwa Aufwand für Werbekosten, der sowohl der Marke als auch dem (ansatzpflichtigen, § 246 I 4) selbstgeschaffenen Geschäfts- oder Firmenwert zugerechnet werden kann; II 2 ist Ansatz-, nicht Bewertungsvorschrift, daher ist auch kein Erinnerungsposten zulässig. Vergleichbar sind immaterielle Güter des Anlagevermögens den enumerativ aufgezählten folglich dann, wenn sie nicht entgeltlich erworben sind und Herstellungskosten nicht zweifelsfrei ihnen, sondern etwa auch dem Firmenwert zugerechnet werden können. Bei entgeltlichem Erwerb sind alle in II 2 genannten Güter zu aktivieren. Am Erwerb fehlt es nicht schon, weil der Vermögensgegenstand durch Einräumung eines Rechts erst geschaffen wird, BFH NJW **93,** 222, Baumb/Hueck/Schulze-Osterloh § 42 Rn 79, aA BFH BStBl II **83,** 38. **Entgelt** muss nicht Geld sein, zB bei Sacheinlage oder verdeckter Gewinnausschüttung, hL, aber nicht ein nur immaterieller, nach II 2 nicht aktivierbarer Tauschgegenstand, vergl GK BilR/Kleindiek 14 str. Entgelt ist auch der im Gegenzug für eine Nutzungsmöglichkeit gezahlte Baukostenzuschuss, BFH BFH/ NV **06,** 1812. Investition ist aber kein Entgelt, wenn sie nach dem Vertragsinhalt nicht Gegenleistung für die Nutzungsüberlassung ist, FG Köln DStRE **06,** 579. Entgelt muss von Dritten gewährt worden sein. Eigene Aufwendungen des Kfm sind kein Entgelt, hL. Dritter ist auch ein Konzernunternehmen (§ 271 II), str, auch bei Beherrschungs- und Gewinnabführungsvertrag (§ 291 AktG; aA Geßler/ Hefermehl/Kropff § 153 Rn 48), jedoch darf dann nicht ohne weiteres das Entgelt, sondern nur der Teil, der am Markt bezahlt worden wäre (allgemeines Problem der konzerninternen Verrechnungspreise; vgl auch § 313 AktG), angesetzt werden.

1. Abschnitt. Vorschriften für alle Kaufleute 5–9 § 248

C. **Immaterielles Umlaufvermögen:** II 2 gilt nach Wortlaut und Sinn 5
nicht, hL, nach alter Rechtslage str; selbstständige Bewertbarkeit ist aber nötig
(sonst kein Vermögensgegenstand, s § 246 Rn 4). Software-Unternehmen müssen
ihre Programme also aktivieren, auch wenn die Bewertung schwierig sein
kann, IDW RS HFA 11 (Bilanzierung von Software beim Anwender) WPg **04,**
817. Aktivierung von Schadstoffimmissionsrechten: IDW ERS HFA 15, WPg
05, 465, IDW RS HFA 15 WPg **06,** 273.

4) IAS 38 (Immaterielle Vermögenswerte)

A. Für den Ansatz von **immateriellen Gütern** sind im **HGB** insgesamt vier 6
Bestimmungen enthalten: § 248 II (Ansatz unentgeltlich erworbener immaterieller
Vermögensgegenstände des Anlagevermögens), § 250 I (Ansatz von Rechnungsabgrenzungsposten),
§ 246 I 4 (Ansatz des derivativen Geschäfts- oder Firmenwertes),
und § 274 I 2 (Ansatz von aktivischen latenten Steuern). Davon überschneiden
sich die erste und vierte mit **IAS 38** thematisch, während die anderen
drei Güter betreffen, die vom Anwendungsbereich des IAS 38 ausgeschlossen und
in den Anwendungsbereich anderer IAS fallen, Baetge IAS-Kommentar 143.

B. **Gegenstand:** IAS 38 schreibt den Ansatz eines immateriellen Vermögens- 7
wertes vor, wenn bestimmte Kriterien erfüllt sind. Der Standard bestimmt ferner,
wie der Buchwert immaterieller Vermögenswerte zu ermitteln ist, und fordert
bestimmte Angaben in Bezug auf immaterielle Vermögenswerte. **Zeitliche Anwendung:**
Grundsätzlich ist IAS 38 anzuwenden bei der Bilanzierung immaterieller
Vermögenswerte, die bei Unternehmenszusammenschlüssen mit Vertragsschlussdatum
31. 3. 04 oder danach erworben wurden, sowie prospektiv bei
der Bilanzierung aller anderen Vermögenswerte in der ersten Berichtsperiode
eines am 31. 3. 04 oder danach beginnenden Geschäftsjahres (IAS 38 .130). Lit:
Bucholz DStR **03,** 1219 (gemischt genutzte Sacheinlagen), Esser/Hackenberger
KoR **04,** 402 (IAS-US-GAAP), Gerpott/Thomas DB **04,** 2485 (Marken), Hoffmann
DB **04,** 1442 (Profifußball), Hommel/Wolf BB **05,** 315 (Emissionsrechte),
Küting/Dürr StuB **03,** 1 (Intangibles), Lopatta/Wiechen Konzern **04,** 534, Leibfried/Panzelt
KoR **04,** 491 (Forschungs- und Entwicklungskosten), Lüdenbach/
Prusaczyk KoR **04,** 415 (In-Process Research and Development), Schmidbauer
DStR **03,** 2035 (DRS 12, HGB, IAS), Weißenberger/Maier DB **06,** 2077,
Riegler IRZ **06,** 113 (Berichtskonzepte), Freiberg PiR **06,** 119 (Nutzungsdauer),
Bader/Pickl PiR **06,** 141 (Internetauftritte), Littkemann/Schulte/Kraft StuB **05,**
333 (HGB, IAS), Steiner/Gross StuB **05,** 531, Littkemann/Schulte/Schaarschmidt
StuB **05,** 660 (Spielerwerte), Vater StuB **05,** 1031 (IFRS, HGB), Zimmermann
StuB **06,** 369, Castedello/Klingbeil/Schröder WPg **06,** 1028 (Unternehmenserwerb,
Werthaltigkeitsprüfung), Dobler PiR **07,** 173 (Websites), Lüdenbach/Fölkner
BB **08,** 1164 (Wettbewerbsverbote), Wulf, IRZ **09,** 109.

C. **Sachliche Anwendung:** IAS 38 regelt Ansatz und Bewertung grund- 8
sätzlich für alle immateriellen Vermögenswerte. **Ausnahmen:** 1) immaterielle
Vermögenswerte, die in den Anwendungsbereich eines anderen Standards fallen
(zB IAS 2 (Vorräte), der sich auf immaterielle Vermögenswerte bezieht, die zur
Veräußerung im normalen Geschäftszyklus gehalten werden), 2) finanzielle Vermögenswerte,
wie sie in IAS 39 (Finanzinstrumente: Ansatz und Bewertung)
definiert sind, 3) Schürfrechte und Kosten für die Erschließung oder die Förderung
und den Abbau von nicht regenerativen Ressourcen (IAS 38.2 f).

D. **Wesentlicher Inhalt:** Ein **immaterieller Vermögenswert** wird **erstma-** 9
lig erfasst, wenn die folgenden Kriterien **kumulativ** erfüllt sind: 1) der Vermögenswert
erfüllt die **Definition** eines immateriellen Vermögenswertes, dh er ist
identifizierbar und dem Unternehmen steht die Verfügungsmacht über den Vermögenswert
zu, 2) es ist **wahrscheinlich,** dass dem Unternehmen künftiger
wirtschaftlicher **Nutzen** zufließt, der im Zusammenhang mit dem Vermögens-

wert steht, und 3) die **Anschaffungs- oder Herstellungskosten** des Vermögenswerts können **verlässlich** bestimmt werden. Der **selbst geschaffene Goodwill** sowie Markennamen, Drucktitel, Verlagsrechte, Kundenlisten und ähnliche immaterielle Vermögenswerte dürfen **nicht aktiviert** werden. **Forschungskosten** werden als Aufwand erfasst. Immaterielle Vermögenswerte, die sich aus der **Forschung** ergeben, dürfen nicht angesetzt werden. Immaterielle Vermögenswerte, die sich aus der **Entwicklung** ergeben, sind anzusetzen, sofern bestimmte Voraussetzungen erfüllt sind. Erfüllt ein immaterieller Vermögenswert **nicht** diese **Voraussetzungen,** sind die Ausgaben dann als **Aufwand** zu erfassen, wenn sie entstanden sind. Ausgaben, die bereits in vorangegangenen Perioden als Aufwand erfasst wurden, dürfen nicht nachträglich in die Anschaffungs- und Herstellungskosten einbezogen werden (IAS 38.18 ff).

10 E. **Im Anschluss** an die erstmalige Erfassung wird ein immaterieller Vermögenswert angesetzt mit den **Anschaffungs- und Herstellungskosten** abzüglich aller kumulierten Abschreibungen und Wertminderungsaufwendungen oder dem **Neubewertungsbetrag** abzüglich aller kumulierten Abschreibungen und Wertminderungsaufwendungen. Der Neubewertungsbetrag stellt den beizulegenden Zeitwert zum Neubewertungszeitpunkt dar und wird über einen aktiven Markt ermittelt (IAS 38.72 ff).

11 F. Ein immaterieller Vermögenswert kann nur zum **Neubewertungsbetrag** angesetzt werden, wenn ein **aktiver Markt** für den Vermögenswert vorhanden ist. Jede **Wertsteigerung** ist direkt erfolgsneutral in der Neubewertungsrücklage zu erfassen, es sei denn, es wird eine Wertminderung desselben Vermögenswertes rückgängig gemacht, die zuvor im Periodenergebnis erfasst wurde. Jede **Wertminderung** ist im Periodenergebnis zu erfassen. Die Minderung wird jedoch in der Höhe direkt mit der Neubewertungsrücklage verrechnet, in der bereits für denselben Vermögenswert eine Wertsteigerung erfasst wurde (IAS 38.75 ff).

12 G. Ein Unternehmen hat festzustellen, ob die **Nutzungsdauer** eines immateriellen Vermögenswertes begrenzt oder unbegrenzt ist. Die Nutzungsdauer ist **unbegrenzt,** wenn es keine vorhersehbare Begrenzung der Periode gibt, in der der Vermögenswert voraussichtlich Netto-Cashflows erzeugen wird. Das Abschreibungsvolumen eines immateriellen Vermögenswertes mit einer begrenzten Nutzungsdauer ist planmäßig über seine Nutzungsdauer zu verteilen. Ein immaterieller Vermögenswert mit einer unbegrenzten Nutzungsdauer wird **nicht abgeschrieben,** ist aber mindestens jährlich auf Wertminderung zu testen. Wertminderungen von immateriellen Vermögenswerten werden in Übereinstimmung mit IAS 36 als Wertminderung von Vermögenswerten erfasst (IAS 38.88 ff).

13 H. Die aus der **Ausbuchung** eines immateriellen Vermögenswertes resultierenden Gewinne oder Verluste sind als Differenz zwischen dem eventuellen Nettoveräußerungserlös und dem Buchwert des Vermögenswertes zu bestimmen. Dieser Gewinn oder Verlust wird im Periodenergebnis erfasst (IAS 38 112 ff). Der Standard enthält **Angabepflichten** zu immateriellen Vermögenswerten (IAS 38 118 ff).

5) Sonstige IAS/IFRS-Regelungen

14 A. Entsprechend I regelt IAS 38.69 a den Grundsatz der **Erfassung von Gründungs- und Anlaufaufwendungen,** sofern sie nicht als Anschaffungs- oder Herstellungskosten von Sachanlagen gem IAS 16 zu aktivieren sind.

15 B. Entsprechend II regeln IAS 38.18 ff den Ansatz **immaterieller Vermögensgegenstände** unabhängig vom entgeltlichen Erwerb und IAS 38.57 ff die **Aktivierbarkeit von Entwicklungsaufwendungen** bei selbst erstellten immateriellen Vermögensgegenständen. Davon sind die nicht aktivierbaren Forschungsaufwendungen gem IAS 38.54 ff zu unterscheiden. IAS 38 gilt gem IAS 38.3 nicht, soweit andere Standards zu immateriellen Vermögensgegenständen, zB IAS 2 (Vorräte), IAS 11 (Fertigungsaufträge), IAS 12 (Ertragssteuern), IAS 17 (Leasingverhältnisse), IAS 19 (Leistungen an Arbeitnehmer) und IFRS 3 (Unternehmenszusammenschlüsse) einschlägig sind.

C. **SIC-32 (Immaterielle Vermögenswerte – Websitekosten)** zu IAS 1 **16** (Darstellung des Abschlusses), IAS 2 (Vorräte), IAS 11 (Fertigungsaufträge), IAS 16 (Sachanlagen), IAS 17 (Leasingverhältnisse), IAS 36 (Wertminderung von Vermögenswerten, IAS 38 (Immaterielle Vermögenswerte), IFRS 3 (Unternehmenszusammenschlüsse): Bei einer **unternehmerischen Website,** der eine Entwicklung vorausgegangen ist und die für den internen oder externen Gebrauch bestimmt ist, handelt es sich um einen **selbst geschaffenen immateriellen Vermögenswert,** der den Vorschriften von IAS 38 unterliegt.

Rückstellungen

249 (1) ¹Rückstellungen sind für ungewisse Verbindlichkeiten und für drohende Verluste aus schwebenden Geschäften zu bilden. ²Ferner sind Rückstellungen zu bilden für
1. im Geschäftsjahr unterlassene Aufwendungen für Instandhaltung, die im folgenden Geschäftsjahr innerhalb von drei Monaten, oder für Abraumbeseitigung, die im folgenden Geschäftsjahr nachgeholt werden,
2. Gewährleistungen, die ohne rechtliche Verpflichtung erbracht werden.

(2) ¹Für andere als die in Absatz 1 bezeichneten Zwecke dürfen Rückstellungen nicht gebildet werden. ²Rückstellungen dürfen nur aufgelöst werden, soweit der Grund hierfür entfallen ist.

Übersicht

1) Zweck und Arten von Rückstellungen 1
2) Rückstellungen für ungewisse Verbindlichkeiten (I 1
   1. Alternative) 2
3) Pensionsrückstellungen (zu I 1 1. Alternative) 5
4) Rückstellungen für drohende Verluste (I 1 2. Alternative) 10
5) Instandhaltungs- und Abraumbeseitigungsrückstellungen (I 2
   Nr 1) 17
6) Rückstellungen für Gewährleistungen ohne rechtliche Verpflichtung (I 2 Nr 2) 24
7) Aufwandsrückstellungen (II aF) 27
8) Verbot sonstiger Rückstellungen, Auflösungsverbot (II nF) 30
9) IAS 19 (Leistungen an Arbeitnehmer) 32
10) IAS 37 (Rückstellungen, Eventualschulden und Eventualforderungen) 43
11) Sonstige IAS/IFRS-Regelungen 54

1) Zweck und Arten von Rückstellungen

Rückstellungen sind Passivposten mit dem Zweck, Aufwendungen, deren **1** Existenz oder Höhe am Abschlussstichtag noch nicht sicher sind und die erst später zu einer Auszahlung führen, der Periode der Verursachung zuzurechnen. Sie sind aus dem Betriebsvermögen des Unternehmens ausgegliedert und werden dem Fremdkapital zugerechnet, BGH **139,** 175 (für Pensionsrückstellungen: Sondervermögen des Arbeitgebers). Rückstellungsbegriff s GK BilR/Kleindiek 7. Grds besteht Passivierungspflicht (s Rn 2 ff), teils Passivierungswahlrecht (dann keine steuerliche Anerkennung, s Rn 20–22). § 249 anerkennt **abschließend** vier Fälle von Rückstellungen:

§ 249 2

a) für ungewisse Verbindlichkeiten (I 1 1. Alt, s Rn 2–4), wozu auch Pensionsrückstellungen gehören (s Rn 5–8);

b) für drohende Verluste (I 1 2. Alt, s Rn 9–15), ein Unterfall von Rückstellungen für ungewisse Verbindlichkeiten;

c) für Aufwendungen für im Geschäftsjahr unterlassene Instandhaltung oder Abraumbeseitigung (I 2 Nr 1, s Rn 16–22);

d) für Gewährleistungen ohne rechtliche Verpflichtung (I 2 Nr 2, s Rn 23–25), ebenfalls ein Unterfall von Rückstellungen für ungewisse Verbindlichkeiten;

e) Aufwandsrückstellungen nach II aF sind seit BilMoG unzulässig (s Rn 26–28), da sie wirtschaftlich den Charakter von Rücklagen haben. Zur Lage **vor dem BilMoG: Bewertung** von Rückstellungen s § 253 I 2. Für KapitalGes Ausweis nach § 266 III B 1–3, Steuerabgrenzung (latente Steuern) nach § 274 und Angabe im Anhang § 285 S 1 Nr 12; Ausnahmen für kleine KapitalGes §§ 266 I 3, 288, für mittelgroße KapitalGes bei der Offenlegung § 327 Nr 2. Wenn keine Rückstellung zu bilden ist, kann doch Vermerk nach § 251 nötig sein. Lit: s Rn 2, 5, 9, 16, 26, Daub Rückstellungen **00** (Vergleich HGB, IAS, US GAAP), IDW RS WPg **00,** 716, Bauer/Strnad BB **03,** 895 (Stock Options nach HGB, IAS und Steuerrecht), Feld WPg **03,** 573 und 638 (Pensionsrückstellungen nach HGB und IAS), Gross/Matheis/Lindgens DStR **03,** 921 (Kosten Datenzugriff Finanzverwaltung), Hahne/Sievert DStR **03,** 1992 (Drohverlustrückstellungen), Hofer DB **03,** 1069 (Grundstücksveräußerung), Hoffmann StuB **03,** 499 (Bauunternehmen), Hommel Konzern **03,** 746 (Abbruchkosten HGB, IAS, US-GAAP), Mayr DB **03,** 740 (Eigeninteresse), Osterloh-Konrad DStR **03,** 1631 und 1675 (Prozessrisiken), Ross/Drögemüller WPg **03,** 219 (Aufbewahrungsfristen), Schmidbauer DStR **03,** 795 (Pensionsrückstellungen), Vogelpoth/Dörschell/Fuhrmann WPg **03,** 1191 (Pensionsverpflichtung von Beamten), Berndt BB **04,** 1623 (Bauschutt-Recycling), Euler/Engel-Ciric WPg-Sonderheft **04,** S 139 (Vergleich HGB–IFRS), Hoffmann StuB **04,** 30 (Überschuldungsbilanz), Hoffmann DStR **04,** 1250 (Bauten auf fremdem Boden), Klein/Völker-Lehmkuhl DB **04,** 332 (Emissionsrechte), Lüdeke/Skala BB **04,** 1436 (EU-Geldbußen), Moxter DStR **04,** 1057 und 1098 (Verbindlichkeitsrückstellungen), Ott/Rockel WPg **04,** 798 (Drohverlust bei Versicherungsunternehmen), Schmidt/Roth DB **04,** 553 (Umweltschutzverpflichtungen), Wüstemann BB **04,** 323 (Umweltlasten), Marx/Köhlmann BB **05,** 2007 (Rücknahmeverpflichtung nach ElektroG), Fatouros DB **05,** 117 (ungewisse Verbindlichkeiten), Zülch/Willms DB **05,** 1178 (Entsorgung und Wiederherstellung/Umstellung HGB/IFRS), Kleinmanns StuB **05,** 204 (Unterschiede HGB, IFRS), Berger StuB **05,** 381 (Going Concern), Marx/Köhlmann StuB **05,** 653 und 697 (Entsorgungsverpflichtungen HGB, IFRS), Vater StuB **05,** 1031 (Unternehmensbewertungen HGB, IFRS), Moxter BB **06,** 546, Berndt BB **06,** 1220 (Kenntnis des Geschädigten bei Patentverletzung), Ross/Drögemüller BB **06,** 1044 (Registrierungskosten wegen EU-Chemikalienverordnung), Herzig/Bohn BB **06,** 1551 (Einführungstarifverträge Metall- und Elektroindustrie), Marx/Berg DB **06,** 169 (Dokumentationsverpflichtungen), Binz/Mayer DB **06,** 1599 (Familiengesellschaften), IDW FN-IDW **06,** 273 (Emissionsberechtigungen), Berger/Kolb StuB **06,** 289 (Personenhandelsgesellschaftsanteile), Wolf StuB **06,** 449 (Risikobegriff), Führich WPg **06,** 1271 und 1349 (Entsorgung von Kernbrennelementen), Weigl/Weber/Costa BB **09,** 1062 (BilMoG).

2) Rückstellungen für ungewisse Verbindlichkeiten (I 1 1. Alternative)

2   A. **Voraussetzungen: a) Verbindlichkeit** ist eine Schuld gegenüber einem Dritten (sog Außenverpflichtung), keine bloße innerbetriebliche Verpflichtung; auch tatsächliche Verpflichtung ohne rechtliche Verbindlichkeit (wirtschaftliche

1. Abschnitt. Vorschriften für alle Kaufleute **3 § 249**

Betrachtungsweise), BGH NJW **91,** 1890 m Anm Claussen ZGR **92,** 255, vgl I 2 Nr 2, s Rn 23–25. Doch muss es so sein, dass Bestehen oder Entstehen der Verbindlichkeit und Inanspruchnahme objektiv wahrscheinlich sind, BFH BB **06,** 543, ADS 75; das ist nach BFH dann der Fall, wenn mehr Gründe für als gegen künftige Inanspruchnahme sprechen, BFH **192,** 64, 67 f; **197,** 530, 532; FG Köln EFG **06,** 648 (zur Wahrscheinlichkeit der Inanspruchnahme bei auflösend bedingter Rückzahlungsverpflichtung); vgl Celle BB **83,** 2233, aber mit Vorsichtsprinzip nicht vereinbar. Beurteilung erfolgt auf Grundlage objektiver, am Bilanzstichtag vorliegender und spätestens bei Aufstellung der Bilanz erkennbarer Tatsachen aus Sicht eines sorgfältigen und gewissenhaften Kaufmanns und unter Berücksichtigung der betriebsindividuellen und branchenüblichen Erfahrungen, FG Hamburg BB **08,** 2680. Wird die Bilanz einige Jahre später erstellt, ist maßgeblich, welche Tatsachen am Bilanzstichtag vorlagen und bis zu dem Zeitpunkt erkennbar waren, zu dem die Bilanz spätestens aufzustellen war, FG Düsseldorf EFG **06,** 25. Auch auf die vom BFH (etwa DStRE **02,** 541) geforderte (vorhandene oder unmittelbar bevorstehende) Kenntnis des Gläubigers kommt es nicht an, ADS 75. Bloß theoretische, wenngleich rechtlich begründbare Verpflichtung genügt nicht. Bei Dauerschuldverhältnissen (vgl § 252 Rn 16) kommt es auf Bestehen eines Erfüllungsrückstandes bzw einer Vorleistung an, BFH BB **93,** 900, ADS 60 (s auch Rn 14).

b) Ungewiss ist die Verbindlichkeit, wenn sie in Grund (Existenz) oder Höhe oder in Bezug auf den Zeitpunkt ihres Entstehens (BFH BB **00,** 1614) nicht feststeht, einerlei ob aus rechtlichen oder tatsächlichen Gründen, BFH **197,** 483, 485 f. Ist die Inanspruchnahme bereits gewiss, ist keine Rückstellung zu bilden, sondern die Verbindlichkeit normal zu passivieren. Wird sie gewiss, ist umzubuchen.

c) Bis zum Bilanzstichtag wirtschaftlich verursacht muss die Verbindlichkeit sein, dh sie muss Vergangenes abgelten, sonst gehört sie nicht mehr in das Berichtsjahr, BGH NJW **91,** 1890. Die wirtschaftlich wesentlichen Tatbestandsmerkmale müssen aber bereits erfüllt sein, BFH BStBl II **85,** 44, BB **92,** 1964, Celle BB **83,** 2233. Wirtschaftliche Verursachung ist ein Merkmal, das nur bei künftig entstehender, nicht aber bei dem Grunde nach bereits bestehender Verpflichtung gilt, BFH (I. Senat) **196,** 216, 219 f., DStRE **02,** 1180, Christiansen DStR **07,** 127, aA BFH (VIII. Senat) BB **03,** 43, BMF DB **03,** 239, IDW-HFA FN **02,** 220, dazu Mayr BB **02,** 2323, Crezelius ZIP **03,** 461, Weber-Grellet BB **03,** 36, 39, Breidert/Moxter WPg **07,** 912, offen lassend BFH (IV. Senat) DStR **08,** 915, s zur wirtschaftlichen Verursachung von Erfüllungsrückstand bei schwebenden Geschäften BFH BB **06,** 1623 m krit Anm Wüstemann; Übersicht zur BFH-Rspr Rätke StuB **08,** 477

B. **Beispiele:** Rückstellung **zulässig:** Abraumbeseitigung (s Rn 17); rück- **3** zahlbare Abschlussgebühren, BFH BB **91,** 509, 510 (Bauspardarlehensverzicht); BFH **197,** 530 (Klage gegen Kfm bis zur letztinstanzlichen rechtskräftigen Abweisung); Lohnzahlungen bei Altersteilzeit BFH BFH/NV **06,** 353 (Rückstellung ist ratierlich aufzubauen); für Altlastensanierung nur, wenn am Bilanzstichtag Anhaltspunkt für Inanspruchnahme bestand BFH BFH/NV **06,** 1286, Beherrschungs- und Gewinnübernahmevertrag (Verlustübernahme § 302 AktG); für betriebliche Berufsausbildung (BerBG, s § 59 Rn 12) wegen Pflicht des Arbeitgebers und Kündigungsschutz der Auszubildenden, üL, IDW-HFA FN **82,** 125, Nehm DB **84,** 2477, aA BFH BStBl II **84,** 344; Fazilitäten (s **(7)** Bankgeschäfte G/33) können Kreditzusage oder Gewährleistung sein (so bei Anspruch auch Dritter), IDW-BFA 1/87 WPg **87,** 301; Gewährleistungen, Garantien, und zwar als Einzel- oder Pauschalrückstellung, BFH BStBl II **84,** 264, BB **92,** 1103 (Vertragshändleranspruch), mehrjährige Garantiefrist, BGH BStBl II **83,** 104; kostenlose Nachbetreuung einer verkauften Hörhilfe, BFH BB **02,** 2436; dro-

§ 249 3

hende Inanspruchnahme aus Haftungsverhältnissen etwa aus Bürgschaft, Wechselobligo, Garantie ua, s § 251 Rn 2; Gratifikationen, BeckBilKomm/ Hoyos/M. Ring 100; Haftpflichtschäden (Kfz), ein für den Fall der Inanspruchnahme entstehender Haftpflichtversicherungsanspruch ist gegenüberzustellen, WP-Hdb 06 I E 128; drohende Haftung nach § 128 oder §§ 171, 172 als Gfter einer PersonenGes, IDW-HFA 3/76 WPg 76, 592; Handelsvertreterausgleichsansprüche (§ 89 b) vor HVVertragsende, str, ja hL, sogar Rückstellungspflicht, ADS 133, offen BeckBilKomm/Hoyos/M. Ring 100, wohl nur Wahlrecht BGH NJW 66, 2055, nein BFH stRspr BStBl II 83, 376, jedenfalls nach Klageerhebung, BGH BB 89, 1518; nicht für zukünftige Gebühren- und Kostenverpflichtungen eines Inkassounternehmens, FG Nürnberg DStRE 06, 1039, BFH BB 08, 830. Jahresabschluss- und Prüfungskosten für das abgelaufene Jahr, BFH BStBl II 80, 298, IDW-HFA 2/73 WPg 73, 503, Ergänzung WPg 82, 407; Kosten der Aufbewahrung von Geschäftsunterlagen bei Aufbewahrungspflicht nach § 257 bzw nach AO, BFH 199, 561, 563, IDW RH-HFA 1.009; Jubiläumszuwendungen, BFH 194, 76, Döllerer ZGR 88, 592, str, auch BFH DStR 07, 385; Leasing (s (7) Bankgeschäfte P/3): Erwerbs- oder Behaltensrecht gegen höhere Leasingraten, BFH BB 93, 1912; öffentlichrechtliche Pflichten, sofern hinreichend konkretisiert und sanktionsbewehrt, zB Buchführungsarbeiten für das Vorjahr, BFH BB 92, 1964, in HdlBilanz aber auch ohne genau fixierten Handlungszeitraum und Sanktionsbewehrung; zu erwartende strafrechtliche Anordnung des Verfalls der Gewinne aus einer Straftat, BFH 192, 64, 66 ff, Recyclingkosten auf Grund öffentlich-rechtlicher Pflichten BFH BB 06, 1678; öffentlich-rechtliche Verpflichtungen, wenn hinreichend konkretisiert, Verpflichtung kann sich auch allein aus einer gesetzlichen Bestimmung ergeben, wenn konkreter Gesetzesbefehl mit Sanktionen besteht, FG München EFG 06, 1528; Pensionen s Rn 5–8; uU künftige Beiträge an Pensionssicherungsverein, WP-Hdb 06 I E 143, str; Produkthaftpflicht, Herzig/Hötzel BB 91, 99, dabei auch Pauschalrückstellung, aA wohl BFH BStBl II 84, 265; Prozesskosten für schwebende Prozesse, auch bei unmittelbarem Bevorstehen, aA BFH BStBl II 70, 802 nur bei Passivprozess, idR nur für das Kostenrisiko; Rückgewähr empfangener Entgelte wie Rabatte, Warenrückvergütungen, Beitragsrückgewähr durch Versicherungsunternehmen oder Vereine, BFH BB 93, 1912; Steuererklärungskosten für Betriebssteuern für das abgelaufene Jahr, BFH BStBl II 84, 302; Schadensersatzanspruch bei drohender Inanspruchnahme, BFH BStBl II 85, 46, BB 93, 181; Patent- und Schutzrechtsverletzung, auch wenn noch ungewiss, aber nicht unwahrscheinlich, BFH BStBl II 82, 748, BeckBilKomm/Hoyos/M. Ring 100 für HdlBilanz, enger § 5 III EStG für Steuerbilanz: erst wenn Anspruch geltend gemacht oder damit ernsthaft zu rechnen ist, krit Moxter BB 82, 2084, Reaktion auf oder Kenntnis von Verletzung seitens des Patentinhabers ist aber nicht erforderlich, BFH BB 06, 1217; für Schadensersatz für nicht vollständig zurückgegebenes Leergut nur bei positiver oder unmittelbar bevorstehender Kenntnis des Getränkeherstellers, BFH HFR 06, 1087; Sozialplan (§§ 111, 112 BetrVG), bereits falls ernsthaft bevorstehend, WP-Hdb 06 I E 149; hat zuständige Behörde von Schadstoffbelastung und dadurch erforderlicher Sanierung erfahren, ist idR ernsthaft mit Inanspruchnahme aus Sanierungspflicht zu rechnen, BFH 204, 135, 138. Steuerschulden für abgelaufene Geschäftsjahre vor rechtskräftiger Veranlagung samt Zuschreibung nach § 280 aF; Steuerabgrenzung s § 274; gewinnabhängige Tantieme wie Gratifikationen; Umwelt(alt- und neu)lasten auch ohne Sanierungsverfügung, Crezelius DB 92, 1359, aA BFH DB 94, 18, Herzig 1994. Lit: Bach 1996, Kupsch BB 92, 2320, Siegel BB 93, 326, s öffentlichrechtliche Pflichten; Verlustübernahmeerklärung, Celle BB 83, 2232, s auch Beherrschungsvertrag; bedingt rückzahlbare Zuschüsse, wenn Bedingungseintritt wahrscheinlich ist, zu Rückstellungen nach Inkrafttreten des UschadG Schubert WPg 08, 505. **Nicht** zB für Hauptversammlungskosten, BeckBilKomm/Hoyos/M. Ring 100, fraglich;

1. Abschnitt. Vorschriften für alle Kaufleute **4, 5 § 249**

Verpflichtung zur Entsorgung eigenen Abfalls nach AbfG, wenn sowohl eine entsprechende behördliche Verfügung als auch eine Vereinbarung mit der Behörde fehlt, BFH **193,** 399; für nach dem Stichtag anfallende Recyclingkosten (bei Recyclingunternehmen), wenn zeitnahes Recycling behördlich überprüft wird, BFH BB **04,** 1620; für Provisionsverpflichtungen vor Ausführung des vermittelten Geschäfts, BFH BStBl II **73,** 482, sowie für nachträgliche Provisionszahlungen, wenn sie Gegenleistung für die Einhaltung eines nachvertraglichen Wettbewerbsverbotes darstellen, BFH **195,** 121, 125; für künftige Beiträge zu Garantiefonds (Volksbanken), BFH BB **92,** 243; für Weihnachtsgeld FG Rheinland-Pfalz. Weitere Kasuistik BeckBilKomm/Hoyos/M. Ring 100; WP-Hdb **06** I E 105 ff. Nicht für Gelder aus Steuerhinterziehung oder Geldwäsche, wenn Verfall wegen der Gesetze des Landes, in dem die Gelder angelegt sind, unwahrscheinlich, EFG **06,** 25. Lehmann DB **06,** 1281 (zur Behandlung von Spenden).

C. **Passivierungspflicht:** Für Rückstellungen nach I 1 besteht nach Wortlaut **4** und Sinn kein Wahlrecht, sondern eine Passivierungspflicht (Ausnahme § 254), BGH NJW **91,** 1890, und zwar idR Einzelrückstellung. Ausnahmsweise **Pauschalrückstellung,** BFH BB **89,** 664, die mit der **4.** EG-Ri vereinbar ist, EuGH **03,** 1, zB bei Garantieverpflichtungen, Bieg, Die externe Rechnungslegung der Kreditinstitute und Finanzdienstleistungsinstitute 1999, und Produkthaftpflicht, BeckBilKomm/Hoyos/M. Ring 100, str, s Rn 3. Pauschalwertberichtigung s § 253 Rn 21. Die ungewisse Verbindlichkeit ist grundsätzlich in vollem Umfang zu passivieren, noch nicht aktivierungsfähige Ansprüche gegen Dritte mindern nur dann, wenn der Eintritt des einen oder des anderen Sachverhalts unmöglich ist (wechselseitige Kausalität), IDW RS HFA 4 Tz 18, anders bei Drohverlust (nur Saldo, s Rn 9, 13).

3) Pensionsrückstellungen (zu I 1 1. Alternative)

A. **Neufälle: a) Allgemein:** Ansprüche der Arbeitnehmer aus betrieblicher **5** Altersversorgung (s § 59 Rn 83–89) sind ungewisse Verbindlichkeiten (abhängig vom Eintritt des Versorgungsfalls). Sie fallen also ohne weiteres unter I 1 1. Alt (AmtlBegr). Es besteht also grds **Passivierungspflicht** (s Rn 4), sie sind aber bei Eingreifen des § 246 II 2 mit ausschließlich ihrer Erfüllung dienenden Aktiva zu verrechnen (§ 246 Rn 2). Pensionsrückstellungen sind zu bilden für laufende Pensionen und für Pensionsanwartschaften (§ 59 Rn 85), allgM, BGH **139,** 172; BFH **198,** 420, 422; auch bei Bestehen einer selbstständigen Unterstützungseinrichtung, sobald persönliche Haftung des Arbeitgebers auf Nachschüsse (s § 59 Rn 84) droht; auch für künftige Ansprüche aus Vorruhestandsregelungen, IDW-HFA WPg **84,** 331. Rückstellungen zulässig für Verpflichtung zur zukünftigen Pensionszahlung an bei einer AG tätige freigestellte Beamte, FG Rheinland-Pfalz WPg **06,** 393. Zur durch BilMoG neugefassten **Bewertung** s § 253 Rn 3. **Gesonderter Ausweis** nur nach § 266 III B 1 für KapitalGes außer kleine (§ 266 I 3). **Steuerrechtlich:** sind Pensionsrückstellungen **nur nach § 6 a EStG zulässig.** Voraussetzungen sind ua Bestehen eines Rechtsanspruchs des Arbeitnehmers, Schriftform der Pensionszusage und Vorbehalte zur Kürzung oder zum Widerruf nur für Tatbestände, bei deren Vorliegen nach allgemeinen Rechtsgrundsätzen eine Minderung oder ein Entzug zulässig ist. Nachholung von in Vorjahren unterlassenen Zuführungen zur Pensionsrückstellung ist verboten, § 6 IV 1 EStG, auch bei formwechselnder Umwandlung, Niedersächsisches FG EFG **06,** 717. Vorbehalte für Geschäftsaufgabe oder -übertragung oder Ausscheiden aus PersonenGes können steuerschädlich sein (WP-Hdb **06** I E 178). Keine Rückstellung für künftige Beiträge an Pensionssicherungsverein, BFH BB **92,** 603. Fehlt Wahrscheinlichkeit der Inanspruchnahme, besteht handelsrechtliches Passivierungsverbot, das bereits wg des Maßgeblichkeitsprinzips (§ 5 I EStG) steuerrechtlich zu beachten ist, BFH BB **06,** 1626. Rechtsprechungsübersicht bei

§ 249 6–9   III. Buch. Handelsbücher

Doetsch/Veit BB **09**, 542. Lit: Höfer BB **96**, 41, Cramer DB **96**, 2239, DStR **97**, 190, Grützner StuB **05**, 405, Heger BB **06**, 539, Wellisch/Quast BB **06**, 763, Abel DB **06**, 961, Küting/Kessler KoR **06**, 192, Janssen PiR **06**, 46, Hirsch/Lieb/Veit StuB **06**, 344, Prinz WPg **06**, 953.

6 **b) Änderungen durch das BilMoG:** Durch § 253 II 2 erfolgte Veränderung der Bewertung von Rückstellungen für Pensionen und Anwartschaften, s § 253 Rn 5. Um den daraus resultierenden Einmaleffekt nicht schon im Jahr der Umstellung voll ergebniswirksam berücksichtigen zu müssen, sieht **(1)** EGHGB Art 67 I 1 ratierte Zuführung zu den Rückstellungen bis 31. 12. 2024 unter Berücksichtigung des Jahresergebnisses vor, dabei muss allerdings pro Geschäftsjahr mindestens $1/15$ des anzusammelnden Betrages zugeführt werden. Das erlaubt Zuführung sofort in vollem Umfang, in gleichmäßig bemessenen Raten bis zum 31. 12. 2024, oder in gleichmäßig oder ungleichmäßig selbstbemessenem kürzeren Zeitraum; Zuführung des Gesamtbetrages erst am 31. 12. 2024 ist aber ausgeschlossen. Die so nicht ausgewiesenen Rücklagen sind bei Eingreifen der Voraussetzungen des **(1)** EGHGB Art 67 II im Anhang aufzuführen. Etwaige aufzulösende Rückstellungen können beibehalten werden (Wahlrecht), sofern die Auflösungsbeträge den Pensionsrückstellungen bis spätestens 31. 12. 2024 wieder zugeführt werden müssten, **(1)** EGHGB Art 67 I 2, dann aber Angabe im Anhang, ansonsten sind sie unmittelbar in die Gewinnrücklagen einzustellen, **(1)** EGHGB Art 67 I 3. Für die beibehaltenen Posten finden mit Ausnahmen grds die bis zum Inkrafttreten des BilMoG geltenden Vorschriften Anwendung, **(1)** EGHGB Art 67 III. Lit: Ernst/Seidler ZGR **08**, 631, Pellens/Sellhorn/Strzyz DB **08**, 2373, Kirsch DStR **08**, 1202, Küting/Kessler/Keßler WPg **08**, 749.

7 B. **Altfälle: a) Vor BiRiLiG:** Unter Berufung auf BGH **34**, 324, WM **74**, 392 wurde Passivierungspflicht verneint für die AG nach üL (dann aber Vermerk nach § 159 aF AktG), zT auch für die GmbH. Indessen ist mit Erlass des BetrAVG die Pensionsanwartschaft rechtlich verfestigt (s § 59 Rn 83–89); die Hoffnung auf Deckung durch die laufenden Pensionszahlungen ist keine solide Basis für mangelnde Vorsorge, und der Schutz der Unternehmen vor Schwierigkeiten aus Passivierung ist weder berechtigt (Gläubigerschutz) noch iErg wirksam, da ein Passivierungswahlrecht für die Überschuldungsbilanz und für die Insolvenzantragspflicht (§ 92 II AktG, § 64 GmbHG, §§ 130a, 177a HGB) irrelevant wäre (KöKo/Mertens § 92 Anm 17, str) und es sich nur auf die Kapitalerhaltung nach § 30 GmbHG (vgl § 172 a) und die Verlustanzeigepflicht nach § 92 I AktG, § 49 III GmbHG auswirken würde (KöKo/Mertens § 92 Anm 3, str). Die besseren Gründe sprachen also schon bisher für eine Passivierungspflicht nach GoB (IDW-HFA WPg **76**, 86, IDW WPg **83**, 20, Knobbe-Keuk § 4 V 5 e). Auf jeden Fall durften einmal gebildete Pensionsrückstellungen nicht mehr frei aufgelöst werden, BFH BStBl **77** II 801, vgl jetzt III 2.

8 **b) Übergangsrecht** (und zT Dauerregelung): Nach **(1)** EGHGB **Art 28** braucht für unmittelbare oder mittelbare (Haftung des Kfm) laufende Pensionen und Pensionsanwartschaften und ähnliche Verpflichtungen (zB Übergangs- und Sterbegelder; nicht die arbeitsmarktpolitisch bedingten Vorruhestandsgelder, Knobbe-Keuk § 4 V c dd, str), die **vor dem 1. 1. 1987 erworben** oder vorher begründet, aber nach dem 31. 12. 1986 erhöht worden sind, keine Rückstellung nach § 249 I 1 gebildet zu werden (S 1), keinesfalls für mittelbare Zusagen und pensionsähnliche Verpflichtungen (S 2), aber **Passivierungswahlrecht,** BGH **139**, 172 (ohne Begründung, s Rn 8); Beiträge an Pensionssicherungsverein s Rn 3; doch müssen KapitalGes den Gesamtbetrag im (Konzern) Anhang angeben (II).

9 **Beurteilung:** Mit **(1)** EGHGB Art 28 sollte das angeblich bestehende Passivierungswahlrecht aufrechterhalten werden (AmtlBegr). Der RefE zum BilMoG sah Streichung des I 2 vor, der RegE aber schon wieder nicht mehr. Indessen

1. Abschnitt. Vorschriften für alle Kaufleute   10–13 § 249

bestand richtiger Ansicht nach ein solches Wahlrecht schon bisher nicht. Es ist deshalb zu überlegen, **(1)** EGHGB Art 28 einengend dahin auszulegen, dass er keine Festschreibung dahin beinhaltet, dass sich nicht auch für Altfälle im Laufe der Zeit GoB mit dem Inhalt einer Passivierungspflicht auch für Altfälle bilden können. Die Festschreibung eines „Grundsatzes ordnungswidriger Buchführung" (Döllerer BB **82**, 777) durch **(1)** EGHGB Art 28 I 1 und besonders I 2 auf Dauer (so AmtlBegr zu § 249) wäre mit dem Gesetzeszweck unvereinbar, Baumb/Hueck/Schulze-Osterloh § 42 Rn 273. Diese teleologische Auslegung geht der historischen jedenfalls längerfristig vor. Sogar für Verfassungswidrigkeit Birk NJW **84**, 1329; Verstoß gegen EG-Ri, Knobbe-Keuk § 4 V 5 e. Falls keine Rückstellungen gebildet werden, sollten diese Haftungsverhältnisse jedenfalls unter der Bilanz vermerkt werden (aber s § 251 Rn 1–3).

4) Rückstellungen für drohende Verluste (I 1 2. Alternative)

A. Voraussetzungen: Rückstellungen für drohende Verluste aus schweben- **10** den Geschäften (§ 252 Rn 21) sind ein Unterfall von Rückstellungen für ungewisse Verbindlichkeiten (s Rn 2–4), hL, aA Groh BB **88**, 27; die dazu entwickelten Grundsätze gelten auch für I 1 2. Alt. Die Passivierungspflicht folgt aus dem Imparitätsprinzip, wonach unrealisierte Verluste schon dann zu berücksichtigen sind, wenn ihr Eintritt droht (§ 252 I Nr 4). Passivierungspflicht aber auch dann, wenn sich aus gegenseitigem Vertrag zur Vermittlung und Betreuung von Lebensversicherungen ein Erfüllungsrückstand gebildet hat, BFH BB **04**, 2743. Andere Verpflichtungsgründe als gegenseitige Geschäfte (zB Haftung aus Gesetz, Schenkung, Unternehmensvertrag, § 128, Einlagepflicht eines Gfters) begründen keine Rückstellungen für drohende Verluste, aber ggf für ungewisse Verbindlichkeiten. Schwebezustand beginnt mit dem rechtswirksamen Vertragsschluss, aber auch bindendes Angebot des Bilanzierenden genügt, letter of intent je nach Bindung (§ 349 Rn 22). Noch keine Rückstellung bei Gremienvorbehalt im Bereich des Bilanzierenden (noch keine Bindung), aber bei solchem im Bereich des Vertragspartners, IDW RS HFA 4 Tz 6 ff. Beendigung des Schwebezustands s § 252 Rn 21. Verlustfreie Bewertung von Vermögensgegenständen, zB gekaufte Sache, hat Vorrang vor der Bildung von Drohverlusten, IDW RS HFA 4 Tz 20 ff. Lit: Jonas DB **86**, 1733, Groh BB **88**, 27, Maulshagen/Maulshagen BB **00**, 243 (Swap-Geschäfte), Christiansen DStR **07**, 869. Steuerrechtlich sind Drohverlustrückstellungen aus schwebenden Geschäften unzulässig, § 5 IVa EStG, s BFH BFH/NV **06**, 167.

a) Verlust ist der Mehrwert der eingegangenen Verbindlichkeit gegenüber der erworbenen Forderung (Verpflichtungsüberschuss). Er zeigt sich beim Vergleich der vom Kfm zu erbringenden Hauptleistung mit der zu erwartenden Gegenleistung. Es findet also eine Saldierung statt unter Einbeziehung faktischer durchsetzbarer wirtschaftlicher Vorteile, nicht aber bloßer Hoffnungen wie Erwartung künftiger Markterträge bei Verkauf unter Einstandskosten zwecks Marktschließung (s Rn 13; anders bei ungewisser Verbindlichkeit, s Rn 4), zum Saldierungsbereich IDW RS HFA 4 Tz 25 ff. Berechnungsbeispiele s Rn 12–14.

b) Drohend bedeutet, dass der Verlust nicht nur möglich, sondern einigerma- **11** ßen wahrscheinlich ist (vgl Rn 2). Allgemeine Risiken wie Geschäftsrisiko oder Exportrisiko (vgl **(7)** Bankgeschäfte N/3 Hermes-Deckung) genügen nicht; anders bei konkreten Länderrisiken. Verpflichtungsüberschuss muss hinreichend wahrscheinlich sein, BFH DStR **05**, 238. Näher Zweifelsfragen zur Bilanzierung und Bewertung von Drohverlustrückstellungen IDW RS HFA 4.

c) Bis zum Bilanzstichtag wirtschaftlich verursacht s Rn 2. **12**

B. Beispiele: Bei **Beschaffungsgeschäften** des Kfm errechnet sich ein Ver- **13** lust, wenn der zulässige Bilanzwert (zB § 253 IV) der ausstehenden Ware am Bilanzstichtag niedriger ist als der geschuldete Kaufpreis (Verpflichtungsüber-

§ 249 14–21
III. Buch. Handelsbücher

schuss), BFH BStBl II **88**, 1000, ADS 152, BeckBilKomm/Hoyos/M. Ring 70. Zur Bewertung schwebender Beschaffungsgeschäfte IDW RS HFA 4 Tz 29 ff.

14 Bei **Absatzgeschäften** des Kfm sind die Selbstkosten mit der Kaufpreisschuld zu vergleichen. Die Kaufpreisschuld ist zum Nennwert anzusetzen. Die Selbstkosten umfassen nicht nur die Herstellungskosten (s § 255 Rn 14–20), sondern auch künftige Lager- und Vertriebskosten; auch zu erwartende Preis- und Lohnerhöhungen, soweit sie der Kfm nicht durch Tagespreisklauseln oä (s aber § 309 Nr 1 BGB) übergewälzt hat, str, Knobbe-Keuk § 4 VII 2, aA BFH BStBl II **83**, 104, II **87**, 848, üL. Diese Kosten umfassen die anteiligen leistungsunabhängigen Fixkosten, zB Abschreibungen auf Maschinen ua, str; für diesen Vollkostenansatz üL; nach aA bloße variable Kosten; wegen Vorsichtsprinzip (keine stille Lasten) kein Wahlrecht, IDW RS HFA 4 Tz 35, aA bisher ADS § 253 Rn 254: § 255 II 3 aF analog, der aber mit BilMoG entfallen ist. Vollkostenansatz auch bei insgesamt verlustbringenden Absatzgeschäften mit positivem Deckungsbeitrag zwecks Verbesserung der Kapazitätsauslastung, IDW RS HFA 4 Tz 35; Kosten der Unterbeschäftigung (Leerkosten) sind Aufwand des jeweiligen Geschäftsjahrs, Tz 37. Gewinnaufschlag ist nicht zulässig, BeckBilKomm/Hoyos/M. Ring 78, str. Rückstellungen sind auch bei gezieltem Unter-Selbstkosten-Verkauf zu bilden (s Rn 9), str.

15 Bei **Dauerschuldverhältnissen**, zB Miete, Leasing, kommt es nicht auf einen Verlust insgesamt, sondern auf die noch ausstehenden Leistungen (Restwert- statt Gesamtwertbetrachtung), ADS § 253 Rn 257, hL, aA BFH BB **93**, 895 (vgl Rn 2) an.

16 C. **Passivierungspflicht:** s Rn 4; Wahlrecht zwischen Voll- und Teilkostenansatz s Rn 13. Saldierung s Rn 9. Grundsätzlich Abzinsung der Drohverlustrückstellung, IDW RS HFA 4 Tz 41.

5) Instandhaltungs- und Abraumbeseitigungsrückstellungen (I 2 Nr 1, I 3 aF)

17 A. **Voraussetzungen: a) Instandhaltungsrückstellungen:** I 3 wurde durch BilMoG aufgehoben, s Rn 26. Rechtslage **vor dem BilMoG** (Übergangsrecht **(1)** EGHGB Art 66 III, 67): Aufwendungen für Instandhaltung sind, obwohl betrieblich geboten, unterlassen worden, werden aber im folgenden Geschäftsjahr nachgeholt (I 2, 3). Die Instandhaltungsrückstellungen nach I 2, 3 sind anders als die aus I 1 keine solchen mit Schuldcharakter, sondern solche wegen innerbetrieblicher Verpflichtungen (s Rn 2) und deshalb problematisch, s Rn 26. Bei (ungewisser, s Rn 2) tatsächlicher (s Rn 2) oder rechtlicher Pflicht zur Instandhaltung geht I 1 vor. Ebenso § 253 II 3, außerplanmäßige Abschreibung, soweit zwingend, sonst Wahlrecht, ADS 194. Lit: Sundermeier BB **93**, 825.

18 b) **Abraumbeseitigungsrückstellungen** fallen bei (ungewisser, s Rn 2) tatsächlicher (s Rn 2) oder (öffentlich-, privat)rechtlicher Pflicht an sich schon unter I 1, aber s Rn 20–22.

19 B. **Beispiele: a)** Instandhaltungsrücklagen zB bei hinausgeschobenen Wartungs- und Reparaturarbeiten am Maschinenpark, Renovierung von Wohnungen.

20 **b)** Abraumbeseitigungsrücklage zB bei Berg(tage)bauunternehmen.

21 C. **Passivierungspflicht bzw -wahlrecht: a)** Für Instandhaltungsaufwendungen ist zu unterscheiden. I 2 Nr 1 sieht Passivierungspflicht nur vor, wenn sie in den ersten drei Monaten des folgenden Geschäftsjahres nachgeholt werden. Sonst bleibt es nach I 3 bei einem Passivierungswahlrecht. Diese Differenzierung ist mit Rücksicht auf BFH BStBl II **84**, 278, stRspr erfolgt, wonach Instandhaltungsaufwendungen bei bloßem Wahlrecht nach HGB steuerrechtlich nicht anerkannt werden (AmtlBegr). Bei Instandhaltung nicht mehr im folgenden Geschäftsjahr gilt I 3 nicht, bereits erfolgte Rückstellung ist aufzulösen, wenn nicht II vorliegt, Baumb/Hueck/Schulze-Osterloh § 42 Rn 259, str.

b) Für im folgenden Geschäftsjahr nachgeholte (sonst wie Rn 20, str) Abraumbeseitigungsrückstellungen besteht nach I 2 Passivierungspflicht. Das gilt anders als nach I 1 ohne Rücksicht auf ihr Drohen am Bilanzstichtag.

c) Für Rückstellungen aus I 2 ist **kein gesonderter Ausweis** nötig, aber bei erheblichem Umfang sind sie im Anhang zu erläutern, § 285 Nr 12.

6) Rückstellungen für Gewährleistungen ohne rechtliche Verpflichtung (I 2 Nr 2)

A. **Voraussetzungen:** Es handelt sich um einen Unterfall von Rückstellungen für ungewisse Verbindlichkeiten, GK BilR/Kleindiek 66, hL, Kulanzleistungen fallen entweder schon unter I 1 1. Alt, wenn sie die Vermeidung von Rechtsstreitigkeiten bezwecken, oder unter I 2 Nr 2, wenn sie eindeutig ohne rechtliche Verpflichtung, aber im Hinblick auf die Erhaltung der Geschäftsbeziehung erfolgen. Notwendig ist ein faktischer Leistungszwang.

B. **Beispiele:** Reparatur unter Selbstkosten trotz unsachgemäßer Behandlung der Kaufsache durch den Kunden oder klaren Verjährungseintritts. **Nicht:** Kulanzleistung ohne Bezug auf vorangegangenen Vertrag, zB Reparaturen an bei Dritten gekauften Produkten oder sonstige Dienstleistungen unter Selbstkosten zum Gewinnen von Kunden (auf die Zukunft gerichtete Werbemaßnahme), BFH BStBl III **65,** 383.

C. **Passivierungspflicht:** So klar I 2. Bei Kulanzleistungen ohne Bezug auf vorangegangenen Vertrag (s Rn 24) scheidet Passivierung überhaupt aus (III 1), also auch kein Passivierungswahlrecht, BeckBilKomm/Hoyos/M. Ring 114. Kein gesonderter Ausweis, s Rn 22.

7) Aufwandrückstellungen (II)

A. **Voraussetzungen:** II wurde wie auch der speziellere Fall von I 2 Nr 3, I 3 (str) auf Grund erheblicher bilanzpolitischer Spielräume und der wirtschaftlichen Charakterisierung von Aufwandsrückstellungen als Rücklagen mit Geltung des BilMoG gestrichen (s Rn 1). Für ein nach dem 1. 1. 2010 endendes Geschäftsjahr gebildete Rückstellungen können beibehalten oder aufgelöst werden, bei Auflösung sind sie in die Gewinnrücklagen einzustellen, **(1)** EGHGB Art 67 III. Lit: Theile/Stahnke DB **08,** 1757, Kirsch DStR **08,** 1202, Husemann/Hofer DB **08,** 2661, Petersen/Zwirner StuB **08,** 693. Rechtslage **vor dem BilMoG:** II lässt über I 2 Nr 1, I 3 hinaus Aufwandrückstellungen zu. Es handelt sich dabei nicht um eine allgemeine Zukunftsvorsorge wie durch Rücklagen, sondern um die Vorsorge für konkrete künftige Aufwendungen, die vergangenen Geschäftsjahren zuzuordnen und für den Kfm unabweisbar sind. Solche Rückstellungen sind auch in anderen EGMitgliedstaaten zulässig (AmtlBegr). Aber solche Reserven für künftige Aufwendungen können leicht zu den allgemeinen Problemen stiller Reserven führen (s § 252 Rn 13 ff); II ist deshalb eng auszulegen. Notwendig sind genaue Umschreibung (Aufwandsumschreibung), klare Periodenzuordenbarkeit (Aufwandsverursachung) und zwar nicht Sicherheit, aber hohe Wahrscheinlichkeit (Aufwandserwartung). Unbestimmtheit der Höhe und des Zeitpunkts (Aufwandsunbestimmtheit) ist sinngemäß verzichtbar, Baumb/Hueck/Schulze-Osterloh § 42 Rn 261, str. Aktivierungspflichtige Aufwendungen fallen nicht unter II. Beschluss über Bildung von Aufwandrückstellungen s § 164 Rn 3. **Nachholung** bewusst unterlassener Aufwandsrückstellungen für frühere Geschäftsjahre ist nicht möglich, BeckBilKomm/Hoyos/M. Ring 311, anders bei neuen Erkenntnissen, Baumb/Hueck/Schulze-Osterloh § 42 Rn 263. Lit: Ballwieser FS Beusch **93,** 63, Kämpfer FS Moxter **94,** 257, Wesner FS Moxter **94,** 433, Tischbirek DB **97,** 1041.

§ 249 28–33 III. Buch. Handelsbücher

28 B. **Beispiele:** Reparaturen und Instandhaltungsarbeiten an eigenen Anlagen (soweit nicht schon von I 2 Nr 1, 3 erfasst); Renovierung von Wohnungen; auch an sich fällige Großreparaturen, die aber erst nach dem nächsten Geschäftsjahr ausgeführt werden sollen (aber § 253 I 1 geht vor, s Rn 16); Abraumbeseitigung (soweit nicht schon von I 2 Nr 1 erfasst); Bauinstandhaltung von Wohngebäuden s IDW-WFA 1/90 WPg **90,** 149. **Nicht** zB Aufwendungen für Werbung, für Forschung und Entwicklung, da nicht dem Geschäftsjahr zuzuordnen, BeckBilKomm/Hoyos/M. Ring 323, str; für allgemeines Unternehmerrisiko, anders bei branchentypisch oder periodisch eintretenden Risiken und Schäden; für höhere Wiederbeschaffungspreise, üL, BeckBilKomm/Berger/M. Ring 323, str.

29 C. **Passivierungswahlrecht:** So klar II. Gesellschaftsrechtliche Grenzen s Baumb/Hueck/Schulze-Osterloh § 42 Rn 262. Für Rückstellungen nach II ist **kein gesonderter Ansatz** nötig, aber bei erheblichem Umfang sind sie im Anhang zu erläutern, § 285 S 1 Nr 2.

8) Verbot sonstiger Rückstellungen, Auflösungsverbot (II nF)

30 A. **Verbot sonstiger Rückstellungen:** Nach II 1 sind andere Rückstellungen als nach I unzulässig.

31 B. **Auflösungsverbot:** nach **II 2** dürfen Rückstellungen auch bei Passivierungswahlrecht nicht nach freier Wahl wieder aufgelöst werden, sondern nur soweit der Grund hierfür entfallen ist (oder Aufwendung entstanden ist). Ebenso für Pensionsrückstellungen, BGH **139,** 175, auch schon von dem BiRiLiG, s Rn 6 (unbeschadet der Wahl, ob neu zugeführt werden soll). II 2 gilt auch für Pensionsrückstellungen nach **Übergangsrecht,** soweit ein fortdauerndes Passivierungswahlrecht anerkannt wird, s Rn 7. II 2 räumt kein Beibehaltungswahlrecht ein; denn das würde zu mit dem Gesetzeszweck unvereinbaren stillen Reserven (§ 252 Rn 13 ff) führen. Auflösung führt (Saldierungsverbot) zu sonstigen betrieblichen Erträgen (§ 275 II Nr 4, III Nr 6), bei Steuerrückstellung zu § 275 II Nr 18, III Nr 17. **Übergangsrecht** in **(1)** EGHGB Art 24 III (s Einl 67 v § 238). Lit: Gail BB **82,** 217.

9) IAS 19 (Leistungen an Arbeitnehmer)

32 A. Der Vorschrift des **§ 249** thematisch entsprechende allgemeine Regelungen zu Rückstellungen sind in den internationalen Standards zum einen in **IAS 19** enthalten, soweit es speziell um **Leistungen an Arbeitnehmer** geht, zum anderen und generell in **IAS 37** (**Rückstellungen,** Eventualschulden und Eventualforderungen).

33 B. **Gegenstand:** IAS 19 regelt Ansatz und Bewertung von Leistungen, die vom Arbeitgeber an Arbeitnehmer erbracht werden. Es besteht eine generelle Pflicht, unabhängig von Durchführungsweg, Leistungsordnung oder Unternehmensart, betriebliche Leistungen an Arbeitnehmer (vor allem Altersversorgungsleistungen, aber auch zB Jubiläums- oder Abfindungszahlungen) im Rahmen des Jahresabschlusses zu erfassen. **Zeitliche Anwendung:** Grundsätzlich Geschäftsjahre, die am oder nach dem 1. 1. 99, zT auch erst am oder nach dem 1. 1. 01 bzw 31. 5. 02 beginnen (IAS 19 157 ff). Lit: Bauer/Strnad, BB **03,** 895 (Stock Options), Feld, WPg **03,** 573 u 638, Müller, WPg **03,** 163, Schmidbauer, DStR **03,** 795 (Pensionsrückstellungen), Zimmermann/Schilling, StuB **05,** 293, Förster/Weppler BB **06,** 773, Gohdes BB **06,** 990, Gohdes/Baach BB **06,** 2683, Rhiel/Stieglitz DB **06,** 1385, Baetge/Haenelt DB **06,** 2413, Thurnes/Vavra DB **06,** 2697, Küting/Keßler KoR **06,** 192, Fladt/Feige WPg **06,** 274 (Änderungsvorschlag/ED), Lieb/Rhiel PiR **06,** 87, Hasenburg WPg **06,** 1400, Theirer DB **07,** 1093, Alvarez/Büttner IRZ **08,** 463, Wellisch/Machill KoR **08,** 748 (Lebensarbeitszeitkonten), Thurnes/Vavra DB **08,** 2719, Deiter/Sellhorn PiR **08,**

1. Abschnitt. Vorschriften für alle Kaufleute   34–40 § 249

356 (überdotierte Pensionsverpflichtungen), Sassen PiR **08**, 408, Küting/Keßler DB **09**, 465 (Finanzkrise).

C. **Sachliche Anwendung:** IAS 19 regelt die Bilanzierung von Leistungen 34 an Arbeitnehmer, mit Ausnahme von Leistungen, die unter IFRS 2 (Aktienbasierte Vergütung) fallen. IAS 19 behandelt nicht die Berichterstattung des Arbeitgebers für Versorgungspläne, die sich nach IAS 26 (Bilanzierung und Berichterstattung von Altersversorgungsplänen) richtet (IAS 19.1 ff).

D. **Wesentlicher Inhalt:** Leistungen an Arbeitnehmer sind alle Vergütungs- 35 formen, die dem Arbeitnehmer **für erbrachte Leistungen** durch das Unternehmen gewährt werden: 1) kurzfristig fällige Leistungen, die innerhalb der 12 Monate der Leistungserbringung anfallen (zB Gehälter, Urlaubsgeld, Krankengeld); 2) Leistungen nach Beendigung des Arbeitsverhältnisses, die nach dem Ende des Arbeitsverhältnisses fällig werden (zB Pensionen, Lebensversicherungen); 3) andere langfristig fällige Leistungen, die nicht innerhalb von 12 Monaten fällig werden; 4) Leistungen anlässlich der frei- oder unfreiwilligen Beendigung des Arbeitsverhältnisses (zB Abfindungen, Vorruhestandgeld) (IAS 19.7 ff).

E. **Kurzfristig fällige Leistungen** werden in der Periode als Aufwand erfasst, 36 in der der Arbeitnehmer die Leistung für das Unternehmen erbringt. Gewinnbeteiligungen und Bonuszahlungen werden erfasst, wenn das Unternehmen auf Grund von Ereignissen der Vergangenheit gegenwärtig eine rechtliche oder faktische Verpflichtung hat und die Höhe der Verpflichtung zuverlässig geschätzt werden kann. Für unbezahlte kurzfristig fällige Leistungen ist eine Schuld anzusetzen (IAS 19.8 ff).

F. Bei den **Leistungen nach Beendigung des Arbeitsverhältnisses** (zB 37 Renten) sind **Beitragszusagen** (defined contribution plan) und **Leistungszusagen** (defined benefit plan) zu unterscheiden (IAS 19.24 ff). Bei der **Beitragszusage** zahlt der Arbeitgeber feste Beiträge in ein separates Unternehmen ein und hat somit keine rechtliche oder faktische Verpflichtung zu weiteren Zahlungen. Alle anderen Leistungen nach Beendigung des Arbeitsverhältnisses sind Leistungszusagen. Fällige Beiträge zu einer Leistungszusage werden dann als Aufwand erfasst, wenn der Arbeitnehmer seine Leistung erbringt (IAS 19.43 ff).

G. Bei einer **Leistungszusage** erfasst das Unternehmen entweder einen leis- 38 tungsorientierten Nettovermögenswert oder eine Schuld, bestehend aus dem Barwert der leistungsorientierten Verpflichtung am Bilanzstichtag, basierend auf einer versicherungsmathematischen Bewertung, und dem beizulegenden Zeitwert des Planvermögens am Bilanzstichtag (IAS 19.48 ff).

H. **Gewinne und Verluste** aus der versicherungsmathematischen Bewertung 39 werden sofort als Ertrag oder Aufwand erfasst, soweit sie 10% der leistungsorientierten Verpflichtung oder 10% des beizulegenden Zeitwertes des Planvermögens überschreiten. Ein Unternehmen kann sich dafür entscheiden, alle Gewinne und Verluste aus der versicherungsmathematischen Bewertung sofort zu erfassen. Jeder nicht erfasste Gewinn und Verlust aus der versicherungsmathematischen Bewertung ist als Teil des leistungsorientierten Vermögenswertes oder der Schuld zu berücksichtigen (IAS 19.63 ff).

I. **Nachzuverrechnender Dienstzeitaufwand** wird auf der Grundlage der 40 linearen Abschreibungsmethode als Aufwand über den durchschnittlichen Zeitraum bis zur Unverfallbarkeit der Verpflichtung als Aufwand erfasst. Jeder nicht erfasste, nicht unverfallbare nachzuverrechnende Dienstzeitaufwand ist als Teil des leistungsorientierten Vermögenswertes oder der Schuld zu berücksichtigen. Nachzuverrechnender Dienstzeitaufwand ist der Anstieg der leistungsorientierten Verpflichtung für die Leistungen des Arbeitnehmers in früheren Perioden, resultierend in der aktuellen Periode aus der Einführung oder der Änderung von leistungsorientierten Plänen (IAS 19.96 ff).

Merkt

§ 250 41–45

41   J. **Änderungen** im Betrag des leistungsorientierten Nettovermögenswertes oder der Schuld werden im Periodenergebnis als Nettopensionsaufwand oder -ertrag erfasst. Die Effekte einer Kürzung oder Erfüllung eines leistungsorientierten Plans werden erfasst, wenn die Kürzung oder Erfüllung auftritt (IAS 19 109 ff). Ein Unternehmen erfasst eine **Schuld für langfristig fällige Leistungen** in Höhe des Barwerts der leistungsorientierten Verpflichtung abzüglich des beizulegenden Zeitwertes des Planvermögens am Bilanzstichtag. Versicherungsmathematische Gewinne und Verluste sowie nachzuverrechnender Dienstzeitaufwand werden sofort als Ertrag oder Aufwand erfasst (IAS 19 116 ff). Ein Unternehmen erfasst für **Leistungen anlässlich der Beendigung des Arbeitsverhältnisses** eine Schuld und Aufwand, wenn es nachweislich verpflichtet ist, entweder das Arbeitsverhältnis mit dem Arbeitnehmer vor dem normalen Beendigungszeitpunkt zu beenden oder Leistungen anlässlich der Beendigung des Arbeitsverhältnisses als Ergebnis eines Angebots zur freiwilligen Aufhebung des Arbeitsverhältnisses zu erbringen. Ein Unternehmen ist **nachweislich verpflichtet**, wenn es einen detaillierten, formellen Plan für die Beendigung hat und keine realistische Möglichkeit hat, diesen zurückzunehmen. IAS 19 sieht Angaben über Leistungen an Arbeitnehmer vor (IAS 19 132 ff).

42   K. **Wesentliche Unterschiede zum HGB:** Die Bilanzierung von Pensionsrückstellungen nach IAS 19 gilt als eine nach deutschen Grundsätzen zulässige Bewertungsmethode. Gem IDW-HFA 2/88 ist Voraussetzung, dass der bilanzielle Wertansatz nach IAS 19 nicht den Wertansatz des steuerlichen Teilwerts unterschreitet.

10) IAS 37 (Rückstellungen, Eventualschulden und Eventualforderungen)

43   A. Eine **Legaldefinition** des Begriffs **Rückstellungen** ist im **HGB nicht** enthalten. § 249 zählt lediglich verschiedene Arten von Rückstellungen abschließend auf. Demgegenüber besteht in den internationalen Standards eine umfassende und **allgemeinverbindliche Bestimmung der Rückstellungen,** Eventualverbindlichkeiten und Eventualforderungen in **IAS 37,** s Baetge, IAS-Kommentar 178 ff.

44   B. **Gegenstand:** IAS 37 regelt den Ansatz und die Bewertung von Rückstellungen, Eventualschulden und Eventualforderungen. **Zeitliche Anwendung:** Geschäftsjahre, die am oder nach dem 1. 7. 99 beginnen. Frühere Anwendung empfohlen (IAS 37.95). Lit: Bauer/Strnad BB **03,** 895 (Stock Options), Euler/Engel-Ciric WPg-Sonderheft **04,** S 139 (Vergleich HGB-IFRS), Hommel Konzern **03,** 746 (Abbruchkosten), Th. Kümpel DStR **04,** 1227 (Entsorgungsverpflichtung), Lüdenbach BB **03,** 835 (Rückbauverpflichtung), Moxter DStR **04,** 1057 u 1098, Thiele WPg **04,** 737 (schwebender Rechtsstreit), Zeimes DB **03,** 2077 (Entsorgungsverpflichtung), Kühne/Nerlich BB **05,** 1839 (ED IAS 37), Marx/Köhlmann BB **05,** 2007, Schreiber BB **06,** 1842 (Rücknahmeverpflichtungen aus ElektroG), Zülch/Willms DB **05,** 1178 (Entsorgungsverpflichtung HGB/IFRS), Kleinmanns StuB **05,** 204 (HGB, IFRS und Entwicklung), Wehrheim/Lenz StuB **05,** 455 (Maßgeblichkeitsprinzip), Zülch/Fischer StuB **05,** 1054 (Business Combinations Phase II), Kirchhof WPg **05,** 589 (Restrukturierung), Mellwig/Sabel Konzern **05,** 357 (schwebende Geschäfte), Lüdenbach/Freiberg PiR **05,** 41 (drohende Verluste), Janssen PiR **05,** 46 (Großinspektion), Haaker PiR **05,** 51 (ED IAS 37), Marx/Köhlmann StuB **05,** 653 und 693 (Entsorgungsverpflichtungen), Baetge/Zülch/Brüggemann/Nellessen PiR **07,** 315, Röhm/Schütze RiW **07,** 241 (Class Aktion-Risiken), Hommel/Christ/Morawietz KoR **08,** 352 (CDS), Friedrich/Schmidt IRZ **08,** 391.

45   C. **Sachliche Anwendung:** IAS 37 ist **nicht anwendbar** auf Rückstellungen, Eventualschulden und Eventualforderungen 1) aus einem erfüllungsbedürfti-

gen Vertrag, außer wenn der Vertrag belastend ist. Ebenso wenig ist IAS 37 anwendbar auf Rückstellungen, Eventualschulden und Eventualforderungen, die von einem anderen Standard abgedeckt werden, zB a) Eventualschulden aus einem Unternehmenszusammenschluss, s IFRS 3 (Unternehmenszusammenschlüsse), b) Rückstellungen auf Grund von Fertigungsaufträgen, s IAS 11 (Fertigungsaufträge), c) Ertragssteuern, s IAS 12 (Ertragssteuern), d) Leasing, s IAS 17 (Leasing), e) Leistungen an Arbeitnehmer, s IAS 19 (Leistungen an Arbeitnehmer), f) Versicherungsverträge, s IFRS 4 (Versicherungsverträge). IAS 37 ist auch nicht auf Finanzinstrumente anzuwenden, die in den Anwendungsbereich von IAS 39 (Finanzinstrumente: Ansatz und Bewertung) fallen (IAS 37.1 ff).

D. **Wesentlicher Inhalt:** Eine Rückstellung ist eine Verpflichtung, die in Bezug auf ihre Fälligkeit oder ihre Höhe ungewiss ist, zB Gewährleistungsverpflichtungen und gesetzliche oder faktische Rekonstruktionsverpflichtungen. Eine **Rückstellung** ist **zu bilden, wenn:** 1) ein Unternehmen eine gegenwärtige gesetzliche oder faktische **Verpflichtung** auf Grund eines vergangenen Ereignisses hat (IAS 37.15 ff), 2) es **wahrscheinlich** ist, dass ein Abfluss von wirtschaftlichem Nutzen notwendig ist, um die Verpflichtung zu erfüllen (IAS 37.23 f), und 3) eine verlässliche **Schätzung** der Höhe der Verpflichtung gemacht werden kann (IAS 37.25 f). Eine **faktische Verpflichtung** entsteht durch Handlungen des Unternehmens, durch die es anderen gegenüber deutlich gemacht hat, dass es bestimmte Verantwortungen übernimmt und als Ergebnis hat sich die Erwartung aufgebaut, dass es diesen Verantwortungen auch nachkommen wird (IAS 37.10).

E. Der **Betrag der Rückstellung** ergibt sich aus der besten **Schätzung** am Bilanzstichtag über die Höhe der erforderlichen Ausgaben zur Erfüllung der Verpflichtung. Rückstellungen werden an jedem Bilanzstichtag **überprüft** und ggf an die aktuell beste Schätzung angepasst. Eine Rückstellung wird nur für die Ausgaben verwendet, für die sie ursprünglich gebildet wurde. Rückstellungen werden **nicht für drohende Verluste** gebildet. Wenn ein Unternehmen einen **belastenden Vertrag** hat, so wird die gegenwärtige Verpflichtung aus diesem Vertrag als Rückstellung erfasst (IAS 37.36 ff).

F. Eine faktische Verpflichtung zur **Restrukturierung** entsteht einem Unternehmen nur, wenn es einen detaillierten formellen Restrukturierungsplan hat und es bei den Betroffenen die Erwartung ausgelöst hat, dass es die Restrukturierung durchführen wird, indem es beginnt, den Plan umzusetzen oder den Betroffenen die Hauptpunkte bekannt gegeben hat (IAS 37.70 ff). Eine **Eventualschuld** wird nicht erfasst, aber angegeben, es sei denn, dass die Wahrscheinlichkeit eines Ressourcenabflusses gering ist (IAS 37.27 ff). Eine **Eventualforderung** wird nicht erfasst, aber angegeben, wenn ein Zufluss von wirtschaftlichem Nutzen wahrscheinlich ist (IAS 37.31 ff). Geregelt werden die **Angabepflichten** für Rückstellungen, Eventualschulden und Eventualforderungen (IAS 37.84 ff).

G. **Wesentliche Unterschiede zum HGB:** Die Passivierung von **Aufwandsrückstellungen** ist nach IAS 37 nicht zulässig.

Einige Verpflichtungen, die nach HGB zu den Rückstellungen gehören, werden international als **accruals** bezeichnet und damit als **Verbindlichkeiten** ausgewiesen.

Verbindlichkeiten wie zB **Schadensersatzverpflichtungen** mit einer Eintrittswahrscheinlichkeit von weniger als 50%, die nach IAS 37 als Eventualschulden lediglich anzugeben sind, müssen in einem Jahresabschluss nach HGB als **Rückstellungen** passiviert werden.

Die **Abzinsung von Rückstellungen** ist nach § 253 I nur zulässig, wenn die zugrunde liegende Verbindlichkeit einen Zinsanteil enthält.

§ 250

53 Bei Passivierung einer **Entsorgungsverpflichtung** sieht das HGB keinen Einbezug des entsprechenden Betrags in die Anschaffungs- oder Herstellungskosten des zu entsorgenden Vermögenswerts vor.

11) Sonstige IAS/IFRS-Regelungen

54 A. Für **Leistungen an Arbeitnehmer** einschließlich Pensionsverpflichtungen enthält **IAS 19** eine gesonderte Rückstellungsregelung.

55 B. **IFRIC 1 (Änderungen bestehender Rückstellungen für Entsorgungs-, Wiederherstellungs- und ähnliche Verpflichtungen)** zu IAS 1 (Darstellung des Abschlusses), IAS 8 (Bilanzierungs- und Bewertungsmethoden, Änderungen von Schätzungen und Fehler), IAS 16 (Sachanlagen), IAS 23 (Fremdkapitalkosten), IAS 36 (Wertminderung von Vermögenswerten), IAS 37 (Rückstellungen, Eventualschulden und Eventualforderungen): Bewertungsänderungen einer bestehenden Rückstellung für Entsorgungs-, Wiederherstellungs- oder ähnliche Verpflichtungen, die auf Änderungen der geschätzten Fälligkeit oder Höhe des Abflusses von Ressourcen mit wirtschaftlichem Nutzen, der zur Erfüllung der Verpflichtung erforderlich ist, oder auf einer Änderung des Abzinsungssatzes beruhen, sind gem den Einzelregelungen von IFRIC 1 zu behandeln. Lit. Zülch/Willms DB **05,** 1178, Zülch/Willms StuB **05,** 226.

56 C. **IFRIC 6 (Rückstellungspflichten aus der Teilnahme an bestimmten Märkten – Elektro- und Elektronik-Altgeräte)** u IAS 37 (Rückstellungen, Eventualschulden und Eventualforderungen): Anzuwenden auf Berichtsperioden, die an oder nach dem 1. 1. 05 beginnen. IFRIC 6 legt fest, wann bestimmte Hersteller elektronischer Güter eine Rückstellung für Aufwendungen aus Entsorgungsverpflichtungen im Zusammenhang mit der umweltgerechten Beseitigung von Elektro- und Elektronik-Altgeräten privater Nutzer gem IAS 37 anzusetzen haben, wenn diese Hersteller auf Grund von Marktanteilen verpflichtet sind, in einer Bewertungsperiode aus Entsorgungsverpflichtungen beizutragen. Danach ist die Marktteilnahme während der Bewertungsperiode (weder der Herstellungszeitpunkt noch der Zeitpunkt der Entstehung von Aufwendungen) das verpflichtende Ereignis für den Ansatz einer Rückstellung. Bewertungsperiode ist der Zeitraum, der für die Berechnung der Entsorgungsverpflichtungen auf der Grundlage von Marktanteilen zugrunde gelegt wird. Lit: Schreiber BB **06,** 1842, Zülch/Willms StuB **05,** 892.

57 D. **IFRIC 14 (Die Begrenzung eines leistungsorientierten Vermögenswertes, Mindestdotierungsverpflichtungen und ihre Wechselwirkung)** zu IAS 19 (Leistungen an Arbeitnehmer) legt fest, wann Rückerstattungen oder Minderungen künftiger Beitragszahlungen verfügbar iSv IAS 19.58 sind, wie sich Mindestdotierungsverpflichtungen auf die Verfügbarkeit künftiger Beitragsminderungen auswirkungen und wann eine solche Verpflichtung zum Ansatz einer Verbindlichkeit führt. Zeitliche Anwendung: Geschäftsjahre, die nach dem 1. 1. 08 beginnen. Lit: Zülch/Nellessen PiR **07,** 288.

Rechnungsabgrenzungsposten

250 (1) **Als Rechnungsabgrenzungsposten sind auf der Aktivseite Ausgaben vor dem Abschlußstichtag auszuweisen, soweit sie Aufwand für eine bestimmte Zeit nach diesem Tag darstellen.**

(2) **Auf der Passivseite sind als Rechnungsabgrenzungsposten Einnahmen vor dem Abschlußstichtag auszuweisen, soweit sie Ertrag für eine bestimmte Zeit nach diesem Tag darstellen.**

(3) [1]**Ist der Erfüllungsbetrag einer Verbindlichkeit höher als der Ausgabebetrag, so darf der Unterschiedsbetrag in den Rechnungsabgrenzungs-**

1. Abschnitt. Vorschriften für alle Kaufleute 1–4 § 250

posten auf der Aktivseite aufgenommen werden. ²Der Unterschiedsbetrag ist durch planmäßige jährliche Abschreibungen zu tilgen, die auf die gesamte Laufzeit der Verbindlichkeit verteilt werden können.

Übersicht

1) Aktive Rechnungsabgrenzungsposten (I 1) 1
2) Zölle, Verbrauchssteuern, Umsatzsteuer (I 2 aF) 4
3) Passive Rechnungsabgrenzungsposten (II) 5
4) Disagio oder Damnum (III) 8
5) IAS/IFRS-Regelungen 9

1) Aktive Rechnungsabgrenzungsposten (I 1)

A. **Voraussetzungen:** Rechnungsabgrenzungsposten auf der Aktivseite 1 ebenso wie auf der Passivseite sind keine Vermögensgegenstände oder Schulden, sondern dienen der periodengerechten Erfolgsermittlung. Aktive Rechnungsabgrenzungsposten sind Ausgaben vor dem Abschlussstichtag, soweit sie Aufwand für eine bestimmte Zeit nachher darstellen (transitorische Posten ieS). **Ausgaben** sind Barausgaben, Buchungen von Verbindlichkeiten, Wechselhingabe. Abschlussstichtag s § 243 Rn 11. **Bestimmte Zeit** bedeutet nicht notwendig kalendermäßige Fixierung, aA hL, ADS 36, BeckBilKomm/Ellrott/Krämer 21, WP-HdB **06** I E 207, 203 (Steuerrecht), sondern bestimmbarer Zeitraum, auch über mehrere Jahre hinweg, Moxter BilanzRspr 77, zT weitergehend BFH, zB BStBl II **95**, 202; bestimmbarer Mindestzeitraum als „bestimmte Zeit", str, Stobbe FR **95**, 399, Tiedchen BB **97**, 2475. Zu Rechnungsabgrenzungsposten kommt es idR, wenn Leistung und Gegenleistung zeitlich auseinander fallen. **Nicht** unter Rechnungsabgrenzung fallen **transitorische Posten im weiteren Sinne,** zB Forschungs- und Entwicklungskosten, Werbekosten, da sie künftigen Geschäften dienen, auch nicht **antizipative Posten,** bei denen der Zahlungsvorgang erst im neuen Geschäftsjahr liegt, diese sind als Verbindlichkeiten (bzw als Forderungen) zu verbuchen. Der Ausweis als Forderung verdrängt die Rechnungsabgrenzung, FG Köln DStRE **06**, 579 (zur Behandlung von Mietereinbauten). Lit: Berndt Rechnungsabgrenzung 1998; Hahne DB **03**, 1397 (Emissionsdisagio), Marten/Köhler/Schlereth DB **03**, 2713 (Handysubventionen), Ekkenga DB **04**, 1897 (Stock Options), Kussmaul/Delp/Meyering BB **04**, 1551 (Handysubventionen), Heinhold/Coenenberg DB **05**, 2033 (Werbeaufwand), Egner/Heinz StuB **05**, 748 (Wandel-, Options-, Aktien- und Umtauschanleihen), Gelhausen/Rimmelspacher AG **06**, 729 (Wandel- und Optionsanleihen), Kupsch/Müller DB **06**, 1800 (Garantieversicherungsbeiträge), Pottgießer/Velte StuB **06**, 131 (Handy-Subventionen), Sultana/Willeke StuB **06**, 220 (Mezzanine-Kapital), Hahne StuB **06**, 295 (Options- und Wandelanleihen).

B. **Beispiele:** Noch im alten Jahr getätigte Vorauszahlungen von Versiche- 2 rungsprämien, Miete, Beiträgen für das folgende Jahr; auch Vorauszahlungen auf Dauermiete von Werbefläche, WP-Hdb **06** I E 208. **Nicht:** Kosten für Werbekampagne im alten Jahr (transitorisch iwS); im alten Jahr nicht mehr bezahlte Prämien und Mietzins für das alte Jahr (antizipativ); allgemeine Anzahlungen bei schwebenden Geschäften (s § 252 Rn 22).

C. **Aktivierungspflicht:** so I 1 zwecks periodengerechter Erfolgsermittlung. 3

2) Zölle, Verbrauchssteuern, Umsatzsteuer (I 2 aF)

I 2 aF entfällt mit dem BilMoG. Grund: Anpassung an IFRS, wo aufwands- 4 wirksam zu erfassende Vertriebskosten nicht als Rechnungsabgrenzungsposten zeitweise „geparkt" werden dürfen, s RegE BilMoG 51. I 2 aF erlaubte zwecks Einheitlichkeit von Handels- und Steuerbilanz Ansatz als aktive Rechnungs-

§ 251 1

abgrenzungsposten (**Aktivierungswahlrecht**). Für ein nach dem 31. 12. 08 endendes Geschäftsjahr gebildete Rechnungsabgrenzungsposten können beibehalten werden (Wahlrecht), **(1)** EGHGB Art 66 I 1. Lit: Kirsch DStR **08,** 1202.

3) Passive Rechnungsabgrenzungsposten (II)

5 A. **Voraussetzungen:** Passive Rechnungsabgrenzungsposten sind Einnahmen vor dem Abschlussstichtag, soweit sie Ertrag für eine bestimmte Zeit nachher darstellen. Einnahmen sind Bareinnahmen, Buchungen von Forderungen, Entgegennahme eines Wechsels. Im Übrigen gilt (von der anderen Bilanzseite abgesehen) dasselbe wie für aktive Rechnungsabgrenzungsposten, s Rn 1. Zum Ausweis eines passiven Rechnungsabgrenzungspostens bei Beteiligungserwerb gegen Zuzahlung s BFH HFR **06,** 865.

6 B. **Beispiele:** Öffentlichrechtlicher Kostenzuschuss für die Stellung eines Ausbildungsplatzes über zwei aufeinander folgende Ausbildungsverhältnisse, BFH BB **84,** 1404; noch im alten Jahr erhaltene Vorauszahlungen, s Rn 2. **Nicht:** Vor dem Bilanzstichtag erfolgte vertragliche Aufhebung eines für bestimmte Zeit begründeten Schuldverhältnisses gegen Entschädigung, BFH BB **05,** 1160.

7 C. **Passivierungspflicht:** vgl Rn 3.

4) Disagio oder Damnum (III)

8 Die **Differenz zwischen Erfüllungsbetrag** einer Verbindlichkeit (Nennwert) **und** niedrigerem **Ausgabebetrag** heißt Disagio, Abgeld oder bei Hypotheken Damnum (vgl **(7)** Bankgeschäfte G/4). Bsp: Der Kfm erhält nur 97%, muss aber 100% zurückbezahlen. Dem (Auszahlungs-)Disagio steht das (Rückzahlungs-)Agio oder Aufgeld gleich, so wenn nominal 97% bezahlt und geschuldet sind, aber ein Aufgeld von 3% hinzukommt. Disagio ist vorweg gezahlter Zins. III 1 räumt ein **Aktivierungswahlrecht** (bisher str) ein. Zulässig ist auch Aktivierung nur eines Teilbetrags. Wahlrecht nur im Ausgabejahr, keine spätere Nachholung, ADS 85. Bei Gebrauch von III 1 ist der aktivierte Betrag durch planmäßige **Abschreibungen** zu tilgen (III 2). Außerplanmäßige Abschreibungen zB bei vorzeitiger Rückzahlung, die auch freiwillig erfolgen kann, planmäßige Abschreibungen sind nur Mindestabschreibungen, ADS 99, aA Baumb/Hueck/Schulze-Osterloh § 42 Rn 186. Nach § 268 VI bei KapitalGes wahlweise Angabe im Anhang.

5) IAS/IFRS-Regelungen

9 Da die internationalen Standards dem **asset-liability-approach** folgen, kennen sie **keine Rechnungsabgrenzungsposten.** Ausgewiesen wird entweder als asset oder als liability, soweit die Voraussetzungen vorliegen.

Haftungsverhältnisse

251 [1] **Unter der Bilanz sind, sofern sie nicht auf der Passivseite auszuweisen sind, Verbindlichkeiten aus der Begebung und Übertragung von Wechseln, aus Bürgschaften, Wechsel- und Scheckbürgschaften und aus Gewährleistungsverträgen sowie Haftungsverhältnisse aus der Bestellung von Sicherheiten für fremde Verbindlichkeiten zu vermerken; sie dürfen in einem Betrag angegeben werden.** [2] **Haftungsverhältnisse sind auch anzugeben, wenn ihnen gleichwertige Rückgriffsforderungen gegenüberstehen.**

1) Vermerkpflicht (Satz 1)

1 A. **Passivierung oder Vermerk:** Für KapitalGes s ergänzend § 268 VII. Haftungsverhältnisse iSd § 251 begründen Eventualverbindlichkeiten, mit deren Aktualisierung gerechnet werden muss. Soweit sie nicht als eigene Schuld (branchenübliche Herstellergarantie für eigene Schuld, s Rn 2) oder als schon aktualisiert auf der Passivseite auszuweisen sind (s § 266 Rn 18), sind sie jedenfalls unter der Bilanz zu vermerken. Sie sind dann erkennbar, ohne sich doch auf die Gewinnermittlung auszuwirken. Bewertung s § 253 Rn 5. Ausnahme von § 251 für Kreditinstitute § 340 a II 2. Lit: Fey WPg **92**, 1, Ross, Treuhandverhältnisse 1994; Schäfer WM **99**, 162 (Patronatserklärung), Scherff/Willeke StuB **08**, 740.

B. **Haftungsverhältnisse:** Diese sind abschließend aufgezählt: Obligo aus **Wechseln** als Aussteller (Art 9 WG) oder Indossant (Art 15 WG), auch Gefälligkeitsakzepte, aber gleichzeitige Aktivierung des Ausgleichsanspruchs, ADS 42; **Bürgschaften** (§ 765 BGB, s § 349 Rn 1) s BFH HFR **06**, 865; **Wechsel- und Scheckbürgschaften** (Art 32 WG, Art 27 ScheckG, s § 349 Rn 21); **Gewährleistungsverträgen** zB aus Schuldbeitritt bei Erstattungsanspruch (sonst Passivierung), ADS 65, Garantie (auch für eigene Leistung wie Herstellergarantie, s § 349 Rn 18, außer bei Branchenüblichkeit, ADS 62, WP-Hdb **06** I E 73), zB Kursgarantie, Mietertragsgarantie, feste Zusage der Belegung eines verkauften Hotels, Platzierungsgarantie, ADS 63, Delkredere (§ 394 I), rechtlich oder wirtschaftlich verbindliche Patronatserklärung (s § 349 Rn 22; IDW RH-HFA 1.013), Forderungsabkaufverpflichtung, ADS 72, Konzernverrechnungsklausel, ADS 75, **Haftungsverhältnis aus Bestellung** von Sicherheiten für **fremde** Verbindlichkeiten (auch Privatschuld des Kfm oder Gfter, s § 246 Rn 21, nicht für eigene), zB Grundpfandrecht an Grundstück des Kfm für fremde Schuld, Haftung für Verbindlichkeiten verbundener Unternehmen auf Grund Konzernklausel, ADS 94. Rangrücktritt s § 266 Rn 16. **Nicht: Sonstige Haftungsverhältnisse** sind als zu unbestimmt nicht erwähnt (AmtlBegr), aber bei KapitalGes im Anhang anzugeben, falls für die Beurteilung der Finanzlage von Bedeutung (§ 285 S 1 Nr 3, auch § 285 S 1 Nr 1 b). Unterlassene Pensionsrückstellungen (Altfälle § 249 Rn 6) sollen nicht unter S 1 fallen (AmtlBegr, aber s § 249 Rn 7); jedenfalls für die KapitalGes greift § 285 Nr 3 a ein (anders AmtlBegr zu § 251). Nicht bezifferbare Risiken fallen unter § 285 Nr 3 a. Kreditinstitute s Rn 1.

C. **Angabe:** Die Verbindlichkeiten dürfen in einem Betrag angegeben werden (S 1 Halbs 2). Dabei ist der tatsächlich (eventual) geschuldete Betrag zugrunde zu legen (s § 253 Rn 10); bei Wechselobligo die Wechselsumme einschließlich bereits absehbarer Nebenkosten (Art 48, 49 WG), sonst nur Pauschalrückstellung, aA sogar ohne diese ADS 41; bei Bürgschaft grundsätzlich der Betrag der am Bilanzstichtag noch valutierten Hauptverbindlichkeit (§ 767 BGB), ADS 52, BeckBilKomm/Ellrott 23, bei Höchstbetragsbürgschaft dagegen Höchstbetrag, nicht der zufällige Valutierungsbetrag, ADS 56, str, bei Teilbürgschaft nur anteiliger Betrag, bei Fremdwährung Umrechnung. Bei Gewährleistung für fremde Leistung idR nur der jeweilige Betrag der Hauptschuld am Bilanzstichtag, bei jederzeit möglicher Erhöhung der Hauptschuld und Gewährleistung des höheren Betrags dieser, str. Fehlanzeige ist unnötig (s § 265 Rn 8).

2) Rückgriffsforderungen (Satz 2)

Der Vermerk nach S 1 ist auch nötig, wenn dem Obligo eine gleichwertige Rückgriffsforderung gegenübersteht (Verrechnungsverbot, § 246 II 2). Die Rückgriffsforderung selbst ist nicht zu aktivieren; anders wenn das Obligo selbst passiviert wird (s Rn 1).

3) IAS/IFRS-Regelungen

Regelungen zur Bilanzierung von **Eventualverbindlichkeiten** finden sich in IAS **37** (Rückstellungen, Eventualschulden und Eventualforderungen). Sofern die Voraussetzungen einer **Rückstellung nicht** vorliegen, sind gem IAS 37.85 f **Angaben** zur Art der möglichen Verpflichtung, zur Unsicherheit bezüglich der Höhe und Fälligkeit, zu Schätzungen über den möglichen Erfüllungsbetrag sowie zu etwaigen Rückgriffsforderungen zu machen.

§ 252

Dritter Titel. Bewertungsvorschriften

Allgemeine Bewertungsgrundsätze

252 (1) Bei der Bewertung der im Jahresabschluss ausgewiesenen Vermögensgegenstände und Schulden gilt insbesondere folgendes:

1. Die Wertansätze in der Eröffnungsbilanz des Geschäftsjahrs müssen mit denen der Schlussbilanz des vorhergehenden Geschäftsjahrs übereinstimmen.
2. Bei der Bewertung ist von der Fortführung der Unternehmenstätigkeit auszugehen, sofern dem nicht tatsächliche oder rechtliche Gegebenheiten entgegenstehen.
3. Die Vermögensgegenstände und Schulden sind zum Abschlußstichtag einzeln zu bewerten.
4. Es ist vorsichtig zu bewerten, namentlich sind alle vorhersehbaren Risiken und Verluste, die bis zum Abschlußstichtag entstanden sind, zu berücksichtigen, selbst wenn diese erst zwischen dem Abschlußstichtag und dem Tag der Aufstellung des Jahresabschlusses bekanntgeworden sind; Gewinne sind nur zu berücksichtigen, wenn sie am Abschlußstichtag realisiert sind.
5. Aufwendungen und Erträge des Geschäftsjahrs sind unabhängig von den Zeitpunkten der entsprechenden Zahlungen im Jahresabschluß zu berücksichtigen.
6. Die auf den vorhergehenden Jahresabschluß angewandten Bewertungsmethoden sind beizubehalten.

(2) Von den Grundsätzen des Absatzes 1 darf nur in begründeten Ausnahmefällen abgewichen werden.

Übersicht

1) Die Bewertung beim Jahresabschluss (I) und anderen Bilanzen 1
2) Bilanzidentität (I Nr 1) 6
3) Fortführungs- oder going concern-Prinzip (I Nr 2) 7
4) Einzelbewertung zum Abschlussstichtag (I Nr 3) 8
5) Grundsatz der Vorsicht, Imparitätsprinzip (I Nr 4); Unterbewertung 10
6) Realisationsprinzip (I Nr 4 Halbs 2), schwebende Geschäfte, Anzahlungen, Periodenabgrenzung (I Nr 5) 13
7) Bewertungsstetigkeit (I Nr 6) 24
8) Weitere Bewertungsgrundsätze 26
9) Abweichen nur in begründeten Ausnahmefällen (II) 27
10) Bewertungswahlrechte 28
11) Rechtsfolgen des Verstoßes gegen Bewertungsgrundsätze 29
12) IFRS 6 (Exploration und Evaluierung von mineralischen Ressourcen) 30
13) IAS 8 (Bilanzierungs- und Bewertungsmethoden, Änderungen von Schätzungen und Fehler) 34
14) IAS 10 (Ereignisse nach dem Bilanzstichtag) 41
15) IAS 11 (Fertigungsaufträge) 45
16) IAS 18 (Erträge) 48
17) Sonstige IAS/IFRS-Regelungen 44

1) Die Bewertung beim Jahresabschluss (I) und anderen Bilanzen

A. **Jahresabschluss:** Der Wert der in der Bilanz auszuweisenden Vermögensgegenstände und Schulden ist keine feststehende Größe, sondern hängt davon ab,

1. Abschnitt. Vorschriften für alle Kaufleute 2–6 **§ 252**

wie der Markt zum Bilanzstichtag ist, ob von der Fortführung oder der Zerschlagung des Unternehmens ausgegangen wird, ob die Gegenstände einzeln oder zusammen betrachtet werden, wie vorsichtig bewertet wird usw. Deswegen gibt es handelsrechtliche Bewertungsvorschriften (**§§ 252–256;** im Konzern **§§ 308–309**). Die Bewertung hängt vom Zweck und damit der Art der jeweiligen Bilanz ab (s § 242 Rn 4–7). §§ 252 ff gelten für den normalen Jahresabschluss, also für die HdlBilanz und Gewinn- und Verlustrechnung (§ 242 III), bei dem es um die periodengerechte Aufteilung von Aufwänden und Erträgen auf die einzelnen Rechnungsperioden geht, also um die Ermittlung von Gewinn oder Verlust des einzelnen Geschäftsjahres (Gewinnermittlungs-, Erfolgs- oder dynamische Bilanz). Stichtagsprinzip s Rn 8–9, § 243 Rn 11–12. Überbewertung und Unterbewertung (stille Reserven) s Rn 10–15, § 243 Rn 2. **Übergangsrecht** in **(1)** EGHGB Art 24 (s Einl 67 v § 238). Lit: Küting/Kaiser WPg **00**, 577, Bärenz DStR **03**, 492 (EuGH und HGB), Hahne BB **03**, 1943 (Kompensatorische Bewertung), Hahne/Sievert DStR **03**, 1992 (Drohverlustrückstellung), Hoffmann DStR **03**, 681 (Optionsprämien), Moxter BB **03**, 2559 (Wertaufhellung GoB-IAS), Schulze-Osterloh BB **03**, 1009, Fischer/Neubeck BB **04**, 657 (Werklieferungsverträge), Hommel BB **04**, 1671 (Rückstellungsschätzung Fast-Close-Abschlüsse), Moxter DStR **04**, 1057 und 1098 (Verbindlichkeitsrückstellungen), Naumann/Naumann WPg-Sonderheft **04**, S 130 (Beteiligungen HGB-IAS), Schulze-Osterloh BB **04**, 1561 (Rückdeckungsversicherung), Volk DStR **05**, 752 (Unternehmensbewertung).

B. **Steuerbilanz:** Das Steuerrecht erkennt zwar grundsätzlich die HdlBilanz 2 an (Maßgeblichkeitsgrundsatz, s § 242 Rn 4). Für die Bewertung gilt jedoch der **Bewertungsvorbehalt** nach § 5 VI EStG. Das Steuerrecht verfolgt dabei eigene fiskalische Zwecke und versucht ua die Unterbewertung (zu hohe Abschreibungen) zu verhindern und stille Rücklagen, verdeckte Gewinnausschüttungen ua zu erfassen (§§ 6–7 EStG). Für die Vermögenssteuer, Grundsteuer, Gewerbesteuer, Grunderwerbssteuer und Erbschaftssteuer gilt unabhängig von der HdlBilanz das BewG (§ 17 BewG).

C. **Sonstige Bilanzen:** Für sonstige gesetzlich vorgesehene Bilanzen mit 3 anderem Zweck als den Jahresabschluss (s § 242 Rn 7), zB Feststellung des Vermögenswerts am Bilanzstichtag (Wertfeststellungs-, Vermögens-, statische Bilanz) gelten §§ 252 ff grundsätzlich nicht; doch kann etwas anderes bestimmt sein, zB für die Eröffnungsbilanz § 242 I 2 oder die Liquidationseröffnungsbilanz bei der AG § 270 II 2 AktG.

D. **Privatbilanzen:** Für nicht gesetzlich vorgeschriebene, sondern auf Grund 4 Vereinbarung, zB bei Unternehmenskauf (Einl 35, 44 ff vor § 1), oder aus Anlass des Ausscheidens eines Gfters bei Abfindungsklauseln (Abschichtungsbilanz, § 138 Rn 22) erstellte Bilanzen gelten §§ 252 ff nicht, außer bei anderweitiger vertraglicher Vereinbarung. Die Errichtung einer solchen Privatbilanz ist Rechtsgeschäft und in den Grenzen der §§ 138, 826 BGB ua in der Bewertung frei.

E. § 252 enthält (nicht nur, s Rn 18, und nicht vollständig, s Rn 21) die 5 **Grundsätze** für die **Bewertung.** Diesen Grundsätzen entsprechen zT allgemeine Grundsätze für die **Bilanzierung** (s § 243 Rn 4–9), die im Folgenden mitberücksichtigt werden. Lit: W. Müller FS Goerdeler **87**, 397 (Rangordnung).

2) Bilanzidentität (I Nr 1)

Die Anfangsbilanz des neuen Jahres muss mit der Schlussbilanz des alten über- 6 einstimmen. Das gilt für sämtliche Wertansätze (fortlaufende Buchführung). Dieser Grundsatz der Bilanzidentität (Bilanzzusammenhang) führt dazu, dass höhere oder niedrigere Wertansätze im alten Jahr sich entgegengesetzt im neuen Jahr auswirken (sog **Zweischneidigkeit der Bilanz**). Bsp: Schnellere Abschreibung in den ersten Jahren lässt weniger für die restlichen übrig, der Gewinn in

§ 252 7, 8

den ersten Jahren ist also niedriger, der in den restlichen entsprechend höher. Damit kommt es jedenfalls über die Jahre hinweg tendenziell zur zutreffenden Erfassung des Gesamtgewinns (vgl § 4 I 1 EStG). Bilanzkontinuität s Rn 19–20. Mitangabe der Vorjahreszahlen bei KapitalGes s § 265 II. **Ausnahmen** sind nach II in begründeten Ausnahmefällen möglich, Bspe: Verwendung des Bilanzergebnisses, Berücksichtigung von Umwandlungen, Übernahme oder Abgabe von Beteiligungen zum Abschlussstichtag, ADS 15 ff. Berichtigung und Änderung des Jahresabschlusses s § 245 Rn 4–5. Lit: IDW HFA WPg **92,** 89, Küting/Kaiser WPg **00,** 577, Hommel/Berndt DStR **00,** 1745, Prinz FS Welf Müller **01,** 687, Fischer-Böhnlein/Körner BB **01,** 191 (Insolvenz), IDW FN-IDW **06,** 619 (Änderung von Jahres- und Konzernabschlüssen), IDW RH HFA 1.012, dazu Eisolt/Schmidt BB **09,** 654 (Insolvenz).

3) Fortführungs- oder going concern-Prinzip (I Nr 2)

7 Bei der Jahresabschlussbewertung ist grundsätzlich von der Unternehmensfortführung (going concern) auszugehen (Vermutung). Das gilt auch bei kritischer Unternehmenslage; zu weit (auch bei drohendem Unternehmenszusammenbruch) Moxter WPg **80,** 345. Nur wenn die **Fortführungsprognose** aus tatsächlichen oder rechtlichen Gegebenheiten negativ ist, sind Zerschlagungswerte anzusetzen. Der Kfm hat im Rahmen der Bilanzerstellung zu prüfen, ob solche Gegebenheiten bestehen (enger ADS 25: nur, wenn konkrete Indizien dafür vorliegen). Solche **tatsächlichen Gegebenheiten** sind nicht nur Insolvenzgründe oder Geschäftsaufgabe, sondern auch sonstige zur stillen oder offenen Abwicklung zwingende wirtschaftliche und andere Schwierigkeiten, etwa bei Zahlungsunfähigkeit oder hälftigem Verlust des Kapitals. Darauf, ob die Geschäftsführung entsprechenden Beschluss fasst, kommt es nicht an. Entgegenstehende **rechtliche Gegebenheiten** sind Auflösungsgründe, auch wenn sie rechtlich noch nicht vorliegen, aber tatsächlich zu erwarten sind. Auflösung der Ges durch Zeitablauf oder Auflösungsbeschluss allein genügen nicht, wenn die Auflösung nicht tatsächlich zu erwarten ist, ADS 30. I Nr 2 gilt entspr für Nichtfortführung einzelner Betriebsteile oder Werke, ADS 36. Die Prognose muss das Geschäftsjahr nach dem Bilanzstichtag abdecken, hA, Lück DB **01,** 1945. Maßgeblicher Zeitpunkt für die Prognose ist Abschlussstichtag, ADS 26, anders IDW PS 270, dazu Schulze-Osterloh DStR **07,** 1006; spätere Kenntnisse s Rn 8, § 243 Rn 11. Bei Zweifeln an der Unternehmensfortführung Angabe im Lagebericht (§ 289 II Nr 2), keine zusätzliche Begründungspflicht von KapitalGes im Anhang (§ 264 Rn 20), sehr str. **Ausnahmen** sind nach II möglich, aber neben Nr 2 Halbs 2 nicht mehr nötig. Lit: IDW ERS HFA 17, Baetge/Linßen BFuP **99,** 369, Fischer-Böhnlein/Körner BB **01,** 191 (Rechnungslegung im Insolvenzverfahren), IDW FN-IDW **06,** 167 (Going-Concern), Berger StuB **05,** 381 (Going-Concern), Müller/Weller WPg **08,** 400 (Mezzanine Kapital in der Krise), Lilienbecker/Link/Rabenhorst BB **09,** 262 (Going-Concern).

4) Einzelbewertung zum Abschlussstichtag (I Nr 3)

8 A. Nr 3 enthält zwei Grundsätze: Bewertung zum Abschlussstichtag und Einzelbewertung, ADS 37. Das **Stichtagsprinzip** (s § 243 Rn 11) gilt auch für die Bewertung. Veränderungen nach dem Bilanzstichtag bis zur Bilanzaufstellung, zB Änderung des Marktpreises von Verkaufsware, dürfen nicht mehr berücksichtigt werden, aber s Rn 14–15. Dagegen können und müssen im Rahmen der GoB bis zum Tag der Aufstellung des Jahresabschlusses gewonnene Erkenntnisse über den Wert am Bilanzstichtag berücksichtigt werden (**wertaufhellende Tatsachen,** § 243 Rn 12), zB wenn Veräußerungsabsicht erst jetzt bekannt wird, Mü WM **94,** 742, wenn die Überschuldung eines Schuldners erst jetzt in Erscheinung tritt und sich auswirkt, aber schon damals einsetzte, oder wenn sich Waren als unverkäuflich herausstellen. Vgl BGH NJW **73,** 511 (zu § 2311 BGB), BFH

1. Abschnitt. Vorschriften für alle Kaufleute 9, 10 § 252

BB **91,** 1827; für die Abschichtungsbilanz bei der Abfindung s § 138 Rn 22. **Ausnahmen** zB bei § 253 III 3, IV, V; ferner nach II (s Rn 27), zB bei Rückbeziehung von Sanierungsmaßnahmen auf den Abschlussstichtag, ADS 47, vgl Düss WM **86,** 1568 (Werthaltigkeitsgarantie). Zur wertberichtigenden Erfassung des Länderrisikos im Auslandskreditgeschäft durch Rückstellung für unter dem Strich ausgewiesene Eventualverbindlichkeiten bei Tilgung zwischen Stichtag und Bilanzaufstellung EuGH BB **03,** 355. Die Wertberichtigung von Forderungen ist auch dann zulässig, wenn sie nach dem Tag der Bilanzerstellung (teilweise) erfüllt worden sind und der Gläubiger den Schuldner weiterhin beliefert hat, BFH **203,** 319, 320. Nicht zu berücksichtigen sind hingegen **wertbeeinflussende Tatsachen,** die sich nach dem Stichtag ereignen, aber keinen Rückschluss auf die Verhältnisse am Stichtag erlauben, zB die Ausübung des Wahlrechts zur Wandlung, auch wenn der Mangel schon am Stichtag bekannt war, BFH **191,** 339, 345. Lit: Ciric, Grundsätze ordnungsmäßiger Wertaufhellung, 1995; Hoffmann BB **96,** 1157, Schulze-Osterloh DStR **07,** 1006.

B. **Einzelbewertung:** Nach I Nr 3 ist jeder Vermögensgegenstand und jeder 9 Schuldposten für sich zu bewerten, also kein Ausgleich von Wertminderung bei einen Vermögensgegenstand mit Wertsteigerung beim anderen. Je nach Art der Nutzung oder Funktion kann aber auch ein zusammengesetztes Gut oder sogar eine Sachgesamtheit zulässige Bewertungseinheit sein, zB Maschinenanlage, ADS § 246 Rn 34 f. Der Grundsatz der Einzelbewertung entspricht bezogen auf die Bewertung dem Verrechnungsverbot (§ 246 II 1). Ansprüche aus Rückdeckungsversicherung für Pensionsverpflichtung sind in Höhe der vom Versicherungsnehmer geleisteten Sparanteile der Prämie zu bilanzieren, BFH BStBl II **04** 654. **Ausnahmen:** Bei Bildung von Bewertungseinheiten gem § 254 ist I Nr. 3 nicht anzuwenden, pauschalierte Abzinsung von Pensionsrückstellungen (§ 253 II 2), zulässig sind auch die Festbewertung (§ 240 III), die Gruppenbewertung (§ 240 IV) und GoB-mäßige Bewertungsvereinfachungsverfahren wie Durchschnittsbewertung, fifo, lifo (§ 256); ferner nach II, wenn Einzelbewertung unmöglich oder nur mit unvertretbarem Zeit- oder Kostenaufwand möglich ist, zB bei Garantierückstellungen für Massenprodukte; **pauschale Wertberichtigung** bei größerem Forderungsbestand, s § 253 Rn 23. Lit: Benne DB **92,** 1172, WPg **92,** 245, Kupsch FS Forster **92,** 339, Jüttner, GoB-System **93,** Wiedmann FS Moxter **94,** 453, Windmöller/Breker WPg **95,** 389, Olbrich FS Ludewig **96,** 753, Rätke StuB **05,** 218, Siegel StuB **05,** 359 (Rückkaufverpflichtung), Wolf StuB **06,** 449 (Risikobegriff).

5) Grundsatz der Vorsicht, Imparitätsprinzip (I Nr 4); Unterbewertung

A. **Grundsatz der Vorsicht:** Er dient vor allem dem Gläubigerschutz, BGH 10 NJW **82,** 2825 (BuM). Er gilt nicht nur für die Bewertung (I Nr 4), sondern allgemeiner (s § 243 Rn 9) zB Bilanzierungs- bzw Ansatzverbote, (§ 248), hat aber durch das BilMoG und zunehmender Betonung der Informationsfunktion des Abschlusses gewisse Einschränkungen erfahren, zB Aktivierungspflicht für den derivativen Geschäfts- oder Firmenwert, § 246 I 4, Aktivierungswahlrecht für selbstgeschaffene immaterielle Güter des Anlagevermögens, §§ 248, 255 IIa, Bildung von Bewertungseinheiten, § 254. Er ist auch im Imparitätsprinzip, im Realisationsprinzip (I Nr 4 Halbs 2) und im Niederstwertprinzip (§ 253 III, IV) ausgeprägt. Bsp: Ansatz bestrittener Forderungen idR erst nach Rechtskraft des Urteils bzw Einigung mit dem Schuldner, BFH BB **89,** 1729. Der Grundsatz der Vorsicht ist berechtigt (str); rechtfertigt aber nicht beliebige Unterbewertung und stille Reserven, s Rn 12; daher keine Rückstellung, weil nach allg Erfahrung bei Betriebsprüfung mit Steuernachforderung zu rechnen sei, stRspr BFH **197,** 394, 398; Drohverlustrückstellung aber zulässig, wenn Kfz-Händler aus Rückkaufverpflichtung zu Fixpreis im Leasingvertrag Verlust droht, BFH BB **01,** 33. Der

§ 252 11–13   III. Buch. Handelsbücher

Grundsatz der Vorsicht geht den Grundsätzen der Bilanzklarheit, -wahrheit und -vollständigkeit (§ 243 Rn 4–6) nicht vor. Maßgeblicher Zeitpunkt s Rn 11. **Ausnahmen:** II ist hier ohne praktische Bedeutung; Ausnahmen sind idR nicht „begründet" oder entsprechen nicht den GoB. Lit: Moxter FS Claussen **97,** 677, Kropff FS Baetge **97,** 65, Marx/Köhlmann StuB **05,** 693 (Entsorgungsverpflichtungen), Kirsch StuB **05,** 878 (Liquiditätsbeurteilung HGB/IFRS), Fülbier/Gassen DB **07,** 2605, Kirsch StuB **08,** 453, Wielenberg zfBf **09,** 2.

11   **B. Imparitäts- oder Verlustantizipationsprinzip:** Nach dem Imparitätsprinzip sind Gewinne und Verluste bei der Bewertung nicht paritätisch, sondern verschieden zu behandeln. Während Gewinne nur zu berücksichtigen sind, wenn sie am Abschlussstichtag realisiert worden sind (I Nr 4 Halbs 2, s Rn 13–15), sind alle vorhersehbaren Risiken und Verluste, die bis zum Abschlussstichtag entstanden, wenn auch nicht realisiert sind, zu berücksichtigen. Noch nicht realisierte Verluste sind also in der Bilanz vorwegzunehmen (Verlustantizipation). Das Imparitätsprinzip gilt wie das Vorsichtsprinzip nicht nur für die Bewertung, sondern ist zB auch in der Rückstellungsvorschrift des § 249 I 1 ausgeprägt. Eine Verlustantizipation steckt ferner im Niederstwertprinzip (§ 253 III, IV). Dass die Verluste „bis zum Abschlussstichtag entstanden" sein müssen, bezieht sich auf die Periodenzuordnung (Stichtagsprinzip), wie aus der Präzisierung „selbst wenn diese erst zwischen dem Abschlussstichtag und dem Tag der Aufstellung des Jahresabschlusses bekannt geworden sind" hervorgeht. Bsp: Die Umstände, wegen derer eine Forderung des Kfm praktisch nicht mehr zu realisieren ist, müssen noch vor dem Ende des Geschäftsjahres eingetreten sein; aber es genügt, wenn der Kfm davon erst nachher, aber bis zur Aufstellung des Jahresabschlusses erfährt (**wertaufhellende** Tatsachen, s Rn 8, § 243 Rn 12). Nach dem Abschlussstichtag eintretende wertmindernde Umstände (**wertbeeinflussende** Tatsachen) sind nicht mehr wie noch nach § 253 III 3 aF berücksichtigungsfähig. Versagung einer Teilwertabschreibung für Verlustprodukte bei rentabel geführtem Betrieb verstößt nicht gegen Imparitätsprinzip, BFH **189,** 51, 56. Lit: Eibelshäuser Konzern **06,** 618 (Bilanzierungsgrundsätze), Wolf StuB **06,** 449 (Risikobegriff), Fülbier/Gassen DB **07,** 2605, Kirsch StuB **08,** 453.

12   C. **Falschbewertung: a) Überbewertung** von Bilanzposten, also Ansatz von Aktiva zu einem höheren Wert oder von Passiva zu einem niedrigeren Wert als nach Gesetz oder GoB vorgesehen, ist, wie auch I Nr 4 zeigt, klar unzulässig und kann zur Nichtigkeit des Jahresabschlusses (für AG § 256 V Nr 1 AktG, entspr für GmbH) führen.

b) Unterbewertung, also Ansatz von Aktiva zu einem niedrigeren Wert oder von Passiva zu einem höheren Wert als nach Gesetz oder GoB vorgesehen, ist nur scheinbar durch I Nr 4 gerechtfertigt. Keine Unterbewertungen im eigentlichen Sinn sind die Unterschiede zwischen dem wirklichen und dem gesetzlich vorgeschriebenen oder erlaubten Wert (zB Niederstwertprinzip, Ansatz- und Bewertungswahlrechte, s Rn 13–15); die sich daraus ergebenden Reserven sind dementsprechend keine stillen Reserven im eigentlichen Sinn und ohne weiteres auch bei KapitalGes zulässig. Echte Unterbewertungen und damit die Bildung echter stiller Reserven waren bei KapitalGes schon früher unzulässig (§§ 279 ff, jetzt § 253 III 4, V rechtsformunabhängig); Rechtsfolge bei Vorsatz Nichtigkeit (§ 256 V Nr 2 AktG, entspr für GmbH), sonst Anfechtbarkeit des Jahresabschlusses. Bei EinzelKflten und PersonenGes sind echte Unterbewertungen ebenfalls nicht zulässig, das war schon früher str, gilt nun aber nach Aufhebung des § 253 IV aF erst recht.

13   D. **Stille Reserven. a) Begriff der stillen Reserven:** Stille Reserven im weiteren Sinn bilden die positive Differenz zwischen dem wahren Wert des Unternehmens und dem im Jahresabschluss angesetzten Buchwert. Sie entstehen durch Unterbewertung iwS, dh Ansatz von Aktiva zu einem niedrigeren Wert oder von Passiva zu einem höheren Wert als dem wahren Wert (s Rn 12). Dieser weite Begriff der stillen Reserven ist zB bei der Unternehmensbewertung vor einem Unternehmenskauf (Einl 34–37, 44–47 vor § 1) oder bei der Abfindung ausscheidender Gfter (s § 138 Rn 21) sinnvoll. Beschluss über Bildung stiller Reserven s § 120 Rn 6. Zur Wirksamkeit von Buchwertklauseln (Abfindung ohne Beteiligung an den stillen Reserven) s § 138 Rn 30. Lit: Siegel ua ZIP 99, 2077 (Arten, Bildung, aktienrechtliche Transparenz), Binz/Mayer DB 06, 1599 (Entscheidungskompetenz Familienunternehmen).

b) Bei der Frage, inwieweit die Bildung stiller Reserven zulässig ist, geht es um stille Reserven ieS. Differenzen zwischen dem wahren Wert und dem Buchwert sind teils unvermeidlich (Schätzungsreserven zB Bandbreite bei Schätzwerten), teils gesetzlich vorgeschrieben (Zwangsreserven, Bspe: Bilanzierungsverbote § 248; Imparitätsprinzip, s Rn 11; Niederstwertprinzip, s § 253 Rn 1, 13, 15), teils gesetzlich erlaubt (spezielle Ermessensreserven, zB Ansatzwahlrechte, s § 264 Rn 23; Bewertungswahlrechte s Rn 28; Wahl von Schätzungsverfahren zB Lifo, s § 256 Rn 2). **Um diese Differenzen geht es im Streit um die stillen Reserven nicht. Problematisch sind vielmehr die stillen Reserven im engeren Sinn** (allgemeine Ermessensreserven), dh um die zusätzliche Differenz zwischen dem nach Gesetz oder GoB vorgesehenen „normalen" Buchwert und dem durch **freie Unterbewertungsentscheidung des Kaufmanns** weiter erniedrigten „tatsächlichen" Buchwert. **14**

E. **Beurteilung der stillen Reserven: a) Für** stille Reserven wird vorgebracht, sie dienten der Unternehmenssicherung (Pufferfunktion), beschränkten zu weit gehende Entnahmen (Thesaurierungsfunktion) und sorgten für eine größere Stetigkeit des Unternehmens und der ausgewiesenen Jahresgewinne (Ergebnisglättungs- bzw Egalisierungsfunktion), Moxter BB **85,** 1103. **15**

b) Gegen stille Reserven sprechen jedoch die besseren Gründe, denn sie stellen ein in mehrfacher Sicht gefährliches Instrument zur bilanzpolitischen Ergebnismanipulation dar. Die **Selbstinformation** des Kfm (Einl 10 v § 238) wird verfälscht, außer wenn dieser Eigenbilanzen ohne stille Reserven führt und fortschreibt. Der **Gesellschafterschutz** (Einl 11 v § 238) wird beeinträchtigt, weil der ausschüttungsfähige Bilanzgewinn künstlich verringert und eine zutreffende Bewertung der Anteile am Markt erschwert wird (Folge: erhöhte Kapitalkosten). Thesaurierung und Wiederauflösung ohne Wissen und Willen der Gfter entmündigt sie zugunsten der Verwaltung der Ges. Stille Reserven berühren aber auch den **Gläubigerschutz** (s 11 v § 238): Verluste werden durch Auflösung stiller Reserven verschleiert (Irreführung durch Egalisierung), unfähige Verwaltungen nicht oder nicht rechtzeitig abgelöst, Vertrauenskrisen und Runs bei Ende der stillen Reserven heraufbeschworen, und all dies, obwohl die notwendige Thesaurierung durch (offene) Gewinnrücklagen (§ 272 III) möglich ist. Stille Reserven stören schließlich tendenziell den Markt- und Allokationsmechanismus (**Funktionenschutz**, Einl 11 v § 238). Aus diesen Gründen bestand schon vor Inkrafttreten des BilMoG ein Verbot zur Anwendung von § 253 IV für KapitalGes (279 I aF). Lit: Beisse FS Beusch **93,** 77, Kübler ZHR 159 **(95)** 550, Kleindiek ZGR **98,** 466. **16**

F. **Bildung stiller Reserven nach BilMoG.** Der Kritik entsprechend wurde die Möglichkeit zur Bildung stiller Reservern durch **BilMoG** ganz erheblich **eingeschränkt.** Weder § 243 noch das Vorsichtsprinzip (Rn 10) ermächtigen zur Bildung stiller Reserven. Sedes materiae stiller Reserven war bisher § 253 IV. Dieses Wahlrecht zur Abschreibung nach vernünftiger kfm Beurteilung beim Umlaufvermögen (§ 253 IV aF) wurde nunmehr gestrichen, ebenso das zum Ausgleich von Wertschwankungen beim Ablagevermögen (§ 253 III 3). **17**

§ 252 18, 19

6) Realisationsprinzip (I Nr 4 Halbsatz 2), schwebende Geschäfte, Anzahlungen, Periodenabgrenzung (I Nr 5)

18 A. **Realisationsprinzip:** Das Realisations- oder Abgrenzungsprinzip regelt den Ausweis der Aufwendungen und Erträge gemäß dem Zeitpunkt ihrer wirtschaftlichen Verursachung. Es betrifft den Ansatz, aber auch die Bewertung (str). Das Realisationsprinzip ist Ausfluss des Vorsichtsprinzips (s Rn 10) und dient der richtigen Periodenabgrenzung, wie I Nr 4 Halbs 2 zeigt: ein Gewinn bzw Ertrag darf erst ausgewiesen werden, wenn er durch Umsatz (entgeltlich, am Markt) realisiert worden ist, BFH **190,** 349, 354 (keine Aktivierung von Teilprovisionszahlung für Teilbearbeitungsleistung, die erst im folgenden Gewinnermittlungszeitraum zu erbringen ist; aber Teilgewinnrealisierung bei Inkassoprovision für eingetriebene Teilbeträge, FG Hbg EFG **06,** 401, BFH BB **08,** 830), bis dahin dürfen Vermögensgegenstände höchstens mit den Anschaffungs- oder Herstellungskosten angesetzt werden, auch wenn ihr Wert gestiegen ist. Ausnahme bei Kreditinstituten für zu Handelszwecken erworbene Finanzinstrumente: Zeitwertbewertung, § 340e III, wonach auch nur realisierbare Gewinne anzusetzen sind. Bei Aktivierung einer Forderung sind noch nicht entstandene Rückgriffsansprüche nur zu berücksichtigen, wenn sie dem Forderungsausfall unmittelbar nachfolgen und unstreitig sind, BFH BB **00,** 718. Bestrittene Forderungen sind erst zu aktivieren, wenn sie rechtskräftig zuerkannt oder vom Schuldner anerkannt sind, BFH BB **06,** 1739. Auch Aufwendungen sind grundsätzlich erst bei Realisierung auszuweisen; bei Risiken und Verlusten geht aber das Imparitätsprinzip vor (s Rn 11). Forderungen und Verbindlichkeiten aus schwebenden Geschäften s Rn 16, Anzahlungen s Rn 17. RsprÜbersicht: Moxter, 6. Aufl 2007 (BFH) § 5. Lit: Hesse, Periodischer Unternehmenserfolg 1996; Mellwig FS Budde **95,** 397, Hoffmann BB **96,** 1821, Backhaus FS Ludewig **96,** 21, Weber-Grellet DStR **96,** 896, Eibelshäuser FS Beisse **97,** 153, Gelhausen/Rimmelspacher AG **06,** 729 (Wandel- und Optionsanleihen), Taraschka DStR **06,** 109 (Rangrücktritt), Eibelshäuser Konzern **06,** 618 (Bilanzierungsgrundsätze), Breidert/Moxter WPg **07,** 912, Renningen StuB **07,** 423 (bestrittene Rechtsverhältnisse).

19 B. **Realisationszeitpunkt: a) Austauschverträge (Umsatzgeschäfte):** Dies ist weder der Zeitpunkt des Vertragsschlusses (Erfüllung noch nicht gesichert) noch der Bezahlung (zu früh bei Anzahlung, zu spät bei Stundung) noch der Rechnungsstellung (so vielfach die kfm Praxis, aber da Rechnungsstellung erst nach Bewirkung der Hauptleistung üblich ist, mit Ergebnis wie hier), sondern der Lieferung, also der (vollständigen) **Bewirkung der Hauptleistung** des Sachleistungsverpflichteten (Leistungshandlung plus Übergang der Preisgefahr, nicht erst Annahme außer nach § 644 BGB; ohne Rücksicht auf Eigentumsvorbehalt s § 246 I 2). Dann hat der Kfm das Seine getan und kann mit Gegenleistung rechnen, die Kaufpreisforderung also aktivieren. Bspe: Beim Barkauf mit Erfüllung. Beim Versendungskauf (§ 246 Rn 17) im Zeitpunkt der Absendung der Ware (§ 447 BGB). Beim (unstreitigen) Annahmeverzug mit Gefahrübergang. Bei Rückgabevorbehalt erst mit Erlöschen des Rückgaberechts, ADS 82, aA auch bei statistisch geringer Rückgabequote, Piltz BB **85,** 1368. Keine Aktivierung der Kaufpreisforderung bei Rücktrittsrecht des Käufers, insbesondere wenn mit seiner Ausübung bei Feststellung des Jahresabschlusses zu rechnen war, vgl Dred BB **06,** 1606. Bei selbstständig abrechenbaren Teilleistungen (zB Miete, Pacht; Leasing s **(7)** Bankgeschäfte P/1) mit ihrer Bewirkung. Bei Abschlussprovisionen, wenn Vermittlungsleistung erfüllt und Vertrag zustande gekommen ist, BFH DStRE **05,** 1371. Bei zu erstellenden Eigentumswohnungen ist Gewinn realisiert, wenn mindestens die Hälfte der Erwerber ausdrücklich oder konkludent (3 Monate rügelose Ingebrauchnahme) das Gemeinschaftseigentum abgenommen hat, BFH HFR **06,** 6. Bei **langfristiger Fertigung** (über das Geschäftsjahr hinaus), insbesondere bei Großprojekten (Industrieanlagenvertrag s

1. Abschnitt. Vorschriften für alle Kaufleute 20, 21 § 252

Überbl 23 vor § 373) bleibt es grds bei Gewinnrealisierung im Jahr der Erbringung der Sachleistung, vor BilMoG str, für § 269 aF analog (Bilanzierungshilfe, Wahlrecht) Knobbe-Keuk § 6 I 4, auch Berücksichtigung bei Bewertungswahlrechten nach § 255 II 3, 4, III 2 aF; aber Ausnahme vom Realisationsprinzip nach II zulässig unter der Voraussetzung endgültiger Teilabrechnungen, des Übergangs der Vertragsgegenstände und des Nichtdrohens von Verlusten in den Folgeperioden, BeckBilKomm/Ellrott/Brendt § 255 Rn 461, ADS 87, str, aA jede Durchbrechung des Realisationsprinzips ablehnend Baumb/Hueck/Schulze-Osterloh § 42 Rn 104, 327, GK BilR/Kleindiek 31; jedenfalls die noch weiter vorgezogene Teilgewinnrealisierung, in der Praxis auch ohne selbstständige Abrechnung von Teilleistungen, ist als zu riskant abzulehnen (dann aber uU § 264 II 2), sehr str, Knobbe-Keuk § 6 I 4, aA ADS 88 (aber andere einengende Voraussetzungen). Lit: Stewing BB **90**, 100. **Vermögenszugehörigkeit von Gütern** (Kaufsache, Leasingsache, Sicherungseigentum etc) s § 246 Rn 14–23. Lit: Ordelheide FS Busse v Colbe **88**, 282, Herzig FS Baetge **97**, 48.

b) Andere Forderungen (zB Ansprüche auf Schadensersatz, Rückgewähr, 20 Dividendenzahlung, Zuschüsse) sind dann zu aktivieren, wenn sie für den Kfm hinreichend sicher und konkretisiert sind; ob und wann die Forderung rechtlich entsteht, ist nicht ausschlaggebend (vgl § 268 IV 2; s § 246 Rn 14–23), BGH **137**, 380 (Tomberger, § 246 Rn 11), str. Bspe: Aktivierung eines streitigen Schadensersatzanspruchs ab Schadensereignis, falls Geschädigter den Anspruch geltend machen will, ADS 84, aA erst mit rechtskräftigem Obsiegen, BFH BStBl II **74**, 91, DB **89**, 1949: künftiger Dividendenanspruch, BGH **65**, 234, **137**, 381 (Konzernmutter), BFH BStBl II **81**, 185, **89**, 717; Ansprüche aus Gewinnbeteiligung an KapitalGes, wenn Gewinnausschüttung beschlossen ist, bei Durchsetzbarkeit durch Konzernmutter schon früher, str, ADS 82; Forderung aus Rückdeckungsversicherung für Pensionsansprüche, BFH HFR **06**, 1087. Steuererstattungsansprüche und weitere BFHRspr s Baumb/Hueck/Schulze-Osterloh § 42 Rn 83; Gewinnanspruch des PersonenHdlGfters erst, wenn er darüber individuell verfügen kann, auch vor Entstehen eines Rechtsanspruchs, idR zum Abschlussstichtag, jedoch nicht vor notwendigem GfterBeschluss, IDW-HFA 1/**91** WPg **91**, 334.

C. Schwebende Geschäfte: Das sind solche gegenseitigen Geschäfte, bei 21 denen die Hauptleistung, die Gegenstand des Geschäfts ist, noch nicht bewirkt ist (s auch § 249 Rn 9), BeckBilKomm/Hoyos/M. Ring § 249 Rn 53, aA ADS § 249 Rn 139, vgl BFH BB **93**, 895, üL: solche, bei denen beide Leistungen noch nicht bewirkt sind (aber Anzahlungen s Rn 17), vermittelnd IDW RS HFA 4 Tz 11; Schwebezustand endet erst mit Erfüllung der Sachleistung, weil Geldleistung nur Vorauszahlung ist. Zulässige Teilleistungen beenden Schwebezustand insoweit. **Dauerschuldverhältnisse**, zB Miete, bleiben auch nach teilweiser Erfüllung schwebend, aber kontinuierlicher Abbau mit Erbringung der Sachleistung. Erwerb eines Erbbaurechts ist schwebendes Geschäft, BFH BStBl II **85**, 617. Erwerb des Eintrittsrechts in ein schwebendes Geschäft ist nicht schon deswegen selbst ein schwebendes Geschäft, BFH NJW **93**, 222. Arbeitsverhältnis/Altersteilzeit: Schwebendes Geschäft endet bei Eintritt des Arbeitnehmers in Freistellungsphase, BFH DB **06**, 535. Schwebende Geschäfte dürfen nicht bilanziert werden, hL, stRspr, BFH, BB **91**, 1623, **93**, 895; denn vor Bewirkung der Hauptleistung besteht keine hinreichende Sicherheit der Erfüllung (Vorsichtsprinzip, s Rn 10), auch sei Kompensation der Rechte und Pflichten aus dem schwebenden Vertrag anzunehmen (Ausgeglichenheitsvermutung), BFH NJW **93**, 222; Ausnahme für der Zeitwertbilanzierung unterliegende Derivate bei Kreditinstituten, § 340 e III. Das Verbot hindert nicht den Ausweis einer Verbindlichkeit, die erst nach Beendigung des Schwebezustands zu erfüllen ist (Verpflichtungsüberhang), BFH **198**, 420, 424, s auch BFH BFH/NV **06**, 1918. Für

Erfüllungsrückstände (Verpflichtungen, die auf korrespondierenden Vorleistungen des Vertragspartners beruhen, BFH **195**, 567, 568 f) und drohende Verluste aus schwebenden Geschäften sind dagegen Rückstellungen zu bilden (§ 249 Rn 2, 14) s BFH DB **06**, 535; Angabepflicht im Anhang nach § 285 Nr 3. Mit Bewirkung der Hauptleistung (s Rn 14) endet der Schwebezustand: Der Verkäufer bucht die Ware (zB 4500 Euro) ab und die Kaufpreisforderung (zB 5000 Euro) ein (Gewinnrealisierung, s Rn 14). Financial Futures und Forward Rate Agreements, IDW-BFA 2/93 WPg **93**, 517. Lit: Neumayer BB **98**, 735, Lüdenbach/Hoffmann DStR **06**, 1382 (Nutzungsrechte), Christiansen DStR **07**, 869.

22   D. **Anzahlungen:** Sie sind beim Zahlenden als „geleistete Anzahlungen" zu aktivieren (vgl § 266 II A I 3) und beim Zahlungsempfänger als „erhaltene Anzahlungen" (auf Bestellungen, vgl § 266 III C Nr 3) zu passivieren, also jeweils nur in Höhe des Anzahlungsbetrags. Die Auszahlung wird auf diese Weise erfolgsneutral behandelt. Die Bewirkung der Anzahlung führt also nicht zur Gewinnrealisierung (anders als die der Hauptleistung, zB Kaufsache, s Rn 14). Das folgt schon daraus, dass hier das Geschäft noch schwebt (s Rn 16), nach üL (s Rn 16) ist eben beim einseitig erfüllten Geschäft zwischen Vorleistungen des Geldschuldners und des Sach-(Haupt-)schuldners zu unterscheiden; Knobbe-Keuk § 4 VII 3. Rechnungsabgrenzungsposten s § 250.

23   E. **Periodenabgrenzung:** Aufwendungen und Erträge sind unabhängig vom Zahlungszeitpunkt im Geschäftsjahr ihrer wirtschaftlichen Verursachung zu verrechnen. Dieser Grundsatz der Periodenabgrenzung (Nr 5) betrifft Ansatz, nicht Bewertung und steht mit den Grundsätzen nach Nr 4, besonders Imparitäts- und Realisationsgrundsatz, in engstem Zusammenhang. **Ausnahmen** sind grds möglich nach II, bestanden bisher aber schon nach anderen Vorschriften, str, ADS 102, zB Ansatz- und Bewertungswahlrechte (s Rn 28), die aber durch BilMoG überwiegend entfallen sind. Daneben ist II praktisch ohne Bedeutung, Kü/We 130. Lit: Hesse, Periodischer Unternehmenserfolg 1996; Wagner FS Moxter **94**, 1175.

7) **Bewertungsstetigkeit (I Nr 6)**

24   A. Die Jahresabschlüsse verschiedener Geschäftsjahre sollen miteinander **vergleichbar** sein. Das erhöht auch die Aussagekraft der einzelnen Bilanz. Dem dient der Grundsatz der Bilanzidentität (I Nr 1) und der Bilanzkontinuität. I Nr 6 schreibt **materielle Bilanzkontinuität** (Bewertungsstetigkeit) vor (bisher str, ob GoB). Die auf den vorhergehenden Jahresabschluss angewandten Bewertungsmethoden, zB Abschreibungen (§§ 253 f) oder Bewertungsvereinfachungsverfahren (§ 256), sollen beibehalten werden. I Nr 6 erstreckt sich auch auf im Geschäftsjahr neu hinzugekommene Vermögensgegenstände und Schulden. Zeitmäßige Grenze gibt es nicht. I Nr 6 erfasst auch die Ausübung von Bewertungswahlrechten, dagegen nicht die früher mögliche Inanspruchnahme steuerrechtlicher Bewertungswahlrechte und Sonderabschreibungen (§ 254 aF), nach aA doch, aber iErg ebenso, da jedes Jahr neue Wahl, ADS 105, Stetigkeitsgebot erfasst aber planmäßige Sonderabschreibungen für bestimmte Gruppen gleichartiger Vermögensgegenstände, IDW-HFA 3/**97** sub 2; auch nicht zusätzliche Abschreibungen nach § 253 IV aF, IDW-HFA 3/**97**. Bisher auch die Ausübung von Ansatzwahlrechten, ADS 110, str, aber Willkürverbot, durch BilMoG nun in § 246 III gesondert geregelt. Vor Geltung des BilMoG war Nr 6 als Soll-Vorschrift ausgestaltet, von der aber ebenso wie bei Nr 1–5 nur in begründeten **Ausnahme**fällen abgewichen werden durfte (II, s Rn 22), BGH **132**, 273. Die Neufassung als Ist-Vorschrift erfolgte allein aus redaktionellen Gründen. Die Abweichung ist nicht schon deshalb zulässig, weil sie im Anhang angegeben und begründet wird, vielmehr muss sie sachlich gerechtfertigt sein, IDW-HFA 3/**97**

sub 3 (deutlich großzügiger ADS 113, dagegen GK BilR/Kleindiek 47). Solche Ausnahmen sind zB Änderung von Gesetz, Satzung, Rechtsprechung oder Steuerpraxis; Ergebnisse einer steuerlichen Betriebsprüfung; Einbeziehung in Konzernverbund; GfterBestandsänderung; andere Unternehmenskonzeption etwa bei Wechsel des Managements; Nutzung ansonsten vom Verfall bedrohter steuerlicher Verlustvorträge, Küting/Weber/Selchert 126, str; grundlegend andere Einschätzung der Unternehmensentwicklung, ADS 113, aA Baumb/Hueck/Schulze-Osterloh § 42 Rn 334; Einleitung von Sanierungsmaßnahmen; Anpassung des Konzernabschlusses (§ 298 I) an konzerneinheitliche Bilanzierungsrichtlinien oder an international anerkannte Grundsätze, IDW-HFA 3/**97**. Nicht: Vermeidung von § 92 I AktG, § 49 III GmbHG. Grund: Warnfunktion, § 284 II Nr 3 genügt nicht, aA ADS 115; allgemeine Verfolgung geänderter Substanzerhaltungsziele, IDW-HFA 3/97 sub 3. Bei Änderungen im Ansatz und in der Bewertung keine Anpassung der Vorjahreszahlen (§ 265 II 1), sondern erforderlichenfalls Angaben nach § 284 II Nr 3, IDW-HFA 3/**97** sub 5. **Übergangsrecht** in **(1)** EGHGB Art 24 V 1 (s Einl 67 v § 238). Lit: Hennrichs, Wahlrechte 1999 S 305 ff, IDW-HFA 3/**97**, Küting/Tesche/Tesche StuB **08,** 655.

B. Nach dem Grundsatz der **formellen Bilanzkontinuität (Ausweiskontinuität),** der zwar für KapitalGes in § 265 I näher ausgeformt ist, aber im Kern auch für EinzelKfm und PersonenGes gilt, darf auch die Darstellungsform, also die einmal gewählte Gliederung der Bilanz und der Gewinn- und Verlustrechnung und die Benennung und Abgrenzung der Bilanzposten, nicht willkürlich geändert werden.   25

8) Weitere Bewertungsgrundsätze

§ 252 ist nicht abschließend. Weitere Bewertungsgrundsätze sind zB Anschaffungswertprinzip (§ 253 I 1), Niederstwertprinzip (§ 253 III 3, IV 1, 2), Planmäßigkeit der Abschreibung (§ 253 III 2), ferner Grundsätze der Methodenbestimmtheit (keine Mischwerte aus verschiedenen Methoden heraus), Grundsatz der Willkürfreiheit, Grundsatz der Wesentlichkeit (materiality, für die Adressaten des Jahresabschlusses Unwesentliches soll wegbleiben können). Reichweite im Einzelnen str, ADS 123 ff.   26

9) Abweichen nur in begründeten Ausnahmefällen (II)

Die Grundsätze von I gelten nicht starr. Vielmehr darf in begründeten Ausnahmefällen (§ 264 II 1) von ihnen abgewichen werden (II, s jeweils zu Nr 1–6, zB pauschale Wertberichtigung Rn 9). Die Abweichung nach II muss den GoB entsprechen. Bei der KapitalGes (§ 264 Rn 1) muss uU sogar abgewichen werden (true and fair view, § 264 II), s zu zulässiger Bewertungseinheit bei Mobilfunkverträgen Pottgießer/Velte StuB **06,** 131, aber idR genügt Angabe im Anhang (§ 264 Rn 9, 14). Abweichungen von Bilanzierungs- und Bewertungsmethoden sind von der KapitalGes im Anhang zu erläutern (§ 284 II Nr 3).   27

10) Bewertungswahlrechte

Hier ergeben sich mit Geltung des BilMoG erhebliche Änderungen im Interesse besserer Vergleichbarkeit: Auch wenn §§ 252–256 aF und noch erheblich weiter gehend §§ 279–283 aF für KapitalGes die freie Bewertung erheblich einschränkten, blieb Raum für Bilanzpolitik (§ 264 Rn 23, dort auch Bilanzierungswahlrechte) durch Ausübung der Bewertungswahlrechte. Folgende Bewertungswahlrechte entfallen nun: Abschreibungen auf Grund Steuerrechts (§ 254 aF), nach vernünftiger kfm Beurteilung (§ 253 IV aF), solche auf den nahen Zukunftswert (§ 253 III 3 aF), Verkürzung des Abschreibungszeitraums bei Aktivierung eines derivativen Geschäfts- oder Firmenwerts (§ 255 IV 2 aF) und von Aufwendungen für Ingangsetzung und Erweiterung des Geschäftsbetriebs   28

§ 252 29–32 III. Buch. Handelsbücher

(§§ 269 aF, 282 aF), Verteilung der Abschreibung des Geschäfts- und Firmenwerts auf die Geschäftsjahre der voraussichtlichen Nutzung (§ 255 IV 3 aF). Das Wahlrecht für bestimmte außerplanmäßige Abschreibungen (§§ 253 II 3 aF, 279 I 2 aF) wird für alle Bilanzierenden auf Finanzanlagen beschränkt, § 253 III 4. **Wahlrecht** besteht künftig für pauschale Abzinsung von Pensionverpflichtungen (§ 253 II 2), Einbeziehung von angemessenen Kosten der allgemeinen Verwaltung und sozialen Einrichtungen des Betriebes in die Herstellungskosten (§ 255 II 3) und unverändert Ansatz von Zinsen für Femdkapital (§ 255 III 2). Anwendung von Bewertungsvereinfachungsverfahren (§ 256). Lit: Hennrichs, Wahlrechte 1999, Göllert DB **08**, 1165.

11) Rechtsfolgen des Verstoßes gegen Bewertungsgrundsätze

29   Die in § 252 enthaltenen Grundsätze sind als solche weder straf- noch ordnungswidrigkeitenrechtlich sanktionsbewehrt. Ein Verstoß gegen die gesetzlichen Bewertungsgrundsätze kann bei KapitalGes (AG, KGaA, GmbH) ggf zur **Nichtigkeit** des Jahresabschlusses führen, § 256 V Nr 1, 2 AktG (analog für GmbH). Zwar setzt § 256 V AktG Verletzung der §§ 253–256 iVm §§ 279–283 voraus. Doch wird isolierte Verletzung von § 252 ohne gleichzeitige Verletzung zumindest einer dieser Vorschriften praktisch kaum vorkommen (ggf Nichtigkeit analog § 256 V AktG, s ADS Vor §§ 252–256 Rn 31). § 256 V AktG setzt ferner vorsätzliche unrichtige Widergabe oder Verschleierung voraus. Bei bloßer Fahrlässigkeit (fristgebundene) Anfechtbarkeit des Feststellungsbeschlusses. Keine Anwendung des § 256 V AktG auf typische PersonenGes. Bei prüfungspflichtigen Ges ist Versagung oder Einschränkung des Bestätigungsvermerks (§ 322) möglich. **Straf-** und **ordnungswidrigkeitenrechtliche Konsequenzen:** §§ 331, 334, 335 b, § 20 PublG u § 283 StGB.

12) IFRS 6 (Exploration und Evaluierung von mineralischen Ressourcen)

30   A. Eine entsprechende Spezialregelung zur Bilanzierung mineralischer Ressourcen kennt das HGB nicht. IFRS 6 setzt den Ansatz der Regelung in IAS 41 (Landwirtschaft) fort, indem neben die Spezialnorm für die Bilanzierung biologischer Ressourcen eine weitere Spezialnorm für mineralische Ressourcen gestellt wird.

31   B. **Gegenstand:** IFRS 6 ist anzuwenden auf Unternehmen aus dem Bereich der „mineral ressources". Der Begriff umfasst alles, was sich unter der Erdoberfläche befindet (keine Unterscheidung zwischen Öl, Gas und anderen Rohstoffen). Der Standard ist anzuwenden auf Geschäftsjahre, die am oder nach dem 1. 1. 06 beginnen. Lit: Beck'sches IFRS-Hdb/Riese § 41 Rn 1 ff, Zülch/Willms KoR **05**, 116, Zülch/Willms StuB **05**, 892, Zülch/Willms WPg **06**, 1201.

32   C. **Sachliche Anwendung:** IFRS 6 gestattet den Unternehmen, Bilanzierungs- und Bewertungsmethoden zur Exploration und Evaluierung von Vermögenswerten zu entwickeln, ohne IAS 8 (Bilanzierungs- und Bewertungsmethoden, Änderungen von Schätzungen und Fehler) u insbesondere IAS 8.11 u 8.12 anwenden zu müssen. Dementsprechend darf ein Unternehmen, das IFRS 6 anwendet, die Bilanzierungs- und Bewertungsmethoden (einschließlich Ansatz- und Bewertungsgrundsätzen) weiterverwenden, die es unmittelbar vor der Anwendung von IFRS verwendet hat. IFRS 6 gilt nur für Aufwendungen für Exploration und Bewertung von Bodenschätzen. **Nicht anzuwenden** ist der Standard auf die Bilanzierung der Bodenschätze oder der zu ihrer Hebung erforderlichen Anlagen selbst. Dafür gelten IAS 2 u 16. Zudem soll der Standard nicht angewendet werden auf Ausgaben vor Erwerb der Explorationsrechte (Projektionsphase) und nach Abschluss der technischen Machbarkeitsstudie (Entwicklungsphase), IFRS 6.5, Lüdenbach/Hoffmann § 42 Rn 15. IFRS 6 betrifft allein

die Bewertung der eigentliche Forschungstätigkeit, nicht die Entwicklung des Abbauprozesses, IFRS 6.10, und ist damit Spezialregelung zu IAS 38 (Immaterielle Vermögenswerte). Typische Gegenstände sind: Erwerb der Explorationsrechte, topographische, geophysikalische, chemische ua Studien, Probebohrungen und ihre Auswertung etc. (s den nicht abschließenden Katalog in IFRS 6.9).

D. **Wesentlicher Inhalt:** Kernregelung ist die Verpflichtung zur Erstbewertung nach Anschaffungs- oder Herstellungskosten („at cost", IFRS 6.8). Nach der Erstbewertung ist das Anschaffungskostenmodell („cost model") oder das Neubewertungsmodell („revaluation model") nach IAS 16 anzuwenden. „Cost model" verlangt planmäßige Abschreibung des Vermögenswertes über eine betriebliche Nutzungszeit, „revaluation model" verlangt Ansatz zum Zeitwert am Bilanzstichtag, Problem: es fehlt idR ein aktiver Markt. IFRS 6.9 nennt Elemente, die in die Anschaffungs- und Herstellungskosten des Explorationsrechts eingerechnet werden dürfen. Ggf ist der „impairment test" (Wertminderungstest) durchzuführen, insbesondere wenn erwartet wird, dass Zeitwert eines „exploration asset" den erzielbaren Wert übersteigen könnte, IFRS 6.18. Offenzulegen sind: die angewendeten Rechnungslegungsrichtlinien für Exploration, Bewertung und Aktivierung ungehobener Bodenschätze usw sowie der Wert der bilanzierten einzelnen Vermögensgegenstände und Schulden, Cash Flows, Erträge, und Aufwendungen aus der Exploration und Ausbeutung der Bodenschätze. Entsprechend der Qualifikation bei Ansatz und Bewertung sind die Vermögenswerte als Sachanlagen oder immaterielle Vermögenswerte auszuweisen, IFRS 6.17. Anhangangaben: IFRS 6.23 ff. Lit: Beck'sches IFRS-Hdb/Riese § 41 Rn 1 ff., Zülch/Willms KoR **06,** 05, 116.

13) IAS 8 (Bilanzierungs- und Bewertungsmethoden, Änderungen von Schätzungen und Fehler)

A. Der in **I Nr 5** enthaltene Grundsatz der **Bewertungsmethodenstetigkeit** ist in den internationalen Standards in **IAS 8** (Bilanzierungs- und Bewertungsmethoden, Änderungen von Schätzungen und Fehler) geregelt, der aber thematisch umfassender ist und auch die **Bilanzierungsmethodenstetigkeit** vorsieht, Baetge IAS-Kommentar 105 ff.

B. **Gegenstand:** IAS 8 schreibt die Kriterien zur Auswahl und Änderung der Bilanzierungs- und Bewertungsmethoden, sowie die bilanzielle Behandlung und Angabe von Änderungen der Bilanzierungs- und Bewertungsmethoden, Änderungen von Schätzungen sowie Fehlerkorrekturen vor. Der Standard soll die Relevanz und Zuverlässigkeit des Abschlusses eines Unternehmens sowie die Vergleichbarkeit dieser Abschlüsse im Zeitablauf sowie mit den Abschlüssen anderer Unternehmen verbessern. **Zeitliche Anwendung:** Geschäftsjahre, die am oder nach dem 1. 1. 05 beginnen. Frühere Anwendung empfohlen (IAS 8.54). Lit: Ruhnke/Nerlich, DB **04,** 389 (Regelungslücken der IFRS), Zülch/Willms, StuB **04,** 11 (Änderung), IDW FN-IDW **06,** 619 (Änderung), Erdmann/Wünsch/Meyer KoR **06,** 332, Hoffmann PiR **06,** 14 (Bilanzberichtigung), Küting/Weber/Keßler/Metz DB **07,** Beilage 7 zu Heft 3, Buschhüter/Senger IRZ **09,** 23 (Common-Control-Transactions).

C. **Sachliche Anwendung:** IAS 8 ist bei der Auswahl und Anwendung von Bilanzierungs- und Bewertungsmethoden sowie zur Berücksichtigung von Änderungen dieser Methoden, von Schätzungen und Korrekturen von Fehlern aus früheren Perioden anzuwenden (IAS 8.3 f).

D. **Wesentlicher Inhalt:** Bei der Auswahl der Bilanzierungs- und Bewertungsmethode ist zu beachten, ob sich ein Standard oder eine Interpretation ausdrücklich auf einen Geschäftsvorfall oder auf sonstige Ereignisse oder Bedingungen bezieht. Ist dies der Fall, so ist bzw sind die Bilanzierungs- und Bewertungsmethode bzw -methoden für den entsprechenden Posten zu ermitteln,

§ 252 38–43

indem der Standard oder die Interpretation unter Berücksichtigung aller relevanten Umsetzungsleitlinien des IASB für den Standard bzw die Interpretation zur Anwendung kommt (IAS 8.7 ff). Es gilt der **Grundsatz der Stetigkeit der Bilanzierungs- und Bewertungsmethoden** (IAS 8.13).

38 E. **Änderungen der Bilanzierungs- und Bewertungsmethoden** sind nur zulässig, wenn dies von einer Satzung oder einem Standardsetzer verlangt wird oder wenn die Änderung zu einem **aussagekräftigeren Abschluss** des Unternehmens führt. Änderungen der Bilanzierungs- und Bewertungsmethoden sind **retrospektiv** vorzunehmen. Die hieraus resultierenden Anpassungen korrigieren den Eröffnungsbilanzwert der Gewinnrücklagen. Die Vergleichszahlen des Vorjahrs sind wiederum anzupassen, sofern diese Anpassung durchführbar und wirtschaftlich vertretbar ist. Kann der Anpassungsbetrag nicht vernünftig ermittelt werden, dann ist die Änderung der Bilanzierungs- und Bewertungsmethode **ausnahmsweise prospektiv** vorzunehmen (IAS 8.14 ff).

39 F. Die Auswirkung der **Änderung einer Schätzung** ist **prospektiv** ergebniswirksam zu erfassen in der Periode der Änderung, wenn die Änderung nur diese Periode betrifft, oder in der Periode der Änderung und in späteren Perioden, sofern die Änderung sowohl die Berichtsperiode als auch spätere Perioden betrifft. Soweit eine Änderung einer Schätzung zu Änderungen der Vermögenswerte oder Schulden führt oder sich auf einen Eigenkapitalposten bezieht, so hat die Erfassung dadurch zu erfolgen, dass der Buchwert des entsprechenden Vermögenswerts oder der Schuld oder Eigenkapitalposition in der Periode der Änderung angepasst wird (IAS 8.32 ff).

40 G. Der Standard **eliminiert** das **Konzept eines fundamentalen Fehlers** und damit auch die Unterscheidung zwischen grundlegenden und anderen wesentlichen Fehlern. Der Standard definiert **Fehler aus früheren Perioden**. Ein Fehler aus einer früheren Periode ist durch rückwirkende Anpassung zu korrigieren, wenn nicht die Ermittlung der periodenspezifischen Effekte oder der kumulierten Auswirkung des Fehlers undurchführbar ist. Wenn die Ermittlung der periodenspezifischen Effekte eines Fehlers auf die vergleichenden Informationen für eine oder mehrere frühere dargestellte Perioden undurchführbar ist, hat das Unternehmen die Eröffnungssalden von Vermögenswerten, Schulden und Eigenkapital für die **früheste Periode** anzupassen, für die eine **rückwirkende Anpassung durchführbar** ist (uU nur die Berichtsperiode). Ist die Ermittlung der kumulierten Auswirkung eines Fehlers auf alle früheren Perioden am Anfang der Berichtsperiode undurchführbar, so hat das Unternehmen die vergleichenden Informationen so anzupassen, dass der Fehler prospektiv frühestmöglich korrigiert wird (IAS 8.41 ff).

14) IAS 10 (Ereignisse nach dem Bilanzstichtag)

41 A. Das **Stichtagsprinzip** gem **I Nr 3** und das **Wertaufhellungsprinzip** gem **I Nr 4** sind in den internationalen Standards Teilaspekte von **IAS 10** (Ereignisse nach dem Bilanzstichtag).

42 B. **Gegenstand:** IAS 10 (Ereignisse nach dem Bilanzstichtag) regelt, unter welchen Voraussetzungen Ereignisse im Abschluss zu berücksichtigen sind, die nach dem Bilanzstichtag eintreten. **Zeitliche Anwendung:** Geschäftsjahre, die am oder nach dem 1. 1. 05 beginnen. Frühere Anwendung empfohlen (IAS 10.23). Lit: Moxter BB **03**, 2559 (Unterschiede IAS-HGB), Lüdenbach PiR **07**, 336 (Fertigungsaufträge)

43 C. **Sachliche Anwendung:** Der Anwendungsbereich dieses Standards beschränkt sich auf die Bilanzierung und Angabe von Erfolgsunsicherheiten und Ereignissen nach dem Bilanzstichtag. Sachverhalte, wie die Verpflichtungen einer Lebensversicherung aus ausgegebenen Policen, Altersversorgungsverpflichtun-

1. Abschnitt. Vorschriften für alle Kaufleute 44–47 § 252

gen, Verpflichtungen aus langfristigen Leasingverhältnissen sowie Ertragssteuern fallen nicht unter den Anwendungsbereich dieses Standards (IAS 10.2 ff).

D. **Wesentlicher Inhalt:** Ereignisse nach dem Bilanzstichtag sind Ereignisse, **44** die zwischen dem Bilanzstichtag und dem Tag eintreten, an dem der Abschluss zur Veröffentlichung freigegeben wird. Ereignisse, die Hinweise zu Gegebenheiten liefern, die bereits am Bilanzstichtag vorgelegen haben **(wertaufhellende Ereignisse)** sind im Abschluss zu berücksichtigen (IAS 10.8 ff). Ereignisse, die Gegebenheiten anzeigen, die nach dem Bilanzstichtag eingetreten sind **(wertbegründende Ereignisse),** dürfen nicht im Abschluss berücksichtigt werden; wesentliche wertbegründende Informationen sind jedoch offen zu legen (IAS 10.10 f). Wenn ein Unternehmen nach dem Bilanzstichtag Dividenden für Inhaber von Eigenkapitalinstrumenten, wie in IAS 32 (Finanzinstrumente: Angaben und Darstellung) definiert, beschließt, darf das Unternehmen diese Dividenden zum Bilanzstichtag nicht als Schulden ansetzen (IAS 10.12 f). Der Abschluss darf **nicht** auf Grundlage der **Annahme der Unternehmensfortführung** aufgestellt werden, wenn die Unternehmensleitung beabsichtigt, das Unternehmen aufzulösen oder den Geschäftsbetrieb einzustellen oder keine realistische Alternative mehr hat, als so zu handeln (IAS 10.14 ff). Das Unternehmen hat den Tag anzugeben, an dem der Abschluss zur Veröffentlichung freigegeben wurde, und wer die Freigabe genehmigt hat (IAS 10.17 ff).

15) IAS 11 (Fertigungsaufträge)

A. Der Grundsatz der **Einzelbewertung** gem I Nr 2 ist in den internationa- **45** len Standards, soweit **Fertigungsaufträge** betroffen sind, aus IAS 11 (Fertigungsaufträge) ableitbar, s Baetge, IAS-Kommentar 48 ff.

B. **Gegenstand:** IAS 11 bestimmt, wie Erträge und Aufwendungen im Zusam- **46** menhang mit Fertigungsaufträgen im Abschluss des Auftragnehmers zu erfassen sind. **Zeitliche und sachliche Anwendung:** IAS 11 gilt für Geschäftsjahre, die am oder nach dem 1. 1. 95 beginnen (IAS 11.46) und ist sachlich für alle Fertigungsaufträge anzuwenden. Lit: Pottgießer/Velte/Weber KoR **05,** 310, Littkemann/Schulte/Kraft StuB **05,** 333 (Einzelabschluss/percentage of completion-Methode), Friedrich BB **06,** 1492 (Public-Private-Partnership-Projekte), Weißenberger/Maier DB **06,** 2077 (Management Approach), Dobler KoR **06,** 160 (Ertragsvereinnahmung/Projekt Revenue Recognition), Kühnberger KoR **06,** 658 (ausgewählte Probleme), Pottgießer PiR **06,** (KMU/percentage of completion-Methode), Dobler PiR **06,** 147 (Ertrags- und Aufwandserfassung), Kühne WPg **06,** 1393 (Ertragsvereinnahmung), Lüdenbach PiR **07,** 336 (Wertberichtigung).

C. **Wesentlicher Inhalt:** Nach IAS 11 sind Fertigungsaufträge nach der **per- 47 centage of completion-Methode** zu bewerten, wenn die Auftragserlöse und die Auftragskosten verlässlich ermittelt werden können. Zu unterscheiden sind **Festverträge** (fixed price contracts) und **Kostenzuschlagsverträge** (cost plus contracts) (IAS 11.3). Auftragserlöse und -kosten werden nach dem **Grad der Fertigstellung** über die Geschäftsjahre verteilt (IAS 11.22 ff). Ist wahrscheinlich, dass die gesamten Auftragskosten die gesamten Auftragserlöse übersteigen, dann ist der **erwartete Verlust** sofort erfolgswirksam zu erfassen (IAS 11.36 f). Einzelne Fertigungsaufträge sind aufzuteilen oder zusammenzufassen, wenn bestimmte Kriterien erfüllt sind (IAS 11.7 ff). Die Höhe der Auftragserlöse und -kosten ist in jedem Geschäftsjahr neu zu schätzen. **Auftragserlöse** sind die ursprünglich vereinbarten Erlöse, Erlöse aus Abweichungen von den ursprünglichen Planungen, Nachforderungen und Prämien (IAS 11.11 ff). **Auftragskosten** sind alle dem Auftrag direkt zurechenbaren Kosten und die Kosten, die dem Auftraggeber gesondert in Rechnung gestellt werden können (IAS 11.16 ff). Der **Fertigstellungsgrad** ist durch eine verlässliche Methode zu ermitteln. Entsprechend dem Charakter des Auftrags können verschiedene Methoden verwendet werden (IAS 11.30 ff).

§ 252 48–53

16) IAS 18 (Erträge)

48 A. Das in I Nr 4 statuierte **Realisationsprinzip** findet sich thematisch entsprechend in IAS 18 (Erträge) mit einer Regelung der Voraussetzungen für die Bestimmung des **Ertragsrealisationszeitpunktes** wieder, s Baetge IAS-Kommentar 98.

49 B. **Gegenstand:** IAS 18 befasst sich mit der Gewinnrealisierung bei dem Verkauf von Waren, dem Erbringen von Dienstleistungen und anderen betrieblichen Tätigkeiten zur Erzielung von Zins-, Lizenz- oder Dividendenerträgen. **Zeitliche Anwendung:** Geschäftsjahre, die am oder nach dem 1.1.1995 beginnen (IAS 18.37). Lit: Lüdenbach/Völkner BB **06,** 1435 (Unternehmenskauf/Mehrkomponentengeschäfte) Lüdenbach/Hoffmann DStR **06,** 153 (Mehrkomponentengeschäfte), Lüdenbach/Hoffmann DStR **06,** 1382 (Nutzungsrechte), Berger/Kolb StuB **06,** 289 (Personenhandelsgesellschaftsanteile), Kühne/Schreiber KoR **06,** 573, Driesch WPg **06,** 1345 (IFRIC D20, Kundenbindungsprogramme), Kühne WPg **06,** 1393 (Ertragsvereinnahmung), Andrejewski/Speigel Konzern **07,** 206 (Verkäufe mit Restwert-/Rücknahmegarantien), Scharpenberg/Schreiber WPg **08,** 388 (IFRIC D 24), de la Paix/Roth IRZ **08,** 441, Erchinger/Melcher KoR **09,** 89 (Mehrkomponentengeschäfte).

50 C. **Sachliche Anwendung:** IAS 18 regelt die Bewertung von Erträgen, die aus dem Verkauf von Gütern, dem Erbringen von Dienstleistungen und der Nutzung von Vermögenswerten des Unternehmens durch Dritte gegen Zinsen, Nutzungsentgelte und Dividenden entstehen. **Ausgenommen** sind Erträge aus Vorgängen, die von anderen Standards abgedeckt werden: Leasingverhältnisse (IAS 17 Leasingverhältnisse), Anteile an assoziierten Unternehmen (IAS 28), Versicherungsverträge (IFRS 4), Finanzinstrumente (IAS 39), Wertänderungen bei anderen kurzfristigen Vermögenswerten, biologischen Vermögenswerten die mit Landwirtschaft im Zusammenhang stehen und landwirtschaftlichen Erzeugnissen (IAS 41) und Abbau von Bodenschätzen (IAS 18.6 (a)–(h)).

51 D. **Wesentlicher Inhalt:** Erträge sind mit dem beizulegenden Zeitwert der erhaltenen oder noch zu empfangenden Gegenleistung zu erfassen. In der Regel besteht die Gegenleistung in bar (IAS 18.9 ff). Die Erträge aus dem **Verkauf von Gütern** werden erfasst, wenn 1) die mit dem wirtschaftlichen Eigentum verbundenen Chancen und Risiken auf den Käufer übertragen werden, 2) der Verkäufer kein Verfügungsrecht oder keine Kontrolle über die Güter hat, 3) der Betrag der Erträge verlässlich bestimmt werden kann, 4) es wahrscheinlich ist, dass dem Verkäufer wirtschaftlicher Nutzen zufließen wird, und 5) die Kosten der Transaktion verlässlich bestimmt werden können (IAS 18.14).

52 E. Die Erträge aus der Erbringung von **Dienstleistungen** werden in Abhängigkeit vom **Fertigungsgrad** erfasst, wenn die folgenden Bedingungen erfüllt sind: 1) der Betrag der Erträge kann verlässlich bestimmt werden; 2) es ist wahrscheinlich, dass dem Dienstleistenden ein wirtschaftlicher Nutzen zufließen wird; 3) der Fertigungsgrad der Transaktion kann verlässlich bestimmt werden; und 4) die Kosten der Transaktion können verlässlich bestimmt werden. Ist das Ergebnis **nicht verlässlich bestimmbar**, sind die Erträge nur in dem Umfang zu erfassen, in dem die angefallenen Aufwendungen wiedererlangt werden können (IAS 18.20 ff).

53 F. **Zinserträge** werden durch Anwendung der Effektivverzinsung zeitproportional erfasst. **Nutzungsentgelte** werden periodengerecht in Übereinstimmung mit den Bestimmungen des zugrunde liegenden Vertrages erfasst. **Dividendenerträge** werden dann erfasst, wenn der Rechtsanspruch auf Zahlung entsteht (IAS 18.29 ff). Die für die Ertragserfassung angewandten **Bilanzierungs- und Bewertungsmethoden** einschließlich der Methode zu Ermittlung des Fertigstellungsgrades bei Dienstleistungsgeschäften, ferner der Betrag jeder bedeutsamen Kategorie von Erträgen, die während der Berichtsperiode erfasst worden sind, und

1. Abschnitt. Vorschriften für alle Kaufleute 54–59 § 252

schließlich der Betrag von Erträgen aus Tauschgeschäften mit Waren oder Dienstleistungen aus jeder bedeutsamen Kategorie sind anzugeben (IAS 18.35 f).

17) Sonstige IAS/IFRS-Regelungen

A. Den allg Bewertungsgrundsätzen des HGB entsprechen zT die **Rech-** 54 **nungslegungsgrundsätze** der IAS/IFRS. Der Grundsatz der Bilanzidentität (I Nr. 1) ist aus F. 39–40 **(Vergleichbarkeit)** ableitbar. Er gilt aber nicht umfassend und wird durch zahlreiche Einzelregelungen wie IAS 8.14–27 (Änderung der Bilanzierungsmethode), oder IAS 21.35 (Wechsel der funktionalen Währung) eingeschränkt. Der Grundsatz der Unternehmensfortführung **(I Nr 2) (going concern-Prinzip)** ist in F. 23 und IAS 1.23–24 geregelt. Die Periodenabgrenzung **(I Nr 5)** ist in IAS 1.25 f und in F. 22 geregelt **(accrual principle).**

B. Dem Prinzip der Bewertungsstetigkeit gem **I Nr 6** (Ansatzstetigkeit s § 346 55 III) entspricht der **Stetigkeitsgrundsatz** (consistency, IAS 1.27) der internationalen Standards. Der Stetigkeitsgrundsatz nach IAS/IFRS erfasst neben Bewertungs- und Bilanzierungsmethoden (s § 246 III) anders als nach HGB auch Ausweismethoden. Die internationalen Standards stellen mithin auch noch nach dem BilMoG höhere Anforderungen an die Vergleichbarkeit, Winkeljohann 37. Materiell fordert der Stetigkeitsgrundsatz zB, dass gegebene Wahlrechte grundsätzlich nur einheitlich für das gesamte Unternehmen ausgeübt werden, so etwa die Aktivierung von Fremdkapitalzinsen **(IAS 23)** oder die Behandlung von **Methodenänderungen** (IAS 8). Methodenänderungen sind zulässig, wenn eine andere Methode besser geeignet ist oder wenn die Änderung auf Grund einer Bestimmung in einem Standard oder einer Interpretation erforderlich ist, F. 41, IAS 8.14. Offenlegung s IAS 8.28 ff. **Realisationsprinzip:** s IAS 18 zu Voraussetzungen für die Bestimmung des Ertragsrealisationszeitpunktes; IAS 11 zur Erfassung der Erträge und Aufwendungen bei langfristigen Fertigungsaufträgen. **Imparitätsprinzip:** Keine explizite Regelung in den Standards oder im Framework. Gewinne und Verluste sind gleich zu behandeln (s etwa F. 83). Ausnahmen: In IAS 37 sind die Wahrscheinlichkeitsanforderungen für die Aktivierung von Erstattungen gem IAS 37.53 höher als für die Passivierung von Rückstellungen (IAS 37.14(b)). Gem IAS 11.32 sind Verluste aus Fertigungsgeschäften sofort in voller Höhe, Gewinne hingegen nur nach Auftragsfortschritt zu realisieren.

C. In den **IAS/IFRS** gibt es keine ausdrückliche Regelung des **Einzelbe-** 56 **wertungsprinzips,** es ist aber ableitbar aus F. 83(b), F. 89, F. 91 sowie aus einzelnen Standards, etwa IAS 12.26 (außerplanmäßige Abschreibungen – Einzelwertberichtigung – von Vorräten), IAS 11.7 (Fertigungsaufträge) u IFRS 3.15 (Ansatz von Vermögensgegenständen und Schulden bei Kapitalkonsolidierung).

D. Im Vergleich zum **Vorsichtsprinzip** nach **I Nr 4** hat der **Grundsatz der** 57 **Vorsicht** (prudence) nach den internationalen Standards einen deutlich geringeren Stellenwert. Das Vorsichtsgebot steht gleichrangig neben den weiteren Grundsätzen der **glaubwürdigen Darstellung,** der **wirtschaftlichen Betrachtungsweise,** der **Neutralität** und der Vollständigkeit, die alle gemeinsam dem Obergrundsatz der Verlässlichkeit (F. 31 ff) dienen, Wagenhofer 125 f. Primäre Bedeutung kommt ihm als Bewertungsgrundsatz bei Ermessensspielräumen zu, Wollmert/Achleitner, WPg **97,** 248.

E. Im Unterschied zum HGB, das den Wesentlichkeitsgrundsatz nicht aus- 58 drücklich nennt, sondern nur verschiedentlich darauf hinweist, s etwa § 240 III und IV, ferner § 252, zählt der **Wesentlichkeitsgrundsatz** (principle of materiality, F. 29 f) nach den internationalen Standards ausdrücklich zu den qualitativen Anforderungen (qualitative characteristics) an den Abschluss.

F. **IFRIC 13 (Kundenbindungsprogramme)** zu IAS 8 (Bilanzierungs- und 59 Bewertungsmethoden, Änderungen von Schätzungen und Fehler) IAS 18 (Er-

§ 253

träge), IAS 37 (Rückstellungen, Eventualschulden und Eventualforderungen), anzuwenden auf Perichtsperioden ab 1. 7. 08, regelt die Bilanzierung von Kundenbindungsprogrammen. Bei solchen Programmen erhält der Kunde Treuepunkte bei Kauf eines Produktes oder Inanspruchnahme einer Dienstleistung, die er später unter bestimmten Voraussetzungen (bspw Menge der Punkte) gegen Produkte des Unternehmens tauschen kann. Nach IFRIC 13 erfolgt **Verteilung des Umsatzes** und damit der Trennung der einzelnen Geschäftsvorfälle. Die Erträge sind gem IAS 18.13 sowohl auf die vom Kunden zum regulären Preis erworbenen Güter als auch auf das im Rahmen des Ponusprogramms vergünstigt oder gratis gewährten Produkte zu verteilen (IFRIC 13.5). Die Bewertung der Komponenten erfolgt zum fair value (IFRIC 13.6). Buchung der Erträge, die auf die Boni entfallen, erst bei Realisation (IFRIC 13.7). Wird Prämie durch Dritte gewährt, hängt Buchung der Erträge als Netto- oder Bruttoertrag davon ab, ob Vereinnahmung der Gegenleistung im Auftrag des Dritten (auf fremde Rechnung) oder auf eigene Rechnung erfolgt (IFRIC 13.8). Rückstellung gem IAS 37 wenn zu erwarten ist, dass Kosten für die Gewährung der Präme die erhaltene Gegenleistung übersteigen werden (IFRIC 13.9). Lit: Schreiber/Thiele/Büchel BB **07**, 1999, Erchinger/Melcher KoR **09**, 89 und 149.

60 G. **SIC-10 (Beihilfen der öffentlichen Hand – Kein spezifischer Zusammenhang mit betrieblichen Tätigkeiten)** zu IAS 20 (Bilanzierung und Darstellung von Zuwendungen der öffentlichen Hand): Beihilfen der öffentlichen Hand fallen unter die Definition der Zuwendungen der öffentlichen Hand iSv IAS 20, selbst wenn sie in **keinem spezifischen Zusammenhang** mit den betrieblichen Tätigkeiten stehen. Auf diese Beihilfen ist insoweit IAS 20 anzuwenden.

61 H. **SIC-31 (Erträge – Tausch von Werbeleistungen)** zu IAS 18 (Erträge): Der **Ertrag** aus im Rahmen eines Tauschgeschäftes erbrachten **Werbedienstleistungen** kann nicht verlässlich als **beizulegender Zeitwert** der erhaltenen Werbedienstleistung bewertet werden. Vielmehr sind als Vergleichsmaßstab nur Geschäfte heranzuziehen, die mehrere näher bezeichnete Voraussetzungen erfüllen.

Zugangs- und Folgebewertung

253 (1) ¹**Vermögensgegenstände sind höchstens mit den Anschaffungs- oder Herstellungskosten, vermindert um die Abschreibungen nach den Absätzen 3 bis 5, anzusetzen.** ²**Verbindlichkeiten sind zu ihrem Erfüllungsbetrag und Rückstellungen in Höhe des nach vernünftiger kaufmännischer Beurteilung notwendigen Erfüllungsbetrages anzusetzen.** ³**Soweit sich die Höhe von Altersversorgungsverpflichtungen ausschließlich nach dem beizulegenden Zeitwert von Wertpapieren im Sinn des § 266 Abs. 2 A.III.5 bestimmt, sind Rückstellungen hierfür zum beizulegenden Zeitwert dieser Wertpapiere anzusetzen, soweit er einen garantierten Mindestbetrag übersteigt.** ⁴**Nach § 246 Abs. 2 Satz 2 zu verrechnende Vermögensgegenstände sind mit ihrem beizulegenden Zeitwert zu bewerten.**

(2) ¹**Rückstellungen mit einer Restlaufzeit von mehr als einem Jahr sind mit dem ihrer Restlaufzeit entsprechenden durchschnittlichen Marktzinssatz der vergangenen sieben Geschäftsjahre abzuzinsen.** ²**Abweichend von Satz 1 dürfen Rückstellungen für Altersversorgungsverpflichtungen oder vergleichbare langfristig fällige Verpflichtungen pauschal mit dem durchschnittlichen Marktzinssatz abgezinst werden, der sich bei einer angenommenen Restlaufzeit von 15 Jahren ergibt.** ³**Die Sätze 1 und 2 gelten entsprechend für auf Rentenverpflichtungen beruhende Verbindlichkeiten, für die eine Gegenleistung nicht mehr zu erwarten ist.** ⁴**Der nach den Sätzen 1 und 2 anzuwen-**

1. Abschnitt. Vorschriften für alle Kaufleute 1 § 253

dende Abzinsungszinssatz wird von der Deutschen Bundesbank nach Maßgabe einer Rechtsverordnung ermittelt und monatlich bekannt gegeben. ⁵ In der Rechtsverordnung nach Satz 4, die nicht der Zustimmung des Bundesrates bedarf, bestimmt das Bundesministerium der Justiz im Benehmen mit der Deutschen Bundesbank das Nähere zur Ermittlung der Abzinsungszinssätze, insbesondere die Ermittlungsmethodik und deren Grundlagen, sowie die Form der Bekanntgabe.

(3) ¹ Bei Vermögensgegenständen des Anlagevermögens, deren Nutzung zeitlich begrenzt ist, sind die Anschaffungs- oder die Herstellungskosten um planmäßige Abschreibungen zu vermindern. ² Der Plan muss die Anschaffungs- oder Herstellungskosten auf die Geschäftsjahre verteilen, in denen der Vermögensgegenstand voraussichtlich genutzt werden kann. ³ Ohne Rücksicht darauf, ob ihre Nutzung zeitlich begrenzt ist, sind bei Vermögensgegenständen des Anlagevermögens bei voraussichtlich dauernder Wertminderung außerplanmäßige Abschreibungen vorzunehmen, um diese mit dem niedrigeren Wert anzusetzen, der ihnen am Abschlussstichtag beizulegen ist. ⁴ Bei Finanzanlagen können außerplanmäßige Abschreibungen auch bei voraussichtlich nicht dauernder Wertminderung vorgenommen werden.

(4) ¹ Bei Vermögensgegenständen des Umlaufvermögens sind Abschreibungen vorzunehmen, um diese mit einem niedrigeren Wert anzusetzen, der sich aus einem Börsen- oder Marktpreis am Abschlussstichtag ergibt. ² Ist ein Börsen- oder Marktpreis nicht festzustellen und übersteigen die Anschaffungs- oder Herstellungskosten den Wert, der den Vermögensgegenständen am Abschlussstichtag beizulegen ist, so ist auf diesen Wert abzuschreiben.

(5) Ein niedrigerer Wertansatz nach Absatz 3 Satz 3 oder 4 und Absatz 4 darf nicht beibehalten werden, wenn die Gründe dafür nicht mehr bestehen. Ein niedrigerer Wertansatz eines entgeltlich erworbenen Geschäfts- oder Firmenwertes ist beizubehalten.

Übersicht

1) Wertansatz der Vermögensgegenstände (I 1) 1
2) Wertansatz der Verbindlichkeiten (I 2) 2
3) Abzinsung von Rückstellungen und Rentenverpflichtungen (II) 5
4) Abschreibungen beim Anlagevermögen (III) 8
5) Abschreibungen beim Umlaufvermögen (IV) 15
6) Abschreibungen nach vernünftiger kaufmännischer Beurteilung (IV), stille Reserven 27
7) Wertaufholungsgebot (V) 28
8) IFRS 7 (Finanzinstrumente: Angaben) 30
9) IAS 16 (Sachanlagen) 36
10) IAS 26 (Bilanzierung und Berichterstattung von Altersversorgungsplänen) 47
11) IAS 32 (Finanzinstrumente: Angaben und Darstellung) 51
12) IAS 36 (Wertminderung von Vermögenswerten) 57
13) IAS 39 (Finanzinstrumente: Ansatz und Bewertung) 66
14) IAS 40 (Als Finanzinvestition gehaltene Immobilien) 74
15) Sonstige IAS/IFRS-Regelungen 79

1) Wertansatz der Vermögensgegenstände (I 1)

Vermögensgegenstände sind nach I 1 höchstens mit den Anschaffungs- oder 1 Herstellungskosten (§ 255), vermindert um Abschreibungen nach III und IV und uU erhöht um Zuschreibungen (s Rn 37) anzusetzen. I 1 geht also vom **An-**

§ 253 2

schaffungs- oder **Kostenwertprinzip** aus und **korrigiert** dieses **durch** das **Niederstwertprinzip**. I 1 setzt damit („**höchstens**") nur eine **Wertobergrenze** (keine Überbewertung entspr dem Vorsichtsprinzip, zB bei bestrittener Forderung, s § 252 Rn 10–12), und zwar einheitlich für EinzelKflte und PersonenGes wie für KapitalGes. I 1 ist allerdings nicht als Wahlrecht zugunsten eines beliebigen Wertes unterhalb der Höchstgrenze zu verstehen, allgA. Weder ein höherer Wiederbeschaffungspreis noch ein höherer möglicher Verkaufserlös rechtfertigen höhere Bewertung. Für die zur Veräußerung bestimmten Umlaufgüter bedeutet das, dass nur bereits realisierte (nicht bloß erwartete) Gewinne gebucht werden dürfen (s § 252 Rn 18). Gesetzliche **Wertuntergrenzen** (Unterbewertung s § 252 Rn 12) gelten wie schon bisher für KapitalGes seit dem BilMoG für alle Bilanzierenden, V normiert rechtsformunabhängiges Wertaufholungsgebot. Niedrigere Wertansätze im Rahmen vernünftiger kfm Beurteilung für EinzelKflte und PersonenGes nach IV aF sind jetzt unzulässig. I 1 gilt für alle Vermögensgegenstände. **Ausnahmen:** Vermögensgegenstände die gem § 246 II 2 mit langfristigen (Altersversorungs-)Verpflichtungen zu verrechnen sind, I 4; sie sind mit dem beizulegenden **Zeitwert** (§ 255 IV) anzusetzen, aber begegrenzt durch den Erfüllungsbetrag (§ 253 Rn 2) der mit ihnen verrechneten Schulden. Ferner bei Bildung von Bewertungseinheiten, § 254. III, IV trennen zwischen Anlage- und Umlaufvermögen wegen der ganz unterschiedlichen Liquidität dieser Vermögenswerte. **Übergangsrecht zu § 253** in (1) EGHGB Art 24 (s Einl 67 v § 238), 66 III, 67 IV. Lit: Glade DB **00,** 844, Dietrich DStR **00,** 1629, Loitz/Winnacker DB **00,** 2229, IDW HFA 10 WPg **00,** 716, **01,** 216, **04,** 434, Bauer/Strnad BB **03,** 895 (Stock Options), Buchholz DStR **03,** 1941 (Sachanlagen IAS-HGB), Feld WPg **03,** 573 und 638 Pensionsrückstellungen HGB-IAS), Fey/Mujkanovic WPg **03,** 212 (Finanzanlagevermögen), Gross/Matheis/Lindgens DStR **03,** 921 (Kosten Datenzugriff Finanzverwaltung), Hoffman StuB **03,** 499 (Bauunternehmen), Kupke/Nestler BB **03,** 2671 (Unternehmensbeteiligungen), Lüdenbach BB **03,** 835 (Rückbauverpflichtung IAS-HGB), Lüdenbach/Hoffmann StuB **03,** 145 (immaterielles Anlagevermögen IAS-HGB), Osterloh-Konrad DStR **03,** 1631 und 1675 (Prozessrisiken), Schmidbauer DStR **03,** 795 (Pensionsrückstellungen), Schmidbauer DStR **03,** 2035 (immaterielle Vermögensgegenstände), Thiel/Peters BB **03,** 1999 (ED 4), Vogelpoth/Dörschell/Fuhrmann WPg **03,** 1191 (Pensionsverpflichtung Beamten), Greinert BB **04,** 483 (Marken), Hoffmann DStR **04,** 1250 (halbfertige Bauten), Klein/Völker-Lehmkuhl DB **04,** 332 (Emissionsrechte), Lüdenbach/Hoffmann DB **04,** 85 (Wertpapiervermögen), Naumann/Naumann WPg-Sonderheft **04,** S 130 (Beteiligungen HGB-IFRS), Ott/Rockel WPg **04,** 798 (Drohverlust Versicherungen), Schmidt/Roth DB **04,** 553 (Umweltschutzverpflichtungen), Heinhold/Coenenberg DB **05,** 2033 (Werbeaufwand/Handy), Jessen/Weller DStR **05,** 532 (Bilanzrechtsmodernisierung und Einzelabschluss) Kussmaul/Zabel StuB **05,** 800 (Gewinnermittlung HGB/IFRS), Walter DStR **06,** 1101 (Aktienoptionspläne).

2) Wertansatz der Verbindlichkeiten (I 2)

2   A. **Verbindlichkeiten:** Verbindlichkeiten sind zu ihrem Erfüllungsbetrag anzusetzen. Durch die Neufassung des I 2 (bisher: Rückzahlungsbetrag) wird klargestellt, dass erstens nicht ausschließlich durch Geldfluss entstandene Verbindlichkeiteiten erfasst sind (Alt 1) und zweitens künftige Preis- und Kostensteigerungen bei der Rückstellungsbewertung zu berücksichtigen sind (Alt 2, s Rn 3). Ansatz zum Erfüllungsbetrag gilt auch für unverzinsliche Schulden (keine Abzinsung, Realisationsprinzip; aber § 250 III; steuerrechtlich sind unverzinsliche Verbindlichkeiten gem § 6 I Nr 3 EStG mit einem Satz von 5,5% abzuzinsen) und für nicht marktüblich hoch verzinsliche Schulden (kein höherer Rückzahlungsbetrag, aber Rückstellung § 249 I 1 2. Alternative Barwert der Zinsdifferenz); für Wechselverbindlichkeiten, obwohl die Wechselsumme auch die Schuldzinsen enthalten

kann; grundsätzlich auch für bestrittene Verbindlichkeiten, BGH BB **58**, 95, aber Grenze durch Verlustantizipation (s § 252 Rn 11), ggf nur Rückstellung (s Rn 3). **Disagio** oder Damnum s § 250 III (Aktivierungswahlrecht). Verbindlichkeiten iSv I 2 sind idR Geldschulden; **Sachschulden** sind häufig nicht zu passivieren (schwebendes Geschäft, s § 252 Rn 21), sonst ist ein Erfüllungsbetrag wertend festzusetzen. Ungewisse oder **Eventualverbindlichkeiten** s Rückstellungen (Rn 3); **Haftungsverhältnisse** (§ 251) s Rn 5. **Optionen** s Bilanzierung von Optionsgeschäften IDW-BFA 2/**95**; für die Verpflichtung des Stillhalters, den Gegenstand zu kaufen oder zu verkaufen, ist eine Verbindlichkeit in Höhe der Prämie auszuweisen, BFH **201**, 234, 236. Unterverzinsliche Optionsanleihe: Schuldverschreibung ist zum Rückzahlungsbetrag (zum Nominalbetrag) zu passivieren, BFH BFH/NV **06**, 616. **Fremdwährungsverbindlichkeiten** sind im Zugangszeitpunkt mit dem Devisenkassamittelkurs anzusetzen und zum Bilanzstichtag zum dann jeweils geltenten Divisenkassamittelkurs umzurechnen, § 256 a (Fremdwährungsforderungen s Rn 24; Anschaffungskosten s § 255 Rn 1 f). Keine Unterscheidung mehr in Brief- und Geldkurs. Zulässig ist unverändert die Kompensation von Devisenkursänderungen bei Deckungsgeschäften (Kurssicherung s **(14)** BörsG Überbl 4 vor § 30); auch sonst zwischen Verbindlichkeiten und Forderungen in derselben Währung, aber nur bei Betragsidentität und Fristenkongruenz (geschlossene Positionen), ADS 107, str. Seit BilMoG kein Beibehaltungswahlrecht, sondern zwingend Zuschreibungsgebot, V. Angabe im Anhang § 284 II Nr 2. Sonderrecht für Kreditinstitute § 340 h. Währungsumrechnung im Jahresabschluss s IDW-HFA WPg **86**, 664; OECD, Foreign Currency Translation, 1986; GEFIU DB **93**, 745, Schlick DStR **93**, 254. Bei **Zerobonds** ist als Rückzahlungsbetrag beim Emittenten der Ausgabebetrag zuzüglich der bis zum jeweiligen Bilanzstichtag aufgelaufenen Zinsen anzusetzen (Nettomethode), die Aktivierung eines Disagios nach § 253 III 1 scheidet aus, IDW-HFA 1/**86** WPg **86**, 248, ADS 86, BeckBilKomm/Berger/M. Ring 65, Forderung daraus s Rn 25. Bilanzielle Behandlung des Bondstripping IDW RH BFA 1001. Lit zu I 2: Ballwieser FS Forster **92**, 45; Schmidtbauer BB **00**, 1130 (umweltschutzbedingte Aufwendungen), Egner/Heinz StuB **05**, 748 (Wandel-, Options-, Aktien- und Umtauschanleihen), Gelhausen/Rimmelspacher AG **06**, 729 (Wandel- und Optionsanleihen) Sultana/Willeke StuB **06**, 220 (Mezzanine-Kapital), Hahne StuB **06**, 295 (Wandel- und Optionsanleihen), Flick Konzern **09**, 104 (ABS-Transaktionen bei SPE).

B. **Rückstellungen (I 2, I 3): a)** Sie sind nach § 249 vorgeschrieben oder zulässig. Nach I 2 sind sie nur in der Höhe des Betrags anzusetzen, der nach vernünftiger kfm Beurteilung notwendig ist, also nicht einfach mit dem vollen Betrag der Eventualverbindlichkeit, sondern womit am ehesten zu rechnen ist (vernünftiges kfm Ermessen). Auszugehen ist aber vom **Erfüllungsbetrag** (s Rn 2), womit künftige Kostensteigerungen zu berücksichtigen sind. Dies war bisher umstr: dagegen (strenges Stichtagsprinzip) der BFH, etwa BB **93**, 900, dafür BeckBilKomm/Hoyos/M. Ring 160; richtigerweise wurde danach differenziert, ob sich Kostensteigerung beim Abschlussstichtag bereits objektivierbar abzeichnet, so Großkomm Bilanzrecht/Kleindiek 25 und wohl auch Schulze-Osterloh BB **03**, 351, 352. Bei ungewissen Verbindlichkeiten galt Anschaffungswert als Mindestwert (§ 252 I Nr 4, II), Moxter BB **89**, 945. Bei Ungewissheit des Grundes (Existenz), aber Gewissheit der Höhe (s § 249 Rn 2), war idR voller Betrag anzusetzen, BGH **149**, 276, 280. Die Neufassung der als im internationalen Umfeld als Schwachpunkt deutscher Rechnungslegung gesehenen Norm beseitigt diese Unsicherheit im Interesse besserer Information der Abschlussadressaten über die tatsächlichen wirtschaftlichen Verhältnisse des Unternehmens (RegE BilMoG 52). Die Berücksichtigung der Kostenverhältnisse im Zeitpunkt des tatsächlichen Anfalls der Verbindlichkeiten erfordert gleichzeitig regelmäßige Anpassung der biometrischen Daten im Rahmen verfünftiger kfm Beurteilung.

§ 253 4–6

Abzinsung und Rentenverpflichtungen s II. Übergansrecht in **(1)** EGHGB Art 66. Lit: Ernst/Seidler ZGR **08,** 631, Küting/Cassel/Metz DB **08,** 2317, Theile/Stahnke DB **08,** 1757, Petersen/Zwirner StuB **08,** 693, Lüdenbach/Hoffmann StuB **09,** 287, Weigl/Weber/Costa BB **09,** 1062 (BilMoG).

b) Für Rückstellungen auf Grund Altersversorgungsverpflichtungen oder vergleichbarer langfristig fälliger Verpflichtungen gilt nicht Ansatz nach I 2, sondern I 3, wenn sich die Höhe dieser Rückstellungen ausschließlich nach Wertpapieren iSd § 266 I A III 5 richtet, die zum beizulegenden Zeitwert zu bewerten sind (sog wertpapiergebundene Pensionszusagen). Die Rückstellungen sind dann ebenfalls zum beizulegenden Zeitwert dieser Wertpapiere zu bewerten, wenn der Zeitwert den garantieren Mindestbetrag der Verpflichtung übersteigt, I 3. Das erspart insoweit Kosten für Rückstellungsgutachten und trägt damit dem Reformziel des BilMoG Rechnung, kostengünstige Alternative zu IFRS zu sein.

4 C. **Haftungsverhältnisse:** Haftungsverhältnisse (s § 251) sind in voller Höhe anzugeben, auch bei Gesamtschuld, auch wenn Inanspruchnahme nicht droht. Droht diese, dann je nachdem Passivierung einer Verbindlichkeit oder Rückstellung, insoweit dann keine Angabe unter Haftungsverhältnis.

3) Abzinsung von Rückstellungen und Rentenverpflichtungen (II)

5 A. II regelt die verpflichtende Abzinsung von Rückstellungen aller Art (Ausnahme: § 341e I 3 nF). Grund: Für Anhebung des Informationsniveaus muss berücksichtigt werden, dass in Rückstellungen gebundene Finanzmittel investiert und gewonnene Erträge realisiert werden können (RegE BilMoG 54). Die Pflicht zur Abzinsungen betrifft nach II 1 Rückstellungen mit Restlaufzeit von mehr als einem Jahr; bei kürzerer Restlaufzeit keine verpflichtende Abzinsung. Zugrunde zu legen ist durchschnittlicher **Marktzins;** damit keine Berücksichtigung des finanziellen Bonitätsrisikos des Unternehmens, da dessen sinkende Bonität zu höheren Abzinsungssätzen und folglich zu erfolgswirksam zu berücksichtigenden Verminderungen des zurückgestellten Betrages führen würde. Der Zinssatz wird von der Deutschen **Bundesbank** ermittelt (II 4) und am Ende jeden Monats auf ihren Internetseiten bekanntgegeben. Der Zinskurve lässt sich der durchschnittliche Martzins für Restlaufzeiten zwischen einem und 50 Jahren entnehmen; für Restlaufzeiten der Pensionsverpflichtungen ist er zu interpolieren. Sie berücksichtigt die Zinsentwicklung der vergangenen sieben Jahre und ist eine Null-Koupon-Zinskurve, berechnet aus auf Euro lautenden Festzinsswaps. Aus Vereinfachungsgründen gilt dieser Zinssatz auch für Rückstellungen für in fremder Währung zu erfüllende Verbindlichkeiten, sofern dies nicht zu einer Darstellung führt, die nicht der den tatsächlichen Verhältnissen entsprechenden Vermögens- und Ertragslage entspricht; dann ist der Abzinsungssatz selbst zu ermitteln oder beschaffen (RegE BilMoG 54). Aus Ab- oder Aufzinsung resultierende Erträge oder Aufwendungen sind in der GuV auszuweisen, § 277 V. Übergansrecht s **(1)** EGHGB Art 66 III, V. Lit: Küting/Kessler/Keßler WPg **08,** 494, ders WPg **08,** 748, Küting/Cassel/Metz DB **08,** 2317, Höfer BB **07,** 2795, Müller/Reinke/Weller PiR **08,** 287, Zimmermann/Meyer-Schell StuB **08,** 583, Höfer/Hagemann DStR **08,** 1747, Heger/Weppler BB **08,** 1383 (Mitgliedschaft in Zusatzversorgungskasse HGB/IFRS), Lüdenbach/Hoffmann StuB **09,** 287, Weigl/Weber/Costa BB **09,** 1062 (BilMoG).

6 B. **Pensionsrückstellungen:** II 2 erlaubt (Wahlrecht) abweichend von II 1 und unter Einschränkung des Einzelbewertungsgrundsatzes pauschalierte Abzinsung bei der Bewertung von Rückstellungen für Altersversorgungsverpflichtungen und vergleichbare langfristig fällige Leistungen, und zwar mit dem durchschnittlichen Markzinssatz, der sich bei einer angenommenen Laufzeit von 15 Jahren ergibt. Diese (für Pensionsrückstellungen geringe) Laufzeit will die demographische Entwicklung (Überzahl älterer Arbeitnehmer) berücksichtigen.

1. Abschnitt. Vorschriften für alle Kaufleute 7–9 § 253

Erforderlich für die Ausübung des Wahlrechts ist im Interesse einer den tatsächlichen Verhältnissen entsprechenden Darstellung daher, dass die unternehmensspezifische Altersstruktur der Arbeitnehmer diesem angenommenen Durchschnitt entspricht. Der damit verbundene erhebliche Beurteilungsspielraum wird durch das Stetigkeitsgebot (§ 252 Nr 6) begrenzt. Für KapitalGes Angabe im Anhang, § 285 Nr 24.

C. **Pensionsverpflichtungen ohne Gegenleistung:** II 3 enthält den bisherigen I 2 aF und erklärt im gesetzgeberischen Bestreben nach einheitlichen Abzinsungssätzen für Rückstellungen und Rentenverpflichtungen II 1 und 2 für entsprechend anwendbar auf Rentenverpflichtungen, für die eine Gegenleistung nicht mehr zu erwarten ist, also falls Versorgungsfall eintritt (Rentenbarwert), Mitarbeiter ausscheidet (Anwartschaftsbarwert), Gegenleistung bereits erbracht ist (Anwartschafts- bzw Rentenbarwert) oder Rentenverpflichtung ohne Gegenleistung entstanden ist (Anwartschafts- bzw Rentenbarwert) ADS 167; Ansatz zum Erfüllungsbetrag (Rn 2). Rentenverpflichtungen mit noch laufender Gegenleistung (schwebendes Geschäft), zB Pensionsverpflichtungen bei aktivem Arbeitsverhältnis, sind nicht zum Barwert, sondern idR mit dem Teilwert (§ 6a III EStG, AmtlBegr) anzusetzen, ebenso BeckBilKomm/Ellrott/Rhiel § 249 Rn 179, aA BFH BB 03, 467: idR Barwert, Ausnahme nur, wenn handelsrechtlicher Teilwert niedriger (Beweislast trägt Unternehmen). Lit: IDW-HFA 2/88 WPg 88, 404, ADS 298 ff, Schanz BB **02,** 2655, Küting/Keßler KoR 06, 192 (Pensionsrückstellungen HGB/IFRS). 7

4) Abschreibungen beim Anlagevermögen (III)

A. **Zweck und Arten der Abschreibung:** Vermögensgegenstände des Anlagevermögens (wegen § 246 I 4 also auch der derivative Geschäfts- oder Firmenwert, s § 246 Rn 10) sind nach I 1 höchstens mit den Anschaffungs- oder Herstellungskosten anzusetzen. Die **Abschreibungen** sind die Beträge, um die diese Ausgangswerte im Jahresabschluss entsprechend der Wertminderung des Vermögensgegenstands vermindert werden (I 1). Zum Zweck der (kalkulatorischen) Abschreibungen BGH **105,** 180. Nur (direkte) Abschreibungen sind zulässig, **nicht** auch **Wertberichtigungen** (indirekte Abschreibungen), welche die Wertminderung nicht durch Abschreibung auf der Aktivseite, sondern durch einen Gegenposten auf der Passivseite erfassen. Die Regel sind **planmäßige Abschreibungen,** so **bei zeitlich nur begrenzt nutzbaren Vermögensgegenständen** (III 1, 2). Bei voraussichtlich dauernder Wertminderung sind **außerplanmäßige Abschreibungen auch bei zeitlich unbegrenzt nutzbaren Vermögensgegenständen** erforderlich (III 3). III betrifft nur das Anlagevermögen (§ 247 II), Umlaufvermögen s IV. Bewertung von Beteiligungen s § 271 Rn 1–8. Lit: Eibelshäuser FS Beisse **97,** 153, Kühnberger BB **97,** 87, Küting/Trappmann/Keßler DB **06,** 1853 (Bodenrichtwerte/Grundstücksbewertung HGB/IFRS), Littkemann/Schulte/Schaarschmidt StuB **05,** 660 (Fußballspielerwerte), Marx/Köhlmann StuB **05,** 693 (Entsorgungsverpflichtungen), Berger/Kolb StuB **06,** 289 (Personenhandelsgesellschaftsanteile), Lühn StuB **06,** 773 (Genussrechte), Bräsick, Konzern **08,** 275 (Gebäude). 8

B. **Planmäßige Abschreibungen (III 1, 2): a)** Diese sind nach III 1 bei (aus wirtschaftlichen oder technischen Gründen) zeitlich nur begrenzt nutzbaren bzw abnutzbarem Anlagevermögen zwingend vorgeschrieben. **Abnutzbar** sind grundsätzlich alle beweglichen und unbeweglichen Gegenstände des Sachanlagevermögens (§ 266 II A II); ausgenommen sind zB Grundstücke (auch diese aber zB bei Ausbeutung), geleistete Anzahlungen und Anlagen im Bau, Antiquitäten, soweit nicht im Gebrauch, BFH BB **86,** 716. Abnutzbar können auch immaterielle Vermögensgegenstände (§ 266 II A I) sein, wenn Ende der Verwertbarkeit absehbar ist; ausgenommen sind auch hier geleistete Anzahlungen; Ge- 9

§ 253 10–13 III. Buch. Handelsbücher

schäfts- oder Firmenwert ist zeitlich begrenzt abnutzbar s § 246 I 4. Nicht absetzbar sind Finanzanlagen (§ 266 II A III).

10   b) Notwendig ist nach **III 2** ein **Abschreibungsplan,** der die Anschaffungs- oder Herstellungskosten nach der gewählten Abschreibungsmethode auf die Zeit der voraussichtlichen Nutzungsdauer verteilt (jährliche Abschreibungen). Änderungen s Rn 12. Die je nach Betrieb uU unterschiedliche wirtschaftliche (nicht technische) **Nutzungsdauer** ist vorsichtig (§ 252 I Nr 4) zu schätzen. Die Praxis orientiert sich an den AfA-Tabellen. Beginn mit Lieferung oder Fertigstellung, spätere Inbetriebnahme und Stillstandzeiten bleiben außer Betracht; aber Vereinfachung auf volle Monate und bei beweglichen Anlagegütern auf Halbjahresbeginn ist erlaubt, BeckBilKomm/Hoyos/Schramm/M. Ring 276. Abzuschreiben ist auf Null, einen Erinnerungswert von 1 Euro oder einen Restwert (Veräußerungs-, Schrottwert). Für die Abschreibung ist irrelevant, ob der Wert des Vermögensgegenstands in einem bestimmten Jahr mehr oder weniger sinkt oder sogar steigt. Den planmäßigen Abschreibungen des III 1 entsprechen im **Steuerrecht** die **Absetzung für** betriebsgewöhnliche **Abnutzung** (**AfA,** § 7 I EStG) und für Substanzverringerung (AfS, § 7 VI EStG).

11   c) III 2 schreibt keine bestimmte **Abschreibungsmethode** vor; doch kommen nur Methoden, die den GoB entsprechen, in Frage. Nach GoB muss die gewählte Abschreibungsmethode zu einer sinnvollen, nicht willkürlichen Verteilung der Anschaffungs- oder Herstellungskosten auf die Nutzungsdauer führen, IDW-NP 1/68 WPg **68,** 72. Das sind vor allem die **Zeitabschreibung** mit ihren Varianten der **linearen** (AfA in gleich bleibenden Jahresbeträgen; Jahresbetrag = Anschaffungs- oder Herstellungskosten geteilt durch Zahl der Jahre der Nutzung), der **geometrisch-degressiven** (Buchwertabschreibung; Abschreibung in ungleichmäßig fallenden Jahresbeträgen, anfangs höher, später entspr niedriger; Jahresbetrag = gleich bleibender Prozentsatz des jeweiligen Restbuchwerts) und der **arithmetisch-degressiven** (oder digitalen; Abschreibung in gleichmäßig fallenden Jahresbeträgen) sowie die **Leistungsabschreibung** (entspr der mit dem abzuschreibenden Vermögensgegenstand produzierbaren Leistung) und **Kombinationen** aus diesen Methoden. Die progressive Abschreibung (Abschreibung in ansteigenden Jahresbeträgen) ist unzulässig, enge Ausnahmen bei dementsprechendem wirtschaftlichen Entwertungsverlauf, zB erst langsam ansteigender Nutzbarkeit. **Steuerrechtlich** ist grundsätzlich linear abzuschreiben (§ 7 I EStG), für bewegliche Gegenstände uU auch degressiv und leistungsbedingt (§ 7 II, I 6 EStG).

12   d) **Änderungen:** Die einmal gewählte Abschreibungsmethode kann nicht willkürlich gewechselt werden (Bewertungsstetigkeit, § 252 I Nr 6, s § 252 Rn 24–25; enger § 7 III EStG). Eine zeitweilige Aussetzung ist auf jeden Fall unzulässig. Ausnahmsweise muss sogar gewechselt werden, zB bei zu lang angesetzter Nutzungsdauer (Überbewertung s § 252 Rn 12); uU auch bei zu kurz angesetzter Nutzungsdauer (Unterbewertung), so bei KapitalGes und GmbH & Co nach § 264 II, oder bei sonstiger Verzerrung des Bildes des Unternehmens; Korrektur erfolgt durch neuen Abschreibungsplan für die restliche Nutzungsdauer, also nicht rückwirkend. Auswirkung auf festgestellten Jahresabschluss s § 252 Rn 12.

13   C. **Außerplanmäßige Abschreibungen (III 3):** Diese waren nach II 3 aF bei abnutzbarem und nicht abnutzbarem Anlagevermögen möglich, wenn der Vermögensgegenstand am Abschlussstichtag einen niedrigeren Wert hatte (Bewertungswahlrecht; bei KapitalGes nur für Finanzanlagen, § 279 I 2 aF), und zwingend vorzunehmen bei einer voraussichtlich dauernden Wertminderung (II 3 letzter Halbs aF), zB bei Zerstörung der Maschine oder Entwertung der Beteiligung (§ 271). Mit Neufassung durch BilMoG gilt nach III 4 dieses **Wahlrecht nur noch für Finanzanlagen** (s aber für Kreditinstitute § 340 e I 3), das

1. Abschnitt. Vorschriften für alle Kaufleute 14, 15 § 253

generelle Wahlrecht enfällt. Außerplanmäßige Abschreibungen sind damit im Falle anderen Anlagevermögens – weiterhin zwingend – bei voraussichtlich dauernder Wertminderung vorzunehmen, sonst bleibt es – nunmehr zwingend – bei den planmäßigen; letzteres ergibt sich zwar nicht aus III 3 selbst, aber aus der positiv formulierten Beschränkung des Wahlrechts auf Finanzanlagen in III 4. Dauernde Wertminderung liegt bei abnutzbaren Wirtschaftsgütern vor, wenn Wert des Wirtschaftsgutes den planmäßigen Rest des Buchwerts während eines erheblichen Teils der Nutzungsdauer im Unternehmen nicht erreichen wird (hM, s BFH BB **06,** 1737), wobei Wertminderung nur dauernd ist, wenn Teilwert des Wirtschaftsguts zum Bilanzstichtag mindestens für halbe Restnutzungsdauer unter planmäßigem Buchwert liegt (BFH aaO. mwN); für nicht abnutzbare Wirtschaftgüter str, FG Köln DStRE **06,** 21 (mwN): für börsennotierte Aktien zu bejahen, wenn Teilwert voraussichtlich mind. fünf Jahre unter Buchwert liegt. Zur Abgrenzung vorübergehender von dauernder Wertminderung Küting DB **05,** 1121. Für das Anlagevermögen gilt also anders als für das Umlaufvermögen (s Rn 15–26) nur das (seit BilMoG noch weiter) **gemilderte Niederstwertprinzip.** Maßgeblicher Wert ist der im Abschlussstichtag beizulegende Wert. Das ist bei ausnahmsweise zur baldigen Veräußerung vorgesehenem Anlagevermögen der Veräußerungswert, sonst idR der Wiederbeschaffungswert oder, falls ein Markt fehlt (zB Patent, Lizenz, Beteiligung), der Ertragswert, ADS 464. Beteiligung an PersonenHdlGes s IDW-HFA 1/**91.** Angabe bei KapitalGes § 277 III 1. Im **Steuerrecht** entsprechen den außerplanmäßigen Abschreibungen die Absetzung für außergewöhnliche technische oder wirtschaftliche Abnutzung (AfaA, § 7 I 7 EStG) und die Teilwertabschreibung (§ 6 I Nr 1, 2 EStG). Lit: Schlotter BB **06,** 1738 (dauernde Wertminderung), IDW FN-IDW **06,** 625 (Personenhandelsgesellschaftsanteile), Hoffmann PiR **07,** 176 (Gebäude).

D. **Sofortige Abschreibungen:** Geringwertige bewegliche Vermögens- **14** gegenstände des Anlagevermögens sind zwar bei Erwerb als Zugang auszuweisen, können aber im Jahr des Zugangs voll abgeschrieben werden (Grundsatz der Wirtschaftlichkeit der Rechnung; § 243 II). Die Praxis orientiert sich auch für die HdlBilanz an § 6 II 1 EStG, wonach enge Grenzen gelten (abnutzbare bewegliche Wirtschaftsgüter des Anlagevermögens, die einer selbstständigen Nutzung fähig sind, nicht über 410 Euro). Der Begriff der selbstständigen Nutzbarkeit wird konkret nach der betrieblichen Zweckbestimmung und eng ausgelegt (§ 6 II 2, 3 EStG, zB nicht Kinobestuhlung). Geringwertige Anlagegüter (Anschaffungs- oder Herstellungskosten bis zu 60 Euro netto) sowie kurzlebige Anlagegüter (Nutzungsdauer von 1 bis 2 Jahren) werden nicht als Zugang, sondern sofort als Aufwand behandelt, ADS 412.

5) Abschreibungen beim Umlaufvermögen (IV)

A. **Strenges Niederstwertprinzip:** Vermögensgegenstände des Umlaufver- **15** mögens sind nach I 1 höchstens mit den Anschaffungs- oder Herstellungskosten anzusetzen. Für Umlaufvermögen gilt anders als für Anlagevermögen (s Rn 13) das strenge Niederstwertprinzip, dh niedrigere Stichtagswerte als die Anschaffungs- oder Herstellungskosten, sind zwingend anzusetzen, auch wenn wieder mit einer Wertsteigerung zu rechnen ist. Es ist also auf einen niedrigeren Börsen- oder Marktpreis (s Rn 16) oder den sonstigen Zeitwert (s Rn 17) abzuschreiben. Abschreibungen auf den niedrigeren steuerrechtlich zugelassenen Wert (§ 254 aF) sind seit dem BilMoG unzulässig. **Ausnahmen** vom Niederstwertansatz (aber auch dann kein höherer Ansatz als zu den Anschaffungs- oder Herstellungskosten) gelten, wenn die Verlustantizipation (s § 252 Rn 11) jeder Grundlage entbehrte, zB bei bindender Abnahmeverpflichtung zu einem höheren Preis oder speziell zuzuordnenden Deckungsgeschäften oder Garantien, ADS 538. Zuschreibung s Rn 28 . Sonderregeln für Kreditinstitute § 340 e. Ob das Niederstwertprinzip die

§ 253 16–21   III. Buch. Handelsbücher

Bewertung von Verlustprodukten mit einem unter den Anschaffungskosten liegenden Zeit- oder Stichtagswert rechtfertigt, ist str: dafür Groh StuW **76,** 32, 34; abl GrS BFH BStBl **97** II 735; offen BFH **189,** 51, 57. Strenges Niederstwertprinzip auch bei Folgebilanzierung eigener Anteile im Umlaufvermögen zu beachten (Küting/Busch PiR 06, 213 zur Bilanzierung eigener Anteile nach HGB/US-GAAP/IFRS). Lit: Häuselmann BB **92,** 312 (Investmentanteile), Kessler DStR **95,** 839 (Vorratsvermögen), Kirsch StuB **05,** 878 (Liquiditätsbeuteilung), Wimmer/Kusterer DStR **06,** 2046 (Kreditrisiko), IDW FN-IDW **06,** 273 (Emissionsberechtigungen).

16   **B. Börsen- oder Marktpreis:** Nach **IV 1** ist ein niedriger Börsen- oder Marktpreis am Abschlussstichtag anzusetzen. Börsenpreis ist der im amtlichen oder im geregelten Markt festgestellte Preis (s **(14)** BörsG § 24), nicht der sich im Telefonhandel ergebende Preis (s dort Rn 3). Das gilt entsprechend jedenfalls auch für EGBörsen; zutr aber auch für andere ausländische Börsen, ADS 504. Entscheidend ist, an welcher Börse voraussichtlich gekauft oder verkauft würde. Marktpreis ist der Durchschnittspreis der Ware am jeweils relevanten Markt (ieS eines HdlPlatzes mit Preisfeststellung wie in § 373; Markt iwS s IV 2). Relevanter Markt ist je nach Art des zu bewertenden Umlaufvermögens der Absatz- oder der Beschaffungsmarkt (s Rn 22). Anzusetzen ist nicht der Börsen- oder Marktpreis schlechthin, sondern der sich aus diesem ergebende Preis, also abzüglich bzw zuzüglich noch entstehender Aufwendungen (zB am Absatzmarkt Verkaufsspesen, Transportkosten oder am Beschaffungsmarkt Anschaffungsnebenkosten). Auch bei Zufallskursen ist vom Preis am Abschlussstichtag auszugehen, selbst wenn er ungewöhnlich niedrig liegt; liegt er dagegen ungewöhnlich hoch, ist nach dem Vorsichtsprinzip ein niedrigerer Preis (analog III 2) anzusetzen; ADS 512. Bspe s Rn 22–25.

17   **C. Am Abschlussstichtag beizulegender Wert:** Nach **IV 2** ist statt eines nicht feststellbaren Börsen- oder Marktpreises der Wert, der den Vermögensgegenständen am Abschlussstichtag beizulegen ist, anzusetzen. Dieser beizulegende Wert richtet sich je nach Art des Vermögensgegenstands nach dem am Beschaffungs- oder am Absatzmarkt zu erzielenden bzw zu bezahlenden Preis (s Rn 16, 22), hM, krit GK BilR/Kleindiek 71. Im Übrigen gilt für IV 2 dasselbe wie für IV 1. Bspe s Rn 22–25.

18   **D. Wertschwankungen:** Nach **III 3** aF konnte zur Verhinderung von Änderungen auf Grund von Wertschwankungen (künftige Wertminderung) auch ein unter dem Zeitwert am Abschlussstichtag (III 1, 2) liegender Wertansatz zulässig sein (Wahlrecht). Die Norm ist durch BilMoG ersatzlos gestrichen worden, da Abschreibungen willkürlich auf erwartete Verluste vorzunehmen mit dem Ziel die Vermögens-, Finanz- und Ertragslagen den tatsächlichen Verhältnissen entsprechend darzustellen, nicht vereinbar ist, RegE BilMoG 56.

19   **E. Beispiele:** Der Niederstwert nach IV ist je nach Art des Umlaufvermögens (vgl § 266 II B) weiter zu präzisieren. Dabei sind je nachdem der Absatz- oder der Beschaffungsmarkt oder beide maßgeblich, hL, ADS 488, aA Baumb/Hueck/Schulze-Osterloh § 42 Rn 312: idR Absatzmarkt wegen Imparitätsprinzip, also Nettoerlös (sog verlustfreie Bewertung).

20   **Roh-, Hilfs- und Betriebsstoffe** (§ 266 II B 1) sind nach den Preisen am Beschaffungsmarkt zu bewerten, hL, str, auszunehmen sind Überbestände an Roh-, Hilfs- und Betriebsstoffen (Absatzmarkt), ADS 492, WP-Hdb **06** I E 428.

21   **Unfertige und fertige Erzeugnisse** (§ 266 II B I 2, 3) sind ebenso wie die genannten Überbestände an Rohstoffen zu Absatzmarktpreisen zu bewerten, wenn sie nicht auch am Markt beschafft werden können (sonst Beschaffungsmarkt), doch muss ein niedrigerer Preis am Beschaffungsmarkt angesetzt werden (doppelte Maßgeblichkeit), str, aA Wahlrecht.

Bei **Handelswaren** ist ebenfalls vom Absatzmarkt auszugehen, doch muss ein 22 niedrigerer Preis am Beschaffungsmarkt angesetzt werden (doppelte Maßgeblichkeit), hL, ADS 514, WP-Hdb **06** I E 428, str.

Forderungen (§ 266 II B II) sind zum Nennwert anzusetzen. Zweifelhafte 23 Forderungen sind nach ihrem wahrscheinlichen Wert anzusetzen, uneinbringliche Forderungen abzuschreiben (Einzelwertberichtigung); entspr bedingte Forderungen. **Pauschalwertberichtigung** von Forderungen ist (neben der Einzelwertberichtigung nur zur Erfassung weiterer Risiken) zulässig und ggf geboten, und zwar auf der Aktivseite (Pauschalrückstellung s § 249 Rn 4) und nur unter Vorsichtsprinzip (Erfahrungszeitraum idR 5 Jahre), BFH BB **89,** 664, ADS 533 (§ 252 Rn 10). Verzinsliche Forderungen sind nicht über Nennbetrag anzusetzen; unverzinsliche oder niedrige verzinsliche sind auf den Barwert abzuzinsen (bei Forderungen mit Restlaufzeit bis zu einem Jahr, nach aA nur bis zu 3 Monaten, Wahlrecht, ADS 532, str); verjährte sind abzuschreiben, außer wenn mit Geltendmachung der Einrede nicht zu rechnen ist.

Fremdwährungsforderungen (Fremdwährungsverbindlichkeiten s Rn 2) 24 sind zu dem Divisenkassemittelkurs umzurechnen (s § 256 a), der zum Zeitpunkt ihrer Erstverbuchung galt. Nach dem Imparitätsprinzip ist aber ein niedrigerer Kurs am Abschlussstichtag maßgeblich, nach dem Realisationsprinzip dagegen nicht ein höherer, str. Kompensation wie bei Fremdwährungsverbindlichkeiten. Sonderrecht für Kreditinstitute § 340 h.

Wertpapiere des Umlaufvermögens (§ 266 II B III) sind, wenn alsbaldige Ver- 25 äußerung bevorsteht, nach Absatzmarktpreisen unter Abzug der Verkaufsspesen zu bewerten; sonst zum Börsenkurs zuzüglich anteilig abgeschriebener Anschaffungsnebenkosten, BeckBilKomm/Ellrott/St. Ring 609, aA Wahlrecht ADS 502.

Bei **Zerobonds** sind die jährlich laufenden Zinsen für die Erwerber jeweils 26 zusätzliche Anschaffungskosten, s IDW-HFA 1/86 WPg **86,** 248, BeckBilKomm/Ellrott/Brendt § 255 Rn 311, Verbindlichkeit daraus s Rn 2.

6) Abschreibungen nach vernünftiger kaufmännischer Beurteilung (IV), stille Reserven

IV aF erlaubte vor Inkrafttreten des BilMoG Abschreibungen nach vernünftiger 27 kfm Beurteilung und dadurch Bildung stiller Reserven (s § 252 Rn 13 ff). Die Norm wurde im Interesse besserer Adressateninformation gestrichen. Für Kreditinstitute s § 340 f.

7) Wertaufholungsgebot (V)

A. V 1 normiert ein umfassendes (Ausnahme in V 2) rechtsformunabhängiges 28 Wertaufholungsgebot für außerplanmäßige Abschreibungen beim Anlagevermögen (III 3 und 4) und sämtliche Abschreibungen beim Umlaufvermögen (IV), wie es für KapGes schon vor Inkrafttreten des BilMoG bestand (§ 280 aF); für Kreditinstitute s § 340 f. Grund ist die angestrebte Verhinderung von Ergebnisglättungen zur Verringerung des ausschüttungsfähigen Gewinns sowie die Herstellung besserer Vergleichbarkeit der Abschlüsse und Annäherung an IFRS. Niedrigere Wertansätze auf Grund dieser Abschreibungen dürfen nur solange beibehalten werden, als die Gründe für die niedrigeren Wertansätze andauern. Zuzuschreiben ist (höchstens) der Betrag dieser Abschreibungen (nur) im Umfang der Werterhöhung unter Berücksichtigung der Abschreibungen, die inzwischen vorzunehmen gewesen wären. Zuzuschreiben ist in dem Geschäftsjahr, in dem sich die Werterhöhung herausstellt (jährlich zu prüfen), nicht auch für frühere Geschäftsjahre, FG München BB **09,** 602. Folge für GuV sind grundsätzlich sonstige betriebliche Erträge (§ 275 II Nr 4, III Nr 6). Die Zuschreibung kann zu Ausschüttungen führen, falls keine Gewinnrücklagen (§ 266 III A III) gebildet werden. Eine besondere Wertaufholungsrücklage ist nicht vorgesehen. Übergangsrecht s **(1)** EGHGB Art. 66 VIII.

§ 253 29–34

29 B. Von der Zuschreibungspflicht ist ein niedrigerer Wertansatz eines entgeltlich erworbenen Geschäfts- oder Firmenwertes (Ansatzpflicht gem § 246 I 4) ausgenommen, es besteht Wertaufholungsverbot (V 2). Denn eine eingetretene Wertaufholung beruht hier nicht auf dem Wegfall der Abschreibungsgründe, sondern auf der Geschäftstätigkeit des erwerbenden Unternehmens, weshalb Zuschreibung verbotene Aktivierung eines selbstgeschaffenen Geschäfts- oder Firmenwertes wäre (RegE BilMoG 57).

8) IFRS 7 (Finanzinstrumente: Angaben)

30 A. Das **HGB** sieht **keine spezifischen Angabepflichten** für Finanzinstrumente vor (Ausnahme: Kreditinstitute gem § 36 RechKredV, die in den Anhang eine Aufstellung über die Arten von am Bilanzstichtag noch nicht abgewickelten Termingeschäften aufnehmen müssen). Gem **289 I** ist nur die Darstellung von Risiken zukünftiger Entwicklungen im Lagebericht allgemein verankert. Hingegen widmen die internationalen Standards diesem Thema mit IFRS 7 einen eignen Standard.

31 IFRS 7 führt zu einer grundlegenden Umstrukturierung der Offenlegungsvorschriften für Finanzinstrumente und vereint sämtliche Angabevorschriften für Finanzinstrumente in einem neuen Standard. Zum einen ergänzt er die Anforderungen des für Banken und ähnliche Finanzinstitute einschlägigen IAS 30, zum anderen wurde der Teil von IAS 32, der sich auf Offenlegung bezieht, in IFRS 7 übernommen und überarbeitet (IFRS 7.7–7.29). Die durch IFRS nicht übernommenen Teile von IAS 32 beschäftigen sich nur noch mit Aspekten der Darstellung von Finanzinstrumenten.

32 B. **Gegenstand:** IFRS regelt die in Bezug auf Finanzinstrumente zu machenden Angaben (für die Darstellung der Finanzinstrumente im Jahresabschluss gilt IAS 32). **Zeitliche Anwendung:** Geschäftsjahre, die am oder nach dem 1. 1. 07 beginnen. Frühere Anwendung wird empfohlen und führt zu Erleichterungen bei den Anforderungen hinsichtlich der Angabe vergleichbarer Vorjahresdaten. **Zurückgenommene oder geänderte Verlautbarungen:** IFRS 7 ersetzt IAS 30 (Angaben im Anschluss von Banken und ähnlichen Finanzinstitutionen). IFRS 7 ersetzt ferner die Angabepflicht gem IAS 32 (Finanzinstrumente: Darstellung und Angabe). Die Darstellungspflichten nach IAS 32 bleiben unverändert bestehen. Lit: Eckes/Sitmann-Haury, WPg **04,** 1195, Buchheim/Schmidt KoR **05,** 397, Beck'sches IFRS-Hdb/Flintrop Anlage III, Kuhn/Paa DB **05,** 1977, Löw BB **05,** 2175, Löw WPg **05,** 1337, Zülch/Willms StuB **05,** 809, Pöckel PiR **06,** 71, Prigge KoR **06,** 252, Baetge/Schulz PiR **06,** 127, Brücks/Kerkhoff/ Stauber Konzern **06,** 363 u 423, Zülch/Willms BBK **06,** 2113, Erdmann/ Wünsch/Gommlich KoR **07,** 293, Freiberg PiR **07,** 290, Grünberger IRZ **08,** 301, Harr/Zeyer/Eppinger, IRZ **09,** 103.

33 C. **Sachliche Anwendung:** IFRS gilt entgegen dem Vorgänger IAS 30 nicht nur für Kreditinstitute, sondern für alle Unternehmen und führt eine generelle Pflicht zur Offenlegung von Finanzinstrumenten ein. Ausnahmen: Anteile an Konzerngesellschaften, Joint Ventures und anderen gegenseitigen Verflechtungen, weil hierüber schon im Konzernrechnungswesen Offenlegungen vorgeschrieben sind; Leistungen an Mitarbeiter nach IAS 19 in der Form von Finanzinstrumenten; bestimmte bedingte Verträge über Unternehmenszusammenschlüsse, die bereits in IFRS 3 geregelt sind; Versicherungsverträge nach IFRS 4, die eingebettete Derivate (Finanzinstrumente) enthalten können; Finanzinstrumente, die im Zusammenhang mit Share-based Payments auftreten können.

34 D. **Wesentlicher Inhalt:** Zunächst sind Finanzinstrumente zu klassifizieren (IFRS 7.6 ff). Klassifizierung entspricht IAS 39, geht aber darüber hinaus. In **Bilanz oder Anhang** sind anzugeben: Finanzforderungen und Finanzverbindlichkeiten zum beizulegenden Zeitwert (fair value) durch Ab- und Zuschreibung,

1. Abschnitt. Vorschriften für alle Kaufleute 35–37 § 253

jeweils mit Erst- und Folgebewertung; bis zur Endfälligkeit gehaltene (held-to-maturity) Anlagen; erhaltene und ausgereichte Darlehen; zum Verkauf gehaltene (held-for-sale) Finanzinstrumente; Finanzverbindlichkeiten, die „at amortized cost" gehalten werden. Reklassifizierungen (IFRS 7.12) sind ebenso wie Ausbuchungen (IFRS 7.13) offenzulegen. Für Verbindlichkeiten bzw Eventualverbindlichkeiten müssen die jeweiligen Sicherheiten angegeben werden (IFRS 7.14). Die Offenlegung schließt die jeweiligen Vertragsbedingungen ein. Bei Sicherheiten, die vom bilanzierenden Unternehmen gehalten werden, sind die Verfügungsmöglichkeiten anzugeben. Ferner sind indirekte Abschreibungen für Forderungsverluste, in andere Instrumente eingebettete Finanzinstrumente (etwa bei Versicherungsverträgen) und Zahlungsausfällen der Ges bei Darlehen anzugeben.

E. In der **GuV** sind nach IFRS 7.20 auszuweisen: Verrechnete Gewinne oder 35 Verluste aus Finanzinstrumenten; Zinsen aus Finanzinstrumenten; Gebühren; Wertminderungen von Finanzvermögensgegenständen. Gem IAS 1.117 u IFRS 7.21 sind grundlegende Politiken des Ges bezüglich Finanzinstrumenten offenzulegen. Das gilt auch für Sicherungsgeschäfte (IFRS 7.22). Erweiterte Risikooffenlegung: qualitative Offenlegung über Art und Entstehung der einzelnen Risiken, Risikomanagementziele u -methoden sowie Veränderungen zur Vorperiode; qualitative Offenlegung zu den einzelnen Risiken und Risikokonzentrationen für alle Finanzinstrumente (IFRS 7.31 ff). Quantitative Offenlegung umfasst die Kategorien: Kreditrisiko einschließlich Wertminderungen und Sicherheiten; Liquiditätsrisiko einschließlich Aufstellung über Fälligkeiten und Risikomanagement; Marktrisiko einschließlich zugehöriger Sensitivitätsanalyse. Zum Kreditrisiko müssen das maximale Verlustrisiko, die zugehörigen Sicherheiten und die fälligen Finanzvermögensgegenstände angegeben werden. Ferner muss eine Aufstellung über das Alter der Finanzvermögensgegenstände und eventuelle Wertminderungen offengelegt werden. Zudem ist der Wert jeder einzelnen Sicherheit anzugeben. Zum Liquiditätsrisiko sind Fälligkeitsdaten und eine Beschreibung der jeweiligen Risikomanagementstrategien offenzulegen. Zum Marktrisiko der Finanzinstrumente verlangt IFRS 7.40–41 zusätzlich eine Sensitivitätsanalyse, die die Zusammenhänge zwischen Risikovariablen wie etwa Zinssätzen oder Fremdwährungskursen offen legt.

9) IAS 16 (Sachanlagen)

A. Eine thematisch dem § 253 entsprechende allgemeine Vorschrift zu **Wert-** 36 **ansätzen der Vermögensgegenstände und Schulden** ist den internationalen Standards fremd. Vielmehr gelten für einzelne als besonders regelungsbedürftig angesehene Posten spezielle Regelungen, so in **IAS 16** (Sachanlagen), **IAS 26** (Bilanzierung und Berichterstattung von Altersversorgungsplänen), **IAS 32** (Finanzinstrumente: Angaben und Darstellung), **IAS 39** (Finanzinstrumente: Ansatz und Bewertung) und **IAS 40** (Als Finanzinvestition gehaltene Immobilien), Baetge, IAS-Kommentar 78.

B. **Gegenstand:** IAS 16 regelt Ansatz und Bewertung von Sachanlagen. **Zeit-** 37 **liche Anwendung:** Geschäftsjahre, die am oder nach dem 1. 1. 05 beginnen. Frühere Anwendung empfohlen (IAS 16.81). Lit: Buchholz, DStR **03,** 1941, ders, StuB **04,** 289 (Gebäude), Graumann, StuB **04,** 709, Hoffmann/Lüdenbach, BB **04,** 375 (Abschreibung), dies, DStR **03,** 565, dies, StuB **04,** 337 (Tausch von Anlagevermögen), Janßen PiR **05,** 46 (Großinspektionen), Zülch PiR **05,** 67 (investment properties/IAS 40), Littkemann/Schulte/Kraft StuB **05,** 333 (IFRS für Einzelabschlüsse), Marx/Köhlmann StuB **05,** 693 (Entsorgungsverpflichtungen), Schmidt/Seidel BB **06,** 596 (planmäßige Abschreibungen) Dettmeier/Pöschke BB **06,** 1731 (REIT und IFRS), Küting/Trappmann/Keßler DB **06,** 1853 (Bodenrichtwerte als Bewertungsmaßstäbe HGB/IFRS), Weißenberger/Maier DB **06,** 2077 (Management Approach), Zülch/Lienau KoR **06,** 698

§ 253 38–44 III. Buch. Handelsbücher

(investment properties/Sachanlagevermögen), Pottgießer PiR **06,** 7 (KMU), Ingold PiR **06,** 111 (Immobilienbilanzierung), Scheffler/Glaschke StuB **06,** 491 (Baumaßnahmen), Hanenberg WPg **06,** 1095 („prudential filter"), Kühnberger BB 07, 1211 (REIT-AG), Küting/Trappmann/Ranker DB **07,** 1709.

38 C. **Sachliche Anwendung:** IAS 16 gilt für Sachanlagen, soweit kein anderer Standard eine abweichende Bewertung vorsieht: Für Sachanlagen, die als zur Veräußerung gehalten eingestuft sind, gilt IFRS 5 (Zur Veräußerung gehaltene langfristige Vermögenswerte und aufgegebene Geschäftsbereiche). Für biologische Vermögenswerte bei landwirtschaftlicher Tätigkeit gilt IAS 41 (Landwirtschaft). Auf Abbau- und Schürfrechte sowie nicht-regenerative Bodenschätze und Ressourcen ist IAS 16 nicht anwendbar (IAS 16.2 f).

39 D. **Wesentlicher Inhalt:** Eine Sachanlage ist als Vermögenswert anzusetzen, sofern es wahrscheinlich ist, dass der zukünftige wirtschaftliche Nutzen aus dem Vermögenswert dem Unternehmen zufließen wird und die Kosten des Vermögenswerts verlässlich ermittelt werden können. Die Sachanlage ist im Zugangszeitpunkt mit ihren Anschaffungs- oder Herstellungskosten zu bewerten (IAS 16.7 ff).

40 E. An den folgenden Abschlussstichtagen ist die Sachanlage mit einem der folgenden Werte anzusetzen: zu den um die planmäßigen und außerplanmäßigen Abschreibungen geminderten fortgeführten Anschaffungs- oder Herstellungskosten (**Anschaffungskostenmodell,** cost model, IAS 16.30) oder zum um planmäßige und außerplanmäßige Abschreibungen geminderten Neubewertungsbetrag (**Neubewertungsmodell,** revaluation model, IAS 16.31). Der Neubewertungsbetrag stellt dabei den beizulegenden Zeitwert dar. Die gewählte Bewertungsmethode ist konsistent auf eine Klasse von Sachanlagen anzuwenden. Wird der Wert der Sachanlage über den Buchwert erhöht, dann ist dieser Betrag erfolgsneutral in eine Neubewertungsrücklage einzustellen, es sei denn, dass eine erfolgswirksam erfasste Wertminderung dadurch rückgängig gemacht wird. Eine Minderung des Buchwerts ist grundsätzlich erfolgswirksam zu erfassen, soweit sie nicht mit einer zuvor für die Sachanlage gebildeten Neubewertungsrücklage verrechnet werden kann (IAS 16.32 ff).

41 F. Gegenstände des Sachanlagevermögens unterliegen über ihre Nutzungsdauer **planmäßiger Abschreibung.** Die Abschreibungen sind für jeden signifikanten Teil einer Sachanlage separat zu bestimmen. Das Abschreibungsvolumen ist auf systematischer Grundlage über die Nutzungsdauer zu verteilen. Die Abschreibungsmethode soll den Verbrauch des wirtschaftlichen Nutzens widerspiegeln. Nutzungsdauer und Abschreibungsmethode sind regelmäßig zu überprüfen und ggf. anzupassen. Wertminderungen sind in Übereinstimmung mit IAS 36 (Wertminderung von Vermögenswerten) zu erfassen (IAS 16.43 ff).

42 G. Der Gewinn oder Verlust aus dem **Abgang einer Sachanlage** ist die Differenz zwischen Nettoveräußerungserlös und dem Buchwert der Anlage. Der Gewinn oder Verlust wird im Periodenergebnis erfasst (IAS 16.67 ff). Für Sachanlagen ist eine Reihe von Angaben zu machen (IAS 16.73 ff).

43 H. **Wesentliche Unterschiede zum HGB:** Die (mögliche) Neubewertung verstößt gegen die im HGB vorgeschriebene Bewertung zu (fortgeführten) **Anschaffungskosten.**

44 Es widerspricht den IAS/IFRS nicht, an den **Abschreibungsdauern** der steuerlichen **AfA-Tabellen** für die Rechnungslegung nach HGB festzuhalten. Für eine Rechnungslegung nach IAS sind die steuerlichen AfA-Tabellen nur eine Orientierungsgröße, das Unternehmen keine entsprechenden Vermögenswerte in der Vergangenheit besaß und auch ansonsten keine besseren Erkenntnisse (zB Branchenvergleich) besitzt.

1. Abschnitt. Vorschriften für alle Kaufleute   45–51   § 253

Eine **Nutzungsdauerverlängerung** darf nach deutschem Recht nur dann 45 erfolgen, wenn bei KapitalGes ansonsten die Generalnorm des § 264 II (true and fair view) verletzt würde bzw. bei sonstigen Ges die ursprünglich geschätzte Nutzungsdauer willkürlich zu gering angesetzt wurde.

Die **Angabepflichten** nach IAS sind weiter gefasst als die deutschen Anhang- 46 angaben.

10) IAS 26 (Bilanzierung und Berichterstattung von Altersversorgungsplänen)

A. Es gibt in den internationalen Standards **keine dem I 2 thematisch** 47 **entsprechende Regelung** zu Ansatz und Bewertung von **Rentenverbindlichkeiten.** IAS 26 regelt demgegenüber die Bilanzierung und Berichterstattung von Altersversorgungsplänen, Baetge IAS-Kommentar 66 ff.

B. **Gegenstand:** IAS 26 regelt den speziellen Tatbestand der Bilanzierung und 48 Berichterstattung von rechtlich selbstständigen Versorgungsträgern gegenüber ihren Mitgliedern. **Zeitliche Anwendung:** Geschäftsjahre, die am oder nach dem 1. 1. 88 beginnen. (IAS 26.37)

C. **Sachliche Anwendung:** Altersversorgungspläne sind Vereinbarungen, 49 durch die ein Unternehmen seinen Mitarbeitern **Versorgungsleistungen bei oder nach Beendigung des Arbeitsverhältnisses** gewährt, sofern solche Leistungen bzw. die dafür erbrachten Beträge vor der Pensionierung der Mitarbeiter auf Grund einer vertraglichen Vereinbarung oder der betrieblichen Praxis bestimmt oder geschätzt werden können (IAS 26.8). IAS 19 (Leistungen an Arbeitnehmer) behandelt die Bestimmung der Aufwendungen für Versorgungsleistungen in den Abschlüssen von Arbeitgebern und wird durch IAS 26 ergänzt. **Nicht geregelt** sind in IAS 26 andere Leistungsformen aus Arbeitsverhältnissen wie zB Abfindungen, Vorruhestandsregelungen oder Sozialpläne (IAS 26.7).

D. **Wesentlicher Inhalt:** Der Bericht über einen **beitragsorientierten Plan** 50 enthält eine Aufstellung des für Leistungen zur Verfügung stehenden **Nettovermögens** sowie eine Beschreibung der **Finanzierungspolitik** (IAS 26.13 ff). Der Bericht über einen **leistungsorientierten Plan** enthält entweder eine Aufstellung über das für Leistungen zur Verfügung stehende **Nettovermögen,** den versicherungsmathematischen **Barwert** der zugesagten Versorgungsleistungen (unterschieden nach unverfallbaren und verfallbaren Ansprüche) sowie eine bestehende **Vermögensüberdeckung oder -unterdeckung. Alternativ** zulässig ist eine Aufstellung des für Leistungen zur Verfügung stehenden Nettovermögens einschließlich entweder einer Angabe, die den versicherungsmathematischen Barwert der zugesagten Versorgungsleistungen (unterschieden nach unverfallbaren und verfallbaren Ansprüche) offen legt oder einen Verweis auf diese Information in einem beigefügten **Gutachten eines Versicherungsmathematikers** enthält (IAS 26.17). Dafür sind dem versicherungsmathematischen Barwert der zugesagten Versorgungsleistungen die gemäß den Bedingungen des Plans für die bisher erbrachte Dienstzeit zugesagten Versorgungsleistungen zugrunde zu legen. Dabei sind entweder die gegenwärtigen oder die erwarteten künftigen Gehaltsniveaus zu berücksichtigen. Die Kapitalanlagen des Altersversorgungsplans sind mit dem beizulegenden Zeitwert zu bilanzieren (IAS 26.23 ff).

11) IAS 32 (Finanzinstrumente: Darstellung)

A. Mit Einführung des IFRS 7 wurde der Titel von IAS 32 (Finanzinstru- 51 mente: Angaben und Darstellung) in IAS 32 (Finanzinstrumente: Darstellung) geändert. IAS 32.1, 5, 7, 51–95 wurden gestrichen. Nicht mehr anwendbar sind die Vorschriften zu den Anhangangaben. Ausweisvorschriften gelten fort. Die Angabepflichten zu Finanzinstrumenten enthält nun IFRS 7, wobei zahlreiche Vorschriften unverändert von IAS 32 übernommen wurden (IFRS 7.7–7.29).

§ 253 52, 53

52 **B. Gegenstand:** IAS 32 regelt die Darstellung von Finanzinstrumenten als Verbindlichkeit oder Eigenkapital und die Saldierung von finanziellen Vermögenswerten und Verbindlichkeiten. Für bestimmte Sachverhalte ist die Anwendung des Standards ausgeschlossen. **Zeitliche Anwendung:** Geschäftsjahre, die am oder nach dem 1. 1. 05 beginnen. Frühere Anwendung zulässig. IAS 32 ist retrospektiv anzuwenden, was nur bei gleichzeitiger Anwendung von IAS 39 (Finanzinstrumente: Ansatz und Bewertung) zulässig ist (IAS 32.96 f). Änderungen durch VO 108/06 sind ab 1. 1. 07 oder für danach beginnende Geschäftsjahre erstmals anzuwenden, Änderungen durch VO 1126/08 ab dem 1. 1. 09. Lit: Brüggemann/Lühn/Siegel, KoR **04,** 340 u 389 (Hybride Finanzinstrumente), Heintges/Härle, DB **05,** 173 (KMU), Kirsch, StuB **05,** 9 (eigene Aktien), Schmidbauer, RIW **03,** 287, Küting/Dürr DStR **05,** 938 (Genussrechte HGB/IFRS/Basel II), Isert/Schaber KoR **05,** 299, Berger/Grünewald/Kolb PiR **05,** 83, Vater PiR **05,** 57, Padberg StuB **05,** 104 (Wandelanleihen) DGRV/VOEB **06,** Schmidt BB **06,** 1563, Baetge/Kirsch/Leuschner/Jerzembek DB **06,** 2133, Pawelzik KoR **06,** 153, Barckow/Schmidt WPg **06,** 950, Kohler ZHR **06,** 101 (Abgrenzung Eigenkapital/Fremdkapital, Modifizierungsvorschlag), Schaber/Isert BB **06,** 2401 (Hybridanleihen/Genussrechte), Hoffmann/Lüdenbach DB **06,** 1797, IDW FN-IDW **06,** 784, Barckow/Schmidt KoR **06,** 623, Rammert/Meurer PiR **06,** 1, Weidenhammer PiR **06,** 155, Dettmeier/Pöschke GmbHR **06,** 297 (GmbH), Erdmann/Wünsch/Meyer KoR **06,** 332 (Unternehmenssteuerung), Freiberg PiR **06,** 28 (Perpetual Bonds), Göbel/Kormaier PiR **06,** 65 (Aktienrückkauf), Grünberger PiR **06,** 161 (fair value-Option), Küting/Busch PiR **06,** 213 (eigene Anteile), Weidenhammer PiR **06,** 228 (Personenhandelsgesellschaftsanteile), Sultana/Willeke StuB **06,** 220 (Mezzanine-Kapital), Küting/Wirth/Dürr WPg **06,** 345 (Konzernbilanz/Personenhandelsgesellschaften), IDW WPg **06,** 537 (Finanzinstrumente), IDW WPg **06,** 990 (KMU), Hennrichs WPg **06,** 1253 (Gemeinschaftsrecht), Hennrichs ZHR **06,** 498, Schiessl ZHR **06,** 522 (Unternehmensfinanzierung/Mittelstand), Lühn WPg **06,** 1529 (Genussrechte/IDW-RS HFA 9), Küting/Erdmann/Dürr, DB **07,** 941 und 997 (Mezzanine-Kapital), Hüttche/Lopatta BB **07,** 2445 (Kosten für Eigenkapitalbeschaffung), Bigus DBW **07,** 7 (Eigen-/Fremdkapital), Häuselmann DB **07,** 931 (Hybirdanleien), Sieker ZiP **07,** 849 (PersonenGes), Eberling BB **07,** 1609 (Eigenkapitaldifferenzen aus Konsolidierung), Baetge/Haenelt ZGR **08,** 296, Baetge/Winkeljohann/Haenelt DB **08,** 1518 (PersonenGes/IAS 32 rev 2008), Kraft ZGR **08,** 324, Zwirner/Reinhold IRZ **08,** 325 (Geschäftsanteile/IAS 32 rev 2008), Berger ZBB **08,** 92 (Mezzanine-Finanzierung), Petersen/Zwirner DStR **08,** 1060 (IAS 32 rev 2008), Rückle IRZ **08,** 227 (PersonenGes), Müller/Weller/Reinke DB **08,** 1109, Schmidt BB **08,** 434 (IAS 32 rev 2008), Dettmeier/Pöschke PiR **08,** 86 (REIT-AG), Bömelburg/Landgraf/Luce PiR **08,** 143 (IAS 32 rev 2008), Weidenhammer PiR **08,** 213 (IAS 32 rev 2008), Milla/Hanusch IRZ **08,** 521 und 561. Lit zu Angabepflichten s IFRS 7.

53 **C. Sachliche Anwendung:** IAS 32 regelt die Darstellung von Finanzinstrumenten. Der Standard ist für alle Arten von Finanzinstrumenten anzuwenden. Beachte aber **umfangreiche Ausnahmen:** Keine Anwendung von IAS 32 auf Anteile an Tochterunternehmen, assoziierten Unternehmen und Joint Ventures, die in Übereinstimmung mit IAS 27 (Konzern- und separate Einzelabschlüsse), IAS 28 (Anteile an assoziierten Unternehmen) oder IAS 31 (Anteile an Joint Ventures) quotal konsolidiert oder nach der Equity-Methode bewertet werden; auf Verpflichtungen und Rechte von Arbeitnehmern aus Leistungsplänen, s IAS 19 (Leistungen an Arbeitnehmer); auf Verträge mit abhängigen Zahlungen in einem Unternehmenszusammenschluss, s IFRS 3 (Unternehmenszusammenschlüsse); auf Versicherungsverträge, s IFRS 4 (Versicherungsverträge); auf Finanzinstrumente, die in den Anwendungsbereich von IFRS 4 (Versicherungsver-

1. Abschnitt. Vorschriften für alle Kaufleute 54–58 § 253

träge) fallen, weil sie eine ermessensabhängige Überschussbeteiligung beinhalten; auf Finanzinstrumente, Verträge und Verpflichtungen aus Transaktionen der aktienbasierten Vergütung, s IFRS (2 Aktienbasierte Vergütung) (IAS 32.4 ff).

D. **Wesentlicher Inhalt:** Finanzinstrumente werden aus der Perspektive des 54 Emittenten in finanzielle **Vermögenswerte**, finanzielle **Schuld** und **Eigenkapitalinstrumente** eingeteilt (IAS 32.15 ff). **Zusammengesetzte** Finanzinstrumente können eine Schuld- als auch eine Eigenkapitalkomponente beinhalten (IAS 32.28 ff). **Zinsen, Dividenden, Verluste und Gewinne** im Zusammenhang mit finanziellen Schulden werden in der Gewinn- und Verlustrechnung als Aufwendungen oder Erträge erfasst. **Ausschüttungen** an Inhaber von Eigenkapitalinstrumenten sind direkt vom Eigenkapital abzusetzen (IAS 32.35 ff).

E. Finanzielle Vermögenswerte und finanzielle Schulden können nur dann 55 **saldiert** werden, wenn es einen rechtlich durchsetzbaren **Anspruch** zur Aufrechnung gibt und das Unternehmen plant, auf einer Nettobasis zu begleichen (IAS 32.42 ff).

F. Die Prinzipien des IAS 32 **ergänzen** die Prinzipien für den Ansatz und die 56 Bewertung von finanziellen Vermögenswerten und Schulden in **IAS 39** (Finanzinstrumente: Ansatz und Bewertung) und für deren Ausweisung in IFRS 7 (Finanzinstrumente: Angaben).

12) IAS 36 (Wertminderung von Vermögenswerten)

A. Gem **III 3** besteht für die Vermögensgegenstände des **Anlagevermögens** 57 bei voraussichtlich **dauernder** Wertminderung eine **Abschreibungspflicht**. Bei voraussichtlich **vorübergehender** Wertminderung ist eine Abschreibung nur bei Vermögensgegenständen des Finanzanlagevermögens zulässig (§ 253 III 4). Im Unterschied dazu besteht nach **IAS 36** (Wertminderung von Vermögenswerten) **unabhängig von der Dauer** der Wertminderung immer dann eine **Abschreibungspflicht,** wenn der Buchwert den erzielbaren Betrag überschreitet, Kü/We 252.

B. **Gegenstand:** IAS 36 stellt Grundsätze für die Durchführung von außer- 58 planmäßigen Ab- und Zuschreibungen der Vermögenswerte auf und regelt Verfahren, um sicherzustellen, dass Vermögenswerte zu keinem höheren Betrag als dem erzielbaren Betrag angesetzt sind. **Zeitliche Anwendung:** Grundsätzlich auf einen Geschäfts- oder Firmenwert und immaterielle Vermögenswerte, die bei Unternehmenszusammenschlüssen mit Vertragsabschlussdatum am oder nach dem 31. 3. 04 erworben worden sind und **prospektiv** auf alle anderen Vermögenswerte vom Beginn der ersten Berichtsperiode des Geschäftsjahres, das am oder nach dem 31. 3. 04 beginnt. Frühere Anwendung empfohlen (IAS 36.138 ff). Lit: Küting/Weber/Wirth DStR **04,** 876 (Anteilsverkauf), Küting/Wirth KoR **05,** 199 (Firmenwert), dies WPg **05,** 704 (Firmenwert), Lüdenbach/Hoffmann WPg **04,** 1068 (Goodwill-Impairment-Test), Schmidbauer DStR **03,** 2035, Laas DB **06,** 457 (Werthaltigkeitsprüfung), Weißenberger/Maier DB **06,** 2077 (Management Approach), Esser/Hackenberger DStR **05,** 708 (Business Combinations-Project), Pottgießer/Velte/Weber DStR **05,** 1748, Dobler PiR **05,** 24, Lüdenbach PiR **05,** 63 (Goodwill), Gleißner/Heyd IRZ **06,** 103 (Rating/Risikomanagement), Klingelhöfer KoR **06,** 590, Weißenberger ua KoR **06,** 613, Olbrich KoR **06,** 685, Haaker KoR **06,** 687 (Controlling/Goodwill-Impairment-Test), Großfeld/Stöver/Tönnes NZG **06,** 521 (Unternehmensbewertung), Pottgießer PiR **06,** 7 (KMU), Bader/Pickl PiR **06,** 141 (Internetauftritte), Littkemann/Schulte/Schaarschmidt StuB **05,** 660 (Fußballspielerwerte), Zimmermann StuB **06,** 369 (Emissionsrechte), IDW WPg **06,** 990 (KMU), Castedello/Klingbeil/Schröder WPg **06,** 1028, Schmusch/Laas WPg **06,** 1048 (Werthaltigkeitsprüfung), Hoffmann Pir **07,** 176 (Gebäude), Weißenberger/Haas/Wolf PiR **07,** 149 (Goodwill-Controlling), Ruhnke BB **08,** 43, Meyer-Wegelin BB **09,** 94.

§ 253 59–63   III. Buch. Handelsbücher

59 C. **Sachliche Anwendung:** IAS 36 ist für alle Wertminderungen von Vermögenswerten anzuwenden. **Umfangreiche Ausnahmen:** Keine Anwendung von IAS 36 auf 1) Vorräte, s IAS 2 (Vorräte); 2) Vermögenswerte, die aus Fertigungsaufträgen entstehen, s IAS 11 (Fertigungsaufträge); 3) latente Steueransprüche, s IAS 12 (Ertragssteuern); 4) Vermögenswerte, die aus Leistungen an Arbeitnehmer resultieren, s IAS 19 (Leistungen an Arbeitnehmer); 5) finanzielle Vermögenswerte, die unter IAS 39 (Finanzinstrumente: Ansatz und Bewertung) fallen; 6) als Finanzinvestition gehaltene Immobilien zum beizulegenden Zeitwert, s IAS 40 (Als Finanzinvestition gehaltene Immobilien); 7) biologische Vermögenswerte, die zum beizulegenden Zeitwert abzüglich Verkaufskosten bewertet sind, s IAS (41 Landwirtschaft); 8) abgegrenzte Anschaffungskosten und immaterielle Vermögenswerte, die aus Versicherungsverträgen gemäß IFRS 4 (Versicherungsverträge) entstehen; 9) langfristige Vermögenswerte, die gemäß IFRS 5 (Zur Veräußerung gehaltene langfristige Vermögenswerte und aufgegebene Geschäftsbereiche) als zur Veräußerung gehalten klassifiziert wurden (IAS 36.2 ff).

60 D. **Wesentlicher Inhalt:** Der **erzielbare Betrag** eines Vermögenswertes wird immer dann ermittelt, wenn es **Anhaltspunkte** dafür gibt, dass der Vermögenswert **wertgemindert** sein könnte. An jedem Bilanzstichtag hat das Unternehmen zu untersuchen, ob Anhaltspunkte für eine Wertminderung eines Vermögenswerts vorliegen. Zusätzlich wird bei den folgenden Vermögenswerten der erzielbare Betrag **jährlich ermittelt:** 1) ein immaterieller Vermögenswert mit einer unbestimmten Nutzungsdauer; 2) ein immaterieller Vermögenswert, der noch nicht nutzungsbereit ist; 3) Geschäfts- und Firmenwert (IAS 36.9 ff).

61 E. Der **erzielbare Betrag eines Vermögenswertes** ist der höhere aus beizulegendem Zeitwert abzüglich der Verkaufskosten und Nutzungswert (IAS 36.6). Der **beizulegende Zeitwert abzüglich der Verkaufskosten** ist der Betrag, der durch den Verkauf eines Vermögenswertes in einer Transaktion zu Marktbedingungen zwischen sachverständigen, vertragswilligen Parteien nach Abzug der Veräußerungskosten erzielt werden könnte (IAS 36.6 und 36.18 ff). Der **Nutzungswert** ist der Barwert der künftigen Cashflows, der voraussichtlich aus einem Vermögenswert abgeleitet werden kann (IAS 36.30 ff). Der erzielbare Betrag ist für einen einzelnen Vermögenswert zu bestimmen. Erzeugt ein Vermögenswert jedoch keine Mittelzuflüsse, die weitestgehend unabhängig von denen anderer Vermögenswerte sind, so ist der erzielbare Betrag für die zahlungsmittelgenerierende Einheit zu bestimmen, zu der der Vermögenswert gehört (IAS 36.22). Eine **zahlungsmittelgenerierende Einheit** ist die kleinste identifizierbare Gruppe von Vermögenswerten, die Mittelzuflüsse erzeugen, die weitestgehend unabhängig von den Mittelzuflüssen anderer Vermögenswerte oder anderer Gruppen von Vermögenswerten sind (IAS 36.6).

62 F. Zum Zweck der Überprüfung auf eine Wertminderung muss ein **Geschäfts- oder Firmenwert,** der bei einem Unternehmenszusammenschluss erworben wurde, jeder der zahlungsmittelgenerierenden Einheiten bzw. Gruppen von zahlungsmittelgenerierenden Einheiten, die aus den Synergien des Zusammenschlusses Nutzen ziehen sollen, zugeordnet werden.

63 G. Ein **Wertminderungsaufwand** (Buchwert eines Vermögenswertes höher als sein erzielbarer Betrag) ist sofort im Periodenergebnis zu erfassen, es sei denn, dass der Vermögenswert zum Neubewertungsbetrag nach einem anderen Standard, zB nach IAS 16 (Sachanlagen), erfasst wird. Jeder Wertminderungsaufwand eines neu bewerteten Vermögenswertes ist als eine **Neubewertungsabnahme** in Übereinstimmung mit diesem anderen Standard zu behandeln. Der Wertminderungsaufwand einer **zahlungsmittelgenerierenden Einheit** um den Buchwert der Vermögenswerte der Einheit wie folgt zu vermindern: 1) zuerst um den Buchwert jeden Geschäfts- oder Firmenwertes, welcher der zahlungsmittelgenerierenden Einheit (Gruppe von Einheiten) zugeordnet ist; und dann 2) anteilig um

1. Abschnitt. Vorschriften für alle Kaufleute 64–67 § 253

die anderen Vermögenswerte der Einheit auf Basis der Buchwerte jedes einzelnen Vermögenswertes der Einheit (IAS 36.58 ff, 36.104 ff).

H. Ein in **früheren Berichtsperioden** für einen Vermögenswert erfasster 64 **Wertminderungsaufwand** ist dann aufzuheben, wenn sich seit der Erfassung des letzten Wertminderungsaufwands eine Änderung in den Schätzungen ergeben hat, die bei der Bestimmung des erzielbaren Betrages herangezogen wurden. Wenn dies der Fall ist, ist der Buchwert des Vermögenswertes auf seinen erzielbaren Betrag zu erhöhen, jedoch nicht über den Buchwert hinaus, der bestimmt worden wäre, wenn in den früheren Jahren kein Wertminderungsaufwand erfasst worden wäre (Wertaufholung) (IAS 36.109 ff). Ein für den **Geschäfts- oder Firmenwert** erfasster Wertminderungsaufwand darf nicht aufgeholt werden (IAS 36.124 f).

I. IAS 36 spezifiziert die **Angaben über Wertminderungen** von Vermö- 65 genswerten und zahlungsmittelgenerierenden Einheiten sowie die Zuordnung von im Zuge von Unternehmenszusammenschlüssen erworbenem Geschäfts- oder Firmenwert auf die zahlungsmittelgenerierende Einheit (IAS 36 126 ff).

13) IAS 39 (Finanzinstrumente: Ansatz und Bewertung)

A. Im Vergleich bestehen zwischen Ansatz und Bewertung von Finanzinstru- 66 menten nach **IAS 39** und den Bestimmungen des **HGB** einschließlich der **GoB** zahlreiche und zT **erhebliche Unterschiede**, Baetge, IAS-Kommentar 189 ff.

B. **Gegenstand:** IAS 39 regelt Ansatz und Bewertung von Finanzinstrumen- 67 ten. **Zeitliche Anwendung:** Geschäftsjahre, die am oder nach dem 1. 1. 05 beginnen. Vorherige Anwendung zulässig (IAS 39 103 ff). Lit: Bieker/Hackenberger, DB **04,** 1625, Bucholz, StuB **03,** 577 (Steuerabgrenzung), Heintges, DB **05,** 173 (KMU), Naumann/Naumann, WPg-Sonderheft **04,** S 130, Schmidbauer, RIW **03,** 287, Wüstemann, BB **03,** 2501 (Fremdwährungsrisiken), Küting/Dürr DStR **05,** 938 (Genussrechte), Börger/Elprana DStR **05,** 1707 (Handelswechsel), Engel-Ciric/Schuler PiR **05,** 19 (Factoring/Asset-Backed Securities), Lüdenbach PiR **05,** 95 (Swap), Schreiber BB **06,** 1842, Roese/Trepte/Vielmeyer WPg **06,** 1089 (IFRIC 9), Egner/Heinz StuB **05,** 748, Lüdenbach/Völkner BB **05,** 2738 (Options- und Terminkontrakte), Kuhn DB **05,** 1341, Zülch/Willms StuB **05,** 80, dies StuB **05,** 635, Küting/Döge/Pfingsten KoR **06,** 579, Baetge/Schulz PiR **06,** 127, Grünberger PiR **06,** 161 (Fair Value-Option), Tanski/Zeretzke DStR **06,** 53 (Fair Value-Fiktion), Wimmer/Kusterer DStR **06,** 2046 (Kreditrisiko), IDW FN-IDW **06,** 515 (Abgang finanzieller Vermögenswerte), Kirsch IRZ **06,** 95 („Reporting Comprehensive Income"), Grünberger KoR **06,** 81 (Finanzgarantien), Pottgießer PiR **06,** 7, IDW WPg **06,** 990 (KMU), Freiberg PiR **06,** 12 (einfache Anteile), Schneider PiR **06,** 168 (Sicherungsgeschäfte/KMU), Weidenhammer PiR **06,** 228 Berger/Kolb StuB **06,** 289 (Personenhandelsgesellschaftsanteile), Kümpel/Becker PiR **06,** 243 (Leasing), Hackenberger PiR **06,** 256 (Bewertung von Finanzinstrumenten/KMU), Küting/Weber/Gattung WPg **06,** 657, dies WPg **06,** 765 (Equity-Methode/Endkonsolidierung), Schmidt WPg **06,** 773 (Überblick Änderungen), Hanenberg WPg **06,** 1095 (Bankaufsicht/prudential filter), Scharpf/Weigel/Löw WPg **06,** 1492 (Finanzgarantien/Kreditzusagen), Lopatta/Gäbel WPg 07, 296 (Embedded Derivates IFRS/HGB), Nguyen IRZ **07,** 299 (Hedge-Accounting), Gaber/Gorny KoR **07,** 323 (hypride Finanzinstrumente), Hachmeister/Hanschmann IRZ **07,** 163 (Optionen auf Minderheitsanteile), Pfitzer/Scharpf/Schaber WPg **07,** 675 und 721 (Bewertungseinheiten/antizipierte Hedges), Prokop WPg **07,** 336 (Warentermingeschäfte), Lüdenbach/Freiberg DB **07,** 650 (Bürgschaftsbilanzierung beim Garanten), Wüstemann/Bischof WPg **08,** 865, Bier/Lopatta KoR **08,** 304 (eingebettete Derivate), Meyer-Wegelin/Gahlen BB **08,** 882 (ABS-Transaktionen/IDW-RS HFA 9), Becker/Wiechens KoR **08,** 625 (Fair-Value-Option), Lorenz/Wiechens IRZ **08,** 505 (strukturierte Finanzinstrumente

§ 253 68–70 III. Buch. Handelsbücher

HGB/IFRS), Rüffer/Send/Siwik KoR **08,** 448 (Zinsprodukte/double-double-Test), Hommel/Christ/Morawietz KoR **08,** 352 (CDS), Bieg/Waschbusch/Käufer ZBB **08,** 63 (Pensionsgeschäfte), Zeyer IRZ **08,** 139 (Forderungen mit Warenkreditversicherungen), Kuhn/Albrecht IRZ 08, 123 (Commodity-Risiken), Häuselmann BB 08, 2717 (Alternativen zu Fair Value), Bieker PiR 08, 394 (Fair Value), Schildbach DStR **08,** 2381 (Umklassifizierung von Assets in der Krise), Baetge WPg **09,** 13 (DCF Kalkühle) Luttermann RiW **09,** 1 (Fair Value), Pellens/Crasselt/Sellhorn zfbf **09,** 102 (Fair Value), Petersen/Zwirner IRZ **09,** 65 (Umklassifizierung von Assets in der Krise), Goldschmidt/Weigel WPg **09,** 159 (Bewertung in illiquiden Märkten), Christian Pir **09,** 6 (Glücksspiel).

68 C. **Sachliche Anwendung:** IAS 39 regelt Ansatz und Bewertung von grundsätzlich allen Finanzinstrumenten. **Umfangreiche Ausnahmen:** 1) Anteile in Tochterunternehmen, assoziierten und gemeinschaftlichen Unternehmen, die gem IAS 27 (Konzern- und separate Einzelabschlüsse), IAS 28 (Anteile an assoziierten Unternehmen) oder IAS 31 (Anteile an Joint Ventures) voll oder quotal konsolidiert bzw nach der Equity-Methode bewertet werden; 2) Rechte und Verpflichtungen aus Leasingverhältnissen, s IAS 17 (Leasingverhältnisse), jedoch fallen Forderungen aus Leasingverhältnissen, die vom Leasinggeber erfasst wurden, sowie Verbindlichkeiten aus Finanzierungsleasingverhältnissen, die vom Leasingnehmer erfasst wurden, sowie Derivative, die in Leasingverhältnisse eingebettet sind, unter IAS 39; 3) Rechte und Verpflichtungen des Arbeitgebers aus Altersvorsorgeplänen, s IAS 19 (Leistungen an Arbeitnehmer); 4) Finanzinstrumente, die von einem Unternehmen ausgegeben wurden und die Definition eines Eigenkapitalinstruments im Sinne des IAS 32 erfüllen; 5) Rechte und Verpflichtungen aus einem Versicherungsvertrag gem IFRS 4 (Versicherungsverträge) und aus Verträgen, die unter IFRS 4 fallen, da sie eine ermessensabhängige Überschussbeteiligung beinhalten; 6) Verträge über Eventualgegenleistungen aus einem Unternehmenszusammenschluss, s IFRS 3 (Unternehmenszusammenschlüsse); 7) Verträge zwischen einem erwerbendem Unternehmen und einem Verkäufer in einem Unternehmenszusammenschluss über den Kauf oder Verkauf eines erworbenen Unternehmens in der Zukunft; 8) Kreditverpflichtungen, die nicht netto in bar oder anderen Finanzinstrumenten beglichen werden können (außer denen, die als finanzielle Schuld zum beizulegenden Wert klassifiziert wurden); 9) Finanzinstrumente, Verträge und Verpflichtungen aus aktienbasierter Vergütung, s IFRS 2 (Aktienbasierte Vergütung), außer bestimmten Verträgen über den Kauf eines nicht-monetären Vermögenswertes (IAS 39.2 ff). Zu den von der EU vorgesehenen Ausnahmen (carve outs) s Einl 152 v § 238 Rn 152.

69 D. **Wesentlicher Inhalt:** Finanzielle **Vermögenswerte** und finanzielle **Schulden** sind **anzusetzen,** wenn ein Unternehmen Vertragspartner in einem Vertrag über solche Instrumente wird. Eine finanzielle **Schuld** ist dann **auszubuchen,** wenn die Schuld getilgt ist. Ein finanzieller **Vermögenswert** wird nur dann **ausgebucht,** wenn 1) die vertraglichen Rechte an den Cashflows des Vermögenswertes auslaufen, 2) das Unternehmen im Wesentlichen alle Risiken und Nutzen aus dem Besitz des Vermögenswertes überträgt, oder 3) das Unternehmen den Vermögenswert überträgt, zwar noch Risiken und Nutzen aus dem Besitz trägt, aber keine Kontrolle mehr über den Vermögenswert besitzt. Die weiter getragenen Risiken und Nutzen sind als Vermögenswert zu erfassen (IAS 39.14 ff).

70 E. Finanzielle Vermögenswerte und Schulden werden bei der erstmaligen Erfassung **zum beizulegenden Zeitwert** erfasst. Die **Folgebewertung** hängt grds davon ab (Ausnahme anlässlich der Finanzkrise vom Herbst 2008 aber in IAS 39.50 ff), wie das Finanzinstrument klassifiziert wurde: 1) Zu **fortgeführten Anschaffungskosten** unter Anwendung der Effektivzinsmethode werden erfasst a) bis zur Endfälligkeit zu haltende Finanzinvestitionen, b) Kredite und Forderungen sowie c) finanzielle Schulden, die nicht als zu Handelszwecken gehalten

1. Abschnitt. Vorschriften für alle Kaufleute 71–75 § 253

eingestuft sind und nicht als zum beizulegenden Zeitwert erfolgswirksam bewertet klassifiziert sind. 2) Zum **beizulegenden Zeitwert** erfasst werden a) finanzielle Schulden oder finanzielle Vermögenswerte, die als zu Handelszwecken gehalten eingestuft werden, Derivate sind oder von Anfang an durch das Unternehmen zum beizulegenden Zeitwert erfolgswirksam bewertet wurden, sowie b) zur Veräußerung verfügbare finanzielle Vermögenswerte und nicht derivative finanzielle Vermögenswerte, die keiner anderen Kategorie zugeordnet sind. Die unrealisierten Änderungen des beizulegenden Zeitwerts werden bis zum Verkauf im Eigenkapital erfasst, und zu diesem Zeitpunkt werden die unrealisierten Änderungen aus früheren Perioden im Periodenergebnis erfasst (IAS 39.43 ff).

F. Wenn es objektive Hinweise darauf gibt, dass ein finanzieller Vermögens- 71 wert **wertgemindert** ist, so ist der Buchwert dieses Vermögenswertes zu verringern und ein Wertminderungsaufwand zu erfassen. Ein finanzieller Vermögenswert, der zu fortgeführten Anschaffungskosten bewertet ist, ist nicht mit mehr als dem Barwert der geschätzten zukünftigen Cashflows zu bewerten. Ein Wertminderungsaufwand eines zur Veräußerung verfügbaren finanziellen Vermögenswertes, der den Buchwert unter die Anschaffungskosten verringert, wird im Periodenergebnis erfasst (IAS 39.58 ff).

G. Vorgesehen sind zwei Kategorien von **Sicherungsgeschäften**, da Unter- 72 nehmen in der Regel das Risiko von Änderungen der Cashflows und das Risiko von Änderungen des beizulegenden Zeitwertes absichern. Es müssen folgende **Bedingungen** erfüllt werden, bevor ein Sicherungsgeschäft angewendet werden kann: 1) Es gibt eine formelle Festlegung und Dokumentation der Absicherung von Anfang an, 2) die Absicherung wird als wirksam eingestuft, 3) eine zugrunde liegende vorhersehbare Transaktion hat eine hohe Eintrittswahrscheinlichkeit, 4) die Wirksamkeit eines Sicherungsgeschäfts ist verlässlich bestimmbar, dh der beizulegende Zeitwert oder die Cashflows des gesicherten Grundgeschäfts, die dem abgesicherten Risiko zuzurechnen sind, und der beizulegende Zeitwert des Sicherungsinstruments können verlässlich bewertet werden, 5) das Sicherungsgeschäft wurde fortlaufend beurteilt und zeitnah als für die gesamte für die Absicherung relevante Berichtsperiode hoch wirksam eingeschätzt (IAS 39.71 ff).

H. Wenn es um ein **Sicherungsgeschäft für den beizulegenden Zeitwert** 73 geht, sind Änderungen des beizulegenden Zeitwertes des Sicherungsgeschäfts und des korrespondierenden Vermögenswertes im Periodenergebnis zu erfassen. Bei einem Sicherungsgeschäft für einen **Cashflow** werden die Änderungen des beizulegenden Zeitwertes solange im Eigenkapital erfasst, bis der entsprechend abgesicherte Vermögenswert das Periodenergebnis beeinflusst. Jeder unwirksame Anteil der Änderung des beizulegenden Zeitwertes eines Sicherungsinstruments wird im Periodenergebnis erfasst. Verlangt wird, dass **Derivate,** die in nichtderivative Verträge eingebettet sind, separat zum beizulegenden Zeitwert erfolgswirksam bewertet werden (IAS 39.85 ff).

14) IAS 40 (Als Finanzinvestition gehaltene Immobilien)

A. Nach HGB sind Immobilien, deren Bilanzierung in IAS 40 geregelt ist, 74 den Kategorien der **Finanzinvestitionen,** der **eigentümergenutzten Immobilien** und der **Vorräte** zuzuordnen, s Baetge, IAS-Kommentar 52.

B. **Gegenstand:** IAS 40 regelt Ansatz und Bewertung von als Finanzinvesti- 75 tion gehaltenen Immobilien. **Zeitliche Anwendung:** Geschäftsjahre, die am oder nach dem 1. 1. 05 beginnen. Frühere Anwendung empfohlen (IAS 40.85). Lit: Beck, KoR **04,** 489 (Investment Properties), Zülich/Lienau WPg **04,** 565 (Steuerabgrenzung), Zülich/Willms BB **05,** 372 (Sanierungsfall), Dettmeier/ Pöschke BB **05,** 1731 (REIT), Küting/Trappmann/Keßler DB **06,** 1853 (Bewertungsmaßstab/Bodenrichtwerte), Zülch/Lienau KoR **06,** 698, Zülch PiR **05,** 67 (investment properties/Sachanlagevermögen), Kümpel/Becker PiR **06,** 81, Esser

Merkt 1027

§ 253 76–83

StuB **05**, 429 (Immobilien-Leasing), Ingold PiR **06**, 111 (Anwendung/Abgrenzung), Scheffler/Glaschke StuB **06**, 491 (Baumaßnahmen), Hanenberg WPg **06**, 1095 (Bankaufsicht/prudential filter), Bräsick Konzern 08, 275, Trappmann/Ranker DB 08, 1447 (Immobilienpoftfolios), Petersen/Zwirner PiR 08, 218, Heintges/Boggel/Wulbrand DB 08, 2037.

76 C. **Sachliche Anwendung:** Zu den als Finanzinvestition gehaltenen Immobilien iSv IAS 40 gehören Grundstücke bzw Gebäude, die gehalten werden, um Mieteinnahmen bzw Wertsteigerungen zu erzielen. IAS 40 ist jedoch **nicht anzuwenden** auf Sachverhalte, die in den Anwendungsbereich von IAS 17 (Leasingverhältnisse) fallen (IAS 40.2 ff).

77 D. **Wesentlicher Inhalt:** Als Finanzinvestition gehaltene Immobilien sind im Zugangszeitpunkt mit ihren **Anschaffungs- oder Herstellungskosten** zu bewerten (IAS 40.20 ff). Bei der **Folgebewertung** können die als Finanzinvestition gehaltenen Immobilien entweder zu **fortgeführten Anschaffungs- oder Herstellungskosten**, wie in IAS 16 (Sachanlagen) vorgesehen, oder zum **beizulegenden Zeitwert** angesetzt werden. Der beizulegende Zeitwert ist der Betrag, zu dem ein Vermögenswert zwischen sachverständigen, vertragswilligen und voneinander unabhängigen Geschäftspartnern getauscht werden könnte. **Änderungen** des beizulegenden Zeitwertes werden sofort im Periodenergebnis erfasst (IAS 40.30 ff).

78 E. Die **Bewertungsmethode** ist einheitlich für alle als Finanzinvestition gehaltenen Immobilien anzuwenden (IAS 40.30). Übertragungen in den oder aus dem Bestand der als Finanzinvestition gehaltenen Immobilien sind dann vorzunehmen, wenn Anhaltspunkte für eine **Nutzungsänderung** vorliegen. **Gewinne oder Verluste,** die beim Abgang von als Finanzinvestition gehaltenen Immobilien entstehen, sind als Unterschiedsbetrag zwischen dem Nettoveräußerungserlös und dem Buchwert des Vermögenswertes zu bestimmen und in der Periode des Abgangs im Ergebnis zu erfassen (IAS 40.57 ff). Der Standard sieht umfangreiche **Angabepflichten** vor (IAS 40.74 ff).

15) Sonstige IAS/IFRS-Regelungen

79 A. Die **internationalen Standards** enthalten **keine § 253 vergleichbare** einheitliche **Bewertungsvorschrift,** sondern spezifische Regelungen der Bewertung für einzelne Bilanzposten.

80 B. **Bewertung von Vermögensgegenständen:** Unterscheidung zwischen Sachanlagevermögen zur Betriebsnutzung, als Finanzanlage gehaltenen Immobilien, immateriellen Vermögenswerten und Finanzinstrumente. Nach **IFRS 5** (s § 275 Rn 36 ff) zusätzlich übergreifend eigener Standard für **zur Veräußerung gehaltene langfristige Vermögenswerte:** Ansatz zum niedrigeren Wert aus Buchwert und beizulegendem Zeitwert abzüglich Veräußerungskosten (IFRS 5.15).

81 **Sachanlagevermögen zur Betriebsnutzung: Erstbewertung** (IAS 16.15 ff) zu Anschaffungs- oder Herstellungskosten. **Folgebewertung** entweder nach Anschaffungskosten abzüglich Abschreibungen und Wertminderungsaufwendungen (IAS 16.30) oder auf Grund Neubewertung nach dem beizulegenden Zeitwert (IAS 16.31 ff).

82 **Als Finanzanlage gehaltene Immobilien** (s Rn 76 ff): **Erstbewertung** zu Anschaffungs- bzw. Herstellungskosten (IAS 40.20 ff). Bei **Folgebewertung** grds (Ausnahme IAS 40.34) Wahlrecht (IAS 40.30) zwischen Neubewertung zum beizulegenden Zeitwert (IAS 40.33–55) oder zu Anschaffungskosten (IAS 40.56 iVm IAS 16).

83 **Immaterielle Vermögenswerte** (s § 248 Rn 6 ff): **Erstbewertung** zu Anschaffungs- oder Herstellungskosten (IAS 38.24); **Verbot** des **Ansatzes** eines **selbst geschaffenen Geschäfts- oder Firmenwerts** (IAS 38.48); bei sonstigen

1. Abschnitt. Vorschriften für alle Kaufleute   84–89 § 253

selbst geschaffenen immateriellen Vermögenswerten ist zwischen **Forschungskosten** (Erfassung als Aufwand, IAS 38.54) und **Entwicklungskosten** (Aktivierung gem IAS 38.57 zu Herstellungskosten IAS 38.65 ff) zu unterscheiden (IAS 38.52). Bei **Folgebewertung** Wahlrecht (IAS 38.72) zwischen Anschaffungskosten (IAS 38.74) und Neubewertung zum Zeitwert (IAS 38.75).

Finanzinstrumente (s Rn 68 ff): Unterscheidung (IAS 39.9, 39.45) von 1) **84 finanziellen Vermögenswerten,** die erfolgswirksam zum beizulegendem Zeitwert bewertet werden, 2) bis **zur Endfälligkeit gehaltenen Finanzinstrumenten,** 3) **Krediten und Forderungen** und 4) **zur Veräußerung verfügbaren Finanzinstrumenten. Erstbewertung** zum beizulegenden Zeitwert zum Zeitpunkt des Erwerbs (IAS 39.43). **Folgebewertung** zum Zeitwert bei 1) finanziellen Vermögenswerten, die erfolgswirksam zum beizulegendem Zeitwert bewertet werden, und bei 2) zur Veräußerung verfügbaren Finanzinstrumenten (IAS 39.46). Folgebewertung zu fortgeführten Anschaffungskosten nach Effektivzinsmethode bei Krediten und Forderungen und bei bis zur Endfälligkeit gehaltenen Finanzinstrumenten.

C. **Bewertung von Schulden:** Standards unterscheiden nur zwischen Eigen- **85** kapital und Schulden. Kriterien für Schulden sind entscheidend, da Eigenkapital Residualgröße aus bilanzierten Vermögenswerten abzüglich Schulden darstellt. Einteilung der Schulden: **bilanzierungsfähige** Schulden, also Rückstellungen (IAS 37), **finanzielle** Verbindlichkeiten (IAS 32 und IAS 39) und **sonstige** Verbindlichkeiten sowie **nicht bilanzierungsfähige** Schulden (Eventualschulden, IAS 37).

Rückstellungen (IAS 37; s § 249 Rn 42 ff): Rückstellungen sind mit dem **86 bestmöglich geschätzten Betrag der Ausgabe,** die zur Erfüllung einer gegenwärtigen Verpflichtung zum Bilanzstichtag erforderlich ist, zu bewerten (IAS 37.36). Die Verpflichtungshöhe entspricht dabei dem Betrag, den das Unternehmen bei vernünftiger Betrachtung zur Erfüllung der Verbindlichkeit bzw zur Übertragung dieser Verpflichtung auf einen unabhängigen Dritten zum Bilanzstichtag zahlen müsste (IAS 37.37). Rückstellungen sind zu jedem Bilanzstichtag neu zu prüfen (IAS 37.59). Bei Änderungen der zugrunde gelegten Prämissen und Schätzungen sowie bei neuen Erkenntnissen sind die gebildeten Rückstellungen anzupassen, damit sie die bestmögliche Schätzung widerspiegeln (IAS 37.59).

Finanzielle Verbindlichkeiten (IAS 32 und 39) sind vor allem vertragliche **87** Verpflichtungen, flüssige Mittel oder einen anderen finanziellen Vermögenswert an ein anderes Unternehmen abzugeben oder finanzielle Vermögenswerte oder finanzielle Verbindlichkeiten mit einem anderen Unternehmen zu potenziell nachteiligen Bedingungen auszutauschen (IAS 32.11): **Erstbewertung** mit beizulegendem Zeitwert bei Emission der Verbindlichkeit gem. IAS 39.43. **Folgebewertung** zu fortgeführten Anschaffungskosten nach Effektivzinsmethode (IAS 39.47). **Ausnahmen** für finanzielle Verbindlichkeiten, die erfolgswirksam zum Zeitwert bewertet werden (Folgebewertung mit beizulegendem Zeitwert) und für finanzielle Verbindlichkeiten, die entstehen, wenn die Übertragung eines finanziellen Vermögenswerts nicht zu einer Ausbuchung berechtigt oder die infolge des Ansatzes des anhaltenden Engagement bilanziert werden (Folgebewertung gem. IAS 39.47, IAS 39.29 und 39.31).

Sonstige Verbindlichkeiten sind alle Verbindlichkeiten die keine finanziellen **88** Verbindlichkeiten darstellen (zB erhaltene Anzahlungen auf Bestellungen, Sachleistungsverbindlichkeiten): Es gelten **keine gesonderten Bilanzierungs- und Bewertungsregeln,** sondern die allgemeinen Grundsätze des Framework über die Bilanzierung und Bewertung von Schulden (F. 82 ff., F. 91).

D. **Abschreibungen: Planmäßige Abschreibungen** erforderlich bei **säch- 89 lichem** Anlagevermögen (IAS 16.43), bei **immateriellen** Vermögenswerten mit begrenzter Nutzungsdauer (IAS 38.74 und 38.75 iVm IAS 38.97 ff), bei **Immo-**

Merkt   1029

§ 253 90–94 III. Buch. Handelsbücher

bilien, die als Finanzinvestitionen gehalten werden, sofern die Folgebewertung nach der Anschaffungskostenmethode erfolgt (IAS 38.56) und bei **landwirtschaftlich** genutzten Vermögensgegenständen, die nicht mit dem beizulegenden Zeitwert bewertet werden können (IAS 41.30). Standards verlangen wie § 253 III 1 und 2 **keine bestimmte Abschreibungsmethode:** lineare, degressive oder leistungsabhängige Abschreibung (IAS 16.62).

90 **Außerplanmäßige Abschreibungen** sind in den Standards gem IAS 36 (s Rn 59 ff) vorgesehen, sobald der Buchwert eines Vermögensgegenstandes den erzielbaren Betrag überschreitet.

91 In den Standards gibt es **keine** § 253 III 3 aF vergleichbare **Abschreibung zur Antizipation künftiger Wertminderungen.** Es gilt, vergleichbar mit § 253 V, **zwingendes Wertaufholungsgebot** (IAS 36.109 ff), falls Gründe für eine außerplanmäßige Abschreibung eines Vermögenswerts nicht mehr bestehen. Die Beibehaltung des niedrigeren Wertansatzes ist dann unzulässig (IAS 36.109 ff).

92 E. **IFRIC 2 (Geschäftsanteile an Genossenschaften und ähnliche Instrumente)** zu IAS 32 (Finanzinstrumente: Angaben): Anwendbar auf Berichtsperioden, die am oder nach dem 1. 1. 05 beginnen. IFRIC 2 enthält Leitlinien, um anhand der Rücknahmebedingungen von Genossenschaftsanteilen zu klären, ob die Anteile als Eigen- oder Fremdkapital zu verbuchen sind. Nach IFRIC 2 stellen Geschäftsanteile, bei denen die Mitglieder ein Recht haben, die Rücknahme zu verlangen, im Regelfall Fremdkapital dar. Als Eigenkapital sind sie gem IFRIC 2.7 nur zu klassifizieren, wenn das Unternehmen ein uneingeschränktes Recht zur Ablehnung der Rücknahme hat oder lokale Gesetze, Vorschriften oder die Satzung des Unternehmens die Rücknahme verbietet. Das bloße Verbot der Rücknahme für den Fall, das bestimmte Bedingungen (etwa Einhaltung von Liquiditätsgrenzen) erfüllt oder nicht erfüllt sind, genügt jedoch nicht. Da nach deutschem Genossenschaftsrecht die Genossenschaft kein Recht auf Ablehnung der Rücknahme hat, sind die Genossenschaftsanteile als Verbindlichkeiten zu klassifizieren. Bei nur partiellem gesetzlichem oder vertraglichem Verbot der Rücknahme sind nach IFRIC 2.9 die nicht dem Verbot unterliegenden als Verbindlichkeiten zu erfassen (Beispiele in IFRIC 2A7 ff); auch dies ist nach dem GenG unzulässig, Beck'sches IFRS-Handbuch/Clemens/Hebestreit § 12 Rn 97, Zülch/Willms StuB **05,** 269.

93 F. **IFRIC 9 (Neubeurteilung eingebetteter Derivate)** zu IAS 39 (Finanzinstrumente: Ansatz): Anwendbar auf Berichtsperioden, die am oder nach dem 1. 6. 06 beginnen. IFRIC 9 regelt, unter welchen Voraussetzungen gem IAS 39 ein eingebettetes Derivat (etwa eine Wandelanleihe als Teil einer Wandeloption) vom Trägervertrag abgespalten werden muss. Gem IFRIC 9 ist eine Abspaltung und eine getrennte Bilanzierung als Derivat nur zu dem Zeitpunkt erforderlich, zu dem das Unternehmen Vertragspartei wird. Eine erneute Bilanzierung zu einem späteren Zeitpunkt ist verboten, es sei denn, es kommt zu Änderungen in den Vertragsbedingungen, welche die aus dem ursprünglichen Vertrag resultierenden Zahlungsströme maßgeblich verändern. Dann ist Neubeurteilung erforderlich. Der erstmalige Anwender muss die Beurteilung auf Grundlage der Umstände durchführen, die zu dem Zeitpunkt bestanden, als das Unternehmen Vertragspartei wurde. Lit: Schreiber BB **06,** 1842, Zimmermann/Fischer PiR **06,** 117, Roese/Trepte/Vielmeyer WPg **06,** 1089.

94 G. **IFRIC 10 (Zwischenberichterstattung und Wertminderung)** zu IAS 34 (Zwischenberichterstattung): Anwendbar auf Berichtsperioden, die am oder nach dem 1. 11. 06 beginnen. IFRIC 10 behandelt den Widerspruch zwischen IAS 34 (Zwischenberichterstattung) und anderen Standards in Bezug auf die Erfassung und die Wiederaufholung von Wertminderungsaufwendungen im Jahresabschluss beim Geschäfts- oder Firmenwert und bestimmten finanziellen Vermögenswerten. Danach darf ein Unternehmen einen in einer früheren Zwischenberichtsperiode erfassten Wertminderungsaufwand beim Geschäfts- oder

1. Abschnitt. Vorschriften für alle Kaufleute 1–3 **§ 254**

Firmenwert, bei einem gehaltenen Eigenkapitalinstrument oder bei einem zu Anschaffungskosten gehaltenen finanziellen Vermögenswert nicht wiederaufholen. IFRIC 10 darf nicht im Wege der Analogie auf andere Bereiche mit möglichen Widersprüchen zwischen IAS und anderen Standards angewendet werden.
Lit: Zülch/Willms StuB **05**, 226.

Bildung von Bewertungseinheiten

254 ¹ Werden **Vermögensgegenstände, Schulden, schwebende Geschäfte oder mit hoher Wahrscheinlichkeit erwartete Transaktionen zum Ausgleich gegenläufiger Wertänderungen oder Zahlungsströme aus dem Eintritt vergleichbarer Risiken mit Finanzinstrumenten zusammengefasst (Bewertungseinheit), sind § 249 Abs. 1, § 252 Abs. 1 Nr. 3 und 4, § 253 Abs. 1 Satz 1 und § 256 a in dem Umfang nicht und für den Zeitraum nicht anzuwenden, in dem die gegenläufigen Wertänderungen oder Zahlungsströme sich ausgleichen.** ² Als Finanzinstrumente im Sinn des Satzes 1 gelten auch Termingeschäfte über den Erwerb oder die Veräußerung von Waren.

1) Bewertungseinheiten

A. Die Vorschrift normiert die vorher als GoB annerkannte und steuerrechtlich vorgesehene (§ 5 Ia EStG) Bilanzierung von **Bewertungseinheiten** (auch als kompensatorische Bewertung bezeichnet). Änderung der bisherigen Bilanzierungspraxis (s dazu MüKo/AktG § 252 Rn 30, Kü/We § 252 Rn 70 ff) ist nicht intendiert (RegE BilMoG 57). Bewertungseinheiten liegen vor, wenn bei wirtschaftlicher Betrachtung bestimmte Risiken aus einem Grundgeschäft durch den Einsatz von Sicherungsinstrumenten neutralisiert werden. Soweit und solange der Eintritt dieser Risiken ausgeschlossen ist, weil nicht realisierte Gewinne in gleicher Höhe bestehen, erklärt die Norm die §§ 249 I, 252 I Nr 3 und 4, 253 I 1 und 256 a für unanwendbar. Damit brauchen für die abgesicherten Risiken keine Rückstellungen gebildet und abgesicherte Wertverluste nicht abgeschrieben zu werden. So erfolgt Verzicht auf die Bilanzierung nicht realisierter Verluste. Bei umgekehrter Entwicklung (Wertsteigerung der abgesicherten Grundposition, Wertverlust des Sicherungsinstruments) kann auch diese Wertsteigerung wegen Unanwendbarkeit von § 252 I Nr 3 und 4 berücksichtigt werden. Sobald und soweit sich die gegenläufigen Wertänderungen oder die Zahlungströhme nicht mehr ausgleichen, sind aber die allgemeinen Vorschriften anzuwenden. Anhangabe für KapitalGes § 285 Nr 23. Übergangsrecht **(1)** EGHGB Art. 66 III, V. Lit (zum RegE): Pfitzer/Scharpf/Schaber WPg **07**, 675 und 721, Köster BB **07**, 2791, Küting/Cassel KoR **08**, 769, Scharpf/Schaber KoR **08**, 532, Patek KoR **08**, 364 und 524, ders WPg **07**, 423 und 449, Mujkanovic StuB **08**, 501. Lit (zur Gesetzesfassung) Lüdenbach/Hoffmann StuB **09**, 287, Schmidt BB **09**, 882. 1

B. **Grundpositionen.** Absicherungsfähig sind Vermögensgegenstände (§ 246 Rn 3), Schulden (§ 246 Rn 13), aber auch grds nicht bilanzierungsfähige schwebende Geschäfte (§ 252 Rn 21) und mit hoher Wahrscheinlichkeit erwartete Transaktionen. Letztere sind ein durch BilMoG eingeführtes Novum im Gesetz. Erwarteten Transaktionen fehlt im Gegensatz zu schwebenden Geschäften noch der Vertragsschluss. Sie sind nur absicherungsfähig, wenn ein Vertragsschluss mit hoher Wahrscheinlichkeit zu erwarten ist (Vorsichts- und Realisationsprinzip sind auf Tatbestandsebene noch beachtlich). Er muss dafür so gut wie sicher sein, allenfalls noch durch atypische Einflüsse von außerhalb des Einflussbereichs des Bilanzierenden verhindert werden können (RegE BilMoG 58). 2

C. **Sicherungspositionen.** Zur Absicherung dienen können Finanzinstrumente und Warentermingeschäfte. Der Begriff Finanzinstrumente ist im Hinblick 3

§ 255

auf § 340 e III und nach dem gesetzgeberischen Willen dazu in Anlehnung an die IFRS (IAS 32, s § 253 Rn 51 ff, und IAS 39, s § 253 Rn 66 ff) und unter Rückgriff auf § 2 II b WpHG, § 1 XI KWG zu interpretieren (RefE BilMoG S 105). Umfasst sind zB Wertpapiere, Geldmarktinstrumente, Devisen und Rechnungseinheiten sowie Derivate sowie nach S 2 Warentermingeschäfte.

2) „Sicherungsbilanzierung"

4 Die Zusammenfassung muss zur Absicherung der Risiken gebildet werden. Das setzt Absicherungsabsicht im Zeitpunkt der Bildung der Bewertungseinheit voraus sowie die Absicht, die Bewertungseinheit bis zur Zweckerreichung beizubehalten. Vorzeitige Beendigung möglich, dann aber Anwendung der allgemeinen Vorschriften ab diesem Zeitpunkt.

Möglich ist Absicherung eines einzelnen Grundgeschäfts durch ein einzelnes Sicherungsinstrument („micro-hedging"), Absicherung mehrerer gleichartiger Grundgeschäfte durch Sicherungsinstrumente („portfolio-hedging") oder Absicherung ganzer Gruppen jeweils gleichartiger Grundpositionen („macro-hedging", Zulässigkeit bisher str, MüKo/AktG § 252 Rn 30). Die Risiken für Grund- und Sicherungspositionen müssen aber vergleichbar sein. Das ist der Fall, wenn beide Positionen demselben Risiko ausgesetzt sind, BT-Drucks 16/12407 S 112, sonst lässt sich die gegenläufige Entwicklung der Zahlungsströme nicht verlässlich messen und nicht verhinden, dass sie sich zufällig ausgleichen. Zulässig ist damit bspw Absicherung einer Verbindlichkeit in US-Dollar durch Divisentermingeschäft (Risiko ist Kursentwicklung des US-Dollar), unzulässig aber Absicherung des Zinsrisikos langristig fälliger Forderungen durch Währungszinsswap.

Ob sich die gegenläufigen Zahlungsröhme tatsächlich neutralisieren, ist zu jedem Bilanzstichtag positiv festzustellen. Das Gesetz schreibt hierfür kein Verfahren vor und überlässt die Wahl mithin den Unternehmen. Gelingt keine verlässliche Beurteilung, ist nach den allgemeinen Vorschriften zu bilanzieren.

3) IAS/IFRS-Regelungen

5 Die IFRS widmen der Bildung von Bewertungseinheiten keinen eigenen Standard. Einzelne Vorschriften finden sich aber in IAS 39 und IFRS 7. IAS 39.78 ff legt die absicherungsfähigen Grundgeschäfte fest und geht dabei mit Erfassung auch von Fremdwährungsinvestments in ausländische Geschäftbetriebe über die deutsche Regelung hinaus. Als Sicherungsinstrumente sind nach IAS 39.74 ff Finanzinstrumente mit externen Vertragspartnern vorgesehen, nicht-derivative können nur Währungsrisiken absichern. Anders als nach HGB müssen die Risiken nicht für beide Positionen identisch sein, sofern sie sich ermitteln lassen, Zuordnung der Sicherungspositionen zu den Risiken gelingt und sich die Wirksamkeit beweisen lässt, IAS 39.76. IAS 39.86 ff differenziert drei zulässige Arten von Sicherungsbeziehungen: fair value-hedge, cash flow-hedge, hedge of a net investment in a foreign operatin. Nach IAS 39.85 Erfassung des kompensatorischen Effekts in der GuV.

Bewertungsmaßstäbe

255 (1) ¹**Anschaffungskosten sind die Aufwendungen, die geleistet werden, um einen Vermögensgegenstand zu erwerben und ihn in einen betriebsbereiten Zustand zu versetzen, soweit sie dem Vermögensgegenstand einzeln zugeordnet werden können.** ²**Zu den Anschaffungskosten gehören auch die Nebenkosten sowie die nachträglichen Anschaffungskosten.** ³**Anschaffungspreisminderungen sind abzusetzen.**

(2) ¹**Herstellungskosten sind die Aufwendungen, die durch den Verbrauch von Gütern und die Inanspruchnahme von Diensten für die Herstellung eines**

1. Abschnitt. Vorschriften für alle Kaufleute **1 § 255**

Vermögensgegenstands, seine Erweiterung oder für eine über seinen ursprünglichen Zustand hinausgehende wesentliche Verbesserung entstehen. ²Dazu gehören die Materialkosten, die Fertigungskosten und die Sonderkosten der Fertigung sowie angemessene Teile der Materialgemeinkosten, der Fertigungsgemeinkosten und des Werteverzehrs des Anlagevermögens, soweit dieser durch die Fertigung veranlasst ist. ³Bei der Berechnung der Herstellungskosten dürfen angemessene Teile der Kosten der allgemeinen Verwaltung sowie angemessene Aufwendungen für soziale Einrichtungen des Betriebs, für freiwillige soziale Leistungen und für die betriebliche Altersversorgung einbezogen werden, soweit diese auf den Zeitraum der Herstellung entfallen. ⁴Forschungs- und Vertriebskosten dürfen nicht einbezogen werden.

(2 a) ¹Herstellungskosten eines selbst geschaffenen immateriellen Vermögensgegenstands des Anlagevermögens sind die bei dessen Entwicklung anfallenden Aufwendungen nach Absatz 2. ²Entwicklung ist die Anwendung von Forschungsergebnissen oder von anderem Wissen für die Neuentwicklung von Gütern oder Verfahren oder die Weiterentwicklung von Gütern oder Verfahren mittels wesentlicher Änderungen. ³Forschung ist die eigenständige und planmäßige Suche nach neuen wissenschaftlichen oder technischen Erkenntnissen oder Erfahrungen allgemeiner Art, über deren technische Verwertbarkeit und wirtschaftliche Erfolgsaussichten grundsätzlich keine Aussagen gemacht werden können. ⁴Können Forschung und Entwicklung nicht verlässlich voneinander unterschieden werden, ist eine Aktivierung ausgeschlossen.

(3) ¹Zinsen für Fremdkapital gehören nicht zu den Herstellungskosten. ²Zinsen für Fremdkapital, das zur Finanzierung der Herstellung eines Vermögensgegenstands verwendet wird, dürfen angesetzt werden, soweit sie auf den Zeitraum der Herstellung entfallen; in diesem Falle gelten sie als Herstellungskosten des Vermögensgegenstands.

(4) ¹Der beizulegende Zeitwert entspricht dem Marktpreis. ²Soweit kein aktiver Markt besteht, anhand dessen sich der Marktpreis ermitteln lässt, ist der beizulegende Zeitwert mit Hilfe allgemein anerkannter Bewertungsmethoden zu bestimmen. ³Lässt sich der beizulegende Zeitwert weder nach Satz 1 noch nach Satz 2 ermitteln, sind die Anschaffungs- oder Herstellungskosten gemäß § 253 Abs. 4 fortzuführen. ⁴Der zuletzt nach Satz 1 oder 2 ermittelte beizulegende Zeitwert gilt als Anschaffungs- oder Herstellungskosten im Sinn des Satzes 3.

Übersicht

1) Anschaffungskosten (I) 1
2) Herstellungskosten (II) 14
3) Herstellungskosten originärer immaterieller Güter des Anlagevermögens (IIa) 22
4) Zinsen für Fremdkapital (III) 23
5) Zeitwert (IV) 25
6) IFRS 3 (Unternehmenszusammenschlüsse) 28
7) IAS 20 (Bilanzierung und Darstellung von Zuwendungen der öffentlichen Hand) 34
8) IAS 23 (Fremdkapitalkosten) 42
9) Sonstige IAS/IFRS-Regelungen 46

1) Anschaffungskosten (I)

A. **Begriff:** I definiert die Anschaffungskosten (zB § 253 I 1) weitgehend **1** entspr der bisherigen Praxis. Nach I 1 sind Anschaffungskosten die geleisteten Erwerbs- und Inbetriebnahmekosten ohne Gemeinkosten, BFH BFH/NV **06,**

§ 255 2, 3 III. Buch. Handelsbücher

40; hinzu kommen die Nebenkosten sowie die nachträglichen Anschaffungskosten (I 2), abzusetzen sind Anschaffungspreisminderungen (I 3). Entscheidend sind wirtschaftliche Gesichtspunkte (Zweckbestimmung der Aufwendung), BFH **197,** 58, 62. **Übergangsrecht zu § 255** in **(1)** EGHGB Art 24, 66 (s Einl 67 v § 238). RsprÜbersicht: Moxter 2. Aufl 1985 (BFH) § 9. Lit: Wohlgemut/Radde WPg **00,** 903, Kussmaul/Klein DStR **01,** 546, Beck DStR **03,** 1462 (anschaffungsnaher Aufwand), Beiser DB **03,** 2557 (Materialkosten), Bucholz DStR **03,** 1941 (Sachanlagebewertung IAS-HGB), Lüdenbach/Hoffmann StuB **03,** 145 (immaterielles Anlagevermögen IAS-HGB), Pannen DB **03,** 2729 (Gebäude), Schmidbauer DStR **03,** 2035 (immaterielle Vermögensgegenstände), Haun/Golücke BB **04,** 651 (ERP-Software), Kussmaul/Delp/Meyering BB **04,** 1551 (Handysubventionen), Neufang BB **04,** 78 (Gebäude), Scharfenberg/Marquardt DStR **04,** 195 (ERP-Software), Heinhold/Coenenberg DB **05,** 2033 (Werbeaufwand), Groß/Georgius/Matheis DStR **06,** 339, Hoffmann StuB **06,** 56 (ERP-Software), IDW FN-IDW **06,** 273 (Emissionsberechtigungen), Berger/Kolb StuB **06,** 289 (Personenhandelsgesellschaftsanteile), Scheffler/Glaschke StuB **06,** 491 (Baumaßnahmen), Lühn StuB **06,** 773 (Genussrechte).

2 B. Erwerbs- und Inbetriebnahmekosten (I 1): Bei entgeltlichem Erwerb sind die Erwerbskosten der Kaufpreis; auch wenn überhöht, dann aber uU §§ 253 III 3, IV 1, 2, Baumb/Hueck/Schulze-Osterloh § 42 Rn 282, Konzernverrechnungspreise s Rn 13; unentgeltliche und andere Verträge s Rn 5 ff. Erwerbskosten (für Spielerlaubnis) sind zB Transferzahlungen für Berufsfußballspieler, BFH NJW **93,** 222. Gesamtkaufpreis ist aufzuteilen, maßgeblich ist vertragliche Vereinbarung, sofern wirtschaftlich vernünftig, sonst Verhältnis der Zeitwerte. Umfasst der Kaufpreis auch das Entgelt für andere Leistungen des Verkäufers, sind entspr Abschläge zu machen. Die im Kaufpreis enthaltene **Umsatzsteuer** ist abzuziehen, soweit Vorsteuerabzug nach UStG möglich ist, IDW-HFA 1/85 WPg **85,** 257. Doch kann auch entspr § 9b EStG verfahren werden, ADS 20; differenzierend Baumb/Hueck/Schulze-Osterloh § 42 Rn 272. Bei gleichzeitigem Erwerb sämtlicher Anteile an einer PersGes sowie ihrer Wirtschaftsgüter, nur Anschaffungsvorgang für Wirtschaftsgüter; Anteilserwerb kein eigenständiger Anschaffungsvorgang, s BFH HFR **06,** 176. Ursprünglich angeschaffter Vermögensgegenstand kann durch mehrere andere ersetzt werden, so dass sich ursprüngliche Anschaffungskosten anteilig fortsetzen, BFH **194,** 182. **Anschaffungskosten in Fremdwährung** (Fremdwährungsverbindlichkeiten und -forderungen s § 253 Rn 2, 24: Bei geleisteter Anzahlung und Barzahlung ist tatsächlicher Euro-Betrag maßgeblich, bei Kauf auf Ziel Kurs zum Anschaffungszeitpunkt, BeckBilKomm/Ellrott/Brendt 55, aA Zeitpunkt der Erstverbuchung wie für die spätere Fremdwährungsverbindlichkeit ADS 63; spätere Wechselkursänderungen sind für Anschaffungskosten irrelevant, hL, anders für die Fremdwährungsverbindlichkeiten und -forderungen. **Betriebsbereitschaftskosten** (Kosten der Versetzung in betriebsbereiten Zustand) betreffen zB Transport, Transportversicherung (aA Nebenkosten, s Rn 3), Montage; auch Umrüstung zur erstmaligen Versetzung in den betriebsbereiten Zustand; anschaffungsnahe Aufwendungen nach erstmaliger Versetzung in den betriebsbereiten Zustand können nachträgliche Anschaffungs- bzw nachträgliche Herstellungskosten oder bloßer Erhaltungsaufwand sein, ADS 14 gegen BFH, Abgrenzung von beidem ADS 118. **Gemeinkosten,** also die dem angeschafften Vermögensgegenstand nicht einzeln zuzuordnenden Kosten (I 1 Halbs 2), sind **nicht** zu berücksichtigen, zB Kosten der Einkaufsabteilung. Zur Behandlung „negativer" Anschaffungskosten s BFH HFR **06,** 865, Schiffers WPg **06,** 1279. Verzicht auf Avalprovision stellt keine Anschaffungskosten dar, FG Münster EFG **05,** 1874.

3 C. **Zuschläge (I 2):** Zu den Anschaffungskosten gehören auch die mit dem Erwerb verbundenen **Nebenkosten,** zB Provisionen, Beurkundungskosten, Grunderwerbssteuer, Zölle, Vermittlungs-, Maklerkosten. **Nicht** zu den Anschaf-

1. Abschnitt. Vorschriften für alle Kaufleute 4, 5 **§ 255**

fungsnebenkosten gehören zB Gemeinkosten; idR Prozesskosten, str; **Finanzierungskosten,** da sie im Zusammenhang mit einer Kreditaufnahme stehen und nicht Wert des angeschafften Vermögensgegenstand erhöhen, zB Bankkredit, Teilzahlungskredit, Verzugszinsen ua. Jedoch gewisser Gestaltungsspielraum, BeckBilKomm/Ellrott/Brendt 501, zB Bauzeitzinsen als Teil des Veräußerungspreises; nicht kalkulatorische Zinsen auf Eigenkapital. Für Herstellungskosten ausdrücklich III 1, aber auch III 2, der aber gerade nicht für Anschaffungskosten gilt, großzügiger ADS 37. Auch **nachträgliche Anschaffungskosten** gehören dazu, zB Kaufpreiserhöhung nach Anpassung (s Einl 13–15 vor § 343) oder Rechtsstreit; auch Aufwendungen, die erst längere Zeit nach dem Erwerb anfallen; auch wenn mit ihnen eine andere als die bisherige Nutzung ermöglicht wird, zB Straßenanlieger- und Erschließungsbeiträge nach Baurecht (Begr E § 260), krit IDW WPg **84,** 134 u GK BilR/Kleindiek 11: keine Aufwendungen, soweit nachträgliche Kosten Vermögensgegenstand erweitern bzw über seinen ursprünglichen Zustand hinaus verbessern. Nur kausaler oder zeitlicher Zusammenhang mit Anschaffung nicht ausreichend. Maßgeblich ist Zweckbestimmung der Aufwendung, BFH BB **06,** 548. Der durch die voraussichtliche Inanspruchnahme aus Durchgriffshaftung entstehende Aufwand erhöht nicht die Anschaffungskosten für den GmbH-Anteil, BFH **202,** 128, 133. Gewähr einer Sicherheit für AG durch ihren Aktionär führt nur bei unternehmerischer Beteiligung zur Erhöhung der Anschaffungskosten, BFH DStR **08,** 1424.

D. **Abzüge (I 3):** Abzusetzen sind **Anschaffungspreisminderungen,** zB 4 Rabatte, Skonti, andere Nachlässe; spätere Boni nur, wenn noch Einzelzuordnung (I 3 Halbs 2) möglich ist, zB nicht bei Treueprämie, idR auch nicht bei mengen- oder umsatzabhängigen Boni, str, aA ADS 53. Vorschrift gilt nicht nur für Kaufpreisnachlässe, sondern nach ihrem Zweck ganz allgemein für Ermäßigungen der Anschaffungskosten und damit für Rückflüsse von im Zusammenhang mit dem Erwerb geleisteten Aufwendungen, die nicht sofort abziehbar, sondern auf die Nutzungsdauer zu verteilen gewesen wären, BFH BStBl **02** II 796; auch für Provision, für die Erwerber keine besondere Leistung erbringt, BFH DStR **04,** 803, BFH HFR **06,** 438. Gewährter Vorteil mindert aber Anschaffungskosten nur, wenn (so gut wie) ausschließliche Zurechnung zum Anschaffungsvorgang möglich, BFH BFH/NV **06,** 816. Sehr str ist die Behandlung von **Zuwendungen Dritter.** Zuschüsse (steuerpflichtig) und Zulagen (steuerfrei) öffentlicher oder privater Dritter aus Anlass der Anschaffung mindern die Anschaffungskosten nicht, Baumb/Hueck/Schulze-Osterloh § 42 Rn 279 (bei entspr Verhaltenspflicht uU passiver Rechnungsabgrenzungsposten); aA BFH DB **88,** 2436 mit Anm Groh, ADS 56; anders bei Zuwendung Entgelt- oder Schadensersatzcharakter hat, BFH BStBl **92** II 96; gegen sofortige vollständige Vereinnahmung (Verzerrung des Periodenergebnisses) und für wahlweise Anschaffungskostenminderung oder gesonderten Passivposten (§ 265 V 2), IDW-HFA 1/**84,** WPg **84,** 612. Nach Steuerrecht besteht Wahlrecht zwischen sofortiger erfolgswirksamer Vereinnahmung und Anschaffungskostenminderung, str ADS 58, Groh DB **88,** 2417. Zur Bilanzierung privater Zuschüsse IDW-HFA 2/**96;** je nachdem, ob Eigentum übergeht und Gegenleistungspflicht besteht. Lit Förschle/Scheffels DB **93,** 2393, Wohlgemuth/Radde WPg **00,** 906.

E. **Andere Erwerbsgeschäfte als Kauf: a)** Beim **Tausch** besteht Wahlrecht 5 zwischen der Fortführung des Buchwerts des hingegebenen Gegenstandes, Gewinnrealisierung bis zum Zeitwert des erworbenen Gegenstandes und Wahl eines Zwischenwertes zur Deckung der Ertragssteuer (sog ergebnisneutrale Behandlung), ADS 92 f; aA nur geschätzter Verkaufspreis des hingegebenen Gegenstands (Gewinnrealisierung), Baumb/Hueck/Schulze-Osterloh § 42 Rn 278. Ansatz von Zwischenwert ist unzulässig (Methodenbestimmtheit), WP-HdB **06** I E 264. Erläuterung im Anhang (§ 284 II Nr 1).

§ 255 6–13

6 **b)** Bei **Schenkung** besteht Aktivierungswahlrecht, WP-Hdb **06** I E 261, str, Ansatz des Zeitwerts des unentgeltlich erworbenen Gegenstands, Grenze § 248 II. Bei gemischter Schenkung Aufteilung. Keine Aktivierung von unentgeltlich erworbenen immateriellen Vermögensgegenständen (§ 248 II).

7 **c)** Beim **Darlehen** sind Anschaffungskosten für die **Forderung** die Geldhingabe, auch bei fehlender oder niedriger Verzinslichkeit Nennbetrag ohne Abzinsung (da Anschaffung; anders laufende Bewertung s § 253 Rn 21), BeckBilKomm/Ellrott/Brendt 257, Baumb/Hueck/Schulze-Osterloh § 42 Rn 285, aA nur Barwert als Anschaffungskosten ADS 81.

8 **d)** Beim **Factoring** (s (7) Bankgeschäfte O/1) sind die abgetretenen Forderungen beim Factor (Erwerber) zu bilanzieren, aus Praktikabilitätsgründen auch beim unechten Factoring, str, das unterschiedliche Risiko beim echten und beim unechten Factoring ist durch Vermerk nach § 251 bzw bei drohendem Ausfall durch Rückstellung zu berücksichtigen, ADS § 246 Rn 321, str, aA für unechtes Factoring Döllerer ZGR **88,** 589 und WP-Hdb **06** I E 45.

9 **e)** Beim (Finanzierungs-)**Leasing** (s (7) Bankgeschäfte P/1) richten sich, falls der Leasinggegenstand beim Leasingnehmer anzusetzen ist (§ 246 Rn 20), die Anschaffungskosten nach dem abgezinsten Barwert (ohne Kreditkosten, s Rn 3) des Leasingentgelts; umfasst dieses auch das Entgelt für andere Leistungen des Leasinggebers, zB Reparaturen, sind entspr Abzüge zu machen; IDW-HFA 1/73 WPg **73,** 102, str.

10 **f)** Bei Erwerb in **Zwangsversteigerung** und Verwertung von Sicherungsgut umfassen die Erwerbskosten auch die ausgefallene, nicht mehr realisierbare Forderung bis zur Höhe des Zeitwerts des Vermögensgegenstands, ADS 76, str.

11 **g) Sonstige:** Sacheinlagen, Kamlah BB **01,** 2103; Baumb/Hueck/Schulze-Osterloh § 42 Rn 281; bei **Umwandlung,** insbesondere Verschmelzung und Spaltung, gelten neben dem Wahlrecht zur Buchwertfortführung nach § 24 UmwG die allgemeinen Vorschriften (§§ 253 I, 255 I), WP-Hdb **06** I E 266, Mujkanovic BB **95,** 1735, unentschieden ADS 98. Zweifelsfragen beim Formwechsel (Umwandlung) IDW-HFA 1/**96,** Zweifelsfragen der Rechnungslegung bei Verschmelzungen IDW-HFA 2/**97,** Schmidtbauer BB **01,** 2466 (Konzernabschluss bei konzerninterner Verschmelzung), Zweifelsfragen bei Spaltungen IDW-HFA 1/**98.** Verschmelzungsmehrwert s § 266 Rn 5.

12 F. **Grund und Boden und Gebäude:** Grundstücke und darauf stehende Gebäude sind als zwei verschiedene Vermögensgegenstände zu behandeln und getrennt zu bewerten. Die Aufteilung eines Gesamtanschaffungspreises erfolgt nach den Wertvorstellungen der Parteien. Das gilt auch bei Bebauung eines erworbenen Grundstücks. Dazu ADS 104. Aufwendungen zur Herstellung eines vermietbaren Zustands sind Anschaffungskosten, BFH **200,** 227, 229. Aufwendungen für den Einbau neuer Gegenstände in vorhandene Installation eines Wohnhauses: Herstellungskosten nur bei deutlicher Erweiterung des Gebrauchswerts, BFH **200,** 231, 233. Kosten der Räumung einer zur Vermietung erworbenen besetzten Freifläche sind Anschaffungskosten, BFH BStBl II **04,** 872. Dingliche Belastung begründet keine Verbindlichkeit, deren Übernahme zu Anschaffungskosten führt, BFH DB **05,** 422. Anschaffungs- und Herstellungskosten bei Grundstücken und Gebäuden s Glanegger DB **87,** 2115, 2173.

13 G. **Konzern:** Die Anschaffungskosten sind auch hier grundsätzlich die tatsächlichen, auch überhöhten Ausgaben (s Rn 2), außer wenn sie offensichtlich höher sind als der Zeitwert des Vermögensgegenstands, ADS 71, mit guten Gründen enger Baumb/Hueck/Schulze-Osterloh § 42 Rn 282: nicht bei verdeckter Gewinnausschüttung und Vermögensbewegungen zwischen Konzernunternehmen; Eliminierung von Zwischengewinnen und -verlusten erfolgt nach

1. Abschnitt. Vorschriften für alle Kaufleute 14, 15 § 255

§ 304. Auch beim Erwerb von **Beteiligungen** und GesAnteilen sind die Anschaffungskosten die tatsächlichen Ausgaben, BeckBilKomm/Ellrott/Brendt 141.

2) Herstellungskosten (II)

A. **Begriff:** II definiert die Herstellungskosten (zB § 253 I 1) weitgehend 14 entspr der bisherigen Praxis; kleinere Abweichungen s IDW WPg **84,** 134. Für Erstbewertung selbstgeschaffener immaterieller Vermögensgegenstände des Anlagevermögens (s § 248 Rn 3) gilt IIa. Nach II 1 sind Herstellungskosten die Aufwendungen aus Verbrauch von Gütern und Inanspruchnahme von Diensten für die Herstellung des Vermögensgegenstands. Herstellung umfasst auch Erweiterung und Verbesserung über den ursprünglichen Zustand hinausgehende wesentliche Verbesserung, etwa wenn in der Mehrzahl der Wohnungsbereiche einer Immobilie der Standard angehoben wird, BFH BB **03,** 572, BFH BFH/NV **06,** 40. Wesentlich ist Verbesserung bei deutlicher, über zeitgemäße Erneuerung hinausgehender Erhöhung des Gebrauchswerts eines Wirtschaftsguts; zu bejahen, wenn bisherige Nutzbarkeit verbessert, aber auch wenn andere Gebrauchs- oder Verwendungsmöglichkeit geschaffen wird, BFH HFR **06,** 978. Das Merkmal der Erweiterung tritt im Fall des Einbaus neuer Gegenstände hinter das Merkmal der wesentlichen Verbesserung zurück, BFH BB **03,** 575. II 2 erwähnt als Hauptbeispiele der Herstellungskosten die Materialeinzelkosten, die Fertigungseinzelkosten und die Sonderkosten der Fertigung. Seit BilMoG im Interesse besserer Informationsvermittlung auch anteilig Materialgemeinkosten, Fertigungsgemeinkosten und Wertverzehr des Anlagevermögens, soweit durch Fertigung veranlasst (bisher Wahlrecht). Umfasst werden darüber hinaus auch die Kosten, die in engem sachlichen und zeitlichen Zusammenhang, dh zwangsläufig mit der Herstellung anfallen; Herstellung endet, wenn Wirtschaftsgut bestimmungsgemäß nutzbar ist, BFH **197,** 58, 60. Vertriebskosten dürfen nicht einbezogen werden (II 4). Für Beginn des Herstellungszeitraums genügt noch nicht allein die Beschaffung von Werkstoffen. Technischer Produktionsstillstand unterbricht Herstellung nicht, Herstellungskosten sind zB auch Kosten für Baustellenüberwachung während Winterpause; ebenso können Abbruchkosten Herstellungskosten eines Neubaus sein, wenn der Altbau nicht der Einkünfteerzielung diente oder Abriss Voraussetzung für Errichtung des neuen Wirtschaftsguts ist, stRspr, BFH BStBl **02** II 805, BFH WPg **06,** 622; auch Ablösung dinglicher Nutzungsrechte zählt zu Herstellungskosten, wenn Ablöse in Zusammenhang mit Abbruch des Altgebäudes und Neuerrichtung steht. BFH WPg **06,** 622. Zur Abgrenzung zw nachträglichen Herstellungskosten und Herstellung eines neuen Gebäudes bei Umbau eines Altbaus s BFH HFR **06,** 185. Zur Aktivierung von Herstellungskosten (ua Abgrenzung von Einzel- und Gemeinkosten), IDW-HFA 5/**91,** WPg **92,** 94. RsprÜbersicht: Moxter 2. Aufl 1985 (BFH) § 10. Lit: Witt 1997; Baetge FS Ludewig **96,** 53, Bachem BB **97,** 1037, Hartung BB **97,** 1627, Baetge/Sell FS Coenenberg **98,** 263, Berndt BB **00,** 1727 (Umweltaufwendungen), Jessen/Weller DStR **05,** 532 (Bilanzrechtsmodernisierung), Janssen PiR **05,** 46 (Großinspektionen HGB/IFRS), Friedrich BB **06,** 1492 (PPP-Projekte in HGB/IFRS), Scheffler/Glaschke StuB **06,** 491 (Baumaßnahmen).

Eine über den ursprünglichen Zustand hinausgehende **wesentliche Verbesse-** 15 **rung** setzt voraus, dass die Verbesserung den Gegenstand nicht lediglich in Teilen (dann bloßer Erhaltungsaufwand), sondern als Ganzes verändert, nicht also etwa bloß normalerweise anfallende Gebäudeinstandsetzung oder Modernisierung, es sei denn, der Gebrauchswert des Gebäudes erhöht sich dadurch deutlich, BFH BStBl **02** II 756. Entscheidend sind nicht subjektive Vorstellungen, sondern die objektive Auswirkung auf den Nutzwert des Gebäudes, BFH **201,** 256, 258. Anschaffungsnahe Aufwendungen sind nur dann Herstellungskosten, wenn sie zu wesentlicher Verbesserung führen, BFH **198,** 74, 77 u 85, 88 unter Aufgabe von BFH **86,** 792. Wesentliche Verbesserung eines Wohngebäudes liegt vor, wenn drei

§ 255 16–19 III. Buch. Handelsbücher

von vier wesentlichen Bereichen auf höheren Standard gehoben werden, BFH **201**, 124, 150. Nutzungsänderungsbedingte Stellplatzkosten sind Herstellungskosten, wenn die zur Änderung führende Baumaßnahme Herstellung ist, BFH **202**, 305, 306. Aufwendungen für die Ablösung der Verpflichtung zur Herstellung von Stellplätzen als Herstellungskosten. Vergebliche Planungskosten für Gebäude nur keine Herstellungskosten, wenn geplantes und errichtetes Gebäude völlig verschiedene Bauwerke, BFH BFH/NV **06**, 295. Aufwendungen für Güterverbrauch und Inanspruchnahme von Diensten eines Bauunternehmers sind Herstellungskosten, selbst wenn sie auf Grund von Mangelhaftigkeit beseitigt werden müssen, BFH BFH/NV **06**, 2072. Bei Umbau eines Großraumbüros in mehrere Einzelbüros liegt Erweiterung vor, die zu nachträglichen Herstellungskosten führt, LG Düsseldorf EFG **06**, 571. Lit: Pezzer DB **96**, 849; BeckBilKomm/Ellrott/Brendt 385 ff.

16 B. **Einzelkosten (II 1, 2):** Sie gehören zwingend zu den Herstellungskosten. Auch überhöht angefallene Einzelkosten sind in ihrer tatsächlichen Höhe zu aktivieren, BFH BStBl **92** II 806. Einzelkosten sind alle dem Erzeugnis direkt zurechenbaren Aufwendungen, insbesondere (II) **Materialkosten,** zB Roh-, Hilfs- und Betriebsstoffe, Verpackung nur ausnahmsweise, soweit Produkt erst dadurch verkäuflich wird, zB Bier, Wein, dann auch Abfüllkosten; **Fertigungskosten,** zB Lohnkosten samt Sozialabgaben; **Sonderkosten der Fertigung** (Sondereinzelkosten der Fertigung und Entwicklungs-, Versuchs- und Konstruktionskosten), zB Kosten für Spezialwerkzeuge, Modelle, Patent- und Lizenzgebühren für das spezielle Produkt, nicht Kosten für Grundlagenforschung. Dazu gehören auch Zölle und Verbrauchssteuern, zB Bier-, Branntwein-, Mineralöl-, Tabaksteuer; IDW-HFA 5/**91** WPg **92**, 94, str; sonst ist insoweit Rechnungsabgrenzungsposten zulässig, s § 250 Rn 6.

17 C. **Gemeinkosten (II 2–3):** Gemeinkosten sind solche, die sich nicht dem Vermögensgegenstand einzeln zuordnen lassen, sondern nachträglich über Schlüsselung oder Verteilung einzelnen Objekten zugeordnet werden, IDW-HFA 5/**91** WPg **92**, 95 sub 3, BFH DB **94**, 121. Sie können fix oder variabel sein. Sie sind aber dem Erzeugnis unmittelbar zurechenbar, da sie in Abhängigkeit von der Erzeugnismenge variieren. Seit Inkrafttreten des BilMoG besteht daher Einrechnungspflicht für alle Gemeinkosten.

18 a) **Fertigungsgemeinkosten (II 2):** Als solche einzuberechnen sind, wie schon früher steuerlich, ADS 153, angemessene Teile (1) der notwendigen Materialgemeinkosten (zB Kosten der Einkaufsabteilung, Lagerhaltung), (2) der notwendigen Fertigungsgemeinkosten (zB technische Leitung, Fertigungskontrolle, Lohnbüro, allgemeine Energiekosten, allgemeine Instandhaltung der Produktion, Steuer und Versicherung auf Produktionsanlagen) sowie (3) des Wertverzehrs des Anlagevermögens (zB Wertminderung der Fertigungsanlagen), aber nur soweit durch die Fertigung veranlasst, nicht bei Einwirkung von außen, angemessen sind hier nur die planmäßigen Abschreibungen (§ 253 III 1, 2) nicht die außerplanmäßigen (§ 253 III 3). II 2 gilt nur für angemessene Teile der für die Herstellung „notwendigen" Kosten, ADS 160. Unterbeschäftigungskosten **(Leerkosten)** sind bei dauerhafter und offenbarer Kapazitätsunterauslastung zu eliminieren, BeckBilKomm/Ellrott/Brendt 439, nicht bei Normalbeschäftigung mit branchentypischen Schwankungen, IDW-HFA 5/**91**, WPg **92**, 94. Abgrenzung und Kostenbestimmung sind in der Praxis schwierig.

19 b) **Verwaltungsgemeinkosten (II 3):** Für Kosten der allgemeinen Verwaltung (zB Lohnkosten der Verwaltung, Telefon, EDV, Aufsichtsrat, Abschlussprüfung) sowie Aufwendungen für soziale Einrichtungen des Betriebs (Kantine, Freizeitgestaltung), für freiwillige soziale Leistungen (Jubiläumsgeschenke, Wohnungsbeihilfen) und für betriebliche Altersversorgung besteht Einberechnungswahlrecht, soweit sie auf den Zeitraum der Herstellung entfallen.

c) **Zeitraum der Herstellung (II 5):** Gemeinkosten, die nicht auf den 20
Zeitraum der Herstellung entfallen, scheiden aus.

D. **Forschungs- und Vertriebskosten (II 4):** Forschungskosten (IIa) und 21
Vertriebskosten (zB Verpackung, aber s Rn 15; Versand; Werbung; Lohnkosten
für Versandabteilung) dürfen nicht in die Herstellungskosten einbezogen werden.
II 4 gilt anders als früher (Herstellungskosten) für die Sondereinzelkosten des
Vertriebs, zB Fracht, Transportversicherung, Provisionen, ADS 211, str.

3) Herstellungskosten selbstgeschaffener immaterieller Güter des Anlagevermögens (IIa)

IIa 1 bestimmt als Herstellungskosten originärer immaterieller Güter des Anla- 22
gevermögens die bei der **Entwicklung** anfallenden Aufwendungen; Forschungskosten dürfen hingegen nicht einbezogen werden (II 4). Abgrenzung richtet sich nach IIa 2 und 3: Forschung ist eigenständige und planmäßige Suche nach wissenschaftlichen oder technischen Erkenntnissen, Entwicklung die Anwendung dieser oder anderer Erkenntnisse. Die Abgrenzung muss verlässlich erfolgen können, sonst „Aktivierungsverbot", IIa 4 (besser „Einbeziehungsverbot", da IIa keine Aktivierungsvorschrift, BT-Drucks 16/12407 S 112). Entscheidend für die Abgrenzung ist, ob sich Aufwendungen bereits einem bestimmten Vermögensgegenstand zuordnen lassen (s § 246 Rn 4). Nach RegE BilMoG 60 setzt dies voraus, dass mit hoher Wahrscheinlichkeit ein einzeln verwertbarer Vermögensgegenstand zur Entstehung gelangen wird, Herstellungskosten sollen damit schon berücksichtigt werden können, bevor Ansatz des Vermögensgegenstandes möglich ist. Das ist nicht unproblematisch: Nur wenn die Entstehung schon so sicher ist, dass es sich bereits um einen Vermögensgegenstand handelt, liegt ein Bezugsobjekt vor, dem die Kosten zugeordnet werden können; will man darauf verzichten, müsste IIa entweder als Aktivierungsvorschrift gesehen, was Systematik und gesetzgeberischem Willen nicht entspricht, BT-Drucks 16/12407 S 112, oder die Kosten einem nicht aktivierungsfähigen künftigen Gut zugeordnet werden. Dessen Existenz ergibt sich dann nur aus der wegen IIa 4 zu Abschlussprüfungszwecken erforderlichen Dokumentation. Wie die Praxis verfahren wird bleibt abzuwarten.
Lit: Theile WPg **08,** 1064, AK Immaterielle Werte im Rechnungswesen der SBG DB **08,** 1813, Hennrichs DB **08,** 537, Hoffmann/Lüdenbach DStR **08,** Beihefter zu Heft 30, S 49, Küting/Pfirmann/Ellmann KoR **08,** 689, Beyer/Mackenstedt WPg **08,** 338, Dobler/Kurz KoR **08,** 485, Dörner/Neubert IRZ **08,** 449, Hüttche StuB **08,** 163, Madeja/Roos KoR **08,** 342, Lüdenbach/Hoffmann StuB **09,** 287.

4) Zinsen für Fremdkapital (III)

A. **Grundsatz:** Nach III 1 gehören Zinsen für Fremdkapital nicht zu den 23
Herstellungskosten. Das gilt erst recht für kalkulatorische Zinsen auf Eigenkapital. Entsprechendes gilt für die Anschaffungskosten (s Rn 3).

B. **Ausnahme:** Nach III 2 gilt eine Ausnahme, wenn das Fremdkapital zur 24
Finanzierung der Herstellung des Vermögensgegenstands verwendet wird und die Fremdkapitalzinsen auf den Zeitraum der Herstellung entfallen, so zB bei Objektfinanzierung. Liegt keine Objektfinanzierung vor, ist die Zurechenbarkeit eng auszulegen, IDW-HFA 5/**91,** WPg **92,** 94. Steuerbilanz enger ADS 206: nachweisbarer unmittelbarer wirtschaftlicher Zusammenhang mit der Herstellung und Erstreckung der Herstellung. Voraussetzung ist nach Steuerrecht Berücksichtigung in der HdlBilanz. III 2 trägt dem Rechnung. Bei KapitalGes Angabe im Anhang § 284 II Nr 5. Lit: Köhler StBP **92,** 220, Pyszka DStR **96,** 809, Jessen/Weller DStR **05,** 532 (Bilanzrechtsmodernisierung).

§ 255 25–29   III. Buch. Handelsbücher

5) Zeitwert (IV)

25 A. **mark to market (VI 1).** Der durch das BilMoG neugeschaffene IV definiert den mit § 253 I 3, 4 eingeführten beizulegenden Zeitwert, der für die Bewertung bestimmter Altersversorgungsverpflichtungen und nach § 246 II 2 zu verrechnender Vermögensgegenstände gilt; ferner gilt er für Kreditinstitute, die zu handelszwecken erworbene Finanzinstrumente zum Zweitwert bewerten müssen (§ 340 e III). Nach I 1 ist dieser Zeitwert der Marktpreis, wie er auf einem aktiven Markt (I 2) ermittelt wird. Auf aktivem Markt ermittelt ist er, wenn er (1) an Börse, von Brokern, Händlern, Branchengruppen, einem Preisberechnungsservice oder einer Aufsichtsbehörde (2) leicht und regelmäßig erhältlich ist und (3) auf Markttransaktionen (4) zwischen unabhängigen Dritten beruht, RegE BilMoG 61; die Voraussetzungen entsprechen denen in IAS 39.A71. Fehlt eines der vier Merkmale scheidet IV 1 aus. Es kommt auf den notierten Marktpreis an, Paketzu- und Abschläge sind nicht vorzunehem. Lit: IDW RS-HFA 9, IDW-FN **07**, 326, Thiele FS Baetge **08**, 625 (Fair Value), Böcking/Dreisbach/Gros Konzern **08**, 207, Böcking/Torabian BB **08**, 265, Bieg/Bofinger/Küting/Kussmaul/Waschbusch/Weber DB **08**, 2549, Wiechens/Helke DB **08**, 1333, Lorenz/Wiechens IRZ **08**, 505 (IDW HFA 22); M. Schmidt KoR **08**, 1, Gemeinhardt/Bode StuB **08**, 170, Scharpf/Schaber DB **08**, 2552 (Finanzinstrumente bei Banken).

26 B. **mark to model (IV 2):** Besteht kein aktiver Markt und lässt sich der Preis nicht mark to marked ermitteln, ist Berechnung auf Grund anerkannter Bewertungsmethoden vorzunehmen. Ein bestimmtes Verfahren ist nach HGB nicht vorgeschrieben. Mark to model-Bewertung ist aber den IFRS bekannt. Dort nennt IAS 39.A74 beispielhaft Rückgriff auf unlängst aufgetretene Geschäftsvorfälle zwischen sachverständigen, vertragswillen Geschäftspartnern, Vergleich mit im Wesentlichen identischen anderen Finanzinstrumenten, CDF-Verfahren und Optionspreismodelle als Bewertungsmethoden. Nach IAS 39.A76 sind alle Faktoren zu berücksichtigen, die Marktteilnehmer bei der Festlegung des Preises berücksichtigen würden; die Bewertungsmethode muss mit anerkannten wirtschaftlichen Preisfindungsmethoden konsitent sein. Wegen IV 3 muss sich der Zeitwert verlässlich ermitteln lassen. Die gewählte Methode ist wegen dem Stetigkeitsgebot (§ 253 I Nr 6) grds beizubehalten.

27 C. **Bewertung zu Anschaffungs- oder Herstellungskosten (IV 3, 4):** I 3 regelt den Fall, dass sich der beizulegende Zeitwert weder nach I 1 noch I 2 verlässlich ermitteln lässt. Anzusetzen sind dann die fortgeschriebenen (§ 253 IV) Anschaffungs- oder Herstellungskosten. Deren Höhe richtet sich nach dem zuletzt verlässlich ermittelten beizulegenden Zeitwert.

6) IFRS 3 (Unternehmenszusammenschlüsse)

28 A. Eine dem § 255 thematisch entsprechende Vorschrift kennen die IAS/IFRS nicht. Es sind lediglich Einzelaspekte in verschiedenen Standards geregelt, Küting/Weber 494 ff.

29 B. **Gegenstand: IFRS 3 (Unternehmenszusammenschlüsse) regelt die Bilanzierung von Unternehmenszusammenschlüssen. Zeitliche Anwendung:** IFRS 3 gilt für alle Zusammenschlüsse mit Vertragsschlussdatum am oder nach dem 31. 3. 04 (IFRS 3.78 ff). IFRS 3 ersetzt IAS 22. Lit: Hommel/Benkel/Muriel BB **04**, 1267, Lopatta/Wiechen Konzern **04**, 534, Lüdenbach/Freiberg KoR **05**, 188 (schwebende Geschäfte), Lüdenbach/Hoffmann WPg **04**, 1068 (Goodwill), Saelzle/Kronner WPg-Sonderheft **04**, 154 (impairment only-Ansatz), Schmidbauer DStR **05**, 121, Watrin/Strohm/Struffert WPg **04**, 1450, Zeimes WPg **03**, 982, Kirchhof WPg **05**, 589 (Restrukturierungsrückstellungen), Pellens/Sellhorn/Amshoff DB **05**, 1749 (Konzernbilanzierung), Schmidbauer DStR **05**, 121, Esser/Hackenberger DStR **05**, 708 (Goodwill/Immaterielle Vermögensgüter), Pottgießer/Velte/Weber DStR **05**, 1748, Dobler PiR **05**, 24 (Goodwill),

Gros DStR **05,** 1954 („bargain purchase"), Pellens/Sellhorn/Amshoff DB **05,** 1749 (Konzernbilanzierung), Amshoff/Sellhorn PiR **05,** 89, Zülch/Fischer StuB **05,** 1054 (Phase II/IASB), Pisoke StuB **05,** 97 (Inkonsistenzen/Gestaltungsspielräume), Vater StuB **05,** 1031 (Unternehmensbewertung), Lüdenbach/Völkner BB **06,** 1435 (Mehrkomponentengeschäft), Weißenberger/Maier DB **06,** 2077 (Management Approach), Hayn/Hayn IRZ **06,** 73, Küting/Wirth IRZ **06,** 143 (negativer Unterschiedsbetrag), Tiemann/Dörner IRZ **06,** 161 (Kaufpreisaufteilung), Großfeld/Stöver/Tönnes NZG **06,** 521 (Unternehmensbewertung), Haaker PiR **06,** 22 (full goodwill method), Velte PiR **06,** 55 (positiver goodwill), Freiberg PiR **06,** 119 (immaterielle Vermögenswerte/Nutzungsdauer), IDW WPg **06,** 990 (KMU), Castedello/Klingbeil/Schröder WPg **06,** 1028 (Bewertungen/Unternehmenserwerb/Werthaltigkeitsprüfung), Zülch/Fischer PiR **07,** 358 (rev 2008), Hahn KoR **07,** 708 (Full-Goodwill-Methode), Erb/von Oertzen IRZ **07,** 155 (Auftragsbestände), Siegrist/Stucker IRZ **07,** 243 (immaterielle Vermögenswerte), Baetge/Maresch/Schulz DB **08,** 417 (Zeitvergleich von Kennzahlen), Pellens/Amshoff/Sellhorn BB **08,** 602 (rev 2008), Küting/Weber/Wirth KoR **08,** 139 (rev 2008), Hendler/Zülch WPg **08,** 484 (rev 2008), Bryois IRZ 08, 281, Zülch/Wünsch KoR **08,** 466, Crasselt/Lucas KoR **08,** 782 (rev 2008/Earn-Out-Vereinbarungen), Hommel/Franke/Rösler Konzern **08,** 157 (Minderheitengoodwill), Schwedler KoR **08,** 125 (rev 2008), Hachmeister/Hanschmann IRZ **08,** 115, Beyhs/Wagner DB **08,** 73 (rev 2008), Fink PiR **08,** 114 (rev 2008), Haaker PiR **08,** 188 (Full-Goodwill-Methode), Fröhlich IRZ **08,** 417 (rev 2008/Non-Controlling Interest), Roos BB **08,** 2393 (sukzessive Unternehmenserwerbe), Heyes/Elprana IRZ **08,** 553 (latente Steuern), Harr/Eppinger/Zeyer PiR **09,** 1 (Full-Goodwill-Methode), Zwirner/Schmidt IRZ **09,** 3 (Reverse Acquisition), Buschhüter/Senger IRZ **09,** 23 (Common-Control-Transactions), Schmachtenberg/Pfister/Schäfer KoR **09,** 101 (aus defensiven Gründen erworbene Marken).

C. **Sachliche Anwendung:** Unternehmenszusammenschluss iSv IFRS 3 ist **30** die **Zusammenführung** von separaten Unternehmen oder Geschäftsbetrieben **zu einem Bericht erstattenden Unternehmen** (IFRS 3.4 ff). IFRS 3 gilt **nicht** für Zusammenschlüsse, 1) bei denen separate Unternehmen oder Geschäftsbetriebe zusammengeführt werden, um ein Joint Venture zu gründen, 2) an denen Unternehmen oder Geschäftsbetriebe unter gemeinschaftlicher Kontrolle beteiligt sind, 3) an denen zwei oder mehrere Gegenseitigkeitsunternehmen beteiligt sind; 4) bei denen separate Unternehmen oder Geschäftsbetriebe zusammengeführt werden, um nur rein vertraglich ein Bericht erstattendes Unternehmen zu gründen, ohne Anteilsrechte zu erhalten.

D. **Wesentlicher Inhalt:** Alle Zusammenschlüsse sind unter Anwendung der **31** **Erwerbsmethode** zu bilanzieren, dh entscheidend ist die Sicht des Erwerbers. Erwerber ist das sich zusammenschließende Unternehmen, das die Beherrschung über die anderen Unternehmen oder Geschäftsbetriebe erlangt (IFRS 3.14 ff). Die **Anschaffungskosten** eines Zusammenschlusses sind vom Erwerber zu ermitteln als Summe aus 1) den zum Tauschzeitpunkt gültigen beizulegenden Zeitwerten der entrichteten Vermögenswerte, der eingegangenen oder übernommenen Schulden und der von dem Erwerber emittierten Eigenkapitalinstrumente im Austausch gegen die Beherrschung des erworbenen Unternehmens zuzüglich 2) aller dem Zusammenschluss direkt zurechenbaren Kosten. Jede **Anpassung** der Anschaffungskosten für den Zusammenschluss, die von künftigen Ereignissen abhängig ist, ist in die Anschaffungskosten des Zusammenschlusses zum Erwerbszeitpunkt einzubeziehen, wenn die Anpassung wahrscheinlich ist und verlässlich bewertet werden kann (IFRS 3.24 ff). Der Erwerber hat die Anschaffungskosten des Zusammenschlusses **zu verteilen,** indem er die identifizierbaren Vermögenswerte, Schulden und Eventualschulden des erworbenen Unternehmens, zu ihren zu dem Zeitpunkt gültigen beizulegenden Zeitwerten ansetzt, mit Ausnahme der

§ 255 32–37 III. Buch. Handelsbücher

langfristigen Vermögenswerte, die gemäß IFRS 5 als zur Veräußerung gehalten eingestuft sind, und die zum beizulegenden Zeitwert abzüglich der Veräußerungskosten anzusetzen sind (IFRS 3.36 ff).

32 E. Der **Geschäfts- oder Firmenwert,** der sich als Überschuss der Anschaffungs- und Herstellungskosten über den vom Erwerber angesetzten Anteil am beizulegenden Nettozeitwert der identifizierbaren Vermögenswerte, Schulden und Eventualschulden darstellt, ist als **Vermögenswert** anzusetzen. Der Geschäfts- oder Firmenwert ist nach dem erstmaligen Ansatz mit den **Anschaffungskosten** abzüglich aller angesammelten Wertminderungsaufwendungen (IAS 36) zu bewerten (IFRS 3.51 ff). Übersteigt der Anteil des Erwerbers an dem beizulegenden Nettozeitwert der identifizierbaren Vermögenswerte, Schulden und Eventualschulden die Anschaffungskosten des Zusammenschlusses, so hat der Erwerber 1) die Identifizierung und Bewertung der identifizierbaren Vermögenswerte, Schulden und Eventualschulden des erworbenen Unternehmens sowie die Bewertung der Anschaffungskosten des Zusammenschlusses neu festzusetzen und 2) unverzüglich jeden nach dieser Neufestsetzung verbleibenden Überschuss erfolgswirksam zu erfassen (IFRS 3.56 ff).

33 F. IFRS 3 regelt die Bilanzierung von **folgenden Sachverhalten:** Zusammenschlüsse in mehreren Stufen; provisorische Feststellung von beizulegenden Zeitwerten in der Periode des Erwerbs; Ansatz von latenten Steueransprüchen, die nach der Fertigstellung der erstmaligen Bilanzierung erfasst werden; zuvor erfasster Geschäfts- oder Firmenwert, Badwill und immaterielle Vermögenswerte. IFRS 3 sieht Angaben über Zusammenschlüsse und den damit verbundenen Geschäfts- oder Firmenwert vor (IFRS 3.58).

7) IAS 20 (Bilanzierung und Darstellung von Zuwendungen der öffentlichen Hand)

34 A. Das HGB hat für die Rechnungslegung über Zuwendungen der öffentlichen Hand keine eigene Regelung getroffen. Anhaltspunkte für eine ordnungsgemäße Bilanzierung gibt IDW-HFA 1/**84,** s ADS 56 ff, Baetge, IAS-Kommentar 85 ff.

35 B. **Gegenstand:** IAS 20 regelt die Erfassung und Bilanzierung von Zuwendungen und Beihilfen der öffentlichen Hand. **Zeitliche Anwendung:** Geschäftsjahre, die am oder nach dem 1. 1. 84 beginnen (IAS 20.41). Lit: Küting/Koch DB **06,** 569, Freiberg PiR **05,** 94, Zimmermann StuB **06,** 369 (Emissionsrechte), Rohatschek IRZ **09,** 149 (zinslose Darlehen).

36 C. **Sachliche Anwendung:** IAS 20 regelt Bilanzierung und Darstellung von Zuwendungen sowie die Angaben sonstiger Unterstützungsmaßnahmen der öffentlichen Hand im Abschluss. **Nicht erfasst** werden: Beihilfen der öffentlichen Hand, die sich als Vorteile bei der Ermittlung des zu versteuernden Einkommens auswirken; Beteiligungen der öffentlichen Hand an Unternehmen; Zuwendungen der öffentlichen Hand, die von IAS 41 (Landwirtschaft) abgedeckt werden (IAS 20.1 f).

37 D. **Wesentlicher Inhalt:** Zuwendungen der öffentlichen Hand werden erst erfasst, wenn **hinreichend sicher** ist, dass das Unternehmen die mit den Zuwendungen verbundenen Bedingungen erfüllen wird und die Zuwendungen gewährt werden. Die Zuwendungen sind planmäßig als **Ertrag** über die Perioden zu erfassen, die erforderlich sind, um sie mit den entsprechenden Aufwendungen, die sie kompensieren sollen, zu verrechnen. Zuwendungen, die für bereits angefallene Aufwendungen oder Verluste gewährt werden, sind als Ertrag in der Periode zu erfassen, in der der entsprechende Anspruch entsteht. Eine Zuwendung der öffentlichen Hand ist nicht im Eigenkapital zu erfassen (IAS 20.7 ff).

1. Abschnitt. Vorschriften für alle Kaufleute   38–46 § 255

E. Zuwendungen für Vermögenswerte sind in der Bilanz entweder als **Rech-** 38
nungsabgrenzungsposten anzusetzen oder als **Minderung des Buchwerts**
des Vermögenswerts zu berücksichtigen. Eine Zuwendung, die **rückzahlbar**
wird, wird als Überholung einer Schätzung bilanziert, s IAS 8 (Bilanzierungs-
und Bewertungsmethoden, Änderungen von Schätzungen und Fehler) (IAS
20.24 ff). Im Abschluss sind **Angaben** zu machen über die auf die Zuwendungen
angewandte Bilanzierungs- und Bewertungsmethode, über Art und Umfang der
im Abschluss erfassten Zuwendungen sowie über unerfüllte Bedingungen und
andere Erfolgsunsicherheiten (IAS 20.39).

F. **Wesentliche Unterschiede zum HGB:** Die **Verrechnung** von ertragsbe- 39
zogenen Zuwendungen mit den entsprechenden Aufwendungen ist nach
§ 246 II unzulässig.

Bildung eines passiven Rechnungsabgrenzungspostens wird von IDW-HFA 40
1/84 abgelehnt. Statt dessen soll der **Investitionszuschuss** unter der Bezeich-
nung „Sonderposten für Investitionszuschüsse zum Anlagevermögen" ausgewie-
sen werden. Die Auflösung erfolgt als sonstiger betrieblicher Ertrag.

Weitergehende Angabepflichten als nach HGB (s IDW-HFA 1/84). 41

8) IAS 23 (Fremdkapitalkosten)

A. Der Bestimmung des **IV** thematisch entsprechend ist **IAS 23** (Finanzie- 42
rungskosten), Baetge, IAS-Kommentar 59 ff.

B. **Gegenstand:** IAS 23 regelt die Bilanzierungsmethoden für Fremdkapital- 43
kosten. **Zeitliche Anwendung:** Geschäftsjahre, die am oder nach dem 1. 1. 95
beginnen (IAS 23.31). Lit: IDW FN-IDW **06,** 665, Zülch/Gebhardt PiR **06,**
146, Vater **06,** 1337 (Exposure Draft), Kaliebe Konzern **08,** 560 (rev 2007),
Esser/Schulz-Danso/Woltering IRZ **09,** 93 (rev 2007), Heintges/Urbanczik/
Wulbrand DB **09,** 633 (rev 2007).

C. **Sachliche Anwendung:** IAS 23 befasst sich mit Fremdkapitalkosten, dh 44
Zinsen und andere Kosten, die bei einem Unternehmen im Zusammenhang mit
der Aufnahme von Fremdkapital anfallen. **Nicht erfasst** werden tatsächliche
oder kalkulatorische Kosten des Eigenkapitals einschließlich solcher bevorrech-
tigter Kapitalbestandteile, die nicht als Schuld zu qualifizieren sind (IAS 23.1 ff).

D. **Wesentlicher Inhalt:** Fremdkapitalkosten sind in der Periode als **Aufwand** 45
zu erfassen, in der sie angefallen sind (IAS 23.7 ff). Alternativ können Fremdkapi-
talkosten, die direkt dem Erwerb, dem Bau oder der Herstellung eines qualifizier-
ten Vermögenswerts zugerechnet werden können, als Teil der **Anschaffungs- oder
Herstellungskosten** dieses Vermögenswerts aktiviert werden (IAS 23.11). **Quali-
fiziert** ist ein Vermögenswert, für den ein beträchtlicher Zeitraum erforderlich ist,
um ihn in den beabsichtigten gebrauchs- oder verkaufsfähigen Zustand zu verset-
zen. Die **Aktivierung** als Teil der Anschaffungs- oder Herstellungskosten **be-
ginnt,** wenn: 1) Ausgaben für den Vermögenswert anfallen, 2) Fremdkapitalkosten
anfallen und 3) die erforderlichen Arbeiten begonnen haben, um den Vermögens-
wert für seinen beabsichtigten Gebrauch oder Verkauf herzurichten (IAS 23.20 ff).
Die Aktivierung wird **beendet,** wenn im Wesentlichen alle Arbeiten abgeschlossen
sind, um den qualifizierten Vermögenswert für seinen beabsichtigten Gebrauch
oder Verkauf herzurichten (IAS 23.25 ff). Erforderlich sind **Angaben** zur Bilanzie-
rungsmethode für Fremdkapitalkosten, zum Betrag der in der Periode aktivierten
Fremdkapitalkosten und zum Finanzierungskostensatz (IAS 23.29).

9) Sonstige IAS/IFRS-Regelungen

A. **Anschaffungskosten:** Keine allgemeine Definition als umfassende Bewer- 46
tungsvorschrift, sondern **Einzelregelungen,** etwa zur Ermittlung der Anschaf-
fungskosten in Abhängigkeit von der Gegenleistung in F. 100, zum Vorratsver-

§ 256 1, 2

mögen in IAS 2, zu Sachanlagen in IAS 16.16, zu immateriellen Vermögenswerten in IAS 38.27.

47 B. **Herstellungskosten:** Keine allgemeine Definition für alle Gegenstände des Anlage- und Umlaufvermögens. **Einzelregelungen** in bestimmten bilanzpostenbezogenen Standards wie zB zum Vorratsvermögen in IAS 2.19, zum Sachanlagevermögen in IAS 16.16 und zu selbst erstellten immateriellen Gegenständen in IAS 38.65 ff. Grundsätzlich gilt dabei **Vollkostenansatz**.

48 C. **Zinsen für Fremdkapital:** Regelung der bilanziellen Behandlung von Fremdkapitalkosten in IAS 23 (s Rn 40 ff.). Grundsätzlich Erfassung als **Aufwand** (IAS 23.10), aber wahlweise Aktivierung (Hinzurechnung zu den Herstellungskosten) für sog „**qualifying assets**" unter bestimmten Voraussetzungen nach IAS 23.11.

49 D. **Geschäfts- oder Firmenwert:** § 246 Rn 6 ff.

Bewertungsvereinfachungsverfahren

256 ¹Soweit es den Grundsätzen ordnungsmäßiger Buchführung entspricht, kann für den **Wertansatz gleichartiger Vermögensgegenstände des Vorratsvermögens** unterstellt werden, daß die zuerst oder daß die zuletzt angeschafften oder hergestellten Vermögensgegenstände zuerst verbraucht oder veräußert worden sind. ² § 240 Abs. 3 und 4 ist auch auf den Jahresabschluß anwendbar.

1) Verbrauchsfolgeverfahren (Satz 1)

1 A. § 256 (zur gesetzgeberischen Zielsetzung grdl BFH **192,** 502, 507 ff) enthält drei Ausnahmen vom Grundsatz der Einzelbewertung (§ 252 I Nr 3), der vor allem bei Preisschwankungen der Anschaffungs- oder Herstellungskosten im Geschäftsjahr zu einem unnützen Arbeitsaufwand führen kann. S 1 erlaubt bestimmte Verbrauchsfolgeverfahren, S 2 die Fest- und die Gruppenbewertung. Nach Satz 1 kann im Rahmen der GoB für den Wertansatz gleichartiger Vermögensgegenstände des Vorratsvermögens (§ 266 II B I, Teil des Umlaufvermögens, s 247 I; Gleichartigkeit s § 240 Rn 8; nicht auch Wertpapiere, krit WPK/IDW WPg **85,** 540) eine bestimmte Verbrauchs- oder Veräußerungsfolge unterstellt werden. In der HdlBilanz sind Fifo und Lifo (s Rn 2) nach S 1 zulässig, früher str für Hifo und Lofo, nunmehr sieht das Gesetz aber keine anderen als die ausdrücklich genannten Verbrauchs- oder Veräußerungsfolgen mehr vor. Für Konzerne gibt es Kifo (Konzern in – first out) und Kilo. In der Steuerbilanz sind all diese Fiktionen grundsätzlich unzulässig, auflockernd für Lifo bei Glaubhaftmachung (Erlasse s Art der Lagerung, ADS 76. Handelsrechtlich kommt es nicht auf die tatsächliche Handhabung an, es bedarf also keiner Glaubhaftmachung, aber die Verbrauchsfolge darf nicht für Betrieb dieser Art tatsächlich undenkbar sein (seltene Ausnahme, zB Saisonbetriebe). Zur Vorratsbewertung BeckBilKomm/Ellrott/St. Ring § 253 Rn 521 ff. Angabe im Anhang § 284 II Nr 4. **Übergangsrecht** in **(1)** EGHGB Art 24 (s Einl 67 v § 238). Lit: Kessler/Suchan DStR **03,** 345 (lifo), Jessen/Weller DStR **05,** 532 (Bilanzrechtsmodernisierung).

2 B. **Fifo- und Lifo-Verfahren:** Beim **Fifo**-Verfahren (first in – first out) wird unterstellt, dass die zuerst angeschafften oder hergestellten Vermögensgegenstände zuerst veräußert oder verbraucht werden. Beim **Lifo**-Verfahren (last in – first out) wird dies für die zuletzt angeschafften oder hergestellten Vermögensgegenstände unterstellt. Fifo (Lifo) führt bei steigenden (fallenden) Preisen zur Höherbewertung und damit zu Scheingewinnen, bei fallenden (steigenden) Preisen zu niedrigerer Bewertung und damit zu stillen Reserven iwS, BerechnungsBspe Bitz/Schneeloch/Wittstock, 3. Aufl 2000, 203 f.; für Lifo Küting/

1. Abschnitt. Vorschriften für alle Kaufleute   1, 2   § 256a

Weber/Mayer-Wegelin 44 ff. Grenze bei Überbewertung nach Niederstwertprinzip § 253 III. Lit: Hölscher, Lifo-Verfahren 1997; Ammelung BB **98,** 2357 (Lifo), Hötzel/Pelzer DStR **98,** 1866 (Wertaufholung), Diederich DStR **99,** 583 (Lifo), Köhler StBP **99,** 315 (Lifo), Loitz/Winnacker DB **00,** 2229, Moxter DB **01,** 157 (Lifo), Mayer-Wegelin DB **01,** 554 (Lifo).

C. Hifo- und Lofo-Verfahren: Andere Verfahren stellen auf die Höhe der Anschaffungs- oder Herstellungskosten ab. So wird beim **Hifo**-Verfahren (highest in – first out) bzw beim **Lofo**-Verfahren (lowest in – first out) unterstellt, dass die zu den höchsten bzw niedrigsten Kosten angeschafften oder hergestellten Vermögensgegenstände zuerst veräußert oder verbraucht werden. Hifo ist zulässig, ADS 64, üL, aA Baumb/Hueck/Schulze-Osterloh § 42 Rn 299, weil die Wahl der Methode dann unmittelbar den Wertansatz bestimmt. Lofo ist unzulässig wegen Verstoßes gegen das Vorsichtsprinzip.   3

2) Festbewertung und Gruppenbewertung (Satz 2)

S 2 stellt klar, dass die beim Inventar erlaubten Verfahren der Festbewertung (§ 240 III) und der Gruppenbewertung (§ 240 IV) auch für den Jahresabschluss zulässig sind.   4

3) IAS/IFRS-Regelungen

Nach den Standards sind bei der Ermittlung der **Anschaffungskosten** bei austauschbaren Vorräten nur **das Fifo-Verfahren** und die Durchschnittsbewertung gem IAS 2.25 zulässig.   5

Währungsumrechnung

256a ¹ Auf fremde Währung lautende Vermögensgegenstände und Verbindlichkeiten sind zum Devisenkassamittelkurs am Abschlussstichtag umzurechnen. ² Bei einer Restlaufzeit von einem Jahr oder weniger sind § 253 Abs. 1 Satz 1 und § 252 Abs. 1 Nr. 4 Halbsatz 2 nicht anzuwenden.

1) Umrechnung der Vermögensgegenstände und Verbindlichkeiten

Die Norm (eingefügt durch BilMoG, Übergangsrecht **(1)** EGHGB Art 66 III, V) regelt die bilanzielle Behandlung von Fremdwährungsforderungen und –verbindlichkeiten zum Abschlussstichtag (Sonderrecht für Kreditinstitute s § 340 h). Zur Aufstellung des Jahresabschlusses in Euro s § 244 Rn 2. **Fremdwährungsverbindlichkeiten** (§ 253 Rn 2) waren vor der durch die Euro-Einführung bedingten Währungsumstellung zu dem Ankaufskurs (Briefkurs) umzurechnen, der zum Zeitpunkt der Erstverbuchung (nach aA Entstehung) galt. Erhaltene Anzahlungen wurden demgegenüber mit dem Geldkurs (Angebotskurs) umgerechnet. Durch die Währungsumstellung war dann der Briefkurs der Kurs für die Nachfrage in Euro, während der Geldkurs der Angebotskurs von Euro war. **Fremdwährungsforderungen** (s § 253 Rn 24) waren zum Geldkurs umzurechnen, str, unter Berücksichtigung Imparitäts- und Realisationsprinzip.   1

Seit **BilMoG** schreibt S 1 nunmehr Umrechnung zum **Devisenkassamittelkurs,** also dem arithmetischen Mittelwert aus Brief- und Geldkurs, am Abschlussstichtag sowohl für Fremwährungsforderungen als auch -verbindlichkeiten vor. Unterscheidung bei An- und Verkauf in Brief- und Geldkurs entfällt damit. S 2 stellt klar, dass höherer Ansatz als zu Anschaffungskosten nicht in Frage kommt (Imparitäts- und Realisationsprinzip), außer bei Restlaufzeit von weniger als einem Jahr. Dem Wortlaut nach betrifft die Norm die Folgebewertung. Aus dem Zusammenhang mit dem Anschaffungskostenprinzip ergibt sich aber, dass auch die Erstbewertung zum Devisenkassamittelkurs zu erfolgen hat. Währungsumrechnung im Jahresabschluss bisher s IDW-HFA WPg **86,** 664; OECD,   2

§ 257

Foreign Currency Translation, 1986; GEFIU DB **93**, 745, Schlick DStR **93**, 254. Lit: Kirsch PiR **08**, 16, Küting/Mojadadr DB **08**, 1869, Hommel/Laas DB **08**, 1666, Zwirner/Künkele StuB 08, 636, Kessler/Veldkamp KoR **09**, 245.

2) IAS/IFRS-Regelungen

3   Die Standards enthalten Regelungen zur Währungsumrechnung vor allem in IAS 21, s § 244 Rn 3 ff.

Dritter Unterabschnitt. Aufbewahrung und Vorlage

Aufbewahrung von Unterlagen. Aufbewahrungsfristen

257 (1) **Jeder Kaufmann ist verpflichtet, die folgenden Unterlagen geordnet aufzubewahren:**

1. **Handelsbücher, Inventare, Eröffnungsbilanzen, Jahresabschlüsse, Einzelabschlüsse nach § 325 Abs. 2 a, Lageberichte, Konzernabschlüsse, Konzernlageberichte sowie die zu ihrem Verständnis erforderlichen Arbeitsanweisungen und sonstigen Organisationsunterlagen,**
2. **die empfangenen Handelsbriefe,**
3. **Wiedergaben der abgesandten Handelsbriefe,**
4. **Belege für Buchungen in den von ihm nach § 238 Abs. 1 zu führenden Büchern (Buchungsbelege).**

(2) **Handelsbriefe sind nur Schriftstücke, die ein Handelsgeschäft betreffen.**

(3) [1] **Mit Ausnahme der Eröffnungsbilanzen und Abschlüsse können die in Absatz 1 aufgeführten Unterlagen auch als Wiedergabe auf einem Bildträger oder auf anderen Datenträgern aufbewahrt werden, wenn dies den Grundsätzen ordnungsmäßiger Buchführung entspricht und sichergestellt ist, daß die Wiedergabe oder die Daten**

1. **mit den empfangenen Handelsbriefen und den Buchungsbelegen bildlich und mit den anderen Unterlagen inhaltlich übereinstimmen, wenn sie lesbar gemacht werden,**
2. **während der Dauer der Aufbewahrungsfrist verfügbar sind und jederzeit innerhalb angemessener Frist lesbar gemacht werden können.** [2] **Sind Unterlagen auf Grund des § 239 Abs. 4 Satz 1 auf Datenträgern hergestellt worden, können statt des Datenträgers die Daten auch ausgedruckt aufbewahrt werden; die ausgedruckten Unterlagen können auch nach Satz 1 aufbewahrt werden.**

(4) **Die in Absatz 1 Nr. 1 und 4 aufgeführten Unterlagen sind zehn Jahre, die sonstigen in Absatz 1 aufgeführten Unterlagen sechs Jahre aufzubewahren.**

(5) **Die Aufbewahrungsfrist beginnt mit dem Schluß des Kalenderjahrs, in dem die letzte Eintragung in das Handelsbuch gemacht, das Inventar aufgestellt, die Eröffnungsbilanz oder der Jahresabschluß festgestellt, der Einzelabschluss nach § 325 Abs. 2 a oder der Konzernabschluß aufgestellt, der Handelsbrief empfangen oder abgesandt worden oder der Buchungsbeleg entstanden ist.**

1) Aufzubewahrende Unterlagen (I, II)

1   **I** sagt, was geordnet (vgl § 239 Rn 2) aufzubewahren ist, und gibt dabei einen Überblick über die verschiedenen kfm Unterlagen, zB HdlBücher, HdlBriefe, Buchungsbelege. **II** definiert HdlBriefe: nur Schriftstücke, die ein HdlGeschäft betreffen, also zB Offerte und Annahme, Mängelrüge aus bezüglich eines HdlGeschäfts iSv §§ 343, 344. Zum Begriff Geschäftsbrief s §§ 37 a, 125 a. Aufgelöste HdlBücher s § 157 II, III HGB, §§ 273 II, III AktG, § 74 GmbHG, § 93 GenG.

Aufbewahrung beim HdlReg s § 8a II, Einreichung von Jahres- und Konzernabschlüssen samt Unterlagen zum HdlReg auch auf Bild- oder Datenträgern s §§ 8a I, 12. Lit: Zepf WPg **99,** 569, Schuppenhauer WPg **00,** 128, Widmann WPg **02,** 166, Bernütz/Weinreich WPg **02,** 403, Ross/Drögenmüller WPg **03,** 219 (Rückstellung auf Grund Aufbewahrungsfristen).

2) Aufbewahrungsform (III)

III erlaubt für alle aufzubewahrenden Unterlagen mit Ausnahme der Eröffnungsbilanzen und Abschlüsse (weitergehend § 8a I) verschiedene Weisen der Aufbewahrung, auch als Wiedergabe auf einem Bild- oder anderen Datenträger, soweit dies den GoB (§ 238 Rn 11) entspricht und Übereinstimmung mit dem Original, jederzeitige Verfügbarkeit und prompte Lesbarkeit sichergestellt sind. Aufbewahrungspflichten beim Einsatz von EDI IDW-FAMA 1/**95.**

3) Aufbewahrungsfrist (IV, V)

IV nF SteuerÄndG 19. 12. 1998 BGBl 3816, V regeln die Aufbewahrungsfrist: zehn Jahre für HdlBücher, Inventare, Bilanzen, Lageberichte nebst Organisationsunterlagen (Verweis auf I Nr 1) und seit 1998 auch für Buchungsbelege (Verweis auf I Nr 4, Übergangsvorschrift **(1)** EGBGB Art 47; im Übrigen sechs Jahre. Steuerrecht: grundsätzlich zehn bzw sechs Jahre, § 147 III AO, aber ohne Verkürzung der hdlrechtlichen Aufbewahrungsfristen und zT mit Sondervorschriften ua betreffs Ablaufhemmung, ADS 68. Liste der Aufbewahrungsfristen für einzelne Unterlagen bei BeckBilKomm/Winkeljohann/Philipps 27. Die Aufbewahrungsfrist kann Auskunftsansprüche begrenzen, Hamm NZG **06,** 620, und als Richtwert für Verwirkung von Ansprüchen aus Bankgeschäften herangezogen werden, München WM **06,** 523.

4) Beweiswert

Auf Vorlegungsantrag (§ 421 ZPO) betr Urkunde, die der Gegner nach § 257 aufzubewahren verpflichtet ist, und Erklärung des Gegners, er besitze sie nicht mehr, kann das Gericht auch ohne förmliches Beweisverfahren den behaupteten möglichen Inhalt als bewiesen ansehen, Düss MDR **73,** 592, vgl § 444 ZPO. Umgekehrt kann sich bei Vernichtung nach Ablauf der Aufbewahrungsfrist die Beweislast umkehren, BGH WM **72,** 281 (zu **(13)** DepotG § 2), Bambg WM **95,** 918; offen gelassen Bambg WM **06,** 907; aber Sparbuch s **(7)** Bankgeschäfte B/3. Allgemeiner für HdlBücher s § 238 Rn 3. Gerichtsvollzieher darf Unterlagen, für die Aufbewahrungspflicht nach § 257 besteht, nicht nach § 885 IV 2 ZPO vernichten, LG Koblenz MDR **06,** 473.

5) IAS/IFRS-Regelungen

Keine vergleichbare Regelung in den Standards.

Vorlegung im Rechtsstreit

258 (1) Im Laufe eines Rechtsstreits kann das Gericht auf Antrag oder von Amts wegen die Vorlegung der Handelsbücher einer Partei anordnen.

(2) **Die Vorschriften der Zivilprozeßordnung über die Verpflichtung des Prozeßgegners zur Vorlegung von Urkunden bleiben unberührt.**

1) Anordnung der Vorlegung (I)

I erlaubt über §§ 422, 423 ZPO hinaus dem Gericht, zur Klärung erheblicher streitiger Tatsachen die Vorlegung der HdlBücher (nicht HdlBriefe usw, § 257 I) einer kfm Partei anzuordnen, auch von Amts wegen und nicht nur in HdlSachen.

Anordnung auch nach Fristablauf (§ 257 IV). § 258 gilt analog im aktienrechtlichen Spruchstellenverfahren, BayObLG ZIP **93**, 675.

2) Sonstige Vorlegungspflichten (II)

2 §§ 422, 423 ZPO verpflichten Prozessparteien zur Vorlegung von Urkunden, auch von HdlBüchern, HdlBriefen und anderen kfm Unterlagen (§ 257 I). § 422 ZPO setzt aber eine Vorlegungspflicht nach bürgerlichem Recht voraus, § 423 ZPO erfasst nur die in den Händen des Gegners befindlichen Urkunden, auf die er im Prozess zur Beweisführung Bezug genommen hat. Bürgerlichrechtliche Pflichten zur Herausgabe oder Vorlegung (vgl § 422 ZPO) begründen ua §§ 809, 810 BGB. Zum Verfahren Ffm WM **80**, 1246. Bei Leugnen des Besitzes oder Nichtvorlegung: §§ 426 f ZPO. Vorlegungspflicht für Steuerzwecke § 97 AO.

3) IAS/IFRS-Regelungen

3 Keine vergleichbare Regelung in den Standards.

Auszug bei Vorlegung im Rechtsstreit

259 ¹ **Werden in einem Rechtsstreit Handelsbücher vorgelegt, so ist von ihrem Inhalt, soweit er den Streitpunkt betrifft, unter Zuziehung der Parteien Einsicht zu nehmen und geeignetenfalls ein Auszug zu fertigen.** ² **Der übrige Inhalt der Bücher ist dem Gericht insoweit offenzulegen, als es zur Prüfung ihrer ordnungsmäßigen Führung notwendig ist.**

1) Umfang des Einsichtsrechts

1 § 259 regelt das Verfahren bei Vorlegung von HdlBüchern im Rechtsstreit. Nur die **auf den Streitpunkt bezüglichen** Stellen, die vom Beweisführer bzw im Fall der Beiziehung vAw (vgl § 258) vom Gericht bezeichnet werden, sind unter Zuziehung der Parteien einzusehen; nur insoweit ist geeignetenfalls auch ein Auszug zu fertigen (S 1). Der übrige Inhalt ist nur, soweit zur Prüfung ihrer ordnungsmäßigen Führung notwendig (keine Ausforschung durch den Gegner), und nur dem Gericht ohne Zuziehung der Parteien offen zu legen (S 2). Das Gericht kann mit der Einsicht auch einen Sachverständigen betrauen, dieser muss ebenso wie das Gericht die Parteien zuziehen, RG JW **27**, 2416. Vorlegung vor dem Prozessgericht oder dem kommissarischen Richter s § 355, 434 ZPO.

2) IAS/IFRS-Regelungen

2 Keine vergleichbare Regelung in den Standards.

Vorlegung bei Auseinandersetzungen

260 **Bei Vermögensauseinandersetzungen, insbesondere in Erbschafts-, Gütergemeinschafts- und Gesellschaftsteilungssachen, kann das Gericht die Vorlegung der Handelsbücher zur Kenntnisnahme von ihrem ganzen Inhalt anordnen.**

1) Befasstes Gericht

1 In den in § 260 bezeichneten Sachen kann jedes befasste Gericht nach seinem Ermessen die Vorlegung von HdlBüchern zwecks Kenntnisnahme von ihrem **ganzen Inhalt** (anders § 259) anordnen.

2) IAS/IFRS-Regelungen

2 Keine vergleichbare Regelung in den Standards.

1. Abschnitt. Vorschriften für alle Kaufleute 1–3 §§ 261–263

Vorlegung von Unterlagen auf Bild- oder Datenträgern

261 Wer aufzubewahrende Unterlagen nur in der Form einer Wiedergabe auf einem Bildträger oder auf anderen Datenträgern vorlegen kann, ist verpflichtet, auf seine Kosten diejenigen Hilfsmittel zur Verfügung zu stellen, die erforderlich sind, um die Unterlagen lesbar zu machen; soweit erforderlich, hat er die Unterlagen auf seine Kosten auszudrucken oder ohne Hilfsmittel lesbare Reproduktionen beizubringen.

1) Analog für ZPO, BGB und StPO

Vgl §§ 238 II, 257 III. § 261 gilt entspr auch bei Urkundenvorlegung nach §§ 422, 423 ZPO oder § 810 BGB oder Urkundenherausgabe nach Beschlagnahme (§ 95 StPO); G über Entschädigung von Zeugen und Sachverständigen ist nicht anwendbar, Brem NJW **76**, 685 (Bankkontounterlagen). 1

2) IAS/IFRS-Regelungen

Keine vergleichbare Regelung in den Standards. 2

Vierter Unterabschnitt. Landesrecht

262 *(aufgehoben)*

1) § 262 über Buchführungspflicht der SollKflte aufgehoben durch HRefG 1998 (§ 238 Rn 7). 1

Vorbehalt landesrechtlicher Vorschriften

263 Unberührt bleiben bei Unternehmen ohne eigene Rechtspersönlichkeit einer Gemeinde, eines Gemeindeverbands oder eines Zweckverbands landesrechtliche Vorschriften, die von den Vorschriften dieses Abschnitts abweichen.

1) Geltung auch für die öffentliche Hand

Aus § 263 folgt, dass wie schon nach bisheriger Rspr auch die öffentliche Hand bei Betätigung wie Kfm dem 1. Abschn unterliegt. Diese Gleichstellung mit anderen Kflten im Bereich der Rechnungslegung ist aus Wettbewerbsgründen unerlässlich. Änderungen folgen daraus für die Praxis jedoch kaum, insbesondere keine Publizitäts- und Prüfungspflichten (2. Abschn). 1

2) Ausnahmen

Abweichungen vom 1. Abschn sind nach § 263 nur noch auf Grund bestehenden Landesrechts für Unternehmen ohne eigene Rechtspersönlichkeit einer Gemeinde, eines Gemeindeverbands oder eines Zweckverbands, also insbesondere für gemeindliche Eigenbetriebe, zulässig, zB kameralistische Rechnungsabschlüsse. Für KapitalGes in öffentlicher Hand, auch 100%ige, gilt dagegen nicht nur der 1., sondern auch der 2. Abschn (§§ 264 ff). 2

3) IAS/IFRS-Regelungen

Keine vergleichbare Regelung in den Standards. 3

§ 264

Zweiter Abschnitt. Ergänzende Vorschriften für Kapitalgesellschaften (Aktiengesellschaften, Kommanditgesellschaften auf Aktien und Gesellschaften mit beschränkter Haftung) sowie bestimmte Personenhandelsgesellschaften

Erster Unterabschnitt. Jahresabschluß der Kapitalgesellschaft und Lagebericht

Erster Titel. Allgemeine Vorschriften

Pflicht zur Aufstellung

264 (1) ¹Die gesetzlichen Vertreter einer Kapitalgesellschaft haben den Jahresabschluß (§ 242) um einen Anhang zu erweitern, der mit der Bilanz und der Gewinn- und Verlustrechnung eine Einheit bildet, sowie einen Lagebericht aufzustellen. ²Die gesetzlichen Vertreter einer kapitalmarktorientierten Kapitalgesellschaft, die nicht zur Aufstellung eines Konzernabschlusses verpflichtet ist, haben den Jahresabschluss um eine Kapitalflussrechnung und einen Eigenkapitalspiegel zu erweitern, die mit der Bilanz, Gewinn- und Verlustrechnung und dem Anhang eine Einheit bilden; sie können den Jahresabschluss um eine Segmentberichterstattung erweitern. ³Der Jahresabschluß und der Lagebericht sind von den gesetzlichen Vertretern in den ersten drei Monaten des Geschäftsjahrs für das vergangene Geschäftsjahr aufzustellen. ⁴Kleine Kapitalgesellschaften (§ 267 Abs. 1) brauchen den Lagebericht nicht aufzustellen; sie dürfen den Jahresabschluß auch später aufstellen, wenn dies einem ordnungsgemäßen Geschäftsgang entspricht, jedoch innerhalb der ersten sechs Monate des Geschäftsjahres.

(2) ¹Der Jahresabschluß der Kapitalgesellschaft hat unter Beachtung der Grundsätze ordnungsmäßiger Buchführung ein den tatsächlichen Verhältnissen entsprechendes Bild der Vermögens-, Finanz- und Ertragslage der Kapitalgesellschaft zu vermitteln. ²Führen besondere Umstände dazu, daß der Jahresabschluß ein den tatsächlichen Verhältnissen entsprechendes Bild im Sinne des Satzes 1 nicht vermittelt, so sind im Anhang zusätzliche Angaben zu machen. ³Die gesetzlichen Vertreter einer Kapitalgesellschaft, die Inlandsemittent im Sinne des § 2 Abs. 7 des Wertpapierhandelsgesetzes und keine Kapitalgesellschaft im Sinne des § 327a ist, haben bei der Unterzeichnung schriftlich zu versichern, dass nach besten Wissen der Jahresabschluss ein den tatsächlichen Verhältnissen entsprechendes Bild im Sinne des Satzes 1 vermittelt oder der Anhang Angaben nach Satz 2 enthält.

(3) Eine Kapitalgesellschaft, die Tochterunternehmen eines nach § 290 zur Aufstellung eines Konzernabschlusses verpflichteten Mutterunternehmens ist, braucht die Vorschriften dieses Unterabschnitts und des Dritten und Vierten Unterabschnitts dieses Abschnitts nicht anzuwenden, wenn

1. alle Gesellschafter des Tochterunternehmens der Befreiung für das jeweilige Geschäftsjahr zugestimmt haben und der Beschluß nach § 325 offengelegt worden ist,
2. das Mutterunternehmen zur Verlustübernahme nach § 302 des Aktiengesetzes verpflichtet ist oder eine solche Verpflichtung freiwillig übernommen hat und diese Erklärung nach § 325 offengelegt worden ist,

2. Abschnitt. Vorschriften für Kapitalgesellschaften 1–4 § 264

3. das Tochterunternehmen in den Konzernabschluss nach den Vorschriften dieses Abschnitts einbezogen worden ist und
4. die Befreiung des Tochterunternehmens
   a) im Anhang des von dem Mutterunternehmen aufgestellten und nach § 325 durch Einreichung beim Betreiber des elektronischen Bundesanzeigers offen gelegten Konzernabschlusses angegeben und
   b) zusätzlich im elektronischen Bundesanzeiger für das Tochterunternehmen unter Bezugnahme auf diese Vorschrift und unter Angabe des Mutterunternehmens mitgeteilt worden ist.

(4) Absatz 3 ist auf Kapitalgesellschaften, die Tochterunternehmen eines nach § 11 des Publizitätsgesetzes zur Aufstellung eines Konzernabschlusses verpflichteten Mutterunternehmens sind, entsprechend anzuwenden, soweit in diesem Konzernabschluss von dem Wahlrecht des § 13 Abs. 3 Satz 1 des Publizitätsgesetzes nicht Gebrauch gemacht worden ist.

Übersicht

1) Anwendungsbereich und Gliederung des 2. Abschnitts 1
2) Jahresabschluss und Lagebericht (I) 3
3) Vermittlung eines den tatsächlichen Verhältnissen entsprechenden Bildes der Vermögens-, Finanz- und Ertragslage (II 1) 9
4) Angabepflicht bei besonderen Umständen (II 2) 19
5) Bilanzpolitik (Bilanzierungs- und Bewertungswahlrechte) 23
6) Bilanzeid (II 3) 24
7) Erleichterungen für Tochterunternehmen konzernabschlusspflichtiger Mutterunternehmen (III) 25
8) Erleichterungen für Tochterunternehmen von nach dem PublG konzernabschlusspflichtiger Mutterunternehmen (IV) 26
9) IAS-IFRS-Regelungen 27

1) Anwendungsbereich und Gliederung des 2. Abschnitts

A. Anwendungsbereich: Der 2. Abschn (§§ 264–335 b), der den 1. Abschn ergänzt, gilt für KapitalGes und bestimmte PersonenGes. **Kapitalgesellschaften** sind laut Überschrift AG, KGaA und GmbH. Der 2. Abschn gilt **auch für** KapitalGes & Co, insbesondere **GmbH & Co** (Einl 15 v § 238), s § 264 a. Erstreckung auf Kreditinstitute § 340 a, auf Versicherungsunternehmen § 341 a. Mittelbare Geltung kraft Verweisung für eG und bestimmte Großunternehmen s Einl 35 v § 238. Zusätzliche rechtsformspezifische Vorschriften gibt es außerhalb des HGB, zB im AktG, GmbHG ua. Zur Rechnungslegung und Prüfung Spenden sammelnder Organisationen IDW-HFA 4/**95**. Zum ganzen 2. Abschn ist die Vorlagepflicht an den EuGH zu beachten (Art 234 EGV, Einl 7 v § 238). Lit: Marten/Zürn BB **04**, 1615 (Prüfungsbefreiungen). 1

B. Gliederung: s Einl 31 v § 238. 2

2) Jahresabschluss und Lagebericht (I)

A. Begriffe: a) Der **Jahresabschluss** besteht nach der auch für KapitalGes gültigen Legaldefinition des § 242 III aus Bilanz und Gewinn- und Verlustrechnung. 3

b) Der **Anhang** (§§ 284–288), der den Jahresabschluss erläutert und bestimmte Pflichtangaben enthält, bildet nach I 1 mit diesem eine Einheit. Mit dieser Formulierung wird einerseits die Legaldefinition des § 242 III durchgehalten, andererseits der Sache nach für KapitalGes der Anhang als Teil des Jahresabschlusses gekennzeichnet. Wenn im 3. Buch vom Jahresabschluss der KapitalGes die Rede ist, bedeutet das also außer Bilanz und Gewinn- und Verlust- 4

§ 264 5–10

rechnung auch den Anhang, so zB in I 2 für die Aufstellungsfrist. Lit: Farr AG **00,** 1 ff (Checklisten).

5 c) Der **Lagebericht** (§ 289), der zusätzliche Informationen zu Geschäftsverlauf und Lage der KapitalGes enthält, ist nicht Teil des Jahresabschlusses (samt Anhang). Ist im 3. Buch nur von Jahresabschluss die Rede, ist damit der Lagebericht grundsätzlich nicht automatisch mit angesprochen.

6 d) Die **Kapitalflussrechnung** ist im HGB nicht legaldefiniert. Nach IAS 7 dient sie der Darstellung der historischen Bewegungen der Zahlungsmittel und Zahlungsmitteläquivalente eines Unternehmens. Dazu werden die Zahlungsströme einer Periode nach betrieblichen Tätigkeiten sowie Investitions- und Finanzierungstätigkeiten eingeteilt, s auch DRS 2 und § 297 Rn 5.

7 e) Der **Eigenkapitalspiegel** (oder Eigenkapitalveränderungsrechnung) stellt die Veränderung des Eigenkapitals einer Periode dar und zeigt ihre Ursachen. Keine inhaltliche Konkretisierung des Rechenwerkes im HGB, aber in DRS 7 und IAS 1.96 ff.

8 B. **Aufstellung: I 1, 2** erweitert für KapitalGes § 242. Die gesetzlichen Vertreter der KapitalGes (idR Vorstand der AG, phG der KGaA, Geschäftsführer der GmbH; GmbH & Co s § 264 a II) haben den Jahresabschluss um einen Anhang zu erweitern und müssen außerdem einen Lagebericht aufstellen (I 1). Deren Inhalt ergibt sich aus §§ 284 ff und § 289. Kein Lagebericht nach **I 4** bei kleinen KapitalGes (§ 267 I), außer wenn satzungsrechtlich vorgeschrieben (dann auch, wenn KapitalGes ursprünglich nicht klein war, BGH DStR **08,** 629). Ist die KapitalGes kapitalmarktorientiert (§ 264 d) und nicht zur Aufstellung eines Konzernabschlusses verpflichtet (§ 290), verlangt **I 2** zudem Aufstellung einer Kapitalflussrechnung und eines Eigenkapitalspiegels, die mit Bilanz, GuV und Anhang eine Einheit bilden, um insoweit einen Gleichlauf aller kapitalmarktorientierten KapitalGes und Annäherung an IFRS zu erreichen, Küting/Pfitzer/Weber S 516 ff; für Konzernabschlusspflichtige gilt die erweiterte Aufstellungspflicht schon gem § 315 a und IFRS. Eine nach IFRS verbindliche Erweiterung auch um eine Segmentberichterstattung (s dazu DRS 3; zu IFRS 8 (Geschäftssegmente) s § 297 Rn 10) ist aus Kostengründen ins Belieben gestellt (RegE BilMoG 63). Die Aufstellung ist Teil der Geschäftsführung (grundsätzlich einstimmig). Die Pflicht trifft alle Organmitglieder, Karls WM **87,** 536, Geschäftsverteilung s § 238 Rn 8, Einschaltung von Hilfspersonen, auch von Wirtschaftsprüfern, ist zulässig (vgl § 238 Rn 10); aber Entscheidung über die Vorlage bleibt Sache aller gesetzlichen Vertreter, Lu/Ho § 42 Rn 12. Grundsätze für die Erstellung von Jahresabschlüssen durch Wirtschaftsprüfer IDW-ES 7, Scherf/Willeke StuB **09,** 12. Weisungsrecht der Gfter je nach GesForm, so zB bei GmbH (vgl § 46 Nr 1 GmbHG), Baumb/Hueck/Schulze-Osterloh, § 41 Rn 49. Vorlage an den Abschlussprüfer s § 320 I 1; Feststellung s Rn 8; Offenlegung s §§ 325 ff.

9 C. **Aufstellungsfrist:** Diese beträgt für KapitalGes nach **I 3** höchstens die ersten drei Monate des neuen Geschäftsjahres. **I 4** nF mildert dies für kleine KapitalGes (§ 267 I), also auch für kleine AG, gilt aber nicht für Kreditinstitute (§ 340 a I). Die Sechsmonatsfrist des I 3 Halbs 2 ist aber nicht die zulässige Regel, sondern die äußerste Grenze. Eine generell sechs Monate vorsehende Satzungsbestimmung ist unwirksam, BayObLG WM **87,** 502. Liquidator tritt in die laufende Frist ein, BayObLG BB **90,** 600. I 3 verlangt Aufstellung innerhalb der einem ordnungsgemäßen Geschäftsgang entsprechenden Zeit; diese kann nach GoB unter sechs Monaten liegen. EinzelKflte und PersonenGes s § 243 Rn 10. Stichtagsprinzip s § 243 Rn 11. Schadensersatzpflicht s § 238 Rn 19. Zwangsgeld nach § 335.

10 D. **Feststellung:** Aufstellung und Feststellung sind streng zu unterscheiden. Erst mit wirksamer Feststellung wird der Jahresabschluss verbindlich (§ 245

Rn 4). Zuständigkeit für Feststellung je nach GesForm zB (2 a) AktG §§ 172, 173, § 46 Nr 1 GmbHG.

3) Vermittlung eines den tatsächlichen Verhältnissen entsprechenden Bildes der Vermögens-, Finanz- und Ertragslage (II 1)

A. **Generalklausel:** II 1 enthält das auf britisches Recht zurückgehende, dort **11** als overriding principle ausgestaltete **true and fair view**-Prinzip als Generalklausel für den Jahresabschluss der KapitalGes (Einblicksgebot). Für EinzelKflte und PersonenGes gilt dieses Prinzip nicht, doch können im Einzelfall gleiche Anforderungen aus dem Grundsatz der Bilanzwahrheit folgen (s § 243 Rn 5). Der Jahresabschluss muss unter Beachtung (nicht nur im Rahmen) der GoB ein den tatsächlichen Verhältnissen entsprechendes Bild der Vermögens-, Finanz- und Ertragslage der KapitalGes (nicht nur einen möglichst sicheren Einblick in die Vermögens- und Ertragslage der Ges) vermitteln. Sonst sind zusätzliche Angaben im Anhang nötig (II 2). Das Gebot des II 1 richtet sich aber nur an den Jahresabschluss insgesamt (Bilanz, GuV und Anhang als Einheit, I 1), nicht an jeden Teil, hL, das starre Zahlenwerk der Bilanz und GuV wird idR durch den flexibleren Anhang in das richtige Licht gestellt (s Rn 14), ADS 47, 62, dann aber 93 ff, vgl auch § 252 Rn 22. Aber die Versuche der üL, II herunterzuspielen, sind seit EuGH ZIP **96,** 1168, ber **97,** 1374 (Tomberger), nicht mehr haltbar, vielmehr zentrale Vorschrift mit unmittelbarer bilanzrechtlicher Bedeutung, Klinke ZGR **98,** 231, str. Die verbreitete Abkoppelungsthese (II nur für Anhang relevant; Moxter, Beisse) ist damit unvereinbar, Kleindiek ZGR **98,** 475. Lit: Ekkenga, Anlegerschutz 1998, Hennrichs, Wahlrechte 1999; van Hulle FS Budde **95,** 313 (4. EG-Ri), Hoffmann DB **96,** 1821, de Weerth RIW **96,** 763, Weber-Grellet DB **96,** 2089, Budde/Steuber AG **96,** 542, Hennrichs ZGR **97,** 66, Herrlinghaus IStR **97,** 529, van Hulle WPg **98,** 138, Wolf DStR **05,** 438 (BilReG).

B. **Vermögens-, Finanz- und Ertragslage:** Nach II 1 sind drei Lagen, **12** soweit möglich einzeln als Teillagen (aber Interdependenz) und ohne festes Rangverhältnis (hM, ADS 60) zu bestimmen.

a) Die **Vermögenslage** ist das Verhältnis des Vermögens des Kfm und seiner Schulden (§ 242 I 1), nach aA enger auf Aktivseite bezogen. Ihre Darstellung ergibt sich aus der Gegenüberstellung in der Bilanz und den dazu gehörenden Angaben im Anhang. II 1 fordert, dass (nur) die bilanzielle Vermögenslage der tatsächlichen Verhältnissen entsprechend abgebildet ist, also nach Aufbau, Fristigkeit und Relationen von Vermögen und Kapital, so wie nach den Bilanzierungsregeln im Gesetz und GuV vorgeschrieben. Die darin liegenden bilanziellen Grenzen der Aussage (zB Bilanzierungsverbot für den originären Geschäfts- oder Firmenwert § 246 I 4, für bestimmtes nicht entgeltlich erworbenes immaterielles Anlagevermögen § 248 II, Stichtagsprinzip, Anschaffungswerte ohne Berücksichtigung der Inflation, überhaupt Ableitung des Jahresabschlusses aus der Buchführung ua) stellt II 1 nicht in Frage.

b) Die **Finanzlage** betrifft die Finanzierung und vor allem die künftige **13** Liquidität der Ges (früher als Teil der Vermögenslage aufgefasst). Ihre Darstellung ergibt sich vor allem aus der Bilanz, aber auch aus der GuV mit den jeweils dazugehörenden Angaben im Anhang. Die bilanzielle Finanzlage resultiert ua aus Höhe, Fälligkeit und Relation von Forderungen (und flüssigen Mitteln) und Verbindlichkeiten (§ 268 IV 1, V 1, § 285 Nr 1 a, 2) und aus den in der Bilanz nicht zum Ausdruck kommenden sonstigen Verpflichtungen (§ 285 Nr 3 a); Erleichterungen für kleine Ges § 288. Eine umfassende Darstellung der wirtschaftlichen Lage, zB eine (vergangenheitsbezogene) Kapitalflussrechnung oder ein (zukunftsbezogener) Finanzplan, ist wünschenswert (§ 284 Rn 8) und wird auch schrittweise verwirklicht (Kapitalflussrechnung, s I 2 und § 297 I 2), aber von II 1 nicht umfassend vorgeschrieben. Dazu IDW-SABI 3/86 WPg **86,** 670.

§ 264 14–20   III. Buch. Handelsbücher

14   c) Die **Ertragslage** (Erfolgslage) betrifft Höhe und Zustandekommen des Erfolgs (Jahresüberschuss bzw -fehlbetrag der abgelaufenen Rechnungsperiode und ihre Komponenten Aufwand und Ertrag samt Struktur und Veränderungen). Ihre Darstellung ergibt sich vor allem aus der GuV und den dazu gehörenden Angaben im Anhang.

15   C. **Den tatsächlichen Verhältnissen entsprechendes Bild:** II 1 geht davon aus, dass das den tatsächlichen Verhältnissen entsprechende Bild sich grundsätzlich **schon aus dem Jahresabschluss** ergibt, wenn er gemäß den Einzelvorschriften der §§ 238 ff und anderen Rechtsnormen sowie den GoB („unter Beachtung der GoB", noch einmal klargestellt in II 1) aufgestellt ist. Das zeigt auch II 2 (Korrektur bei „besonderen Umständen"). II 1 erlaubt es also nicht, den Inhalt und Umfang des Jahresabschlusses abweichend von den gesetzlichen Vorschriften zu bestimmen oder ganz allgemein zusätzliche Anforderungen für alle oder bestimmte Unternehmen zu begründen (Begr E § 237).

16   a) II 1 ist danach in erster Linie eine **Auslegungshilfe,** wenn die Einzelnormen auslegungsbedürftig und lückenhaft sind (Begr E § 237). Das gilt vor allem für den Anhang als Korrektiv des Zahlenwerks von Bilanz und GuV (s Rn 9). Aber II 1 ist nicht nur dem Anhang zugewiesen (Abkoppelungsthese, str), s Rn 9.

17   b) Bei **Schätzungen,** zB § 253 I 2, III 2, ist Maßstab die vernünftige kfm Beurteilung. Diese muss sich im Rahmen des jeweiligen Normzwecks halten, zB Vorsichtsprinzip bei Rückstellungen; sie darf den danach eventuell bestehenden Beurteilungsspielraum aber voll ausnutzen (kein Verstoß gegen II 1). II 1 kann aber eingreifen, zB wenn bei schlechtem Ertrag günstiger geschätzt wird als zuvor bei gutem, ADS 106.

18   c) Ebenso dürfen **Ansatz- und Bewertungswahlrechte** grundsätzlich voll ausgeschöpft werden, ohne dass II 1 eingreift, sehr str, ADS 107, denn der Anhang informiert über die angewandten Bilanzierungs- und Bewertungsmethoden (§ 284 II Nr 1). In Ausnahmefällen reicht aber § 284 II Nr 1 nicht aus, dann kann II 1 eingreifen, vgl BeckBilKomm/Winkeljohann/Schellhorn 30, 34 (missbräuchliche Ausnutzung). Nach aA ist zwischen echten Wahlrechten und bloß in Frage kommenden unterschiedlichen Vorgehensweisen zu unterscheiden, von letzteren darf stets nur gemäß II 1 Gebrauch gemacht werden, Küting/Weber/Baetge/Commandeur 36.

19   d) **Bilanzierungshilfen,** zB §§ 274 I 2, 255 IV aF, 269 aF, und die Passivierungs- und Abschreibungsrechte aus Steuergründen (**umgekehrte Maßgeblichkeit,** s § 242 Rn 5) können uneingeschränkt in Anspruch genommen werden, ganz hL (sind aber durch BilMoG weitgehend **abgeschafft**). Denn sie sind nicht nur klar auszuweisen, sondern auch im Anhang zu erläutern. Das gilt auch für das Passivierungswahlrecht bei Altfällen von Pensionen (s § 249 Rn 6–8).

20   D. **Rechtsfolgen:** Vermittelt der Jahresabschluss bei besonderen Umständen nicht schon nach Einzelvorschriften und GoB das nach I 1 geforderte Bild, dann greift I 3 mit Pflicht zu Angaben im Anhang ein (s Rn 21–23). Verstoß gegen I 1, 3 führt zu Einschränkung des Testats nach § 322 IV. Der festgestellte Jahresabschluss kann nach § 256 I Nr 1 AktG (entspr für GmbH) nichtig sein, aber nur, wenn die Bilanz, die Gewinn- und Verlustrechnung oder der Anhang selbst Gläubigerschutzbestimmungen verletzen, insbesondere bei Aufbau- oder Gliederungsfehlern und bei fehlerhaften Ansätzen oder Bewertungen; § 256 I 1 Nr 1 AktG wird aber insoweit durch § 256 IV, V AktG eingeschränkt, BGH **124,** 117, **137,** 384 (Tomberger, § 246 Rn 11), **142,** 384; auch ADS 138: jedenfalls nur in Extremfällen.

4) Angabepflicht bei besonderen Umständen (II 2)

A. Grundsatz: II 2 verlangt **zusätzliche Angaben im Anhang,** also über 21 die Pflichtangaben hinaus, wenn auf Grund **besonderer Umstände** der Jahresabschluss trotz Anwendung der gesetzlichen Vorschriften und GoB (s Rn 15–19) hinter der Aussagekraft eines Jahresabschlusses dieses Unternehmens unter normalen Umständen iSv II 1 zurückbleibt (Begr E § 237). II 2 schließt an II 1 an. Greift schon dieser nicht ein, ist erst recht II 2 nicht einschlägig. II 2 betrifft also nicht die immanenten buchführungsmäßigen und bilanziellen Grenzen des Jahresabschlusses (s Rn 10–17). Diskrepanzen zwischen dem wirklichen und dem zulässigen Buchwert zB auf Grund des Niederstwertprinzips oder der Bewertungswahlrechte (s § 252 Rn 28) lösen die Angabepflicht nach II 2 nicht aus. Dagegen genügt unrichtiges Bild schon hinsichtlich einer der drei „Lagen" (s Rn 12–14).

B. Anwendungsfälle: a) Korrektur eines zu günstigen Bildes: zB unge- 22 wöhnliche, rein bilanzpolitische Maßnahmen, uU Sale-and-lease-back-Verfahren, ADS 117; Verbergen von Entwicklungstendenzen, ADS 99; Irreführung durch Nominalwertprinzip bei erheblicher Geldwertveränderung, GK BilR/Hüttemann Rn 54; Betriebe in Hochinflationsländern mit entspr Scheingewinnen; Wegfall von bilanziell nicht auszuweisenden Vorteilen, die wesentliche Grundlage der Ertragslage sind, etwa wichtiges selbst geschaffenes Patent oder Gefährdung der Rohstoffzulieferung infolge Ausfalls eines nicht ersetzbaren Lieferanten, ADS 120; wesentliche Tätigkeit in politisch gefährdeten Ländern; Teilliquidation von Filialen, Werken oder Betriebsabteilungen, die nach Fortführungswerten bilanzieren. **Nicht:** Zweifel an Fortsetzung der Unternehmenstätigkeit, ohne dass Voraussetzungen des § 252 I Nr 2 entfallen sind, sehr str, Baumb/Hueck/Schulze-Osterloh § 42 Rn 33, 245 (aber § 289 II Nr 2), aA BeckBilKomm/Winkeljohann/Geißler § 252 Rn 15, GK/Marsch-Barner § 252 Rn 5; idR nicht bei unüblicher Ausübung von Ansatzwahlrechten (s Rn 16), sehr str, aA Baumb/Hueck/Schulze-Osterloh § 42 Rn 33; früher (als Bildung noch grds zulässig) auch für Branche ungewöhnlich hohe stille Reserven, aA Schulze-Osterloh ZHR 150 **(86)** 564, aber uU irreführende heimliche Auflösung (s auch § 252 Rn 13 ff); Zweifel über wesentliche Bilanzierungsfragen, zB bei schwankender Rspr oder neuen Bilanzierungsproblemen, aA BeckBilKomm/Winkeljohann/Schellhorn 53.

b) Korrektur eines zu ungünstigen Bildes: zB langfristige Fertigung in 23 erheblichem Umfang, etwa im Anlagen- und Schiffsbau, hL, ADS 122, § 252 Rn 19; uU bei zu ungünstiger kumulierter Anwendung des Vorsichts-, Imparitäts- und Realisationsprinzips (§ 252 Rn 10–12), Moxter FS Goerdeler **87,** 373; Irreführung durch Nominalwertprinzip bei erheblicher Geldwertveränderung, WP-Hdb 06 I F 841; bei Angaben über nicht bilanzierungsfähige Risiken nach § 285 Nr 3 a uU zum Ausgleich nicht bilanzierungsfähiger positiver Erwartungen, Baumb/Hueck/Schulze-Osterloh § 42 Rn 33.

c) Gesellschaftsrechtliche Sonderfälle: nur ausnahmsweise bei verdeckten 24 Gewinnausschüttungen oder verdeckten Einlagen; im Vertragskonzern und im faktischen Konzern, ADS 127.

5) Bilanzpolitik (Bilanzierungs- und Bewertungswahlrechte)

II steht einer Bilanzpolitik durch Ausnutzung aller zulässigen Bilanzierungs- 25 und Bewertungswahlrechte, soweit nach BilMoG überhaupt noch vorhanden, nicht entgegen. **Bilanzierungswahlrechte** (Ansatzwahlrechte) sind Aktivierungswahlrechte (zB Disagio § 250 III; Bilanzierungshilfe nach § 274 I) oder Passivierungswahlrechte (zB das nach BGH angeblich bestehende für Pensionszusagen für Altfälle, s § 249 Rn 6–8). **Bewertungswahlrechte** s § 252 Rn 28. **Darstellungs- und Gliederungswahlrechte** s § 265 Rn 9. Grenzen der Wirk-

§ 264   26, 27

samkeit bilanzpolitisch motivierter Rechtsgeschäfte, Kropff ZGR **93**, 41. Lit: Hennrichs, Wahlrechte **99**; Küting/Weber, Bilanzanalyse, 4. Aufl **99**, Küting DB **08**, 1330, Göllert DB **08**, 1167.

6) Bilanzeid (II 3)

26 Nach II 3 idF TUG 2007 (**Übergangsrecht** in (1) EGHGB Art 62) sind die gesetzlichen Vertreter börsennotierter Kapitalgesellschaften verpflichtet, die Einhaltung der für den Jahresabschluss geltenden Vorgaben gem II 1 u 2 bei Unterzeichnung des Jahresabschlusses schriftlich zu bestätigen. Entsprechende Erklärungspflichten gelten gem § 289 I 5, § 297 II 4, § 315 I 6 für Lagebericht, Konzernabschluss und Konzernlagebericht, auch dann, wenn das Unternehmen oder Mutterunternehmen nach internationalen Standards bilanziert, §§ 315 a I, 325 II a. Die nach US-amerikanischem Vorbild (s Sec. 302 Sarbanes-Oxley Act 2002) geschaffene Regelung setzt Art 4 II c der EU-TransparenzRi 2004/109/EG v 15. 12. 2004 ABlEG Nr L 390/38 v 31. 12. 04 um. Betroffen sind nur Kapitalgesellschaften, die Inlandsemittenten iSv **(16)** § 2 VII WpHG sind. Ausgenommen sind nur Kapitalgesellschaften iSv § 327 a (emittieren keine Aktien, sondern nur hoch gestückelte Schuldtitel). Gem II 3 muss der Bilanzeid von den gesetzlichen Vertretern des Emittenten (Vorstand der AG, § 94 AktG) geleistet werden. Auf den einschränkenden Zusatz „nach bestem Wissen" (Art 4 II Buchst c EU-TransparenzRi) könnte verzichtet werden, da Strafbarkeit wegen falschen Bilanzeids nach § 331 ohnehin wissentliche Begehung voraussetzt. Beschränkung auf vorhandenes Wissen genügt nicht. Vorstand muss sich grundsätzlich um möglichst vollständiges Wissen bemühen, s Begr Finanzausschuss BT-Drucks 16/3444, 80. Versicherung muss bei Unterzeichnung des Jahresabschlusses schriftlich (s § 126 I BGB) abgegeben werden. Das meint den festgestellten Abschluss, nicht den bloß aufgestellten, str, wie hier Fleischer ZIP **07**, 97, aA DAV-Handelsrechtsausschuss NZG **06**, 655. Wegen höchstpersönlicher Natur des Bilanzeids ist Stellvertretung unzulässig. Nicht richtige Abgabe des Bilanzeids steht unter Strafe, § 331 Nr 3 a, s dort. Zivilrechtliche Haftung nicht aus Garantie, aber aus § 823 II BGB iVm II 3 bzw § 331 Nr 3a sowie aus § 826 BGB (Vorsatznachweis!). Lit: Fleischer WM **06**, 2021, Fleischer ZIP **07**, 97; Heldt/Ziemann NZG **06**, 652 (Strafrecht).

7) Erleichterungen für Tochterunternehmen konzernabschlusspflichtiger Mutterunternehmen (III)

27 III idF KapAEG 1998 enthält Erleichterungen für TochterKapitalGes eines nach § 290 konzernabschlusspflichtigen Mutterunternehmens. Diese brauchen die Vorschriften über Inhalt, Prüfung und Offenlegung des Jahresabschlusses (2. Abschn Unterabschn 1, 3, 4) unter den in III genannten fünf Voraussetzungen nicht anzuwenden. Besonders wichtig sind die Verlustübernahme der Mutter nach § 302 AktG oder freiwillig (nicht bloße Patronatserklärung) und ihre Offenlegung nach § 325 (III Nr 2) sowie die tatsächliche Einbeziehung der Tochter in den Konzernabschluss der Mutter (III Nr 3, nicht im Falle der §§ 296, 311). Alle Gfter der Tochter müssen der Befreiung für das jeweilige Geschäftsjahr (str, ob auch im Voraus für weitere Geschäftsjahre) zugestimmt haben (auch formlos, nicht notwendig durch Beschluss, nicht erst nachträglich nach Feststellung) und dies nach § 325 offen gelegt haben (III Nr 1). Angabe im Anhang des nach § 325 veröffentlichten Konzernabschlusses und zusätzlich Mitteilung im elektronischen BAnz der Tochter unter Bezugnahme auf § 264 III und Angabe des Mutterunternehmens (III Nr 4 a, b). Die Tochter bleibt auf jeden Fall buchführungspflichtig und muss einen Jahresabschluss aufstellen (§§ 238–263). III gilt auch im mehrstufigen Konzern bei Unternehmensverträgen zwischen allen Stufen, GK/Marsch-Barner 16. Analog anwendbar auch auf Konzernabschlüsse nach §§ 291, 315 a, Schindler/Rabenhorst BB **98**, 1893, Dörner/Wirth DB **98**, 1527. Ausdehnung von III auf PublG s Rn 25. Keine uneingeschränkte Anwendung auf

2. Abschnitt. Vorschriften für Kapitalgesellschaften 1 **§ 264a**

Kreditinstitute und Versicherungsunternehmen (§§ 340a II 4, 341a II 4). Prüfungshinweis IDW FN **00,** 52. Lit: Giese/Rabenhorst/Schindler BB **01,** 511, Deilmann BB **06,** 2347 (EHUG), Scheunemann DB **06,** 797 (Schlussbilanz bei Verschmelzung), Schmalenbach/Kiefner DB **07,** 1068.

8) Erleichterungen für Tochterunternehmen von nach dem PublG konzernabschlusspflichtiger Mutterunternehmen (IV)

IV idF KapCoRiLiG 2000. III gilt danach auch für TochterKapitalGes einer 28 nach § 11 PublG konzernabschlusspflichtigen Mutter, soweit im Konzernabschluss von dem Wahlrecht nach § 13 III 1 PublG nicht Gebrauch gemacht worden ist. Entspr für Tochterunternehmen, die keine KapitalGes sind (§ 5 VI PublG), Giese/Rabenhorst/Schindler BB **01,** 511.

9) IAS/IFRS-Regelungen

A. Die Standards treffen **keine Unterscheidung** nach **Rechtsform** und nach 29 **Jahres- und Konzernabschluss;** keine **Stufung** des Umfangs der Rechnungslegung für **KapitalGes** bzw **Konzerne** im Vergleich zu anderen Ges. Aber implizit gehen die Standards von **kapitalmarktorientierten** Ges aus.

B. **IAS 1.15** enthält eine **§ 264 II entsprechende** Vorschrift, die Vermögens-, 30 Finanz- und Ertragslage sowie den Cashflow entsprechend den tatsächlichen Verhältnissen **(fair presentation)** darzustellen.

Anwendung auf bestimmte offene Handelsgesellschaften und Kommanditgesellschaften

264a (1) Die Vorschriften des Ersten bis Fünften Unterabschnitts des Zweiten Abschnitts sind auch anzuwenden auf offene Handelsgesellschaften und Kommanditgesellschaften, bei denen nicht wenigstens ein persönlich haftender Gesellschafter

1. eine natürliche Person oder
2. eine offene Handelsgesellschaft, Kommanditgesellschaft oder andere Personengesellschaft mit einer natürlichen Person als persönlich haftendem Gesellschafterist oder sich die Verbindung von Gesellschaften in dieser Art fortsetzt.

(2) In den Vorschriften dieses Abschnitts gelten als gesetzliche Vertreter einer offenen Handelsgesellschaft und Kommanditgesellschaft nach Absatz 1 die Mitglieder des vertretungsberechtigten Organs der vertretungsberechtigten Gesellschaften.

1) Anwendbarkeit auf bestimmte OHG und KG, insbesondere GmbH & Co (I)

§§ 264a–c idF KapCoRiLiG 2000 bringen die lange EG-vertragswidrig ver- 1 zögerte Umsetzung der GmbH & Co-Richtlinie (Einl 15 v § 238) und stellen bestimmte OHG und KG, insbesondere **GmbH & Co,** den KapitalGes nach §§ 264 ff gleich. § 264a I geht im Anwendungsbereich über diese EG-Ri (Einl 15 v § 238) hinaus, die NichtKapitalGes & Co von vornherein nicht erfasst. Die Vorschriften des 2. Abschn. 5. Unterabschn des 2. Abschn (§§ 264–330; 6. Unterabschn §§ 331–335 b s § 335 a) sind auch auf OHG und KG anwendbar, bei denen nicht wenigstens ein phG entweder eine natürliche Person (I Nr 1) oder eine OHG, KG oder andere PersonenGes (zB PartG) mit einer natürlichen Person als phG (Nr 2) ist oder sich die Verbindung von Ges in dieser Art fortsetzt. In diesen Fällen kommt es zur Abschlusspublizität nach §§ 264 ff als notwendigem Ausgleich für die Haftungsbeschränkung (RegE). I erfasst somit mangels Haftung einer natürlichen Person systemgerecht KapitalGes & Co ebenso wie **Nichtkapitalgesellschaft &**

§ 264b
III. Buch. Handelsbücher

Co, zB Stiftung & Co oder eG & Co (vgl Anh § 177a Rn 11), und behandelt sie wie eine KapitalGes. Fällt Haftungsprivileg durch späteren Eintritt von phG weg, entfällt Offenlegungspflicht auch rückwirkend, LG Osnabrück BB **05**, 2461. Lit zu §§ 264a–c: Wiechmann WPg **99**, 916 (Jahres- und Konzernabschluss der GmbH & Co KG), Kusterer ua DStR **00**, 606 (GmbH & Co), Luttermann ZIP **00**, 517, Pawelzik/Theile DStR **00**, 2145 (GmbH & Co-Konzern), Salgert WPK-Mitt **00**, 86, Strobel DB **00**, 53, Theile GmbHR **00**, 215 (GmbH & Co), Herrmann WPg **01**, 271 (GmbH & Co), Giese ua BB **01**, 511 (KonzernGes), IDW ERS HFA 7, FN **01**, 642 (PersonenGes), Schiedermair/Maul FS Welf Müller **01**, 502 (GmbH & Co), Keller StuB **01**, 212 (Konzernabschluss), Kraft FS Welf Müller **01**, 463 (Befreiung nach § 264 III), Schulze-Osterloh BB **02**, 1307 (Befreiung), von Kanitz WPg **03**, 324 (PersonenGes), Höfner NJW **04**, 475 (GmbH & Co), Vater KoR **05**, 130 (GmbH & Co), Scheunemann DB **06**, 797 (Schlussbilanz Verschmelzung), Präsidium der Bundessteuerberaterkammer DStR **06**, 668, Bingel/Weidenhammer DStR **06**, 675 (Eigenkapitalausweis).

2   I Nr 2 bezieht auch **mehrstöckige** Ges ein, aber wegen der EG-Ri weitergehend als § 19 II (vgl § 19 Rn 25). I ist streng nach dem Wortlaut auszulegen (RegE), Grund: EG-Ri. Nach I Nr 2 sowie dem letzten Halbs („oder sich die Verbindung von Gesellschaften in dieser Art fortsetzt", vgl § 130a IV) ist zwar eine PersonenGes, bei der im Rahmen eines mehrstufigen GesVerhältnissses eine natürliche Person phG ist, von §§ 264ff befreit. Das gilt aber nur, solange nicht auf einer GesEbene ausschließlich NichtPersonenGes phG sind. So wird zB eine OHG, deren Gfter aus einer GmbH und einer KG, deren einziger phG eine KGaA ist, bestehen, auch dann erfasst, wenn der phG der KGaA eine natürliche Person ist (RegE).

2) Gesetzliche Vertreter (II)

3   II stellt klar, dass iSd 2. Abschn (s Rn 1), zB in § 264 I 1, als gesetzliche Vertreter der OHG und KG nach I die Mitglieder des vertretungsberechtigten Organs der vertretungsberechtigten Ges gelten, also bei der GmbH & Co die Geschäftsführer der GmbH. Das gilt bei mehrstöckigen Ges entspr auf den zwei oder mehr Ebenen unter der GmbH & Co bzw PersonenGes iSv I.

3) IAS/IFRS-Regelungen

4   Keine vergleichbare Regelung in den Standards, da derzeit keine rechtsformabhängige Abstufung.

Befreiung von der Pflicht zur Aufstellung eines Jahresabschlusses nach den für Kapitalgesellschaften geltenden Vorschriften

264b Eine Personenhandelsgesellschaft im Sinne des § 264a Abs. 1 ist von der Verpflichtung befreit, einen Jahresabschluss und einen Lagebericht nach den Vorschriften dieses Abschnitts aufzustellen, prüfen zu lassen und offen zu legen, wenn

1. sie in den Konzernabschluss eines Mutterunternehmens mit Sitz in einem Mitgliedstaat der Europäischen Union oder einem anderen Vertragsstaat des Abkommens über den Europäischen Wirtschaftsraum oder in den Konzernabschluss eines anderen Unternehmens, das persönlich haftender Gesellschafter dieser Personenhandelsgesellschaft ist, einbezogen ist;
2. der Konzernabschluss sowie der Konzernlagebericht im Einklang mit der Richtlinie 83/349/EWG des Rates vom 13. Juni 1983 auf Grund von Artikel 54 Abs. 3 Buchstabe g des Vertrages über den konsolidierten Abschluss (ABl. EG Nr. L 193 S. 1) und der Richtlinie 84/253/EWG des Rates vom 10. April 1984 über die Zulassung der mit der Pflichtprüfung der Rech-

2. Abschnitt. Vorschriften für Kapitalgesellschaften § 264c

nungslegungsunterlagen beauftragten Personen (ABl. EG Nr. L 126 S. 20) in ihren jeweils geltenden Fassungen nach dem für das den Konzernabschluss aufstellende Unternehmen maßgeblichen Recht aufgestellt, von einem zugelassenen Abschlussprüfer geprüft und offen gelegt worden ist und
3. die Befreiung der Personenhandelsgesellschaft
   a) im Anhang des von dem Mutterunternehmen aufgestellten und nach § 325 durch Einreichung beim Betreiber des elektronischen Bundesanzeigers offen gelegten Konzernabschlusses angegeben und
   b) zusätzlich im elektronischen Bundesanzeiger für die Personenhandelsgesellschaft unter Bezugnahme auf diese Vorschrift und unter Angabe des Mutterunternehmens mitgeteilt worden ist.

1) Erleichterungen für Personenges

§ 264 b idF EHUG 2006 entspricht systematisch § 264 III, verzichtet aber auf 1
§ 264 III Nr 1–2 und modifiziert § 264 III Nr 3–5 durch § 264 b Nr 2–4.
§ 264 b befreit die PersonenGes iSv § 264 a I unter bestimmten Voraussetzungen von der Pflicht, den Jahresabschluss und Lagebericht wie eine KapitalGes nach §§ 264 ff aufzustellen, prüfen zu lassen und offenzulegen. Die vier Voraussetzungen sind: Einbeziehung der PersonenGes (Tochter- oder Enkelunternehmen, RegE) in den Konzernabschluss einer Mutter mit Sitz in EU oder EWR oder eines anderen Unternehmens (Nichtmutter), das phG der PersonenGes ist **(Nr 1)**; Aufstellung, Prüfung und Offenlegung des Konzernabschlusses und Konzernlageberichts im Einklang mit der 7. und 8. EG-Ri (KonzernbilanzRi und PrüferRi, Einl 5–6 v § 238) nach dem für das aufstellende Unternehmen maßgeblichen Recht gleitend, klargestellt durch BilReg 2004, AmtlBegr, BTDrucks 15/3419, S. 29) **(Nr 2)**; Angabe der Befreiung der Personengesellschaft im Anhang des von dem Mutterunternehmen aufgestellten und nach § 325 durch Einreichung beim Betreiber des elektronischen Bundesanzeigers offen gelegten Konzernabschlusses **(Nr 3 a)** und zusätzliche Mitteilung im elektronischen Bundesanzeiger für die Personengesellschaft unter Bezugnahme auf diese Vorschrift und unter Angabe des Mutterunternehmens **(Nr 3 b)**. Die Befreiung von der Prüfungs- und Offenlegungspflicht gilt auch bei freiwilliger Aufstellung eines Jahresabschlusses. Die Befreiung nach § 264 b lässt die Pflicht, wie alle Kflte einen Abschluss nach §§ 238–263 aufzustellen, unberührt. Lit: Giese/Rabenhorst/Schindler BB **01,** 511 sowie die Angaben bei § 264 a Rn 1.

2) IAS/IFRS-Regelungen
Keine vergleichbare Regelung in den Standards. 2

Besondere Bestimmungen für offene Handelsgesellschaften und Kommanditgesellschaften im Sinne des § 264 a

264c (1) ¹Ausleihungen, Forderungen und Verbindlichkeiten gegenüber Gesellschaftern sind in der Regel als solche jeweils gesondert auszuweisen oder im Anhang anzugeben. ²Werden sie unter anderen Posten ausgewiesen, so muss diese Eigenschaft vermerkt werden.

(2) ¹§ 266 Abs. 3 Buchstabe A ist mit der Maßgabe anzuwenden, dass als Eigenkapital die folgenden Posten gesondert auszuweisen sind:
   I. Kapitalanteile
   II. Rücklagen
   III. Gewinnvortrag/Verlustvortrag
   IV. Jahresüberschuss/Jahresfehlbetrag.

§ 264c 1

²Anstelle des Postens „Gezeichnetes Kapital" sind die Kapitalanteile der persönlich haftenden Gesellschafter auszuweisen; sie dürfen auch zusammengefasst ausgewiesen werden. ³Der auf den Kapitalanteil eines persönlich haftenden Gesellschafters für das Geschäftsjahr entfallende Verlust ist von dem Kapitalanteil abzuschreiben. ⁴Soweit der Verlust den Kapitalanteil übersteigt, ist er auf der Aktivseite unter der Bezeichnung „Einzahlungsverpflichtungen persönlich haftender Gesellschafter" unter den Forderungen gesondert auszuweisen, soweit eine Zahlungsverpflichtung besteht. ⁵Besteht keine Zahlungsverpflichtung, so ist der Betrag als „Nicht durch Vermögenseinlagen gedeckter Verlustanteil persönlich haftender Gesellschafter" zu bezeichnen und gemäß § 268 Abs. 3 auszuweisen. ⁶Die Sätze 2 bis 5 sind auf die Einlagen von Kommanditisten entsprechend anzuwenden, wobei diese insgesamt gesondert gegenüber den Kapitalanteilen der persönlich haftenden Gesellschafter auszuweisen sind. ⁷Eine Forderung darf jedoch nur ausgewiesen werden, soweit eine Einzahlungsverpflichtung besteht; dasselbe gilt, wenn ein Kommanditist Gewinnanteile entnimmt, während sein Kapitalanteil durch Verlust unter den Betrag der geleisteten Einlage herabgemindert ist, oder soweit durch die Entnahme der Kapitalanteil unter den bezeichneten Betrag herabgemindert wird. ⁸Als Rücklagen sind nur solche Beträge auszuweisen, die auf Grund einer gesellschaftsrechtlichen Vereinbarung gebildet worden sind. ⁹Im Anhang ist der Betrag der im Handelsregister gemäß § 172 Abs. 1 eingetragenen Einlagen anzugeben, soweit diese nicht geleistet sind.

(3) ¹Das sonstige Vermögen der Gesellschafter (Privatvermögen) darf nicht in die Bilanz und die auf das Privatvermögen entfallenden Aufwendungen und Erträge dürfen nicht in die Gewinn- und Verlustrechnung aufgenommen werden. ²In der Gewinn- und Verlustrechnung darf jedoch nach dem Posten „Jahresüberschuss/Jahresfehlbetrag" ein dem Steuersatz der Komplementärgesellschaft entsprechender Steueraufwand der Gesellschafter offen abgesetzt oder hinzugerechnet werden.

(4) ¹Anteile an Komplementärgesellschaften sind in der Bilanz auf der Aktivseite unter den Posten A.III.1 oder A.III.3 auszuweisen. ²§ 272 Abs. 4 ist mit der Maßgabe anzuwenden, dass für diese Anteile in Höhe des aktivierten Betrags nach dem Posten „Eigenkapital" ein Sonderposten unter der Bezeichnung „Ausgleichsposten für aktivierte eigene Anteile" zu bilden ist.

Übersicht

1) Ausleihungen, Forderungen und Verbindlichkeiten gegenüber Gesellschaftern (I) 1
2) Eigenkapital (II) 2
3) Privatvermögen der Gesellschafter (III) 3
4) Anteile an Komplementärgesellschaften (IV) 4
5) Keine Änderungen zu § 290 5
6) IAS/IFRS-Regelungen 6

1) Ausleihungen, Forderungen und Verbindlichkeiten gegenüber Gesellschaftern (I)

1 § 264 c idF KapCoRiLiG 2000 fasst die besonderen Bestimmungen, die für die PersonenGes iSv § 264 a wegen ihrer Struktur als PersonenGes notwendig sind, zwecks besserer Übersicht in einer Vorschrift zusammen. I entspricht (2 b) GmbHG § 42 III. Ausleihungen, Forderungen und Verbindlichkeiten gegenüber Gftern sind idR als solche jeweils gesondert auszuweisen oder im Anhang anzugeben (I 1). Bei Ausweis unter einem anderen Posten ist diese Eigenschaft zu vermerken (I 2). Grund (RegE): Solche Rechtsbeziehungen zwischen Personen-Ges und Gfter (zB Zinsen für GfterDarlehen, feste und gewinnabhängige Tätig-

2. Abschnitt. Vorschriften für Kapitalgesellschaften 2, 3 § 264c

keitsvergütungen, Miete oder Pacht für überlassene Grundstücke) können gesellschafts- oder schuldrechtlich vereinbart sein. Im ersteren Fall sind sie bei der Ergebnisverteilung zu berücksichtigen, im letzteren Fall als Aufwendungen oder Erträge in der GuV. Je nach Vertragsgestaltung ergeben sich also unterschiedliche Auswirkungen auf die Darstellung des Ergebnisses bzw die Vermögens-, Finanz- und Ertragslage des Unternehmens. GfterStellung muss zum Bilanzstichtag vorliegen; bei GmbH genügt mangels Anmeldung nach § 16 GmbHG auch anderweitige Kenntniserlangung der Ges, str. Ausleihungen sind längerfristige Darlehen ohne Rücksicht auf Restlaufzeit. Forderungen sind die übrigen Geld- oder in Geld bewertbaren Ansprüche der Ges gegen den Gfter, entspr Verbindlichkeiten der Ges gegen Gfter. Gesonderter Ausweis in Bilanz und Angabe im Anhang (I 1) sind gleichwertige Alternativen mit Vorrang gegenüber Vermerk bei anderen Posten (I 2), üL, aA Lu/Ho § 42 Rn 29; Vorrang von Ausweis in Bilanz. Angaben im Anhang über I 1 hinaus über Art der Vertragsgestaltung sind nicht notwendig. Lit: Theile BB **00**, 555 (Ausweisfragen) sowie die Angaben bei § 264a Rn 1.

2) Eigenkapital (II)

Die Gliederung der Bilanz für den Posten A Eigenkapital (§ 266 III A I–V mit **2** § 272) ist auf KapitalGes abgestellt. II passt das auf die PersonenGes an. Als Eigenkapital sind bei ihr auszuweisen: I. Kapitalanteile, II. Rücklagen, III. Gewinnvortrag/Verlustvortrag, IV. Jahresüberschuss/Jahresfehlbetrag **(II 1)**. Soweit im Jahresabschluss nach Gesetz (zB I 3, 120, 167) oder GesVertrag Teile des Jahresüberschusses/Jahresfehlbetrags den GfterKonten zu- oder abzuschreiben sind, ist § 268 I anwendbar (RegE). II 2–5 sind § 286 II AktG (phG der KGaA) nachgebildet. Statt des Postens „Gezeichnetes Kapital" (§ 266 Rn 14) sind die Kapitalanteile der phG (§ 120 Rn 12) auszuweisen, zulässigerweise auch zusammengefasst **(II 2)**; unter Kapitalanteile sind nach RegE unabhängig von ihrer Benennung (vgl § 120 Rn 12) nur solche auszuweisen, die gesellschaftsrechtlich vereinbart wurden und Eigenkapitalcharakter haben, dh Mittel, die dem Unternehmen dauerhaft zur Verfügung stehen, mit künftigen Verlusten des Unternehmens zu verrechnen sind und im Insolvenzfall zumindest hinter die Forderungen der GesGläubiger zurücktreten. Die Kapitalanteile aller phG (bzw aller Kdtisten, II 6) können jeweils zusammengefasst werden. Der auf den Kapitalanteil eines phG für das Geschäftsjahr entfallende Verlust (§ 120 Rn 22, § 121 Rn 9) ist von dem Kapitalanteil abzuschreiben **(II 3)**. Soweit der Verlust den Kapitalanteil übersteigt und (ausnahmsweise) eine Zahlungspflicht des Gfters besteht, ist er auf der Aktivseite als „Einzahlungsverpflichtungen von phG" unter den Forderungen gesondert auszuweisen **(II 4)**. Mangels Zahlungspflicht des Gfters (§ 120 Rn 22) ist der Betrag als „Nicht durch Vermögenseinlagen gedeckter Verlustanteil von phG" gemäß § 268 III (nicht durch Eigenkapital gedeckter Fehlbetrag, § 268 Rn 3) auszuweisen **(II 5)**. II 2–5 gelten entspr auch für Einlagen von Kdtisten: diese sind insgesamt gesondert gegenüber den Kapitalanteilen der phG (also getrennt, ebenfalls insgesamt) auszuweisen **(II 6)**, ein gesonderter Ausweis des jeweiligen Gewinn- und Verlustanteils ist nicht erforderlich; Forderungen dürfen nur bei entspr Einzahlungspflicht (gesellschaftsrechtlich vereinbarte Pflichteinlage, nicht Hafteinlage nach § 172 I) ausgewiesen werden **(II 7)**. Als Rücklagen (vgl bei KapitalGes § 272 II–IV) sind nur die Beträge auszuweisen, die auf Grund einer gesellschaftsrechtlichen Vereinbarung gebildet worden sind **(II 8)**. Der Betrag der im HdlReg nach § 172 I eingetragenen Einlagen (Haftsumme, § 172 Rn 1) ist im Anhang anzugeben, soweit diese nicht geleistet sind **(II 9)**.

3) Privatvermögen der Gesellschafter (III)

Das sonstige Vermögen der Gfter (Privatvermögen) darf nicht in die Bilanz und **3** darauf entfallende Aufwendungen und Erträge dürfen nicht in die GuV aufgenommen werden **(III 1)**. Persönliche Steuern der Gfter dürfen also nicht als Steuerauf-

§ 264d 1

wand der Ges erfasst werden. Jedoch Wahlrecht auf Fortführung der GuV nach der Position „Jahresüberschuss/Jahresfehlbetrag", dort darf ein dem Steuersatz der KomplementärGes entsprechender Steueraufwand der Gfter offen abgesetzt oder hinzugerechnet werden **(III 2)**. Das dient der Vergleichbarkeit des Abschlusses der PersonenGes mit dem einer KapitalGes, bei der der auf den Gewinn entfallende Körperschaftsteueranteil schon ertragsmindernd berücksichtigt ist (RegE).

4) Anteile an Komplementärgesellschaften (IV)

4   Anteile an KomplementärGes (idR KapitalGes) sind in der Bilanz auf der Aktivseite unter A.III.1 (Anteile an verbundenen Unternehmen) oder A.III.3 (Beteiligungen) auszuweisen **(IV 1)**. Als Rücklage für Anteile iSv § 272 IV (§ 272 Rn 10) ist nach dem Posten „Eigenkapital" ein entspr Sonderposten „Ausgleichsposten für aktivierte eigene Anteile" zu bilden **(IV 2)**. Dieser passivische Sonderposten tritt an die Stelle einer für PersonenHdlGes ungewöhnlichen ausschüttungsgesperrten Rücklage. Damit werden zB bei wechselseitigen Beteiligungen der GmbH & Co KG, wenn die GmbH außer dem KGAnteil keine eigenen Vermögenswerte hat, scheinbare Kapitalvermehrungen verhindert. **PersonenGes** iSv § 264a können eine Bilanzierungshilfe nach § 274 I 2 nur in Anspruch nehmen, wenn ein Sonderposten in Höhe der aktivierten Bilanzierungshilfen angesetzt ist, § 266 II D. Ausweis erfolgt gesondert in GuV (§ 274 II 3). Lit: Zeyer BB **08,** 1442.

5) Keine Änderungen zu § 290

5   Nicht Gesetz geworden ist der Vorschlag klarzustellen, dass eine KomplementärKapitalGes dann nicht als Unternehmen iSv § 290 anzusehen ist, wenn sie keinen eigenen wirtschaftlichen Geschäftsbetrieb unterhält und lediglich die Komplementärfunktion in einer GmbH & Co KG erfüllt. Vielmehr übt bei der typischen GmbH & Co KG die GmbH, die alleinige uneingeschränkte Geschäftsführungs- und Vertretungsmacht hat, die einheitliche Leitung iSv § 290 aus, hL, RegE. Ebenfalls ist es dabei geblieben, dass eine Beteiligung (§§ 290 I, 271 I) auch dann vorliegt, wenn die KomplementärGmbH an der KG beteiligt ist, ohne dass die KomplementärGmbH eine Kapitaleinlage erbracht hat (RegE). Einheitliche Leitung kann aber bei anderer gesellschaftsvertraglicher Gestaltung entfallen, zB bei Geschäftsführung des Kdtisten oder Weisungsrecht des Kdtisten an den Komplementär.

6) IAS/IFRS-Regelungen

6   Keine vergleichbare Regelung in den Standards.

Kapitalmarktorientierte Kapitalgesellschaft

264d Eine Kapitalgesellschaft ist kapitalmarktorientiert, wenn sie einen organisierten Markt im Sinn des § 2 Abs. 5 des Wertpapierhandelsgesetzes durch von ihr ausgegebene Wertpapiere im Sinn des § 2 Abs. 1 Satz 1 des Wertpapierhandelsgesetzes in Anspruch nimmt oder die Zulassung solcher Wertpapiere zum Handel an einem organisierten Markt beantragt hat.

1) Kapitalmarktorientierte Kapitalgesellschaften

1   Die Norm legt fest, wann eine KapitalGes kapitalmarktorientiert ist; der Tatbestand entspricht § 267 III 2 aF. Das sind KapitalGes, die mit von ihnen ausgegebenen Wertpapieren einen organisierten Markt in Anspruch nehmen (entspr nach § 315 a, aber dort auch Ausgabe durch Tochterunternehmen). Ges iS der Norm sind nicht nur börsennotierte AG nach § 3 II AktG oder weiter KapitalGes mit börsennotierten Wertpapieren, sondern alle Ges, die einen organisierten

Markt (s **(16)** WpHG § 2 V) durch von ihnen ausgegebene Wertpapiere (s **(16)** WpHG § 2 I 1) in Anspruch nehmen oder Zulassung beantragt haben. **Organisierter Markt** ist der regulierte Markt (FRUG), dagegen nicht der Freiverkehr (s **(14)** BörsG §§ 32 ff, 48 Rn 1). Börsennotierung oder Inanspruchnahme eines sonstigen organisierten Marktes in einem anderen Mitgliedstaat der EG bzw des EWR und außerhalb stehen gleich. Vgl für Konzernabschluss § 293 Rn 5.

2) IAS/IFRS-Regelungen
Keine vergleichbare Regelung in den Standards. 2

Allgemeine Grundsätze für die Gliederung

265 (1) ¹Die Form der Darstellung, insbesondere die Gliederung der aufeinanderfolgenden Bilanzen und Gewinn- und Verlustrechnungen, ist beizubehalten, soweit nicht in Ausnahmefällen wegen besonderer Umstände Abweichungen erforderlich sind. ²Die Abweichungen sind im Anhang anzugeben und zu begründen.

(2) ¹In der Bilanz sowie in der Gewinn- und Verlustrechnung ist zu jedem Posten der entsprechende Betrag des vorhergehenden Geschäftsjahrs anzugeben. ²Sind die Beträge nicht vergleichbar, so ist dies im Anhang anzugeben und zu erläutern. ³Wird der Vorjahresbetrag angepaßt, so ist auch dies im Anhang anzugeben und zu erläutern.

(3) Fällt ein Vermögensgegenstand oder eine Schuld unter mehrere Posten der Bilanz, so ist die Mitzugehörigkeit zu anderen Posten bei dem Posten, unter dem der Ausweis erfolgt ist, zu vermerken oder im Anhang anzugeben, wenn dies zur Aufstellung eines klaren und übersichtlichen Jahresabschlusses erforderlich ist.

(4) ¹Sind mehrere Geschäftszweige vorhanden und bedingt dies die Gliederung des Jahresabschlusses nach verschiedenen Gliederungsvorschriften, so ist der Jahresabschluß nach der für einen Geschäftszweig vorgeschriebenen Gliederung aufzustellen und nach der für die anderen Geschäftszweige vorgeschriebenen Gliederung zu ergänzen. ²Die Ergänzung ist im Anhang anzugeben und zu begründen.

(5) ¹Eine weitere Untergliederung der Posten ist zulässig; dabei ist jedoch die vorgeschriebene Gliederung zu beachten. ²Neue Posten dürfen hinzugefügt werden, wenn ihr Inhalt nicht von einem vorgeschriebenen Posten gedeckt wird.

(6) Gliederung und Bezeichnung der mit arabischen Zahlen versehenen Posten der Bilanz und der Gewinn- und Verlustrechnung sind zu ändern, wenn dies wegen Besonderheiten der Kapitalgesellschaft zur Aufstellung eines klaren und übersichtlichen Jahresabschlusses erforderlich ist.

(7) Die mit arabischen Zahlen versehenen Posten der Bilanz und der Gewinn- und Verlustrechnung können, wenn nicht besondere Formblätter vorgeschrieben sind, zusammengefaßt ausgewiesen werden, wenn

1. sie einen Betrag enthalten, der für die Vermittlung eines den tatsächlichen Verhältnissen entsprechenden Bildes im Sinne des § 264 Abs. 2 nicht erheblich ist,
oder
2. dadurch die Klarheit der Darstellung vergrößert wird; in diesem Falle müssen die zusammengefaßten Posten jedoch im Anhang gesondert ausgewiesen werden.

§ 265 1–3 III. Buch. Handelsbücher

(8) **Ein Posten der Bilanz oder der Gewinn- und Verlustrechnung, der keinen Betrag ausweist, braucht nicht aufgeführt zu werden, es sei denn, daß im vorhergehenden Geschäftsjahr unter diesem Posten ein Betrag ausgewiesen wurde.**

Übersicht

1) Ausweiskontinuität (I) 1
2) Mitangabe der Vorjahreszahlen (II) 2
3) Vermerk der Mitzugehörigkeit (III) 3
4) Gliederung bei mehreren Geschäftszweigen (IV) 4
5) Weitere Untergliederung, neue Posten (V) 5
6) Anpassung an Besonderheiten (VI) 6
7) Zusammenfassung von Posten (VII) 7
8) Weglassen von Leerposten (VIII) 8
9) Darstellungs- und Gliederungswahlrechte 9
10) Rechtsfolgen von Verletzungen 10
11) IAS/IFRS-Regelungen 11

1) Ausweiskontinuität (I)

1 I normiert für KapitalGes den Grundsatz der **formellen Bilanzkontinuität** oder Darstellungs- bzw Gliederungsstetigkeit (s § 252 Rn 24 auch zur materiellen Kontinuität). Die Darstellungsform (zB Gliederung des Jahresabschlusses, Benennung und Abgrenzung der Bilanzposten) ist, sofern überhaupt Wahlrecht besteht, beizubehalten. I gilt auch für Anhang, str, nicht aber für Lagebericht, ADS 14, str. Abweichungen sind nur in Ausnahmefällen wegen besonderer Umstände (zB Produktionsänderungen) erforderlich, zugelassen (I 1). Abweichungen sind im Anhang anzugeben und zu begründen (I 2, vgl § 284 II Nr 3, 4). Vgl auch VIII. **Übergangsrecht** in **(1)** EGHGB Art 24 V (s Einl 67 v § 238). Lit zu § 265: Duesemond WPg **94,** 721, Kropff FS Budde **95,** 341, Betsche/Betsche DStR **98,** 1805, IDW PS 318 WPg **01,** 909, Küting/Dürr DStR **05,** 938 (Genussrechte), IDW FN-IDW **06,** 273 (Emissionsberechtigungen).

2) Mitangabe der Vorjahreszahlen (II)

2 In der Bilanz und Gewinn- und Verlustrechnung sind zu jedem Posten die entsprechenden Vorjahreszahlen anzugeben (II 1). Das erhöht über Bilanzidentität und Bilanzkontinuität (s § 252 Rn 6, 24–29) hinaus die Vergleichbarkeit der Jahresabschlüsse verschiedener Geschäftsjahre. II 1 gilt im Fall des VII Nr 2 auch für Anhang, str. Auf- und Abrundungen sind nicht ausgeschlossen. Die Mitangabe ist auch erlaubt, wenn die Zahlen nicht vergleichbar sind, und die Vorjahreszahlen dürfen angepasst werden. In beiden Fällen aber Offenlegungspflicht (II 2, 3). Keine Änderung der Vorjahreszahlen bei Änderungen gemäß § 252 I Nr 6 (dort Rn 19). **Übergangsrecht** in **(1)** EGHGB Art 24 V (s Einl 67 v § 238); zu Umstellung auf Euro in **(1)** EGHGB Art 42 II. Lit: IDW-HFA 5/**88** WPg **89,** 42.

3) Vermerk der Mitzugehörigkeit (III)

3 Bei Zugehörigkeit zu verschiedenen Bilanzposten ist dort auszuweisen, wozu die Zugehörigkeit enger ist; bei gleich enger Zugehörigkeit besteht ein Wahlrecht. Die Mitzugehörigkeit ist aber nach III 1 zu vermerken, falls die Bilanzklarheit (§ 243 II) dies erfordert; auf jeden Fall nach § 42 III 2. Halbs nF GmbHG. Ausweis eigener Anteile (bisher III 2) s § 272 Ia 1. III gilt auch für Forderungen und Verbindlichkeiten gegenüber verbundenen Unternehmen. III gilt nicht für GuV, ADS 41, aA vor erheblicher Auswirkung BeckBilKomm/Winkeljohann/Geißler 9. **(2 b)** GmbHG § 42 III geht vor.

4) Gliederung bei mehreren Geschäftszweigen (IV)

Unterfällt die KapitalGes bei Betätigung in mehreren Geschäftszweigen verschiedenen Gliederungsvorschriften (zB für Kreditinstitute oder Versicherungsunternehmen), dann ist die Gliederung zugrunde zu legen, die den tatsächlichen Verhältnissen am ehesten entspricht (§ 264 II; also idR kein Wahlrecht), und nach der anderen zu ergänzen (IV 1). Die Art der Ergänzung ist zu wählen, die der Bilanzklarheit (§ 243 II) am besten dient. Angabe- und Begründungspflicht s IV 2.

5) Weitere Untergliederung, neue Posten (V)

Die nach §§ 266, 275 (und anderweitig, ADS 54, 63) vorgeschriebene Gliederung darf in den Grenzen der Bilanzklarheit (§ 243 II) erweitert, aber nicht sonst abgeändert werden. Zulässig sind also weitere Untergliederungen, neue Posten jedoch nur, wenn ihr Inhalt nicht von einem vorgeschriebenen Posten gedeckt wird (V 2). Wird er nur teilweise gedeckt und ein neuer Posten eingesetzt, gilt III. Formen der Untergliederung sind Aufteilung eines Postens (zB zu § 266 II A II 1 bebaute und unbebaute Grundstücke), Ausgliederung aus Sammelposten mit Vor- bzw Hauptspalte oder Davonvermerk, Bsp ADS 56. Untergliederung unwesentlicher Posten ist unzulässig, str. Untergliederung von mit Großbuchstaben oder römischen Zahlen versehenen Bilanzpostengruppen ist grundsätzlich unzulässig, nicht aber entspr Hinzufügen neuer Posten, ADS 60, 65, str. Ausnahmsweise kann sich V 2 zur Pflicht verdichten, zB bei als Eigenkapital zu qualifizierendem Genussscheinkapital; dazu Angabe im Anhang.

6) Anpassung an Besonderheiten (VI)

Gliederung und Bezeichnung (Benennung und Abgrenzung) der mit arabischen Zahlen (nur diese) versehenen Posten in den auf Industrie- und Handelsunternehmen zugeschnittenen §§ 266, 275 sind, falls die Bilanzklarheit (§ 243 II) dies erfordert, den branchenspezifischen Besonderheiten der KapitalGes anzupassen (kein Wahlrecht), umso mehr unternehmensspezifische Aussage im Jahresabschluss zu ermöglichen. VI ist praktisch wichtig zB für Energieversorgungs-, Mineralöl-, Bau-, Leasing-, Holding- und Dienstleistungsunternehmen. Außerhalb des VI gibt es Änderungswahlrechte, zB Kurzbezeichnungen, kommentierende Zusätze, engere Bezeichnungen (Mutter bzw Tochter statt verbundene Unternehmen), aber nicht beliebig abweichende Begriffe; ADS 78. Ausnahme für Kreditinstitute § 340 a II 1.

7) Zusammenfassung von Posten (VII)

VII erlaubt die Zusammenfassung von mit arabischen Zahlen versehenen Posten in §§ 266, 275 (außer wenn besondere Formblätter vorgeschrieben sind, s § 330), falls die Zusammenfassung entweder die Aussagekraft iSv § 264 II (true and fair view) nicht berührt (Nr 1: „nicht erheblich") oder die Bilanzklarheit (§ 243 III) vergrößert (Nr 2, dann aber gesonderter Ausweis der zusammengefassten Posten im Anhang). Praktisch wichtig ist Nr 2. Dabei handelt es sich nur um eine Verlagerung von Abgaben innerhalb des Jahresabschlusses (von Bilanz und GuV in Anhang). Deshalb erscheint die Verkürzung auf die für kleine KapitalGes erlaubte Form (§ 266 I 3) allgemeiner zulässig, ADS 93, str; entspr bei GuV. Für Angaben im Anhang gelten aber I, II 1. VII enthält ein Wahlrecht (Ermessen), das aber in seltenen Fällen (Ermessensmissbrauch) zur Zusammenfassungspflicht zusammenschrumpfen kann (wohl aA Begr E § 238). Ausnahme für Kreditinstitute § 340 a II 1.

8) Weglassen von Leerposten (VIII)

Nach VIII dürfen Leerposten (Nullbetrag, nicht schon geringfügiger Betrag) erst im zweiten Jahr weggelassen werden. VIII entspricht insoweit II. Vermerke, zB nach § 251, fallen nicht unter VIII, können also sofort weggelassen werden.

§ 266

9) Darstellungs- und Gliederungswahlrechte

9 Außer nach I–VIII zB nach §§ 266 I 3, 268 V 2, 275 II, III, sowie in vielen Fällen Möglichkeit der Angabe im Anhang statt des Ausweises in Bilanz oder GuV.

10) Rechtsfolgen von Verletzungen

10 Ordnungswidrigkeit § 334 I Nr 1 c. Bei wesentlichen Verstößen kann Jahresabschluss nach § 256 IV AktG (entspr für GmbH) nichtig sein.

11) IAS/IFRS-Regelungen

11 Die Standards kennen keine den §§ 265, 275 entsprechenden detaillierten Gliederungsvorschriften. **IAS 1** enthält aber einzelne Vorschriften, die mit Regelungen des § 265 vergleichbar sind:

12 IAS 1.45 (Grundsatz der **Darstellungsstetigkeit**); IAS 1.29 (Grundsatz der gesonderten Darstellung jeder wesentlichen Postengruppe und jedes wesentlichen Postens); IAS 1.38 (Vergleichsinformationen hinsichtlich vorangegangener Periode); IAS 1.41 (Vorjahreszahlen bei Änderung der Darstellung); Regelung der Posten, die in der Bilanz und der GuV darzustellen sind, finden sich in IAS 1.54 und 1.81; gem IAS 1.55 und 1.85 Darstellung zusätzlicher Posten, Überschriften und Zwischensummen in Bilanz und GuV, falls dies für die fair presentation der Vermögens-, Finanz- und Ertragslage erforderlich ist;

13 IAS 1.57 (Zulässigkeit von **Änderungen** der **Postenbezeichnungen** und **Postenreihenfolge** zur Lieferung von Informationen, die für das Gesamtverständnis der Vorjahreszahlen erforderlich sind); IAS 1.77 und IAS 1.97 (Erfordernis einer weiteren Aufgliederung der in IAS 1 verlangten Bilanz- und GuV-Posten entweder in den Rechenwerken oder im Anhang).

Zweiter Titel. Bilanz

Gliederung der Bilanz

266 (1) ¹Die Bilanz ist in Kontoform aufzustellen. ²Dabei haben große und mittelgroße Kapitalgesellschaften (§ 267 Abs. 3, 2) auf der Aktivseite die in Absatz 2 und auf der Passivseite die in Absatz 3 bezeichneten Posten gesondert und in der vorgeschriebenen Reihenfolge auszuweisen. ³Kleine Kapitalgesellschaften (§ 267 Abs. 1) brauchen nur eine verkürzte Bilanz aufzustellen, in die nur die in den Absätzen 2 und 3 mit Buchstaben und römischen Zahlen bezeichneten Posten gesondert und in der vorgeschriebenen Reihenfolge aufgenommen werden.

(2) **Aktivseite**

A. Anlagevermögen:
  I. **Immaterielle Vermögensgegenstände:**
   1. **Selbst geschaffene gewerbliche Schutzrechte und ähnliche Rechte und Werte;**
   2. **entgeltlich erworbene Konzessionen, gewerbliche Schutzrechte und ähnliche Rechte und Werte sowie Lizenzen an solchen Rechten und Werten;**
   3. **Geschäfts- oder Firmenwert;**
   4. **geleistete Anzahlungen;**
  II. **Sachanlagen:**
   1. **Grundstücke, grundstücksgleiche Rechte und Bauten einschließlich der Bauten auf fremden Grundstücken;**
   2. **technische Anlagen und Maschinen;**

2. Abschnitt. Vorschriften für Kapitalgesellschaften § 266

      3. andere Anlagen, Betriebs- und Geschäftsausstattung;
      4. geleistete Anzahlungen und Anlagen im Bau;
   III. Finanzanlagen:
      1. Anteile an verbundenen Unternehmen;
      2. Ausleihungen an verbundene Unternehmen;
      3. Beteiligungen;
      4. Ausleihungen an Unternehmen, mit denen ein Beteiligungsverhältnis besteht;
      5. Wertpapiere des Anlagevermögens;
      6. sonstige Ausleihungen.
B. Umlaufvermögen:
   I. Vorräte:
      1. Roh-, Hilfs- und Betriebsstoffe;
      2. unfertige Erzeugnisse, unfertige Leistungen;
      3. fertige Erzeugnisse und Waren;
      4. geleistete Anzahlungen;
   II. Forderungen und sonstige Vermögensgegenstände:
      1. Forderungen aus Lieferungen und Leistungen;
      2. Forderungen gegen verbundene Unternehmen;
      3. Forderungen gegen Unternehmen, mit denen ein Beteiligungsverhältnis besteht;
      4. sonstige Vermögensgegenstände;
   III. Wertpapiere:
      1. Anteile an verbundenen Unternehmen;
      2. sonstige Wertpapiere;
   IV. Kassenbestand, Bundesbankguthaben, Guthaben bei Kreditinstituten und Schecks.
C. Rechnungsabgrenzungsposten.
D. Aktive latente Steuern.
E. Aktiver Unterschiedsbetrag aus der Vermögensverrechnung.

 (3) Passivseite

A. Eigenkapital:
   I. Gezeichnetes Kapital;
   II. Kapitalrücklage;
   III. Gewinnrücklagen:
      1. gesetzliche Rücklage;
      2. Rücklage für Anteile an einem herrschenden oder mehrheitlich beteiligten Unternehmen;
      3. satzungsmäßige Rücklagen;
      4. andere Gewinnrücklagen;
   IV. Gewinnvortrag/Verlustvortrag;
   V. Jahresüberschuß/Jahresfehlbetrag.
B. Rückstellungen:
   1. Rückstellungen für Pensionen und ähnliche Verpflichtungen;
   2. Steuerrückstellungen;
   3. sonstige Rückstellungen.
C. Verbindlichkeiten:
   1. Anleihen, davon konvertibel;
   2. Verbindlichkeiten gegenüber Kreditinstituten;
   3. erhaltene Anzahlungen auf Bestellungen;
   4. Verbindlichkeiten aus Lieferungen und Leistungen;
   5. Verbindlichkeiten aus der Annahme gezogener Wechsel und der Ausstellung eigener Wechsel;
   6. Verbindlichkeiten gegenüber verbundenen Unternehmen;

§ 266 1

7. Verbindlichkeiten gegenüber Unternehmen, mit denen ein Beteiligungsverhältnis besteht;
8. sonstige Verbindlichkeiten,
   davon aus Steuern,
   davon im Rahmen der sozialen Sicherheit.
D. Rechnungsabgrenzungsposten.
E. Passive latente Steuern.

Übersicht

1) Kontoform, Erleichterungen (I) 1
2) Aktivseite (II): Überblick 3
3) Immaterielle Vermögensgegenstände (Aktivseite A I) 5
4) Sachanlagen (Aktivseite A II) 6
5) Finanzanlagen (Aktivseite A III) 7
6) Vorräte (Aktivseite B I) 8
7) Forderungen und sonstige Vermögensgegenstände (Aktivseite B II) 9
8) Wertpapiere (Aktivseite B III) 10
9) Kassenbestand, Bankguthaben, Schecks (Aktivseite B IV) 11
10) Latente Steuern 12
11) Unterschiedsbetrag aus Verrechnung 13
12) Passivseite (III): Überblick 14
13) Eigenkapital (Passivseite A) 16
14) Rückstellungen (Passivseite B) 17
15) Verbindlichkeiten (Passivseite C) 18
16) Rechnungsabgrenzungsposten 21
17) Aktive latente Steuern 22
17) IAS 2 (Aktienbasierte Vergütung) 23
18) Sonstige IAS/IFRS-Regelungen 28

1) Kontoform, Erleichterungen (I)

1 A. § 266 enthält die **Gliederung der Bilanz** der KapitalGes; Ausnahme für Kreditinstitute § 340 a II 2. **Kontoform:** I 1 schreibt die Kontoform vor (also Trennung in Aktiv- und Passivseite); die im Ausland gebräuchliche Staffelform (4. EG-Ri Art 10, vgl Einl 4 v § 238) hat I 1 nicht zugelassen. § 266 enthält das Gliederungsschema für die Bilanz. Es ist für mittelgroße und große KapitalGes (§ 267 II, III) nach Sonderung und Reihenfolge der in II und III angegebenen Posten verbindlich **(I 2)**; für kleine KapitalGes gelten dagegen Erleichterungen (s Rn 2). Auch für mittelgroße und große KapitalGes gelten aber einzelne Abweichungswahlrechte und sogar -pflichten (§ 265), zB zusätzliche Posten § 265 V; Postenbezeichnung s § 265 VI. **Muster:** Hopt/Kraft 3. Aufl 2007 Form III.A.3 und 4 (Kurz- und Langfassung einer Bilanz), Küting/Pfitzer/Weber S 48. Lit: Brüggemann/Lühn/Siegel KoR **04,** 340 und 389 (hybride Finanzinstrumente HGB-IAS-US-GAAP), Greinert BB **04,** 483 (Marken), Klein/Völker-Lehmkuhl DB **04,** 332 (Emissionsrechte), Schaber/Kuhn/Eichhorn BB **04,** 315 (Genussrechte), Wehrheim BB **04,** 433 (Aufhebungszahlungen im Lizenzfußball), Steiner/Gross StuB **05,** 531, Littkemann/Schulte/Schaarschmidt StuB **05,** 660 (Fußballspielerwerte), Kirsch StuB **05,** 880 (Liquiditätsbeurteilung/Bilanzkennzahlen), Küting/Busch PiR **06,** 213 (eigene Anteile), Sultana/Willeke StuB **06,** 220 (Mezzanine-Kapital), Berger/Kolb StuB **06,** 289 (PersonenGesAnteile), AK Immaterielle Werte im Rechnungswesen der SBG DB **08,** 1813, Küting/Reuter StuB **08,** 495 (eigene Anteile), dies StuB **08,** 535 (Eigenkapitalausweis), Wertheim/Rupp DStR **08,** 1977 (Gewinnrücklagen), Loitz DB **08,** 1389 (latente Steuern).

B. **Erleichterungen:** I 3 sieht Erleichterungen von dem Gliederungsschema 2 nur für kleine KapitalGes (§ 267 I) vor, also einschließlich der kleinen AG, was eine erhebliche Verringerung an Publizität gegenüber dem früheren Recht bedeutet. Die verkürzte Bilanz der kleinen KapitalGes reicht nur bis zur Tiefe der römischen Ziffern. Für EinzelKflte und PersonenGes folgt eine entsprechende Mindestgliederung aus GoB (§ 247 Rn 2). Erleichterungen (auch für die mittelgroße KapitalGes) bei der Offenlegung s § 327. I 3 lässt weitergehende gesetzliche Auskunftsrechte der Gfter unberührt (§ 131 I 3 AktG; bei GmbH § 51 a I GmbHG iVm GesVertrag). Lit: Farr GmbHR **96,** 92. **Muster:** Hopt/Kraft 3. Aufl 2007 Form III. BA.5 (Bilanz einer kleinen Gesellschaft).

2) Aktivseite (II): Überblick

A. II enthält das Gliederungsschema für die Aktivseite. Gesondert und in dieser 3 Reihenfolge sind aufzunehmen: A. Anlagevermögen (Begriff s § 247 II), B. Umlaufvermögen (Begriff s § 247 Rn 4), C. Rechnungsabgrenzungsposten (s § 250). Das Anlagevermögen ist unterzugliedern in Immaterielle Vermögensgegenstände, Sachanlagen und Finanzanlagen (s Rn 5–7), das Umlaufvermögen in Vorräte, Forderungen und sonstige Vermögensgegenstände, Wertpapiere und Schecks ua (s Rn 8–11). Voraussetzung der Aufnahme in die Aktivseite der Bilanz ist, dass ein Aktivposten gegeben ist. Dies ist **abgesehen von Ausnahmen** (zB Rechnungsabgrenzungsposten § 250 I, III; bestimmte Bilanzierungshilfen zB §§ 255 IV 1 aF, 269 aF, 274 I, s auch Rn 4; nicht durch Eigenkapital gedeckter Fehlbetrag § 268 II) ein **Vermögensgegenstand** (§ 246 Rn 3), der dem Vermögen des Kfm zuzurechnen ist (§ 246 Rn 14). Zeitpunkt der Zurechnung (Realisationsprinzip) s § 252 Rn 19–24. Schwebende Geschäfte s § 252 Rn 21.

B. **Zusätzliche Aktivposten** über II hinaus: zB §§ 268 III, VI, 272 I 3 1. 4 Halbs, 272 I 3 3. Halbs, 274 I 2, **(2 b)** GmbHG § 42 II 2, III, Verschmelzungsmehrwert § 27 II KapErhG.

3) Immaterielle Vermögensgegenstände (Aktivseite A I)

A umfasst nur das **Anlagevermögen** (§ 247 II, dort Rn 4–7). Auf der Aktiv- 5 seite unter A I Nr 1–4 werden die immateriellen Vermögensgegenstände des Anlagevermögens ausgewiesen, soweit sie aktivierbar sind (§ 246 Rn 3–6, § 248 Rn 3). **Nr 1:** Selbstgeschaffene gewerbliche Schutzrechte und ähnliche Rechte und Waren, sofern nicht Verbot nach § 248 II. **Nr 2:** Entgeltlich erworbene Konzessionen (öffentlichrechtliche Erlaubnis zur Ausübung einer bestimmten wirtschaftlichen Tätigkeit, zB nach § 2 GastG, KWG, s **(7)** Bankgeschäfte A/4– 5); gewerbliche Schutzrechte, zB Patent, Marken, Urheber-, Verlagsrecht; ähnliche Rechte, zB Nutzungs-, Vertriebsrechte, Zuteilungsquoten, Wettbewerbsverbote, ADS 28; ähnliche Werte, zB ungeschützte Erfindungen, Herstellungsverfahren, Know-how (Einl 34 vor § 1), Kundenkarteien (vgl § 86 Rn 17, § 86 a Rn 5); Lizenzen (Nutzungsrecht) an solchen Rechten und Werten: bei Einmalbetrag für mehrere Jahre der Lizenz. Software soll im Gegensatz zu Hardware immateriell sein, BFH BStBl II **87,** 278, str. **Nr 3:** Geschäfts- oder Firmenwert, s § 246 I 4. Verschmelzungsmehrwert ist nach UmwG (§ 255 Rn 11) nicht mehr vorgesehen, ggf unmittelbar § 246 I 4 (bisher 255 IV 1, dazu ADS 30, IDW-HFA 2/**97). Nr 4:** Geleistete Anzahlungen, s § 252 Rn 22, BeckBilKomm/Hoyos/ F. Huber 64.

4) Sachanlagen (Aktivseite A II)

Nr 1: Die Grundstücke ua sind in einem Posten zusammengefasst. Grund- 6 stücke, auch Wohnungseigentum; grundstücksgleiche Rechte, zB Erbbaurecht; Bauten einschließlich der Bauten auf fremden Grundstücken, letztere ohne wei-

§ 266 7–9 III. Buch. Handelsbücher

teres bei Eigentum des Bauenden (§ 95 I 1 BGB), aber auch bei bloßem Wegnahmerecht (§ 547 a BGB), Hamm BB **93,** 1332, aber nicht bei bloßem Verwendungsersatzanspruch. **Nr 2:** technische Anlagen und Maschinen; auch wenn fest eingebaut bzw im Grundstück verankert; auch bei Sicherungsübereignung, s § 246 Rn 15. **Nr 3:** andere Anlagen als technische (Nr 2), Betriebs- und Geschäftsausstattung, zB Büroausstattung, Transportmittel, aber nicht Privatwagen (s § 247 Rn 4–7); nicht Vorräte, zB Betriebsstoffe, s Umlaufvermögen B I Nr 1. Geringwertige Güter (nicht über DM 100/60 Euro, BeckBilKomm/Hoyos/Schramm/M. Ring § 253 Rn 373) können wegbleiben. **Nr 4:** Geleistete Anzahlungen auf Sachanlagen, s § 252 Rn 22; Anlagen im Bau (beim wirtschaftlichen Inhaber; Forderungen aus solchen Anlagen s § 252 Rn 19).

5) Finanzanlagen (Aktivseite A III)

7   **Nr 1:** Anteile (zB Aktien, GmbHAnteile, auch unverbriefte Kapitalanteile) an verbundenen Unternehmen iSv § 271 II. **Nr 2:** Ausleihungen an verbundene Unternehmen iSv § 271 II (s dort Rn 9), auch nur indirekt verbundene. Liegt sowohl § 271 II als auch I vor, ist Nr 1 lex specialis zu Nr 3. **Nr 2:** Ausleihungen sind auf längere Zeit angelegte Darlehen, keine Mindestlaufzeit, aber idR nicht unter 1 Jahr, sonst keine Daueranlageabsicht, ADS 76; also Finanz- und Kapitalforderungen, idR nicht Forderungen aus Lieferungen und Leistungen, ADS 77. Entscheidend ist die ursprüngliche, nicht die Restlaufzeit, str. **Nr 3:** Beteiligungen iSv § 271 I (s dort Rn 2), soweit nicht Anteile an verbundenen Unternehmen (s Nr 1). **Nr 4:** Ausleihungen an Unternehmen mit Beteiligungsverhältnis, s Nr 3; Nr 4 erfasst beide Seiten: das die Beteiligung haltende Unternehmen und das, an dem die Beteiligung gehalten wird, hL. Zu Eigenkapital ersetzenden Darlehen s Rn 19. **Nr 5:** Wertpapiere des Anlagevermögens, also Wertpapiere (Aktien, Obligationen, Investmentanteile, Mischformen) die nicht unter Nr 1–4 fallen; Wertpapiere des Umlaufvermögens nach B III s Rn 10. Lit: Häuselmann BB **92,** 312 (Investmentanteile). **Nr 6:** Sonstige Ausleihungen, s Nr 2. Hierher gehören alle Finanzanlagen, die nicht unter Nr 1–5 fallen, zB auch unverbriefte Geschäftsanteile, die nicht Beteiligungen iSv Nr 3 sind, auch Namenspapiere, falls nicht unter Nr 5 (str) gebucht; auch Genussrechte, wenn nicht oder als Namenspapier verbrieft, IDS-HFA 1/**94** WPg **94,** 422.

6) Vorräte (Aktivseite B I)

8   B umfasst nur das **Umlaufvermögen** (§ 247 Rn 4). Zum Umlaufvermögen gehören vor allem die Vorräte. **Nr 1:** Roh-, Hilfs- und Betriebsstoffe (s § 255 Rn 20), zu unterscheiden von Betriebs- und Geschäftsausstattung, die zum Anlagevermögen gehört, s Rn 6 Nr 3. **Nr 2:** unfertige Erzeugnisse und Leistungen, halbfertige Bauten bei Bauunternehmen, BMF BB **00,** 145. Zum Realisationszeitpunkt der Forderung für Teilleistungen s § 252 Rn 14–15. **Nr 3:** fertige Erzeugnisse und Waren, dh es fehlen nur noch die Versandarbeiten. **Nr 4:** geleistete Anzahlungen auf Vorräte, s § 252 Rn 22.

7) Forderungen und sonstige Vermögensgegenstände (Aktivseite B II)

9   Zum Umlaufvermögen gehören auch bestimmte Forderungen und sonstige Vermögensgegenstände, soweit nicht anderswo auszuweisen, zB Bankguthaben (B IV). **Nr 1:** Forderungen aus Lieferungen und Leistungen stammen aus Umsatzgeschäften, die bereits von einer Seite erfüllt sind (Bewirkung der Hauptleistung, s § 252 Rn 19), vorher handelt es sich um nicht bilanzierbare schwebende Geschäfte (s § 252 Rn 21). Unter Nr 1 gehören auch Warenwechsel, ADS 126, str. Factoring s § 246 Rn 22. Bei Forderungen mit Restlaufzeit von mehr als einem Jahr Vermerk (§ 268 IV 1). Forderungen nach Nr 2 und 3 sind zu Nr 1 zu vermerken (§ 265 III 1). **Nr 2:** Forderungen gegen verbundene Unternehmen iSv § 271 II (s dort Nr 9). Liegt sowohl § 271 II als auch I vor, ist Nr 2 lex

2. Abschnitt. Vorschriften für Kapitalgesellschaften **10–16 § 266**

specialis zu Nr 3, ADS 132. **Nr 3:** Forderungen gegen Unternehmen im Beteiligungsverhältnis iSv § 271 I (s dort Nr 2). **Nr 4:** Sonstige Vermögensgegenstände, zB Schadensersatzforderungen, GesAnteile, soweit nicht Beteiligung nach A III 3; Realisationszeitpunkt s § 252 Rn 19. Bausparguthaben gehören wegen Langfristigkeit hierher, nicht unter B IV. Eingeforderte Nachschüsse bei GmbH s § 42 II nF GmbHG. Ausleihungen und Forderungen gegenüber GmbHGftern s § 42 III nF GmbHG.

8) Wertpapiere (Aktivseite B III)

Hierher gehören nur die Wertpapiere des Umlaufvermögens, solche des Anlagevermögens gehören zu den Finanzanlagen nach A III (s Rn 3, 7). **Nr 1:** Anteile an verbundenen Unternehmen iSv § 271 II, Aktien, auch GmbHAnteile, ADS 138, str. Eigene Anteile s § 272 Ia, Ib. **Nr 2:** Sonstige Wertpapiere, zB Finanzwechsel, Bundesschatzwechsel, Certificates of Deposit ua; Warenwechsel sind nicht gesondert, sondern in Form der zugrunde liegenden Forderungen auszuweisen (s Rn 9 Nr 1). 10

9) Kassenbestand, Bankguthaben, Schecks (Aktivseite B IV)

Ausweis in einem Posten. Bankguthaben s **(7)** Bankgeschäfte B/1, C/1. Zu den Bankguthaben gehören auch die bei der Postbank (Postgiroguthaben bis KapCoRiLiG 2000 eigens erwähnt). Bausparguthaben gehören unter B II Nr 4, s Rn 9. 11

10) Aktive latente Steuern (Aktivseite D)

Werden latente Steuern aktiviert (Wahlrecht, § 274 I 2), sind sie hier auszuweisen. 12

11) Unterschiedsbetrag aus Vermögensverrechnung (Aktivseite E)

Bei der nach § 246 II 2, 3 vorzunehmenden Verrechnung von Schulden aus Altersversorgungsverpflichtungen mit Vermögensgegenständen, die allein der Erfüllung dieser Schulden dienen, kann sich ein aktiver Unterschiedsbetrag ergeben, der hier als Verrechnungsposten auszuweisen ist. Ausschüttungssperre gem § 268 VIII 3. 13

12) Passivseite (III): Überblick

A. **III** enthält das Gliederungsschema für die Passivseite. Gesondert und in dieser Reihenfolge sind aufzunehmen: A. Eigenkapital (s Rn 14), B. Rückstellungen (s Rn 15), C. Verbindlichkeiten (s Rn 16 ff), D. Rechnungsabgrenzungsposten (s Rn 19). Voraussetzung der Aufnahme in die Passivseite der Bilanz ist, dass ein Passivposten gegeben ist, was bei Verbindlichkeiten zweifelhaft sein kann (Passivierbarkeit, Zurechnung zu den Schulden des Kfm, s § 246 Rn 10, 21). Zeitpunkt der Zurechnung (Realisationsprinzip) s § 252 Rn 19–20. Schwebende Geschäfte s § 252 Rn 16. 14

B. **Zusätzliche Passivposten** über III hinaus: zB §§ 268 I 2, 272 I 2, 272 Ia, Ib, § 274 I 1, **(2 b)** GmbHG §§ 29 IV, 42 II 3, 43. 15

13) Eigenkapital (Passivseite A)

Sämtliche Eigenkapitalposten unter Einbeziehung des Jahresgewinns oder -verlusts sowie von Gewinn- und Verlustvorträgen sind in einer Gruppe auszuweisen. Die Eigenkapitalverhältnisse des Unternehmens werden dadurch klarer dargestellt. **A I:** Gezeichnetes Kapital ist das Stamm- bzw Grundkapital, s § 272 I 1. Ausstehende Einlagen s § 272 I 3. Bei **atypischer stiller Beteiligung** (§ 230 Rn 3) ist angesichts der (schuldrechtlichen) Beteiligung am gesamten Geschäftsvermögen samt stiller Reserven Ausweis als Eigenkapital geboten (Sonderposten „Kapital des stillen Gesellschafters" nach dem gezeichneten Kapital), GK BilR/Hüttemann § 271 6, ADS 189, enger ADS § 246 Rn 91, aA Verbindlichkeit 16

Merkt 1071

BeckBilKomm/Hoyos/M. Ring 187, Baumb/Hueck/Schulze-Osterloh § 42 Rn 217. Typische stGes s Rn 16. **A II:** Kapitalrücklage, s § 272 II. **A III:** Gewinnrücklagen, s § 272 III; Rücklage für eigene Anteile, s § 272 IV, die eigenen Anteile selbst sind auf der Aktivseite als Umlaufvermögen (B III 1) auszuweisen. **A IV:** Gewinnvortrag, Verlustvortrag aus dem Vorjahr; vgl § 174 II Nr 4 AktG zum Gewinnvortrag. Ausweis in der Bilanz. **A V:** Jahresüberschuss, Jahresfehlbetrag (vgl § 158 nF AktG, s § 275 Rn 25). Änderung bei Einbeziehung der Ergebnisverwendung § 268 I. Entgeltlich begebene **Genussrechte** sind trotz Rückzahlbarkeit je nach Ausgestaltung (ua Nachrangabrede, Teilnahme am Verlust bis zur vollen Höhe, Vergütung nur aus Bilanzgewinn, also erfolgsabhängig, längerfristige Kapitalüberlassung, kein fester Mindestzeitraum, ADS 195, zT wird 5-jährige Laufzeit mit mindestens 2-jähriger Kündigungsfrist verlangt, Küting/Kessler BB **94,** 2112) funktional Eigenkapital und in einem Eigenkapitalsonderposten nach den Gewinnrücklagen (aA nach gezeichnetem Kapital, aA als letzter Posten des Eigenkapitals) zu passivieren, anders nach Kündigung bzw 2 Jahre vor Fälligkeit (vgl § 10 V KWG), Lutter DB **93,** 2441, Jasper WiB **94,** 102; nach aA genereller als Verbindlichkeiten, Groh BB **95,** 559. Zur Behandlung von Genussrechten im Jahresabschluss von Kapitalgesellschaften IDW-HFA 1/**94,** 419 mit WPg **98,** 891; bei der Emittentin je nach Sachverhalt als Fremdkapital zu passivieren, unmittelbar in das Eigenkapital einzustellen oder erfolgswirksam zu vereinnahmen. Lit: Lutter DB **93,** 2441, Emmerich/Naumann WPg **94,** 677, Küting/Kessler BB **94,** 2103 u BB Beil 4/**96,** Schweitzer/Volpert BB **94,** 821, Groh BB **95,** 559, Müller WPg **95,** 569, Küting/Dürr DStR **05,** 938 (Genussrechte HGB/IFRS/Basel II). Eigenkapitalersetzende Darlehen s Rn 19. **GmbH & Co** s § 264 c Rn 2.

14) Rückstellungen (Passivseite B)

17 Rückstellungen s § 249. **Nr 1:** Rückstellungen für Pensionen und ähnliche Verpflichtungen, s § 249 Rn 5, aber nur für Neufälle; Altfälle und Übergangsregelung s § 249 Rn 6–8, sehr str. **Nr 2:** Steuerrückstellungen (§ 249 I 1, s § 249 Rn 3); davon gesondert auszuweisende Steuerabgrenzung s § 274; zurückzustellen sind die Beträge, die bis zum Ablauf des Geschäftsjahres als Steuerschuld entstanden sind, was sich nach Steuerrecht beurteilt. **Nr 3:** sonstige Rückstellungen, s abschließend (§ 249 III 1) § 249 Rn 1. Weitere Untergliederung s § 265 V. Angabe im Anhang s § 285 Nr 12.

15) Verbindlichkeiten (Passivseite C)

18 Verbindlichkeiten sind unter Passivseite C nur auszuweisen, wenn sie passivierbar, also wirtschaftlich real sind (§ 246 Rn 13, nicht soweit Rückstellung) und wenn sie zu den Schulden des Kfm gehören, also nicht Schulden Dritter und nicht Privatschulden sind (§ 246 Rn 14–24); schwebende Geschäfte s § 252 Rn 21. Erlassene Verbindlichkeiten sind auszubuchen. Verbindlichkeiten, die nur **aus künftigen Gewinnen zu tilgen** sind, belasten die KapitalGes jetzt nicht und sind deshalb nicht zu passivieren, hL, so vor allem bei Sanierung, zB je nach Ausgestaltung beim **Besserungsschein** (als Erlass mit bedingtem Wiederaufleben der Naturalobligation), BFH BStBl II **86,** 70, ADS § 246 Rn 148, anders bei bloßer Stundung. Werden nicht nur künftige Gewinne, sondern auch das sonstige Vermögen belastet, zB je nach Ausgestaltung bei **Rangrücktritt** (als pactum de non petendo), ist die Verbindlichkeit im Jahresabschluss (nicht im Überschuldungsstatus, BGH NJW **87,** 1698, Düss BB **96,** 1428, § 130 a Rn 4) zu passivieren, BFH BB **93,** 1177, ADS § 246 Rn 128, 140, BeckBilKomm/Hoyos/M. Ring § 247 Rn 232, Groh BB **93,** 1882, zT aA Schulze-Osterloh WPg **96,** 100 (Ausbuchung). **Nachrangige** Vermögensgegenstände und Schulden bei Kreditinstituten s § 330 Rn 5. Verbindlichkeiten gegenüber GmbHGftern s

§ 42 III nF GmbHG. **Stille Beteiligung** ist idR Verbindlichkeit (typische stGes, s § 230 Rn 3), anders bei atypischer stGes, s Rn 14. **Genussrechte** s Rn 16.

Eigenkapitalersetzende Darlehen, die nach §§ 30, 31 GmbHG analog **19** nicht geltend gemacht werden können und solche, die nach § 32 a (aF) GmbHG nur im Insolvenzverfahren nicht geltend gemacht werden können, aber sonst durchsetzbar sind (vgl § 172 a aF Rn 18 ff, 1 ff) sind gleich zu behandeln, die subtilen rechtlichen Unterschiede (Hopt/Mülbert § 607 Rn 114) schlagen praktisch nicht auf Bilanzierung durch, zutr Lu/Ho § 42 Rn 37, str. Sie müssen samt Zinsen passiviert, BFH NJW **92,** 2309, BGH **124,** 282 (jedenfalls mangels Rangrücktrittsabrede; auch für Unterbilanzhaftung), Hbg WM **86,** 1112, Düss BB **96,** 1428, Mü NZG **99,** 603, und zusätzlich gekennzeichnet werden (zB als „Eigenkapital ersetzend"), dies spätestens in der GesKrise, richtiger schon vorher, aA BeckBilKomm/Hoyos/M. Ring 255; allgemeine Angaben im Anhang genügen nicht, Lu/Ho § 42 Rn 39, str, keinesfalls nur im Lagebericht, schon weil sonst kleine Ges nicht erfasst wären (§ 264 I 3), str. Vielmehr sind sie gesondert (§ 264 II 1) unter Verbindlichkeiten auszuweisen (§ 42 III GmbHG), zB „davon kapitalersetzend". Rangrücktrittserklärung lässt Passivierungspflicht unberührt (s Rn 16), Lu/Ho § 42 Rn 41, str. Verstoß § 238 Rn 18. Zur Bilanzierung im Überschuldungsstatus s § 130 a Rn 4. Lit: Groh BB **93,** 1882, Bachem DB **94,** 1055, Klaus BB **94,** 680, Maser ZIP **95,** 1319, Wolf DB **95,** 2277, Fleischer ZIP **96,** 773, Schulze-Osterloh WPg **96,** 97, Krink/Maertins DB **98,** 833. Rückstellung für ungewisse Verbindlichkeiten s § 249 Rn 2–3. Weitere Verweise s Rn 14–15.

C 1: Anleihen, davon konvertibel, letzteres betrifft Fremdwährungsanleihen. **20**
C 2: Verbindlichkeiten gegenüber Kreditinstituten, auch ausländischen; auch Bausparkassen, anders zu Aktivseite B IV, s Rn 9 Nr 4. **C 3:** Erhaltene Anzahlungen auf Bestellungen (s § 252 Rn 22); für die Umsatzsteuer darf Rechnungsabgrenzungsposten gebildet werden, s § 250 I 2 Nr 2. **C 4:** Verbindlichkeiten aus Lieferungen und Leistungen, vgl Aktivseite B II Nr 1. **C 5:** Verbindlichkeiten aus der Annahme gezogener Wechsel (Art 28 WG) und der Ausstellung eigener Wechsel (Solawechsel, Aussteller verspricht selbst Zahlung); Haftung als Aussteller, Indossant, Wechselbürge fallen als Eventualverbindlichkeiten idR nur unter § 251 (Bilanzvermerk). **C 6:** Verbindlichkeiten gegenüber verbundenen Unternehmen iSv § 271 II, vgl Aktivseite A III Nr 2, B II Nr 2. **C 7:** Verbindlichkeiten gegenüber Unternehmen mit Beteiligungsverhältnis iSv § 271 I, vgl Aktivseite A III Nr 4, B II Nr 3. **C 8:** Sonstige Verbindlichkeiten, davon aus Steuern, davon im Rahmen der sozialen Sicherheit; vgl Aktivseite A III Nr 6, B II Nr 4.

16) Rechnungsabgrenzungsposten

Sie können aktivisch (Aktivseite C) oder passivisch (Passivseite D) sein; s **21** § 250.

17) Passive latente Steuern

Nach § 274 I 1 Passivierungspflicht passiver latenter Steuern, hier Ausweis der **22** entsprechenden Beträge.

18) IAS 2 (Vorräte)

A. Eine dem § 266 entsprechende Vorschrift mit detaillierten Vorgaben der **23** **Gliederung** kennen die Standards nicht. Es sind lediglich Einzelaspekte in verschiedenen Standards geregelt. Insbesondere der Posten Vorräte wird in IAS 2 umfassend behandelt, Küting/Weber 208 ff.

B. **Gegenstand:** IAS 2 (Vorräte) regelt, wie Vorräte unter Beachtung des **24** Anschaffungskostenprinzips bewertet werden (IAS 2.1). Der Standard enthält **keine** Regelungen zu einer möglichen **„fair value"-Bewertung.** Vorräte sind zum Verkauf oder zum Verbrauch im Produktionsprozess bestimmt bzw werden als Halb- und Fertigfabrikate bezeichnet. **Zeitliche Anwendung:** IAS 2 gilt für Geschäftsjahre, die am oder nach dem 1. 1. 05 beginnen. Frühere Anwendung empfohlen (IAS 2.40). Lit: Th. Kümpel, DB **03,** 753, ders DStR **05,** 1153, Jessen/Weller DStR **05,** 489 und 532 (Bilanzrechtsmodernisierung), Dettmeier/Pöschke BB **06,** 1731 (REIT), Ingold PiR **06,** 111 (Immobilien), Hoffmann PiR **07,** 204 (Verlustprodukte im Einzelhandel), Quick DB **08,** 2206, Zeyer KoR **08,** 443 (Angabe von Sicherheiten).

25 C. **Sachliche Anwendung:** IAS 2 ist für **alle Vorräte** anzuwenden, **Ausnahmen:** in Ausübung befindliche Arbeiten aus Fertigungsaufträgen (IAS 11 Fertigungsaufträge); Finanzinstrumente (IAS 39 Finanzinstrumente: Ansatz und Bewertung); biologische Vermögenswerte (IAS 41 Landwirtschaft) (IAS 2.2). Keine Anwendung auch auf Vorräte und Erzeugnisse land- und forstwirtschaftlicher Produktion nach Ernte (IAS 2.3 (a)) und Vorräte von Warenmaklern/-Händlern, die ihre Vorräte mit dem Nettoveräußerungswert abzüglich Vertriebsaufwendungen veräußern (IAS 2.3 (b))

26 D. **Wesentlicher Inhalt:** Vorräte sind mit dem **niedrigeren Wert aus Anschaffungs- bzw Herstellungskosten und dem Nettoveräußerungswert** zu bewerten (IAS 2.9). Der **Nettoveräußerungswert** setzt sich aus dem geschätzten Verkaufspreis im gewöhnlichen Geschäftsverkehr abzüglich der geschätzten Kosten der Fertigstellung zusammen (IAS 2.28 ff). **Anschaffungs- bzw Herstellungskosten** umfassen alle Kosten des Erwerbs und der Umwandlung sowie andere Kosten, die entstanden sind, um die Vorräte in ihren gegenwärtigen Zustand zu versetzen (IAS 2.10 ff). Die Anschaffungs- bzw Herstellungskosten für Vorräte, außer für diejenigen für die spezifische Anschaffungs- bzw Herstellungskosten identifiziert werden können (IAS 2.23 ff), werden durch die Anwendung des **Fifo-Verfahrens** oder der **Durchschnittsmethode** ermittelt. Wenn Vorräte verkauft werden, wird der Buchwert dieser Vorräte in derselben Periode als Aufwand erfasst wie die Umsatzerlöse. Der Betrag einer **Abschreibung** von Vorräten auf den Nettoveräußerungswert wird in der Periode als Aufwand erfasst, in der die Abschreibung stattfand. Der Betrag einer **Zuschreibung** von Vorräten wird als Minderung des Bestands der Vorräte erfasst, die in der Periode der Zuschreibung als Aufwand erfasst wurden (IAS 2.25 ff). Weitere Angabepflichten in IAS 2.36 ff.

27 E. **Wesentliche Unterschiede zum HGB:** Eine Gewinnmarge wird zur Ermittlung des Nettoveräußerungswerts nicht in Abzug gebracht. Bei der Herstellungskostenermittlung ist der Gemeinkostenansatz nach IAS 2 verpflichtend; nach § 255 II S. 3 und 4 HGB besteht ein Wahlrecht. Die Bewertung mit der Standardkostenmethode ist nach HGB nicht vorgesehen.

19) Sonstige IAS/IFRS-Regelungen

28 Keine dem § 266 entsprechende **Standardgliederung,** aber Regelung der **Mindestgliederung** der in der Bilanz auszuweisenden Posten (IAS 1.54). Weitere Aufgliederung für einzelne Posten (IAS 1.77 ff), wobei diese Untergliederung statt in der Bilanz auch erst im Anhang erfolgen kann. Erfordernis getrennter Gliederungsgruppen für kurzfristige und langfristige **Vermögenswerte** und kurzfristige und langfristige **Schulden,** falls nicht Darstellung nach Liquidität zuverlässiger und relevanter ist; darüber hinaus Orientierung an den Grundprinzipien der Abschlusserstellung (**Fortführungsprinzip, periodengerechte Aufwands- und Ertragszuordnung, Wesentlichkeitskriterium, Saldierungsverbot,** Angabe von **Vergleichsinformationen** und **fair presentation**), die eine angemessene Darstellung erfordern (IAS 1.60). Der Anhang zu IAS 1 enthält eine unverbindliche Musterbilanz.

2. Abschnitt. Vorschriften für Kapitalgesellschaften **1 § 267**

Umschreibung der Größenklassen

267 (1) Kleine Kapitalgesellschaften sind solche, die mindestens zwei der drei nachstehenden Merkmale nicht überschreiten:
1. 4 840 000 Euro Bilanzsumme nach Abzug eines auf der Aktivseite ausgewiesenen Fehlbetrags (§ 268 Abs. 3).
2. 9 680 000 Euro Umsatzerlöse in den zwölf Monaten vor dem Abschlußstichtag.
3. Im Jahresdurchschnitt fünfzig Arbeitnehmer.

(2) Mittelgroße Kapitalgesellschaften sind solche, die mindestens zwei der drei in Absatz 1 bezeichneten Merkmale überschreiten und jeweils mindestens zwei der drei nachstehenden Merkmale nicht überschreiten:
1. 19 250 000 Euro Bilanzsumme nach Abzug eines auf der Aktivseite ausgewiesenen Fehlbetrags (§ 268 Abs. 3).
2. 38 500 000 Euro Umsatzerlöse in den zwölf Monaten vor dem Abschlußstichtag.
3. Im Jahresdurchschnitt zweihundertfünfzig Arbeitnehmer.

(3) [1] Große Kapitalgesellschaften sind solche, die mindestens zwei der drei in Absatz 1 bezeichneten Merkmale überschreiten. [2] Eine Kapitalgesellschaft im Sinn des § 264 d gilt stets als große.

(4) [1] Die Rechtsfolgen der Merkmale nach den Absätzen 1 bis 3 Satz 1 treten nur ein, wenn sie an den Abschlußstichtagen von zwei aufeinanderfolgenden Geschäftsjahren über- oder unterschritten werden. [2] Im Falle der Umwandlung oder Neugründung treten die Rechtsfolgen schon ein, wenn die Voraussetzungen des Absatzes 1, 2 oder 3 am ersten Abschlußstichtag nach der Umwandlung oder Neugründung vorliegen.

(5) Als durchschnittliche Zahl der Arbeitnehmer gilt der vierte Teil der Summe aus den Zahlen der jeweils am 31. März, 30. Juni, 30. September und 31. Dezember beschäftigten Arbeitnehmer einschließlich der im Ausland beschäftigten Arbeitnehmer, jedoch ohne die zu ihrer Berufsausbildung Beschäftigten.

(6) Informations- und Auskunftsrechte der Arbeitnehmervertretungen nach anderen Gesetzen bleiben unberührt.

Übersicht

1) Kleine Kapitalgesellschaften (I) 1
2) Mittelgroße Kapitalgesellschaften (II) 4
3) Große Kapitalgesellschaften (III) 7
4) Mindestdauer (IV) 10
5) Berechnung der durchschnittlichen Arbeitnehmerzahl (V) 11
6) Informations- und Auskunftsrechte nach anderen Gesetzen (VI) 12
7) IAS/IFRS-Regelungen 13

1) Kleine Kapitalgesellschaften (I)

A. Unterscheidung nach Größenklassen: Das Dritte Buch differenziert in 1 seinen Anforderungen entspr der 4 EG-Ri (Einl 4 v § 238; deren Größenklassen sind alle fünf Jahre zu prüfen und ggf anzupassen, Art 53 II) je nach Größe der KapitalGes statt wie früher nach Rechtsform; Einzelkfl s § 241 a. § 267 enthält dazu die Umschreibung der Größenklassen. Die Größen entsprechen den durch die EG-Ri 17. 6. 99 ABlEG Nr L 162/65 v 26. 6. 99 erhöhten Beträgen (KapCoRiLiG 2000, Einl 15 v § 238), die durch das Euro-BilG 2001 (**Übergangsrecht** in (1) Art 51) von DM auf Euro umgestellt, durch Rundung geglättet, durch das

Merkt 1075

§ 267 2–7

BilReG 2004 (**Übergangsrecht** in (1) Art 58 I) erneut um weitere 20% und schließlich durch BilMoG (**Übergangsrecht** in (1) Art 66 V) erhöht wurden. § 267 umschreibt die Größenklassen anhand von drei Merkmalen, von denen mindestens zwei vorliegen müssen (ähnliche Gesetzgebungstechnik wie im PublG und MitbG). Diese sind bei der **kleinen** KapitalGes: **Bilanzsumme nicht größer als 4,84 Mio Euro, Umsatzerlöse nicht höher als 9,68 Mio Euro, Zahl der Arbeitnehmer nicht mehr als 50.** Sonderregeln für kleine UnternehmensbeteiligungsGes § 8 I UBGG. § 267 gilt nicht für Kreditinstitute (§ 340 a II 1), sie sind größenunabhängig rechnungslegungspflichtig. **Übergangsrecht** in (1) EGHGB Art 48. Lit: Farr AG **96**, 145 (mittelgroße und kleine AG), GmbHR **96**, 92 u 185 (GmbH), Ruhnke/Niephaus DB **96**, 789, Ostrowski ZBB **99**, 19 (Freiverkehr), Göhner BB **99**, 1914, Strobel BB **99**, 1054, Joswig **DB 07**, 763.

2   B. **Berechnung:** Die Bilanzsumme ist die Summe der Aktivseite der Bilanz (§ 267 II) nach Abzug eines auf der Aktivseite eventuell ausgewiesenen, nicht durch Eigenkapital gedeckten Fehlbetrags (§ 268 III), so Nr 1. Die Umsatzerlöse (Nr 2) sind ohnehin in der Gewinn- und Verlustrechnung anzugeben (§ 275 II Nr 1, III Nr 1). Maßgeblich sind nach Nr 2 die Umsatzerlöse in den letzten 12 Monaten vor dem Abschlussstichtag (nicht unbedingt identisch mit dem normalen Geschäftsjahr oder dem Kalenderjahr, zB bei Rumpfgeschäftsjahr). Die Zahl der Arbeitnehmer nach Nr 3 ist nach dem Jahresdurchschnitt zu rechnen (vgl Angabe im Anhang § 285 Nr 7), dazu V. Die Arbeitnehmereigenschaft folgt aus dem Arbeitsrecht (vgl § 59 Rn 23–31, der Begriff des Handlungsgehilfen ist enger). Die gesetzlichen Vertreter der KapitalGes, also die Mitglieder der Geschäftsführung mit Organstellung, sind nicht mitzuzählen. Teilzeitbeschäftigte sind voll zu zählen (vgl zum PublG Farr GmbHR **96**, 185, Veit DB **96**, 641).

3   C. **Erleichterungen:** Für kleine KapitalGes, also anders als früher auch AG, gelten viele Erleichterungen: zB längere Frist zur Aufstellung des Jahresabschlusses, § 264 I 3; stark verkürzte Bilanzgliederung, § 266 I 3; verkürzte Gewinn- und Verlustrechnung beginnend mit dem Rohergebnis, § 276; viel weniger Angaben im Anhang, § 288 I; keine Prüfung durch Abschlussprüfer, § 316 I 1; stark reduzierte Offenlegung, § 326, also nur stark verkürzt Bilanz und Anhang; überhaupt nicht Gewinn- und Verlustrechnung und Bestätigungsvermerk, dagegen vollständig Ergebnisverwendung (Vorschlag und Beschluss); Kreditinstitute s Rn 1.

2) Mittelgroße Kapitalgesellschaften (II)

4   A. **Mittlere Größenklasse:** Bei den mittelgroßen KapitalGes sind die drei Merkmale, von denen mindestens zwei vorliegen müssen: Bilanzsumme nicht größer als 19,25 Mio Euro, Umsatzerlöse nicht höher als 38,5 Mio Euro, Zahl der Arbeitnehmer nicht mehr als 250. Aus dieser Abgrenzung gegenüber großer KapitalGes und der aus I folgenden gegenüber kleinen KapitalGes ergeben sich als jeweilige **Grenzwerte: Bilanzsumme 4,84 Mio–19,25 Mio Euro, Umsatzerlöse 9,68 Mio–38,5 Mio Euro, Zahl der Arbeitnehmer: 50–250.**

5   B. **Berechnung:** s Rn 2.

6   C. **Erleichterungen:** Für mittelgroße KapitalGes, also anders als früher auch für mittelgroße AG, gelten Erleichterungen: bei Gewinn- und Verlustrechnung (beginnend mit Rohergebnis) § 276; weniger Angaben im Anhang, § 288 II; verkürzte Offenlegung, § 327, nämlich verkürzt Bilanz, Gewinn- und Verlustrechnung und Anhang; Kreditinstitute s Rn 1.

3) Große Kapitalgesellschaften (III)

7   A. **Große Größenklasse:** Bei den großen KapitalGes sind die drei Merkmale, von denen mindestens zwei vorliegen müssen: **Bilanzsumme größer als 19,25 Mio Euro, Umsatzerlöse höher als 38,5 Mio Euro, Zahl der Arbeitnehmer mehr als 250.**

2. Abschnitt. Vorschriften für Kapitalgesellschaften **§ 268**

B. **Berechnung:** s Rn 1–2. 8

C. **Börsennotierung:** III 2 idF BilMoG 2009. Kapitalmarktoriente Kapital- 9
Ges iSv § 264 d, die mit von ihnen ausgegebenen Wertpapieren einen organisierten Markt in Anspruch nehmen, **gelten** nach **III 2** (entspr nach § 315 a, aber dort auch Ausgabe durch Tochterunternehmen) wegen der Schutzbedürftigkeit des als Anlegerschaft angesprochenen breiten Publikums und des Funktionenschutzes von Kapitalmarkt und Wirtschaft (Einl 8–13 v § 238) **stets als große,** auch wenn sie nach den Größenmerkmalen mittelgroße oder kleine wären. Damit entfallen für sie die Erleichterungen bei der Aufstellung und Offenlegung und die Befreiung von der Pflichtprüfung. Vgl für Konzernabschluss § 293 Rn 5.

4) Mindestdauer (IV)

Zufallsausschläge in einem Jahr sollen nicht maßgeblich sein. Die Merkmale 10
nach I–III müssen an den Abschlussstichtagen von zwei aufeinander folgenden Geschäftsjahren erfüllt sein **(IV 1)**. Das gilt nicht bei Umwandlung (Einl 23 vor § 105) und Neugründung (wie auch bei erstmaligem Unterfallen unter das Gesetz (zB PersonenGes iSv § 264 a I), weil die Veränderung dabei kein Zufallsausschlag ist **(IV 2)**. Bsp zu IV 1: Sind die Merkmale nach I jeweils zum Stichtag erfüllt: a) 2007 und Vorjahre ja, 2008 nein, dann ist die KapitalGes 2008 iSv I eine kleine; b) 2007 und Vorjahre nein, 2008 ja, dann ist die KapitalGes 2008 iSv I keine kleine; c) 2007 und Vorjahre ja, 2008 nein, 2009 nein, dann ist die KapitalGes iSv I eine kleine 2008, aber nicht mehr 2009; d) 2007 und Vorjahre nein, 2008 ja, 2009 ja, dann ist die KapitalGes iSv I keine kleine 2008, jedoch 2009.

5) Berechnung der durchschnittlichen Arbeitnehmerzahl (V)

Bei der Berechnung des Durchschnitts sind die im Ausland beschäftigten 11
Arbeitnehmer mitzuzählen, nicht aber die zu ihrer Berufsausbildung Beschäftigten (BerBG, vgl bei § 82 a). Als Durchschnittszahl gilt ein Viertel der addierten Vierteljahresstichtagszahlen.

6) Informations- und Auskunftsrechte nach anderen Gesetzen (VI)

Informations- und Auskunftsrechte nach anderen Gesetzen, zB Recht der 12
Arbeitnehmer auf Erläuterung des Jahresabschlusses nach § 108 V BetrVG, bleiben unberührt.

7) IAS/IFRS-Regelungen

Keine vergleichbare Regelung in den Standards. 13

Vorschriften zu einzelnen Posten der Bilanz. Bilanzvermerke

§ 268 (1) ¹**Die Bilanz darf auch unter Berücksichtigung der vollständigen oder teilweisen Verwendung des Jahresergebnisses aufgestellt werden.** ²**Wird die Bilanz unter Berücksichtigung der teilweisen Verwendung des Jahresergebnisses aufgestellt, so tritt an die Stelle der Posten „Jahresüberschuss/Jahresfehlbetrag" und „Gewinnvortrag/Verlustvortrag" der Posten „Bilanzgewinn/Bilanzverlust"; ein vorhandener Gewinn- oder Verlustvortrag ist in den Posten „Bilanzgewinn/Bilanzverlust" einzubeziehen und in der Bilanz oder im Anhang gesondert anzugeben.**

(2) ¹**In der Bilanz oder im Anhang ist die Entwicklung der einzelnen Posten des Anlagevermögens darzustellen.** ²**Dabei sind, ausgehend von den gesamten Anschaffungs- und Herstellungskosten, die Zugänge, Abgänge, Umbuchungen und Zuschreibungen des Geschäftsjahrs sowie die Abschreibungen in ihrer gesamten Höhe gesondert aufzuführen.** ³**Die Abschreibungen**

§ 268

des Geschäftsjahrs sind entweder in der Bilanz bei dem betreffenden Posten zu vermerken oder im Anhang in einer der Gliederung des Anlagevermögens entsprechenden Aufgliederung anzugeben.

(3) Ist das Eigenkapital durch Verluste aufgebraucht und ergibt sich ein Überschuß der Passivposten über die Aktivposten, so ist dieser Betrag am Schluß der Bilanz auf der Aktivseite gesondert unter der Bezeichnung „Nicht durch Eigenkapital gedeckter Fehlbetrag" auszuweisen.

(4) [1] Der Betrag der Forderungen mit einer Restlaufzeit von mehr als einem Jahr ist bei jedem gesondert ausgewiesenen Posten zu vermerken. [2] Werden unter dem Posten „sonstige Vermögensgegenstände" Beträge für Vermögensgegenstände ausgewiesen, die erst nach dem Abschlußstichtag rechtlich entstehen, so müssen Beträge, die einen größeren Umfang haben, im Anhang erläutert werden.

(5) [1] Der Betrag der Verbindlichkeiten mit einer Restlaufzeit bis zu einem Jahr ist bei jedem gesondert ausgewiesenen Posten zu vermerken. [2] Erhaltene Anzahlungen auf Bestellungen sind, soweit Anzahlungen auf Vorräte nicht von dem Posten „Vorräte" offen abgesetzt werden, unter den Verbindlichkeiten gesondert auszuweisen. [3] Sind unter dem Posten „Verbindlichkeiten" Beträge für Verbindlichkeiten ausgewiesen, die erst nach dem Abschlußstichtag rechtlich entstehen, so müssen Beträge, die einen größeren Umfang haben, im Anhang erläutert werden.

(6) Ein nach § 250 Abs. 3 in den Rechnungsabgrenzungsposten auf der Aktivseite aufgenommener Unterschiedsbetrag ist in der Bilanz gesondert auszuweisen oder im Anhang anzugeben.

(7) Die in § 251 bezeichneten Haftungsverhältnisse sind jeweils gesondert unter der Bilanz oder im Anhang unter Angabe der gewährten Pfandrechte und sonstigen Sicherheiten anzugeben; bestehen solche Verpflichtungen gegenüber verbundenen Unternehmen, so sind sie gesondert anzugeben.

(8) [1] Werden selbst geschaffene immaterielle Vermögensgegenstände des Anlagevermögens in der Bilanz ausgewiesen, so dürfen Gewinne nur ausgeschüttet werden, wenn die nach der Ausschüttung verbleibenden frei verfügbaren Rücklagen zuzüglich eines Gewinnvortrags und abzüglich eines Verlustvortrags mindestens den insgesamt angesetzten Beträgen abzüglich der hierfür gebildeten passiven latenten Steuern entsprechen. [2] Werden aktive latente Steuern in der Bilanz ausgewiesen, ist Satz 1 auf den Betrag anzuwenden, um den die aktiven latenten Steuern die passiven latenten Steuern übersteigen. [3] Bei Vermögensgegenständen im Sinn des § 246 Abs. 2 Satz 2 ist Satz 1 auf den Betrag abzüglich der hierfür gebildeten passiven latenten Steuern anzuwenden, der die Anschaffungskosten übersteigt.

Übersicht

1) Bilanzgewinn, Bilanzverlust (I) 1
2) Anlagenspiegel (II) 2
3) Nicht durch Eigenkapital gedeckter Fehlbetrag (III) 3
4) Bestimmte Forderungen und Vermögensgegenstände (IV) 4
5) Bestimmte Verbindlichkeiten und Anzahlungen (V) 5
6) Disagio oder Damnum (VI) 6
7) Haftungsverhältnisse (VII) 7
8) Bilanzvermerke 8
9) Ausschüttungssperre 9
10) IAS/IFRS-Regelungen 11

2. Abschnitt. Vorschriften für Kapitalgesellschaften 1–3 § 268

1) Bilanzgewinn, Bilanzverlust (I)

Nach dem Gliederungsschema des § 266 III A wird die Bilanz vor bzw ohne Berücksichtigung der Verwendung des Jahresergebnisses aufgestellt. Unter Passivseite A V wird nur der Jahresüberschuss bzw Jahresfehlbetrag ausgewiesen. **I 1** gestattet, die Gliederung der Bilanz an die den KapitalGes freistehende Art des Ausweises der **Ergebnisverwendung** (s auch § 275 Rn 25) anzupassen. Das ist sinnvoll, wenn der Jahresabschluss nach teilweiser oder vollständiger Ergebnisverwendung aufgestellt wird, wie bei AG wegen § 58 AktG üblich. Der Posten Jahresüberschuss bzw Jahresfehlbetrag wird nach **I 2** bei teilweiser Ergebnisverwendung durch den Posten Bilanzgewinn bzw Bilanzverlust (unter Einbeziehung von Gewinn- oder Verlustvortrag und seiner gesonderten Angabe) ersetzt; bei vollständiger Ergebnisverwendung kann er ersatzlos entfallen. **Muster:** Hopt/Kraft 3. Aufl 2007 Form III.C.4 (Vorschlag für die Verwendung des Ergebnisses einer GmbH). Lit: Küting/Göth BB **94,** 2446, Kirsch StuB **05,** 878 (Bilanzkennzahlen HGB/IFRS).

2) Anlagenspiegel oder Anlagengitter (II)

Nach **II 1** ist die Entwicklung der einzelnen Posten des Anlagevermögens darzustellen (Anlagenspiegel oder Anlagengitter). Der Anlagenspiegel ist in der Bilanz (Aktivseite, da Wertberichtigungen auf der Passivseite nicht mehr zulässig sind) oder im Anhang darzustellen. **II 2** verlangt (statt eines Nettoanlagespiegels wie bisher) einen Bruttoanlagenspiegel, der statt vom Buchwert zu Beginn des Geschäftsjahres von den gesamten (historischen) Anschaffungs- und Herstellungskosten der Vermögensgegenstände ausgeht (direkte Bruttomethode). Die Abschreibungen des Geschäftsjahrs sind entweder in der Bilanz oder im Anhang auszuweisen (**II 3**; Einbeziehung in den Anlagenspiegel führt zu **Neun-Spalten-Schema**). Zu gliedern ist zB: Anschaffungs- oder Herstellungskosten (kumuliert)/(+) (mengenmäßige) Zugänge/(–) mengenmäßige Abgänge/(+/–) Umbuchungen/(+) Zuschreibungen/(–) Gesamte Abschreibungen/(–) Abschreibungen des Geschäftsjahres (I 3)/Buchwert (31. 12. Geschäftsjahr)/Buchwert (31. 12. Vorjahr, § 265 II). Zugänge, Abgänge und Umbuchungen sind nur für das Geschäftsjahr (nicht kumuliert) und mit den (historischen) Anschaffungs- oder Herstellungskosten auszuweisen, ADS 59. Zuschreibungen (Wertaufholungen nach früheren Abschreibungen, s zB § 253 V) sind (nur) für das Geschäftsjahr auszuweisen, diese Zuschreibungen des Jahres werden erst in der Anfangsbilanz des folgenden Jahres mit den kumulierten Abschreibungen saldiert. Nachaktivierungen in der Form der Zuschreibung (str) werden dagegen zu Beginn des folgenden Jahres in den Anschaffungs- und Herstellungskosten umgebucht, ADS 62. Bei geringwertigen Vermögensgegenständen kann nach GoB sofortiger Abgang unterstellt werden (AmtlBegr) (sofortige Abschreibung s § 253 Rn 14). II gilt nicht für kleine KapitalGes (§ 274 a). Sonderregelung für Kreditinstitute § 340 a II 2. Die **Übergangsvorschrift** des **(1)** EGHGB Art 24 VI (s Einl 67 v § 238) gestattet eine indirekte Bruttomethode derart, dass dem ersten Mal unter engen Voraussetzungen statt historischer Wertansätze die bisherigen Buchwerte zulässig sind. **Muster:** Hopt/Kraft 3. Aufl 2007 Form III.A.6 (Anlagenspiegel).

3) Nicht durch Eigenkapital gedeckter Fehlbetrag (III)

Eigenkapital ist nach § 266 III A Nr 1–5 zu gliedern. Nur dort, also auf der Passivseite, sind auch ein Verlustvortrag und ein Jahresfehlbetrag auszuweisen. Davon macht III eine enge Ausnahme. Nur im Fall eines das gesamte Eigenkapital übersteigenden Fehlbetrags ist dieser auf der Aktivseite am Schluss auszuweisen. Sonst entstünde auf der Passivseite ein Minusbetrag. Der Posten „Nicht durch Eigenkapital gedeckter Fehlbetrag" ist kein Vermögensgegenstand, sondern zeigt nur die buchmäßige Überschuldung des Unternehmens an. Küting/Göth BB **94,** 2446.

Merkt 1079

4) Bestimmte Forderungen und Vermögensgegenstände (IV)

4 IV 1 bringt eine Vermerkpflicht für jeden der Posten Aktivseite B II Nr 1–3 bei Restlaufzeit von über einem Jahr. Ausnahme für Kreditinstitute § 340a II 1. **IV 2** betrifft die sog antizipativen Rechnungsabgrenzungsposten, die nicht unter § 250 fallen (dort zugelassen nur die sog transitiven ieS). Werden sie nach GoB unter sonstige Vermögensgegenstände (Aktivseite B II Nr 4) ausgewiesen, sind größere Erträge, die erst nach dem Abschlussstichtag rechtlich entstehen, im Anhang zu erläutern. IV 2 gilt nicht für kleine KapitalGes (§ 274a).

5) Bestimmte Verbindlichkeiten und Anzahlungen (V)

5 V 1 bringt eine Vermerkpflicht für jeden der Posten Passivseite C bei Restlaufzeit bis zu einem Jahr. Der Gesamtbetrag der Verbindlichkeiten mit Restlaufzeit von über fünf Jahren und der dinglich gesicherten Verbindlichkeiten ist im Anhang anzugeben (§ 285 Nr 1a). Ausnahme für Kreditinstitute § 340a II 1. Das Gliederungswahlrecht des **V 2** erlaubt, erhaltene Anzahlungen auf aktivierte Vorräte von diesen (Aktivseite B I) offen abzusetzen. Im Übrigen sind erhaltene Anzahlungen auf Bestellungen unter Verbindlichkeiten gesondert auszuweisen (Passivseite C Nr 3). Ausnahme für Kreditinstitute § 340a II 1. **V 3** entspricht für die Passivseite IV 2. Er betrifft Aufwendungen größeren Umfangs vor dem Abschlussstichtag, die erst nach diesem Tag rechtlich entstehen, aber Aufwand des Geschäftsjahrs darstellen. V 3 gilt nicht für kleine KapitalGes (§ 274a).

6) Disagio oder Damnum (VI)

6 Nach **VI** ist das Disagio, falls es nach § 250 III als aktiver Rechnungsabgrenzungsposten aufgenommen wird, entweder in der Bilanz gesondert auszuweisen oder im Anhang anzugeben. VI gilt nicht für kleine KapitalGes (§ 274a).

7) Haftungsverhältnisse (VII)

7 VII ergänzt für KapitalGes § 251. Haftungsverhältnisse sind danach gesondert, entweder unter der Bilanz oder im Anhang, samt Sicherheiten anzugeben. Haftungsverhältnisse gegenüber verbundenen Unternehmen (§ 271 II) sind gesondert anzugeben. Ausnahme für Kreditinstitute § 340a II 2.

8) Bilanzvermerke

8 Bei einzelnen Bilanzposten s zB §§ 253 I 5, 265 III 1, 268 I 2, II 3, IV 1, V 1, 285 S 1 Nr 2, **(2b)** GmbHG 42 III. Angaben unter der Bilanz s VII.

9) Ausschüttungssperre (VIII)

9 A. **VIII,** eingefügt durch BilMoG, normiert eine Ausschüttungssperre für Gewinne, die aus der Aktivierung selbstgeschaffener immaterieller Güter des Anlagevermögens (§§ 246, 248), latenter Steuern (§ 274) oder der aus der Bewertung von Planvermögen iS des § 246 II 2 zum Zeitwert resultieren und trägt so dem Gläubigerschutz Rechnung; § 301 S 1 AktG verbietet die Abführung der so gesperrten Beträge. VIII gilt nur für KapitalGes, da Einzelkfm und Gesellschafter von PersonenGes ohnehin unbeschränkt haften, der Kommanditist jedenfalls bei Auschüttung des gesperrten Betrages, § 176 IV 3 nF (für analoge Anwendung auf PersonenGes iSv § 264a aber Wehrheim/Rupp DB **09,** 356). Angabe des gesperrten Gesamtbetrages im Anhang (§ 285 Nr 28). Lit: AK Steuern und Revision im Bund der Wirtschaftsakademiker e.V. DStR **08,** 1299, Funnemann/Kerssenbrock BB **08,** 2674, Wehrheim/Rupp DB **09,** 356, Lüdenbach/Hoffmann StuB **09,** 287.

10 B. **Ermittlung der gesperrten Beträge:** Höhe der ausschüttungsgesperrten Beträge richtet sich nach Ansatz der jeweiligen Vermögensgegenstände und latenten Steuern. Bei originären immateriellen Gütern des Anlagevermögens

2. Abschnitt. Vorschriften für Kapitalgesellschaften **§ 269**

ergibt sich als Rechnung aus **S 1**: Fragliche Bilanzposition abzüglich dafür gebildeter latenter Steuern ergibt Saldo A. Alle frei verfügbaren Rücklagen zuzüglich eines Gewinnvortrages und abzüglich eines Verlustvortrages ergibt Saldo B. Wenn B größer A ergibt der ermittelte positive Überschuss den ausschüttungsfähigen Betrag. Die Formulierung „insgesamt angesetzten Beträge" ist zwar insoweit unklar, als so Bezug zur Bilanzposition selbstgeschaffenes immaterielles Anlagevermögen fehlt; eine andere Auslegung würde aber nicht zu dem gesetzgeberischen Ziel (BT-Drucks 16/12407 S 113) führen, eine Ausschüttungssperre in Höhe der aktivierten Vermögensgegenstände zu schaffen. Rechnung bei latenten Steuern, **S 2**: Ergibt Abzug der Position passive latente Steuern von Position aktive latente Steuern positiven Saldo, ist dies der Saldo A iSv S 1. Bei Erträgen aus Verrechnung iSv § 246 II 2 **(S 3)**: Hier ist Parallelrechnung erforderlich, in der nicht verrechnet, sondern entsprechend dem Einzelbewertungsgrundsatz der Unterschiedsbetrag zwischen der Bewertung der Vermögensgegenstände zum beizulegenden Zeitwert und zu Anschaffungswerten ermittelt wird. Dieser Betrag abzüglich hierfür gebildeter passiver latenter Steuern ergibt Saldo A iSv S 1.

10) IAS/IFRS-Regelungen

A. Keine korrespondierende Vorschrift in den Standards. **Kein** fixes **Gliederungsschema** für die Eigenkapitalgliederung in der Bilanz. Pflicht zur Erstellung einer gesonderten **Eigenkapitalveränderungsrechnung** mit Berücksichtigung der Ergebnisverwendungstatbestände (IAS 1.106 ff). 11

B. IAS 16.73 enthält eine § 268 II vergleichbare Vorschrift für **Sachanlagen:** Für jede Gruppe von Sachanlagen sind verschiedene Angaben im Abschluss erforderlich (zB **Abschreibungsmethode,** IAS 16.73 (b), Überleitung des Buchwerts zu Beginn und zum Ende einer Periode unter Angabe von ua der Zu- und Abgänge (IAS 16.73 (e)) usw). Regelung für immaterielle Vermögenswerte in IAS 38.118. 12

C. Keine 268 III oder IV vergleichbare Regelung. Die Standards unterscheiden nur zwischen **kurz-** und **langfristigen Vermögenswerten** (IAS 1.60 und 1.66). Kurzfristige Vermögenswerte sind auch Forderungen aus Lieferungen und Leistungen als Teil des gewöhnlichen Geschäftszyklus, selbst dann wenn ihre Realisation nicht in 12 Monaten nach dem Bilanzstichtag erwartet wird (IAS 1.59). 13

D. Keine § 268 entsprechende Regelung. Unterscheidung zwischen **kurz–** und **langfristigen Verbindlichkeiten** (IAS 1.60 und IAS 1.69). Kein gesonderter Ausweis, sondern Unterscheidung, ob Verbindlichkeiten zum im normalen Geschäftszyklus benutzten Betriebskapital gehören; dann Ausweis von Verbindlichkeiten aus Lieferungen und Leistungen auch dann als kurzfristige Verbindlichkeiten, wenn sie erst nach 12 Monaten fällig werden (IAS 1.70). 14

E. In § 251 genannten **Eventualverbindlichkeiten** zT vergleichbar mit Eventualverbindlichkeiten iSv IAS 37.10. Gem IAS 37.86 gesonderter Ausweis im Anhang. **Haftungsverhältnisse** gegenüber verbundenen Unternehmen fallen unter die Pflicht zu Angaben über Beziehungen zu nahe stehenden Personen und Unternehmen gem IAS 24. Angabepflichtige **Geschäftsvorfälle:** IAS 24.20. 15

269 *(aufgehoben)*

1) § 269 (Aufw für Ingangsetzg und Erweiterg des GeschBetr) ersatzlos aufgehoben durch BilMoG 2009, s Einl v § 238 Rn 42; Übergangsrecht in **(1)** EGHGB Art 66 V, 67 V 1.

§§ 270, 271

Bildung bestimmter Posten

270 (1) Einstellungen in die Kapitalrücklage und deren Auflösung sind bereits bei der Aufstellung der Bilanz vorzunehmen.

(2) Wird die Bilanz unter Berücksichtigung der vollständigen oder teilweisen Verwendung des Jahresergebnisses aufgestellt, so sind Entnahmen aus Gewinnrücklagen sowie Einstellungen in Gewinnrücklagen, die nach Gesetz, Gesellschaftsvertrag oder Satzung vorzunehmen sind oder auf Grund solcher Vorschriften beschlossen worden sind, bereits bei der Aufstellung der Bilanz zu berücksichtigen.

1) Bildung der Kapitalrücklage (I)

1   Veränderungen der Kapitalrücklage (§ 272 II) sind nach I bereits bei der Aufstellung (nicht erst Feststellung, s § 245 Rn 3–5) der Bilanz vorzunehmen. Zuständig ist grundsätzlich, wer den Jahresabschluss aufzustellen hat (§ 264 I 1). Auflösung ist grundsätzlich Sache der GfterVersammlung der GmbH, Baumb/Hueck/Schulze-Osterloh § 41 Rn 51. **I 2 aF** aufgeh durch BilMoG. Lit: Dieterlein/Haun BB **99**, 2020, Freidank Stb **00**, 44, 84, 128.

2) Bildung der Gewinnrücklagen (II)

2   Wird die Bilanz unter Berücksichtigung der Verwendung des Jahresergebnisses aufgestellt (Wahlrecht nach § 268 I), sind die Entnahmen aus Gewinnrücklagen (§ 272 III) sowie bestimmte Einlagen (auf Grund von Gesetz, zB § 150 II AktG oder GesVertrag, zB §§ 150 II Nr 1, 58 I, II AktG) bereits bei der Aufstellung der Bilanz zu berücksichtigen. Zuständigkeit nach GesRecht, grundsätzlich GfterVersammlung der GmbH, da Ergebnisverwendung, Baumb/Hueck/Schulze-Osterloh § 41 Rn 54.

3) IAS/IFRS-Regelungen

3   Keine ausdrückliche Regelung der **Abbildung der Veränderungen einzelner Eigenkapitalposten** in den Standards. Veränderungen der Kapitalrücklage sind auch nach den Standards bereits bei der Aufstellung des Abschlusses zu erfassen. Veränderungen der Gewinnrücklagen sind in der Eigenkapitalveränderungsrechnung darzustellen (IAS 1.106 ff).

Beteiligungen. Verbundene Unternehmen

271 (1) ¹Beteiligungen sind Anteile an anderen Unternehmen, die bestimmt sind, dem eigenen Geschäftsbetrieb durch Herstellung einer dauernden Verbindung zu jenen Unternehmen zu dienen. ² Dabei ist es unerheblich, ob die Anteile in Wertpapieren verbrieft sind oder nicht. ³ Als Beteiligung gelten im Zweifel Anteile an einer Kapitalgesellschaft, die insgesamt den fünften Teil des Nennkapitals dieser Gesellschaft überschreiten. ⁴ Auf die Berechnung ist § 16 Abs. 2 und 4 des Aktiengesetzes entsprechend anzuwenden. ⁵ Die Mitgliedschaft in einer eingetragenen Genossenschaft gilt nicht als Beteiligung im Sinne dieses Buches.

(2) Verbundene Unternehmen im Sinne dieses Buches sind solche Unternehmen, die als Mutter- oder Tochterunternehmen (§ 290) in den Konzernabschluß eines Mutterunternehmens nach den Vorschriften über die Vollkonsolidierung einzubeziehen sind, das als oberstes Mutterunternehmen den am weitestgehenden Konzernabschluß nach dem Zweiten Unterabschnitt aufzustellen hat, auch wenn die Aufstellung unterbleibt, oder das einen befreienden Konzernabschluß nach § 291 oder nach einer nach § 292 erlassenen Rechtsverordnung aufstellt oder aufstellen könnte; Tochterunternehmen, die

2. Abschnitt. Vorschriften für Kapitalgesellschaften 1–3 **§ 271**

nach § 296 nicht einbezogen werden, sind ebenfalls verbundene Unternehmen.

Übersicht

1) Beteiligungen (I) 1
  A. Begriff der Beteiligung (I 1) 1
  B. Verbriefung der Anteile (I 2) 5
  C. Beteiligungsvermutung (I 3) 6
  D. Berechnung der Anteile (I 4) 7
  E. Genossenschaftsanteile (I 5) 8
2) Verbundene Unternehmen (II) 9
3) IAS 24 (Angaben über Beziehungen zu nahe stehenden Unternehmen und Personen) 11
4) Sonstige IAS/IFRS-Regelungen 17

1) Beteiligungen (I)

A. Der **Begriff der Beteiligung** kommt ua vor in §§ 266 II A III Nr 3, 4, **1** B II Nr 3, III C Nr 7, 275 II Nr 9, III Nr 8, 311, 312, 327 Nr 1 A III 3, 4 B II 3, C 7, Beteiligungen gehören zum Anlagevermögen (Finanzanlagen), Abschreibungen §§ 253 III; Anlagenspiegel § 268 II. **I 1 definiert** Beteiligung für die Jahresabschlüsse aller KapitalGes, GmbH & Co s § 264 c IV. I 1 kann über die KapitalGes hinaus auch für EinzelKflte und PersonenGes Bedeutung haben (AmtlBegr). Der Anteilsbesitz muss der Herstellung einer dauernden Verbindung zu dem anderen Unternehmen zu dienen bestimmt sein. Lit zu I: IDW HFA 1/**93** WPg **93,** 441 (joint ventures), 1/**94** WPg **94,** 419 (Genussrechte), IDW RS HFA 10 (Beteiligungen und sonstige Unternehmensanteile), Küting/Weber/Pilhofer WPg **03,** 793 (GmbH & Co im Konzernabschluss der MutterGes), Kupke/Nestler BB **03,** 2671 (Unternehmensbeteiligungen), Welf Müller, NZG **04,** 1037 (Unternehmensverbund), Naumann/Naumann WPg-Sonderheft **04,** 130 (Beteiligungen), IDW FN-IDW **06,** 625, Berger/Kolb StuB **06,** 289 (PersonenGesAnteile), Großfeld/Stöver/Tönnes NZG **06,** 521 (Unternehmensbewertung).

a) Voraussetzung ist ein **Anteil** an KapitalGes (zB AG, GmbH) oder Personen- **2** Ges (zB KG) oder einem anderen Unternehmen (zB GbR, juristische Person des öffentlichen Rechts, Einl 33 vor § 1; nicht nur buchführungspflichtige Unternehmen, ADS 11, Baumb/Hueck/Schulze-Osterloh § 42 Rn 127 a, str, anders für II, s Rn 9); auch stille Beteiligung (§ 230), falls der Stille im Innenverhältnis Mitverwaltungsrecht hat, Verlustbeteiligung genügt allein nicht, str, auch nicht jede atypische stille Ges (s § 230 Rn 3), ADS 7. Ein GesVerhältnis muss vorliegen, partiarisches Darlehen mit Einwirkungsrechten genügt nicht; auch personelle und wirtschaftliche Einflussmöglichkeiten auf das Unternehmen reichen allein nicht aus. Eine Mindesthöhe der Beteiligung ist nicht erforderlich, in Sonderfällen können zwischen 5 und 10% ausreichen. Bewertung von Beteiligungen an KapitalGes Schulze-Osterloh FS Kropff **97,** 605. Auch Mitgliedschaft ohne Kapitalbeteiligung, ADS 8. Zu eG s Rn 8. Bilanzierung von Anteilen an PersonenHdlGes IDW-HFA 1/**91** WPg **91,** 334. Bilanzierung von Joint Ventures IDW-HFA 1/**93** WPg **93,** 441. Zum Ausweis bei nach GWB schwebend unwirksamem Beteiligungserwerb BGH BB **79,** 388.

b) Herstellung einer dauernden Verbindung zu dem anderen Unterneh- **3** men bedeutet zunächst Daueranlageabsicht wie bei Anlagevermögen (§ 247 Rn 5 f). Diese reicht aber nicht aus, I geht über § 247 II hinaus (sonst unnötig), str, aA BFH BB **89,** 1676 (für Kreditinstitute, GewSt), HdJ/Bieg 15. Die Absicht unternehmerischer Einflussnahme ist allerdings nicht nötig, Gegenschluss aus § 311 I 1, hL, ADS 18, str. Notwendig und ausreichend ist vielmehr Absicht, die über bloßen Anteilsbesitz aus Anlage- und Renditegründen hinausgeht, ADS 18,

§ 271 4–9

GK BilR/Hüttemann 8. Indizien können danach sein, uU auch je für sich, zB personelle Verflechtungen, Zusammenarbeit bei Produktion, Forschung und Entwicklung, Personalwesen, Vertrieb ua, vertragliche und faktische Mitsprachemöglichkeiten, längerfristige Lieferungs- oder Leistungsverträge, gegenseitige Auftragsvergabepraxis, Koordination im Wettbewerb ua, all dies auch konzernweit, im Einzelnen str, weitere Bspe ADS 19. Lit: Schulze-Osterloh FS Kropff **97,** 605.

4 c) Der Anteil muss **bestimmt sein,** dem eigenen Geschäftsbetrieb durch Herstellung einer solchen dauernden Verbindung **zu dienen.** Diese Bestimmung ist eine unternehmerische Entscheidung. Insofern ist Beteiligungsabsicht notwendig, hL, str, nach aA rein objektive Abgrenzung, offen BGH **101,** 13, BB **79,** 388. Ob diese Absicht vorliegt, ist allerdings nicht aus verbalen Erklärungen des Kfm, sondern in erster Linie aus den objektiven Umständen zu entnehmen, BGH **101,** 14, s Rn 3. Dauer der Inhaberschaft und Vertretung im Aufsichtsrat genügen allein nicht, aber zusammen mit weiteren Merkmalen, zB Branchenverwandtschaft, BGH **101,** 13, Bewertungseinheit besteht nur so lange, wie einzelne Aktien der Herstellung einer dauernden Verbindung am Unternehmen dienen. Bei Widmung einzelner Aktien für andere Zwecke endet Bewertungseinheit, FG Köln HFR **06,** 19.

5 B. **Verbriefung der Anteile: I 2** stellt klar, dass auch unverbriefte Anteile unter den Begriff der Beteiligungen fallen, zB GmbHAnteil.

6 C. **Beteiligungsvermutung: I 3** begründet eine Vermutung für Beteiligung bei über 20% Anteil am Nennkapital einer KapitalGes. Die Vermutung ist widerleglich (im Zweifel), aber idR nicht durch bloße verbale Erklärungen, es fehle an einer Beteiligungsabsicht uä (formaler § 37 III GWB: Bankenklausel mit Jahresfrist). Branchenfremdheit besagt darüber nichts, BGH **101,** 14. Für PersonenGes gilt I 1 ohne Vermutung, Anteile an ihnen sind aber nicht automatisch Beteiligungen, zB nicht ohne weiteres bei PublikumsGes (Anh § 177 a Rn 52), ADS 23.

7 D. **Berechnung der Anteile: I 4** verweist für die Berechnung nach I 3 auf § 16 II, IV AktG; über § 16 IV AktG werden auch indirekte Beteiligungen, zB „Enkel"unternehmen, erfasst.

8 E. **Genossenschaftsanteile: I 5** verhindert, dass bei Kreditinstituten in der Form der eG normale Kredite als Forderungen und Verbindlichkeiten gegenüber verbundenen Unternehmen ausgewiesen werden müssen (§ 290 I).

2) Verbundene Unternehmen (II)

9 Der **Begriff der verbundenen Unternehmen** kommt ua vor in §§ 266 II A III Nr 1, 2, B II Nr 2, B III Nr 1, C Nr 6, 268 VII, 275 II Nr 9–11, 13, III Nr 8–10, 12, 327 Nr 1 A III 1, 2, B II 2, B III 1, C 6. Soweit mit einem verbundenen Unternehmen zugleich ein Beteiligungsverhältnis besteht, geht I als lex specialis gegenüber II vor, ADS 32. II bringt eine auf die Rechnungslegung (Drittes Buch des HGB) beschränkte, **von § 15 AktG abweichende und unabhängige Definition** der verbundenen Unternehmen (so genügen für II nicht Unternehmensvertrag ohne Beherrschung und wechselseitige Beteiligung, anders als §§ 15, 19 AktG). Die Definition des § 15 AktG gilt bis zur Konzernrechtsangleichung in der EG (Einl 36 vor § 105) für das übrige Konzernrecht weiter. Die Aufstellung eines Konzernabschlusses erlaubt also nicht den Schluss, dass zB Abhängigkeit (§ 17 AktG) vorliegt (Begr EK § 236). Unternehmen iSv II sind hier anders als in I (s Rn 2) nur buchführungspflichtige, auch nicht Privatpersonen ohne KfmEigenschaft und früher auch Gebietskörperschaften (Bund, Länder, Gemeinden, § 36 aF, s § 33 Rn 2), Baumb/Hueck/Schulze-Osterloh § 42 Rn 115, aA ADS 37, 10. II definiert die verbundenen Unternehmen von der vorgeschriebenen Einbeziehung von Mutter- und Tochterunternehmen in einen Konzernabschluss her, aber ohne dass es auf die tatsächliche Aufstellung des Konzernabschlusses oder Einbeziehung ankommt, insoweit kommt es auf §§ 290, 291, 292, 296 an, Baumb/Hueck/Schulze-Osterloh § 42 Rn 116, GK BilR/Hüttemann 24, inzwischen hA, abw ADS 57 (richtlinienkonforme einschränkende Auslegung des II: auf Aufstellungs- bzw Einbeziehungspflicht kommt es nicht an). Verbundene Unternehmen nach II sind also Mutter- oder Tochterunternehmen nach § 290 I, II, die in den Konzernabschluss eines Mutterunternehmens einzubeziehen sind, der nach §§ 290 ff (Vollkonsolidierung) aufzustellen ist oder nach §§ 291, 292 befreien würde. Tochterunternehmen, die nach § 296 nicht einbezogen wurden, sind dennoch verbundene Unternehmen, ADS 42. Gleichordnungskonzerne s § 290 Rn 6. Ob § 291 III vorliegt, ist irrelevant, str. Eigenschaft als verbundenes Unternehmen ist unabhängig davon, ob die VO nach § 292 schon erlassen ist, str. Auch größenabhängige Befreiung nach § 293 ist irrelevant, str. – Formulierung „am weitestgehenden" in II ist sprachl zweifelh, wohl Redaktionsversehen.

Nicht verbundene Unternehmen sind zB TochterGes einer MutterGes, die **10** nicht KapitalGes im Inland ist und keine eigenen Tochterunternehmen hat; sog Schwesterunternehmen (s § 290 Rn 5), Baumb/Hueck/Schulze-Osterloh § 42 Rn 116, 121, str, aA ADS 47 ff; Unternehmen nach § 310, ADS 41, außer wenn die Voraussetzungen der Vollkonsolidierung vorliegen (§ 310 Rn 1); assoziierte Unternehmen nach § 311.

3) IAS 24 (Angaben über Beziehungen zu nahe stehenden Unternehmen und Personen)

A. Eine den in § 271 enthaltenen allgemeinen Definitionen der Beteiligung **11** und der verbundenen Unternehmen funktional entsprechende Begriffsbestimmung gibt es in den internationalen Standards nicht. Die begriffliche Bestimmung des **Verhältnisses mehrerer Unternehmen zueinander** erfolgt in verschiedenen Standards: Es wird unterschieden zwischen **nahe stehenden** Unternehmen (IAS 24), **unter Kontrolle stehenden** Tochterunternehmen (IAS 27), **unter maßgeblichem Einfluss stehenden assoziierten** Unternehmen (IAS 28) und unter Kontrolle oder signifikantem Einfluss stehenden **Gemeinschaftsunternehmen** (Joint Ventures) (IAS 31), Baetge, IAS-Kommentar 84 ff, IDW FN-IDW **06,** 433, Marten IRZ **06,** 49 (ISA 550), Weißenberger ua KoR **06,** 613 (Controlling).

B. **Gegenstand:** IAS 24 regelt den Umfang der Angabepflichten über Beziehungen zu nahe stehenden Unternehmen und Personen. **Zeitliche Anwendung:** Geschäftsjahre, die am oder nach dem 1. 1. 05 beginnen. Frühere Anwendung empfohlen (IAS 24.23). Lit: Niehus, WPg **03,** 521, Freiberg PiR **09,** 22 (Leasing). **12**

C. **Sachliche Anwendung:** IAS 24 ist anzuwenden auf die Identifizierung 1) **13** von Geschäftsvorfällen mit nahe stehenden Unternehmen und Personen, 2) von ausstehenden Salden im Verhältnis zu nahe stehenden Unternehmen und Personen, 3) von Umständen, unter denen eine Angaben nach 1) und 2) erforderlich ist, und 4) der Bestimmung der für diese Posten erforderlichen Angaben (IAS 24.2 ff).

D. **Wesentliche Regelungen:** Ein Unternehmen oder eine Person **gilt als 14 nahe stehend,** wenn 1) es direkt oder indirekt das berichtende Unternehmen beherrscht oder von ihm beherrscht wird oder unter gemeinsamer Beherrschung steht, 2) es einen maßgeblichen Einfluss hat, 3) es Gemeinschaftskontrolle über das Unternehmen hat, 4) es sich um ein nahes Familienmitglied einer Person handelt, die direkt das Unternehmen kontrolliert, einen maßgeblichen Einfluss oder gemeinschaftliche Kontrolle hat, 5) es ein assoziiertes Unternehmen ist, 6)

§ 272 III. Buch. Handelsbücher

es ein Joint Venture ist, in dem das Unternehmen beteiligt ist, 7) es sich um Mitglieder des Managements in Schlüsselpositionen (im Unternehmen oder bei der Muttergesellschaft) handelt, 8) es sich um nahe Familienangehörige von Managementmitgliedern handelt (IAS 24.9).

15   E. IAS 24 verlangt die folgenden **Angaben über Beziehungen** zu nahe stehenden Unternehmen und Personen: 1) die Art der Beziehung zwischen Mutter- und Tochterunternehmen, auch wenn es zwischen diesen nahe stehenden Parteien keine Transaktionen gab, 2) der Name des Mutterunternehmens, und falls nicht identisch, der des übergeordneten kontrollierenden Unternehmens, 3) Ausgleich für das Management in Schlüsselpositionen, 4) wenn es Transaktionen zwischen den nahe stehenden Parteien gab, die Art der Beziehung und Informationen über die Transaktionen sowie über ausstehende Salden mit den nahe stehenden Parteien (IAS 24.12 ff). Diese Angaben sind getrennt nach Kategorien wie zB Mutterunternehmen, assoziierte Unternehmen zu machen (IAS 24.18).

4) Sonstige IAS/IFRS-Regelungen

16   Keine § 271 entsprechenden allgemeinen Definitionen der Beteiligungen und verbundenen Unternehmen in den Standards. Aber Definitionen zB in IAS 24 (Angaben über Beziehungen zu nahe stehende Personen und Unternehmen), IAS 27 (Konzern- und separate Einzelabschlüsse nach IFRS) mit Definition von Tochterunternehmen), IAS 28 (Anteile an assoziierten Unternehmen), IAS 31 (Anteile an joint ventures, Partnerunternehmen), die aber nur zT mit den Begriffen **verbundene Unternehmen** oder **Beteiligungen** übereinstimmen, Küting/Weber 156 ff.

Eigenkapital

272 (1) ¹Gezeichnetes Kapital ist das Kapital, auf das die Haftung der Gesellschafter für die Verbindlichkeiten der Kapitalgesellschaft gegenüber den Gläubigern beschränkt ist. ²Es ist mit dem Nennbetrag anzusetzen. ³Die nicht eingeforderten ausstehenden Einlagen auf das gezeichnete Kapital sind von dem Posten „Gezeichnetes Kapital" offen abzusetzen; der verbleibende Betrag ist als Posten „Eingefordertes Kapital" in der Hauptspalte der Passivseite auszuweisen; der eingeforderte, aber noch nicht eingezahlte Betrag ist unter den Forderungen gesondert auszuweisen und entsprechend zu bezeichnen.

(1 a) ¹Der Nennbetrag oder, falls ein solcher nicht vorhanden ist, der rechnerische Wert von erworbenen eigenen Anteilen ist in der Vorspalte offen von dem Posten „Gezeichnetes Kapital" abzusetzen. ²Der Unterschiedsbetrag zwischen dem Nennbetrag oder dem rechnerischen Wert und den Anschaffungskosten der eigenen Anteile ist mit den frei verfügbaren Rücklagen zu verrechnen. ³Aufwendungen, die Anschaffungsnebenkosten sind, sind Aufwand des Geschäftsjahrs.

(1 b) ¹Nach der Veräußerung der eigenen Anteile entfällt der Ausweis nach Absatz 1a Satz 1. ²Ein den Nennbetrag oder den rechnerischen Wert übersteigender Differenzbetrag aus dem Veräußerungserlös ist bis zur Höhe des mit den frei verfügbaren Rücklagen verrechneten Betrages in die jeweilige Rücklagen einzustellen. ³Ein darüber hinausgehender Differenzbetrag ist in die Kapitalrücklage gemäß Absatz 2 Nr. 1 einzustellen. ⁴Die Nebenkosten der Veräußerung sind Aufwand des Geschäftsjahrs.

(2) **Als Kapitalrücklage sind auszuweisen**

2. Abschnitt. Vorschriften für Kapitalgesellschaften **1 § 272**

1. der Betrag, der bei der Ausgabe von Anteilen einschließlich von Bezugsanteilen über den Nennbetrag oder, falls ein Nennbetrag nicht vorhanden ist, über den rechnerischen Wert hinaus erzielt wird;
2. der Betrag, der bei der Ausgabe von Schuldverschreibungen für Wandlungsrechte und Optionsrechte zum Erwerb von Anteilen erzielt wird;
3. der Betrag von Zuzahlungen, die Gesellschafter gegen Gewährung eines Vorzugs für ihre Anteile leisten;
4. der Betrag von anderen Zuzahlungen, die Gesellschafter in das Eigenkapital leisten.

(3) [1] Als Gewinnrücklagen dürfen nur Beträge ausgewiesen werden, die im Geschäftsjahr oder in einem früheren Geschäftsjahr aus dem Ergebnis gebildet worden sind. [2] Dazu gehören aus dem Ergebnis zu bildende gesetzliche oder auf Gesellschaftsvertrag oder Satzung beruhende Rücklagen und andere Gewinnrücklagen.

(4) [1] Für Anteile an einem herrschenden oder mit Mehrheit beteiligten Unternehmen ist eine Rücklage zu bilden. [2] In die Rücklage ist ein Betrag einzustellen, der dem auf der Aktivseite der Bilanz für die Anteile an dem herrschenden oder mit Mehrheit beteiligten Unternehmen angesetzten Betrag entspricht. [3] Die Rücklage, die bereits bei der Aufstellung der Bilanz zu bilden ist, darf aus vorhandenen frei verfügbaren Rücklagen gebildet werden. [4] Die Rücklage ist aufzulösen, soweit die Anteile an dem herrschenden oder mit Mehrheit beteiligten Unternehmen veräußert, ausgegeben oder eingezogen werden oder auf der Aktivseite ein niedrigerer Betrag angesetzt wird.

Übersicht

1) Gezeichnetes Kapital (I) 1
2) Kapitalrücklage (II) 6
3) Gewinnrücklagen (III) 10
4) Rücklage für Anteile MutterGes (IV) 11
5) Rechtsfolgen eines Verstoßes gegen § 272 12
6) IFRS 2 (Aktienbasierte Vergütung) 13
7) Sonstige IAS/IFRS-Regelungen 14

1) Gezeichnetes Kapital (I)

A. **Definition und Ansatz:** § 272 idF BilMoG 2009 regelt das Eigenkapital **1** (§ 266 Passivseite A I–V). Gezeichnetes Kapital (Passivseite A I) ist das Haft(ungsfonds)kapital der KapitalGes **(I 1)**, gleichbedeutend bisher Grundkapital oder Stammkapital. Die neuere Bezeichnung soll im Interesse der Lesbarkeit des Jahresabschlusses auch für Ausländer verdeutlichen, dass es um gezeichnetes, nicht notwendig eingezahltes Kapital geht. Nach I 2 (§ 283 aF) ist es zum Nennbetrag anzusetzen. **GmbH & Co** s § 264c Rn 2, 4. Lit: IDW HFA 1/**96** WPg **96,** 507 (Formwechsel), HFA 2/**97,** WPg **97,** 235 (Verschmelzungen), Naumann DB **98,** 1428 (Stock Options), Rammert WPg **98,** 766 (Aktienoptionsprogramme), Kühnberger/Keßler AG **99,** 453 (Stock Options), Pellens/Crasselt DB **98,** 217 (Stock Options), Ester/Härteis DB **99,** 2073 (Stock Options), Herzig DB **99,** 1 (Stock Options und Appreciation Rights), Gelhausen/Hönsch WPg **01,** 69 (aktienabhängige Entlohnungsformen), Ekkenga DB **04,** 1897 (Stock Options HGB, IAS, US-GAAP), Baetge/Brüggemann DB **05,** 2145 (Genussrechte), Bock DStR **05,** 1067 (mezzanine Nachrangdarlehen), Göbel/Kormaier PiR **06,** 65 (Akteinrückkauf), Sultana/Willeke StuB **06,** 220 (Mezzanine-Kapital), Küting/Reuter StuB **08,** 495 (eigene Anteile), dies BB **08,** 658 (eigene Anteile), dies StuB **08,** 535 (Ausweis), Lüdenbach/Hoffmann StuB **09,** 287, Rodewald/Pohl GmbHR **09,** 32 (eigene Anteile/GmbH).

§ 272 2–7   III. Buch. Handelsbücher

2 B. **Nicht eingeforderte ausstehende Einlagen:** Nach **I 3 Halbs 1** (zT alternativ dazu I 3 Halbs 3) steht auf der Passivseite: „Gezeichnetes Kapital (zB 100)", davon offen abgesetzt „Nicht eingeforderte Einlagen (zB 40)". Seit BilMoG kein Ausweis mehr auf der Aktivseite (bisher vor dem Anlagevermögen: „Ausstehende Einlagen (zB 40); davon eingefordert (zB 10)"). Der verbleibende Betrag (zB 60) ist in der Hauptspalte der Passivseite als Posten „Eingefordertes Kapital" auszuweisen. Das enspricht dem Ausweiswahlrecht des früheren I 3 aF.

3 C. **Eingeforderte, aber nicht einbezahlte Einlagen:** Eingeforderte, aber nicht einbezahlte Einlagen stehen nach I 3 Halbs 2 auf der Aktivseite unter den Forderungen. Sie sind dort auch entsprechend zu bezeichnen.

4 D. **Eigene Anteile: a) Rückerwerb eigener Anteile (Ia):** Mit BilMoG wurden die rechtsformabhängige Differenzierung sowie die Differenzierung nach Erwerbstatbeständen des I 4–6 aF aufgegeben. Ia 1 regelt nun, wie bei Rückerwerb eigener Anteile zu verfahren ist.

(1) Abweichend vom bisherigen Recht sieht Ia keine rechtsformabhängige Differenzierung nach eigenen Aktien und eigenen Anteilen mehr vor. Sonderregelungen für AG (I 4–6 aF) entfallen damit. Grund hierfür ist der einheitliche Charakter des Rückerwerbs eigener Anteile und Aktien als Auskehrung frei verfügbarer Rücklagen, RegE BilMoG 65. Die Abschaffung der Differenzierung nach Erwerbtatbeständen bei der AG aus demselben Grund.

(2) Eigene Anteile sind auf der **Passivseite** als Korrekturposten zum Eigenkapital auszuweisen. Dazu wird der Nennbetrag, oder, falls nicht vorhanden, der rechnerische Wert der Anteile offen vom Eigenkapital abgesetzt dargestellt. Der Unterschiedsbetrag zwischen dem (rechnerischen) Nennwert und den Anschaffungskosten (der Sache nach ist das Kapitalrückzahlung) ist mit den frei verfügbaren Rücklagen zu verrechnen. Verwendung des Begriffes frei verfügbare Rücklagen anstelle „anderer Gewinnrücklagen iSd § 266 III.A.III.4" wird vorgenommen, weil bspw auch Kapitalrücklagen berücksichtigt werden können sollen, RegE BilMoG 66. Aufwendungen, die Anschaffungsnebenkosten (§ 255 I 2) sind, zB Provisionen, sind dagegen wie bisher Aufwand Geschäftsjahres und nicht zu mit frei verfügbaren Rücklagenverrechnen.

5 b) **Wiederveräußerung (Ib):** Ib regelt Ausweis bei Wiederveräußerung eigener Anteile. Nach Ib 1 ist der Ausweis nach Ia 1 bei Wiederveräußerung rückgängig zu machen. Entsprechend dem Verständnis des Erwerbs eigener Anteile als Kapitalrückzahlung ist Wiederveräußerung Kapitalerhöhung, RegE BilMoG 66. Das gezeichnete Kapitals ist daher nach Wiederveräußerung um den Nennbetrag oder (falls nicht vorhanden) den rechnerischen Wert zu erhöhen, der Vorspaltenausweis insoweit bzw ganz aufzulösen. Ein Differenzbetrag vom Veräußerungserlös ist nach Ib 2 bis zur Höhe des mit den frei verfügbaren Rücklagen bei Erwerb verrechneten Betrages (also des Kaufpreises) in die Rücklagen einzustellen. Bei höherem Differenzbetrag ist der Rest in die Kapitalrücklage gem II Nr 1 einzustellen, Ib 3. Nebenkosten der Veräußerung sind bei der Verrechnung nicht zu berücksichtigen, sondern sind Aufwand des Geschäftsjahres, Ib 4.

2) Kapitalrücklage (II)

6 A. Zu den Kapitalrücklagen gehören alle Einlagen, die nicht gezeichnetes Kapital oder Einlagen und Kapitalanteile von phG sind. Das sind nach **Nr 1:** das Aufgeld bei der Ausgabe von Anteilen sowie von Bezugsanteilen, Ausgabekosten sind nicht abziehbar (für GmbH bisher str). Lit zu II: Schmitt/Hülsmann BB **00,** 1563 (Verschmelzungsgewinn).

7 B. Nach **Nr 2:** der bei Ausgabe von Wandlungs- und Optionsrechten zum Erwerb von Aktien (s § 221 AktG) erzielte Betrag, zB die Differenz zwischen höherem Ausgabe- und niedrigerem Rückzahlungsbetrag der Schuldverschrei-

2. Abschnitt. Vorschriften für Kapitalgesellschaften 8–11 § 272

bung, aber auch die in der Einräumung eines unter dem Kapitalmarktzins liegenden Zinssatzes bestehende Gegenleistung (AmtlBegr), sog Aufgeld, bleibt auch bei Nichtausübung der Option in der Kapitalrücklage. Kein Gewinn, relevant ist nur der bei Ausgabe erzielte Betrag. GuV wird nicht berührt, BFH BFH/NV **06**, 616, BFH HFR **06**, 245; OFD München/Nürnberg BB **00**, 2628; auch bei Zwischenschaltung von TochterGes. Lit zu Optionsanleihen: Kropff ZGR **87**, 285 S 1, Knobbe-Keuk ZGR **87**, 312, Sigloch/Egner BB **00**, 1878, Siegel BB **01**, 1995, Häuselmann/Wagner BB **02**, 2431, Gelhausen/Rimmelspacher AG **06**, 729, Egner/Heinz StuB **05**, 748, Hahne StuB **06**, 295.

C. Nach **Nr 3**: Zuzahlungen von Gftern gegen Gewährung eines Vorzugs für ihre Anteile. **8**

D. Nach **Nr 4**: sonstige Zuzahlungen der Gfter in das Eigenkapital. Die Zuzahlungen nach Nr 4 müssen gewollt sein, verdeckte Einlagen und verlorene Zuschüsse sind nicht ohne weiteres erfasst (AmtlBegr). Die Zuzahlungen nach Nr 4 sind nicht in die gesetzliche Rücklage nach **(2 a)** AktG § 150 einbezogen. Zusatzangaben bei AG: Einstellungen und Entnahmen minus Kapitalrücklage, **(2 a)** AktG § 152 II. Eingeforderte Nachschüsse bei GmbH s § 42 II nF GmbHG. Eigenkapitalersetzende GfterDarlehen s § 266 Rn 17. Einstellung in Kapitalrücklagen ist zwingend, bei Verstoß ist Jahresabschluss der KapitalGes nichtig, entspr § 256 I Nr 4 AktG. Zuständigkeit s § 270 Rn 1. Lit zu II Nr 4: Schulze-Osterloh FS Claussen **97**, 769. **9**

3) Gewinnrücklagen (III)

Gewinnrücklagen sind die aus dem Geschäftsergebnis gebildeten Rücklagen (III 1). Der Ausdruck verdeutlicht dies besser als der bisherige „offene Rücklagen". Davon zu unterscheiden sind Kapitalrücklagen (II). Gewinnrücklagen sind nach III 2, § 266 III A III: die gesetzliche Rücklage (s **(2 a)** AktG § 150; bei GmbH nicht geregelt); Rücklage für eigene Anteile (IV); satzungsmäßige Rücklagen (Rücklagen, die nach der Satzung gebildet werden müssen, **(2 a)** AktG § 58 I, auch § 29 I GmbHG); andere Gewinnrücklagen (Rücklagen, die freiwillig ohne Grundlage in Gesetz oder Satzung oder mit bloßer Satzungsermächtigung gebildet werden; dazu **(2 a)** AktG § 58 II, II a, s Einl 49 v § 238, § 29 IV GmbHG, s Einl 49 vor § 238). Zusatzangaben bei AG s **(2 a)** AktG § 152 III. Zuständigkeit s § 270 Rn 2. **10**

4) Rücklage für Anteile an herrschendem oder mit Mehrheit beteiligtem Unternehmen (IV)

Der neue IV verlangt Bildung einer Rücklage für Anteile an einem anderen Unternehmen, das an dem erwerbenden Unternehmen (TochterGes) selbst mehrheitlich beteiligt ist oder es sogar beherrscht (§§ 16, 17 AktG). Grund: Diese Anteile waren eigenen Anteilen bisher gleichgestellt, daher war Rücklage nach IV aF erforderlich. Anders als eigene Anteile (s Ia) sind diese Anteile, soweit sie wirtschaftlich nicht der MutterGes zuzurechnen sind, als Vermögensgegenstände des erwerbenden zu aktivieren; Ausweis s § 266 II.B.III.1 oder 3; Ausweis im Anlagevermögen (§ 266 II.A.III.3) nur, wenn hinreichende Anhaltspunkte dafür bestehen, dass ein mögliches Recht (§ 71 d AktG) des herrschenden bzw mehrheitlich beteiligten Unternehmens, jederzeit die Übertragung verlangen zu können, nicht ausgeübt wird. Die bei Aufstellung der Bilanz (IV 3) zu bildende Rücklage muss den aktivierten Beträgen entsprechen (IV 2). Sie kann entweder aus dem Jahresergebnis oder aus frei verfügbaren Rücklagen gebildet werden (IV 3). Auflösung entsprechend der Veränderung auf Aktivseite durch Veräußerung, Ausgabe, Einziehung oder niedrigerem Ansatz (zB nach Abschreibug, § 253 IV). Verstoß gegen IV ist Nichtigkeitsgrund (§ 256 I Nr 4 AktG, entspr für GmbH). **GmbH & Co** s § 264 c IV, s dort Rn 4. **11**

§ 272 12–16   III. Buch. Handelsbücher

5) Rechtsfolgen eines Verstoßes gegen § 272

12 Der Verstoß gegen § 272 stellt eine Ordnungswidrigkeit nach § 334 I Nr 1 c dar. Es kann auch Vergehen nach § 331 I Nr 1 vorliegen, sofern die Verhältnisse der Ges unzutreffend oder verschleiert wiedergegeben werden. Im Fall der unzutreffenden Angabe des gezeichneten Kapitals ist der Jahresabschluss der AG idR nach § 256 I Nr 1 oder 4 AktG nichtig (für GmbH grds analog).

6) IFRS 2 (Aktienbasierte Vergütung)

13 A. Eine dem § 272 entsprechende Vorschrift kennen die Standards nicht. Es sind lediglich Einzelaspekte des Regelungsprogramms von § 272 in verschiedenen Standards geregelt. Insbesondere existiert mit **IFRS 2** ein eigener Standard für die Behandlung anteilsbasierter Vergütungen.

B. **Gegenstand:** IFRS 2 (Anteilsbasierte Vergütung) regelt die erfolgswirksame Bilanzierung aktienbasierter Vergütungsinstrumente an Mitarbeiter. **Zeitliche und sachliche Anwendung:** IFRS 2 gilt für Aktienoptionen, die Gewährung von Aktien und andere Eigenkapitalinstrumente, die nach dem 7. 11. 02 abgeschlossen wurden und bei Inkrafttreten des IFRS noch nicht ausführbar waren. IFRS 2 ist auch retrospektiv auf Schulden aus aktienbasierten Vergütungstransaktionen anzuwenden, die bei Inkrafttreten bestanden. IFRS 2 gilt für Geschäftsjahre, die am oder nach dem 1. 1. 05 beginnen. Frühere Anwendung empfohlen (IFRS 2.60). Lit: Andrejewski/Grube, Konzern **05,** 98, Beck, KoR **04,** 498, Ekkenga, DB **04,** 1897, Pellens/Crasselt PiR **05,** 35 (nicht börsennotierte Gesellschaften), Schreiber BB **06,** 1842 (IFRIC 8), ders KoR **06,** 398, IDW FN-IDW **06,** 498, DRSC KoR **06,** 329 (IFRIC 8), Eiselt/Wulf KoR **06,** 639 (Aktienoptionen), Zülch/Fischer StuB **06,** 314 (IFRIC 8), Rossmanith/Funk/Alber WPg **06,** 664 (stock options), Vater WPg **06,** 713, IDW WPg **06,** 810 (Exposure Draft), Gallowski BB **07,** 203 Aktienoptionspläne/IFRIC 11), Lüdenbach/Freiberg BB **07,** 1545 (Verdeckte Einlagen), dies PiR **08,** 107 (bedingte Optionszusagen).

14 C. **Wesentlicher Inhalt:** Nach IFRS 2 sind alle an Mitarbeiter ausgegebene aktienbasierte Vergütungsinstrumente erfolgswirksam als **Personalaufwand** mit dem **beizulegenden Zeitwert** (fair value) der dafür erbrachten Gegenleistung zu erfassen. Dabei gelten alle Transaktionen mit Mitarbeitern als aktienbasierte Vergütungsregelung, bei denen für erhaltene Güter oder in Anspruch genommene Leistungen im Gegenzug Eigenkapitalinstrumente des Unternehmens gewährt werden (IFRS 2.7 ff). Da der fair value einer erbrachten Arbeitsleistung idR nicht zu bestimmen ist, wird der fair value des dafür gewährten Eigenkapitalinstruments herangezogen. Maßgeblich ist hierbei der Zeitpunkt der Gewährung. Der Wert aktienbasierter Vergütungssysteme ist als Aufwand im Geschäftsjahr der Zusage an den Mitarbeiter zu erfassen (IFRS 2.16 ff).

15 D. Bei aktienbasierten Vergütungen als **Gegenleistung für künftig zu erbringende Leistungen** der Mitarbeiter ist zu unterscheiden: Bei **Bedienung in Aktien** (equity-settled share-based payment transactions) ist mit dem fair value zum Zeitpunkt der Gewährung und Verteilung des entstehenden Personalaufwands über die Sperrfrist zu bewerten. Nach HGB besteht hierzu keine Regelung; daher ist gem IFRS 2 ermittelter Personalaufwand nicht steuerrelevant (IFRS 2.34 ff). Bei **Bedienung in Cash** (Barvergütung), deren Betrag sich am Wert eines Eigenkapitalinstruments (zB Aktienkurs) orientiert (cash-settled share-based payment transactions), ist mit dem beizulegenden Wert zum Bilanzstichtag zu bewerten und Rückstellung zu bilden, die bis zur Erfüllung an jedem Bilanzstichtag neu ermittelt wird (IFRS 2.30 ff).

16 E. Im **Anhang** sind sämtliche eigenkapitalorientierte Vergütungsformen, die während des Bilanzierungszeitraumes Bestand haben, zu beschreiben, ua Dar-

2. Abschnitt. Vorschriften für Kapitalgesellschaften **§§ 273, 274**

stellung der Optionsbewertung bzw der verwendeten Parameter zur Ermittlung des beizulegenden Zeitwerts u Angaben zu Auswirkungen auf die GuV sowie die finanzielle Situation des Unternehmens. Ausgleichszahlung in Verbindung mit Kündigung gilt als Rückkauf der gewährten Eigenkapitalrechte (Ansatz des fair value zum Kündigungszeitpunkt).

7) Sonstige IAS/IFRS-Regelungen

A. **Eigenkapital** ist in F. 49 (c) definiert als der nach Abzug aller Schulden vom Vermögen verbleibende Restbetrag. Weitere Erläuterungen zum Eigenkapital in F. 65 ff. In der Bilanz sind als **Mindestangaben** gem IAS 1.54 (r) nur das gezeichnete Kapital und Rücklagen, die den Eigentümern der Mutterges zuzuordnen sind, als Posten aufzunehmen. Gem F. 65 kann das Eigenkapital bei KapitalGes in der Bilanz weiter aufgegliedert werden in Gesellschafterbeiträge, Gewinnrücklagen, Kapitalrücklagen. Eine weitere Untergliederung ist auch im Rahmen der Eigenkapitalveränderungsrechnung gem IAS 1.106 ff erforderlich. **17**

B. **IFRIC 8 (Anwendungsbereich von IFRS 2)** zu IFRS 2 (Anteilsbasierte Vergütung): Anzuwenden auf Berichtsperioden, die am oder nach dem 1. 5. 06 beginnen. IFRIC 8 stellt klar, dass IFRS 2 (Anteilsbasierte Vergütung) auf Vereinbarungen anzuwenden ist, bei denen ein Unternehmen anteilsbasierte Vergütungen offensichtlich ohne oder für eine ungenügende Gegenleistung gewährt. Liegt die identifizierbare Gegenleistung augenscheinlich unter dem beizulegenden Zeitwert der gewährten Eigenkapitalinstrumente oder der eingegangenen Verbindlichkeiten, deutet dies darauf hin, dass eine andere Gegenleistung entweder empfangen wurde oder noch empfangen werden wird. Lit: Schreiber BB **06**, 1842, Zülch/Fischer StuB **06**, 314. **18**

C. **IFRIC 11 (Geschäfte mit eigenen Aktien und Aktien von Konzernunternehmen)** zu IFRS 2 (Anteilsbasierte Vergütung): Anzuwenden auf Berichtsperioden ab 1. 3. 07. Zwei Fragen werden behandelt: Zum einen wird bestimmt, dass Mitarbeitern gewährte Rechte an Eigenkapitalinstrumenten auch dann als Ausgleich durch Eigenkapitalinstrumente und nicht als Barausgleich bilanziert werden müssen, wenn das Unternehmen zur Erfüllung dieser Verpflichtung erst eigene Aktien erwerben muss. Dasselbe gilt, wenn die gewährten Rechte von Anteilseignern bereitgestellt werden (IFRIC 11.7). Zweitens wird geklärt, wie es zu bilanzieren ist, wenn Mitarbeitern einer TochterGes Rechte an Eigenkapitalinstrumenten der Mutter gewährt werden. Erfolgt die Gewährung durch die Mutter, ist Bilanzierung im Einzelabschluss der Tochter als Ausgleich durch Eigenkapitalinstrumente vorgesehen (IFRIC 11.8). Erfolgt sie durch die Tochter, hat diese den Vorgang als Barausgleich zu behandeln, IFRIC 11.11 (Anteile an der Mutter sind für die Tochter Vermögenswerte). Lit: Gallowski BB **07**, 203, Schreiber/Thiele/Büchel BB **07**, 1999. **19**

273 *(aufgehoben)*

1) § 273 aufgehoben durch BilMoG 2009 in Folge der Streichung des § 247 III, s Einl v § 238 Rn 28 (Übergangsrecht in **(1)** EGHGB Art 66 V, Art 67 III, IV).

Latente Steuern

274
(1) ¹Bestehen zwischen den handelsrechtlichen Wertansätzen von Vermögensgegenständen, Schulden und Rechnungsabgrenzungsposten und ihren steuerlichen Wertansätzen Differenzen, die sich in späteren

§ 274 1, 2   III. Buch. Handelsbücher

Geschäftsjahren voraussichtlich abbauen, so ist eine sich daraus insgesamt ergebende Steuerbelastung als passive latente Steuern (§ 266 Abs. 3 E.) in der Bilanz anzusetzen. ²Eine sich daraus insgesamt ergebende Steuerentlastung kann als aktive latente Steuern (§ 266 Abs. 2 D.) in der Bilanz angesetzt werden. ³Die sich ergebende Steuerbe- und die sich ergebende Steuerentlastung können auch unverrechnet angesetzt werden. ⁴Steuerliche Verlustvorträge sind bei der Berechnung aktiver latenter Steuern in Höhe der innerhalb der nächsten fünf Jahre zu erwartenden Verlustverrechnung zu berücksichtigen.

(2) ¹Die Beträge der sich ergebenden Steuerbe- und -entlastung sind mit den unternehmensindividuellen Steuersätzen im Zeitpunkt des Abbaus der Differenzen zu bewerten und nicht abzuzinsen. ²Die ausgewiesenen Posten sind aufzulösen, sobald die Steuerbe- oder -entlastung eintritt oder mit ihr nicht mehr zu rechnen ist. ³Der Aufwand oder Ertrag aus der Veränderung bilanzierter latenter Steuern ist in der Gewinn- und Verlustrechnung gesondert unter dem Posten „Steuern vom Einkommen und vom Ertrag" auszuweisen.

1) Passive Steuerabgrenzung (I 1)

1   A. Nach **I 1** ist im Falle künftiger Steuerbelastung bei Periodenverschiebung Ansatz passiver latenter Steuern als **Sonderposten** (§ 266 III E) erforderlich. Voraussetzung für I 1 ist, dass in dem Geschäftsjahr und früheren Geschäftsjahren der Wertansatz der Vermögensgegenstände, Schulden und Rechnungsabgrenzungsposten niedriger ist als der Ansatz in der HdlBilanz, und dass diese Differenz später voraussichtlich ausgleicht. Demnach sind alle **Bilanzierungs- und Bewertungsdifferenzen** zwischen Handels- u Steuerbilanz in die Ermittlung latenter Steuern einzubeziehen (**temporary concept;** anders bisher das **timing concept,** nach dem Vergleich von Steuer- und HdlBilanzgewinn maßgeblich war), So ermittelte aktive und passive latente Steuern sind zu saldieren („insgesamt"), RegE BilMoG 67, bisher str, dafür BeckBilKomm/Hoyos/Fischer 10, hL, aA für schon nach § 249 I 1 auszuweisende Steuerrückstellungen (s § 249 Rn 3) Baumb/Hueck/Schulze-Osterloh § 42 Rn 206; aber unsaldierter Ausweis möglich, I 4. Verbleiben nach Saldierung passive latente Steuern, sind diese unter dem Sonderposten auszuweisen. Dass eine Rückstellung nach § 249 I 1 zu bilden ist (Rückstellung für Steuerabgrenzung, **Passivierungspflicht**), sagt I 1 nicht mehr und ist auch nach dem gesetzgeberischen Willen (RegE BilMoG 67) nicht intendiert; vielmehr sollen passive latente Steuern ein Sonderposten eigener Art sein und nur als solcher ausgewiesen werden. Nicht unter I 1 fallen zeitlich unbegrenzte Unterschiede zwischen Handels- und Steuerbilanz (zB steuerfreie Zinsen, Sanierungszinsen), weil es bei diesen am späteren Ausgleich fehlt. **Ausnahme** für kleine KapGes (§ 274 a Nr. 5). Lit: AK Externe Unternehmensrechnung Schmalenbach DB **00,** 681, Sauter BB **01,** 1785 (E-DRS 12), IDW WPg **01,** 1087 (E-DRS 12), Rödder/Schumacher WPg **01,** 1087 (Organschaft), Bischof DB **02,** 1565 (KSt-bedingter Aufwand), Küting/Zwirner WPg **03,** 301 (latente Steuern), Marten/Weiser/Köhler BB **03,** 2335 (aktive latente Steuern), Wehrheim/Adrian WPg **03,** 1058 (latente Steuerabgrenzung IAS-HGB), Loitz DB **08,** 1389 (BilMoG RegE), Lüdenbach/Hoffmann DB **08,** 2205 (BilMoG RegE), dies StuB **09,** 287, Ernst/Seidler BB **09,** 766, Dahlke DB **09,** 878, Küting/Seel DB **09,** 922, Loitz DB **09,** 913.

2   B. **Beispiele:** Ansatz originärer immaterieller Anlagegüter nach HGB, aber nicht nach § 5 II EStG; Diskrepanz aus der Fifo-Methode und der steuerrechtlich vorgeschriebenen Durchschnittsbewertung (s § 256 Rn 2–3); steuerrechtlich zulässige Rücklagen (zB § 6 b III EStG), die nach Aufgabe der Umkehrmaßgeblichkeit nicht in die HdlBilanz gehören. Weitere echte und vermeintliche Bspe (noch zur Lage vor dem BilMoG) s BeckBilKomm/Hoyos/Fischer 26.

2. Abschnitt. Vorschriften für Kapitalgesellschaften 3–10 § 274

2) Aktive Steuerabgrenzung (I 2)

A. **Aktivischer Abgrenzungsposten: I 2** erlaubt die aktivische Steuerabgrenzung in Form einer Bilanzierungshilfe **(Aktivierungswahlrecht)**. Voraussetzung ist, dass die Berechnung nach I 1 (s Rn 1) nach der Saldierungen einen höheren Ansatz in der Steuerbilanz ergibt. Nach I 4 sind Verlustvorträge in der Höhe der innerhalb der nächsten fünf Jahre zu erwartenden Verlustverrechnung zu berücksichtigen, dabei aber Beachtung des Vorsichtsprinzips (§ 252 I Nr 4). Ausweis unter Sonderposten (§ 266 II D). 3

B. **Beispiele:** Disagio (Aktivierungswahlrecht nach § 250 III, steuerlich Aktivierungspflicht und Abschreibung während der Laufzeit, s § 250 Rn 8); Bewertungsvereinfachungsverfahren nach § 256, wenn sie im Einzelfall zu rascherer Abschreibung führen als die steuerrechtliche Durchschnittsbewertung; Pensionsrückstellungen (nach § 249 großzügiger als in der Steuerbilanz, s § 249 Rn 5). 4

3) Bewertung, Ausweis, Auflösung des Sonderpostens

A. **Unverrechneter Ansatz (I 3).** Nach I 3 können latente Steuern im Interesse besserer Adressateninformation auch unverrechnet angesetzt werden. 5

B. **Bewertung (II 1).** Nach II 1 sind die sich aus der Steuerbe- und Entlastung ergebenden Beträge mit dem unternehmensindividuellen Steuersatz zu bewerten, der zum Zeitpunkt der Umkehrung voraussichtlich gelten wird; ist dieser (noch) nicht hinreichend bekannt, ist der zum Stichtag geltende individuelle Steuersatz zu nehmen (RegE BilMoG 68). Die Beträge sind wegen ihres Charakters als Sonderposten eigener Art nicht abzuzinsen, II 1 Halbs 2 stellt dies im Hinblick auf die Ähnlichkeit passiver latenter Steuern mit Rückstellungen klar. Bei Veränderung des Ansatzes entstehender Aufwand und Ertrag ist in der GuV unter dem Posten „Steuern vom Einkommen und vom Ertrag" (§ 275 II Nr 18, III Nr 17) gesondert auszuweisen, II 3. 6

C. **Gewinnausschüttungssperre:** Ausschüttungssperre in § 268 VIII, s dort Rn 9. 7

D. **Auflösung:** Der Sonderposten ist aufzulösen, sobald die latente Steuerbe- oder entlastung eintritt oder mit ihr nicht mehr zu rechnen ist. Denn § 274 dient der Periodenabgrenzung, erlaubt aber keine Bildung stiller Reserven oder Lasten. 8

4) IAS 12 (Ertragssteuern)

A. Eine dem § 274 thematisch entsprechende **allgemeine Regelung** der **Steuerabgrenzung fehlt** in den Standards, Küting/Weber 72 f. IAS 12 regelt mit Ansatz und Bewertung tatsächlicher und latenter Steuern nur einen Teilaspekt. Ziel dieses Standards ist die Regelung der Bilanzierung von Ertragsteuern, Baetge, IAS-Kommentar 119 ff. Die Bilanzierung latenter Steuern nach **IAS 12 wich von § 274 deutlich ab:** Steuerabgrenzung folgte nicht dem GuV-orientierten timing-Konzept, sondern dem umfassenderen, bilanzorientierten **temporary-Konzept** und der **liability method;** das sieht seit BilMoG aber **nun auch § 274 vor.** Verbleibende Unterschiede: Ansatzpflicht auch für aktivische latente Steuern; für steuerliche **Verlustvorträge** sind zwingend aktivische latente Steuern zu bilden, soweit die Nutzung der damit verbundenen Steuervorteile wahrscheinlich ist; anstelle einer Gesamtbetrachtung ist grundsätzlich ein getrennter, unsaldierter Ausweis aktivischer und passivischer latenter Steuern vorgeschrieben. 9

B. **Gegenstand:** IAS 12 regelt die Bilanzierung von Ertragsteuern, insbesondere die Behandlung gegenwärtiger und künftiger steuerlicher Konsequenzen aus: (a) der künftigen **Realisierung** (Erfüllung) des **Buchwertes** von Vermögenswerten (Schulden), die in der Bilanz eines Unternehmens angesetzt sind; und 10

Merkt 1093

(b) **Geschäftsvorfällen** und anderen Ereignissen der Berichtsperiode, die im Abschluss eines Unternehmens erfasst sind. **Zeitliche und sachliche Anwendung:** IAS 12 gilt für Geschäftsjahre, die am oder nach dem 1. 1. 98 beginnen (IAS 12.89 ff) und sachlich für den Ansatz und die Bewertung tatsächlicher und latenter Ertragsteuern. Lit: Dahlke/von Eitzen DB **03**, 2237, Ernsting/Loitz DB **04**, 1052 (Personenges), Kirsch StuB **03**, 1116 (PersonenGes), Küting/Wirth BB **03**, 623, Wehrheim/Adrain WPg **03**, 1058, Zülich/Lienau WPg **04**, 565 Küting/Zwirner, BB **05**, 1553, Jessen/Weller DStR **05**, 489 (Bilanzrechtsmodernisierung), Kirsch DStR **05**, 1418 (Informationsmanagement), Rammert PiR **05**, 7 (Steuerlatenz), Vater StuB **05**, 1031 (Unternehmensbewertung HGB/IFRS) Berger DB **06**, 2473 (Verlustvorträge), Loitz DStR **06**, 388 und 439 (Quartalsberichterstattung), Schäffeler IRZ **06**, 153 (latente Steuern/Verlustvorträge), Dahlke KoR **06**, 579 (Vergleich HGB/IAS), Zülich/Lienau KoR **06**, 698 (Sachanlagen), Meurer PiR **06**, 76 (Kaufpreisallokation), Freiberg PiR **06**, 176 (Tarifeffekte), ders PiR **06**, 205 (Änderungen der Steuerbasis), Lienau/Zülch PiR **06**, 265 (Änderungen IAS 12/Short Term Convergence Project), Zülch/Willms StuB **06**, 71 (Hochinflationsländer/Steuerlatenz), Berger/Kolb StuB **06**, 289 (Anteile an PersonenGes), Lotz/Seknicka WPg **06**, 355 (Spezialfonds), Baetge/Lienau WPg **07**, 15 (latente Steuern), Kirsch DStR **07**, 1268 (Unternehmenssteuerreform 2008), Lienau/Erdmann/Zülch DStR **07**, 1094 (latente Steuern auf Verlusvorträge), Ernsting DB **07**, 180 (Auswirkungen des SEStEG auf Körperschaftssteuerguthaben), Berger/Hauck/Prinz DB **07**, 180 (latente Steuern auf Verlustvorträge), Dahlke KoR **07**, 311 (Steuerrisiken), Loitz WPg **07**, 778 (latente Steuern auf Verlustvorträge), Heintges/Kamphaus/Loitz DB **07**, 1261 (IFRS und Zinsschranke), Kirsch PiR **08**, 16 (BilMoG), Lienau PiR **08**, 7 (latente Steuern/Währungsumrechnung), Mujkanovic PiR **08**, 25 (GwG), Schulz-Danso/Esser/Brendle IRZ **08**, 443 (latente Steuern auf Zinsvorträge), Freiberg PiR **08**, 380 (Änderung der Anteilsquote an Personentochterunternehmen), Heyes/Elprana IRZ **08**, 553 (Latente Steuern auf Verlust- und Zinsvorträge).

11 C. **Wesentlicher Inhalt:** Noch nicht bezahlte Ertragsteuern für die laufende Periode und frühere Perioden sind als **Schuld** anzusetzen. Übersteigt der bereits gezahlte Betrag den für diese Perioden geschuldeten Betrag, dann ist die Differenz als Vermögenswert anzusetzen (IAS 12.12 ff). Latente Steuern beziehen sich auf Differenzen zwischen dem Buchwert von Vermögenswerten und Schulden in der Bilanz und dem Steuerwert von Vermögenswerten und Schulden. Ein latenter Steueranspruch oder -schuld entsteht, wenn die Erzielbarkeit (Erfüllung) von Vermögenswerten (Schulden) den Betrag von künftigen Steuerzahlungen beeinflusst. Eine latente Steuerschuld muss grundsätzlich in voller Höhe berücksichtigt werden. **Ausnahmen:** Eine latente Steuerschuld (-anspruch) wird bei einer zu versteuernden (absetzbaren) zeitlichen Differenz nicht erfasst, wenn diese auf der erstmaligen Erfassung eines Vermögenswertes oder Schuld beruht, die aus Transaktionen resultieren, die weder Unternehmenszusammenschlüsse sind noch zum Zeitpunkt der Transaktion den Bilanz- oder Steuergewinn beeinflussen (IAS 12.15 ff).

12 D. Eine latente Steuerschuld wird für keine zu versteuernde zeitliche Differenz erfasst, wenn sie aus der erstmaligen Erfassung eines **Geschäfts- oder Firmenwertes** oder eines Geschäfts- oder Firmenwertes, dessen Abschreibung für steuerliche Zwecke nicht zulässig ist, entsteht (IAS 12.21 ff).

13 E. Latente Steuern werden für zeitliche Differenzen nicht erfasst, wenn sie aus **Investitionen in Tochterunternehmen, Betriebsstätten, Assoziierte und Gemeinschaftliche Unternehmen** entstehen und das Unternehmen den Zeitpunkt der Umkehr der Differenz kontrollieren kann und es wahrscheinlich ist, dass sich die zeitliche Differenz in der Zukunft nicht umkehren wird. Ein latenter

2. Abschnitt. Vorschriften für Kapitalgesellschaften §§ 274 a, 275

Steueranspruch wird nur erfasst, soweit wahrscheinlich ist, dass der Nutzen in der Zukunft realisiert wird. Ist wahrscheinlich, dass ein Steueranspruch realisiert wird, wird der latente Steueranspruch auf Basis von ungenutzten zu versteuernden Ergebnissen erfasst (IAS 12.38 ff). Latente Steuern werden mit dem Steuersatz **bewertet**, der zum Zeitpunkt der Realisierung (Erfüllung) des Steueranspruchs(-schuld) erwartet wird. Die Steuersätze müssen am Bilanzstichtag bereits (im Wesentlichen) erlassen sein. Ein latenter Steueranspruch oder eine -schuld werden nicht abgezinst (IAS 12.46 ff).

F. Die steuerlichen Auswirkungen von Transaktionen und Ereignissen werden im gleichen Abschluss erfasst wie auch die Transaktion oder das Ereignis. Das bedeutet, dass tatsächliche und latente Steuern im **Eigenkapital** erfasst werden, sofern die Posten, auf die sie sich beziehen auch direkt mit dem Eigenkapital verrechnet wurden, am Erwerbstag als erkennbare Vermögenswerte oder Schulden erfasst werden, wenn sie als Teil eines **Unternehmenszusammenschlusses** gemäß IFRS 3 (Unternehmenszusammenschlüsse) entstehen, ansonsten als **Steueraufwand** oder **-ertrag** erfasst werden. Die notwendigen Angaben für Ertragssteuern werden spezifiziert (IAS 12.57 ff). 14

Größenabhängige Erleichterungen

274a Kleine Kapitalgesellschaften sind von der Anwendung der folgenden Vorschriften befreit:
1. § 268 Abs. 2 über die Aufstellung eines Anlagengitters,
2. § 268 Abs. 4 Satz 2 über die Pflicht zur Erläuterung bestimmter Forderungen im Anhang,
3. § 268 Abs. 5 Satz 3 über die Erläuterung bestimmter Verbindlichkeiten im Anhang,
4. § 268 Abs. 6 über den Rechnungsabgrenzungsposten nach § 250 Abs. 3,
5. § 274 über die Abgrenzung latenter Steuern.

1) § 274 a eingefügt durch G 25. 7. 94 (Einl 15 v § 238), Nr 5 geändert durch BilMoG und durch ARUG. Kleine KapitalGes s § 267 I. Keine vergleichbare Regelung in den **IAS/IFRS**. 1

Dritter Titel. Gewinn- und Verlustrechnung

Gliederung

275 (1) ¹Die Gewinn- und Verlustrechnung ist in Staffelform nach dem Gesamtkostenverfahren oder dem Umsatzkostenverfahren aufzustellen. ²Dabei sind die in Absatz 2 oder 3 bezeichneten Posten in der angegebenen Reihenfolge gesondert auszuweisen.

(2) Bei Anwendung des Gesamtkostenverfahrens sind auszuweisen:
1. Umsatzerlöse
2. Erhöhung oder Verminderung des Bestands an fertigen und unfertigen Erzeugnissen
3. andere aktivierte Eigenleistungen
4. sonstige betriebliche Erträge
5. Materialaufwand:
    a) Aufwendungen für Roh-, Hilfs- und Betriebsstoffe und für bezogene Waren
    b) Aufwendungen für bezogene Leistungen
6. Personalaufwand:
    a) Löhne und Gehälter

§ 275 III. Buch. Handelsbücher

   b) soziale Abgaben und Aufwendungen für Altersversorgung und für Unterstützung,
      davon für Altersversorgung
7. Abschreibungen:
   a) auf immaterielle Vermögensgegenstände des Anlagevermögens und Sachanlagen
   b) auf Vermögensgegenstände des Umlaufvermögens, soweit diese die in der Kapitalgesellschaft üblichen Abschreibungen überschreiten
8. sonstige betriebliche Aufwendungen
9. Erträge aus Beteiligungen,
   davon aus verbundenen Unternehmen
10. Erträge aus anderen Wertpapieren und Ausleihungen des Finanzanlagevermögens,
    davon aus verbundenen Unternehmen
11. sonstige Zinsen und ähnliche Erträge,
    davon aus verbundenen Unternehmen
12. Abschreibungen auf Finanzanlagen und auf Wertpapiere des Umlaufvermögens
13. Zinsen und ähnliche Aufwendungen,
    davon an verbundene Unternehmen
14. Ergebnis der gewöhnlichen Geschäftstätigkeit
15. außerordentliche Erträge
16. außerordentliche Aufwendungen
17. außerordentliches Ergebnis
18. Steuern vom Einkommen und vom Ertrag
19. sonstige Steuern
20. Jahresüberschuß/Jahresfehlbetrag.

(3) Bei Anwendung des Umsatzkostenverfahrens sind auszuweisen:
1. Umsatzerlöse
2. Herstellungskosten der zur Erzielung der Umsatzerlöse erbrachten Leistungen
3. Bruttoergebnis vom Umsatz
4. Vertriebskosten
5. allgemeine Verwaltungskosten
6. sonstige betriebliche Erträge
7. sonstige betriebliche Aufwendungen
8. Erträge aus Beteiligungen,
   davon aus verbundenen Unternehmen
9. Erträge aus anderen Wertpapieren und Ausleihungen des Finanzanlagevermögens,
   davon aus verbundenen Unternehmen
10. sonstige Zinsen und ähnliche Erträge,
    davon aus verbundenen Unternehmen
11. Abschreibungen auf Finanzanlagen und auf Wertpapiere des Umlaufvermögens
12. Zinsen und ähnliche Aufwendungen,
    davon an verbundene Unternehmen
13. Ergebnis der gewöhnlichen Geschäftstätigkeit
14. außerordentliche Erträge
15. außerordentliche Aufwendungen
16. außerordentliches Ergebnis
17. Steuern vom Einkommen und vom Ertrag
18. sonstige Steuern
19. Jahresüberschuß/Jahresfehlbetrag.

(4) **Veränderungen der Kapital- und Gewinnrücklagen dürfen in der Gewinn- und Verlustrechnung erst nach dem Posten „Jahresüberschuß/Jahresfehlbetrag" ausgewiesen werden.**

Übersicht

1) Staffelform, Verfahrenswahlrecht (I) 1
2) Erfolgsquellen und Zwischensummen in II und III 4
3) Einzelne Posten beim Gesamtkostenverfahren (II) 5
4) Einzelne Posten beim Umsatzkostenverfahren (III) 27
5) Rücklagenveränderungen (IV) 34
6) Rechtsfolgen eines Verstoßes gegen § 275 35
7) IFRS 5 (Zur Veräußerung gehaltene langfristige Vermögenswerte und aufgegebene Geschäftsbereiche) 36
8) IAS 33 (Ergebnis je Aktie) 41
9) Sonstige IAS/IFRS-Regelungen 49

1) Staffelform, Verfahrenswahlrecht (I)

A. § 275 bringt die Gliederung der Gewinn- und Verlustrechnung von KapitalGes; Ausnahme von § 275 für Kreditinstitute § 340 a II 2. **Staffelform:** § 275 sieht Verfahrenswahlrecht (auch Umsatzkostenverfahren) und verkürztes Gliederungsschema (nur noch 20 bzw 19 statt früher 32 Posten) vor. Zulässig ist nur die Staffelform, nicht die Kontoform. Lit: IDW HFA 2/**97** WPg **97,** 235 (Verschmelzungen), Kropff ZGR **97,** 115 (Tomberger), Küting WPg **97,** 693 (Erfolgsspaltung), Neumann BuW **97,** 681 (Umsatzkostenverfahren), Fischer FS Baetge **97,** 333 (Umsatzkostenverfahren), Schruff FS Baetge **97,** 401, Winter DB **97,** 1985 (Zinsbegrenzungsvereinbarungen), Pellens/Crasselt DB **98,** 217 (Stock Options), Groh DStR **98,** 813 (Tomberger), Henssler DStR **98,** 701, Watermeyer GmbHR **98,** 1061 (Tomberger), Herzig DB **99,** 1 (Stock Options), Brakensiek/Hütten BB **99,** 1108, Müller DB **00,** 533, Streim BFuP **00,** 111, Rödder/Simon DB **02,** 496 (Organschaft), Küting/Reuter/Zwirner StuB **06,** 85 (Erfolgsrechnung: Gesamtkosten-/Umsatzkostenverfahren), Berger/Kolb StuB **06,** 289 (Anteile an PersonenGes), Kirsch StuB **06,** 651, ders StuB **06,** 857 (GuV HGB/IFRS).

B. **Verfahrenswahlrecht:** Zulässig sind das Gesamtkostenverfahren (Produktionskostenverfahren, II) und das international gebräuchlichere Umsatzkostenverfahren (III), damit sich Unternehmen ohne zweite Gewinn- und Verlustrechnung international vergleichbarer darstellen können. Das **Gesamtkostenverfahren** stellt den Umsatzerlösen (II Nr 1) die Gesamtkosten der Betriebsleistung der Periode gegenüber, muss dann allerdings die Bestandsveränderungen an Halb- und Fertigfabrikaten sowie andere aktivierte Eigenleistungen (II Nr 2, 3) bei der Ermittlung des Betriebsergebnisses eigens berücksichtigen. Dies muss das **Umsatzkostenverfahren** nicht, denn es stellt den Umsatzerlösen (III Nr 1) die Selbstkosten der abgesetzten Betriebsleistung (Umsatzkosten; III Nr 2, auch III Nr 4, 5) gegenüber. Der beim Gesamtkostenverfahren erscheinende Material- und Personalaufwand (II Nr 5, 6) erscheint beim Umsatzkostenverfahren nur im Anhang (§ 285 Nr 8). Das Gesamtkostenverfahren arbeitet mit den Primärkosten, die direkt aus dem Rechnungswesen ersichtlich sind. Das Umsatzkostenverfahren gliedert demgegenüber nach Funktionsbereichen bzw Produktgruppen. Lit: Neumann BuW **97,** 681, Fischer FS Baetge **97,** 333. **Muster:** Hopt/Kraft 3. Aufl 2007 Form III.B.1, 2 (GuV – Gesamtkostenverfahren, Lang- und Kurzfassung), Form III.B.3, 4 (GuV Umsatzkostenverfahren, Lang- und Kurzfassung).

§ 275 3–9 III. Buch. Handelsbücher

3 C. **Mindestgliederung:** Nach **I 2** sind die Posten und die Reihenfolge von II oder III zwingend. Zusätzliche Posten und weitere Untergliederungen sind dagegen fakultativ (§ 265 V).

2) Erfolgsquellen und Zwischensummen in II und III

4 Das Ergebnis der gewöhnlichen Geschäftstätigkeit (II Nr 14; III Nr 13), das aus dem **Betriebsergebnis** (II Nr 1–8; III Nr 1–7) und dem **Finanzergebnis** (II Nr 9–13; III Nr 8–12) besteht, und das **außerordentliche Ergebnis** (II Nr 17, s II Nr 15, 16; III Nr 16, s III Nr 14, 15) und die **Steuern** (II Nr 18, 19; III Nr 17, 18) **ergeben** den **Jahresüberschuss oder Jahresfehlbetrag** (II Nr 20; III Nr 19). Nicht mehr besonders ausgewiesen, aber ohne weiteres zu errechnen sind (beim Gesamtkostenverfahren) die Gesamtleistung (bestehend aus II Nr 1–3) und der Rohertrag/Rohaufwand (bestehend aus Gesamtleistung abzüglich Materialaufwand, also II Nr 1–3 minus II Nr 5). Das Rohergebnis nach § 276, das kleine und mittelgroße KapitalGes zusammenfassen dürfen, umfasst beim Gesamtkostenverfahren zusätzlich II Nr 4. Beim Umsatzkostenverfahren besteht es aus III Nr 1–3 und 6.

3) Einzelne Posten beim Gesamtkostenverfahren (II)

5 A. **Umsatzerlöse (Nr 1):** s § 277 I. Ausweis netto ohne Umsatzsteuer, IDW-HFA 1/85 WPg **85**, 257.

6 B. **Bestandsveränderungen (Nr 2):** s § 277 II.

7 C. **Andere aktivierte Eigenleistungen (Nr 3):** Nr 3 ist auf der Ertragsseite notwendig, weil die Aufwendungen für diese aktivierten Eigenleistungen in Nr 5, 6 als Material- und Personalaufwand mit enthalten sind. Nr 3 betrifft nur aktivierte Eigenleistungen (Aktivierungsverbote s § 248). Nr 3 hat gegenüber Nr 2 Auffangfunktion. Bspe: Bestandsveränderungen selbst erzeugter Roh-, Hilfs- und Betriebsstoffe, soweit diese nicht fertige oder unfertige Erzeugnisse (s Nr 2) sind; Leistungen in das eigene Anlagevermögen, zB Reparaturen, Eigenbau von Anlagen; in den aktivierten Eigenleistungen enthaltene Aufwendungen für bezogene Materialien und bezogene Leistungen, aber Zulieferungen Dritter nur wenn nicht erheblich, Eigenleistung muss für Nr 3 überwiegen, Baumb/Hueck/Schulze-Osterloh § 42 Rn 350, BeckBilKomm/Förschle 81 (Bruttomethode, bei Überwiegen von Fremdleistungen und Fremdlieferungen Nettomethode).

8 D. **Sonstige betriebliche Erträge (Nr 4):** Nr 4 ist ein Sammelposten für alle Erträge aus der gewöhnlichen Geschäftstätigkeit, die nicht unter Nr 1–3, 9–11 fallen. Auch periodenfremde Erträge können dazu gehören (s § 277 Rn 4). Unter Nr 4 fallen, soweit es sich nicht im Einzelfall um außerordentliche Erträge (Nr 15, § 277 IV) handelt, zB: Erträge aus Abgängen und Zuschreibungen im Anlagevermögen, str ob auch aus Abgängen und Zuschreibungen im Finanzanlagevermögen (denn Abschreibungen darauf fallen unter Nr 12; das spräche für Nr 9–11); Erträge aus der Herabsetzung der Pauschalwertberichtigung zu Forderungen; Erträge aus der Auflösung von Rückstellungen (s § 249 Rn 31); sonstige (betriebliche) Erträge.

9 E. **Materialaufwand (Nr 5):** Nr 5 a: Aufwendungen für Roh-, Hilfs- und Betriebsstoffe und für bezogene Waren errechnen sich aus: Anfangsbestand + Zugänge – Endbestand. Die Bestände sind mit dem Bilanzwert anzusetzen (s §§ 252–256), also unter Berücksichtigung der üblichen Abschreibungen (bei der KapitalGes unübliche s Nr 7). **Nr 5 b:** Aufwendungen für bezogene Leistungen (Fremdleistungen) müssen Materialaufwand sein, zB Fremdleistungen im Rahmen der Produktion; nicht: solche für Verwaltung und Vertrieb (unter Nr 8), Fremdreparaturen, da nicht notwendig absatzbezogen (unter Nr 8, str), Lizenzgebühren.

F. **Personalaufwand (Nr 6).** Besonderheit ggü Umsatzkostenverfahren, vgl 10 III.

G. **Abschreibungen (Nr 7):** In **Nr. 7 a** sind Abschreibungen auf Teile des 11 Anlagevermögens (immaterielle Vermögensgegenstände und Sachanlagen, § 266 II A I, II) geregelt. Abschreibungen auf Finanzanlagen (§ 266 II A III) fallen unter Nr 12. Die Beträge nach Nr 7 a und § 268 II 3 (Anlagenspiegel) entsprechen sich. **Nr 7 b** betrifft nur einen Teil des Umlaufvermögens (Vermögensgegenstände; Abschreibungen auf Wertpapiere fallen unter Nr 12) und nur einen Teil der Abschreibungen auf das Umlaufvermögen (nur die über die in der KapitalGes üblichen Abschreibungen hinausgehenden Abschreibungen; andere fallen unter Nr 2, s § 277 II, Nr 5 oder Nr 8). Nach § 277 III 1 sind außerplanmäßige Abschreibungen beim Anlagevermögen (§ 253 III 3 und 4) jeweils gesondert auszuweisen oder im Anhang anzugeben.

H. **Sonstige betriebliche Aufwendungen (Nr 8):** Nr 5 ist ein Sammel- 12 posten für alle Aufwendungen der gewöhnlichen Geschäftstätigkeit, die nicht unter Nr 5–7, 12, 13 fallen. Vgl entspr sonstige betriebliche Erträge (Nr 4). Unter Nr 8 fallen, soweit es sich nicht im Einzelfall um außerordentliche Aufwendungen (Nr 16, § 277 IV) handelt, zB: Verluste aus dem Abgang von Umlaufvermögen außer Vorräten, aus dem Abgang von Anlagevermögen. Abschreibungen s Rn 11.

I. **Erträge aus Beteiligungen (Nr 9):** Mit Nr 9 beginnen die Posten des 13 Finanzergebnisses (s Rn 4). Begriff der Beteiligung s § 271 I. Erträge aus verbundenen Unternehmen (§ 271 II) sind gesondert zu vermerken. Erträge aus Gewinngemeinschaft, Gewinnabführungs- oder Teilgewinnabführungsvertrag sind nicht als Erträge aus Beteiligungen, sondern gesondert auszuweisen (§ 277 III 2). Erträge sind zB Dividenden, Gewinnanteile, Ausschüttungen, Entnahmen bei PersonenGes; auch Anrechnungsbetrag auf Körperschaftsteuer nach EStG; nicht tatsächliche Vorteile in der Form günstiger Verrechnungspreise als am Markt (kaum fassbar), str, ADS 147. Zum Zeitpunkt der Aktivierung des Beteiligungsertrags aus AG, GmbH, PersonenGes Baumb/Hueck/Schulze-Osterloh § 42 Rn 141. Saldierung von Erträgen und Verlusten aus verschiedenen Beteiligungen ist unzulässig, letztere fallen unter Nr 12. Die Erträge sind brutto auszuweisen ohne Absetzung einbehaltener Kapitalertragsteuer, diese unter Nr 18, ADS 146.

K. **Erträge aus anderen Wertpapieren und Ausleihungen des Finanz-** 14 **anlagevermögens (Nr 10):** Hierher gehören die Erträge des Finanzanlagevermögens (§ 266 II A III), soweit es nicht Beteiligungen betrifft (dann Nr 9). Erträge aus verbundenen Unternehmen (§ 271 II) sind gesondert zu vermerken. Unter Nr 10 fallen auch Erträge aus periodischer Aufzinsung abgezinster langfristiger Ausleihungen, ADS 155, str; s auch Rn 13.

L. **Sonstige Zinsen und ähnliche Erträge (Nr 11):** Hierher gehören alle 15 Zinsen, die nicht unter Nr 9, 10 fallen. Saldierung von Zinserträgen und -aufwendungen ist unzulässig, letztere fallen unter Nr 13. Ähnliche Erträge sind zB Agio, Disagio, Kreditprovisionen. Erträge aus verbundenen Unternehmen (§ 271 II) sind gesondert zu vermerken.

M. **Abschreibungen auf Finanzanlagen und auf Wertpapiere des Um-** 16 **laufvermögens (Nr 12):** Finanzanlagen s § 266 II A III, einschließlich Beteiligungen (ohne Trennung wie auf der Ertragsseite, Nr 9, 10). Außerplanmäßige Abschreibungen nach § 253 III 3 und 4 sind jeweils gesondert auszuweisen oder im Anhang anzugeben (§ 277 III 1). Zuschreibungen s Rn 8.

N. **Zinsen und ähnliche Aufwendungen (Nr 13):** Aufwendungen an ver- 17 bundene Unternehmen (§ 271 II) sind gesondert zu vermerken.

§ 275 18–30 III. Buch. Handelsbücher

18 O. **Ergebnis der gewöhnlichen Geschäftstätigkeit (Nr 14):** Zwischensumme aus Nr 1–13, s Rn 4.

19 P. **Außerordentliche Erträge (Nr 15):** s § 277 IV.

20 Q. **Außerordentliche Aufwendungen (Nr 16):** s § 277 IV.

21 R. **Außerordentliches Ergebnis (Nr 17):** Zwischensumme nach Zwischensumme Nr 14, s Rn 4.

22 S. **Steuern vom Einkommen und vom Ertrag (Nr 18):** Unter Nr 18 fallen Körperschaftsteuer, Kapitalertragsteuer, Gewerbeertragsteuer. Die Beträge sind auszuweisen, welche die KapitalGes als Steuerschuldner zu entrichten hat. Berechnung s § 278. Die Körperschaftsteuer ist brutto auszuweisen, ADS 192. Zusatzangabe im Anhang s § 285 S 1 S 1 Nr 6. Steuerabgrenzung s § 274.

23 T. **Sonstige Steuern (Nr 19):** Unter Nr 19 fallen zB Grundsteuer, Gewerbekapitalsteuer, Erbschaftssteuer, Schenkungssteuer.

24 U. **Jahresüberschuss/Jahresfehlbetrag (Nr 20):** Der Jahresüberschuss ist der im Geschäftsjahr neu erzielte Gewinn vor Ergebnisverwendung (s Rn 25). Nr 20 entspricht § 266 III A V.

25 V. **Ergebnisverwendung bei der AG:** Bei der AG ist die Gewinn- und Verlustrechnung nach Nr 20 um fünf weitere Posten zu ergänzen, die die Ergebnisverwendung (s auch § 268 Rn 1, § 278 Rn 1) darstellen und zum Bilanzgewinn/Bilanzverlust führen, s **(2 a)** AktG § 158. Ferner IV (s Rn 34). **Muster:** Hopt/Kraft 3. Aufl 2007 Form III.C.4 (Vorschlag für die Verwendung des Ergebnisses einer GmbH).

26 W. **Zusatzposten:** Zwingend s § 277 III 2. Freiwillig s Rn 3. **GmbH & Co** s § 264 c III, dort Rn 3.

4) Einzelne Posten beim Umsatzkostenverfahren (III)

27 A. **Abweichungen von II:** Die Posten II Nr 1, 4, 8–20 finden sich hier als III Nr 1, 6, 7–19. Unterschiede ergeben sich also nur bei der Ermittlung des Betriebsergebnisses (s Rn 4). Statt II Nr 2, 3 finden sich III Nr 2–5. Die Posten II Nr 5–7 fehlen ganz (aber statt II Nr 5, 6 Ausweis im Anhang nach § 285 Nr 8); ihr Inhalt geht im Wesentlichen in III Nr 2, 4, 5 ein. Zu beachten ist allerdings, dass je nach Auslegung von III Nr 2–5, insbesondere der Herstellungskosten nach III Nr 2, trotz formaler Postenentsprechung zwischen II und III inhaltliche Unterschiede bestehen können, s Rn 28. Überblick über Umsatzkostenverfahren s Rn 2, 4. Probleme des Umsatzkostenverfahrens GK BilR/Hüttemann 9, BeckBilKomm/Förschle 34, HdR/Borchert 17.

28 B. **Herstellungskosten (Nr 2):** Die Herstellungskosten der zur Erzielung der Umsatzerlöse (Nr 1) erbrachten Leistungen (s Rn 2) sind für Bilanz und Gewinn- und Verlustrechnung gleich (§ 255 II). Aktivierungsfähige Steuern, zB Verbrauchssteuern, gehören danach zu den Herstellungskosten (s § 255 Rn 14 f), also nicht unter Nr 18 (sonstige Steuern, vgl aber Rn 23).

29 C. **Bruttoergebnis vom Umsatz (Nr 3):** Es ist die Zwischensumme aus Nr 1 und 2 und informiert über das Kosten-Leistungsverhältnis des Unternehmens. Genauere Informationen ergibt eine fakultative (s Rn 3) weitere Aufgliederung zu Nr 1 und 2 nach Produktgruppen, Auslands- und Inlandsabsatz, Absatzmärkten (s Rn 2).

30 D. **Vertriebskosten (Nr 4):** s § 255 Rn 20. Sondereinzelkosten des Vertriebs fallen unter Herstellungskosten (Nr 2), str, s § 255 Rn 21. Nr 4 erfasst die Vertriebskosten allgemein, auch soweit nicht den Umsatzerlösen nach Nr 1 zugeordnet.

2. Abschnitt. Vorschriften für Kapitalgesellschaften 31–38 § 275

E. Allgemeine Verwaltungskosten (Nr 5): s § 255 Rn 19. Unter Nr 5 31 fallen nur die nicht nach § 255 II 2 als Herstellungskosten angesetzten Verwaltungskostenteile; auch ohne Zuordnung zu den Umsatzerlösen (s Rn 30).

F. Sonstige betriebliche Erträge (Nr 6): Nr 6 ist ein Sammelposten für alle 32 betrieblichen Erträge, die nicht unter Nr 1, 8–10 fallen. Nr 6 entspricht II Nr 4 (s Rn 8), die dazu ausgewiesenen Beträge decken sich aber wegen der Unterschiede der jeweils vorausgehenden Posten nicht.

G. Sonstige betriebliche Aufwendungen (Nr 7): Nr 7 ist ein Sammelposten für alle betrieblichen Aufwendungen, die nicht unter Nr 2, 4, 5, 11, 12 fallen. 33 Nr 7 entspricht II Nr 8 (s Rn 12) ohne Gleichheit der Beträge (s Rn 32).

5) Rücklagenveränderungen (IV)

Veränderungen der Kapital- und Gewinnrücklagen (§ 266 III A II, III, § 272 II, 34 III) dürfen erst nach dem Jahresüberschuss/Jahresfehlbetrag (II Nr 20, III Nr 19) ausgewiesen werden. Sie müssen es bei der AG nach **(2 a)** AktG § 158 (s Rn 25).

6) Rechtsfolgen eines Verstoßes gegen § 275

Unzutreffende Wiedergabe bzw Verschleierung im Jahresabschluss und damit 35 auch in der GuV ist von § 331 Nr 1 unter Strafe gestellt. Außerdem sieht § 334 I Nr 1 c die Ahndung als Ordnungswidrigkeit vor. Ferner führt der Verstoß gegen die Gliederungsvorschrift des § 275 bei der AG gemäß § 256 IV AktG (bei der GmbH: in analoger Anwendung) zur Nichtigkeit des Jahresabschlusses, sofern Klarheit und Übersichtlichkeit wesentlich beeinträchtigt werden.

7) IFRS 5 (Zur Veräußerung gehaltene langfristige Vermögenswerte und aufgegebene Geschäftsbereiche)

A. Eine dem § 275 entsprechende Vorschrift kennen die Standards nicht. Es 36 sind lediglich Einzelaspekte in verschiedenen Standards geregelt. Für **Angabe** und **Ausweis** sowie **Ansatz** und **Bewertung** speziell von zur Veräußerung gehaltenen langfristigen Vermögenswerten und aufgegebenen Geschäftsbereichen enthalten die Standards mit IFRS 5, der IAS 35 ablöst, einen eigenen Standard, Küting/Weber 165 ff.

B. **Gegenstand:** IFRS 5 regelt Ausweis und Bewertung von **Vermögenswer-** 37 **ten, die zum Verkauf stehen,** sowie von **aufgegebenen bzw zur Aufgabe stehenden Geschäftsbereichen** (längerfristige Vermögensgegenstände, die ein Unternehmen zum Verkauf hält) (IFRS 5.1 f). Solche Gegenstände dürfen nicht abgeschrieben, sondern müssen separat in der Bilanz ausgewiesen werden. Zu bewerten sind zum Verkauf stehende Vermögensgegenstände mit dem erwarteten Verkaufspreis. **Zeitl Anwendung:** IFRS 5 gilt für Geschäftsjahre, die am oder nach dem 1. 1. 05 beginnen. Frühere Anwendung empfohlen (IFRS 5.44). Lit: Hoffmann/Lüdenbach, BB **04,** 2006, Küting/Weber/Wirth, DStR **04,** 876, Ruhnke/Schmidt/Seidel, BB **04,** 2231 (IFRS 5 u Konsolidierungskreis), Schildbach, WPg **05,** 554, Zülch/Lienau DStR **05,** 391 (Discontinued Operations), Kirsch DStR **05,** 1418 (Informationsmanagement), Zülch/Willms StuB **05,** 364 (Fondsanteile), Erdmann/Wünsch/Meyer KoR **06,** 332 (Unternehmenssteuerung), Kessler/Leinen KoR **06,** 558 (discontinued operations/GuV), Ingold PiR **06,** 111 (Immobilien), Küting/Weber/Gattung WPg **06,** 657 (Equity Methode/Entkonsolidierung), dies WPg **06,** 765 (Equity Methode/Konzernabschluss), IDW WPg **06,** 1371 (Stellungnahme zu IFRS 5), Küting/Gattung/Wirth KoR 07, 348 (Tochterunternehmen), Zülch/Nellessen PiR 08, 406 (Exposure Draft).

C. **Sachliche Anwendung:** Der **Geltungsbereich** dieses Standards erstreckt 38 sich auf alle erfassten langfristigen Vermögenswerte und alle Veräußerungsgruppen eines Unternehmens (IFRS 5.2 f). **Ausnahmen:** latente Steueransprüche (IAS 12 Ertragsteuern); Vermögenswerte aus Leistungen an Arbeitnehmer (IAS 19 Leistungen an Arbeitnehmer); finanzielle Vermögenswerte, die in den Anwendungsbereich von IAS 39 (Finanzinstrumente: Ansatz und Bewertung) fallen; langfristige Vermögenswerte, die nach dem Modell des beizulegenden Zeitwertes in IAS 40 (Als Finanzinvestition gehaltene Immobilien) bilanziert werden; langfristige Vermögenswerte, die mit dem beizulegenden Zeitwert abzüglich geschätzter Verkaufskosten gemäß IAS 41 (Landwirtschaft) angesetzt werden; vertragliche Rechte im Rahmen von Versicherungsverträgen iSv IFRS 4 (Versicherungsverträge).

39 D. **Wesentlicher Inhalt:** Ein **langfristiger Vermögenswert** (oder eine Veräußerungsgruppe) ist als zur Veräußerung gehalten zu klassifizieren, wenn der zugehörige Buchwert überwiegend durch ein Veräußerungsgeschäft und nicht durch fortgesetzte Nutzung realisiert wird. Das bedeutet, dass derartige Vermögenswerte (oder Veräußerungsgruppen) sofort veräußerbar sind und eine solche Veräußerung höchstwahrscheinlich ist (IFRS 5.6 ff). Langfristige Vermögenswerte (oder Veräußerungsgruppen), die als zur Veräußerung gehalten klassifiziert werden, sind zum niedrigeren Wert aus Buchwert und beizulegendem Zeitwert abzüglich Veräußerungskosten anzusetzen (IFRS 5.15 ff). Ein **Wertminderungsaufwand** auf Grund einer Abschreibung des Vermögenswertes (oder der Veräußerungsgruppe) auf den beizulegenden Zeitwert abzüglich Veräußerungskosten ist erfolgswirksam zu erfassen. Ein späterer Anstieg des beizulegenden Zeitwertes abzüglich Veräußerungskosten für einen Vermögenswert ist als Gewinn zu erfassen, jedoch nur bis zur Höhe des kumulierten Wertminderungsaufwands, der gemäß diesem Standard oder gemäß IAS 36 (Wertminderung von Vermögenswerten) erfasst wurde. Ein aufgegebener Geschäftsbereich ist ein Unternehmensbestandteil, der veräußert wurde oder als zur Veräußerung gehalten klassifiziert wird. Es kann sich dabei um ein Tochterunternehmen, einen gesonderten, wesentlichen Geschäftszweig oder geografischen Geschäftsbereich handeln (IFRS 5.20 ff).

40 E. **Angaben** über **aufgegebene Geschäftsbereiche** beinhalten: das Ergebnis nach Steuern, unterteilt in Erlöse, Aufwendungen und Ergebnis vor Steuern und den zugehörigen Ertragssteueraufwand; den Gewinn oder Verlust, der bei der Bewertung mit dem beizulegenden Zeitwert abzüglich Veräußerungskosten oder bei der Veräußerung erfasst wurde sowie den dazugehörigen Steueraufwand; die Netto-Cashflows, die der laufenden Geschäftstätigkeit sowie der Investitions- und Finanzierungstätigkeit zuzurechnen sind; zur Veräußerung gehaltene Vermögenswerte getrennt von allen anderen Vermögenswerten; Verbindlichkeiten einer Veräußerungsgruppe, die zur Veräußerung gehalten wird getrennt von allen anderen Verbindlichkeiten (IFRS 5.31 ff).

8) IAS 33 (Ergebnis je Aktie)

41 A. Im **HGB** gibt es **keine** dem **IAS 33** (Ergebnis je Aktie) thematisch korrespondierende Bestimmung, s Baetge, IAS-Kommentar 39 ff.

42 B. **Gegenstand:** IAS 33 regelt die Ermittlung und Darstellung des Ergebnisses je Aktie. **Zeitliche Anwendung:** Geschäftsjahre, die am oder nach dem 1. 1. 05 beginnen; retrospektive Anwendung empfohlen (IAS 33.74). Lit: Eiselt/Wulf KoR **06,** 639 (Aktienoptionen), Möhring/Eppinger KoR **08,** 721, Buschhüter IRZ **08,** 401 (Explosure Draft), Jehle PiR **08,** 323 (Explosure Draft).

43 C. **Sachliche Anwendung:** IAS 33 gilt für Unternehmen, deren (potentielle) Stammaktien öffentlich gehandelt werden, und für Unternehmen, die die Ausgabe von (potentiellen) Stammaktien in die Wege geleitet haben. Wenn sich ein anderes Unternehmen dafür entscheidet, Angaben zum Ergebnis je Aktie zu machen, sind diese Informationen in Übereinstimmung mit IAS 33 zu berechnen und anzugeben (IAS 33.2 ff).

44 D. **Wesentlicher Inhalt:** In der GuV sind das unverwässerte und das verwässerte Ergebnis je Aktie für jede Klasse von Stammaktien auszuweisen. Die Beträge des unverwässerten und des verwässerten Ergebnisses je Aktie sind für das den Stammaktionären des Mutterunternehmens zurechenbare Periodenergebnis aus dem fortgeführten Geschäft zu ermitteln. Wird über eine eingestellte Geschäftstätigkeit berichtet, ist auch das unverwässerte und verwässerte Ergebnis je Aktie aus dieser Geschäftstätigkeit darzustellen (IAS 33.9 ff).

E. Das **unverwässerte Ergebnis je Aktie** ist der Quotient aus dem den Stammaktionären des Mutterunternehmens zurechenbaren Periodenergebnis (Zähler) und der durchschnittlich gewichteten Anzahl der während der Periode ausstehenden Stammaktien (Nenner). Das dem Mutterunternehmen zurechenbare Periodenergebnis ist um die **Nachsteuerbeträge** von Vorzugsdividenden, Differenzen bei Erfüllung von Vorzugsaktien sowie ähnlichen Auswirkungen aus der Klassifizierung von Vorzugsaktien als Eigenkapital zu bereinigen. Die gewichtete durchschnittliche Anzahl der während der Periode und allen übrigen dargestellten Perioden im Umlauf befindlichen Stammaktien ist mit Ausnahme der Umwandlung potentieller Stammaktien um Sachverhalte zu bereinigen, welche die Anzahl im Umlauf befindlicher Stammaktien verändert haben, ohne dass eine entsprechende Änderung der Ressourcen damit verbunden gewesen wäre (IAS 33.19 ff).

F. Das **verwässerte Ergebnis je Aktie** wird berechnet, indem das den Stammaktionären des Mutterunternehmens zurechenbare Periodenergebnis und die gewichtete durchschnittliche Anzahl der im Umlauf befindlichen Stammaktien um die Auswirkungen jeglicher verwässernder Stammaktien bereinigt werden. Das den Stammaktionären des Mutterunternehmens zurechenbare Periodenergebnis, so wie es für das unverwässerte Ergebnis je Aktie berechnet wurde, wird um folgende **Nachsteuerbeträge** bereinigt: 1) alle Dividenden oder sonstige Posten im Zusammenhang mit potentiellen Stammaktien mit Verwässerungseffekten, die zur Berechnung des den Stammaktionären des Mutterunternehmens zurechenbaren Periodenergebnisses abgezogen wurden; 2) in der Periode erfasste Zinsen im Zusammenhang mit potentiellen Stammaktien mit Verwässerungseffekten; 3) und alle sonstigen Änderungen im Ertrag oder Aufwand, die sich aus der Umwandlung der potentiellen Stammaktien mit Verwässerungseffekten ergeben würden (IAS 33.30 ff).

G. Bei der **Berechnung** des verwässerten Ergebnisses je Aktie entspricht die Anzahl der Stammaktien der gewichteten durchschnittlichen Anzahl der im Umlauf befindlichen Stammaktien, wie für das unverwässerte Ergebnis je Aktie berechnet, zuzüglich der gewichteten durchschnittlichen Anzahl an Stammaktien, welche nach der Umwandlung aller potentieller Stammaktien mit Verwässerungseffekten in Stammaktien ausgegeben würden (IAS 33.36 ff).

H. **Potentielle Stammaktien** sind dann als **verwässernd** zu betrachten, wenn ihre Umwandlung in Stammaktien das Ergebnis je Aktie aus dem fortzuführenden Geschäft kürzen bzw. den Periodenverlust je Aktie aus dem fortzuführenden Geschäft erhöhen würde. Der Standard sieht Angaben über das Ergebnis je Aktie vor (IAS 33.41 ff).

9) Sonstige IAS/IFRS-Regelungen

A. Regelungen zur **GuV**, die gem IAS 1.10 (b) Pflichtbestandteil des Abschlusses nach internationalen Standards ist, sind in IAS 1.81 ff enthalten. **Mindestgliederung** der GuV s IAS 1.88: Umsatzerlöse, Finanzierungsaufwendungen, Gewinn- und Verlustanteile an assoziierten Unternehmen und Joint Ventures, die nach der Equity-Methode bilanziert werden; Gewinne oder Verluste vor Steuern auf die Veräußerung von Vermögenswerten oder die Abgeltung von Schulden in Verbindung mit der Aufgabe von Geschäftsbereichen; Steueraufwendungen und Ergebnis. Die erforderliche **Aufwandsgliederung** (IAS 1.88) kann nach **Gesamtkosten**- (IAS 1.102) oder **Umsatzkostenverfahren** (IAS 1.103) erfolgen.

§§ 276, 277

Größenabhängige Erleichterungen

276 ¹Kleine und mittelgroße Kapitalgesellschaften (§ 267 Abs. 1, 2) dürfen die Posten § 275 Abs. 2 Nr. 1 bis 5 oder Abs. 3 Nr. 1 bis 3 und 6 zu einem Posten unter der Bezeichnung „Rohergebnis" zusammenfassen. ²Kleine Kapitalgesellschaften brauchen außerdem die in § 277 Abs. 4 Satz 2 und 3 verlangten Erläuterungen zu den Posten „außerordentliche Erträge" und „außerordentliche Aufwendungen" nicht zu machen.

1) Ausweis nur des Rohergebnisses

1   Satz 1 mildert § 275 für kleine und mittelgroße KapitalGes (§ 267 I, II). Diese brauchen insbesondere ihre Umsatzerlöse nicht auszuweisen, sondern nur einen Sammelposten „Rohergebnis" (bestehend aus den Posten § 275 II Nr 1–5 oder III Nr 1–3, 6). Der Betrag dieses Postens ist je nach Wahl des Gesamtkostenverfahrens oder Umsatzkostenverfahrens unterschiedlich. Die Bezeichnung „Rohergebnis" ist deshalb ohne Angabe des gewählten Verfahrens ohne Aussagekraft, wenn nicht irreführend. § 276 betrifft die interne, den Gftern vorzulegende Gewinn- und Verlustrechnung; größenabhängige Erleichterungen bei der Offenlegung nach außen s §§ 326, 327. Ausnahme für Kreditinstitute § 340a II 1. Lit: Farr GmbHR **96,** 92, AG **96,** 145.

2   **2) Satz 2** neu G 25. 7. 94 (Einl 15 v § 238). Kleine KapitalGes (§ 267 I) brauchen nicht nach § 277 IV 2, 3 zu erläutern.

3) IAS/IFRS-Regelungen

3   Keine vergleichbare Regelung in den Standards.

Vorschriften zu einzelnen Posten der Gewinn- und Verlustrechnung

277 (1) **Als Umsatzerlöse** sind die Erlöse aus dem Verkauf und der Vermietung oder Verpachtung von für die gewöhnliche Geschäftstätigkeit der Kapitalgesellschaft typischen Erzeugnissen und Waren sowie aus von für die gewöhnliche Geschäftstätigkeit der Kapitalgesellschaft typischen Dienstleistungen nach Abzug von Erlösschmälerungen und der Umsatzsteuer auszuweisen.

(2) **Als Bestandsveränderungen** sind sowohl Änderungen der Menge als auch solche des Wertes zu berücksichtigen; Abschreibungen jedoch nur, soweit diese die in der Kapitalgesellschaft sonst üblichen Abschreibungen nicht überschreiten.

(3) ¹Außerplanmäßige Abschreibungen nach § 253 Abs. 3 Satz 3 und 4 sind jeweils gesondert auszuweisen oder im Anhang anzugeben. ²Erträge und Aufwendungen aus Verlustübernahme und auf Grund einer Gewinngemeinschaft, eines Gewinnabführungs- oder eines Teilgewinnabführungsvertrags erhaltene oder abgeführte Gewinne sind jeweils gesondert unter entsprechender Bezeichnung auszuweisen.

(4) ¹Unter den Posten „außerordentliche Erträge" und „außerordentliche Aufwendungen" sind Erträge und Aufwendungen auszuweisen, die außerhalb der gewöhnlichen Geschäftstätigkeit der Kapitalgesellschaft anfallen. ²Die Posten sind hinsichtlich ihres Betrags und ihrer Art im Anhang zu erläutern, soweit die ausgewiesenen Beträge für die Beurteilung der Ertragslage nicht von untergeordneter Bedeutung sind. ³Satz 2 gilt entsprechend für alle Aufwendungen und Erträge, die einem anderen Geschäftsjahr zuzurechnen sind.

(5) Erträge aus der Abzinsung sind in der Gewinn- und Verlustrechnung gesondert unter dem Posten „Sonstige Zinsen und ähnliche Erträge" und Aufwendungen gesondert unter dem Posten „Zinsen und ähnliche Aufwen-

2. Abschnitt. Vorschriften für Kapitalgesellschaften 1–5 § 277

dungen" auszuweisen. Erträge aus der Währungsumrechnung sind in der Gewinn- und Verlustrechnung gesondert unter dem Posten „Sonstige betriebliche Erträge" und Aufwendungen aus der Währungsumrechnung gesondert unter dem Posten „Sonstige betriebliche Aufwendungen" auszuweisen.

1) Umsatzerlöse (I)

Umsatzerlöse iSv § 275 II Nr 1, III Nr 1 sind die Erlöse der gewöhnlichen 1 Geschäftstätigkeit (Lieferungen und Leistungen) nach Abzug der Erlösschmälerungen und der Umsatzsteuer. Erlöse außerhalb der gewöhnlichen Geschäftstätigkeit fallen nicht darunter (s IV). Erlösschmälerungen sind zB Preisnachlässe und zurückgewährte Entgelte, entsprechende Rückstellungen, ADS 30, oder Bonusleistungen (zB Miles & More-Leistungen), Küting/Pilhofer BB **02,** 2058. Abzug der Umsatzsteuer schon bisher nach hL; entspr Abzug der Umsatzsteuer bei Anschaffungskosten (§ 255 Rn 2). Aufgliederung der Umsatzerlöse im Anhang s § 285 Nr 4. Ausnahme von I, II, III 1 für Kreditinstitute s § 340 a II 1. – Formulierung „sowie aus *von*" in I ist wohl Redaktionsversehen.

2) Bestandsveränderungen (II)

II betrifft nur das Gesamtkostenverfahren (§ 275 I, II). Bestandsveränderungen 2 (Erhöhung oder Verminderung des Bestands an fertigen und unfertigen Erzeugnissen, § 275 II Nr 2) umfassen Mengen- und Wertänderungen sowie die in der KapitalGes sonst üblichen Abschreibungen. Unübliche Abschreibungen fallen unter § 275 II Nr 7 b. Kreditinstitute s Rn 1.

3) Besondere Abschreibungen, Ergebnisübernahme aus Unternehmensverträgen (III)

III betrifft: außerplanmäßige Abschreibungen beim Anlagevermögen (§ 253 3 III 3 und 4); Erträge und Aufwendungen aus Verlustübernahme (zB §§ 302, 324 II AktG); auf Grund von Gewinngemeinschaft oder -abführungsvertrags erhaltene oder abgeführte Gewinne (s §§ 291, 292 AktG). Nach III 1 sind die Abschreibungen jeweils gesondert auszuweisen oder im Anhang anzugeben. Kreditinstitute s Rn 1. Nach III 2 ist gesonderter Ausweis nötig (s § 275 Rn 13).

4) Außerordentliche Erträge/Aufwendungen (IV)

IV 1 definiert außerordentliche Erträge/Aufwendungen (§ 275 II Nr 15, 16, 4 III Nr 14, 15) als solche, die außerhalb der gewöhnlichen Geschäftstätigkeit der KapitalGes anfallen. Solche aus gewöhnlicher Geschäftstätigkeit s I. Bspe: Gewinne und Verluste aus Verschmelzung, Schuldnachlässe, Kursgewinne aus Währungen, Ausverkäufe. **Nicht:** Ausgleichszahlung, die an die Stelle entgangenen Gewinns aus gewöhnlicher Geschäftstätigkeit tritt, BGH BB **04,** 488. **IV 2** bringt Erläuterungspflicht außer bei untergeordneter Bedeutung für die Beurteilung der Ertragslage. **IV 3** erstreckt diese Erläuterungspflicht auf alle periodenfremden Erträge und Aufwendungen. Aus IV 3 wird deutlich, dass alle periodenfremden Aufwendungen und Erträge zu erläutern sind, nicht nur außerordentliche periodenfremde. Erleichterung zu IV 2, 3 für kleine KapitalGes (§ 276 S 2). Lit: Marx WPg **95,** 476, Sultana/Willeke StuB **06,** 220 (Mezzanine-Kapital), Kirsch StuB **06,** 651, ders StuB **06,** 857 (GUV IFRS/HGB).

5) Erträge/Aufwendungen aus Abzinsung und Währungsumrechnung (V)

V (eingefügt durch BilMoG (**Übergangsrecht** in **(1)** EGHGB Art 66 III)) 5 dient der besseren Adressateninformation: Auszuweisen sind hier Erträge und Aufwendungen aus der Abzinsung von Rückstellungen (§ 253 II) unter gesondertem Posten „Sonstige Zinsen und ähnliche Erträge/Aufwendungen"; Erträge

Merkt 1105

§ 278 1

und Aufwendungen aus Währungsumrechnung (§ 256 a) unter dem Posten „Sonstige betriebliche Erträge/Aufwendungen.

6) IAS/IFRS-Regelungen

6 A. Keine dem § 277 HGB entsprechende Einzelvorschrift in den Standards zu **Einzelposten der GuV.** Aber verschiedene einzelne Standards enthalten den Vorschriften des § 277 inhaltlich vergleichbare Regelungen: **Umsatzerlöse** (F. 74 – F. 77); **Bestandsveränderungen:** Regelung beim Gesamtkostenverfahren in IAS 1.102 (Gesonderte Ausweisung von Veränderungen des Bestands an fertigen und unfertigen Erzeugnissen).

7 B. Die Standards enthalten keine Vorschriften zum gesonderten Ausweis der in § 277 III genannten **Aufwendungen und Erträge** in der GuV. Nach IAS 1.85 sind aber neben den in IAS 1.82 bezeichneten Posten zusätzliche Posten in der GuV auszuweisen, wenn sie für das Verständnis der Ertragslage des Unternehmens relevant sind, ferner Angabe zu Art und Betrag wesentlicher Posten in GuV oder Anhang (IAS 1.97). Darunter fallen außerplanmäßige Abschreibungen der Vorräte auf den Nettoveräußerungswert oder der Sachanlagen auf den erzielbaren Betrag sowie die Wertaufholung solcher außerplanmäßigen Abschreibungen (IAS 1.98(a)). Darüber hinaus sind außerplanmäßige Abschreibungen, die sich aus verschiedenen Standards ergeben, nach den jeweiligen Vorschriften regelmäßig im Anhang anzugeben.

8 C. Zu **außerordentlichen und periodenfremden Erträgen und Aufwendungen** gem § 277 IV enthalten die Standards keine speziellen Vorschriften.

Steuern

278 [1] **Die Steuern vom Einkommen und vom Ertrag sind auf der Grundlage des Beschlusses über die Verwendung des Ergebnisses zu berechnen; liegt ein solcher Beschluß im Zeitpunkt der Feststellung des Jahresabschlusses nicht vor, so ist vom Vorschlag über die Verwendung des Ergebnisses auszugehen.** [2] **Weicht der Beschluß über die Verwendung des Ergebnisses vom Vorschlag ab, so braucht der Jahresabschluß nicht geändert zu werden.**

1 1) § 278 betrifft die Berechnung der Steuern vom Einkommen und vom Ertrag (§ 275 II Nr 18, III Nr 17; s § 275 Rn 22). Auszugehen ist nach **S 1** vom Ergebnisverwendungsbeschluss, mangels eines solchen vom Ergebnisverwendungsvorschlag (vgl §§ 58, 170 II, 172–174 AktG, §§ 29, 46 Nr 1 GmbHG; s auch § 268 Rn 1, § 275 Rn 25). Abweichungen zwischen Vorschlag und Beschluss zwingen nicht zur Änderung des Jahresabschlusses **(S 2). Muster:** Hopt/Kraft 3. Aufl 2007 Form III.C.4 (Vorschlag für die Verwendung des Ergebnisses einer GmbH). Lit: IDW HFA **01**/9 FN **01,** 688, Orth WPg **01,** 947. Keine vergleichbare Regelung in den **IAS/IFRS.**

2. Abschnitt. Vorschriften für Kapitalgesellschaften §§ 279–284

Vierter Titel. *Bewertungsvorschriften*
[aufgehoben]

279-283 *(aufgehoben)*

1) §§ 279–283 aufgehoben durch BilMoG 2009. Zu §§ 279 I, 280 s Einl v § 238 Rn 35, zu §§ 279 II, 281 s Einl v § 238 Rn 28 (Übergangsrecht in **(1)** EGHGB Art 66 V, Art 67 IV). § 282 mit Aufhebung des § 269 obsolet. § 283 inhaltsgleich in § 272 I 2 nF übernommen.

Fünfter Titel. Anhang

Erläuterung der Bilanz und der Gewinn- und Verlustrechnung

284

(1) In den Anhang sind diejenigen Angaben aufzunehmen, die zu den einzelnen Posten der Bilanz oder der Gewinn- und Verlustrechnung vorgeschrieben oder die im Anhang zu machen sind, weil sie in Ausübung eines Wahlrechts nicht in die Bilanz oder in die Gewinn- und Verlustrechnung aufgenommen wurden.

(2) Im Anhang müssen

1. die auf die Posten der Bilanz und der Gewinn- und Verlustrechnung angewandten Bilanzierungs- und Bewertungsmethoden angegeben werden;
2. die Grundlagen für die Umrechnung in Euro angegeben werden, soweit der Jahresabschluß Posten enthält, denen Beträge zugrunde liegen, die auf fremde Währung lauten oder ursprünglich auf fremde Währung lauteten;
3. Abweichungen von Bilanzierungs- und Bewertungsmethoden angegeben und begründet werden; deren Einfluß auf die Vermögens-, Finanz- und Ertragslage ist gesondert darzustellen;
4. bei Anwendung einer Bewertungsmethode nach § 240 Abs. 4, § 256 Satz 1 die Unterschiedsbeträge pauschal für die jeweilige Gruppe ausgewiesen werden, wenn die Bewertung im Vergleich zu einer Bewertung auf der Grundlage des letzten vor dem Abschlußstichtag bekannten Börsenkurses oder Marktpreises einen erheblichen Unterschied aufweist;
5. Angaben über die Einbeziehung von Zinsen für Fremdkapital in die Herstellungskosten gemacht werden.

Übersicht

1) Rechtsnatur und Funktion des Anhangs 1
2) Pflichtangaben und Wahlpflichtangaben im Anhang (I 1) 3
3) Freiwillige Angaben 8
4) Gliederung und Darstellung 9
5) Bilanzierungs- und Bewertungsmethoden (II Nr 1) 11
6) Währungsumrechnung (II Nr 2) 12
7) Abweichungen von Bilanzierungs- und Bewertungsmethoden (II Nr 3) 13
8) Unterschiedsbeträge bei Bewertungsmethoden nach §§ 240 IV, 256 S 1 (II Nr 4) 14
9) Einbeziehung von Fremdkapitalzinsen in Herstellungskosten (II Nr 5) 15
10) IAS/IFRS-Regelungen 16

§ 284 1–4

1) Rechtsnatur und Funktion des Anhangs

1 A. **Rechtsnatur:** Der Anhang ist Teil des Jahresabschlusses der KapitalGes neben Bilanz und Gewinn- und Verlustrechnung (§ 264 I 1). Insofern ist er mit dem Geschäftsbericht nach § 160 aF AktG nicht zu vergleichen, obwohl er inhaltlich in weitem Umfang an dessen Stelle tritt.

2 B. **Funktion:** Der Anhang dient der Erläuterung der Bilanz und der Gewinn- und Verlustrechnung. Die Vermittlung eines den tatsächlichen Verhältnissen entsprechenden Bildes der Vermögens-, Finanz- und Ertragslage der KapitalGes (§ 264 II 1) wird erst vollends durch die Angaben im Anhang möglich. Zu unterscheiden sind: Pflichtangaben im Anhang (in jedem Anhang, s Rn 3–7), Wahlpflichtangaben im Anhang oder sonst im Jahresabschluss (s Rn 3–7), freiwillige Angaben (s Rn 8). Die Pflicht- und Wahlpflichtangaben gehen insgesamt weit über den Erläuterungsbericht nach § 160 II, III, V aF AktG hinaus. Größenabhängige Erleichterungen s § 288. Lit: Farr GmbHR **95**, 31 (kleine GmbH), Kessler DB **97**, 1, Armeloh, Berichterstattung **98**, Betsche/Betsche DStR **98**, 1805, K. Müller FS Kraft **98**, 403, Scheffler NJW **98**, 3174, Biener WPK-Mitt **98**, 99, Zwank BB **99**, 1032, Farr GmbHR **00**, 543 u 605 (GmbH & Co), Scheffler DStR **00**, 529, Bitter/Grasshoff DB **00**, 833, Kusterer ua DStR **00**, 606, Zimmer/Eckhold NJW **00**, 1361, IDW FN-IDW **06**, 273 (Emissionsberechtigungen), Kirsch StuB **08**, 878 (BilMoG)

2) Pflichtangaben und Wahlpflichtangaben im Anhang (I 1)

3 A. **Nach HGB: a)** § 264 II 2 (zusätzliche Angaben zwecks true and fair view); § 265 I 2 (Abweichung von Ausweiskontinuität, **Übergangsrecht** s **(1)** EGHGB Art 24 V); § 265 II 2 (mangelnde Vergleichbarkeit der Vorjahreszahlen); § 265 II 3 (Anpassung der Vorjahreszahlen); § 265 III 1 (Mitzugehörigkeit zu anderen Bilanzposten; **oder** in Bilanz); § 265 IV 2 (Gliederungsergänzung bei mehreren Geschäftszweigen); § 265 VII Nr 2 (Postenzusammenfassung); § 268 I 2 (Gewinn- oder Verlustvortrag bei Bilanzaufstellung unter teilweiser Ergebnisverwendung; **oder** in Bilanz); § 268 II 1 (Anlagenspiegel; **oder** in Bilanz); § 268 II 3 (Abschreibungen des Geschäftsjahrs auf die Posten des Anlagenspiegels; **oder** in Bilanz); § 268 IV 2 (größere antizipative Rechnungsabgrenzungsposten unter „sonstige Vermögensgegenstände"); § 268 V 3 (größere antizipative Rechnungsabgrenzungsposten unter „Verbindlichkeiten"); § 268 VI (aktiviertes Disagio; **oder** in Bilanz); § 268 VII (Haftungsverhältnisse; **oder** unter Bilanz); § 274 II 2 (Beträge aus der sich ergebenden künftigen Steuerbe- und entlastung; § 277 III 1 (außerplanmäßige Abschreibungen beim Anlagevermögen; **oder** in Gewinn- und Verlustrechnung); § 277 IV 2 (außerordentliche Erträge, außerordentliche Aufwendungen); § 277 IV 3 (periodenfremde Erträge und Aufwendungen, soweit nicht von untergeordneter Bedeutung).

4 b) Hinzu kommen die **Angaben nach § 284 II 1 Nr 1–5** und **§ 285 Nr 1–28** sowie nach **§ 286:** § 284 II Nr 1 (Bilanzierungs- und Bewertungsmethoden); § 284 II Nr 2 (Grundlagen für Währungsumrechnung); § 284 II Nr 3 (Abweichungen von Bilanzierungs- und Bewertungsmethoden, Angabe ihres Einflusses auf Vermögens-, Finanz- und Ertragslage, dazu IDW-SABI 2/**87** WPg **88**, 48); § 284 II Nr 4 (pauschale Unterschiedsbeträge bei bestimmten Bewertungsvereinfachungen); § 284 II Nr 5 (Einbeziehung von Fremdkapitalzinsen in Herstellungskosten). § 285 Nr 1a (Gesamtbetrag der Verbindlichkeiten mit Restlaufzeit über 5 Jahren); § 285 Nr 1b (Gesamtbetrag der besicherten Verbindlichkeiten, Art und Form der Sicherheiten); § 285 Nr 2 (Aufgliederung der Angaben zu § 285 Nr 1 für jeden Posten der Verbindlichkeiten; **oder** in Bilanz); § 285 Nr 3 (Art, Zweck, Risiken, Vorteile nicht in der Bilanz enthaltener Geschäfte, soweit für die Beurteilung der Finanzlage von Bedeutung); § 285 Nr 3a (Gesamtbetrag der nicht ausgewiesenen oder vermerkten sonstigen finanziellen Verpflichtungen,

2. Abschnitt. Vorschriften für Kapitalgesellschaften 5–7 § 284

falls für Beurteilung der Finanzlage von Bedeutung; gesonderte Verpflichtungen gegenüber verbundenen Unternehmen); § 285 Nr 4 (Aufgliederung der Umsatzerlöse nach Tätigkeitsbereichen sowie nach geographisch bestimmten Märkten); § 285 Nr 6 (Aufteilung der Einkommens- und Ertragssteuerbelastung); § 285 Nr 7 (Zahl der Arbeitnehmer); § 285 Nr 8 a, b (Material- und Personalaufwand bei Umsatzkostenverfahren); § 285 Nr 9 a, b (Gesamtbezüge tätiger und früherer Organmitglieder jeweils für jede Personengruppe); § 285 Nr 9 c (Vorschüsse und Kredite an Organmitgliedergruppen sowie Haftungsverhältnisse zu ihren Gunsten); § 285 Nr 10 (Angaben zu Organmitgliedern); § 285 Nr 11 u 11 a (Angaben zu Anteilsbesitz ab 20% bzw Stellung als unbeschr haftender Gfter, **oder** in Beteiligungsliste nach § 287); § 285 Nr 12 (in Bilanz nicht ausgewiesene, nicht unerhebliche sonstige Rückstellungen); § 285 Nr 13 (Gründe für mehr als fünfjährige Nutzungsdauer des Geschäfts- oder Firmenwerts nach § 246 I 4); § 285 Nr 14 (Angaben zu Mutterunternehmen); § 286 III 3 (Anwendung der Schutzklausel bei Angaben zu Anteilsbesitz nach § 285 Nr 11); § 285 Nr 15 (s dort Rn 16); § 285 Nr 16 (Entsprechenserklärung zum Corporate Governance Codex); § 285 Nr 17 (Abschlussprüferhonorar, soweit nicht im Konzernabschluss angegeben); § 285 Nr 18 (Buchwert und Zeitwert der Finanzinstrumente bei nach § 253 III 4 unterlassener Abschreibung, Gründe für das Unterlassen); § 285 Nr 19 (nicht zum beizulegenden Zeitwert bewertete derivative Finanzinstrume); § 285 Nr 20 (zur Wertermittlung verwendete Methode und Kategorie der Finanzinstrumente mit fehlendem Marktpreis); § 285 Nr 21 (Geschäfte mit nahe stehenden Unternehmen und Personen, zumindest wenn Bedingungen nicht marktüblich); § 285 Nr 22 (Forschungs- und Entwicklungskosten); § 285 Nr 23 (Zuordnung von Sicherheiten und Risiken bei Bewertungseinheiten, soweit nicht im Lagebericht erfolgt); § 285 Nr 24 (Annahmen und Berechnungsverfahren bei Pensionsrückstellungen); § 285 Nr 25 (Werte gem § 246 II 2 verrechneter Vermögensgegenstände und Schulden und die verrechneten Aufwendungen und Erträge); § 285 Nr 26 (stille Reserven in Investmentvermögen, an denen Beteiligung besteht); § 285 Nr 27 (ungewisse Verbindlichkeiten, Haftungsverhältnisse nach § 251); § 285 Nr 28 (gem § 268 VIII ausschüttungsgesperrte Erträge), § 285 Nr 29 (latente Steuern).

B. **Nach (1) EGHGB:** Art 24 VI 3 (Übernahme der Buchwerte als ursprüng- 5 liche Anschaffungs- oder Herstellungskosten im Anlagenspiegel; s Einl 67 v § 238); Art 28 II (Betrag nicht passivierter Pensionsverpflichtungen; s Einl 71 v § 238). Vgl auch Art 24 V (s Rn 3–5: § 265 I 2 und § 284 II Nr 3).

C. **Nach (2 a) AktG:** § 58 II a 2 AktG (andere Gewinnrücklagen aus Ein- 6 stellung des Eigenkapitalanteils von Wertaufholungen und steuerlichen Passivposten; **oder** in Bilanz); § 152 II AktG (Veränderungen der Kapitalrücklage; **oder** in Bilanz); § 152 III AktG (Veränderungen der Gewinnrücklage; **oder** in Bilanz); § 158 I 2 (Ergänzung der Gewinn- und Verlustrechnungsposten bei AG; **oder** in Gewinn- und Verlustrechnung); § 160 I Nr 1 AktG (Vorratsaktien); § 160 I Nr 2 AktG (eigene Aktien); § 160 I Nr 3 AktG (Aktiengattungen); § 160 I Nr 4 AktG (genehmigtes Kapital); § 160 I Nr 5 AktG (Wandelschuldverschreibungen und vergleichbare Wertpapiere); § 160 I Nr 6 AktG (Genussrechte, Besserungsschein und ähnliche Rechte); § 160 I Nr 7 AktG (wechselseitige Beteiligungen); § 160 I Nr 8 AktG (nach § 20 AktG mitgeteilte Beteiligungen); § 240 S 3 AktG (Verwendung der aus Kapitalherabsetzung und aus Auflösung offener Rücklagen entnommenen Beträge); § 261 I 3, 4 AktG (Sonderprüfung wegen unzulässiger Unterbewertung).

D. **Nach GmbHG:** § 29 IV 2 GmbHG (andere Gewinnrücklagen aus Ein- 7 stellung des Eigenkapitalanteils von Wertaufholungen und steuerlichen Passivposten; **oder** in Bilanz); § 42 III GmbHG (Ausleihungen, Forderungen und Verbindlichkeiten gegenüber Gftern; **oder** in Bilanz).

§ 284 8–14   III. Buch. Handelsbücher

3) Freiwillige Angaben

8   I regelt nur den Mindestinhalt des Anhangs (Pflichtangaben und Wahlpflichtangaben, s Rn 3–7). Die KapitalGes darf, soweit nicht irreführend (§ 264 II 1), weitere freiwillige Angaben machen, entweder im Anhang oder im Lagebericht, zB Angaben über die Arbeitnehmerschaft u Arbeitsbedingungen, Berichterstattung über die Behandlung derivativer Finanzinstrumente, Kapitalflussrechnung (DRS 2) und Finanzplan (§ 264 Rn 11, aber s § 297 I 2 für Konzernanhang börsennotierter Mutterunternehmen), Segmentbericht (DRS 3), Eigenkapitalveränderungsrechnung (DRS 7), Substanzerhaltungsrechnung u Kapitalerhaltungsrechnung. EinzelKflte und PersonenGes dürfen einen Anhang ohne bestimmte Mindestangaben machen (anders E § 270); er ist aber nicht Teil des Jahresabschlusses (§ 242 III) und darf nicht irreführen. Kapitalflussrechnung als Ergänzung des Jahres- und Konzernabschlusses IDW-HFA 1/**95**. Lit: v Wysocki, Kapitalflussrechnung 1998; Mansch ua WPg **95**, 185.

4) Gliederung und Darstellung

9   A. **Gliederung des Anhangs:** Eine bestimmte Gliederung ist nicht vorgeschrieben. Die gewählte Gliederung muss aber den §§ 243 II, 264 II, 265 entsprechen. Gliederungsvorschlag s DTG S 124.

10   B. **Darstellung:** Auch die Darstellung ist frei, sofern sie klar und übersichtlich ist (§ 243 II) und nicht irreführt (§ 264 II). Das gilt auch für graphische Darstellungen und Bilder. **Muster:** Hopt/Kraft 3. Aufl 2007 Form III. C.1 (Anhang).

5) Bilanzierungs- und Bewertungsmethoden (II Nr 1)

11   II Nr 1 betrifft auch die Bilanzierungsmethoden und lässt Bezugnahme auf Erläuterung früherer Geschäftsjahre nicht mehr zu. Anzugeben sind die auf Bilanz und Gewinn- und Verlustrechnung angewandten Bilanzierungsmethoden (zB Ausübung von Ansatzwahlrechten wie § 249 II) und Bewertungsmethoden (zB Abschreibungsmethoden, §§ 253, 254; Methode der angesetzten Anschaffungs- und Herstellungskosten, § 255; Bewertungsvereinfachungsverfahren, § 256).

6) Währungsumrechnung (II Nr 2)

12   II Nr 2 idF EuroEG 1998. Anzugeben sind die Methoden der Fremdwährungsumrechnung in Euro von Posten im Jahresabschluss (§ 264 I 1), die auf Fremdwährung lauten bzw lauteten. Gleichartige Umrechnungsgrundlagen für verschiedene Posten der Bilanz oder GuV können zusammengefasst werden, ADS 96. Dazu IDW-HFA (Verlautbarungsentwurf) WPg **84**, 585, WPg **86**, 664; WP-Hdb **06** I F 614; GK/Marsch-Barner 14; s § 253 Rn 2, 17–24. **Übergangsrecht** s (1) EGHGB Art 42–45.

7) Abweichungen von Bilanzierungs- und Bewertungsmethoden (II Nr 3)

13   II Nr 3 ergänzt ua § 252 I Nr 6, II. Dazu IDW-HFA 3/**97** sub 6. Abweichung zB bei Übergang von Einzel- zu Gruppenbewertung nach § 240 IV. Zum Einfluss auf die Vermögens-, Finanz- und Ertragslage sind idR zahlenmäßige Angaben nötig, anders nur bei geringer Bedeutung, ADS 106, aA BeckBilKomm/Ellrott, 143, 170. **Übergangsrecht** s (1) EGHGB Art 24 V, s Einl 67 v § 238.

8) Unterschiedsbeträge bei Bewertungsmethoden nach §§ 240 IV, 256 S 1 (II Nr 4)

14   Anzugeben sind bei Anwendung der Bewertungsvereinfachungen nach §§ 240 IV, 256 S 1 (Gruppenbewertung, fiktive Verbrauchs- oder Veräußerungsfolge wie fifo, lifo) die Unterschiedsbeträge zur Stichtagspreisbewertung pauschal

2. Abschnitt. Vorschriften für Kapitalgesellschaften § 285

für die jeweilige Gruppe. Kleine KapitalGes s § 288. Ausnahme für Kreditinstitute § 340 a II 1.

9) Einbeziehung von Fremdkapitalzinsen in Herstellungskosten (II Nr 5)
II Nr 5 ergänzt § 255 III 2.

10) IAS/IFRS-Regelungen
Der Anhang ist nach den Standards **Pflichtbestandteil** des Jahresabschlusses (IAS 1.10 (e)); allerdings **keine größenabhängigen Erleichterungen**. Pflichtangaben des Anhangs sind in IAS vorgeschrieben; konkrete Angabepflichten: s Einzelstandards. Weitere Angaben, falls dies zur Erfüllung der fair representation erforderlich ist (IAS 1.16 (c)). Ferner können freiwillige Angaben gemacht werden.

Sonstige Pflichtangaben

285
Ferner sind im Anhang anzugeben:
1. zu den in der Bilanz ausgewiesenen Verbindlichkeiten
   a) der Gesamtbetrag der Verbindlichkeiten mit einer Restlaufzeit von mehr als fünf Jahren,
   b) der Gesamtbetrag der Verbindlichkeiten, die durch Pfandrechte oder ähnliche Rechte gesichert sind, unter Angabe von Art und Form der Sicherheiten;
2. die Aufgliederung der in Nummer 1 verlangten Angaben für jeden Posten der Verbindlichkeiten nach dem vorgeschriebenen Gliederungsschema;
3. Art und Zweck sowie Risiken und Vorteile von nicht in der Bilanz enthaltenen Geschäften, soweit dies für die Beurteilung der Finanzlage notwendig ist;
3 a. der Gesamtbetrag der sonstigen finanziellen Verpflichtungen, die nicht in der Bilanz enthalten und nicht nach § 251 oder Nummer 3 anzugeben sind, sofern diese Angabe für die Beurteilung der Finanzlage von Bedeutung ist; davon sind Verpflichtungen gegenüber verbundenen Unternehmen gesondert anzugeben;
4. die Aufgliederung der Umsatzerlöse nach Tätigkeitsbereichen sowie nach geographisch bestimmten Märkten, soweit sich, unter Berücksichtigung der Organisation des Verkaufs von für die gewöhnliche Geschäftstätigkeit der Kapitalgesellschaft typischen Erzeugnissen und der für die gewöhnliche Geschäftstätigkeit der Kapitalgesellschaft typischen Dienstleistungen, die Tätigkeitsbereiche und geographisch bestimmten Märkte untereinander erheblich unterscheiden;
5. *aufgehoben*
6. in welchem Umfang die Steuern vom Einkommen und vom Ertrag das Ergebnis der gewöhnlichen Geschäftstätigkeit und das außerordentliche Ergebnis belasten;
7. die durchschnittliche Zahl der während des Geschäftsjahrs beschäftigten Arbeitnehmer getrennt nach Gruppen;
8. bei Anwendung des Umsatzkostenverfahrens (§ 275 Abs. 3)
   a) der Materialaufwand des Geschäftsjahrs, gegliedert nach § 275 Abs. 2 Nr. 5,
   b) der Personalaufwand des Geschäftsjahrs, gegliedert nach § 275 Abs. 2 Nr. 6;

§ 285

9. für die Mitglieder des Geschäftsführungsorgans, eines Aufsichtsrats, eines Beirats oder einer ähnlichen Einrichtung jeweils für jede Personengruppe
   a) die für die Tätigkeit im Geschäftsjahr gewährten Gesamtbezüge (Gehälter, Gewinnbeteiligungen, Bezugsrechte und sonstige aktienbasierte Vergütungen, Aufwandsentschädigungen, Versicherungsentgelte, Provisionen und Nebenleistungen jeder Art). In die Gesamtbezüge sind auch Bezüge einzurechnen, die nicht ausgezahlt, sondern in Ansprüche anderer Art umgewandelt oder zur Erhöhung anderer Ansprüche verwendet werden. Außer den Bezügen für das Geschäftsjahr sind die weiteren Bezüge anzugeben, die im Geschäftsjahr gewährt, bisher aber in keinem Jahresabschluss angegeben worden sind. Bezugsrechte und sonstige aktienbasierte Vergütungen sind mit ihrer Anzahl und dem beizulegenden Zeitwert zum Zeitpunkt ihrer Gewährung anzugeben; spätere Wertveränderungen, die auf einer Änderung der Ausübungsbedingungen beruhen, sind zu berücksichtigen. Bei einer börsennotierten Aktiengesellschaft sind zusätzlich unter Namensnennung die Bezüge jedes einzelnen Vorstandsmitglieds, aufgeteilt nach erfolgsunabhängigen und erfolgsbezogenen Komponenten sowie Komponenten mit langfristiger Anreizwirkung, gesondert anzugeben. Dies gilt auch für:
      aa) Leistungen, die dem Vorstandsmitglied für den Fall einer vorzeitigen Beendigung seiner Tätigkeit zugesagt worden sind;
      bb) Leistungen, die dem Vorstandsmitglied für den Fall der regulären Beendigung seiner Tätigkeit zugesagt worden sind, mit ihrem Barwert, sowie den von der Gesellschaft während des Geschäftsjahres hierfür aufgewandten oder zurückgestellten Betrag;
      cc) während des Geschäftsjahres vereinbarte Änderungen dieser Zusagen;
      dd) Leistungen, die einem früheren Vorstandsmitglied, das seine Tätigkeit im Laufe des Geschäftsjahres beendet hat, in diesem Zusammenhang zugesagt und im Laufe des Geschäftsjahres gewährt worden sind.
   Enthält der Jahresabschluss weitergehende Angaben zu bestimmten Bezügen, sind auch diese zusätzlich einzeln anzugeben;
   b) die Gesamtbezüge (Abfindungen, Ruhegehälter, Hinterbliebenenbezüge und Leistungen verwandter Art) der früheren Mitglieder der bezeichneten Organe und ihrer Hinterbliebenen. Buchstabe a Satz 2 und 3 ist entsprechend anzuwenden. Ferner ist der Betrag der für diese Personengruppe gebildeten Rückstellungen für laufende Pensionen und Anwartschaften auf Pensionen und der Betrag der für diese Verpflichtungen nicht gebildeten Rückstellungen anzugeben;
   c) die gewährten Vorschüsse und Kredite unter Angabe der Zinssätze, der wesentlichen Bedingungen und der gegebenenfalls im Geschäftsjahr zurückgezahlten Beträge sowie die zugunsten dieser Personen eingegangenen Haftungsverhältnisse;
10. alle Mitglieder des Geschäftsführungsorgans und eines Aufsichtsrats, auch wenn sie im Geschäftsjahr oder später ausgeschieden sind, mit dem Familiennamen und mindestens einem ausgeschriebenen Vornamen, einschließlich des ausgeübten Berufs und bei börsennotierten Gesellschaften auch der Mitgliedschaft in Aufsichtsräten und anderen Kontrollgremien im Sinne des § 125 Abs. 1 Satz 5 des Aktiengesetzes. Der Vorsitzende eines Aufsichtsrats, seine Stellvertreter und ein etwaiger Vorsitzender des Geschäftsführungsorgans sind als solche zu bezeichnen;

2. Abschnitt. Vorschriften für Kapitalgesellschaften § 285

11. Name und Sitz anderer Unternehmen, von denen die Kapitalgesellschaft oder eine für Rechnung der Kapitalgesellschaft handelnde Person mindestens den fünften Teil der Anteile besitzt; außerdem sind die Höhe des Anteils am Kapital, das Eigenkapital und das Ergebnis des letzten Geschäftsjahrs dieser Unternehmen anzugeben, für das ein Jahresabschluß vorliegt; auf die Berechnung der Anteile ist § 16 Abs. 2 und 4 des Aktiengesetzes entsprechend anzuwenden; ferner sind in börsennotierten Kapitalgesellschaften zusätzlich alle Beteiligungen an großen Kapitalgesellschaften anzugeben, die fünf vom Hundert der Stimmrechte überschreiten;
11a. Name, Sitz und Rechtsform der Unternehmen, deren unbeschränkt haftender Gesellschafter die Kapitalgesellschaft ist;
12. Rückstellungen, die in der Bilanz unter dem Posten „sonstige Rückstellungen" nicht gesondert ausgewiesen werden, sind zu erläutern, wenn sie einen nicht unerheblichen Umfang haben;
13. die Gründe, welche die Annahme einer betrieblichen Nutzungsdauer eines entgeltlich erworbenen Geschäfts- oder Firmenwertes von mehr als fünf Jahren rechtfertigen;
14. Name und Sitz des Mutterunternehmens der Kapitalgesellschaft, das den Konzernabschluß für den größten Kreis von Unternehmen aufstellt, und ihres Mutterunternehmens, das den Konzernabschluß für den kleinsten Kreis von Unternehmen aufstellt, sowie im Falle der Offenlegung der von diesen Mutterunternehmen aufgestellten Konzernabschlüsse der Ort, wo diese erhältlich sind;
15. soweit es sich um den Anhang des Jahresabschlusses einer Personenhandelsgesellschaft im Sinne des § 264a Abs. 1 handelt, Name und Sitz der Gesellschaften, die persönlich haftende Gesellschafter sind, sowie deren gezeichnetes Kapital;
16. dass die nach § 161 des Aktiengesetzes vorgeschriebene Erklärung abgegeben und wo sie öffentlich zugänglich gemacht worden ist;
17. das von dem Abschlussprüfer für das Geschäftsjahr berechnete Gesamthonorar, aufgeschlüsselt in das Honorar für
    a) die Abschlussprüfungsleistungen,
    b) andere Bestätigungsleistungen,
    c) Steuerberatungsleistungen,
    d) sonstige Leistungen,
    soweit die Angaben nicht in einem das Unternehmen einbeziehenden Konzernabschluss enthalten sind;
18. für zu den Finanzanlagen (§ 266 Abs. 2. A. III.) gehörende Finanzinstrumente, die über ihrem beizulegenden Zeitwert ausgewiesen werden, da eine außerplanmäßige Abschreibung nach § 253 Abs. 3 Satz 4 unterblieben ist,
    a) der Buchwert und der beizulegende Zeitwert der einzelnen Vermögensgegenstände oder angemessener Gruppierungen sowie
    b) die Gründe für das Unterlassen der Abschreibung einschließlich der Anhaltspunkte, die darauf hindeuten, dass die Wertminderung voraussichtlich nicht von Dauer ist;
19. für jede Kategorie nicht zum beizulegenden Zeitwert bilanzierter derivativer Finanzinstrumente
    a) deren Art und Umfang,
    b) deren beizulegender Zeitwert, soweit er sich nach § 255 Abs. 4 verlässlich ermitteln lässt, unter Angabe der angewandten Bewertungsmethode,
    c) deren Buchwert und der Bilanzposten, in welchem der Buchwert, soweit vorhanden, erfasst ist, sowie

§ 285

d) die Gründe dafür, warum der beizulegende Zeitwert nicht bestimmt werden kann;
20. für gemäß § 340 e Abs. 3 Satz 1 mit dem beizulegenden Zeitwert bewertete Finanzinstrumente
    a) die grundlegenden Annahmen, die der Bestimmung des beizulegenden Zeitwertes mit Hilfe allgemein anerkannter Bewertungsmethoden zugrunde gelegt wurden, sowie
    b) Umfang und Art jeder Kategorie derivativer Finanzinstrumente einschließlich der wesentlichen Bedingungen, welche die Höhe, den Zeitpunkt und die Sicherheit künftiger Zahlungsströme beeinflussen können;
21. zumindest die nicht zu marktüblichen Bedingungen zustande gekommenen Geschäfte, soweit sie wesentlich sind, mit nahe stehenden Unternehmen und Personen, einschließlich Angaben zur Art der Beziehung, zum Wert der Geschäfte sowie weiterer Angaben, die für die Beurteilung der Finanzlage notwendig sind; ausgenommen sind Geschäfte mit und zwischen mittel- oder unmittelbar in 100-prozentigem Anteilsbesitz stehenden in einen Konzernabschluss einbezogenen Unternehmen; Angaben über Geschäfte können nach Geschäftsarten zusammengefasst werden, sofern die getrennte Angabe für die Beurteilung der Auswirkungen auf die Finanzlage nicht notwendig ist;
22. im Fall der Aktivierung nach § 248 Abs. 2 der Gesamtbetrag der Forschungs- und Entwicklungskosten des Geschäftsjahres sowie der davon auf die selbst geschaffenen immateriellen Vermögensgegenstände des Anlagevermögens entfallende Betrag;
23. bei Anwendung des § 254,
    a) mit welchem Betrag, jeweils Vermögensgegenstände, Schulden, schwebende Geschäfte und mit hoher Wahrscheinlichkeit erwartete Transaktionen zur Absicherung welcher Risiken in welche Arten von Bewertungseinheiten einbezogen sind sowie die Höhe der mit Bewertungseinheiten abgesicherten Risiken,
    b) für die jeweils abgesicherten Risiken, warum, in welchem Umfang und für welchen Zeitraum sich die gegenläufigen Wertänderungen oder Zahlungsströme künftig voraussichtlich ausgleichen einschließlich der Methode der Ermittlung,
    c) eine Erläuterung der mit hoher Wahrscheinlichkeit erwarteten Transaktionen, die in Bewertungseinheiten einbezogen wurden,
    soweit die Angaben nicht im Lagebericht gemacht werden;
24. zu den Rückstellungen für Pensionen und ähnliche Verpflichtungen das angewandte versicherungsmathematische Berechnungsverfahren sowie die grundlegenden Annahmen der Berechnung, wie Zinssatz, erwartete Lohn- und Gehaltssteigerungen und zugrunde gelegte Sterbetafeln;
25. im Fall der Verrechnung von Vermögensgegenständen und Schulden nach § 246 Abs. 2 Satz 2 die Anschaffungskosten und der beizulegende Zeitwert der verrechneten Vermögensgegenstände, der Erfüllungsbetrag der verrechneten Schulden sowie die verrechneten Aufwendungen und Erträge; Nummer 20 Buchstabe a ist entsprechend anzuwenden;
26. zu Anteilen oder Anlageaktien an inländischen Investmentvermögen im Sinn des § 1 des Investmentgesetzes oder vergleichbaren ausländischen Investmentanteilen im Sinn des § 2 Abs. 9 des Investmentgesetzes von mehr als dem zehnten Teil, aufgegliedert nach Anlagezielen, deren Wert im Sinn des § 36 des Investmentgesetzes oder vergleichbarer ausländischer Vorschriften über die Ermittlung des Marktwertes, die Differenz zum Buchwert und die für das Geschäftsjahr erfolgte Ausschüttung sowie Beschränkungen in der Möglichkeit der täglichen Rückgabe; da-

rüber hinaus die Gründe dafür, dass eine Abschreibung gemäß § 253 Abs. 3 Satz 4 unterblieben ist, einschließlich der Anhaltspunkte, die darauf hindeuten, dass die Wertminderung voraussichtlich nicht von Dauer ist; Nummer 18 ist insoweit nicht anzuwenden;
27. für nach § 251 unter der Bilanz oder nach § 268 Abs. 7 Halbsatz 1 im Anhang ausgewiesene Verbindlichkeiten und Haftungsverhältnisse die Gründe der Einschätzung des Risikos der Inanspruchnahme;
28. der Gesamtbetrag der Beträge im Sinn des § 268 Abs. 8, aufgegliedert in Beträge aus der Aktivierung selbst geschaffener immaterieller Vermögensgegenstände des Anlagevermögens, Beträge aus der Aktivierung latenter Steuern und aus der Aktivierung von Vermögensgegenständen zum beizulegenden Zeitwert;
29. auf welchen Differenzen oder steuerlichen Verlustvorträgen die latenten Steuern beruhen und mit welchen Steuersätzen die Bewertung erfolgt ist.

Übersicht

1) Verbindlichkeiten mit Restlaufzeit von über fünf Jahren, Sicherheiten (1 Nr 1) 1
2) Aufgliederung der Angaben zu 1 Nr 1 (1 Nr 2) 2
3) Sonstige finanzielle Verpflichtungen (1 Nr 3) 3
4) Aufgliederung der Umsatzerlöse (1 Nr 4) 4
5) Ergebnisbeeinflussung durch steuerrechtliche Bewertung (1 Nr 5) 5
6) Aufteilung der Einkommen- und Ertragsteuerbelastung (1 Nr 6) 6
7) Zahl der Arbeitnehmer (1 Nr 7) 7
8) Material- und Personalaufwand bei Umsatzkostenverfahren (1 Nr 8) 8
9) Gesamtbezüge der Organmitglieder, Organkredite (1 Nr 9) 9
10) Angaben zu Organmitgliedern (1 Nr 10) 10
11) Angaben zu Anteilsbesitz ab 20% (1 Nr 11) 11
12) Angaben zu Unternehmen, deren unbeschränkt haftender Gesellschafter die Kapitalgesellschaft ist (1 Nr 11 a) 12
13) Rückstellungen (1 Nr 12) 13
14) Längere planmäßige Abschreibung des Geschäfts- oder Firmenwerts (1 Nr 13) 14
15) Angaben zu Mutterunternehmen (1 Nr 14) 15
16) Angaben bei GmbH & Co ua (1 Nr 15) 16
17) Entsprechenserklärung (1 Nr 16) 17
18) Angaben zum Abschlussprüfer bei kapitalmarktorientierten Ges (1 Nr 17) 18
19) Derivative Finanzinstrumente (1 Nr 18 u S 2); Finanzinstrumente (1 Nr 19) 19
20) Nahe stehende Unternehmen und Personen (1 Nr 21) 20
21) Forschungs- und Entwicklungskosten (1 Nr 22) 21
22) Bewertungseinheiten (1 Nr 23) 22
23) Pensionsrückstellungen und andere Verpflichtungen (1 Nr 24) 23
24) Verrechnung (1 Nr 25) 24
25) Anteile und Anlageaktien (1 Nr 26) 25
26) Ausweis unter der Bilanz (1 Nr 27) 26
27) Gesamtbetrag der Beträge (1 Nr 28) 27
28) Latente Steuern (1 Nr 29) 28
29) IAS/IFRS-Regelungen 20

§ 285 1–5

1) Verbindlichkeiten mit Restlaufzeit von über fünf Jahren, Sicherheiten (Nr 1)

1 **1 Nr 1 a)** erfordert Angaben des Gesamtbetrags langfristiger Verbindlichkeiten (maßgebend Restlaufzeit), **1 Nr 1 b)** Gesamtbetrag der besicherten Verbindlichkeiten sowie Art und Form der Sicherheiten. Ausnahme für Kreditinstitute § 340 a II 2.

2) Aufgliederung der Angaben zu Nr 1 (Nr 2)

2 S Rn 1. Angabe im Anhang oder in Bilanz. Kleine KapitalGes s § 288 I. Ausnahme für Kreditinstitute § 340 a II 2.

3) Sonstige finanzielle Verpflichtungen (1 Nr 3)

3 **Nr 3)** idF BilMoG 2009 (**Übergangsrecht** in (1) EGHGB Art 66 II) erfordert Angabe von Art und Zweck sowie Risiko und Vorteil aller nicht in der Bilanz erscheinenden Geschäfte, soweit für die Beurteilung der Finanzlage notwendig, dh mehr als von Bedeutung; lex speziales zu Nr 3 a). Erfasst sind damit Transaktionen, die von vornherein keinen dauerhaften Eingang in die Bilanz finden oder den dauerhaften Abgang von Vermögensgegenständen und Schulden nach sich ziehen; das können schwebende Geschäfte sein, heißt aber Angabepflicht derselben nur, wenn dauerhaft schwebend (RegE BilMoG 69). Bspe für Nr 3: Geschäfte in Zusammenhang mit Gründung von Zeckgesellschaften, Forderungsverbriefungen, Leasing- oder Pensionsgeschäfte. Nach **Nr 3 a)** ist der Gesamtbetrag der nicht in der Bilanz erscheinenden (also weder als Verbindlichkeit noch als Rückstellung passivierten), auch nicht als Haftungsverhältnisse (§ 251) und nicht nach Nr 3) angegebenen finanziellen Verpflichtungen anzugeben, gesondert der Verpflichtungen gegenüber verbundenen Unternehmen (§ 271 II); anders wenn Angabe für die Beurteilung der Finanzlage ohne Bedeutung ist. Bspe: Mehrjährige Verpflichtungen aus Miet- oder Leasingverträgen (s **(7)** Bankgeschäfte P/1), aus begonnenen Investitionsvorhaben, künftigen Großreparaturen und aus notwendig werdenden Umweltschutzmaßnahmen; aus Beteiligung als phG an PersonenHdlGes, IDW-HFA 1/**91**; aus sonstigen Dauerschuldverhältnissen, also vor allem Verpflichtungen aus schwebenden Geschäften (§ 252 Rn 16) und künftige Ausgaben, für die eine Rückstellung nicht zulässig oder nicht gewählt ist. Nicht passivierte Pensionsverpflichtungen fallen nicht unter Nr 3, sondern **(1)** EGHGB Art 28 II. Kleine und mittlere KapitalGes s § 288 I, II. Lit: Selchert DB **87**, 545, Gschwendtner DStZ **95**, 417.

4) Aufgliederung der Umsatzerlöse (Nr 4)

4 Nr 4 verlangt Aufgliederung der Umsatzerlöse nach Tätigkeitsbereichen und geographisch bestimmten Märkten, wenn sie sich untereinander erheblich unterscheiden. Das ist anhand der für die KapitalGes typischen Erzeugnis- und Dienstleistungsgruppen unter Berücksichtigung ihrer Verkaufsorganisation zu beurteilen. Geographisch bestimmte Märkte können Ländergruppen, einzelne Länder und Binnenregionen bis zu einzelnen Gemeinden sein. Nr 4 gilt nur für große KapitalGes (§ 288 II), und auch diese können sich noch auf die Schutzklausel (§ 286 II) berufen. Ausnahme für Kreditinstitute § 340 a II 2. Lit: Selchert BB **86**, 560, Zimmermann DStR **98**, 1974.

5) Ergebnisbeeinflussung durch steuerrechtliche Bewertung (Nr 5 aF)

5 Nr 5 aufgehoben durch BilMoG (**Übergangsrecht** in (1) EGHGB Art 66 V). Anzugeben war die Auswirkung von steuerrechtlich begründeten Bewertungen (§§ 254 aF, 280 II aF, 273 aF) auf das Jahresergebnis sowie das Ausmaß erheblicher künftiger Belastungen daraus. Sonst sind die durch deutsches Steuerrecht (umgekehrte Maßgeblichkeit, s § 242 Rn 5) beeinflussten Jahresabschlüsse international nicht vergleichbar. Nr 5 betrifft die Auswirkungen auch aus früheren

Geschäftsjahren auf das Jahresergebnis nach Steuern; anders §§ 280 III aF, 281 II 1 aF. Kleine KapitalGes s § 288. Lit: Karrenbrock BB **93,** 534, 1045, Wehrheim BB **94,** 1458.

6) Aufteilung der Einkommen- und Ertragsteuerbelastung (Nr 6)

Nr 6 verlangt für den Posten § 275 II Nr 18, III Nr 17 eine Aufteilung auf das Ergebnis der gewöhnlichen (§ 275 II Nr 14, III Nr 13) und der außergewöhnlichen Geschäftstätigkeit (§ 275 II Nr 17, III Nr 16). Das kann durch Angabe der Beträge oder Erläuterung in allgemeiner Form geschehen (Begr E § 271 V). Kleine KapitalGes s § 288 I.

7) Zahl der Arbeitnehmer (Nr 7)

Berechnung auch für Nr 7 nach § 267 V. Kleine KapitalGes s § 288 I.

8) Material- und Personalaufwand bei Umsatzkostenverfahren (Nr 8)

Die Posten Materialaufwand und Personalaufwand erscheinen in der Gewinn- und Verlustrechnung nur bei Entscheidung für das Gesamtkostenverfahren (§ 275 II Nr 5, 6). Bei Wahl des Umsatzkostenverfahrens (§ 275 I, III) sind dieselben Informationen im Anhang zu geben. Kleine KapitalGes brauchen den Materialaufwand nicht anzugeben (§ 288 I; Grund § 276). Ausnahme für Kreditinstitute § 340a II 1.

9) Gesamtbezüge der Organmitglieder, Organkredite (Nr 9)

Nr 9 betrifft die Mitglieder des Geschäftsführungsorgans (Vorstand der AG, Geschäftsführer der GmbH), eines Aufsichtsrats, eines Beirats der KapitalGes oder einer ähnlichen Einrichtung und verlangt aggregierte Angaben jeweils für jede Personengruppe (nicht Einzelangaben zu jedem Mitglied). Nach **Nr 9a** idF VorstAG 2009 sind die Gesamtbezüge (Legaldefinition mit Einrechnungsvorschrift nach Nr 9a S 2, Zusatzangabe nach Nr 9a S 3) der tätigen Organmitglieder (hinzugefügt „sonstige aktienbasierte Vergütungen" durch TransPuG 2002, **Übergangsrecht** in **(1)** EGHGB Art 54) anzugeben. Durch das Gesetz über die Offenlegung der Vorstandsvergütungen (VorstOG) vom 3. 8. 05 (**Übergangsrecht** in **(1)** EGHGB Art 59) wurde in Nr 9a die Pflicht zur Offenlegung von Aktienoptionen (beizulegenden Zeitwert mit späteren Änderungen) und Vorstandsbezügen börsennotierter AG (Einzelbezüge mit Namensnennung, aufgegliedert nach erfolgsabhängigen und -unabhängigen sowie langfristig Anreizwirkung entfaltenden Bestandteilen) erweitert. Seit VorstAG 2009 (**Übergangsrecht** in **(1)** EGHGB Art 68) detaillierte Angaben über (zugesagte) Leistungen sowohl für den Fall regulärer als nun auch vorzeitiger Beendigung der Tätigkeit sowie Pflicht zur Angabe bei Änderung solcher Zusagen. Lit: Baums ZHR 169 **(2005)** 299; Fleischer DB **05,** 1611; Spindler NZG **05,** 689; Lücke NZG **05,** 692; Thüsing ZIP **05,** 1389, IDW ERS HFA 20 IDW-FN **07,** 98, Büchel/Semjonow WPg **08,** 1143 (DRS 17), Fleischer NZG **09,** 801. Nach **Nr 9b** sind die Gesamtbezüge der früheren Organmitglieder (mit Zusatzangabe nach Nr 9b S 3 über die Beträge der für sie gebildeten und der nicht gebildeten Pensionsrückstellungen, s § 249 Rn 5–8) anzugeben. Die von verbundenen Unternehmen erhaltenen Bezüge brauchen nur im Konzernabschluss angegeben zu werden. Befreiung von Nr 9a, b nach § 286 IV, wenn sich sonst die Bezüge eines einzelnen Organmitglieds feststellen lassen. Entsprechende Anwendung der mit dem VorstOG eingeführten weiteren Offenlegungspflichten bei börsennotierten AG nur für Abfindungen und verwandte Leistungen. **Nr 9c** verlangt detaillierte Angaben zu den Organkrediten iwS (vgl §§ 89, 115 AktG; anders § 43a GmbHG). Haftungsverhältnisse sind alle die KapitalGes jetzt, später oder bedingt belastenden Drittverbindlichkeiten zugunsten eines Organmitglieds (vgl §§ 251, 285 Nr 3a). Kleine KapitalGes brauchen nur Angaben nach Nr 9c zu machen

(§ 288). Ausnahme von Nr 9 c für Kreditinstitute § 340 a II 2. Lit: Klatte BB **95,** 35, Sethe DB **98,** 1044.

10) Angaben zu Organmitgliedern (Nr 10)

10   Nr 10 S 1 idF KonTraG 1998: Namensangaben nach 1 samt der tatsächlich ausgeübten hauptberuflichen Tätigkeit und bei börsennotierten Ges (§ 3 II AktG, s Rn 11, vgl § 267 Rn 9) auch Aufsichtrats- und andere Kontrollgremienmandate iSv § 125 I 3 AktG; Funktionsangaben nach S 2.

11) Angaben zu Anteilsbesitz ab 20% (Nr 11)

11   Nr 11 idF KonTraG 1998 verlangt Angaben über den Anteilsbesitz und knüpft dabei starr an Prozentsatz an. Die Angaben sind also ab 20% Anteilsbesitz auch dann zu machen, wenn keine Beteiligung vorliegt, also § 271 I 1 nicht gegeben bzw § 271 I 3 widerlegt ist. Anteil an jedem anderen Unternehmen ist erfasst, Rechtsform und Sitz im In- oder Ausland sind unerheblich. Nicht erfasst sind idR GbR (aber ErwerbsGes) und stGes (vgl § 271 Rn 2), str. Anteilsbesitz ist auch solcher über Strohmänner, Treuhänder ua (für Rechnung der Kapital-Ges) sowie indirekter Anteilsbesitz (Nr 11 2. Halbs iVm § 16 IV AktG). Berechnung entspr § 16 II, IV AktG. Anzugeben sind außer der prozentualen Höhe des Anteilsbesitzes Name, Sitz, Eigenkapital und Ergebnis des letzten Geschäftsjahrs des anderen Unternehmens. Von börsennotierten KapitalGes (§ 3 II AktG, auch geregelter Markt, nicht Freiverkehr, vgl § 267 Rn 9) sind zusätzlich alle Beteiligungen an großen KapitalGes (§ 267 III) mit über 5% der Stimmrechte anzugeben (Nr 11 letzter Halbs); ebenso für Kreditinstitute § 340 a IV Nr 2. Erleichterungen s § 286 III. Wechselseitige Beteiligung bei AG ist nach § 160 I Nr 7 AktG anzugeben. **Muster:** Hopt/Kraft 3. Aufl 2007 Form III.C.2 (Beteiligungsliste, Aufstellung des Anteilsbesitzes). Lit: Wehrheim BB **95,** 454.

12) Angaben zu Unternehmen, deren unbeschränkt haftender Gesellschafter die Kapitalgesellschaft ist (Nr 11 a)

12   Nr 11 a idF KapCoRiLiG 2000: Name, Sitz (§ 106 Rn 8) und Rechtsform der Unternehmen, deren unbeschränkt haftender Gfter die KapitalGes ist, zB GmbH & Co und andere KapitalGes & Co (enger als § 264 a I, s dort Rn 1). Erleichterungen s § 286 III. IDW ERS HFA 7 WPg **01,** 1393.

13) Rückstellungen (Nr 12)

13   In der Bilanz unter den sonstigen Rückstellungen (§ 266 III B Nr 3) nicht gesondert ausgewiesene, nicht unerhebliche Rückstellungen sind zu erläutern. Kleine KapitalGes s § 288 I. Ausnahme für Kreditinstitute § 340 a II 1.

14) Längere planmäßige Abschreibung des Geschäfts- oder Firmenwerts (Nr 13)

14   Nr 13 neu gefasst durch BilMoG (**Übergangsrecht** in (1) EGHGB Art 66 III); ein nach § 246 I 4 anzusetzender derivativ erworbener Geschäfts- oder Firmenwert ist als Vermögensgegenstand (s § 246 Rn 8) planmäßig (oder außerplanmäßig) abzuschreiben. Ein maximaler Abschreibungszeitraum ist nicht festgelegt, sondern von der betrieblichen Nutzungsdauer abhängig, bei mehr als fünf Jahren aber nach Nr 13 zu begründen.

15) Angaben zu Mutterunternehmen (Nr 14)

15   Ein Tochterunternehmen (§ 290 I) muss Angaben über Name, Sitz und Erhältlichkeit der offen gelegten Konzernabschlüsse des bzw der Mutterunternehmen (größter und kleinster Konsolidierungskreis, dem das Tochterunternehmen angehört, §§ 294 ff) machen.

16) Angaben bei GmbH & Co ua (Nr 15)

Nr 15 idF KapCoRiLiG 2000: bei PersonenGes iSv § 264 a I (weiter als 1 **16**
Nr 11 a: GmbH & Co, Stiftung & Co ua, § 264 Rn 1 f) sind im Anhang ihres
Jahresabschlusses anzugeben: Name und Sitz der KomplementärGes sowie deren
gezeichnetes Kapital. Nr 15 erfasst alle KomplementärGes, nicht nur KapitalGes,
zB PersonenGes, Stiftung ua, auch wenn sie kein gezeichnetes Kapital haben,
dann kommt § 264 a II 2 analog in Betracht.

17) Entsprechenserklärung (Nr 16)

Nr 16 angefügt durch TransPuG 2002, geändert durch BilMoG (**Übergangs-** **17**
recht in (**1**) EGHGB Art 54, 66 II): Ergänzt (**2 a**) AktG § 161 zur Abgabe der
sog Entsprechenserklärung zum Corporate Governance Kodex und wo diese
öffentlich zugänglich ist; Inhalt der Erklärung wird allerdings nicht zum Gegenstand des Anhangs und ist auch nicht Gegenstand der Prüfung, BTDrucks 14/
8769, S 25. Ausnahme für kleine und mittlere KapitalGes § 288 I, II.

18) Angaben zum Abschlussprüfer bei kapitalmarktorientierten Ges (Nr 17)

Nr 17 angefügt durch BilREG 2004, geändert durch BilMoG (**Übergangs-** **18**
recht in (**1**) EGHGB Art 58 II, 66 II): Gibt erforderliche Information zur Abschlussprüfervergütung; anzugeben sind Vergütung und weitere Vergütungsbestandteile (AmtlBegr BTDrucks 15/3419, S 29); s auch die korrespondierenden
Regelungen zur Vereinbarkeit bestimmter Beratungsdienste mit der Abschlussprüfung in §§ 319 III Nr 3, 319 a I Nr 2, 3 u dazu § 319 Rn 18 ff, § 319 a
Rn 3 ff u 6. Lit: Sultana/Willeke StuB **05,** 951 (Bilanzrechtsreform/neue Angaben), Lenz/Möller/Höhn BB **06,** 1787 (Offenlegung), Bischof WPg **06,** 705,
Petersen/Zwirner WPg **08,** 279.

19) Finanzinstrumente (Nr 18 – Nr 20)

Nr 18, Nr 19 angefügt durch BilReG 2004, geändert, Nr 20 eingefügt durch **19**
BilMoG (**Übergangsrecht** in (**1**) EGHGB Art 58 II, 66 II); übernehmen Vorgaben der Modernisierungs-Richtlinie (Einl 23 v § 238) und der Fair-Value-Richtlinie (Einl 25 v § 238). Angabepflicht gilt auch für Kreditinstitute und
Finanzdienstleistungsinstitute, s § 340 a I, sowie für Versicherungsunternehmen
und Pensionsfonds, s § 341 a I. **Nr 18** stellt auf das Wahlrecht ab, bei Finanzanlagen eine außerplanmäßige Abschreibung auf Grund einer voraussichtlich
vorübergehenden Wertminderung vorzunehmen oder zu unterlassen. **Nr 19** ergänzt für nicht zum beizulegenden Zeitwert bewertete Finanzinstrumente Pflicht
zur Angabe der angewandten Bewertungsmethode, wodurch die anzugebenden
Zahlen für Bilanzleser an Wert gewinnen, aber Ausnahme für kleine KapitalGes
§ 288 I. **Nr 20** verpflichtet für zum Zeitwert bilanzierte Finanzinstrumente zur
Angabe der Bewertungsmethoden, die im Falle eines fehlenden Marktpreises der
Berechnung nach § 255 IV 2 zugrunde gelegt wurden und zur Kategorisierung
der Finanzinstrumente auf Grund der ihnen zugrunde liegenden Basiswerte oder
abgesicherten Risiken; ferner Angabe, welchen Risiken die jeweilige Kategorie
ausgesetzt sind.

20) Nahestehende Unternehmen und Personen (Nr 21)

Nr 20 eingefügt durch BilMoG (**Übergangsrecht** in (**1**) EGHGB Art 66 II); **20**
verlangt Angabe aller wesentlichen Geschäfte mit nahe stehenden Unternehmen
oder Personen, soweit diese nicht zu marktüblichen Bedingungen zustande gekommen sind und ermöglicht Angabe, wenn Marktüblichkeit vorliegt. Der
Begriff Geschäft ist weit zu verstehen und erfasst alle Transaktionen, die sich auf
die Finanzlage auswirken können. Marktüblichkeit liegt vor, wenn das Geschäft
in jeder Hinsicht auch mit einem unabhängigen Dritten möglich wäre. Nahe

§ 285 21–27

stehend ist iSv IAS 24 zu verstehen (RegE BilMoG 72), Aufzählung in IAS 24.9. Ausnahme für kleine und mittlere KapitalGes § 288 I, II. Lit: Küting/Gattung WPg **05,** 1061 und 1105 (IAS 24), Niehus DB **08,** 2493.

21) Forschungs- und Entwicklungskosten (Nr 22)

21 Nr 22 eingefügt durch BilMoG (**Übergangsrecht** in **(1)** EGHGB Art 66 III); Angabepflicht aller Forschungs- und Entwicklungskosten (s § 255 IIa) des Geschäftsjahrs; Unterteilung in solche, die auf selbstgeschaffene immaterielle Vermögensgegenstände des Anlagevermögens entfallen und sonstige, jeweils differenziert nach Forschungs- und Entwicklungskosten. Ausnahme für kleine KapitalGes § 288 I.

22) Bewertungseinheiten (Nr 23)

22 Nr 23 eingefügt durch BilMoG, geändert durch ARUG (**Übergangsrecht** in **(1)** EGHGB Art 66 III); Angabe der Höhe der Beträge von Grund- und Sicherungspositionen sowie der Risiken; Angabe, welche Risiken durch welche Sicherungsinstrumente abgesichert werden, Art des Hedging; Stellungnahme zur Effektivität der Absicherung (Eintrittswahrscheinlichkeit des Risikos); für Dritte nachvollziehbare Erläuterung der Eintrittswahrscheinlichkeit des Vertragsschlusses bei antizipierten Bewertungseinheiten; keine Angabe, wenn schon im Lagebericht gem § 289 II Nr 2 a.

23) Pensionsrückstellungen und ähnliche Verpflichtungen (Nr 24)

23 Nr 24 eingefügt durch BilMoG (**Übergangsrecht** in **(1)** EGHGB Art 66 III); lex spezialis zu § 284 II Nr 4.

24) Verrechnung (Nr 25)

24 Nr 25 eingefügt durch BilMoG (**Übergangsrecht** in **(1)** EGHGB Art 66 III); betrifft Ausnahme vom Verrechnungsverbot gem § 246 II 2; Angabe der Anschaffungskosten und des beizulegenden Zeitwerts der Vermögensgegenstände; insoweit entsprechende Anwendung von Nr 20; Angabe des Erfüllungsbetrages der mit ihnen zu verrechnenden Schulden sowie der verrechneten Aufwendungen und Erträge.

25) Anteile und Anlageaktien (Nr 26)

25 Nr 26 eingefügt durch BilMoG (**Übergangsrecht** in **(1)** EGHGB Art 66 III); Angabe von stillen Reserven und Lasten, die in solchen Investmentvermögen gem §§ 1, 2 IX InvG enthalten sind, an denen 10% der Anteile oder Anlageaktien gehalten werden. Hierfür Gegenüberstellung der bilanziellen Buchwerte und des Werts der Anteile oder Anlageaktien nach § 36 InvG bzw vergleichbaren ausländischen Vorschriften zur Ermittlung des Marktwertes; Aufgliederung nach Anlagezielen. Ferner Angabe der im Geschäftsjahr erfolgten Ausschüttung; über eine mögliche Beschränkung der täglichen Rückgabe; Gründe, warum eine außerplanmäßige Abschreibung nach § 253 III 4 unterblieben ist und weshalb diese Wertminderung voraussichtlich nicht von Dauer ist.

26) Ausweis unter der Bilanz (Nr 27)

26 Nr 27 eingefügt durch BilMoG (**Übergangsrecht** in **(1)** EGHGB Art 66 III); erfordert Angabe zu Haftungsverhältnissen und (Eventual-)Verbindlichkeiten, die nach § 251 unter der Bilanz als Gesamtsumme ausgewiesen werden. Erforderlich ist Abschätzung und Angabe des Risikos der Inanspruchnahme und der stützenden Gründe, warum kein Ausweis als Passivposten erfolgt.

27) Gesamtbetrag der Beträge (Nr 28)

27 Nr 28 eingefügt durch BilMoG (**Übergangsrecht** in **(1)** EGHGB Art 66 III); ergänzt § 268 VIII durch Angabe aller hiernach ausschüttungsgesperrten Beträge.

2. Abschnitt. Vorschriften für Kapitalgesellschaften 1 § 286

28) Latente Steuern (Nr 29)

Angabe (**Übergangsrecht** in **(1)** EGHGB Art 66 III) der Differenzen zwischen HdlBilanz und Steuerbilanz sowie der steuerlichen Verlustvorträge die zur Bildung latenter Steuern führen; werden (passive) latente Steuern nicht ausgewiesen Angabe, auf Grund welcher Differenzen Ausweis unterbleibt.

29) IAS/IFRS-Regelungen
S § 284 Rn 16.

Unterlassen von Angaben

286 (1) **Die Berichterstattung hat insoweit zu unterbleiben, als es für das Wohl der Bundesrepublik Deutschland oder eines ihrer Länder erforderlich ist.**

(2) **Die Aufgliederung der Umsatzerlöse nach § 285 Nr. 4 kann unterbleiben, soweit die Aufgliederung nach vernünftiger kaufmännischer Beurteilung geeignet ist, der Kapitalgesellschaft oder einem Unternehmen, von dem die Kapitalgesellschaft mindestens den fünften Teil der Anteile besitzt, einen erheblichen Nachteil zuzufügen.**

(3) ¹ Die Angaben nach § 285 Nr. 11 und 11a können unterbleiben, soweit sie
1. für die Darstellung der Vermögens-, Finanz- und Ertragslage der Kapitalgesellschaft nach § 264 Abs. 2 von untergeordneter Bedeutung sind oder
2. nach vernünftiger kaufmännischer Beurteilung geeignet sind, der Kapitalgesellschaft oder dem anderen Unternehmen einen erheblichen Nachteil zuzufügen.

² Die Angabe des Eigenkapitals und des Jahresergebnisses kann unterbleiben, wenn das Unternehmen, über das zu berichten ist, seinen Jahresabschluß nicht offenzulegen hat und die berichtende Kapitalgesellschaft weniger als die Hälfte der Anteile besitzt. ³ Satz 1 Nr. 2 ist nicht anzuwenden, wenn die Kapitalgesellschaft oder eines ihrer Tochterunternehmen (§ 290 Abs. 1 und 2) am Abschlussstichtag kapitalmarktorientiert im Sinn des § 264d ist. ⁴ Im Übrigen ist die Anwendung der Ausnahmeregelung nach Satz 1 Nr. 2 im Anhang anzugeben.

(4) Bei Gesellschaften, die keine börsennotierten Aktiengesellschaften sind, können die in § 285 Nr. 9 Buchstabe a und b verlangten Angaben über die Gesamtbezüge der dort bezeichneten Personen unterbleiben, wenn sich anhand dieser Angaben die Bezüge eines Mitglieds dieser Organe feststellen lassen.

(5) ¹ Die in § 285 Nr. 9 Buchstabe a Satz 5 bis 8 verlangten Angaben unterbleiben, wenn die Hauptversammlung dies beschlossen hat. ² Ein Beschluss, der höchstens für fünf Jahre gefasst werden kann, bedarf einer Mehrheit, die mindestens drei Viertel des bei der Beschlussfassung vertretenen Grundkapitals umfasst. ³ § 136 Abs. 1 des Aktiengesetzes gilt für einen Aktionär, dessen Bezüge als Vorstandsmitglied von der Beschlussfassung betroffen sind, entsprechend.

1) Schutzklausel im Staatsinteresse (I)

I entspricht wie § 160 II AktG dem strafrechtlichen Staatsschutz (§§ 93, 97 StGB), erlaubt also den zuständigen Organen der KapitalGes nicht Bestimmung des öffentlichen Interesses darüber hinaus nach eigenem Ermessen. Liegt I vor, darf auch nicht das Gebrauchmachen von I offenbart werden.

§§ 287, 288

2) Schutzklausel im Unternehmensinteresse zu § 285 Nr 4 (II)

2 II dispensiert von der Aufgliederung der Umsatzerlöse nach § 285 Nr 4, wenn durch die Angabe der KapitalGes bzw einem anderen Unternehmen, an dem diese mindestens 20% Anteile besitzt (Berechnung wie in § 285 Nr 11), objektiv (nach vernünftiger kfm Beurteilung) ein erheblicher Nachteil droht. Eine akute Gefahr ist nicht nötig („geeignet" zur Nachteilszufügung), aber sie muss ernsthaft sein. Angabe des Gebrauchmachens von II ist nicht vorgeschrieben (anders III 3, § 314 II 2), kann aber nach § 264 II 2 nötig sein. Lit: Selchert BB **86,** 564, Zimmermann DStR **98,** 1874.

3) Schutzklausel im Unternehmensinteresse zu § 285 Nr 11, 11 a (III)

3 **III 1** dispensiert von den Angaben über Beteiligungsbesitz nach § 285 Nr 11 und Nr 11 a, wenn sie für § 264 II von untergeordneter Bedeutung sind (III 1 Nr 1) oder der KapitalGes oder dem anderen Unternehmen objektiv ein erheblicher Nachteil droht (III 1 Nr 2, s Rn 2). **III 2** dispensiert von der Angabe des Eigenkapitals und des Jahresergebnisses nach § 285 Nr 11 bei Beteiligung unter 50% an nicht offenlegungspflichtigen Unternehmen (EinzelKfm, Personen-Ges; nicht KapitalGes, §§ 325–327). **III 3** u **4** idF TransPuG 2002 (**Übergangs-recht** in **(1)** EGHGB Art 54) beschränken Schutzklausel des **III 1 Nr 2** auf Unternehmen, die nicht kapitalmarktorientiert (§ 264 d) sind. **Muster:** Hopt/Kraft 3. Aufl 2007 Form III.C.3 (Unterlassung von Angaben). Lit: Kempter BB **96,** 419.

4) Schutzklausel zu § 285 Nr. 9 a, b (IV, V)

4 **IV** dispensiert von der Angabe der Gesamtbezüge nach § 285 Nr 9 a, b (nach dem VorstOG, s § 285 Rn 9, nur für nicht börsennotierte AG), wenn sich sonst die Bezüge eines einzelnen Organmitglieds feststellen lassen. Nach BMJ Schreiben v 6. 3. 95 FN **95,** 145 soll Angabe immer dann unterbleiben können, wenn die Größenordnung eines Mitglieds geschätzt werden kann, aA ADS 56 a. Durch das VorstOG von 2005 (**Übergangsrecht** in **(1)** EGHGB Art 59) wurde ein neuer **V** angefügt, der die Erweiterung der Offenlegung in § 285 Nr 9 a S 5 bis 9 zur Disposition der Hauptversammlung (³/₄ des vertretenen Grundkapitals, für max 5 Jahre) stellt. Lit: Feige/Ruffert DB **95,** 637, Klatte BB **95,** 35, Baums ZHR 169 **(2005),** 299, Fleischer DB **05,** 1611, Lücke NZG **05,** 692, Spindler NZG **05,** 689, Thüsing ZIP **05,** 1389.

5) IAS/IFRS-Regelungen

5 Keine vergleichbare Regelung in den Standards.

287 *(aufgehoben)*

1) § 287 aufgehoben durch BilMoG 2009 (Übergangsrecht in **(1)** EGHGB Art 66 V).

Größenabhängige Erleichterungen

288

(1) **Kleine Kapitalgesellschaften (§ 267 Abs. 1) brauchen die Angaben nach § 284 Abs. 2 Nr. 4, § 285 Nr. 2 bis 8 Buchstabe a, Nr. 9 Buchstabe a und b sowie Nr. 12, 17, 19, 21, 22 und 29 nicht zu machen.**

(2) ¹**Mittelgroße Kapitalgesellschaften (§ 267 Abs. 2) brauchen bei der Angabe nach § 285 Nr. 3 die Risiken und Vorteile nicht darzustellen.** ²**Sie brauchen die Angaben nach § 285 Nr. 4 und 29 nicht zu machen.** ³ Soweit sie die

2. Abschnitt. Vorschriften für Kapitalgesellschaften §289

Angaben nach § 285 Nr. 17 nicht machen, sind sie verpflichtet, diese der Wirtschaftsprüferkammer auf deren schriftliche Anforderung zu übermitteln. ⁴Sie brauchen die Angaben nach § 285 Nr. 21 nur zu machen, soweit sie Aktiengesellschaft sind; die Angabe kann auf Geschäfte beschränkt werden, die direkt oder indirekt mit dem Hauptgesellschafter oder Mitgliedern des Geschäftsführungs-, Aufsichts- oder Verwaltungsorgans abgeschlossen wurden.

1) **I** nF bringt Erleichterungen (s zu §§ 284, 285) für kleine KapitalGes (§ 267 I), **II** für mittelgroße (§ 267 II) bezüglich der Angaben im Anhang. Erleichterungen bezüglich Bilanz, Gewinn- und Verlustrechnung und Offenlegung s §§ 266 I 3, 276, 326, 327. Ausnahme für Kreditinstitute § 340a II 1. Lit: Farr AG **95**, 76, **96**, 145, GmbHR **95**, 31, **96**, 92, 185, 755. Keine vergleichbare Regelung in den **IAS/IFRS**.

1

Sechster Titel. Lagebericht

289 (1) ¹Im Lagebericht sind der Geschäftsverlauf einschließlich des Geschäftsergebnisses und die Lage der Kapitalgesellschaft so darzustellen, dass ein den tatsächlichen Verhältnissen entsprechendes Bild vermittelt wird. ²Er hat eine ausgewogene und umfassende, dem Umfang und der Komplexität der Geschäftstätigkeit entsprechende Analyse des Geschäftsverlaufs und der Lage der Gesellschaft zu enthalten. ³In die Analyse sind die für die Geschäftstätigkeit bedeutsamsten finanziellen Leistungsindikatoren einzubeziehen und unter Bezugnahme auf die im Jahresabschluss ausgewiesenen Beträge und Angaben zu erläutern. ⁴Ferner ist im Lagebericht die voraussichtliche Entwicklung mit ihren wesentlichen Chancen und Risiken zu beurteilen und zu erläutern; zugrunde liegende Annahmen sind anzugeben. ⁵Die gesetzlichen Vertreter einer Kapitalgesellschaft im Sinne des § 264 Abs. 2 Satz 3 haben zu versichern, dass nach bestem Wissen im Lagebericht der Geschäftsverlauf einschließlich des Geschäftsergebnisses und die Lage der Kapitalgesellschaft so dargestellt sind, dass ein den tatsächlichen Verhältnissen entsprechendes Bild vermittelt wird, und dass die wesentlichen Chancen und Risiken im Sinne des Satzes 4 beschrieben sind.

(2) Der Lagebericht soll auch eingehen auf:
1. Vorgänge von besonderer Bedeutung, die nach dem Schluß des Geschäftsjahrs eingetreten sind;
2. a) die Risikomanagementziele und -methoden der Gesellschaft einschließlich ihrer Methoden zur Absicherung aller wichtigen Arten von Transaktionen, die im Rahmen der Bilanzierung von Sicherungsgeschäften erfasst werden, sowie
   b) die Preisänderungs-, Ausfall- und Liquiditätsrisiken sowie die Risiken aus Zahlungsstromschwankungen, denen die Gesellschaft ausgesetzt ist, jeweils in Bezug auf die Verwendung von Finanzinstrumenten durch die Gesellschaft und sofern dies für die Beurteilung der Lage oder der voraussichtlichen Entwicklung von Belang ist;
3. den Bereich Forschung und Entwicklung;
4. bestehende Zweigniederlassungen der Gesellschaft;
5. die Grundzüge des Vergütungssystems der Gesellschaft für die in § 285 Nr. 9 genannten Gesamtbezüge, soweit es sich um eine börsennotierte Aktiengesellschaft handelt. Werden dabei auch Angaben entsprechend § 285 Nr. 9 Buchstabe a Satz 5 bis 8 gemacht, können diese im Anhang unterbleiben.

Merkt 1123

§ 289

(3) Bei einer großen Kapitalgesellschaft (§ 267 Abs. 3) gilt Absatz 1 Satz 3 entsprechend für nichtfinanzielle Leistungsindikatoren, wie Informationen über Umwelt- und Arbeitnehmerbelange, soweit sie für das Verständnis des Geschäftsverlaufs oder der Lage von Bedeutung sind.

(4) ¹Aktiengesellschaften und Kommanditgesellschaften auf Aktien, die einen organisierten Markt im Sinne des § 2 Abs. 7 des Wertpapiererwerbs- und Übernahmegesetzes durch von ihnen ausgegebene stimmberechtigte Aktien in Anspruch nehmen, haben im Lagebericht anzugeben:
1. die Zusammensetzung des gezeichneten Kapitals; bei verschiedenen Aktiengattungen sind für jede Gattung die damit verbundenen Rechte und Pflichten und der Anteil am Gesellschaftskapital anzugeben, soweit die Angaben nicht im Anhang zu machen sind;
2. Beschränkungen, die Stimmrechte oder die Übertragung von Aktien betreffen, auch wenn sie sich aus Vereinbarungen zwischen Gesellschaftern ergeben können, soweit sie dem Vorstand der Gesellschaft bekannt sind;
3. direkte oder indirekte Beteiligungen am Kapital, die 10 vom Hundert der Stimmrechte überschreiten, soweit die Angaben nicht im Anhang zu machen sind;
4. die Inhaber von Aktien mit Sonderrechten, die Kontrollbefugnisse verleihen; die Sonderrechte sind zu beschreiben;
5. die Art der Stimmrechtskontrolle, wenn Arbeitnehmer am Kapital beteiligt sind und ihre Kontrollrechte nicht unmittelbar ausüben;
6. die gesetzlichen Vorschriften und Bestimmungen der Satzung über die Ernennung und Abberufung der Mitglieder des Vorstands und über die Änderung der Satzung;
7. die Befugnisse des Vorstands insbesondere hinsichtlich der Möglichkeit, Aktien auszugeben oder zurückzukaufen;
8. wesentliche Vereinbarungen der Gesellschaft, die unter der Bedingung eines Kontrollwechsels infolge eines Übernahmeangebots stehen, und die hieraus folgenden Wirkungen; die Angabe kann unterbleiben, soweit sie geeignet ist, der Gesellschaft einen erheblichen Nachteil zuzufügen; die Angabepflicht nach anderen gesetzlichen Vorschriften bleibt unberührt;
9. Entschädigungsvereinbarungen der Gesellschaft, die für den Fall eines Übernahmeangebots mit den Mitgliedern des Vorstands oder Arbeitnehmern getroffen sind, soweit die Angaben nicht im Anhang zu machen sind.² Sind Angaben nach Satz 1 im Anhang zu machen, ist im Lagebericht darauf zu verweisen.

(5) Kapitalgesellschaften im Sinn des § 264 d haben im Lagebericht die wesentlichen Merkmale des internen Kontroll- und des Risikomanagementsystems im Hinblick auf den Rechnungslegungsprozess zu beschreiben.

Übersicht

1) Bericht über Geschäftsverlauf einschließlich Geschäftsergebnis und Lage (I) 1

2) Nachtragsbericht, Entwicklungsprognose, Forschung und Entwicklung (II) 2

3) Nichtfinanzielle Leistungsindikatoren bei großen KapitalGes (III) 3

4) Angabepflichten für AG und KGaA, die einem organisierten Markt angehören (IV) 4

5) Internes Kontroll- und Risikomanagement (V) 5

6) IAS/IFRS-Regelungen 6

2. Abschnitt. Vorschriften für Kapitalgesellschaften 1 § 289

1) Bericht über Geschäftsverlauf einschließlich Geschäftsergebnis und Lage (I)

§ 289 neu gefasst durch BilReG 2004 gem Vorgaben der Modernisierungs- 1 richtlinie, Einl 23 v § 238. Der Lagebericht ist nicht Teil des Jahresabschlusses (s § 264 Rn 5). Die Aufstellungspflicht folgt aus § 264 I. Der Lagebericht hat dem Erfordernis einer gewissenhaften und getreuen Rechenschaft zu entsprechen; daraus folgen die Grundsätze der Lageberichterstattung, nämlich Vollständigkeit, Richtigkeit, Klarheit und Übersichtlichkeit, ADS 38. **I 1** verlangt zusätzliche Informationen zum Jahresabschluss, mindestens über Geschäftsverlauf einschließlich des Geschäftsergebnisses und Lage der KapitalGes (idR Aufgliederung in Wirtschaftsbericht und Sozialbericht, ferner Berichtsteile nach II). **I 2** gibt zusätzliche Orientierung zum Umfang der erwarteten Erläuterungen, die nach Größe und Charakter der Ges unterschiedlich detailliert sein können. **I 3** verlangt eine Analyse zu den hauptsächlichen finanziellen Leistungsmerkmalen (Ergebnisentwicklung u -komponenten, Liquidität u Kapitalausstattung) sowie Hinweise zum Abschluss, soweit dies dem Verständnis dient. Daraus folgt, dass eine Verdopplung von Angaben in Abschluss und Lagebericht vermeidbar ist, wenn eine eindeutige Bezugnahme des Lageberichts auf den Abschluss genügt. Der Abschluss dient primär der Darstellung, der Lagebericht mehr der Analyse und Kommentierung. Nach **I 4** ist auf die Risiken und zusätzlich auf die Chancen der künftigen Entwicklung sowie auf wesentliche Ziele und Strategien der Ges einzugehen. Ziele und Strategien sind in ihren wesentlichen Elementen entsprechend dem international üblichen Verständnis einer Geschäftsentwicklungs- und -lageanalyse darzustellen. Ferner sind wesentliche Prämissen, die den zukunftsbezogenen Aussagen zugrunde liegen, transparent zu machen, AmtlBegr BilReG BTDrucks 15/3419, S 30. Zentral sind dabei bestandsgefährdende Risiken (going concern), aber auch über sonstige Risiken mit wesentlichem Einfluss auf die Vermögens-, Finanz- und Ertragslage ist zu berichten. Nicht nur Risiken aus den betrieblichen Funktionsbereichen, sondern auch aus externen Umweltfaktoren (auch Politik, Recht und Gesellschaft) sind einzubeziehen. Zu berichten ist nicht nur über vorhersehbare Risiken (bereits § 252 I Nr 4), sondern auch weiter entfernte, aber nicht rein theoretische, Küting/Hütten AG **97,** 252. Maßgeblich ist ein überschaubarer Zeitraum, idR 2 Jahre. Einzelheiten in IDW RS HFA 1 Tz 29 ff. Kleine KapitalGes (§ 267 I) brauchen den Lagebericht nicht aufzustellen (§ 264 I 3). Die Schutzklausel des § 286 I gilt analog für den Lagebericht, ADS 54. Für die Fälle von § 286 II, III gilt das nicht, Beck-BilKomm/Ellrott 12, aber § 131 III AktG analog, IDW RS HFA 1 Tz 12, wohl auch insoweit aA ADS 54, Küting/Hütten AG **97,** 255. Auf jeden Fall darf durch den Lagebericht kein falsches Bild erweckt werden (vgl zur Prospektherausgabe § 347 Rn 32). Das wäre auch bei völligem Verschweigen des Risikos der Fall. Durch **I 5** – eingefügt durch TUG 2007 (**Übergangsrecht** in **(1)** EGHGB Art 62) – wird der Bilanzeid gem § 264 II auf den Lagebericht erstreckt. Danach werden die gesetzlichen Vertreter einer KapitalGes, die nach § 264 II 3 Inlandsemittentin iSv **(16)** WpHG § 2 VII ist, verpflichtet, die Einhaltung der für den Lagebericht geltenden Vorgaben in I 1 u 4 zu versichern. **Muster:** Hopt/Kraft 3. Aufl 2007 Form III.D.1 (Lagebericht zum Jahresabschluss einer GmbH), IDW RS HFA 1 Anlage. Über I und II hinausgehende freiwillige Informationen sind üblich und erwünscht (zB Kapitalflussrechnung, Segmentberichterstattung, Sozialbilanz, s § 284 Rn 8) Lit: Baetge ua, Der Lagebericht 1998, Selcher ua, Prüfung 2000, Schulze, Berichterstattung über Risiken 2001, Palmes, Lagebericht 2008; Küting/Hütten AG **97,** 250 (Risiken), Ballwieser FS Baetge **97,** 153, Baetge/Schulz DB **98,** 937, IDW RS HFA 1 WPg **98,** 653 (Aufstellung des Lageberichts), Strieder DB **98,** 1677 (Unterzeichnung), Böcking/Orth WPg **98,** 351, Lange BB **99,** 2447, Dörner/Bischof

WPg **99**, 445 (Risiken künftiger Entwicklung), Selch WPg **00**, 357, Lange DStR **01**, 227 (Risikoberichterstattung).

2) Nachtragsbericht, Entwicklungsprognose, Forschung und Entwicklung (II)

2 II (nF durch BilReG 2004) ist nach dem Wortlaut eine bloße Sollvorschrift (dann aber Grenze § 264 II 1, s Rn 1), faktisch handelt es sich deshalb um eine Berichtspflicht, sofern für das Unternehmen nicht von untergeordneter Bedeutung, IDW RS HFA 1 Tz 37. Richtiger ist II im Sinne einer Regelpflicht zu interpretieren, die in Ausnahmefällen entfällt, wenn dem Bilanzleser dadurch keine wichtigen Informationen verloren gehen, ADS 96, str. Der Lagebericht soll auch die Zeit nach dem Stichtag (s § 243 Rn 11–12) abdecken (**II Nr 1,** Nachtragsbericht). Die Berichtspflicht geht über die durch das Stichtags- und Realisierungsprinzip (§ 252 I Nr 3, 4) ausgegrenzten Vorgänge hinaus und umfasst auch nicht abgeschlossene Entwicklungen wie signifikante Wechselkursbewegungen, IDW RS HFA 1 Tz 39. Die im Rahmen des Berichts über Risikomanagementziele und -methoden (**II Nr 2 a und b** nF BilReG 2004) zu erläuternden Methoden der Absicherung in Bezug auf die Verwendung von Finanzinstrumenten sind insbesondere sog Hedge-Geschäfte (Angabe von Systematik, Art und Kategorien). Einzugehen ist auch auf den für Prognose der zukünftigen Entwicklung wichtigen Bereich der FuE (**II Nr 3**). Auch bestehende ZwNl sind erfasst (**II Nr 4** nF G 22. 7. 1993 BGBl 1282, § 13 Rn 2), auch ausländische. Spezialgesetzliche Angabepflichten im Lagebericht s IDW RS HFA 1 Tz 50. Lit: Fey DB **94**, 485 (II Nr 4), Sorg BB **94**, 1962 (II Nr 2).

3) Nichtfinanzielle Leistungsindikatoren bei großen KapitalGes (III)

3 III (angefügt durch BilReG 2004) bringt hinsichtlich der im Lagebericht verlangten Analyse nichtfinanzieller Leistungsindikatoren eine größenabhängige Differenzierung, die von der BilRi vorgegeben ist: Nur große KapitalGes müssen über die genannten ökologischen und sozialen Belange berichten. Die Aufzählung ist nicht abschließend und zwingt auch nicht zu entsprechender Schwerpunktsetzung; weitere mögliche Berichtsgegenstände: Entwicklung des Kundenstamms, Humankapital, Forschung und Entwicklung, durch Sponsoring oder karitative Zuwendungen geförderte gesellschaftliche Reputation, AmtlBegr 31. Zu Umweltbelangen s Empfehlung der Kommission vom 30. 5. 2001 zur Berücksichtigung von Umweltaspekten in Jahresabschluss und Lagebericht von Unternehmen, ABlEG Nr L 156, S 33. Lit: Palmes, Lagebericht 2008, S 50 ff.

4) Angabepflichten für AG u KGaA, die einem organisierten Markt angehören (IV)

4 IV 1 (eingefügt durch ÜbernahmeRi-UmsetzungsG 2006, s Einl 32 v § 238, Übergangsrecht in (1) EGHGB Art 60) verpflichtet Ges, deren stimmberechtigte Wertpapiere ganz oder zT zum Handel auf einem geregelten Markt zugelassen sind, zusätzliche Angaben in ihren Lagebericht aufzunehmen, um so potentiellen Bietern ein möglichst umfassendes Bild von der Ges, ihrer Struktur und über etwaige Übernahmehindernisse zu geben, Begr RegE BT-Drucks 16/1003, 24. IV 1 gilt nicht für Unternehmen, die nur durch Schuldverschreibungen oder Genussscheine den organisierten Markt in Anspruch nehmen. Zusätzliche Angaben gem IV beziehen sich auf AG und KGaA, die einen organisierten Markt im Sinne des § 2 Abs. 7 des Wertpapiererwerbs- und Übernahmegesetzes durch von ihnen ausgegebene stimmberechtigte Aktien in Anspruch nehmen, haben im Lagebericht anzugeben: die Zusammensetzung des gezeichneten Kapitals; bei verschiedenen Aktiengattungen sind für jede Gattung die damit verbundenen

2. Abschnitt. Vorschriften für Kapitalgesellschaften　§ 289a

Rechte und Pflichten und der Anteil am Gesellschaftskapital anzugeben (Nr 1); Beschränkungen, die Stimmrechte oder die Übertragung von Aktien betreffen, auch wenn sie sich aus Vereinbarungen zwischen Gesellschaftern ergeben, können, soweit sie dem Vorstand der Ges bekannt sind (Nr. 2); direkte oder indirekte Beteiligungen am Kapital, die 10 Prozent der Stimmrechte überschreiten (Nr 3); die Inhaber von Sonderrechtsaktien, die Kontrollbefugnisse verleihen (mit Beschreibung der Sonderrechte) (Nr 4); die Art der Stimmrechtskontrolle, wenn Arbeitnehmer am Kapital beteiligt sind und ihre Kontrollrechte nicht unmittelbar ausüben (Nr 5); die Regelungen im Gesetz und in der Satzung über die Ernennung und Abberufung der Vorstandsmitglieder und über Satzungsänderungen (Nr 6); die Befugnisse des Vorstands insbesondere hinsichtlich der Möglichkeit, Aktien auszugeben oder zurückzukaufen (Nr 7); wesentliche Vereinbarungen der Ges für den Fall eines übernahmebedingten Kontrollwechsels und die daraus folgenden Wirkungen (Angabe kann unterbleiben, soweit sie der Ges einen erheblichen Nachteil zufügen kann); Angabepflicht nach anderen gesetzlichen Vorschriften bleibt unberührt (Nr 8); Entschädigungsvereinbarungen der Ges mit den Mitgliedern des Vorstands oder Arbeitnehmern für den Fall eines Übernahmeangebots (Nr 9). Angabe nach Nr 1, Nr 3 und Nr 4 kann bei Pflicht zur Angabe im Anhang unterbleiben, dann aber Verweis auf Anhangangabe erforderlich (IV 2). Lit: Baetge/Brüggemann/Haenelt BB **07**, 1887, Schmidt/Wilbrand KoR **07,** 417, Rabenhorst WPg **08,** 139, Büchel/Semjonow WPg **08,** 1143 (DRS 15 a).

5) Internes Kontroll- und Risikomanagementsystem (V)

Kapitalmarktorientierte KapitalGes (§ 264 d) haben nach V (eingefügt durch 5 BilMoG, **Übergangsrecht** in **(1)** EGHGB Art 66 III) über die wesentlichen Merkmale ihres internen Kontroll- und Risikomanagementsystems, soweit es die Rechnungslegung betrifft, zu berichten. Das bedeutet Darstellung der Strukturen und Prozesse des bestehenden Systems, weder aber Pflicht zur Einrichtung eines solchen noch Vorgaben zur inhaltlichen Ausgestaltung; besteht kein solches System, ist dies anzugeben. Die Darstellung muss dem Abschlussadressaten ein Bild von der Effektivität des Systems vermitteln können, aber keine subjektive Einschätzung desselben enthalten, Küting/Pfitzer/Weber 585. Zu Anforderungen an die Prüfung (§ 317) des Risikomanagements s IDW EPS 525). Lit: Ernst/Seidler ZGR **08,** 672, Melcher/Mattheus DB **08** Beilage Heft 7, 52, Strieder BB **09,** 1002.

6) IAS/IFRS-Regelungen

Keine Pflicht zur Erstellung eines **Lageberichts** in den Standards, aber es wird 6 Unternehmen **empfohlen,** eine Art Lagebericht (financial review by management) zu erstellen (IAS 1.13). Elemente des Lageberichts nach HGB finden sich zudem an verschiedenen Stellen des IAS/IFRS-Abschlusses, besonders bei den Anhangangaben, die über das HGB hinausgehen.

Erklärung zur Unternehmensführung

289a (1) [1]**Börsennotierte Aktiengesellschaften sowie Aktiengesellschaften, die ausschließlich andere Wertpapiere als Aktien zum Handel an einem organisierten Markt im Sinn des § 2 Abs. 5 des Wertpapierhandelsgesetzes ausgegeben haben und deren ausgegebene Aktien auf eigene Veranlassung über ein multilaterales Handelssystem im Sinn des § 2 Abs. 3 Satz 1 Nr. 8 des Wertpapierhandelsgesetzes gehandelt werden, haben eine Erklärung zur Unternehmensführung in ihren Lagebericht aufzunehmen, die dort einen gesonderten Abschnitt bildet.** [2]**Sie kann auch auf der Internetseite**

§ 289a 1–5

der Gesellschaft öffentlich zugänglich gemacht werden. ³ In diesem Fall ist in den Lagebericht eine Bezugnahme aufzunehmen, welche die Angabe der Internetseite enthält.

(2) In die Erklärung zur Unternehmensführung sind aufzunehmen
1. die Erklärung gemäß § 161 des Aktiengesetzes;
2. relevante Angaben zu Unternehmensführungspraktiken, die über die gesetzlichen Anforderungen hinaus angewandt werden, nebst Hinweis, wo sie öffentlich zugänglich sind;
3. eine Beschreibung der Arbeitsweise von Vorstand und Aufsichtsrat sowie der Zusammensetzung und Arbeitsweise von deren Ausschüssen; sind die Informationen auf der Internetseite der Gesellschaft öffentlich zugänglich, kann darauf verwiesen werden.

1) Erklärungspflichtige Unternehmen (I)

1 Erklärung zur Unternehmensführung (Corporate Governance Erklärung) mit § 289a eingefügt durch BilMoG (**Übergangsrecht** in (1) EGHGB Art 66 III); **Erklärungspflichtig** iSv I 1 sind alle börsennotierten AG; ferner solche AG, die ausschließlich andere Wertpapiere als Aktien zum Handel an einem organisierten Markt (§ 2 V WpHG) ausgegeben haben und deren Aktien mit Wissen der Ges lediglich im Freiverkehr über ein multilaterales Handelssystem (§ 2 III 1 Nr 8 WpHG) gehandelt werden; erfolgt Handel nicht auf Veranlassung der Ges folgert das Gesetz daraus Nichtwissen und sieht von der Erklärungspflicht ab (RegE BilMoG 77). Die Erklärung ist entweder in den **Lagebericht** aufzunehmen oder auf ihrer **Internetseite** (dann aber mit Hinweis darauf im Lagebericht, I 3) zu veröffentlichen. Lit: Ernst/Seidler ZGR **08**, 672, Melcher/Mattheus DB **08** Beilage Heft 7, 52, Strieder BB **09**, 1002.

2) Erklärungsinhalt (II)

2 A. **Entsprechenserklärung (II Nr 1).** Nach II Nr 1 Erklärung iSv § 161 AktG, dass nämlich den Empfehlungen des Deutschen Corporate Governance-Kodex ensprochen wurde oder in welchen Punkten und weshalb hiervon abgewichen wurde.

3 B. **Unternehmensführungspraktiken (II Nr 2).** II Nr 2 verlangt Angabe zu solchen Unternehmensführungspraktiken, die über die gesetzl Anforderungen hinausgehen. Das gilt aber nur, soweit sie eine Relevanz für das gesamte Unternehmen haben. Das sind zB in der Unternehmenswelt gültige ethische Standards, Arbeits- und Sozialstandards (RegE BilMoG 78) oder Verschärfungen bei der Besetzung des Aufsichtsrates und seiner Ausschüsse hinsichtlich der Unabhängigkeit der Mitglieder, Melcher/Mattheus DB **08,** Beihefter zu Heft 7, 54, nicht aber etwa alle internen organisatorischen Regelungen und Vorschriften des Unternehmens.

4 C. **Arbeitsweise (II Nr 3).** Bericht über die Arbeitsweise von Aufsichtsrat und Vorstand und die Zusammensetzung ihrer Ausschüsse nach II Nr 3; Besetzung von Aufsichtsrat und Vorstand bereits nach § 285 Nr 10. Das sind zB Informationen in § 171 II 2 AktG, denen in § 285 Nr 10 vergleichbare Angaben und solche, die sich aus den Empfehlungen der Kommission zu den Aufgaben von Aufsichtsratsmitgliedern und Ausschüssen (ABlEG Nr L 52 v 25. 2. 05 S 51) ergeben. Statt Angabe Verweis auf Internetseite möglich, wenn die Informationen dort öffentlich zugänglich.

3) IAS/IFRS-Regelungen

5 Keine vergleichbare Regelung in den Standards.

Zweiter Unterabschnitt. Konzernabschluß und Konzernlagebericht

Erster Titel. Anwendungsbereich

Pflicht zur Aufstellung

290 (1) ¹Die gesetzlichen Vertreter einer Kapitalgesellschaft (Mutterunternehmen) mit Sitz im Inland haben in den ersten fünf Monaten des Konzerngeschäftsjahrs für das vergangene Konzerngeschäftsjahr einen Konzernabschluss und einen Konzernlagebericht aufzustellen, wenn diese auf ein anderes Unternehmen (Tochterunternehmen) unmittel- oder mittelbar einen beherrschenden Einfluss ausüben kann. ²Ist das Mutterunternehmen eine Kapitalgesellschaft im Sinn des § 325 Abs. 4 Satz 1, sind der Konzernabschluss sowie der Konzernlagebericht in den ersten vier Monaten des Konzerngeschäftsjahrs für das vergangene Konzerngeschäftsjahr aufzustellen.

(2) Beherrschender Einfluss eines Mutterunternehmens besteht stets, wenn

1. ihm bei einem anderen Unternehmen die Mehrheit der Stimmrechte der Gesellschafter zusteht;
2. ihm bei einem anderen Unternehmen das Recht zusteht, die Mehrheit der Mitglieder des die Finanz- und Geschäftspolitik bestimmenden Verwaltungs-, Leitungs- oder Aufsichtsorgans zu bestellen oder abzuberufen, und es gleichzeitig Gesellschafter ist;
3. ihm das Recht zusteht, die Finanz- und Geschäftspolitik auf Grund eines mit einem anderen Unternehmen geschlossenen Beherrschungsvertrages oder auf Grund einer Bestimmung in der Satzung des anderen Unternehmens zu bestimmen oder
4. es bei wirtschaftlicher Betrachtung die Mehrheit der Risiken und Chancen eines Unternehmens trägt, das zur Erreichung eines eng begrenzten und genau definierten Ziels des Mutterunternehmens dient (Zweckgesellschaft). Neben Unternehmen können Zweckgesellschaften auch sonstige juristische Personen des Privatrechts oder unselbständige Sondervermögen des Privatrechts, ausgenommen Spezial-Sondervermögen im Sinn des § 2 Abs. 3 des Investmentgesetzes, sein.

(3) ¹Als Rechte, die einem Mutterunternehmen nach Absatz 2 zustehen, gelten auch die einem Tochterunternehmen zustehenden Rechte und die den für Rechnung des Mutterunternehmens oder von Tochterunternehmen handelnden Personen zustehenden Rechte. ²Den einem Mutterunternehmen an einem anderen Unternehmen zustehenden Rechten werden die Rechte hinzugerechnet, über die es oder ein Tochterunternehmen auf Grund einer Vereinbarung mit anderen Gesellschaftern dieses Unternehmens verfügen kann. ³Abzuziehen sind Rechte, die

1. mit Anteilen verbunden sind, die von dem Mutterunternehmen oder von Tochterunternehmen für Rechnung einer anderen Person gehalten werden, oder
2. mit Anteilen verbunden sind, die als Sicherheit gehalten werden, sofern diese Rechte nach Weisung des Sicherungsgebers oder, wenn ein Kreditinstitut die Anteile als Sicherheit für ein Darlehen hält, im Interesse des Sicherungsgebers ausgeübt werden.

(4) ¹Welcher Teil der Stimmrechte einem Unternehmen zusteht, bestimmt sich für die Berechnung der Mehrheit nach Absatz 2 Nr. 1 nach dem Verhältnis der Zahl der Stimmrechte, die es aus den ihm gehörenden Anteilen ausüben kann, zur Gesamtzahl aller Stimmrechte. ²Von der Gesamtzahl aller Stimmrechte sind die Stimmrechte aus eigenen Anteilen abzuziehen, die

§ 290 1–3 III. Buch. Handelsbücher

dem Tochterunternehmen selbst, einem seiner Tochterunternehmen oder einer anderen Person für Rechnung dieser Unternehmen gehören.

(5) **Ein Mutterunternehmen ist von der Pflicht, einen Konzernabschluss und einen Konzernlagebericht aufzustellen befreit, wenn es nur Tochterunternehmen hat, die gemäß § 296 nicht in den Konzernabschluss einbezogen werden brauchen.**

Übersicht

1) Anwendungsbereich, Gliederung, Geltung, Reform des 2. Unterabschnitts 1
2) Aufstellungspflicht (I) 6
3) Beherrschender Einfluss (II) 8
4) Indirekte Kontrollrechtsstellungen (III) 13
5) Berechnung der Stimmrechtsmehrheit (IV) 14
6) Verzicht auf Einbeziehung (V) 15
7) IAS 27 (Konzern- und separate Einzelabschlüsse nach IFRS) 14
8) Sonstige IAS/IFRS-Regelungen 22

1) Anwendungsbereich, Gliederung, Geltung, Reform des 2. Unterabschnitts

1 A. **Anwendungsbereich:** Der 2. Unterabschn (§§ 290–315) über die Konzernrechnungslegung ist Teil des 2. Abschn und gilt wie dieser **nur für KapitalGes** (AG, KGaA, GmbH) und für KapitalGes & Co, insbesondere GmbH & Co (§ 264 Rn 1), die bei einer KapitalGes zu konsolidierenden Unternehmen können jedoch auch andere Rechtsformen haben. Für die **eG** verweist der 3. Abschn auf den 2. Abschn ohne den 2. Unterabschn (§§ 336–339). §§ 11–15 PublG enthalten eigene Konzernrechnungslegungsvorschriften für **bestimmte Großunternehmen** in der Rechtsform einer PersonenHdlGes, eines EinzelKfm ua (§§ 3 I, 5 PublG), die aber zu Art und Weise der Konzernrechnungslegung weithin auf den 2. Unterabschn verweisen. Sondervorschriften für **Kreditinstitute und Finanzdienstleistungsinstitute und für Versicherungsunternehmen,** die unter den 2. Unterabschn fallen, enthalten §§ 340i, j und §§ 341i, j. Der 2. Unterabschn betrifft nur Konzernabschluss und Konzernlagebericht (entspr dem 1. Unterabschn für KapitalGes); die 3.–6. Unterabschn über Prüfung, Offenlegung ua enthalten spezielle Vorschriften auch für die Konzernrechnungslegung. §§ 290–293 regeln speziell den Anwendungsbereich (Regel § 290, Befreiungen §§ 291–293). Lit zu §§ 290 ff; s v § 238, ferner Luttermann 1999 (internationale Konzernrechnungslegung); Kramer 1999 (true and fair view); Pellens u. a. DB **98,** 785, Hennrichs ZGR **00,** 607, Claussen ZGR **00,** 604, Budde/Steuber BB **00,** 971 (Rückwirkungen des Konzernabschlusses auf den Einzelabschluss), Küting/Weber/Pilhofer WPg **03,** 793 (GmbH & Co), Reuter WM **04,** 610 (Betreibermodelle), Reuter BB **06,** 1322 (Objekt-/Projektfinanzierung HGB/IFRS/US-GAAP), Küting/Gattung/Keßler DStR **06,** 529 u 579, Krietenstein KoR **06,** 267 (Konzernrechnungslegungspflichten), Petersen/Zwirner StuB **07,** 921, dies DB **08,** 2093, Theile Stahnke StuB **08,** 578, Ernst/Seidler ZGR **08,** 631, dies BB **09,** 766, Lüdenbach/Hoffmann StuB **09,** 287, Petersen/Zwirner StuB **09,** 335, Oser PiR **09,** 121.

2 B. **Gliederung:** s Einl 28 v § 238.

3 C. **Übergangsrecht:** Zwingend **erstmals für das nach dem 31. 12. 89 beginnende Geschäftsjahr, (1)** EGHGB Art 23 II 1; erleichterte freiwillige Umstellung schon vorher, **(1)** EGHGB Art 23 II 2, 3 (Einl 66 v § 238). Auswirkungen der Konzernrechnungslegung, Budde/Steuber BB **00,** 971.

2. Abschnitt. Vorschriften für Kapitalgesellschaften   4–8 § 290

D. Reform: a) TransPuG 2002. Die sog. **kleine Reform der Konzern-** 4
rechnungslegung im **TransPuG 2002** (Übergangsrecht in (1) EGHGB
Art 54) hat im Rahmen der 7. EG-Ri zahlreiche Vorschriften der Konzernrechnungslegung entsprechend den Gesetzesvorschlägen des DRSC 8. 10. 01 geändert, darunter die Regelungen über den Anwendungsbereich (§ 291), den Inhalt (§§ 297, 299), die Kapitalkonsolidierung (§ 301), die Zwischengewinneliminierung (§ 304), die einheitliche Bewertung (§ 308), den Konzernanhang (§§ 313, 314), die Prüfung (§§ 316, 317, 321) und die Offenlegung (§ 325). Nicht übernommen wurden die Vorschläge des DRSC zur Änderung der Aufstellungspflicht (§ 290) und zur Aufhebung der Einbeziehungsrechte bei erheblicher Beschränkung der Rechte des Mutterunternehmens und bei einem Anteilsbesitz zum Zweck der Weiterveräußerung (§ 296 I). Lit: Ihrig/Wagner BB **02,** 789, Busse von Colbe BB **02,** 1583, Weiler/Gaube in Hirte, Das TransPuG **2003,** 95.

b) BilMoG 2009. Das **BilMoG von 2009** brachte auch im Konzernabschluss 5
erhebliche Neuerungen. Abschaffung des Beteiligungskriteriums für die Einbeziehungspflicht und Wechsel vom Konzept der einheitlichen Leitung zum Control-Konzept (§ 290 I 1), Einbeziehung von Zweckgesellschaften in den Konsolidierungskreis (§ 290 II Nr 4), Abschaffung von Wahlrechten, zB zwingende Anwendung der Neubewertungsmethode bei der Vollkonsolidierung (§ 301 I 2) und der Buchwertmethode beim Wertansatz der Beteiligung an assoziierten Unternehmen (§ 312 I). Ferner Anpassungen auf Grund der Änderungen im Einzelabschluss, bspw bei § 306 zur Steuerabgrenzung, Einführung des § 308 a zur Währungsumrechnung und Erweiterung der Anhangangaben (§ 314). Lit.: Oser PiR **09,** 121; Petersen/Zwirner StuB **09,** 335.

2) Aufstellungspflicht (I)

A. Voraussetzungen: I 1 stellt seit BilMoG darauf ab, ob die Tochter unter 6
unmittelbar oder mittelbar beherrschendem Einfluss der Mutter steht, gleichgültig auf welcher Beteiligungsstufe (sog Stufen- oder Tannenbaumprinzip); ob der beherrschende Einfluss auch ausgeübt wird, ist unerheblich (BT-Drucks 16/12407 S 117). Das Konzept der einheitlichen Leitung und das Beteiligungskriterium wurde zugunsten der Annäherung an die IFRS (IAS 27, SIC 12) aufgegeben. Die bereits dem Control-Konzept folgenden Tatbestände des II aF wurden erweitert und konkretisieren non I 1. Das Mutterunternehmen muss Sitz im Inland haben, die Tochterunternehmen können auch Sitz im Ausland haben. I greift nicht bei beherrschendem Einfluss einer inländischen Nicht-KapitalGes oder eines ausländischen Mutterunternehmens über mehrere unverbundene inländische Tochterunternehmen; dann auch kein befreiender Konzernabschluss nach § 291. Die Frist für die Aufstellung beträgt weiterhin grundsätzlich 6 Monate. Durch das EHUG 2006 wurde die Frist für Mutterunternehmen in der Form einer Kapitalgesellschaft im Sinn des § 325 IV 1 auf 4 Monate verkürzt, wodurch die Frist an die Offenlegungsfrist gem § 325 IV 1 angeglichen wurde.

B. Folgen: Liegen die Voraussetzungen vor, haben die gesetzlichen Vertreter 7
des Mutterunternehmens innerhalb der ersten **fünf Monate** des neuen Konzerngeschäftsjahrs einen **Konzernabschluss** (§ 297 I) **und einen Konzernlagebericht** (§ 315) aufzustellen.

3) Beherrschender Einfluss (II)

II knüpft nach dem Vorbild des anglo-amerikanischen Control-Konzepts an 8
bestimmte Kontrolelemente (wie auch schon vor dem BilMoG, GK BilR/Kindler Rn 34 ff) an. Beherrschender Einfluss liegt stets, aber nicht ausschließlich, bei Eingreifen der Nr 1–4 vor.

§ 290 9–17 III. Buch. Handelsbücher

9   **Nr 1:** Stimmrechtsmehrheit (nicht Anteilsmehrheit, nicht Präsenzmehrheit) in den wesentlichen (nicht erforderlich: in allen) Entscheidungsbereichen, GK BilR/Kindler Rn 37. Bei **Entherrschungsvertrag** kann Vorliegen einer Stimmrechtsmehrheit verneint werden, str, wie hier ADS § 17 AktG Rn 116, Kln WM **93,** 647, jedenfalls aber § 296 I Nr 1, aA GK BilR/Kindler Rn 40. Berechnung s IV.

10 **Nr 2:** Recht zur Bestellung oder Abberufung der Mehrheit des Verwaltungs- oder Leitungs- oder Aufsichtsorgans, aber nur bei gleichzeitiger GfterStellung (unabhängig von Kapitalanteil). Mehrheit des Aufsichtsrats bezieht sich auf die Gesamtzahl der Mitglieder, nicht nur die der Anteilseignerseite.

11 **Nr 3:** Recht auf Ausübung eines beherrschenden Einflusses kraft Beherrschungsvertrag (§§ 18 I 2, 291 I 1, 308 ff AktG) oder Satzungsbestimmung (einer Kapital-Ges, nicht nur AG, sondern zB auch GmbH, vgl BGH WM **88,** 1819). Tochterunternehmen ist zB auch selbstständige Arbeitsgemeinschaft. Zu II IDW-SABI 1/88 WPg **88,** 341. **Muster:** Hopt/Volhard 3. Aufl 2007 Form II.H.11 (Beherrschungs- und Ergebnisabführungsvertrag).

12 **Nr 4:** Einbeziehung von ZweckGes seit BilMoG; das sind Unternehmen (auch sonstige juristische Personen oder unselbstständige Sondervermögen des Privatrechts, Nr 2 S 2) die der Erreichung eines begrenzten, genau definierten Ziels der Mutter dienen, deren Chancen und Risiken bei wirtschaftlicher Betrachtung aber die Mutter selbst trägt; bei ungleicher Chancen- und Risikoverteilung ist auf die Verteilung der Risiken abzustellen. Qualifizierung kann durch Rückgriff auf SIC 12 (Rn 23) erfolgen; Ziele der Mutter iSv Nr 4 können Leasinggeschäfte, ausgelagerte Forschungs- und Entwicklungstätigkeiten oder Verbriefungsgeschäfte sein, BT-Drucks 16/12407 S 117.

4) Indirekte Kontrollrechtsstellungen (III)

13 III ergänzt II zT entspr § 16 IV AktG. Rechte (iSv II) eines Tochterunternehmens (unabhängig von Nichteinbeziehung nach § 296; vgl § 271 Rn 9) oder der für Rechnung des Mutter- oder des Tochterunternehmens handelnden Personen gelten als Rechte des Mutterunternehmens **(III 1).** Das gilt auch für Rechte, über die das Mutter- oder das Tochterunternehmen kraft Vereinbarung mit anderen Gftern dieses Unternehmens verfügen kann **(III 2).** Erfasst sind damit die Stimmrechtsüberlassung in Satzungsbestimmungen, Stimmbindungsverträgen (§ 119 Rn 17) ua. So wie nach III 1, 2 zuzurechnen ist, sind nach **III 3** abzurechnen die für Dritte gehaltenen Anteile (Nr 1) und die als Sicherheit gehaltenen, aber für den Sicherungsgeber ausgeübten Anteilsrechte (Nr 2). III gilt nur für II; I erfasst indirekte Beteiligungen über den beherrschenden Einfluss.

5) Berechnung der Stimmrechtsmehrheit (IV)

14 IV ergänzt II Nr 1 zT entspr § 16 III AktG.

6) Verzicht auf Einbeziehung (V)

15 Keine Aufstellung von Konzernabschluss und -lagebericht erforderlich, wenn alle Töchter nach § 296 nicht einbezogen werden brauchen. Das gilt für kapitalmarktorientierte auch für die Aufstellungspflicht nach IFRS.

7) IAS 27 (Konzern- und separate Einzelabschlüsse nach IFRS

16 A. **Die dem § 290 thematisch entsprechende Bestimmung** der internationalen Standards zu Fragen des Konzernabschlusses findet sich in **IAS 27.**

17 B. **Gegenstand:** IAS 27 (Konzern- und separate Einzelabschlüsse nach IFRS) regelt die Aufstellungspflicht für den Konzernabschluss, den Konsolidierungskreis und die Konsolidierungsverfahren sowie die Bilanzierung von Anteilen an Tochterunternehmen im Jahresabschluss des Mutterunternehmens. **Zeitliche Anwendung:** Geschäftsjahre, die am oder nach dem 1. 1. 05 beginnen (IAS 27.43).

2. Abschnitt. Vorschriften für Kapitalgesellschaften 18–20 § 290

Lit: Bischof/Ross, BB **05,** 203 (Vergleich HGB – IFRS), Engel-Ciric/Schuler PiR **05,** 19 (Factoring/Asset-Backed-Securities), Zülch/Fischer StuB **05,** 1054 (Business Combinations Project Phase II), Reuter BB **06,** 1322 (Objekt-/Projektfinanzierung HGB/IFRS/US-GAAP), Lüdenbach/Völkner BB **06,** 1435 (Kaufpreis – sonstige Vergütung), dies BB **06,** 2738 (Options-/Terminkontrakte), Küting/Gattung/Keßler DStR **06,** 529 u 579 (Konzernrechnungslegungspflicht), Hayn/Hayn IRZ **06,** 73 (Neuausrichtung der Konzernrechnungslegung), Krietenstein KoR **06,** 267 (Konzernrechnungslegungsverpflichtung), Zülch/Fischer PiR **07,** 358, Küting/Weber/Wirth KoR **08,** 139 (Goodwillbilanzierung), Köhler/Strauch WPg **08,** 189 (SPE), Hendler/Zülch WPg **08,** 434, Zülch/Hoffman PiR **08,** 66, dies PiR **08,** 237, Hommel/Franke/Rösler Konzern **08,** 157 (Minderheitengoodwill), Watrin/Lammer KoR **08,** 74 (Beherrschungsverhältnis), Watrin/Hoehne WPg **08,** 695 (Endkonsolidierung), Watrin/Hoehne/Pott KoR **08,** 736 (Endkonsolidierung), Mujkanovic **08,** 136 (SPE), Wenk/Jagosch KoR **09,** 113 (IPO).

C. **Sachliche Anwendung:** IAS 27 regelt die Aufstellung und Darstellung von Konzernabschlüssen einer Gruppe von Unternehmen unter der Beherrschung eines Mutterunternehmens, ferner die Bilanzierung von Anteilen an Tochterunternehmen, an gemeinschaftlich kontrollierten Unternehmen und assoziierten Unternehmen im Einzelabschluss des Mutterunternehmens (IAS 27.1 ff). **Nicht** geregelt werden in IAS 27 die Methoden der Bilanzierung von Unternehmenszusammenschlüssen und deren Auswirkung auf die Konsolidierung (IAS 27.2), s dazu IFRS 3 (s § 255 Rn 28 ff). 18

D. **Wesentlicher Inhalt:** Ein Mutterunternehmen hat einen Konzernabschluss aufzustellen (IAS 27.9). In diesen Konzernabschluss sind grundsätzlich **alle inländischen und ausländischen Tochterunternehmen** einzubeziehen, sofern das Mutterunternehmen die Beherrschung über die Tochterunternehmen ausübt (IAS 27.12 ff). Die **Beherrschung** wird **vermutet,** 1) wenn das Mutterunternehmen direkt oder indirekt über **mehr als die Hälfte der Stimmrechte** am Tochterunternehmen verfügt, oder 2) wenn dem Mutterunternehmen **weniger als die Hälfte der Stimmrechte** zustehen und dem Mutterunternehmen bei dem Tochterunternehmen entweder a) durch eine Vereinbarung mit anderen Anteilseignern mehr als die Hälfte der Stimmrechte zusteht (Stimmbindung), oder b) die Möglichkeit zusteht, die Finanz- und Geschäftspolitik durch Satzung oder Vereinbarung zu bestimmen, oder c) die Möglichkeit zusteht, die Mehrheit der Mitglieder des Geschäftsführungs- bzw Aufsichtsorgans oder eines gleichwertigen Leitungsgremiums zu ernennen oder abzusetzen, oder d) die Möglichkeit zusteht, die Mehrheit der Stimmen bei Sitzungen des Geschäftsführungs- bzw Aufsichtsorgans oder eines gleichwertigen Leitungsgremiums zu bestimmen (IAS 27.13 ff). 19

E. Ein **Mutterunternehmen, das vollständig im Besitz eines übergeordneten Mutterunternehmens** steht, hat **keine Pflicht** zur Aufstellung eines Konzernabschlusses. Steht das Mutterunternehmen **nahezu vollständig** im Besitz des übergeordneten Mutterunternehmens, dann kann auf die Erstellung eines Konzernabschlusses verzichtet werden, wenn die Minderheitsgfter dem zugestimmt haben. Ferner ist ein Mutterunternehmen von der Pflicht zur Aufstellung eines Konzernabschlusses befreit, wenn ihre Schuld- oder Eigenkapitalinstrumente **nicht an einem öffentlichen Markt** gehandelt werden, wenn das Mutterunternehmen noch nicht seine Abschlüsse bei einer zuständigen Börsenaufsichtsbehörde mit der Absicht, an einem Markt zu notieren, eingereicht hat oder wenn das höchste oder irgendein zwischengeschaltetes Mutterunternehmen des Mutterunternehmens einen Konzernabschluss nach IAS aufstellt (IAS 27.10 ff). 20

Merkt

§ 291

21 F. Im **Einzelabschluss** eines Mutterunternehmens sind Anteile an Tochterunternehmen, gemeinschaftlich kontrollierten Unternehmen und assoziierten Unternehmen entweder zu Anschaffungs- oder Herstellungskosten oder nach IAS 39 (Finanzinstrumente: Ansatz und Bewertung) zu bilanzieren (IAS 27.37 ff, 27.41 ff)). In IAS 27 wird auch der Umfang der Angabepflichten geregelt (IAS 27.40).

8) Sonstige IAS/IFRS-Regelungen

22 A. IAS 27 ist Hauptvorschrift für die Aufstellung eines **Konzernabschlusses** (Regelung der Konzernaufstellungspflicht, des Konsolidierungskreises, der Vereinheitlichung der Einzelabschlüsse hinsichtlich der angewandten Bilanzierungs- und Bewertungsmethoden und der Abschlussstichtage und Regelung der Konsolidierungsmaßnahmen, insbesondere der Schulden-, Aufwands- und Ertrags- sowie der Zwischenergebniskonsolidierung. Die **Kapitalkonsolidierung** ist in IFRS 3 (früher IAS 22) geregelt. Wie bei § 290: Konzernrechnungslegungspflicht nur bei Mutter-Tochter-Verhältnis, dessen Voraussetzungen (IAS 27) von § 290 HGB nur noch unerheblich abweichen. Anders als noch nach HGB vor dem BilMoG ist die **Konzernrechnungslegungspflicht** nach IAS 27 und § 290 HGB unabhängig von Rechtsform, Größe und Branche des Mutterunternehmens.

23 B. **IFRIC 5 (Rechte auf Anteile an Fonds für Entsorgung, Wiederherstellung und Umweltsanierung)** zu IAS 8 (Bilanzierungs- und Bewertungsmethoden, Änderungen von Schätzungen und Fehler), IAS 27 (Konzern- und separate Abschlüsse nach IFRS), IAS 28 (Anteile an assoziierten Unternehmen), IAS 31 (Anteile an Joint Ventures), IAS 37 (Rückstellungen, Eventualschulden und Eventualforderungen), IAS 39 (Finanzierungsinstrumente: Ansatz und Bewertung). Erstmals anwendbar auf Berichtsperioden, die am oder nach dem 1. 1. 06 beginnen. IFRIC 5 legt fest, dass dann, wenn ein Unternehmen eine Entsorgungsverpflichtung nach IFRS ansetzt und zur Trennung von Vermögenswerten Beiträge zu einem Fonds leistet, IAS 27 und IAS 31 anzuwenden sind, um zu bestimmen, ob die Entsorgungsfonds konsolidiert, quotenkonsolidiert oder nach der Equity-Methode bilanziert werden. Ist dies nicht der Fall und entbindet der Fonds den Teilnehmer nicht von seiner Verpflichtung, den Entsorgungsaufwand zu übernehmen, hat der Teilnehmer seine Verpflichtung, den Entsorgungsaufwand zu übernehmen, als Rückstellung und seinen Erstattungsanspruch aus dem Fonds als Erstattung gem IAS 37 anzusetzen.

24 C. **SIC-12 (Konsolidierung – ZweckGes)** zu IAS 8 (Bilanzierungs- und Bewertungsmethoden, Änderungen von Schätzungen und Fehler), IAS 27 (Konzernabschlüsse und separate Einzelabschlüsse): SIC-12 beschreibt die Voraussetzungen, unter denen ZweckGes („special purpose entities") in den Konzernabschluss einzubeziehen sind.

Befreiende Wirkung von EU/EWR-Konzernabschlüssen

291 (1) ¹Ein Mutterunternehmen, das zugleich Tochterunternehmen eines Mutterunternehmens mit Sitz in einem Mitgliedstaat der Europäischen Union oder in einem anderen Vertragsstaat des Abkommens über den Europäischen Wirtschaftsraum ist, braucht einen Konzernabschluß und einen Konzernlagebericht nicht aufzustellen, wenn ein den Anforderungen des Absatzes 2 entsprechender Konzernabschluß und Konzernlagebericht seines Mutterunternehmens einschließlich des Bestätigungsvermerks oder des Vermerks über dessen Versagung nach den für den entfallenden Konzernabschluß und Konzernlagebericht maßgeblichen Vorschriften in deutscher Sprache offengelegt wird. ²Ein befreiender Konzernabschluß und ein befreiender Konzernlagebericht können von jedem Unternehmen unabhängig von

2. Abschnitt. Vorschriften für Kapitalgesellschaften § 291

seiner Rechtsform und Größe aufgestellt werden, wenn das Unternehmen als Kapitalgesellschaft mit Sitz in einem Mitgliedstaat der Europäischen Union oder in einem anderen Vertragsstaat des Abkommens über den Europäischen Wirtschaftsraum zur Aufstellung eines Konzernabschlusses unter Einbeziehung des zu befreienden Mutterunternehmens und seiner Tochterunternehmen verpflichtet wäre.

(2) ¹ Der Konzernabschluß und Konzernlagebericht eines Mutterunternehmens mit Sitz in einem Mitgliedstaat der Europäischen Union oder in einem anderen Vertragsstaat des Abkommens über den Europäischen Wirtschaftsraum haben befreiende Wirkung, wenn
1. das zu befreiende Mutterunternehmen und seine Tochterunternehmen in den befreienden Konzernabschluß unbeschadet des § 296 einbezogen worden sind,
2. der befreiende Konzernabschluß und der befreiende Konzernlagebericht im Einklang mit der Richtlinie 83/349/EWG des Rates vom 13. Juni 1983 über den konsolidierten Abschluß (ABl. EG Nr. L 193 S. 1) und der Richtlinie 84/253/EWG des Rates vom 10. April 1984 über die Zulassung der mit der Pflichtprüfung der Rechnungslegungsunterlagen beauftragten Personen (ABl. EG Nr. L 126 S. 20) in ihren jeweils geltenden Fassungen nach dem für das aufstellende Mutterunternehmen maßgeblichen Recht aufgestellt und von einem zugelassenen Abschlußprüfer geprüft worden sind,
3. der Anhang des Jahresabschlusses des zu befreienden Unternehmens folgende Angaben enthält:
    a) Name und Sitz des Mutterunternehmens, das den befreienden Konzernabschluß und Konzernlagebericht aufstellt,
    b) einen Hinweis auf die Befreiung von der Verpflichtung, einen Konzernabschluß und einen Konzernlagebericht aufzustellen, und
    c) eine Erläuterung der im befreienden Konzernabschluß vom deutschen Recht abweichend angewandten Bilanzierungs-, Bewertungs- und Konsolidierungsmethoden.² Satz 1 gilt für Kreditinstitute und Versicherungsunternehmen entsprechend; unbeschadet der übrigen Voraussetzungen in Satz 1 hat die Aufstellung des befreienden Konzernabschlusses und des befreienden Konzernlageberichts bei Kreditinstituten im Einklang mit der Richtlinie 86/635/EWG des Rates vom 8. Dezember 1986 über den Jahresabschluß und den konsolidierten Abschluß von Banken und anderen Finanzinstituten (ABl. EG Nr. L 372 S. 1) und bei Versicherungsunternehmen im Einklang mit der Richtlinie 91/674/EWG des Rates vom 19. Dezember 1991 über den Jahresabschluß und den konsolidierten Jahresabschluß von Versicherungsunternehmen (ABl. EG Nr. L 374 S. 7) in ihren jeweils geltenden Fassungen zu erfolgen.

(3) Die Befreiung nach Absatz 1 kann trotz Vorliegens der Voraussetzungen nach Absatz 2 von einem Mutterunternehmen nicht in Anspruch genommen werden, wenn

1. das zu befreiende Mutterunternehmen einen organisierten Markt im Sinn des § 2 Abs. 5 des Wertpapierhandelsgesetzes durch von ihm ausgegebene Wertpapiere im Sinn des § 2 Abs. 1 Satz 1 des Wertpapierhandelsgesetzes in Anspruch nimmt,
2. Gesellschafter, denen bei Aktiengesellschaften und Kommanditgesellschaften auf Aktien mindestens 10 vom Hundert und bei Gesellschaften mit beschränkter Haftung mindestens 20 vom Hundert der Anteile an dem zu befreienden Mutterunternehmen gehören, spätestens sechs Monate vor dem Ablauf des Konzerngeschäftsjahrs die Aufstellung eines Konzernabschlusses und eines Konzernlageberichts beantragt haben.

Merkt 1135

§ 291 1–6 III. Buch. Handelsbücher

1) Offenlegung eines befreienden EU/EWR-Konzernabschlusses in Deutsch (I)

1 § 291 idF KapAEG 1998. **I 1** befreit jedes Mutterunternehmen iSv § 290 (KapitalGes mit Sitz im Inland und mit Tochterunternehmen, str), das zugleich Tochterunternehmen eines anderen Mutterunternehmens mit **Sitz in** der BRD oder einem anderen **EU/EWR-Mitgliedstaat** ist (Erweiterung auf EWRStaaten durch EWRG 1993, in Kraft 1. 1. 94 BGBl 1993 I, 2436), von der eigenen Aufstellung eines Konzernabschlusses und Konzernlageberichts (Tannenbaum-Prinzip). Voraussetzung ist, dass das andere Mutterunternehmen einen **befreienden** Konzernabschluss (s Rn 3–6) und Konzernlagebericht einschließlich Bestätigungs- bzw Versagungsvermerk **in deutscher Sprache** offen legt. Diese Befreiungsmöglichkeit ist bei mehrstufigen Konzernen zur Vermeidung einer Vielzahl von Stufenabschlüssen (Stufenprinzip, s § 290 Rn 5–13) unerlässlich. Den befreienden Konzernabschluss kann nicht nur die Konzernspitze (mit Wirkung auch für „Enkel"-Unternehmen) aufstellen, sondern jedes Tochterunternehmen, das seinerseits Mutterunternehmen anderer Tochterunternehmen ist, mit Wirkung für diese (befreiender Teilkonzernabschluss). I 1 verlangt keine Währungsumrechnung, Beglaubigung der Übersetzung und sonstige Anpassung, doch ist Offenlegung nach den für den entfallenden Konzernabschluss maßgeblichen Vorschriften nötig, also nach deutschem Recht (§§ 325 ff). Lit: Maas/Schruff WPg **91**, 765, Görg/Kölsbach BB **00**, 607, Schurbohm/Streckenbach WPg **02**, 845.

2 Nach **I 2** kann ein befreiender Konzernabschluss rechtsform- und größenunabhängig (auch freiwillig) aufgestellt werden, wenn das Unternehmen als KapitalGes geführt werden könnte und dann konzernrechnungslegungspflichtig wäre; Privatpersonen, Bund, Länder und Gemeinden scheiden damit als Mutterunternehmen aus (AmtlBegr).

2) Anforderungen an den befreienden Konzernabschluss (II)

3 **II 1** stellt drei Anforderungen. **Nr 1:** Der befreiende Konzernabschluss muss sich (außer unter den Voraussetzungen der § 296) auf das zu befreiende Mutterunternehmen und dessen Tochterunternehmen erstrecken.

4 **Nr 2:** Befreiender Konzernabschluss und -lagebericht müssen im Einklang mit der 7. und 8. EG-Ri (Einl 4–6 v § 238; gleitende Verweisung, Klarstellung durch BilReG 2004, AmtlBegr BTDrucks 15/3419, 31) in der Form des jeweils für das aufstellende Mutterunternehmen maßgeblichen Rechts, also je nachdem deutsches oder anderes EU/EWR-Mitgliedstaatsrecht, aufgestellt und geprüft sein. Nicht mehr notwendig ist, dass nach dem mit diesen Ri übereinstimmenden Recht aufgestellt wird (Erleichterung durch KapAEG 1998). Dass der EU/EWR-Mitgliedstaat sein nationales Recht noch nicht angepasst hatte, stand schon vorher nicht unbedingt entgegen, IDW-SABI 1/88 WPg **88**, 342, aA GK BilR/Kindler Rn 30. Dieses (ausländische) Recht bestimmt auch über den Kreis der einzubeziehenden Tochterunternehmen. Wegen des eindeutigen Wortlauts von II 1 Nr 2 hat ein vom ausländischen Mutterunternehmen aus Praktikabilitätsgründen (zB nach Heimatrecht keine Pflicht zur Konzernrechnungslegung, Tätigkeitsschwerpunkt bes in Deutschland) unmittelbar nach HGB erstellter Konzernabschluss keine befreiende Wirkung, GK BilR/Kindler Rn 33, str.

5 **Nr 3 a)–c):** Angaben über Name und Sitz des aufstellenden Mutterunternehmens und Hinweis auf Befreiung sowie Erläuterung der vom deutschen Recht abweichend angewandten Bilanzierungs-, Bewertungs- und Konsolidierungsmethoden zwecks angemessener Unterrichtung des deutschen Bilanzlesers.

6 **II 2** bringt Klarstellungen für Kreditinstitute und Versicherungsunternehmen.

2. Abschnitt. Vorschriften für Kapitalgesellschaften § 292

3) Ausnahmen zum Schutz von Minderheitsgesellschaftern (III)

III Nr 1 eingefügt durch TransPuG 2002 (**Übergangsrecht** in (1) EGHGB Art 54), nF durch das BilReG zur Anpassung an Vorgabe der Modernisierungsri, Einl 23 v § 238 (**Übergangsrecht** in (1) EGHGB Art 58) und BilMoG (**Übergangsrecht** in (1) EGHGB Art 66) schließt die Befreiung für Ges aus, deren Wertpapiere an einem geregelten Markt iSd WertpapierdienstleistungsRi (gleitende Verweisung, AmtlBegr BilReG 2004 BTDrucks 15/3419, 31) in der EU oder im EWR zugelassen sind. Lit: Weiler/Gaube in Hirte, TransPuG 2003, 98. 7

Nach **III Nr 2 S 1** (III 1 aF) entfällt die Befreiung bei rechtzeitigem Antrag einer Minderheit (10% bei AG, KGaA, 20% bei GmbH) der Gfter des zu befreienden Mutterunternehmens. 8

Der noch weiter gehende **III Nr 2 S 2** aF wurde aus systematischen und praktischen Gründen sowie einem geänderten Verständnis von Art 8 I der Konzernbilanzrichtlinie durch BilMoG aufgehoben. 9

4) IAS/IFRS-Regelungen

Nach den Standards besteht grundsätzlich die **Pflicht zur Konzernrechnungslegung von Mutterunternehmen** (IAS 27.9); Befreiungsmöglichkeit s IAS 27.10. Anders als nach HGB sind für die Befreiung von der Pflicht weder Rechtsform noch Sitz des übergeordneten Mutterunternehmens von Bedeutung. 10

Rechtsverordnungsermächigung für befreiende Konzernabschlüsse und Konzernlageberichte

292 (1) ¹Das Bundesministerium der Justiz wird ermächtigt, im Einvernehmen mit dem Bundesministerium der Finanzen und dem Bundesministerium für Wirtschaft und Technologie durch Rechtsverordnung, die nicht der Zustimmung des Bundesrates bedarf, zu bestimmen, daß § 291 auf Konzernabschlüsse und Konzernlageberichte von Mutterunternehmen mit Sitz in einem Staat, der nicht Mitglied der Europäischen Union und auch nicht Vertragsstaat des Abkommens über den Europäischen Wirtschaftsraum ist, mit der Maßgabe angewendet werden darf, daß der befreiende Konzernabschluß und der befreiende Konzernlagebericht nach dem mit den Anforderungen der Richtlinie 83/349/EWG übereinstimmenden Recht eines Mitgliedstaates der Europäischen Union oder eines anderen Vertragsstaates des Abkommens über den Europäischen Wirtschaftsraum aufgestellt worden oder einem nach diesem Recht eines Mitgliedstaates der Europäischen Union oder eines anderen Vertragsstaates des Abkommens über den Europäischen Wirtschaftsraum aufgestellten Konzernabschluß und Konzernlagebericht gleichwertig sein müssen. ²Das Recht eines anderen Mitgliedstaates der Europäischen Union oder Vertragsstaates des Abkommens über den Europäischen Wirtschaftsraum kann einem befreienden Konzernabschluß und einem befreienden Konzernlagebericht jedoch nur zugrunde gelegt oder für die Herstellung der Gleichwertigkeit herangezogen werden, wenn diese Unterlagen in dem anderen Mitgliedstaat oder Vertragsstaat anstelle eines sonst nach dem Recht dieses Mitgliedstaates oder Vertragsstaates vorgeschriebenen Konzernabschlusses und Konzernlageberichts offengelegt werden. ³Die Anwendung dieser Vorschrift kann in der Rechtsverordnung nach Satz 1 davon abhängig gemacht werden, daß die nach diesem Unterabschnitt aufgestellten Konzernabschlüsse und Konzernlageberichte in dem Staat, in dem das Mutterunternehmen seinen Sitz hat, als gleichwertig mit den dort für Unternehmen mit entsprechender Rechtsform und entsprechendem Geschäftszweig vorgeschriebenen Konzernabschlüssen und Konzernlageberichten angesehen werden.

§ 292 1

(2) ¹Ist ein nach Absatz 1 zugelassener Konzernabschluß nicht von einem in Übereinstimmung mit den Vorschriften der Richtlinie 2006/43/EG zugelassenen Abschlußprüfer geprüft worden, so kommt ihm befreiende Wirkung nur zu, wenn der Abschlußprüfer eine den Anforderungen dieser Richtlinie gleichwertige Befähigung hat und der Konzernabschluß in einer den Anforderungen des Dritten Unterabschnitts entsprechenden Weise geprüft worden ist. ²Nicht in Übereinstimmung mit den Vorschriften der Richtlinie 2006/43/EG zugelassene Abschlussprüfer von Unternehmen mit Sitz in einem Drittstaat im Sinn des § 3 Abs. 1 Satz 1 der Wirtschaftsprüferordnung, deren Wertpapiere im Sinn des § 2 Abs. 1 Satz 1 des Wertpapierhandelsgesetzes an einer inländischen Börse zum Handel am regulierten Markt zugelassen sind, haben nur dann eine den Anforderungen der Richtlinie gleichwertige Befähigung, wenn sie bei der Wirtschaftsprüferkammer gemäß § 134 Abs. 1 der Wirtschaftsprüferordnung eingetragen sind oder die Gleichwertigkeit gemäß § 134 Abs. 4 der Wirtschaftsprüferordnung anerkannt ist. ³Satz 2 ist nicht anzuwenden, soweit ausschließlich Schuldtitel im Sinn des § 2 Abs. 1 Satz 1 Nr. 3 des Wertpapierhandelsgesetzes mit einer Mindeststückelung von 50 000 Euro oder einem entsprechenden Betrag anderer Währung an einer inländischen Börse zum Handel am regulierten Markt zugelassen sind.

(3) ¹In einer Rechtsverordnung nach Absatz 1 kann außerdem bestimmt werden, welche Voraussetzungen Konzernabschlüsse und Konzernlageberichte von Mutterunternehmen mit Sitz in einem Staat, der nicht Mitglied der Europäischen Union und auch nicht Vertragsstaat des Abkommens über den Europäischen Wirtschaftsraum ist, im einzelnen erfüllen müssen, um nach Absatz 1 gleichwertig zu sein, und wie die Befähigung von Abschlußprüfern beschaffen sein muß, um nach Absatz 2 gleichwertig zu sein. ²In der Rechtsverordnung können zusätzliche Angaben und Erläuterungen zum Konzernabschluß vorgeschrieben werden, soweit diese erforderlich sind, um die Gleichwertigkeit dieser Konzernabschlüsse und Konzernlageberichte mit solchen nach diesem Unterabschnitt oder dem Recht eines anderen Mitgliedstaates der Europäischen Union oder Vertragsstaates des Abkommens über den Europäischen Wirtschaftsraum herzustellen.

(4) ¹Die Rechtsverordnung ist vor Verkündung dem Bundestag zuzuleiten. ²Sie kann durch Beschluß des Bundestages geändert oder abgelehnt werden. ³Der Beschluß des Bundestages wird dem Bundesministerium der Justiz zugeleitet. ⁴Das Bundesministerium der Justiz ist bei der Verkündung der Rechtsverordnung an den Beschluß gebunden. ⁵Hat sich der Bundestag nach Ablauf von drei Sitzungswochen seit Eingang einer Rechtsverordnung nicht mit ihr befaßt, so wird die unveränderte Rechtsverordnung dem Bundesministerium der Justiz zur Verkündung zugeleitet. ⁶Der Bundestag befaßt sich mit der Rechtsverordnung auf Antrag von so vielen Mitgliedern des Bundestages, wie zur Bildung einer Fraktion erforderlich sind.

1) Ges mit Sitz außerhalb der EU

1 § 292 idF BilMoG 2009 eröffnet die Möglichkeit befreiender Konzernabschlüsse von Mutterunternehmen **mit Sitz außerhalb der EU bzw des EWR** (Erweiterung auf EWRStaaten durch EWRG 1993, in Kraft 1. 1. 94 BGBl 1993, 2436), wenn die Konzernabschlüsse und -lageberichte denen nach § 291 (Mutterunternehmen mit Sitz in der EU bzw dem EWR) gleichwertig (also nicht gleich) aufgestellt **(I)** und von einem Abschlussprüfer von außerhalb der EU bzw des EWR mit gleichwertiger Befähigung gleichwertig geprüft worden sind **(II).** § 292 enthält nur eine Ermächtigung. Die Befreiung selbst erfolgt nach Maßgabe einer RechtsVO, die die Voraussetzungen der Gleichwertigkeit im Einzelnen **(III)**, eventuell auch ein Erfordernis der Gegenseitigkeit in dem Aus-

2. Abschnitt. Vorschriften für Kapitalgesellschaften **§§ 292 a, 293**

landsstaat **(I 3)** regelt. **IV** enthält eine flexible Mitwirkung des BT beim VOVerfahren (Unterfall der ZustimmungsVO). Lit: Eisolt BB **95,** 1127, Biener FS Ludewig **96,** 85, Oser DStR **96,** 34, Ebeling BB **01, 1**399.

2) Zu § 292 ist ergangen: **Konzernabschlussbefreiungsverordnung** (Kon- 2 BefrV) 15. 11. 91 BGBl I 2122 idF 4. 12. 04 BGBl I 3166. Die urspr Befristung der VO ist Ende 1996 entfallen.

3) IAS/IFRS-Regelungen
Keine vergleichbare Regelung in den Standards.

292a *(aufgehoben)*

Größenabhängige Befreiungen

293 (1) ¹Ein Mutterunternehmen ist von der Pflicht, einen Konzernabschluß und einen Konzernlagebericht aufzustellen, befreit, wenn

1. am Abschlußstichtag seines Jahresabschlusses und am vorhergehenden Abschlußstichtag mindestens zwei der drei nachstehenden Merkmale zutreffen:
   a) Die Bilanzsummen in den Bilanzen des Mutterunternehmens und der Tochterunternehmen, die in den Konzernabschluß einzubeziehen wären, übersteigen insgesamt nach Abzug von in den Bilanzen auf der Aktivseite ausgewiesenen Fehlbeträgen nicht 23 100 000 Euro.
   b) Die Umsatzerlöse des Mutterunternehmens und der Tochterunternehmen, die in den Konzernabschluß einzubeziehen wären, übersteigen in den zwölf Monaten vor dem Abschlußstichtag insgesamt nicht 46 200 000 Euro.
   c) Das Mutterunternehmen und die Tochterunternehmen, die in den Konzernabschluß einzubeziehen wären, haben in den zwölf Monaten vor dem Abschlußstichtag im Jahresdurchschnitt nicht mehr als 250 Arbeitnehmer beschäftigt;
   oder
2. am Abschlußstichtag eines von ihm aufzustellenden Konzernabschlusses und am vorhergehenden Abschlußstichtag mindestens zwei der drei nachstehenden Merkmale zutreffen:
   a) Die Bilanzsumme übersteigt nach Abzug eines auf der Aktivseite ausgewiesenen Fehlbetrags nicht 19 250 000 Euro.
   b) Die Umsatzerlöse in den zwölf Monaten vor dem Abschlußstichtag übersteigen nicht 38 500 000 Euro.
   c) Das Mutterunternehmen und die in den Konzernabschluß einbezogenen Tochterunternehmen haben in den zwölf Monaten vor dem Abschlußstichtag im Jahresdurchschnitt nicht mehr als 250 Arbeitnehmer beschäftigt.² Auf die Ermittlung der durchschnittlichen Zahl der Arbeitnehmer ist § 267 Abs. 5 anzuwenden.

(2), (3) *(aufgehoben)*

(4) ¹Außer in den Fällen des Absatzes 1 ist ein Mutterunternehmen von der Pflicht zur Aufstellung des Konzernabschlusses und des Konzernlageberichts befreit, wenn die Voraussetzungen des Absatzes 1 nur am Abschlußstichtag oder nur am vorhergehenden Abschlußstichtag erfüllt sind und das Mutter-

§ 293 1–6 III. Buch. Handelsbücher

unternehmen am vorhergehenden Abschlußstichtag von der Pflicht zur Aufstellung des Konzernabschlusses und des Konzernlageberichts befreit war. ² § 267 Abs. 4 Satz 2 ist entsprechend anzuwenden.

(5) **Die Absätze 1 und 4 sind nicht anzuwenden, wenn das Mutterunternehmen oder ein in dessen Konzernabschluss einbezogenes Tochterunternehmen am Abschlussstichtag kapitalmarktorientiert im Sinn des § 264 d ist.**

1) Größenabhängige Befreiung nach der Brutto- oder Nettomethode (I)

1 § 293 sieht (ähnlich wie § 267 für die Jahresrechnungslegung) eine größenabhängige Befreiung von der Konzernrechnungslegung nach §§ 290 ff vor. Die Größenbestimmung erfolgt wahlweise nach der **Bruttomethode** (Nr 1) oder der **Nettomethode** (Nr 2). Bei der Bruttomethode richten sich die Größen nach den summierten Einzelabschlüssen, bei der Nettomethode nach dem (konsolidierten) Konzernabschluss. Vorteil der Bruttomethode: man braucht nicht erst einen Konzernabschluss aufzustellen um festzustellen, ob ein solcher überhaupt nötig ist; Nachteil: die Größenmerkmale der Bilanzsumme und des Umsatzerlöses sind jeweils rund 20% höher. I idF KapCoRiLiG 2000 (Einl 15 v § 238) und EuroBilG 2001 (**Übergangsrecht** in (1) EGHGB Art 51) umschreibt die Höchstgrößen für die Befreiung anhand von drei Merkmalen (Euro-Beträge durch das BilReG 2004 (**Übergangsrecht** in (1) Art 58 I) und BilMoG 2009 (**Übergangsrecht** in (1) Art 66 I) um jeweils 20% erhöht), von denen mindestens zwei vorliegen müssen. Diese sind bei der Bruttomethode (Nettomethode): **Bilanzsumme(n)** (nach Abzug eines Fehlbetrags auf der Aktivseite) **23,1 (19,25) Mio Euro, Umsatzerlöse 46,2 (38,5) Mio Euro, Zahl der Arbeitnehmer 250** (Berechnung nach § 267 V). Diese Voraussetzungen müssen für zwei aufeinander folgende Abschlussstichtage vorliegen, damit die Befreiung eintritt (genauer I, IV, s Rn 4). Folge der durch EG-Ri gebotenen, starken Herabsetzung der Grenzwerte ist eine erheblich größere Zahl konzernabschlusspflichtiger Unternehmen. Besonders wichtig deshalb das **Übergangsrecht** in (1) EGHGB Art 49.

2) Sonderregeln für Kreditinstitute (II aF)

2 II aF aufgehoben durch BankBiRiLiG 1990 (§ 340 Rn 1). Jetzt §§ 340 i, j.

3) Sonderregeln für Versicherungsunternehmen (III aF)

3 III aF aufgehoben durch VersRiLiG 1994 (§ 341 Rn 1).

4) Befreiung auch bei nur einmaliger Größenüberschreitung (IV)

4 IV 1 besagt (missverständlich), dass die Größenmerkmale nach I an zwei aufeinander folgenden Abschlussstichtagen überschritten sein müssen, damit die Befreiung entfällt (einmaliges Überschreiten schadet nicht). Das gilt nach I, IV aber auch umgekehrt (einmaliges Unterschreiten nützt nichts). IV 2 erklärt § 267 IV 2 (s dort Rn 10) für ensprechend anwendbar, also bei Umwandlung oder Neugründung schon einmaliges Über- oder Unterschreiten der Schwellenwerte nach I für ausreichend.

5) Keine Befreiung bei Börsennotierung (V)

5 V idF BilMoG 2009. Eine größenabhängige Befreiung scheidet aus, wenn am Abschlussstichtag das Mutterunternehmen oder ein in den Konzernabschluss (tatsächlich) einbezogenes (nicht nur einzubeziehendes) Tochterunternehmen kapitalmarktorientiert iSv § 264 d ist, näher dort Rn 1.

6) IAS/IFRS-Regelungen

6 Keine vergleichbare Regelung in den Standards.

2. Abschnitt. Vorschriften für Kapitalgesellschaften 1–3 § 294

Zweiter Titel. Konsolidierungskreis

Einzubeziehende Unternehmen. Vorlage- und Auskunftspflichten

294 (1) **In den Konzernabschluß sind das Mutterunternehmen und alle Tochterunternehmen ohne Rücksicht auf den Sitz der Tochterunternehmen einzubeziehen, sofern die Einbeziehung nicht nach § 296 unterbleibt.**

(2) **Hat sich die Zusammensetzung der in den Konzernabschluß einbezogenen Unternehmen im Laufe des Geschäftsjahrs wesentlich geändert, so sind in den Konzernabschluß Angaben aufzunehmen, die es ermöglichen, die aufeinanderfolgenden Konzernabschlüsse sinnvoll zu vergleichen.**

(3) ¹**Die Tochterunternehmen haben dem Mutterunternehmen ihre Jahresabschlüsse, Einzelabschlüsse nach § 325 Abs. 2a, Lageberichte, Konzernabschlüsse, Konzernlageberichte und, wenn eine Abschlussprüfung stattgefunden hat, die Prüfungsberichte sowie, wenn ein Zwischenabschluß aufzustellen ist, einen auf den Stichtag des Konzernabschlusses aufgestellten Abschluß unverzüglich einzureichen.** ²**Das Mutterunternehmen kann von jedem Tochterunternehmen alle Aufklärungen und Nachweise verlangen, welche die Aufstellung des Konzernabschlusses und des Konzernlageberichts erfordert.**

1) Weltabschluss (I)

§§ 294–296 stecken den **Konsolidierungskreis** der in den Konzernabschluss 1 einzubeziehenden Unternehmen ab. § 294 enthält die Regel, § 296 ein Einbeziehungswahlrecht. § 294 I schreibt Einbeziehung des Mutterunternehmens (mit Sitz im Inland, § 290 I, II) und aller, auch der ausländischen Tochterunternehmen (Begriff s § 290 Rn 6–12) unbeschadet § 296 vor (Vollständigkeitsgebot, Weltabschluss). Einzubeziehen sind auch alle mittelbaren Tochterunternehmen („Enkel"unternehmen); umgekehrt gilt ein Verbot der freiwilligen Vollkonsolidierung von Nicht-Tochterunternehmen, ADS 9. Zurechnung nach § 290 I, II oder III. Zur Aufstellungspflicht für einen Konzernabschluss und zur Abgrenzung des Konsolidierungskreises IDW-SABI 1/**88**. **Übergangsrecht** in **(1)** EGHGB Art 23 II 3 (s Einl 66 v § 238). Lit zu §§ 294 ff: Selchert/Bauckmann, BB **03**, 1325, Dusemond DB **94**, 1733, Husmann BB **97**, 2043, Ruhnke ua DB **01**, 657.

2) Vergleichbarkeit aufeinander folgender Konzernabschlüsse (II)

Bei **wesentlicher Veränderung des Konsolidierungskreises** sind zwecks 2 sinnvoller Vergleichbarkeit der aufeinander folgenden Konzernabschlüsse (Bilanzkontinuität, s § 243 Rn 8; auch §§ 297 III 2–5, 313 I Nr 3) in den Konzernabschluss (§ 297 I, also idR Konzernanhang) entsprechende Angaben aufzunehmen **(II 1)**. II 2 aF, der erlaubte, statt die Änderungen und ihre Auswirkungen zu erläutern, die entsprechenden Vorjahreszahlen anzupassen (vgl §§ 298 I, 265 II), wurde durch BilMoG (**Übergangsrecht** in **(1)** Art 66 V) im Interesse besserer Abschlussvergleichbarkeit aufgehoben. Änderung liegt vor, wenn sich Zusammensetzung der in den Konzernabschluss einbezogenen vollkonsolidierten Töchter durch Zu- oder Abgang geändert hat, IDW-HFA 3/**95**.

3) Einreichungs- und Auskunftspflichten der Tochterunternehmen (III)

III in der nF durch das BilReG 2004 (Einl 20 v § 238; **Übergangsrecht** in 3 **(1)** EGHGB Art 58 III) war angesichts der früher maßgeblichen einheitlichen Leitung für Fälle des § 290 I aF idR überflüssig, für solche des § 290 II dagegen unentbehrlich und hat entsprechend mit dem Wechsel zum Control-Konzept

Merkt 1141

§§ 295, 296 1

(§ 290 Rn 6) nach BilMoG erheblich an Bedeutung gewonnen. Die umfassende Auskunftspflicht ausländischer Tochterunternehmen nach III 2 kann zu **Kollisionen** mit entgegenstehendem Auslandsrecht (Abwehrgesetze ua), aber auch mit anderweitigen Geheimhaltungspflichten des Tochterunternehmens nach deutschem Recht führen. Dann ist Interessenabwägung bei grundsätzlicher Vorrangigkeit des Rechnungslegungsinteresses (s Einl 8–13 v § 238) geboten. Lit: Weimar DB **87**, 521, Möhrle Konzern **06**, 487 (Erstattung für Buchführungskosten).

4) IAS/IFRS-Regelungen

4   IAS 27 enthält die maßgeblichen Regelungen zum **Konsolidierungskreis: Vollkonsolidierungsgebot** für alle Tochterunternehmen iSd Weltabschlussprinzips unabhängig von Rechtsform und Sitz (IAS 27.12). Ob **Ausnahme** für Tochterunternehmen, das nur vorübergehend beherrscht wird, weil es ausschließlich zum Zweck der Wiederveräußerung erworben wurde und das Management aktiv einen Käufer sucht, ist nach Streichung des IAS 27.16 str: für Konsolidierung nur zu anderen (IFRS 5.15) Bewertungsvorschriften MüKo(BilanzR/IFRS) Rn 125, für Konsolidierungsverbot, Baetge/Kirsch/Theile Konzernbilanzen 142.

295 *(aufgehoben)*

Verzicht auf die Einbeziehung

296 (1) **Ein Tochterunternehmen braucht in den Konzernabschluß nicht einbezogen zu werden, wenn**

1. **erhebliche und andauernde Beschränkungen die Ausübung der Rechte des Mutterunternehmens in bezug auf das Vermögen oder die Geschäftsführung dieses Unternehmens nachhaltig beeinträchtigen,**
2. **die für die Aufstellung des Konzernabschlusses erforderlichen Angaben nicht ohne unverhältnismäßig hohe Kosten oder Verzögerungen zu erhalten sind oder**
3. **die Anteile des Tochterunternehmens ausschließlich zum Zwecke ihrer Weiterveräußerung gehalten werden.**

(2) ¹**Ein Tochterunternehmen braucht in den Konzernabschluß nicht einbezogen zu werden, wenn es für die Verpflichtung, ein den tatsächlichen Verhältnissen entsprechendes Bild der Vermögens-, Finanz- und Ertragslage des Konzerns zu vermitteln, von untergeordneter Bedeutung ist.** ²**Entsprechen mehrere Tochterunternehmen der Voraussetzung des Satzes 1, so sind diese Unternehmen in den Konzernabschluß einzubeziehen, wenn sie zusammen nicht von untergeordneter Bedeutung sind.**

(3) **Die Anwendung der Absätze 1 und 2 ist im Konzernanhang zu begründen.**

1) Einbeziehungswahlrecht in engen Ausnahmefällen (I)

1   I begründet in drei engen und abschließenden Ausnahmefällen zur Einbeziehungspflicht nach § 294 I ein Einbeziehungswahlrecht. Dieses sollte schon nach Einführung des § 290 II aF, also bei Konzernabschlusspflicht trotz fehlender einheitlicher Leitung, Milderung schaffen (AmtlBegr); es bleibt auch nach dem Wechsel zum Control-Konzept durch BilMoG erhalten. Voraussetzungen der

2. Abschnitt. Vorschriften für Kapitalgesellschaften 2–8 § 296

Wahlrechte sind zu jedem Stichtag erneut zu prüfen. I steht ebenso wie II unter dem Vorbehalt von § 297 II (true and fair view-Prinzip; Amtl Begr). Lit: Möhlmann/Diethard BB **96**, 205, Ebeling BB **01**, 1399, Engelmann/Zülch DB **06**, 293.

Nr 1 gibt ein Wahlrecht, wenn das Mutterunternehmen infolge erheblicher 2 und andauernder Beschränkungen in der Ausübung seiner Rechte bezüglich Vermögen oder Geschäftsführung des Tochterunternehmens nachhaltig beeinträchtigt ist. Bspe: Insolvenz des Tochterunternehmens, Unterstellung unter andauernde staatliche Treuhänderschaft ua; aber nicht schon bei üblichen Einschränkungen und Beeinträchtigungen der Einflussnahme auf ausländische Tochterunternehmen, zB betr Transferierbarkeit und der Konvertierbarkeit, sondern erst wenn das Mutterunternehmen andauernd nicht mehr imstande ist, nachhaltig über Fortbestand und Entwicklung des Tochterunternehmens zu entscheiden, seine Konzerngeschäftspolitik durchzusetzen oder die Rechte nach § 290 II auszuüben, IDW-SABI 1/88 WPg **88**, 342; Maßstab: zukunftsorientierte Sichtweise, str, wie hier GK BilR/Kindler 8.

Nr 2 soll den Grundsatz der Wesentlichkeit konkretisieren (Begr EK § 280). 3 Nr 2 ist deshalb einschränkend auszulegen (teleologische Reduktion). Entgegen dem Wortlaut genügen unverhältnismäßige Kosten oder Verzögerungen allein nicht. Vielmehr ist zusätzlich erforderlich, dass die Nichteinbeziehung im Lichte des true and fair view-Prinzips (§ 297 II 2) unwesentlich ist und dass die Erschwernisse nicht dem Mutterunternehmen selbst zuzurechnen sind. Mängel im konzerninternen Informationssystem tragen also das Wahlrecht keinesfalls. So verstanden hat Nr 2 neben II kaum eine eigenständige Bedeutung, denkbare Fälle bei Widmann 16.

Nr 3 ist ebenfalls eng auszulegen. Die Absicht, Anteile ausschließlich zwecks 4 Weiterveräußerung zu halten, ist in erster Linie objektiven Umständen zu entnehmen (vgl § 271 Rn 4), zB bei Emissionskonsortien, bei Paketübernahme durch ein Kreditinstitut zwecks Platzierung. Sanierungsbeteiligungen von Kreditinstituten s § 340j. Vgl auch schon § 290 III 3.

2) Einbeziehungswahlrecht bei untergeordneter Bedeutung (II)

Tochterunternehmen, die (kumuliert, II 2) für das den tatsächlichen Verhält- 5 nissen entsprechende Bild des Konzerns (§ 297 II 2) von untergeordneter Bedeutung sind, brauchen nicht einbezogen zu werden (Grundsatz der Wesentlichkeit, vgl § 303 Rn 2). Ob II vorliegt, bestimmt sich nicht formalistisch nur aus einzelnen Verhältniszahlen, GK BilR/Kindler 17 ff.

3) Begründungspflicht (III)

III verlangt Begründung der Anwendung von I oder II im Konzernanhang. 6 Begründung kann für einander entsprechende Töchter zusammenfassend erfolgen, BeckBilKomm/Förschle/Deubert 42, str.

4) IAS/IFRS-Regelungen

Die Standards kennen kein Einbeziehungswahlrecht. Es sind alle Tochterunter- 7 nehmen in den Konzernabschluss gem IAS 27.12 einzubeziehen (str, ob eine I Nr 3 entsprechende Ausnahme, s § 294 Rn 4).

Im Unterschied zum HGB, das den Wesentlichkeitsgrundsatz nicht ausdrück- 8 lich regelt, sondern nur verschiedentlich impliziert, s etwa I Nr 2, II, zählt der **Wesentlichkeitsgrundsatz** (principle of materiality, F. 29 f)) nach den internationalen Standards ausdrücklich zu den qualitativen Anforderungen (qualitative characteristics) an den Abschluss.

Dritter Titel. Inhalt und Form des Konzernabschlusses

Inhalt

297 (1) ¹Der Konzernabschluss besteht aus der Konzernbilanz, der Konzern-Gewinn- und Verlustrechnung, dem Konzernanhang, der Kapitalflussrechnung und dem Eigenkapitalspiegel. ²Er kann um eine Segmentberichterstattung erweitert werden.

(2) ¹Der Konzernabschluß ist klar und übersichtlich aufzustellen. ²Er hat unter Beachtung der Grundsätze ordnungsmäßiger Buchführung ein den tatsächlichen Verhältnissen entsprechendes Bild der Vermögens-, Finanz- und Ertragslage des Konzerns zu vermitteln. ³Führen besondere Umstände dazu, daß der Konzernabschluß ein den tatsächlichen Verhältnissen entsprechendes Bild im Sinne des Satzes 2 nicht vermittelt, so sind im Konzernanhang zusätzliche Angaben zu machen. ⁴Die gesetzlichen Vertreter eines Mutterunternehmens, das Inlandsemittent im Sinne des § 2 Abs. 7 des Wertpapierhandelsgesetzes und keine Kapitalgesellschaft im Sinne des § 327a ist, haben bei der Unterzeichnung schriftlich zu versichern, dass nach bestem Wissen der Konzernabschluss ein den tatsächlichen Verhältnissen entsprechendes Bild im Sinne des Satzes 2 vermittelt oder der Konzernanhang Angaben nach Satz 3 enthält.

(3) ¹Im Konzernabschluß ist die Vermögens-, Finanz- und Ertragslage der einbezogenen Unternehmen so darzustellen, als ob diese Unternehmen insgesamt ein einziges Unternehmen wären. ²Die auf den vorhergehenden Konzernabschluß angewandten Konsolidierungsmethoden sind beizubehalten. ³Abweichungen von Satz 2 sind in Ausnahmefällen zulässig. ⁴Sie sind im Konzernanhang anzugeben und zu begründen. ⁵Ihr Einfluß auf die Vermögens-, Finanz- und Ertragslage des Konzerns ist anzugeben.

1) Begriff des Konzernabschlusses (I), Funktion

1 A. **Begriff:** §§ 297–299 regeln **Inhalt und Form** des Konzernabschlusses. § 297 I 1 (zT entspr § 329 I 1) nF durch BilReG 2004 (Einl 20 v § 328, **Übergangsrecht** in (1) EGHGB Art 58 III) definiert den Konzernabschluss so wie §§ 242 III, 264 I 1 den Jahresabschluss von KapitalGes und KapitalGes & Co (§ 290 Rn 1). Der **Konzernabschluss** besteht aus **Konzernbilanz, Konzern-Gewinn- und Verlustrechnung,** dem **Konzernanhang** (§ 313), der **Kapitalflussrechnung** und dem **Eigenkapitalspiegel**. Soweit das Mutterunternehmen als Wertpapieremittentin am geregelten Markt auftritt, folgt die Erweiterung des Konzernabschlusses um Kapitalflussrechnung, Segmentberichterstattung und Eigenkapitalspiegel aus IAS 1.10 (d), IAS 1.111 (Kapitalflussrechnung), IFRS 8 (Geschäftssegmente) und IAS 1.8 (c), IAS 1.106–110 (Eigenkapitalspiegel). Nach **I 2** bildet die Segmentberichterstattung, die häufig besonders sensitive Informationen enthält, einen lediglich optionalen Bestandteil des Konzernabschlusses. Die Pflicht zur Segmentberichterstattung nach IAS/IFRS dort, wo die Standards nach der IAS-VO oder nach § 315a anzuwenden sind, bleibt unberührt. Das HGB enthält für Kapitalflussrechnung, Eigenkapitalspiegel und Segmentbericht erst seit dem BilMoG Regelungen in § 266 I (dort Rn 6 f), aber ohne inhaltliche Konkretisierung. S aber DRS Nr. 2 und 3 (in Anlehnung an IAS 7, s Rn 5 ff, und IFRS 8, s Rn 10 ff) für die Kapitalflussrechnung und den Segmentbericht. Lit: BeckBilKomm/Förschle/Kroner 10 ff, Claussen ZGR **99,** 499, von Wysocki DB **99,** 261 (DRS 2), Coenenberg/Mattern BB **00,** 1827, Stahn DB **00,** 233 (DRS 2), Burger/Burchardt WPg **01,** 147, Scheffler DB **02,** 295, Geiger BB **02,** 1903; Kapitalflussrechnung als Ergänzung des Jahres- und Konzernabschlusses IDW-HFA 1/**95** WPg **95,** 210, Weißenberger/Behrendt BB **06,** 931 (latente

2. Abschnitt. Vorschriften für Kapitalgesellschaften **2–6 § 297**

Steuern), IDW WPg **06,** 799 (Stellungnahme/TUG). **Muster:** Hopt/Kraft 3. Aufl 2007 Form III.G.1 (Konzernbilanz), Form III.G.2 (Konzern-GuV), Form III.G.3 (Konzernanhang), Hütche/Int-Veen IRZ **08,** 347 (Kapitalflussrechnung).

B. **Funktion:** Der Konzernabschlusses dient ganz primär der Informations- 2 vermittlung (Vermittlung eines den tatsächlichen Verhältnissen entsprechenden Bildes der Vermögens-, Finanz- u Ertragslage der größeren Wirtschaftseinheit Konzern), BeckBilKomm/Förschle/Kroner 1; im Unterschied zum Einzelabschluss dient Konzernabschluss indes nicht der Ausschüttungsbemessung oder -sperre oder der Zuordnung von Gläubigeransprüchen (bleiben stets gegen einzelne konzernzugehörige Unternehmen gerichtet). Informationsfunktion wird durch Vorlage an Gesellschafter und Aufsichtsrat erfüllt (s **(2)** § 42a IV, I GmbHG, **(2 a)** § 337 AktG). Konzernabschluss hat keine unmittelbare Bedeutung für steuerliche Zwecke, insoweit nur Jahresabschluss maßgeblich (§ 5 EStG). Konzernabschluss kann Hinweise für Bedingungen konzerninterner Lieferungen u Leistungen geben, GK BilR/Kraft 9 f.

2) Vermittlung eines den tatsächlichen Verhältnissen entsprechenden Bildes, Bilanzklarheit (II)

II **1** verlangt Bilanzklarheit auch für den Konzernabschluss (wie § 243 II). **II 2,** 3 **3** wiederholen die Generalklausel des § 264 II (true and fair view-Prinzip), s § 264 Rn 9 ff; aber Grundsatz der Wesentlichkeit (s § 303 Rn 2), WPK/IDW WPg **85,** 544 (auch für Einzelabschlüsse zu § 264 II). II 2 tritt subsidiär hinter GoB zurück, hA, BeckBilKomm/Förschle/Lust 186. Durch **II 4** – eingefügt durch TUG 2007 (**Übergangsrecht** in **(1)** EGHGB Art 62) – wird der Bilanzeid gem § 264 II auf den Konzernabschluss erstreckt. Danach werden die gesetzlichen Vertreter einer MutterGes, die nach § 264 II 3 Inlandsemittentin iSv **(16)** WpHG § 2 VII ist, verpflichtet, die Einhaltung der für den Konzernabschluss geltenden Vorgaben in II 2 u 3 zu versichern.

3) Vermittlung eines Bildes wie von einem einzigen Unternehmen, Konsolidierungsstetigkeit (III)

III 1 präzisiert II 2. Die Konzernunternehmen sind im Konzernabschluss so 4 darzustellen, dass das Bild eines rechtlich einheitlichen Unternehmens entsteht (Einheitstheorie, krit BeckBilKomm/Förschle/Lust 190: Fiktion der wirtschaftlichen statt rechtlichen Einheit genügt). Das ist nur mit bestimmten Einschränkungen möglich und nötig: zB Einbeziehungswahlrecht (§ 296), Stichtagsunterschiede (§ 299), Wahlrechte in § 304, anteilsmäßige Konsolidierung nach § 310 ua. III 2–5 regeln die Stetigkeit der angewandten Konsolidierungsmethoden (Teil der Bilanzkontinuität, s § 243 Rn 8; ähnlich Bewertungsstetigkeit, § 252 I Nr 6, II); s auch § 313 I Nr 3.

4) IAS 7 (Kapitalflussrechnungen)

A. Die internationalen Standards kennen keine separaten Bestimmungen für 5 Einzel- und Konzernabschluss. Regelungen der Abschlussbestandteile, die den Konzernabschluss nach HGB für börsennotierte Unternehmen ergänzen, finden sich in **IAS 7 (Kapitalflussrechnung)** und **IAS 14 (Segmentberichterstattung),** Baetge, IAS-Kommentar 163 ff.

B. **Gegenstand:** IAS 7 (Kapitalflussrechnung) bestimmt, wie in der Kapital- 6 flussrechnung über Veränderungen der Zahlungsmittel und Zahlungsmitteläquivalente zu berichten ist. **Zeitliche Anwendung:** Geschäftsjahre, die am oder nach dem 1. 1. 94 beginnen (IAS 7.53). Lit: Pawelzik KoR **06,** v 344 (Konzernkapitalflussrechnung), Müßig/Lopatta IRZ **08,** 251, Hüttche/Int-Veen IRZ **08,** 347, Fink PiR **08,** 400 (Exposure Draft).

Merkt 1145

§ 297 7–11   III. Buch. Handelsbücher

7   C. **Sachliche Anwendung:** Da Abschlussadressaten unabhängig von der Art der Tätigkeit eines Unternehmens und unabhängig davon, ob Zahlungsmittel als Produkt des Unternehmens betrachtet werden können, wie es bei Finanzinstitutionen der Fall ist, daran interessiert sind, auf welche Weise das Unternehmen Zahlungsmittel und -äquivalente erwirtschaftet und verwendet, sind nach IAS 7 **sämtliche Unternehmen** zum Aufstellen einer Kapitalflussrechnung verpflichtet (IAS 7.1 ff).

8   D. **Wesentlicher Inhalt:** Die Kapitalflussrechnung ist ein **wesentlicher Bestandteil** des Abschlusses (IAS 7.1). Die Zahlungsströme einer Periode sind in der Kapitalflussrechnung **gesondert** nach betrieblichen Tätigkeiten sowie Investitions- und Finanzierungstätigkeiten darzustellen (IAS 7.10 ff). Die Zahlungsströme aus der **betrieblichen Tätigkeit** können entweder direkt oder indirekt ermittelt werden (IAS 7.13 ff, 7.18 ff). Die Zahlungsströme aus der **Investitions- und Finanzierungstätigkeit** sind direkt zu ermitteln (IAS 7.16 f, 7.21). Grundsätzlich sind alle Zahlungsströme **unsaldiert** auszuweisen. In bestimmten Fällen ist auch der saldierte Ausweis zulässig (IAS 7.22 ff). Die Auswirkungen von **Wechselkursänderungen** sind als Korrekturposten gesondert von den Zahlungsströmen aus betrieblicher, Investitions- und Finanzierungstätigkeit auszuweisen (IAS 7.25 ff). **Außerordentliche Posten** sowie Zinsen und Dividenden sind der betrieblichen, der Investitions- oder Finanzierungstätigkeit zuzuordnen und gesondert auszuweisen (IAS 7.31 ff). **Ertragsteuern** sind grundsätzlich den Zahlungsströmen aus der betrieblichen Tätigkeit zuzuordnen, es sei denn, sie können bestimmten Investitions- oder Finanzierungstätigkeiten zugeordnet werden (IAS 7.35 f). Setzt ein Unternehmen seine Anteile an einem **Joint Venture** quotal an, dann gehen die Zahlungsströme aus dem Joint Venture auch nur anteilsmäßig in die Konzernkapitalflussrechnung ein (IAS 7.37 f). Zahlungsströme aus dem **Erwerb und der Veräußerung von Tochterunternehmen** oder sonstigen Geschäftseinheiten werden als Investitionstätigkeit klassifiziert und gesondert dargestellt. Es gelten umfangreiche Angabepflichten (IAS 7.39 ff). Nicht zahlungswirksame Investitions- und Finanzierungsvorgänge sind nicht Bestandteil der Kapitalflussrechung. Über diese Transaktionen (zB **Tauschgeschäfte**) ist an anderer Stelle im Abschluss so zu berichten, dass alle notwendigen Informationen bereitgestellt werden (IAS 7.43 f). Die Bestandteile des Zahlungsmittel und Zahlungsmitteläquivalente sind in einer **Überleitungsrechnung** den entsprechenden Bilanzposten gegenüberzustellen (IAS 7.45 ff). Der Standard sieht weitere Angabepflichten vor, etwa zum Betrag an wesentlichen Zahlungsmitteln und -äquivalenten, die vom Unternehmen gehalten werden, über die der Konzern aber nicht verfügen kann (IAS 7.48 ff).

5) IAS 14 (Segmentberichterstattung)

9   IAS 14 für Geschäftsjahre ab 1. 1. 09 ersetzt durch IFRS 8 (Geschäftssegmente), s Rn 10. Zu IAS 14 s Vorauflage.

6) IFRS 8 (Geschäftssegmente)

10   A. Die in I 2 und § 264 I 2 optional (als Unternehmenswahlrecht) vorgesehene Segmentberichterstattung wird in den internationalen Standards ausführlich in IFRS 8 geregelt.

11   B. **Gegenstand:** IFRS 8 regelt die Grundsätze der Darstellung von Finanzinformationen nach **Geschäftssegmenten** für kapitalmarktorientierte Unternehmen. Anders als die Vorgängerregelung des IAS 14 folgt er dabei dem sog management approach anstatt dem risc and reward approach. **Zeitliche Anwendung:** Geschäftsjahre, die am oder nach dem 1. 1. 09 beginnen. Frühere Anwendung zulässig (IFRS 8.35). Lit: Casey IRZ **07,** 299, Fink/Ulbrich DB **07,** 981, Kajüter/Barth BB **07,** 428, Baetge/Haenelt IRZ **08,** 43, Zülch/Hoffmann PiR

2. Abschnitt. Vorschriften für Kapitalgesellschaften 12–15 § 297

08, 342, Heintges/Urbanczik/Wulbrand DB 08, 2773, Pelger IRZ 08, 323, Schmidt/Friedrich IRZ 08, 489, Fink PiR 08, 400, Wenk/Jagosch KoR 08, 661, Grottke/Krammer KoR 08, 670.

C. **Sachliche Anwendung:** Unternehmen, deren Eigen- oder Fremdkapital- 12 instrumente **öffentlich gehandelt** werden, und Unternehmen, die den Handel solcher Instrumente beantragt haben, sind zur Segmentberichterstattung verpflichtet (IFRS 8.2). Unternehmen, die **freiwillig** Segmentinformationen in ihren Abschlüssen angeben, sollen die Anforderungen des Standards vollständig erfüllen (IFRS 8.3).

D. **Wesentlicher Inhalt:** Ein Unternehmen berichtet über seine Geschäfts- 13 segmente, indem es Informationen über die Produkte und Dienstleistungen der jeweiligen Geschäftssegmente gibt (IFRS 8.20 ff). Die Grundlage der **Segmentierung** folgt dem management approach, dh bei der Bestimmung der Segmente handelt es sich um subjektive Ermessensentscheidungen des Managements entsprechend den Erfordernissen einer zieladäquaten Unternehmenssteuerung. Eine allgemeingültige effektive Segmentierung nimmt IFRS 8 daher nicht vor. IFRS 8.5 ff nennt Mindestvoraussetzungen, die ein Unternehmensbestandteil erfüllen muss, um ein Geschäftssegment iSv IFRS 8 sein zu können.

E. Ein Geschäftssegment unterliegt der **Berichtspflicht,** wenn es neben den 14 Abgrenzungskriterien des IFRS 8.5 ff auch bestimmte quantitative Schwellenwerte überschreitet (IFRS 8.11). Nach IFRS 8.13 ist das der Fall, wenn zumindest alternativ a) die Umsatzerlöse des Segments 10% oder mehr der gesamten Umsatzerlöse, extern wie intern, aus allen Segmenten ausmachen, b) das Ergebnis, also Gewinn oder Verlust, mindestens 10% der folgenden Werte ausmacht: entweder des zusammengefassten ausgewiesenen Gewinns aller Segmente, die keinen Verlust gemeldet haben, oder des gesamten Ergebnisses aller Segmente mit Verlust, je nachdem, welcher der absolut größere Betrag ist, oder c) seine Vermögenswerte 10% oder mehr der gesamten Vermögenswerte aller Segmente ausmachen. Jedes **andere Segment** kann als berichtspflichtiges Segment bestimmt werden (IFRS 8.13). Wenn der gesamte Umsatzerlös der berichtspflichtigen Segmente mit Dritten unter 75% des Gesamtumsatzerlöses liegt, dann können solange zusätzliche Segmente zu berichtspflichtigen Segmenten bestimmt werden, bis mindestens 75% des Gesamtumsatzerlöses in den berichtspflichtigen Segmenten erfasst ist (IFRS 8.15). Vergleichbare Segmente können unter bestimmten Voraussetzungen zu einem Segment zusammengefast werden (IFRS 8.12, 8.14). Geschäftssegmente, die nicht berichtspflichtig nach IFRS 8.11 ff sind, müssen unter dem gesonderten Posten „Alle sonstigen Segmente" zusammengefasst dargestellt werden (IFRS 8.16).

F. Anders als IAS 14 differenziert IFRS 8 nicht mehr nach primären und 15 sekundären Segmentierungsebenen. Inhaltlich schreibt IFRS 8 gem dem management approach die für **berichtspflichtige Segmente** erforderlichen **Angaben** weniger spezifisch vor: Sie müssen geeignet sein, die Abschlussadressaten über die Art und die finanziellen Auswirkungen der unternehmerischen Tätigkeit sowie das wirtschaftliche Umfeld, in dem das Unternehmen tätig ist, zu informieren (IFRS 8.20). Erforderlich sind die Angaben für jedes Geschäftsjahr, in dem eine GuV erstellt wurde. Differenziert wird nach allgemeinen Information (IFRS 8. 21 f) und Informationen über das Ergebnis und die Vermögenswerte und Schulden (IFRS 8.23 f). **Allgemeine Informationen** sind a) Faktoren, die die Grundlage für die Segmentierung durch das Management darstellen (also eine Beschreibung der Organisation des Unternehmens) und b) die Art der Produkte und Dienstleistungen, die Grundlage der Umsatzerlöse der berichtspflichtigen Segmente sind.

Merkt 1147

§ 298

16 G. Über das **Ergebnis und Vermögenswerte und Schulden** sind anzugeben (IFRS 8.23): Bewertung des Ergebnisses und aller Vermögenswerte und, soweit regelmäßig an die verantwortliche Unternehmensinstanz gemeldet, auch der Schulden, und zwar für jedes berichtspflichtige Segment. Ferner, soweit entweder Bestandteil der Ergebnisgröße oder an die verantwortliche Unternehmensinstanz regelmäßig berichtet: a) **Umsatzerlöse,** wobei Verkäufe an Dritte und Umsätze zwischen den Segmenten gesondert auszuweisen sind, b) **Zinsaufwendungen- und Erträge,** c) planmäßige **Abschreibungen,** d) wesentliche **Ertrags- und Aufwandsposten** iSv IAS 1.97 (rev 2007), e) Anteil des Unternehmens am **Periodenergebnis** von assoziierten **Unternehmen** oder Gemeinschaftsunternehmen, die nach der Equity-Methode bilanzieren, f) **Ertragssteueraufwand- und ertrag** sowie g) wesentliche zahlungswirksame Posten, die nicht planmäßige Abschreibungen sind. Informationen nach e) und Betrag der Zugänge bestimmter langfristiger Vermögenswerte auch dann, wenn nicht Bestandteil der Ergebnisgröße (IFRS 8.24).

17 H. Die Frage der **Bewertung** erfolgt ebenfalls unter Rezeption des management approach: IFRS 8.25 ff enthalten entgegen der Überschrift daher keine Bewertungsregeln, sondern bestimmen, dass den externen Abschlussadressaten dieselben Daten übermittelt werden müssen, die auch intern zugrunde gelegt werden. Die Bewertung hat daher allenfalls sekundär den IFRS-Methoden zu folgen, nämlich nur soweit auch intern diese verwendet wurden. Selbst wenn intern Methoden angewendet werden, die nach IFRS grds unzulässig sind, dürfen diese für die externe Segmentberichterstattung nicht geändert werden, Baetge IAS-Kommentar 94 ff.

18 I. Das Unternehmen muss eine **Überleitungsrechnung** vorlegen. Darin sind die für jedes Segment ausgewiesenen Beträge der Umsatzerlöse, der bewerteten Erträge vor Steuern, der Vermögenswerte und der Schulden und jeder anderen wesentlichen angegebenen Information segmentübergreifend aufzuaddieren (IFRS 8.28).

7) Sonstige IAS/IFRS-Regelungen

19 A. Da es nach den internationalen Standards keine speziellen Konzernabschlussregeln gibt, ist IAS 1 gem IAS 1.3 auch für den Konzernabschluss maßgebend. Das gilt insbesondere für die **Eigenkapitalveränderungsrechnung** (IAS 1.106–110).

20 Daneben existieren Regeln zur Kapitalflussrechnung und zur Segmentberichterstattung in IAS 7 (Kapitalflussrechnungen), s Rn 5 ff, und IFRS 8 (Geschäftssegmente), s Rn 10 ff.

Anzuwendende Vorschriften. Erleichterungen

298 (1) Auf den Konzernabschluß sind, soweit seine Eigenart keine Abweichung bedingt oder in den folgenden Vorschriften nichts anderes bestimmt ist, die §§ 244 bis 256a, 265, 266, 268 bis 275, 277 und 278 über den Jahresabschluß und die für die Rechtsform und den Geschäftszweig der in den Konzernabschluß einbezogenen Unternehmen mit Sitz im Geltungsbereich dieses Gesetzes geltenden Vorschriften, soweit sie für große Kapitalgesellschaften gelten, entsprechend anzuwenden.

(2) In der Gliederung der Konzernbilanz dürfen die Vorräte in einem Posten zusammengefaßt werden, wenn deren Aufgliederung wegen besonderer Umstände mit einem unverhältnismäßigen Aufwand verbunden wäre.

(3) ¹Der Konzernanhang und der Anhang des Jahresabschlusses des Mutterunternehmens dürfen zusammengefaßt werden. ²In diesem Falle müssen

2. Abschnitt. Vorschriften für Kapitalgesellschaften § 299

der Konzernabschluß und der Jahresabschluß des Mutterunternehmens gemeinsam offengelegt werden. ³ Aus dem zusammengefaßten Anhang muss hervorgehen, welche Angaben sich auf den Konzern und welche Angaben sich nur auf das Mutterunternehmen beziehen.

1) Anzuwendende Vorschriften (I)

Nach I gelten für den Konzernabschluss grundsätzlich die Vorschriften für den Jahresabschluss von großen KapitalGes mit den entsprechenden Sonderregeln für Rechtsform und Geschäftszweig, insoweit kann hier verwiesen werden. Die Vorschriften über den Anhang sind in der Aufzählung des I ausgespart, insoweit gelten speziell §§ 313, 314. Die Änderung durch das TransPuG 2002 (Ausschluss einer entsprechenden Anwendung bestimmter Vorschriften zur Berücksichtigung steuerrechtlich bedingter Wertansätze in der Konzernbilanz) als Folge der Aufhebung des § 308 III aF ist seit BilMoG hinfällig wegen der nun umfassenden und nicht mehr nur auf den Konzernabschluss beschränkten Beseitigung der Umkehrmaßgeblichkeit Lit: Brakensiek/Hütten BB **99**, 1108, Oser DB **99**, 1125, Busse von Colbe BB **00**, 2405. 1

2) Erleichterungen (II, III)

II erlaubt in bestimmten Fällen die Zusammenfassung der Vorräte (§ 266 II B I Nr 1–4) in einem Posten. Ausländische Unternehmen sollen nicht allein wegen des Konzernabschlusses insoweit ihre Buchführung ändern müssen. **III** erlaubt die Zusammenfassung des Konzernanhangs und des Anhangs des Jahresabschlusses des Mutterunternehmens samt Prüfungsberichten und Bestätigungsvermerken. Doch sind dann Konzernabschluss und Jahresabschluss gemeinsam offen zu legen. §§ 243 II, 297 II 1 gelten auch hier. Vgl auch § 315 III. III 3 nF durch BilReG 2004 (Einl 20 v § 238, **Übergangsrecht** in **(1)** EGHGB Art 58 III) enthält die – schon bislang aus dem Gesetzeszweck herzuleitende und damit nur klarstellende (AmtlBegr BilReG, BTDrucks 15/3419, S 33) – Vorgabe, dass in dem zusammengefaßten Anhang die auf den Konzern und die nur auf das Mutterunternehmen bezogenen Angaben als solche klar erkennbar sein müssen. 2

3) IAS/IFRS-Regelungen

Die internationalen Standards unterscheiden nicht ausdrücklich zwischen Einzel- und Konzernabschlussregeln und gelten grundsätzlich für beides; Ausnahme (nur für Konzern): IFRS 3, IAS 27, IAS 28, IAS 31. 3

Stichtag für die Aufstellung

299 (1) **Der Konzernabschluss ist auf den Stichtag des Jahresabschlusses des Mutterunternehmens aufzustellen.**

(2) ¹ **Die Jahresabschlüsse der in den Konzernabschluß einbezogenen Unternehmen sollen auf den Stichtag des Konzernabschlusses aufgestellt werden.** ² **Liegt der Abschlußstichtag eines Unternehmens um mehr als drei Monate vor dem Stichtag des Konzernabschlusses, so ist dieses Unternehmen auf Grund eines auf den Stichtag und den Zeitraum des Konzernabschlusses aufgestellten Zwischenabschlusses in den Konzernabschluß einzubeziehen.**

(3) **Wird bei abweichenden Abschlußstichtagen ein Unternehmen nicht auf der Grundlage eines auf den Stichtag und den Zeitraum des Konzernabschlusses aufgestellten Zwischenabschlusses in den Konzernabschluß einbezogen, so sind Vorgänge von besonderer Bedeutung für die Vermögens-, Finanz- und Ertragslage eines in den Konzernabschluß einbezogenen Unternehmens, die zwischen dem Abschlußstichtag dieses Unternehmens und dem Abschlußstichtag des Konzernabschlusses eingetreten sind, in der Konzern-**

§ 300

bilanz und der Konzern-Gewinn- und Verlustrechnung zu berücksichtigen oder im Konzernanhang anzugeben.

1) Stichtagswahlrecht für den Konzernabschluss (I)

1 Nach I idF TransPuG 2002 (**Übergangsrecht** in (1) EGHGB) Art 54) kommt es für den Abschlussstichtag des Konzernabschlusses nur noch auf den Stichtag des Mutterunternehmens an. Damit entfällt auch die Notwendigkeit der Begründung und Erläuterung von Abweichungen im Konzernanhang. Lit: Lange DStR 93, 774.

2) Zwischenabschlüsse (II)

2 II fordert zwar einheitliche Stichtage für die Jahresabschlüsse aller in den Konzernabschluss einbezogenen Unternehmen (II 1). Obligatorisch ist aber ein Zwischenabschluss (ein auf den Stichtag und den Zeitraum des Konzernabschlusses aufgestellter zusätzlicher Abschluss) nur, wenn der Abschlussstichtag des Unternehmens mehr als drei Monate vor dem Stichtag des Konzernabschlusses liegt (II 2). Die darin liegende Beeinträchtigung der Aussagefähigkeit des Konzernabschlusses soll durch Angaben nach III und uU Ergänzungen des Bestätigungsvermerks nach § 322 II (Hinweis auf Unsicherheiten infolge Fehlens des Zwischenabschlusses, AmtlBegr) aufgefangen werden. Für den Zwischenabschluss gelten im Übrigen dieselben Regeln wie für den Jahresabschluss.

3) Angaben bei Nichtaufstellung von Zwischenabschlüssen (III)

3 Liegen die Abschlussstichtage nur bis zu drei Monate auseinander und sieht deshalb das Mutterunternehmen von der Aufstellung eines Zwischenabschlusses nach II 2 zulässigerweise ab, sind die zwischen den Abschlussstichtagen eingetretenen Vorgänge von besonderer Bedeutung im Konzernabschluss zu berücksichtigen. Es genügt Angabe im Konzernanhang.

4) IAS/IFRS-Regelungen

4 Regelungen zum **Konzernabschlussstichtag**, sowie zum Stichtag der in den Konzernabschüssen einbezogenen Unternehmen: IAS 27. Nach IAS 27.26 sind die Abschlüsse von Mutter- und Tochterunternehmen **grundsätzlich** auf **denselben Stichtag** aufzustellen. Weichen die Abschlussstichtage von Mutter- und Tochterunternehmen ab, stellt das Tochterunternehmen einen Zwischenabschluss auf den Stichtag des Mutterunternehmens auf. Nach IAS 27.27 sind bei **abweichenden Stichtagen** Berichtigungen für die Auswirkungen bedeutender Geschäftsvorfälle oder anderer Ereignisse vorzunehmen, die zwischen dem Stichtag von Mutter- und Tochterunternehmen eingetreten sind. Zwischen den Abschlussstichtagen beider Unternehmen dürfen nicht mehr als drei Monate liegen.

Vierter Titel. Vollkonsolidierung

Konsolidierungsgrundsätze. Vollständigkeitsgebot

300 (1) ¹In dem Konzernabschluß ist der Jahresabschluß des Mutterunternehmens mit den Jahresabschlüssen der Tochterunternehmen zusammenzufassen. ²An die Stelle der dem Mutterunternehmen gehörenden Anteile an den einbezogenen Tochterunternehmen treten die Vermögensgegenstände, Schulden, Rechnungsabgrenzungsposten und Sonderposten der Tochterunternehmen, soweit sie nach dem Recht des Mutterunternehmens bilanzierungsfähig sind und die Eigenart des Konzernabschlusses keine Abweichungen bedingt oder in den folgenden Vorschriften nichts anderes bestimmt ist.

(2) ¹Die Vermögensgegenstände, Schulden und Rechnungsabgrenzungsposten sowie die Erträge und Aufwendungen der in den Konzernabschluß

2. Abschnitt. Vorschriften für Kapitalgesellschaften 1–4 § 300

einbezogenen Unternehmen sind unabhängig von ihrer Berücksichtigung in den Jahresabschlüssen dieser Unternehmen vollständig aufzunehmen, soweit nach dem Recht des Mutterunternehmens nicht ein Bilanzierungsverbot oder ein Bilanzierungswahlrecht besteht. ² Nach dem Recht des Mutterunternehmens zulässige Bilanzierungswahlrechte dürfen im Konzernabschluß unabhängig von ihrer Ausübung in den Jahresabschlüssen der in den Konzernabschluß einbezogenen Unternehmen ausgeübt werden. ³ Ansätze, die auf der Anwendung von für Kreditinstitute oder Versicherungsunternehmen wegen der Besonderheiten des Geschäftszweigs geltenden Vorschriften beruhen, dürfen beibehalten werden; auf die Anwendung dieser Ausnahme ist im Konzernanhang hinzuweisen.

1) Grundsatz der Vollkonsolidierung (I)

§§ 300–307 legen das **Konsolidierungsverfahren** im Einzelnen fest. Das Ziel, den Konzern so darzustellen, als ob die einbezogenen Unternehmen ein einziges Unternehmen wären (§ 297 III 1), wird am besten mit **Vollkonsolidierung** erreicht. Die **anteilsmäßige Konsolidierung oder Quotenkonsolidierung** ist nur bei Gemeinschaftsunternehmen vorgesehen (§ 310), die **Equity-Konsolidierung** nur bei assoziierten Unternehmen (§§ 311, 312). § 300 I 1 enthält das Gebot der Konsolidierung der verschiedenen Jahresabschlüsse. Nach I 2 ist für die Konsolidierung der Beteiligung des Mutterunternehmens bilanziell durch die Vermögensgegenstände, Schulden und anderen Bilanzposten der Tochterunternehmen zu ersetzen. Entscheidung, ob Bilanzposten angesetzt werden muss oder darf, richtet sich nach dem Recht des Mutterunternehmens (I 2 letzter Halbs, s Rn 2–4). Lit: Angermayer/Oser WPg **96,** 457; Dusemond DB **96,** 537; Bömelburg/Köbrich BuW **96,** 725.

2) Neuaufstellung nach dem Recht des Mutterunternehmens (II)

II stellt wie schon I aE klar, dass bei der Vollkonsolidierung nach I nicht einfach die Ansätze und Werte aus den einzelnen Jahresabschlüssen übernommen werden dürfen oder sogar müssen. Vielmehr geht es um eine **Neuaufstellung** des Konzernabschlusses nach dem Recht des Mutterunternehmens (Grundsatz der **Unabhängigkeit** der Konzernbilanzierung). Die einzelnen Jahresabschlüsse sind also entsprechend anzupassen und zu vereinheitlichen (Grundsatz der **Einheitlichkeit** der Bilanzierung). Damit ergeben sich im Einzelfall zT erhebliche Unterschiede, die teils zwingend (zB Bilanzierungsunfähigkeit nach I 2, Vollständigkeitsgebot nach II 1), teils fakultativ sind (zB eigene Bewertungswahlrechte des Mutterunternehmens, II 2, die im Konzernabschluss anders als im Jahresabschluss der einbezogenen Unternehmen ausgeübt werden dürfen). Weitere Unterschiede folgen aus der Art und Weise der Vollkonsolidierung im Einzelnen (§§ 301 ff).

II 1 enthält ein **Vollständigkeitsgebot** für Vermögensgegenstände, Schulden und Rechnungsabgrenzungsposten (nicht Bilanzierungshilfen und Sonderposten) sowie Erträge und Aufwendungen. Der Ansatz von Sonderposten mit Rücklageanteil im Konzernabschluss ist seit Inkrafttreten des TransPuG 2002 (**Übergangsrecht** in (1) EGHGB Art 54) durch Änderung des § 298 I nicht mehr zulässig. Die Vollständigkeit beurteilt sich nach dem Recht des Mutterunternehmens, ebenso Bilanzierungsverbote und Bilanzierungswahlrechte. Die Bilanzposten sind grundsätzlich mit ihrem Gesamtbetrag aufzunehmen (nicht nur anteilsmäßig, s Rn 1).

II 2 erlaubt, **Bilanzierungswahlrechte** unabhängig (dh uU abweichend) von ihrer Ausübung in den einzubeziehenden Jahresabschlüssen (der Tochterunternehmen, aber auch des Mutterunternehmens selbst) **neu auszuüben;** dabei ist § 297 III 1 (Darstellung als rechtliche Einheit) zu beachten (AmtlBegr). Bspe: Ansatzwahlrecht nach § 248 II bei originären immateriellen Gütern des Anlage-

Merkt 1151

§ 301

vermögens, obschon das Mutterunternehmen dieses Wahlrecht im eigenen Jahresabschluss bereits in eine Richtung betätigt hat. Bewertungswahlrechte s § 308 I 2.

5 II 3 idF VersRiLiG 1994 räumt Beibehaltungswahlrecht ein für Ansätze auf Grund von Sondervorschriften für Kreditinstitute oder Versicherungsunternehmen. Dann aber Hinweis im Konzernanhang.

3) IAS/IFRS-Regelungen

6 A. Regelung des Konsolidierungsverfahrens in IAS 27.22 ff. § 300 I 1 entspricht IAS 27.22: Zusammenfassung der Abschlüsse von Mutter und Tochterunternehmen, wobei alle gleichartige Posten aus den Abschlüssen übernommen und addiert werden, Baetge/Kirsch/Thiele, Bilanzrecht-Kommentar Rn 501 ff.

7 B. IFRS 3 iVm IAS 27.22 (a) entspricht § 300 I 2 Halbs 1 (Ersatz der Anteile an den zu konsolidierenden Unternehmen durch deren Bilanzposten).

8 C. Aufgrund der Rechtsform- und Größenunabhängigkeit der IFRS wird die Verpflichtung zur Bilanzierungsfähigkeit nach dem Recht des Mutterunternehmens (§ 300 I 2 Halbs 2) durch die Maßgeblichkeit der IFRS ersetzt (IAS 27.28).

9 D. IAS 27.22 weist im Ergebnis keine Unterschiede zu § 300 II 1 HGB auf, Baetge/Kirsch/Thiele, Bilanzrecht-Kommentar Rn 513.

10 E. Im Vergleich zu § 300 II 2 sind gem IAS 27.28 grundsätzlich einheitliche Bilanzierungs- und Bewertungsmethoden anzuwenden. Werden andere Methoden in einem Konzernunternehmen angewendet, ist bei Aufstellung des Konzernabschlusses Berichtigung erforderlich (IAS 27.29).

11 F. Keine dem 300 II 3 entsprechende Vorschrift in den Standards.

Kapitalkonsolidierung

301 (1) ¹Der Wertansatz der dem Mutterunternehmen gehörenden Anteile an einem in den Konzernabschluß einbezogenen Tochterunternehmen wird mit dem auf diese Anteile entfallenden Betrag des Eigenkapitals des Tochterunternehmens verrechnet. ²Das Eigenkapital ist mit dem Betrag anzusetzen, der dem Zeitwert der in den Konzernabschluss aufzunehmenden Vermögensgegenstände, Schulden, Rechnungsabgrenzungsposten und Sonderposten entspricht, der diesen an dem für die Verrechnung nach Absatz 2 maßgeblichen Zeitpunkt beizulegen ist. ³Rückstellungen sind nach § 253 Abs. 1 Satz 2 und 3, Abs. 2 und latente Steuern nach § 274 Abs. 2 zu bewerten.

(2) ¹Die Verrechnung nach Absatz 1 ist auf Grundlage der Wertansätze zu dem Zeitpunkt durchzuführen, zu dem das Unternehmen Tochterunternehmen geworden ist. ²Können die Wertansätze zu diesem Zeitpunkt nicht endgültig ermittelt werden, sind sie innerhalb der darauf folgenden zwölf Monate anzupassen. ³Ist ein Mutterunternehmen erstmalig zur Aufstellung eines Konzernabschlusses verpflichtet, sind die Wertansätze zum Zeitpunkt der Einbeziehung des Tochterunternehmens in den Konzernabschluss zugrunde zu legen, soweit das Unternehmen nicht in dem Jahr Tochterunternehmen geworden ist, für das der Konzernabschluss aufgestellt wird. ⁴Das Gleiche gilt für die erstmalige Einbeziehung eines Tochterunternehmens, auf die bisher gemäß § 296 verzichtet wurde.

(3) ¹Ein nach der Verrechnung verbleibender Unterschiedsbetrag ist in der Konzernbilanz, wenn er auf der Aktivseite entsteht, als Geschäfts- oder Firmenwert und, wenn er auf der Passivseite entsteht, unter dem Posten „Unterschiedsbetrag aus der Kapitalkonsolidierung" nach dem Eigenkapital aus-

2. Abschnitt. Vorschriften für Kapitalgesellschaften 1, 2 § 301

zuweisen. ²Der Posten und wesentliche Änderungen gegenüber dem Vorjahr sind im Anhang zu erläutern.

(4) Anteile an dem Mutterunternehmen, die einem in den Konzernabschluss einbezogenen Tochterunternehmen gehören, sind in der Konzernbilanz als eigene Anteile des Mutterunternehmens mit ihrem Nennwert oder, falls ein solcher nicht vorhanden ist, mit ihrem rechnerischen Wert, in der Vorspalte offen von dem Posten „Gezeichnetes Kapital" abzusetzen.

Übersicht

1) Überblick über die Kapitalkonsolidierungsmethoden 1
2) Erfolgswirksame Erstkonsolidierung (I) 2
3) Bewertung zur Anteilswert- oder Neubewertungsmethode (I 2) 5
4) Zeitpunkt der Wertansätze (II) 7
5) Unterschiedsbetrag (III) 8
6) Anteile an dem Mutterunternehmen, Rückbeteiligungen (IV) 9
7) Folgekonsolidierung 10
8) IAS/IFRS-Regelungen 11

1) Überblick

§ 301 betrifft die Kapitalkonsolidierung (Konsolidierung der Anteile des Mut- 1
terunternehmens an einem Tochterunternehmen). Dabei geht es um Kapitalkonsolidierung im Rahmen der Vollkonsolidierung (im Unterschied zur Quoten- und zur Equity-Konsolidierung (s § 300 Rn 1). § 301 schreibt nunmehr zwingend die **erfolgswirksame Erstkonsolidierung (angelsächsische Methode)** vor; der durch BilMoG wegen praktischer Bedeutungslosigkeit aufgehobene § 302 aF erlaubte ausnahmsweise bei Interessenzusammenführung (ua 90%iges Tochterunternehmen) eine nicht (derart) erfolgswirksame Kapitalkonsolidierung **(pooling of interests-Methode).** Bei der Methode des § 301 erfolgt die Verrechnung des Beteiligungswerts mit dem anteiligen Eigenkapital des Tochterunternehmens **nicht jährlich** (deutsche Methode), **sondern nur einmal,** also wie wenn der Beteiligungserwerb eine Fusion zwischen Mutter- und Tochterunternehmen darstellte. Dies kommt dem Ziel des § 297 III 1 (Darstellung des Konzerns als rechtliche Einheit) am nächsten. Die aktiven oder passiven Aufrechnungsdifferenzen (Unterschiedsbeträge, III), zu denen es bei dieser einmaligen Verrechnung kommt **(erfolgswirksame Erstkonsolidierung),** zwingen auch in den Folgejahren zu Fortschreibungen. Deswegen sind Erstkonsolidierung und **Folgekonsolidierungen** zu unterscheiden. Bei der erfolgswirksamen Erstkonsolidierung ist seit BilMoG allein die Neubewertungsmethode zulässig. Zur angelsächsischen Methode Küting/Zündorf BB **85,** 1166; zu den Methoden nach § 301 ADS 38, WP-Hdb **06** I M 339. **Übergangsrecht** in **(1)** EGHGB Art 27, 66 (s Einl 87, 109 v § 238). Lit: Königsmaier BB **00,** 191, Ross BB **00,** 1395, Ebeling BB **00,** 1667 (mehrstufige Konzerne), Focken/Lenz DB **00,** 2437 (Anteilstausch), Schmidbauer DStR **01,** 365 (DRS 4), Schurbohm/Streckenbach WPg **02,** 845, Küting/Wirth BB **01,** 1190 (IAS), Busse von Colbe BB **02,** 1583, Hofmann/Triltzsch StuB **03,** 673 und 729 (negative Unterschiedsbeträge bei Konsolidierung), Küting/With DStR **03,** 475 und 522 (Kapitalkonsolidierung HGB/IAS/US-GAAP), Küting DStR **08,** 1396, Theile/Stahnke StuB **08,** 578, Ernst/Seidler ZGR **08,** 631, dies BB **09,** 766, Lüdenbach/Hoffmann StuB **09,** 287, Petersen/Zwirner StuB **09,** 335, Oser PiR **09,** 121

2) Erfolgswirksame Erstkonsolidierung (I)

A. Nach **I 1** ist bei der erstmaligen Kapitalkonsolidierung der Wertansatz der 2
dem Mutterunternehmen gehörenden gesellschaftsrechtlichen **Anteile** (nicht

§ 301 3–8

schuldrechtliche Titel wie Wandelschuldverschreibungen, Genussrechte, Optionsanleihen uä) an dem Tochterunternehmen **mit** dem entsprechenden Betrag des **Eigenkapitals** des Tochterunternehmens **zu verrechnen.** Der Aktivposten Anteilsbesitz wird also gegen den Passivposten Eigenkapital gesetzt, und nur der Unterschiedsbetrag geht in die Konzernbilanz ein. Erfasst werden **alle Anteile** des Mutterunternehmens **an dem Tochterunternehmen;** auch die indirekten (s § 290 Rn 14), die im Jahresabschluss des Mutterunternehmens nicht ausgewiesenen; nicht die direkten und indirekten eigenen Anteile an dem Mutterunternehmen (IV). Lit: BeckBilKomm/Förschle/Deubert 10 ff.

3 B. **Eigenkapital** des Tochterunternehmens s §§ 266 III A I–V, 272. **I 2** regelt, dass dieses Eigenkapital nach der Neubewertungsmethode (s Rn 8–9) zu bewerten ist; nicht mehr zulässig ist Bewertung anhand der Buchwertmethode.

4 C. **Rückstellungsbewertung** richtet sich nicht nach I 1, sondern nach § 253 I 2, 3 **(I 3)**, s dort Rn 3; ansonsten wären sie mit dem zum Marktzins abgezinsten Erfüllungsbetrag anzusetzen, was bei der Konsolidierung zu Anpassungsschwierigkeiten führen würde. Für **latente Steuern** verweist I 3 daher auch auf § 274 II (keine Abzinsung).

3) Bewertung zur Anteilswert- oder Neubewertungsmethode (I 2)

5 A. **Anteilswertansatz:** Nach **I 2** ist das Eigenkapital des Tochterunternehmens mit dem Betrag anzusetzen, der dem beizulegenden Zeitwert aller in den Konzernabschluss aufzunehmenden Aktiva und Passiva des Tochterunternehmens entspricht. Der Zeitwert ist der Wert nach § 255 IV an dem nach II gewählten Stichtag. Das Wahlrecht des I 2 aF zwischen Neubewertungs- und Buchwertmethode (s Vorauflage Rn 5) wurde durch BilMoG aufgehoben. Grund: nach der Buchwertmethode keine Aufdeckung aller stiller Reserven und Lasten, sie widerspricht daher dem Reformziel besserer Adressateninformation. Nach der Neubewertungsmethode können nun auch Mindertheitsgesellschafter der Tochterunternehmen besser an der Informationsfunktion des Konzernabschlusses partizipieren (RegE BilMoG 80).

6 B. **Rechenbeispiele:** Küting/Zündorf BB **85,** 1166.

4) Zeitpunkt der Wertansätze (II)

7 **II 1** normiert für die Bestimmung des Zeitpunkts der nach I zu verrechnenden Wertansätze den **Beginn der Mutter-Tochter-Beziehung** (§ 290 I, II). Das Wahlrecht, auch den Zeitpunkt der erstmaligen Einbeziehung des Tochterunternehmens oder den des Anteilserwerbs zu nehmen, wurde durch BilMoG aufgehoben, da eine Beteiligung keine zwingende Voraussetzung mehr für die Einbeziehung ist (s § 290 Rn 6). Können zum Beginn der Mutter-Tochterbeziehung die Wertansätze noch nicht endgültig ermittelt werden, sieht **II 2** nun eine **Erleichterung** dergestalt vor, dass auch noch während der folgenden 12 Monate (erfolgsneutral) angepasst werden können. Ist in einem Geschäftsjahr erstmals ein Konzernabschluss aufzustellen, kommt es nicht auf die Wertansätze zu Beginn der Mutter-Tochterbeziehung, sondern auf diejenigen zu Beginn der Einbeziehung an, sofern erstmalige Aufstellungs- und Einbeziehungspflicht nicht in dasselbe Geschäftsjahr fallen (II 3). Entsprechendes gilt auch dann, wenn das Tochterunternehmen erstmals einbeziehungspflichtig wird, weil bisher die Befreiung nach § 296 griff (II 4).

5) Unterschiedsbetrag (III)

8 III betrifft mögliche Unterschiedsbeträge aus der Verrechnung nach I 1. Unterschiedsbeträge aus Einbeziehung mehrerer Tochterunternehmen werden zu einem einheitlichen Unterschiedsbetrag zusammengefasst. Ist der Unterschiedsbetrag aktivisch, ist er als Geschäfts- oder Firmenwert auszuweisen. Ist er passivisch, ist er als Unterschiedsbetrag aus der Kapitalkonsolidierung auszuweisen (III 1). Erläuterung im Anhang nach III 2. Abschreibung bzw Auflösung des Unterschiedsbetrags richtet sich gem § 309 nach § 253. Die Möglichkeit der Saldierung von aktivischen und passivischen Unterschiedsbeträgen (Ausweiswahlrecht, III 3 aF) wurde mit BilMoG aufgehoben. Die Beträge selbst sind getrennt fortzuschreiben (unterschiedlich erfolgswirksame Auflösungen). Behandlung des Unterschiedsbetrags aus der Kapitalkonsolidierung IDW-SABI 2/88 WPg **88**, 622, ADS 133.

6) Anteile an dem Mutterunternehmen, Rückbeteiligungen (IV)

IV idF BilMoG 2009 regelt die Bilanzierung von Anteilen am Mutterunternehmen. Eigene Anteile des Mutterunternehmens, und zwar nach IV auch Rückbeteiligungen, sind gem § 272 Ia mit ihrem Nennwert oder – falls nicht vorhanden – mit ihrem rechnerischen Wert in der Vorspalte offen vom gezeichneten Kapital (§ 272 Rn 1) abzusetzen. Die Tochter selbst hat Rückbeteiligungen im Einzelabschluss zwar zu aktivieren und eine entsprechende Rücklage zu bilden (§ 272 Rn 10), im Konzernabschluss werden Rückbeteiligungen jedoch, weil wirtschaftlich der Mutter zuzurechnen (§ 297 III 1), wie eigene Anteile der Mutter behandelt. Vgl § 314 I Nr 7 (Konzernanhang). **9**

7) Folgekonsolidierung

§ 301 spricht unmittelbar nur von der Erstkonsolidierung. Die Kapitalkonsolidierung nach I bleibt aber nicht ohne Auswirkung auf die Folgejahre. Insbesondere sind bei wegen der Beilegung des Zeitwerts nach der Anteilswertmethode, wenn es sich um abnutzbare Vermögensgegenstände handelt, in den Folgejahren zusätzliche Abschreibungen notwendig (Grundsatz der **Erfolgswirksamkeit** der Folgekonsolidierung). Abschreibung des nach III auszuweisenden Geschäfts- oder Firmenwerts in den Folgejahren s § 309 I; Auflösung des passivischen Unterschiedsbetrags s § 309 II. Anteilige Fremdzurechnung der Abschreibungen s § 307 Rn 2. **10**

8) IAS/IFRS-Regelungen

A. Relevante Vorschriften sind IFRS 3, IAS 27. Nach Einführung von IFRS 3 (ersetzt IAS 22) ist Konsolidierung nur noch nach der **Erwerbsmethode** zulässig (IFRS 3.14 ff), nicht mehr nach der Interessenzusammenführungsmethode. Änderung der **Erstkonsolidierung:** IFRS 3.63. **Folgekonsolidierung** nach IFRS 3.54. **11**

B. Regelung der **Erwerbsmethode** in IFRS 3.16 ff. zu IFRS 3 s auch § 255 Rn 28 ff. **12**

302 *(aufgehoben)*

1) § 302 ersatzlos aufgehoben durch BilMoG 2009 (Übergangsrecht in **(1)** EGHGB Art 66 V), s Einl v § 238 Rn 56.

Schuldenkonsolidierung

303 **(1) Ausleihungen und andere Forderungen, Rückstellungen und Verbindlichkeiten zwischen den in den Konzernabschluß einbezogenen Unternehmen sowie entsprechende Rechnungsabgrenzungsposten sind wegzulassen.**

§ 304 1   III. Buch. Handelsbücher

(2) Absatz 1 braucht nicht angewendet zu werden, wenn die wegzulassenden Beträge für die Vermittlung eines den tatsächlichen Verhältnissen entsprechenden Bildes der Vermögens-, Finanz- und Ertragslage des Konzerns nur von untergeordneter Bedeutung sind.

1) Schuldenkonsolidierung durch Weglassung (I)

1   Alle Forderungen und Verbindlichkeiten (samt der anderen genannten Posten) sind wegzulassen, wenn sie auf konzerninternen Beziehungen beruhen, denn sie würden sich bei einem einzigen Unternehmen (§ 297 III 1) aufheben. Problematisch sind die Fälle, in denen sich konzerninterne Forderung und Verbindlichkeit nicht völlig decken (Aufrechnungsdifferenzen), BeckBilKomm/Winkeljohann/Beyersdorff 50 ff (für ergebniswirksame Behandlung im Entstehungsjahr, hA); die Verrechnung solcher Restbeträge ist aber möglich, BeckHdb/Fischer C 420 Rn 65. I gilt nicht für sich entsprechende Forderungen und Verbindlichkeiten verschiedener Konzernunternehmen gegenüber Dritten, str, jedoch Wahlrecht, BeckHdb/Fischer C 420 Rn 25, dann aber Angabe nach § 313 I 2 Nr 3. Nach § 297 III 1 ist vielmehr wie bei einem einzigen Unternehmen zu verfahren, also Verrechnungsverbot (§ 246 II) mit engen Ausnahmen zB bei aufrechenbarem Gegenüberstehen (§ 246 Rn 25–26). **Übergangsrecht** in **(1)** EGHGB Art 27 IV, s Einl 87 v § 238. Lit: Ordelheide BB **93**, 1558 (Fremdwährung), Kaldenbach/Löhr BB **97**, 1079.

2) Wahlrecht bei untergeordneter Bedeutung (II)

2   Beträge, die (kumuliert) für das den tatsächlichen Verhältnissen entsprechende Bild des Konzerns (§ 297 II 2) von untergeordneter Bedeutung sind, brauchen nicht eliminiert zu werden. Vgl § 296 II sowie §§ 304 II, 305 II, 308 II 3, 311 II, 313 II Nr 4 S 2 (Grundsatz der Wesentlichkeit).

3) IAS/IFRS

3   A. Regelung der **Schuldenkonsolidierung** in IAS 27.25.

4   B. Der in II angesprochene Wesentlichkeitsgrundsatz zählt **als principle of materiality** nach den internationalen Standards ausdrücklich zu den qualitativen Anforderungen (qualitative characteristics) an den Abschluss, F. 29 f.

Behandlung der Zwischenergebnisse

304 (1) In den Konzernabschluß zu übernehmende Vermögensgegenstände, die ganz oder teilweise auf Lieferungen oder Leistungen zwischen in den Konzernabschluß einbezogenen Unternehmen beruhen, sind in der Konzernbilanz mit einem Betrag anzusetzen, zu dem sie in der auf den Stichtag des Konzernabschlusses aufgestellten Jahresbilanz dieses Unternehmens angesetzt werden könnten, wenn die in den Konzernabschluß einbezogenen Unternehmen auch rechtlich ein einziges Unternehmen bilden würden.

(2) Absatz 1 braucht nicht angewendet zu werden, wenn die Behandlung der Zwischenergebnisse nach Absatz 1 für die Vermittlung eines den tatsächlichen Verhältnissen entsprechenden Bildes der Vermögens-, Finanz- und Ertragslage des Konzerns nur von untergeordneter Bedeutung ist.

1) Eliminierung von Zwischengewinnen und -verlusten (I)

1   § 304 regelt die Eliminierung von Zwischenergebnissen, anders als bisher auch von Zwischenverlusten. Bei **konzerninternen Lieferungen und Leistungen** kommt es zu Bilanzwertunterschieden bei den beiden Vertragspartnern, zB niedrigere Herstellungskosten beim Veräußerer, höherer Kaufpreis und damit Anschaffungskosten beim Erwerber. Solche Gewinne (Verluste) kämen innerhalb

eines einzigen Unternehmens (zB zwischen dessen verschiedenen Betrieben) nicht zum Ansatz und müssen deshalb eliminiert werden (§§ 297 III 1, 304 I aE). Die Pflicht zur Herausrechnung von Zwischenergebnissen umfasst Gegenstände des Umlauf- und des Anlagevermögens, nicht hingegen Schuldposten. **I** bewirkt die Eliminierung durch Festsetzung von Wertober- und -untergrenzen für die in den Konzernbilanz zu übernehmenden Vermögensgegenstände. In der Konzernbilanz sind sie zum Stichtag nach den für das Mutterunternehmen geltenden Bewertungsregeln neu zu bewerten, so als bestünde ein einziges Unternehmen. Das Mutterunternehmen hat dabei im Rahmen von Bilanzierungswahlrechten die Möglichkeit, die Werte nach oben oder nach unten zu setzen (konzerninterne Herstellungskosten, § 255 II; §§ 252–256 (ohne § 254), und dadurch den Umfang der Eliminierung zu beeinflussen. Aus der Behandlung wie ein einziges Unternehmen folgt, dass zB Verpackungs- und Transportkosten (obwohl beim Veräußerer nicht ansetzbare Vertriebskosten, s § 255 Rn 23) ansetzbar sind, Lizenzgebühren für konzerninterne Schutzrechte dagegen nicht. Konzerninterne Gemeinkosten sind, soweit nicht für bestimmte (zB Fertigungsgemeinkosten) Einrechnungspflicht nach § 255 II 2 besteht, nicht ansetzbar. Das gilt auch für Kosten allein infolge der rechtlichen Selbstständigkeit der Konzernunternehmen, zB Gebühren und Steuern bei Grundstücks- und Wertpapiergeschäften. Technik der Zwischenergebniseliminierung ADS 55. Währungsumrechnung s WP-Hdb **06 I M** 265. Die Erleichterung für die Zwischenerfolgseliminierung nach II aF wurde durch das TransPuG 2002 ersatzlos gestrichen (**Übergangsrecht** in **(1)** EGHGB Art 54), weil sie mit der Zielsetzung des Konzernabschlusses unvereinbar und international unbekannt ist, BTDrucks 14/8769 S 26. **Übergangsrecht** in **(1)** EGHGB Art 27 IV, s Einl 87 v § 238. Lit: Küting/Dusemond BB **95,** 1466, Helmschrott DB **99,** 1865, Königsmaier BB **00,** 191, Ebeling/Baumann BB **00,** 1667 (mehrstufiger Konzern).

2) Wahlrecht bei untergeordneter Bedeutung (II)
S § 303 Rn 2. 2

3) IAS/IFRS-Regelungen
Volle Eliminierung der Zwischenergebnisse (Zwischengewinne- und -schulden) (IAS 27.24). Ausweis von Wertminderungen (konzerninterne Verluste als Hinweis hierfür) im Konzernabschluss (IAS 27.25). 3

Aufwands- und Ertragskonsolidierung

305 (1) In der Konzern-Gewinn- und Verlustrechnung sind

1. **bei den Umsatzerlösen die Erlöse aus Lieferungen und Leistungen zwischen den in den Konzernabschluß einbezogenen Unternehmen mit den auf sie entfallenden Aufwendungen zu verrechnen, soweit sie nicht als Erhöhung des Bestands an fertigen und unfertigen Erzeugnissen oder als andere aktivierte Eigenleistungen auszuweisen sind,**
2. **andere Erträge aus Lieferungen und Leistungen zwischen den in den Konzernabschluß einbezogenen Unternehmen mit den auf sie entfallenden Aufwendungen zu verrechnen, soweit sie nicht als andere aktivierte Eigenleistungen auszuweisen sind.**

(2) **Aufwendungen und Erträge brauchen nach Absatz 1 nicht weggelassen zu werden, wenn die wegzulassenden Beträge für die Vermittlung eines den tatsächlichen Verhältnissen entsprechenden Bildes der Vermögens-, Finanz- und Ertragslage des Konzerns nur von untergeordneter Bedeutung sind.**

§ 306 1   III. Buch. Handelsbücher

1) Eliminierung von Zwischenaufwendungen und -erträgen (I)

1 § 305 regelt (wie § 304 für die Konzernbilanz) die Behandlung konzerninterner Lieferungen und Leistungen für die Konzern-Gewinn- und Verlustrechnung. Zwischenaufwendungen und -erträge (Begriffe entspr § 304) sind bei den Umsatzerlösen und anderen Erträgen (§ 275 II, III) zu verrechnen, soweit keine Bestandserhöhung an fertigen und unfertigen Erzeugnissen oder andere aktivierte Eigenleistungen vorliegen. Eine nur teilkonsolidierte oder nur in vereinfachter Form aufgestellte Konzern-Gewinn- und Verlustrechnung ist unzulässig. Die Verrechnung der Erträge erfolgt mit den auf sie entfallenden Aufwendungen (idR des Empfängers, in Sonderfällen des Leistenden). Zur vollkonsolidierten Konzern-Gewinn- und Verlustrechnung ADS 6 ff, zu den erfolgsneutral zu verrechnenden Posten BeckBilKomm/Winkeljohann/Beyersdorff 11. Lit: von Wysocki FS Goerdeler **87**, 723, Haselmann/Schick DB **96**, 1529, Löhr BB **99**, 835.

2) Wahlrecht bei untergeordneter Bedeutung (II)
2 S § 303 Rn 2.

3) IAS/IFRS-Regelungen
3 Regelung der **Ertrags- und Aufwandskonsolidierung** in IAS 27.24 f.

Latente Steuern

306 ¹Führen Maßnahmen, die nach den Vorschriften dieses Titels durchgeführt worden sind, zu Differenzen zwischen den handelsrechtlichen Wertansätzen der Vermögensgegenstände, Schulden oder Rechnungsabgrenzungsposten und deren steuerlichen Wertansätzen und bauen sich diese Differenzen in späteren Geschäftsjahren voraussichtlich wieder ab, so ist eine sich insgesamt ergebende Steuerbelastung als passive latente Steuern und eine sich insgesamt ergebende Steuerentlastung als aktive latente Steuern in der Konzernbilanz anzusetzen. ²Die sich ergebende Steuerbe- und die sich ergebende Steuerentlastung können auch unverrechnet angesetzt werden. ³Differenzen aus dem erstmaligen Ansatz eines nach § 301 Abs. 3 verbleibenden Unterschiedsbetrages bleiben unberücksichtigt. ⁴Das Gleiche gilt für Differenzen, die sich zwischen dem steuerlichen Wertansatz einer Beteiligung an einem Tochterunternehmen, assoziierten Unternehmen oder einem Gemeinschaftsunternehmen im Sinn des § 310 Abs. 1 und dem handelsrechtlichen Wertansatz des im Konzernabschluss angesetzten Nettovermögens ergeben. ⁵ § 274 Abs. 2 ist entsprechend anzuwenden. ⁶Die Posten dürfen mit den Posten nach § 274 zusammengefasst werden.

1) Handelsbilanzielle Steuerabgrenzung

1 A. § 306 ergänzt § 274 für den Konzernabschluss. § 274 iVm § 298 I betrifft die **latenten Steuern** aus den dem Konzernabschluss zugrunde liegenden Jahresabschlüssen einschließlich ihrer Anpassung nach § 308. § 306 betrifft die nur infolge der Einbeziehung in den Konzernabschluss entstehenden latenten Steuern, zB bei erfolgswirksamen Konsolidierungsmaßnahmen (s § 301 Rn 2–4, 6, 9). Seit BilMoG gilt auch hier das temporary concept. Aktivische Unterschiedsbeträge (künftige Steuerentlastung) zwischen den Wertansätzen nach Handels- und Steuerbilanz zwingen (anders § 274 I, Wahlrecht) zur Bildung eines aktivischen Bilanzpostens (§ 266 II D), passive (künftige Steuerbelastung) zur Bildung eines passiven (§ 266 III E). Voraussetzung ist, dass sich die Differenzen in späteren Geschäftsjahren voraussichtlich ausgleichen. Unverrechneter Ansatz möglich aber nicht zwingend, S 2 (s § 274 Rn 5). Vgl auch § 274 Rn 1–7. Unterschiedsbeträge als Folge von § 301 III bleiben unberücksichtigt, ebenso

1158   Merkt

2. Abschnitt. Vorschriften für Kapitalgesellschaften 1, 2 **§ 307**

solche wegen verschiedenem Ansatz nach Handels- und Steuerbilanz aus der Beteiligung an assoziierten, Tochter- oder Gemeinschaftsunternehmen, S 3. Entsprechende Anwendung von § 274 II (s dort Rn 6). Zusammenfassung mit dem Posten nach § 274 möglich.

B. Anders als das HGB unterscheidet **DRS 10** (Latente Steuern im Konzernabschluss) nicht zwischen der Steuerabgrenzung im Jahres- und im Konzernabschluss, sondern folgt einstufigem Ansatz: Vergleich Wertansätze der Vermögensgegenstände bzw Schuldposten im Konzernabschluss mit denen in den Steuerbilanzen der einbezogenen Unternehmen. Das führt zu umfassender Steuerabgrenzung, jedoch sind nach DRS 10.4 im Grundsatz nur ergebniswirksam entstandene Zeitdifferenzen einzubeziehen, deren Auflösung voraussichtlich zu Steuerbe- oder -entlastung führt. Dies entspricht dem **timing concept** (§§ 274 aF, 306 aF). Hingegen folgen der bilanzorientierte Ansatz des DRS, die Ausnahmeregel des DRS 10.16 (ergebnisneutral entstandene Zeitdifferenzen werden in die Steuerabgrenzung einbezogen) und die Berücksichtigung quasipermanenter Differenzen nach DRS 10.5 dem international üblichen und nun auch vom HGB übernommenen **temporary concept,** näher BeckBilKomm/Hoyos/Fischer 4.

2) IAS/IFRS-Regelungen
Regelung der Steuerabgrenzung in IAS 12, s auch IFRS 3.65. 3

Anteile anderer Gesellschafter

307 (1) **In der Konzernbilanz ist für nicht dem Mutterunternehmen gehörende Anteile an in den Konzernabschluß einbezogenen Tochterunternehmen ein Ausgleichsposten für die Anteile der anderen Gesellschafter in Höhe ihres Anteils am Eigenkapital unter entsprechender Bezeichnung innerhalb des Eigenkapitals gesondert auszuweisen.**

(2) **In der Konzern-Gewinn- und Verlustrechnung ist der im Jahresergebnis enthaltene, anderen Gesellschaftern zustehende Gewinn und der auf sie entfallende Verlust nach dem Posten „Jahresüberschuß/Jahresfehlbetrag" unter entsprechender Bezeichnung gesondert auszuweisen.**

1) Anteile anderer Gesellschafter am Kapital (I)

Hält das Mutterunternehmen weniger als 100% der Anteile des in den Konzernabschluss einbezogenen (s § 296) Tochterunternehmens, muss dies in der Konzernbilanz zum Ausdruck kommen. I schreibt deshalb insoweit die **Bildung eines Ausgleichspostens** für die Anteile der anderen Gfter in Höhe ihres Anteils am Eigenkapital vor **(I 1).** Indirekte Anteile des Mutterunternehmens stehen direkten gleich (s § 290 Rn 13). Im mehrstufigen Konzern erfolgt die Konsolidierung durch Ketten- oder Simultankonsolidierung. Dabei sind Anschaffungskosten, die eine obere Tochter für Vermögensgegenstände, Geschäfts- oder Firmenwert und Schulden einer unteren Tochter (Enkelin) aufwendet (Anschaffungskosten der Beteiligung) für deren Bewertung im Konzern maßgebend (BeckBilKomm/Förschle/Hoffmann 37, str). Lit: Eisele/Kratz ZfbF **97,** 303, Küting/Göth WPg **97,** 1997, Mandl/Königsmaier FS Baetge **97,** 239 (mehrstufiger Konzern), Ebeling/Baumann BB **00,** 1667 (mehrstufiger Konzern), Pawelzik/Theile DB **00,** 2385 GmbH & Co), Mühlberger WPg **01,** 1312 (Minderheitsbeteiligung).

2) Anteiliger Gewinn oder Verlust anderer Gesellschafter (II)

II korrigiert die Konzern-Gewinn- und Verlustrechnung. Der im Jahresergebnis enthaltene anteilige Gewinn oder Verlust anderer Gfter ist nach dem Posten

§ 308 1

„Jahresüberschuss/Jahresfehlbetrag" (§ 275 II Nr 20, III Nr 19) gesondert auszuweisen. Bei der Aufdeckung stiller Reserven, auch soweit sie auf andere Gfter entfallen, nach der Anteilswert- oder Neubewertungsmethode (s § 301 Rn 5) sind Abschreibungen in den Folgejahren den anderen Gftern anteilig zuzurechnen (Folgekonsolidierung, s § 301 Rn 10).

3) IAS/IFRS-Regelungen

3   Nach den Standards sind Minderheitsanteile in der Konzernbilanz innerhalb des Eigenkapitals getrennt vom Eigenkapital des Mutterunternehmens auszuweisen, ebenso Minderheitsanteile am Konzernergebnis (IAS 27.33).

Fünfter Titel. Bewertungsvorschriften

Einheitliche Bewertung

308 (1) ¹Die in den Konzernabschluß nach § 300 Abs. 2 übernommenen Vermögensgegenstände und Schulden der in den Konzernabschluß einbezogenen Unternehmen sind nach den auf den Jahresabschluß des Mutterunternehmens anwendbaren Bewertungsmethoden einheitlich zu bewerten. ²Nach dem Recht des Mutterunternehmens zulässige Bewertungswahlrechte können im Konzernabschluß unabhängig von ihrer Ausübung in den Jahresabschlüssen der in den Konzernabschluß einbezogenen Unternehmen ausgeübt werden. ³Abweichungen von den auf den Jahresabschluß des Mutterunternehmens angewandten Bewertungsmethoden sind im Konzernanhang anzugeben und zu begründen.

(2) ¹Sind in den Konzernabschluß aufzunehmende Vermögensgegenstände oder Schulden des Mutterunternehmens oder der Tochterunternehmen in den Jahresabschlüssen dieser Unternehmen nach Methoden bewertet worden, die sich von denen unterscheiden, die auf den Konzernabschluß anzuwenden sind oder die von den gesetzlichen Vertretern des Mutterunternehmens in Ausübung von Bewertungswahlrechten auf den Konzernabschluß angewendet werden, so sind die abweichend bewerteten Vermögensgegenstände oder Schulden nach den auf den Konzernabschluß angewandten Bewertungsmethoden neu zu bewerten und mit den neuen Wertansätzen in den Konzernabschluß zu übernehmen. ²Wertansätze, die auf der Anwendung von für Kreditinstitute oder Versicherungsunternehmen wegen der Besonderheiten des Geschäftszweigs geltenden Vorschriften beruhen, dürfen beibehalten werden; auf die Anwendung dieser Ausnahme ist im Konzernanhang hinzuweisen. ³Eine einheitliche Bewertung nach Satz 1 braucht nicht vorgenommen zu werden, wenn ihre Auswirkungen für die Vermittlung eines den tatsächlichen Verhältnissen entsprechenden Bildes der Vermögens-, Finanz- und Ertragslage des Konzerns nur von untergeordneter Bedeutung sind. ⁴Darüber hinaus sind Abweichungen in Ausnahmefällen zulässig; sie sind im Konzernanhang anzugeben und zu begründen.

1) Einheitliche Bewertung durch das Mutterunternehmen (I)

1   A. **Einheitliche Bewertung:** Vollkonsolidierung nach § 300 bedeutet Neuaufstellung des Konzernabschlusses nach dem Recht des Mutterunternehmens (s § 300 Rn 2–5). Dementsprechend sind nach I 1 die nach 300 II übernommenen Vermögensgegenstände und Schulden der in den Konzernabschluss einbezogenen Unternehmen (Tochterunternehmen und Mutterunternehmen) einheitlich nach dem Recht des Mutterunternehmens zu bewerten (Einheitstheorie). I 1 erlaubt also sämtliche für den Jahresabschluss des Mutterunternehmens zulässigen Bewertungsmethoden auch für den Konzernabschluss, also nach §§ 252–256. Damit soll der Aufwand für die Neubewertung nach II möglichst gering gehalten

2. Abschnitt. Vorschriften für Kapitalgesellschaften 2–8 **§ 308**

werden (Begr E I § 289). Dies entspricht auch der Darstellung des Konzerns wie eines einzigen Unternehmens (§ 297 III 1). **Übergangsrecht** in **(1)** EGHGB Art 23 II 3, 27 IV, s Einl 83, 87 v § 238. Lit: IDW ERS HFA 6 WPg **00,** 613, Hütteke/Diemer BB **00,** 2035, Budde/Steuber BB **00,** 971, Pawelzik/Theile DB **00,** 2385 Schurbohm/Streckenbach WPg **02,** 845, Niehus DB **02,** 53, Solfrian/Siebrasse StuB **04,** 111 (Umkehrmaßgeblichkeit im Konzern).

B. **Bewertungswahlrechte:** Sie brauchen nur dann nicht einheitlich ausgeübt 2 zu werden, wenn sie auch im Jahresabschluss eines einzigen Unternehmens unterschiedlich ausgeübt werden können (Begr EK § 289), zB unterschiedlicher Wertansatz bei gleichartigen Produkten verschiedener Tochterunternehmen. Die Bewertungswahlrechte entstehen neu, unabhängig von ihrer Ausübung in den einzelnen Jahresabschlüssen (auch den Mutterunternehmens), **I 2.** Die Neuausübung ist idR nur zum Zweck der Einheitlichkeit der Bewertung zulässig. Dies und die Neubewertung nach II können zu erheblichen Unterschieden zwischen Konzernabschluss und den zugrunde liegenden Jahresabschlüssen führen mit Konsequenzen für die Folgejahre (vgl § 301 Rn 10). Dann wird eine spezielle Konzernbuchführung notwendig.

C. **Angabepflicht:** Abweichungen von den Bewertungsmethoden im Kon- 3 zernabschluss gegenüber denen im Jahresabschluss des Mutterunternehmens (nicht der Tochterunternehmen) sind nach I 1 erlaubt (kein Verstoß gegen die Bewertungsstetigkeit, §§ 252 I Nr 6, 297 II 2), aber nach **I 3** im Konzernanhang anzugeben und zu begründen; pauschale Begründungen (zB „auf Grund von Sonderfällen") sind unzureichend, BeckBilKomm/Hoyos/F. Huber 17, str).

2) Neubewertung in den zugrunde liegenden Jahresabschlüssen (II)

A. **Neubewertung:** II stellt die einheitliche Bewertung nach I sicher. Je nach 4 den für das Mutterunternehmen geltenden Bewertungsvorschriften besteht Neubewertungspflicht oder Neubewertungswahlrecht. Diese Neubewertung erstreckt sich auf alle in den Konzernabschluss aufzunehmenden Vermögensgegenstände und Schulden sowohl des Mutterunternehmens als auch der Tochterunternehmen. Die Neubewertung ist in den einzelnen Jahresabschlüssen, also nicht sofort im Konzernabschluss, vorzunehmen und von dort erst in den Konzernabschluss zu übertragen (**II 1**).

B. **Besondere Geschäftszweige:** II 2 begründet ein Beibehaltungswahlrecht 5 für die nach Sondervorschriften des Geschäftszweigs gebildeten Wertansätze bei Kreditinstituten und Versicherungsunternehmen (s §§ 340 e–g und vor Einführung der §§ 341 ff noch § 56 I VAG aF), zB stille Reserven, versicherungstechnische Rückstellungen. Aber Hinweis im Konzernanhang, II 2. Halbs.

C. **Beibehaltungswahlrecht bei untergeordneter Bedeutung:** Zu II 3 vgl 6 § 303 Rn 2.

D. **Unbestimmte Ausnahmen:** II 4 erlaubt darüber hinaus Abweichungen 7 in nicht näher konkretisierten Ausnahmefällen, aber unter Angabe- und Begründungspflicht. Gesetzgeberische Vorstellungen dazu bestanden offenbar nicht (Übernahme aus EG-Ri). In Betracht kommen Unmöglichkeit oder wirtschaftliche Unzumutbarkeit der Neubewertung oder unverhältnismäßige Verzögerung durch die Neubewertung, BeckBilKomm/Hoyos/F. Huber 32. II 4 ist nach dem Zweck der Konzernrechnungslegung eng auszulegen. II 4 kommt zB in Frage, wenn bei einem neu erworbenen Tochterunternehmen die Bewertungsanpassung zu einer unverhältnismäßigen Verzögerung und damit zur Nichteinbeziehung (§ 296 I Nr 2) führen würde, ADS 50.

3) Ausschluss der Umkehrmaßgeblichkeit im Konzernabschluss

Die nach III aF zulässige Übernahme der zu übernehmenden Gegenstände 8 oder Schulden im Jahresabschluss eines in den Konzernabschluss einbezogenen

Merkt 1161

§ 308a 1, 2   III. Buch. Handelsbücher

Unternehmens mit einem nur nach Steuerrecht (vor BilMoG dort noch) zulässigen Bilanzwert wurde für den Konzernabschluss schon durch das TransPuG 2002 ersatzlos gestrichen (**Übergangsrecht** in (1) EGHGB Art 54). Dadurch soll die international unübliche Beeinträchtigung der Aussagekraft der Handelsbilanz durch steuerliche Bewertungsregeln vermindert werden, BTDrucks 14/8769 S. 26.

4) IAS/IFRS-Regelungen

9   Nach den Standards besteht eine Pflicht zur Anwendung einheitlicher Bilanzierungs- und Bewertungsmethoden (IAS 27.28). Werden andere Methoden in einem Konzernunternehmen angewendet, ist bei Aufstellung des Konzernabschlusses Berichtigung erforderlich (IAS 27.29).

Umrechnung von auf fremde Währung lautenden Abschlüssen

308a   ¹ **Die Aktiv- und Passivposten einer auf fremde Währung lautenden Bilanz sind, mit Ausnahme des Eigenkapitals, das zum historischen Kurs in Euro umzurechnen ist, zum Devisenkassamittelkurs am Abschlussstichtag in Euro umzurechnen.** ² **Die Posten der Gewinn- und Verlustrechnung sind zum Durchschnittskurs in Euro umzurechnen.** ³ **Eine sich ergebende Umrechnungsdifferenz ist innerhalb des Konzerneigenkapitals nach den Rücklagen unter dem Posten „Eigenkapitaldifferenz aus Währungsumrechnung" auszuweisen.** ⁴ **Bei teilweisem oder vollständigem Ausscheiden des Tochterunternehmens ist der Posten in entsprechender Höhe erfolgswirksam aufzulösen.**

1) Umrechnung von Abschlüssen in fremder Währung

1   A. § 308a wurde eingefügt durch BilMoG, (**Übergangsrecht** in (1) EGHGB Art 66 III) und ergänzt § 256a nF um Regelungen zur Währungsumrechnung im Konzernabschluss. Vorher waren keine gesetzl Regelungen vorhanden, aber **DRS 14**. Umrechnung in Euro aller auf fremde Währung lautender Aktiva und Passiva erfolgt am Bilanzstichtag zum Divisenkassamittelkurs (§ 256a Rn 1) mit Ausnahme des Eigenkapitals, das zum historischen Kurs umzurechnen ist (S 1). Dieses Verfahren entspricht der **Stichtagsmethode;** sie geht davon aus, dass das ausländische Tochterunternehmen bei wirtschaftlicher Betrachtung von der Mutter unabhängig und selbstständig tätig wird, Baetge/Kirsch/Theile Konzernbilanzen 184. Das Gegenmodell, nämlich wenn die Tochter als Betriebsstätte der Mutter einzustufen wäre, verlangt schon Buchung in Euro (Zeitbezugsmethode). Ob das eine oder das andere der Fall ist, soll sich gemäß der Konzeption der funktionalen Währung danach richten, ob Mutter und Tochter ihre Geschäfte in derselben Währung abwickeln. Jedoch führt die Zeitbezugsmethode zu praktischen Schwierigkeiten und einigen Ungenauigkeiten, vgl Baetge/Kirsch/Theile Konzernbilanzen 186 ff, weshalb der Gesetzgeber mit § 308a nun grds die Stichtagsmethode vorschreibt, RegE BilMoG 84. Keine Anwendung der Norm auf Abschlüsse aus Hochinflationsländern, RegE BilMoG 84. Lit: Küting/Mojadadr DB **08,** 1869, Ernst/Seidler BB **09,** 766, Lüdenbach/Hoffmann StuB **09,** 287, Deubert DStR **09,** 340.

2   B. Umrechnung der Posten aus **GuV** erfolgt nach S 2 nicht wie beim Eigenkapital zum (systematisch richtigen) historischen Kurs, sondern aus Vereinfachungsgründen zum Durschnittskurs. Eine sich aus der Umrechnung ergebende Eigenkapitaldifferenz ist innerhalb des Konzerneigenkapitals nach den Rücklagen unter gesondert bezeichnetem Posten auszuweisen, S 3, dieser Posten bei teilweisem oder vollständigem Ausscheiden der Tochter erfolgswirksam aufzulösen, S 4.

2) IAS/IFRS-Regelungen

Währungsumrechnung richtet sich nach IAS 21. Für den Konzern schreibt **3** IAS 21.38 ff eine der Stichtagsmethode vergleichbare Vorgehensweise vor. Jeder Teileinheit im Konzern hat zunächst seine funktionale Währung zu bestimmen, IAS 21.17. Weicht diese von der Berichtswährung ab, ist zum Stichtag umzurechnen, IAS 21.39. Für Vermögenswerte und Schulden erfolgt das zum Stichtagskurs, für Aufwendungen und Erträge zum Tageskurs der Geschäftsvorfalls oder einem Näherungskurs, zB dem Durchschnittskurs der Periode (IAS 21.40). Umrechnungsdifferenzen sind im Eigenkapital zu erfassen, IAS 21.41.

Behandlung des Unterschiedsbetrags

§ 309 (1) **Die Abschreibung eines nach § 301 Abs. 3 auszuweisenden Geschäfts- oder Firmenwertes bestimmt sich nach den Vorschriften des Ersten Abschnitts.**

(2) **Ein nach § 301 Abs. 3 auf der Passivseite auszuweisender Unterschiedsbetrag darf ergebniswirksam nur aufgelöst werden, soweit**

1. **eine zum Zeitpunkt des Erwerbs der Anteile oder der erstmaligen Konsolidierung erwartete ungünstige Entwicklung der künftigen Ertragslage des Unternehmens eingetreten ist oder zu diesem Zeitpunkt erwartete Aufwendungen zu berücksichtigen sind oder**
2. **am Abschlußstichtag feststeht, daß er einem realisierten Gewinn entspricht.**

1) Abschreibung (I)

Ein bei der ertragswirksamen Erstkonsolidierung nach § 301 I entstehender **1** **aktivischer Unterschiedsbetrag** ist nach § 301 III als Geschäfts- oder Firmenwert auszuweisen (s § 301 Rn 8). Dieser gilt gem § 246 I 4 als begrenzt abnutzbarer Vermögensgegenstand und ist folglich planmäßig oder außerplanmäßig abzuschreiben (§ 246 Rn 10). I stellt klar, dass sich dies auch für den den Fall des § 301 III nach den Vorschriften des ersten Abschnitts, also §§ 246 I 4, 253 richtet (s dort Rn 8 ff, 26). Wertaufholungsverbot nach § 253 V 2; Angabe im Anhang bei Abschreibung über mehr als fünf Jahre (§ 314 I Nr 20).

2) Auflösung (II)

Ein **passivischer Unterschiedsbetrag** nach § 301 I, III ist nach II grundsätz- **2** lich erfolgsneutral zu behandeln. Nur in zwei Ausnahmefällen kommt eine ergebniswirksame Auflösung in Betracht, nach **Nr 1** insbesondere wenn die bei Anteilserwerb oder erstmaliger Konsolidierung erwartete ungünstige Entwicklung eingetreten ist, nach **Nr 2** wenn feststeht, dass der Unterschiedsbetrag einem realisierten Gewinn entspricht. Ersterenfalls handelt es sich um eine Art Rückstellung für drohende Verluste, letzterenfalls um einen Gewinn aus dem Anteilserwerb. Nr 1 ist als Wahlrecht formuliert, aber, da der Verlust sonst auf andere Jahre verlagert werden könnte, als Auflösungspflicht zu verstehen, DRS 4 und hM, BeckBilKomm/Förschle/Hoffmann 49.

3) IAS/IFRS-Regelungen

Seit der Neuregelung der Unternehmenszusammenschlüsse durch IFRS 3 **3** (ersetzt IAS 22) gibt **es keine Abschreibung** des **Geschäfts- oder Firmenwerts** mehr. Vielmehr muss er gem IFRS 3.55 iVm IAS 36 grundsätzlich einmal jährlich auf Wertminderung geprüft werden und ist dann uU zu den Anschaffungskosten abzüglich aller kumulierten Wertminderungsaufwendungen zu bewerten (IFRS 3.54).

Sechster Titel. Anteilmäßige Konsolidierung

[Anteilmäßige Konsolidierung]

310 (1) Führt ein in einen Konzernabschluß einbezogenes Mutter- oder Tochterunternehmen ein anderes Unternehmen gemeinsam mit einem oder mehreren nicht in den Konzernabschluß einbezogenen Unternehmen, so darf das andere Unternehmen in den Konzernabschluß entsprechend den Anteilen am Kapital einbezogen werden, die dem Mutterunternehmen gehören.

(2) **Auf die anteilmäßige Konsolidierung sind die §§ 297 bis 301, §§ 303 bis 306, 308, 308a, 309 entsprechend anzuwenden.**

1) Voraussetzungen der Quotenkonsolidierung (I)

1 Die **anteilsmäßige oder Quotenkonsolidierung** (6. Titel, § 310) bedeutet im Gegensatz zur Vollkonsolidierung Einbeziehung der Aktiva und Passiva des Tochterunternehmens in den Konzernabschluss nur quotal, also nur entsprechend dem Anteil des Mutterunternehmens. Dieses Konsolidierungsverfahren führt zu Verzerrungen und ist deshalb nach § 300 grundsätzlich wie bisher **unzulässig**. § 310 macht eine **Ausnahme für Gemeinschaftsunternehmen**, also ein Unternehmen, das von zwei oder mehreren Gftern idR zu gleichen Anteilen (Berechnung § 271 I 4 HGB, § 16 IV AktG) und mit gleichen Rechten geführt wird. Das Gemeinschaftsunternehmen kann auf der Ebene des Mutterunternehmens oder eines Tochterunternehmens (jeweils nur KapitalGes) bestehen. Das Gemeinschaftsunternehmen selbst ist nicht Tochterunternehmen seiner Gfter (Begr EK § 291). Begriff des Gemeinschaftsunternehmens s GK BilR/Kraft 12. Einer der Gfter des Gemeinschaftsunternehmens muss ein nicht in den Konzernabschluss einbezogenes Unternehmen sein. Das Quotenkonsolidierungsverfahren ist eine Alternative zur Equity-Konsolidierung (§§ 311, 312), nicht zur Vollkonsolidierung (AmtlBegr). Liegen die **Voraussetzungen der Vollkonsolidierung** vor, folgt, dass das **Wahlrecht des § 310 entfällt**, ADS 6, WP-Hdb 00 I M 73, nach aA kann das Gemeinschaftsunternehmen § 290 gar nicht erfüllen, BeckBilKomm/Winkeljohann/Böcker 5, str. Beherrschender Einfluss iSv § 290 I (s § 290 Rn 6–8) kann aber auch durch zwei oder mehrere Mutterunternehmen bei einem Gemeinschaftsunternehmen gegeben sein, BGH **74**, 367, **80**, 73 GK BilR/Kindler § 290 Rn 73. Konsequent fallen diese Fälle nicht unter § 310. Vielmehr verbleiben nur solche Gemeinschaftsunternehmen, bei denen zB mangels einigermaßen beständig gleichgerichteten Interessenlagen der Gfter eine einheitliche Leitung zu verneinen ist; aA AmtlBegr: Vollkonsolidierung bei je 50%igen Gemeinschaftsunternehmen führe durch die aufgeblähte Bilanzsumme und Umsatzerlöse irre. Liegen die Voraussetzungen der Equity-Konsolidierung (§§ 311, 312) und nicht der Vollkonsolidierung vor, kann statt ihrer die Quotenkonsolidierung gewählt werden. Lit: Ebeling WiB **95**, 649 (Methoden), 682 (Fallbeispiel), Ross WPg **95**, 617, Hayn/Küting BB **99**, 2072, Veit/Focke DB **99**, 496 (BGB-Gesellschaftsanteile), Pawelzik/Theile (GmbH & Co), Krawitz BB **01**, 668 (E-DRS 9).

2) Durchführung der Quotenkonsolidierung (II)

2 Die Durchführung richtet sich nach §§ 297–301, 303–306, 308, 308a (BilMoG 2009), 309. Nur bezieht sich die Konsolidierung (des Kapitals, der Schulden, der Zwischenergebnisse, der Aufwände und Erträge) allein auf die Quote. Technik der Quotenkonsolidierung ADS 27. Angaben über anteilmäßig einbezogene Unternehmen im Konzernanhang nach §§ 313, 314.

3) IAS 31 (Anteile an Joint Ventures)

A. Die in § 310 abweichend vom Grundsatz der Vollkonsolidierung zugelassene **Quotenkonsolidierung** ist in den internationalen Standards in **IAS 31** für die Bilanzierung von Anteilen an **Joint Ventures** vorgesehen, Baetge, IAS-Kommentar 96 ff.

B. **Gegenstand:** IAS 31 (Anteile an Joint Ventures) regelt die Bilanzierung von Anteilen an Joint Ventures unabhängig von Struktur oder Form, in der die Aktivitäten eines Joint Ventures stattfinden. **Zeitliche Anwendung:** Geschäftsjahre, die am oder nach dem 1. 1. 05 beginnen. Frühere Anwendung empfohlen (IAS 31.58). Lit: Lüdenbach/Frowein, BB **03,** 2449 (Bilanzierung bei Verlusten), Ruhnke/Schmidt/Seidel, BB **04,** 2231, Hayn/Hayn IRZ **06,** 73 (Neuausrichtung der Konzernrechnungslegung), Lüdenbach PiR **06,** 93 (Sacheinlage/einzelne Vermögenswerte), Küting/Weber/Gattung WPg **06,** 657 (Equity-Methode), Nölte/Weinreis/Mezhova PiR **07,** 164, Labrenz/Neubauer/Schmidt/Schmidt KoR **08,** 178, Zülch/Ermann/Wünsch WPg **08,** 204 (Exposure Draft), Zülch/Wünsch PiR **08,** 29 (Exposure Draft).

C. **Sachliche Anwendung:** IAS 31 ist anzuwenden bei der Bilanzierung von Anteilen an Joint Ventures und der Berichterstattung von Vermögenswerten, Schulden, Erträgen und Aufwendungen von Joint Ventures im Abschluss der Partnerunternehmen und Gesellschafter, unabhängig von Struktur oder Form, in der die Aktivitäten eines Joint Ventures stattfinden. IAS 31 ist jedoch **nicht anzuwenden** auf Anteile an gemeinschaftlich kontrollierten Unternehmen, die von Wagniskapital-Organisationen oder Investmentfonds, Unit Trusts und ähnlichen Unternehmen, einschließlich fondsgebundener Versicherungen, gehalten werden, die bei erstmaligem Ansatz erfolgswirksam mit dem beizulegenden Zeitwert bewertet werden oder die als zu Handelszwecken gehalten eingestuft und in Übereinstimmung mit IAS 39 (Finanzinstrumente: Ansatz und Bewertung) bilanziert werden (IAS 31.1).

D. **Wesentlicher Inhalt:** Ein Joint Venture ist eine vertragliche Vereinbarung, in der zwei oder mehr Unternehmen eine wirtschaftliche Tätigkeit durchführen, die gemeinschaftlich geführt wird. Der Standard unterscheidet **drei Typen** von Joint Ventures: gemeinsame **Tätigkeiten** (IAS 31.13 ff), **Vermögenswerte** unter gemeinschaftlicher Führung (IAS 31.18 ff) und gemeinschaftlich geführte **Unternehmen** (IAS 31.24 ff). **Gemeinschaftliche Führung** besteht nur, wenn die strategischen Entscheidungen bezüglich der wirtschaftlichen Tätigkeit die einstimmige Zustimmung der beteiligten Parteien voraussetzt (IAS 31.3).

E. Bei **gemeinsamen Tätigkeiten** setzt jedes Partnerunternehmen die ihrer Verfügungsmacht unterliegenden Vermögenswerte und Schulden an und erfasst die getätigten Aufwendungen und die anteiligen Erträge (IAS 31.13 ff).

F. Stehen **Vermögenswerte unter gemeinschaftlicher Führung,** dann erfassen die Partnerunternehmen ihren Anteil an den Vermögenswerten entsprechend der **Beteiligungsquote.** Die Parteien setzen ihren Anteil am gemeinschaftlich geführten Vermögen, die im eigenen Namen eingegangenen Schulden und ihren Anteil an gemeinschaftlich eingegangenen Schulden an und erfassen die anteiligen Erträge und die angefallenen und anteiligen Aufwendungen (IAS 31.18 ff).

G. Bei einem **gemeinschaftlich geführten Unternehmen** setzen die Parteien ihre Anteile an dem gemeinschaftlich geführten Unternehmen nach der **Methode der Quotenkonsolidierung** oder der **Equity-Methode** gemäß IAS 28 (Anteilen an assoziierten Unternehmen) an. Die Methode der Quotenkonsolidierung oder die Equity-Methode werden **nicht verwendet,** wenn die Investition gemäß IFRS 5 (Zur Veräußerung gehaltene langfristige Vermögenswerte und aufgegebene Geschäftsbereiche) als zur Veräußerung gehalten klassifiziert

§ 311

wurde oder wenn das Partnerunternehmen selbst ein Tochterunternehmen ist, dessen Eigentümer darüber unterrichtet und damit einverstanden sind, dass die Methode der Quotenkonsolidierung oder die Equity-Methode nicht angewendet werden und deren Schuld- und Eigenkapitalinstrumente nicht öffentlich gehandelt werden. In diesem Fall, hat das Mutterunternehmen einen **IFRS-konformen Konzernabschluss** aufzustellen (IAS 31.24 ff).

10 H. Ein Partnerunternehmen **beendet** die Methode der **Quotenkonsolidierung** oder die **Equity-Methode,** sobald die gemeinschaftliche Führung über ein gemeinschaftlich geführtes Unternehmen nicht mehr ausgeübt wird (IAS 31.36 f).

11 I. Wenn ein Partnerunternehmen Vermögenswerte an ein Joint Venture **transferiert,** hat das Unternehmen lediglich den Anteil des Gewinnes oder Verlustes zu erfassen, welcher der Anteilsquote der anderen Partnerunternehmen entspricht. Erwirbt ein Partnerunternehmen von einem Joint Venture Vermögenswerte, so darf das Partnerunternehmen seinen Anteil am Gewinn des Joint Ventures aus diesem Geschäftsvorfall erst dann erfassen, wenn es die Vermögenswerte an einen unabhängigen Dritten weiterveräußert. Ein Verlust aus den Transaktionen zwischen einem Partnerunternehmen und dem Joint Venture kann einen substantiellen Hinweis darauf liefern, dass der Nettoveräußerungswert eines kurzfristigen Vermögenswertes gesunken ist oder ein Wertminderungsaufwand vorliegt. In diesen Fällen wird der Verlust sofort erfasst (IAS 31.48 ff). Der Standard regelt den Umfang der **Angaben,** die in den Abschlüssen eines Partnerunternehmens zu machen sind (IAS 31.54 ff).

4) Sonstige IAS/IFRS-Regelungen

12 A. **SIC-13 (Gemeinschaftlich geführte Einheiten – Nicht monetäre Einlagen durch Partnerunternehmen)** zu IAS 18 (Erträge), IAS 31 (Anteile an Joint Ventures): SIC-13 behandelt die Erfassung von nicht monetären Einlagen in ein gemeinschaftlich geführtes Unternehmen im Tausch gegen Anteile an dem Partnerunternehmen.

Siebenter Titel. Assoziierte Unternehmen

Definition. Befreiung

311

(1) ¹**Wird von einem in den Konzernabschluß einbezogenen Unternehmen ein maßgeblicher Einfluß auf die Geschäfts- und Finanzpolitik eines nicht einbezogenen Unternehmens, an dem das Unternehmen nach § 271 Abs. 1 beteiligt ist, ausgeübt (assoziiertes Unternehmen), so ist diese Beteiligung in der Konzernbilanz unter einem besonderen Posten mit entsprechender Bezeichnung auszuweisen.** ²**Ein maßgeblicher Einfluß wird vermutet, wenn ein Unternehmen bei einem anderen Unternehmen mindestens den fünften Teil der Stimmrechte der Gesellschafter innehat.**

(2) **Auf eine Beteiligung an einem assoziierten Unternehmen brauchen Absatz 1 und § 312 nicht angewendet zu werden, wenn die Beteiligung für die Vermittlung eines den tatsächlichen Verhältnissen entsprechenden Bildes der Vermögens-, Finanz- und Ertragslage des Konzerns von untergeordneter Bedeutung ist.**

1) Ausweis als assoziiertes Unternehmen (I)

1 A. **Definition:** I 1 enthält eine Legaldefinition des assoziierten Unternehmens. Erforderlich sind danach:

a) Ausübung eines maßgeblichen Einflusses durch ein in den Konzernabschluss einbezogenes Unternehmen (KapitalGes) auf die Geschäfts- und Finanzpolitik eines anderen Unternehmens (auch NichtKapitalGes);

b) Beteiligung des Einfluss nehmenden Unternehmens an dem anderen iSv § 271 I;

c) Nichteinbeziehung des beeinflussten Unternehmens in den Konzernabschluss mittels **Vollkonsolidierung** (§ 300) oder **Quotenkonsolidierung** (§ 310). Das letzte Merkmal spiegelt das Rangverhältnis der Konsolidierungsverfahren nach §§ 300, 310, 311 (s § 300 Rn 1) wider; § 311 ist ihnen gegenüber ein **Auffangtatbestand**. Damit ist zugleich klargestellt, dass die **maßgebliche Einflussnahme** ein Minus zum beherrschenden Einfluss (s § 290 Rn 6–8) ist. Nach I 1 muss der Einfluss maßgeblich sein, also auf gewisse Dauer angelegt und ein solcher von einer gewissen Bedeutung, so wie ihn idR eine mindestens 20%ige Beteiligung (vgl Vermutung nach I 2) gibt. Eine gesellschaftsrechtliche Vermittlung des Einflusses wie beim beherrschenden Einfluss (s § 290 Rn 6–8) ist nicht nötig; wirtschaftlicher Einfluss (finanzielle oder personelle Verflechtung, maßgebliche Kreditbeziehung, technologische Abhängigkeit ua) ist ausreichend. Eine Sperrminorität genügt nicht. Einflussnahme nur gelegentlich reicht nicht aus. Der maßgebliche Einfluss muss sich nach I 1 **auf die Geschäfts- und Finanzpolitik** des anderen Unternehmens beziehen. Das ist nicht kumulativ gemeint (DRS 8.3 „Geschäfts- oder Finanzpolitik"). Einfluss auf die Finanzpolitik kann uU ausreichen, wenn letztere besonders bedeutsam und/oder Einfluss besonders ausgeprägt, ADS 22, str, aA GK/Marsch-Barner 6. Umgekehrt ist nicht Einfluss auf alle wesentlichen Geschäftsbereiche nötig. Der Einfluss muss **ausgeübt** werden. Bloße Möglichkeit der Einflussnahme genügt nicht. Indirekter maßgeblicher Einfluss s § 312 Rn 11. Lit: Küting/Hayn BB **97**, 2419 (Equity-Methode), Kessler BB **99**, 1750 (Equity-Methode), Schruff BB **01**, 87, Schmidtbauer DStR **01**, 1540 (DRS 8), Kunowski StuB **02**, 261 (DRS 8, 9).

B. **Ausweis:** Die Beteiligung nach I 1 ist in der Konzernbilanz unter dem Posten „Beteiligungen an assoziierten Unternehmen" auszuweisen und entsprechend zu bezeichnen. **Übergangsrecht** in (1) EGHGB Art 23 II 3, 27 III, s Einl 66, 70 v § 238. 2

C. **Vermutung:** Bei einem Stimmrechtsanteil von mindestens 20% wird nach I 2 der maßgebliche Einfluss (widerleglich) vermutet. Diese Vermutung wird durch den Nachweis widerlegt, dass ein maßgeblicher Einfluss tatsächlich nicht ausgeübt wird, aber idR nicht durch bloße verbale Erklärungen (vgl § 271 Rn 4). Zur Widerlegung genügt aber auch schon, dass die für die Anwendung der Equity-Methode erforderlichen Angaben nicht erhältlich sind (Bspe für Informationshindernisse bei BeckBilKomm/Winkeljohann/Böcker 18) oder die Rechte aus der Beteiligung nicht geltend gemacht werden können (Begr EK § 292: Ratsprotokollvermerk). 3

2) Wahlrecht bei untergeordneter Bedeutung (II)

Vgl § 303 Rn 2. 4

3) IAS 28 (Anteile an assoziierten Unternehmen)

A. Eine dem § 311 thematisch korrespondierende Regelung zur Bilanzierung von Anteilen an assoziierten Unternehmen findet sich in **IAS 28**, Baetge, IAS-Kommentar 362. 5

B. **Gegenstand:** IAS 28 ist auf die Bilanzierung von **Anteilen an assoziierten Unternehmen** anzuwenden. Beteiligungen werden nach IAS 28 als assoziierte Unternehmen qualifiziert, wenn ein maßgeblicher Einfluss (significant influence) auf die Geschäftspolitik des Beteiligungsunternehmens ausgeübt werden kann. Ein beherrschender Einfluss (Tochterunternehmen) oder eine gemeinschaftliche Leitung mit Dritten (Gemeinschaftsunternehmen) darf nicht vorliegen. **Zeitliche Anwendung:** Geschäftsjahre, die am oder nach dem 1. 1. 2005 6

§ 311 7–12

beginnen (IAS 28.41). Lit: Lüdenbach/Frowein BB **03,** 2449 (Equity-Beteiligungen), Naumann/Naumann WPg-Sonderheft **04,** 130 (Folgebewertung), Ruhnke/Schmidt/Seidel BB **04,** 2231 (Konsolidierungskreis), Lüdenbach/Völkner BB **06,** 2738 (Options-/Terminkontrakte), Hayn/Hayn IRZ **06,** 73 (Neuausrichtung der Konzernrechnungslegung), Großefeld/Stöver/Tönnes NZG **06,** 521 (Unternehmensbewertung), Freiberg PiR **06,** 12 (einfache Anteile), Küting/Weber/Gattung WPg **06,** 657 (Equity-Methode/partielle Endkonsolidierung), Sandleben/Wittmann IRZ **08,** 533 (Equity-Methode).

7   C. **Sachliche Anwendung:** IAS 28 ist auf die Bilanzierung von Anteilen an assoziierten Unternehmen anzuwenden. **Ausnahmen:** Anteile an assoziierten Unternehmen gehalten von Wagniskapital-Organisationen, Investmentfonds, Unit Trusts und ähnliche Unternehmen einschließlich fondsgebundener Versicherungen, falls diese Anteile bei erstmaligem Ansatz als erfolgswirksam mit dem beizulegenden Zeitwert zu bewerten waren oder sie als zu Handelszwecken klassifiziert und in Übereinstimmung mit IAS 39 (Finanzinstrumente: Ansatz und Bewertung) bilanziert wurden (IAS 28.1).

8   D. **Wesentlicher Inhalt:** Ein **assoziiertes Unternehmen** ist ein Unternehmen, auf das der Anteilseigner maßgeblichen Einfluss ausüben kann und das weder ein Tochterunternehmen noch ein Joint Venture des Anteilseigners ist (IAS 28.2). **Maßgeblicher Einfluss** ist die Möglichkeit, an den finanz- und geschäftspolitischen Entscheidungsprozessen des Beteiligungsunternehmens mitzuwirken, ohne diese Entscheidungsprozesse zu beherrschen. Maßgeblicher Einfluss wird **widerlegbar vermutet,** wenn der Anteilseigner direkt oder indirekt mindestens 20% an einem Beteiligungsunternehmen hält (IAS 28.6 ff). Anteile an assoziierten Unternehmen sind im Konzernabschluss grundsätzlich nach der **Equity-Methode** zu bilanzieren, es sei denn, sie gehören zur **Held for Sale-Kategorie** nach IFRS 5 (Zur Veräußerung gehaltene langfristige Vermögenswerte und aufgegebene Geschäftsbereiche), oder der Investor ist selbst ein **Tochterunternehmen** und dessen Eigentümer sind darüber unterrichtet und damit einverstanden, dass die Equity-Methode nicht angewendet wird, wobei die Schuld- und Eigenkapitalinstrumente des Investors nicht am Kapitalmarkt gehandelt werden. In diesem Fall muss das Mutterunternehmen einen IFRS-konformen Konzernabschluss aufstellen (IAS 28.13 ff).

9   E. Der **Abschluss** des Investors ist unter Verwendung **einheitlicher Bilanzierungs- und Bewertungsmethoden** für ähnliche Geschäftsvorfälle und Ereignisse unter vergleichbaren Umständen zu erstellen. Der Unterschied zwischen dem Abschlussstichtag des Investors und des assoziierten Unternehmens darf höchstens drei Monate betragen. Die Anwendung der Equity-Methode ist ab dem Zeitpunkt unzulässig, ab dem das Unternehmen nicht mehr über einen maßgeblichen Einfluss verfügt. Von diesem Zeitpunkt an ist die Investition in Übereinstimmung mit IAS 39 zu bewerten, vorausgesetzt, das Unternehmen wird zu keinem Tochterunternehmen oder zu einem Joint Venture gemäß IAS 31 (IAS 28.26 ff). Der Standard schreibt detaillierte **Angaben** vor, die ein Investor in seinem Abschluss zu machen hat (IAS 28.37 ff).

10   F. **Wesentliche Unterschiede zum HGB:** Beteiligungen an **assoziierten Unternehmen** sind nach deutschem Recht im Einzelabschluss zwingend mit ihren **Anschaffungskosten** bzw. ihrem niedrigeren beizulegenden Wert zu bewerten.

11   Die Anwendung der **Equity-Methode** oder eine **Neubewertung** ist nicht gestattet.

12   In der **Konzernbilanz** ist die Anwendung der Equity-Methode für Beteiligungen an assoziierten Unternehmen vorgeschrieben. Die Bewertung hat dabei nach der Buchwertmethode (§ 312 I 1) zu erfolgen.

2. Abschnitt. Vorschriften für Kapitalgesellschaften § 312

Für den **Konzernabschluss** existiert neben den Regelungen des HGB der 13
DRS 8 (Bilanzierung von Anteilen an assoziierten Unternehmen im Konzernabschluss), der die Regelungen des HGB ergänzt und zT konkretisiert.
DRS 8 verlangt die Aufstellung eines **Zwischenabschlusses,** wenn der
Bilanzstichtag des assoziierten Unternehmens mehr als drei Monate vor dem
Konzernbilanzstichtag liegt. Diese Anforderung geht über die IAS-Regelung
hinaus.

Wertansatz der Beteiligung und Behandlung des Unterschiedsbetrags

312 (1) ¹Eine Beteiligung an einem assoziierten Unternehmen ist in der Konzernbilanz mit dem Buchwert anzusetzen. ²Der Unterschiedsbetrag zwischen dem Buchwert und dem anteiligen Eigenkapital des assoziierten Unternehmens sowie ein darin enthaltener Geschäfts- oder Firmenwert oder passiver Unterschiedsbetrag ist im Konzernanhang anzugeben.

(2) ¹Der Unterschiedsbetrag nach Absatz 1 Satz 2 ist den Wertansätzen der Vermögensgegenstände, Schulden, Rechnungsabgrenzungsposten und Sonderposten des assoziierten Unternehmens insoweit zuzuordnen, als deren beizulegender Zeitwert höher oder niedriger ist als ihr Buchwert. ²Der nach Satz 1 zugeordnete Unterschiedsbetrag ist entsprechend der Behandlung der Wertansätze dieser Vermögensgegenstände, Schulden, Rechnungsabgrenzungsposten und Sonderposten im Jahresabschluss des assoziierten Unternehmens im Konzernabschluss fortzuführen, abzuschreiben oder aufzulösen.
³Auf einen nach Zuordnung nach Satz 1 verbleibenden Geschäfts- oder Firmenwert oder passiven Unterschiedsbetrag ist § 309 entsprechend anzuwenden. ⁴§ 301 Abs. 1 Satz 3 ist entsprechend anzuwenden.

(3) ¹Der Wertansatz der Beteiligung und des Unterschiedsbetrags sind auf der Grundlage der Wertansätze zu dem Zeitpunkt zu ermitteln, zu dem das Unternehmen assoziiertes Unternehmen geworden ist. ²Können die Wertansätze zu diesem Zeitpunkt nicht endgültig ermittelt werden, sind sie innerhalb der darauf folgenden zwölf Monate anzupassen.

(4) ¹Der nach Absatz 1 ermittelte Wertansatz einer Beteiligung ist in den Folgejahren um den Betrag der Eigenkapitalveränderungen, die den dem Mutterunternehmen gehörenden Anteilen am Kapital des assoziierten Unternehmens entsprechen, zu erhöhen oder zu vermindern; auf die Beteiligung entfallende Gewinnausschüttungen sind abzusetzen. ²In der Konzern-Gewinn- und Verlustrechnung ist das auf assoziierte Beteiligungen entfallende Ergebnis unter einem gesonderten Posten auszuweisen.

(5) ¹Wendet das assoziierte Unternehmen in seinem Jahresabschluß vom Konzernabschluß abweichende Bewertungsmethoden an, so können abweichend bewertete Vermögensgegenstände oder Schulden für die Zwecke der Absätze 1 bis 4 nach den auf den Konzernabschluß angewandten Bewertungsmethoden bewertet werden. ²Wird die Bewertung nicht angepaßt, so ist dies im Konzernanhang anzugeben. ³§ 304 über die Behandlung der Zwischenergebnisse ist entsprechend anzuwenden, soweit die für die Beurteilung maßgeblichen Sachverhalte bekannt oder zugänglich sind. ⁴Die Zwischenergebnisse dürfen auch anteilig entsprechend den dem Mutterunternehmen gehörenden Anteilen am Kapital des assoziierten Unternehmens weggelassen werden.

(6) ¹Es ist jeweils der letzte Jahresabschluß des assoziierten Unternehmens zugrunde zu legen. ²Stellt das assoziierte Unternehmen einen Konzernabschluß auf, so ist von diesem und nicht vom Jahresabschluß des assoziierten Unternehmens auszugehen.

§ 312 1–4   III. Buch. Handelsbücher

Übersicht

1) Equity- oder Eigenkapitalmethode (I)   1
2) Buchwertmethode (I 1)   2
3) Unterschiedsbetrag (II)   4
4) Wahlrecht zum Zeitpunkt der Wertansätze (III)   5
5) Fortschreibung des Wertansatzes der Beteiligung (IV)   6
6) Neubewertungswahlrecht zwecks einheitlicher Bewertung (V 1, 2)   7
7) Eliminierung von Zwischenergebnissen und -verlusten (V 3, 4)   8
8) Letzter Jahresabschluss, Konzernabschluss des assoziierten Unternehmens (VI)   9
9) IAS/IFRS-Regelungen   10

1) Equity- oder Eigenkapitalmethode (I)

1   § 312 regelt die Equity- oder Eigenkapitalmethode trotz der Parallelen zur Kapitalkonsolidierung nach der Methode der Vollkonsolidierung (§ 301) selbstständig ohne Verweisung auf diese. Die Equity-Methode ist eine vereinfachte, angelsächsische Konsolidierungsform, die die Konsolidierung auf die Beteiligung (und zT auf die Eliminierung von Zwischenergebnissen, V 3) beschränkt. Dabei wird beim ersten Mal der Wertansatz der Beteiligung (idR Anschaffungskosten) in der Bilanz des Mutterunternehmens mit dem anteiligen Eigenkapital des assoziierten Unternehmens verglichen und danach der Wertansatz in der Konzernbilanz gebildet. Seit BilMoG (**Übergangsrecht** in (1) EGHGB Art 66 V) allein zulässig ist die Buchwertmethode. In den Folgejahren werden Veränderungen des Eigenkapitals des assoziierten Unternehmens jeweils im Konzernabschluss dem Wertansatz der Beteiligung erfolgswirksam zu- oder abgeschrieben; Dividenden werden abgesetzt (IV). Die Equity-Methode versucht also den Wert der Beteiligung und seine jährlichen Veränderungen zu zeigen und die Beteiligungserträge periodengerecht auszuweisen. Lit: Littkemann/Nicnerski BB **99**, 1804, Kessler BB **99**, 1750, Veit/Focke DB **99**, 496 (Anteile an BGB-Ges), Weber-Grellet BB **00**, 1024, 1026, IDW FN **01**, 57 (E-DRS 8), Schruff BB **01**, 87, Niehus DB **02**, 53, Lüdenbach/Frowein BB **03**, 2449 (Equity-Beteiligungen), Ernst/Seidler BB **09**, 766, Lüdenbach/Hoffmann StuB **09**, 287, Petersen/Zwirner StuB **09**, 335, Oser PiR **09**, 121.

2) Buchwertmethode (I 1)

2   A. **Buchwertansatz:** Nach I 1 ist die Beteiligung in der Konzernbilanz mit dem Buchwert, also idR Anschaffungskosten, anzusetzen. I 1 gestattet also die Beibehaltung des Buchwerts aus der Bilanz des Mutterunternehmens (anders § 301: angepasste Buchwerte aus der Bilanz des Tochterunternehmens, s § 301 Rn 5). Die Möglichkeit der Wahl auch der Kapitalanteilsmethode wurde durch BilMoG aufgehoben. Die Entscheidung zugunsten der Buchwertmethode wird damit begründet, sie sei die in Deutschland praktisch anerkannte, RegE BilMoG 85. Nach IFRS ist allerdings allein die Kapitalanteilsmethode vorgesehen.

3   B. **Unterschiedsbetrag:** Nach I 2 ist der Unterschiedsbetrag zwischen dem Buchwert nach I 1 und dem anteiligen Eigenkapital des assoziierten Unternehmens sowie ein darin enthaltener Geschäfts- oder Firmenwert gesondert kenntlich zu machen (Angabe im Konzernanhang) und wie bei Vollkonsolidierung auf anteilige stille Reserven und Geschäfts- oder Firmenwert aufzuteilen, II 1.

3) Unterschiedsbetrag (II)

4   Nach **II 1** ist der Unterschiedsbetrag nach I 2 den Wertansätzen von Vermögensgegenständen und Schulden des assoziierten Unternehmens zuzuordnen. Zu diesem Zweck sind die Gründe für den Unterschiedsbetrag (stille Reserven ua)

2. Abschnitt. Vorschriften für Kapitalgesellschaften 5–9 § 312

zu ermitteln. Liegen diese bei verschiedenen Posten, so ist der Unterschiedsbetrag auf diese entsprechend zu verteilen. Nach **II 2** ist der nach II 1 zugeordnete Betrag in den **Folgejahren** im Konzernabschluss entsprechend zu behandeln wie die zugehörigen Wertansätze im Jahresabschluss des assoziierten Unternehmens. Er ist also parallel dazu fortzuführen, abzuschreiben oder aufzulösen. Nach **II 3** ist ein Unterschiedsbetrag, der nach Zuordnung nach II 1 verbleibt, entsprechend § 309 zu behandeln also Abschreibung, Auflösung nach den Vorschriften des ersten Abschnitts, nach II 4, der auf § 301 I 3 verweist, unter Berücksichtigung der besonderen Regeln für Rückstellungen (§ 253 I 2, 3) und latenten Steuern (§ 274 II).

4) Zeitpunkt der Wertansätze (III)

III sieht den Zeitpunkt zu dem das Unternehmen ein assoziiertes geworden ist 5 für die Bestimmung des Werts der Beteiligung vor. Lässt er sich noch nicht ermitteln, ist er innerhalb der nächsten 12 Monate anzupassen. Das entspricht § 301 II nF (s dort Rn 7). Das Wahlrecht für drei verschiedene Zeitpunkte nach III aF wurde mit BilMoG aufgehoben.

5) Fortschreibung des Wertansatzes der Beteiligung (IV)

Der im ersten Jahr nach I ermittelte Wertansatz der Beteiligung ist in den 6 **Folgejahren** in der Konzernbilanz jeweils entsprechend den Veränderungen des Eigenkapitals des assoziierten Unternehmens fortzuschreiben, also erfolgswirksam zu erhöhen oder zu vermindern. Dividenden sind abzusetzen **(IV 1)**. Diese Fortschreibung ist auch im Konzernanlagenspiegel (§§ 298 I, 268 II) vorzunehmen; zu den Zuordnungsproblemen dabei DTG S 203. Nach **IV 2** ist das anteilige Jahresergebnis des assoziierten Unternehmens in der Konzern-Gewinn- und Verlustrechnung gesondert auszuweisen. Saldierung von anteiligen Jahresüberschüssen und Jahresfehlbeträgen verschiedener assoziierter Unternehmen setzt Aufgliederung dieser Beträge im Konzernanhang voraus. Lit: Schmidtbauer DStR **01**, 1543, Kunowski StuB **02**, 268.

6) Neubewertungswahlrecht zwecks einheitlicher Bewertung (V 1, 2)

V zielt auf einheitliche Bewertungsmethoden im Jahresabschluss des assoziier- 7 ten Unternehmens und im Konzernabschluss. Abweichend bewertete Vermögensgegenstände oder Schulden des assoziierten Unternehmens können für die Zwecke von I–IV nach den Methoden des Konzernabschlusses bewertet werden (Wahlrecht, **V 1**; anders § 308). Wird Nichtanpassung gewählt, ist dies im Konzernanhang anzugeben **(V 2)**.

7) Eliminierung von Zwischenergebnissen und -verlusten (V 3, 4)

V 3 verweist auf § 304. Danach ist die Eliminierung von Zwischenergebnissen 8 zwischen dem Mutterunternehmen und dem assoziierten Unternehmen zwingend, außer bei Wahlrecht nach § 304 II, III. V 3 macht eine weitere Ausnahme, soweit die für die Beurteilung maßgeblichen Sachverhalte nicht bekannt oder nicht zugänglich sind. Nach **V 4** dürfen die Zwischenerfolge auch anteilig weggelassen werden. V 3, 4 betreffen die Lieferungs- und Leistungsbeziehungen zwischen dem Mutterunternehmen und dem assoziierten Unternehmen, auch die unter mehreren in die Konzernbilanz einbezogenen assoziierten Unternehmen (str); nicht solche mit anderen vollkonsolidierten Unternehmen.

8) Letzter Jahresabschluss, Konzernabschluss des assoziierten Unternehmens (VI)

Nach **VI 1** ist (abw von § 299) jeweils der letzte Jahresabschluss des assoziierten 9 Unternehmens zugrunde zu legen. Nach **VI 2** ist ggf vom Konzernabschluss des assoziierten Unternehmens auszugehen (indirekter maßgeblicher Einfluss).

§ 313

9) IAS/IFRS-Regelungen

10 Regelung der Bilanzierung von Anteilen an assoziierten Unternehmen in IAS 28 (s § 311 Rn 5 ff). Bilanzierung der Anteile an einem assoziierten Unternehmen nach der Equity-Methode (IAS 28.11 f) gem IAS 28.13.

Achter Titel. Konzernanhang

Erläuterung der Konzernbilanz und der Konzern-Gewinn- und Verlustrechnung. Angaben zum Beteiligungsbesitz

313 (1) ¹In den Konzernanhang sind diejenigen Angaben aufzunehmen, die zu einzelnen Posten der Konzernbilanz oder der Konzern-Gewinn- und Verlustrechnung vorgeschrieben oder die im Konzernanhang zu machen sind, weil sie in Ausübung eines Wahlrechts nicht in die Konzernbilanz oder in die Konzern-Gewinn- und Verlustrechnung aufgenommen wurden. ²Im Konzernanhang müssen

1. die auf die Posten der Konzernbilanz und der Konzern-Gewinn- und Verlustrechnung angewandten Bilanzierungs- und Bewertungsmethoden angegeben werden;
2. die Grundlagen für die Umrechnung in Euro angegeben werden, sofern der Konzernabschluß Posten enthält, denen Beträge zugrunde liegen, die auf fremde Währung lauten oder ursprünglich auf fremde Währung lauteten;
3. Abweichungen von Bilanzierungs-, Bewertungs- und Konsolidierungsmethoden angegeben und begründet werden; deren Einfluß auf die Vermögens-, Finanz- und Ertragslage des Konzerns ist gesondert darzustellen.

(2) Im Konzernanhang sind außerdem anzugeben:

1. ¹Name und Sitz der in den Konzernabschluß einbezogenen Unternehmen, der Anteil am Kapital der Tochterunternehmen, der dem Mutterunternehmen und den in den Konzernabschluß einbezogenen Tochterunternehmen gehört oder von einer für Rechnung dieser Unternehmen handelnden Person gehalten wird, sowie der zur Einbeziehung in den Konzernabschluß verpflichtende Sachverhalt, sofern die Einbeziehung nicht auf einer der Kapitalbeteiligung entsprechenden Mehrheit der Sitmmrechte beruht. ²Diese Angaben sind auch für Tochterunternehmen zu machen, die nach § 296 nicht einbezogen worden sind;
2. ¹Name und Sitz der assoziierten Unternehmen, der Anteil am Kapital der assoziierten Unternehmen, der dem Mutterunternehmen und den in den Konzernabschluß einbezogenen Tochterunternehmen gehört oder von einer für Rechnung dieser Unternehmen handelnden Person gehalten wird. ²Die Anwendung des § 311 Abs. 2 ist jeweils anzugeben und zu begründen;
3. Name und Sitz der Unternehmen, die nach § 310 nur anteilmäßig in den Konzernabschluß einbezogen worden sind, der Tatbestand, aus dem sich die Anwendung dieser Vorschrift ergibt, sowie der Anteil am Kapital dieser Unternehmen, der dem Mutterunternehmen und den in den Konzernabschluß einbezogenen Tochterunternehmen gehört oder von einer für Rechnung dieser Unternehmen handelnden Person gehalten wird;
4. ¹Name und Sitz anderer als der unter den Nummern 1 bis 3 bezeichneten Unternehmen, bei denen das Mutterunternehmen, ein Tochterunternehmen oder eine für Rechnung eines dieser Unternehmen handelnde Person mindestens den fünften Teil der Anteile besitzt, unter Angabe des Anteils am Kapital sowie der Höhe des Eigenkapitals und des Ergebnisses des

letzten Geschäftsjahrs, für das ein Abschluß aufgestellt worden ist. ²Ferner sind anzugeben alle Beteiligungen an großen Kapitalgesellschaften, die andere als die in Nummer 1 bis 3 bezeichneten Unternehmen sind, wenn sie von einem börsennotierten Mutterunternehmen, einem börsennotierten Tochterunternehmen oder einer für Rechnung eines dieser Unternehmen handelnden Person gehalten werden und fünf vom Hundert der Stimmrechte überschreiten. ³Diese Angaben brauchen nicht gemacht zu werden, wenn sie für die Vermittlung eines den tatsächlichen Verhältnissen entsprechenden Bildes der Vermögens-, Finanz- und Ertragslage des Konzerns von untergeordneter Bedeutung sind. ⁴Das Eigenkapital und das Ergebnis brauchen nicht angegeben zu werden, wenn das in Anteilsbesitz stehende Unternehmen seinen Jahresabschluß nicht offenzulegen hat und das Mutterunternehmen, das Tochterunternehmen oder die Person weniger als die Hälfte der Anteile an diesem Unternehmen besitzt.

(3) ¹Die in Absatz 2 verlangten Angaben brauchen insoweit nicht gemacht zu werden, als nach vernünftiger kaufmännischer Beurteilung damit gerechnet werden muß, daß durch die Angaben dem Mutterunternehmen, einem Tochterunternehmen oder einem anderen in Absatz 2 bezeichneten Unternehmen erhebliche Nachteile entstehen können. ²Die Anwendung der Ausnahmeregelung ist im Konzernanhang anzugeben. ³ Satz 1 gilt nicht, wenn ein Mutterunternehmen oder eines seiner Tochterunternehmen kapitalmarktorientiert im Sinn des § 264 d ist.

Übersicht

1) Rechtsnatur und Funktion des Konzernanhangs 1
2) Pflichtangaben und Wahlpflichtangaben im Konzernanhang (I 1) 3
3) Freiwillige Angaben 7
4) Gliederung und Darstellung 8
5) Bilanzierungs- und Bewertungsmethoden (I 2 Nr 1) 9
6) Währungsumrechnung (I 2 Nr 2) 10
7) Abweichungen von Bilanzierungs- und Bewertungsmethoden (I 2 Nr 3) 11
8) Name, Sitz, Kapitalanteil an anderen Unternehmen (II) 12
9) Schutzklausel im Unternehmensinteresse zu II (III) 13
10) Konzernbeteiligungsliste (IV) 14
11) IAS/IFRS-Regelungen 15

1) Rechtsnatur und Funktion des Konzernanhangs

A. Rechtsnatur: Der Konzernanhang ist Teil des Konzernabschlusses des 1 Mutterunternehmens neben Konzernbilanz und Konzern-Gewinn- und Verlustrechnung (§ 297 I). Insofern ist er mit dem Konzerngeschäftsbericht nach § 334 aF AktG nicht zu vergleichen. Auch inhaltlich geht er zT erheblich weiter.

B. Funktion: Der Anhang dient der Erläuterung der Konzernbilanz und der 2 Konzern-Gewinn- und Verlustrechnung. Die Vermittlung eines den tatsächlichen Verhältnissen entsprechenden Bildes der Vermögens-, Finanz- und Ertragslage des Konzerns (§ 297 II 2) wird erst vollends durch die Angaben im Anhang möglich. Unterscheidung von Pflicht-, Wahlpflicht- und freiwilligen Angaben s § 284 Rn 2 ff. Größenabhängige Erleichterungen gibt es nicht (abw § 288). **Muster:** Hopt/Kraft 3. Aufl 2007 Form III.G.3 (Konzernanhang), Farr, Checklisten für die Aufstellung und Prüfung des Konzernanhangs 2002. Lit: IDW-HFA-E WPg **98**, 549 (Währungsumrechnung im Konzernabschluss), Findeisen/Ross DB **99**, 1077 (Asset-Backed Securities), Löcke BB **99**, 307 (IAS), Gebhardt BB **99**, 1314 (IAS), IDW ERS BFA 1, WPg **00**, 721 (Kreditderivate), Busse von

§ 313 3–12   III. Buch. Handelsbücher

Colbe BB **00,** 2405 (DRS 7), Fülbier DB **00,** 1345 (DRS 4), Pawelzik/Theile DStR **00,** 2145 (GmbH & Co), Scharpf DB **00,** 629 (Finanzinstrumente), Strobel DB **00,** 53 (KapCoRiLiG), Wollmert/Oser DB **00,** 729 (§ 315 a), Zander DB **00,** 985 (Derivate nach US GAAP).

2) Pflichtangaben und Wahlpflichtangaben im Anhang (I 1)

3 A. **Nach HGB: a)** alle Angaben wie im Anhang, **soweit § 298 I** für den Konzernabschluss **auf Jahresabschlussrecht** (§§ 244–247 I, II, §§ 248–253, 255, 256, 265, 266, 268–272, 274, 275, 277–279 I) **verweist,** das Angabepflichten enthält (s § 284 Rn 3).

4 **b)** §§ 296 III; 297 II 3, III 4, 5; 299 I 2. Halbs; 300 II 3 2. Halbs; 304 II 2; 308 I 3, II 2 2. Halbs, 4 2. Halbs, III 2; 312 I 2, V 2, 3; 328 IV.

5 **c)** Hinzu kommen die **Angaben nach § 313** I 2 Nr 1–3, II Nr 1–4, III 2, IV 3 und **§ 314** I Nr 1–21 II 2.

6 B. **Nach (1) EGHGB, (2 a) AktG, (2 b) GmbHG:** vgl § 284 Rn 5–7.

3) Freiwillige Angaben
7 S § 284 Rn 8.

4) Gliederung und Darstellung
8 S § 284 Rn 9–10.

5) Bilanzierungs- und Bewertungsmethoden (I 2 Nr 1)
9 I 2 Nr 1 entspricht § 284 II Nr 1 (s § 284 Rn 11).

6) Währungsumrechnung (I 2 Nr 2)
10 I 2 Nr 2 idF EuroEG 1998 entspricht § 284 II Nr 2 (s § 284 Rn 12).

7) Abweichungen von Bilanzierungs- und Bewertungsmethoden (I 2 Nr 3)
11 I 2 Nr 3 entspricht § 284 II Nr 3 (s § 284 Rn 13).

8) Name, Sitz, Kapitalanteil an anderen Unternehmen (II)
12 **II Nr 1** betrifft die in den Konzernabschluss einbezogenen Unternehmen (§ 294), nicht aber die nach § 296 nicht einbezogenen Tochterunternehmen. Vgl beim Einzelabschluss § 285 Nr 11, 14. **Nr 2** betrifft die assoziierten Unternehmen (§ 311 I). Die Nichteinbeziehung nach § 311 II ist jeweils anzugeben und zu begründen (Nr 2 S 2). **Nr 3** betrifft die Gemeinschaftsunternehmen (§ 310). **Nr 4** verlangt darüber hinaus entsprechende Angaben für sonstige, auch indirekte Beteiligungen ab 20% (Nr 4 S 1). Ferner sind anzugeben alle Beteiligungen an großen KapitalGes (§ 267 III), die andere Unternehmen als die nach Nr 1–3 sind, mit über 5% der Stimmrechte, wenn die Beteiligung von einem börsennotierten Mutter- oder Tochterunternehmen (§ 3 II AktG, auch geregelter Markt, nicht Freiverkehr, vgl § 267 Rn 9) oder einer für Rechnung eines dieser Unternehmen handelnden Person (zB Treuhänder) gehalten wird (Nr 4 S 2 idF KapCoRiLiG 2000). Der Halbs „KapitalGes, die andere als die in Nr 1 bis 3 bezeichneten Unternehmen sind," soll Beteiligungen ausnehmen, die Mitglieder der Konzernmutter in Konzerntöchtern halten (RegE). Nr 4 S 2 gilt auch für Kreditinstitute und Versicherungsunternehmen (§§ 340 i II 1, 341 j I). Wahlrecht bei untergeordneter Bedeutung (Nr 4 S 3). Bei unter 50%igen Beteiligungen an einem selbst nicht offenlegungspflichtigen Unternehmen (EinzelKfm, PersonenGes, s § 325 I 1) brauchen Eigenkapital und Ergebnis nicht angegeben zu werden (Nr 4 S 4).

1174   *Merkt*

2. Abschnitt. Vorschriften für Kapitalgesellschaften § 314

9) Schutzklausel im Unternehmensinteresse zu II (III)

Für alle Angaben nach II (s Rn 12) gilt gemäß **III 1** eine Schutzklausel im 13 Unternehmensinteresse (vgl zT abw § 286 II, III; auch § 314 II). Der Gebrauch der Schutzklausel ist nach **III 2** im Anhang anzugeben. Allerdings ist diese Schutzklausel durch Einfügung von **III 3** nF durch das TransPuG 2002 (**Übergangsrecht** in (1) Art 54) in Übereinstimmung mit international anerkannten Grundsätzen allen kapitalmarktorientierten Unternehmen iSv § 264 d verwehrt.

10) Konzernbeteiligungsliste (IV aF)

IV aF wie auch § 287 durch BilMoG aufgehoben (Übergangsrecht in (1) 14 EGHGB Art 66 V).

11) IAS/IFRS-Regelungen

Da die internationalen Standards sowohl für Einzel- als auch für Konzern- 15 abschlüsse gelten, fehlt es an gesonderten Regelungen für den Konzernanhang. Spezielle Bestimmungen für den Konzernanhang ergeben sich allein aus konzeptionellen Abweichungen des Konzern- vom Einzelabschluss. Besondere Angabepflichten ergeben sich aus IAS 21, IAS 27, IAS 28, IAS 31, detaillierte Liste bei Baetge/Kirsch/Thiele, Bilanzrecht-Kommentar Rn 512.

Sonstige Pflichtangaben

314 (1) Im Konzernanhang sind ferner anzugeben:
1. der Gesamtbetrag der in der Konzernbilanz ausgewiesenen Verbindlichkeiten mit einer Restlaufzeit von mehr als fünf Jahren sowie der Gesamtbetrag der in der Konzernbilanz ausgewiesenen Verbindlichkeiten, die von in den Konzernabschluß einbezogenen Unternehmen durch Pfandrechte oder ähnliche Rechte gesichert sind, unter Angabe von Art und Form der Sicherheiten;
2. Art und Zweck sowie Risiken und Vorteile von nicht in der Konzernbilanz enthaltenen Geschäften des Mutterunternehmens und der in den Konzernabschluss einbezogenen Tochterunternehmen, soweit dies für die Beurteilung der Finanzlage des Konzerns notwendig ist;
2 a. der Gesamtbetrag der sonstigen finanziellen Verpflichtungen, die nicht in der Konzernbilanz enthalten und nicht nach § 298 Abs. 1 in Verbindung mit § 251 oder nach Nummer 2 anzugeben sind, sofern diese Angabe für die Beurteilung der Finanzlage des Konzerns von Bedeutung ist; davon und von den Haftungsverhältnissen nach § 251 sind Verpflichtungen gegenüber Tochterunternehmen, die nicht in den Konzernabschluss einbezogen werden, jeweils gesondert anzugeben;
3. die Aufgliederung der Umsatzerlöse nach Tätigkeitsbereichen sowie nach geographisch bestimmten Märkten, soweit sich, unter Berücksichtigung der Organisation des Verkaufs von für die gewöhnliche Geschäftstätigkeit des Konzerns typischen Erzeugnissen und der für die gewöhnliche Geschäftstätigkeit des Konzerns typischen Dienstleistungen, die Tätigkeitsbereiche und geographisch bestimmten Märkte untereinander erheblich unterscheiden;
4. die durchschnittliche Zahl der Arbeitnehmer der in den Konzernabschluß einbezogenen Unternehmen während des Geschäftsjahrs, getrennt nach Gruppen, sowie der in dem Geschäftsjahr verursachte Personalaufwand, sofern er nicht gesondert in der Konzern-Gewinn- und

§ 314

Verlustrechnung ausgewiesen ist; die durchschnittliche Zahl der Arbeitnehmer von nach § 310 nur anteilmäßig einbezogenen Unternehmen ist gesondert anzugeben;
5. *(aufgehoben)*
6. für die Mitglieder des Geschäftsführungsorgans, eines Aufsichtsrats, eines Beirats oder einer ähnlichen Einrichtung des Mutterunternehmens, jeweils für jede Personengruppe:
    a) die für die Wahrnehmung ihrer Aufgaben im Mutterunternehmen und den Tochterunternehmen im Geschäftsjahr gewährten Gesamtbezüge (Gehälter, Gewinnbeteiligungen, Bezugsrechte und sonstige aktienbasierte Vergütungen, Aufwandsentschädigungen, Versicherungsentgelte, Provisionen und Nebenleistungen jeder Art). In die Gesamtbezüge sind auch Bezüge einzurechnen, die nicht ausgezahlt, sondern in Ansprüche anderer Art umgewandelt oder zur Erhöhung anderer Ansprüche verwendet werden. Außer den Bezügen für das Geschäftsjahr sind die weiteren Bezüge anzugeben, die im Geschäftsjahr gewährt, bisher aber in keinem Konzernabschluss angegeben worden sind. Bezugsrechte und sonstige aktienbasierte Vergütungen sind mit ihrer Anzahl und dem beizulegenden Zeitwert zum Zeitpunkt ihrer Gewährung anzugeben; spätere Wertveränderungen, die auf einer Änderung der Ausübungsbedingungen beruhen, sind zu berücksichtigen. Ist das Mutterunternehmen eine börsennotierte Aktiengesellschaft, sind zusätzlich unter Namensnennung die Bezüge jedes einzelnen Vorstandsmitglieds, aufgeteilt nach erfolgsunabhängigen und erfolgsbezogenen Komponenten sowie Komponenten mit langfristiger Anreizwirkung, gesondert anzugeben. Dies gilt auch für:
        aa) Leistungen, die dem Vorstandsmitglied für den Fall einer vorzeitigen Beendigung seiner Tätigkeit zugesagt worden sind;
        bb) Leistungen, die dem Vorstandsmitglied für den Fall der regulären Beendigung seiner Tätigkeit zugesagt worden sind, mit ihrem Barwert, sowie den von der Gesellschaft während des Geschäftsjahres hierfür aufgewandten oder zurückgestellten Betrag;
        cc) während des Geschäftsjahres vereinbarte Änderungen dieser Zusagen;
        dd) Leistungen, die einem früheren Vorstandsmitglied, das seine Tätigkeit im Laufe des Geschäftsjahres beendet hat, in diesem Zusammenhang zugesagt und im Laufe des Geschäftsjahres gewährt worden sind.
    Enthält der Konzernabschluss weitergehende Angaben zu bestimmten Bezügen, sind auch diese zusätzlich einzeln anzugeben;
    b) die für die Wahrnehmung ihrer Aufgaben im Mutterunternehmen und den Tochterunternehmen gewährten Gesamtbezüge (Abfindungen, Ruhegehälter, Hinterbliebenenbezüge und Leistungen verwandter Art) der früheren Mitglieder der bezeichneten Organe und ihrer Hinterbliebenen; Buchstabe a Satz 2 und 3 ist entsprechend anzuwenden. Ferner ist der Betrag der für diese Personengruppe gebildeten Rückstellungen für laufende Pensionen und Anwartschaften auf Pensionen und der Betrag der für diese Verpflichtungen nicht gebildeten Rückstellungen anzugeben;
    c) die vom Mutterunternehmen und den Tochterunternehmen gewährten Vorschüsse und Kredite unter Angabe der Zinssätze, der wesentlichen Bedingungen und der gegebenenfalls im Geschäftsjahr zurückgezahlten Beträge sowie die zugunsten dieser Personengruppen eingegangenen Haftungsverhältnisse;

2. Abschnitt. Vorschriften für Kapitalgesellschaften § 314

7. der Bestand an Anteilen an dem Mutterunternehmen, die das Mutterunternehmen oder ein Tochterunternehmen oder ein anderer für Rechnung eines in den Konzernabschluß einbezogenen Unternehmens erworben oder als Pfand genommen hat; dabei sind die Zahl und der Nennbetrag oder rechnerische Wert dieser Anteile sowie deren Anteil am Kapital anzugeben;
8. für jedes in den Konzernabschluss einbezogene börsennotierte Unternehmen, dass die nach § 161 des Aktiengesetzes vorgeschriebene Erklärung abgegeben und wo sie öffentlich zugänglich gemacht worden ist;
9. das von dem Abschlussprüfer des Konzernabschlusses für das Geschäftsjahr berechnete Gesamthonorar, aufgeschlüsselt in das Honorar für
    a) die Abschlussprüfungsleistungen,
    b) andere Bestätigungsleistungen,
    c) Steuerberatungsleistungen,
    d) sonstige Leistungen;
10. für zu den Finanzanlagen (§ 266 Abs. 2 A. III.) gehörende Finanzinstrumente, die in der Konzernbilanz über ihrem beizulegenden Zeitwert ausgewiesen werden, da eine außerplanmäßige Abschreibung gemäß § 253 Abs. 3 Satz 4 unterblieben ist,
    a) der Buchwert und der beizulegende Zeitwert der einzelnen Vermögensgegenstände oder angemessener Gruppierungen sowie
    b) die Gründe für das Unterlassen der Abschreibung einschließlich der Anhaltspunkte, die darauf hindeuten, dass die Wertminderung voraussichtlich nicht von Dauer ist;
11. für jede Kategorie nicht zum beizulegenden Zeitwert bilanzierter derivativer Finanzinstrumente
    a) deren Art und Umfang,
    b) deren beizulegender Zeitwert, soweit er sich nach § 255 Abs. 4 verlässlich ermitteln lässt, unter Angabe der angewandten Bewertungsmethode,
    c) deren Buchwert und der Bilanzposten, in welchem der Buchwert, soweit vorhanden, erfasst ist, sowie
    d) die Gründe dafür, warum der beizulegende Zeitwert nicht bestimmt werden kann;
12. für gemäß § 340 e Abs. 3 Satz 1 mit dem beizulegenden Zeitwert bewertete Finanzinstrumente
    a) die grundlegenden Annahmen, die der Bestimmung des beizulegenden Zeitwertes mit Hilfe allgemein anerkannter Bewertungsmethoden zugrunde gelegt wurden, sowie
    b) Umfang und Art jeder Kategorie derivativer Finanzinstrumente einschließlich der wesentlichen Bedingungen, welche die Höhe, den Zeitpunkt und die Sicherheit künftiger Zahlungsströme beeinflussen können;
13. zumindest die nicht zu marktüblichen Bedingungen zustande gekommenen Geschäfte des Mutterunternehmens und seiner Tochterunternehmen, soweit sie wesentlich sind, mit nahe stehenden Unternehmen und Personen, einschließlich Angaben zur Art der Beziehung, zum Wert der Geschäfte sowie weiterer Angaben, die für die Beurteilung der Finanzlage des Konzerns notwendig sind; ausgenommen sind Geschäfte mit und zwischen mittel- oder unmittelbar in 100-prozentigem Anteilsbesitz stehenden in einen Konzernabschluss einbezogenen Unternehmen; Angaben über Geschäfte können nach Geschäftsarten zusammengefasst werden, sofern die getrennte Angabe für die Beurteilung der Auswirkungen auf die Finanzlage des Konzerns nicht notwendig ist;

§ 314

14. im Fall der Aktivierung nach § 248 Abs. 2 der Gesamtbetrag der Forschungs- und Entwicklungskosten des Geschäftsjahres der in den Konzernabschluss einbezogenen Unternehmen sowie der davon auf die selbst geschaffenen immateriellen Vermögensgegenstände des Anlagevermögens entfallende Betrag;
15. bei Anwendung des § 254 im Konzernabschluss,
    a) mit welchem Betrag jeweils Vermögensgegenstände, Schulden, schwebende Geschäfte und mit hoher Wahrscheinlichkeit erwartete Transaktionen zur Absicherung welcher Risiken in welche Arten von Bewertungseinheiten einbezogen sind sowie die Höhe der mit Bewertungseinheiten abgesicherten Risiken;
    b) für die jeweils abgesicherten Risiken, warum, in welchem Umfang und für welchen Zeitraum sich die gegenläufigen Wertänderungen oder Zahlungsströme künftig voraussichtlich ausgleichen einschließlich der Methode der Ermittlung;
    c) eine Erläuterung der mit hoher Wahrscheinlichkeit erwarteten Transaktionen, die in Bewertungseinheiten einbezogen wurden,
    soweit die Angaben nicht im Konzernlagebericht gemacht werden;
16. zu den in der Konzernbilanz ausgewiesenen Rückstellungen für Pensionen und ähnliche Verpflichtungen das angewandte versicherungsmathematische Berechnungsverfahren sowie die grundlegenden Annahmen der Berechnung, wie Zinssatz, erwartete Lohn- und Gehaltssteigerungen und zugrunde gelegte Sterbetafeln;
17. im Fall der Verrechnung von in der Konzernbilanz ausgewiesenen Vermögensgegenständen und Schulden nach § 246 Abs. 2 Satz 2 die Anschaffungskosten und der beizulegende Zeitwert der verrechneten Vermögensgegenstände, der Erfüllungsbetrag der verrechneten Schulden sowie die verrechneten Aufwendungen und Erträge; Nummer 12 Buchstabe a ist entsprechend anzuwenden;
18. zu den in der Konzernbilanz ausgewiesenen Anteilen oder Anlageaktien an inländischen Investmentvermögen im Sinn des § 1 des Investmentgesetzes oder vergleichbaren ausländischen Investmentanteilen im Sinn des § 2 Abs. 9 des Investmentgesetzes von mehr als dem zehnten Teil, aufgegliedert nach Anlagezielen, deren Wert im Sinn des § 36 des Investmentgesetzes oder vergleichbarer ausländischer Vorschriften über die Ermittlung des Marktwertes, die Differenz zum Buchwert und die für das Geschäftsjahr erfolgte Ausschüttung sowie Beschränkungen in der Möglichkeit der täglichen Rückgabe; darüber hinaus die Gründe dafür, dass eine Abschreibung gemäß § 253 Abs. 3 Satz 4 unterblieben ist, einschließlich der Anhaltspunkte, die darauf hindeuten, dass die Wertminderung voraussichtlich nicht von Dauer ist; Nummer 10 ist insoweit nicht anzuwenden;
19. für nach § 251 unter der Bilanz oder nach § 268 Abs. 7 Halbsatz 1 im Anhang ausgewiesene Verbindlichkeiten und Haftungsverhältnisse die Gründe der Einschätzung des Risikos der Inanspruchnahme;
20. die Gründe, welche die Annahme einer betrieblichen Nutzungsdauer eines in der Konzernbilanz ausgewiesenen entgeltlich erworbenen Geschäfts- oder Firmenwertes aus der Kapitalkonsolidierung von mehr als fünf Jahren rechtfertigen;
21. auf welchen Differenzen oder steuerlichen Verlustvorträgen die latenten Steuern beruhen und mit welchen Steuersätzen die Bewertung erfolgt ist.

(2) [1] Mutterunternehmen, die den Konzernabschluss um eine Segmentberichterstattung erweitern (§ 297 Abs. 1 Satz 2), sind von der Angabepflicht gemäß Absatz 1 Nr. 3 befreit. [2] Für die Angabepflicht gemäß Absatz 1 Nr. 6 Buchstabe a Satz 5 bis 8 gilt § 286 Abs. 5 entsprechend.

2. Abschnitt. Vorschriften für Kapitalgesellschaften 1–10 **§ 314**

1) Verbindlichkeiten über noch fünf Jahre, Sicherheiten (I Nr 1)

I Nr 1 entspricht § 285 Nr 1. **1**

2) Sonstige finanzielle Verpflichtungen (I Nr 2, Nr 2 a)

I Nr 2, Nr 2 a geändert durch BilMoG 2009 (**Übergangsrecht** in **(1) 2** EGHGB Art 66 II) entsprechen § 285 Nr 3, Nr 3 a. Nr 2: Angabe zu bestimmten Geschäften, die nicht in der Bilanz erscheinen; Gesondert anzugeben sind nach Nr 2 a Verpflichtungen gegenüber nicht in den Konzernabschluss einbezogenen Tochterunternehmen (I Nr 2 2. Halbs, folgt aber schon aus §§ 298 I, 268 VII 2. Halbs).

3) Aufgliederung der Umsatzerlöse (I Nr 3)

I Nr 3 entspricht § 285 S 1 Nr 4. **3**

4) Zahl der Arbeitnehmer, Personalaufwand (I Nr 4)

I Nr 4 entspricht § 285 S 1 Nr 7, 8 b. Gesonderte Angabe der Durchschnitts- **4** zahl der Arbeitnehmer von Gemeinschaftsunternehmen nach § 310 (I Nr 4 2. Halbs).

5) Ergebnisbeeinflussung durch steuerrechtliche Bewertung (I Nr 5)

I Nr 5 aufgehoben durch TransPuG 2002 als Folge der Änderung von § 298 I **5** und der Aufhebung von § 308 III (**Übergangsrecht** in **(1)** EGHGB Art 54).

6) Gesamtbezüge der Organmitglieder, Organkredite (I Nr 6)

I Nr 6 (a S 1 idF KapCoRiLiG 2000, klarstellend: auch Bezugsrechte) ent- **6** spricht § 285 Nr 9. Mit dem Gesetz über die Offenlegung der Vorstandsvergütungen (VorstOG) vom 3. 8. 05 (Übergangsrecht in **(1)** EGHGB Art. 59) wird – wie auch bei § 285 Nr 9 a und b, s § 285 Rn 9 – in Nr 6 a und b die Pflicht zur Offenlegung von Aktienoptionen (beizulegender Zeitwert mit späteren Änderungen) und Vorstandsbezügen börsennotierter AG (Einzelbezüge mit Namensnennung, aufgegliedert nach erfolgsabhängigen und -unabhängigen sowie langfristig als Anreiz wirkenden Bestandteilen) erweitert. Lit: Baums ZHR 169 (**2005**) 299, Fleischer DB **05,** 1611, Lücke NZG **05,** 692, Spindler NZG **05,** 689, Thüsing ZIP **05,** 1389, Sultana/Willeke StuB **05,** 158.

7) Anteile an dem Mutterunternehmen (I Nr 7)

Vgl § 301 Rn 12. **7**

8) Entsprechenserklärung (I Nr 8)

I Nr 8 eingefügt durch TransPuG 2002, geändert durch BilMoG 2009 **8** (**Übergangsrecht** in **(1)** EGHGB Art 66 II); siehe (**2 a**) AktG § 161 und § 285 Nr 16.

9) Angaben zum Abschlussprüfer bei kapitalmarktorientierten Ges (I Nr 9 a–d)

I Nr 9 a–d eingefügt durch BilReG 2004 (Einl 20 v § 238; **Übergangsrecht 9** in **(1)** EGHGB Art 58 III), geändert durch BilMoG 2009 (**Übergangsrecht** in **(1)** EGHGB Art 66 II); entspricht der korrespondierenden Regelung für den Lagebericht beim Einzelunternehmen, s § 285 Rn 18.

10) Finanzinstrumente (I Nr 10 a und b, I Nr 11 a–d, I Nr 12 a–d)

I Nr 10 a und b, 11 a-d, 12 a-d idF BilMoG 2009 (**Übergangsrecht** in **(1) 10** EGHGB Art 66 III), entsprechen den korrespondierenden Regelungen für den Anhang beim Einzelunternehmen, s § 285 Rn 19 f.

§ 315

11) Geschäfte mit nahe stehenden Personen (I Nr 13)

11 I Nr 13 eingefügt durch BilMoG (**Übergangsrecht** in (**1**) EGHGB Art 66 III), entspricht § 285 Nr 21 (s dort Rn 20).

12) Forschungs- und Entwicklungskosten (I Rn 14)

12 I Nr 14 korrespondiert mit der Aufhebung des Aktivierungsverbots nach § 248 II aF durch BilMoG (**Übergangsrecht** in (**1**) EGHGB Art 66 III) und entsprich § 285 Nr 22 (s dort Rn 21).

13) Bewertungseinheiten (I Nr 15)

13 I Nr 15 eingefügt durch BilMoG, geändert durch ARUG (**Übergangsrecht** in (**1**) EGHGB Art 66 III), entspricht § 285 Nr 23 und verlangt Angaben bei Anwendung des § 254 (s § 285 Rn 22).

14) Pensionsrückstellungen (I Nr 16)

14 I Nr 16 eingefügt durch BilMoG (**Übergangsrecht** in (**1**) EGHGB Art 66 III), enspricht § 285 Nr 24.

15) Verrechnete Vermögensgegenstände und Schulden (I Nr 17)

15 I Nr 17 eingefügt durch BilMoG (**Übergangsrecht** in (**1**) EGHGB Art 66 III), verlangt Angabe hinsichtlich zu verrechnender Vermögensgegenstände und Schulden, s § 285 Rn 24.

16) Anteile und Anlageaktien (I Nr 18)

16 I Nr 18 eingefügt durch BilMoG (**Übergangsrecht** in (**1**) EGHGB Art 66 III), entspricht § 285 Nr 26.

17) Ausweis unter der Bilanz (I Nr 19)

17 I Nr 19 eingefügt durch BilMoG (**Übergangsrecht** in (**1**) EGHGB Art 66 III), entspricht § 285 Nr 27.

18) Abschreibung Geschäfts- oder Firmenwert (I Nr 20)

18 I Nr 20 eigefügt durch BilMoG (**Übergangsrecht** in (**1**) EGHGB Art 66 III), enspricht § 285 Nr 13.

19) Latente Steuern (I Nr 21)

19 I Nr 21 eingefügt durch BilMoG (**Übergangsrecht** in (**1**) EGHGB Art 66 III), entspricht § 285 Nr 29.

20) Schutzklausel im Unternehmensinteresse zu I Nr 3 (II)

20 II 1 entspricht § 286 II; vgl auch § 313 III. Aber Angabe der Anwendung der Ausnahme im Konzernanhang nach II 2.

21) IAS/IFRS-Regelungen

21 Vorschriften zum Anhang beim Konzernabschluss ua in IFRS 3, IAS 21, IAS 27, IAS 28, IAS 31, detaillierte Liste bei Baetge/Kirsch/Thiele, Bilanzrecht-Kommentar Rn 512.

Neunter Titel. Konzernlagebericht

[Konzernlagebericht]

315 (1) ¹Im Konzernlagebericht sind der Geschäftsverlauf einschließlich des Geschäftsergebnisses und die Lage des Konzerns so darzustellen, dass ein den tatsächlichen Verhältnissen entsprechendes Bild vermittelt wird. ²Er hat eine ausgewogene und umfassende, dem Umfang und der

2. Abschnitt. Vorschriften für Kapitalgesellschaften § 315

Komplexität der Geschäftstätigkeit entsprechende Analyse des Geschäftsverlaufs und der Lage des Konzerns zu enthalten. ³ In die Analyse sind die für die Geschäftstätigkeit bedeutsamsten finanziellen Leistungsindikatoren einzubeziehen und unter Bezugnahme auf die im Konzernabschluss ausgewiesenen Beträge und Angaben zu erläutern. ⁴ Satz 3 gilt entsprechend für nichtfinanzielle Leistungsindikatoren, wie Informationen über Umwelt- und Arbeitnehmerbelange, soweit sie für das Verständnis des Geschäftsverlaufs oder der Lage von Bedeutung sind. ⁵ Ferner ist im Konzernlagebericht die voraussichtliche Entwicklung mit ihren wesentlichen Chancen und Risiken zu beurteilen und zu erläutern; zugrunde liegende Annahmen sind anzugeben. ⁶ Die gesetzlichen Vertreter eines Mutterunternehmens im Sinne des § 297 Abs. 2 Satz 4 haben zu versichern, dass nach bestem Wissen im Konzernlagebericht der Geschäftsverlauf einschließlich des Geschäftsergebnisses und die Lage des Konzerns so dargestellt sind, dass ein dem tatsächlichen Verhältnissen entsprechendes Bild vermittelt wird, und dass die wesentlichen Chancen und Risiken im Sinne des Satzes 5 beschrieben sind.

(2) Der Konzernlagebericht soll auch eingehen auf:

1. Vorgänge von besonderer Bedeutung, die nach dem Schluß des Konzerngeschäftsjahrs eingetreten sind;
2. a) die Risikomanagementziele und -methoden des Konzerns einschließlich seiner Methoden zur Absicherung aller wichtigen Arten von Transaktionen, die im Rahmen der Bilanzierung von Sicherungsgeschäften erfasst werden, sowie
   b) die Preisänderungs-, Ausfall- und Liquiditätsrisiken sowie die Risiken aus Zahlungsstromschwankungen, denen der Konzern ausgesetzt ist,
   jeweils in Bezug auf die Verwendung von Finanzinstrumenten durch den Konzern und sofern dies für die Beurteilung der Lage oder der voraussichtlichen Entwicklung von Belang ist;
3. den Bereich Forschung und Entwicklung des Konzerns;
4. die Grundzüge des Vergütungssystems für die in § 314 Abs. 1 Nr. 6 genannten Gesamtbezüge, soweit das Mutterunternehmen eine börsennotierte Aktiengesellschaft ist. Werden dabei auch Angaben entsprechend § 314 Abs. 1 Nr. 6 Buchstabe a Satz 5 bis 8 gemacht, können diese im Konzernanhang unterbleiben;
5. die wesentlichen Merkmale des internen Kontroll- und des Risikomanagementsystems im Hinblick auf den Konzernrechnungslegungsprozess, sofern eines der in den Konzernabschluss einbezogenen Tochterunternehmen oder das Mutterunternehmen kapitalmarktorientiert im Sinn des § 264 d ist.

(3) § 298 Abs. 3 über die Zusammenfassung von Konzernanhang und Anhang ist entsprechend anzuwenden.

(4) ¹ Mutterunternehmen, die einen organisierten Markt im Sinne des § 2 Abs. 7 des Wertpapiererwerbs- und Übernahmegesetzes durch von ihnen ausgegebene stimmberechtigte Aktien in Anspruch nehmen, haben im Konzernlagebericht anzugeben:

1. die Zusammensetzung des gezeichneten Kapitals; bei verschiedenen Aktiengattungen sind für jede Gattung die damit verbundenen Rechte und Pflichten und der Anteil am Gesellschaftskapital anzugeben, soweit die Angaben nicht im Konzernanhang zu machen sind;
2. Beschränkungen, die Stimmrechte oder die Übertragung von Aktien betreffen, auch wenn sie sich aus Vereinbarungen zwischen Gesellschaftern ergeben können, soweit sie dem Vorstand des Mutterunternehmens bekannt sind;

§ 315a

3. direkte oder indirekte Beteiligungen am Kapital, die 10 vom Hundert der Stimmrechte überschreiten, soweit die Angaben nicht im Konzernanhang zu machen sind;
4. die Inhaber von Aktien mit Sonderrechten, die Kontrollbefugnisse verleihen; die Sonderrechte sind zu beschreiben;
5. die Art der Stimmrechtskontrolle, wenn Arbeitnehmer am Kapital beteiligt sind und ihre Kontrollrechte nicht unmittelbar ausüben;
6. die gesetzlichen Vorschriften und Bestimmungen der Satzung über die Ernennung und Abberufung der Mitglieder des Vorstands und über die Änderung der Satzung;
7. die Befugnisse des Vorstands insbesondere hinsichtlich der Möglichkeit, Aktien auszugeben oder zurückzukaufen;
8. wesentliche Vereinbarungen des Mutterunternehmens, die unter der Bedingung eines Kontrollwechsels infolge eines Übernahmeangebots stehen, und die hieraus folgenden Wirkungen; die Angabe kann unterbleiben, soweit sie geeignet ist, dem Mutterunternehmen einen erheblichen Nachteil zuzufügen; die Angabepflicht nach anderen gesetzlichen Vorschriften bleibt unberührt;
9. Entschädigungsvereinbarungen des Mutterunternehmens, die für den Fall eines Übernahmeangebots mit den Mitgliedern des Vorstands oder Arbeitnehmern getroffen sind, soweit die Angaben nicht im Konzernanhang zu machen sind.[2] Sind Angaben nach Satz 1 im Konzernanhang zu machen, ist im Konzernlagebericht darauf zu verweisen.

1 1) NF durch das BilReG 2004, s Einl 14 v § 238, **Übergangsrecht** in (1) EGHGB Art 58 III; Änderungen entsprechen § 289 I u II für den Lagebericht beim Einzelunternehmen, s daher § 289 Rn 1 ff) und **II** entsprechen § 289 I, II mit Ausnahme von II Nr 5 (eingefügt durch BilMoG 2009, **Übergangsrecht** in (1) EGHGB Art 66 II), der § 289 V vergleichbar ist (s § 289 Rn 5). Nach **I Halbs 2** idF KonTraG 1998 ist dabei auch auf die Risiken der künftigen Entwicklung einzugehen. **I 6** – eingefügt durch TUG 2007 (**Übergangsrecht** in (1) EGHGB Art 62) – erstreckt den Bilanzeid gem § 264 II auf den Konzernlagebericht. Nach **III** ist die Zusammenfassung des Konzernlageberichts und des Lageberichts zum Jahresabschluss des Mutterunternehmens erlaubt (Verweis auf § 298 III, s dort Rn 2). **IV** (eingefügt durch das ÜbernahmeRi-Umsetzungsgesetz von 2006, s Einl 32 v § 238, **Übergangsrecht** in (1) EGHGB Art 60) sieht für kapitalmarktorientierte Mutterunternehmen umfassende Offenlegungspflichten vor, die neben den Pflichten nach I und II zu erfüllen sind. **Muster:** Hopt/Kraft 3. Aufl 2007 Form III.G.4 (Konzernlagebericht), sa DRS 5 zur Risikoberichterstattung. Lit zu § 289 und Küting/Hütten AG **97,** 250, Moxter BB **97,** 722, IDW RS HFA 1 WPg **98,** 653, Kajüter WPg **01,** 205 (DRS 5), Weber BB **01,** 140, Wolf DStR **05,** 438 (BilReG), Baetge/Heumann IRZ **06,** 39 (Value Reporting), Prigge KoR **06,** 252 (inhaltl Redundanzen/Konzernlagebericht), Buchheim/Knorr WPg **06,** 413 (DRS 15), Krawitz/Hartmann WPg **06,** 1262 (Lage- u Konzernlagebericht/IAS), Böcking/Stein Konzern **07,** 43. Keine vergleichbare Regelung in den **IAS/IFRS.**

Zehnter Titel. Konzernabschluss nach internationalen Rechnungslegungsstandards

[Konzernabschluss nach internationalen Rechnungslegungsstandards]

315a (1) Ist ein Mutterunternehmen, das nach den Vorschriften des Ersten Titels einen Konzernabschluss aufzustellen hat, nach Artikel 4 der Verordnung (EG) Nr. 1606/2002 des Europäischen Parlaments

2. Abschnitt. Vorschriften für Kapitalgesellschaften 1, 2 § 315a

und des Rates vom 19. Juli 2002 in der jeweils geltenden Fassung verpflichtet, die nach den Artikeln 2, 3 und 6 der genannten Verordnung übernommenen internationalen Rechnungslegungsstandards anzuwenden, so sind von den Vorschriften des Zweiten bis Achten Titels nur § 294 Abs. 3, § 297 Abs. 2 Satz 4, § 298 Abs. 1, dieser jedoch nur in Verbindung mit den §§ 244 und 245, ferner § 313 Abs. 2 und 3, § 314 Abs. 1 Nr. 4, 6, 8 und 9, Abs. 2 Satz 2 sowie die Bestimmungen des Neunten Titels und die Vorschriften außerhalb dieses Unterabschnitts, die den Konzernabschluss oder den Konzernlagebericht betreffen, anzuwenden.

(2) Mutterunternehmen, die nicht unter Absatz 1 fallen, haben ihren Konzernabschluss nach den dort genannten internationalen Rechnungslegungsstandards und Vorschriften aufzustellen, wenn für sie bis zum jeweiligen Bilanzstichtag die Zulassung eines Wertpapiers im Sinne des § 2 Abs. 1 Satz 1 des Wertpapierhandelsgesetzes zum Handel an einem organisierten Markt im Sinne des § 2 Abs. 5 des Wertpapierhandelsgesetzes im Inland beantragt worden ist.

(3) ¹Mutterunternehmen, die nicht unter Absatz 1 oder 2 fallen, dürfen ihren Konzernabschluss nach den in Absatz 1 genannten internationalen Rechnungslegungsstandards und Vorschriften aufstellen. ²Ein Unternehmen, das von diesem Wahlrecht Gebrauch macht, hat die in Absatz 1 genannten Standards und Vorschriften vollständig zu befolgen.

Übersicht

1) Entstehungsgeschichte 1
   A. Neuer Standort der internationalen Konzernrechnungslegung im HGB 1
   B. Vorgängerregelung des § 292 a aF 2
   C. Anwendungsbereich 3

2) Pflichtinhalt nach der IAS-VO (I) 5
   A. Auf Mutterunternehmen anzuwendende IAS/IFRS 5
   B. Anwendung der HGB-Vorschriften in von den IAS nicht abgedeckten Bereichen 6

3) Über die IAS-VO hinausgehende Anforderungen (II) 7

4) Nicht von der IAS-VO erfasste Mutterunternehmen (III) 8

5) Erstmalige Anwendung der IAS/IFRS 9

1) Entstehungsgeschichte

A. **Neuer Standort der internationalen Konzernrechnungslegung im** 1 **HGB:** § 315a, eingefügt durch das BilReG 2004 (**Übergangsrecht** in (1) EGHGB Art 58 III), bildet den neuen 10. Titel des Unterabschnitts über die Konzernrechnungslegung und ergänzt die IAS-VO von 2002 (Einl 20 v § 238); er bildet mit dieser zusammen den Rechtsrahmen der Konzernrechnungslegung nach internationalen Standards. Lit: Buchheim/Gröner BB **03,** 953, Burger/Ulbrich DB **03,** 2397, Wulf/Klein/Azaiz DStR **05,** 206 u 299 (Umstellung auf IFRS), Küting/Gattung/Keßler DStR **06,** 529 u 579 (Konzernrechnungslegungspflichten), Krietenstein KoR **06,** 267 (Konzernrechnungslegungspflicht IAS/IFRS), Küting/Zwirner StuB **06,** 1 (Entwicklung der Rechnungslegung), Krawitz/Hartmann WPg **06,** 1262 (Lage- u Konzernlagebericht IAS/IFRS).

B. **Vorgängerregelung des § 292 a aF:** Bereits nach der Vorgängerregelung, 2 dem § 292 a aF, die als Übergangsregelung bis zum 31. 12. 2004 befristet galt (Art 5 KapAEG, Einl 14 v § 238), durften Mutterunternehmen, die als Wertpapieremittenten an einem geregelten Markt auftreten oder die Zulassung einer

§ 315a 3–6

entsprechenden Emission beantragt haben, ihren Konzernabschluss unter bestimmten Voraussetzungen, insbesondere unter Beachtung der 7. Ri (Einl 7 vor § 238) nach international anerkannten Grundsätzen (IAS/IFRS, US-GAAP) aufzustellen. Gleiches gilt, wenn ein konzernzugehöriges Unternehmen als Emittentin tätig wird. Mit der IAS-VO wurden die IAS/IFRS für Konzernabschlüsse kapitalmarktorientierter Unternehmen in der EU vom 1. 1. 2005 an verbindlich. Im Unterschied zu § 292a kommt nach § 315a nur noch die Anwendung der IAS/IFRS in Betracht. Die alternative Anwendung der **US-GAAP** ist **nicht mehr vorgesehen.**

3   C. **Anwendungsbereich: a)** Der Anwendungsbereich der IAS-VO ist enger als der des aufgehobenen § 292a. Er beschränkt sich nach Art 4 der IAS-VO auf die Fälle, in denen die **Konzernmutter als Wertpapieremittentin** auftritt. Weder ein Auftreten einer Konzerntochter als Emittentin noch ein von der Mutter gestellter Antrag auf Börsenzulassung lösen nach der IAS-VO eine Pflicht zur Rechnungslegung nach internationalen Standards aus. Art 5 Buchst. B der IAS-VO eröffnet den Mitgliedstaaten jedoch die Option, die IAS-Anwendung auch für die Konzernabschlüsse sonstiger Unternehmen zuzulassen oder vorzuschreiben. Von dieser Option macht das HGB mit § 315a III 1 Gebrauch.

4   **b)** Von der Umstellung auf IAS/IFRS ab 1. 1. 2005 sind zunächst alle deutschen Unternehmen mit Kapitalmarktorientierung betroffen, die zur Aufstellung eines Konzernabschlusses verpflichtet und deren **Aktien zum Handel zugelassen** sind: am Amtlichen Markt, am Geregelten Markt (Frankfurter Wertpapierbörse und Regionalbörsen), an der Terminbörse EUREX sowie am Start Up Market (Hamburg). Nicht erfasst werden Unternehmen, deren Titel im lediglich privatrechtlich organisierten Freiverkehr gehandelt werden, ebenso wenig Unternehmen, die lediglich Schuldtitel (zB Anleihen, Genussscheine, Pfandbriefe) an den oben genannten Börsen handeln oder nach US-GAAP bilanzieren (nebst Notierung an der New York Stock Exchange oder NASDAQ): Umstellung auf IAS/IFRS erst ab 1. 1. 2007 Pflicht. Der in I durch TUG 2007 (**Übergangsrecht**) in **(1)** EGHGB Art 62) eingefügte Verweis auf § 297 II 4 stellt klar, dass von der Pflicht zur Abgabe des Bilanzeids gem §§ 297 II 4, 264 II auch die gesetzlichen Vertreter eines Mutterunternehmens erfasst werden, das den Konzernabschluss nach den internationalen Standards aufzustellen hat.

2) Pflichtinhalt nach der IAS-VO (I)

5   A. **Auf Mutterunternehmen anzuwendende IAS/IFRS: I** betrifft die Unternehmen, die nach §§ 290–293 konsolidierungspflichtig sind und dabei gem IAS-VO ihren Abschluss nach internationalen Standards aufzustellen haben. Nach Art 4 IAS-VO, der ohne weitere Umsetzung unmittelbar gilt, sind dies alle konsolidierungspflichtigen Unternehmen, deren Wertpapiere an einem geregelten Markt zugelassen sind. Welches Mutterunternehmen einen Konzernabschluss zu erstellen hat, richtet sich nach §§ 290–293. Anzuwenden sind nur solche Standards der IAS/IFRS, die durch die EU im Wege des Komitologieverfahrens (Endorsement) förmlich übernommen worden sind; zum Stand des Endorsements s Übersicht Einl 167, 168 v § 238. Neben den Standards bleiben bestimmte Vorschriften des HGB anwendbar.

6   B. **Anwendung der HGB-Vorschriften in von den IAS nicht abgedeckten Bereichen:** Die internationalen Standards bilden grundsätzlich ein in sich geschlossenes und abgeschlossenes Regelwerk, dass die Transparenzanforderungen umfassend beschreibt. Die Zulassung zusätzlicher oder abweichender mitgliedstaatlicher Transparenzanforderungen widerspräche dem Ziel, für Abschlüsse kapitalmarktorientierter Unternehmen im Binnenmarkt ein Höchst-

2. Abschnitt. Vorschriften für Kapitalgesellschaften   7–9 § 315a

maß an Vergleichbarkeit herzustellen. Dies gilt nicht für von den internationalen Standards nicht abgedeckte Bereiche. Dies betrifft gem der von Rat und Kommission anlässlich der Verabschiedung der Modernisierungsrichtlinie (Einl 23 v § 238) abgegebenen Gemeinsamen Erklärung im Wesentlichen: 1) Vorschriften darüber, welche Unternehmen konzernabschlusspflichtig sind, 2) bestimmte Angaben in Anhang zum Konzernabschluss, 3) den Konzernlagebericht, 4) die Prüfung des Konzernabschlusses und des Konzernlageberichts, 5) die Offenlegung des Konzernabschlusses, des Konzernlageberichts und ergänzender Unterlagen. Demgemäß bestimmt I für IAS-pflichtige Mutterunternehmen, dass neben den IAS anwendbar bleiben: § 294 III (Mitwirkungspflichten der Tochterunternehmen bei der Konzernrechnungslegung), § 298 I (soweit auf die §§ 244, 245 betreffend Sprache, Währung und Unterzeichnung verwiesen wird), § 313 II und III (erforderliche Angaben im Konzernanhang oder in einer Aufstellung des Anteilsbesitzes; § 313 III ist zwar für kapitalmarktorientierte Unternehmen nicht anwendbar, kann aber für freiwillig nach IAS bilanzierende Unternehmen bedeutsam sein), § 314 I Nr 4 und 6 (Angaben zur Beschäftigtenzahl, zum Personalaufwand, zu den Bezügen der Organmitglieder und zu den diesen gewährten Vorschüssen und Krediten), § 314 I Nr 8 (Compliance-Erklärung gem (2 a) AktG § 161), § 314 I Nr 9 (Vergütung der Abschlussprüfer) sowie § 315 (Konzernlagebericht) und die außerhalb des 2. Unterabschnitts (§§ 290–315 a) den Konzernabschluss oder den Konzernlagebericht betreffenden Vorschriften (insbesondere zu Prüfung und Offenlegung).

3) Über die IAS-VO hinausgehende Anforderungen (II)

II schreibt – über den Anwendungsbereich der IAS-VO hinausgehend – die Anwendung der von der EU übernommenen internationalen Standards und der in I genannten ergänzenden Vorschriften des HGB für Fälle vor, in denen bis zum Bilanzstichtag die Zulassung eines Wertpapiers zum Handel am inländischen amtlichen oder geregelten Markt beantragt worden ist. Vorbilder: § 267 III 2, § 292 a I 2 (aufgehoben), § 293 V, § 297 I 2, die ebenfalls die Qualifikation als kapitalmarktorientiert zeitlich vorverlagern. Allerdings stellt § 315 a II lediglich auf einen Zulassungsantrag der Konzernmutter ab; der Antrag eines Tochterunternehmens löst keine IAS-Pflicht aus. **7**

4) Nicht von der IAS-VO erfasste Mutterunternehmen (III)

III 1 gibt dem nicht kapitalmarktorientierten (nicht bereits von der IAS-VO oder von II erfassten) Mutterunternehmen in Ausübung der Mitgliedstaatenwahlrechte gem Art 5 b IAS-VO die Möglichkeit, seinen Konzernabschluss freiwillig nach den internationalen Standards aufzustellen. Dies trifft auch für Unternehmen zu, die während der zweijährigen Übergangsfrist gem (1) EGHGB Art 51 I die Standards noch nicht anwenden müssen. III 2 stellt klar, dass die ins EU-Recht übernommenen Standards sowie die in I genannten ergänzenden Vorschriften des HGB vollständig zu befolgen sind, sofern von dem Wahlrecht Gebrauch gemacht wird. Der Konzernabschluss kann also auch bei freiwilliger Anwendung der IAS nicht bloß teilweise nach den Standards oder einem Teil der in das EU-Recht übernommenen Standards aufgestellt werden (s auch IAS 1.13 ff, § 247 Rn 12). **8**

5) Erstmalige Anwendung der IAS/IFRS

Der Übergang vom HGB-Abschluss zum IAS/IFRS-Abschluss richtet sich nach IFRS 1 (s Einl 140 ff v § 238), der allgemein die erstmalige Anwendung der Standards regelt. **9**

Merkt   1185

Dritter Unterabschnitt. Prüfung
Überblick vor § 316

Schrifttum

S allgemein Einl vor § 238, dort auch Komm zu §§ 316 ff, ua. – *IDW* Prüfungsstandards, Stellungnahmen zur Rechnungslegung, Bd. I (IDW PS, IDW PH), Bd. II (LBl). – *ADS* 6. Aufl Teil Bd 72000, *Baumb/Hueck/Schulze-Osterloh* GmbHG 18. Aufl 2006 § 41 E-G, BeckBilKomm/*Ellrott ua* 6. Aufl 2006, MüKo/*Ebke* Bd 4 2. Aufl 2008, Staub/*Zimmer* 2002. – Spezieller zur Abschlußprüfung *Busse von Colbe/Lutter* 1977. – *IDW,* 50 Jahre Wirtschaftsprüferberuf, 1981. – *Marten/Quick/Ruhnke* 2001. – MüKo/ *Ebke* Bd 4 2. Aufl 2008. – *Niemann* 3. Aufl 2008. – *Förschle/Peemöller,* Wirtschaftsprüfung und interne Revision, 2004. – *Koziol/Doralt* Wien 2004. – *Wirtschaftsprüfer-Handbuch,* 2 Bde, Bd I 13. Aufl 2006, Bd 2 13. Aufl 2008 (WP-Hdb). – *Lanfermann ua,* FS Havermann **95** (insges). – *Matschke ua,* FS Sieben **98** (insges). – *Schmalenbach-Ges* DB **98,** 1573. – *Hommelhoff* BB **98,** 2567, 2625. – *Schindler/Rabenhorst* BB **98,** 1886, 1939 (KonTraG/Abschlußprüfung). – *Escher-Weingart* NZG **99,** 909. – *Forster* AG **99,** 193 (Zusammenspiel mit Aufsichtsrat). – *Mattheus* ZGR **99,** 682. – *Oechsle/ Wirth* in Dörner/Menold/Pfitzer, Reform des Aktienrechts 1999 S 539. – *Ruhnke* DB **02,** 437. – *Pfitzer/Oser/Orth* DB **04,** 2593 (BilReG). – *Ring* WPg **05,** 197 (BilReG Unabhängigkeit). – *Scheffler* WPg **05,** 477 (Corporate Governance). – Habersack in Bayer/Habersack, Aktienrecht im Wandel **07,** 681 (Geschichte). – Merkt FS Priester **07,** 467 (öffentliche Unternehmen). – Erchinger/Melcher DB Beil 5/**09,** 91 (Prüfung nach BilMoG). – **Muster:** *Hopt/Kraft,* Vertrags- und Formularbuch zum Hdl-, Ges- und Bankrecht, 3. Aufl 2007, Teil III.A–K (mit 49 Mustern und Formularen); speziell III. E.1–6 Bestätigungsvermerk. **RsprÜbersichten:** *Moxter,* BilanzRspr, 5. Aufl. 1999 (meist BFH). – *Münzinger,* BilanzRspr der Zivil- und Strafgerichte, 1987.

Übersicht

1) Die §§ 316–324 a über die Prüfung und ihre Reformen 1–2
2) Die §§ 316–324 a im europäischen und internationalen
 Umfeld 3–7
 A. Europäische Vorgaben 3
 B. Abschlussprüfung, Corporate Governance und internationales
 Umfeld 6

1) Die §§ 316–324 a über die Prüfung und ihre Reformen

1 Der 3. Unterabschn über die Prüfung des Jahres- und des Konzernabschlusses einschließlich des Lage- und des Konzernlageberichtes von (nicht kleinen, § 267 I) Kapitalgesellschaften geht wie das ganze Dritte Buch auf das BiRiLiG v 19. 12. 85 BGBl 2355 zurück, nachdem vorher nur eine rudimentäre Regelung im AktG 1965 vorhanden war. Seither sind zahlreiche weitere wichtige Reformen ergangen (HGBGesamtübersicht Einl 15 vor § 1), vor allem durch das **KonTraG** 27. 4. 98 BGBl 786 (§§ 315, 317, 318, 319, 321, 322, 323); **KapCoRiLiG** 24. 2. 00 BGBl 154 (§§ 318, 319); **WPOÄG** 19. 12. 00 BGBl 1769 (§§ 319 II 2, III Nr 7, 323 I 1 Halbs 2); **EuroBilG** 10. 12. 01 BGBl 3414 (§§ 313 II Nr 4 S 2, 319 II 2, 323 II 1, 2); **4. FinanzmarktfördG** 21. 6. 02 BGBl 2010 (§§ 317 IV, 319 III Nr 6, 323 II 2); **TransPuG** 19. 7. 02 BGBl 2681 (§§ 316 II 2, 317 IV, 321 I 3, II); **WPRefG** 1. 12. 2003 BGBl 2446 (§ 323 V; sog 5. WPO-Novelle), **BilKoG** 15. 12. 04 BGBl 3408 und **APAG** 27. 12. 04 BGBl 3846, näher **(2 c)** WPO Einl 9 vor § 1.

2 Einschneidende Änderungen vor allem durch Stärkung der Unabhängigkeit der Abschlussprüfer hat das **BilReG** 4. 12. 04 BGBl 3166 gebracht (§§ 317 II 1, 2, 318 III, 319, 319 a, 321 I 3, II 2, 321 a, 322, 324 a). §§ 319, 319 a orientieren sich an der Unabhängigkeitsempfehlung der EUKommission und bereits am Vorschlag der 8. EU-Ri (s Rn 4) und haben die US-amerikanische Gesetzgebung

2. Abschnitt. Vorschriften für Kapitalgesellschaften 2a, 3 **Überbl v § 316**

(s Rn 7) im Blick (RegE). Ziel ist die Wiederherstellung des Vertrauens in das Funktionieren der Kapitalmärkte und die Unabhängigkeit der Abschlussprüfer. Das BilReG beschränkt sich auf ein Selbstprüfungsverbot und schließt anders als der Sarbanes-Oxley Act (s Rn 7) die Erbringung von Rechtsberatungs- und Expertenleistungen ohne Verbindung mit der Prüfertätigkeit nicht aus. Ob es dabei bleibt, hängt vom Anwendungsverhalten des Berufstands und der geprüften Unternehmen ab (RegE). Der Abschlussprüferunabhängigkeit dient auch § 285 Nr 17 nF für Unternehmen, die einen organisierten Markt iSv **(16)** WpHG § 2 V in Anspruch nehmen. Vorgeschrieben sind danach weitere Anhangsangaben über die Honorare des Abschlussprüfers für die Abschlussprüfung sowie sonstige Bestätigungs- oder Bewertungs-, Steuerberatungs- und andere Leistungen. Lit BilReG: Peemöller/Oehler BB **04**, 1158, Gabriel/Ernst Konzern **04**, 102.

Weitere einschneidende Änderungen auch zu den Prüfungsvorschriften der 2a §§ 316 ff hat – in Umsetzung der AbschlussprüferRi 2006 (s Rn 4) und mit zusätzlichen Prüfungs- und Unabhängigkeitsanforderungen – das **BilMoG** 25. 5. 09 BGBl I 1102 gebracht (317 II, III 2, 3, V, VI, 318 III 1, VIII, 319 a I 1, Nr 4, S 4, II 2, 319 b, 320 IV, 321 IVa, 324). Sie betreffen ua die Nichterstreckung der Prüfung auf die Erklärung zur Unternehmensführung nach § 289 a nF, die Verwertung der Arbeit eines anderen Prüfers, die Anwendung internationaler Prüfungsstandards und die Zulässigkeit weiterer Prüfungsanforderungen (alles § 317), die Benachrichtigung der WPK bei Kündigung oder Widerruf des Prüfungsauftrags (§ 318 VIII), die Verpflichtung zur internen Rotation und die netzwerkweite Prüferunabhängigkeit (§§ 319 a, 319 b), ein Informationsrecht des neuen gegen den alten Abschlussprüfer (§ 320 IV), die Bestätigung seiner Unabhängigkeit durch den Abschlussprüfer (§ 321 IVa) und die ersatzlose Abschaffung des bisherigen § 324 über Meinungsverschiedenheiten zwischen einem Prüfer und dem zu prüfenden Unternehmen. Besonders hervorzuheben ist § 324 nF in Umsetzung der AbschlussprüferRi, wonach kapitalmarktorientierte KapitalGes iSv § 264 d (neu BilMoG), die keinen Aufsichts- oder Verwaltungsrat haben, der die Voraussetzungen des § 100 V AktG (neu BilMoG) erfüllen muss, einen **Prüfungsausschuss** einzurichten haben, der sich insbesondere mit den in § 107 III 2 AktG (neu BilMoG) beschriebenen Aufgaben befasst (Ausnahmen § 324 I 2; weitreichende nähere Anforderungen in § 324 II). **Übergangsrecht: (1)** EGHGB Art 66, 67. Stichtag (für §§ 317 ff): grundsätzlich das nach dem 31. 12. 08 beginnende Geschäftsjahr (Art 66 II); verschiedene Ausnahmen: § 319 a I Halbs 1 (31. 12. 09, Art 66 III), §§ 318 III, 319 a I 1 Halbs 1 (1. 1. 10, Art 66 V) und § 324 (1. 1. 10, Art 66 IV Halbs 1, beachte auch Halbs 2). Lit: Erchinger/Melcher DB **08**, 56 (RefE), Eibelshäuser/Stein Konzern **08**, 486 (RefE), Petersen/Zwirner WPg **08**, 967 (RegE), Erchinger/Melcher DB Beil 5/**09**, 91 (BilMoG); zum Prüfungsausschuss s § 324.

2) Die §§ 316–324 a im europäischen und internationalen Umfeld

A. **Europäische Vorgaben:** Wesentliche Vorgaben kommen aus dem euro- 3 päischen Recht. Der erste Schritt war die **Abschlussprüferrichtlinie** v 10. 4. 84 (8. EG-Ri, vgl Einl 36 vor § 105), ABlEG 126/20 12. 5. 84. Nach ihrem **Grünbuch** über Rolle, Stellung und Haftung des Abschlussprüfers in der EU ABl C 321/1 28. 10. 96 hat die EUKommission 1998 eine **Mitteilung** über **Die Abschlussprüfung in der EU: künftiges Vorgehen** veröffentlicht, ABlEG C 143/12 8. 5. 98. Inzwischen liegen vor: **Empfehlung** der Kommission über **Mindestanforderungen an Qualitätssicherungssysteme für die Abschlussprüfung in der EU,** ABlEG L 91/91 31. 3. 01; **Empfehlung** der Kommission 16. 5. 02 zur **Unabhängigkeit des Abschlussprüfers in der EU – Grundprinzipien,** ABlEG L 191/22 19. 7. 02; **Mitteilung** der Kommission 21. 5. 03

Überbl v § 316 4–6 III. Buch. Handelsbücher

AB1EU C 236/2 **zur Stärkung der Abschlussprüfung in der EU.** Lit: van Hulle/Lanfermann WPg-Sonderheft **03,** S 102 (Entwicklung EU), Wiesner ZIP **03,** 1186 (Mitteilung 21. 5. 03).

4   **Richtlinie über Abschlussprüfungen von Jahresabschlüssen** und konsolidierten Abschlüssen, zur Änderung der Richtlinien 78/660/EWG und 83/349/EWG des Rates und zur Aufhebung der Richtlinie 84/253/EWG des Rates, 17. 5. 06 AB1EU L 157/87. Diese sog **Abschlussprüfer-Richtlinie 2006** hat die 8. EG-Ri aufgehoben und die Abschlussprüfung umfassend geregelt, nämlich: Zulassung, kontinuierliche Fortbildung und gegenseitige Anerkennung (Kap II), Registrierung (Kap III), Berufsgrundsätze, Unabhängigkeit, Unparteilichkeit, Verschwiegenheit und Berufsgeheimnis (Kap IV; Art 22: „unabhängig und nicht in das Treffen von dessen Entscheidungen eingebunden"; „(k)eine finanzielle oder geschäftliche Beziehung, (k)ein Beschäftigungsverhältnis oder eine sonstige Verbindung", „wozu auch die Erbringung zusätzlicher Leistungen ... zählt", die ihre Unabhängigkeit gefährden könnte), Prüfungsstandards und Bestätigungsvermerk (Kap V), Qualitätssicherung (Kap VI), Untersuchungen und Sanktionen (Kap VII), Öffentliche Aufsicht und gegenseitige Anerkennung der mitgliedstaatlichen Regelungen (Kap VIII), Bestellung und Abberufung (Kap IX), Besondere Bestimmungen für die Abschlussprüfung bei Unternehmen von öffentlichem Interesse (Kap. X; breite Definition dieser Unternehmen in Art 2 Nr 13; Art 42: interne Rotation des Prüfers nach höchstens 7 Jahren, Abkühlungsphase (cooling off) von 2 Jahren; außerdem obligatorischer Prüfungsausschuss nach Art 41 bei Unternehmen von öffentlichem Interesse), Internationale Aspekte (Kap XI). Die Kommission prüft ferner den Bedarf für ein generelles Verbot prüfungsfremder Leistungen für Mandanten. Umsetzung durch **BilMoG** (s Rn 4 a) und die **7. WPO-Novelle** s **(2 c)** WPO Einl 9 vor § 1. Lit: Lanfermann DB **05,** 2645, Klein/Klaas WPg **06,** 885 (Entwicklung), Naumann/Feld WPg **06,** 873 (Umsetzung), Baetge BB 38/**07** 1. S (7. WPO-Novelle), Petersen/Zwirner WPg **08,** 967 (Abschlussprüfung BilMoG).

5   Offen ist auch, ob es auf Dauer bei der bloß allgemeinen Vorgabe des Art 30 II („... wirksame, verhältnismäßige und abschreckende Sanktionen" für Abschlussprüfer, die sich nicht an die Richtlinie halten) bleibt. Eine Studie über zivilrechtliche Haftungssysteme für die EUKommission von 2001 betont die nationalen Unterschiede, eine weitere Studie hat London Economics im Auftrag der EU-Kommission 2005 vorgelegt, Klaas WPg **06,** 1489. Mit weiterer Reformarbeit der EUKommission ist zu rechnen, zunächst zu einer **Begrenzung der Abschlussprüferhaftung.** Lit EU: Niehus WPK-Mitt **02,** 182 (Unabhängigkeitsempfehlung), S. Schmidt BB **03,** 779 (Unabhängigkeit), van Hulle/Lanfermann BB **03,** 1323 (Mitteilung 2003, Maßnahmenkatalog), Lanfermann/Maul DB **06,** 1505 (Audit Committees).

6   B. **Abschlussprüfung, Corporate Governance und internationales Umfeld:** Die Arbeiten der EUKommission zur Abschlussprüfung sind nicht nur komplementär zur Anwendung internationaler Rechnungslegungsstandards ab 2005 IAS-VO 19. 7. 02 AB1EG L 243/1 11. 9. 02 zu sehen, sondern stehen auch im Zusammenhang der übrigen Maßnahmen des Aktionsplans für Finanzdienstleistungen v 11. 5. 99 KOM(1999) 232, ZBB **99,** 254, und des Aktionsplans zur Modernisierung des Gesellschaftsrechts und der Corporate Governance in der EU v 21. 5. 03 (Einl 36 vor § 105). Die Abschlussprüfung ist für die **Corporate Governance** zentral, wie auch der **Deutsche Corporate Governance Kodex** (Abschn 7 Rechnungslegung und Abschlussprüfung) zeigt (vgl **(2 a)** AktG § 161 nF mit wesentlichen Änderungen durch BilMoG), der laufend überprüft und fortentwickelt wird (vgl auch § 319 Rn 9, 12); zur dort vorgesehenen Unabhängigkeitserklärung § 319 Rn 12, zur Prüfung der Ent-

sprechenserklärung § 317 Rn 7. Die Abschlussprüfung steht zwischen interner und externer Corporate Governance, Hopt in IDW, Kapitalmarktorientierte Unternehmensüberwachung 2001 S 27; Hommelhoff/Mattheus in Hommelhoff ua, Hdb Corporate Governance, 2003, S 639. Zum pre-approval durch den Prüfungsausschuss § 318 Rn 1; zur hoch strittigen Frage der Trennung von Prüfung und Beratung § 319 Rn 5, § 319a Rn 3; zur internen oder externen Rotation § 319a Rn 7, 10. Lit: Orth, Abschlussprüfung und Corporate Governance, 2000; Lutter, Wirtschaftsprüfer als Element der Corporate Governance, 2001; IDW, Wirtschaftsprüfung und Corporate Governance, 2002; Baetge/Lutter, Abschlussprüfung und Corporate Governance, 2003; FS Lück 2003; Hommelhoff/Hopt/von Werder, Hdb Corporate Governance, 2. Aufl 2009 (im Druck); Kremer in Ringleb/Kremer/Lutter/von Werder, Deutscher Corporate Governance Kodex, 3. Aufl 2008, Ziff 5.3.2 Prüfungsausschuss; S. Schmidt BB **03**, 779 (Unabhängigkeit EU/SEC), Leyens JZ **07**, 1061 (Grundsatzfragen).

Abschlussprüfung und Corporate Governance in Deutschland und Europa **7** sind durch die Erfahrungen mit **Enron** und dem US-amerikanischen **Sarbanes-Oxley Act** 30. 7. 02 nebst Folgeregelungen (SEC, NYSE) beeinflusst, aber nicht geprägt worden, vgl Ring WPg **05**, 198 (s Rn 2): Letzterer geht weit in den Unabhängigkeitsanforderungen und der (noch bloß internen) Trennung von Prüfung und Beratung (Liste in Sec. 201). Vgl auch APAG und PCAOB, **(2 c)** WPO Einl 9 vor § 1. Zur Einrichtung von **Prüfungsausschüssen** (s Rn 4, 6) nach dem Vorbild der audit committees Scheffler ZGR **03**, 236, Altmeppen, Schäfer ZGR **04**, 390, 416, Pohle/v Werder DB **05**, 237 (best practice), und §§ 107 III 2, IV, 124 III 3, 171 2 AktG, 324 HGB (s dort) idF BilMoG, Habersack AG **08**, 98. Auch künftig ist damit zu rechnen, dass die Abschlussprüfung durch die europäische und internationale Corporate Governance-Bewegung maßgeblich beeinflusst wird. Die Arbeit an ihrer Verbesserung ist eine dauerhafte, internationale und interdisziplinäre Aufgabe. Lit: H. Buxbaum IPRax **03**, 78, Lanfermann/Maul DB **02**, 1725, Schwarz/Holland ZIP **02**, 1661, Emmerich/Schaum WPg **03**, 677, Gruson/Kubicek AG **03**, 336, 392, Hilber/Hartung BB **03**, 1054, Kersting ZIP **03**, 233, 2010, Maul DB **03**, 349, Schmidt BB **03**, 779, AK Schmalenbach-Ges BB **04**, 2399, Coffee in Ferrarini et al, Reforming Company and Takeover Law in Europe, Oxford 2004, p. 455, Niehus DB **04**, 885 (externe Rotation), Luttermann WPg **06**, 778 (Bilanzmanipulation, IFRS, US GAAP), Heese/Peemüller BB **07**, 1378 (Zusammenarbeit mit interner Revision), Velte AG **09**, 102 (Zusammenarbeit mit Aufsichtsrat, empirisch).

Pflicht zur Prüfung

316 (1) ¹Der Jahresabschluß und der Lagebericht von Kapitalgesellschaften, die nicht kleine im Sinne des § 267 Abs. 1 sind, sind durch einen Abschlußprüfer zu prüfen. ²Hat keine Prüfung stattgefunden, so kann der Jahresabschluß nicht festgestellt werden.

(2) ¹Der Konzernabschluß und der Konzernlagebericht von Kapitalgesellschaften sind durch einen Abschlußprüfer zu prüfen. ²Hat keine Prüfung stattgefunden, so kann der Konzernabschluss nicht gebilligt werden.

(3) ¹Werden der Jahresabschluß, der Konzernabschluß, der Lagebericht oder der Konzernlagebericht nach Vorlage des Prüfungsberichts geändert, so hat der Abschlußprüfer diese Unterlagen erneut zu prüfen, soweit es die Änderung erfordert. ²Über das Ergebnis der Prüfung ist zu berichten; der Bestätigungsvermerk ist entsprechend zu ergänzen.

§ 316 1, 2 III. Buch. Handelsbücher

Übersicht

1) Prüfung des Jahresabschlusses und des Lageberichts (I) 1
2) Prüfung im Konzern (II) 3
3) Nachtragsprüfung (III) 4
4) Freiwillige Prüfung 5

1) Prüfung des Jahresabschlusses und des Lageberichts (I)

1 A. **Jahresabschlussprüfung (I 1):** Der Dritte Unterabschnitt (§§ 316–324) entspricht im Großen und Ganzen §§ 162–169 aF AktG, Pflichtprüfung seit 1931. Seit BiRiLiG 1985 zT wesentliche Änderungen, ua durch KonTraG, KapCoRiLiG, 3. WPOÄndG, 4. FinanzmarktfördG, TransPuG und BilReG (s Einl 15 vor § 1), insbesondere betr Corporate Governance, Unabhängigkeit und Bestätigungsvermerk. Die Pflichtprüfung hat Kontroll-, Informations- und Beglaubigungsfunktion, ADS 22. **Prüfungspflichtig** sind rechtsform- und größenabhängig **nur die mittelgroßen und großen Kapitalgesellschaften** (§ 267 II, III), also neben solchen AG und KGaA anders als bisher auch solche GmbH, jedoch nicht mehr kleine AG. Befreiung bei überschaubaren GesVerhältnissen nach § 71 III GmbHG, § 270 III AktG, auch im Insolvenzverfahren, entspr für GmbH & Co, Mü ZIP **08,** 219. Ausnahme uU gemäß § 264 III (neu KapAEG 1998) für TochterGes, § 264, s dort Rn 24. Auch prüfungspflichtig sind durch Einführung von § 264a (KapCoRiLiG 2000) alle **OHG** und **KG,** die nicht kleine Ges iSv § 267 I sind und bei denen nicht wenigstens ein phG eine natürliche Person bzw eine PersonenGes mit einer natürlichen Person als phG ist. Branchenabhängig prüfungspflichtig sind ohne Rücksicht auf Rechtsform oder Größe alle **Kredit- und Finanzdienstleistungsinstitute** (§ 340k IV) und alle **Versicherungsunternehmen** und **Pensionsfonds** (§ 341k). Weitere prüfungspflichtige Unternehmenstypen: Publizitätspflichtige Ges s BeckBilKomm/Förschle/Küster 11 ff. Emittenten nach **(16)** WpHG für den Jahresfinanzbericht und Konzernabschluss (soweit nicht schon prüfungspflichtig); für die Halbjahres- und Quartalsfinanzberichte nur fakultative prüferische Durchsicht (s **(16)** WpHG §§ 37 v I, 37 y Nr 1; §§ 37 w V 1, 37 x III 3). Für Ges in **Liquidation** besteht Prüfungspflicht fort. Befreiung uU nach § 270 III AktG, § 71 III GmbHG. **Übergangsrecht** (**1)** EGHGB Art 23 III (s Einl 53 vor § 238). **I 1** sieht **Prüfung des** aufgestellten **Jahresabschlusses** (§ 264 I 1) **und des Lageberichts** (§ 289) vor, auch für Rumpfgeschäftsjahre, **nicht** aber der Eröffnungsbilanz (§ 242 Rn 1). Änderungen s Rn 3. Zu prüfen ist durch einen (oder mehrere) Abschlussprüfer (§§ 318, 139). Gemeinschaftsprüfungen (Joint Audit) s § 317 Rn 6. Zu beachtende Zeiträume folgen aus §§ 264 I, 290 I, 320, **(2a)** AktG § 171.

2 B. **Rechtsfolgen (I 2):** I 2 macht die Prüfung zur Voraussetzung für die Feststellung des Jahresabschlusses (§§ 172, 173 AktG, § 42a GmbHG), verweigerter Bestätigungsvermerk steht nicht entgegen. Ohne Prüfung (mindestens Prüfungshandlungen, wenngleich unvollständig, Prüfungsbericht und Erteilung oder Versagung des Bestätigungsvermerks durch den Abschlussprüfer) ist der festgestellte, prüfungspflichtige Jahresabschluss **nichtig** (§ 256 I Nr 2 AktG, analog für GmbH, Geßler FS Goerdeler **87,** 136, auch für KapitalGes & Co iSv § 264a, für nach PublG prüfungspflichtige Ges § 10 I Nr 1 PublG). Zur Nachtragsprüfung s Rn 4. Zur Prüfung unter Verstoß gegen § 319 I, **(1)** EGHGB Art 25 s § 319 Rn 3, 29. Folgeabschlüsse sind aber nicht ohne weiteres nichtig, Hense WPg **93,** 716. Nichtiger Jahresabschluss kann nicht offengelegt werden. Bei nichtigen Jahresabschlüssen besteht grundsätzlich Pflicht zur Rückwärtsänderung, bei fehlerhaften, aber nicht nichtigen kann in laufender Rechnung korrigiert werden, IDW RS HFA 6 WPg **06, nF** (6. 9. 06) WPg **06,** 1298.

2. Abschnitt. Vorschriften für Kapitalgesellschaften 3–5 § 316

2) Prüfung im Konzern (II)

Zu prüfen sind gemäß **II 1** der Konzernabschluss (§ 297 I, auch der aufge- 3
stellte befreiende nach § 292 a) und der Konzernlagebericht (§ 315). Prüfungspflicht nach II 1 und I 1 sind voneinander unabhängig. Prüfungspflicht nach II 1 besteht für Mutterunternehmen in der Rechtsform der GmbH, AG, KGaA, KapGes & Co, Kredit- und Finanzdienstleistungsinstitute, Versicherungsunternehmen und Pensionsfonds sowie deren HoldingGes jeder Rechtsform und Größe, publizitätspflichtige Unternehmen. Größenabhängige Befreiungen s schon § 293. **II 2** idF TransPuG 2002 (**Übergangsrecht** in **(1)** EGHGB Art. 54) macht die Prüfung zur Voraussetzung für die förmliche Billigung des Konzernabschlusses (§ 171 II 5, 4 nF AktG); das entspricht I 2 (s Rn 1). Unklar, ob sich aus Billigung oder ihrer Versagung andere Rechtsfolgen ergeben als aus Feststellung nach I 2, Busse v Colbe BB **02**, 1586, offen auch MüK/Ebke 15.

3) Nachtragsprüfung (III)

Maßgeblicher Zeitpunkt ist der Abschluss der Prüfung durch Vorlage des 4
Prüfungsberichts. Änderungen des Jahresabschlusses und Lageberichts während der Prüfung sind möglich, der Abschlussprüfer wird sie ggf sogar anregen. Änderungen der nach I, II zu prüfenden Unterlagen **nach Vorlage des Prüfungsberichts,** zB auch Umarbeitung des geprüften Jahresabschlusses in einen solchen nach Gewinnverwendung (§ 268 I), machen dagegen eine erneute Prüfung (Nachtragsprüfung) notwendig, soweit es die Änderung erfordert (**III 1**), uU auch schon zwischen Beendigung und Vorlage, ADS 66 str. Änderung iSv III ist weit zu verstehen, also Änderung ieS und Berichtigung (§ 245 Rn 3–5) und auch bloß geringfügige Änderungen, str. Als Änderungen iSv III 1 kommen in Betracht: Textliche Änderungen (mit Ausnahme der Korrektur von Rechtschreib- und Zeichensetzungsfehlern); Änderungen im Zahlenwerk; wertaufhellende Ereignisse, die Änderung des Zahlenwerks erforderlich machen; Änderungen des Gewinnverwendungsvorschlags. Zulässigkeit der Änderung s § 245 Rn 5. Erneute Prüfung, soweit es die Änderung erfordert, beschränkt den Abschlussprüfer nicht darauf, wenn er bei der ersten Prüfung zu beanstandende Punkte übersehen hat, Hamm GI **99,** 248. Ohne Nachtragsprüfung ist der festgestellte, nachtragsprüfungspflichtige Jahresabschluss nichtig, s Rn 1. Die Nachtragsprüfung ist von dem bestellten Abschlussprüfer durchzuführen, IDW PS 400 Tz 105 WPg **05,** 1382. Sonderregelung bei Änderung durch Hauptversammlung (**2 a**) AktG § 173 III; analog für GmbH, str. Berichtspflicht s **III 2 Halbsatz 1.** Der zuvor erteilte Bestätigungsvermerk ist nicht ohne weiteres unwirksam, sondern ist entsprechend zu ergänzen (**III 2 Halbsatz 2**). Einzelheiten IDW PS 450 Tz 144 ff WPg **06,** 113, IDW PS 400 Tz 105 ff, WPg **05,** 1382.

4) Freiwillige Prüfung

Freiwillige (Begriff mißverständlich, präziser: ohne gesetzliche Verpflichtung 5
erfolgende, s § 317 II 2. Fall) Abschlussprüfung mit Bestätigungsvermerk für kleine KapitalGes und von § 264 a nicht erfassten PersonenGes sowie Einzelkflten gemäß Satzung oder nach Vereinbarung, zB auf Grund von Kreditvertrag oder bei Unternehmensübernahmen, ist möglich, BGH ZIP **91,** 1427. Bestätigungsvermerk ist aber nur zulässig bei Prüfung, die nach Art und Umfang der Pflichtprüfung entspricht, MüKo/Ebke 12, str, auf jeden Fall muss der Jahresabschluss trotz der für kleine Ges geltenden Erleichterungen den Anforderungen des § 264 II 1 entsprechen. Sonst darf er nur eine Bescheinigung ausstellen. Die Grundsätze ordnungsmäßiger Berichterstattung bei Abschlussprüfungen IDW PS 450 WPg **03,** 1127 gelten auch für freiwillige Prüfungen, die diesen Prüfungen nach Art und Umfang entsprechen (Tz 3 iVm IDW PS 200 Tz 5 WPg **00,** 706), dann (so Tz 20) auch Bestätigungsvermerk nach den Grundsätzen IDW PS 400 WPg **05,** 1382; mangels Entsprechung nur Bescheinigung (§ 322 Rn 1), Düss WM **95,**

§ 317 III. Buch. Handelsbücher

1840, Mü BB **96**, 1824. Freiwillige Prüfung von Kapitalanlageangeboten s § 347 Rn 29. Freiwillige Prüfung bei Börsengang **(comfort letters)**, IDW PS 910 WPg **04**, 342, Meyer WM **03**, 1745, s auch **(14)** BörsG § 44 Rn 3. Freiwillige Prüfung von **Patronatserklärungen**, IDW RH HFA 1.013, WPg **08**, 26. **Prüferische Durchsicht** von Abschlüssen, IDW PS 900 WPg **01**, 1078 mit Ergänzung 2002, Schindler WPg **02**, 1121. Lit: Braun BB **89**, 803.

Gegenstand und Umfang der Prüfung

317 (1) ¹In die Prüfung des Jahresabschlusses ist die Buchführung einzubeziehen. ²Die Prüfung des Jahresabschlusses und des Konzernabschlusses hat sich darauf zu erstrecken, ob die gesetzlichen Vorschriften und sie ergänzende Bestimmungen des Gesellschaftsvertrags oder der Satzung beachtet worden sind. ³Die Prüfung ist so anzulegen, daß Unrichtigkeiten und Verstöße gegen die in Satz 2 aufgeführten Bestimmungen, die sich auf die Darstellung des sich nach § 264 Abs. 2 ergebenden Bildes der Vermögens-, Finanz- und Ertragslage des Unternehmens wesentlich auswirken, bei gewissenhafter Berufsausübung erkannt werden.

(2) ¹Der Lagebericht und der Konzernlagebericht sind darauf zu prüfen, ob der Lagebericht mit dem Jahresabschluß, gegebenenfalls auch mit dem Einzelabschluss nach § 325 Abs. 2a, und der Konzernlagebericht mit dem Konzernabschluß sowie mit den bei der Prüfung gewonnenen Erkenntnissen des Abschlußprüfers in Einklang stehen und ob der Lagebericht insgesamt eine zutreffende Vorstellung von der Lage des Unternehmens und der Konzernlagebericht insgesamt eine zutreffende Vorstellung von der Lage des Konzerns vermittelt. ²Dabei ist auch zu prüfen, ob die Chancen und Risiken der künftigen Entwicklung zutreffend dargestellt sind. ³Die Angaben nach § 289a sind nicht in die Prüfung einzubeziehen.

(3) ¹Der Abschlußprüfer des Konzernabschlusses hat auch die im Konzernabschluß zusammengefaßten Jahresabschlüsse, insbesondere die konsolidierungsbedingten Anpassungen, in entsprechender Anwendung des Absatzes 1 zu prüfen. ²Sind diese Jahresabschlüsse von einem anderen Abschlussprüfer geprüft worden, hat der Konzernabschlussprüfer dessen Arbeit zu überprüfen und dies zu dokumentieren.

(4) Bei einer börsennotierten Aktiengesellschaft ist außerdem im Rahmen der Prüfung zu beurteilen, ob der Vorstand die ihm nach § 91 Abs. 2 des Aktiengesetzes obliegenden Maßnahmen in einer geeigneten Form getroffen hat und ob das danach einzurichtende Überwachungssystem seine Aufgaben erfüllen kann.

(5) Bei der Durchführung einer Prüfung hat der Abschlussprüfer die internationalen Prüfungsstandards anzuwenden, die von der Europäischen Kommission in dem Verfahren nach Artikel 26 Abs. 1 der Richtlinie 2006/43/EG des Europäischen Parlaments und des Rates vom 17. Mai 2006 über Abschlussprüfungen von Jahresabschlüssen und konsolidierten Abschlüssen, zur Änderung der Richtlinien 78/660/EWG und 83/349/EWG des Rates und zur Aufhebung der Richtlinie 84/253/EWG des Rates (ABl. EU Nr. L 157 S. 87) angenommen worden sind.

(6) Das Bundesministerium der Justiz wird ermächtigt, im Einvernehmen mit dem Bundesministerium für Wirtschaft und Technologie durch Rechtsverordnung, die nicht der Zustimmung des Bundesrates bedarf, zusätzlich zu den bei der Durchführung der Abschlussprüfung nach Absatz 5 anzuwendenden internationalen Prüfungsstandards weitere Abschlussprüfungsanforderungen oder die Nichtanwendung von Teilen der internationalen Prüfungs-

2. Abschnitt. Vorschriften für Kapitalgesellschaften 1 § 317

standards vorzuschreiben, wenn dies durch den Umfang der Abschlussprüfung bedingt ist und den in den Absätzen 1 bis 4 genannten Prüfungszielen dient.

Übersicht

1) Gegenstand und Umfang der Prüfung des Jahresabschlusses und des Konzernabschlusses (I) 1–6
2) Prüfung des Lageberichts und des Konzernlageberichts (II) 7
3) Erstreckung der Prüfung des Konzernabschlusses auf einbezogene Jahresabschlüsse (III) 8
4) Prüfung des Überwachungssystems bei der börsennotierten Aktiengesellschaft (IV) 9–10
5) Anwendung der internationalen Prüfungsstandards (V) 11
6) Ermächtigung zu Rechtsverordnung (VI) 12

1) Gegenstand und Umfang der Prüfung des Jahresabschlusses und des Konzernabschlusses (I)

a) Grundlagen: § 317 idF KonTraG 1998, II 1, 2 idF BilReG 2004, II 3, III 2 1
idF BilMoG, III 3 aufgehoben, V, VI neu BilMoG, **Übergangsrecht (1)**
EGHGB Art 66 II. Die nF umschreibt den gesetzlichen Prüfungsumfang neu und erweitert ihn, Grund: stärkere Problemorientierung der Prüfung, bessere Beurteilungsmöglichkeit für den Aufsichtsrat (RegE). Nach dem KonTraG ist der Abschlussprüfer, ohne Organ der KapitalGes zu sein (§ 318 Rn 2), Partner des Aufsichtsrats; die Prüfung ist Teil der Unternehmenskontrolle (corporate governance), Hommelhoff BB **98,** 2568, Mattheus ZGR **99,** 682, IDW Symposion WPg-Sonderheft 2001, Scheffler WPg **02,** 1289. Grundsätze ordnungsmäßiger Berichterstattung IDW PS 450 WPg **06,** 113, Erteilung von Bestätigungsvermerken IDW PS 400 WPg **05,** 1382, Risikofrüherkennungssysteme nach § 317 IV IDW PS 340 WPg **99,** 658 mit redaktionellen Anpassung 2000, Prüfungsdurchführung IDW PS 200 WPg **00,** 706, Rechnungslegungs- und Prüfungsgrundsätze IDW PS 201 IDW-FN **08,** 172, Kenntnisse über das zu prüfende Unternehmen IDW PS 230 WPg **00,** 842 mit Änderungen 2005, Prüfungsplanung IDW PS 240 WPg **00,** 846 mit Änderungen 2005 und 2006, Arbeitspapiere des Prüfers IDW PS 460 IDW-FN **08,** 178, Interne Revision und Prüfung IDW PS 321 WPg **02,** 686, zusätzliche Informationen des Unternehmens zusammen mit dem Jahresabschluss IDW PS 202 WPg **01,** 121, Ereignisse nach dem Stichtag IDW PS 203 WPg **01,** 891 mit redaktionellen Änderungen 2006, IDW EPS 203 IDW-FN **08,** 422, Prüfungsnachweise IDW PS 300 IDW FN **07,** 727, Wesentlichkeit IDW PS 250 WPg **03,** 944, Verwendung der Arbeit eines anderen externen Prüfers IDW PS 320 WPg **04,** 593, Verwertung der **Arbeit** von Sachverständigen IDW PS 322 WPg **02,** 689, Aufdeckung von Unregelmäßigkeiten IDW PS 210 WPg **06,** 1422, Sanierungskonzepte IDW ES 6 IDW-FN **08,** 381, Groß ua WPg **09,** 231 ff, Fortführung der Unternehmenstätigkeit IDW PS 270 WPg **03,** 775 mit redaktionellen Änderungen 2006; Rechnungslegung bei PersonenHdlGes IDW RS HFA 7 IDW-FN **08,** 370; Prüfungshinweis Besonderheiten bei KMU IDW PH 9.100.1 WPg **07,** Suppl 1, 53 u IDW-FN **07,** 63, Farr/Niemann DStR **07,** 822; Feststellung und Beurteilung von Fehlerrisiken und Reaktionen des Abschlussprüfers auf die beurteilten Fehlerrisiken IDW PS 261 IDW FN **07,** 710 (ersetzt früheren IDS PS 260); Beurteilung eingetretener oder drohender Zahlungsunfähigkeit bei Unternehmen, IDW PS 800, 2009; Kreditinstitute und WPDienstleistungsunternehmen s Rn 10. Zu den internationalen Prüfungsstandards **International Standards of Auditing (ISA)** Erchinger/Melcher WPg **08,** 959, Merkt FS Wymeersch **09,** 244, zu ISA 315 und ISA 330 Schmidt WPg **05,** 873, ISA 600 (Konzernabschlussprüfung) Giese/Kunellis BB **08,** 378; deut-

§ 317 2–4
III. Buch. Handelsbücher

sche und internationale Prüfungsstandards, Ferlings/Poll/Schneiß WPg **07**, 101, 145. Zu den GoA Niemann DStR **03**, 1454. Konzernabschlussprüfung nach internationalen Prüfungsvorschriften Noodt WPg **06**, 894. Prüferische Durchsicht von Abschlüssen, IDW PS 900 WPg **01**, 1078 mit Ergänzung 2002 (§ 316 Rn 5). Zusammenstellung auch bei MüKo/Ebke 22 ff. Die **aktuellen Fassungen** finden sich in der Sammlung IDW Prüfungsstandards, IDW Stellungnahmen zur Rechnungslegung (LBl). Aktuelle Entwicklungen: Niemann DStR **08**, 2176.

2 **b) Gegenstand der Prüfung (I 1):** Zu prüfen sind der Jahresabschluss und der Lagebericht sowie der Konzernabschluss samt einbezogener Jahresabschlüsse und der Konzernlagebericht (näher zum Gegenstand der Prüfung § 316 Rn 1 f und § 317 Rn 4, 7 ff). Nach **I 1** ist die Buchführung (§§ 238–241, einschließlich Nebenbuchführung) und das Inventar (§ 240), letzteres str, mitzuprüfen, Kostenrechnung nur, soweit Grundlage für Ermittlung der Herstellungskosten. Anhangsprüfung s Farr AG **00**, 1. Zu prüfen ist auf Einhaltung der Vorschriften aus Gesetz (vor allem 3. Buch) und GesVertrag bzw Satzung **(I 2)**. Die Prüfung erstreckt sich danach grundsätzlich auf die Einhaltung aller für die Rechnungslegung der Ges geltenden Regeln einschließlich der GoB. Die Prüfung erstreckt sich auch auf das interne Kontrollsystem (zu unterscheiden von IV, s Rn 9), ADS 16, und die Fortführungsprognose (going concern, s Rn 5), also ob diese realistisch ist, GK/Marsch-Barner 5, Lilienbecker/Link/Rabenhorst BB **09**, 262. Mit heranzuziehen sind die Unternehmensplanungsunterlagen (§ 321 Rn 1).

3 **c) Prüfungsziele (I 2, 3):** Die Prüfung ist so anzulegen, dass Unrichtigkeiten und Verstöße gegen Gesetz und GesVertrag bzw Satzung **(I 2)**, die sich auf die Darstellung des Bildes nach § 264 II (Vermögens-, Finanz- und Ertragslage, § 264 Rn 9 ff) wesentlich auswirken, bei gewissenhafter Berufsausübung erkannt werden **(I 3 nF)**, BGH WM **06**, 426, auch Düss ZIP **97**, 788 m Anm Heni, aber iErg problematisch (trotz Testatverweigerung des Vorgängers keine Unterschlagungsprüfung). Zu diesem **Grundsatz der Wesentlichkeit** (international: principle of audit materiality) MüKo/Ebke 67. Besonders zu beachten ist dabei § 264 II 2 und entspr für Konzern § 297 II 2; zu § 264 II 1 s § 264 Rn 9. Unrichtigkeiten und Verstöße umfassen solche durch Tun und durch Unterlassen, vorsätzliche und fahrlässige, mit und ohne Folge rechtswidriger Vermögensschädigung. Das Risiko, dass solche Unrichtigkeiten und Verstöße vorliegen und nicht ohne weiteres erkannt werden, ist bei der Prüfungsplanung einzukalkulieren, bei Anhaltspunkten höherer Risiken ist diesen nachzugehen, GK/Marsch-Barner 8 f. Die Vermeidung und Aufdeckung von Unrichtigkeiten und Verstößen ist Sache der gesetzlichen Vertreter des Unternehmens, die Abschlussprüfung ist auf hinreichende (nicht absolute) Sicherheit auszurichten und ist keine Garantie, näher IDW PS 200 Tz 24 ff WPg **00**, 706, IDW PS 210 Tz 8 ff, 18 WPg **06**, 1422.

4 Zielsetzung der Abschlussprüfung kann **keine lückenlose Prüfung sein**. Bei Anzeichen für Unrichtigkeiten und Verstöße durch die gesetzlichen Vertreter oder Mitarbeiter der Ges besteht eine erweiterte Prüfungspflicht, es sind ergänzende Prüfungshandlungen vorzunehmen und die Prüfungsnachweise im Hinblick auf den Verdacht gezielt zu würdigen, hinzu kommen Mitteilungspflichten, IDW PS 210 Tz 44 ff WPg **06**, 1422. Zur Beurteilung des Risikos von **fraud** Schruff WPg **05**, 207, Berndt/Jeiker BB **07**, 2615. Werden Verstöße bekannt, Fehler aufgedeckt, Ausdehnung der Prüfungshandlung, soweit noch keine abschließende Beurteilung möglich. Die Einholung einer **Vollständigkeitserklärung** der KapitalGes über Buchführung und Jahresabschluss ist üblich, aber kein Ersatz für Prüfungshandlungen; Verantwortlichkeit des Abschlussprüfers (§ 323) bleibt unberührt. Die Ges ist zur Abgabe nicht verpflichtet (§ 320 Rn 2). Bei unzutreffender Vollständigkeitserklärung kann der Bestätigungsvermerk widerrufen werden (§ 322 Rn 9). Zur Vollständigkeitserklärung IDW PS 303 Tz 20 ff WPg **02**, 680 mit Ergänzung WPg **06**, 854, IDW EPS 303 IDW-FN **09**, 88.

2. Abschnitt. Vorschriften für Kapitalgesellschaften 5–7 § 317

Keine umfassende Rechts- und Wirtschaftlichkeitsprüfung: Die Prüfung 5
erstreckt sich **nicht** auf die Einhaltung aller steuerrechtlicher Vorschriften, anders
soweit sich aus ihrer Nichtbeachtung Risiken ergeben, denen Rechnung zu
tragen ist; aller sonstigen rechtlichen Verhältnisse, str, anders soweit Lagebericht
betroffen ist; auf die allgemeine Geschäftsführung, anders soweit sich aus Verstößen (zB Einlagenrückgewähr, verdeckte Gewinnausschüttung, Unterschlagung)
zu bilanzierende Ansprüche der KapitalGes ergeben; außer bei AG nach IV (s
Rn 9) auf die Einhaltung der Pflichten bei Verlust, Überschuldung (Überschuldungsbegriff § 19 II InsO, s § 130 a Rn 4) oder Zahlungsunfähigkeit (§ 92 AktG,
§ 64 GmbHG), anders soweit nicht mehr von Fortführung (going concern,
§ 252 I Nr 2) auszugehen ist, was zu prüfen ist (s Rn 2); auf die wirtschaftliche
Lage der Ges (bloße Rechnungslegungsprüfung) BGH **16,** 23, WM **06,** 426,
Karlsr WM **85,** 942. Aber erweiterte Berichts- und Redepflicht § 321 I 4, II.
Praktisch wichtig ist die Prüfung des internen Kontrollsystems, vor allem bei
Einsatz von EDV, IDW PS 261 IDW FN **07,** 710, interne Revision und Abschlussprüfung, IDW PS 321 WPg **01,** 570. Ziele und Gegenstand der Abschlussprüfung, IDW PS 200 Tz 8 ff WPg **00,** 706, Art und Umfang der Prüfungshandlungen IDW PS 200 Tz 18 ff WPg **00,** 706.

d) Person des Prüfers: Der Abschlussprüfer darf **Hilfspersonen** heranzie- 6
hen, prüft aber in eigener Verantwortung. Er darf sich nicht einfach auf Prüfungsergebnisse und Untersuchungen **Dritter** verlassen, darf sie aber verwerten. Prüfungsergebnisse anderer, auch ausländischer Abschlussprüfer darf er übernehmen,
falls keine Anhaltspunkte für ihre Unrichtigkeit vorliegen, Düss ZIP **97,** 789,
und bei Ausländern die Berufsqualifikation und Unabhängigkeit der deutschen
vergleichbar ist (vgl Rn 8). Prüfung durch zwei oder mehrere bestellte Abschlussprüfer **(Gemeinschaftsprüfung, joint audit)** ist möglich, dann reicht aber
uneingeschränkter Bestätigungsvermerk nur durch einen von ihnen nicht aus,
MüKo/Ebke § 318 Rn 17, Staub/Zimmer § 38 Rn 18, str. Parallele, unabhängig
voneinander erfolgende Abschlussprüfungen sind gesetzlich nicht zulässig, Staub/
Zimmer § 318 Rn 19, str. Durchführung von Gemeinschaftsprüfungen (Joint
Audit) IDW PS 208 WPg **99,** 707, Verwendung der Arbeit eines anderen externen Prüfers IDW PS 320 nF WPg **04,** 593, Interne Revision und Prüfung IDW
PS 321 WPg **02,** 686, Verwertung der Arbeit von Sachverständigen IDW PS 322
WPg **02,** 689, Bestätigungen Dritter bei Kredit- und Finanzdienstleistungsinstituten IDW PH 9.302.1 WPg **06,** 484. Externe Bestätigungen s Rabenhorst
WPg **02,** 16.

2) Prüfung des Lageberichts und des Konzernlageberichts (II)

Der (Konzern)Lagebericht ist auf Einklang mit dem Jahres(Konzern)abschluss, 7
gegebenenfalls auch mit dem Einzelabschluss nach § 325 IIa (so II idF BilReG),
sowie den bei der Prüfung gewonnenen Erkenntnissen des Abschlussprüfers zu
prüfen (**II 1 Halbsatz 1** nF). Zu den Erkenntnissen gehören auch solche aus
früheren Prüfungen, Verwertung sonstiger Kenntnisse s § 321 Rn 6. Er ist weiter
zu prüfen darauf, ob er insgesamt, also nicht nur die sonstigen Angaben in ihm
(§§ 289 II, 315 II), eine zutreffende Vorstellung von der Lage des Unternehmens
(Konzern) vermittelt (**II 1 Halbsatz 2** nF). Insbesondere ist zu prüfen, ob die
Chancen und Risiken der zukünftigen Entwicklung, auf die der Lagebericht
besonders eingehen muss (§ 289 I 5, § 315 I 5 idF BilReG), zutreffend dargestellt sind (**II 2** idF BilReG). Dabei gilt der Grundsatz, dass für die Darstellung
der Lage des Unternehmens die Geschäftsführung allein verantwortlich ist (prognostische Elemente, pflichtgemäßes Ermessen). Der Prüfer kann nur die Richtigkeit und Vollständigkeit dieser Darstellung prüfen, also ob alle verfügbaren
Informationen verwandt wurden, die grundlegenden Annahmen realistisch und
in sich widerspruchsfrei sind und Prognoseverfahren richtig gehandhabt wurden

§ 317 8–8b

(Plausibilitätsprüfung, RegE), s auch § 321 Rn 1. Allerdings darf sich der Prüfer nicht darauf beschränken, passiv die Lagebeurteilung der Geschäftsführung zu billigen, sondern er hat eigene Plausibilitätsbeurteilung abzugeben, Hommelhoff BB **98,** 2570, ähnlich IDW PS 350 WPg **06,** 1293. Bericht auch über eingeleitete und auch erst beabsichtigte Maßnahmen der Geschäftsführung gegen ungünstige künftige Entwicklungen, GK/Marsch-Barner 13. Die Erklärung zum Corporate Governance Kodex (s **(2 a)** AktG § 161, Überbl 6 vor § 316) erfolgt im Lagebzw Konzernlagebericht (§§ 285 Nr 16, 314 I Nr 8 AktG), zu den Pflichten des Abschlussprüfers und zu seiner Unabhängigkeitserklärung nach Ziff 7.2.1 DCGK IDW PS 345 WPg **06,** 314 mit Änderung IDW-FN **08,** 427, Ruhnke AG **03,** 371. **II 3** idF BilMoG bestimmt, dass die Angaben nach der durch die AbschlussprüferRi für bestimmte Ges vorgeschriebenen Erklärung zur Unternehmensführung (§ 289 a neu BilMoG, Kuthe/Geiser NZG **08,** 172, Melcher/Mattheus DB **08,** 54), in die die Erklärung nach § 161 AktG zum Deutschen Corporate Governance Kodex (Überbl 6 vor § 316) und weitere Punkte aufzunehmen sind, nicht geprüft werden muss, auch wenn sie in den Lagebericht aufgenommen worden ist. Das entspricht der AbschlussprüferRi (Überbl 4 vor § 316), bedeutet aber, dass der Lagebericht einen nicht prüfungspflichtigen Bestandteil haben kann. Darauf sollte im Bestätigungsvermerk klarstellend hingewiesen werden, Petersen/Zwirner WPg **08,** 968.

3) Erstreckung der Prüfung des Konzernabschlusses auf einbezogene Jahresabschlüsse (III)

8 Der Gegenstand der Prüfung folgt aus § 316 I, II, nämlich Jahres(Konzern-)abschluss und (Konzern-)Lagebericht. Das wird erweitert auf die im Konzernabschluss zusammengefassten Jahresabschlüsse, insbesondere die konsolidierungsbedingten Anpassungen (**III 1** nF). Zu den konsolidierungsbedingten Anpassungen gehören auch Änderungen in der HdlBilanz II auf Grund Einheitlichkeit von Bilanzansatz und Bewertung im Konzernabschluss (RegE), ferner Prüfung der HdlBilanz II. Vollprüfung der einbezogenen Jahresabschlüsse iSv I 1, insoweit aber aus Konzernsicht.

8a Sind diese Jahresabschlüsse von einem anderen Abschlussprüfer geprüft worden, so hat der Konzernabschlussprüfer dessen Arbeit zu überprüfen und dies zu dokumentieren (**III 2** idF BilMoG). Die zuvor geltende Einschränkung, dass geprüfte Jahresabschlüsse nur dann erneut geprüft werden müssen, wenn der Bestätigungsvermerk versagt oder eingeschränkt worden ist, str, differenzierend Staub/Zimmer 25, oder wenn Anhaltspunkte für die Unrichtigkeit des Testats vorliegen, ist weggefallen (III 2 aF, ebenso die Einschränkung bezüglich ausländischer Prüfungen bei in den Konzernabschluss einbezogenen Tochterunternehmen mit Sitz im Ausland, III 3 a F). Vielmehr ist nunmehr der Konzernabschlussprüfer bei der Abschlussprüfung der konsolidierten Abschlüsse eines Konzerns für seinen Bestätigungsvermerk zu den konsolidierten Abschlüssen voll verantwortlich (AbschlussprüferRi, Überbl vor § 316). Das entspricht weitestgehend schon der heutigen Praxis (RegE). Zweck des III 2 nF ist allein bessere Qualität der Konzernabschlussprüfung, die Abschlussprüfung von Mutter- und Tochterunternehmen durch verschiedene Abschlussprüfer bleibt weiterhin zulässig (ausdrücklich RegE).

8b Was III 2 konkret verlangt bzw in welchem Ausmaß und mit welcher Gewichtung der Konzernabschlussprüfer auf die Prüfung eines anderen externen Prüfers zurückgreifen kann, hängt von den Umständen ab, insbesondere von der fachlichen Kompetenz und beruflichen Qualifikation dieses Prüfers, daneben auch von der Bedeutung der von diesem geprüften Teileinheit für das Gesamturteil des Konzernabschlussprüfers (RegE). Letzteres kann allein der Konzernabschlussprüfer beurteilen. Ersteres, also die fachliche Kompetenz und die berufliche Qualifikation, kann der Konzernabschlussprüfer jedenfalls bei Prüfern aus EU/EWR-

Staaten und der Schweiz annehmen (RegE). Bei Prüfern aus Drittstaaten gilt das bei Eintragung nach § 134 I WPO oder Feststellung der Gleichwertigkeit nach § 134 IV WPO, aber auch dann nur, soweit die fachliche Kompetenz und die berufliche Qualifikation „im Einzelfall offensichtlich vorliegen" (RegE). Sonst muss der Konzernabschlussprüfer diese beiden Voraussetzungen nach Maßgabe der an ihn gestellten Anforderungen im Hinblick auf Unabhängigkeit, Gewissenhaftigkweit, Unparteilichkeit, Unbefangenheit und Eigenverantwortlichkeit beurteilen (RegE). Die Praxis hat dazu schon Erfahrungen entwickelt (s Rn 8 a), die weiter verfeinert werden müssen. Auch nach dem, was der RegE ausführt, bleibt es bei dem in III 2 festgestellten Grundsatz, dass der Konzernabschlussprüfer die Arbeit des anderen externen Prüfers „überprüfen und dies dokumentieren" muss. Lit: Petersen/Zwirner WPg **08,** 968, Erchinger/Melcher DB Beil 5/**09,** 92.

4) Prüfung des Überwachungssystems bei der börsennotierten Aktiengesellschaft (IV)

Der Vorstand der AG hat nach **§ 91 II AktG** geeignete Maßnahmen zu 9 treffen, insbesondere ein Überwachungssystem einzurichten, damit Risiken und Fehlentwicklungen, die den Fortbestand der AG gefährden, frühzeitig erkannt werden **(Frühwarnsystem).** Fehlt Dokumentation, ist Entlastung des Vorstands anfechtbar, BGH ZIP **09,** 460. Konkretisierung von § 91 II für Aktienbanken anhand § 25 a KWG, LG Bln AG **02,** 683, Hüffer NZG **07,** 49, nach aA für alle AG. **IV** idF TransPuG 2002 (**Übergangsrecht** in (**1**) EGHGB Art. 54) erstreckt die Prüfung auf das Frühwarnsystem börsennotierter AG (entspr § 321 IV; vorher zu eng nur bei amtlicher Notierung, vgl § 323 Rn 9). **Börsennotierte AG** sind AG, deren Aktien zu einem Markt zugelassen sind, der von staatlich anerkannten Stellen geregelt und überwacht wird, regelmäßig stattfindet und für das Publikum mittelbar oder unmittelbar zugänglich ist (§ 3 II AktG). Bei solchen AG muss der Prüfer im Rahmen der Prüfung beurteilen, ob der Vorstand diese Maßnahmen in einer geeigneten Form getroffen hat und ob das Überwachungssystem seine Aufgaben erfüllen kann. IV gilt nicht für AG mit nur im Freiverkehr gehandelten Aktien (s (**14**) BörsG § 48) und erst recht nicht für GmbH (aber s Rn 2), dann auch nicht § 321 IV, aber stattdessen § 321 I 3 (§ 321 Rn 10). Allerdings erwartet der Gesetzgeber, dass § 91 II AktG Ausstrahlungswirkung auf Ges anderer Rechtsformen entfaltet, BTDrucks 13/9712, IDW PS 340 Tz 1 WPg **99,** 658.

Die Prüfung erstreckt sich nicht auf die unternehmerische Zweckmäßigkeit 10 (§ 321 Rn 1), das ist Sache des Aufsichtsrats (§ 111 AktG), siehe str, abw GKBil/Zimmer 35. Die Risikofelder, die zu bestandsgefährdenden Entwicklungen führen können, erstrecken sich auf das gesamte Unternehmen und sämtliche betrieblichen Prozesse und Funktionsbereiche einschließlich aller Hierarchiestufen und Stabsfunktionen. IDW PS 340 Tz 7 WPg **99,** 658. Dazu gehört auf jeden Fall die Prüfung der internen Revision (Heranziehung der Revisionsberichte unerlässlich), IDW PS 321 WPg **02,** 686, aber je nachdem auch anderer Bereiche wie Controlling ua, also das interne Kontrollsystem, IDW PS 261 IDW FN **07,** 710, GK/Marsch-Barner 19. Die Prüfung nach IV ist eine **Systemprüfung,** nicht eine Geschäftsführungsprüfung, IDW PS 340 Rz 19. Sie ist umfassender als die Prüfung des internen Kontrollsystems im Rahmen der Jahresabschlussprüfung. Der Abschlussprüfer muss sich dabei auch ein Bild des Risikobewusstseins der Unternehmensleitung und der Mitarbeiter verschaffen, IDW PS 340 Tz 22. Die Prüfung ist eine **Eignungsprüfung** und eine **Funktionsprüfung** (Wortlaut des IV). Eignung setzt ua voraus, dass klare Verwertungszuweisungen für Informationsweitergabe und Risikobeurteilung bestehen und dass noch rechtzeitig Gegenmaßnahmen getroffen werden können. Bei der Funktionsprüfung werden idR typische Risiken (zB Fremdwährung, Produkthaftung, Bonität) untersucht, GK/Marsch-Barner 21. Bei Konzernen ist das Überwachungssystem konzern-

§ 318

III. Buch. Handelsbücher

weit zu prüfen (RegE); unbeschadet der Prüfung des Überwachungssystems bei den einzelnen KonzernmitgliedGes. Prüfung nach IV bei Konzernen s IDW PS 340 Tz 34. Das Ergebnis der Beurteilung ist in einem besonderen Teil des Prüfungsberichts darzustellen einschließlich notwendiger Systemverbesserungsmaßnahmen (§ 321 IV 1, 2). Weitergehende Prüfung bei Kreditinstituten (§§ 28 ff KWG, **(16)** WpHG § 36 I 2) und allgemeiner bei WPDienstleistungsunternehmen (s **(16)** WpHG § 36), IDW PS 521, IDW-FN **09,** 140, für Ausdehnung auf Nichtkreditinstitute GK/Marsch-Barner 23, Beurteilung des Risikomanagements von Kreditinstituten, IDW EPS 525, IDW-FN **09,** 247. Lit: IDW PS 340 WPg **99,** 658, PS 450 WPg **06,** 113, PS 261 IDW FN **07,** 710; Marten ua, Wirtschaftsprüfung 2001; Giese WPg **98,** 451, Lück DB **98,** 1925, Vogler DB **98,** 2377 (praktische Ausgestaltung), Mattheus ZGR **99,** 702, Scharpf in Dörner/Menold/Pfitzer, Reform des Aktienrechts 1999 S 177, Eggemann/Konradt BB **00,** 503, Jacob WPg **01,** 237 (ISA), Ruhnke DB **02,** 437, Hauschka DB **06,** 1143, Hommelhoff/Mattheus BB **07,** 2787 (RefE BilMoG), Huth BB **07,** 2167.

5) Anwendung der internationalen Prüfungsstandards (V)

11   V idF BilMoG. Bei der Durchführung einer Prüfung hat der Abschlussprüfer die internationalen Prüfungsstandards, die von der EU-Kommission in dem Verfahren nach Art 26 I der AbschlussprüferRi (idF ÄndRi 11. 3. 08 ABlEU Nr 891/53, iVm Art 48 IIa der AbschlussprüferRi) angenommen worden sind (Komitologieverfahren), anzuwenden. Internationale Prüfungsstandards iSd AbschlussprüferRi sind die International Standards of Auditing (ISA) und damit zusammenhängende Stellungnahmen und Standards, soweit sie für die Abschlussprüfung relevant sind. Solange und soweit solche internationalen Prüfungsstandards nicht angenommen worden sind, bleibt es bei den nationalen Prüfungsstandards. Lit: Erchinger/Melcher DB Beil 5/**09,** 91.

6) Ermächtigung zu Rechtsverordnung (VI)

12   VI idF BilMoG enthält eine Ermächtigung an das BMJ, zusätzlich zu den internationalen Prüfungsstandards nach V weitere Abschlussprüferanforderungen oder die Nichtanwendung von Teilen der internationalen Prüfungsstandards vorzuschreiben, wenn dies durch den Umfang der Abschlussprüfung bedingt ist und den in I bis IV genannten Prüfungszielen dient. VI betrifft nur Abschlussprüferanforderungen, nicht Abschlussprüferverfahren, diese und die Prüfungsmethodik entwickelt der Berufsstand selbst (RegE). Lit: Erchinger/Melcher DB Beil 5/**09,** 92.

Bestellung und Abberufung des Abschlußprüfers

318   (1) ¹Der Abschlußprüfer des Jahresabschlusses wird von den Gesellschaftern gewählt; den Abschlußprüfer des Konzernabschlusses wählen die Gesellschafter des Mutterunternehmens. ²Bei Gesellschaften mit beschränkter Haftung und bei offenen Handelsgesellschaften und Kommanditgesellschaften im Sinne des § 264a Abs. 1 kann der Gesellschaftsvertrag etwas anderes bestimmen. ³Der Abschlußprüfer soll jeweils vor Ablauf des Geschäftsjahrs gewählt werden, auf das sich seine Prüfungstätigkeit erstreckt. ⁴Die gesetzlichen Vertreter, bei Zuständigkeit des Aufsichtsrats dieser, haben unverzüglich nach der Wahl den Prüfungsauftrag zu erteilen. ⁵Der Prüfungsauftrag kann nur widerrufen werden, wenn nach Absatz 3 ein anderer Prüfer bestellt worden ist.

(2) ¹Als Abschlußprüfer des Konzernabschlusses gilt, wenn kein anderer Prüfer bestellt wird, der Prüfer als bestellt, der für die Prüfung des in den

2. Abschnitt. Vorschriften für Kapitalgesellschaften § 318

Konzernabschluß einbezogenen Jahresabschlusses des Mutterunternehmens bestellt worden ist. ² Erfolgt die Einbeziehung auf Grund eines Zwischenabschlusses, so gilt, wenn kein anderer Prüfer bestellt wird, der Prüfer als bestellt, der für die Prüfung des letzten vor dem Konzernabschlußstichtag aufgestellten Jahresabschlusses des Mutterunternehmens bestellt worden ist.

(3) ¹ Auf Antrag der gesetzlichen Vertreter, des Aufsichtsrats oder von Gesellschaftern, bei Aktiengesellschaften und Kommanditgesellschaften auf Aktien jedoch nur, wenn die Anteile dieser Gesellschafter bei Antragstellung zusammen den zwanzigsten Teil des Grundkapitals oder einen Börsenwert von 500 000 Euro erreichen, hat das Gericht nach Anhörung der Beteiligten und des gewählten Prüfers einen anderen Abschlussprüfer zu bestellen, wenn dies aus einem in der Person des gewählten Prüfers liegenden Grund geboten erscheint, insbesondere wenn ein Ausschlussgrund nach § 319 Abs. 2 bis 5 oder §§ 319a und 319b besteht. ² Der Antrag ist binnen zwei Wochen nach dem Tag der Wahl des Abschlussprüfers zu stellen; Aktionäre können den Antrag nur stellen, wenn sie gegen die Wahl des Abschlussprüfers bei der Beschlussfassung Widerspruch erklärt haben. ³ Wird ein Befangenheitsgrund erst nach der Wahl bekannt oder tritt ein Befangenheitsgrund erst nach der Wahl ein, ist der Antrag binnen zwei Wochen nach dem Tag zu stellen, an dem der Antragsberechtigte Kenntnis von den befangenheitsbegründenden Umständen erlangt hat oder ohne grobe Fahrlässigkeit hätte erlangen müssen. ⁴ Stellen Aktionäre den Antrag, so haben sie glaubhaft zu machen, dass sie seit mindestens drei Monaten vor dem Tag der Wahl des Abschlussprüfers Inhaber der Aktien sind. ⁵ Zur Glaubhaftmachung genügt eine eidesstattliche Versicherung vor einem Notar. ⁶ Unterliegt die Gesellschaft einer staatlichen Aufsicht, so kann auch die Aufsichtsbehörde den Antrag stellen. ⁷ Der Antrag kann nach Erteilung des Bestätigungsvermerks, im Fall einer Nachtragsprüfung nach § 316 Abs. 3 nach Ergänzung des Bestätigungsvermerks nicht mehr gestellt werden. ⁸ Gegen die Entscheidung ist die Beschwerde zulässig.

(4) ¹ Ist der Abschlußprüfer bis zum Ablauf des Geschäftsjahrs nicht gewählt worden, so hat das Gericht auf Antrag der gesetzlichen Vertreter, des Aufsichtsrats oder eines Gesellschafters den Abschlußprüfer zu bestellen. ² Gleiches gilt, wenn ein gewählter Abschlußprüfer die Annahme des Prüfungsauftrags abgelehnt hat, weggefallen ist oder am rechtzeitigen Abschluß der Prüfung verhindert ist und ein anderer Abschlußprüfer nicht gewählt worden ist. ³ Die gesetzlichen Vertreter sind verpflichtet, den Antrag zu stellen. ⁴ Gegen die Entscheidung des Gerichts findet die Beschwerde statt; die Bestellung des Abschlußprüfers ist unanfechtbar.

(5) ¹ Der vom Gericht bestellte Abschlußprüfer hat Anspruch auf Ersatz angemessener barer Auslagen und auf Vergütung für seine Tätigkeit. ² Die Auslagen und die Vergütung setzt das Gericht fest. ³ Gegen die Entscheidung findet die Beschwerde statt; die Rechtsbeschwerde ist ausgeschlossen. ⁴ Aus der rechtskräftigen Entscheidung findet die Zwangsvollstreckung nach der Zivilprozeßordnung statt.

(6) ¹ Ein von dem Abschlußprüfer angenommener Prüfungsauftrag kann von dem Abschlußprüfer nur aus wichtigem Grund gekündigt werden. ² Als wichtiger Grund ist es nicht anzusehen, wenn Meinungsverschiedenheiten über den Inhalt des Bestätigungsvermerks, seine Einschränkung oder Versagung bestehen. ³ Die Kündigung ist schriftlich zu begründen. ⁴ Der Abschlußprüfer hat über das Ergebnis seiner bisherigen Prüfung zu berichten; § 321 ist entsprechend anzuwenden.

(7) ¹ Kündigt der Abschlußprüfer den Prüfungsauftrag nach Absatz 6, so haben die gesetzlichen Vertreter die Kündigung dem Aufsichtsrat, der nächsten Hauptversammlung oder bei Gesellschaften mit beschränkter Haftung

§ 318 1

den Gesellschaftern mitzuteilen. ²Den Bericht des bisherigen Abschlußprüfers haben die gesetzlichen Vertreter unverzüglich dem Aufsichtsrat vorzulegen. ³Jedes Aufsichtsratsmitglied hat das Recht, von dem Bericht Kenntnis zu nehmen. ⁴Der Bericht ist auch jedem Aufsichtsratsmitglied oder, soweit der Aufsichtsrat dies beschlossen hat, den Mitgliedern eines Ausschusses auszuhändigen. ⁵Ist der Prüfungsauftrag vom Aufsichtsrat erteilt worden, obliegen die Pflichten der gesetzlichen Vertreter dem Aufsichtsrat einschließlich der Unterrichtung der gesetzlichen Vertreter.

(8) Die Wirtschaftsprüferkammer ist unverzüglich und schriftlich begründet durch den Abschlussprüfer und die gesetzlichen Vertreter der geprüften Gesellschaft von der Kündigung oder dem Widerruf des Prüfungsauftrages zu unterrichten.

Übersicht

1) Wahl des Abschlussprüfers (I) 1–4
2) Konzernabschlussprüfer (II) 5
3) Gerichtliche Ersetzung des Abschlussprüfers (III) 6–10
   A. Voraussetzungen des III 6
   B. Verfahren nach III 7
4) Gerichtliche Bestellung des Abschlussprüfers (IV) 11
5) Rechtsstellung des gerichtlich bestellten Abschlussprüfers (V) 12
6) Kündigung durch den Abschlussprüfer (VI) 13
7) Bericht des kündigenden Abschlussprüfers (VII) 14
8) Unterrichtung der Wirtschaftsprüferkammer (VIII) 15

1) Wahl des Abschlussprüfers (I)

1 § 318 III 1, VIII idF BilMoG, **Übergangsrecht (1)** EGHGB Art 66 II, V. Nach **I 1 wählen die Gesellschafter** (Gfter des Mutterunternehmens, § 290 I; der GfterGeschäftsführer kann mitstimmen, ADS 118) den Abschlussprüfer des Jahres(Konzern)abschlusses, in der AG **auf Vorschlag allein des Aufsichtsrats** (§ 124 III 1 AktG); das ist außer bei der GmbH, OHG und KG iSv § 264 a (Satzungsautonomie) zwingend **(I 2)**; bei AG verstößt gemeinsamer oder auch nur gleich lautender Vorschlag von Aufsichtsrat und Vorstand gegen § 124 III 1 AktG (Verhinderung der Beeinflussung bei der Auswahl der Prüfer durch Vorstand), darauf ergehender Beschluss der Hauptversammlung ist anfechtbar, BGH **153,** 32 (Hypo-Vereinsbank, HVB). Vorherige Zustimmung (pre-approval) des Prüfungsausschusses des Aufsichtsrats ist international üblich und entspricht guter Corporate Governance (Überbl 6 vor § 316). Bei GmbH (nur durch **Satzung**) können einzelne Gfter (str für MehrheitsGfter), GfterAusschuss, Aufsichtsrat, Beirat oder Dritter zuständig sein, nicht Geschäftsführung (auch wenn MehrheitsGfter, str) wegen Besorgnis der Befangenheit (s Rn 6), (sehr str, Lu/Ho Anh § 42 Rn 13, Baumb/Hueck/Schulze-Osterloh 84, aA ADS 126, GKBil/ Zimmer 8. Sondervorschriften in § 30 I AktG (erstes Voll- oder Rumpfgeschäftsjahr), § 6 III PublG, § 28 KWG, § 58 VAG. Zusätzliche persönliche Anforderungen an den Abschlussprüfer durch Satzung sind auch über I 2 hinaus analog § 100 IV AktG (für Aufsichtsratsmitglieder) zulässig. Doch muss eine echte Wahl möglich bleiben. Der Aufsichtsrat prüft vor Unterbreitung des Wahlvorschlags die Auswahlvoraussetzungen (§ 319 I) und Eignung des vorgesehenen Prüfers und insbesondere auch seine Unabhängigkeit (§§ 319 II, III, 319a) und holt bei Befolgung des Deutschen Corporate Governance Kodex eine Unabhängigkeitserklärung ein (§ 319 Rn 12). **I 3** ist eine Sollvorschrift zum Zeitpunkt der Wahl; s dazu IV. **I 4** idF KonTraG 1998 betrifft die **Erteilung des Prüfungsauftrags.** Diese war bis zum KonTraG Vollzug der Wahl ohne eigene

2. Abschnitt. Vorschriften für Kapitalgesellschaften 2–5 **§ 318**

Entscheidungsbefugnis des zuständigen Organs, in der AG hat aber der Aufsichtsrat, dessen Partner der Abschlussprüfer ist (§ 111 II 3 AktG), nach I 4 eine gewisse Gestaltungsmöglichkeit, zB Festlegung besonderer Prüfungsschwerpunkte und kann dadurch seine Überwachungstätigkeit intensivieren, BeckBilKomm/Winkeljohann/Hellwege 14, ADS 173, aA noch GK/Marsch-Barner 3. Der Wirtschaftsprüfer kann frei und ohne Begründung (anders nach LG Kln DB **92,** 265 bei Ablehnung wegen Bestehens von Hinderungsgründen, str) ablehnen (aber unverzüglich, sonst Schadensersatz, **(2 c)** § 51 WPO, § 663 S 1 BGB). Bestellung von mehr als einem Abschlussprüfer (Gemeinschaftsprüfung) ist möglich, liegt aber nicht schon vor, wenn ein namentlich benannter und gewählter Abschlussprüfer einer Sozietät angehört; zur Gemeinschaftsprüfung s § 317 Rn 6. Der Prüfungsauftrag umfasst auch eine Nachtragsprüfung (§ 316 III, dort Rn 4), BGH WM **91,** 1952. Lit: Forster FS Kropff **97,** 72 (Prüfung durch den Aufsichtsrat), Dörner FS Stehle **97,** 81 (Inkompatibilität), Röhricht WPg **98,** 153 (Inkompatibilität), Wolf WPK-Mitt **98,** 187 (Berufshaftung), Forster AG **99,** 193 (Aufsichtsrat und Prüfer), Hellwig ZIP **99,** 2117 (Beratungsverträge), Mattheus ZGR **99,** 682, Theisen DB **99,** 341 (Vergabe durch Aufsichtsrat), Ebke/Jurisch AG **00,** 208 (Abberufung), Ludewig DB **00,** 634 (Reform), Ziemons DB **00,** 77 Auftragserteilung durch Aufsichtsrat), IDW PS 220 WPg **01,** 895 mit redaktionellen Änderungen 2006 (zur Beauftragung des Abschlussprüfers), PS 450 Tz 21 ff WPg **06,** 113, Brandner BB **02,** 190, Deckenbrock BB **02,** 2453 (Interessenkonflikte), Ebke FS Immenga **04,** 517.

Erst mit Annahme wird der Wirtschaftsprüfer zum **Abschlussprüfer** der 2 KapitalGes. Der Abschlussprüfer ist **nicht Organ** der KapitalGes, BayObLG WM **87,** 1365, MüKo/Ebke § 316 Rn 33, aA BGH **16,** 25, WM **80,** 527, sondern außervertragliche Kontrollinstanz mit öffentlicher Funktion, str (vgl § 317 Rn 1, Einl 15, 17 vor § 238).

Der dem Prüfungsauftrag zugrunde liegende (str, Baumb/Hueck/Schultze- 3 Osterloh 85) **Prüfungsvertrag** zwischen Abschlussprüfer und KapitalGes ist Geschäftsbesorgungsvertrag mit **Werkvertrag**scharakter (§§ 675, 631 BGB), also Werkvertragsgewährleistung, BGH NJW **00,** 1107, Staub/Zimmer 28, str (aA Dienstvertrag, aber wegen gesetzlicher Typisierung kaum relevant), der uU vorausgegangene Beratervertrag ein Dienstvertrag (§§ 675, 611 BGB); überlagert jeweils von den Allgemeinen Auftragsbedingungen (s **(2 d)** AGB-WP nF 1. 1. 02 mit Nr 9 Haftungsbegrenzung gemäß **(2 c)** § 54 a I WPO, Fassung 21. 8. 02), die ihrerseits der **AGB-Inhaltskontrolle** nach **(5)** §§ 307 ff BGB unterliegen, Brandner ZIP **84,** 1186, JZ **85,** 757, Hopt FS Pleyer **86,** 367, Ul/Br/He/H. Schmidt Anh § 310 BGB Rn 1045, Graf v Westphalen/Schäfer 2; näher (2 c) AGB-WP Einl 2 vor Nr 1; s auch § 323 Rn 11. Anspruch auf Erteilung des Bestätigungsvermerks, wenn keine Einwendungen zu erheben sind (§ 322 Rn 6). Zur Einbeziehung Dritter in den Schutzbereich des Prüfungsvertrags § 323 Rn 8.

Der (erteilte und angenommene) Prüfungsauftrag kann nach **I 5** von der Kapi- 4 talGes nur nach gerichtlicher Bestellung eines anderen Prüfers nach III (und ggf IV) widerrufen werden, Grund: Verhinderung einer Abschlussprüferlosigkeit, LG Mü I AG **00,** 235 (Hypo-Vereinsbank, HVB), sowie Stärkung der Unabhängigkeit des Prüfers. Widerruf ist Sonderfall der Kündigung aus wichtigem Grund, Düss ZIP **96,** 1041. Kündigung durch den Abschlussprüfer nur bei wichtigem Grund, s VI. Bei nur satzungsmäßigen Prüfungen gilt I 5 (und VI) nicht; doch kann Widerruf ohne berechtigten Grund treuwidriges GfterVerhalten sein, BGH WM **91,** 1951.

2) Konzernabschlussprüfer (II)

Auch die Wahl des Konzernabschlussprüfers erfolgt nach I 1 (s Halbs 2). 5 Unterbleibt diese, greift II (entspr § 336 I 2, 3 aF AktG) ein. Der Jahresabschlussprüfer des Mutterunternehmens wird auch ihr Konzernabschlussprüfer.

§ 318 6–10 III. Buch. Handelsbücher

3) Gerichtliche Ersetzung des Abschlussprüfers (III)

6 **A. Voraussetzungen des III:** III idF BilMoG 2009. Die gerichtliche Ersetzung beseitigt die rechtliche Stellung als Abschlussprüfer, davon zu unterscheiden ist Widerruf des Prüfungsauftrags (s Rn 4). Sie ist nur zulässig, wenn sie aus einem **in der Person des gewählten Abschlussprüfers liegenden Grund** geboten ist. Bsp: fehlende Qualifikation, aber nicht schon fehlerhafte Vornahme früherer Prüfungen, str; ungenügende Ausstattung; schwerer Vertrauensbruch; **insbesondere** aber ein **Ausschlussgrund nach §§ 319 II–V, 319 a** (letzteres idF BilReG) **und 319 b** (dies idF BilMoG, Erstreckung auf einem Netzwerk angehörige Abschlussprüfer **Übergangsrecht: (1)** EGHGB Art 66 V). Bspe schon vor BilReG: wenn der Abschlussprüfer eines verschmolzenen Unternehmens zuvor ein Verschmelzungswertgutachten erstellt hat, aus dessen mangelhafter Erstellung erheblicher Berichtigungsbedarf resultiert, BGH **153,** 32 (Hypo-Vereinsbank, HVB). Dafür können im Einzelfall auch schon Mandate der KapGes an die AbschlussprüferGes zur laufenden steuerlichen und wirtschaftsrechtlichen Beratung oder an deren Vorstand in seiner Eigenschaft als Rechtsanwalt genügen, üL im Gesellschaftsrecht, aA BayObLG WM **87,** 1361, ADS 367, auch wenn sie nicht die Intensität von § 319 a I Nr 2 erreichen (III 1 „insbesondere"), aA wohl Baumb/Hueck/Schulze-Osterloh 118, §§ 319 III, 319 a sperren nicht, Besorgnis der Befangenheit (§ 319 II) kann trotzdem vorliegen.

7 **B. Verfahren nach III:** Das Ersetzungsverfahren war bereits vor dem BilReG unabhängig von einer Anfechtungsklage gegen den Wahlbeschluss der Hauptversammlung (§§ 243 ff AktG), BGH **153,** 32 (Hypo-Vereinsbank, HVB), str, aA MüKo/Ebke (1. Aufl) 54. Ab 1. 1. 05 (Übergangsrecht: § 17 EGAktG idF BilReG) sind es **nicht mehr** möglich, **Anfechtungs- und Nichtigkeitsklagen** auf Gründe zu stützen, die ein Verfahren nach § 318 III HGB rechtfertigen (§§ 243 III Nr 2, 249 I 1 AktG idF BilReG), Mü WM **09,** 265. Das ist eine im Interesse des Rechtsverkehrs und aller Beteiligten begrüßenswerte, rechtssicherere Konzentration auf ein einziges Verfahren.

8 Das Gericht (AG, s § 23 a GVG idF FGG-RR, **(3)** FamFG §§ 374 ff, Richter § 17 Nr 2 a RPflG) wird **nur auf Antrag** tätig, Verfahren nach FamFG. **Antragsberechtigung** s III 1; auch der Aufsichtsbehörde nach III 6 (unabhängig davon Rechte nach § 28 KWG, § 58 VAG). Antragsrecht **von Aktionären** s III 1, 2, 3, 4; der Schwellenwert ist auf 5% des Grundkapitals oder 500 000 Euro Börsenwert herabgesetzt (III 1 idF BilReG, vgl § 122 AktG; zum Börsenwert s §§ 5, 6 WpÜG-AngebotsVO); mehrere Aktionäre können sich zur Erreichung des Schwellenwerts zusammenschließen (RegE). Bei Legitimationsübertragung (§ 129 III AktG) ist nur der Legitimationsaktionär (§ 185 BGB) antragsberechtigt, BayObLG WM **87,** 1363. In der Insolvenz geht Antragsrecht nach III nicht auf Insolvenzverwalter über, LG Hambg ZIP **85,** 805 (zu PublG), GK/Marsch-Barner 6, aA wohl ADS 420; III gilt dann aber nur für die Abberufung, Neubestellung durch das Gericht auf Antrag des Verwalters (§ 155 III 1 InsO).

9 **Antragsfrist:** zwei Wochen nach der Wahl (III 2), **Ausschlussfrist** bei Bekanntwerden oder Eintritt von **Befangenheitsgrund erst nach der Wahl** (möglich nach §§ 319 III, 319 a): zwei Wochen nach Kenntnis oder grob fahrlässiger Unkenntnis von den befangenheitsbegründenden Umständen (III 3 nF BilReG). Materiell **verfahrensbeteiligt** sind der gewählte und bereits beauftragte Prüfer, der Antragsteller und die Ges, dagegen nicht Aufsichtsrat und Gfter, wenn sie nicht Antragsteller sind, BayObLG WM **87,** 1361. Rechtsmittel: Beschwerde (III 8). Nach Erteilung des Bestätigungsvermerks Erledigung in der Hauptsache, § 146 AktG gilt nicht analog, BayObLG AG **03,** 94, str.

10 **Spätere Wahl** lässt den Antrag unbegründet werden; sie ist unwirksam, wenn der gerichtliche **Ersetzungsbeschluss** bereits ergangen ist. Nach der Wahl erfolgender Ersetzungsbeschluss ist mangels Zuständigkeit nichtig, Baumb/ Hueck/Schulze-Osterloh 93, str. Der gerichtliche Ersetzungsbeschluss gestaltet die Rechtslage **ex nunc** (anders früher Anfechtungsklage). Die Wahl des Abschlussprüfers und seine bis zum Ersetzungsbeschluss vorgenommenen Prüfungshandlungen bleiben deshalb grundsätzlich wirksam. Nach Erteilung des Bestätigungsvermerks bzw seiner Ergänzung (§ 316 III) kann deshalb ein Antrag auf Ersetzung nicht mehr gestellt werden (III 7 idF BilReG), ebenso schon Düss ZIP **96,** 1040. Übergangsrecht: **(1)** EGHGB Art 58 III 3. Lit: Rittner FS Rowedder **94,** 411, Ebke/Jurisch AG **02,** 208, Fortun BB **02,** 2012, Marx ZGR **02,** 292, DB **03,** 431, Gelhausen/Kuss NZG **02,** 292, Lutter JZ **03,** 566, Ebke FS Röhricht **05,** 833 (HVB).

4) Gerichtliche Bestellung des Abschlussprüfers (IV)

IV sieht gerichtliche Bestellung auf Antrag vor, wenn anders als nach III bis zum Ablauf des Geschäftsjahrs kein wirksam bestellter Abschlussprüfer da ist: zB wegen nicht rechtzeitiger Wahl entgegen I 3 (IV 1); Nichtannahme des Prüfungsauftrags nach I 4, Wegfall (durch Kündigung VI, Tod ua) oder Verhinderung am rechtzeitigen Prüfungsabschluss (Zeitmangel, Krankheit ua) und nicht rechtzeitige Ersatzwahl (IV 2); auch nichtige Wahl, Ffm ZIP **04,** 1114, Grund: sonst Nichtigkeit des festgestellten Jahresabschlusses (§ 256 I Nr 3 AktG), Heilung erst nach § 256 VI AktG. IV gilt entspr bei laufender Anfechtungsklage gegen den Prüfer, dann ist auf Antrag Bestellung eines zusätzlichen Prüfers möglich (unabhängige, doppelte Prüfung), Lutter FS Semler **93,** 835, bei nicht in der Person des Prüfers liegenden Gründen auch nochmalige Bestellung desselben Prüfers, von Falkenhausen/Kocher ZIP **05,** 602. IV gilt nicht für Prüfer nur kraft Satzung, BGH WM **91,** 1951. Gericht und Verfahren s Rn 7. Antragspflicht der gesetzlichen Vertreter (IV 3), Antragsrecht (anders als nach III) auch eines einzelnen Aktionärs (IV 1). Rechtsmittel der Beschwerde nur gegen Ablehnung der Bestellung (IV 4), aber Rechtsbeschwerde zulässig, wenn Beschwerdegericht die registergerichtliche Bestellung des Abschlussprüfers aufgehoben hat, Kln NJW-RR **00,** 844. Bestellung ist dagegen unanfechtbar (IV 3 Halbs 2), Düss WM **98,** 2021. Während des schwebenden Verfahrens kann vorsorglich ein anderer Abschlussprüfer bestellt werden, AG Wolfsburg AG **92,** 205, Lutter FS Semler **93,** 835.

5) Rechtsstellung des gerichtlich bestellten Abschlussprüfers (V)

Die gerichtliche Bestellung bedarf der Annahme des Prüfers (vgl I 4), die der Ges, nicht dem Gericht gegenüber zu erklären ist, str. Der Prüfer hat dann mangels anderer Vergütungsvereinbarung mit der KapitalGes Vergütungsanspruch nach V 1 und rasche Durchsetzungsmöglichkeit nach V 3.

6) Kündigung durch den Abschlussprüfer (VI)

Dieser kann nur aus **wichtigem Grund** kündigen (VI 1), zB nachträgliches Eintreten von Ausschlussgründen nach § 319 II–IV, in äußersten Fällen schwerwiegende persönliche Differenzen zwischen Abschlussprüfer und GesOrganen, etwa bei Täuschung(sversuch) oder kriminellen Machenschaften, MüKo/Ebke 86, str. Dagegen genügen nicht schon Meinungsverschiedenheiten über den Bestätigungsvermerk (VI 2); auch nicht Verletzung von Auskunftspflichten (§ 320 II), ADS 439, str. Der Abschlussprüfer muss die Kündigung schriftlich begründen und über das Ergebnis seiner bisherigen Prüfung berichten (VI 3, 4). Damit wird die Stellung des Abschlussprüfers gegenüber der KapitalGes gestärkt und verhindert, dass Probleme bei der KapitalGes einfach durch einverständliche Kündigung unterdrückt werden oder dass der Prüfer unter Umgehung einer gerichtlichen Entscheidung zum Schutz seines Rufes einfach von sich aus kündigt, RegE. Die Bezugnahme auf § 321 in VI 4 Halbs 2 bedeutet, dass der Bericht in Prüfungsberichtsform erstattet werden muss (wie in § 320 IV Halbs

§ 319

2). Zur Berichterstattung bei Kündigung von Prüfungsaufträgen IDW PS 450 Tz 150 ff WPg **06**, 113.

7) Bericht des kündigenden Abschlussprüfers (VII)

14 VII ergänzt VI durch Mitteilungs- und Vorlagepflichten an Aufsichtsrat und Gfter. VII 4, 5 idF KonTraG 1998. Mitzuteilen ist nur die Kündigung als solche, nicht die Begr, str. Der Bericht ist, wenn der Aufsichtsrat nichts anderes beschlossen hat, jedem Aufsichtsratsmitglied auszuhändigen; der Aufsichtsrat kann die Aushändigung aber auf Mitglieder eines Ausschusses beschränken (VII 4). VII trägt der Verantwortung des einzelnen Aufsichtsratsmitglieds nach § 111 AktG Rechnung.

8) Unterrichtung der Wirtschaftsprüferkammer (VIII)

15 VIII nF BilMoG soll verhindern, dass das geprüfte Unternehmen und der Abschlussprüfer sich während der Laufzeit des Prüfungsvertrag von der öffentlichen Aufsichtsinstanz, also der für die Berufsaufsicht zuständigen WPK, unbemerkt trennen. Eine solche, in der Praxis sehr seltene Trennung liegt bei Meinungsverschiedenheiten der beiden nahe und ist deshalb nur sehr eingeschränkt zulässig, nämlich durch Widerruf (I 5, III, s Rn 4, 6) und durch Kündigung aus wichtigem Grund, wozu solche Meinungsverschiedenheiten gerade nicht gehören (VI 1, s Rn 13). Die WPK ist unverzüglich (ohne schuldhaftes Zögern, § 121 I 1 BGB) und schriftlich begründet durch den Abschlussprüfer und die gesetzlichen Vertreter der geprüften Gesellschaft von der Kündigung oder dem Widerruf des Prüfungsauftrags zu unterrichten. Die Begründung muss insbesondere die für die Trennung maßgebenden Gründe angeben und im Übrigen so konkret sein, dass die WPK hinreichend prüfen kann. Zur Unterrichtung sind beide Parteien verpflichtet, damit die WPK die Zulässigkeit der Trennung in Würdigung beider Standpunkte prüfen kann. Lit: Petersen/Zwirner WPg **08**, 971.

Auswahl der Abschlussprüfer und Ausschlussgründe

319 (1) ¹Abschlussprüfer können Wirtschaftsprüfer und Wirtschaftsprüfungsgesellschaften sein. ²Abschlussprüfer von Jahresabschlüssen und Lageberichten mittelgroßer Gesellschaften mit beschränkter Haftung (§ 267 Abs. 2) oder von mittelgroßen Personenhandelsgesellschaften im Sinne des § 264a Abs. 1 können auch vereidigte Buchprüfer und Buchprüfungsgesellschaften sein. ³Die Abschlussprüfer nach den Sätzen 1 und 2 müssen über eine wirksame Bescheinigung über die Teilnahme an der Qualitätskontrolle nach § 57a der Wirtschaftsprüferordnung verfügen, es sei denn, die Wirtschaftsprüferkammer hat eine Ausnahmegenehmigung erteilt.

(2) Ein Wirtschaftsprüfer oder vereidigter Buchprüfer ist als Abschlussprüfer ausgeschlossen, wenn Gründe, insbesondere Beziehungen geschäftlicher, finanzieller oder persönlicher Art, vorliegen, nach denen die Besorgnis der Befangenheit besteht.

(3) ¹Ein Wirtschaftsprüfer oder vereidigter Buchprüfer ist insbesondere von der Abschlussprüfung ausgeschlossen, wenn er oder eine Person, mit der er seinen Beruf gemeinsam ausübt,

1. Anteile oder andere nicht nur unwesentliche finanzielle Interessen an der zu prüfenden Kapitalgesellschaft oder eine Beteiligung an einem Unternehmen besitzt, das mit der zu prüfenden Kapitalgesellschaft verbunden ist oder von dieser mehr als zwanzig vom Hundert der Anteile besitzt;
2. gesetzlicher Vertreter, Mitglied des Aufsichtsrats oder Arbeitnehmer der zu prüfenden Kapitalgesellschaft oder eines Unternehmens ist, das mit der zu prüfenden Kapitalgesellschaft verbunden ist oder von dieser mehr als zwanzig vom Hundert der Anteile besitzt;

2. Abschnitt. Vorschriften für Kapitalgesellschaften § 319

3. über die Prüfungstätigkeit hinaus bei der zu prüfenden oder für die zu prüfende Kapitalgesellschaft in dem zu prüfenden Geschäftsjahr oder bis zur Erteilung des Bestätigungsvermerks
   a) bei der Führung der Bücher oder der Aufstellung des zu prüfenden Jahresabschlusses mitgewirkt hat,
   b) bei der Durchführung der internen Revision in verantwortlicher Position mitgewirkt hat,
   c) Unternehmensleitungs- oder Finanzdienstleistungen erbracht hat oder
   d) eigenständige versicherungsmathematische oder Bewertungsleistungen erbracht hat, die sich auf den zu prüfenden Jahresabschluss nicht nur unwesentlich auswirken,

   sofern diese Tätigkeiten nicht von untergeordneter Bedeutung sind; dies gilt auch, wenn eine dieser Tätigkeiten von einem Unternehmen für die zu prüfende Kapitalgesellschaft ausgeübt wird, bei dem der Wirtschaftsprüfer oder vereidigte Buchprüfer gesetzlicher Vertreter, Arbeitnehmer, Mitglied des Aufsichtsrats oder Gesellschafter, der mehr als zwanzig vom Hundert der den Gesellschaftern zustehenden Stimmrechte besitzt, ist;
4. bei der Prüfung eine Person beschäftigt, die nach den Nummern 1 bis 3 nicht Abschlussprüfer sein darf;
5. in den letzten fünf Jahren jeweils mehr als dreißig vom Hundert der Gesamteinnahmen aus seiner beruflichen Tätigkeit von der zu prüfenden Kapitalgesellschaft und von Unternehmen, an denen die zu prüfende Kapitalgesellschaft mehr als zwanzig vom Hundert der Anteile besitzt, bezogen hat und dies auch im laufenden Geschäftsjahr zu erwarten ist; zur Vermeidung von Härtefällen kann die Wirtschaftsprüferkammer befristete Ausnahmegenehmigungen erteilen.

²Dies gilt auch, wenn der Ehegatte oder der Lebenspartner einen Ausschlussgrund nach Satz 1 Nr. 1, 2 oder 3 erfüllt.

(4) ¹Wirtschaftsprüfungsgesellschaften und Buchprüfungsgesellschaften sind von der Abschlussprüfung ausgeschlossen, wenn sie selbst, einer ihrer gesetzlichen Vertreter, ein Gesellschafter, der mehr als zwanzig vom Hundert der den Gesellschaftern zustehenden Stimmrechte besitzt, ein verbundenes Unternehmen, ein bei der Prüfung in verantwortlicher Position beschäftigter Gesellschafter oder eine andere von ihr beschäftigte Person, die das Ergebnis der Prüfung beeinflussen kann, nach Absatz 2 oder Absatz 3 ausgeschlossen sind. ²Satz 1 gilt auch, wenn ein Mitglied des Aufsichtsrats nach Absatz 3 Satz 1 Nr. 2 ausgeschlossen ist oder wenn mehrere Gesellschafter, die zusammen mehr als zwanzig vom Hundert der den Gesellschaftern zustehenden Stimmrechte besitzen, jeweils einzeln oder zusammen nach Absatz 2 oder Absatz 3 ausgeschlossen sind.

(5) Absatz 1 Satz 3 sowie die Absätze 2 bis 4 sind auf den Abschlussprüfer des Konzernabschlusses entsprechend anzuwenden.

Übersicht

1) Allgemeine Abschlussprüferfähigkeit, Auswahlvoraussetzungen
   (I) 1–3
   A. Allgemeine Abschlussprüferfähigkeit (I 1, 2) 1
   B. Qualitätskontrolle (I 3) 2
   C. Rechtsfolgen bei Verstoß gegen I 3
2) Ausschluss von Wirtschaftsprüfern und vereidigten Buchprüfern bei Gründen für Besorgnis der Befangenheit (II, Generalklausel) 4–12
   A. Unabhängigkeit der Abschlussprüfer 4
   B. Keine generelle Trennung von Prüfung und Beratung 5
   C. II im Verhältnis zu III, §§ 319a, 318 III 6

§ 319 1–4
III. Buch. Handelsbücher

    D. Mögliche Gründe für Besorgnis der Befangenheit 7
    E. Offenlegung 11
    F. Unabhängigkeitserklärung 12
  3) Ausschlussgründe für Wirtschaftsprüfer und vereidigte Buchprüfer (III) 13–25
    A. Konkretisierung der Generalklausel des II (III) 13
    B. Direkte oder indirekte Beteiligung (III 1 Nr 1) 16
    C. Personelle Verflechtung (III 1 Nr 2) 17
    D. Selbstprüfung (III 1 Nr 3) 18
    E. Zwischenschaltung von Arbeitnehmern (III 1 Nr 4) 23
    F. Finanzielle Abhängigkeit (III 1 Nr 5) 24
    G. Enge familiäre Beziehung (III 2) 25
  4) Ausschlussgründe für Wirtschafts(Buch)prüfungsgesellschaften (IV) 26–27
  5) Auswahl und Ausschlussgründe für Konzernabschlussprüfer (V) 28
  6) Rechtsfolgen bei Verstößen 29–31
    A. Nichtigkeit des Wahlbeschlusses und des Jahresabschlusses 29
    B. Nur Ersetzungsverfahren bei Verstoß gegen Unabhängigkeitsvorschriften 30
    C. Prüfungsvertrag, Schadensersatzpflicht 31

1) Allgemeine Abschlussprüferfähigkeit, Auswahlvoraussetzungen (I)

1   A. **Allgemeine Abschlussprüferfähigkeit (I 1, 2):** § 319 idF BilReG 2004 mit wesentlichen Verschärfungen. Wirtschaftsprüfer und WirtschaftsprüfungsGes (s (**2 c**) § 1 WPO) haben uneingeschränkte Abschlussprüferfähigkeit (**I 1**), vereidigte Buchprüfer und BuchprüfungsGes (§ 128 WPO) nur eine auf Einzelabschlüsse (keine Konzernabschlüsse) mittelgroßer (§ 267 II) GmbH (nicht allgemein mittelgroßer KapitalGes, zB AG) und mittelgroßer PersonenHdlGes iSv § 264a I beschränkte Abschlussprüferfähigkeit (**I 2** idF KapCoRiLiG 2000).

2   B. **Qualitätskontrolle (I 3):** Weitere Auswahlvoraussetzung neben I 1, 2 ist grundsätzlich die wirksame Bescheinigung über die Teilnahme an der Qualitätskontrolle nach (**2 c**) WPO § 57a (**I 3** nF BilReG). I 3 entspricht zwar II 2 Nr 2 aF, ist aber durch die Plazierung bei den Auswahlvoraussetzungen nach I und nicht mehr bei den Ausschlussgründen nach III (II aF) aufgewertet, Grund: unterschiedliche Folgen von Verstößen gegen I und III (s Rn 3, 29–31). I 3 ist europarechtlich beeinflusst (RegE, Einl 3 vor § 316). Zur Qualitätskontrolle (peer review) in der Wirtschaftsprüferpraxis s (**2 c**) WPO §§ 57a ff (wichtige Änderungen durch das APAG); IDW PS 140 IDW-FN **08,** 152. Wird die Teilnahmebescheinigung widerrufen, bleibt der Honoraranspruch für bereits durchgeführte Prüfungsleistungen erhalten. Befristete Ausnahmegenehmigung nach I 3 letzter Halbs etwa, wenn erstmals gesetzliche Abschlussprüfung durchgeführt wird oder bei Existenzgründern, um Marktzutritt durch Qualitätskontrolle nicht zu erschweren (RegE zu II 2 Nr 2 idF WPOÄG). Übergangsrecht: (**1**) EGHGB Art 58 IV 3. Lit: Pfitzer WPg **06,** 186.

3   C. **Rechtsfolgen bei Verstoß gegen I:** Verstoß gegen I (auch gegen I 3, früher anders, s Rn 2) führt zur **Nichtigkeit** des festgestellten Jahresabschlusses (§ 256 I Nr 3 AktG idF BilReG, s Rn 29). Lit zu § 319: Hülsmann DStR **05,** 166, Ring WPg **05,** 197.

2) Ausschluss von Wirtschaftsprüfern und vereidigten Buchprüfern bei Gründen für Besorgnis der Befangenheit (II, Generalklausel)

4   A. **Unabhängigkeit der Abschlussprüfer:** Die Abschlussprüfung macht nur dann Sinn, wenn der Abschlussprüfer unabhängig ist. Sonst sind Kontrolle und gute Corporate Governance (Überbl 6 vor § 316) nicht nur nicht gewährleistet, sondern sogar beeinträchtigt, weil das Testat dann unberechtigt Vertrauen erweckt. Die Unabhängigkeit der Abschlussprüfer ist seit langem ein hoch kontroverses Thema. Im Kern geht es um die Unvereinbarkeit von Unternehmensberatung und -prüfung (sog Inhabilität) und die Gefahr der Beeinträchtigung der Qualität der Corporate Governance durch Interessenkonflikte bei der Abschlussprüfung, deutlich geworden durch die Enronkrise in den USA und die Rechtssetzungsreaktionen in der EU und den USA darauf (Einl 3 ff vor § 316). Die Unabhängigkeit der Wirtschaftsprüfer ist ua in III, § 319 a und iwS in (**4 c**) WPO §§ 43 ff, insbesondere § 49, BGH **159,** 242, näher geregelt. Hinzu kommt Standesrecht. II–V, § 319 a betreffen nur die Bestellung zum Abschlussprüfer, nicht Bestellung des Abschlussprüfers im **Spruchstellenverfahren,** zum Verschmelzungs- und zum Vertragsprüfer, Düss WM **06,** 2137. Lit: Marx 2002; Gelter 2004 (ökonomisch); Röhricht WPg-Sonderheft **01,** S 80, Nonnenmacher Der Konzern **03,** 476, Volhard/Weber FS Ulmer **03,** 865, Ring WPg **05,** 197, Ebke/Paal ZGR **05,** 894, Gelhausen/Heinz WPg **05,** 693, Frings WPg **06,** 821.

B. **Keine generelle Trennung von Prüfung und Beratung:** Der deutsche 5 Gesetzgeber hat anders als bestimmte ausländische (vgl Einl 7 vor § 316) bewusst auf eine obligatorische Trennung von Prüfung und Beratung verzichtet. Beratung des Auftraggebers in wirtschaftlichen, rechtlichen und steuerlichen Angelegenheiten und spätere Abschlussprüfung durch denselben Wirtschaftsprüfer sind danach (trotz der Maßgeblichkeit der engen Verbindung von Handels- und Steuerbilanz, s § 242 Rn 4, § 280 Rn 2) grundsätzlich vereinbar, hL (Ausnahmen nach § 319 a I 1 Nr 2 für Unternehmen von öffentlichem Interesse, § 319 a Rn 3). Allgemein zum Ausschluss von der Abschlussprüfung führen **nur** die in **III 1 Nr 3 a–d** genannten Tätigkeiten, und auch diese nur, wenn sie nicht nur von untergeordneter Bedeutung sind. Spezieller für Unternehmen von öffentlichem Interesse sieht **§ 319 a I Nr 2** einen besonderen Ausschlussgrund vor, der auch Rechts- und Steuerberatungsleistungen erfasst, aber ebenfalls nur unter bestimmten Voraussetzungen. **Im Einzelfall** ist es allerdings möglich, dass eine nicht unter III 1 Nr 3 a–d, § 319 a I Nr 2 fallende Tätigkeit für die zu prüfende KapitalGes **nach II** eine Beziehung geschäftlicher oder finanzieller Art darstellt, die Grund für die Besorgnis der Befangenheit abgibt. Der Gesetzgeber hat damit das Problem erkannt und moderat gelöst. Ob sich dies rechtspolitisch auf Dauer durchhalten lässt, bleibt abzuwarten, die Diskussion weist deutlich in Richtung auf eine klarere Trennung, s 64. DJT 2002 Abteilung Wirtschaftsrecht, Beschluss 1.14.

C. **II im Verhältnis zu III, §§ 319 a, 318 III:** Der Abschlussprüfer muss 6 unabhängig sein (s Rn 4). III (iVm IV, V) und § 319 a enthalten deshalb allgemeine und besondere Ausschlussgründe, die erheblich strenger sind als II, III aF (idF WPOÄG 2000). **Zuerst** müssen immer **III** bzw für Unternehmen von öffentlichem Interesse auch **§ 319 a** geprüft werden. III und § 319 a enthalten absolute Ausschlussgründe, BayObLG **87,** 297 (zu II, III aF). Soweit III, § 319 a nicht eingreift, kann in den dort geregelten Sachverhalten **dann** immer noch die Besorgnis der Befangenheit nach **II** vorliegen, aA ADS 50 (zu § 319 aF). Der Rückgriff auf II wird also nicht gesperrt. II ist vielmehr die **Generalklausel,** wie auch in III klar zum Ausdruck kommt („insbesondere", s Rn 14; sog Kombinationsmodell II, III, § 319 a). Ein Ausschluss nach II ist gegeben, wenn objektive **Gründe** vorliegen, nach denen die **Besorgnis der Befangenheit** besteht. Eine Aufzählung, welche Gründe das über III, § 319 a hinaus sein können, ist schwierig (s Rn 7 ff). Wenn darüber unterschiedliche Meinungen bestehen, müssen alle diese Befangenheitsgründe (II, III, § 319 a), um rechtswirkam zu werden, nötigenfalls im gerichtlichen **Ersetzungsverfahren nach § 318 III** auf Antrag verschiedenster Antragsteller (§ 318 Rn 8) geklärt und festgestellt werden. Ersetzung nach § 318 III ist aber nicht nur bei Vorliegen eines Ausschlussgrundes nach II, III (iVm IV, V), § 319 a möglich, sondern auch aus einem anderen in der Person des Abschlussprüfers liegenden Grund (auch in § 318 III 1 aE: „insbesondere"). Unberührt bleiben die Verfahren nach § 318 IV und § 334 II (Ordnungswidrigkeit).

§ 319 7–9   III. Buch. Handelsbücher

7   D. **Mögliche Gründe für Besorgnis der Befangenheit:** Ein Ausschluss nach II ist gegeben, wenn objektive **Gründe** vorliegen, nach denen die **Besorgnis der Befangenheit** besteht. Die Besorgnis der Befangenheit allein reicht also nicht aus, sondern es müssen Gründe dafür vorliegen. Der Maßstab ist also grundsätzlich ein objektiver, nämlich die Sicht eines vernünftigen und verständigen Dritten; ob der Abschlussprüfer tatsächlich befangen ist oder sich für befangen hält (innere Unabhängigkeit), ist für II nicht maßgeblich (RegE). **II** gibt selbst **Beispiele** für solche Gründe, nämlich **Beziehungen geschäftlicher, finanzieller oder persönlicher Art.** Doch können auch andere Beziehungen und Gründe relevant werden, wie II selbst (auch hier: „insbesondere") klarstellt. Die Gründe können auch von einem Partner des Abschlussprüfers herrühren, auch die Sozietätsklausel des III 1 vor Nr 1 (s Rn 15) sperrt nicht II. Die Beurteilung erfordert eine **Abwägung im Einzelfall** unter Berücksichtigung der zur Reduzierung erkannter Risiken getroffenen Maßnahmen (also keine Vermutung, schon gar nicht unwiderlegliche Vermutung wie in III, § 319 a). Beziehungen zu nahe stehenden Personen im Rahmen der Abschlussprüfung, IDW PS 255 WPg **03,** 1071 mit redaktioneller Änderung 2007, WPg **07,** 137.

8   **EUEmpfehlung:** Besondere Umstände, die Gründe für Besorgnis der Befangenheit abgeben können, sind nach der EUEmpfehlung 2002 (dort unter B.1–9 **„Besondere Umstände"** mit ausführlichen Erläuterungen; Einl 3 vor § 316): 1. finanzielle Beteiligungen, 2. Geschäftliche Beziehungen (ua unübliche Beziehungen, Einschüchterung), 3. Beschäftigung beim Mandanten (ua Wechsel eines Mitglieds des Prüfungsteams zum Prüfungsmandanten; bei Innehabung einer Schlüsselfunktion in der PrüfungsGes und dann beim Mandanten zweijährige cooling off-Periode, B.3.4), 4. Übernahme einer Führungs- oder Kontrollfunktion beim Mandanten, 5. Aufnahme einer Tätigkeit bei einer PrüfungsGes, 6. Verwandtschaftliche und sonstige persönliche Beziehungen, 7. Nichtprüfungsleistungen (Erstellung von Buchungsunterlagen und Jahresabschlüssen, Entwicklung und Umsetzung von Finanzinformationssystemen, Bewertungsleistungen, Beteiligung an der Innenrevision des Mandanten, Auftreten für den Mandanten bei der Beilegung von Rechtsstreitigkeiten, Einstellung von Führungskräften), 8. Honorare für Prüfungs- und Nichtprüfungleistungen, 9. Rechtsstreitigkeiten, 10. Über einen langen Zeitraum tätige leitende Mitarbeit. Für den Fall der Nichtprüfungsleistungen kommen Sicherungs- oder **Schutzmaßnahmen** (safeguards) in Betracht: getrennte Verantwortlichkeiten und Kenntnisse bei der Durchführung spezieller Nichtprüfungsaufträge (Chinese walls), routinemäßige Unterrichtung des Unabhängigkeitsbeauftragten in der PrüfungsGes, Nachschau der Pflichtprüfung durch unbeteiligten Prüfungspartner (interne Review, s Rn 23), externe Nachschau durch einen anderen Abschlussprüfer oder Beratung durch die Aufsichtsbehörde (B.7.1).

9   **Für Besorgnis der Befangenheit sprechende Umstände:** Besorgnis der Befangenheit kann insbesondere in fünf Fällen bestehen (RegE zu II, eigenständig, aber unter Berücksichtigung von EURecht, s Rn 8), so wenn der Abschlussprüfer 1. ein **wirtschaftliches oder sonstiges Eigeninteresse von nicht nur untergeordneter Bedeutung am Ergebnis der Prüfung** hat, 2. im Rahmen der Prüfung Darstellungen im Abschluss zu beurteilen hat, an deren Gestaltung er mitgewirkt hat **(Überprüfung eigener Leistungen),** 3. als **Interessenvertreter** für oder gegen die zu prüfende KapitalGes tätig ist, 4. **nahe Beziehungen zur Unternehmensleitung** unterhält, die ein übermäßiges Vertrauen begründen, oder 5. **besonderen Einflussnahmen durch die zu prüfende Gesellschaft** unterliegt, die seine Objektivität beeinträchtigen. Auch die Einschüchterung des Prüfers durch den Mandanten stellt einen solchen Umstand dar (RegE, EUEmpfehlung s Rn 8). Auch nichtübliche geschäftliche Beziehung des Abschlusspüfers zu der zu prüfenden Ges oder einem ihrer gesetzlichen Vertreter, zB Bezug von Gütern oder Dienstleistungen nicht zu üblichen Bedingungen (at arm's length)

2. Abschnitt. Vorschriften für Kapitalgesellschaften   10–13   § 319

oder in ungewöhnlichem Ausmaß, fallen darunter (RegE, auch EUEmpfehlung s Rn 8). Auch der Wechsel eines Partners oder sonstigen an der Prüfung beteiligten, leitenden Mitarbeiters einer WirtschaftsprüfungsGes in leitende Stellung bei dem zu prüfenden Unternehmen kommt in Frage (RegE, strenger EUEmpfehlung s Rn 8, deshalb in RegE Anregung für Deutschen Corporate Governance Kodex, Überbl 6 vor § 316). Auch die gerichtliche Vertretung der zu prüfenden KapitalGes während des Geschäftsjahrs oder bis zur Erteilung des Bestätigungsvermerks (Rechtsausschuss, nach RegE § 319 a III 1 Nr 4 sogar Ausschlussgrund, auch EUEmpfehlung s Rn 8; noch weiter Bundesrat: gesamte rechtliche Interessenvertretung, zB auch gegenüber Finanzverwaltung), dies trotz der anwaltlichen Berufsanforderungen. Neben diesen fünf Fällen sind weitere denkbar („insbesondere"). **Fehlleistungen** des Abschlussprüfers können Befangenheitsgrund sein, BGH **153,** 42 (Hypo-Vereinsbank, HVB), Knorr FS Röhricht **05,** 935, doch kommt es auf die Wahrscheinlichkeit des Bestehens von Schadensersatzansprüchen an, BGH ZIP **09,** 469 (iErg abl).

Die Besorgnis der Befangenheit eventuell ausräumende, interne 10 **Schutzmaßnahmen:** Bei der Abwägung im Einzelfall sind die vom Abschlussprüfer bzw der WirtschaftsprüfungsGes getroffenen internen Maßnahmen zur Reduzierung erkannter Risiken und zur Wahrung der Objektivität zu berücksichtigen (zurückhaltend RegE: „mag unter Umständen im Einzelfall ausgeräumt werden können"). Beispiele gibt die EUEmpfehlung (s Rn 8). Solche Umstände sind aber nur unter II relevant, nicht unter III, § 319 a (unwiderlegliche Vermutungen, s Rn 13, § 319 a Rn 1).

E. **Offenlegung:** Der Abschlussprüfer selbst ist verpflichtet, das Vorliegen 11 eines Ausschlussgrundes nach III, § 319 a **von sich aus** offenzulegen, LG Kln DB **92,** 265 (zu II, III aF). Er hat auch später während der Prüfung auftretende mögliche Ausschluss- oder Befangenheitsgründe unverzüglich offenzulegen (Pflicht als Abschlussprüfer, auch aus Prüfungsvertrag, § 318 Rn 2, 3; s auch Rn 12). Darüberhinaus ist er nach den Berufsrichtlinien der WPK auch verpflichtet, im Einzelfall zu prüfen, ob er wegen seiner beratenden Tätigkeit von der Prüfung wegen Besorgnis der Befangenheit ausgeschlossen ist (AmtlBegr KonTraG); dazu WP-Hdb **06** I A Rn 294 ff.

F. **Unabhängigkeitserklärung:** Bei deutschen börsennotierten Aktiengesell- 12 schaften holt der Aufsichtsrat bzw der Prüfungsausschuss vor Unterbreitung des Wahlvorschlags eine Unabhängigkeitserklärung des vorgesehenen Prüfers ein (Ziffer 7.2.1 Deutscher Corporate Governance Kodex, **(2 a)** AktG § 161; Überbl 6 vor § 316). Sie betrifft die beruflichen, finanziellen und sonstigen Beziehungen zwischen dem Prüfer und seinen Organen und Prüfungsleitern einerseits und dem zu prüfenden Unternehmen und seinen Organmitgliedern andererseits, die Zweifel an seiner Unabhängigkeit begründen können. Sie erstreckt sich auch darauf, in welchem Umfang im vorausgegangenen Geschäftsjahr andere Leistungen für das Unternehmen, insbesondere auf dem Beratungssektor, erbracht wurden bzw für das folgende Jahr vertraglich vereinbart sind. Der Aufsichtsrat vereinbart mit dem Abschlussprüfer, dass dieser auch während der Prüfung auftretende mögliche Ausschluss- oder Befangenheitsgründe unverzüglich mitteilt, was die ohnehin bestehende Offenlegungspflicht (s Rn 11) bestätigt und konkretisiert. IDW PS 345 WPg **06,** 314 mit Änderung 2008 IDW-FN **08,** 427 u IDW-FN **07,** 11 mit Anhang 2 Formulierung der Unabhängigkeitserklärung.

3) Ausschlussgründe für Wirtschaftsprüfer und vereidigte Buchprüfer (III)

A. **Konkretisierung der Generalklausel des II (III):** III konkretisiert die 13 Generalklausel des II über Befangenheitsgründe, die einen Ausschlussgrund für Wirtschaftsprüfer und vereidigte Buchprüfer darstellen, durch mehrere **unwider-**

§ 319 14–18

legliche gesetzliche Vermutungen (RegE unter Bezug auf EGRecht, Einl 4 vor § 316; ebenso § 319 a, § 319 a Rn 1). III 1 nennt **fünf Fallkonstellationen:** III 1 Nr 1 direkte oder indirekte Beteiligung, Nr 2 personelle Verflechtung, Nr 3 selbstständige Beratungstätigkeit, Nr 4 Beschäftigung einer unter Nr 1–3 fallenden Person bei der Prüfung und wesentliche Honorarbezüge von der zu prüfenden KapitalGes und von Unternehmen, an denen diese wesentlich beteiligt ist. **III 2** dehnt dies für die Fälle der III 1 Nr 1–3 auf **Ehegatten** und Lebenspartner aus. III iVm IV ist strenger als II, III aF.

14 Wichtig ist, dass der **Rückgriff auf II nicht ausgeschlossen** ist (**„insbesondere"**). III (bzw für Unternehmen von öffentlichem Interesse auch § 319 a) enthält zwar einen abschließenden Katalog der absoluten Ausschlussgründe für die Abschlussprüfertätigkeit, Kln WM **96,** 482, aber eben nur für diese, nicht auch für Befangenheitsgründe nach II. Wenn ein Fall von III 1, 2 nicht mehr erfasst wird, zB weil die dort angegebenen Schwellenwerte nicht erreicht werden, etwa nicht mehr als 20% Anteilsbesitz unter III 1 Nr 1 oder nicht mehr als 30% der Gesamthonorarbezüge iSv III 1 Nr 5, sperrt das nicht die Generalklausel des II, wenn im Einzelfall trotzdem ein Grund vorliegt, nach dem die Besorgnis der Befangenheit besteht.

15 Nach III 1 ist auch schädlich, wenn der Ausschlussgrund nicht bei dem Abschlussprüfer selbst vorliegt, sondern nur bei einer Person, mit der er seinen Beruf gemeinsam ausübt (**Sozietätsklausel, III 1 vor Nr 1,** vgl (**2 c**) WPO § 44 b). Diese Sozietätsklausel betrifft, da vorab stehend, alle fünf Ausschlussgründe nach III.

16 B. **Direkte oder indirekte Beteiligung (III 1 Nr 1):** III 1 Nr 1 nennt als Ausschlussgrund: Anteile oder andere nicht nur unwesentliche finanzielle Interessen an der zu prüfenden KapitalGes oder eine Beteiligung (§ 271 I) an einem Unternehmen (auch Gfter einer PersonenGes, Rechtsausschuss), das mit der KapitalGes verbunden ist (nach üL § 271 II, aber s Rn 17, 26) oder von dieser mehr als 20% der Anteile besitzt. Die 20%-Schranke gilt nur für die genannten Unternehmen. Anteilsbesitz ist jede, auch kleinste, direkte Beteiligung („unwesentlich" bezieht sich nur auf finanzielle Interessen, klarstellend Rechtsausschuss); Anteile auch bei bloß treuhänderischer Inhaberschaft. Zu den finanziellen Interessen gehören zB Schuldverschreibungen, Schuldscheine, Optionen sowie alle sonstigen Wertpapiere und Finanzinstrumente (RegE, vgl § 1 XI 1 KWG bei **(7)** Bankgeschäfte Rn A/4). Mittelbarer Besitz etwa über Investmentfonds ist zwar kein Anteilsbesitz an der KapitalGes, ADS 71, kann aber ein nicht nur unwesentliches finanzielles Interesse darstellen. Nicht unter III 1 Nr 1 fallen laufende Vergütungsansprüche, laufende Verzinsung von Bankguthaben (Rechtsausschuss), kapitalersetzende Darlehen.

17 C. **Personelle Verflechtung (III 1 Nr 2):** III 1 Nr 2 betrifft die direkte personelle Verflechtung auf Organebene bzw als Arbeitnehmer. Erfasst sind **gesetzliche Vertreter, Aufsichtsratsmitglieder** oder **Arbeitnehmer** der zu prüfenden KapitalGes sowie eines Unternehmens, das mit der KapitalGes verbunden ist (nach üL § 271 II, BGH **159,** 234 (X ZS), richtiger s Rn 26, wie Rn 16) oder von dieser mehr als 20% der Anteile besitzt (letzteres wie Nr 1). III 1 Nr 2 übernimmt nur zur Sprachvereinfachung nicht jede Einzelkonstellation von II Nr 2, 3 aF, es greift aber uU II ein (RegE, vgl Rn 26). Analogie zu III 1 Nr 2 scheidet jedenfalls mangels Übertragung von Kompetenzen (Teilnahme an executive meetings) aus, BGH WM **04,** 1494. Beendete Verflechtung etwa aus den letzten drei Jahren schadet unter III 1 Nr 2 nicht (anders II 1 Nr 2 aF, BGH **153,** 38), kann aber unter II relevant werden.

18 D. **Selbstprüfung (III 1 Nr 3):** III 1 Nr 3 erfasst die Mitwirkung bei der Erstellung der zu prüfenden Unterlagen über die Prüfungstätigkeit hinaus (Mitwirkungs- oder Selbstprüfungsverbot), Extremfall: Erstellung durch den Wirtschaftsprüfer selbst (§ 264 Rn 6), dazu ausführlich MüKo/Ebke 54 ff. III 1 Nr 3 benennt folgende Tätigkeiten über die Prüfungstätigkeit hinaus, die die Besorgnis der Befangenheit begründen können, nämlich

a) Mitwirkung bei der Führung der Bücher oder der Aufstellung des zu prüfenden Jahresabschlusses (III 1 Nr 3a entspr § 319 II 1 Nr 5 aF), s Rn 19 f;

b) Mitwirkung bei der **Durchführung der internen Revision** in verantwortlicher Position, Grund: diese betrifft idR auch die Wirksamkeit des internen Kontrollsystems; nur in verantwortlicher Position, Überprüfung des internen Kontrollsystems auf Schwachstellen fällt nicht (ohne weiteres) darunter, Ring WPg **05,** 199;

c) Erbringung von **Unternehmensleitungs- oder Finanzdienstleistungen,** Grund: dann besonders enge Verbindung mit dem Mandanten, häufig auch nach außen; oder

d) eigenständige versicherungsmathematische oder Bewertungleistungen, die sich auf den zu prüfenden Jahresabschluss nicht unwesentlich auswirken. Bewertungsleistungen iSv lit d sind nur solche, bei denen die Bewertungsleistung eigenständig erbracht und die für die Bewertung erforderlichen Annahmen vom Bewertenden selbst festgelegt werden (RegE). Weitergehende Regelungen nach anderen Gesetzen bleiben unberührt, zB Ausschluss nach KWG schon bei jeder Mitwirkung des Abschlussprüfers bei der Innenrevision. Übergangsrecht: **(1)** EGHGB Art 58 IV 6.

Mitwirkung bei der Aufstellung des zu prüfenden Jahresabschlusses (einschließlich des Lageberichts, hL, str) ist nicht schon Einwirkung (zB Änderungsverlangen) im Rahmen der Prüfungstätigkeit, um ein Testat erteilen zu können, und Korrektur einzelner Fehler im Vorgriff auf spätere Prüfung, BGH NJW **92,** 2021. Mitwirkung an der Aufstellung des zu prüfenden Jahresabschlusses kommt aber in Betracht bei Mitwirkung auf der Grundlage eines nicht prüffähigen Jahresabschlusses, Brdbg BB **01,** 1949 LS. Erstellung eines **Verschmelzungswertgutachtens** und Ermittlung der Verschmelzungswertrelation ist keine Mitwirkung iSv III 1 Nr 3 lit a, hindert also nicht die nachfolgende Abschlussprüfung bei der aus der Verschmelzung hervorgegangenen Ges, BGH **153,** 38 (Hypo-Vereinsbank, HVB, zu § 319 II 1 Nr 1 aF), aber s § 319a I 1 Nr 2 (§ 319a Rn 5); ebenso Prüfung parallel zur Erstellung des Berichts durch den Hauptaktionär beim Squeeze-out (§ 327c II 1, 2 AktG), Stgt AG **04,** 105. III I Nr 3 erfasst auch nicht schon allgemeine Beratung außerhalb der Buchführung und des Jahresabschlusses (Grenzziehung ist schwierig), BGH NJW **92,** 2021; in diesem Rahmen sind dann auch konkrete, alternativlose Entscheidungsvorschläge unschädlich, BGH **135,** 265 (Allweiler), str.

Beratungsleistungen können aber je nach Art und Umfang im Einzelfall eine **unzulässige Mitwirkung** darstellen, so wenn sie über die Darstellung von Alternativen im Sinne einer Entscheidungshilfe hinausgehen, besonders wenn die **funktionale Entscheidungskompetenz nicht mehr beim Beratenen** verbleibt, BGH **118,** 142, **135,** 260 (Allweiler, gegen Karls WM **96,** 481), **153,** 40 (Hypo-Vereinsbank, HVB), **159,** 240, Ffm ZIP **04,** 1114, ADS 119 ff, str, für die strengere Distanzlehre Hommelhoff ZGR **97,** 550. Diese Rspr ist zwar in § 319a I 1 Nr 2 aufgegriffen worden, dort aber nur für Unternehmen von öffentlichem Interesse und mit zT anderen Abgrenzungen (§ 319a Rn 4); der von ihr entwickelte Grundsatz der funktionalen Entscheidungskompetenz als Maßstab für unerlaubte Selbstprüfung ist damit aber nicht für alle anderen Unternehmen gesperrt, sondern auch unter dem neuen III 1 Nr 3 nF (entspr § 319 II 1 Nr 5 aF) weiterhin relevant. Bspe: wenn der Wirtschaftsprüfer zu prüfende Bilanzposten im Vorjahr wie ein Abschlussaufsteller maßgeblich mitgestaltet hat, Kln BB **92,** 2108; auch bei einer von ihm ganz oder teilweise aufgestellten

§ 319 21–25 III. Buch. Handelsbücher

Einheitsbilanz (§ 242 Rn 6), Hommelhoff ZGR **97**, 561, offen BGH **135**, 266; aber auch bei Aufstellung der Steuerbilanz der Ges, Grund: enge Verbindung zwischen Hdl- und Steuerbilanz, Baumb/Hueck/Schulze-Osterloh 104, aA BGH **135**, 265 (Allweiler), sehr str. Lit: Zu § 319 II 1 Nr 5 aF s 32. Aufl, aber Stärkung der Unabhängigkeit durch das BilReG (Einl 2 vor § 316) zu beachten; Ebke/Paal ZGR **05**, 894, Henssler ZHR 171 **(07)** 10 (zu III 1 Nr 3 c).

21 Für alle 4 Untergruppen setzt III 1 Nr 3 voraus, dass diese Tätigkeiten **nicht nur** von **untergeordneter Bedeutung** sind **(III 1 Nr 3 vorletzter Teilsatz).**

22 Der Ausschluss gilt nicht nur für den Fall, dass der Abschlussprüfer diese Tätigkeiten selbst erbringt. Erfasst sind auch Tätigkeiten, die von einem Unternehmen für die zu prüfende KapitalGes erbracht werden, bei dem der Abschlussprüfer mehr als 20% der Stimmrechte besitzt oder gesetzlicher Vertreter, Aufsichtsratsmitglied oder Arbeitnehmer ist **(mittelbare Verflechtung, III 1 Nr 3 letzter Teilsatz).** Die 20%-Schwelle ist an § 271 I 3 orientiert (RegE, parallel IV 2). Zu beachten ist, dass dies enger ist als die entsprechenden Tatbestände der III 1 Nr 1, 2 und 3. So kommt es zB hier auf die Stimmrechte, in III 1 Nr 1 auf die Anteile an. Auch die Unternehmenszurechnungstatbestände decken sich nicht völlig.

23 E. **Zwischenschaltung von Arbeitnehmern (III 1 Nr 4):** III 1 Nr 4 enthält als Ausschlussgrund die **Beschäftigung einer Person** bei der Prüfung, für die ein **Ausschlussgrund nach Nr 1–3** bestehen würde. Damit sollen Umgehungen von Nr 1–3 über Arbeitnehmer erfasst werden, die bei der Prüfung eingesetzt werden (zur internen Rotation s § 319a Rn 7). Bei der Prüfung beschäftigt sind nicht nur Mitglieder des Prüfungsteams, sondern auch andere im Zusammenhang mit der Prüfung eingesetzte Personen, zB Prüfungspartner, im Rahmen einer internen Review (RegE, EUEmpfehlung s Rn 8).

24 F. **Finanzielle Abhängigkeit (III 1 Nr 5):** III 1 Nr 5 (entspr I Nr 8 aF) regelt den Fall, dass der Abschlussprüfer einen wesentlichen Teil seiner Einkünfte aus Mandatsverhältnissen mit demselben Auftraggeber bezieht und ihn deshalb eine Beendigung des Auftragsverhältnisses finanziell stark treffen würde. Einkünfte umfassen nicht nur solche aus Prüfung und aus Beratung (so I Nr 8 aF), sondern allgemein aus der beruflichen Tätigkeit des Abschlussprüfers. Mandate von verbundenen und anderen (mehr als 20% Anteilsbesitz, vgl Nr 3, 4) Unternehmen stehen gleich. Der wesentliche Teil ist im Hinblick auf den internationalen Standard auf jeweils mehr als 30% (vorher: die Hälfte) der Gesamteinnahmen in den letzten fünf Geschäftsjahren (des Prüfers, nicht der Ges, str) festgesetzt. Einnahmen sind die Umsatzerlöse, nicht Rechnungserteilung oder Zahlungseingänge, Grund: keine Manipulation, Baumb/Hueck/Schulze-Osterloh 109, str. Ausnahmegenehmigungen in Härtefällen, zB bei Berufsanfängern und Prüfern am Ende ihres Berufslebens mit nur noch wenigen Mandaten, sind befristet möglich (Nr 5 letzter Halbs).

25 G. **Enge familiäre Beziehung (III 2):** III 2 dehnt die Ausschlussgründe von III 1 Nr 1–3 auf die Fälle aus, in denen diese zwar nicht in der Person des Wirtschaftsprüfers oder vereidigten Buchprüfers selbst, aber bei seinem **Ehegatten oder Lebenspartner** erfüllt sind. Die Ehe oder Lebenspartnerschaft muss noch bestehen (anders Bundesrat), andere Verwandte und Verschwägerte in gerade Linie sind nicht erfasst (anders Bundesrat). Erfasst werden sollen mit III 2 nur Fälle von wesentlichen Beteiligungen, leitenden Arbeitnehmerpositionen oder selbstständigen Beratungstätigkeiten solcher naher Familienangehörigen für die geprüfte Ges (RegE). Im Gegenschluss ist es zB kein Ausschlussgrund, wenn der Ehegatte oder Lebenspartner selbst Einkünfte gemäß III 1 Nr 5 bezogen hat. Auch solche Fälle können aber problematisch sein (vgl EUEmpfehlung 2002 unter B.6 Ziffer 1 d iVm B.2, s Rn 8) und die Besorgnis der Befangenheit begründen. III 2 sperrt also nicht die Generalklausel des II. III 2 erfasst nur die Fälle von Ehegatten oder Lebenspartnern des Abschlussprüfers nach III 1, nicht

2. Abschnitt. Vorschriften für Kapitalgesellschaften 26–30 § 319

auch die Person, mit der der Abschlussprüfer seinen Beruf gemeinsam ausübt (Sozietätsklausel, s Rn 15, Wortlaut aber nicht eindeutig). Weiterreichende Ausschlussgründe nach Standesrecht, etwa zB auch wenn ein naher Verwandter des Prüfers in dem zu prüfenden Unternehmen Leitungs- oder Aufsichtsfunktionen innehat, haben nur standesrechtliche Folgen.

4) Ausschlussgründe für Wirtschafts(Buch)prüfungsgesellschaften (IV)

IV entspricht im Wesentlichen II und III für Wirtschaftsprüfungs- und Buch- 26 prüfungsGes (s Rn 4–25). IV ist gegenüber III aF sprachlich vereinfacht, soll aber in der Sache weitgehend zu gleichen Ergebnissen führen (RegE, sonst uU II, vgl Rn 17). Die Ausschlussgründe nach II und III gelten nicht nur für die Ges selbst, sondern auch, wenn nach II, III einer ihrer gesetzlichen Vertreter, ein Gfter mit mehr als 20% der Stimmrechte (nicht Anteile), ein verbundenes Unternehmen, ein bei der Prüfung in veranwortlicher Position beschäftiger Gfter oder eine andere von der Ges beschäftigte Person, die das Ergebnis der Prüfung beeinflussen kann, ausgeschlossen sind **(IV 1)**. Begriff der verbundenen Unternehmen bestimmt sich nach üL hier wie in III 1 Nr 2, 3 (s Rn 16, 17) nach § 271 II, BGH **159,** 234, ADS 97, 176, krit MüKo/Ebke 51, aA GroßKoAktG/Röhricht § 33 Rn 31, Baumb/Hueck/Schulze-Osterloh 110: nach § 15 AktG, also einschließlich Gebietskörperschaften, zB BRD (vgl BGH **69,** 334, VEBA) und wechselseitig beteiligten Unternehmen nach § 19 AktG, auch MutterGes im Ausland, W. Müller NZG **04,** 1037.

Satz 1 gilt auch, wenn ein Aufsichtsratsmitglied der Ges nach III 1 Nr 2 27 ausgeschlossen ist oder wenn mehrere Gfter, die zusammen mehr als 20% der Stimmrechte besitzen, jeweils einzeln oder zusammen nach II oder III ausgeschlossen sind **(IV 2,** vgl III 1 Nr 3 letzter Teilsatz, s Rn 22). IV 2 soll Umgehung durch verschachtelte Eigentümerkonstruktionen vorbeugen (Rechtsausschuss mit Beispiel). Abgrenzung ist problematisch.

5) Auswahl und Ausschlussgründe für Konzernabschlussprüfer (V)

Die Auswahlvoraussetzung des I 3 (Qualitätskontrollbescheinigung) und die 28 Ausschlussgründe von II–IV für Abschlussprüfer gelten für Konzernabschlussprüfer (§ 316 II) entsprechend (V wie IV aF).

6) Rechtsfolgen bei Verstößen

A. **Nichtigkeit des Wahlbeschlusses und des Jahresabschlusses:** Die 29 Wahl oder Bestellung einer Person oder Ges zum Prüfer, die nach I (auch I 3, s Rn 3) oder **(1)** EGHGB Art 25 nicht Abschlussprüfer sind oder aus anderen Gründen als einem Verstoß gegen II, III, IV, § 319 a I nicht zum Abschlussprüfer bestellt sind, ist nichtig und damit auch den festgestellten Jahresabschluss nichtig (für AG und KGaA: § 256 I Nr 3 AktG idF BilReG, für GmbH entspr). Daraus folgt zugleich umgekehrt, dass ein **Verstoß gegen die Unabhängigkeitsvorschriften** der II, III, IV, § 319 a I den festgestellten Jahresabschluss **nicht nichtig** macht. Dies ist zu begrüßen, weil solche Verstöße für das Unternehmen und den Rechtsverkehr nicht ohne weiteres erkennbar sind, BGH **118,** 146, **135,** 262 (zu II Nr 5 aF). Entscheidend ist der Zeitpunkt der Bestellung, eine rückwirkende Heilung gibt es nicht. Die Nichtigkeit muss innerhalb von sechs Monaten nach Bekanntmachung des Jahresabschlusses geltend gemacht werden, sonst tritt Heilung ein (§ 256 VI AktG).

B. **Nur Ersetzungsverfahren bei Verstoß gegen Unabhängigkeitsvor-** 30 **schriften:** Mit Wirkung ab 1. 1. 05 (§ 318 Rn 7) sind **Anfechtungs- und Nichtigkeitsklagen gegen den Beschluss der Hauptversammlung zur Wahl des Abschlussprüfers ausgeschlossen,** soweit sie auf (Befangenheits-)Gründe gestützt werden, die ein gerichtliches Ersetzungsverfahren nach § 318 III rechtfertigen (§§ 243 II, 249 I 1 AktG idF BilReG, s § 318 Rn 7), zur aF offen

§ 319a

BGH **135**, 262. Das gilt insbesondere für Ausschlussgründe nach §§ 319 II–IV, 319a I (§ 318 III 1 aE). Sie können nur im Ersetzungsverfahren nach § 318 II geltend gemacht werden, und auch dann nicht mehr, wenn der Bestätigungsvermerk bzw seine Ergänzung bereits erteilt ist (§ 318 III 7, s § 318 Rn 10). Anfechtungs- und Nichtigkeitsklage bleiben für andere Fälle, zB bei Fehlern der Bekanntmachung des Tagesordnungspunktes „Wahl des Abschlussprüfers" in der Einberufung (RegE zu § 243 III AktG).

31 C. **Prüfungsvertrag, Schadensersatzpflicht:** Ausschlussgründe nach I, aber auch die Befangenheitsgründe nach II–IV, § 319a (gesetzliche Verbote iSv § 134 BGB) machen den **Prüfungsvertrag** nichtig (RegE), Ring WPg **05**, 200; vgl auch (**2 c**) WPO Einl 4 vor § 1. Ein Vergütungsanspruch besteht ebenso wenig wie ein Anspruch aus GoA oder Kondiktion (§ 817 S 2 BGB), BGH **118**, 142, Kln BB **92**, 2108. Bei nachträglich eintretender Befangenheit soll nach einer Ansicht der Prüfungsvertrag ex nunc nichtig werden, nach einer anderen nur Ersetzungsverfahren (§ 318 III) und Kündigung aus wichtigem Grund (§ 318 VI), Gelhausen/Heinz WPg **05**, 702, Honoraranspruch für bereits geleistete Arbeit bleibt erhalten, nach aA § 812 BGB. Den Wirtschaftsprüfer trifft neben den Folgen aus § 334 II uU eine **Schadensersatzpflicht** aus § 823 II BGB iVm §§ 319, 319a bzw aus § 311a BGB. Bei Vorliegen von Ausschlussgründen nach II–V ist der Beschluss der Hauptversammlung zur Wahl des Abschlussprüfers bis zu einem gerichtlichen Ersetzungsbeschluss (§ 318 Rn 10) wirksam. Das wird man auch für den Prüfungsvertrag annehmen müssen, anders zu II, III aF BGH **118**, 142. Unberührt bleiben die allgemeinen zivilrechtlichen Rechtsbehelfe wie insbesondere Schadensersatz, wenn der Abschlussprüfer den Ausschlussgrund nicht offengelegt hat (s Rn 11, 12). Hinzu treten berufsrechtliche und berufsgerichtliche Folgen nach (**2 c**) WPO §§ 67 ff.

Besondere Ausschlussgründe bei Unternehmen von öffentlichem Interesse

319a (1) ¹Ein Wirtschaftsprüfer ist über die in § 319 Abs. 2 und 3 genannten Gründe hinaus auch dann von der Abschlussprüfung eines Unternehmens, das kapitalmarktorientiert im Sinn des § 264d ist, ausgeschlossen, wenn er

1. in den letzten fünf Jahren jeweils mehr als fünfzehn vom Hundert der Gesamteinnahmen aus seiner beruflichen Tätigkeit von der zu prüfenden Kapitalgesellschaft oder von Unternehmen, an denen die zu prüfende Kapitalgesellschaft mehr als zwanzig vom Hundert der Anteile besitzt, bezogen hat und dies auch im laufenden Geschäftsjahr zu erwarten ist,
2. in dem zu prüfenden Geschäftsjahr über die Prüfungstätigkeit hinaus Rechts- oder Steuerberatungsleistungen erbracht hat, die über das Aufzeigen von Gestaltungsalternativen hinausgehen und die sich auf die Darstellung der Vermögens-, Finanz- und Ertragslage in dem zu prüfenden Jahresabschluss unmittelbar und nicht nur unwesentlich auswirken,
3. über die Prüfungstätigkeit hinaus in dem zu prüfenden Geschäftsjahr an der Entwicklung, Einrichtung und Einführung von Rechnungslegungsinformationssystemen mitgewirkt hat, sofern diese Tätigkeit nicht von untergeordneter Bedeutung ist, oder
4. für die Abschlussprüfung bei dem Unternehmen bereits in sieben oder mehr Fällen verantwortlich war; dies gilt nicht, wenn seit seiner letzten Beteiligung an der Prüfung des Jahresabschlusses zwei oder mehr Jahre vergangen sind.

²§ 319 Abs. 3 Satz 1 Nr. 3 letzter Teilsatz, Satz 2 und Abs. 4 gilt für die in Satz 1 genannten Ausschlussgründe entsprechend. ³Satz 1 Nr. 1 bis 3 gilt

2. Abschnitt. Vorschriften für Kapitalgesellschaften § 319a

auch, wenn Personen, mit denen der Wirtschaftsprüfer seinen Beruf gemeinsam ausübt, die dort genannten Ausschlussgründe erfüllen. [4] Satz 1 Nr. 4 findet auf eine Wirtschaftsprüfungsgesellschaft mit der Maßgabe Anwendung, dass sie nicht Abschlussprüfer sein darf, wenn sie bei der Abschlussprüfung des Unternehmens einen Wirtschaftsprüfer beschäftigt, der als verantwortlicher Prüfungspartner nach Satz 1 Nr. 4 nicht Abschlussprüfer sein darf. [5] Verantwortlicher Prüfungspartner ist, wer den Bestätigungsvermerk nach § 322 unterzeichnet oder als Wirtschaftsprüfer von einer Wirtschaftsprüfungsgesellschaft als für die Durchführung einer Abschlussprüfung vorrangig verantwortlich bestimmt worden ist.

(2) [1] Absatz 1 ist auf den Abschlussprüfer des Konzernabschlusses entsprechend anzuwenden. [2] Als verantwortlicher Prüfungspartner gilt auf Konzernebene auch, wer als Wirtschaftsprüfer auf der Ebene bedeutender Tochterunternehmen als für die Durchführung von deren Abschlussprüfung vorrangig verantwortlich bestimmt worden ist.

Übersicht

1) Inhalt und Zweck von § 319a 1
2) Die besonderen Ausschlussgründe im Einzelnen (I 1) 2–7
   A. Finanzielle Abhängigkeit (I 1 Nr 1) 2
   B. Rechts- oder Steuerberatungsleistungen (I 1 Nr 2) 3
   C. Mitwirkung an Rechnungslegungsinformationssystemen (I 1 Nr 3) 6
   D. Zeichnung von sieben oder mehr Bestätigungsvermerken (I 1 Nr 4) 7
3) Mittelbare Verflechtung, enge familiäre Beziehung, Wirtschaftsprüfungsgesellschaften (I 2) 8
4) Sozietätsklausel (I 3) 9
5) Bestätigungsvermerke bei Wirtschaftsprüfungsgesellschaften (I 4, 5) 10
6) Die besonderen Ausschlussgründe für Konzernabschlussprüfer (II 1, 2) 11
7) Rechtsfolgen von Verstößen 12

1) Inhalt und Zweck von § 319a

§ 319a neu BilReG 2004, I 1 Halbs 1, 1 Nr 4, Satz 4, 5, II 2 idF BilMoG, **Übergangsrecht (1)** EGHGB Art 66 II, III, V. § 319a bringt besondere gesetzliche Ausschlussgründe für Unternehmen von öffentlichem Interesse (offizielle Überschrift). § 319a enthält **unwiderlegliche gesetzliche Vermutungen** (wie § 319 III, § 319 Rn 13). Welche **Unternehmen von öffentlichem Interesse** sind, definiert I 1 vor Nr 1 abschließend dahin, dass das Unternehmen **kapitalmarktorientiert iSv § 264d** (neu BilMoG) ist. Letzteres ist der Fall, wenn eine KapitalGes einen organisierten Markt iSv **(16)** WpHG § 2 V durch von ihr ausgegebene Wertpapiere iSv **(16)** WpHG § 2 I 1 in Anspruch nimmt (weiter als § 319 III Nr 6 aF: amtlicher Markt) oder die Zulassung solcher Wertpapiere zum Handel an einem organisierten Markt beantragt hat (letzteres bedeutet eine praktisch wenig bedeutende Ausdehnung des Anwendungsbereichs von § 319 durch das BilMoG). Erfasst sind danach nur Kapitalmarktunternehmen (nur große KapitalGes iSv § 267 III 2 Alt 1; I gilt somit nicht für Buchprüfer, § 319 I 2), nicht auch andere öffentlich wichtige Unternehmen wie Kreditinstitute, Finanzdienstleistungsinstitute, Versicherungsunternehmen und Pensionsfonds ab einer bestimmten Größe (etwa über 150 Mio Euro Bilanzsumme), obschon sie in großem Umfang mit Kundengeldern arbeiten (Rechtsausschuss, anders RegE und EUEmpfehlung 2002 Präambel Nr 1 und 8. EG-Ri, Einl 3, 4 vor § 316). Organisierter Markt ist danach der regulierte Markt iSv **(14)** BörsG § 32, auch

§ 319a 2, 3 III. Buch. Handelsbücher

der ehemalige Neue Markt, nicht aber der Freiverkehr nach **(14)** BörsG § 48 nF. I 1 besagt klarstellend, dass für die Unternehmen iSv I **auch uneingeschränkt die allgemeinen Ausschlussgründe** von § 319 II und III gelten („über" diese „hinaus"), insbesondere die **Besorgnis der Befangenheit** (§ 319 Rn 7 ff). Die strengeren Regeln für diese Unternehmen haben ihren Grund im Kapitalanlegerschutz und dem öffentlichen Interesse an Corporate Governance und Vertrauen in die Börsen (Überbl 6 vor § 316). Lit: Hülsmann DStR **05**, 166, Ring WPg **05**, 197.

2) Die besonderen Ausschlussgründe im Einzelnen (I 1)

2   A. **Finanzielle Abhängigkeit (I 1 Nr 1):** I 1 Nr 1 (wesentlich strenger als § 319 II Nr 8 aF) betrifft die Fälle, in denen der Abschlussprüfer in der zu prüfenden KapitalGes einen Hauptauftragnehmer hat, was ihn von diesem finanziell abhängig machen oder als abhängig erscheinen lassen könnte. Schwellenwert (sog **Umsatzabhängigkeitsgrenze**) ist mehr als 15% (internationale Diskussion strenger, zT nur 5%, Rechtsausschuss empfiehlt Beobachtung) der Gesamteinnahmen des Abschlussprüfers aus seiner beruflichen Tätigkeit von dieser Ges oder von Unternehmen, an denen diese mehr als 20% der Anteile besitzt. Relevanter Zeitraum sind die letzten fünf Jahre und das laufende Geschäftsjahr insoweit, als zu erwarten ist, dass der Schwellenwert wiederum überschritten wird. Übergangsrecht: **(1)** EGHGB Art 58 IV 4.

3   B. **Rechts- oder Steuerberatungsleistungen (I 1 Nr 2):** I 1 Nr 2, der für den Berufsstand besonders bedeutsam ist, bringt keine generelle Trennung von Prüfung und Beratung, wie zT gefordert (§ 319 Rn 5). I 1 Nr 2 hält aber, die bisherige Rspr zT aufnehmend (§ 319 Rn 20) Rechts- oder Steuerberatungsleistungen unter besonderen Voraussetzungen bezüglich Ausmaß und Auswirkung für befangenheitsbegründend, Grund: Selbstprüfungsverbot (vgl § 319 Rn 18), denn eine objektive Prüfung, ob die eigenen, bilanzrelevanten Gestaltungsvorschläge im Abschluss tatsächlich zutreffend sind, mit der möglichen Konsequenz des Eingestehens eigener, unzureichender Beratung ist dann kaum zu erwarten. Das gilt für Rechts- oder Steuerberatungsleistungen, die über das Aufzeigen von Gestaltungsalternativen hinausgehen **(Ausmaß)** und (kumulativ) die sich auf die Darstellung der Vermögens-, Finanz- und Ertragslage in dem zu prüfenden Jahresabschluss unmittelbar und nicht nur unwesentlich auswirken **(Auswirkung)**. Das **Ausmaßkriterium** ist nur erfüllt, wenn der Abschlussprüfer selbst gestaltend tätig wird oder konkrete Vorschläge macht, zB Auslagerung von Risiken auf Zweckgesellschaften, falls diese nicht konsolidiert zu werden brauchen (RegE) oder Entwicklungs eines Steuersparkonzepts, aber auch andere Fälle, Baumb/Hueck/Schulze-Osterloh 114. Das Ausmaßkriterium ist nicht erfüllt, wenn der Abschlussprüfer nur auf die Rechts- oder Steuerrechtslage hinweist, die im Handeln des Mandanten nahe legt oder zur Wahrung von Vorteilen sogar erfordert (RegE), zB auf bestimmte Frist für Steuervorteil. Bei der Rechts- oder Steuerberatungsleistung nach I 1 Nr 2 liege idR eine eigene, entgeltliche, von der prüfungsnahen Beratung abgrenzbare Dienstleistung vor (so RegE: „über die Prüfungstätigkeit hinaus", „-leistungen"); das kann, aber muss nicht so sein und ist deshalb für I 1 Nr 2 nicht entscheidend. Das **Auswirkungskriterium** setzt eine unmittelbare und nicht unwesentliche Auswirkung voraus. Eine unmittelbare Auswirkung liegt vor, wenn die Darstellung der Vermögens-, Finanz- und Ertragslage sich zwangsläufig aus dem Ergebnis der Beratung ergibt, zB wenn bei deren Durchführung konkrete und bestimmbare, von der Beratung erfasste Auswirkungen zu erwarten sind (RegE). Das gilt auch dann, wenn der Bilanzaufsteller frei entscheiden kann, ob er der Gestaltungsempfehlung folgt oder nicht (s Rn 4). Zeitlich erfasst ist nur das zu prüfende Geschäftsjahr. Übergangsrecht: **(1)** EGHGB Art 58 IV 6.

I 1 Nr 2 ist zwar von der Rspr des **BGH zur funktionalen Entscheidungs-** 4
kompetenz, die nicht auf den Berater übergehen darf (sonst Mitwirkung an dem zu prüfenden Jahresabschluss iSv § 319 II 1 Nr 5 aF), beeinflusst, dies aber nicht in dem Sinne, dass diese nunmehr nur noch im Rahmen von I 1 Nr 2 relevant würde; vielmehr kann auf diese Rspr weiterhin im Rahmen von § 319 III 1 Nr 3 lit a zurückgegriffen werden, Grund: anderer Anwendungsbereich, andere Abgrenzungen (§ 319 Rn 20).

Die Erstellung eines **Verschmelzungswertgutachtens** und Ermittlung der 5
Verschmelzungswertrelation ist zwar keine Mitwirkung nach § 319 III 1 Nr 3 lit a (§ 319 Rn 19), beinhaltet aber nach Ausmaß und Auswirkung Rechts- und Steuerberatungsleistungen iSv I 1 Nr 2, die die nachfolgende Abschlussprüfung bei der aus der Verschmelzung hervorgegangenen Ges hindern, wenn sie in dem zu prüfenden Geschäftsjahr erbracht werden (falls zuvor erbracht, s Rn 4). Lit: vgl § 319 Rn 20 aE (zu § 319 II 1 Nr 5 aF).

C. **Mitwirkung an Rechnungslegungsinformationssystemen (I 1 Nr 3):** 6
I 1 Nr 3 (vgl EUEmpfehlung, § 319 Rn 8) betrifft die Mitwirkung an der Entwicklung, Einrichtung und Einführung von Rechnungslegungsinformationssystemen, sofern diese Tätigkeit über die Prüfungstätigkeit hinausgeht und nicht nur von untergeordneter Bedeutung ist. Zeitlich erfasst sind nur Leistungen in dem zu prüfenden Geschäftsjahr.

D. **Zeichnung von sieben oder mehr Bestätigungsvermerken (I 1** 7
Nr 4): I 1 Nr 4 (strenger als § 319 III Nr 6 aF, aber weniger streng als RegE: 5 Zeichnungen, keine Unterbrechung, vgl 8. EU-Ri, Einl 4 vor § 316) nunmehr idF BilMoG schließt den Abschlussprüfer aus, wenn er für die Abschlussprüfung verantwortlich war, also nicht nur, wenn er einen Bestätigungsvermerk nach § 322 über die Prüfung des Jahresabschlusses des Unternehmens gezeichnet hat (so aF), und dies bereits in sieben oder mehr Fällen (sog **interne Rotation,** s auch § 319 Rn 23), ausführlich MüKo/Ebke 24 ff. Relevanter Zeitraum (Rotationsfrist) ist ein doppelter: sieben Jahre (Rechtsausschuss; genauer: 7 Zeichnungen, auch wenn diese in einem Zeitraum von mehr als 7 Jahren erfolgt sind) sowie zwei (statt drei wie nach aF noch und nach RegE) Jahre nach der letzten Beteiligung des Abschlussprüfers an der Prüfung des Jahresabschlusses (sog Abkühlungsphase, I 1 Nr 4 Halbs 2 idF BilMoG, vgl Einl 4 vor § 316, § 319 Rn 8: **cooling off-Periode**). I 1 Nr 4 sieht damit nur einen personellen Prüferwechsel vor, aber **keine** zwingende **externe Rotation** der WirtschaftsprüfungsGes selbst (vgl aber 8. EU-Ri, Einl 4 vor § 316), weil wegen der Einarbeitungszeit für die neue PrüfungsGes Qualitätsverluste der Prüfung in den ersten Jahren nach dem Wechsel zu befürchten sind (so RegE WPOÄG 2000). I 4 stellt das für WirtschaftsprüfungsGes ausdrücklich klar (s Rn 10). Zur externen Rotation ökonomisch krit Ewert Der Konzern **03,** 528. **Übergangsrecht: (1)** EGHGB Art 58 IV 4, 5, zu BilMoG Art 66 II. Lit: Ballwieser in Lutter, Wirtschaftsprüfer als Element der Corporate Governance, 2001, S 99 (extern); Ewert Der Konzern **03,** 528 (extern), Niehus DB **03,** 1637 (intern), Volhard/Weber FS Ulmer **03,** 876 (extern), Peemüller/Oehler BB **04,** 1161, D. Weber AG **05,** 877 (extern), Habersack NZG **07,** 207, P. Doralt FS Brogyányi Wien **08,** 409 (extern), Erchinger/Melcher DB Beil 5/**09,** 93 (BilMoG).

3) **Mittelbare Verflechtung, enge familiäre Beziehung, Wirtschaftsprüfungsgesellschaften (I 2)**

Die besonderen Ausschlussgründe nach I 1 Nr 1–4 sollen auch gelten, wenn der 8
Abschlussprüfer nicht unmittelbar betroffen ist. Erfasst werden deshalb auch die mittelbare Verflechtung (I 2 iVm **§ 319 III 1 Nr 3 letzter Teilsatz,** § 319 Rn 22), enge familiäre Beziehung (Ehegatten oder Lebenspartner, I 2 iVm **§ 319 III 2,** § 319 Rn 25) sowie WirtschaftsprüfungsGes (I 2 iVm **§ 319 IV,** s dort Rn 26).

4) Sozietätsklausel (I 3)

9 Nach I 3 ist auch schädlich, wenn einer der besonderen Ausschlussgründe des I 1 Nr 1–3 (nicht auch Nr 4) nicht bei dem Abschlussprüfer selbst vorliegt, sondern nur bei einer Person, mit der er seinen Beruf gemeinsam ausübt (Sozietätsklausel, I 3 iVm **§ 319 III 1 vor Nr 1,** § 319 Rn 15). In I 3 heißt es zwar anders als in § 319 III 1 vor Nr 1 „Personen", nicht „eine Person", doch genügt auch hier das Vorliegen des Ausschlussgrundes bei nur einem Partner.

5) Bestätigungsvermerke bei Wirtschaftsprüfungsgesellschaften (I 4, 5)

10 I 4, 5 idF BilMoG. I 4 stellen für WirtschaftsprüfungsGes klar, dass diese nur den Abschlussprüfer, der als verantwortlicher Prüfungspartner nach I Nr 4 (sieben Bestätigungsvermerke, zwei Jahre, s Rn 7) ausgeschlossen ist, „bei der Abschlussprüfung des Unternehmens" nicht beschäftigen darf. Die WirtschaftsprüfungsGes selbst ist also nicht ausgeschlossen und kann ohne weiteres andere Sozietätsangehörige einsetzen (**keine externe Rotation**, s Rn 7). I 5 enthält eine Legaldefinition von **verantwortlicher Prüfungspartner**, nämlich wer den Bestätigungsvermerk nach § 322 unterzeichnet oder als Wirtschaftsprüfer von einer WirtschaftsprüfungsGes als für die Durchführung einer Abschlussprüfung vorrangig verantwortlich bestimmt worden ist, was sich idR aus den Arbeitspapieren zu der jeweiligen Abschlussprüfung ergibt. Das können dieselbe natürliche Person (so idR in der Praxis) oder verschiedene Personen sein. Partner iSv 5 ist nicht technisch als Gfter zu verstehen, auch andere WP (nur solche) wie Prokuristen sind erfasst. **Übergangsrecht: (1)** EGHGB Art 66 II. Lit: Erchinger/Melcher DB Beil 5/**09,** 93.

6) Die besonderen Ausschlussgründe für Konzernabschlussprüfer (II 1, 2)

11 Die besonderen Ausschlussgründe des I für Abschlussprüfer gelten für Konzernabschlussprüfer (§ 316 II) entsprechend (II 1, vgl § 319 Rn 28). II 2 idF BilMoG erweitert den Begriff des verantwortlichen Prüfungspartners für Konzernabschlussprüfer auf solche Wirtschaftsprüfer, die als Wirtschaftsprüfer auf der Ebene bedeutender (kapitalmarktorientierter, s Rn 1) Tochterunternehmen als für die Durchführung von deren Abschlussprüfung vorrangig verantwortlich bestimmt worden sind (also auch solche, die den Bestätigungsvermerk nicht unterzeichnen). Damit wird die interne Rotation (s Rn 7, 10) auf Wirtschaftsprüfer der mit der Konzernabschlussprüfung beauftragen WirtschaftsprüfungsGes ausgedehnt, die mit der Abschlussprüfung des Jahresabschlusses bedeutender Tochterunternehmen befasst sind. Wie schon nach I 4, 5 (s Rn 10) ist die WirtschaftsprüfungsGes selbst also nicht ausgeschlossen und kann ohne weiteres andere Sozietätsangehörige einsetzen bzw den ausgeschlossenen Wirtschaftsprüfer (vorbehaltlich anderer Ausschlussgründe) bei anderen konzernangehörigen Tochterunternehmen einsetzen (**keine externe Rotation**, s Rn 7). Vorrangige Bestimmung s Rn 10. Bedeutende Tochterunternehmen sind solche, deren Einbeziehung in den Konzernabschluss sich erheblich auf die Vermögens-, Finanz- und Ertragslage des Konzerns auswirkt, was in jedem Fall gesondert zu beurteilen ist (RegE). Der RegE enthält dazu eine ganze Reihe weiterer Konkretisierungsüberlegungen: Erforderlich ist, dass die Einbeziehung des zu beurteilenden Tochterunternehmens sowohl die Vermögens- als auch die Finanz- und Ertragslage des Konzerns (vor Konsolidierung, Erchinger/Melcher DB Beil 5/**09,** 93) erheblich beeinflusst (so idR bei mehr als 20% des Konzernvermögens oder mehr als 20% des Konzernumsatzes), was zu jedem Bilanzstichtag neu zu prüfen ist. Bei Aufsteigen zu einem bedeutenden Unternehmen beginnt die Rotationspflicht erst, wenn der Wirtschaftsprüfer dieses Unternehmen „in seiner bedeutenden Phase" sieben Jahre in Folge geprüft hat, bei Absinken und erneutem Aufsteigen beginnt die Frist zu dem späteren Zeitpunkt neu zu laufen (RegE). Wenn sowohl

2. Abschnitt. Vorschriften für Kapitalgesellschaften **1 § 319b**

Mutter als auch Tochter kapitalmarktorientiert sind (s Rn 1), greifen I und II nebeneinander, bei Package-Prüfung (der Mutter) greift mangels eigener Abschlussprüfung der Tochter nur I ein, so auch bei Prüfung mehrerer nicht bedeutender Töchter, die nur insgesamt bedeutend sind. Lit: Petersen/Zwirner WPg **08,** 969, Erchinger/Melcher DB Beil 5/**09,** 93.

7) Rechtsfolgen bei Verstößen

Bei Verstößen gegen § 319a gilt grundsätzlich dasselbe wie bei Verstößen **12** gegen § 319 II–V (§ 319 Rn 29–31). Der unter Verstoß gegen § 319a festgestellte Jahresabschluss ist nicht nichtig (§ 256 I Nr 3 AktG idF BilReG, für GmbH entspr). Anfechtungs- und Nichtigkeitsklagen gegen den Wahlbeschluss sind ausgeschlossen, soweit sie auf § 319a gestützt werden, hierfür gibt es nur das Ersetzungsverfahren nach § 318 III (§§ 243 II, 249 I 1 AktG idF BilReG, s § 318 Rn 7). Nichtigkeit des Prüfungsvertrags und Schadensersatzpflicht des Abschlussprüfers s § 319 Rn 31.

Netzwerk

319b (1) ¹Ein Abschlussprüfer ist von der Abschlussprüfung ausgeschlossen, wenn ein Mitglied seines Netzwerks einen Ausschlussgrund nach § 319 Abs. 2, 3 Satz 1 Nr. 1, 2 oder Nr. 4, Abs. 3 Satz 2 oder Abs. 4 erfüllt, es sei denn, dass das Netzwerkmitglied auf das Ergebnis der Abschlussprüfung keinen Einfluss nehmen kann. ²Er ist ausgeschlossen, wenn ein Mitglied seines Netzwerks einen Ausschlussgrund nach § 319 Abs. 3 Satz 1 Nr. 3 oder § 319a Abs. 1 Satz 1 Nr. 2 oder 3 erfüllt. ³Ein Netzwerk liegt vor, wenn Personen bei ihrer Berufsausübung zur Verfolgung gemeinsamer wirtschaftlicher Interessen für eine gewisse Dauer zusammenwirken.

(2) Absatz 1 ist auf den Abschlussprüfer des Konzernabschlusses entsprechend anzuwenden.

Übersicht

1) Unabhängigkeit und Netzwerkabhängigkeiten 1
2) Ausschluss bei Zugehörigkeit zu einem Netzwerk (I 1 Halbsatz 1) 2
3) Entlastungsmöglichkeit (I 1 Halbsatz 2) 3
4) Ausschluss der Entlastung (I 2) 4
5) Legaldefinition von Netzwerk in I 3 und in Art 2 Nr 7 der Abschlussprüferrichtlinie 5
6) Die einzelnen Tatbestandsmerkmale der Netzwerkdefinition in I 3 im Lichte von Art 2 Nr 7 der Abschlussprüferrichtlinie 5
7) Ausschluss auch des Abschlussprüfers des Konzernabschlusses (II) 10

1) Unabhängigkeit und Netzwerkabhängigkeiten

§ 319b (neu BilMoG) dehnt die Unabhängigkeitsvorschriften in Umsetzung **1** von Art 22 II der AbschlussprüferRi (Überbl 4 vor § 316) auf Netzwerkabhängigkeiten aus. Nach der Richtlinie ist ein Ausschluss vorgesehen, wenn zwischen dem Abschlussprüfer und der PrüfungsGes oder ihrem Netzwerk und dem geprüften Unternehmen unmittelbar oder mittelbar eine finanzielle oder geschäftliche Beziehung, ein Beschäftigungsverhältnis oder eine sonstige Verbindung besteht, aus der ein objektiver, verständiger und informierter Dritter schließen würde, dass ihre Unabhängigkeit gefährdet ist; eine sonstige Verbindung besteht auch bei Erbringung zusätzlicher Leistungen, die keine Prüfungsleistun-

§ 319b 2–5 III. Buch. Handelsbücher

gen sind (Art 22 II 1). § 319 b geht über die bereits bestehenden, weitgehenden, auch Sozietäten erfassenden Unabhängigkeitserfordernisse (§§ 319, 319 a HGB, **(2 c)** WPO § 43 sowie §§ 2, 20 ff BS WP/vBP) hinaus, ist dabei aber im Interesse der mittelständischen Abschlussprüfer für Netzwerke weniger streng als für die Unabhängigkeitserfordernisse im Übrigen (RegE; s Rn 2, 3, 4). **Übergangsrecht: (1)** EGHGB Art 66 II. Lit: Petersen/Zwirner WPg **08, 970.**

2) Ausschluss bei Zugehörigkeit zu einem Netzwerk (I 1 Halbsatz 1)

2 Ein Abschlussprüfer ist von der Abschlussprüfung ausgeschlossen, wenn ein Mitglied seines Netzwerks einen Ausschlussgrund nach § 319 II, III 1 Nr 1, 2 oder 4, III 2 oder IV erfüllt (I 1 Halbsatz 1) vorbehaltlich einer Entlastungsmöglichkeit (s Rn 3). Finanzielle Abhängigkeit nach § 319 III 1 Nr 5 führt nicht zum Ausschluss nach I 1 Halbs 1, der RegE gibt dafür Praktikabilitätsgründe an (Schwierigkeiten bei der Ermittlung der 30%-Umsatzgrenze).

3) Entlastungsmöglichkeit (I 1 Halbsatz 2)

3 Von dem Ausschluss nach I 1 Halbs 1 ist eine Entlastungsmöglichkeit vorgesehen, wenn das Netzwerkmitglied auf das Ergebnis der Abschlussprüfung keinen Einfluss nehmen kann (I 1 Halbsatz 2, vgl § 340k II 3). Diese Entlastungsmöglichkeit ist nur für Netzwerkabhängigkeiten vorgesehen, sodass im konkreten Fall die Unabhängigkeit des Abschlussprüfers selbst zu verneinen, die als Netzwerkmitglied dagegen zu bejahen sein kann. Das Vorliegen der Entlastungsmöglichkeit ist vom Abschlussprüfer darzulegen ("es sei denn").

4) Ausschluss der Entlastung (I 2)

4 Die Entlastung ist ausgeschlossen, wenn das Netzwerkmitglied einen Ausschlussgrund nach § 319 III 1 Nr 3 oder § 319 a I 1 Nr 2 oder 3 erfüllt (I 2). Diese Ausschlussgründe betreffen die Selbstprüfung (§ 319 Rn 18) und bei Unternehmen von öffentlichem Interesse das Erbringen von Rechts- oder Steuerberatungsleistungen und die Mitwirkung an Rechnungslegungsinformationssystemen (§ 319 a Rn 3, 6). Diese sind besonders gravierend, da sie sich unmittelbar und ohne weiteres Zutun des Netzwerkmitglieds auf den Jahres- bzw Konzernabschluss auswirken. I 2 sieht deshalb eine unwiderlegliche Vermutung der Befangenheit vor. § 319 a I 1 Nr 1 wird in I 2 aus Praktikabilitätsgründen nicht berücksichtigt (wie betr III 1 Nr 5, so RegE, s Rn 2).

5) Legaldefinition von Netzwerk in I 3 und in Art 2 Nr 7 der Abschlussprüferrichtlinie

5 Ein Netzwerk liegt nach der **Legaldefinition in I 3** vor, wenn Personen bei ihrer Berufsausübung zur Verfolgung gemeinsamer wirtschaftlicher Interessen für eine gewisse Dauer zusammenwirken. Dies **weicht von der Legaldefinition der Abschlussprüferrichtlinie ab.** Art 2 Nr 7 lautet: "„Netzwerk" ist die breitere Struktur, – die auf Kooperation ausgerichtet ist und der ein Abschlussprüfer oder eine Prüfungsgesellschaft angehört und – die eindeutig auf Gewinn- und Kostenteilung abzielt oder durch gemeinsames Eigentum, gemeinsame Kontrolle oder gemeinsame Geschäftsführung, gemeinsame Qualitätssicherungsmaßnahmen und -verfahren, eine gemeinsame Geschäftsstrategie, die Verwendung einer gemeinsamen Marke oder durch einen wesentlichen Teil gemeinsamer fachlicher Ressourcen miteinander verbunden ist." Laut RegE soll I 3 mit seiner allgemeinen Formulierung all das abdecken. Das ist nicht unproblematisch. I 3 ist nur mit der Richtlinie vereinbar, wenn sich die Auslegung von I 3 exakt an den in Art 2 Nr 7 enthaltenen Kriterien ausrichtet. Praktisch kommt der Rechtsanwender also ohne den Wortlaut von Art 2 Nr 7 nicht aus, sodass eine wörtliche Übernahme in den deutschen Gesetzestext zwar weniger elegant, aber bei weitem sicherer gewesen wäre. Jede selbständige Auslegung von I 3 kann danach vor den

2. Abschnitt. Vorschriften für Kapitalgesellschaften **§ 320**

EuGH zur Prüfung der Vereinbarkeit mit Art 2 Nr 7 gebracht werden (Einl 28 vor § 1, § 84 Rn 3).

6) Die einzelnen Tatbestandsmerkmale der Netzwerkdefinition in I 3 im Lichte von Art 2 Nr 7 der Abschlussprüferrichtlinie

Zusammenwirken für eine gewisse Dauer: „Breitere Struktur" und „auf 6 Kooperation ausgerichtet" soll in dem Merkmal von I 3 „für eine gewisse Dauer zusammenwirken" abgebildet werden, Kooperation beinhalte eine bestimmte Dauer. Für ein Zusammenwirken kommt es nicht auf die rechtliche Ausgestaltung des Netzwerks an, jede Art des Zusammenwirkens genügt, es muss aber intendiert sein (RegE). Das Zusammenwirken muss von einer gewissen Dauer sein, ein einmaliges oder nur gelegentliches Zusammenwirken genügt nicht (RegE). Gemeinsame Aktivitäten (Prüfungen, Gutachten, Fortbildungsveranstaltungen ua) begründen für sich allein kein Netzwerk (RegE).

In Verfolgung gemeinsamer wirtschaftlicher Interessen: Gemeinsame 7 wirtschaftliche Interessen liegen vor, wenn die Netzwerkmitglieder mit ihrem Zusammenwirken eines der in Art 2 Nr 7 der AbschlussprüferRi genannten Kriterien (s Rn 5) verfolgen (so ausdrücklich RegE). Das ist bei einem eindeutigen Abzielen auf Gewinn- und Kostenteilung ohne weiteres der Fall. Der RegE formuliert dazu allerdings, weil zu unscharf, potentiell richtlinienwidrig: („Bei einer Gewinn- und Kostenteilung ist regelmäßig von der Verfolgung gemeinsamer wirtschaftlicher Interessen auszugehen": aber „eindeutig"? „regelmäßig"?). Verfolgung gemeinsamer wirtschaftlicher Interessen ist auch und nur anzunehmen, wenn die breitere Struktur „durch gemeinsames Eigentum, gemeinsame Kontrolle oder gemeinsame Geschäftsführung, gemeinsame Qualitätssicherungsmaßnahmen und -verfahren, eine gemeinsame Geschäftsstrategie, die Verwendung einer gemeinsamen Marke oder durch einen wesentlichen Teil gemeinsamer fachlicher Ressourcen miteinander verbunden ist". Auch das ist zT enger, zT weiter als das, was die Begründung im RegE dazu sagt.

Zusammenwirken von Personen bei ihrer Berufsausübung: Personen 8 sind sowohl natürliche als auch juristische Personen sowie teilrechtsfähige Personenvereinigungen. Diese müssen bei ihrer Berufsausübung zusammenwirken, also zB nicht nur durch ihre auch dauerhafte Mitgliedschaft in Berufsverbänden, etwa die Mitgliedschaft genossenschaftlicher Prüfungsverbände in einem Spitzenverband (RegE).

Verwendung des Begriffs Netzwerk, network oder ähnlicher Begriffe: 9 Auch wenn die Voraussetzungen von § 319 a nicht vorliegen, kann ein Ausschluss sich daraus ergeben, dass der Begriff „Netzwerk","network" oder ähnliche Begriffe im Verkehr von Wirtschaftsprüfern bzw WirtschaftsprüfungsGes verwandt werden. Das führt dann zwar nicht zu einer (analogen) Anwendung von § 319 a, aber kann im Verkehr die Besorgnis der Befangenheit nach der Generalklausel des § 319 II begründen (§ 319 Rn 4). Dabei kommt es aber auf die konkreten Umstände an (Abwägung im Einzelfall, § 319 Rn 7).

7) Ausschluss auch des Abschlussprüfers des Konzernabschlusses (II)

Der Ausschluss nach I gilt entsprechend auch für den Abschlussprüfer des 10 Konzernabschlusses (§ 316 II).

Vorlagepflicht. Auskunftsrecht

320 (1) ¹**Die gesetzlichen Vertreter der Kapitalgesellschaft haben dem Abschlußprüfer den Jahresabschluß und den Lagebericht unverzüglich nach der Aufstellung vorzulegen.** ²**Sie haben ihm zu gestatten, die Bücher und Schriften der Kapitalgesellschaft sowie die Vermögensgegen-**

§ 320 1, 2   III. Buch. Handelsbücher

stände und Schulden, namentlich die Kasse und die Bestände an Wertpapieren und Waren, zu prüfen.

(2) ¹ Der Abschlußprüfer kann von den gesetzlichen Vertretern alle Aufklärungen und Nachweise verlangen, die für eine sorgfältige Prüfung notwendig sind. ² Soweit es die Vorbereitung der Abschlußprüfung erfordert, hat der Abschlußprüfer die Rechte nach Absatz 1 Satz 2 und nach Satz 1 auch schon vor Aufstellung des Jahresabschlusses. ³ Soweit es für eine sorgfältige Prüfung notwendig ist, hat der Abschlußprüfer die Rechte nach den Sätzen 1 und 2 auch gegenüber Mutter- und Tochterunternehmen.

(3) ¹ Die gesetzlichen Vertreter einer Kapitalgesellschaft, die einen Konzernabschluß aufzustellen hat, haben dem Abschlußprüfer des Konzernabschlusses den Konzernabschluß, den Konzernlagebericht, die Jahresabschlüsse, Lageberichte und, wenn eine Prüfung stattgefunden hat, die Prüfungsberichte des Mutterunternehmens und der Tochterunternehmen vorzulegen. ² Der Abschlußprüfer hat die Rechte nach Absatz 1 Satz 2 und nach Absatz 2 bei dem Mutterunternehmen und den Tochterunternehmen, die Rechte nach Absatz 2 auch gegenüber den Abschlußprüfern des Mutterunternehmens und der Tochterunternehmen.

(4) Der bisherige Abschlussprüfer hat dem neuen Abschlussprüfer auf schriftliche Anfrage über das Ergebnis der bisherigen Prüfung zu berichten; § 321 ist entsprechend anzuwenden.

Übersicht

1) Vorlagepflicht (I) 1
2) Auskunftsrecht (II) 2
3) Konzernabschluss (III) 3
4) Bericht an den neuen Abschlussprüfer (IV) 4

1) Vorlagepflicht (I)

1 § 320 IV neu BilMoG. Eigentliche Vorlagepflicht folgt aus I 1, Pflicht zur Gestattung der Einsichtnahme an Ort und Stelle aus I 2. Das Prüfungsrecht nach I 2 umfasst Bücher (gesamte Buchhaltung einschließlich Planungs- und Investionsrechnung), Schriften (§ 257 I Nr 2–4 einschließlich Vorstands- und Aufsichtsratsprotokollen und ggf Personalunterlagen), Vermögensgegenstände (dh hier alle Posten der Aktivseite, hL) und Schulden (dh hier alle Posten der Passivseite); ferner die Unterlagen zu den Angaben im Anhang und Lagebericht; Bsp s ADS 18.

2) Auskunftsrecht (II)

2 Der Abschlussprüfer hat über I hinaus Recht auf Mithilfe der gesetzlichen Vertreter (aller, nicht einzelner Mitglieder; nicht sonstige Mitarbeiter der Ges). Soweit zur Erreichung des Prüfungszwecks nötig (Grenze), müssen diese, auch schon vor Aufstellung des Jahresabschlusses (zB für vorgelagerte Zwischenprüfungen), alle Aufklärungen und Nachweise liefern (II 1, 2). Diese Rechte hat der Abschlussprüfer auch gegen Mutter- und Tochterunternehmen (§ 290), so II 3, auch gegenüber Unternehmen mit Sitz im Ausland, MüKo/Ebke 18, ggf Auswirkung auf Prüfungsbericht und Bestätigungsvermerk; er hat aber nicht das Recht eigener örtlicher Einsichtnahme wie nach I 2 gegenüber den Konzernunternehmen, Staub/Zimmer 16. Unter II fallen insbesondere Vorlage von Saldenbestätigungen der Geschäftspartner der Ges, IDW PS 300 Tz 33 IDW FN **07,** 727 (Prüfungsnachweise), dagegen nicht Abgabe einer Vollständigkeitserklärung (§ 317 Rn 4), ADS 34, Baumb/Hueck/Schulze-Osterloh 123, str, auf deren Verweigerung ist dann allerdings im Prüfungsbericht hinzuweisen. Einklag-

2. Abschnitt. Vorschriften für Kapitalgesellschaften **§ 321**

barer Anspruch des Abschlussprüfers gegen die Ges besteht nicht, Durchsetzung durch Zwangsgeld § 335 idF KapCoRiLiG 2000 (s dort Rn 2) auf Antrag, auch des Abschlussprüfers, str, auch § 321 I 3 und ggf § 322 IV. Unrichtige Angaben sind strafbar, § 331 Nr 4. Näher IDW PS 200 WPg **00,** 706, PS 201 IDW-FN **08,** 172, PS 303 WPg **02,** 680 mit Ergänzung WPg **06,** 854.

3) Konzernabschluss (III)

III gibt die Rechte des I, II auch dem Konzernabschlussprüfer gegen alle (nicht 3 nur die in den Konzernabschluss einbezogenen, AmtlBegr) Mutter- und Tochterunternehmen, also auch Recht auf eigene örtliche Einsichtnahme nach I 2 (III 2, weiter als II), auch gegenüber den Abschlussprüfern dieser Unternehmen.

4) Bericht an den neuen Abschlussprüfer (IV)

IV idF BilMoG. Der bisherige Abschlussprüfer hat dem neuen Abschlussprüfer 4 auf schriftliche Anfrage über das Ergebnis der bisherigen Prüfung zu berichten; § 321 ist entsprechend anzuwenden. IV begründet sowohl ein Recht des neuen als auch eine Pflicht des alten Abschlussprüfers. IV geht damit über die bisherigen §§ 318 VI 4, 320 I 2 hinaus, die aber weiterhin unabhängig von IV anwendbar bleiben. IV erfasst jeden Abschlussprüferwechsel, also den vorzeitigen ebenso wie den regulären. Der alte Abschlussprüfer braucht nicht unaufgefordert zu berichten, vielmehr muss erst der neue schriftlich anfragen. Die Anfrage ist unverzüglich (ohne schuldhaftes Zögern, § 121 I 1 BGB) zu beantworten (RegE). Das steht zwar nicht in IV, ergibt sich aber aus allgemeinen Grundsätzen. Haftung bei Pflichtverletzung nach § 323 I 2 (§ 323 Rn 6). Die Bezugnahme auf § 321 in IV Halbs 2 bedeutet, dass der Bericht in Prüfungsberichtsform erstattet werden muss (wie in § 318 VI 4 Halbs 2). Der Bericht an den neuen Abschlussprüfer nach IV und an die Organe der Ges nach § 318 VI 4 wird sich also idR decken können. Geschuldet ist nur ein Bericht, nicht etwa die Gestattung der Einsichtnahme oder gar die Herausgabe der Arbeitspapiere des bisherigen Abschlussprüfers (RegE). Das allgemeine Recht auf Auskunftsverweigerung bei Gefahr der Selbstbelastung soll nach dem RegE unberührt bleiben. **Übergangsrecht: (1)** EGHGB Art 66 II. Lit: Petersen/Zwirner WPg **08,** 971, Erchinger/Melcher DB Beil 5/**09,** 94.

Prüfungsbericht

321 (1) ¹Der Abschlußprüfer hat über Art und Umfang sowie über das Ergebnis der Prüfung schriftlich und mit der gebotenen Klarheit zu berichten. ²In dem Bericht ist vorweg zu der Beurteilung der Lage des Unternehmens oder Konzerns durch die gesetzlichen Vertreter Stellung zu nehmen, wobei insbesondere auf die Beurteilung des Fortbestandes und der künftigen Entwicklung des Unternehmens unter Berücksichtigung des Lageberichts und bei der Prüfung des Konzernabschlusses von Mutterunternehmen auch des Konzerns unter Berücksichtigung des Konzernlageberichts einzugehen ist, soweit die geprüften Unterlagen und der Lagebericht oder der Konzernlagebericht eine solche Beurteilung erlauben. ³Außerdem hat der Abschlussprüfer über bei Durchführung der Prüfung festgestellte Unrichtigkeiten oder Verstöße gegen gesetzliche Vorschriften sowie Tatsachen zu berichten, die den Bestand des geprüften Unternehmens oder des Konzerns gefährden oder seine Entwicklung wesentlich beeinträchtigen können oder die schwerwiegende Verstöße der gesetzlichen Vertreter oder von Arbeitnehmern gegen Gesetz, Gesellschaftsvertrag oder die Satzung erkennen lassen.

(2) ¹Im Hauptteil des Prüfungsberichts ist festzustellen, ob die Buchführung und die weiteren geprüften Unterlagen, der Jahresabschluss, der Lagebericht, der Konzernabschluss und der Konzernlagebericht den gesetzlichen

§ 321 1 III. Buch. Handelsbücher

Vorschriften und den ergänzenden Bestimmungen des Gesellschaftsvertrags oder der Satzung entsprechen. ²In diesem Rahmen ist auch über Beanstandungen zu berichten, die nicht zur Einschränkung oder Versagung des Bestätigungsvermerks geführt haben, soweit dies für die Überwachung der Geschäftsführung und des geprüften Unternehmens von Bedeutung ist. ³Es ist auch darauf einzugehen, ob der Abschluss insgesamt unter Beachtung der Grundsätze ordnungsmäßiger Buchführung oder sonstiger maßgeblicher Rechnungslegungsgrundsätze ein den tatsächlichen Verhältnissen entsprechendes Bild der Vermögens-, Finanz- und Ertragslage der Kapitalgesellschaft oder des Konzerns vermittelt. ⁴Dazu ist auch auf wesentliche Bewertungsgrundlagen sowie darauf einzugehen, welchen Einfluss Änderungen in den Bewertungsgrundlagen einschließlich der Ausübung von Bilanzierungs- und Bewertungswahlrechten und der Ausnutzung von Ermessensspielräumen sowie sachverhaltsgestaltende Maßnahmen insgesamt auf die Darstellung der Vermögens-, Finanz- und Ertragslage haben. ⁵Hierzu sind die Posten des Jahres- und des Konzernabschlusses aufzugliedern und ausreichend zu erläutern, soweit diese Angaben nicht im Anhang enthalten sind. ⁶Es ist darzustellen, ob die gesetzlichen Vertreter die verlangten Aufklärungen und Nachweise erbracht haben.

(3) ¹In einem besonderen Abschnitt des Prüfungsberichts sind Gegenstand, Art und Umfang der Prüfung zu erläutern. ²Dabei ist auch auf die angewandten Rechnungslegungs- und Prüfungsgrundsätze einzugehen.

(4) ¹Ist im Rahmen der Prüfung eine Beurteilung nach § 317 Abs. 4 abgegeben worden, so ist deren Ergebnis in einem besonderen Teil des Prüfungsberichts darzustellen. ²Es ist darauf einzugehen, ob Maßnahmen erforderlich sind, um das interne Überwachungssystem zu verbessern.

(4a) Der Abschlussprüfer hat im Prüfungsbericht seine Unabhängigkeit zu bestätigen.

(5) ¹Der Abschlußprüfer hat den Bericht zu unterzeichnen und den gesetzlichen Vertretern vorzulegen. ²Hat der Aufsichtsrat den Auftrag erteilt, so ist der Bericht ihm vorzulegen; dem Vorstand ist vor Zuleitung Gelegenheit zur Stellungnahme zu geben.

Übersicht

1) Berichtspflicht (I 1, 2) 1
2) Rede- und Warnpflicht (I 3) 2–7
    A. Rede- und Warnpflicht 2
    B. Unrichtigkeiten oder Verstöße gegen gesetzliche Vorschriften 3
    C. Tatsachen 4
    D. Bei Durchführung der Prüfung 6
    E. Einzelheiten der Rede- und Warnpflicht 7
3) Hauptteil des Prüfungsberichts (II) 8
4) Eigener Berichtsabschnitt über Gegenstand, Art und Umfang der Prüfung (III) 9
5) Eigener Berichtsteil über Prüfung des Überwachungssystems bei der börsennotierten Aktiengesellschaft (IV) 10
6) Bestätigung der Unabhängigkeit (IVa) 11
7) Unterzeichnung und Vorlage (V) 12

1) Berichtspflicht (I 1, 2)

1 § 321 völlig nF KonTraG 1998 (nF/aF bezieht sich darauf, außer wenn neueres Gesetz weitere nF gebracht hat, zB zu II, s Rn 8), IVa neu BilMoG. § 321 wendet sich gegen eine verbreitete Praxis von zu wenig besagenden, bloß erläuternden und nur für Sachkundige verständlichen Prüfungsberichten und zählt damit zum

2. Abschnitt. Vorschriften für Kapitalgesellschaften 2 § 321

großen Kreis der vielfältigen gesetzgeberischen Bemühungen um eine Verbesserung der Unternehmensführung und -kontrolle. **I 1** (bei vorheriger Kündigung § 318 VI 4) verlangt schriftlichen Bericht über Art und Umfang und über das Ergebnis der bisherigen Prüfung. Das **Klarheitsgebot** ist in der nF besonders angesprochen, gemeint ist damit Verständlichkeit auch für (trotz §§ 171, 116 AktG?) nicht sachverständige Aufsichtsratsmitglieder (RegE), dies, obwohl § 321 auch für GmbH ohne Aufsichtsrat gilt. Es gelten die Grundsätze der Wahrheit, Vollständigkeit, Klarheit (§ 323 Rn 1), IDW PS 450 Tz 8 ff WPg **06,** 113. Verständlichkeit des Prüfungsberichts aus sich heraus ohne weitere Dokumente und für den jeweiligen Adressaten des Prüfungsberichts, aber Grundverständnis ist vorauszusetzen. Verbleibende Fragen sind in der Bilanzsitzung zu klären (vgl § 171 I 2 AktG, § 42a III GmbHG). Der Prüfungsbericht muss vorweg (**Vorweg-Berichterstattung,** Eingangsteil des Berichts) zur Beurteilung der Lage des Unternehmens oder Konzerns durch die gesetzlichen Vertreter Stellung nehmen; dabei ist besonders auf die Beurteilung des Fortbestandes und der künftigen Entwicklung des Unternehmens einzugehen, soweit das die geprüften Unterlagen und der (Konzern)Lagebericht erlauben (**I 2**). Welche Unterlagen zu prüfen sind und dann geprüft werden, ergibt sich aus § 317 (dort Rn 2 ff); die Unterlagen der Unternehmensplanung gehören dazu, GK/Marsch-Barner 8. Der Prüfer kann und soll also nur die eigene Beurteilung des Vorstands (§ 289 I Halbs 2) überprüfen, bewerten und uU in Frage stellen, nicht stattdessen eine eigene Prognose abgeben (§ 317 Rn 4, 7), Düss WM **06,** 2138. Einzelheiten in Grundsätze ordnungsmäßiger Berichterstattung bei Abschlussprüfungen IDW PS 450 WPg **06,** 113, PS 470 WPg **03,** 608 (mündliche Berichterstattung an den Aufsichtsrat), PS 900 WPg **01,** 1078 m Änd (Grundsätze der prüferischen Abschlussdurchsicht), PS 520, 521 WPg **01,** 982, 989 (Finanzdienstleister, **(14)** WpHG § 36), PS 522 WPg **02,** 1254 (Adressenausfallrisiken und Kreditgeschäft von Kreditinstituten). Der Prüfungsbericht ist für die Ges (s Rn 11), nicht für die Öffentlichkeit bestimmt (anders Bestätigungsvermerk § 325, s § 322 Rn 1–4). Zusätzliche Berichtspflichten s ua § 29 KWG, § 57 VAG, auch für Wirtschaftsbetriebe der öffentlichen Hand (§ 53 HGrG, § 316 Rn 1), s WP-Hdb **06** I J-L. **Management Letter** des Abschlussprüfers nach Abschluss der Prüfung an die Unternehmensleitung ist üblich und zulässig (kein Teil des Prüfungsberichts), befreit aber nicht von Berichts- und ggf Warnpflicht (s Rn 7), IDW PS 450 Tz 17 WPg **06,** 113, Hommelhoff BB **98,** 2630, MüKo/Ebke 23. Lit: Erle 1990; Hommelhoff BB **98,** 2570, Ludewig WPg **98,** 595, Pfitzer in Dörner/Menold/Pfitzer, Reform des Aktienrechts 1999, 649, Mattheus ZGR **99,** 682, Lange DStR **01,** 227, Lück BB **01,** 404, Pfitzer ua DB **02,** 164, Gross/Möller WPg **04,** 317.

2) Rede- und Warnpflicht (I 3)

A. **Rede- und Warnpflicht:** I 3 idF TransPuG 2002 (**Übergangsrecht** in 2 **(1)** EGHGB Art. 54) beinhaltet eine besondere, über den eigentlichen Prüfungsauftrag hinausgehende **Rede- und Warnpflicht** des Abschlussprüfers. Nach I 3 hat der Prüfer über bei Durchführung der Prüfung (s Rn 5) festgestellte Unrichtigkeiten oder Verstöße gegen gesetzliche Vorschriften (s Rn 3) sowie Tatsachen zu berichten, die für das geprüfte Unternehmen oder den Konzern bestandsgefährdend sein oder seine Entwicklung wesentlich beeinträchtigen können (s Rn 4) oder die schwerwiegende Verstöße gegen Gesetz, GesVertrag oder Satzung erkennen lassen (s Rn 5). Nach I 3 nF muss der Prüfer positiv über entsprechende Feststellungen berichten, nicht ob er festgestellt hat (Negativerklärung nach aF), eine Einschränkung des Prüfungsinhalts ist damit aber nicht verbunden, RegE. Berichtspflicht nicht erst über Tatsachen, die solche Verstöße „darstellen", sondern bereits Tatsachen, die solche Verstöße „erkennen lassen". Wenn keine solche Tatsachen festgestellt worden sind, ist Negativerklärung in den Prüfungsbericht aufzunehmen. Rede- und warnpflichtig ist der Prüfer nicht

§ 321 3–6

auf Grund einer Organstellung (aA BGH **16,** 25, s § 318 Rn 2), sondern als außenstehende Kontrollinstanz mit Schutzzielen über die KapitalGes hinaus (Einl 14–17 vor § 283). I 3 ist Teil eines gesetzlichen Frühwarnsystems, str. Lit: WPHdb **06** I P Rn 82; Lück BB **01,** 404, Hellwig in Lutter, Wirtschaftsprüfer als Element der Corporate Governance, 2001, S 67, Rabenhorst DStR **03,** 436.

3   B. **Unrichtigkeiten oder Verstöße gegen gesetzliche Vorschriften** iSv I 3 Halbs 1 sind Widersprüche zu den Rechnungslegungsgrundsätzen iSv § 317 I 2, zu Begriff und Behandlung von Unregelmäßigkeiten IDW PS 210 Tz 7 WPg **06,** 1422, IDW PS 450 Tz 42 ff WPg **06,** 113, Bantleon/Bühner DStR **07,** 1978. Dazu gehören auch die GoB. Schwerwiegende Verstöße iSv I 3 Halbs 2 s Rn 5.

4   C. **Tatsachen** iSv I 3 Halbs 2 sind:

a) solche, die den Bestand des geprüften (nicht auch eines verbundenen außer bei entspr Rückwirkung) **Unternehmens** oder des Konzerns **gefährden,** zB drohende Insolvenzreife, **oder seine Entwicklung wesentlich beeinträchtigen können;** also nicht erst bei eingetretener Beeinträchtigung oder konkreter Gefährdung, sondern bereits wenn diese ernsthaft die Folge sein können, IDW PS 450 Tz 35 ff WPg **06,** 113: Bspe: erhebliche Verluste (nicht erst solche nach § 92 I AktG), Verlust von Großkunden, Abzug von Bankkrediten (soweit symptomatisch, nicht schon von jedem Großkredit, enger GK/Marsch-Barner 11; wenn keine Aussicht auf neue Kredite besteht). Drohen einschneidender Prozesse, Gefährdung wichtiger Schutzrechte und Lizenzen, drohender Verlust von Märkten, Unterlassung notwendiger Investitionen, Forschung und Entwicklung; auch drohende Abhängigkeit von einem anderen Unternehmen, aA üL: die Mitteilungspflicht nach § 20 AktG reiche aus, aber diese greift erst ab 25%, Mitteilungspflicht nach **(16)** WpHG § 21 bezieht sich nur auf börsennotierte Ges; wegen der Vertrauensschäden uU auch verbotene Insidergeschäfte (s **(16)** WpHG §§ 12 ff) und andere schwerwiegende Verstöße anderer Unternehmensangehöriger und Gfter als nach b). Zur Beurteilung der Fortführung der Unternehmenstätigkeit IDW PS 270 WPg **03,** 775. Lit: Gross/Amen WPg **02,** 225, 433, **03,** 67 (Fortbestehensprognose), Drukarczyk/Schüler WPg **03,** 56;

5   **b)** solche, die **schwerwiegende Verstöße der gesetzlichen Vertreter oder von Arbeitnehmern gegen Gesetz, Gesellschaftsvertrag oder Satzung** darstellen. Schwerwiegende Verstöße gegen Gesetz iSv I 3 Halbs 2 sind nicht Verstöße gegen Buchführungs- und Bilanzierungsvorschriften (bereits I 3 Halbs 1), sondern solche gegen andere Rechtsvorschriften, zB Hdl-, Ges-, Arbeits-, Steuer-Sozialversicherungsrecht; Bspe: Verstoß gegen §§ 92, 93 I 2, III AktG, §§ 30, 33, 43 a, 49 III GmbHG, ungenehmigte verdeckte Gewinnausschüttung, Insidergeschäfte für eigene Rechnung und für die Ges, unerlaubte Eigengeschäfte, Schmiergeldannahme, Unterschlagung, Düss ZIP **97,** 787, sonstige Verstöße außerhalb des Prüfungsumfangs (§ 317), zB gegen Steuerrecht, UWG, GWB, Verstöße gegen Aufstellungs- und Publizitätspflichten im Zusammenhang mit Konzern- bzw. Vorjahresabschlüssen, IDW PS 450 Tz 50 WPg **06,** 113. Verstöße gegen GesVertrag oder Satzung sind vor allem etwa Nichtbeachtung von Zustimmungsvorbehalten, auch solchen, die nur in der Geschäftsordnung enthalten sind, GK/Marsch-Barner 10; str. Nicht notwendig ist, dass der Verstoß bedeutende Nachteile für die Ges hat, zB schwerwiegende Steuerhinterziehung. Keine eigenständige Ermittlungspflicht, doch darf sich der Prüfer solchen Erkenntnissen auch nicht verschließen, Düss ZIP **97,** 787.

6   D. **Bei Durchführung der Prüfung:** I 3 spricht von Feststellung „bei Durchführung der Prüfung"; damit ist nur gemeint, dass die Prüfung problemorientiert anzulegen ist (vgl § 317), aber nicht gezielt auf diese Tatsachen durchgeführt werden muss (anders bei hinreichendem Verdacht). Die Prüfung ist keine allgemeine betriebliche Unterschlagungsprüfung (s Rn 2). Verwertet werden

2. Abschnitt. Vorschriften für Kapitalgesellschaften   7, 8 **§ 321**

sollen nur solche Erkenntnisse, die sich bei der gesetzlich vorgeschriebenen Prüfung ergeben (RegE KonTraG S 28). Diese Einschränkung ist missverständlich. Richtig ist nur, dass der Prüfer sich im Rahmen seiner Prüfungsaufgabe halten muss, also nicht zB auf eigene Faust eine Sonderprüfung veranstalten darf, insoweit also nur Recht und uU Pflicht, eine solche bei Vorstand und Aufsichtsrat anzuregen. Nach Sinn und Zweck der Prüfung als Hilfestellung für den Aufsichtsrat (§ 317 Rn 1) fallen aber auch solche Erkenntnisse, die der Prüfer außerhalb der Wahrnehmung seiner Aufgaben als Prüfer, also bei beruflicher Tätigkeit für Dritte oder privat, festgestellt hat, unter die Rede- und Warnpflicht, ADS 70, außer für rein private Kenntnisse, aA allgemeiner für Kenntnisse aus Berufstätigkeit für Dritte, WP-Hdb **06** I Q Rn 136, str; diese zurückzuhalten ist pflichtwidrig. Selbstverständlich darf der Prüfer dabei, die gesetzliche Verschwiegenheitspflicht gegenüber Dritten nicht verletzen, eine allgemein gehaltene Warnung wird dies aber idR nicht tun. Auch Tatsachen nach dem Bilanzstichtag fallen unter Rede- und Warnpflicht, ADS 71.

E. **Einzelheiten der Rede- und Warnpflicht:** Der Abschlussprüfer muss 7 (gerade) auch dann nach I 3 reden bzw darstellen, wenn die Unrichtigkeiten oder Verstöße sowie Tatsachen den GesOrganen **bekannt** sind, hL. Die Warnung nach I 3 muss als solche (also nicht nach I 4) gekennzeichnet sein, str. Sie muss **klar** und deutlich sein, falsche Schonung ist mit I 3 nicht vereinbar, BGH **16,** 26. In Einzelfällen kann besonderer Bericht **(Teilbericht)** vorweg, ggf unmittelbar an Aufsichtsratsvorsitzenden oder GmbHGfter, nötig sein, dessen Ergebnis dann in den Prüfungsbericht aufzunehmen ist (Grundsatz der Berichtseinheit), IDW PS 450 Tz 41, 17 WPg **06,** 113, ADS 88, Hommelhoff BB **98,** 2629. In den Fällen von I 3 hat der Abschlussprüfer von Wertsunternehmen die Aufsichtsbehörde (BaFin) unverzüglich zu unterrichten (§ 341 k III). Vorschläge, den Bericht gesondert vom Prüfungsbericht zu erstatten und nur dem Aufsichtsrat, nicht auch sonstigen Adressaten wie Finanzamt, BaFin (soweit nicht besonders vorgeschrieben) oder Banken zugänglich zu machen, hat das TransPuG zu Recht nicht aufgenommen, RegE. Warnung nach I 3 nur innerhalb der Gesellschaft, außerhalb s § 323 Rn 2–4.

3) Hauptteil des Prüfungsberichts (II)

II idF TransPuG 2002 (**Übergangsrecht** in (**1**) EGHGB Art. 54), II 3 idF 8 BilReG 2004. Im **Hauptteil** des Prüfungsberichts ist festzustellen (nicht: darzustellen, Unwesentliches ist damit verzichtbar, RegE), ob die Prüfungsgegenstände den gesetzlichen Vorschriften und den ergänzenden Bestimmungen des GesVertrags bzw der Satzung entsprechen (§ 317 I 2) (**II 1**). Als Prüfungsgegenstände werden genannt: die Buchführung und die weiteren geprüften Unterlagen, Jahresabschluss, Lagebericht, Konzernabschluss und Konzernlagebericht. Im Rahmen von II 1 ist auch über Beanstandungen zu berichten, die nicht zur Einschränkung oder Versagung des Bestätigungsvermerks geführt haben, soweit dies für die Überwachung der Geschäftsführung und des geprüften Unternehmens von Bedeutung ist (**II 2** nF). Der Bericht soll so problemorientierter (vgl § 322 II 1) werden. Der Bericht muss auch darauf eingehen, ob der Abschluss insgesamt unter Beachtung der GoB oder sonstiger maßgeblicher Rechnungslegungsgrundsätze (s §§ 315 a, 325 IIa) das nach § 264 II 1 geforderte Bild (**Einblicksgebot, true and fair view,** § 317 I 3, dort Rn 1) der KapitalGes oder des Konzerns vermittelt (**II 3** wie II 2 aF). Dazu ist auch auf wesentliche Bewertungsgrundlagen, zum Begriff Rabenhorst DStR **03,** 438, sowie darauf einzugehen, welchen Einfluss Änderungen in den Bewertungsgrundlagen einschließlich der Ausübung von Bilanzierungs- und Bewertungswahlrechten und der Ausnutzung von Ermessensspielräumen sowie sachverhaltsgestaltenden Maßnahmen insgesamt auf die Darstellung der Vermögens-, Finanz- und Ertragslage haben (**II 4** nF). Schon bisher (II 3 aF,

§ 321 9, 10 III. Buch. Handelsbücher

insoweit zT in II 4 nF enthalten) durften nachteilige Veränderungen der Vermögens-, Finanz- und Ertragslage (§ 264 II 1), insbesondere wesentliche Verluste (in aF vor KonTraG 1998 besonders erwähnt) nicht in der Fülle des Berichts untergehen, sie sind auf jeden Fall, in aller Regel in einem gesonderten Abschnitt, aufzuführen und zu erläutern; die nachteiligen Veränderungen brauchen sich nicht in der Bilanz niederzuschlagen, zB auch bei stillen Reserven. Einzelheiten IDW PS 450 Tz 72 ff WPg **06,** 113. II 4 nF geht wesentlich weiter. Der Abschlussprüfer muss wesentliche, vor allem bei schlechter wirtschaftlicher Entwicklung vorgenommene Abschreibungen oder auch deren Unterlassen erläutern, wobei auch die Angemessenheit der vom Vorstand zugrunde gelegten Ertragsaussichten zu berücksichtigen sind, RegE. Er muss darstellen, wenn Rückstellungen in größerem Umfang aufgelöst worden sind und dies auf einer geänderten Beurteilung der Wahrscheinlichkeit der Inanspruchnahme beruht, RegE. Darzustellende sachverhaltsgestaltende Maßnahmen können zB sale-and-lease-back-Geschäfte (s **(7)** Bankgeschäfte Rn P/1) sein (RegE), Einsatz von special purpose entities, Tauschumsätze (Barter-Geschäfte), konzerninterne Transaktionen und solche mit nahe stehenden Personen, Rabenhorst DStR **03,** 439 mit weiteren Bsp. Die Posten des Jahres(Konzern)abschlusses sind aufzugliedern und ausreichend zu erläutern, soweit diese Angaben nicht im Anhang enthalten sind (**II 5 nF** ohne die Einschränkung in II 3 aF, insoweit jetzt II 4). Darzustellen ist auch, ob die gesetzlichen Vertreter die verlangten Aufklärungen und Nachweise (vgl § 320 II; auch Vollständigkeitserklärung, wohl auch GK/Marsch-Barner 14, obwohl kein Anspruch darauf besteht, § 320 Rn 2) erbracht haben (**II 6 nF**, früher II 1 letzter Halbs). Für die **Konzernabschlussprüfung** gelten die allgemeinen Grundsätze, Besonderheiten s IDW PS 450 Tz 125 ff WPg **06,** 113. Lit: Schindler/Rabenhorst BB **98,** 1939, Lück BB **01,** 404, Rabenhorst DStR **03,** 436, Hoffmann/Lüdenbach DB **03,** 781 (critical accounting policies).

4) Eigener Berichtsabschnitt über Gegenstand, Art und Umfang der Prüfung (III)

9   Gegenstand, Art und Umfang der Prüfung müssen in einem besonderen Abschnitt des Prüfungsberichts erläutert werden (**III 1 nF**), bloßer Überblick genügt nicht. Einzugehen ist auch auf die angewandten Rechnungslegungs- und Prüfungsgrundsätze (**III 2** idF BilReG 2004 entspr § 322 I 2 idF BilReG). Dies soll die Beurteilung der vom Prüfer geleisteten Arbeit erleichtern. Näher IDW PS 450 Tz 51 ff WPg **06,** 113. Ob der Prüfer über die Einholung einer Vollständigkeitserklärung (§ 317 Rn 4) berichtet, steht in seinem Ermessen. Lit: Ludewig WPg **98,** 595.

5) Eigener Berichtsteil über Prüfung des Überwachungssystems bei der börsennotierten Aktiengesellschaft (IV)

10 Bei börsennotierten AG (Begriff s § 317 Rn 9) muss der Prüfungsbericht einen besonderen Berichtsteil über das Ergebnis der **Prüfung des Überwachungssystems** in der Ges (§ 91 II AktG) enthalten (**IV 1** nF im Anschluss an § 317 IV, näher dort Rn 9). Der Prüfungsbericht muss dazu Stellung nehmen, ob das interne Überwachungssystem seine Aufgabe erfüllt oder verbessert werden muss und welche Maßnahmen dazu notwendig sind (**IV 2 nF**). Das ist als zentral wichtige Hilfe für den Aufsichtsrat bei der Erkennung möglicher Fehlerquellen und Schwachstellen gedacht (§ 317 Rn 1). Sind Verbesserungen notwendig, müssen die Schwachstellen beschrieben werden, eigene konkrete Verbesserungsvorschläge sind aber nicht Sache des Abschlussprüfers, IDW PS 450 Tz 106 WPg **06,** 113. Fehlt ein Überwachungssystem völlig, ist dies als wesentlicher Verstoß gegen § 91 II AktG in den Bericht aufzunehmen, strenger Hommelhoff BB **98,** 2625 (Sofort- sowie Nachbericht). Bei nicht börsennotierten AG gilt IV nicht, aber entspr Berichtspflicht über Verstöße gegen § 91 II AktG nach I 3, ggf auch

2. Abschnitt. Vorschriften für Kapitalgesellschaften **§ 321a**

bei GmbH (Ausstrahlungswirkung), IDW PS 450 Tz 107 WPg **06,** 113. Lit: IDW PS 340 WPg **99,** 658, IDW PS 450 WPg **06,** 113, Hommelhoff BB **98,** 2625, Ernst WPg **98,** 1025, Huth BB **07,** 2167.

6) Bestätigung der Unabhängigkeit (IVa)

IVa neu BilMoG. Der Abschlussprüfer (jeder, nicht nur bei Unternehmen von **11** öffentlichem Interesse, wie von der AbschlussprüferRi gefordert) hat im Prüfungsbericht seine Unabhängigkeit zu bestätigen. IVa bezweckt, dass der Abschlussprüfer während der gesamten Dauer der Abschlussprüfung seine Unabhängigkeit sicherstellt und dies auch überwacht. IVa lässt offen, wie und an welcher Stelle des Prüfungsberichts die Bestätigung erfolgen soll. Die Erklärung kann, aber braucht nicht in einem besonderen Abschnitt des Prüfungsberichts zu stehen (anders noch RegE). IVa wird durch (**2 c**) WPO § 51 b IV 2 (neu BilMoG) mit Dokumentationspflichten der Wirtschaftsprüfer zu ihrer Unabhängigkeit ergänzt Zur Einholung einer Unabhängigkeitserklärung des vorgesehenen Prüfers durch den Aufsichtsrat bzw. den Prüfungsausschuss nach dem Deutschen Corporate Governance Kodex Ziffer 7.2.1 s § 319 Rn 12. **Übergangsrecht: (1)** EGHGB Art 66 II. Lit: Petersen/Zwirner WPg **08,** 972, Erchinger/Melcher DB Beil 5/ **09,** 94.

7) Unterzeichnung und Vorlage (V)

Vorlage des unterzeichneten Berichts an die gesetzlichen Vertreter (**V 1** wie III **12** aF), an alle, auf Verlangen an jeden einzelnen gesetzlichen Vertreter, str. Mit dieser Vorlage ist die Prüfung abgeschlossen; das ist der entscheidende Zeitpunkt für Änderungen (§ 316 Rn 3, § 322 Rn 6–9). Die gesetzlichen Vertreter haben den Bericht weiter vorzulegen an Aufsichtsrat (s (**2 a**) AktG § 170 I) und Gfter (s (**2 b**) GmbHG § 42 a I 2). Bei Auftragserteilung durch den Aufsichtsrat Vorlage an ihn, Vorstand muss aber Gelegenheit zur Stellungnahme zum endgültigen Bericht (nicht: zu einer Entwurfsfassung, str, aA ADS 156) vor Zuleitung erhalten (**V 2** nF). Vorlage an den Aufsichtsratsvorsitzenden, der den Bericht an die Aufsichtsratsmitglieder weiterreicht (s (**2 a**) AktG § 170 III 1, 2), genügt idR, anders wenn dies nicht gewährleistet ist. Der Aufsichtsrat kann aber beschließen, dass Aushändigung nur an die Mitglieder eines Ausschusses zu erfolgen hat (s (**2 a**) AktG § 170 III 2 Halbs 2). Zu (**2 a**) AktG § 170 III 2 Bormann/Gucht BB **03,** 1887.

Offenlegung des Prüfungsberichts in besonderen Fällen

321a (1) ¹Wird über das Vermögen der Gesellschaft ein Insolvenzverfahren eröffnet oder wird der Antrag auf Eröffnung des Insolvenzverfahrens mangels Masse abgewiesen, so hat ein Gläubiger oder Gesellschafter die Wahl, selbst oder durch einen von ihm zu bestimmenden Wirtschaftsprüfer oder im Falle des § 319 Abs. 1 Satz 2 durch einen vereidigten Buchprüfer Einsicht in die Prüfungsberichte des Abschlussprüfers über die aufgrund gesetzlicher Vorschriften durchzuführende Prüfung des Jahresabschlusses der letzten drei Geschäftsjahre zu nehmen, soweit sich diese auf die nach § 321 geforderte Berichterstattung beziehen. ²Der Anspruch richtet sich gegen denjenigen, der die Prüfungsberichte in seinem Besitz hat.

(2) ¹Bei einer Aktiengesellschaft oder einer Kommanditgesellschaft auf Aktien stehen den Gesellschaftern die Rechte nach Absatz 1 Satz 1 nur zu, wenn ihre Anteile bei Geltendmachung des Anspruchs zusammen den einhundertsten Teil des Grundkapitals oder einen Börsenwert von 100 000 Euro erreichen. ²Dem Abschlussprüfer ist die Erläuterung des Prüfungsberichts gegenüber den in Absatz 1 Satz 1 aufgeführten Personen gestattet.

§ 321a 1, 2

(3) ¹ Der Insolvenzverwalter oder ein gesetzlicher Vertreter des Schuldners kann einer Offenlegung von Geheimnissen, namentlich Betriebs- oder Geschäftsgeheimnissen, widersprechen, wenn die Offenlegung geeignet ist, der Gesellschaft einen erheblichen Nachteil zuzufügen. ² § 323 Abs. 1 und 3 bleibt im Übrigen unberührt. ³ Unbeschadet des Satzes 1 sind die Berechtigten nach Absatz 1 Satz 1 zur Verschwiegenheit über den Inhalt der von ihnen eingesehenen Unterlagen nach Absatz 1 Satz 1 verpflichtet.

(4) Die Absätze 1 bis 3 gelten entsprechend, wenn der Schuldner zur Aufstellung eines Konzernabschlusses und Konzernlageberichts verpflichtet ist.

Übersicht

1) Einsichtnahme bei Insolvenz (I) 1
2) Schwelle bei Aktionären, Erläuterungsrecht (II) 2
3) Widerspruch gegen Offenlegung (III) 3
4) Konzernabschluss und Konzernlagebericht (IV) 4

1) Einsichtnahme bei Insolvenz (I)

1 § 321a nF BilReG 2004 erlaubt die Offenlegung des Prüfungsberichts in besonderen Fällen ungeachtet der gesetzlichen Verschwiegenheitspflicht des Abschlussprüfers (§ 323 I 1). Bei Unternehmensschieflagen ua kommt es im Nachhinein leicht zu sonst kaum zu entkräftigenden Vermutungen oder Vorwürfen wegen mangelhafter Prüfung oder Berichterstattung, etwa wie der Abschlussprüfer zum Lagebericht der gesetzlichen Vertreter der Ges (insbesondere Fortbestand und künftige Entwicklung des Unternehmens, § 321 I 2) Stellung genommen hat oder ob er seiner Rede- und Warnpflicht (§ 321 I 3) nachgekommen ist. § 321a schützt somit das Vertrauen in die Abschlussprüfung durch zusätzliche Publizität gerade in kritischen Fällen und stärkt insbesondere §§ 321 I 2, 3. Der einzelne Abschlussprüfer ist mitgeschützt (arg e II 2). Offenlegung nach **I 1** kommt nur für Ges, die der Pflichtprüfung unterliegen (§ 316 Rn 1), in Betracht und setzt Eröffnung des Insolvenzverfahrens (§§ 27, 30 InsO) oder Abweisung der Verfahrenseröffnung mangels Masse (§ 26 InsO, auch § 207 InsO) voraus. Einsichtsberechtigt sind sowohl Gläubiger als auch Gfter, die typischerweise ein Interesse an den Ursachen der Insolvenz haben, das jedoch nicht besonders nachgewiesen werden muss. Diese Personen (nicht sonstige, die Prüfungsberichte in Händen halten, zB Bank, Finanzamt, ehemalige Organmitglieder, str) können selbst oder durch einen Wirtschaftsprüfer oder eine WirtschaftsprüfungsGes (nach § 319 I 2 auch vereidigte Buchprüfer bzw BuchprüfungsGes) ihrer Wahl Einsicht in die Prüfungsberichte (nebst Anlagen) des Abschlussprüfers der Letzten drei Jahre nehmen, nicht Hand- und Belegexemplare des Prüfers, Arbeitspapiere, Managementletter. Das gilt aber nur bei gesetzlicher Prüfung des Jahresabschlusses (nicht nur freiwilliger, § 316 Rn 4) und nur für die nach § 321 geforderten Berichtsteile (also nicht branchen- und rechtsformspezifische Berichtsteile wie zB nach § 29 IV KWG iVm PrüfungsberichtsVO). Einsichtnahme am Sitz der Ges und auf Kosten des Anspruchsstellers. Anspruchsgegner ist, wer die Prüfungsberichte in seinem Besitz hat (**I 2**), bei Insolvenz idR der Insolvenzverwalter (Geschäftsbücher des Schuldners, § 36 II Nr 1 InsO), später andere Personen. Lit: Forster/Gelhausen/Möller WPg **07**, 191.

2) Schwelle bei Aktionären, Erläuterungsrecht (II)

2 Um den Aufwand für die Ges in Grenzen zu halten, ist für die Gfter nach I 1 ein Schwellenwert von 1% des Grundkapitals oder Börsenwert von 100 000 Euro festgesetzt (**II 1**, vgl §§ 142 II, 148 AktG idF UMAG 2005). Mehrere Gfter können sich zusammenschließen, um die Schwelle zu erreichen (RegE), die Schwelle kann auch erst während des Insolvenzverfahrens und auch gezielt

2. Abschnitt. Vorschriften für Kapitalgesellschaften **§ 322**

erreicht werden (e contrario § 142 II 2 AktG für die Sonderprüfung). Aber auch wenn dieser Schwellenwert nicht erreicht wird, ist der Abschlussprüfer, ohne dass § 323 I 1 entgegensteht, gegenüber allen Anspruchsberechtigten nach I 1 zur Erläuterung des Prüfungsberichts berechtigt **(II 2)**. Das Erläuterungsrecht besteht auch insoweit, als Berichtsteile betroffen sind, in die nach I 1 keine Einsicht gewährt wird (RegE, aus der Stellung von I 2 hinter I 1 nicht ersichtlich). Es besteht aber nur gegenüber den Anspruchsberechtigten nach I 1, aber auch ohne dass diese das Einsichtsrecht konkret geltend gemacht haben, str. Das Erläuterungsrecht besteht zwar im Interesse des Abschlussprüfers, das stellt ihn aber bei Fehlinformation nicht von Haftung nach anderen Vorschriften frei, aA Forster/ Gelhausen/Möller WPg **07**, 199.

3) Widerspruch gegen Offenlegung (III)

III enthält eine Schutzklausel zur Wahrung von Betriebs- oder Geschäfts- 3 geheimnissen. Der Insolvenzverwalter oder ein gesetzlicher Vertreter des Schuldners kann der Offenlegung nach I widersprechen, wenn die Offenlegung geeignet ist, der Ges einen erheblichen Nachteil zuzufügen **(III 1,** vgl § 131 III 1 Nr 1 AktG, der weitergehend auch verbundene Unternehmen schützt). Die Verschwiegenheitspflicht des Abschlussprüfers nach § 323 I, III bleibt im Übrigen unberührt **(III 2)**. Die Einsichtsberechtigten nach I 1 trifft eine Verschwiegenheitspflicht **(III 3)**.

4) Konzernabschluss und Konzernlagebericht (IV)

I–III gelten entspr für Konzernabschluss und Konzernlagebericht (§ 316 II). 4

Bestätigungsvermerk

322 (1) ¹Der Abschlussprüfer hat das Ergebnis der Prüfung in einem Bestätigungsvermerk zum Jahresabschluss oder zum Konzernabschluss zusammenzufassen. ²Der Bestätigungsvermerk hat Gegenstand, Art und Umfang der Prüfung zu beschreiben und dabei die angewandten Rechnungslegungs- und Prüfungsgrundsätze anzugeben; er hat ferner eine Beurteilung des Prüfungsergebnisses zu enthalten.

(2) ¹Die Beurteilung des Prüfungsergebnisses muss zweifelsfrei ergeben, ob
1. ein uneingeschränkter Bestätigungsvermerk erteilt,
2. ein eingeschränkter Bestätigungsvermerk erteilt,
3. der Bestätigungsvermerk aufgrund von Einwendungen versagt oder
4. der Bestätigungsvermerk deshalb versagt wird, weil der Abschlussprüfer nicht in der Lage ist, ein Prüfungsurteil abzugeben.

²Die Beurteilung des Prüfungsergebnisses soll allgemein verständlich und problemorientiert unter Berücksichtigung des Umstandes erfolgen, dass die gesetzlichen Vertreter den Abschluss zu verantworten haben. ³Auf Risiken, die den Fortbestand des Unternehmens oder eines Konzernunternehmens gefährden, ist gesondert einzugehen. ⁴Auf Risiken, die den Fortbestand eines Tochterunternehmens gefährden, braucht im Bestätigungsvermerk zum Konzernabschluss des Mutterunternehmens nicht eingegangen zu werden, wenn das Tochterunternehmen für die Vermittlung eines den tatsächlichen Verhältnissen entsprechenden Bildes der Vermögens-, Finanz- und Ertragslage des Konzerns nur von untergeordneter Bedeutung ist.

(3) ¹In einem uneingeschränkten Bestätigungsvermerk (Absatz 2 Satz 1 Nr. 1) hat der Abschlussprüfer zu erklären, dass die von ihm nach § 317 durchgeführte Prüfung zu keinen Einwendungen geführt hat und dass der von den gesetzlichen Vertretern der Gesellschaft aufgestellte Jahres- oder Konzernabschluss aufgrund der bei der Prüfung gewonnenen Erkenntnisse

§ 322

des Abschlussprüfers nach seiner Beurteilung den gesetzlichen Vorschriften entspricht und unter Beachtung der Grundsätze ordnungsmäßiger Buchführung oder sonstiger maßgeblicher Rechnungslegungsgrundsätze ein den tatsächlichen Verhältnissen entsprechendes Bild der Vermögens-, Finanz- und Ertragslage des Unternehmens oder des Konzerns vermittelt. ²Der Abschlussprüfer kann zusätzlich einen Hinweis auf Umstände aufnehmen, auf die er in besonderer Weise aufmerksam macht, ohne den Bestätigungsvermerk einzuschränken.

(4) ¹Sind Einwendungen zu erheben, so hat der Abschlussprüfer seine Erklärung nach Absatz 3 Satz 1 einzuschränken (Absatz 2 Satz 1 Nr. 2) oder zu versagen (Absatz 2 Satz 1 Nr. 3). ²Die Versagung ist in den Vermerk, der nicht mehr als Bestätigungsvermerk zu bezeichnen ist, aufzunehmen. ³Die Einschränkung oder Versagung ist zu begründen. ⁴Ein eingeschränkter Bestätigungsvermerk darf nur erteilt werden, wenn der geprüfte Abschluss unter Beachtung der vom Abschlussprüfer vorgenommenen, in ihrer Tragweite erkennbaren Einschränkung ein den tatsächlichen Verhältnissen im Wesentlichen entsprechendes Bild der Vermögens-, Finanz- und Ertragslage vermittelt.

(5) ¹Der Bestätigungsvermerk ist auch dann zu versagen, wenn der Abschlussprüfer nach Ausschöpfung aller angemessenen Möglichkeiten zur Klärung des Sachverhalts nicht in der Lage ist, ein Prüfungsurteil abzugeben (Absatz 2 Satz 1 Nr. 4). ²Absatz 4 Satz 2 und 3 gilt entsprechend.

(6) ¹Die Beurteilung des Prüfungsergebnisses hat sich auch darauf zu erstrecken, ob der Lagebericht oder der Konzernlagebericht nach dem Urteil des Abschlussprüfers mit dem Jahresabschluss und gegebenenfalls mit dem Einzelabschluss nach § 325 Abs. 2a oder mit dem Konzernabschluss in Einklang steht und insgesamt ein zutreffendes Bild von der Lage des Unternehmens oder des Konzerns vermittelt. ²Dabei ist auch darauf einzugehen, ob die Chancen und Risiken der zukünftigen Entwicklung zutreffend dargestellt sind.

(7) ¹Der Abschlussprüfer hat den Bestätigungsvermerk oder den Vermerk über seine Versagung unter Angabe von Ort und Tag zu unterzeichnen. ²Der Bestätigungsvermerk oder der Vermerk über seine Versagung ist auch in den Prüfungsbericht aufzunehmen.

Übersicht

1) Bestätigungsvermerk zum Jahres- bzw Konzernabschluss (I) 1–2
   A. Bestätigungsvermerk (I 1) 1
   B. Reichweite des Bestätigungsvermerks (I 2) 2

2) Fassung und Aussage sowie Darstellung der Beurteilung des Prüfungsergebnisses; bestandsgefährdende Risiken (II) 3–5
   A. Vier Arten der Beurteilung des Prüfungsergebnisses (II 1) 3
   B. Allgemeinverständlichkeit und Problemorientiertheit (II 2)g 4
   C. Bestandsgefährdende Risiken (II 3, 4) 5

3) Uneingeschränkter Bestätigungsvermerk (III) 6–7
   A. Uneingeschränkter Bestätigungsvermerk (III 1) 6
   B. Ergänzungen (III 2) 7

4) Einschränkung und Versagung (IV), Widerruf 8–12
   A. Negatives Prüfungsergebnis, Versagung (IV) 8
   B. Bezeichnung, Begründung (IV 2, 3) 9
   C. Eingeschränkter Bestätigungsvermerk (IV 4) 10
   D. Widerruf 12

5) Versagung bei Unmöglichkeit der Abgabe eines Prüfungsurteils (V) 13

2. Abschnitt. Vorschriften für Kapitalgesellschaften 1–3 § 322

6) Beurteilung des Lageberichts, Risiken der künftigen Entwicklung
(VI) 14–15
  A. Beurteilung des Lageberichts (VI 1) 14
  B. Risiken der künftigen Entwicklung (VI 2) 15
7) Unterzeichnung, Aufnahme in den Prüfungsbericht (VII) 16

1) Bestätigungsvermerk zum Jahres- bzw Konzernabschluss (I)

A. **Bestätigungsvermerk (I 1):** § 322 idF KonTraG 1998 und BilReG 1 2004. Der Bestätigungsvermerk ist Gesamturteil auf Grund der Prüfung, das gegenüber Ges, Gftern sowie mit Wirkung nach außen abgegeben wird. Er ist kein unmittelbares Urteil über die wirtschaftliche Lage und die Geschäftsführung der Ges, IDW PS 400 Tz 8 WPg **05,** 1382. Rein rechtlich ist seine Bedeutung begrenzt (§ 316 I 2 fordert nur Prüfung, nicht Erteilung des uneingeschränkten Bestätigungsvermerks), tatsächlich ist sie groß. I setzt an die Stelle des früher vorgeschriebenen sog Formeltestats (Abweichungen von der einheitlichen Kernfassung nur als Ergänzungen oder Einschränkungen) eine Testatform (s Rn 3), die durch Gesetz und GoB eingegrenzten Aussagekraft des Bestätigungsvermerks Rechnung trägt und das **Ergebnis der Prüfung** des Jahresabschlusses oder Konzernabschlusses (§ 242 III) **zusammenfasst (I 1).** Der Sache nach ist das ein wesentlich auch an IAS/IFRS orientierter **Bestätigungsbericht** mit einem **Gesamturteil.** Der uneingeschränkte Bestätigungsvermerk ist zu erteilen (Rechtsanspruch s Rn 6), wenn nach dem abschließenden Ergebnis der Prüfung keine (wesentlichen, s Rn 6) Einwendungen zu erheben sind (II 1 Nr 1, III, s Rn 6), bei Einwendungen kann ein Bestätigungsvermerk als eingeschränkter erteilt oder ganz versagt werden, ebenso, wenn der Abschlussprüfer nicht in der Lage ist, ein Prüfungsurteil abzugeben (II 1 Nr 2–4, s Rn 8, 13). Einzelheiten in Grundsätze für die ordnungsmäßige Erteilung von Bestätigungsvermerken bei Abschlussprüfungen IDW PS 400 WPg **05,** 1382. Der Bestätigungsvermerk ist anders als der Prüfungsbericht (§ 321) auch für die Öffentlichkeit bestimmt, BayObLG WM **87,** 1363; s § 325, Einl 14 vor § 238, Straftatbestand § 332. Für Prüfung mit einem abweichenden Prüfungsgegenstand oder einem geringeren Umfang darf kein Bestätigungsvermerk, sondern nur **Bescheinigung** erteilt werden, IDW PS 400 Tz 5 WPg **05,** 1382; freiwillige Prüfungen s § 316 Rn 4. **Muster:** IDW PS 400 WPg **05,** 1382 Anhang (14 Muster); Hopt/Kraft 3. Aufl 2007 Form III. E.1–4 (Bestätigungsvermerk bei Pflichtprüfung einer KapitalGes, eingeschränkter Bestätigungsvermerk, Versagung des Bestätigungsvermerks, Bestätigungsvermerk bei nicht prüfungspflichtigen Unternehmen), Form III. E.5 (bei § 9 PublG). Lit: Jacob WPg **98,** 1043, Schindler/Rabenhorst BB **98,** 1939, Jansen/Pfitzer in Dörner/Menold/Pfitzer, Reform des Aktienrechts 1999, 679, Lehwald DStR **00,** 259.

B. **Reichweite des Bestätigungsvermerks (I 2):** Der Bestätigungsvermerk 2 muss **Gegenstand, Art und Umfang der Prüfung** beschreiben, das sind die **Kernelemente** des Bestätigungsvermerks. Er muss dabei auch die angewandten Rechnungslegungs- und Prüfungsgrundsätze angeben (I 2 Halbs 1 idF BilReG). Er muss außerdem eine **Beurteilung des Prüfungsergebnisses** enthalten (I 2 Halbs 2). Textvorschlag: IDW PS 400 Tz 27 WPg **05,** 1382.

2) Fassung und Aussage sowie Darstellung der Beurteilung des Prüfungsergebnisses; bestandsgefährdende Risiken (II)

A. **Vier Arten der Beurteilung des Prüfungsergebnisses (III 1):** III 1 nF 3 BilReG stellt klar und erfordert, dass die Beurteilung des Prüfungsergebnisses nur in einer von vier Arten tenoriert werden kann (Schlussvermerk) und die jeweilige Art zweifelsfrei erkennen lassen muss, nämlich ob
1. ein uneingeschränkter Bestätigungsvermerk erteilt wird,
2. ein eingeschränkter Bestätigungsvermerk erteilt wird,

§ 322 4–6

III. Buch. Handelsbücher

3. der Bestätigungsvermerk auf Grund von Einwendungen versagt wird oder
4. der Bestätigungsvermerk deshalb versagt wird, weil der Abschlussprüfer nicht in der Lage ist, ein Prüfungsurteil abzugeben.

III 1 sagt selbst nichts darüber aus, wann welche der vier Arten der Beurteilung des Prüfungsergebnisses die richtige ist. Das ergibt sich für den uneingeschränkten Bestätigungsvermerk aus III, für den eingeschränkten aus IV 1, 3, für die Versagung auf Grund von Einwendungen aus IV 1 und für die Versagung wegen Unmöglichkeit der Abgabe eines Prüfungsurteils (disclaimer) aus V.

4   B. **Allgemeinverständlichkeit und Problemorientiertheit (II 2):** Die Beurteilung des Prüfungsergebnisses (I 2 Halbs 2) soll allgemeinverständlich und problemorientiert sein und dem Umstand Rechnung tragen, dass die gesetzlichen Vertreter den Abschluss zu verantworten haben (II 2). Das entspricht den an die Berichtspflicht insgesamt gestellten Anforderungen (§ 321 Rn 1), ist aber nur als Sollvorschrift formuliert. Ergänzungen (III 2) s Rn 7.

5   C. **Bestandsgefährdende Risiken (II 3, 4):** Der Bestätigungsvermerk muss auf bestandsgefährdende Risiken des Unternehmens oder Konzernunternehmens (§ 321 I 3 1. Alt) **gesondert** eingehen **(II 3)**. II 3 ist im Gegensatz zu II 2 eine Mußvorschrift. Hat die Ges zulässigerweise keinen Lagebericht aufgestellt, soll nicht auf bestehende Risiken hingewiesen werden müssen, IDW PS 400 Tz 79 WPg **05**, 1382, aber Auswirkungen auf den Bericht IDW PS 450 Tz 34 WPg **06**, 113. II 4 (entspr 296 II) stellt für Risiken, die den Fortbestand eines Tochterunternehmens gefährden, darauf ab, welche Bedeutung das Tochterunternehmen für den Konzernabschluss des Mutterunternehmens hat, je nachdem ist ein gesonderter Hinweis im Konzernabschluss der MutterGes notwendig oder (bei nur untergeordneter Bedeutung) verzichtbar. Entscheidend ist auf jeden Fall, dass der Konzernabschluss ein den tatsächlichen Verhältnissen entsprechendes Bild der Vermögens-, Finanz- und Ertragslage (§ 264 II 1) vermittelt.

3) Uneingeschränkter Bestätigungsvermerk (III)

6   A. **Uneingeschränkter Bestätigungsvermerk (III 1): a) Grundsatz:** III 1 nF BilReG (entspr I 3 aF) regelt Inhalt und Formulierung des uneingeschränkten Bestätigungsvermerks nach **II 1 Nr 1** des näheren. Sind vom Abschlussprüfer keine Einwendungen zu erheben (sonst IV, s Rn 9), ist der Bestätigungsvermerk (uneingeschränkter Bestätigungsvermerk) in der gesetzlich umschriebenen Kernfassung zu erteilen. Unter diesen Voraussetzungen hat die KapitalGes einen Anspruch auf Erteilung aus dem Prüfungsvertrag (§ 318 Rn 3), KG WPg **01**, 618.

b) Kernfassung: Die Erklärung muss zwei Aussagen enthalten: 1) dass der von ihm nach § 317 durchgeführten Prüfung **keine Einwendungen** zu erheben waren und 2) dass der Abschluss auf Grund der bei der Prüfung gewonnenen Erkenntnisse des Abschlussprüfers nach seiner Beurteilung **den gesetzlichen Vorschriften entspricht und** unter Beachtung der GoB oder sonstiger maßgeblicher Rechnungslegungsgrundsätze (§§ 315 a, 325 II a) **ein den tatsächlichen Verhältnissen entsprechendes Bild der Vermögens-, Finanz- und Ertragslage** des Unternehmens bzw Konzerns vermittelt. Beide Teile der zweiten Aussage sind unverzichtbar. Die Aussage, dass die gesetzlichen Anforderungen erfüllt sind, beinhaltet zB bei einem IAS-Abschluss, dass die in EURecht übernommenen IFRS vollständig angewendet und die ggf ergänzend anwendbaren Vorschriften nach HGB berücksichtigt worden sind (RegE). Unverzichtbar ist also die Aussage, ob der Jahresabschluss ein den tatsächlichen Verhältnissen entsprechendes Bild vermittelt (Einblicksgebot, true and fair view, § 317 I 3, § 321 II 3, § 264 II 1); ist das nicht der Fall und fehlen auch die Angaben nach § 264 II 2, ist grundsätzlich nach IV zu verfahren, also einzuschränken oder zu versagen (anders bei freiwilligen Prüfungen bei NichtkapitalGes, da dann § 264 II nicht gilt, s § 243 Rn 2, 5; dann nur abgeänderter Vermerk nach I 2).

c) Grundbestandteile im Einzelnen: Die Grundbestandteile des Bestätigungsvermerks im Einzelnen sind: Überschrift, einleitender Abschnitt, beschreibender Abschnitt (I 2 Halbs 1), Beurteilung des Prüfungsergebnisses durch den Abschlussprüfer (I 2 Halbs 2), ggf Hinweis zur Beurteilung des Prüfungsergebnisses, ggf Hinweis auf Bestandsgefährdungen (II 3), näher IDW PS 400 Tz 17 ff WPg **05,** 1382. Über Prüfung des Überwachungssystems nach § 91 II AktG ist nicht im Bestätigungsvermerk, sondern in einem besonderen Berichtsteil (§ 321 IV) zu berichten. **Muster:** Hopt/Kraft 3. Aufl 2007 Form III. E.1–5; IDW PS 400 Tz 46 und Anhänge 1 ff (uneingeschränkter Vermerk), Tz 60–64 (eingeschränkter Vermerk) und Anhänge 8 ff, Tz 68 ff und Anhänge 13, 14 (Versagungsvermerk); WPg **05,** 1382.

B. **Ergänzungen (III 2):** Der Abschlussprüfer kann zusätzlich zu dem uneingeschränkten Bestätigungsvermerk Hinweise auf Umstände aufnehmen, auf die er in besonderer Weise aufmerksam macht, ohne den Bestätigungsvermerk einzuschränken (III 2 nF BilReG). Solche Ergänzungen können ausnahmsweise sinnvoll oder sogar notwendig sein, IDW PS 400 Tz 33, 70 ff WPg **05,** 1382, BeckBilKomm/Förschle/Küster 25, 36, zB Beachtung von Bestimmungen in GesVertrag oder Satzung, bei Ausstehen von HVBeschluss bzw Eintragung in das HdlReg (Sanierung) oder fehlender Prüfung oder Feststellung eines Vorjahresbeschlusses, Ergänzung bei Nachtragsprüfung s § 316 III 2. 7

4) Einschränkung und Versagung (IV), Widerruf

A. **Negatives Prüfungsergebnis, Versagung (IV):** IV regelt den Fall, dass 8 der Abschlussprüfer zu einem **negativem Prüfungsergebnis** kommt. Sind (nicht nur geringfügige, unwesentliche) Einwendungen zu erheben, was sich nach Umfang und Gegenstand der Pflichtprüfung (§ 317) beurteilt, ist nach **IV 1** die Erklärung nach III 1 je nach Art und Schwere der Einwendungen entweder einzuschränken (eingeschränkter Bestätigungsvermerk, II 1 Nr 2) oder ganz zu versagen (Versagungsvermerk, II 1 Nr 3). Nur diese beiden Möglichkeiten gibt es bei einem negativen Prüfungsergebnis. Ein bloßer Nichterteilungsvermerk, wie international verbreitet, ist unzulässig, GK/Marsch-Barner 12. Ein aufschiebend bedingter Bestätigungsvermerk ist zulässig, aber noch nicht erteilt (der entsprechende Jahresabschluss ist also noch nicht geprüft) oder als eingeschränkter Bestätigungsvermerk zu erteilen, IDW PS 400 Tz 98 ff WPg **05,** 1382; denkbar ist auch bloße Ankündigung des Bestätigungsvermerks, Tz 104, 14. Maßgebender Zeitpunkt ist Beendigung der Prüfung (vgl § 321 Rn 12). Bspe für (un)wesentliche Einwendungen s ADS 220. Ihr Vorliegen ist Rechtsfrage, str, aA pflichtgemäßes Ermessen WP-Hdb **06** I Q Rn 532, differenzierend ADS 224 f, die Entscheidung zwischen bloßer Einschränkung und Versagung dagegen Frage des pflichtgemäßen Ermessens, Baumb/Hueck/Schulze-Osterloh 153 f, 163; in diesem Umfang hat die Ges einen (vor dem Prozessgericht) einklagbaren Anspruch auf Erteilung des Bestätigungsvermerks. Bloß **einzuschränken** ist bei einem negativen Prüfungsergebnis nur unter besonderen, in IV 4 (s Rn 10) näher präzisierten Voraussetzungen möglich, sonst ist zu versagen. Zu **versagen** ist insbesondere, wenn Positivbefund zu wesentlichen Teilen der Rechnungslegung nicht mehr möglich ist, so bei Fehlen des Anhangs (Nichtigkeitsgrund), aber idR auch bei Fehlen des Lageberichts, Baumb/Hueck/Schulze-Osterloh 155, str, und bei nicht behebbaren Mängeln in der Nachprüfbarkeit des Jahresabschlusses (mangelhafte Buchführung) oder bei Verletzung wesentlicher Vorlage- und Auskunftspflichten; IDW PS 400 Tz 65 WPg **05,** 382. Zur Formulierungen für Einschränkung (dieses Wort ist unverzichtbar) und Versagung s Rn 6.

B. **Bezeichnung, Begründung (IV 2, 3):** IV 2, 3 sorgen dafür, dass die 9 Dinge deutlich beim Namen genannt werden. Der Versagungsvermerk ist als solcher (also nicht mehr als Bestätigungsvermerk) zu bezeichnen, der einge-

§ 322 10–13 III. Buch. Handelsbücher

schränkte Bestätigungsvermerk muss das Wort „Einschränkung" enthalten, IDW PS 400 Tz 19, 59 WPg **05,** 1382. Beides, Einschränkung oder Versagung, ist zu begründen. **Muster:** Hopt/Kraft 3. Aufl 2007 Form III. E.2 (Eingeschränkter Bestätigungsvermerk) und Rn 3.

10 C. **Eingeschränkter Bestätigungsvermerk (IV 4):** Ein eingeschränkter Bestätigungsvermerk darf nur unter besonderen Voraussetzungen erteilt werden (**IV 4** nF BilReG). Unverzichtbar ist nämlich, dass der geprüfte Abschluss unter Beachtung der vom Abschlussprüfer vorgenommenen Einschränkung ein den tatsächlichen Verhältnissen im Wesentlichen entsprechendes Bild der Vermögens-, Finanz- und Ertragslage (§ 264 II 1) vermittelt; dabei muss die Einschränkung in ihrer Tragweite erkennbar sein. Vermittelt der Abschluss dieses Bild nicht oder kann die Einschränkung in ihrer Tragweite nicht erkennbar gemacht werden, so ist der Bestätigungsvermerk ganz zu versagen (je nachdem II 1 Nr 3 oder Nr 4).

11 Einzuschränken ist zB bei wesentlichen Beanstandungen gegen abgrenzbare Teile der Rechnungslegung, bei Prüfungshemmnissen bezüglich wesentlicher abgrenzbarer Teile, bei Nichtvermittlung (oder Nichtbeurteilbarkeit) des Einblicks nach § 264 II 1, IDW PS 400 Tz 50 ff WPg **05,** 1382. Vorjahresmängel führen im Folgejahr nur dann zu Einschränkung, wenn die Mängel fortbestehen oder die Durchführung der Korrektur zu beanstanden ist oder der Abschlussprüfer dies nicht beurteilen kann, IDW PS 400 Tz 52 WPg **05,** 1382. Unter den Voraussetzungen von VI 4 kommt eine bloße Einschränkung auch in Frage, wenn der Abschlussprüfer einzelne abgrenzbare Teile der Rechnungslegung nach Ausschöpfung aller angemessenen Möglichkeiten zur Klärung des Sachverhalts nicht mit hinreichender Sicherheit beurteilen kann (andernfalls Versagung nach V).

12 D. **Widerruf:** Der Widerruf des Bestätigungsvermerks gegenüber dem Auftraggeber ist möglich, wenn der Abschlussprüfer Fehlen der Voraussetzungen für die Erteilung erkennt und die Ges den Abschluss nicht ändern und entsprechend informieren will, IDW PS 400 Tz 111 ff WPg **05,** 1382, zB bei unrichtiger Vollständigkeitserklärung (§ 317 Rn 4), auch bei eigenem Fehler des Abschlussprüfers, KG WPg **01,** 619; nicht schon bei bloßen Zweifeln an der Richtigkeit des Testats, Baumb/Hueck/Schulze-Osterloh 164, str. Nicht nur Recht, sondern grundsätzlich Pflicht zum Widerruf, str, KG WPg **01,** 617, IDW PS 400 Tz 111 WPg **05,** 1382, Grund: Gewährleistungsfunktion, aA Ermessen; denkbare Ausnahmen, str, ADS Rn 366 f. Bereitschaft der Ges, den Abschluss zu ändern und diejenigen, die von dem Abschluss Kenntnis erlangt haben, zu informieren, genügt nicht, Baumb/Hueck/Schulze-Osterloh 164, aA IDW PS 400 Tz 111, 112 WPg **05,** 1382. Bei Fehlerfeststellung durch die DPR bzw die BaFin je nachdem Widerruf oder bloße Fehlerkorrektur, IDW PH 9400.11 WPg **06,** 1314. Widerruf schriftlich und mit Begründung (IV 3; § 321 V entspr), KG WPg **01,** 617. Adressat ist der Aufsichtsrat (s § 111 II 3 AktG). Ggf ist dann eingeschränkter Bestätigungsvermerk nach II 1 Nr 2, IV 4 zu erteilen; vgl IDW PS 400 Tz 113 WPg **05,** 1382. Lit: Hirsch WPg **01,** 606.

5) Versagung bei Unmöglichkeit der Abgabe eines Prüfungsurteils (V)

13 Der Bestätigungsvermerk ist nicht nur bei einem negativen Prüfungsurteil (IV) zu versagen, sondern nach **V 1** nF BilReG auch dann, wenn der Abschlussprüfer nicht in der Lage ist, ein Prüfungsurteil abzugeben (**disclaimer** nach II 1 Nr 4). Das setzt allerdings voraus, dass er vorher alle angemessenen Möglichkeiten zur Klärung des Sachverhalts ausgeschöpft hat. Alle angemessenen Möglichkeiten heißt alle rechtlich zulässigen und wirtschaftlich vertretbaren Möglichkeiten (RegE). Eine Versagung nach V kommt nur in Frage, wenn eine Einschränkung des Prüfungsurteils, also ein eingeschränkter Bestätigungsvermerk (II 1 Nr 2) nicht ausreicht; ob das der Fall ist, ist nach IV 4 zu beurteilen. **V 2** nF BilReG stellt klar, dass auch diese Versagung in den Schlussvermerk aufzunehmen (IV 2) und zu begründen ist (IV 3).

6) Beurteilung des Lageberichts, Risiken der künftigen Entwicklung (VI)

A. **Beurteilung des Lageberichts (VI 1):** VI idF BilReG (wie III aF) stellt 14 Anforderungen an die Beurteilung des (Konzern-)Lageberichts (§ 317 II). Die Beurteilung des Prüfungsergebnisses hat sich auch darauf zu erstrecken, ob der (Konzern-)Lagebericht nach der Beurteilung des Abschlussprüfers mit dem Jahresabschluss und ggf mit dem Einzelabschluss nach § 325 IIa oder mit dem Konzernabschluss in Einklang steht und insgesamt ein zutreffendes Bild von der Lage vermittelt (VI 1). Erweckt der Lagebericht oder Konzernlagebericht keine zutreffende Vorstellung, ist nach IV zu verfahren, denn dann sind Einwendungen zu erheben. Eine Aussage nach VI unterbleibt, wenn ein Lage- bzw Konzernlagebericht zulässigerweise nicht erstellt wurde, IDW PS 400 Tz 43 WPg **05,** 1382.

B. **Risiken der künftigen Entwicklung (VI 2):** Der Bestätigungsvermerk 15 muss auch darauf eingehen, ob die Chancen und Risiken der künftigen Entwicklung (§ 321 I 3 2. Alt) zutreffend dargestellt sind (VI 2). Ein gesondertes Eingehen wie auf bestandsgefährdende Risiken ist aber nicht notwendig.

7) Unterzeichnung, Aufnahme in den Prüfungsbericht (VII)

VII idF BilReG entspr V aF. Der Bestätigungsvermerk, der unabhängig vom 16 Prüfungsbericht und zeitgleich mit diesem zu erteilen ist, ist auf dem Jahresabschluss anzubringen oder mit ihm und ggf dem Lagebericht fest zu verbinden. Aufnahme in den Prüfungsbericht (§ 321) und Unterzeichnung (§ 126 BGB, Berufssiegel, **(2 c)** WPO § 48); s sodann § 321 V. Datierung auf den Tag, an die Prüfung materiell abgeschlossen ist und eine zeitnahe Vollständigkeitserklärung vorliegt (s Rn 11), IDW PS 400 Tz 81 WPg **05,** 1382; bei späterer Auslieferung muss der Abschlussprüfer klären, ob Aussage so stehen bleiben kann, danach nicht mehr, Tz 82, 104. Werden dem Abschlussprüfer **nach Auslieferung Tatsachen bekannt,** die schon damals bestanden und zu Einschränkung oder Versagung geführt hätten, muss er die Ges veranlassen, den Abschluss zu ändern, Tz 104, dann Nachtragsprüfung (§ 316 III).

Verantwortlichkeit des Abschlußprüfers

323 (1) ¹Der Abschlußprüfer, seine Gehilfen und die bei der Prüfung mitwirkenden gesetzlichen Vertreter einer Prüfungsgesellschaft sind **zur gewissenhaften und unparteiischen Prüfung und zur Verschwiegenheit verpflichtet;** § 57 b der Wirtschaftsprüferordnung bleibt unberührt. ² Sie dürfen **nicht unbefugt Geschäfts- und Betriebsgeheimnisse verwerten,** die sie bei ihrer Tätigkeit erfahren haben. ³ Wer vorsätzlich oder fahrlässig seine Pflichten verletzt, ist der Kapitalgesellschaft und, wenn ein verbundenes Unternehmen geschädigt worden ist, auch diesem zum Ersatz des daraus entstehenden Schadens verpflichtet. ⁴ Mehrere Personen haften als Gesamtschuldner.

(2) ¹ Die Ersatzpflicht von Personen, die fahrlässig gehandelt haben, beschränkt sich auf eine Million Euro für eine Prüfung. ² Bei Prüfung einer Aktiengesellschaft, deren Aktien zum Handel im regulierten Markt zugelassen sind, beschränkt sich die Ersatzpflicht von Personen, die fahrlässig gehandelt haben, abweichend von Satz 1 auf vier Millionen Euro für eine Prüfung. ³ Dies gilt auch, wenn an der Prüfung mehrere Personen beteiligt gewesen oder mehrere zum Ersatz verpflichtende Handlungen begangen worden sind, und ohne Rücksicht darauf, ob andere Beteiligte vorsätzlich gehandelt haben.

§ 323 1, 2

(3) Die Verpflichtung zur Verschwiegenheit besteht, wenn eine Prüfungsgesellschaft Abschlußprüfer ist, auch gegenüber dem Aufsichtsrat und den Mitgliedern des Aufsichtsrats der Prüfungsgesellschaft.

(4) Die Ersatzpflicht nach diesen Vorschriften kann durch Vertrag weder ausgeschlossen noch beschränkt werden.

Übersicht

1) Verhaltenspflichten (I) 1–6
  A. Pflicht zur gewissenhaften und unparteiischen Prüfung (I 1 Fall 1) 1
  B. Verschwiegenheitspflicht (I 1 Fall 2) 2
  C. Verwertungsverbot (I 2) 5
  D. Sonstige Verhaltenspflichten des Wirtschaftsprüfers 6
2) Haftung auf Schadensersatz (I 3, 4) 7–8
  A. Haftung gegenüber der Gesellschaft 7
  B. Dritthaftung 8
3) Gesetzliche Haftungsobergrenze (II) 9
4) Schweigepflicht innerhalb der Prüfungsgesellschaft (III) 10
5) Keine Freizeichnung (IV), Berufshaftpflichtversicherung 11
6) Verjährung 12

1) Verhaltenspflichten (I)

1 A. **Pflicht zur gewissenhaften und unparteiischen Prüfung (I 1 Fall 1):** § 323 nF 2003 (s Rn 12), 2007 (s Rn 9) regelt Pflichten und Haftung des Abschlussprüfers. Der Abschlussprüfer, seine (prüfungsspezifischen, andere wie zB Büroangestellte nicht, str, aber § 278 BGB. s Rn 7) Gehilfen (auch anderer Berufe, Art der Tätigkeit spielt keine Rolle, str) und die bei der Prüfung (auch nur durch Aufsicht oder sonst, weit auszulegen) mitwirkenden gesetzlichen Vertreter einer PrüfungsGes haben auf Grund ihrer Rechtsstellung (s § 318 Rn 1–4) zwingend die Pflicht, gewissenhaft (vgl §§ 317, 320–322) und unparteiisch (über § 319 II hinaus, s § 319 Rn 13–28 und § 318 Rn 6) zu prüfen **(I; (2 c)** WPO § 43 I). Bilanzierung unter Beachtung der höchstrichterlichen Rspr, insbesondere des BFH. Diese Pflicht beschränkt sich nicht auf die Prüfung ieS, sondern umfasst die Berufspflichten des Abschlussprüfers insgesamt (vgl. „seine Pflichten"), ADS 26. Im Einzelnen nicht nur bei der Berichtspflicht (§ 321 Rn 1) Pflichten zur Wahrheit, Vollständigkeit, Klarheit, uU Berichtigung, Hopt WPg **86,** 503 (FS Pleyer **86,** 364), näher § 347 Rn 24–28. Grundsätze ordnungsmäßiger Beurteilung von Prospekten über öffentlich angebotene Kapitalanlagen, IDW S 4 WPg **06,** 919, s § 347 Rn 29. Der Abschlussprüfer muss sich Kenntnisse über die Geschäftstätigkeit sowie das wirtschaftliche und rechtliche Umfeld des zu prüfenden Unternehmens verschaffen, IDW PS 230 WPg **00,** 842 mit Änderungen 2005. Allgemeine Berufspflichten und Eigenverantwortlichkeit s **(4 c)** WPO §§ 43, 44. Die Konkretisierungen der Verhaltenspflichten durch die Standesorganisationen (WPK, IDW ua, MüKo/Ebke 32) sind nicht unmittelbar (haftungs)rechtlich verbindlich, aber wirken praktisch idR (nicht automatisch) als Mindestanforderungen, ADS 21, aA BeckBilKomm/Winkeljohann/Hellwege 16. Haftung I 3, Strafnorm § 332. § 323 gilt auch für die **prüferische Durchsicht** nach **(16)** WpHG §§ 37 ␣ W V 7, 37 × III 3, Lit: Gehringer 2002.

2 B. **Verschwiegenheitspflicht (I 1 Fall 2):** Die genannten Personen unterliegen zeitlich unbegrenzt der beruflichen Verschwiegenheitspflicht, namentlich soweit ihnen Betriebs- oder Geschäftsgeheimnisse bei der Prüfung bekannt geworden sind (**I 1,** dazu Straftatbestand § 333 I, III; **(2 c)** WPO § 57 b ist lex specialis, I 1 Halbs 2 nF 2000). Daneben kann **(16)** WpHG § 14 eingreifen, von Falkenhausen/Widder BB **04,** 165. Die Praxis der Abschlussprüfung bei Unter-

2. Abschnitt. Vorschriften für Kapitalgesellschaften 3–5 **§ 323**

nehmen, die dem US-amerikanischen Kapitalmarktrecht unterliegen, ist durch Maßnahmen des US-Gesetzgebers zur Bewältigung der Bilanzierungskrise nach Enron (Sarbanes-Oxley-Act) vor die schwierige Frage gestellt worden, ob die Verschwiegenheitspflicht gegenüber dem uU sehr weitreichenden Auskunftsverlangen der ausländischen Aufsichtsbehörde geltend gemacht werden kann. Diese Frage ist noch weitgehend ungeklärt, H. Buxbaum IPRax **03,** 78, Schwarz/Holand ZIP **02,** 1661, Kersting ZIP **03,** 233. Geschützt sind Geheimnisse und vertrauliche Angaben, die nach dem Willen der Ges Dritten nicht weitergegeben werden sollen, ADS 31. Auch noch nicht allgemein bekannte Tatsachen können Geheimnis sein, auch nach einer (nicht von der Ges ausgehenden) Presseveröffentlichung. Es entscheiden die gesetzlichen Vertreter. Zeugnisverweigerungsrecht nach § 383 I Nr 6 ZPO (§ 53 I Nr 3 StPO, § 102 I Nr 3 b AO ua), BGH WM **83,** 653. Der Verschwiegenheitspflicht entspricht eine Zeugnisverweigerungspflicht. Die Verschwiegenheitspflicht besteht auch gegenüber einzelnen Aufsichtsratsmitgliedern (vgl e contrario § 318 VII 3, 4; nicht gegenüber den gesetzlichen Vertretern der Ges und dem Aufsichtsrat insgesamt, vgl § 321 V, §§ 170 III 2, 171 I 2 AktG), der Hauptversammlung (aber Auskunftsrecht im Rahmen von § 42 a III GmbHG) und einzelnen Aktionären (vgl § 176 II 2 AktG, auch § 42 a III GmbHG), dem Aufsichtsrat der eigenen PrüfungsGes (III, nicht deren Vorstand), sofern die gesetzlichen Vertreter nicht von der Verschwiegenheitspflicht entbunden haben (nur soweit für die Ges disponibel, Staub/Zimmer 15). In der Insolvenz ist der Insolvenzverwalter für die Entbindung zuständig, Oldbg ZIP **04,** 1968. Stillschweigendes Einverständnis zu peer review, ADS 52. Bei erheblichen eigenen schutzwürdigen Interessen des Abschlussprüfers (Interessenabwägung mit Interessen der Ges) kann Schweigen unzumutbar sein (§§ 34, 193 StGB), ADS 60, KöKo/Claussen/Korth 9, MüKoHGB/Ebke 57, Staub/Zimmer 19, zB Einklagung von Honorarforderungen, Regressprozesse und sonstige Verfahren gegen den Abschlussprüfer, in aller Regel nicht schon bei Pressekampagnen, ADS 36. Offenlegungsansprüche in der Insolvenz s § 321 a. Lit: Mock DB **03,** 1996 (Verschwiegenheitspflicht und Interessenkonflikte), Quick BB **04,** 1490 (auch zu § 333).

In engen Grenzen besteht auch ein **Recht** zum Reden kraft Nothilfe, also 3 über § 321 II (nur intern) und § 322 (auch extern, s § 325) hinaus, zB bei groß angelegten, sonst nicht mehr zu verhindernden Kurs- und anderen Betrügereien.

Wegen der öffentlichen Funktion des Abschlussprüfers (s § 318 Rn 2) kann 4 dieses Recht ausnahmsweise zur **Pflicht** werden. Besondere Rede- und Anzeigepflichten des Prüfers bestehen bei besonderen Gefahren und schwerwiegenden Verstößen (vgl § 321 I 3), zB nach § 29 III KWG (unverzüglich an BAKred und DBBk), § 341 k III (unverzüglich an Aufsichtsbehörde), allgemein nach § 138 StGB.

C. **Verwertungsverbot (I 2):** Nach I 2 dürfen die unter I 1 fallenden Per- 5 sonen Geschäfts- und Betriebsgeheimnisse, die sie bei ihrer Tätigkeit (nicht privat) erfahren haben, nicht unbefugt für sich oder andere verwerten. Eigennütziges Handeln ist nicht erforderlich. Die gesetzlichen Vertreter können den Abschlussprüfer zwar von der Schweigepflicht entbinden (s Rn 2), ihm nicht aber eigennützige Verwertung zB von Insiderinformationen an der Börse gestatten, str. § 323 I 2 ist (unabhängig von **(16)** WpHG § 13 I Nr 3) ein klares gesetzliches **Verbot der Ausnutzung von Insiderinformationen** (§ 347 Rn 31), zust MüKo/Ebke 66, ADS 72, Baumb/Hueck/Schulze-Osterloh 171, GK/Marsch-Barner 3. Geschäfts- und Betriebsgeheimnis ist zwar nicht jedes Geheimnis der KapitalGes (Grund § 333 I), aber doch weit zu verstehen, BeckBilKomm/Winkeljohann/Hellwege 52. I 2 verbietet nicht nur Transaktionen zum eigenen Vorteil, sondern auch solche zum Vorteil Dritter (sog Tippen); auch darin liegt ein Verwerten, wenn die Weitergabe nicht völlig uneigennützig erfolgt (dann aber

§ 323 6–8
III. Buch. Handelsbücher

Verstoß gegen I 1). Rechtsfolgen des Verstoßes sind § 333 I 2 (Straftat, aber nur Antragsdelikt), Haftung auf Schadensersatz nach I 3 und Gewinnabführung nach § 667 (wie für Schmiergelder). Ein Verstoß gegen I 2 (gesetzestechnisch Grundlage für § 333 I 2) ist häufig zugleich ein Geheimnisbruch nach I 1, immer aber auch eine Berufspflichtverletzung gegenüber dem Unternehmen nach I 1 (ebenso wie bei Vorstands- und Aufsichtsratsmitgliedern nach §§ 93 I 1, 116 AktG).

6 **D. Sonstige Verhaltenspflichten des Wirtschaftsprüfers:** § 323 betrifft nur den Pflichtprüfer mit allen (aA: nur den in I genannten) Verhaltenspflichten bei der Pflichtprüfung nach §§ 316 ff. Verhaltenspflichten im Vorfeld der Pflichtprüfung s Rn 8; Verhaltenspflichten der Wirtschaftsprüfer nicht als Pflichtprüfer, sondern bei Prospektprüfung, Beratungstätigkeit und treuhänderischer Vermögensverwaltung s Hopt WPg **86,** 498, sowie § 347 Rn 8–40. Verhaltenspflichtverletzungen außerhalb der Pflichtprüfung unterliegen deshalb den Grenzen des § 323 nicht, Canaris ZHR 163 **(99)** 206 (234), M. Weber NZG **99,** 12, str. Rechte und Pflichten der Wirtschaftsprüfer sind auch in **(4 c)** WpO §§ 43–56 geregelt.

2) Haftung auf Schadensersatz (I 3, 4)

7 A. **Haftung gegenüber der Gesellschaft:** Jeder Verhaltenspflichtverstoß des Abschlussprüfers führt zu Schadensersatzhaftung nach I 3, nicht nur solcher bei der Prüfung ieS, sondern irgendeiner im Zusammenhang mit der Prüfung (s Rn 1–6), auch soweit in I 1, 2 nicht genannt, aA BeckBilKomm/Winkeljohann/Hellwege 101, auch pflichtwidrige Verzögerung oder Verweigerung des Bestätigungsvermerks (§ 322 Rn 3). Außerhalb der Prüfung übernommene, vertragliche Pflicht s Rn 6. Die Haftung nach **I 3** besteht **nur gegenüber** der **Ges** und, wenn ein verbundenes Unternehmen (nach üL § 271 II, richtiger wie in § 319 Rn 17, 26) geschädigt worden ist, auch diesem gegenüber, anderen gegenüber nicht, hL, BeckBilKomm/Winkeljohann/Hellwege 120. Es genügt leichte Fahrlässigkeit. Der Abschlussprüfer haftet gesamtschuldnerisch **(I 4)** für jeden aus der Pflichtverletzung entstehenden Schaden der Ges (§ 347 Rn 35), auch Folgeschäden. Mitverschulden der gesetzlichen Vertreter ist noch strenger als sonst (§ 347 Rn 36) nur in ganz engen Ausnahmefällen anzuerkennen (Grund: nicht nur Eigenverantwortlichkeit der Unternehmensorgane, sondern besondere Kontrollaufgabe des Abschlussprüfers), Hopt WPg **86,** 461, BeckBilKomm/Winkeljohann/Hellwege 121, zB bei vorsätzlicher Irreführung des Prüfers, auch dann entfällt die Ersatzpflicht aber nicht wie sonst ohne weiteres gänzlich. Die Kontrollaufgabe auch zugunsten Dritter spricht dafür, Mitverschuldenseinwand überhaupt auszuschließen, öOGH AG **02,** 573, Bärenz BB **03,** 1784, Koziol/Doralt FS Doralt **04,** 337, auch Schulze-Osterloh FS Canaris 07 II 379: nur bei § 320 II. Haftung der PrüfungsGes für gesetzliche Vertreter und verfassungsmäßig berufene Vertreter nach § 31 BGB, ihr Vorsatz wird der Ges zugerechnet. **Haftung für** (auch nicht prüfungsspezifische, aber vgl Rn 1) **Gehilfen nach § 278 BGB** zusammen mit dem Prüfungsvertrag (§ 318 Rn 1–4), §§ 31, 831 BGB. Vorsätzliches Handeln des Gehilfen wird dem Abschlussprüfer nicht zugerechnet (wichtig für II), aber Haftung für eigenes Auswahl- und Überwachungsverschulden, Staub/Zimmer 41, str. **Beweislast** nach allgemeinen Grundsätzen (§ 280 I 2 BGB, näher § 347 Rn 37), der Prüfer muss bei pflichtwidrigem Handeln beweisen, dass ihn und seine Gehilfen kein Verschulden trifft, Staub/Zimmer 34, auch Anscheinsbeweis, Staub/Zimmer 33, str. Das gilt auch für die Frage, ob der Prüfer vorsätzlich gehandelt hat, Baumb/Hueck/Schulze-Osterloh 173. Der angestellte Prüfungsgehilfe ist vor einer Ausgleichspflicht uU durch arbeitsrechtliche Grundsätze geschützt, BAG NZA **94,** 1082.

8 B. **Dritthaftung:** Im KonTraG bewusst nicht geregelt (Rechtsausschuss gegen BRat). § 323 I ist kein Schutzgesetz iSv § 823 II BGB, Karls WM **85,** 944, LG

2. Abschnitt. Vorschriften für Kapitalgesellschaften 9 § 323

Hamb WM **99,** 143, hL, auch nicht **(2 c)** § 43 I 1 WPO, aber §§ 332, 333 (Vorsatz), BGH BB **61,** 652 (zu § 302 Nr 1 aF AktG). § 403 AktG, § 314 UmwG sind Schutzgesetze zugunsten der Aktionäre und Gläubiger der Ges. I 3 lässt andere Haftungsgrundlagen unberührt, zB Prüfungsvertrag, § 823 II, 826 BGB, dazu Karlsr WM **85,** 940; Bspe für § 826 BGB BeckBilKomm/Winkeljohann/Hellwege 183. Eine Vertrauens- oder Berufshaftung (§ 347 Rn 22) gegenüber irgendwelchen auf das Testat vertrauenden Dritten wird durch § 323 ausgeschlossen, hL, aA Hamm BB **96,** 2297, aber nur innerhalb des Geltungsbereichs von § 323 (s auch Rn 9), Dritthaftung außerhalb der Pflichtprüfung (s oben), aber auch im Vorfeld derselben, zB Ankündigung eines unrichtigen Testats als Entscheidungshilfe für Dritte, oder unter Einbeziehung Dritter in den Schutzbereich des Prüfvertrags über die Pflichtprüfung nach §§ 316 ff durch die Parteien (Vertrag mit Schutzwirkung zugunsten Dritter) bleibt unberührt, BGH **138,** 259, BeckBilKomm/Winkeljohann/Hellwege 194, aber keine Schutzwirkung des Prüfungsvertrags mit Bestätigungsvermerk im Verkaufsprospekt für Börsengang einer AG, Pflichtanwesenheit des Prüfers in diesbezüglicher Aufsichtsratssitzung (§ 171 I 2 AktG) trägt konkludente Erweiterung nicht, BGH **167,** 155 m Anm Lettl NJW **06,** 2817, arg e I 3 und Reformgeschichte; diese strengen Anforderungen gelten dann auch für die Annahme eines Auskunftsvertrags des Abschlussprüfers mit einem Anlagevermittler, BGH NJW **09,** 512. **Zur Dritthaftung des Wirtschaftsprüfers** allgemeiner **näher § 347 Rn 21,** MüKo/Ebke 85 ff.

Lit zur Wirtschaftsprüferhaftung: MüKo/Ebke vor § 323; Ebke 1996; Heukamp 2000; Koziol/W. Doralt 2004; W. Doralt Wien 2005; Hopt WPg **86,** 461, 498, NJW **87,** 1745, Grunewald ZGR **99,** 583, M. Weber NZG **99,** 1, Möllers JZ **01,** 909, Quick BFuP **00,** 525 (rvgl), Hopt in Ballwieser Hdb Rechnungslegung und Prüfung 3. Aufl 2002, 1073, Kalss ÖBA **02,** 187, Bärenz BB **03,** 1781, Heppe WM **03,** 714, 753, Gelter WPg **05,** 486 (ökonomische Analyse), Heukamp ZHR 169 **(05)** 471 (kapitalmarktrechtlich), Barta NZG **06,** 855, W. Doralt SZW **06,** 168 (Haftungsbegrenzung), Ebke FS Westermann **08,** 873 (EU).

3) Gesetzliche Haftungsobergrenze (II)

II 1, 2 idF KonTraG 1998 und EuroBilG 2001, II 2 idF (nur redaktionell) 9
4. FinanzmarktfördG 2002, FinanzmarktRiUmsetzG 2007. Die Ersatzpflicht ist auf einen **Höchstbetrag** von einer Mio Euro (RegE KonTraG vier Mio DM) für eine Pflichtprüfung seitens aller **fahrlässig** handelnden Personen insgesamt beschränkt (II 1). II 2 erhöht diese Haftungsgrenze bei Prüfung einer AG, deren Aktien zum Handel im regulierten Markt zugelassen sind (s **(14)** BörsG §§ 32 ff nF, also weiter als aF (s 32. Aufl). Für vorsätzlich haftende Erfüllungs- bzw Verrichtungsgehilfen haftet der Abschlussprüfer über II hinaus nur bei eigenem, mindestens bedingtem Vorsatz bezüglich der Pflichtverletzung, Staub/Zimmer 46, hL. Dagegen Zurechnung auch von Organvorsatz (§ 31 BGB) an WirtschaftsprüfungsGes. II 2 erhöht die Haftungsobergrenze wegen der besonderen Belange des Kapitalanlegerschutzes (RegE) auf vier Mio Euro. Die Beschränkung nach II 1, 2 gilt ohne Rücksicht darauf, ob mehrere Pflichtverstöße vorliegen oder andere Beteiligte vorsätzlich gehandelt haben (II 3); diese letzteren haften unbeschränkt. Mitverschulden mindert nur den Ersatzanspruch, nicht die Haftungsobergrenze. Auch II nF ist nicht analogiefähig. II erstreckt sich also zwar auf die Vertrags- und eventuelle deliktische Haftung gegenüber dem zu prüfenden Unternehmen; nach BGH **138,** 266 auch auf abgeleitete Drittansprüche, was allerdings für Vertrauens- und Berufshaftung (§ 347 Rn 22) nicht zutrifft, aber, soweit es um Pflichtprüfungen geht, anzuerkennen ist; nicht aber auf Ansprüche aus Vertrag über zusätzliche und andere Leistungen als Pflichtprüfungen sowie Drittansprüche aus §§ 823 II, 826 BGB, zutr Staub/Zimmer 56, und überhaupt nicht auf die Haftung für andere Tätigkeiten als Pflichtprüfung (s Rn 6), str, GK/

§ 324

Marsch-Barner 7. Berufshaftpflichtversicherung über nur den Höchstbetrag nach II ist wegen der Möglichkeit, aus verschiedenen Pflichtprüfungen zu haften, unzureichend. **Übergangsrecht** zu II idF EuroBilG in **(1)** EGHGB Art. 51.

4) Schweigepflicht innerhalb der Prüfungsgesellschaft (III)

10 III stellt zu I 1 (s Rn 2) klar, dass das Berufsgeheimnis auch gegenüber Aufsichtsrat(smitgliedern) der PrüfungsGes selbst gilt.

5) Keine Freizeichnung (IV), Berufshaftpflichtversicherung

11 § 323 ist zwingend. Freizeichnung von § 323 ist wirkungslos. IV gilt aber nur für die Haftung aus § 323, nicht auch aus anderen Tätigkeiten als Pflichtprüfung (s Rn 6), dort aber AGB-Inhaltskontrolle nach **(5)** §§ 305 ff BGB (§ 318 Rn 3). Berufshaftpflichtversicherung ist durch **(2 c)** WPO § 54 vorgeschrieben.

6) Verjährung

12 V aF mit fünfjähriger Sonderverjährung (ab Anspruchsentstehung) ist durch WPRefG v 1. 12. 03 BGBl 2446 aufgehoben, Übergangsvorschrift **(1)** EGHGB Art 55. Gleichzeitig ist die parallele Sonderverjährungsvorschrift des **(2 c)** WPO § 51a aufgehoben worden, Übergangsvorschrift s **(1)** EGHGB Art 55 Rn 1. Es gilt nunmehr die dreijährige Regelverjährung (§ 195 BGB). Verjährungsbeginn § 199 I Nr 1 und 2 BGB (Einl 16 vor § 343). Höchstfrist in Kombination mit 10- und 30-Jahresfrist (Entstehung des Anspruchs bzw schadensstiftende Handlung), maßgeblich ist die früher endende Frist (§ 199 III). Entstehung des Anspruchs iSv § 199 I Nr 1, III 1 Nr 1 BGB idR mit Ablieferung des Prüfungsberichts, bloße Gefahr reicht dafür nicht aus. Haftet der Abschlussprüfer für Ausweis eines nicht bestehenden Gewinns in der Bilanz der AG, ist für die Verjährung nicht schon die Ablieferung des Prüfungsberichts, sondern erst der Gewinnverwendungsbeschluss der Hauptversammlung maßgeblich, BGH **124**, 27.

Prüfungsausschuss

324 (1) ¹Kapitalgesellschaften im Sinn des § 264 d, die keinen Aufsichts- oder Verwaltungsrat haben, der die Voraussetzungen des § 100 Abs. 5 des Aktiengesetzes erfüllen muss, sind verpflichtet, einen Prüfungsausschuss im Sinn des Absatzes 2 einzurichten, der sich insbesondere mit den in § 107 Abs. 3 Satz 2 des Aktiengesetzes beschriebenen Aufgaben befasst. ² Dies gilt nicht für

1. Kapitalgesellschaften im Sinn des Satzes 1, deren ausschließlicher Zweck in der Ausgabe von Wertpapieren im Sinn des § 2 Abs. 1 Satz 1 des Wertpapierhandelsgesetzes besteht, die durch Vermögensgegenstände besichert sind; im Anhang ist darzulegen, weshalb ein Prüfungsausschuss nicht eingerichtet wird;

2. Kreditinstitute im Sinn des § 340 Abs. 1, die einen organisierten Markt im Sinn des § 2 Abs. 5 des Wertpapierhandelsgesetzes nur durch die Ausgabe von Schuldtiteln im Sinn des § 2 Abs. 1 Satz 1 Nr. 3 Buchstabe a des Wertpapierhandelsgesetzes in Anspruch nehmen, soweit deren Nominalwert 100 Millionen Euro nicht übersteigt und keine Verpflichtung zur Veröffentlichung eines Prospekts nach dem Wertpapierprospektgesetz besteht.

(2) ¹Die Mitglieder des Prüfungsausschusses sind von den Gesellschaftern zu wählen. ²Mindestens ein Mitglied muss die Voraussetzungen des § 100 Abs. 5 des Aktiengesetzes erfüllen. ³Der Vorsitzende des Prüfungsausschusses darf nicht mit der Geschäftsführung betraut sein. ⁴§ 124 Abs. 3 Satz 2 und § 171 Abs. 1 Satz 2 und 3 des Aktiengesetzes sind entsprechend anzuwenden.

2. Abschnitt. Vorschriften für Kapitalgesellschaften 1, 2 § 324

Übersicht

1) Aufhebung des alten und Hintergrund des neuen § 324 1
2) Kapitalgesellschaften, die einen Prüfungsausschuss nach II einrichten müssen (I 1) 2–3
3) Ausnahmen von der Pflicht, einen Prüfungsausschuss einzurichten (I 2 Nr 1 und 2) 4
4) Aufgaben des Prüfungsausschusses nach I 1 (I letzter Halbsatz) 5
5) Wahl des Prüfungsausschusses und Anforderungen an diesen (II 1) 6–10

1) Aufhebung des alten und Hintergrund des neuen § 324

§ 324 ganz neu BilMoG. § 324 aF, der eben noch durch das FamFG geändert worden war, hatte ein besonderes gerichtliches Verfahren bei Meinungsverschiedenheiten zwischen KapitalGes und Abschlussprüfer vorgesehen, aber war in den letzten 50 Jahren offenbar nur zweimal praktisch geworden. Meinungsverschiedenheiten werden idR durch berufsständische Gremien gelöst oder können vor die Zivilgerichte gebracht werden. Der neue § 324 regelt stattdessen den **Prüfungsausschuss**, dessen Einrichtung die AbschlussprüferRi (Überbl 4 vor § 316) in Art 41 I 1 für Unternehmen von öffentlichem Interesse (Art 2 Nr 13) vorsieht. Der Sache nach ist § 324 eine gesellschaftsrechtliche Vorschrift, die Ges der verschiedensten Art betrifft und deshalb hier platziert worden ist. Die primäre Umsetzung von Art 2 Nr 13 ist aber in Art 100 V, 107 III 2, IV, 124 III 2, 171 I 2, 3 ua AktG (neu BilMoG) erfolgt. § 324 hat danach nur Auffangfunktion und einen nur beschränkten Anwendungsbereich, Habersack AG **08,** 101, und ist nur zusammen mit diesen Normen verständlich (vgl insoweit die aktienrechtlichen Kommentare). Schon bisher haben alle DAX-Ges einen Prüfungsausschuss, die Gesamtquote zur diesbezüglichen Ziff 5.3.2 des Deutschen Corporate Governance Kodex (Überbl 6 vor § 316) lag 2009 bei 67,5%, von Werder/Talaulicar DB **09,** 693. **Übergangsrecht: (1)** EGHGB Art 66 IV. Lit zum Prüfungsausschuss: AKEIÜ DB **07,** 2129; Hommelhoff/Mattheus BB **07,** 2790, Eibelshäuser/Stein Konzern **08,** 486 (Zusammenarbeit), Erchinger/Melcher DB **08,** 56 (RefE), Habersack AG **08,** 98 (RefE), Erchinger/Melcher DB Beil 5/**09,** 95, Lanfermann/Röhricht BB **09,** 887 (BilMoG), Nonnenmacher/Pohle/v Werder DB **07,** 2410, **09,** 1447. Allgemeiner zum Prüfungsausschuss GroßKoAktG/Hopt/Roth § 107 Rn 309 ff; MüKo/Habersack § 107 Rn 109 f; Scheffler ZGR **03,** 236, Altmeppen ZGR **04,** 390, Schäfer ZGR **04,** 416.

2) Kapitalgesellschaften, die einen Prüfungsausschuss nach II einrichten müssen (I 1)

Mittlere und kleinere Unternehmen können die Prüfungsaufgaben auch durch den Aufsichts- oder Verwaltungsrat selbst ohne eigenen Prüfungsausschuss erfüllen (Mitgliedstaatenwahlrecht nach Art 41 I Unterabsatz 2 der AbschlussprüferRi). § 324 trägt dem Rechnung, indem er nur Kapitalgesellschaften iSv § 264 d erfasst, die keinen Aufsichts- oder Verwaltungsrat haben, der die Voraussetzungen des § 100 V AktG erfüllen muss. Der Prüfungsausschuss nach § 324 wird deshalb auch als **„alleinstehender" Prüfungsausschuss** bezeichnet (RegE). Er ist ein eigenständiges Organ der Ges, Habersack AG **08,** 100. Damit sind drei Voraussetzungen für die Pflicht, einen Prüfungsausschuss nach II einzurichten, gegeben. Zunächst muss es sich um **kapitalmarktorientierte Kapitalgesellschaften nach § 264 d** (neu BilMoG, dort Legaldefinition) handeln. Das setzt voraus, dass die KapitalGes einen organisierten Markt iS v **(16)** § 2 V WpHG durch von ihr ausgegebenen Wertpapiere iSv **(16)** WpHG § 2 I 1 in Anspruch nimmt bzw die Zulassung beantragt hat. Mit der Beschränkung auf kapitalmarktorientierte KapitalGes erfasst I 1 die „Unternehmen von öffentli-

§ 324 3–6

chem Interesse" iSd der AbschlussprüferRi (s Rn 1; vgl Verweisung dort auf die FinanzmarktRi, Einl 4 vor (16), die in (16) § 2 V WpHG umgesetzt ist). Nicht kapitalmarktorientierte Kreditinstitute und Versicherungsunternehmen fallen nicht unter § 324 (Mitgliedstaatenwahlrecht nach Art 39 der AbschlussprüferRi).

3   Nur solche KapitalGes sind erfasst, die **keinen Aufsichts- oder Verwaltungsrat haben, der die Voraussetzungen des § 100 V AktG erfüllen muss.** Einen solchen Aufsichts- oder Verwaltungsrat müssen die AG, die KGaA, die dualistisch verfasste SE, die mitbestimmte GmbH und die als GmbH verfasste KAG haben. Entsprechendes gilt für die Genossenschaft, die Europäische Genossenschaft und die monistisch verfasste SE. All diese Ges fallen nicht unter § 324 mit der Folge, dass sie einen alleinstehenden Prüfungsausschuss nach § 324 weder einrichten müssen noch einrichten können (Grund ua mitbestimmter Aufsichtsrat), sondern nach §§ 100 V, 107 III, IV AktG bzw Parallelvorschriften (zB § 36 IV, 38 Ia GenG, aber auch § 53 III GenG, alle neu BilMoG) zu beurteilen sind, also kein Wahlrecht der Ges, Habersack AG **08,** 102. Für die Auffangvorschrift des § 324 bleiben damit vor allem die mitbestimmungsfreie kapitalmarktorientierte GmbH (näher § 52 I 1 GmbHG, neu BilMoG), also sofern die Satzung von § 100 V AktG und § 107 IV AktG abweichende vertragliche Vereinbarungen vorsieht oder es völlig an einem Aufsichtsorgan wie Beirat oder einem ähnlichen Organ, das die Aufgaben eines Prüfungsausschusses wahrnehmen kann, mangelt (RegE). Erfasst werden auch OHG und KG iSv § 264 a (GmbH & Co ua) sowie kapitalmarktorientierte Kreditinstitute in der Rechtsform einer PersonenHdlGes und Versicherungsunternehmen in der Rechtsform des VVaG (§§ 340 k V, 341 k IV, neu BilMoG), RegE, ferner bestimmte Gen (§ 53 III GenG, neu BilMoG).

3) Ausnahmen von der Pflicht, einen Prüfungsausschuss einzurichten (I 2 Nr 1 und 2)

4   Die in I 2 Nr 1 und 2 aufgeführten KapitalGes und Kreditinstitute iS v § 340 I sind von der Pflicht, einen Prüfungsausschuss nach I, II einzurichten ausgenommen (Mitgliedstaatenwahlrecht nach Art 41 VI lit c und d der AbschlussprüferRi; zu Art 41 VI lit a und b näher RegE). Bei ersteren handelt es sich typischerweise um KapitalGes, die asset backed securities emittieren, bei letzteren setzen der Gesamtnominalwert der umlaufenden Schuldtitel und das Erfordernis, dass kein Prospekt nach dem WpPG ausgegeben werden mus, enge Grenzen.

4) Aufgaben des Prüfungsausschusses nach I 1 (I letzter Halbsatz)

5   Die Aufgaben des Prüfungsausschusses nach § 324 sind nicht näher umschrieben. Der Prüfungsausschuss muss sich aber „insbesondere" mit den in § 107 III 2 AktG (neu BilMoG; Art 41 II–IV der AbschlussprüferRi) beschriebenen Aufgaben befassen (I 1 letzter Halbs). Dies sind die Überwachung des Rechnungslegungsprozesses, die Wirksamkeit des internen Kontrollsystems, des Risikomanagementsystems und des internen Revisionssystems sowie der Abschlussprüfung, hier insbesondere der Unabhängigkeit des Abschlussprüfers und der vom Abschlussprüfer zusätzlich erbrachten Leistungen. Zu §§ 124 III 2 nF, 171 I 2, 3 nF AktG s Rn 10. Das Gesetz geht davon aus, dass sich der Prüfungsausschuss nicht mit diesen Aufgaben begnügt, sondern, soweit angezeigt, weitere Prüfungsaufgaben erfüllt („inbesondere"). Zu den Aufgaben des Prüfungsausschusses nach § 107 III 2 AktG Habersack AG **08,** 99, Eibelshäuser/Stein Konzern **08,** 489, Lanfermann/Röhricht BB **09,** 889 und die aktienrechtlichen Kommentare

5) Wahl des Prüfungsausschusses und Anforderungen an diesen (II)

6   Einrichtung und Organisation des Prüfungsausschusses sind in II nur sehr sparsam geregelt. Die AbschlussprüferRi gibt dazu nur wenig vor (Art 41 I

Unterabsatz 1). Die Mitglieder des Prüfungsausschusses sind unmittelbar **von den Gesellschaftern** mit einfacher Mehrheit **zu wählen (II 1)**. Ein Aufsichts- oder Verwaltungsrat, der den Prüfungsausschuss und seine Mitglieder aus seiner Mitte bestellen könnte (vgl § 107 III AktG), gibt es, wie I 1 Halbsatz 1 voraussetzt, gerade nicht. Die Gfter können nur wählen, nicht die Aufgaben des Prüfungsausschusses selbst übernehmen.

Mindestens ein Mitglied des Prüfungsausschusses muss die Voraussetzungen **7** des § 105 V AktG (neu BilMoG, vgl § 107 IV AktG) erfüllen, muss also unabhängig sein und (kumulativ bei demselben Mitglied, ebenso Habersack AG **08,** 105) über Sachverstand auf dem Gebiet der Rechnungslegung oder Abschlussprüfung verfügen **(II 2)**. Weder die AbschlussprüferRi noch § 105 V noch § 324 II 2 definieren **Unabhängigkeit**, zutr krit Habersack AG **08,** 105, vgl auch Gruber NZG **08,** 12. An dieser fehlt es ohne weiteres bei Zugehörigkeit zur Geschäftsführung. Mangelnde Unabhängigkeit kann aber auch insbesondere bei unmittelbaren oder mittelbaren geschäftlichen, finanziellen oder persönlichen Beziehungen zur Geschäftsführung vorliegen. Der RegE zu § 105 V AktG erwähnt dazu den Deutschen Corporate Governance Kodex (Überbl 6 vor § 316) sowie die Empfehlung der EUKommission 15. 2. 2005 ABlEU L 52/51 Ziff 13 und Anh II, Hopt ZIP **05,** 468 (vgl Einl 36 vor § 105). Der Kriterienkatalog in Anh II ist aber nicht letztentscheidend, vielmehr beurteilt nach der Empfehlung der Aufsichtsrat, ob Unabhängigkeit vorliegt oder nicht. Die Konkretisierung zu II 2 wird zu § 105 V AktG erfolgen (vgl Kommentare dazu).

Das gilt auch für das **Erfordernis des Sachverstands auf dem Gebiet der 8 Rechnungslegung oder der Abschlussprüfung** (financial literacy). II 2 ist damit enger als die Anforderungen des Deutschen Corporate Governance Kodex an den Vorsitzenden des Prüfungsausschusses (nach Ziff 5.3.2 „besondere Kenntnisse und Erfahrungen in der Anwendung von Rechnungslegungsgrundsätzen und internen Kontrollverfahren", Kremer in Ringleb/Kremer/Lutter/von Werder, Deutscher Corporate Governance Kodex, 3. Aufl 2008 zu 5.3.2). II 2 erwähnt weder besondere Erfahrungen noch interne Kontrollverfahren. Nach dem RegE ist jedoch vorausgesetzt, dass zumindest ein Mitglied des Aufsichtsrats (nicht notwendigerweise der Vorsitzende) beruflich mit Rechnungslegung und/oder (insoweit zutr krit Habersack AG **08,** 103, Erchinger/Melcher DB Beil 5/**09,** 97) Abschlussprüfung befasst ist oder war, was nicht nur bei Steuer- und Wirtschaftsberatern bzw Personen mit einer speziellen beruflichen Ausbildung der Fall sein könne, sondern auch bei Finanzvorständen, fachkundigen Angestellten aus den Bereichen Rechnungswesen und Controlling, Analysten und langjährigen Mitgliedern in Prüfungsausschüssen oder Betriebsräten, die sich diese Fähigkeit im Zuge ihrer Tätigkeit durch Weiterbildung angeeignet haben. Lit: Kropff FS K. Schmidt **09,** 1023 (Finanzexperte in der GesVerfassung).

Der **Vorsitzende** des Prüfungsausschusses darf **nicht mit der Geschäftsfüh- 9 rung betraut** sein **(II 3)**, mindestens dieser, die Besetzung mit weiteren nicht der Geschäftsleitung angehörenden Mitgliedern kann angezeigt sein. Die notwendigen Einzelheiten zu der Wahl, der Amtsperiode, den Rechten und Pflichten des Prüfungsausschusses und der Beendigung der Mitgliedschaft sind entweder in der Satzung bzw dem GesVertrag zu regeln oder durch Rückgriff auf die entsprechenden Regelungen im AktG zu ermitteln, RegE, Habersack AG **08,** 100.

§ 124 III 2 und § 171 I 2, 3 AktG (neu BilMoG) sind entsprechend anzuwen- **10** den **(II 4)**. Letzteres betrifft die Teilnahme- und Berichtspflicht des Abschlussprüfers bei den Verhandlungen des Prüfungsausschusses über den Jahresabschluss oder Konzernabschluss sowie bestimmte Informationen zur Unabhängigkeit und zu Leistungen über die Abschlussprüferleistungen hinaus.

§§ 324a, 325

Anwendung auf den Einzelabschluss nach § 325 Abs. 2 a

324a (1) ¹Die Bestimmungen dieses Unterabschnitts, die sich auf den Jahresabschluss beziehen, sind auf einen Einzelabschluss nach § 325 Abs. 2 a entsprechend anzuwenden. ²An Stelle des § 316 Abs. 1 Satz 2 gilt § 316 Abs. 2 Satz 2 entsprechend.

(2) ¹Als Abschlussprüfer des Einzelabschlusses nach § 325 Abs. 2 a gilt der für die Prüfung des Jahresabschlusses bestellte Prüfer als bestellt. ²Der Prüfungsbericht zum Einzelabschluss nach § 325 Abs. 2 a kann mit dem Prüfungsbericht zum Jahresabschluss zusammengefasst werden.

1) Anwendung der §§ 316 ff auch auf den Einzelabschluss nach § 325 II a (I)

1 § 324 a nF BilReG wegen § 325 IIa nF BilReG. Die Prüfungsvorschriften der §§ 316 ff sind auch auf einen IAS-Einzelabschluss anzuwenden, der nach § 325 IIa freiwillig offen gelegt wird (**I 1**). Nach **I 2** genügt für einen IAS-Abschluss die Billigung durch den Aufsichtsrat wie beim Konzernabschluss (§ 316 II 2), Grund: wie dieser dient der IAS-Einzelabschluss nur Informationszwecken, nicht der Kapitalerhaltung und Ausschüttungsbemessung, er braucht also ebenso wenig wie dieser von der Hauptversammlung festgestellt zu werden (§ 316 I 2).

2) Gleicher Prüfer und Zusammenfassung der Prüfungsberichte (II)

2 Der für die Prüfung des Jahresabschlusses bestellte Prüfer gilt für den Fall eines Einzelabschlusses nach § 325 IIa von Gesetzes wegen auch als Abschlussprüfer für einen solchen IAS-Abschluss (**II 1**). Damit soll die einheitliche Prüfung beider Abschlüsse gewährleistet werden, was schon im Hinblick auf den einheitlichen Lagebericht (§ 325 IIa 4) sinnvoll ist (RegE). Beide Prüfungsberichte nach § 321 können zusammengefasst werden (**II 2**).

Vierter Unterabschnitt. Offenlegung. Prüfung durch den Betreiber des elektronischen Bundesanzeigers

Offenlegung

325 (1) ¹Die gesetzlichen Vertreter von Kapitalgesellschaften haben für diese den Jahresabschluss beim Betreiber des elektronischen Bundesanzeigers elektronisch einzureichen. ²Er ist unverzüglich nach seiner Vorlage an die Gesellschafter, jedoch spätestens vor Ablauf des zwölften Monats des dem Abschlussstichtag nachfolgenden Geschäftsjahrs, mit dem Bestätigungsvermerk oder dem Vermerk über dessen Versagung einzureichen. ³Gleichzeitig sind der Lagebericht, der Bericht des Aufsichtsrats, die nach § 161 des Aktiengesetzes vorgeschriebene Erklärung und, soweit sich dies aus dem eingereichten Jahresabschluss nicht ergibt, der Vorschlag für die Verwendung des Ergebnisses und der Beschluss über seine Verwendung unter Angabe des Jahresüberschusses oder Jahresfehlbetrags elektronisch einzureichen. ⁴Angaben über die Ergebnisverwendung brauchen von Gesellschaften mit beschränkter Haftung nicht gemacht zu werden, wenn sich anhand dieser Angaben die Gewinnanteile von natürlichen Personen feststellen lassen, die Gesellschafter sind. ⁵Werden zur Wahrung der Frist nach Satz 2 oder Absatz 4 Satz 1 der Jahresabschluss und der Lagebericht ohne die anderen Unterlagen eingereicht, sind der Bericht und der Vorschlag nach ihrem Vorliegen, die Beschlüsse nach der Beschlussfassung und der Vermerk nach der Erteilung unverzüglich einzureichen. ⁶Wird der Jahresabschluss bei nachträglicher Prüfung oder Feststellung geändert, ist auch die Änderung nach Satz 1 einzureichen. [7] Die Rechnungslegungsunterlagen sind in einer Form einzureichen, die ihre Bekanntmachung nach Absatz 2 ermöglicht.

(2) Die gesetzlichen Vertreter der Kapitalgesellschaft haben für diese die in Absatz 1 bezeichneten Unterlagen jeweils unverzüglich nach der Einreichung im elektronischen Bundesanzeiger bekannt machen zu lassen.

(2 a) [1] Bei der Offenlegung nach Absatz 2 kann an die Stelle des Jahresabschlusses ein Einzelabschluss treten, der nach den in § 315 a Abs. 1 bezeichneten internationalen Rechnungslegungsstandards aufgestellt worden ist. [2] Ein Unternehmen, das von diesem Wahlrecht Gebrauch macht, hat die dort genannten Standards vollständig zu befolgen. [3] Auf einen solchen Abschluss sind § 243 Abs. 2, die §§ 244, 245, 257, § 264 Abs. 2 Satz 3, § 285 Nr. 7, 8 Buchstabe n, Nr. 9 bis 11 a, 14 bis 17, § 286 Abs. 1, 3 und 5 sowie § 287 anzuwenden. [4] Der Lagebericht nach § 289 muss in dem erforderlichen Umfang auch auf den Abschluss nach Satz 1 Bezug nehmen. [5] Die übrigen Vorschriften des Zweiten Unterabschnitts des Ersten Abschnitts und des Ersten Unterabschnitts des Zweiten Abschnitts gelten insoweit nicht. [6] Kann wegen der Anwendung des § 286 Abs. 1 auf den Anhang die in Satz 2 genannte Voraussetzung nicht eingehalten werden, entfällt das Wahlrecht nach Satz 1.

(2 b) Die befreiende Wirkung der Offenlegung des Einzelabschlusses nach Absatz 2 a tritt ein, wenn

1. statt des vom Abschlussprüfer zum Jahresabschluss erteilten Bestätigungsvermerks oder des Vermerks über dessen Versagung der entsprechende Vermerk zum Abschluss nach Absatz 2 a in die Offenlegung nach Absatz 2 einbezogen wird,
2. der Vorschlag für die Verwendung des Ergebnisses und gegebenenfalls der Beschluss über seine Verwendung unter Angabe des Jahresüberschusses oder Jahresfehlbetrags in die Offenlegung nach Absatz 2 einbezogen werden und
3. der Jahresabschluss mit dem Bestätigungsvermerk oder dem Vermerk über dessen Versagung nach Absatz 1 Satz 1 bis 4 offen gelegt wird.

(3) Die Absätze 1, 2 und 4 Satz 1 gelten entsprechend für die gesetzlichen Vertreter einer Kapitalgesellschaft, die einen Konzernabschluss und einen Konzernlagebericht aufzustellen haben.

(3 a) Wird der Konzernabschluss zusammen mit dem Jahresabschluss des Mutterunternehmens oder mit einem von diesem aufgestellten Einzelabschluss nach Absatz 2 a bekannt gemacht, können die Vermerke des Abschlussprüfers nach § 322 zu beiden Abschlüssen zusammengefasst werden; in diesem Fall können auch die jeweiligen Prüfungsberichte zusammengefasst werden.

(4) [1] Bei einer Kapitalgesellschaft im Sinn des § 264 d, die keine Kapitalgesellschaft im Sinn des § 327 a ist, beträgt die Frist nach Absatz 1 Satz 2 längstens vier Monate. [2] Für die Wahrung der Fristen nach Satz 1 und Absatz 1 Satz 2 ist der Zeitpunkt der Einreichung der Unterlagen maßgebend.

(5) Auf Gesetz, Gesellschaftsvertrag oder Satzung beruhende Pflichten der Gesellschaft, den Jahresabschluss, den Einzelabschluss nach Absatz 2 a, den Lagebericht, den Konzernabschluss oder den Konzernlagebericht in anderer Weise bekannt zu machen, einzureichen oder Personen zugänglich zu machen, bleiben unberührt.

(6) Die §§ 11 und 12 Abs. 2 gelten für die beim Betreiber des elektronischen Bundesanzeigers einzureichenden Unterlagen entsprechend; § 325 a Abs. 1 Satz 3 und § 340 l Abs. 2 Satz 4 bleiben unberührt.

§ 325 1 III. Buch. Handelsbücher

Übersicht

1) Funktion der Offenlegung; Anwendungsbereich der §§ 325 ff 1
2) Verfassungsmäßigkeit der Publizitätspflicht auch für kleine KapitalGes 2
3) Gegenstand, Art, Frist der Offenlegung (I) 3
   A. Legaldefinition der Offenlegung 3
   B. Gegenstand 4
4) Verschärfung bei großen KapitalGes (II) 5
5) Einzelabschluss nach IAS/IFRS (II a) 6
   A. Unternehmenswahlrecht 6
   B. Pflicht zu Einzelabschluss nach HGB 7
6) Befreiende Wirkung der Offenlegung des Einzelabschlusses nach IAS/IFRS (II b) 8
7) Konzernabschluss (III) 9
8) Verbundene Berichterstattung über Jahres- und Konzernrechnungslegung (III a) 10
9) Fristwahrung (IV) 11
10) Sonstige Offenlegungspflichten (V) 12
11) Elektronische Registerführung (VI) 13
12) Rechtsfolgen bei unterlassener Offenlegung 14

1) Funktionen der Offenlegung; Anwendungsbereich der §§ 325 ff

1 Funktion der Offenlegung ist zum einen der **Funktionsschutz** des Marktes und zum anderen der **Individualschutz** der Marktteilnehmer. Offenlegung bildet damit das Korrelat der Marktteilnahme, grdl Merkt, Unternehmenspublizität 332 ff, ihm folgend Baums (Hrsg), Bericht der Regierungskommission Corporate Governance 2001 Rn 251. § 325 konstituiert als zentrale Grundnorm eine Offenlegungspflicht für alle Typen von KapitalGes; sie besteht auch noch in der Insolvenz, LG Bonn NZI **08,** 503. Seit dem BiRiLiG 1985 gilt für sie eine allein nach den Größenklassen des § 267 abgestufte Publizitätspflicht. Differenzierungskriterium ist also die typischerweise von der Unternehmensgröße abhängige Intensität der Beanspruchung der Märkte, va des (Eigen- und Fremd-)Kapitalmarktes. In den **Anwendungsbereich** einbezogen wurden durch das KapCoRiLiG 2000 (Einfügung des § 264 a) endlich auch die OHG und die KG, soweit nicht wenigstens ein phG eine natürliche Person ist oder – im Falle mehrstufiger GesVerhältnisse – wiederum eine OHG oder KG oder andere PersonenGes mit einer natürlichen Person als phG, denn dann ist § 264 a I 1 Nr 1 nicht mehr erfüllt, weshalb §§ 325 ff keine Anwendung mehr finden. Nicht anwendbar sind §§ 325 ff außerdem, wenn ein befreiender Konzernabschluss gem § 264 III u § 264 b aufgestellt wird, wodurch TochterGes unter bestimmten Voraussetzungen von der Aufstellung und Offenlegung eines eigenen Jahresabschlusses befreit sind (dann aber gem §§ 285 Nr 11, 313 II Nr 4 Pflicht der MutterGes zur Aufnahme von Angaben über TochterGes in den Einzel- oder Konzernabschluss, sofern MutterGes oder eine für sie handelnde Person mindestens 20% der Anteile an der TochterGes hält). Andererseits sollen auch **EU-AuslandsGes** (zB englische Limited) **mit Verwaltungssitz im Inland** den §§ 325 ff unterliegen (Schluss a minore ad maius aus § 325 a: Inlandsbezug bei bei AuslandsGes mit Verwaltungssitz in Deutschland noch größer als bei bloßer inländischer Zweigniederlassung), Ebert/Levedag GmbHR **03,** 1337, 1339, Kindler NJW **03,** 1073, 1078, Liebscher/Scharff NJW **06,** 3745, 3751, Eidenmüller/Rehberg ZVglRWiss 105 (**06**) 427, 433 ff, ähnlich Leuering ZRP **06,** 201, 205, Wachter GmbHR **03,** 1254, 1256 f, Wachter GmbHR **06,** 793, Westhoff GmbHR **07,** 474, 479, Westhoff in Hirte/Bücker § 18 Rn 62 ff.

2. Abschnitt. Vorschriften für Kapitalgesellschaften 2–4 § 325

2) Verfassungsmäßigkeit der Publizitätspflicht auch für kleine Kapital-Ges

Die Publizitätspflicht nach § 325 (nF durch EHUG 2006, s Einl 29 v § 238, **2** Übergangsrecht in **(1)** EGHGB Art 61 V) verletzt im Fall von KapitalGes auch unterhalb der Schwelle der Größenmerkmale von § 1 PublG weder den Grundsatz der Gleichbehandlung (gegenüber Kfm, PersonenhdlGes), Art 3 GG noch die Berufsfreiheit, Art 12 GG, hA, Baumb/Hueck/Schulze-Osterloh § 41 Rn 128, aA Friauf GmbHR **91,** 397. Vielmehr ist die Publizität durch das Gebot des Gläubigerschutzes (bzw Markt- und Marktteilnehmerschutzes) gerechtfertigt, OLG Köln GmbHR **91,** 423, BayObLG BB **95,** 353. Zur Frage der Prüfung der EG-rechtlichen Publizität am Maßstab des deutschen Verfassungsrechts kritisch de Weerth BB **98,** 366. Auch an der Vereinbarkeit der gesetzlichen Offenlegungspflicht für KapitalGes & Co und des Jedermann-Einsichtsrechts mit dem Gemeinschaftsrecht (freie Berufsausübung, freie Meinungsäußerung, Gleichbehandlung) bestehen keine ernst zu nehmenden Zweifel, so nun auch EuGH BB **04,** 2413 (Axel Springer AG) mit Anm Schulze-Osterloh BB **04,** 2461 unter Berufung auf EuGH **97,** 6843 (Daihatsu); sie verstößt auch nicht gegen das Persönlichkeitsrecht der Gesellschafter, LG Köln BB **09,** 211 mit krit Anmerkung Grashoff, str aA, Starck DStR **08,** 2035.

3) Gegenstand, Art, Frist der Offenlegung (I)

A. Legaldefinition der Offenlegung: Einreichung zum elektronischen **3** BAnz sowie Bekanntmachung im elektronischen BAnz; **zu unterscheiden von Veröffentlichung** und **Vervielfältigung** (§ 328). **I** regelt die Einreichung, **II** bestimmt die Bekanntmachung. **Erleichterungen für kleine und mittlere** KapitalGes s **§§ 326, 327.** Durchsetzung durch Zwangsgeld § 335 idF EHUG 2006 (**Übergangsrecht** in **(1)** EGHGB Art 61 V). Lit: Leible ZHR 162 **(98)** 594, Schön JZ **98,** 194 (Daihatsu), Hirte NJW **99,** 36 (Daihatsu), Crezelius ZGR **99,** 252, Bitter/Grashoff DB **00,** 529, Scheffler DStR **00,** 529, Strobel DB **00,** 529, Theile GmbHR **00,** 215 (GmbH & Co), Vater KoR **05,** 130 (GmbH & Co), Liebscher/Scharff NJW **06,** 3745, Giedinghagen NZG **07,** 933, Paefgen ZiP **08,** 1653, Kräußlein DStR **09,** 869.

B. Gegenstand: I 1 sieht als **Gegenstand** der Offenlegung vor: Jahresabschluss **4** und Lagebericht samt Bestätigungsvermerk (oder Versagungsvermerk), Bericht des (außer bei KapCoGes auch nur fakultativen, BeckBilKomm/Ellrott/Aicher 6) Aufsichtsrats und, soweit nicht aus dem Jahresabschluss ersichtlich, unter Angabe des Jahresergebnisses der Vorschlag für die Ergebnisverwendung (für GmbH str) und der Beschluss über diese. Nicht dazu gehört Eröffnungsbilanz (s § 242 Rn 1). Besonderheit bei GmbH für Ergebnisverwendung (**I 1 Halbs 2**). I 1 sieht als **Art** der Offenlegung ausschließlich Einreichung dieser Unterlagen beim Betreiber des elektronischen Bundesanzeiger, also **zentrale Publizität beim elektronischen BAnz.** Eine Einreichung in Papierform ist nicht mehr vorgesehen. Grund: Entlastung der Registergerichte von erheblichem justizfernem Verwaltungsaufwand. Zentrale Einreichung und Speicherung erlaubt einheitliche Handhabung der Darstellung für den Online-Abruf, der Vollständigkeits- und Fristenkontrolle (§ 329) und eine Reform der Sanktionspraxis (s § 334) Begr RegE BT-Drucks 16/960, S 48. Allerdings können gem **(1)** Art 61 I die Landesregierungen durch Rechtsverordnung bestimmen, dass Anmeldungen und alle oder einzelne Dokumente bis 31. 12. 09 auch in Papierform zum Handelsregister eingereicht werden können. Außerdem kann das BMJ durch RechtsVO bestimmen, dass alle oder einzelne beim Betreiber des elektronischen Bundesanzeigers elektronisch einzureichenden Dokumente bis 31. 12. 09 auch in Papierform eingereicht werden können. **I 2** bestimmt als **Frist** der Einreichung unverzüglich (§ 121 I 1 BGB) nach Vorlage des Jahresabschlusses an die Gfter (nicht erst nach Feststellung des Jahresabschlus-

§ 325 5–7

ses, str), spätestens aber vor Ablauf des zwölften Monats des neuen Geschäftsjahrs (Entlastung des Betreibers des elektronischen Bundesanzeigers). **I 3** verlangt die gleichzeitige elektronische Einreichung des Lageberichts, des Berichts des Aufsichtsrats, der nach § 161 AktG vorgeschriebenen Erklärung sowie des Vorschlags für die Ergebnisverwendung und des Beschlusses darüber. **I 4** befreit GmbHs von Angaben zur Ergebnisverwendung, soweit daraus auf Gewinnanteile natürlicher Personen als Gesellschafter geschlossen werden kann. **I 5** und **6** regeln die sukzessive Einreichung und die Einreichung bei späteren Änderungen. Jahresabschluss und Lagebericht sind also notfalls vorweg offen zu legen. Nach **I 7** sind die Rechnungslegungsunterlagen zur Vermeidung überflüssigen Aufwands in einer Form einzureichen, die ihre Bekanntmachung nach II ermöglicht.

4) Verschärfung bei großen Kapitalgesellschaften (II)

5 II 1 setzt Art 3 IV der EU-PublizitätsRi um und verschärft die **Art** der Offenlegung nach I für KapitalGes dahin, dass ihre gesetzlichen Vertreter die Unterlagen nach I jeweils unverzüglich nach der Einreichung **im elektronischen BAnz bekannt** machen zu lassen haben.

5) Einzelabschluss nach IAS/IFRS (II a)

6 A. **Unternehmenswahlrecht: II a**, eingefügt durch BilReG 2004 (s Einl 21 v § 238, **Übergangsrecht** in (1) EGHGB Art 58 III), begründet für große KapitalGes iSd § 267 III ein Unternehmenswahlrecht, für die **IAS/IFRS-Anwendung** in einem nur Informationszwecken dienenden, vom Jahresabschluss zu unterscheidenden Einzelabschluss zu optieren. Für die gesellschaftsrechtliche Kapitalerhaltung und Ausschüttungsbemessung, die Besteuerung und die staatliche Beaufsichtigung bestimmter Branchen (insbesondere Kredit- und Versicherungsbranche) wird weiterhin ein HGB-Abschluss verlangt. Daher setzt das HGB bei den Vorschriften über die Publizität der Rechnungslegung an. Stellt das Unternehmen einen Einzelabschluss nach den in das EU-Recht übernommenen und von **II a 1** iVm § 315 a I in Bezug genommenen IAS/IFRS auf, so kann es diesen IAS/IFRS-Abschluss nach II im Bundesanzeiger bekannt machen und ist dann von der Pflicht zur Bekanntmachung eines HGB-Abschlusses befreit. Bedeutsam ist das etwa für Unternehmen, die an die Börse gehen wollen oder die sich ausländischen Geschäftspartnern oder Kreditinstituten gegenüber mit einem internationalen Abschluss präsentieren wollen. Der in **II a 3** durch TUG 2007 (**Übergangsrecht** in (1) EGHGB Art 62) eingefügte Verweis auf § 264 II stellt klar, dass die gesetzlichen Vertreter einer KapitalGes den Bilanzeid gem § 264 II 3 auch dann abzugeben haben, wenn ein informatorischer Einzelabschluss nach den internationalen Standards aufgestellt und offen gelegt wird. Lit: Fey/Deubert KoR **06**, 92, Krawitz/Hartmann WPg **06**, 1262.

7 B. **Pflicht zum Einzelabschluss nach HGB:** Der Jahresabschluss behält seine Bedeutung in **gesellschaftsrechtlichen, steuerrechtlichen und aufsichtsrechtlichen Zusammenhängen** und ist daher wie bisher nach HGB aufzustellen, durch einen Abschlussprüfer zu prüfen und nach II a durch Einreichung beim elektronischen Bundesanzeiger offen zu legen, II b Nr 3. Die Pflicht zur physischen Einreichung beim HReg entfällt. Der im HGB verwendete Begriff des Jahresabschlusses bleibt für den HGB-Einzelabschluss reserviert, während der IAS/IFRS-Abschluss als Einzelabschluss nach internationalen Rechnungslegungsstandards (Einzelabschluss nach § 325 II a) bezeichnet wird. **II a 2** stellt klar, dass die in das EU-Recht übernommenen Standards vollständig zu befolgen sind (keine gemischte HGB-IAS-Bilanzierung). Nach **II a 3** bleiben einige Vorschriften des HGB neben den internationalen Standards anwendbar. **II a 3–5** dienen – ähnlich wie § 315a für die Konzernrechnungslegung – der Klarstellung, welche Vorschriften des 2. Unterabschnitts des 3. Buches des HGB auf den Einzelabschluss nach internationalen Standards sowie auf den Lagebericht

2. Abschnitt. Vorschriften für Kapitalgesellschaften 8, 9 § 325

in diesen Fällen Anwendung finden: § 285 Nr 7, 8 und 8 a (Angaben zur Beschäftigtenzahl und zum Personal- und Materialaufwand), § 285 Nr 9 (Angaben zu den Organmitgliedern, zu deren Bezügen und zu den diesen gewährten Vorschüssen und Krediten), § 285 Nr 11 und Nr 11 a (Angaben über Unternehmen, an denen das bilanzierende Unternehmen zu 20% oder mehr beteiligt ist), § 285 Nr 14 (Angaben zu einem Konzern, dem das bilanzierende Unternehmen angehört), § 286 III, V (Einschränkung der Angabepflichten zum Anteilsbesitz und zur Beteiligung als persönlich haftender Gesellschafter sowie zu Bezügen der Organmitglieder, wenn HV Einschränkung beschlossen hat), § 289 (Lagebericht). Aus dem 2. Unterabschnitt des 1. Abschnitts erklärt 3 einige Bestimmungen für auf den IAS/IFRS-Abschluss anwendbar, die unabhängig von den maßgeblichen Rechnungslegungsgrundsätzen Geltung beanspruchen: § 243 II (Grundsatz der Klarheit und Übersichtlichkeit), § 244 (Sprache und Währung), § 245 (Unterzeichnung), § 257 (Aufbewahrung). Die weiteren in 3 genannten Vorschriften dienen entweder dem öffentlichen Interesse (§ 286 I) oder der Vervollständigung der Angaben, die für den Abschlussnutzer relevant sind; § 285 Nr 10 (namentliche Aufstellung der Organmitglieder), § 285 Nr 15 (Angaben zu den persönlich haftenden Gesellschaftern bei Unternehmen, die § 264 a unterfallen), § 285 1 Nr 16 (Angaben zur compliance-Erklärung nach (2 a) AktG § 161), § 285 Nr 17 (Angaben zur Vergütung des Abschlussprüfers). Nach **II a** 4 muss der Lagebericht im erforderlichen Umfang auf den IAS/IFRS-Einzelabschluss eingehen. Nach **II a** 6 ist die befreiende Offenlegung eines IAS/IFRS-Abschlusses nicht möglich, wenn das durch § 286 I geschützte öffentliche Interesse einer nach IAS/IFRS erforderlichen Berichterstattung entgegensteht.

6) Befreiende Wirkung der Offenlegung des Einzelabschlusses nach IAS/IFRS (II b)

II b macht die befreiende Wirkung des IAS/IFRS-Abschlusses von folgenden formalen Voraussetzungen abhängig: **Nr 1** stellt klar, dass bei Anwendung des II a der Bestätigungsvermerk des Prüfers zu dem IAS/IFRS-Einzelabschluss an Stelle des Bestätigungsvermerks zum Jahresabschluss bekannt zu machen ist. Den in **Nr 2** verlangten Angaben über das handelsrechtliche Jahresergebnis und dessen Verwendung kommt im Hinblick auf die zu erwartende Ausschüttung erhebliche Bedeutung für die Einschätzung der Situation des Unternehmens zu, weshalb sie in die volle BAnz-Publizität einbezogen sind. Nach **Nr 3** sind der Jahresabschluss und der dazugehörige Bestätigungsvermerk, die abweichend von II nicht im BAnz bekannt gemacht zu werden brauchen, stattdessen nach § 1 1 und 2 durch Einreichung beim Handelsregister und Bekanntmachung eines Hinweises auf diese im BAnz offen zu legen. Das Registergericht muss bei der Prüfung der ordnungsgemäßen Bekanntmachung nach § 329 I nur die in II b genannten formalen Voraussetzungen prüfen, nicht jedoch, ob der Einzelabschluss nach den in II a genannten Standards und Vorschriften zutreffend aufgestellt worden ist. Das ist Aufgabe des Wirtschaftsprüfers.

7) Konzernabschluss (III)

III erklärt **I, II** und **IV 1** für entsprechend anwendbar auf den Konzernabschluss. Da der Konzernabschluss jedoch nicht festzustellen ist und auch nicht über Gewinnverwendung zu beschließen ist, erübrigt sich die Einreichung und Bekanntmachung entsprechender Unterlagen. **Gegenstand** der Offenlegung sind demnach nur Konzernabschluss (bestehend aus Konzernbilanz, Konzern-GuV und Konzernanhang) und Konzernlagebericht samt Bestätigungs- bzw Versagungsvermerk der Konzernbeteiligungsliste (§ 313 IV). **Art** der Offenlegung ist ohne Rücksicht auf die Unternehmensgröße die nach II, also volle Bekanntmachung im elektronischen BAnz. **Frist** wie in I. **III 2** und **3 aF** aufgehoben durch EHUG 2006.

§ 325a

8) Verbundene Berichterstattung über Jahres- und Konzernrechnungslegung (III a)

10 III a, geändert durch EHUG 2006 (s Einl 29 v § 238, **Übergangsrecht** in (1) EGHGB Art 61 V), sieht Offenlegungserleichterungen bei verbundener Berichterstattung über die Jahres- und Konzernrechnungslegung vor und erlaubt die Offenlegung eines zusammengefassten Bestätigungsvermerks zum Einzel- und Konzernabschluss, wenn diese gleichzeitig bekannt gemacht werden. Macht das Mutterunternehmen von dieser Option Gebrauch, so können nach **Halbs 2** – außerhalb des Kreises der offen zu legenden Unterlagen – auch die jeweiligen Prüfungsberichte zusammengefasst werden.

9) Kapitalmarktorientierte Ges (IV)

11 IV, neu eingefügt durch EHUG 2006 (Übergangsrecht in (1) EGHGB Art 61 V), enthält eine Fristverkürzung für Kapitalmarktunternehmen (§ 264 d), die sich auf I 2 bezieht. Wegen der in Art 4 I EU-TransparenzRi vorgesehenen 4-Monats-Frist für die Veröffentlichung der Jahresfinanzberichte erscheint es ausreichend, wenn für die Offenlegung der Jahresabschlüsse von kapitalmarktorientierten Unternehmen ebenfalls eine 4-Monats-Frist vorgesehen wird. Dies vermeidet unnötige Belastung der Unternehmen durch unterschiedliche Fristen, Begr RegE BT-Drucks 16/960, S 48. Betroffen sind nur Unternehmen, die einen EU- oder EWR-Kapitalmarkt nutzen. Nutzung von Drittland-Kapitalmärkten verkürzt die Frist nicht. IV 2 nF enthält den Wortlaut von IV aF mit redaktionellen Folgeänderungen.

10) Sonstige Offenlegungspflichten (V)

12 V geändert durch BilReG 2004; sonstige gesetzliche und gesellschaftsvertragliche Offenlegungspflichten bleiben unberührt.

11) Elektronische Registerführung (VI)

13 VI enthält Folgeänderungen mit Blick auf die elektronische Registerführung. Die gem § 245 bzw § 322 VII zu unterzeichnenden Unterlagen können als elektronische Aufzeichnungen eingereicht werden.

12) Rechtsfolgen bei unterlassener Offenlegung

14 Unterlassen der Offenlegung ist weder Grund zur Anfechtung des Jahresabschlusses noch Nichtigkeitsgrund, ADS 146. Jedoch stellt der Verstoß gegen Form oder Inhalt der Pflicht nach § 325 eine Ordnungswidrigkeit gemäß § 334 I Nr 5 dar. An die Stelle des früheren Ordnungsgeldverfahrens nach § 335 a aF (aufgehoben) ist mit dem EHUG 2006 ausschließlich ein Bußgeldverfahren in der Zuständigkeit des Bundesamtes für Justiz getreten, § 334 IV. Täter kann der zur Offenlegung verpflichtete gesetzliche Vertreter, nicht indes ein Mitglied des Aufsichtsrats sein. Subjektiv ist Vorsatz erforderlich (§ 10 OWiG). Den Mitgliedern des Vertretungsorgans droht bei pflichtwidrigem Unterlassen ein deliktischer Schadensersatzanspruch seitens der Gläubiger, die Gesellschafter haften gemäß § 830 BGB uU als Mittäter oder Beteiligte, Lu/Ho Anh § 42 a Rn 38. Sondervorschriften für Kreditinstitute (§ 340 l) und Versicherungsunternehmen (§ 341 o).

Zweigniederlassungen von Kapitalgesellschaften mit Sitz im Ausland

325a

(1) ¹Bei inländischen Zweigniederlassungen von Kapitalgesellschaften mit Sitz in einem anderen Mitgliedstaat der Europäischen Wirtschaftsgemeinschaft oder Vertragsstaat des Abkommens über den Europäischen Wirtschaftsraum haben die in § 13 e Abs. 2 Satz 4 Nr. 3 genannten Personen oder, wenn solche nicht angemeldet sind, die gesetzlichen

2. Abschnitt. Vorschriften für Kapitalgesellschaften **1 § 326**

Vertreter der Gesellschaft für diese die Unterlagen der Rechnungslegung der Hauptniederlassung, die nach dem für die Hauptniederlassung maßgeblichen Recht erstellt, geprüft und offengelegt worden sind, nach den §§ 325, 328, 329 Abs. 1 und 4 offenzulegen. ²Die Unterlagen sind in deutscher Sprache einzureichen. ³Soweit dies nicht die Amtssprache am Sitz der Hauptniederlassung ist, können die Unterlagen der Hauptniederlassung auch
1. in englischer Sprache oder
2. in einer von dem Register der Hauptniederlassung beglaubigten Abschrift oder,
3. wenn eine dem Register vergleichbare Einrichtung nicht vorhanden oder diese nicht zur Beglaubigung befugt ist, in einer von einem Wirtschaftsprüfer bescheinigten Abschrift, verbunden mit der Erklärung, dass entweder eine dem Register vergleichbare Einrichtung nicht vorhanden oder diese nicht zur Beglaubigung befugt ist,

eingereicht werden; von der Beglaubigung des Registers ist eine beglaubigte Übersetzung in deutscher Sprache einzureichen.

(2) Diese Vorschrift gilt nicht für Zweigniederlassungen, die von Kreditinstituten im Sinne des § 340 oder von Versicherungsunternehmen im Sinne des § 341 errichtet werden.

1) Zweigniederlassungen von Kapitalgesellschaften mit Sitz im Ausland (I)

§ 325a nF EuroBilG (2001) und EHUG (2006) (**Übergangsrecht** in (1) **1** EGHGB Art 51 und 61 V) schließt an §§ 13 d–13 f und speziell § 13 e an und verlangt bei inländischen ZwNl von KapitalGes mit Sitz in einem EG-Mitgliedstaat oder EWR-Vertragsstaat (Begriffe s § 13 d Rn 1–3) Offenlegung der Unterlagen der Rechnungslegung der HauptNl, die nach dem für die HauptNl maßgeblichen Recht erstellt, geprüft und offen gelegt worden sind (**I 1**). Die Unterlagen sind nach **I 2, 3** grundsätzlich in deutscher Sprache einzureichen. Ist dies nicht die Amtssprache am Sitz der Hauptniederlassung, können die Unterlagen in englischer Sprache, **I 4 Nr 1**, oder in einer von einem Register der Hauptniederlassung beglaubigten Abschrift, dh in der Amtssprache am Sitz der Hauptniederlassung, **I 4 Nr 2**, oder, wenn eine dem Register vergleichbare Einrichtung nicht vorhanden oder diese nicht zur Beglaubigung befugt ist, in einer von einem Wirtschaftsprüfer bescheinigten Abschrift, **I 4 Nr 3**, eingereicht werden. Nr 3 dient der Erleichterung der Prüfungsaufgabe des Betreibers des elektronischen Handelsregisters, Begr RegE BT-Drucks 16/960, S 49. **I 5** aufgehoben durch EHUG 2006 als Folgeänderung zur Neuregelung in § 325. Lit: Liebscher/Scharff NJW **06**, 3745.

2) Zweigniederlassungen bestimmter Branchen (II)

Für ZwNl von Kreditinstituten iSv § 340 oder Versicherungsunternehmen iSv **2** § 341 gilt nicht § 325a (so II), sondern Sonderrecht. Offenlegung bei Kreditinstituten s § 340 l.

Größenabhängige Erleichterungen für kleine Kapitalgesellschaften bei der Offenlegung

326 ¹Auf kleine Kapitalgesellschaften (§ 267 Abs. 1) ist § 325 Abs. 1 mit der Maßgabe anzuwenden, daß die gesetzlichen Vertreter nur die Bilanz und den Anhang einzureichen haben. ²Der Anhang braucht die die Gewinn- und Verlustrechnung betreffenden Angaben nicht zu enthalten.

1) S 1 idF KapCoRiLiG 2000. Für kleine KapitalGes (§ 267 I) gelten folgende **1** Erleichterungen bei der Offenlegung gegenüber § 325. Zum **Gegenstand**: Nur Bilanz und Anhang (nicht mehr Jahresergebnis und Ergebnisverwendung, so S 2

§ 327 1   III. Buch. Handelsbücher

aF bis 1994); also nicht Gewinn- und Verlustrechnung, Lagebericht und Bericht des Aufsichtsrats. Bestätigungsvermerk entfällt mangels Prüfungspflichtigkeit der kleinen KapitalGes (§ 316 I 1). Zum **Umfang:** Die Angaben im Anhang, die die Gewinn- und Verlustrechnung betreffen, können wegbleiben (S 2, bis 1994 S 3). Bilanz und Anhang dürfen bereits in verkürzter Form aufgestellt werden (§§ 266 I 3, 288 S 1). Zur **Frist:** 12 Monate (§ 325 I 1). Für die **Art** der Offenlegung verbleibt es beim Grundtatbestand des § 325 I: Keine Bekanntmachung der Unterlagen im BAnz. Lit: Weirich/Zimmermann AG **86,** 265, Pfitzer/Wirth DB **94,** 1937, Sattler/Meeh DStR **07,** 1595 und 1643.

Größenabhängige Erleichterungen für mittelgroße Kapitalgesellschaften bei der Offenlegung

327   Auf mittelgroße Kapitalgesellschaften (§ 267 Abs. 2) ist § 325 Abs. 1 mit der Maßgabe anzuwenden, daß die gesetzlichen Vertreter

1. **die Bilanz nur in der für kleine Kapitalgesellschaften nach § 266 Abs. 1 Satz 3 vorgeschriebenen Form beim Betreiber des elektronischen Bundesanzeigers einreichen müssen.** In der Bilanz oder im Anhang sind jedoch die folgenden Posten des § 266 Abs. 2 und 3 zusätzlich gesondert anzugeben:

   Auf der Aktivseite
A I 1	Selbst geschaffene gewerbliche Schutzrechte und ähnliche Rechte und Werte;
A I 2	Geschäfts- oder Firmenwert;
A II 1	Grundstücke, grundstücksgleiche Rechte und Bauten einschließlich der Bauten auf fremden Grundstücken;
A II 2	technische Anlagen und Maschinen;
A II 3	andere Anlagen, Betriebs- und Geschäftsausstattung;
A II 4	geleistete Anzahlungen und Anlagen im Bau;
A III 1	Anteile an verbundenen Unternehmen;
A III 2	Ausleihungen an verbundene Unternehmen;
A III 3	Beteiligungen;
A III 4	Ausleihungen an Unternehmen, mit denen ein Beteiligungsverhältnis besteht;
B II 2	Forderungen gegen verbundene Unternehmen;
B II 3	Forderungen gegen Unternehmen, mit denen ein Beteiligungsverhältnis besteht;
B III 1	Anteile an verbundenen Unternehmen.

   Auf der Passivseite
C 1	Anleihen, davon konvertibel;
C 2	Verbindlichkeiten gegenüber Kreditinstituten;
C 6	Verbindlichkeiten gegenüber verbundenen Unternehmen;
C 7	Verbindlichkeiten gegenüber Unternehmen, mit denen ein Beteiligungsverhältnis besteht;

2. **den Anhang ohne die Angaben nach § 285 Nr. 2 und 8 Buchstabe a, Nr. 12 beim Betreiber des elektronischen Bundesanzeigers einreichen dürfen.**

1) Verkürzter Umfang der Bilanz (Nr 1)

1   Für mittelgroße KapitalGes (§ 237 II) bringt § 327 Erleichterungen beim **Umfang** der Offenlegung gegenüber § 325. Sie brauchen die Bilanz nicht im vollen Umfang, wie nach § 266 I 2 aufgestellt, sondern nur in der verkürzten Form wie für kleine KapitalGes (§ 266 I 3) offen zu legen (also nur bis zur Tiefe der römischen Ziffern, s § 266 Rn 2), S 1. Nach S 2 sind dann aber einige der

2. Abschnitt. Vorschriften für Kapitalgesellschaften   §§ 327 a, 328

dadurch weggefallenen Posten der Aktiv- und Passivseite in Bilanz oder Anhang gesondert anzugeben.

2) Verkürzter Umfang des Anhangs (Nr 2)
Wegbleiben dürfen die Angaben nach §§ 285 Nr 2, 8 a, 12, s dort. 2

3) Prüfung und Feststellung auch der verkürzten Form
Klarzustellen ist, dass der Jahresabschluss bei Inanspruchnahme der Erleichte- 3
rungen des § 327 auch in der verkürzten Form geprüft und festgestellt werden muss, auch wenn daneben ein unverkürzter Jahresabschluss für interne Zwecke aufgestellt, geprüft und festgestellt ist (AmtlBegr).

Erleichterung für bestimmte kapitalmarktorientierte Kapitalgesellschaften

327a § 325 Abs. 4 Satz 1 ist auf eine Kapitalgesellschaft nicht anzuwenden, wenn sie ausschließlich zum Handel an einem organisierten Markt zugelassene Schuldtitel im Sinn des § 2 Abs. 1 Satz 1 Nr. 3 des Wertpapierhandelsgesetzes mit einer Mindeststückelung von 50 000 Euro oder dem am Ausgabetag entsprechenden Gegenwert einer anderen Währung begibt.

1) § 327 a eingefügt durch EHUG 2006 (**Übergangsrecht** in (**1**) EGHGB 1
Art 61 V) auf Anregung des Rechtsausschusses; Vorschr befreit bestimmte KapitalGes, die keine Aktien, sondern nur zum Handel an einem organisierten Markt zugelassene Schuldtitel (Schuldverschreibungen oder andere übertragbare Forderungen in verbriefter Form mit Ausnahme von Wertpapieren, die Aktien gleichgestellt sind, mit einer Mindeststückelung von 50 000 Euro oder dem entsprechenden Wert einer anderen Währung) ausgeben, von der durch § 325 IV 1 auf vier Monate verkürzten Offenlegungsfrist für börsennotierte KapitalGes.

Form und Inhalt der Unterlagen bei der Offenlegung, Veröffentlichung und Vervielfältigung

328 (1) **Bei der vollständigen oder teilweisen Offenlegung des Jahresabschlusses, des Einzelabschlusses nach § 325 Abs. 2 a oder des Konzernabschlusses und bei der Veröffentlichung oder Vervielfältigung in anderer Form auf Grund des Gesellschaftsvertrags oder der Satzung sind die folgenden Vorschriften einzuhalten:**

1. ¹**Abschlüsse sind so wiederzugeben, daß sie den für ihre Aufstellung maßgeblichen Vorschriften entsprechen, soweit nicht Erleichterungen nach §§ 326, 327 in Anspruch genommen werden oder eine Rechtsverordnung des Bundesministeriums der Justiz nach Absatz 4 hiervon Abweichungen ermöglicht; sie haben in diesem Rahmen vollständig und richtig zu sein.** ²**Ist der Abschluss festgestellt oder gebilligt worden, so ist das Datum der Feststellung oder Billigung anzugeben.** ³**Wurde der Abschluss auf Grund gesetzlicher Vorschriften durch einen Abschlußprüfer geprüft, so ist jeweils der vollständige Wortlaut des Bestätigungsvermerks oder des Vermerks über dessen Versagung wiederzugeben; wird der Jahresabschluß wegen der Inanspruchnahme von Erleichterungen nur teilweise offengelegt und bezieht sich der Bestätigungsvermerk auf den vollständigen Jahresabschluß, so ist hierauf hinzuweisen.**
2. **Werden der Jahresabschluß oder der Konzernabschluß zur Wahrung der gesetzlich vorgeschriebenen Fristen über die Offenlegung vor der Prüfung oder Feststellung, sofern diese gesetzlich vorgeschrieben sind, oder nicht gleichzeitig mit beizufügenden Unterlagen offengelegt, so ist hierauf bei der Offenlegung hinzuweisen.**

Merkt 1255

§ 329

(2) ¹Werden Abschlüsse in Veröffentlichungen und Vervielfältigungen, die nicht durch Gesetz, Gesellschaftsvertrag oder Satzung vorgeschrieben sind, nicht in der nach Absatz 1 vorgeschriebenen Form wiedergegeben, so ist jeweils in einer Überschrift darauf hinzuweisen, daß es sich nicht um eine der gesetzlichen Form entsprechende Veröffentlichung handelt. ²Ein Bestätigungsvermerk darf nicht beigefügt werden. ³Ist jedoch auf Grund gesetzlicher Vorschriften eine Prüfung durch einen Abschlußprüfer erfolgt, so ist anzugeben, zu welcher der in § 322 Abs. 2 Satz 1 genannten zusammenfassenden Beurteilungen des Prüfungsergebnisses der Abschlussprüfer in Bezug auf den in gesetzlicher Form erstellten Abschluss gelangt ist und ob der Bestätigungsvermerk einen Hinweis nach § 322 Abs. 3 Satz 2 enthält. ⁴Ferner ist anzugeben, ob die Unterlagen bei dem Betreiber des elektronischen Bundesanzeigers eingereicht worden sind.

(3) ¹Absatz 1 Nr. 1 ist auf den Lagebericht, den Konzernlagebericht, den Vorschlag für die Verwendung des Ergebnisses und den Beschluß über seine Verwendung sowie auf die Aufstellung des Anteilsbesitzes entsprechend anzuwenden. ²Werden die in Satz 1 bezeichneten Unterlagen nicht gleichzeitig mit dem Jahresabschluß oder dem Konzernabschluß offengelegt, so ist bei ihrer nachträglichen Offenlegung jeweils anzugeben, auf welchen Abschluß sie sich beziehen und wo dieser offengelegt worden ist; dies gilt auch für die nachträgliche Offenlegung des Bestätigungsvermerks oder des Vermerks über seine Versagung.

(4) Die Rechtsverordnung nach § 330 Abs. 1 Satz 1, 4 und 5 kann dem Betreiber des elektronischen Bundesanzeigers Abweichungen von der Kontoform nach § 266 Abs. 1 Satz 1 gestatten.

1   1) I und II nF durch das BilReG 2004 (Einl 21 v § 328, **Übergangsrecht** in **(1)** EGHGB Art 58 III). **I** regelt Form und Inhalt der Unterlagen bei der Offenlegung (s § 325 Rn 1) und bei der Veröffentlichung oder Vervielfältigung in anderer Form nach GesVertrag, um jede Irreführung zu verhindern. I betrifft also die Pflichtbekanntmachung. Zulassung von Abweichungen durch RechtsVO des BMJ, eingefügt durch EHUG 2006 (**Übergangsrecht** in **(1)** EGHGB Art 61 V), soll adäquate Darstellung der Bilanz auf Bildschirmen ermöglichen (Staffel- oder sonstige Form statt Kontenform), Begr RegE BT-Drucks 16/960, S 49. **II** regelt die freiwilligen (nicht durch Gesetz oder GesVertrag vorgeschriebenen) Bekanntmachungen; diese brauchen nicht I, III zu entsprechen, aber Hinweis. **III** erstreckt I auf die anderen offen zu legenden Unterlagen, vor allem den Lagebericht. **IV** neu eingefügt durch EHUG 2006.

Zur Fristwahrung kann der Jahresabschluss schon vor der Prüfung und Feststellung offen gelegt werden, aber nur mit Hinweis darauf (I Nr 2), krit Baumb/Hueck/Schulze-Osterloh § 41 Rn 130. Einreichung auf Bild- oder Datenträger s § 8a II. Ordnungswidrigkeit § 334 I Nr 5. **Muster:** Hopt/Kraft 3. Aufl 2007 Form III.F.1 (Einreichung der offen zu legenden Unterlagen), Form III.G.2 (Bekanntmachung im BAnz). Lit: Farr GmbHR **96,** 185 (kleine GmbH), **99,** 1080 (kleine GmbH), Heni DStR **99,** 912 (GmbH & Co), Wiechmann WPg **99,** 916 (GmbH & Co).

Prüfungs- und Unterrichtungspflicht des Betreibers des elektronischen Bundesanzeigers

329 (1) ¹Der Betreiber des elektronischen Bundesanzeigers prüft, ob die einzureichenden Unterlagen fristgemäß und vollzählig eingereicht worden sind. ²Der Betreiber des Unternehmensregisters stellt dem Betreiber des elektronischen Bundesanzeigers die nach § 8b Abs. 3 Satz 2

2. Abschnitt. Vorschriften für Kapitalgesellschaften **1 § 329**

von den Landesjustizverwaltungen übermittelten Daten zur Verfügung, soweit dies für die Erfüllung der Aufgaben nach Satz 1 erforderlich ist. ³Die Daten dürfen vom Betreiber des elektronischen Bundesanzeigers nur für die in Satz 1 genannten Zwecke verwendet werden.

(2) ¹Gibt die Prüfung Anlass zu der Annahme, dass von der Größe der Kapitalgesellschaft abhängige Erleichterungen oder die Erleichterung nach § 327a nicht hätten in Anspruch genommen werden dürfen, kann der Betreiber des elektronischen Bundesanzeigers von der Kapitalgesellschaft innerhalb einer angemessenen Frist die Mitteilung der Umsatzerlöse (§ 277 Abs. 1) und der durchschnittlichen Zahl der Arbeitnehmer (§ 267 Abs. 5) oder Angaben zur Eigenschaft als Kapitalgesellschaft im Sinn des § 327a verlangen. ²Unterlässt die Kapitalgesellschaft die fristgemäße Mitteilung, gelten die Erleichterungen als zu Unrecht in Anspruch genommen.

(3) In den Fällen des § 325a Abs. 1 Satz 3 und des § 3401 Abs. 2 Satz 4 kann im Einzelfall die Vorlage einer Übersetzung in die deutsche Sprache verlangt werden.

(4) Ergibt die Prüfung nach Absatz 1 Satz 1, dass die offen zu legenden Unterlagen nicht oder unvollständig eingereicht wurden, wird die jeweils für die Durchführung von Ordnungsgeldverfahren nach den §§ 335, 340o und 341o zuständige Verwaltungsbehörde unterrichtet.

1) § 329 nF EHUG 2006 (**Übergangsrecht** in (1) EGHGB Art 61 V) ist dem **1** § 329 aF nachgebildet und verlagert die Prüfung entsprechend § 325 nF vom Registergericht auf den Betreiber des elektronischen BAnz. Geprüft wird nunmehr neben der Vollständigkeit auch die Fristmäßigkeit der Einreichung der Unterlagen als Voraussetzung für die Meldung der Nichtbefolgung der Offenlegungspflichten bei der überwachenden Behörde (Bundesamt für Justiz bzw bei Kredit- und Finanzdienstleistungsinstituten gem §§ 340n IV, 341n IV BaFin) und die anschließende Einleitung des Bußgeldverfahrens. Gem **I 1** prüft der Betreiber des elektronischen BAnz nur, ob es sich überhaupt um die einzureichenden Unterlagen (s § 328 Rn 1) handelt und ob sie vollzählig sind. Auf offensichtliche Nichtigkeit (zB Fehlen der Abschlussprüfung, § 317 Rn 1; auch § 319 Rn 1) braucht der Betreiber des elektronischen BAnz nicht zu prüfen, bei Fehlen der gesetzlichen Abschlussprüfung sind aber die Unterlagen nicht vollständig (§ 322). Auch eine inhaltliche Prüfung und eine Prüfung der Einhaltung von § 328 findet nicht statt. Gem **I 2** stellt der Betreiber des Unternehmensregisters dem Betreiber des elektronischen Bundesanzeigers die nach § 8b III 2 von den Landesjustizverwaltungen übermittelten Daten zur Verfügung, soweit dies für die Erfüllung der Aufgaben nach **I 1** erforderlich ist. Nach **I 3** dürfen die Daten vom Betreiber des elektronischen Bundesanzeigers nur für die in **I 1** genannten Zwecke verwendet werden. **II** regelt das Verfahren bei Zweifeln des elektronischen Bundesanzeigers an der Berechtigung der Inanspruchnahme größenabhängiger Erleichterungen oder der Erleichterung für bestimmte kapitalmarktorientierte KapitalGes (§ 327a nF; zweigniederlassungsbezogene Mitteilung (§ 325a I 1). **II 1** betrifft nur die Vollzähligkeit der Unterlagen (Verweis auf I), nicht inhaltliche Erleichterungen (§ 266 I 3, 276, 288, 327), Baumb/Hueck/Schulze-Osterloh § 41 Rn 144. Die Angaben nach II werden nicht zu den nach § 9 einsehbaren HdlRegUnterlagen genommen (Begr E § 284). **Weitere Prüfungen,** etwa der inhaltlichen Richtigkeit dieser Angaben, finden **nicht** statt. Durchsetzung durch Ordnungsgeldverfahren, § 335; Fiktion nach **II 2,** aber Wirkung begrenzt, insbesondere führt II 2 nicht zu Prüfungspflicht, Baumb/Hueck/Schulze-Osterloh § 41 Rn 144. Auch bei Publizitätsverweigerung keine Amtslöschung (insbes nach **(3)** § 141a FGG, nur vermögenslose KapitalGes); zu den Sanktionen Jansen DStR **00,** 596. Nach **III** (eingefügt durch EuroBilG

Merkt 1257

§ 330 III. Buch. Handelsbücher

2001) kann im Einzelfall über § 325 a I 4 hinaus Übersetzung in deutscher Sprache verlangt werden, insbesondere falls es für die Prüfung geboten ist. Lit zu § 325 und Grönwoldt BB **88**, 1494 (bei Überschuldung). **IV** ist Teil des durch das EHUG 2006 neu geregelten Sanktionssystems bei unzureichender oder fehlender Offenlegung: Ergibt die Prüfung nach I 1, dass die offen zu legenden Unterlagen nicht oder unvollständig eingereicht wurden, wird die jeweils für die Durchführung von Ordnungsgeldverfahren nach den §§ 335, 340 o und 341 o zuständige Verwaltungsbehörde unterrichtet.

Fünfter Unterabschnitt. Verordnungsermächtigung für Formblätter und andere Vorschriften

[Verordnungsermächtigung für Formblätter und andere Vorschriften]

330 (1) ¹Das Bundesministerium der Justiz wird ermächtigt, im Einvernehmen mit dem Bundesministerium der Finanzen und dem Bundesministerium für Wirtschaft und Technologie durch Rechtsverordnung, die nicht der Zustimmung des Bundesrates bedarf, für Kapitalgesellschaften Formblätter vorzuschreiben oder andere Vorschriften für die Gliederung des Jahresabschlusses oder des Konzernabschlusses oder den Inhalt des Anhangs, des Konzernanhangs, des Lageberichts oder des Konzernlageberichts zu erlassen, wenn der Geschäftszweig eine von den §§ 266, 275 abweichende Gliederung des Jahresabschlusses oder des Konzernabschlusses oder von den Vorschriften des Ersten Abschnitts und des Ersten und Zweiten Unterabschnitts des Zweiten Abschnitts abweichende Regelungen erfordert. ²Die sich aus den abweichenden Vorschriften ergebenden Anforderungen an die in Satz 1 bezeichneten Unterlagen sollen den Anforderungen gleichwertig sein, die sich für große Kapitalgesellschaften (§ 267 Abs. 3) aus den Vorschriften des Ersten Abschnitts und des Ersten und Zweiten Unterabschnitts des Zweiten Abschnitts sowie den für den Geschäftszweig geltenden Vorschriften ergeben. ³Über das geltende Recht hinausgehende Anforderungen dürfen nur gestellt werden, soweit sie auf Rechtsakten des Rates der Europäischen Union beruhen. ⁴Die Rechtsverordnung nach Satz 1 kann auch Abweichungen von der Kontoform nach § 266 Abs. 1 Satz 1 gestatten. ⁵Satz 4 gilt auch in den Fällen, in denen ein Geschäftszweig eine von den §§ 266 und 275 abweichende Gliederung erfordert.

(2) ¹Absatz 1 ist auf Kreditinstitute im Sinne des § 1 Abs. 1 des Gesetzes über das Kreditwesen, soweit sie nach dessen § 2 Abs. 1, 4 oder 5 von der Anwendung nicht ausgenommen sind, und auf Finanzdienstleistungsinstitute im Sinne des § 1 Abs. 1a des Gesetzes über das Kreditwesen, soweit sie nach dessen § 2 Abs. 6 oder 10 von der Anwendung nicht ausgenommen sind, sowie auf Zahlungsinstitute im Sinne des Zahlungsdiensteaufsichtsgesetzes, nach Maßgabe der Sätze 3 und 4 ungeachtet ihrer Rechtsform anzuwenden. ²Satz 1 ist auch auf Zweigstellen von Unternehmen mit Sitz in einem Staat anzuwenden, der nicht Mitglied der Europäischen Gemeinschaft und auch nicht Vertragsstaat des Abkommens über den Europäischen Wirtschaftsraum ist, sofern die Zweigstelle nach § 53 Abs. 1 des Gesetzes über das Kreditwesen als Kreditinstitut oder als Finanzinstitut gilt. ³Die Rechtsverordnung bedarf nicht der Zustimmung des Bundesrates; sie ist im Einvernehmen mit dem Bundesministerium der Finanzen und im Benehmen mit der Deutschen Bundesbank zu erlassen. ⁴In die Rechtsverordnung nach Satz 1 können auch nähere Bestimmungen über die Aufstellung des Jahresabschlusses und des Konzernabschlusses im Rahmen der vorgeschriebenen Formblätter für die Gliederung des Jahresabschlusses und des Konzernabschlusses sowie des Zwischenabschlusses gemäß § 340 a Abs. 3 und des Konzernzwischenabschlusses

2. Abschnitt. Vorschriften für Kapitalgesellschaften 1, 2 § 330

gemäß § 340i Abs. 4 aufgenommen werden, soweit dies zur Erfüllung der Aufgaben der Bundesanstalt für Finanzdienstleistungsaufsicht oder der Deutschen Bundesbank erforderlich ist, insbesondere um einheitliche Unterlagen zur Beurteilung der von den Kreditinstituten und Finanzdienstleistungsinstituten durchgeführten Bankgeschäfte und erbrachten Finanzdienstleistungen zu erhalten.

(3) ¹Absatz 1 ist auf Versicherungsunternehmen nach Maßgabe der Sätze 3 und 4 ungeachtet ihrer Rechtsform anzuwenden. ²Satz 1 ist auch auf Niederlassungen im Geltungsbereich dieses Gesetzes von Versicherungsunternehmen mit Sitz in einem anderen Staat anzuwenden, wenn sie zum Betrieb des Direktversicherungsgeschäfts der Erlaubnis durch die deutsche Versicherungsaufsichtsbehörde bedürfen. ³Die Rechtsverordnung bedarf der Zustimmung des Bundesrates und ist im Einvernehmen mit dem Bundesministerium der Finanzen zu erlassen. ⁴In die Rechtsverordnung nach Satz 1 können auch nähere Bestimmungen über die Aufstellung des Jahresabschlusses und des Konzernabschlusses im Rahmen der vorgeschriebenen Formblätter für die Gliederung des Jahresabschlusses und des Konzernabschlusses sowie Vorschriften über den Ansatz und die Bewertung von versicherungstechnischen Rückstellungen, insbesondere die Näherungsverfahren, aufgenommen werden. ⁵Die Zustimmung des Bundesrates ist nicht erforderlich, soweit die Verordnung ausschließlich dem Zweck dient, Abweichungen nach Absatz 1 Satz 4 und 5 zu gestatten.

(4) ¹In der Rechtsverordnung nach Absatz 1 in Verbindung mit Absatz 3 kann bestimmt werden, daß Versicherungsunternehmen, auf die die Richtlinie 91/674/EWG nach deren Artikel 2 in Verbindung mit Artikel 3 der Richtlinie 73/239/EWG oder in Verbindung mit Artikel 2 Nr. 2 oder 3 oder Artikel 3 der Richtlinie 79/267/EWG nicht anzuwenden ist, von den Regelungen des Zweiten Unterabschnitts des Vierten Abschnitts ganz oder teilweise befreit werden, soweit dies erforderlich ist, um eine im Verhältnis zur Größe der Versicherungsunternehmen unangemessene Belastung zu vermeiden; Absatz 1 Satz 2 ist insoweit nicht anzuwenden. ²In der Rechtsverordnung dürfen diesen Versicherungsunternehmen auch für die Gliederung des Jahresabschlusses und des Konzernabschlusses, für die Erstellung von Anhang und Lagebericht und Konzernanhang und Konzernlagebericht sowie für die Offenlegung ihrer Größe angemessene Vereinfachungen gewährt werden.

(5) Die Absätze 3 und 4 sind auf Pensionsfonds (§ 112 Abs. 1 des Versicherungsaufsichtsgesetzes) entsprechend anzuwenden.

1) Kapitalgesellschaften (I)

§ 330 I enthält Verordnungsermächtigung für geschäftszweigbezogene Formblätter und für andere Vorschriften allgemein für KapitalGes. Betroffen sind herkömmlich vor allem Kreditinstitute, Finanzinstitute und Versicherungsunternehmen. Rechtsverordnungen gibt es ua über die Rechnungslegung der Kreditinstitute und Finanzdienstleistungsinstitute (RechKredV, s Rn 3) und von Versicherungsunternehmen (RechVersV, s Rn 4), über die Gliederung des Jahresabschlusses von Verkehrsunternehmen sowie weitere VO betr Wohnungsunternehmen, Krankenhaus-Buchführung, Pflegeeinrichtungen. Fundstellen: Beck-BilKomm/Förschle/Lawall 20.

2) Kreditinstitute und Finanzdienstleistungsinstitute (II)

II gibt für Kreditinstitute und Finanzdienstleistungsinstitute eine einheitliche Rechtsgrundlage. II 1 erstreckt I rechtsformunabhängig auf Kreditinstitute und Finanzdienstleistungsinstitute nach KWG (§ 340 Rn 3) sowie Zahlungsinstitute

§ 331

nach ZAG (ZDUmsG 2009). II 2 erstreckt I auf Zweigstellen von Unternehmen aus Drittstaaten (außerhalb EG und EWR), die nach § 53 I KWG für die Zwecke der Bankenaufsicht als Kreditinstitute oder Finanzinstitute gelten. Aufgrund von II erging die RechKredV (s Rn 3).

3) Verordnung über die Rechnungslegung der Kreditinstitute und Finanzdienstleistungsinstitute (RechKredV)

3 Für Kreditinstitute und Finanzdienstleistungsinstitute gilt die VO über die Rechnungslegung der Kreditinstitute und Finanzdienstleistungsinstitute (**RechKredV**) idF 11. 12. 98 (BGBl I 3658) s § 340 Rn 5 ff. Erläuterung in WP-Hdb 06 I J 23 ff, 292 ff. Für **Banken** ist am 17. 12. 98 (BGBl I 3690) die PrüfungsberichtsVO (PrüfbV) auf der Grundlage von § 29 IV KWG ergangen. Für **Wertpapierdienstleistungsunternehmen** ist am 6. 1. 99 (BGBl I 4) die VO über die Prüfung von Wertpapier-Dienstleistungsunternehmen auf der Grundlage von § 36 WpHG ergangen.

4) Versicherungsunternehmen (III, IV)

4 III, IV neu VersRiLiG 1994 (§ 341 Rn 1). Dazu VO über die Rechnungslegung von Versicherungsunternehmen (**RechVersV**) 8. 11. 94 (BGBl I 3378) s § 341 Rn 3. Erläuterung in WP-Hdb **06** I K 63 ff.

5) Pensionsfonds (V)

5 V neu eingefügt durch AVmG 2001. Bislang wurde von der Ermächtigung noch kein Gebrauch gemacht.

Sechster Unterabschnitt. Straf- und Bußgeldvorschriften. Zwangsgelder

Unrichtige Darstellung

331 Mit Freiheitsstrafe bis zu drei Jahren oder mit Geldstrafe wird bestraft, wer

1. als Mitglied des vertretungsberechtigten Organs oder des Aufsichtsrats einer Kapitalgesellschaft die Verhältnisse der Kapitalgesellschaft in der Eröffnungsbilanz, im Jahresabschluß, im Lagebericht oder im Zwischenabschluß nach § 340a Abs. 3 unrichtig wiedergibt oder verschleiert,
1a. als Mitglied des vertretungsberechtigten Organs einer Kapitalgesellschaft zum Zwecke der Befreiung nach § 325 Abs. 2a Satz 1, Abs. 2b einen Einzelabschluss nach den in § 315a Abs. 1 genannten internationalen Rechnungslegungsstandards, in dem die Verhältnisse der Kapitalgesellschaft unrichtig wiedergegeben oder verschleiert worden sind, vorsätzlich oder leichtfertig offen legt,
2. als Mitglied des vertretungsberechtigten Organs oder des Aufsichtsrats einer Kapitalgesellschaft die Verhältnisse des Konzerns im Konzernabschluß, im Konzernlagebericht oder im Konzernzwischenabschluß nach § 340i Abs. 4 unrichtig wiedergibt oder verschleiert,
3. als Mitglied des vertretungsberechtigten Organs einer Kapitalgesellschaft zum Zwecke der Befreiung nach § 291 Abs. 1 und 2 oder einer nach § 292 erlassenen Rechtsverordnung einen Konzernabschluß oder Konzernlagebericht, in dem die Verhältnisse des Konzerns unrichtig wiedergegeben oder verschleiert worden sind, vorsätzlich oder leichtfertig offenlegt,
3a entgegen § 264 Abs. 2 Satz 3, § 289 Abs. 1 Satz 5, § 297 Abs. 2 Satz 4 oder § 315 Abs. 1 Satz 6 eine Versicherung nicht richtig abgibt,

2. Abschnitt. Vorschriften für Kapitalgesellschaften §§ 332, 333

4. als Mitglied des vertretungsberechtigten Organs einer Kapitalgesellschaft oder als Mitglied des vertretungsberechtigten Organs oder als vertretungsberechtigter Gesellschafter eines ihrer Tochterunternehmen (§ 290 Abs. 1, 2) in Aufklärungen oder Nachweisen, die nach § 320 einem Abschlußprüfer der Kapitalgesellschaft, eines verbundenen Unternehmens oder des Konzerns zu geben sind, unrichtige Angaben macht oder die Verhältnisse der Kapitalgesellschaft, eines Tochterunternehmens oder des Konzerns unrichtig wiedergibt oder verschleiert.

1) §§ 331–333, nF durch BilReG 2004 (Einl 21 v § 238, **Übergangsregelung** **1** in (1) EGHGB Art 58 III) enthalten Straftatbestände, § 334 Ordnungswidrigkeitstatbestände und § 335 die Möglichkeit, Zwangsgeld festzusetzen. § 331 Nr 1, 2 idF KWGÄndG 1992, Nr 3 idF KapAEG 1998, Nr 3a eingefügt durch TUG 2007 (**Übergangsrecht** in (1) EGHGB Art 62). § 331 ist Schutzgesetz iSv § 823 II BGB, LG Bonn AG **01,** 486. Quartalsberichte geben die Verhältnisse der Ges iSv § 331 Nr 1 wieder, wenn sie ein Gesamtbild über die wirtschaftliche Lage der Ges ermöglichen und den Eindruck der Vollständigkeit erwecken (BGH AG **05,** 162 – EM.TV).

Verletzung der Berichtspflicht

332 (1) Mit Freiheitsstrafe bis zu drei Jahren oder mit Geldstrafe wird bestraft, wer als Abschlußprüfer oder Gehilfe eines Abschlußprüfers über das Ergebnis der Prüfung eines Jahresabschlusses, eines Einzelabschlusses nach § 325 Abs. 2 a, eines Lageberichts, eines Konzernabschlusses, eines Konzernlageberichts einer Kapitalgesellschaft oder eines Zwischenabschlusses nach § 340 a Abs. 3 oder eines Konzernzwischenabschlusses gemäß § 340 i Abs. 4 unrichtig berichtet, im Prüfungsbericht (§ 321) erhebliche Umstände verschweigt oder einen inhaltlich unrichtigen Bestätigungsvermerk (§ 322) erteilt.

(2) Handelt der Täter gegen Entgelt oder in der Absicht, sich oder einen anderen zu bereichern oder einen anderen zu schädigen, so ist die Strafe Freiheitsstrafe bis zu fünf Jahren oder Geldstrafe.

1) I idF BilReG 2004. Verletzung der Berichtspflicht s § 323 Rn 1. Notwen- **1** dig ist Erheblichkeit (nicht nur bei I 2. Alternative: Umstände). § 332 setzt Vorsatz voraus. § 332 ist lex specialis zu § 403 AktG. § 332 ist Schutzgesetz iSv § 823 II BGB, Karlsr WM **85,** 944, s § 323 Rn 8. Lit: Hoffmann/Knierim BB **02,** 2275.

Verletzung der Geheimhaltungspflicht

333 (1) Mit Freiheitsstrafe bis zu einem Jahr oder mit Geldstrafe wird bestraft, wer ein Geheimnis der Kapitalgesellschaft, eines Tochterunternehmens (§ 290 Abs. 1, 2), eines gemeinsam geführten Unternehmens (§ 310) oder eines assoziierten Unternehmens (§ 311), namentlich ein Betriebs- oder Geschäftsgeheimnis, das ihm in seiner Eigenschaft als Abschlußprüfer oder Gehilfe eines Abschlußprüfers bei Prüfung des Jahresabschlusses, eines Einzelabschlusses nach § 325 Abs. 2a oder des Konzernabschlusses bekannt geworden ist, oder wer ein Geschäfts- oder Betriebsgeheimnis oder eine Erkenntnis über das Unternehmen, das ihm als Beschäftigter bei einer Prüfstelle im Sinne von § 342 b Abs. 1 bei der Prüftätigkeit bekannt geworden ist, unbefugt offenbart.

(2) ¹Handelt der Täter gegen Entgelt oder in der Absicht, sich oder einen anderen zu bereichern oder einen anderen zu schädigen, so ist die Strafe

Merkt

§ 334 III. Buch. Handelsbücher

Freiheitsstrafe bis zu zwei Jahren oder Geldstrafe. ²Ebenso wird bestraft, wer ein Geheimnis der in Absatz 1 bezeichneten Art, namentlich ein Betriebs- oder Geschäftsgeheimnis, das ihm unter den Voraussetzungen des Absatzes 1 bekannt geworden ist, unbefugt verwertet.

(3) Die Tat wird nur auf Antrag der Kapitalgesellschaft verfolgt.

1 1) S § 323 Rn 2–8. § 333 (I nF durch BilKoG 2004) ist Vorsatzstraftat und Antragsdelikt; lex specialis zu § 404 AktG. Lit: Mock DB **03,** 1996, Quick BB **04,** 699.

Bußgeldvorschriften

334 (1) Ordnungswidrig handelt, wer als Mitglied des vertretungsberechtigten Organs oder des Aufsichtsrats einer Kapitalgesellschaft
1. bei der Aufstellung oder Feststellung des Jahresabschlusses einer Vorschrift
    a) des § 243 Abs. 1 oder 2, der §§ 244, 245, 246, 247, 248, 249 Abs. 1 Satz 1 oder Abs. 2, des § 250 Abs. 1 oder 2, des § 251 oder des § 264 Abs. 2 über Form oder Inhalt,
    b) des § 253 Abs. 1 Satz 1, 2, 3 oder Satz 4, Abs. 2 Satz 1, auch in Verbindung mit Satz 2, Abs. 3 Satz 1, 2 oder 3, Abs. 4 oder 5, des § 254 oder des § 256 a über die Bewertung,
    c) des § 265 Abs. 2, 3, 4 oder 6, der §§ 266, 268 Abs. 2, 3, 4, 5, 6 oder 7, der §§ 272, 274, 275 oder des § 277 über die Gliederung oder
    d) des § 284 oder des § 285 über die in der Bilanz oder im Anhang zu machenden Angaben,
2. bei der Aufstellung des Konzernabschlusses einer Vorschrift
    a) des § 294 Abs. 1 über den Konsolidierungskreis,
    b) des § 297 Abs. 2 oder 3 oder des § 298 Abs. 1 in Verbindung mit den §§ 244, 245, 246, 247, 248, 249 Abs. 1 Satz 1 oder Abs. 2, dem § 250 Abs. 1 oder dem § 251 über Inhalt oder Form,
    c) des § 300 über die Konsolidierungsgrundsätze oder das Vollständigkeitsgebot,
    d) des § 308 Abs. 1 Satz 1 in Verbindung mit den in Nummer 1 Buchstabe b bezeichneten Vorschriften, des § 308 Abs. 2 oder des § 308 a über die Bewertung,
    e) des § 311 Abs. 1 Satz 1 in Verbindung mit § 312 über die Behandlung assoziierter Unternehmen oder
    f) des § 308 Abs. 1 Satz 3, des § 313 oder des § 314 über die im Anhang zu machenden Angaben,
3. bei der Aufstellung des Lageberichts einer Vorschrift des § 289 Abs. 1, 4 oder Abs. 5 oder des § 289 a über den Inhalt des Lageberichts,
4. bei der Aufstellung des Konzernlageberichts einer Vorschrift des § 315 Abs. 1 oder 4 über den Inhalt des Konzernlageberichts,
5. bei der Offenlegung, Veröffentlichung oder Vervielfältigung einer Vorschrift des § 328 über Form oder Inhalt oder
6. einer auf Grund des § 330 Abs. 1 Satz 1 erlassenen Rechtsverordnung, soweit sie für einen bestimmten Tatbestand auf diese Bußgeldvorschrift verweist,

zuwiderhandelt.

(2) Ordnungswidrig handelt, wer zu einem Jahresabschluss, zu einem Einzelabschluss nach § 325 Abs. 2 a oder zu einem Konzernabschluss, der aufgrund gesetzlicher Vorschriften zu prüfen ist, einen Vermerk nach § 322 Abs. 1 erteilt, obwohl nach § 319 Abs. 2, 3, 5, § 319 a Abs. 1 Satz 1, Abs. 2, § 319 b Abs. 1 Satz 1 oder 2 er oder nach § 319 Abs. 4, auch in Verbindung

2. Abschnitt. Vorschriften für Kapitalgesellschaften § 335

mit § 319a Abs. 1 Satz 2, oder § 319a Abs. 1 Satz 4, 5, § 319b Abs. 1 die Wirtschaftsprüfungsgesellschaft oder die Buchprüfungsgesellschaft, für die er tätig wird, nicht Abschlussprüfer sein darf.

(3) Die Ordnungswidrigkeit kann mit einer Geldbuße bis zu fünfzigtausend Euro geahndet werden.

(4) Verwaltungsbehörde im Sinn des § 36 Abs. 1 Nr. 1 des Gesetzes über Ordnungswidrigkeiten ist in den Fällen der Absätze 1 und 2 das Bundesamt für Justiz.

(5) Die Absätze 1 bis 4 sind auf Kreditinstitute im Sinn des § 340 und auf Versicherungsunternehmen im Sinn des § 341 Abs. 1 nicht anzuwenden.

1) Vorsatztat, Näheres s OWiG. Redaktionelle Anpassungen durch BilMoG 1 2009. I Nr 6, IV nF BankBiRiLiG 1990 (§ 340 Rn 1), II idF BilReG 2004 (**Übergangsrecht** in (1) EGHGB Art 58 III), III idF VorstOG 2005 (**Übergangsrecht** in (1) EGHGB Art 59), IV nF und V nF (früher IV) idF EHUG 2006 (**Übergangsrecht** in (1) EGHGB Art 61 V).

Festsetzung von Ordnungsgeld

335 (1) ¹Gegen die Mitglieder des vertretungsberechtigten Organs einer Kapitalgesellschaft, die

1. § 325 über die Pflicht zur Offenlegung des Jahresabschlusses, des Lageberichts, des Konzernabschlusses, des Konzernlageberichts und anderer Unterlagen der Rechnungslegung oder
2. § 325a über die Pflicht zur Offenlegung der Rechnungslegungsunterlagen der Hauptniederlassung

nicht befolgen, ist wegen des pflichtwidrigen Unterlassens der rechtzeitigen Offenlegung vom Bundesamt für Justiz (Bundesamt) ein Ordnungsgeldverfahren nach den Absätzen 2 bis 6 durchzuführen; im Fall der Nummer 2 treten die in § 13e Abs. 2 Satz 4 Nr. 3 genannten Personen, sobald sie angemeldet sind, an die Stelle der Mitglieder des vertretungsberechtigten Organs der Kapitalgesellschaft. ²Das Ordnungsgeldverfahren kann auch gegen die Kapitalgesellschaft durchgeführt werden, für die die Mitglieder des vertretungsberechtigten Organs die in Satz 1 Nr. 1 und 2 genannten Pflichten zu erfüllen haben. ³Dem Verfahren steht nicht entgegen, dass eine der Offenlegung vorausgehende Pflicht, insbesondere die Aufstellung des Jahres- oder Konzernabschlusses oder die unverzügliche Erteilung des Prüfauftrags, noch nicht erfüllt ist. ⁴Das Ordnungsgeld beträgt mindestens zweitausendfünfhundert und höchstens fünfundzwanzigtausend Euro. ⁵Eingenommene Ordnungsgelder fließen dem Bundesamt zu.

(2) ¹Auf das Verfahren sind die §§ 15 bis 19, § 40 Abs. 1, § 388 Abs. 1, § 389 Abs. 3, § 390 Abs. 2 bis 6 des Gesetzes über das Verfahren in Familiensachen und in den Angelegenheiten der freiwilligen Gerichtsbarkeit sowie im Übrigen § 11 Nr. 1 und 2, § 12 Abs. 1 Nr. 1 bis 3, Abs. 2 und 3, §§ 14, 15, 20 Abs. 1 und 3, § 21 Abs. 1, §§ 23 und 26 des Verwaltungsverfahrensgesetzes nach Maßgabe der nachfolgenden Absätze entsprechend anzuwenden. ²Das Ordnungsgeldverfahren ist ein Justizverwaltungsverfahren. ³Zur Vertretung der Beteiligten sind auch Wirtschaftsprüfer und vereidigte Buchprüfer, Steuerberater, Steuerbevollmächtigte, Personen und Vereinigungen im Sinn des § 3 Nr. 4 des Steuerberatungsgesetzes sowie Gesellschaften im Sinn des § 3 Nr. 2 und 3 des Steuerberatungsgesetzes, die durch Personen im Sinn des § 3 Nr. 1 des Steuerberatungsgesetzes handeln, befugt.

(2a) ¹Für eine elektronische Aktenführung und Kommunikation sind § 110a Abs. 1, § 110b Abs. 1 Satz 1, Abs. 2 bis 4, § 110c Abs. 1 sowie § 110d

§ 335

des Gesetzes über Ordnungswidrigkeiten entsprechend anzuwenden. ²§ 110a Abs. 2 Satz 1 und 3 sowie § 110b Abs. 1 Satz 2 und 4 des Gesetzes über Ordnungswidrigkeiten sind mit der Maßgabe entsprechend anzuwenden, dass das Bundesministerium der Justiz die Rechtsverordnung ohne Zustimmung des Bundesrates erlassen kann; es kann die Ermächtigung durch Rechtsverordnung auf das Bundesamt für Justiz übertragen.

(3) ¹Den in Absatz 1 Satz 1 und 2 bezeichneten Beteiligten ist unter Androhung eines Ordnungsgeldes in bestimmter Höhe aufzugeben, innerhalb einer Frist von sechs Wochen vom Zugang der Androhung an ihrer gesetzlichen Verpflichtung nachzukommen oder die Unterlassung mittels Einspruchs gegen die Verfügung zu rechtfertigen. ²Mit der Androhung des Ordnungsgeldes sind den Beteiligten zugleich die Kosten des Verfahrens aufzuerlegen. ³Der Einspruch kann auf Einwendungen gegen die Entscheidung über die Kosten beschränkt werden. ⁴Wenn die Beteiligten nicht spätestens sechs Wochen nach dem Zugang der Androhung der gesetzlichen Pflicht entsprochen oder die Unterlassung mittels Einspruchs gerechtfertigt haben, ist das Ordnungsgeld festzusetzen und zugleich die frühere Verfügung unter Androhung eines erneuten Ordnungsgeldes zu wiederholen. ⁵Wenn die Sechswochenfrist nur geringfügig überschritten wird, kann das Bundesamt das Ordnungsgeld herabsetzen. ⁶Der Einspruch gegen die Androhung des Ordnungsgeldes und gegen die Entscheidung über die Kosten hat keine aufschiebende Wirkung. ⁷Führt der Einspruch zu einer Einstellung des Verfahrens, ist zugleich auch die Kostenentscheidung nach Satz 2 aufzuheben.

(4) Gegen die Entscheidung, durch die das Ordnungsgeld festgesetzt oder der Einspruch oder der Antrag auf Wiedereinsetzung in den vorigen Stand verworfen wird, sowie gegen die Entscheidung nach Absatz 3 Satz 7 findet die Beschwerde nach den Vorschriften des Gesetzes über das Verfahren in Familiensachen und in den Angelegenheiten der freiwilligen Gerichtsbarkeit statt, soweit sich nicht aus Absatz 5 etwas anderes ergibt.

(5) ¹Die Beschwerde ist binnen einer Frist von zwei Wochen einzulegen; über sie entscheidet das für den Sitz des Bundesamts zuständige Landgericht. ²Die Landesregierung des Landes, in dem das Bundesamt seinen Sitz unterhält, wird ermächtigt, zur Vermeidung von erheblichen Verfahrensrückständen oder zum Ausgleich einer übermäßigen Geschäftsbelastung durch Rechtsverordnung die Entscheidung über die Rechtsmittel nach Satz 1 einem anderen Landgericht oder weiteren Landgerichten zu übertragen. ³Die Landesregierung kann diese Ermächtigung auf die Landesjustizverwaltung übertragen. ⁴Ist bei dem Landgericht eine Kammer für Handelssachen gebildet, so tritt diese Kammer an die Stelle der Zivilkammer. ⁵Entscheidet über die Beschwerde die Zivilkammer, so sind die §§ 348 und 348a der Zivilprozessordnung entsprechend anzuwenden; über eine bei der Kammer für Handelssachen anhängige Beschwerde entscheidet der Vorsitzende. ⁶Die Rechtsbeschwerde findet nicht statt. ⁷Das Landgericht kann nach billigem Ermessen bestimmen, dass die außergerichtlichen Kosten der Beteiligten, die zur zweckentsprechenden Rechtsverfolgung notwendig waren, ganz oder teilweise aus der Staatskasse zu erstatten sind. ⁸Satz 7 gilt entsprechend, wenn das Bundesamt der Beschwerde abhilft. ⁹§ 91 Abs. 1 Satz 2 und die §§ 103 bis 107 der Zivilprozessordnung gelten entsprechend. ¹⁰Absatz 2 Satz 3 ist anzuwenden. ¹¹*Die sofortige Beschwerde ist bei dem Bundesamt einzulegen.* ¹²*Hält das Bundesamt die sofortige Beschwerde für begründet, hat es ihr abzuhelfen; anderenfalls ist die sofortige Beschwerde unverzüglich dem Beschwerdegericht vorzulegen.*

(5a) ¹Für die elektronische Aktenführung des Gerichts und die Kommunikation mit dem Gericht nach Absatz 5 sind § 110a Abs. 1, § 110b Abs. 1

2. Abschnitt. Vorschriften für Kapitalgesellschaften 1, 2 § 335

Satz 1, Abs. 2 bis 4, § 110 c Abs. 1 sowie § 110 d des Gesetzes über Ordnungswidrigkeiten entsprechend anzuwenden. ²§ 110 a Abs. 2 Satz 1 und 3 sowie § 110 b Abs. 1 Satz 2 und 4 des Gesetzes über Ordnungswidrigkeiten sind mit der Maßgabe anzuwenden, dass die Landesregierung des Landes, in dem das Bundesamt seinen Sitz unterhält, die Rechtsverordnung erlassen und die Ermächtigung durch Rechtsverordnung auf die Landesjustizverwaltung übertragen kann.

(6) ¹Liegen dem Bundesamt in einem Verfahren nach den Absätzen 1 bis 3 keine Anhaltspunkte über die Einstufung einer Gesellschaft im Sinn des § 267 Abs. 1, 2 oder Abs. 3 vor, ist den in Absatz 1 Satz 1 und 2 bezeichneten Beteiligten zugleich mit der Androhung des Ordnungsgeldes aufzugeben, im Fall des Einspruchs die Bilanzsumme nach Abzug eines auf der Aktivseite ausgewiesenen Fehlbetrags (§ 268 Abs. 3), die Umsatzerlöse in den ersten zwölf Monaten vor dem Abschlussstichtag (§ 277 Abs. 1) und die durchschnittliche Zahl der Arbeitnehmer (§ 267 Abs. 5) für das betreffende Geschäftsjahr und für diejenigen vorausgehenden Geschäftsjahre, die für die Einstufung nach § 267 Abs. 1, 2 oder Abs. 3 erforderlich sind, anzugeben. ²Unterbleiben die Angaben nach Satz 1, so wird für das weitere Verfahren vermutet, dass die Erleichterungen der §§ 326 und 327 nicht in Anspruch genommen werden können. ³Die Sätze 1 und 2 gelten für den Konzernabschluss und den Konzernlagebericht entsprechend mit der Maßgabe, dass an die Stelle der §§ 267, 326 und 327 der § 293 tritt.

1) § 335 wurde als zentrale Vorschrift zur Sanktionierung der Offenlegungspflicht des § 325 im Zuge der **Reform durch das EHUG 2006 (Übergangsrecht** in **(1)** EGHGB Art 61 V) grundlegend **verschärft.** Der Gesetzgeber reagierte damit auf zweierlei: Erstens waren in § 335 aF die **EG-Vorgaben** Ri 21. 12. 89 ABlEG Nr L 395/36 unzureichend umgesetzt, EuGH NJW **98,** 129 (Daihatsu) m Anm Schulze-Osterloh ZIP **97,** 2157, Leible ZHR 162 **(98),** 594, Schön JZ **98,** 194, Crezelius ZGR **99,** 252, Hirte NJW **99,** 36 und EuGH ZIP **98,** 1716 m Anm Schulze-Osterloh (Schlussanträge Cosmas ZIP **97,** 1330), da das an Anträge bestimmten Personen bzw Gruppierungen gebundene Zwangsgeldverfahren iSv § 335 aF nicht mit der EG-Ri konform war. Zu den Voraussetzungen, unter denen die fehlerhafte Umsetzung der Ri einen Schadensersatzanspruch begründet LG Berlin DB **02,** 258. Zweitens wurden §§ 325 ff von den zur Offenlegung verpflichteten Ges größtenteils ignoriert. Schätzungen zufolge erfüllten vor 2007 nur etwa 5% aller von §§ 325 ff erfassten Ges ihre Offenlegungspflicht, Liebscher/Scharff NJW **06,** 3745, 3750. Durch G vom 10. 12. 07 (BGBl I S 2833) **II a** eingefügt, Rechtsgrundlage zur Durchführung der elektr Aktenführung der Behörde. Durch **BilMoG 2009 (Übergangsrecht** in **(1)** EGHGB Art 66 VI) mit V 2 und 3 nF Verordnungsermächtigung für zuständige Landesbehörde zur Übertragung der gerichtlichen Zuständigkeit bei Überlastung an andere LG geschaffen; Zuständigkeitsregeln für sofortige Beschwerde mit V 11 (s aber Rn 3 aE). Va entspricht II a.

2) **Funktion:**

Die Androhung und Festsetzung von Ordnungsgeld dient der **Erzwingung** 2 **der Offenlegung** gem § 325 von Jahresabschluss, Konzernabschluss, Lagebericht, Konzernlagebericht und anderen Unterlagen **(I 1 Nr 1)** sowie gem § 325 a der Rechnungslegungsunterlagen der Hauptniederlassung **(I 1 Nr 2).** Inanspruchnahme der Erleichterungen iSv §§ 326, 327 iVm 267 I bis III für kleine u mittelgroße Ges s **VI.** Ein aufgestellter, aber nichtiger Abschluss rechtfertigt keine Zwangmaßnahme, BayObLG NJW-RR **00,** 1350 (zu § 335 aF; offen, ob auch bei Feststellung der Nichtigkeit gemäß § 256 VII AktG). Lit: Grashoff DB **06,** 513, 515, Liebscher/Scharff NJW **06,** 3745, 3750, Wolff/

§§ 335a, 335b 1 III. Buch. Handelsbücher

Nagel StuB **06,** 621, Stollenwerk/Krieg GmbHR **08,** 575, Wenzel BB **08,** 769, Schlauß BB **08,** 939.

3) Verfahren:

3   Nach dem neuen **Ordnungsgeldverfahren** des **§ 335 nF** (Justizverwaltungsverfahren, **II 2**) hat der Betreiber des elektronischen BAnz **von Amts wegen** nach § 329 I 1 nF zu prüfen, ob die einzureichenden Unterlagen fristgemäß und vollständig eingereicht worden sind. Ergibt die Prüfung, dass die einzureichenden Unterlagen nicht oder nicht vollständig eingereicht wurden, muss dies gem § 329 IV an das Bundesamt für Justiz (bei Kredit- und Finanzdienstleistungsinstituten gem §§ 340n IV, 341n IV an die BaFin) gemeldet werden. Die Behörde droht gem **I 1 u II** den Mitgliedern des vertretungsberechtigten Organs der Ges **(I 1)** oder der Ges selbst **(I 2)** ein Ordnungsgeld zwischen 2500 und 25 000 Euro **(I 4)** an und erlegt diesen zugleich die Verfahrenskosten auf **(III 1 u 2)**. Nicht entgegen steht, dass eine der Offenlegung vorausgehende Pflicht, insbesondere die Pflicht zur Aufstellung des Abschlusses, nicht erfüllt ist, **I 3**. Einspruch gegen die Androhung und die Kostenentscheidung hat keine aufschiebende Wirkung **(III 6)**. Wird die gesetzliche Pflicht nicht innerhalb von sechs Wochen nach Zugang der Androhung erfüllt, wird das Ordnungsgeld festgesetzt; zugleich wird die frühere Verfügung unter Androhung eines erneuten Ordnungsgeldes wiederholt, Liebscher/Scharff NJW **06,** 3745, 3750; die Frist ist auch gewahrt, wenn die eingereichten Unterlagen lediglich nicht bearbeitbar sind, LG Bonn NZG **08,** 517. Es gelten gem **II 1** die Vorschriften des FamFG (§§ 15–19, 40 I, 388 I, 389 III, 390 II–VI) und des VwVfG (§§ 11 Nr 1 u 2, 12 I Nr 1 bis 3, II u III, 14, 15, 20 I u III, 21 I, 23 und 26). Zur Vertretung der Beteiligten in dem Verfahren sind auch Wirtschaftsprüfer, vereidigte Buchprüfer, Steuerberater u Steuerbevollmächtigte befugt, **II 3**. Rechtsmittel: **IV** u **V**, hier bei erstmaligem Vorbringen wegen Bestandskraft der Androhung keine Überprüfung mehr der Offenlegungspflicht selbst, LG Bonn BB **08,** 2120. **V** 11, 12 waren nur vom 29. 5. 09 bis zum 31. 8. 09 anzuwenden, **(1)** EGHGB 66 VI. Rspr Übersicht bei Stollenwerk/Kurpat BB **09,** 150.

335a *(aufgehoben)*

1   **1)** Ordnungsgeldverfahren nach § 335a, aufgehoben durch EHUG 2006 (**Übergangsrecht** in **(1)** EGHGB Art 61 V), abgeschafft. Sanktionierung der Offenlegungspflicht gem § 325 ausschließlich durch Bußgeldverfahren in der Zuständigkeit des Bundesamtes für Justiz § 334 IV bzw – für Finanzdienstleistungsinstitute – der BaFin §§ 340n, 341n.

Anwendung der Straf- und Bußgeld- sowie der Ordnungsgeldvorschriften auf bestimmte offene Handelsgesellschaften und Kommanditgesellschaften

335b
Die Strafvorschriften der §§ 331 bis 333, die Bußgeldvorschrift des § 334 sowie die Ordnungsgeldvorschrift des § 335 gelten auch für offene Handelsgesellschaften und Kommanditgesellschaften im Sinn des § 264a Abs. 1.

1   **1)** § 335 b bezieht die OHG und KG iSv § 264 a I in den Anwendungsbereich der §§ 331, 333, 334 und 335 ein, was zur genauen Bezeichnung der Adressaten der Straf-, Buß-, Zwangs- und Ordnungsgeldvorschriften notwendig ist.

3. Abschnitt. Vorschriften für eingetragene Genossenschaften §§ 336, 337

Dritter Abschnitt. Ergänzende Vorschriften für eingetragene Genossenschaften

Pflicht zur Aufstellung von Jahresabschluß und Lagebericht

336 (1) ¹Der Vorstand einer Genossenschaft hat den Jahresabschluß (§ 242) um einen Anhang zu erweitern, der mit der Bilanz und der Gewinn- und Verlustrechnung eine Einheit bildet, sowie einen Lagebericht aufzustellen. ²Der Jahresabschluß und der Lagebericht sind in den ersten fünf Monaten des Geschäftsjahrs für das vergangene Geschäftsjahr aufzustellen.

(2) ¹Auf den Jahresabschluß und den Lagebericht sind, soweit in den folgenden Vorschriften nichts anderes bestimmt ist, § 264 Abs. 1 Satz 4 Halbsatz 1, Abs. 2, §§ 265 bis 289 über den Jahresabschluß und den Lagericht entsprechend anzuwenden; § 277 Abs. 3 Satz 1, § 285 Nr. 6 und 17 brauchen jedoch nicht angewendet zu werden. ²Sonstige Vorschriften, die durch den Geschäftszweig bedingt sind, bleiben unberührt.

(3) § 330 Abs. 1 über den Erlaß von Rechtsverordnungen ist entsprechend anzuwenden.

1) Für die eG gelten Abschn 1 und ergänzend Abschn 3 mit §§ 336–339. **1** Diese machen einen Teil der Vorschriften des Abschn 2 (KapitalGes) auf die eG anwendbar und tragen im Übrigen den Besonderheiten der eG Rechnung. § 336 **I** entspricht § 264 I für KapitalGes; verlängert aber die Aufstellungsfrist. **II** (1 idF BilReG 2004) verweist auf den Abschn 2 (auch Wahlrecht nach § 264 I 4 Halbs 1, nicht auch Verlängerung nach Halbs 2), nimmt aber bestimmte Angabepflichten aus. III nF BankBiRiLiG 1990 (§ 340 Rn 1). Keine vergleichbare Regelung in den **IAS/IFRS**.

Vorschriften zur Bilanz

337 (1) ¹An Stelle des gezeichneten Kapitals ist der Betrag der Geschäftsguthaben der Mitglieder auszuweisen. ²Dabei ist der Betrag der Geschäftsguthaben der mit Ablauf des Geschäftsjahrs ausgeschiedenen Mitglieder gesondert anzugeben. ³Werden rückständige fällige Einzahlungen auf Geschäftsanteile in der Bilanz als Geschäftsguthaben ausgewiesen, so ist der entsprechende Betrag auf der Aktivseite unter der Bezeichnung „Rückständige fällige Einzahlungen auf Geschäftsanteile" einzustellen. ⁴Werden rückständige fällige Einzahlungen nicht als Geschäftsguthaben ausgewiesen, so ist der Betrag bei dem Posten „Geschäftsguthaben" zu vermerken. ⁵In beiden Fällen ist der Betrag mit dem Nennwert anzusetzen. ⁶Ein in der Satzung bestimmtes Mindestkapital ist gesondert anzugeben.

(2) An Stelle der Gewinnrücklagen sind die Ergebnisrücklagen auszuweisen und wie folgt aufzugliedern:
1. Gesetzliche Rücklage;
2. andere Ergebnisrücklagen; die Ergebnisrücklage nach § 73 Abs. 3 des Genossenschaftsgesetzes und die Beträge, die aus dieser Ergebnisrücklage an ausgeschiedene Mitglieder auszuzahlen sind, müssen vermerkt werden.

(3) Bei den Ergebnisrücklagen sind in der Bilanz oder im Anhang gesondert aufzuführen:
1. Die Beträge, welche die Generalversammlung aus dem Bilanzgewinn des Vorjahrs eingestellt hat;
2. die Beträge, die aus dem Jahresüberschuß des Geschäftsjahrs eingestellt werden;
3. die Beträge, die für das Geschäftsjahr entnommen werden.

§§ 338, 339

III. Buch. Handelsbücher

1   **1)** § 337 enthält Sondervorschriften für die Bilanz der eG zu §§ 266 III Posten A I, III, 272 I, III. **I** idF G zur Einf der Eur Genossenschaft u zur Änderung des Genossenschaftsrechts 2006 betrifft das gezeichnete Kapital (bei eG Geschäftsguthaben der Genossen). **II** über die Gewinnrücklagen (bei eG Ergebnisrücklagen) § 33 d I B II GenG. **III** idF KapCoRiLiG 2000 verlangt Darstellung der Entwicklung der Ergebnisrücklagen in der Bilanz oder im Anhang wie bei AG nach **(2 a)** AktG § 152 II. Keine vergleichbare Regelung in den **IAS/IFRS**.

Vorschriften zum Anhang

338 (1) ¹Im Anhang sind auch Angaben zu machen über die Zahl der im Laufe des Geschäftsjahrs eingetretenen oder ausgeschiedenen sowie die Zahl der am Schluß des Geschäftsjahrs der Genossenschaft angehörenden Mitglieder. ²Ferner sind der Gesamtbetrag, um welchen in diesem Jahr die Geschäftsguthaben sowie die Haftsummen der Mitglieder sich vermehrt oder vermindert haben, und der Betrag der Haftsummen anzugeben, für welche am Jahresschluß alle Mitglieder zusammen aufzukommen haben.

(2) Im Anhang sind ferner anzugeben:
1. Name und Anschrift des zuständigen Prüfungsverbandes, dem die Genossenschaft angehört;
2. alle Mitglieder des Vorstands und des Aufsichtsrats, auch wenn sie im Geschäftsjahr oder später ausgeschieden sind, mit dem Familiennamen und mindestens einem ausgeschriebenen Vornamen; ein etwaiger Vorsitzender des Aufsichtsrats ist als solcher zu bezeichnen.

(3) ¹An Stelle der in § 285 Nr. 9 vorgeschriebenen Angaben über die an Mitglieder von Organen geleisteten Bezüge, Vorschüsse und Kredite sind lediglich die Forderungen anzugeben, die der Genossenschaft gegen Mitglieder des Vorstands oder Aufsichtsrats zustehen. ²Die Beträge dieser Forderungen können für jedes Organ in einer Summe zusammengefaßt werden.

1   **1)** § 338 (III 1 idF BilReG 2004) enthält Sondervorschriften für den Anhang der eG zu §§ 284–288. Keine vergleichbare Regelung in den **IAS/IFRS**.

Offenlegung

339 (1) ¹Der Vorstand hat unverzüglich nach der Generalversammlung über den Jahresabschluß, jedoch spätestens vor Ablauf des zwölften Monats des dem Abschlussstichtag nachfolgenden Geschäftsjahrs, den festgestellten Jahresabschluß, den Lagebericht und den Bericht des Aufsichtsrats beim Betreiber des elektronischen Bundesanzeigers elektronisch einzureichen. ²Ist die Erteilung eines Bestätigungsvermerks nach § 58 Abs. 2 des Genossenschaftsgesetzes vorgeschrieben, so ist dieser mit dem Jahresabschluß einzureichen; hat der Prüfungsverband die Bestätigung des Jahresabschlusses versagt, so muß dies auf dem eingereichten Jahresabschluß vermerkt und der Vermerk vom Prüfungsverband unterschrieben sein. ³Ist die Prüfung des Jahresabschlusses im Zeitpunkt der Einreichung der Unterlagen nach Satz 1 nicht abgeschlossen, so ist der Bestätigungsvermerk oder der Vermerk über seine Versagung unverzüglich nach Abschluß der Prüfung einzureichen. ⁴Wird der Jahresabschluß oder der Lagebericht nach der Einreichung geändert, so ist auch die geänderte Fassung einzureichen.

(2) § 325 Abs. 1 Satz 7, Abs. 2, 2 a und 6 sowie die §§ 326 bis 329 sind entsprechend anzuwenden.

1   **1)** § 339 idF EHUG 2006 (**Übergangsrecht** in (1) EGHGB Art 61 V) enthält Sondervorschriften für die Offenlegung der eG zu §§ 325–329. Der eG kommen vor allem auch die größenabhängigen Erleichterungen zugute. Durch das EHUG 2006 wurde die Vorschrift auf den Betreiber des elektronischen BAnz umgestellt, da auch das Genossenschaftsregister von der Aufgaben der Registerführung entlastet werden soll. Keine vergleichbare Regelung in den **IAS/IFRS**.

Vierter Abschnitt. Ergänzende Vorschriften für Unternehmen bestimmter Geschäftszweige

Erster Unterabschnitt. Ergänzende Vorschriften für Kreditinstitute und Finanzdienstleistungsinstitute

Erster Titel. Anwendungsbereich

[Anwendungsbereich]

340 (1) ¹Dieser Unterabschnitt ist auf Kreditinstitute im Sinne des § 1 Abs. 1 des Gesetzes über das Kreditwesen anzuwenden, soweit sie nach dessen § 2 Abs. 1, 4 oder 5 von der Anwendung nicht ausgenommen sind, sowie auf Zweigniederlassungen von Unternehmen mit Sitz in einem Staat, der nicht Mitglied der Europäischen Gemeinschaft und auch nicht Vertragsstaat des Abkommens über den Europäischen Wirtschaftsraum ist, sofern die Zweigniederlassung nach § 53 Abs. 1 des Gesetzes über das Kreditwesen als Kreditinstitut gilt. ²§ 340l Abs. 2 und 3 ist außerdem auf Zweigniederlassungen im Sinne des § 53b Abs. 1 Satz 1 und Abs. 7 des Gesetzes über das Kreditwesen, auch in Verbindung mit einer Rechtsverordnung nach § 53c Nr. 1 dieses Gesetzes, anzuwenden, sofern diese Zweigniederlassungen Bankgeschäfte im Sinne des § 1 Abs. 1 Satz 2 Nr. 1 bis 5 und 7 bis 12 dieses Gesetzes betreiben. ³Zusätzliche Anforderungen auf Grund von Vorschriften, die wegen der Rechtsform oder für Zweigniederlassungen bestehen, bleiben unberührt.

(2) Dieser Unterabschnitt ist auf Unternehmen der in § 2 Abs. 1 Nr. 4 und 5 des Gesetzes über das Kreditwesen bezeichneten Art insoweit ergänzend anzuwenden, als sie Bankgeschäfte betreiben, die nicht zu den ihnen eigentümlichen Geschäften gehören.

(3) Dieser Unterabschnitt ist auf Wohnungsunternehmen mit Spareinrichtung nicht anzuwenden.

(4) ¹Dieser Unterabschnitt ist auch auf Finanzdienstleistungsinstitute im Sinne des § 1 Abs. 1a des Gesetzes über das Kreditwesen anzuwenden, soweit sie nicht nach dessen § 2 Abs. 6 oder 10 von der Anwendung ausgenommen sind, sowie auf Zweigniederlassungen von Unternehmen mit Sitz in einem anderen Staat, der nicht Mitglied der Europäischen Gemeinschaft und auch nicht Vertragsstaat des Abkommens über den Europäischen Wirtschaftsraum ist, sofern die Zweigniederlassung nach § 53 Abs. 1 des Gesetzes über das Kreditwesen als Finanzdienstleistungsinstitut gilt. ²§ 340c Abs. 1 ist nicht anzuwenden auf Finanzdienstleistungsinstitute und Kreditinstitute, soweit letztere Skontoführer im Sinne des § 27 Abs. 1 Satz 1 des Börsengesetzes und nicht Einlagenkreditinstitute im Sinne des § 1 Abs. 3d Satz 1 des Gesetzes über das Kreditwesen sind. ³§ 340l ist nur auf Finanzdienstleistungsinstitute anzuwenden, die Kapitalgesellschaften sind. ⁴Zusätzliche Anforderungen auf Grund von Vorschriften, die wegen der Rechtsform oder für Zweigniederlassungen bestehen, bleiben unberührt.

(5) ¹Dieser Unterabschnitt ist auch auf Zahlungsinstitute im Sinne des Zahlungsdiensteaufsichtsgesetzes anzuwenden. ²§ 340l ist nur auf Zahlungsinstitute anzuwenden, die Kapitalgesellschaften sind. ³Zusätzliche Anforderungen

§ 340 1–3

auf Grund von Vorschriften, die wegen der Rechtsform oder für Zweigniederlassungen bestehen, bleiben unberührt.

Übersicht

1) Das Bankbilanzrichtlinien-Gesetz (BankBiRiLiG) und der Vierte Abschnitt (§§ 340 ff) 1
2) Die EG-Bankbilanz- und die Bankzweigniederlassungs-Richtlinie 2
3) Anwendungsbereich des 1. Unterabschnitts (§ 340) 3
4) Verordnung über die Rechnungslegung der Kreditinstitute und Finanzdienstleistungsinstitute (RechKredV 1998) 5
5) IAS/IFRS-Regelungen 8

1) Das Bankbilanzrichtlinie-Gesetz (BankBiRiLiG) und der Vierte Abschnitt (§§ 340 ff)

1 Der 4. Abschn enthält ergänzende Vorschriften für Unternehmen bestimmter Geschäftszweige (Kreditinstitute und Finanzdienstleistungsinstitute sowie Versicherungsunternehmen und Pensionsfonds). Der 1. Unterabschn (§§ 340–340 o) enthält ergänzende Vorschriften für Kreditinstitute und Finanzdienstleistungsinstitute unabhängig von ihrer Rechtsform. Er ist eingefügt durch das **Bankbilanzrichtliniegesetz** 30. 11. 90 BGBl I 2570, in Kraft 1. 1. 91. Nach der Konzeption des BankBiRiLiG findet sich das gesamte Rechnungslegungsrecht für Kreditinstitute und Finanzdienstleistungsinstitute im Dritten Buch des HGB und dem dazu gehörenden VORecht. Im KWG bleiben nur noch Rechnungslegungsvorschriften, die in unmittelbarem Zusammenhang mit der Bankenaufsicht stehen. Die frühere sehr unübersichtliche Rechtslage (§§ 25 a–29 KWG aF, PublG, Landesrecht für Sparkassen und andere öffentlichrechtliche Kreditinstitute) wurde damit wesentlich verbessert. Das BankBiRiLiG wird ergänzt durch die VO über die Rechnungslegung der Kreditinstitute und Finanzdienstleistungsinstitute (RechKredV, s Rn 5). **Übergangsrecht** in **(1)** EGHGB Art 30, 31 (dazu Einl 73, 74 v § 238). Lit: Birck/Meyer (Bankbilanz, LBl); Scharpf/Sohler 1992 (Jahresabschluss nach dem BankBiRiLiG); Ausschuss für Bilanzierung des BdB 1993; Krumnow ua 1994; Bieg 1999 und ZfB **94,** 77, Reker ua WPg **96,** 213, Heitmüller ZGesKredW **98,** 151, Leonardi ZGesKredW **98,** 167, Böcking/Bierschwale BB **99,** 2235, Hanenberg WPg **99,** 85, Hülsen WPg **99,** 98.

2) Die EG-Bankbilanz- und die Bankzweigniederlassungs-Richtlinien

2 Das BankBiRiLiG hat die **EG-Bankbilanz-Richtlinie** 8. 12. 86 ABlEG 31. 12. 86 Nr L 372/1, ber ABlEG 23. 11. 88 Nr L 316/51, und die **Bankzweigniederlassungs-Richtlinie** 13. 2. 89 ABlEG 16. 2. 89 Nr L 44/40 umgesetzt. Die letztere setzte an die Stelle der früheren eigenständigen Rechnungslegungsvorschriften für ausländische ZwNl die Offenlegung der von der HauptNl aufzustellenden Rechnungsunterlagen durch die ZwNl. Die grundlegende EG-Bankbilanz-Ri erstreckte die 4. und 7. EG-Ri (Einl 4–6 v § 238) auf Kreditinstitute, aber rechtsformunabhängig (mit Ausnahme der EinzelKflte), ohne Größenunterscheidung und rechtsformbezogene Erleichterungen und mit Abweichungen für branchenspezifische Besonderheiten. Folge ist vor allem eine wesentlich erweiterte und veränderte Konzernrechnungslegung. Soweit die EG-Bankbilanz-Ri stille Reserven für Kreditinstitute erlaubt, ua Art 37 II (s § 340 f), war sie in der EG sehr umstritten und soll nach Art 48 auf Vorschlag der Kommission 1998 überprüft werden. Stellungnahme IdW WPg **87,** 525.

3) Anwendungsbereich des 1. Unterabschnitts (§ 340)

3 A. Der 1. Titel mit § 340 steckt den **Anwendungsbereich des Sonderbilanzrechts für Kreditinstitute und Finanzdienstleistungsinstitute** ab. **I 1,**

4. Abschnitt. Vorschriften für bestimmte Geschäftszweige 4–7 § 340

IV 1 erfassen die Kreditinstitute und Finanzdienstleistungsinstitute iSv § 1 I, 1 a I KWG (s **(7)** Bankgeschäfte A/4; Ausnahmen § 2 I, IV, V, VI, X KWG, insbesondere DBBk und Kreditanstalt für Wiederaufbau) sowie die entsprechend tätigen Zweigstellen von Unternehmen aus Drittstaaten (außerhalb EG und EWR), die nach § 53 I KWG für die Zwecke der Bankenaufsicht als Kreditinstitute oder Finanzdienstleistungsinstitute gelten (Gesetz und Kommentierung sprechen pars pro toto von Kreditinstituten, dazu ist immer § 340 IV mitzulesen). Damit wird das Bilanzrecht der in- und ausländischen Kreditinstitute und Finanzdienstleistungsinstitute übersichtlich in §§ 340 ff konzentriert und einheitlich für alle diese Institute rechtsform- und größenunabhängig (aber § 340 Buchst l II–IV für Offenlegung) geregelt. I 1 erfasst nicht Unternehmen, die, ohne sonst Kreditinstitut oder Finanzdienstleistungsinstitut zu sein, Factoring oder Leasing betreiben (s **(7)** Bankgeschäfte O/1, P/1). Weiterer Begriff des Kreditinstituts (Bankholdingunternehmen) in § 340 i III nur für Konzernrechnungslegung. Zweigstellen von Einlagenkreditinstituten und Wertpapierhandelsunternehmen mit Sitz in der EG oder dem EWR iSv § 53 b I 1, VII KWG fallen unter die Aufsicht dort; §§ 340 ff sind deshalb mit Ausnahme von § 340 l II–IV (Offenlegung) nicht anzuwenden **(I 2)**.

B. **II** erfasst privat- und öffentlichrechtliche Versicherungsunternehmen und 4 Unternehmen des Pfandleihgewerbes (§ 2 I Nr 4, 5 KWG), soweit sie über die ihnen eigentümlichen Geschäfte hinaus Bankgeschäfte betreiben. **III** nimmt Wohnungsunternehmen mit Spareinrichtung aus. **IV 2** nimmt Finanzdienstleistungsinstitute und Skontroführer (s **(14)** BörsG §§ 27 ff) von § 340 c aus. **V** (eingef mit ZDUmsG 2009) bezieht Zahlungsinstitute gemäß ZAG ein. Offenlegung nach § 340 l nur bei Finanzdienstleistungsinstituten (und Zahlungsinstituten, V 2) in der Form von KapitalGes (schon bisher § 325). Lit zu IV (Finanzdienstleistungsinstitute) Hanenberg WPg **99**, 85, Hülsen WPg **99**, 98.

4) Verordnung über die Rechnungslegung der Kreditinstitute und Finanzdienstleistungsinstitute (RechKredV 1998)

A. Für Kreditinstitute und Finanzdienstleistungsinstitute gilt (statt der alten 5 FormblattVO 14. 9. 87 BGBl 2169) auf Grund von § 330 die VO über die Rechnungslegung der Kreditinstitute und Finanzdienstleistungsinstitute **(RechKredV)** 10. 2. 92 BGBl 203, nF 11. 12. 98 BGBl I 3658. Die RechKredV regelt ihren Anwendungsbereich wie nach § 340 I 1 unter Ausschluss von Wohnungsunternehmen mit Spareinrichtung. Es folgen gemeinsame Vorschriften für Bilanz und GuV, Vorschriften zu den einzelnen Posten der Bilanz (Formblatt 1) und der GuV (Formblatt 2 Kontoform, überwiegend üblich; Formblatt 3 Staffelform) sowie Vorschriften zum Anhang und zur Konzernrechnungslegung. Lit: Krumnow ua 1994, Bieg 1999.

B. Wichtig ist ua die Ansatzvorschrift des RechKredV § 6 über **Treuhandge-** 5a **schäfte** (Vermögensgegenstände und Schulden, die ein Institut im eigenen Namen, aber für fremde Rechnung hält; Vollrechtstreuhand). Der Gesamtbestand ist unter den Posten „Treuhandvermögen" und „Treuhandverbindlichkeiten" in der Bilanz des Instituts auszuweisen und im Anhang aufzugliedern. Für Nichtinstitute ist das nicht zulässig (Ausweis nur in der Bilanz des Treugebers), s § 246 Rn 19.

C. Besonders geregelt sind auch die **nachrangigen Vermögensgegenstände** 6 **und Schulden** (RechKredV § 4). Sie liegen vor, wenn sie als Forderungen oder Verbindlichkeiten im Fall der Liquidation oder der Insolvenz erst nach den Forderungen der anderen Gläubiger erfüllt werden dürfen (§ 4 I). Nachrangige Vermögensgegenstände sind auf der Aktivseite der Bilanz gesondert auszuweisen oder im Anhang anzugeben (§ 4 II). Für Nichtinstitute s § 266 Rn 16.

D. **Eventualverbindlichkeiten** (RechKredV § 26) sowie bestimmte andere 7 Verbindlichkeiten, nämlich Rücknahmepflichten aus unechten Pensionsgeschäften, Platzierungs- und Übernahmeverpflichtungen (zB aus Nils oder Rufst, **(7)**

§ 340a 1   III. Buch. Handelsbücher

Bankgeschäfte G/33) und **unwiderrufliche Kreditzusagen** (alle unwiderruflichen Verpflichtungen, die Anlass zu einem Kreditrisiko geben können, RechKredV § 27 II) sind in zwei eigene Posten unter dem Strich der Bilanz (Formblatt 1) aufzunehmen. **Termingeschäfte,** Swaps und Optionen brauchen dagegen nur in eine Aufstellung im Anhang aufgenommen zu werden (näher § 36).

5) IAS/IFRS-Regelungen

8   Keine vergleichbare Regelung in den Standards.

Zweiter Titel. Jahresabschluß, Lagebericht, Zwischenabschluß

Anzuwendende Vorschriften

340a (1) **Kreditinstitute, auch wenn sie nicht in der Rechtsform einer Kapitalgesellschaft betrieben werden, haben auf ihren Jahresabschluß die für große Kapitalgesellschaften geltenden Vorschriften des Ersten Unterabschnitts des Zweiten Abschnitts anzuwenden, soweit in den Vorschriften dieses Unterabschnitts nichts anderes bestimmt ist; Kreditinstitute haben außerdem einen Lagebericht nach den für große Kapitalgesellschaften geltenden Bestimmungen des § 289 aufzustellen.**

(2) [1] § 265 Abs. 6 und 7, §§ 267, 268 Abs. 4 Satz 1, Abs. 5 Satz 1 und 2, §§ 276, 277 Abs. 1, 2, 3 Satz 1, § 284 Abs. 2 Nr. 4, § 285 Nr. 8 und 12, § 288 sind nicht anzuwenden. [2] An Stelle von § 247 Abs. 1, §§ 251, 266, 268 Abs. 2 und 7, §§ 275, 285 Nr. 1, 2, 4 und 9 Buchstabe c sind die durch Rechtsverordnung erlassenen Formblätter und anderen Vorschriften anzuwenden. [3] § 246 Abs. 2 ist nicht anzuwenden, soweit abweichende Vorschriften bestehen. [4] § 264 Abs. 3 und § 264b sind mit der Maßgabe anzuwenden, daß das Kreditinstitut unter den genannten Voraussetzungen die Vorschriften des Vierten Unterabschnitts des Zweiten Abschnitts nicht anzuwenden braucht.

(3) [1] Sofern Kreditinstitute einer prüferischen Durchsicht zu unterziehende Zwischenabschlüsse zur Ermittlung von Zwischenergebnissen im Sinne des § 10 Abs. 3 des Kreditwesengesetzes aufstellen, sind auf diese die für den Jahresabschluss geltenden Rechnungslegungsgrundsätze anzuwenden. [2] Die Vorschriften über die Bestellung des Abschlussprüfers sind auf die prüferische Durchsicht entsprechend anzuwenden. [3] Die prüferische Durchsicht ist so anzulegen, dass bei gewissenhafter Berufsausübung ausgeschlossen werden kann, dass der Zwischenabschluss in wesentlichen Belangen den anzuwendenden Rechnungslegungsgrundsätzen widerspricht. [4] Der Abschlussprüfer hat das Ergebnis der prüferischen Durchsicht in einer Bescheinigung zusammenzufassen. [5] § 320 und § 323 gelten entsprechend.

(4) Zusätzlich haben Kreditinstitute im Anhang zum Jahresabschluß anzugeben:
1. alle Mandate in gesetzlich zu bildenden Aufsichtsgremien von großen Kapitalgesellschaften (§ 267 Abs. 3), die von gesetzlichen Vertretern oder anderen Mitarbeitern wahrgenommen werden;
2. alle Beteiligungen an großen Kapitalgesellschaften, die fünf vom Hundert der Stimmrechte überschreiten.

1) Rechtsformunabhängige Rechnungslegungspflicht (I)

1   Der 2. Titel (Überschrift idF KWGÄndG 1992) mit §§ 340a–340d betrifft das **Sonderrecht der Kreditinstitute für Jahresabschluss, Lagebericht und Zwischenabschluss.** Hinzu kommt die RechKredV (§ 340 Rn 5). Nach **I Halbs 1** sind die Kreditinstitute grundsätzlich rechtsformunabhängig rechnungslegungspflichtig wie große KapitalGes (§§ 264–289; §§ 238–263 gelten schon

4. Abschnitt. Vorschriften für bestimmte Geschäftszweige **§ 340b**

wegen KfmEigenschaft). Aktienrechtliche Auskunftspflicht der Bank s BGH **101**, 1 m Anm Niehus ZIP **87**, 1245. Lit: Geuer FS Sieben **98**, 387, Recker ua WPg **98**, 527, Hanenberg WPg **99**, 85.

2) Ausnahmen (II)

II idF des BilReG 2004 macht gegenüber §§ 264–289 für Kreditinstitute eine 2 Reihe von Ausnahmen (s dort). II gilt auch für Kreditinstitute, die KapitalGes sind. II 1 führt die nichtanwendbaren Vorschriften auf, II 2 diejenigen, für welche die RechKredV (§ 340 Rn 5) vorgeht. Die Befreiungen des § 264 III und § 264b für Tochterunternehmen konzernabschlusspflichtiger Mutterunternehmen beschränken sich für Kreditinstitute auf die Offenlegung des Jahresabschlusses (II 4, §§ 325–329).

3) Zwischenabschlüsse (III)

III idF KWGÄndG 1992 trägt § 10 III KWG Rechnung, wonach Kredit- 3 institute Zwischengewinne für die Bemessung der Eigenmittel dem Kernkapital zurechnen können, wenn diese auf Grund von Zwischenabschlüssen ermittelt sind, die den Anforderungen an den Jahresabschluss entsprechen und durch den Abschlussprüfer geprüft sind. Diese Zwischenabschlüsse sind anders als die nach § 299 II nicht obligatorisch, aber fünfjährige Bindung an neue Bilanzierungspraxis, § 10 III 3 KWG. Konzernzwischenabschlüsse s § 340i IV.

4) Bankenbeteiligungen (IV)

IV idF KonTraG 1998 macht Bankenbeteiligungen transparenter. Kreditinsti- 4 tute, auch Nichtaktienbanken, haben aus Gläubigerschutzgründen im Anhang alle Mandate ihrer gesetzlichen Vertreter und anderer Mitarbeiter in großen KapitalGes (§ 267 III) anzugeben (IV Nr 1). Erfasst sind nur Mandate in gesetzlich zu bildenden Aufsichtsgremien, also nicht in freiwilligen Aufsichtsräten und anderen Gremien wie Beiräten. Außerdem sind alle Beteiligungen an großen KapitalGes, auch an nicht börsennotierten, über 5% der Stimmrechte anzugeben (IV Nr 2, vgl § 285 Nr 11). Das geht über die Mitteilungspflichten nach **(16)** WpHG § 21 hinaus. **Übergangsrecht** in **(1)** EGHGB Art 46 I.

5) IAS/IFRS-Regelungen

Keine vergleichbare Regelung in den Standards. 5

Pensionsgeschäfte

340b (1) Pensionsgeschäfte sind Verträge, durch die ein Kreditinstitut oder der Kunde eines Kreditinstituts (Pensionsgeber) ihm gehörende Vermögensgegenstände einem anderen Kreditinstitut oder einem seiner Kunden (Pensionsnehmer) gegen Zahlung eines Betrags überträgt und in denen gleichzeitig vereinbart wird, daß die Vermögensgegenstände später gegen Entrichtung des empfangenen oder eines im voraus vereinbarten anderen Betrags an den Pensionsgeber zurückübertragen werden müssen oder können.

(2) Übernimmt der Pensionsnehmer die Verpflichtung, die Vermögensgegenstände zu einem bestimmten oder vom Pensionsgeber zu bestimmenden Zeitpunkt zurückzuübertragen, so handelt es sich um ein echtes Pensionsgeschäft.

(3) Ist der Pensionsnehmer lediglich berechtigt, die Vermögensgegenstände zu einem vorher bestimmten oder von ihm noch zu bestimmenden Zeitpunkt zurückzuübertragen, so handelt es sich um ein unechtes Pensionsgeschäft.

§ 340b 1–4

(4) ¹Im Falle von echten Pensionsgeschäften sind die übertragenen Vermögensgegenstände in der Bilanz des Pensionsgebers weiterhin auszuweisen. ²Der Pensionsgeber hat in Höhe des für die Übertragung erhaltenen Betrags eine Verbindlichkeit gegenüber dem Pensionsnehmer auszuweisen. ³Ist für die Rückübertragung ein höherer oder ein niedrigerer Betrag vereinbart, so ist der Unterschiedsbetrag über die Laufzeit des Pensionsgeschäfts zu verteilen. ⁴Außerdem hat der Pensionsgeber den Buchwert der in Pension gegebenen Vermögensgegenstände im Anhang anzugeben. ⁵Der Pensionsnehmer darf die ihm in Pension gegebenen Vermögensgegenstände nicht in seiner Bilanz ausweisen; er hat in Höhe des für die Übertragung gezahlten Betrags eine Forderung an den Pensionsgeber in seiner Bilanz auszuweisen. ⁶Ist für die Rückübertragung ein höherer oder ein niedrigerer Betrag vereinbart, so ist der Unterschiedsbetrag über die Laufzeit des Pensionsgeschäfts zu verteilen.

(5) ¹Im Falle von unechten Pensionsgeschäften sind die Vermögensgegenstände nicht in der Bilanz des Pensionsgebers, sondern in der Bilanz des Pensionsnehmers auszuweisen. ²Der Pensionsgeber hat unter der Bilanz den für den Fall der Rückübertragung vereinbarten Betrag anzugeben.

(6) Devisentermingeschäfte, Finanztermingeschäfte und ähnliche Geschäfte sowie die Ausgabe eigener Schuldverschreibungen auf abgekürzte Zeit gelten nicht als Pensionsgeschäfte im Sinne dieser Vorschrift.

1) Begriff des Pensionsgeschäfts (I)

1   I enthält für das Bilanzrecht eine EG-rechtlich vorgegebene Definition des Pensionsgeschäfts von Kreditinstituten und ihren Kunden (allgemeiner s **(7)** Bankgeschäfte J/5). Das Pensionsgeschäft ist die Vollrechtsübertragung von Vermögensgegenständen, zB Wechsel oder Wertpapiere, für einen begrenzten Zeitraum. Dabei definiert I auch den **Pensionsgeber** (übertragende Partei) und den **Pensionsnehmer** (empfangende Partei). Das Pensionsgeschäft nach I ist entweder ein echtes (II) oder ein unechtes (III). Zwischenformen wie bisher sind nicht mehr zulässig. Pensionsgeschäft unter Privaten s § 246 Rn 20. Abgrenzung des Pensionsgeschäfts (Ausgestaltung als Kauf und Stück- oder Gattungsrückkauf) zur **Wertpapierleihe** (Darlehen) s **(7)** Bankgeschäfte T/1, T/2; Vermögenszugehörigkeit bei der Wertpapierleihe s § 246 Rn 21. § 340 b gilt, obwohl nur im Unterabschnitt für Kreditinstitute und Finanzdienstleistungsinstitute kodifiziert, allgemeiner als GoB, IdW WPg **89,** 378. Lit: zum Pensionsgeschäft Hopt/ Mülbert 703; Häuselmann BB **00,** 1287, Stobbe BB **90,** 518, Hinz BB **91,** 1153, Waschbusch BB **93,** 172, Bieg/Waschbüsch/Käufer ZBB 08, 63.

2) Echtes Pensionsgeschäft (II)

2   Das echte Pensionsgeschäft ist durch die **Rückübertragungspflicht** des Pensionsnehmers gekennzeichnet. Der Zeitpunkt kann von vornherein bestimmt sein oder erst vom Pensionsgeber bestimmt werden.

3) Unechtes Pensionsgeschäft (III)

3   Beim unechten Pensionsgeschäft hat der Pensionsnehmer **nur** ein **Rückübertragungsrecht,** aber keine Rückübertragungspflicht. Zeitpunkt wie Rn 2.

4) Vermögenszugehörigkeit beim echten Pensionsgeschäft (IV)

4   Beim echten Pensionsgeschäft bleiben die übertragenen Vermögensgegenstände wirtschaftlich Eigentum des Pensionsgebers (§ 246 Rn 14); sie sind wirtschaftlich wie eine Sicherheit des Pensionsgebers für ein vom Pensionsnehmer gewährtes Darlehen anzusehen. Sie sind deshalb weiterhin in der Bilanz des Pensionsgebers auszuweisen (IV 1). Dieser muss in Höhe des für die Übertragung erhaltenen Betrags eine Verbindlichkeit gegenüber dem Pensionsnehmer

4. Abschnitt. Vorschriften für bestimmte Geschäftszweige 1 § 340c

ausweisen (IV 2). Die Differenz zwischen dem Hingabe- und dem Rückübertragungsbetrag ist über die Laufzeit des Pensionsgeschäfts zu verteilen (IV 3); es besteht keine Verpflichtung, einen höheren Rückzahlungsbetrag gleich in voller Höhe zu passivieren (Ausnahme vom Imparitätsgrundsatz des § 252 I Nr 4). Angabe des Buchwerts im Anhang beim Pensionsgeber (IV 4). Spiegelbildlich stellt sich die Zurechnung beim Pensionsnehmer dar. Er darf die Vermögensgegenstände nicht in seiner Bilanz ausweisen, sondern muss in Höhe des für die Übertragung gezahlten Betrags eine Forderung an den Pensionsgeber ausweisen (IV 5). Ebenso Verteilung des Differenzbetrags über die Laufzeit des Pensionsgeschäfts (IV 6).

5) Vermögenszugehörigkeit beim unechten Pensionsgeschäft (V)

Beim unechten Pensionsgeschäft werden die übertragenen Vermögensgegen- 5
stände wirtschaftlich Eigentum des Pensionsnehmers (§ 246 Rn 11). Sie sind deshalb nicht mehr in der Bilanz des Pensionsgebers, sondern des Pensionsnehmers auszuweisen (V 1). Der Pensionsgeber muss unter der Bilanz den für den (mangels Rückgabepflicht unsicheren) Fall der Rückübertragung vereinbarten Betrag (Eventualverbindlichkeit) angeben (V 2).

6) Ausnahmen (VI)

Nicht Pensionsgeschäfte iSv § 340b sind **Devisen- und Finanztermingeschäfte** 6
(s (16) WpHG § 2 II Nr 1) und ähnliche Geschäfte sowie Ausgabe eigener Schuldverschreibungen auf abgekürzte Zeit. VI ist nur klarstellend.

7) IAS/IFRS-Regelungen

Keine vergleichbare Regelung in den Standards. 7

Vorschriften zur Gewinn- und Verlustrechnung und zum Anhang

340c (1) ¹Als Ertrag oder Aufwand des Handelsbestands ist der Unterschiedsbetrag aller Erträge und Aufwendungen aus Geschäften mit Finanzinstrumenten des Handelsbestands und dem Handel mit Edelmetallen sowie der zugehörigen Erträge aus Zuschreibungen und Aufwendungen aus Abschreibungen auszuweisen. ²In die Verrechnung sind außerdem die Aufwendungen für die Bildung von Rückstellungen für drohende Verluste aus den in Satz 1 bezeichneten Geschäften und die Erträge aus der Auflösung dieser Rückstellungen einzubeziehen.

(2) ¹Die Aufwendungen aus Abschreibungen auf Beteiligungen, Anteile an verbundenen Unternehmen und wie Anlagevermögen behandelte Wertpapiere dürfen mit den Erträgen aus Zuschreibungen zu solchen Vermögensgegenständen verrechnet und in einem Aufwand- oder Ertragsposten ausgewiesen werden. ²In die Verrechnung nach Satz 1 dürfen auch die Aufwendungen und Erträge aus Geschäften mit solchen Vermögensgegenständen einbezogen werden.

(3) Kreditinstitute, die dem haftenden Eigenkapital nicht realisierte Reserven nach § 10 Abs. 2b Satz 1 Nr. 6 oder 7 des Gesetzes über das Kreditwesen zurechnen, haben den Betrag, mit dem diese Reserven dem haftenden Eigenkapital zugerechnet werden, im Anhang zur Bilanz und zur Gewinn- und Verlustrechnung anzugeben.

1) Verrechnung bei Eigenhandelsgeschäften (Finanzgeschäften, I)

§ 340c verfolgt das Ziel einer transparenten Erfolgslage in der GuV von 1
Kreditinstituten, krit Böcking ua WPg **95**, 466, Homölle ua WPg **97**, 626. Er enthält Sondervorschriften zur GuV (I, II) und zum Anhang (III). § 340c ist für

§ 340d 1

die stille Bildung und Auflösung der für allgemeine Bankrisiken gebildeten Vorsorgereserve zentral (Bewertung s §§ 340 e–340 g; allgemein zu stillen Reserven § 252 Rn 13–17). Die Gliederungsschemata sind in der RechKredV geregelt (§ 340 Rn 5, Konto- oder Staffelform). Nach I sind die Eigenhandelsgeschäfte der Kreditinstitute in der Erfolgsrechnung gesondert, aber verrechnet zu erfassen (Durchbrechung des Saldierungsverbots, § 246 II, s dort Rn 26). I besagt, welche Erträge und Aufwendungen in den Posten (Netto)Ertrag oder (Netto)Aufwand aus Finanzgeschäften (Nr 7 der GuV Staffelform, RechKredV Formblatt 3) eingestellt und damit **verrechnet** werden dürfen (Ausweis nur des Unterschiedsbetrags). Verrechnet werden Erträge und Aufwendungen aus Geschäften mit Finanzinstrumenten des HdlBestands (s § 340 e Rn 6 f) und Edelmetallen sowie aus Zu- und Abschreibungen bei diesen Vermögensgegenständen (I 1). Hierin einbezogen werden die Beträge für Rückstellungen für drohende Verluste (§ 249 I 1) aus den in I 1 bezeichneten Geschäften bzw aus der Auflösung dieser Rückstellungen (I 2). Unter Abschreibungen sind auch nicht endgültige zu verstehen, also Einzel- und Pauschalwertberichtigungen (RegE, keine Wertberichtigungen als Passivposten in der Bilanz, § 253 Rn 8). Die Zinsen aus Finanzinstrumenten des HdlBestands werden nicht in diesem Posten, sondern als Zinserträge ausgewiesen. Lit: Hossfeld WPg **93**, 337, Müller-Tronnier BB **97**, 931.

2) Verrechnung bei Finanzanlagen (II)

2 II 1 erlaubt (Wahlrecht) die Verrechnung bei Finanzanlagen, nämlich bei Abschreibungen (und Wertberichtigungen, s Rn 1) auf Beteiligungen (§ 271 I), Anteile an verbundenen Unternehmen (§ 271 II) und wie Anlagevermögen behandelte Wertpapiere (§ 340 e I) und bei Zuschreibungen dazu und den Ausweis in einem Aufwand- oder Ertragposten (Nr 15, 16 der GuV Staffelform, RechKredV Formblatt 3). Aufwendungen und Erträge aus Geschäften damit dürfen mitverrechnet werden (II 2).

3) Nicht realisierte Reserven (III)

3 III trägt § 10 II b 1 Nr 6 oder 7 KWG Rechnung, der nicht realisierte Reserven in bestimmtem Umfang als Bestandteil des Ergänzungs(eigen)kapitals anerkennt. Höhe und Zusammensetzung des haftenden Eigenkapitals müssen aus dem Jahresabschluss ersichtlich sein; der Betrag ist deshalb im Anhang anzugeben.

4) IAS/IFRS-Regelungen

4 Keine vergleichbare Regelung in den Standards.

Fristengliederung

340d [1] **Die Forderungen und Verbindlichkeiten sind im Anhang nach der Fristigkeit zu gliedern.** [2] **Für die Gliederung nach der Fristigkeit ist die Restlaufzeit am Bilanzstichtag maßgebend.**

1 **1) § 340 d** enthält Sonderrecht für die **Fristengliederung.** Die Forderungen und Verbindlichkeiten sind im Anhang nach Fristigkeit zu gliedern (S 1). Dabei ist die Restlaufzeit am Bilanzstichtag maßgebend (S 2, Grund: Beurteilung der Liquiditätslage), statt wie früher die vereinbarte Laufzeit oder Kündigungsfrist (Ursprungslaufzeit, aber weiterhin für die monetäre Analyse der DBBK anzugeben). Einzelheiten in § 9 RechKredV (§ 340 Rn 5). Keine vergleichbare Regelung in den **IAS/IFRS.**

4. Abschnitt. Vorschriften für bestimmte Geschäftszweige 1 § 340e

Dritter Titel. Bewertungsvorschriften

Bewertung von Vermögensgegenständen

340e (1) ¹Kreditinstitute haben Beteiligungen einschließlich der Anteile an verbundenen Unternehmen, Konzessionen, gewerbliche Schutzrechte und ähnliche Rechte und Werte sowie Lizenzen an solchen Rechten und Werten, Grundstücke, grundstücksgleiche Rechte und Bauten einschließlich der Bauten auf fremden Grundstücken, technische Anlagen und Maschinen, andere Anlagen, Betriebs- und Geschäftsausstattung sowie Anlagen im Bau nach den für das Anlagevermögen geltenden Vorschriften zu bewerten, es sei denn, daß sie nicht dazu bestimmt sind, dauernd dem Geschäftsbetrieb zu dienen; in diesem Falle sind sie nach Satz 2 zu bewerten. ² Andere Vermögensgegenstände, insbesondere Forderungen und Wertpapiere, sind nach den für das Umlaufvermögen geltenden Vorschriften zu bewerten, es sei denn, daß sie dazu bestimmt werden, dauernd dem Geschäftsbetrieb zu dienen; in diesem Falle sind sie nach Satz 1 zu bewerten. ³ § 253 Abs. 3 Satz 4 ist nur auf Beteiligungen und Anteile an verbundenen Unternehmen im Sinn des Satzes 1 sowie Wertpapiere und Forderungen im Sinn des Satzes 2, die dauernd dem Geschäftsbetrieb zu dienen bestimmt sind, anzuwenden.

(2) ¹Abweichend von § 253 Abs. 1 Satz 1 dürfen Hypothekendarlehen und andere Forderungen mit ihrem Nennbetrag angesetzt werden, soweit der Unterschiedsbetrag zwischen dem Nennbetrag und dem Auszahlungsbetrag oder den Anschaffungskosten Zinscharakter hat. ²Ist der Nennbetrag höher als der Auszahlungsbetrag oder die Anschaffungskosten, so ist der Unterschiedsbetrag in den Rechnungsabgrenzungsposten auf der Passivseite aufzunehmen; er ist planmäßig aufzulösen und in seiner jeweiligen Höhe in der Bilanz oder im Anhang gesondert anzugeben. ³Ist der Nennbetrag niedriger als der Auszahlungsbetrag oder die Anschaffungskosten, so darf der Unterschiedsbetrag in den Rechnungsabgrenzungsposten auf der Aktivseite aufgenommen werden; er ist planmäßig aufzulösen und in seiner jeweiligen Höhe in der Bilanz oder im Anhang gesondert anzugeben.

(3) ¹Finanzinstrumente des Handelsbestands sind zum beizulegenden Zeitwert abzüglich eines Risikoabschlags zu bewerten. ²Eine Umgliederung in den Handelsbestand ist ausgeschlossen. ³Das Gleiche gilt für eine Umgliederung aus dem Handelsbestand, es sei denn, außergewöhnliche Umstände, insbesondere schwerwiegende Beeinträchtigungen der Handelbarkeit der Finanzinstrumente, führen zu einer Aufgabe der Handelsabsicht durch das Kreditinstitut. ⁴Finanzinstrumente des Handelsbestands können nachträglich in eine Bewertungseinheit einbezogen werden; sie sind bei Beendigung der Bewertungseinheit wieder in den Handelsbestand umzugliedern.

(4) ¹In der Bilanz ist dem Sonderposten „Fonds für allgemeine Bankrisiken" nach § 340 g in jedem Geschäftsjahr ein Betrag, der mindestens 10 vom Hundert der Nettoerträge des Handelsbestands entspricht, zuzuführen und dort gesondert auszuweisen. ²Dieser Posten darf nur aufgelöst werden:
1. zum Ausgleich von Nettoaufwendungen des Handelsbestands, oder
2. soweit er 50 vom Hundert des Durchschnitts der letzten fünf jährlichen Nettoerträge des Handelsbestands übersteigt.

1) Bewertung wie Anlage- oder wie Umlaufvermögen (I)

A. Der 3. Titel mit §§ **340 e–340 g** räumt den Kreditinstituten bei der **Bewertung** einen deutlich größeren Spielraum als anderen Unternehmen ein. Es 1

§ 340e 2–7

geht um die sog stillen Reserven der Kreditinstitute, die in Deutschland Tradition haben, in der EG dagegen auf Ablehnung stoßen und jetzt nur noch eingeschränkt und bis auf weiteres zulässig sind (§ 340 Rn 2). **§ 340 e** enthält Sonderrecht für Kreditinstitute hinsichtlich der Bewertung von Vermögensgegenständen. I geht davon aus, dass bei Kreditinstituten die Unterscheidung zwischen Anlage- und Umlaufvermögen anders als bei Industrie- und HdlUnternehmen kaum Bedeutung hat (RegE; aber Wertpapierbestand der Kreditinstitute). In der Bankpraxis sind Wertpapiere für die Zuordnung der Aufwendungen und Erträge in drei Gruppen aufzuteilen: HdlBestand (s Rn 3), Beteiligungen und Wertpapiere, die der Vermögensanlage dienen und deshalb wie Anlagevermögen zu behandeln sind (s Rn 2) und Liquiditätsreserve (s Rn 4, § 340 f). Zur bilanziellen Behandlung der in ihrer Vielfalt und Komplexität rasch zunehmenden derivativen Finanzinstrumente (Bilanzierung nach GoB kann unrichtig iSd § 264 II sein) MüKo/Böcking/Benecke 61 ff. Lit: Wimmer/Kusterer DStR **06,** 2046.

2   B. **I 1** bestimmt deshalb, dass Beteiligungen einschließlich der Anteile an verbundenen Unternehmen (§ 271 I, II) und bestimmte andere Vermögensgegenstände nach § 266 II A (Anlagevermögen) nach den Vorschriften für Anlagevermögen (§ 253 III, gemildertes Niederstwertprinzip) zu bewerten sind **(wie Anlagevermögen),** außer wenn sie nicht dazu bestimmt sind, dauernd dem Geschäftsbetrieb zu dienen. Die Zweckbestimmung von Beteiligungen und Wertpapieren, dauernd dem Geschäftsbetrieb zu dienen (§ 247 Rn 5–7; § 271 Rn 4), setzt eine aktenkundig zu machende Entscheidung der zuständigen Stelle voraus; in der Praxis übliche Bezeichnungen (zB Sonderbestand, gesperrter Bestand, Sekretariatsbestand) erlauben keine unwiderlegbaren Schlüsse auf Anlagevermögen (RegE). Andernfalls ist nach I 2 zu bewerten.

3   C. **I 2** bestimmt für andere Vermögensgegenstände als nach I 1, insbesondere Forderungen und Wertpapiere des HdlBestands (§ 340 f Rn 1), dass sie nach den Vorschriften für das Umlaufvermögen (§ 253 IV, strenges Niederstwertprinzip) zu bewerten sind **(wie Umlaufvermögen).**

4   Wertpapiere, die weder wie Anlagevermögen behandelt werden noch HdlBestand sind, sondern **Liquiditätsreserve** (Wertpapiere, die der Risikovorsorge dienen), dürfen aber nach § 340 f niedriger als nach § 253 IV bewertet werden.

5   D. **I 3** schränkt das bei Finanzanlagen bestehende Bewertungswahlrecht des § 253 III 4, für Kreditinstitute rechtsformunabhängig auf Beteiligungen und Anteile an verbundenen Unternehmen (§ 271) ein.

2) Hypothekendarlehen und andere Forderungen (II)

6   II 1 durchbricht das Anschaffungswertprinzip des § 253 I 1, der auch für Wertpapiere gilt, für **Hypothekendarlehen** und andere Forderungen, soweit der Unterschiedsbetrag zwischen Nennbetrag und Auszahlungsbetrag/Anschaffungskosten Zinscharakter hat. Diese dürfen (Wahlrecht) mit ihrem Nenn- bzw Rückzahlungsbetrag angesetzt werden (brutto statt netto, **Nominalwertbilanzierung).** Korrelat dazu ist die bilanzielle Behandlung des Unterschiedsbetrags (II 2), nämlich Aufnahme in die Rechnungsabgrenzungsposten auf der Aktiv- bzw Passivseite (§ 250), planmäßige Auflösung, Angabe in Bilanz oder Anhang. II 1 soll nur Buchforderungen, die das Kreditinstitut begründet hat, nicht auch nachträglich erworbene Forderungen erfassen (RegE), aA GK/Schröer 9.

3) Finanzinstrumente (I 3):

7   A. Zu Handelszwecken erworbene Finanzinstrumente sind mit dem beizulegenden **Zeitwert** anzusetzen. Die Neufassung des III 1 durch das BilMoG führt damit die Zeitwertbewertung ins HGB ein. Das entspricht für Finanzinstrumente üblicher Praxis. Zeitwert ist Marktpreis, § 255 IV 1. Änderungen des Zeitwerts sind erfolgswirksam in der GuV zu erfassen. Mit der Neufassung einer geht

4. Abschnitt. Vorschriften für bestimmte Geschäftszweige § 340f

Ausdehnung des Realisationsprinzps (§ 252 Rn 18) und Einschränkung des Anschaffungskostenprinzips sowie des Grundsatzes der Nichtbilanzierung schwebender Geschäfte (§ 252 Rn 21). IV verlangt zwecks eines „Risikopuffers" Zuführung von 10% des aus dem Ansatz von Finanzinstrumenten zum Zeitwert resultierenden Nettoertrages eines Geschäftsjahrs zum Sonderposten „Fonds für allgemeine Risiken" nach § 340g I und dort gesonderten Ausweis („Davon-Vermerk"). Auflösung nur zum Ausgleich von Nettoaufwendungen des HdlBestandes oder soweit der gesonderte Posten die Hälfte der Erträge, wie sie im Durchschnitt der letzen fünf Jahre erzielht wurden, übersteigt. Übergangsrecht in **(1)** EGHGB Art. 66 III. Lit: Böcking/Dreisbach/Gros Konzern **08,** 207, Bökking/Torabian BB **08,** 265, Wiechens/Helke DB **08,** 1333, Lorenz/Wiechens IRZ **08,** 505; M. Schmidt KoR **08,** 1, Gemeinhardt/Bode StuB **08,** 170, Scharpf/Schaber DB **08,** 2552, Ernst/Seidler BB **09,** 766, Mujkanovic StuB **09,** 329.

B. I 3 enthält keine Legaldefinition des Begriffs **Finanzinstrumente.** Nach 8
dem gesetzgeberischen Willen ist er in Anlehnung an die IFRS (IAS 32, s § 253 Rn 51 ff, und IAS 39, s § 253 Rn 66 ff) und unter Rückgriff auf § 2 II b WpHG, § 1 XI KWG zu interpretieren (RefE BilMoG S 105). Umfasst sind zB Wertpapiere, Geldmarktinstrumente, Devisen und Rechnungseinheiten. Auch Derivate, im RegE definiert als schwebendes Vertragsverhältnis, dessen Wert auf Änderungen des Wertes eines Basisobjektes reagiert, bei dem Anschaffungskosten nicht oder nur in sehr geringem Umfang anfallen und das erst in Zukunft erfüllt wird, zB Optionen, Futures, Swaps, Forwards, Warenkontakte (RegE BilMoG 53). Zur Klassifizierung als Derivat ist Einzelfallprüfung anhand der wirtschaftlichen Gehalts vorzunehmen.

C. Zu **Handelszwecken** müssen die Finanzinstrumente (oder Portfoliens 9
solcher) erworben sein. Erwerb meint jede rechtsgeschäftliche Transaktion, nicht bloß aktivierende Finanzinstrumente (zB Handelspassiva des Emittenten). Handelszweck liegt vor bei Absicht, aus kurzfristigen Preisschwankungen Gewinne zu erzielen und setzt voraus, dass die Finanzinstrumente auf aktivem Markt (§ 255 IV 1) gehandelt werden (s IDW RS-HFA 9); für Rückgriff auf § 1 a I 1 KWG (Handelsabsicht) zur Begriffsbestimmung Küting/Pfitzer/Weber 217. Zeitpunkt des erstmaligen Bilanzansatzes ist maßgebend. **Umgliederung aus** dem HdlBestand (§ 340f Rn 1) ausgeschlossen (III 2), **Umgliederung in** den HdlBestand in Ausnahmefällen möglich (III 3), wenn nämlich fehlende Handelbarkeit schließlich zur Aufgabe der HdlsAbsicht führt, dann Zugangsbewertung mit fortgeschriebenen Anschaffungs- oder Herstellungskosten; dann aber **Anhangangabe** mit Begründung nach § 35 I Nr 6b RechKredV. Nachträgliche Einbeziehung in Bewertungseinheiten möglich, III 4, s § 254 Rn 1–3.

4) IAS/IFRS-Regelungen

Regelungen zur Bewertung von Finanzintrumenten in IAS 39, s § 253 Rn 51. 10

Vorsorge für allgemeine Bankrisiken

340f (1) ¹**Kreditinstitute dürfen Forderungen an Kreditinstitute und Kunden, Schuldverschreibungen und andere festverzinsliche Wertpapiere sowie Aktien und andere nicht festverzinsliche Wertpapiere, die weder wie Anlagevermögen behandelt werden noch Teil des Handelsbestands sind, mit einem niedrigeren als dem nach § 253 Abs. 1 Satz 1, Abs. 4 vorgeschriebenen oder zugelassenen Wert ansetzen, soweit dies nach vernünftiger kaufmännischer Beurteilung zur Sicherung gegen die besonderen Risiken des Geschäftszweigs der Kreditinstitute notwendig ist. ²Der Betrag der auf diese Weise gebildeten Vorsorgereserven darf vier vom Hundert des Gesamt-**

§ 340f 1–4

betrags der in Satz 1 bezeichneten Vermögensgegenstände, der sich bei deren Bewertung nach § 253 Abs. 1 Satz 1, Abs. 4 ergibt, nicht übersteigen. ³Ein niedrigerer Wertansatz darf beibehalten werden.

(2) *(aufgehoben)*

(3) Aufwendungen und Erträge aus der Anwendung von Absatz 1 und aus Geschäften mit in Absatz 1 bezeichneten Wertpapieren und Aufwendungen aus Abschreibungen sowie Erträge aus Zuschreibungen zu diesen Wertpapieren dürfen mit den Aufwendungen aus Abschreibungen auf Forderungen, Zuführungen zu Rückstellungen für Eventualverbindlichkeiten und für Kreditrisiken sowie mit den Erträgen aus Zuschreibungen zu Forderungen oder aus deren Eingang nach teilweiser oder vollständiger Abschreibung und aus Auflösungen von Rückstellungen für Eventualverbindlichkeiten und für Kreditrisiken verrechnet und in der Gewinn- und Verlustrechnung in einem Aufwand- oder Ertragsposten ausgewiesen werden.

(4) Angaben über die Bildung und Auflösung von Vorsorgereserven nach Absatz 1 sowie über vorgenommene Verrechnungen nach Absatz 3 brauchen im Jahresabschluß, Lagebericht, Konzernabschluß und Konzernlagebericht nicht gemacht zu werden.

1) Bewertung mit einem niedrigeren Wert, Obergrenze für solche Vorsorgereserven (I)

1   A. § 340f (früher § 26a KWG aF) gibt den Kreditinstituten ein in der EG sehr umstrittenes (§ 340 Rn 2) und eindeutig gegen den internationalen Trend zu Publizität und Transparenz laufendes Wahlrecht für die Bildung von stillen Reserven (statt eines offen auszuweisenden Passivpostens wie im Ausland) als Vorsorge für allgemeine Bankrisiken, krit MüKo/Böcking/Nowak Vor §§ 340f, g Rn 1 ff. Nach I dürfen Kreditinstitute bestimmte Forderungen und Wertpapiere, die weder wie Anlagevermögen behandelt werden (§ 340e Rn 2) noch Teil des HdlBestandes sind (also Liquiditätsreserve, § 340e Rn 4), **mit einem niedrigeren Wert** als dem nach § 253 I 1, IV vorgeschriebenen oder zugelassenen Wert ansetzen. Voraussetzung ist, dass dies nach vernünftiger kfm Beurteilung (anders Art 37 II a EG-Bankbilanz-Ri: „aus Gründen der Vorsicht") zur Sicherung gegen die besonderen Risiken des Geschäftszweigs der Kreditinstitute notwendig ist. HdlBestand ist ein vom Kreditinstitut zu bestimmender Bestand an Wertpapieren, den es für den Betrieb seines Wertpapierhandels vorhält. Zur Sonderbehandlung der Kreditinstitute s BGH **86**, 12. § 340f ist enger als § 253 IV aF: Zulässig sind stille Reserven nur bei Forderungen und Wertpapieren des Umlaufvermögens, nicht beim sonstigem Umlaufvermögen und beim Anlagevermögen, und nur soweit zur Sicherung gegen die besonderen Bankgeschäftsrisiken notwendig. Seit BilMoG 2009 sind solche Abschreibungen aber nur noch für Kreditinstitute zulässig, s § 253 Rn 27. Lit: Waschbusch ZfbF **94**, 1046. Wimmer/Kusterer DStR **06**, 2046.

2   B. I 2 setzt als **Obergrenze** für derartige Vorsorgereserven **4%** des sich bei Bewertung nach § 253 I 1, IV ergebenden Betrags an (anders § 340g Rn 2).

2) Beibehaltung eines niedrigeren Wertansatzes (I 3)

3   I 3 erlaubt abweichend vom Wertaufholungsgebot des § 253 V die Beibehaltung eines niedrigeren Wertansatzes nach I 1, 2.

3) Überkreuzkompensation (III)

4   III erlaubt mit Einschränkungen gegenüber früher die traditionelle Überkreuzkompensation der Kreditinstitute und Ausweis in einem Aufwand- oder Ertragsposten in der GuV (Nr 13, 14 der GuV Staffelform, RechKredV Formblatt 3). Erträge und Aufwendungen aus Geschäften mit Wertpapieren, die dem HdlBe-

4. Abschnitt. Vorschriften für bestimmte Geschäftszweige §§ 340g, 340h

stand zuzurechnen sind (s Rn 1), sind nicht hier, sondern im Posten Ertrag bzw Aufwand aus Finanzgeschäften der GuV zu verrechnen (§ 340 c Rn 1).

4) Keine Angabepflicht (IV)
Über die Bildung oder Auflösung von Vorsorgereserven nach I 1, 2 sowie 5
Verrechnungen nach III brauchen **keine Angaben** gemacht zu werden **(IV)**, also auch im Anhang insoweit keine Angaben über die Bilanzierungs- und Bewertungsmethoden (§ 284 II Nr 1).

5) IAS/IFRS-Regelungen
Keine vergleichbare Regelung in den Standards. 6

Sonderposten für allgemeine Bankrisiken

340g (1) **Kreditinstitute dürfen auf der Passivseite ihrer Bilanz zur Sicherung gegen allgemeine Bankrisiken einen Sonderposten „Fonds für allgemeine Bankrisiken" bilden, soweit dies nach vernünftiger kaufmännischer Beurteilung wegen der besonderen Risiken des Geschäftszweigs der Kreditinstitute notwendig ist.**

(2) **Die Zuführungen zum Sonderposten oder die Erträge aus der Auflösung des Sonderpostens sind in der Gewinn- und Verlustrechnung gesondert auszuweisen.**

1) Sonderposten „Fonds für allgemeine Bankrisiken" (I)
Nach I darf auf der Passivseite der Bilanz ein **Sonderposten mit der ein-** 1
heitlichen Bezeichnung „Fonds für allgemeine Bankrisiken" gebildet werden. Er dient ausschließlich der Sicherung gegen allgemeine Bankrisiken und ist nur zulässig, soweit dies nach vernünftiger kfm Beurteilung (anders Art 37 II a EG-Bankbilanz-Ri: „aus Gründen der Vorsicht") wegen der besonderen Risiken des Geschäftszweigs der Kreditinstitute notwendig oder nach § 340 e IV bestimmt ist. Die Einstellung von Beträgen in den Sonderposten ist nicht Teil der Beschlussfassung über die Ergebnisverwendung; § 58 AktG, § 29 GmbHG sind also nicht anzuwenden (RegE). Der Fonds für allgemeine Bankrisiken hat Eigenkapitalcharakter, hL. Lit: Waschbusch Bank **94,** 166, Böcking ua WPg **95,** 461, Wimmer/Kusterer DStR **06,** 2046.

2) Gesonderter Ausweis von Zuführungen oder Erträgen (II)
Ein wesentlicher Unterschied zu § 340 f (dort stille Reserven, s Rn 1) folgt aus 2
II, wonach die Zuführungen zu dem Sonderposten oder die Erträge aus seiner Auflösung in der GuV gesondert auszuweisen sind (offene Risikoreserven). Auf der anderen Seite gilt bei § 340 g nicht die Obergrenze von 4%, wie für stille Reserven nach § 340 f.

3) IAS/IFRS-Regelungen
Keine vergleichbare Regelung in den Standards. 3

Vierter Titel. Währungsumrechnung

Währungsumrechnung

340h § 256 a gilt mit der Maßgabe, dass Erträge, die sich aus der **Währungsumrechnung ergeben, in der Gewinn- und Verlustrechnung zu berücksichtigen sind, soweit die Vermögensgegenstände, Schulden oder Termingeschäfte durch Vermögensgegenstände, Schulden oder andere Termingeschäfte in derselben Währung besonders gedeckt sind.**

§ 340i

1) Umrechnungskurse (I)

1 § 340h idF BilMoG 2009 erklärt § 256a grds für entsprechend anwendbar, lässt abweichend aber Berücksichtigung von Erträgen aus der Währungsumrechnung zu, soweit besondere Deckung in derselben Währung vorliegt. Besondere Deckung entspricht Bewertungseinheit nach § 254, s dort Rn 1. 4. **Übergangsrecht** s (1) EGHGB Art 66 III.

2) IAS/IFRS-Regelungen

2 Keine Sonderregelung in den Standards, Währungsumrechnung geregelt in IAS 21, s § 245 Rn 3.

Fünfter Titel. Konzernabschluß, Konzernlagebericht, Konzernzwischenabschluß

Pflicht zur Aufstellung

340i (1) ¹Kreditinstitute, auch wenn sie nicht in der Rechtsform einer Kapitalgesellschaft betrieben werden, haben unabhängig von ihrer Größe einen Konzernabschluß und einen Konzernlagebericht nach den Vorschriften des Zweiten Unterabschnitts des Zweiten Abschnitts über den Konzernabschluß und Konzernlagebericht aufzustellen, soweit in den Vorschriften dieses Unterabschnitts nichts anderes bestimmt ist. ²Zusätzliche Anforderungen auf Grund von Vorschriften, die wegen der Rechtsform bestehen, bleiben unberührt.

(2) ¹Auf den Konzernabschluß sind, soweit seine Eigenart keine Abweichung bedingt, die §§ 340a bis 340g über den Jahresabschluß und die für die Rechtsform und den Geschäftszweig der in den Konzernabschluß einbezogenen Unternehmen mit Sitz im Geltungsbereich dieses Gesetzes geltenden Vorschriften entsprechend anzuwenden, soweit sie für große Kapitalgesellschaften gelten. ²Die §§ 293, 298 Abs. 1 und 2, § 314 Abs. 1 Nr. 1, 3, 6 Buchstabe c sind nicht anzuwenden. ³In den Fällen des § 315a Abs. 1 finden von den in Absatz 1 genannten Vorschriften nur die §§ 290 bis 292, 315a Anwendung; die Sätze 1 und 2 dieses Absatzes sowie § 340j sind nicht anzuwenden. ⁴Soweit § 315a Abs. 1 auf die Bestimmung des § 314 Abs. 1 Nr. 6 Buchstabe c verweist, tritt an deren Stelle die Vorschrift des § 34 Abs. 2 Nr. 2 in Verbindung mit § 37 der Kreditinstituts-Rechnungslegungsverordnung in der Fassung der Bekanntmachung vom 11. Dezember 1998 (BGBl. I S. 3658), die zuletzt durch Artikel 8 Abs. 11 Nr. 1 des Gesetzes vom 4. Dezember 2004 (BGBl. I S. 3166) geändert worden ist. ⁵Im Übrigen findet die Kreditinstituts-Rechnungslegungsverordnung in den Fällen des § 315a Abs. 1 keine Anwendung.

(3) Als Kreditinstitute im Sinne dieses Titels gelten auch Mutterunternehmen, deren einziger Zweck darin besteht, Beteiligungen an Tochterunternehmen zu erwerben sowie die Verwaltung und Verwertung dieser Beteiligungen wahrzunehmen, sofern diese Tochterunternehmen ausschließlich oder überwiegend Kreditinstitute sind.

(4) ¹Sofern Kreditinstitute einer prüferischen Durchsicht zu unterziehende Konzernzwischenabschlüsse zur Ermittlung von Konzernzwischenergebnissen im Sinne des § 10a Abs. 10 des Kreditwesengesetzes aufstellen, sind auf diese die für den Konzernabschluss geltenden Rechnungslegungsgrundsätze anzuwenden. ²Die Vorschriften über die Bestellung des Abschlussprüfers sind auf die prüferische Durchsicht entsprechend anzuwenden. ³Die prüferische Durchsicht ist so anzulegen, dass bei gewissenhafter Berufsausübung ausgeschlossen werden kann, dass der Zwischenabschluss in wesentlichen Belangen den anzuwendenden Rechnungslegungsgrundsätzen widerspricht. ⁴Der

4. Abschnitt. Vorschriften für bestimmte Geschäftszweige   1, 2   § 340j

Abschlussprüfer hat das Ergebnis der prüferischen Durchsicht in einer Bescheinigung zusammenzufassen. [5] § 320 und § 323 gelten entsprechend.

1) Pflicht zur Aufstellung (I)

Der 5. Titel (Überschrift idF KWGÄndG 1992) mit §§ 340i–340j betrifft die Besonderheiten der **Konzernrechnungslegung** der Kreditinstitute. § 340i I 1 verlangt von Kreditinstituten rechtsform- und größenunabhängig die Aufstellung eines Konzernabschlusses und eines Konzernlageberichts nach §§ 290–315. Lit: Prahl/Naumann WPg **93**, 235, Weber/Zündorf BB **95**, 297.

1

2) Anzuwendende Vorschriften (II)

II 1 verweist für den Konzernabschluss entsprechend auf §§ 340a–340g über den Jahresabschluss und weitere Vorschriften. Davon nimmt **II 2** einzelne Vorschriften aus. Klarstellung in **II 3** (eingefügt zusammen mit **II 4** durch BilReG 2004, **Übergangsrecht** in (1) EGHGB Art. 58 III), dass § 315a auch für Kreditinstitute gilt. **II 5** schließt für IAS/IFRS-Konzernabschlüsse die Anwendung der RechKredV im Übrigen aus.

2

3) Bankholdingunternehmen (III)

III erweitert den Begriff des Kreditinstituts für §§ 340i–340j. Konzernrechnungslegungspflichtig sind danach auch Bankholdingunternehmen, die selbst keine Kreditinstitute iSv § 340 I 1 sind, wenn ihr einziger Zweck im Erwerb von Beteiligungen an Tochterunternehmen und der Verwaltung und Verwertung dieser Beteiligungen besteht. Die nachgeordneten Unternehmen brauchen nur überwiegend Kreditinstitute zu sein.

3

4) Konzernzwischenabschlüsse (IV)

IV gilt für die fakultativen Konzernzwischenabschlüsse nach §§ 10a I 2, 10 III KWG und entspricht § 340a III, s dort.

4

5) IAS/IFRS-Regelungen

Keine vergleichbare Regelung in den Standards.

5

Einzubeziehende Unternehmen

340j Bezieht ein Kreditinstitut ein Tochterunternehmen, das Kreditinstitut ist, nach § 296 Abs. 1 Nr. 3 in seinen Konzernabschluß nicht ein und ist der vorübergehende Besitz von Aktien oder Anteilen dieses Unternehmens auf eine finanzielle Stützungsaktion zur Sanierung oder Rettung des genannten Unternehmens zurückzuführen, so hat es den Jahresabschluß dieses Unternehmens seinem Konzernabschluß beizufügen und im Konzernanhang zusätzliche Angaben über die Art und die Bedingungen der finanziellen Stützungsaktion zu machen.

1) Finanzielle Stützungsaktion für ein Tochterkreditinstitut (I)

§ 340j idF des BilReG 2004 (Übergangsregelung in (1) EGHGB Art 58 III) verlangt von einem Kreditinstitut, ein Tochterkreditinstitut nach § 296 I Nr 3 nicht in den Konzernabschluss einbezieht, wenn der vorübergehende Aktien- oder Anteilsbesitz auf eine finanzielle Stützungsaktion zurückzuführen ist, dennoch die Beifügung des Jahresabschlusses der Tochter sowie zusätzliche Angaben im Konzernanhang.

1

2) IAS/IFRS-Regelungen

Keine vergleichbare Regelung in den Standards.

2

Sechster Titel. Prüfung

[Prüfung]

340k (1) ¹Kreditinstitute haben unabhängig von ihrer Größe ihren Jahresabschluß und Lagebericht sowie ihren Konzernabschluß und Konzernlagebericht unbeschadet der Vorschriften der §§ 28 und 29 des Gesetzes über das Kreditwesen nach den Vorschriften des Dritten Unterabschnitts des Zweiten Abschnitts über die Prüfung prüfen zu lassen; § 319 Abs. 1 Satz 2 ist nicht anzuwenden. ²Die Prüfung ist spätestens vor Ablauf des fünften Monats des dem Abschlußstichtag nachfolgenden Geschäftsjahrs vorzunehmen. ³Der Jahresabschluß ist nach der Prüfung unverzüglich festzustellen.

(2) ¹Ist das Kreditinstitut eine Genossenschaft oder ein rechtsfähiger wirtschaftlicher Verein, so ist die Prüfung abweichend von § 319 Abs. 1 Satz 1 von dem Prüfungsverband durchzuführen, dem das Kreditinstitut als Mitglied angehört, sofern mehr als die Hälfte der geschäftsführenden Mitglieder des Vorstands dieses Prüfungsverbands Wirtschaftsprüfer sind. ²Hat der Prüfungsverband nur zwei Vorstandsmitglieder, so muß einer von ihnen Wirtschaftsprüfer sein. ³§ 319 Abs. 2 und 3 sowie § 319a Abs. 1 sind auf die gesetzlichen Vertreter des Prüfungsverbandes und auf alle vom Prüfungsverband beschäftigten Personen, die das Ergebnis der Prüfung beeinflussen können, entsprechend anzuwenden; § 319 Abs. 3 Satz 1 Nr. 2 ist auf Mitglieder des Aufsichtsorgans des Prüfungsverbandes nicht anzuwenden, sofern sichergestellt ist, dass der Abschlussprüfer die Prüfung unabhängig von den Weisungen durch das Aufsichtsorgan durchführen kann. ⁴Ist das Mutterunternehmen eine Genossenschaft, so ist der Prüfungsverband, dem die Genossenschaft angehört, unter den Voraussetzungen der Sätze 1 bis 3 auch Abschlußprüfer des Konzernabschlusses und des Konzernlageberichts.

(2a) ¹Bei der Prüfung des Jahresabschlusses der in Absatz 2 bezeichneten Kreditinstitute durch einen Prüfungsverband darf der gesetzlich vorgeschriebene Bestätigungsvermerk nur von Wirtschaftsprüfern unterzeichnet werden. ²Die im Prüfungsverband tätigen Wirtschaftsprüfer haben ihre Prüfungstätigkeit unabhängig, gewissenhaft, verschwiegen und eigenverantwortlich auszuüben. ³Sie haben sich insbesondere bei der Erstattung von Prüfungsberichten unparteiisch zu verhalten. ⁴Weisungen dürfen ihnen hinsichtlich ihrer Prüfungstätigkeit von Personen, die nicht Wirtschaftsprüfer sind, nicht erteilt werden. ⁵Die Zahl der im Verband tätigen Wirtschaftsprüfer muss so bemessen sein, dass die den Bestätigungsvermerk unterschreibenden Wirtschaftsprüfer die Prüfung verantwortlich durchführen können.

(3) ¹Ist das Kreditinstitut eine Sparkasse, so dürfen die nach Absatz 1 vorgeschriebenen Prüfungen abweichend von § 319 Abs. 1 Satz 1 von der Prüfungsstelle eines Sparkassen- und Giroverbands durchgeführt werden. ²Die Prüfung darf von der Prüfungsstelle jedoch nur durchgeführt werden, wenn der Leiter der Prüfungsstelle die Voraussetzungen des § 319 Abs. 1 Satz 1 und 2 erfüllt; § 319 Abs. 2, 3 und 5 sowie § 319a sind auf alle vom Sparkassen- und Giroverband beschäftigten Personen, die das Ergebnis der Prüfung beeinflussen können, entsprechend anzuwenden. ³Außerdem muß sichergestellt sein, daß der Abschlußprüfer die Prüfung unabhängig von den Weisungen der Organe des Sparkassen- und Giroverbands durchführen kann. ⁴Soweit das Landesrecht nichts anderes vorsieht, findet § 319 Abs. 1 Satz 3 mit der Maßgabe Anwendung, dass die Bescheinigung der Prüfungsstelle erteilt worden sein muss.

4. Abschnitt. Vorschriften für bestimmte Geschäftszweige § 3401

(4) Finanzdienstleistungsinstitute und Zahlungsinstitute, deren Bilanzsumme am Stichtag 150 Millionen Euro nicht übersteigt, dürfen auch von den in § 319 Abs. 1 Satz 2 genannten Personen geprüft werden.

(5) ¹Kreditinstitute, auch wenn sie nicht in der Rechtsform einer Kapitalgesellschaft betrieben werden, haben § 324 anzuwenden, wenn sie kapitalmarktorientiert im Sinn des § 264 d sind und keinen Aufsichts- oder Verwaltungsrat haben, der die Voraussetzungen des § 100 Abs. 5 des Aktiengesetzes erfüllen muss. ²Dies gilt für Sparkassen im Sinn des Absatzes 3 sowie sonstige landesrechtliche öffentlich-rechtliche Kreditinstitute nur, soweit das Landesrecht nichts anderes vorsieht.

1) Der 6. Titel mit § 340 k betrifft die Prüfung von Kreditinstituten. I sieht **1** die Prüfungspflicht rechtsform- und größenunabhängig und unbeschadet der Prüfung nach §§ 28–29 KWG (Prüfung in besonderen Fällen; VO über den Inhalt der Prüfungsberichte zu den Jahresabschlüssen und Zwischenabschlüssen der Kreditinstitute, PrüfbV, v 17. 12. 98 BGBl 3690) grundsätzlich nach den Vorschriften der §§ 316–324 vor. II (1 idF KapCoRiLiG 2000, 3 idF BilReG 2004) betrifft Genossenschaftsbanken und Kreditinstitute als rechtsfähige wirtschaftliche Vereine (§ 22 BGB), IIa idF BilMoG 2009 stellt klar, dass Kreditinstitute iSv II nur von Wirtschaftsprüfern verantwortlich geprüft werden dürfen (s **(1)** EGHGB Art 25 II). III (2 idF BilReG 2004) betrifft Sparkassen; ihnen bleibt nach II und III unter bestimmten Voraussetzungen die Prüfung durch den Prüfungsverband bzw die Prüfungsstelle eines Sparkassen- und Giroverbands erhalten. III 4 (idF BilReG 2004, **Übergangsrecht** in **(1)** EGHGB Art 58 III) trägt der Einf der Qualitätskontrolle gemäß **(2 c)** WPO § 57 a Rechnung, s § 319 Rn 12, und verlangt, dass die Prüfungsstelle an der Qualitätskontrolle nach **(2 c)** WPO § 57 h teilgenommen hat. **IV** nF BegleitG 1997, EuroBilG 2001 u ZDUmsG 2009 enthält eine Ausnahme für Finanzdienstleistungs- u Zahlungsinstitute mit einer bestimmten Obergrenze der Bilanzsumme. **V** (idF BilMoG 2009, **Übergangsrecht** in **(1)** EGHGB Art 66 II) ordnet für bestimmte Kreditinstitute Einrichtung eines Prüfungsausschusses nach § 324 an (S 1) und enthält diesbzgl Öffnungsklausel für Sparkassen und sonstige landesrechtl Kreditinstitute.
Lit: Hanenberg WPg **99**, 85, Hülsen WPg **99**, 98.

Siebenter Titel. Offenlegung

[Offenlegung]

3401 (1) ¹Kreditinstitute haben den Jahresabschluß und den Lagebericht sowie den Konzernabschluß und den Konzernlagebericht und die anderen in § 325 bezeichneten Unterlagen nach § 325 Abs. 2 bis 5, §§ 328, 329 Abs. 1 und 4 offenzulegen. ²Kreditinstitute, die nicht Zweigniederlassungen sind, haben die in Satz 1 bezeichneten Unterlagen außerdem in jedem anderen Mitgliedstaat der Europäischen Gemeinschaft und in jedem anderen Vertragsstaat des Abkommens über den Europäischen Wirtschaftsraum offenzulegen, in dem sie eine Zweigniederlassung errichtet haben. ³Die Offenlegung richtet sich nach dem Recht des jeweiligen Mitgliedstaats oder Vertragsstaats.

(2) ¹Zweigniederlassungen im Geltungsbereich dieses Gesetzes von Unternehmen mit Sitz in einem anderen Staat haben die in Absatz 1 Satz 1 bezeichneten Unterlagen ihrer Hauptniederlassung, die nach deren Recht aufgestellt und geprüft worden sind, nach § 325 Abs. 2 bis 5, §§ 328, 329 Abs. 1, 3 und 4 offenzulegen. ²Unternehmen mit Sitz in einem Drittstaat im Sinn des § 3 Abs. 1 Satz 1 der Wirtschaftsprüferordnung, deren Wertpapiere im Sinn des § 2 Abs. 1 Satz 1 des Wertpapierhandelsgesetzes an einer inländischen Börse zum Handel am regulierten Markt zugelassen sind, haben zudem eine

§ 3401

Bescheinigung der Wirtschaftsprüferkammer gemäß § 134 Abs. 2 a der Wirtschaftsprüferordnung über die Eintragung des Abschlussprüfers oder eine Bestätigung der Wirtschaftsprüferkammer gemäß § 134 Abs. 4 Satz 8 der Wirtschaftsprüferordnung über die Befreiung von der Eintragungsverpflichtung offenzulegen. ³ Satz 2 ist nicht anzuwenden, soweit ausschließlich Schuldtitel im Sinn des § 2 Abs. 1 Satz 1 Nr. 3 des Wertpapierhandelsgesetzes mit einer Mindeststückelung von 50 000 Euro oder einem entsprechenden Betrag anderer Währung an einer inländischen Börse zum Handel am regulierten Markt zugelassen sind. ⁴ Zweigniederlassungen im Geltungsbereich dieses Gesetzes von Unternehmen mit Sitz in einem Staat, der nicht Mitglied der Europäischen Gemeinschaft und auch nicht Vertragsstaat des Abkommens über den Europäischen Wirtschaftsraum ist, brauchen auf ihre eigene Geschäftstätigkeit bezogene gesonderte Rechnungslegungsunterlagen nach Absatz 1 Satz 1 nicht offenzulegen, sofern die nach den Sätzen 1 und 2 offenzulegenden Unterlagen nach einem an die Richtlinie 86/635/EWG angepaßten Recht aufgestellt und geprüft worden oder den nach einem dieser Rechte aufgestellten Unterlagen gleichwertig sind. ⁵ Die Unterlagen sind in deutscher Sprache einzureichen. ⁶ Soweit dies nicht die Amtssprache am Sitz der Hauptniederlassung ist, können die Unterlagen der Hauptniederlassung auch

1. in englischer Sprache oder
2. einer von dem Register der Hauptniederlassung beglaubigten Abschrift oder,
3. wenn eine dem Register vergleichbare Einrichtung nicht vorhanden oder diese nicht zur Beglaubigung befugt ist, in einer von einem Wirtschaftsprüfer bescheinigten Abschrift, verbunden mit der Erklärung, dass entweder eine dem Register vergleichbare Einrichtung nicht vorhanden oder diese nicht zur Beglaubigung befugt ist, eingereicht werden; von der Beglaubigung des Registers ist eine beglaubigte Übersetzung in deutscher Sprache einzureichen.

(3) § 339 ist auf Kreditinstitute, die Genossenschaften sind, nicht anzuwenden.

(4) Soweit Absatz 1 Satz 1 auf § 325 Abs. 2 a Satz 3 und 5 verweist, gelten die folgenden Maßgaben und ergänzenden Bestimmungen:

1. Die in § 325 Abs. 2 a Satz 3 genannten Vorschriften des Ersten Unterabschnitts des Zweiten Abschnitts des Dritten Buchs sind auch auf Kreditinstitute anzuwenden, die nicht in der Rechtsform einer Kapitalgesellschaft betrieben werden.
2. § 285 Nr. 8 Buchstabe b findet keine Anwendung. Jedoch ist im Anhang zum Einzelabschluss nach § 325 Abs. 2 a der Personalaufwand des Geschäftsjahrs in der Gliederung nach Formblatt 3 Posten 10 Buchstabe a der Kreditinstituts-Rechnungslegungsverordnung in der Fassung der Bekanntmachung vom 11. Dezember 1998 (BGBl. I S. 3658), die zuletzt durch Artikel 8 Abs. 11 Nr. 1 des Gesetzes vom 4. Dezember 2004 (BGBl. I S. 3166) geändert worden ist, anzugeben, sofern diese Angaben nicht gesondert in der Gewinn- und Verlustrechnung erscheinen.
3. An Stelle des § 285 Nr. 9 Buchstabe c gilt § 34 Abs. 2 Nr. 2 der Kreditinstituts-Rechnungslegungsverordnung in der Fassung der Bekanntmachung vom 11. Dezember 1998 (BGBl. I S. 3658), die zuletzt durch Artikel 8 Abs. 11 Nr. 1 des Gesetzes vom 4. Dezember 2004 (BGBl. I S. 3166) geändert worden ist.
4. Für den Anhang gilt zusätzlich die Vorschrift des § 340 a Abs. 4.
5. Im Übrigen finden die Bestimmungen des Zweiten bis Vierten Titels dieses Unterabschnitts sowie der Kreditinstituts-Rechnungslegungsverordnung keine Anwendung.

4. Abschnitt. Vorschriften für bestimmte Geschäftszweige   1   § 340m

1) Der 7. Titel mit § 340 l betrifft die Offenlegung. Erweiterung auf EWR- 1
Staaten durch EWRG 1993, in Kraft 1. 1. 94 BGBl 1993 I, 2436. **I 1** erstreckt die
Offenlegungspflicht, die nur für KapitalGes gilt, rechtsformunabhängig auf Kreditinstitute (aber keine Totalverweisung auf §§ 325–329). **I 2, 3** (eingefügt durch
BilMoG 2009, **Übergangsrecht** in **(1)** EGHGB Art 66 II) dienen der Durchsetzung der Eintragungspflicht für Abschlussprüfer gem § 134 WPO, die Bestätigungsvermerk für Abschlüsse bestimmter Unternehmen aus Drittländern erteilen.
I 4, 5 betreffen Kreditinstitute mit Zweigstellen innerhalb EG/EWR, sie müssen
auch am Ort der Zweigstelle offen legen (§ 340 Rn 3). **II** betrifft deutsche Zweigstellen von Unternehmen mit Sitz in einem anderen Staat und differenziert dabei
zwischen EG/EWRStaaten und Drittstaaten (§ 340 Rn 3). **II 3** und 4 idF KapCoRiLiG 2000 u EuroBilG 2001 (**Übergangsrecht** in **(1)** EGHGB Art 51) u EHUG
2006 (**Übergangsrecht** in **(1)** EGHGB Art 61 V) verlangen grundsätzlich deutsche Sprache; nur wenn dies nicht Amtssprache am Sitz der Hauptniederlassung ist,
darf auch in englischer Sprache oder in einer vom Register der Hauptniederlassung
beglaubigten Abschrift eingereicht werden oder wenn eine dem Register vergleichbare Einrichtung nicht vorhanden oder diese nicht zur Beglaubigung befugt
ist, in einer von einem Wirtschaftsprüfer bescheinigten Abschrift, verbunden mit
der Erklärung, dass entweder eine dem Register vergleichbare Einrichtung nicht
vorhanden oder diese nicht zur Beglaubigung befugt ist (vgl § 325 a I 3, 4). III gilt
für Genossenschaftsbanken. **IV** idF BilReG 2004 (**Übergangsrecht** in **(1)**
EGHGB Art 58 Rn III) tritt an Stelle des **IV aF** und regelt Besonderheiten beim
IAS/IFRS-Einzelabschluss von Kreditinstituten: **IV Nr 1** entspricht § 340 a I, der
für den IAS/IFRS-Einzelabschluss nicht gilt. **IV Nr 2** trägt dem Umstand Rechnung, dass im Kontext der Erfolgsrechnung der Kreditinstitute nicht von einem
Umsatzkostenverfahren gesprochen wird. **IV Nr 3** berücksichtigt, dass der durch
§ 285 Nr 9 c umgesetzte Art 43 I Nr 33 Bankbilanz-Ri durch Art 40 VII Bankbilanz-Ri modifiziert wird. **IV Nr 4** beinhaltet ein zusätzliches, für die Beurteilung des IAS/IFRS-Abschlusses relevantes Transparenzerfordernis (Beteiligungsbesitz des Kreditinstituts sowie die Mitwirkung des Personals im Aufsichtsgremium
anderer Kreditinstitute). **IV Nr 5** stellt sicher, dass die internationalen Standards
nicht durch andere als die nach § 325 II a, § 340 l I 1, IV Nr 1–4 anwendbaren
nationalen Bestimmungen überlagert werden. **Ausnahmen:** § 340 II, V 2.

Achter Titel. Straf- und Bußgeldvorschriften, Zwangsgelder

Strafvorschriften

340m ¹ Die Strafvorschriften der §§ 331 bis 333 sind auch auf nicht in der Rechtsform einer Kapitalgesellschaft betriebene Kreditinstitute sowie auf Finanzdienstleistungsinstitute im Sinne des § 340 Abs. 4 Satz 1 anzuwenden. ² § 331 ist darüber hinaus auch anzuwenden auf die Verletzung von Pflichten durch den Geschäftsleiter (§ 1 Abs. 2 Satz 1 des Gesetzes über das Kreditwesen) eines nicht in der Rechtsform einer Kapitalgesellschaft betriebenen Kreditinstituts oder Finanzdienstleistungsinstituts im Sinne des § 340 Abs. 4 Satz 1, durch den Inhaber eines in der Rechtsform des Einzelkaufmanns betriebenen Kreditinstituts oder Finanzdienstleistungsinstituts im Sinne des § 340 Abs. 4 Satz 1 oder durch den Geschäftsleiter im Sinne des § 53 Abs. 2 Nr. 1 des Gesetzes über das Kreditwesen.**

1) Der 8. Titel mit §§ 340 m–340 o bezweckt, §§ 331–335 b, die nur für 1
KapitalGes gelten, rechtsformunabhängig auch auf Kreditinstitute sowie auf Finanzdienstleistungsinstitute iSv § 340 IV 1 (§ 340 Rn 3) zu erstrecken. § 340 m
dehnt die Strafvorschriften der §§ 331–333 auch auf nicht als KapitalGes betriebene Kreditinstitute (S 1) und § 331 auch auf Geschäftsleiter (§§ 1 II 1, 53 II

§ 340n III. Buch. Handelsbücher

Nr 1 KWG) und Inhaber von Privatbanken (als EinzelKfm betriebenes Kreditinstitut) aus (S 2).

Bußgeldvorschriften

340n (1) Ordnungswidrig handelt, wer als Geschäftsleiter im Sinne des § 1 Abs. 2 Satz 1 oder des § 53 Abs. 2 Nr. 1 des Kreditwesengesetzes oder als Inhaber eines in der Rechtsform des Einzelkaufmanns betriebenen Kreditinstituts oder Finanzdienstleistungsinstituts im Sinne des § 340 Abs. 4 Satz 1 oder als Mitglied des Aufsichtsrats
1. bei der Aufstellung oder Feststellung des Jahresabschlusses oder bei der Aufstellung des Zwischenabschlusses gemäß § 340a Abs. 3 einer Vorschrift
   a) des § 243 Abs. 1 oder 2, der §§ 244, 245, 246 Abs. 1 oder 2, dieser in Verbindung mit § 340a Abs. 2 Satz 3, des § 246 Abs. 3 Satz 1, des § 247 Abs. 2 oder 3, der §§ 248, 249 Abs. 1 Satz 1 oder Abs. 2, des § 250 Abs. 1 oder Abs. 2, des § 264 Abs. 2, des § 340b Abs. 4 oder 5 oder des § 340c Abs. 1 über Form oder Inhalt,
   b) des § 253 Abs. 1 Satz 1, 2, 3 oder 4, Abs. 2 Satz 1, auch in Verbindung mit Satz 2, Abs. 3 Satz 1, 2 oder 3, Abs. 4 oder 5, der §§ 254, 256a, 340e Abs. 1 Satz 1 oder 2, Abs. 3 Satz 1, 2 oder 4 Halbsatz 1, Abs. 4 Satz 1 oder 2, des § 340f Abs. 1 Satz 2 oder des § 340g Abs. 2 über die Bewertung,
   c) des § 265 Abs. 2, 3 oder 4, des § 268 Abs. 3 oder 6, der §§ 272, 274 oder des § 277 Abs. 3 Satz 2 oder Abs. 4 über die Gliederung,
   d) des § 284 Abs. 1, 2 Nr. 1, 3 oder Nr. 5 oder des § 285 Nr. 3, 6, 7, 9 Buchstabe a oder Buchstabe b, Nr. 10, 11, 13, 14, 17 bis 29 über die im Anhang zu machenden Angaben,
2. bei der Aufstellung des Konzernabschlusses oder des Konzernzwischenabschlusses gemäß § 340i Abs. 4 einer Vorschrift
   a) des § 294 Abs. 1 über den Konsolidierungskreis,
   b) des § 297 Abs. 2 oder 3 oder des § 340i Abs. 2 Satz 1 in Verbindung mit einer der in Nummer 1 Buchstabe a bezeichneten Vorschriften über Form oder Inhalt,
   c) des § 300 über die Konsolidierungsgrundsätze oder das Vollständigkeitsgebot,
   d) des § 308 Abs. 1 Satz 1 in Verbindung mit den in Nummer 1 Buchstabe b bezeichneten Vorschriften, des § 308 Abs. 2 oder des § 308a über die Bewertung,
   e) des § 311 Abs. 1 Satz 1 in Verbindung mit § 312 über die Behandlung assoziierter Unternehmen oder
   f) des § 308 Abs. 1 Satz 3, des § 313 oder des § 314 über die im Anhang zu machenden Angaben,
3. bei der Aufstellung des Lageberichts einer Vorschrift des § 289 Abs. 1, 4 oder Abs. 5 oder des § 289a über den Inhalt des Lageberichts,
4. bei der Aufstellung des Konzernlageberichts einer Vorschrift des § 315 Abs. 1 oder 4 über den Inhalt des Konzernlageberichts,
5. bei der Offenlegung, Veröffentlichung oder Vervielfältigung einer Vorschrift des § 328 über Form oder Inhalt oder
6. einer auf Grund des § 330 Abs. 2 in Verbindung mit Abs. 1 Satz 1 erlassenen Rechtsverordnung, soweit sie für einen bestimmten Tatbestand auf diese Bußgeldvorschrift verweist,
zuwiderhandelt.

(2) Ordnungswidrig handelt, wer zu einem Jahresabschluss, zu einem Einzelabschluss nach § 325 Abs. 2a oder zu einem Konzernabschluss, der auf-

4. Abschnitt. Vorschriften für bestimmte Geschäftszweige §§ 340o, 341

grund gesetzlicher Vorschriften zu prüfen ist, einen Vermerk nach § 322 Abs. 1 erteilt, obwohl nach § 319 Abs. 2, 3, 5, § 319 a Abs. 1 Satz 1, Abs. 2, § 319 b Abs. 1 er, nach § 319 Abs. 4, auch in Verbindung mit § 319 a Abs. 1 Satz 2, oder § 319 a Abs. 1 Satz 4, 5, § 319 b Abs. 1 die Wirtschaftsprüfungsgesellschaft oder nach § 340 k Abs. 2 oder Abs. 3 der Prüfungsverband oder die Prüfungsstelle, für die oder für den er tätig wird, nicht Abschlussprüfer sein darf.

(3) Die Ordnungswidrigkeit kann mit einer Geldbuße bis zu fünfzigtausend Euro geahndet werden.

(4) Verwaltungsbehörde im Sinn des § 36 Abs. 1 Nr. 1 des Gesetzes über Ordnungswidrigkeiten ist in den Fällen der Absätze 1 und 2 die Bundesanstalt für Finanzdienstleistungsaufsicht.

1) § 340 n enthält Ordnungswidrigkeitentatbestände für Geschäftsleiter, Inhaber von Privatbanken und Aufsichtsratsmitglieder (I, s § 340 m Rn 1) und für Prüfer (II idF BilMoG 2009) mit Bußgeldrahmen (III). Vorsatztat, Näheres s OWiG. § 340 n I Nr 1 idF BilMoG 2009, 2 idF KWGÄndG 1992, III idF VorstOG 2005 (**Übergangsrecht** in (**1**) EGHGB Art 59). IV eingefügt durch EHUG 2006 (**Übergangsrecht** in (1) EGHGB Art 61 V) begründet bei Kreditinstituten die Zuständigkeit der BaFin anstelle des Bundesamtes für Justiz.

Festsetzung von Ordnungsgeld

340o ¹ Personen, die

1. als Geschäftsleiter im Sinn des § 1 Abs. 2 Satz 1 des Kreditwesengesetzes eines Kreditinstituts oder Finanzdienstleistungsinstituts im Sinn des § 340 Abs. 4 Satz 1 oder als Inhaber eines in der Rechtsform des Einzelkaufmanns betriebenen Kreditinstituts oder Finanzdienstleistungsinstituts im Sinn des § 340 Abs. 4 Satz 1 den § 325 über die Pflicht zur Offenlegung des Jahresabschlusses, des Lageberichts, des Konzernabschlusses, des Konzernlageberichts und anderer Unterlagen der Rechnungslegung oder
2. als Geschäftsleiter von Zweigniederlassungen im Sinn des § 53 Abs. 1 des Kreditwesengesetzes § 340l Abs. 1 oder Abs. 2 über die Offenlegung der Rechnungslegungsunterlagen

nicht befolgen, sind hierzu vom Bundesamt für Justiz durch Festsetzung von Ordnungsgeld nach § 335 anzuhalten. ² § 335 Abs. 1 Satz 2 ist entsprechend anzuwenden.

1) § 340 o idF EHUG 2006 (**Übergangsrecht** in (**1**) EGHGB Art 61 V) regelt die Festsetzung von Ordnungsgeld; dabei gelten § 335 idF BilMoG 2009 und 335 b idF EHUG 2006 (s dort).

Zweiter Unterabschnitt. Ergänzende Vorschriften für Versicherungsunternehmen und Pensionsfonds

Erster Titel. Anwendungsbereich

[Anwendungsbereich]

341 (1) ¹Dieser Unterabschnitt ist, soweit nichts anderes bestimmt ist, auf Unternehmen, die den Betrieb von Versicherungsgeschäften zum Gegenstand haben und nicht Träger der Sozialversicherung sind (Versicherungsunternehmen), anzuwenden. ²Dies gilt nicht für solche Versicherungsunternehmen, die auf Grund von Gesetz, Tarifvertrag oder Satzung ausschließlich für ihre Mitglieder oder die durch Gesetz oder Satzung begünstigten Personen Leistungen erbringen oder als nicht rechtsfähige Einrichtun-

§ 341 1–5

gen ihre Aufwendungen im Umlageverfahren decken, es sei denn, sie sind Aktiengesellschaften, Versicherungsvereine auf Gegenseitigkeit oder rechtsfähige kommunale Schadenversicherungsunternehmen.

(2) Versicherungsunternehmen im Sinne des Absatzes 1 sind auch Niederlassungen im Geltungsbereich dieses Gesetzes von Versicherungsunternehmen mit Sitz in einem anderen Staat, wenn sie zum Betrieb des Direktversicherungsgeschäfts der Erlaubnis durch die deutsche Versicherungsaufsichtsbehörde bedürfen.

(3) Zusätzliche Anforderungen auf Grund von Vorschriften, die wegen der Rechtsform oder für Niederlassungen bestehen, bleiben unberührt.

(4) ¹ Die Vorschriften des Ersten bis Siebenten Titels dieses Unterabschnitts sind mit Ausnahme von Absatz 1 Satz 2 auf Pensionsfonds (§ 112 Abs. 1 des Versicherungsaufsichtsgesetzes) entsprechend anzuwenden. ² § 341 d ist mit der Maßgabe anzuwenden, dass Kapitalanlagen für Rechnung und Risiko von Arbeitnehmern und Arbeitgebern mit dem Zeitwert unter Berücksichtigung des Grundsatzes der Vorsicht zu bewerten sind; §§ 341 b, 341 c sind insoweit nicht anzuwenden.

1) Das Versicherungsbilanzrichtlinie-Gesetz 1994 (VersRiLiG)

1 Der 2. Unterabschn (§§ 341–341 o) enthält ergänzende Vorschriften für Versicherungsunternehmen unabhängig von ihrer Rechtsform. Er wurde eingefügt durch das **VersicherungsbilanzrichtlinieG** 24. 6. 1994 BGBl I 1377, in Kraft ab 1. 7. 1994. Nach der Konzeption des VersRiLiG (entspr wie BankBiRiLiG, § 340 Rn 1) findet sich das gesamte Rechnungslegungsrecht für Versicherungsunternehmen im Dritten Buch des HGB und dem dazu gehörenden VORecht (§ 330 IV nF). **Übergangsrecht** in **(1)** EGHGB Art 31, 33 (dazu Einl 74, 75 v § 238). Lit: Treuberg/Angermayer 1995; Budde/Schnicke/Stöffler/Stuirbrink, Beck'scher Versicherungsbilanz-Kommentar 1998; Kromschröder, Perlet FS Moxter **94,** 769, 835, Luttermann BB **95,** 191 (Konzernrechnungslegung), Ellenbürger/Horbach/Kölschbach WPg **96,** 41, 113.

2) Die EG-Versicherungsbilanz-Richtlinie

2 Das VersRiLiG hat die **EG-Versicherungsbilanz-Richtlinie** 19. 12. 91 ABlEG 31. 12. 91 Nr L 374/7 umgesetzt. Lit: Geib/Ellenbürger/Kölschbach WPg **92,** 177, Donath EuZW **92,** 719.

3) Verordnung über die Rechnungslegung der Versicherungsunternehmen (RechVersV)

3 Für Versicherungsunternehmen gilt auf Grund von § 330 die VO über die Rechnungslegung von Versicherungsunternehmen **(RechVersV)** 8. 11. 1994 BGBl 3378, idF 9. 6. 98 BGBl 1249.

4) IFRS 4 (Versicherungsverträge)

4 A. Dem § 341 vergleichbare Sonderregelungen für die branchenspezifische Bilanzierung der Versicherungsunternehmen finden sich in IFRS 4 (Versicherungsverträge).

5 B. **Gegenstand:** IFRS 4 (Versicherungsverträge) regelt die Bilanzierung von **Versicherungsverträgen** in der Ersten von zwei geplanten Phasen zur endgültigen Erarbeitung eines entsprechenden Standards unter IFRS. **Zeitliche Anwendung:** IFRS 4 ist ein **Übergangsstandard,** der mit wenigen Ausnahmen keine Bewertungsregeln hinsichtlich der versicherungstechnischen Posten beinhaltet. Er steht in direktem Zusammenhang mit IAS 39 und gilt für Berichtsperioden, die am oder nach dem 1. 1. 05 beginnen (IFRS 4.41). IFRS 4 ist befristet bis zur Erarbeitung eines endgültigen Standards. Lit: Ott/Werner, WPg

4. Abschnitt. Vorschriften für bestimmte Geschäftszweige 6–9 § 341

04, 798, Ebbers, WPg **04**, 1377, Zülch/Willms SutB **05,** 315 (Leasingverhältnisse), Scharpf/Weigel WPg **06,** 1492 (Finanzgarantien/Kreditzusage), Hassler/Sauer/Schneider WPg **06,** 1539, Ludwig WPg **07,** 607 (Rückstellungen).

C. **Sachliche Anwendung:** IFRS 4 regelt die Berichterstattung über **Versicherungsverträge** für **Unternehmen, die solche Verträge ausgeben.** Er ist auf ausgegebene Versicherungsverträge, gehaltene Rückversicherungsverträge und ausgegebene Finanzinstrumente mit ermessenabhängiger Überschussbeteiligung anzuwenden (IFRS 4.2). **Keine Anwendung** findet er auf 1) Produktgewährleistungen, die direkt vom Hersteller, Groß- oder Einzelhändler gewährt werden (siehe IAS 18 Erträge, IAS 37 Rückstellungen, Eventualschulden und Eventualforderungen), 2) Vermögenswerte und Verbindlichkeiten von Arbeitgebern auf Grund von Versorgungsplänen für Arbeitnehmer (siehe IAS 19 Leistungen an Arbeitnehmer, IFRS 2 Anteilsbasierte Zahlungen) und Verpflichtungen zur betrieblichen Altersversorgung, die unter leistungsorientierten Altersversorgungszusagen berichtet werden (siehe IAS 26 Bilanzierung und Berichterstattung von Altersversorgungsplänen), 3) vertragliche Rechte und vertragliche Verpflichtungen, die abhängig von dem zukünftigen Gebrauch oder Gebrauchsrecht von nicht-finanziellen Sachverhalten, als auch Restwertgarantien des Leasingnehmers, die in ein Finanzierungsleasing eingebettet sind (IAS 17 Leasingverhältnisse, IAS 18 Erträge und IAS 38 Immaterielle Vermögenswerte), 4) Finanzgarantien, es sei denn, Garantiegeber erklärt ausdrücklich, solche Garantien als Versicherungsverträge zu betrachten und bilanziert sie nach den entsprechenden Vorschriften; auf solche Finanzgarantien können IAS 39, 32 oder IFRS 4 angewendet werden; Entscheidung kann vertragsweise, aber unwiderruflich, gefällt werden, 5) Verträge mit bedingter Gegenleistung im Rahmen eines Unternehmenszusammenschlusses (siehe IFRS 3 Unternehmenszusammenschlüsse), 6) Erstversicherungsverträge, in dem das Unternehmen Versicherungsnehmer ist (IFRS 4. 4 (a)–(f)).

D. **Wesentlicher Inhalt:** IFRS 4 enthält für Versicherer bei der Wahl von Rechnungslegungsmethoden für Versicherungsverträge übergangsweise (dh während der Phase I des Projektes) **Befreiungen von bestimmten Anforderungen** anderer IFRS und dem Erfordernis der Beachtung des Framework aus (IFRS 4.13 ff).

E. Andererseits statuiert IFRS 4 das **Verbot der Bildung von Rückstellungen** für mögliche Schäden auf Grund von Verträgen, die am Abschlussstichtag noch nicht bestehen (wie Großrisiken- oder Schwankungsrückstellungen); das Erfordernis eines **Angemessenheitstests** für die angesetzten Versicherungsverbindlichkeiten und eines Tests auf Wertminderung für Rückversicherungsvermögenswerte; das Erfordernis zur **Beibehaltung von Versicherungsverbindlichkeiten** in Bilanz, bis sie erfüllt, gekündigt oder erloschen sind; das **Verbot der Saldierung** von Versicherungsverbindlichkeiten mit zugehörigen Rückversicherungsvermögenswerten (IFRS 4.14 (a)–(e)).

F. IFRS 4 erlaubt die **Änderung der Rechnungslegungsmethoden** für Versicherungsverträge nur, wenn als Ergebnis die Information im Abschluss relevanter und nicht weniger verlässlich oder verlässlicher und nicht weniger relevant ist (IFRS 4.22). Im Einzelnen besteht ein **Verbot** der Einführung folgender **Vorgehensweisen**, obwohl der Versicherer bereits verwendete Rechnungslegungsmethoden, die solche vorsehen, fortführen darf: 1) Bewertung von Versicherungsverbindlichkeiten auf einer undiskontierten Basis; 2) Bewertung der vertraglichen Rechte auf zukünftige Kapitalanlage-Gebühren mit einem Betrag, der höher ist als ihr beizulegender Zeitwert, der sich aus einem Vergleich mit aktuellen Gebühren, die von anderen Marktteilnehmern für ähnliche Dienstleistungen erhoben werden, ergibt; 3) Gebrauch uneinheitlicher Rechnungslegungsmethoden für Versicherungsverträge für Tochterunternehmen (IFRS 4.25 (a)–(c)); Bewertung von Versicherungsverbindlichkeiten mit übermäßiger Vorsicht (IFRS 4.26).

§ 341a

10 G. Es wird **widerlegbar vermutet**, dass der Abschluss eines Versicherers weniger relevant und verlässlich wird, wenn er eine Rechnungslegungsmethode einführt, die **zukünftige Kapitalanlagemargen** bei der Bewertung der Versicherungsverträge berücksichtigt. Ändert ein Versicherer seine Rechnungslegungsmethoden für Versicherungsverbindlichkeiten, darf er einige oder alle seine finanziellen Vermögenswerte als zum beizulegenden Zeitwert erfolgswirksam bewertet neu einordnen (IFRS 4.27).

11 H. Gem IFRS 4.7 ff muss ein Versicherer ein **eingebettetes Derivat** nicht getrennt zum beizulegenden Zeitwert bewerten, wenn das eingebettete Derivat die Definition eines Versicherungsvertrages erfüllt. Ferner hat er Einlagenkomponenten einiger Versicherungsverträge zu **entflechten** (dh getrennt zu bilanzieren) (IFRS 4.10 ff). Sog **Schattenbilanzierung** (erfasster aber unrealisierter Gewinn oder Verlust Bewertung so beeinflusst wie ein realisierter) ist zulässig (IFRS 4.30). **Ermessensabhängige Überschussbeteiligungen**, die in Versicherungsverträgen oder Finanzinstrumenten integriert sind, können getrennt vom garantierten Element erfasst werden und als Verbindlichkeit oder separate Komponente des Eigenkapitals klassifiziert werden (IFRS 4.34 ff). Schließlich sieht IFRS 4 Angaben zu den Beträgen im Abschluss, die aus Versicherungsverträgen resultieren, sowie zu den Beträgen, dem Timing und der Unsicherheit der zukünftigen Cashflows aus Versicherungsverträgen vor (IFRS 4.36 ff).

Zweiter Titel. Jahresabschluß, Lagebericht

Anzuwendende Vorschriften

341a (1) ¹Versicherungsunternehmen haben einen Jahresabschluß und einen Lagebericht nach den für große Kapitalgesellschaften geltenden Vorschriften des Ersten Unterabschnitts des Zweiten Abschnitts in den ersten vier Monaten des Geschäftsjahres für das vergangene Geschäftsjahr aufzustellen und dem Abschlußprüfer zur Durchführung der Prüfung vorzulegen; die Frist des § 264 Abs. 1 Satz 3 gilt nicht. ²Ist das Versicherungsunternehmen eine Kapitalgesellschaft im Sinn des § 325 Abs. 4 Satz 1 und nicht zugleich im Sinn des § 327 a, beträgt die Frist nach Satz 1 vier Monate.

(2) ¹§ 265 Abs. 6, §§ 267, 268 Abs. 4 Satz 1, Abs. 5 Satz 1 und 2, §§ 276, 277 Abs. 1 und 2, § 285 Nr. 8 Buchstabe a und § 288 sind nicht anzuwenden. ²Anstelle von § 247 Abs. 1, §§ 251, 265 Abs. 7, §§ 266, 268 Abs. 2 und 7, §§ 275, 285 Nr. 4 und 8 Buchstabe b sowie § 286 Abs. 2 sind die durch Rechtsverordnung erlassenen Formblätter und anderen Vorschriften anzuwenden. ³§ 246 Abs. 2 ist nicht anzuwenden, soweit abweichende Vorschriften bestehen. ⁴§ 264 Abs. 3 und § 264 b sind mit der Maßgabe anzuwenden, daß das Versicherungsunternehmen unter den genannten Voraussetzungen die Vorschriften des Vierten Unterabschnitts des Zweiten Abschnitts nicht anzuwenden braucht. ⁵§ 285 Nr. 3 a gilt mit der Maßgabe, daß die Angaben für solche finanzielle Verpflichtungen nicht zu machen sind, die im Rahmen des Versicherungsgeschäfts entstehen.

(3) Auf Krankenversicherungsunternehmen, die das Krankenversicherungsgeschäft ausschließlich oder überwiegend nach Art der Lebensversicherung betreiben, sind die für die Rechnungslegung der Lebensversicherungsunternehmen geltenden Vorschriften entsprechend anzuwenden.

(4) Auf Versicherungsunternehmen, die nicht Aktiengesellschaften, Kommanditgesellschaften auf Aktien oder kleinere Vereine sind, sind § 152 Abs. 2 und 3 sowie die §§ 170 bis 176 des Aktiengesetzes entsprechend anzuwenden; § 160 des Aktiengesetzes ist entsprechend anzuwenden, soweit er sich auf Genußrechte bezieht.

4. Abschnitt. Vorschriften für bestimmte Geschäftszweige §§ 341b, 341c

(5) ¹Bei Versicherungsunternehmen, die ausschließlich die Rückversicherung betreiben oder deren Beiträge aus in Rückdeckung übernommenen Versicherungen die übrigen Beiträge übersteigen, verlängert sich die in Absatz 1 Satz 1 erster Halbsatz genannte Frist von vier Monaten auf zehn Monate, sofern das Geschäftsjahr mit dem Kalenderjahr übereinstimmt; die Hauptversammlung oder die Versammlung der obersten Vertretung, die den Jahresabschluß entgegennimmt oder festzustellen hat, muß abweichend von § 175 Abs. 1 Satz 2 des Aktiengesetzes spätestens 14 Monate nach dem Ende des vergangenen Geschäftsjahres stattfinden. ²Die Frist von vier Monaten nach Absatz 1 Satz 2 verlängert sich in den Fällen des Satzes 1 nicht.

Dritter Titel. Bewertungsvorschriften

Bewertung von Vermögensgegenständen

341b (1) ¹Versicherungsunternehmen haben immaterielle Vermögensgegenstände, soweit sie entgeltlich erworben wurden, Grundstücke, grundstücksgleiche Rechte und Bauten einschließlich der Bauten auf fremden Grundstücken, technische Anlagen und Maschinen, andere Anlagen, Betriebs- und Geschäftsausstattung, Anlagen im Bau und Vorräte nach den für das Anlagevermögen geltenden Vorschriften zu bewerten. ²Satz 1 ist vorbehaltlich Absatz 2 und § 341c auch auf Kapitalanlagen anzuwenden, soweit es sich hierbei um Beteiligungen, Anteile an verbundenen Unternehmen, Ausleihungen an verbundene Unternehmen oder an Unternehmen, mit denen ein Beteiligungsverhältnis besteht, Namensschuldverschreibungen, Hypothekendarlehen und andere Forderungen und Rechte, sonstige Ausleihungen und Depotforderungen aus dem in Rückdeckung übernommenen Versicherungsgeschäft handelt. ³§ 253 Abs. 3 Satz 4 ist nur auf die in Satz 2 bezeichneten Vermögensgegenstände anzuwenden.

(2) Auf Kapitalanlagen, soweit es sich hierbei um Aktien einschließlich der eigenen Anteile, Investmentanteile sowie sonstige festverzinsliche und nicht festverzinsliche Wertpapiere handelt, sind die für das Umlaufvermögen geltenden § 253 Abs. 1 Satz 1, Abs. 4 und 5, § 256 anzuwenden, es sei denn, dass sie dazu bestimmt werden, dauernd dem Geschäftsbetrieb zu dienen; in diesem Fall sind sie nach den für das Anlagevermögen geltenden Vorschriften zu bewerten.

(3) § 256 Satz 2 in Verbindung mit § 240 Abs. 3 über die Bewertung zum Festwert ist auf Grundstücke, Bauten und im Bau befindliche Anlagen nicht anzuwenden.

(4) Verträge, die von Pensionsfonds bei Lebensversicherungsunternehmen zur Deckung von Verpflichtungen gegenüber Versorgungsberechtigten eingegangen werden, sind mit dem Zeitwert unter Berücksichtigung des Grundsatzes der Vorsicht zu bewerten; die Absätze 1 bis 3 sind insoweit nicht anzuwenden.

1) IV eingef durch BilMoG 2009.   1

Namensschuldverschreibungen, Hypothekendarlehen und andere Forderungen

341c (1) Abweichend von § 253 Abs. 1 Satz 1 dürfen Namensschuldverschreibungen, Hypothekendarlehen und andere Forderungen mit ihrem Nennbetrag angesetzt werden.

Merkt 1293

§§ 341d–341f

(2) ¹Ist der Nennbetrag höher als die Anschaffungskosten, so ist der Unterschiedsbetrag in den Rechnungsabgrenzungsposten auf der Passivseite aufzunehmen, planmäßig aufzulösen und in seiner jeweiligen Höhe in der Bilanz oder im Anhang gesondert anzugeben. ²Ist der Nennbetrag niedriger als die Anschaffungskosten, darf der Unterschiedsbetrag in den Rechnungsabgrenzungsposten auf der Aktivseite aufgenommen werden; er ist planmäßig aufzulösen und in seiner jeweiligen Höhe in der Bilanz oder im Anhang gesondert anzugeben.

Anlagestock der fondsgebundenen Lebensversicherung

341d Kapitalanlagen für Rechnung und Risiko von Inhabern von Lebensversicherungen, für die ein Anlagestock nach § 54 b des Versicherungsaufsichtsgesetzes zu bilden ist, sind mit dem Zeitwert unter Berücksichtigung des Grundsatzes der Vorsicht zu bewerten; die §§ 341 b, 341 c sind nicht anzuwenden.

Vierter Titel. Versicherungstechnische Rückstellungen

Allgemeine Bilanzierungsgrundsätze

341e (1) ¹Versicherungsunternehmen haben versicherungstechnische Rückstellungen auch insoweit zu bilden, wie dies nach vernünftiger kaufmännischer Beurteilung notwendig ist, um die dauernde Erfüllbarkeit der Verpflichtungen aus den Versicherungsverträgen sicherzustellen. ²Dabei sind die im Interesse der Versicherten erlassenen aufsichtsrechtlichen Vorschriften über die bei der Berechnung der Rückstellungen zu verwendenden Rechnungsgrundlagen einschließlich des dafür anzusetzenden Rechnungszinsfußes und über die Zuweisung bestimmter Kapitalerträge zu den Rückstellungen zu berücksichtigen. ³Die Rückstellungen sind nach den Wertverhältnissen am Abschlussstichtag zu bewerten und nicht nach § 253 Abs. 2 abzuzinsen.

(2) Versicherungstechnische Rückstellungen sind außer in den Fällen der §§ 341 f bis 341 h insbesondere zu bilden

1. für den Teil der Beiträge, der Ertrag für eine bestimmte Zeit nach dem Abschlußstichtag darstellt (Beitragsüberträge);
2. für erfolgsabhängige und erfolgsunabhängige Beitragsrückerstattungen, soweit die ausschließliche Verwendung der Rückstellung zu diesem Zweck durch Gesetz, Satzung, geschäftsplanmäßige Erklärung oder vertragliche Vereinbarung gesichert ist (Rückstellung für Beitragsrückerstattung);
3. für Verluste, mit denen nach dem Abschlußstichtag aus bis zum Ende des Geschäftsjahres geschlossenen Verträgen zu rechnen ist (Rückstellung für drohende Verluste aus dem Versicherungsgeschäft).

(3) Soweit eine Bewertung nach § 252 Abs. 1 Nr. 3 oder § 240 Abs. 4 nicht möglich ist oder der damit verbundene Aufwand unverhältnismäßig wäre, können die Rückstellungen auf Grund von Näherungsverfahren geschätzt werden, wenn anzunehmen ist, daß diese zu annähernd gleichen Ergebnissen wie Einzelberechnungen führen.

Deckungsrückstellung

341f (1) ¹Deckungsrückstellungen sind für die Verpflichtungen aus dem Lebensversicherungs- und dem nach Art der Lebensversicherung betriebenen Versicherungsgeschäft in Höhe ihres versicherungsmathematisch errechneten Wertes einschließlich bereits zugeteilter Überschußanteile mit Ausnahme der verzinslich angesammelten Überschußanteile und nach Abzug des versicherungsmathematisch ermittelten Barwerts der künftigen Beiträge zu bilden (prospektive Methode). ²Ist eine Ermittlung des Wertes der künftigen Verpflichtungen und der künftigen Beiträge nicht möglich, hat die Berechnung auf Grund der aufgezinsten Einnahmen und Ausgaben der vorangegangenen Geschäftsjahre zu erfolgen (retrospektive Methode).

(2) Bei der Bildung der Deckungsrückstellung sind auch gegenüber den Versicherten eingegangene Zinssatzverpflichtungen zu berücksichtigen, sofern die derzeitigen oder zu erwartenden Erträge der Vermögenswerte des Unternehmens für die Deckung dieser Verpflichtungen nicht ausreichen.

(3) ¹In der Krankenversicherung, die nach Art der Lebensversicherung betrieben wird, ist als Deckungsrückstellung eine Alterungsrückstellung zu bilden; hierunter fallen auch der Rückstellung bereits zugeführte Beträge aus der Rückstellung für Beitragsrückerstattung sowie Zuschreibungen, die dem Aufbau einer Anwartschaft auf Beitragsermäßigung im Alter dienen. ²Bei der Berechnung sind die für die Berechnung der Prämien geltenden aufsichtsrechtlichen Bestimmungen zu berücksichtigen.

Rückstellung für noch nicht abgewickelte Versicherungsfälle

341g (1) ¹Rückstellungen für noch nicht abgewickelte Versicherungsfälle sind für die Verpflichtungen aus den bis zum Ende des Geschäftsjahres eingetretenen, aber noch nicht abgewickelten Versicherungsfällen zu bilden. ²Hierbei sind die gesamten Schadenregulierungsaufwendungen zu berücksichtigen.

(2) ¹Für bis zum Abschlußstichtag eingetretene, aber bis zur inventurmäßigen Erfassung noch nicht gemeldete Versicherungsfälle ist die Rückstellung pauschal zu bewerten. ²Dabei sind die bisherigen Erfahrungen in bezug auf die Anzahl der nach dem Abschlußstichtag gemeldeten Versicherungsfälle und die Höhe der damit verbundenen Aufwendungen zu berücksichtigen.

(3) ¹Bei Krankenversicherungsunternehmen ist die Rückstellung anhand eines statistischen Näherungsverfahrens zu ermitteln. ²Dabei ist von den in den ersten Monaten des nach dem Abschlußstichtag folgenden Geschäftsjahres erfolgten Zahlungen für die bis zum Abschlußstichtag eingetretenen Versicherungsfälle auszugehen.

(4) Bei Mitversicherungen muß die Rückstellung der Höhe nach anteilig zumindest derjenigen entsprechen, die der führende Versicherer nach den Vorschriften oder der Übung in dem Land bilden muß, von dem aus er tätig wird.

(5) Sind die Versicherungsleistungen auf Grund rechtskräftigen Urteils, Vergleichs oder Anerkenntnisses in Form einer Rente zu erbringen, so müssen die Rückstellungsbeträge nach anerkannten versicherungsmathematischen Methoden berechnet werden.

Schwankungsrückstellung und ähnliche Rückstellungen

341h (1) Schwankungsrückstellungen sind zum Ausgleich der Schwankungen im Schadenverlauf künftiger Jahre zu bilden, wenn insbesondere

§§ 341i, 341j
III. Buch. Handelsbücher

1. nach den Erfahrungen in dem betreffenden Versicherungszweig mit erheblichen Schwankungen der jährlichen Aufwendungen für Versicherungsfälle zu rechnen ist,
2. die Schwankungen nicht jeweils durch Beiträge ausgeglichen werden und
3. die Schwankungen nicht durch Rückversicherungen gedeckt sind.

(2) Für Risiken gleicher Art, bei denen der Ausgleich von Leistung und Gegenleistung wegen des hohen Schadenrisikos im Einzelfall nach versicherungsmathematischen Grundsätzen nicht im Geschäftsjahr, sondern nur in einem am Abschlußstichtag nicht bestimmbaren Zeitraum gefunden werden kann, ist eine Rückstellung zu bilden und in der Bilanz als „ähnliche Rückstellung" unter den Schwankungsrückstellungen auszuweisen.

Fünfter Titel. Konzernabschluß, Konzernlagebericht

Aufstellung, Fristen

341i (1) ¹Versicherungsunternehmen, auch wenn sie nicht in der Rechtsform einer Kapitalgesellschaft betrieben werden, haben unabhängig von ihrer Größe einen Konzernabschluß und einen Konzernlagebericht aufzustellen. ²Zusätzliche Anforderungen auf Grund von Vorschriften, die wegen der Rechtsform bestehen, bleiben unberührt.

(2) Als Versicherungsunternehmen im Sinne dieses Titels gelten auch Mutterunternehmen, deren einziger oder hauptsächlicher Zweck darin besteht, Beteiligungen an Tochterunternehmen zu erwerben, diese Beteiligungen zu verwalten und rentabel zu machen, sofern diese Tochterunternehmen ausschließlich oder überwiegend Versicherungsunternehmen sind.

(3) ¹Die gesetzlichen Vertreter eines Mutterunternehmens haben den Konzernabschluß und den Konzernlagebericht abweichend von § 290 Abs. 1 innerhalb von zwei Monaten nach Ablauf der Aufstellungsfrist für den zuletzt aufzustellenden und in den Konzernabschluß einzubeziehenden Abschluß, spätestens jedoch innerhalb von zwölf Monaten nach dem Stichtag des Konzernabschlusses, für das vergangene Konzerngeschäftsjahr aufzustellen und dem Abschlußprüfer des Konzernabschlusses vorzulegen; ist das Mutterunternehmen eine Kapitalgesellschaft im Sinn des § 325 Abs. 4 Satz 1 und nicht zugleich im Sinn des § 327 a, tritt an die Stelle der Frist von längstens zwölf eine Frist von längstens vier Monaten. ² § 299 Abs. 2 Satz 2 ist mit der Maßgabe anzuwenden, daß der Stichtag des Jahresabschlusses eines Unternehmens nicht länger als sechs Monate vor dem Stichtag des Konzernabschlusses liegen darf.

(4) Der Konzernabschluß und der Konzernlagebericht sind abweichend von § 175 Abs. 1 Satz 1 des Aktiengesetzes spätestens der nächsten nach Ablauf der Aufstellungsfrist für den Konzernabschluß und Konzernlagebericht einzuberufenden Hauptversammlung, die einen Jahresabschluß des Mutterunternehmens entgegennimmt oder festzustellen hat, vorzulegen.

Anzuwendende Vorschriften

341j (1) ¹Auf den Konzernabschluß und den Konzernlagebericht sind die Vorschriften des Zweiten Unterabschnitts des Zweiten Abschnitts über den Konzernabschluß und den Konzernlagebericht und, soweit die Eigenart des Konzernabschlusses keine Abweichungen bedingt, die §§ 341 a bis 341 h über den Jahresabschluß sowie die für die Rechtsform und den Geschäftszweig der in den Konzernabschluß einbezogenen Unternehmen mit Sitz im Geltungsbereich dieses Gesetzes geltenden Vorschriften entsprechend anzuwenden, soweit sie für große Kapitalgesellschaften gelten. ²Die

4. Abschnitt. Vorschriften für bestimmte Geschäftszweige **§§ 341k, 341l**

§§ 293, 298 Abs. 1 und 2 sowie § 314 Abs. 1 Nr. 3 sind nicht anzuwenden. ³ § 314 Abs. 1 Nr. 2a gilt mit der Maßgabe, daß die Angaben für solche finanzielle Verpflichtungen nicht zu machen sind, die im Rahmen des Versicherungsgeschäfts entstehen. ⁴ In den Fällen des § 315a Abs. 1 finden abweichend von Satz 1 nur die §§ 290 bis 292, 315a Anwendung; die Sätze 2 und 3 dieses Absatzes und Absatz 2, § 341i Abs. 3 Satz 2 sowie die Bestimmungen der Versicherungsunternehmens-Rechnungslegungsverordnung vom 8. November 1994 (BGBl. I S. 3378) und der Pensionsfonds-Rechnungslegungsverordnung vom 25. Februar 2003 (BGBl. I S. 246) in ihren jeweils geltenden Fassungen sind nicht anzuwenden.

(2) § 304 Abs. 1 braucht nicht angewendet zu werden, wenn die Lieferungen oder Leistungen zu üblichen Marktbedingungen vorgenommen worden sind und Rechtsansprüche der Versicherungsnehmer begründet haben.

(3) Auf Versicherungsunternehmen, die nicht Aktiengesellschaften, Kommanditgesellschaften auf Aktien oder kleinere Vereine sind, ist § 170 Abs. 1 und 3 des Aktiengesetzes entsprechend anzuwenden.

Sechster Titel. Prüfung

[Prüfung]

341k (1) ¹ Versicherungsunternehmen haben unabhängig von ihrer Größe ihren Jahresabschluß und Lagebericht sowie ihren Konzernabschluß und Konzernlagebericht nach den Vorschriften des Dritten Unterabschnitts des Zweiten Abschnitts prüfen zu lassen. ² § 319 Abs. 1 Satz 2 ist nicht anzuwenden. ³ Hat keine Prüfung stattgefunden, so kann der Jahresabschluß nicht festgestellt werden.

(2) ¹ § 318 Abs. 1 Satz 1 ist mit der Maßgabe anzuwenden, daß der Abschlußprüfer des Jahresabschlusses und des Konzernabschlusses vom Aufsichtsrat bestimmt wird. ² § 318 Abs. 1 Satz 3 und 4 gilt entsprechend.

(3) In den Fällen des § 321 Abs. 1 Satz 3 hat der Abschlußprüfer die Aufsichtsbehörde unverzüglich zu unterrichten.

(4) ¹ Versicherungsunternehmen, auch wenn sie nicht in der Rechtsform einer Kapitalgesellschaft betrieben werden, haben § 324 anzuwenden, wenn sie kapitalmarktorientiert im Sinn des § 264d sind und keinen Aufsichts- oder Verwaltungsrat haben, der die Voraussetzungen des § 100 Abs. 5 des Aktiengesetzes erfüllen muss. ² Dies gilt für landesrechtliche öffentlich-rechtliche Versicherungsunternehmen nur, soweit das Landesrecht nichts anderes vorsieht.

1) IV eingef durch BilMoG 2009. 1

Siebenter Titel. Offenlegung

[Offenlegung]

341l (1) ¹ Versicherungsunternehmen haben den Jahresabschluß und den Lagebericht sowie den Konzernabschluß und den Konzernlagebericht und die anderen in § 325 bezeichneten Unterlagen nach § 325 Abs. 2 bis 5, §§ 328, 329 Abs. 1 und 4 offenzulegen. ² Von den in § 341a Abs. 5 genannten Versicherungsunternehmen ist § 325 Abs. 1 mit der Maßgabe anzuwenden, dass die Frist für die Einreichung der Unterlagen beim Betreiber des elektronischen Bundesanzeigers 15 Monate, im Fall des § 325 Abs. 4 Satz 1 vier Monate beträgt; § 327a ist anzuwenden.

(2) Die gesetzlichen Vertreter eines Mutterunternehmens haben abweichend von § 325 Abs. 3 unverzüglich nach der Hauptversammlung oder der

§§ 341m, 341n

dieser entsprechenden Versammlung der obersten Vertretung, welcher der Konzernabschluß und der Konzernlagebericht vorzulegen sind, jedoch spätestens vor Ablauf des dieser Versammlung folgenden Monats den Konzernabschluß mit dem Bestätigungsvermerk oder dem Vermerk über dessen Versagung und den Konzernlagebericht mit Ausnahme der Aufstellung des Anteilsbesitzes beim Betreiber des elektronischen Bundesanzeigers elektronisch einzureichen.

(3) Soweit Absatz 1 Satz 1 auf § 325 Abs. 2a Satz 3 und 5 verweist, gelten die folgenden Maßgaben und ergänzenden Bestimmungen:

1. Die in § 325 Abs. 2a Satz 3 genannten Vorschriften des Ersten Unterabschnitts des Zweiten Abschnitts des Dritten Buchs sind auch auf Versicherungsunternehmen anzuwenden, die nicht in der Rechtsform einer Kapitalgesellschaft betrieben werden.
2. An Stelle des § 285 Nr. 8 Buchstabe b gilt die Vorschrift des § 51 Abs. 5 in Verbindung mit Muster 2 der Versicherungsunternehmens-Rechnungslegungsverordnung vom 8. November 1994 (BGBl. I S. 3378), die zuletzt durch Artikel 8 Abs. 11 Nr. 2 des Gesetzes vom 4. Dezember 2004 (BGBl. I S. 3166) geändert worden ist.
3. § 341a Abs. 4 ist anzuwenden, soweit er auf die Bestimmungen der §§ 170, 171 und 175 des Aktiengesetzes über den Einzelabschluss nach § 325 Abs. 2a dieses Gesetzes verweist.
4. Im Übrigen finden die Bestimmungen des Zweiten bis Vierten Titels dieses Unterabschnitts sowie der Versicherungsunternehmens-Rechnungslegungsverordnung keine Anwendung.

Achter Titel. Straf- und Bußgeldvorschriften, Zwangsgelder

Strafvorschriften

341m ¹Die Strafvorschriften der §§ 331 bis 333 sind auch auf nicht in der Rechtsform einer Kapitalgesellschaft betriebene Versicherungsunternehmen und Pensionsfonds anzuwenden. ² § 331 ist darüber hinaus auch anzuwenden auf die Verletzung von Pflichten durch den Hauptbevollmächtigten (§ 106 Abs. 3 des Versicherungsaufsichtsgesetzes).

Bußgeldvorschriften

341n (1) Ordnungswidrig handelt, wer als Mitglied des vertretungsberechtigten Organs oder des Aufsichtsrats eines Versicherungsunternehmens oder eines Pensionsfonds oder als Hauptbevollmächtigter (§ 106 Abs. 3 des Versicherungsaufsichtsgesetzes)

1. bei der Aufstellung oder Feststellung des Jahresabschlusses einer Vorschrift
    a) des § 243 Abs. 1 oder 2, der §§ 244, 245, 246 Abs. 1 oder 2, dieser in Verbindung mit § 341a Abs. 2 Satz 3, des § 246 Abs. 3 Satz 1, des § 247 Abs. 3, der §§ 248, 249 Abs. 1 Satz 1 oder Abs. 2, des § 250 Abs. 1 oder Abs. 2, des § 264 Abs. 2, des § 341e Abs. 1 oder 2 oder der §§ 341f, 341g oder 341h über Form oder Inhalt,
    b) des § 253 Abs. 1 Satz 1, 2, 3 oder Satz 4, Abs. 2 Satz 1, auch in Verbindung mit Satz 2, Abs. 3 Satz 1, 2 oder 3, Abs. 4, 5, der §§ 254, 256a, 341b Abs. 1 Satz 1 oder des § 341d über die Bewertung,
    c) des § 265 Abs. 2, 3 oder 4, des § 268 Abs. 3 oder 6, der §§ 272, 274 oder des § 277 Abs. 3 Satz 2 oder Abs. 4 über die Gliederung,

4. Abschnitt. Vorschriften für bestimmte Geschäftszweige **§ 341o**

d) der §§ 284, 285 Nr. 1, 2 oder Nr. 3, auch in Verbindung mit § 341a Abs. 2 Satz 5, oder des § 285 Nr. 6, 7, 9 bis 14, 17 bis 29 über die im Anhang zu machenden Angaben,
2. bei der Aufstellung des Konzernabschlusses einer Vorschrift
   a) des § 294 Abs. 1 über den Konsolidierungskreis,
   b) des § 297 Abs. 2 oder 3 oder des § 341j Abs. 1 Satz 1 in Verbindung mit einer der in Nummer 1 Buchstabe a bezeichneten Vorschriften über Form oder Inhalt,
   c) des § 300 über die Konsolidierungsgrundsätze oder das Vollständigkeitsgebot,
   d) des § 308 Abs. 1 Satz 1 in Verbindung mit den in Nummer 1 Buchstabe b bezeichneten Vorschriften, des § 308 Abs. 2 oder des § 308a über die Bewertung,
   e) des § 311 Abs. 1 Satz 1 in Verbindung mit § 312 über die Behandlung assoziierter Unternehmen oder
   f) des § 308 Abs. 1 Satz 3, des § 313 oder des § 314 in Verbindung mit § 341j Abs. 1 Satz 2 oder 3 über die im Anhang zu machenden Angaben,
3. bei der Aufstellung des Lageberichts einer Vorschrift des § 289 Abs. 1, 4 oder Abs. 5 oder des § 289a über den Inhalt des Lageberichts,
4. bei der Aufstellung des Konzernlageberichts einer Vorschrift des § 315 Abs. 1 oder 4 über den Inhalt des Konzernlageberichts,
5. bei der Offenlegung, Veröffentlichung oder Vervielfältigung einer Vorschrift des § 328 über Form oder Inhalt oder
6. einer auf Grund des § 330 Abs. 3 und 4 in Verbindung mit Abs. 1 Satz 1 erlassenen Rechtsverordnung, soweit sie für einen bestimmten Tatbestand auf diese Bußgeldvorschrift verweist,
zuwiderhandelt.

(2) Ordnungswidrig handelt, wer zu einem Jahresabschluss, zu einem Einzelabschluss nach § 325 Abs. 2a oder zu einem Konzernabschluss, der aufgrund gesetzlicher Vorschriften zu prüfen ist, einen Vermerk nach § 322 Abs. 1 erteilt, obwohl nach § 319 Abs. 2, 3, 5, § 319a Abs. 1 Satz 1, Abs. 2, § 319b Abs. 1 er oder nach § 319 Abs. 4, auch in Verbindung mit § 319a Abs. 1 Satz 2, oder § 319a Abs. 1 Satz 4, 5, § 319b Abs. 1 die Wirtschaftsprüfungsgesellschaft, für die er tätig wird, nicht Abschlussprüfer sein darf.

(3) Die Ordnungswidrigkeit kann mit einer Geldbuße bis zu fünfzigtausend Euro geahndet werden.

(4) ¹Verwaltungsbehörde im Sinne des § 36 Abs. 1 Nr. 1 des Gesetzes über Ordnungswidrigkeiten ist in den Fällen der Absätze 1 und 2 die Bundesanstalt für Finanzdienstleistungsaufsicht für die ihrer Aufsicht unterliegenden Versicherungsunternehmen und Pensionsfonds. ²Unterliegt ein Versicherungsunternehmen und Pensionsfonds der Aufsicht einer Landesbehörde, so ist diese zuständig.

1) I, II idF BilMoG 2009. III idF VorstOG 2005 (**Übergangsrecht** in **(1)** EGHGB Art 59). IV idF EHUG 2006 (**Übergangsrecht** in **(1)** EGHGB Art 61 V).

Festsetzung von Ordnungsgeld

341o ¹Personen, die

1. als Mitglieder des vertretungsberechtigten Organs eines Versicherungsunternehmens oder eines Pensionsfonds § 325 über die Pflicht zur Offenlegung des Jahresabschlusses, des Lageberichts, des Konzernabschlusses, des Konzernlageberichts und anderer Unterlagen der Rechnungslegung oder

§§ 341p, 342

2. als Hauptbevollmächtigter (§ 106 Abs. 3 des Versicherungsaufsichtsgesetzes) § 3411 Abs. 1 über die Offenlegung der Rechnungslegungsunterlagen nicht befolgen, sind hierzu vom Bundesamt für Justiz durch Festsetzung von Ordnungsgeld nach § 335 anzuhalten. ² § 335 Abs. 1 Satz 2 ist entsprechend anzuwenden.

1 1) § 341 o idF EHUG 2006 (**Übergangsrecht** in (1) EGHGB Art 61 V) regelt die Festsetzung von Ordnungsgeld; dabei gelten §§ 335 und 335 b idF EHUG 2006 (s dort).

Anwendung der Straf- und Bußgeld- sowie der Ordnungsgeldvorschriften auf Pensionsfonds

341p Die Strafvorschriften des § 341m, die Bußgeldvorschrift des § 341n sowie die Ordnungsgeldvorschrift des § 341o gelten auch für Pensionsfonds im Sinn des § 341 Abs. 4 Satz 1.

1) § 314p ist erstmalig anzuwenden auf Jahres- und Konzernabschlüsse für das nach dem 31. 12. 01 beginnende Geschäftsjahr.

Fünfter Abschnitt. Privates Rechnungslegungsgremium; Rechnungslegungsbeirat

Privates Rechnungslegungsgremium

342 (1) ¹Das Bundesministerium der Justiz kann eine privatrechtlich organisierte Einrichtung durch Vertrag anerkennen und ihr folgende Aufgaben übertragen:
1. Entwicklung von Empfehlungen zur Anwendung der Grundsätze über die Konzernrechnungslegung,
2. Beratung des Bundesministeriums der Justiz bei Gesetzgebungsvorhaben zu Rechnungslegungsvorschriften,
3. Vertretung der Bundesrepublik Deutschland in internationalen Standardisierungsgremien und
4. Erarbeitung von Interpretationen der internationalen Rechnungslegungsstandards im Sinn des § 315a Abs. 1.

²Es darf jedoch nur eine solche Einrichtung anerkannt werden, die aufgrund ihrer Satzung gewährleistet, daß die Empfehlungen und Interpretationen unabhängig und ausschließlich von Rechnungslegern in einem Verfahren entwickelt und beschlossen werden, das die fachlich interessierte Öffentlichkeit einbezieht. ³Soweit Unternehmen oder Organisationen von Rechnungslegern Mitglied einer solchen Einrichtung sind, dürfen die Mitgliedschaftsrechte nur von Rechnungslegern ausgeübt werden.

(2) Die Beachtung der die Konzernrechnungslegung betreffenden Grundsätze ordnungsmäßiger Buchführung wird vermutet, soweit vom Bundesministerium der Justiz bekanntgemachte Empfehlungen einer nach Absatz 1 Satz 1 anerkannten Einrichtung beachtet worden sind.

1 1) Abschn 5 §§ 342, 342a idF KonTraG 1998 regeln nach internationalem Vorbild ein privates Rechnungslegungsgremium und hilfsweise einen Rechnungslegungsbeirat beim BMJ als Standard Setter. Letzterer ist nur für den Fall vorgesehen, dass es zu keiner Anerkennung eines privaten Rechnungslegungsgremiums kommt; er hat dann dieselben Aufgaben wie ersteres. Das private Rechnungslegungsgremium ist dem International Accounting Standards Com-

5. Abschnitt. Privates Rechnungslegungsgremium **§ 342a**

mittee (IASC) nachempfunden, auch in den USA Financial Accounting Standards Board (FASB). Es wird vom BMJ durch Vertrag (Vorbild: der zwischen dem BMWi und dem Deutschen Institut für Normung (DIN) e. V. 1975 geschlossene Vertrag) anerkannt und erhält die nach § 342 I 1 Nr 1–4 vorgesehenen Aufgaben (vgl auch § 292 Rn 2). Die Entwicklung von Rechnungslegungsempfehlungen (Deutsche Rechnungslegungsstandards, **DRS**) ist nach **Nr 1** hinsichtlich HGB bewusst auf die Konzernrechnungslegung beschränkt, was jedenfalls auf Dauer international nicht ausreicht. Daher erfolgte durch BilMoG 2009 mit **Nr 4** Erweiterung der Kompetenz auf Interpretationen zu den IFRS. Ansonsten kann das Gremium außer der Beratung nach **Nr 2** Stellungnahmen gegenüber anderen abgeben (Rechtsausschuss), dann allerdings ohne Wirkung nach II. I 2, 3 enthalten Mindestanforderungen an das Gremium. Nach § 342 ist das **DRSC – Deutsches Rechnungslegungs-Standards Committee eV**, Berlin (GASC – German Accounting Standards Committee) durch Standardisierungsvertrag 3. 9. 98 vom BMJ anerkannt worden. Zur Urheberrechtsschutzfähigkeit der DRS Kln NJW-RR **01,** 1199. Lit: Paal, Rechnungslegung und DRSC, 2001; Budde/ Steuber DStR **99,** 1181, Ebke ZIP **99,** 1193, IDW PS 450 WPg **99,** 601, Böckem/Schurbohm-Ebnet BB **03,** 1001 (Pensionsverpflichtungen), Kirsch StuB **03,** 1116 (PersonenGes), Langecker/Mühlberger StuB **03,** 170 (DRS 12), Zimmermann/Schilling DB **03,** 949 (betriebliche Altersversorgung), Gebhard/ Heilmann Konzern **04,** 109 (DRS 4), Köhler/Marten/Schlereth DB **06,** 2301 (Einschätzung des DSR), Pellens/Crasselt/Kemper DB **09,** 241.

2) Werden die vom Rechnungslegungsgremium entwickelten Empfehlungen **2** (I 1 Nr 1) und Interpretationen (I 1 Nr 4) vom BMJ bekannt gemacht, haben sie die **Vermutung der Richtigkeit** für sich; wurden sie beachtet, wird vermutet, dass die die Konzernrechnungslegung betreffenden GoB beachtet sind **(II).** Die Standards erlangen also mit offizieller Bekanntmachung zwar nicht Gesetzeskraft, aber die Qualität von GoB für Konzernunternehmen, jedenfalls soweit sie Gesetzeslücken ausfüllen oder gesetzliche Vorschriften auslegen (zB befreiender Konzernabschluss nach § 315 a, Kapitalflussrechnung, Segmentberichterstattung, Risikoberichterstattung), nicht hingegen, soweit sie gesetzliche Wahlrechte einschränken (zB Wahlrechte im Bereich der Konsolidierung, Grund: keine Kompetenz des DRSC zur Außerkraftsetzung von Gesetzen, s IDW PS 450, WPg **99,** 601 Tz 113) und auch nicht, soweit sie über das Gesetz hinausgehen (zB Zwischenberichte), Wiedmann 8–10. Aus den DSR können sich HdlBräuche iSv § 346 entwickeln, die allerdings §§ 290 ff nicht widersprechen dürfen (§ 346 Rn 10). Die Wirkung der Vermutung nach II ist str, krit Hommelhoff/Schwab BFuP **98,** 42, wohl nur Beweiserleichterung und Gegenbeweis zulässig. II schließt nicht aus, dass das Gremium Empfehlungen selbst bekanntmacht, dann aber ohne Wirkung nach II.

Rechnungslegungsbeirat

342a (1) **Beim Bundesministerium der Justiz wird vorbehaltlich Absatz 9 ein Rechnungslegungsbeirat mit den Aufgaben nach § 342 Abs. 1 Satz 1 gebildet.**

(2) **Der Rechnungslegungsbeirat setzt sich zusammen aus**

1. **einem Vertreter des Bundesministeriums der Justiz als Vorsitzendem sowie je einem Vertreter des Bundesministeriums der Finanzen und des Bundesministeriums für Wirtschaft und Technologie,**
2. **vier Vertretern von Unternehmen,**
3. **vier Vertretern der wirtschaftsprüfenden Berufe,**
4. **zwei Vertretern der Hochschulen.**

§ 342b III. Buch. Handelsbücher

(3) ¹Die Mitglieder des Rechnungslegungsbeirats werden durch das Bundesministerium der Justiz berufen. ²Als Mitglieder sollen nur Rechnungsleger berufen werden.

(4) ¹Die Mitglieder des Rechnungslegungsbeirats sind unabhängig und nicht weisungsgebunden. ²Ihre Tätigkeit im Beirat ist ehrenamtlich.

(5) Das Bundesministerium der Justiz kann eine Geschäftsordnung für den Beirat erlassen.

(6) Der Beirat kann für bestimmte Sachgebiete Fachausschüsse und Arbeitskreise einsetzen.

(7) ¹Der Beirat, seine Fachausschüsse und Arbeitskreise sind beschlußfähig, wenn mindestens zwei Drittel der Mitglieder anwesend sind. ²Bei Abstimmungen entscheidet die Stimmenmehrheit, bei Stimmengleichheit die Stimme des Vorsitzenden.

(8) Für die Empfehlungen des Rechnungslegungsbeirats gilt § 342 Abs. 2 entsprechend.

(9) Die Bildung eines Rechnungslegungsbeirats nach Absatz 1 unterbleibt, soweit das Bundesministerium der Justiz eine Einrichtung nach § 342 Abs. 1 anerkennt.

1   1) § 342a nF KonTraG 1998 (Beiratsmodell) ist subsidiär zu § 342 (Anerkennungsmodell), s dort Rn 1. Der Rechnungslegungsbeirat hat dieselben Aufgaben wie das private Rechnungslegungsgremium.

Sechster Abschnitt. Prüfstelle für Rechnungslegung

Prüfstelle für Rechnungslegung

342b (1) ¹Das Bundesministerium der Justiz kann im Einvernehmen mit dem Bundesministerium der Finanzen eine privatrechtlich organisierte Einrichtung zur Prüfung von Verstößen gegen Rechnungslegungsvorschriften durch Vertrag anerkennen (Prüfstelle) und ihr die in den folgenden Absätzen festgelegten Aufgaben übertragen. ²Es darf nur eine solche Einrichtung anerkannt werden, die aufgrund ihrer Satzung, ihrer personellen Zusammensetzung und der von ihr vorgelegten Verfahrensordnung gewährleistet, dass die Prüfung unabhängig, sachverständig, vertraulich und unter Einhaltung eines festgelegten Verfahrensablaufs erfolgt. ³Änderungen der Satzung und der Verfahrensordnung sind vom Bundesministerium der Justiz im Einvernehmen mit dem Bundesministerium der Finanzen zu genehmigen. ⁴Die Prüfstelle kann sich bei der Durchführung ihrer Aufgaben anderer Personen bedienen. ⁵Das Bundesministerium der Justiz macht die Anerkennung einer Prüfstelle sowie eine Beendigung der Anerkennung im amtlichen Teil des elektronischen Bundesanzeigers bekannt.

(2) ¹Die Prüfstelle prüft, ob der zuletzt festgestellte Jahresabschluss und der zugehörige Lagebericht oder der zuletzt gebilligte Konzernabschluss und der zugehörige Konzernlagebericht sowie der zuletzt veröffentlichte verkürzte Abschluss und der zugehörige Zwischenlagebericht eines Unternehmens im Sinne des Satzes 2 den gesetzlichen Vorschriften einschließlich der Grundsätze ordnungsmäßiger Buchführung oder den sonstigen durch Gesetz zugelassenen Rechnungslegungsstandards entspricht. ²Geprüft werden die Abschlüsse und Berichte von Unternehmen, deren Wertpapiere im Sinne des § 2 Abs. 1 Satz 1 des Wertpapierhandelsgesetzes an einer inländischen Börse zum Handel im regulierten Markt zugelassen sind. ³Die Prüfstelle prüft,

6. Abschnitt. Prüfstelle für Rechnungslegung § 342b

1. soweit konkrete Anhaltspunkte für einen Verstoß gegen Rechnungslegungsvorschriften vorliegen,
2. auf Verlangen der Bundesanstalt für Finanzdienstleistungsaufsicht oder
3. ohne besonderen Anlass (stichprobenartige Prüfung).

⁴Im Fall des Satzes 3 Nr. 1 unterbleibt die Prüfung, wenn offensichtlich kein öffentliches Interesse an der Prüfung besteht; Satz 3 Nr. 3 ist auf die Prüfung des verkürzten Abschlusses und des zugehörigen Zwischenlageberichts nicht anzuwenden. ⁵Die stichprobenartige Prüfung erfolgt nach den von der Prüfstelle im Einvernehmen mit dem Bundesministerium der Justiz und dem Bundesministerium der Finanzen festgelegten Grundsätzen. ⁶Das Bundesministerium der Finanzen kann die Ermächtigung zur Erteilung seines Einvernehmens auf die Bundesanstalt für Finanzdienstleistungsaufsicht übertragen.

(3) ¹Eine Prüfung des Jahresabschlusses und des zugehörigen Lageberichts durch die Prüfstelle findet nicht statt, solange eine Klage auf Nichtigkeit gemäß § 256 Abs. 7 des Aktiengesetzes anhängig ist. ²Wenn nach § 142 Abs. 1 oder Abs. 2 oder § 258 Abs. 1 des Aktiengesetzes ein Sonderprüfer bestellt worden ist, findet eine Prüfung ebenfalls nicht statt, soweit der Gegenstand der Sonderprüfung, der Prüfungsbericht oder eine gerichtliche Entscheidung über die abschließenden Feststellungen der Sonderprüfer nach § 260 des Aktiengesetzes reichen.

(4) ¹Wenn das Unternehmen bei einer Prüfung durch die Prüfstelle mitwirkt, sind die gesetzlichen Vertreter des Unternehmens und die sonstigen Personen, derer sich die gesetzlichen Vertreter bei der Mitwirkung bedienen, verpflichtet, richtige und vollständige Auskünfte zu erteilen und richtige und vollständige Unterlagen vorzulegen. ²Die Auskunft und die Vorlage von Unterlagen kann verweigert werden, soweit diese den Verpflichteten oder einen seiner in § 52 Abs. 1 der Strafprozessordnung bezeichneten Angehörigen der Gefahr strafgerichtlicher Verfolgung oder eines Verfahrens nach dem Gesetz über Ordnungswidrigkeiten aussetzen würde. ³Der Verpflichtete ist über sein Recht zur Verweigerung zu belehren.

(5) ¹Die Prüfstelle teilt dem Unternehmen das Ergebnis der Prüfung mit. ²Ergibt die Prüfung, dass die Rechnungslegung fehlerhaft ist, so hat sie ihre Entscheidung zu begründen und dem Unternehmen unter Bestimmung einer angemessenen Frist Gelegenheit zur Äußerung zu geben, ob es mit dem Ergebnis der Prüfstelle einverstanden ist.

(6) ¹Die Prüfstelle berichtet der Bundesanstalt für Finanzdienstleistungsaufsicht über:
1. die Absicht, eine Prüfung einzuleiten,
2. die Weigerung des betroffenen Unternehmens, an einer Prüfung mitzuwirken,
3. das Ergebnis der Prüfung und gegebenenfalls darüber, ob sich das Unternehmen mit dem Prüfungsergebnis einverstanden erklärt hat.

²Ein Rechtsbehelf dagegen ist nicht statthaft.

(7) Die Prüfstelle und ihre Beschäftigten sind zur gewissenhaften und unparteiischen Prüfung verpflichtet; sie haften für durch die Prüfungstätigkeit verursachte Schäden nur bei Vorsatz.

(8) ¹Die Prüfstelle zeigt Tatsachen, die den Verdacht einer Straftat im Zusammenhang mit der Rechnungslegung eines Unternehmens begründen, der für die Verfolgung zuständigen Behörde an. ²Tatsachen, die auf das Vorliegen einer Berufspflichtverletzung durch den Abschlussprüfer schließen lassen, übermittelt sie der Wirtschaftsprüferkammer.

Übersicht

1) Zielsetzung der Einrichtung einer Prüfstelle 1
2) Zweistufiges Prüfungsverfahren 3
   A. Erste Stufe 3
   B. Zweite Stufe 4
   C. Kooperation des Unternehmens 5
   D. Weigerung des Unternehmens 6
3) Anzeigepflichten 7
4) Ermächtigung; Mindestbedingungen für die Anerkennung der Prüfstelle (I) 8
   A. Gesetzliche Vorgaben 8
   B. Verein Deutsche Prüfstelle für Rechnungslegung DPR e. V. 9
5) Aufgaben der Prüfstelle (II) 10
6) Verhältnis Enforcement zu Nichtigkeitsklage und Sonderprüfung nach AktG (III) 11
7) Pflicht zu richtiger und vollständiger Auskunft (IV) 12
8) Ergebnis der Prüfung (V) 13
9) Tätigwerden der BaFin auf der zweiten Stufe (VI) 14
10) Unparteiische und gewissenhafte Prüfung (VII) 15
11) Verdacht der Straftat oder Berufspflichtverletzung (VIII) 16

1) Zielsetzung der Einrichtung einer Prüfstelle

1 Das durch zahlreiche Unternehmensskandale im In- und Ausland erschütterte Vertrauen in die Richtigkeit wichtiger Kapitalmarktinformation einzelner Unternehmen sowie in Integrität und Stabilität der Finanzmärkte soll durch die Einrichtung eines eigenen Verfahrens zur Durchsetzung der Rechnungslegung wiederhergestellt und gestärkt werden. Die Voraussetzungen dafür sind mit dem BilKoG 2004 (Einl 27 v § 238, **Übergangsrecht** in **(1)** EGHGB Art 56 I) durch Einfügung eines neuen Sechsten Abschnitts in das Dritte Buch des HGB (§§ 342b–e) geschaffen worden. Lit: AK Externe Unternehmensrechung SBG, DB **04,** 329, Deutsches Aktieninstitut NZG **04,** 224, Deutscher Anwaltverein NZG **04,** 220, Ernst BB **04,** 936, Großfeld NZG **04,** 393, Hommelhoff/Mattheus BB **04,** 93, Lenz BB **04,** 1951, Zülch StuB **05,** 1, Gelhausen/Hönsch AG **05,** 511, Zülch StuB **05,** 565, Bräutigam/Heyer AG **06,** 188, Scheffler AG **06,** R 88, Gahlen/Schäfer BB **06,** 1619, Gros DStR **06,** 246, Scheffler IRZ **06,** 13, Böcking/Stein Konzern **07,** 43, Assmann WPg **06,** 241, Zülch/Burghardt StuB **07,** 369, Scheffler Konzern **07,** 589, Boxberger DStR 07, 1362, Müller AG **08,** 438, Krumm/Müller IRZ **09,** 77.

2 Das sog **Enforcement,** die Prüfung der Einhaltung des HGB und der internationalen Standards, wird nach dem BilKoG durch ein zweistufiges System geregelt, das in Europa vorhandene Systeme kombiniert. Einem privatrechtlichen Gremium (Prüfstelle) wird wie in Großbritannien von der Bundesregierung die Aufgabe übertragen, die Rechnungslegung kapitalmarktorientierter Unternehmen zu prüfen.

2) Zweistufiges Prüfungsverfahren

3 A. **Erste Stufe:** Zunächst prüft die Prüfstelle bei Vorliegen bestimmter Anhaltspunkte, nach Aufforderung durch die BaFin oder im Wege von Stichproben die Bilanzen von Unternehmen, deren Wertpapiere an einer inländischen Börse zum Handel im amtlichen oder geregelten Markt zugelassen sind. Gegenstand der Prüfung sind die zuletzt festgestellten Jahresabschlüsse samt Lagebericht oder die zuletzt gebilligten Konzernabschlüsse und die zugehörigen Konzernlageberichte sowie die verkürzten Abschlüsse und Zwischenlageberichte, also alle einer gesetzlichen Prüfungspflicht unterliegenden Unternehmensberichte.

B. Zweite Stufe: Die Prüfstelle wird tätig, sobald ihr Anhaltspunkte für einen 4 Verstoß gegen Rechnungslegungsvorschriften vorliegen oder die BaFin sie zur Prüfung auffordert, ferner im Wege stichprobenartiger Prüfung. Die private Prüfstelle kann nur in Kooperation mit dem betroffenen Unternehmen prüfen. Verweigert ein Unternehmen der Prüfstelle den Zutritt, gewährt es keine Akteneinsicht oder behindert es auf sonstige Weise, so berichtet die Prüfstelle darüber der **BaFin**, die dann auf der **zweiten Stufe** gem (16) WpHG §§ 37 n ff die Prüfung und gegebenenfalls die Veröffentlichung von Rechnungslegungsfehlern mit hoheitlichen Mitteln durchsetzen kann. Die BaFin kann sich bei ihrer Prüfung auch der Prüfstelle, externer Wirtschaftsprüfer oder Sachverständiger bedienen.

C. Kooperation des Unternehmens: Kooperiert das zu überprüfende Un- 5 ternehmen mit der Prüfstelle, dann führt diese die Prüfung der Abschlüsse oder Unterlagen durch. Sobald das Ergebnis der Prüfung feststeht, teilt die Prüfstelle das Ergebnis sowohl dem Unternehmen als auch der BaFin mit. Wurden Fehler festgestellt, erhält das Unternehmen Gelegenheit zur Äußerung, ob es mit dem Ergebnis einverstanden ist. In diesem Fall ordnet die BaFin die Veröffentlichung des Fehlers an.

D. Weigerung des Unternehmens: Weigert sich das Unternehmen, mit der 6 Prüfstelle zusammenzuarbeiten, oder ist es mit dem Prüfungsergebnis nicht einverstanden oder bestehen erhebliche Zweifel an der Richtigkeit des Prüfungsergebnisses, so ordnet die BaFin eine erneute Prüfung an. Ergibt die erneute Prüfung, dass die Rechnungslegung fehlerhaft ist, verpflichtet die BaFin das Unternehmen, die festgestellten Fehler zu veröffentlichen. Gegen die Verfügungen der BaFin kann das Unternehmen zunächst Widerspruch und sodann Beschwerde beim OLG Frankfurt a. M. einlegen.

3) Anzeigepflichten

Die BaFin hat Tatsachen, die den Verdacht einer Straftat im Zusammenhang 7 mit der Bilanzierung begründen, bei der für die Verfolgung zuständigen Behörde anzuzeigen, sowie Tatsachen, die auf eine Berufspflichtverletzung hindeuten, an die Wirtschaftsprüferkammer und solche Tatsachen, die auf die Verletzung börsenrechtlicher Vorschriften hindeuten, an die zuständige Börsenaufsichtsbehörde zu übermitteln. Entsprechende Anzeigepflichten treffen auch die Prüfstelle.

4) Ermächtigung; Mindestbedingungen für die Anerkennung der Prüfstelle (I)

A. Gesetzliche Vorgaben: I 1 ermächtigt das BMJ im Einvernehmen mit 8 dem BMF eine private Einrichtung zur Prüfung von Verstößen gegen Rechnungslegungsvorschriften durch Vertrag anzuerkennen (Vorbild: § 342 I 1) und ihr die Aufgabe zu übertragen, die Rechnungslegung kapitalmarktorientierter Unternehmen zu prüfen. **I 2** stellt Mindestbedingungen für die Anerkennung als Prüfstelle auf. Institutionell muss eine unabhängige, sachverständige, vertrauliche und verfahrensregelkonforme Prüfung gewährleistet sein. Änderungen von Satzung und Verfahrensordnung bedürfen der Genehmigung des BMJ im Einvernehmen mit dem BMF. Nach **I 4** kann sich die Prüfstelle zur Durchführung ihrer Prüfung anderer Personen (zB Wirtschaftsprüfer, Sachverständiger) bedienen.

B. Verein Deutsche Prüfstelle für Rechnungslegung DPR e. V.: Der 9 Verein wurde am 14. 5. 04 von 15 Berufs- und Interessenvertretungen aus dem Bereich der Rechnungslegung im Benehmen mit dem BMJ gegründet (Satzung der DPR v 29. 4. 04, im Internet unter www.frep.info). Gegenwärtig gehören dem Verein 17 Mitglieder (Industrieverbände, berufsständische Interessenvertretungen) an. Am 30. 5. 05 wurde die Deutsche Prüfstelle für Rechnungslegung DPR e. V. (englische Bezeichnung: Financial Reporting Enforcement Panel,

§ 342b 10   III. Buch. Handelsbücher

FREP) als Prüfstelle iSv von I anerkannt. Zwecke des Vereins sind die Trägerschaft einer weisungsunabhängigen Prüfstelle zur Prüfung von Verstößen gegen Rechnungslegungsvorschriften, wie in §§ 342 b–e vorgesehen ist, und die fachliche Zusammenarbeit der Prüfstelle mit nationalen Enforcement-Einrichtungen im Ausland und entsprechenden internationalen Organisationen. Der Verein hat als eigenes Organ den Nominierungsausschuss gebildet, der die Mitglieder der Prüfstelle nominiert. Die Prüfstelle besteht gegenwärtig aus 15 Mitgliedern (Präsident: Eberhard Scheffler) und hat ihre Prüftätigkeit entsprechend der gesetzlichen Vorgabe in **(1) EGHGB Art 56 I 2** am 1. 7. 05 aufgenommen. Die Prüfstelle hat sich am 15. 8. 06 eine Verfahrensordnung gegeben (im Internet unter www.frep.info). Gegliedert ist die Prüfstelle in 15 Kammern, die aus dem Präsidium sowie je einem weiteren Mitgliede der Prüfstelle („fallverantwortlicher Prüfer") besetzt sind. Zusätzlich wird je Fall ein Berichtskritiker bestellt. Lit: Jahresbericht des Vorstands der DRP (im Internet unter www.frep.info) mit statistischen Angaben.

5) Aufgaben der Prüfstelle (II)

10   II legt fest, welche Aufgabe der Prüfstelle durch die Anerkennung übertragen wird. Nach **II 1** ist **Gegenstand der Prüfung** der – bezogen auf den Zeitpunkt des Prüfungsbeginns – zuletzt festgestellte Jahresabschluss und der zugehörige Lagebericht oder der zuletzt gebilligte Konzernabschluss und der zugehörige Konzernlagebericht sowie – eingefügt durch TUG 2007 (**Übergangsrecht** in **(1) EGHGB Art 62**) in Umsetzung von Art 24 IV Buchst h EU-TransparenzRi – der zuletzt veröffentlichte verkürzte Abschluss und der dazugehörige Zwischenlagebericht. Grund der zeitlichen Beschränkung ist das Interesse des Unternehmens an Rechtssicherheit. Dem Interesse des Schutzes potentieller Anleger soll dennoch ausreichend Rechnung getragen werden (BilKoG AmtlBegr 25). **I 1** definiert ferner den **Prüfungsmaßstab** (gesetzliche Vorschriften einschließlich GoB und sonst zugelassene Standards, dh die von der EU übernommenen IAS/IFRS). Unternehmen mit ausländischem Sitz sind nach den für sie maßgeblichen Vorschriften zu prüfen. Für Konzernabschluss und -lagebericht gilt der auch sonst im Rahmen der Abschlussprüfung anzuwendende Maßstab (s § 317 II). Beim Enforcement unterbleibt aber die Prüfung eines Überwachungssystems nach § 317 IV. Entscheidend bei der Prüfung der Fehlerhaftigkeit ist, ob die durch Konzern– bzw Jahresabschluss und (Konzern-)Lagebericht vermittelten Informationen verfälscht oder verkürzt dargestellt werden, Scheffler BB **06,** 27, Böcking/Stein, Konzern **07,** 43, 52. Dabei kommt es darauf an, ob der Fehler wesentlich oder unwesentlich ist. Ein unwesentlicher Fehler, der vorsätzlich begangen wird, wird in der Regel ein wesentlicher Fehler sein, vgl IAS 8.41. Die Weigerung eines Unternehmens, die individuellen Vorstandsgehälter offen zu legen, dürfte als wesentlicher Fehler einzustufen sein, Böcking/Stein Konzern **07,** 43, 52. **Typische Verstöße** sind: im Bereich Bilanz/GuV Fehler bei der Kaufpreiskalkulation im Rahmen von M&A-Transaktionen, Fehler bei Ansatz und Bewertung von Forderungen und aktiven latenten Steuern und Verlustvorträgen; im Bereich Anhang und EK-Spiegel fehlende Angaben zu Unternehmenszusammenschlüssen, zum Prüferhonorar und zu nahe stehenden Personen; im Bereich Kapitalflussrechnung und Lagebericht fehlerhafte Zusammensetzung des Finanzmittelfonds, fehlerhafte Zuordnung von Zahlungsströmen, unvollständige Risikoberichterstattung, fehlende Angaben zu Risikomanagementzielen und -methoden, unzutreffende Darstellung der künftigen Entwicklung. Nach **II 2** sind Adressaten der Prüfung in- und ausländische Unternehmen, die Wertpapiere iSv § 2 I 1 WpHG ausgegeben haben, welche an einer inländischen Börse zum Handel im amtlichen oder geregelten Markt zugelassen sind. **II 3** sieht zur Gewährleistung eines effektiven Enforcements eine Kombination aus Anlass- **(Nr 1, Nr 2)** und Stichprobenprüfung **(Nr 3)** vor. Die anlassbezogene Prüfung

gem II 3 Nr 1 unterbleibt, wenn daran offensichtlich kein öffentliches Interesse besteht, **II 4 Halbs 1**. Durch das TUG 2007 (**Übergangsrecht** in **(1)** EGHGB Art 62) wurde das Enforcement der Prüfstelle auf den Halbjahresfinanzbericht ausgedehnt; dann aber keine Stichprobenprüfung, **II 4 Halbs 2**. Die Stichprobenprüfung erfolgt nach den von der Prüfstelle im Einvernehmen mit BMJ und BMF festgelegten Grundsätzen. Der Umfang sollte sich an statistischer Relevanz orientieren, ferner soll eine Schichtung der Unternehmen in verschiedene Gruppen (zB Umsatzgröße, Zugehörigkeit zu einer DAX-Gruppe) berücksichtigt werden. Außerdem soll ein themenbezogener Ansatz gewählt werden, AmtlBegr 27. Dazu hat die Prüfstelle „Grundsätze für die stichprobenartige Prüfung gem § 342 b II 3 Nr 3" veröffentlicht (im Internet unter www.frep.info). Vorgesehen ist gegenwärtig, dass DAX-Unternehmen etwa alle 4 und sonstige Unternehmen etwa alle 8 bis 10 Jahre stichprobenartig geprüft werden. Stichproben werden elektronisch bestimmt.

6) Verhältnis Enforcement zu Nichtigkeitsklage und Sonderprüfung nach AktG (III)

Nach **III** lässt das Enforcement die Nichtigkeitsklage nach § 256 VII AktG bzw die Sonderprüfung nach §§ 142 ff AktG und die Sonderprüfung wegen unzulässiger Unterbewertung nach §§ 258 ff AktG unangetastet und tritt dahinter zurück, um die Gefahr divergierender Entscheidungen auszuschließen. Von der Anhängigkeit einer Nichtigkeitsklage oder einer Sonderprüfung erfährt die Prüfstelle durch die BaFin (§ 37 p III WpHG).

7) Pflicht zu richtiger und vollständiger Auskunft (IV)

Kooperiert das Unternehmen auf der ersten Stufe des Verfahrens mit der Prüfstelle, sind die gesetzlichen Vertreter des Unternehmens und sonstige Personen, derer sich die gesetzlichen Vertreter bei ihrer Mitwirkung bedienen (zB Abschlussprüfer), gem **IV** der Prüfstelle gegenüber verpflichtet, richtige und vollständige Auskünfte bzw Unterlagen zu erteilen bzw vorzulegen. Es besteht ein Aussageverweigerungsrecht nach § 52 I StPO, worüber die Prüfstelle zu belehren hat.

8) Ergebnis der Prüfung (V)

Nach **V 1** teilt die Prüfstelle dem Unternehmen das Ergebnis der Prüfung mit. Es besteht aber keine gesetzliche Mitteilungspflicht gegenüber einem Hinweisgeber, der die Anhaltspunkte iSv § 343 b II 3 Nr 1 geliefert hat. Stellt die Prüfstelle einen Fehler fest, ist die BaFin nach § 37 q II WpHG ohnehin regelmäßig zur Bekanntmachung des Fehlers verpflichtet. Nach **V 2** ist die Entscheidung der BaFin zu begründen und es ist dem Unternehmen Gelegenheit zur Äußerung zu geben.

9) Tätigwerden der BaFin auf der zweiten Stufe (VI)

Das Tätigwerden der BaFin auf der zweiten Stufe gem **(16)** WpHG §§ 37 n ff setzt die Kenntnis bestimmter Verfahrensschritte über die Prüfung auf der ersten Stufe voraus. **VI** verpflichtet die Prüfstelle daher zur Übermittlung solcher Informationen.

10) Unparteiische und gewissenhafte Prüfung (VII)

VII Halbs 1 macht klar, dass die Mitglieder der Prüfstelle (dh die Personen, die die Enforcement-Prüfung unmittelbar ausführen) zur gewissenhaften und unparteiischen Prüfung verpflichtet sind. **VII Halbs 2** bestimmt, dass sowohl die Prüfstelle als auch ihre Mitglieder für durch Prüfungstätigkeit verursachte Schäden nur bei Vorsatz haften (Grund: Sicherung der Funktionsfähigkeit der Prüfstelle und der Attraktivität der Mitarbeit). Da die Prüfstelle nicht hoheitlich handelt und zwischen Prüfstelle und zu prüfendem Unternehmen im Zusam-

§ 342c 1

III. Buch. Handelsbücher

menhang der Prüfung auch keine vertragliche Beziehung entsteht, ist allenfalls an eine Deliktshaftung zu denken. Abgesehen von § 826 BGB kommt eine Haftung nach deliktsrechtlichen Grundsätzen kaum in Betracht. Eine Haftung der Prüfstelle oder ihrer Mitglieder gegenüber Dritten (zB Anlegern) nach § 823 II BGB iVm II oder VIII soll ausgeschlossen sein (AmtlBegr 30), da die Vorschriften über die Prüfung keinen Schutz von Individualinteressen Dritter bezwecken. Wegen des für die Veröffentlichung des Prüfungsergebnisses erforderlichen Einverständnisses des geprüften Unternehmens ist im Haftungsfall Mitverschulden zu prüfen.

11) Verdacht der Straftat oder Berufspflichtverletzung (VIII)

16 Bei Verdacht auf eine Straftat bzw Berufspflichtverletzung im Zusammenhang mit der Bilanzierung sind Prüfstelle und BaFin nach **VIII** zur Anzeige bei der Strafverfolgungsbehörde (VIII 1) bzw zur Mitteilung an die Wirtschaftsprüferkammer (VIII 2) verpflichtet.

Verschwiegenheitspflicht

342c (1) ¹Die bei der Prüfstelle Beschäftigten sind verpflichtet, über die Geschäfts- und Betriebsgeheimnisse des Unternehmens und die bei ihrer Prüftätigkeit bekannt gewordenen Erkenntnisse über das Unternehmen Verschwiegenheit zu bewahren. ²Dies gilt nicht im Fall von gesetzlich begründeten Mitteilungspflichten. ³Die bei der Prüfstelle Beschäftigten dürfen nicht unbefugt Geschäfts- und Betriebsgeheimnisse verwerten, die sie bei ihrer Tätigkeit erfahren haben. ⁴Wer vorsätzlich oder fahrlässig diese Pflichten verletzt, ist dem geprüften Unternehmen und, wenn ein verbundenes Unternehmen geschädigt worden ist, auch diesem zum Ersatz des daraus entstehenden Schadens verpflichtet. ⁵Mehrere Personen haften als Gesamtschuldner.

(2) ¹Die Ersatzpflicht von Personen, die fahrlässig gehandelt haben, beschränkt sich für eine Prüfung und die damit im Zusammenhang stehenden Pflichtverletzungen auf den in § 323 Abs. 2 Satz 2 genannten Betrag. ²Dies gilt auch, wenn an der Prüfung mehrere Personen beteiligt gewesen oder mehrere zum Ersatz verpflichtende Handlungen begangen worden sind, und ohne Rücksicht darauf, ob andere Beteiligte vorsätzlich gehandelt haben. ³Sind im Fall des Satzes 1 durch eine zum Schadensersatz verpflichtende Handlung mehrere Unternehmen geschädigt worden, beschränkt sich die Ersatzpflicht insgesamt auf das Zweifache der Höchstgrenze des Satzes 1. ⁴Übersteigen in diesem Fall mehrere nach Absatz 1 Satz 4 zu leistende Entschädigungen das Zweifache der Höchstgrenze des Satzes 1, so verringern sich die einzelnen Entschädigungen in dem Verhältnis, in dem ihr Gesamtbetrag zum Zweifachen der Höchstgrenze des Satzes 1 steht.

(3) ¹Die §§ 93 und 97 der Abgabenordnung gelten nicht für die in Absatz 1 Satz 1 bezeichneten Personen, soweit sie zur Durchführung des § 342b tätig werden. ²Sie finden Anwendung, soweit die Finanzbehörden die Kenntnisse für die Durchführung eines Verfahrens wegen einer Steuerstraftat sowie eines damit zusammenhängenden Besteuerungsverfahrens benötigen, an deren Verfolgung ein zwingendes öffentliches Interesse besteht, und nicht Tatsachen betroffen sind, die von einer ausländischen Stelle mitgeteilt worden sind, die mit der Prüfung von Rechnungslegungsverstößen betraut ist.

1 **1) I 1** beschreibt die Verschwiegenheitspflicht der bei der Prüfstelle Beschäftigten. Die Regelung ist § 323 I nachgebildet. **I 2** nimmt die Fälle der gesetzlichen Mitteilungspflicht (zB § 342b VI und VIII oder bei Aussagepflichten nach StPO) davon aus. Nach **II** gilt die Verschwiegenheitspflicht auch gegenüber den

6. Abschnitt. Prüfstelle für Rechnungslegung §§ 342d, 342e

Finanzbehörden (nicht aber bei Aussagepflicht wegen Steuerstraftat). Nach **III** dürfen die gem **I** zur Durchführung eines Strafverfahrens mitgeteilten Daten auch für ein damit zusammenhängendes Besteuerungsverfahren verwendet werden. Lit: Gros DStR **06,** 246, Bräutigam/Heyer AG **06,** 188.

Finanzierung der Prüfstelle

342d ¹**Die Prüfstelle hat über die zur Finanzierung der Erfüllung ihrer Aufgaben erforderlichen Mittel einen Wirtschaftsplan für das Folgejahr im Einvernehmen mit der Bundesanstalt für Finanzdienstleistungsaufsicht aufzustellen.** ²**Der Wirtschaftsplan ist dem Bundesministerium der Justiz und dem Bundesministerium der Finanzen zur Genehmigung vorzulegen.** ³**Die Bundesanstalt für Finanzdienstleistungsaufsicht schießt der Prüfstelle die dieser aus dem Wirtschaftsplan voraussichtlich entstehenden Kosten aus der gemäß § 17d Abs. 1 Satz 3 des Finanzdienstleistungsaufsichtsgesetzes eingezogenen Umlagevorauszahlung vor, wobei etwaige Fehlbeträge und nicht eingegangene Beträge nach dem Verhältnis von Wirtschaftsplan zu dem betreffenden Teil des Haushaltsplanes der Bundesanstalt für Finanzdienstleistungsaufsicht anteilig zu berücksichtigen sind.** ⁴**Nach Ende des Haushaltsjahres hat die Prüfstelle ihren Jahresabschluss aufzustellen.** ⁵**Die Entlastung erteilt das zuständige Organ der Prüfstelle mit Zustimmung des Bundesministeriums der Justiz und des Bundesministeriums der Finanzen.**

1) Die Prüfstelle wird über eine Abgabe der dem Enforcement unterliegenden 1 Unternehmen finanziert, die von der BaFin nach §§ 17a–d FinDAG erhoben wird. § 342d ergänzt diese Bestimmungen. Lit: Gros DStR **06,** 246.

Bußgeldvorschriften

342e (1) **Ordnungswidrig handelt, wer vorsätzlich oder fahrlässig entgegen § 342b Abs. 4 Satz 1 der Prüfstelle eine Auskunft nicht richtig oder nicht vollständig erteilt oder eine Unterlage nicht richtig oder nicht vollständig vorlegt.**

(2) **Die Ordnungswidrigkeit kann mit einer Geldbuße bis zu fünfzigtausend Euro geahndet werden.**

(3) **Verwaltungsbehörde im Sinne des § 36 Abs. 1 Nr. 1 des Gesetzes über Ordnungswidrigkeiten ist bei Ordnungswidrigkeiten nach Absatz 1 die Bundesanstalt für Finanzdienstleistungsaufsicht.**

1) Die Norm dient der Durchsetzung der Pflicht des Unternehmens, die 1 Prüfstelle richtig und vollständig zu unterrichten, wenn es mit der Prüfstelle kooperiert. Nach **I** wird vorsätzliches und fahrlässiges Handeln geahndet. In **II** ist ein Bußgeldrahmen bis zu 50 000 € vorgesehen (entspricht dem Rahmen bei Verstößen gegen § 39 III Nr 1 iVm § 37o IV WpHG). Nach **III** ist Verwaltungsbehörde für die Durchführung des OWi-Verfahrens die BaFin. Lit: Gros DStR **06,** 246.

Viertes Buch. Handelsgeschäfte

Einleitung vor § 343

Schrifttum

a) Kommentare: *Ebenroth/Boujong/Joost/(Bearbeiter)* 2001, ErgBd 2003. – *GK/ HGB/(Ensthaler ua)* 6. Aufl 1999. – *HdlbgKo/(Glanegger ua)* 7. Aufl 2007. – *Heymann/ (Bearbeiter)* 2. Aufl 1995 ff, Bd 4 2005. – *Koller/Roth/Morck/(Bearbeiter)* 6. Aufl 2007. – *MüKo(HGB)/(Bearbeiter)* 2. Aufl 2005 ff Bd 5 2009 Bd 6 2007. – *Oetker/(Bearbeiter)* 2009. – *Rö(hricht/Graf v Westphalen)/(Bearbeiter)* 3. Aufl 2008. – *Schlegelb(erger)/(Bearbeiter)* 5. Aufl 1973 ff. – *Staub(GroßKoHGB)/(Bearbeiter)*, 4. Aufl 1983 ff.
b) Lehrbücher: *Brox/Henssler* 20. Aufl 2009 (Grundriß). – *Bülow* 4. Aufl 2001. – *Canaris* 24. Aufl 2006. – *Hofmann* 11. Aufl 2002. – *Hopt/Mössle/Schmitt* 2. Aufl 1999. – *Hübner* 5. Aufl 2004. – *Jung* 7. Aufl 2008 (Lernbuch). – *Kindler* 4. Aufl 2009 (Grundkurs Hdl/GesRecht). – *Klunzinger* 13. Aufl 2006. – *Lettl* 2007, Fälle. – *Oetker* 4. Aufl 2005. – *G. H. Roth* 6. Aufl 2001. – *K. Schmidt* 5. Aufl 1999. – *Timm/Schöne* I 3. Aufl 2004, II 2. Aufl 2002, Fälle 7. Aufl 2007. – *Wank* 4. Aufl 1996. – *Wiedemann/ Fleischer* 8. Aufl 2004 (PdW).
c) Einzeldarstellungen und Sonstiges: *Canaris,* Vertrauenshaftung, 1971. – *Pfeiffer,* Hdb der HdlGeschäfte, 1999. – *Schaefer,* HRefG, 1999. – *R. Schmitt* 2003 (HRefG).
Muster: *Hopt/Graf v Westphalen/Fabritius,* Vertrags- und Formularbuch zum Hdl-, Ges- und Bankrecht, 3. Aufl 2007, Teil I A-M (mit 33 Vertragsmustern und Formularen).
RsprÜbersichten: *Straatmann/Ulmer* (Schiedsspruchsammlung) Bd 1 1975, Bd 2 1982; *Straatmann/Ulmer/Timmermann* Bd 3 1984, Bd 4 1988; *HK Hbg* Bd 5 1994, Bd 6 1998, keine weiteren Bde.
Transportrecht s Überbl vor § 407 sowie Einl zu **(17)** CMR und **(18)** ADSp.

Übersicht

1) Handelsgeschäfte und anwendbares Recht 1, 2
    A. Handelsgeschäfte und Handelsgewerbe 1
    B. Voraussetzung für die Anwendbarkeit von Handelsrecht 2
2) Geschäftsverbindung 3
3) Geschäfte ohne Rechtsbindungswillen 4, 5
    A. Geschäfte ohne Rechtsbindungswillen 4
    B. Gefälligkeitsverhältnisse 5
4) Abschlussfreiheit, Kontrahierungszwang 6, 7
    A. Abschlussfreiheit 6
    B. Kontrahierungszwang 7
5) Formfreiheit, Schriftformklausel 8–10
    A. Formfreiheit, Formvorschriften 8
    B. Schriftformklausel 9
    C. Fremdsprachen 10
6) Inhaltsfreiheit. Auslegung, Treu und Glauben 11–15
    A. Inhaltsfreiheit 11
    B. Auslegung 12
    C. Treu und Glauben, Neuverhandlungspflicht, gerichtliche Anpassung 13
7) Verjährung 16
8) Internationaler Verkehr 17

Einleitung 1–3 **Einl v § 343**

1) Handelsgeschäfte und anwendbares Recht

A. Handelsgeschäfte und Handelsgewerbe: Die **Handelsgeschäfte** iSv 1
Buch IV sind im Gegensatz zum HdlGeschäft (oder kurz Geschäft) iSv §§ 21 ff
nicht das Unternehmen des Kfm (Einl 31–41 vor § 1), sondern die Einzelnen
von ihm vorgenommenen (Rechts-)Geschäfte (mit näherer Abgrenzung durch
§§ 343–345). Das HGB kennt im Gegensatz zum Code de Commerce und
ADHGB keine „absoluten" HdlGeschäfte, die nach ihrer Art dem HdlRecht
unterliegen, gleich von wem vorgenommen. Der Begriff HdlGeschäft iSv
Buch IV wird in § 343 vielmehr von den Begriffen **Kaufmann** und **Handels-
gewerbe** (§§ 1 ff; subjektives System, s Einl 1 vor § 1) abgeleitet und hat neben
diesen keine große Funktion, manche Vorschriften gehen unmittelbar auf diese
zurück (§§ 348, 354, 355–357, 362, 363–365, 366, 367). Reform K. Schmidt FS
Horn **06,** 557.

B. Voraussetzung für die Anwendbarkeit von Handelsrecht: Ob ein 2
Geschäft HdlGeschäft ist, ist von Bedeutung für die Anwendbarkeit von **Han-
delsrecht** ua nach §§ 349, 350, 352, 353, 358, 368, 369–372 HGB, § 95 GVG.
Ferner setzt die Anwendung der besonderen Vorschriften in Buch IV Abschn 2–
7 voraus, dass das Geschäft mindestens für eine Seite (§ 345), uU für beide Seiten
(zB §§ 377, 379) HdlGeschäft ist. HdlGeschäfte unterliegen, soweit das HGB
nicht abweicht, dem **allgemeinen bürgerlichen Recht** (Einl 2–3 vor § 1).

2) Geschäftsverbindung

Die **(laufende) Geschäftsverbindung** ist der nicht nur auf ein Einmalge- 3
schäft angelegte rechtsgeschäftliche (offen BGH WM **88,** 1135) Kontakt zwi-
schen zwei Kflten oder Unternehmensträgern (s Einl 71 vor § 1), der den einzel-
nen Verträgen ihre rechtliche Selbstständigkeit belässt, BGH **87,** 32. Sie ist weder
ein bloß tatsächliches Verhältnis noch ein Vertragsverhältnis (Vorvertrag, s § 105
Rn 58; Rahmenvertrag, zB Bankvertrag, str, s **(7)** Bankgeschäfte Rn A/6), son-
dern ein gesetzliches Schuldverhältnis ohne primäre Leistungspflicht, das als „ge-
schäftlicher Kontakt" iSv § 311 II Nr 3 BGB verstanden werden kann (nach der
Gesetzesbegründung zum SMG, BT-Drucks 14/6040 S 163 sollte aber auch mit
§ 311 II Nr 3 nur eine bisherige Fallgruppe der culpa in contrahendo kodifiziert
werden, gedacht war offenbar an Gefälligkeitsverhältnisse und Bankauskünfte, vgl
AnwaltsKommSchuldR/Krebs § 311 Rn 46, MüKoBGB/Emmerich § 311
Rn 72 f). Dieses Verhältnis trägt besondere Schutzpflichten der Parteien nach
§ 241 II BGB gegeneinander und kann Grundlage einer Vertrauenshaftung sein;
Canaris, Bankvertragsrecht 14, Hopt, Kapitalanlegerschutz 404. Gesetzliche An-
wendungsfälle im HdlRecht sind §§ 355, 362; s ferner Schweigen im HdlVer-
kehr (§ 346 Rn 30–31), Auskunftshaftung (§ 347 Rn 16–18, **(7)** Bankgeschäfte
Rn A/14–29), stillschweigende Einbeziehung von AGB (s **(5)** § 305 II BGB),
Überlagerung von § 15 II durch Hinweispflicht bei Rechts- und Registerein-
tragsänderungen (s § 15 Rn 15), Anscheinsvollmacht (s Überbl 6 vor § 48),
Abgrenzung vom Gefälligkeitsbereich (s Rn 5), Bestimmung des Vertragsinhalts
durch Geschäftsverbindungsbrauch der jeweiligen Partei. Die Geschäftsverbin-
dung setzt keine bestimmte Mindestdauer voraus, schon das erste Geschäft in
stillschweigender Erwartung weiterer genügt; kürzere Unterbrechungen schaden
nicht; BGH WM **64,** 610, **67,** 1078. Die Geschäftsverbindung wird rechtsge-
schäftlich (entspr §§ 164 ff BGB) begründet. Die besondere Bedeutung der
Geschäftsverbindung liegt in ihrer **pflichtenbegründenden Funktion** (vgl
§ 241 II BGB), unabhängig von der Rechtsnatur und Wirksamkeit der in ihrem
Rahmen geschlossenen Einzelverträge. Bsp: Pflichten schon vor Abschluss und
nach Erfüllung der Einzelverträge, Schutz auch des Geschäftsunfähigen; Inter-
essenwahrungspflicht zB aus Bankvertrag, die dem Typ Kaufvertrag (Effekten-
Propergeschäft) fremd wäre (str, s **(7)** Bankgeschäfte Rn A/19). Schutzpflicht-

Einl v § 343 4–7

verletzung führt wie bei Ansprüchen nach §§ 280, 311 II Nr 1 und 2, 241 II BGB aus Verschulden bei Vertragsverhandlungen idR zum negativen Interesse, ausnahmsweise zum positiven. Die Vertrauenshaftung kann einseitig ausgeschlossen werden, Gerhardt JZ **70,** 537. Zur Beendigung der Geschäftsverbindung vgl **(8)** AGB-Banken Nr 18, 19; allgemeiner zur Auflösung eines Dauerschuldverhältnisses § 314 BGB. Lit: Philipowski 1963; Müller-Graff 1974 u JZ **76,** 153.

3) Geschäfte ohne Rechtsbindungswillen

4 A. **Geschäfte ohne Rechtsbindungswillen** sind gentlemen's agreements, Absichtserklärungen, je nachdem Patronatserklärungen (§ 349 Rn 22), letter of intent (§ 349 Rn 22), memorandum of understanding, instruction to proceed, s Hertel BB **83,** 1824. Dennoch kann ihnen je nach Einzelfall rechtliche Bedeutung insbesondere auf Grund Vertrauenshaftung, ausnahmsweise auch Vertrag, zukommen. Lit: Willoweit 1969, Canaris, Vertrauenshaftung 1971, s § 347 Rn 22. Solche Geschäfte („Frühstückskartelle", aufeinander abgestimmtes Verhalten; nicht schon bloßes bewusstes Parallelverhalten, str) können vor allem auch kartellrechtlich relevant werden, zB § 1 GWB, s Einl 77 vor § 1. Lit: § 349 Rn 22. **Muster:** Hopt/Fabritius 3. Aufl 2007 Form I. K.5 (letter of intent).

5 B. **Gefälligkeitsverhältnisse** (Zusagen, Gestattungen) sind keine rechtsgeschäftlichen, sondern außerrechtliche Verhältnisse. Ein Anspruch auf Erfüllung besteht nicht, doch kann Haftung außer nach §§ 823 ff BGB im Einzelfall auch als Vertrauenshaftung, vor allem nach §§ 280, 311 II Nr 3 BGB, gegeben sein, BGH **21,** 107 (Stellung eines unzuverlässigen LKWFahrers, keine Haftungsmilderung). Gefälligkeitsverträge sind dagegen rechtlich bindende, wenngleich aus Gefälligkeit eingegangene Verträge, zB §§ 516, 598, 662, 690 BGB. Auch Zusage einer Kulanzregelung kann rechtlich verbindlich sein, Kln DB **75,** 2271. Im HdlRecht spielen die echten Gefälligkeitsverhältnisse nur eine geringe Rolle, idR liegt Geschäftsverbindung vor (s Rn 3).

4) Abschlussfreiheit, Kontrahierungszwang

6 A. **Abschlussfreiheit:** Der Kfm ist wie jeder Verbraucher grundsätzlich frei, ob, mit wem und mit welchem Inhalt er Verträge schließen will (**Privatautonomie:** Abschluss- und Inhaltsfreiheit, vgl Rn 11). Bsp: Der Einzelhändler kann einzelne Käufer nach Belieben abweisen, Hamm BB **64,** 940, Celle WuW/E OLG 1306. Der Abbruch der Vertragsverhandlungen ist zulässig, auch bei Kenntnis, dass der andere Teil in Erwartung des Vertragsschlusses bereits Aufwendungen gemacht hat, BGH NJW **75,** 43, WM **77,** 620; doch kann die schuldhafte Erweckung des Vertrauens auf sicheren Abschluss als Verschulden bei Vertragsverhandlungen nach §§ 280, 311 II BGB zum Schadensersatz (negatives Interesse) verpflichten, BGH **71,** 395.

7 B. **Kontrahierungszwang:** Ausnahmsweise gilt Abschluss- bzw Kontrahierungszwang. Bspe:

a) besondere gesetzliche Abschlusspflichten, zB § 5 II PflVG sowie vereinzelt noch im Transportrecht;

b) das kartellrechtliche Diskriminierungsverbot (§ 20 GWB) für marktbeherrschende Unternehmen, Kartelle und Preisbinder und für sonstige Unternehmen, von denen Anbieter oder Nachfrager ohne zumutbare Ausweichmöglichkeit abhängig sind; zB BGH **49,** 98, NJW **76,** 801 (Rossignol), BB **79,** 797 (Nordmende), **80,** 1117 (Modellbauartikel II); vgl Einl 77 vor § 1;

c) § 826 BGB bei rechtlicher oder tatsächlicher Monopolstellung, RG **133,** 391, aber heute nur noch, soweit nicht wie meist § 20 GWB eingreift.

d) Etwas anderes ist die Abschlusspflicht auf Grund eines zuvor frei geschlossenen **Rahmenvertrags,** zB Bankvertrag (str, s Rn 3 und **(7)** Bankgeschäfte

Einleitung 8–12 **Einl v § 343**

Rn A/6, dort auch zum umstrittenen Recht auf ein Girokonto). Zur Gegenseitigkeit der wechselseitigen Pflichten aus den Einzelverträgen BGH WM **07,** 303. Lit: Busche 1999; Bydlinski AcP 180 **(80)** 1 u JZ **80,** 378, Kilian AcP 180 **(80)** 47.

5) Formfreiheit, Schriftformklausel

A. **Formfreiheit, Formvorschriften:** HdlGeschäfte sind wie andere bürger- 8 lichrechtliche Rechtsgeschäfte grundsätzlich **formfrei.** Die besonderen **Formvorschriften** des BGB und anderer Gesetze gelten auch für sie; Ausnahme § 350, vgl auch § 1031 (V) nF ZPO (Einl 89 vor § 1). Besonders bedeutsam sind zB § 311 b I BGB (Grundstücke), s § 93 Rn 17, § 105 Rn 55. Ebenso gelten idR andere, die Form der Rechtsgeschäfte betreffende Grundsätze. Doch ist der kaufmännische strenger als der allgemeine Geschäftsverkehr.

B. **Schriftformklausel:** Eine **Schriftformklausel** (nach der vom Vertrag 9 abweichende mündliche Absprachen, uU nur solche von Vertretern, unwirksam sein oder von schriftlicher Bestätigung abhängen sollen) ist in Individualverträgen grundsätzlich wirksam (§ 127 BGB). Als **AGB** hängt ihre Wirksamkeit von der Ausgestaltung und dem Anwendungsbereich der konkreten Klausel ab, BGH **145,** 206. Schriftformklauseln, die für Vertragsänderungen konstitutiv die Beachtung der Schriftform verlangen, sind unwirksam (s **(5)** BGB § 305 b und 307), hL Schriftformklausel darf nicht Eindruck erwecken, nur mündliche, insbesondere nach Vertragsschluss getroffene Abreden seien allgemein unwirksam, BGH **145,** 206. Nachträgliche mündliche Individualabrede hat auf jeden Fall Vorrang auch vor wirksamer Schriftformklausel, **(5)** 305 b BGB (Einl 9 vor § 343), auch in Formularverträgen über langfristige Geschäftsraummietverhältnisse, BGH **164,** 133; auch stillschweigend, uU auch wenn an die Schriftformklausel gar nicht gedacht worden ist. **Vollständigkeitsklauseln** sind grundsätzlich unbedenklich, BGH **79,** 287, **93,** 60, NJW **00,** 207, Grund: bloße Wiederholung der Vermutung der Vollständigkeit des schriftlichen Vertrags. Beinhalten sie jedoch eine unwiderlegliche Vermutung, sind sie unwirksam. **Bestätigungsklauseln,** die die Verbindlichkeit eines mündlichen Abschlusses von einer schriftlichen Bestätigung abhängig machen, sind unwirksam, BGH NJW **82,** 1389, **83,** 1853. Bestätigungsklauseln, die die Verbindlichkeit von Zusagen von Vertretern oder Hilfspersonen von einer schriftlichen Bestätigung des Vertragspartners (Verwender der AGB) oder eines besonders qualifizierten Vertreters abhängig machen, sind dagegen grundsätzlich wirksam. Schriftformklauseln in AGB vgl **(5)** §§ 305 b, 307, 309 Nr 13 BGB, dazu Komm zu BGB, Ul/Br/He/H. Schmidt Anh § 310 BGB Rn 710.

C. **Fremdsprachen** s Reinhardt RIW **77,** 16. Betr AGB s **(5)** § 305 II BGB, 10 AGB im internationalen Geschäftsverkehr s Ul/Br/He/H. Schmidt Anh zu § 305 BGB Rn 1, 13.

6) Inhaltsfreiheit, Auslegung, Treu und Glauben

A. **Inhaltsfreiheit:** Die Privatautonomie des Kfm umfasst die Inhaltsfreiheit (s 11 Rn 6). Diese stößt jedoch rascher als die Abschlussfreiheit an rechtliche Grenzen. Auch HdlGeschäfte sind bei Verstoß gegen ein **gesetzliches Verbot** oder gegen die **guten Sitten** nichtig (§§ 134, 138 BGB). Bsp: Darlehen zu überhöhten Zinsen, s **(7)** Bankgeschäfte Rn G/6–10; s auch § 1 Rn 5. Kflte (und andere Unternehmer) sind aber idR weniger schutzwürdig als Verbraucher, s Einl 4 vor § 1.

B. **Auslegung:** Die Auslegung bestimmt sich auch bei HdlGeschäften nach 12 §§ 133, 157 BGB. Der Kfm ist aber rascher und unbedingter „im Wort" als Verbraucher. Vor allem gelten für die Auslegung die HdlBräuche (§ 346

Rn 1–11). Auslegung von AGB s **(5)** § 305 c II BGB. Auslegung von GesVerträgen s § 105 Rn 59, Anh § 177 a Rn 67.

13 C. **Treu und Glauben, Neuverhandlungspflicht, gerichtliche Anpassung:** Treu und Glauben beherrschen den HdlVerkehr ebenso wie den allgemeinen Rechtsverkehr. § 242 BGB gilt auch für HdlGeschäfte.

14 Im HdlVerkehr spielt der Vertrauensschutz eine noch größere Rolle als sonst, s Einl 7 vor § 1, § 5 Rn 8, 17 f, § 15 m Anm. Aus Treu und Glauben kann sich eine **Neuverhandlungspflicht** ergeben (in internationalen Verträgen häufig besonders vereinbart), Nelle 1994, Horn AcP 181 **(81)** 256; vgl IntHK, Einheitliche Regeln über Vertragshilfe (Anpassung von Verträgen), 1978 (IntHK-Publikation Nr 326, Sprache engl, frz). Neuverhandlungs- und Anpassungsklauseln s R. Schwarze 2001, Steindorff BB **83,** 1127, Horn NJW **85,** 1118, Berger RIW **00,** 1. Neuverhandlungsklauseln in Zulieferverträgen s Überbl 32 ff vor § 373.

15 Die Rspr ist mit **gerichtlicher Anpassung** nach § 313 BGB wegen Störung der Geschäftsgrundlage (mangels vertraglicher Anpassungsklausel) sehr **zurückhaltend;** Opfergrenze ist bei Kostenanstieg um 150% zu ziehen, also Kaufkraftschwund des Entgelts um mehr als 60%, BGH **90,** 229, **94,** 260, **119,** 220 (Erbbauzins); großzügiger bei vertraglicher Anpassungsklausel, BGH WM **92,** 1321 (Erbbauzins, mehr als 20%). Anpassungspflichten bei Vertragsdurchführungshindernissen, zB Versagung behördlicher Genehmigung, BGH **67,** 36, **87,** 165; Härteklauseln (hardship clauses) im internationalen Verkehr, Böckstiegel RIW **84,** 1. Etwas anderes ist die vertraglich vereinbarte Anpassung auf Grund einer Indexierungsklausel (Überbl 4 vor § 373).

7) Verjährung

16 Es gelten auch für den HdlVerkehr grundsätzlich die **§§ 194 ff BGB.** Die **regelmäßige Verjährungsfrist** wurde durch das SMG von 30 auf **3 Jahre** verkürzt (§ 195 BGB), abweichend geregelt sind weiterhin insbesondere die Mängelansprüche (§§ 438, 634 a BGB). Die regelmäßige Verjährungsfrist beginnt mit dem Schluss des Jahres, in dem der Anspruch entstanden ist und der Gläubiger von den anspruchsbegründenden Umständen und der Person des Schuldners Kenntnis erlangt hat oder ohne grobe Fahrlässigkeit hätte erlangen müssen (§ 199 I BGB); kenntnisunabhängig gelten Höchstfristen von 10, bei Personenschäden von 30 Jahren (§ 199 II–IV BGB). **Sonderverjährungsfristen** (für die § 199 BGB nicht gilt, s § 200 BGB) **im HGB** enthalten: §§ 61 II, 113 III, 439, 463, 475 a. Das **Verjährungsanpassungsgesetz** 9. 12. 04 BGBl 3214 hat dazu einzelne Änderungen gebracht sowie zahlreiche Sonderverjährungen außerhalb des BGB zugunsten der Regelverjährung aufgehoben; dagegen blieb es bei der Sonderverjährung nach **(14)** BörsG § 46, **(16)** WpHG §§ 37 a (dieser aufgehoben durch SchVG 2009, § 347 Rn 39), 37 b IV, 37 c IV, § 127 V InvG, und der fünfjährigen Nachhaftungsbegrenzung (§§ 26 I, 28 III, 159, 160 HGB). Anders als zu (16) WpHG § 37 a aF hat das SchVG 2009 entgegen der Anregung des BRats an der börsen- und investmentrechtlichen Sonderverjährung festgehalten, Grund: dort Beweiserleichterungen für den Anspruchsteller (BReg). Die früher für das HdlRecht zu beachtenden Sonderregeln über die zwei- bzw vierjährige Verjährung der Entgeltforderungen von Kflten ua nach **§ 196 I, II aF BGB** (dazu 30. Aufl Einl 17 f vor § 343) sind ersatzlos **entfallen.** Nach Art 229 § 6 III, IV EGBGB sind sie nur noch in Übergangsfällen für den Günstigkeitsvergleich mit der Verjährungsfrist des neuen Rechts heranzuziehen. War die Verjährung bereits vor dem 1. 1. 2002 (Inkrafttreten des SMG) nach altem Recht eingetreten, bleibt es dabei. Übergangsrecht zum Verjährungsanpassungsgesetz Art 229 § 12 EGBGB, Thiessen NJW **05,** 2120. Lit: Mansel NJW **02,** 89, Mansel/Budzikiewicz NJW **05,** 321.

8) Internationaler Verkehr

Für HdlGeschäfte im internationalen Verkehr gilt das allgemeine Vertragsstatut, 17 also grundsätzlich freie Rechtswahl, Art 27 ff EGBGB, Ausnahmen Art 34 EGBGB (zwingendes Recht), Verbraucher- und Arbeitsverträge Art 29, 29 a, 30 EGBGB. Bestätigungsschreiben im internationalen Verkehr s § 346 Rn 29. Schweigen im internationalen Hdl- und Berufsverkehr s § 346 Rn 38, § 362 Rn 8. Rat, Auskunft und Aufklärung s § 347 Rn 41. Bürgschaft s § 349 Rn 23. Internationaler Kauf s Überbl 45 ff vor § 373. Internationales Abladegeschäft s Überbl 50 vor § 373. Kommission s § 383 Rn 30. Lit: Komm zu Art 27 ff EGBGB; Reithmann/Martiny/Martiny 206.

Erster Abschnitt. Allgemeine Vorschriften

[Begriff der Handelsgeschäfte]

343 (1) **Handelsgeschäfte sind alle Geschäfte eines Kaufmanns, die zum Betriebe seines Handelsgewerbes gehören.**

(2) *[aufgehoben]*

Übersicht

1) Geschäfte eines Kaufmanns (Halbsatz 1) 1, 2
   A. Geschäfte 1
   B. Geschäfte eines Kaufmanns 2
2) Zum Betrieb des Handelsgewerbes gehörend (Halbsatz 2; II aF) 3, 4
   A. Zum Betrieb des Handelsgewerbe gehörend 3
   B. II aF 4

1) Geschäfte eines Kaufmanns (Halbsatz 1)

A. **Geschäfte:** HdlGeschäfte iSv § 343 setzen zunächst überhaupt „Geschäf- 1 te" voraus. Geschäfte sind **Rechtsgeschäfte** und rechtsgeschäftsähnliche Handlungen und Unterlassungen, zB Mahnung nach § 286 I 1 BGB, Leistung und ihre Annahme, Schweigen im HdlVerkehr, Geschäftsführung ohne Auftrag (§ 677 BGB); **nicht** zB Vermischung und Verarbeitung (§§ 946 ff BGB); unerlaubte Handlungen, Ansprüche aus §§ 823 ff BGB, §§ 3 ff UWG; Halten, Fahren, Fahrenlassen von Kfz; Ansprüche aus Zusammenstoß der Kfz zweier Kflte auf Betriebsfahrt trägt also nicht Zins nach § 353 und gehört nicht nach § 95 Nr 1 GVG vor die KfH (Einl 83 vor § 1).

B. **Geschäfte eines Kaufmanns:** HdlGeschäfte sind Geschäfte eines Kauf- 2 manns, auch Kfm kraft Eintragung nach § 5. Nicht HdlGeschäfte sind Geschäfte eines NichtKfm, nach aA jedes Unternehmensträgers (§ 1 Rn 10). Doch können einzelne Vorschriften über HdlGeschäfte entspr auf NichtKflte anzuwenden sein, im Einzelnen str (Auflistung § 1 Rn 10). Im Fall der Rechtsscheinhaftung muss auch der NichtKfm seine Geschäfte als HdlGeschäfte behandeln lassen (§ 5 Rn 9–17).

2) Zum Betrieb des Handelsgewerbes gehörend (Halbsatz 2; II aF)

A. **Zum Betrieb des Handelsgewerbes gehörend:** HdlGeschäfte sind die 3 zum Betrieb des HdlGewerbes des Kfms gehörenden Geschäfte, dh alle, die dem Interesse des HdlGewerbes, der Erhaltung seiner Substanz und Erzielung von Gewinn dienen sollen, BGH NJW **60**, 1853; entfernter, lockerer Zusammenhang genügt, BGH **63,** 35, NJW **97,** 1779; also auch bei Anschaffung eines Gegenstandes sowohl für den Geschäfts- als auch den Privatbereich. Auch **Hilfs- und Nebengeschäfte,** zB betr Personal, Einrichtung und Ausstattung des Betriebs,

Bau von Gebäuden, BGH **63**, 35, Finanzierung, Geldanlage (s RG JW **04**, 496: Wertpapierkäufe), Rechtsschutz, Beteiligung an anderen Unternehmen, Aufnahme von Teilhabern usw. Auch nach Art des Betriebs **ungewöhnliche** Geschäfte, RG **87**, 331 (Bauunternehmer nahm Wertpapiere ins Depot), RG HRR **32**, 1645, RG **130**, 235 (Geschäft für eigene statt fremde Rechnung); auch freigiebige Akte, BGH WM **76**, 424. Auch **vorbereitende** Geschäfte sind HdlGeschäfte, RG JW **08**, 148 (Bierlieferungsvertrag für zu errichtendes Hotel), RG JW **08**, 206 (Ladenmiete), RG HRR **31**, 528, OGH **1**, 62 (Erwerb eines HdlGeschäfts), RG Recht **32**, 409. Auch **abwickelnde** Geschäfte, auch die Veräußerung des Unternehmens im ganzen, RG **72**, 436. Vgl die Rspr zum (verwandten, nicht gleichen) Begriff der im Betrieb eines HdlGeschäfts begründeten Verbindlichkeiten in §§ 25, 28. Die **Merkmale** für Hdl- oder Privatgeschäft sind objektiv zu verstehen, die Meinung der Beteiligten entscheidet nicht, kann aber mit ins Gewicht fallen, RG **33**, 110 (Gefälligkeitsgeschäfte). **Nicht:** Abschluss eines OHGVertrags (§ 105 Rn 49); reine Privatgeschäfte des Kfm.

4 B. **II aF:** § 343 II aF, aufgehoben durch HRefG 1998 als Folge der Abschaffung des Katalogs der Grundhandelsgeschäfte (§ 1 II aF), war irreführend. Alle branchenfremden, aber im Betrieb des HdlGewerbes vorgenommenen Geschäfte sind HdlGeschäfte.

[Vermutung für das Handelsgeschäft]

344 (1) **Die von einem Kaufmanne vorgenommenen Rechtsgeschäfte gelten im Zweifel als zum Betriebe seines Handelsgewerbes gehörig.**

(2) **Die von einem Kaufmanne gezeichneten Schuldscheine gelten als im Betriebe seines Handelsgewerbes gezeichnet, sofern nicht aus der Urkunde sich das Gegenteil ergibt.**

Übersicht

1) Vom Kaufmann vorgenommene Geschäfte (I) 1, 2
   A. Im Zweifel zum Betrieb des Handelsgewerbes gehörig 1
   B. Alle Geschäfte 2
   C. Widerlegbare Vermutung 3
2) Vom Kaufmann gezeichnete Schuldscheine (II) 4

1) Vom Kaufmann vorgenommene Geschäfte (I)

1 A. **Im Zweifel zum Betrieb des Handelsgewerbes gehörig:** Die Rechtsgeschäfte des Kfm gelten im Zweifel als zum Betrieb seines Handelsgewerbes gehörig (I). Die Vermutung gilt, wenn Handeln im HdlGewerbe oder privates Handeln als Verbraucher (zB für den Haushalt des Kfm) in Frage steht; nicht im Verhältnis von HdlGewerbe und nicht-kfm gewerblichem Betrieb, zB für den Kfm, der zugleich Landwirt ist, RG JW **32**, 50; nicht im Verhältnis von eigenem Betrieb des Handelnden zum Betrieb einer Ges, deren Geschäfte er auch führt, RG JW **32**, 50. § 344 ist gegenstandslos für **Handelsgesellschaften** (aller Art), alle ihre Geschäfte sind im Betrieb ihres HdlGewerbes vorgenommen, BGH NJW **60**, 1852; beim Gfter-Kfm (Gfter der OHG, phG der KG vgl § 105 Rn 19) kommt es auf Vornahme für die Ges oder für ihn persönlich an, was nach § 164 I 2, II BGB zu beurteilen ist, BGH NJW **60**, 1852. Umstritten ist die analoge Anwendung des § 344 im Rahmen der §§ 13, 14 BGB, ob also Rechtsgeschäfte eines Unternehmers im Zweifel dem Unternehmensbereich zuzuordnen sind, so zB Pal/Heinrichs § 13 Rn 3, § 14 Rn 2, aA Pfeiffer NJW **99**, 173 wegen europarechtlicher Bedenken, dagegen Wackerbarth AcP 200 (**00**) 61.

1. Abschnitt. Allgemeine Vorschriften **1 § 345**

B. **Alle Geschäfte:** I spricht nur von „Rechtsgeschäften". Gleiches muss aber 2 für alle Geschäfte iSv § 343 I gelten.

C. **Widerlegbare Vermutung:** Die Regel des I gilt nur im Zweifel, die 3 Vermutung ist also widerlegbar. Der **Gegenbeweis** muss die Zugehörigkeit des Geschäfts zum Gewerbebetrieb des Kfms widerlegen. Nicht entscheidend ist Abschluss unter bürgerlichem Namen statt Firma, RG **59,** 213. Die Widerlegung zum Nachteil des Geschäftspartners setzt voraus, dass dieser den privaten Charakter des Geschäfts kannte oder kennen musste, BGH WM **76,** 424, Kln MDR **72,** 865, MüKo/K. Schmidt 9, aA Weyer WM **05,** 500 (jeweiliger Normzweck, Betriebszugehörigkeit).

2) Vom Kaufmann gezeichnete Schuldscheine (II)

Der Begriff **Schuldschein** (§§ 371, 952 I BGB) umfasst jede vom Schuldner 4 zum Zwecke des Beweises für das Bestehen einer Schuld unterzeichnete Urkunde, einerlei ob die Schuld begründet oder bestätigt wird, zB Bürgschaftsurkunde, BGH NJW **97,** 1779; Wechsel, die in § 363 genannten Papiere, Schlussscheine, andere schriftliche Vertragsbestätigung, RG **120,** 89; auch eine Mehrheit von Urkunden, RG **131,** 6. Die **von einem Kaufmann gezeichneten** Schuldscheine gelten als im Betrieb seines HdlGewerbes gezeichnet, nicht nur iZw wie nach I, sondern soweit sich nicht aus der Urkunde das Gegenteil ergibt. Ergibt sich das nicht, steht die Betriebszugehörigkeit unwiderlegbar fest; ob kraft Fiktion, so Hamm ZIP **82,** 50, oder verstärkter (nicht nur „im Zweifel" wie in I) Vermutung ist belanglos. Der **Gegenbeweis** ist aus dem Inhalt der Urkunde zu führen, aus Angaben der Urkunde über den Schuldgrund, uU aus dem Inhalt der Schulderklärung, uU aus anderen Angaben der Urkunde. Bei Darlehensschuldschein auf Geschäftspapier wird uU die Vermutung nicht entkräftet durch privaten Zweck des Darlehens, Zeichnung mit bürgerlichem Namen, Mitzeichnung der Ehefrau, Sicherungsübereignung privaten Vermögens, Nürnb BB **61,** 1178. Ist in der Urkunde selbst ein Schuldgrund außerhalb des Geschäfts angegeben, kann noch dargetan werden (aber ohne Vermutung), dass der Kfm die Verbindlichkeit auf das Geschäft nahm, RG **56,** 197. II greift nicht ein, wenn der andere Teil von der Nichtzugehörigkeit zum Betrieb des HdlGewerbes positiv weiß (vgl § 5 Rn 14), BGH NJW **97,** 1780, Kennenmüssen genügt nicht; jedenfalls Arglisteinrede (§ 242 BGB), RG **56,** 198, hL.

[Einseitige Handelsgeschäfte]

345 Auf ein Rechtsgeschäft, das für einen der beiden Teile ein Handelsgeschäft ist, kommen die Vorschriften über Handelsgeschäfte für beide Teile gleichmäßig zur Anwendung, soweit nicht aus diesen Vorschriften sich ein anderes ergibt.

1) Einseitiges Handelsgeschäft:

Nach § 345 gelten, wo nichts anderes gesagt ist, die Vorschriften über HdlGe- 1 schäfte auch dann, wenn das Geschäft nur für einen der beiden Beteiligten HdlGeschäft ist (einseitiges Handelsgeschäft), wenn also der andere nicht Kfm ist oder wenn er zwar Kfm ist, das Geschäft aber nicht zum Betrieb seines HdlGewerbes gehört. **Anwendbar** sind in diesen Fällen namentlich §§ 352 II (Zinshöhe), §§ 355–357 (Kontokorrent), §§ 358–361 (Zeit und Art der Leistung), §§ 363–365 (Indossierung gewisser Papiere), §§ 366, 367 (Schutz des guten Glaubens), ferner die Vorschriften über HdlKauf (ausgenommen §§ 377, 379), Kommissions-, Speditions-, Lager-, Frachtgeschäft, Eisenbahnbeförderung. **Unanwendbar** bzw nur für die kfm Vertragspartei anwendbar sind insbesondere §§ 346–352 I, 353, 354, 368–372, 377, 379, 391.

§ 346

2) Beiderseitiges Handelsgeschäft:

2 Nicht nur ein einseitiges, sondern ein beiderseitiges HdlGeschäft wird ua in §§ 346, 353, 369, 377, 379, 391 vorausgesetzt. Dafür ist notwendig, dass beide Teile Kflte sind und das Geschäft für beide Teile ein HdlGeschäft iSv §§ 343, 344 ist.

[Handelsbräuche]

346 Unter Kaufleuten ist in Ansehung der Bedeutung und Wirkung von Handlungen und Unterlassungen auf die im Handelsverkehre geltenden Gewohnheiten und Gebräuche Rücksicht zu nehmen.

Übersicht

1) Begriff, Geltung 1–11
  A. Begriff 1
  B. Geltung unter (Nicht)Kaufleuten 3
  C. Beschränkte Geltung 7
  D. Geltung ohne Kenntnis 8
  E. Verhältnis zu Rechtsnormen 10
  F. Missbrauch 11
2) Herausbildung, Feststellung, Beispiele 12–15
  A. Herausbildung 12
  B. Feststellung 13
  C. Beispiele 15
3) Kaufmännisches und berufliches Bestätigungsschreiben 16–29
  A. Auftragsbestätigung, Bestätigungsschreiben 16
  B. Persönliche Reichweite 18
  C. Sachliche Voraussetzungen 20
    a) Vorverhandlungen 20
    b) Unmittelbar nachfolgendes Bestätigungsschreiben 21
    c) Schweigen des Empfängers 25
  D. Schutzgrenzen, Anfechtbarkeit 26
  E. Internationaler Verkehr 29
4) Schweigen im Handels- und Berufsverkehr 30–38
  A. Schweigen im Rechtsverkehr 30
  B. Zurechnung, Anfechtbarkeit 33
  C. Schweigen auf Auftragsbestätigung 34
  D. Schweigen auf Rechnung 35
  E. Schweigen auf Vertragsangebot 36
  F. Schweigen auf Rechnungsabschluss 37
  G. Internationaler Verkehr 38
5) Handelsklauseln 39, 40
  A. Handelsbedingungen und Handelsklauseln 39
  B. Liste einzelner Handelsklauseln 40

1) Begriff, Geltung

1 A. **Begriff:** Die „im Handelsverkehre geltenden Gewohnheiten und Gebräuche" **(Handelsbräuche)** sind die Verkehrssitte des Handels (vgl §§ 157, 242 BGB, Einl 12–15 vor § 343). Notwendig ist verpflichtende Regel, die auf einer gleichmäßigen, einheitlichen und freiwilligen Übung der beteiligten Kreise für vergleichbare Geschäftsvorfälle über einen angemessenen Zeitraum hinweg beruht und der eine einheitliche Auffassung der Beteiligten zugrundeliegt, BGH NJW **94**, 659, **01**, 2465, WM **84**, 1002. § 346 gilt sowohl (§§ 133, 157 BGB ergänzend) für die **Auslegung** von Willenserklärungen (und die Würdigung eines Verhaltens als Willenserklärung) als auch (nachgiebiges Recht idR verdrängend, vgl Rn 9) für **Rechtsfolgen** von Willenserklärungen und anderen Handlungen und Unterlassungen (nicht nur im Schuldrechtsbereich), BGH BB **73**, 636.

1. Abschnitt. Allgemeine Vorschriften 2–8 § 346

Nicht HdlBrauch sind, weil ohne verpflichtende Regel, zB **Handelsübung** 2 (dh was sich nach allgemeiner Auffassung der Verkehrskreise im Rahmen vernünftiger kfm Gepflogenheit hält, also ohne selbst eingebürgerte Missbräuche, BGH NJW **87,** 1887); **AGB,** an Börsen zT auch Usancen (mehrdeutig) genannt, die die eine Vertragspartei der anderen stellt und die bei wirksamer Unterwerfung als Vertragsbedingungen gelten; so auch Vereinbarung über bestimmte Anwendung von HdlBrauch, dieser wird dadurch vertraglich fixiert und zu AGB; s **(5)** § 305 II BGB. Abgrenzung zu Berufsgewohnheiten und -anschauungen (die zur Anwendung von § 3 UWG bedeutsam sein können) s BGH NJW **69,** 1293. Lit: Sonnenberger 1970; Pflug ZHR 135 **(71)** 12, Basedow ZHR 150 **(86)** 469.

B. **Geltung unter (Nicht)Kaufleuten:** HdlBräuche gelten nach § 346 **unter** 3 **Kaufleuten,** und zwar für ihr HdlGewerbe (nicht privat), also für ihre (beiderseitigen) HdlGeschäfte und für andere Vorgänge ihres Gewerbebetriebs (auf beiden Seiten). Kfm ist jeder Kfm nach §§ 1–6, auch der Kfm nach § 5.

Unter Nichtkaufleuten und im Verkehr mit ihnen gelten sie 4

a) wenn ein gleicher Brauch (**Verkehrssitte,** vgl Rn 1) auch in diesem Verkehr besteht, Kblz NJW-RR **88,** 1306 (Tegernseer Gebräuche). Das ist aber besonders festzustellen. Dabei ist vorsichtig zu verfahren; es ist unstatthaft, NichtKflte an ihnen unbekannte HdlBräuche zu binden, wenn das Erwachsen eines solchen Brauchs in eine allgemeine Verkehrssitte nicht einwandfrei feststeht;

b) wenn im Vertrag zwischen Kfm und NichtKfm oder zwischen NichtKflten 5 **Unterwerfung** unter einen HdlBrauch ausgesprochen oder anzunehmen ist, zB zwischen Filmvermittler (Kfm) und (nicht eingetragenem) Filmproduzenten (NichtKfm) bei branchenüblichem Abschluss, besonders wenn der Produzent seit Jahren in der Branche tätig ist und ihre Gewohnheiten kennt, BGH NJW **52,** 257;

c) UU zugunsten des NichtKfms gegen Kfm zur Milderung von (diesem 6 besser bekannten) Spezialrecht, BGH BB **70,** 151 (Verjährung der Frachtnachforderung unter § 84 GüKG aF).

C. **Beschränkte Geltung:** HdlBräuche **gelten** meist nicht allgemein wie 7 HdlGesetze, sondern **beschränkt,** zB auf einzelne Geschäftszweige, Gruppen in einem Geschäftszweig (BGH **LM** § 346 (F) Nr 1 betr größeren Kunsthandel), Gebiete, Orte, Börsen („Platzusancen"). Vgl BGH NJW **77,** 386: Brauch (betr Rücktritt von Reservierung) zwischen Hotels und Reisebüros? Hotels und andern Kunden? Örtlicher HdlBrauch gilt gegenüber nicht am Platz ansässigen Kflten nur, wenn besondere Gründe für die Annahme der Unterwerfung sprechen, BGH NJW **83,** 1268, Hbg RIW **82,** 283. Für Vertragsleistungen gelten die HdlBräuche am Erfüllungsort: so im Inland, bei ausländischem HdlBrauch, der dem inländischen entspricht, und bei internationalen HdlBräuchen; sonst nur wenn sich Kfm auf ausländischen Brauch eingelassen hat, BGH WM **84,** 1003. Der HdlBrauch am Ort des Maklers gilt idR auch für eine auswärtige Partei, RG **97,** 218, mindestens wenn diese widerspruchslos Schlussscheine mit entspr Hinweis annimmt, OGH **4,** 248: Schlussscheine mit der Klausel „Hamburger freundschaftliche Arbitrage und Schiedsgericht" (s Rn 40 „Arbitrage") unterwerfen unter Hamburger Usance, allerdings wohl nur bezüglich Arbitrage- und Schiedsgerichtsfragen. Für die Wirkung einer Handlung (Unterlassung) gilt idR der Brauch am Ort der Handlung (Unterlassung, zB Nichtaufnahme und Bezahlung von Dokumenten am Käufersitz), uU aber der am Ort des Schwerpunkts (iSv IPR) des Geschäfts, zB des HauptHdlPlatzes der Branche, wo auch das Geschäft geschlossen und wohin die Ware lief, Feststellung des HauptHdlPlatzes ähnlich der des HdlBrauchs (vgl Rn 13); BGH BB **73,** 636, **76,** 480.

D. **Geltung ohne Kenntnis:** HdlBräuche gelten normativ, also auch ohne 8 Kenntnis oder Unterwerfungswillen der Parteien (anders HdlÜbung, s Rn 2),

Ffm WM **86**, 839. Der Brauch gilt auch gegen Kfm, der erstmals einschlägig tätig wird, BGH BB **73**, 635, Ffm AWD **77**, 236. Wer sich einem Brauch nicht unterwerfen will, muss seiner Geltung vor oder bei Vertragsschluss ausdrücklich widersprechen, Bestreiten des Bestehens des Brauchs genügt dazu idR nicht, BGH MDR **52**, 155, NJW **66**, 502. Doch ist auch eine vom HdlBrauch abweichende, vertragliche Einigung möglich, auch konkludent zB bei bestimmtem Vertragszweck, BGH WM **84**, 1002, Mü WM **96**, 2337. Über HdlÜbung, die nicht normativ gilt, muss sich der Kfm bei Anhaltspunkten uU erkundigen, vgl SchiedsG Dt Kaffee-Verbd, HK Hbg BD 5 D 1 c Nr 16.

9 **Irrtumsanfechtung wegen Unkenntnis** ist nicht möglich, str; vgl Canaris, Vertrauenshaftung 227, Flume II § 21, 9 c; s auch Rn 32, 39.

10 E. **Verhältnis zu Rechtsnormen:** HdlBräuche gelten nicht gegenüber **zwingendem Recht**, zB nicht soweit durch sie eine verbotene Kartellabrede praktiziert wird, BGH **62**, 82 (IATA-Übung betr Provisionsverzicht von Reisebüros im Zulassungsverfahren). Sie gehen **nachgiebigem Recht** idR vor, BGH LM § 675 BGB Nr 3 (vgl § 384 Rn 14), NJW **66**, 502, BB **73**, 636. HdlBräuche gelten kraft gesetzlicher Verweisung und fallen deshalb selbst **nicht unter (5)** §§ 305 ff BGB, BGH BB **86**, 1395 (Tegernseer Gebräuche, s Rn 15), Ul/Br/He/Ulmer § 305 BGB Rn 181; aber AGB sind nur ausnahmsweise HdlBrauch, zB Tegernseer Gebräuche, aber nicht **(8)** AGB-Banken, **(18)** ADSp. HdlBräuche können aber gegen **§ 242 BGB** verstoßen (s Rn 11), K. Schmidt § 1 III 3 e bb, aA Canaris § 22 Rn 37: Auslegung.

11 F. **Missbrauch:** Ein Missbrauch des Handels (§ 242 BGB, s Rn 10), zB ein gegen Treu und Glauben verstoßender HdlBrauch, ist unbeachtlich, Mü BB **55**, 748 (behaupteter Ausschluss jeder Untersuchungsobliegenheit nach § 377 beim Südfrüchteimport). Das gilt aber nicht schon bei einem mit der Sicherheit des Verkehrs unverträglichen Brauch, aA RG **114**, 14. Eine Inhaltskontrolle entspr **(5)** § 307 BGB findet nicht statt.

2) Herausbildung, Feststellung, Beispiele

12 A. **Herausbildung:** Zur Herausbildung eines HdlBrauchs braucht es einen gewissen **Zeitraum**, die **Zustimmung** der Beteiligten und die **tatsächliche Übung**, RG **110**, 48, BGH NJW **52**, 257. Nach Art des Gegenstands kann die Zahl der festzustellenden Anwendungsfälle sehr verschieden sein, Hbg MDR **63**, 849, BGH NJW **66**, 502 (Schiffsverkäufe). RG **118**, 140 verneinte mit Recht die Bildung eines auf wertbeständige Zahlung gerichteten HdlBrauchs in den unruhigsten Zeiten der Geldentwertung. Einzelne AGBKlauseln können zu HdlBrauch werden, aber nur wenn sie auch ohne besondere Vereinbarung oder Empfehlung freiwillig befolgt würden, BGH BB **80**, 1552. Einseitige Übung von Importeuren ohne Anerkennung durch die ausländischen Lieferer ist kein HdlBrauch, Mü BB **55**, 748 (betr Untersuchungspflichten beim Südfrüchteimport). Ein HdlBrauch erlischt nicht dadurch, dass einschlägige Geschäfte eine Zeit lang wegen besonderer Umstände nicht geschlossen werden, wohl aber wenn diese Geschäfte dann in ganz anderer Weise wieder aufgenommen werden, BGH NJW **52**, 257 betr Filmvermittlung. Nachweis einer Verkehrsauffassung, zB betr Mehrwertsteuer-Erstattungspflicht, ist noch kein Beweis entspr (wirklich geübten) HdlBrauchs.

13 B. **Feststellung:** Wer sich auf einen HdlBrauch beruft, muss sein Bestehen und seinen Inhalt **behaupten** und bei Bestreiten **beweisen**, BGH NJW **55**, 866, DB **62**, 197 (ausländischer Brauch), BB **72**, 1117 (Auslegung typischer Klausel). Dass die meisten Beteiligten eine Frage ausdrücklich regeln, schließt die Annahme eines HdlBrauchs nicht aus, BGH NJW **94**, 659. Den **Kammern für Handelssachen** (§ 114 GVG, s Einl 84 vor § 1) ist ausdrücklich die Feststellung von HdlBräuchen auf Grund eigener Sachkunde und Wissenschaft zugestanden,

1. Abschnitt. Allgemeine Vorschriften 14–16 **§ 346**

dem OLG, auch den Zivilkammern des LG (wenn solche Frage vor sie kommt) ist sie nicht verboten wie allgemein die Feststellung gerichtsbekannter Tatsachen (§ 291 ZPO). Erforderlich ist aber ausreichende Sachkunde des Gerichts im Geschäftszweig, sonst wird Zuziehung von Sachverständigen nötig, BGH NJW **91**, 1292. **Ein Gutachten** der **Industrie- und Handelskammer** ist idR erforderlich und ausreichend; das Gericht hat es auf Schlüssigkeit seiner Begründung zu prüfen; BGH NJW **66**, 502. Zu enge Fragestellung des Gerichts, zu weite Umfrage der Kammer: BGH NJW **77**, 386 (Rücktritt von Zimmerreservierung durch Reisebüro). Die Kammer muss klar sagen, ob und auf Grund welcher Unterlagen sie einen HdlBrauch feststellt oder ob sie nur eine Rechtsansicht äußert (etwa beruhend auf häufig angewandten AGB), BGH MDR **64**, 48. UU bedarf es der Anhörung des Sachbearbeiters der Kammer über die Grundlagen ihres Gutachtens (§ 411 III ZPO), BGH BB **76**, 480. Die IHK und andere Stellen (zB Wirtschaftsverbände) zeichnen HdlBräuche auf und erteilen Auskünfte und Gutachten über ihr Bestehen, vgl ausführlich **Merkblatt** für die Feststellung von „HdlBräuchen" durch IHK, herausgegeben vom DIHT: I Einführung, II Wesen des Handelsbrauchs, III Feststellungsverfahren (ua: idR Befragung kompetenter Unternehmen, nicht Verbände; dazu Hbg MDR **63**, 849), IV Kammergutachten. Lit: Wagner NJW **69**, 1282, Scholl DB **70**, 35 (Demoskopie), Oestmann JZ **03**, 285.

Bestehen, Inhalt, Geltungsbereich eines HdlBrauchs sind Tatfrage, daher in der **14** **Revision** nicht nachprüfbar, BGH MDR **52**, 155, NJW **66**, 502, LM § 346 (F) Nr 1, WM **73**, 363 (anders HdlKlauseln s Rn 39–40 und AGB mit Geltung über einen OLGBezirk hinaus, aA Oestmann JZ **03**, 285 (Normen iSv § 293 ZPO). Anders Begriff des HdlBrauchs (vgl Rn 1–12), Verfahren seiner Feststellung (vgl Rn 13), BGH NJW **77**, 386.

C. **Beispiele** finden sich vor allem bei den nationalen und internationalen **15** HdlKlauseln (Rn 31). Ferner zB betr Leistungszeit § 359 I. Ohne entspr Vereinbarung und ohne Vorbenachrichtigung ist Nachnahmesendung nicht zulässig, IHK Mü BB **50**, 225. Die **Trade Terms** (s (6) Incoterms Einl 1–3) sind zT HdlBrauch, anders die Incoterms (ebenda Einl 4–10). Hotelreservierungsvertrag ist bis 3 Wochen vor Ankunft kostenfrei stornierbar, Ffm WM **86**, 838. Im WeinHdl ist für Lieferung und Zahlung mangels abw Vereinbarung der Wohnsitz des Verkäufers Erfüllungsort, LG Landau NJW **52**, 789. Im BuchHdl ist Vereinbarung des Gerichtsstands durch einseitige Fakturenklausel HdlBrauch, Fbg NJW **52**, 1416. Im HolzHdl gelten die **„Tegernseer Gebräuche"** (Neufassung 1985) als HdlBrauch, BGH BB **86**, 1395, LG Kln BB **88**, 1139, von Renthe gen. Fink BB **82**, 80; sie gelten auch unter NichtKflten als Verkehrssitte, Kblz BB **88**, 1138. Im Schmuckhandel liegt Risiko des zufälligen Verlusts der Ware beim Weiterveräußerer-Kommissionär, Karlsr BB **82**, 704. In der Versicherungsbranche gelten die **ADS** als HdlBrauch, Ul/Br/He/Ulmer § 305 BGB Rn 181, str. HdlBrauch ist, Sonderverpackung bei Versand gesondert zu berechnen, Kln DB **63**, 860. Bedeutung der kfm **Rechnung** (Faktura), ua nach HdlBrauch, s Dauses DB **72**, 2145. HdlBrauch rechtfertigt uU Beeinträchtigung fremden **Eigentums,** BGH **LM** § 1004 BGB Nr 27 (Verwendung fremder Flaschen durch Getränkehersteller). HdlBrauch kann die **Form** von Rechtsgeschäften regeln, s Einl 8 vor § 343. Bei branchentypischen Geschäften auch stillschweigende Schiedsvereinbarung (§ 1027 II aF ZPO) kraft HdlBrauch, BGH NJW **93**, 1798 m Anm Berger DZWir **93**, 465, aber jetzt § 1031 nF ZPO.

3) Kaufmännisches und berufliches Bestätigungsschreiben

A. **Auftragsbestätigung, Bestätigungsschreiben:** Beide sind im kfm Verkehr im Zusammenhang mit Vertragsabschlüssen üblich. Rechtlich sind beide **16**

§ 346 17, 18

streng zu unterscheiden; die Bezeichnung im HdlVerkehr ist unmaßgeblich und oft unrichtig, BGH **112,** 211.

a) Die **Auftragsbestätigung** schließt Vorverhandlungen, die noch nicht zum Vertragsschluss geführt haben, ab. Mit der Auftragsbestätigung nimmt der Kfm ein ihm gemachtes Angebot („Auftrag") an und macht dadurch idR den Vertrag perfekt. Weicht die Auftragsbestätigung vom Angebot ab, gilt dies als Ablehnung und neuer Antrag (§ 150 II BGB s Rn 34). Dieser neue Antrag bedarf der Annahme, **Schweigen** darauf **genügt** grundsätzlich **nicht** (s Rn 31). **Annahme** eines Angebots (des A durch B) mit **Abweichungen** (zB modifizierte **Auftragsbestätigung**) ist Ablehnung mit neuem Angebot (§ 150 II BGB); dieses führt zum Abschluss idR nur durch Annahme A, die B zugeht. Der Zugang darf fehlen in den Fällen § 151 S 1 BGB. Telegraphische Annahme mit Zusatz „Brief folgt" ist iZw noch keine bindende Annahme, Hamm DB **83,** 2619.

17 **b)** Das **Bestätigungsschreiben** hält demgegenüber nach Vorverhandlungen, die (tatsächlich oder zumindest in der Sicht des Bestätigenden) zum Vertragsschluss geführt haben, den bereits (formlos) zustandegekommenen Vertrag gegenüber dem anderen Teil schriftlich fest. Das Bestätigungsschreiben ist also idR bloße Beweisurkunde. Im Interesse des Verkehrsschutzes muss aber weitergehend der Empfänger, der das Bestätigungsschreiben widerspruchslos hinnimmt, dessen Inhalt als richtig gegen sich gelten lassen. **Schweigen** auf das Bestätigungsschreiben gilt also **als Zustimmung** (s Rn 31): Der vorher nicht perfekte Abschluss wird es dadurch, der mit einem anderen Inhalt bekommt den des Schreibens; hL, stRspr, BGH **7,** 187, **11,** 3, **18,** 216, **25,** 149, **40,** 42, **54,** 239; aA Bydlinski FS Flume I 335 (für Österreich). Das beruht nicht auf Schweigen als Willenserklärung (s Rn 32) oder als Folge einer Pflicht- oder Obliegenheitsverletzung, sondern gilt ursprünglich auf Grund HdlBrauchs, BGH **40,** 45, und ist inzwischen Gewohnheitsrecht zum Schutz des Hdl- und Berufsverkehrs, str. Das wirksame Bestätigungsschreiben hat die **Vermutung der Vollständigkeit** für sich; das schließt nicht Nachweis (gleich durch welche Partei) aus, dass die Parteien zusätzliche (dem Bestätigungsschreiben nicht widersprechende) Abreden getroffen haben, BGH **67,** 381, NJW **64,** 589, WM **86,** 168, s Rn 26–28. Bei nachträglicher **Verweisung auf AGB** im Bestätigungsschreiben (selbst, nicht nur Beilage der AGB) können diese Vertragsbestandteil werden; auch wenn sie nicht Gegenstand der Vertragsverhandlungen waren, BGH NJW **78,** 2244, 82, 1751, und nicht beigefügt sind, BGH **7,** 190, **18,** 216, Coester DB **82,** 1551, krit Lindacher WM **81,** 707 für konstitutive Bestätigungsschreiben. Das Erfordernis des Einverständnisses nach **(5)** § 305 II BGB (aber § 310 I 1 gegenüber Unternehmer iSv § 14 BGB) hindert die Einbeziehung nicht; Grenze Rn 27. Auch **(5)** § 305 b BGB hindert Bestätigungsschreiben mit erstmaligem Hinweis auf AGB nicht, aA Batsch NJW **80,** 1731, differenzierend Coester DB **82,** 1551. Lit: zum Bestätigungsschreiben Diederichsen JuS **66,** 129, Walchshöfer BB **75,** 719, Hopt AcP 183 **(83)** 691, von Dücker BB **96,** 3, Thamm/Dezer DB **97,** 213, Deckert JuS **98,** 121, K. Schmidt FS Honsell **02,** 99, Kröll/Hennecke RabelsZ 67 **(03)** 448 (CISG).

18 **B. Persönliche Reichweite:** Diese Regeln über das Bestätigungsschreiben galten ursprünglich als HdlBrauch nur für Kflten, heute gelten sie als zum Gewohnheitsrecht erstarkte Verkehrssitte auch unter anderen Berufstätigen.

a) Der **Empfänger** des Bestätigungsschreibens kann auch ein NichtKfm sein, der ähnlich einem Kfm am Geschäftsleben teilnimmt und von dem erwartet werden kann, dass er nach kfm Sitte verfährt, also dem Bestätigungsschreiben wenn nötig widerspricht; zB Grundstücksmakler, BGH **40,** 43; Architekt, BGH WM **73,** 1376; Rechtsanwalt, Bambg BB **73,** 1372; Insolvenzverwalter, BGH NJW **87,** 1940; GmbHGeschäftsführer bei persönlicher Bürgschaft für GesSchuld, Hbg ZIP **04,** 1211 LS; nicht Legationsrat, BGH WM **81,** 335. Das bedeutet eine Teilnahme am Geschäfts- oder Berufsverkehr in größerem, aber nicht unbedingt (voll)kfm Umfang: minderkfm Umfang (§ 4 aF) kann aber im Einzelfall nicht ausreichen, vgl BGH **11**, 3 (nicht eingetragener Schrotthändler), BB **67**, 186 (Sägerei), anderseits Ffm MDR **66**, 512 (kleiner Färber); öffentliche Unternehmen s BGH NJW **64**, 1223. Weiter muss das bestätigte Geschäft zu den kaufmännischen bzw Berufsgeschäften des Bestätigungsempfängers gehören (§ 344 I gilt nicht entspr); Erwerb von GrundstücksGesAnteilen durch Gastwirt genügt nicht, Stgt 29. 12. **82** 4 U 138/82. Wenn es dazu gehört, kann es aber auch ein für den Empfänger unübliches Geschäft sein, BGH WM **69**, 993, **75**, 325. Bloße Vertretung durch einen Rechtsanwalt genügt nicht, BGH Hamm NJW **75**, 1358, **74**, 462, vielmehr kommt es auf die Parteien an, vgl BGH BB **76**, 664. Zur Ausdehnung auf den nichtkfm Berufsverkehr s Hopt AcP 183 (**83**) 691, Deckert JuS **98**, 121.

b) Der **Absender** des Bestätigungsschreibens kann dagegen Verbraucher sein **19** (vgl § 362); nach aA gilt dasselbe wie für den Empfänger (s Rn 18). Vgl BGH **40**, 44, WM **62**, 301 (Vorstandsmitglied gegenüber seiner AG), WM **73**, 1376.

C. **Sachliche Voraussetzungen: a) Vorverhandlungen:** Dem Schreiben **20** muss eine hinreichend konkretisierte ernsthafte Verhandlung (in der Sicht des Bestätigenden ein Abschluss) vorausgegangen sein, wofür der Bestätigende beweispflichtig ist, BGH DB **70**, 1777, NJW **74**, 991, **75**, 1358, **90**, 386, Düss DB **82**, 592. Voraussetzung ist eine mündliche, telefonische, telegraphische ua, aber nicht briefliche Vorverhandlung (so dass der Vertragsinhalt im Bestätigungsschreiben erstmals schriftlich niedergelegt erscheint). Der Grundsatz ist aber uU auch anwendbar, wenn ein Teil schon schrieb, jedenfalls wenn jetzt der andere (der vorher nur telefonierte) brieflich bestätigt, BGH **54**, 240, krit Lieb JZ **71**, 335. S auch BGH DB **70**, 1777. Er gilt **nicht** bei Schriftformklausel iSv § 127 BGB (s Einl 9 vor § 343), oder wenn Empfänger der Bestätigung den Vertragsschluss von seiner schriftlichen Annahme abhängig gemacht hat, BGH NJW **70**, 2104; auch wenn der Bestätigende zugleich erklärt, er nehme an, der andere habe diesen Vorbehalt fallen lassen, offen BGH **70**, 1324. Mit Klausel „Verkäufers Kontrakt folgt" in der Schlussnote behält sich der Verkäufer eigene Bestätigung vor, SchiedsG Waren-Verein Hbg Börse, Hbg VI D 1 b Nr 42.

b) Unmittelbar nachfolgendes Bestätigungsschreiben: Das Schreiben **21** braucht die Verhandlungen nicht ausdrücklich zu erwähnen, BGH **54**, 239, aber es muss der Verhandlung **zeitlich** unmittelbar folgen, es kommt für die Frist auf den Fall an (Verstreichen weniger Tage muss nicht schaden), BGH WM **75**, 325. Nicht entscheidend ist die Bezeichnung des Schreibens (zB „Auftragsbestätigung", vgl Rn 16), BGH **54**, 241, BB **71**, 1479, NJW **74**, 992, WM **79**, 19 (laut späterem Schreiben: „Vorabbestellung"), NJW **87**, 1941 (auch ohne das Wort „Bestätigung"). Das Schreiben muss aber **erkennbar** bestimmt sein, einen erfolgten Abschluss und seinen Inhalt verbindlich festzulegen, BGH BB **61**, 271, **63**, 918, **67**, 978; das ist uU der Fall auch bei weitgehender Bezugnahme auf ein Schreiben des Empfängers, BGH **54**, 241, oder Verwendung von Kurzformeln, deren genaue Bedeutung durch zumutbare Rückfrage aufklärbar, BGH BB **71**, 1479; nicht genügt bloße Bezugnahme auf die Verhandlung ohne Äußerung des Festlegungswillens. Hat der Bestätigende um **Gegenbestätigung** gebeten, so ist uU ohne diese die Bestätigung unwirksam, das Schweigen des Partners nicht Zustimmung, maßgebend ist der Parteiwille im Einzelfall, BGH NJW **64**, 1270, WM **07**, 305; ebenso wenn Zusatzabrede nicht bestätigt, sondern vorgeschlagen wird, BGH NJW **72**, 820.

Bei sich **kreuzenden**, inhaltlich verschiedenen Bestätigungsschreiben, tritt die **22** Rechtswirkung nicht ein, Widerspruch ist nicht erforderlich, BGH BB **61**, 954; anders wenn die Abweichung nur eine ohnehin zu erwartende Vertragsergänzung betrifft, BGH NJW **66**, 1070. Für sich kreuzende Bestätigungsschreiben mit

§ 346 23–27   IV. Buch. Handelsgeschäfte

Bezugnahme auf **unterschiedliche AGB** gelten die allgemeinen Regeln für sich widersprechende AGB unter **(5)** § 305 II BGB, Ul/Br/He/Ulmer § 305 BGB Rn 183, aA wohl BGH NJW **82,** 1751. Bei sich widersprechenden AGB ist maßgeblich idR nicht die zeitlich letzte Verweisung (§ 150 II BGB) und die Vertragsdurchführung durch die andere Partei als stillschweigende Annahme (Theorie des letzten Worts), vielmehr werden die AGB beider nur, soweit sie miteinander vereinbar sind, Vertragsbestandteil. Trotz des im Übrigen vorliegenden Dissenses (§§ 154, 155 BGB) ist iZw anzunehmen, dass beide Parteien auch ohne diese AGBTeile am Vertrag festhalten wollen (Widerlegung des § 154 I 1 BGB), statt der sich widersprechenden AGB gilt dann nach **(5)** § 306 II BGB Gesetzesrecht, hL, BGH **61,** 288, NJW **85,** 1839. Auch eine in das Bestätigungsschreiben aufgenommene Klausel kann AGB sein, aA Hbg RIW **81,** 262.

23 Das Schreiben muss **zugehen** (§ 130 BGB), BGH **20,** 149 (auch bei Unterschlagung durch Empfangsvertreter, **70,** 232 (Beweislast beim Absender); ggf jemandem mit (passiver) Vertretungsmacht (vgl ua § 164 III BGB, § 125 II 3 HGB, § 35 II 2 GmbHG, § 78 II 2 AktG), dazu RG JW **27,** 1675.

24 Nicht wesentlich ist, ob für Empfänger ein **Vertreter** verhandelte; auch wenn dieser, dem Bestätigenden unbekannt (Hbg MDR **64,** 502), ohne Vollmacht war (vorausgesetzt das Schreiben nimmt wirksamen Abschluss an, ist nicht Aufforderung zur Genehmigung iSv § 177 II BGB); BGH **7,** 187, **20,** 149, NJW **64,** 1951, **75,** 1358, **90,** 386, **07,** 987; auch wenn ein Unbefugter unter dem Namen des Empfängers auftrat, Celle MDR **67,** 1016 (Sohn des Inhabers).

25 **c) Schweigen des Empfängers:** Zur Entkräftung des Schreibens muss **rechtzeitiger Widerspruch,** dh ohne schuldhaftes Zögern (unverzüglich, § 121 I 1 BGB, aber Risiko des Kfm zB bei Organisationsmängeln), erfolgen; BGH **11,** 3, **18,** 216, NJW **62,** 104, 246. Nach Kln BB **71,** 286 entspr § 147 BGB bis zum Zeitpunkt, in dem eine Antwort unter regelmäßigen Umständen zu erwarten. Widerspruch mehr als eine Woche nach Empfang der Bestätigung wohl meist zu spät, BGH NJW **62,** 246, BB **66,** 425, **69,** 933; bei einfachem Abschluss im Warengroßhandel uU nach drei Tagen zu spät, RG **105,** 390, BGH NJW **62,** 246; keine Erleichterung für Insolvenzverwalter, BGH NJW **87,** 1940. Einzelfall beachtlich (weitgehend Tatrichterermessen), zB dass Widersprechender noch nie gleiche Ware kaufte, daher Zeit brauchte zur Erlangung verlässlicher Marktauskunft, BGH NJW **62,** 246. Widerspruch ist idR der Gegenpartei zu erklären, nicht dem Makler (§ 94 Rn 3), im Einzelfall kann aber auch Erklärung gegenüber dem Makler (der die falsch bestätigte Verhandlung mitführte) kann genügen, BGH BB **67,** 186, WM **83,** 684 (§ 94 Rn 3). Der Beweis des Zugangs des Schreibens, erforderlichenfalls auch des Zeitpunkts des Zugangs, obliegt dem Bestätigenden, BGH **70,** 232, der des rechtzeitigen Widerspruchs dem Empfänger, RG **114,** 282, BGH NJW **62,** 104. Bindung an ein im Widerspruch liegendes neues Angebot s Ffm BB **82,** 1510. In dem Widerspruchsschreiben kann uU **gegenläufiges Bestätigungsschreiben** liegen, auf das dann die Gegenpartei ihrerseits reagieren muss, weil sonst ihr Schweigen als Zustimmung gilt (s Rn 17), Hbg BB **55,** 847.

26 D. **Schutzgrenzen, Anfechtbarkeit: a)** Bei **bewusst unrichtiger** oder entstellender „**Bestätigung**" bleibt das Schweigen ohne Rechtswirkung, BGH BB **55,** 941, **67,** 978, MDR **67,** 918, DB **69,** 125, **70,** 1778;

27 **b)** ebenso, praktisch wichtiger, wenn die Bestätigung sich (auch ohne Unredlichkeit oder Kenntnis) vom wirklichen Verhandlungsergebnis **so weit entfernt, dass der Bestätigende verständigerweise nicht mit dem Einverständnis des anderen rechnen kann,** BGH **7,** 190, **11,** 4, **40,** 44, **54,** 242, **61,** 286, **93,** 343, **101,** 365, BB **71,** 1480, WM **73,** 1376, NJW **74,** 992, **82,** 1751, WM **84,** 641, NJW **87,** 1942, **94,** 1288: oder wenn sie eine neue Bedingung einführt, mit der Empfänger nicht zu rechnen braucht, BGH **54,** 242, NJW **66,** 1070 oder die

1. Abschnitt. Allgemeine Vorschriften 28–30 § 346

nach dem Geschäftsgegenstand unzumutbar ist, BGH BB **68**, 398; oder wenn die Bestätigung mit Zusatzforderungen verbunden ist, BGH BB **72**, 418 (zur Frage der Einigung über diese durch Nichtablehnung s Rn 34). Für solchen (Ausnahme-)Tatbestand ist Empfänger beweispflichtig, BGH NJW **74**, 991. Verhandelte für den Bestätigenden ein Vertreter, kommt es idR auf dessen Verhalten an, gleich ob er selbst oder der Vertretene bestätigte (vgl § 166 I BGB); anders, wenn dieser (vom Vertreter falsch unterrichtet) gutgläubig und andererseits Empfänger bei der Verhandlung den Schein der Einigung wie bestätigt schuf (zB durch Zeichnung eines so verstehbaren Schriftstücks), BGH **11**, 4, **40**, 48. Das Bestätigungsschreiben wirkt (ohne Widerspruch) auch, soweit es **zusätzliche Bedingungen** einführt, sofern solche zumutbar sind und von der Art, dass Empfänger mit ihnen rechnen muss, Bspe: Einführung üblicher Verbandlieferbedingungen (mit Haftungsausschlussklausel), BGH **54**, 242, einer im Geschäftszweig gebräuchlichen Schiedsvereinbarung, BGH DB **70**, 1777 („Garnschlussbriefe" aus Wien), Hbg RIW **81**, 263 (Selbstlieferungsvorbehalt). Bei **Verweisung auf AGB** gilt das auch für im Geschäftszweig gebräuchliche AGB (s Rn 17); anders wegen **(5)** § 305 II BGB bei AGB mit erheblichen Abweichungen vom dispositiven Recht, sowie nach **(5)** § 305 c I BGB bei einzelnen überraschenden AGB; Ul/Br/He/Ulmer § 305 c BGB Rn 56.

c) Zur Frage der **Anfechtung** durch Empfänger, der sich verschwieg, 28 s Rn 33. Auf die Wirkung des Bestätigungsschreibens können sich beide Parteien berufen, also kein Wahlrecht.

E. **Internationaler Verkehr:** Ob Schweigen rechtsgeschäftliche Wirkung 29 hat, bestimmt sich nicht nach dem Vertragsstatut, sondern kraft Sonderanknüpfung nach dem gewöhnlichem Aufenthaltsort des Schweigenden (Art 31 II EGBGB), BGH **135**, 137, Hbg NJW **80**, 1232, Ffm WM **83**, 129, Kln NJW **88**, 2182, Karls RIW **94**, 1047, Kln NJW-RR **97**, 182, str, aA nach einzelfallorientierter Kumulierung der Rechtsordnungen zugunsten des Schweigenden. Das gilt nicht bei Verkehrsgeschäften im Lande des Gegners des Schweigenden, dann gilt Vertragsstatut, Grund: dann kann der Schweigende nicht damit rechnen, dass sein Verhalten nach seinem Heimatrecht beurteilt wird. So kann es auch bei entsprechender bisheriger Geschäftspraxis zwischen den Parteien liegen. Auch nach internationalem HdlBrauch gilt Schweigen auf das kfm Bestätigungsschreiben als Zustimmung, Kln NJW **88**, 2182, SchiedsG Dt Kaffee-Verbd, HK Hbg Bd 6 C 4 Nr 19. Das Bestätigungsschreiben muss in der Verhandlungssprache bei Kaufabschluss abgefasst sein, sonst hat es nicht die Wirkung nach Rn 16–17; Hbg NJW **80**, 1232, Ffm DB **81**, 1612 m Anm Reinhart IPRax **82**, 226; für das Sprachrisiko gilt also grundsätzlich das Vertragsstatut, vgl Stgt RIW **89**, 56, Reithmann/Martiny/Martiny 220, nach aA Sonderanknüpfung wie für das Schweigen, vgl für AGB **(5)** § 305 II BGB, **(8)** AGB-Banken Nr 1 Rn 5, **(18)** ADSp Einl 2 vor § 1. Das Bestätigungsschreiben wirkt im Anwendungsbereich des UN-Kaufrechts (CISG) nur, soweit ein entsprechender HdlBrauch feststellbar ist (Überbl 49 vor § 373). Lit: Reithmann/Martiny/Martiny 218; Ul/Bra/He/ H. Schmidt Anh § 305 BGB Rn 18; Ebenroth ZVglRWiss **78**, 161, Sandrock RIW **86**, 849, Schwenzer IPRax **88**, 86, Esser ZfRVgl **88**, 167.

4) Schweigen im Handels- und Berufsverkehr

A. **Schweigen im Rechtsverkehr: Im bürgerlichen Recht** ist Schweigen 30 idR überhaupt keine Willenserklärung, also **weder Annahme noch Ablehnung,** Flume II § 5, 2 b. Schweigen ist aber ein Element der Auslegung nach §§ 133, 157 BGB und kann ausnahmsweise auch eine Willenserklärung darstellen, Staub/Canaris Anh § 362 Rn 3. Auch besteht uU eine Widerspruchspflicht nach § 242 BGB, deren Verletzung allerdings nicht zur Erfüllung, sondern nur zum Schadensersatz verpflichtet. Auch besteht in bestimmten Fällen eine

§ 346 31–34 IV. Buch. Handelsgeschäfte

Anzeigepflicht bei Nichtannahme, ihre Verletzung verpflichtet ebenfalls nur zum Ersatz des negativen Interesses (§ 663 BGB).

31 Im **Handelsrecht** und im Berufsverkehr gelten strengere Anforderungen. Schweigen des Kfm auf Geschäftsbesorgungsantrag gilt nach § 362 als Annahme (s dort). § 362 ist enthälft einen allgemeinen Rechtsgedanken für das Schweigen im HdlVerkehr, Staub/Canaris Anh § 362 Rn 21: verallgemeinerungsfähig.

32 In vielen anderen Fällen ist Schweigen nach **Handelsbrauch** bedeutsam. Qui tacet consentire videtur (wer schweigt gilt für zustimmend) gilt im HdlVerkehr, der mehr Zusammenspiel fordert, öfter als in anderem Rechtsverkehr, aber auch im HdlVerkehr doch nur ganz ausnahmsweise, BGH **61,** 285, NJW **81,** 44. Schweigen soll nach der Rspr uU als **Zustimmung** gelten, wo nach der Lage des Einzelfalls entspr der Übung ordentlicher Kflte bei Ablehnung ausdrücklicher Widerspruch zu erwarten ist, BGH **1,** 355 (nach Staub/Canaris Anh § 362 Rn 16: Leitentscheidung), **7,** 189, **11,** 3, **18,** 216, NJW **95,** 1281, Düss DB **82,** 592, enger Flume AcP 161 **(62)** 52, dagegen Fischer ZHR 125 **(63)** 209; diese Formel ist aber gefährlich weit, nötig ist vorsichtige Fallgruppenbildung. Die ständige Geschäftsverbindung (Einl 3 vor § 343) verlangt zB eher eine klärende Äußerung als die einmalige, OGH **3,** 237, BGH **1,** 355. Akte des einen Teils, die gerade der Klarstellung der Rechtslage dienen, verlangen in besonderem Maße die prompte Stellungnahme, Düss DB **82,** 593, zB **kaufmännisches Bestätigungsschreiben** (s Rn 25), **Schlussnoten des Handelsmaklers** (§ 94 Rn 2), feststellende Mitteilungen, Abrechnungen (dazu Rn 37). Unbeachtlich sind Mitteilungen in **unüblicher Form,** zB mündlich durch Familienmitglieder oder Hauspersonal, auf Drucksachen, Geschäftsbriefen usw durch kleine, leicht übersehbare Vermerke (oder am Rand, auf der Ecke, auf der Rückseite), auf Katalogen usw über Fragen, die nicht hineingehören (unten Rn 36). Lit: Sonnenberger 1970, Staub/Canaris Anh § 362; Canaris FS Wilburg **75,** 77.

33 B. **Zurechnung, Anfechtbarkeit:** Will in solchem Fall der Schweigende Zustimmung ausdrücken, ist es echte Willenserklärung; will er es nicht, wird ihm **ohne Willenserklärung** der objektive Erklärungswert seines Verhaltens nach § 242 BGB **zugerechnet.** Zur Anfechtung gelten dieselben Grundsätze wie zu § 362 (dort Rn 6). Daher **keine Anfechtung** wegen Irrtums über die Bedeutung des Schweigens, zB darüber, dass das widerspruchslos hingenommene Bestätigungsschreiben (Rn 16–29) für den Vertragsinhalt maßgebend wird, BGH **11,** 5, **20,** 154, NJW **69,** 1711, auch nicht wegen irriger Annahme der Übereinstimmung solchen Schreibens mit der Verhandlung, BGH NJW **72,** 45; das gilt selbst bei Unkenntnis des Zugangs des Bestätigungsschreibens (s Rn 23), Verschulden ist nicht unerlässlich, aA Flume II § 36, 7, der Kfm trägt sein unternehmerisches Organisationsrisiko (§ 362 Rn 5). Dagegen ist Anfechtung möglich analog § 119 BGB bei Irrtum in der (vorausgegangenen) Verhandlung oder über den Inhalt der Bestätigung, str, dahingestellt von BGH NJW **69,** 1711, **72,** 45. Das Schweigen muss schlüssig sein, in eine Erklärung bestimmten Inhalts übersetzt werden können, RG **97,** 195 (GegenBsp: Schweigen auf eine Frage). Prinzipielle Zweifel: Bickel NJW **72,** 607. Lit: Mues 2004 (Irrtumsanfechtung im Hdlverkehr).

34 C. **Schweigen auf Auftragsbestätigung** (s Rn 16) ist idR **nicht** Annahme; die Situation ist anders als beim kfm Bestätigungsschreiben (s Rn 17), das einen schon erfolgten Abschluss festhalten soll, BGH NJW **88,** 2106, **95,** 1672. **Ausnahmen** gelten (abgesehen vom einfachen Eigentumsvorbehalt, da Eigentumsübergang einseitig ausgeschlossen werden kann, BGH **104,** 137) bei ganz besonderen Umständen, zB wenn Auftragsbestätigung zugleich Einzelheiten aus mündlicher Vorverhandlung festhält (insofern ähnlich kfm Bestätigung), BGH **18,** 216, **61,** 285, BB **73,** 2135, **74,** 1136, DB **77,** 1311, WM **86,** 527 (Schwesterfirmen mit ähnlicher Firma im selben Markt), NJW **95,** 1672, NJW-RR **00,** 1155.

1. Abschnitt. Allgemeine Vorschriften 35–37 **§ 346**

Abweichung muss in Annahmeerklärung des B klar zum Ausdruck kommen, sonst kommt Vertrag mit Inhalt des Angebots des A zustande, BGH WM **83,** 313. Annahme ist uU widerspruchslose Entgegennahme gekaufter Ware, besonders wenn der Verkäufer deutlich machte, er liefere nicht anders als zu seinen Bedingungen, BGH **61,** 287, DB **77,** 1311; beiderseitige Bezugnahme auf widersprechende AGB s **(5)** § 305 II BGB und oben Rn 22. Wer auf Preisliste, Katalog und dergl bestellt, genehmigt deren Inhalt, soweit er in eine Preisliste, einen Katalog usw hineingehört; zB Angaben über Preis, Beschaffenheit der Ware, Versendungsart, Zahlungsweise (zB Nachnahme); nicht aber die dort abgedruckten AGB des Anbieters, s **(5)** § 305 II BGB.

D. **Schweigen auf Rechnung (Faktura)** ohne Vertragsgrundlage ist iZw 35 **nicht Annahme** eines darin enthaltenen Vertragsangebots, BGH BB **59,** 827, Kln NJW-RR **97,** 182. Schweigen auf außerhalb des Rechnungszwecks liegende **Vermerke** in der Rechnung ist idR nicht Zustimmung zur Vertragsänderung, BGH BB **59,** 827, NJW **97,** 1578. **Ausnahmen** zB wenn die Rechnung Teil eines Bestätigungsschreibens ist (s Rn 16–29); wenn bei dauernder Geschäftsverbindung frühere Abreden wiederholt sind, Kln NJW-RR **97,** 182; bei handelsüblichen Vermerken, etwa über die Verpackung; wenn die Rechnung dem Besteller Vergünstigungen, etwa Preisnachlass, gewährt, weil da die Zustimmung des Empfängers ohne weiteres anzunehmen ist, RG **95,** 120. Durch widerspruchslose Entgegennahme und Bezahlung einer Vielzahl von Rechnungen während längerer Zeit (hier zwei Jahre) verliert Empfänger das Recht zur Beanstandung der Rechnungen; auch bei Zahlung mit Vorbehalt der Rechnungsprüfung, wenn er nicht in angemessener (kürzerer) Zeit prüft und reklamiert, Düss DB **73,** 1064.

E. **Schweigen auf Vertragsangebot** ist idR auch im kfm Verkehr **nicht** 36 **Zustimmung,** auch nicht unter Anwesenden. **Ausnahmen,** wenn Treu und Glauben oder die Verkehrssitte Widerspruch verlangen; zB bei alter Geschäftsverbindung, RG **84,** 325, vor allem, wenn schon früher Verträge durch Schweigen zustandegekommen sind; nach Vorverhandlungen bei abschlussreifem, inhaltlich festgelegtem Vertrag, BGH BB **55,** 1068; wenn A anträgt, nun B verspätet annimmt (§ 150 I BGB), A schweigt und kein besonderer Anlass für ihn zu neuer anderer Entschließung, BGH NJW **51,** 313; wenn A Ware „freibleibend" (ohne Bindung an sein Angebot) anbietet und auf eine dem Angebot genau entspr Bestellung des B schweigt, RG **102,** 229; wenn es um die Auflösung oder Änderung eines zwischen den Parteien bestehenden Vertrags geht und der Anbietende für den Gegner erkennbar ein Interesse an baldiger Antwort hat, BGH **1,** 355; wenn es um die Abwicklung eines bestehenden Schuldverhältnisses geht, eine vernünftige Abwicklung vorgeschlagen wird und der Auftragsempfänger auf Frage, ob er widerspreche, weiter schweigt, BGH BB **62,** 1056; idR nicht gegenüber dem Angebot einer dem Empfänger des Angebots nachteiligen Änderung eines bestehenden Vertrags, BGH **LM** § 346 (D) Nr 7, 7 b. IdR hat, auch unter Kaufleuten (bei Lieferung an Verbraucher gilt § 241 a BGB), nicht angenommen, wer **unbestellt** zugesandte **Ware** nicht zurücksendet oder ablehnt (zur Mehrlieferung s § 377 Rn 19). Auch Einlösung einer unbestellten Nachnahmesendung ist noch nicht Annahme, IHK Mü BB **50,** 225. Anders zB, wo im laufenden Geschäftsverkehr zugesandt, wenn unbestellte Ware bereits früher abgenommen, uU auch wo unbestellte der bestellten Ware beigefügt, RG LZ **19,** 966, wenn durch wiederholte Sendung der Irrtum des anderen Teils klar wurde, BGH **LM** § 157 BGB (Gb) Nr 4.

F. **Schweigen auf Rechnungsabschluss** ist **nicht Anerkennung;** gleich ob 37 im Kontokorrent, auch nicht stillschweigend, anders nur unter besonderen Umständen, BGH WM **73,** 1014 (iErg nein).

§ 346 38–40
IV. Buch. Handelsgeschäfte

38 G. **Internationaler Verkehr:** Die Grundsätze für das Bestätigungsschreiben gelten auch für das Schweigen nach § 362 (s dort Rn 8) und allgemeiner im Hdl- und Berufsverkehr, also Sonderanknüpfung nach dem Ort des gewöhnlichen Aufenthalts des Schweigenden (Art 31 II EGBGB, s Rn 29); BGH **57,** 77, **135,** 137, NJW **76,** 2075, Hbg NJW **80,** 1232, Ffm WM **83,** 129, Kln NJW **88,** 2182, Mü IPRax **91,** 49, Karls RIW **94,** 1047. Das gilt auch hier nicht bei Verkehrsgeschäften im Lande des Gegners der Schweigenden oder wenn der Schweigende, etwa angesichts einer bisherigen Geschäftspraxis mit dem Erklärenden, nicht darauf vertrauen kann, dass sein Verhalten nach seinem Heimatrecht beurteilt wird (s Rn 29). Die Wirkung im Anwendungsbereich des UN-Kaufrechts (CISG) ist eingeschränkt (Überbl 49 vor § 373). Lit: Reithmann/Martiny/Martiny 214; Ul/Bra/He/H. Schmidt Anh § 305 BGB Rn 18; von Hoffmann RabelsZ 36 **(72)** 510, Schwenzer IPRax **88,** 86.

5) Handelsklauseln

39 A. **Handelsbedingungen und Handelsklauseln:** Der Handelsverkehr läuft vielfach nach standardisierten Bedingungen und Klauseln ab. Manchmal sind das ganze Klauselwerke, zB allgemeine Verkaufs-, Lieferungs-, Einkaufs- oder Beschaffungsbedingungen. Manchmal werden auch nur einzelne Handelsklauseln vereinbart. Klauselwerke und die einzelnen Handelsklauseln sind AGB, die den Anforderungen und der Inhaltskontrolle nach **(5)** §§ 305–310 BGB unterliegen. **Muster:** Hopt/Graf v Westphalen 3. Aufl 2007 Form I.J.1 (Allgemeine Verkaufsbedingungen), Form I.J.2 (Allgemeine Bedingungen für Lieferung von Maschinen für Inlandsgeschäfte, VDMA), nF 2. 4. 02 BAnz Nr 70 13. 4. 02 S 7944, Form I.J.3 (Allgemeine Einkaufsbedingungen), Form I.J.4 (Patentlizenzvertrag), Form I.J.5 (Allgemeine Beschaffungsbedingungen für Industrie-Anlagen und Anlagenteile), Form I.J.6 (Vertrag über Planung und Errichtung einer Industrieanlage), Form I.J.7 (Qualitätssicherungsvereinbarung).

Der lange Sprüche scheuende HdlVerkehr verwendet gern **Abkürzungen.** Bsp hier und vor allem auch bei **(6) Incoterms** und beim **internationalen Abladegeschäft** (Überbl 50 vor § 373). **Auslegung** iZw nach HdlBrauch; uU verschieden nach Ort, Branche, Beteiligten; aber grundsätzlich keine ergänzende Auslegung; revisibel (unbeschadet der Pflicht zur Beweisaufnahme über einschlägigen HdlBrauch, vgl Rn 13–14); BGH **14,** 61, WM **56,** 230, **66,** 219, **73,** 363, BB **70,** 984, **72,** 1117. Wo ein (ohne Unterwerfung im Einzelfall wirkender) HdlBrauch fehlt, können AGB (s **(5)** § 305 II BGB) die Bedeutung solcher Klauseln klären, Bsp: **(6)** Incoterms. Doch sind ua **(5)** § 307 BGB und (außer gegenüber Unternehmern, **(5)** § 310 I 1 iVm § 14 BGB) die Klauselverbote der **(5)** §§ 308, 309 BGB zu beachten (s dort). Irrtum des Erklärenden über die Bedeutung der Formel kann Anfechtung begründen (§ 119 I BGB), so auch bei Irrtum beider Teile, BGH BB **61,** 844 (nicht Nichtigkeit), Stgt BB **66,** 675 (vgl „Netto ab Werk"), anders aber bei verkehrsüblichen (durch HdlBrauch typisierten) Klauseln, RG **42,** 146 (cif), Hbg AWD **66,** 120 (Hbg frdsch Arbitr), s Rn 10, 32. Dazu Liesecke WM Sonderbeil 3/**78,** 6. **Schiedsgerichtspraxis** s St/Ul, St/Ul/Ti, HK Hbg.

40 B. **Liste einzelner Handelsklauseln: Abholklausel:** s Ab Werk.

Ab Kai: s Geliefert ab Kai.

Ab Lager: Die Kosten der Verpackung trägt beim Versendungskauf der Käufer, Abweichungen nach Vereinbarung, Incoterms und HdlBrauch (näher § 380 Rn 6).

Ab Schiff: s Geliefert ab Schiff.

Ab Station: LG Oldbg RIW **76,** 454: Pflicht zur Übernahme und Prüfung der Ware am angegebenen Stationsort. S dazu auch **(17)** CMR Art 8 Abs 1 b.

1. Abschnitt. Allgemeine Vorschriften 40 § 346

Ab Werk (benannter Ort): EXW; s **(6)** Incoterms Nr 1. Typische Abholklausel. "Netto ab Werk": Berechnung der Frachtkosten von dem den Artikel herstellenden Werk des Verkäufers, auch wenn Käufer an ein anderes (näheres) Werk dachte, andererseits auch wenn Verkäufer im Einzelfall bei einem Dritten (noch ferner) herstellen ließ und dessen Werk meinte, Stgt BB **66,** 675. "Ab Werk" (oder "Anlieferung unfrei") belässt Versendungskosten beim Käufer (vgl § 448 I BGB), gibt diesem kein Recht auf Selbstabholung, Kln MDR **73,** 590.

Akkreditiv: Käufer muss durch Akkreditiv zahlen. Dazu **(7)** Bankgeschäfte Rn K/1, **(11)** ERA 600 zum Dokumentenakkreditiv.

Ankunftsklausel: Alle D-Klauseln der **(6)** Incoterms (DAF, DES, DEQ, DDU, DDP; s dort) sind Ankunftsklauseln (Fern- oder Ankunftsvertrag). Auch Klausel "(glückliche) Ankunft vorbehalten".

Arbitrage: "Hamburger (freundschaftliche) Arbitrage" mit oder ohne "und Schiedsgericht" verweist auf § 20 der Platzusance für den hamburgischen Warenhandel und ist nicht nur Schiedsgutachterklausel oder auf Qualitätsfragen beschränkte Schiedsvereinbarung (vgl Einl 88–95 vor § 1), sondern Schiedsvereinbarung für alle Streitigkeiten, OGH **4,** 249, auch ohne die in diesem Falle noch zugefügten Worte "und Schiedsgericht", BGH BB **60,** 679, ermächtigt das Schiedsgericht auch zur Entscheidung über seine eigene Zuständigkeit und ist unabhängig von der Gültigkeit des Vertrags im Übrigen, BGH BB **52,** 529. Die "Qualitätsarbitrage" wird idR als Schiedsgutachten (von Arbitratoren) abgesondert (nicht nur bei "HdlKammer-Arbitrage" nach § 20 VII aaO), bei dessen Nichtbefolgung folgt Schiedsgerichtsverfahren (durch Arbiter). Benennung der Schiedsgutachter und Schiedsrichter nach § 20 II aaO, idR im Einklang mit § 1035 ZPO, nicht wenn auf Schiedsgutachter zur "Qualitätsarbitrage" bezüglich, BGH BB **60,** 679. Wirksam ist auch die Zuweisung der Entscheidung über Schiedsrichterablehnung (§ 1037 ZPO) an die HdlKammer Hbg, § 20 III 3 aaO, Hbg MDR **50,** 560. Übersicht der in Hbg und Brem gebräuchlichen Klauseln und der ihnen entspr Verfahren, BB **51,** 709. "Berliner Arbitrage" s KG JW **24,** 1182.

arrival: s Ankunftsklausel.

Baisseklausel: Käufer darf zurücktreten, wenn er von anderer Seite billiger beziehen kann (mindestens bei Dauervertrag); muss darlegen, dass fremdes Angebot ernst und Erfüllung versprechend, Hbg HRR **32,** 2284.

Baldmöglichst: s "so schnell wie möglich".

Bar: s "Zahlung".

Besichtigung ("wie besichtigt", "wie besehen" usw): Ausschluss der Haftung (§§ 437 ff BGB) wegen Mängeln, die bei (idR gemeinsamer) Besichtigung erkannt wurden (so schon § 442 I 1 BGB) oder ohne leichte Fahrlässigkeit (§ 442 I 2 BGB: ohne grobe Fahrlässigkeit) erkennbar waren, nicht wegen arglistig verschwiegener oder solcher Mängel, deren Fehlen garantiert war (vgl §§ 276 I 1, 442 I 2, 444 BGB, zu diesen § 349 Rn 15); dabei trägt iZw der Verkäufer die Beweislast für die Kenntnis oder fahrlässige Unkenntnis des Käufers, Ffm DB **80,** 779. Trotz der eine Besichtigung vor Zahlung ausschließenden Akkreditivabrede darf Käufer vor Zahlung besichtigen, wenn das Vorleistungsverlangen missbräuchlich ist, so uU eine zweite Teillieferung nach Mangelhaftigkeit der Ersten, BGH AWD **63,** 213 mit Hinweis auf § 13 III Bedingungen des Waren-Vereins Hbger Börse (bei besonderen Umständen, die das Zahlungsverlangen arglistig erscheinen lassen).

Besserung (Stundung "auf Besserung", "Besserungsschein", meist noch näher formuliert) verpflichtet Schuldner zur Zahlung, wenn und soweit er ohne

§ 346   40

Gefährdung seiner wirtschaftlichen Existenz zahlen kann, RG **94,** 290; Gläubiger hat das zu beweisen, nach Verstreichen einer Zeit, in der Besserung zu erwarten war, Schuldner das Gegenteil. Die eingetretene Fälligkeit entfällt nicht, wenn die Lage des Schuldners sich wieder verschlechtert, Hbg HRR **32,** 2. Betriebseinstellung des Schuldners lässt Stundung „auf Besserung" erlöschen, Mü SeuffA 68 Nr 96.

c. a. d.: cash against documents; s Kasse gegen Dokumente.

Cash against documents: s Kasse gegen Dokumente.

C & F: s CFR.

CFR: Kosten und Fracht (benannter Bestimmungshafen); s **(6)** Incoterms Nr 5.

CIF: Kosten, Versicherung, Fracht (benannter Bestimmungshafen); s **(6)** Incoterms Nr 6. Beim cif-Abladegeschäft (Überbl 50 vor § 373) hat Verkäufer nicht die Ware selbst, sondern kontraktmäßige Dokumente anzubieten, Käufer diese „aufzunehmen" und den Kaufpreis zu zahlen, BGH **LM** § 373 Nr 3. Dabei gilt nicht Dokumentenstrenge wie beim Akkreditivgeschäft (s **(7)** Bankgeschäfte Rn K/1), Dokumente mit vom Vertrag abweichender und nicht sachlich gleichbedeutender Bezeichnung der Ware darf aber Käufer abweisen, BGH **LM** § 373 Nr 3.

CIP: Frachtfrei versichert (benannter Bestimmungsort); s **(6)** Incoterms Nr 8.

Circa (Toleranz): Zulässig ist eine, nach HdlBrauch oder Geschäftsumständen im Einzelfall zu bemessende Abweichung von der geschuldeten Menge nach oben oder unten. Circa neben Mengenangabe mit Spielraum (ca 25–30 Tonnen) gestattet idR, nicht notwendig, gewisse (nach Branche verschiedene) Unter- und Überschreitung der Mindest- und Höchstmenge. Die Klausel ist in verschiedenen Zusammenhängen uU enger oder weiter auszulegen, BGH MDR **64,** 48 (Abladegeschäft, s Überbl 50 vor § 373). IdR wird Abweichung bis zu 5% angenommen, zT auch bis 10%, s **(11)** ERA 600 Art 30, uU zB bei Fristtoleranzen auch mehr. Die Toleranzrechte können durch grobe Abweichung ganz verwirkt werden, BGH **LM** § 157 BGB (Ge) Nr 2. Nach RG JW **17,** 971 haftet bei Circa-Liefervertrag der nicht liefernde Verkäufer nur wegen der Mindestmenge, der vertragsuntreue Käufer wegen der Höchstmenge. Das ist dann richtig, wenn der Verkäufer im Circa-Raum ganz frei, nicht wenn er an objektive Maßstäbe (zB noch zu klärende Größe einer „Partie", Abrufe von Dritten) gebunden sein sollte. Es kommt also auf die Auslegung der Circa-Klausel an, MüKo/K. Schmidt 75 b, aA stets volle Vertragsmenge ohne Toleranz, Wo/Li/Pf/H. Schmidt Handelsklauseln H 80. Circa-Klausel bei vertraglicher Mengenabgabe gilt nicht für Rückhandeln der Ware (Differenzanspruch) und für Schadensersatz statt der Leistung. Lit: Thamm DB **82,** 417.

C. O. D: cash on delivery, **nicht** etwa cash on documents, BGH NJW **85,** 550; s Nachnahme.

Container: s FCL.

CPT: Frachtfrei (benannter Bestimmungsort); s **(6)** Incoterms Nr 7.

D/A: documents against acceptance; s Dokumente gegen Akzept.

DAF: Geliefert Grenze (benannter Ort); s **(6)** Incoterms Nr 9.

D/C: documents against cash; s Kasse gegen Dokumente.

DDP: Geliefert verzollt (benannter Bestimmungsort); s **(6)** Incoterms Nr 13.

DDU: Geliefert unverzollt (benannter Bestimmungsort); s **(6)** Incoterms Nr 12.

DEQ: Geliefert ab Kai (verzollt) (benannter Bestimmungshafen); s **(6)** Incoterms Nr 11.

1. Abschnitt. Allgemeine Vorschriften **40 § 346**

DES: Geliefert ab Schiff (benannter Bestimmungshafen); s **(6)** Incoterms Nr 10.

Dokumente gegen Akzept (d, documents against acceptance): Vereinbarung der (Kaufpreis-)Finanzierung durch Wechselrembours im Außenhandel, der Verkäufer erhält Akzept bzw Diskonterlös gegen Verladedokumente, s **(7)** Bankgeschäfte Rn G/26, K/25, M/5.

Dokumente gegen unwiderruflichen Zahlungsauftrag: ähnlich wie „Dokumente gegen Akzept", aber ohne dieselbe Sicherheit für den Verkäufer, außer bei eigenem Anspruch des Verkäufers gegen Bank (Vertrag zugunsten Dritter). Lit: von Bernstorff NJW **85,** 14.

D/P: documents against payment; s Kasse gegen Dokumente.

eta (expected oder estimated time of arrival), mit Datum, „Erwartungsklausel": „unechtes Abladegeschäft", dh Erfüllungs- und Leistungsort des Verkäufers ist der Bestimmungshafen (nicht der „Abladeort", Überbl 50 vor § 373); nicht ohne weiteres Fixgeschäft; Celle MDR **73,** 412, vgl Hbg MDR **75,** 845 (cif), vgl § 376 Rn 8.

ex ship: s DES.

EXW: Ab Werk (benannter Ort); s **(6)** Incoterms Nr 1.

FAS: Frei Längsseite Schiff (benannter Verschiffungshafen); s **(6)** Incoterms Nr 3.

FCA: Frei Frachtführer (benannter Ort); s **(6)** Incoterms Nr 2.

FCL: full container load, Gegensatz LCL (less than container load). FCL/FCL bedeutet Sendung im versiegelten Container von der Tür des Abladers bis vor die Tür des Empfängers (ein Ablader, ein Empfänger). LCL/LCL bedeutet Anlieferung Containerfrachtstation (nur für Seetransport im Container) und Auslieferung in Containerfrachtstation des Bestimmungshafens an die Empfänger (mehrere Ablader, mehrere Empfänger). FCL/LCL: ein Ablader, mehrere Empfänger; LCL/FCL: mehrere Ablader, ein Empfänger. Untersuchungspflicht bei FCL/FCL erst ab Eintreffen des Containers am Lager zur Verfügung des Käufers, SchiedsG WV Hbg Börse, St/Ul/Ti **(84)** E 6 b Nr 79. S auch **(6)** Incoterms Nr 2 FCA Rn 2.

FOB: Frei an Bord (benannter Verschiffungshafen); s **(6)** Incoterms Nr 4.

FOB Flughafen (benannter Abgangsflughafen): früher (28. Aufl) **(6)** Incoterms Nr 11; s **(6)** Incoterms FCA Nr 2 Rn 1.

Force majeure: Force majeure oder höhere Gewalt liegt vor, wenn die Störung auf Ereignissen beruht, die auch durch äußerste, nach Lage der Sache billigerweise zu erwartende Sorgfalt nicht verhindert werden konnte. Bspe: St/Ul/Ti **(88)** E 4 d Nr 24 ff. ICC Force Majeure Clause 2003/ICC Hardship Clause 2003 (IntHK-Publikation Nr 650, Sprache englisch). S auch Hardship clause, Härteklausel.

FOR/FOT: frei (franko) Waggon (benannter Abgangsort); früher (28. Aufl) **(6)** Incoterms Nr 2.

Frachtfrei (benannter Bestimmungsort): CPT; s **(6)** Incoterms Nr 7. „Unfrei": Hinweis darauf, dass Abbedingung des § 448 I BGB nicht erfolgt, Kln BB **73,** 496. Transportrecht s § 421 Rn 3.

Frachtfrei versichert (benannter Bestimmungsort): CIP; s **(6)** Incoterms Nr 8.

Frachtparität, Frachtbasis Versand-(Empfangs-)Station X: Wählt Verkäufer (Käufer) eine andere Versand-(Empfangs-)Station als X, gehen Mehr- oder Minderkosten zu Lasten oder zugunsten des Verkäufers (Käufers). So jedenfalls im Holzhandel, § 8 Gebräuche betr Grubenholz, § 10 Nr 7 Tegernseer Gebräuche.

§ 346 40
IV. Buch. Handelsgeschäfte

Frei (frachtfrei, franko) mit Angabe des Bestimmungsorts hat im HdlVerkehr keinen eindeutigen Inhalt. Die Klausel bezieht sich jedenfalls auf die Transportkosten (Spesenklausel), kann aber auch Gefahrtragung des Verkäufers bis zu dem genannten Ort bedeuten; BGH NJW **84,** 567. Transportrecht s § 421 Rn 3.

Frei an Bord (benannter Verschiffungshafen): FOB; s **(6)** Incoterms Nr 4.

Freibleibend, ohne Obligo kann **bedeuten: a) Keine Bindung an den Antrag** (auch „unverbindlich"): (1) **Kein eigenes Angebot:** Häufig ist das freibleibende Angebot gar kein Antrag iSv § 145 BGB, sondern nur Aufforderung zur Angebotsabgabe durch den Gegner, RG **102,** 229, dessen Angebot muss dann aber unverzüglich abgelehnt werden, sonst gilt es als durch Schweigen angenommen, RG **105,** 12, JW **22,** 23. (2) **Bis zur Annahme widerrufliches Angebot:** Das freibleibende Angebot kann aber auch bereits Antrag, aber mit Widerrufsvorbehalt (Ausschluss der Gebundenheit, § 145 BGB) sein, BGH NJW **84,** 1887. **b) Keine Bindung an** den Vertrag. Dabei kann sich die Freizeichnung beziehen: (1) auf die **Lieferverpflichtung.** Hier hat sie, wenn nur auf Unmöglichkeit und Unzumutbarkeit bezogen, idR keinen Sinn, weil die Lieferverpflichtung ohne weiteres durch Unmöglichkeit oder Unzumutbarkeit nach Treu und Glauben (§ 275 I, II, III BGB) ausgeschlossen ist. Oft wird darum mehr gemeint sein, nämlich Befreiung für den Fall, dass der Lieferer des Verpflichteten nicht liefert, vgl RG HRR **30,** 1040, oder dass der Verpflichtete alles getan hat, was man erwarten durfte, Hbg HRR **28,** 1215, oder dass bei nicht voraussehbarem Unvermögen zu rechtzeitiger Lieferung keine Rechte aus verspäteter Lieferung herzuleiten sind, RG **132,** 307 („Lieferungsmöglichkeit vorbehalten"; sah Verkäufer sein Unvermögen voraus: Einwand der Arglist, Rechtsgedanke des § 444 BGB, zu diesem § 349 Rn 15). (2) auf die **Lieferzeit.** Dann muss sie der Verkäufer nach billigem Ermessen bestimmen, § 315 BGB, RG **105,** 371. (3) auf den **Preis.** S unten bei „Preisvorbehalt". (4) auf die **Menge.** Dann ist der Verpflichtete frei, wenn er nicht liefern kann. Grenzen wie bei (2); s unten bei „Vorrat". Schranken ua nach **(5) AGB-Recht** § 10 Nr 3 § 308 Nr 3 BGB s bei Klausel „Liefermöglichkeit". **(5)** § 309 Nr 1 BGB verbietet nicht, Preise oder Nebenkosten offenzulassen.

Frei Frachtführer (benannter Ort): FCA; s **(6)** Incoterms Nr 2.

Freigabe: Freigabeklauseln bei Sicherungsübereignung und Globalzession **(7)** Bankgeschäfte Rn H/4; bei Übersicherung **(8)** AGB-Banken Nr 16 Rn 2.

Freight prepaid (im Konnossement) ist keine Quittung für die Fracht (die uU noch nicht bezahlt ist), sondern soll nur Empfänger vor Frachtforderung und Pfandrecht des Verfrachters schützen, BGH WM **87,** 1198.

Frei Haus ist kraft HdlBrauch Kosten- und Gefahrtragungsklausel, SchiedsG HK Hbg **(77)** St/Ul II F 3 Nr 3, aA SchiedsG WV Hbg Börse St/Ul II **(74)** J 2 15 m abl Anm Timmermann. Verkäufer übernimmt nur Kosten von Fracht und Versicherung, nicht auch später anfallende Zölle und Abgaben wie EinfuhrUSt, anders nur bei „frei (franco) verzollt", str, offen BGH **114,** 251.

Frei im Container gestaut: vgl „frei Frachtführer"; zur Untersuchungspflicht BGH DB **81,** 1816, s § 377 Rn 8, 24.

Frei Längsseite Schiff (benannter Verschiffungshafen): FAS; s **(6)** Incoterms Nr 3.

Geliefert ab Kai (verzollt) (benannter Bestimmungshafen): DEQ; s **(6)** Incoterms Nr 11. Unter Berücksichtigung der Trade Terms s Haage BB **56,** 195.

Geliefert ab Schiff (benannter Bestimmungshafen): DES; s **(6)** Incoterms Nr 10.

Geliefert Grenze (benannter Ort): DAF; s **(6)** Incoterms Nr 9.

1. Abschnitt. Allgemeine Vorschriften **40 § 346**

Geliefert unverzollt (benannter Bestimmungsort): DDU; s **(6)** Incoterms Nr 12.
Geliefert verzollt (benannter Bestimmungsort): DDP; s **(6)** Incoterms Nr 13.
Getreue Hände: s zu getreuen Händen.
Glückliche Ankunft vorbehalten: s Ankunftsklausel.
Hardship clause: s Force majeure, Härteklausel; ICC Force Majeure Clause 2003/ICC Hardship Clause 2003 (IntHK-Publikation Nr 650, Sprache englisch).
Härteklausel: s Force majeure, Hardship clause; Böckstiegel RIW **84**, 1; Neuverhandlungspflicht s Einl 14 vor § 343.
Höhere Gewalt: s Force majeure, Hardship clause, Härteklausel.
Kasse, Kasse gegen Dokumente: auch D/C, D/P; besonders mit Fälligkeitsangabe (sofort, 30 Tage nach) u Klausel Zug-um-Zug-Papier-Übergabe (Kasse gegen Faktura, gegen Dokumente): echte Fälligkeitsregelung, begründet beiderseitige Vorleistungspflicht: des Verkäufers betr Dokumentenvorlage, des Käufers betr Zahlung ohne Erhalt und Untersuchung der Ware, BGH **41**, 221, **134**, 46, NJW **88**, 2609; ferner idR Barzahlungsabrede, dh Ausschluss sonst zulässiger Zurückbehaltung oder Aufrechnung, auch bei vertragswidriger Beschaffenheit der Ware, BGH **14**, 61, **23**, 131, **94**, 76, **134**, 46, NJW **85**, 550, **87**, 2435; Grenze: Rechtsmissbrauch, aber nicht schon bei Verdacht auf minderwertige Ware, sondern nur bei liquide beweisbarer Mängelhaftung. Die Klausel gibt aber keinen Vertrauensschutz über § 407 I BGB hinaus (kein Legitimationspapier), BGH **134**, 39. Gegenüber dem Schadensersatzanspruch des Verkäufers aus § 281 BGB kann sich der Käufer jedoch auf Rücktrittsrecht berufen, BGH NJW **87**, 2435. Die Klausel begründet (anders als bei Nachnahme) keine Geldeinziehungsbefugnis des abliefernden Frachtführers oder Spediteurs, Ffm TranspR **85**, 140. Sie gilt auch für Zessionar des Verkäufers (finanzierende Bank), grundsätzlich auch, wenn Verkäufer insolvent ist, Käufer also mit Gegenanspruch ausfällt, BGH **14**, 61, idR auch, wenn die Ware ohne Verladepapiere ausgehändigt wurde, BGH **23**, 136. S auch Überbl 50 vor § 373 zum Abladegeschäft, **(6)** Incoterms, **(7)** Bankgeschäfte Rn G/6, K/25, M/5. Über Ausschluss des Rechts zur Besichtigung und Untersuchung der Ware vor Zahlung § 377 Rn 22. Verzicht auf Untersuchung liegt in Empfang der Dokumente „zu getreuen Händen". Der Käufer kann die Dokumente nicht mehr zurückweisen, wenn auch ohne sein Wissen und Wollen sein Nachkäufer die Ware „angefasst" hat, SchiedsG Dtsch Kaffee-Verband, St/Ul/Ti **(84)** E 4 a Nr 32. – „Kasse gegen Duplikatfrachtbrief": in Übergabe des Doppels liegt Abtretung des Anspruchs auf Herausgabe, § 931 BGB, RG **102**, 97. – „Kasse gegen Lieferschein" (im Sinn der Anweisung an den Besitzer zur Lieferung an Käufer): Verkäufer erfüllt erst mit Auslieferung durch den Besitzer; Zahlung aber gegen Aushändigung des Scheins, die aber iZw nicht den Anspruch auf Herausgabe abtritt, RG **103**, 153. – „Kasse nach Lieferung", „Kasse nach Empfang" berechtigt den Verkäufer nicht zur Zurückhaltung der Ware bis Eingang. – S auch „Netto" Kasse. **(5)** § 309 Nr 2 BGB gilt für Kflte auch nicht über **(5)** § 307 BGB, Ausschluss der §§ 320, 273 BGB ist unter Kflten idR wirksam, BGH **115**, 327, Ffm NJW-RR **88**, 1458; aA Graf von Westphalen NJW **02**, 20 (infolge des SMG Lieferung einer mangelhaften Sache jetzt Nichterfüllung), dagegen MüKoBGB/Basedow § 309 Nr 2 Rn 21: auch „Kasse gegen Faktura", „Kasse gegen Dokumente". Grenze bei eigenen groben Verstößen des Verwenders; Grenze auch bei unstreitigen oder rechtskräftig festgestellten Forderungen, BGH **115**, 327, was in der Klausel besonders aufgeführt werden müsse, zutr krit Ul/Br/He/Hensen § 309 Nr 2 BGB Rn 18. **(5)** § 309 Nr 3 BGB gilt zwar über **(5)** § 307 BGB auch für den kfm

§ 346   40

(unternehmerischen, **(5)** § 310 I 2 iVm § 14 BGB) Verkehr, BGH **91,** 384, **92,** 316, steht aber den idR einen Aufrechnungsausschluss beinhaltenden HdlKlauseln wie „Kasse gegen Rechnung", „Kasse gegen Dokumente" nicht entgegen; Grenze auch hier bei unstreitigen oder rechtskräftig festgestellten Forderungen, was nach BGH **91,** 375, **92,** 312 besonders gesagt werden muss, zutr krit Ul/Br/He/Hensen § 309 Nr 3 BGB Rn 12.

Kosten und Fracht (benannter Bestimmungshafen): CFR; s **(6)** Incoterms Nr 5.

Kosten, Versicherung, Fracht (benannter Bestimmungshafen): CIF; s **(6)** Incoterms Nr 6.

Lager: „ab Lager" bedeutet idR nicht, dass der Kaufvertrag sich auf eine bestimmte eingelagerte Partie beschränkt, sondern bestimmt nur den Erfüllungsort, SchiedsG WV Hbg Börse **(72)** St/Ul I E 4 b Nr 12.

LCL: s FCL.

Liefermöglichkeit: Klausel „Lieferung vorbehalten" uä (nicht völlig gleich „Selbstbelieferung vorbehalten", s dort) bietet Rücktrittsvorbehalt, aber keinen Freibrief auszusteigen. Sie soll den Verkäufer im Wesentlichen nur vor der Haftung wegen Übernahme eines Beschaffungsrisikos (§ 276 I 1 BGB) insbesondere bei Gattungsware schützen, BGH **124,** 358. Sie befreit von Lieferpflicht nur nach erfolgloser zumutbarer Anstrengung zur Beschaffung der Ware, auch verteuert, OGH **1,** 179, BGH **49,** 392, WM **58,** 1136, **68,** 400 und setzt (idR) Abschluss eines kongruenten Deckungsgeschäfts mit einem Vorlieferanten voraus, RG **97,** 328, BGH **124,** 359. Bei nur teilweiser Liefermöglichkeit Pflicht zur Lieferung pro rata. Reicht verfügbarer Warenbestand nicht für alle Käufer aus, muss Verkäufer grundsätzlich der Reihe der Bestellungen nach liefern, RG **103,** 116, Mü WM **85,** 362; s auch „Selbstbelieferung", „Vorrat". **(5)** § 308 Nr 3 BGB gilt nicht schlechthin über **(5)** § 307 BGB auch für Kflte (Unternehmer), BGH **92,** 399. Unter Kflten ist eher eine sachliche Rechtfertigung des Rücktritts anzunehmen (handelsübliche Lieferung, Vorbehalte). Auch kann eine handelsübliche, unbestimmtere Fassung ausreichen; Vorbehalte ohne oder ohne genügend bestimmten Grund sind aber auch unter Kflten nicht wirksam, str. Zulässig sind danach unter Kflten für den Privatrechtsverkehr umstrittene Klauseln wie uneingeschränkte Selbstbelieferungsklausel, BGH **49,** 388, **92,** 399; „freibleibend", „Lieferung vorbehalten", Mü WM **85,** 363; „solange Vorrat reicht"; Arbeitskampfklauseln ua. Grenze: wenn Verwender die Nichtbelieferung zu vertreten oder sich nicht genügend um anderweitige Beschaffung bemüht hat. Lit: zu **(5)** § 308 Nr 3 BGB Salger WM **85,** 625.

Lieferzeit: Zulieferung „Ende Nov./Anfang Dez." in Lohnfertigungsvertrag bedeutet Lieferung spätestens am dritten Werktag des Dezember; der Zusatz „ungefähr" verlängert diese Frist um zwei Werktage, SchiedsG HK Hbg **(77)** St/Ul II F Nr 3. „Mitte Mai eintreffend" ist verbindlich, „Mitte Mai erwartet" ist rein informatorisch. Pflicht des Käufers zur rechtzeitigen Destination bei Geschäft „frei Haus Bundesrepublik", SchiedsG WV Hbg Börse **(74)** St/Ul II E 1 e Nr 9.

MAC: material adverse change. Bedingung des Ausbleibens bestimmter wesentlicher Verschlechterungen, besonders im M&A-Geschäft und bei Übernahmeangeboten, häufiger Streitpunkt in Schiedsverfahren.

Nachnahme: „Zusendung per Nachnahme", „cash on delivery" (C. O. D.), „pay on delivery" (P. O. D.) uä begründen eine Vorleistungspflicht ohne Untersuchungs- und Einwendungsmöglichkeit; aus der Barzahlungspflicht folgt Aufrechnungsausschluss, BGH **139,** 193, NJW **85,** 550, 98, Lebuhn IPRax **86,**

1. Abschnitt. Allgemeine Vorschriften **40 § 346**

19. S auch § 422 Rn 1. **(5)** § 309 Nr 2, 3 BGB stehen der Klausel im unternehmerischen Verkehr nicht entgegen, aber nach Rspr muss Aufrechnung mit unstreitigen oder rechtskräftig festgestellten Forderungen besonders ausgenommen sein (s bei „Kasse gegen Dokumente").

Netto (rein netto), oft mit „Kasse" (s dort): Ohne Zahlungsskonto, § 358 Rn 2.

Ohne Obligo: vgl „Freibleibend". Bankauskunft s **(8)** AGB-Banken Nr 2 II–IV.

Option: mehrdeutig. Gewollt ist entweder ein Gestaltungsrecht, durch einseitige Erklärung einen aufschiebend bedingten Vertrag zustande zu bringen, oder ein langfristig bindendes Vertragsangebot, BGH **97**, 152; praktischer Unterschied: etwaiger Formzwang erfasst nicht Gestaltungserklärung, aber die Vertragsannahme. Optionsgeschäft vgl **(14)** BörsG Überbl 4 ff, 7 ff vor § 32. Lit: Henrich 1965; Casper 2005.

Order: „Oder an Ihre Order" kann je nach Lage des Falls die rechtliche Orderklausel darstellen oder die einfache Wiederholung der selbstverständlichen Abtretungsmöglichkeit; bei Kflten ist nicht vorauszusetzen, dass sie derartige überflüssige Ausdrücke vermeiden, RG **119**, 122.

P. O. D.: pay on delivery; s Nachnahme.

Preisvorbehalt, „Preis freibleibend" uä: wenn im Vertrag (nicht nur im Angebot) gebraucht: Kauf für beide Teile bindend, aber Preis soll nach Marktpreis zur Lieferzeit bestimmt werden. Auch möglich (zB in AGB, auf die Bezug genommen ist) neben Nennung eines bestimmten Preises („Richtpreis"). Die Vereinbarung ist idR so zu verstehen, dass Verkäufer den Preis bis zur Lieferung nach billigem Ermessen so erhöhen darf, dass er mit dem Marktpreis zur Lieferzeit übereinstimmt, BGH **1**, 354 mit RG **103**, 415, **104**, 307; OGH **4**, 168; der Richtpreis bildet die untere Grenze, muss also bei Sinken des Marktpreises nicht gesenkt werden, OGH **4**, 176. Ausnahmsweise kann der Preisvorbehalt auch so zu verstehen sein, dass Lieferer bei Erhöhung des Marktpreises den ursprünglichen Vertrag fallen lassen und ein neues Angebot machen darf, das Käufer annehmen oder ablehnen kann, BGH **1**, 354. Ein als „Festpreis" bezeichneter Preis schließt den Vorbehalt aus. Fordert Verkäufer kurz vor der Lieferung auf Grund des Preisvorbehalts eine bestimmte Erhöhung des ursprünglich vereinbarten Preises, erbietet er sich zB zur Lieferung gegen bestimmten erhöhten Preis, so soll damit das Recht zur Preiserhöhung „erschöpft" sein und später nicht nochmals Erhöhung verlangt werden können, RG **104**, 171, OGH **4**, 174; es kommt wohl darauf an, aus welchen Gründen sich die Lieferung dann abermals verzögert hat. – Schranken ua nach **(5)** § 309 Nr 1 BGB, der aber wegen der starren Viermonatsfrist für den HdlVerkehr nicht über **(5)** § 307 BGB gilt, BGH **92**, 206 (aber **93**, 35), **93**, 260, hL. Für Zulässigkeit einer Preiserhöhungsklausel uU auch ohne besondere Konkretisierung sprechen zB gleichgerichtete Interessen der Vertragsparteien am Absatz an Endverbraucher, erhebliche Vorleistungen des Verwenders bei langfristigem Bezugsvertrag, Preisüberwälzungsmöglichkeit, Unsicherheit der Entwicklung in der Branche (Mineralölmarkt), BGH **93**, 257. Zulässig ist auch einseitige (nicht nur beiderseitige) Preisanpassung, str, anders bei Markt- und Börsenpreisen, Wolf ZIP **87**, 351. Kostensteigerungen können idR zulässig übergewälzt werden. Einräumung eines völlig freien Preiserhöhungsrechts ist aber auch unter Kflten (Unternehmern) unwirksam; auch wenn Ausübung dieses Rechts an billiges Ermessen (§ 315 I BGB) gebunden wird, BGH **93**, 35 (Vertragshändler). Preisänderungsklausel darf auch unter Kflten nicht ohne weiteres zu nachträglichen Gewinnerhöhungen benutzt werden, Wolf ZIP **87**, 347, sehr str. Lit: Wolf ZIP **87**, 341.

Qualitätszertifikat: Ist „final gemäß Qualitätszertifikat" verkauft, so ist das Qualitätszertifikat als Schiedsgutachten für beide Parteien verbindlich außer bei offenbarer Unrichtigkeit, SchiedsG Hbg frdsch Arbitr **(65)** St/Ul I E 6 b Nr 11 m Anm Timmermann; s Einl 93–95 vor § 1.

Selbstbelieferung: Klausel „richtige und rechtzeitige Selbstbelieferung vorbehalten" oä (nicht völlig gleich „Liefermöglichkeit vorbehalten", s dort) befreit Verkäufer von Lieferpflicht, wenn er ein kongruentes Deckungsgeschäft abgeschlossen hat und aus diesem ohne sein Verschulden (nicht nur in Fällen höherer Gewalt) nicht beliefert wird; sie gilt auch für Gattungskäufe (nicht etwa muss Käufer zuerst zumutbare andere Deckungsmöglichkeit erschöpfen); BGH **49,** 391, **92,** 399, **124,** 358, BB **68,** 398. Kongruenz des Deckungsgeschäfts ist objektiv nach den Verträgen zu bestimmen, BGH **92,** 402, WM **92,** 356 (gleicher Fall), NJW **95,** 1959, Mü BB **91,** 648, aber bei leichtfertiger Auswahl eines unzuverlässigen Deckungsgeschäftspartners keine Berufung auf Ausbleiben der Selbstbelieferung (§ 242 BGB), BGH **92,** 402. Erntevorbehalt ist qualifizierter Selbstbelieferungsvorbehalt, SchiedsG WV, HK Hbg Bd 6 J 4 Nr 46. Verkäufer braucht nicht erst Deckungsgeschäftspartner zu verklagen. Bei teilweiser Nichtbelieferung muss Verkäufer pro rata liefern; reicht Warenbestand nicht für alle Käufer, idR Pflicht zur Belieferung der Reihe nach (s oben „Liefermöglichkeit"). Die Klausel berechtigt Verkäufer nicht zu mangelhafter oder vom Vertrag abweichender Lieferung, Hbg MDR **64,** 601 (Übersee-Import-Abladegeschäft, Weiterverkauf im Inland). Verkäufer muss Käufer prompt die eigene Nichtbelieferung anzeigen, Celle BB **74,** 201; Rüge des Käufers muss er unverzüglich an den Vorverkäufer weitergeben. Der frei werdende Verkäufer muss dem Käufer den Deckungsvertrag vorlegen und die Rechte aus diesem abtreten, BGH DB **73,** 911, Hbg BB **55,** 942; doch können diese Pflichten aus Wettbewerbsgründen entfallen (§ 242 BGB), Celle BB **74,** 201. Fraglich ist auch, ob ggf Mitverschulden des Käufers anzunehmen ist (§ 254 BGB), wenn er Ware, die er nur unter Selbstlieferungsvorbehalt an der Hand hatte, ohne solchen weiterverkaufte, Celle BB **74,** 201. Unter dem Stichwort „Lieferzeit" beschränkt uU sich die Klausel auf Freizeichnung von den Folgen verspäteter Lieferung, BGH **24,** 42. Schranken ua nach **(5)** § 308 Nr 3 BGB s bei Klausel „Liefermöglichkeit".

Skonto: Bei vorzeitiger oder pünktlicher Zahlung kann der Käufer einen vereinbarten Abzug machen (echtes Skonto bzw Zahlungsskonto; ohne solchen Zahlungszeitbezug unechtes Skonto bzw Warenskonto). Scheckabsendung wahrt Skontofrist (§ 270 IV BGB), BGH NJW **98,** 1302. Lit: Beater AcP 191 **(91)** 346.

(Lieferung) **so schnell wie möglich** bedeutet entweder angemessene kurze Lieferfrist ohne Stundung, so schnell wie im ordentlichen Geschäftsverkehr tunlich, RG HRR **29,** 1934, oder Lieferungszeit im Belieben (nach billigem Ermessen) des Lieferers, Mü BB **45,** 116.

Tel quel, telle quelle (namentlich bei Waren, die unterwegs sind; uU „laut Muster t. q."): gestattet Lieferung der geringsten Qualität der ausbedungenen (durch das Muster bestimmten) Gattung, schließt Haftung für (durch besondere Abrede neben der Klausel) garantierte Beschaffenheit nicht aus, RG JW **38,** 2411, BGH NJW **54,** 385.

Toleranz: s circa.

Unfrei (zB „Anlieferung unfrei"): auf Kosten des Bestellers, vgl zu „Ab Werk".

Verkauft wie beabsichtigt: s Besichtigung.

Vorbehalt: „Erntevorbehalt" s SchiedsG Hbg frdsch Arbitr St/Ul II **(77)** E 4 b Nr 17, SchiedsG WV Hbg Börse St/Ul II **(77)** J 4 Nr 30, 33; „Wettervorbehalt" s SchiedsG Hbg frdsch Arbitr St/Ul I **(71)** E 4 b Nr 9. S auch „Liefermöglichkeit", „Preisvorbehalt", „Selbstbelieferung".

1. Abschnitt. Allgemeine Vorschriften § 347

Vorrat: „Solange Vorrat reicht"; geht Vorrat aus, braucht sich Verkäufer nicht uU teurer neu einzudecken, sondern wird frei. Bei nur noch teilweisem Ausreichen Recht zur Lieferung pro rata. Kein Freibrief zu beliebiger Verteilung unter Bestellern, sondern Versprechen zu angemessener Behandlung der Bestellungen, idR der Reihe nach, vgl RG **103**, 116, Mü WM **85**, 363. Schranken ua nach **(5)** § 308 Nr 3 BGB s bei Klausel „Liefermöglichkeit".

Wash-out: Solche Vereinbarung bedeutet idR, dass der Verkäufer dem nicht belieferten Käufer den Schaden ersetzt, der durch Steigen des Marktpreises seit Abschluss des Kaufvertrags entstanden ist, SchiedsG WV, HK Hbg Bd 6 E 5 b Nr 98. Das kann durch Deckungsgeschäft zur Schadensermittlung und Rückkauf des Verkäufers geschehen, SchiedsG WV, HK Hbg Bd 5 E 5 b Nr 82.

Zahlung „bar" hat im Geschäftsleben keine feste Bedeutung, KG JW **33**, 1468; häufig ist damit nur sofortige Zahlung (ohne Kreditierung) gemeint, Zahlung durch Überweisung ist damit nicht ausgeschlossen, vgl **(7)** Bankgeschäfte Rn C/22; Zahlung „nach Belieben", „Zahlung nach Bequemlichkeit", „wenn sich die Verhältnisse bessern": gewährt Stundung, es ist eine angemessene Zeit zu warten. Klage auf künftige Leistung (§ 259 ZPO), wenn Schuldner bestreitet, RG **90**, 180.

Zu getreuen Händen, bei Andienung von Dokumenten durch Inkassobank oder Verkäufer, ist einseitiger Vorbehalt, berechtigt den Treuhandempfänger nicht seinerseits zur Weitergabe zu getreuen Händen, vielmehr muss er die Dokumente mangels voller Leistung des Gegenwerts in der bestimmten Frist zurückgeben, kein Zurückbehaltungsrecht, auch nicht bei Vermögensverfall; Hbg ZIP **83**, 153, Nielsen ZIP **83**, 535.

Zoll- und steuerfrei „auf Zollerlaubnisschein" (in Heizöllieferverttag): keine Grundlage für Preisaufschlag zur Deckung später eingeführter Mineralölsteuer, BGH **LM** § 346 (Ed) Nr 6.

Zwischenverkauf vorbehalten: Bindung des Verkäufers, soweit er nicht vor Annahme des Vertragsantrags anderweit verkauft, Hbg BB **60**, 383.

[Sorgfaltspflicht]

347 (1) **Wer aus einem Geschäfte, das auf seiner Seite ein Handelsgeschäft ist, einem anderen zur Sorgfalt verpflichtet ist, hat für die Sorgfalt eines ordentlichen Kaufmanns einzustehen.**

(2) **Unberührt bleiben die Vorschriften des Bürgerlichen Gesetzbuchs, nach welchen der Schuldner in bestimmten Fällen nur grobe Fahrlässigkeit zu vertreten oder nur für diejenige Sorgfalt einzustehen hat, welche er in eigenen Angelegenheiten anzuwenden pflegt.**

Übersicht

1) Sorgfalt eines ordentlichen Kaufmanns (I) 1–4
   A. Maßstab 1
   B. Reichweite 2

2) Haftungsbeschränkung (II) 5–7
   A. Durch Gesetz 5
   B. Durch Vertrag 6
   C. Freizeichnung im kaufmännischen (unternehmerischen) Verkehr 7

3) Rat, Auskunft, Aufklärung, Zeugnis, Prospekt: Haftungsgründe, Dritthaftung 8–22
   A. Haftungsgründe 8
   B. Haftung aus Vertrag 13

§ 347 1–3 IV. Buch. Handelsgeschäfte

    C. Haftung aus Gesetz 16
    D. Dritthaftung 19
    E. Vertrauens- und Berufshaftung 22
  4) Rat, Auskunft, Aufklärung, Zeugnis, Prospekt: Verhaltenspflichten,
    Haftungsfolgen 23–40
    A. Eigenverantwortung und Aufklärungspflichtigkeit 23
    B. Verhaltenspflichten im Einzelnen 24
    C. Einfache Fahrlässigkeit 34
    D. Kausal herbeigeführter Schaden 35
    E. Mitverschulden 36
    F. Beweislast 37
    G. Freizeichnung 38
    H. Verjährung 39
    J. Gerichtsstand 40
  5) Internationaler Verkehr 41

1) Sorgfalt eines ordentlichen Kaufmanns (I)

1   **A. Maßstab:** § 347 ergänzt § 276 II BGB (im Verkehr erforderliche Sorgfalt) und regelt wie dieser **nur** den **Sorgfaltsmaßstab**, nicht Voraussetzungen und Inhalt der Verantwortlichkeit des Kfm, § 347 ist also selbst **keine Anspruchsgrundlage**. Es gibt nach § 347 eine besondere **Sorgfalt des ordentlichen Kaufmanns**, eines Idealtyps, den das HGB nicht näher beschreibt, so wenig das BGB den gewöhnlichen ordentlichen Rechtsgenossen beschreibt, den es als Teilnehmer des Verkehrs iSv § 276 II BGB voraussetzt. Jedenfalls ist die von jenem verlangte Sorgfalt vielfach größer als die von diesem verlangte. Der für die Sorgfaltsforderung maßgebende Idealtyp wird durch die **Art des Geschäfts** spezialisiert, vgl RG **64,** 257, gefordert ist zB ordentliche Sorgfalt eines Frachtführers (so ausdrücklich § 429, ebenso §§ 497, 511, 653 für Reeder, Schiffer), Groß- oder Einzelhändlers der Sparte X, Bankiers, Fabrikanten, Verlegers usw. Grundsätzlich obliegt **großen** und **kleinen** Kfluten desselben Geschäftszweigs dieselbe Sorgfalt, uU sind Unterschiede möglich, so RG **105,** 389 betr Briefverkehr. Bspe: über Sorgfalt bei Behandlung der Korrespondenz, RG JW **27,** 1708, bei Aufbewahrung von Stempeln, RG JW **27,** 262, **34,** 3196, bei Prüfung von Unterschriften auf Schecks, Nürnb BB **58,** 323, Einrichtung eines Kontos für kfm Angestellten als für einen Kfm, RG **166,** 102. Personenidentitätsprüfung durch Kfm **(Händler),** der auf Grund Vertrags Darlehensanträge für Bank (zwecks Kunden-Kauf-Finanzierung) entgegennimmt, Düss WM **72,** 816. Spezialisierte Sorgfaltsanforderungen des kfm Verkehrs können zu spezialisierten HdlBräuchen führen (§ 346 Rn 6).

2   **B. Reichweite: a)** § 347 gilt auch **außerhalb vollendeter Vertragsverhältnisse,** zB für Haftung aus Verschulden bei Vertragsverhandlungen, RG **107,** 362, zB zwischen Importeur und kaufbereitem Händler, wenn eine Bewirtschaftungsbehörde dem Importeur bewirtschaftete Waren zum Verkauf an den Händler zugewiesen hat, BGH NJW **51,** 437, auch in den Fällen der §§ 122 II, 179 III 1 BGB (fahrlässiges Vertrauen auf Vertragswirksamkeit bzw Vollmacht), auch für andere außervertragliche Verantwortlichkeit im Geschäftsverkehr, wohl auch (anders als die Rechtsscheinwirkungen, mindestens die gesetzlich festgelegten, §§ 5, 15) für Beziehungen öffentlichen Rechts und strafrechtlicher Haftung aus Rat, Empfehlung, Auskunft s Rn 8 ff. Verschulden bei Vertragsverhandlungen durch Verschweigen von dem anderen Teil erkennbar wichtigen Umständen: RG **151,** 366, BGH BB **55,** 1008, **56,** 938. UU sogar Pflicht zur Aufklärung gegenüber dem branchenunkundigen, eine Ware zu billig anbietenden Verkäufer, RG HRR **30,** 37, Gruch **54,** 994.

3   **b)** § 347 gilt für die Haftung des Kfms aus eigenem Handeln und aus dem Handeln seiner **gesetzlichen Vertreter** oder **Erfüllungsgehilfen** (§ 278 BGB) oder (ggf, vgl §§ 428, 462) seiner **Leute** oder **Bediensteten.**

1. Abschnitt. Allgemeine Vorschriften 4–7 § 347

c) § 347 gilt nicht nur für EinzelKflte, sondern auch für die **Geschäftsführer** 4 **von Handelsgesellschaften** (OHG, KG, AG, KGaA, GmbH) und anderer am HdlVerkehr teilnehmender juristischer Personen und Vereinigungen (eG, unter §§ 33–35 fallende juristische Personen). Inhaltlich übereinstimmend verlangen §§ 84 I 1, 99 AktG von Vorstands-, Aufsichtsratsmitglied der AG, KGaA „Sorgfalt eines ordentlichen und gewissenhaften Geschäftsleiters", § 43 GmbHG von Geschäftsführern der GmbH „Sorgfalt eines ordentlichen Geschäftsmannes".

2) Haftungsbeschränkung (II)

A. **Durch Gesetz:** Eine Haftungsbeschränkung tritt im HdlRecht entsprechend dem bürgerlichen Recht ein 5

a) auf **grobe Fahrlässigkeit,** dh besonders starkes Verabsäumen der im Verkehr gebotenen Sorgfalt, zB beim Annahmeverzug des Gläubigers, § 300 BGB, §§ 373, 375 HGB; bei unentgeltlichen Leistungen, §§ 521, 599, 968 BGB; bei Geschäftsführung ohne Auftrag zur Abwendung drohender Gefahr, § 680 BGB.

b) auf die **Sorgfalt wie in eigenen Dingen (§ 277 BGB)** bei unentgeltlicher Verwahrung, § 690 BGB, die im HdlVerkehr selten vorkommt; bei Gfter für Erfüllung der ihm nach GesVertrag obliegenden Pflichten, § 708 BGB, s § 109 Rn 5. Unerlaubte Handlung schließt diese Haftungsbeschränkung aus.

B. **Durch Vertrag:** Vertraglicher Ausschluss der Haftung aus Pflichtverletzung 6 **(Freizeichnung)** ist nach § 276 III BGB unmöglich für Haftung des Schuldners selbst (anders für gesetzliche Vertreter und Erfüllungsgehilfen, § 278 S 2 BGB) aus Vorsatz; ansonsten im Einzelvertrag möglich im Rahmen des § 138 BGB. Auch Haftungsfreizeichnung zugunsten Dritter ist möglich, Blaurock ZHR 146 **(82)** 238. Über Freizeichnung in AGB s **(5)** §§ 307, 309 Nr 7, 8 BGB. Nachgiebig ist idR auch die gesetzliche Regelung der **Beweislast** für Haftung, daher abweichende Individualvereinbarung idR wirksam. Über AGB s **(5)** §§ 307, 309 Nr 12 BGB.

C. **Freizeichnung im kaufmännischen (unternehmerischen, §§ 310 I** 7 **iVm 14 BGB) Verkehr: (5)** § 309 Nr 7 BGB (kein Haftungsausschluss bei Verletzung von Leben, Körper, Gesundheit und bei grobem Verschulden auch von bloßen Erfüllungsgehilfen) gilt nicht schlechthin über **(5)** § 307 BGB auch unter Kflten (Unternehmern), sondern hat dort aber indizielle Bedeutung, BGH **103,** 328 (X ZS), Einzelheiten sehr str, Ul/Br/He/Christensen § 309 Nr 7 BGB Rn 43 ff. Richtigerweise ist entsprechend den Umständen und Besonderheiten des jeweiligen HdlGeschäfts zu **differenzieren:**

a) **Unwirksam** sind jedenfalls Ausschluss und Beschränkung der Haftung aus eigener grober Fahrlässigkeit und solcher von **leitenden** Angestellten (entspr Repräsentanten gemäß Versicherungsrecht, vgl BGH **11,** 123) bei Vertragserfüllung, BGH **20,** 164, **38,** 185, **54,** 243, **70,** 365, **89,** 366, **95,** 183, insbesondere bei schweren Organisationsmängeln, BGH NJW **73,** 2155 (ADSp), **74,** 901 (Garage). Die Haftung bleibt also nach Grund und Höhe unberührt.

b) **Unwirksam** ist die Freizeichnung auch **bei der Verletzung vertragswesentlicher Pflichten,** und zwar bei **eigener leichter Fahrlässigkeit** des Kfm oder seiner **leitenden** Angestellten sowie bei **grober Fahrlässigkeit nicht leitender** Erfüllungsgehilfen, BGH **89,** 366 (Kaltlagerung), NJW **85,** 914 (Tankscheck), 3018 (Textilveredelung), **93,** 335 (Baustoffberatung), Ffm ZIP **84,** 976 (Wirtschaftsauskunftei), für grobe Fahrlässigkeit nicht leitender Erfüllungsgehilfen großzügiger Ul/Br/He/Christensen § 309 Nr 7 BGB Rn 45. Der Verwender (zB Spediteur oder Lagerhalter) kann den Kunden hier auch nicht auf den Abschluss einer Versicherung verweisen, BGH **20,** 167, **33,** 220, **38,** 186, **89,** 369, NJW **78,** 1918, WM **80,** 288.

Hopt 1339

§ 347 8–12   IV. Buch. Handelsgeschäfte

c) **Wirksam** können aber hier (in allen Fällen zu oben b, str; nach aA nur bei leichter Fahrlässigkeit nicht leitender Erfüllungsgehilfen) unter Kflten **Haftungsbegrenzungen** (der Höhe nach, ausnahmsweise uU auch Haftungsausschluss) sein, str, dazu Ul/Br/He/Christenen § 309 Nr 7 BGB Rn 46: Vorhersehbarkeit als entscheidendes Kriterium. Besonderheiten der Branche, eigener Gewahrsam des Kunden bzw Möglichkeit zumutbarer eigener Schutzmaßnahmen und Versicherbarkeit des Risikos spielen eine wesentliche Rolle, BGH **103**, 329. Das gilt auch bei handelsüblichen branchentypischen Freizeichnungen zB nach ADSp (s **(18)** ADSp Einl 5 vor § 1). Bsp: vertragsuntypische und daher vom Verwender kaum vorhersehbare Schäden, Höchstsummen, BGH NJW **93**, 335; Ausschluss des entgangenen Gewinns; s BGH **77**, 133 (15facher Reinigungspreis bei Angebot angemessener Versicherung), offen BGH NJW **85**, 3018; Art und Weise der Geltendmachung; Haftungsausschluss für grobe Fahrlässigkeit einfacher Erfüllungsgehilfen im Werftwerkvertrag, BGH **103**, 316. Freizeichnung in Luftfahrt, BGH **86**, 297, Binnenschifffahrt s König Z f Binnenschifffahrt und Wasserstraßen **78**, 352.

3) Rat, Auskunft, Aufklärung, Zeugnis, Prospekt: Haftungsgründe, Dritthaftung

Schrifttum

Assmann/Schütze/*Wagner*, Hdb des Kapitalanlagerechts, 3. Aufl 2007, § 15. – *Hopt* FS Gernhuber **93**, 169. – *Heinsius* ZBB **94**, 47. – *Musielak* WM **99**, 1593. – *Mülbert* WM **07**, 1149 (Zertifikate). – *Veil* WM **07**, 1821 (nach MiFID). – *Möllers* WM **08**, 93 (Vermögensverwaltung). – *Reinelt* NJW **09**, 1 (Kapitalanlagefonds). **RsprÜbersicht**: *Zugehör* WM Sonderbeil 3/**06** (Rechtsanwalt- und Steuerberaterhaftung). – Zur **Prospekthaftung** s Anh § 177a Rn 62. – Zur Haftung nach **Wertpapierhandelsgesetz (WpHG)** s **(16)** WpHG Einl 9, 13, 19, 23 f vor § 1. – Zum **Wertpapierprospektgesetz (WpPG)** s **(14)** BörsG Einl 15 vor § 1.

8   A. **Haftungsgründe:** Auch für den Kfm gilt grundsätzlich **§ 675 II BGB**. Wer einem anderen einen Rat oder eine Empfehlung erteilt, ist, unbeschadet der sich aus einem Vertragsverhältnis, einer unerlaubten Handlung oder einer sonstigen gesetzlichen Bestimmung ergebenden Verantwortlichkeit, zum Ersatz des aus der Befolgung des Rates oder der Empfehlung entstehenden Schadens nicht verpflichtet. Doch spielt § 675 II BGB heute praktisch keine Rolle mehr.

9   Die **Rechtsprechung** hat die Voraussetzungen der Haftung für **Rat** weiter präzisiert, stellt die **Auskunft** (Tatsachenmitteilung) dem Rat gleich, RG **148**, 293, BGH BB **63**, 1076, und macht keinen wesentlichen Unterschied mehr zwischen positiv erteiltem unrichtigen Rat und unrichtiger oder überhaupt mangelnder **Aufklärung**. Sie nimmt nämlich Aufklärungs-, Auskunfts- und Beratungspflichten **pragmatisch** je nach den Umständen an und stützt diese dann (vielfach miteinander austauschbar) auf (Auskunfts-)Vertrag (s Rn 13), Geschäftsverbindung, Verschulden bei Vertragsverhandlungen oder unerlaubte Handlung (s Rn 17–18).

10   Die neuere **Lehre** und der Sache nach auch die neuere Rspr vor allem zur Prospekthaftung sehen den Haftungsgrund in einer **Vertrauens- und Berufshaftung** (s Rn 22), was Konsequenzen für die Einbeziehung Dritter in den Schutzbereich der Auskunft und Beratung (dazu **(7)** Bankgeschäfte Rn A/30–35) hat.

11   **Inhalt und Umfang der Haftung** bestimmen sich heute weitgehend **unabhängig davon, welche Haftungsgrundlage** der Haftung gewählt wird (s Rn 23–40).

12   Entsprechende Haftung aus Erteilung einer erkennbar wichtigen **Bescheinigung** an X auf Veranlassung des Y, BGH BB **67**, 1450, aus **Gutachten** und **Testat**. Haftung gegenüber Dritten aus grob unrichtigem (Dienstleistungs-)

1. Abschnitt. Allgemeine Vorschriften 13, 14 § 347

Zeugnis mangels Warnung, BGH **74**, 281. Neuerdings auch **Prospekt**haftung bei PublikumsGes, s Anh § 177a Rn 60. Auskunft und Rat durch **Banken** s **(7)** Bankgeschäfte Rn A/14–29, **(8)** AGB-Banken Nr 2, 3 F.

B. **Haftung aus Vertrag:** Grundlage der Haftung für Schaden aus Rat, 13 Empfehlung, Auskunft kann ein Vertrag sein, dessen Haupt- oder Nebenpflicht auf eine einmalige oder dauernde Rat- oder Auskunftserteilung geht:

a) Ein **Auskunftsvertrag** (s auch Rn 14; in der Sache oft fiktiv, s Rn 22) auf die (konkrete, einmalige) Erteilung des Rats oder der Auskunft kann **auch konkludent** (stillschweigend) zustandekommen, besonders wenn (1) der Befragte zur Auskunft durch (tatsächliche oder vorgegebene) Sachkunde besonders geeignet ist, (2) die Auskunft für den Frager, dem Befragten erkennbar, von wesentlicher Bedeutung ist, zB als Grundlage beabsichtigter Vermögensdisposition, erst recht wenn noch (3) der Auskunftgeber selbst wirtschaftlich interessiert ist; das Fehlen sonstiger vertraglicher Beziehungen und der Berechnung einer Gebühr schließt einen derartigen haftungsbegründeten Auskunftsvertrag nicht aus; entscheidend sind aber die Gesamtumstände; stRspr, BGH **7**, 374, **74**, 106, **100**, 118 (Anlagevermittler), **158**, 116, NJW **70**, 1737, **79**, 1596, **86**, 181, WM **86**, 517 („bankgeprüfte" Investition), NJW **89**, 1029 (nicht schon aus Herstellergebrauchsanweisung), **89**, 2884 (Kreditablösung, iErg abl), **92**, 2080 (iErg abl), 3167 (unter Aktienzeichnern), **02**, 2641 (Anlagevermittler), WM **92**, 1246 (ausnahmsweise auch zwischen (Baustoff)Hersteller und Endabnehmer), **93**, 1238, **00**, 426, **05**, 1219 (Anlagevermittler), **09**, 400 (nur technische Funktionen beim Anlagebetrieb, iErg abl). Auskunftsvertrag unmittelbar **mit Dritten** s Rn 19. **Beispiele:** zwischen Bank und Kunde/Nichtkunde, der zB nach Kreditwürdigkeit eines Kunden fragt oder Kenntnisse und Verbindungen der Bank für seine Anlageentscheidung in Anspruch nehmen will, BGH **100**, 117, WM **58**, 1080, NJW **70**, 1737, **72**, 1200; für zwei Banken BGH NJW **90**, 513; für Rechtsanwalt, Notar, Wirtschaftstreuhänder BGH **7**, 375, NJW **72**, 680, auch wenn Anlagevermittler zugleich als selbstständiger „Repräsentant" einer Bank auftritt, BGH NJW **07**, 1362, 3701; für telefonische Auskunft eines Steuerberaters, BGH NJW **09**, 1141. Geltung von **(8)** AGB-Banken (vgl dort Nr 1, 2) bei solchem (Nur-)Auskunftsvertrag mit Nicht-Bankier-Anfrager (Nichtkunde) idR nur bei besonderer Bezugnahme, mit Bankier-Anfrager (auch als Vertreter eines Dritten) ohne sie, BGH WM **70**, 632, **72**, 1201. Unerheblich ist, ob der die Auskunft Erteilende von der Bank ausdrücklich zu Auskünften ermächtigt ist; es genügt, dass er mit ihrem Wissen Tätigkeiten ausübt, die die Auskunfterteilung umfassen, BGH WM **73**, 635. Die Erklärung, die Auskunft sei „unverbindlich", hindert idR nicht Annahme des Auskunftsvertrags, bedeutet nur Freizeichnung von Haftung, soweit zulässig, BGH WM **70**, 1022, **73**, 636. Lit: Musielak WM **99**, 1593.

b) Bei der eigentlichen **Beratung** (bei Banken auch ohne Vergütung, Celle 14 WM **08**, 1270) ist die Rat- oder Auskunftserteilung Hauptpflicht aus einem **Beratungsvertrag** (häufig, aber nicht notwendig Dauerschuldverhältnis), zB Anlage- oder Finanzierungsberatungsvertrag, BGH **156**, 371, NJW **08**, 3701, Lang WM Sonderbeil 9/**88**, 18, Raeschke-Kessler WM **93**, 1830 oder Steuerberatervertrag. Je nach Abrede Einmal- oder Dauerberatung, einfacher Beratungsvertrag beinhaltet keine fortdauernden Überwachungspflichten, BGH NJW **06**, 2041. Denkbar sind auch andere Verträge, in denen die Beratung eine Hauptpflicht unter mehreren ist, zB Werbeberatung durch Werbeagentur, BGH **61**, 120 (Haftung wegen Nichtunterrichtung über rechtliche Schranken der Werbung, bei Schaden Beweislast der Agentur dafür, dass Partner bei solcher Warnung nicht anders gehandelt hätte). Auch selbstständiger Beratungsvertrag neben anderem Vertrag ist möglich, BGH **140**, 111 (Steuersparimmobilienkauf), **156**, 371 (Immobilienrentierlichkeitsberechnung), NJW **03**, 1811, **04**, 1868 (Empfeh-

§ 347 15–17   IV. Buch. Handelsgeschäfte

lung von Bauherrnmodell durch kreditgebende Bank), **05,** 820, 983; bei Kauf aber nur, wenn die Beratung deutlich über bloße Beratung über sachgemäße Anwendung der Ware hinausgeht, BGH NJW **99,** 3192, **04,** 2301, WM **08,** 1590 (fehlerhaftes Berechnungsbeispiel bei Anlageimmobilie). Abonnement eines (privaten) **Börsendienstes** mit Anlageempfehlungen ist **gemischter Vertrag** (Kauf und entgeltliche Beratung); Haftung des Herausgebers bei fahrlässiger Empfehlung, BGH **70,** 360; Köndgen JZ **78,** 389, Hopt FS Fischer **79,** 237, aA Schröder NJW **80,** 2279. **Vermögensverwaltungsvertrag** s **(7)** Bankgeschäfte Rn U/1. Lit: von Hertzberg 1987.

15   c) Die Erteilung von Rat oder Auskunft kann auch **Nebenpflicht aus Kauf oder einem anderen Vertrag** sein. Bsp: Auskunft bei Wertpapierkauf, RG **126,** 52; Rat betr Stundung bei Inkassoauftrag an Bank, BGH **13,** 200; Auskunft über Steuersituation bei Herausstellen von Steuervorteilen des Geschäfts, Haftung nach § 278 BGB auch für besonders fachkundigen Verhandlungsgehilfen, BGH **114,** 268; Immobilienverkauf (Finanzierung, Wiederverkäuflichkeit), BGH WM **05,** 69. In diesen Fällen uU nach § 249 BGB Anspruch des falsch Beratenen auf Freistellung von Pflichten aus dem Hauptgeschäft, Ergebnis ähnlich Anfechtung dieses wegen Täuschung (§ 123 BGB), aber Fahrlässigkeit ausreichend, kurze Frist (§ 124 BGB) unanwendbar, BGH NJW **62,** 496, **68,** 986, **74,** 852; Larenz FS Ballerstedt **75,** 397.

16   C. **Haftung aus Gesetz:** Haftungsgrundlage kann auch

a) die **Geschäftsverbindung** (Einl 3 vor § 343) sein. Aus dem durch diese begründeten Vertrauensverhältnis folgt die Nebenpflicht, richtig und vollständig Auskunft zu geben (zB zwischen Bank und Kunden, zwischen zwei Banken), RG **126,** 52, BGH **13,** 200, **49,** 168, LM § 157 BGB (Ga) Nr 3, WM **56,** 1056, BB **69,** 382. Das gilt bereits für das erste Geschäft bei Beginn der Geschäftsverbindung, BGH WM **76,** 630; die Geschäftsverbindung, die man als „geschäftlichen Kontakt" iSv § 311 II Nr 3 BGB verstehen kann, erweist sich dabei als rechtliche Sonderverbindung der gleichen Art wie die eigentlichen Fälle des Verschuldens bei Vertragsverhandlungen (§§ 280, 311 II Nr 1 und 2, 241 II BGB, Kodifizierung der culpa in contrahendo durch das SMG). Die Geschäftsverbindung ist ein gesetzliches Schuldverhältnis, das vertragsähnlich begründet wird und für das § 278 BGB gilt, also zB Haftung der Bank für Fahrlässigkeit jedes Angestellten, zB BGH **49,** 170; Haftung unter Heizölfirmen A, B in 10-jähriger Verbindung mit über die Warengeschäfts-Abwicklung hinausgehender Hilfeleistung (zB: Aushelfen mit Waren, gegenseitiger Kundenschutz, gelegentlich Gespräch über Bonität von Kunden), wenn A der B einen Kunden zuführt und als gut bezeichnet, den sie selbst wegen seiner Schulden nicht mehr beliefert, BGH BB **69,** 382. Auskunftsanspruch, soweit notwendig und zumutbar, allgemeiner bei **gesetzlichen Schuldverhältnissen,** BGH **81,** 24, **95,** 287, **126,** 113, **152,** 316, NJW **07,** 1806.

17   b) Während die Rspr vor allem für Rat und Auskünfte von Banken (ua aus historischen Gründen) die Geschäftsverbindung als Haftungsgrundlage bevorzugt, greift sie neuerdings häufiger auf Verschulden bei Vertragsverhandlungen **(§§ 280, 311 II Nr 1 und 2, 241 II BGB)** zurück, zB für die **Eigenhaftung des Vertreters (§ 311 III 1, 2 BGB),** s Überbl 9 vor § 48, des Kapitalanlagevermittlers, BGH **74,** 108, des Vermittlers von Warentermingeschäften (auch wenn nicht Kommission, sondern Kauf), BGH **80,** 80, des GmbHGeschäftsführers, BGH **87,** 32; aber keine eigene Haftung unselbstständig auftretender Hilfspersonen, Brem WM **90,** 1703; s auch **Prospekthaftung** bei PublikumsGes Anh § 177 a Rn 60. Sieht man die Geschäftsverbindung als „ähnlichen geschäftlichen Kontakt" iSv § 311 II Nr 3 BGB an (s Rn 16), verliert die Abgrenzung zu den unmittelbar auf Vertragsverhandlungen bzw die Vertragsanbahnung bezogenen Fallgruppen (§ 311 II Nr 1, 2 BGB) wegen der grundsätzlich identischen

1. Abschnitt. Allgemeine Vorschriften 18, 19 § 347

Rechtsfolgen (Verweisung auf § 241 II BGB) an Bedeutung; eine Abstufung der Schutzpflichten nach der Intensität des geschäftlichen Kontakts bleibt aber möglich.

c) Haftung aus **unerlaubter Handlung** (für Bank s (7) Bankgeschäfte Rn A/ 18 35): **§ 823 II BGB** iVm Schutzgesetz, zB § 264a StGB (Kapitalanlagebetrug), BGH **116**, 7; in der Rspr **zunehmend wichtiger § 826 BGB:** vorsätzliche (auch bedingt) sittenwidrige Schädigung (auch wer sich der Kenntnis bewusst verschließt, Schluss von sittenwidrigem, bedenken- und gewissenlosem Verhalten auf Schädigungsvorsatz), BGH **129**, 175, WM **08**, 1256, zu weite Ausdehnung aber fiktiv und wegen Verlusts des Haftpflichtversicherungsschutzes nach §§ 152 aF, 103 nF VVG problematisch. Bsp: Vorstand beeinflusst vorsätzlich (auch Eventualdolus) unlauter das Sekundärmarktpublikum durch wiederholte grob unrichtige ad-hoc-Mitteilung, BGH **160**, 134, 149, NJW **04**, 2668 **(Infomatec)**, **05**, 2450 **(EM.TV)**, näher (16) WpHG Einl 13, 23 vor § 1. Bank rät A, gefährlichen Kredit an B zu gewähren, um eigene Forderung gegen B zu stärken, BGH **13**, 202; BGH NJW **92**, 3167 (unter Aktienzeichnern); grob anstößiges, gewerbsmäßiges Ausnutzen des eigenen Wissens- und Erfahrungsvorsprungs unter Zuschieben des ganzen Verlustrisikos an andere (zB bei Warentermin- oder Aktienoptionen), BGH NJW **82**, 2816, **91**, 1107. Der wissentlich falschen Auskunft steht gewissenlos leichtfertige gleich (ins Blaue hinein), BGH **159**, 12, NJW **86**, 181, **91**, 3282 (iErg abl), Ffm WM **89**, 1618 (Bilanztestat). Voraussetzung der Haftung: Handlung des Kaufmanns selbst, gesetzlichen Vertreters, „verfassungsmäßig berufenen" Vertreters (§ 31 BGB, dazu § 124 Rn 26), zB phG einer Bank, BGH WM **74**, 153, Bank-, Auskunftei-Filialleiters oder gleichzustellenden leitenden Angestellten, BGH **13**, 203, **49**, 21; für andere Hilfspersonen nach § 831 BGB, also Entlastungsmöglichkeit außer bei Organisationsmangel, vgl § 124 Rn 28. Auch der gesetzliche Vertreter, zB GmbHGeschäftsführer, kann selbst nach § 826 BGB haften, BGH **124**, 162, NJW **02**, 2777, oder wegen Beihilfe dazu (§§ 830, 840 BGB), BGH WM **05**, 28.

D. **Dritthaftung:** Praktisch wichtig, aber dogmatisch noch unsicher ist die 19 Erstreckung des Schutzes gegen unrichtigen Rat und Auskunft auf Dritte, die darauf vertrauen und Schaden erleiden. Der Deliktsrechtsschutz gilt als zu eng (kein allgemeiner Vermögensschutz, § 831 BGB, Beweislast). Die Rspr scheut sich bisher, offen direkte Beziehungen zwischen Auskunftsgeber und Drittem aus gesetzlicher Sonderverbindung (s Rn 22) anzunehmen, sondern arbeitet (iErg häufig ähnlich) mit Vertragskonstruktionen, dazu RsprÜbersicht Zugehör NJW **00**, 1601:

a) Ein **Auskunftsvertrag** kann auch unmittelbar **mit Dritten** zustandekommen (s Rn 13), in aller Regel aber mangels eigener Gewährübernahme nicht gegenüber offenem Adressatenkreis. Bsp: bei Teilnahme eines sachverständigen Dritten an Vertragsverhandlung als neutrale Person oder auf Verlangen der Gegenpartei, bei Übernahme eigener Verantwortung wie Nachprüfungen der Aussagen der eigenen Partei, BGH NJW **92**, 2082; bei Vorlage einer Bankbescheinigung an Dritten, BGH NJW **99**, 211 LS (s auch Rn 21). Bei für Bankkunden eingeholter **Bank-zu-Bank-Auskunft** kommt es zwar auf den jeweiligen Erklärungswert der Auskunft an (Auftrag, Wortlaut der Auskunft ua, §§ 133, 157 BGB), Lang WM **88**, 1007; idR ist aber Vertrag zwischen den beteiligten Banken gewollt, BGH WM **91**, 1629, aber BGH WM **74**, 685. Doch bleibt dann immer noch Vertrag mit Drittschutzwirkung möglich (s Rn 21). Bei Auskunftsvertrag „im Kundeninteresse" zwischen den Banken kann der Schutz auf Kunden beschränkt sein (also ohne Eigengeschäfte der die Auskunft einholenden Bank), BGH WM **91**, 1629, Breinersdorfer WM **92**, 1557. **Nicht:** bei Gebrauchsanweisung des Herstellers für Endabnehmer, BGH ZIP **89**, 317 (nach § 434 I 3, II 2 BGB können Äußerungen und Montageanleitung des Herstellers aber für die

§ 347 20, 21 IV. Buch. Handelsgeschäfte

Sachmängelhaftung des Verkäufers Bedeutung erlangen, s Überbl 2, 36 vor § 373); „Auskunft an den, den es angeht", BGH NJW **79,** 1595 (am Kapitalmarkt verbreitete Bankauskunft), NJW **83,** 276 (Versicherungsbestätigung); mit unselbstständig auftretenden Hilfspersonen (nur § 278 BGB), zB bei Weitergabe von Umsatz- und Gewinnzahlen durch Steuerberater als verlängerter Arm des Unternehmensverkäufers, BGH NJW **86,** 180, besonders wenn auch die Gegenpartei Berater bezieht, BGH NJW **92,** 2081; Wirtschaftsprüfertestat, BGH NJW **73,** 322, Saarbr BB **78,** 1434 (aber Rn 21).

20   **b) Eigenhaftung des Vertreters** (§ 311 III 1, 2 BGB) und **Prospekthaftung** führen der Sache nach ebenfalls zu einer Dritthaftung (s Rn 17, 22), erstere zB bei Zuziehung einer Vertrauensperson zu Verhandlungen, letztere zB hinsichtlich berufsmäßiger Garanten (s Anh § 177 a Rn 63). Für fehlerhafte Anlageberatung namens einer Ges haftet der Berater also idR nicht persönlich, BGH NJW **90,** 389 (GmbHGeschäftsführer), Kblz WM **03,** 186, anders zB bei persönlicher Information durch Organvertreter einer kapitalsuchenden Ges gegenüber Anlageinteressenten, BGH WM **08,** 1545 m Anm Mülbert/Leuschner JZ **09,** 158, weitergehend Kersting JR **09,** 221. Gerichtliche Sachverständige haften den Verfahrensbeteiligten nur bei grober Fahrlässigkeit und gerichtlicher Entscheidung (**§ 839 a BGB**), auch Zwangsversteigerungsverfahren, nicht aber bei Vergleich, BGH **166,** 313, § 826 BGB bleibt unberührt, Thole 2004, Kilian VersR **03,** 683, Spickhoff FS Heldrich **05,** 419.

21   **c)** Da direkte Vertragsbeziehungen mit Dritten häufig fiktiv sind, zieht die Rspr **abgeleitete Beziehungen vertraglicher Art** vor. Eine **Drittschadensliquidation,** die vereinzelt für möglich gehalten wird, zB für Bank-zu-Bank-Auskunft bei mittelbarer Stellvertretung, BGH NJW **72,** 1201, ist jedoch **nicht** möglich. Grund: Risikohäufung (zB Bank und Bankkunde), nicht bloße Risikoverlagerung. Möglich ist **aber** ein **Vertrag mit Schutzwirkung für Dritte,** und zwar grundsätzlich (nicht immer) trotz Gegenläufigkeit der Interessen des Auftraggebers und des Dritten, heute hL, stRspr (§ 328 BGB analog, vorvertraglicher Drittschutz nach § 311 III 1 BGB). Dabei ist aber nicht ein abgeleiteter, sondern ein **eigener Anspruch des Dritten** anzunehmen (deshalb richtiger Rn 22, dafür spricht jetzt auch § 311 III 2 BGB, mit dem der Gesetzgeber des SMG der Rechtsprechung gerade eine Alternative zur Annahme eines Auskunftsvertrages aufzeigen wollte, BT-Drucks 14/6040 S 163, MüKoBGB/Emmerich § 311 Rn 231, enger AnwaltsKomm/Krebs § 311 Rn 49, 54). ZB Vermögensübersicht eines **Wirtschaftsprüfers** im Auftrag des Kreditnehmers für Bank, BGH WM **86,** 711; zur Vorlage bei Kreditgeber, BGH NJW **87,** 1758, WM **89,** 375, **93,** 897; Prüfung von für Anleger bestimmten Prospektangaben (s Rn 29), BGH NJW **04,** 3420 (neben Prospekthaftung, Anh § 177 a Rn 63); von Steuerberater erstellter Jahresabschluss zur Vorlage an Kreditinstitut, BGH NJW **97,** 1235; Prüftestat über Kontenkontrolle bei Kapitalanlagemodell, BGH **145,** 187; Ankündigung eines unrichtigen Pflichttestats gegenüber Dritten als Entscheidungsgrundlage für Anteilserwerb (keine Sperrwirkung von § 323, s dort Rn 8), BGH **138,** 257, aber keine Schutzwirkung des Prüfungsvertrags mit Bestätigungsvermerk im Verkaufsprospekt für Börsengang einer AG, BGH **167,** 155 (III ZS, näher § 323 Rn 8), also strenge Voraussetzungen für Drittschutzwirkung (gilt auch für Annahme eines Auskunftsvertrags des Abschlussprüfers gegenüber Anlagevermittler), BGH WM **07,** 1503, 1507, DB **07,** 2703, NJW **09,** 512 (s auch unten zu Wirtschaftsprüfertestaten), dann auch nicht bei freiwilliger Jahresabschlussprüfung, BGH **167,** 163, WM **06,** 423,; Grundstückswertgutachten zur Vorlage bei Kreditgeber oder Erwerber, BGH **127,** 378, **159,** 1, NJW **82,** 2431 u WM **85,** 450 („dänischer Konsul"), NJW **84,** 355, **98,** 1059; Bausachstandsbericht des Bauherrnarchitekten an Veräußerer (zugunsten der Erwerber), wenn als Grundlage für Ratenauszahlung der Bank, BGH NJW **09,** 217; Schutz der Gfter bei Gutachten des Steuerberaters einer OHG, BGH NJW **88,** 556, BB **93,** 244; eines Wirtschaftsprüfers oder Rechtsanwalts für KapitalGes, BGH NJW **83,** 1054, **00,** 725, Düss ZIP **85,** 1394; Arzt als Versicherungsgutachter, BGH NJW **02,** 3625; Baufortschrittsanzeige eines Architekten als Kreditgrundlage, Hamm WM **87,** 851; BGH NJW **91,** 352 (iErg abl); auch nicht öffentlichrechtlich bestellter Bodensachverständiger, BGH NJW **01,** 516 (Vertrag mit Schutzwirkung für Dritte, dann auch ohne Vertrauenstatbestand); nicht Sonderprüfer nach KWG, BGH NJW **01,** 3117 m krit Anm Kannowski/Zumbansen 3102, da nur intern für BaFin bestimmt. Drittschutzwirkung ist auch bei **Bankauskunft** möglich, auch bei Bank-zu-Bank-Auskunft (s Rn 19), aber nur, wenn die Auskunft ersichtlich im Interesse des Dritten bzw Bankkunden eingeholt wird (nach heutiger Bankpraxis klarzustellen, s **(7)** Bankgeschäfte Rn A/15), BGH **133,** 36, WM **90,** 1991). Ein besonderes Interesse des Auskunftsempfängers am Schutz des Dritten (**Fürsorgepflicht,** für Wohl und Wehe verantwortlich) ist **nicht nötig,** BGH NJW **84,** 356. Der Sachverständige muss nur die Bestimmung der Auskunft für die Dritten kennen, nicht auch ihre Zahl und Namen; vielmehr genügt, dass die zu schützende Personengruppe objektiv abgrenzbar ist; eine Drittschutzpflicht darf aber den Sachverständigen nicht mit unzumutbaren Risiken belasten, BGH **138,** 262. Entscheidend ist die konkrete **Gewährübernahme,** die nur bei Teilnahme am rechtsgeschäftlichen Verkehr, nicht bei privaten Äußerungen vorliegt. Leitgedanke: keine Ausweitung des Haftungsrisikos, wenn nicht mehr kalkulierbar, BGH **159,** 9. In **Grundstückserwerbsfällen** droht eine solche **Schadenshäufung** nicht, wenn allein der erste Erwerber in der Kette geschützt wird; auch nicht in Anleihefällen bei namentlich nicht bekannter Vielzahl privater Kreditgeber oder Kapitalanleger, wenn der Gutachter mit Vorlage an sie rechnen musste, BGH **159,** 1 (X ZS), NJW **04,** 3703 LS, Grund: Eingrenzung durch Grundpfandrechtssicherung. In **Kreditfällen** beschränkt sich der Schutz auf die konkret anstehenden Kreditgeber, auch mehrere, auch die Kreditbürgen, BGH NJW **98,** 1059; beliebige künftige sind nicht geschützt (s aber zuvor zur Schadenshäufung). Bei **Wirtschaftsprüfertestaten** sind nicht beliebige Dritte am Kapitalmarkt geschützt (näher schon oben), außer wenn sie mit dem Testat zum Beitritt geworben werden (Prospekthaftung, s Anh § 177 a Rn 60, 63, 64). Einwände aus dem Vertrag selbst, zB arglistige Herbeiführung des Gutachtens durch den Verkäufer, treffen den Dritten entgegen § 334 BGB nicht (stillschweigende Abbedingung), BGH **127,** 378, NJW **98,** 1059, str, iErg zutr, aber richtiger s Rn 22). Abredewidrige oder sonst missbräuchliche Verwendung der Auskunft bzw des Testats beseitigt die Haftung grundsätzlich nicht, Canaris ZHR 163 **(99)** 206 (239), aber Einschränkung der Gewährübernahme und **Freizeichnung** bei Dritthaftung ist möglich und dringend anzuraten (s Rn 38). Lit: Kersting 2007; Esser/Lobe/Röder 2008 (Fairness Opinion); Schulze JuS **83,** 81, Hopt FS Pleyer **86,** 350 u NJW **87,** 1745 (Wirtschaftsprüfer), Lang WM **88,** 1001 u WPg **89,** 57 Ebenroth/Daum WM Sonderbeil 5/92 (Rating), Canaris JZ **95,** 441 (Gegenläufigkeit der Interessen), **98,** 603, Canaris, Schneider, Bosch ZHR 163 **(99)** 206, 246, 274, Canaris FS Schimansky **99,** 43 (Finanzierungsbestätigung), Zugehör WM Sonderbeil 4/**00,** 32, Möllers JZ **01,** 909 (Wirtschaftsprüfer), Schiessl ZGR **03,** 850 (fairness opinion), Finn NJW **04,** 3752, Koch WM **05,** 1208 (third party legal opinion), Krämer in Marsch-Barner/Schäfer, Hdb börsennotierte AG 2005, § 9, Lobe/Essler/Röder WPg **07,** 468 (fairness opinion, Praxis), Zugehör NJW **08,** 1105 (krit zu Uneinheitlichkeit der Senate); s auch bei Rn 22 und § 323 Rn 8.

E. **Vertrauens- und Berufshaftung:** Dogmatisch wird die Haftung zunehmend der Vertrauenshaftung, Canaris ZHR 163 **(99)** 206 (220, dritte Spur zwischen Vertrags- und Deliktshaftung, Dritthaftung aus culpa in contrahendo, seit SMG § 311 III 2 BGB), MüKoBGB/Emmerich § 311 Rn 164, 195, und, 22

§ 347 23
IV. Buch. Handelsgeschäfte

soweit Rat und Auskunft beruflich erteilt werden, der Sachwalter- und Berufshaftung (Kriterium: **selbstständiges berufliches Auftreten am Markt**) zugeordnet, was gegenüber culpa in contrahendo keinen Gegensatz, sondern eine Konkretisierung des Inhalts des gesetzlichen Schuldverhältnisses (§ 241 II BGB) darstellt. Das erleichtert zugleich eine sachgerechte Einbeziehung der **geschädigten Dritten** (Kriterium: **berufliche Gewährübernahme**) in den Schutzbereich der Aufklärungs-, Auskunfts- und Beratungspflichten statt fiktiver Auskunftsverträge, Vertrag mit Schutzwirkung zugunsten Dritter oder Drittschadensliquidation (s Rn 19–21) und erklärt, warum ihre Ansprüche selbstständig (nicht von dem Hauptvertrag abhängig, s Rn 21) sind. Die Haftungsgründe (Vertrag, Geschäftsverbindung, Delikt, s Rn 13–18) verlieren dabei zugunsten des Haftungsstandards (s Rn 23–40) an Bedeutung. Aus der Rspr: BGH **70,** 360 (Börsendienst), **74,** 103 (Kapitalanlagevermittler), **74,** 281 (Zeugnis, eingeschränkte Fahrlässigkeitshaftung iVm § 278 BGB aus rechtlicher Sonderverbindung außerhalb Delikt und Vertrag), **145,** 187 (Wirtschaftsprüfer), NJW **79,** 1595 u **83,** 276 (Auskunft an offenen Adressatenkreis), **96,** 2928 („Berufshaftung" für Rechtsanwälte, Sachverständige, Steuerberater, Wirtschaftsprüfer). RsprÜbersicht: Zugehör NJW **00,** 1601 (berufliche Dritthaftung von Anwälten, Steuerberater, Wirtschaftsprüfern, Notaren). Lit: s schon Rn 21; Assmann, Prospekthaftung, 1985 (kapitalmarktbezogene Verkehrspflichten); Hirte, Berufshaftung, 1996, Karampatzos 2005, Büttner 2006, Kersting 2007, Sprenger 2008 (international); Lorenz FS Larenz **73,** 575 (Kreditauskunft); Hopt, Kapitalanlegerschutz (Banken), 1975 u FS Fischer **79,** 237 (Anlageberater), AcP 183 **(83)** 705 (Berufshaftung), FS Pleyer **86,** 350 (Wirtschaftsprüfer), FS Gernhuber **93,** 169; Mertens AcP 178 **(78)** 227 (Fortentwicklung des § 823 BGB), Lammel AcP 179 **(79)** 337 (allgemeine berufliche Auskunftshaftung aus Gesetz), Hohloch NJW **79,** 2369 (Vertrauenshaftung), Grunewald JZ **82,** 627 (Fachleutehaftung), Lang WM **88,** 1006 (berufliches Handeln am Markt), Damm JZ **91,** 373 (Expertenhaftung), Lang WM Sonderbeil 4/**00** (Steuerberater), Ganter WM Sonderbeil 6/**01** (Rechtsanwälte), Lang AcP 201 **(01)** 451, Hopt/Voigt WM **04,** 1801. Ebenso **(13)** DepotG § 31. Bankenhaftung s **(7)** Bankgeschäfte Rn A/29 und vor U/1.

4) Rat, Auskunft, Aufklärung, Zeugnis, Prospekt: Verhaltenspflichten, Haftungsfolgen

23 A. **Eigenverantwortung und Aufklärungspflichtigkeit: a)** Im Geschäftsverkehr muss sich grundsätzlich jeder selbst vergewissern, ob ein Vertrag für ihn von Vorteil ist, BGH **158,** 119 (aber s Rn 30); keine Aufklärungspflicht (zu unterscheiden von positiver Falschinformation) hat also zB Verkäufer (auch bei Finanzierungsberatung) über Wirtschaftlichkeit des Erwerbs und Angemessenheit des Kaufpreises, BGH NJW **05,** 983, **08,** 507; der Vermieter von Gewerberaum über Konkurrenzschutzklausel mit Dritten, BGH NJW **82,** 376; der einen Rabatt einräumende Händler über Senkung des Herstellerlistenpreises nach Vertragsverhandlungen, aber vor Unterzeichnung, BGH NJW **83,** 2493; der Kfz-Käufer über Wiederverkaufsabsicht (Vertriebsbindung), BGH **117,** 280; der Gläubiger bei Bürgschaftsabschluss, s **(7)** Bankgeschäfte Rn A/25; der Bankkunde über allgemeine Einkommens- und Lebensrisiken, s **(7)** Bankgeschäfte Rn G/8; der Leasinggeber über Inhalt und Folgen des Leasing, s **(7)** Bankgeschäfte Rn P/5 ff; der Bieter hinsichtlich der Kalkulation, BGH **139,** 188 (mit Grenzen). Beim Unternehmens- und Unternehmensanteilskauf soll Verkäufer eine gesteigerte Aufklärungspflicht haben, BGH NJW **01,** 2163, iErg richtig (drohende Zahlungsunfähigkeit), aber LS in dieser Allgemeinheit nicht unproblematisch, Käufer muss sich in erster Linie selbst kümmern (eigene Fragen, due diligence, Einl 46 vor § 1, Überbl 3 vor § 373), BGH NJW **02,** 1042 (iErg abl), anders bei Mitteilung unrichtiger Unternehmenskennzahlen, Mü ZIP **06,** 1911 LS. Insbesondere besteht grundsätzlich keine Aufklärungs- und Warnpflicht über einen

1. Abschnitt. Allgemeine Vorschriften 23 § 347

auf bestimmte Aufgaben beschränkten Auftrag hinaus, BGH **128**, 358 (Steuerberater, aber s sogleich b). Eigenverantwortung übernimmt auch ein Kunde, der sich gegenüber der Bank **als erfahren** und nicht aufklärungsbedürftig **geriert,** BGH **142**, 355 oder der mit einem **Discount-Broker,** der sich ohne individuelle Aufklärung nur an gut informierte und erfahrene Anleger wendet, abschließt, BGH **142**, 345 (s **(16)** WpHG Einl 19 vor § 1). Nicht aufklärungsbedürftige Kunden brauchen nicht vor sich selbst geschützt zu werden, BGH **147**, 349 (zu **(16)** WpHG § 31 I Nr 1), die Bank darf auch objektiv unvernünftige Aufträge hinreichend informierter Kunden ausführen, BGH **147**, 349. Dieser Grundsatz der Eigenverantwortung ist jedoch heute vielfach durchbrochen.

b) Bestand und Intensität der Pflichten hängen insbesondere von der **beruflichen Sachkunde** des einen und der **Aufklärungsbedürftigkeit** des anderen ab, BGH NJW **82**, 2816 (Ausnutzung des eigenen Wissens- und Erfahrungsvorsprungs auf Kosten unerfahrener, auf Fairness angewiesener anderer), BGH **72**, 92 (stille Beteiligungen von Arbeitnehmern an Arbeitgeberfirma), NJW **81**, 1440 (Kfm, mittelständischer Unternehmer), WM **86**, 1047 (Organmitglied), **87**, 103 (auch ehemaliger Rechtsanwalt und Notar, aber nach Aufklärung nicht erneut für Folgegeschäft), **88**, 41 (nicht aufklärungsbedürftige Bank), NJW **91**, 1106 (VersVertreter), WM **92**, 432 (Mitarbeiter des Vertreibers), BGH **117**, 135 (erfahrener Anleger in Optionen), ZIP **03**, 2242 (auch Wirtschaftsprüfer), NJW **04**, 3628 (auch Rechtsanwalt und Notar bei Börsentermingeschäften). Warnpflicht eines bei Unternehmenskauf zugezogenen Steuerberaters, BGH WM **84**, 465, ganz ausnahmsweise auch außerhalb seines Auftrags, Voraussetzungen: Fehlentscheidung des Mandanten für durchschnittlichen Berater auf den ersten Blick ersichtlich und positive Kenntnis der Sach- und Rechtslage seitens des Beraters persönlich, BGH **128**, 358; uU sogar Warnung vor wirtschaftlicher Fehlentscheidung, BGH WM **87**, 662. Vom Anlageberater kann der Aufklärungsbedürftige mehr erwarten als vom normalen Anlagevermittler, BGH NJW **82**, 1096, WM **93**, 1238. Die Aufklärung muss der Aufklärungsbedürftigkeit entsprechen. Eine Bank (nicht ohne weiteres auch ein Berater im erweiterten Familienkreis, BGH WM **07**, 1020) muss daher bei der Anlageberatung den ggf zu erfragenden Wissensstand des Kunden über Anlagegeschäfte der vorgesehenen Art und dessen Risikobereitschaft berücksichtigen **(anlegergerechte Beratung),** und das danach empfohlene Anlageobjekt muss dem Rechnung tragen **(objektgerechte Beratung),** BGH **123**, 126 **(Bond),** Heinsius ZBB **94**, 52, Rspr auch nach MiFiD relevant, Koller FS Huber **06**, 840, Veil WM **07**, 1821, Ellenberger FS Nobbe **09**, 523, aA Mülbert WM **07**, 1156; Rspr seit Bond Lang/Balzer FS Nobbe **09**, 639. Bei einem von einem Vermögensberater betreuten Kunden mit Vorwissen braucht die Bank bei der Anlageberatung nicht dessen Wissensstand zu erfragen, BGH NJW **96**, 1744; dagegen darf die Bank einen unerfahrenen Kunden nicht zur Aktienspekulation auf Kredit verleiten, BGH NJW **97**, 1361, und idR keine Risikoanlagen zur Altersversorgung empfehlen, Jena ZIP **05**, 1913. Auch Anleger mit hoher Kenntnis sind über ihnen bislang unbekannte Anlageformen zu unterrichten, BGH WM **08,** 725. Sorgfältige und eingehende Lektüre des Prospekts seitens der Anleger kann vorausgesetzt werden, BGH WM **08,** 726. Durchschnittsleser des Emissionsprospekts, KG WM **05**, 1748. Im Falle der Vertretung des Anlegers kommt es nicht auf seine Kenntnisse und Erfahrungen in Wertpapiergeschäften, sondern auf die seines Vertreters als Entscheidungsträger an, BGH **147**, 353. Zur objekt- oder produktgerechten Beratung gehören die speziellen Risiken der konkreten Anlageempfehlung (zB aus der Unternehmenssphäre, besondere Technik und Kosten des Geschäfts) ebenso wie die allgemeinen (zB Konjunktur, Börsen- und außerbörslicher Handel, Kurs-, Zins-, Währungsrisiko). Die Pflicht muss betrieblich und finanziell tragbar sein, vgl BGH **70,** 363 (Börsendienst, Überprüfung von Grundbesitz der empfohlenen

§ 347 24, 25   IV. Buch. Handelsgeschäfte

AG), LG Lüb NJW **82,** 1108 (keine Kuponkontrollpflicht des Pfandbriefschuldners). Die einzelnen Verhaltenspflichten sind ihrer Natur nach nicht abschließend festgelegt und werden heute von der Rspr rasch weiterentwickelt, s Rn 24 ff. Sie gehen aber grundsätzlich nicht soweit, dass die Bank bei einem ihr angetragenen Geschäft, dessen Risiko sie nicht abschließend beurteilen kann, den Geschäftsabschluss verweigern müsste; sie muss dann aber auf ihre fehlende Sachkunde hinweisen, BGH NJW **98,** 2675; Informationslücken s Rn 25.

24   B. **Verhaltenspflichten im Einzelnen:** RsprÜbersicht: Lang/Balzer FS Nobbe **09,** 639.

a) Pflicht zur **Wahrheit,** zB BGH **74,** 110, NJW **84,** 866 (Sicherung durch Anderkonto), WM **85,** 381 (Kreditauskunft, Bilanzvorlage), WM **06,** 2301 (Bezeichnung als „sichere" Anlage trotz Risikoprofil „gewinnorientiert" und „risikobewusst"); auch richtiges Rechtsanwaltskurzgutachten über Ges in unrichtigem Prospekt kann irreführen, BGH **77,** 177; auch schönende Erläuterung eines richtigen Prospekts, BGH WM **07,** 1606, 1608.

25   b) Pflicht zur **Vollständigkeit,** also Mitteilung aller entscheidungserheblichen Umstände, BGH **116,** 12, **145,** 198, WM **08,** 726, dazu gehören zunächst alle gesetzlich vorgeschriebenen Angaben, so bei Prospekten der Prospektinhalt nach **WpPG** 22. 6. 05 BGBl 1698 (s **(14)** BörsG Einl 15 vor § 1) und **VerkProspG** 9. 9. 98 BGBl 2701; ohne solche Gesetzesvorgaben nach der Rspr zB besondere Risiken einer Anlage wie Fehlen eines hinreichend breiten Sekundärmarktes mit realistischer Preisbildung (penny stocks), BGH NJW **91,** 1108, auch bei Immobilien-KG, BGH BB **07,** 465, sogar erschwerte Handelbarkeit nicht börsennotierter Aktien, Oldbg NJW-RR **03,** 179; Bilanzverluste, BGH NJW **73,** 456; ständig zunehmende, den Anfragezweck gefährdende Kreditüberziehung, BGH WM **74,** 686; erhebliche dingliche Belastungen, falls Grundbesitz erwähnt wird, BGH NJW **79,** 1596; Umfang von Abnahmezusagen, BGH NJW **83,** 1731; unbegrenzte Verlustübernahmezusage der AnlageGes, Stgt WM **05,** 2382; Fehlen einer ordnungsgemäßen Buchhaltung, BGH BB **84,** 653; Zweifel an Seriosität des vermittelten Optionspartners, BGH WM **84,** 767; schlechtes rating der Anleihe (s Rn 26); Zurückfließen wesentliche Teile des vom Anleger aufgebrachten Kapitals an den Initiator statt Verfügbarkeit für die beworbene Investition, BGH NJW **00,** 3346; Änderung der Marktverhältnisse vor Prospektherausgabe so, dass mangels zeitgerechter Projektumsetzung Investitionsmittel für Funktionsträger eingesetzt werden, BGH NJW **00,** 3346 (Kabelfernsehen); bei Immobilienanlageprospekt unmissverständliche Angaben über Wohnflächen und deren Berechnung, BGH **145,** 121; bei Prospekt über geschlossenen Immobilienfonds Risiken der nachhaltigen Einnahmenerzielung, BGH NJW **04,** 2228; unrealistische Rentabilitätsprognose (Mieteinnahmen, Unterhaltungskosten, Wiederverkauf), BGH **156,** 378, NJW **05,** 983; Sicherheitsabschlag bei Winderträgen, BGH WM **08,** 1116; bei Prospektangabe über eine Absicherung nähere Darlegung und uU Angabe der Gegenleistung, Mü WM **08,** 872 (Medienfonds); bei Kapitalanlagemodell Bestehen eines Verlustübernahmevertrags, BGH WM **08,** 391; bei Mietpoolvertrag nicht Verlustrisiken, BGH NJW **08,** 3059, 3060, aber Beteiligung am Leerstandsrisiko aller, BGH NJW **07,** 1874 und fehlende Einkalkulierung des Mietausfallrisikos, BGH NJW **08,** 649; bei Wohnungskauf Zinssubventionierung, falls nicht über die gesamte Laufzeit, BGH NJW **08,** 506; bei Wirtschaftsprüfertestat über Kontenkontrolle prospektwidrige Beschränkung des Kontrollauftrags auf einzelne Stufen des Kapitalanlagegeldflusses, Warnpflicht bei Unregelmäßigkeiten, BGH **145,** 187; besondere Risiken wegen Marktenge, BGH NJW **02,** 1868; Bestehen von relevanten **Informationslücken** (s auch Rn 27), BGH NJW **82,** 1096, WM **85,** 1530, WM **93,** 1238, Kblz WM **03,** 189, Stgt WM **07,** 593; Unterlassen mindestens einer Plausibilitätsprüfung der Unterlagen über in das Beratungsprogramm der Bank aufgenommene Anlagen,

1. Abschnitt. Allgemeine Vorschriften   26   § 347

BGH **100,** 117, **123,** 126, WM **00,** 426 (s Rn 27), bankübliche Überprüfung aber auch bei Bankempfehlung ohne solche Aufnahme; keine bloße Plausibilitätsprüfung bei Beratungsvertrag (s Rn 14, anders Rn 13), insbesondere bei ins eigene Anlageprogramm der Bank aufgenommenen Objekten (s Rn 27), BGH NJW 08, 3700 . Pflicht zum Hinweis auch auf **rechtliche Tatsachen,** Hbg WM **86,** 1431 (Steuerabsetzung), steuerliche Projektunsicherheit, BGH ZIP **03,** 1651 (GründungsKdtist), ernsthafte Auseinandersetzungen mit Aufsichtsbehörde, vgl Stgt WM **05,** 2382. **Kein Verstoß** ist idR Nichtweitergabe kritischer Pressestimmen in Branchendiensten, Stgt WM **06,** 1100; bloße Übergabe des Emissionsprospekts, in dem die Risiken dargestellt sind, ohne weitere Erläuterungen, anders bei Verharmlosung der Risiken, Stgt WM **06,** 1100. Für die Richtigkeit und Vollständigkeit kommt es nicht nur auf die (im Prospekt wiedergegebenen) Einzeltatsachen, sondern auch auf das erweckte **Gesamtbild** an, BGH NJW **82,** 2824, WM **08,** 726. Zu den Pflichten einer Emissionsbank bei Prognosen s **(14)** BörsG § 44 Rn 7; außerbörslich LG Ffm NJW **92,** 1460.

c) Pflicht zur **Klarheit,** äußerlich (zB in der drucktechnischen Präsentation)   26 und innerlich in der gedanklichen Ordnung, zB unmißverständliche Benachrichtigung über Verfall von Rechten aus Optionsscheinen (s **(8)** AGB-WPGeschäfte Nr 15 Rn 1), BGH **151,** 5, Klarheit über die „weichen Kosten" des Anlageprojekts, BGH NJW **04,** 2229, NJW **06,** 2042, WM **08,** 1205. Das gilt im Vergleich zum normalen Effektengeschäft der Banken gesteigert bei der gewerblichen Vermittlung von Finanztermingeschäften, BGH NJW **98,** 2675, und bei Betreuungsvertrag, BGH WM **04,** 1132. Zur Klarheit gehören zB Erläuterungen des rating (s Rn 25); Darlegung der Höhe eines Aufschlags auf die Optionsprämie und dass dieser die Chance, in die Gewinnzone zu kommen, verschlechtert, BGH **124,** 155; auf jeden Fall Offenlegung ungewöhnlich hoher Aufschläge auf Optionsprämie, BGH **80,** 80, NJW **91,** 1106 (Aktienoption) oder höherer Provisionen als üblich, BGH NJW **92,** 1879 (Warentermindirektgeschäft), **93,** 257 (Stillhalteroption); BGH WM **07,** 1503, 1507 (Erlösausfallversicherung); Offenlegung, dass die ausgewiesenen Baukosten erhöht wurden, um Mietausfallgarantie zu ermöglichen (geschlossener Immobilienfonds), BGH NJW **95,** 130 m Anm Gehrlein 110. Optionsunerfahrene Kunden sind klar darauf hinzuweisen, dass Aufschläge auf die Börsenoptionsprämie das Chancen-Risiko-Verhältnis aus dem Gleichgewicht bringen, BGH **124,** 151, NJW **02,** 2777. Geschäfts- und kundengerechte, klare Aufklärung auch bei **Zinsswapgeschäften der öffentlichen Hand,** Weber ZIP **08,** 2199 und untergerichtliche Rspr; der Geschäfte sind kompliziert und riskant, es kommt auf die Erfahrung des öffentlichrechtlichen Kunden an, über öffentlichrechtliche Restriktionen ist nicht aufzuklären. Bei Waren- und Devisentermingeschäften muss die Aufklärung grundsätzlich **schriftlich** erfolgen, BGH **105,** 108, **124,** 151, NJW **95,** 322 (iErg abl), WM **06,** 84 (gilt auch für Kreditinstitute), str; das gilt auch für andere neue Finanzprodukte, Raeschke-Kessler WM **93,** 1836, aA Drygala WM **92,** 1213, ZHR 159 **(95)** 729, nicht aber für normale bankmäßige Effektengeschäfte, BGH NJW **98,** 2675, Assmann FS Kübler **97,** 350, und Geschäfte mit Aktienanleihen, BGH **150,** 164; aber Kreditinstitute, Anwälte und Steuerberater haben (anders als Ärzte) keine allgemeine Dokumentationspflicht (s Rn 37). Die Warnwirkung darf nicht durch die Gestaltung der Broschüre (besonders erste Seite, Blickfang) relativiert werden, BGH NJW **94,** 998. Verbraucher auf Aktienoptionsgeschäfte hinzuweisen, ist nicht ohne weiteres pflichtwidrig, vgl BGH **107,** 192 für nicht börsentermingeschäftsfähige (s **(14)** BörsG § 53 aF) Kunden. Aufklärungspflicht bei Warenterminoptionsgeschäft auch gegenüber einem Kfm und mittelständischen Unternehmer, BGH NJW **81,** 1440, WM **84,** 960. Auch § 826 BGB kann vorliegen (s Rn 18). Lit: zu Warenterminoptionen Bundschuh WM **85,** 249, vgl Ellenberger WM Sonderbeil 2/99.

§ 347 27, 28   IV. Buch. Handelsgeschäfte

27   d) Pflicht zu **zeitnahen Nachforschungen und Überprüfungen,** BGH **70,** 362, **74,** 111, **123,** 126 (Bond), WM **88,** 1685, NJW **90,** 2464, Karls WM **92,** 1101, Kblz WM **03,** 189. So muss ein Kapitalanlagevermittler das Anlagekonzept auf wirtschaftliche Plausibilität überprüfen, BGH WM **00,** 426, dabei kann von einem spezialisierten Anlagevermittler mehr Wissen verlangt werden, BGH WM **09,** 739 (Windkraftanlagen); bei Auskunft über Sicherheit der Kapitalanlage darf er nicht ungeprüft auf die Angaben des Kapitalsuchenden verweisen, jedenfalls muss er diesen Umstand ungefragt offenlegen (s Rn 25), BGH WM **03,** 2064. Zumal wenn eine Bank das Anlageobjekt in ihr Anlageprogramm aufnimmt, hat sie sich über dessen Güte zu informieren und es einer eigenen Prüfung zu unterziehen, auch bei Auslandsanleihen, BGH **123,** 126. Die Börsenzulassung (keine Bonitätsprüfung) und Jahresabschlüsse (mit anderer Zielsetzung und idR nicht zeitnah) und erst recht Angaben des Emittenten ersetzen diese Prüfung nicht. Auf jeden Fall ist die Wirtschaftspresse (Börsenzeitung, FTD, Handelsblatt, FAZ, BGH NJW **08,** 3702, WM **09,** 690) auszuwerten, aber nicht die gesamte Wirtschaftspresse, sondern nur geeignete Auswahl und nicht sämtliche Brancheninformationsdienste, je nach Inhalt des Berichts anders bei Kenntnis, gehäufte Warnungen in der Fachpresse, BGH NJW **08,** 3702, WM **09,** 688, Zetzsche WM **09,** 1020. Auszuwerten sich auch die anerkannten ratings (zB Standard & Poors, Moody's). Die Nachforschungspflicht darf **aber nicht überspannt** werden, BGH NJW **90,** 506 (Anlagevermittler, s Rn 23), zB bei steuerrechtlich sachverständig entwickelter Anlageform keine Pflicht zur vorherigen Abstimmung mit der zuständigen Finanzverwaltung, BGH NJW **93,** 199. **Übernahme von geprüften Bilanzen und Testaten** ist idR ohne weiteres möglich; aber nur, wenn hinreichend zeitnah und nicht ohne eigene Plausibilitätsprüfung, BGH **100,** 123; auch nicht, wenn berechtigte Zweifel nahe liegen, so schon bei Ausnutzung aller gerade noch legalen Möglichkeiten der Bilanzkosmetik, BGH NJW **82,** 2825. Übernahme **von Notarauskunft** zB zu Formfragen ist nicht pflichtwidrig, BGH NJW **92,** 3296 (aber s Rn 34). Inwieweit sonstige Angaben Dritter überprüft werden müssen, hängt davon ab, wieweit das schutzwürdige Vertrauen des Auskunftsempfängers reicht, BGH **110,** 80. Eine Erkundigungspflicht trifft die Bank nicht nur über das Anlageobjekt, sondern auch über **Informationsstand, Anlageziel** (sichere oder mehr spekulative Geldanlage) und ggf die diesbezüglichen **Verhältnisse des Kunden,** BGH **123,** 126. **Organisationspflichten** ua zu geeigneter Schulung, Organisation und Einrichtung eines internen Informationssystems, Heinsius ZBB **94,** 55.

28   e) **Maßgeblicher Zeitpunkt** für Pflichterfüllung bzw -verletzung ist grundsätzlich der der **Erteilung** von Rat, Auskunft, Aufklärung bzw der Prospektvorlage, Beurteilung also ex ante, BGH NJW **06,** 2041 m krit Anm Puszkajler/Weber ZIP **07,** 401, Düss WM **03,** 1263. Nachträglich eingetretene, wesentliche Änderungen bis dahin machen **Nachtrag** erforderlich, bei Verkaufsprospekten während der ganzen Dauer des öffentlichen Angebots (§ 11 aF VerkProspG, § 16 WpPG), BGH **71,** 291, **123,** 110/115, **139,** 232, NJW **02,** 1712, WM **04,** 379, Mü AG **05,** 168, 169, 171, Maas/Voß BB **08,** 2302. Auch nach diesem Zeitpunkt kann **Pflicht zur Berichtigung** (schuldlos) unrichtiger Angaben bestehen; in engen Grenzen (grobe bzw den Kern berührende Unrichtigkeit, drohender schwerer Schaden, Leichtigkeit der Warnung) sogar Pflicht zur Berichtigung ursprünglich richtiger, später unrichtig gewordener Mitteilungen, BGH **61,** 179 (Scheckauskunft), BB **84,** 94 (Bauherrenmodelltreuhänder), Mü WM **80,** 505 (Kreditauskunft) und sogar gegenüber Dritten, BGH **74,** 281 (Zeugnis, Warnung nach Bewusstwerden der Unrichtigkeit); vgl auch BGH **70,** 337 („nachvertragliche" Vertrauenshaftung). **Prospektaktualisierungspflichten** s **(14)** BörsG § 44 Rn 7. Keine Aktualisierungspflicht des Abschlussprüfers bei bloßem Bestätigungsvermerk, auch bei freiwilliger Prüfung,

BGH WM **06**, 423. Fortdauernde Überwachungspflichten nur bei entsprechender Abrede (s Rn 14). Berichtigung und Schaden s Rn 35.

f) Eine Rechtspflicht zur Veranlassung einer **Prospektprüfung** durch Wirt- 29
schaftsprüfer besteht nicht; wird aber mit Prospektprüfung geworben, sind die Grundsätze ordnungsmäßiger Beurteilung von Verkaufsprospekten über öffentlich angebotene Vermögensanlagen zu beachten, IDW S 4 WPg **06**, 919, dazu Küting DStR **06**, 1007; Düss ZIP **82**, 852, Grotherr DB **88**, 741, Wagner BFuP **00**, 594; Haftung des **Wirtschaftsprüfers bei Prospektprüfung** s Rn 21 und BGH **145**, 187, NJW **04**, 3420, Hopt FS Pleyer **86**, 350, Ebke/Scheel WM **91**, 389. Durchführung der Prospektprüfung durch Treuhänder statt durch unabhängigen Wirtschaftsprüfer ist bedenklich. Zur Haftung des Wirtschaftsprüfers aus Testaten s § 323.

g) Interessenkonflikte: Der Grundsatz der Priorität des Empfängerinteresses 30
ist heute allgemein anerkannt, Heinsius ZBB **94**, 50. Interessenkollision entlastet nicht, vgl BGH NJW **80**, 1630 (Aufsichtsratsmitglied zweier Gesellschaften). Zumindest ist Offenlegung notwendig, so über wesentliche kapitalmäßige und personelle Verflechtungen zwischen den verschiedenen Projektpartnern, zB KomplementärGmbH, Generalunternehmer, Hauptmieter und vor allem Treuhänder (und ihren jeweiligen Geschäftsführern und beherrschenden Gftern), BGH **79**, 337, NJW **80**, 1162, **87**, 1817; Sondervorteile für GründungsGfter, BGH NJW **95**, 130; häufige Mandatsbeziehungen der Anwaltssozietät zum Gegner, BGH NJW **08**, 1307 m krit Anm Henssler/Deckenbrock 1275, Grunewald JZ **08**, 691. Je nachdem sogar Pflicht zu Hinweis auf eigene Kreditunwürdigkeit, BGH NJW **83**, 677; Pflicht zu Hinweis auf eigene einschlägige Verfehlungen (sog **Sekundärhaftung** mit eigener Verjährung), so für Anwälte und Steuerberater gegenüber Mandanten, BGH **83**, 23, **94**, 380, **114**, 150, **129**, 392, NJW **00**, 1263, 1267, **02**, 1117, **03**, 822, Bruns NJW **03**, 1498, seit VerjährungsanpassungsG 2004 (Einl 16 vor § 343, § 347 Rn 39) ist aber Grund für die verjährungsrechtliche Sekundärhaftung weggefallen, Mansel NJW **05**, 325, str, bei Anlageberatung s Rn 39. Sondervorteile für Gründungsgesellschafter sind im Emissionsprospekt eines geschlossenen Immobilienfonds offenzulegen, BGH NJW-RR **03**, 1054. **Provisionen** für Wirtschaftsprüfer und Steuerberater (uU Untreue, uU § 138 BGB, KG WM **08**, 1445) sind offenzulegen, BGH **78**, 268, und wegen der Gefährdung des Auftraggebers diesem herauszugeben (§ 667 BGB), BGH NJW **91**, 1224; auch bei Zahlung an Ges, an der der Steuerberater maßgeblich beteiligt ist, BGH **95**, 81; auch bei Provisionsbeteiligung des Vermögensverwalters des Kunden durch die Bank, BGH **146**, 235; ebenso Provisionen an Berater, Sachwalter, zukünftige Baubetreuer, BGH **114**, 87, auch pauschale Kick-backs, BGH WM **89**, 1047, **90**, 462; Schmiergeldzahlung an Verhandlungsvertreter, wenn der Geschäftsherr selbst abschließt, BGH NJW **01**, 1065. Bei Kapitalanlageberatung (im Gegensatz zu bloßen Anlagevermittlungs- und Auskunftsverträgen) darf die Bank sich zwar auf hauseigene (wohl iSv Konzern) Produkte beschränken, muss aber verdeckte **Rückvergütungen (Kick-backs)** aus den Ausgabeaufschlägen und jährlichen Verwaltungsgebühren offenlegen, BGH NJW **07**, 1876, ZIP **09**, 455, **09**, 1264 (XI ZS), dazu Brocker BKR **07**, 365, Koller ZBB **07**, 197, Lang/Balzer, Elixmann BB **07**, 904, Nikolaus/d'Oleire WM **07**, 2129, Lang/Balzer ZIP **07**, 456, Grund: Gefährdungssituation für den Kunden betr unbeeinflusste Beratung. Aufklärungspflicht des Geschäftsbesorgers bei prospektgestütztem Kapitalanlagevertrieb ab 15% (von der Gegenleistung des Anlegers) BGH **158**, 121, NJW **05**, 3208, **06**, 668, WM **07**, 873, **08**, 1208, **09**, 597 (III ZS), str; bei mündlicher Beratung keine Aufklärung über externe Entgelte, auch nicht von über 15%, BGH NJW **05**, 822, Grund: Leistungspaket; zu Aufklärungspflichten und Interessenkonflikten bei Projekt- und Immobilienfinanzierung (7) Bankgeschäfte Rn A/25. Bei steuer-

§ 347 31–35   IV. Buch. Handelsgeschäfte

sparenden Bauherren-, Bauträger- und Erwerbermodellen muss das finanzierende Kreditinstitut (anders als ein Anlagevermittler) dagegen grundsätzlich nicht über versteckte **Innenprovisionen** aufklären, BGH NJW **03**, 424, **04**, 2378 (XI ZS), allgemeiner bei Immobilien, BGH NJW **03**, 1811 (V ZS), Grund: in Kaufpreis einkalkulierter Teil der Vertriebskosten, aA Gallandi WM **00**, 279, auch nicht ab 15%, BGH NJW **04**, 2378, Grund: nicht Sache der finanzierenden Bank (näher **(7)** Bankgeschäfte Rn A/25). **Verschärfung** durch **(16)** WpHG § 31 d I, II nF (s dort Einl 19 vor § 1). **Herausgabepflicht** (§ 667 BGB) bei Provisionen an Steuerberater (auch über Strohmann), BGH WM **87**, 781, bei Schmiergeldern an Vorstand, BGH NJW **01**, 2476; für den Kommissionär s § 384 Rn 9. Herausgabepflicht entfällt bei zulässigen Behaltensklauseln Mülbert WM **09**, 481, nicht ohne weiteres schon wegen Offenlegung (hängt aber vom Verbotsinhalt ab), aA Hadding ZIP **08**, 529, zur Behaltensklausel Hadding FS Nobbe **09**, 565. Auch geplante Kurspflegemaßnahmen sind offenzulegen, jedenfalls soweit mit privaten Vorteilen verbunden oder sonst ungewöhnlich, BGH **123**, 110. Zum „Vorlaufen" (Frontrunning, Scalping) von Anlageberatern (Privatkäufe von objektiv guten Kauftipppps und Verkauf nach Kursanstieg) Hopt FS Fischer **79**, 248, BGHSt NJW **04**, 302, **(16)** WpHG Einl 15 vor § 1. Lit: Taupitz 1989 (Offenbarung eigenen Fehlverhaltens); Hopt FS Heinsius **91**, 289 (Bankinteressenkonflikte), Geibel ZBB **03**, 349 (Innenprovisionen), Hopt ZGR **04**, 1 (Interessenkonflikte) u FS Doralt **04**, 213 (Prävention, Sanktionen), Mülbert WM **07**, 1149 (FRUG, Zertifikate), Ellenberger, Schäfer, Sethe FS Nobbe **09**, 523, 725, 769.

31   h) **Insiderinformationen:** Zu unterscheiden sind (1) **Eigengeschäfte und Tippps von Insidern:** Hier besteht unter miteinander verhandelnden Vertragspartnern bei WPGeschäften Aufklärungspflicht, an der Börse str, s **(16)** WpHG. Organmitglieder und Wirtschaftsprüfer verletzen durch Insidergeschäfte ihre Pflichten gegenüber der Ges (s § 323 Rn 5); ebenso Anleger bei Warentermingeschäftssammeldepot (keine GbR, nur parallele Verträge mit Treuhänder) gegenüber den Mitanlegern, Drittschadensliquidation des Treuhänders (auch bei Unwirksamkeit der Verträge), BGH WM **87**, 581.

32   (2) **Prospektherausgabe** (s Anh § 177a Rn 59, 60 ff, **(14)** BörsG § 44 Rn 7): Hier muss das Gesamtbild objektiv richtig sein, BGH NJW **82**, 2826 (BuM); das zwingt zur Berücksichtigung (nicht Benennung) von Insiderinformationen, andernfalls muss Mitwirkung an Prospektherausgabe abgelehnt werden.

33   (3) **Anlageberatung:** Berücksichtigung von Insiderinformationen str, s Heinsius ZHR 145 **(81)** 193 (nein), Kübler ZHR 145 **(81)** 209 (uU ja).

34   C. **Einfache Fahrlässigkeit** ist notwendig (nach aA Garantiehaftung für Tatsachenangaben, Köndgen AG **83**, 97), aber auch genügend, hL u Rspr, zB BGH **79**, 345. Ausnahmsweise enger BGH **70**, 362 (Börsendienst); unklar BGH **74**, 281 (Zeugnis); bei nicht überzogenen Anforderungen an Pflicht (oben Rn 24) und berufs- und situationsgebundener Sorgfalt besteht aber kein praktischer Unterschied zu hier. Rechtsirrtum entschuldigt nur in engen Grenzen, BGH NJW **92**, 3296 (dogmatisch richtiger zu Rn 27).

35   D. **Kausal herbeigeführter Schaden:** Ersetzt wird der durch unrichtigen Rat **kausal** herbeigeführte Schaden, BGH WM **87**, 960 (heimliche Provision), BGH BB **93**, 244 (uU auch freiwilliges Vermögensopfer in Abfindungsvereinbarung), mindestens anlageüblicher Zinsverlust, BGH ZIP **92**, 324, WM **07**, 1503 (Anforderung des Filmfondsprospekts), **08**, 390 (nicht ausgehändigter Prospekt, aber als alleinige Beratungsgrundlage). Bei **rechtzeitiger Berichtigung** (s Rn 28) kann es an der Kausalität fehlen, BGH WM **08**, 1547. Zu ersetzen ist idR nur **Vertrauensschaden**, BGH **16**, 214, BB **84**, 94 (Bauherrenmodell), ZIP **03**, 806 (Steuerberater), dies ohne Anspruch auf Vertragsanpassung, BGH NJW **06**, 3139; nur (ganz) ausnahmsweise Ersatz des Erfüllungsinteresses, BGH

1. Abschnitt. Allgemeine Vorschriften **35 § 347**

NJW **01,** 2875, **06,** 3139, auch ein zugesagter steuerlicher Abschreibungsgewinn bestimmter Höhe, BGH BB **75,** 1180 (Kauf sämtlicher KGAnteile, Garantieübernahme iSv § 276 I 1 BGB), NJW **81,** 864 (Bauherrenmodell), aber WM **88,** 48; Garantie bejahend Kln ZIP **88,** 1407, Köndgen AG **83,** 97. Führt Rat zu ungünstiger (Gerichts)Entscheidung, ist für den Schaden die Rechtslage zu diesem Zeitpunkt maßgeblich (trotz späterer RsprÄnderung), BGH NJW **01,** 146. Es wird idR vermutet, dass der Empfänger bei richtigem Rat das Geschäft nicht getätigt hätte, s Rn 37. Bei Vertrag, zB Erwerb einer Kapitalanlage, hat der Geschädigte die **Wahl zwischen Rückgängigmachung und Festhalten am Vertrag** nebst Ersatz des zusätzlichen Schadens (das für den Erwerb zu viel Aufgewandte bzw Kaufpreisanpassung), BGH **69,** 58 (Unternehmenskauf, s Einl 47 vor § 1), **111,** 82, **114,** 94, **115,** 213 (Bauherrenmodell), WM **91,** 695 (Verflechtung, s Rn 30), NJW **99,** 2032, **04,** 1870, NZG **09,** 353, und zwar nach der stRspr, üL einerlei, ob sich der Vertragspartner auf niedrigere Gegenleistung eingelassen hätte, aA BGH NJW **98,** 2900 (XII ZS), St. Lorenz NJW **99,** 1001 (iErg Kontrahierungszwang); als schadensersatzrechtliche Besonderheit zu § 249 BGB bei Irreführung (Beweisprobleme) akzeptabel. Besteht der Schaden im Abschluss eines Immobilienkaufvertrags mit einem Dritten, kann gezahlter **Kaufpreisbetrag** Zug um Zug **gegen Immobilienübereignung** verlangt werden (Vorteilsausgleichung, ohne besonderen Antrag bzw Einrede des Schuldners), BGH NZG **09,** 353 (III ZS). Der Haftungsumfang wird bei vorvertraglicher, Vertrags- und Vertrauenshaftung durch den **Schutzzweck der verletzten Pflicht** begrenzt, BGH **116,** 209, NJW **90,** 2057, Ffm WM **92,** 572, das Garantieinteresse ist dann Obergrenze, praktisch wichtig für Fehler bei Kapitalanlagen, BGH NJW **03,** 2529, und Steuerberatung, BGH ZIP **03,** 806. Ist Aufklärung nur über einen bestimmten Einzelpunkt geschuldet (Bank bei Mietpool), kann nicht das volle Anlagerisiko übergewälzt werden (also kein Rücktritt, sondern nur Mehrkosten oder Mindereinnahmen wegen Mietpoolbeteiligung), BGH WM **07,** 878, **08,** 1394. Keine Begrenzung aber, wenn umfassende Beratung geschuldet ist, BGH NJW **92,** 2148; dann auch Ersatz für Schäden aus Untreue des Initiators, BGH NJW **92,** 2561. Bei der Prospekthaftung ist Schutzzweck nicht nur Schutz vor bestimmten Risiken, sondern informierte Selbstbestimmung des Anlegers; dass statt der bestimmten Risiken andere eingetreten sind, entlastet deshalb nicht; entscheidend ist Ursächlichkeit im Zeitpunkt der Vermögensdisposition (s Rn 37), BGH **123,** 111, NJW **95,** 1026. Der Schaden umfasst den entgangenen Gewinn, bei Rückgängigmachung zB Anlagezinsentgang, BGH NJW **92,** 1223; auch die auf Schadensersatz zu entrichtende Steuer, BGH WM **87,** 1336; **nicht** aber **anderweitig entgangene Steuervorteile** (§ 252 BGB), jedenfalls nicht mangels ganz konkreten Vorbringens, BGH NJW **04,** 1870. **Vorteilsausgleichung** findet statt (ohne Pauschalierung), BGH NJW **84,** 230, BB **92,** 1881, Düss WM **03,** 1263. Grundsätzlich auch **Steuerersparnisse** infolge Schädigung (§ 249 BGB), außer wenn die Schadensersatzleistung ihrerseits versteuert werden muss, BGH **74,** 116, NJW **06,** 499, **08,** 650 (V ZS); für Anrechnung jedenfalls außergewöhnlicher Steuervorteile BGH NJW **84,** 2524, **08,** 650, für Anrechnung bei NichtGfter BGH NJW **90,** 571 (Prospekthaftung), Einzelfallprüfung, BGH NJW **06,** 499 (III ZS), 2042 (II ZS). Vorteilsausgleichung mit Steuervorteilen des Darlehensnehmers auch bei umfassender Haustürgeschäftsrückabwicklung, BGH WM **07,** 1173 (XI ZS). Tatsächlich entgangene Steuervorteile, die steuerrechtlich an sich nicht hätten gewährt werden dürfen, können dennoch ersatzfähiger Schaden sein, BGH **79,** 223. Der Schaden besteht trotz anderweitiger Ansprüche des Geschädigten gegen Dritte (§ 255 BGB), BGH NJW **82,** 1806; auch bei Rückforderungsansprüchen gegen Gfter, BGH NJW **78,** 426. Lit: Assmann FS Lange **92,** 345 (Kapitalanleger); zu Kausalität und Schaden (Infomatec, Comroad) auch **(16)** WpHG Einl 13 vor § 1.

§ 347 36, 37   IV. Buch. Handelsgeschäfte

36   E. **Mitverschulden:** Mitverschulden kann – wie auch sonst – zu berücksichtigen sein (§ 254 BGB), auch bei Verletzung von Aufklärungspflichten (s **(7)** Bankgeschäfte Rn A/22–29). Für die Annahme eines solches Mitverschuldens ist jedoch idR ein strenger Maßstab anzulegen, weil man einem Rat grundsätzlich vertrauen darf und Aufklärung typischerweise von jemandem geschuldet wird, der es beruflich oder fachlich besser weiß. Aber Mitverschulden ist auch bei Benachrichtigungspflicht möglich, wenn Kunde sich in blindem Vertrauen nicht kümmert, BGH **151,** 13. Besonders enge Grenzen bei Mitverschulden unter § 323 (dort Rn 7). Außerdem ergeben sich **Unterschiede** je nach dem einzelnen Anleger, zB einfacher Sparer, versierter Privatanleger, Firmenkunde, institutioneller Anleger. Gegenüber einem bloßen Anlagevermittler trägt der Anleger mehr Eigenverantwortung als gegenüber einem Anlageberater, dann Rückfrage- und uU Nachforschungsobliegenheiten des Anlegers, BGH NJW **82,** 1095, KG ZIP **06,** 1497, Hoegen FS Stimpel **85,** 260, krit Assmann NJW **82,** 1083. Mitverschulden zB bei eigener (wirklicher) Kenntnis des Kunden, auch bei für den Kunden offensichtlichen Irrtümern; bei auch für Unkundige auffällig hohen Renditeversprechen, BGH WM **00,** 429. **Nicht** bei eigener Fahrlässigkeit gegenüber vorsätzlich unrichtiger Kreditauskunft, BGH NJW **84,** 921, aber auch vorsätzliches Verhalten ist kein Freibrief für jeden Leichtsinn des Geschädigten, BGH NJW **02,** 1643; idR auch nicht, wenn der Empfänger ohne eigene Nachprüfung dem Rat vertraut, BGH **74,** 112, NJW **09,** 1143, Karls WM **92,** 1101 (sehr weitgehend), Hamm WM **93,** 241, also auch wenn Unrichtigkeit aus allgemein zugänglichen Quellen ersichtlich war; auch Warnungen Dritter schaden grundsätzlich nicht, wenn der Kunde dem Rat vertraut, BGH NJW **91,** 1108 (XI ZS), aber WM **93,** 1238 (III ZS), NJW **02,** 2642 (fundierte Warnungen Dritter). Lit: Rothenhöfer WM **03,** 2032.

37   F. **Beweislast:** nach **allgemeinen Grundsätzen,** so BGH **126,** 225 (IX ZS, Anwalt), **166,** 60 (XI ZS, Anlageberatung), WM **08,** 112 (XI ZS, Vermögensverwaltung), 1590 (V ZS, Anlageberatung), stRspr: der Anspruchsteller muss also Verletzung der Aufklärungs- oder Beratungspflicht beweisen, der andere Teil die behauptete Fehlberatung substantiiert bestreiten und darlegen, wie im Einzelnen aufgeklärt bzw beraten worden sein soll; der Anspruchsteller muss dann Nichtzutreffen der Gegendarstellung beweisen. Die Rspr der verschiedenen Senate differiert: Relevanz von Organisations- bzw Gefahrenbereichen, BGH **99,** 108; der Berater muss beweisen, dass er beraten hat, BGH **83,** 267, entspr für § 666 BGB BGH NJW **93,** 1704 (III ZS); der Kläger muss zwar nicht das Beratungsgespräch, aber dessen Inhalt beweisen (analog § 363 BGB), BGH NJW **86,** 2570 (IVa ZS); er muss beweisen, dass er keinen Risikohinweise enthaltenden Prospekt erhalten hat, BGH WM **06,** 1288 (III ZS). Auf jeden Fall hat der Berater eine strenge Substantiierungslast, zB betr Schulung der Verkäufer und Anweisung zur Aufklärung, BGH **105,** 115. Kreditinstitute, Anwälte und Steuerberater haben (anders als Ärzte) **keine allgemeine zivilrechtliche Dokumentationspflicht** über Tatsache und (auch nur stichwortartig) Inhalt der Beratung, bisher auch nicht nach **(14)** WpHG §§ 31, 34 BGH **166,** 56, WM **08,** 1591, weitergehend Rothenhöfer 2007, ab 2010 jedoch Pflicht von WPDienstleistungsunternehmen (letztere definiert in **(16)** WpHG § 2 III, III a) zur **Anfertigung eines schriftlichen Protokolls über jede Anlageberatung bei einem Privatkunden** sowie Anspruch auf Aushändigung des Protokolls (SchVFalschberG, s **(16)** WpHG §§ 34 II a, II b nF mit § 14 VI nF WpDVerOV, näher **(16)** WpHG Einl 5 vor § 1). Der Berater muss beweisen, dass ihn und seine Erfüllungsgehilfen **kein Verschulden** trifft (§ 280 I 2 BGB), BGH NJW **72,** 1201 (Kreditauskunft, Aufgabe früherer Rspr), **83,** 1731 (Anlagerat), für Fahrlässigkeit und Vorsatz gleichermaßen, BGH ZIP **09,** 1265 (XI ZS), str, anders bei Arglist nach § 123 BGB. Die Bank trägt danach die Darlegungs- und Beweislast für fehlenden Vor-

1. Abschnitt. Allgemeine Vorschriften 38, 38a § 347

satz bei Verschweigen von Rückvergütungen, auch wenn Fahrlässigkeitshaftung nach **(16)** WpHG § 37 verjährt ist, BGH ZIP **09,** 1264, Koller ZBB **07,** 201, Nobbe ZBB **09,** 104; zur Wissenszurechnung dabei **(8)** Bankgeschäfte A/16. Ferner gilt die Vermutung, dass eine unrichtige Aufklärung bzw ein Prospektfehler für die Anlageentscheidung **ursächlich** geworden ist, BGH NJW **00,** 3347, **02,** 1712, WM **06,** 668, NJW **09,** 1143, Bambg WM **06,** 960 (iErg abl) einerlei ob gerade dieser Prospektfehler zum Scheitern des Projekts geführt hat; auch die **Vermutung aufklärungsrichtigen Verhaltens,** also dass bei pflichtgemäßer Aufklärung der Schaden nicht eingetreten wäre, stRspr, BGH **61,** 118, **94,** 356 (Sachwalter), **123,** 114 (Prospekt, s auch Rn 35), NJW **79,** 1597 (Kreditauskunft), **83,** 1053 (Steuerberatung), **92,** 2560 (Anlagemodell), NJW **95,** 1026, ZIP **09,** 864, **09,** 1264 (auch bei unterlassener Aufklärung über Rückvergütungen); differenzierend Häuser WM **89,** 841. Das ist eine echte Beweislastumkehr, BGH **124,** 159 (XI ZS), stRspr, aA BGH **123,** 311 (IX ZS), Lang WM **00,** 467: bloßer Anscheinsbeweis; aber die Vermutung gilt nur, wenn es für den anderen Teil vernünftigerweise nur eine Reaktionsmöglichkeit gab, BGH **123,** 314, **124,** 161, **160,** 64, NJW **94,** 2541 (Scheckbestätigung), WM **06,** 927 (Anwaltsrat), also ohne Entscheidungskonflikt, dann auch bei zwei schadensvermeidenden Handlungsalternativen, BGH NJW **151,** 12. Aufklärungsmangel und Vermutung können auch Folgegeschäfte erfassen, die nach gehöriger Aufklärung geschlossen werden, BGH NJW **93,** 2434. Keine Vermutung gilt für den Kausalzusammenhang im Übrigen, BGH NJW **88,** 200 (entgangener Vertragsschluss mit Dritten). Lit: Bruske 1994 (Bankrecht); H. Roth ZHR 154 **(90)** 513 (Bankrecht), Lang WM **00,** 450, Canaris FS Hadding **04,** 3.

G. **Freizeichnung:** Grenze grobe Fahrlässigkeit, **(5)** § 309 Nr 7 b BGB; ausnahmsweise, zB bei vertragswesentlichen Pflichten, auch keine Freizeichnung für leichte Fahrlässigkeit, s oben Rn 7. Keine Freizeichnung auch für leichte Fahrlässigkeit bezüglich der aus einem gesetzlichen Schuldverhältnis (hier: Geschäftsverbindung) nach § 241 II BGB resultierenden Aufklärungs- und Warnpflichten, BGH WM **76,** 474, BB **78,** 1187, NJW **91,** 694 (Bausparzuteilungsprognose), sowie der Prospekthaftung, BGH NJW **02,** 1712, Grund: widerspricht der Aufgabe des Prospekts, die potentiellen Anleger verlässlich, umfassend und wahrheitsgemäß aufzuklären. Dahinter steht der Grundsatz, dass die Freizeichnung für **besondere Berufspflichten bei Vertrauensverhältnis** (aber nicht generell, sondern je nach Beruf, Pflicht und Umständen; vgl Rn 22) nach **(5)** § 307 BGB unwirksam sein kann, Ul/Br/He/Fuchs § 307 BGB Rn 275, 244 ff. Keine Freizeichnung bei Garantieübernahme iSv § 276 I 1 BGB (zB bestimmter Mindestgewinn, Abschreibungsmöglichkeit), § 444 BGB (§ 349 Rn 15). Freizeichnung ist im gleichen Umfang auch bei Haftung aus Verschulden bei Vertragsverhandlungen und Vertrauenshaftung möglich (Einschränkung oder Beseitigung des Vertrauenstatbestands), aber nicht schon ohne weiteres durch Freizeichnungsklausel im Prospekt. Allgemein gegen jede Freizeichnung auch für leichte Fahrlässigkeit bei unrichtigem Rat Köndgen JZ **78,** 393, bei Verkehrspflichten auf Information Assmann, Prospekthaftung, 1985, S 371, Raeschke-Kessler WM **93,** 1838 (Hauptpflichten aus Beratungsvertrag). 38

Keine unzulässige Freizeichnung ist die geschäftliche Beschränkung auf gut informierte und erfahrene Anleger und Informationsbroschüren ohne individuelle Hinweise (Diskount-Broker), s Rn 23. Ebenso ist bei der Vertrauenshaftung die Einschränkung oder Beseitigung des Vertrauenstatbestandes möglich.

Freizeichnung ist auch bei **Dritthaftung** (s Rn 21) in den genannten Grenzen möglich. Bei Vertrag mit Schutzwirkung für Dritte ist sie mit Wirkung gegenüber dem Dritten möglich (Konsequenz der Ableitung aus dem Hauptvertrag). Bei selbstständiger Vertrauens- und Berufshaftung (s Rn 21–22) muss sie unmittelbar zwischen dem Vertrauenden und dem Haftenden erfolgen. Entschei- 38a

§ 347 39, 40 IV. Buch. Handelsgeschäfte

dend ist die privatautonome **Gestaltung** des Vertrauenstatbestands bzw der Gewährübernahme (Gutachten, Expertise ua), zum einen was die inhaltlichen Aussagen angeht (Grundlagen und Umfang der Prüfung, Kennzeichnung übernommener Angaben und Wertansätze, Verwendungszweck, Adressatenkreis, Grenzen der Weitergabe an Dritte), M. Weber NZG **99,** 10 (Fixierung des Leistungsprogramms), H. Schneider ZHR 163 **(99)** 246 (266, Klausel in legal opinion), Koch WM **05,** 1208 (Vertrauenswerbung nur mit Bedingung), zum anderen auch durch eine darin enthaltene Freizeichnungsklausel. Diese letztere unterliegt den allgemeinen Schranken (§ 138 BGB, Inhaltskontrolle nach **(5)** §§ 307, 309 Nr 7 BGB), erstere Einschränkung dagegen nicht, Canaris ZHR 163 **(99)** 206 (230).

39 H. **Verjährung:** Ansprüche nach §§ 280, 311 II BGB aus Verschulden bei Vertragsverhandlungen sowie deliktische Ansprüche verjähren gemäß § 195 BGB in 3 Jahren, Fristbeginn und Höchstfristen gemäß § 199 BGB (Einl 16 vor § 343) separat für mehrere Beratungsfehler, BGH NJW **08,** 506. Kürzere Verjährung für vertragliche Ansprüche (etwa nach §§ 438, 634a BGB) gilt bei enger Verknüpfung auch für Ansprüche nach §§ 280, 311 II BGB, BGH **88,** 130 (zu § 477 aF BGB; ob Rspr nach SMG daran festhält oder richtiger dreijährige Regelverjährung annimmt, bleibt abzuwarten, MüKoBGB/Emmerich § 311 Rn 256). Selbstständige Verjährung jedenfalls bei Beratung durch mit dem Verkäufer nicht identischen Hersteller, BGH **148,** 194. Die Regelverjährung (§ 195 BGB) gilt auch für **Prospekthaftungsansprüche** gegen Personen, die unter Inanspruchnahme persönlichen Vertrauens (§ 311 III 2 BGB, aber nicht abschließend, vgl „insbesondere", gegen § 311 III BGB Assmann AG **04,** 444) oder aus eigenen wirtschaftlichen Interessen verhandelt haben, BGH **83,** 222, NJW **84,** 2524 (einfacher Anlageberater, anders Steuerberater), **85,** 381. Gegenüber anderen Garanten, die dem Geschädigten erst nach Vertragsschluss bekannt geworden sind, gilt Verjährung von einem Jahr (seit 4. FinanzmarktFördG; vorher 6 Monate, so noch bisherige Rspr) ab Kenntnis von der Unrichtigkeit des Prospekts, höchstens aber von 3 Jahren seit Beitritt zur Ges (entsprechend § 20 V aF KAGG, § 12 V aF AuslInvestmG, nunmehr § 127 V InvG, ab Kauf; **(14)** BörsG § 46 ab Prospektveröffentlichung, keine Änderung durch VerjährungsanpassG 2004, Einl 16 vor § 343), BGH **83,** 222, WM **08,** 726, Hoegen FS Stimpel **85,** 252; dabei bleibt es auch nach dem SMG, Assmann AG **04,** 444, Assmann/Wagner NJW **05,** 3169, Grund: 4. FinanzmarktfördG als lex specialis et posterior, Spekulationsgefahr, aA MüKoBGB/Emmerich § 311 Rn 172. Diese kurze Verjährung gilt auch bei gesellschaftsrechtlicher Beteiligung an (geschlossenem) Immobilienfonds, BGH NJW **01,** 1203, **02,** 1711; aber nicht beim Bauherrnmodell, BGH **111,** 314, **115,** 213, NJW **01,** 1204, und Bauträgermodell, BGH **145,** 132, NJW **04,** 288. **Sonderverjährung** nach **(16) WpHG § 37 a aF** ist 2009 **aufgehoben, Übergangsrecht: (16)** WpHG § 43 (SchVFalschberG, s **(16)** WpHG Einl 5 vor § 1). Ansprüche gegen **Anwälte** und **Steuerberater** aus deren Berufstätigkeit (nicht als TreuhandKdtist, BGH NJW **06,** 2410, anders noch BGH **120,** 157) verjähren in 3 Jahren (§ 195 BGB; § 51b BRAO, § 68 StBerG aufgehoben durch VerjährungsanpassungsG 2004, Einl 16 vor § 343), Sekundärhaftung s Rn 30; ebenso Ansprüche gegen **Wirtschaftsprüfer** (seit 2004 § 195 BGB; § 323 V aF HGB, § 51a WPO aufgehoben, s dort Rn 12), noch zur aF BGH NJW **04,** 3420. Verkürzung auf 1 Jahr bei Treuhänder verstößt gegen **(5)** § 307 BGB, BGH **97,** 25. Lit: Nobbe ZBB **09,** 93 (Verjährung im Bank- und Kapitalmarktrecht).

40 J. **Gerichtsstand:** §§ 22, 32 ZPO, BGH **76,** 231, WM **80,** 825, nicht § 32b I 1 Nr 1 ZPO bei fehlerhafter Anlageberatung (trotz Bezug auf öffentliche Kapitalmarktinformationen), nur außervertragliche Anspruchsgrundlagen, BGH NJW **07,** 1364, 1365, WM **09,** 111, vgl Cuypers WM **07,** 1446.

5) Internationaler Verkehr

Ein Auskunftsvertrag unterliegt mangels Rechtswahl dem Recht des die Auskunft Erteilenden (Art 28 II EGBGB). Die Beziehungen zwischen Bank und Kunden unterliegen idR dem Recht am Sitz der kontoführenden Bank. Das folgt bei deutschen Banken kraft Rechtswahl nach **(8)** AGB-Banken Nr 6 I (s dort Rn 1). Zum IPR bei Bankgeschäften **(7)** Bankgeschäfte Rn A/60. Vertragliche Aufklärungs- und Beratungspflichten folgen dem Vertragsstatut (Art 27 ff EGBGB). Ansprüche aus Verschulden bei Vertragsverhandlungen werden entspr Art 31 I, 32 I Nr 3 u 5 EGBGB dem Statut des angebahnten Vertrages unterstellt, so üL, vgl BGH NJW **87**, 1141, Ffm IPRax **86**, 377, differenzierend Scheffler IPRax **95**, 21, str, aA Dörner JR **87**, 203: Art 31 II EGBGB analog, aA zutr (vgl Rn 22, Abhängigmachen von der jeweiligen dogmatischen Einordnung ist unbefriedigend) deliktische Anknüpfung, Mü WM **83**, 1094, Canaris 2. FS Larenz **83**, 109, Mankowski RIW **94**, 424, Scheffler IPRax **95**, 20, vgl EuGH NJW **02**, 3159 (Haftung wegen Abbruch von Vertragsverhandlung deliktisch, zu EuGVÜ), aA Differenzierung nach Fallgruppen, Reithmann/Martiny/Martiny 282. Die Sachwalterhaftung eines vertragsfremden Dritten unterliegt dem Deliktsstatut, Ffm IPRax **86**, 378, Kreuzer IPRax **88**, 20, aA Recht seines gewöhnlichen Aufenthalts (Art 31 II EGBGB), Dörner JR **87**, 202. Deliktische Ansprüche, zB aus § 826 BGB, richten sich nach dem Deliktsstatut (Tatort, also Handlungs- sowie Erfolgsort). Lit: Reithmann/Martiny/Martiny 282; Vortmann WM **93**, 581.

[Vertragsstrafe]

348 Eine Vertragsstrafe, die von einem Kaufmann im Betriebe seines Handelsgewerbes versprochen ist, kann nicht auf Grund der Vorschriften des § 343 des Bürgerlichen Gesetzbuchs herabgesetzt werden.

Übersicht

1) Vertragsstrafe nach §§ 339–343 BGB 1, 2
   A. Vertragsstrafe 1
   B. Unwirksames Vertragsstrafeversprechen 2
   C. Verwirkung der Vertragsstrafe (§ 339 BGB) 3
   D. Herabsetzung der Vertragsstrafe (§ 343 BGB) 4
2) Vertragsstrafe im unternehmerischen und kaufmännischen Verkehr 5–7
   A. AGBKontrolle von Vertragsstrafen im unternehmerischen Verkehr (§§ 309 Nr 6, 310 I 1 BGB) 5
   B. Keine Herabsetzung der Vertragsstrafe im kaufmännischen Verkehr (§ 348) 6
3) Ähnliche Rechtsfiguren 8–11
   A. Draufgabe 8
   B. Reugeld 9
   C. Verfallklausel (kassatorische Klausel) 10
   D. Pauschalierter Schadensersatz 11

1) Vertragsstrafe nach §§ 339–343 BGB

A. **Vertragsstrafe:** Die Vertragsstrafe soll in erster Linie von Verletzung vertraglicher Pflichten abschrecken (Druckmittel) und in zweiter Linie im Fall der Verletzung dem Gläubiger die Schadloshaltung ohne Einzelnachweis eröffnen (Kompensationsfunktion), BGH **85**, 313, **105**, 27, **153**, 324. Strafversprechen ohne Schadenspauschalierungsfunktion ist keine Vertragsstrafe, sondern Garantie, s § 349 Rn 19. Vertragsstrafe in AGB s **(5)** § 309 Nr 6 BGB, für Unternehmer s Rn 5. Die Folgen vertraglicher Strafversprechen regeln (weitgehend nachgie-

§ 348 2–5 IV. Buch. Handelsgeschäfte

big) §§ 339–345 BGB. Sie unterscheiden: (1) Strafe für Nichterfüllung, zu fordern statt der Erfüllung, § 340 BGB; (2) Strafe für nicht gehörige Erfüllung, zu fordern neben der Erfüllung, § 341; bei Annahme der Erfüllung ist Vorbehalt der Strafe nötig, § 341 III BGB, BGH **73,** 243, auch bei vorheriger Aufrechnung mit Vertragsstrafeanspruch, BGH **85,** 240. Bei Unterlassungspflichten hängt, ob (1) oder (2) gegeben ist, davon ab, ob die Strafe das Interesse an der gesamten Unterlassung oder nur das Interesse am Unterbleiben der einzelnen Zuwiderhandlungen decken soll, RG **70,** 439, stRspr. Fortsetzungszusammenhang bei Vertragsstrafeversprechen, BGH **121,** 13. Lit: Lindacher 1972; Bötticher ZfA **70,** 1.

2 B. **Unwirksames Vertragsstrafeversprechen:** Das Strafgedinge kann sittenwidrig sein (zB als Knebelung oder Ausnutzung einer Notlage), daher nichtig, § 138 BGB. Die Strafforderung aus wirksamer Vereinbarung kann im Einzelfall gegen Treu und Glauben (§ 242 BGB) verstoßen, zB bei Geringfügigkeit der Pflichtverletzung oder ihrer Folgen, RG JW **23,** 825, **152,** 260, Celle BB **63,** 116, Karlsr BB **67,** 1181. Das Strafversprechen ist unwirksam, wenn die Voraussetzungen der Verwirkung der Strafe nicht hinreichend bestimmt oder durch Auslegung (§§ 133, 157 BGB) bestimmbar sind, BGH WM **75,** 470. Die Festsetzung der Vertragsstrafe kann den Parteien oder Dritten (§ 317 I BGB), aber nicht von vornherein dem Gericht überlassen werden, BGH BB **78,** 12, **81,** 302.

3 C. **Verwirkung der Vertragsstrafe (§ 339 BGB):** Die Vertragsstrafe verfällt iZw nur bei Zuwiderhandlung, die Schuldner **zu vertreten** hat, anderes kann (im Rahmen der §§ 138, 242 BGB) vereinbart werden; vgl § 339 S 1 iVm § 285 BGB; BGH **82,** 402, NJW **72,** 1893. Das gilt auch bei Unterlassungsschuld, BGH WM **72,** 1277. Vgl auch Rn 10–11.

4 D. **Herabsetzung der Vertragsstrafe (§ 343 BGB):** Eine verwirkte unverhältnismäßig hohe Strafe kann, unabdingbar, durch Urteil auf Antrag des Strafschuldners (nicht von Amts wegen) angemessen herabgesetzt werden (§ 343 BGB), BGH NJW **84,** 921 (iErg nein für DM 50 000 für jeden Vertreterabwerbungsversuch). § 343 BGB beschränkt nicht die AGBKontrolle, BGH **85,** 314.

BGB 343 [Herabsetzung der Strafe]

(1) Ist eine verwirkte Strafe unverhältnismäßig hoch, so kann sie auf Antrag des Schuldners durch Urteil auf den angemessenen Betrag herabgesetzt werden. Bei der Beurteilung der Angemessenheit ist jedes berechtigte Interesse des Gläubigers, nicht bloß das Vermögensinteresse, in Betracht zu ziehen. Nach der Entrichtung der Strafe ist die Herabsetzung ausgeschlossen.

§ 343 BGB wird **durch § 348** im kfm Verkehr **verdrängt** (s Rn 6).

2) Vertragsstrafe im unternehmerischen und kaufmännischen Verkehr

5 A. **AGBKontrolle von Vertragsstrafen im unternehmerischen Verkehr (§§ 309 Nr 6, 310 I 1 BGB):** Vertragsstrafen sind im unternehmerischen (früher: kfm) Verkehr ein wesentliches Mittel, den Schuldner von der Verletzung vertraglicher Pflichten abzuschrecken und (in zweiter Linie) dem Gläubiger die Schadloshaltung zu erleichtern; zumal für Unterlassungspflichten bieten häufig nur Vertragsstrafen wirksamen Schutz. Das starre Verbot von **(5)** § 309 Nr 6 BGB gilt deshalb nicht über **(5)** § 307 BGB für Unternehmer (s **(5)** § 310 I 1 iVm § 14 BGB), BGH NJW **81,** 1509, **85,** 56, Ul/Br/He/Hensen § 309 Nr 6 BGB Rn 18, hL. Aber Vertragsstrafe in VertragshändlerAGB mit Einheitsbetrag für jegliche Vertragsverletzung des Händlers, ohne nach Art, Gewicht und Dauer des Verstoßes zu differenzieren, ist unwirksam, wenn nicht der Betrag auch angesichts des typischerweise geringsten Verstoßes angemessen ist, BGH NJW **97,** 3233. Ein Vertragsstrafeversprechen verstößt nicht gegen **(5)** § 307 BGB, wenn die Strafe ihrer Höhe nach in einem angemessenen Verhältnis zum Gewicht

1. Abschnitt. Allgemeine Vorschriften 6–8 § 348

des Verstoßes und zu dessen Folgen für den Vertragspartner steht, so wenn die Höhe der Vertragsstrafe durch den Umfang der zu sichernden geschuldeten Leistung nach oben begrenzt wird, BGH **141**, 397, NJW **98**, 2600. Aber Verbot der Kumulation von Schadensersatz und Vertragsstrafe gilt auch unter Unternehmern, BGH NJW **85**, 56, Ul/Br/He/Hensen § 309 Nr 5 BGB Rn 29, Nr 6 Rn 19, 17; Anrechnung aber nur, soweit Interessenidentität besteht, BGH NJW **08**, 2849. Vorfälligkeitsklausel auch für unverschuldeten Zahlungsrückstand ist auch im unternehmerischen Verkehr unwirksam, BGH **96**, 182; nur ausnahmsweise, so bei gewichtigen Umständen, ist auch verschuldensunabhängige Vertragsstrafe in AGB wirksam, BGH **72**, 178, **141**, 397. Strafgelder für die Beteiligung an wettbewerbsbeschränkenden Preisabsprachen s BGH **105**, 24, vgl krit Ul/Br/HeHensen § 309 Nr 6 BGB Rn 19. Überhöhte Vertragsstrafen (zB täglich 1%, keine Herabsetzung wegen § 348) verstoßen gegen § 307 BGB, BGH **95**, 310, **153**, 311 (über 5% der Bauauftragssumme), krit v Gehlen NJW **03**, 2961. Vertragsstrafe in Prozentsatz der Auftragssumme muss auch unter Unternehmern eine zeitliche Beschränkung, BGH **85**, 313, und eine Obergrenze enthalten, BGH WM **88**, 170, **89**, 449. Vorbehalt der Strafe (§ 341 III BGB) ist auch unter Unternehmern nicht völlig abdingbar, str; aber formularmäßige Ausübung genügt, BGH NJW **87**, 380.

B. Keine Herabsetzung der Vertragsstrafe im kaufmännischen Verkehr 6 **(§ 348):** § 348 ist eine Sondervorschrift zu § 343 BGB (s Rn 4). Sie hat wegen der weitreichenden AGBKontrolle auch im unternehmerischen Verkehr **kaum mehr Bedeutung,** s Rn 5 und BGH NJW **97**, 3233.

a) § 348 gilt für die **Kaufleute** nach §§ 1–3, 5, auch für RechtsscheinKfm (§ 5 Rn 9–16), str, offen BGH **5**, 135 (wer Rechte oder Ansehen des Kfm beansprucht, muss seine Pflichten tragen). § 348 betrifft nur Individualvereinbarung, steht AGBKontrolle nicht entgegen, BGH **85**, 315, s Rn 5. Maßgebender der Zeitpunkt ist Abgabe des Versprechens, nicht Verwirkung, BGH **3**, 193. Grundsätzlich gleich bleibt, ob der Berechtigte Kfm ist. UU ist entspr § 348 auch dem NichtKfm die Herabsetzung nach § 343 BGB zu versagen, BGH **5**, 136: gegenseitige Vertragsstrafevereinbarung zwischen GmbHGftern (NichtKflten) und EinzelKfm betr Geschäfte der GmbH.

b) Das Versprechen muss ferner im Betrieb des HdlGewerbes erfolgen, also **Handelsgeschäft** sein. Die Vermutung des § 344 gilt auch für Strafversprechen, RG HRR **32**, 1645.

c) § 348 schließt nur Herabsetzung nach § 343 BGB aus; **Unwirksamkeit** 7 nach § 138 BGB (s Rn 2) bleibt unberührt; Verstoß gegen (5) §§ 307, 309 Nr 6 BGB s Rn 5. Ebensowenig hindert § 348 Anspruch auf Herabsetzung (uU auch Rücktrittsrecht) nach § 313 BGB wegen Störung der **Geschäftsgrundlage,** zB nach Aufklärung erheblicher (beiderseitiger, für die Höhevereinbarung ursächlicher) Überbewertung des Vertragsgegenstandes, BGH NJW **54**, 998 (Vertrag über ein Ausbeutungsrecht), Karlsr BB **67**, 1181. Ebenso uU, wenn der Verstoß infolge Änderung der Situation (zwar nicht ganz unwesentlich, vgl Rn 2, aber) von geringerem Gewicht erscheint, als die Parteien (mindestens) voraussetzten, Karlsr BB **67**, 1181 (vertragswidrige Kündigung durch Werbeleiter, HdlVertreter, nach Wegfall der Werbeorganisation).

3) Ähnliche Rechtsfiguren

A. Draufgabe (§§ 336–338 BGB) ist Zeichen des Vertragsschlusses (§ 336 I 8 BGB), sie ist bei Aufhebung des Vertrags idR zurückzugeben (§§ 337 II, 338 S 1 BGB), uU auch bei Vertragserfüllung (§ 337 I BGB) und bei Leistung von Schadensersatz wegen Nichterfüllung (§ 338 S 2 BGB, seit SMG: Schadensersatz statt der Leistung, §§ 280 III, 281 ff BGB). Ihre Rückgabe ist nicht Strafe, sondern hindert nur ungerechtfertigte Bereicherung.

§ 349 1

9 B. **Reugeld** ist Zahlung, durch die sich ein Vertragsteil von einer Vertragspflicht befreien darf. Sie ist keine Strafe für Pflichtverstoß und wird nicht geschuldet. Auslegungsfrage ist, ob der Vertrag x DM Strafe für Verletzung einer Vertragspflicht (zB Unterlassungspflicht) festsetzt oder das abweichende Verhalten erlaubt, falls Schuldner x DM Reugeld zahlt. Vgl für Makleralleinauftrag § 93 Rn 66. Draufgabe (s Rn 8) gilt iZw nicht als Reugeld (§ 336 II BGB).

10 C. **Verfallklausel (kassatorische Klausel)** ist der Vertragsstrafe eng verwandt, sie sieht Rechtsverlust des Schuldners bei Pflichtverletzung vor; sie ist iZw nur bei Verschulden anwendbar, RG **145**, 31, und kann vom Richter bei Teilbarkeit des verwirkten Rechts entspr § 343 BGB (also nicht für Kflte, § 348) abgeschwächt werden; bei Verlustigerklärung der gesamten Vertragsrechte ist sie als Rücktrittsvorbehalt für den anderen Teil, nicht als automatischer Wegfall des Vertrags auszulegen, § 354 BGB. Einschränkungen durch **(5)** §§ 307, 308 Nr 7 BGB.

11 D. **Pauschalierter Schadensersatz** (bei Vertragsverstoß) ist der Vertragsstrafe ähnlich. Er ist nicht herabsetzbar nach § 343 BGB. Schadenspauschalierung ist nur anzunehmen, wenn wirklich Ersatz von Schäden, nicht in erster Linie Druck auf Vertragserfüllung bezweckt ist (s Rn 1), zB bei bestimmten Leistungspflichten aus Kaufverträgen. Zur Abgrenzung BGH **49**, 89, NJW **92**, 2625. AGB s **(5)** §§ 307, 309 Nr 5 BGB.

[Keine Einrede der Vorausklage]

349 ¹Dem Bürgen steht, wenn die Bürgschaft für ihn ein Handelsgeschäft ist, die Einrede der Vorausklage nicht zu. ²Das gleiche gilt unter der bezeichneten Voraussetzung für denjenigen, welcher aus einem Kreditauftrag als Bürge haftet.

Schrifttum

Komm zu §§ 765 ff BGB; BankrechtsHdb/Nobbe/Wassermann 3. Aufl 2007 § 91. **RsprÜbersichten** (Bürgschaft): *Merz* WM **77**, 1270, **80**, 230, **82**, 174, **84**, 1141, **88**, 241; *Rehbein* FS Werner **84**, 697; *Tiedtke* ZIP **86**, 69, **90**, 413, **95**, 521, **01**, 1015, NJW **03**, 1359, **05**, 2498; *P. Bydlinski* WM **92**, 1301; *Pape* NJW **95**, 1006, **96**, 887, **97**, 980; *Kreft* WM Sonderbeil 5/**97**, *G. Fischer* WM **98**, 1705, 1749, **01**, 1049, 1093, *Graf von Westphalen* NJW **03**, 1982, *Wassermann* Bankrechtstag **04**, 85.

Übersicht

1) Übersicht 1
2) Bürgschaft und Kreditauftrag nach BGB 2–11
   A. Begriff der Bürgschaft 2
   B. Arten der Bürgschaft 3
   C. Kreditauftrag 11
3) Wegfall der Einrede der Vorausklage 12
4) Verwandte Rechtsfiguren 13–22
   A. Mithaftung als Vertragsteil 13
   B. Schuld(mit)übernahme 14
   C. Garantievertrag 15
   D. Wechselbürgschaft (Aval) 21
   E. Patronatserklärungen, Finanzierungszusagen, Gewinnzusagen, 22
5) Internationaler Verkehr 23

1) Übersicht

1 § **349 beseitigt** für die HdlBürgschaft des Kfm die **Einrede der Vorausklage** (§§ 771–773 BGB); S 2 stellt klar, dass dies auch für den aus Kreditauftrag (nach § 778 BGB) wie ein Bürge haftenden Kfm gilt; § 350 macht die HdlBürgschaft

1. Abschnitt. Allgemeine Vorschriften 2–4 § 349

des Kfm **formfrei**. Weitere Besonderheiten für die HdlBürgschaft kennt das HGB nicht. Es gelten auch für sie §§ 765–777 BGB, beim Kfm mit Ausnahme von §§ 766, 771 BGB.

2) Bürgschaft und Kreditauftrag nach BGB

A. Begriff der Bürgschaft. Bürgschaft ist ein Vertrag, durch den der Bürge 2 gegenüber dem Gläubiger eines Dritten das Einstehen für die Verbindlichkeit des Dritten (Hauptschuld) übernimmt, § 765 BGB. Das **Schriftformerfordernis** (§ 766 S 1 BGB) gilt für alle wesentlichen Teile einer Bürgschaftserklärung. Sie muss den Willen erkennen lassen, für eine fremde Schuld einzustehen, und die Bezeichnung von Gläubiger, Hauptschuldner und verbürgter Hauptforderung enthalten; möglich bleibt Auslegung einer unklaren oder mehrdeutigen Formulierung unter Rückgriff auf Anhaltspunkte in der Urkunde, BGH NJW **95,** 959, **00,** 1569. Nicht durch Auslegung zu beseitigende Unklarheiten gehen zu Lasten des Gläubigers, BGH **76,** 187, NJW **95,** 959. Eine formbedürftige Bürgschaft kann nicht durch Leistung einer Blankounterschrift und mündliche Ermächtigung eines anderen, die Urkunde zu ergänzen, wirksam erteilt werden (aber Schutz gutgläubiger Dritter analog § 172 II BGB), BGH **132,** 119, NJW **00,** 1179. Die Bürgschaft ist in Bestand und Umfang von der Hauptforderung gegen den Dritten abhängig (**Akzessorietät,** §§ 767, 768 BGB). Hauptforderung und Bürgschaftsforderung können nicht unterschiedliche Inhaber haben (Gläubigeridentität); isolierte Abtretung der Hauptforderung lässt Bürgschaft erlöschen, isolierte Abtretung der Bürgschaftsforderung ist unwirksam, BGH **115,** 177. Akzessoriettät bei Prozessbürgschaft, BGH **163,** 59. Der Bürgschaftsvertrag kann zwischen dem Bürgen und einem Dritten zugunsten des Gläubigers der Hauptforderung geschlossen werden (§ 328 BGB), BGH NJW **01,** 3327. Die Beendigung einer zahlungsunfähigen HdlGes führt nicht zum Erlöschen der für eine ihrer Verbindlichkeiten gegebenen Bürgschaft, vielmehr verselbstständigt sich die Bürgschaftsforderung und wird abtretbar; BGH **82,** 323. Bürgschaft für KG gilt weiter, wenn nur ein Gfter verbleibt und Schulden der KG ihm zuwachsen, erfasst aber nicht neue von ihm nunmehr als EinzelKfm begründete Schulden, BGH NJW **93,** 1917. Warnpflicht gegenüber dem Bürgen s **(7)** Bankgeschäfte Rn A/25. Devisensperre s **(7)** Bankgeschäfte Rn N/2.

B. **Arten der Bürgschaft** sind insbesondere:

a) die selbstschuldnerische; bei ihr entfällt die Einrede der Vorausklage, 3 § 773 I Nr 1 BGB; auch der selbstschuldnerische Bürge kann sich auf Verjährung der Hauptschuld berufen, auch wenn diese erst nach Erhebung der Bürgschaftsklage eintritt, BGH **76,** 222.

b) Kreditbürgschaft für einen dem Schuldner, namentlich von einer Bank, zu 4 gewährenden Kredit (Begriff s **(7)** Bankgeschäfte Rn G/1). Auslegung einer Prozessbürgschaft, BGH **158,** 286. AGB über Erstreckung der Bürgschaft auf alle, auch künftige Ansprüche aus der Bankverbindung ist unwirksam (Verbot der Fremddisposition, arg e § 767 I 3 BGB, **(5)** § 307 BGB) BGH **130,** 19 (IX. ZS, Aufgabe von BGH NJW **85,** 848 ua), üL, grundsätzlich auch gegenüber Kflten (außer Banken und Versicherungen), BGH NJW **98,** 3708; auch AGB über Erstreckung auf alle bestehenden Ansprüche ohne nähere Bezeichnung der verbürgten Forderungen, BGH **143,** 95, selbst bei Höchstbetragsbürgschaft (anders gruppentypisch bei Bürgschaft von Geschäftsführern oder Gftern für ihre Ges), BGH **143,** 100; Teilbarkeit der Klausel ohne Gesamtnichtigkeit, BGH **137,** 153; Rückwirkung der Rspr, BGH **132,** 6, 119; Unwirksamkeit der Haftungserstreckung auf Zinsen, Provisionen, Kosten über vereinbarten Höchstbetrag hinaus, BGH **151,** 374. AGB ist zugleich überraschend iSv **(5)** § 305 c I BGB, wenn die Bürgschaft über den Anlass des Sicherungsvertrags hinausgeht (sog AnlassRspr), zB bei Tilgungsdarlehen, BGH **126,** 174, über das Limit eines Kontokorrentkredits

§ 349 5
IV. Buch. Handelsgeschäfte

hinaus (für Kdtisten, nicht für Geschäftsführer oder MehrheitsGfter der Hauptschuldnerin), BGH **130**, 19, 30, **142**, 216. Verstoß gegen das Transparenzgebot ((**5**) § 307 I 2 BGB) bei Erstreckung der Bürgschaft auf alle bestehenden Ansprüche gegen den Hauptschuldner, wenn diese nicht näher bezeichnet werden, BGH **143**, 95. Kinder-, Ehegatten- bzw Verwandtenbürgschaft und -mitverpflichtung s (**7**) Bankgeschäfte Rn G/8, G/10, G/10 a–c. Eine einseitige, wenngleich für den Gläubiger erkennbare Erwartung des Bürgen über die Weiterentwicklung des Kreditverhältnisses ist nicht Geschäftsgrundlage der Bürgschaft, BGH NJW **83**, 1850. Wird das Darlehen nachträglich verlängert oder sonst modifiziert, wird der ursprüngliche Darlehensvertrag iZw nicht ersetzt, Grund: Schuldumschaffung ist wegen der damit verbundenen Aufgabe von Sicherheiten (auch Bürgschaft) iZw nicht gewollt, BGH NJW **99**, 3708, **00**, 2580. Bei (iZw anzunehmender) bloßer Vertragsänderung erlischt die Bürgschaft nicht, aber Schutz des Bürgen nach § 767 I 3 BGB; Bürgschaft bleibt also unberührt, soweit sich die Lage des Bürgen nicht verschlechtert, RG **126**, 289, anders zB bei Änderung der Tilgungsbedingungen, BGH NJW **80**, 2412, **00**, 2580: zu Prolongationskredit BGH **142**, 220. Die Kreditbürgschaft sichert auch den Gesamtrechtsnachfolger des Kreditgebers, der das Kreditverhältnis fortsetzt (Vereinigung zweier Sparkassen), BGH **77**, 167; nicht aber ohne weiteres den rechtsgeschäftlichen Nachfolger (Grund: §§ 401, 766 BGB), BGH **26**, 142. Avalkreditvertrag (s (**7**) Bankgeschäfte Rn G/27) zwischen Hauptschuldner und Bank ist idR kein Bürgschaftsvertrag zugunsten des Gläubigers (§ 328 BGB), BGH WM **84**, 786. Formularmäßiges Hinausschieben des Forderungsübergangs (§ 774 BGB) bis zur Befriedigung aller Ansprüche der Bank gegen Hauptschuldner ist wirksam, wenn Bürgschaft auch diese sichert, Bürgenzahlungen sind solange nur Sicherheitsleistung, BGH **92**, 374, NJW **01**, 2330. Unwirksam ist formularmäßiger Verzicht des Kreditbürgen gegenüber Bank auf die Einrede der Aufrechenbarkeit (§ 770 II BGB) bei unbestrittener oder rechtskräftig festgestellter Gegenforderung, BGH **153**, 293, anders noch BGH **95**, 350, entsprechend wohl für Einrede der Anfechtbarkeit (§ 770 I BGB); für Einrede der Aufrechenbarkeit genügt es, wenn nur der Gläubiger (nicht mehr der Hauptschuldner) aufrechnen kann, BGH **153**, 301. Einwand der (bereits erfolgten) Aufrechnung bleibt immer möglich, BGH NJW **02**, 2867. Unwirksam sind Klauseln über Beseitigung der Akzessorietät, zB Haftung trotz erfolgter Anfechtung des Hauptschuldners, BGH **95**, 350, über generellen Ausschluss der Einreden aus § 768 BGB, BGH **147**, 99, WM **09**, 643, über generellen Verzicht auf die Rechte aus § 776 BGB, BGH **144**, 52, NJW **00**, 2580, **02**, 295. Bürgschaft für Kontokorrentschuld s § 356 Rn 3. Kreditbürgschaft sichert auch Forderungen, die die Bank nach Eröffnung des Insolvenzverfahrens über das Vermögen des Schuldners von Dritten erwirbt, BGH NJW **79**, 2040; kann aber (etwa bei fehlender Risikoerhöhung oder bei Eigeninteresse des Bürgen) auch ohne ausdrückliche Vereinbarung den Bereicherungsanspruch bei Nichtigkeit der Darlehensschuld (s (**7**) Bankgeschäfte Rn G/11) umfassen, Auslegungsfrage, BGH NJW **80**, 1157, **87**, 2077, **92**, 1235, **01**, 1860: anders idR bei reiner Gefälligkeitsbürgschaft, Hamm NJW **87**, 2521. AGBVerpflichtung des Bürgen zur Leistung von Sicherheiten ist unwirksam (Personalsicherheit, s (**7**) Bankgeschäfte Rn H/1), BGH **92**, 295. Eine auf unbestimmte Zeit eingegangene Bürgschaft ist kündbar, nach Ablauf eines gewissen Zeitraums oder gemäß § 314 BGB aus (besonders) wichtigem Grund, aber idR nur unter angemessener Frist, BGH NJW **85**, 3008, zB wenn Gfter-Bürge aus Ges ausscheidet, BGH NJW **86**, 252. Störung der Geschäftsgrundlage (§ 313 BGB) nur in seltenen Ausnahmefällen BGH NJW **87**, 1629. MaBV-Bürgschaft s § 93 Rn 3. Lit: über AGBKontrolle bei Bürgschaft Ul/Br/He/Fuchs Anh § 310 BGB Rn 230 ff; Wo/Li/Pf Bürgschaft B 351.

5 **c) Zeitbürgschaft:** Gewollt ist entweder Endtermin (§ 163 BGB) für Inanspruchnahme des Bürgen (Zeitbürgschaft, § 777 BGB), BGH **76**, 81, **91**, 349,

1. Abschnitt. Allgemeine Vorschriften 6, 7 § 349

oder unbefristete Bürgschaft für alle bis zum Endtermin entstehenden Forderungen, zB zeitlich begrenzte Kontokorrentkreditbürgschaft, BGH NJW **88,** 908, Hamm NJW **90,** 54. Zeitbürgschaft mit fixem Endtermin unter Abbedingung des § 777 BGB s BGH **99,** 288, NJW **82,** 172. Bei Kontokorrentkredit bedeutet Befristung idR gegenständliche Begrenzung, BGH NJW **04,** 2233. Lit: Brändel FS Werner **84,** 41.

d) **Bürgschaft auf erstes Anfordern:** Klausel „Zahlung auf erstes Anfor- 6 dern" ist zwar Indiz für Garantie (s Rn 15–20 sowie **(7)** Bankgeschäfte Rn L/8), aber auch bei Bürgschaft möglich, BGH **74,** 244, **95,** 387, NJW **97,** 1435, WM **07,** 1609, st Rspr, aA Weth AcP 89 **(89)** 303, auch zugunsten Dritter (§ 328 BGB), BGH NJW **03,** 2231. Sie kommt vor allem bei der Konzernfinanzierung (Einstehen für Töchter) und im Bankgeschäft (nicht im Inlandsgeschäft mit Verbrauchern) vor. Sicherungsabrede in AGB über Stellung einer Bürgschaft auf erstes Anfordern ist nach **(5)** § 307 BGB auch gegenüber Unternehmern unwirksam, BGH **150,** 299 (aber für Altfälle uU Vertragsergänzung dahin, dass einfache Bürgschaft geschuldet ist, BGH NJW **02,** 3098 für Vertragserfüllungsbürgschaft bei Bauvertrag, anders BGH **147,** 99, NJW **02,** 895 für Gewährleistungsbürgschaft). Individualabrede über Bürgschaft auf erstes Anfordern ist dagegen wirksam, BGH NJW **98,** 2280; aber Risikoaufklärung des nicht hinreichend vertrauten Vertragspartners, sonst Haftung nur aus einfacher Bürgschaft, BGH **143,** 381, NJW **98,** 2280; ebenso, wenn beiden Parteien die notwendige Rechtskenntnis fehlt. Die Hauptforderung braucht bei Inanspruchnahme des Bürgen nicht schlüssig dargelegt zu werden, BGH NJW **94,** 380. Einwendungen aus dem Hauptschuldverhältnis können (außer bei Missbrauch) erst in einem (idR nicht im Urkundenverfahren zu führenden, BGH **148,** 283) Rückforderungsprozess (§ 812 BGB, Beweislastverteilung: wie wenn Gläubiger Bürgen in Anspruch nähme, BGH WM **89,** 709, 1496) geltend gemacht werden, BGH **140,** 49 (überhaupt nicht bei Garantie auf erstes Anfordern, **(7)** Bankgeschäfte Rn L/15), WM **07,** 1609, zB auch aus Urkunde nicht ersichtlicher, bestrittener Einwand zeitlicher Begrenzung, BGH NJW **85,** 1694, nicht schon im Nachverfahren des Urkundenprozesses, BGH ZIP **93,** 1851. Urkundenbeweis durch Aktenbeiziehung bleibt möglich, BGH NJW **98,** 2280. **Missbrauchseinwand** im Erstprozess ist nur ganz ausnahmsweise möglich, nämlich wenn offensichtlich (dh offen auf der Hand liegend oder zumindest liquide beweisbar) ist, dass der materielle Bürgschaftsfall nicht eingetreten oder die Bürgschaft ohne Rechtsgrund im Verhältnis zwischen Gläubiger und Hauptschuldner begeben worden ist (etwa: Sicherungsabrede ist unwirksam oder verlangt nur einfache Bürgschaft) BGH **147,** 102, NJW **96,** 717, **97,** 255, **02,** 1493, s **(7)** Bankgeschäfte Rn L/13. Dem Gläubiger obliegt schon im Erstprozess der Nachweis, dass die Bürgschaft nach den vorliegenden Urkunden und den unstreitigen Umständen den geltend gemachten Anspruch sichert; scheitert er mit diesen Beweismitteln, kann Klage aus einfacher Bürgschaft begründet sein, BGH NJW **99,** 2361. Das Recht, Zahlung auf erstes Anfordern zu verlangen, entfällt bei masseloser Insolvenz des Bürgschaftsgläubigers, Grund: kein weiteres Wirtschaften des Gläubigers zu erwarten, BGH **151,** 236 (aber Aufrechterhaltung als einfache Bürgschaft). **Rückforderung** des Bürgen vom Gläubiger trotz Fehlens der Voraussetzungen für erstes Anfordern nur nach normalem, materiellen Bürgschaftsrecht, ebenso des Hauptschuldners auf Grund der Sicherungsabrede, grundsätzlich auf Rückzahlung an den Bürgen, nach Erstattung auf Zahlung an sich selbst, BGH **152,** 246, **153,** 311, **154,** 378. Lit: Arnold 2008; Graf von Westphalen ZIP **04,** 1433 (AGBKontrolle), Karst NJW **04,** 2059, Nielsen BKR **04,** 491, H. Schmidt RIW **04,** 336 (grenzüberschreitend), G. Fischer WM **05,** 529 (Schutz vor Missbrauch), Oepen NJW **09,** 1110.

e) **Ausfallbürgschaft** (Schadlosbürgschaft), BGH NJW **89,** 1855, **92,** 2629, 7 **02,** 2869, Mü WM **07,** 1786: Der Bürge haftet subsidiär, und zwar nur für den

§ 349 8–14

endgültigen Vollstreckungsverlust des Gläubigers. Hier muss der Gläubiger jede Zwangsvollstreckung versuchen; zur Klagebegründung gehört Darlegung des Ausfalls trotz sorgsamer Vollstreckung. Die Ausfallbürgschaft kann sich vertraglich auf die Bürgschaft mit einer bestimmten Sicherheit beschränken. Eine Bürgschaft kann auch in erster Linie eine derartige Ausfallbürgschaft sein, im Übrigen eine gewöhnliche oder gar selbstschuldnerische.

8 f) **Rückbürgschaft:** Sie soll den Bürgen für den Fall sichern, dass er Gläubiger des Hauptschuldners wird, also einstehen muss, BGH **73**, 94, **95**, 379. Sie ist eine gewöhnliche bedingte Bürgschaft. Die Hauptschuld des Schuldners an den Gläubiger berührt den Rückbürgen nicht; ebenso wenig die Person des Gläubigers. Dem Rückbürgen steht die Einrede der Vorausklage gegen den Hauptschuldner zu, RG Recht **15** Beil 308.

9 g) **Nachbürgschaft,** dh eine für den Bürgen geleistete Bürgschaft. Sie verlangt einen Vertrag zwischen Gläubiger und Nachbürgen, sie hängt vom Bestand der Hauptschuld ab; außerdem natürlich vom Bestand der Vorbürgschaft. Der Nachbürge hat auch die Einreden des Vorbürgen. Leistet der Nachbürge, so gehen entspr § 774 I BGB die Rechte des Gläubigers auf ihn über, nicht nur gegen den Hauptschuldner (so RG **83**, 343), sondern auch gegen den Vorbürgen (BGH **73**, 97).

10 h) **Mitbürgschaft** mehrerer, §§ 769, 774 II, 426 BGB, BGH **83**, 206, **85**, 185, NJW **84**, 482, **87**, 374, **00**, 1034.

11 C. **Kreditauftrag** ist der Auftrag (§ 662 BGB), einem Dritten im eigenen Namen und auf eigene Rechnung ein Darlehen oder eine Finanzierungshilfe zu gewähren, § 778 BGB. Für Abgrenzung von Kreditbürgschaft (Schriftform, außer nach § 350) ist vertraglich ein eigenes Interesse des Auftraggebers an der Kreditgewährung nötig, BGH **56**, 890; dann formlos gültig. Nach der Kreditgewährung haftet der Auftraggeber für die Verbindlichkeit des Dritten wie ein Bürge (§ 778 BGB); Einrede der Vorausklage (außer nach § 349); BGH WM **84**, 423.

3) Wegfall der Einrede der Vorausklage

12 § 349 gilt nur für den Kfm; der Kfm als solcher haftet stets selbstschuldnerisch. Begriff des HdlGeschäfts s § 343; die Vermutung des § 344 gilt. Maßgebender Zeitpunkt ist die Übernahme der Bürgschaft, beim Kreditauftrag die Erteilung des Auftrags. Die schon begründete Einrede der Vorausklage geht nicht durch späteren Erwerb der KfmEigenschaft verloren; Verlust der KfmEigenschaft gibt die Einrede nicht. § 349 gilt auch für den Kfm kraft Eintragung (§ 5) und den RechtsscheinKfm (§ 5 Rn 9–17), Hbg JW **27**, 1109, str. § 349 ist nachgiebig, die selbstschuldnerische Haftung lässt sich abbedingen. Beweislast für die Eigenschaft als Kfm s § 1 Rn 25.

4) Verwandte Rechtsfiguren

13 A. Bei der **Mithaftung als Vertragsteil** besteht eine eigene Hauptschuld, so etwa wenn Eheleute zusammen kaufen. Zur Mitbestellerklausel in AGB s **(5)** §§ 307, 309 Nr 11 BGB, Ul/Br/He/Hensen § 309 Nr 11 BGB; Ehegatten- bzw Verwandtenmithaftungsklauseln bei Kreditverträgen **(7)** Bankgeschäfte Rn G/8, G/10, G/10 a–c.

14 B. Die **Schuld(mit)übernahme** kommt in zwei Formen vor:

a) befreiende Schuldübernahme, sie allein regelt das BGB in §§ 414 ff BGB; bei ihr tritt der Schuldübernehmer an die Stelle des Schuldners;

b) zusätzliche **(kumulative)** Schuldübernahme oder Schuldbeitritt; bei ihr tritt der Übernehmer neben den Schuldner als zweiter Schuldner. In beiden Fällen wird der Übernehmer formfrei Hauptschuldner, nicht Bürge. Schuldbei-

1. Abschnitt. Allgemeine Vorschriften 15 § 349

tritt ist nur bei unmittelbar eigenem wirtschaftlichen Interesse anzunehmen, sonst liegt iZw Bürgschaft vor, BGH WM **80,** 1286 (Schuldbeitritt des geschäftsführenden Gfter der insolvenzreifen GmbH). Umdeutung nichtigen Schuldbeitritts in selbtschuldnerische Bürgschaft (§ 140 BGB), BGH NJW **08,** 1070.

C. **Garantien:** Im BGB idF SMG sind **folgende (unselbstständige,** dh die 15
gesetzliche Mängelhaftung ergänzende) **Garantien** geregelt (Terminologie und Abgrenzung sind unsicher, da §§ 276, 442, 444 einerseits und § 443 andererseits terminologisch nicht auseinandergehalten sind): **(1)** Der Schuldner kann nach **§§ 276 I 1, 442 I 2, 444, 639 BGB** eine Garantie übernehmen für das Vorhandensein eines Beschaffenheitsmerkmals bei Gefahrübergang. Bei abweichender Beschaffenheit der Kaufsache (des Werks) trifft ihn dann, „soweit" die Garantie reicht (klarstellend §§ 444, 639 BGB idF FernabsFDLG 2. 12. 04 BGBl 3102, wichtig für Unternehmenskauf, Einl 46 b vor § 1) eine verschuldensunabhängige Einstandspflicht nach §§ 437 Nr 3, 634 Nr 4 iVm 280, 281, 311 a BGB (wie vor SMG bei zugesicherter Eigenschaft, §§ 459 II, 463 S 1, 633 I aF BGB). Zulässig sind zB Garantiehöchstgrenzen, zB caps bei M&C, und Freigrenzen, zB de minimis-Klauseln, S. Lorenz NJW **05,** 1895. **(2)** Eine **Beschaffenheitsgarantie** (§ 443 I Alt 1 BGB), zumindest wie Eigenschaftszusicherung nach altem Recht, BGH NJW **07,** 1346, erweitert die gesetzliche Haftung für Sachmängel im Zeitpunkt des Gefahrübergangs, indem zB zusätzliche Ansprüche gegen den Hersteller eingeräumt werden. Abgrenzung zur Beschaffenheitsangabe s BGH NJW **07,** 1346 m Anm Gutzeit. **(3)** Eine **Haltbarkeitsgarantie** bezieht sich nach der Definition in § 443 I Alt 2 BGB darauf, dass die Sache für eine bestimmte Dauer eine bestimmte Beschaffenheit behält. Sie sichert den Käufer gegen Sachmängel, die innerhalb dieser Frist auftreten, unabhängig davon, ob der Mangel schon bei Gefahrübergang vorhanden war. **§ 443 BGB** dient der Umsetzung von Art 6 VerbrGüKRL. Beschaffenheits- und Haltbarkeitsgarantien lassen die gesetzlichen Rechte des Käufers unberührt; positiv ist der Garantieinhalt dagegen gesetzlich nicht festgelegt. Der Garantiegeber (Verkäufer oder Dritter, etwa Hersteller, Importeur oder Großhändler) kann (in der Garantieerklärung oder Werbung) also den Umfang der Garantie (zB erfasste Teile und Beschaffenheitsmerkmale, Beginn und Dauer der Garantiefrist) und die Rechtsfolgen (zB nur Ersatzlieferung oder Nachlieferung, Haftungshöchstbetrag) bestimmen. Garantiefrist und Verjährung s § 377 Rn 60. § 443 II BGB regelt eine wichtige, mit der Haltbarkeitsgarantie verbundene Beweislastfrage mit der Vermutung, dass ein während ihrer Geltungsdauer auftretender Sachmangel die Rechte aus der Garantie auslöst. Sonderbestimmungen gelten für Garantien beim Verbrauchsgüterkauf (§ 477 BGB).

Nicht gesetzlich geregelt, aber nach **§ 311 I BGB** ohne weiteres und formlos möglich ist ein **(selbstständiger) Garantievertrag,** durch den sich jemand verpflichtet, für den Eintritt eines bestimmten Erfolges einzustehen oder die Gefahr eines künftigen Schadens zu übernehmen, BGH NJW **85,** 2941, **99,** 1543, Ffm NJW **07,** 1467 (Verhandlungserfolg, abl). Solche Garantie begründet eigenständigen Anspruch ohne Rücksicht auf das Bestehen einer Hauptverbindlichkeit, BGH **165,** 24, WM **82,** 632, NJW **99,** 1542. Der Garant schuldet nicht Erfüllung wie bei Bürgschaft, sondern nur Schadloshaltung, wenn der Erfolg nicht eintritt (fehlende Akzessorietät). Abgrenzung erfolgt durch Auslegung. Die gebrauchten Worte sind nicht unbedingt entscheidend, doch ist dabei Grad der Geschäftsgewandtheit wichtig. Eigeninteresse am Erfolg spricht für Garantie, doch hilft dieses Kriterium im HdlVerkehr wenig, zB bei „Bankgarantie", BGH WM **82,** 1324. Wegen § 766 BGB (Form; aber § 350) und strengerer Verpflichtung ist iZw nur Bürgschaft anzunehmen (statt Garantie, Schuldbeitritt), BGH WM **75,** 348, **85,** 1417. Je nach vertraglicher Bestimmung des Garantiefalls kann gewisse Abhängigkeit des Garantieanspruchs von der gesicherten Forderung bestehen, zB keine Doppelzahlung, BGH **165**, 24. Das Garantieverhältnis (Gegensatz: Ansprüche daraus) unterliegt nicht der Verjährung (Dauerschuldverhältnis), BGH WM **08**, 2066 (40 Jahre). Managementgarantie (M&A), Seibt/ Wunsch ZIP **08**, 1093.

16 Im Handelsverkehr kommen vor:
Delkrederehaftung: HdlVertreter s § 86 b; Kommissionär s § 394; jeweils str, ob Bürgschaft (üL) oder Garantie. Garantie ist die Zusage des Vermittlers eines Warentermingeschäfts, für Verluste gerade zu stehen, Hamm WM **91**, 521.

17 **Kreditversicherung:** Versicherungsvertrag, der den Versicherungsnehmer gegen Ausfall mit einer Forderung (zB Zahlungsunfähigkeit) sichert. Zu unterscheiden von Ausfallgarantie und Ausfallbürgschaft.

18 **Beschaffenheits- und Haltbarkeitsgarantie (§ 443 BGB):** Regelfall ist **Verkäufergarantie**, die dann Teil des Kaufvertrags ist (**unselbstständige Garantie**). **Herstellergarantie** ist möglich als Vertrag zwischen Hersteller und Großhändler zugunsten Dritter (Endabnehmer, insbesondere Verbraucher), BGH **75**, 75; aber auch unmittelbar zwischen Hersteller und Endabnehmer, so zB wenn der Verkäufer als Vertreter oder Bote des Herstellers Garantiekarte aushändigt (§ 151 S 1 BGB), BGH **78**, 369, 46, **104**, 82. Auch am Vertrieb interessierte Dritte, zB Importeur oder KonzernGes, können Garantiegeber sein. Werbung als solche ist zwar außer bei klarer Bindungszusage (§§ 133, 157 BGB) kein Garantieversprechen, aus ihr können sich aber die Garantiebedingungen ergeben (§ 443 I BGB). Herstellergarantie ist ihrem Inhalt nach häufig Haltbarkeitsgarantie (s Rn 15). Soweit eine Haltbarkeitsgarantie übernommen worden ist, wird vermutet, dass ein während ihrer Geltungsdauer auftretender Sachmangel die Rechte aus der Garantie begründet (§ 443 II BGB). Bei Beschränkung auf Reparatur nur bei „Vertragsunternehmen" haftet der Hersteller selbst, aber er kann sich dafür seiner Vertragsunternehmen bedienen, BGH **78**, 369. Mängelrechte aus § 437 BGB bleiben unberührt (§ 443 I BGB „unbeschadet"). Garantietiefst und Verjährung s § 377 Rn 60. Lit: Hammen NJW **03**, 2588.

19 **Unwirksame** Garantieklauseln s **(5)** §§ 307, 309 Nr 8 b BGB, Ul/Br/He/Christensen Anh § 310 BGB Rn 360 ff, Tonner NJW **84**, 1730. Freizeichnung des Verkäufers von Garantie iSv § 276 I 1 BGB ist generell unwirksam (§ 444 aE BGB), zudem ggf Vorrang einer Individualabrede (s **(5)** § 305 b BGB); der Garantiegeber kann aber seine Einstandspflicht näher festlegen, also insbesondere summenmäßig auch beschränken (vgl § 443 BGB: „zu den ... angegebenen Bedingungen"), § 444 BGB steht nicht entgegen („soweit", s Rn 15). Freiwillige Herstellergarantien sind nach **(5)** § 307 BGB unwirksam, soweit der Käufer sie als Beschränkung der Mängelhaftung des Verkäufers verstehen kann, BGH **104**, 82; vgl Leitbild des § 443 BGB: Rechte aus der Garantie „unbeschadet der gesetzlichen Ansprüche"; beim Verbrauchsgüterkauf auch individualvertraglich unabdingbar (§§ 475 I 1, 477 I 2 Nr 1, III BGB); Garantie bleibt im Übrigen wirksam. Nicht „ausdrücklich" iSv **(5)** § 309 Nr 8 b bb BGB ist Hinweis am Ende der Garantiebedingungen des Verkäufers, die gesetzlichen Mängelansprüche „werden nicht berührt", BGH **79**, 117. Klauseln zur Absicherung vergangenen Verhaltens sind mangels Druckfunktion keine Vertragsstrafen, sondern Garantie: Strafklausel in Höhe von 3% der Angebotssumme bei Teilnahme an Submissionskartell ist aber nach **(5)** § 307 BGB unwirksame, weil schadensunabhängige und uU zu Bereicherung des Verwenders führende Garantie, BGH **105**, 24: Schadenspauschalierung in derselben Höhe ist dagegen wirksam, wenn Nachweis eines geringeren Schadens nicht abgeschnitten wird, BGH **131**, 356 (zum Schaden BGH NJW **92**, 921, zu § 263 StGB).

Anforderungen nach **EGKartellrecht** an Herstellergarantie, EuGH NJW **86**, 1417 (Swatch) m Anm v Winterfeld 3001, BGH NJW **88**, 2175.

20 **Garantiekarte** (Herstellergarantie gegenüber Letztabnehmer) s Rn 18; Bader NJW **76**, 209. (**Bankkunden-)Karte** s **(7)** Bankgeschäfte Rn F/1, **Geldkarte**

1. Abschnitt. Allgemeine Vorschriften 21–23 **§ 349**

s **(7)** Bankgeschäfte Rn F/14, **Kreditkarte** s **(7)** Bankgeschäfte Rn F/36; frühere **ec-Karte** s 30. Aufl **(7)** Bankgeschäfte Rn F/1. **Bankgarantie** s **(7)** Bankgeschäfte Rn L/1. **Standby letter of credit** s **(7)** Bankgeschäfte Rn K/1, **(11)** ERA Einl 1 vor Art 1.

D. Die **Wechselbürgschaft (Aval)** ist die durch Mitübernahme einer Wech- 21 selschuld „als Bürge" übernommene Verpflichtung, Art 30–32 WG; entspr die **Scheckbürgschaft,** Art 25 ff ScheckG. Beide „Bürgschaften" begründen eine selbstständige abstrakte Wechsel- oder Scheckhaftung; §§ 765 ff BGB gelten nicht. Eine durch Indossament übernommene Bürgschaft ist dagegen eine solche nach BGB.

E. **Patronatserklärungen** sind je nach Ausgestaltung nur wirtschaftlich 22 (s Einl 5 vor § 343) oder auch rechtlich verbindliche Erklärungen idR einer MutterGes, für Verbindlichkeiten ihrer TochterGes einzustehen, sei es als eigene Erfüllungs- oder nur indirekt als Ausstattungs- oder nur subsidiär als Ausfallzusage. „Harte" (Ausstattungs-)Patronatserklärung ist rechtsverbindlich und einklagbar und führt bei Insolvenz zur Haftung des Patrons neben, nicht nur nach dem Schuldner (§ 43 InsO), BGH **117,** 127. **Harte** Finanzierungszusage geht auf Sorge für Zahlungsfähigkeit, nicht ohne weiteres auch Zahlungswilligkeit, Düss WM **89,** 1642. Die Ausstattungszusage des Patrons ist idR nicht als Pflicht zur Direktausstattung aufzufassen, vielmehr Wahl des Patrons, wie ausgestattet wird. Rechtlich handelt es sich um einen Vertrag sui generis. Die übliche Revocatoria-Klausel besagt, dass dem Begünstigten die empfangenen Zahlungen „unter allen Umständen" endgültig verbleiben, also Absicherung auch gegen Insolvenzanfechtung, Wittig WM **03,** 1985. Bspe für harte Patronatserklärungen Stgt WM **85,** 455, Düss NJW-RR **89,** 1116, Mü ZIP **04,** 2102, LG Mü I WM **98,** 1285 (aber § 138 BGB, **(5)** § 307 BGB; Mü WM **99,** 686). „**Weiche**" Patronatserklärung ohne rechtlich durchsetzbare Zusage folgt nicht schon aus Nichtbilanzierung nach § 251 und schließt Vertrauenshaftung bzw Ansprüche nach §§ 280, 311 II BGB aus Verschulden bei Vertragsverhandlungen nicht aus, mißverständlich Karls WM **92,** 2088. Bsp für weiche Patronatserklärung Ffm ZIP **07,** 2316 (Zusicherung einer bestimmten Geschäftspolitik). Muster s Gerth AG **84,** 95. Volle Einstandshaftung bei Patronatserklärungen und **Interzessionsversprechen,** zB Wechsel- und Scheckeinlösungszusagen, ist nur im kfm und beruflichen Verkehr, nicht seitens eines Verbrauchers anzuerkennen, Hopt AcP 183 **(83)** 701. **Finanzierungsbestätigungen** können bloße Auskunft, Brdbg WM **03,** 1465, oder eigenes abstraktes Schuldversprechen sein; Lauer WM **85,** 705; vgl Scheck(einlösungs)bestätigung **(7)** Bankgeschäfte Rn E/8. Verlustdeckungszusage des Gfter gegenüber Ges, BGH ZIP **06,** 1199 m Anm Wolf 1885. Lit: Lutter, Der Letter of Intent, 3. Aufl 1998, Fried 1998, Heussen 2002, Koch 2005 (Patronatserklärung), La Corte 2006, BankrechtsHdb/Merkel § 98; Fleischer WM **99,** 666, ZHR 163 **(99)** 461 (konzernrechtliche Vertrauenshaftung), Wolf IPRax **00,** 477 (IPR), Rosenberg/Kruse BB **03,** 641, Wittig WM **03,** 1981, Bergjan ZIP **04,** 395, Rummel FS Doralt **04,** 493. **Gewinnzusagen:** begründen einseitig Anspruch des Verbrauchers auf den Preis gegen den Unternehmer (§§ 661 a, 14 I BGB), BGH **153,** 82, **165,** 172 (international), NJW **04,** 1652, 3555, nicht gegen dessen Organvertreter, BGH NJW **04,** 3039, Lit: Kiethe ZIP **05,** 646, S. Lorenz NJW **06,** 472, Meller-Hannich NJW **06,** 2516, Saenger/Merkelbach WM **07,** 2309 (weiche Patronatserklärung). **Muster:** Hopt/Kraft 3. Aufl 2007 Form III.K.1–4 (weiche und harte Patronatserklärung, Rangrücktrittserklärung, Besserungsvereinbarung), Wittig WM **03,** 1987.

5) Internationaler Verkehr

Das auf die Bürgschaft anwendbare Recht (**Bürgschaftsstatut**) kann aus- 23 drücklich oder stillschweigend gewählt werden (freie Rechtswahl, Art 27

§ 350 1–3   IV. Buch. Handelsgeschäfte

EGBGB). Ohne solche Wahl gilt das Recht des Orts der charakteristischen Leistung, also der gewerblichen Niederlassung des Bürgen (Geschäftssitz, Art 28 II 2 EGBGB), BGH **121**, 228, Ffm RIW **95**, 1033, Saarbr WM **98**, 2465; aA Erfüllungsort des Bürgen. Unmaßgeblich ist das Recht der Hauptschuld, hL. Nach der Gesamtheit der Umstände kann Bürgschaft aber engere Verbindung mit einem anderen Staat aufweisen (Art 28 V EGBGB), so bei besonders engem Zusammenhang der Bürgschaft mit anderen Geschäften. Das Gesagte gilt auch für die Garantie **(Garantiestatut)**, BGH RIW **95**, 1027, Ffm WM **84**, 1021, Saarbr ZIP **01**, 1318. Anwendbar ist also das Recht der gewerblichen Niederlassung des Garanten, BGH NJW **96**, 2569, bei der Bankgarantie der Bank, Ffm WM **84**, 1021, bei der Rückgarantie (s (7) Bankgeschäfte Rn L/36) der diese abgebenden (Erst)Bank, Kln RIW **92**, 145. Dasselbe gilt für die **Patronatserklärung**, also Recht der gewerblichen Niederlassung der diese abgebenden MutterGes. Lit: Reithmann/Martiny/Martiny 1181, 1192, 1208.

[Formfreiheit]

350   Auf eine Bürgschaft, ein Schuldversprechen oder ein Schuldanerkenntnis finden, sofern die Bürgschaft auf der Seite des Bürgen, das Versprechen oder das Anerkenntnis auf der Seite des Schuldners ein Handelsgeschäft ist, die Formvorschriften des § 766 Satz 1 und 2, des § 780 und des § 781 Satz 1 und 2 des Bürgerlichen Gesetzbuchs keine Anwendung.

1) Übersicht

1   A. **Grundsätzlich** sind Rechtsgeschäfte **formfrei;** das gilt für bürgerliches Recht und HdlRecht gleichermaßen. Wo das bürgerliche Recht eine Form vorschreibt, gilt sie auch für das HdlRecht, soweit nicht § 350 eine Ausnahme enthält.

2   B. **Formbedürftigkeit nach BGB** liegt, abgesehen von den in § 350 erwähnten Geschäften, namentlich in folgenden Fällen vor:

a) Notarielle Beurkundung für die vertragliche Verpflichtung zur **Übereignung oder** zum **Erwerb eines Grundstücks** (§ 311 b I BGB). Auflassung und Eintragung im Grundbuch heilen. Die Erklärungen des Veräußerers und des Erwerbers bedürfen der Beurkundung; auch ein Vorvertrag, BGH **82**, 404; auch Treuhandvertrag bei Bauherrenmodell (einheitliches Rechtsgeschäft), BGH **101**, 397. Formfrei ist Vollmacht, soweit nicht bereits rechtliche oder tatsächliche Bindung hinsichtlich Veräußerung oder Erwerb eintritt, wie immer bei unwiderruflicher Vollmacht, BGH **LM** § 167 BGB Nr 18. Auftrag zum Grundstückserwerb ist idR formbedürftig, zwar nicht wegen der Herausgabepflicht des Beauftragten nach § 667 BGB (die auf Gesetz, nicht Vertrag beruht, BGH **127**, 170), aber wegen der Erwerbspflicht für den Beauftragten (und uU auch für den Auftraggeber), BGH **127**, 175. Aufhebung des Vertrags ist formfrei vor Vollzug oder Entstehung eines Anwartschaftsrechts.

3   Weitere Fälle:

b) Notarielle Beurkundung für die vertragliche Verpflichtung zur vollen oder bruchteilsweisen **Übertragung des gegenwärtigen Vermögens** (§ 311 b III BGB), zB anwendbar beim Liquidationsvertrag, dh der Vermögensübertragung zur Abwendung der Insolvenz.

c) Notarielle Beurkundung für ein **Schenkungsversprechen** (§ 518 BGB). Erfüllung heilt. Schulderlass ist formlos, weil er bereits Erfüllung ist. Annahme formlos.

1. Abschnitt. Allgemeine Vorschriften 4–6 § 350

d) Schriftlichkeit für **Mietverträge** über Wohnraum, andere Räume und Grundstücke auf mehr als ein Jahr (§§ 550, 578 BGB). Ohne schriftlichen Abschluss gilt der Vertrag als auf unbestimmte Zeit geschlossen. § 550 BGB gilt (über §§ 581 II, 578 BGB) auch für den Pachtvertrag; für den Landpachtvertrag gilt § 585 a BGB.

e) Schriftlichkkeit für Versprechen einer **Leibrente** (§ 761 BGB);

f) Schriftliche Abtretungserklärung (oder Eintragung der Abtretung im Grundbuch) und Übergabe des Hypothekenbriefs für Abtretung einer **Hypothekenforderung** oder Übertragung einer **Grundschuld** (§§ 1154, 1155, 1192 BGB);

g) Schriftform für die Erklärung der Übertragung einer **Anweisung** (§ 792 BGB, s § 363 Rn 3).

2) Die Fälle des § 350 nach BGB

A. Der Schriftform (§ 126 BGB, elektronische Form nach § 126 a BGB ist für 4 Bürgschaft, Schuldversprechen und Schuldanerkenntnis ausgeschlossen, §§ 766 S 2, 780 S 2, 781 S 2; Textform nach § 126 b BGB ist weniger als Schriftform) bedürfen nach BGB:

a) Bürgschaftserklärung (§ 766 BGB);

b) Schuldversprechen (§ 780 BGB). Es ist ein abstrakter (vom Schuldgrund losgelöster, allein auf den im Versprechen zum Ausdruck gekommenen Leistungswillen abstellender) Vertrag, durch den eine beliebige Leistung verspricht, BGH NJW **08,** 1589, Auslegung einer Finanzierungsbestätigung, Brdbg WM **07,** 1878;

c) Schuldanerkenntnis (§ 781 BGB). Es ist ein abstrakter Vertrag, durch den jemand das Bestehen eines beliebigen Schuldverhältnisses anerkennt. Also geht das Schuldverhältnis beim Schuldanerkenntnis dem Vertrag voraus, beim Schuldversprechen entsteht es gleichzeitig, dies ohne praktischen Unterschied. Die Formvorschriften der §§ 780, 781 BGB dienen der Rechtssicherheit durch Schaffung klarer Beweisverhältnisse, nicht dem Übereilungsschutz, Schuldbeitritt zu konstitutivem Schuldanerkenntnis ist deshalb nicht nach § 781 BGB formgebunden, BGH **121,** 1. Einschränkungen für AGB s **(5)** §§ 307, 309 Nr 13 BGB (str). Kausales Schuldanerkenntnis s Rn 6.

B. Werden Schuldversprechen oder Schuldanerkenntnis auf Grund einer **Ab-** 5 **rechnung** oder durch **Vergleich** erteilt, so bedürfen sie nicht der Schriftform, § 782 BGB. Vergleich s § 779 BGB. Abrechnung setzt im Gegensatz zum Vergleich kein gegenseitiges Nachgeben voraus, sondern im Gegenteil eine unstreitige klare Sach- und Rechtslage. Auch sie ist ein Vertrag, RG **95,** 20, und hat, wie das Schuldanerkenntnis, dessen Grundlage sie bildet, den Zweck, die Rechtsbeziehungen zu vereinfachen: das Ergebnis der Abrechnung wird als richtig anerkannt. Ein Schuldanerkenntnis liegt dann vor, wenn Leistung auf Grund dieser Abrechnung unabhängig vom Schuldgrund versprochen ist (also die vertraglich als richtig bezeichnete Abrechnung ist noch nicht allein ein Schuldanerkenntnis oder Schuldversprechen). Anerkenntnis mit ausdrücklichen Worten unnötig, RG **71,** 103. Über Abrechnung vom Kontokorrent s §§ 355–357.

C. Unterscheide folgende ähnliche, nicht gleiche Rechtsfiguren: **Geständnis,** 6 Erklärung über Tatsachen, im Prozess bindend (§§ 288, 289 ZPO), sonst ein Beweismittel schaffend; **Bestätigung** eines (eigenen) nichtigen oder anfechtbaren Rechtsgeschäfts (§§ 141, 144 BGB); **Zustimmung** (vorherige: **Einwilligung,** nachträgliche: **Genehmigung**) Dritter zu Rechtsgeschäften anderer (§§ 182 ff BGB). Bsp: Vertragsschluss durch falsus procurator (§ 177 BGB); tatsächliches **Anerkenntnis** eines Anspruchs (§ 212 I Nr 1 BGB, Neubeginn der Verjährung); schlichter, nicht abstrakter, sondern kausaler, nicht unter § 781 BGB fallender **Anerkenntnis-** oder **Feststellungsvertrag,** nur bekannte Ein-

§§ 351, 352

wendungen gegen einen Anspruch ausräumend, später dem Schuldner bekannt werdende Einwendungen ohne weitere (ohne Rückforderung des Anerkenntnisses nach § 812 II BGB) nicht hindernd, formfrei, liegt nicht schon in bloßer Ablösung eines Darlehens, BGH NJW **08**, 3425; abstrakter vertraglicher **Erlass** einer Schuld und abstraktes vertragliches **Anerkenntnis des Nichtbestehens** der Schuld, negatives Schuldanerkenntnis (§ 397 BGB), beide formfrei, ggf nach §§ 812 ff BGB kondizierbar; schlichte, nicht abstrakte vertragliche **Feststellung des Nichtbestehens** der Schuld, nur bekannte mögliche Anspruchsgründe ausräumend, später bekannt werdende ohne weiteres (ohne Rückforderung der Feststellung nach §§ 812 ff BGB) nicht entkräftend, formfrei, vom vorerwähnten Fall unterschieden durch Fehlen der voluntas eventualis, den Anspruch, falls er etwa doch bestehe, zu beseitigen.

3) Bedeutung des § 350

7 § 350 idF FormVAnpG 2001 (bloße Verweisungsänderung) dient der Erleichterung des kfm HdlVerkehrs und dessen Bedürfnis nach einfacher und schneller Abwicklung, BGH **121**, 5. Die Schriftform entfällt, die elektronische Form ist zulässig (s Rn 4), wo die Übernahme der Bürgschaft, das Versprechen oder das Anerkenntnis aufseiten des Schuldners ein **Handelsgeschäft** (§§ 343, 344) ist; möglich mündlich oder zB in elektronischer Form oder Textform (s Rn 4). § 350 gilt für Kflte, auch für RechtsscheinKfm (§ 5 Rn 9–17), Hbg JW **27**, 1109, str; nicht für phG str (§ 105 Rn 21, 49), nicht für GmbHGfter, auch nicht wenn er geschäftsführender Allein- oder MehrheitsGfter ist, BGH **121**, 228, **132**, 122, **165**, 43, aA für Analogie Canaris § 24 Rn 13, aA für alle geschäftsführenden Gfter K. Schmidt § 18 I 1 d aa. Bei Bürgschaft bleibt es gleich, ob die Hauptschuld aus HdlGeschäft stammt. § 350 gilt auch für die Bürgschaftserklärung einer Bank zum Zwecke der Abwendung der Zwangsvollstreckung gegen den Hauptschuldner, unbeschadet der prozessualen Voraussetzungen, um die Einstellung der Zwangsvollstreckung auf Grund der Bürgschaft zu erreichen, vgl § 775 Nr 3 ZPO (Vorlegung einer öffentlichen Urkunde, aus der sich die Sicherung des Gläubigers ergibt), BGH NJW **67**, 823 m Anm Wittmann BB **67**, 265. Bei Schuldversprechen und -anerkenntnis bleibt die Form für das zugrunde liegende Geschäft nötig, s Rn 2. **Maßgebender Zeitpunkt** ist der der Willenserklärung des Schuldners, also bei Bürgschaft der Übernahme. Formlose Bestätigung nach Erlangung der Eigenschaft als Kfm macht für die Zukunft wirksam; Verlust der Eigenschaft ändert nichts. § 350 ist unanwendbar auf Schuldanerkenntnis des Gfters der OHG außerhalb des GesBetriebs, BGH BB **68**, 1053, im Einzelnen str (§ 105 Rn 22). § 350 gilt nicht für Aufsichtsrat einer AG, der eine Bürgschaft für die Ges übernimmt, RG **126**, 122. Beweislast s § 348 Rn 6. Gewillkürte Form ist unter § 350 zulässig, hat aber idR nur Klarstellungs- und nicht Warnfunktion (also ohne Anforderungen wie nach § 766 BGB), BGH NJW **93**, 724.

351 *(aufgehoben)*

1 1) § 351 über MinderKflte ist durch HRefG 1998 als Folge der Abschaffung von § 4 aufgehoben worden.

[Gesetzlicher Zinssatz]

352

(1) ¹**Die Höhe der gesetzlichen Zinsen, mit Ausnahme der Verzugszinsen, ist bei beiderseitigen Handelsgeschäften fünf vom Hundert für das Jahr.** ²**Das gleiche gilt, wenn für eine Schuld aus einem solchen Handelsgeschäfte Zinsen ohne Bestimmung des Zinsfußes versprochen sind.**

1. Abschnitt. Allgemeine Vorschriften 1–5 § 352

(2) **Ist in diesem Gesetzbuche die Verpflichtung zur Zahlung von Zinsen ohne Bestimmung der Höhe ausgesprochen, so sind darunter Zinsen zu fünf vom Hundert für das Jahr zu verstehen.**

1) Gesetzlicher Zins

A. I 1 idF G 30. 3. 2000 BGBl 330. Nach § 246 **BGB** ist der gesetzliche **1** Zinssatz 4%, sofern nichts anderes bestimmt ist. Das **HGB** erhöht den Zinssatz für beiderseitige HdlGeschäfte (§ 343) auf 5%, **I**, ebenso **II** für die im HGB angeordneten Zinspflichten, auch wo es sich nicht um beiderseitige HdlGeschäfte handelt (§§ 110 II, 111, 354, 355; die Zinspflicht nach § 353 fällt unter I 1 wie II). Bereicherungsansprüche fallen nicht darunter, BGH NJW **83,** 1423, str. Für KfmEigenschaft ist der Zeitpunkt der Begründung der Schuld maßgebend. Der zu Unrecht eingetragene Gewerbetreibende (§ 5) fällt mit Forderungen und Schulden (wenn der andere Teil Kfm ist) unter I, der als Kfm auftretende NichtKfm (§ 5 Rn 9–17) nur mit seinen Schulden. Verzugszinsen (s Rn 5) fallen nicht unter I 1 (anders aF). Wechsel- und Scheckzinsen betragen bei reinen Inlandspapieren 2% über dem (wechselnden) Basiszinssatz nach § 247 BGB (der den Diskontsatz der DBBk wegen des Übergangs der Währungskompetenz auf die Europäische Zentralbank abgelöst hat), aber mindestens 6% (Art 48 I Nr 2, 49 Nr 2 WG, Art 45 Nr 2, 46 Nr 2 ScheckG; zu unterscheiden davon sind Art 5 WG, Art 7 ScheckG). Über den Zinsbegriff (im Vergleich zu anderen neuerlich gängigen, ähnlich gebrauchten Vergütungsformen) Canaris NJW **78,** 1891.

B. Nach **Handelsbrauch** (§ 346) kann (ohne besondere Abrede) ein abwei- **2** chender Satz geschuldet werden, wohl selten.

2) Vereinbarter Zins

A. Weder BGB noch HGB begrenzen die Möglichkeit der Vereinbarung des **3** Zinssatzes, außer durch § 138 I BGB (Verstoß gegen gute Sitten), § 138 II BGB (Wucher), § 242 BGB (uU Störung der Geschäftsgrundlage, § 313 BGB). Es kommt hierfür auf alle Umstände an. Deutliche Grenzen setzt die umfangreiche Rspr überhöhten Zinsen beim Kreditgeschäft der Banken, s **(7)** Bankgeschäfte Rn G/10.

B. §§ **489 I, 490 II BGB** geben bei Vereinbarung eines Darlehens mit festem **4** Zinssatz unter bestimmten Voraussetzungen ein Kündigungsrecht. Zu § 247 aF BGB idF bis 1986 als Vorläufernorm des § 489 BGB s **(7)** Bankgeschäfte Rn G/ 17. Lit: Hopt/Mülbert § 609 a; Häuser/Welter NJW **87,** 17.

3) Verzugszins

A. Nach § 288 I BGB ist eine Geldschuld seit der Neufassung 2000 (s Rn 1, **5** nur sprachlich geändert durch SMG, Überleitungsvorschrift Art 229 § 1 I 3 EGBGB) während des Verzugs mit 5 Prozentpunkten über dem Basiszinssatz nach § 247 BGB zu verzinsen. Bei Rechtsgeschäften, an denen ein Verbraucher iSv § 13 BGB nicht beteiligt ist, beträgt der Zinssatz für Entgeltforderungen (also nicht für jeden auf Zahlung gerichteten Anspruch, zB nicht für Schadensersatz-, Aufwendungsersatz- und Bereicherungsansprüche) 8 Prozentpunkte über dem Basiszinssatz **(§ 288 II BGB).** Das betrifft vor allem beiderseitige Handels- und Unternehmensgeschäfte, also auch materiell Handelsrecht (vgl auch die zugrundeliegende EG-Ri zur Bekämpfung von Zahlungsverzug „im Geschäftsverkehr", umgesetzt durch SMG). Die Geltendmachung höherer Zinsen aus einem anderen Rechtsgrund oder eines weiteren Schadens bleibt jeweils möglich (§ 288 III, IV BGB). Bei grundpfandrechtlich gesicherten Verbraucherdarlehen beträgt der Verzugszinssatz $2^{1}/_{2}$ Prozentpunkte über dem Basiszinssatz (§ 497 I 2, 3 BGB).

Wer mit einer Geldschuld aus einem beiderseitigen HdlGeschäft im Verzug ist, schuldet höheren **Bankzins** nur, wenn der Gläubiger ihn als Kreditzins wirklich

§ 353 1, 2   IV. Buch. Handelsgeschäfte

aufwandte oder als Anlagezins verlor, Beweislast beim Gläubiger, BGH NJW **91,** 1406. Der Gläubiger muss den Kredit aber nicht gerade wegen der ausstehenden Zahlung aufgenommen haben, BGH NJW **84,** 371; beim Kaufmann besteht zudem die tatsächliche Vermutung, dass er eingehende Zahlungen zur Rückführung des Kredits verwendet hätte, BGH NJW-RR **91,** 793; Zinsbescheinigung s Doms NJW **99,** 2649. Zu Beweiserleichterungen für entgangene Anlagezinsen, wenn es sich um einen größeren Geldbetrag handelt, der nach der Lebenserfahrung gewinnbringend angelegt wird, BGH **80,** 279, NJW **92,** 1223, Ffm ZIP **98,** 1715 (Umlaufrendite festverzinslicher Wertpapiere); wegen der Höhe der gesetzlichen Verzugszinsen heute idR wirtschaftlich uninteressant.

6   B. Auch die Höhe von Verzugszinsen kann für den Verzugsfall **vereinbart** werden. **Grenzen** setzen §§ 497 I, 506 BGB (Verbraucherdarlehen ua); für AGB **(5)** §§ 307, 309 Nr 5, 6 BGB, s Ul/Br/He/Fuchs Anh § 310 BGB Rn 279 ff (Darlehensverträge). **Überhöhte Verzugszinsen** bei Bankkrediten s **(7)** Bankgeschäfte Rn G/4.

[Fälligkeitszinsen]

353 ¹**Kaufleute untereinander sind berechtigt, für ihre Forderungen aus beiderseitigen Handelsgeschäften vom Tage der Fälligkeit an Zinsen zu fordern.** ²**Zinsen von Zinsen können auf Grund dieser Vorschrift nicht gefordert werden.**

1) Zinspflicht (Satz 1)

1   A. **Voraussetzungen:** § 353 findet nur Anwendung, wenn vorliegt:

a) auf beiden Seiten ein Kfm (§§ 1 ff), auch Kfm nach § 5. Allein und dauernd maßgebender Zeitpunkt ist der der Entstehung der Forderung, späterer Erwerb oder Verlust der KfmEigenschaft sind belanglos, vgl RG **60,** 78;

b) eine **Geldforderung,** weil nur bei solcher Zinsen entstehen. Die Währung bleibt gleich, ebenso die Rechtsnatur. Der Zins entfällt aber, wenn Gläubiger ausländisches Geld gegen inländisches zu bekommen und vorher das inländische zinsbringend angelegt hatte, Hbg OLGE **44,** 245;

c) dass die Forderung ihren Rechtsgrund in einem beliebigen beiderseitigen **Handelsgeschäft** hat (§§ 343, 344), was einen einseitigen Vertrag sehr wohl zulässt, nicht aber ein einseitiges Rechtsgeschäft (also genügt kfm Schuldschein);

d) Fälligkeit der Forderung; der Gläubiger muss also Zahlung verlangen können. Darf Schuldner aber Erfüllung bis Vorleistung oder Zug-um-Zug-Leistung verweigern, so tritt keine Fälligkeit ein, auch ohne dass Schuldner die Einrede erhebt, RG **126,** 285, hM. Dagegen bleibt ein Zurückbehaltungsrecht aus § 273 BGB für die Fälligkeit gleich (s aber §§ 298, 301 BGB), weil es die Leistungspflicht an sich unberührt lässt. Stundung schiebt idR nur die Begleichung hinaus, nicht die Fälligkeit, RG **116,** 376. Staatliches Transferverbot (zB früher in Deutschland für Zahlungen an ausländische Gläubiger) hindert nicht Fälligkeit iSv § 353, BGH NJW **64,** 100; vgl BGH **27,** 335. Bei Holschulden ist der Gläubiger im Annahmeverzug, wenn er das Geld nicht bei Fälligkeit abholt; dann keine Verzinsung. Lit: Kindler 1996.

2   B. Die Zinspflicht beginnt mangels anderer Abrede bei **Fälligkeit** der Verbindlichkeit. Sie entfällt bei Verzug des Gläubigers, § 301 BGB. Der Zinsanspruch wird nicht schon durch vorbehaltlose Annahme des Kapitals ohne Zinsen verwirkt. Zinssatz § 352 II.

1. Abschnitt. Allgemeine Vorschriften 1–3 § 354

2) Keine Zinseszinsen (Satz 2)
Wie das BGB (ausgesprochen in § 289 BGB für den Fall des Verzugs mit 3
Zinszahlung, sonst aus § 248 BGB als minus folgend) gibt auch § 353 nicht kraft
Gesetzes **Zinseszinsen.** Für die Vereinbarung von Zinseszins gilt auch im
HdlVerkehr § 248 BGB: Verbot der Vereinbarung „im Voraus" mit Ausnahmen
für Sparkassen, Kreditanstalten, Inhaber von Bankgeschäften. Für Kontokorrent
s § 355 I.

[Provision; Lagergeld; Zinsen]

354 (1) **Wer in Ausübung seines Handelsgewerbes einem anderen Geschäfte besorgt oder Dienste leistet, kann dafür auch ohne Verabredung Provision und, wenn es sich um Aufbewahrung handelt, Lagergeld nach den an dem Orte üblichen Sätzen fordern.**

(2) **Für Darlehen, Vorschüsse, Auslagen und andere Verwendungen kann er vom Tage der Leistung an Zinsen berechnen.**

1) Übersicht
Nach §§ 612 I, 632 I, 653 I, 689 **BGB** gilt im Dienst-, Werk-, Makler-, 1
Verwahrungsvertrag eine Vergütung als stillschweigend vereinbart, wenn die Leistung den Umständen nach nur gegen eine Vergütung zu erwarten ist. § 354,
ausgehend davon, dass Kflte noch weniger als andere Personen umsonst für andere
tätig werden und dass dies allgemein bekannt ist (RG **122,** 232, JW **38,** 1175),
erweitert diese Regelung zugunsten der Kflte auf jede Geschäftsbesorgung oder
Dienstleistung für andere in ihrem Gewerbe. Aus § 354 kann die Ergänzung einer
Provisionsvereinbarung folgen für im Vertrag nicht berücksichtigte Dienste, zB
für Vermittlung eines Bezugsvertrags durch HdlVertreter (§ 87 Rn 4). § 354
kann den Maßstab liefern für Schadensersatz nach §§ 280, 311 II BGB aus
Verschulden bei Vertragsverhandlungen, zB für Partei, die in Erwartung des
Vertrags Dienste ohne besondere Vergütung leistete, LG Kreuznach BB **61,** 699
(KfzHändler A vermittelte für X Altwagenverkauf, X kaufte Neuwagen bei
KfzHändler B: Schadensersatzprovision an A). Lit: Heße NJW **02,** 1835.

2) Voraussetzungen des Anspruchs
A. § 354 gilt für **Kaufleute,** auch fälschlich ins HdlReg eingetragene andere 2
Gewerbetreibende (§ 5), nicht für RechtsscheinKflte (aber § 5 Rn 9–17, uU
Vertragsauslegung). Erforderlich ist KfmEigenschaft zZ der Leistung. Unerheblich ist, ob der andere Teil (der die Vergütung leisten soll) Kfm ist oder nicht,
BGH NJW **07,** 1201. Der Kfm muss **in Ausübung seines Handelsgewerbes**
handeln. Dies muss dem anderen Teil erkennbar sein, Weyer WM **05,** 501.

B. Der Leistende muss gegenüber dem anderen zur Leistung **berechtigt** sein, 3
idR auf Grund Vertrags; ist zB ein Maklervertrag nicht zustandegekommen (vgl
§ 93 Rn 3) oder fehlen die Voraussetzungen des Lohnanspruchs nach diesem,
kann Lohn nicht nach § 354 verlangt werden, BGH NJW **82,** 1523, Kblz NJW
85, 2722. Der Leistende kann **ausnahmsweise ohne Vertrag** zur Leistung
berechtigt sein, zB Bank nach §§ 683, 679 BGB, str; der Anspruch auf Provision,
Lagergeld, Zinsen besteht dann neben dem Anspruch auf Ersatz von Aufwendungen
(§ 683 BGB); auch als Reisebüro bei Flugpassagenvermittlung für IATA-Mitglieder-Linien, wenn die IATA zu der Vermittlung aufforderte, BGH **62,** 80;
auch bei Annahme der Dienste eines Kfm, wenn dieser „befugterweise" für den
Interessenten tätig wird und klar ist, dass dieser nur gegen Provision tätig werden
will, BGH **163,** 338 (iErg abl), WM **93,** 1261, zB wenn HV Produkte außerhalb
seiner Produktbeschränkung vermittelt, Mü VersR **00,** 360; auch der Zivilmak-

§ 354 4–6   IV. Buch. Handelsgeschäfte

ler, wenn er Kfm ist (§ 93 Rn 1, aber auch § 93 Rn 38), Heße NJW **02,** 1835; keinesfalls, wenn der Leistende seine Dienste jemandem gegen seinen Willen aufdrängt, BGH WM **63,** 165. **Nicht** unter § 354 fällt eigenmächtige Einlagerung von Sachen durch A in Räumen des B, doch kann A auf Kosten des B ungerechtfertigt bereichert sein (§ 812 BGB). Der Makler hat keinen Anspruch aus § 354, wenn dem Interessenten nicht erkennbar ist, dass die Maklerdienste gerade für ihn geleistet werden, BGH **95,** 398 oder wenn Makler auf Grund eines Vertrags mit einem Dritten (zB Verkäufer) erkennbar in dessen Interesse handelt, sofern nicht erlaubte Doppeltätigkeit (s § 93 Rn 32–33) vorliegt, BGH BB **81,** 756; s § 93 Rn 38.

4   C. § 354 ist **abdingbar,** gilt daher nicht, wenn eine andere Vereinbarung über die Vergütung wirksam getroffen ist, zB ein Maklervertrag mit bestimmten Voraussetzungen für Lohnanspruch, BGH NJW **82,** 1523; wenn der Geschäftsherr sich ausdrücklich die Prüfung eines Provisionsanspruchs vorbehält, LG Hbg MDR **62,** 312. § 354 gilt auch nicht, soweit **Handelsbrauch** (Verkehrssitte) unentgeltliche Leistung fordert, vgl RG **92,** 16, zB für einfache vorbereitende Arbeiten (zB Kostenvoranschlag), erfolglose Vermittlungsversuche; anders bei rechtswidrigem „Handelsbrauch", BGH **62,** 82 (vgl § 346 Rn 8).

5   D. § 354 gilt, wenn der Kfm „einem anderen **Geschäfte besorgt** oder **Dienste leistet**", nach HdlBrauch uU auch bei anderen Leistungen, zB Überlassung von Sachen zum Gebrauch, LG Brschw BB **49,** 217 (Kesselwagen). Er muss **im Interesse des anderen** (auch wenn zugleich im eigenen) handeln; Handeln im eigenen Interesse (wenn auch unter Rücksichtnahme auf das fremde) genügt nicht, BGH NJW **84,** 436. Bspe: Beschaffung von Kapital, RG **122,** 232; Bürgschaft oder Gefälligkeitsakzept, vgl RG LZ **09,** 311; Vermittlung von Flugpassagen, BGH **62,** 79; berechtigter Selbsthilfeverkauf des Verkäufers (§ 373 II–IV); Notverkauf des Käufers (§ 379 II); Pfandverkauf durch Pfandgläubiger; nicht Verwertung durch Eigentumsvorbehaltsverkäufer, BGH NJW **84,** 436. **Aufbewahrung** (in § 354 I besonders erwähnt), auch durch Verkäufer bei Annahmeverzug des Käufers (§ 373 I, hier gäbe § 304 BGB nur Ersatz von Mehraufwendungen), BGH NJW **96,** 1464, oder durch Käufer, der (mit Recht) die übersandte Ware beanstandet (§ 379 I), wohl auch durch Gläubiger auf Grund (vertraglichen oder gesetzlichen) Pfand- oder Zurückbehaltungsrechts. Gebrauchtwagenverkauf zur Erlösverwendung bei Neuwagen-Kauf, dieser scheitert; Verkaufsprovision; LG Hamm MDR **78,** 674. **Nicht** unter § 354 fallen Nebenleistungen, die im **Kaufpreis** bzw Entgelt für die Hauptleistung mit **abgegolten** sind, zB (uU) Zusendung der Kaufsache durch den Verkäufer, Verwahrung durch den Kommissionär; ebenso idR Mängelrügeabwehr durch HdlVertreter, anders uU bei außergewöhnlicher Belastung hierdurch, dann uU hierfür Sondervergütung aus § 354 (neben der Provision aus § 87), BGH BB **62,** 1345.

3) Art und Höhe der Vergütung

6   A. § 354 I, II gewähren Anspruch auf: **Provision** (vgl §§ 86 b, 87 ff betr HdlVertreter, 99 betr HdlMakler, 394, 396, 403, 406 betr Kommissionäre, 409, 412, 413, 415 betr Spediteur, Art 48 Nr 4, 49 Nr 4 WG, Art 45 Nr 4, 46 Nr 4 ScheckG); bei Aufbewahrung **Lagergeld**, nach dem Wortlaut neben der Provision, dies jedoch wohl nur wo ortsüblich für Lagerung neben Lagergeld Provision berechnet wird, Aufbewahrung muss nicht Hauptpflicht sein oder im Mittelpunkt des HdlGewerbes stehen, Bsp: bei Annahmeverzug des Käufers, BGH NJW **07,** 1201; für (bei der Geschäftsbesorgung, Dienstleistung gewährte, geleistete) Darlehen, Vorschüsse, Auslagen, andere Verwendungen **Zins** vom Tage der Leistung; zB auf vom HdlVertreter dem Unternehmer rückzahlbare Provisionen, Vorschüsse, BGH MDR **63,** 299. Für Verschaffung „mittelbaren Bankkredits"

(Darlehensaufnahme im eigenen Namen, also Selbsthaftung, und Weiterleihung) gebührt dem Makler Provision nach I neben Zins nach II, BGH NJW **64,** 2343.

B. Provision, Lagergeld bestimmen sich nach **Ortsbrauch,** also objektiv feststellbar ohne Ermessen, BGH NJW **07,** 1202. HdlVertreterprovision s § 87 b. Feststellung von HdlBräuchen s § 346 Rn 13. Hilfsweise gilt, was **angemessen** ist, zB bei Lager nach Schwierigkeit der Aufbewahrung, Raumbedarf, Notwendigkeit der Behandlung des Guts, Versicherungsbedarf, RG JW **15,** 658, Stgt BB **58,** 573. Der **Zinsfuß** § 352 II. Nach § 675 a I 1 BGB hat, wer zur Besorgung von Geschäften öffentlich bestellt ist oder sich dazu öffentlich erboten hat (dh derselbe Personenkreis wie in § 663 S 1 BGB, s § 362 Rn 2), für Standardgeschäfte grundsätzlich unentgeltlich über Entgelte und Auslagen der Geschäftsbesorgung zu informieren.

C. **Verjährung:** Provision (I) und Zinsen (II): 3 Jahre, §§ 195, 199 BGB. Lagergeld (I): vgl § 475 a.

[Wirksamkeit der Abtretung einer Geldforderung]

354a

(1) ¹Ist die Abtretung einer Geldforderung durch Vereinbarung mit dem Schuldner gemäß § 399 des Bürgerlichen Gesetzbuchs ausgeschlossen und ist das Rechtsgeschäft, das diese Forderung begründet hat, für beide Teile ein Handelsgeschäft, oder ist der Schuldner eine juristische Person des öffentlichen Rechts oder ein öffentlich-rechtliches Sondervermögen, so ist die Abtretung gleichwohl wirksam. ²Der Schuldner kann jedoch mit befreiender Wirkung an den bisherigen Gläubiger leisten. ³Abweichende Vereinbarungen sind unwirksam.

(2) Absatz 1 ist nicht auf eine Forderung aus einem Darlehensvertrag anzuwenden, deren Gläubiger ein Kreditinstitut im Sinne des Kreditwesengesetzes ist.

1) Wirksamkeit der Abtretung einer Geldforderung (I 1):

§ 354 a neu DMBilGÄndG 25. 7. 94 BGBl 1682, II nF RisikobegrenzG 12. 8. 08 BGBl 1666, bringt zwecks erleichterter Finanzierung für kleinere und mittlere Unternehmen (abtretbare Geldforderungen als Kreditsicherheit für Banken oder Factoringunternehmen) eine **Ausnahme vom Abtretungsverbot nach § 399 Fall 2 BGB.** Nach § 399 Fall 2 BGB kann nämlich entgegen § 137 S 1 BGB Unabtretbarkeit der Forderung (auch durch AGB, BGH WM **06,** 2142, str, näher Ul/Br/He/H. Schmidt Anh § 310 BGB Rn 1 ff) mit Wirkung gegenüber jedermann vereinbart werden, BGH **40,** 160, **102,** 301, **112,** 390. § 354 a hat große praktische Bedeutung, da bisher die meisten großen einkaufenden Unternehmen ein solches Verbot mit ihren Lieferanten vereinbart haben. Das Abtretungsverbot für Geldforderungen (nicht für Sachforderungen) durch Vereinbarung mit dem Schuldner hat bei beiderseitigen HdlGeschäften (§ 345; zu beachten §§ 383 II, 407 III 2, 453 II 2, 467 III 2; Kfm, auch nach § 5, nicht bloßer Rechtsscheinkfm, § 5 Rn 9) keine Wirkung (I 1). Abtretungsverbot iSv 1 1 ist auch ein eingeschränktes, Bspe: Vereinbarung von Zustimmungserfordernis, BGH WM **05,** 429, Kln WM **98,** 860; schriftliche Anzeige der Abtretung durch alten und neuen Gläubiger, BGH 22. 1. **04** VII ZR 170/03 BeckRS **04,** 02524, Celle OLGR **04,** 219, aA Schlesw BB **01,** 61; Formvorschriften; Verbote von Verpfändung und Nießbrauch (§§ 1069 I, 1274 I 1 BGB); **nicht:** Legalzession und Einstellung in Kontokorrent, str,. Dasselbe gilt, wenn der Schuldner eine öffentlichrechtliche juristische Person bzw Sondervermögen ist (I 1 Alt 2), beiderseitiges HdlGeschäft auch hier Voraussetzung, str. Die unterschiedliche Behandlung des kfm und des nichtkfm Unternehmens ist jedoch nicht zu rechtfertigen,

§ 354a 2–4

deshalb für § 354a analog auf Kleingewerbetreibende und Freiberufler, nicht aber auf Arbeitnehmer, Canaris § 26 Rn 35 f, aA nur bei beiderseitigem HdlGeschäft, BGH WM **06,** 2142 m krit Anm Piekenbrock NJW **07,** 1247 (auch GbR unter KfmGftern), Seggewisse NJW **08,** 3256. S auch § 22 d IV KWG (Refinanzierungsregister), Fleckner WM **07,** 2279.

Die Forderungsabtretung ist danach **wirksam**, und zwar absolut, nicht nur relativ. Folge zB Drittwiderspruchsklage (§ 771 ZPO), Aussonderungsrecht des neuen Gläubigers in der Insolvenz, Pfändung durch dessen Gläubiger (keine Doppelpfändung notwendig). Die abgetretene Forderung stellt damit eine vollwertige Kreditsicherheit dar. Sonstige Wirksamkeitsvoraussetzungen, Bsp Überweisung auf falsches Konto, Kln WM **06,** 1144, bzw für die Globalzession, s **(7)** Bankgeschäfte Rn H/4, H/5, bleiben unberührt. § 354a ist auch auf vor dem 30. 7. 94 vereinbarte Abtretungsverbote anzuwenden, wenn die Geldforderung erst nachher entsteht, Kln DB **97,** 2169, aA Schlesw BB **01,** 63, offen BGH NJW **01,** 1724. Lit: Wagner WM **94,** 2093, NJW **95,** 180, WM Sonderbeil 1/**96,** Henseler BB **95,** 5, von Olshausen ZIP **95,** 1950 (Insolvenz), Baukelmann FS Brandner **96,** 185, Derleder BB **99,** 1561, Saar ZIP **99,** 988, K. Schmidt NJW **99,** 400, FS Schimansky **99,** 503, Bruns WM **00,** 505, Hager GedS Helm **01,** 697, Thomale WM **07,** 1916.

2) Leistung an den bisherigen Gläubiger (I 2):

2   Der Schuldner kann jedoch mit befreiender Wirkung **an den bisherigen Gläubiger leisten** (II 2, Wahlrecht), ähnlich wie § 406 BGB, BGH WM **03,** 2340, bisheriger Gläubiger ist zwar nicht mehr Rechtsinhaber, aber behält Empfangszuständigkeit, BGH NJW **09,** 438, str. Mehraufwand durch die Abtretung soll dem Schuldner erspart bleiben. Auf Kenntnis des Schuldners von der Abtretung kommt es nicht an (anders § 407 BGB). Leisten heißt erfüllen, also auch Erfüllungssurrogate, zB Aufrechnung, BGH WM **03,** 2340, **05,** 429, dagegen nicht Vergleich, Erlass ua, BGH NJW **09,** 438, WM **09,** 367, K. Schmidt FS Schimansky **99,** 511, Seggewisse NJW **08,** 3256, aA Canaris § 26 Rn 27, Grund: Wortlaut (leisten), nur Empfangszuständigkeit, also dann Schutz nur nach § 407 I BGB. Der Schuldner kann mit einer Forderung gegen den bisherigen Gläubiger auch aufrechnen, wenn er diese in Kenntnis der Abtretung erwirbt oder wenn sie nach Kenntnis des Schuldners und später als die abgetretene Forderung fällig wird (§ 406 BGB ist hier unanwendbar), BGH WM **05,** 429. Die Aufrechnung kann auch gegenüber dem neuen Gläubiger erklärt werden (gleicher Schutzzweck), BGH WM **05,** 429, zweifelnd und Erklärung gegenüber beiden empfehlend MüKo/K. Schmidt 20. Klage des Zessionars gegen Schuldner nur auf Leistung an sich oder an den Zedenten, bei Leistung an letzteren Anspruch des Zessionars gegen ihn aus § 816 II BGB. Grenzen des Wahlrechts aus § 242 BGB, Canaris § 26 Rn 25.

3) Keine abweichenden Vereinbarungen (I 3):

3   I 1 und I 2 sind, da im öffentlichen Interesse liegend (s Rn 1), **zwingend** (S 3). Vereinbarung des Schuldners mit dem Zessionar nach Abtretung, gezahlt werde an letzteren, ist jedoch zulässig, BGH NJW **09,** 438, WM **09,** 369, Grund: Schuldner kann später auf den Schutz nach I 2 verzichten, str.

4) Keine Anwendung von I auf Kreditinstitute als Gläubiger aus Darlehensvertrag (II):

4   II nF RisikobegrenzG 12. 8. 08 BGBl 1666 schränkt den Anwendungsbereich von I ein. Dieser ist nicht auf eine Forderung aus einem Darlehensvertrag anzuwenden, deren Gläubiger ein Kreditinstitut iSd KWG ist. II ermöglicht es Kflten, entgegen I wirksam ein Abtretungsverbot zu vereinbaren, wenn es sich bei der Forderung um eine Darlehensforderung eines Kreditinstituts handelt.

1. Abschnitt. Allgemeine Vorschriften 1–4 **§ 355**

[**Laufende Rechnung, Kontokorrent**]

355 (1) Steht jemand mit einem Kaufmanne derart in Geschäftsverbindung, daß die aus der Verbindung entspringenden beiderseitigen Ansprüche und Leistungen nebst Zinsen in Rechnung gestellt und in regelmäßigen Zeitabschnitten durch Verrechnung und Feststellung des für den einen oder anderen Teil sich ergebenden Überschusses ausgeglichen werden (laufende Rechnung, Kontokorrent), so kann derjenige, welchem bei dem Rechnungsabschluß ein Überschuß gebührt, von dem Tage des Abschlusses an Zinsen von dem Überschusse verlangen, auch soweit in der Rechnung Zinsen enthalten sind.

(2) Der Rechnungsabschluß geschieht jährlich einmal, sofern nicht ein anderes bestimmt ist.

(3) Die laufende Rechnung kann im Zweifel auch während der Dauer einer Rechnungsperiode jederzeit mit der Wirkung gekündigt werden, daß derjenige, welchem nach der Rechnung ein Überschuß gebührt, dessen Zahlung beanspruchen kann.

Übersicht

1) Allgemeines 1
2) Voraussetzungen des Kontokorrents 2–6
3) Wirkung des Kontokorrents 7–12
4) Umfang des Kontokorrents 13–15
5) Zinsen und Provisionen 16–20
6) Verfügungen über den Saldo 21, 22
7) Ende des Kontokorrents (III) 23, 24

1) Allgemeines

Das Kontokorrent (laufende Rechnung) reduziert eine Mehrzahl wechselseitiger Ansprüche auf eine einzige Schuld bzw Forderung (idR auf Geld, aber auch auf andere vertretbare Sachen, str, s Rn 13) der einen Seite an die andere (vereinfachende Gesamtabrechnung), BGH WM **91,** 495. **Hauptfall** ist heute das **Bankkontokorrent** (s Rn 3–4). I versucht eine Definition. I, II, III, §§ 356, 357 regeln Einzelfragen (Verzinsung, Dauer der Periode, Kündigung, Sicherungen, Saldopfändung). Lit: Staub/Canaris 2001, Herz Diss Tüb 1974 (va Zwangsvollstreckung, Insolvenzverfahren); Scherner FS Bärmann **75,** 171; RsprÜbersicht: Pikart WM **60,** 1314, **70,** 866.

2) Voraussetzungen des Kontokorrents

A. **Zwei** Parteien; möglich und zT entspr zu behandeln ist unmittelbare Verrechnung unter mehr als zwei Parteien (selten, uU vermieden durch Schaffung einer Zentrale, mit der jede Partei gesondert zweiseitig verrechnet).

B. Eine Partei ist **Kaufmann** (auch RechtsscheinKfm, § 5 Rn 9–17). Aber das **uneigentliche Kontokorrent** unter zwei nichtkfm Unternehmern (s § 1 Rn 2, Einl 71 vor § 1) und sogar unter Verbrauchern steht rechtlich gleich, zB Saldozins (Rn 17), RG **95,** 19 (wegen Novation nach § 781 BGB), Anerkenntnisform (§ 782 BGB), §§ 356, 357, Staub/Canaris 29, 30; str nur betr Zinseszinsverbot (§ 248 BGB, s Rn 18).

C. Es besteht eine **Geschäftsverbindung** (s Einl 3 vor § 343) auf Grund eines einzigen Dauerrechtsverhältnisses (zB Girovertrag oder Kreditverbindung, s **(7)** Bankgeschäfte Rn G/1 ff, 34 ff; GesVerhältnis) oder mit ständig neuem Geschäftsschluss (Bsp: verladendes Unternehmen und regelmäßig beauftragter Spediteur); mit der Möglichkeit (nicht Sicherheit) einer größeren Zahl von den

§ 355 5–9 IV. Buch. Handelsgeschäfte

Schuldstand ändernden Vorgängen. „Beiderseitig" bedeutet nicht, dass Ansprüche und Leistungen tatsächlich auf beiden Seiten entstehen müssen, was bei vielen Bankkonten nicht der Fall ist, Schlegelb/Hefermehl 12, üL, aA Reifner, NJW **92,** 340, vgl aber Rn 3, 18.

5   D. Die **Kontokorrentabrede** enthält eine Vereinbarung über Inrechnungstellung, Verrechnung, Saldofeststellung nach I. Vereinbarung ist formfrei, auch stillschweigend (zB durch wiederholte Übersendung und Anerkennung eines Saldos), BGH WM **86,** 1357, **91,** 1630; nicht genügt, dass tatsächlich von Zeit zu Zeit die beiderseitigen Ansprüche verrechnet werden (durch Einzel-Aufrechnungsverträge), Kln MDR **63,** 138, Ffm WM **75,** 812. Verzinslichkeit von Einzelansprüchen oder Saldo ist nicht Voraussetzung.

6   E. Vereinbart sind **Kontokorrentperioden,** dh „regelmäßige Zeitabschnitte" zur Saldierung der aufgenommenen Posten, RG **115,** 396, **123,** 386, BGH **LM** § 413 Nr 1. Sie dauern nach II je 1 Jahr, sind meist nach Vereinbarung kürzer (bei Banken idR ½ Kalenderjahr). Denkbar ist aber auch eine einzige „Periode".

3) Wirkung des Kontokorrents

7   A. **Während der Periode** werden die unter die Kontokorrentabrede fallenden Ansprüche beider Teile gebunden (keine Verfügungen mehr, zB Abtretung, Pfändung, auch Erfüllung entzogen) und von der Geltendmachung ausgeschlossen („gelähmt"); eine Stundung ist damit nicht verbunden (Fälligkeitszinsen), kann aber vereinbart sein (s Rn 21). Trotz Lähmung ist die Klage aus Einzelanspruch nicht wirkungslos, seine Bindung im Kontokorrent muss durch **Einrede** geltend gemacht werden, BGH MDR **70,** 303. Bei **Abschluss der Periode** werden die Einzelansprüche unter Anrechnung der in der Periode erbrachten Leistungen **durch den Saldoanspruch ersetzt** („noviert"), und zwar durch abstrakten Schuldanerkenntnisvertrag, der in der Saldomitteilung der einen und dem Saldoanerkenntnis der anderen Seite enthalten ist, so stRspr, RG **125,** 416, BGH **26,** 150, **50,** 279, **58,** 260, **73,** 263, **80,** 176, **141,** 120 (dahingestellt), BFHGrs BB **90,** 2080. Das ist wegen § 356 (s dort Rn 1) und des auch von der Rspr, RG **162,** 251, **164,** 215, BGH NJW **70,** 560, **bei berechtigtem wirtschaftlichen Interesse** in Anlehnung an § 356 (s § 356 Rn 1) eröffneten **Rückgriffs auf bereits saldierte Einzelposten** wenig überzeugend. Die Lehre ist zwar mit der Lähmung der Einzelansprüche durch Kontokorrentbindung („bloße Rechnungsposten"), BGH **162,** 351, einverstanden, lehnt aber die Novationstheorie zutreffend ab, Hefermehl FS Lehmann **56,** 547, Blaurock NJW **71,** 2206: Einzelansprüche bestehen (undurchsetzbar) neben dem Saldoanspruch bis zu dessen Tilgung fort, Canaris DB **72,** 421, 469, FS Hämmerle **72,** 55: Verrechnung nach §§ 366, 367, 396 BGB, abstrakter neben kausalem Saldoanspruch.

8   B. Möglich ist **automatische** Saldierung bei Ablauf der Rechnungsperiode (ohne Saldovertrag, vgl Rn 7), auf Grund einer im Voraus in der Kontokorrentabrede getroffenen Verrechnungsvereinbarung, BGH **74,** 225, **107,** 197, der antizipierte Verrechnungsvertrag wird dann durch das Saldoanerkenntnis lediglich bestätigt, einschränkend BGH **93,** 314 m krit Anm Canaris ZIP **85,** 592, str. Möglich ist auch **Staffelkontokorrent,** dh sofortige Verrechnung bei jedem kontokorrentpflichtigen Vorgang (Lieferung, Leistung, Darlehen, ersatzpflichtige Auslage usw); dieser schafft oder tilgt nicht einen besonderen Anspruch, sondern ändert immer nur den Saldoanspruch, Einzelansprüche gibt es nicht. Ähnlich für Wertpapiereinkaufskommission **(13)** DepotG § 19 IV. S auch RG **123,** 386.

9   C. Das **Bankkontokorrent** (mit täglicher Saldomitteilung, idR noch ohne Provision, Kosten, Zinsen) ist nach BGH **50,** 280, WM **72,** 284 idR nicht Staffelkontokorrent (vgl Rn 8). Schuldumschaffende Verrechnung (vgl Rn 7) erfolgt nur am Rechnungsperiodenende („Rechnungsabschluss", **Periodenkonto-**

1. Abschnitt. Allgemeine Vorschriften **10 § 355**

korrent); BGH **50**, 280, üL, aA Hager JR **98**, 421. **Tageskontoauszüge** mit Tagessaldo dienen als reiner Postensaldo nur tatsächlichen Zwecken (Überblick, Zinsberechnung, Verhütung von Überauszahlung); Schweigen darauf ist keine rechtsgeschäftliche Genehmigung, zB einer Überweisung zu Lasten des Kontos ohne Auftrag oder einer Belastung im Einzugsermächtigungsverfahren (s **(7)** Bankgeschäfte Rn D/6), sondern die rein tatsächliche Erklärung, dass der Kunde gegen die Buchung nichts einzuwenden hat, BGH **73**, 207 (zu Nr 10 AGB-Spark), **95**, 108. Rückgängigmachung nach § 812 BGB wie beim Saldoanerkenntnis ist also nicht nötig. Auch keine Beweislastumkehr (Verstoß gegen **(5)** §§ 307, 309 Nr 12 BGB), jedoch Schadensersatzpflicht des Kunden aus Verletzung des Girovertrags (§ 280 BGB) bei fährlässig mangelhafter Kontrolle der Kontoauszüge, BGH **73**, 211, **95**, 108, Hamm WM **86**, 704.

Diese Kontokorrentfrage berührt nicht die (vom Giro- oder Kreditvertrag bestimmte) Höhe des jeweils für den Kunden verfügbaren Betrags, BGH **50**, 282. Möglich ist Verpflichtung des Kunden zum **Ausgleich eines** Debet-(Tages-)**Saldos** (maW zu entspr Leistung in das Kontokorrent) schon **vor Periodenschluss** und ohne Kontokorrentkündigung, BGH MDR **70**, 303, WM **72**, 287; so idR für Überziehungskredit, BGH **73**, 207. Herauslösung von Forderungen aus Kontokorrent s Rn 14. Kontokorrentkredit s **(7)** Bankgeschäfte Rn G/20. Ersatzaussonderung des auf Kontokorrentkonto gelangten Erlöses aus der Veräußerung massefremder Gegenstände, BGH **141**, 116 gegen BGH **58**, 257. Haftung von Sicherheiten (Obergrenze der niedrigste Zwischensaldo) s § 356 Rn 1–2, **Pfändung** s § 357. Ausgeschiedener Gfter s § 128 Rn 30. Lit: Schaudwet 1967 (Bankenkontokorrent und AGB).

D. Nach jedem Periodenschluss, beim Staffelkontokorrent (s Rn 8) nach jeder **10** Buchung, ist der Saldo entweder vom einen Teil mitzuteilen und vom anderen anzuerkennen (so zwischen Bank und Bankkunden) oder (wenn beide Seiten buchen) gegenseitig mitzuteilen und anzuerkennen. Mitteilung des Rechnungsauszugs mit dem Saldo (ebenso Klage auf den Saldo) enthält Antrag auf Vertragsschluss über **Anerkennung des Saldos** (§§ 780 ff BGB), vgl Rn 7. Jeder Teil erkennt dadurch zugleich die aufgenommenen Habenposten des anderen an, BGH WM **67**, 1163, **75**, 557, ebenso Vollständigkeit der Buchungen zu seinen Gunsten. Diese Wirkung ist nicht mit einer rechtsgeschäftlichen Genehmigung zu verwechseln, unbegründete Belastungsbuchungen werden durch das Saldoanerkenntnis nicht ohne weiteres genehmigt (anders uU kraft AGB), BGH **144**, 355. Sind einzelne Posten zu Unrecht aufgenommen, macht das nicht entspr § 139 BGB die Saldierung (ganz oder zT) ungültig; das Saldoanerkenntnis steht insoweit auch nicht unter einer stillschweigenden auflösenden Bedingung der Gesamtverrechnung, so aber RG; auch findet keine verhältnismäßige Gesamtaufrechnung statt, offen BGH **93**, 313. Vielmehr werden die verbindlichen Posten unabhängig von den unverbindlichen verrechnet; Begründung und zT Ergebnis sehr str, für §§ 366, 396 BGB analog hL, Staub/Canaris 155, für ergänzende Vertragsauslegung Schlegelb/Hefermehl 91; für Unverbindlichkeit des Saldoanerkenntnisses und der Verrechnung als Teil davon BGH **93**, 313. Im Bankkontokorrent kommt insoweit nicht Storno wegen Buchungsfehlers ((8) AGB-Banken Nr 8 nF) in Betracht; BGH WM **72**, 285. Das unrichtige Anerkenntnis kann als rechtlich grundlos widerrufen werden, § 812 II BGB, BGH WM **75**, 557 (mit Beweislast des Benachteiligten für die Unrichtigkeit), falls nicht § 814 BGB entgegensteht (Kenntnis der Unrichtigkeit, nicht genügt fahrlässige, auch grobfahrlässige Unkenntnis), BGH WM **72**, 285. § 814 BGB steht nur bei Kenntnis der Unrichtigkeit im Zeitpunkt der Mitteilung (Saldoklagerhebung) entgegen (Weiterverfolgung der zu niedrigen Saldoklage nach Aufklärung des Irrtums ist kein neues Anerkenntnis, hindert nicht Geltendmachung des Mehrbetrags aus § 812 II BGB); BGH BB **67**, 1398, BGH **51**, 348. Auf Mitteilung kann ver-

§ 355 11–14 IV. Buch. Handelsgeschäfte

zichtet werden, der Verzichtende anerkennt so im Voraus, RG JW **35**, 2356. Verweigerung der Anerkennung wegen Unrichtigkeit des mitgeteilten Saldos ist zulässig, auch wenn der Verweigernde Tagesmitteilungen, die schon den Fehler enthielten, unbeanstandet ließ; Anfechtung des Anerkenntnisses ist möglich, nicht wegen irriger Annahme, die Abrechnung geprüft zu haben, wenn der Anerkennende die mitgeteilte Höhe der Schuld ungefähr kannte, RG JW **35**, 2356. Das Anerkenntnis hindert nicht die Ausscheidung eines durch unerlaubte Handlung in das Kontokorrent gelangten Postens, RG **125**, 416. Stillschweigende Anerkennung s § 346 Rn 37. Bei Saldoklage ohne Saldoanerkenntnis sind alle strittigen kontokorrentpflichtigen Vorgänge, ohne Änderung der Beweislast, zu prüfen zur Klärung des Ob und Wieviel des Überschusses, BGH **49**, 26, **93**, 314. Beweislast bei Bürgschaft für Kontokorrentschuld s BGH ZIP **88**, 224, krit Reinicke/Tiedtke 545.

11 E. Der **Saldoanspruch** wird bei fortbestehendem Kontokorrent, wenn nicht bezahlt (s Rn 22), „vorgetragen" und am nächsten Stichtag mit den neuen Posten saldiert. Er hat eigenen Erfüllungsort (§ 269 BGB) und verjährt nach Ende des Kontokorrents in 3 Jahren (§§ 195, 199 BGB), BGH **51**, 349, WM **73**, 1015. Saldoausgleich vor Periodenschluss s Rn 9.

12 F. Die **Verjährung** einer in das Kontokorrent einzustellenden Forderung ist (entspr § 205 BGB, vgl Rn 7) gehemmt bis zum Ende der bei ihrer Entstehung laufenden Rechnungsperiode, dann verjährt die Forderung nach den für sie geltenden Vorschriften. Das gilt einerlei, ob sie vertragsgemäß in das Kontokorrent eingestellt ist oder nicht. Ist sie eingestellt, wird sie durch Saldoanerkennung (vgl Rn 10) erledigt; bei Nichtanerkennung muss Gläubiger das Recht auf Anerkennung oder (nach Kontokorrentende) Zahlung innerhalb der Verjährungsfrist für die Einzelnen streitigen Forderungen geltend machen; BGH **49**, 26, **51**, 349, WM **70**, 548, **73**, 1015, **76**, 506. Ist der Saldo ohne eine einzustellende Forderung anerkannt, muss Gläubiger in der für sie geltenden Verjährungsfrist das Anerkenntnis zurückfordern (§ 812 II BGB, vgl Rn 10) und die Forderung (zur Einstellung oder Zahlung) geltend machen, BGH **51**, 348. Verjährung des (anerkannten) Saldoanspruchs s Rn 11.

4) Umfang des Kontokorrents

13 A. In das Kontokorrent einstellbar (**kontokorrentfähig**) sind nur buchungsfähige Vorgänge. Auch klaglose, aber erfüllbare Ansprüche (vgl (14) BörsG §§ 50 ff aF); unter der auflösenden Bedingung der Erfüllungsweigerung durch Schuldner; mit Möglichkeit der Vereinbarung ihrer bevorzugten Verrechnung (Erfüllung), RG **144**, 312; dazu Canaris DB **72**, 469. Auch vorausabgetretene Ansprüche (Kontokorrentabrede geht Vorausabtretung vor), BGH **70**, 93, **73**, 263; Serick BB **78**, 875; Warenlieferanten haben auch kein Ersatzaussonderungsrecht (s auch Rn 9), können sich aber zB durch Vorausabtretung des Kontokorrentsaldos sichern. Verbot der Warenlieferanten, die vorausabgetretenen Ansprüche in das Kontokorrent einzustellen, wäre unter § 14 aF GWB bedenklich, BGH **73**, 265; auch andere als Geldansprüche, sofern nicht Geldkontokorrent vereinbart ist (s Rn 1). **Nicht** zB bedingte Ansprüche; Ansprüche in anderer als der Kontokorrentwährung (wenn vereinbart, mit Gegenwert in dieser); Leistungen Dritter mit abw Weisung, BGH BB **74**, 670 (Bankkontokorrent, andere Bank überweist Betrag als Darlehen für den Kunden).

14 B. **Kontokorrentgebunden** sind die aus der Geschäftsverbindung folgenden gegenseitigen Ansprüche und Leistungen, iZw alle diese, BGH WM **91**, 495; zB auch ein der Bank nicht gebührender Mehrerlös aus Verwertung von Sicherheiten des Kunden, BGH NJW **82**, 1151, Rstk WM **03**, 627; auch pfändungsfreies Arbeitseinkommen, das der Kunde auf das Konto überweisen lässt, BGH **162**, 349 m krit Anm Scholz 2432, Grund: keine Zwangslage nach ZPO. Zu

1. Abschnitt. Allgemeine Vorschriften 15–18 § 355

Unrecht nicht gebuchte Posten werden doch von der Abrede erfasst, Wirkung s Rn 7; zu Unrecht gebuchte sind nicht zu verrechnen, BGH BB **59,** 59. §§ 366, 367 BGB (Anrechnung der Leistung auf mehrere Forderungen, Vorrang von Kosten, Zinsen) sind im Kontokorrentverhältnis unanwendbar, BGH **77,** 261, Hamm NJW **78,** 1166. Die Parteien können aber die vorrangige Tilgung bestimmter, in das Kontokorrent eingestellter Forderungen vereinbaren (ungewöhnlich, deshalb nur bei klarer Sonderabrede), BGH WM **91,** 495. Die Parteien können Forderungen aus Kontokorrent **herausnehmen**, auch durch stillschweigende Abrede, zB zwecks Umwandlung in Vereinbarungsdarlehen, BGH WM **72,** 287; Rückforderung nach Zurückbelastung eines Schecks (s **(8)** AGB-Banken Nr 9).

C. **Mehrere Kontokorrente** unter denselben Parteien sind ohne weiteres 15 möglich. Jedes von mehreren Kontokorrentkonten ist ein selbstständiges Kontokorrent, zB auch bei zweckgebundenem, auf eigenem Konto geführtem Zusatzkredit über den Kreditrahmen hinaus, BGH WM **82,** 329. Konsequenz: Saldierung und Saldoanspruch nur im jeweiligen Kontokorrent, Folgen für § 366 BGB. Parteiwille im Einzelfall kann ergeben, dass nur der Gesamtsaldo der mehreren Konten geltend gemacht werden darf, zB bei gleichem Kredit- und Debetzins und Aufteilung auf mehrere Konten nur zur besseren Übersicht oder aus anderen, das Verhältnis der Parteien nicht berührenden Gründen, BGH **LM** § 355 Nr 3, WM **72,** 286. Lit: Liesecke WM **75,** 301.

5) Zinsen und Provisionen

A. **Zinsen** dürfen (s Rn 14–15) berechnet werden: **aus Einzelposten,** die 16 nach Vereinbarung oder Gesetz (vor den §§ 353, 354 II) Zins tragen (zB Vorschuss des Verlegers an den Autor, § 354 II), soweit und solange der Saldo den zinspflichtigen Einzelposten deckt (zB bis dem Verlegervorschuss ein gleicher Honoraranspruch des Autors gegenübersteht). Aber unterschiedliche Verzinsung von Einzelposten widerspricht dem Vereinbarungszweck, ist deshalb iZw nicht beabsichtigt. Zinsvereinbarung für einen Einzelposten (abw von der im Übrigen zwischen den Parteien geltenden Zinsregelung) kann Herausnahme des Postens aus dem Konkokorrent anzeigen.

B. **Zinsen vom jeweiligen Saldo** (der beim Nichtstaffelkontokorrent, vgl 17 Rn 8, jeweils zu berechnen ist): unter zwei Kflten nach § 353, sonst nach Vereinbarung. Der Zinsanspruch vom (wechselnden) jeweiligen Saldo aus der Periode wird am ieweiligen Schluss berechnet, gebucht, mitsaldiert.

C. **Zinsen vom Periodenschlusssaldo (Ausnahme vom Zinseszinsver-** 18 **bot, I):** Zinsanspruch also auch, soweit der Saldo schon (vgl Rn 16–17) Zins enthält (entgegen § 248 I BGB), Hamm WM **83,** 222; soweit reicht dann auch Kontokorrentbürgschaft, BGH **77,** 262, str. Diese Ausnahme vom Zinseszinsverbot des § 248 I BGB soll nicht für das uneigentliche Kontokorrent unter NichtKflten gelten, hL, Staub/Canaris 31, aA ausdehnend auf Kontokorrent unter Unternehmensträgern und NichtKflten, K. Schmidt § 21 II 2 b, vgl auch K. Schmidt FS Claussen **97,** 483, auch unter NichtKflten Neuner ZHR 157 **(93)** 251 mit dem Hinweis, dass das Kontokorrent auch für diese Vorteile habe, denen gegenüber die Ausnahme von § 248 I BGB gering wiege. Entscheidend ist demgegenüber, dass §§ 355–357 im Übrigen auch hier Anwendung finden (s Rn 3) und dass für Verbraucherdarlehensverträge seit SMG § 497 II BGB gilt. Im Übrigen besteht ein hochentwickelter Schutz gegen überhöhte Zinsen durch die Rspr (s **(7)** Bankgeschäfte Rn G/10). I erlaubt die Vereinbarung von Zinseszinsen im Voraus, ordnet aber einen Zinsanspruch nicht an, das hängt von der Verzinslichkeit der im Saldo enthaltenen Forderungen ab. Verzinslichkeit ist kein Bestandteil des Kontokorrentbegriffs, Staub/Canaris 46, Verzinsungsvereinbarung liegt aber beim Kontokorrentverhältnis idR vor.

§ 355 19–23   IV. Buch. Handelsgeschäfte

19   D. **Zinssatz:** Unter zwei Kflten für gesetzlichen und vereinbarten Zins (vgl Rn 16–18) § 352. Sonst nach Vereinbarung, die uU auf Gleichstellung mit dem kfm Zins gerichtet. Möglich verschiedener Satz für Einzelposten oder Saldo, zB bei Banken. Bei wechselndem Debet-, Kreditsaldo in der Periode: Zinssaldo, zu berechnen, buchen, mitsaldieren (vgl Rn 17).

20   E. **Provisionen** sind zu berechnen nach § 354 oder besonderer Vereinbarung. Sie sind im Bankverkehr für die Bank üblich (vgl **(8)** AGB-Banken Nr 12) und werden idR bei Periodenschluss berechnet, gebucht und mitsaldiert.

6) Verfügungen über den Saldo

21   A. Wann der Saldogläubiger **Auszahlung** verlangen kann, richtet sich nach Vereinbarung. Im Bankkontokorrent kann iZw der Kunde seinen Kreditsaldo jederzeit abheben, die Bank einen Debetsaldo jederzeit einfordern, anders im Kontokorrentkredit der Bank (der eben darin besteht, dass die Bank den Kunden im Debet sein lässt). In anderen Fällen (s Rn 7) kann Auszahlung iZw nur beim Periodenschluss verlangt werden; „quartalsweise Abrechnung" bedeutet idR Saldoauszahlung nur am Quartalsende. Kommen in das Kontokorrent ausschließlich oder überwiegend Verpflichtungen nur vom einen an den anderen Teil (Bsp: Unternehmer, HdlVertreter, Verlagsmitarbeiter), kann, auch stillschweigend, diesem gestattet sein, „Vorschüsse" bestimmten (oder angemessenen) Umfangs „abzuheben". Wird das Kontokorrent während einer Periode gekündigt (was nach III iZw jederzeit möglich ist), so wird der Überschuss sogleich fällig (III); dazu Rn 23–27. Herauslösung eines Postens s Rn 9. Darlegungspflicht bei Klage auf Saldo s BGH NJW **83,** 2879.

22   B. Auch die Möglichkeit der **Abtretung** (zB Sicherungsabtretung) oder **Verpfändung** des Saldoanspruchs richtet sich nach Vereinbarung, mangels solcher nach der Art des Rechtsverhältnisses. Im Bankkontokorrent gibt es keine Abtretung des Kreditsaldos des Kunden, nur Überweisung des Saldobetrags, str. Bei anderen Kontokorrenten ist Abtretung wie Einziehung iZw nur des Saldos bei Periodenschluss zulässig (Abtretung auch im Voraus). Die Abtretung gleicht den Saldo aus wie die Einziehung. Vorausabtretung s Rn 13, 23. Aus der Pfändbarkeit der jeweiligen Saldos (§ 357) folgt nicht seine Abtretbarkeit. **Pfändung** s § 357.

7) Ende des Kontokorrents (III)

23   A. Das Kontokorrent **endet** mit der Geschäftsverbindung (s Rn 4, Kontokorrentkredit s **(7)** Bankgeschäfte Rn G/20), BGH **74,** 135, nicht ohne weiteres mit Ablauf der für den Kontokorrentkredit vereinbarten Frist oder mit dessen Fälligstellung, BGH WM **03,** 141, aber jederzeit nach Vereinbarung, auch stillschweigend, auch vor völliger Rückzahlung des Kontokorrentkredits, BGH WM **87,** 897. Entscheidend ist der Parteiwille, BGH WM **03,** 1418. Kündigung ist iZw jederzeit möglich, auch während einer Periode (III), auch bei Fortdauer der Geschäftsverbindung mit oder ohne weiterlaufenden Dauervertrag (dann fällt die laufende Verrechnung fort, alle Einzelansprüche sind gesondert zu begleichen oder durch besondere Erklärung aufzurechnen). Rückzahlungsanspruch ohne Kündigung während der Rechnungsperiode s Rn 9. Das Kontokorrent endet mit der Insolvenz einer Partei (§§ 116 S 1, 115 S 1 InsO), BGH **70,** 93, **74,** 253, **157,** 356, auch wenn der Insolvenzverwalter Kontokorrentkonto fortführt, BGH NJW **91,** 1286, vgl § 116 InsO (aber auch § 116 Satz 3 InsO über Fortbestehen von Überweisungsverträgen sowie Zahlungs- und Übertragungsverträgen mit Wirkung für die Masse, **(7)** Bankgeschäfte Rn A/58); durch Schließung des Betriebs der kontenführenden Bank von hoher Hand, BGH NJW **56,** 17. Insolvenzanfechtung von Kontokorrentverrechnungen, BGH **150,** 122, NJW **07,** 1069. Das Kontokorrent endet **nicht** durch Fälligwerden des im Kontokorrent abgewickelten Kredits; durch Abhebung des Saldos; bei Fehlen von Kontenbewegungen über mehrere Jahre, BGH BB **84**, 566; iZw nicht durch Pfändung (s § 357). Auskunft und Rechnungslegung s **(7)** Bankgeschäfte Rn C/7–8. Nach Kontokorrentende fallen vom Schlusssaldo nur Verzugs-, keine Zinseszinsen mehr an, BGH NJW **91**, 1286.

B. Endet das Kontokorrent mit einer Saldoanerkennung, so besteht nur die **Saldoforderung,** s Rn 10. Endet es während der Dauer einer Rechnungsperiode (zB durch Kündigung, III) oder bei Ablauf einer Periode, ohne dass ein Saldo anerkannt wird, so bestehen neben der Saldoforderung aus der letzten Anerkennung noch die danach in das Kontokorrent aufgenommenen (noch nicht anerkannt saldierten) **Einzelansprüche.** Der Gläubiger des (sofort fälligen) Überschusses (III) hat die Aktivposten zu begründen, der Gegner die Passivposten, BGH **105**, 265, NJW **91**, 2908. Einwendungen und Einreden gegen diese Einzelposten sind nicht beschränkt; betr Verjährung s Rn 11–12. 24

[Sicherheiten]

356 (1) **Wird eine Forderung, die durch Pfand, Bürgschaft oder in anderer Weise gesichert ist, in die laufende Rechnung aufgenommen, so wird der Gläubiger durch die Anerkennung des Rechnungsabschlusses nicht gehindert, aus der Sicherheit insoweit Befriedigung zu suchen, als sein Guthaben aus der laufenden Rechnung und die Forderung sich decken.**

(2) **Haftet ein Dritter für eine in die laufende Rechnung aufgenomme Forderung als Gesamtschuldner, so findet auf die Geltendmachung der Forderung gegen ihn die Vorschrift des Absatzes 1 entsprechende Anwendung.**

1) Sicherheiten für Einzelforderungen

A. Die für die Einzelansprüche bestellten **Sicherheiten** bleiben in Kraft. Mangels Novation ist das selbstverständlich, bei Novation wie nach der Rspr (s § 355 Rn 7) folgt dies regelwidrig aus § 356. So zB Bürgschaft (für Einzelanspruch, zu unterscheiden von Kontokorrentbürgschaft für künftige Salden, s Rn 3), Hypotheken, Pfandrechte, Zurückbehaltungsrechte, RG **162**, 251, besondere Pfandrechte wie Früchtepfandrecht, BGH **29**, 283; uU eine Aufrechnungsmöglichkeit, Hbg MDR **54**, 486, BGH BB **55**, 715; Eigentumsvorbehalt, Sicherungseigentum, Rechte aus Sicherungszessionen, Vormerkungen im Grundbuch; nach II auch die Mithaftung von Gesamtschuldnern. Auch die Gfter (§ 128) und ehemaligen Gfter (§ 128 Rn 28) haften weiter. 1

B. Die Sicherheit (auch Gfter-Haftung, s Rn 1) **gilt nunmehr** (in der ursprünglichen Höhe) **für den Saldo,** ebenso für spätere (nicht höhere) Rechnungsabschlusssalden. Änderungen in der Periode zählen nicht. **Obergrenze** ist der **niedrigste Zwischensaldo,** Wiederanstieg des verminderten Saldos ist unerheblich, BGH **26**, 150, **50**, 283, WM **91**, 495; s auch § 128 Rn 30. Das gilt auch, wenn eine Sicherheit gekündigt wird (s **(7)** Bankgeschäfte Rn H/6, BGH NJW **03**, 62. § 356 gilt ua bei Sicherung eines Anspruchs in Unkenntnis seiner Erfassung durch ein Kontokorrent, RG **136**, 181; bei Einbeziehung einer gesicherten älteren Forderung in ein jüngeres Kontokorrent. Der Gläubiger kann uU haftende Werte zuerst für ungesicherte, dann für die gesicherte Saldoforderung in Anspruch nehmen, BGH **29**, 283. Einstellung einer Forderung in ein Kontokorrent gegen Vereinbarung Gläubiger-Bürge wirkt nicht gegen diesen; er haftet nur für die, aus dem Kontokorrent dazu wiederauszusondernde verbürgte Forderung soweit ungedeckt, BGH BB **61**, 117. 2

§ 357 1–4   IV. Buch. Handelsgeschäfte

2) Sicherheiten für den Saldo

3 Bedeutender als Sicherung von Einzelansprüchen ist Sicherung des **Saldoanspruchs,** durch Vertrag (Bsp: Bankkontokorrentkredit, Bierlieferung) oder Gesetz (vgl §§ 397, 441, 464, 475 b: Pfandrechte). Zahlungen Dritter (Bürge, Mitschuldner usw) werden dem Schuldner im Kontokorrent gutgebracht; die beglichene Saldoforderung geht auf den Dritten über (vgl zB §§ 426 II, 774 BGB). Kontokorrent(saldo-)bürgschaft s BGH **77,** 256, NJW **96,** 719.

[Pfändung des Saldos]

357 ¹Hat der Gläubiger eines Beteiligten die Pfändung und Überweisung des Anspruchs auf dasjenige erwirkt, was seinem Schuldner als Überschuß aus der laufenden Rechnung zukommt, so können dem Gläubiger gegenüber Schuldposten, die nach der Pfändung durch neue Geschäfte entstehen, nicht in Rechnung gestellt werden. ²Geschäfte, die auf Grund eines schon vor der Pfändung bestehenden Rechtes oder einer schon vor diesem Zeitpunkte bestehenden Verpflichtung des Drittschuldners vorgenommen werden, gelten nicht als neue Geschäfte im Sinne dieser Vorschrift.

1) Keine Pfändung der Einzelforderungen im Kontokorrent

1 Pfändung von in das Kontokorrent fallenden Einzelansprüchen ist nicht möglich, BGH **80,** 175, s § 355 Rn 7–8; Girotagesguthaben s Rn 8. Umdeutung in Saldopfändung scheitert idR, weil Identität der gepfändeten Forderung aus dem Pfändungsbeschluss erkennbar sein muss, BGH NJW **82,** 1151.

2) Pfändung des gegenwärtigen Saldos (§ 357)

2 A. § 357 Satz 1 meint den (beim Nichtstaffelkontokorrent, vgl § 355 Rn 7–8, ad hoc zu berechnenden) Saldo im Zeitpunkt der Pfändung **(Zustellungssaldo),** also nicht den Saldo (unter Ausschluss neuer Schuldposten) zZ des nächsten Periodenschlusses, BGH **80,** 176, hL. Besteht kein Aktivsaldo des Pfändungsschuldners, ist die Pfändung gegenstandslos und unwirksam, str. Wirkung auf künftige Periodenschluss-Aktivsaldo, s Rn 5–7. **Kontopfändungsschutz** nach ZPO; Einführung eines Pfändungsschutzkontos (KontopfändSchG 7. 7. 09 BGBl 1707), krit Bitter WM **08,** 141.

3 B. Pfändung und Überweisung **lösen** iZw das Kontokorrent **nicht auf,** sondern führen nur buchungstechnisch und nur zwischen Pfändungsgläubiger und Bank zum vorläufigen Kontoabschluss, BGH **80,** 176, aA Gröger BB **84,** 28, differenzierend Zwicker DB **84,** 1713, geben Pfändungsgläubiger kein eigenes Kündigungsrecht, kein Recht zur Ausübung des Kündigungsrechts seines Schuldners (s § 355 Rn 23), RG **140,** 222 (str; nach aA § 725 BGB, § 135 HGB analog), Einziehungsrecht also nur gemäß dessen Auszahlungsrecht (§ 355 Rn 21–24).

4 C. **Beschlagwirkung:** § 829 I ZPO. Beschlagwirkung auch für die Nebenrechte (wie bei Abtretung, §§ 412, 401 BGB), BGH WM **03,** 1891 (Auskunftsund Rechnungslegungsanspruch aus Bankvertrag). Auslegung des Pfändungsund Überweisungsbeschlusses bei mehreren Girokonten nach § 133 BGB, LG Oldbg WM **82,** 679. Zeitpunkt: Zustellung an Kontokorrentpartner, § 829 III ZPO. Demgemäß wirken jüngere Sollposten nicht gegen Pfändungsgläubiger, § 357 S 1. **Ausnahme bei älterem Recht** (Pflicht) des Kontokorrentpartners, § 357 Satz 2, der gepfändete Saldo ist insofern „vorbelastet" (Drittschuldnerschutz). Bsp: Stornierung älterer Scheckgutschrift auf Grund Eingangsvorbehalts nach Nichteingang, Banküberweisung auf Grund älteren Auftrags, im Dauerliefervertrag Ausführung früher vereinbarter Lieferung von Kontokorrentpartner

1. Abschnitt. Allgemeine Vorschriften 5–8 § 357

an Pfändungsschuldner. Nicht unter S 2 fallen Zahlungen des Drittschuldners an den Pfändungsschuldner selbst, mit denen nur ein schuldrechtlicher Anspruch dieses Schuldners getilgt werden soll (§ 829 I ZPO), BGH NJW **97,** 2322. Maßgeblicher Zeitpunkt ist „Grundlegung" des Rechts. Bsp: Einlösepflicht bei vormaligen ec-schecks (s 30. Aufl **(7)** Bankgeschäfte Rn F/1) war schon mit Karten- und Formularaushändigung an Scheckaussteller angelegt, BGH **93,** 71, anders nach Wegfall der ec-Garantie (s **(7)** Bankgeschäfte Rn F/9) beim jetzigen Point-of-sale-Verfahren, BGH NJW **03,** 1257. Nicht Bestellung des Pfandrechts nach **(8)** AGB-Banken Nr 14 II für künftige Ansprüche, BGH NJW **97,** 2322. Jüngere Habenposten s Rn 5–7.

3) Pfändung künftiger Salden, Pfändung des Anspruchs auf Gutschrift

A. § 357 regelt nicht die Pfändung künftiger Kontokorrentsalden, BGH **80,** 5 178. Die **künftige Saldoforderung** ist aber wie andere künftige Forderungen nach §§ 829 ff ZPO pfändbar (idR wird diese Pfändung mit der des nicht ausreichenden gegenwärtigen Saldos verbunden, sog Doppelpfändung), wenn die Erwartung ihrer Entstehung ausreichend rechtlich fundiert ist, insbesondere beim Kontokorrent im Dauerrechtsverhältnis (zB des HdlVertreters zum Unternehmer, des Gfters zur Ges, des Dauerlieferers zum Dauerabnehmer). So auch beim Bankkontokorrent (vgl § 355 Rn 9). Schuldner ist frei zur Einrichtung eines anderen Kontos und Veranlassung seiner Schuldner zur Zahlung auf dieses. Zu den verschiedenen **Pfändungsmöglichkeiten beim Girokonto** s Hopt/Mülbert 111. Lit: Schläger NJW **74,** 1095, Forgach, Herz DB **74,** 809, 1851, Terpitz WM **79,** 570, Gröger BB **84,** 25 (Mehrfachpfändungen), Bitter WM **08,** 141 (Pfändungsschutzkonto).

B. Die Pfändung künftiger Forderungen erstreckt sich beim Bankkontokorrent nicht nur auf den nächsten Aktivsaldo, sondern auch **alle künftigen Aktivsalden** bis zur Befriedigung des Gläubigers, BGH **80,** 178, Oldbg WM **79,** 591. Dem Bestimmtheitserfordernis ist bei hinreichender Bezeichnung des bestehenden Kontokorrentverhältnisses auch hinsichtlich der späteren Periodensalden genügt, BGH **80,** 181. Die Pfändung der künftigen Aktivsalden lässt die künftigen Tagesguthaben unberührt (aber s Rn 8–10), BGH **84,** 378.

C. Die **Pfändung des Anspruchs auf Gutschrift** (§§ 675 I, 667 BGB, s **(7)** 7 Bankgeschäfte Rn C/13) hindert nur den Kunden an anderweitiger Verfügung; der gutzuschreibende Betrag gelangt also auf das Konto; sie begründet aber keinen Auszahlungsanspruch an Pfändungspfandgläubiger (bloße Hilfspfändung), BGH **93,** 323.

4) Pfändung künftiger Girotagesguthaben und der Kreditlinie

A. Pfändbar sind auch **künftige Einzelforderungen (Girotagesguthaben)** 8 des Schuldners (Kontoinhabers) aus dem Girovertrag, soweit sie zwischen zwei Rechnungsabschlüssen entstehen und für den Schuldner verfügbar sind; weder § 613 S 2 BGB noch Kontokorrentabrede (s Rn 1) stehen entgegen; BGH **84,** 329, 373, str. Aber dazu ist eindeutig formulierter Pfändungs- und Überweisungsbeschluss nötig, BGH **80,** 180. Die Pfändung bewirkt keine Kontensperre, BGH NJW **04,** 369, aber (abhängig von der Höhe des gepfändeten Betrags) dass kein künftiger Aktivsaldo (s Rn 6) mehr entsteht. Das zeitlich frühere Pfandrecht der Bank nach **(8)** AGB-Banken Nr 14 geht vor, BGH **93,** 326. Zur Auskunftspflicht der Bank (§ 840 ZPO) BGH **86,** 23. Der unselbstständige, nach §§ 412, 401 BGB auf den Gläubiger übergehende Nebenanspruch auf Auskunftserteilung wird von der Pfändung des Hauptanspruchs mit erfasst, BGH **165,** 60; der allgemeine girovertragliche Auskunftsanspruch des Schuldners auf Rechnungslegung sowie auf Kontoauszüge ist nicht mit erfasst und auch gar nicht pfändbar (§ 613 S 2 BGB, § 851 ZPO), BGH **165,** 53, Grund: diese Informationen stehen

Hopt 1385

§ 358 1, 2

dem Gläubiger nicht zu und die Bank könnte sonst keinen Kontokorrentabschluss nach § 355 mehr herbeiführen. Lit: Werner/Machunsky BB **82,** 1581, BankrechtsHdb/Lwowski/Bitter § 33 (Kontenpfändung).

9 B. Die Pfändung künftiger Girotagesguthaben läuft ins Leere, wenn das **Konto debitorisch** bleibt. Die Pfändung des Anspruchs auf Gutschrift ist möglich, BGH WM **73,** 893, doch gewinnt der Gläubiger dadurch keinen Auszahlungsanspruch; die Pfändung ist also nutzlos, soweit die Gutschrift nur ein Debet vermindert. Die Pfändung des Anspruchs auf Durchführung von Überweisungen ist möglich, BGH **84,** 329, **93,** 315, aA Häuser WM **90,** 129; aber ein solcher Anspruch besteht idR nicht bei debitorischen Konto.

10 C. Die Möglichkeit der Pfändung in offene **Kreditlinien** ist str. Keinesfalls Pfändung bei bloßer Duldung der Kontoüberziehung (mangels Anspruchs, s **(7)** Bankgeschäfte Rn G/14), BGH **93,** 325. Soweit wie idR bei gewerblichen und bei vielen privaten Krediten eine Zweckbindung besteht, ist auch keine Pfändung außerhalb dieses Zweckes möglich, BGH WM **78,** 553, **00,** 265, so erst recht bei einem treuhänderisch gebundenen Sanierungskredit, BGH **147,** 201. Die Auszahlungsansprüche des Bankkunden gegen das Kreditinstitut aus einem vereinbarten **Dispositionskredit** („offene Kreditlinie") sind dagegen, wenn und soweit der Kunde den Kredit in Anspruch nimmt (einseitiges, nicht pfändbares Gestaltungsrecht), grundsätzlich pfändbar, BGH **147,** 193, **157,** 355, WM **04,** 671, Saarbr WM **06,** 2212, Felke WM **02,** 1632, aA Bitter WM **04,** 1109, keine Zweckbindung bei Überlassung des Kapitals zur freien Verfügung, keine einseitige Zweckbindung durch den Vollstreckungsschuldner. Die Entscheidung über die Kreditaufnahme (Abrufrecht) ist dagegen als der damit verbundenen Rückzahlungspflicht des Schuldners höchstpersönlich und nicht pfändbar, Hopt/Mülbert 281, Häuser ZIP **83,** 900, Peckert ZIP **87,** 1232, Wagner JZ **85,** 718, ZIP **85,** 854, WM **98,** 1659, in diese Richtung auch BGH **147,** 195, aA Grunsky ZZP 95 **(82)** 271. Die Pfändung des Anspruchs auf Durchführung von Überweisungen an Dritte geht mangels Deckungsgrundlage ins Leere, BGH **93,** 315.

[Zeit der Leistung]

358 Bei Handelsgeschäften kann die Leistung nur während der gewöhnlichen Geschäftszeit bewirkt und gefordert werden.

1) Leistungszeit nach BGB

1 A. Das HGB ändert nichts an der Regelung der **Leistungszeit** und ihrer Bedeutung in § 271 BGB. Ebenso gelten auch im HdlVerkehr § 604 BGB (Rückgabe der geliehenen Sache), § 488 II, III BGB (Fälligkeit von Darlehenszinsen und -kapital), §§ 608, 609 BGB (Fälligkeit von Rückerstattung und Entgelt beim Sachdarlehen), § 641 BGB (Fälligkeit des Werklohns), § 721 BGB (Gewinnverteilung unter Gftern, für OHG, KG §§ 120, 121, 167, 169 HGB). Abweichungen von § 271 I BGB können aus anderer „Bestimmung" (durch besondere Vorschrift, s oben, oder Abrede) folgen oder aus den (nach Treu und Glauben gewerteten) Umständen, auch aus HdlBrauch (§ 346), zB aus Anwendung von Klauseln wie „freibleibend", „so schnell wie möglich" (§ 346 Rn 40). § 271 II BGB ist nur Auslegungsvorschrift. Das Recht des Schuldners, vor Fälligkeit zu leisten, entfällt ua, wenn Gläubiger am Aufschub der Leistung bis zur Fälligkeit berechtigtes Interesse hat.

2 B. Ist keine Zeit vertraglich bestimmt, so ist notfalls der Parteiwille durch **Auslegung** zu ermitteln (s § 346 Rn 1). **Stundung** bei Vertragsschluss muss der Verkäufer widerlegen, spätere der Käufer beweisen, RG **68,** 305. Über gewisse **Klauseln:** auf „Besserung", „prompt", „freibleibend", „so schnell als möglich"

1. Abschnitt. Allgemeine Vorschriften **§§ 359, 360**

s § 346 Rn 40. Unerhebliche **Überschreitung** der Erfüllungszeit rechtfertigt idR keine schwerwiegenden Folgen (anders natürlich bei Fixgeschäften uä). Die Verfallklausel (kassatorische Klausel: bei nicht rechtzeitiger Zahlung einer Rate wird das Kapital fällig) ist so zu verstehen, dass Verschulden Voraussetzung ist (strengere Haftung nach § 276 I 1 BGB bleibt aber unberührt), hM. Bei Zahlung vor Fälligkeit, auch einer unverzinslichen Geldschuld, darf Schuldner iZw keinen Abzug **(Skonto)** machen, § 272 BGB.

2) Leistung nur während der gewöhnlichen Geschäftszeit

Schon aus § 242 BGB folgt, dass der Schuldner nur zur üblichen Zeit leisten darf. Diese übliche Zeit ist bei Kflten eben die Geschäftszeit, bei Banken zB die Zeit, in der die Schalter geöffnet sind. § 358 ist anwendbar, auch wenn der Leistende NichtKfm ist, sofern aufseiten des Leistungsempfängers ein HdlGeschäft vorliegt. Die Art der Leistung bleibt gleich. Für Willenserklärungen gilt § 358 nicht. Es entscheidet die gewöhnliche Geschäftszeit im betr HdlZweig und am Leistungsort. Auch die **Nacht** kann gewöhnliche Geschäftszeit sein, ebenso ein **Sonn- oder Feiertag.** Leistung außerhalb der Geschäftszeit kann der Gläubiger zurückweisen, kommt also damit nicht in Annahmeverzug; anders wo die Zurückweisung gegen Treu und Glauben verstieße, RG **92,** 211. Nimmt er die Leistung an, so ist erfüllt. Die Aufforderung zur Leistung ist an die Geschäftszeit nicht gebunden. Der Samstag erhielt durch G 10. 8. 1965 BGBl 753 eigenes Recht, er ist nicht Sonn- und Feiertagen gleichgestellt, Spiegel BB **65,** 1001. 3

[Vereinbarte Zeit der Leistung; „acht Tage"]

359 (1) **Ist als Zeit der Leistung das Frühjahr oder der Herbst oder ein in ähnlicher Weise bestimmter Zeitpunkt vereinbart, so entscheidet im Zweifel der Handelsgebrauch des Ortes der Leistung.**

(2) **Ist eine Frist von acht Tagen vereinbart, so sind hierunter im Zweifel volle acht Tage zu verstehen.**

1) Frühjahr, Herbst uä (I)

I gibt eine Regel über räumliche Konflikte: die Bedeutung unbestimmter Zeitangaben richtet sich iZw nach dem **Handelsbrauch** (soweit er erheblich ist, § 346 Rn 1–2) **des Leistungsorts,** nicht zB des (etwa abw) Schuldner- oder Gläubigersitzes. 1

2) „Acht Tage" (II)

Über Fristrechnung s §§ 187 ff BGB. „Acht Tage" sollen iZw (oft wird aus Brauch oder Vertragsumständen anderes hervorgehoben) entgegen beliebter Ausdrucksweise wirklich 8 Tage, nicht 1 Woche (7 Tage) bedeuten. Soll diese Frist von der Vereinbarung oder von einem Ereignis x an laufen, so zählt der Tag der Vereinbarung oder des Ereignisses x nicht mit, § 187 I BGB. Fristablauf s § 193 BGB. 2

[Gattungsschuld]

360 Wird eine nur der Gattung nach bestimmte Ware geschuldet, so ist Handelsgut mittlerer Art und Güte zu leisten.

1) Gattungsschuld nach BGB

A. Die **Gattungsschuld (§ 243 BGB)** steht im Gegensatz zur **Stückschuld (Speziesschuld).** Während bei dieser ein bestimmtes (konkretes) Einzelstück (das 1

Hopt 1387

§ 360 2–4   IV. Buch. Handelsgeschäfte

immer ein solches war oder aus einer Gattung ausgesondert wurde) zu leisten ist, ist die Gattungsschuld nur allgemein (abstrakt), nach Art und Zahl, bestimmt. **Beschränkte Gattungsschuld** heißt die Verpflichtung, aus einem bestimmten Vorrat eine bestimmte Menge zu liefern, zB: Quantität x Melasse eigener Erzeugung des Schuldners, RG **93,** 143, Zahl y Masten von bestimmtem Lagerplatz, RG **108,** 420, x Tonnen Öl aus der Ladung des Schiffes Z, BGH WM **73,** 363 (Pflicht zur Lieferung der ganzen Ladung ist Spieziesschuld, Hbg SeuffA **65,** 160). Bei unverschuldetem Untergang der beschränkten Gattung wird der Schuldner von Primär- und Sekundärleistungspflichten frei, RG **108,** 420, bis dahin steht er im Rahmen des übernommenen Risikos für seine Lieferfähigkeit ein (§ 276 I 1 BGB, entscheidend Übernahme des Beschaffungsrisikos, nicht wie vor SMG Gattungsschuld), es sei denn, er muss nach Treu und Glauben die nicht voll ausreichende Masse auf mehrere Gläubiger verteilen. Bei beschränkter Gattungsschuld folgt aus § 243 BGB, § 360 HGB zweierlei: (1) zu liefern ist Mittelgut der (beschränkten) Gattung, (2) das Gelieferte muss HdlGut mittlerer Art und Güte sein, zB ungetrübtes Öl; wurde die Ölladung des Schiffes Z (vgl oben) trüb, hat Verkäufer wenn möglich (zumutbar) die Trübung zu beseitigen; BGH WM **73,** 363.

2   B. **Konzentration** (Konkretisierung) der Gattungsschuld, § 243 II BGB, nennt man die Bestimmung der zu leistenden Einzelstücke, durch welche die Gattungsschuld zur Stückschuld wird. Sie geschieht nicht schon mit der Ausscheidung durch den Schuldner (er kann nicht einseitig die Gattungsschuld in eine Stückschuld verwandeln), sondern erst, wenn er das zur Leistung seinerseits Erforderliche getan, dh bei Bringschulden am Wohnort des Gläubigers, bei Holschulden, wenn er eine den gesetzlichen und vertraglichen Erfordernissen genügende Sache angeboten hat, RG **69,** 408. Bei Schickschuld genügt Absendung (Übergabe an die Transportperson). Der Gläubiger kann nunmehr diesen Gegenstand verlangen, der Schuldner nur durch Leistung dieses die Schuld erfüllen. Vertragswidriges Verhalten des Gläubigers kann den Schuldner nach Treu und Glauben von Lieferung der bestimmten Ware befreien; so namentlich bei Annahmeverzug. Lit: Huber FS Ballerstedt **75,** 327, van Venrooy WM **81,** 890.

2) Gattungsschuld nach § 360

3   A. § 360 spricht statt von der Gattungsschuld schlechthin (§ 243 BGB) von der Gattungs**waren**schuld (ganz entspr gilt für andere Gattungsschulden, s Rn 1) und verlangt statt „Sachen mittlerer Art und Güte", **„Handelsgut mittlerer Art und Güte",** was sowohl eine Erhöhung wie eine Minderung der verlangten Qualität bedeuten kann (der Hdl hat uU für schlechte Qualitäten Verwendung, die der Privatverkehr nicht brauchen kann). Er gilt auch bei einseitigem HdlGeschäft, § 345, aber vernünftigerweise nicht, wenn der NichtKfm Schuldner ist, denn von NichtKfm kann auch ein Kfm kein „HdlGut" fordern. HdlGut mittlerer Art und Güte ist Ware, wie sie im HdlVerkehr am Erfüllungsort **üblich** ist. Vor allem ist also immer HdlGut zu liefern; selbst wo sich der Käufer schlechteste Beschaffenheit gefallen lassen muss, RG JW **38,** 2411, also nicht Ware, die zwingenden gesetzlichen Vorschriften nicht genügt. Im Übrigen kann je nach Sachlage eine an sich gute Ware nicht genügen, eine mangelhafte genügen. „Mittlere Art und Güte" bedeutet Durchschnittsware. Es bestimmt zunächst der Schuldner; der Gläubiger kann, wenn nicht entspr geliefert, die Rechte aus § 437 BGB geltend machen.

4   B. Die Verpflichtung, **Ware geringerer Art und Güte** anzunehmen, kann aus Vertrag (auch stillschweigender Vereinbarung), aus Treu und Glauben folgen oder gar aus dem Gesetz, wo es etwa eine fremde Beimengung vorschreibt, wie bei Treibstoff. Übliche derartige Klauseln sind „tel quel" und die Besichtigungsklausel; s § 346 Rn 40. Beweispflichtig ist der Verkäufer, nach Annahme der Ware der Käufer, § 363 BGB.

1. Abschnitt. Allgemeine Vorschriften 1–3 § 361

[Maß, Gewicht, Währung, Zeitrechnung und Entfernungen]

361 Maß, Gewicht, Währung, Zeitrechnung und Entfernungen, die an dem Orte gelten, wo der Vertrag erfüllt werden soll, sind im Zweifel als die vertragsmäßigen zu betrachten.

1) Übersicht

A. § 361 gibt eine Regel zur **Auslegung** von in Verträgen gebrauchten 1 Worten, die an verschiedenen Orten verschiedene Bedeutung haben. **Maße** (dh Längen-, Flächen- und Raummaße) und **Gewichte** sind in Deutschland durch G über Einheiten im Messwesen idF 22. 2. 85 BGBl 408 vereinheitlicht (vgl a EinhV 13. 12. 85 BGBl 2272); aber international sind Verwechslungen möglich, dann gilt bei Anwendbarkeit deutschen Rechts § 361. Für **Zeitrechnung** und **Entfernungen** (die eigentlich unter Längenmaße fallen) gilt ähnliches (Zeitrechnung s § 359 II). § 361 hilft nicht gegen Zweideutigkeit eines Worts an ein und demselben Orte, zB **Temperaturgrade**, hier kommt es auf die Sprachübung des Handels an: x Grad (zB Leistung einer Kühlanlage) sind in der BRD regelmäßig x Grad Celsius, nicht Réaumur. § 361 ist auch anzuwenden, wenn der Vertrag gar nichts über die **Währung** einer Geldschuld sagt; dann gilt iZw die Währung des Erfüllungsorts (und nicht nur bei vertraglichen, sondern bei allen Geldschulden); die Höhe der Schuld ist dann eine zweite Frage.

B. **Erfüllungsort** (§ 269 BGB) ist für Maß und Gewicht der Lieferungsort, 2 für die Währung der Erfüllungsort der Zahlungsschuld. Demnach ist iZw in Euro zu zahlen, wenn die Ware in ein Land außerhalb der Euro-Zone zu liefern, aber Zahlung innerhalb dieser zu leisten ist, vgl RG **106,** 100. Wer in einer anderen Währung als Euro entstandene Schäden oder Aufwendungen zu ersetzen hat, schuldet idR diese andere Währung, bei Zahlbarkeit im Inland iZw auch zahlbar in Euro nach dem Kurs zurzeit der Zahlung (§ 244 BGB), s Rn 3; uU, zB wenn der Geschädigte (Inländer) nachweislich den Verlust aus seinem Euro-Vermögen ausgeglichen hat, geht der Anspruch von vornherein auf Euro, nämlich auf den so mittelbar in Euro eingebüßten Betrag; § 361 ist hier nicht wesentlich; vgl aber RG **120,** 81 (Aufwendung), OGH **2,** 387 (Kollisionsschaden).

2) Währung

Eine Geldschuld ist **in einer anderen Währung als Euro ausgedrückt** 3 (§ 244 BGB), wenn der Vertragsinhalt die Geldleistung in dieser Währung bezeichnet, RG **109,** 62. Ist eine Fremdwährungs(=Valuta)schuld im (Währungs-)Inland (dh seit der Euro-Einführung: im Euro-Raum, Grothe ZBB **02,** 9) zu zahlen, so muss das in Valuta geschehen nur bei ausdrücklicher Vereinbarung (üblicher „effektiv"), nicht schon bei Bezeichnung der Schuld in Valuta oder einseitigem Verlangen des Gläubigers. Mündliche Vereinbarung ist gültig; aus Unterlassung schriftlicher Niederlegung der Effektivklausel bei schriftlichem Vertrag kann folgen, dass bei Unwirksamkeit der Klausel deshalb nicht (nach § 139 BGB) der ganze Vertrag unwirksam sein soll, RG JW **26,** 2838. Der Schuldner kann mangels Effektivklausel wählen, ob er in Valuta oder Euro zahlen will (facultas alternativa des Schuldners). Ferner ist Devisenrecht zu beachten, vgl **(7)** Bankgeschäfte Rn N/1. Zahlungszeit ist die Zeit der wirklichen Zahlung, RG **101,** 312. Kurswert ist der Börsendevisenkurs (Briefkurs), und zwar derjenige, zu dem die Devisen tatsächlich erhältlich sind. § 244 BGB gilt grundsätzlich auch bei Unmöglichkeit oder Ungewissheit der Möglichkeit des Umtauschs (Konvertierung) von Euro in die andere Währung, vgl RG **111,** 317, doch ist dem Gläubiger in diesem Falle nach Treu und Glauben das Recht auf (dem Schuldner zumutbare) Schulderfüllung in anderer Form zu geben, zB auf Zahlung einer dritten (dem Schuldner erhältlichen) ausländischen Währung oder Stehenlassen der Schuld bis zum Eintritt der Konvertibilität. Die **Geldsortenschuld** (§ 245

§ 362 1–3 IV. Buch. Handelsgeschäfte

BGB) ist praktisch ausgestorben. Vgl über Sortenklausel zur Wertsicherung RG **151,** 36 (kein Recht zur Erfüllung in RM). § 245 BGB ist (idR) nicht anwendbar auf die Vereinbarung der Zahlung in bestimmten Arten von Buchgeld („Sperrmark", „Askimark", „Reiselire" usw). Ist solches nicht erhältlich, so fällt iZw der ganze Vertrag weg (§ 139 BGB). Lit: Komm zu §§ 244, 245 BGB, Staud/K. Schmidt, Geldrecht, 1997.

4 Umstellung in den EG-Mitgliedstaaten (außer Großbritannien, Dänemark, Schweden) auf **Euro** zum 1. 1. 99, Übergangsphase (DM als Euro-Untereinheit) bis 31. 12. 01, Euro alleiniges gesetzliches Zahlungsmittel seit 1. 1. 02, Umrechnungskurs 1,95583 DM = 1 Euro, wegen bloßer Währungsumstellung (nicht -reform) Vertragskontinuität (nur Änderung der Zahlen und Bezeichnungen, nicht der Werte), s EGEuroVOen 3. 5. 98 EuZW **98,** 402, 31. 12. 98 EuZW **99,** 99 und deutsche Euro-EGe (Anpassung der Gesetzgebung an die neue Währung, ggf Glättung von Schwellenwerten), dazu Rehbein WM **98,** 997, Dierdorf NJW **98,** 3145, Schorkopf NJW **01,** 3734, Wagner NJW **01,** 3743.

[Schweigen des Kaufmanns auf Anträge]

362 (1) ¹**Geht einem Kaufmanne, dessen Gewerbebetrieb die Besorgung von Geschäften für andere mit sich bringt, ein Antrag über die Besorgung solcher Geschäfte von jemand zu, mit dem er in Geschäftsverbindung steht, so ist er verpflichtet, unverzüglich zu antworten; sein Schweigen gilt als Annahme des Antrags.** ²**Das gleiche gilt, wenn einem Kaufmann ein Antrag über die Besorgung von Geschäften von jemand zugeht, dem gegenüber er sich zur Besorgung solcher Geschäfte erboten hat.**

(2) **Auch wenn der Kaufmann den Antrag ablehnt, hat er die mitgesendeten Waren auf Kosten des Antragstellers, soweit er für diese Kosten gedeckt ist und soweit es ohne Nachteil für ihn geschehen kann, einstweilen vor Schaden zu bewahren.**

1) Vertragsabschluss im Privatverkehr; § 663 BGB

1 A. Verträge kommen idR zustande durch **Antrag** und **Annahme,** §§ 145, 146 BGB; die Annahme ist idR dem Antragenden zu erklären; anders wenn dieser hierauf verzichtete oder diese Erklärung nicht üblich ist, § 151 BGB; auch dann muss aber eine (nur eben nicht empfangsbedürftige) Annahme erfolgen, dh der Annahmewille betätigt sein. Sonst fehlt es am Vertrag.

2 B. § 663 BGB ändert daran nichts, sondern verpflichtet als gesetzlich geregelter Fall von §§ 311 II, 241 II BGB nur zum **Schadensersatz** nach § 280 BGB. § 663 gilt, wenn jemand zur Besorgung gewisser Geschäfte öffentlich bestellt ist oder sich öffentlich erboten hat (S 1) und wenn sich jemand dem Auftraggeber gegenüber zur Besorgung gewisser Geschäfte erboten hat (S 2). § 663 (bei Auftrag, iVm § 675 I BGB auch bei Dienst- und Werkverträgen, die eine Geschäftsbesorgung zum Gegenstand haben) verpflichtet den Antragempfänger, der nicht unverzüglich (dh schuldhaft s § 121 I 1 BGB) die Ablehnung mitteilt, zum Ersatz des Vertrauensschadens (negatives Interesse), RG **104,** 267. Geschäftsbesorgung ist jede wirtschaftliche Tätigkeit für andere, auch eine rein tatsächliche, die kein dauerndes Dienstverhältnis begründet, vgl RG **97,** 65, nicht also HdlVertretung (§§ 83 ff). Öffentliche Bestellung zur Besorgung gewisser Geschäfte s RG **50,** 392 (zu § 407 ZPO). Öffentliches Erbieten s RG **104,** 267 (Spediteur).

2) Vertragsschluss im Handels- und Berufsverkehr; § 362 HGB

3 A. Unter den Voraussetzungen des § 362 kommt es anders als nach § 663 BGB (s Rn 2) nicht nur zu einer Schadensersatzhaftung, sondern zu einer Ver-

1. Abschnitt. Allgemeine Vorschriften 4–6 § 362

tragshaftung. Regelungsgrund des § 362 ist der Schutz des **Handels- und Berufsverkehrs**. In diesem Sinne kann auch von einem Fall der Vertrauenshaftung gesprochen werden, Staub/Canaris 4. § 362 trifft nach **I 1** Kflte (§§ 1–5; uU so auftretende NichtKflte, s § 5 Rn 9–17; entspr Anwendung auf „kaufmannsähnliche", dh selbstständig beruflich am Markt tätige NichtKflte, Staub/Canaris 8, str), deren Gewerbebetrieb die **Besorgung von Geschäften für andere** mit sich bringt; Geschäfte für einen andern besorgt, wer (außerhalb eines dauernden Dienstverhältnisses) eine an sich dem anderen zukommende Tätigkeit, rechtsgeschäftlicher oder tatsächlicher Art, diesen abnimmt, RG **97**, 65, BGH **46**, 47; s § 1 II Nr 2, 4–9; auch idR Bank- und Börsengeschäfte, s **(7)** Bankgeschäfte Rn A/4, **(14)** BörsG; nicht zB Kaufgeschäfte uä, wenn ihm die Besorgung „solcher Geschäfte" angetragen wird, zB nicht bei Umzugstransportauftrag an einen Möbelhändler, Wertpapierkaufauftrag an Fabrikanten (Gewerbe- und Berufseinschlägigkeit); unerheblich ist, ob Kfm der Sparte x (zB Spediteur) gerade Geschäfte der Art des angetragenen regelmäßig ausführt, aber s Rn 5. Weitere Voraussetzungen: Der Antrag muss hinreichend bestimmt sein, und er muss von jemand kommen, mit dem der Kfm in **Geschäftsverbindung** steht, dh in geschäftlicher Beziehung, die (objektiv) auf gewisse Dauer angelegt ist (Einl 3 vor § 343), BGH WM **88**, 1134. Lit: Hopt AcP 183 **(83)** 686.

B. § 362 gilt nach **I 2** ferner für jeden Kfm (§§ 1–5, s auch § 5 Rn 9–17), **4** wenn ihm ein Antrag (gleich ob im Rahmen dessen, was er regelmäßig betreibt) zugeht von jemand, dem er sich **zur Besorgung solcher Geschäfte** (wie nun angetragen) **erboten** hat. Öffentliches Erbieten genügt nicht zur Anwendung des § 362 (aber für § 663 BGB, s Rn 2), aber Erbieten an viele, zB durch Rundsendung einer Werbedrucksache (an x Adressen je in besonderem Stück).

3) Folge versäumter Ablehnung

A. Mangels unverzüglicher (§ 121 I 1 BGB, Verschulden ist aber nicht uner- **5** lässlich, der Kfm trägt sein unternehmerisches Organisationsrisiko, auch bei Unkenntnis des Antrags, Staub/Canaris 18, str) Antwort **gilt** der Antrag **als angenommen**, das Vertragsverhältnis kommt zustande, **I 1, 2**. Darauf kann sich auch der Schweigende berufen, str; nach aA Wahlrecht des anderen Teils. Nur Schweigen schadet, nicht Antwort, die die Vertragsverhandlungen in der Schwebe hält (dann aber uU Vertrauenshaftung wegen Abhaltung von anderweitiger Vorsorge), BGH NJW **84**, 866; auch nicht unklare Antwort, die nicht deutlich macht, ob angenommen oder abgelehnt wird (zB: „Antrag zur Kenntnis genommen", anders etwa „Antrag notiert"). Rechtzeitige Absendung der Ablehnung dürfte genügen, so dass das Zugangsrisiko den Antragenden trifft. Ist einmal abgelehnt, entfällt bei neuem Antrag unter nicht wesentlich geänderten Umständen die Ablehnungspflicht, dh Anwendbarkeit von § 362, auch § 663 BGB. **Verkehrschutzgrenzen** sind subjektiv die Bösgläubigkeit des Antragenden (nur Kenntnis, aA Staub/Canaris 26); objektiv darf der Antrag keinen solchen Inhalt haben, dass im Verkehr verständigerweise nicht mit der Annahme zu rechnen ist, zB bei im Verkehr bekannten Spezialisierungen, Hopt AcP 183 **(83)** 689, Staub/Canaris 27.

B. **Anfechtung** durch Antragsempfänger ist möglich nach §§ 119–124 BGB, **6** jedoch nicht aus dem Grunde (§ 119 I BGB), dass er durch sein Schweigen nicht habe annehmen wollen, denn darauf kommt es nach § 362 gerade nicht an, Staub/Canaris 22; nach aA scheidet Anfechtung im Verkehrsinteresse („unverzüglich") bei Sorgfaltspflichtverstoß überhaupt aus; vgl § 346 Rn 32, 39. **Geschäftsfähigkeit**, ggf **Vertretungsmacht** dessen, dem der Antrag für den Kfm zugeht, sind Voraussetzung des Zustandekommens des Vertrags auch im Falle des § 362.

§ 363 1, 2

4) Fürsorgepflicht für Waren (II)

7 In den beiden Fällen des § 362 (s Rn 3–4) muss auch der ablehnende Kfm mitgesandte Waren auf Kosten des Antragstellers (dh Antragenden) einstweilen vor Schaden bewahren, wenn er für die Kosten irgendwie gedeckt ist, und sei es nur durch die Ware selbst (Zurückbehaltungsrecht nach § 273 I BGB, ggf § 369), und es ohne Nachteil für ihn geschehen kann, er dadurch keinen Schaden leidet. Der Kfm kann die Ware auch bei einem anderen lagern; er muss sie geeignetenfalls versichern. Für Verwahrung fällt Lagergeld u Provision an, § 354. „Mitgesandt": die Waren müssen (wenn auch gesondert gesandt) zum Auftrag in Beziehung stehen. „Einstweilen": bis der Absender normalerweise selbst Vorsorge treffen kann. Verstoß macht ersatzpflichtig (§§ 280, 311 II BGB).

5) Internationaler Verkehr

8 Zum Schweigen im internationalen Hdl- und Berufsverkehr s § 346 Rn 38; zum Bestätigungsschreiben § 346 Rn 29.

[Kaufmännische Orderpapiere]

363 (1) ¹**Anweisungen, die auf einen Kaufmann über die Leistung von Geld, Wertpapieren oder anderen vertretbaren Sachen ausgestellt sind, ohne daß darin die Leistung von einer Gegenleistung abhängig gemacht ist, können durch Indossament übertragen werden, wenn sie an Order lauten.** ²**Dasselbe gilt von Verpflichtungsscheinen, die von einem Kaufmann über Gegenstände der bezeichneten Art an Order ausgestellt sind, ohne daß darin die Leistung von einer Gegenleistung abhängig gemacht ist.**

(2) **Ferner können Konnossemente der Verfrachter, Ladescheine der Frachtführer, Lagerscheine sowie Transportversicherungspolicen durch Indossament übertragen werden, wenn sie an Order lauten.**

1) Orderpapier, Orderklausel

1 A. **Orderpapiere** sind Wertpapiere, die dem Inhaber die Möglichkeit geben, die verbrieften Rechte in besonderer Form (Indossament, s § 364) mit besonderen Wirkungen (nämlich erhöhter Sicherung des Erwerbers, s §§ 364, 365) zu übertragen. Diese Möglichkeit gilt ohne weiteres für Wechsel, Scheck, Namensaktie, Art 11 I WG, Art 14 I ScheckG, § 68 AktG (gesetzliche, „geborene" Orderpapiere). Nach § 363 I, II können bestimmte Papiere privatautonom zu Orderpapieren gemacht werden, und zwar durch **Orderklausel** im Papier, nach der die dem Papier gemäß geschuldete Leistung ggf demjenigen zu erbringen ist, den der (bestimmt bezeichnete, RG **14**, 102, **78**, 151) Erstberechtigte, ein Dritter oder der Aussteller selbst (Papier „an eigene Order", RG JW **30**, 1376) durch das Indossament bezeichnen wird (gewillkürte, „gekorene" Orderpapiere), so die in I, II genannten Papiere. Bei Wechsel und Scheck, nicht Aktien, kann man durch eine negative Orderklausel die Übertragbarkeit ausschließen (Art 11 WG, Art 5 ScheckG: „nicht an Order"). Schecks kann man auch auf den Inhaber stellen (zB Zusatz „oder Überbringer"), Art 5 ScheckG.

2 B. Anweisungen auf einen Kfm, Verpflichtungsscheine eines Kfms, die nicht § 363 I entsprechen (Leistungsgegenstand, Gegenleistung, Betriebszugehörigkeit, vgl Rn 3–4) oder nicht an Order gestellt sind, unterliegen dem **BGB** (va §§ 398 ff, 783 ff). Einige orderpapierähnliche Wirkungen können vereinbart werden, RG **108**, 441 („Bezugschein", Einwendungsverzicht entspr § 364 II). Eine Leistung „an Order stellen" heißt uU nur: das Recht auf sie übertragbar machen, vgl RG **119**, 122. Ist ein Schein auf einen bestimmten Gläubiger allein ausgestellt, so kann dieser ihn nicht durch Offenlassen des Namens des neuen

1. Abschnitt. Allgemeine Vorschriften 3–6 § 363

Gläubigers im Übertragungsvermerk zum Orderpapier machen, RG **117,** 146. Nicht unter §§ 363 ff fallen Namensschuldverschreibungen des Kapitalmarkts, Koller WM **81,** 474, aA Kümpel WM Sonderbeil 1/**81;** auch nicht das Spediteur-„Forwarders Receipt" (FCR, Empfangsbescheinigung); durch dessen Übergabe erfolgt keine Übereignung (§ 931 BGB), jedenfalls wenn gleichzeitig über die Ware ein Verfrachter-Order-Konnossement ausgestellt ist, BGH **68,** 18. Zu den von § 363 nicht erfassten Papieren mit Orderklausel Staub/Canaris 77 mit vorsichtiger Analogie.

2) Kaufmännische Anweisungen und Verpflichtungsscheine (I)

A. Kfm **Anweisung (I 1)** ist Anweisung iSv §§ 783 ff BGB, die auf einen 3 Kfm (s §§ 1–5) ausgestellt ist; nicht RechtsscheinKfm (§ 5 Rn 9–17), Grund: Schutzfunktion der Beschränkung auf Kflte, str. Der Angewiesene muss Kfm zurzeit der Begebung sein. Der Anweisende (Aussteller) und der Dritte brauchen nicht Kflte zu sein. Die Anweisung braucht nicht HdlGeschäft iSv §§ 343 ff zu sein. Die Leistung darf nicht in der Anweisungsurkunde (aber vertraglich außerhalb) von einer Gegenleistung abhängig gemacht sein. Davon zu unterscheiden sind Akkreditiv, Kreditbrief und ähnliche Formen, die § 783 BGB nicht entsprechen und nur Anweisung iwS sind, s **(7)** Bankgeschäfte Rn K/1. Die Anweisung kann vom Angewiesenen durch Vermerk auf der Anweisung angenommen werden, er wird dadurch dem Anweisungsempfänger zur Leistung gemäß der Anweisung verpflichtet, § 784 BGB. Nach RG **136,** 210, BGH WM **55,** 1324 genügt dazu nicht (entspr Art 25 I 3 WG) die bloße Namensschrift (auf der Vorderseite), str. Bei mangels Angabe von Ausstellungsort und -tag **nichtigem Wechsel** ist **Umdeutung** in eine kfm Anweisung möglich (§ 140 BGB), wenn er den Erfordernissen einer solchen genügt, insbesondere der Empfänger angegeben, zB an eigene Order des Ausstellers gestellt ist (vgl Art 3 I WG); dies ist auch zulässig bei der kfm Anweisung; der Umdeutung steht nicht etwa die Ungebräuchlichkeit der kfm Anweisung entgegen; die Annahme des nichtigen Wechsels ist umdeutbar in Annahme der Anweisung (§ 784 BGB), mindestens die ausdrückliche („angenommen", vgl oben); Bambg NJW **67,** 913. Vgl ähnlich RG HRR **29,** 2073 (fehlerhafter eigener Wechsel: kfm Verpflichtungsschein), anders RG LZ **15,** 441, JW **30,** 1376, **35,** 1778.

B. Kfm **Verpflichtungsschein (I 2):** KfmBegriff, Betriebszugehörigkeit 4 (§ 343 I) vgl Rn 3; § 344 gilt hier unmittelbar. Der Verpflichtungsgrund darf, muss nicht angegeben sein, RG **44,** 230. Bsp: Orderschuldverschreibungen; über entsprechende Anwendung des § 793 II 2 BGB (Inhaberschuldverschreibung, faksimilierte Unterschrift) RG **74,** 340. Umdeutung (Wechsel) vgl Rn 3.

3) Wertpapier des Fracht- und Lagerrechts (II)

Orderpapier bei Orderklausel sind nach II auch Konnossemente (der Seeschiff- 5 fahrt), §§ 624 ff; Ladescheine der Frachtführer, §§ 444 ff HGB, § 72 BinnSchG; Lagerscheine (Bindung an staatliche Ermächtigung durch TRG beseitigt), §§ 475 c ff; Bodmereibriefe, §§ 628 ff; Beförderungsversicherungsscheine (Transportversicherungspolicen) der See- oder Binnenbeförderung, § 784 HGB, § 3 nF VVG. Die Ausdehnung über die klassischen Warendokumente (Konnossement, Ladeschein, Orderlagerschein) hinaus auf die Dokumente des modernen Transports wird von der üL bisher noch abgelehnt, fraglich.

4) Traditionspapiere (§§ 448, 475 g, 650)

S Staub/Canaris Rn 95 ff und unten bei § 448. 6

§ 364 1–4

[Indossament]

364 (1) **Durch das Indossament gehen alle Recht aus dem indossierten Papier auf den Indossatar über.**

(2) **Dem legitimierten Besitzer der Urkunde kann der Schuldner nur solche Einwendungen entgegensetzen, welche die Gültigkeit seiner Erklärung in der Urkunde betreffen oder sich aus dem Inhalte der Urkunde ergeben oder ihm unmittelbar gegen den Besitzer zustehen.**

(3) **Der Schuldner ist nur gegen Aushändigung der quittierten Urkunde zur Leistung verpflichtet.**

1) Übertragung der kaufmännischen Orderpapiere (I)

1   A. Übertragung durch **Indossament** lässt die verbrieften Rechte übergehen (I); vgl Art 14 I WG. Zur Wirksamkeit des Indossaments gehören der **Begebungsvertrag** zwischen Indossant und Indossatar und die **Übergabe des Papiers**; auch Besitzkonstitut (§ 930 BGB), das aber noch nicht die Geltendmachung der Rechte möglich macht. Gegen den durch Indossament legitimierten Inhaber muss ggf der in Anspruch genommene Schuldner das Fehlen rechtswirksamer Begebung vom Vorinhaber an den Inhaber beweisen, RG **35,** 76. Im Falle 3 des Art 14 II WG werden die verbrieften Rechte wie bei einem Inhaberpapier durch bloße Begebung übertragen. Auch der Anspruch aus dem Konnossement gegen den Reeder auf Schadensersatz wegen Verlusts oder Beschädigung der verschifften Ware wird übertragen, BGH **25,** 257. Nicht ohne weiteres, aber bei entspr (auch stillschweigender) Vereinbarung: für die Ansprüche aus dem Papier bestellte Sicherheiten, RG **41,** 172. Auch ein **Treuhandindossament** überträgt die vollen Rechte, lässt nur im Innenverhältnis den Indossatar gegenüber dem Indossant gebunden, Schuldner kann daraus gegen ihn keine Einwendungen herleiten, RG **134,** 291. Möglich ist **Ermächtigungsindossament** nur zur Legitimation des Empfängers ohne (beim Traditionspapier, s §§ 448, 475 g, 650) Rechtsübergang. Das offene **Vollmachts-,** Prokura-, Inkasso-, Pfand- oder sonstwie inhaltlich beschränkte **Indossament** berechtigt Indossatar nur zu entspr beschränkter Geltendmachung oder Weitergabe des Papiers mit derselben Beschränkung, vgl Art 18, 19 WG, Art **41,** 116.

2   B. Statt Indossaments ist schlichte **Abtretung** der verbrieften Rechte möglich, RG **119,** 217; auch diese nur mit Übergabe des Papiers, die verbrieften Rechte sollen nicht vom Papierbesitz getrennt werden. Die Abtretung wirkt nur nach §§ 398 ff BGB (stärker bei Verzicht auf Einwendungen entspr II, s Rn 3–7). Abtretung der Rechte aus dem Grundgeschäft neben Indossament schwächt dessen Wirkungen nicht, RG **166,** 312, BGH NJW **53,** 219.

2) Einwendungsausschluss (II)

3   A. Zugunsten des legitimierten Inhabers (§ 365 Rn 2) beschränkt **II** (entspr § 796 BGB, vgl Art 17 WG, Art 22 ScheckG) bei Übertragung durch Indossament die **Einwendungen,** die dem Schuldner nach § 404 BGB zuständen, s Rn 4–6. „Legitimierter Besitzer" des Papiers ist auch der erste Nehmer (der es noch nicht weitergab), gegen ihn bestehen alle Einwendungen aus dem Grundgeschäft, zB des nicht erfüllten gegenseitigen Vertrags (§ 320 BGB), des Empfangs des Papiers ohne rechtlichen Grund (§ 812 I, II BGB).

4   B. Unter den „Einwendungen, welche die **Gültigkeit der Erklärung in der Urkunde** betreffen", maW gegen das Entstehen der Verpflichtung aus dem Papier, unterscheidet die hM, ohne klare Grundlage, aber aus dem Verkehrsbedürfnis mit Recht:

a) gegen jeden Inhaber, auch einen gutgläubigen, kann eingewendet werden: mangelnde Geschäftsfähigkeit, absoluter Zwang bei Ausstellung und Begebung

1. Abschnitt. Allgemeine Vorschriften § 365

(nicht nur bei einem der beiden Akte, RG **87,** 367); Fälschung, Verfälschung, inhaltliche Gesetz- oder Sittenwidrigkeit, fehlende KfmEigenschaft, Ebenroth/Hefermehl 15, Formfehler (nicht des Grundgeschäfts, RG **51,** 114), unzulässige Bedingung, Befristung;

b) andere Mängel der Ausstellung oder Begebung können gutgläubigen Inhabern nicht entgegengehalten werden, zB Drohung, Täuschung, Irrtum, Schein, Sittenwidrigkeit der Ausstellung oder Begebung des Papiers (nicht seines Inhalts), RG **112,** 202. Fälschung und Verfälschung von Wertpapieren s Koller WM **81,** 210.

C. „Einwendungen, die sich aus dem **Inhalt der Urkunde** ergeben" (und 5 nicht auch die Gültigkeit der Erklärung in der Urkunde betreffen, s Rn 4), sind zB Stundung, Verjährung (soweit aus der Urkunde ersichtlich), bei Transportversicherungspolicen solche aus dem Versicherungsverhältnis (soweit aus der Urkunde ersichtlich), Schiedsvereinbarung, uU aus bloßer Bezugnahme auf den der Ausstellung zugrundeliegenden Vertrag, BGH **29,** 120: Bezugnahme in Seekonnossement auf Schiedsklausel des Chartervertrags (§ 1031 IV ZPO).

D. Einwendungen, die dem Schuldner „**unmittelbar gegen den Besitzer** 6 zustehen", sind solche aus Vereinbarungen mit diesem (zB Stundung, Erlass), aus Erfüllung an ihn, Aufrechnung gegen ihn, missbräuchliche Rechtsausübung durch ihn, jedoch nicht schon Missbrauch eines Gefälligkeitsindossaments, weil Einwand aus fremdem Recht, RG **117,** 76.

E. Das Indossament gibt im Fall der in § 363 genannten Papiere **kein Rück-** 7 **griffsrecht** des Indossatars, dem der Schuldner nicht leistet, gegen Vorinhaber u Aussteller des Papiers entspr Art 43 ff WG, unbeschadet etwaiger Rückgriffsrechte aus den Rechtsverhältnissen der Beteiligten außerhalb des Papiers, RG **44,** 159, Dresden LZ **29,** 506.

3) Aushändigung der Urkunde (III)

Der papiergemäß leistende Schuldner kann **Aushändigung** der Urkunde und 8 **Quittung** auf der Urkunde selbst verlangen, III, bei Teilleistung nur Teilquittung auf der Urkunde, Art 39 II WG ist nicht entsprechend anwendbar: der Gläubiger braucht keine Teilzahlung anzunehmen. Aushändigung Zug um Zug gegen Leistung; der Schuldner kann bis zur Aushändigung zurückhalten. Klage auf Leistung gegen Aushändigung. Urteil ergeht auf Leistung gegen Aushändigung; ein ohne diese Klausel ergangenes Urteil ist so auszulegen. Die Schuld ist Holschuld; es ist iZw am Ausstellungsort zu leisten, § 269 BGB.

[Anwendung des Wechselrechts; Aufgebotsverfahren]

365 (1) **In betreff der Form des Indossaments, in betreff der Legitimation des Besitzers und der Prüfung der Legitimation sowie in betreff der Verpflichtung des Besitzers zur Herausgabe, finden die Vorschriften der Artikel 11 bis 13, 36, 74 der Wechselordnung entsprechende Anwendung.**

(2) ¹ **Ist die Urkunde vernichtet oder abhanden gekommen, so unterliegt sie der Kraftloserklärung im Wege des Aufgebotsverfahrens.** ² **Ist das Aufgebotsverfahren eingeleitet, so kann der Berechtigte, wenn er bis zur Kraftloserklärung Sicherheit bestellt, Leistung nach Maßgabe der Urkunde von dem Schuldner verlangen.**

1) Form und Inhalt des Indossaments

Nach I gilt (seit Inkrafttreten des WG 1. 4. 33, vgl Art 3 I G 21. 6. 33 1 RGBl I 409) für die Form des Indossaments entsprechend:

§ 365 2, 3

WG 13 [Form; Blankoindossament]

(1) Das Indossament muß auf den Wechsel oder auf ein mit dem Wechsel verbundenes Blatt (Anhang) gesetzt werden. Es muß von dem Indossanten unterschrieben werden.

(2) Das Indossament braucht den Indossatar nicht zu bezeichnen und kann selbst in der bloßen Unterschrift des Indossanten bestehen (Blankoindossament). In diesem letzteren Falle muß das Indossament, um gültig zu sein, auf die Rückseite des Wechsels oder auf den Anhang gesetzt werden.

WG 14 [Transportfunktion]

(1) Das Indossament überträgt alle Rechte aus dem Wechsel.

(2) Ist es ein Blankoindossament, so kann der Inhaber

1. das Indossament mit seinem Namen oder mit dem Namen eines anderen ausfüllen;
2. den Wechsel durch ein Blankoindossament oder an eine bestimmte Person weiter indossieren;
3. den Wechsel weiterbegeben, ohne das Blankoindossament auszufüllen und ohne ihn zu indossieren.

Das **Vollindossament** (Art 13 I WG) lautet extra „für mich an X" „für mich an die Order des X". Dieser Text kann gestempelt sein, ebenso aus der Unterschrift im Falle einer Firma mit Sachangabe und Namen die Sachangabe, RG **47**, 165. Ein Vollindossament kann **Blankoindossament** (Art 13 II WG) durch Streichen des Namens des Indossatars werden, vor Beginn, wenn Indossant streicht, nachher, wenn mit seiner Zustimmung gestrichen ist, RG **41**, 412. Das Indossament muss unbedingt sein, Bedingungen gelten als nicht geschrieben; Teilindossamente sind nichtig; Indossament an Inhaber gilt als Blankoindossament; Art 12 I, II, III WG. In Deutschland unterschriebenes Indossament nach deutschem Recht genügt auch zwischenstaatlich, Art 92 WG, § 11 EGBGB.

2) Legitimationswirkung (I, Art 16 I WG)

2   Nach I gilt für die Legitimation des Inhabers zur Geltendmachung der Rechte aus dem Papier entsprechend:

WG 16 [Wechselvermutung]

(1) Wer den Wechsel in Händen hat, gilt als rechtmäßiger Inhaber, sofern er sein Recht durch eine ununterbrochene Reihe von Indossamenten nachweist, und zwar auch dann, wenn das letzte ein Blankoindossament ist. Ausgestrichene Indossamente gelten hierbei als nicht geschrieben. Folgt auf ein Blankoindossament ein weiteres Indossament, so wird angenommen, daß der Aussteller dieses Indossaments den Wechsel durch das Blankoindossament erworben hat.

3) Gutgläubiger Eigentumserwerb (I, Art 16 II WG)

3   Für die Verpflichtung des legitimierten (Rn 2) Inhabers des Papiers zur Herausgabe an einen besser Berechtigten gilt nach I entspr:

WG 16 [Wechselvermutung]

(2) Ist der Wechsel einem früheren Inhaber irgendwie abhanden gekommen, so ist der neue Inhaber, der sein Recht nach den Vorschriften des vorstehenden Absatzes nachweist, zur Herausgabe des Wechsels nur verpflichtet, wenn er ihn in bösem Glauben erworben hat oder ihm beim Erwerb eine grobe Fahrlässigkeit zur Last fällt.

Art 16 II WG schützt (abw von § 935 I BGB und entspr § 935 II BGB betr Inhaberpapiere und Geld) den gutgläubigen (nicht grob fahrlässigen) Nehmer des Papiers, auch wenn es einem früheren Inhaber „irgendwie" abhanden kam. Art 16 II WG schützt Erwerber (entspr §§ 932 ff, 935 II BGB für Geld und Inhaberpapiere) nicht gegen Mängel des Begebungsvertrags, durch den er das Papier erwarb (s § 364 Rn 1), str, nach § 364 II nicht gegen gewisse Mängel der Ausstellung und Erstbegebung (s § 364 Rn 4). Der nach Art 16 II WG geschützte Nehmer des Papiers ist auch nicht nach §§ 812 ff BGB herausgabepflichtig, außer bei unentgeltlichem Erwerb, § 816 I 2 BGB.

1. Abschnitt. Allgemeine Vorschriften **1 § 366**

4) Befreiende Leistung an den Nichtberechtigten (I, Art 40 III WG)
Für die Prüfung der Legitimation des Inhabers durch den Schuldner gilt nach I **4**
entsprechend:
WG 40 [Zahlung vor und bei Verfall]
(3) Wer bei Verfall zahlt, wird von seiner Verbindlichkeit befreit, wenn ihm nicht Arglist oder grobe Fahrlässigkeit zur Last fällt. Er ist verpflichtet, die Ordnungsmäßigkeit der Reihe der Indossamente, aber nicht die Unterschriften der Indossanten zu prüfen.

Dagegen befreit Leistung an den nicht ausgewiesenen Gläubiger nur, wenn dieser wirklich Gläubiger ist. Der Schuldner muss darum vor Leistung den förmlichen Ausweis prüfen. Der erste Indossatar muss durch Indossament des im Orderpapier bezeichneten Berechtigten ausgewiesen sein. Es kommt nur auf den äußeren Zusammenhang der Indossamente an (der Augenschein genügt, RG **55,** 48). Der Vorzeiger gilt iZw als letzter Indossatar. Ist die Reihe der Indossamente unterbrochen, so fehlt der Ausweis für die späteren.

5) Aufgebot (II)
Zu II s §§ 433 ff FamFG. Vgl Art 90 WG, Art 59 ScheckG, für Namensaktien **5**
§ 72 AktG. Antragsberechtigt ist, wer aus dem Papier berechtigt ist, bei Blankoindossament der letzte Inhaber. Aufgebotsfrist mindestens 6 Monate. Keine Zahlungssperre. Nach Einleitung des Verfahrens kann der Berechtigte gegen Sicherheit Befriedigung verlangen (vgl Art 90 WG). Nach Abschluss des Verfahrens kann Gläubiger Zahlung gegen Aushändigung des Ausschlussurteils fordern. Mit Ausschlussurteil fällt die förmliche Berechtigung endgültig dem Erwirkenden zu, RG **168,** 6. Es wirkt, auch wenn es ein Nichtantragsberechtigter erlangt hat, und immer mit voller Rechtskraftwirkung, RG **168,** 14.

[Gutgläubiger Erwerb von beweglichen Sachen]

366 (1) **Veräußert oder verpfändet ein Kaufmann im Betriebe seines Handelsgewerbes eine ihm nicht gehörige bewegliche Sache, so finden die Vorschriften des Bürgerlichen Gesetzbuchs zugunsten derjenigen, welche Rechte von einem Nichtberechtigten herleiten, auch dann Anwendung, wenn der gute Glaube des Erwerbers die Befugnis des Veräußerers oder Verpfänders, über die Sache für den Eigentümer zu verfügen, betrifft.**

(2) **Ist die Sache mit dem Rechte eines Dritten belastet, so finden die Vorschriften des Bürgerlichen Gesetzbuchs zugunsten derjenigen, welche Rechte von einem Nichtberechtigten herleiten, auch dann Anwendung, wenn der gute Glaube die Befugnis des Veräußerers oder Verpfänders, ohne Vorbehalt des Rechtes über die Sache zu verfügen, betrifft.**

(3) **Das gesetzliche Pfandrecht des Kommissionärs, des Frachtführers, des Spediteurs und des Lagerhalters steht hinsichtlich des Schutzes des guten Glaubens einem gemäß Absatz 1 durch Vertrag erworbenen Pfandrecht gleich, das gesetzliche Pfandrecht des Frachtführers, des Spediteurs und des Lagerhalters an Gut, das nicht Gegenstand des Vertrages ist, aus dem die durch das Pfandrecht zu sichernde Forderung herrührt, jedoch nur insoweit, als der gute Glaube des Erwerbers das Eigentum des Vertragspartners betrifft.**

1) Überblick
A. Wer gutgläubig eine bewegliche Sache von dem, den er für den Eigentümer **1**
hält, zu Eigentum erwirbt oder als Pfand nimmt, den schützt das **BGB,** falls sich herausstellt, dass der Veräußerer nicht Eigentümer war (§§ 932–934, 1207 BGB, anders idR wenn die Sache dem Eigentümer abhanden gekommen war: §§ 935,

§ 366 2–6 IV. Buch. Handelsgeschäfte

1207 BGB). Ebenso schützt es den gutgläubigen Erwerber oder Pfandnehmer gegen unbekannte Rechte Dritter an der Sache (§§ 936, 1208 BGB).

2 B. Das **BGB schützt den nicht, der weiß,** dass der Veräußerer oder Verpfänder **nicht Eigentümer** ist, ihn jedoch **für befugt hält,** die einem Dritten gehörende Sache zu veräußern oder zu verpfänden (oder das Recht des Dritten, zB Nießbrauch kennt, aber den Veräußerer oder Verpfänder für befugt hält, über die Sache zu verfügen, ohne dem Dritten das Recht vorzubehalten). Diesen Schutz des **guten Glaubens an die Verfügungsmacht des Verfügenden** gewährt unter gewissen Voraussetzungen § 366 HGB. Bsp: guter Glaube an Verfügungsmacht des KfzHändlers bei Kauf eines Vorführwagens auch ohne Vorlegung des KfzBriefs, Hamm NJW **64,** 2257. § 932 BGB und § 366 können nebeneinander zur Anwendung kommen; jedoch gilt allein § 932 BGB, wenn nur streitig ist, ob Veräußerer, der unter Eigentumsvorbehalt gekauft hatte, bezahlt hatte, und kein Eigentumsvorbehalt mit Weiterveräußerungsrecht in Frage steht, BGH **LM** § 366 Nr 4. Beruft sich Erwerber auf guten Glauben an Eigentum (§ 932 BGB) und an Verfügungsbefugnis (§ 366) des Veräußerers, kann Tatrichter Bösgläubigkeit bezüglich Eigentum unterstellen, wenn er Bösgläubigkeit bezüglich Verfügungsbefugnis nicht für bewiesen hält (darum Rechtserwerb nach § 366 bejaht), BGH NJW **59,** 1080, **75,** 736.

3 C. Auch durch § 366 **nicht geschützt** ist irriger guter Glaube an Geschäftsfähigkeit des Verfügenden, an Ordnungsmäßigkeit des Verfügungsgeschäfts (abgesehen vom Mangel im Recht des Verfügenden), bei Veräußerung der Sache als Pfand an Wahrung der Mindesterfordernisse ordnungsmäßigen Pfandverkaufs (§ 1244 BGB), bei Versteigerung auf Anordnung der Vollstreckungsbehörde, BGH **119,** 75. Verhältnis § 366 zu § 1365 BGB Boehmer, Rittner FamRZ **59,** 4, 84, **61,** 193.

2) Veräußerung oder Verpfändung (I, II)

4 A. I, II gilt bei Veräußerung (Verpfändung) durch einen **Kaufmann** (§§ 1–5, 105 II) im Betrieb eines HdlGewerbes (§ 343 Rn 3, dazu § 344). Auch durch einen Kommissionär, der bloßer Kleingewerbetreibender ist, str (§ 383 Rn 2). Auch kleingewerblicher Warenhändler, Staub/Canaris 10, str. § 366 gilt nicht beim Erwerb vom RechtsscheinKfm (§ 5 Rn 9–17), Düss DB **99,** 89, Ebenroth/Stadler 4, Rö/Wagner 3, aA Staub/Canaris 12, dahingestellt BGH NJW **99,** 426. Irriger guter Glaube des Erwerbers (Pfandnehmers) an KfmEigenschaft und Betriebszugehörigkeit des Geschäfts wird nicht geschützt, RG LZ **29,** 778.

5 B. Gleich ist, aus welchem **Grund** Erwerber (Pfandnehmer) den Veräußerer (Verpfänder) für verfügungsberechtigt hält: kraft Gesetzes (Bsp: Notverkauf nach §§ 373, 389, 419 III 3, Verkauf durch Pfandgläubiger), sei es kraft Vertrags (zB als Verkaufskommissionär oder Abschlussvertreter), sei es kraft Zustimmung ad hoc (§ 185 BGB). Gleich ist, ob Verkäufer (Verpfänder) **in eigenem Namen** (zB als Verkaufskommissionär) oder **fremdem** (zB als Abschlussvertreter) handelt, üL, aA kein Schutz des guten Glaubens an Vertretungsmacht, Staub/Canaris 37, Reinicke AcP 189 **(89)** 79, im zweiten Fall wird idR das Grundgeschäft (Verkauf, Beleihung) wegen Mangels der Vertretungsmacht unwirksam sein (§ 177 BGB), uU schuldet dann der durch § 366 geschützte Erwerber (Pfandnehmer) doch Herausgabe oder Wertersatz nach §§ 812 ff BGB, jedoch nur gegen Erstattung seiner Aufwendung wie Kaufpreis oder Darlehen (Mittelmeinung), aA für Behaltendürfen im Falle des § 179 I BGB K. Schmidt JuS **87,** 936.

6 C. Voraussetzungen des **guten Glaubens:** § 932 BGB. Kenntnis und **grobfahrlässige** Unkenntnis stehen gleich (§ 932 II BGB). Begriff der groben Fahrlässigkeit: grundlegend BGH **10,** 14. Der Begriff ist revisibel; was im Einzelfall „grob" ist, ist (nicht revisible) Tatfrage, BGH **10,** 16. Bösgläubig handelt auch der Erwerber, der den Mangel des Verfügungsrechts dessen kennt, von dem der

1. Abschnitt. Allgemeine Vorschriften 7–9 § 366

Veräußerer seine Rechte herleitet, RG JW **31**, 3081. Wer vom Händler im Rahmen seines Geschäftsbetriebs eine Ware kauft, kann idR sein Verfügungsrecht (oder Eigentum) annehmen, BGH NJW **59**, 1080, **75**, 736; strenger bei Veräußerungen außerhalb des gewöhnlichen oder ordnungsgemäßen Geschäftsbetriebs des Veräußerers, BGH NJW **99**, 425. Erkundigungspflicht nach Eigentumsvorbehalt des Vormanns des Veräußerers besteht bei Kauf und Übernahme zu Sicherungseigentum nur, wenn konkrete Anhaltspunkte für Nichteigentum sprechen, BGH WM **68**, 540, **73**, 38, **75**, 362; solche Anhaltspunkte brauchen nicht in persönlichen Verhältnissen des Vormanns liegen, allgemeine Liquiditätsschwierigkeiten der Branche genügen aber nicht, BGH **86**, 312. Bösgläubig ist ein gewerblicher Käufer, der Waren von Verarbeiter erwirbt, in seinen AGB die Abtretung des Kaufpreisanspruchs ausgeschlossen hat und dadurch (wegen § 354a seltener) eventuellen verlängerten Eigentumsvorbehalt vereitelt, BGH **77**, 278, NJW **99**, 425 m Anm K. Schmidt 400, vgl BGH WM **03**, 2420; allgemeine Klausel in Käufer-AGB, dass der Verkäufer Freiheit der Ware von Eigentumsvorbehalt garantiert, genügt nicht, vielmehr besteht konkrete Erkundigungspflicht, BGH **77**, 279. Keine Erkundigungspflicht nach Sicherungsübereignung durch Verkäufer, BGH **86**, 311, DB **70**, 248. Der Käufer **gebrauchter Kfz** muss sich KfzBrief vorlegen lassen, BGH **68**, 325, NJW **06**, 2489; nennt dieser Dritten als Eigentümer, muss Käufer uU (zB bei Kauf vom Händler auf der Straße) noch beim Dritten rückfragen, BGH NJW **75**, 736. Nachforschungspflicht bei ungewöhnlichen Verkaufsumständen, BGH NJW **91**, 1415, Schlesw NJW **07**, 3007. Vorlage des KfzBriefs ist nicht erforderlich bei Kauf oder Sicherungsnahme eines fabrikneuen Kfz vom autorisierten Händler, BGH **10**, 74, **LM** § 366 Nr 10, NJW **05**, 1365 (Ausnahme davon) oder eines Vorführwagens, s Rn 2; bei Kfz-Reparaturannahme, BGH **68**, 323, NJW **81**, 227, anders bei erheblichen Zahlungsschwierigkeiten des Bestellers, BGH **87**, 278. Erwerb aus Verkauf zu Schleuderpreisen ist idR bösgläubig, Hbg MDR **70**, 506 (Pelzwaren). Beweislast für bösen Glauben des Erwerbers trägt, wer seinen guten Glauben bestreitet (Wortlaut § 932 I 1 BGB).

D. Bei aufschiebend bedingter Übereignung (zB beim üblichen Eigentumsvorbehalt) muss der gute Glaube **zurzeit der Einigung und Übergabe** bestehen, BGH **10**, 69. 7

3) Begründung gesetzlicher Pfandrechte (III)

A. Das Pfandrecht des Kommissionärs (§§ 397, 404), Frachtführers (§ 441; 8 auch das des See-Verfrachters, § 623 III, Schiffseigners, § 77 II BinnSchG), Spediteurs (§ 464), Lagerhalters (§ 475b), **entsteht** kraft Gesetzes, wenn der Vertrag mit ihm geschlossen und ihm zu dessen Ausführung das Gut übergeben ist. Das gilt bei Vertragsschluss und Übergabe durch den Eigentümer des Guts oder (das unterstellt III) durch einen Dritten mit Zustimmung des Eigentümers (während das Werkunternehmerpfandrecht nach § 647 BGB nur an Sachen „des Bestellers" entsteht, daher die Werkbestellung, zB ein Reparaturauftrag, durch Dritte mit Zustimmung des Eigentümers nicht gleichsteht, BGH **34**, 125, LG Bln WM **73**, 157, str, s Benöhr ZHR 135 **(71)** 144).

B. III Halbsatz 1 klärt sodann, dass diese Pfandrechte wie vertraglich begrün- 9 dete **kraft guten Glaubens** entstehen. Für die gesetzlichen Pfandrechte des BGB ist das streitig, nach BGH **34**, 154, **87**, 280, zu verneinen, auch für das des Werkunternehmers (§ 647 BGB), obwohl dieses wie die gesetzlichen Pfandrechte des HGB Übergabe-, nicht Einbringungspfandrecht (so das des Vermieters, Verpächters, Gastwirts) ist, aA Kraft NJW **63**, 741. Der Schuldner braucht nicht Kfm zu sein. Es genügt guter Glaube an die Befugnis des Schuldners gegenüber dem Eigentümer, den Tatbestand herzustellen, dem das gesetzliche Pfandrecht entfließt. Etwa bestehende andere gesetzliche Pfandrechte treten zurück. Ein Pfändungspfandrecht ist kein gesetzliches Pfandrecht.

§ 367

10 **C. III Halbsatz 2:** Gutgläubiger Erwerb der gesetzlichen Pfandrechte des HGB ist nur soweit möglich, wie diese Pfandrechte reichen. Diese bestehen grundsätzlich nur für konnexe Forderungen des Pfandgläubigers, so zu **(18)** ADSp Nr 50 aF BGH **17**, 3, **86**, 304, NJW **63**, 2222. Die gesetzlichen Pfandrechte des Frachtführers, Spediteurs und Lagerhalters (s Rn 8) erstrecken sich seit dem TRG 1998 ausdrücklich und eindeutig auch auf **inkonnexe Forderungen** zwischen denselben Parteien, krit und für Korrektur Staub/Canaris 104: Verstoß gegen Art 14 GG, mindestens aber telelogische Reduktion auf Neuforderungen, also nicht für inkonnexe Forderungen, die bei Pfandrechtserwerb bereits bestanden. III Halbs 2 ermöglicht den gutgläubigen Erwerb des gesetzlichen Pfandrechts des Frachtführers, Spediteurs und Lagerhalters auch an Gut, das nicht Gegenstand des Vertrags ist, aus dem die durch das Pfandrecht zu sichernde Forderung herrührt (Definition von „inkonnex", vgl auch § 273 I BGB), aber doch nur beschränkt soweit, als der gute Glaube des Erwerbers das Eigentum des Vertragspartners betrifft. Guter Glaube an die bloße Verfügungsmacht des Absenders, Versenders oder Einlagerers reicht also für den Erwerb des gesetzlichen Pfandrechts zur Sicherung auch von inkonnexen Forderungen nicht aus. Das würde den Eigentümer unzumutbar belasten, RegE, vgl BGH **17**, 5, **86**, 306; entsprechende AGB (ADSp) wären sittenwidrig.

11 Das gesetzliche Pfandrecht des **Kommissionärs** (§ 397) ist in III Halbs 2 nicht genannt. Da es sich ebenfalls auf inkonnexe Forderungen erstreckt (§ 397 Rn 6) und kein Sachgrund für eine unterschiedliche Behandlung des Kommissionärs gegenüber den Transportmittlern besteht, ist III Halbs 2 entgegen dem Wortlaut („nur") analog anzuwenden, Staub/Canaris 105.

12 **AGB:** Die Erstreckung anderer gesetzlicher Pfandrechte auf inkonnexe Forderungen ist durch die Wertung des III Halbs 2 nicht ohne weiteres gedeckt. Für das Pfandrecht der Banken ist anerkannt, dass das Pfandrecht sämtliche Ansprüche der Bank gegen den Kunden sichert (s **(8)** AGB-Banken Nr 14 Rn 8). Die Ausdehnung des Werkunternehmerpfandrechts auf inkonnexe Forderung verstößt demgegenüber gegen **(5)** §§ 305 ff BGB oder schon § 138 BGB, Staub/Canaris 110.

[Gutgläubiger Erwerb gewisser Wertpapiere]

367 (1) ¹Wird ein Inhaberpapier, das dem Eigentümer gestohlen worden, verlorengegangen oder sonst abhanden gekommen ist, an einen Kaufmann, der Bankier- oder Geldwechslergeschäfte betreibt, veräußert oder verpfändet, so gilt dessen guter Glaube als ausgeschlossen, wenn zur Zeit der Veräußerung oder Verpfändung der Verlust des Papiers im elektronischen Bundesanzeiger bekanntgemacht und seit dem Ablauf des Jahres, in dem die Veröffentlichung erfolgt ist, nicht mehr als ein Jahr verstrichen war. ²Für Veröffentlichungen vor dem 1. Januar 2007 tritt an die Stelle des elektronischen Bundesanzeigers der Bundesanzeiger in Papierform. ³Inhaberpapieren stehen an Order lautende Anleiheschuldverschreibungen sowie Namensaktien und Zwischenscheine gleich, falls sie mit einem Blankoindossament versehen sind.

(2) **Der gute Glaube des Erwerbers wird durch die Veröffentlichung nach Absatz 1 nicht ausgeschlossen, wenn der Erwerber die Veröffentlichung infolge besonderer Umstände nicht kannte und seine Unkenntnis nicht auf grober Fahrlässigkeit beruht.**

(3) **Auf Zins-, Renten- und Gewinnanteilscheine, die nicht später als in dem nächsten auf die Veräußerung oder Verpfändung folgenden Einlösungstermin fällig werden, auf unverzinsliche Inhaberpapiere, die auf Sicht zahlbar sind, und auf Banknoten sind diese Vorschriften nicht anzuwenden.**

1. Abschnitt. Allgemeine Vorschriften **§ 368**

1) Übersicht

A. § 367 I 3 idF 2. BundesrechtsbereinigungsG 23. 11. 07 BGBl 2614. § 367 **1** gibt gesetzliche Regeln über Gut- oder Bösgläubigkeit (vgl §§ 932, 935 II BGB) für gewisse Fälle der Wertpapierveräußerung oder -verpfändung (in denen der Gesetzgeber diese schwierige Frage nicht ganz der freien Beurteilung nach der Lage des Einzelfalls überlassen wollte), und zwar zu Lasten erwerbender oder pfandnehmender (beleihender) Bankiers; sie **gelten als bösgläubig**, wenn der Verlust des Papiers in gewisser Weise und vor nicht zu langer Zeit veröffentlicht war, I 1, mit der Möglichkeit der **Entlastung** nach II durch Beweis der nicht grobfahrlässigen Nichtkenntnis der Veröffentlichung infolge besonderer Umstände (zB verspäteten Empfangs des BAnz, s Rn 5). Über das Aufgebot von Wertpapieren zur Kraftloserklärung s §§ 946 ff ZPO, besonders §§ 1003 ff ZPO.

B. § 367 gilt für **Inhaberpapiere** (I 1), inländische und ausländische (Bsp **2** Investmentzertifikate, LG Essen WM **77**, 433); nicht für Banknoten, auf Sicht zahlbare unverzinsliche Inhaberpapiere und demnächst fällige Zins-, Renten- und Gewinnanteile (III). Es wird dem Verkehr nicht zugemutet, auch bei jedem Angebot fälliger oder demnächst fälliger Coupons zu prüfen, ob ein Aufruf vorliegt. Erneuerungsscheine (Talons) gehören nicht hierher, sondern sind Ausweispapiere. § 367 gilt ferner für **blanko indossierte** (daher ähnlich Inhaberpapieren zu übertragende, s § 363 Rn 3–4) **Orderpapiere** gewisser Arten (die in großer Zahl umlaufen).

C. Das Papier muss dem Eigentümer **abhanden gekommen** sein; das ist hier **3** weiter als in § 935 BGB zu verstehen, umfasst vor allem auch unterschlagene Papiere, hM.

D. § 367 gilt bei Veräußerung, Verpfändung an einen Kfm, der **Bankier- 4 oder Geldwechslergeschäfte** betreibt, wohl auch, wenn das HdlGewerbe des Kfm in erster Linie auf andere Geschäfte gerichtet ist, er also nicht unter § 1 II Nr 4 aF fiel, aber doch regelmäßig auch Bankgeschäfte betreibt; wohl nur bei Erwerb oder Pfandnahme im HdlGeschäft (§§ 343, 344), nicht zB als Vermächtnis, str. Gleich ist, wer veräußert, verpfändet.

2) Bekanntmachung

Die § 367 entspr **Bekanntmachung** erfolgt auf Veranlassung einer **Behörde 5** (Gericht, Polizei usw) über den aus der Urkunde **Verpflichteten** oder noch anderer Stellen. Die Bekanntmachung muss das Papier hinreichend kennzeichnen. Es darf höchstens ein Jahr seit Ablauf des Jahres der Bekanntmachung verstrichen sein; der Bankier muss allein den laufenden und den letzten Jahrgang verfolgen. Bekanntmachung im BAnz, vgl § 10 Rn 2. Andere Veröffentlichungen oder nicht öffentliche Warnungen wirken nicht nach § 367, können aber nach § 932 II BGB den guten Glauben des Erwerbers (Pfandnehmers) hindern. Hierzu **(8)** Sonderbedingungen für WPGeschäfte Nr 16.

3) Lieferbarkeit, Bereinigung

Wegen der Häufigkeit des Abhandenkommens von Wertpapieren im Krieg **6** und nach dem Krieg ergingen verschiedene Bereinigungsgesetze, s 24. Aufl.

[Pfandverkauf]

368 (1) **Bei dem Verkauf eines Pfandes tritt, wenn die Verpfändung auf der Seite des Pfandgläubigers und des Verpfänders ein Handelsgeschäft ist, an die Stelle der in § 1234 des Bürgerlichen Gesetzbuchs bestimmten Frist von einem Monat eine solche von einer Woche.**

§ 369

(2) **Diese Vorschrift findet auf das gesetzliche Pfandrecht des Kommissionärs, des Spediteurs, des Lagerhalters und des Frachtführers entsprechende Anwendung, auf das Pfandrecht des Spediteurs und des Frachtführers auch dann, wenn nur auf ihrer Seite der Speditions- oder Frachtvertrag ein Handelsgeschäft ist.**

1) Wartefrist nach Verkaufsandrohung

1   A. Ist die Verpfändung (I) oder das ein gesetzliches Pfandrecht begründende (§§ 397, 404, 475 b) Kommissions- oder Lagergeschäft (II) ein zweiseitiges HdlGeschäft oder das ein gesetzliches Pfandrecht begründende (§§ 464, 441) Speditions- oder Frachtgeschäft (II) auf der Seite des Spediteurs oder Frachtführers ein HdlGeschäft (§§ 343, 344, 345), so wird die einmonatige **Wartefrist** nach der Verkaufsandrohung (§ 1234 BGB) auf eine Woche gekürzt. Gleich bleibt, ob die Hauptschuld aus einem HdlGeschäft entspringt. Sind Verpfänder und Eigentümer verschieden, so kommt es für die Anwendbarkeit des § 368 auf den Eigentümer nicht an. Fristverletzung macht den Pfandgläubiger ersatzpflichtig und bleibt für den Erwerber gleich, § 1243 II BGB. Die Vorschrift ist nachgiebig, § 1245 BGB. Abweichung kann gegen **(5)** § 307 BGB verstoßen, so für Verwertung bei Sicherungsabtretung ohne Androhung und Wartefrist nach § 1234 BGB, § 368 HGB, BGH NJW **92**, 2626 (s **(8)** AGB-Banken Nr 17 Rn 1).

2   B. **Androhung** des Verkaufs durch Kommissionär, Spediteur, Lagerhalter, an Eigentümer; nach §§ 1248, 1257 BGB mangels anderer Kenntnis an Kommittent, Versender, Einlagerer als Eigentümer; an diesen wohl auch, wenn Kommissionär, Spediteur, Lagerhalter weiß, dass er nicht Eigentümer ist (§§ 1248, 1257 BGB also nicht Platz greifen), aber den Eigentümer nicht kennt; durch Frachtführer an Empfänger, notfalls an Absender, § 441 IV.

2) Sonstige Voraussetzungen für den Pfandverkauf

3   A. **Unrechtmäßig** ist ein Pfandverkauf bei Verstoß gegen folgende Erfordernisse: Pfandreife, § 1228 II BGB; Befriedigungsbedürfnis, § 1230 BGB; öffentliche Versteigerung, § 1235 BGB; Bekanntmachung, § 1237 S 1 BGB; Gold- und Silberwert bei Gold- und Silbersachen, § 1240 BGB; Wirksamkeit des Pfandrechts. Bei Verstoß kein Eigentumserwerb vorbehaltlich des § 1244 BGB, s § 1243 BGB.

4   B. **Ordnungswidrig** ist ein Pfandverkauf bei Verletzung einer sonstigen Vorschrift, namentlich bei unterbliebener Androhung oder Verletzung der Wartefrist, § 1234 BGB. Folge: Ersatzpflicht, § 1243 BGB.

[Kaufmännisches Zurückbehaltungsrecht]

369 (1) ¹**Ein Kaufmann hat wegen der fälligen Forderungen, welche ihm gegen einen anderen Kaufmann aus den zwischen ihnen geschlossenen beiderseitigen Handelsgeschäften zustehen, ein Zurückbehaltungsrecht an den beweglichen Sachen und Wertpapieren des Schuldners, welche mit dessen Willen auf Grund von Handelsgeschäften in seinen Besitz gelangt sind, sofern er sie noch im Besitze hat, insbesondere mittels Konnossements, Ladescheins oder Lagerscheins darüber verfügen kann.** ²**Das Zurückbehaltungsrecht ist auch dann begründet, wenn das Eigentum an dem Gegenstande von dem Schuldner auf den Gläubiger übergegangen oder von einem Dritten für den Schuldner auf den Gläubiger übertragen, aber auf den Schuldner zurückzuübertragen ist.**

1. Abschnitt. Allgemeine Vorschriften 1, 2 § 369

(2) Einem Dritten gegenüber besteht das Zurückbehaltungsrecht insoweit, als dem Dritten die Einwendungen gegen den Anspruch des Schuldners auf Herausgabe des Gegenstandes entgegengesetzt werden können.

(3) Das Zurückbehaltungsrecht ist ausgeschlossen, wenn die Zurückbehaltung des Gegenstandes der von dem Schuldner vor oder bei der Übergabe erteilten Anweisung oder der von dem Gläubiger übernommenen Verpflichtung, in einer bestimmten Weise mit dem Gegenstande zu verfahren, widerstreitet.

(4) ¹Der Schuldner kann die Ausübung des Zurückbehaltungsrechts durch Sicherheitsleistung abwenden. ²Die Sicherheitsleistung durch Bürgen ist ausgeschlossen.

Übersicht

1) Allgemeines 1
2) Fällige Forderung zwischen Kaufleuten (I) 3
3) Zurückzuhaltende Gegenstände (I) 7
4) Wirkung des Rechts gegen Dritte (II) 12
5) Ausschluss des Zurückbehaltungsrechts (III) 13
6) Abwendung der Zurückhaltung (IV) 14

1) Allgemeines

A. Auch unter Kflten gelten § 320 BGB (Einrede des nicht erfüllten Vertrags) **1** und § 273 BGB (Zurückbehaltungsrecht).

§ 369 gewährt Kflten außerdem für gewisse Fälle der Pflicht zur Herausgabe eines Gegenstands (s Rn 7–11) ein Zurückbehaltungsrecht unter erweiterten Voraussetzungen in Bezug auf den Zusammenhang von Anspruch und Gegenanspruch. §§ 371, 372 (nicht in allen Fällen des § 369 anwendbar, s Rn 4, 7) fügen zum (nur ein Provisorium schaffenden) Recht, etwas zurückzuhalten, das Recht, sich aus dem Zurückbehaltenen für die eigene Forderung zu befriedigen. Ein Zurückbehaltungsrecht kann man auch **vertraglich** einräumen, RG **118**, 252, auch ein Recht auf Befriedigung nach § 371, nicht das Absonderungsrecht nach § 51 Nr 3 InsO. Kreditinstitute s (8) AGB-Banken Nr 14 Rn 1.

B. Für das Zurückbehaltungsrecht des **BGB** und **HGB** gilt: Es ist nicht von **2** Amts wegen zu beachten, sondern nur auf Einrede, die zur Verurteilung Zug um Zug führt, § 274 I BGB; auf Grund solcher Verurteilung des Zurückhaltenden kann der andere Teil seinen Anspruch ohne Bewirkung seiner Leistung in der Zwangsvollstreckung verfolgen, wenn der Verurteilte im Annahmeverzug ist, § 274 II BGB, zB wenn er zwar das ihm Geschuldete annehmen, aber den Anspruch des anderen nicht erfüllen will, § 298 BGB. Ein Gläubiger, der Gegenstände zurückhält (§§ 273 I, II BGB, 369 ff HGB), darf bei Verweisung auf die Zwangsvollstreckung in die zurückbehaltenen Gegenstände nicht in das übrige Schuldnervermögen vollstrecken (§ 777 ZPO). Ein vor Eröffnung des Insolvenzverfahrens erworbenes Zurückbehaltungsrecht an Gegenständen nach §§ 369 ff HGB gewährt in der Insolvenz ein Recht auf abgesonderte Befriedigung aus diesen, ebenso ein solches Recht wegen Verwendungen auf den Gegenstand (§ 273 II BGB) in Höhe des noch vorhandenen, durch sie verursachten Vorteils, § 51 Nr 3, 2 InsO. Das Zurückbehaltungsrecht erlischt durch Befriedigung des Gläubigers, durch Besitzverlust, auch unfreiwilligen, vgl RG **109**, 105 (es lebt bei unfreiwilligem Besitzverlust durch Wiedererlangung des Besitzes rückwirkend wieder auf, vgl anders zum Besitzpfandrecht, § 397 Rn 8), durch Sicherheitsleistung, § 273 III BGB, § 369 IV HGB, s Rn 14.

§ 369 3–7

2) Fällige Forderung zwischen Kaufleuten (I)

3 A. Das kfm Zurückbehaltungsrecht (§ 369) besteht **nur unter Kaufleuten**, also für Forderungen eines Kfm (§§ 1–4, auch 5) gegen einen Kfm (§§ 1–5), auch gegen den als Kfm Auftretenden (Rechtsscheinhaftung, s § 5 Rn 9–17, jedoch dann ohne das Dritte beeinträchtigende Absonderungsrecht im Insolvenzverfahren, str, s Rn 2) aus zwischen ihnen geschlossenen **beiderseitigen Handelsgeschäften.** Beide Teile müssen Kfm sein (1) bei Entstehung der Forderung, sonst fehlt das beiderseitige HdlGeschäft (s Rn 6), und (2) bei Entstehung des Zurückbehaltungsrechts, nicht notwendig bei dessen Geltendmachung, das einmal entstandene Recht bleibt bestehen, auch wenn ein Teil die Kfm-Eigenschaft verliert (oder beide).

4 B. Das Zurückbehaltungsrecht besteht für **Forderungen,** wohl nicht nur Geldforderungen oder die in solche übergehen können (aber nur wegen solcher kommt Befriedigung nach §§ 371, 372 in Betracht), sondern auch andere (vermögensrechtliche) Schuldforderungen, auch dingliche Ansprüche, zB auf Herausgabe von Eigentum (§ 985 BGB), str. Die Forderung braucht sich nicht auf den zurückbehaltenen Gegenstand zu beziehen (nicht konnex zu sein, vgl dagegen § 273 BGB, Text bei Rn 1); Ausnahme: **(13)** DepotG §§ 4 I, 30 für vom Zentralbankier für den Provinzbankier angeschaffte Wertpapiere.

5 C. Die Forderung, wegen der zurückbehalten werden soll, muss idR **fällig** sein (I 1), fällig zZ der Geltendmachung des Zurückbehaltungsrechts, RG **106,** 249, nicht notwendig bei Erlangung des Besitzes an den zurückbehaltenen Gegenständen. Für eine unklagbare oder einredebehaftete, zB verjährte Forderung entsteht kein Zurückbehaltungsrecht, das vor Entstehen der Einrede, zB vor Verjährung begründete bleibt bestehen (wie beim gesetzlichen Pfandrecht). Schuldnerverzug unnötig, RG JW **28,** 1579.

6 D. Die Forderung muss hervorgehen aus einem **beiderseitigen Handelsgeschäft** (§§ 343, 344), geschlossen **zwischen** dem **Zurückhaltenden** und dem **Schuldner** der Forderung, auch Bereicherungsanspruch, jedenfalls bei Leistungskondiktion wie bei Überzahlung, BGH NJW **85,** 2418. Kein Zurückbehaltungsrecht kann zugunsten eines Dritten, zB Abtretungsempfängers, oder gegen einen Dritten, etwa den dritten Eigentümer verpfändeter Sachen, entstehen, RG HRR **28,** 1220. Gesamtnachfolge auf einer der Seiten ändert nichts; der Gläubiger kann vor und nach ihrem Eintritt in Besitz genommene Sachen zurückbehalten. Bei Übergang des Unternehmens nach § 25 muss der Erwerber die Zurückbehaltung wegen Forderungen dulden, die gegen den Veräußerer bestanden. Als Ausnahme entsteht bei Inhaber- und Orderpapieren ein Zurückbehaltungsrecht zugunsten jedes Gläubigers aus dem Papier gegen jeden Schuldner aus dem Papier, wenn der Erwerb des Papiers und die Eingehung der Verpflichtung ein HdlGeschäft sind, RG **9,** 45. Ist das Zurückbehaltungsrecht entstanden, so ist es zusammen mit der Forderung abtretbar, geht aber nicht ohne weiteres mit ihr über; § 1250 BGB ist nicht entspr anwendbar, hM. Das Zurückbehaltungsrecht allein ist nicht übertragbar.

3) Zurückzuhaltende Gegenstände (I)

7 A. Zurückgehalten werden dürfen nach I 1 **bewegliche Sachen** und **Wertpapiere.** Nicht ein angenommener Wechsel in der Hand des Annehmers, RG JW **28,** 232; nicht Rechte, namentlich Forderungen, Beweisurkunden, Ausweispapiere (Sparbücher, Hypothekenbriefe), RG **149,** 94, GesAnteilscheine, KfzBriefe, Ffm NJW **69,** 1720. Ein vertragliches Zurückbehaltungsrecht lässt sich an ihnen bestellen, es wirkt nicht gegen Dritte, zB im Insolvenzverfahren über das Vermögen des Schuldners, RG **91,** 157. An unpfändbaren Sachen ist das Zurückbehaltungsrecht möglich; die Ausübung kann aber als missbräuchliche Rechtsausübung unzulässig sein. Einem gesetzlichen Veräußerungsverbot unter-

1. Abschnitt. Allgemeine Vorschriften 8–10 **§ 369**

liegende Sachen können nach § 369 zurückgehalten, nicht nach §§ 371, 372 verwertet werden (vgl Zurückhaltung für Nicht-Geldforderungen, s Rn 4); soweit das Verbot nur bestimmte Personen schützt oder sonst bedingt wirkt, ist das Verwertungsrecht entspr eingeschränkt; vgl §§ 134–136 BGB. Unanwendbarkeit des § 369 auf Grundpfandbriefe, BGH BB **73,** 307. Unzulässig nach § 242 BGB ist wohl das Vorenthalten von Gegenständen ohne Verkehrswert, die der Schuldner aber braucht, Karlsr BB **72,** 1163 (Gussmodelle).

B. Die Sachen (Wertpapiere) müssen (im Zeitpunkt der Erfüllung der übrigen 8 Voraussetzungen des Zurückbehaltungsrechts) im **Eigentum** (auch Miteigentum nach Bruchteilen) **des Schuldners** stehen, I 1 (Zurückhaltung eigener Sachen: § 369 I 2, s Rn 10). Wegen Forderung gegen einen Gfter können Sachen der OHG, KG nicht zurückgehalten werden; wegen Forderung gegen eine OHG, KG Sachen eines Gfters (phG oder Kdtist) dann, wenn er persönlich haftet (phG: §§ 128, 161 II, Kdtist: §§ 171–176) und Gläubiger ihn auch persönlich in Anspruch nimmt, str. Kein gutgläubiger Erwerb des Zurückbehaltungsrechts an fremden Sachen entspr §§ 932 ff BGB, RG **69,** 16 (Spediteur, BGH **17,** 2). Hat der Dritte aber arglistig die Sache für eine Sache des Schuldners ausgegeben, so steht ihm die Einrede der Arglist entgegen. Ebenso, wenn der Vertragsteil, für dessen Rechnung abgeschlossen ist, dem Zurückbehaltenden zur Erfüllung seiner Verpflichtung geliefert hat, RG **152,** 121.

C. Die Sachen müssen mit Willen des Schuldners auf Grund von HdlGeschäf- 9 ten in den **Besitz des Gläubigers** gelangt sein. Mittelbarer Besitz genügt, wenn ein Dritter, nicht der Schuldner selbst unmittelbar besitzt. Mitbesitz genügt in der qualifizierten Form des § 1206 BGB (betr Pfandrecht): die Sache muss unter Mitverschluss des Gläubigers sein; nicht genügt, dass Schuldner zwar rechtlich nicht allein über die Sache verfügen, wohl aber sie tatsächlich allein an sich nehmen kann, BGH BB **63,** 576 (wegen Rechtsähnlichkeit des kfm Zurückbehaltungsrechts mit dem Pfandrecht), Fall: Arbeitsgemeinschaft der Bauunternehmer A–B, Gerät des A am Bauplatz (auf Grund Mietvertrags oder Überlassung zur Benutzung als Beitrag, § 706 BGB), Besitz der GbR A–B, aber Zugriffsmöglichkeit für A allein. Besitzdienerschaft genügt nicht. Der Besitz muss **mit Willen des Schuldners erlangt** sein; es genügt, dass Schuldner nachträglich zustimmt (genehmigt). Der Wille muss nicht ausdrücklich erklärt werden, aber irgendwie hervorgetreten sein. Anfechtbarkeit schadet nicht; erfolgreiche Anfechtung vernichtet rückwirkend. Der Wille des Schuldners fehlt zB, wenn er nicht voll geschäftsfähig ist und gesetzlicher Vertreter nicht zustimmte oder wenn sich der Gläubiger den Besitz ohne die bedungene Gegenleistung verschafft hat, RG **46,** 202. Hat sich der Kfm mit erlaubter Eigenmacht in den Besitz gesetzt, muss er, um die Sache zu seiner Sicherung verwenden zu können, Arrest beantragen, § 230 II BGB; bei Verzögerung oder Ablehnung des Antrags muss er die Sache herausgeben, § 230 IV BGB, ein Zurückbehaltungsrecht hat er nicht, str. Widerruf des Willens nach Erwerb des Zurückbehaltungsrechts ist bedeutungslos. Der Besitz muss **auf Grund eines Handelsgeschäfts** erlangt sein, RG **26,** 58; es genügt, dass der Besitzerwerb HdlGeschäft ist, ebenso, dass man zunächst privat besitzt und dann auf Grund HdlGeschäfts; ein beiderseitiges HdlGeschäft ist unnötig. Auch hdlgeschäftliche (§§ 343, 344) Entgegennahme als Angebot zugesandter Ware genügt, ROHG **7,** 213, Hbg DB **63,** 1214, Ffm BB **76,** 333. Der Besitzüberlassungswille des Gegners muss noch bestehen im Zeitpunkt der Entstehung der Forderung des Zurückhaltenden, Hbg DB **63,** 124.

D. I 2 erlaubt, **eigene, dem Schuldner zu übertragende** Sachen (Wert- 10 papiere) zurückzuhalten, wenn der Zurückhaltende sie vom Schuldner (oder für diesen von einem Dritten) zu Eigentum bekam, zB eine vom Schuldner erworbene Sache nach Anfechtung (falls sie nicht, wie regelmäßig bei § 123 BGB, auch das dingliche Geschäft beseitigt, dann Fall I 1), Rücktritt, Rückkauf; Sicherungseigentum nach Deckung der so gesicherten Forderung (falls Eigentum nicht dadurch schon an Schuldner zurückfiel, dann Fall I 1). S 2 ist ausdehnend auszulegen: Der Kfm darf immer zurückbehalten, wo er Besitz an eigenen Sachen mit Willen des Schuldners durch HdlGeschäft erlangt hat, Göppert ZHR **95, (30)** 55, str, so zB der Einkaufskommissionär an für den Kommittenten eingekauften Waren.

11   E. Das Zurückbehaltungsrecht besteht, solange der Gläubiger die Sachen (Wertpapiere) im **Besitz** hat, insbesondere mittels eines Traditionspapiers, nämlich Konnossements (§ 650), Ladescheins (§ 448), Orderlagerscheins (§ 475 g) „über sie verfügen" kann; Voraussetzung und Bedeutung dieses Verfügenkönnens s zu § 448.

4) Wirkung des Rechts gegen Dritte (II)

12   Das Zurückbehaltungsrecht nach §§ 369–372 besteht an Sachen (Wertpapieren) des Schuldners, uU des Gläubigers selbst, grundsätzlich nicht Dritter (§ 369 I 1, 2, s Rn 8, 10). Es bleibt aber nach **II** wirksam gegen einen Dritten, der **nachträglich** das **Eigentum** an der Sache durch Abtretung des Herausgabeanspruchs erworben hat, § 986 II BGB, entspr gegenüber Dritten, die nachträglich einen **Nießbrauch** oder ein **Pfandrecht** auf diese Weise erworben haben, §§ 1032, 1205 II, 1206 BGB. Nachträglich ist der Erwerb, wenn das Zurückbehaltungsrecht bereits begründet war, als er stattfand, wenn also damals die dieses Recht begründenden Tatsachen schon vorlagen. Späteren Pfändungspfandrechten geht das Zurückbehaltungsrecht vor (§ 804 II ZPO, § 51 Nr 3 InsO). Es gibt gegenüber der Pfändung, die der Zurückbehaltungsberechtigte nach § 809 ZPO verhindern kann, die Erinnerung aus § 766 ZPO und die Widerspruchsklage des § 771 ZPO. Späteren gesetzlichen Pfand- und Zurückbehaltungsrechten gegenüber ist der Berechtigte machtlos. Er kann zB weder das gesetzliche Pfandrecht des Spediteurs an der Ware abwehren, noch einem Konnossement, Ladeschein, Lagerschein entgegentreten, RG **8,** 81. Das Zurückbehaltungsrecht gibt im Insolvenzverfahren über das Vermögen des Schuldners ein Absonderungsrecht (§ 51 Nr 3 InsO). Anfechtung der Besitzübertragung nach InsO und AnfG. Nach Eröffnung des Insolvenzverfahrens lässt sich kein Recht, auch kein Zurückbehaltungsrecht, mehr mit Wirkung gegen die Insolvenzgläubiger begründen (§ 91 InsO).

5) Ausschluss des Zurückbehaltungsrechts (III)

13   Das Zurückbehaltungsrecht entfällt nach III, wo der Gläubiger in bestimmter Weise mit dem Gegenstand verfahren muss, und zwar laut vor oder bei Übergabe erteilter **Weisung** des Schuldners, oder kraft einer irgendwann vom Gläubiger übernommenen **Verpflichtung,** die grundsätzlich auch stillschweigend sein kann, aber nicht schon in Besitzerlangung laut entspr Rechtsverhältnis liegt, RG JW **00,** 756. Bsp: Gläubiger hat sich verpflichtet, die Sache zur Verfügung des Schuldners zu halten, RG **12,** 91; wer auf Probe gekauft hat, darf nur wegen Forderungen zurückbehalten, die gerade mit diesem Kauf zusammenhängen, etwa wegen Vorschussleistung oder Lagergeld; wer als Spediteur oder Frachtführer an Dritte zu versenden hat, darf nicht wegen Forderungen an den Absender zurückbehalten; Spediteur und Frachtführer dürfen nicht Transportmittelleergut zurückbehalten, Grund: treuhänderischer Empfang mit Pflicht zur alsbaldigen Rückgabe in Transportkreislauf, Ffm TranspR **86,** 354; die Bank als Zeichnungsstelle darf den Zeichnern auszuliefernde Anleihestücke nicht wegen Forderungen gegen die vermittelnde Bank zurückhalten, RG **146,** 59, jetzt **(13)** DepotG § 30. Kein Ausschluss zB, wenn der Gläubiger die Ware wegen Mängeln zur Verfügung stellt, RG **98,** 69; wenn die Ware zur Verwahrung übergeben ist, Denkschrift 579; bei Waren, die zur Bearbeitung oder Ausbesserung übergeben sind; wenn die Weisung des Schuldners usw nur die selbstverständliche Verpflich-

1. Abschnitt. Allgemeine Vorschriften §§ 370, 371

tung zur Herausgabe ausspricht. Überhaupt kann eine Weisung des Schuldners nur in Betracht kommen, wo Treu und Glauben ihre vorzugsweise Beachtung verlangen; die selbstverständliche Verpflichtung, die Sache herauszugeben oder zurückzugeben, genügt nicht.

6) Abwendung der Zurückhaltung (IV)

IV entspricht wörtlich dem § 273 III BGB (nur nennt das BGB den, der **14** Herausgabe verlangen kann, Gläubiger, HGB nennt so den Gläubiger der gesicherten Forderung). Der Schuldner kann die Ausübung des Zurückbehaltungsrechts jederzeit durch Sicherheitsleistung nach §§ 232 ff BGB abwenden, jedoch nicht (vgl § 232 II BGB) durch Bürgschaft. Sicherheit nötig in Höhe der zu sichernden Forderung; ist der Wert der zurückbehaltenen Sachen geringer, so entscheidet er, str, vgl RG **137**, 355. Erbietet sich der Schuldner zur Sicherheitsleistung, so wendet das die Zurückhaltung noch nicht ab, doch kann das Urteil die Herausgabepflicht vom Nachweis der Sicherheitsleistung abhängig machen, RG **137**, 355. Der Schuldner darf auch die Sache gegen Zahlung ihres Werts auslösen. An der hinterlegten Sicherheit erwirbt der Gläubiger ein Pfandrecht, § 233 BGB.

370 *(aufgehoben)*

§ 370 betr ein kfm Notzurückbehaltungsrecht über § 369 hinaus wegen nicht **1** fälliger Forderungen (funktional ähnlich der Aufrechnung) wurde wegen Unvereinbarkeit mit den Grundsätzen der InsO (keine Erweiterung der Rechte eines Gläubigers durch die Eröffnung des Insolvenzverfahrens, auch keine Aufrechnung mehr wie nach § 54 aF KO) durch EGInsO 1994 ersatzlos aufgehoben.

[Befriedigungsrecht]

371 (1) ¹**Der Gläubiger ist kraft des Zurückbehaltungsrechts befugt, sich aus dem zurückbehaltenen Gegenstande für seine Forderung zu befriedigen.** ²**Steht einem Dritten ein Recht an dem Gegenstande zu, gegen welches das Zurückbehaltungsrecht nach § 369 Abs. 2 geltend gemacht werden kann, so hat der Gläubiger in Ansehung der Befriedigung aus dem Gegenstande den Vorrang.**

(2) ¹**Die Befriedigung erfolgt nach den für das Pfandrecht geltenden Vorschriften des Bürgerlichen Gesetzbuchs.** ²**An die Stelle der in § 1234 des Bürgerlichen Gesetzbuchs bestimmten Frist von einem Monate tritt eine solche von einer Woche.**

(3) ¹**Sofern die Befriedigung nicht im Wege der Zwangsvollstreckung stattfindet, ist sie erst zulässig, nachdem der Gläubiger einen vollstreckbaren Titel für sein Recht auf Befriedigung gegen den Eigentümer oder, wenn der Gegenstand ihm selbst gehört, gegen den Schuldner erlangt hat; in dem letzteren Falle finden die den Eigentümer betreffenden Vorschriften des Bürgerlichen Gesetzbuchs über die Befriedigung aus dem Schuldner entsprechende Anwendung.** ²**In Ermangelung des vollstreckbaren Titels ist der Verkauf des Gegenstandes nicht rechtmäßig.**

(4) **Die Klage auf Gestattung der Befriedigung kann bei dem Gericht, in dessen Bezirke der Gläubiger seinen allgemeinen Gerichtsstand oder den Gerichtsstand der Niederlassung hat, erhoben werden.**

§ 371 1–4   IV. Buch. Handelsgeschäfte

1) Befriedigungsrecht (I)

1 Das Befriedigungsrecht des Gläubigers nach I macht das kfm Zurückbehaltungsrecht **dem Pfandrecht ähnlich,** ohne es dinglich zu gestalten (vgl § 369 Rn 12). Voraussetzung ist **Befriedigungsreife,** nämlich Fälligkeit der gesicherten Forderung und Vorliegen **einer Geldforderung** (vgl § 1228 BGB, § 369 Rn 4). Wirkt das Zurückbehaltungsrecht gegen Dritte (§ 369 II), so gibt es ein Recht auf vorzugsweise Befriedigung. Der Gläubiger braucht die Sache nicht einem Dritten zum Verkauf herauszugeben (§ 1232 BGB). Befriedigt er sich, so hat er den Überschuss dem dritten Berechtigten herauszugeben. Ebenso darf der Dritte den Gläubiger befriedigen; er erwirbt damit die Forderung ohne Zurückbehaltungsrecht (§§ 1249, 268 BGB).

2) Vollstreckungsbefriedigung (III 1 Halbsatz 1)

2 Dem Gläubiger stehen **zwei Wege** offen, die in II besonders geregelte Verkaufsbefriedigung (s Rn 3–6) und die Vollstreckungsbefriedigung. Letztere ist selbstverständlich zulässig (vgl klarstellend III 1 Halbs 1). Bei ihr erwirkt der Gläubiger einen Titel mit der gewöhnlichen Zahlungsklage; dann kann er aus diesem Titel vollstrecken, auch die zurückbehaltene Sache pfänden und verkaufen lassen.

3) Verkaufsbefriedigung (II–IV)

3 A. Die **Durchführung** der Verkaufsbefriedigung nach **II** erfolgt nach **Pfandrechtsvorschriften** (II 1) mit Fristkürzung (vgl für Pfandverkauf § 368) und erschwert durch das Erfordernis eines vollstreckbaren Titels (III, s Rn 4). Verkauf in öffentlicher Versteigerung, bei Börsen- oder Marktpreis auch freihändiger Verkauf, § 1235 BGB; nach öffentlicher Bekanntmachung, § 1237 BGB. Vorherige Androhung mit einer Woche Frist, II, § 1234 BGB (an Eigentümer, bei III, IV an Schuldner). Benachrichtigung des Eigentümers (oder Schuldners), III, vom Verkauf und seinem Ergebnis, §§ 1237, 1241 BGB. Ist eine andere Art der Verwertung den Beteiligten vorteilhafter, so kann jede Partei sie verlangen; im Streitfall entscheidet das Gericht des Orts, wo sich die Sache befindet, § 1246 BGB. Einer vorherigen Zwangsvollstreckung bedarf es nicht. Der Gläubiger darf aber statt der Pfandverwertung die Zwangsvollstreckung wählen; sie setzt einen anderen Titel voraus, s Rn 2. Die Parteien können vereinbaren, dass der Gläubiger ohne Titel verwerten darf. Wertpapiere darf der Gläubiger öffentlich versteigern lassen, freihändig verkaufen oder einziehen, je nach Sachlage, §§ 1282, 1294, 1295 BGB; ist keine dieser Arten der Befriedigung möglich, § 1277 BGB, wie bei Namensaktien ohne Börsenpreis, so bleibt nur Befriedigung durch Zwangsvollstreckung, Denkschrift 214. Der den Anspruch überschießende Erlös tritt an Stelle der Sache, § 1247 BGB; der Gläubiger kann ihn wegen anderer Forderungen zurückbehalten.

4 B. Die Notwendigkeit eines **vollstreckbaren Titels** nach III 1 für die Verkaufsbefriedigung ist gegenüber den Pfandrechtsvorschriften eine (wegen der erleichterten Voraussetzungen des kfm Zurückbehaltungsrechts gerechtfertigte) Erschwerung. Der Gläubiger klagt auf Gestattung der Befriedigung aus dem zurückbehaltenen Gegenstand gemäß II; erlangt er hier einen Titel, so kann er entweder die Sache wie eine ihm verpfändete Sache verkaufen (Rn 3) oder sie ohne Pfändung wie eine gepfändete Sache verkaufen lassen, § 1233 II BGB und ZPO. Zwangsvollstreckung in den Gegenstand ist auf Grund dieses Titels (anders bei Vollstreckungsbefriedigung s Rn 2) unmöglich. Die Klage gemäß III ist Gestaltungsklage. Sie bedarf des Nachweises einer Forderung, die das Zurückbehaltungsrecht begründet, nicht der Bezifferung dieser Forderung, Hbg MDR **58,** 343, **60,** 315. Richtiger Beklagter ist der Eigentümer; gehört der

1. Abschnitt. Allgemeine Vorschriften **1 § 372**

Gegenstand dem Gläubiger selbst, § 369 I 2, der Schuldner; bei Forderung gegen OHG nur diese, nicht (nach § 128) die Gfter (einerlei, ob Sache im Eigentum der OHG oder im Eigentum des Gläubigers mit Herausgabepflicht an OHG), LG Hbg NJW **52,** 826. Die Klage ist auch geeignetenfalls im Urkundenprozess zu erheben, str; auch Mahnverfahren zulässig (in diesen Verfahren aber Bezifferung der Forderung nötig). Zulässig ist Verbindung der Klage nach § 371 III (im Gerichtsstand des IV) mit Klage zur Ermittlung der Höhe der Forderung, zB auf Buchauszug (§ 87 c II) nach § 254 ZPO (Stufenklage), Hbg MDR **58,** 343. Bei Anerkennung des Schuldners, der keinen Anlass zur Klage gab, trägt Gläubiger die Kosten, § 93 ZPO, zB wenn Schuldner der Verwertung des Gegenstands zustimmte. Das Urteil muss die Gegenstände, für die es Befriedigung erlaubt, bezeichnen. Es braucht nur vorläufig vollstreckbar zu sein; bei nachträglicher Aufhebung Ersatzpflicht des Gläubigers nach § 717 ZPO.

C. **Zuständig** ist nach **IV** das Gericht des allgemeinen Gerichtsstands oder 5 der Niederlassung des Gläubigers (also abw von der Regel der Gerichtsstand des Klägers). Die Regelzuständigkeiten bleiben daneben. Ob Vereinbarung eines anderen Orts als Gerichtsstand (zB des Sitzes des Schuldners) den Gerichtsstand des § 371 IV ausschließt, ist Tatfrage, ohne Vermutung für oder gegen, Hbg MDR **60,** 315.

D. **Unrichtige Veräußerung** ist in gewissen Fällen rechtmäßig, verpflichtet 6 nur Gläubiger bei Verschulden zu Schadensersatz. In anderen Fällen ist sie nicht rechtmäßig, aber zugunsten eines gutgläubigen Erwerbers wirksam; so auch bei Fehlen des vollstreckbaren Titels für das Befriedigungsrecht, **III 2** (wenn nicht noch andere, den Schutz Gutgläubiger nach § 1244 BGB ausschließende Fehler begangen sind). Gewisse Fehler hindern auch die Wirkung zugunsten gutgläubiger Erwerber. So §§ 1243 I, II, 1244 BGB anwendbar nach § 371 II 1, vgl § 368 Rn 2.

[Eigentumsfiktion und Rechtskraftwirkung bei Befriedigungsrecht]

372 (1) In Ansehung der Befriedigung aus dem zurückbehaltenen Gegenstande gilt zugunsten des Gläubigers der Schuldner, sofern er bei dem Besitzerwerbe des Gläubigers der Eigentümer des Gegenstandes war, auch weiter als Eigentümer, sofern nicht der Gläubiger weiß, daß der Schuldner nicht mehr Eigentümer ist.

(2) Erwirbt ein Dritter nach dem Besitzerwerbe des Gläubigers von dem Schuldner das Eigentum, so muß er ein rechtskräftiges Urteil, das in einem zwischen dem Gläubiger und dem Schuldner wegen Gestattung der Befriedigung geführten Rechtsstreit ergangen ist, gegen sich gelten lassen, sofern nicht der Gläubiger bei dem Eintritte der Rechtshängigkeit gewußt hat, daß der Schuldner nicht mehr Eigentümer war.

1) Wechsel im Eigentum (vom Schuldner zu Drittem), nach dem Besitzer- 1 werb des Gläubigers, hindert nicht die rechtsgültige Befriedigung, solange Gläubiger von ihr nicht weiß (Wissenmüssen ist unerheblich); das nach § 371 III gegen den Schuldner erwirkte rechtskräftige Urteil wirkt auch gegen den neuen Eigentümer; so auch, wenn das Eigentum (nach dem Besitzerwerb des Gläubigers) schon vor der Klage, nicht erst während des Prozesses überging. Gläubiger kann das gegen den Schuldner erwirkte Urteil auf den neuen Eigentümer umschreiben lassen (§ 727 ZPO); wenn das nicht erreichbar: gegen den neuen Eigentümer klagen, entweder auf Vollstreckungsklausel nach § 731 ZPO oder unmittelbar aus § 371 III.

Hopt 1409

Zweiter Abschnitt. Handelskauf
Überblick vor § 373

Schrifttum

Außer dem allgemeinen Schrifttum (s Einl vor § 1) zum HdlKauf Ebenroth/*Müller* 2001. – Heymann/*Emmerich/Hoffmann* 2. Aufl 2005. – MüKo/*Grunewald* Bd 6 2. Aufl 2007. – *Emmerich* JuS **97**, 98. – *U. Huber* ZHR 161 **(97)** 160. – Zum Kaufrecht s Komm zu §§ 433 ff BGB idF SMG, Schrifttum dort. – Zum Finanzierungsdarlehen s **(7)** Bankgeschäfte Rn G/34. – **Muster:** *Hopt/Graf von Westphalen/Hess/Fabritius,* Vertrags- und Formularbuch zum Hdl-, Ges- und Bankrecht, 3. Aufl 2007, Teil I.J–K (mit 30 Vertragsmustern und Formularen zum Hdl- und Unternehmenskauf). **Rspr-Übersichten** zum Kaufrecht: *Hiddemann* WM Sonderbeil 5/**82**, *Paulusch* WM Sonderbeil 10/**86**, 9/**91**, 1/**95**, Sonderbeil 2/**98**, *Hübsch* WM Sonderbeil 1/**06**.

Übersicht

1) Kauf 1–7
   A. Begriff, Rechtsnatur, Abschluss 1
   B. Pflichten des Verkäufers 3
   C. Pflichten des Käufers, insbesondere Kaufpreiszahlung 4
   D. Handelsklauseln 7
2) Handelskauf und andere Arten des Kaufs 8–16
   A. Bürgerlichrechtlicher Kauf (§§ 433 ff BGB) und Handelskauf 8
   B. Verbrauchsgüterkauf (§§ 474 ff BGB) 10
   C. Barkauf und Kreditkauf 11
   D. Sachkauf und Rechtskauf 12
   E. Vorkauf, Kauf auf Probe, Wiederkauf 13
3) Abgrenzung zu anderen Verträgen 17–21
   A. Tausch 17
   B. Werk- und Werklieferungsvertrag 18
   C. Pacht, Leasing, Lizenzvertrag 19
   D. Darlehensverträge 20
   E. Kommission 21
4) Praxistypen des Kaufs und/oder Handelskaufs 22–29
   A. Einteilungen 22
   B. Industrieanlagenvertrag 23
   C. Konditionsgeschäft 24
   D. Kauf unter Liefervorbehalt 25
   E. Finanzierter Kauf 26
   F. Weiterverkauf, Streckengeschäft, Durchhandeln 27
   G. Kauf auf Abruf 28
   H. Zulieferverträge, Vertriebsverträge 29
5) Zuliefervertrag 30–34
   A. Begriff, Rechtsnatur, Abschluss 30
   B. Keine Anwendung von Handelsvertreterrecht 31
   C. Pflichten des Zulieferers 32
   D. Pflichten des Abnehmers 33
   E. Vertragsende 34
6) Vertrags- oder Eigenhändlervertrag 35–42
   A. Begriff, Rechtsnatur, Abschluss 35
   B. Entsprechende Anwendung von Handelsvertreterrecht 37
   C. Pflichten des Vertragshändlers 38
   D. Pflichten des Herstellers 39
   E. Vertragsende 40
7) Franchising 43, 44
8) Internationaler Verkehr 45–50
   A. Anwendbares Recht 45
   B. Internationales Einheitsrecht, UN-Kaufrecht (CISG) 46
   C. Internationales Abladegeschäft 50

1) Kauf

A. Begriff, Rechtsnatur, Abschluss: Kauf ist Umsatz von Sachen oder 1
Rechten gegen Geld. Der Kauf ist ein gegenseitiger Vertrag, der in §§ 433 ff
BGB geregelt ist. Auch Geschäfts- und Betriebsgeheimnisse, die Kundschaft und
andere geschäftliche Werte wie Goodwill eines Geschäfts (Einl 34 vor § 1), aber
auch das Unternehmen als solches (Unternehmenskauf, Einl 44 vor § 1) können
Gegenstand eines Kaufs sein, vgl RG **82**, 159.
Abschluss des Kaufvertrags nach §§ 145 ff BGB; bei Internetauktion, BGH 2
149, 129. Abschluss ist formlos (Ausnahmen ua §§ 311 b I, III, IV, V, 2371 BGB,
§ 15 GmbHG). Ausfüllung eines Auftragsformulars (zB durch Vertreter des
Lieferers) ist oft nach HdlBrauch nur beweissichernde Aufzeichnung nach mündlichem Abschluss, also für die Verbindlichkeit des Abschlusses nicht erforderlich,
IHK Eßlingen BB **51,** 234. Der Verkaufsantrag (die Offerte) braucht sich nicht
an eine bestimmte Person zu richten (zB Warenautomaten). Dagegen gelten an
die Allgemeinheit gerichtete Angebote idR nur als Aufforderung zu einem
Vertragsantrag, so Werbung (diese kann aber nach §§ 434 I 3, 443 BGB die
geschuldete Beschaffenheit der Kaufsache und den Inhalt einer Garantie prägen,
s § 377 Rn 13) oder Warenauslage. Der Vertrag kommt idR mit Einigung über
Ware und Preis zustande. Ausnahmsweise ist eine behördliche Genehmigung
notwendig, so uU bei Liegenschaften nach Grundstücksverkehrsrecht oder Ausfuhrbestimmungen. **Muster:** Hopt/Graf v Westphalen 3. Aufl 2007 Form I.J.1–
3, 5 (Allgemeine Verkaufs-, Lieferungs-, Einkaufs- und Beschaffungsbedingungen).

B. Pflichten des Verkäufers: a) Hauptpflichten: Der Verkäufer ist ver- 3
pflichtet, dem Käufer die Sache zu **übergeben** und das **Eigentum an der Sache
zu verschaffen** (§ 433 I 1 BGB). Zur Erfüllungspflicht des Verkäufers gehört
auch die **Mangelfreiheit** der Sache (§ 433 I 2 BGB idF SMG). Sachmängel
(§ 434 BGB) und Rechtsmängel (§ 435 BGB) sind hinsichtlich ihrer Rechtsfolgen gleichgestellt und bewirken Nichterfüllung; der Käufer hat Anspruch auf
Nacherfüllung, also Mängelbeseitigung (Nachbesserung) oder Lieferung einer
mangelfreien Sache (Nachlieferung; §§ 437 Nr 1, 439 BGB), BGH NJW **08,**
2837, richtlinienkonforme Einschränkung von § 439 IV, BGH WM **09,** 316,
Einzelheiten str, insbesondere beim Stückkauf (Lieferung eines Identitätsaliud), je
nach Parteiwillen bejahend BGH NJW **06,** 2839, Bitter ZIP **07,** 1881, Canaris,
Picker FS Westermann **08,** 137, 583. Unrichtige Katalogangaben über KfzKraftstoffverbrauch als Fehler, Mü NJW-RR **05,** 494. Übersicht: S. Lorenz NJW **05,**
1889.

b) Nebenpflichten: Nebenpflichten des Verkäufers ergeben sich unmittelbar
aus dem Verkauf, ohne dass es ihrer ausdrücklichen Vereinbarung bedarf. Sie
stehen nicht im Gegenseitigkeitsverhältnis (§ 320 BGB). Bei ihrer Verletzung
kann der Käufer Schadensersatz wegen Pflichtverletzung verlangen (§ 280 BGB);
er kann daneben weiter auf Erfüllung bestehen. Typische Nebenpflichten sind
Aufklärung, Auskunft und Beratung (aber ohne an der primären Eigenverantwortlichkeit des Käufers (eigene Fragen, due diligence) etwas zu ändern, § 347
Rn 23), Mitwirkung zur Verwendung der Sache, Ausstellung einer Rechnung (s
Rn 4).

C. Pflichten des Käufers, insbesondere Kaufpreiszahlung: a) Kauf- 4
preiszahlung: Die Zahlung des vereinbarten Kaufpreises für die gekaufte Sache
ist Gegenleistung für die Übertragung des Kaufgegenstands, sie ist Hauptpflicht
des Käufers (§ 433 II BGB). Der **Kaufpreis** kann grundsätzlich frei vereinbart
werden. Das führt über Angebot und Nachfrage zum Börsen- und Marktpreis,
s §§ 253 III, 373, 400 I. Preiskalkulation und culpa in contrahendo s Basedow
NJW **82,** 1030. Preisauszeichnung ua nach PaPkG 1998 s **(7)** Bankgeschäfte
Rn G/45. **Grenzen** für den Kaufpreis setzen ua § 138 BGB; das Wettbewerbs-

Einl v § 373 5–8   IV. Buch. Handelsgeschäfte

und Kartellrecht (UWG, GWB, Einl 71–80 vor § 1), zB § 19 IV GWB; in Ausnahmefällen das Preisrecht, ua PreisG 10. 4. 1948 WiGBl 27, ergänzt durch Generalverbot der Preisüberhöhung für Gegenstände lebenswichtigen Bedarfs, § 4 WiStG idF 3. 6. 75 BGBl 1313; dazu BGHSt DB **63,** 372. **Indexierungsverbot und -klauseln** nach PaPkG mit PreisklauselVO (PrKV) 23. 9. 98, BGBl 3043; dazu Schmidt-Räntsch NJW **98,** 3166, Vogler NJW **99,** 1236; Ausnahme für Finanzdienstleistungen s **(7)** Bankgeschäfte Rn G/4. **Preisangaben** s **(7)** Bankgeschäfte Rn G/5. Der vereinbarte Kaufpreis bezeichnet, falls nicht anders geregelt (§§ 133, 157 BGB, Nettopreis), vollständig den Umfang der Käuferzahlungsschuld, gilt also ua einschließlich **Mehrwertsteuer,** diese ist ein rechtlich unselbstständiger Teil des zu zahlenden Preises (Bruttopreis), BGH **58,** 295, **60,** 203, **103,** 287, **115,** 50. Der Käufer hat diese nicht außerdem dem Verkäufer zu erstatten; er kann diese aber auch nicht vom Kaufpreis abziehen, wenn Verkäufer nicht der MWSt unterfällt, auch nicht bei Klarstellung „einschließlich MWSt", auch nicht wenn der Verkäufer in seiner offengelegten Kalkulation keine MWSt angesetzt hat, BGH NJW **01,** 2464. Dieser zivilrechtliche Entgeltbegriff ist unberührt von dem Nettoentgeltbegriff des UStG. Abw HdlBrauch ist trotz DIHT-Umfrage von 1973 nicht feststellbar (vgl § 346 Rn 12), BGH NJW **01,** 2464. Sondervorschriften für Rechtsanwälte, Steuerberater und Architekten: MWSt zusätzlich zum Honorar. Der Käufer hat Anspruch auf Ausstellung einer Rechnung gemäß § 14 I UStG; bei Streit über UStGPflicht s BGH **103,** 284; bei vollständigem Auswechseln der Gfter der OHG, KG (§ 105 Rn 69) nicht gegen einen Ausgeschiedenen allein, BGH WM **75,** 77. Vgl betr Makler § 93 Rn 55.

5   **b) Abnahmepflicht:** Neben der Kaufpreiszahlung ist der Käufer zur Abnahme der gekauften Sache verpflichtet. **Abnahme** meint den Realakt, durch den der Käufer oder eine andere Person für ihn (§ 854 BGB) den Besitz übernimmt. Die Abnahmepflicht steht nur ausnahmsweise im Gegenseitigkeitsverhältnis, wenn dies (auch stillschweigend) vertraglich vereinbart wurde.

6   **c) Nebenpflichten:** Die Nebenpflichten des Käufers stehen nicht im Gegenseitigkeitsverhältnis. Bei ihrer Verletzung kommen §§ 280 ff BGB zur Anwendung. Zum **Abruf** der Sache ist der Käufer nur verpflichtet, wenn dies ausdrücklich oder stillschweigend vereinbart wurde (Kauf auf Abruf, s Rn 28); beim Bestimmungskauf ist die **Bestimmung** der Form ua der Kaufsache Hauptpflicht (§ 375 Rn 1). Eine gesetzliche **Aufbewahrungspflicht** nach Rüge folgt beim Handelskauf aus § 379; mindestens Obhutspflicht bei Eigentumsvorbehalt (§ 449 BGB); Aufbewahrungspflicht kann sich auch aus § 242 BGB ergeben (§ 379 Rn 1). **Aufklärungspflichten** bestehen bei ausdrücklicher Vereinbarung, nur ausnahmsweise aus den Umständen des Einzelfalls, BGH **117,** 280 (§ 347 Rn 23). Weitere Nebenpflichten des Käufers sind: **Kaufpreisverzinsung** nur bei Vereinbarung oder Verzug (§ 288 BGB), beim HdlKauf § 353; **Tragung der Kosten der Abnahme und Versendung** (§ 448 I BGB); **Tragung der Beurkundungskosten** beim Grundstückskauf (§ 448 II BGB).

7   D. **Handelsklauseln:** Beim HdlKauf werden häufig standardisierte Vertragsbedingungen und Klauseln verwendet. Zu den vielen verschiedenen Handelsklauseln der Praxis s § 346 Rn 39–40.

2) Handelskauf und andere Arten des Kaufs

8   A. **Bürgerlichrechtlicher Kauf (§§ 433 ff BGB) und Handelskauf:** Handelskauf (Überschrift Abschn 2, §§ 373–381) ist Kauf von **Waren** (so §§ 373, 374, 376–380; dagegen sprechen §§ 375, 381 II von **beweglichen Sachen,** indessen sind Waren handelbare bewegliche Sachen, vgl § 1 II Nr 1 aF) oder **Wertpapieren** (§ 381 I), der HdlGeschäft (§§ 343, 344) ist. §§ 373 ff sind auch anwendbar, wenn es sich nur um ein einseitiges HdlGeschäft handelt (nur

1412   *Hopt*

2. Abschnitt. Handelskauf 9–12 **Einl v § 373**

§§ 377, 379 verlangen zweiseitiges), das kann im Einzelfall zu Härten führen und ist rechtspolitisch verfehlt, K. Schmidt § 29 I 2 b (aber § 1 Rn 10, 53 für Kleingewerbetreibende), ist aber de lege lata grundsätzlich hinzunehmen, nur ausnahmsweise Korrektur über § 242 BGB, str (vgl § 373 Rn 2). Der Begriff Ware umfasst auch den Stückkauf, str. Bewegliche Sache ist zB auch Standardsoftware, BGH **102**, 144, **109**, 101, **143**, 309, NJW **07**, 2394, str. Kauf und Verkauf anderer Gegenstände (zB Grundstücke; Rechte, soweit nicht in Wertpapieren verbrieft; Unternehmen als Sachgesamtheit, s Rn 1) ist nach Maßgabe von §§ 343, 344 HdlGeschäft, nicht HdlKauf, fällt also nicht unter §§ 373 ff; deren entspr Anwendung kommt in Betracht, soweit ihre Bestimmungen mehr von der KfmEigenschaft der Beteiligten als von der Art des Kaufgegenstands ausgehen.

Das HGB enthält zum HdlKauf (und **Tausch** und **Werklieferungsvertrag,** 9 sofern sie HdlGeschäfte sind, s Rn 17, 18) nur wenige Vorschriften, namentlich zugunsten des Verkäufers, die meisten Vorschriften des ADHGB über den HdlKauf sind ins BGB aufgenommen. Das erklärt die Bruchstückhaftigkeit der §§ 373 ff. Die Regelungen zum **bürgerlichrechtlichen Kauf** (§§ 433 ff BGB) gelten auch für den ein- und zweiseitigen Handelskauf, soweit §§ 373–381 nicht abweichende Sonderregelungen treffen. Jedoch ergibt der HdlVerkehr Besonderheiten bei Anwendung des BGB-Kaufrechts. HdlKlauseln s Rn 7.

B. **Verbrauchsgüterkauf (§§ 474 ff BGB):** Die §§ 474–479 BGB haben 10 zum 1. 1. 2002 Anforderungen der VerbrGüKRi umgesetzt, soweit diese nicht schon im allgemeinen Kaufrecht und im Leistungsstörungsrecht des Allgemeinen Schuldrechts erfüllt sind. Für Kaufverträge (§§ 433–453 BGB) zwischen einem Verbraucher (§ 13 BGB) und einem Unternehmer (§ 14 BGB) über eine bewegliche Sache (§ 90 BGB) oder ein Tier (§ 90 a BGB) treffen die §§ 474 ff BGB einige den Verbraucher begünstigende Sonderregelungen: Einschränkung der Zulässigkeit von der gesetzlichen Regelung abweichenden Vereinbarungen hinsichtlich Erfüllung, Gewährleistung und Verjährung (§ 475 BGB); gesetzliche Vermutung, dass ein Sachmangel, der sich innerhalb von sechs Monaten seit Gefahrübergang zeigt, bereits bei Gefahrübergang bestand (§ 476 BGB); Sonderbestimmungen für Garantien (§ 477 BGB). Verbrauchergüterkauf von Gebrauchtwagenhändler (Umgehung nach § 475 I 2 BGB) oder Eigenhaftung desselben (Einl 9 vor § 48), BGH **170**, 16, NJW **05**, 1039. **§ 478 BGB** erlaubt **Rückgriff** des Unternehmers gegen seinen Lieferanten wegen vom Käufer/Verbraucher geltend gemachter Gewährleistungsansprüche (§ 437 BGB) ohne eine sonst erforderliche Fristsetzung, § 377 bleibt aber unberührt (§ 478 VI BGB, s § 377 Rn 48). Unsicherheiten bestehen zum „gleichwertigen Ausgleich" (§ 478 IV BGB). Zum Unternehmerrückgriff Peraki 2008; Matthes NJW **02**, 2505, Matusche-Beckmann BB **02**, 2561, Böhle WM **04**, 1616. Übersicht: S. Lorenz NJW **05**, 1893.

C. **Barkauf und Kreditkauf: Barkauf** liegt vor bei Vorauszahlung des Kauf- 11 preises oder Zahlung des Kaufpreises Zug um Zug gegen Lieferung. Bei vertraglich vereinbarter Zahlung des Kaufpreises nach Übergabe oder Übereignung handelt es sich hingegen um einen **Kreditkauf**, zB bei Zahlungsaufschub oder Teilzahlungsgeschäft. Für Kreditkäufe zwischen Unternehmer (§ 14 BGB) und Verbraucher (§ 13 BGB) s §§ 499–504 BGB.

D. **Sachkauf und Rechtskauf: Sachkauf** (§§ 433–452 BGB) betrifft kör- 12 perliche Gegenstände in jedem Aggregatzustand, auch künftige, noch nicht entstandene Sachen, Sachgesamtheiten. **Rechtskauf** und Kauf sonstiger Gegenstände (zB Wasser, Gas, Strom, Unternehmen, Immaterialgüter, Wertpapiere) ist in § 453 BGB geregelt. Auf ihn finden die Regeln über den Sachkauf entsprechende Anwendung, soweit sie nicht Körperlichkeit voraussetzen (zB §§ 447, 448).

Einl v § 373 13–18 IV. Buch. Handelsgeschäfte

13 E. **Vorkauf, Kauf auf Probe, Wiederkauf:** Das **Vorkaufsrecht** ist ein Gestaltungsrecht, dessen Ausübung es dem Vorkaufsberechtigen ermöglicht, einen Kaufvertrag zwischen sich und dem Vorkaufsverpflichteten zustande zu bringen, wenn letzterer den Gegenstand an einen Dritten verkauft. Der Inhalt des zweiten Vertrags richtet sich nach den Vereinbarungen zwischen dem Vorkaufsverpflichteten und dem Dritten. Das Vorkaufsrecht ist in §§ 463–473 BGB (schuldrechtliches Vorkaufsrecht) und §§ 1094 ff BGB (dingliches Vorkaufsrecht) geregelt.

14 **Kauf auf Probe** (Kauf auf Besichtigung), geregelt in §§ 454 f BGB, zB im Versandhandel, Bambg NJW **87,** 1644, ist Kaufvertrag unter der (iZw) aufschiebenden (bzw auflösenden) Bedingung (§ 158 BGB), dass der Käufer den gekauften Gegenstand billigt (bzw missbilligt). (Miss-)Billigung ist gesonderte Willenserklärung des Käufers und steht in dessen Belieben. Frist s § 455 BGB. Ähnlich Konditionsgeschäft, s Rn 24. **Kauf nach Probe** (Muster) ist demgegenüber unbedingter Kauf mit Zusicherung der Eigenschaften der Probe, BGH NJW **88,** 1020, also idR Beschaffenheitsgarantie (§§ 443, 444 BGB, zu diesem § 349 Rn 15), bei Fehlen jedenfalls Sachmangel nach § 434 I 1 oder 2 BGB; § 494 aF BGB deshalb durch SMG ersatzlos aufgehoben. Kauf mit Vereinbarung von „Ausfallmustern", BGH WM **81,** 848, Karlsr BB **71,** 1385, vgl auch BGH NJW **86,** 3137; Kauf „auf Feldprobe", Mü NJW **68,** 109, Schlesw NJW-RR **00,** 1656.

15 **Wiederkauf** ist geregelt in §§ 456–462 BGB. Die Parteien eines Kaufvertrags können (bei Abschluss oder nachträglich) ein Rückkaufrecht des Verkäufers vereinbaren (Wiederkaufvereinbarung, Vorbehalt des Wiederkaufs). Der Wiederkauf kommt durch Erklärung des Verkäufers/Wiederkäufers zustande. Die Erklärung ist Ausübung eines Gestaltungsrechts, BGH NJW **00,** 1332; nach aA ist der Wiederkauf durch die Erklärung des Verkäufers/Wiederkäufers aufschiebend bedingt (§ 158 BGB), BGH **29,** 107. Das Wiederkaufrecht entsteht bereits mit der Wiederkaufabrede, BGH **38,** 369, und ist übertragbar. Davon zu unterscheiden ist ein **Wiederverkaufsrecht** des Käufers, das es diesem erlaubt, den Verkäufer des gekauften Gegenstandes zu dessen Rückkauf zu verpflichten, BGH NJW **84,** 2568, **02,** 506; ist dieses Wiederverkaufsrecht kein Gestaltungsrecht (bloße Wiederkaufsverpflichtung), findet § 456 I BGB keine entsprechende Anwendung, BGH **140,** 218.

16 **Kauf mit Umtauschrecht:** Der Käufer kauft unbedingt, jedoch mit dem Recht, anstelle des zunächst bestimmten einen anderen Kaufgegenstand zu bestimmen (Frist, Gattung, Preisklasse wie vereinbart).

3) Abgrenzung zu anderen Verträgen

Die Abgrenzung des Kaufs von anderen Rechtsgeschäften ist nicht immer leicht.

17 A. **Tausch** (§ 480 BGB) ist Umsatz von Sachen und Rechten gegen Sachen und Rechte. Wesentlich ist Fehlen eines Kaufpreises in Geld (§ 433 II BGB), eine Nebenleistung in Geld schadet allerdings nicht, RG **88,** 364. Auf den Tausch findet Kaufrecht Anwendung, auf den HdlTausch also HdlKaufrecht (s Rn 8).

18 B. **Werk- und Werklieferungsvertrag:** Der **Werkvertrag** (§ 631 BGB) verpflichtet den Unternehmer (Hersteller) zur Herstellung einer bestimmten Sache (des versprochenen Werks), dh zur Herbeiführung eines bestimmten (Arbeits-)Erfolgs, nicht zur Lieferung von Sachen oder Rechten. **Werklieferungsvertrag** (§ 651 BGB) ist Vertrag, der die Lieferung herzustellender oder zu erzeugender beweglicher Sachen zum Gegenstand hat. Auf einen solchen Vertrag finden die Vorschriften über den Kauf Anwendung; wenn er HdlGeschäft ist, also HdlKaufrecht (s Rn 8). Vom reinen Kaufvertrag unterscheidet sich der Vertrag nach § 651 BGB durch die werkvertragstypische Pflicht zur Herstellung der zu liefernden beweglichen Sache. Auf Unterscheidungen hinsichtlich Herkunft des

2. Abschnitt. Handelskauf 19–23 **Einl v § 373**

Materials und (Un-)Vertretbarkeit der herzustellenden Sache kommt es nach dem SMG für die Einordnung als Kaufvertrag nicht mehr an (s für das HdlRecht § 381 II), Abgrenzung kann aber noch nach § 651 S 3 BGB relevant werden.

C. **Pacht, Leasing, Lizenzvertrag:** Miete und **Pacht** (§§ 535, 581 BGB) **19** sind auf entgeltliche Gebrauchsüberlassung gerichtet, nicht auf Verschaffung des Eigentums. Zum **Leasingvertrag** s **(7)** Bankgeschäfte Rn P/1. Der **Lizenzvertrag** geht auf Überlassung von Nutzungen an einem Recht (gewerbliche Schutzrechte, zB Patent), nicht auf Übertragung des Rechts selbst; näher Rö/Brandi-Dohrn 3. Aufl 2008 Lizenzverträge. Zum **Patentlizenzvertrag** Rö/Brandi-Dohrn 3. Aufl 2008 Lizenzverträge Rn 121, **Muster:** Hopt/Graf von Westphalen 3. Aufl 2007 Form I.J.4. **Know-how-Vertrag:** Ähnlich wie Lizenzvertrag, aber über nicht schutzrechtsfähiges Know-how. Die Überlassung von Know-how gegen Entgelt ist idR Pacht, Hamm NJW-RR **93,** 1270.

D. **Darlehensverträge:** Sowohl Gelddarlehen („Darlehen", §§ 488–498 **20** BGB; §§ 491 ff BGB regeln das Verbraucherdarlehen) als auch Sachdarlehen (§§ 607–609 BGB) sind Verpflichtungsgeschäfte, auf Grund deren der Darlehensgeber dem Darlehensnehmer einen Geldbetrag/vertretbare Sachen zur Verfügung zu stellen und der Darlehensnehmer dafür Zins/Darlehensentgelt zu zahlen und bei Fälligkeit das Darlehen zurückzuerstatten hat. Auch das Darlehen ist gegenseitiger Vertrag, hL und durch §§ 488 I, 607 I nF BGB klargestellt (frühere Vorstellung: Realvertrag). Das **Darlehen** kann sich, zB bei der Wechseldiskontierung, dem Kauf nähern, s **(7)** Bankgeschäfte Rn J/2.

E. **Kommission:** Zur Abgrenzung des Kaufs von der Kommission s § 383 **21** Rn 7. Vertragshändler s Rn 35. „Durchhandeln" eingelagerter Ware s Rn 27.

4) Praxistypen des Kaufs und/oder Handelskaufs

A. **Einteilungen:** Abgesehen von den verschiedenen, idR gesetzlich geregel- **22** ten Arten des Kaufs (s Rn 8 ff) finden sich zahlreiche weitere Einteilungen und Praxistypen je nach Parteien, Kaufgegenstand, Bedingungen, Finanzierung, Art und Frist der Lieferung, Handelsstufen (Zulieferung, Vertrieb) ua:

a) Parteien: Unter Kflten, unter Unternehmern, mit Verbrauchern (Verbrauchsgüterkauf s Rn 10).

b) Kaufgegenstand, zB **Unternehmenskauf,** s Einl 44–47 vor § 1; dort auch **Muster:** Hopt Fabritius 3. Aufl 2007 Form I.K.1–23; Industrieanlagenvertrag, s Rn 23.

c) Vertragsbedingungen und echte Bedingungen, zB Konditionsgeschäft, s Rn 24, Kauf unter Liefervorbehalt, s Rn 25.

d) Finanzierung durch Dritte (finanzierter Kauf), s Rn 26.

e) Art und Weise der Lieferung, zB in Teilmengen, die je einzeln zu bezahlen sind, so beim Sukzessivlieferungskauf oder Dauerkauf; Art der Auslieferung und Eigentumsverschaffung, zB Streckengeschäft oder Durchhandeln, s Rn 27).

f) Lieferfrist, zB Kauf auf Abruf, s Rn 28.

g) Handelsstufe (s Rn 29), also Zuliefervertrag (s Rn 30) und Vertriebsverträge, sofern die Ware nicht über Handelsvertreter, sondern Vertragshändler abgesetzt wird (s Rn 35). Über einige der vorgenannten Praxistypen werden im folgenden Kurzinformationen als Einstiegshilfe gegeben.

B. **Industrieanlagenvertrag** ist ein Vertrag eigener Art, auf den je nach **23** Gegenstand und Ausgestaltung Kaufvertragsrecht (wenn erst herzustellen oder zu erzeugen, über § 651 S 1 BGB, s Rn 18, dann §§ 373 ff, 381 II) oder Werkvertragsrecht Anwendung finden, **Muster:** Hopt/Graf von Westphalen 3. Aufl 2007 Form I.J.5–7.

Einl v § 373 24–29 IV. Buch. Handelsgeschäfte

24 C. **Konditionsgeschäft:** Als Konditionsgeschäft (Kauf „auf Kondition"; auch „in Kommission", dazu § 383 Rn 7) bezeichnet man einen bedingten Kauf mit möglicher Rückgabe, Staub/Koller § 383 Rn 43. Typisch im Großhandel mit manchen Waren (zB Sortimentsbuchhandel, Teppiche, Textilien). Die Bedingung kann eine auflösende sein, insbesondere bei Rückgaberecht bis zu einem bestimmtem Termin, Karlsruhe BB **72,** 552, BGH NJW **75,** 776, oder eine aufschiebende, zB Bedingung der Weiterveräußerung durch den Käufer, BGH NJW **75,** 776. Aufschiebende Bedingung auch bei Rückgaberecht nach freiem Belieben ohne bestimmte Frist, ähnlich Kauf auf Probe (s Rn 13), BGH NJW **75,** 777; s auch Karlsr BB **71,** 1123, **72,** 552. Gefahrtragung bei aufschiebender Bedingung des Weiterverkaufs s BGH NJW **75,** 776 (vgl § 390 Rn 1).

25 D. **Kauf unter Liefervorbehalt:** Kauf kann unter Vorbehalt der Liefermöglichkeit, insbesondere der Selbstbelieferung, geschlossen werden. Es handelt sich entweder um auflösende Bedingung (§ 158 II BGB) oder Rücktrittsvorbehalt (§ 346 BGB); s zu entsprechenden Handelsklauseln § 346 Rn 40 „Liefermöglichkeit" und „Selbstbelieferung vorbehalten".

26 E. **Finanzierter Kauf:** Eine besonders wichtige Rolle in der Praxis spielt der finanzierte Kauf, bei dem der Käufer zur Finanzierung des Kaufpreises einen häufig durch den Verkäufer vermittelten Darlehensvertrag abschließt, zB **Kauf unter Verbraucherkredit** und **Finanzierungsdarlehen.** Zum Verbraucherdarlehensvertrag s §§ 491 ff BGB, zu verbundenen Verträgen s §§ 358 f BGB, Bankgeschäfte G/35. Zum Finanzierungsdarlehen s Bankgeschäfte G/34 ff.

27 F. **Weiterverkauf, Streckengeschäft, Durchhandeln: Weiterverkauf** ieS liegt vor, wenn der Zweitkäufer vor Lieferung des Kaufgegenstandes mit dem Erstverkäufer oder Erstkäufer vereinbart, dass er den Kaufvertrag mit dem Erstverkäufer übernimmt (§§ 414 ff BGB). **Streckengeschäft** oder **Durchhandeln** (Zwischenhandel) betrifft die Art der Auslieferung und Eigentumsverschaffung (mit Schwierigkeiten bei § 377, s dort Rn 9): Der Käufer verkauft eine noch nicht gelieferte, uU auch noch nicht konkretisierte Ware (§ 243 II BGB) weiter bis an den Letztkäufer, möglicherweise über mehrere Zwischenkäufer und Zwischenverkäufer; Kaufvertragspflichten bestehen nur zwischen den jeweiligen Parteien. Ähnliche Formen beim Leasing, BGH **110,** 139. Das Eigentum wandert, auch wenn die Auslieferung unmittelbar an den Endabnehmer erfolgt, rechtlich idR durch die Kette (Geheißerwerb), BGH NJW **82,** 2371, **86,** 1166, also Zwischenerwerb der Vorgänger; andere Gestaltung bleibt aber möglich. Lit: Padeck Jura **87,** 454, Lange JZ **08,** 661.

28 G. **Kauf auf Abruf** ist Kauf, bei dem der Käufer den Zeitpunkt der Lieferung innerhalb der Abrufsfrist bestimmt, aber doch die gesamte vereinbarte Stückzahl abnehmen muss, Ffm DB **81,** 471, und der Verkäufer vor Ablauf der Abrufsfrist erst nach Abruf, nach Fristablauf nur auf Ankündigung liefern darf. Beim Kauf auf Abruf bestimmt der Käufer den Zeitpunkt der Lieferung, beim **Bestimmungskauf** (§ 375) bestimmte Verhältnisse der Kaufsache.

29 H. **Zulieferverträge, Vertriebsverträge:** Kaufverträge zwischen dem Hersteller und den Vertragspartnern auf der vor- und nachgelagerten HdlStufe sind wirtschaftlich (feste Zusammenarbeit, zT Integration, Abhängigkeit) und rechtlich (Dauerschuldverhältnis, Rahmenverträge, Kartellrechtsprobleme) besonders gelagert, letztere zum Schutz der abhängigen Vertragshändler schon seit langem und in gewisser Nähe zum Handelsvertreter (s Rn 35, 37), erstere erst seit kürzerem und ohne diese Nähe (s Rn 30, 31). Neben dem Vertrieb über selbstständige Vertragshändler hat sich das Franchising durchgesetzt (s Rn 43).

5) Zuliefervertrag

A. **Begriff, Rechtsnatur, Abschluss:** Während sich auf der Vertriebsseite **30** über die einzelnen Kaufverträge hinaus seit langem Rahmenverträge mit teilweise weit ausdifferenzierten Rechts- und Schutzregeln entwickelt haben (Vertragshändlervertrag s Rn 35, Handelsvertretervertrag s § 84), ist das Zuliefererrecht lange ein Recht der einzelnen Verträge, namentlich des Werkvertrags- und Kaufrechts, geblieben. Das hat sich geändert. Längerfristige Lieferungsverträge sind entweder Ratenlieferungs- oder Dauerlieferungsverträge. Der **Zuliefervertrag** ist typischerweise Dauerlieferungsvertrag (Dauerschuldverhältnis, vgl § 314 BGB), auf die §§ 320 ff BGB Anwendung finden. Er beinhaltet wegen der Dauerbeziehung besondere **Treuepflichten** (Kooperationspflichten) mit Konsequenzen für die Fülle von Vertragsbedingungen in der Praxis. Anhaltspunkte für die Qualifikation des Zuliefervertrages als **einheitlicher Dauerlieferungsvertrag** (und nicht als zweistufiges Vertragsgefüge bestehend aus Rahmenvertrag und Ausführungsverträgen) sind hinreichende Bestimmtheit oder Bestimmbarkeit der Leistungsinhalte. Dann wird im Vorfeld keine verbindliche Absprache getroffen, sondern lediglich ein **nomination letter** erteilt, der weder Vorvertrag noch Rahmenvertrag, sondern bloße Absichtserklärung ist (vgl letter of intent, Einl 4 vor § 343, § 349 Rn 22). Im Einzelfall kann dem Liefervertrag allerdings eine verbindliche Vereinbarung über die Schaffung organisatorischer Einrichtungen vorausgehen; dann handelt es sich um einen echten, selbstständigen Rahmenvertrag, der dem Dauerlieferungsvertrag vorgeschaltet ist. Der Zuliefervertrag ist ein **Austauschvertrag,** der nach dem Inhalt der Hauptpflicht des Zulieferers einen **Dauerwerklieferungsvertrag** darstellt. Da er die Lieferung herzustellender oder zu erzeugender beweglicher Sachen zum Gegenstand hat, unterliegt er seit dem SMG über § 651 S 1 BGB voll dem **Kaufrecht** (s Rn 18). Internationaler Zuliefervertrag, anwendbares Recht (IPR) s Rn 45. Einschränkung der Rügeobliegenheit nach § 377 durch Qualitätssicherungsabreden (§ 377 Rn 59). Lit: Saxinger 1993, Lange 1998, Wellenhofer-Klein 1999 (mit Kautelarpraxis).

B. **Keine Anwendung von Handelsvertreterrecht:** Zulieferer werden, ob- **31** schon vielfach wirtschaftlich vom Abnehmer abhängig, wie HdlVertreter geschützt. Insbesondere haben sie keinen Ausgleichsanspruch analog § 89 b. Der Zulieferer wirbt keine Kundenstamm, der dem Abnehmer nach Vertragsbeendigung noch Vorteile bringen könnte. § 89 b ist eine auf die Absatzmittlung zugeschnittene Vorschrift, die sich nicht auf die Beschaffungsseite übertragen lässt, hL. Investitionsschutz s Rn 34.

C. **Pflichten des Zulieferers:** Der Zulieferer ist verpflichtet, die vereinbarten **32** Zulieferteile zu liefern und zu übereignen. Dabei sind die Spezifikationen des Abnehmers zu beachten und die vorgeschriebenen **Qualitätssicherungsmaßnahmen** vorzunehmen. Der Zulieferer hat die vereinbarten Lieferzeiten einzuhalten. Bei **just in time-Verträgen** ist er verpflichtet, die zeitgenaue Belieferung sicherzustellen (Fixgeschäft, § 376 Rn 7); hierzu sind Vorsorgemaßnahmen zu treffen. Bei sich abzeichnenden Lieferverzögerungen ist der Abnehmer unverzüglich zu unterrichten. Schließlich trifft den Zulieferer die Pflicht zur Warenausgangskontrolle und deren Dokumentation. Die Langfristigkeit von Zulieferverträgen bringt Probleme der Vertragsanpassung im Zeitablauf mit sich. Aus diesem Grund spielen **Anpassungs- und Änderungsklauseln** eine wichtige Rolle in Zulieferverträgen. Soweit es sich wie meist um AGB handelt, unterliegen sie der **Inhaltskontrolle** nach § 307 I, II BGB. Sie dürfen keine Partei unangemessen benachteiligen; die Angemessenheit des Preis-Leistungs-Verhältnisses ist indes der Kontrolle entzogen (§ 307 III BGB). Problematisch kann der Grad der erforderlichen Konkretisierung der Anpassungsklauseln sein. Anpassungsklauseln, die die Leistungspflicht des Zulieferers modifizieren, sind **Leistungsanpassungs- und Spezifikationsänderungsklauseln.** Die Änderungen müssen möglich, erforderlich und zumutbar sein, die Klauseln müssen eine angemessene Ankündigungs- und Umsetzungsfrist vorsehen. Zu Neuverhandlungsklauseln s Rn 33. Zu Gestaltung und Zulässigkeit der Klauseln in Zulieferverträgen umfassend Wellenhofer-Klein 1999; Rö/Graf von Westphalen/Laschet Qualitätssicherung.

33 D. **Pflichten des Abnehmers:** Der Abnehmer ist verpflichtet, die Zulieferteile im vereinbarten Rhythmus abzurufen, abzunehmen und zu bezahlen. Er hat die gewünschten Zulieferteile fehlerfrei zu spezifizieren und soweit erforderlich bei ihrer Konstruktion mitzuwirken. Der Abnehmer muss Schnittstellenvorgaben machen, auf Risiken hinweisen, Gesprächspartner zur Verfügung stellen und Kontrollen durchführen. Anpassungsklauseln, die die Gegenleistungspflicht des Abnehmers modifizieren, sind typisch und vielfältig: **Marktpreisklauseln** gestatten es dem Abnehmer, die ausgehandelten Preise abzusenken, wenn dies eine rückläufige Preisentwicklung auf dem Produktmarkt des Abnehmers erforderlich macht. **Preisfallklauseln** sehen eine periodische Herabsetzung der Preise um bestimmte Prozentsätze vor; der Abnehmer partizipiert so an vom Zulieferer realisierten Einsparungen. **Preisanpassungklauseln nach Wertanalyse** geben dem Abnehmer Preisänderungsrechte auf der Grundlage gemeinsamer Wertanalysen der Zulieferteile. Durch **Kostenelementklauseln** kann sich der Abnehmer eine Beteiligung an Kostensenkungen auf der Beschaffungsseite des Zulieferers sichern. **Meistbegünstigungsklauseln** sollen sicherstellen, dass Konkurrenten des Abnehmers keine günstigeren Einkaufsbedingungen bei dem Zulieferer erhalten als der Abnehmer selbst. **Klauseln über die Geltungsdauer von Preisvereinbarungen** sind bedeutsam für den Fall einer Preisneuverhandlung; soll die Lieferung nicht unterbrochen werden, so muss geregelt sein, welcher Preis in der Übergangsperiode gelten soll. Von einseitigen Änderungsklauseln sind **Neuverhandlungsklauseln** zu unterscheiden, die vorsehen, bei Eintritt bestimmter Umstände Leistung und/oder Gegenleistung gemeinsam neu auszuhandeln (Einl 14 vor § 343). Lit zu Klauselpraxis s Rn 32.

34 E. **Vertragsende:** Die Beendigung des Zuliefervertrags kann auf verschiedene Weise erfolgen. Der Vertrag kann von vornherein auf bestimmte Zeit geschlossen sein. Ist er unbefristetes **Dauerschuldverhältnis,** so kann der Vertrag ordentlich oder außerordentlich, dh **aus wichtigem Grund gekündigt** werden (§ 314 BGB). Bei der Beendigung des Zuliefervertrags ist problematisch, dass der Zulieferer idR spezifische Investitionen getätigt hat, die ganz oder teilweise verloren sind, wenn der Vertrag nicht fortgesetzt wird. Dem Interesse des Zulieferers am **Investitionsschutz** steht die grundsätzliche Vertrags(beendigungs)freiheit des Abnehmers gegenüber. Befristungen von Zulieferverträgen auf Zeiträume, die unterhalb der Amortisationszeit der Investitionen des Zulieferers liegen, sind grundsätzlich nicht zu beanstanden. Es bestehen idR auch keine Ausgleichsansprüche des Zulieferers bei Vertragsbeendigung, § 89b ist nicht analog anwendbar (s Rn 31). Investitionsschutz des Zulieferers kann sich aber unter engen Voraussetzungen aus § 242 BGB ergeben. Aus dem Treuepflichtverhältnis ist der Abnehmer verpflichtet, faire Verhandlungen mit dem Zulieferer über die Vertragsverlängerung zu führen. Verletzt er diese Pflicht oder hat er keine objektiv nachvollziehbaren Gründe für den Wechsel zu einem anderen Zulieferer, so kann der alte Zulieferer Ersatz seines Vertrauensschadens verlangen, wenn er abnehmerspezifische, noch nicht abgeschriebene Aufwendungen vorgenommen hat, die notwendig waren und bei Vertragsbeendigung wertlos werden. Die Rspr zum Vertragshändlervertrag, die statt eines Investitionsschutzanspruchs **Mindestvertragslaufzeiten** bis zu zwei Jahren annimmt (s Rn 40, 42), ist auf den Zuliefervertrag nur in Ausnahmefällen wie just in time-Verträgen übertragbar. Der Abnehmer muss seine Zulieferbeziehungen einheitlich gestalten können, die Praxis von Einjahresverträgen ist deshalb auch AGBrechtlich nicht zu beanstanden. In der Praxis wird auch versucht, außerordentliche Kündigungsrechte in

2. Abschnitt. Handelskauf　　　　　　　　　　　　　35, 36　**Einl v § 373**

speziellen **Kündigungsklauseln** zu konkretisieren: bei Pflichtverletzungen, bei (wesentlichen) Vermögensverschlechterungen des Zulieferers, bei Veräußerung der Zulieferunternehmens sowie in Anpassungsklauseln für den Fall, dass der Zulieferer das Anpassungsziel verfehlt. Ferner finden sich verschiedene Arten von **Investitionsschutzklauseln**. Lit: Wellenhofer-Klein 1999 §§ 14, 16.

6) Vertrags- oder Eigenhändlervertrag

A. **Begriff, Rechtsnatur, Abschluss:** Der Vertragshändlervertrag (Eigen- 35 händler, auch Zwischenhändler, Großhändler) ist ein auf gewisse Dauer geschlossener **Rahmenvertrag**, der den einen Teil (**Vertrags- oder Eigenhändler,** Konzessionär) in die Verkaufsorganisation des Herstellers eingliedert und ihn verpflichtet, Waren des anderen (Hersteller, Lieferant) im eigenen Namen auf eigene Rechnung zu vertreiben, stRsp, BGH **29**, 87, **34**, 285, **54**, 340, **74**, 140, Düss RIW **96**, 959. Der Rahmenvertrag kann auch durch Kettenverträge zustandekommen, BGH BB **02**, 2520. Der Warenbezug des Vertragshändlers und seine Vertriebspflicht hängen zusammen, die **einzelnen Kaufverträge zwischen Hersteller und Vertragshändler** sind, obwohl vom Vertragshändlervertrag weitgehend vorgegeben, **rechtlich selbstständig**, BGH **74**, 140, Düss RIW **96**, 959. Die Rechte des Vertragshändlers bei Mängeln der Sache (§§ 437 ff BGB) und sein Rückgriffsanspruch gegen den Hersteller beim Verbrauchsgüterkauf (§ 478 BGB, s Überbl 10 vor § 373) bestimmen sich nach den einzelnen Kaufverträgen. Aus dem Vertragshändlervertrag hingegen folgen dessen Charakter als Dauerschuldverhältnis entsprechende, besondere, beiderseitige Verhaltens- und Rücksichtspflichten (s Rn 38, 39). AGBKontrolle s § 348 Rn 5. Der Vertragshändler ist im Gegensatz zum Handelsvertreter rechtlich selbstständig mit vollem unternehmerischen Risiko, aber meist wirtschaftlich abhängig, deshalb analoge Anwendung von Handelsvertreterrecht (s Rn 37), ausnahmeweise ist er sogar Arbeitnehmer (§ 84 II, Abgrenzung § 84 Rn 35). Internationaler Vertragshändlervertrag, anwendbares Recht (IPR) s Rn 45. Lit: Ulmer 1969, Giesler 2005 (VertriebsrechtHdb), Küstner III 1134, Schultze/Wauschkuhn/Spenner 4. Aufl 2008, Emde 2009 (Vertriebsrecht, Sonderausgabe aus GroßKoHGB), Rö/Graf von Westphalen 3. Aufl 2008 Vertragshändlerverträge, Martinek/Semler/Habermeier 3. Aufl 2009 (VertriebsrechtHdb); Martinek ZHR **17** (**97**) 67 (Vertriebsrecht); Killias in Kronke ua, Hdb des Int Wirtschaftsrecht 2005; ferner § 84 Rn 10. **Muster:** Hopt/Graf v Westphalen 3. Aufl 2007 Form I. G.3 (Vertragshändlervertrag). **RsprÜbersichten:** BGHFSWissII/Martinek **00**, 101; s vor § 84.

Zwischen Hersteller und Endabnehmer bestehen idR **keine unmittel-** 36 **baren Vertragsbeziehungen;** anders bei Herstellergarantien (§ 349 Rn 18). Vertragshändler zweiter Vertriebsstufe sind Händler in ähnlichem Vertrag mit einem Vertragshändler (erster Vertriebsstufe, Haupthändler), BGH BB **72,** 772. Das Verhalten des Herstellers (und ggf seiner VertriebsGes und von Großhändlern) und die Rechtsbeziehungen unter diesen und zum Händler sind uU bei Wertung des Verhaltens des Händlers gegenüber dem Endabnehmer mit zu berücksichtigen, zB wenn Hersteller den Händlern als seiner Organisation die Verwendung bestimmter AGB bei ihren Verkäufen vorschreibt und in diesen auf Verhalten des „Verkäufers" abgestellt wird (zB in Bezug auf die Bedeutung einer Lieferverzögerung für dem Kauf nachfolgende Preiserhöhung), BGH WM **72,** 84. Zu öffentlichen Äußerungen des Herstellers, die die geschuldete Beschaffenheit der Kaufsache prägen, s § 434 I 3 BGB. Der **Zwischenhändler** (B, zwischen A und C), auch von Gattungsware, der sie nicht auf Lager nimmt (C holt sie von A, Streckengeschäft s Rn 27), braucht sie nicht zu untersuchen, wird nicht durch Mängel der Ware aus § 280 BGB (früher positive Vertragsverletzung) haftbar, idR auch nicht für A aus § 278 BGB, uU aber aus Zusicherung mangelfreier Lieferung durch A, BGH NJW **68**, 2238, WM **71**, 1122; anders uU bei enger organisatorischer Verbundenheit mit dem Hersteller, BGH NJW **81**, 2251 (zu § 823 BGB). Das gilt auch für den **Großhändler;** für Angaben in der Gebrauchsanweisung des Herstellers haftet er nur, wenn er sie sich besonders zu eigen macht, BGH BB **81,** 579. Zur mangelhaften Montageanleitung s § 434 II 2 BGB; str, ob auf Gebrauchsanweisung anwendbar. „Durchhandeln" eingelagerter Ware s Rn 27.

37 B. **Entsprechende Anwendung von Handelsvertreterrecht:** Auf den Vertragshändlervertrag ist uU HVRecht entspr anwendbar, praktisch wichtig vor allem der **Ausgleichsanspruch** analog § 89 b (§ 84 Rn 11). **Gleichbehandlung** nach § 6 III AGG (§ 86 Rn 10).

38 C. **Pflichten des Vertragshändlers:** Der Vertragshändler ist ebenso wie der Hersteller zu Treue und Rücksichtnahme verpflichtet (s Rn 39). Er hat Waren des Herstellers im eigenen Namen und auf eigene Rechnung zu vertreiben. Es kann eine **Mindestabnahmepflicht** in angemessenen Grenzen und ein Ausschluss des Bezugs von Dritten vereinbart werden. Kartellrechtliche Schranken folgen aus EGRecht und deutschem Recht. Zulässigkeitsschranken unter **europäischem Kartellrecht** folgen aus Art 81, 82 EG, dazu EGGruppenfreistellungsVO 1999 mit Leitlinien EGKomm 13. 10. 00, KfzGVO 2002 (näher § 86 Rn 38); EuGH NJW **86,** 1415 (Pronuptia). Schranken unter **deutschem Kartellrecht** (Einl 77–78 vor § 1) folgen ua aus §§ 14 und 16 aF, 19, 20 GWB; BGH **140,** 342 (Preisbindung), s Immenga/Mestmäcker. Nur echte HV-Agentur- oder Partner-Systeme sind (unter §§ 14 u 16 aF GWB) zulässig, BGH **97,** 317 (Telefunken), Abgrenzung str, Oehler BB **87,** 765, Köhler ZHR 151 **(87)** 224, Ebenroth/Parche BB Beil 10/**88,** s § 86 Rn 23. Lit: § 86 Rn 38.

39 D. **Pflichten des Herstellers:** Der Vertragshändlervertrag verpflichtet Händler (und Hersteller) zu **Treue und Rücksicht,** BGH **93,** 39 (Opel), **124,** 354 (Daihatsu), WM **93,** 1464, aber abhängig von der Ausgestaltung des Vertrags (vgl § 86 a Rn 13 ff). Der Hersteller ist iZw frei zur **Ablehnung** von Bestellungen des Händlers aus vertretbaren Gründen, ohne Willkür, BGH **93,** 38, NJW **58,** 1139, BB **72,** 193. Insbesondere kann er sich anteilige Aufteilung der verfügbaren Produktion bei Lieferengpässen vorbehalten, BGH **124,** 358 (s Liefermöglichkeit § 346 Rn 40), anders bei bereits angenommenen Bestellungen. Aus Mindestabnahmepflicht des Händlers (mit Ausschluss des Bezugs von Dritten) folgt wohl idR Lieferpflicht des Herstellers jedenfalls für die Mindestmenge; anders etwa bei Lieferschwierigkeit infolge Produktionseinstellung; gegenseitige Rücksichtnahme (§ 242 BGB), BGH BB **72,** 193. Formularmäßige Zustimmungs- und Kündigungsrechte bei **personellen Veränderungen im Händlerunternehmen** ohne Rücksicht auf unternehmerische Freiheit des Händlers sind unwirksam, BGH **93,** 39; bei Tod des Händlers ohne Nachfolgeregelungsmöglichkeit, BGH **93,** 58; Zustimmungsvorbehalt für Vertragsübertragung ist dagegen wirksam, BGH **93,** 56. **Änderungsvorbehalte des Herstellers** sind durch die Treuepflicht und **(5)** § 307 I, II BGB (vgl §§ 308 Nr 4, 309 Nr 1 BGB) beschränkt; BGH **89,** 206, **93,** 47, **124,** 361, Graf von Westphalen NJW **82,** 2465. Der Hersteller hat aber ein Recht auf **freie Modellpolitik** (Dispositionsrecht); er ist **nicht** zur **Vorausinformation** der Händler innerhalb bestimmter Frist verpflichtet, BGH **93,** 51. Er kann grundsätzlich auch **weitere Vertragshändler im Gebiet des Händlers einsetzen,** BGH **93,** 54, und dort eigene **Direktgeschäfte** machen, BGH WM **87,** 542; dies gilt nicht bei vertraglichem **Alleinvertriebsrecht** bzw Gebietsschutz (aber kartellrechtliche Grenzen, s Rn 38), BGH **54,** 342, und je nach Intensität der Eingliederung des Vertragshändlers in die Vertriebsorganisation auch ohne Alleinvertriebsrecht, BGH **124,** 355 (Daihatsu, vgl § 86 a Rn 17), **164,** 15 (Ausgleichsklauselkontrolle); Grenzen für einseitige Verkleinerung des Vertragsgebiets s BGH **89,** 206, WM **88,** 1347. Bei begründetem Verdacht von Verstößen, auch durch Einschaltung von KonzernGes, Auskunftsanspruch des Vertragshändlers (§ 242 BGB), BGH WM **03,** 255. Lit: Gutbrod EuZW **91,** 235 (AGB), Hopt ZIP **96,** 1533, 1809 (Wettbewerbsfreiheit, Direkt- und Parallelvertrieb). **AGB-Kontrolle** bei Vertragshändlerverträgen nach **(5)** § 307 BGB, s Rn 38–42, Emde MDR **07,** 994; Originalersatzteilverwendung, Änderung des Händlereinkaufspreises, Berechnung des Aufwendungsersatzes, BGH **164,** 11, Brem MDR **07,** 994, krit Kappus NJW **06,** 15, Kleinmann/Siegert BB **06,** 785, . Komm zu § 307 BGB, Ul/Br/He/Ulmer Anh § 310 BGB Rn 935 ff, Wo/Li/Pf Vertragshändlervertrag V 311.

E. **Vertragsende:** Der Vertrag kann von vornherein auf bestimmte Zeit ge- **40** schlossen sein. Ist er unbefristetes **Dauerschuldverhältnis,** so kann der Vertrag ordentlich oder außerordentlich, d. h. **aus wichtigem Grund gekündigt** werden (§ 89a entspr, § 84 Rn 11; nach aA § 314 BGB mit §§ 314 II, III BGB über Abnahme und angemessene Kündigungsfrist). **Mindestvertragslaufzeiten,** auch als Ankündigungs- oder **Umstellungsfrist,** aus Gründen des Investitionsschutzes nicht unter einem Jahr, BGH BB **95,** 1657 (KfzVertragshändler, KartellRspr unter Hinweis auf Art 5 II Nr 2 EG-VO 123/85 Gruppenfreistellung Kfz), Kln NJW-RR **95,** 1140. Nach Anhebung auf Zweijahresfrist in EG-VO 1475/95 ziehen Rspr und Lit unter **(5)** § 307 BGB zT nach, Ul/Br/He/Ulmer Anh § 310 BGB Rn 967, Rö/Graf von Westphalen Vertragshändlervertrag Rn 13, Emde BB **00,** 65, VersR **01,** 159; zT auch unabhängig davon Hbg WuW/ E OLG **(85)** 3804, von BGH NJW **87,** 3200 nicht beanstandet; zT wird sogar Zweijahresfrist als unangemessen angesehen, Creutzig EuZW **95,** 727, zum Ganzen Creutzig 2001. Die EG-VO 1400/2002 Gruppenfreistellung Kfz v 31. 7. 02 ABlEG L 203/30 Art 3 V gewährt Freistellung nur a) bei Laufzeit von mindestens fünf Jahren mit Ankündigung der Nichtverlängerung mindestens sechs Monate im Voraus oder b) bei unbefristetem Vertrag und Kündigungsfrist von mindestens zwei Jahren außer in zwei Fällen (dann 1 Jahr), nämlich bei Pflicht des Lieferanten zu angemessener Entschädigung bei Vertragsende oder bei Umstrukturierung des Vertriebsnetzes. Obwohl dies nur EGKartellrecht und auch keine Rechtspflicht ist, muss mit Nachziehen der deutschen AGBRspr gerechnet werden. **Längerfristige Bindung** zwecks Amortisation von hohen Entwicklungs- und Vorhalteaufwendungen des Tankstelleninhabers ist zulässig, aber Inhaltskontrolle von Verlängerungsoptionsklausel (mehr als 10 Jahre war unzulässig), BGH **143,** 116. Kündigungsrecht schon bei jeder Streitigkeit ist unwirksam, BGH **93,** 57, Teilkündigung ist unzulässig, wenn damit Anspruch aus § 89b (s Rn 37) erschwert wird, **142,** 365; auch Kln BB **01,** 1759. Bei (erheblicher) Vertragsverletzung des Herstellers hat Händler Recht zu fristloser Kündigung und auf Schadensersatz, BGH **54,** 342, NJW **82,** 2432, s § 89a Rn 33–40; Klausel mit Freizeichnung auf grobe Fahrlässigkeit außer bei „Kardinalpflichtverletzung" ist intransparent, BGH **164,** 35. Zur Wiederherstellung muss Hersteller uU unverkaufte, jetzt nicht (unzumutbar schwer) verwertbare Ware unter Streichung der Kaufpreisforderung zurücknehmen, BGH **54,** 342, zum Rückgaberecht s Rn 41. Bei Vertragsende hat Händler Ausgleichsanspruch entspr **§ 89b** (s Rn 37, § 84 Rn 12).

Konsignationslagerabrede, Rückgaberecht: Der Hersteller richtet häufig **41** **Warenlager** direkt beim Händler ein. Die Vertragspflichten regelt ein selbstständiger Konsignationslagervertrag oder sie sind Teil des Vertriebsvertrags; wesentlich ist der verlängerte und erweiterte Eigentumsvorbehalt; eine Konsignationskommission (§ 383 Rn 4) liegt idR nicht vor. Bei Vertragsende **nicht abgesetzte Ware** muss der Hersteller bei Abrede (Rückverkaufsrecht des HV) zurücknehmen (entspr Rücktrittsregeln), BGH NJW **72,** 1191, auch bei anschließendem Werkstattvertrag, BGH WM **07,** 2078, **08,** 2077 (ohne Rücksicht auf Amortisationsmöglichkeit des HV); ohne Abrede nicht ohne weiteres (nach §§ 667 ff BGB oder Kommissions- oder Treuhandgrundsätzen), Ffm WM **86,** 141. Rücknahmepflicht kann aber auch aus Sinn und Zweck der Depotabrede (nachwirkende Treuepflicht) oder aus einer zum Vertragsende führenden Vertragsverletzung des Herstellers (§ 249 BGB; mit Konsequenzen für AGB-Kontrolle) folgen, BGH **54,** 342, **124,** 368, **128,** 70, WM **07,** 2080, Mü BB **93,** 1753. Die Pflicht entfällt idR, wenn der Händler das Vertragsende verschuldet, BGH **54,** 346, Mü BB **98,** 1332, aA Finger NJW **71,** 556, oder Dispositionsfehler begangen hat, BGH **124,** 370. Sie erfasst nur das Waren- und Ersatzteillager, nicht das Spezialwerkzeug des Eigenhändlers, Ffm BB **82,** 209. Rücknahme nur bei Originalverpackung ist zulässige Klausel, BGH **124,** 370, dann aber Mitwirkungspflicht des Herstellers bei Bestandsaufnahme auf Verlangen des Händlers, Kln NJW-RR **97,** 101; zulässig auch angemessene Abzugspauschale, zB 10%, BGH WM **88,** 1349. Ohne solche Klausel genügt neuwertiger, unbenutzter Zustand; vgl Düss BeckRS **07,** 07179. Viele andere Einschränkungen (zB Rücknahme nur bei völliger Schuldlosigkeit des Händlers am Vertragsende, nur innerhalb von 3 Jahren seit Lieferung, nur bei vollständiger Geltendmachung innerhalb von 3 Monaten, unter Abzug von 25%) sind dagegen nach **(5)** §§ 305 ff unwirksam, BGH **128,** 67, zB formularmäßiges Rückkaufrecht des Herstellers zum Vertragsende zum Händlereinkaufspreis ohne Entschädigung, BGH NJW **00,** 1191, anders wenn noch keine Weiterverkäufe eingeleitet sind. Lit: Schriefers BB **92,** 2158; Rücknahme nur vom Hersteller bezogener Originalware, BGH **164,** 30, Grund: Ausschluss von Querbezug von anderen Vertragshändlern; Rücknahme nur von fabrikneuen, innerhalb der Letzten 12 Monate vor Vertragsende bezogenen Kfz ist zulässige AGB, Ffm HVR **(06)** 1153; Rückkaufsrecht auch für bereits verkauften Lagerbestand, BGH **164,** 33. Beweislast für Rückgaberecht hat der Händler, BGH WM **07,** 2083.

42 Ein allgemeiner **Investitionsersatzanspruch** des Vertragshändlers besteht nicht, BGH NJW **87,** 3200, Mü NJW-RR **95,** 1137 (§ 20 I GWB), vgl zu **(5)** § 307 BGB Ul/Br/He/Ulmer Anh § 310 BGB Rn 966, aA Hansen 2006 (fremdveranlasste, spezifische, nicht amortisierte Investitionen, §§ 280, 252 BGB), Foth BB **87,** 1270, Ebenroth/Strittmatter BB **93,** 1530, Creutzig NJW **02,** 3430 (Schadensersatz wegen Kündigung zur Unzeit vor Amortisation), Ensthaler NJW **03,** 3106, Ensthaler ua DB **03,** 257, für Einzelfälle Rö/Graf von Westphalen Vertragshändlervertrag Rn 73; aber uU Kündigungsschranken, s Rn 40, auch Schadensersatz nach § 89 a II analog (§ 84 Rn 11).

7) Franchising

43 A. **Begriff, Rechtsnatur:** Franchising bezeichnet einen Vertragstypus, bei dem ein Unternehmer (Franchisegeber) einem, meist jedoch mehreren anderen (Franchisenehmern) ein Bündel von Dienstleistungen und Rechten (etwa Geschäftsplan, Know-how und Beratung zu Vertriebsmethoden, Werbematerial, Recht zur Nutzung von Marken und Warenzeichen, beim Vertriebsfranchising Handelsware zum Weiterverkauf, uU auch Geschäftsräume) überlässt und sie so befähigt und berechtigt, bestimmte Waren und/oder Dienstleistungen zu vertreiben, BAG BB **79,** 325, BGH NJW **85,** 1895 m Anm Böhner 2811. Der Franchisenehmer schuldet dafür ein Entgelt (Franchisegebühr) sowie bestimmte Verhaltenspflichten, die Einheitlichkeit und Zusammenhalt des Gesamtsystems von Vertragshändlerverträgen gewährleisten sollen. Franchisevertrag ist ein gemischter, Elemente von Rechtspacht, Kaufvertrag, Geschäftsbesorgung und uU Miete integrierender Rahmenvertrag sowie Dauerschuldverhältnis (§ 314 BGB). Lit: Martinek 1987, Martinek/Semler/Habermeier 3. Aufl 2009 (VertriebsrechtHdb), Ekkenga (Inhaltskontrolle) 1990, Bräutigam 1994 (Außenhaftung), Giesler/Nauschütt 2. Aufl 2007, Metzlaff 2003, Pfeifer 2005 (AGBKontrolle), Schacherreiter 2006, Ul/Br/He/H. Schmidt 10. Aufl 2006 Anh § 310 BGB Rn 345 ff, Rö/Graf von Westphalen/Giesler 3. Aufl 2008 Franchising; Flohr GS Skaupy **03,** 49, Giesler ZIP **02,** 420 (SMG), Teubner ZHR 168 **(04)** 78, Giesler in Kronke ua, Hdb des Int Wirtschaftsrecht 2005 (international). RsprÜbersicht: Haager NJW **99,** 2081, **02,** 1463, **05,** 3394, Flohr BB **06,** 389. **Muster:** Hopt/

Graf von Westphalen 3. Aufl 2007 Form I. G.4 (Franchise-Vertrag); ICC Model International Franchising Contract (IntHK-Publikation Nr 557).

B. **Einzelne Rechtsfragen:** Wenn der Franchisenehmer wie häufig vom 44 Franchisegeber eng geführt wird (zT Subordinationsfranchising genannt, aber Übergänge fließend), steht er dem HV näher als dem Vertragshändler, in besonderen Fällen fehlt ihm überhaupt die Selbstständigkeit und er ist Arbeitnehmer (§ 84 Rn 36), BGH **140,** 11 (Eismann), BAG NJW **97,** 2973 (Eismann), WM **00,** 638 (iErg abl), Flohr WiB 97, 281. Jedenfalls kann auf den Franchisenehmer **Handelsvertreterrecht analog** anwendbar sein (für den Vertragshändler § 84 Rn 11), zB Kündigung analog § 89, BGH BB **02,** 2036 (Kettenvertrag) und vor allem **§ 89 b,** Bodewig BB **97,** 637, Emde BB **08,** 2763. § 505 I Nr 3 BGB (§ 2 Nr 3 aF VerbrKrG) ist anwendbar, der bezugspflichtige Franchisenehmer hat insoweit Widerrufsrecht, BGH **97,** 351, **128,** 156; § 90 a bei Pflicht zur Telefonnummerübergabe nach Vertragsende abl Kln HVR **(04)** 1158. Verschulden bei Vertragsverhandlungen mangels **Aufklärung,** Erdmann GedS Skaupy **03,** 49, aber nur in Ausnahmefällen ohne Marktrisikoverschiebung, Brdbg HVR **(05)** 1142, keine Prospekthaftung (Anh § 177 Rn 60), Mü BB **01,** 1759. Zu Aufklärungspflichten über Einkaufsvorteile und Weitergabe durch Franchisegeber (nur bei besonderem Verpflichtungsgrund), BGH ZIP **03,** 2030 (Apollo), WM **06,** 923, Düss BB **07,** 738 m Anm Flohr, Giesler ZIP **04,** 744, Haager NJW **04,** 1220, Flohr BB **07,** 6, Giesler/Güntzel NJW **07,** 3099, Emde BB **08,** 2759. Aber Franchisegeber ist kein Existenzgründungsberater, Schlesw MDR **08,** 790. Nichtigkeit, AGBKontrolle, Naumbg BeckRS **07,** 03091, Oldbg BeckRS **07,** 16857. Der Franchisegeber hat eine Rücksichtnahmepflicht (s Rn 39), BGH **136,** 299 (Benetton), Ende NJW **99,** 326. Zu den dem Franchisenehmer auferlegten Wettbewerbsverboten sind ähnliche Zulässigkeitsschranken wie bei Vertragshändlern zu beachten (s Rn 38); zu kartellrechtlichen Zulässigkeitsschranken nach europäischem Recht BGH NJW **99,** 2671 (Preisbindung durch Franchisegeber), Fritzemeyer BB **02,** 1658, Schulz GedS Skaupy **03,** 333, nach deutschem Recht BGH **140,** 342 (Preisbindung durch Franchisegeber), ZIP **04,** 773, Blaurock FS Werner **84,** 23, Neumann RIW **85,** 612. Fristlose Kündigung (§ 314 BGB), BGH NJW **99,** 1177, unwirksame AGB, BGH **165,** 12 (Garantieübernahme der Gfter), ZIP **03,** 2030, krit Billing WM **07,** 245. Bei Vertragsende kommt ähnlich wie beim Vertragshändler (§ 84 Rn 12) Ausgleichsanspruch analog **§ 89 b** in Betracht, üL, offen BGH NJW **97,** 3311 (Benetton). Gegenüber Dritten handelt der Franchisenehmer für sein eigenes Unternehmen, (Einl 8 v § 48), die üblichen Hinweise auf das Franchising begründen keinen anderen Rechtsschein, BGH NJW **08,** 1214 m Anm Witt.

8) Internationaler Verkehr

A. **Anwendbares Recht (IPR):** Für **internationale Käufe** bestimmt sich 45 das anwendbare Recht, soweit kein internationales Einheitsrecht eingreift (s Rn 46), nach allgemeinem IPR. Mangels ausdrücklicher und stillschweigender Rechtswahl (Art 27 EGBGB) gilt das Recht des Orts der charakteristischen Leistung, also der gewerblichen Niederlassung des Verkäufers (Art 28 II 2 EGBGB). Das gilt gleichermaßen für Waren und Wertpapiere. Besondere Umstände s Art 28 V EGBGB. Für Verbraucherverträge gelten Sonderregelungen (Art 29, 29 a EGBGB). Für Börsenkauf und Auktionskauf gilt das am Börsenplatz bzw Auktionsort geltende Recht. Mängelrüge s § 377 Rn 61. Lit: Reithmann/ Martiny/Martiny 767. Für **Vertragshändlervertrag** gilt mangels ausdrücklicher oder stillschweigender Rechtswahl (Art 27 EGBGB) als Recht des Orts der charakteristischen Leistung das Recht der gewerblichen Niederlassung des Vertragshändlers (Art 28 II 2 EGBGB), Düss RIW **96,** 958, keine Analogie zu HVRecht (§ 92 c Rn 2, 11), aA Recht der gewerblichen Niederlassung des Lieferanten oder des Tätigkeitsgebiets des Vertragshändlers. Das Auswirkungsprinzip gilt auf jeden Fall für kartellrechtliche Schranken (§ 130 II GWB, Art 81 EG). Die Einzelnen, auf Grund des Rahmenvertrags geschlossenen Verträge unterliegen dem dafür maßgeblichen Vertragsstatut, zB Kauf, Düss RIW **96,** 959, aA einheitliche Anknüpfung von Rahmen- und Ausführungsverträgen. Lit: Reithmann/Martiny/Häuslschmid 2043 (Alleinvertriebsvertrag); Ebenroth RIW **84,** 169; Müller-Feldhammer RIW **94,** 926 (Vertragshändler, BRD/Schweiz), Kindler FS Sonnenberger **04,** 433 (anders Frankreich).

46 **B. Internationales Einheitsrecht, UN-Kaufrecht (CISG):** Für **internationale Käufe** (nicht nur HdlKäufe, auch Werklieferungsverträge) gilt zT auf Grund internationaler Vereinbarung in einer Anzahl von Staaten, unter ihnen die BRD, gleiches Recht, das vom allgemeinen deutschen Kaufrecht abweicht. Außerhalb der Reichweite des Einheitsrechts gilt das nach IPR anzuwendende nationale Recht (s Rn 45). Die Einheitlichen Gesetze über den internationalen Kauf beweglicher Sachen (EKG) und über den Abschluss solcher Kaufverträge (EKAG) 17. 7. 1973 BGBl 856, 868 (Haager Kaufrecht) sind mit Ablauf des 31. 12. 90 außer Kraft getreten, BGBl 2894, 2895.

a) UN-Kaufrecht: Für den internationalen Warenkauf gilt heute weithin das einheitliche (Wiener) UN-Kaufrecht (UNÜbkIntKaufrecht), auch (englisch) CIS- oder CISG-Kaufrecht genannt (Wiener UNCITRAL-Übk 11. 4. 1980, BGBl 89 II 586, 588, ber 90 II 1699). Es ist für die BRD am 1. 1. 1991 in Kraft getreten (Bek 23. 10. 1990 BGBl II 1477). Es ist von wichtigen weiteren Staaten (ua Frankreich, Benelux, Italien, Spanien, Österreich, Schweiz, Skandinavische Staaten, USA, Kanada, Japan, ehem UdSSR, VR China, Australien) unterzeichnet. Die Vorschriften des CISG sind **unmittelbar anwendbar** ohne zusätzliches Einheitsgesetz (wie früher beim Haager Kaufrecht), mit Vorrang vor deutschem IPR (vgl Art 3 II EGBGB) und ohne dass es von den Parteien gewählt worden wäre (Abbedingung s Rn 48). Verbindlich ist der Originalwortlaut in 6 gleichberechtigten Sprachen, darunter engl, frz; die dem CISG beigegebene deutsche Übersetzung ist eine unverbindliche Anwendungshilfe. Lit: Staud/Magnus 2005, Schlechtriem/Schwenzer Komm 5. Aufl 2008, Schlechtriem IntUN-Kaufrecht 4. Aufl 2007, MüKo(HGB)/Benicke, Mankowski 2. Aufl 2007, Piltz NJW **05,** 2126, **07,** 2159 (mit Datenbanken), Symposium RabelsZ 71 **(07)** 7. **RsprÜbersicht:** Hübsch WM Sonderbeil 1/**06,** 30 (BGH).

47 **b) Anwendungsbereich:** (1) **Örtlich:** Internationale Kaufverträge sind solche, deren Parteien ihre Niederlassung oder ihren gewöhnlichen Aufenthalt in verschiedenen Staaten haben. Das CISG ist anwendbar (Teil I), wenn die Parteien ihre Niederlassung (nicht nur Vertriebshändler oder Handelsvertreter) in verschiedenen Vertragsstaaten haben oder wenn das IPR der lex fori zur Anwendung des Rechts eines Vertragsstaats führt (Art 1 I). Mehrere Niederlassungen s Art 10 a; auch Zweigniederlassung. (2) **Sachlich:** Geregelt sind nur internationale Kaufverträge (einschließlich Werklieferungsvertrag) über Waren (auch Software auf Datenträgern), die nicht für den persönlichen Gebrauch bestimmt sind. Verbrauchergeschäfte sind also ausgeschlossen; nicht erfasst ist auch der Kauf von Wertpapieren oder Zahlungsmitteln (Art 2, 3), Vertragshändlerverträge. (3) **Zeitlich:** für die BRD seit 1. 1. 91, vgl Art 100.

48 **c) Abdingbarkeit:** Vertraglicher Ausschluss ist möglich (Art 6); auch stillschweigend, aber anders als bei EKG nur bei hinreichend deutlichem Parteiwillen. Ob dieser vorliegt, ist autonom nach dem CISG zu entscheiden, BGH **74,** 197 (zum EKG). Ob die Parteien von der Existenz des CISG wussten oder daran gedacht haben, spielt keine Rolle, BGH **74,** 197. Die Frage, ob stillschweigend ausgeschlossen ist, ist unter den Parteien häufig umstritten, klare Vertragsregelung ist deshalb sehr zu empfehlen. Wahl des Rechts eines Nichtvertragsstaats bedeutet idR Abbedingung des CISG insgesamt, hL. Wahl des Rechts eines Vertragsstaat bedeutet dagegen idR noch nicht Abbedingung, da von der Verweisung auf das nationale

Recht auch das CISG als dessen Bestandteil erfasst wird. Bloßer Verweis auf deutsches oder ausländisches Recht genügt also nicht, BGH **96**, 322, NJW **97**, 3310, **99**, 1259, Ffm RIW **01**, 383, Hbg IHR **01**, 109; auch nicht, wenn die Parteien sich erst nachträglich im Prozess auf deutsches Recht einigen oder im Prozess ihre Rechtsdiskussion auf der Grundlage des BGB führen, Kln RIW **92**, 1021. Verhandeln auf der Basis des BGB/HGB bedeutet noch kein Abbedingen, Rstk IHR **03**, 17. Ausdrückliche Bezugnahme auf das interne nationale Kaufrecht, zB „Es gilt das BGB/HGB", schließt aber das CISG aus. Die Aufnahme von Gerichtsstandsvereinbarungen und Schiedsklauseln schließt das CISG idR aus, wenn sie zum Recht eines Nichtvertragsstaats führen, str, sonst jedenfalls kein konkludenter Ausschluss, Staud/Magnus Art 6 Rn 36 f. Die Vereinbarung von **(6)** Incoterms und anderen internationalen Klauseln bedeutet keine Abbedingung des CISG insgesamt. Die Vereinbarung von AGB, die vom CISG abweichen, führt nur dann zum Ausschluss des CISG insgesamt, wenn diese sich ohne das unvereinheitlichte nationale Recht, zB BGB/HGB, nicht anwenden lassen, str. Zu Rspr und Lit ausführlich zu Art 6 Staud/Magnus, Schlechtriem/Schwenzer/Ferrari, M. Stürner BB **06,** 2029.

d) Inhalt: Inhaltlich geregelt ist der internationale Warenkauf von seinem 49 Abschluss über die Durchführung bis zu den Rechtsfolgen der mangelhaften Vertragserfüllung einschließlich der Ausschlussfristen für Mängelrügen. Die Gültigkeit des Vertrags (zB Irrtumsanfechtung) und der Eigentumsübergang sind nicht geregelt (Art 4), ebenso wenig Verjährung, Abtretung, Aufrechnung. Personenschäden werden nicht erfasst (Art 5). Teil II regelt den Vertragsschluss. Die Grundsätze zum kfm Bestätigungsschreiben (§ 346 Rn 16) gelten nur, soweit ein entsprechender HdlBrauch feststellbar ist (Art 9), Kröll/Hennecke RabelsZ 67 **(03)** 448 (CISG). Einbeziehung von AGB richtet sich nach Art 14, 18, BGH **149,** 113, Düss NJW-RR **01,** 1562, str. Behandlung widersprechender AGB ist umstritten, für Restgültigkeitstheorie statt Theorie des letzten Worts BGH NJW **02,** 1651, zust Staud/Magnus Art 9 Rn 24, für Gegenangebot Kln IHR **06,** 147. Teil III enthält das materielle Kaufrecht (zB Rechte und Pflichten der Parteien und Gefahrtragung). Es entspricht weitgehend dem deutschen Kaufrecht, Ausnahmen ua: grundsätzlich kein bindendes, sondern (bis zur Absendung der Annahmeerklärung) widerrufliches Angebot (Art 16 I, Ausnahmen II); Annahme unter unwesentlicher Änderung (Art 19 II, III); verspätet zugegangene Annahmeerklärung (Art 21). Schweigen oder Untätigkeit allein sind keine Annahme des Angebots (Art 18 I 2; anders nach deutschem Recht zum kfm Bestätigungsschreiben § 346 Rn 16, aber Berücksichtigung nur als HdlBrauch, Schlechtriem/Schwenzer/ Schlechtriem Vor Art 14–24 Rn 4, Einzelheiten str). Wesentliche Vertragsverletzung (Art 25) ist autonom gegenüber ähnlichen nationalen Rechtsbegriffen auszulegen, Rspr bei Ferrari IHR **05,** 1. Der Käufer muss die Ware in so kurzer Frist untersuchen oder untersuchen lassen, wie es die Umstände erlauben (Art 38), und muss eine Vertragswidrigkeit innerhalb angemessener Frist rügen (Art 39), was zu vielen Streitfragen führt, Lit: Jansen 2001, Günther FS Buxbaum **00,** 235, Kramer FS Koppensteiner **01, 617.** Rechte des Käufers bei Pflichtverletzung s Art 45 ff, des Verkäufers Art 61 ff. Das SMG hat auch für die Mängelhaftung des Kaufrechts des BGB das Modell des CISG übernommen, aber nicht im Detail, zB nicht hinsichtlich der allgemeinen Rügepflicht (§ 377 Rn 3); zur Ähnlichkeit von VerbrGüKRi und CISG Grundmann AcP 202 **(02)** 40. Vorbehalte (Art 92 ff) sind von der BRD nicht gemacht worden, aber von anderen Vertragsstaaten.

C. **Internationales Abladegeschäft:** Eine einheitliche Rechtsentwicklung 50 durch HdlBrauch erfolgte vor allem im internationalen Abladegeschäft. Abladegeschäft ist Kauf über Ware, die von einem Verschiffungshafen nach einem Bestimmungshafen zu verfrachten ist, mit Abladeklausel, die der Verladungszeit präzisiert. Lieferung erfolgt durch (Übernahme- bzw Bord-)Konnossement (Nachweis über Verladung), der Kauf bleibt aber trotzdem Warenkauf. Erfüllungsort ist

§ 373

IV. Buch. Handelsgeschäfte

der Verschiffungshafen (nicht der Bestimmungshafen wie beim unechten Abladegeschäft). Sammlung internationaler (Import-)Standardkontrakte: HdlKammer Hbg (Export-Kontrakte, ua: Verband Deutscher Maschinen- und Anlagebau eV, VDMA, s § 346 Rn 39). Besichtigungsrecht des Importeurs vor Zahlung s § 377 Rn 22. Rechte des Käufers bei fehlerhafter Lieferung s Haage BB **55,** 944. Das Abladegeschäft ist idR Fixgeschäft, str (§ 376 Rn 8). „Direktes Abladegeschäft" s SchiedsG CaffeeHdlVerein St/Ul II **(74)** J 5 a Nr 52; „indirektes Abladegeschäft" SchiedsG CaffeeHdlVerein St/Ul II **(75)** J 5 a Nr 64; allgemein **(6)** Incoterms. Zum Ketten- oder Stringgeschäft s SchiedsG CaffeeHdlVerein St/Ul II **(74)** J 5 a Nr 46, 47 (s Rn 27). **Zu einzelnen Klauseln:** In Fristbestimmungen bedeuten idR **„Abladung"**, „Verladung" fristgemäße Übergabe der Ware (in Übersee) an die Reederei zur Verschiffung (also gerade nicht: von Bord bringen im Bestimmungshafen, das ist das „Löschen"), **„Verschiffung"** Anbordgelangen der Ware, „Segelung" Auslaufen des Frachtschiffs mit der Ware; „circa" kann für „Verschiffung" (erst recht „Segelung") enger auszulegen sein als für „Abladung"; im circa-Rahmen muss ggf Käufer das Akkreditiv verlängern, BGH MDR **64,** 48. Klausel „Verschiffung per Dampfer X, ca Y-Tag auslaufend" bedeutet Festlegung des Bestimmungshafens und Interesse des Abladers an Verschiffung durch bestimmte Reederei, wahrscheinlich „erweitertes fob-Geschäft" mit Pflicht des Verkäufers, für Verschiffung der Ware zu sorgen, der „Segelungs"-Klausel nahe, BGH MDR **64,** 48. Nach Erstattung der Verladeanzeige, auch uüV (unter üblichem Vorbehalt), darf der Verkäufer nur noch Ware aus dem darin bezeichneten Schiff oder Substitut-Schiff liefern; Andienung aus anderem Schiff kann der Käufer zurückweisen, SchiedsG Hbg frdsch Arbitr St/Ul II **(57)** E 1 a Nr 7; Klausel „uüV", beachtlicher Irrtum, SchiedsG WV Hbg Börse St/Ul II **(74)** E 1 a Nr 9. „Prompte Abladung" s SchiedsG Hbg frdsch Arbitr St/Ul II **(58)** E 2 a Nr 5. European Contract for Coffee (E. C. C.) idF 1980 s St/Ul/Ti **(84).** Lit: Haage 4. Aufl 1958; Mankowski, Seerechtliche Vertragsverhältnisse im IPR 1995; Fadi Al-Deb'i 2008; Reithmann/Martiny/Mankowski 1495 (Seefrachtverträge); Liesecke WM Beil 3/**78,** 23; Magnus/Lüsing IHR **07,** 7.

[Annahmeverzug des Käufers]

373 (1) **Ist der Käufer mit der Annahme der Ware im Verzuge, so kann der Verkäufer die Ware auf Gefahr und Kosten des Käufers in einem öffentlichen Lagerhaus oder sonst in sicherer Weise hinterlegen.**

(2) ¹ **Er ist ferner befugt, nach vorgängiger Androhung die Ware öffentlich versteigern zu lassen; er kann, wenn die Ware einen Börsen- oder Marktpreis hat, nach vorgängiger Androhung den Verkauf auch aus freier Hand durch einen zu solchen Verkäufen öffentlich ermächtigten Handelsmakler oder durch eine zur öffentlichen Versteigerung befugte Person zum laufenden Preise bewirken.** ² **Ist die Ware dem Verderb ausgesetzt und Gefahr im Verzuge, so bedarf es der vorgängigen Androhung nicht; dasselbe gilt, wenn die Androhung aus anderen Gründen untunlich ist.**

(3) **Der Selbsthilfeverkauf erfolgt für Rechnung des säumigen Käufers.**

(4) **Der Verkäufer und der Käufer können bei der öffentlichen Versteigerung mitbieten.**

(5) ¹ **Im Falle der öffentlichen Versteigerung hat der Verkäufer den Käufer von der Zeit und dem Orte der Versteigerung vorher zu benachrichtigen; von dem vollzogenen Verkaufe hat er bei jeder Art des Verkaufs dem Käufer unverzüglich Nachricht zu geben.** ² **Im Falle der Unterlassung ist er zum Schadensersatze verpflichtet.** ³ **Die Benachrichtigungen dürfen unterbleiben, wenn sie untunlich sind.**

2. Abschnitt. Handelskauf 1–3 § 374

[Vorschriften des BGB über Annahmeverzug]

374 Durch die Vorschriften des § 373 werden die Befugnisse nicht berührt, welche dem Verkäufer nach dem Bürgerlichen Gesetzbuche zustehen, wenn der Käufer im Verzuge der Annahme ist.

Übersicht

1) Inhalt und Anwendungsbereich der §§ 373, 374 1, 2
   A. Inhalt 1
   B. Anwendungsbereich 2
2) Annahmeverzug (§§ 293 ff BGB, §§ 373 I, 374) 3–7
   A. Voraussetzungen des Annahmeverzugs (§§ 293 ff BGB) 3
   B. Rechtsfolgen des Annahmeverzugs (nach § 373 und BGB gemäß § 374) 4
   C. Verhältnis zum Schuldnerverzug 7
3) Hinterlegungsrecht des Verkäufers (§ 373 I) 8–10
   A. Art und Weise der Hinterlegung 8
   B. Rechtswirkungen der Hinterlegung 10
4) Recht des Verkäufers zum Selbsthilfeverkauf (§ 373 II–V) 11–29
   A. Arten des Selbsthilfeverkaufs (Öffentliche Versteigerung, freihändiger Verkauf, II 1, IV) 11
   B. Androhung (II 1, 2) 13
   C. Benachrichtigung (V) 18
   D. Durchführung (Gegenstand, Bedingungen, Ort, Zeit) 19
   E. Rechtswirkungen des (ordnungsmäßigen und nicht ordnungsmäßigen) Selbsthilfeverkaufs (III) 23
5) Abweichende Vereinbarungen 30

1) Inhalt und Anwendungsbereich der §§ 373, 374

A. **Inhalt:** § 373 bewirkt lediglich eine Erweiterung der Rechte des Verkäu- 1 fers bei Annahmeverzug des Käufers nach BGB (§§ 293 ff BGB, Gläubigerverzug). § 373 beinhaltet also eine Kumulation der Rechte aus BGB und HGB. Dem Verkäufer werden zusätzliche Rechte zur **Hinterlegung (I)** und zum **Selbsthilfeverkauf (II–V)** eingeräumt. § 374 bestimmt, dass die **Rechte** des Verkäufers **wegen Annahmeverzugs aus BGB unberührt bleiben**, der Verkäufer kann also sowohl die Rechte aus BGB als auch die aus HGB geltend machen. Erst recht bleiben die Rechte des Verkäufers bei **Schuldnerverzug** des Käufers mit seiner Abnahmepflicht (§ 433 II BGB) aus §§ 286 ff BGB **unberührt**.

B. **Anwendungsbereich:** §§ 373, 374 sind (wie §§ 373 ff insgesamt mit Aus- 2 nahme der §§ 377, 379) auch bei einseitigen Handelsgeschäften anwendbar (§ 345), also auch, wenn nur der Verkäufer Kfm ist (Überbl 8 vor § 373); krit K. Schmidt § 29 II 2 b: beim einseitigen HdlKauf kann allein auf § 373 gestützte Hinterlegung gegen § 242 BGB verstoßen, str. AGB s Rn 29.

2) Annahmeverzug

A. **Voraussetzungen des Annahmeverzugs (§§ 293 ff BGB):** Die Voraus- 3 setzungen des Annahmeverzugs des Käufers bestimmen sich ausschließlich nach §§ 293 ff BGB, die mit Ausnahme einer geringfügigen Änderung des § 296 S 2 BGB (Entbehrlichkeit des Angebots) durch das SMG nicht geändert worden sind. Grundsätzlich bedarf es eines tatsächlichen Angebots (§ 294 BGB): Die Leistung muss so, wie sie geschuldet wird, dh am rechten Ort und zur rechten Zeit (§§ 269–271 BGB) und in der rechten Weise angeboten werden. Ausnahmsweise genügt ein wörtliches Angebot (§ 295 BGB) oder ist ein Angebot entbehrlich (§ 296 BGB). Auf Verschulden des Käufers kommt es für den Annahmeverzug nicht an. Ist die Ware nicht vertragsgemäß, kommt der Käufer also nicht in Annahmeverzug, ebenso wenig bei unzulässigem Teilangebot oder bei Zuviellieferung, wenn die vertragsgemäße Menge nicht mühelos ausgeschieden werden kann und der Verkäufer nur diese anbietet, Staub/Koller 5. Bei „Kasse"-Geschäften (§ 346 Rn 40) kommt Käufer in Annahmeverzug, wenn er nicht gegen Lieferung der Ware Zug um Zug den Kaufpreis zu zahlen bereit ist (§ 298 BGB), RG **109**, 326. Ist der Zeitpunkt der Leistung nicht genau bestimmt (zB Lieferzeitraum oder Recht zur vorzeitigen Lieferung), muss der Verkäufer die Lieferung rechtzeitig ankündigen, vgl Hbg LZ **12**, 784. Nach Treu und Glauben muss der Verkäufer dem Käufer vorherige Prüfung der Ware erlauben. Darum braucht der Käufer keine Nachnahmesendung anzunehmen. Der Annahmeverzug hört auf, sobald der Käufer das ihm Obliegende tut.

4 B. **Rechtsfolgen des Annahmeverzugs: a) Rechte aus § 373 und aus BGB nach Wahl (§ 374):** § 374 stellt klar, dass § 373 dem Verkäufer bei Annahmeverzug des Käufers nur zwei zusätzliche Rechte gibt (s Rn 6). Die allgemeinen Rechtsfolgen des Annahmeverzugs nach BGB bleiben unberührt. Der Verkäufer hat also auch die Befugnisse nach BGB (s Rn 5).

5 **b) Rechtsfolgen des Annahmeverzugs nach BGB:** Diese sind: (1) **Haftungsmilderung:** Der Verkäufer hat während des Annahmeverzugs des Käufers **nur Vorsatz und grobe Fahrlässigkeit** zu vertreten (§ 300 I BGB); hinsichtlich § 373 im Einzelnen str (s Rn 8). Der Käufer trägt also die Gefahr des Untergangs der Kaufsache infolge leichter Fahrlässigkeit des Verkäufers. (2) **Gefahrübergang:** Bei Gattungsware geht nach Festlegung auf bestimmte Stücke und Angebot, RG **57**, 403, die Gefahr auf den Käufer über (§ 300 II BGB), die Gefahr des Untergangs der ganzen Gattung (zB bei beschränkter Gattungsschuld, § 360 Rn 1) trägt er schon vorher, vgl RG **103**, 15. (3) **Anspruch auf Gegenleistung:** Der Verkäufer behält bei einem von ihm nicht zu vertretenden (s oben, § 300 I BGB) Unmöglichwerden den Anspruch auf die Gegenleistung (§ 326 II 1 Alt 2 BGB), muss sich aber die durch den Wegfall seiner eigenen Leistungspflicht entstehenden Vorteile anrechnen lassen (§ 326 II 2 BGB). (4) **Weitere Rechtsfolgen:** Eingeschränkte Pflicht zur Herausgabe von **Nutzungen** (§ 302 BGB); Anspruch auf Ersatz der **Mehraufwendungen** für das erfolgose Angebot und die Erhaltung der Kaufsache (§ 304 BGB, auch ohne Hinterlegung, s sogleich und Rn 8), im Rahmen der möglichen Maßnahmen eines verständigen Kfm (vgl §§ 677 ff BGB), RG **45**, 302; Recht zur **Hinterlegung nach § 372 S 1 BGB** bei einer öffentlichen Hinterlegungsstelle (nur Amtsgericht, § 1 II 2 HintO; Hinterlegungsstelle des Leistungsorts, § 374 I BGB; nur Geld, Wertpapiere, Urkunden und Kostbarkeiten; Rücknahme möglich, außer wenn ausgeschlossen, dann schuldbefreiende Wirkung, §§ 376 II, 378 BGB); Recht zur **öffentlichen Versteigerung** nach § 383 BGB, falls die Sache nicht hinterlegungsfähig ist, dann Hinterlegung des Erlöses.

6 **c) Rechtsfolgen des Annahmeverzugs nach HGB:** Liegen die Voraussetzungen des Annahmeverzugs nach BGB vor (s Rn 3), so hat der Verkäufer zusätzlich zu den Rechten nach BGB (s Rn 5) ein Recht zur Hinterlegung (I, s Rn 8) und zum Selbsthilfeverkauf (II–V, s Rn 11).

7 C. **Verhältnis zum Schuldnerverzug:** Annahmeverzug/Gläubigerverzug ist das Gegenstück zum Schuldnerverzug (§§ 286 ff BGB), unterscheidet sich aber von diesem in Voraussetzungen und Rechtsfolgen beträchtlich; ausnahmsweise können beide vorliegen. §§ 293 ff BGB gehen davon aus, dass der Gläubiger zur Annahme der Leistung nur berechtigt, aber nicht verpflichtet ist, BGH BB **88**, 1418. Gläubigerverzug ist bloße Verletzung einer Obliegenheit, keiner Rechtspflicht. Er setzt im Unterschied zum Schuldnerverzug (§ 286 IV BGB) kein Vertretenmüssen voraus und hat anders als dieser (§§ 280 II, 286, 288 IV BGB) keine Schadensersatzpflicht zur Folge. Ausnahmsweise kann die Nichtannahme der Leistung zugleich Gläubiger- und Schuldnerverzug begründen, so wenn die Annahme als Rechtspflicht geschuldet wird. Beim Spezifikationskauf (§ 375

HGB) gerät der Käufer schon durch Unterlassen der Bestimmung (außer in Annahmeverzug) auch in Schuldnerzug (§ 375 Rn 6). Beim normalen Kauf ist die Nichtabnahme der vertragsgemäßen, insbesondere mangelfreien, und gehörig angebotenen Ware Verletzung der **Abnahmepflicht** des Käufers (§ 433 II BGB). Der Käufer kommt dadurch bei Verschulden in **Schuldnerverzug** (§ 286 BGB) und wird dem Verkäufer haftbar für Schaden aus der Verzögerung der Abnahme (§§ 286, 280 I, II BGB). Das Recht auf Schadensersatz statt der Leistung (bis zum SMG: wegen Nichterfüllung) in §§ 281 ff BGB und das Rücktrittsrecht in § 323 BGB sind seit dem SMG vom Vorliegen der Verzugsvoraussetzungen unabhängig.

3) Hinterlegungsrecht des Verkäufers (§ 373 I)

A. **Art und Weise der Hinterlegung:** Der Verkäufer darf bei Annahme- 8 verzug des Käufers die Ware auf dessen Gefahr und Kosten hinterlegen, in einem öffentlichen Lagerhaus oder sonst in sicherer Weise (**I**). **Hinterlegungsfähig** sind Waren, dh bewegliche Sachen (§ 1 II Nr 1 aF). Gemäß § 381 erstreckt sich das Hinterlegungsrecht auch auf Wertpapiere (I) und vom Verkäufer herzustellende oder zu erzeugende Sachen (II). **Hinterlegungsstelle:** „Öffentliches Lagerhaus" ist eine öffentlich betriebene (auch private, nicht etwa nur öffentlich-rechtliche) Einlagerungsstelle, also ein Lagerhalter iSd § 467, wenn er sein Geschäft öffentlich betreibt. Was sonst sicher im Sinne von I Alt 2 ist, ist Tatfrage. Hinterlegung bei einer staatlichen Hinterlegungsstelle (Amtsgericht, s Rn 5) genügt auf jeden Fall. „Hinterlegung" auf Notaranderkonto s (**9**) AGB-Anderkonten Einl 6. Die Hinterlegung nach I braucht nicht am Leistungsort zu erfolgen, § 374 I BGB (s Rn 5) gilt hier nicht, Grund: betrifft nur staatliche Hinterlegungsstellen (HintO). Die Hinterlegungsstelle ist nicht Erfüllungsgehilfe des Verkäufers (§ 278 BGB; vgl § 379 Rn 7). Die **Auswahl** der Hinterlegungsstelle haftet der Verkäufer für Vorsatz und jede Fahrlässigkeit; Maßstab ist die Sorgfalt eines ordentlichen Kfm gemäß § 347 ohne Haftungsmilderung nach § 300 I BGB (s Rn 5), RG JW **21**, 394, Saarbr NJW-RR **02**, 528, hL, Grund: § 300 I BGB betrifft nur Vorsorge für den Leistungsgegenstand, aA Staub/Koller 30, Ebenroth/Müller 24: wie bei eigener Verwahrung (s Rn 9). Der Verkäufer muss dem Käufer die Hinterlegung unverzüglich (ohne schuldhaftes Zögern, § 121 I 1 BGB) anzeigen (§ 374 II BGB).

Der Verkäufer kann, statt nach I zu hinterlegen, die Ware **in eigener Verwah-** 9 **rung** behalten oder anderweitig verwahren, RG **45**, 302, BGH NJW **96**, 1464, I begründet nur ein Recht, keine Pflicht. I findet dann aber keine, auch nicht entsprechende Anwendung. Der Verkäufer haftet dann nur für Vorsatz und grobe Fahrlässigkeit und hat Anspruch auf Aufwendungsersatz (§§ 300 I, 304 BGB, s Rn 5, 8); Anspruch auf übliche Lagerkosten s § 354 Rn 5.

B. **Rechtswirkungen der Hinterlegung:** I betrifft nur die Gefahr- und 10 Kostentragung, Vertretungsmacht des Verkäufers für den Käufer bei der Hinterlegung begründet er nicht. Der Käufer trägt die mit einer sorgfältigen Hinterlegung verbundene Preisgefahr bei Beschädigung oder Untergang der Sache (s Rn 5) und muss dem Verkäufer die Kosten der Hinterlegung ersetzen (Umfang: § 670 BGB). Der Verkäufer muss die Ware nach HdlBrauch oder wie Kfm sonst versichern; der Käufer trägt dann auch die Versicherungsgebühren. Der Käufer trägt zudem die Beförderungsgefahr (§ 447 BGB). Die Hinterlegung nach I hat anders als nach § 378 BGB keine Erfüllungswirkung, hL, Grund: Hinterlegung auch in sonst sicherer Weise möglich, Rücknahme durch I nicht ausgeschlossen. Die Rücknahme kann nach § 376 II BGB ausgeschlossen sein. Ob Befreiung von der Verbindlichkeit eintritt, bestimmt sich allein nach § 378 BGB oder Parteiabrede, BGH NJW **93**, 55.

§ 374 11–14   IV. Buch. Handelsgeschäfte

4) Recht des Verkäufers zum Selbsthilfeverkauf (§ 373 II–V)

11   A. **Arten des Selbsthilfeverkaufs (Öffentliche Versteigerung, freihändiger Verkauf, II 1, IV):** a) **Öffentliche Versteigerung:** Der Verkäufer darf bei Annahmeverzug des Käufers die Ware (abw von § 383 I BGB auch, wenn sie hinterlegungsfähig wäre) und Wertpapiere (§ 381 I) **gemäß II** verkaufen lassen; die Ware ist idR **öffentlich zu versteigern.** Der Verkäufer hat die **Formalitäten des** § 383 BGB mit der Sorgfalt eines ordentlichen Kaufmanns (§ 347) einzuhalten, andernfalls handelt es sich um einen nicht ordnungsgemäßen Selbsthilfeverkauf (s Rn 26); zu § 300 I BGB, str (s Rn 8). Als Versteigerer kommen außer Gerichtsvollziehern in Frage zB Notare (BNotO), öffentlich bestellte Versteigerer (GewO), es entscheidet das Landesrecht. HdlMakler sind als solche nicht befugt. Bekanntmachung nach § 383 III 2 BGB. Die Versteigerung ist nur dann öffentlich, wenn jedermann Zutritt hat. **Verkäufer und Käufer** dürfen **mitbieten (IV).** Gesetzlich ausgeschlossene Bieter s §§ 450–451 BGB. Vorgängige Androhung s Rn 13; sie kann mit Benachrichtigung (s Rn 18) verbunden werden.

12   b) **Freihändiger Verkauf:** Wenn die Ware einen **Börsen- oder Marktpreis** hat (vgl § 253 III 1), dh wenn sich aus einer größeren Zahl von Verkäufen der betreffenden Ware zur fraglichen Zeit am Verkaufsort (Börse, Markt) ein Durchschnittspreis ermitteln lässt, RG **34**, 121, **47**, 113, BGH NJW **79**, 759 (§ 253 Rn 14; nicht bloßer Listenpreis des Verkäufers, BGH **90**, 72), darf der Verkäufer sie „aus freier Hand" zum „laufenden Preis" verkaufen lassen (II Halbs 2; entspr § 385 BGB). Zum Schutz des Käufers ist der freihändige Verkauf aber nur durch einen zu solchen Verkäufen öffentlich ermächtigten HdlMakler oder eine zur öffentlichen Versteigerung befugte Person zulässig; also nicht durch jeden HdlMakler iSv § 93. Der amtlich bestellte Kursmakler, der den Verkauf nach II auch außerhalb der Börse tätigen konnte, ist durch das 4. FinanzmarktfördG abgeschafft. **Laufender Preis** ist der Preis, der sich an der Börse bzw dem Markt für die betreffende Ware an einem bestimmten Tag und Ort bildet, Staub/Koller 42, also mangels Abschlüsse nicht bloße Geldnotiz, RG **34**, 121; Verkauf unter dem laufenden Preis s Rn 20. Vorgängige Androhung s Rn 13.

13   B. **Androhung (II 1, 2):** Verkäufer muss den Selbsthilfeverkauf dem Käufer grundsätzlich vorher androhen, einerlei ob öffentlich versteigert oder freihändig verkauft werden soll. Der Käufer soll durch die Androhung, dh Ankündigung, Gelegenheit erhalten, sich vor Schäden zu bewahren. Androhung ist Wirksamkeitsvoraussetzung, Fehlen s Rn 26.

14   a) **Inhalt:** Die Androhung muss erkennen lassen, dass der Verkäufer gerade die Vertragsware im Wege des Selbsthilfeverkaufs veräußern will, Mitteilung, dass „Waren gleicher Art verkauft werden sollen", genügt nicht, RG LZ **13**, 675 Nr 3. Welche Art des Selbsthilfeverkaufs er wählen wird, braucht er nicht zu sagen. Eine unbestimmt gehaltene Androhung ist aber als Androhung der öffentlichen Versteigerung auszulegen, RG **109**, 136, Grund: diese ist die Regel, der freihändige Verkauf muss nach II besonders angekündigt werden, Staub/Koller 34, str. Droht der Verkäufer eine bestimmte Art an, ist er daran bis auf Widerruf gebunden; hat er zB öffentlichen Verkauf angedroht, so darf er nicht ohne neue Androhung freihändig verkaufen, RG **109**, 135. Androhung „nach HdlRecht zu verfahren" genügt nicht, RG JW **25**, 946, da I auch Hinterlegung zulässt. Androhung verpflichtet nicht zum Verkauf, RG LZ **08**, 224. Der Verkäufer kann seine Wahl auch ändern, zB auch nach Androhung des Selbsthilfeverkaufs noch Abnahme und Zahlung verlangen. Die Auslegungsfrage, ob der Verkäufer nur Selbsthilfeverkauf androht (so iZw) oder Erfüllungsablehnung nach § 326 aF BGB, Hbg OLGE **33**, 225, str, spielt nach dem SMG (§§ 280, 281, 323 BGB ohne Ablehnungsandrohung) keine Rolle mehr.

b) **Form:** Die Androhung ist **formfrei,** auch mündlich oder fernmündlich. 15 Sie ist eine einseitige, empfangsbedürftige Erklärung, aber keine Willenserklärung, sondern eine rechtsgeschäftsähnliche Handlung, str; die Vorschriften über die Willenserklärung finden jedenfalls entsprechende Anwendung, aA Hbg LZ **10,** 568 Nr 2: Absenden genügt. Eingeschriebener Brief (mit Rückschein) ist zu empfehlen, weil der Verkäufer den rechtzeitigen Zugang der Androhung beim Käufer beweisen muss.

c) **Zeitpunkt:** Die Androhung muss **rechtzeitig** erfolgen, um dem Käufer 16 schadensverhütende Maßnahmen zu ermöglichen. Frühester Zeitpunkt ist das Angebot, insoweit also vor Eintritt des Annahmeverzuges, KG OLGE **16,** 124. Angebot und Androhung können verbunden werden.

d) **Entbehrlichkeit (II 2):** Die Androhung darf unterbleiben, wenn die Ware 17 dem Verderb ausgesetzt und (zusätzlich) Gefahr im Verzug ist oder wenn die Androhung aus anderen Gründen untunlich ist. Verderb ist Zerstörung der Brauchbarkeit, zB bei Lebensmitteln, auch Präjudizierung bei Wechsel; wesentliche (nicht nur gänzliche) Wertminderung steht gleich, str. Untunlich ist die Androhung zB, wenn die Anschrift des Käufers unbekannt ist; auch wenn ein Preissturz droht, dagegen nicht schon bei rückläufiger Konjunktur, vgl Staub/Koller 36.

C. **Benachrichtigung (V):** Der Verkäufer hat den Käufer **von Zeit und** 18 **Ort einer öffentlichen Versteigerung vorher zu benachrichtigen** und den erfolgten Verkauf, auch den freihändigen, unverzüglich mitzuteilen **(V 1).** Keine Wirksamkeitsvoraussetzung. Unterlassung macht nur schadensersatzpflichtig **(V 2).** Die Benachrichtigungen dürfen unterbleiben, wenn sie untunlich (s Rn 17) sind **(V 3).** Schadensersatzpflicht s Rn 27.

D. **Durchführung (Gegenstand, Bedingungen, Ort, Zeit):** Zu den Un- 19 terschieden je nach öffentlicher Versteigerung oder freihändigem Verkauf s Rn 11, 12.

a) **Gegenstand:** Gegenstand des Selbsthilfeverkaufs ist die **Vertragsware,** mit deren Annahme sich der Käufer in Verzug befindet. Beim **Gattungskauf** genügt Ware in vertraglicher Beschaffenheit, sofern nicht der Käufer ein Interesse an gerade der etwa schon ausgesonderten Ware hat, vgl RG **91,** 112. Entscheidend ist, dass der Verkäufer jederzeit über die Ware verfügen kann; sie muss sich daher in seinem Besitz befinden oder zumindest vom Lieferanten für den Verkäufer jederzeit verfügbar (auch wenn aus dem mindestens durch Angabe des Lagerortes individualisierten Vorrat noch nicht ausgeschieden) vorgehalten werden, RG JW **13,** 47. Beim Sukzessivlieferungskauf beschränkt sich der Selbsthilfeverkauf auf die der rückständigen Rate entsprechende Teillieferung, RG JW **04,** 90. Braucht der Käufer Teillieferungen nicht anzunehmen, so darf Verkäufer nicht nur einen Teil der Ware verkaufen. Ist der Käufer mit mehreren Raten rückständig, darf der Verkäufer einheitlich oder getrennt entsprechende Teillieferungen verkaufen. Ist ein Traditionspapier (§§ 448, 475g, 650, s Anm zu § 448) über die Ware ausgestellt, ist die Ware zu versteigern, wo sie ist, auch wenn das Papier anderswo ist und erst dorthin gesandt werden muss, RG JW **01,** 654. Nicht der Anspruch des Verkäufers gegen einen Dritten auf Lieferung der Ware ist zu verkaufen, sondern die Ware selbst, RG **11,** 113.

b) **Bedingungen:** Das Gesetz enthält keine Regelung über die Bedingungen, 20 zu denen der Selbsthilfeverkauf erfolgen muss. Da er für Rechnung des Käufers erfolgt, sind dessen Interessen soweit wie möglich zu berücksichtigen. Ausgangspunkt sind grundsätzlich die Bedingungen des geschlossenen Kaufvertrags, str, vgl RG **19,** 201. Der Verkauf hat zu möglichst günstigen **Bedingungen** zu erfolgen; demgemäß sind alle Abweichungen von dem mit dem Käufer Vereinbarten zulässig, die das Ergebnis verbessern oder wenigstens nicht nachteilig

§ 374 21, 22   IV. Buch. Handelsgeschäfte

beeinflussen, vgl RG JW **04**, 561, bei Gewährleistungsausschlüssen ist Vorsicht geboten, RG **19**, 201. Bei Waren mit einem Börsenpreis wird vermutet, dass sie zum **laufenden Preis** (s Rn 12) verkauft wurden; der Käufer trägt Beweislast für das Gegenteil. Ist der Marktpreis erzielt, so ist der Selbsthilfeverkauf immer wirksam, RG SeuffA **76**, 54. Andernfalls muss der Verkäufer beweisen, dass Käufer durch die Abweichung nicht geschädigt ist, so namentlich bei dem (für den Käufer günstigen) Ausschluss der Mängelhaftung, RG JW **04**, 561. Strittig ist, welche Folgen es hat, wenn beim freihändigen Verkauf der laufende Preis nicht erreicht wird. Für Unwirksamkeit gegenüber dem Käufer ROHGE **8**, 102, für Gültigkeit mangels Verschulden des Verkäufers, der dann aber Differenz zum laufenden Preis zahlen müsse, ROHGE **10**, 367; die Durchführung des Verkaufs ist jedoch Sache der Verkaufsperson, deren Verschulden macht den Verkauf nicht unwirksam und ist dem Verkäufer nicht nach § 278 BGB zuzurechnen, zutr Staub/Koller 44 (vgl zur Hinterlegung Rn 8). Der Verkäufer haftet auf die Differenz nur bei eigenem (Auswahl)Verschulden, aber Abtretung seiner Ersatzansprüche gegen die Verkaufsperson; sogar für Direktanspruch des Käufers gegen die Verkaufsperson Ebenroth/Müller 38.

21   c) **Ort:** § 373 enthält dazu keine Vorschrift (anders § 383 I 1 BGB: Leistungsort, s auch Rn 8 zur Hinterlegung). Der Verkäufer braucht den Selbsthilfeverkauf also nicht am Leistungsort zu tätigen, sondern kann den Ort selbst wählen. Er darf dabei aber nicht willkürlich verfahren, sondern muss wie ein Beauftragter (s Rn 23) die Interessen des Käufers wahren, RG **110**, 270. Er darf dem Käufer keine unnötigen Kosten verursachen. Danach hat er idR an dem Ort zu verkaufen, wo sich die Ware sich bei Annahmeverweigerung befindet, zB dem Ort der Niederlassung des Verkäufers (§ 269 II BGB); wenn sie schon versandt ist, am Bestimmungsort, RG **110**, 269. Bei vorweggenommener Annahmeverweigerung kann der Verkäufer die Ware am Absendeort, RG **50**, 211, verkaufen oder wo sie sich sonst befindet, Dresd OLGE **13**, 28. Nach RG JW **01**, 756 ist Verkauf auch dann am Bestimmungsort zulässig, wenn Käufer schon vor Absendung die Annahme ablehnte, falls nach dem Kaufvertrag Verkäufer die Versendungskosten trägt, da der Käufer dann nicht benachteiligt werde; das überzeugt aber wegen § 326 II 2 BGB nicht (Anrechnung der Vorteile), die bei Selbsthilfeverkauf am Absendeort ersparbaren Versendungskosten sind also dem Käufer gutzubringen. Ist die Ware unterwegs, so muss sie Verkäufer geeignetenfalls, um Kosten zu sparen, anhalten und unterwegs verkaufen. Der Verkäufer muss die Ware aber nicht, um Kosten zu sparen, an einen anderen, vertraglich nicht vorgesehenen Ort verbringen. Verkauf am ungeeigneten Ort macht den Verkauf nicht unwirksam. Folge ist nur, dass dem Käufer das am richtigen Ort zu erzielende, bessere Ergebnis gutzubringen ist. Die Beweislast dafür, dass am richtigen Ort kein besseres Ergebnis erzielt worden wäre, trägt der Verkäufer, RG **110**, 270.

22   d) **Zeit:** Verkäufer darf verkaufen, **solange** der **Annahmeverzug** dauert (I Halbs 1). Er darf frühestens am Tage der Fälligkeit verkaufen; auch wenn der Käufer schon zuvor die Annahme verweigert hat, da die Verweigerung diesen nicht bindet. Einen spätesten **Zeitpunkt** für den Selbsthilfeverkauf gibt es grundsätzlich nicht; da Käufer den Annahmeverzug jederzeit beenden kann, braucht der Verkäufer insoweit nur die eigenen Belange zu beachten, RG **41**, 64, **66**, 192 (vgl demgegenüber Rn 23), Grenze: Arglist, aA schon grobe Fahrlässigkeit, RG **36**, 89 (vgl § 379 Rn 12). Verwirkung kommt praktisch nicht in Betracht, Rechtsmissbrauch ist wie immer möglich, aber bleibt theoretisch. Die Annahme eines stillschweigenden Verzichts des Verkäufers auf die Rechte aus dem Kaufvertrag wäre Fiktion. Da der Käufer sich, was die Zeit angeht, selbst schützen kann, trifft den Verkäufer auch keine Pflicht zur Wahl eines für den Käufer möglichst günstigen Zeitpunkts, zutr Staub/Koller 53. Wählt er indessen vorsätzlich einen besonders ungünstigen Zeitpunkt, etwa wenn der zu erzielende Preis besonders niedrig ist, kann er sich dem Käufer schadensersatzpflichtig machen. Grobe Fahrlässigkeit steht idR nicht gleich, anders wenn Verkäufer den Selbsthilfeverkauf leicht verderblicher Ware angekündigt und dennoch grob fahrlässig nicht rechtzeitig vorgenommen hat, RG **36,** 90. Selbsthilfeverkauf ist auch noch nach Erlangung eines Urteils auf Abnahme oder nach Hinterlegung nach I zulässig. Bei Gattungskauf kann der Verkäufer einen unwirksamen Selbsthilfeverkauf wiederholen, wenn der Käufer kein Interesse an bestimmter Ware hat, RG **32,** 63. Beim Fixgeschäft nach § 376 ist der Verkauf idR sofort vorzunehmen, weil ein späterer Verkauf den Inhalt des Geschäfts ändert.

E. Rechtswirkungen des Selbsthilfeverkaufs (III): a) Ordnungsmäßiger 23
Selbsthilfeverkauf: Der Selbsthilfeverkauf erfolgt **für Rechnung des Käufers.** Es gilt insoweit **Auftragsrecht:** Der Verkäufer hat die Rechte und Pflichten eines Beauftragten, ua betr Auskunft, Rechenschaft, Herausgabe und Aufwendungsersatz (§§ 666, 667, 670 BGB). Das gilt auch, wenn der Verkäufer zulässigerweise abweichend von II die Kaufsache im eigenen Betrieb verwertet (s Rn 28).

Erfüllungswirkung: Durch Abschluss des ordnungsmäßigen Selbsthilfever- 24 kaufs erlischt die Lieferschuld des Verkäufers gegenüber dem Käufer ohne weiteres, die Kaufpreisforderung des Verkäufers idR durch Aufrechnung gegen den Anspruch des Käufers auf Herausgabe des Erlöses aus dem Selbsthilfeverkauf (§§ 667, 389 BGB), RG **110,** 129. Soweit der Erlös, abzüglich der Kosten und der aus § 354 geschuldeten Provision (diese ist str, aA Staub/Koller 55), die Schuld des Käufers nicht deckt, bleibt sie bestehen, RG **110,** 130. Einen etwaigen Mehrerlös muss der Verkäufer dem Käufer herausgeben. Der rechtmäßige Selbsthilfeverkauf erlaubt dem Käufer nicht den Rücktritt vom Kaufvertrag nach §§ 326 V, 323 BGB, der Verkäufer behält Anspruch auf den Kaufpreis mit Abzug des durch den Selbsthilfeverkauf Erlösten (§ 326 II BGB), BGH MDR **58,** 93.

Ist der Käufer zugleich im **Zahlungsverzug,** kann der Verkäufer den Selbst- 25 hilfeverkauf als **Deckungsverkauf** (für den aber § 373 II, IV, V nicht gelten; s auch § 376 Rn 12, 14) behandeln und nach erfolgter bzw bei entbehrlicher Fristsetzung (§ 281 II BGB) unmittelbar wegen eines Mindererlöses und zusätzlicher Kosten Schadensersatz gemäß §§ 280, 281 BGB verlangen, RG **109,** 136 (zu § 326 aF BGB). Der Verkäufer kann dann auch den Mehrerlös behalten, vor allem dann, wenn er ohnehin an den neuen Abnehmer hätte liefern können, vgl BGH **126,** 134, **126,** 309. Sobald der Verkäufer statt der Leistung Schadensersatz aus §§ 280, 281 BGB verlangt hat, kann er dann nicht mehr Erfüllung fordern (§ 281 IV BGB), dh keinen Selbsthilfeverkauf mehr vornehmen.

b) Nicht ordnungsmäßiger Selbsthilfeverkauf: Der nicht rechtmäßige 26 Selbsthilfeverkauf wirkt nicht für Rechnung des Käufers. Es tritt **keine Erfüllungswirkung** ein; der Käufer behält seinen Anspruch auf Lieferung, solange diese dem Verkäufer noch möglich ist (idR nicht bei Speziessache), andernfalls greifen §§ 280, 283 BGB ein, BGH **LM** § 373 Nr 3 (zu § 325 aF BGB). Beweislast für Ordnungsmäßigkeit liegt beim Verkäufer.

Nicht jeder Verstoß gegen II–V macht den Selbsthilfeverkauf zum nicht recht- 27 mäßigen mit der Folge, dass keine Erfüllungswirkung eintritt; je nachdem schuldet der Verkäufer vielmehr **nur Schadensersatz,** so zB bei Unterlassen der Benachrichtigung des Käufers von Zeit und Ort der Versteigerung (V 1, 2, s Rn 18) und vom vollzogenen Selbsthilfeverkauf (V 1 Halbs 2, 2). Der Verkäufer haftet für Vorsatz und jede Fahrlässigkeit, zu § 300 I BGB s Rn 11). Der Schaden muss durch die Verletzung verursacht sein, so wenn die Anzeige an den Käufer zu einem besseren Ergebnis der Versteigerung geführt hätte, zB weil der Käufer mehr Interessenten zur Teilnahme veranlasst hätte, oder wenn Käufer mangels Kenntnis vom Verkauf zu seinem Nachteil anders disponiert hat.

§ 375

28 Ein von § 373 II nicht gedeckter Verkauf, zB freihändiger Verkauf einer Ware ohne Börsen- oder Marktpreis und ohne Zuziehung eines Maklers oder Versteigerers, kann als **berechtigte Geschäftsführung ohne Auftrag (§§ 677, 683 BGB)** gerechtfertigt sein, RG 66, 197; es treten dann dieselben Rechtsfolgen ein wie bei einem ordnungsgemäßen Verkauf nach § 373 II, Canaris § 29 Rn 12. Dies setzt voraus, dass der Wille des Verkäufers deutlich wird, auch im Interesse des Käufers zu handeln, zB durch Sendung einer Aufstellung über den Selbsthilfeverkauf an den Käufer; er braucht seinem Abnehmer nicht zu erklären, dass er für Rechnung des ersten Käufers handele, BGH MDR **58,** 93. Den Verkäufer trifft die Beweislast dafür, dass er den Verkauf so durchführte, wie das Interesse des Geschäftsherrn mit Rücksicht auf dessen wirklichen oder mutmaßlichen Willen es erforderte (§ 677 BGB). Auch dann sind nicht §§ 326 V, 323 BGB, sondern § 326 II BGB anwendbar (s Rn 24).

29 Entsprechendes gilt für eine durch § 373 II nicht gedeckte **Verwertung** des Kaufgegenstands durch den Verkäufer **im eigenen Betrieb**, RG HRR **33,** 1176 (Grubenholz), BGH MDR **58,** 93. Obschon nicht unter § 373 fallend, wird man vorherige Benachrichtigung entspr II, V verlangen, sonst Schadensersatzpflicht.

5) Abweichende Vereinbarungen

30 §§ 373, 374 sind wie §§ 373 ff insgesamt abdingbar (s Rn 1). AGB unterliegen den **(5)** §§ 305 ff BGB. Eine Klausel, die dem Verkäufer Selbsthilfeverkauf nach freiem Ermessen erlaubt, ist unwirksam, Staub/Koller 63.

[Bestimmungskauf]

375 (1) **Ist bei dem Kaufe einer beweglichen Sache dem Käufer die nähere Bestimmung über Form, Maß oder ähnliche Verhältnisse vorbehalten, so ist der Käufer verpflichtet, die vorbehaltene Bestimmung zu treffen.**

(2) ¹**Ist der Käufer mit der Erfüllug dieser Verpflichtung in Verzug, so kann der Verkäufer die Bestimmung statt des Käufers vornehmen oder gemäß den §§ 280, 281 des Bürgerlichen Gesetzbuchs Schadensersatz statt der Leistung verlangen oder gemäß § 323 des Bürgerlichen Gesetzbuchs vom Vertrag zurücktreten.** ²**Im ersteren Falle hat der Verkäufer die von ihm getroffene Bestimmung dem Käufer mitzuteilen und ihm zugleich eine angemessene Frist zur Vornahme einer anderweitigen Bestimmung zu setzen.** ³**Wird eine solche innerhalb der Frist von dem Käufer nicht vorgenommen, so ist die von dem Verkäufer getroffene Bestimmung maßgebend.**

Übersicht

1) Inhalt und Anwendungsbereich 1–4
   A. Inhalt 1
   B. Bestimmungskauf, Abgrenzung zur Wahlschuld 2
2) Voraussetzungen für die Rechte aus § 375 5, 6
   A. Bestimmungspflicht des Käufers (I) 5
   B. Schuldnerverzug des Käufers mit der Bestimmung (II 1 Halbsatz 1) 6
3) Rechte des Verkäufers 7–13
   A. Selbstbestimmung (II 1 Alt 1) 7
   B. Rechte aus BGB auf Schadensersatz oder Rücktritt (II Alt 2, 3) 9
   C. Rechte aus Annahmeverzug 13
4) Abweichende Vereinbarungen 14

2. Abschnitt. Handelskauf 1–5 § 375

1) Inhalt und Anwendungsbereich

A. **Inhalt:** § 375 II 1 idF SMG (ohne sachliche Änderung) regelt den **Be-** 1
stimmungskauf (Spezifikationskauf). Beim diesem ist der Kaufgegenstand noch
nicht mit allen Merkmalen bestimmt, weitere Merkmale sollen vom Käufer erst
später bestimmt werden. Diese **Bestimmung (Spezifikation)** ist im Ausgangs-
punkt in §§ 315 ff BGB geregelt. § 375 enthält **zusätzliche**, zT abweichende (s
Rn 5, 7) Regeln für den **Handelskauf**. Der HdlKauf setzt voraus, dass der Kauf
wenigstens auf einer Seite HdlGeschäft (§§ 343, 344) ist (§ 345), § 375 gilt also
anders als zB § 377 auch für einseitige HdlGeschäfte. Den Käufer, dem die nähere
Bestimmung über Form, Maß oder ähnliche Verhältnisse des Kaufgegenstands
vorbehalten ist, trifft eine rechtliche **Pflicht zur Bestimmung (I)**. Bei Verzug
des Käufers mit der Bestimmung hat der **Verkäufer verschiedene Rechte (II)**:
Er kann unter bestimmten Voraussetzungen die Bestimmung selbst anstelle des
Käufers treffen (Selbstspezifikation, s Rn 7) oder Schadensersatz statt der Leis-
tung verlangen (§§ 280, 281 BGB) oder vom Vertrag zurücktreten (§ 323 BGB).
§ 375 bezweckt im Interesse des Verkäufers Klarheit über Leistungsgegenstand
und zügige Erfüllung, str.

B. **Bestimmungskauf, Abgrenzung zur Wahlschuld: a) Bestimmungs-** 2
kauf liegt vor, wenn der Käufer zwischen verschiedenen Arten von Gegenständen
innerhalb einer Warengattung (unterschieden nach Form, Maß oder ähnlichen
Verhältnissen, zB Quantität, Farben, auch Qualität) wählen soll, zB Wahl zwischen
verschiedenen Sorten, Stärken und Qualitäten von Garnen, RG Recht **05**, 475
Nr 1889, zwischen verschiedenen Ausführungen eines Maschinentyps (Gasheiz-
kessel), BGH WM **76**, 124. **Nicht:** Bestimmung der Ausgestaltung des Kauf-
vertrags im Übrigen wie zB Abwicklung und Leistungszeit (§ 315 BGB), BGH
WM **83**, 1106; Wahl zwischen zwei ganz verschiedenen Warensorten, BGH BB
60, 264 (s Rn 3), Grund: „ähnliche Verhältnisse" steht im Zusammenhang mit
„Form" und „Maß", hL, aA Staub/Koller 4. Abgrenzung zwischen Bestimmungs-
kauf und Wahlschuld (s Rn 3) im Einzelfall nach der Verkehrsanschauung.

b) **Wahlschuld:** Davon ist die Wahlschuld bzw der Wahlkauf abzugrenzen, für 3
die § 262 BGB gilt. Hier kann der Käufer **zwischen verschiedenen** Gegen-
ständen oder **Warengattungen** wählen, RG HRR **34**, Nr 1302, BGH BB **60**,
264, Wahl zwischen verschiedenen Typen von Maschinen, RG Recht **28**, 136
Nr 523, zwischen verschiedenen Arten von Öl (Warengattungen), BGH **LM** § 262
BGB Nr 3, zwischen verschiedenen Währungen, RG **168**, 247. Für entspr An-
wendung von § 375 in einzelnen Fällen der Wahlschuld Staub/Koller 5 gegen hL.

c) **Sonstige Vereinbarungen:** Ebenfalls nicht unter § 375 fallen Verein- 4
barung, dass der Käufer aus einer Gattung die zu liefernden Stücke wählen kann
(**Gattungsschuld**, die nicht vom Schuldner, sondern vom Gläubiger konkreti-
siert werden soll, vgl § 243 BGB, § 360 Rn 1–2); besondere Vereinbarungen
über die Art der Durchführung des Kaufs wie die Leistungszeit, zB Kauf auf
Abruf (Überbl 28 vor § 373), offen BGH BB **71**, 1387.

2) Voraussetzungen für die Rechte aus § 375

A. **Bestimmungspflicht des Käufers (I):** Aus dem Kaufvertrag (HdlKauf 5
s Rn 1) über eine bewegliche Sache oder ein Wertpapier (§ 381 I), gleich ob
Stück- oder Gattungskauf, muss sich ergeben, dass der Käufer zur Spezifikation
iSv § 375 nicht nur berechtigt, sondern verpflichtet ist (vgl II 1). Die Bestim-
mungspflicht des Käufers ist eine **Hauptpflicht.** Die Bestimmung ist einseitige
empfangsbedürftige Willenserklärung. Sie ist **formfrei** möglich. Teilweise Spezi-
fikation ist nicht ausreichend. Der Käufer (nicht ein Dritter, auch nicht der
Verkäufer unter II, s Rn 7) bestimmt iZw **nach freiem Ermessen,** Staub/
Koller 2, I ist kein Fall von § 315 I BGB (zu II s Rn 7). Der Käufer braucht also
bei der Bestimmung iZw nicht auf die Lieferfähigkeit des Verkäufers Rücksicht

§ 375 6–8   IV. Buch. Handelsgeschäfte

zu nehmen. Klage auf Bestimmung ist in aller Regel mangels Rechtsschutzbedürfnisses unzulässig, denn der Verkäufer kann den Käufer in Verzug setzen und dann die Bestimmung selbst treffen, Dresd OLGE **4,** 224, Jena LZ **14,** 967.

6   B. **Schuldnerverzug des Käufers mit der Bestimmung (II 1 Halbsatz 1):** Der Käufer muss mit seiner Bestimmungspflicht in Schuldnerverzug (§ 286 BGB) kommen, dh er muss die **fällige** (§ 271 BGB) Bestimmung **schuldhaft** (§ 286 IV BGB) nicht vornehmen. Verzug iSv II 1 ist Schuldnerverzug (Rechtspflicht zur Bestimmung), zugleich wird dann aber auch Annahmeverzug des Käufers vorliegen. Das ist keine Voraussetzung für die Rechte des Verkäufers nach II, begründet aber zusätzliche Rechte (s Rn 11). Verzögerung wegen notwendiger Wertermittlung kann vom Schuldner nicht zu vertreten sein, vgl BGH **80,** 277, anders Verzögerung wegen verspäteter Mitteilung von Kundenwünschen (Risikobereich des Käufers). Mangelnde Lieferungsbereitschaft des Verkäufers selbst schließt Bestimmungsverzug des Käufers nicht aus, aber der Verkäufer hat dann idR keinen Schaden, und der Rücktritt wäre uU rechtsmissbräuchlich (s Rn 9, 10), str, Staub/Koller 12, Ebenroth/Müller 13.

3) Rechte des Verkäufers

7   A. **Selbstbestimmung (II 1 Alt 1): a) Recht zur Selbstbestimmung:** Der Verkäufer kann bei Verzug des Käufers mit der Bestimmung die Bestimmung selbst (nicht als Vertreter des Käufers) vornehmen **(II 1 Alt 1),** iZw nach billigem Ermessen (§ 315 I BGB, s Rn 1, anders als der Käufer, s Rn 5), Ebenroth/Müller 16, wohl auch BGH NJW **83,** 2935, aA nach freiem Ermessen Staub/Koller 17; dass der Verkäufer anstelle des Käufers bestimmt, bedeutet nicht zwingend, dass er wie dieser nach freiem Ermessen bestimmen können muss. Diese Selbstbestimmung erfolgt jedoch mit Vorbehalt abweichender Bestimmung durch den Käufer. Der Verkäufer muss dem Käufer zu diesem Zweck die von ihm getroffene Bestimmung mitteilen und zugleich eine angemessene Frist setzen **(II 2),** beides sind formlose, empfangsbedürftige Willenserklärungen. Es genügt nicht, dass Verkäufer dem Käufer nur die Bestimmung androht, RG JW **03,** 185. Selbstspezifikation und Fristsetzung müssen im Interesse des Käufers grundsätzlich miteinander verbunden werden, aA Staub/Koller 19: immer. Mitteilung und Fristsetzung auch dann, wenn sich der Käufer ernsthaft und endgültig geweigert hat, die Bestimmung zu treffen, hL, Staub/Koller 21, anders Ebenroth/Müller 23 und Rechtsgedanke der §§ 281 II Alt 1, 286 II Nr 3, 323 II Nr 1 BGB idF SMG (aber bei § 373 II 2 verdient der Käufer eine zweite Chance, weil sich der Vertragsinhalt durch die vom Verkäufer vorgenommene Bestimmung ändert und § 315 BGB nur eine Billigkeitskontrolle vorsieht). Ist die vom Verkäufer gesetzte Frist zu kurz, tritt an ihre Stelle idR eine angemessene, BGH NJW **85,** 2640 (zu § 326 aF BGB), die Selbstspezifikation wird dadurch also nicht unwirksam. Bis zum Fristablauf kann der Käufer nach freiem Ermessen eine eigene, ihm besser entsprechende Bestimmung treffen, vgl BGH NJW **83,** 2935. Mit Fristablauf erlischt das Recht des Käufers, zu bestimmen und so seinen Verzug zu beseitigen. Die wirksame Selbstbestimmung wird maßgeblich **(II 3).**

8   **b) Rechtsfolgen der Selbstbestimmung:** Die wirksame Selbstbestimmung bindet beide Vertragsteile. Der Verkäufer kann keine andere Wahl mehr ausüben, es sei denn die Selbstbestimmung war wirkungslos. Mit der wirksamen Selbstbestimmung wird der Bestimmungskauf ein **normaler Kauf,** Ko/Ro/Mo/Roth 4. Der Verkäufer verliert durch die wirksame Selbstbestimmung die in Alt 2 und 3 genannten Rechte auf Schadensersatz statt der Leistung oder Rücktritt (s Rn 9, 10); unberührt bleibt der Anspruch auf Ersatz eines Verzögerungsschadens gemäß §§ 280 I, II, 286 BGB (s Rn 11). Der Käufer muss die Ware entsprechend der Selbstbestimmung annehmen und abnehmen. Tut er das nicht, gerät er erneut in Annahme- und Abnahmeverzug, nunmehr bezüglich der durch den Verkäufer bestimmten Ware. Das hat dann zur Folge, dass dem Verkäufer erneut die Rechte aus §§ 280, 281 BGB auf Schadensersatz statt der Leistung oder § 323 BGB (Rücktritt wegen nicht oder nicht vertragsgemäß erbrachter Leistung) zustehen und er auch die Rechte aus § 373 wegen Annahmeverzugs des Käufers hat (s Rn 13).

B. Rechte aus BGB auf Schadensersatz oder Rücktritt (II 1 Alt 2, 3): 9
a) Schadensersatz statt Leistung (§§ 280, 281 BGB): Bei Verzug des Käufers mit der Bestimmung kann der Verkäufer statt der Selbstbestimmung (s Rn 7) nach erfolglosem Ablauf einer angemessenen Frist Schadensersatz statt der Leistung gemäß §§ 280, 281 BGB verlangen (II 1 Alt 2, Rechtsgrundverweisung). Einer Ablehnungsandrohung neben der Fristsetzung bedarf es nicht (anders § 326 aF BGB). §§ 280, 281 BGB setzen voraus, dass der Käufer die Bestimmungspflicht schuldhaft verletzt hat (§ 280 I 2 BGB, sonst fehlt es schon am Schuldnerverzug, s Rn 6) und dass der Verkäufer erfolglos eine angemessene Frist zur Bestimmung gesetzt hat (§§ 280 III, 281 I 1 BGB); Fristsetzung entbehrlich, wenn Käufer die Bestimmung ernsthaft und endgültig verweigert oder besondere Umstände eine sofortige Geltendmachung von Schadensersatz rechtfertigen (§ 281 II BGB). Auch nach Fristablauf kann der Verkäufer weiter Leistung, also Spezifikation verlangen; er hat ein Wahlrecht zwischen Leistung und Schadensersatz statt der Leistung. Der Anspruch auf Leistung ist ausgeschlossen, sobald der Gläubiger statt der Leistung Schadensersatz verlangt (§ 281 IV BGB). Für die Berechnung des Schadens gelten die allgemeinen Grundsätze, RG **91,** 33; soweit der Kaufpreis von der ausgebliebenen Bestimmung abhing, ist vom Verkäufer eine Bestimmung hypothetisch zu treffen (s Rn 7). Mangelnde Selbstspezifikation ist nicht Mitverschulden des Verkäufers.

b) Rücktritt vom Vertrag (§ 323 BGB): Bei Verzug des Käufers mit der 10 Bestimmung hat der Verkäufer auch das Recht, nach erfolglosem Ablauf einer angemessenen Frist gemäß § 323 I BGB vom Vertrag zurückzutreten (II 1 Alt 3, Rechtsgrundverweisung). Einer Ablehnungsandrohung neben der Fristsetzung bedarf es nicht (anders § 326 aF BGB). Ausnahmsweise ist die Fristsetzung entbehrlich (§ 323 II BGB). Rücktritt nach § 323 BGB ist auch möglich, wenn der Schuldner die Pflichtverletzung nicht zu vertreten hat. II 1 setzt zwar Verzug des Käufers mit der Bestimmung voraus, so dass über die Verzugsvoraussetzungen doch ein Vertretenmüssen (§ 286 IV BGB) erforderlich ist ein scheint, das stammt jedoch noch aus dem früheren Verweis auf § 326 aF BGB und wäre heute widersprüchlich (Redaktionsversehen), MüKo/Grunewald 25, zust Canaris FS Konzen **06,** 45, str. Nach erfolglosem Fristablauf hat der Verkäufer also die Wahl zwischen Leistung (Spezifikation), Schadensersatz statt der Leistung (§§ 280, 281 BGB) und Rücktritt vom Vertrag (§ 323 BGB). Rücktritt schließt den Schadensersatz nicht aus (§ 325 BGB, anders vor SMG); vor dem Hintergrund dieser Neuregelung ist „oder" in II 1 Alt 2, 3 nicht ausschließend zu verstehen.

c) Anderer Verzug als mit der Bestimmung: Ist Käufer zugleich im **Ver-** 11 **zug mit der Kaufpreiszahlung,** hat Verkäufer auch aus diesem Grunde die Rechte aus §§ 280, 281 BGB (Schadensersatz statt der Leistung) und § 323 BGB (Rücktritt wegen nicht oder nicht vertragsgemäß erbrachter Leistung), ferner Anspruch auf Zins und weiteren Schadensersatz wegen des Verzugs (§§ 286, 288, 280 I, II BGB). Die Ersatzpflicht nach §§ 280 I, II, 286 BGB kann auch aus **Verzug** des Käufers **mit der Abnahme** (§ 433 II BGB) folgen.

d) Sukzessivlieferungsvertrag: Bei Verzug des Käufers mit der Bestimmung 12 einer Rate kann der Verkäufer seine Rechte entweder beschränkt auf die eine fällige Rate geltend machen oder aber wegen aller späteren Lieferungen nach §§ 280, 281 BGB oder § 323 BGB verfahren, RG **58,** 420, BGH WM **76,** 125, Ebenroth/Müller 31.

§ 376 IV. Buch. Handelsgeschäfte

13 **C. Rechte aus Annahmeverzug:** Fordert der Verkäufer den mit der Bestimmung säumigen Käufer zur Bestimmung auf oder war für die Bestimmung eine Zeit nach dem Kalender (mit oder ohne Kündigung) bestimmt, so kommt Käufer auch in **Annahmeverzug** (§ 293 BGB), soweit der Verkäufer lieferbereit ist, RGZ **43**, 103. Der Verkäufer hat dann auch die hieraus folgenden Rechte (§ 373 Rn 5, 6), insbesondere Haftungsmilderung und Ersatz von Mehraufwendungen, und, wenn er die noch fehlende Bestimmung selbst trifft (II, s Rn 7), auch das Recht zur Hinterlegung und zum Selbsthilfeverkauf.

4) Abweichende Vereinbarungen

14 § 375 ist abdingbar, es bleibt insoweit bei den Vorschriften des BGB (§§ 315 ff BGB, Leistungsstörungsrecht). AGB unterliegen den **(5)** §§ 305 ff BGB. § 315 BGB ist dispositiv, kann aber durch AGB nicht abgeändert werden, **(5)** § 307 II Nr 1. Leistungsbestimmungsrechte können nur in den Grenzen von **(5)** §§ 308 Nr 4, 307 BGB vereinbart werden.

[Fixhandelskauf]

376 (1) ¹Ist bedungen, daß die Leistung des einen Teiles genau zu einer festbestimmten Zeit oder innerhalb einer festbestimmten Frist bewirkt werden soll, so kann der andere Teil, wenn die Leistung nicht zu der bestimmten Zeit oder nicht innerhalb der bestimmten Frist erfolgt, von dem Vertrage zurücktreten oder, falls der Schuldner im Verzug ist, statt der Erfüllung Schadensersatz wegen Nichterfüllung verlangen. ²Erfüllung kann er nur beanspruchen, wenn er sofort nach dem Ablaufe der Zeit oder der Frist dem Gegner anzeigt, daß er auf Erfüllung bestehe.

(2) Wird Schadensersatz wegen Nichterfüllung verlangt und hat die Ware einen Börsen- oder Marktpreis, so kann der Unterschied des Kaufpreises und des Börsen- oder Marktpreises zur Zeit und am Orte der geschuldeten Leistung gefordert werden.

(3) ¹Das Ergebnis eines anderweit vorgenommenen Verkaufs oder Kaufes kann, falls die Ware einen Börsen- oder Marktpreis hat, dem Ersatzanspruche nur zugrunde gelegt werden, wenn der Verkauf oder Kauf sofort nach dem Ablaufe der bedungenen Leistungszeit oder Leistungsfrist bewirkt ist. ²Der Verkauf oder Kauf muß, wenn er nicht in öffentlicher Versteigerung geschieht, durch einen zu solchen Verkäufen oder Käufen öffentlich ermächtigten Handelsmakler oder eine zur öffentlichen Versteigerung befugte Person zum laufenden Preise erfolgen.

(4) ¹Auf den Verkauf mittels öffentlicher Versteigerung findet die Vorschrift des § 373 Abs. 4 Anwendung. ²Von dem Verkauf oder Kaufe hat der Gläubiger den Schuldner unverzüglich zu benachrichtigen; im Falle der Unterlassung ist er zum Schadensersatze verpflichtet.

Übersicht

1) Inhalt und Anwendungsbereich 1–5
   A. Relatives und absolutes Fixgeschäft 1
   B. Anwendungsbereich des § 323 II Nr 2 BGB 3
   C. Anwendungsbereich des § 376 HGB 4
2) Voraussetzungen des Fixhandelskauf (I 1 Halbsatz 1) 6–8
   A. Feste Leistungszeit 6
   B. Stehen und Fallen des Geschäfts mit der Einhaltung 7
   C. Fixklauseln und andere Leistungszeitklauseln 8
3) Rechtsfolgen 9–14
   A. Erfüllungsanspruch nur bei sofortiger Anzeige (I 2) 9

2. Abschnitt. Handelskauf 1–5 § 376

B. Rücktritt (I 1 Halbsatz 2 Alt 1) 10
C. Schadensersatz wegen Nichterfüllung (I 1 Halbsatz 2 Alt 2) 11
D. Konkrete und abstrakte Schadensberechnung (II–IV) 12
4) Abweichende Vereinbarungen 15

1) Inhalt, Anwendungsbereich

A. **Relatives und absolutes Fixgeschäft: a) Relatives Fixgeschäft:** Es 1 wird auch als eigentliches Fixgeschäft im Gegensatz zum absoluten oder uneigentlichen Fixgeschäft (s Rn 2) bezeichnet. Es liegt vor, wenn das Geschäft nach der vertraglichen Abrede der Parteien (unter Berücksichtigung der Umstände) mit der Einhaltung der genau festgelegten Leistungszeit „stehen und fallen" soll, BGH **110**, 96 (s Rn 7). Der Gläubiger soll bei nicht zeitgerechter Lieferung ohne weiteres vom Vertrag Abstand nehmen können. Allerdings bleibt Erfüllung nach Zeit-/Fristablauf grundsätzlich möglich. Das relative Fixgeschäft kann ein **einfaches** (bürgerlichrechtliches) Fixgeschäft sein (§ 323 II Nr 2 BGB, s Rn 3) oder ein **handelsrechtliches Fixgeschäft** (Fixhandelskauf nach § 376, s Rn 4). Sonderregelung neben § 376 in § 104 InsO; **(14)** BörsG §§ 50 ff aF sind durch das 4. FinanzmarktfördG aufgehoben (s Rn 5).

b) Absolutes (uneigentliches) Fixgeschäft: Es ist weder im BGB noch im 2 HGB geregelt. Die Einhaltung der Leistungszeit ist hier für den Gläubiger derart wesentlich, dass eine verspätete Leistung keine Erfüllung mehr darstellen kann, BGH NJW **01**, 2878, zB unausführbar gewordene Reise, BGH **60**, 16, Bestellung von Einladungen für einen bestimmten Veranstaltungstermin, Düss NJW-RR **02**, 633, dagegen idR nicht just in time-Verträge (Überbl 32 vor § 373), da Interesse an den Zulieferteilen nicht wegfällt, s Rn 7. Mit Ablauf der Lieferfrist bzw der Leistungszeit wird die Erfüllung dauerhaft unmöglich (§§ 275, 283, 326 I BGB). Einer Fristsetzung zur Leistung (§§ 281 I 1, 323 I BGB) bedarf es nicht; sie wäre sinnlos, da die Leistung nicht nachholbar ist.

B. **Anwendungsbereich des § 323 II Nr 2 BGB:** § 323 II Nr 2 BGB (vor 3 SMG § 361 aF BGB) regelt das einfache relative Fixgeschäft (s Rn 1). Die Vorschrift beinhaltet keine im Zweifel geltende Auslegungsregel wie § 361 aF BGB, sondern gewährt dem Gläubiger bei Terminüberschreitung ein gesetzliches Rücktrittsrecht. § 323 II Nr 2 BGB wird beim Fixhandelskauf durch § 376 verdrängt. Lit: Schwarze AcP 207 **(07)** 437.

C. **Anwendungsbereich des § 376 HGB:** § 376 regelt ebenso wie § 323 II 4 Nr 2 BGB nur das relative Fixgeschäft (s Rn 1). § 376 ist nicht mehr wie früher lex specialis zu § 323 II Nr 2 BGB, sondern die Parteien können zwischen beidem wählen, auch mit Mischformen, Canaris § 29 Rn 35, FS Konzen **06**, 49. § 376 ist nur beim **Handelskauf** (Überbl 8 vor § 373) anwendbar, einerlei ob zweiseitiges oder nur einseitiges HdlGeschäft (§§ 343–345), Canaris § 29 Rn 38, aA Herresthal ZIP **06**, 883. § 376 gilt für Käufer und Verkäufer, dh Pflichten des Verkäufers und des Käufers können gleichermaßen als fix vereinbart werden. § 376 für den **Fixhandelskauf** dient der **raschen, klaren Abwicklung** des Vertrags bei Nichteinhaltung der Leistungszeit bzw Leistungsfrist und unterscheidet sich von § 323 II Nr 2 BGB (einfaches, bürgerlichrechtliches Fixgeschäft) ua dadurch, dass das Fortbestehen des Erfüllungsanspruchs eine sofortige Anzeige des Gläubigers voraussetzt (I 2, s Rn 9) und der Anspruch des Gläubigers auf Schadensersatz statt der Leistung bei Waren mit Börsen- oder Marktpreis bestimmten Regeln unterliegt (II–IV, s Rn 12).

Ein Unterfall des FixHdlKaufs sind idR die **Finanztermingeschäfte** (s **(16)** 5 WpHG § 2 II Nr 1: Derivate iSv **(16)** WpHG § 2 II, dh Termingeschäfte in Form des Fest- oder Optionsgeschäfts einschließlich Devisentermingeschäfte, und Optionsscheine; früher besonders geregelt als Börsen- und Devisentermingeschäft in **(14)** BörsG §§ 50 ff, 96 aF), BGH **92**, 321, **110**, 321 (für das Börsen-

§ 376 6–8   IV. Buch. Handelsgeschäfte

termingeschäft), RG **108**, 158 (für das Devisentermingeschäft), vgl **(14)** BörsG Überbl 4 ff, 6 ff vor § 32. An der Rechtsnatur der Geschäfte hat sich durch das 4. FinanzmarktfördG nichts geändert.

2) Voraussetzungen des Fixhandelskaufs (I 1 Halbsatz 1)

6 A. **Feste Leistungszeit:** Notwendige, aber nicht hinreichende Bedingung für das Vorliegen eines FixHdlKauf ist die Festlegung einer festbestimmten, **genauen Leistungszeit oder Leistungsfrist** im Vertrag, BGH **110**, 96, NJW **01**, 2878. Der Termin muss kalendermäßig fest bestimmbar sein, das Datum selbst braucht nicht aufgeführt zu werden, auch schadet nicht, wenn der Gläubiger Leistung schon vorher verlangen kann oder der Schuldner schon vorher erfüllen darf. Die zeitliche Festlegung kann sich nicht nur auf den Liefertermin des Verkäufers, sondern auch auf die Spezifikationspflicht des Käufers nach § 375 beziehen. Es genügt, wenn die Lieferfrist erst ab einem künftigen Ereignis laufen soll, KG OLGE **19**, 398, zB auf Abruf durch den Käufer (Überbl 28 vor § 373).

7 B. **Stehen und Fallen des Geschäfts mit der Einhaltung:** § 376 setzt Einigkeit der Vertragsteile darüber voraus, dass die Leistungszeit (vgl I) wesentlich sein, dh der ganze Vertrag **mit Fristeinhaltung „stehen oder fallen"** soll, BGH **110**, 96, WM **84**, 641, **89**, 1181, NJW **01**, 2878. Ist ein dahingehender Parteiwille nicht klar und eindeutig feststellbar, macht auch die nachdrücklichste Vereinbarung pünktlicher Fristeinhaltung mit genauester Terminangabe („bis ...") das Geschäft nicht zum Fixgeschäft. Ein Fixgeschäft liegt **nicht schon** vor, **wenn** die Partei ein **starkes Interesse an rechtzeitiger Erfüllung** hat; wenn die Ware starken Preisschwankungen unterliegt, Hbg RIW **81**, 264, s auch Celle MDR **73**, 412; bei Kauf eines Mähdreschers vor Getreideernte, Hamm, NJW-RR **95**, 350; wenn vorher keine Nachfrist gewährt ist; wenn eine bestimmte Erfüllungszeit als erwartet bezeichnet ist, vgl § 346 Rn 40 (bei „eta"). Jeder Zweifel wirkt sich gegen Annahme eines Fixgeschäfts aus, BGH **110**, 96, WM **84**, 641, **89**, 1181. Maßgebend ist der HdlBrauch am Ort des Schwerpunkts der Lieferpflicht, Hbg MDR **75**, 845. Unterbliebener Rücktritt und mehrfach vereinbarte Fristverlängerung in früheren Fällen sprechen nicht ohne weiteres gegen Fixgeschäft, BGH **BB 83**, 1814. Höherer Preis für streng fristgebundene Erfüllung spricht iZw für Fixgeschäft, BGH BB **83**, 1814. Fixgeschäfte sind idR Vereinbarung befristeter Akkreditivstellung (s **(7)** Bankgeschäfte Rn K/25); das Devisentermingeschäft, RG **108**, 158; idR das Aktienoptionsgeschäft, Börsen- bzw Finanztermingeschäfte, BGH **92**, 321, **110**, 321 (s Rn 5); Flugbeförderungsvertrag, BGH NJW **79**, 495, Düss NJW-RR **97**, 930, Ffm NJW-RR **97**, 1136; just in time-Verträge (Überbl 32 vor § 373), K. Schmidt § 29 II 5, aber s auch Rn 2, str; nach HdlBrauch uU das überseeische Abladegeschäft, RG **88**, 73, BGH NJW **91**, 1293 (Überbl 50 vor § 373); nicht notwendig, BGH NJW **59**, 933, aber idR bei Vereinbarung fester Abladetermine iVm fob- oder cif-Klausel, **(6)** Incoterms Nr 4 Rn 3 und Nr 6 Rn 2, Hbg OLGR **97**, 149, Ebenroth/Müller 12, MüKo/Benicke CISG Art 25 Rn 19, Schlechtriem/Schwenzer CISG 5. Aufl 2008 Art 25 Rn 20, aA nur mit Umständen, die für Fixkauf sprechen, Magnus/Lüsing IHR **07**, 9, Ostendorf IHR **09**, 100, s auch Rn 8. Das Geschäft kann seinen Fixcharakter durch wiederholte einvernehmliche Verlängerung der Abladezeit verlieren, SchiedsG WV Hbg Börse, **(84)** St/Ul/Ti E 4 a Nr 27; doch führt nicht jede nachträgliche Lieferverlängerung zum Verlust des Fixcharakters. Akkreditivstellung „spätestens in einer Woche" ist fix, auch bei mehrfacher Verlängerung. Beweispflichtig für Fixgeschäft ist, wer es behauptet.

8 C. **Fixklauseln und andere Leistungszeitklauseln:** Bestimmten Klauseln („Fixklauseln") und Formeln kann eine **Indizwirkung** hinsichtlich des Vorliegens eines relativen Fixgeschäfts, dh des Stehens und Fallens des Geschäfts mit

2. Abschnitt. Handelskauf 9, 10 § 376

Einhaltung der Leistungszeit oder Lieferfrist, zukommen; entscheidend sind aber Vereinbarung, Vertragszweck und HdlBrauch. Nachweis, dass trotz Fixklausel kein Fixgeschäft vereinbart war, bleibt möglich, BGH BB **83,** 1814. **Fixklauseln** können sein: „fix", BGH BB **83,** 1814, „präzis", „genau". Abschluss an der Börse unnötig; „im August 1912" im Zuckerterminhandel, RG **101,** 362; „Nüsse zu Weihnachten", Kassel OLGE **43,** 38; „Lieferung zwischen 20. bis 31. 5. ohne Nachfrist eintreffend cif B.", BGH NJW **59,** 933. Abladeklauseln, dh Vermerk von Ort und Zeit der Verladung der Ware durch Absender, zB bei fob, c & f und cif (s **(6)** Incoterms) beim internationalen Abladegeschäft (Überbl 50 vor § 373), sind nach HdlBrauch idR entspr Fixgeschäft zu behandeln, BGH MDR **55,** 344, Karlsr VersR **75,** 1043, Hbg RIW **81,** 264, Hbg OLGR **97,** 149, Schlegelb/Hefermehl 6, fob- und cif-Klausel für sich allein reichen dafür nicht, BGH NJW **59,** 933, s auch Rn 7. **Keine Fixklauseln** sind idR: wichtiger, fester Liefertermin, zB für Hard- und Software, Düss NJW-RR **96,** 40; „ohne Nachfrist", BGH MDR **55,** 343, NJW **59,** 933; „binnen kürzester Frist"; „bei offener Schifffahrt"; „täglich"; „sofort", Hbg BB **54,** 613; „umgehend"; „prompt", „spätestens", aber anders uU in Verbindung mit bestimmter Leistungszeit, BGH BB **83,** 1814, Mü DB **75,** 1789; „spätestens bis Ende des Monats"; „per Oktober bis November", RG **36,** 84; „bis Ultimo"; „von Woche zu Woche"; „Liefertermin Ernte", Hamm NJW-RR **95,** 350; fob- und cif-Klausel für sich allein, BGH, NJW **59,** 933, nicht bei „eta"-Klausel (§ 346 Rn 40). Ungenügend ist, dass die Ware Modeartikel ist oder mit starken Preisschwankungen gerechnet werden muss. **AGB:** Fixklausel in AGB s Rn 15.

3) Rechtsfolgen

A. **Erfüllungsanspruch nur bei sofortiger Anzeige (I 2):** Hält der Schuld- 9 ner die Leistungszeit bzw Leistungsfrist nicht ein, kann der Gläubiger Erfüllung nur noch dann beanspruchen, wenn er sofort nach dem Ablauf der Zeit oder Frist dem Gegner anzeigt, dass er auf Erfüllung bestehe. Anzeige ist einseitige, empfangsbedürftige, formlose Willenserklärung. Sie kann auch konkludent erfolgen, zB mit Nachfristsetzung, BGH NJW-RR **98,** 1490. Sofort ist mehr als unverzüglich (§ 121 BGB), nämlich ohne jede Verzögerung und nicht mehr nachholbar, BGH WM **82,** 1386, auf Verschulden des Gläubigers an der Verzögerung kommt es nicht an. Der Gläubiger trägt die Versendungsgefahr. Verzögerung geht zu seinen Lasten, BGH **LM** Nr 4. Die Erklärung nach I 2 beseitigt die Rechte nach I 1 (Rücktritt, Schadensersatz statt der Leistung, s Rn 10, 11) und macht das Geschäft zum gewöhnlichen Kauf; die Verzugsfolgen richten sich fortan allein nach BGB, BGH LM Nr 4. Irrtum darüber ist unbeachtlicher Rechtsfolgenirrtum, SchiedsG WV Hbg Börse, (84) St/Ul/Ti E 4 a Nr 31. Das Geschäft kann vertraglich (nicht einseitig) durch Bestimmung einer neuen Fixzeit erneut zum Fixgeschäft gemacht werden. Fristverlängerung ist nicht ohne weiteres als neues Fixgeschäft auszulegen, BGH WM **89,** 1181.

B. **Rücktritt (I 1 Halbsatz 2 Alt 1):** Bei Nichteinhaltung der Fixzeit kann 10 der Gläubiger von dem Vertrag zurücktreten, und zwar **ohne Verzug,** Verschulden des Schuldners (§ 286 IV BGB) ist also nicht Voraussetzung, RG **108,** 159, BAG NJW **67,** 414. Das ergibt sich nach dem SMG schon aus § 323 BGB, ist also keine Besonderheit des § 376 mehr. Rücktritt ist schon **vor Fälligkeit** möglich, wenn die künftige Nichteinhaltung der Fixzeit offensichtlich ist (§ 323 IV BGB), zB wenn der Schuldner vor Fälligkeit die Erfüllung des Anspruchs ernsthaft und endgültig verweigert. **Rücktritt** erfolgt durch einseitige, empfangsbedürftige, nicht formgebundene Willenserklärung. Nach deren Wirksamwerden (§ 130 BGB) ist der Rücktritt unwiderruflich; Schadensersatz statt der Leistung wird dadurch nicht ausgeschlossen (§ 325 BGB, s Rn 11). Der Säumige kann das Rücktrittsrecht nicht durch verspätetes Angebot (vor dem

Rücktritt des anderen) ausräumen, RG **108,** 160. Das Rücktrittsrecht entfällt, wenn die „fix" geschuldete Leistung von einer Vorleistung des Gläubigers abhing und dieser sie schuldhaft nicht erbrachte, BGH DB **65,** 138. Rücktritt wegen einer geringfügigen, für den Nichtsäumigen belanglosen Fristversäumnis wäre Rechtsmissbrauch (§ 242 BGB, vgl § 323 V 2 BGB), RG **117,** 356, Ebenroth/ Müller 18, vgl RG JW **27,** 2797. Das Rücktrittsrecht ist an **keine Frist** gebunden, Ebenroth/Müller 20, nach aA (bei Begrenzung durch § 242 BGB) nur sofort, RG **30,** 62, bzw alsbald, RG Recht **30,** 365 Nr 1245, offen BGH NJW **91,** 1294, nach anderer aA unverzüglich; Fristsetzung für Rücktritt nach § 350 BGB nur beim vertraglichen Rücktrittsrecht, aber problematisch, Kaiser JZ **01,** 1069, anders noch § 355 aF BGB, Analogie hier jedenfalls nicht ausgeschlossen, Staub/Koller 21. Hat der Schuldner nur eine **Teilleistung** bewirkt, kann der Gläubiger vom ganzen Vertrag nur zurücktreten, wenn er an der Teilleistung kein Interesse hat (§ 323 V 1 BGB).

11   C. **Schadensersatz wegen Nichterfüllung (I 1 Halbsatz 2 Alt 2):** Bei Nichteinhaltung der Fixzeit kann der Gläubiger dann, wenn der Schuldner im **Verzug** ist (also Verschulden, § 286 IV BGB), auch statt der Erfüllung Schadensersatz wegen Nichterfüllung verlangen. Anpassung der Vorschrift durch das SMG wurde versäumt. Schadensersatz wegen Nichterfüllung ist als **Schadensersatz statt der Leistung** iSv §§ 280, 281 BGB zu lesen; Fristsetzung wie grundsätzlich dort (beim einfachen Fixgeschäft hilft uU § 281 II Halbs 2 BGB, str, nach aA Umkehrschluss aus § 323 II Nr 2 BGB) ist aber hier unter I 1 gerade nicht notwendig. Der Wortlaut „oder" entspricht noch der Rechtslage vor dem SMG, wonach bei Rücktritt Schadensersatz wegen Nichterfüllung ausgeschlossen war (§§ 326 I 2, 325 I 1 aF BGB). I 1 Halbs enthielt und enthält jedoch insoweit keine eigenständige Regelung der Rechtsbehelfe gegenüber dem BGB. „Oder" ist also im Licht von § 325 nF BGB nicht als alternativ, sondern als „und" zu verstehen, vgl Canaris FS Konzen **06,** 44. Möglich sind also auch in § 376 **Schadensersatz und Rücktritt.**

12   D. **Konkrete und abstrakte Schadensberechnung (II–IV): a) Konkrete Schadensberechnung** ist wie auch sonst möglich. Der Gläubiger kann den Schaden konkret berechnen, zB auf Grund eines anderweit (tatsächlich) vorgenommenen **Deckungskaufs** oder -verkaufs; nachteilige Deckungsgeschäfte, Haberzettl NJW **07,** 1328. Wenn die Ware einen Börsen- oder Marktpreis hat (s Rn 13), gelten aber die Schranken der III 1, 2 und IV. Der Kauf oder Verkauf muss sofort nach Ablauf der Fixzeit **(III 1)** in öffentlicher Versteigerung oder durch einen öffentlich ermächtigten HdlMakler oder Versteigerer zum laufenden Preis erfolgen **(III 2). Sofort** iSv III 1 heißt so rasch wie nach Brauch und Umständen möglich, ohne dass es auf schuldhaftes Zögern (§ 121 I 1 BGB) ankommt. III 2 entspricht § 373 II 1 für den Selbsthilfeverkauf bei Annahmeverzug des Käufers; öffentliche Versteigerung, Versteigerer, laufender Preis s § 373 Rn 11, 12, 20. **IV 1** verweist wegen Mitbietens von Verkäufer und Käufer auf § 373 IV. **IV 2** entspricht § 373 V, aber ohne § 373 V 3 (keine Nachricht bei Untunlichkeit), bei Unterlassung Schadensersatz (§ 373 Rn 27).

13   b) **Abstrakte Schadensberechnung (II):** Der Gläubiger kann den Schaden auch abstrakt berechnen, und zwar, wenn die Ware einen **Börsen- oder Marktpreis** hat (vgl § 253 II 1, § 373 Rn 12), aus dem Unterschied von Kaufpreis und Börsen- oder Marktpreis zurzeit und am Ort der geschuldeten Leistung, dh wann und wo die Ware zu liefern war. **II** erlaubt dies für Waren mit Börsen- oder Marktpreis, **ohne** dass der Schuldner den **Gegenbeweis** antreten kann, dass der Gläubiger diese Differenz auf Grund besonderer Umstände nicht erzielt hätte (auch abstrakt-normative Schadensberechnung genannt).

14   Wenn die Ware keinen Börsen- oder Marktpreis hat, ist II unanwendbar, es bleibt dann bei den allgemeinen Grundsätzen der **abstrakten Schadensberech-**

2. Abschnitt. Handelskauf § 377

nung nach BGB. Danach ist abstrakte Schadensberechnung gemäß § 252 S 2 BGB für entgangenen Gewinn zulässig, also tatsächliche Vermutung, dass der Gläubiger nach dem gewöhnlichen Lauf der Dinge die Differenz als typischen Durchschnittsgewinn gemacht hätte. Der Kfm kann daher als abstrakt berechneten Schaden die Differenz zwischen Markteinkaufspreis (Selbstkosten) und Vertragspreis fordern, BGH **29**, 399, **62**, 105, NJW **88**, 2236, WM **98**, 931, NJW-RR **01**, 985, **06**, 243. § 252 S 2 BGB führt nur zu einer Beweiserleichterung, **Gegenbeweis** bleibt **zulässig**. Eine anderer Ansatz der abstrakten Schadensberechnung geht von einem **hypothetischen Deckungskauf/verkauf** aus; dann genügt für die schlüssige Schadensdarlegung KfmEigenschaft und Existenz eines Markt(einkaufs/verkaufs)preises. Auch bei diesem Ansatz geht es nur um eine Beweiserleichterung, also mit der Möglichkeit eines Gegenbeweises, BGH WM **98**, 931, str. Häufig werden beide Ansätze verbunden. Einzelheiten zur Schadensberechnung bei Ebenroth/Müller 28 ff. Lit: Huber FS K. Schmidt **09**, 725.

4) Abweichende Vereinbarungen

§ 376 ist abdingbar, es bleibt dann insoweit bei den Vorschriften des BGB **15** (§ 323 II Nr 2 BGB, Leistungsstörungsrecht). AGB unterliegen den **(5)** §§ 305 ff BGB. Fixklausel in Einkaufsbedingungen kann überraschend sein, **(5)** § 305 c BGB, zB „Die vereinbarten Lieferfristen und Liefertermine gelten fix", BGH **110**, 88. Fixklausel für sämtliche Lieferfristen in Einkaufsbedingungen verstößt auch gegen **(5)** §§ 307, 309 Nr 4 BGB (Nachfristsetzung), BGH **110**, 97; anders, wo Fixgeschäfte typischer Vertragszweck oder branchenüblich sind und „fix" in unmittelbarem Textzusammenhang mit Leistungsfristabrede verwandt wird, offen BGH **110**, 98. Inhaltskontrolle von Fixklauseln in Zuliefer- und just in time-Verträgen Wellenhofer-Klein S 205 ff (Überbl 32 ff vor § 373).

[Untersuchungs- und Rügepflicht]

377 (1) **Ist der Kauf für beide Teile ein Handelsgeschäft, so hat der Käufer die Ware unverzüglich nach der Ablieferung durch den Verkäufer, soweit dies nach ordnungsmäßigem Geschäftsgange tunlich ist, zu untersuchen und, wenn sich ein Mangel zeigt, dem Verkäufer unverzüglich Anzeige zu machen.**

(2) **Unterläßt der Käufer die Anzeige, so gilt die Ware als genehmigt, es sei denn, daß es sich um einen Mangel handelt, der bei der Untersuchung nicht erkennbar war.**

(3) **Zeigt sich später ein solcher Mangel, so muß die Anzeige unverzüglich nach der Entdeckung gemacht werden; anderenfalls gilt die Ware auch in Ansehung dieses Mangels als genehmigt.**

(4) **Zur Erhaltung der Rechte des Käufers genügt die rechtzeitige Absendung der Anzeige.**

(5) **Hat der Verkäufer den Mangel arglistig verschwiegen, so kann er sich auf diese Vorschriften nicht berufen.**

Übersicht

1) Inhalt und Anwendungsbereich 1–4
   A. Inhalt 1
   B. Anwendungsbereich 2

2) Voraussetzungen der Rügeobliegenheit (I) 5–19
   A. Ablieferung der gekauften Ware 5
   B. Mangel 12

3) Untersuchung der Ware (I) 20–31
   A. Untersuchungsobliegenheit, Untersuchungsrecht 20

Hopt 1443

B. Zeit und Ort der Untersuchung 23
C. Art und Umfang der Untersuchung 25
4) Anzeige des Mangels (Rüge, I, III, IV) 32–43
A. Rechtsnatur der Rüge 32
B. Absender und Adressat der Rüge 33
C. Rechtzeitigkeit der Rüge (offene, verdeckte Mängel I, III, Absendung IV) 35
D. Inhalt der Rüge 42
E. Form der Rüge 43
5) Rechtsfolgen 44–54
A. Rechtsfolgen bei unverzüglicher Rüge 44
B. Rechtsfolgen bei versäumter Rüge (II, III) 45
C. Arglistiges Verschweigen des Mangels (V) 51
6) Beweislast 55
7) Abweichende Vereinbarungen 56–60
A. Handelsbrauch 56
B. Freie Individualvereinbarung 57
C. AGB 58
8) Internationaler Verkehr 61

1) Inhalt und Anwendungsbereich

1 A. **Inhalt:** § 377 lässt die allgemeinen kaufrechtlichen Mängelansprüche (§ 437 BGB) inhaltlich unberührt und regelt nur den Fall, dass beim beiderseitigen HdlKauf der Käufer nicht unverzüglich rügt. § 377 schützt den Verkäufer vor Inanspruchnahme und Beweisschwierigkeiten nach nach längerer Zeit wegen dann nur schwer feststellbarer Mängel und fördert so auch im Interesse des Käufers (sachgerechte Risikoverteilung zwischen beiden) die Einfachheit und Schnelligkeit im Handelsverkehr (Einl 5 vor § 1), BGH **66**, 213, **110**, 138, WM **98**, 938 (entspr zur Funktion der Rüge Rn 32). § **378,** der den Anwendungsbereich des § 377 auf Falschlieferungen und Mengenfehler ausdehnte, soweit die gelieferte Ware nicht so offensichtlich von der Bestellung abwich, dass der Verkäufer ihre Genehmigung als ausgeschlossen betrachten musste, wurde durch das SMG **aufgehoben.** Das **SMG** hat **mittelbar** auch **Auswirkungen auf § 377,** denn es hat das allgemeine und kaufrechtliche Leistungsstörungsrecht grundlegend reformiert (s Rn 12 ff), und ohne Rügeobliegenheit käme dem Käufer eine zweijährige Verjährungsfrist (§ 438 I Nr 3 BGB, früher 6 Monate) zugute, die Rügeobliegenheit ist also heute noch einschneidender. Anderseits sind die Konsequenzen des Streits, ob die schuldhafte Verletzung von Nebenpflichten unter § 377 fällt (s Rn 49), wegen der kürzeren allgemeinen Verjährungsfrist (§ 195 BGB, früher 30 Jahre), geringer. § 377 ist auf die Bedürfnisse des Großhandels in Rohstoffen und Landesprodukten zugeschnitten, für den Handel in Industrieprodukten wirft er de lege lata nur zT lösbare Schwierigkeiten auf, überzeugender sind Art 38, 39 CISG: sofortige Untersuchungs- und angemessene Rügefrist für alle (Überbl 49 vor § 373), U. Huber ZHR 161 **(97)** 184, G. Müller ZIP **02,** 1185. Lit: Menhofer 1994, Jansen 2001 (auch CISG); Koppensteiner BB **71,** 547, Hönn BB **78,** 685, Marburger JuS **83,** 1, Mössle NJW **88,** 1190, Schwark JZ **90,** 374, Michalski DB **97,** 81, G. Müller ZIP **97,** 661, **02,** 1178, Thamm/Möffert NJW **04,** 2710, Oetker FS Canaris **07** II 313; rechtsvergleichend und ökonomisch Lehmann WM **80,** 1162.

2 B. **Anwendungsbereich: a) Handelskauf:** § 377 gilt für den HdlKauf, es muss sich also um ein HdlGeschäft (§§ 343, 344) über Waren oder Wertpapiere **(§ 381 I)** handeln (Überbl 8 vor § 373). Das Geschäft muss ein Kauf- oder ein kaufähnlicher Vertrag sein. Bspe: **Gattungs- oder Stückkauf** (§ 360 Rn 1), auch von Hardware mit nicht speziell für den Käufer hergestellter Software, BGH **110,** 130, NJW **93,** 461; **Vertrag über noch herzustellende oder zu erzeugende bewegliche Sache (§ 381 II,** früher Werklieferungsvertrag; nicht auch

2. Abschnitt. Handelskauf **3–5 § 377**

Werkvertrag, s unten), BGH WM 92, 916, NJW 93, 2436, CR 02, 93; **Tausch** (§ 480 BGB); Kauf nach Probe (§ 494 aF BGB, Überbl 14 vor § 373), BGH WM 77, 821, Kln BB 88, 20; **Kauf auf Probe** (§ 454 BGB, Überbl 14 vor § 373) nach Billigung des Gegenstands, wenn sich danach ein Fehler zeigt, vgl RG 137, 298; finanziertes Abzahlungsgeschäft (s **(7)** Bankgeschäfte Rn G/34); Streckengeschäft und sonstige Direktlieferung an Dritten (auch NichtKfm), s Rn 9; nicht nur entgeltliche Umsatzgeschäfte, sondern zB auch Sachdarlehen, BGH NJW 85, 2418; entspr bei Einkaufskommission (§ 391), Verkaufskommission mit Preisgarantie (§ 384 Rn 6). **Nicht: Unternehmenskauf** (Einl 44 vor § 1), einerlei ob als asset deal oder als share deal (für letzteren § 481 Rn 1), Schröcker ZGR 05, 95, differenzierend Wunderlich WM 02, 988, str; **Immobilien**, hL, aA Dreier ZfIR 04, 416, Grund: SMG; **Leasing** (s **(7)** Bankgeschäfte Rn P/1), also zwischen Leasinggeber und -nehmer, BGH 110, 130 (aber sehr wohl zwischen Leasinggeber und Hersteller, s Rn 34); **selbstständiger Garantievertrag** (§ 349 Rn 15–20), BGH WM 77, 366, s Rn 49, 60; **reiner Werkvertrag**, Analogie nur unter ganz besonderen Voraussetzungen, BGH 1, 240, WM 92, 916, NJW 93, 2436, CR 02, 93, BVerfG ZIP 95, 1852, aber in der Praxis nach AGB; **Einlage** einer mangelhaften Sache in Ges (§ 105 Rn 93), da kein Umsatzgeschäft, K. Schmidt § 29 III 2 a. Rügepflicht in solchen Fällen s Rn 4. Bei Zusammentreffen von HdlKauf und Verbrauchsgüterkauf teleologische Reduktion des § 377, Hoffmann BB 05, 2090.

b) Beiderseitiges Handelsgeschäft: § 377 setzt voraus, dass es sich um ein **3** beiderseitiges HdlGeschäft handelt. Anwendbar auch zulasten des **Rechtsscheinkaufmanns** als Käufer (Voraussetzungen s § 5 Rn 9–17), nicht aber zugunsten als Verkäufer (§ 5 Rn 15). **Nicht** unter § 377 fallen **Kleingewerbetreibende** ohne Eintragung iSv § 2; anders die früheren Minderkaufleute iSv § 4 I aF; das ist wenig sachgerecht; für Ausdehnung auf selbstständig beruflich am Markt auftretende NichtKflte Hopt AcP 183 **(83)** 690, Deckert JuS 98, 121, ausdrücklich auch nach HRefG auf Unternehmen, K. Schmidt § 29 III 2 b, aA Canaris § 29 Rn 47 (aber anders zu § 366, dort Rn 4), str. Rechtspolitisch überzeugender als § 377 ist einheitliche Rüge jedes Käufers innerhalb „angemessener Frist" (s Rn 1), doch ist dem das SMG nicht gefolgt, stattdessen Verjährung in zwei Jahren nach § 438 BGB. **Beweislast** für KfmEigenschaft des Käufers s Rn 55, § 1 Rn 25.

In **anderen Fällen** als § 377 kann sich aus **§ 242 BGB** ergeben, dass in **4** angemessener Zeit zu untersuchen und rügen ist, sonst Verlust der Rechte wegen Fehlers der Lieferung, insbesondere zu Lasten eines beteiligten Kfm, RG 104, 96, BGH NJW 92, 914 (§ 254 BGB, iErg abl), Stgt MDR 58, 774, vgl § 390 Rn 3. Für Annäherung von § 377 und § 241 II BGB Peters JZ 06, 230.

2) Voraussetzungen der Rügeobliegenheit (I)

A. **Ablieferung der gekauften Ware: a) Begriff: Ablieferung** nach I be- **5** zeichnet den Zeitpunkt, ab dem den Käufer die Untersuchungs- und Rügelast trifft, BGH 143, 310, und die Rügefrist zu laufen beginnt. Ablieferung ist erfolgt, wenn die Sache dem Empfänger oder dem von ihm Beauftragten (Spediteur, Frachtführer) in der Art zugänglich gemacht ist (in seinen Machtbereich, Gewahrsam gebracht) wird, dass er sie auf ihre Beschaffenheit prüfen kann, BGH 60, 6, 93, 345, NJW 61, 730, 86, 317, 143, 311 (Standard-Software), Kln NJW-RR 99, 566. Begriff wie in § 438 II BGB (§ 477 aF, Verjährung der Mängelansprüche), BGH 93, 345, NJW 95, 3383. Entscheidend ist also **tatsächliche Verfügungs- und damit Untersuchungsmöglichkeit des Käufers** an Stelle des Verkäufers; daran fehlt es, wenn der Käufer die Abnahme verweigert (s Rn 6). Ob die Untersuchung schwierig und langwierig ist, spielt für Ablieferung keine Rolle (aber für Untersuchung und Rüge, s Rn 25), BGH 143, 311. Die

§ 377 6–8 IV. Buch. Handelsgeschäfte

Ablieferung muss objektiv erkennbar, **äußerlich sichtbar** sein, anders bei deutlicher Parteivereinbarung (wenn die Sache noch beim Verkäufer liegt), BGH **93,** 346. Ablieferung ist eine einseitige Tathandlung des Verkäufers (Realakt), keine Willenserklärung. Begriff in I deckt sich weder mit Abnahme iSv § 433 II BGB noch mit Gefahrübergang iSv §§ 446, 447 BGB, BGH **60,** 6, noch mit Ablieferung iSv § 425 (Haftung des Frachtführers); allerdings fallen Übergabe (§ 446 BGB) und Ablieferung iSv § 377 häufig zusammen.

6 **b) Zeit, Ort, Art und Weise der Ablieferung:** Die Ablieferung muss zur vereinbarten Zeit und am vereinbarten Ort erfolgen, BGH NJW **61,** 730, Kln NJW-RR **99,** 565. Genehmigung von Änderungen/Abweichungen (auch stillschweigend) ist allerdings möglich. Ablieferung von Importware uU schon vor Verzollung, uU an der deutschen Grenze bei Empfang durch Spediteur des deutschen Adressaten, offen BGH **LM** Nr 4. Ist direkt an einen Dritten zu liefern, kommt es auf Zugänglichmachung für den Dritten an, BGH NJW **78,** 2394, zur Rüge beim Streckengeschäft s Rn 9; Ablieferungsort iSv I beim Käufer wird aber nicht schon bei bloß zulässiger Direktauslieferung geändert, BGH WM **93,** 1850; auch nicht durch nachträgliche Weisung zur Direktauslieferung. Bei Lieferung einer Maschine in Teilen ohne Montagepflicht des Lieferers idR schon nach Übergabe der Teile am Bestimmungsort, bei Montagepflicht des Lieferers nach deren Vollendung, BGH NJW **61,** 730, Graue AcP 163 **(63)** 406. Beim Kaufvertrag setzt Ablieferung idR **vollständige Lieferung** der Ware voraus, BGH NJW **93,** 2436, **00,** 1416, zB mit Bedienungsanleitung, bei Computeranlage auch Lieferung der Hard- und Softwarehandbücher, falls zur Hauptleistungspflicht des Verkäufers gehörend, BGH NJW **93,** 461; beim Werklieferungsvertrag entspr Übergabe des vollendeten Werks, BGH NJW **93,** 2436, Film: „Ablieferung" durch Vorführung und Aushändigung des Streifens, vgl § 381 Rn 6. Auch bei schwer erkennbaren Mängeln (Standardsoftware) kein hinausgeschobener Ablieferungszeitpunkt, aber bei **Nachbesserungen** im Machtbereich des Käufers hat dieser nach Beendigung der Nachbesserungsarbeiten erneut zu untersuchen und zu rügen, erst recht bei **Nachlieferung** (§ 439 I BGB, wie eigenständige Lieferung; s auch Einl 3 vor § 373), s Rn 46. **Nicht** abgeliefert: bei Verweigerung der Annahme, wenn es der Verkäufer dabei belässt, RG **5,** 32; bei bloßem Annahmeverzug ohne tatsächliche Ablieferung, BGH NJW **95,** 3381; bei Lieferung von Computersystem ohne Handbuch, BGH NJW **93,** 461, 2436; ohne geschuldete Dokumentation mit Konstruktionsunterlagen, BGH WM **93,** 1850; bei noch beim Verkäufer gelagerten Gegenständen, anders nur bei klarer Parteiabrede über Wechsel der Verfügungsmacht, BGH **93,** 346.

7 **c) Besondere Fallgestaltungen: Holschuld:** Wenn der Käufer wie idR die Ware in der Niederlassung des Verkäufers abzuholen hat, erfolgt auch bei Abholtermin Ablieferung nicht schon mit Bereitstellung, sondern erst mit tatsächlicher Übergabe, BGH NJW **95,** 3381, str, Grund: erst dann kann er untersuchen und rügen; anders, wenn die Ware bei einem Dritten, zB Lagerhalter, abzuholen ist und es nur noch am Käufer liegt, sich einseitig Besitz zu verschaffen, BGH NJW **88,** 2609, **95,** 3382, aA Tiedtke JZ **96,** 552. Ebenso bei Lieferklauseln „ab Station", „ab Lager", „ab Werk", „frei verladen" „frei LKW" (Abgangsort), „frei Grenze" ua (§ 346 Rn 40); Ablieferung erfolgt, wenn der vom Käufer beauftragte Transportunternehmen die Ware tatsächlich übernimmt, im Werk („ab Werk"), BGH NJW **86,** 317, am LKW, an der Grenze. Container s Rn 8.

8 **Versendungskauf:** Beim Versendungskauf liegt Ablieferung spätestens vor, wenn die Kaufsache vom Spediteur oder Frachtführer des Verkäufers an den Käufer oder den vom Käufer dem Verkäufer als empfangsberechtigt angegebenen Dritten ausgeliefert wird. Hat der Käufer die versandte Sache am Bestimmungsort abzuholen, ist abgeliefert, wenn sie am Bestimmungsort eingetroffen ist und dort dem Käufer in vertragsgemäßer Weise zur Abholung zur Verfügung steht, BGH

2. Abschnitt. Handelskauf 9–12 § 377

NJW **88,** 2609, **95,** 3382, Grund: dann hat sich der Verkäufer der Sache entäußert, und es liegt allein am Käufer, sich in ihren Besitz zu setzen. Das gilt auch bei **Vorleistungspflicht** des Käufers; wenn die Transportperson des Verkäufers die Auslieferung an den Käufer vertragsgemäß von der Zahlung des Kaufpreises und der Frachtkosten abhängig macht, liegt Ablieferung vor, wenn die Ware derart dem Käufer angeboten wird, BGH NJW **88,** 2609, **95,** 3382, aA Tiedtke NJW **88,** 2580. Bei Versendung im **Container,** zB „frei im Container gestaut", findet Ablieferung nach festem HdlBrauch erst mit Eintreffen im Lager statt, BGH DB **81,** 1816, Ebenroth/Müller 25.

Streckengeschäft: Beim Streckengeschäft (Durchhandeln, Zwischenhandel 9 Überbl 27 vor § 373) ist zu unterscheiden. Hat der Verkäufer die Ware unmittelbar an den Abnehmer des Käufers zu liefern, liegt Ablieferung vor, wenn die Ware dem Abnehmer durch die Transportperson des Verkäufers vertragsgemäß zur Verfügung gestellt wird, dieser kann dann statt des Käufers untersuchen und rügen, BGH NJW **78,** 2394 (s Rn 23). Versendet der Käufer dagegen die Sache seinerseits umgehend an den Letztverkäufer weiter, liegt Ablieferung mit Übernahme durch den Käufer, nicht erst durch den Abnehmer vor, Ebenroth/Müller 26. Das gilt erst recht beim normalen Weiterverkauf, also wenn kein Streckengeschäft vorliegt. Ob der Abnehmer des Käufers selbst Kfm und rügepflichtig ist oder nur Verbraucher, spielt im Verhältnis Verkäufer/Käufer keine Rolle, BGH **110,** 138. Zur unverzüglichen Untersuchung und Rüge beim Streckengeschäft s Rn 23, 34, 37.

Incoterms: Vorrangig sind besondere, auch stillschweigende Abreden der 10 Parteien über die Ablieferung, wie häufig getroffen, BGH **60,** 7, sowie HdlBrauch (s Rn 56). Beim **fob-Geschäft,** bei dem der Käufer frei an Bord zu liefern hat (s **(6)** Incoterms Nr 4), findet Ablieferung grundsätzlich mit der Übergabe an den Verfrachter, also Übernahme an Bord statt, BGH **60,** 7, DB **81,** 1817; bei besonderen Umständen ausnahmsweise erst im Bestimmungshafen, zB wenn Lieferung in verstärkter seemännischer Verpackung vereinbart und deshalb erst dort zu untersuchen ist, RG **102,** 91, BGH **60,** 5, DB **81,** 1817, oder wenn die Ziehung von Stichproben nach Lieferung an Bord untunlich oder zweckwidrig ist, Hbg HRR **28,** 1218 (Überseeholzhandel). Beim **cif-Geschäft** (s **(6)** Incoterms Nr 6) findet Ablieferung dagegen idR erst im Bestimmungshafen statt, BGH BB **53,** 186. Ablieferung bei Versendung im Container und bei anderen Lieferklauseln s Rn 8.

Bringschuld: Ablieferung erfolgt mit Übergabe an den Käufer. Lehnt der 11 Käufer die Annahme vertragswidrig ab, ist Ablieferung anzunehmen, obwohl sich die Ware noch beim Verkäufer oder dessen Frachtführer befindet, aA Tiedtke JZ **96,** 551, Grund: die Ware ist dem Käufer so angeboten, dass Inbesitznahme allein von ihm abhängt. Vorleistungspflicht wie Rn 8. Bei Klauseln „frei Haus", „geliefert frei Käufers Lager" kann Auslegung ergeben, dass der Verkäufer nur die Transportgefahr trägt, die Ablieferung aber wie beim Versendungskauf mit Übergabe an die Transportperson des Käufers erfolgt (s Rn 8), str, offen Ebenroth/Müller 27.

B. **Mangel: a) Mangelbegriff:** Mangel der Ware iSv I ist nach bisher allgmM 12 Sachmangel, nicht Rechtsmangel, Denkschrift S 228, 30. Aufl. Diese Einschränkung ist seit dem **SMG,** das **Sach- und Rechtsmängel gleichgestellt** hat (§§ 434, 435, 437 BGB), nicht mehr gerechtfertigt (keinesfalls für Wertpapierkauf, § 381 Rn 4), Canaris § 29 Rn 52, FS Konzen **06,** 53, str, Gründe: Wortlaut von I, Gleichbehandlung nach BGB, Sinn der Rügeobliegenheit (s Rn 1), Schwierigkeiten beim Wertpapierkauf (§ 381 Rn 3) und beim Unternehmenskauf (Einl 46 vor § 1; aber § 377 ist unanwendbar, s Rn 2), kein Gegeneinwand mangelnder Praktikabilität (zB Einsicht in Begleitpapiere), der historische Wille des Gesetzgebers zu § 377 tritt demgegenüber zurück, mit dem für das Ausmaß

Hopt 1447

§ 377 13–16 IV. Buch. Handelsgeschäfte

der Untersuchungs- und Rügepflicht auf die Grundsätze zum gutgläubigen Erwerb (§ 366 HGB, §§ 932 ff BGB) zurückgegriffen werden kann (Zeitpunkt für diesen ist Übergabe, hier Ablieferung). Maßgeblich für die Rügeobliegenheit des § 377 ist danach nicht nur der Sachmangelbegriff, sondern allgemeiner der **Mangelbegriff des BGB.** Dieser wurde durch das SMG neu geregelt. Mangelfreiheit der Sache ist danach vertragliche Erfüllungspflicht. Der Verkäufer hat dem Käufer die Sache frei von Sach- und Rechtsmängeln zu verschaffen (§ 433 I 2 BGB, Hauptleistungspflicht), sonst handelt er vertragswidrig, und es ist nicht erfüllt. Anders als bei Nichterfüllung der Pflicht zu Übergabe und Eigentumsverschaffung (§ 433 I 1 BGB) eröffnet ein Sachmangel bei Gefahrübergang (§§ 446, 447 BGB) nicht unmittelbar die Rechte aus §§ 280, 281, 284, 323 BGB, sondern die Rechtsfolgen der §§ 437–442 (Sonderregelung für den Kauf). Lit: Westermann NJW **02,** 241, S. Lorenz NJW **05,** 1890.

13 **Arten von Sachmängeln:** § 433 BGB erwähnt verschiedene Arten von Sachmängeln: (1) fehlende vereinbarte Beschaffenheit der Sache (subjektiv, § 434 I 1 BGB), subsidiär (2) fehlende Eignung zu der nach dem Vertrag vorausgesetzten Verwendung (objektiv, § 434 I 2 Nr 1 BGB), (3) fehlende Eignung zur gewöhnlichen Verwendung (objektiv, § 434 I S 2 Nr 2 mit S 3 BGB über öffentliche Äußerungen des Verkäufers, des Herstellers oder seines Gehilfen, insbesondere bei der Werbung, Westermann NJW **02,** 245), (4) unsachgemäße Montage (§ 434 II 1 BGB), (5) mangelhafte Montageanleitung (§ 434 II 2 BGB), (6) Lieferung einer anderen Sache (§ 434 III Alt 1 BGB, s Rn 16) und (7) Mindermenge (§ 434 III Alt 2 BGB, s Rn 17).

14 **Verhältnis zum Recht vor dem SMG:** Beschaffenheit der Sache ist der zentrale Begriff für den Sachmangel. Der Begriff der Beschaffenheit entspricht im wesentlichen dem Eigenschaftsbegriff vor dem SMG. Die vereinbarte Beschaffenheit (§ 434 I 1 BGB iVm § 276 I 1 BGB: Übernahme einer Garantie oder eines Beschaffungsrisikos) entspricht weitgehend der zugesicherten Eigenschaft des § 459 II aF BGB, zB bei Kauf nach Probe oder Ausfallmuster (s Rn 2, Überbl 14 vor § 373). Fehlende Eignung zur vorausgesetzten und zur gewöhnlichen Verwendung (§ 434 I 2 Nr 1 u 2) entsprechen weitgehend dem Fehler nach § 459 I aF BGB. Falsch- und Minderlieferung, die vor dem SMG nur für den HdlKauf geregelt waren (§ 378 aF, s dort), sind Sachmängel nach BGB. Mehrmenge bzw Zuviellieferung ist in § 434 BGB nicht geregelt (s Rn 18).

15 **Verletzung von Nebenpflichten:** § 377 erfasst alle Ansprüche wegen Schlechterfüllung oder Verletzung von mit dem Mangel zusammenhängenden Nebenpflichten (**Gewährleistungsansprüche im weiteren Sinne),** s Rn 48. Wenn von der Verpackung die Haltbarkeit der Ware, ihr Wert oder die Weiterverkaufsmöglichkeit abhängt oder wenn die Originalverpackung die Ware kennzeichnet, ist fehlende oder mangelhafte Verpackung Sachmangel, BGH **66,** 212, **87,** 91; sonst nicht. **Keine Sachmängel** sind dagegen die Verletzung von **Nebenpflichten,** die **nicht** unmittelbar **mit dem Mangel zusammenhängen** und die kaufrechtliche Gewährleistung nicht betreffen, zB Verpackungspflicht, s Rn 49, sehr str; anderweitige Verletzungen der Lieferpflicht wie Verspätung oder Lieferung am falschen Ort. Diese sind vertragswidrig, aber nicht Sachmangel und müssen deshalb nicht nach § 377 gerügt werden.

16 **b) Falschlieferung (§ 434 III Alt 1 BGB, § 378 aF):** Die Falschlieferung (Lieferung eines aliud) ist eigentlich kein Mangel der Sache, aber diesem gesetzlich gleichgestellt; aber für Stückkauf str, für teleologische Reduktion des § 434 III BGB auf Gattungsschulden Lettl JuS **02,** 871, aber gegen Vorstellung des Gesetzgebers. Voraussetzung ist, dass der Verkäufer die Leistung als Erfüllung seiner Vertragspflicht erbringt, RegE 216, und dies dem Käufer erkennbar ist, das trifft zB bei einem erkennbar von der Post vertauschten Paket nicht zu. Wie sehr das aliud von der vereinbarten Ware abweicht, ob die Falschlieferung also genehmigungsfähig ist oder nicht, spielt keine Rolle, aber str für Extremabweichungen, Musielak NJW **03,** 92; dies gilt dann auch für den HdlKauf (anders § 378 aF). Dementsprechend muss dann auch nach § 377 auf jeden Fall gerügt werden, auch wenn es sich offensichtlich um eine völlig andere Ware handelt; aber auch wenn es um eine unerhebliche Abweichung geht, denn dann ist zwar Rücktritt ausgeschlossen (§ 323 V 2 BGB), nicht aber die anderen Rechte nach § 437 BGB (zur Minderung s § 441 I 1 BGB). Falschlieferung ist beim Stückschuld andere Identität als die der gekauften Sache. Beim Gattungskauf kommt es auf Zugehörigkeit zur Gattung nach Gattungsmerkmalen an (§ 243 BGB); maßgeblich Parteivereinbarung. Ob Falschlieferung vorliegt, beurteilt sich nach dem ausdrücklich vereinbarten oder dem Verkäufer wenigstens bekannten Vertragszweck und den danach erforderlichen Merkmalen der zu liefernden Ware, BGH NJW **86,** 659, **94,** 2230, **97,** 1915 (PC-Kauf). Die schwierige, unter § 378 aF notwendige Unterscheidung zwischen Minder- und Mehrlieferungen, die nur Schlechtlieferung sind, und solchen, die sogar Falschlieferung sind, BGH NJW **68,** 640, **96,** 1827, **97,** 1914, zB Lieferung von Einheiten wie Blechen oder Brettern mit falschen Maßen, näher 30. Aufl, spielt unter § 434 BGB keine Rolle mehr. Lit: Lettl JuS **02,** 866, Musielak NJW **03,** 89, Schulze NJW **03,** 1022, Hadding FS Kollhosser **04,** 175.

c) Minderlieferung: Die Lieferung einer geringeren als der vereinbarten **17** Menge (Zuweniglieferung, Mankolieferung) ist Sachmangel nach § 434 III Alt 2 BGB. Ob eine Mindermenge vorliegt, beurteilt sich idR nach Stückzahl, Maß und Gewicht, BGH NJW **96,** 1827 (fehlende Schnürsenkel). Bei jeder solchen Minderlieferung, auch einer ganz geringen, ist nach § 377 zu rügen. § 323 V 2 BGB betrifft nur die Teilleistung (Erschwerung bzw Ausschluss des Rücktrittsrechts) und lässt § 377 unberührt. Rügt der Käufer die Minderlieferung nicht, gilt die Lieferung als genehmigt (II, s Rn 45), er kann das Fehlende nicht nachfordern und muss die volle, vertraglich vereinbarte Menge bezahlen, BGH **91,** 300.

Minderlieferung iSv § 434 III BGB liegt aber wie bei der Falschlieferung (s **18** Rn 16) nur vor, wenn die Lieferung vom Verkäufer als vollständige Erfüllung des Vertrags ausgeführt, RegE 216, und dies dem Käufer erkennbar ist, zB bei Ausweis auf dem Lieferschein. Sonst liegt eine **bewusste Teilleistung** vor, die der Käufer nach § 266 BGB zurückweisen kann mit den Folgen von § 323 BGB (Rücktritt) bzw §§ 280, 281, 286 (Schadensersatz statt der Leistung bzw Verzugsschaden). Nimmt der Käufer die vom Verkäufer als solche ausgeführte Teilleistung an, kann er Erfüllung hinsichtlich des ausstehenden Teils verlangen; doch kann stillschweigende Vertragsänderung auf den bereits gelieferten Teil und einen entsprechend reduzierten Preis vorliegen, offen BGH **91,** 301. Dogmatische Abgrenzung zwischen Teilleistung mit den Rechtsfolgen der §§ 281 I 2, 323 V 1 BGB und Minderlieferung mit den Rechtsfolgen der §§ 281 I 3, 323 V 2 BGB ist str. Jedenfalls für Kauf- und Werkvertragsrecht gilt Gleichstellung von Minderlieferung mit Sachmangel (§§ 434 III Alt 2, 633 II 3 Alt 2 BGB). Liegt ein Fall des § 434 III Alt 2 BGB vor, muss auch § 377 gelten, denn der Gesetzgeber wollte § 378 aF durch § 434 III Alt 2 BGB ersetzen. Lehnt man § 434 III Alt 2 BGB bei bewusster Teilleistung ab, entfällt (wenn § 377 nur auf Sachmängel bezogen wird, s Rn 12, 49), die Rügeobliegenheit bezüglich der Tatsache der bloßen Teilleistung, bei Annahme der Teilleistung aber uU nicht im Übrigen (s Rn 30).

d) Mehrlieferung: Mehrlieferung (Zuviellieferung) ist in § 434 BGB bewusst **19** nicht geregelt, sondern nach allgemeinem Schuldrecht zu behandeln, aA Teil der Lehre zu § 378 aF, s 30. Aufl. § 377, zu § 377 nF Canaris § 29 Rn 56, ist, weil kein Sachmangel vorliegt, unanwendbar, es ist nicht zu rügen. Der Verkäufer kann Kaufpreis nur für die vertraglich vereinbarte Menge verlangen, nicht für die Mehrmenge, auch nicht, wenn der Käufer Mehrmenge behält, ohne den Verkäufer darauf aufmerksam zu machen; die Mehrmenge ist umgekehrt nach § 812 BGB zurückzugeben. Anders nur, wenn ein Kaufvertrag über die Mehrmenge geschlossen wird (Angebot und Annahme einer Vertragserweiterung), § 241a BGB (unbestellte Leistungen) findet unter Unternehmern keine Anwendung. Vertragserweiterung aber nicht schon bei Nichtbeanstandung, wäre fiktiv; im Einzelfall kommen jedoch stillschweigendes Angebot des Verkäufers unter Verzicht auf Zugang der Annahmeerklärung (§ 151 BGB) und Annahme durch den Käufer durch Ingebrauchnahme der Ware in Betracht, vgl Hamm BB **78,** 1748, Oldbg NJW-RR **96,** 1528.

Lit zu Mehr- und Minderlieferung vor SMG: von Caemmerer FS M. Wolff **52,** 3, Mailänder ZHR 126 **(64)** 92, Peters AcP 164 **(64)** 340, Koppensteiner BB **71,** 547, Werner BB **84,** 221, Altmeppen/Reichard FS Huber **06,** 313, Oetker FS Canaris **07** II 313.

3) Untersuchung der Ware (I)

20 A. **Untersuchungsobliegenheit: a) Verhältnis von Untersuchung und Rüge:** Nach II wahrt nur die (unverzügliche) Anzeige (Rüge) dem Käufer seine Rechte wegen des Mangels. Auch eine Rüge ohne vorangegangene Untersuchung, also aus anders erlangter Kenntnis oder auf bloßen Verdacht reicht aus, RG **99,** 249, **138,** 336, Kblz NJW-RR **04,** 1553. Wenn I von der Untersuchung spricht, ist damit nur der Normalfall gemeint, dass der Käufer den Mangel erst durch Untersuchung feststellen kann. Deshalb sieht I eine Obliegenheit zur unverzüglichen Untersuchung vor. Ist der Mangel durch Untersuchung erkennbar, bestimmt I zugleich für die Rüge nach II den Zeitpunkt, zu dem spätestens gerügt werden muss (s Rn 32, 35). Ist die Untersuchung unmöglich oder untunlich oder erst später möglich, wirkt sich das auf die Rügeobliegenheit aus, maßgeblich ist dann spätestens die Entdeckung des Mangels, vgl zB BGH **LM** Nr 1. Die Untersuchung ist ein rein tatsächlicher Vorgang (anders Rüge, s Rn 32). Sie beinhaltet keine Genehmigung, auch bei einem für sie notwendigen Gebrauch oder Verbrauch der Ware (zB Stichprobe, s Rn 26), RG **68,** 370; ebenso wenig ist die Unterlassung der Untersuchung eine solche Genehmigung, RG **106,** 360.

21 b) **Untersuchungsobliegenheit:** Die Rüge liegt im eigenen Interesse des Käufers, der seine Rechte wahren will. Läßt er die Zeit dafür verstreichen, ist das für ihn nachteilig, aber doch seine Sache. Untersuchung und Rüge sind deshalb keine Rechtspflicht (oft mißverständlicher Sprachgebrauch), sondern bloße Obliegenheit. Der Verkäufer hat also keinen Anspruch auf unverzügliche Untersuchung und Rüge.

22 c) **Untersuchungsrecht:** Das Recht zur Untersuchung hat der Käufer selbstverständlich nach Empfang der Ware. Aber auch der schon auf Angebot der Ware zahlungspflichtige Käufer darf idR **vor Zahlung** die angebotene Ware auf Fehler prüfen. Das gilt idR auch beim Überseeabladegeschäft (Überbl 50 vor § 373) nach Ankunft der Ware im Bestimmungshafen. Anderes kann vereinbart oder HdlBrauch sein, vgl BGH WM **63,** 844. Das Prüfungsrecht vor Zahlung gilt idR (Möglichkeit der Gewährung des Rechts, Hbg MDR **70,** 335) nicht bei Vereinbarung **„Kasse gegen Dokumente"** (§ 346 Rn 40), auch wenn die Ware schon am Ablieferungsort ist, BGH **41,** 220 gegen RG JW **32,** 586 mit internationalem Brauch und Schiedsgerichtspraxis in Hbg, Brem (Grimm AWD **62,** 53); erst recht nicht bei Vereinbarung „K. g. D. bei Ankunft des Dampfers in X", BGH **41,** 221. Verweigerung der Untersuchung durch den Verkäufer kann ausnahmsweise **Rechtsmissbrauch** sein, aber nur bei schwerwiegenden Gründen; nicht schon zB weil ähnliche Importe (anderer Lieferer) Mängel hatten, BGB **41,** 222, oder weil eine vorangegangene Teillieferung mangelhaft war, BGH MDR **63,** 1004.

2. Abschnitt. Handelskauf 23, 24 § 377

B. Zeit und Ort der Untersuchung: a) Unverzügliche Untersuchung 23
(I): Maßgeblicher Zeitpunkt ist grundsätzlich die Ablieferung (s Rn 6, außer bei abw Parteiabrede oder HdlBrauch, BGH NJW **86,** 317); Rspr dort, auch zu besonderen Fallgestaltungen wie beim Versendungskauf (s Rn 8) und Streckengeschäft (s Rn 9) betrifft häufig auch Untersuchung hier. Der Käufer kann schon vor Ablieferung ein Recht zur Untersuchung haben (s Rn 22); nimmt er dieses nicht wahr, schadet ihm das aber nicht. Nach Ablieferung muss er aber, um seine Recht nicht nach II zu verlieren, unverzüglich (ohne schuldhaftes Zögern, § 121 BGB) untersuchen, nach aA alsbald ohne Verschulden (s Rn 35). Das ist im Interesse der Schnelligkeit des HdlVerkehrs streng auszulegen. Schon geringe, bei ordnungsmäßigem Geschäftsgang vermeidbare Lässigkeit macht die Rüge verspätet, RG **106,** 360. Der Maßstab ist **objektiv,** Unterschiede je nach Branche, Groß- oder Kleinbetrieb, Hbg BB **53,** 98; die besonderen Verhältnisse des Käufers sind dagegen unerheblich, zB die Anstellung unzulänglichen Personals oder gewillkürte Ruhetage (anders gesetzliche Feiertage), RG HRR **31,** 769, zeitliche Überlastung, str. Art der Ware ist wichtig, BGH **132,** 179; Maschinen, Wein, Zigarren zB erfordern längere, leicht verderbliche Ware wie Lebensmittel, zB Orangen, sehr kurze Untersuchungszeit, Mü BB **55,** 748. ZT wird als ungefährer **Richtwert** eine Woche angegeben, RG **47,** 21, Heymann/Emmerich/Hoffmann 53, Ko/Ro/Mo/Roth 17, 3–4 Tage, Karlsr OLGR **98,** 25 (CISG), 2 Wochen bei kompliziertem technischen Gerät, Oldbg DB **01,** 1088 (CISG), nicht mehr 4 Wochen, Jena OLGR **99,** 4 (CISG), neuere Rspr ist großzügiger, Saarbr OLGR **01,** 239 (CISG), eher ein Monat, Stgt RIW **95,** 943 (CISG, vgl BGH RIW **95,** 597), Ebenroth/Müller 82, bei zeitaufwändigen Untersuchungen länger, zB fünf Wochen Mü NJW-RR **99,** 331, sogar zwei Monate Düss NJW-RR **99,** 1714 LS (Ventilatoren für zu errichtendes Rückkühlwerk), sieben Wochen, BGH DB **00,** 569 (Totalschaden von Produktionsmaschine, CISG); für Art 38, 39 CISG Gesamtfrist für Untersuchung und Mängelanzeige idR etwa 14 Tage, Staud/Magnus Art 39 CISG Rn 49 (Daumenregel); aber jede solche Faustregel ist gefährlich, es kommt auf den **Einzelfall** an. Ob, wann, wie und an wen der Käufer die Ware **weiterverkauft,** ist seine Sache und berührt seine Untersuchungs- und Rügeobliegenheit grundsätzlich nicht, auch wenn der Abnehmer bezüglich der Abnahme Erfüllungsgehilfe des Käufers ist (§ 278 BGB) und auch wenn der Abnehmer Verbraucher und selbst nicht rügepflichtig ist, BGH **110,** 138. Beim **Streckengeschäft** (s Rn 9) liegt Ablieferung erst beim Abnehmer vor; erst ab dann ist unverzüglich zu untersuchen und rügen, und zwar durch den Käufer oder für den Käufer durch den Abnehmer. Dabei ist es Sache des Käufers, dafür zu sorgen, dass sein Abnehmer die Ware so untersucht, dass der Käufer noch rechtzeitig rügen kann (s Rn 37), Karls NZG **09,** 395. „Unverzüglich" ist Rechtsbegriff, die für die Beurteilung relevanten Umstände sind im Prozess zu substantiieren, Kln MDR **73,** 679. Unverzügliche Rüge s Rn 35. Fristvereinbarungen s Rn 57 ff. Lit: W.-H. Roth FS Canaris **07** II 365 (Rüge bei Verkaufsketten).

b) Ort der Untersuchung: Zu untersuchen ist, weil unverzüglich nach 24 Ablieferung (I), idR am **Ort,** wo abgeliefert wird (s Rn 6, außer bei abw Parteiabrede oder HdlBrauch, BGH NJW **86,** 317). Das wird ua im Überseegeschäft relevant (Ablieferung unter Incoterms, s Rn 10). Bei Lieferung nach Übersee „fob" (s **(6)** Incoterms Nr 4) mit „seemäßiger Verpackung" ist erst am Bestimmungsort in Übersee zu untersuchen, RG **102,** 91, BGH BB **53,** 186; anders je nach den Umständen, wenn die Untersuchung schon im Abladehafen möglich und (nach Wert und Kosten) zumutbar ist, BGH **60,** 7, DB **81,** 1817. Ähnlich bei „ab Station"-Geschäft (§ 346 Rn 40), bei Klausel „frei im Container gestaut", BGH DB **81,** 1816 (Ablieferung bei Holschuld s Rn 7, Container s Rn 8). Versendungskauf s Rn 8; Streckengeschäft s Rn 9. Lit: Stötter DB **76,** 949 (Ort und Zeit der Untersuchung durch Importeur).

§ 377 25–27 IV. Buch. Handelsgeschäfte

25 C. **Art und Umfang der Untersuchung: a) Untersuchung, soweit tunlich (I):** Eine Untersuchung hat zu erfolgen, soweit sie „nach ordnungsmäßigem Geschäftsgang tunlich" (I) ist, dh sie muss auf Grund der Umstände des konkreten Falls dem Käufer zumutbar sein. Was tunlich ist, bestimmt sich **objektiv** unter Berücksichtigung von Branche, Groß- und Kleinbetrieb (s Rn 23), Fachhandel oder nicht, RG **59**, 75, BGH NJW **76**, 626; nicht nach den subjektiven Fähigkeiten des Käufers, BGH WM **70**, 1402. Die Anforderungen an eine ordnungsgemäße Untersuchung dürfen im Rahmen der Interessenabwägung zwischen Verkäufer und Käufer nicht überspannt werden, doch entbinden Schwierigkeiten der Entdeckung eines Mangels nicht von der Untersuchungspflicht, BGH NJW **77**, 1150 (Serienproduktion). Zu beachtende Umstände des Einzelfalls sind insbesondere Kosten, technischer, organisatorischer und Zeitaufwand, Beschädigung der Sache (Stichproben s Rn 26); Erfordernis technischer Kenntnisse, besonderer Vorkehrungen oder der Zuziehung von Sachverständigen (s Rn 28); frühere Fehlerhaftigkeit und Fehlerwahrscheinlichkeit, BGHRep **03,** 285; Gefährlichkeit der Untersuchung; hohe Mangelfolgeschäden bei bestimmungsmäßiger Weiterverarbeitung, BGH NJW **76**, 625, insbesondere für Leib und Leben, Düss NJW-RR **97**, 1346. Maßgeblich sind Verkehrsanschauung in der Branche und HdlBrauch (Grenze: missbräuchliche Nachlässigkeit), BGH WM **70**, 1402, NJW **76**, 625, NJW **77**, 1150, Oldbg NJW **98**, 388. Auch HdlBrauch kann aber nicht von jeder Untersuchung befreien, BGHRep **03**, 285.

26 **b) Art und Weise, Umfang und Stichproben:** Die Tunlichkeit entscheidet über Art und Weise der Untersuchung, zB ob chemische Untersuchung geboten ist, BGH BB **59**, 393, **70**, 1416, ob Konserven zu erhitzen sind, BGH BB **77**, 1019 (Pilze, verneint), BGHZ **60**, 5 (Öl, bejaht). Bei gefärbten Stoffen ist Wasch- und Kochtest erforderlich, Düss MDR **72**, 330, Abreiben, Bambg DB **74**, 913, Reiben mit feuchtem Lappen, BGH NJW **76**, 625. Läßt sich die Beschaffenheit der Ware nur durch ihre Verarbeitung erkennen, so ist Probeverarbeitung geboten, Kln BB **88**, 20. Bei **Lebensmitteln** genügt idR einfache Untersuchung nach Aussehen, Geruch und Geschmack, BGH NJW **91**, 2633; ergeben sich dabei Auffälligkeiten, ist genauer zu untersuchen. Teilverbrauch ist zumutbar, wenn Verderb nur so feststellbar ist, Oldbg NJW **98**, 388 (Auftauen tiefgefrorenen Fleisches). Untersuchung von Trockenfrüchten nicht ohne Lupe, SchiedsG WV Hbg Börse, **(84)** St/Ul/Ti E 6 b Nr 82. **Maschinen** sind in Gang zu setzen, uU längere Probeläufe und Beobachtungszeit, RG Warn **09**, 143, BGH NJW **77**, 1151; der Nichtfachmann darf länger und weniger gründlich prüfen als ein Maschinenhändler, RG **59**, 75; nicht erforderlich ist alsbaldiger Serienproduktionsbeginn mit der Maschine, BGH NJW **77**, 1150. Ist eine Untersuchung, die innere Materialfehler an Maschinenteilen zutage fördern würde, überhaupt unmöglich, ist Käufer dafür beweispflichtig, OGH **3**, 54 (Spannungsriss in einer Pleuelstange). Saaten vor der Ernte zu beobachten, ist idR nicht erforderlich, Königsberg HRR **42**, 765; erst recht ist idR ein Anbauversuch (vor der normalen Aussaat) nicht geboten, RG **103**, 81. Untersuchung entfällt auch nicht bei Qualitäts- und **Markenwaren**, aber bei eingeführten Markenwaren kann äußerliche Prüfung genügen, anders bei bekannt schlampiger Verarbeitung, zB von Modetextilien (s auch Rn 27).

27 Bei Lieferung einer größeren Warenmenge genügen aussagekräftige **Stichproben,** diese sind aber auch notwendig, RG **68**, 369, **106**, 362, BGH NJW **77**, 1151, Mü BB **55**, 748. Stichproben möglichst an verschiedenen Stellen des Transportmittels, RG **106**, 362 (Konservendosen), Mü BB **55**, 748 (Obst- und Gemüsehandel, nicht nur in der Nähe der Waggontür). Aussagekräftig bedeutet repräsentativ bzw sinnvoll auf die Gesamtmenge verteilt, Kln NJW-RR **99**, 565. Wird die Ware verbraucht oder beschädigt, genügen wenige Stichproben, sonst sind mehr notwendig, RG **57**, 11, BGH BB **77**, 1019 (genügend 5 von 2400

2. Abschnitt. Handelskauf 28–32 § 377

Pilzkonservendosen, wenn alle 5 fehlerhaft sind), Ffm NJW-RR **86,** 838 (Blusen falscher Größe), Kln NJW-RR **99,** 565 (ungenügend 20 von 20 000 PCDisketten), SchiedsG WV Hbg Börse, **(84)** St/Ul/Ti E 6 b Nr 82 (völlig ungenügend 3 von 172 000 Packungen). Sind Stichproben nicht möglich, weil die gesamte Ware unverkäuflich würde, ist idR stillschweigende Abrede über Hinausschieben der Untersuchungsobliegenheit bis zur Ingebrauchnahme durch den Letztabnehmer anzunehmen, RG Recht **23,** Nr 684, aA Steck NJW **02,** 3203: Entfallen. Bei originalverpackten **Markenwaren** (s Rn 26) sind uU überhaupt keine Stichproben notwendig, anders bei Anhaltspunkten für Mängel, K. Schmidt § 29 III 3 a. **Probeverarbeitung** s Rn 26.

c) Heranziehung von Sachverständigen: Die Untersuchungsobliegenheit 28 erstreckt sich auch auf seltene oder schwierig feststellbare Mängel, RG **68,** 368, Naumbg OLGR **01,** 417. Soweit dem Käufer hierzu die erforderliche Sachkunde fehlt, muss er nötigenfalls einen Sachkundigen heranziehen, Staub/Brüggemann 87. Entscheidend sind die Umstände des Einzelfalls, insbesondere die Natur der Ware und die Branchenüblichkeit. Maßstab ist auch hier die Sorgfalt eines ordentlichen Kfm (§ 347). Eine gebotene Untersuchung darf nicht an mangelndem Sachverstand des Käufers scheitern, dann ist eben ein Sachverständiger heranzuziehen, RG **59,** 45, **64,** 162.

d) Besondere Fallgestaltungen: Beim **Sukzessivlieferungsvertrag** ist idR 29 jede Einzellieferung zu untersuchen, auch wenn sie denselben Mangel aufweisen, BGH **101,** 339, erst recht bei den verschiedenen, wiederholten Lieferungen im Rahmen einer auch langjährigen Geschäftsbeziehung (lauter separate Geschäfte, § 343 Rn 3), aber s Rn 49, 52 betreff Aufklärungspflichten des Verkäufers. Versäumt der Käufer bei einer einzelnen Lieferung die Rüge, gilt der Mangel hinsichtlich der konkreten Lieferung als genehmigt; hinsichtlich späterer Lieferungen bleibt Rüge möglich.

Teilleistung kann der Käufer zurückweisen (§ 266 BGB, s Rn 18). Nimmt er 30 sie an, ist zu untersuchen und zu rügen, wenn die Teilleistung für sich allein verwendbar ist; ist nur die Gesamtmenge verwendbar, zB einzelne Teile einer Maschine, kann der Käufer die Lieferung der Gesamtmenge abwarten, RG **43,** 64, **138,** 338. Sieht man in der bewussten (vertragswidrigen) Teilleistung keinen Sachmangel (s Rn 18), aber auch sonst, soll erst bei Leistung der letzten Teilmenge zu untersuchen und zu rügen sein, so beachtlich Ebenroth/Müller 50, Grund: vertragswidrig teilleistender Verkäufer verdient den Schutz des § 377 erst ab vollständiger Erfüllung.

Eine vorangegangene zufrieden stellende **Probelieferung** befreit nicht von 31 der Pflicht zur Untersuchung der Hauptlieferung, Kln BB **55,** 942, BGH LM Nr 23 (zu unterscheiden von Kauf auf Probe, Überbl 14 vor § 373). **Ausfallmuster** (Ausfallproben; Kauf nach Probe s Überbl 14 vor § 373) vertreten jedoch bei entsprechender Vereinbarung die ganze Ware; werden sie nicht untersucht und gerügt, kann die ganze Ware wegen solcher Mängel, die schon an der Ausfallprobe feststellbar waren, nicht mehr beanstandet werden, RG **63,** 221, Düss NJW-RR **05,** 832, wohl aber wegen anderer Mängel.

4) Anzeige des Mangels (Rüge, I, III, IV)

A. **Rechtsnatur der Rüge:** Die Anzeige des Mangels der Ware (Rüge) ist 32 Obliegenheit (Rügelast, wie für die Untersuchung, s Rn 21) des Käufers zur Erhaltung seiner Ansprüche wegen des Mangels, insbesondere (str, nach aA nur, s Rn 49) aus §§ 437 ff. Die Rüge ist keine Willenserklärung, sondern eine Wissenserklärung des Käufers und rechtsgeschäftsähnliche Handlung, auf die die Regeln über Willenserklärungen entsprechend anwendbar sind. Die Rüge setzt (mindestens beschränkte) Geschäftsfähigkeit des Käufers voraus (§ 107 BGB, lediglich rechtlich vorteilhaft), rügen muss andernfalls der gesetzliche Vertreter.

Sie ist empfangsbedürftig (§ 130 BGB), BGH **101,** 52. Anfechtung wegen fehlerhafter, unvollständiger oder gar unterlassener Rüge ist str, Michalski DB **97,** 84, jedenfalls nur innerhalb der Rügefrist, bis dahin besser Nachholung, Beckmann/Glose BB **89,** 857, später ausgeschlossen (s Rn 45). Die Rügeobliegenheit dient dem Interesse des HdlVerkehrs an rascher und endgültiger Abwicklung von Rechtsgeschäften und zugleich einer sachgerechten Risikoverteilung zwischen Käufer und Verkäufer, BGH **66,** 213 (vgl Rn 1). Der Verkäufer soll möglichst rasch den Beanstandungen des Käufers nachgehen, Beweise sicherstellen und Rechtsstreit vermeiden können und gegen Nachschieben anderer Beanstandungen geschützt werden, BGH NJW **86,** 3137, WM **98,** 938 (Konsequenzen für den Inhalt der Rüge s Rn 42). Entscheidend für die Erhaltung der Ansprüche ist allein die Rüge, nicht die Untersuchung, aber die Untersuchungsobliegenheit setzt den maßgeblichen Zeitpunkt für die Rüge (s Rn 20).

33 B. **Absender und Adressat der Rüge:** Rügen muss grundsätzlich der Käufer gegenüber dem Verkäufer. Vertretung des Käufers bei der Rüge und des Verkäufers bei deren Entgegennahme nach §§ 164ff, 177 BGB (einseitiges Rechtsgeschäft: §§ 174, 180 BGB). Als empfangszuständig für die Rüge kommen ua in Betracht HdlBevollmächtigter (§ 54), Reisender (§ 55 IV), BGH **93,** 348; Handelsvertreter (§ 91 II). **Nicht** ermächtigt sind zB Makler, Kommittent, KG LZ **19,** 613, Frachtführer des Verkäufers, Fahrer des Lieferers, Kln BB **54,** 613, der mit dem Verkäufer nicht identische Absender. Gibt ein Unberechtigter (dann als Erklärungsbote des Käufers) die Rüge weiter, so kann sie rechtzeitig eintreffen.

34 **Streckengeschäft:** Beim Streckengeschäft (s Rn 9, Rechtzeitigkeit der Rüge s Rn 37) kann, wenn der Verkäufer unmittelbar an den Zweitkäufer zu liefern hat oder mit Untersuchung durch diesen statt durch den Käufer einverstanden ist, entweder der Zweitkäufer direkt oder auf seinen (unverzüglichen) Hinweis der Käufer (unverzüglich) beim Verkäufer rügen, RG **96,** 14, BGH **110,** 139. Dasselbe gilt nach der Rspr sonstiger Direktlieferung an einen (auch nichtkaufmännischen) Dritten (Leasingnehmer), der die Rechte für den Käufer (Leasinggeber) ausüben soll (§ 278 BGB), BGH **110,** 130, str, vgl Knops JuS **94,** 108, aA mit guten Gründen Canaris AcP 190 (**90**) 428, Ebenroth/Müller 17; Vereinbarung empfehlenswert. AGB über Abwälzung der Rüge durch Leasinggeber auf (nichtkaufmännischen) Leasingnehmer ist aber unwirksam (s Rn 59). Lit: Padeck Jura **87,** 454.

35 C. **Rechtzeitigkeit der Rüge (I, III, IV): a) Offen zu Tage liegende und andere offene Mängel:** Wenn sich ein Mangel zeigt (I), muss der Käufer ihn dem Verkäufer **unverzüglich** (ohne schuldhaftes Zögern, § 121 BGB, § 347) anzeigen, RG **106,** 360, BGH **93,** 348 (s Rn 23), aA K. Schmidt § 29 III 3 a: alsbald, auch ohne Verschulden, aber ohne großen Unterschied: strenge Anforderungen, Organisationsverschulden und Risikosphäre des Käufers. Das Eilgebot („unverzüglich") gilt zweimal: für die Untersuchung (s Rn 23) und für die Rüge (diese ist entscheidend, s Rn 20), vgl RG **106,** 361. Der Mangel kann sich verschieden zeigen: er kann entweder offen, dh ganz ohne Untersuchung, ersichtlich sein (offen zu Tage liegende Mängel), oder bei ordnungsgemäßer Untersuchung (s Rn 25) erkennbar sein (sonstige offene Mängel). Beide Fälle werden von I grundsätzlich gleich behandelt und den verdeckten Mängeln gegenüber gestellt (s Rn 38). Ohne Untersuchung erkennbare Mängel sind unverzüglich zu rügen, RG **73,** 168. Ein solcher Mangel „zeigt sich" also und ist unverzüglich zu rügen, wenn er dem Käufer erkennbar ist. Hinsichtlich der nur mit Untersuchung erkennbaren Mängeln ist unverzüglich zu untersuchen und dann unverzüglich zu rügen. Das Merkmal der Unverzüglichkeit der Rüge richtet sich also danach, ob eine Untersuchung notwendig ist (Zeit, Ort, Art und Umfang, s Rn 23ff) und, wenn ja, welcher Zeitaufwand für eine unverzügliche Unter-

2. Abschnitt. Handelskauf 36–38 **§ 377**

suchung erforderlich ist; ob eine Untersuchung tatsächlich vorgenommen wird, spielt für die Rechtzeitigkeit der Rüge keine Rolle, RG **106**, 360, **138**, 336, BGH LM Nr 1, 18 (vgl Rn 20, 38). Längere Untersuchung als erforderlich ist Risiko des Käufers, RG **106**, 361. Zeitlicher **Richtwert** für erforderliche Untersuchung ist problematisch, s Rn 23; für entdeckten Mangel gilt er jedenfalls nicht, BGH **93**, 348, hier vielmehr nach der Rspr Rügefrist von 1 bis 2 Tagen, Kblz NJW-RR **04**, 1553, im Obst- und Gemüsehandel sogar Stundenfrist, Ebenroth/Müller 88. Statt Brief kann dann Rüge per Telefon, Fax oder e-mail notwendig werden. Wochenende wird idR nicht mitgerechnet, vgl BGH **132**, 179. Fristvereinbarungen s Rn 57 ff.

Verdacht eines Mangels verpflichtet zur Untersuchung, ob er besteht, RG DR **36** **39**, 1795, noch nicht zur Rüge, RG **104**, 384. Unklarheit der Ursachen des Mangels rechtfertigt nicht Aufschub der Rüge, RG **106**, 360; tritt aber ein Mangel erst einige Zeit nach Lieferung hervor, darf Käufer vor Rüge untersuchen, ob er schon bei Lieferung bestand. Zeigt sich ein Mangel, ist er zu rügen, auch wenn man Aufdeckung weiterer Mängel erwarten kann, RG **62**, 256; doch kann vor Rüge eines während einer Untersuchung aufgedeckten Mangels das Gesamtergebnis der Untersuchung abgewartet werden. Rüge mehr als zwei Wochen nach Entdeckung ist verspätet, BGH **93**, 348. Rüge am zweiten Tag nach der Lieferung kann bei schnell verderbender Ware zu spät sein, Mü BB **57**, 663 (Tomaten). Nach Verzögerung durch die Weihnachtszeit sind Untersuchung und Rüge zu beschleunigen, BGH MDR **64**, 412. Unverzüglich zu rügen ist auch, wenn der Verkäufer den Mangel schon aus anderer Quelle kennt; hat der Verkäufer aber dem Käufer Mängelbeseitigung (zB Zusatzausrüstung) der bereits auf Probe beim Käufer befindlichen Sache zugesagt, bedarf es keiner Rüge mehr, BGH WM **90**, 2000 (vgl Rn 46). Bei Nachbesserung (s Rn 42, 46) beginnt die Frist, wenn der Nachbesserungsversuch beendet und fehlgeschlagen ist, Düss NJW-RR **96**, 304.

b) Besondere Fallgestaltungen: Sukzessivlieferungsvertrag s Rn 29. **Teil-** **37** **leistung** s Rn 30; jede Teilleistung ist zu rügen, BGH NJW **83**, 1496 (für mangelhafte Nachlieferung). **Streckengeschäft:** Beim Streckengeschäft (Ablieferung s Rn 9, Untersuchung s Rn 23, Rügeberechtigter s Rn 34) kommt es darauf an, ob der Käufer oder (auch) der Abnehmer rügeberechtigt sein soll. Soll den Käufer nach dem Vertrag die Untersuchung seinem Abnehmer überlassen (s Rn 9, 23), reichen die rechtzeitige Mängelanzeige durch diesen an den Käufer und unverzügliche Weitergabe durch denselben an den Verkäufer aus, RG **96**, 15, **102**, 91, BGH BB **54**, 954; offen BGH BB **78**, 1490. Beim vom Verkäufer akzeptierten Streckengeschäft ist die Rechtzeitigkeit der Rüge also derart zu bemessen, dass Zeit für den Abnehmer zur Nachricht an den Käufer und für diesen zur Rüge gegenüber dem Verkäufer bleibt. Das soll auch beim direkten Weiterverkauf ohne Umladung der Ware gelten, Ebenroth/Müller 56. Wenn die Abnehmer aber zu spät oder gar nicht rügen, geht das zulasten des Käufers (§ 278 BGB), BGH **110**, 139, aber s auch Rn 34. Zur Rügelast des Zwischenhändlers K. Schmidt § 29 III 4. Für teleologische Erweiterung des § 377 beim Streckengeschäft (Kfm soll wie bei Vertrieb über Filiale gestellt werden) Canaris § 29 V Rn 62, 65; jedenfalls Vertragsgestaltung Lange JZ **08**, 661.

c) Verdeckte Mängel (II Halbsatz 2, III): Verdeckte Mängel sind, so der **38** **Begriff,** solche, die bei der Untersuchung nicht erkennbar waren (II letzter Halbs). Untersuchung ist die nach Ablieferung oder, wenn ein entsprechender Verdacht erst später auftritt, die dann erforderliche Untersuchung, RG **99**, 250. Dabei steht sich gleich, ob eine den Anforderungen des I entsprechende Untersuchung tatsächlich erfolgt ist und der Mangel nicht entdeckt wurde oder ob eine solche Untersuchung unterlassen wurde, aber auch dann, wenn sie stattgefunden hätte, nicht zur Entdeckung des Mangels geführt hätte (s Rn 32, 35). Bspe:

§ 377 39–42

Mängel einer Maschine, die sich erst bei Aufnahme der Serienproduktion zeigen, BGH NJW **77,** 1150; Mängel, die erst durch Reklamation von Kunden des Käufers zu erkennen sind, BGH **132,** 179 (aber s Rn 49), NJW **86,** 3137.

39 **Behandlung:** Verdeckte Mängel können sinnvollerweise erst gerügt werden, wenn sie sich später zeigen (Rüge auf Verdacht, s Rn 20, wird nicht gefordert), und müssen das dann aber auch unverzüglich (s Rn 35), sonst gelten sie als genehmigt (III), RG DR **39,** 1795, BGH **132,** 179. Bei verdeckten, vorher nicht erkennbaren Mängeln beginnt die Rügefrist also nicht wie sonst mit Ablieferung, sondern, auch wenn die normale Untersuchungs- und Rügefrist für die Ware (für offene Mängel) abgelaufen ist (s Rn 23), erst mit ihrer Entdeckung. Während normalerweise für die Rechtzeitigkeit der Rüge der für die Untersuchung notwendige Zeitaufwand einbezogen wird (s Rn 35), kommt es bei den verdeckten Mängeln nach der Entdeckung darauf nicht an. Was unverzüglich ist, bestimmt sich allein danach, wie rasch nach den Umständen die Rüge abzusenden ist, idR umgehend (s Rn 35 aE), ohne die Abgrenzungsschwierigkeiten wie bei der unverzüglichen Untersuchung (s Rn 23). Ergibt sich aus der Entdeckung eines verdeckten Mangels ein Verdacht auf weitere Mängel, so hat der Käufer die Ware unverzüglich erneut zu untersuchen und festgestellte Mängel zu rügen, RG **99,** 249.

40 **d) Rechtzeitige Absendung der Rüge (IV):** Zur Erhaltung der Rechte des Käufers genügt rechtzeitige Absendung der Anzeige (IV). Die Absendung muss auf geschäftsübliche Weise erfolgen, BGH **LM** Nr 8, dh durch zuverlässiges Beförderungsmittel, zB Post, Telegramm, Fernschreiber, aber, da Rüge formlos möglich (s Rn 43), auch Fax und e-mail (ggf aber Beweisproblem; zu deren Benutzung bei Eilbedürftigkeit s Rn 35 aE, das ist aber keine Frage der Absendung nach IV, sondern der Rechtzeitigkeit der Rüge); auch Kurierdienst, str. Verzögerungen gehen dann zulasten des Verkäufers. **Nicht** rechtzeitig abgesandt iSv IV ist Telefonat, bei dem der Verkäufer nicht zu erreichen war, vgl BGH NJW **80,** 782; Losschicken eigener Leute als Boten, Mü NJW **55,** 1153, str, einerlei ob mit schriftlicher Rüge oder mit mündlicher Botschaft, str, es sei denn der Bote meldet rechtzeitig; unfrankierte Sendung, es sei denn das Schreiben käme trotzdem rechtzeitig in den Besitz des Verkäufers, BGH **LM** Nr 8. Auf IV kann sich Käufer nicht berufen, wenn er weiß, dass die Anzeige den Verkäufer nicht kurzfristig erreicht, zB wegen Urlaub, BGH **93,** 349 (s Rn 46).

41 **Nichtzugang:** Sehr streitig ist, ob IV nur die Verzögerungsgefahr regelt oder die rechtzeitige Absendung auch dann genügt, wenn die Sendung verloren geht, also nicht zugeht (§ 130 BGB). Nach der Rspr gehen zwar Verzögerungen bei der Übermittlung zulasten des Verkäufers, die Erklärung selbst bleibt aber (wie bei der Anfechtung, § 121 I 2 BGB, und der Mängelanzeige nach § 478 I 1 aF BGB, str) empfangsbedürftig (§ 130 I 2 BGB). Die Beweislast für den **Zugang** und die **Verlustgefahr** liegen dann beim Käufer, BGH **101,** 49, Michalski DB **97,** 82, krit zu Recht Reinicke JZ **87,** 1030, Hager JR **88,** 287, Mössle NJW **88,** 1190, Grund: Käuferschutz spricht für Gleichbehandlung von Verzögerungs- und Verlustrisiko, so auch Art 27, 39 CISG beim internationalen HdlKauf (Überbl 49 vor § 373), zweifelnd Canaris § 29 Rn 69. Der Käufer sollte deshalb, wenn er vom Verlust Kenntnis erhält, die verlorene Anzeige unverzüglich nachholen können und müssen, für die nachgeholte Anzeige gilt dann wiederum IV (so auch iiL zu § 121 I 2 BGB), str, aA steht Kennenmüssen der Kenntnis gleich. Erfährt der Käufer nichts von der Verzögerung oder dem Verlust der Anzeige, kann eine Pflichtverletzung iSv § 280 BGB darin liegen, dass er bei längerem Schweigen des Verkäufers nicht nachfragt.

42 D. **Inhalt der Rüge:** Der Verkäufer muss der Anzeige **Art und Umfang der Mängel** entnehmen können, so dass er die Beanstandung prüfen, eventuell Beweise sichern und zwecks Vermeidung eines Rechtsstreits den Mängeln abhelfen kann und dass er gegen Nachschieben anderer Beanstandungen durch den Käufer geschützt ist, BGH NJW **86,** 3137, **96,** 2228, WM **98,** 938 (s Rn 32). Die Mängelanzeige muss deshalb Art und Umfang der Mängel mindestens in allgemeiner Form benennen, BGH NJW **96,** 2228; nicht nur allgemeine Beanstandung wie Schund, „derselbe Mist wieder geliefert", Düss NJW-RR **01,** 821, Absturz aller Rechner bei Installation, Hamm OLGR **00,** 197, „die Anlage funktioniert nicht", Düss NJW-RR **99,** 563, aber bei Laien genügt „Drucker ist nicht zu gebrauchen", Hamm NJW-RR **93,** 1527. Der Käufer muss Funktionsstörung nach Art und Umfang beschreiben, nicht Ursachen aufdecken, BGH NJW **86,** 3137, NJW **96,** 2228. Vermerk der Nutzlastabweichung auf Übergabeprotokoll genügt, BGH NJW **96,** 2229. Das ungefähre Ausmaß der Abweichung (Gewicht, Qualität, zumal wenn Marge zulässig) ist anzugeben, BGH BB **78,** 1489. Vorangegangener Schriftwechsel kann von Bedeutung sein, vgl RG LZ **09,** 466. Nicht notwendig ist eine in die Einzelheiten gehende, fachlich exakte Bezeichnung des Mangels, BGH NJW **86,** 3137. Werden die Mängel erst bei Abnehmern erkennbar (s Rn 38), muss die Rüge Inhalt, Liefergegenstand und Lieferzeit der Reklamationen angeben, BGH NJW **86,** 3137. Verlangt der Vertrag mehrere verschiedenartige Lieferungen, muss klar sein, auf welche sich die Rüge bezieht, BGH BB **78,** 1489; so auch bei gleichartigen Waren, Kln NJW **93,** 2627. Ist eine Sendung zT mangelhaft, ist anzugeben, welcher Teil weswegen bemängelt wird, RG LZ **25,** 654, Nürnb NJW **74,** 1912. Bei vielen Einzelstücken und verschiedenen Mängeln ist näher anzugeben, welche Menge mit welchen Mängeln behaftet ist, Kln BB **98,** 396. Jeder einzelne Mangel ist zu rügen, Rüge des einen wirkt nicht in Bezug auf einen anderen, Hbg MDR **64,** 601 (Folien: Größe, Dicke). Das Nichtrügen eines Mangels beseitigt auch die Rechte aus mit diesem untrennbar zusammenhängenden Mängeln, RG **38,** 11. Der Käufer braucht sich weder Rechte aus dem Mangel vorzubehalten noch mitzuteilen, welche Rechte er geltend machen will, BGH NJW **96,** 2228. Er muss aber erkennen lassen, dass er von den aus dem Mangel für ihn hervorgehenden Rechten Gebrauch machen will, BGH **LM** Nr 4). Ist nach erster rechtzeitiger Rüge auch **Nacherfüllung (Nachbesserung oder Nachbzw Ersatzlieferung, § 439 BGB, s Rn 6) fehlerhaft,** muss der Käufer unverzüglich (s Rn 36) erneut rügen, BGH **143,** 307, NJW **83,** 1496, Mü NJW **86,** 1111; auch bei Nachbesserung durch den Käufer im Einverständnis mit dem Verkäufer, Düss NJW-RR **96,** 304; volle Rügepflicht bezüglich der Ware, nicht nur bezüglich des gerügten Mangels. Bei Nacherfüllung kann Käufer auch noch die bei der Ursprungslieferung nicht gerügten Mängel rügen, anders bei Nachbesserung, Düss NJW-RR **05,** 832, ZGS **05,** 117, Mankowski NJW **06,** 865; Rechtsfolgen s Rn 45, 46.

E. **Form der Rüge:** Die Rüge ist **formfrei.** Sie kann also auch mündlich **43** oder fernmündlich erfolgen. Formfreiheit gilt auch bei Versendung, aber Anforderungen an Beförderungsmittel und Zugang (s Rn 40, 41). Mehrfach erfolgloser Versuch des Telefonanrufs genügt nicht, BGH **93,** 349, NJW **80,** 782. Telegramm ist uU zur Fristwahrung nötig, RG JW **02,** 425. Die Rüge kann, falls nicht verspätet, auch noch in der Klageschrift und sogar im Prozess durch Klageerhebung oder Streitverkündung nachgeholt werden (s Rn 46). Adressat der Rüge s Rn 33. Schriftformklausel s Rn 57, 58.

5) Rechtsfolgen

A. **Rechtsfolgen bei unverzüglicher Rüge:** Wenn der Käufer einen Man- **44** gel unverzüglich rügt (s Rn 32 ff, also ordnungsgemäß und rechtzeitig), gehen ihm seine Rechte bezüglich des Mangels nicht durch die Fiktion seiner Genehmigung nach II, III verloren. Der Käufer wahrt also durch unverzügliche Rüge seine Rechte wegen der Sachmängel (zu diesen s Rn 12).

§ 377 45–48

45 **B. Rechtsfolge bei versäumter Rüge (II, III): a) Rechtsverlust durch Fiktion der Genehmigung:** Mangels rechtzeitiger Rüge des Fehlers „gilt die Ware als genehmigt" (II, III). Hierbei handelt es sich um eine gesetzliche Fiktion des Inhalts, dass die Ware von nun an insoweit als vertragsmäßig anzusehen ist, BGH **101,** 348, NJW **80,** 784, aA K. Schmidt § 29 III 5a: unwiderlegliche Vermutung. Die Genehmigungsfiktion betrifft nur den konkreten, nicht gerügten Mangel, nicht die Ware schlechthin, nicht erkennbare Mängel sind nicht erfasst, Kln NJW **96,** 1683. Die Fiktionswirkung schließt Anfechtung bezüglich Rüge aus (vgl Rn 32, § 346 Rn 33); Konkurrenz zwischen Rügeobliegenheit und Irrtumsanfechtung tritt idR nicht auf (s Rn 48), Ebenroth/Müller 148. Die Fiktion wirkt allseitig, also auch gegenüber der Bank beim finanzierten Kauf, BGH NJW **80,** 784. Die Reichweite der Genehmigungsfiktion ist stark umstritten, vor allem was die (schuldhafte) Verletzung von vertraglichen Nebenpflichten angeht (Rn 49). Genehmigungsfiktion und Rechtsverlust treten nicht ein, wenn der Verkäufer den Mangel arglistig verschwiegen hat (s Rn 51).

46 **Verspätungseinwand:** Der Verkäufer kann Ansprüchen des Käufers wegen Mängeln der Ware bei versäumter Rüge den Verspätungseinwand entgegenhalten, von Amts wegen zu berücksichtigende Einwendung, BGH NJW **80,** 784, aA Einrede Ebenroth/Müller 121. Der Einwand kann **auch erst im Prozess,** auch erst in zweiter Instanz erhoben werden, BGH BB **78,** 1491, NJW **91,** 2633. Der Einwand kann gegen § 242 BGB verstoßen **(Rechtsmissbrauch),** zB gegenüber einem Frontsoldaten, den am Unterbleiben der Rüge kein Verschulden traf, RG **170,** 158, oder bei **Zwecklosigkeit der Rüge,** etwa wenn diese den Verkäufer wegen Sitzverlegung oder Geschäftsaufgabe ohnehin nicht erreicht hätte, BGH **93,** 350, NJW **80,** 784, aber zu allgemein, krit zu Recht K. Schmidt § 29 III 5a, oder bei treuwidrigem, ursächlichem Abhalten von der rechtzeitigen Rüge, BGH NJW **84,** 1964; oder bei bereits erfolgter, vorbehaltloser **Zusage der Nachbesserung oder Nachlieferung** durch den Verkäufer (s Rn 36), zwar bei Fehlschlagen der Nacherfüllung erneute Rüge (s Rn 42, 47), aber Missbrauch (V) bei Andienung derselben mangelhaften Sache ohne Nachbesserungsversuch, iErg abl Düss NJW-RR **01,** 822; **nicht:** wegen des besonderen Gewichts des Fehlers und besonders großen Schadens durch ihn. **Verwirkung** nicht schon durch Zeitablauf, sondern erst bei Hinzutreten besonderer, auf dem Verhalten des Berechtigten beruhender Umstände, die das Vertrauen des Verpflichteten rechtfertigen, der Berechtigte werde seinen Anspruch nicht mehr geltend machen, BGH WM **03,** 1425 (Werklohnforderung, vgl § 17 Rn 36).

47 **Verzicht:** Nachträglicher (vorher s Rn 46) Verzicht auf den Verspätungseinwand ist möglich, auch stillschweigend, aber dann nur, wenn eindeutig, BGH NJW **99,** 1260, zB bei fester Zusage der Nachbesserung oder vorbehaltloser Rücknahme, BGH NJW **91,** 2633, Mü NJW **86,** 1111. Verzicht auf den Verspätungseinwand ist einseitig möglich (vgl allgemeiner für Einreden und Gestaltungsrechte §§ 376 II Nr 1, 671, 768 II BGB), setzt also keine vertragliche Vereinbarung (Erlass) voraus. **Nicht:** Verzicht nicht schon bei bloßer Kenntnis des Verkäufers von Mangel, BGH NJW-RR **90,** 1464; im bloßen Verhandeln über die Rüge zwecks gütlicher Regelung, BGH NJW **91,** 2634, **99,** 1260; im Nacherfüllungsangebot bei gleichzeitigem Insistieren auf sofortiger Bezahlung, BGH BB **78,** 1490; in der nachträglichen Vereinbarung eines Probelaufs der Maschine ohne Verzicht auf unverzügliche Zahlung, Kblz NJW-RR **04,** 1553.

48 **b) Umfang des Rechtsverlustes:** Der Rechtsverlust infolge Genehmigungsfiktion umfasst alle Rechte, die auf dem nicht oder zu spät gerügten Mangel (nicht auch anderen Mängeln, s Rn 45) beruhen. Dies sind alle gesetzlichen Nacherfüllungs- und Gewährleistungsrechte, die § 437 BGB auflistet, nämlich

Nacherfüllung, Rücktritt, Minderung, Schadensersatz und Ersatz vergeblicher Aufwendungen. Der Rechtsverlust reicht aber über die Rechte aus § 437 BGB hinaus. Der Käufer kann aus dem nicht gerügten Mangel **keinerlei Rechte mehr** geltend machen, verliert also auch alle **Gewährleistungsansprüche im weiteren Sinne**, BGH **107,** 337, NJW **92,** 914. Ausgeschlossen sind danach Ansprüche wegen Schlechterfüllung oder Verletzung von mit dem Mangel zusammenhängenden Nebenpflichten (§ 280 BGB, vor dem SMG positive Vertragsverletzung), BGH **66,** 212, **101,** 340, **107,** 337, **132,** 178, NJW **92,** 914; aber auch Einrede des nicht erfüllten Vertrags (§ 320 BGB); Anfechtung nach § 119 I, II BGB bezüglich des Mangels, aber Anfechtung auch außerhalb des Anwendungsbereichs des § 377 nur bis zum Gefahrübergang (§ 434 I 1 BGB, deshalb kaum relevant, s Rn 45), BGH **34,** 34, DB **62,** 600; Ansprüche aus Vertragsstrafe bezüglich des Mangels. Die Erstreckung des Rechtsverlustes auf Schlechterfüllung und Nebenpflichten liegt nach dem SMG umso näher, als die §§ 280 ff BGB außer Nichterfüllung auch Schlechterfüllung einschließlich der Verletzung von Nebenpflichten erfassen und Leistungs- und Verhaltenspflichten gleich behandeln.

Der Rechtsverlust erfasst auch **Rückgriffsansprüche nach § 478 BGB** beim Verbrauchsgüterkauf (Überbl 10 vor § 373), einschließlich des Aufwendungsersatzanspruchs nach § 478 II BGB. Diese setzen Erfüllung der Rügeobliegenheiten des Letztkäufers gegenüber seinem Lieferanten sowie in der Lieferkette davor (§ 478 V BGB) voraus, dh § 377 gilt unabhängig davon, ob eine Ware weiterverkauft wird und ob am Ende der Vertriebskette ein Verbraucher steht, aA noch Westermann NJW **02,** 252. § 478 VI BGB lässt (entgegen § 378 RegE, s § 378 Rn 1) § 377 ausdrücklich unberührt; das ist richtlinienkonform, Ernst/Gsell ZIP **01,** 1401, von Sachsen Gessaphe RIW **01,** 732, aA wohl Brüggemeier WM **02,** 1386, und richtig, denn sonst bestünde ein Anreiz, bei verspäteter Mängelrüge zu verkaufen, Knütel NJW **01,** 2521; vgl BRat BTDrucks 14/6857 S 41. Daran ändert auch nichts der Hinweis zu § 478 VI BGB, dass § 377 nur für den Weg der Sache zum Letztverbraucher (Verkäufer an Verbraucher), nicht für den Rückgriff selbst gelten solle, RegE SMG zu § 478 IV BGB, vgl Schubel JZ **01,** 1119. Für einschränkende Auslegung von § 377 III bei Lieferketten Schubel ZIP **02,** 2070. Andere Ausgleichsansprüche s Rn 50.

Der Ausschluss umfasst **nur** solche **Rechte,** die sich **aus der Mangelhaftig-** 49 **keit** herleiten. Nicht ausgeschlossen sind danach Ansprüche wegen Verletzung von **Nebenpflichten, die nicht** unmittelbar **mit dem Mangel zusammenhängen** und die die kaufrechtliche Gewährleistung nicht betreffen, zB Verpackungspflicht (je nachdem, s Rn 15), BGH **66,** 213 (Batteriefall), Canaris § 29 Rn 78; unsicher ist, ob das auch für Nebenpflichten zu Aufklärung, Hinweis und Beratung über Produktbeschaffenheit und ihre Änderung gilt, so BGH **107,** 331 (Wellpappefall); differenzierend BGH **132,** 178 (Schuhlederfall): bei Hinweispflicht auf Beschaffenheitsänderung in langjähriger Geschäftsbeziehung bestehe Vertrauenstatbestand, also insoweit keine Untersuchungsobliegenheit, aber bei Erkennen oder Erkennbarkeit auch ohne Hinweis Rügeobliegenheit analog § 377 III, str, richtiger jedoch (Neben-)Pflichtverletzung (§ 280 BGB, uU § 254 BGB) unabhängig von § 377 (s auch Rn 52), zutr krit G. Müller ZIP **02,** 1184. Nicht ausgeschlossen sind jedenfalls Ansprüche aus selbstständigem **Beratungsvertrag,** Ebenroth/Müller 144. Nicht ausgeschlossen wären konsequent auch Ansprüche des Käufers aus § 280 BGB, die sich auf das Vertragsverhältnis insgesamt auswirken, zB Vertrauenswegfall, Staub/Brüggemann 155, offen BGH **107,** 339. Nicht ausgeschlossen sind jedenfalls Ansprüche aus einem selbstständigen **Garantievertrag,** hL, Grund: der Verkäufer hat eine über den Kaufvertrag hinausgehende, selbstständige Zusage gemacht. Anders bei unselbstständigen Garantiezusagen des Verkäufers, die nur die Mängelansprüche des Käufers inhaltlich oder zeitlich verbessern, G. Müller ZIP **02,** 1181, Bsp: BGH

ZIP **96**, 1343. Diese Abgrenzungen sind, wie die Rspr zeigt, schwierig und unsicher.

50 **Nicht ausgeschlossen** sind **Ansprüche aus unerlaubter Handlung**, zB § 823 I BGB, auch wenn sie auf dem Mangel beruhen, BGH **101**, 337, **105**, 357, G. Müller ZIP **02**, 1181, sehr str, aA K. Schmidt § 29 III 5 b: Abgrenzung nicht nach Vertrags- oder Deliktsansprüchen, sondern nach Sinn der Präklusion. Die Rspr scheint dem Zweck des § 377 zuwiderzulaufen, aber der Käufer wäre andernfalls im Vergleich zu Dritten in seinem Rechtsgüterschutz als Folge der mangelhaften Sache unangemessen schlechter gestellt. Das ist offensichtlich für Personenschäden des Käufers auf Grund des Mangels, so auch K. Schmidt § 29 III 5 b. Mitverschulden des Käufers ist zu berücksichtigen, s BGH NJW **92**, 914. Nicht ausgeschlossen sind auch **Ausgleichsansprüche** zB aus § 426 BGB, Ko/Ro/Mo/Roth 25, aber LG Nürnb-Fürth NJW **90**, 3023; anders für Rückgriffsanspruch aus § 478 BGB (s Rn 48). Lit zur Reichweite der Genehmigungsfiktion: Hönn BB **78**, 685, Schwark JZ **90**, 374, Tiedtke NJW **90**, 14, G. Müller ZIP **97**, 661, **02**, 1178.

51 C. **Arglistiges Verschweigen des Mangels (V):** Versäumung der Rüge bleibt ohne die Folgen von II, III (also kein Rechtsverlust durch Genehmigung), wenn der Verkäufer den (vom Käufer nicht rechtzeitig gerügten) Mangel arglistig verschwiegen hat (V), Bsp: BGH NJW **86**, 316. Maßgeblicher **Zeitpunkt** ist beim Gattungskauf der der **Ablieferung**, BGH NJW **86**, 317, **96**, 1827; zutr auch beim Spezieskauf, Ebenroth/Müller 127, aA BGH NJW **89**, 2051 (zur Verjährung): Vertragsschluss. Arglistiges Verschweigen als solches genügt, **nicht** erforderlich ist **Ursächlichkeit** desselben für das Unterbleiben oder die Verspätung der Rüge oder für einen Schaden des Käufers, RG **55**, 214. Substantiierung der Arglistvoraussetzungen s BGH NJW **96**, 1826 (vgl aber auch Rn 46: ursächliches Abhalten von Rüge).

52 **Verschweigen** ist bewusstes Unterlassen nach Treu und Glauben gebotener Mitteilung, den Verkäufer muss also eine Aufklärungs- bzw Offenbarungspflicht treffen (vgl § 347 Rn 23–33), zB Fehlen der zugesicherten Generalüberholung, BGH NJW **86**, 317. Fehlender Hinweis auf Beschaffenheitsänderungen bei langjährigem Warenbezug soll nicht ohne weiteres Verschweigen sein, also Rechtsfolge nicht V, sondern Schadensersatz gemäß § 280 BGB unabhängig von § 377 (s Rn 49), von Olshausen JR **97**, 64; wendet man dagegen mit dem BGH (s Rn 49) § 377 III analog an, muss das auch für V gelten. Dem arglistigen Verschweigen steht arglistiges **Vorspiegeln** eines Vorzugs der Ware gleich, RG **101**, 72, LZ **31**, 1456.

53 **Arglist** ist Absicht, den Gegner zu täuschen, dh Wissen oder Damitrechnen des Verkäufers, dass der Fehler besteht, der Käufer ihn nicht erkennt und er bei Kenntnis die Ware beanstanden würde, BGH NJW **86**, 317. Arglist setzt nicht voraus, dass das Verhalten als Betrug strafbar ist, besondere täuschende Machenschaften vorlagen oder das Verschweigen ursächlich geworden ist (s Rn 51). Wissentlich fehlerhafte Lieferung ist nicht ohne weiteres arglistig, BGH **110**, 140, zB wenn der Fehler offen zutage liegt oder wenn die Sache trotz des Fehlers für den Käufer brauchbar ist; anders wenn Verkäufer Rügeversäumnis des Käufers einkalkuliert und Käufer die Sache wegen des Fehlers nicht gebrauchen oder absetzen kann, BGH NJW **86**, 317.

54 Arglistiges Verschweigen durch einen **Erfüllungsgehilfen** (§ 278 BGB bezüglich Offenbarungspflicht) wirkt gegen den Verkäufer. Erfüllungsgehilfe ist zB der Lieferer des Verkäufers, der auf seine Weisung die Ware unmittelbar an den Käufer liefert. **Nicht:** der Zulieferer des Verkäufers, auch nicht im Falle des Vertrags über noch herzustellende oder zu erzeugende bewegliche Sachen (§ 381 II, § 651 S 1 BGB, früher Werklieferungsvertrag), BGH **48**, 121, BB **68**, 689; jeder im Betrieb des Verkäufers mit der Herstellung befasste Mitarbeiter;

Verschweigen fehlerhafter Arbeit, zB Schweißung, durch den Mitarbeiter ist nicht dem Verkäufer als eigenes arglistiges Verschweigen gegenüber dem Käufer zuzurechnen, BGH BB **68,** 689, anders bei Kenntnis des für die Überprüfung der fehlerfreien Herstellung zuständigen Mitarbeiters, BGH **62,** 62, **66,** 43, und bei Organisationsmangel, BGH **117,** 318, str; zur Wissenszurechnung innerhalb des Verkäuferbetriebs s § 125 Rn 4, (7) Bankgeschäfte Rn A/16 und BGH **132,** 30 (Pflicht zur ordnungsgemäßen Organisation der Kommunikation), NJW **95,** 2159, **96,** 1205 (Pflichten im Gebrauchtwagenhandel).

6) Beweislast

Beweislast für **Kaufmannseigenschaft** beider Vertragsparteien und HdlGe- **55** schäft (I, s Rn 2 f) trägt der Verkäufer, BGH NJW **95,** 3382; aber Beweislastumkehr durch § 1 II Halbs 2, auch zugunsten des Verkäufers für seine KfmEigenschaft, insoweit gilt aber § 15 I (§ 1 Rn 25); Vermutung für HdlGeschäft nach § 344 I. Die Beweislast für die **Ablieferung** (I, s Rn 5) trägt der Verkäufer, BGH **93,** 347, Kln NJW-RR **95,** 29 (Streckengeschäft), bei uneingeschränkter schriftlicher Abnahmebestätigung ausnahmsweise der Käufer, BGH NJW **93,** 461. Die Beweislast für **unverzügliche Untersuchung** (durch den Abnehmer) trägt ebenfalls der Käufer, Kln NJW-RR **95,** 29, Karls NZG **09,** 396 (Streckengeschäft, s Rn 37). Im Hinblick auf **verdeckte Mängel** (III) trägt der Käufer die Beweislast dafür, dass der Mangel bei der Untersuchung nicht erkennbar war (s Rn 26), sowie für den Zeitpunkt seiner Entdeckung. Die Beweislast für die rechtzeitige Absendung der **Rüge** (IV, s Rn 40) trägt der Käufer; auch die Beweislast, dass die Rüge überhaupt zugegangen ist, also die Verlustgefahr soll der Käufer tragen, BGH **101,** 54, sehr str und nicht überzeugend (s Rn 41).

7) Abweichende Vereinbarungen

A. **Handelsbrauch** spielt im Rahmen des § 377 eine wichtige Rolle (zB **56** Rn 8 ff, 23 ff). HdlBrauch kann aber idR nur Art und Umfang der vorgeschriebenen Untersuchung ordnen, jedoch nicht von jeder Untersuchungspflicht entbinden, RG **125,** 79. Ein HdlBrauch, der von der Untersuchungspflicht schlechthin oder von der Pflicht zur unverzüglichen Untersuchung entbindet, wäre unbeachtlicher **Missbrauch,** Ffm NJW-RR **86,** 838, ähnlich BGH DB **76,** 144. Seltenheit des Fehlers ist unerheblich, Kln BB **57,** 910. Mißbräuchlich wäre insbesondere ein Brauch, der den Fisch-, Gemüse-, Obstkonserven den Käufer von unverzüglicher Untersuchung entbindet, Hbg MDR **65,** 390.

B. **Freie Individualvereinbarung:** § 377 ist abdingbar. Die Rügepflicht **57** kann durch Individualvereinbarung (AGB s Rn 58) verschärft, gemildert oder ganz aufgehoben werden. Freie Parteiabrede über Ablieferung s Rn 5 f. Oft wird schriftliche Rüge verlangt oder statt „unverzüglich" eine bestimmte Frist gesetzt, Bsp: BGH DB **73,** 2390: 8 Tage (in Farbdruck-AGB, wirksam); BGH BB **77,** 14: 2 Wochen, nicht mehr nach Weiterverarbeitungsbeginn (Textilien). Eine Frist (zB 2 Monate) kann auch als bloße Ausschlussfrist gesetzt werden, so dass sie nicht beliebig ausgenutzt werden darf, sondern innerhalb der Frist unverzüglich Erklärung gemäß I, III vorgeschrieben bleibt, RG HRR **33,** 837. Ist beim Dokumentengeschäft Rüge „binnen x Tagen nach Eintreffen der Ware im Bestimmungsland" vereinbart, ist sie nicht vor Andienung der Dokumente geboten, vor allem nicht, wenn vorher kein Untersuchungsrecht (s Rn 22) bestand, Hbg MDR **70,** 334. Bestimmte Frist zur Rüge verborgener Mängel hindert iZw nur spätere Rüge solcher Mängel, die durch zumutbare Untersuchung (s Rn 25) feststellbar sind, BGH BB **70,** 1416, WM **77,** 822. Zusage jederzeitiger Rücknahme der Ware bei Beanstandung ist Abbedingung der Rügeobliegenheit von § 377. Qualitätszusagen sind nicht ohne weiteres Abbedingung, sondern erhöhen nur die vertragliche Anforderung an die Beschaffenheit der Ware (s Rn 14),

§ 377 58–60   IV. Buch. Handelsgeschäfte

anders Qualitätssicherungsabreden im Zuliefergeschäft (s Rn 59). **Nachträglicher Verzicht** auf Verspätungseinwand s Rn 47.

58 C. **AGB: a) Verschärfung der Rügeobliegenheit:** Die Verschärfung von Rügepflichten über § 377 hinaus, zB nur im Zeitpunkt der Ablieferung oder sonst ohne Rücksicht auf Erkennbarkeit, ist auch nach **(5)** § 307 I, II BGB unwirksam, denn sie führt iErg zum Ausschluss jeder Haftung für verborgene Mängel, BGH WM **85**, 1145. Rügeklausel mit Anspruchsverlust ist nur zu rechtfertigen, wenn der Käufer zumutbaren Obliegenheiten nicht nachkommt; Klausel über Rüge aller, auch verborgener Mängel nur binnen dreier Tage ist auch unter Kflten unwirksam, BGH **115**, 326. Unwirksam ist Klausel über Rügeverlust bei verborgenen Fehlern im Falle bestimmungsgemäßer Be- oder Verarbeitung, auch wenn nachgewiesenes Verschulden des Verkäufers ausgenommen ist, BGH **132**, 180; Klausel über Ausschlussfrist für nicht offensichtliche Mängel, die kürzer ist als Verjährungsfrist, BGH **132**, 180. Aber nicht schon jede Ausschlussfrist für verborgene Mängel ist nach **(5)** § 307 I, II BGB unzulässig, Ul/Br/He/Christensen § 309 Nr 8 BGB Rn 103, str, vielmehr ist angemessene, mängeltypische Frist zulässig, dabei sind die Grundsätze von **(5)** § 309 Nr 8 b ee, ff BGB (Erleichterung der Verjährung) mit heranzuziehen, str. Verlust der Mängelrügerechts aus anderen Gründen als Fristversäumnis ist nur bei Verstoß gegen zumutbare, zur redlichen Abwicklung des Vertrags gebotene Obliegenheiten zu rechtfertigen, BGH **132**, 180, NJW **85**, 3016. Schriftformklausel s Einl 9 vor § 343.

59 **b) Abmilderung der Rügeobliegenheit:** Rügefristen bis zu zwei Wochen bei offenen Mängeln und ab Entdeckung sind unter **(5)** § 307 BGB wirksam, Mü OLGR **98**, 298, Ebenroth/Müller 173. Abbedingung der Rügepflicht aus § 377 in Einkaufsbedingungen ist jedenfalls für offenkundige Mängel gemäß **(5)** § 307 I, II BGB unwirksam, BGH NJW **91**, 2633, Ul/Br/He/Christensen Anh § 310 BGB Rn 317, strenger Karls WRP **00**, 565; auch sonst ist sie nur bei besonderem Interesse des Verwenders wirksam, str. Dieses Interesse ist aber bei Ersetzung der Wareneingangskontrolle durch **Qualitätssicherungsabreden** und bloße Mindestkontrolle anhand des Lieferscheins und auf Transportschäden (häufig bei just-in-time-Lieferung) idR anzuerkennen, Lehmann BB **90**, 1849, Steinmann BB **93**, 873, aA v Westphalen FS 40 Jahre DB **88**, 223, Grunewald NJW **95**, 1777. Abwälzung der Rüge durch Leasinggeber auf (nichtkaufmännischen) Leasingnehmer ist unwirksam, von Westphalen BB **90**, 1, Beil 19/**90**, 16 (zum Leasing **(7)** Bankgeschäfte Rn P/1). Allgemeiner zu Qualitätssicherungsabreden Merz 1992, Ul/Br/He/Christensen Anh § 310 BGB Rn 630 ff. „Spätest"-Fristen setzen nur äußersten Zeitpunkt (zur Wirksamkeit s Rn 58), entbinden aber nicht von der unverzüglichen Rüge nach Entdeckung, Kblz NJW-RR **04**, 1553. Lit: Wellenhofer, Zulieferverträge, 1999, S 343 ff; Rö/Graf von Westphalen, Qualitätssicherung; Ensthaler NJW **94**, 817, Grunewald NJW **95**, 1777; Schubel JZ **01**, 1113 (SMGRegE).

60 **c) Verhältnis zu Garantiefristen:** Zu unterscheiden sind Verjährung von Mängelansprüchen (§ 438 BGB), Garantiefrist (nach Vereinbarung) und Verjährung von Garantieansprüchen (§ 195 BGB). Zu den verschiedenen Garantiearten s § 349 Rn 15. Garantiefristen ändern idR nicht die Rügeobliegenheit; sie verlängern nicht Verjährungsfrist mindestens auf eine längere Garantiefrist, sondern schieben Beginn der Verjährungsfrist hinaus (statt Ablieferung wie in § 438 II BGB Entdeckung des Mangels), sofern Entdeckung des Mangels in die Garantiefrist fällt, BGH **75**, 81, DB **65**, 1736; Ablauf der Verjährungsfrist also uU erst nach Ablauf der Garantiefrist, BGH NJW **79**, 645; Verjährung mangels Geltendmachung innerhalb der kurzen Verjährungsfrist (§ 438 I Nr 3 BGB 2 Jahre, vor SMG 6 Monate) nach Entdeckung des Mangels betrifft auch analog die Warenherstellergarantie, BGH NJW **81**, 2248, krit Bunte NJW **82**, 1629. Zeigt sich in der Frist ein Fehler, so ist

2. Abschnitt. Handelskauf **§§ 378, 379**

(bei beiderseitigem HdlKauf) unverzügliche Rüge nötig. Selbstständiger Garantievertrag s Rn 49, § 349 Rn 15. Zu beachten ist seit dem SMG § 443 BGB über Beschaffenheits- und Haltbarkeitsgarantieren (§ 349 Rn 15).

8) Internationaler Verkehr

Untersuchungs- und Rügepflicht unterliegen dem Vertragsstatut des HdlKaufes (oder internationalem Einheitsrecht, Überbl 45 ff vor § 373), aA kraft Sonderanknüpfung Recht des (tatsächlichen, nach aA vertraglichen) Untersuchungsorts; aber das Recht des Staats, in dem die Erfüllung erfolgt, ist zu berücksichtigen (Art 32 II EGBGB). 61

378 *(aufgehoben)*

§ 378 aF regelte bis zum SMG die Untersuchungs- und Rügepflicht bei Falschlieferung oder Mengenfehlern (s 30. Aufl). Die Rügepflicht entfiel bei grober Artabweichung, was zu einer schwierigen Abgrenzung zwischen Schlechtlieferung (§ 377) und Falschlieferung (§ 378 aF „eine andere als die bedungene Ware") nötigte und zu unbefriedigenden Ergebnissen führte. § 378 aF wurde durch § 434 III BGB (§ 377 Rn 14) entbehrlich. RegE SMG hatte in Ergänzung von §§ 478, 479 BGB vorgesehen, dass der Käufer, der die Ware vor Entdeckung oder Erkennbarkeit des Mangels ganz oder teilweise im normalen Geschäftsverkehr verkauft oder der normalen Verwendung entsprechend verbraucht oder verändert, seine Rechte wegen des Mangels der Ware behält, auch wenn er nicht gemäß § 377 gerügt hat. Ein Rückgriffsanspruch eines in Anspruch genommenen Letztverkäufers sollte nicht an der unterlassenen Rüge scheitern. Der Bundesrat wandte sich mit Erfolg gegen eine solche Besserstellung, die auch von der VerbrGüKRi nicht verlangt wird. Rückgriff nunmehr nach § 478 BGB (Überbl 10, 35 vor § 373), § 377 wird nicht tangiert (§ 377 Rn 50). Lit zur Aufhebung: Steck NJW **02**, 3202. 1

[Einstweilige Aufbewahrung; Notverkauf]

379
(1) **Ist der Kauf für beide Teile ein Handelsgeschäft, so ist der Käufer, wenn er die ihm von einem anderen Orte übersendete Ware beanstandet, verpflichtet, für ihre einstweilige Aufbewahrung zu sorgen.**

(2) **Er kann die Ware, wenn sie dem Verderb ausgesetzt und Gefahr im Verzug ist, unter Beobachtung der Vorschriften des § 373 verkaufen lassen.**

Übersicht

1) Inhalt und Anwendungsbereich 1–6
   A. Inhalt 1
   B. Anwendungsbereich 3
2) Aufbewahrungspflicht des Käufers (I) 7–9
   A. Art und Weise der Aufbewahrung 7
   B. Dauer (nur einstweilen) 8
   C. Kosten 9
3) Recht zum Notverkauf (II) 10–14
   A. Zulässigkeit 10
   B. Durchführung 12
   C. Rechtsfolgen 13
4) Abweichende Vereinbarungen 15

§ 379 1–5

1) Inhalt und Anwendungsbereich

1 A. **Inhalt: a) BGB:** Nach BGB kann der Käufer, der die ihm gesandte Kaufsache beanstandet (und nicht bloß den Kaufpreis mindern oder Mangelbeseitigung oder kleinen Schadensersatz fordern will, § 437 BGB, RG **17,** 67), die Sache zurückweisen, Ernst NJW **97,** 896. Er kann sie auf Kosten und Gefahr des Verkäufers zurückgehen lassen bzw zurücksenden. Eine Pflicht zur Rückgewähr folgt bei Rücktritt und bei Nachlieferung (§ 439 IV BGB, richtlinienkonforme Einschränkung, BGH WM **09,** 316) aus § 346 I BGB. Der Käufer ist aber grundsätzlich nicht zur Aufbewahrung der Sache verpflichtet. Eine einstweilige Aufbewahrungspflicht, bis der Verkäufer disponieren kann, trifft den Käufer nur ausnahmsweise (§ 242 BGB, zur Wert- bzw Schadensersatzpflicht bei Verschlechterung oder Untergang der Kaufsache s § 346 II 1 Nr 3, III 1 Nr 3, IV BGB). Hat der Käufer die Sache abgenommen (nicht identisch mit Annahme als Erfüllung, § 363 BGB), hat er kein Notverkaufsrecht, allenfalls Geschäftsführung ohne Auftrag (§ 677 BGB, s Rn 11).

2 **b) HGB:** Demgegenüber verpflichtet § 379 I beim beiderseitigen HdlGeschäft den Käufer allgemein zur einstweiligen Aufbewahrung, der Käufer darf solange nicht zurücksenden. Der Verkäufer soll so vor mit einer ungewollten Rücksendung verbundenen Nachteilen (Kosten, Gefahr) geschützt werden und ggf die Ware vor Ort verwerten können, RG **17,** 67. Wenn die Ware dem Verderb ausgesetzt und Gefahr im Verzug ist, hat der Käufer das Recht zum Notverkauf nach II.

3 B. **Anwendungsbereich: a) Beiderseitiges Handelsgeschäft:** § 379 setzt das Vorliegen eines beiderseitigen HdlGeschäfts (§§ 343, 344) voraus. Ist der Kauf nur für den Käufer HdlGeschäft, hat er Pflichten nur im Rahmen von § 242 BGB (s Rn 1). Entsprechende Anwendung von § 379 I auf kaufmannsähnliche Personen, zB Freiberufler und Kleingewerbetreibende ist aber wie in anderen Fällen (§ 1 Rn 10) auch hier überlegenswert, weitergehend Lehmann WM **80,** 1162.

4 **b) Distanzkauf:** § 379 setzt weiter voraus, dass die Ware dem Käufer **von einem anderen Ort übersandt** wird (Distanzkauf). Grund: beim Distanzkauf soll der Verkäufer die Ware da, wo sie sich befindet, verwerten können (s Rn 2). Das Merkmal Distanzkauf (Gegensatz: Platzkauf) ist daher weit auszulegen. Distanzkauf liegt nicht nur vor, wenn der Verkäufer die Ware durch eine Transportperson versendet (Versendungskauf, § 447 I BGB, einerlei auf welche Weise), sondern auch, wenn der Verkäufer sie selbst dem Käufer bringt, str, aA Staub/Brüggemann 6; wenn die Ware dem Käufer schon anderswo übergeben war und er sie selbst dorthin sendet, wo sie zu prüfen und über ihre Annahme zu entscheiden ist, einerlei ob Verkäufer am Bestimmungsort noch Verrichtungen an ihr schuldet (zB Montierung einer Maschine), vgl RG **66,** 196. Anders nur beim Platzkauf: Kommt die Ware vom selben Ort (idR politische Gemeinde, nicht Sitz der Vertragspartei) oder wird sie gar nicht bewegt, folgen Sorgepflichten nur aus § 242 BGB (s Rn 1). Übersendung muss **in Erfüllung des Kaufvertrags** erfolgen; für unbestellt zugesandte Ware gilt § 379 nicht, nur Herausgabepflicht nach §§ 985, 812 BGB, ggf Pflichten aus § 242 BGB (s Rn 1, § 241a BGB ist auf Lieferung an Unternehmer nicht anwendbar). § 379 gilt, da unter Kflten, nach seinem Zweck auch bei Mehrlieferung, obschon nach SMG kein Sachmangel gegeben und § 377 unanwendbar ist (§ 377 Rn 19).

5 **c) Inbesitznahme der Kaufsache:** § 379 setzt voraus, dass der Käufer die Ware überhaupt in Besitz genommen hat, also nicht zurückgewiesen hat, BGH NJW **79,** 812. Er kann die Annahme gegenüber dem Transportperson verweigern und hat dann auch keine Aufbewahrungspflicht, diese ist dann Sache des Frachtführers (§ 437). Hat der Käufer die Sache unberechtigt zurückgewiesen, kommt

2. Abschnitt. Handelskauf 6–11 § 379

er in Annahme- und Schuldnerverzug und muss sich so behandeln lassen, wie wenn er abgenommen hätte und § 379 anwendbar wäre (§§ 280 I, II, 286, 249 BGB), Heymann/Emmerich/Hoffmann 12, Ko/Ro/Mo/Roth 2, iErg RG HRR **26**, 1147, BGH NJW **79**, 812.

d) Beanstandung der Ware: Der Käufer muss die Ware beanstanden, dh 6 erkennbar zum Ausdruck bringen, dass er die Ware als nicht vertragsgemäß nicht behalten(also nicht nur nach § 377 einen Mangel rügen) will (s Rn 1), sonst ist I unanwendbar. Beanstandung und Mängelrüge können verbunden werden. Die Beanstandung ist nicht fristgebunden. Sie muss aber **berechtigt** sein, da der Käufer andernfalls verpflichtet ist, die Ware als Erfüllung anzunehmen, nicht nur einstweilig aufzubewahren (vgl Rn 5).

2) Aufbewahrungspflicht des Käufers (I)

A. **Art und Weise der Aufbewahrung:** Unter den obigen Voraussetzungen 7 (s Rn 3) ist der Käufer zur einstweiligen Aufbewahrung verpflichtet. Er ist also, solange ihn diese Pflicht trifft, nicht zur Rücksendung der beanstandeten Ware an den Verkäufer berechtigt (s Rn 2, 8). Der Käufer schuldet nach I Aufbewahrung ohne Rücksicht auf Deckung für seine Kosten und auf Nachteile (anders § 362 II), Grenzen folgen aus § 242 BGB. Der Käufer kann entweder selbst verwahren oder Fremdverwahrung wählen, zB durch Frachtführer, Spediteur, Lagerhalter oder Schiffer, uU auch sonstige geeignete Dritte, vgl RG **98**, 70. Der Käufer haftet nur für ordnungsgemäße Auswahl des Fremdverwahrers; solche Personen sind nicht seine Erfüllungsgehilfen (§ 278 BGB, vgl § 373 Rn 8). Verletzung der Aufbewahrungspflicht macht den Käufer ersatzpflichtig; Sorgfalt eines ordentlichen Kfm (§ 347), Haftungsmilderung nach § 300 I BGB, aber nicht bezüglich Auswahlverschulden, str (§ 373 Rn 8). Seine Rechte aus dem Mangel bleiben davon unberührt; ebenso Pflichten und Obliegenheiten aus anderem Grund, zB Wahrung von Ansprüchen gegen Frachtführer (§ 438).

B. **Dauer (nur einstweilen):** Käufer muss einstweilen aufbewahren, dh bis der 8 Verkäufer über die Ware verfügen kann, nicht nur bis zur Ankunft der Beanstandung, RG **43**, 32. Normalerweise ist Dauer von einer Woche ausreichend. Der Verkäufer gerät nach Ablauf angemessener Frist (wenn im regelmäßigen Geschäftsgang eine Entscheidung erwartet werden kann, RG **43**, 32) in Annahmeverzug; der Käufer haftet dann nur noch für Vorsatz und grobe Fahrlässigkeit (§ 300 BGB), s Rn 7. Nach Fristablauf kann der Käufer die Ware dem Verkäufer auf dessen Gefahr und Kosten **zurücksenden**. Verpflichtet ist er dazu uU nach Treu und Glauben oder HdlBrauch, aber nur gegen Kostenübernahmezusage; der Verkäufer kann dann Rücksendung auf seine eigenen Kosten verlangen.

C. **Kosten:** Ist die Beanstandung begründet, kann der Käufer Ersatz seiner 9 **Kosten** mit Zinsen (§ 354 II) verlangen, bei Annahmeverzug auch nach § 304 BGB (s Rn 7); bei eigener Verwahrung hat er Anspruch auf Lagergeld, bei fremder außerdem Provision (§ 354).

3) Recht zum Notverkauf (II)

A. **Zulässigkeit:** Der Käufer kann die Ware, wenn (und solange) sie dem 10 Verderb ausgesetzt ist und (zusätzlich) Gefahr im Verzug droht (vgl § 373 II 2, s dort Rn 17) verkaufen lassen (**Notverkauf**). Ausnahmsweise ist er nach § 242 BGB hierzu sogar verpflichtet, vgl RG **66**, 192 (s Rn 12). Notverkauf ist unzulässig bei Widerspruch des Verkäufers gegen den Verkauf, RG **43**, 34, **101**, 19, nicht nur gegen die Beanstandung, RG **96**, 73, Grund: § 379 dient dem Schutz der Interessen des Verkäufers.

Soweit II nicht eingreift, kann Notverkauf auf Grund Geschäftsführung ohne 11 Auftrag (§ 677 BGB, s Rn 1), RG **66**, 197, **101**, 19 oder als Selbsthilfeverkauf bei Rücknahmeverzug des Verkäufers nach § 383 BGB zulässig sein. Auch

§ 380

Befriedigung nach § 371 bei kfm Zurückbehaltungsrecht ist denkbar. Verkauf oder andere Verwertung beanstandeter Ware nach §§ 935, 940 ZPO kommen ebenfalls in Betracht, § 379 II kommt dann weder unmittelbar noch analog zur Anwendung, RG **104**, 284.

12 B. **Durchführung:** Der Notverkauf ist nach den Vorschriften des **§ 373** vorzunehmen (II). Der vorherigen Androhung bedarf es nicht (§ 373 II 2). Der Verkauf geschieht für Rechnung des säumigen Verkäufers (§ 373 III, s Rn 13). Streitig ist, ob der Käufer den Notverkauf auch ohne rechtsgeschäftliche Vollmacht im Namen des Verkäufers durchführen lassen kann, so Staub/Brüggemann 33, Rö/Wagner 11. II begründet jedoch außer bei § 373 IV keine gesetzliche Vertretungsmacht, Heymann/Emmerich/Hoffmann 20; auch RG **66**, 194 nimmt eine solche (nur) für den besonderen Fall an, dass der Käufer die Sache selbst ersteigert (II, § 373 IV), Ebenroth/Müller 15. Der Käufer muss bei der Durchführung auf das Interesse des Verkäufers Rücksicht nehmen (§ 242 BGB), das Notverkaufsrecht ist nicht fristgebunden, er darf aber, sofern er ausnahmsweise eine Pflicht dazu hat (s Rn 10), die Durchführung nicht zum Schaden des Verkäufers bewusst verzögern, RG **66**, 192, nach aA auch grob fahrlässig (§ 373 Rn 22).

13 C. **Rechtsfolgen: a) Ordnungsgemäßer Notverkauf:** Der berechtigte Notverkauf erfolgt für Rechnung des säumigen Verkäufers (§ 373 III). Käufer und Verkäufer können mitbieten (§ 373 IV). Der Erlös tritt an die Stelle der Ware und steht dem Verkäufer zu. Der Ersteigerer erwirkt Ansprüche nur gegenüber dem Käufer (s Rn 12), str. Die verschiedenen Gewährleistungsrechte des Käufers nach § 437 BGB bleiben davon unberührt. Der Käufer kann zwar nicht mehr den Kaufpreis mindern (§§ 437 Nr 2, 441 BGB), weil Minderung voraussetzt, dass er die Ware behält, aA Ebenroth/Müller 18. Er kann aber Nachlieferung verlangen, vom Vertrag zurücktreten und großen Schadensersatz oder Ersatz vergeblicher Aufwendungen verlangen (§ 437 Nr 1–3 BGB). Mit Ansprüchen auf Schadens- oder Aufwendungsersatz kann der Käufer gegen den Herausgabeanspruch des Verkäufers hinsichtlich des Erlöses aus dem Notverkauf aufrechnen. Ersteigert der Käufer die Ware, sind neue Beanstandungen und neuer Notverkauf wegen der alten Mängel nicht mehr zulässig, RG **66**, 194.

14 **b) Nicht ordnungsgemäßer Notverkauf:** Der nicht ordnungsgemäße Notverkauf, dh ein Notverkauf ohne Vorliegen von II oder unter Verstoß gegen § 373, erfolgt nicht auf Rechnung des Verkäufers, sondern auf Rechnung des Käufers. Der Käufer macht sich schadensersatzpflichtig (Haftungsprivileg des Käufers bei Annahmeverzug, § 300 I BGB; vgl auch Rn 7) und verliert das Recht auf Nachlieferung, Rücktritt und Ersatz vergeblicher Aufwendungen; das Recht auf Minderung und (uU kleinen Schadensersatz wegen des Mangels der Ware behält er, vgl RG **43**, 37. Ein durch II, § 373 nicht gedeckter Notverkauf kann aber aus anderen Gründen zulässig sein, zB Geschäftsführung ohne Auftrag (s Rn 11).

4) Abweichende Vereinbarungen

15 § 379 ist abdingbar, es bleibt dann insoweit bei den Vorschriften des BGB (s Rn 1, 11). AGB unterliegen den **(5)** §§ 305 ff BGB, insbesondere dem Verbot unangemessener Benachteiligung nach **(5)** § 307 BGB, soweit Aufbewahrungs- und Rücksichtspflichten des Käufers aus § 242 BGB herzuleiten sind.

[Taragewicht]

380 (1) **Ist der Kaufpreis nach dem Gewichte der Ware zu berechnen, so kommt das Gewicht der Verpackung (Taragewicht) in Abzug, wenn nicht aus dem Vertrag oder dem Handelsgebrauche des Ortes, an welchem der Verkäufer zu erfüllen hat, sich ein anderes ergibt.**

2. Abschnitt. Handelskauf   1–7 § 380

(2) Ob und in welcher Höhe das Taragewicht nach einem bestimmten Ansatz oder Verhältnisse statt nach genauer Ausmittelung abzuziehen ist, sowie, ob und wieviel als Gutgewicht zugunsten des Käufers zu berechnen ist oder als Vergütung für schadhafte oder unbrauchbare Teile (Refaktie) gefordert werden kann, bestimmt sich nach dem Vertrag oder dem Handelsgebrauche des Ortes, an welchem der Verkäufer zu erfüllen hat.

1) Preisbestimmung nach Gewicht (§ 380)

A. **Nettogewicht ohne Verpackungsgewicht (I):** Berechnet sich der Kauf- 1 preis nach dem Gewicht der gelieferten Ware, ist mangels abweichender Bestimmung durch Vertrag oder durch HdlBrauch das Gewicht der Verpackung **(Tara)** nicht mitzurechnen. Ausdrücklich bestimmt dies die Klausel „rein netto Tara" (s Rn 3). I ist eine reine **Auslegungsregel.** Vertrag oder HdlBrauch des Erfüllungsorts des Verkäufers (§ 269 BGB) können anderes bestimmen, zB „brutto für netto", also ohne Abzug für Verpackung (Verpackung wird wie Ware bezahlt), oder pauschaliert (s Rn 2).

B. **Taragewichtberechnung, Gutgewicht, Refaktie (II):** II betrifft die 2 Gewichtsermittlung, unabhängig davon, ob eine Verpackung besteht und ob sie zu berücksichtigen ist (dazu I). II enthält selbst keine Regelung, ist also anders als I **keine Auslegungsregel,** sondern verweist auf Vertrag oder HdlBrauch am Erfüllungsort des Verkäufers (§ 269 BGB).

Danach kann das **Taragewicht** (s Rn 1) durch genaues Abwiegen der Verpa- 3 ckung ermittelt werden, so bei Klausel „rein netto Tara", oder in bestimmter Weise pauschaliert, zB Preisbestimmung nach dem Bruttogewicht abzüglich x% oder y Gramm Tara ohne Rücksicht auf das wirkliche Gewicht der Verpackung.

Gutgewicht ist eine nicht zu vergütende Gewichtszugabe für Gewichts- 4 schwund, wie er vor allem bei Massegütern erfahrungsgemäß während des Transports auftritt, ROHGE **12,** 59. Vorgesehen sein kann Mehrgewichtszugabe oder anderweitiger Ausgleich über Stückzahl oder Menge.

Refaktie ist umgekehrt ein Abzug für Verunreinigungen, wie sie bei bestimm- 5 ten Waren, zB Kaffee, vorkommen, ROHG **7,** 8, uU auch für Bruch- und andere Schäden der Ware während des Transports. Der Abzug muss besonders vereinbart sein oder auf HdlBrauch beruhen. Er ist idR prozentual bestimmt, Hbg HRR **28** Nr 1216. Ist das der Fall, erfolgt der Abzug ohne Rücksicht darauf, ob in der Verunreinigung ein Mangel der Ware liegt oder nicht. Da ein solcher Abzug aber einen in der Verunreinigung eventuell liegenden Mangel bereits berücksichtigt, ist insoweit keine Rüge nach § 377 mehr notwendig; Rechte nach § 437 BGB kommen nur in Betracht, soweit Mängel den Abzug wertmäßig übersteigen.

2) Rechtsverhältnisse der Verpackung

A. **Verpackungskosten:** Die Verpackung besorgt der Verkäufer, sofern nichts 6 anderes vereinbart ist, wie etwa bei Kauf „ab Lager" (§ 346 Rn 40). Wer die Kosten der Verpackung trägt, ist umstritten. Für den Versendungskauf ist das nach der hL wegen § 448 I BGB („Kosten der Versendung") der Käufer, anders bei Vereinbarung, Incoterms und HdlBrauch, Ebenroth/Müller 2. Die Kosten bestehen aus denen des Materials und der Arbeit. Gehört die Verpackung zur Ausstattung, so ist sie nicht zu vergüten.

B. **Eigentum und Rückgabe der Verpackung:** Ob die Verpackung **zu-** 7 **rückzugeben** und wessen Eigentum sie ist, hängt vom Parteiwillen im Einzelfall ab, zT ergänzend HdlBrauch, aber nicht allgemein im Speditions- und Transportgewerbe (vgl § 454 II). **Säcke,** in die verpackt ist, gelten iZw als „verliehen" und sind zurückzugeben (§ 546 BGB, Sackmiete), andere Abreden, etwa bedingter Kauf, sind möglich. Ebenso näher gekennzeichnetes Leergut, etwa **Flaschen,** bei sog Eigentumsflaschen ist Flaschenleihe anzunehmen, RG **159,** 166, Kln NJW-

§ 381 1–3　　　　　　　　　　　　　　　　　　　　IV. Buch. Handelsgeschäfte

RR **88**, 373, ebenso bei Flaschenkästen mit Brauereibezeichnung. Wenn nur Flaschen gleicher Art und Güte zurückzugeben sind, liegt ein Flaschendarlehen vor (§ 607 BGB), BGH NJW **56**, 298, ebenso bei entspr Absprache für Bierkästen, Celle BB **67**, 779. Anspruch von jedermann auf Flaschenpfandrückzahlung gegen namentlich genannte Abfüller und Vertreiber, BGH NJW **07**, 2912; bei individualisierten Mehrwegpfandflaschen gehen Eigentum und Herausgabeanspruch nicht verloren, BGH NJW **07**, 2913, aA Weber NJW **09**, 948. In der Praxis stehen heute **Paletten** im Vordergrund. Für diese gelten dieselben Grundsätze, also zB **Palettendarlehen**, Ffm ZIP **82**, 1332. § 607 BGB auch bei sonstigem Leergut. Flaschenpfand ist kein „Pfand", sondern Sicherung des gattungsmäßigen Rückgabeanspruchs; ein sehr hohes Flaschenpfand kann als Vertragsstrafe anzusehen sein, Köln **LM** § 339 BGB Nr 10. Sind Fässer zu bezahlen, wenn sie nicht binnen vereinbarter Frist an den Verkäufer zurückgegeben werden, liegt bedingter Kauf vor, vgl Celle SeuffA 66 **(11)** 130. Klausel über vollen Wiederbeschaffungswert bei Nichtrückgabe von Leergut ist auch unter Kflten (Unternehmern) nach **(5)** § 307 I, II BGB unwirksam, Karls NJW-RR **88,** 370, Kln NJW-RR **88,** 373. Palettenverkehr, Palettentausch s Willenberg TranspR **85,** 161. Ausschluss des Zurückbehaltungsrechts s § 369 Rn 13. Öffentlichrechtliche Rücknahmepflicht nach VerpackungsVO s Ekkenga BB **93**, 935. Lit: Hopt/Mülbert § 607 Rz 67; Heymann/Emmerich/Hoffmann 6 ff.

8　C. **Gefahrtragung:** Die Gefahrtragung hinsichtlich zufälliger Beschädigung und Verlustes der Verpackung richtet sich nach den Parteiabreden und den Eigentumsverhältnissen an der Verpackung. Bei Miete oder Leihe trägt Verkäufer die Gefahr, bei Sachdarlehen der Käufer (§§ 607, 243 BGB), Einzelheiten str. Rückgabe ist keine Bringschuld, str, Haake BB **82,** 1389 (Mehrweg-Paletten).

9　D. **Mängel der Verpackung** s § 377 Rn 15, 49.

[Kauf von Wertpapieren; Werklieferungsvertrag]

381
(1) **Die in diesem Abschnitte für den Kauf von Waren getroffenen Vorschriften gelten auch für den Kauf von Wertpapieren.**

(2) **Sie finden auch auf einen Vertrag Anwendung, der die Lieferung herzustellender oder zu erzeugender beweglicher Sachen zum Gegenstand hat.**

1) Kauf von Wertpapieren (I)

1　A. **Handelskauf von Wertpapieren:** Nach I sind §§ 373–380 auf den Kauf von Wertpapieren anzuwenden. Wertpapiere sind alle marktgängigen HdlPapiere wie Aktien, Schuldverschreibungen auf den Inhaber, Orderpapiere ua (§ 369 Rn 7), **nicht** zB GmbHAnteile, verbriefte Hypothekenforderungen, einzelne Gesellschaftsanteile (Einl 46 vor § 1, § 105 Rn 73). Die Anwendung der §§ 373 ff auf den Kauf von Wertpapieren setzt ebenso wie beim Kauf von Waren voraus, dass ein HdlKauf vorliegt (Überbl 8 vor § 373).

2　B. **Anwendung der §§ 373 ff:** Anwendbar sind danach **§§ 373, 374** (Hinterlegung, Selbsthilfeverkauf), uU ist Verkauf ohne Androhung wegen Gefahr (zB des Kurssturzes, einer Sperre) im Verzug entspr § 373 II 2 (betr Verderb einer Ware) zulässig; **§ 375 (**Bestimmungskauf), aber für Wertpapiere kaum relevant; **§ 376** (FixHdlKauf), kommt auch bei Wertpapieren vor; **§ 379** (einstweilige Aufbewahrung).

3　Von größerer Bedeutung ist **§ 377**. Wertpapiere haben eine Doppelnatur als Rechtsträger und als Sachen; § 377 kommt auf Wertpapiere nach bisher allgmM nur, soweit sie als Sachen mangelhaft sind, in Betracht, Heymann/Emmerich/Hoffmann 3 (aber seit SMG anders § 377 Rn 12 sowie unten Rn 4). Die Rügeobliegenheit trifft den Käufer beim Wertpapierkauf nach dieser Meinung nur bei

2. Abschnitt. Handelskauf 1 § 382

Sachmängeln der Wertpapierurkunde (§ 434 BGB), zB Beschädigung der Urkunde, Unleserlichkeit, Unvollständigkeit (Fehlen von Teilen der Urkunde selbst, ihrer Anlagen, von Anhängen, Erneuerungsscheinen, Zinsbogen, Dividendenscheinen). Bei **gefälschten Urkunden,** zB Banknoten, Inhaberpapieren, liegt Sachmangel vor, also Rügeobliegenheit nach § 377, hL, krit Ebenroth/Müller 5, aA RG **108,** 317 (gefälschter Stempelaufdruck von Banknoten): Rechtsmangel.

Rechtsmängel von Wertpapieren (§ 435 BGB), für die nach bisher allgM 4 § 377 nicht gilt (s Rn 3), sind zB Fehlen des Aktienbezugsrechts, Zahlungssperre, Aufgebot bzw Kraftloserklärung, RG **109,** 296. Die Abgrenzung zwischen Sach- und Rechtsmängeln bei Wertpapieren kann schwierig sein. Durch das SMG wurden die Rechtsfolgen (§ 437 BGB) von Sachmängeln (§ 434 BGB) und Rechtsmängeln (§ 435 BGB) angeglichen. Das sollte jedenfalls für §§ 381 I, 377 (richtigerweise allgemeiner für § 377, s dort Rn 12) nachvollzogen werden. Statt zwischen Sachmängeln der Urkunde und Rechtsmängeln des Wertpapiers zu unterscheiden, sollte auf die Erkennbarkeit des Mangels bei entsprechender Untersuchung und die Relevanz einer unverzüglichen Rüge (§ 377 Rn 1) abgestellt werden.

2) Vertrag über noch herzustellende oder zu erzeugende bewegliche Sachen (II)

A. **Vertrag über noch herzustellende oder zu erzeugende bewegliche** 5 **Sachen als Handelsgeschäft:** II idF SMG 2001 (Anpassung an § 651 nF BGB) erstreckt die §§ 373–380 auf den Vertrag über noch herzustellende oder zu erzeugende bewegliche Sachen, sofern er ein **Handelsgeschäft** ist (s oben Rn 1, Überbl 8 vor § 373). II setzt weiter voraus, dass ein Vertrag über die **Lieferung herzustellender oder zu erzeugender beweglicher Sachen** (zB auch Standardsoftware, Überbl 8 vor § 373) vorliegt, also ein Vertrag iSv § 651 nF BGB, zB LKWKühlkofferaufbau, BGH NJW **96,** 2228. Praktisch bedeutsam für Reparatur- und Wartungsverträge. II erfasst alle Verträge über noch herzustellende oder zu erzeugende bewegliche Sachen, einerlei ob es sich um vertretbare oder unvertretbare Sachen handelt. Das entspricht § 651 nF BGB, wonach auf einen Vertrag, der die Lieferung herzustellender oder zu erzeugender beweglicher Sachen zum Gegenstand hat, generell Kaufrecht Anwendung findet (§ 651 S 1 BGB). Eine Differenzierung nach der Herkunft des Materials oder der Art der herzustellenden Sache (vertretbar bzw unvertretbar), findet, abgesehen von § 651 S 3 BGB (Anwendung bestimmter Werkvertragsvorschriften), insoweit nicht (mehr) statt. **Nicht** erfasst werden von II, auch nicht analog, wie schon von dem SMG reine Werkverträge (§ 377 Rn 2), Abgrenzung schwierig, Ebenroth/Müller 10.

B. **Anwendung der §§ 373 ff:** §§ 373–380 finden auf den Vertrag über noch 6 herzustellende oder zu erzeugende bewegliche Sachen, der HdlGeschäft ist, uneingeschränkt Anwendung. Wie auch sonst ist **§ 377** von besonderer Praxisbedeutung, Bsp: BGH NJW **96,** 2228. Der Vertrag auf Herstellung eines Werbefilms ist, weil der Filmstreifen dem Besteller zu überlassen ist, Vertrag über noch herzustellende oder zu erzeugende bewegliche Sachen, der unter II fällt, daher ist § 377 anwendbar, BGH **LM** Nr 10. Industrieanlagenvertrag s Überbl 23 vor § 373. Werk-, nicht Vertrag über noch herzustellende oder zu erzeugende bewegliche Sachen ist der auf Lieferung und Einbau einer Heizungsanlage in eine KfzHalle gerichtete Vertrag, daher zB § 375 unanwendbar, BGH BB **71,** 1387.

382 *(aufgehoben)*

§ 382 betraf die Viehmängelhaftung und wurde, zusammen mit den zugrunde- 1 liegenden §§ 481–492 aF BGB über den Viehkauf, aufgehoben durch das SMG.

Dritter Abschnitt. Kommissionsgeschäft

Schrifttum

Ebenroth/*Krüger* 2001. – Heymann/*Herrmann* 2. Aufl 2005. – MüKo/*Häuser* Bd 6 2. Aufl 2007. – *Böhm* 1971 (§ 392 II). – *von Dalwigk zu Lichtenfels* 1975 (Effektenkommission). – *Schütte* 1988 (Leistungsstörungen). – *Göhmann* 2006 (Verhaltenspflichten der Banken beim Effektengeschäft). – *Koller* BB **78,** 1733 (Interessenkonflikte), **79,** 1725 (Provisionsrisiko). – *Hager* AcP 180 **(80)** 239 (mittelbare Stellvertretung). – *Fleckner* in Beiträge für Hopt **08,** 3 (Handeln im eigenen Namen für fremde Rechnung). – **Muster:** *Hopt/Graf von Westphalen,* Vertrags- und Formularbuch zum Hdl-, Ges- und Bankrecht, 3. Aufl 2007, Teil I.M (mit 3 Vertragsmustern).

Weiteres Schrifttum s **(16)** WpHG Einl 18 vor § 1 (§§ 31 f, Verhaltenspflichten).

[Kommissionär; Kommissionsvertrag]

383 (1) **Kommissionär ist, wer es gewerbsmäßig übernimmt, Waren oder Wertpapiere für Rechnung eines anderen (des Kommittenten) in eigenem Namen zu kaufen oder zu verkaufen.**

(2) ¹**Die Vorschriften dieses Abschnittes finden auch Anwendung, wenn das Unternehmen des Kommissionärs nach Art oder Umfang einen in kaufmännischer Weise eingerichteten Geschäftsbetrieb nicht erfordert und die Firma des Unternehmens nicht nach § 2 in das Handelsregister eingetragen ist.** ²**In diesem Fall finden in Ansehung des Kommissionsgeschäfts auch die Vorschriften des Ersten Abschnittes des Vierten Buches mit Ausnahme der §§ 348 bis 350 Anwendung.**

Übersicht

1) Kommissionär (I, II) 1–5
   A. Kommissionär (I) 1
   B. Kleingewerbetreibende als Kommissionär (II) 2
   C. Kommissionsagent 3
   D. Einzelfälle der Kommission 4
2) Kommissionsvertrag 6–15
   A. Rechtsnatur 6
   B. Indizien für und gegen Kommission 7
   C. Besonderheiten beim Effektengeschäft 8
   D. Vertragsabschluss 9
   E. Vertragsbeendigung 12
   F. Besonderheiten bei der Insolvenz 14
3) Ausführungsgeschäft (schuldrechtliche Seite) 16–21
   A. Kommissionsausführungsgeschäft oder Eigengeschäft 16
   B. Handeln für den Kommittenten im eigenen oder im fremden Namen 17
   C. Rechtsverhältnis zwischen dem Kommissionär und dem Drittem 18
4) Eigentumsverhältnisse beim Ausführungsgeschäft 22–29
   A. Verkaufskommission 22
   B. Einkaufskommission 25
5) Internationaler Verkehr 30–32
   A. Kommissionsvertrag 30
   B. Kommissionsagent 31
   C. Emissions- und Konsortialgeschäft 32

3. Abschnitt. Kommissionsgeschäft 1–3 § 383

1) Kommissionär (I, II)

A. Kommissionär (I): Kommissionär ist, wer es gewerbsmäßig über- 1
nimmt, Waren oder Wertpapiere für Rechnung eines anderen (des Kommitten-
ten) in eigenem Namen (mittelbare Stellvertretung, s aber auch Rn 17) zu kaufen
oder zu verkaufen (**§ 383 I**). § 383 I wird durch § 406 I, 2 erweitert (§ 406
Rn 1). **Drei Rechtsverhältnisse** sind bei der Kommission zu unterscheiden:
Kommissionsvertrag (Kommissionsgeschäft), das auf Grund desselben mit ei-
nem Dritten geschlossene **Ausführungsgeschäft** und die Übertragung des durch
das Ausführungsgeschäft Erlangten vom Kommissionär an den Kommittenten
(Abwicklungsgeschäft). Kommissionsvertrag ist jeder von einem Kfm (der
nicht Kommissionär zu sein braucht) im Betrieb seines HdlGewerbes geschlos-
sene Vertrag, in dem er es (auch nicht gewerbsmäßig) übernimmt, für Rechnung
eines anderen in eigenem Namen mit Dritten ein Geschäft zu schließen, also
nicht nur Waren- oder Wertpapierkauf oder -verkauf (**§ 406 I 1, 2**, „uneigent-
liche" oder „unregelmäßige" oder Gelegenheitskommission). Bspe s dort Rn 1:
Als Partei eines solchen Vertrags heißt jeder Kfm Kommissionär, auch wenn er
dies nicht schon nach seinem Gewerbe (§ 383) ist. Der Kommissionär nach
Gewerbe (§ 383) ist nicht mehr schon kraft dieses Gewerbes Kfm, §§ 383 ff sind
trotzdem anwendbar (§ 383 II, s Rn 2). Erst recht braucht der andere Teil, der
Kommittent, nicht Kfm zu sein. Güterversendung für fremde Rechnung (Spedi-
tion) ist ein Sonderfall der uneigentlichen Kommission und in Abschn 5 geregelt
(§§ 453–466). Das persönliche Geschäft (in eigenem Namen für fremde Rech-
nung) des Gfter einer OHG ist nicht Kommission, BGH NJW **60,** 1853. Straf-
barkeit des Kommissionärs nach Aufhebung von **(14)** BörsG § 95 aF nur noch
nach allgemeinen Strafrecht, zB § 266 StGB, bei Effektenkommission auch
Kapitalanlagebetrug (§ 264 a StGB). Entwurf eines einheitlichen Kommissions-
gesetzes (Unidroit, Rom) s Leser ZHR 126 **(64)** 118; enger Convention on
Agency in the International Sale of Goods (Unidroit, Rom 1983).

B. Kleingewerbetreibende als Kommissionär (II): Der Kommissionär ist 2
seit HRefG 1998 nicht mehr stets Kaufmann (so § 1 II Nr 6 aF), sondern IstKfm,
wenn er ein HdlGewerbe betreibt (§ 1 II nF), sonst Kfm nur mit Eintragung
(§§ 2 ff). Nach **II 1** nF bleiben §§ 383–406 jedoch anwendbar, auch wenn das
Unternehmen des Kommissionärs nach Art oder Umfang einen in kfm Weise
eingerichteten Geschäftsbetrieb nicht erfordert (vgl § 1 II) und die Firma des
Unternehmens nicht nach §§ 2 ff in das HdlReg eingetragen ist. Da §§ 383 ff
jedoch nur Sonderregelungen zu §§ 343–372 (1. Abschn des 4. Buchs) darstel-
len, muss dann in Ansehung des Kommissionsgeschäfts auch auf diese zurück-
gegriffen werden können (so **II 2** nF), auch in Ansehung des Ausführungsge-
schäfts (ab Rn 16) und dort insbesondere auf § 366 (dort Rn 4), str, Gründe:
gutgläubiger Erwerb hängt, obwohl über das eigentliche Kommissionsgeschäft
hinausgehend, eng mit diesem zusammen, auch keine Änderung des Schutzes
Dritter durch HRefG intendiert, wohl auch von Olshausen JZ **98,** 720. Das kann
aber nicht für §§ 348–350 gelten, die für NichtKflte zu große Risiken mit sich
bringen (**II 2** nF aE). II verweist auf den dritten Abschnitt insgesamt, also auch
auf § 406. II wird deshalb ebenso wie I durch § 406 in doppelter Hinsicht
erweitert, auch betr den kleingewerblichen Gelegenheitskommissionär (§ 406
I 2, dort Rn 1).

C. Kommissionsagent: Wer vertraglich ständig damit betraut ist, Waren 3
oder Wertpapiere für Rechnung eines anderen in eigenem Namen zu kaufen
oder verkaufen, und zwar zu von diesem vertraglich vorgegebenen Preisen und
Konditionen, ist nicht Kommissionär, sondern Kommissionsagent, BGH WM
04, 136, Bsp: Pressegrossist eines Verlags. Der **Kommissionsagenturvertrag**
steht damit als Typus zwischen Kommissions- und Handelsvertretervertrag (An-
wendung von HVRecht § 84 Rn 19). Er ist gemischttypischer Vertrag mit je

§ 383 4–6   IV. Buch. Handelsgeschäfte

nachdem kommissions-, geschäftsbesorgungs-, dienst- und handelsvertreterrechtlichen Elementen. Im Außenverhältnis liegt Kommission vor (§§ 383 ff), im Innenverhältnis gelten je nach Ausgestaltung §§ 675 I, 611 BGB oder bei größerer Abhängigkeit Handelsvertreterrecht (§§ 84 ff). Bei Ausschluss des Rückgaberechts trotz Unverkäuflichkeit liegt Kauf oder bei Dauer Vertragshändlervertrag (Überbl 35 vor § 373) vor. Praktisch wichtig sind die **Schranken aus Kartellrecht** (Einl 77–80 vor § 1), vor allem §§ 14 u 16 aF, 19, 20 GWB und Art 81, 82 EG (s auch Rn 10), BGH WM **04,** 132. Soweit der Kommissionsagent nach der materiellen Risiko- und Lastenverteilung wie ein Handelsvertreter gestellt ist, greift Kartellrecht ebenso wenig wie für diesen (näher § 86 Rn 35 ff). Lit: Hopt FS Hadding **04,** 443.

4   D. **Einzelfälle der Kommission:** Die gewerbsmäßige Kommission ging im 19. Jahrhundert zugunsten des Eigenhandels und der offenen Vertretung zurück. Hauptfälle der Kommission sind heute noch die **Effektenkommission** beim Wertpapiergeschäft der Banken, auch idR Direktbanken im Effektengeschäft, BGH WM **02,** 1687, s **(13)** DepotG, **(8)** Sonderbedingungen für Wertpapiergeschäfte, idR einfache Kommission (ohne Selbsteintritt wie vor 1995), s dort Nr 1 Rn 1, vgl auch Emissions- und Effektenkonsortialgeschäft, **(7)** Bankgeschäfte Rn Y/1; ferner die Kommission im Kunst-, Antiquitäten-, Briefmarkenhandel. Die **Konsignationskommission** mit Konsignationslagerabrede kommt vor allem bei Exportwaren vor (nicht immer Kommission, s Überbl 41 vor § 373), vgl BGH WM **93,** 1227; doch hat die Kommission im Überseehandel stark an Bedeutung eingebüßt. Kommission liegt je nachdem auch beim **Gebrauchtwagenhandel** vor, bei dem es wirtschaftlich um die Vermeidung der MWSt geht (s Rn 7 aE). Soll der Händler aber vor vornherein nur als Vertreter des Kunden verkaufen, scheidet Kommission aus (I: im eigenen Namen), s aber BGH NJW **80,** 2191 (s auch Rn 7 aE); zu beachten ist dabei, dass auch ein Kommissionär das Ausführungsgeschäft als Vertreter abschließen kann (s Rn 17). **Finanzkommissionsgeschäft** (§ 1 I 2 Nr 4 KWG) ist Handel mit Finanzinstrumenten entspr §§ 383 ff, BVerwG WM **08,** 1361, Hammen WM **08,** 1901, üL, aA Voge WM **07,** 1640; statt Änderung nunmehr Anlageverwaltung iS v § 1 Ia 2 Nr 11 (s **(7)** Bankgeschäfte Rn A/4). Weitere Fälle s § 406 Rn 1. **Muster:** Hopt/Graf v Westphalen 3. Aufl 2007 Form I. M.3 (Kunsthandel-Kommissionsvertrag).

5   **Kommissionsklauseln** sollen bestimmte Kommissionsrechtsregeln auf andere Geschäfte übertragen, zB Sicherungsübereignung, Kauf mit Eigentumsvorbehalt, Factoring (s **(7)** Bankgeschäfte Rn O/1). Fragwürdige Kommissionklauseln s Serick BB **74,** 285. **AGBKontrolle** von Kommissionsverträgen, BGH WM **04,** 132 (unzulässige Mankoklausel).

2) Kommissionsvertrag

6   A. **Rechtsnatur: a) Geschäftsbesorgung mit Werk- oder Dienstvertragscharakter:** Der Kommissionsvertrag ist **gegenseitiger Vertrag über Geschäftsbesorgung** (§ 675 I BGB), bei Einzelgeschäften vertragstypologische Einordnung wie allgemein danach, ob Ausführungsgeschäft als Erfolg geschuldet ist (dann Werkvertrag, RG **71,** 77) oder nur Bemühen darum (dann Dienstvertrag), so für Wertpapierkommission Nürnbg WM **07,** 647; jedenfalls bei längerer Verbindung idR, aber nicht notwendig Dienstvertrag, RG **69,** 364, **110,** 123 (Dienste „höherer Art", daher jederzeit Kündigung nach § 627 BGB), vgl Sachverhalt BGH **LM** Nr 4 (Musikvertrieb), erst recht bei ständiger Betrauung (Kommissionsagent, s Rn 3), näher K. Schmidt § 31 III 3 a: entscheidend Parteiwille und individueller Vertragstypus, aA wohl überhaupt gegen Einordnung und für freie Anwendung der passenden Rechtsfolgen Ebenroth/Krüger 16 mit Blick auf Verjährung, insoweit aber durch SMG gelöst. Bei fehlender Selbstständigkeit (vgl § 84 Rn 36) ist der als Kommissionär Bezeichnete Arbeit-

3. Abschnitt. Kommissionsgeschäft 7 **§ 383**

nehmer oder arbeitnehmerähnliche Person, BAG NJW **98**, 701, vgl § 84 I 2 (dort Rn 39, 35 ff).

b) Anwendbare Rechtsnormen: Für den Kommissionsvertrag gelten mangels Parteivereinbarung vorrangig §§ 383 ff (betreffend Innenverhältnis und vor allem in Konkretisierung der Interessenwahrungspflicht des Kommissionärs, s §§ 384 I, II, 385–388, 395 f; weitere Normen zugunsten des Kommittenten sind §§ 390 I, 392 II, solche zugunsten des Kommissionärs §§ 389, 390 II, 391, 397–399), sodann subsidiär die von § 675 I BGB in Bezug genommen §§ 663, 665–670, 672–674 und uU § 671 II BGB sowie je nachdem Werk- oder Dienstvertragsrecht. Für Wertpapierdienstleistungsunternehmen sind die Verhaltensregeln (insbesondere über Interessenwahrung) und sonstigen Pflichten nach **(16)** WpHG §§ 31 ff zu beachten; § 31 ist Schutzgesetz iSv § 823 II BGB, str, s **(16)** WpHG Einl 9 vor § 1.

B. Indizien für und gegen Kommission: Kommission und Kauf können 7 im Einzelfall nur schwer voneinander abzugrenzen sein. Entscheidend ist nicht die von den Parteien gewählte Bezeichnung, sondern Inhalt (und Auslegung) ihrer Absprachen, RG **114**, 10, BGH NJW **75**, 777 („Konditionsgeschäft", vgl Überbl 24 vor § 373).

a) Für Kommission sprechen zB Provisionsabrede, BGH WM **02**, 1688, vgl BGH **8**, 226; bloße Unkostenvergütung ohne Handelsspanne, BGH **1**, 79; Abrede über Kauf oder Verkauf „bestmöglich" zugunsten des Auftraggebers, RG **94**, 66, **114**, 11, Mü BB **55**, 682; Kaufpreisvorschuss an Mittler; Lieferung bzw Zahlung direkt zwischen Auftraggeber und Drittem, BGH LM § 384 Nr 2; besondere Vertrauensposition des Mittlers, so RG **114**, 11 für das Effektengeschäft, aber zu diesem überholt (s Rn 8); Pflicht zur Abrechnung über Ausführungsgeschäft, BGH **8**, 226, Mü BB **55**, 682.

b) Gegen Kommission und für Kauf sprechen zB Abrede über Lieferung von Waren oder Wertpapieren, die der andere Teil bereits besitzt oder auf die er bereits einen Anspruch hat, RG **101**, 381; Festpreisabrede, RG **110**, 121, BGH **8**, 226, NJW **75**, 777, Karlsr BB **71**, 1123, Ffm BB **82**, 208 oder wenigstens bei Vertragsschluss bereits bestimmbarer Preis, RG **94**, 66, und zwar trotz Provisionsvereinbarung, RG **94**, 66; Zahlungspflicht des Mittlers ohne Rücksicht auf Ausführungsgeschäft, zB zu festem Termin, Kln MDR **73**, 230 (aber Delkredere und Mindesterlösgarantie, Staub/Koller 20); Fehlen jeglicher Weisungsbefugnis des Auftraggebers, besonders hinsichtlich der Preisgestaltung, BGH **1**, 79, NJW **75**, 777, Ffm BB **82**, 208; Ausschluss des Rückgaberechts, Ffm BB **82**, 208, oder der Abrechnungspflicht, Hbg BB **57**, 911.

c) Eher neutral sind Bezeichnung als Kauf, Kommission oder Vertretung, RG **94**, 66, **114**, 10, BGH NJW **75**, 777, Ffm BB **82**, 208; fehlende ausdrückliche Provisionsabrede, RG **94**, 66, **110**, 121, str; faktische Mindestpreisgarantie, Mü BB **55**, 682; Abrede über Mindesterlös bei Behaltendürfen des Mehrerlöses, RG **110**, 121; Eigentumsvorbehalt des Auftraggebers, BGH WM **59**, 1006; Risikotragung (für sich allein genommen), RG **110**, 121, aber BGH **1**, 79; je nachdem Werbung, BGH WM **02**, 1688. Weitere Umstände bei Staub/Koller 19 ff.

d) Besondere Fälle: Kommission kann auch vorliegen, wo als Entgelt (Provision) der über einen festen Preis hinaus erzielte Mehrerlös überlassen wird, RG **110**, 121, umgekehrt kann Kauf vorliegen bei Berechnung von „Provision", dh Zuschlag zum Einkaufspreis des Lieferpflichtigen, BGH LM § 384 Nr 2. Möglich ist (Verkaufs-)Kommission mit Mindestgarantie des Kommissionärs, kaufähnlich, dazu § 384 Rn 6. Verknüpfung von Neuwagenkauf und Gebrauchtwagenkommission durch Verrechnungsabrede, Art der Rückabwicklung, BGH NJW **78**, 1482, **80**, 2190, **82**, 1699, **84**, 429. Gebrauchtwagenvermittlung zwecks

§ 383 8–10　　　　　　　　　　　　　　　　　　　　IV. Buch. Handelsgeschäfte

Steuerersparnis ist kein verdeckter Kaufvertrag, BGH BB **81,** 1670, Umgehungsgeschäft denkbar, entscheidend ist wirtschaftliche Risikotragung, BGH WM **05,** 807 (s auch Rn 4). Bei Teilung des Erlöses kann **partiarische Kommission** (kein gemeinsamer Zweck iSv § 705 BGB, vgl BGH **127,** 176 betr partiarisches Darlehen/stille Ges) oder Gesellschaft (§§ 705 ff BGB) vorliegen.

8　C. **Besonderheiten beim Effektengeschäft:** An- und Verkauf von Wertpapieren vereinbart der Verbraucher mit einem Bankier herkömmlich idR als einem Kommissionär, nicht Eigenhändler (Propergeschäft, so früher), RG **94,** 65, **114,** 11, BGH **8,** 226, und zwar einfache Kommission ohne Selbsteintritt (§ 400 Rn 2, nunmehr je nach den Ausführungsgrundsätzen der Bank, **(8)** Sonderbedingungen für WPGeschäfte Nr 1 Rn 2). Effektenkommission grundsätzlich auch bei Auslandsgeschäften, auch bei nicht notierten Wertpapieren, auch bei Papieren mit vorübergehender Aussetzung der Notierung (nunmehr **(8)** AGB-WPGeschäfte Nr 1 Rn 2); Propergeschäft dagegen bei Festpreisgeschäften, zB bei festverzinslichen Wertpapieren, idR nur durch Individualvereinbarung (s **(5)** § 305 b BGB), näher **(8)** AGB-WPGeschäfte Nr 1 Rn 5. Ältere Rspr insoweit überholt, zB RG **114,** 10, BGH **8,** 227. Eine Verkehrssitte, nach der jeder Verkaufsauftrag vom Bankier als Eigenhändler ausgeführt (und deshalb nicht der tatsächlich erzielte Kurs nach § 401 II, sondern ein Durchschnittskurs des Börsentags vergütet) werde, wäre missbräuchlich und unbeachtlich, RG **114,** 13. Effektenkommission bei Auftrag zur Aktienzeichnung, BGH **153,** 347, Zeichnungsgebühr s § 396 Rn 5. Aufklärungs- und Beratungspflichten des Effektenkommissionärs treffen auch den Effekteneigenhändler bzw Verkäufer, BGH **80,** 82, NJW **81,** 1441 (Warentermingeschäfte), es bedarf also insoweit nicht mehr der Konstruktion einer Kommission zum Schutz des Verbrauchers, anders noch RG **114,** 11 unter Berufung auf eine besondere Vertrauensposition des Mittlers (s Rn 7). **Tafelgeschäft** s BGH **154,** 276, NJW **84,** 1347; beim Tafelgeschäft wird der Effekten(ver)kauf am Bankschalter in effektiv gelieferten Stücken ausgeführt; es ist kein Geschäft mit dem, den es angeht, BGH **154,** 276 (Rückgabe eines Investmentanteilscheins).

9　D. **Vertragsabschluss:** Hier gelten die allgemeinen Regeln (§§ 145 ff BGB). Besonders zu erwähnen sind:

a) Form: Der Kommissionsvertrag ist **formfrei,** auch im Bankverkehr (anders **(8)** AGB-Banken Nr 6, 8 aF vor 1993). Die Verkehrssitte kann Schriftform verlangen. IdR gilt auch dann keine Form für den Kommissionsvertrag, wenn das Ausführungsgeschäft formbedürftig ist (vgl ähnlich Vollmacht, § 167 II BGB), so nach hL bei An- und Verkauf von GmbHAnteilen, Staub/Koller 54 a, aA Ebenroth/Krüger 21. Der besondere Zweck der Formvorschrift kann aber Formbedürftigkeit auch des Kommissionsvertrags bewirken, zB § 311 b BGB über Grundstücksgeschäfte, sowenn der Kommissionsvertrag eine Übertragungs- oder Erwerbsverpflichtung beinhaltet (nicht bei bloßer Herausgabepflicht aus Gesetz, § 667 BGB, vgl BGH **127,** 168). Formbedürftig ist auch unwiderrufliche Verkaufskommission zur Veräußerung eines Grundstücks. Diese Grundsätze gelten auch bei Ausführung der Kommission durch Selbsteintritt (§ 400 Rn 7). Annahme des Kommissionsauftrags nach § 362, im Übrigen häufig durch Ausführung (§ 151 BGB). **Muster:** Hopt/Graf v Westphalen 3. Aufl 2007 Form I. M.1, 2 (Kommissionsvertrag, Kommissionsvertrag mit Selbsteintrittsrecht).

10　**b) Nichtigkeitsgründe:** Es gelten die allgemeinen Nichtigkeitsgründe. Bei Finanztermingeschäften keine Nichtigkeit mehr (wie bei Börsentermingeschäften nach **(14)** BörsG §§ 50 ff aF), nur noch Informationspflichten (s **(16)** WpHG § 31, aber § 37 g; Einl 25 vor **(16)** WpHG § 1). Bei Spiel und Wette (§ 762 BGB; § 764 BGB über Differenzgeschäft ist aufgehoben) ist trotz unvollkommener Verbindlichkeit Anspruch auf Herausgabe des Erlangten nach § 667 BGB zu bejahen, str. Kommission kann auch wegen Verstoß gegen **Kartellrecht**

1474　　　　　　　　　　　　　　　　　　　　*Hopt*

3. Abschnitt. Kommissionsgeschäft 11–14 § 383

nichtig sein, zB §§ 14 u 16 aF GWB, Art 81 EG, wobei sich ähnliche Streitfragen wie für HV und Vertragshändler stellen (§ 86 Rn 35 ff), Ebenroth/Krüger 24 f; zu beachten ist, dass der Kommittent, nicht der Kommissionär das Geschäftsrisiko trägt, denn der Kommissionär handelt zwar im eigenen Namen, aber für fremde Rechnung (s für Kommissionsagenten Rn 3).

c) **Erfüllungsort** für die Verpflichtungen des Kommittenten (zB Zahlung von 11 Provision, Vorschüssen, Aufwendungsersatz) ist mangels vertraglicher Vereinbarung sein Wohnsitz (seine gewerbliche Niederlassung), für die des Kommissionärs iZw dessen gewerbliche Niederlassung (§ 269 I, II BGB), BGH NJW **96,** 1819, so für seine Rechenschafts- und Herausgabepflichten, Düss NJW **74,** 2185 (für HV), auch wenn die Kommission im Ausland auszuführen, RG **112,** 81. Der Erfüllungsort ist auch bei einem gegenseitigen Vertrag nicht notwendig einheitlich, BGH NJW **96,** 1820, nach aA Erfüllungsort für die beiderseitigen Verpflichtungen an Ort, wo die vertragscharakteristische Leistung zu erbringen ist, vgl Pal/Heinrichs § 269 Rn 13.

E. **Vertragsbeendigung:** Das Kommissionsverhältnis endet ohne Ausführung: 12

a) durch **Kündigung:** falls Werkvertrag (s Rn 6) durch Kündigung des Kommittenten (§ 649 BGB; § 671 I BGB über Widerrufsrecht des Auftraggebers ist nach § 675 I aE BGB nicht anwendbar), zulässig bis (muss dem Kommissionär zugehen bis) zur Ausführung der Kommission, dh Abschluss mit dem Dritten oder Abgabe der Selbsteintrittserklärung (§ 405 III, dort ist von „Widerruf" die Rede); falls Dienstvertrag (s Rn 6), durch Kündigung des Kommittenten (§ 405 III gilt ebenfalls) oder Kommissionärs (§§ 621 Nr 5, 626, 627 I, 675 I BGB; § 626 BGB verdrängt § 314 BGB); Kündigung des Kommissionärs zur Unzeit ist wirksam, verpflichtet aber bei Fehlen eines wichtigen Grundes zum Schadenersatz (§ 627 II, 671 II BGB);

b) durch **Rücktritt** nach §§ 323 ff BGB des Kommittenten oder Kommissionärs, soweit kein Kündigungsrecht bestand;

c) bei **Unmöglichkeit** der Ausführung, zB Verschwinden oder Sperre der einzukaufenden Ware, endet die Geschäftsbesorgungspflicht des Kommissionärs, Rücktritt des Kommittenten nach §§ 326 V, 323 BGB;

d) durch Ablauf der zur Ausführung gesetzten Zeit (**Befristung** des Kommissionsvertrags), zB bei Börsengeschäften am „Ultimo"; in anderen Fällen bei Terminvereinbarung nur relatives Fixgeschäft (§ 376 Rn 8), dann bei Verstreichen des Termins nur Rücktritt (aber ohne Fristsetzung, § 323 II Nr 2 BGB);

e) durch Eintritt einer nach Vertrag die Kommission auflösenden **Bedingung** (der zB das Interesse des Kommittenten an der einzukaufenden Ware beseitigt), die Parteien sind frei in solchen Bestimmungen, können sie auch stillschweigend treffen. Diese Regeln sind durchweg nachgiebig, abweichende Vereinbarung ist möglich.

Todesfall: Der Tod des Kommittenten bringt die Kommission idR nicht zum 13 Erlöschen (§§ 672, 675 I BGB), anders beim Tod des Kommissionärs (§§ 673, 675 I BGB), es sei denn, die Kommission ist unternehmens-, nicht personenbezogen erteilt.

F. **Besonderheiten bei der Insolvenz: a) Insolvenz des Kommittenten:** 14 Bei Insolvenz des Kommittenten vor Ausführung der Kommission erlischt der Vertrag, wenn er sich auf das zur Insolvenzmasse gehörende Vermögen bezieht (Geschäftsbesorgung, §§ 116 Satz 1, 115 I InsO, also kein Wahlrecht des Insolvenzverwalters wie grundsätzlich nach § 103 InsO), RG **105,** 128, bei Einkaufsebenso wie bei Verkaufskommission. Grund: Insolvenzverwalter soll nicht durch Handeln eines Dritten (hier: des Kommissionärs) behindert werden, RG **81,** 336. Der Kommissionär kann aus dem Vertrag ab Eröffnung des Insolvenzverfahrens keine Rechte mehr erlangen, namentlich für später erworbene Forderungen kein Absonderungsrecht am Kommissionsgut (§ 397 Rn 7). Der Kommissionär hat, wenn mit dem Aufschub Gefahr verbunden ist, die Besorgung fortzusetzen, bis der Insolvenzverwalter anderweitig Fürsorge treffen kann (§§ 116 Satz 1, 115 II InsO). Der Kommissionsvertrag gilt zugunsten des Kommissionärs als fortbestehend, solange dieser die Eröffnung des Insolvenzverfahrens ohne Verschulden nicht kennt (§§ 116 Satz 1, 115 III InsO). Hat der Kommissionär die Kommission durch Abschluss des Geschäfts mit einem Dritten ausgeführt, ist, auch wenn die Ausführungsanzeige noch nicht abgesandt ist, die Kommission beendet, § 116 InsO ist nicht mehr anwendbar.

15   **b) Insolvenz des Kommissionärs:** Anders als die Insolvenz des Kommittenten beendet die Insolvenz des Kommissionärs die Kommission nicht, RG **78**, 91, hL, str, der Kommissionsvertrag kann aber im Einzelfall etwas anderes ergeben, nach aA allgemeiner so entspr § 673 S 1 BGB (s Rn 13), Staub/Koller 93; der Kommittent kann aus wichtigem Grund kündigen. Der Insolvenzverwalter kann also zwischen Eintritt oder Ablehnung und Ersatzpflicht wählen, sofern der Vertrag noch nicht vollständig erfüllt ist (§ 103 InsO). (1) Eröffnung des Insolvenzverfahrens vor Ausführung: Lehnt bei Einkaufskommission der Insolvenzverwalter Erfüllung ab, so ist der Anspruch des Kommittenten auf Rückzahlung von Vorschüssen Insolvenzforderung. Andernfalls sind die Verpflichtungen des Kommissionärs aus der Kommission Masseschulden (§ 55 I Nr 2 InsO). Bei Verkaufskommission hat der Kommittent, wenn der Insolvenzverwalter nicht eintritt, als Eigentümer der Ware ein Aussonderungsrecht. (2) Eröffnung des Insolvenzverfahrens nach Ausführung: Tritt der Insolvenzverwalter nicht ein und hat der Kommissionär bei Einkaufskommission noch die Ware, so kommt es darauf an, ob das Eigentum schon auf den Kommittenten übergegangen ist (s Rn 25), nur dann kann der Kommittent die Ware aussondern. Da ausstehende Forderungen nach § 392 II als Forderungen des Kommittenten gelten, darf Kommittent sie aussondern (§ 392 Rn 9).

3) Ausführungsgeschäft (schuldrechtliche Seite)

16   A. **Kommissionsausführungsgeschäft oder Eigengeschäft:** Ob ein zur Ausführung der Kommission geeignetes Geschäft des Kommissionärs Geschäft zur Ausführung der Kommission ist oder Eigengeschäft (Propergeschäft) des Kommissionärs, entscheidet sein (nicht rechtsgeschäftlicher) Wille, RG **18**, 21. Dieser Wille muss aber nach außen (nicht notwendigerweise gegenüber dem Kommittenten) zum Ausdruck kommen, aA Rö/Lenz 28, zB durch Ausführungsanzeige gegenüber dem Kommittenten (§ 384 II). Erklärung gegenüber dem Geschäftsgegner, das Geschäft sei Eigengeschäft, schließt nicht aus, dass es Kommissionsausführung ist, RG **148**, 192 (Verkauf von Kommissionsgut als eigenes). Hat der Kommissionär bei der Einkaufskommission gemäß Weisung des Kommittenten gehandelt, hat der Kommissionär zu beweisen, dass er kein Ausführungs-, sondern ein Eigengeschäft vornahm. Was einmal Ausführungsgeschäft war, kann nur durch Vereinbarung zwischen Kommissionär und Kommittent, nicht durch Bestimmung des Kommissionärs allein Eigengeschäft des Kommissionärs werden, und umgekehrt. Bei Wertpapierdienstleistungsunternehmen bestehen Aufzeichnungs- und Aufbewahrungspflichten nach **(16)** WpHG § 34.

17   B. **Handeln für den Kommittenten im eigenen oder fremden Namen:** Ob Kommissionär bei Ausführung der Kommission (Geschäftsschluss mit Drittem) entspr im eigenen Namen oder (im Widerspruch zur Kommission) im Namen des Kommittenten (als dessen Vertreter, ohne Vertretungsmacht) handelt, bestimmt sich nach § 164 I, II BGB. Im zweiten Fall richten sich die Folgen idR mangels Vertretungsmacht nach §§ 177, 179 BGB. Auftreten „als Kommissionär" spricht deutlich für Handeln im eigenen Namen; so tendenziell auch, da auf

3. Abschnitt. Kommissionsgeschäft 18–21 § 383

Kommission hinweisend: „als für fremde Rechnung handelnd" (obwohl so auch als Vertreter), Ebenroth/Krüger 35, aA RG **97**, 261: Vertretung, aA Staub/Koller 68: neutral. Der Charakter der Kommission (I: im eigenen Namen) wird nicht dadurch berührt, dass der Kommissionär bei Abwicklung der Kommission in fremdem Namen handelt (s Rn 27), entscheidend ist, dass er es vertraglich gegenüber dem Kommittenten übernimmt, das Ausführungsgeschäft im eigenen Namen abzuschließen (s Rn 1). Schließt er das Ausführungsgeschäft trotzdem im fremden Namen ab, kann das eine Pflichtverletzung des Kommissionsvertrags darstellen, ändert aber weder diesen noch erst recht seine Eigenschaft als Kommissionär iSv §§ 383, 406 (s Rn 1). Bei Irrtum über tatsächliches Auftreten im eigenen Namen keine Anfechtung (§ 164 II BGB), BGH NJW-RR **92**, 1111; anders im umgekehrten Fall, üL, str.

C. Rechtsverhältnis zwischen dem Kommissionär und dem Dritten: 18
a) Eigenes, selbstständiges Rechtsverhältnis: Das Rechtsverhältnis zwischen dem Kommissionär und dem Dritten ist gegenüber dem Rechtsverhältnis zwischen dem Kommissionär und dem Kommittenten selbstständig. Es richtet sich allein nach dem zwischen dem Kommissionär und dem Dritten geschlossenen Vertrag. Nur diese sind Vertragsteile, nicht der Kommittent, nur ihnen erwachsen aus dem Ausführungsgeschäft Rechte und Pflichten (§ 392 Rn 1, 4, s aber § 392 II, dort Rn 6); so auch wenn der Dritte die Kommission kannte (vgl Rn 19), BGH NJW **65**, 520. Entsprechendes gilt für die Leistungskondiktion (§ 392 Rn 4). Ausnahmsweise kann der Kommittent dem Dritten aus § 826 BGB schadensersatzpflichtig werden, so wenn er bei der Einkaufskommission den Kaufpreis in vollem Wissen trotz Bestehens von Forderungen des Dritten dem zahlungsunfähigen Kommissionär überweist, BGH NJW **65**, 249.

b) Willensmängel: Entscheidend ist die Person des Kommissionärs. Aber der 19 arglistig täuschende Kommittent ist nicht Dritter iSv § 123 II BGB, Konsequenz: der mit dem Kommissionär Abschließende (Vorsicht: ebenfalls Dritter genannt) kann anfechten, Grund: besonderer Schutz des Vertragsfreiheit, Ebenroth/Krüger 43.

c) Kennen und Kennenmüssen: In der Person des Kommittenten liegende 20 Umstände (zB Kennen oder Kennenmüssen, Unmöglichkeit der Leistung) wie überhaupt das Verhältnis zwischen Kommittenten und Kommissionär (s Rn 18), auch dessen Nichtbestehen, berühren den Dritten grundsätzlich nicht. § 166 II BGB ist nicht anwendbar (anders bei Auftreten als Vertreter, s Rn 17), auch nicht allgemein analog, Ebenroth/Krüger 42, sehr str, aA Staub/Koller 70. Es bleibt also bei der allgemeinen Regel der Trennung der beiden Rechtsverhältnisse (s Rn 17); die Behandlung des Kommittenten nicht als Dritter iSv § 123 II BGB ist eine besonders gelagerte Ausnahme (s Rn 19). Ausnahmsweise kann aber Einwand der unzulässigen Rechtsausübung (§ 242 BGB) gegeben sein. Der Bestand des Kommissionsvertrags ist nicht Geschäftsgrundlage des Ausführungsgeschäfts (Risikosphäre des Kommissionärs), grundsätzlich auch nicht, wenn der Dritte Abschluss als Kommissionär kannte.

d) Leistungsstörungen: Wegen Leistungsstörungen kann der Dritte nur den 21 Kommissionär in Anspruch nehmen. Der Kommittent ist nicht Erfüllungsgehilfe (§ 278 BGB) des Kommissionärs, doch können den Kommittenten ausnahmsweise Mitwirkungspflichten treffen, zB Herausgabe des KfzBriefs, Oldbg NJW-RR **00**, 507. Bei Leistungsstörungen kann der Kommissionär im Wege der **Drittschadensliquidation** von dem nicht erfüllenden Dritten Ersatz des Schadens des Kommittenten fordern, auch durch Zahlung unmittelbar an Kommittenten, so allgemeiner für Fälle der mittelbaren Stellvertretung BGH **40**, 100, sowie BGH **15**, 228, **51**, 93, NJW **85**, 2411 (für Lagergeschäft, § 467). Der Kommittent hat Anspruch auf Abtretung kraft vertraglicher Nebenpflicht oder entspr §§ 255, 285 BGB (§ 281 aF BGB). Mitverschulden des Kommittenten ist

Hopt 1477

§ 383 22-26

bei Drittschadensliquidation nach § 254 BGB anzurechnen, vgl BGH NJW **72,** 289, Hamm NJW **76,** 2078. Der Schadensumfang beurteilt sich nach den Verhältnissen des Kommittenten, aA Peters AcP 180 **(80)** 351. Das gilt auch bei atypischen Schäden, Canaris § 30 Rn 86, str, aber uU Schutz des Dritten über § 254 II 1 BGB, K. Schmidt § 30 V 1 b aa. Lit: Hagen 1971; Fleckner in Beiträge für Hopt **08,** 3 (Handeln im eigenen Namen für fremde Rechnung).

4) Eigentumsverhältnisse beim Ausführungsgeschäft

22   A. **Verkaufskommission:** Der Verkaufskommissionär ist, wenn der Kommittent ihm nicht schon das Eigentum an der Ware übertragen hat, (idR stillschweigend) **ermächtigt,** das **Eigentum** des Kommittenten an den Dritten **zu übertragen (§ 185 BGB),** vgl RG 110, 123, BGH WM **59,** 1006. Die Ermächtigung deckt idR nur die Übertragung an denjenigen Dritten, der Vertragspartner des Ausführungsgeschäft ist. Der Kommissionär darf aber Sicherungseigentum auch auf einen Vierten (Bank) übertragen, der ein Darlehen zur Finanzierung des Kaufgeschäfts gibt, RG **132,** 198. Auch bei Kommission mit Selbsteintritt wird der Verkaufskommissionär mit Erklärung gegenüber dem Kommittenten zwar Käufer der Ware, die Übereignung an den Dritten erfolgt aber idR nach § 185 BGB, also ohne Zwischenerwerb des Verkaufskommissionärs, str; das ist für den Kommittenten günstiger.

23   Wird dem Kommission eine **dem Kommittenten nicht gehörende Sache** rechtswirksam (§§ 932 ff BGB, § 366) veräußert, ist fraglich, ob iSv § 816 I 1 BGB der Kommittent oder der Kommissionär der Verfügende ist: für Anspruch des früheren Eigentümers gegen den Kommissionär hL, Hbg MDR **54,** 356, Staub/Koller 86; mit guten Gründen (entscheidend ist, wer was iSv § 816 I 1 BGB erlangt hat) für Anspruch auch gegenüber dem Kommittenten K. Schmidt § 31 V 2 c bb, für Anspruch nur gegen den Kommittenten wegen § 392 II Canaris § 30 Rn 91. Wird danach der Kommissionär in Anspruch genommen, kann er (anders als beim normalen Kauf, BGH **55,** 179) Wegfall der Bereicherung geltend machen (§ 818 III BGB), soweit er den Kaufpreis an den Kommittenten weitergeleitet hat, BGH **47,** 128, dann aber zumindest Haftung des Kommittenten nach § 822 BGB, Staub/Koller 86. Wird der Kommittent in Anspruch genommen, solange er noch nicht den Kaufpreis bzw die Kaufpreisforderung abgetreten erhalten hat, kann er dem Dritten befreiend seinen Herausgabeanspruch gegen den Kommissionär abtreten, Canaris § 30 Rn 92 aE.

24   Zur **Kaufpreis**forderung (bei Verkaufskommission) s § 392 I, II. Für die Übertragung des gezahlten Kaufpreises auf den Kommittenten gilt Ähnliches wie bei Einkaufskommission für die Kaufsache (s Rn 25).

25   B. **Einkaufskommission:** Es kommen ganz verschiedene **Arten des Eigentumserwerbs des Kommittenten an der Kaufsache** in Betracht. Grundsätzlich erwirbt der Einkaufskommissionär das Eigentum an den gekauften Sachen (oder Wertpapieren) zunächst selbst und muss es (§ 384 II) durch besonderes Rechtsgeschäft auf den Kommittenten übertragen. Nach der Rspr und früher hL bedarf es auch beschränkt auf das Verhältnis zum Kommittenten und dessen Gläubigern zum Rechtserwerb und Schutz des Kommittenten einer solchen Übereignung, nach heute hL gilt jedoch für das Surrogat der Kaufpreisforderung § 392 II analog (§ 392 Rn 7). Bei der Übereignung kommt es idR zum Durchgangserwerb (s Rn 26), was für den Kommittenten jedenfalls auf dem Boden der genannten Rspr misslich ist. Für den Kommittenten günstiger ist eine Gestaltung, die ihn das Eigentum unmittelbar erwerben lässt (s Rn 27 f). Lit: Wolter 1979.

26   a) **Eigentumsübertragung mit Durchgangserwerb:** Der Kommittent kann vom Kommissionär Eigentum erwerben: (1) durch **jede gewöhnliche Übereignung** (§§ 929 ff BGB) vom Kommissionär, dies beschleunigt durch Geheißerwerb, dh Übergabe der Ware auf Geheiß des Kommissionärs vom

Dritten direkt an den Kommittenten, vgl BGH NJW **99,** 425; (2) insbesondere durch Übereignung nach § 930 BGB (**Besitzkonstitut,** die Kommission ist Besitzmittlungsverhältnis iSv § 868 BGB), vom Kommissionär in sich kraft zu vermutender Ermächtigung (§ 181 BGB) geschlossen (**Insichgeschäft),** das Konstitut muss aber äußerlich erkennbar werden (Bestimmtheitsgrundsatz), zB durch Absondern der Ware oder Papiere unter dem Namen des Kommittenten in Umschlag, Streifbanddepot usw, RG **63,** 17, **116,** 204, Anzeige an Kommittenten ist entbehrlich; nicht dagegen durch bloße Mitteilung, die Wertpapiere stünden zur Verfügung der Kunden; (3) durch Übereignung nach § 930 BGB, und zwar durch (schon beim Abschluss des Kommissionsvertrags) vorweggenommenes bzw **antizipiertes Besitzkonstitut;** idR geht dann das Eigentum ("durch den Kommissionär hindurch", Durchgangserwerb) sofort vom Dritten an den Kommittenten. Zum Besitzkonstitut genügt es, dass Kommissionär über die Sachen verfügen kann, er muss sie nicht selbst im Gewahrsam haben. Fortbestehen des Übertragungswillens wird vermutet, BGH WM **77,** 218. Besondere Ausführungshandlungen, zB Ausführungsanzeige, sind für den Eigentumsübergang nicht notwendig, Staub/Koller 88, aA RG **140,** 231, offen BGH NJW **64,** 398 (für den Erwerber erkennbare Aktualisierung des Besitzmittlungsverhältnisses genügt).

b) Eigentumsübertragung ohne Durchgangserwerb: Zwei Möglichkeiten kommen in Betracht: (1) Der Kommissionär kann beim Eigentumserwerb von dem Dritten nicht nur, wie von der Kommission an sich vorgezeichnet, als mittelbarer Stellvertreter handeln, sondern stattdessen in **offener Vertretung** des Kommittenten (§ 164 BGB). Das ist rechtlich ohne weiteres möglich, auch wenn das Grundgeschäft kommissionsgemäß vom Kommissionär im eigenen Namen abgeschlossen wird (s Rn 17). Wirtschaftlich mag der Kommittent aber ein Interesse haben, im Hintergrund zu bleiben, und deshalb diesen Weg ausschließen. Handelt der Kommissionär dann trotzdem im Namen des Kommittenten, handelt er als vollmachtloser Vertreter (§§ 177, 179 BGB).

(2) **Übereignung an den, den es angeht:** Bei einer zulässigen Übereignung an den, den es angeht (verdeckte Stellvertretung), erwirbt der Kommittent Eigentum ohne Durchgangserwerb des Kommissionärs, ohne dass dieser dem Dritten seinen Hintermann offenlegen müsste. Die Rechtsfigur des Geschäfts für den, den es angeht, ist im Schuldrecht für Bargeschäfte des täglichen Lebens anerkannt, RG **100,** 192, für das Sachenrecht jedoch umstritten, bejahend hL, aA Canaris § 30 Rn 82 und stattdessen für § 392 II analog (§ 392 Rn 7), aA nur auf zeitliche Priorität abstellend und § 392 II ablehnend Ebenroth/Krüger 51. Auf jeden Fall ist Übereignung an den, den es angeht, nur möglich, wenn dem Dritten die Person des Erwerbers gleichgültig ist und der Kommissionär sogleich für den Kommittenten Eigentum erwerben will, zB bei Umtausch von Wertpapieren oder Erwerb neuer Wertpapiere im Aufgebotsverfahren. Hat der Kommissionär ein eigenes Interesse am Durchgangserwerb, zB mangels Vorschuss in Höhe von Aufwendungen und Provision, wird es an einem entsprechenden Willen des Kommissionärs iZw fehlen, Staub/Koller 90.

c) Besonderheiten bei der Effekteneinkaufskommission: Hier kommen neben den bisher genannten noch zwei weitere Arten des Eigentumserwerbs des Kommittenten an den Wertpapieren in Betracht, nämlich (1) durch **Absendung des Stückeverzeichnisses,** s **(13)** DepotG § 18 III; und (2) durch **Eintragung** des Übertragungsvermerks im **Verwahrungsbuch** der Bank, s **(13)** DepotG § 24 II 1. Diese beiden Sonderarten greifen dann, wenn es zum Eigentumserwerb nach den allgemeinen Regeln erst später kommen würde, schließen aber einen nach diesen Regeln ausnahmsweise früher zustande kommenden Eigentumserwerb nicht aus. Letzteres ist der Fall bei Übereignung an den, den es angeht (s Rn 28). Bei der Effektenkommission wird deshalb der Parteiwille idR

§ 384 1

auf diese Art des Eigentumserwerbs gehen, Kümpel WM **76,** 954, hL zum Effektengeschäft, aA Ebenroth/Krüger 53.

5) Internationaler Verkehr

30 A. **Kommissionsvertrag:** Mangels ausdrücklicher oder stillschweigender freier Rechtswahl (Art 27 EGBGB) gilt das Recht des Orts der charakteristischen Leistung, also der gewerblichen Niederlassung des Kommissionärs (Geschäftssitz, Art 28 II 2 EGBGB), BGH WM **65,** 127, **71,** 990, NJW-RR **03,** 1582, Ffm AWD **72,** 629. Nach der Gesamtheit der Umstände kann Kommissionsvertrag aber engere Verbindungen mit einem anderen Staat aufweisen (Art 28 V EGBGB). Das Ausführungsgeschäft ist selbstständig anzuknüpfen. Lit: Reithmann/Martiny/Martiny 2086; Stoll RabelsZ 24 **(59)** 601.

31 B. **Kommissionsagent:** Für den Kommissionsagenten (s Rn 3) gilt dasselbe wie für HdlVertreter (§ 92 c Rn 1–3), also Recht am Ort der Niederlassung des HdlVertreters, Ebenroth RIW **84,** 168.

32 C. **Emissions- und Konsortialgeschäft** (s **(7)** Bankgeschäfte Rn Y/1): Die einzelnen Verhältnisse zwischen Emissionsbank und Emittent, zwischen Emissionsbank und Anleger und zwischen den Konsortialbanken sind gesondert anzuknüpfen. Internationales Bankvertragsrecht s **(7)** Bankgeschäfte Rn A/60.

[Pflichten des Kommissionärs]

384 (1) **Der Kommissionär ist verpflichtet, das übernommene Geschäft mit der Sorgfalt eines ordentlichen Kaufmanns auszuführen; er hat hierbei das Interesse des Kommittenten wahrzunehmen und dessen Weisungen zu befolgen.**

(2) **Er hat dem Kommittenten die erforderlichen Nachrichten zu geben, insbesondere von der Ausführung der Kommission unverzüglich Anzeige zu machen; er ist verpflichtet, dem Kommittenten über das Geschäft Rechenschaft abzulegen und ihm dasjenige herauszugeben, was er aus der Geschäftsbesorgung erlangt hat.**

(3) **Der Kommissionär haftet dem Kommittenten für die Erfüllung des Geschäfts, wenn er ihm nicht zugleich mit der Anzeige von der Ausführung der Kommission den Dritten namhaft macht, mit dem er das Geschäft abgeschlossen hat.**

Übersicht

1) Ausführung der Kommission, Interessenwahrungspflicht (I) 1–6
2) Nachrichtspflicht (II Halbsatz 1) 7
3) Rechenschaftspflicht (II Halbsatz 2) 8
4) Herausgabepflicht (II Halbsatz 2) 9–11
5) Eigenhaftung des Kommissionärs (III) 12–14

1) Ausführung der Kommission, Interessenwahrungspflicht (I)

1 A. Kommissionär muss die Kommission mit der **Sorgfalt** eines ordentlichen Kfms (§ 347) ausführen, das **Interesse** des Kommittenten wahrnehmen und dessen **Weisungen** befolgen (dazu §§ 385, 386, 387), so I. Der Kommissionär hat danach die Kommission für den Kommittenten sachgerecht und vorteilhaft und zu Bedingungen auszuführen, die dessen Interessen angemessen Rechnung tragen, BGH WM **02,** 1687. Eine Vereinbarung über Stornierung als **Mistrade** ohne Schadensersatz (§ 122 BGB) genügt dem nicht, BGH WM **02,** 1688; auch Rückabwicklung nicht, wenn der Kommittent an der Durchführung ein erkenn-

3. Abschnitt. Kommissionsgeschäft 2, 3 § 384

bares Interesse haben kann, Schlesw WM **04,** 1280; AGB-Kontrolle außerbörslicher mistrade-Regeln, Fleckner/Vollmuth WM **04,** 1263, Koch ZBB **05,** 265, Fridrich/Seidel BKR **08,** 497; zu Mistrade BGH WM **02,** 1687, Düss RIW **01,** 226, Ffm WM **09,** 1032; Lit: Lindefeld 2008. Weisung ist eine nach Vertragsschluss einseitig vom Kommittenten getroffene Bestimmung, mit der das Ausführungsgeschäft näher konkretisiert wird, RG WarnR **40** Nr 20 S 38, Ebenroth/Krüger 13, str, nach aA auch Erklärungen bei Vertragsschluss, differenzierend Staub/Koller 22. Das Weisungsrecht ist ein den Vertrag ausfüllendes, nicht abänderndes Gestaltungsrecht des Kommittenten. Der Kommissionär muss einen Widerstreit seiner Interessen mit denen des Kommittenten offenbaren, wenn er die Kommission nicht ablehnt, also vor Abschluss des Kommissionsvertrags (vgl § 347 Rn 30); er muss, wenn er die Kommission übernimmt, seine Interessen hintanstellen, RG JW **01,** 408. Ihn trifft die Beweislast für Sorgfalt, wenn Zweck der Kommission nicht erreicht, BGH **LM** Nr 2. Zur Behandlung der Interessenkonflikte zwischen Kommissionär und Kommittent und zwischen mehreren Kommittenten bei Ausführung der Kommission s Hopt, Kapitalanlegerschutz 1975 S 478 ff, Koller BB **78,** 1733, auch **(16)** WpHG § 31 (Verhaltenspflichten), § 33 I 1 Nr 3 (Organisationspflicht zur Vermeidung von Interessenkonflikten). Dabei gilt **Priorität des Kommitteninteresses** und bei konkurrierenden **Aufträgen verschiedener Kommittenten** grundsätzlich **zeitliche Priorität** (vgl § 347 Rn 30). Rechtsfolgen von Pflichtverletzungen s §§ 384 III, 385 I, 386, 388, 389, 390, 393, im Übrigen §§ 280 ff, 323 ff BGB (iVm § 634 BGB bei Schlechterfüllung eines Werkvertrags, s § 383 Rn 6); Unterlassung eines Deckungsgeschäfts ist idR kein Mitverschulden des Kunden, BGH AG **02,** 41, **03,** 380, Nürnbg ZIP **04,** 846. Es gilt die dreijährige Regelverjährungsfrist des § 195 BGB (Einl 16 vor § 343), auf die auch § 634 a I Nr 3 BGB verweist. Bei Provisionsschinderei **(churning)** des Anlagevermittlers kann Broker aus §§ 826, 830 BGB haften, BGH NJW **04,** 3423, Barta BKR **04,** 433, Hilgard WM **06,** 409. Kartellrecht, namentlich §§ 14 u 16 aF GWB, Art 81 EG, s § 383 Rn 10.

B. Kommissionär muss Kommittenten vor Auftragserteilung auf **Bedenken** 2 hinweisen, BGH **8,** 235 (Auftrag zum Verkauf von Wertpapieren, die dem Bankier, nicht dem Kunden erkennbar „unreell" sind), ebenso uU auf günstigere als die vom Kommittenten angenommenen (und seinen Weisungen zugrunde gelegten) Geschäftschancen, RG **83,** 204. **Rat** oder **Empfehlung** schuldet Kommissionär vor Auftrag (idR) nur auf Verlangen; danach soweit handelsüblich oder von Treu und Glauben gefordert, RG JW **01,** 408. Haftung aus Rat und Empfehlung s § 347 Rn 8–40; Beratungs- und Verwaltungspflichten bei der Effektenkommission (uU auch unaufgefordert) s Rn 1, (7) Bankgeschäfte Rn A/ 29.

C. Kommissionär muss idR die Kommission **selbst ausführen,** er darf zwar 3 **Hilfspersonen** hinzuziehen (für die er nach § 278 BGB haftet), aber idR die Kommission nicht ohne Zustimmung des Kommittenten einem anderen (**Zwischenkommissionär,** vgl auch Zwischenfrachtführer, Zwischenspediteur) übertragen (keine Substitution), RG HRR **30,** 1489 (für Kunsthandel, abw HdlBrauch unwirksam gegen NichtKfmKommittent). Das folgt aus § 664 BGB (analog, da § 675 I BGB nicht auf ihn verweist), nach aA aus § 613 BGB. Anders, wenn die Kommission außerhalb des Platzes, wo Kommissionär zu arbeiten pflegt, auszuführen ist. Darf Kommissionär die Kommission einem Zwischenkommissionär übertragen, so haftet er nur für Sorgfalt bei dessen Auswahl (RG **78,** 313) und Überwachung, er muss ggf Schadensersatzansprüche gegen jenen geltend machen, dem Kommittenten das Erlangte herausgeben, zur Einklagung den Anspruch dem Kommittenten abtreten (wohl nicht: ihn selbst einklagen). Über Freizeichnung § 347 Rn 38. Bei der Ausführung muss der Kommissionär **zuverlässige Dritte auswählen,** sonst macht er sich schadensersatzpflichtig.

§ 384   4–7

Der Dritte ist aber **nicht Erfüllungsgehilfe** des Kommissionärs nach § 278 BGB. Ausnahmsweise hat der Kommissionär aber für den Dritten einzustehen (§§ 384 III, 393, 394, s § 394 Rn 1).

4   D. Mit **Ausführung** des übernommenen Geschäft ist in I sowohl der **Abschluss** eines interessengerechten Ausführungsgeschäfts als auch dessen **Abwicklung**, obwohl das Gesetz sonst zwischen „Ausführung der Kommission" (zB §§ 384 II, III, 400 I–III, 401 I, 404, 405) und „Ausführung des Geschäfts" (§ 396 I, Abwicklung) unterscheidet, Staub/Koller 2, aA BGH **LM** Nr 2; was im konkreten Fall gelten soll, bestimmt sich nach §§ 133, 157 BGB, Erstreckung auf beides liegt iZw im Interesse des Kommittenten. Macht der HdlPartner Aufhebungs- oder Rücktrittsrechte geltend (Mistrade s Rn 1), muss der Kommissionär deren Berechtigung prüfen und darf sie nicht einfach aus Kulanzgründen akzeptieren, Fleckner WuB I G 2.–1.08, aA LG Nürnb-Fürth WM **07,** 2374. Aufträge zum (Ver)Kauf von Wertpapieren sind wegen der möglichen Kursschwankungen umgehend weiterzuleiten; nicht abdingbare vertragswesentliche Pflicht iSv **(5)** § 307 BGB, Oldbg WM **93,** 1879 für Optionsscheine.

5   E. **Kommittent** kann verpflichtet sein, zur Ausführung der Kommission **mitzuwirken,** zB (bei Einkaufskommission) durch Akkreditivstellung; diese kann Bedingung der Ausführungspflicht des Kommissionärs sein oder die Kommission ist relatives Fixgeschäft (Kommissionär kann mangels Akkreditivstellung in der bestimmten Frist zurücktreten, § 323 II Nr 2 BGB, vgl § 376 Rn 1, 3) oder die Ausführung durch Kommissionär wird mangels Akkreditivstellung unmöglich; BGH **LM** Nr 2, vgl **(7)** Bankgeschäfte Rn K/1. Der Kommittent darf **nicht** die Erfüllung der Pflichten (des Kommissionärs) aus dem Ausführungsgeschäft (zumal er die Rechte aus diesem an sich ziehen kann, § 384 II) **vereiteln,** zB nach Empfang der Ware aus einer Einkaufskommission dem insolventen Kommissionär den Kaufpreis zahlen, so dass Verkäufer in dessen Konkurs unbefriedigt bleibt; Kommittent haftet dann uU dem Verkäufer nach § 826 BGB, BGH NJW **65,** 249.

6   F. (Verkaufs-)Kommissionär kann **Mindestpreis garantieren** (§ 383 Rn 7), bleibt auch dann grundsätzlich weisungsgebunden (§ 385 Rn 1); die Garantie entfällt bei Schlechtlieferung des Kommittenten, Kommissionär muss sie prompt rügen (§ 377), Mü BB **55,** 682, **60,** 642.

2) Nachrichtspflicht (II Halbsatz 1)

7   Der Kommissionär muss Kommittent die **erforderlichen Nachrichten** geben, dh alle für Kommittent bezüglich des Geschäfts wichtigen, insbesondere die ihn zu Anordnungen bezüglich des Geschäfts bestimmen können, BGH WM **02,** 1689, **LM** Nr 2, zB über den Zustand von Ware bei Ankunft, Ansprüche Dritter, Zahlungsunfähigkeit des Schuldners und insbesondere über die Ausführung der Kommission; jede Mitteilung (nicht nur die Ausführungsanzeige) unverzüglich (ohne schuldhaftes Zögern, § 121 BGB). Mit der **Ausführungsanzeige** wird zum Schutz des Kommittenten der Abschluss des Ausführungsgeschäfts kundgetan. Die Ausführungsanzeige ist einfache Tatsachenmitteilung, nach aA Willenserklärung oder rechtsgeschäftsähnliche Handlung. Der Kommissionär kann sie widerrufen oder berichtigen, RG JW **26,** 1961, dann aber uU Haftung nach III (s Rn 13). Der Kommissionär muss dafür sorgen, dass der Kommittent die Ausführungsanzeige erhält; ist sie nicht zugegangen, muss er sie wiederholen. Versäumung und Verspätung machen ersatzpflichtig; das Geschäft bleibt trotzdem wirksam. Der Kommissionär ist nach II grundsätzlich auch zur **Nennung des Dritten,** mit dem das Ausführungsgeschäft geschlossen ist, verpflichtet (bei Verstoß, auch ohne Verschulden, Eigenhaftung nach III, s Rn 12), str, Staub/Koller 31, aA Schlegelb/Hefermehl 25 wegen Gefahr künftiger Ausschaltung des Kommissionärs; dies kann aber abbedungen werden, bei nahe liegender Gefahr künftiger Ausschaltung auch stillschweigend (§§ 133, 157 BGB). Zur Erklärung des **Selbsteintritts** s §§ 400, 405; zur Übersendung des Stückeverzeichnisses beim Wertpapierkauf **(13)** DepotG §§ 18 ff.

3) Rechenschaftspflicht (II Halbsatz 2)

Kommissionär muss über das Ausführungsgeschäft schriftlich und, soweit verkehrsüblich (§ 259 I BGB) mit Belegen Rechenschaft ablegen, also die Einzelheiten der Durchführung darlegen und belegen, zB über Empfänge, Aufwendungen. Zeitpunkt der Durchführung, BGH WM **88,** 403, nicht nur (Verkaufskommissionär) Nettoeinnahme (Bruttoeinnahme abzüglich Aufwendungen), BGH WM **61,** 750, Unterlassen von Abschlüssen, Celle WM **74,** 736. Er muss auch auf Verlangen über seine Maßnahmen nähere **Auskunft** geben und sie **rechtfertigen** (zB den Preis, zu dem er die Kommission ausführte). Vorzeitiges Ende des Kommissionsverhältnisses (§ 383 Rn 12) verpflichtet zu vorzeitiger Rechenschaft. Die Verpflichtung ist vererblich, Erlass zulässig. Verjährung wie beim Hauptanspruch. Ungenügende Rechenschaft verpflichtet zur Offenbarungsversicherung, § 259 BGB. Kommissionär hat die Stufenklage (§ 254 ZPO) auf Rechnungslegung, Leistung der Offenbarungsversicherung und Zahlung des sich aus der Abrechnung ergebenden Schuldbetrags, daneben dann nicht die Klage auf Feststellung dieser Zahlungspflicht BGH **LM** § 254 ZPO Nr 6. Kommissionär kann die Rechenschaft (nach § 273 BGB) zurückhalten. Vorlegung der Belege genügt idR; aufzubewahren hat sie Kommissionär, solange er rechenschaftspflichtig ist. HdlBücher braucht Kommissionär nur ausnahmsweise vorzulegen, § 810 BGB greift nicht Platz. Die Vorlegung ist zu verlangen, wenn ganz bestimmte Anhaltspunkte, nicht nur bloße Vermutungen, ein Misstrauen in die Ausführungsanzeige begründen, vgl RG Gruch **49,** 835. Die Pflicht zur Rechenschaft erlischt nicht mit Abwicklung der Kommission, Kommittent muss danach aber Anspruch auf Rechenschaft in angemessener Zeit geltend machen. Anerkennung der gelegten Rechnung oder weiterer Rechenschaft bedeutet idR Entlastung des Kommissionärs, so dass Kommittent grundsätzlich keine Ansprüche wegen vertragswidriger Ausführung der Kommission mehr geltend machen kann. Abrechnung an den falschen Kommittenten ist kein selbstständiges Schuldanerkenntnis iSv §§ 781, 782 BGB, Ffm WM **72,** 1475. Rechnungsabschlüsse bei Kontokorrentkonten s **(8)** AGB-Banken Nr 7, unverzügliche Prüfung und Einwendungen des Kunden nach **(8)** AGB-Banken Nr 11 IV (s dort Rn 9). Für WPDienstleistungsunternehmen gelten besondere Aufzeichnungs- und Aufbewahrungspflichten nach **(16)** WpHG § 34.

4) Herausgabepflicht (II Halbsatz 2)

A. Kommissionär muss dem Kommittenten herausgeben, was er **aus der Geschäftsbesorgung erlangt hat** (§ 384 II, auch schon §§ 667, 675 I BGB) und was er **zur Ausführung der Kommission** erhielt und nicht verwandte (§§ 667, 675 I BGB, zB unverkaufte Ware, unverbrauchter Vorschuss), BGH WM **07,** 1382, Bspe: Forderungen, an Kommittent abzutreten oder für ihn einzuziehen, bei Pflichtverletzung Schadensersatz, auch uU Strafbarkeit (Untreue, § 266 StGB), uU auch Schadensersatzpflicht des Dritten (Schuldners), der den Rechtsmissbrauch des Kommissionärs kennt (§§ 826, 823 II BGB), BGH BB **59,** 975; den erlösten Kaufpreis mit Zinsen seit Fälligkeit des Herausgabeanspruchs (§ 353, wenn auch Kommittent Kfm ist); die gekaufte Ware mit Früchten und anderen Nutzungen; ggf die Traditionspapiere (§§ 448, 475 g, 650) über die Ware; Begleit- und Beweisurkunden, aber nicht Aufzeichnungen der Bank nach **(16)** WpHG, Nürnbg WM **07,** 647; ggf Ersatz für die verlorene Ware, zB eine Versicherungssumme, wenn diese mehrere Schäden betrifft: ein entsprechender Anteil, Kblz MDR **67,** 770 (nachträgliches Wiederfinden verlorener Ware soll diese Teilung nicht mehr ändern); „Provision" (soweit nicht durch Vereinbarung

§ 384 10–12   IV. Buch. Handelsgeschäfte

oder Verkehrssitte gestattet, vgl RG HRR **29,** 1990 betr Versteigerer), „Geschenke", Schmiergelder, die Kommissionär vom Dritten für den Abschluss empfing, RG **96,** 55 (Strafbarkeit: s §§ 299 ff StGB; Anfechtung des Ausführungsgeschäfts: RG JW **14,** 291), Koller BB **78,** 1738, Staub/Koller 40, daran ändert bloße Offenlegung nichts, außer bei diesbezüglicher Vereinbarung, str, für letztere Hadding ZIP **08,** 529 für Emissionsbonifikationen (§ 347 Rn 30); vgl für Handelsvertreter § 86 Rn 23. Lit: Kumpan in Beiträge für Hopt **08,** 33 (Vorteilsabschöpfung bei Interessenkonflikten).

10   B. Kommissionär hat **das Erlangte** herauszugeben (abzutreten), **wie er es hat:** zB statt Eigentum ggf Anwartschaft auf Eigentum (bei Erwerb unter Eigentumsvorbehalt), Besitz (bei unwirksamem Erwerb zu Eigentum), statt Sachen den Anspruch auf ihre Herausgabe oder Lieferung oder auf Ersatz für ihre Nichtherausgabe oder Nichtlieferung. Beim Gattungskauf muss Einkaufskommissionär die gekaufte Ware ausgesondert herausgeben, soweit er keine andere Vereinbarung beweist, RG **53,** 370. „Depotfixen" ist verboten: Kommissionär darf nicht gekaufte Papiere für sich veräußern und dem Kommittenten später gleichartige liefern, vgl RG **96,** 185. Siehe aber **(13)** DepotG §§ 24, 7.

11   C. Einkaufskommissionär muss die Ware bis zur Herausgabe verwahren, RG **53,** 369. Die Versendungsgefahr trägt Kommittent. Bei Verletzung der Herausgabepflicht hat er Anspruch auf Schadensersatz (§§ 280 I, III, 281 oder 283 BGB) und kann zurücktreten (§ 323 I oder § 326 V BGB). Dann verliert der Kommissionär den Anspruch auf Provision (Herausgabeanspruch steht im Synallagma, str, Canaris § 30 Rn 45), nicht auch Aufwendungsersatzanspruch, und muss das vom Kommittenten Empfangene zurückzahlen, Canaris § 30 Rn 32. Verlust des Provisionsanspruchs auch, wenn der Kommissionär die Unmöglichkeit der Herausgabe nicht zu vertreten hat, zB bei Verlust des Kommissionsguts durch Brand (§ 326 I oder §§ 323 I, 326 V BGB), Canaris § 30 Rn 45, FS Konzen **06,** 56, str. Kommissionär braucht nur Zug um Zug gegen Befriedigung seiner Ansprüche herauszugeben, hat ferner an Kommissionsgut und Anspruch aus dem Ausführungsgeschäft das Pfand- und Befriedigungsrecht nach §§ 397–399. Leistungsklage des Kommittenten setzt Klage auf Rechnungslegung nur voraus, wo Kommittent sein Guthaben ohne sie nicht beziffern kann. Der Herausgabepflicht des Kommissionärs entspricht eine Abnahmepflicht des Kommittenten, OGH NJW **50,** 786. Die Herausgabe des Kaufpreises durch den Kommissionär steht nicht im Gegenseitigkeitsverhältnis zur Warenhingabe durch den Kommittenten, BGH **79,** 93; wohl aber zu dessen Provisionszahlung, str. Ansprüche des Kommittenten gegen den Kommissionär verjähren in drei Jahren (§ 195 BGB, Einl 16 vor § 343).

5) Eigenhaftung des Kommissionärs (III)

12   A. Zur Nennung des Dritten, mit dem er abgeschlossen hat, ist Kommissionär idR nach II (Anzeige von Ausführung der Kommission, s Rn 7) verpflichtet (wenn der Dritte nicht ohnehin dem Kommittenten bekannt). Unterlassung der Nennung (auch wenn nicht pflichtwidrig, auch wenn die Benennungspflicht abbedungen worden ist, Staub/Koller 69) lässt den Kommissionär dem Kommittenten kraft Gesetzes **haften für Erfüllung** des von ihm mit dem Dritten für Rechnung des Kommittenten geschlossenen Geschäfts **(Eigenhaftung, III),** ähnlich der Delkrederehaftung (§ 394) und der Maklerhaftung bei vorbehaltener Aufgabe (§ 95 III), unbeschadet des Anspruchs des Kommittenten auf Nennung des Dritten (falls Kommissionär zur Nennung verpflichtet ist, s Rn 7). Die Haftung **setzt voraus,** dass die unbestimmte **Ausführungsanzeige** abgesandt und dem Kommittenten zugegangen ist (maßgeblicher Zeitpunkt der Namhaftmachung ist nach der hL der Zugang, s Rn 13, nach aA die Absendung der Ausführungsanzeige, Staub/Koller 72); sonst schuldet Kommissionär nur Schadenser-

3. Abschnitt. Kommissionsgeschäft 1 § 385

satz wegen (schuldhafter) Verletzung der Anzeigepflicht (Rn 7). Bei Eigenhaftung ist zu unterscheiden: bei ausgeführter Kommission kann der Kommittent entweder Nennung des Dritten nach II verlangen und sich die Rechte gegen diesen übertragen lassen oder den Kommissionär nach III auf Erfüllung des angezeigten Ausführungsgeschäfts in Anspruch nehmen; bei nicht ausgeführter Kommission kann der Kommittent Ausführung verlangen bzw uU kündigen oder den Kommissionär nach III auf Erfüllung des als abgeschlossen angezeigten Geschäfts in Anspruch nehmen. Die Haftung gilt auch (und ist besonders bedeutsam) bei unwirksamem Selbsteintritt, BGH **LM** § 675 BGB Nr 3. Beweislast für Nennung liegt beim Kommissionär, BGH WM **84,** 930.

B. Die den Dritten nennende Mitteilung muss vor, in oder zugleich mit der **13** Anzeige von Ausführung der Kommission (II, s Rn 7) dem Kommittenten **zugehen** (s Rn 12). Später zugehende Nennung beseitigt die Haftung nicht. Die Haftung gilt auch bei nicht hinreichend bestimmter Bezeichnung des Dritten sowie bei Nennung einer Person, mit der in Wahrheit nicht abgeschlossen ist (ob mit einem anderen oder gar nicht mit einem Dritten abgeschlossen ist), letzterenfalls haftet der Kommissionär allein, BGH **LM** § 675 BGB Nr 3. Irrige Nennung (entspr Nichtnennung in der irrigen Meinung, ein Deckungsgeschäft sei geschlossen) kann der Kommissionär zwar nicht anfechten (Tatsachenmitteilung, s Rn 7), aber analog §§ 119 ff BGB widerrufen bzw berichtigen (s Rn 7), er haftet dann entspr § 122 BGB auf Ersatz des Vertrauensschadens, nicht nach § 384 III, hL, aA differenzierend Ebenroth/Krüger 18.

C. Die Nennungspflicht ist **abdingbar.** Sie kann auch durch HdlBrauch **14** aufgehoben werden, RG **112,** 151, was für das Effektengeschäft behauptet wird, BGH **LM** § 675 BGB Nr 3.

[Weisungen des Kommittenten]

385 (1) **Handelt der Kommissionär nicht gemäß den Weisungen des Kommittenten, so ist er diesem zum Ersatze des Schadens verpflichtet; der Kommittent braucht das Geschäft nicht für seine Rechnung gelten zu lassen.**

(2) **Die Vorschriften des § 665 des Bürgerlichen Gesetzbuchs bleiben unberührt.**

1) Bindung an Weisungen (I Halbsatz 1, II)

A. Der Kommissionär hat die (im Rahmen der Kommission bleibenden, den **1** Kommissionär also nicht vertragswidrig belastenden) **Weisungen** des Kommittenten (Gestaltungsrecht) zu **befolgen (I,** s auch §§ 386, 387); auch wenn ihr Sinn dem Kommissionär nicht erkennbar ist oder nicht einleuchtet, BGH WM **76,** 632 (aber s Rn 4); uU nicht ohne Gegenempfehlung (§ 384 Rn 2, sonst Haftung für Schaden trotz Befolgung der Weisung). Bspe: Weisung betr Höchst- oder Mindestpreis bei der Einkaufs- bzw Verkaufskommission (**Limit,** I, § 386); Weisung betr Auswahl zu erwerbender Wertpapiere, BGH WM **76,** 631. Der Weisungsbegriff ist derselbe wie in § 384 I (dort Rn 1), Ebenroth/Krüger, aA Staub/Koller § 384 Rn 22; Erklärungen bei Vertrag und Vertragsabreden einschließlich des dispositiven Rechts fallen nicht darunter, Ko/Ro/Mo/Roth 2, aA Canaris § 30 Rn 21, Knütel ZHR 137 **(73)** 289. Das Weisungsrecht gilt auch bei Mindestpreisgarantie des Kommissionärs (§ 384 Rn 6), zB Weisung, nicht zu verkaufen, solange die Preischancen eindeutig über der Garantie liegen, Kommittent also nicht wider Treu und Glauben auf Grund der Garantie spekuliert, Mü BB **55,** 682. Lit: Knütel ZHR 137 **(73)** 285.

§ 386

2 B. **Abweichen** darf Kommissionär nach § **665 BGB** (so **II**, folgt auch aus § 675 I BGB). Widerspricht eine Weisung des Kommittenten klar seinem Interesse und ist dem Kommissionär nicht erkennbar, dass Kommittent sie bewusst trotzdem aufrechthält, so ist Kommissionär aus der Interessenwahrungspflicht (§ 384 I) zur gebotenen Abweichung verpflichtet. Bei weisungswidriger, nicht interessenverletzender Ausführung uU gegen Zurückweisung durch Kommittent Treuwidrigkeitseinwand des Kommissionärs (der für dessen Voraussetzungen beweispflichtig), BGH WM **76**, 632.

2) Folgen des Verstoßes gegen Weisungen (I Halbsatz 1, 2)

3 A. Unzulässige verschuldete (§ 276 I BGB, RG **56**, 151) Abweichung macht Kommissionär dem Kommittenten haftbar auf **Schadensersatz (I Halbsatz 1)**, außer wenn dieser das Geschäft für seine Rechnung gelten lässt (vgl Rn 4), str, oder wenn die Interessen des Kommittenten trotz des Weisungsverstoßes nicht in einer zum Schadensersatz verpflichtenden Weise verletzt werden, BGH WM **83**, 839 (zu § 665 BGB), Ffm WM **89**, 711 (Beschaffung der Optionsscheine statt an der Börse zum gleichen Preis außerhalb des Börsensaales), oder dem Interessen des Kommittenten dadurch sogar noch besser entsprochen wird, RG SeuffA **85**, Nr 52, BGH WM **76**, 632. Der Kommissionär muss sein Nichtverschulden bei Abweichung von der Weisung dartun (§ 280 I 2 BGB), vgl auch BGH NJW **57**, 746 (Sphärentheorie). Mitverschulden des Bankkunden (§ 254 BGB) bei Schweigen auf längeres Ausbleiben der Effektenverkaufsnachricht, BGH WM **81**, 714.

4 B. Kommittent braucht das weisungswidrig geschlossene Ausführungsgeschäft **nicht für seine Rechnung gelten** zu **lassen (I Halbsatz 2)**; auf Verschulden des Kommissionärs kommt es dabei nicht an, hL, Ko/Ro/Mo/Roth 5, aA Koller BB **79**, 1730. Er muss es (außer bei Verstoß gegen das Preislimit, § 386 I) nicht unverzüglich zurückweisen; sein Schweigen auf die Anzeige, aus der er die weisungswidrige Ausführung ersieht, bedeutet nicht ohne weiteres Genehmigung der Abweichung, RG Gruch **48**, 1007. Aber Annahme (auch nur teilweise) der Erfüllung bedeutet Genehmigung, RG JW **14**, 103. Geringfügige Abweichungen, die das Interesse des Kommittenten überhaupt nicht verletzen (Beweislast beim Kommissionär), berechtigen nicht zur Zurückweisung (§ 242 BGB), BGH WM **76**, 632 (iErg abl). Auch dann ist Zurückweisung nicht zulässig, wenn Kommissionär sich erboten hat, dem Kommittenten die Nachteile aus der Abweichung von der Weisung auszugleichen (wie für den Fall des Verstoßes gegen das Preislimit § 386 II ausdrücklich bestimmt); idR wird Kommissionär auch noch die schon erfolgte Zurückweisung durch unverzügliches Angebot solchen Ausgleichs entkräften können (abw von § 386 II). Ist zurückgewiesen, so dauert die Kommission fort, wenn sie nicht aus anderen Gründen erlischt, Kommittent braucht Verwendungen und Provision nicht zu zahlen, Kommissionär darf und muss die Kommission anders von neuem ausführen, RG JW **32**, 2608. Die Rechte nach I Halbs 1 und Halbs 2 (Schadensersatz und Zurückweisung) bestehen nebeneinander.

[Preisgrenzen]

386 (1) **Hat der Kommissionär unter dem ihm gesetzten Preise verkauft oder hat er den ihm für den Einkauf gesetzten Preis überschritten, so muß der Kommittent, falls er das Geschäft als nicht für seine Rechnung abgeschlossen zurückweisen will, dies unverzüglich auf die Anzeige von der Ausführung des Geschäfts erklären; anderenfalls gilt die Abweichung von der Preisbestimmung als genehmigt.**

(2) ¹**Erbietet sich der Kommissionär zugleich mit der Anzeige von der Ausführung des Geschäfts zur Deckung des Preisunterschieds, so ist der**

3. Abschnitt. Kommissionsgeschäft §§ 387, 388

Kommittent zur Zurückweisung nicht berechtigt. ²Der Anspruch des Kommittenten auf den Ersatz eines den Preisunterschied übersteigenden Schadens bleibt unberührt.

1) Zurückweisung durch Kommissionär (I)

Bei Abweichung vom Preislimit zum Nachteil des Kommittenten muss dieser 1 das Geschäft **unverzüglich** (ohne schuldhaftes Zögern, § 121 BGB, also mit angemessener Überlegungsfrist) auf die (die Abweichung offenbarende) Anzeige von der Ausführung der Kommission **zurückweisen,** sonst gilt die Abweichung als genehmigt, Kommittent kann dann das Geschäft nicht mehr zurückweisen, auch wegen der Preisabweichung nicht Schadensersatz fordern (aber wegen anderer Abweichung, § 385), str. Die Zurückweisung ist empfangsbedürftig (§ 130 BGB), geht sie verloren und kann Kommittent sie nicht innerhalb der Zeit, in der Kommissionär sie erwarten muss, wiederholen, so verliert Kommittent das Zurückweisungsrecht (wenn es nicht nach den Umständen gegen Treu und Glauben verstößt, dass Kommissionär ihn am weisungswidrig geschlossenen Geschäft festhält). Anfechtung nach §§ 119 ff BGB, aber nicht wegen Irrtums über die Bedeutung des Schweigens (§ 346 Rn 33), aA überhaupt nicht Ebenroth/Krüger 6.

2) Deckungszusage des Kommittenten (II)

Das Zurückweisungsrecht des Kommittenten (nicht ggf sein Anspruch auf 2 Schadensersatz außerhalb des Preisunterschieds, II 2) entfällt, wenn Kommissionär sich zugleich mit der Ausführungsanzeige (vgl § 384 Rn 13) **erbietet,** den **Preisunterschied zu decken (II 1),** dh zu zahlen mit mindestens den kommissions-(und weisungs-)gemäßen Zahlungsbedingungen; vorausgesetzt: Kommissionär ist leistungswillig und leistungsfähig, sein Erbieten zu erfüllen.

[Vorteilhafterer Abschluss]

387 (1) **Schließt der Kommissionär zu vorteilhafteren Bedingungen ab, als sie ihm von dem Kommittenten gesetzt worden sind, so kommt dies dem Kommittenten zustatten.**

(2) **Dies gilt insbesondere, wenn der Preis, für welchen der Kommissionär verkauft, den von dem Kommittenten bestimmten niedrigsten Preis übersteigt oder wenn der Preis, für welchen er einkauft, den von dem Kommittenten bestimmten höchsten Preis nicht erreicht.**

1) Vom Kommittenten gesetzte Bedingungen für den Abschluss sind iZw 1 Mindestbedingungen; Kommissionär darf von ihnen zum Vorteil des Kommittenten abweichen, ist dazu soweit möglich verpflichtet (§ 384 I: Interessenwahrung); das günstigere Ergebnis, an Preis (II) oder anderen Bedingungen (zB Stundung, Zugabe; über Emissionsbonifikationen s RG JW **05,** 118) kommt dem Kommittenten (für dessen Rechnung Kommissionär abschließt, §§ 383, 406 I) zugute (I, II), soweit nicht anderes vereinbart ist (zB Beteiligung des Kommissionärs am Überpreis). Beweis für günstigeren Abschluss obliegt dem Kommittenten, für eine von § 387 abweichende Vereinbarung dem Kommissionär.

[Beschädigtes oder mangelhaftes Kommissionsgut]

388 (1) **Befindet sich das Gut, welches dem Kommissionär zugesendet ist, bei der Ablieferung in einem beschädigten oder mangelhaften Zustande, der äußerlich erkennbar ist, so hat der Kommissionär die Rechte**

gegen den Frachtführer oder Schiffer zu wahren, für den Beweis des Zustandes zu sorgen und dem Kommittenten unverzüglich Nachricht zu geben; im Falle der Unterlassung ist er zum Schadensersatze verpflichtet.

(2) Ist das Gut dem Verderb ausgesetzt oder treten später Veränderungen an dem Gute ein, die dessen Entwertung befürchten lassen, und ist keine Zeit vorhanden, die Verfügung des Kommittenten einzuholen, oder ist der Kommittent in der Erteilung der Verfügung säumig, so kann der Kommissionär den Verkauf des Gutes nach Maßgabe der Vorschriften des § 373 bewirken.

1) Pflichten des Kommissionärs (I)

1 A. präzisiert (nicht abschließend) gewisse (schon aus § 384 I, II folgende) Pflichten des Kommissionärs. I gilt bei Einkaufs- und Verkaufskommission, einerlei von wem und wie Kommissionär das Gut empfängt, wenn nicht (bei Verkaufskommission) am Platze unmittelbar vom Kommittenten (der dann die Mängel selbst kennen muss). Kommissionär muss das Gut bei Empfang **auf äußerlich erkennbare** (vgl § 438) **Mängel prüfen,** ggf nach I verfahren. Zeigen sich ihm solche Mängel später, muss er dann ebenso verfahren.

2 B. **Wahrung der Rechte,** nicht nur gegen Frachtführer, Schiffer (so I), auch gegen Spediteur, Lagerhalter, auch (bei Einkaufskommission) gegen Verkäufer, zB durch Vorbehalt bei Empfang (vgl zB § 438), Herbeiführung einer amtlichen Feststellung, sofern vorgesehen und notwendig, Mängelrüge (§ 377). **Sorge für Beweis des Zustands:** zB durch amtliche Feststellung (s oben), Beweissicherung nach § 485 ZPO, Aufnahme von Prüfungsprotokoll durch Sachverständige. Kommen Ansprüche gegen Frachtführer (Schiffer) nicht in Betracht, kann Kommissionär von Schadensfeststellung und unverzüglicher Nachricht absehen, hat dann aber bei Streit mit Kommittenten Beweislast für Zustand der Ware bei Empfang, Mü MDR **57,** 678.

3 C. **Schadenersatzpflicht (I Halbsatz 2):** Bei schuldhaftem Verstoß ist der Kommissionär schadenersatzpflichtig (I Halbs 2). Der Verkaufskommissionär, der bei Empfang der ihm vom Kommittenten zugesandten Ware den Kommittenten nicht von Mängeln benachrichtigte, ist zB ersatzpflichtig für Mindererlös infolge Nichtbehebung des Mangels; er ist auch nicht gehindert, gegenüber dem Kommittenten geltend zu machen, dass der Mangel bestand. Verstoß des Einkaufskommissionärs gegen Pflichten nach I (oder nach § 384 I, II) macht ihn ersatzpflichtig, zB für Verlust des Ersatzanspruchs gegen Frachtführer; der Kommittent kann nicht das Ausführungsgeschäft (nach §§ 385, 386) zurückweisen.

2) Notverkaufsrecht des Kommissionärs (II)

4 Bei Gefahr (schon bei Empfang des Guts oder später) des Verderbs oder einer wesentlichen Entwertung (was gleichzuachten ist, § 373 Rn 17) des Kommissionsguts darf Kommissionär, falls Weisung des Kommittenten nicht eingeholt werden kann oder Kommittent mit Weisung säumt, das Gut nach § 373 (II–V) für Rechnung des Kommittenten verkaufen (§ 373 Rn 20, 23). Bei Säumnis des Kommittenten mit Weisung zuerst Androhung des Verkaufs, falls nicht Gefahr im Verzug oder Androhung aus anderen Gründen untunlich (vgl § 373 II 2). Verkauft Kommissionär anders als nach § 373, schuldet er dem Kommittenten (ggf) Schadensersatz; Beweis, dass Verkauf nach § 373 nicht mehr erbracht hätte, obliegt ihm, Mü MDR **57,** 679. Im Interesse des Kommittenten kann der Kommissionär zum Verkauf nicht nur berechtigt, sondern verpflichtet sein (§ 384 I).

3. Abschnitt. Kommissionsgeschäft 1, 2 §§ 389, 390

[Hinterlegung; Selbsthilfeverkauf]

389 Unterläßt der Kommittent über das Gut zu verfügen, obwohl er dazu nach Lage der Sache verpflichtet ist, so hat der Kommissionär die nach § 373 dem Verkäufer zustehenden Rechte.

1) § 389 regelt den Fall, dass der Kommissionär das (gekaufte oder zu ver- 1 kaufende) Kommissionsgut verwahrt und der Kommittent mit einer nach dem Kommissionsverhältnis vorzunehmenden Weisung, wie damit zu verfahren ist, säumig ist, zB das gekaufte Gut nicht abnimmt, über das zu verkaufende (bei Unmöglichkeit des Verkaufs oder nach Kündigung der Kommission durch ihn) nicht verfügt. Der Kommissionär darf dann, wenn weitere Verwahrung ihm nicht zuzumuten (vgl § 390), das Gut entspr § 373 hinterlegen, uU verkaufen (§ 373 Rn 11). Er darf idR nicht wegen Pflichtverletzung des Kommittenten nach § 323 BGB vorgehen (dh nicht nach erfolgloser Fristsetzung von der Kommission zurücktreten), Grund: „Verpflichtung" iSd § 389 ist idR bloße Mitwirkungshandlung, Unterlassen begründet dann nur Gläubigerverzug, Staub/Koller 1 f.

[Haftung des Kommissionärs für das Gut]

390 (1) Der Kommissionär ist für den Verlust und die Beschädigung des in seiner Verwahrung befindlichen Gutes verantwortlich, es sei denn, daß der Verlust oder die Beschädigung auf Umständen beruht, die durch die Sorgfalt eines ordentlichen Kaufmanns nicht abgewendet werden konnten.

(2) Der Kommissionär ist wegen der Unterlassung der Versicherung des Gutes nur verantwortlich, wenn er von dem Kommittenten angewiesen war, die Versicherung zu bewirken.

1) Verschärfte Haftung (I)

A. Der Kommissionär haftet für **Verlust** oder **Beschädigung** des Kommissi- 1 onsguts, die eintreten, während es auf Grund der Kommission verwahrt (oder die irgendwie durch die Verwahrung verursacht sind, was der Kommittent beweisen muss), BGH WM **07**, 1382. Nach I (wie § 280 I 2 BGB) kann der Kommissionär sich aber bezüglich eines Verschuldens, für das er einstehen muss (§§ 276 I, 278 BGB), entlasten durch Beweis, dass Verlust oder Beschädigung auf Umständen beruhten, die durch die **Sorgfalt** eines ordentlichen Kfms (§ 347) nicht abgewandt werden konnten, RG **126**, 74, BGH WM **07**, 1382. Verlust liegt vor, wenn der Kommissionär seiner Herausgabepflicht nach § 384 II nicht mehr genügen kann, BGH WM **07**, 1382. Der Kommissionär muss die einzelnen Umstände darlegen, auf denen der Schaden beruht, RG HRR **26**, 2233. Es genügt zB nicht Nachweis eines Diebstahls; der Kommissionär muss beweisen, dass er für genügend sichere Verwahrung sorgte, vgl RG JW **27**, 1351. Andererseits genügt es, dass der Kommissionär nachweist, von Anfang bis zu Ende sorgfältig verfahren zu sein, er braucht die Ursache eines Brands nicht zu klären, RG **11**, 134. Mehrere Brände oder Diebstähle können zu besonderer Sorgfalt verpflichten, KG JW **24**, 325. Bei **nicht** vom Kommissionär verschuldetem Untergang des Guts keine Haftung, ähnlich der Rechtslage bei Konditionskauf mit aufschiebender Bedingung des Weiterverkaufs (Überbl 24 vor § 373, § 346 III 1 Nr 3 nF BGB gilt nur für das gesetzliche Rücktrittsrecht), dazu BGH NJW **75**, 778.

B. Versicherung macht den Kommissionär nicht frei, mindert nur seine Haf- 2 tung um die ausgezahlte Summe. Auch Abtretung der Ansprüche gegen den Schadensverursacher befreit nicht. Die Entlastung wird nicht dadurch aus-

§ 391 1

geschlossen, dass der Kommissionär durch Benachrichtigung des Kommittenten diesem Abwendung des Schadens (zB Beschlagnahme) hätte ermöglichen können. Haftung für Dritte s § 384 Rn 3. Freizeichnung s § 347 Rn 7.

3   C. Der Kommittent, der vom Verkaufskommissionär unverkauftes Gut beschädigt zurückerhält, darf (trotz Unanwendbarkeit des § 377, s § 377 Rn 2) die **Rüge** nicht ungebührlich verzögern, sonst droht Verlust des Rügerechts, Stgt MDR **58,** 774.

4   D. I ist **nachgiebig.** Aber Freizeichnung, auch schon Beweislastumkehr sind nicht beliebig möglich, vor allem nicht in AGB, s **(5)** §§ 307, 309 Nr 7, 12 BGB; s § 383 Rn 5, auch § 391.

2) Versicherung (II)

5   Zur Versicherung des Kommissionsguts auf Kosten des Kommittenten (§ 396 II) ist der Kommissionär idR berechtigt; verpflichtet ist er dazu nur auf Weisung (nicht notwendig ausdrücklich, auch stillschweigend, zB aus längerer Übung folgend) des Kommittenten, dann im üblichen Umfang zu üblichen Bedingungen (RG **6,** 116), im Namen des Kommittenten oder im eigenen für dessen Rechnung (§§ 74 ff aF, 43 ff nF VVG), bei sorgfältiger Auswahl (§ 384 I) des Versicherers. Weisungswidrige Versicherung kann ersatzpflichtig machen; gibt Anspruch auf Auslagenersatz nur bei erlaubter Abweichung, § 385 HGB, § 665 BGB; zahlt aber im Schadensfall die Versicherung an Kommittenten, so schuldet dieser dem Kommissionär Ersatz nach § 812 BGB. Ähnliche Rechtslage bei Konditionskauf (Überbl 24 vor § 373), BGH NJW **75,** 778.

[Untersuchungs- und Rügepflicht; Aufbewahrung; Notverkauf]

391 [1] **Ist eine Einkaufskommission erteilt, die für beide Teile ein Handelsgeschäft ist, so finden in bezug auf die Verpflichtung des Kommittenten, das Gut zu untersuchen und dem Kommissionär von den entdeckten Mängeln Anzeige zu machen, sowie in bezug auf die Sorge für die Aufbewahrung des beanstandeten Gutes und auf den Verkauf bei drohendem Verderbe die für den Käufer geltenden Vorschriften der §§ 377 bis 379 entsprechende Anwendung.** [2] **Der Anspruch des Kommittenten auf Abtretung der Rechte, die dem Kommissionär gegen den Dritten zustehen, von welchem er das Gut für Rechnung des Kommittenten gekauft hat, wird durch eine verspätete Anzeige des Mangels nicht berührt.**

1) Untersuchungs- und Rügepflicht

1   § 391 durch SMG unverändert, obwohl § 378 aufgehoben wurde. Bei **Einkaufskommission, die für beide Teile ein Handelsgeschäft ist** (§ 377 Rn 3) obliegt nach **S 1** Kommittenten im Verhältnis zu Kommissionär entspr § 377 unverzügliche Untersuchung des abgelieferten Guts (Ware, Überbl 8 vor § 373, Ablieferung s § 377 Rn 5) und ggf Rüge seiner Mängel. Die Rüge wahrt dem Kommittenten Anspruch aus dem Kommissionsvertrag gegen Kommissionär wegen von diesem selbst zu vertretender Mängel (vgl §§ 384 I, II, 388, II, 391) und wegen Unterlassens der Wahrung der dem Kommissionär zustehenden, aber für Rechnung des Kommittenten wirkenden) Rechte gegen Verkäufer oder Zwischenpersonen aus von diesen zu vertretenden Mängeln (vgl § 388 I, § 388 Rn 2). Gleich ist, ob Kommittent das Gut von Kommissionär oder unmittelbar vom Verkäufer erhält (sofern in diesem Falle Anspruch des Kommittenten gegen Kommissionär wegen Mängeln des Guts, unten, bestehen). Die Mängel, für welche Kommissionär dem Kommittenten (nach dem Kommissionsvertrag) einzustehen hat, können andere sein als die, für welche Verkäufer dem Kommissionär einsteht (wenn Kommissionär das Ausführungsgeschäft nicht genau zu den

Bedingungen der Kommission abschloss). Die (dem Kommissionär zustehenden) Rechte aus dem Kaufvertrag gegen Verkäufer wegen Mängeln des Guts wahrt (nach § 377, nicht § 391) iZw sowohl Rüge des Kommissionärs wie des Kommittenten, **S 2** stellt klar, dass Verspätung der Rüge durch Kommittent gegenüber Kommissionär zwar Anspruch des Kommittenten gegen Kommissionär (aus dem Kommissionsvertrag) wegen der Mängel ausschließt (s oben), nicht aber die Pflicht des Kommissionärs (§ 384 II), dem Kommittenten die Rechte abzutreten, die Kommissionär gegen Verkäufer (aus dem Kaufvertrag) wegen derselben Mängel hat (und erforderlichenfalls nach § 377 durch rechtzeitige Rüge gegenüber Verkäufer wahrte). Für Verkaufskommission mit Mindestpreisgarantie s § 384 Rn 6. S auch § 390 Rn 3 (Rückgabe unverkauften Guts).

2) Aufbewahrung, Notverkauf

Kommittent ist, wenn er die ihm zugesandte (§ 379 Rn 4) Ware beanstandet, **2** entspr § 379 I, II verpflichtet, für ihre einstweilige Aufbewahrung zu sorgen, und bei Gefahr des Verderbs berechtigt, sie mit Beachtung der Vorschrift des § 373 (II–V) zu verkaufen. Der Verkauf erfolgt, wenn die Beanstandung berechtigt ist, für Rechnung des Kommissionärs (vgl § 373 III); dieser muss, falls er nicht im Verhältnis zum Verkäufer (auf Grund des Kaufvertrags) die Ware zurückweisen kann, den Kaufpreis für Verkäufer aufbringen, die Notverkaufskosten tragen und erhält den Notverkaufserlös.

[Forderungen aus dem Kommissionsgeschäft]

§ 392 (1) Forderungen aus einem Geschäfte, das der Kommissionär abgeschlossen hat, kann der Kommittent dem Schuldner gegenüber erst nach der Abtretung geltend machen.

(2) Jedoch gelten solche Forderungen, auch wenn sie nicht abgetreten sind, im Verhältnisse zwischen dem Kommittenten und dem Kommissionär oder dessen Gläubigern als Forderungen des Kommittenten.

Übersicht

1) Das Verhältnis des Kommittenten zu Dritten (Außenverhältnis, I) 1–5
   A. Normzweck und Reichweite von § 392 1
   B. Zuständigkeit im Außenverhältnis (I) 4
2) Das Verhältnis zwischen dem Kommittenten und dem Kommissionär (Innenverhältnis) sowie dessen Gläubigern 6–12
   A. Kommittentenschutz nach II 6
   B. Folgen der Zuordnung im Innenverhältnis 8
   C. Aufrechnung durch den Dritten 12
3) Abweichende Vereinbarungen 13

1) Das Verhältnis des Kommittenten zu Dritten (Außenverhältnis, I)

A. Normzweck und Reichweite von § 392: a) Normzweck: § 392 be- **1** ruht darauf, dass der Kommissionär im eigenen Namen abschließt (§ 383 Rn 17). Er ist **mittelbarer Stellvertreter,** der Kommittent ist nur wirtschaftlich Beteiligter. Im Außenverhältnis zu dritten Geschäftspartnern ist rechtlich nur der Kommissionär berechtigt und verpflichtet. I stellt dies für Forderungen des Kommissionärs klar, während II für das Innenverhältnis zwischen dem Kommittenten und dem Kommissionär sowie dessen Gläubigern der wirtschaftlichen Beteiligung auch rechtlich Rechnung trägt (s Rn 6). II dient dem Kommittentenschutz, ratio legis ist der Treuhandcharakter, K. Schmidt § 31 V 4a, str. Lit: Vrbaski 2005.

§ 392 2–6   IV. Buch. Handelsgeschäfte

2   **b) Reichweite:** § 392 gilt nur für die **Kommission,** auch bei Eigenhaftung (§ 384 III) und Delkredere (§ 394). **Nicht** anwendbar ist § 392 auf das **Eigengeschäft** (§ 383 Rn 16) und den Selbsteintritt (§ 400).

3   **Forderungen** iSv § 392 sind alle Forderungen aus dem Ausführungsgeschäft (zB auf Kaufpreis oder Lieferung), Nebenleistungsansprüche (zB auf Bestellung einer Sicherheit) sowie alle Sekundäransprüche (zB auf Schadensersatz, Rückgewähr, Surrogate). Für Deliktsansprüche und Bereicherungsansprüche bezüglich des Vertrags gilt § 392 mindestens analog, jedenfalls soweit der Kommittent Abtretung verlangen kann (§ 384 II). Das gilt auch für Forderungen aus Hilfs- und Nebengeschäften (zB Transportgeschäft). § 392 gilt auch für Forderungen bei Leistung erfüllungshalber (zB bei Wechsel, Scheck). Für den Kaufpreis bzw das Kommissionsgut und andere Surrogate der Forderung, Leistung an Erfüllungs statt und Forderungen aus Sicherungsgeschäften (zB Bürgschaft, Pfandrecht) besteht unter II Streit (s Rn 7).

4   **B. Zuständigkeit im Außenverhältnis (I): a) Vor Abtretung:** Die Forderung aus dem Ausführungsgeschäft geht auf Leistung an den Kommissionär. Vor Abtretung kann nur der Kommissionär die Forderung geltend machen, mit ihr gegenüber (konnexen und inkonnexen) Forderungen des Dritten (Geschäftsgegner) aufrechnen, Staub/Koller 20 aE, und die Forderung abtreten. Das gilt auch, wenn er im Innenverhältnis pflichtwidrig handelt (s Rn 6), die Regeln über den Missbrauch der Vertretungsmacht (§ 50 Rn 4) greifen nicht ein, nur §§ 138 I, 826 BGB bei sittenwidrigem Zusammenwirken von Kommissionär und Drittem, BGH NJW **65**, 250, Canaris § 30 Rn 72. Der Dritte wird vor Abtretung nur durch Leistung an den Kommissionär frei, er kann nur mit ihm Erlass, Stundung, Vergleich uä vereinbaren, Nürnb NJW **72**, 2044. Er kann nicht mit einer Gegenforderung an den Kommittenten aufrechnen (auch wenn er das Kommissionsverhältnis kennt). Dies gilt auch bei einer Forderung des Kommissionärs gegen den Dritten auf Ersatz von Schaden des Kommittenten (§ 383 Rn 21). Der Dritte hat auch Rückabwicklungs- und Bereicherungsansprüche nur gegen den Kommissionär. Bei Abführung des Kaufpreises an den Kommittenten Wegfall der Bereicherung (§ 818 III BGB, dann aber uU § 822 BGB, s § 383 Rn 23), BGH **47**, 128, aA Canaris § 30 Rn 87, weil Kommissionär das Aufspaltungsrisiko trage, vgl BGH **47**, 376 zu AGB. Schädigung des Dritten durch den Kommittenten s § 383 Rn 18. Soweit der Dritte auch Gläubiger des Kommissionärs ist, gelten **Besonderheiten** (**II,** s Rn 6).

5   **b) Nach Abtretung:** Die Abtretung vom Kommissionär an den Kommittenten ist jederzeit möglich, auch im Voraus im Kommissionsvertrag, vgl BGH NJW **69**, 276. Der Kommittent kann Abtretung fordern (§ 384 II, dort Rn 9), soweit nicht das Vorwegbefriedigungsrecht des Kommissionärs (§§ 397, 399) gilt. Die Abtretung wirkt nicht gegen den Dritten, solange er sie nicht kennt (§ 407 I BGB). Das gilt bei Vorausabtretung, gleich ob man Durchgangserwerb des Kommissionärs (an der erst nach der Abtretung entstehenden Forderung) annimmt oder Soforterwerb des Kommittenten (dazu § 383 Rn 25), BGH NJW **69**, 276. Kenntnis des Dritten, dass der Kommissionär als solcher (also nicht als Eigenhändler) handelt, bedeutet nicht Kenntnis von der Abtretung seiner Forderung, BGH NJW **69**, 276.

2) Das Verhältnis zwischen dem Kommittenten und dem Kommissionär (Innenverhältnis) sowie dessen Gläubigern (II)

6   **A. Kommittentenschutz nach II:** Der Kommissionär ist Inhaber der Forderungen aus dem Ausführungsgeschäft; er hat sie dem Kommittenten abzutreten (s Rn 5). Er macht sich durch anderweitige, kommissionswidrige Verfügungen über die Forderung dem Kommittenten haftbar, aber solche Verfügungen sind grundsätzlich wirksam, auch gegenüber dem Kommittenten. Diesen Grundsatz

3. Abschnitt. Kommissionsgeschäft 7–10 § 392

durchbricht II und schützt so den Kommittenten bereits vor der Abtretung: Forderungen des Kommissionärs gelten, auch wenn sie noch nicht abgetreten sind, im Verhältnis zwischen dem Kommittenten und dem Kommissionär sowie im Verhältnis zwischen dem Kommittenten und den Gläubigern des Kommissionärs als Forderungen des Kommittenten (relative Verdinglichung). Das bedeutet nicht, dass der Kommissionär die Forderung mangels Verfügungsmacht nicht mehr an den Kommittenten abtreten könnte, dieser hat vielmehr trotz II Anspruch auf Abtretung (s Rn 5). Unberührt bleibt auch das Vorwegbefriedigungsrecht des Kommissionärs nach §§ 397, 399.

Forderungen iSv II sind ebenso wie solche nach I alle Forderungen aus dem 7 Ausführungsgeschäft samt Sekundäransprüchen (s Rn 3). Streitig ist, ob unter II auch das **Surrogat der Forderung** fällt, also bei der Verkaufskommission der Kaufpreis und bei der Einkaufskommission das Kommissionsgut, die der Kommissionär auf Grund des Ausführungsgeschäfts bereits erlangt hat, sowie Leistungen, die an Erfüllungs statt erbracht worden sind. Die Rspr und früher hL lehnen das ab (nach II keine dingliche Surrogation), BGH **79**, 94, NJW **74**, 456, Hamm WM **04**, 1252, MüKo/Häuser 43, Ebenroth/Krüger 7, Heymann/Herrmann 8, Gundlach/Frenzel/Schmidt DZWiR **00**, 449 (aber § 48 InsO), auch 30. Aufl; das gilt dann auch für Bankguthaben aus Schulderfüllung des Geschäftsgegners: keine „Forderung" des Kommittenten iSv § 392, sondern Einziehungserlös, Bank ist nur Zahlstelle, BGH NJW **74**, 456. Die besseren Gründe (Kommittentenschutz, Unsicherheiten der Eigentumsübertragung ohne Durchgangserwerb, § 383 Rn 28) sprechen für analoge Anwendung von II auf das in Erfüllung der Forderung nach II Geleistete, Canaris FS Flume **78**, 407, K. Schmidt § 31 V 4 c, Staub/Koller 2; das Geleistete muss dann aber beim Kommissionär noch mengenmäßig unterscheidbar vorhanden sein, Einzelheiten str, K. Schmidt § 31 V 4 c, vgl § 48 S 2 InsO. Jedenfalls seit dem HRefG 1998, das die Frage für das Transportrecht in §§ 422 II, 457 S 2 im Sinne der Surrogation entschieden hat, wird dies, zumindest in Analogie dazu, auch für die Kommission unabweisbar, zutr Canaris § 30 Rn 82 f, aA Hamm WM **04**, 1252, mit dem formalen Argument, der Gesetzgeber habe II gerade nicht geändert. Stimmt man dieser Surrogation zu, liegt die Erstreckung von II auch auf Leistungen **an Erfüllungs statt** und sogar auf **Sicherungsgeschäfte** (Bürgschaft, Pfandrecht ua) nahe, aA Ebenroth/Krüger 8.

B. **Folgen der Zuordnung im Innenverhältnis:** Wirksam gegenüber dem 8 Kommittenten ist die Zahlung des Dritten an den Kommissionär (Erfüllung, s Rn 4), daran ändert II nichts. II bietet dagegen Vollstreckungs- und Sukzessionsschutz gegenüber den Gläubigern des Kommissionärs, Canaris § 30 Rn 75, und zwar unstreitig bei Zwangsvollstreckung und Insolvenz, aber auch bei Verfügungen des Kommissionärs zugunsten seiner Gläubiger wie Abtretung (s Rn 10), str, und Aufrechnung (s Rn 12), sehr str.

Der Kommittent kann der **Pfändung** der ausstehenden Forderung gegen den 9 Dritten (Vertragspartner des Ausführungsgeschäfts) durch Gläubiger des Kommissionärs widersprechen (**Drittwiderspruchsklage**, § 771 ZPO), BGH **104**, 123. Er kann in der Insolvenz des Kommissionärs **Aussonderung** der Forderung verlangen (§ 47 InsO), BGH **104**, 123, und muss das, wenn er gegen den Dritten vorgehen will (s Rn 4 f), RG LZ **07**, 439.

Unwirksam gegenüber dem Kommittenten (also relativ unwirksam) ist als 10 Folge von II auch die **Abtretung** an einen Gläubiger des Kommissionärs zu dessen Deckung oder Sicherung, BGH **104**, 127, RG **148**, 191, aA Böhm NJW **73**, 197 (s auch Rn 11). **Neugeschäfte** des Kommissionärs wie zB Verkauf der Forderung an einen Dritten und Sicherungsabtretung bleiben dagegen möglich, Canaris § 30 Rn 76. Ist eine frühere Verfügung nach II unwirksam, hindert sie nicht zeitlich spätere Abtretung nach I an den Kommittenten, BGH **104**, 123.

§ 393   1   IV. Buch. Handelsgeschäfte

11 Unwirksam gegenüber dem Kommittenten sind auch **andere Verfügungen** des Kommissionärs zugunsten seiner Gläubiger, zB Einziehungsermächtigung des Kommissionärs an seinen Gläubiger und Einziehung durch diesen sowie entsprechende Verrechnungsvereinbarung zwischen dem Kommissionär und seinem Gläubiger, BGH WM **59,** 1004, Nürnb NJW **72,** 2044 m abl Anm Böhm NJW **73,** 197.

12 C. **Aufrechnung durch den Dritten:** II ist jedoch unanwendbar, wenn der **Dritte** nicht nur Schuldner des Ausführungsgeschäfts, sondern **auch Gläubiger des Kommissionärs** ist. Der Dritte kann dann gegen seine Schuld, zB Kaufpreis, mit seiner Forderung gegen den Kommissionär mit Wirkung gegen den Kommittenten **aufrechnen,** RG **121,** 178, BGH **104,** 128, NJW **69,** 276 m krit Anm Dressler, Schwarz NJW **69,** 655, 1942; auch wenn er wusste, dass sein Partner in Kommission handelte, BGH NJW **69,** 276; auch noch nach Abtretung (s Rn 5) im Rahmen von §§ 404, 406 f BGB. Der Dritte kann wirksam **auch** mit nicht aus dem Ausführungsgeschäft stammenden, also **nicht konnexen Gegenforderungen** aufrechnen, so außer der genannten Rspr auch Canaris § 30 Rn 78, Staub/Koller 20, Grund: Schutz des Dritten als Vertragspartner, Wertung der §§ 404, 406 BGB, aA K. Schmidt § 31 V 4 b, Heymann/Herrmann 7. Die Aufrechnung des Dritten kann aber missbräuchlich sein, wenn er die Aufrechnungslage herbeiführte, um sich für seine Forderung an den Kommissionär materiell zu Lasten des Kommittenten zu befriedigen, vgl RG **32,** 43, oder wenn er den Kommissionär vor Abschluss des Ausführungsgeschäfts in den Glauben setzte, er werde zahlen, nicht aufrechnen (§ 242 BGB), BGH NJW **69,** 276. Entsprechendes wie zu II für die Aufrechnung gilt für **Zurückbehaltungsrechte des Dritten.** Bei wirksamer Aufrechnung durch den Dritten hat der Kommittent gegen den Kommissionär Ansprüche auf Herausgabe nach § 285 BGB und aus Bereicherung nach § 816 II BGB oder zumindest § 812 I 1 Alt 2 BGB, Canaris § 30 Rn 80, Grund: Wertung des II.

3) Abweichende Vereinbarungen

13 I ist zwingend. Dagegen kann der Kommittent gegenüber dem Kommissionär auf die Rechte aus II verzichten.

[Vorschuss; Kredit]

393 (1) **Wird von dem Kommissionär ohne Zustimmung des Kommittenten einem Dritten ein Vorschuß geleistet oder Kredit gewährt, so handelt der Kommissionär auf eigene Gefahr.**

(2) **Insoweit jedoch der Handelsgebrauch am Orte des Geschäfts die Stundung des Kaufpreises mit sich bringt, ist in Ermangelung einer anderen Bestimmung des Kommittenten auch der Kommissionär dazu berechtigt.**

(3) ¹ **Verkauft der Kommissionär unbefugt auf Kredit, so ist er verpflichtet, dem Kommittenten sofort als Schuldner des Kaufpreises die Zahlung zu leisten.** ² **Wäre beim Verkaufe gegen bar der Preis geringer gewesen, so hat der Kommissionär nur den geringeren Preis und, wenn dieser niedriger ist als der ihm gesetzte Preis, auch den Unterschied nach § 386 zu vergüten.**

1) Recht zur Kreditgewährung (I, II)

1 § 393 beschränkt die grundsätzliche Entscheidungsfreiheit des Kommissionärs zum Schutz des Kommittenten für den Fall der Kreditgewährung. Der Kommissionär darf in Ausführung der Kommission (für Rechnung des Kommittenten) Dritten (Geschäftsgegner oder zB Frachtführer, Lagerer des Kommissionsguts) Vorschuss oder anderen Kredit (Geldkredit, Warenkredit, zB Stundung des Kauf-

3. Abschnitt. Kommissionsgeschäft 1 § 394

preises, auch Haftungskredit, zB Akkreditiv, BGH LM § 384 Nr 2) nur mit Zustimmung des Kommittenten geben (I). Die Zustimmung kann vorausgehen (Einwilligung, § 183 BGB) oder folgen (Genehmigung, § 184 BGB). Vereinbarung des Delkredere (§ 394 I) wird idR diese Zustimmung bedeuten. HdlBrauch an Ort des Geschäfts ersetzt Zustimmung des Kommittenten zur Stundung einer Kaufpreisforderung (II), nicht zu Kredit anderer Art, zB Vorschuss; doch kann, wenn auch diese handelsüblich, der Kommissionsvertrag es implicite erlauben. Ort des Geschäfts ist idR wohl der Sitz des Käufers (vgl § 269 I BGB, § 361 HGB).

2) Folgen unerlaubter Kreditgewährung (I, III)

A. Unerlaubte Kreditgewährung des Kommissionärs berechtigt Kommittenten, das Ausführungsgeschäft **zurückzuweisen** (§ 385 Rn 4), macht Kommissionär auch haftbar auf **Schadensersatz** (§ 385 Rn 3), jedoch verschärft: Er „handelt auf eigene Gefahr" (I) und, muss dem Kommittenten so stellen, als wäre kein Kredit gewährt, auch ohne Verschulden, Hbg MDR **65,** 580, nach aA nur § 385 (Voraussetzung Verschulden, das aber in aller Regel gegeben ist).

B. Bei Verkauf auf Kredit schuldet er dem Kommittenten **sofortige Zahlung** des Kaufpreises (**III 1** in Konkretisierung von I), dh grundsätzlich des Kaufpreises wie mit dem Dritten vereinbart, wäre aber (was ggf Kommissionär beweisen muss) der Preis bei Barverkauf niedriger gewesen: dann dieses niedrigeren Preises, mindestens des vom Kommittenten bestimmten Limitpreises (§ 386), **III 2.** Durch diese Zahlung nimmt Kommissionär dem Kommittenten das Recht, das Geschäft zurückzuweisen, wohl auch noch unverzüglich, nachdem Kommittent die Zurückweisung schon erklärte. Hat Kommissionär nur zu lange gestundet, tritt seine Haftung mit Ablauf der richtigen Stundungszeit ein; hat er zu viel gestundet, haftet er auf den Überschuss.

[Delkredere]

394 (1) **Der Kommissionär hat für die Erfüllung der Verbindlichkeit des Dritten, mit dem er das Geschäft für Rechnung des Kommittenten abschließt, einzustehen, wenn dies von ihm übernommen oder am Orte seiner Niederlassung Handelsgebrauch ist.**

(2) ¹**Der Kommissionär, der für den Dritten einzustehen hat, ist dem Kommittenten für die Erfüllung im Zeitpunkte des Verfalls unmittelbar insoweit verhaftet, als die Erfüllung aus dem Vertragsverhältnisse gefordert werden kann.** ² Er kann eine besondere Vergütung (Delkredereprovision) beanspruchen.

1) Voraussetzungen und Rechtsnatur des Delkredere (I)

A. **Voraussetzungen:** Der Kommissionär steht anders als beim Eigengeschäft (§ 383 Rn 16) nicht für die Erfüllung der Verbindlichkeit des Geschäftsgegners ein (§ 384 Rn 3). Ausnahmen:

a) wenn er den Dritten nicht bei Ausführungsanzeige benennt (**Eigenhaftung,** § 384 III, vertraglich abdingbar);

b) wenn er bei der Verkaufskommission unerlaubt Kredit gewährt (§ 393 III),

c) wenn es am Ort seiner Niederlassung HdlBrauch ist und er nicht (einseitig) widerspricht (§ 346 Rn 8), sog **Delkredere** (§ 394) und

d) selbstverständlich, wenn er die Eigenhaftung vertraglich besonders übernimmt, zB Garantie. Praktisch bedeutsam ist das Delkredere heute fast nur noch bei der Warenkommission. **Vertragliche Übernahme,** auch nachträglich, zB bei Ankündigung des Kommissionärs „ich reguliere", Hbg OLG **44,** 244; bei

§ 394 2-6

Vereinbarung einer Delkredereprovision, nicht aber schon allgemein einer sehr hohen Provision (str); auch trotz Ausschluss einer (Delkredere)provision, s Rn 5. Die Übernahme ist **formlos,** auch nichtkfm Kleingewerbetreibender (vgl § 383 II, § 383 Rn 2) kann sie mündlich übernehmen (anders für Bürgschaft § 350). S auch Haftung der Bank bei Kommissionsgeschäften nach **(8)** AGB-Banken Nr 9.

2   B. **Rechtsnatur:** Im Unterschied zum Delkredere des HdlVertreters (iZw einfache Bürgschaft, § 86 b Rn 6) entsteht die Haftung hier nicht nur aus Übernahme, sie entsteht unmittelbar kraft Gesetzes (II) und ist nicht zwingend ausgestaltet. Anders als die normale Garantie setzt sie das Bestehen der Verbindlichkeit des Dritten voraus. Auf ein Eigeninteresse des Kommissionärs an der Erfüllung kommt es nicht an (vgl § 349 Rn 15). Die Haftung nach § 394 (und § 384 III) ist eine handelsrechtliche besonders geregelte Form der (selbstschuldnerischen) Bürgschaft, Staub/Koller 2, aA Garantie, bei Lücken Analogie zu §§ 765 ff BGB (s Rn 2, 3). Eine über § 394 hinausgehende Haftungsübernahme kann Schuldbeitritt oder Garantie sein, zB Mindestpreisgarantie bei Verkaufskommission.

2) Haftungsumfang (II 1)

3   A. **Persönliche Haftung:** Der Kommissionär haftet dem Kommittenten aus dem Delkredere **persönlich** (also mit seinem gesamten Vermögen) und **unmittelbar** (primär, also ohne vorherige Inanspruchnahme des Dritten; anders § 771 BGB). Der Kommittent kann aber Abtretung fordern (§ 392 Rn 5) und nach dieser den Dritten allein oder neben dem Kommissionär belangen. Der Kommissionär haftet unbeschränkt **für die Erfüllung,** auch zB wegen Sachmangels, aus Vertragsstrafen, für Verzugsfolgen.

4   B. **Verbindlichkeiten des Dritten:** Der Kommissionär haftet aber nur insoweit, als die Erfüllung aus dem Vertragsverhältnis (mit dem Dritten) gefordert werden kann. Gemeint ist damit das Ausführungsgeschäft mit dem Dritten (einschließlich § 677 BGB); nicht andere Ansprüche gegen den Dritten aus Gesetz, zB § 812 BGB, und Ansprüche aus Hilfs- und Nebengeschäfte gegen sonstige Personen, falls nicht anders vereinbart, aA Staub/Koller 6.

5   C. Der Kommissionär haftet **wie der Dritte,** also nur **akzessorisch** (II 1 wie § 767 BGB). Er hat also alle Einwendungen und Einreden, die dem Dritten zustehen; anders wenn sie auf eigenes Verschulden des Kommissionärs zurückgehen (§ 242 BGB), nach aA nur Schadensersatzhaftung des Kommissionärs. Der Kommissionär kann also zB Nichtbestehen oder Erfüllung der Verbindlichkeit einwenden, ein Zurückbehaltungsrecht oder Stundung geltend machen oder die Einreden der Anfechtbarkeit und Aufrechenbarkeit (§ 770 BGB entspr) erheben. Gibt der Kommittent eine Sicherheit für die Forderung auf, gilt entspr § 776 BGB. Hat Kommissionär das Delkredere für einen Zwischenkommissionär (§ 384 Rn 3) übernommen, so erlischt seine Haftung, wenn der Dritte an den Zwischenkommissionär zahlt, RG **78,** 314. Leistet der Kommissionär, geht der Anspruch des Dritten auf ihn über (§ 774 BGB entspr), str. Schadensersatzhaftung des Kommissionärs für eigenes Verschulden bleibt unberührt. Übernahm der Kommissionär das Delkredere im Auftrag des Geschäftsgegners oder in erlaubter Geschäftsführung ohne Auftrag für ihn, so hat er gegen ihn den Befreiungsanspruch entspr § 775 BGB.

3) Delkredereprovision (II 2)

6   Da das Delkredere den Kommissionär besonders belastet (nicht erst die Inanspruchnahme, sondern bereits die Haftung), steht ihm eine besondere Vergütung dafür zu, sofern nichts anderes vereinbart ist, RG **20,** 113, oder HdlBrauch abweicht. Ihre Höhe bemisst sich mangels Vereinbarung nach HdlBrauch am

Niederlassungsort des Kommissionärs (§ 354 I). Diese Provision ist verdient, sobald das Geschäft ausgeführt ist, wenn auch Zug um Zug. Weil die Provision Entgelt bereits für die bloße Haftung ist, steht sie dem Kommissionär auch bei Selbsteintritt (§ 396) und bei Eigenhaftung (§ 384 III) zu, aA Staub/Koller 12.

[Wechselindossament]

395 Ein Kommissionär, der den Ankauf eines Wechsels übernimmt, ist verpflichtet, den Wechsel, wenn er ihn indossiert, in üblicher Weise und ohne Vorbehalt zu indossieren.

1) Kommissionär, der in Ausführung der Kommission (auch soweit nicht im Kommissionsvertrag vorgesehen, RG **20**, 113) einen Wechsel nimmt und (dem Kommittenten nach § 384 II) mit Indossament weitergibt, muss in üblicher Weise und ohne Vorbehalt indossieren, so dass er aus dem Wechsel haftet und folglich der Kommittent diesen leichter verwerten kann. § 395 greift nicht Platz, wenn Kommissionär (was er iZw darf) sich den Wechsel mit Blankoindossament oder Indossament auf Kommittenten geben lässt und ihn so (ohne sein Indossament) weitergibt.

[Provision des Kommissionärs; Ersatz von Aufwendungen]

396 (1) ¹ Der Kommissionär kann die Provision fordern, wenn das Geschäft zur Ausführung gekommen ist. ² Ist das Geschäft nicht zur Ausführung gekommen, so hat er gleichwohl den Anspruch auf die Auslieferungsprovision, sofern eine solche ortsgebräuchlich ist; auch kann er die Provision verlangen, wenn die Ausführung des von ihm abgeschlossenen Geschäfts nur aus einem in der Person des Kommittenten liegenden Grunde unterblieben ist.

(2) **Zu dem von dem Kommittenten für Aufwendungen des Kommissionärs nach den §§ 670 und 675 des Bürgerlichen Gesetzbuchs zu leistenden Ersatze gehört auch die Vergütung für die Benutzung der Lagerräume und der Beförderungsmittel des Kommissionärs.**

1) Provision (I)

A. Kommissionär hat Anspruch auf Provision aus dem **Kommissionsvertrag**, auch ohne Verabredung (§ 354 I). Übermäßige Provision kann sittenwidrig sein, kann auch für Vorliegen eines GesVertrags sprechen. Provision setzt rechtsverbindlichen Kommissionsvertrag voraus, aus Spiel, Wette erwächst keine Provision, RG **34**, 266, bei (nicht verbotenen) Finanztermingeschäften ist der Einwand nach § 762 BGB aber unter den Voraussetzungen von **(16)** WpHG § 37 e ausgeschlossen. Verjährung nach drei Jahren (§§ 195, 199 BGB, Einl 16 vor § 343). Verlust des Anspruchs s auch **(13)** DepotG §§ 26, 27.

B. **Ausführung (I 1):** Die (volle) Provision ist vom Kommissionär **verdient** bei Ausführung, dh Erfüllung des (Ausführungs-)Geschäfts, und zwar durch den Geschäftsgegner (ebenso § 87 a für HV). Die Erfüllung bedeutet eine im Wesentlichen vertragsgemäße Leistung. Das muss nicht unbedingt exakte, volle Erfüllung sein, das Gesetz wählt absichtlich (Denkschrift 238) den etwas unklaren Ausdruck, um dem Einzelfall Rechnung zu tragen. Ausgeführt iSv § 396 ist das Geschäft also, wenn wirtschaftlicher Erfolg im Wesentlichen hergestellt ist. Bei Zeichnungsauftrag für Aktienneuemission gehört Erstellung, Prüfung und Weitergabe des Zeichnungsschein dazu, BGH **153**, 348. **Teilausführung** gibt iZw Anspruch auf Teilprovision, aber nur, wenn die Teilleistung im Interesse des

Kommittenten liegt oder vereinbart wurde; verschuldet Kommissionär die Nichtausführung des Rests, verliert er uU den Provisionsanspruch für den ausgeführten Teil. Für (volle) entspr Anwendung des § 87a auf Kommissionsagent (§ 84 Rn 19, § 383 Rn 3) LG Wuppertal NJW **66**, 1129. Bei **Leistungsstörungen,** die in der Risikosphäre des Kommissionärs liegen (der Kommissionär sucht den Dritten aus), verliert der Kommissionär seinen Provisionsanspruch, RG **53**, 371, hL, aA Knütel ZHR 137 **(73)** 314.

3 C. **Nichtausführung (I 2 Halbsatz 2):** Unterbleibt Ausführung des Geschäfts ausschließlich aus einem in der Person des Kommittenten liegenden Grund, so ist ebenfalls die (volle) Provision verdient (I 2 Halbs 2). Auf Verschulden des Kommittenten kommt es dabei nicht an (Risikosphäre des Kommittenten), anders bei höherer Gewalt, Koller BB **79**, 1729 oder wenn die Ausführung des Geschäfts dem Kommittenten unzumutbar war, RG HRR **30**, 2087. Bei der Bestimmung der Risikosphäre des Kommittenten wird zT auf § 87a III 2 rekurriert, Canaris § 30 Rn 43, aA Staub/Koller 11, dabei ist aber zu berücksichtigen, dass § 87a III 2 novelliert worden ist (§ 87a Rn 25). Kündigt der Kommittent die Kommission vor ihrer Ausführung, so ist iZw keine Provision verdient; das Gegenteil kann handelsüblich sein. Zur Provisionsrisikotragung Koller BB **79**, 1725.

4 D. **Auslieferungsprovision (I 2 Halbsatz 1):** Nach Ortsbrauch am Ort der Niederlassung des Kommissionärs, RG **17**, 31 (erst recht nach Vereinbarung), kann Kommissionär, wenn aus nicht nur in der Person des Kommittenten liegenden Gründen das (Ausführungs-)Geschäft nicht ausgeführt wird, auch wenn solches gar nicht abgeschlossen wird (zB weil Kommittent vorher die Kommission kündigte, § 383 Rn 12) eine (idR kleinere) Auslieferungsprovision fordern, vor allem bei Verkaufskommission nach Übergabe der Ware an Kommissionär (als Entgelt für Bemühung um diese) auch nach (vom Kommissionär nicht verschuldetem) Untergang der Ware.

2) Ersatz für Aufwendungen (II)

5 A. Zum Begriff der Aufwendung vgl § 59 Rn 102, § 87d Rn 1–4, § 110 Rn 7, auch RG JW **37**, 152. II erweitert dies dahin, dass auch die Vergütung für die Benutzung der Lagerräume und der Beförderungsmittel des Kommissionärs zum Aufwendungsersatz gehört. Aufwendung sind auch Kosten der Inanspruchnahme fremder Arbeit, nicht eigener Arbeit des Kommissionärs und seines Personals (weil durch die Provision mitabgegolten), also nicht Zeichnungsgebühr für Inanspruchnahme des Geschäftsbetriebs und des Arbeitseinsatzes von Mitarbeitern, BGH ZIP **03**, 617; anders wenn er sein Personal zur Ausführung von Arbeiten verwendet, die nicht unmittelbar aus seinen Kommissionärspflichten folgen. Maßvolle Zeichnungsgebühr bei Aktienneuemission auch bei Nichtzuteilung verstößt nicht gegen **(5)** § 307 II Nr 1 BGB, BGH **153**, 344 mAnm Kindler ZIP **03**, 620, Grund: Nichtzuteilung bei massenhafter Überzeichnung ist Risiko des Kunden. Die Aufwendungen sind zu verzinsen (§ 354 II). Kündigung der Kommission lässt den Erstattungsanspruch unberührt. Der Anspruch verjährt nach § 195 BGB in drei Jahren (Einl 16 vor § 343). Was Kommissionär für das Ausführungsgeschäft aufwendet, ist ihm zu erstatten, auch wenn Kommittent die verkaufte Ware wegen eines von ihm nicht zu vertretenden Umstands nicht liefern kann. Zur Risikoverteilung bei nutzlosen Aufwendungen Koller BB **79**, 1725. **Schäden** des Kommissionärs sind keine freiwilligen Vermögensopfer und deshalb keine Aufwendungen, aber nach dem Grundsatz der Risikozurechnung trotzdem vom Kommittenten zu ersetzen, hL, Rspr, vgl § 59 Rn 106. Haftet der Kommissionär, der Wertpapiere verkauft, dem Käufer wegen Rechtsmangels der Papiere (ohne dass er oder Kommittent daran schuld sind: nach 1945 unbefugt in Verkehr gebrachte, später für kraftlos erklärte Papiere), so geht die Schadenser-

3. Abschnitt. Kommissionsgeschäft 1 **§ 397**

satzpflicht ohne weiteres zu Lasten des Kommittenten, schon weil alle Vor- und Nachteile aus dem Geschäft auf dessen Rechnung gehen (§ 383), BGH **8**, 228. Lit: Koller 1979 (Risikozurechnung).

B. Der Kommissionär kann **Vorschuss** verlangen (§ 669 BGB) und bis zur **6** Leistung nach § 273 BGB die Ausführung verweigern, RG **82**, 403. Kosten der Rechtsverfolgung gegen Dritte braucht er nicht vorzuschießen, auch wenn er zur Rechtsverfolgung verpflichtet ist, RG **124**, 119. Vorschüsse an Dritte sind nicht Aufwendungen iSv § 396, dazu § 393. Für Benutzung seiner **Lagerräume** und **Beförderungsmittel** kann er außerhalb der Provision Vergütung fordern (II), auch wo er die Provision mangels Ausführung nicht verdient. UU beweist die Höhe der vereinbarten Provision, dass diese Vergütung schon in der Provision enthalten ist. Die Vergütung nach II gilt nur für über die gewöhnlichen Kommissionärspflichten hinausgehenden Leistungen; sie entfällt wo unüblich, Stgt BB **62**, 689 (Möbel im Ausstellungslager des Kommissionärs).

C. Ist der Kommissionär in Ausführung des Auftrags **Verbindlichkeiten** ein- **7** gegangen, vor allem Kaufpreisschuld bei der Einkaufskommission, so muss der Kommittent ihn von diesen befreien (§ 257 S 1 BGB). Darf der Kommissionär den Dritten nicht befriedigen, etwa bei Zahlungsverbot, so kann er nur Sicherheit verlangen, RG JW **17**, 467. Bei nicht fälligen Verbindlichkeiten darf der Kommittent Sicherheit leisten (§ 257 S 2 BGB).

[Gesetzliches Pfandrecht]

397 Der Kommissionär hat an dem Kommissionsgute, sofern er es im Besitze hat, insbesondere mittels Konnossements, Ladescheins oder Lagerscheins darüber verfügen kann, ein Pfandrecht wegen der auf das Gut verwendeten Kosten, der Provision, der auf das Gut gegebenen Vorschüsse und Darlehen, der mit Rücksicht auf das Gut gezeichneten Wechsel oder in anderer Weise eingegangenen Verbindlichkeiten sowie wegen aller Forderungen aus laufender Rechnung in Kommissionsgeschäften.

Übersicht

1) Zweck und Reichweite der §§ 397–399 1, 2
2) Voraussetzungen des Pfandrechts nach § 397 3–6
   A. Wirksamer Kommissionsvertrag 3
   B. Gegenstand des Pfandrechts 4
   C. Besitz am Kommissionsgut 5
   D. Gesicherte Forderungen 6
3) Wirkung des Pfandrechts 7
4) Erlöschen des Pfandrechts 8

1) Zweck und Reichweite der §§ 397–399

Der Kommissionär hat zur Sicherung seiner Ansprüche gegen den Kommit- **1** tenten folgende Rechte am Kommissionsgut und den Forderungen aus dem Ausführungsgeschäft: das Pfand-(ggf Befriedigungs-)Recht nach §§ 397, 398; das Zurückbehaltungsrecht nach § 273 BGB, bei zweiseitigem HdlGeschäft auch nach §§ 369–372; das Befriedigungsrecht nach § 399. Er soll aber kein Recht haben, bei Pflichtverletzung des Kommittenten vom Kommissionsvertrag zurückzutreten (§ 323 BGB) und das gekaufte Kommissionsgut zu behalten, §§ 398 f sei abschließend, RG **105**, 127, hL, so zutr Staub/Koller § 398 Rn 5, denn die Ausübung des Rücktrittsrecht widerspricht nicht dem Inhalt der Kommission und der Hinweis auf das Fehlen des Synallagmas ist jedenfalls für die Provisionspflicht unzutreffend, im Übrigen verlangt § 323 nF BGB (anders als § 326 aF

BGB) nicht mehr die Verletzung einer synallagmatischen Pflicht. Zur Rechtsnatur handelsrechtlicher Pfandrechte als Zurückbehaltungsrechte Altmeppen ZHR 157 (**93**) 541.

2 **Abweichende Vereinbarungen,** die das Pfandrecht erweitern oder einschränken, sind zulässig, bei AGB nur im Rahmen der **(5)** §§ 305 ff BGB. Nach **(8)** AGB-Banken Nr 14 wird ein weitergehendes Pfandrecht zugunsten der Bank vereinbart (Effektenkommission).

2) Voraussetzungen des Pfandrechts nach § 397

3 A. **Wirksamer Kommissionsvertrag:** Das Pfandrecht nach § 397 setzt den Abschluss eines wirksamen Kommissionsvertrages voraus (§§ 383, 406).

4 B. **Gegenstand des Pfandrechts:** Das Pfandrecht entsteht an dem **Kommissionsgut.** Kommissionsgut ist, was Gegenstand der (Verkaufs- oder Einkaufs)Kommission ist, nicht alles, was aus Anlass der Kommission dem Kommissionär übergeben wird; Verpackung und Beförderungsmittel sind nur Kommissionsgut, wenn sie mitzuverkaufen sind. Das Pfandrecht kann an (individuell bestimmten, ggf aus der Gattung ausgesonderten) Sachen und Wertpapieren bestehen, nicht an Schuldscheinen und Grundpfandbriefen (§ 952 BGB), Ausweispapieren (§ 808 BGB), Versicherungsscheinen (RG **51**, 86), Anteilsscheinen, Beweisurkunden; nicht an Rechten, die nicht in Wertpapieren verbrieft sind, MüKo/Häuser 5, aA Heymann/Herrmann 1. Der Kommissionär erwirbt das Pfandrecht **auch durch guten Glauben** vom Kommittenten, der nicht Eigentümer ist (§ 366 III HGB, §§ 932, 1207 BGB, aber s § 366 Rn 11). Einschränkung s **(13)** DepotG §§ 4, 30. Das Gut muss verpfändbar sein, nicht notwendig pfändbar.

5 C. **Besitz am Kommissionsgut:** Das Pfandrecht entsteht nur, wenn der Kommissionär das Gut im Besitz hat, unmittelbar oder mittelbar. Gleich steht, dass er durch Ladeschein, Orderlagerschein oder Konnossement (§§ 448, 475 g, 650) darüber verfügen kann, was Besitz dieser Papiere voraussetzt. Der Kommissionär besitzt nicht, wenn das Gut auf dem Weg vom Kommittenten zu ihm verlorengeht, RG **105**, 127. Das Pfandrecht entsteht nicht, wenn der Besitz erst nach Beendigung der Kommission erlangt ist, zB durch Kündigung (§ 383 Rn 12) oder bei Insolvenz des Kommittenten (§ 383 Rn 13, auch 14), RG **71**, 76. **Besitzverlust** s Rn 8.

6 D. **Gesicherte Forderungen:** Das Pfandrecht sichert die in § 397 genannten Forderungen, die konnexe (dh aus dem Ausführungsgeschäft stammende) und nicht konnexe Forderungen umfassen. Wegen anderer Forderungen hat der Kommissionär uU ein Zurückbehaltungsrecht (s Rn 1).

a) Konnexe Forderungen: Dazu gehören die auf das Gut verwendeten **Kosten,** dh Aufwendungen (§ 396 II); die **Provision** (§§ 396 I, 394 II); die auf das Gut (mit Zustimmung des Kommittenten, § 393 I) gegebenen **Vorschüsse** und **Darlehen;** der mit Rücksicht auf das Gut (zB bei dessen Kauf für den Kaufpreis) gezeichnete **Wechsel;** und die in anderer Weise mit Rücksicht auf das Gut eingegangenen **Verbindlichkeiten,** zB wegen einer Schadensersatzschuld des Kommissionärs an den Dritten, sofern der Kommissionär vom Kommittenten Erstattung fordern kann.

b) Nicht konnexe Forderungen: Das Pfandrecht nach § 397 sichert auch alle Forderungen aus **laufender Rechnung** (nicht notwendig Kontokorrent iSv § 355, vgl dort Rn 3) in Kommissionsgeschäften, also auch aus anderen Kommissionsgeschäften (Ausnahme **(13)** DepotG §§ 4, 30); die laufende Rechnung braucht nicht ausschließlich Kommissionsgeschäfte zu enthalten, das Pfandrecht sichert aber kommissionsfremde Ansprüche nicht, RG **9**, 430.

3. Abschnitt. Kommissionsgeschäft 1, 2 **§ 398**

3) Wirkung des Pfandrechts

Das gesetzliche Pfandrecht nach § 397 steht einem vertraglichen gleich **7** (§ 1257 BGB). Der Rang des Pfandrechts richtet sich nach dem Zeitpunkt seines Entstehens (§§ 1257, 1209 BGB, Prioritätsprinzip, anders § 443). Verwertung des Pfands nach §§ 1220 ff BGB. Der Kommittent kann Herausgabe verlangen, wenn Verderb oder wesentliche Wertminderung droht (§ 1218 BGB). Das Pfandrecht gibt Widerspruchsrecht gegen fremde Pfändung (§ 771 ZPO), bei Besitz der Traditionspapiere (§§ 448, 475 g, 650) ohne die Beschränkung des § 805 ZPO, in der Insolvenz des Kommittenten Absonderungsrecht (§ 50 I iVm §§ 166 ff InsO), wenn der Besitz vor Eröffnung des Insolvenzverfahrens erlangt ist (§ 91 InsO). Durch Eröffnung des Insolvenzverfahrens über das Vermögen des Kommittenten erlischt die Kommission (§ 383 Rn 14), an später in den Besitz des Kommissionärs gelangten Sachen entsteht kein Pfandrecht, RG **71,** 77. Auch bei Pfandverwertung muss Kommissionär die Interessen des Kommittenten wahren (§ 384 I). Für den Pfandverkauf steht ihm Provision zu (§ 354 I). Befriedigungsrecht an eigenem Kommissionsgut s § 398.

4) Erlöschen des Pfandrechts

Das Pfandrecht nach § 397 erlischt nach den allgemeinen Regeln für das **8** Pfandrecht (§ 1257 BGB iVm zB §§ 1242 II, 1250 II, 1252, 1255 BGB). Freiwilliger Besitzverlust beendet das Pfandrecht, unfreiwilliger Besitzverlust nicht (arg § 1253 BGB), Staub/Koller 16, aA früher hL: auch unfreiwilliger Besitzverlust, falls dauernd (entspr § 940 II BGB). Insolvenz s Rn 7. Ist das Pfandrecht erloschen, so lebt es durch spätere Besitzerlangung nicht wieder auf, RG **44,** 120 (für Spedition), vgl anders zum Zurückbehaltungsrecht § 369 Rn 2.

[Befriedigung aus eigenem Kommissionsgut]

§ 398 Der Kommissionär kann sich, auch wenn er Eigentümer des Kommissionsguts ist, für die in § 397 bezeichneten Ansprüche nach Maßgabe der für das Pfandrecht geltenden Vorschriften aus dem Gute befriedigen.

1) An eigener Sache lässt das BGB idR kein Pfandrecht entstehen und **1** bestehen (§ 1256 BGB). § 398 gibt deshalb dem Einkaufskommissionär, der das Kommissionsgut dem Kommittenten noch nicht übereignet hat, also noch Eigentümer ist (vgl § 383 Rn 25, aber idR antizipiertes Besitzkonstitut, ebenda Rn 26), ein dem Pfandrecht (§ 397) ähnliches Recht (aA hier ausnahmsweise Pfandrecht an eigener Sache), den Herausgabeanspruch des Kommittenten (§ 384 II) abzuwehren und sich (auch wenn der Kommittent nicht Kfm ist, das kfm Zurückbehaltungsrecht nach § 369 daher nicht Platz greift) aus dem Kommissionsgut zu **befriedigen.** Der Kommissionär muss, wenn er sich aus dem Gut befriedigen will, die Erfordernisse der Pfandverwertung (§ 397 Rn 7) wahren. Eine Pflicht zur Befriedigung ist zu verneinen, str. Der Kommittent kann den Kommissionär nicht auf das Kommissionsgut verweisen, sondern muss auf Verlangen des Kommissionärs diesem das Geschuldete zahlen gegen Herausgabe des Kommissionsguts. Wo das Gesetz vom Pfandrecht des Kommissionärs spricht, meint es auch das Recht nach § 398.

2) § 398 schließt andere Rechte des Kommissionärs nicht aus, auch nicht den **2** **Rücktritt** bei Pflichtverletzung des Kommittenten (§ 323 BGB), str (§ 397 Rn 1).

§§ 399, 400

[Befriedigung aus Forderungen]

399 Aus den Forderungen, welche durch das für Rechnung des Kommittenten geschlossene Geschäft begründet sind, kann sich der Kommissionär für die in § 397 bezeichneten Ansprüche vor dem Kommittenten und dessen Gläubigern befriedigen.

1) Voraussetzungen des Befriedigungsrechts nach § 399

1 A. **Gegenstand des Befriedigungsrechts:** § 399 ergänzt § 397 und ist von diesem her zu verstehen (§ 397 Rn 1). Die Forderungen aus dem Ausführungsgeschäft stehen dem Kommissionär zu, sie gelten nur im Verhältnis zwischen Kommittent und Kommissionär und dessen Gläubigern als Forderungen des Kommittenten (§ 392 II). Sie sind auch nicht „Kommissionsgut" (§ 397 Rn 4) und fallen daher weder unter § 397 noch § 398. § 399 gibt in Einschränkung von § 392 II dem Kommissionär an diesen Forderungen ein pfandrechtsähnliches Befriedigungsrecht entspr § 398. Voraussetzung ist wie dort ein wirksamer Kommissionsvertrag (§ 397 Rn 3). Das Befriedigungsrecht besteht für **Forderungen aus dem Ausführungsgeschäft,** auch Hilfs- und Nebengeschäften, nach RG **105,** 127 nicht für Ersatzansprüche an den Frachtführer aus Verlust des Kommissionsguts.

2 B. **Gesicherte Forderungen:** Das Befriedigungsrecht sichert die in § 397 genannten konnexen und inkonnexen Forderungen des Kommissionärs (§ 397 Rn 6).

2) Wirkung des Befriedigungsrechts

3 Der Kommissionär kann Abtretung der Forderungen an den Kommittenten (§ 384 Rn 9) verweigern, sie einziehen, und zwar ganz, nicht nur den zur Deckung seiner Ansprüche benötigten Teil (nicht entspr § 1282 I 2 BGB, da die Forderungen ihm selbst zustehen, str). Aus dem so Erlangten kann er sich befriedigen, aus Kommissionsgut nach §§ 397, 398, aus Gelderlös (bei Verkaufskommission) durch Aufrechnung gegen den Herausgabeanspruch (§ 384 II) des Kommittenten (es wird nicht kraft Gesetzes, entspr § 1288 II BGB, verrechnet). Der Kommissionär darf (wie ein Pfandgläubiger) die Forderungen aus dem Ausführungsgeschäft nicht durch freien Verkauf verwerten, wohl aber uU entspr §§ 1277, 1282 II BGB auf Grund vollstreckbaren Titels nach § 844 ZPO auf eine gerichtlich angeordnete Weise anders als durch Einziehung. In der Insolvenz des Kommittenten erlischt das Befriedigungsrecht nicht, der Kommissionär hat ein Absonderungsrecht (§§ 50, 51 InsO, s § 397 Rn 7).

3) Erlöschen des Befriedigungsrechts

4 Das Befriedigungsrecht nach § 399 erlischt, wenn der Sicherungszweck entfällt, zB wenn die gesicherte Forderung (s Rn 2) erlischt, oder wenn der Kommissionär die Forderung aus dem Ausführungsgeschäft (s Rn 1) an den Kommittenten abtritt. Tritt der Kommissionär die gesicherte Forderung gegen den Kommissionär (s Rn 2) ab, ist streitig, ob das Befriedigungsrecht ähnlich einem Pfandrecht zugunsten des Zessionars fortbesteht (§ 401 BGB). Das ist dann zu bejahen, wenn der Kommissionär zugleich mit der gesicherten auch die sichernde Forderung an den Zessionar abtritt (vgl für das Pfandrecht §§ 1257, 1273 II, 1250 BGB), sonst nicht, Staub/Koller 10, Grund: fehlende Publizität. Insolvenz s Rn 3.

[Selbsteintritt des Kommissionärs]

400 (1) **Die Kommission zum Einkauf oder zum Verkaufe von Waren, die einen Börsen- oder Marktpreis haben, sowie von Wertpapieren, bei denen ein Börsen- oder Marktpreis amtlich festgestellt wird, kann, wenn**

3. Abschnitt. Kommissionsgeschäft 1, 2 § 400

der Kommittent nicht ein anderes bestimmt hat, von dem Kommissionär dadurch ausgeführt werden, daß er das Gut, welches er einkaufen soll, selbst als Verkäufer liefert oder das Gut, welches er verkaufen soll, selbst als Käufer übernimmt.

(2) ¹Im Falle einer solchen Ausführung der Kommission beschränkt sich die Pflicht des Kommissionärs, Rechenschaft über die Abschließung des Kaufes oder Verkaufs abzulegen, auf den Nachweis, daß bei dem berechneten Preise der zur Zeit der Ausführung der Kommission bestehende Börsen- oder Marktpreis eingehalten ist. ²Als Zeit der Ausführung gilt der Zeitpunkt, in welchem der Kommissionär die Anzeige von der Ausführung zur Absendung an den Kommittenten abgegeben hat.

(3) Ist bei einer Kommission, die während der Börsen- oder Marktzeit auszuführen war, die Ausführungsanzeige erst nach dem Schlusse der Börse oder des Marktes zur Absendung abgegeben, so darf der berechnete Preis für den Kommittenten nicht ungünstiger sein als der Preis, der am Schlusse der Börse oder des Marktes bestand.

(4) Bei einer Kommission, die zu einem bestimmten Kurse (ersten Kurs, Mittelkurs, letzter Kurs) ausgeführt werden soll, ist der Kommissionär ohne Rücksicht auf den Zeitpunkt der Absendung der Ausführungsanzeige berechtigt und verpflichtet, diesen Kurs dem Kommittenten in Rechnung zu stellen.

(5) Bei Wertpapieren und Waren, für welche der Börsen- oder Marktpreis amtlich festgestellt wird, kann der Kommissionär im Falle der Ausführung der Kommission durch Selbsteintritt dem Kommittenten keinen ungünstigeren Preis als den amtlich festgestellten in Rechnung stellen.

1) Recht des Kommissionärs zum Selbsteintritt

A. **§§ 400–405** regeln den Schutz des Kommittenten gegen Manipulationen 1 durch Selbsteintritt des Kommissionärs mit detaillierten Vorschriften und zT halbzwingend (§ 402). Ihre Bedeutung ist aber begrenzt, denn sie setzen voraus, dass der Börsen- oder Marktpreis richtig zustandegekommen ist; insoweit Verbot der Kurs- und Marktpreismanipulation nach **(16)** WpHG § 20 a (seit 2002). Auch praktisch hat der Selbsteintritt durch Beseitigung im Effektengeschäft (s Rn 2) an Bedeutung verloren. Der Selbsteintritt bedeutet, dass der Kommissionär die Kommission so ausführt, dass er selbst das zu kaufende Gut liefert, das zu verkaufende als Käufer übernimmt. Dieser **Selbsteintritt** des Kommissionärs ist **nach Gesetz (I)** zulässig bei Kauf oder Verkauf von Waren mit Börsen- oder Marktpreis sowie von Wertpapieren mit amtlich festgestelltem Börsen- oder Marktpreis (Definition Börsenpreis in **(14)** BörsG § 24 I); aber s Rn 2. Solcher Preis muss am Ort, wo die Kommission auszuführen (iZw am Sitz des Kommissionärs, ggf des Markt- oder Börsenplatzes, wo er zu arbeiten pflegt) zZ des Selbsteintritts (genau: der Abgabe der Ausführungsanzeige, vgl Rn 9) für Waren, Wertpapiere der Gattung, für Kauf- oder Verkaufsgeschäfte der Art (zB Kassa- oder Termingeschäft), die in Rede steht, tatsächlich bestehen, dh auf Grund abgeschlossener Geschäfte, nicht nur auf Grund unerledigter Aufträge (so RG **34,** 121) oder als Taxe geschätzter Preis mangels Kursfeststellung. **Vollzug,** Form und Zeit des Selbsteintritts s bei § 405. **Muster:** Hopt/Graf v Westphalen 3. Aufl 2007 Form I. M.2 (Kommissionsvertrag mit Selbsteintrittsrecht).

B. Für andere Fälle kann der **Kommissionsvertrag** den Selbsteintritt erlau- 2 ben (Umkehrschluss zu 402), uU stillschweigend, zB bei Kauf, Verkauf von Wertpapieren, deren Kurs nicht amtlich festgestellt, aber sonstwie zuverlässig beobachtet und notiert wird, so im Freiverkehr, (s **(14)** BörsG § 48). Dann gelten aber auch die Kundenschutzregeln der §§ 400 II–IV, 401 zwingend (§ 402). **(8)** AGB-Banken Nr 29 aF, die das Recht zum Selbsteintritt, seine Durchführung

§ 400 3–7
IV. Buch. Handelsgeschäfte

und Folgen wesentlich abweichend von §§ 400 ff regelte (s 29. Aufl), ist durch **(8)** Sonderbedingungen für Wertpapiergeschäfte Nr 1 (s dort Rn 2) ersetzt, die einfache Kommission oder Festpreisgeschäft je nach den Ausführungsgrundsätzen der Bank vorsieht.

3 C. Kommittent kann den Selbsteintritt **ausschließen** (**I**, „ein anderes bestimmt"), und zwar bis zur Abgabe der Ausführungsanzeige (vgl § 405 III). Die Erklärung des Kommittenten braucht nicht ausdrücklich zu erfolgen, muss aber so klar sein, dass der Kommissionär den dahin gehenden Willen des Kommittenten erkennen kann. Preisbegrenzung (Limit), Auftrag „bestens" sowie Delkredereübernahme schließen Selbsteintritt nicht aus, OGH **3**, 14.

4 D. Kommissionär **darf nicht** selbst eintreten, wenn das dem **Interesse des Kommittenten** zuwiderläuft (§ 384 I), zB bei Kommission zum Verkauf auf Kredit, wenn Kommissionär nicht hinreichend kreditwürdig ist. Kommissionär darf nicht zu anderen Bedingungen als für das Ausführungsgeschäft vorgeschrieben selbst eintreten; Selbsteintritt mit Abweichung vom Preislimit ist aber entspr § 386 I mangels unverzüglicher Rüge wirksam.

Umgekehrt ist die Bank bei der Effektenkommission, wenn sich ein entsprechendes Deckungsgeschäft anbietet, zum Abschluss (durch Selbsteintritt, aber s Rn 2, auch für den Kunden, entspr für Propergeschäft) **verpflichtet**, Canaris 1902; das gilt nicht ohne weiteres auch bei entsprechendem Eigenbestand der Bank. Bei Pflichtverletzung ist die Bank schadensersatzpflichtig (§ 385 oder § 280 BGB), Oldbg WM **93**, 1880.

2) Wirkung des Selbsteintritts

5 A. Selbsteintritt des Kommissionärs ist eine Form der Ausführung der Kommission. Mit dem Selbsteintritt (Gestaltungsrecht), der empfangsbedürftige Willenserklärung ist (§ 405 Rn 1) und ausdrücklich erfolgen muss (§ 405 Rn 2), ändert der Kommissionär die Kommission in **Kauf (Verkauf)**. Kommittent und Kommissionär werden zu Käufer und Verkäufer (oder umgekehrt). Das hat zur Folge, dass grundsätzlich Kaufvertragsrecht anwendbar ist, zB Anspruch des Kommittenten auf Kaufpreis (statt auf Herausgabe des Erlangten, s § 384 Rn 9), BGH **89**, 135, WM **88**, 404; Verjährung dieses Anspruchs in drei Jahren nach § 195 BGB (seit SMG keine Besonderheiten mehr). Die Kaufvertragsregeln werden aber anders als beim Eigengeschäft (§ 383 Rn 16, 7) von der **Interessenwahrungspflicht** (einschließlich der Beratungs- und Verwaltungspflichten) des Kommissionärs (§ 384 I) überlagert, Oldbg WM **93**, 1880: der Selbsteintretende ist zB ggf (wie ein Kommissionär, § 388 Rn 4) zum Selbsthilfekauf wegen Annahmeverzugs des Kommittenten-Käufers (§ 373) nicht nur berechtigt, sondern im Interesse jenes verpflichtet. Dabei kann der Kommissionär die Ware („in sich") seinem eigenen Lager entnehmen (zuführen), ein Deckungsgeschäft mit einem Dritten schließen, Aufträge entgegenstehender Art (Kauf- und Verkaufskommission über dieselben Wertpapiere) durch Selbsteintritt ausgleichen.

6 B. **Inhalt des Kaufgeschäfts** ist der des aufgetragenen Geschäfts. Das etwa vom Kommissionär vorgenommene **Deckungsgeschäft** berührt Kommittenten nicht; das gilt auch, wenn Erfüllung des Deckungsgeschäfts durch höhere Gewalt unmöglich wird, Kassel NJW **49**, 588, str. Der selbst eingetretene Kommissionär hat keinen Anspruch auf Ersatz von Aufwendungen für ein Deckungsgeschäft, dieses geht ganz auf seine Rechnung und Gefahr, OGH **2**, 91.

3) Bestimmung des Preises bei Selbsteintritt

7 A. **II–V** (und § 401, s dort; zwingendes Recht, s § 402) bestimmen genau den Preis, zu dem Kommissionär als Käufer oder Verkäufer selbst eintreten darf. Einhaltung des II–V hat erforderlichenfalls Kommissionär dem Kommittenten nachzuweisen (**II:** bei Selbsteintritt beschränkt sich die Rechenschaftspflicht des

3. Abschnitt. Kommissionsgeschäft 1 § **401**

Kommissionärs, § 384 II, auf diesen Nachweis). § 403 ergänzt die Preisbestimmung, s dort. Preisstellung des Kommissionärs beim Selbsteintritt im Widerspruch zu II–V, §§ 401, 403 macht den Selbsteintritt nicht unwirksam, erlaubt Kommittenten nicht Zurückweisung des Selbsteintritts; dieser ist wirksam, Kommittent hat Anspruch auf vorschriftsmäßige Preisbestimmung, vgl RG **108**, 193, **114,** 13.

B. Maßgebend ist grundsätzlich der **Markt-** oder **Börsenpreis** (der amtlich 8
festgestellte, wenn solche Feststellung erfolgt, so **V,** was für Wertpapiere, nicht für Waren Voraussetzung des gesetzlichen Selbsteintrittsrechtes ist, vgl I, aber s Rn 2) bei Abgabe der Ausführungsanzeige (**II 1, 2,** s Rn 9). Ein günstigerer Preis aus einem tatsächlichen oder möglichen Deckungsgeschäft kommt dem Kommittenten zugute (s § 401). Sollte aber die Kommission zu einem **bestimmten Kurse** (erster Kurs, Mittelkurs, letzter Kurs) ausgeführt werden, so gilt dieser nach **IV** (ggf nur der amtlich festgestellte, V), auch wenn ein anderer Kurs, zB der zZ der Abgabe der Ausführungsanzeige (oder der Schlusskurs bei Abgabe der Anzeige, vgl Rn 9) für Kommittenten günstiger wäre.

C. Maßgebend ist in erster Linie der Preis zZ der **Abgabe der Ausführungs-** 9
anzeige zur Absendung (II 2), nicht der zZ ihres Zugangs (ohne den aber der Selbsteintritt nicht wirkt, § 405 Rn 1). Die erste Abgabe zur Absendung ist wohl auch maßgebend, wenn Kommissionär die nicht zugegangene Anzeige wiederholt, abw RG **102,** 16. Ist die Börse vor Abgabe der Ausführungsanzeige geschlossen worden, so soll nach **III** der letzte Börsenkurs gelten, wenn die Kommission während der Börsen- oder Marktzeit auszuführen war und wenn es gleich war, wann sie ausgeführt wurde; das ist jedenfalls für die Effektenkommission zweckwidrig und gewohnheitsrechtlich derogiert, die Bank berechnet dem Kunden den (auch ungünstigeren) Kurs des Deckungsgeschäfts. „Zur Absendung abgegeben" ist die Anzeige, sobald sie einem Boten zur Beförderung an Kommittenten oder an die Post übergeben ist. Kommissionär darf die Ausführung nicht verzögern; tut er das schuldhaft, darf er einen etwaigen höheren Preis nicht berechnen.

[Deckungsgeschäft]

401 (1) **Auch im Falle der Ausführung der Kommission durch Selbsteintritt hat der Kommissionär, wenn er bei Anwendung pflichtmäßiger Sorgfalt die Kommission zu einem günstigeren als dem nach § 400 sich ergebenden Preise ausführen konnte, dem Kommittenten den günstigeren Preis zu berechnen.**

(2) **Hat der Kommissionär vor der Absendung der Ausführungsanzeige aus Anlaß der erteilten Kommission an der Börse oder am Markte ein Geschäft mit einem Dritten abgeschlossen, so darf er dem Kommittenten keinen ungünstigeren als den hierbei vereinbarten Preis berechnen.**

1) Nach § 400 II–V ist bei Selbsteintritt grundsätzlich der Markt- oder Bör- 1
senpreis maßgeblich. § 401 lässt dem Kommittenten einen günstigen Preis zugutekommen:

a) der Preis, zu dem der Kommissionär aus Anlass der Kommission (dh in ursächlichem Zusammenhang mit ihr) ein Geschäft mit einem Dritten **(Deckungsgeschäft)** an der Börse oder am Markt abschloss; Eindeckung anderswo bleibt außer Betracht, wenn sie nicht nach I beachtlich ist (§ 400 Rn 9), so II; schloss er für mehrere gleichartige Kommissionen (für mehrere Kommittenten) mehrere Deckungsgeschäfte zu verschiedenen Kursen, so kann er sie den Kommittenten frei zuteilen, darf nur insgesamt keinen Kursschnitt machen, oder

b) der Preis, zu dem Kommissionär bei pflichtmäßiger Sorgfalt (§ 384 I) ein Ausführungsgeschäft **hätte schließen können**, I, und zwar an der Börse (dem Markt), wo er die Kommission ausführen sollte; war er hierin frei: da, wohin sich zu wenden ihm zuzumuten war. Maßgebend ist der für Kommittenten günstigste dieser Preise. Der Selbsteintritt soll Kommittenten nicht schlechter stellen, als er bei pflichtmäßiger Ausführung der Kommission durch Geschäft mit Dritten (§ 384 I) stünde, RG **112**, 31. Der Beweis, dass der Kommissionär § 401 verletzt, obliegt dem Kommittenten (anders bei § 400, s dort Rn 7), Oldbg WM **93**, 1879, str.

[Unabdingbarkeit]

402 Die Vorschriften des § 400 Abs. 2 bis 5 und des § 401 können nicht durch Vertrag zum Nachteile des Kommittenten abgeändert werden.

1 **1)** §§ 400 II–V, 401 betr die Bestimmung des Preises bei Selbsteintritt sind nicht (im Voraus) zum Nachteil des Kommittenten abdingbar (halbzwingende Vorschrift). Vereinbarungen zum Nachteil des Kommissionärs bleiben möglich. Der Kommittent kann nachträglich verzichten, auch schon vor Beendigung der Geschäftsbeziehung, sofern der Verzicht allein vom Kommittenten ausgeht, Ebenroth/Krüger 1, aA Staub/Koller 2. Bei Verstoß gegen § 402 ist die Vereinbarung unwirksam (§ 134 BGB). An ihre Stelle tritt die gesetzliche Preisregelung, der Vertrag im Übrigen bleibt wirksam. Für **(5)** § 306 BGB analog Ko/Ro/Mo/Roth 2.

[Provision bei Selbsteintritt]

403 Der Kommissionär, der das Gut selbst als Verkäufer liefert oder als Käufer übernimmt, ist zu der gewöhnlichen Provision berechtigt und kann die bei Kommissionsgeschäften sonst regelmäßig vorkommenden Kosten berechnen.

1) Provision bei Selbsteintritt

1 Der Kommittent soll nicht besser stehen, als habe der Kommissionär mit einem Dritten abgeschlossen, RG **108**, 193. Daher kann nach § 403 der Kommissionär, der (als Käufer oder Verkäufer) selbst eintrat, die **Provision** fordern, die er bei Ausführung der Kommission durch Geschäft mit Drittem hätte fordern können (§ 396 I). Voraussetzung ist (entspr § 396 I) Ausführung des (durch den Selbsteintritt zwischen Kommissionär und Kommittenten zustandegekommenen) Geschäfts durch Kommissionär selbst (vgl OGH **2**, 91) oder Unterbleiben der Ausführung infolge eines vom Kommittenten zu vertretenden Umstands. Hatte Kommissionär das Delkredere übernommen (§ 394), so kann er Delkredereprovision auch bei Selbsteintritt fordern.

2) Kosten bei Selbsteintritt

2 Kommissionär kann nach § 403 ferner die bei Kommissionsgeschäften sonst regelmäßig vorkommenden **Kosten** (vgl § 396 II) fordern, einerlei wieweit aufgewandt; außergewöhnliche Kosten soweit aufgewandt, §§ 675 I, 670 BGB, insgesamt aber darf der Selbsteintritt Kommittenten nicht benachteiligen.

[Gesetzliches Pfandrecht]

404 Die Vorschriften der §§ 397 und 398 finden auch im Falle der Ausführung der Kommission durch Selbsteintritt Anwendung.

3. Abschnitt. Kommissionsgeschäft 1–3 **§ 405**

1) Einkaufskommissionär-Verkäufer hat nach § 404 für seine Ansprüche gegen 1
Kommittenten-Käufer, vor allem den Kaufpreisanspruch (str), an der ihm selbst
(noch) gehörenden, dem Kommittenten verkauften Ware das Befriedigungsrecht
entspr § 398, an der dem Kommittenten schon übereigneten das Pfandrecht
entspr § 397.

[Ausführungsanzeige und Selbsteintritt; Widerruf der Kommission]

405 (1) **Zeigt der Kommissionär die Ausführung der Kommission an, ohne ausdrücklich zu bemerken, daß er selbst eintreten wolle, so gilt dies als Erklärung, daß die Ausführung durch Abschluß des Geschäfts mit einem Dritten für Rechnung des Kommittenten erfolgt sei.**

(2) **Eine Vereinbarung zwischen dem Kommittenten und dem Kommissionär, daß die Erklärung darüber, ob die Kommission durch Selbsteintritt oder durch Abschluß mit einem Dritten ausgeführt sei, später als am Tage der Ausführungsanzeige abgegeben werden dürfe, ist nichtig.**

(3) **Widerruft der Kommittent die Kommission und geht der Widerruf dem Kommissionär zu, bevor die Ausführungsanzeige zur Absendung abgegeben ist, so steht dem Kommissionär das Recht des Selbsteintritts nicht mehr zu.**

1) Form und Zeit des Selbsteintritts

A. Bei Kommissionsvertrag mit Selbsteintrittsrecht kommt der Kauf bzw 1
Verkauf mit Ausübung dieses (Gestaltungs)Rechts zustande. Der Selbsteintritt
geschieht durch empfangsbedürftige **Erklärung** (RG **102**, 16) an den Kommittenten (§ 130 BGB), **formlos**, § 151 S 1 BGB ist anwendbar. Bei der
Effektenkommission liegt die Ausübung schon in der Ausführung des Auftrags
durch Abschluss eines Deckungsgeschäfts (ausnahmsweise auch in der Buchung,
str), BGH WM **88**, 404, KG WM **89**, 1276, Canaris 1913, dagegen nicht schon
in der Auftragsannahme, denn der Kommissionär will sich nicht ohne Deckungsgeschäft zur Lieferung verpflichten. Die Konstruktion eines vom Kunden
bei Auftragserteilung zusätzlich abgegebenen Kauf- bzw Verkaufsangebots
(OGH **4**, 213) ist iE gleich, aber gekünstelt. I verhindert, dass der Kommissionär eine unbestimmte Ausführungsanzeige absendet und erst später erklärt, ob
er selbst eintreten will (vgl Rn 3). Nach **I** ist Anzeige, die Kommission sei
ausgeführt, nur Selbsteintritt bei ausdrücklicher Erklärung, Kommissionär trete
selbst ein; abweichende Vereinbarung ist möglich, zB (Umkehr von I): Anzeige
von Ausführung bedeute Selbsteintritt, falls nicht ausdrücklich Abschluss mit
Drittem mitgeteilt, RG **96**, 7. Ist das Ausführungsgeschäft formbedürftig, so ist
Selbsteintritt formlos möglich auf Grund der Form genügenden Kommissionsvertrags.

B. **Ausdrücklich** (I, s Rn 1) heißt klar und unzweideutig, RG JW **26**, 1961, 2
wozu nicht die Anzeige (des Einkaufskommissionärs) genügt, es sei dem Kommittenten verkauft, RG **53**, 368. Nicht genügend ist Übersendung eines vom
Kommissionär wie von einem Verkäufer unterschriebenen Schlussscheins, RG
63, 30, genügend Bestätigung, dass (Verkaufs-)Kommissionär kauft (Einkaufskommissionär verkauft), vgl RG **112**, 28.

C. **Unbestimmte Ausführungsanzeige** ist iZw nicht Selbsteintritt, I, ver- 3
pflichtet Kommissionär endgültig zur Ausführung der Kommission durch Geschäft mit Drittem, erlaubt späteren Selbsteintritt nicht. Im Voraus kann vereinbart werden: Kommissionär dürfe nach unbestimmter Ausführungsanzeige (jedoch nicht später als am selben Tag, **II**) durch weitere Mitteilung erklären, ob er
durch Selbsteintritt oder Geschäft mit Drittem ausführt. Nachträglich (nach

unbestimmter Ausführungsanzeige) ist Vereinbarung längerer Frist zu dieser Klärung zulässig.

2) Widerruf (Kündigung) der Kommission

4 Bei Ausführung der Kommission durch Abschluss mit Drittem ist Widerruf (dh Kündigung, § 383 Rn 12) der Kommission durch Kommittenten möglich bis zum (dh durch Erklärung, die dem Kommissionär zugeht vor dem) Abschluss mit dem Dritten. Führt Kommissionär durch Selbsteintritt aus, wäre Widerruf durch den Kommittenten möglich bis zum (dh durch Erklärung, die dem Kommissionär zugeht vor dem) Zugang der Selbsteintritt-Ausführungsanzeige bei Kommittenten. III schränkt das Widerrufsrecht des Kommittenten ein: die Widerrufserklärung muss dem Kommissionär zugehen, bevor er die Anzeige der Ausführung (durch Selbsteintritt) zur Absendung abgibt. III greift jedoch nicht ein, wenn das Widerrufsrecht bereits erloschen ist. Deshalb gegen hL Canaris 1914: kein Widerruf mehr nach Ausführung des Deckungsgeschäfts, wenn die Ausführung der Kommission nur im Wege des Selbsteintritts vereinbart ist (so **(8)** AGB-Banken Nr 29 I 1 aF, aber jetzt **(8)** Sonderbedingungen für WPGeschäfte Nr 1), sonst könnte der Kunde zu Lasten der Bank spekulieren.

[Ähnliche Geschäfte]

406 (1) ¹**Die Vorschriften dieses Abschnitts kommen auch zur Anwendung, wenn ein Kommissionär im Betriebe seines Handelsgewerbes ein Geschäft anderer als der in § 383 bezeichneten Art für Rechnung eines anderen in eigenem Namen zu schließen übernimmt.** ²**Das gleiche gilt, wenn ein Kaufmann, der nicht Kommissionär ist, im Betriebe seines Handelsgewerbes ein Geschäft in der bezeichneten Weise zu schließen übernimmt.**

(2) **Als Einkaufs- und Verkaufskommission im Sinne dieses Abschnitts gilt auch eine Kommission, welche die Lieferung einer nicht vertretbaren beweglichen Sache, die aus einem von dem Unternehmer zu beschaffenden Stoffe herzustellen ist, zum Gegenstande hat.**

1 1) § 406 I erweitert § 383 I auf Kflte in doppelter Hinsicht (s auch § 383 Rn 1). Zum einen gelten §§ 383 ff auch dann, wenn der Kommissionär, der Kfm ist, im Betrieb seines HdlGewerbes andere Geschäfte als eine Waren- oder Wertpapierkommission kommissionsweise zu besorgen übernimmt (**I 1**, uneigentliche Kommission). Bspe: Verlag eines literarischen Werks im Namen des Verlegers für Rechnung des Autors (nicht des Verlegers selbst wie üblich), RG **78**, 300, Veräußerung einer fremden Beteiligung im eigenen Namen (im Rahmen andersartigen Gewerbebetriebs), BGH NJW **60**, 1852; Vermietung, BGH **104**, 123; Werbeagenturen und Werbemittler s KG BB **69**, 151; Kreditbeschaffung, Celle WM **74**, 736; Inkassokommission, Staub/Koller § 383 Rn 32, str.

2 Zum anderen gelten §§ 383 ff auch dann, wenn der Kfm an sich kein Kommissionär ist, aber im Betriebe seines HdlGewerbes ein Geschäft kommissionsweise zu schließen übernimmt (**I 2**, Gelegenheitskommission). I 2 gilt nicht nur für An- und Verkaufsvermittlungen über Waren und Wertpapiere (§ 383 I), sondern auch für die in I 1 genannten Vermittlungen. § 406 spricht nicht von NichtKflten bzw Kleingewerbetreibenden. Die beiden Erweiterungen nach I gelten aber auch für diese, denn § 383 II macht den gesamten dritten Abschnitt anwendbar, verweist also auch auf § 406 (§ 383 Rn 2); I 2 gilt auch für nicht eingetragene Kleingewerbetreibende (Versehen des Gesetzgebers: kein HdlGewerbe iSv I 2, kein Kommissionär iSv § 383 II, I), von Olshausen NJW **01**, 1842, Ko/Ro/Mo/Roth 1.

4. Abschnitt. Frachtgeschäft 3 § 406

2) II entspricht § 381 II aF, Anpassung an § 651 S 1 nF BGB wie § 381 II nF 3
durch das SMG wurde übersehen. Kommission ist nach dem Wortlaut des II auch
die Beschaffung (im eigenen Namen für fremde Rechnung) einer erst herzustellenden nicht vertretbaren beweglichen Sache. Dass die Beschaffung erst herzustellender vertretbarer beweglicher Sachen unter § 383 fällt, folgte schon aus
§ 651 I 1, 2 Halbs 1 aF BGB. Nach § 651 nF BGB findet auf einen Vertrag, der
die Lieferung herzustellender oder zu erzeugender beweglicher Sachen zum
Gegenstand hat, generell Kaufrecht Anwendung (§ 381 Rn 5), was sich auch auf
§ 383 „kaufen oder verkaufen" auswirkt. Das Redaktionsversehen zu II ist durch
analoge Anwendung von § 381 II, § 651 S 1 BGB zu korrigieren, dazu Steck
NJW **02**, 3203. Gegenstand einer Kommission ist danach auch die Lieferung
herzustellender oder zu erzeugender beweglicher Sachen, einerlei ob vertretbar
oder unvertretbar.

Vierter Abschnitt. Frachtgeschäft

Schrifttum zum neuen Transportrecht

a) Kommentare: *Andresen/Valder/Krien*, Hdb des Transportrechts (LBl) – *Ebenroth/ (Bearbeiter)* 2. Aufl 2009. – *Fremuth/Thume*, Kommentar zum Transportrecht 2000 – *GK (HGB)/(Ensthaler ua)* 7. Aufl 2007. – *HdlbgKo/(Glanegger ua)* 7. Aufl 2007. – *Knorre/Demuth/Schmid*, Hdb des Transportrechts 2008. – *Koller*, Transportrecht, 6. Aufl 2007. – *Koller/Roth/Morck/Koller* 6. Aufl 2007. – *Lammich/Pöttinger*, Gütertransportrecht Kommentar (LBl) – *Müglich*, Transport- und Logistikrecht 2002 – *MüKo(HGB)/(Czerwenka, Herber ua)* Bd 7, 2. Aufl 2009. – *Widmann*, Transportrecht, 3. Aufl 1999.

b) Lehr- und Handbücher: *Canaris* 24. Aufl 2006 – *Gass* 1999 – *Hopt/Mössle/ Schmitt* 2. Aufl 1999 – *K. Schmidt* 5. Aufl 1999. – *Ramming* Hamb. Hdb zum Binnenschifffahrtsfrachtrecht, 2009.

c) Einzeldarstellungen und Sonstiges: *Neumann,* Prozessuale Besonderheiten im Transportrecht, TranspR **06**, 429. – **Muster:** *Hopt*,Vertrags- und Formularbuch zum Hdl-, Ges- und Bankrecht, 3. Aufl 2007, Teil I.N-Q (mit 14 Vertragsmustern und Formularen). S auch **(17)** CMR, **(18)** ADSp.

Erster Unterabschnitt. Allgemeine Vorschriften

Schrifttum zum Frachtgeschäft

S auch allgemeines Schrifttum zum neuen Transportrecht

a) Kommentare: *Alff*, Fracht-, Lager- und Speditionsrecht, 2. Aufl 1991. – *Andresen-Pollow,* KVO, 6. Aufl 1996. – *Ebenroth/(Bearbeiter)* 2. Aufl 2009. – *Fremuth/Thume* 2000. – *GK(HGB)/(Ensthaler ua)* 7. Aufl 2007. – *Goette,* Binnenschiffahrtsfrachtrecht 1995. – *HdlbgKo/(Glanegger ua)* 7. Aufl 2007. – *Hein/Eichhoff/Pukall/Krien/(Trinkaus/ Maiworm/Joseph/Vorrath),* Güterkraftverkehrsrecht, 2 Bde (LBl) – *Heymann/Emmerich/ Horn* Bd. 4 2. Aufl 2005. – *Knorre/Demuth/Schmid,* Hdb des Transportrechts 2008. – *Koller,* Transportrecht, 6. Aufl 2007. – *Müglich,* Transport- und Logistikrecht, 2002. – *MüKo(HGB)/(Czerwenka, Herber ua)* Bd 7, 2. Aufl. 2009. – *Staub/Koller/Helm,* §§ 383–424, 2004, *Staub/Helm,* §§ 425–452, 2004. – *Widmann,* Transportrecht, 3. Aufl 1999. – *Willenberg,* KVO, 4. Aufl 1991.

b) Lehrbücher: *Canaris* 24. Aufl 2006. – *Dubischar,* Grundriß des gesamten Gütertransportrechts, 1987 – *Gass* 1999. – *Hopt/Mössle/Schmitt* 2. Aufl 1999. – *Müglich,* Transport- und Logistikrecht 2002. – *K. Schmidt* 5. Aufl 1999. – *von Witzleben/Hohmann,* Die Praxis des Güterkraftverkehrs (LBl).

c) Einzeldarstellungen und Sonstiges: *Basedow,* Der Transportvertrag, 1987 – *Lenz,* Straßengütertransportrecht, 1988 – **Muster:** *Hopt*,Vertrags- und Formularbuch zum Hdl-, Ges- und Bankrecht, 3. Aufl 2007, Teil I.N–O (mit 7 Vertragsmustern und Formularen). – **RsprÜbersichten:** *Prokrant/Gran,* Transport- und Logistikrecht:

§ 407 1 IV. Buch. Handelsgeschäfte

Höchstrichterliche Rechtsprechung und Vertragsgestaltung, 9. Aufl 2009. – *Kober* TranspR **09**, 89 (Stgt). – *Runge* TranspR **09**, 96 (Karlsr). – *Malsch/Anderegg* TranspR **08**, 45 (Düss). – *Goller* TranspR **08**, 53 (Mü). – *Wieske* TranspR **08**, 388 (Logistikrecht). – *Gran* NJW **07**, 564 und NJW **04**, 2064. Speziell zu **(17)** CMR s dort.

Frachtvertrag

407 (1) **Durch den Frachtvertrag wird der Frachtführer verpflichtet, das Gut zum Bestimmungsort zu befördern und dort an den Empfänger abzuliefern.**

(2) **Der Absender wird verpflichtet, die vereinbarte Fracht zu zahlen.**

(3) ¹**Die Vorschriften dieses Unterabschnitts gelten, wenn**

1. **das Gut zu Lande, auf Binnengewässern oder mit Luftfahrzeugen befördert werden soll und**
2. **die Beförderung zum Betrieb eines gewerblichen Unternehmens gehört.**

²**Erfordert das Unternehmen nach Art oder Umfang einen in kaufmännischer Weise eingerichteten Geschäftsbetrieb nicht und ist die Firma des Unternehmens auch nicht nach § 2 in das Handelsregister eingetragen, so sind in Ansehung des Frachtgeschäfts auch insoweit die Vorschriften des Ersten Abschnitts des Vierten Buches ergänzend anzuwenden; dies gilt jedoch nicht für die §§ 348 bis 350.**

Übersicht

1) Transportrecht nach der Reform durch das TRG von 1998 1
   A. Bedeutung des Transports 1
   B. Entwicklung des Transportrechts 2
   C. Transportrechtsreform 1998 3
2) Frachtgeschäft (§§ 407–452 d) 4
3) Anwendungsbereich der allgemeinen Vorschriften über das Frachtgeschäft (§ 407 III) 5
   A. Sachliche Reichweite (III 1 Nr 1) 5
   B. Persönliche Reichweite (III 1 Nr 2, 2) 8
   C. Territoriale Reichweite 10
4) Frachtvertrag (§ 407 I, II) 12
   A. Frachtvertrag 12
   B. Pflichten des Frachtführers (I) 17
   C. Pflichten des Absenders (II) 22
   D. Beendigung des Frachtvertrags 23
   E. Abweichende Vereinbarungen 24
5) (18) ADSp und AGB 25

1) Transportrecht nach der Reform durch das TRG von 1998

1 A. **Bedeutung des Transports:** Der Transport von Gütern ist heute zumal angesichts der Internationalisierung der Märkte eine Aufgabe, die am effizientesten unter Mitwirkung mehrerer erfüllt werden kann. Die früher verbreitete eigene Auslieferung durch das die Waren produzierende oder veräußernde Unternehmen ist zurückgetreten. Den eigentlichen Transport übernehmen ein oder mehrere **Frachtführer** (zu unterscheiden vom Verfrachter von Seeschiffen, der mit dem Befrachter einen Seefrachtvertrag abschließt, §§ 556 ff HGB); zusätzlich tritt heute vielfach zwischen Unternehmer und Frachtführer als Vermittler der **Spediteur.** Besonders im internationalen Transport kommt man vielfach ohne Zwischenlagerung nicht aus. Die Lagerung und Aufbewahrung übernimmt der **Lagerhalter.** Der Transport kann zu Land, in der Luft, auf Binnengewässern oder zur See und mit verschiedenen Beförderungsmitteln durchgeführt werden

4. Abschnitt. Frachtgeschäft 2, 3 § 407

(Lkw, Eisenbahn, Flugzeug, Schiff). Häufig trifft mehreres davon auf ein und denselben Transport zu, der dann **multimodaler oder kombinierter Transport** genannt wird. Vielfach erfolgt der Transport über die Grenzen hinweg, also **international**. Es liegt auf der Hand, dass aus diesem komplizierten Phänomen des Transports zahlreiche Rechtsprobleme entstehen. Sie sind Gegenstand des nationalen und internationalen Transportrechts.

B. **Entwicklung des Transportrechts:** Das Transportrecht war vor der Reform 1998 formal auf verschiedene, nicht aufeinander abgestimmte Gesetze zersplittert und inhaltlich veraltet. Die Reform war auch deshalb unerlässlich, weil die internationale Entwicklung stürmisch vorangegangen war und Deutschland den Anschluss nicht verlieren durfte. **Rechtsprechung und Literatur zum Recht vor 1998 bleiben** dennoch **wichtig,** weil sich die Grundprinzipien und auch viele Einzelfragen auch unter dem neuen Transportrecht stellen und weil es längere Zeit dauern wird, bis sich eine umfassende Literatur und Rechtsprechung dazu entwickelt haben werden. Dafür wird weitestgehend auf die **29. Auflage** verwiesen.

C. **Transportrechtsreform 1998:** Das Vierte Buch des HGB stellt sich nach der Transportrechtsreform wie folgt dar: Es regelt nach allgemeinen Vorschriften in §§ 343 ff HGB eine Reihe von typischen Verträgen des Handelsrechts, nämlich den Handelskauf (§§ 373 ff HGB) und das Kommissionsgeschäft (§§ 383 ff HGB) sowie drei Transportgeschäfte, nämlich **zuerst** das **Frachtgeschäft** (§§ 407–452 d HGB), das den Bezugspunkt für die übrigen transportrechtlichen Geschäfte bildet, **dann** das **Speditionsgeschäft** (§§ 453–466 HGB) und **schließlich** das **Lagergeschäft** (§§ 467 ff HGB). Diese drei sind die typischen Verträge des privaten Transportrechts. Daneben gibt es das öffentliche Transportrecht, für das vor allem das Güterkraftverkehrsrecht steht. Der Begriff Transportrecht findet sich zwar nicht im HGB selbst, hat sich aber heute als übergreifender Begriff eingebürgert und wurde auch bei der grundlegenden Reform von 1998 durch das **Transportrechtsreformgesetz (TRG)** vom 25. 6. 1998 BGBl I 1588 (Kurzbezeichnungen und Abkürzungen sowie Paragraphenüberschriften amtlich) verwandt. Auch die Sachverständigenkommission, die im Auftrag des BMJ seit 1992 die Reform vorbereitet und maßgeblich beeinflusst hatte, wurde so genannt (Sachverständigenkommission zur Reform des Transportrechts, Bericht mit Textvorschlägen zur Neuregelung des Transportrechts, Beil Nr 228 a zum BAnz vom 5. 12. 1996). Im Zusammenhang mit dieser Reform wurde auch das Güterkraftverkehrsgesetz (GüKG) vom 22. 6. 1998 neu gefasst, BGBl 1485. Die KVO (s 29. Aufl) wurde ebenso wie die OLSchVO (s 29. Aufl) durch das TRG aufgehoben (Art 9 Nr 3 und Art 7 TRG). Die Hauptanliegen des TRG waren die Bereinigung und Modernisierung der zersplitterten sowie zum Teil überregulierten und mehr als einhundert Jahre alten unterschiedlichen Teiltransportrechte. Dabei war auf größere Rechtssicherheit, gleiche Wettbewerbsbedingungen und Übereinstimmung mit internationalen transportrechtlichen Übereinkommen zu achten (RegE zum TRG, BTDrucks 13/8445, im Folgenden RegE). Das TRG stellt das Frachtvertragsrecht an den Anfang und regelt dieses in Anlehnung an die **(17)** CMR umfassend und einheitlich für Straße, Schiene und Binnenschifffahrt im HGB. Auch in vielen Einzelheiten hat der Gesetzgeber des TRG Regelungen aus **(17)** CMR, oft wortgleich, übernommen, teils sich jedenfalls an diese angelehnt. Das hat Folgen für die **Auslegung** der §§ 407 ff (nicht unbedingt umgekehrt, weil die CMR als internationales Abkommen aus sich selbst heraus auszulegen ist, **(17)** CMR Einl 2 vor Art 1) und wird deshalb in der folgenden Kommentierung, soweit praktisch, kurz vermerkt.

Lit (TRG): RegE BTDrucks 13/8445 vom 29. 8. 1997, Sachverständigenkomm zur Reform des Transportrechts, Bericht, Beil Nr 228 a zu BAnz vom 5. 12. 1996, Gass 1999, Müglich 2002, Widmann 3. Aufl 1999, Hopt/Mössle/

Schmitt 2. Aufl 1999 (Schema 14: Synopse von Vorschriften und Rechtsproblemen des Transportrechts), Koller 6. Aufl 2007 (Standardgroßkomm), Thume BB **97,** 585, Basedow ZHR 163 **(97)** 186 (Entwicklung, Sachverständigenkommission), TranspR **98,** 58 (zwingendes Gütertransportrecht), Herber NJW **98,** 3297, Heuer TranspR **98,** 45 (Frachtrecht), Saenger FS Leser **98,** 199, Valder TranspR **98,** 51 (Speditionsrecht), Fischer TranspR **99,** 261 (Ergänzung der CMR), Fremuth TranspR **99,** 95 (Überleitungsrecht), Wagner ZHR 163 **(99)** 679 (ausführender Frachtführer). Zum neuen GüKG v 22. 6. 98 BGBl 1485 Martell NJW **99,** 193. Speziellere Beiträge in TranspR.

2) Frachtgeschäft (§§ 407–452 d)

4 Im 4. Abschn (§§ 407–452 d) ist das Frachtgeschäft als die Grundform des Transportgeschäfts geregelt, und zwar zunächst die allgemeinen Vorschriften (1. Unterabschn §§ 407–450) und anschließend die Beförderung von Umzugsgut (2. Unterabschn §§ 451–451 h) sowie die Beförderung mit verschiedenartigen Beförderungsmitteln (multimodaler Transport, 3. Unterabschn §§ 452–452 d). In allen drei Fällen liegt dem Frachtgeschäft ein Frachtvertrag zugrunde, ein normaler (§ 407), ein Umzugsvertrag (§ 451) oder ein Frachtvertrag über eine Beförderung mit verschiedenartigen Beförderungsmitteln (§ 452). Der Gesetzgeber hat die Begriffe Frachtvertrag, Frachtführer und Fracht beibehalten und bewusst von ihrer Ersetzung durch Beförderer, Beförderungsvertrag und Beförderungsentgelt wie in **(17)** CMR, CIM, EVO abgesehen (RegE S 34).

3) Anwendungsbereich der allgemeinen Vorschriften über das Frachtgeschäft (§ 407 III)

5 A. **Sachliche Reichweite (III 1 Nr 1):** §§ 407–450 (1. Unterabschn) gelten **nur für die Beförderung von Gütern zu Lande, auf Binnengewässern oder mit Luftfahrzeugen** (III Nr. 1 HGB). Erfasst ist damit das Landfrachtrecht samt Eisenbahn- und Postbeförderung sowie das Luftfrachtrecht (letzteres erst durch Rechtsausschuss). Es ist also zu unterscheiden in erster Linie zwischen Güterbeförderung und Personenbeförderung, sodann zwischen Beförderung zu Lande, auf Binnengewässern und in der Luft, mit der Eisenbahn und zur See. Gut bzw **Güter** sind alle Sachen, die von einem Ort zu einem anderen gebracht werden sollen, einerlei ob umsatzfähig; auch solche Sachen, die die Beförderung anderer Sachen erlauben, erleichtern oder sichern, zB Verpackung, Container, Behälter, Ladegeräte, Koller 14. Güter iSv Lagervertrag s § 467 Rn 4.

6 Die **Personenbeförderung** zu Lande wird durch das PersBefG geregelt, ergänzend uU Werkvertragsrecht (§§ 631 ff BGB), die durch Eisenbahnen des öffentlichen Verkehrs durch die EVO, die in der Luft durch das LuftVG iVm intern Übk und die Beförderung auf See durch das Fünfte Buch. Seehandel §§ 664 ff HGB (Beförderung von Reisenden und ihrem Gepäck auf See); die Personenbeförderung ist also nicht Gegenstand der §§ 407–452 d und hier nicht weiter zu behandeln. Der auf entgeltliche Beförderung gerichtete (Luft)Beförderungsvertrag ist Werkvertrag, BGH **62,** 71. Vermittelndes Reisebüro kann HdlVertreter sein (vgl § 92 c II für Schiffspassagen), BGH **62,** 73 (iErg abl).

7 Die **Güterbeförderung** zu Lande, auf Binnengewässern oder mit Luftfahrzeugen ist in §§ 407 ff (mit Sondervorschriften für die Beförderung von Umzugsgut in §§ 451 ff) geregelt. Für die Güterbeförderung durch **Eisenbahnen** des öffentlichen Verkehrs galt bisher vorrangig die EVO; die Beförderung von Expressgut und Gütern ist jedoch nunmehr ausschließlich in §§ 407 ff geregelt; der Reisegepäckverkehr gehört dagegen als Nebenleistung zur Personenbeförderung, § 1 EVO. Die EVO gilt weiter, aber mit reduziertem Anwendungsbereich (Art 3 TRG). § 10 AEG betrifft die Personenbeförderungspflicht, also den Abschlusszwang wegen der Monopolstellung der Eisenbahnen des öffentlichen Verkehrs. §§ 407 ff umfassen anders als bisher auch die Güterbeförderung mit **Luftfahr-**

4. Abschnitt. Frachtgeschäft   8–12 § 407

zeugen. Der Anwendungsbereich des LuftVG ist damit eingeschränkt (LuftVG idF Art 6 TRG). Für die Güterbeförderung **zur See** gilt das Fünfte Buch. Seehandel, §§ 556 ff HGB. Besondere Schwierigkeiten macht der **multimodale oder kombinierte Transport**. §§ 452 ff HGB enthalten dazu nähere Bestimmungen. **Muster:** Hopt, Teil I. O.2 (Bill of Lading).

B. **Persönliche Reichweite (III 1 Nr 2, 2):** §§ 407–450 gelten nicht nur, 8 wenn der Frachtführer Kfm ist, sondern auch, wenn die Beförderung jedenfalls zum **Betrieb eines gewerblichen Unternehmens** gehört **(III 1 Nr 2)**. Das ist zwar anders als nach aF nicht personenbezogen, sondern wie bei den Vertragstypen im Besonderen Schuldrecht sachbezogen formuliert (vgl ua § 433 I BGB); aber dies lässt den Charakter der Vorschriften als Sonderrecht des Kfm bzw Unternehmens unberührt (RegE S 34). Zum Begriff des Gewerbes § 1 Rn 11. HdlGewerbe ist nicht notwendig. Erfasst sind danach sowohl gewerbsmäßig unternommene Beförderungen als auch Beförderungen durch einen Kfm als Gelegenheitsfrachtführer als auch solche durch (Klein-)Gewerbetreibende. Auf die Entgeltlichkeit der Beförderung kommt es anders als nach **(17)** CMR Art 1 nicht an, Canaris § 31 Rn 10, aA Koller 31.

Ist der Frachtführer Kfm, gilt das gesamte HGB. Ist der Frachtführer kein Kfm, 9 so gelten dennoch über §§ 407–450 hinaus die allgemeinen Vorschriften über Handelsgeschäfte (Viertes Buch, Erster Abschnitt, also §§ 343–372), aber ohne §§ 348–350 **(III 2)**. Das ist ein Schritt weg vom Kaufmannsrecht zum Unternehmensrecht (Einl 31 vor § 1).

C. **Territoriale Reichweite:** Für die **grenzüberschreitende Beförderung** 10 gelten internationale Abkommen, zB die **(17) CMR**, die im grenzüberschreitenden Verkehr unabdingbar gilt und in der Praxis eine sehr große Rolle spielt, das Übk über den internationalen Warentransport mit Carnets TIR (**TIR-**Übereinkommen 1975) 14. 11. 75 BGBl 79 II 445, 83 II 446 mit späteren Änderungen, das **Warschauer Abkommen (WA)** zur Vereinheitlichung von Regeln über die Beförderung im internationalen Luftverkehr von 1929 idF 28. 9. 55, BGBl 58 II 291, 312, 64 II 1295, spätere Änderungen mit Zusatzabkommen zur Vereinheitlichung von Regeln über die von einem anderen als dem vertraglichen Luftfrachtführer ausgeführte Beförderung im internationalen Luftverkehr (**Guadalajara-Abkommen)** 18. 9. 61, BGBl 63 II 1159, 64 II 1371. Seit 28. 6. 04 gilt in Deutschland auch das **Montrealer Übereinkommen (MÜ)** vom 28. 5. 99, BGBl 04 II 458, 1371, das nach Art 55 dem WA vorgeht. Die Übereinkommen sind ua kommentiert bei Koller, Transportrecht, vergleichend Ruhwedel, TranspR **08,** 89. Auch für den grenzüberschreitenden Eisenbahnfrachtverkehr gelten internationale Abkommen, so die CIM. Internationales Abladegeschäft s Überbl 50 vor § 373.

Soweit **(17)** CMR nicht anwendbar ist, gilt **IPR**. Danach bestimmte sich das 11 Vertragsstatut bisher nach Art 27, 28 IV, I EGBGB, Reithmann/Martiny/Mankowski 1429, für nach dem 17. 12. 09 im eur Verkehr geschlossene Verträge des Gütertransports gelten Art 3, 5 I, III Rom I-VO, die die Möglichkeit einer freien Rechtswahl beibehalten, hierzu Wagner Transpr **08,** 221, Mankowski TranspR **08,** 339, zur Entstehungsgeschichte Hartenstein TranspR **08,** 143. Lit: zur bisherigen Rechtslage Reithmann/Martiny/Mankowski 1394 ff Transport, 1660 multimodaler Verkehr, Basedow FS Herber (SeeHdlRecht) **99,** 15 (multimodaler Transport), zu neueren Entwicklungen allg Mankowski TranspR **08,** 177.

4) Frachtvertrag (§ 407 I, II)

A. **Frachtvertrag: a) Rechtsnatur, anwendbares Recht:** Durch den 12 Frachtvertrag wird der Frachtführer verpflichtet, das Gut zum Bestimmungsort zu befördern und dort an den Empfänger abzuliefern (I); der Absender wird verpflichtet, die vereinbarte Fracht zu zahlen (II). Vertragsgegenstand sind nur

§ 407 13–17   IV. Buch. Handelsgeschäfte

Güter (Begriff s Rn 5), nicht Personen. Der Frachtvertrag ist, da der Erfolg der Beförderung und Ablieferung geschuldet ist, **Werkvertrag**, hL, Koller 35, aA gemischter Vertrag. Ergänzend zu §§ 407 ff finden also §§ 631 ff BGB Anwendung. Kommissionsrecht ist nicht entsprechend anwendbar. Abgrenzung von Frachtvertrag und Speditionsvertrag kann im Einzelfall schwierig sein (§§ 133, 157 BGB), BGH WM **91,** 459 (Paketdienst, Spedition bejaht). Für Frachtvertrag sprechen Frachtbrief und genaue Vereinbarung des Transports, näher Koller NJW **88,** 1756 (für unterschiedliche Abgrenzung je nach Unternehmer- oder Normalkunden, letzterenfalls iZw Frachtvertrag, fraglich). Auch ein Rahmenvertrag mit Regelung aller wesentlichen Vertragsabreden (konkrete Fahrzeuge, Höhe der Vergütung) unterfällt § 407 und § 439, BGH TranspR **09,** 133.

13   Nicht Frachtvertrag ist der **Lohnfuhrvertrag,** bei dem der Unternehmer das Kfz und eventuell auch den Fahrer stellt, damit der Auftraggeber selbst beladen und den Fahrer anweisen kann; denn es fehlt hier daran, dass das Gut seitens des Frachtführers in Obhut genommen wird. Hier kann Miet- oder Dienstvertrag vorliegen, BGH BB **75,** 858. Aus demselben Grund wird in der Regel beim **Schleppvertrag,** wenn etwa ein Seeschiff im Hafen zwar geschleppt wird, aber doch unter selbstständiger Leitung bleibt, kein Frachtvertrag, sondern ein Werkvertrag (§ 631 BGB) angenommen, anders wenn das geschleppte Fahrzeug in die Obhut des Schleppers genommen wird, vor allem wenn es nicht bemannt ist, RG **82,** 427, **112,** 42, BGH **27,** 236, vgl auch Sonderfall RG **122,** 188.

14   **b) Zustandekommen:** Der Frachtvertrag kommt, auch bei Verlangen und Ausstellung eines Frachtbriefs nach § 408 oder eines Ladescheins nach § 444, **formlos** zustande, wenn die Parteien nichts anderes vereinbart haben. Für Personenbeförderung durch die Eisenbahn gilt Kontrahierungszwang (§ 10 AEG). Zum Zustandekommen eines Frachtvertrages trotz Übergabe von Gut, das nach den AGB des Frachtführers von der Beförderung ausgeschlossen sein soll (Verbotsgut) BGH **167,** 69 (Deutsche Post) m krit Anm Koller EWiR **06,** 589 u Grimme TranspR **06,** 339, BGH NJW **06,** 2977, NJW-RR **07,** 33, TranspR **07,** 112, 07, 162. Weiß der Absender, dass die Sendung Verbotsgut enthält, kann dies nach § 425 II zu einem vollständigen Ausschluss der Haftung des Frachtführers führen, BGH NJW-RR **07,** 179 und zwar auch dann, wenn dem Frachtführer qualifiziertes Verschulden iSd § 435 vorzuwerfen ist, BGH TranspR **07,** 164, ansonsten Schadensteilung, BGH TranspR **06,** 113. Mit der Verbotsklausel wird – anders als mit einer Haftungsbegrenzungsklausel – nicht erklärt, bis zu einem bestimmten Betrag verschuldensunabhängig haften zu wollen, BGH NJW-RR **09,** 175.

15   **c) Vertragsparteien:** Vertragspartner sind danach allein der Absender (im Seefrachtgeschäft: Befrachter; nicht zu verwechseln mit dem Versender beim Speditionsvertrag, § 453 II), der den Frachtauftrag erteilt, und der Frachtführer, der die Beförderung übernimmt (im Seefrachtgeschäft: Verfrachter). Absender ist, wer den Frachtvertrag im eigenen Namen abschließt, ggf der Spediteur, nicht der Versender (§ 453 I), für den der Spediteur (für dessen Rechnung, aber im eigenen Namen) absendet (§ 454 III).

16   Der **Empfänger** steht grundsätzlich außerhalb des Vertrags (Dreiecksverhältnis!), er ist nicht Vertragspartei. Aber das Gesetz gibt ihm **eigene Ansprüche** (zB § 421 I 2), und der Frachtvertrag ist ein **echter Vertrag zugunsten Dritter** (§ 328 BGB), arg e §§ 421 I, 418 II. Die frachtrechtlichen Vorschriften haben Vorrang, §§ 328 ff BGB greifen aber subsidiär ein. Das kann der Fall sein bei Schädigung der Person oder anderer Güter des Empfängers, Koller 37 (aber unklar, ob nicht bloßer Vertrag mit Schutzwirkung zugunsten Dritter). Zwischen Frachtführer oder Absender und einem dritten Eigentümer der Ware bestehen keine vertraglichen Beziehungen.

17   B. **Pflichten des Frachtführers (I): a) Beförderung, Ablieferung:** Hauptpflicht des Frachtführers ist es, das Gut zum Bestimmungsort zu befördern

4. Abschnitt. Frachtgeschäft 18–22 § 407

und dort an den Empfänger abzuliefern (I). Befördern heißt: von Ort zu (bestimmtem) Ort bringen, nicht nur abfahren (beliebig wohin, vom Frachtführer oder von Dritten zu bestimmen, zB Müll), RG **68,** 75: gewöhnlicher Werkvertrag. Gleich ob mit Motor-, Tier-, Menschenkraft, mit besonderen Beförderungsmitteln (Fahrzeug, Lasttier, Schubkarren, Handwagen, Gabelstapler, Nürnb TranspR **00,** 428) oder ohne solche (Gepäckträger), RG **105,** 370. Auch Viehtreiben ist Befördern des Viehs. Ebenso kann das Abschleppen eines mit einer Panne liegen gebliebenen Fahrzeugs Frachtvertrag sein, Düss TranspR **02,** 397, Kln TranspR **04,** 320. Der Frachtführer kann allein befördern oder zur Beförderung ganz oder teilweise (selbstständige) Dritte einschalten. Er haftet dann aber für diese (§ 428); für ausführende Frachtführer sieht § 437 eine Haftung wie die des Frachtführers vor. Bei bloßer Besorgung der Versendung liegt Spedition vor (§ 453), Abgrenzung s Rn 12. Erfüllungsort (§ 269 BGB) für Beförderung und Ablieferung ist der Bestimmungsort des Gutes, dort ist der Erfolg herzustellen. Pflicht zur Ablieferung an den Empfänger (§§ 421, 423). Zum Begriff der Ablieferung (wichtig für Dauer der Haftung) s § 425 Rn 3. Lieferfrist s § 423. Gerichtsstand s § 440.

b) Einschalten weiterer Personen: Der Frachtführer kann sich mit selbst- **18** ständigen **Teilfrachtführern** die Strecke teilen (dann erhält jeder seinen Auftrag vom Absender, dieser uU vertreten durch den Frachtführer) oder über die ganze Strecke weisungsgebundene **Unterfrachtführer** einschalten, letzteres ist dem Frachtführer grundsätzlich ohne weiteres erlaubt (aber Haftung des Hauptfrachtführers für diese, § 428 Satz 2). Haftung der ausführenden Frachtführer selbst, obwohl nicht Vertragspartei, s § 437. **Gesamt- bzw Samtfrachtführerschaft** sind mehrere Frachtführer, die dem Absender gegenüber die Beförderung für die ganze Strecke übernehmen, obwohl jeder das Gut selbst nur über eine Teilstrecke transportiert; sie haften als Gesamtschuldner, hL. Zu den rechtlich verschiedenen Arten, wie mehrere Frachtführer an der Beförderung des Gutes beteiligt werden können, Fremuth/Thume Vor § 437 Rn 6 ff.

c) Weitere Pflichten: Der Frachtführer hat ferner ua die Betriebssicherheit **19** der Verladung sicherzustellen (§ 412 I 2). Er muss grundsätzlich die Weisungen des Absenders und später des Empfängers befolgen (näher § 418). Häufig schuldet der Frachtführer außer der Beförderung auch sonstige Nebenleistungen, zB Aufbewahrung des Guts vor oder nach Beförderung; solche Nebenleistungen sind rechtlich nicht selbstständig zu beurteilen, sondern folgen den Regeln des Frachtvertrags, RG HRR **29,** 1673. Andererseits kann auch das Befördern Nebenleistung in einem anderen Geschäft sein, zB Versendungskauf, Kommission, Lagerung, RG JW **02,** 79. Eine Pflicht zum Tausch oder Überlassung von Paletten besteht ohne bes Abrede (zur Unwirksamkeit in AGB: Brem TranspR **08,** 169, Koller 59 a) nicht (vgl auch (18) ADSp Ziff 4.1 Nr 3), hierzu Ffm TranspR **06,** 82 m Anm Knorre, Knorre TranspR **01,** 1.

d) Umschlagtätigkeit: Die Umschlagtätigkeit, also etwa das Laden und Lö- **20** schen einschließlich Stauen von Stückgut, Trimmen des Schiffes, Zwischenlagern, Verpacken und Umpacken von Gütern, ist im Gesetz nicht geregelt, aber auch nicht generell aus dem Frachtrecht herausgenommen. Je nach konkreter Art der vom Umschlagunternehmer ausgeübten Tätigkeit können Frachtrecht oder andere Rechtsgrundlagen anwendbar sein, Brüggemann TranspR **00,** 53, Herber TranspR **00,** 141.

e) Leistungsstörungen: Leistungsstörungen nach Übernahme des Gutes **21** s §§ 419, 420 II, 422, 425, 433. Näher Koller 82 ff.

C. Pflichten des Absenders (II): Die Hauptpflicht des Absenders ist die **22** Verpflichtung zur Zahlung der vereinbarten Fracht. Mangels Vereinbarung über die Höhe der Fracht gilt, wenn der Frachtführer Kfm ist, § 354, sonst § 632

§ 408

BGB. Weitere Einzelheiten zur Zahlung und Frachtberechnung sind in § 420 geregelt. Der Absender ist nicht verpflichtet, dem Frachtführer das Gut zu übergeben (vgl §§ 415, 416, 417). Standgeld s § 412 III (Legaldefinition), ferner §§ 415 II Nr 1, 418 I 4, 419 IV, 420 III, 421 III. Distanzfracht s § 420 II. Erfüllungsort für Zahlung von Fracht und Aufwendungsersatz ist der Wohnsitz bzw die gewerbliche Niederlassung des Schuldners (§§ 269, 270 IV BGB), Hbg TranspR **90**, 118.

23   D. **Beendigung des Frachtvertrags:** § 415 ist lex specialis zu § 649 BGB, zur Kündigung durch Frachtführer s § 417. Ferner kann Leistungsstörungsrecht (s Rn 21) zur Beendigung des Frachtvertrags führen. Insolvenz des Frachtführers s § 103 InsO, Insolvenz des Absenders s § 116 InsO, bei Tod oder Registerlöschung gelten §§ 672 f BGB.

24   E. **Abweichende Vereinbarungen:** § 407 ist dispositiv (Grenzen: § 449).

5) (18) ADSp und andere AGB

25   Neben den §§ 407 ff gelten, soweit § 449 das noch zulässt, die **(18)** ADSp, die Vertragsbedingungen für den Güterkraftverkehrs- und Logistikunternehmer (VBGL) idF 2003, die Allgemeinen Leistungsbedingungen (ALB) der Deutschen Bahn AG (DB Cargo) (ALB Cargo) Stand 1. 11. 08 und die AGB der Bundesfachgruppe Schwertransporte und Kranarbeiten (AGB/BSK) Stand 1. 8. 08 (jeweils Text und Komm bei Koller, Stand 2007).

Frachtbrief

408 (1) ¹Der Frachtführer kann die Ausstellung eines Frachtbriefs mit folgenden Angaben verlangen:
1. **Ort und Tag der Ausstellung;**
2. **Name und Anschrift des Absenders;**
3. **Name und Anschrift des Frachtführers;**
4. **Stelle und Tag der Übernahme des Gutes sowie die für die Ablieferung vorgesehene Stelle;**
5. **Name und Anschrift des Empfängers und eine etwaige Meldeadresse;**
6. **die übliche Bezeichnung der Art des Gutes und die Art der Verpackung, bei gefährlichen Gütern ihre nach den Gefahrgutvorschriften vorgesehene, sonst ihre allgemein anerkannte Bezeichnung;**
7. **Anzahl, Zeichen und Nummern der Frachtstücke;**
8. **das Rohgewicht oder die anders angegebene Menge des Gutes;**
9. **die vereinbarte Fracht und die bis zur Ablieferung anfallenden Kosten sowie einen Vermerk über die Frachtzahlung;**
10. **den Betrag einer bei der Ablieferung des Gutes einzuziehenden Nachnahme;**
11. **Weisungen für die Zoll- und sonstige amtliche Behandlung des Gutes;**
12. **eine Vereinbarung über die Beförderung in offenem, nicht mit Planen gedecktem Fahrzeug oder auf Deck.**

²In den Frachtbrief können weitere Angaben eingetragen werden, die die Parteien für zweckmäßig halten.

(2) ¹Der Frachtbrief wird in drei Originalausfertigungen ausgestellt, die vom Absender unterzeichnet werden. ²Der Absender kann verlangen, daß auch der Frachtführer den Frachtbrief unterzeichnet. ³Nachbildungen der eigenhändigen Unterschriften durch Druck oder Stempel genügen. ⁴Eine Ausfertigung ist für den Absender bestimmt, eine begleitet das Gut, eine behält der Frachtführer.

4. Abschnitt. Frachtgeschäft 1–3 § 408

1) Ausstellung eines Frachtbriefs auf Verlangen (I 1 1. Halbsatz)

Der Frachtführer kann vom Absender (nicht umgekehrt) die Ausstellung eines 1
Frachtbriefs mit den in I Nr 1–12 aufgezählten Angaben verlangen. Der Frachtbrief ist damit als Absendepapier und als Beweisurkunde ausgestaltet. Zur Beweiskraft und Vermutungswirkung bei beidseitiger Unterzeichnung s § 409, ohne solche § 409 Rn 4. Von einem Frachtbriefzwang wie nach CIM hat der Gesetzgeber abgesehen. Unter der CMR ist ein Frachtbrief zwar die Regel, aber sonst wird in der Praxis zunehmend davon abgesehen. Die Pflicht des Absenders zur Ausstellung entsteht nur auf Verlangen (verhaltener Anspruch). Sie ist Nebenpflicht des Absenders. Bei Verletzung dieser Pflicht Zurückbehaltungsrecht (§ 273 BGB). Verweigerung der Ausstellung ist Pflichtverletzung (Schadensersatzpflicht nach § 280 I BGB). Bei Beförderung von Umzugsgut ist der Absender nicht verpflichtet, einen Frachtbrief auszustellen (§ 451 b I). Anspruch auf Ausstellung kann nach HdlBrauch (§ 346) oder auf Grund der besonderen Beziehung oder Absprache der Parteien entfallen. Vgl (17) CMR Art 4 ff.
Muster: Hopt, Form I. N. 1 (Frachtbrief internationaler Straßengüterverkehr), Form I. N. 2 (Frachtbrief innerdeutscher Eisenbahnverkehr).

2) Inhalt des Frachtbriefs (I 1 Nr 1–12, 2)

A. **Angaben nach I 1:** Die Aufzählung der in den Frachtbrief aufzunehmen- 2
den Angaben in **I 1 Nr 1–12** (ua Namen und Anschrift der Beteiligten, Bezeichnung des Gutes, einzelne Vertragsbestimmungen; vgl (17) CMR Art 6 I) ist nicht abschließend (I 2), s Rn 4. Das Fehlen oder die Unrichtigkeit einzelner in I 1 Nr 1–12 aufgeführter Angaben, zB der Angabe der Fracht nach I 1 Nr 9, führt nicht dazu, dass kein Frachtbrief mehr iSv § 408 vorliegt, aber insoweit keine Beweiswirkung (§ 409 Rn 1) u ggf Haftung des Absenders (§ 414 I 1 Nr. 2).

B. **Einzelne Angaben nach I 1 Nr 1–12: I 1 Nr 4** nennt Stelle und Tag der 3
Übernahme des Gutes sowie die für die Ablieferung vorgesehene Stelle. **Stelle** ist nicht nur der Ort, etwa die politische Gemeinde, sondern die genaue geographische Bezeichnung, zB nach Straße und Hausnummer. Wenn die Stelle nicht bekannt ist, so typischerweise im Bereich der Binnenschifffahrt (vgl §§ 27, 46 aF BinSchG), genügt der Ort (RegE).

I 1 Nr 5 nennt neben Angabe von Name und Anschrift des Empfängers, der auch der Absender selbst oder ein zunächst noch Ungenannter sein kann, auch eine etwaige **Meldeadresse**. Das ist eine Anschrift, unter der der Frachtführer zB seine Entladebereitschaft anzeigen und weitere Anweisungen einholen kann. Das Institut der Meldeadresse stammt aus dem Binnenschiffstransportrecht (vgl § 72 III aF BinSchG) und dem Seetransportrecht (Konnossement, notify address) und ist wichtig, wenn bei Ausstellung des Frachtbriefs Einzelheiten der Empfangnahme noch offen sind.

I 1 Nr 6 betrifft Angaben über Art des Guts und der Verpackung sowie über **gefährliche Güter**. Bei letzteren kommt sowohl die Bezeichnung nach den öffentlich-rechtlichen Gefahrgutvorschriften als auch die allgemein anerkannte Bezeichnung unter der weitergehenden Sondervorschrift des § 410 in Betracht.

I 1 Nr 7 führt die Angabe von Anzahl, Zeichen und Nummern der Frachtstücke auf. **Frachtstücke** sind alle Einzelstücke sowie alle vom Absender hergestellten Einheiten, auch wenn sie nur der Verpackung oder sonst der Erleichterung des Transports, zB Palette, dienen; nicht jedoch in den Einheiten sichtbare Kartons, Hamm TranspR **00,** 424.

I 1 Nr 8 nennt das Rohgewicht oder die anders angegebene Menge des Gutes. **Rohgewicht** ist das Gewicht samt Verpackung.

I 1 Nr 9 nennt die Fracht und die bis zur Ablieferung anfallenden Kosten sowie einen Vermerk über die **Frachtzahlung** (zur Frachtberechnung s § 420).

§ 409

Letzterer betrifft zB Frankatur- bzw Freivermerke (§ 346 Rn 40 „frei"). I 1 Nr 9 dient insoweit der beweissichernden Dokumentation von Zahlungsabreden.

I 1 Nr 10 nennt die **Nachnahme** (§ 422; auch § 346 Rn 40 „Nachnahme"). Nachnahme ist hier ganz weit zu verstehen als alles, was Zug um Zug gegen Ablieferung zu zahlen ist (Spesennachnahmen und Wertnachnahmen).

I 1 Nr 11 nennt Weisungen für die **Zollabfertigung,** obwohl bei grenzüberschreitender Beförderung §§ 407 ff idR nicht anwendbar sind (§ 407 Rn 10).

I 1 Nr 12 betrifft eine Vereinbarung über die **Beförderung in offenem,** nicht mit Planen gedecktem **Fahrzeug** oder auf Deck. Grund dafür sind die damit verbundenen, besonderen Gefahren für das Gut (Nässe, Witterung, Diebstahl, Überbordspülen). Vgl **(17)** CMR Art 17 IVa mit Haftungsausschluss.

4   C. **Weitere Angaben (I 2):** Nach I 2 (entspr **(17)** CMR Art 6 III) können die Parteien in den Frachtbrief weitere Angaben, zB Lieferfrist und Vergütung für ihre Überschreitung, eintragen, aber der Frachtführer hat darauf keinen Anspruch.

3) Ausfertigungen und Form des Frachtbriefs (II)

5   II regelt die Zahl der Frachtbriefausfertigungen und die Form der Unterschrift. Der Frachtbrief wird in drei Originalausfertigungen ausgestellt, die vom Absender unterzeichnet werden **(II 1,** vgl **(17)** CMR Art 5 I 1). Die Parteien können eine andere, idR dann größere Anzahl vorsehen (vgl **(17)** CMR Art 5 II). Wegen der Beweiskraft eines von beiden Parteien unterzeichneten Frachtbriefs (§ 409 I) muss auch der Frachtführer unterzeichnen, wenn der Absender das verlangt **(II 2).** Der Frachtbrief ist schon dann formgültig, wenn nur eine Ausfertigung gem II unterzeichnet ist, gedruckte Unterschriften (Faksimile) und aufgesetzte Stempel genügen **(II 3).** Der formungültige Frachtbrief liefert ein Indiz iSv § 286 ZPO (§ 409 Rn 4). Das Frachtbriefdoppel, also die zweite Ausfertigung, verbleibt beim Absender **(II 4).** Die Absenderausfertigung kann für das Verfügungsrecht relevant werden (§ 418 IV). Zur Bedeutung des Frachtbriefdoppels Fremuth/Thume Rn 5 f.

Beweiskraft des Frachtbriefs

409 (1) **Der von beiden Parteien unterzeichnete Frachtbrief dient bis zum Beweis des Gegenteils als Nachweis für Abschluß und Inhalt des Frachtvertrages sowie für die Übernahme des Gutes durch den Frachtführer.**

(2) ¹**Der von beiden Parteien unterzeichnete Frachtbrief begründet ferner die Vermutung, daß das Gut und seine Verpackung bei der Übernahme durch den Frachtführer in äußerlich gutem Zustand waren und daß die Anzahl der Frachtstücke und ihre Zeichen und Nummern mit den Angaben im Frachtbrief übereinstimmen.** ²**Der Frachtbrief begründet diese Vermutung jedoch nicht, wenn der Frachtführer einen begründeten Vorbehalt in den Frachtbrief eingetragen hat; der Vorbehalt kann auch damit begründet werden, daß dem Frachtführer keine angemessenen Mittel zur Verfügung standen, die Richtigkeit der Angaben zu überprüfen.**

(3) ¹**Ist das Rohgewicht oder die anders angegebene Menge des Gutes oder der Inhalt der Frachtstücke vom Frachtführer überprüft und das Ergebnis der Überprüfung in den von beiden Parteien unterzeichneten Frachtbrief eingetragen worden, so begründet dieser auch die Vermutung, daß Gewicht, Menge oder Inhalt mit den Angaben im Frachtbrief übereinstimmt.** ²**Der Frachtführer ist verpflichtet, Gewicht, Menge oder Inhalt zu überprüfen, wenn der Absender dies verlangt und dem Frachtführer angemessene Mittel zur Überprüfung zur Verfügung stehen; der Frachtführer hat Anspruch auf Ersatz seiner Aufwendungen für die Überprüfung.**

4. Abschnitt. Frachtgeschäft 1–4 **§ 409**

1) Beweiskraft des von beiden Parteien unterzeichneten Frachtbriefs (I–III)

A. Der Frachtbrief ist anders als der Ladeschein (§§ 444 ff) kein Wertpapier, sondern (wenn er **von beiden Parteien unterzeichnet** ist) eine bloße **Beweisurkunde** über Abschluss und Inhalt des Frachtvertrages sowie die Übernahme des Gutes durch den Frachtführer **(I)**. Für das Zustandekommen des Frachtvertrags ist der Frachtbrief ohne Bedeutung (§ 407 Rn 14). Die Beweiswirkung nach I setzt formgültigen Frachtbrief nach § 408 voraus, insbesondere auch Unterschrift des durch sie belasteten Frachtführers nach § 408 II 2, 3. Fehlt eine Unterschrift, ist Beweis nach allgemeinen Regeln zu führen, zB durch entsprechende Angaben im Frachtvertrag (s Rn 4). Die Beweiswirkung reicht nur so weit, wie die Angaben im Frachtbrief reichen; zusätzliche Angaben nach § 408 I 2 werden von der Beweiswirkung des § 409 nicht erfasst (Wirkung s Rn 4). Einseitige spätere Änderungen nehmen an der Beweiskraft des § 409 nicht teil. Die Beweiswirkung gilt nicht nur unter den Parteien, sondern auch gegenüber dem Empfänger des Guts, der den Frachtbrief annimmt (vgl §§ 421 ff). Beginn der Beweiskraft mit Aushändigung und Annahme. Die Vermutung nach I ist widerlegbar (Gegenbeweis). Besondere Bedeutung hat der Frachtbrief für den Umfang der Zahlungspflicht des Empfängers nach Annahme des Gutes (§ 421 II 1). Eingetragener **Vorbehalt** zerstört die Beweiswirkung auch dann, wenn er nicht begründet ist (anders II, s Rn 2).

B. Der Frachtbrief begründet die **Vermutung,** dass das Gut und seine Verpackung bei der Übernahme durch den Frachtführer in äußerlich gutem Zustand waren und die Anzahl der **Frachtstücke** (Begriff s § 408 I 1 Nr 7) mit den Angaben im Frachtbrief übereinstimmen **(II)**. **Äußerlich guter Zustand** betrifft den Zustand, der an der Oberfläche der Frachtstücke bzw ihrer Verpackung ohne weiteres erkennbar ist, besondere Warenkenntnisse sind vom Frachtführer nicht zu erwarten. Bei Kühltransporten Prüfung durch Messgerät, Koller 16. **Vorbehalt** durch den Frachtführer ist möglich, muss aber eingetragen und anders als nach I begründet sein. Begründung muss für Außenstehende nachvollziehbar sein, Düss TranspR **93,** 55. Als Begründung genügt auch mangelnde Überprüfbarkeit (Unbekannt-Vermerk); Beweislast dafür bei dem, der sich auf Vorbehalt beruft, Koller 10 f. Auch objektiv falsche Vorbehalte zerstören die Vermutung, sie können den Frachtführer aber schadensersatzpflichtig machen (§ 408 Rn 1), zudem Beweisvereitelung. II 1 gilt entspr auch für Begleitpapiere, Schlesw VersR **79,** 142, Koller 14.

C. Sonderregelungen gelten für **Gewichts-, Mengen- und Frachtstücksinhaltsangaben (III).** Die Angabe der Ergebnisse ihrer Überprüfung im beiderseits unterzeichneten Frachtbrief begründet die Vermutung, dass Gewicht, Menge oder Inhalt mit den Angaben im Frachtbrief übereinstimmt **(III 1;** vgl **(17)** CMR Art 8 III, aber ohne Angabe der Rechtsfolge). Inhalt ist das, was nicht schon äußerlicher Zustand ist (s Rn 2). Der Frachtführer hat insoweit eine besondere Überprüfungspflicht **(III 2),** aber nur auf Verlangen des Absenders, bei angemessener Überprüfungsmöglichkeit und gegen Aufwendungsersatz. Der Frachtführer hat darüber hinaus Überprüfungsrecht auf eigene Kosten (§ 242 BGB), aber darf grundsätzlich nicht ohne Erlaubnis den verpackten Inhalt überprüfen, Ausnahme zB bei § 410 II Nr 1 und im Interesse des Absenders (vgl §§ 683, 665 BGB), Koller 26.

2) Bedeutung von formungültigen oder nur von einer Partei unterzeichneten Frachtbriefen

Ein formungültiger Frachtbrief unterliegt freier Beweiswürdigung (§ 286 ZPO), er kann ein Indiz dafür sein, dass das Gut und seine Verpackung in äußerlich gutem Zustand waren, BGH NJW-RR **03,** 755 (vgl II 1), weil sonst der Fracht-

§ 410

führer wohl einen Vorbehalt aufgenommen hätte, Koller § 408 Rn 27. Ist der Frachtbrief nur vom Frachtführer unterschrieben, wirkt er als Empfangsquittung (§ 368 BGB), Düss TranspR **98**, 31, Koller aaO. Soweit Angaben im Frachtbrief nicht gemacht sind und der Frachtbrief insoweit ohne Wirkung nach I und II ist, können §§ 416, 440 ZPO über die Beweiskraft von Privaturkunden und zum Beweis ihrer Echtheit eingreifen.

3) Haftung für unrichtige Frachtbriefe

5 Bei Ausstellung **unrichtiger Frachtbriefe** kann es zur **Haftung** des Absenders und des Frachtführers **gegenüber dem anderen Teil** kommen, beim Absender verschuldensunabhängig nach § 414 I Nr 2, beim Frachtführer als Nebenpflichtverletzung (§ 407 Rn 19); dann §§ 249, 254 BGB.

6 Es kommt auch Haftung **gegenüber Dritten** (zB Empfänger, Kreditgeber) nach allgemeinen Regeln in Betracht, ua § 826 BGB, § 280 I iVm § 311 BGB, Verschulden bei Vertragsverhandlungen mit Schutzwirkung zugunsten Dritter und Rechtsscheinhaftung (analog §§ 172, 405 BGB), Koller 31.

Gefährliches Gut

410 (1) **Soll gefährliches Gut befördert werden, so hat der Absender dem Frachtführer rechtzeitig in Textform die genaue Art der Gefahr und, soweit erforderlich, zu ergreifende Vorsichtsmaßnahmen mitzuteilen.**

(2) **Der Frachtführer kann, sofern ihm nicht bei Übernahme des Gutes die Art der Gefahr bekannt war oder jedenfalls mitgeteilt worden ist,**

1. **gefährliches Gut ausladen, einlagern, zurückbefördern oder, soweit erforderlich, vernichten oder unschädlich machen, ohne dem Absender deshalb ersatzpflichtig zu werden, und**
2. **vom Absender wegen dieser Maßnahmen Ersatz der erforderlichen Aufwendungen verlangen.**

1) Mitteilungspflicht des Absenders bei gefährlichem Gut (I)

1 § 410 regelt die Beförderung gefährlicher Güter (vgl **(17)** CMR Art 22). **Gefährliches Gut** iSv 410 ist nicht gleichbedeutend mit Gefahrgut iSv öffentlichrechtlichem Gefahrgutrecht (GefahrgutVOn, jeweils für Straße, Eisenbahn, Binnenschifffahrt, GGVS, GGVE, GGVBinSch, und internationale Abkommen, zB Europäisches Übk über die internationale Beförderung gefährlicher Güter auf der Straße 30. 9. 57 BGBl 69 II 1489, ADR; vgl § 408 I Nr 6). Gefährliches Gut ist weiter und erfasst außer dem öffentlichrechtlichen Gefahrgut auch Güter, die allein beförderungsspezifisch gefährlich sind (Schutz des Frachtführers). Der Absender muss dem Frachtführer rechtzeitig in Textform (§ 126b BGB) **Mitteilung** von der Gefahr und, soweit erforderlich, von den zu ergreifende Vorsichtsmaßnahmen machen (I). Letztere haben sich am Informationsbedarf des Frachtführers auszurichten (objektiver Absenderhorizont, RegE), dabei besteht keine Zweifelsregel für Gefährlichkeit, Koller 2. Die Mitteilung braucht nicht im Frachtbrief zu erfolgen. Die verkörperte Mitteilung muss rechtzeitig zugehen (§ 130 BGB). Was **rechtzeitig** ist, lässt I offen. Die verkörperte Mitteilung muss nicht in allen Fällen schon bei Vertragsschluss erfolgen. Formloser, zB telefonischer, Hinweis auf die Gefahr bei Vertragsschluss und erst später nachfolgende verkörperte Mitteilung können im Einzelfall ausreichen, vgl auch **(18)** ADSp Ziff 3.3–3.5. **Rechtsfolge** der Verletzung der Mitteilungspflicht ist verschuldensunabhängige Haftung (§ 414 I Nr 3), außerdem Rechte nach II (s Rn 3). Die Beweislast für fehlende Information nach I liegt beim Frachtführer, der sich auf die Rechtsfolgen beruft (dagegen II, s Rn 2).

4. Abschnitt. Frachtgeschäft 1 § 411

2) Rechte des Frachtführers (II)

II gibt dem Frachtführer bestimmte **Rechte, sofern** ihm **nicht** bei Übernahme des Gutes (§ 425) die Art der Gefahr **bekannt** war **oder** jedenfalls **mitgeteilt** worden ist. Kenntnis durch Wissensvertreter und Zugang der Mitteilung (§ 130 BGB) an Empfangsvertreter, zB Fahrer und je nachdem anderes mit der Beförderung befasstes Personal des Frachtführers, genügen. Kenntnisnahme von der Mitteilung ist nicht nötig, aber Möglichkeit der Kenntnisnahme. Die Kenntnis bzw Mitteilung bezieht sich hier anders als nach I allein auf die Eigenschaft als gefährliches Gut, nicht auch auf etwaige Vorsichtsmaßnahmen; hat der Frachtführer von ersterer Kenntnis, ist er nicht schutzwürdig iSv II. Die Beweislast für die Ausnahmetatbestände („sofern nicht") liegt beim Absender (vgl **(17)** CMR Art 22 I 2).

Der Frachtführer kann mit dem gefährlichen Gut in bestimmter Weise umgehen, sich seiner entledigen und es notfalls sogar vernichten, ohne dem Absender deshalb (unmittelbarer Zurechnungszusammenhang zwischen ergriffener Maßnahme und Schaden) ersatzpflichtig zu werden **(II Nr 1,** Aufzählung verschiedener **Maßnahmen),** und wegen dieser Maßnahmen **Aufwendungsersatz** verlangen **(II Nr 2,** vgl § 419 IV). Die Auswahl unter den in II Nr 1 genannten Maßnahmen richtet sich nach Treu und Glauben (Verhältnismäßigkeitsgrundsatz). Einholung von Weisungen kann im Einzelfall notwendig sein („soweit erforderlich"). Dem Recht zur Rückbeförderung entspricht die Pflicht des Absenders zur Rücknahme. Aufwendungsersatz nicht nur für zusätzlich erforderliche Beförderungsauslagen, sondern zB auch für Vernichtung des Guts. Zum Verhältnis von **II Nr 2** zu § 414 I Nr 3 Koller 17.

Verpackung, Kennzeichnung

411 ¹**Der Absender hat das Gut, soweit dessen Natur unter Berücksichtigung der vereinbarten Beförderung eine Verpackung erfordert, so zu verpacken, daß es vor Verlust und Beschädigung geschützt ist und daß auch dem Frachtführer keine Schäden entstehen.** ²**Der Absender hat das Gut ferner, soweit dessen vertragsgemäße Behandlung dies erfordert, zu kennzeichnen.**

1) Der Absender hat für ordnungsgemäße **Verpackung** (Satz 1) und **Kennzeichnung** (Satz 2) des Gutes (Frachtstück iSv §§ 408 I Nr 7, 427 I Nr 5) zu sorgen (vgl **(17)** CMR 17 IV b, e, aber bloße Haftungsbefreiung des Frachtführers ohne ausdrückliche Rechtspflicht des Absenders). Das ist anders als früher eine echte **Rechtspflicht,** nicht nur eine mitwirkende Gläubigerhandlung wie nach §§ 295, 642 BGB, RegE S 40, 42. Grund für diese Rechtspflicht ist die besondere Warennähe des Absenders und die Stärkung der Position des Beförderers (RegE). Bei vertraglicher (auch konkludenter) Übernahme der Pflichten durch den Frachtführer haftet dieser nach § 425 I, Mü TranspR **06,** 357. **Verpackung** ist in Satz 1 definiert, nämlich so, dass das Gut vor Verlust und Beschädigung geschützt ist und dass auch dem Frachtführer keine (vorhersehbaren) Schäden entstehen. Die Art der Verpackung hängt also von der Beschaffenheit des Gutes und den nach der gewählten Beförderungsart zu erwartenden Einflüssen auf das Gut ab. Im Übrigen gelten § 346 HGB, § 157 BGB. Vorhersehbar sind zB Kälte- und Wärmeeinwirkungen, BGH **31,** 187, **32,** 300, Nässeeinwirkungen, Notbremsungen, Umladungen, nicht aber Umstände nach § 419 und § 427, Diebstähle, Unfälle. Der Verpackungsaufwand muss in einem angemessenen Verhältnis zur zu verpackenden Ware stehen, absoluter Schutz auch gegen ganz ungewöhnliche Transportrisiken kann nicht verlangt werden. Die Verpackung hat nach Satz 1 nur insoweit drittschützenden Charakter, als die

§ 412 1 IV. Buch. Handelsgeschäfte

„Schäden des Frachtführers" aus einer Inanspruchnahme durch Dritte resultieren (RegE). Der Frachtführer muss über besondere Transportverhältnisse aufklären und auf offensichtliche Verpackungs- und Kennzeichnungsmängel hinweisen, ist aber grundsätzlich nicht zur Verbesserung der Verpackung verpflichtet (beachte aber § 419), Koller 13, vgl. auch **(18)** ADSp Ziff 4.1. **Kennzeichnung** schuldet der Absender gem Satz 2 nach den Erfordernissen vertragsgemäßer Behandlung des Gutes. **Rechtsfolgen** bei Verletzung: verschuldensunabhängige Haftung des Absenders (§ 414 I Nr 1) und Ausschluss der Haftung des Frachtführers (§ 427 I Nr 5, auch § 425 II). Beweislast für das Vorliegen von Mängeln trifft den Frachtführer.

Verladen und Entladen

412 (1) ¹Soweit sich aus den Umständen oder der Verkehrssitte nicht etwas anderes ergibt, hat der Absender das Gut beförderungssicher zu laden, zu stauen und zu befestigen (verladen) sowie zu entladen. ²Der Frachtführer hat für die betriebssichere Verladung zu sorgen.

(2) Für die Lade- und Entladezeit, die sich mangels abweichender Vereinbarung nach einer den Umständen des Falles angemessenen Frist bemißt, kann keine besondere Vergütung verlangt werden.

(3) Wartet der Frachtführer auf Grund vertraglicher Vereinbarung oder aus Gründen, die nicht seinem Risikobereich zuzurechnen sind, über die Lade- oder Entladezeit hinaus, so hat er Anspruch auf eine angemessene Vergütung (Standgeld).

(4) Das Bundesministerium der Justiz wird ermächtigt, im Einvernehmen mit dem Bundesministerium für Verkehr, Bau und Stadtentwicklung durch Rechtsverordnung, die nicht der Zustimmung des Bundesrates bedarf, für die Binnenschifffahrt unter Berücksichtigung der Art der zur Beförderung bestimmten Fahrzeuge, der Art und Menge der umzuschlagenden Güter, der beim Güterumschlag zur Verfügung stehenden technischen Mittel und der Erfordernisse eines beschleunigten Verkehrsablaufs die Voraussetzungen für den Beginn der Lade- und Entladezeit, deren Dauer sowie die Höhe des Standgeldes zu bestimmen.

1) Verlade- und Entladepflicht (I)

1   Den **Absender** trifft die Pflicht zur Verladung und zur Entladung (**I 1**; vgl demgegenüber **(17)** CMR 17 IV c: bloße Haftungsbefreiung des Frachtführers, einerlei ob Absender oder Empfänger handeln). Echte Rechtspflicht (§ 411 Rn 1). **Verladen** ist legaldefiniert als beförderungssicher laden, stauen und befestigen. Die Verladung ist spätestens dann abgeschlossen, wenn der Absender das Gut auf das Fahrzeug verbracht und die notwendigen Maßnahmen zur Befestigung beendet hat („beförderungssicher"). **Beförderungssicher** heißt, dass das Gut vor Beschädigung durch die vorhersehbaren Transportbedingungen geschützt ist. Vorhersehbar sind zB Notbremsungen, nicht aber Unfälle (§ 411 Rn 1). **Entladen** und Löschen (Binnenschifffahrt) sind gleichbedeutend. Der Absender bleibt entladepflichtig, auch wenn in der Praxis häufig der Empfänger (dann als Erfüllungsgehilfe des Absenders, Ko/Ro/Mo/Koller 1) entlädt. Aus Vereinbarung (auch konkludent durch vorherige Übernahme der Verladung im Rahmen laufender Geschäftsbeziehungen möglich, BGH TranspR **08**, 206, Koller 7), HdlBrauch (§ 346) oder den Umständen (zB wenn Verladung die Bedienung technischer Anlagen des Beförderungsmittels erfordert, Koller 9, nicht aber bereits bei besonderen technischen Verladevorrichtungen des Transportfahrzeugs, BGH NJW-RR **08,** 1210) kann sich Pflicht

4. Abschnitt. Frachtgeschäft **§ 413**

des Frachtführers zur Verladung und Entladung ergeben, vgl auch § 451 a. Ist das nicht der Fall, ist Mithilfe des Frachtführers und seiner Gehilfen bei der Verladung und Entladung bloße Gefälligkeit, hL, Koller 11. **Rechtsfolgen** bei Verletzung: nur verschuldensabhängige Haftung des Absenders (§ 414 Rn 2), Ausschluss der Haftung des Frachtführers (§ 427 I Nr 3, auch § 419). Aufklärungs- und Hinweispflicht s § 411 Rn 1. Zu bußgeldrechtlichen Fragen Wieske/Kramer TranspR **08**, 435.

Der **Frachtführer** hat für die Betriebssicherheit der Verladung zu sorgen (**I 2**). Diese Aufteilung zwischen Absender und Frachtführer entspricht der Waren- bzw der Beförderungsexpertise der Vertragspartner. **Betriebssicher** bedeutet, dass das Beförderungsmittel nach der Verladung während der Beförderung jeder Verkehrslage gewachsen ist, mit der nach den Umständen zu rechnen ist, Koller 42, vgl BGH **32**, 194, VersR **70**, 459. **Rechtsfolgen** bei Verletzung: Haftung nach §§ 425 I, 434. 2

2) Lade- und Entladezeit, Standgeld (II–IV)

Für die (mangels anderer Abrede) angemessene Lade- und Entladezeit (Lösch- 3 zeit, s Rn 1) fällt keine besondere Vergütung für den Frachtführer an (**II**, vgl § 567 IV 1), da vorhersehbar und einkalkulierbar. **Angemessen** ist der Zeitraum, den ein ordentlicher Absender benötigt, um das Gut sicher u schadensfrei zu ver- bzw entladen, Koller 46 f. Dagegen hat der Frachtführer Anspruch auf angemessene Vergütung (**Standgeld**, in der Binnenschifffahrt auch Liegegeld), wenn die Lade- oder Entladezeit abredegemäß oder aus Gründen, die nicht in den Risikobereich des Frachtführers fallen, überschritten wird (**III**). Eines Rückgriffs auf Werkvertragsrecht, zB auf § 642 BGB, bedarf es nicht. In der Schifffahrt ist es schon lange üblich, eine Überliegezeit zu vereinbaren und zu vergüten. Standgeld mangels Vereinbarung in üblicher Höhe. III 2. Alt, wo auf den **Risikobereich** abgestellt ist, entspricht dem **Sphärengedanken,** der allgemein im Transportrecht gilt (zB §§ 415 III 3, 416 Satz 3, 417 IV, 419 I 3, 420 II 2, III). Das geht über die zivilrechtliche Zurechnung nach Vertretenmüssen hinaus. Zum Risikobereich des Frachtführers gehört zB ungenügende Information über betriebssichere Ladung, Verlängerung der Lade- oder Entladezeit durch Beschaffenheit des Transportmittels.

3) Verordnungsermächtigung für Binnenschifffahrt (IV)

Einzelheiten der Lade- und Löschzeiten für Binnenschifffahrt regelt eine VO 4 des BMJ (BinSchLV 23. 11. 99 BGBl I 2389). Die VOErmächtigung ist auf diesen Bereich beschränkt.

Begleitpapiere

413 (1) Der Absender hat dem Frachtführer Urkunden zur Verfügung zu stellen und Auskünfte zu erteilen, die für eine amtliche Behandlung, insbesondere eine Zollabfertigung, vor der Ablieferung des Gutes erforderlich sind.

(2) ¹Der Frachtführer ist für den Schaden verantwortlich, der durch Verlust oder Beschädigung der ihm übergebenen Urkunden oder durch deren unrichtige Verwendung verursacht worden ist, es sei denn, daß der Verlust, die Beschädigung oder die unrichtige Verwendung auf Umständen beruht, die der Frachtführer nicht vermeiden und deren Folgen er nicht abwenden konnte. ²Seine Haftung ist jedoch auf den Betrag begrenzt, der bei Verlust des Gutes zu zahlen wäre.

§ 414 1   IV. Buch. Handelsgeschäfte

1) Stellung der Begleitpapiere, Erteilung von Auskünften durch den Absender (I)

1   Der **Absender** hat dem Frachtführer die notwendigen Urkunden (**Begleitpapiere**) zu stellen und Auskünfte zu erteilen, die für eine amtliche Behandlung vor Ablieferung des Guts, zB Zollabfertigung (vgl § 408 I 1 Nr 11, s dort Rn 3), erforderlich sind (**I**, vgl (17) CMR Art 11 I). Dies gilt nicht für Urkunden, die eine Behörde rechtswidrig verlangt, BGH TranspR **98**, 154. Echte Rechtspflicht (§ 411 Rn 1). **Rechtsfolgen** der Verletzung: § 414 I Nr 4. Bei Hindernissen iSv § 419 sind Papiere erst nach Einholung von Weisungen durch den Frachtführer erforderlich, Koller 2, str.

2) Haftung des Frachtführers für die Begleitpapiere (II)

2   Der **Frachtführer** haftet dem Absender für Schäden aus Verlust, Beschädigung und unrichtiger Verwendung der übergebenen Urkunden (**II**). Auch Nichtverwendung kann unrichtige Verwendung sein. Es handelt sich um eine verschuldensunabhängige Haftung (anders (17) CMR Art 11 III iVm § 390 I), entsprechend der Frachtführerhaftung nach §§ 425, 426 (RegE), Grund: Gleichbehandlung beider Fälle, beförderungstypisches Risiko. Die Haftung entfällt, wenn Verlust, Beschädigung oder unrichtige Verwendung auf Umständen beruht, die der Frachtführer nicht vermeiden und deren Folgen er nicht abschätzen konnte (II 1 letzter Halbs). Dafür ist nach dem klaren Wortlaut der Frachtführer beweispflichtig. Haftungsobergrenze wie bei Verlust des Gutes (**II 2** iVm §§ 429 ff). II ist nicht (auch nicht analog) auf Auskünfte anwendbar, Koller 13. Abweichende Vereinbarungen s § 449 I 1, II.

Verschuldensunabhängige Haftung des Absenders in besonderen Fällen

414 (1) ¹Der Absender hat, auch wenn ihn kein Verschulden trifft, dem Frachtführer Schäden und Aufwendungen zu ersetzen, die verursacht werden durch

1. ungenügende Verpackung oder Kennzeichnung,
2. Unrichtigkeit oder Unvollständigkeit der in den Frachtbrief aufgenommenen Angaben,
3. Unterlassen der Mitteilung über die Gefährlichkeit des Gutes oder
4. Fehlen, Unvollständigkeit oder Unrichtigkeit der in § 413 Abs. 1 genannten Urkunden oder Auskünfte.

²Für Schäden hat der Absender jedoch nur bis zu einem Betrag von 8,33 Rechnungseinheiten für jedes Kilogramm des Rohgewichts der Sendung Ersatz zu leisten; § 431 Abs. 4 und die §§ 434 bis 436 sind entsprechend anzuwenden.

(2) Hat bei der Verursachung der Schäden oder Aufwendungen ein Verhalten des Frachtführers mitgewirkt, so hängen die Verpflichtung zum Ersatz sowie der Umfang des zu leistenden Ersatzes davon ab, inwieweit dieses Verhalten zu den Schäden und Aufwendungen beigetragen hat.

(3) Ist der Absender ein Verbraucher, so hat er dem Frachtführer Schäden und Aufwendungen nach den Absätzen 1 und 2 nur zu ersetzen, soweit ihn ein Verschulden trifft.

1) Verschuldensunabhängige Haftung des Absenders (I, II)

1   A. **Verschuldensunabhängige Haftung (I):** In vier besonderen Fällen trifft den Absender sogar eine verschuldensunabhängige Haftung gegenüber dem Frachtführer für Schäden und Aufwendungen (I, außer wenn er Verbraucher ist, III, s Rn 6), die selbst bei Wahrung größter Sorgfalt greift, Koller 2, aA Canaris

4. Abschnitt. Frachtgeschäft 2–6 § 414

§ 31 Rn 59. In anderen Fällen als den in I genannten verbleibt es bei der allgemeinen vertraglichen Verschuldenshaftung. I beschränkt die verschuldensunabhängige Haftung auf eine solche gegenüber dem Frachtführer, Schäden Dritter werden nur insoweit ersetzt, als der Frachtführer dafür in Anspruch genommen wird und Aufwendungsersatz beanspruchen kann (RegE). Drittschadensliquidation ist aber nicht ausgeschlossen. Von § 414 abweichende Vereinbarungen s § 449 I 1, II.

B. **Die vier besonderen Fälle (I 1 Nr 1–4): I 1 Nr 1:** Ungenügende Verpa- 2 ckung oder Kennzeichnung (§ 411; vgl **(17)** CMR Art 10) heißt gänzlich fehlend oder unzulänglich durchgeführt; näher § 411 Rn 1. Der Begriff findet auch in § 427 I Nr 2 und 5 Anwendung, denn Absenderhaftung und Befreiung von Frachtführerhaftung entspringen derselben Risikozuweisung (RegE). Die Verpackung und Kennzeichnung muss dem Absender obliegen (§ 411), Koller 6, anders noch RegE (bei abw Wortlaut), unklar Rechtsausschuss. Nr 1 greift also nicht schon, wenn der Absender ohne Rechtspflicht tatsächlich unzulänglich verpackt hat. Nr 1 ist nicht anwendbar, wenn der Frachtführer verpackungs- oder kennzeichnungspflichtig ist, jedoch kann dann immer noch der Absender wegen unzulänglicher Verpackung verschuldensabhängig (mit)haften, § 280 I BGB (Pflichtverletzung), Koller 7.

I 1 Nr 2: Unrichtigkeit oder Unvollständigkeit der in den Frachtbrief aufgenommenen Angaben (§ 408 I (auch I 2); vgl **(17)** CMR Art 7 I). Keine Haftung bei gänzlichem Fehlen einer Angabe nach § 408 I.

I 1 Nr 3: Unterlassen der Mitteilung über die Gefährlichkeit des Gutes (§ 410 I; vgl **(17)** CMR Art 22 II aE). Unterlassen umfasst gänzliches Fehlen ebenso wie Unrichtigkeit der Mitteilung (Unterlassen der gebotenen Richtigstellung, RegE).

I 1 Nr 4: Fehlen, Unvollständigkeit oder Unrichtigkeit der Urkunden oder Auskünfte nach § 413 I (vgl **(17)** CMR Art 11 II).

Analoge Anwendung von I 1 Nr 1–4, zB auf die Lade- und Entladepflichten des § 412, ist ausgeschlossen.

C. **Haftungsobergrenze** wie bei Verlust des Gutes (**I 2** wie § 431 I; 3 §§ 431 IV, 434–436 gelten entspr), gilt aber nicht für Aufwendungen (hM, str). Krit Canaris § 31 Rn 57 f (Verstoß gegen Willkürverbot des Art 3 I GG).

D. **Mitverursachung (II):** II trägt bei Mitverursachung der Schäden oder 4 Aufwendungen durch ein Verhalten des Frachtführers den Verursachungsbeiträgen von Absender und Frachtführer Rechnung (Schadensteilung entspr § 254 BGB), also kein Entfallen der Haftung bei Mitverursachung (anders der Wortlaut von **(17)** CMR Art 10, 11, Alles-oder-nichts-Prinzip, auch dort oft über § 254 BGB korrigiert). Bspe: Verletzung der Aufklärungs- und Hinweispflicht des Frachtführers, Fehler des Frachtführers bei Ausfüllen des Frachtbriefs.

2) Verschuldenshaftung, wenn der Absender Verbraucher ist (III)

A. **Bloße Verschuldenshaftung (III):** Ist der Absender ein Verbraucher 5 (s Rn 6), haftet er auch in den Fällen von I 1 Nr 1–4 nur bei Verschulden.

B. **Verbraucher:** Die Legaldefinition von Verbraucher nach § 13 BGB gilt 6 auch für das HGB (§ 1 Rn 4) und ist für das gesamte Transportrecht wichtig, zB §§ 449 I, 451 a II, 451 b II, III, 451 g, 451 h I, 455 III, 466 I, 468 II, IV, 472 I, 475 h. Verbraucher ist danach jede natürliche Person, die ein Rechtsgeschäft zu einem Zweck abschließt, der weder ihrer gewerblichen noch ihrer selbstständigen beruflichen Tätigkeit zugerechnet werden kann. Bei Mischtatbeständen gilt § 344 nicht, HdlbgKo/Ruß 6, Beweislast für Verbrauchereigenschaft trifft den sich auf sie Berufenden.

§ 415 Kündigung durch den Absender

415 (1) Der Absender kann den Frachtvertrag jederzeit kündigen.

(2) ¹Kündigt der Absender, so kann der Frachtführer entweder
1. die vereinbarte Fracht, das etwaige Standgeld sowie zu ersetzende Aufwendungen unter Anrechnung dessen, was er infolge der Aufhebung des Vertrages an Aufwendungen erspart oder anderweitig erwirbt oder zu erwerben böswillig unterläßt, oder
2. ein Drittel der vereinbarten Fracht (Fautfracht)

verlangen. ²Beruht die Kündigung auf Gründen, die dem Risikobereich des Frachtführers zuzurechnen sind, so entfällt der Anspruch auf Fautfracht nach Satz 1 Nr. 2; in diesem Falle entfällt auch der Anspruch nach Satz 1 Nr. 1, soweit die Beförderung für den Absender nicht von Interesse ist.

(3) ¹Wurde vor der Kündigung bereits Gut verladen, so kann der Frachtführer auf Kosten des Absenders Maßnahmen entsprechend § 419 Abs. 3 Satz 2 bis 4 ergreifen oder vom Absender verlangen, daß dieser das Gut unverzüglich entlädt. ²Der Frachtführer braucht das Entladen des Gutes nur zu dulden, soweit dies ohne Nachteile für seinen Betrieb und ohne Schäden für die Absender oder Empfänger anderer Sendungen möglich ist. ³Beruht die Kündigung auf Gründen, die dem Risikobereich des Frachtführers zuzurechnen sind, so ist abweichend von den Sätzen 1 und 2 der Frachtführer verpflichtet, das Gut, das bereits verladen wurde, unverzüglich auf eigene Kosten zu entladen.

1) Kündigungsrecht des Absenders (I)

1   § 415 regelt das Kündigungsrecht des Absenders und die Rechtsfolgen der Kündigung. Der Absender kann den Frachtvertrag **jederzeit kündigen** (I; vgl § 649 BGB, **(17)** CMR Art 12 I 1). Die Kündigung wirkt im Gegensatz zum Rücktritt ex nunc. §§ 280 ff, 323 ff BGB werden nicht verdrängt. IZw werden die sich aus diesen Vorschriften ergebenden Rechte geltend gemacht, Koller 10.

2) Wahlrecht des Frachtführers zwischen Fracht und Fautfracht (II)

2   Kündigt der Absender, hat der Frachtführer ein Wahlrecht (**II 1**). Er kann entweder die **vereinbarte Fracht** abzüglich ersparter Aufwendungen (für diese trägt er selbst dann die Beweislast, wenn ihm der Absender höhere Ersparnisse unterstellt, Koller 16, aA BGH NJW-RR **92**, 1078 zu § 649 S 2 BGB aF) oder eines anderweitig getätigten oder böswillig unterlassenen Erwerbs verlangen (II 1 Nr 1, vgl § 649 Satz 2 BGB) oder pauschal ein Drittel der vereinbarten Fracht (II 1 Nr 2, **Fautfracht**, Begriff aus dem Seefrachtrecht, vgl § 580). Standgeld kann er nur unter den Voraussetzungen von § 412 III verlangen, Aufwendungen nur, soweit er sie einem Dritten zu ersetzen hat. Fautfracht ist weder Leistungsentgelt noch Schadensersatz, sondern eine gesetzlich pauschalierte Kündigungsentschädigung (RegE). Bindende Ausübung des Wahlrechts durch Erklärung, Koller 15. **II 2** berücksichtigt Gründe aus dem Risikobereich des Frachtführers (vgl § 412 Rn 3), der Anspruch auf Fautfracht entfällt dann, es bleibt nur der konkrete Einzelnachweis nach II 1 Nr 1, und auch dieser entfällt, soweit die Beförderung für den Absender nicht von Interesse ist, zB bei Beförderung durch einen neuen Frachtführer.

3) Bereits erfolgte Verladung (III)

3   III regelt Entladungsrecht und -pflicht sowie Kostentragung, wenn das Gut **vor Kündigung bereits verladen** worden ist. III geht § 412 insoweit vor. Der Frachtführer kann entweder selbst ausladen und hinterlegen (§ 419 III 2–4) oder unverzügliche Entladung vom Absender verlangen (III 1, ohne schuldhaftes

4. Abschnitt. Frachtgeschäft **§§ 416, 417**

Zögern, § 121 I 1 BGB), dazu soll auf die Vorgaben der VO nach § 412 IV zurückgegriffen werden können (RegE). Betriebliche Rücksichten s III 2 (wie § 418 I 3 bei Weisungen). Gründe aus dem Risikobereich des Frachtführers s III 3 (vgl Rn 2).

Anspruch auf Teilbeförderung

416 [1] Wird nur ein Teil der vereinbarten Ladung verladen, so kann der Absender jederzeit verlangen, daß der Frachtführer mit der Beförderung der unvollständigen Ladung beginnt. [2] In diesem Fall gebührt dem Frachtführer die volle Fracht, das etwaige Standgeld sowie Ersatz der Aufwendungen, die ihm infolge der Unvollständigkeit der Ladung entstehen; von der vollen Fracht kommt jedoch die Fracht für dasjenige Gut in Abzug, welches der Frachtführer mit demselben Beförderungsmittel anstelle des nicht verladenen Gutes befördert. [3] Der Frachtführer ist außerdem berechtigt, soweit ihm durch die Unvollständigkeit der Ladung die Sicherheit für die volle Fracht entgeht, die Bestellung einer anderweitigen Sicherheit zu fordern. [4] Beruht die Unvollständigkeit der Verladung auf Gründen, die dem Risikobereich des Frachtführers zuzurechnen sind, so steht diesem der Anspruch nach den Sätzen 2 und 3 nur insoweit zu, als tatsächlich Ladung befördert wird.

1) § 416 regelt die **Teilbeförderung** (vgl § 578). Der Absender kann ver- 1 langen, dass mit der Beförderung trotz unvollständiger Ladung begonnen wird **(Satz 1).** Der Frachtführer hat Anspruch auf volle Fracht, Standgeld (§ 412 III) und Ersatz zusätzlicher Aufwendungen **(Satz 2)**, zur Beweislast s § 415 Rn 2. Mehrkosten können ihm zB durch Umstauen oder Sicherheitsmaßnahmen entstehen. Satz 2 ist insoweit eine Ausprägung von § 420 I 2. Die Fracht für eine Ersatzladung muss er sich anrechnen lassen, um Ersatzladung braucht er sich jedoch anders als nach § 415 II 1 Nr 1 nicht zu bemühen, allgM. Bietet ihm das unvollständig geladene Gut keine Sicherheit für die volle Fracht (Pfandrecht, § 441), hat er Anspruch auf Sicherheitenbestellung **(Satz 3)**; unpraktikabel, da Bestellung nach §§ 232 ff BGB. **Satz 4** berücksichtigt Gründe aus dem Risikobereich des Frachtführers (vgl § 412 Rn 3).

Rechte des Frachtführers bei Nichteinhaltung der Ladezeit

417 (1) Verlädt der Absender das Gut nicht innerhalb der Ladezeit oder stellt er, wenn er zur Verladung nicht verpflichtet ist, das Gut nicht innerhalb der Ladezeit zur Verfügung, so kann ihm der Frachtführer eine angemessene Frist setzen, innerhalb derer das Gut verladen oder zur Verfügung gestellt werden soll.

(2) Wird bis zum Ablauf der nach Absatz 1 gesetzten Frist keine Ladung verladen oder zur Verfügung gestellt, so kann der Frachtführer den Vertrag kündigen und die Ansprüche nach § 415 Abs. 2 geltend machen.

(3) Wird bis zum Ablauf der nach Absatz 1 gesetzten Frist nur ein Teil der vereinbarten Ladung verladen oder zur Verfügung gestellt, so kann der Frachtführer mit der Beförderung der unvollständigen Ladung beginnen und die Ansprüche nach § 416 Satz 2 und 3 geltend machen.

(4) Dem Frachtführer stehen die Rechte nicht zu, wenn die Nichteinhaltung der Ladezeit auf Gründen beruht, die seinem Risikobereich zuzurechnen sind.

§ 418

1) § 417 idF SMG 2001 regelt die **Recht des Frachtführers bei Nichteinhaltung der Ladezeit** durch den Absender (vgl §§ 323 I, 643 BGB). Der Frachtführer soll über sein Transportmittel weiter disponieren können. Die Nichteinhaltung muss auf Gründe aus dem Risikobereich des Absenders zurückgehen, nämlich nicht rechtzeitige Verladung oder Zur-Verfügung-Stellung des Guts durch diesen **(I)**; ein Verschulden ist nicht erforderlich. Ladezeit s § 412 II. Der Frachtführer kann (uU bereits vor Ablauf der Ladezeit, Koller 6) angemessene Frist (Nachfrist) setzen. Nach Ablauf der Frist nach I kann der Frachtführer nach **II** kündigen (keine automatische Vertragsaufhebung, vgl § 323 I, anders § 643 BGB) und hat dann die Ansprüche aus § 415 II (vereinbarte Fracht oder Fautfracht). Eine Ablehnungsandrohung wie in § 417 I aF ist nach dem SMG nicht mehr erforderlich. Dies entspricht der Herabsetzung der Anforderungen des § 326 BGB aF und Anpassung an § 323 BGB. Fristloser Rücktritt bleibt möglich (§ 324 BGB), Ko/Ro/Mo/Koller 1. Verzögert der Frachtführer seine Wahl nach II, hat er keinen Anspruch auf späteres Standgeld (§ 412 III). Teilbeförderung s **III** iVm § 416 Satz 2, 3. Gründe aus dem Risikobereich des Frachtführers s **IV** (vgl § 412 Rn 3).

Nachträgliche Weisungen

418 (1) ¹Der Absender ist berechtigt, über das Gut zu verfügen. ²Er kann insbesondere verlangen, daß der Frachtführer das Gut nicht weiterbefördert oder es an einem anderen Bestimmungsort, an einer anderen Ablieferungsstelle oder an einen anderen Empfänger abliefert. ³Der Frachtführer ist nur insoweit zur Befolgung solcher Weisungen verpflichtet, als deren Ausführung weder Nachteile für den Betrieb seines Unternehmens noch Schäden für die Absender oder Empfänger anderer Sendungen mit sich zu bringen droht. ⁴Er kann vom Absender Ersatz seiner durch die Ausführung der Weisung entstehenden Aufwendungen sowie eine angemessene Vergütung verlangen; der Frachtführer kann die Befolgung der Weisung von einem Vorschuß abhängig machen.

(2) ¹Das Verfügungsrecht des Absenders erlischt nach Ankunft des Gutes an der Ablieferungsstelle. ²Von diesem Zeitpunkt an steht das Verfügungsrecht nach Absatz 1 dem Empfänger zu. ³Macht der Empfänger von diesem Recht Gebrauch, so hat er dem Frachtführer die entstehenden Mehraufwendungen zu ersetzen sowie eine angemessene Vergütung zu zahlen; der Frachtführer kann die Befolgung der Weisung von einem Vorschuß abhängig machen.

(3) Hat der Empfänger in Ausübung seines Verfügungsrechts die Ablieferung des Gutes an einen Dritten angeordnet, so ist dieser nicht berechtigt, seinerseits einen anderen Empfänger zu bestimmen.

(4) Ist ein Frachtbrief ausgestellt und von beiden Parteien unterzeichnet worden, so kann der Absender sein Verfügungsrecht nur gegen Vorlage der Absenderausfertigung des Frachtbriefs ausüben, sofern dies im Frachtbrief vorgeschrieben ist.

(5) Beabsichtigt der Frachtführer, eine ihm erteilte Weisung nicht zu befolgen, so hat er denjenigen, der die Weisung gegeben hat, unverzüglich zu benachrichtigen.

(6) ¹Ist die Ausübung des Verfügungsrechts von der Vorlage des Frachtbriefs abhängig gemacht worden und führt der Frachtführer eine Weisung aus, ohne sich die Absenderausfertigung des Frachtbriefs vorlegen zu lassen, so haftet er dem Berechtigten für den daraus entstehenden Schaden.

4. Abschnitt. Frachtgeschäft 1–4 **§ 418**

²Die Vorschriften über die Beschränkung der Haftung finden keine Anwendung.

1) Nachträgliche Weisungen des Absenders (I)

Der Frachtvertrag ist ein **Vertrag zugunsten des Empfängers** (§ 328 BGB), allerdings mit der Besonderheit, dass die Rechte des Empfängers nur stufenweise entstehen, BGH NJW **74**, 1616, hL, K. Schmidt § 32 II 6. Nach §§ 418 ff erlangt der Empfänger im Verlauf der Beförderung eine zunehmend stärkere Rechtsstellung (Verfügungsrecht, Forderungsrecht). Zuerst hat noch der **Absender** das **Weisungsrecht**, das nur zusammen mit dem Ablieferungsanspruch abgetreten werden kann, Koller 3. Er kann das Gut noch anhalten oder umdirigieren (**I 1**, vgl **(17)** CMR Art 12). Sperrvermerk IV (s Rn 3). Das ändert sich mit Ankunft des Gutes an der Ablieferungsstelle. **I 2** gibt (nicht abschließend) Beispiele für Weisungen des Absenders (Änderung der Ablieferungsstelle s § 408 I Nr 4), so kann dieser etwa auch Wiederausladung verlangen. Der Frachtführer ist aber nicht auf jeden Fall folgepflichtig (**I 3**), nämlich zB nicht bei einem (ex ante) drohenden Nachteil. Das geht weiter als **(17)** CMR Art 12 V b (Hemmnis), aber nicht schon jede Unverträglichkeit mit dem Unternehmenskonzept des Frachtführers ist Nachteil iSv II 3 (RegE). Auch partielle Verpflichtung, die Weisung zu befolgen, ist denkbar („insoweit"). Beweislast für Zumutbarkeit der Weisung trägt Absender, BGH NJW **64**, 2350, aA Koller 13. Der Frachtführer hat Ausgleichsansprüche **(I 4)**, ua Recht auf Vorschuss (vgl §§ 675, 669 BGB).

2) Verfügungsrecht des Empfängers nach Ankunft des Gutes an der Ablieferungsstelle (II, III)

Nach **Ankunft** des Gutes **an der Ablieferungsstelle** (Gleichlauf mit § 421 I, nicht: Bestimmungsort; vgl § 408 I 1 Nr 4, dort Rn 3) erlischt das Verfügungsrecht des Absenders **(II 1)**. Das Verfügungsrecht (vom Gesetzgeber iSv Weisungsrecht gebraucht, hat mit sachenrechtlicher Verfügung nichts zu tun) steht nunmehr dem Empfänger zu **(II 2)**, dh der Empfänger kann dem Frachtführer Weisungen erteilen, insbesondere, dass der Frachtführer das Gut an einen Dritten abliefert. Der Empfänger muss dann allerdings dem Frachtführer die entstehenden Mehraufwendungen ersetzen und eine angemessene Vergütung bezahlen (**II 3**; auf Verlangen auch Vorschuss). Nach Ankunft des Gutes an der Ablieferungsstelle ist der Empfänger berechtigt, vom Frachtführer zu verlangen, ihm das Gut abzuliefern, allerdings nur gegen Erfüllung der Verpflichtungen aus dem Frachtvertrag (§ 421 I 1). Das Verfügungsrecht des Empfängers zur Anordnung der Ablieferung des Gutes an einen Dritten setzt sich nicht bei diesem fort (**III**, vgl **(17)** CMR Art 12 IV), Grund: zu große Belastung für den Frachtführer.

3) Verfügungsrecht und Haftung bei Frachtbriefsperrvermerk (IV, VI)

Der Absender kann in der Ausübung seines Verfügungsrechts durch einen **Sperrvermerk** im Frachtbrief beschränkt sein (IV, vgl **(17)** CMR Art 12 Va). Das ist der Fall, wenn der ausgestellte und beiderseitig unterschriebene Frachtbrief (vgl § 409) vorschreibt, dass der Absender sein Verfügungsrecht nur gegen Vorlage der Absenderausfertigung (§ 408 II 4) des Frachtbriefs ausüben kann **(IV).**

Führt der Frachtführer eine Weisung aus, ohne den Sperrvermerk zu beachten, **haftet** er dem Berechtigten dafür (**VI 1**, enger als **(17)** CMR Art 12 VII). Die Haftung ist, obwohl verschuldensunabhängig, wegen der besonderen Gefahren der Missachtung eines Sperrvermerks unbeschränkt (**VI 2**, Wertungsdiskrepanz zu § 447 Satz 2, aber lex lata; für analoge Anwendung von § 426 Koller 44). Für sonstige Pflichtverletzungen haftet der Frachtführer nur verschuldensabhängig (§ 280 I BGB, Pflichtverletzung), dann aber mit Höchstgrenze (§ 433). VI ist

§ 419 1

nicht zu Lasten gutgläubiger Dritter abdingbar (§ 449 I 2), Abbedingung im Übrigen s § 449 I 1, II.

4) Benachrichtigungspflicht des Frachtführers (V)

5   Der Frachtführer muss den Weisungsgeber (Absender nach I oder Empfänger nach II) unverzüglich (ohne schuldhaftes Zögern, § 121 I 1 BGB) benachrichtigen, wenn er eine Weisung nicht zu befolgen beschließt.

Beförderungs- und Ablieferungshindernisse

419 (1) ¹Wird vor Ankunft des Gutes an der für die Ablieferung vorgesehenen Stelle erkennbar, daß die Beförderung nicht vertragsgemäß durchgeführt werden kann, oder bestehen nach Ankunft des Gutes an der Ablieferungsstelle Ablieferungshindernisse, so hat der Frachtführer Weisungen des nach § 418 Verfügungsberechtigten einzuholen. ²Ist der Empfänger verfügungsberechtigt und ist er nicht zu ermitteln oder verweigert er die Annahme des Gutes, so ist Verfügungsberechtigter nach Satz 1 der Absender; ist die Ausübung des Verfügungsrechts von der Vorlage eines Frachtbriefs abhängig gemacht worden, so bedarf es in diesem Fall der Vorlage des Frachtbriefs nicht. ³Der Frachtführer ist, wenn ihm Weisungen erteilt worden sind und das Hindernis nicht seinem Risikobereich zuzurechnen ist, berechtigt, Ansprüche nach § 418 Abs. 1 Satz 4 geltend zu machen.

(2) Tritt das Beförderungs- oder Ablieferungshindernis ein, nachdem der Empfänger auf Grund seiner Verfügungsbefugnis nach § 418 die Weisung erteilt hat, das Gut an einen Dritten abzuliefern, so nimmt bei der Anwendung des Absatzes 1 der Empfänger die Stelle des Absenders und der Dritte die des Empfängers ein.

(3) ¹Kann der Frachtführer Weisungen, die er nach § 418 Abs. 1 Satz 3 befolgen müßte, innerhalb angemessener Zeit nicht erlangen, so hat er die Maßnahmen zu ergreifen, die im Interesse des Verfügungsberechtigten die besten zu sein scheinen. ²Er kann etwa das Gut entladen und verwahren, für Rechnung des nach § 418 Abs. 1 bis 4 Verfügungsberechtigten einem Dritten zur Verwahrung anvertrauen oder zurückbefördern; vertraut der Frachtführer das Gut einem Dritten an, so haftet er nur für die sorgfältige Auswahl des Dritten. ³Der Frachtführer kann das Gut auch gemäß § 373 Abs. 2 bis 4 verkaufen lassen, wenn es sich um verderbliche Ware handelt oder der Zustand des Gutes eine solche Maßnahme rechtfertigt oder wenn die andernfalls entstehenden Kosten in keinem angemessenen Verhältnis zum Wert des Gutes stehen. ⁴Unverwertbares Gut darf der Frachtführer vernichten. ⁵Nach dem Entladen des Gutes gilt die Beförderung als beendet.

(4) Der Frachtführer hat wegen der nach Absatz 3 ergriffenen Maßnahmen Anspruch auf Ersatz der erforderlichen Aufwendungen und auf angemessene Vergütung, es sei denn, daß das Hindernis seinem Risikobereich zuzurechnen ist.

1) Beförderungs- und Ablieferungshindernisse (I 1)

1   Besondere Regelungen gelten bei Beförderungs- und Ablieferungshindernissen (§ 419, **Notrechte**, vgl **(17)** CMR Art 14–16). **Beförderungshindernisse** sind solche Hindernisse, die nach Übernahme (str, vgl Koller 7) und vor Ankunft des Gutes an der für die Ablieferung vorgesehen Stelle eintreten und der vertragsgemäßen Beförderung (nicht nur Unmöglichkeit der Beförderung) entgegenstehen. **Ablieferungshindernisse** sind solche, die nach Ankunft des Gutes an der Ablieferungsstelle bestehen und der vertragsgemäßen Ablieferung entgegen-

4. Abschnitt. Frachtgeschäft **§ 420**

stehen. Die Hindernisse sind also zeitlich getrennt. Der Frachtführer muss in diesen Fällen Weisungen des nach § 418 verfügungsberechtigten Absenders oder Empfängers einholen (**I 1**). Er muss das nicht erst, wenn das Beförderungshindernis eingetreten ist, sondern schon, wenn es erkennbar wird.

2) Weisungsberechtigung in besonderen Fällen (I 2, II)

I 2, II regelt die Weisungsberechtigung für besondere Fälle. Bei Nichtermittelbarkeit oder Annahmeverweigerung des verfügungsberechtigten Empfängers fällt insoweit das Verfügungsrecht auf den Absender zurück, und zwar ohne Vorlage des Frachtbriefs, der idR bereits beim Empfänger liegt (I 2). II sieht eine entsprechende Rückverlagerung bei Bestimmung eines Drittempfängers vor.

3) Maßnahmen mangels Weisung (III)

III regelt den Fall, dass der Frachtführer Weisungen, die er nach § 418 I 3 befolgen müsste, nicht rechtzeitig erlangen kann (**III 1**). Angemessen ist die Zeit, die den Frachtführer nicht übermäßig im Ungewissen lässt und Maßnahmen iSd § 419 III 1 nicht illusorisch macht, Ko/Ro/Mo/Koller 1. Voraussetzungen sind zB gegeben, wenn keine Zeit zur Weisungseinholung bleibt oder die erbetene Weisung ausbleibt. III 2–4 geben Beispiele für mögliche **Maßnahmen mangels Weisung**, etwa Entladen, Verwahren, Einlagern bei Dritten (Haftung dann nur für Auswahlverschulden, nicht § 278 BGB), Rücktransport bis hin zu Selbsthilfeverkauf (nach § 373 II–IV durchzuführen) und Vernichtung, letzteres etwa bei leicht verderblichen Massengütern oder umweltgefährlichen Gütern. Der Frachtführer muss die Maßnahmen ergreifen, die im Interesse des Verfügungsberechtigten am besten zu sein erscheinen. Nach dem Entladen des Guts gilt die Beförderung als beendet (**III 5**). Damit entfällt zugleich die vertragliche Obhutspflicht des Frachtführers.

4) Ansprüche des Frachtführers (I 3, IV)

Der Frachtführer hat Anspruch auf Aufwendungsersatz, Vergütung und Vorschuss bei hindernisbedingter Weisung (**I 3 iVm § 418 I 4**) und bei Maßnahmen ohne Weisung nach III (**IV**). Hindernisse aus dem Risikobereich des Frachtführers gehen zu dessen Lasten (I 3, IV; vgl § 412 Rn 3). Distanzfracht wegen bei Eintritt des Hindernisses bereits erbrachter Beförderungsleistung nach § 420 II 1.

Zahlung. Frachtberechnung

420 (1) ¹Die Fracht ist bei Ablieferung des Gutes zu zahlen. ²Der Frachtführer hat über die Fracht hinaus einen Anspruch auf Ersatz von Aufwendungen, soweit diese für das Gut gemacht wurden und er sie den Umständen nach für erforderlich halten durfte.

(2) ¹Wird die Beförderung infolge eines Beförderungs- oder Ablieferungshindernisses vorzeitig beendet, so gebührt dem Frachtführer die anteilige Fracht für den zurückgelegten Teil der Beförderung. ²Ist das Hindernis dem Risikobereich des Frachtführers zuzurechnen, steht ihm der Anspruch nur insoweit zu, als die Beförderung für den Absender von Interesse ist.

(3) Tritt nach Beginn der Beförderung und vor Ankunft an der Ablieferungsstelle eine Verzögerung ein und beruht die Verzögerung auf Gründen, die dem Risikobereich des Absenders zuzurechnen sind, so gebührt dem Frachtführer neben der Fracht eine angemessene Vergütung.

(4) Ist die Fracht nach Zahl, Gewicht oder anders angegebener Menge des Gutes vereinbart, so wird für die Berechnung der Fracht vermutet, daß Angaben hierzu im Frachtbrief oder Ladeschein zutreffen; dies gilt auch dann, wenn zu diesen Angaben ein Vorbehalt eingetragen ist, der damit

§ 420 1–4   IV. Buch. Handelsgeschäfte

begründet ist, daß keine angemessenen Mittel zur Verfügung standen, die Richtigkeit der Angaben zu überprüfen.

1) Frachtzahlung, Aufwendungsersatzanspruch (I)

1   Der Frachtführer hat Anspruch auf **Zahlung** der Fracht (§ 407 II). Sie ist aber erst Zug um Zug bei Ablieferung des Gutes zu zahlen (**I 1**; vgl. demgegenüber § 456 für den Spediteur). Das wird in der Praxis durch Frankatur- bzw Freivermerke (§ 346 Rn 40 „frei") näher und zT anders geregelt, s § 421 Rn 4 f. Der Frachtführer hat ferner einen **Aufwendungsersatzanspruch** (I 2, wie §§ 675, 670 BGB, aber dazu lex specialis), vgl Ffm NJW **81**, 1912. Auch dieser ist erst mit Abschluss der Beförderung fällig. Aufwendungen werden nach I 2 nur erstattet, soweit sie für das Gut gemacht wurden, also güterbezogen sind, zB Ufer-, Kran-, Wiegegelder; beförderungsbezogene Aufwendungen gehören schon zur Fracht (§ 407 II). Sonderregeln: §§ 410 II, 414 I, 415 II 1 Nr 1, 416, 418 I, 419 III, IV.

2) Distanzfracht (II)

2   Der Frachtführer hat bei vorzeitigem Beförderungsende Anspruch auf anteilige Fracht (**II 1**, auch **Distanzfracht** genannt), trägt also nicht die Preisgefahr bis zur Ablieferung (vgl demgegenüber §§ 644, 645 BGB). Distanzfracht ist also die Vergütung für diejenige Teilbeförderung, die der Frachtführer bis zur vorzeitigen Beendigung der Beförderung infolge eines Beförderungs- oder Ablieferungshindernisses erbracht hat. Die Legaldefinition des § 630 ist enger und gilt hier nicht. Hindernisse aus dem Risikobereich des Frachtführers s II 2 (vgl § 412 Rn 3), dabei wird aber der Wert der Teilbeförderung für den Absender berücksichtigt. Die Fälle des zufälligen Güterverlusts sind entspr § 644 BGB durch Zuweisung der Vergütungsgefahr an den Frachtführer zu lösen (RegE, vgl § 617; Sonderregelung in § 64 aF BinSchG), aA Canaris § 31 Rn 52. Bei Verschulden des Absenders Haftung nach § 280 I BGB.

3) Absenderbedingte Verzögerungen (III)

3   III regelt die Vergütung für zeitweilige Verzögerung aus Gründen, die dem Risikobereich des Absenders (s Canaris § 31 Rn 53 f) zuzurechnen sind (demgegenüber II bei dauerndem Hindernis), dabei muss das Risiko für den Absender besser vorhersehbar und beherrschbar sein als für den Frachtführer, Kln TranspR **09**, 45, **09**, 175. Die Verzögerung stellt kein Hindernis iSv § 419 dar. Sie muss nach Beginn der Beförderung und vor Ankunft an der Ablieferungsstelle eintreten. Die Zeit davor und danach fällt bereits unter § 412 III (Lade-, Entladezeit), dafür gibt es Standgeld. Unerhebliche Verzögerungen bleiben unberücksichtigt (RegE). Maßgeblich ist die Sicht des Frachtführers, der auch die Beweislast trägt. Der Frachtführer hat nach III Anspruch auf angemessene Vergütung neben der Fracht. Für Verzögerungen infolge mangelhafter Begleitpapiere oder unzureichender Auskünfte haftet der Absender verschuldensunabhängig nach § 414 I Nr 4. Die Frachtberechnung bei Verzögerungen infolge Niedrigwasser bleibt der Vertragspraxis (Kleinwasserzuschläge) überlassen (RegE).

4) Mengenangaben im Frachtbrief oder Ladeschein (IV)

4   IV enthält eine Auslegungsregel für die Frachtberechnung. Die Richtigkeit der Mengenangaben im Frachtbrief oder Ladeschein wird widerleglich vermutet (IV Halbs 1). Das gilt nach IV Halbs 2 auch bei sog begründeter Unbekanntklausel (für den Frachtbrief § 409 II 2 Halbs 2; für den Ladeschein § 444 III 2 Halbs 2). Denn diese soll nur die Beweisvermutung für die Güterschadenshaftung des Frachtführers entkräften, aber nicht die Frachtberechnung berühren.

4. Abschnitt. Frachtgeschäft 1, 2 § 421

Rechte des Empfängers. Zahlungspflicht

421 (1) ¹Nach Ankunft des Gutes an der Ablieferungsstelle ist der Empfänger berechtigt, vom Frachtführer zu verlangen, ihm das Gut gegen Erfüllung der Verpflichtungen aus dem Frachtvertrag abzuliefern. ²Ist das Gut beschädigt oder verspätet abgeliefert worden oder verlorengegangen, so kann der Empfänger die Ansprüche aus dem Frachtvertrag im eigenen Namen gegen den Frachtführer geltend machen; der Absender bleibt zur Geltendmachung dieser Ansprüche befugt. ³Dabei macht es keinen Unterschied, ob Empfänger oder Absender im eigenen oder fremden Interesse handeln.

(2) ¹Der Empfänger, der sein Recht nach Absatz 1 Satz 1 geltend macht, hat die noch geschuldete Fracht bis zu dem Betrag zu zahlen, der aus dem Frachtbrief hervorgeht. ²Ist ein Frachtbrief nicht ausgestellt oder dem Empfänger nicht vorgelegt worden oder ergibt sich aus dem Frachtbrief nicht die Höhe der zu zahlenden Fracht, so hat der Empfänger die mit dem Absender vereinbarte Fracht zu zahlen, soweit diese nicht unangemessen ist.

(3) Der Empfänger, der sein Recht nach Absatz 1 Satz 1 geltend macht, hat ferner ein Standgeld oder eine Vergütung nach § 420 Abs. 3 zu zahlen, ein Standgeld wegen Überschreitung der Ladezeit und eine Vergütung nach § 420 Abs. 3 jedoch nur, wenn ihm der geschuldete Betrag bei Ablieferung des Gutes mitgeteilt worden ist.

(4) Der Absender bleibt zur Zahlung der nach dem Vertrag geschuldeten Beträge verpflichtet.

1) Rechte des Empfängers (I)

§ 421 regelt die Rechte und die Zahlungspflicht des Empfängers nach Ankunft 1 des Gutes an der Ablieferungsstelle (vgl (**17**) CMR Art 13). Nach Ankunft des Gutes an der Ablieferungsstelle ist der **Empfänger** berechtigt, vom Frachtführer die **Ablieferung** des Gutes an ihn zu **verlangen**, allerdings nur Zug um Zug gegen Erfüllung der Verpflichtungen aus dem Frachtvertrag (**I 1**). Der Absender verliert durch I nicht sein Recht, seinerseits vom Frachtführer Ablieferung an den Empfänger zu verlangen (§ 335 BGB), vgl BGH NJW **74**, 1614; I 2 Halbs 2, der dies nur für die Geltendmachung des Gütersurrogats (Schadensersatzanspruch) ausspricht, steht dem nicht entgegen. Das wird praktisch, wenn der Empfänger sein Recht nicht geltend machen will, dann kann der Absender etwa Klage erheben. Voraussetzung für I 1 ist Eintreffen des Gutes an der Ablieferungsstelle, Ankunft am Bestimmungsort genügt nicht (vgl § 408 I 1 Nr 4, dort Rn 3; Gleichlauf mit § 418 II). Nach Kln TranspR **04,** 121 soll der Empfänger bereits vor Ablieferung anspruchsberechtigt sein, wenn er Eigentümer des Gutes ist und die Versendung auf seine Gefahr erfolgt. Der Frachtführer braucht nur Zug um Zug gegen Erfüllung seiner Ansprüche aus dem Frachtvertrag abzuliefern (I 1, II), liefert er trotzdem aus, verliert er sein Pfandrecht (§ 441 II, III).

Im Falle von Güterschäden oder Lieferverzögerungen kann der Empfänger die 2 Ansprüche aus dem Frachtvertrag gegen den Frachtführer im eigenen Namen geltend machen (**I 2).** Aufgrund der Ausgestaltung des Frachtvertrages als Vertrag zugunsten Dritter (§ 407 Rn 16, BGH **75**, 92 (CMR), NJW **99**, 1110 (CMR)) handelt es sich hierbei nicht um eine Regelung der Prozeßstandschaft, sondern um die Anerkennung eines eigenen materiellen Anspruchs des Empfängers, Homann JA **99**, 978, Oetker JuS **01**, 833. Nach I 2 Halbs 2 bleibt der Absender zur Geltendmachung seiner Ansprüche befugt, was sich bereits aus dem Charakter des Vertrags zugunsten Dritter ergibt. Absender und Empfänger sind Gesamtgläubiger iSv §§ 428 f BGB. Durch diese **Doppellegitimation** wird die Gefahr des Anspruchsverlusts bei Vorgehen der falschen Partei vermieden. Eine dogmati-

§ 421 3, 4   IV. Buch. Handelsgeschäfte

sche Begründung für die Anwendung der Drittschadensliquidation zwischen Absender und Empfänger ist darin auch iVm I 3 nicht zu sehen. Da dem Empfänger ein eigener vertraglicher Anspruch gegen den Frachtführer zusteht, besteht für eine Drittschadensliquidation im Verhältnis Absender/Empfänger gerade kein Bedürfnis, Becker AcP **02**, 722; aA Oetker JuS **01**, 833. I 3 erlaubt nur in den noch verbleibenden Fallgestaltungen sowohl dem Empfänger als auch dem Absender die **Drittschadensliquidation,** also Geltendmachung im eigenen Namen, aber im fremden Interesse, insbesondere wenn ein außenstehender Dritter einen Vermögensschaden erleidet. Demnach kann beispielsweise der Spediteur, der einen Frachtvertrag in eigenem Namen, aber für fremde Rechnung abschließt, den Schaden seines Auftraggebers gegenüber dem Frachtführer liquidieren. Allgemein zur Drittschadensliquidation und § 421 Büdenbender NJW **00**, 986.

2) Zahlungspflicht des Empfängers und des Absenders (II–IV)

3   A. **Zahlungspflicht des Empfängers (II, III):** Schuldner der Pflichten, insbesondere der Zahlungspflicht, aus dem Frachtvertrag ist zunächst nur der Absender, da er den Frachtvertrag abgeschlossen hat und keine Verpflichtung des Empfängers begründen kann (kein Vertrag zu Lasten Dritter, § 407 Rn 16). Dabei bleibt es, wenn zB der Empfänger nicht ermittelt werden kann oder die Annahme des Gutes (gegen Bezahlung, I 1) verweigert. Eine Zahlungspflicht auch (s IV) des Empfängers (im juristischen Sinn, also wer im Frachtvertrag nach § 407 I als solcher bestimmt ist, nicht rein tatsächlicher Empfänger, Düss BB **73**, 820) nach Maßgabe des Frachtbriefes (**II 1**) entsteht jedoch mit Geltendmachung der Rechte aus I 1, wofür die bloße Übernahme des Frachtguts allein nicht ausreicht, BGH **171**, 84 m zust Anm Herber TranspR **07**, 313, aA Koller 23, Fremuth TranspR **05**, 212, Bodis/Remiroz TranspR **05**, 442. Für die Zahlungspflicht ist nur das Herausgabeverlangen nach I maßgeblich, auch wenn ein Frachtbrief ausgestellt ist. Der Frachtbrief ist aber für den Umfang der Zahlungspflicht relevant. Wird der Frachtbrief nicht vorgelegt oder enthält er die Höhe der Fracht nicht, hat der Empfänger die mit dem Absender vereinbarte Fracht zu zahlen, soweit diese nicht unangemessen ist (**II 2**). Was angemessen ist, ist objektiv zu bestimmen, der Frachtführer hat kein Bestimmungsrecht nach § 316 BGB, Koller 29, vgl BGH **94**, 104 (Makler), abw RegE: §§ 315 ff BGB. Beweislast für Unangemessenheit liegt nach II 2 beim Empfänger. II führt zu einem **gesetzlichen Schuldbeitritt** des Empfängers (Gesamtschuldverhältnis zwischen Absender und Empfänger nach §§ 421 ff BGB), BGH NJW-RR **06**, 182, Koller 35; das ist nicht gleichbedeutend mit einem Eintritt in den Frachtvertrag, RG **95**, 123. Die Zahlungspflicht entsteht ex lege; der Empfänger kann sich dagegen nicht auf Einwendungen berufen, die ihm dem Absender oder anderen Dritten gegenüber zustehen, Düss VersR **74**, 1075. Der Empfänger, der sein Recht nach I 1 geltend macht, hat außer der Fracht auch Standgeld (§ 412 III) oder Vergütung für Beförderungsverzögerung nach § 420 III zu zahlen (**III**), denn diese Unkosten sind dem Empfänger, der etwa bei der Entladung mitwirkt, zuzuordnen. Soweit die Unkosten noch in den Risikobereich des Absenders fallen (Überschreitung der Ladezeit und § 420 III), Zahlungspflicht nur bei Mitteilung des Betrags bei Ablieferung des Guts. Fordert der Empfänger Ablieferung vom Unterfrachtführer, erwirbt dieser nach BGH NJW-RR **06**, 182, Koller 25 aE keine entsprechenden Ansprüche gegen den Empfänger, in Konsequenz von BGH **172**, 337 zu **(17)** Art. 13 CMR, BGH NJW **09**, 1207, wonach der Hauptfrachtführer bei Vertrag mit dem Unterfrachtführer selbst Absender ist, sind aber auch dem Unterfrachtführer Ansprüche gegen den Empfänger zuzugestehen, vgl Thume TranspR **07**, 428, Ramming NJW **08**, 292, Herber TranspR **08**, 240 und § 437 Rn 2.

4   **Besondere Abreden:** Ist zwischen dem Absender und dem Frachtführer vereinbart, dass dieser die Fracht nur beim Absender erheben soll (**„frei"**, **„frachtfrei"**, **„franko"**, § 346 Rn 40 „frei"), dann entsteht keine Zahlungs-

4. Abschnitt. Frachtgeschäft § 422

pflicht des Empfängers (konkludente Derogation von II, III mit Wirkung zugunsten des Empfängers); im Frachtbrief braucht das nicht vermerkt zu sein, BGH NJW **70,** 604. Diese Klauseln begründen iZw keine Pflicht des Absenders zur Vorauszahlung, es bleibt vielmehr bei § 420. Der Frachtführer kann zwar den Empfänger nicht in Anspruch nehmen, braucht aber das Gut nur auszuliefern, wenn er vom Absender bezahlt wird (Verlust seines Pfandrechts, § 441 II).

Laut Klausel „**freight prepaid**" ist der Absender dagegen iZw verpflichtet, 5 die Fracht und die voraussichtlichen Aufwendungen bereits bei Übernahme des Gutes zu bezahlen, str, aA Düss TranspR **86,** 342. Ist diese Klausel in den Frachtbrief mit Sperrvermerk (§ 418 IV; ebenso Ladeschein, § 443 III 1; entspr uU Spediteurpapiere) aufgenommen und besagt sie, dass die Fracht bei Übernahme des Gutes fällig ist, muss der Frachtführer ohne Rücksicht auf sein Pfandrecht abliefern und kann sich allein an den Absender halten, Koller 12.

B. **Fortbestehende Zahlungspflicht des Absenders (IV):** Der Absender 6 bleibt, neben dem nach II und III zur Zahlung verpflichteten Empfänger, zur Zahlung aller nach dem Vertrag geschuldeten Beträge verpflichtet (die höher sein können als die nach II, III, s III aE). Der Frachtführer kann sich nach seiner Wahl an den einen oder anderen halten, er braucht nicht erst den Empfänger in Anspruch zu nehmen. Vereinbarung, dass das Gut nur gegen Einziehung einer Nachnahme ausgeliefert werden darf, ist möglich (§ 422).

Nachnahme

422 (1) **Haben die Parteien vereinbart, daß das Gut nur gegen Einziehung einer Nachnahme an den Empfänger abgeliefert werden darf, so ist anzunehmen, daß der Betrag in bar oder in Form eines gleichwertigen Zahlungsmittels einzuziehen ist.**

(2) **Das auf Grund der Einziehung Erlangte gilt im Verhältnis zu den Gläubigern des Frachtführers als auf den Absender übertragen.**

(3) **Wird das Gut dem Empfänger ohne Einziehung der Nachnahme abgeliefert, so haftet der Frachtführer, auch wenn ihn kein Verschulden trifft, dem Absender für den daraus entstehenden Schaden, jedoch nur bis zur Höhe des Betrages der Nachnahme.**

1) Nachnahme (I)

§ 422 regelt die **Nachnahme** (vgl **(17)** CMR Art 21). Nachnahme ist der 1 Einzug von Geld gegen Auslieferung des Guts. Sie kann formlos bei Vertragsschluss oder später vereinbart werden (Nachnahmeklausel, § 346 Rn 40) bzw über Weisung nach § 418 geschehen. „Auslieferung gegen Bankakzept und Bankaval" ist mangels Klarheit über Abwicklung keine Nachnahme, Düss VersR **88,** 77, auch „Auslieferung gegen Bankscheck" genügt nicht, aA Hbg TranspR **91,** 297. Der Frachtführer wird sich schon nach § 421 II, III idR an den Empfänger halten. Er muss das, wenn er vom Absender vertraglich bindend angewiesen ist (iZw durch den Vermerk „unfrei" im beiderseitig unterzeichneten Frachtbrief, Koller 11), die Fracht beim Empfänger zu erheben (sog Nachnahme, **I**), sonst kann der Absender die Zahlung verweigern (Einwendung aus III gegen den Zahlungsanspruch, und zwar auch ohne Verschulden des Frachtführers). I enthält Auslegungsregel, dass der Nachnahmebetrag in bar einzuziehen ist oder in Form eines gleichwertigen Zahlungsmittels, vor allem electronic cash, nicht dagegen Scheck (Rechtsausschuss, anders noch RegE). Wenn die Parteien Nachnahmezahlung durch Scheck, Wechsel ua vereinbart haben, unterwirft sich der Frachtführer damit iZw der Haftung aus III, abw Koller 6 (nur wenn nicht ausdrücklich „Nachnahme" vereinbart).

§§ 423, 424

Dass die Nachnahme dem Absender auszukehren ist, folgt aus dem Frachtvertrag mit Nachnahmeklausel (§§ 675, 667 BGB).

2) Absenderschutz im Verhältnis zu den Gläubigern des Frachtführers (II)

2 II lehnt sich an § 392 II an (s § 392 Rn 3, 7 mit erheblichen Streitfragen), geht aber über diesen insoweit hinaus, als er dem Absender das aus der Einziehung Erlangte (nicht wie nach dem Wortlaut von § 392 II nur die Forderung, aber auch dort das Surrogat, str s § 392 Rn 7; eine Forderung hat der Frachtführer hinsichtlich der Nachnahme grundsätzlich nicht) zuordnet, soweit es noch identifizierbar im Vermögen des Frachtführers vorhanden ist. Der Absender soll frühzeitig die vollstreckungsrechtliche Stellung eines Rechtsinhabers haben (Drittwiderspruchsklage, Aussonderungsrecht).

3) Haftung des Frachtführers (III)

3 Bei Ablieferung ohne Einziehung der Nachnahme haftet der Frachtführer dem Absender für den daraus entstehenden Schaden ohne Verschulden (III, vgl **(17)** CMR Art 21). Der Haftung ohne Verschulden entspricht eine Haftungsobergrenze, nämlich bis zur Höhe des Nachnahmebetrags, Ausnahme § 435. Für andere Nachnahmefehler als Ablieferung ohne Einziehung der Nachnahme verbleibt es bei der verschuldensabhängigen Pflichtverletzung (§ 280 I BGB, uU § 433). Für die Haftung bei Auslieferung ohne Einziehung sonstiger Gegenstände kommt es darauf an, ob die Parteien dafür auch die Geltung von III vereinbaren wollten, Koller 24. III steht einer analogen Anwendung von § 426 (Unvermeidbarkeit auch bei größter Sorgfalt) nicht entgegen, Koller 19. Der Schaden ist konkret nachzuweisen (RegE). Bei Mitverschulden des Ersatzberechtigten und seiner Leute (§ 428 I HGB, § 278 BGB) gilt § 254 BGB. Abweichende Vereinbarungen s § 449 I 1, II.

Lieferfrist

423 Der Frachtführer ist verpflichtet, das Gut innerhalb der vereinbarten Frist oder mangels Vereinbarung innerhalb der Frist abzuliefern, die einem sorgfältigen Frachtführer unter Berücksichtigung der Umstände vernünftigerweise zuzubilligen ist (Lieferfrist).

1 **1)** § 423 präzisiert die Ablieferungspflicht des Frachtführers (§ 407 Rn 17) in zeitlicher Hinsicht. Er hat das Gut innerhalb der Lieferfrist abzuliefern (vgl **(17)** CMR Art 19). **Lieferfrist** ist legaldefiniert als die vereinbarte Frist oder (mangels Vereinbarung) die einem sorgfältigen Frachtführer unter Berücksichtigung der Umstände vernünftigerweise zuzubilligende Frist, dabei ist die ex ante-Sicht maßgebend. Diese Legaldefinition spielt auch in §§ 424, 425 I eine Rolle. Bei Unerfahrenheit des Frachtführers kommt im Falle kurzer Lieferfristen Sittenwidrigkeit iSv § 138 BGB in Betracht, Koller 6.

Verlustvermutung

424 (1) Der Anspruchsberechtigte kann das Gut als verloren betrachten, wenn es weder innerhalb der Lieferfrist noch innerhalb eines weiteren Zeitraums abgeliefert wird, der der Lieferfrist entspricht, mindestens aber zwanzig Tage, bei einer grenzüberschreitenden Beförderung dreißig Tage beträgt.

(2) Erhält der Anspruchsberechtigte eine Entschädigung für den Verlust des Gutes, so kann er bei deren Empfang verlangen, daß er unverzüglich benachrichtigt wird, wenn das Gut wiederaufgefunden wird.

4. Abschnitt. Frachtgeschäft §425

(3) ¹Der Anspruchsberechtigte kann innerhalb eines Monats nach Empfang der Benachrichtigung von dem Wiederauffinden des Gutes verlangen, daß ihm das Gut Zug um Zug gegen Erstattung der Entschädigung, gegebenenfalls abzüglich der in der Entschädigung enthaltenen Kosten, abgeliefert wird. ²Eine etwaige Pflicht zur Zahlung der Fracht sowie Ansprüche auf Schadenersatz bleiben unberührt.

(4) Wird das Gut nach Zahlung einer Entschädigung wiederaufgefunden und hat der Anspruchsberechtigte eine Benachrichtigung nicht verlangt oder macht er nach Benachrichtigung seinen Anspruch auf Ablieferung nicht geltend, so kann der Frachtführer über das Gut frei verfügen.

1) Verlustvermutung (I)

§ 424 eröffnet die Möglichkeit, das Gut unter bestimmten Voraussetzungen als verloren zu betrachten (I, **Verlustvermutung**, vgl (17) CMR Art 20). I fügt dafür zur Lieferfrist (§ 423) einen dieser entsprechenden weiteren Zeitraum, mindestens aber 20 Tage (bei grenzüberschreitender Beförderung 30 Tage) hinzu. Die Mindestfrist wird für die Fälle kurzer Lieferfrist (24-Stunden-Service, Just-in-time-Verträge) wichtig. Die Fristen können durch Parteivereinbarung ohne weiteres verändert werden, auch Höchstfrist ist möglich. I regelt nicht, wer Anspruchsberechtigter ist; die Aktivlegitimation bei Verlustvermutung entspricht der bei tatsächlichem Verlust (vgl § 421 I 2, dort Rn 2). 1

2) Wiederauffinden des Guts (II–IV)

II–IV betreffen das Wiederauffinden des Guts. Der Anspruchsberechtigte kann (spätestens) bei Empfang einer Entschädigung für den Verlust des Gutes **Benachrichtigung** für den Fall des Wiederauffindens des Gutes verlangen, sog **Vorbehalt (II)**, verlangt er das nicht, gilt IV. Das Verlangen nach II ist formlos, gegenüber Verbrauchern muss der Frachtführer über die Möglichkeit des Vorbehalts aufklären. Für die Benachrichtigung nach **III** ist Zugang iSv § 130 BGB erforderlich, eine verspätete Benachrichtigung stellt Pflichtverletzung iSv § 280 I BGB dar. Das wieder aufgefundene Gut kann er Zug um Zug gegen Erstattung der Entschädigung **zurückverlangen (III 1).** In der Entschädigung enthaltene Kosten sind abzuziehen. Pflicht zur Frachtzahlung und Schadensersatzansprüche bleiben unberührt **(III 2).** IV regelt die Voraussetzungen, unter denen der Frachtführer bei Untätigbleiben des Anspruchsberechtigten über das wieder aufgefundene G ut frei verfügen kann. Frei verfügen heißt, dass der Frachtführer an keine weiteren Voraussetzungen (zB §§ 373 II–IV HGB, §§ 1233–1240 BGB) gebunden ist. IV gibt dem Frachtführer nur ein Verfügungsrecht und ein Recht zum Besitz, der Eigentümer verliert nicht sein Eigentum (RegE, Koller 29), behält also seinen Anspruch aus § 985 BGB. IV ist aber lex specialis zu §§ 987 ff BGB. Eine zeitliche Obergrenze für die Ansprüche nach II–IV ist nicht vorgesehen (anders **(17)** CMR Art 20 II 1, IV: ein Jahr), aber Monatsfrist nach III 1 und Verjährung (§ 439). Nur letztere greift ein, wenn I–III nicht vorliegen, etwa der Anspruchsberechtigte keine Entschädigung nach II erhalten hat. 2

Haftung für Güter- und Verspätungsschäden. Schadensteilung

425 (1) Der Frachtführer haftet für den Schaden, der durch Verlust oder Beschädigung des Gutes in der Zeit von der Übernahme zur Beförderung bis zur Ablieferung oder durch Überschreitung der Lieferfrist entsteht.

(2) Hat bei der Entstehung des Schadens ein Verhalten des Absenders oder des Empfängers oder ein besonderer Mangel des Gutes mitgewirkt, so hängen

§ 425 1, 2 IV. Buch. Handelsgeschäfte

die Verpflichtung zum Ersatz sowie der Umfang des zu leistenden Ersatzes davon ab, inwieweit diese Umstände zu dem Schaden beigetragen haben.

1) Frachtführerhaftung nach dem TRG in Anlehnung an (17) CMR Art 17 ff

1 Die Haftung des Frachtführers bestimmt sich heute allein nach §§ 425 ff HGB (vgl (17) CMR Art 17 ff). Das frühere komplizierte Zusammenspiel der Haftung nach HGB und §§ 29 ff aF KVO und die umfangreiche Rspr dazu sind überholt, die KVO ist aufgehoben. Als Grundsatz gilt heute, dass der Frachtführer für den Schaden haftet, der durch Verlust oder Beschädigung des Gutes in der Zeit von der Übernahme zur Beförderung bis zur Ablieferung oder durch Überschreitung der Lieferfrist entsteht (§ 425 I). Diese Haftung ist eine **Obhutshaftung**, die den Nachweis eines schuldhaften Verhaltens des Frachtführers nicht erfordert. Der RegE S 27 spricht in Anlehnung an das Haftungssystem der (17) CMR insoweit von einer verschuldensunabhängigen Haftung; daran ändert sich durch die Einfügung des Passus „auch bei größter Sorgfalt" (nicht vermeiden konnte) durch den Rechtsausschuss nichts, vgl RegE zu § 426 S 61. Allerdings dürften sich eine derartige verschuldensunabhängige Haftung mit einem Haftungsausschluss wie nach § 426 und eine Haftung mit widerleglicher Verschuldensvermutung (bei gleichem Wortlaut) im Ergebnis zumindest sehr nahe kommen. Da es sich um eine Obhutshaftung handelt, muss sie eingeschränkt werden. §§ **425–439** enthalten ein umfassendes **Gefüge von Haftungseinschränkungen** (Haftungsbefreiungen und Haftungsbegrenzungen, vgl Überschrift § 435), das durch eine Gerichtsstandsregelung in § 440 abgeschlossen wird. Es entsprechen § 425 **(17)** CMR Art 17 I, die Haftungsausschlüsse nach §§ 426–427 **(17)** CMR Art 17 II–IV, § 428 **(17)** CMR Art 3, §§ 429–433 **(17)** CMR über den Haftungsumfang **(17)** CMR Art 23–27, und §§ 434–435 über den Anwendungsbereich **(17)** CMR Art 28, 29. **Von §§ 425–438 abweichende Vereinbarungen** s § 449 I 1, II.

2) Haftung des Frachtführers für Güter- und Verspätungsschäden (I)

2 A. **Grundsatz:** Der Frachtführer haftet nach I für den Schaden infolge von Verlust und Beschädigung des Gutes nur, soweit diese in der Zeit von der Übernahme zur Beförderung bis zur Ablieferung entsteht (**Güterschäden**, im Unterschied zu Güterfolgeschäden bzw weiteren Schäden, vgl § 432 Satz 2). Dabei ist unter Beschädigung neben der Substanzbeeinträchtigung auch der bloße Schadensverdacht zu verstehen, BGH TranspR **00**, 456, TranspR **02**, 440, nicht jedoch reine Wertminderungen.. Daneben besteht eine Haftung für den Schaden, der durch Überschreitung der Lieferfrist (§ 423) entsteht (**Verzögerungsschaden**). Die Haftung für Güterschäden nach I knüpft an das Entstehen des Schadens **während des Obhutszeitraums** an, die Schadensursache muss also in solchen Vorgängen liegen, die in die Obhutszeit fallen. Obhutszeitraum ist der Zeitraum von der Übernahme zur Beförderung (nicht: zur Lagerung) bis Ablieferung (zu dieser s Rn 3). Nicht I, sondern die Grundsätze über die positive Vertragsverletzung finden Anwendung, wenn zwar die Schadensursache während des Zeitraumes der Obhut des Frachtführers gesetzt wurde, der Schaden jedoch erst nach dessen Beendigung eingetreten ist, Stgt TranspR **03**, 105. Die Beweislast für vollzählige u schadensfreie Übernahme des Gutes trägt der Ersatzberechtigte. Der Beweis kann zB mittels Frachtbrief (§ 409) oder Empfangsbestätigung (Übernahmequittung) erbracht werden. Beweislastumkehr bei Erstattung eines Teils des Schadens möglich, BGH TranspR **06**, 203, Kblz TranspR **08**, 251. Bei kaufmännischen Absendern gilt prima facie, dass das im Lieferschein aufgeführte Gut auch in der Verpackung enthalten war, BGH NJW-RR **03**, 756, **07**, 29, nicht aber, dass das Gut überhaupt in die Obhut des Frachtführers gelangt ist, BGH NJW-RR **08**, 120. Anscheinsbeweis gilt auch nicht bei atypischen Sachverhalten, vgl Hbg TranspR **06**, 457. Bei fehlendem Lieferschein kann entsprechende Rechnung ausreichend sein, BGH TranspR **07**, 113, Düss TranspR **07**, 35, Karlsr VersR **06**, 719 m krit Anm Boettge. Zum Beweis der Übergabe bei Einsatz spezieller Technik BGH NJW-RR **05**, 1555, **05**, 1557, **07**, 29, TranspR **08**, 123 (sog EDI-Verfahren), Mü TranspR **06**, 358 (Datenfernübertragung). Zu Beweisfragen allg Thume TranspR **08**, 428, Neumann TranspR **09**, 54.

B. **Ablieferung:** Für die Bestimmung des Obhutszeitraums (s Rn 1) kommt 3 es maßgeblich darauf an, was als Ablieferung anzusehen ist. Das ist schwierig zu bestimmen und Gegenstand vieler Urteile. Bspe: RG **67**, 338, **102**, 93, **108**, 342, BGH NJW **80**, 833, **82**, 1284; viele weitere Entscheidungen und Einzelfälle bei Koller 24 ff. Ablieferung ist der Vorgang, durch den der Frachtführer die zur Beförderung erlangte Obhut über das Gut mit ausdrücklicher oder stillschweigender Einwilligung des Verfügungsberechtigten (also nicht einseitig) wieder aufgibt und diesen in den Stand setzt, die tatsächliche Gewalt über das Gut auszuüben, BGH NJW **80**, 833, Hamm TranspR **08**, 405. Keine Ablieferung ist danach zB die Auslieferung an einen Unberechtigten wie den Nachbarn (auch nicht durch AGB vereinbar, Düss TranspR **08**, 193) oder die Auslieferung vor dem ausgemachten Zeitpunkt, auch nicht bei Annahme durch den Betriebspförtner, BGH NJW **82**, 1284.

3) Schadensteilung (II)

Mitverursachung durch ein Verhalten des Absenders oder Empfängers oder 4 durch einen besonderen Mangel des Gutes wird in **II** wie auch sonst zu Lasten des dafür Verantwortlichen berücksichtigt (Rechtsgedanke des § 254 BGB, nicht nur Mitverschulden), BGH TranspR **06**, 205. II sieht also eine Schadensteilung (Verpflichtung zum Ersatz und Umfang des zu leistenden Ersatzes) entsprechend den jeweiligen Verursachungsbeiträgen vor. II gilt, wie sich schon aus seiner Stellung ergibt, für **alle in §§ 425 ff geregelten Haftungsfälle,** auch bei qualifiziertem Verschulden im Sinne des § 435, stRspr, BGH NJW **03**, 3628, NJW-RR **04**, 396, TranspR **04**, 401, **06**, 165, **06**, 206, **07**, 413, **07**, 415, **07**, 420, **07**, 422, **08**, 121 aA Koller 83 und § 435 Rn 19a (nur § 254 BGB). II stellt auf das Verhalten des Absenders und des Empfängers unabhängig davon ab, wer nach § 418 verfügungsberechtigt ist, Grund: beide sind Gläubiger des Ersatzanspruchs (§ 421 I 2). II sieht als Rechtsfolge Schadensteilung vor, die auch zum gänzlichen Ausschluss der Ersatzpflicht führen kann. Schematische Abwägung nach festgelegten Prozentsätzen unzulässig, BGH NJW-RR **09**, 45, **09**, 48, **09**, 177, aA noch Düss TranspR **06**, 349, **07**, 23, Schmidt TranspR **08**, 304. Bei der Abwägung ist neben dem Maß der Verursachung auch die Schwere des Verschuldens zu berücksichtigen, so dass ein mitwirkendes nicht schuldhaftes Verhalten idR nicht zu einem Anspruchswegfall führt (RegE). So ist der Absender zur Mitwirkung an bestimmten Sicherheitsmaßnahmen nur bei vertraglicher Vereinbarung verpflichtet, BGH NJW **01**, 448. Der Absender braucht grundsätzlich nur auf außergewöhnliche, für den Frachtführer mit zumutbaren Anstrengungen nicht erkennbare Risiken hinzuweisen, Koller 74. II ist missglückt und gibt nur einen allgemeinen Rahmen ab, der konkretisiert werden muss, dazu Koller 69 und § 435 Rn 19 b ff. II erfasst sowohl § 254 I BGB als auch § 254 II BGB, die gleichrangig nebeneinander stehen, so dass ein Verschulden nach § 254 I BGB nicht a priori schwerer wiegt als ein solches nach § 254 II BGB, BGH TranspR **08**, 404, NJW-RR **09**, 48.

A. **Unterlassene Wertdeklaration, II, § 254 I BGB:** Anspruchsmindernd kann sich eine unterlassene Wertdeklaration bei besonderem Wert des Gutes auswirken, wenn der Frachtführer – wofür dieser darlegungs- und beweispflichtig ist, Karlsr NJW-RR **05**, 911 – bei richtiger Wertangabe seine Sorgfaltspflichten besser erfüllt hätte und es dann zumindest zu einer Verringerung des Transportrisikos gekommen wäre, BGH **149**, 337, **167**, 73, TranspR **04**, 401, **06**, 165, **06**, 168, **06**, 206, **06**, 174, Mü NJW-RR **04**, 1064, Düss TranspR **07**, 23, oder wenn

§ 425 4

dem Frachtführer dadurch die Möglichkeit genommen wird, den Ort des Schadenseintritts einzugrenzen und auf diese Weise von einer Schadenshaftung wegen grober Fahrlässigkeit freizukommen, BGH NJW-RR **03**, 1474. Dabei ist zu berücksichtigen, ob der Absender wusste oder hätte wissen müssen, dass der Frachtführer das Gut mit größerer Sorgfalt behandelt hätte, wenn er den Wert der Sendung gekannt hätte, BGH NJW **06**, 1427, NJW-RR **07**, 30, TranspR **06**, 204, **06**, 206, **08**, 116, **08**, 121, **08**, 208, **08**, 250. Ein Kennenmüssen liegt bei korrekter Wertangabe vor, wenn sich aus den Beförderungsbedingungen des Transporteurs ergibt, dass er für diesen Fall bei Verlust oder Beschädigung des Gutes höher haften will. Je höher der Wert des nicht deklarierten Pakets ist, desto größer ist der in dem Unterlassen der Wertdeklaration liegende Schadensbeitrag, BGH TranspR **08**, 117, **08**, 167, **08**, 404, Düss TranspR **08**, 316. Im EDI-Verfahren, dazu MüKo/Herber § 435 Rn 39 a ff, tritt Anspruchsminderung ein, wenn der Absender erkennen kann, dass sorgfältige Behandlung durch den Transporteur nur gewährleistet ist, wenn wertdeklarierte Pakete gesondert übergeben werden; der Absender muss selbst Maßnahmen ergreifen, um auf sorgfältige Behandlung aufmerksam zu machen, BGH **174**, 251, NJW-RR **07**, 31, TranspR **08**, 166, Düss TranspR **08**, 313. Will der Frachtführer Güter nur bis bestimmtem Wert befördern und liegt der Wert darüber, kann durch unterlassenen Hinweis des Absenders auch bei dessen fahrlässiger Unkenntnis vom Beförderungsausschluss die Frachtführerhaftung vollständig entfallen, BGH NJW-RR **08**, 350 m Anm Ramming TranspR **07**, 409, TranspR **08**, 117, NJW-RR **09**, 45, **09**, 177 f. Gleiches gilt, wenn der Absender weiß, dass die Beförderung sog Verbotsgut iS der Frachtführer-AGB enthält und er den Frachtführer hierüber nicht aufklärt, BGH NJW-RR **07**, 182, **07**, 1112, denn eine Verbotsklausel enthält nicht die Aussage, bis zu einem bestimmten Betrag verschuldensunabhängig haften zu wollen (Unterschied zur Haftungsbegrenzungsklausel), BGH NJW-RR **09**, 175.

Mitverschulden entfällt, wenn der besondere Wert des Gutes bereits äußerlich deutlich erkennbar ist, Hbg NJW-RR **04**, 1039 (Übergabe im Originalkarton), Bambg TranspR **06**, 297, wenn der Frachtführer noch rechtzeitig im Zeitpunkt des Abholens durch den Fahrer Kenntnis vom Wert erhält, Oldbg TranspR **07**, 249, wenn sich der Wert aus dem Frachtführer zur Verfügung gestellten Versandlisten ergibt, BGH NJW-RR **06**, 758, oder wenn der Frachtführer bei einer Nachnahmesendung auf Grund des einzuziehenden Betrags Kenntnis vom Wert des Gutes hat, BGH NJW-RR **05**, 1058.

B. Unterlassener Hinweis auf Gefahr eines ungewöhnlich hohen Schadens, II, § 254 II 1 BGB: Anspruchsmindernd ist auch das Unterlassen des Hinweises auf die Gefahr eines außergewöhnlich hohen Schadens. Dabei ist unbeachtlich, ob der Absender wusste (BGH NJW-RR **05**, 1280, TranspR **06**, 211) bzw hätte wissen müssen (BGH NJW-RR **06**, 1109, TranspR **06**, 119, **06**, 390, **07**, 469, Düss TranspR **07**, 35), dass der Frachtführer das Gut mit größerer Sorgfalt behandelt hätte, wenn er den tatsächlichen Wert der Sendung gekannt hätte. Den Auftraggeber trifft eine allgemeine Obliegenheit, auf die Gefahr eines außergewöhnlich hohen Schaden hinzuweisen, um seinen Vertragspartner Gelegenheit zu geeigneten Maßnahmen zur Verhinderung eines Schadens zu ergreifen. Daran wird der Schädiger gehindert, wenn er auf die Gefahr eines ungewöhnlich hohen Schadens nicht hingewiesen wird. Mitverschulden setzt nicht voraus, dass der Frachtführer Wertsendungen generell sicherer befördert. Kausalität des Mitverschuldens entfällt nur, wenn der Transporteur trotz eines Hinweises auf den ungewöhnlich hohen Wert des Gutes keine besonderen Maßnahmen getroffen hätte, BGH NJW-RR **06**, 1110, TranspR **08**, 250, oder wenn Transporteur vom Wert zumindest gleich gute Erkenntnismöglichkeiten wie der Geschädigte hat, BGH NJW-RR **06**, 1110, **06**, 1267, wofür aber bloße Rückschlüsse aus Angaben zu Empfänger, Absender und spezifischem Gewicht nicht ausreichen, BGH

TranspR **07**, 468. Beweislast für Schadenseintritt auch bei Wertangabe trägt hier – anders als bei A. – Absender, MüKo/Herber § 435 Rn 43.

Was ein ungewöhnlich hoher Schaden ist, kann nur auf Grund der konkreten Umstände des Einzelfalles beurteilt werden, BGH NJW **06**, 1428, TranspR **06**, 216, Düss TranspR **06**, 350, vgl aber auch BGH TranspR **07**, 114 zum Posttransport: „im Regelfall" ab 5.000 €, was etwa dem zehnfachen Haftungshöchstbetrag in den Beförderungsbedingungen des Transporteurs entspricht, ebenso NJW-RR **06**, 1110, TranspR **07**, 420, **08**, 117, **08**, 121, **08**, 167, **08**, 408. Bei mehreren Paketen entscheidet der Wert eines Paketes, BGH TranspR **07**, 414. Auch außerhalb von Paketdiensten gilt die Wertgrenze des zehnfachen Schadensersatzbetrags, Düss TranspR **08**, 35, aA Knorre TranspR **07**, 394, **08**, 163: dreifacher Wert.

C. **Sonstige Fälle:** Mitverschulden kommt auch in Betracht, wenn der Absender einen Frachtführer beauftragt, von dem er weiß oder hätte wissen müssen, dass es bei diesem auf Grund von groben Organisationsmängeln häufig zu Verlusten kommt, BGH **149**, 355, TranspR **04**, 402, Düss TranspR **06**, 351 u 354, **07**, 244, aber nur, wenn der konkrete Sachverhalt Anlass für die Annahme bietet, der Unternehmer werde durch die angetragene Frachtführung mangels erforderlicher Ausstattung oder fachlicher Kompetenz überfordert, BGH NJW-RR **06**, 1266, dazu insgesamt Köper TranspR **07**, 94. Zum Problem der unzureichenden Kühlung von Kühlgut als besonderem Mangel Koller TranspR **00**, 449, Ramming TranspR **01**, 53.

Haftungsausschluß

426 Der Frachtführer ist von der Haftung befreit, soweit der Verlust, die Beschädigung oder die Überschreitung der Lieferfrist auf Umständen beruht, die der Frachtführer auch bei größter Sorgfalt nicht vermeiden und deren Folgen er nicht abwenden konnte.

1) Einfacher Haftungsausschluss ohne Vermutung

§§ 426, 427 enthalten **Haftungsausschlüsse**, die sich an den Regelungen der 1 (17) CMR orientieren (vgl (17) CMR Art 17 II–IV, s weitergehend Ramming TranspR **01**, 53). Für unvermeidbare und unvorhersehbare Schäden gilt nach § 426 ein **einfacher Haftungsausschluss**, nämlich soweit der Verlust, die Beschädigung oder die Überschreitung der Lieferfrist auf Umständen beruht, die der Frachtführer auch bei größter Sorgfalt nicht vermeiden und deren Folgen er nicht abwenden konnte. § 426 sieht keine Beweiserleichterung zugunsten des Frachtführers vor (einfacher Haftungsausschluss, anders Vermutung nach § 427 II). Die Beweislast liegt nach allgemeinen Regeln bei dem, der sich auf § 426 beruft, das ist der Frachtführer, Brdbg TranspR **05**, 115.

2) Einzelne Tatbestandsmerkmale

Der Haftungsausschluss greift nur bei **Unabwendbarkeit des Schadens**. Der 2 Begriff der Unabwendbarkeit ist derselbe wie in (17) CMR Art 17 II, nämlich wenn auch ein besonders gewissenhafter Frachtführer bei Anwendung der äußersten ihm zumutbaren Sorgfalt den Schaden nicht hätte vermeiden können, BGH VersR **00**, 1437. Es ist also vom Maßstab des „idealen" Frachtführers und der „menschenmöglichen" Sorgfalt auszugehen, Ffm TranspR **06**, 298, Kln TranspR **04**, 321, Mü TranspR **08**, 318, Canaris § 31 Rn 15 ff (auch zum Vergleich mit § 7 StVG). Erforderlich ist Sorgfalt, mit der auch atypische Schadensursachen hätten vermieden werden können, Ffm TranspR **06**, 298. Eine Grenze ist erst dort zu ziehen, wo Schadensverhütungsanstrengungen auf den ersten Blick als gänzlich untragbar, absurd und damit unzumutbar erscheinen, Koller 4. Verschulden des Verfügungsberechtigten, Weisungserteilung und Gütermängel (vgl **(17)** CMR Art 17 II) werden unter § 425 II berücksichtigt und können dort auch zum gänzlichen Ausschluss der Ersatzpflicht führen (§ 425 Rn 4). Haftungsausschluss nur, **"soweit"** der Schaden auf dem betreffenden Ausschlusstatbestand beruht (Rechtsgedanke des § 254 BGB), also gänzlich oder auch nur anteilig. Diebstahl und Brandstiftung sind bei Abstellen auf öffentlichem Grund ohne Aufsicht idR vermeidbar, HdbgKo/Ruß 2, auch hat sich Idealfahrer auf das schlechtest mögliche Wetter einzustellen und über Arbeitskämpfe (keine Zurechnung des Verhaltens über § 278 BGB) oder Blockaden zu informieren, Koller 5 ff. Für Mängel des für die Beförderung verwendeten und nicht vom Absender gestellten Fahrzeugs gilt keine Besonderheit, auch insoweit kann der Haftungsausschluss nach § 426 eingreifen (anders RegE).

Besondere Haftungsausschlußgründe

427 (1) **Der Frachtführer ist von seiner Haftung befreit, soweit der Verlust, die Beschädigung oder die Überschreitung der Lieferfrist auf eine der folgenden Gefahren zurückzuführen ist:**

1. **vereinbarte oder der Übung entsprechende Verwendung von offenen, nicht mit Planen gedeckten Fahrzeugen oder Verladung auf Deck;**
2. **ungenügende Verpackung durch den Absender;**
3. **Behandeln, Verladen oder Entladen des Gutes durch den Absender oder den Empfänger;**
4. **natürliche Beschaffenheit des Gutes, die besonders leicht zu Schäden, insbesondere durch Bruch, Rost, inneren Verderb, Austrocknen, Auslaufen, normalen Schwund, führt;**
5. **ungenügende Kennzeichnung der Frachtstücke durch den Absender;**
6. **Beförderung lebender Tiere.**

(2) ¹**Ist ein Schaden eingetreten, der nach den Umständen des Falles aus einer der in Absatz 1 bezeichneten Gefahren entstehen konnte, so wird vermutet, daß der Schaden aus dieser Gefahr entstanden ist.** ²**Diese Vermutung gilt im Falle des Absatzes 1 Nr. 1 nicht bei außergewöhnlich großem Verlust.**

(3) **Der Frachtführer kann sich auf Absatz 1 Nr. 1 nur berufen, soweit der Verlust, die Beschädigung oder die Überschreitung der Lieferfrist nicht darauf zurückzuführen ist, daß der Frachtführer besondere Weisungen des Absenders im Hinblick auf die Beförderung des Gutes nicht beachtet hat.**

(4) **Ist der Frachtführer nach dem Frachtvertrag verpflichtet, das Gut gegen die Einwirkung von Hitze, Kälte, Temperaturschwankungen, Luftfeuchtigkeit, Erschütterungen oder ähnlichen Einflüssen besonders zu schützen, so kann er sich auf Absatz 1 Nr. 4 nur berufen, wenn er alle ihm nach den Umständen obliegenden Maßnahmen, insbesondere hinsichtlich der Auswahl, Instandhaltung und Verwendung besonderer Einrichtungen, getroffen und besondere Weisungen beachtet hat.**

(5) **Der Frachtführer kann sich auf Absatz 1 Nr. 6 nur berufen, wenn er alle ihm nach den Umständen obliegenden Maßnahmen getroffen und besondere Weisungen beachtet hat.**

1) Besondere Haftungsausschlüsse (I)

1 Für eine Reihe besonderer Gefahren für das beförderte Gut, die nicht dem Risikobereich des Frachtführers zuzurechnen sind (vgl § 412 Rn 3), gelten **besondere Haftungsausschlüsse (§ 427,** vgl **(17)** CMR Art 17 IV: sog bevorrechtigte Haftungsausschlüsse). Sie umfassen wie § 426 Güterverluste und -beschädigungen ebenso wie die Überschreitung der Lieferfrist (§ 423). Anders als

beim einfachen Haftungsausschluss nach § 426 gilt hier eine Beweiserleichterung (Vermutung nach II, s Rn 3). Haftungsausschluss nur, **„soweit"** der Schaden auf dem betreffenden Ausschlusstatbestand beruht, also gänzlich oder auch nur anteilig (wie § 426, dort Rn 2). Lit: Ramming TranspR **01,** 53.

2) Die sechs Haftungsausschlüsse (I 1 Nr 1–6)

I Nr 1–6 (entspr **(17)** CMR Art 17 IV a–f) nennen sechs Gefahren, bei deren 2 Realisierung der Frachtführer von seiner Haftung befreit ist, nämlich

I Nr 1: Verwendung offener, nicht mit Planen gedeckter Fahrzeuge oder Verladung auf Deck. Letzteres ist für die Binnenschifffahrt von erheblicher Bedeutung. Diese Verwendungsart muss (formlos, auch mündlich, auch stillschweigend) vereinbart sein oder der Übung (zB im Containerverkehr) entsprechen; auf einen Vermerk im Frachtbrief kommt es nicht an (anders **(17)** CMR Art 17 IVa).

I Nr 2: ungenügende Verpackung durch den Absender. Verpackung ist nach allgemeinem Sprachgebrauch eine prinzipiell jederzeit lösbare Umhüllung des Gutes, Konservierungsmittel wie Öl oder Wachs fallen nicht darunter, Mü TranspR **08,** 195, vgl aber I Nr 4, IV und Rn 5. Ungenügend bedeutet gänzlich fehlend oder unzulänglich (§ 414 Rn 2). Verschulden ist irrelevant. Der Begriff findet auch in § 414 I 1 Nr 1 Anwendung, dort allerdings ohne den Zusatz „durch den Absender" (anders noch im RegE, hier beibehalten). Es kommt also hier nach dem Wortlaut darauf an, dass der Absender bzw seine Leute (§ 428) und Erfüllungsgehilfen (§ 278 BGB) tatsächlich verpackt haben. Der Frachtführer ist Erfüllungsgehilfe, wenn er die Verpackung auf Grund einer selbstständigen Abrede als von den Pflichten des Frachtvertrags unabhängige zusätzliche werkvertragliche Pflicht übernommen hat; er haftet dann nur als Werkunternehmer, BGH **174,** 353. Ist der Frachtführer verpackungs- oder kennzeichnungspflichtig, ist entscheidend, ob er die Verpackung durch den Absender als hinreichende Transportverpackung ansehen durfte. Das ist bei unzulänglicher Verpackung durch den Absender nicht der Fall. I Nr 2 setzt also iErg ebenso wie § 414 I 1 Nr 1 voraus, dass die Verpackung und Kennzeichnung dem Absender obliegen (§ 411), Koller 20, anders RegE S 63. Dafür spricht, dass der Gesetzgeber verschiedentlich Absenderhaftung und Befreiung von Frachtführerhaftung als derselben Risikozuweisung entspringend bezeichnet und die Streichung nur in § 414 I 1 Nr 1, nicht aber hier nicht besonders begründet hat. I Nr 2 ist danach nicht anwendbar, wenn der Frachtführer verpackungs- oder kennzeichnungspflichtig ist, jedoch kann dann immer noch der Absender wegen unzulänglicher Verpackung verschuldensabhängig (mit)haften (§ 280 I BGB, Pflichtverletzung, wie § 414 Rn 2). Vgl zu den verschiedenen Fallvarianten der Verpackung durch den Absender, Frachtführer oder Dritte: Koller 21 ff.

I Nr 3: Behandeln, Verladen oder Entladen des Gutes durch den Absender oder durch den Empfänger. Behandeln ist jedes Tätigwerden im Hinblick auf das Gut und die vereinbarte Beförderung, wofür aktives Tun erforderlich ist, str aA Ramming TranspR **01,** 53. Begriff des Verladens und Entladens s § 412. I Nr 3 stellt aber nach Wortlaut und Begründung nicht auf die Rechtspflicht zur Verladung (vgl § 412), sondern auf die tatsächliche Behandlung ab. Da der Haftungsausschluss nach I Nr 3 keine Entsprechung bei der Absenderhaftung hat (§ 414 Rn 2 aE), ergibt sich hier keine Diskrepanz zur Verpackung und Kennzeichnung nach I Nr 2 und 5. Hier wie auch sonst müssen sich Absender und Empfänger die Mitwirkung ihrer Leute und Erfüllungsgehilfen zurechnen lassen (s oben zu I Nr 2).

I Nr 4: Besondere Schadensanfälligkeit des Gutes wegen seiner natürlichen Beschaffenheit. Die angegebenen Beispiele (Bruch, Rost, innerer Verderb, Austrocknen, Auslaufen, normaler Schwund) sind nicht abschließend, also etwa auch Einwirken von Ungeziefer oder Nagetieren, nicht jedoch bei Diebstählen, Ramming TranspR **01,** 53.

§ 428 1

I Nr 5: Ungenügende Kennzeichnung der Frachtstücke durch den Absender (vgl Absenderhaftung nach § 414 I 1 Nr 1). Zur streitigen Bedeutung der Worte „durch den Absender" s oben zu I Nr 2. I Nr 5 stellt anders als § 411 nicht auf Güter, sondern auf Frachtstücke ab, die Kennzeichnung kann sich also auch auf die einzelnen Gütereinheiten beziehen.

I Nr 6: Beförderung lebender Tiere; zu beachten ist V (Rn 6).

3) Vermutung für Schadensentstehung aus der Gefahr (II)

3   Wenn der Schaden aus einer der in I Nr 1–6 genannten Gefahren entstehen konnte, wird widerleglich **vermutet**, dass er daraus entstanden ist **(II 1)**. Der Frachtführer muss also nur das Vorliegen einer als Haftungsausschlussgrund nach I behandelten Gefahr sowie die Möglichkeit beweisen, dass diese nach den Umständen des Falles den Schaden verursacht hat. Der Absender kann dann immer noch den Gegenbeweis führen, dass die Gefahr für den Schaden nicht ursächlich war. Die Vermutung nach II 1 gilt nicht, wenn bei offener Beförderung oder Decksverladung gem I Nr 1 außergewöhnlich hohe Verluste eingetreten sind **(II 2)**. Solche können nicht nur bei Verlust von ganzen Frachtstücken, sondern auch bei außergewöhnlich hohem Abgang vorliegen.

4) Besondere Regelungen für einzelne Gefahren (III–V)

4   A. Für den Haftungsausschluss nach **I Nr 1** (offene Fahrzeuge, Verladung auf Deck) kommt es darauf an, ob der Frachtführer besondere Weisungen des Absenders im Hinblick auf die Beförderung beachtet hat **(III)**. Beweislast beim Frachtführer, der ursächlichen Zusammenhang zwischen den Gefahren der Nr 1 und dem Schaden konkret aufzeigen muss, BGH TranspR 00, 459 (CMR).

5   B. Für den Haftungsausschluss nach **I Nr 4** (schadensgeneigtes Gut) kommt es darauf an, ob der Frachtführer eine Vertragspflicht zum besonderen Schutz des Gutes hatte und alle ihm nach den Umständen obliegenden Maßnahmen getroffen und besondere Weisungen beachtet hat **(IV)**, Düss TranspR 03, 109 (Kontrollpflicht bei Kühlgut), Mü TranspR 08, 195 (kein Hinweis an Absender, dass Korrosionsschutz für Seetransport fehlt).

6   C. Auf den Haftungsausschluss nach **I Nr 6** (Beförderung lebender Tiere) kann sich der Frachtführer nur bei Treffen aller ihm nach den Umständen obliegenden Maßnahmen und Beachtung besonderer Weisungen berufen **(V)**.

Haftung für andere

428 ¹ Der Frachtführer hat Handlungen und Unterlassungen seiner Leute in gleichem Umfange zu vertreten wie eigene Handlungen und Unterlassungen, wenn die Leute in Ausübung ihrer Verrichtungen handeln. ² Gleiches gilt für Handlungen und Unterlassungen anderer Personen, deren er sich bei Ausführung der Beförderung bedient.

1) Leutehaftung (Satz 1)

1   § 428 betrifft nur die Haftung des Frachtführers und unterscheidet zwischen Betriebszugehörigen und anderen Gehilfen (vgl **(17)** CMR Art 3). Er ist keine selbstständige Haftungsgrundlage, sondern eine **Zurechnungsnorm**. § 428 ist nur anwendbar auf die Haftung nach §§ 425, 413 II, 422, 447 sowie bei Verletzung von in §§ 408 ff geregelten Pflichten, zB § 451 a II, Koller 2, sonst bleibt es bei § 278 BGB (RegE, s Rn 4). § 428 gilt nicht beim Schleppvertrag (§ 407 Rn 13), RG **122**, 289. Der Frachtführer **haftet** im gleichen Umfang wie er selbst **für seine Leute,** wenn sie in Ausübungen ihrer Verrichtungen handeln **(Satz 1)**. Abweichende Vereinbarungen s § 449.

4. Abschnitt. Frachtgeschäft **§ 429**

Leute des Frachtführers sind alle in seinem Betrieb zu irgendwelchen Arbeiten 2
Angestellten (nicht im arbeitsrechtlichen Sinne). Darunter fallen Arbeitnehmer,
Aushilfskräfte, auch Leiharbeitnehmer bei Eingliederung in den Betrieb, auch
mitarbeitende Familienangehörige. Die Leute müssen **in Ausübung ihrer Verrichtungen** handeln. In die Beförderung brauchen sie nicht eingeschaltet zu
sein. Bei fehlerhaftem Handeln muss zwischen der Verrichtung und dem Fehlverhalten ein innerer Zusammenhang bestehen, BGH VersR **85,** 1060, Koller 7.
Dafür genügt es, dass die Anstellung den Schadenseintritt zumindest erleichtert
hat. Der Frachtführer haftet uU für Handlungen und Unterlassungen seiner Leute
auch außerhalb des Dienstes, RG **101,** 349 (zu § 417 aF). Bspe für Handeln in
Ausübung der Verrichtung: Fehlverhalten im Betrieb, wenn dieses das Gut bzw
den Kunden gefährdet; Diebstahl bei Zutritt zu dem Gut auf Grund Betriebszugehörigkeit, Kln TranspR **07,** 470; eigenmächtige Benutzung des Gutes oder
Beförderungsmittels, vgl BGH VersR **84,** 552; Benutzung derselben zu nahe
liegenden strafbaren Handlungen, vgl BGH TranspR **85,** 338 (Schmuggel), Hbg
VersR **83,** 352; weitere Bspe bei Koller 9.

2) Haftung für andere Personen (Satz 2)

Das Gleiche gilt für andere Personen, dh nicht betriebszugehörige, deren sich 3
der Frachtführer bei Ausführung der Beförderung bedient **(Satz 2).** Satz 2 ist
insofern enger als Satz 1, als es auf Handeln in Ausführung der Beförderung
ankommt. Zu den anderen Personen zählen auch die selbstständigen Unterfrachtführer (Subunternehmer, § 407 Rn 18) und die von diesen eingesetzten Erfüllungsgehilfen, Düss TranspR **90,** 63, sowie die vom Unterfrachtführer seinerseits
beauftragten Unterfrachtführer, Hamm VersR **87,** 609. Die anderen Personen
müssen in Ausübung ihrer Verrichtungen handeln (wie Satz 1, s Rn 2). Der
Frachtführer haftet nicht für den Lagerhalter im Falle von § 419 III 2, BGH **86,**
176 (zu § 607). Abweichende Vereinbarungen s § 449.

3) Haftung nach BGB (§§ 31, 278, 831 BGB)

Organe des Frachtführers sind weder seine Leute noch bedient er sich ihrer, es 4
gelten also §§ 31, 278 BGB. Für gesetzliche Vertreter haftet der Frachtführer
nach § 278 BGB. Neben der transportrechtlichen Bestimmung des § 428 gilt
§ 278 BGB, etwa für die Zurechnung von nicht spezialgesetzlich geregelten
Nebenpflichtverletzungen (s Rn 1). Bei Haftung aus Delikt greift nicht § 428
ein, sondern § 831 BGB mit § 434.

Wertersatz

429 (1) Hat der Frachtführer für gänzlichen oder teilweisen Verlust des Gutes Schadenersatz zu leisten, so ist der Wert am Ort und zur Zeit der Übernahme zur Beförderung zu ersetzen.

(2) ¹**Bei Beschädigung des Gutes ist der Unterschied zwischen dem Wert des unbeschädigten Gutes am Ort und zur Zeit der Übernahme zur Beförderung und dem Wert zu ersetzen, den das beschädigte Gut am Ort und zur Zeit der Übernahme gehabt hätte.** ² Es wird vermutet, daß die zur Schadensminderung und Schadensbehebung aufzuwendenden Kosten dem nach Satz 1 zu ermittelnden Unterschiedsbetrag entsprechen.

(3) ¹**Der Wert des Gutes bestimmt sich nach dem Marktpreis, sonst nach dem gemeinen Wert von Gütern gleicher Art und Beschaffenheit.** ²**Ist das Gut unmittelbar vor Übernahme zur Beförderung verkauft worden, so wird vermutet, daß der in der Rechnung des Verkäufers ausgewiesene Kaufpreis abzüglich darin enthaltener Beförderungskosten der Marktpreis ist.**

§§ 430, 431 IV. Buch. Handelsgeschäfte

1) Wertersatz (I)

1 §§ 429–433 regeln den **Haftungsumfang** (vgl **(17)** CMR Art 23–27). Der Umfang der Schadensersatzpflicht nach § 425 ist in mehrfacher Hinsicht beschränkt, zur Ersatzpflicht bei § 435 s dort Rn 3. § 429 regelt den **Wertersatz.** Der Frachtführer, der für gänzlichen oder teilweisen Verlust des Gutes Schadensersatz zu leisten hat, hat nur den Wert am Ort und zurzeit der Übernahme der Beförderung zu ersetzen (**I,** sog Versandwert, vgl **(17)** CMR Art 23 I, II, 24; Gegensatz: Ablieferungswert, Fakturenwert), also keine Haftung für Güterfolgeschäden und sonstigen entgangenen Gewinn. Das macht das Haftungsrisiko kalkulierbar. Zum Versandwert kommen beförderungsbedingt aufgewandte Beträge noch hinzu (§ 432). Der Wert des Gutes bestimmt gleichzeitig als abstrakter Schaden die Untergrenze des zu ersetzenden Schadens, sog **Mindestschaden,** Koller 18, krit Schriefers TranspR **07,** 184.

2) Wertunterschied als vermuteter Wert (II)

2 Bei Beschädigung des Gutes ist der Wertunterschied am Ort und zurzeit der Übernahme zu ersetzen (**II 1,** vgl **(17)** CMR Art 25). Absender beweispflichtig für Behebungs- (nicht Lager-, Rücktransport- und Wiederbeladungs-)kosten, Ko/Ro/Mo/Koller 1. Widerlegliche Vermutung, dass Kosten für Schadensminderung und -behebung dem Unterschiedsbetrag entsprechen (**II 2),** hiergegen Vollbeweis des Frachtführers zum niedrigeren Kostenaufwand am Ort der Übernahme, höheren Restwert des Fahrzeugs oder wirtschaftlichen Totalschaden möglich, Wighardt TranspR **09,** 66.

3) Kaufpreis als vermuteter Wert (III)

3 Der Wert des Gutes bestimmt sich nach dem **Marktpreis,** sonst nach dem gemeinen Wert (**III 1).** Entscheidend ist, auf welcher Handelsstufe das Gut gehandelt wird, BGH NJW-RR **03,** 1347 (zu § 430 aF), Kln VersR **05,** 858. Ein Marktpreis ist auch der Börsenpreis, aber praktisch ohne Bedeutung. Bei Verkauf unmittelbar vor Übernahme der Beförderung gilt die (widerlegliche, vgl Kln VersR **06,** 1710) **Vermutung,** dass der **Kaufpreis** abzüglich darin enthaltener Beförderungskosten dem Marktpreis entspricht **(III 2).**

Schadensfeststellungskosten

430 Bei Verlust oder Beschädigung des Gutes hat der Frachtführer über den nach § 429 zu leistenden Ersatz hinaus die Kosten der Feststellung des Schadens zu tragen.

1 **1)** § 430 stellt klar, dass außer dem Wertersatz nach § 429 auch die **Schadensfeststellungskosten,** nicht aber die Kosten zur Ermittlung der Schadensursache, BGH NJW-RR **09,** 46, Starosta TranspR **08,** 467, zu ersetzen sind (insoweit ohne Vorbild in CMR, vgl **(17)** CMR Art 23 IV: nur aus Anlass der Beförderung). Auch diese fallen ebenso wie der Substanzschaden unter die Haftungsobergrenze des § 431, Düss TranspR **05,** 472.

Haftungshöchstbetrag

431 (1) **Die nach den §§ 429 und 430 zu leistende Entschädigung wegen Verlust oder Beschädigung der gesamten Sendung ist auf einen Betrag von 8,33 Rechnungseinheiten für jedes Kilogramm des Rohgewichts der Sendung begrenzt.**

4. Abschnitt. Frachtgeschäft 1–4 § 431

(2) Sind nur einzelne Frachtstücke der Sendung verloren oder beschädigt worden, so ist die Haftung des Frachtführers begrenzt auf einen Betrag von 8,33 Rechnungseinheiten für jedes Kilogramm des Rohgewichts
1. der gesamten Sendung, wenn die gesamte Sendung entwertet ist,
2. des entwerteten Teils der Sendung, wenn nur ein Teil der Sendung entwertet ist.

(3) Die Haftung des Frachtführers wegen Überschreitung der Lieferfrist ist auf den dreifachen Betrag der Fracht begrenzt.

(4) [1] Die in den Absätzen 1 und 2 genannte Rechnungseinheit ist das Sonderziehungsrecht des Internationalen Währungsfonds. [2] Der Betrag wird in Euro entsprechend dem Wert des Euro gegenüber dem Sonderziehungsrecht am Tag der Übernahme des Gutes zur Beförderung oder an dem von den Parteien vereinbarten Tag umgerechnet. [3] Der Wert des Euro gegenüber dem Sonderziehungsrecht wird nach der Berechnungsmethode ermittelt, die der Internationale Währungsfonds an dem betreffenden Tag für seine Operationen und Transaktionen anwendet.

1) Haftungshöchstbetrag für Verlust oder Beschädigung (I, II)

Die Entschädigung (zu leistender Schadensersatz, §§ 429, 430) wegen **Verlust** 1 **oder Beschädigung der gesamten Sendung** nach §§ 429 (Substanzschaden am Gut) und 430 (Schadensfeststellungskosten) ist auf einen **Haftungshöchstbetrag** beschränkt, und zwar auf 8,33 Rechnungseinheiten für jedes kg des Rohgewichts der Sendung (**I,** vgl **(17)** CMR Art 23 III, 25 II). Beachte Sonderregelungen in §§ 4 ff BinSchG. Rohgewicht ist das Bruttogewicht der gesamten Sendung. Das Gewicht von in Verlust geratenen Teilen der Ladung, die der Geschädigte später wieder erlangt, ist nicht vom Rohgewicht der Sendung abzuziehen, Düss TranspR **05,** 471. Speditionssammelgut gilt als eine Sendung, LG Kln TranspR **95,** 392. Die Haftungsobergrenze ist das Korrelat zur verschuldensunabhängigen Haftung, sie dient der Kalkulierbarkeit und der Versicherbarkeit. Zu erheblichen verfassungsrechtlichen Bedenken gegenüber der Haftungsbegrenzung Canaris § 31 Rn 23, 38 ff (Willkürverbot, Art 3 I GG).

II regelt den Fall, dass nicht die gesamte Sendung, sondern **nur einzelne** 2 **Frachtstücke** verloren oder beschädigt worden sind. Dann kommt es darauf an, ob die gesamte Sendung (II Nr 1) oder nur ein Teil der Sendung entwertet ist (II Nr 2). Beweislast für Haftungshöchstsumme trägt Frachtführer, Koller 13.

2) Haftungshöchstbetrag bei Überschreitung der Lieferfrist (III)

Für die **Überschreitung der Lieferfrist** gilt nicht der Haftungshöchstbetrag 3 nach I, vielmehr ist die Haftung des Frachtführers auf den dreifachen Betrag der Fracht beschränkt (III, anders **(17)** CMR Art 23 V: nur einfache Höhe der Fracht und CIM Art 43 § 1: Vierfache Höhe der Fracht). Fracht ist die Gesamtvergütung nach § 407 II, auch wenn das Gut in mehreren Sendungen transportiert wird, auch bei Großsendungen. Sonderregelung für den ausführenden Frachtführer (§ 437). Zur Fracht gehören auch die weisungsbedingten Vergütungen (§ 418 I 4), nicht aber die Aufwendungen nach § 420 I 2 (Wortlaut).

3) Rechnungseinheit (IV)

Die nach I und II maßgebliche **Rechnungseinheit** ist das Sonderziehungsrecht 4 der IWF (IV, vgl **(17)** CMR Art 23 VII). Grund: bewährte Praxis unter **(17)** CMR, Rechtsvereinheitlichung (RegE), durchschnittlicher Güterwert schwer zu ermitteln. Umrechnungszeitpunkt ist der Tag der Übernahme des Gutes zur Beförderung oder der von den Parteien vereinbarte Tag (IV 2, anders RegE).

§§ 432, 433 1–3   IV. Buch. Handelsgeschäfte

Ersatz sonstiger Kosten

432 ¹Haftet der Frachtführer wegen Verlust oder Beschädigung, so hat er über den nach den §§ 429 bis 431 zu leistenden Ersatz hinaus die Fracht, öffentliche Abgaben und sonstige Kosten aus Anlaß der Beförderung des Gutes zu erstatten, im Fall der Beschädigung jedoch nur in dem nach § 429 Abs. 2 zu ermittelnden Wertverhältnis. ²Weiteren Schaden hat er nicht zu ersetzen.

1 1) § 432 regelt den **Ersatz sonstiger Kosten bei Verlust oder Beschädigung** über §§ 429–431 hinaus (vgl **(17)** CMR Art 23 IV). § 432 betrifft nicht den Fall der Überschreitung der Lieferfrist und ist damit auf Verpätungsschäden (auch nicht analog) anwendbar. Zu erstatten sind danach zusätzlich (Haftungsaufstockung) die Fracht, öffentliche Abgaben und sonstige Kosten aus Anlass der Beförderung des Gutes (zB Transportversicherungsprämien, Standgeld, Maut, Nachnahmegebühren, Verladekosten, Wiegegelder, Einfuhrumsatzsteuer, Koller 8), bei Beschädigung nur im Wertverhältnis nach § 429 II **(Satz 1)**. Schadensfeststellungskosten fallen, da nicht beförderungsbedingt, nicht unter sonstige Kosten aus Anlass der Beförderung, sondern nur unter § 430 mit Haftungshöchstbetrag nach § 431. § 432 kennt keinen Haftungshöchstbetrag wie § 431. Bei Mitverursachung kommt es zur Schadensteilung nach § 425 II. Weiteren Schaden hat der Frachtführer (außer im Falle des § 435) nicht zu ersetzen **(Satz 2,** vgl **(17)** CMR Art 23 IV, VI). Die Geltendmachung des Güterfolgeschadens ist also ausgeschlossen, §§ 425–432 sind abschließend. Auch außervertragliche Ansprüche sind insoweit ausgeschlossen (§ 434 I), BGH NJW **07**, 58 m Anm Heuer TranspR **06**, 456 u Boettge VersR **07**, 88.

Haftungshöchstbetrag bei sonstigen Vermögensschäden

433 Haftet der Frachtführer wegen der Verletzung einer mit der Ausführung der Beförderung des Gutes zusammenhängenden vertraglichen Pflicht für Schäden, die nicht durch Verlust oder Beschädigung des Gutes oder durch Überschreitung der Lieferfrist entstehen, und handelt es sich um andere Schäden als Sach- oder Personenschäden, so ist auch in diesem Falle die Haftung begrenzt, und zwar auf das Dreifache des Betrages, der bei Verlust des Gutes zu zahlen wäre.

1 1) Bei **sonstigen Vermögensschäden** (s Rn 3) ist der **Haftungshöchstbetrag** das Dreifache des Betrages, der bei Verlust des Gutes zu zahlen wäre (§ 433). § 433 regelt nicht den Haftungstatbestand des § 280 I BGB (Pflichtverletzung), vgl § 407 Rn 19, sondern enthält nur eine summenmäßige Haftungsgrenze für Vermögensschäden (also nicht Sach- oder Personenschäden) aus mit der Beförderung zusammenhängenden Nebenpflichtverletzungen.

2 2) Die **verletzten Nebenpflichten** brauchen nicht unbedingt „eng und unmittelbar" mit der Ausführung der Beförderung des Gutes zusammenzuhängen (anders noch RegE). Branchenfremde Tätigkeiten fallen nicht unter § 433, Grund: Wortlaut, sonst drohende Wettbewerbsverzerrung zugunsten der Transportunternehmen. § 433 erfasst danach zB die vom Frachtführer über § 412 hinaus vertraglich übernommene Pflicht zu Be- und Entladung. Ob Zusammenhang mit der Beförderung besteht, ist im Wege einer Interessenabwägung zu ermitteln. Zum Fall der Verwechslung von Transportgütern Kln TranspR **06**, 460. § 433 erfasst dagegen **nicht** zB die Montage und Demontage von Gütern (außer bei Umzugsvertrag nach § 451a), die Übernahme von Geschäften eines Spediteurs (§ 453) oder eine nicht beförderungsbedingte Einlagerung durch den Frachtführer.

3 3) Die Haftungsobergrenze des § 433 gilt nur für **sonstige Vermögensschäden**. Das sind nur Schäden, die nicht durch Verlust oder Beschädigung des Gutes

4. Abschnitt. Frachtgeschäft 1, 2 § 434

oder durch Überschreitung der Lieferfrist entstehen (insoweit schon § 432 Satz 2), und andere Schäden als Sach- oder Personenschäden (also sog primäre Vermögensschäden). Die Verletzung absoluter, deliktsrechtlich geschützter Rechte lediglich aus Anlass der Vertragserfüllung (außer Verlust oder Beschädigung des Gutes und Lieferfristüberschreitung) unterfallen also nicht der Haftungsobergrenze des § 433. Denn dabei handelt es sich nicht um beförderungstypische Haftungsrisiken, für die Grund zu Haftungsobergrenzen besteht, sondern um allgemeine Lebensrisiken. Bspe: Schäden an einer nicht zum Transport bestimmten Sache oder an einer Person, etwa Absender oder Empfänger.

4) Die **Haftungsobergrenze** beträgt das Dreifache des Betrages, der bei Verlust des Gutes zu bezahlen wäre. Die Anknüpfung am Wert des Gutes erleichtert die Kalkulierbarkeit und Versicherbarkeit, die Erhöhung auf das Dreifache trägt dem Umstand Rechnung, dass es sich hier nicht um eine verschuldensunabhängige Haftung handelt, sondern um eine Pflichtverletzung (RegE). **4**

Außervertragliche Ansprüche

434 (1) **Die in diesem Unterabschnitt und im Frachtvertrag vorgesehenen Haftungsbefreiungen und Haftungsbegrenzungen gelten auch für einen außervertraglichen Anspruch des Absenders oder des Empfängers gegen den Frachtführer wegen Verlust oder Beschädigung des Gutes oder wegen Überschreitung der Lieferfrist.**

(2) **¹Der Frachtführer kann auch gegenüber außervertraglichen Ansprüchen Dritter wegen Verlust oder Beschädigung des Gutes die Einwendungen nach Absatz 1 geltend machen. ²Die Einwendungen können jedoch nicht geltend gemacht werden, wenn**

1. **der Dritte der Beförderung nicht zugestimmt hat und der Frachtführer die fehlende Befugnis des Absenders, das Gut zu versenden, kannte oder fahrlässig nicht kannte oder**
2. **das Gut vor Übernahme zur Beförderung dem Dritten oder einer Person, die von diesem ihr Recht zum Besitz ableitet, abhanden gekommen ist.**

1) Außervertragliche Ansprüche des Absenders oder Empfängers (I)

§ 434 erfasst die außervertraglichen Ansprüche (vgl **(17)** CMR Art 28 I). An sich gelten die verschiedenen gesetzlichen **Haftungsbeschränkungen** nur für die vertraglichen Ansprüche des Frachtführers, stehen sie doch im Abschnitt über das Frachtgeschäft/Frachtvertrag. Dann würden sie aber über außervertragliche Ansprüche, etwa nach §§ 677 ff, 812 ff, 823 ff, 904, 989 ff BGB, leicht ausgehebelt. Deshalb gelten nach **I** die Haftungsbefreiungen und Haftungsbegrenzungen, die im 1. Unterabschn (§§ 407–450) und im Frachtvertrag vorgesehen sind, **auch für außervertragliche Ansprüche** des Absenders oder des Empfängers wegen Verlust oder Beschädigung des Gutes oder wegen Überschreitung der Lieferfrist (nicht auch wegen sonstiger Vermögensschäden nach § 433), BGH NJW **07**, 58, früher str, vgl zB BGH **46,** 140. Das wird besonders für die mit Vertragsansprüchen konkurrierenden Deliktsansprüche relevant, deshalb krit Canaris § 31 Rn 26 f. § 439 über die Verjährung erfasst selbst alle aus einer Beförderung erwachsenden Ansprüche, also einschließlich der außervertraglichen. **1**

2) Außervertragliche Ansprüche Dritter (II)

Dasselbe gilt nach **II 1** auch für außervertragliche **Ansprüche vertragsfremder Dritter** wegen Verlust oder Beschädigung des Gutes. Grund für diese Erstreckung ist, dass auch durch Ansprüche dieser Personen eine Aushebelung iSv 1 (s Rn 1) droht und umgekehrt diese Personen vielfach vom Transport **2**

§ 435 1   IV. Buch. Handelsgeschäfte

profitieren (RegE). Güterfolgeschäden werden – wie bei I – nicht erfasst, da sie nicht Gegenstand des in sich geschlossenen Haftungssystems der §§ 425 ff sind, Heuer TranspR **05**, 71, aA Brem TranspR **05**, 70. Vertragsfremde Dritte sind diejenigen Personen, die nicht Vertragspartei sind und die nicht zur Geltendmachung vertraglicher Ersatzansprüche aktiv legitimiert sind (vgl § 421 I). II 1 betrifft vor allem den Eigentümer, der selbst weder Absender noch Empfänger ist. Einwendungen iSv I sind die dort genannten gesetzlichen und frachtvertraglichen Haftungsbefreiungen und Haftungsbegrenzungen. Ansprüche wegen Lieferfristüberschreitung sind vertraglicher Art und deshalb von II 1 nicht erfasst.

3   II 1 gilt **nicht**, wenn der Dritte der Beförderung nicht zugestimmt hat und der Frachtführer die fehlende Befugnis des Absenders zum Versand kannte oder fahrlässig nicht kannte, also **bei Bösgläubigkeit (II 2 Nr 1**; Rechtsgedanke des § 366 I, aber bereits bei leichter Fahrlässigkeit) **oder** bei **Abhandenkommen** des Gutes vor Übernahme zur Beförderung **(II 2 Nr 2**; Wertung des § 935 I BGB). Begriff des Abhandenkommens wie in § 935 I BGB, also unfreiwilliger Besitzverlust des Berechtigten. Kein Schutz bei willentlicher Besitzüberlassung an Dritte. „Ableitung des Besitzes" entspricht der Formulierung in §§ 986 I 1, 991 I BGB. Bei Abhandenkommen erst während der Beförderung verbleibt es bei II 1. Die Beweislast für II 2 trägt der Geschädigte. Näher zu II Canaris § 31 Rn 29 ff.

Wegfall der Haftungsbefreiungen und -begrenzungen

435   **Die in diesem Unterabschnitt und im Frachtvertrag vorgesehenen Haftungsbefreiungen und Haftungsbegrenzungen gelten nicht, wenn der Schaden auf eine Handlung oder Unterlassung zurückzuführen ist, die der Frachtführer oder eine in § 428 genannte Person vorsätzlich oder leichtfertig und in dem Bewußtsein, daß ein Schaden mit Wahrscheinlichkeit eintreten werde, begangen hat.**

1   1) Die dem Frachtführer wegen vertragstypischer Risiken eingeräumten **Haftungsprivilegien** sind bei qualifiziertem Verschulden des Frachtführers nicht gerechtfertigt, sondern müssen **entfallen.** § 435 setzt deshalb sämtliche Haftungseinschränkungen, die im 1. Unterabschn (§§ 407–450) oder im Frachtvertrag vorgesehen sind, unter den Vorbehalt von **Vorsatz und bewusster Leichtfertigkeit** (vgl **(17)** CMR Art 29 I, II 1). Die Haftungsbefreiungen und -begrenzungen gelten nicht, wenn der Frachtführer selbst, einer seiner Leute, oder eine der anderen Personen nach § 428 entweder vorsätzlich oder leichtfertig und in dem Bewusstsein, dass ein Schaden mit Wahrscheinlichkeit eintreten werde, gehandelt haben (§ 435). § 425 II bleibt jedoch anwendbar, stRspr, BGH NJW **03**, 3629, TranspR **04**, 179, **07**, 413, **07**, 415, **07**, 420, **07**, 422, aA Ramming TranspR **01**, 53. Bei den Hilfspersonen nach § 428 kommt es auf deren Vorsatz oder bewusste Leichtfertigkeit an, diese muss sich der Frachtführer, auch wenn ihn selbst kein solches qualifiziertes Verschulden trifft, wegen der Einschaltung dieser Personen zurechnen lassen. Die Beweislast liegt nach allgemeinen Grundsätzen bei dem, der sich auf § 435 beruft, also beim Geschädigten, vgl BGH NJW-RR **04**, 395, Saarbr TranspR **06**, 302, Kblz VersR **07**, 1009. Von ihm vorzutragende Anhaltspunkte, die auf qualifiziertes Verschulden hindeuten, können sich auch aus Art u Ausmaß der Beschädigung des Gutes ergeben, BGH TranspR **06**, 393. Der Frachtführer ist allerdings verpflichtet, alle Umstände aus seinem Betriebsbereich, insbesondere zum Organisationsablauf, zu möglichen Schadensursachen, zum Schadensverlauf und zu ergriffenen Sicherheitsmaßnahmen, vorzutragen (sekundäre Darlegungslast), vgl BGH **174**, 250, NJW-RR **07**, 34, TranspR **04**, 175, **04**, 461, Stgt TranspR **06**, 304, Bambg TranspR **08**, 470. Ihn trifft eine Recherchepflicht, BGH **174**, 250, NJW-RR **07**, 34, Mü TranspR

4. Abschnitt. Frachtgeschäft 2 § 435

08, 321. Unterlässt er dies insbesondere bei völlig ungeklärtem Schadenshergang, ist der Schluss auf ein qualifiziertes Verschulden iSd § 435 schon auf Grund einer generalisierenden Betrachtungsweise berechtigt, BGH **174**, 249, NJW **03**, 3626, NJW-RR **04**, 396, Karlsr NJW-RR **05**, 910, Brschw NJW-RR **05**, 834. Vortrag, dass anvertrautes Gut durch Dritte nur verplombt befördert werde, ist nicht ausreichend. Darlegungs- und Beweislast auch Neumann TranspR **02**, 413, TranspR **09**, 54 und Thume TranspR **08**, 428.

2) Leichtfertig und im Bewusstsein, dass ein Schaden mit Wahrscheinlichkeit eintreten werde:

Der Verschuldensmaßstab ist an den Wortlaut deutscher Übersetzungen internationaler Transportrechtsübereinkommen (ua Art 25 WA 1955) angelehnt, weshalb zur Auslegung auf die diesbezüglich ergangene Rechtsprechung zurückgegriffen werden muss, BGH **158**, 322. Die Schuldform ähnelt der bewussten groben Fahrlässigkeit, Nürnb TranspR **02**, 22, doch können im Einzelfall strengere Anforderungen zu stellen sein als an ein grob fahrlässiges Verhalten, RegE S 72. Beide Elemente müssen erfüllt sein: leichtfertiges Handeln **und** Bewusstsein eines wahrscheinlichen Schadenseintritts, Koller 6 ff. Leichtfertigkeit ist grundsätzlich objektiv im Sinne grober Fahrlässigkeit zu verstehen; erforderlich ist, dass sich der Frachtführer oder seine Leute in krasser Weise über die Sicherheitsinteressen der Vertragspartners hinwegsetzen, BGH **149**, 337, **158**, 322. Bewusstsein ist subjektiv, was aus den Umständen gefolgert werden kann, Kln VersR **01**, 1445, Ko/Ro/Mo/Koller 1; doch handelt auch der bewusst, der sich bewusst der Wahrheit verschließt, vgl BGH NJW **94**, 2291 (zu § 826 BGB). Die Rspr legt den Begriff eigenständig gegenüber dem der groben Fahrlässigkeit aus (RegE S 72). Das Bewusstsein von der Wahrscheinlichkeit des Schadenseintritts ist die sich dem Handelnden aus seinem leichtfertigen Verhalten aufdrängende Erkenntnis, es werde wahrscheinlich ein Schaden entstehen, BGH TranspR **06**, 164. An ihr fehlt es auf jeden Fall, wenn keine bewusste grobe Fahrlässigkeit vorliegt, Ffm VersR **81**, 164; sie soll vielmehr eine zwischen bewusster grober Fahrlässigkeit und bedingtem Vorsatz liegende Verschuldensform sein, Zweibr NJW-RR **04**, 686. Kommt die Sendung in desolatem Zustand an und ist ein katastrophaler Schaden eingetreten, trägt das allein noch nicht den Schluss, dass auch die subjektiven Voraussetzungen dieser Verschuldensform vorliegen, Mü TranspR **95**, 300. Umgekehrt sind nicht stets zusätzliche objektive Merkmale nachzuweisen, die jenseits der Voraussetzungen für das Vorliegen bewusster grober Fahrlässigkeit liegen.

Qualifiziertes Verschulden **liegt vor** bei fehlender Ein- und Ausgangskontrolle beim Warenumschlag, BGH **158**, 322, **167**, 73, NJW **06**, 2978, NJW-RR **06**, 759, TranspR **06**, 164, **06**, 168, Düss TranspR **02**, 33 (anders bei Briefen einschließlich Einschreibbriefen und briefähnlichen Sendungen: weder Schnittstellen-, BGH NJW-RR **07**, 96, noch durchgehende Ein-und Ausgangskontrollen erforderlich, BGH TranspR **07**, 466), es sei denn, der Anspruchsteller hat hierauf wirksam (durch AGB) verzichtet, Oldbg VersR **02**, 638; bei fehlender regelmäßiger Temperaturkontrolle beim Kühltransport, Düss TranspR **03**, 109 sowie bei groben Organisationsmängeln, BGH NJW **00**, 2497 m Anm Koller EWiR **00**, 805, Hbg TranspR **03**, 65. Bei „Einnicken" des Fahrers am Steuer nur, wenn sich Fahrer bewusst über von ihm erkannte deutliche Anzeichen von Übermüdung hinweggesetzt hat, hierfür kein Anscheinsbeweis, BGH NJW-RR **07**, 1632. Einstündiges Alleinlassen des LKW auf Autobahnparkplatz in Oberitalien kann genügen, Nürnb TranspR **09**, 258. Auch qualifiziert pflichtwidrige Vereitelung der konkreten Schadensfeststellung führt zum Wegfall der Haftungsprivilegien, LG Freiburg TranspR **06**, 316. Dem Schädiger muss nicht eine Wahrscheinlichkeit des Schadenseintritts von notwendig mehr als 50% bewusst sein, Koller 16, aA üM, Ffm VersR **81**, 165; ausreichend, wenn das Risiko eines Schadenseintritts nahe liegend ist, Oldbg TranspR **01**, 367. Zum qualifizierten

§ 436 1 IV. Buch. Handelsgeschäfte

Verschulden bei Überschreitung der Lieferfrist Kln NJW-RR **05,** 1487, zur „Just-in-Time"-Lieferung Stgt TranspR **08,** 259.

Qualifiziertes Verschulden **liegt nicht vor,** wenn ein zum Transport genutzter Auflieger über das Wochenende auf einem in einem Gewerbegebiet gelegenen, verschlossenen, nachts beleuchteten und in unregelmäßigen Abständen von einem Bewachungsunternehmen bestreiften Firmengelände abgestellt wird und der gesamte Auflieger entwendet wird, Düss TranspR **05,** 470 oder wenn ein Anhänger gestohlen wird, der wegen des Tourenplans länger unbeaufsichtigt als erlaubt blieb, Kblz VersR **08,** 378. Bei Transport durch Oberitalien ist Einsatz eines zweiten Fahrers nicht zwangsläufig erforderlich, Stgt TranspR **07,** 321. Bei Anzeichen für Diebstahl wie kontinuierlichem Wackeln des LKW ist Fahrer nicht zum Starten des Motors oder Hupen verpflichtet, BGH TranspR **08,** 326. Wenn Frachtführer keine konkrete Kenntnis von Art des Transportgutes und dessen erheblichem Wert hat, braucht er grundsätzlich nicht von besonderer Diebstahlsgefahr auszugehen, BGH NJW-RR **08,** 50 (zur Frage, wann anstelle eines Planen-LKW ein Kastenwagen erforderlich ist).

3 In der Rechtsfolge hat der Geschädigte die Wahl zwischen den §§ 249 ff BGB und den §§ 429 bis 431 bzw **(17)** CMR Art 17 bis 28, BGH NJW-RR **09,** 46, krit Thume TranspR **08,** 78, zu Grenzfällen Schmidt TranspR **09,** 1. Im Rahmen der §§ 249 ff BGB sind für verlustig gegangene vertretbare Sachen iSv § 91 BGB die Kosten des Empfängers zur Wiederbeschaffung gleichwertiger Sachen maßgeblich; auf eine von seinen Kunden zur Wiederbeschaffung aufgewendete höhere Summe hat der Empfänger nur Anspruch, wenn er jenen selbst in diesem Umfang zum Ersatz verpflichtet ist, BGH NJW-RR **09,** 104 (zu Art 18 WA 1955).

RsprÜbersicht: Thume TranspR **06,** 369. Allg zur Leichtfertigkeit im deutschen Transportrecht: Koller VersR **04,** 1346, zu **(17)** CMR Art 29 Tuma TranspR **07,** 333.

Haftung der Leute

436 ¹ **Werden Ansprüche aus außervertraglicher Haftung wegen Verlust oder Beschädigung des Gutes oder wegen Überschreitung der Lieferfrist gegen einen der Leute des Frachtführers erhoben, so kann sich auch jener auf die in diesem Unterabschnitt und im Frachtvertrag vorgesehenen Haftungsbefreiungen und -begrenzungen berufen.** ² **Dies gilt nicht, wenn er vorsätzlich oder leichtfertig und in dem Bewußtsein, daß ein Schaden mit Wahrscheinlichkeit eintreten werde, gehandelt hat.**

1 1) Auch die **Leute des Frachtführers** sind in die Haftungsbefreiungen und Haftungsbegrenzungen einbezogen, die im 1. Unterabschn. (§§ 407–450) und im Frachtvertrag vorgesehen sind (**Satz 1,** vgl **(17)** CMR Art 28 II). § 436 soll verhindern, dass die Leute des Frachtführers strenger haften als dieser, zumal dann zB wegen der arbeitsrechtlichen Freistellungspflicht auch dessen Haftungsprivilegierung ausgehöhlt würde. Erfasst sind nur die Leute nach § 428 Satz 1, nicht auch die selbstständigen Hilfspersonen (zB Unterfrachtführer, Spediteur) nach § 428 Satz 2. Für letztere kann § 437 anwendbar sein. Organe und gesetzliche Vertreter des Frachtführers werden unmittelbar durch § 434 geschützt. Hat der Frachtführer im Frachtvertrag eine strengere oder höhere Haftung akzeptiert, geht das nicht zu Lasten seiner Leute, diese können sich vielmehr nach § 436 statt auf den Frachtvertrag auf die gesetzlichen Haftungsprivilegierungen berufen („und"), ebenso ist unbeachtlich, ob der Frachtführer selbst bereits nach § 435 haftet, Koller 7. Der Vorbehalt von Vorsatz und bewusster Leichtfertigkeit nach § 435 gilt aber auch für die Leute des Frachtführers **(Satz 2).** Analoge Anwendung in den Fällen der §§ 413 II, 422, 447, Koller 3.

4. Abschnitt. Frachtgeschäft 1, 2 § 437

Ausführender Frachtführer

437 (1) ¹Wird die Beförderung ganz oder teilweise durch einen Dritten ausgeführt (ausführender Frachtführer), so haftet dieser für den Schaden, der durch Verlust oder Beschädigung des Gutes oder durch Überschreitung der Lieferfrist während der durch ihn ausgeführten Beförderung entsteht, in gleicher Weise wie der Frachtführer. ²Vertragliche Vereinbarungen mit dem Absender oder Empfänger, durch die der Frachtführer seine Haftung erweitert, wirken gegen den ausführenden Frachtführer nur, soweit er ihnen schriftlich zugestimmt hat.

(2) Der ausführende Frachtführer kann alle Einwendungen geltend machen, die dem Frachtführer aus dem Frachtvertrag zustehen.

(3) Frachtführer und ausführender Frachtführer haften als Gesamtschuldner.

(4) Werden die Leute des ausführenden Frachtführers in Anspruch genommen, so gilt für diese § 436 entsprechend.

1) Lässt der Frachtführer die Beförderung ganz oder teilweise durch einen **1** Dritten ausführen (**ausführender Frachtführer**, Legaldefinition), haftet dieser für den Schaden aus Verlust oder Beschädigung des Gutes oder Überschreitung der Lieferfrist, soweit diese während der durch ihn ausgeführten Beförderung entsteht, wie ein Frachtführer (**I 1**). I 1 eröffnet also einen **Direktanspruch** gegen den tatsächlichen Schädiger, der wahlweise neben dem gegen den Vertragspartner geltend gemacht werden kann (enger (**17**) CMR Art 34: nur bei Annahme des Guts und des Frachtbriefs; im Bereich des Warschauer Abkommens gilt § 437 nicht, Koller TranspR **00**, 355, Thume VersR **00**, 1072). Auf Vertrag zwischen Absender und Hauptfrachtführer muss deutsches Recht anwendbar sein, während das auf den Vertrag zwischen ausführendem Frachtführer und vertraglichem (Haupt-)Frachtführer anwendbare Recht unbeachtlich ist, BGH NJW **09**, 1206, Ramming VersR **07**, 1198, aA noch Kln VersR **07**, 1150, Düss TranspR **07**, 239. I 1 soll nach RegE S 74 eine gesetzliche Schuldübernahme entspr § 419 aF BGB, §§ 25, 28, 130 HGB sein, aA Koller 3 ff, Canaris § 31 Rn 44 (gesetzliche Ausformung des Vertrags mit Schutzwirkung für Dritte). **Ausführung** bedeutet die bloße tatsächliche Vornahme des Transports, ohne dass dem ein rechtswirksamer Unterfrachtvertrag zugrunde liegen müsste; eine „Übertragung" oder „Ermächtigung" durch den Frachtführer oder dessen „Einverständnis" sind nicht vorgesehen. § 437 regelt nicht das Verhältnis zwischen dem Frachtführer und dem ausführenden Frachtführer, sondern begründet nur eine Passivlegitimation des letzteren zugunsten des Haftungsanspruchsberechtigten. Zwischen Frachtführer und ausführendem Frachtführer kommt neben vertraglicher Abrede Gesamtschuldnerausgleich nach § 426 BGB in Betracht, Ramming TranspR **00**, 277. Die Aktivlegitimation ergibt sich nicht aus § 437, sondern aus allgemeinen Vorschriften, zB § 421 I 2, Abtretung, Drittschadensliquidation, Thume VersR **00**, 1071. Der ausführende Frachtführer haftet nur soweit, als der Schaden während der durch ihn ausgeführten Beförderung entsteht, also nicht für Schadensereignisse während des gesamten Transports. Das ist teleologisch dahin auszulegen, dass der ausführende Frachtführer sich für schadensursächliches Fehlverhalten seiner Vorleute entlasten kann, Wagner ZHR 163 (**99**) 699. Lit: Wagner ZHR 163 (**99**) 679, Ramming TranspR **00**, 277.

2) Haftungserweiternde Vereinbarungen des Frachtführers mit dem Absender oder Empfänger wirken nicht gegen den ausführenden Frachtführer; etwas **2** anderes gilt nur bei schriftlicher Zustimmung, die Warnfunktion hat (**I 2**). Der ausführende Frachtführer, der nach I ebenso wie der Frachtführer verschuldensunabhängig haftet, kann alle **Einwendungen** des Frachtführers aus dem Frachtvertrag geltend machen (**II**). In Folge von BGH **172**, 337, dazu Thume TranspR

§ **438** 1

07, 427, Ramming NJW **08**, 291, abl MüKo/Herber 35, ders TranspR **08**, 239, schließt aber der Hauptfrachtführer mit dem Unterfrachtführer einen eigenen (Unter-)Frachtvertrag, wodurch der Empfänger den ausführenden Unterfrachtführer sowohl aus dem Vertrag zwischen Absender und Hauptfrachtführer nach **I 1** als auch kumulativ aus dem Vertrag zwischen (Haupt-)Frachtführer und ausführendem Unterfrachtführer in Anspruch nehmen kann, BGH NJW **09**, 1207, abl Koller TranspR **09**, 231. Daher kann der Unterfrachtführer bei Inanspruchnahme als ausführender Frachtführer (nach Herber TranspR **08**, 240 anzunehmen bei Vorlage des den Frachtführer bezeichnenden Frachtbriefs) die Einwendungen aus **II** geltend machen, während ihm bei einer Inanspruchnahme aus dem Unterfrachtvertrag die Einwendungen aus seinem Vertrag mit dem Hauptfrachtführer zur Verfügung stehen. Frachtführer und ausführender Frachtführer sind **Gesamtschuldner (III,** §§ 421 ff BGB). Für die Leute des ausführenden Frachtführers gilt § 436 entsprechend **(IV).** Zum Rückgriff des ausführenden Frachtführers gegen den Frachtführer und umgekehrt Koller 43 ff.

Schadensanzeige

438 (1) ¹Ist ein Verlust oder eine Beschädigung des Gutes äußerlich erkennbar und zeigt der Empfänger oder der Absender dem Frachtführer Verlust oder Beschädigung nicht spätestens bei Ablieferung des Gutes an, so wird vermutet, daß das Gut in vertragsgemäßem Zustand angeliefert worden ist. ²Die Anzeige muß den Schaden hinreichend deutlich kennzeichnen.

(2) Die Vermutung nach Absatz 1 gilt auch, wenn der Verlust oder die Beschädigung äußerlich nicht erkennbar war und nicht innerhalb von sieben Tagen nach Ablieferung angezeigt worden ist.

(3) Ansprüche wegen Überschreitung der Lieferfrist erlöschen, wenn der Empfänger dem Frachtführer die Überschreitung der Lieferfrist nicht innerhalb von einundzwanzig Tagen nach Ablieferung anzeigt.

(4) ¹Eine Schadensanzeige nach Ablieferung ist in Textform zu erstatten. ² Zur Wahrung der Frist genügt die rechtzeitige Absendung.

(5) Werden Verlust, Beschädigung oder Überschreitung der Lieferfrist bei Ablieferung angezeigt, so genügt die Anzeige gegenüber demjenigen, der das Gut abliefert.

1) Vermutung bei Verlust oder Beschädigung des Gutes (I, II)

1 § 438 regelt die Bedeutung der **Schadensanzeige** (vgl **(17)** CMR Art 30; zu unterscheiden von der Rüge nach § 377). Wird der **Verlust oder** eine **Beschädigung des Gutes,** die äußerlich erkennbar sind, dem Frachtführer durch den Absender oder den Empfänger nicht spätestens bei Ablieferung des Gutes angezeigt, gilt die **widerlegliche Vermutung,** dass das Gut in vertragsgemäßem Zustande abgeliefert worden ist **(I 1,** also keine Präklusion wie in III). Die Anzeige muss den Schaden hinreichend deutlich kennzeichnen **(I 2),** sonst hat sie nicht die Wirkung nach I 1. Hinreichend deutlich bedeutet nicht nur allgemeine Angaben ohne jede Umschreibung des Mangels und allgemeine Vorbehalte bezogen auf die Verpackung und nicht auf das Gut selbst, Kln TranspR **01,** 93. Umgekehrt ist aber keine konkrete Spezifizierung bis in alle Einzelheiten notwendig; Schlagworte genügen (zB Nässe). Diese Vermutung kann widerlegt werden, auch bei vorbehaltloser Annahme des Gutes durch den Empfänger. Die Vermutung nach I gilt auch, wenn der Verlust oder die Beschädigung äußerlich nicht erkennbar war, falls die Anzeige nicht innerhalb von sieben Tagen nach der Ablieferung erfolgt **(II).** Lit: Tunn, VersR **05,** 1646.

4. Abschnitt. Frachtgeschäft **§ 439**

2) Erlöschen der Ansprüche wegen Überschreitung der Lieferfrist (III)
Dagegen erlöschen Ansprüche wegen **Überschreitung der Lieferfrist,** wenn 2
der Empfänger die Überschreitung nicht innerhalb von 21 Tagen nach Ablieferung anzeigt (III, **Präklusion** anders als nach I 1). Dabei handelt es sich um eine vom Frachtführer einzuwendende, rechtsvernichtende Tatsache. Eine Berücksichtigung von Amts wegen findet – anders als bei **(17)** CMR Art 30 III – nicht statt, LG Hbg NJW-RR **05,** 543, aA Koller Rn 38. III stellt anders als I 1 ausschließlich auf eine Anzeige des Empfängers (oder seines Vertreters) ab.

3) Anforderungen an die Schadensanzeige (IV, V)
Form der Schadensanzeige nach Ablieferung s **IV 1.** Anzeige muss den 3
Anforderungen des § 126 b BGB (Textform) genügen. Die Notwendigkeit einer Anzeige entfällt nicht dadurch, dass Mitarbeiter des Frachtführers den Schaden vor Ort in Augenschein genommen haben, Celle NJW-RR **04,** 1411. Schadensanzeige vor Ablieferung ist formlos, also auch mündlich möglich (Umkehrschluss). **Fristwahrung** durch rechtzeitige Absendung s **IV 2,** vgl § 377 IV), der Anzeigende wird damit von der Verzögerungsgefahr entlastet. Tragung der Verlustgefahr wie in § 377 IV, dort str (§ 377 Rn 41).

Adressat: V betrifft die Schadensanzeige, wenn mehrere Frachtführer an der 4
Beförderung beteiligt sind. Schadensanzeige bei Ablieferung gegenüber demjenigen, der das Gut abliefert, genügt; das kann ein anderer als der vertragliche Frachtführer sein. Schadensanzeige nach Ablieferung nur gegenüber dem vertraglichen Frachtführer nach I, III (Umkehrschluss). Wenn der Hauptfrachtführer beim Unterfrachtführer Regress nehmen will, ist hingegen keine Anzeige nötig; es genügt eine einfache Nachricht an den Unterfrachtführer, der wiederum den Unter-Unterfrachtführer benachrichtigen muss. Unterlassen der Nachricht löst Schadensersatz aus § 280 I BGB iVm § 433 aus, Koller 31.

Verjährung

439 (1) ¹Ansprüche aus einer Beförderung, die den Vorschriften dieses Unterabschnitts unterliegt, verjähren in einem Jahr. ²Bei Vorsatz oder bei einem dem Vorsatz nach § 435 gleichstehenden Verschulden beträgt die Verjährungsfrist drei Jahre.

(2) ¹Die Verjährung beginnt mit Ablauf des Tages, an dem das Gut abgeliefert wurde. ²Ist das Gut nicht abgeliefert worden, beginnt die Verjährung mit dem Ablauf des Tages, an dem das Gut hätte abgeliefert werden müssen. ³Abweichend von den Sätzen 1 und 2 beginnt die Verjährung von Rückgriffsansprüchen mit dem Tag des Eintritts der Rechtskraft des Urteils gegen den Rückgriffsgläubiger oder, wenn kein rechtskräftiges Urteil vorliegt, mit dem Tag, an dem der Rückgriffsgläubiger den Anspruch befriedigt hat, es sei denn, der Rückgriffsschuldner wurde nicht innerhalb von drei Monaten, nachdem der Rückgriffsgläubiger Kenntnis von dem Schaden und der Person des Rückgriffsschuldners erlangt hat, über diesen Schaden unterrichtet.

(3) ¹Die Verjährung eines Anspruchs gegen den Frachtführer wird durch eine schriftliche Erklärung des Absenders oder Empfängers, mit der dieser Ersatzansprüche erhebt, bis zu dem Zeitpunkt gehemmt, in dem der Frachtführer die Erfüllung des Anspruchs schriftlich ablehnt. ²Eine weitere Erklärung, die denselben Ersatzanspruch zum Gegenstand hat, hemmt die Verjährung nicht erneut.

(4) Die Verjährung kann nur durch Vereinbarung, die im einzelnen ausgehandelt ist, auch wenn sie für eine Mehrzahl von gleichartigen Verträgen zwischen denselben Vertragsparteien getroffen ist, erleichtert oder erschwert werden.

§ 439

1) Kurze Verjährung (I)

1 A. **Einjährige Regelverjährung (I 1):** § 439 regelt die **Verjährung** als lex specialis zu § 195 BGB, vgl **(17)** CMR Art 32 I; zum Verhältnis von § 439 zu § 612, Art. 32 CMR u Art 29 WA 1955 s Otte TranspR **01,** 37 u BGH NJW-RR **05,** 1122 (Art 29 WA 1955 verdrängt nationale Verjährungsvorschriften). Die Ansprüche aus der Beförderung iSv Unterabschn 1 (§§ 407–450) verjähren **in einem Jahr** ab dem Tag der Ablieferung **(I 1).** Alle Ansprüche aus der Beförderung, gleich von wem gegen wen und aus welchem Rechtsgrund, sind erfasst. Früher war sehr streitig, ob bei außervertraglichen Ansprüchen die dort vorgesehenen Verjährungsfristen gelten, also zB § 852 aF BGB mit einer Dreijahresfrist als Mindeststandard, dafür die Rspr, zB BGH **116,** 300 f. § 439 stellt klar, dass auch außervertragliche Ansprüche erfasst werden, ohne dass noch auf § 434 rekurriert werden müsste. Erfasst werden nur Ansprüche aus der Beförderung, vgl. Koller 4 ff, ferner Nebenpflichtverletzungen im unmittelbaren räumlichen und zeitlichen Zusammenhang auch dann, wenn der Ablieferungsvorgang bei der Schadenshandlung bereits abgeschlossen ist, BGH NJW-RR **08,** 1360 m krit Anm Koller LMK **09** 272954, Heuer TranspR **05,** 74, nicht aber Ansprüche aus selbständigen Verträgen, die lediglich dem Umfeld der Beförderung zuzurechnen sind, BGH NJW-RR **07,** 184, Koller 12.

2 B. **Drei Jahre Verjährungsfrist bei qualifiziertem Verschulden (I 2):** Bei Vorsatz oder bei einem dem Vorsatz nach § 435 gleichstehenden Verschulden (bewusste Leichtfertigkeit, § 435 Rn 2) beträgt die Verjährungsfrist **drei Jahre.** Qualifiziertes Verschulden des Anspruchsgegners und ein solches von Hilfspersonen, deren Verhalten diesem zurechenbar ist, stehen gleich. I 2 gilt nicht für primäre Erfüllungs- und vertragliche Aufwendungsersatzansprüche, Ffm TranspR **05,** 405, krit Köper TranspR **06,** 191; Koller VersR **06,** 1581. Für transportrechtliche Ansprüche, die bei Inkrafttreten des TRG noch nicht verjährt waren, gilt – sofern sie nach neuem Recht einer längeren Verjährung (I 2) unterliegen – die neue, längere Verjährungsfrist, BGH NJW-RR **06,** 618.

2) Beginn, Hemmung (II, III)

3 A. **Verjährungsbeginn:** Die Verjährung beginnt abweichend von § 199 BGB mit Ablauf des Tages der tatsächlichen, hilfsweise der hypothetischen **Ablieferung des Gutes (II 1, 2),** dabei ist die Erkennbarkeit des Schadens ohne Belang, Schlesw TranspR **09,** 33. Der zeitgleiche Verjährungsbeginn des Primäranspruchs und der **Rückgriffsansprüche** ist jedoch nicht sachgerecht, da sich der zuerst in Anspruch Genommene idR zunächst nur mit dem Geschädigten auseinandersetzt. **II 3** schiebt den Verjährungsbeginn deshalb hinaus, bis der Primäranspruch geklärt ist; doch muss der Rückgriffsschuldner rechtzeitig (innerhalb von drei Monaten nach Kenntnis von dem Schaden und der Person des Rückgriffsschuldners) unterrichtet worden sein (vgl **(17)** CMR Art 39 IV: ohne Unterrichtung), sonst bleibt es bei II 1, 2. II 3 lässt die Fristen selbst (I) unberührt.

4 B. **Hemmung:** s III. III stellt sicher, dass die Parteien zunächst ohne Sorge um Verjährung eine gütliche Einigung suchen können. Anders als bei **(17)** CMR Art 32 II und § 438 IV genügt nicht Erklärung in Textform iSv § 126 b BGB (E-Mail, Mü TranspR **08,** 322, Telefax, LG Hbg TranspR **09,** 225 m Anm Grimme), aA Koller 33. Zu den Wechselwirkungen mit den neben III parallel anwendbaren (BGH TranspR **08,** 468) §§ 203 ff BGB s BGH NJW **09,** 1806 (Ende der Hemmung bei „Einschlafen" der Verhandlungen), Thume TranspR **09,** 238 f, Harms TranspR **01,** 294, Koller TranspR **01,** 425, Drews TranspR **04,** 340.

3) Abbedingung (IV)

IV regelt die vertragliche Abbedingung von § 439 als lex specialis zu § 449 und zT abweichend von § 202 BGB. Abbedingung, also Erleichterung ebenso wie Erschwerung (nicht nur Fristveränderungen), sind nur durch im Einzelnen ausgehandelte Vereinbarung (Individualvereinbarung) möglich, können dann allerdings auch für eine Mehrzahl von gleichartigen Verträgen zwischen denselben Vertragspartnern getroffen werden. Völliger Ausschluss der Verjährung ist ebenso wie nach § 202 BGB unzulässig. IV betrifft nicht die Fälle, in denen nach Eintritt des Schadens der Schuldner dem Gläubiger eine erschwerte Verjährung, zB Verlängerung der Verjährungsfrist, einräumt (RegE).

Gerichtsstand

440 (1) **Für Rechtsstreitigkeiten aus einer Beförderung, die den Vorschriften dieses Unterabschnitts unterliegt, ist auch das Gericht zuständig, in dessen Bezirk der Ort der Übernahme des Gutes oder der für die Ablieferung des Gutes vorgesehene Ort liegt.**

(2) **Eine Klage gegen den ausführenden Frachtführer kann auch in dem Gerichtsstand des Frachtführers, eine Klage gegen den Frachtführer auch in dem Gerichtsstand des ausführenden Frachtführers erhoben werden.**

1) Der **Gerichtsstand** für Rechtsstreitigkeiten aus einer den §§ 407 ff unterliegenden Beförderung folgt aus §§ 12 ff ZPO (Einl 85 vor § 1), bei grenzüberschreitender Beförderung aus Art 5 ff EuGVO (hierzu Mankowski TranspR **08**, 67) bzw Lugano Übk (Einl 87 vor § 1). **I** eröffnet als zusätzlichen Gerichtsstand den des Gerichts **des Übernahme- oder Ablieferungsorts.** Der vereinbarte Ablieferungsort bleibt auch dann maßgeblich, wenn das Gut wegen einer Beschädigung nicht abgeliefert, sondern zurückbefördert wird, BGH NJW-RR **04**, 762 (zu (17) CMR Vertragsgesetz Art 1 a). Durch **I** soll eine einheitliche Zuständigkeitsregelung für Streitigkeiten nach CMR und HGB geschaffen werden.

2) II bringt einen zusätzlichen Gerichtsstand, wenn ein **ausführender Frachtführer** eingeschaltet wird (§ 437). Dann stehen für Klagen gegen den Frachtführer und solche gegen den ausführenden Frachtführer wahlweise der Gerichtsstand des Frachtführers und des ausführenden Frachtführers offen. Mitverklagung als Streitgenossen und Vorgehen nach § 36 I Nr 3 ZPO ist dafür also nicht nötig. II betrifft nur § 437 und mit diesem konkurrierende außervertragliche Forderungen, zum Anwendungsbereich auch Ramming TranspR **01**, 159.

Pfandrecht

441 (1) [1]**Der Frachtführer hat wegen aller durch den Frachtvertrag begründeten Forderungen sowie wegen unbestrittener Forderungen aus anderen mit dem Absender abgeschlossenen Fracht-, Speditions- oder Lagerverträgen ein Pfandrecht an dem Gut.** [2]**Das Pfandrecht erstreckt sich auf die Begleitpapiere.**

(2) **Das Pfandrecht besteht, solange der Frachtführer das Gut in seinem Besitz hat, insbesondere solange er mittels Konnossements, Ladescheins oder Lagerscheins darüber verfügen kann.**

(3) **Das Pfandrecht besteht auch nach der Ablieferung fort, wenn der Frachtführer es innerhalb von drei Tagen nach der Ablieferung gerichtlich geltend macht und das Gut noch im Besitz des Empfängers ist.**

§ 441 1–3　　　　　　　　　　　　　　　　　　　　IV. Buch. Handelsgeschäfte

(4) ¹Die in § 1234 Abs. 1 des Bürgerlichen Gesetzbuchs bezeichnete Androhung des Pfandverkaufs sowie die in den §§ 1237 und 1241 des Bürgerlichen Gesetzbuchs vorgesehenen Benachrichtigungen sind an den Empfänger zu richten. ²Ist dieser nicht zu ermitteln oder verweigert er die Annahme des Gutes, so haben die Androhung und die Benachrichtigung gegenüber dem Absender zu erfolgen.

1) Gesetzliches Pfandrecht des Frachtführers (I)

1   A. **Pfandrecht am Gut (I 1):** Der Frachtführer hat nach § 441 an dem Gut ein gesetzliches Pfandrecht (§ 1257 BGB), das nicht nur alle durch den Frachtvertrag begründeten Forderungen sichert, sondern auch unbestrittene Forderungen aus anderen mit dem Absender abgeschlossenen Fracht-, Speditions- und Lagerverträgen (I 1). Das Pfandrecht entsteht an dem Gut des Absenders, das der Frachtführer mit dessen Willen in Besitz bekommt. Der Absender braucht nicht Eigentümer des Gutes zu sein, Verfügungsmacht (§ 185 BGB) genügt, je nach den Umständen auch konkludentes Einverständnis des Eigentümers mit der Beförderung, Karlsr TranspR **04**, 468 (dann aber grundsätzlich nur Haftung für konnexe Forderungen), Koller 3, aA Andresen Beil zu TranspR 3/04 S V. Gutgläubiger Erwerb s Rn 4. Das Pfandrecht besteht am ganzen Gut, grundsätzlich ohne Rücksicht auf das Wertverhältnis von Forderungen zu Gut, BGH BB **66**, 179, NJW **99**, 3716 (Lagerhalter, § 475b Rn 1), aber uU Freigabeanspruch (s Rn 5). Der Rang des Pfandrechts folgt aus §§ 443, 366 HGB, §§ 1257, 1208 BGB. Neben dem Pfandrecht kommen Zurückbehaltungsrechte in Betracht (§§ 369 ff, 421 I 1 HGB, §§ 273, 320 f, 1000 BGB). Allgemein zu den Sicherungsmöglichkeiten des Frachtführers Didier NZI **03**, 513 u NJW **04**, 813.

2   B. **Gesicherte Forderungen: a) Konnexe Forderungen:** Das Pfandrecht sichert alle durch den Frachtvertrag begründeten (konnexen) Forderungen, zB Fracht, Auslagen, Vorschüsse, einerlei ob sie sich aus dem Frachtbrief ergeben. Das Pfandrecht entsteht auch bei Klausel „frachtfrei" (§ 421 Rn 4), RG **122**, 226; auch bei Klausel „freight prepaid", aber dann uU Ablieferungspflicht ohne Rücksicht auf das Pfandrecht (§ 421 Rn 5). Das Pfandrecht setzt voraus, dass ein wirksamer Vertrag zustande gekommen ist, Koller 2, Heymann/Honsell § 410 Rn 1. Zur Konnexität bei Vereinbarung einer „Rundlaufpauschale" s Kln TranspR **09**, 41.

3   **b) Inkonnexe Forderungen:** Das Pfandrecht sichert darüber hinaus in bestimmtem Umfang auch inkonnexe Forderungen des Frachtführers aus anderen Verkehrsverträgen (insoweit also Sicherung der Ansprüche aus der laufenden Geschäftsverbindung). Die Ansprüche brauchen nicht anerkannt oder rechtskräftig festgestellt zu sein, es genügt, wenn sie unbestritten sind; beweispflichtig dafür ist der Frachtführer. Unbestritten sind Forderungen auch dann, wenn der Schuldner sie nur pauschal in Abrede stellt, Karlsr NJW-RR **05**, 402, allgM. Erteilt der Schuldner innerhalb des Zeitraums des § 131 I Nr 1 InsO einem Frachtführer einen neuen Frachtauftrag unter Überlassung des Transportgutes, gilt der Erwerb des Frachtführerpfandrechts auch für offene unbestrittene Altforderungen als kongruent, BGH **150**, 326. Dem steht nicht entgegen, dass der Frachtführer den neuen Frachtauftrag (auch) wegen der ihm bewussten Gefahr übernommen hat, der Absender könne zahlungsunfähig werden, und für diesen Fall ein zusätzliches Sicherungsmittel hinsichtlich seiner Altforderungen hat erwerben wollen, BGH NJW-RR **05**, 916 m Anm Gerhardt EWiR **05**, 545, krit Bräuer TranspR **06**, 197. Andere inkonnexe Forderungen als aus mit dem Absender abgeschlossenen Fracht-, Speditions- und Lagerverträgen sind nicht abgedeckt, zB solche wegen Bearbeitung des Guts (hierfür Werkunternehmerpfandrecht, § 647 BGB), BGH BB **60**, 837 (Lagerhalter).

4. Abschnitt. Frachtgeschäft   4–9 § 441

C. **Gutgläubiger Erwerb:** Das Besitzpfandrecht kann **gutgläubig erwor-** 4
ben werden (§§ 1207, 1257, 932 ff BGB, § 366 III), Karlsr TranspR **04,** 468,
Kln TranspR **09,** 41, aber an Gut, das nicht Gegenstand des Vertrages ist, aus dem
die durch das Pfandrecht zu sichernde Forderung herrührt, nur bei gutem
Glauben des Erwerbers an das Eigentum des Vertragspartners (§ 366 III letzter
Halbs, dort Rn 10 u Canaris § 27 Rn 43 ff). Auch gutgläubig lastenfreier Erwerb
des Pfandrechts (§ 366 III HGB, § 1208 BGB).

D. **Wirkung:** Das Pfandrecht wirkt wie ein vertragliches Pfandrecht (§ 1257 5
BGB); es gibt ein absolutes Besitzrecht gegenüber dem auf Eigentum gestützten
Herausgabeverlangen des Absenders (§ 986 I BGB, keine Berufung darauf nötig),
BGH NJW **99,** 3716 (Lagerhalter), ein Recht auf vorzugsweise Befriedigung
(§ 805 ZPO) und auf abgesonderte Befriedigung in der Insolvenz (§ 50 InsO).
Die **Ausübung** des Pfandrechts kann treuwidrig sein, vgl BGH NJW **95,** 2918
(Vorkassevereinbarung), vgl auch **(8)** AGB-Banken Art 14 Rn 10; uU bereits
stillschweigender Ausschluss des Pfandrechts, soweit seine Ausübung mit den
Vertragspflichten des Frachtführers unvereinbar wäre. Frist für Pfandverkauf s
§ 368 I, II. Bei Übersicherung kann Freigabeanspruch bestehen (§ 242 BGB, vgl
zu **(8)** AGB-Banken Art 16 Rn 2). Abdingbarkeit von § 441 s § 449.

E. **Pfandrecht an den Begleitpapieren (I 2):** Das Pfandrecht erstreckt sich 6
nach I 2 auch auf Begleitpapiere (§ 413), Rechtsgedanke des § 952 II BGB
(RegE), aber auch für die Begleitpapiere gilt das Besitzerfordernis (s Rn 1, kein
besitzloses Pfandrecht), Koller 5.

2) Besitzpfandrecht, Folgerecht (II, III)

A. **Besitzpfandrecht (II):** Das Pfandrecht setzt voraus, dass der Frachtführer 7
den Besitz (§§ 854 ff BGB) an dem Gut mit Willen des Absenders erlangt hat. Es
besteht fort, solange der Frachtführer das Gut in seinem Besitz hat, insbesondere
solange er über das Gut mittels Konnossement, Ladeschein oder Lagerschein
(§§ 642, 444, 475 c) verfügen kann (II). Mittelbarer Besitz (§ 868 BGB) genügt.
Freiwilliger Besitzverlust beendet das Pfandrecht, zB bei Verbringung des Gutes
in Räume, die der Frachtführer dem Auftraggeber vermietet hat, Nürnb MDR
73, 55. Unfreiwilliger Besitzverlust beendet es nicht (arg § 1253 BGB), sehr str
(§ 397 Rn 8). Das Pfandrecht jedes vorhergehenden Frachtführers bleibt so lange
bestehen wie das des letzten Frachtführers (§ 442 I 2).

B. **Folgerecht (III):** Das Besitzpfandrecht ist nach III gegenüber § 1253 BGB 8
(Erlöschen durch Rückgabe) zeitlich verlängert. Voraussetzung dafür ist, dass der
Frachtführer es innerhalb von drei Tagen (Fristberechnung § 187 BGB) nach der
Ablieferung gerichtlich geltend macht und dass das Gut noch im Besitz des
Empfängers ist (dreitägiges Folgerecht). Für gerichtliche Geltendmachung genügt
jeder Antrag an das Gericht (auch Antrag auf einstweiligen Rechtsschutz) auf
Herausgabe, Feststellung ua, aber nur bezüglich des Pfandrechts, nicht nur der
Frachtforderung. Zustellung ist nicht erforderlich. Die Herausgabe des Gutes vor
Bezahlung, wozu der Frachtführer aber nicht verpflichtet ist (§ 421 I 1: Ablieferung nur „gegen Erfüllung der Verpflichtungen aus dem Frachtvertrag") bedeutet
also trotz des Folgerechts ein erhebliches Risiko für den Frachtführer (möglicher
gutgläubig lastenfreier Erwerb nach § 936 BGB). Räumt der Empfänger dem
Frachtführer innerhalb der drei Tage von sich aus mittelbaren Besitz ein, genügt
auch das für III.

3) Pfandverkauf (IV)

Für den Pfandverkauf gelten §§ 1228–1249 BGB. IV bringt eine Sondervor- 9
schrift zur Androhung des Pfandverkaufs nach § 1234 I BGB und der nach
§§ 1237, 1241 BGB vorgesehenen Benachrichtigungen.

Merkt

§§ 442, 443 IV. Buch. Handelsgeschäfte

Nachfolgender Frachtführer

442 (1) ¹Hat im Falle der Beförderung durch mehrere Frachtführer der letzte bei der Ablieferung die Forderungen der vorhergehenden Frachtführer einzuziehen, so hat er die Rechte der vorhergehenden Frachtführer, insbesondere auch das Pfandrecht, auszuüben. ²Das Pfandrecht jedes vorhergehenden Frachtführers bleibt so lange bestehen wie das Pfandrecht des letzten Frachtführers.

(2) Wird ein vorhergehender Frachtführer von einem nachgehenden befriedigt, so gehen Forderung und Pfandrecht des ersteren auf den letzteren über.

(3) Die Absätze 1 und 2 gelten auch für die Forderungen und Rechte eines Spediteurs, der an der Beförderung mitgewirkt hat.

1) Nachfolgender Frachtführer (I, II)

1 § 442 regelt die **Pfandrechte eines oder mehrerer nachfolgenden Frachtführer** unter Inpflichtnahme des letzten von ihnen. Sind an der Beförderung mehrere Frachtführer beteiligt, muss nämlich dafür gesorgt werden, dass der früher tätig werdende Frachtführer nicht sein Pfandrecht zugunsten des nachfolgenden verliert. Der Letzte muss deshalb, wenn er bei der Ablieferung die Forderungen der vorhergehenden Frachtführer einzuziehen hat, die Rechte seiner Vorgänger, insbesondere auch das Pfandrecht, ausüben (**I 1**). Für I 1 kommt es nur darauf an, dass mehrere Frachtführer die Beförderung tatsächlich ausüben, einerlei ob sie in vollem Umfang Unterfrachtführer sind, in welchen Vertragsbeziehungen sie zueinander stehen und ob der Letzte auf Grund besonderer Abrede, zB Nachnahme nach § 422, einzuziehen verpflichtet ist. Das Pfandrecht jedes Vorgängers bleibt so lange bestehen wie das Pfandrecht des letzten Frachtführers (**I 2**, § 441 II, III). **II** sieht einen gesetzlichen Forderungs- und Pfandrechtsübergang in der Frachtführerkette vor. Lit: Ramming TranspR **06**, 235.

2) Mitwirkender Spediteur (III)

2 Der Schutz durch I und II kommt auch einem **Spediteur** zugute, der an der Beförderung mitgewirkt hat (III). III erfasst entgegen seinem Wortlaut nicht den Fall, dass der Spediteur der Letzte in der Kette der Transportunternehmer ist (Empfangsspediteur), hier greift § 465 ein, der auf § 442 verweist. Die praktische Bedeutung von § 442 wird als gering eingeschätzt (RegE).

Rang mehrerer Pfandrechte

443 (1) Bestehen an demselben Gut mehrere nach den §§ 397, 441, 464, 475b und 623 begründete Pfandrechte, so geht unter denjenigen Pfandrechten, die durch die Versendung oder durch die Beförderung des Gutes entstanden sind, das später entstandene dem früher entstandenen vor.

(2) Diese Pfandrechte haben Vorrang vor dem nicht aus der Versendung entstandenen Pfandrecht des Kommissionärs und des Lagerhalters sowie vor dem Pfandrecht des Spediteurs, des Frachtführers und des Verfrachters für Vorschüsse.

1) Rang mehrerer Pfandrechte nach Posteriorität (I)

1 § 443 regelt den **Rang** bei Zusammentreffen **mehrerer Pfandrechte**. Sind mehrere Besitzpfandrechtsinhaber (Kommissionär § 397; Frachtführer § 441; Spediteur § 464; Lagerhalter § 475b und Verfrachter § 623) beteiligt, gilt nicht, wie in vielen anderen Kollisionsfällen, das Prioritätsprinzip (§ 1209 BGB), sondern es geht unter denjenigen Pfandrechten, die durch die Versendung oder die

4. Abschnitt. Frachtgeschäft 1, 2 § 444

Beförderung des Gutes entstanden sind, das später entstandene dem früher entstandenen vor (I, **Posterioritätsprinzip**).

2) Vorrang der Pfandrechte aus Versendung und Beförderung (II)

Diese Pfandrechte haben Vorrang vor dem nicht aus der Versendung entstandenen Pfandrecht des Kommissionärs und des Lagerhalters sowie vor dem Pfandrecht des Spediteurs, des Frachtführers und des Verfrachters für Vorschüsse. Wenn auch hier das Prioritätsprinzip gälte, könnte sich ein Frachtführer nur auf die Beförderung einlassen, wenn er vorher prüfen würde, ob er noch damit rechnen kann, sich aus dem Gut zu befriedigen. Das würde den Transport erheblich erschweren.

Ladeschein

444 (1) ¹Über die Verpflichtung zur Ablieferung des Gutes kann von dem Frachtführer ein Ladeschein ausgestellt werden, der die in § 408 Abs. 1 genannten Angaben enthalten soll. ²Der Ladeschein ist vom Frachtführer zu unterzeichnen; eine Nachbildung der eigenhändigen Unterschrift durch Druck oder Stempel genügt.

(2) ¹Ist der Ladeschein an Order gestellt, so soll er den Namen desjenigen enthalten, an dessen Order das Gut abgeliefert werden soll. ²Wird der Name nicht angegeben, so ist der Ladeschein als an Order des Absenders gestellt anzusehen.

(3) ¹Der Ladeschein ist für das Rechtsverhältnis zwischen dem Frachtführer und dem Empfänger maßgebend. ²Er begründet insbesondere die widerlegliche Vermutung, daß die Güter wie im Ladeschein beschrieben übernommen sind; § 409 Abs. 2, 3 Satz 1 gilt entsprechend. ³Ist der Ladeschein einem gutgläubigen Dritten übertragen worden, so ist die Vermutung nach Satz 2 unwiderleglich.

(4) Für das Rechtsverhältnis zwischen dem Frachtführer und dem Absender bleiben die Bestimmungen des Frachtvertrages maßgebend.

1) Inhalt und Form des Ladescheins (I)

Der **Ladeschein** (§§ 444–448) ist anders als der Frachtbrief (§ 409) ein Wertpapier, das wie der Orderlagerschein (§ 475 g) Traditionswirkung hat (§ 448) und auf Order ausgestellt werden kann (§§ 363 ff). Der Ladeschein wird über die Verpflichtung des Frachtführers zur Ablieferung des Gutes ausgestellt und ist für das Rechtsverhältnis zwischen dem Frachtführer und dem Empfänger maßgebend. Der Frachtführer braucht das Gut nur gegen Rückgabe des Ladescheins abzuliefern. I betrifft Ausstellung, Inhalt und Form des Ladescheins. **Ausstellung** muss vereinbart werden, sonst kein Anspruch auf Ausstellung (**I 1** „kann", anders § 642 I, § 72 I aF BinSchG). **Inhalt** s I 1 (Sollvorschrift) iVm § 408 I. **Form** des Ladescheins s **I 2**. Der Ladeschein ist vom Frachtführer zu unterzeichnen, auch gedruckte Unterschrift; mehrere Ausfertigungen sind in I nicht vorgesehen (anders Frachtbrief, vgl § 408 II). Die praktische Bedeutung des Ladescheins ist allerdings auf die Binnenschifffahrt beschränkt (dort zusätzliche Regelungen in §§ 74–76 aF BinSchG, im Landverkehr ist er herkömmlich unüblich. Seekonnossement s §§ 642–657.

2) Orderladeschein (II)

Der Ladeschein kann an Order einer beliebigen benannten Person ausgestellt werden (**II 1**), zB Order des Empfängers, des Absenders, einer Bank oder einer Person, die das Gut dem Frachtführer abliefert, ohne selbst Vertragspartner des Frachtvertrags zu sein („Ablader", Begriff aus dem Seefrachtrecht, RegE). Wird

§§ 445, 446 1   IV. Buch. Handelsgeschäfte

im Orderladeschein der Name nicht angegeben (schlechthin „an Order", vgl § 363 I 1), gilt der Ladeschein als an Order des Absenders ausgestellt **(II 2)**.

3) Rechtsverhältnis zwischen Frachtführer und Empfänger (III)

3   Für das Rechtsverhältnis zwischen dem Frachtführer und dem Empfänger ist der Ladeschein maßgebend **(III 1)**. Er begründet die widerlegliche Vermutung, dass die Güter wie im Ladeschein beschrieben übernommen sind; der Ladeschein steht insoweit teilweise dem Frachtbrief gleich **(III 2 iVm § 409 II, III 1)**. Einschränkung der Vermutung durch einen Vorbehalt des Frachtführers ist möglich (III 2, §§ 408 II 2, 409 II). Bei Übertragung des Ladescheins an einen gutgläubigen Dritten ist die Vermutung nach III 3 unwiderleglich **(III 3)**, also auch, wenn es sich um einen einfachen, nicht einen Inhaber- oder Orderladeschein handelt.

4) Rechtsverhältnis zwischen Frachtführer und Absender (IV)

4   Für das Rechtsverhältnis zwischen dem Frachtführer und dem Absender bleiben die Bestimmungen des Frachtvertrags maßgeblich, BGH **71**, 174.

Ablieferung gegen Rückgabe des Ladescheins

445   Der Frachtführer ist zur Ablieferung des Gutes nur gegen Rückgabe des Ladescheins, auf dem die Ablieferung bescheinigt ist, verpflichtet.

1   **1)** Der Frachtführer braucht das Gut nur Zug um Zug gegen Rückgabe des Ladescheins mit Vermerk der Ablieferung darauf zurückzugeben. **Ablieferung gegen Rückgabe des Ladescheins** entspricht einem allgemeinen Grundsatz des Wertpapierrechts (vgl § 364 III für Orderpapiere, § 797 BGB für Inhaberpapiere). § 445 dehnt dies auf Namensladescheine aus, Grund: zwar kein gutgläubiger Erwerb möglich, aber Beweisinteresse des Frachtführers. Der Frachtführer hat auch Anspruch auf Quittierung der Ablieferung (analog § 364 III HGB; § 371 BGB). Teilleistungen sind im Ladeschein zu quittieren. Bei Beschädigung des Gutes kann der Empfänger (§ 446) verlangen, dass er den Ladeschein behält, str, aber hat dann wie bei Teilleistung auf dem Ladeschein die Ablieferung des Gutes zu bestätigen (Art 39 III WG analog), Koller 2, nach aA Rückgabe des Ladescheins mit Vorbehaltsvermerk. Bei Verlust des Ladescheins Aufgebot und Kraftloserklärung bei Inhaber- und Orderladeschein (§ 365 II HGB, §§ 799f BGB), auch bei Namenslagerschein (analog § 365 II HGB, § 808 II 2 BGB), str. Auch Anspruch analog § 371 S 2 BGB (öffentlich beglaubigtes Anerkenntnis). Haftung gegenüber dem rechtmäßigen Inhaber s § 447.

Legitimation durch Ladeschein

446   (1) **Zum Empfang des Gutes legitimiert ist derjenige, an den das Gut nach dem Ladeschein abgeliefert werden soll oder auf den der Ladeschein, wenn er an Order lautet, durch Indossament übertragen ist.**

(2) ¹Dem zum Empfang Legitimierten steht das Verfügungsrecht nach § 418 zu. ²Der Frachtführer braucht den Weisungen wegen Rückgabe oder Ablieferung des Gutes an einen anderen als den durch den Ladeschein legitimierten Empfänger nur Folge zu leisten, wenn ihm der Ladeschein zurückgegeben wird.

1   **1)** § 446 regelt die **Legitimation durch Ladeschein**. Die Empfangslegitimation ist in **I** geregelt. Das Verfügungsrecht des § 418 steht abweichend davon dem

4. Abschnitt. Frachtgeschäft 1, 2 §§ 447, 448

durch den Ladeschein Legitimierten zu (**II 1**). Der Ladeschein hat wie der Frachtbrief (§ 418 IV) Sperrfunktion; der Frachtführer braucht Weisungen wegen Rückgabe oder Ablieferung des Guts an einen anderen als den durch den Ladeschein legitimierten Empfänger nur gegen Rückgabe des Ladescheins zu befolgen (**II 2**). Das schützt den verfügungsberechtigten Ladescheininhaber, aber auch den Frachtführer selbst. Andere Weisungen als die genannten werden von II 2 nicht erfasst (weitergehend § 418 IV). Haftung gegenüber dem rechtmäßigen Inhaber s § 447.

Ablieferung und Weisungsbefolgung ohne Ladeschein

447 ¹ **Der Frachtführer haftet dem rechtmäßigen Besitzer des Ladescheins für den Schaden, der daraus entsteht, daß er das Gut abliefert oder einer Weisung wegen Rückgabe oder Ablieferung Folge leistet, ohne sich den Ladeschein zurückgeben zu lassen.** ² **Die Haftung ist auf den Betrag begrenzt, der bei Verlust des Gutes zu zahlen wäre.**

1) § 447 sieht die **Haftung** des Frachtführers gegenüber dem rechtmäßigen **1** Besitzer des Ladescheins **bei Ablieferung oder Weisungsbefolgung ohne Rückgabe des Ladescheins** vor (näher Satz 1). Die Haftung schließt an §§ 445, 446 II an, die, wie § 447 zeigt, auch dem Schutz des rechtmäßigen Inhabers dienen. Die Haftung ist verschuldensunabhängig und dementsprechend auf einen Höchstbetrag wie bei Verlust des Gutes beschränkt (Satz 2, Wertungsdiskrepanz zu § 418 VI 2; vgl auch § 475 e Rn 1). Ein solches Verhalten des Frachtführers ist idR ein qualifiziertes Verschulden iSv § 435 (s dort Rn 2). § 447 ist nicht zu Lasten gutgläubiger Dritter abdingbar (§ 449 I 2), Abweichungen im Übrigen s § 449 I 1, II.

Traditionspapier

448 **Die Übergabe des Ladescheins an denjenigen, den der Ladeschein zum Empfang des Gutes legitimiert, hat, wenn das Gut von dem Frachtführer übernommen ist, für den Erwerb von Rechten an dem Gut dieselben Wirkungen wie die Übergabe des Gutes.**

1) Ladeschein als Traditionspapier

Der **Ladeschein** (nicht nur Orderladeschein) ist nach § 448 ein Traditions- **1** papier, ebenso wie der **Orderlagerschein** (§ 475 g) und das **Seekonnossement** (§ 650), str für CT-Dokumente (§ 452 Rn 9). Das bedeutet, dass die Übergabe des Ladescheins an den in diesem zum Empfang des Gutes Legitimierten nach Übernahme des Guts durch den Frachtführer der Übergabe des Gutes gleichsteht, also für den Erwerb von Rechten an dem Gut dieselben Wirkungen wie die Übergabe des Gutes hat. Einzelheiten sind str (s Rn 2–4).

2) Art der dinglichen Wirkung von Traditionspapieren (§§ 448, 475 g, 650)

A. Für den Erwerb von Rechten an dem Gut, also für Übereignung und **2** Bestellung beschränkter dinglicher Rechte, besonders Verpfändung, wirkt nach dem Wortlaut der §§ 448, 475 g, 650 die **Übergabe des Scheins wie die Übergabe des Guts.** Die rechtliche Behandlung der Traditionspapiere ist seit jeher str. Der Theorienstreit (absolute, relative, Repräsentationstheorie) hat jedoch für die Praxis wenig Bedeutung. Nach moderner Ansicht ist der Herausgabeanspruch in einem Papier mit Verkehrsschutz verbrieft. Einigung über den Übergang des Eigentums an dem übernommenen oder eingelagerten Gut und

§ 449 1 IV. Buch. Handelsgeschäfte

Übergabe des Scheins (str für Übergabesurrogate) verschaffen dem Erwerber das Eigentum, wenn der Veräußerer mittelbarer Besitzer ist (wirksame Übereignung folgt dann schon aus § 931 BGB, gutgläubiger Erwerb aus § 934 BGB); str ist, ob das auch gilt, wenn der Veräußerer wegen Eigenbesitzes des Inhabers des Scheins nicht mittelbarer Besitzer ist (§§ 931, 934 BGB versagen dann), bejahend Staub/Canaris § 363 Rn 107, verneinend üM. Der Nehmer des Scheins muss den Verfügenden ohne grobe Fahrlässigkeit für den Eigentümer der Ware oder über sie verfügungsberechtigt halten, nicht nur für den rechtmäßigen Inhaber des Scheins (den das Lagerhaus dem Einlagerer ausstellt, ohne Prüfung auf Eigentum oder Verfügungsrecht). Lit: zu den verschiedenen Theorien über Traditionspapiere (relative, absolute, Repräsentationstheorie) Staub/Canaris § 363 Rn 95 ff, Koller 2, K. Schmidt § 24 III 2; Nielsen WM Sonderbeil 9/**86**, 14, Schnauder NJW **91**, 1642.

3   B. Die Übergabe des Scheins kann jedenfalls **nicht mehr bewirken als die Übergabe des Guts**. Das Recht an der Ware folgt nicht ohne weiteres dem Recht aus dem Papier. Einen strikten Parallelismus zwischen Recht am Papier und Recht aus dem Papier gibt es nicht. Der gutgläubige Erwerb abhanden gekommener Ware durch den gutgläubigen Nehmer des Scheins ist ausgeschlossen (§ 935 I BGB), BGH NJW **58**, 1485, Reinicke BB **60**, 1368, str.

4   C. Der Nehmer von Ware und Schein ist idR **gutgläubig**, wenn Veräußerer sein Verfügungsrecht versichert; nur bei schwerwiegenden Verdachtsgründen hat er weiter nachzuforschen, BGH DB **69**, 436 (für Lagerschein).

Abweichende Vereinbarungen

449 (1) ¹**Ist der Absender ein Verbraucher, so kann nicht zu dessen Nachteil von § 413 Abs. 2, den §§ 414, 418 Abs. 6, § 422 Abs. 3, den §§ 425 bis 438 und 447 abgewichen werden, es sei denn, der Frachtvertrag hat die Beförderung von Briefen oder briefähnlichen Sendungen zum Gegenstand.** ²**§ 418 Abs. 6 und § 447 können nicht zu Lasten gutgläubiger Dritter abbedungen werden.**

(2) ¹**In allen anderen als den in Absatz 1 Satz 1 genannten Fällen kann, soweit der Frachtvertrag nicht die Beförderung von Briefen oder briefähnlichen Sendungen zum Gegenstand hat, von den in Absatz 1 Satz 1 genannten Vorschriften nur durch Vereinbarung abgewichen werden, die im einzelnen ausgehandelt ist, auch wenn sie für eine Mehrzahl von gleichartigen Verträgen zwischen denselben Vertragsparteien getroffen ist.** ²**Die vom Frachtführer zu leistende Entschädigung wegen Verlust oder Beschädigung des Gutes kann jedoch auch durch vorformulierte Vertragsbedingungen auf einen anderen als den in § 431 Abs. 1 und 2 vorgesehenen Betrag begrenzt werden, wenn dieser Betrag**

1. **zwischen zwei und vierzig Rechnungseinheiten liegt und in drucktechnisch deutlicher Gestaltung besonders hervorgehoben ist oder**
2. **für den Verwender der vorformulierten Vertragsbedingungen ungünstiger ist als der in § 431 Abs. 1 und 2 vorgesehene Betrag.**

³**Gleiches gilt für die vom Absender nach § 414 zu leistende Entschädigung.**

(3) **Unterliegt der Frachtvertrag ausländischem Recht, so sind die Absätze 1 und 2 gleichwohl anzuwenden, wenn nach dem Vertrag der Ort der Übernahme und der Ort der Ablieferung des Gutes im Inland liegen.**

1) Schranken für abweichende Vereinbarungen (I)

1   Die Vorschriften der §§ 407 ff sind (sofern überhaupt anwendbar, zB geht **(17)** CMR im grenzüberschreitenden Verkehr zwingend vor, § 407 Rn 10) **nur teil-**

4. Abschnitt. Frachtgeschäft 2 **§ 449**

weise dispositiv (strenger **(17)** CMR Art 41). Ist der **Absender** ein **Verbraucher**, kann nicht (auch nicht durch individuelles Aushandeln nach II) zu seinem Nachteil von §§ 413 II (Begleitpapierhaftung), 414 (Absenderhaftung), 418 VI (Sperrpapier), 422 III (Nachnahmeeinzug), 425–438 (Frachtführerhaftung) und 447 (Ablieferung und Weisungsbefolgung ohne Ladeschein) abgewichen werden **(I 1,** anders bei Briefen und briefähnlichen Sendungen). Für Verjährung gilt § 439 IV. Verbraucher ist jede natürliche Person, die ein Rechtsgeschäft zu einem Zweck abschließt, der weder ihrer gewerblichen noch ihrer selbstständigen beruflichen Tätigkeit zugerechnet werden kann (§ 13 BGB, s § 1 Rn 4). Man spricht hier von so genanntem halbzwingendem Recht, weil Abweichungen zugunsten des Verbrauchers (auch durch AGB des Frachtführers) möglich bleiben. Briefähnliche Sendungen sind zB Infopost, Postwurfsendungen, Zeitungen, Zeitschriften sowie Päckchen, dagegen nicht Paketsendungen (BGH NJW-RR **06,** 760, TranspR **06,** 174, Kln TranspR **04,** 30, Ffm TranspR **04,** 465, Stgt NJW-RR **04,** 612, TranspR **05,** 29, Düss TranspR **07,** 243) und sonstige sog Frachtpost (RegE). § 418 VI (Frachtbriefsperrvermerk, § 418 Rn 4) und § 447 können nicht zu Lasten gutgläubiger Dritter abbedungen werden **(I 2).** Das folgt teilweise, so bei § 447, schon aus Wertpapierrecht. Lit: Ramming TranspR **09,** 200, Grimme TranspR **04,** 160, Basedow TranspR **98,** 58.

2) Abweichung durch AGB (II)

II gilt für alle Geschäfte, die nicht Verbrauchergeschäfte iSv I sind. In allen 2 anderen als den nach I 1 genannten Fällen kann von den dort genannten Vorschriften **nur** durch Vereinbarung abgewichen werden, die im Einzelnen ausgehandelt worden ist (**individuelles Aushandeln;** Grundsatz der AGB-Festigkeit statt AGB-Kontrolle); entscheidend ist das individuelle Aushandeln, nicht, ob eine AGB vorliegt oder nicht. Noch kein Aushandeln bei bloßem Angebot verschiedener im Einzelnen nicht verhandelbarer Transportalternativen, Düss TranspR **07,** 243. Eine individuelle Vereinbarung kann auch für eine Mehrzahl von gleichartigen Verträgen zwischen denselben Vertragsparteien getroffen werden **(II 1).** Das ist der Fall zB bei Rahmenvereinbarungen, nicht aber bei Musterbedingungen und Klauselwerken von Vereinigungen der beteiligten Wirtschaftskreise. Zum Begriff der briefähnlichen Sendung s Rn 1. Eine Klausel in AGB, wonach der Absender auf die Durchführung von Transportwegkontrollen verzichtet, stellt eine nach II 1 unwirksame Änderung des Sorgfaltsmaßstabes des § 426 dar, BGH NJW-RR **06,** 759, TranspR **06,** 173, Düss TranspR **06,** 349, **08,** 40, krit Koller TranspR **06,** 265. **II 2, 3** lassen entgegen II 1 in gewissen Grenzen AGB zu. Danach lässt sich die Haftung (außer bei Briefen, s Rn 1) durch AGB nur in zwei Fällen verändern: **II 2 Nr 1** gestattet eine Änderung des Haftungshöchstbetrags nach §§ 431 I, II, 414, soweit der Höchstbetrag in einem Korridor zwischen 2 und 40 Rechnungseinheiten liegt und in drucktechnisch deutlicher Gestaltung besonders hervorgehoben ist, was voraussetzt, dass die haftungsbeschränkende Klausel bei Vertragsschluss dem Vertragspartner vorliegt oder bekannt ist. Dies gilt auch bei Einbeziehung der **(18)** ADSp, BGH **153,** 310 m Anm Herber TranspR **03,** 120. Auf bes Schutzbedürfnis der anderen Vertragspartei kommt es nicht an, Hbg TranspR **03,** 73. **II 2 Nr 2** erlaubt die Änderung des Haftungshöchstbetrages nur, wenn sie vorteilhaft für den Vertragspartner des Verwenders ist. II 2 stellt nur die Haftungshöchstbeträge zur Disposition der AGB, alle anderen Haftungsbestimmungen bleiben von II 2 unberührt. Das nach den früheren ADSp vorgesehene Modell der Haftungsersetzung durch Versicherung ist nicht mehr zulässig. Soweit AGB möglich bleiben, gelten die **(5)** §§ 305 ff BGB, namentlich die dort vorgesehene Inhaltskontrolle, hM, aA Koller TranspR **00,** 1. Verfassungsrechtliche Bedenken gegen die AGB-Festigkeit der §§ 431 I, 434 I Canaris § 31 Rn 1 f (Privatautonomie, Art 2 I GG).

§§ 450, 451 1

3) Ausländisches Recht und ordre public (III)

3   I und II beanspruchen auch gegenüber (kraft Rechtswahl oder objektiver Anknüpfung, bisher Art. 27 f EGBGB, für den 17. 12. 09 im eur Verkehr geschlossene Verträge Art 3, 5 I, III Rom I-VO, dazu Mankowski TranspR **08,** 339) anwendbarem ausländischem Recht Geltung, wenn der vertraglich vereinbarte Ort der Übernahme und der der Ablieferung im Inland liegen **(III).** III ist eine Bestimmung iSd bisherigen Art 34 EGBGB (RegE). Sonderanknüpfung nach dem bisherigen Art 29 a EGBGB bleibt unberührt. Die Gerichtsstände sind in III nicht geregelt, sondern bestimmen sich nach Prozessrecht, s § 440 Rn 1. III ist unabdingbar. Lit: Ramming TranspR **09,** 200, Basedow TranspR **98,** 62.

Anwendung von Seefrachtrecht

450 Hat der Frachtvertrag die Beförderung des Gutes ohne Umladung sowohl auf Binnen- als auch auf Seegewässern zum Gegenstand, so ist auf den Vertrag Seefrachtrecht anzuwenden, wenn
1. ein Konnossement ausgestellt ist oder
2. die auf Seegewässern zurückzulegende Strecke die größere ist.

1   **1)** § 450 sichert in bestimmten Fällen die einheitliche **Anwendung von Seefrachtrecht** bei Frachtverträgen, die eine Güterbeförderung ohne Umladung sowohl auf Binnen- als auch auf Seegewässern (Seefahrt, vgl § 484) vorsehen. Voraussetzung ist, dass entweder ein Konnossement ausgestellt wurde (Nr 1, § 642) oder dass die auf Seegewässern zurückzulegende Strecke die größere ist (Nr 2). Auch Ladeschein kann uU als Konnossement iSv Nr 1 anzusehen sein (RegE). Entscheidend ist die Länge der Strecke, nicht die Zeitdauer der jeweiligen Beförderung. Lit: Ramming TranspR **05,** 138.

Zweiter Unterabschnitt. Beförderung von Umzugsgut

Schrifttum

S allgemeines Schrifttum zum neuen Transportrecht sowie Schrifttum zum Frachtgeschäft vor § 407. – *Koller,* Transportrecht, 6. Aufl 2007. – *Müglich,* Transport- und Logistikrecht, 2002. – *Scheel* TranspR **05,** 239 (Rspr Übersicht).

Umzugsvertrag

451 Hat der Frachtvertrag die Beförderung von Umzugsgut zum Gegenstand, so sind auf den Vertrag die Vorschriften des Ersten Unterabschnitts anzuwenden, soweit die folgenden besonderen Vorschriften oder anzuwendende internationale Übereinkommen nichts anderes bestimmen.

1   **1)** Für die **Beförderung von Umzugsgut** enthalten die §§ 451 a–451 h **Sondervorschriften zu §§ 407–450,** die subsidiär anwendbar bleiben. Die früheren Beförderungsbedingungen für den Umzugsverkehr (GüKUMB, s 29. Aufl) vom 3. 8. 83 BAnz Nr 151 vom 16. 7. 83 sind aufgehoben (TRG Art 9 Nr 4). Die Sondervorschriften sind insbesondere deswegen notwendig, weil der Absender von Umzugsgut in der Regel in größerem Maße schutzwürdig ist als der Absender sonstigen Guts. **Umzugsvertrag** ist der Frachtvertrag, der die Beförderung von Umzugsgut zum Gegenstand hat (Sonderfrachtvertrag). Maßgebend ist die Beförderung von Umzugsgut, nicht ob der Absender Verbraucher oder Gewerbetreibender ist. Der Begriff **Umzugsgut** ist weit zu verstehen. Eine gleichzeitige Wohnsitzverlegung des Absenders ist nicht notwendig, zB bei Erbgut. Auch die Beförderung von privatem Heirats- und Erbgut sowie Büro- und

Betriebsumzüge sind erfasst. Entscheidend sind die bisherige und (nicht nur vorübergehende, RegE, aA Koller 3) künftige Zweckbestimmung des Gutes. Zurückbleiben eines Teils der bisherigen Einrichtung ist unschädlich, ebenso wenig, dass die Möbel nach einer Zwischenlagerung wieder in der gleichen Wohnung aufgestellt werden, Schlesw TranspR **09,** 32, aA Koller 3. Auch bloße Beiladungen können Umzugsgut sein. Auch Sachgesamtheit, die gewerblichen oder staatlichen Zwecken dient, kann Umzugsgut sein (Betriebs-, Büroumzug). Handelsmöbel sind, da keine Sachgesamtheit, kein Umzugsgut (RegE). Anzuwendende **internationale Übereinkommen** gehen vor. Die CMR ist allerdings auf Umzugsverträge nicht anwendbar (s **(17)** CMR Art 1 IV c). Entsprechende Anwendungsbeschränkungen finden sich in den internationalen Übereinkommen zum See-, Luft- und Schienenverkehr jedoch nicht (RegE). Anwendbar sind danach erst die jeweiligen internationalen Übereinkommen, dann das zwingende Umzugsrecht, das zwingende Frachtrecht, die Parteivereinbarungen, dispositives Umzugsrecht und schließlich dispositives Frachtrecht. Multimodaler Transport s § 452c.

Pflichten des Frachtführers

451a (1) **Die Pflichten des Frachtführers umfassen auch das Ab- und Aufbauen der Möbel sowie das Ver- und Entladen des Umzugsguts.**

(2) **Ist der Absender ein Verbraucher, so zählt zu den Pflichten des Frachtführers ferner die Ausführung sonstiger auf den Umzug bezogener Leistungen wie die Verpackung und Kennzeichnung des Umzugsgutes.**

1) Zu den Pflichten des Frachtführers (§ 407 I) gehören beim Umzugsvertrag 1 anders als nach § 412 I 1 auch das **Ab- und Aufbauen der Möbel** sowie das **Ver- und Entladen des Umzugsgutes (I)** und, wenn der Absender ein Verbraucher gem § 13 BGB ist, anders als nach § 411 auch sonstige auf den Umzug bezogene Leistungen wie Verpackung und Kennzeichnung des Umzugsgutes **(II).** Unter II können je nach Fallgestaltung auch andere auf den Umzug bezogene Leistungen fallen, zB Abhängen von Lampen, Ausbau von Installationen, Aufhängen von Wandschränken. Hinweis auf Versicherungsmöglichkeit s § 451g Satz 1 Nr 1.

Frachtbrief. Gefährliches Gut. Begleitpapiere. Mitteilungs- und Auskunftspflichten

451b (1) **Abweichend von § 408 ist der Absender nicht verpflichtet, einen Frachtbrief auszustellen.**

(2) ¹**Zählt zu dem Umzugsgut gefährliches Gut und ist der Absender ein Verbraucher, so ist er abweichend von § 410 lediglich verpflichtet, den Frachtführer über die von dem Gut ausgehende Gefahr allgemein zu unterrichten; die Unterrichtung bedarf keiner Form.** ²**Der Frachtführer hat den Absender über dessen Pflicht nach Satz 1 zu unterrichten.**

(3) ¹**Der Frachtführer hat den Absender, wenn dieser ein Verbraucher ist, über die zu beachtenden Zoll- und sonstigen Verwaltungsvorschriften zu unterrichten.** ²**Er ist jedoch nicht verpflichtet zu prüfen, ob vom Absender zur Verfügung gestellte Urkunden und erteilte Auskünfte richtig und vollständig sind.**

§§ 451c, 451d

1 1) Besonderheiten gelten beim Umzugsvertrag auch für die Rechte des Frachtführers. So ist der Absender entgegen § 408 **nicht** verpflichtet, einen **Frachtbrief** auszustellen (I); das ist besonders wichtig für Privatleute, die mit der Ausstellung eines Frachtbriefes nicht vertraut sind, gilt aber für alle Absender.

2 2) Weitere Erleichterungen für den Absender gelten, wenn dieser Verbraucher gem § 13 BGB ist (**II, III**). Sie betreffen die Unterrichtungspflicht des Absenders und des Frachtführers nach § 410 bei gefährlichem Gut und im Hinblick auf Begleitpapiere (§ 413).

3 3) I ist abdingbar, II hinsichtlich Unterrichtungspflichten erweiterbar, da § 451 h I nur die Haftung meint, s § 451 h Rn 1. Bei AGB liegt aber regelmäßig Verstoß gegen **(5)** § 307 BGB vor, vgl näher Koller 9 ff.

Haftung des Absenders in besonderen Fällen

451c Abweichend von § 414 Abs. 1 Satz 2 hat der Absender dem Frachtführer für Schäden nur bis zu einem Betrag von 620 Euro **je Kubikmeter Laderaum, der zur Erfüllung des Vertrages benötigt wird, Ersatz zu leisten.**

1 1) Absender meint jede Art des Absenders, Ko/Ro/Mo/Koller 1. Die **Haftung des Absenders** für die hier überhaupt in Betracht kommenden zurechenbaren Schäden des Frachtführers (s § 414 I 1) ist beim Umzugsvertrag der Höhe nach anders als nach § 414 I 2 beschränkt. Verfassungsrechtliche Bedenken s Canaris § 31 Rn 65 (Willkürverbot, Art. 3 I GG).

Besondere Haftungsausschlußgründe

451d (1) Abweichend von § 427 ist der Frachtführer von seiner Haftung befreit, soweit der Verlust oder die Beschädigung auf eine der folgenden Gefahren zurückzuführen ist:

1. Beförderung von Edelmetallen, Juwelen, Edelsteinen, Geld, Briefmarken, Münzen, Wertpapieren oder Urkunden;
2. ungenügende Verpackung oder Kennzeichnung durch den Absender;
3. Behandeln, Verladen oder Entladen des Gutes durch den Absender;
4. Beförderung von nicht vom Frachtführer verpacktem Gut in Behältern;
5. Verladen oder Entladen von Gut, dessen Größe oder Gewicht den Raumverhältnissen an der Ladestelle oder Entladestelle nicht entspricht, sofern der Frachtführer den Absender auf die Gefahr einer Beschädigung vorher hingewiesen und der Absender auf der Durchführung der Leistung bestanden hat;
6. Beförderung lebender Tiere oder von Pflanzen;
7. natürliche oder mangelhafte Beschaffenheit des Gutes, der zufolge es besonders leicht Schäden, insbesondere durch Bruch, Funktionsstörungen, Rost, inneren Verderb oder Auslaufen, erleidet.

(2) Ist ein Schaden eingetreten, der nach den Umständen des Falles aus einer der in Absatz 1 bezeichneten Gefahren entstehen konnte, so wird vermutet, daß der Schaden aus dieser Gefahr entstanden ist.

(3) **Der Frachtführer kann sich auf Absatz 1 nur berufen, wenn er alle ihm nach den Umständen obliegenden Maßnahmen getroffen und besondere Weisungen beachtet hat.**

1 1) Die **Haftung des Frachtführers** ist beim Umzugsvertrag zum Teil abweichend von §§ 425 ff geregelt (**§§ 451 d–451 g**). Die **besonderen Haftungsaus**-

schlüsse (§ 427) regelt § 451 d **umzugsspezifisch abweichend** und unter völliger Verdrängung von § 427. **I Nr 1–7** nennt sieben besondere Haftungsausschlussgründe. I Nr 1 erfasst bestimmte, dort abschließend aufgezählte Wertgegenstände; Kunstgegenstände, wie Gemälde oder Plastiken, fallen nicht darunter (RegE). I Nr 2, 3 greifen nur ein, wenn Absender zur Verpackung etc verpflichtet war (nicht, wenn Verbraucher: § 451 a II) o tatsächlich verpackt etc hat, s § 427 Rn 2, das Handeln von Hilfspersonen inkl des Empfängers hat er sich zurechnen zu lassen. Bei I Nr 4 ist unerheblich, ob Frachtführer zum Verpacken verpflichtet war, Koller 6. I Nr 5 betrifft sperrige Güter bei zu engen Transportwegen, zB Türen, Treppenhäuser. I Nr 6 bezieht über § 427 I Nr 6 wegen der besonderen Gefahren (Frost, Gießen) auch Pflanzen ein. I Nr 7 bezieht Funktionsstörungen ein, zB an Fernsehgerät, PC. Bei diesen gilt eine widerlegliche Vermutung (**II** wie § 427 II 1). Der Frachtführer kann sich darauf aber nur berufen, wenn er alle ihm nach den Umständen obliegenden Maßnahmen (§ 347) getroffen und besondere Weisungen beachtet hat (**III**). III verallgemeinert insoweit § 427 III, IV.

Haftungshöchstbetrag

451e Abweichend von § 431 Abs. 1 und 2 ist die Haftung des Frachtführers wegen Verlust oder Beschädigung auf einen Betrag von 620 Euro je Kubikmeter Laderaum, der zur Erfüllung des Vertrages benötigt wird, beschränkt.

1) Der **Haftungshöchstbetrag** wegen Verlust oder Beschädigung wird anders 1 als nach § 431 auf der Basis von Kubikmetern Laderaum festgesetzt; eine Gewichtsfeststellung des Umzugsguts wäre unpraktisch. Maßgebend ist der Laderaum, den ein ordentlicher Frachtführer benötigt, Ko/Ro/Mo/Koller 1. Für Verspätungsschäden bleibt es bei §§ 451, 431 III, bei sonstigen Vermögensschäden bei §§ 451, 433.

Schadensanzeige

451f Abweichend von § 438 Abs. 1 und 2 erlöschen Ansprüche wegen Verlust oder Beschädigung des Gutes,
1. **wenn der Verlust oder die Beschädigung des Gutes äußerlich erkennbar war und dem Frachtführer nicht spätestens am Tag nach der Ablieferung angezeigt worden ist,**
2. **wenn der Verlust oder die Beschädigung äußerlich nicht erkennbar war und dem Frachtführer nicht innerhalb von vierzehn Tagen nach Ablieferung angezeigt worden ist.**

1) § 451 f enthält eine Sonderregelung der **Schadensanzeige** gegenüber 1 § 438 I, II (längere Fristen, dafür Erlöschen der Ansprüche, nicht bloße Vermutung wie nach § 438 II). Ansprüche wegen Verlust (nur Teilverlust, da bei Totalverlust keine Ablieferung stattfindet) oder Beschädigung des Gutes erlöschen, einmal wenn der Verlust oder die Beschädigung des Gutes äußerlich erkennbar war und dem Frachtführer nicht spätestens am Tag nach der Ablieferung angezeigt worden ist (**Nr 1**), zum anderen bei Nichterkennbarkeit, wenn die Anzeige nicht spätestens innerhalb von vierzehn Tagen erfolgt ist (**Nr 2**). Äußerliche Erkennbarkeit liegt vor, wenn ein ordentlicher Absender aus dem Verkehrskreis des Absenders bei einer zumutbaren Untersuchung durch Besichtigen, Hören oder Riechen zum Zeitpunkt der Ablieferung den Schaden erkennen kann. Eine Öffnung der Verpackung ist nur bei äußerlich erkennbar gravierenden Mängeln

vorzunehmen, Koller 2. Für die Form der Anzeige gilt § 438 I 2, IV 1. Entscheidend ist rechtzeitiges Absenden, § 438 IV 2. Zur Beweislast für die Rechtzeitigkeit der Absendung Saarbr TranspR **07**, 70 mwN. § 451 f betrifft nur Ansprüche wegen Verlust oder Beschädigung des Gutes. Für Schäden wegen Lieferfristüberschreitung verbleibt es bei der Frist des allgemeinen Frachtrechts von 21 Tagen (§§ 451, 438 III). Bei sonstigen Vermögensschäden besteht keine Schadensanzeigepflicht innerhalb bestimmter Frist. Zum Regress des Hauptfrachtführers gegen den ausführenden Frachtführer LG Hbg TranspR **00**, 414 m Anm Weber TranspR **00**, 405.

Wegfall der Haftungsbefreiungen und -begrenzungen

451g ¹ Ist der Absender ein Verbraucher, so kann sich der Frachtführer oder eine in § 428 genannte Person

1. auf die in den §§ 451 d und 451 e sowie in dem Ersten Unterabschnitt vorgesehenen Haftungsbefreiungen und Haftungsbegrenzungen nicht berufen, soweit der Frachtführer es unterläßt, den Absender bei Abschluß des Vertrages über die Haftungsbestimmung zu unterrichten und auf die Möglichkeiten hinzuweisen, eine weitergehende Haftung zu vereinbaren oder das Gut zu versichern,
2. auf § 451 f in Verbindung mit § 438 nicht berufen, soweit der Frachtführer es unterläßt, den Empfänger spätestens bei der Ablieferung des Gutes über die Form und Frist der Schadensanzeige sowie die Rechtsfolgen bei Unterlassen der Schadensanzeige zu unterrichten.

² Die Unterrichtung nach Satz 1 Nr. 1 muß in drucktechnisch deutlicher Gestaltung besonders hervorgehoben sein.

1   **1)** Die fracht- und umzugsfrachtrechtlichen Haftungsbefreiungen und Haftungsbegrenzungen sind einschneidend, Verbraucher rechnen mit ihnen beim Umzug weniger als sonst bei Transporten. Deshalb muss der Frachtführer, wenn der Absender Verbraucher ist (§ 13 BGB), auf diese Regelungen (nach §§ 451 d, e sowie solche nach allgemeinem Frachtrecht, nach **Satz 1 Nr 1**; nach § 451 f iVm § 438, so **Satz 1 Nr 2**) vor Abschluss des Vertrages (Satz 1 Nr 1), Koller 6 bzw vor Ende der Ablieferung (Satz 1 Nr 2), Saarbr TranspR **07**, 68, Koller 11 aA Kiel TranspR **00**, 309, besonders aufmerksam machen. Solche Regelungen nach allgemeinem Frachtrecht sind §§ 426, 429, 430, 431 III, 432–436, 437 II, IV. §§ 427 und 431 I, II, IV sind beim Umzugsvertrag durch §§ 451 d, 451 e ersetzt. Der Wirksamkeit der Unterrichtung nach Satz 1 Nr 2 steht der Hinweis auf das Erfordernis einer „qualifizierten" Anzeige (§ 438 I 2) nicht entgegen, Saarbr TranspR **07**, 68. Die Unterrichtung nach Satz 1 Nr 1 (nicht auch Nr 2) muss in drucktechnisch deutlicher Gestaltung besonders hervorgehoben sein **(Satz 2)**, und zwar im Transportvertrag selbst; Beiblatt genügt nicht, AG Kln TranspR **02**, 354. Sonst kann der Frachtführer oder eine in § 428 genannte Person (Leute und andere Personen) sich nicht auf diese Regelungen berufen. Lit: Tschiltschke, TranspR **08**, 458.

Abweichende Vereinbarungen

451h (1) Ist der Absender ein Verbraucher, so kann von den die Haftung des Frachtführers und des Absenders regelnden Vorschriften dieses Unterabschnitts sowie den danach auf den Umzugsvertrag anzuwendenden Vorschriften des Ersten Unterabschnitts nicht zum Nachteil des Absenders abgewichen werden.

4. Abschnitt. Frachtgeschäft 1 § 452

(2) ¹In allen anderen als den in Absatz 1 genannten Fällen kann von den darin genannten Vorschriften nur durch Vereinbarung abgewichen werden, die im einzelnen ausgehandelt ist, auch wenn sie für eine Mehrzahl von gleichartigen Verträgen zwischen denselben Vertragsparteien getroffen ist. ²Die vom Frachtführer zu leistende Entschädigung wegen Verlust oder Beschädigung des Gutes kann jedoch auch durch vorformulierte Vertragsbedingungen auf einen anderen als den in § 451e vorgesehenen Betrag begrenzt werden. ³Gleiches gilt für die vom Absender nach § 414 in Verbindung mit § 451c zu leistende Entschädigung. ⁴Die in den vorformulierten Vertragsbedingungen enthaltene Bestimmung ist jedoch unwirksam, wenn sie nicht in drucktechnisch deutlicher Gestaltung besonders hervorgehoben ist.

(3) Unterliegt der Umzugsvertrag ausländischem Recht, so sind die Absätze 1 und 2 gleichwohl anzuwenden, wenn nach dem Vertrag der Ort der Übernahme und der Ort der Ablieferung des Gutes im Inland liegen.

1) § 451h beschränkt abweichende Vereinbarungen. **I** macht die dort angegebenen Vorschriften zugunsten des Absenders, der ein Verbraucher ist (§ 13 BGB), halbzwingend (vgl § 449 Rn 1). Zu den die Haftung des Frachtführers und des Absenders regelnden Vorschriften iSv I sind §§ 451c–451g zu nennen, zu den Vorschriften des 1. Unterabschn die in § 449 I aufgeführten Normen, näher Koller 2. **II 1** gilt für alle Geschäfte, die nicht Verbrauchergeschäfte iSv I sind und lässt Abweichungen von den Haftungsvorschriften nur durch Individualvereinbarung zu, durch diese aber beliebig. Nach **II 2, 3** sind aber die Haftungshöchstbeträge (§§ 451e, 451c; nicht die Haftung im Übrigen) auch für AGB voll dispositiv (kein Korridor wie in § 449 II 2). §§ 305 ff BGB bleiben unberührt. Drucktechnische Hervorhebung hat Warnfunktion **(II 4). III** wie § 449 III.

Dritter Unterabschnitt. Beförderung mit verschiedenartigen Beförderungsmitteln

Schrifttum

S allgemeines Schrifttum zum neuen Transportrecht sowie Schrifttum zum Frachtgeschäft vor § 407.

Frachtvertrag über eine Beförderung mit verschiedenartigen Beförderungsmitteln

452 ¹Wird die Beförderung des Gutes auf Grund eines einheitlichen Frachtvertrags mit verschiedenartigen Beförderungsmitteln durchgeführt und wären, wenn über jeden Teil der Beförderung mit jeweils einem Beförderungsmittel (Teilstrecke) zwischen den Vertragsparteien ein gesonderter Vertrag abgeschlossen worden wäre, mindestens zwei dieser Verträge verschiedenen Rechtsvorschriften unterworfen, so sind auf den Vertrag die Vorschriften des Ersten Unterabschnitts anzuwenden, soweit die folgenden besonderen Vorschriften oder anzuwendende internationale Übereinkommen nichts anderes bestimmen. ²Dies gilt auch dann, wenn ein Teil der Beförderung zur See durchgeführt wird.

1) Multimodaler oder kombinierter Transport (§§ 452–452d)
A. **Praktische Bedeutung:** Wenn die Beförderung nur mit einem Transportmittel abgewickelt wird, erfolgt sie unimodal; demgegenüber gewinnt die multimodale oder kombinierte Beförderung (auch gemischte Beförderung oder Durchfrachtvertrag genannt; das Gesetz nennt sie Beförderung mit verschieden-

§ 452 2–5 IV. Buch. Handelsgeschäfte

artigen Beförderungsmitteln) immer mehr praktische Bedeutung. Bsp: Transport von Containern mit Lkw, dann Eisenbahn, dann Schiff oder Flugzeug, dann wieder Eisenbahn und Lkw. Die rechtliche Behandlung ist deshalb so schwierig, weil für verschiedene Beförderungsmittel bzw Beförderungsteilstrecken ganz unterschiedliche Regelungen gelten können, die sich stark voneinander unterscheiden und sogar miteinander kollidieren können und von denen man im konkreten Schadensfall, wenn der genaue Schadensort nicht bekannt ist, nicht weiß, welche unter ihnen für die Haftung und andere Rechtsfragen gelten soll. Probleme auch im Bereich der HdlDokumente.

2   B. **Erstmalige gesetzliche Regelung:** §§ 452 ff enthalten zum ersten Mal (zuvor gab es nur Einzelvorschriften und die grundlegende Entscheidung BGH **101,** 171, s 29. Aufl § 413 Rn 7) eine gesetzliche Regelung des multimodalen Transports, die von der früheren Rechtslage und Rspr deutlich abweicht. Regelungsansatz in § 452 ist der **Frachtvertrag über eine Beförderung mit verschiedenartigen Beförderungsmitteln** (unter Einbeziehung von See- oder Luftstrecken). Der multimodale Transport wird auf diese Weise in das allgemeine Frachtrecht integriert und nur für einen einzelnen Fall (bekannter Schadensort, § 452 a) und für bestimmte Fragen besonders geregelt. Im Übrigen bleiben die allgemeinen Vorschriften der §§ 407 ff anwendbar. Lit: Drews TranspR **06,** 177, Ramming TranspR **07,** 279 (bisheriges IPR bis 17. 12. 09).

2) Der Vertrag über eine Beförderung mit verschiedenartigen Beförderungsmitteln (§ 452)

3   A. **Vertragstypus:** Auch dieser Vertrag ist ein **Frachtvertrag,** der sich von einem Frachtvertrag über einen unimodalen Transport nur durch die Wahl verschiedenartiger Beförderungsmittel unterscheidet. Den Theorien, es handele sich um einen gemischten Vertrag oder sogar einen Vertrag sui generis, hat der Gesetzgeber eine Absage erteilt. Dieser Unterfall des Frachtvertrags hat nach § 452 Satz 1 drei Merkmale: einheitlicher Frachtvertrag (s Rn 4), verschiedenartige Beförderungsmittel (s Rn 5), verschiedene hypothetische Teilstreckenrechte (s Rn 6).

4   B. **Einheitlicher Frachtvertrag:** §§ 452 ff finden nur Anwendung, wenn der Gesamtbeförderung ein einheitlicher Frachtvertrag zugrunde liegt. Das ist nicht der Fall bei der sog gebrochenen Beförderung, bei der jeweils über die einzelnen Teile der insgesamt zurückzulegenden Gesamtstrecke Einzelverträge geschlossen werden, vgl BGH **101,** 172 (zu aF). Frachtvertrag s § 407. Auch **Spedition** fällt in den Fällen der §§ 458, 459 und 460, in denen auf Frachtrecht verwiesen wird, darunter, sofern sie auf einen einheitlichen Frachtvertrag gerichtet ist und die weiteren Voraussetzungen von § 452 (s Rn 5, 6) vorliegen, Koller 4 f. Sind beförderungsnahe Nebenleistungen, wie Inobhutnahme des Gutes für einen beförderungsnahen Obhutszeitraum, so im Umschlagsbereich, vereinbart, gehören sie zum Frachtvertrag und unterliegen ohne Sonderregelung ebenfalls §§ 452 ff (RegE S 101). Allein der Vertrag zwischen Absender und Hauptfrachtführer, nicht auch dessen Vertrag mit dem Unterfrachtführer, bestimmt die Ansprüche des Absenders, Hbg TranspR **08,** 216.

5   C. **Verschiedenartige Beförderungsmittel:** Die Beförderungsmittel, nicht die Strecke selbst (zB Land, See) müssen verschiedenartig sein. Verschiedenartig sind zB Straßen-, Eisenbahn-, Binnenwasser-, See-, Luftverkehrsmittel, nicht aber nur mehrere aufeinander folgende Beförderungsmittel derselben Art, zB Lkw im Inland, dann Umladung auf Lkw im Ausland. Verschiedenartige Beförderungsmittel auch bei **Huckepackverkehr,** zB auf Teilstrecke Lkw auf Eisenbahnwagen. Was noch dieselbe Art ist, kann bei **Spezialfahrzeugen,** die auf unterschiedlichen Strecken einsetzbar sind, problematisch sein. Maßgeblich sind die Verkehrsanschauung und die konkrete Beförderung. Ist zB ein Schiff bestimmter Bauart für Binnen- und Seetransport geeignet, liegt bei Fortsetzung der

4. Abschnitt. Frachtgeschäft 6–8 § 452

Beförderung zur See nach Binnenwassertransport und Umladung Verschiedenartigkeit des Beförderungsmittels vor, § 452 greift also ein, str, Koller 14, aA Rabe TranspR **98**, 431.

D. **Verschiedene hypothetische Teilstreckenrechte:** §§ 452 ff setzen 6 schließlich voraus, dass, wenn Einzelverträge geschlossen worden wären, verschiedene Rechtsvorschriften für mindestens zwei Beförderungsmittel (Teilstrecken) gelten würden (unterschiedliche Regelungsregimes). Jeder Multimodaltransport lässt sich vollständig in Teilstrecken zerlegen, BGH NJW-RR **08**, 550, Koller 15, aA Herber TranspR **06**, 438. Der Warenumschlag von einem auf das andere Transportmittel stellt im Regelfall ohne das Hinzutreten besonderer Umstände keine selbstständige Teilstrecke dar, BGH **164**, 396, NJW-RR **08**, 550, Hbg TranspR **08**, 128, **08**, 215, Celle TranspR **03**, 254, Koller TranspR **08**, 333, aA Herber TranspR **04**, 404, TranspR **05**, 59, Knorre/Demuth/Schmid/Schmid, S. 136 (Ausnahme bei Sammeltransporten); Gleiches gilt bei Reparatur eines Containers im Hafen, Hbg TranspR **08**, 263. Das Entladen gehört noch zur vorausgehenden Teilstrecke, das Beladen zur anschließenden. Bei einem multimodalen Transport unter Einschluss einer Seestrecke endet diese im Regelfall nicht mit dem Löschen der Ladung, sondern erst mit der Verladung des Gutes auf das Transportmittel, mit dem es aus dem Hafen entfernt werden soll, BGH **164**, 396 m krit Anm Ramming TranspR **07**, 89 u Koller EWiR **06**, 79, ebenso Drews TranspR **04**, 450, Bartels TranspR **05**, 203 . Für diese Verladung ist nicht erst der Abschluss sondern bereits der Beginn des Ladevorgangs maßgebend, BGH NJW-RR **08**, 550 m Anm Herber TranspR **07**, 475, Drews TranspR **08**, 18, Rabe TranspR **08**, 186, Martiensen VersR **08**, 888. Transportbedingte, kürzere Zwischenlagerungen gehören noch zur Beförderung (s Rn 4).

3) Anwendbare Rechtsvorschriften

Nach § 452 Satz 1 letzter Halbs sind auf einen solchen Frachtvertrag über eine 7 Beförderung mit verschiedenartigen Beförderungsmitteln **grundsätzlich** die Vorschriften der **§§ 407 ff** anwendbar, doch gelten die **Sonderregeln** der **§§ 452 a–452 d.** Insbesondere führt bei bekanntem Schadensort § 452 a zur Anwendung des betreffenden Teilstreckenrechts, was das Recht der §§ 407 ff auch ein anderes sein kann. Die Anwendbarkeit der §§ 452 ff setzt voraus, dass nach IPR (bisher Art 27 f EGBGB, für nach dem 17. 12. 09 im eur Verkehr geschlossene Verträge Art 3, 5 I, III Rom I-VO, dazu Mankowski TranspR **08**, 339) über die Gesamtstrecke deutsches Recht anzuwenden ist, Koller VersR **00**, 1187, vgl auch BGH NJW-RR **06**, 1695. Nach hM zu Art 27 EGBGB (Düss TranspR **02**, 34, Herber TranspR **06**, 436 f, aA Koller 1 a, MüKo/Herber 31, offen lassend BGH NJW-RR **08**, 549, **08**, 841) ist Rechtswahl für Gesamttransport auch für hypothetische Teilstreckenverträge maßgebend. Satz 1 gilt auch, wenn ein Teil der Beförderung zur See durchgeführt wird **(Satz 2).** Das ist notwendig, weil sonst für die Güterbeförderung zur See das Fünfte Buch gilt (§ 407 Rn 7). Lit: Hartenstein TranspR **05**, 9, Drews TranspR **03**, 12, Herber TranspR **01**, 101 (Multimodaltransport mit Seestreckeneinschluss).

Grenzüberschreitende multimodale Beförderung: Anzuwendende **inter-** 8 **nationale Übereinkommen,** die Vorrang beanspruchen, gehen vor, zB Art 31 I WA und Art 38 I MÜ, dazu § 407 Rn 10. Die **(17)** CMR ist hingegen außerhalb von Art 2 nicht unmittelbar anwendbar, BGH NJW **08**, 2783 m zust Anm Ramming NJW **09**, 414, Karlsr TranspR **08**, 471, für eine mittelbare Anwendung über die §§ 452, 452 a muss jedenfalls deutsches Recht anwendbar sein, Rn 7, wobei Art 31 CMR selbst dann unanwendbar bleibt, da § 452 a nach hM nicht auf diese Norm verweist, Koller § 452 a Rn 16. Zum bisherigen **IPR** des multimodalen Transport vor Geltung der Rom I-VO s Basedow FS Herber **99**, 15; ferner § 407 Rn 11. Lit: Herber TranspR **06**, 435.

Merkt 1573

§ 452a

4) Dokumente beim multimodalen Transport

9 Das **FBL** (Negotiable FIATA Combined Transport Bill of Lading, nach Reform als FIATA Multimodal Transport Bill of Lading bezeichnet) ist ein übertragbares Durchkonnossement für den kombinierten Transport; s **(11)** ERA Art 23 Rn 1. **CT-Dokumente** sind ebenfalls Dokumente des multimodalen Transports. Dazu UNCTAD/ICC Rules for Multimodal Transport Documents 1992 (IntHK-Publikation Nr 481, Sprache engl); Schimmelpfeng TranspR **88,** 53. Lit: Nielsen, Import- und Exportsicherung auf dokumentärer Grundlage, 1988; Die Dokumente der FIATA (Zürich); Helm FS Hefermehl **76,** 57, Koller VersR **82,** 1, Nielsen WM Sonderbeil 9/**86** (Dokumente). **Muster:** Hopt, Form I. O.2 (Bill of Lading – Multimodal Transport or Port to Port Shipment), MüKo/Herber S 766 ff.

Bekannter Schadensort

452a
¹ **Steht fest, daß der Verlust, die Beschädigung oder das Ereignis, das zu einer Überschreitung der Lieferfrist geführt hat, auf einer bestimmten Teilstrecke eingetreten ist, so bestimmt sich die Haftung des Frachtführers abweichend von den Vorschriften des Ersten Unterabschnitts nach den Rechtsvorschriften, die auf einen Vertrag über eine Beförderung auf dieser Teilstrecke anzuwenden wären.** ² **Der Beweis dafür, daß der Verlust, die Beschädigung oder das zu einer Überschreitung der Lieferfrist führende Ereignis auf einer bestimmten Teilstrecke eingetreten ist, obliegt demjenigen, der dies behauptet.**

1) Bekannter Schadensort (§ 452 a)

1 § 452 a enthält eine Sonderregelung zum anwendbaren Recht und zur Beweislastverteilung. Zu unterscheiden ist, ob bekannt oder nicht bekannt ist, auf welcher Teilstrecke der Verlust, die Beschädigung oder das Ereignis, das zu einer Überschreitung der Lieferfrist geführt hat, eingetreten ist. Ist der **Schadensort bekannt,** bestimmt sich die Haftung des Frachtführers im Einklang mit der bisherigen Rechtsprechung nach der Haftungsordnung, die auf einen (hypothetisch geschlossenen einzelnen) Vertrag über eine Beförderung auf dieser Teilstrecke anzuwenden wäre **(network-Lösung, Satz 1).** Diese Haftungsordnung wird nicht nach § 452a, sondern nach IPR (bisher Art 27 f EGBGB, für nach dem 17. 12. 09 im eur Verkehr geschlossene Verträge Art 3, 5 I, III Rom I-VO, dazu Mankowski TranspR **08,** 339) ermittelt, Stgt VersR **06,** 290, Hbg TranspR **08,** 127. Hierbei ist nach dem bisherigen Art 28 IV 1, V EGBGB auf die Parteien des Gesamtvertrags (Absender-Multimodalfrachtführer) abzustellen, wenn keine engere Verbindung des hypothetischen Teilstreckenvertrags mit einem anderen Staat erkennbar ist, BGH NJW-RR **08,** 550, **08,** 841, Dresd TranspR **02,** 246. Die Rechtswahl bezüglich des einheitlichen Frachtvertrags schlägt auf den hypothetischen Teilstreckenvertrag durch, bisher herrschende Meinung, Hbg TranspR **04,** 403, Herber TranspR **06,** 436 f, aA Koller 5, MüKo/Herber § 452 Rn 31, offen lassend BGH NJW-RR **08,** 549, **08,** 841. AGB sind keine Rechtsvorschriften, Koller 5, aA Ebenroth/Reuschle 9. Der **Beweis** dafür, dass der Verlust, die Beschädigung oder das zu einer Überschreitung der Lieferfrist führende Ereignis auf einer bestimmten Teilstrecke eingetreten ist, obliegt demjenigen, der dies behauptet **(Satz 2).** Gelingt dieser Beweis nicht, bleibt es beim allgemeinen Frachtrecht (s Rn 2). Abweichende Vereinbarungen s § 452 d II. Einwendungen aus seinem Vertrag mit dem Unterfrachtführer kann der Hauptfrachtführer dem Absender nicht entgegenhalten, Hbg TranspR **08,** 216. Lit: Koller VersR **00,** 1187.

4. Abschnitt. Frachtgeschäft **§§ 452b, 452c**

2) Nicht bekannter Schadensort

Ist der **Schadensort nicht bekannt,** bleibt es bei der **Einheitslösung der** 2
§§ 407ff, also bei der Haftung nach allgemeinem Frachtrecht. Damit ist bewusst
von der bisherigen Rspr abgewichen, die in solchen Fällen der Sache nach das
„schärfste", nämlich für den Berechtigten günstigste Teilstreckenrecht angewandt
hat, BGH **101,** 180, hL (RegE S 100f). Der Gesetzgeber meinte, dass damit in
der Vielzahl der Fälle, in denen der Schadensort objektiv nicht aufklärbar ist, zB
häufig im Containerverkehr, der Frachtführer, der nicht unbedingt eine bessere
Kenntnis von dem Schadensort hat als der Geschädigte, einseitig belastet würde.

Schadensanzeige. Verjährung

452b (1) ¹ § 438 ist unabhängig davon anzuwenden, ob der Schadensort unbekannt ist, bekannt ist oder später bekannt wird. ² Die für
die Schadensanzeige vorgeschriebene Form und Frist ist auch gewahrt, wenn
die Vorschriften eingehalten werden, die auf einen Vertrag über eine Beförderung auf der letzten Teilstrecke anzuwenden wären.

(2) ¹ Für den Beginn der Verjährung des Anspruchs wegen Verlust, Beschädigung oder Überschreitung der Lieferfrist ist, wenn auf den Ablieferungszeitpunkt abzustellen ist, der Zeitpunkt der Ablieferung an den Empfänger
maßgebend. ² Der Anspruch verjährt auch bei bekanntem Schadensort frühestens nach Maßgabe des § 439.

1) Schadensanzeige (I)

Für die Schadensanzeige und die Verjährung hat der Gesetzgeber für den 1
multimodalen Transport aus Gründen der Rechtssicherheit auf das allgemeine
Frachtrecht, also § 438 und § 439, zurückgegriffen. § 438 über die **Schadensanzeige** gilt unabhängig davon, ob der Schadensort unbekannt ist, bekannt ist
oder später bekannt wird **(I 1).** Unerheblich ist auch die Art des Transportmittels
der Anlieferung. Für die Einhaltung des Anzeigeerfordernisses (Form, Frist)
genügt jedoch auch die Beachtung des Rechts der letzten Teilstrecke **(I 2),** doch
kann auch in diesem Fall auf I 1 zurückgegriffen werden, zB wenn die letzte
Teilstrecke im Ausland liegt.

2) Verjährung (II)

Die **Verjährung** des Anspruchs wegen Verlust, Beschädigung oder Lieferfri- 2
stüberschreitung beginnt, wenn auf den Ablieferungszeitpunkt abzustellen ist,
erst mit der Ablieferung an den (vertraglich vereinbarten) Empfänger **(II 1),** es
kommt also auf die Letztablieferung an. Beginn der Verjährung ist weit zu
verstehen, erfasst wird also auch eine der Verjährung funktional gleichkommende
Ausschluss- oder Erlöschensregelung des anwendbaren Teilstreckenrechts, zB
§ 612 (RegE) oder Art 29 I WA 1955, BGH TranspR **09,** 264 m Anm Ramming. Der Anspruch verjährt auch bei bekanntem Schadensort nicht früher als
nach Maßgabe des § 439 (Mindestfrist, **II 2).** Abweichende Vereinbarungen zu II
1 s § 452d I. Zur Anwendbarkeit auf das Luftfrachtrecht s Müller-Rostin
TranspR **08,** 241.

Umzugsvertrag über eine Beförderung mit verschiedenartigen Beförderungsmitteln

452c ¹ Hat der Frachtvertrag die Beförderung von Umzugsgut mit
verschiedenartigen Beförderungsmitteln zum Gegenstand, so
sind auf den Vertrag die Vorschriften des Zweiten Unterabschnitts anzuwen-

§ 452d   IV. Buch. Handelsgeschäfte

den. ² § 452 a ist nur anzuwenden, soweit für die Teilstrecke, auf der der Schaden eingetreten ist, Bestimmungen eines für die Bundesrepublik Deutschland verbindlichen internationalen Übereinkommens gelten.

1 **1)** § 452 c regelt den Umzugsvertrag über eine Beförderung mit verschiedenartigen Beförderungsmitteln **(multimodaler Umzugsvertrag)** wie nach §§ 451–451 h über den (unimodalen) Umzugsvertrag **(Satz 1).** Es gilt also unmittelbar und allgemein die Einheitslösung (vgl § 452 a Rn 2), auch bei bekanntem Schadensort. Die besonderen Bestimmungen über den multinationalen Transport (nur § 452 a) sind im Interesse des Absenders von Umzugsgut ausnahmsweise insoweit anzuwenden, als für die Teilstrecke, auf der Schaden eingetreten ist, ein für die BRD verbindliches internationales Übereinkommen, namentlich **(17)** CMR, gilt **(Satz 2).**

Abweichende Vereinbarungen

452d (1) ¹ Von der Regelung des § 452 b Abs. 2 Satz 1 kann nur durch Vereinbarung abgewichen werden, die im einzelnen ausgehandelt ist, auch wenn diese für eine Mehrzahl von gleichartigen Verträgen zwischen denselben Vertragsparteien getroffen ist. ² Von den übrigen Regelungen dieses Unterabschnitts kann nur insoweit durch vertragliche Vereinbarung abgewichen werden, als die darin in Bezug genommenen Vorschriften abweichende Vereinbarungen zulassen.

(2) Abweichend von Absatz 1 kann jedoch auch durch vorformulierte Vertragsbedingungen vereinbart werden, daß sich die Haftung bei bekanntem Schadensort (§ 452 a)

1. unabhängig davon, auf welcher Teilstrecke der Schaden eintreten wird, oder
2. für den Fall des Schadenseintritts auf einer in der Vereinbarung genannten Teilstrecke

nach den Vorschriften des Ersten Unterabschnitts bestimmt.

(3) Vereinbarungen, die die Anwendung der für eine Teilstrecke zwingend geltenden Bestimmungen eines für die Bundesrepublik Deutschland verbindlichen internationalen Übereinkommens ausschließen, sind unwirksam.

1 **1)** § 452 d bringt Grenzen für abweichende Vereinbarungen zu §§ 452 ff. Von der Regelung über den **Verjährungsbeginn** nach § 452 b II 1 kann nur durch eine im Einzelnen ausgehandelte Vereinbarung (wie § 449 II 1) abgewichen werden **(I 1).** I 2 wahrt die **zwingenden Vorschriften des allgemeinen Frachtrechts** (§ 449); diese setzen sich somit auf jeden Fall durch, entweder direkt (so bei unmittelbarer Anwendbarkeit, § 452 a Rn 2, § 452 c Rn 1) oder über I 2. Von § 452 a bei bekanntem Schadensort kann auch durch AGB zugunsten der Haftung nach allgemeinem Frachtrecht abgewichen werden **(II),** und zwar insgesamt (II Nr 1, Einheits- statt network-Lösung) oder nur für eine bestimmte Teilstrecke (II Nr 2). Letzteres wird zB relevant, wenn die Parteien bei einer besonders schadensträchtigen Teilstrecke das dafür in Frage kommende Teilstreckenrecht für ungeeignet oder unsicher halten. Das ist vor allem wegen der internationalen Standardbedingungen und Vertragsformulare (§ 452 Rn 9) wichtig. Bei unbekanntem Schadensort richtet sich die Abdingbarkeit nach §§ 452 d I 2, 449. **III** stellt klar, dass zwingende Vorschriften internationaler Übereinkommen, die für die BRD verbindlich sind (zB **(17)** CMR), vorgehen. Dagegen verstoßende Parteivereinbarungen sind unwirksam. Lit: Basedow TranspR **98**, 58.

Fünfter Abschnitt. Speditionsgeschäft

Schrifttum

S auch allgemeines Schrifttum zum neuen Transportrecht vor § 407; speziell zu ADSp s vor **(18)** ADSp.

a) Kommentare: *Alff*, Fracht-, Lager- und Speditionsrecht, 2. Aufl 1991. − *Andresen/Valder/Krien*, Hdb des Transportrechts (LBl). − *Fremuth/Thume* 2000. − *GK (HGB)/(Ensthaler ua)* 7. Aufl 2007. − *HdlbgKo/(Glanegger ua)* 7. Aufl 2007. − *Heymann/Emmerich/Horn* Bd. 4 2. Aufl 2005. − *Knorre/Demuth/Schmid*, Hdb des Transportrechts 2008. − *Koller*, Transportrecht, 6. Aufl 2007. − *Lammich/Pöttinger*, Gütertransportrecht Kommentar (LBl). − *Müglich*, Transport- und Logistikrecht 2002. − *MüKo(HGB)/(Czerwenka, Herber ua)* Bd. 7, 2. Aufl 2009. − *Staub/Koller/Helm*, §§ 383–424, 2004. − *Widmann,*Transportrecht, 3. Aufl 1999.

b) Lehrbücher: *Canaris* 24. Aufl 2006. − *Dubischar*, Grundriß des gesamten Gütertransportrechts, 1987. − *Gass* 1999. − *Hopt/Mössle/Schmitt* 2. Aufl 1999. − *K. Schmidt* 5. Aufl 1999.

c) Einzeldarstellungen und Sonstiges: *Basedow*, Der Transportvertrag, 1987. − *Hector*, ADSp u die Speditions- und Transportversicherung, 2. Aufl 2003. − *Wolf/Thiel*, ADSp, 20. Aufl 2003. − Zu ADSp Fassung 1993: *Widmann*, ADSp, 5. Aufl 1993; *Valder* TranspR **93**, 81. − Zu ADSp Fassung 1999: *Widmann*, ADSp '99, 6. Aufl 1999. **Muster:** *Hopt*, Vertrags- und Formularbuch zum Hdl-, Ges u Bankrecht, 3. Aufl 2007, Teil I.P (mit 3 Vertragsmustern und Formularen).

Speditionsvertrag

453 (1) **Durch den Speditionsvertrag wird der Spediteur verpflichtet, die Versendung des Gutes zu besorgen.**

(2) **Der Versender wird verpflichtet, die vereinbarte Vergütung zu zahlen.**

(3) ¹**Die Vorschriften dieses Abschnitts gelten nur, wenn die Besorgung der Versendung zum Betrieb eines gewerblichen Unternehmens gehört.** ²**Erfordert das Unternehmen nach Art oder Umfang einen in kaufmännischer Weise eingerichteten Geschäftsbetrieb nicht und ist die Firma des Unternehmens auch nicht nach § 2 in das Handelsregister eingetragen, so sind in Ansehung des Speditionsgeschäfts auch insoweit die Vorschriften des Ersten Abschnitts des Vierten Buches ergänzend anzuwenden; dies gilt jedoch nicht für die §§ 348 bis 350.**

Übersicht

1) Speditionsgeschäft (§§ 453–466) 1
2) Anwendungsbereich der Vorschriften über das Speditionsgeschäft (§ 453 III) 2
   A. Persönliche Reichweite (III) 2
   B. Territoriale Reichweite 4
3) Speditionsvertrag (§ 453 I, II) 5
   A. Speditionsvertrag 5
   B. Pflichten des Spediteurs (I) 9
   C. Pflichten des Versenders (II) 13
   D. Beendigung des Speditionsvertrags 14
   E. Abweichende Vereinbarungen 15
   F. Einschaltung eines Spediteurs im Verhältnis zwischen Verkäufer und Käufer 16
4) (18) ADSp 17

§ 453 1–4   IV. Buch. Handelsgeschäfte

1) Speditionsgeschäft (§§ 453–466)

1 Im 5. Abschn (§§ 453–466) ist das Speditionsgeschäft geregelt. Der Unternehmer kann sich heute zumal angesichts der Internationalisierung der Märkte nicht mehr selbst um den Transport kümmern (§ 407 Rn 1), sondern wendet sich am besten an den Fachmann, der auf dem Frachtenmarkt den bestgeeigneten und kostengünstigsten Weg und Frachtführer für ihn aussucht und häufig selbst noch weiter auf bestimmte Kontinente oder Länder spezialisiert ist. Der Spediteur ist im Gegensatz zum nichtjuristischen Sprachgebrauch nicht derjenige, der den Transport selbst ausführt; die Beförderung von Gütern übernimmt der Frachtführer (§ 407 I). Der Spediteur besorgt die Versendung, dh er organisiert die Beförderung und schließt die dazu notwendigen Verträge ab (§ 454); wirtschaftlich ähnelt er also dem Kommissionär („Transportkommissionär"). Besondere Ausprägungen des Speditionsgeschäfts sind Spedition mit Selbsteintritt (§ 458), Spedition zu festen Kosten (§ 459) und Spedition mit Sammelladung (§ 460); in diesen Fällen hat der Spediteur zwingend die Rechte und Pflichten eines Frachtführers.

2) Anwendungsbereich der Vorschriften über das Speditionsgeschäft (§ 453 III)

2 A. **Persönliche Reichweite (III):** § 453 III steckt den Anwendungsbereich der §§ 453–466 ab. III entspricht exakt § 407 III 1 Nr 2, 2 für das Frachtgeschäft (s dort Rn 8, persönliche Reichweite, eine Abgrenzung der sachlichen Reichweite wie dort Nr 1 ist beim Speditionsgeschäft nicht notwendig). §§ 453–466 gelten nicht nur, wenn der Spediteur Kfm ist, sondern auch, wenn die Spedition jedenfalls zum Betrieb eines gewerblichen Unternehmens gehört (**III 1**). Zum Begriff des Gewerbes s § 1 Rn 11. Erfasst wird also auch der Gelegenheitsspediteur.

3 Ist der Spediteur Kfm, gilt das gesamte HGB. Ist er kein Kfm, gelten dennoch über §§ 453–466 hinaus die allgemeinen Vorschriften über Handelsgeschäfte (Viertes Buch, Erster Abschnitt, also §§ 343–372), aber ohne §§ 348–350 (**III 2**).

4 B. **Territoriale Reichweite:** Für die **grenzüberschreitende Spedition:** Dazu gelten internationale Abkommen, zB die **(17) CMR**, die im grenzüberschreitenden Verkehr unabdingbar gilt und in der Praxis eine sehr große Rolle spielt, oder das **Warschauer Abkommen (WA)** über den internationalen Luftverkehr, das aber nach Art 55 **Montrealer Übereinkommen (MÜ)** vom 28. 5. 99 insoweit von diesem verdrängt wird, in Deutschland in Kraft seit 28. 6. 04, BGBl 04 II 458, 1371. Die Übereinkommen sind ua kommentiert bei Koller, Transportrecht, vergleichend Ruhwedel TranspR **08,** 89. Auch für den grenzüberschreitenden Eisenbahnfrachtverkehr gelten internationale Abkommen, so die CIM.

IPR: Mangels ausdrücklicher oder stillschweigender freier Rechtswahl nach Art 27 EGBGB galt bisher das Recht des Orts der charakteristischen Leistung, also der gewerblichen Niederlassung des Spediteurs (Geschäftssitz, Art 28 II 2 EGBGB). Die Sonderregel des bisherigen Art 28 IV EGBGB für Güterbeförderungsverträge gilt für den normalen Spediteur nicht, Koller 64, anders wenn für Spediteur Frachtrecht gilt (§§ 458, 459, 460). Gleiches gilt bei Art 3, 5 I, III Rom I-VO für nach dem 17. 12. 09 im eur Verkehr geschlossene Verträge, s auch Mankowski TranspR **08,** 346 f. Geltung der ADSp gegenüber ausländischem Auftraggeber s **(18)** ADSp Einl 2 vor § 1. Internationale Speditionsdokumente sind zB **FCR** (Forwarding Agents Certificate of Receipt, Spediteur-Übernahmebescheinigung), FIATA FCR (Forwarders Certificate of Receipt) und **FCT** (Forwarders Certificate of Transport, Spediteur-Transportbescheinigung), Nielsen WM Sonderbeil 9/**86,** Die Dokumente der FIATA (Zürich), s **(11)**

5. Abschnitt. Speditionsgeschäft **5–10 § 453**

ERA Art 23 Rn 1. **Muster:** Hopt/Joos/Leyens Form I. P.2 (FIATA FCR), I. P.3 (FIATA FCT). Lit zum bisherigen IPR vor der Rom I-VO: Reithmann/Martiny/Mankowski 1364 ff Speditionsvertrag, 1394 ff Straßentransport, 1660 ff multimodaler Verkehr; Rugullis TranspR **06,** 380, Koller VersR **00,** 1188, Basedow FS Herber **99,** 31.

3) Speditionsvertrag (§ 453 I, II)

A. **Speditionsvertrag: a) Rechtsnatur, anwendbares Recht:** Durch den 5 Speditionsvertrag wird der Spediteur verpflichtet, die Versendung des Gutes zu besorgen (I); der Versender wird verpflichtet, die vereinbarte Vergütung zu zahlen (II). Vertragsgegenstand sind nur **Güter** (Begriff § 407 Rn 5), nicht Personen. Der Speditionsvertrag ist ein handelsrechtlicher Sonderfall des Geschäftsbesorgungsvertrags, der idR auf eine **Geschäftsbesorgung** gerichtet ist, die im Rahmen eines **Werkvertrags** zu leisten ist (§§ 675, 631 BGB; das Entgelt ist erfolgsabhängig ausgestaltet, vgl. § 456), RG **112,** 151, Koller 39, nach aA Dienstvertrag oder Vertrag sui generis. Ergänzend zu §§ 453 ff sind also §§ 675, 631 ff BGB heranzuziehen. Ausnahmsweise ist die Geschäftsbesorgung im Rahmen eines Dienstvertrags zu leisten (§§ 675, 611 BGB), so etwa bei einem Dauerschuldverhältnis. Eine Vorschrift wie § 407 II aF, der allgemein auf Kommissionsrecht verwies, findet sich heute nicht mehr, statt der Verweisung auf § 392 gilt unmittelbar § 457. Das schließt aber einzelne Analogien nicht aus. Abgrenzung zum **Frachtvertrag** (§§ 133, 157 BGB) s § 407 Rn 12.

b) **Zustandekommen:** Der Speditionsvertrag kommt, auch bei Verlangen 6 und Ausstellen einer Urkunde, **formlos** zustande, wenn die Parteien nichts anderes vereinbart haben. § 362 greift ein.

c) **Vertragsparteien:** Vertragspartner sind allein der **Versender** (auf die ge- 7 naue Terminologie achten! Der Vertragspartner des Frachtführers ist der Absender; der des Spediteurs ist der Versender, im Verkehr auch Auftraggeber genannt) **und der Spediteur.** Wie dort ein Dreiecksverhältnis, gibt es auch hier ein Mehrpersonengeflecht, manchmal sogar von vier (oder mehr) Personen: Versender – Spediteur – Frachtführer – Empfänger. Die zwischen diesen Personen bestehenden Vertragsverhältnisse (Versender – Spediteur; Versender – Empfänger; Spediteur – Frachtführer) sind wie bei allen Dreiecksverhältnissen genau auseinander zu halten. Das ist besonders relevant bei der Geltendmachung von Ansprüchen aus den einzelnen Vertragsverhältnissen, bei Leistungsstörungen und im Bereicherungsrecht. In Sonderfällen kann dennoch ein Vertrag zugunsten Dritter gem § 328 BGB in Frage kommen, Mü NJW **58,** 425.

d) **Spediteurpapiere:** Besondere Regelungen wie beim Frachtvertrag über 8 den Frachtbrief (§§ 408, 409) und den Ladeschein (§§ 444–448) oder beim Lagervertrag den Lagerschein (§§ 475 c–475 g) gibt es nach §§ 453 ff für das Speditionsrecht nicht. Solche Papiere sind in der Praxis üblich und bleiben ihr zur Regelung überlassen. Das **FCR** (Forwarders Certificate of Receipt) ist eine Spediteurübernahmebescheinigung; es ist kein kfm Orderpapier (§ 363 Rn 2).

B. **Pflichten des Spediteurs (I): a) Besorgung der Versendung des Gu-** 9 **tes:** Hauptpflicht des Spediteurs ist es, die Versendung des Gutes zu besorgen, und zwar entweder wie idR für Rechnung des Versenders oder aber für eigene Rechnung (Rechtsausschuss; § 454 Rn 3). Die Besorgung der Versendung ist in § 454 näher geregelt.

b) **Einschalten weiterer Personen:** Der Hauptspediteur kann selbstständige 10 Zwischenspediteure (nicht § 278 BGB, vgl § 454 I Nr 2) oder einen weisungsgebundenen Unterspediteur (§ 278 BGB) einschalten, vgl BGH BB **69,** 1454. Zur Mehrheit von Spediteuren und speziell zum Empfangsspediteur aufseiten des Empfängers K. Schmidt § 33 V 1, 2.

§ 454

IV. Buch. Handelsgeschäfte

11 c) **Weitere Pflichten:** Der Spediteur hat neben seiner Hauptpflicht nach § 454 I zur Besorgung der Versendung zweckdienliche Nebenpflichten aus Speditions- und Geschäftsbesorgungsrecht. Diese sind teils gesetzlich aufgeführt, zB §§ 454 II, 457–461, teils ergeben sie sich aus der Natur des Vertrags als Geschäftsbesorgungs- und Interessenwahrungsvertrag, so Aufklärungs- und Beratungspflichten.

12 d) **Leistungsstörungen:** Leistungsstörungen s Koller § 454 Rn 38 ff. Synallagmatische Pflichten sind nur die Pflichten aus § 454 I Nr 1–3.

13 C. **Pflichten des Versenders (II):** Hauptpflicht des Versenders ist es, die vereinbarte Vergütung (früherer Begriff: Provision) zu zahlen. Diese ist fällig, wenn das Gut dem Frachtführer oder Verfrachter übergeben worden ist (§ 456). Unter Umständen kann der Spediteur einen Vorschuss fordern (§ 669 BGB). Der Versender kann auch Aufwendungsersatz nach § 670 BGB schulden, vgl Rn 5.

14 D. **Beendigung des Speditionsvertrags:** Keine Besonderheiten. Insolvenz des Spediteurs s § 103 InsO, Insolvenz des Versenders s § 116 InsO. Im Insolvenzverfahren des Spediteurs kann der Versender die Forderung aussondern (§ 457, § 47 InsO).

15 E. **Abweichende Vereinbarungen:** § 453 ist dispositiv, Grenzen setzt aber § 466.

16 F. **Einschaltung eines Spediteurs im Verhältnis zwischen Verkäufer und Käufer:** Im Verhältnis zwischen Verkäufer und Käufer des Gutes ist bei Versendungskauf iSv § 447 BGB (Versendung auf Verlangen des Käufers nach einem anderen Ort als dem Erfüllungsorte) der Spediteur idR nicht Erfüllungsgehilfe iSv § 278 BGB des Verkäufers, RG **99,** 56, BGH **50,** 35. Anders bei Fehler des Spediteurs unmittelbar in Ausführung einer (speziellen) Weisung des Verkäufers, RG **115,** 162, BGH **50,** 35. Bedient sich Verkäufer, ohne dass Versendungskauf iSv § 447 BGB vorliegt, zur Erfüllung seiner Lieferpflicht eines Spediteurs, gilt § 278 BGB, BGH **50,** 35 (Versendung an A in X, während Transports Verkauf an B in Y und Anweisung des Spediteurs zur Umleitung dorthin: Verkäufer haftet dem Käufer bei Misslingen durch Versehen des Spediteurs).

4) (18) ADSp

17 Neben den §§ 453 ff gelten, soweit § 466 das noch zulässt, als AGB die Allgemeinen Deutschen Spediteurbedingungen, die allerdings von vornherein nicht für Verbraucherverträge gelten (s **(18)** ADSp Ziff 2.4; anders aF: nur unter Kflten, Geltung der nF also wesentlich weiter). Insgesamt kann sich somit ein Zusammenspiel von individuell ausgehandelten Vertragsbestimmungen, **(18)** ADSp, §§ 453 ff HGB und §§ 675, 631 ff BGB ergeben (Prüfung in dieser Reihenfolge, soweit nicht zwingendes Recht, vgl Staub/Helm §§ 407–409 Rn 50, allgemeiner Koller Einl 58 ff).

Besorgung der Versendung

454 (1) **Die Pflicht, die Versendung zu besorgen, umfaßt die Organisation der Beförderung, insbesondere**

1. **die Bestimmung des Beförderungsmittels und des Beförderungsweges,**
2. **die Auswahl ausführender Unternehmer, den Abschluß der für die Versendung erforderlichen Fracht-, Lager- und Speditionsverträge sowie die Erteilung von Informationen und Weisungen an die ausführenden Unternehmer und**
3. **die Sicherung von Schadensersatzansprüchen des Versenders.**

5. Abschnitt. Speditionsgeschäft　　　　　　　　　　　　　　1–4　§ 454

(2) ¹ Zu den Pflichten des Spediteurs zählt ferner die Ausführung sonstiger vereinbarter auf die Beförderung bezogener Leistungen wie die Versicherung und Verpackung des Gutes, seine Kennzeichnung und die Zollbehandlung. ² Der Spediteur schuldet jedoch nur den Abschluß der zur Erbringung dieser Leistungen erforderlichen Verträge, wenn sich dies aus der Vereinbarung ergibt.

(3) Der Spediteur schließt die erforderlichen Verträge im eigenen Namen oder, sofern er hierzu bevollmächtigt ist, im Namen des Versenders ab.

(4) Der Spediteur hat bei Erfüllung seiner Pflichten das Interesse des Versenders wahrzunehmen und dessen Weisungen zu befolgen.

1) Pflicht zur Besorgung der Versendung im Einzelnen (I Nr 1–3)

Die Pflicht des Spediteurs zur Besorgung der Versendung (§ 453 I) ist in **I** 1 näher umschrieben. Sie umfasst danach die **Organisation der Beförderung.** Dazu gehören ua die Bestimmung des Beförderungsmittels und des Beförderungswegs, die Auswahl ausführender Unternehmer und der **Abschluss der notwendigen Verträge** (Fracht-, Lager- und Speditionsverträge, s III) mit ihnen und die **Sicherung von Schadensersatzansprüchen** des Versenders. Zur „Routing Order" Bodis TranspR **09,** 5.

2) Sonstige vereinbarte beförderungsbezogene Leistungen (II)

Die Ausführung zusätzlicher speditioneller Tätigkeiten wie Versicherung und 2 Verpackung, Kennzeichnung und Zollbehandlung schuldet der Spediteur, wenn das vereinbart ist **(II 1).** Den Abschluss dafür erforderlicher Verträge schuldet er jedoch nur, wenn sich dies aus der Vereinbarung ergibt **(II 2).** Hat der Spediteur die Pflicht zur Verpackung auf Grund einer selbständigen Abrede unabhängig von der Speditionsleistung übernommen, ist auf die Erbringung der Verpakkungsleistung Werkvertragsrecht anzuwenden. Ist die Verpackungsleistung dagegen als beförderungsbezogene, speditionelle Nebenpflicht im Rahmen eines Speditionsvertrags und nicht unabhängig davon übernommen worden, richtet sich die Haftung des Spediteurs auch hinsichtlich der Verpackungsleistung gem II 2 einheitlich nach Speditionsrecht, BGH **173,** 349 f, LG Hbg TranspR **08,** 219, krit Temme TranspR **08,** 375. Werkvertragsrecht kommt demnach zur Anwendung, wenn der Verpackung eine besondere Bedeutung unter Berücksichtigung der Interessenlage beider Vertragsparteien zukommt und die Verpflichtung zur Verpackung gleichwertig neben der Speditionsleistung steht, BGH **173,** 349 f.

3) Abschluss der erforderlichen Verträge im eigenen Namen oder dem des Versenders (III)

Der Spediteur schließt die für die Besorgung der Versendung (I) und die 3 Erfüllung der sonstigen vereinbarten beförderungsbezogenen Leistungen (II) grundsätzlich **im eigenen Namen** (aber für fremde Rechnung, nämlich des Versenders, insoweit parallel zum Kommissionär, § 383; idR jedoch – so zB bei der Fixkostenspedition (§ 459) – für eigene Rechnung) ab (III Halbs 1). Er kann auch im Namen des Versenders abschließen, benötigt dazu aber **Vollmacht** (III Halbs 2). Diese ist nicht schon kraft Gesetzes im Speditionsvertrag enthalten.

4) Pflicht zur Interessenwahrung und zur Befolgung von Weisungen (IV)

Der Spediteur ist Interessenwalter des Versenders und hat dessen Weisungen zu 4 befolgen (IV, iw Kommissionär, § 384 Rn 1–6). Doppelbeauftragung ist mangels Interessenkonflikt idR möglich, Hbg TranspR **88,** 160, weitere Fälle s Schiller/Sips-Schiller BB **85,** 888. Weitere Verhaltenspflichten des Spediteurs s § 453 Rn 9–11.

§§ 455, 456

Behandlung des Gutes. Begleitpapiere. Mitteilungs- und Auskunftspflichten

455 (1) ¹Der Versender ist verpflichtet, das Gut, soweit erforderlich, zu verpacken und zu kennzeichnen und Urkunden zur Verfügung zu stellen sowie alle Auskünfte zu erteilen, deren der Spediteur zur Erfüllung seiner Pflichten bedarf. ²Soll gefährliches Gut versendet werden, so hat der Versender dem Spediteur rechtzeitig in Textform die genaue Art der Gefahr und, soweit erforderlich, zu ergreifende Vorsichtsmaßnahmen mitzuteilen.

(2) ¹Der Versender hat, auch wenn ihn kein Verschulden trifft, dem Spediteur Schäden und Aufwendungen zu ersetzen, die verursacht werden durch
1. ungenügende Verpackung oder Kennzeichnung,
2. Unterlassen der Mitteilung über die Gefährlichkeit des Gutes oder
3. Fehlen, Unvollständigkeit oder Unrichtigkeit der Urkunden oder Auskünfte, die für eine amtliche Behandlung des Gutes erforderlich sind.

²§ 414 Abs. 1 Satz 2 und Abs. 2 ist entsprechend anzuwenden.

(3) Ist der Versender ein Verbraucher, so hat er dem Spediteur Schäden und Aufwendungen nach Absatz 2 nur zu ersetzen, soweit ihn ein Verschulden trifft.

1) Pflichten des Versenders zu Verpackung und Kennzeichnung, Stellung von Begleitpapieren, Mitteilungs- und Auskunftspflichten (I)

1 Der Versender hat nach **I 1**, soweit erforderlich für die Verpackung und Kennzeichnung des Gutes zu sorgen (ebenso wie der Absender beim Frachtgeschäft, vgl § 411), und er hat die Begleitpapiere zu stellen (vgl § 413). Nach **I 2** hat der Versender eine Mitteilungspflicht bei gefährlichem Gut (vgl § 410). Die Mitteilung bedarf der Textform (§ 126 b BGB).

2) Verschuldensunabhängige Haftung des Versenders, außer wenn er Verbraucher ist (II, III)

2 A. Den Versender trifft (ähnlich wie den Absender beim Frachtgeschäft, vgl § 414) in besonderen Fällen eine verschuldensunabhängige Haftung (**II 1**, aber s Rn 3). Die drei besonderen Fälle entsprechen aber nur teilweise denen beim Frachtgeschäft. Es handelt sich um: ungenügende Verpackung oder Kennzeichnung (II 1 **Nr 1** iVm I 1), Unterlassen der Mitteilung über die Gefährlichkeit des Gutes (II 1 **Nr 2** iVm I 2) und Fehlen, Unvollständigkeit oder Unrichtigkeit der für die amtliche Behandlung des Gutes erforderlichen Urkunden oder Auskünfte (II 1 **Nr 3** iVm I 1). Eine verschuldensunabhängige Haftung für Angaben in einem Speditionspapier (vgl § 453 Rn 8) gibt es anders als beim Frachtbrief (§ 414 I 1 Nr 2) nicht. S näher zu § 414. Haftungsobergrenze wie bei Verlust des Gutes (**II 2** iVm § 414 I 2, dort Rn 3). Mitverursachung führt zur Schadensteilung (II 2 iVm § 414 II, dort Rn 4).

3 B. Ist der Versender ein **Verbraucher** (§ 13 BGB), haftet er für Schäden und Aufwendungen nach II nur verschuldensabhängig (**III**, wie § 414 III).

Fälligkeit der Vergütung

456 Die Vergütung ist zu zahlen, wenn das Gut dem Frachtführer oder Verfrachter übergeben worden ist.

1 **1)** Die vereinbarte Vergütung (§ 453 II) ist fällig, wenn das Gut dem Frachtführer oder Verfrachter übergeben worden ist (vgl demgegenüber § 420 I 1 für den Frachtführer: erst nach Abschluss der Beförderung, was aber den unterschiedlichen Leistungsversprechen entspricht). Vorschuss s § 453 Rn 13.

5. Abschnitt. Speditionsgeschäft　　　　　　　1, 2　§§ 457, 458

Forderungen des Versenders

457 ¹Der Versender kann Forderungen aus einem Vertrag, den der Spediteur für Rechnung des Versenders im eigenen Namen abgeschlossen hat, erst nach der Abtretung geltend machen. ²Solche Forderungen sowie das in Erfüllung solcher Forderungen Erlangte gelten jedoch im Verhältnis zu den Gläubigern des Spediteurs als auf den Versender übertragen.

1) Geltendmachung von Forderungen des Spediteurs erst nach Abtretung (Satz 1)

Wenn der Spediteur Verträge für Rechnung des Versenders, aber im eigenen 1 Namen abgeschlossen hat (§ 454 Rn 3), kann der Versender diese Forderungen erst nach der Abtretung geltend machen (Satz 1, vgl 392 I).

2) Versenderschutz im Verhältnis zu den Gläubigern des Spediteurs (Satz 2)

Solche Forderungen sowie das in Erfüllung solcher Forderungen Erlangte 2 gelten jedoch im Verhältnis zu den Gläubigern des Spediteurs als auf den Versender übertragen (Satz 2, vgl § 422 II bei der Frachtnachnahme). Diese Regelung entspricht § 392 II beim Kommissionsgeschäft. Die Probleme und Theorien stellen sich hier ganz ähnlich dar wie dort (§ 392 Rn 7).

Selbsteintritt

458 ¹Der Spediteur ist befugt, die Beförderung des Gutes durch Selbsteintritt auszuführen. ²Macht er von dieser Befugnis Gebrauch, so hat er hinsichtlich der Beförderung die Rechte und Pflichten eines Frachtführers oder Verfrachters. ³In diesem Fall kann er neben der Vergütung für seine Tätigkeit als Spediteur die gewöhnliche Fracht verlangen.

1) Zwingende Geltung von Frachtrecht in drei Sonderfällen (§§ 458–460)

Nach §§ 458–460 hat der Spediteur in drei für den Versender besonders 1 kritischen Fällen von Gesetzes wegen die Rechte und Pflichten eines Frachtführers oder Verfrachters: bei Selbsteintritt, bei Fixkostenspedition und bei Sammelladung. Mit dieser Regelung bezweckt der Gesetzgeber, dass sich der Spediteur nicht den kundenschützenden Vorschriften des Frachtrechts entziehen kann.

2) Selbsteintritt (§ 458)

Der Spediteur ist befugt, die Beförderung des Gutes statt durch Beauftragung 2 eines Frachtführers selbst auszuführen (**Selbsteintritt**). Macht er von dieser ihm gesetzlich eingeräumten Befugnis zum Selbsteintritt (vgl. §§ 400 ff für den Kommissionär) Gebrauch (nicht zugangsbedürftige Willenserklärung, vgl § 151 BGB, Koller 9), so hat er hinsichtlich der Beförderung die Rechte und Pflichten eines Frachtführers oder Verfrachters (**Satz 1**). Er kann dann allerdings auch neben der Vergütung für seine Speditionstätigkeit die gewöhnliche Fracht verlangen (**Satz 2**). Zu den zwei Möglichkeiten des Selbsteintritts Canaris § 31 Rn 82 aE. Ob der Selbsteintritt auf Teilstrecken beschränkt werden kann oder ob stattdessen eine Gesamtbetrachtung für die gesamte Strecke vorzunehmen ist, ist str und wird in der Rspr uneinheitlich beurteilt, näher Koller 13 ff. Mangels klarer Kriterien für eine Gesamtbetrachtung ist aber ersteres vorzugswürdig, vgl auch BGH NJW **88,** 640.

§§ 459–461 IV. Buch. Handelsgeschäfte

Spedition zu festen Kosten

459 ¹ Soweit als Vergütung ein bestimmter Betrag vereinbart ist, der Kosten für die Beförderung einschließt, hat der Spediteur hinsichtlich der Beförderung die Rechte und Pflichten eines Frachtführers oder Verfrachters. ² In diesem Fall hat er Anspruch auf Ersatz seiner Aufwendungen nur, soweit dies üblich ist.

1 **1)** Dasselbe wie beim Selbsteintritt (§ 458) gilt bei Spedition zu festen Kosten (**Fixkostenspedition**, § 459), bei der der Gewinn des Spediteurs dem Vertragspartner verborgen bleibt, und bei Sammelladung (§ 460), bei der sich der Spediteur sonst leicht einseitig die Preisvorteile einer Versendung in Sammelladung sichern könnte. Bei der Spedition zu festen Kosten hat der Spediteur, der von § 459 hinsichtlich der Beförderung als Frachtführer behandelt wird, über die Fracht hinaus Anspruch auf Ersatz seiner Aufwendungen nur, soweit dies üblich ist. Die Beweislast trägt der sich auf § 459 Berufende, wobei die Ausstellung einer pauschalierten Rechnung starkes Indiz für eine Fixkostenvereinbarung ist, Düss TranspR **90**, 64. Gleiches gilt, wenn keine Provision vereinbart wurde, Karlsr TranspR **04**, 470.

Sammelladung

460 (1) Der Spediteur ist befugt, die Versendung des Gutes zusammen mit Gut eines anderen Versenders auf Grund eines für seine Rechnung über eine Sammelladung geschlossenen Frachtvertrages zu bewirken.

(2) ¹ Macht der Spediteur von dieser Befugnis Gebrauch, so hat er hinsichtlich der Beförderung in Sammelladung die Rechte und Pflichten eines Frachtführers oder Verfrachters. ² In diesem Fall kann der Spediteur eine den Umständen nach angemessene Vergütung verlangen, höchstens aber die für die Beförderung des einzelnen Gutes gewöhnliche Fracht.

1 **1)** Bei der **Sammelladungsspedition** handelt es sich darum, dass der Spediteur mehrere Aufträge sammelt und die Güter der verschiedenen Auftraggeber zusammen auf die Reise schickt. Es handelt sich also um eine spezielle Form des Selbsteintritts (§ 458), Canaris § 31 Rn 85, bei der die Beschränkung auf eine Teilstrecke ebenfalls als zulässig anzusehen ist, vgl § 458 Rn 2. **I** erlaubt die Sammelladung (entspr § 458 Satz 1). Macht der Spediteur von dieser Befugnis Gebrauch, hat er hinsichtlich der Beförderung in Sammelladung die Rechte und Pflichten eines Frachtführers oder Verfrachters (**II 1**, entspr § 458 Satz 2). Zu beachten ist, dass II den Sammelladungsspediteur erst ab dem Zeitpunkt als Frachtführer behandelt, zu dem er von seiner Befugnis nach I Gebrauch macht, also die Versendung als Sammelladung bewirkt. Bewirken heißt nicht erst tatsächlich befördern, sondern, wie es Sache des Spediteurs ist, den entsprechenden Vertrag, nämlich den Frachtvertrag über eine Sammelladung für seine Rechnung, schließen, BGH NJW **78**, 1160.

Haftung des Spediteurs

461 (1) ¹ Der Spediteur haftet für den Schaden, der durch Verlust oder Beschädigung des in seiner Obhut befindlichen Gutes entsteht. ² Die §§ 426, 427, 429, 430, 431 Abs. 1, 2 und 4, die §§ 432, 434 bis 436 sind entsprechend anzuwenden.

(2) ¹ Für Schaden, der nicht durch Verlust oder Beschädigung des in der Obhut des Spediteurs befindlichen Gutes entstanden ist, haftet der Spediteur,

5. Abschnitt. Speditionsgeschäft   1–5 § 461

wenn er eine ihm nach § 454 obliegende Pflicht verletzt. ² Von dieser Haftung ist er befreit, wenn der Schaden durch die Sorgfalt eines ordentlichen Kaufmanns nicht abgewendet werden konnte.

(3) **Hat bei der Entstehung des Schadens ein Verhalten des Versenders oder ein besonderer Mangel des Gutes mitgewirkt, so hängen die Verpflichtung zum Ersatz sowie der Umfang des zu leistenden Ersatzes davon ab, inwieweit diese Umstände zu dem Schaden beigetragen haben.**

1) Spediteurhaftung nach dem TRG

Die **Haftung des Spediteurs** bestimmt sich nach §§ 461 ff, von denen 1 nur sehr eingeschränkt abgewichen werden kann (§ 466). Das bis 1998 geltende Haftungssystem der ADSp, das die gesetzliche Haftungsordnung nahezu völlig verdrängt hatte und höchst kompliziert war (Grundgedanke: Ersetzung der Eigenhaftung des Spediteurs durch eine Speditions- oder Rollfuhrversicherung, SVS/RVS aF, und mangels Deckung durch diese nur erheblich begrenzte Eigenhaftung, namentlich Haftungshöchstgrenzen und Vermutungswirkung), s 29. Aufl ADSp §§ 39 ff, 51 ff aF, ist damit weit zurückgedrängt worden.

2) Verschuldensunabhängige Haftung des Spediteurs für Güterschäden (I)

Der Spediteur haftet für den Schaden, der durch Verlust oder Beschädigung 2 des in seiner Obhut befindlichen Gutes entsteht (**I 1;** vgl § 425 I). § 461 sorgt anders als früher parallel zur frachtrechtlichen Obhutshaftung für eine speditionelle Obhutshaftung (RegE S 30). Zur Verschuldensunabhängigkeit wie beim Frachtrecht s § 425 Rn 1.

Für viele **Einzelheiten** verweist I 2 auf die Haftung des Frachtführers, so ua 3 zum allgemeinen Haftungsausschluss (§ 426), zu den Haftungsausschlüssen bei besonderen Gefahrensituationen (§ 427), zum Wertersatz (§ 429), zum Haftungshöchstbetrag (§ 431 I, II, IV, aber ohne III, der bei Verspätungsschäden die Haftung auf den dreifachen Betrag der Fracht beschränkt) und für die Erstreckung der Haftungsbeschränkungen auf außervertragliche Ansprüche (§ 434). Abweichende Vereinbarungen s § 466.

3) Verschuldensabhängige Haftung des Spediteurs für andere Schäden (II)

Für Schaden, der nicht durch Verlust oder Beschädigung des in der Obhut des 4 Spediteurs befindlichen Gutes entstanden ist, darunter Verspätungsschäden (insoweit anders als der Frachtführer nach § 425 I), haftet der Spediteur nicht verschuldensunabhängig, sondern nur bei schuldhafter Verletzung einer Pflicht nach § 454 (**II 1**). Der Spediteur kann sich durch den Nachweis entlasten, dass der Schaden durch die Sorgfalt eines ordentlichen Kfm (§ 347 I) nicht hätte abgewendet werden können (**II 2**). Konkretisierung der Sorgfaltsanforderungen zB in (**18**) **ADSp** Ziff 7 u 14.1.

4) Schadensteilung (III)

III regelt Mitverursachung des Versenders und Mitwirkung eines besonderen 5 Mangels des Gutes bei der Entstehung des Schadens wie § 425 II. Zu den Problemen § 425 Rn 4. Mitverschulden des Auftraggebers, der grobe Organisationsmängel des Spediteurs kennt oder kennen muss, BGH NJW **99**, 3627 (zu (**18**) ADSp § 51 b S 2 aF), Thume BB **99**, 2371.

§§ 462–464

Haftung für andere

462 ¹Der Spediteur hat Handlungen und Unterlassungen seiner Leute in gleichem Umfang zu vertreten wie eigene Handlungen und Unterlassungen, wenn die Leute in Ausübung ihrer Verrichtungen handeln. ²Gleiches gilt für Handlungen und Unterlassungen anderer Personen, deren er sich bei Erfüllung seiner Pflicht, die Versendung zu besorgen, bedient.

1   **1)** Auch den Spediteur trifft eine **Haftung für seine Leute** und andere Personen, deren er sich bei der Erfüllung seiner Pflicht, die Versendung zu besorgen, bedient (entsprechend für das Frachtrecht § 428, s dort). Zu beachten ist aber, dass der Spediteur die Güterversendung nur „besorgt" und dementsprechend auch nur insoweit seine Leute und auch andere Personen im Sinne der Vorschrift einsetzt. Der vom Spediteur beauftragte Frachtführer gehört also nicht zu den Leuten und den anderen nach § 462 von ihm eingesetzten Personen und ist auch nicht sein Erfüllungsgehilfe, hL, RegE S 30. Doch ist hier die Drittschadensliquidation des Spediteurs für den Versender anerkannt, RG **75**, 172, BGH NJW **74**, 1616, hL. Haftung für Lagerhalter, Zolldispacheure nur bei Weisungsverletzung oder schuldhafter Auswahl, vgl RG **109**, 303. Abweichende Vereinbarungen s § 466.

Verjährung

463 Auf die Verjährung der Ansprüche aus einer Leistung, die den Vorschriften dieses Abschnitts unterliegt, ist § 439 entsprechend anzuwenden.

1   **1)** Die Verjährungsfrist beträgt wie beim Frachtführer ein bzw höchstens drei Jahre (§§ 463, 439), und zwar auch bei außervertraglichen Ansprüchen aus demselben Grund (§ 439 Rn 1). Eine allgemeine Verjährungsverkürzung wie durch § 64 aF ADSp (acht Monate für alle Ansprüche gegen den Spediteur gleich aus welchem Rechtsgrund, wirksam, Koller 3. Aufl Rn 4) ist in **(18)** ADSp nicht mehr vorgesehen. Abweichende Vereinbarungen s § 466.

Pfandrecht

464 ¹Der Spediteur hat wegen aller durch den Speditionsvertrag begründeten Forderungen sowie wegen unbestrittener Forderungen aus anderen mit dem Versender abgeschlossenen Speditions-, Fracht- und Lagerverträgen ein Pfandrecht an dem Gut. ²§ 441 Abs. 1 Satz 2 bis Abs. 4 ist entsprechend anzuwenden.

1) Gesetzliches Pfandrecht des Spediteurs (Satz 1)

1   Auch der Spediteur hat ein **gesetzliches Besitzpfandrecht** (§ 1257 BGB), das nicht nur alle durch den Speditionsvertrag begründeten Forderungen sichert, sondern auch unbestrittene Forderungen aus anderen mit dem Versender abgeschlossenen Speditions-, Fracht- und Lagerverträgen. Es ist also in bestimmtem Umfang auch auf inkonnexe Forderungen des Spediteurs erweitert. Satz 1 entspricht voll § 441 I 1, Satz 2 verweist sogar auf § 441 I 2 bis IV (s Rn 2). Das Pfandrecht des Spediteurs besteht am Gut des Versenders, das der Spediteur mit dessen Willen in Besitz bekommt (§ 441 Rn 1). Gut ist bei einheitlichem Speditionsvertrag über verschiedene Sendungen nicht nur jeweils einzelne Sendung, und Gut aus dieser sichert Forderungen auch aus den anderen Sendungen; anders bei Dauerspeditionsvertrag. Sicherung aller konnexen Forderungen (aus dem Speditionsvertrag), wozu auch der Anspruch des Spediteurs auf Stellung eines

Ursprungsnachweises für den Zoll zählt, Hbg TranspR **02**, 359, und bestimmter inkonnexer Forderungen des Spediteurs (s § 441 Rn 2, 3). Das Besitzpfandrecht kann gutgläubig erworben werden (§§ 1207, 1257, 932 ff BGB; § 366 III, s dort Rn 10 und § 441 Rn 4), BGH **17**, 4. Wirkung s § 441 Rn 5. Ausübungsschranken s § 441 Rn 5, uU bereits stillschweigender Ausschluss des Pfandrechts, soweit seine Ausübung mit den Vertragspflichten des Spediteurs unvereinbar wäre, RG HRR **30**, 1041. Neben dem Pfandrecht kommen Zurückbehaltungsrechte in Betracht (§§ 369 ff HGB, § 273 BGB).

2) Begleitpapiere, Besitzpfandrecht, Folgerecht, Pfandverkauf (Satz 2)

S 2 verweist auf §§ 441 I 2 bis IV. Auch das Spediteurpfandrecht erstreckt sich 2 also auf die Begleitpapiere (§ 441 I 2, dort Rn 6). Es besteht, solange der Spediteur das Gut in seinem Besitz hat, insbesondere solange er über das Gut mittels Konnossement, Ladeschein oder Lagerschein (§§ 642, 444, 475 c) verfügen kann (§ 441 II, dort Rn 7). Mittelbarer Besitz (§ 868 BGB) genügt, vgl RG **112**, 136. Unfreiwilliger Besitzverlust beendet wie dort das Pfandrecht nicht, str. Der Spediteur hat ein dreitägiges Folgerecht (§ 441 III, dort Rn 8), und es gelten Sonderregeln für den Pfandverkauf (§ 441 IV, dort Rn 9).

Nachfolgender Spediteur

465 (1) **Wirkt an einer Beförderung neben dem Frachtführer auch ein Spediteur mit und hat dieser die Ablieferung zu bewirken, so ist auf den Spediteur § 442 Abs. 1 entsprechend anzuwenden.**

(2) **Wird ein vorhergehender Frachtführer oder Spediteur von einem nachfolgenden Spediteur befriedigt, so gehen Forderung und Pfandrecht des ersteren auf den letzteren über.**

1) Die Sicherung und Konkurrenz mehrerer Spediteure bzw Frachtführer und 1 ihrer Pfandrechte sind in § 465 entsprechend zu § 442 geregelt (s dort). Hat ein Spediteur an der Beförderung mitgewirkt (also nicht nur: die Beförderung besorgt), gilt schon § 442 III.

Abweichende Vereinbarungen

466 (1) **Ist der Versender ein Verbraucher, so kann nicht zu dessen Nachteil von § 461 Abs. 1, den §§ 462 und 463 abgewichen werden, es sei denn, der Speditionsvertrag hat die Versendung von Briefen oder briefähnlichen Sendungen zum Gegenstand.**

(2) **¹In allen anderen als den in Absatz 1 genannten Fällen kann, soweit der Speditionsvertrag nicht die Versendung von Briefen oder briefähnlichen Sendungen zum Gegenstand hat, von den in Absatz 1 genannten Vorschriften nur durch Vereinbarung abgewichen werden, die im einzelnen ausgehandelt ist, auch wenn sie für eine Mehrzahl von gleichartigen Verträgen zwischen denselben Vertragsparteien getroffen ist. ²Die vom Spediteur zu leistende Entschädigung wegen Verlust oder Beschädigung des Gutes kann jedoch auch durch vorformulierte Vertragsbedingungen auf einen anderen als den in § 431 Abs. 1 und 2 vorgesehenen Betrag begrenzt werden, wenn dieser Betrag**

1. **zwischen zwei und vierzig Rechnungseinheiten liegt und in drucktechnisch deutlicher Gestaltung besonders hervorgehoben ist oder**
2. **für den Verwender der vorformulierten Vertragsbedingungen ungünstiger ist als der in § 431 Abs. 1 und 2 vorgesehene Betrag.**

§ 466 1–5   IV. Buch. Handelsgeschäfte

(3) Von § 458 Satz 2, § 459 Satz 1, § 460 Abs. 2 Satz 1 kann nur insoweit durch vertragliche Vereinbarung abgewichen werden, als die darin in Bezug genommenen Vorschriften abweichende Vereinbarungen zulassen.

(4) Unterliegt der Speditionsvertrag ausländischem Recht, so sind die Absätze 1 bis 3 gleichwohl anzuwenden, wenn nach dem Vertrag der Ort der Übernahme und der Ort der Ablieferung des Gutes im Inland liegen.

1) Schranken für abweichende Vereinbarungen (I)

1   § 466 entspricht im Regelungskonzept § 449 für den Frachtführer. Die Vorschriften der §§ 453 ff sind (sofern überhaupt anwendbar, zB geht **(17)** CMR im grenzüberschreitenden Verkehr zwingend vor, BGH **65**, 343, NJW **81**, 1912, vgl § 407 Rn 10) **nur teilweise dispositiv.** § 466 setzt somit strenger als früher der freien Parteivereinbarung Grenzen. Ist der **Versender** ein **Verbraucher** (Legaldefinition § 13 BGB, auch § 449 Rn 1), kann nicht zu seinem Nachteil von §§ 461 I, 462 und 463 abgewichen werden (**I**, anders bei Briefen und briefähnlichen Sendungen). Die fehlende Nennung von §§ 455 II, III, 461 III dürfte ein Redaktionsversehen des Gesetzgebers sein, vgl Fremuth/Thume Rn 1, 14 ff. Abweichungen zugunsten des Verbrauchers bleiben möglich.

2) Abweichung durch AGB (II)

2   II wie § 449 II 1, 2 (s dort Rn 2). II gilt für alle Geschäfte, die nicht Verbrauchergeschäfte iSv I sind. In allen anderen als nach I 1 genannten Fällen kann von den dort genannten Vorschriften **nur** durch Vereinbarung abgewichen werden, die nicht auf AGB beruht (**individuelles Aushandeln, II 1**). Durch AGB lässt sich die Haftung (außer bei Briefen, s Rn 1) nur insoweit verändern, als es um eine Änderung der Haftungssumme geht (§ 431 I, II, näher **II 2**). Das Speditionsrecht sorgt auf diese Weise nicht nur für den Schutz der schwächeren Vertragspartei, sondern besonders auch für einen gewissen Gleichlauf mit dem Frachtrecht und entlastet die gerade im Transport schwierige AGB-Kontrolle (RegE S 115). AGB (s **(18)** ADSp) sind damit zwar nicht ausgeschlossen, aber selbst unter Kaufleuten nur noch in deutlich engeren Grenzen als bisher möglich. Das ist ein wichtiger „Beitrag zur Verhinderung der in der Vergangenheit im Transportrecht besonders schmerzlich empfundenen Rechtszersplitterung" (RegE S 115).

3   Soweit AGB möglich bleiben, gelten die **(5)** §§ 305 ff BGB, namentlich die dort vorgesehene **Inhaltskontrolle.** Zur nur zurückhaltenden AGB-Kontrolle der ADSp aF durch die Rspr, weil es sich um eine unter Mitwirkung der maßgeblichen Verkehrskreise zustande gekommene, umfassende, „fertig bereit liegende Rechtsordnung" handele (s **(18)** ADSp Einl 5 vor § 1), scharfe Kritik der AGB-rechtlichen Lit, zB Ul/Bra/He Anh §§ 9–11 Rn 15 (ADSp).

3) Abweichung von anwendbarem Frachtrecht (III)

4   Bei Selbsteintritt, Fixkostenspedition und Sammelladung machen §§ 458–460 im Interesse des Versenders zwingend Frachtrecht anwendbar. Abweichungen vom anwendbaren Frachtrecht (nur §§ 458 Satz 2, 459 Satz 1, 460 II 1) sind demnach auch individualvertraglich nur insoweit möglich, als die anwendbaren frachtrechtlichen Vorschriften nicht zwingend sind.

4) Ausländisches Recht und ordre public (IV)

5   I–III beanspruchen wie § 449 III (s dort Rn 3) auch gegenüber anwendbarem ausländischen Recht Geltung, wenn der vertraglich vereinbarte Ort der Übernahme und der der Ablieferung im Inland liegen.

Sechster Abschnitt. Lagergeschäft

Schrifttum

S auch allgemeines Schrifttum zum neuen Transportrecht vor § 407.

a) Kommentare: *Alff,* Fracht-, Lager- und Speditionsrecht, 2. Aufl 1991. – *Andresen/Valder/Krien,* Hdb des Transportrechts (LBl). – *GK (HGB)/(Ensthaler ua),* 7. Aufl 2007. – *HdlbgKo/(Glanegger ua)* 7. Aufl 2007. – *Heymann/Emmerich/Horn,* Bd 4 2. Aufl 2005. – *Knorre/Demuth/Schmid,* Hdb des Transportrechts 2008. – *Koller,* Transportrecht, 6. Aufl 2007 (S 1913 ff). – *Lammich/Pöttinger,* Gütertransportrecht Kommentar (LBl). – *Müglich,* Transport- und Logistikrecht, 2002. – *MüKo(HGB)/ (Czerwenka, Herber ua)* Bd 7, 2. Aufl 2009. – *Widmann,* Transportrecht, 3. Aufl 1999.

b) Lehrbücher: *Dubischar,* Grundriß des gesamten Gütertransportrechts, 1987. – *Gass* 1999. – *Hopt/Mössle/Schmitt* 2. Aufl 1999. – *K. Schmidt* 5. Aufl 1999.

c) Einzeldarstellungen und Sonstiges: *Basedow,* Der Transportvertrag, 1987. – *Frantzioch,* Das neue Lagerrecht, TranspR **98**, 101. – *Tunn,* Lagerrecht, Kontraktlogistik, 2005. **Muster:** *Hopt,* Vertrags- und Formularbuch zum Hdl-, Ges- und Bankrecht, 3. Aufl 2007, Teil I.Q (mit 48 Vertragsmustern und Formularen).

Lagervertrag

467 (1) **Durch den Lagervertrag wird der Lagerhalter verpflichtet, das Gut zu lagern und aufzubewahren.**

(2) **Der Einlagerer wird verpflichtet, die vereinbarte Vergütung zu zahlen.**

(3) ¹**Die Vorschriften dieses Abschnitts gelten nur, wenn die Lagerung und Aufbewahrung zum Betrieb eines gewerblichen Unternehmens gehören.** ²**Erfordert das Unternehmen nach Art oder Umfang einen in kaufmännischer Weise eingerichteten Geschäftsbetrieb nicht und ist die Firma des Unternehmens auch nicht nach § 2 in das Handelsregister eingetragen, so sind in Ansehung des Lagergeschäfts auch insoweit die Vorschriften des Ersten Abschnitts des Vierten Buches ergänzend anzuwenden; dies gilt jedoch nicht für die §§ 348 bis 350.**

Übersicht

1) Lagergeschäft (§§ 467–475 h) 1
2) Anwendungsbereich der Vorschriften über das Lagergeschäft (§ 467 III) 2
3) Lagervertrag (§ 467 I, II) 4
   A. Lagervertrag 4
   B. Pflichten des Lagerhalters (I) 10
   C. Pflichten des Einlagerers (II) 13
   D. Beendigung des Lagervertrags 14
   E. Abweichende Vereinbarungen 15
4) AGB 16

1) Lagergeschäft (§§ 467–475 h)

Im 6. Abschn (§§ 467–475 h) ist als drittes wichtiges Transportgeschäft (§ 407 **1** Rn 1) das Lagergeschäft geregelt. Das Lagergeschäft hat vor allem im internationalen HdlVerkehr eine wichtige Bedeutung. Aber auch im nationalen Handel kommt die Einlagerung von Waren bei einem Lagerhalter vor. Denn der Unternehmer verfügt selbst häufig nicht über die dafür notwendigen Räume und Vorrichtungen (zB Kühlhäuser), und die Einlagerung kommt für ihn auch praktischer und billiger als die Selbstlagerung, zumal er mittels des Lagerscheins

§ 467 2–7   IV. Buch. Handelsgeschäfte

über das eingelagerte Gut verfügen kann. Das Lagergeschäft kommt in verschiedenen Ausprägungen vor: **Einzellagerung** (Sonderlagerung) und **Sammellagerung** (§ 469, auch Mischlagerung genannt); bei der **Summenlagerung** (von § 467 **nicht** erf) wird der Lagerhalter Eigentümer der eingelagerten Güter und hat nur Sachen von gleicher Art, Güte und Menge zurückzugewähren (s Rn 6).

2) Anwendungsbereich der Vorschriften über das Lagergeschäft (§ 467 III)

2   § 467 III steckt den Anwendungsbereich der §§ 467–475 h ab. III entspricht (wie § 453 III für das Speditionsgeschäft) exakt § 407 III 1 Nr 2, 2 für das Frachtgeschäft (s dort Rn 8 zur persönlichen Reichweite, eine Abgrenzung der sachlichen Reichweite wie dort Nr 1 ist beim Speditionsgeschäft nicht notwendig). §§ 467–475 h gelten nicht nur, wenn der Lagerhalter Kfm ist, sondern auch, wenn die Lagerhaltung jedenfalls zum Betrieb eines gewerblichen Unternehmens gehört (**III 1**). Zum Begriff des Gewerbes s § 1 Rn 11. Erfasst wird damit auch ein Gelegenheitslagerhalter (anders als nach aF, RG HRR **26,** 2232, aber ohne große Bedeutung). Auch Kommissionäre, Frachtführer und Spediteure sind vielfach zugleich Lagerhalter. Auch staatliche und städtische Lagerhäuser betreiben ein Gewerbe und fallen unter § 467, anders bei hoheitlichem Handeln, zB Zollverwaltung (ZollG). Lagerung in Privatzolllager fällt unter § 467, auch unter zollamtlichem Mitverschluss, RG **112,** 39.

3   Ist der Lagerhalter Kfm, gilt das gesamte HGB. Ist er kein Kfm, gelten dennoch über §§ 467–475 h hinaus die allgemeinen Vorschriften über Handelsgeschäfte (Viertes Buch, Erster Abschnitt, also §§ 343–372), aber ohne §§ 348–350 (**III 2**).

3) Lagervertrag (§ 467 I, II)

4   A. **Lagervertrag: a) Rechtsnatur, anwendbares Recht:** Durch den Lagervertrag wird der Lagerhalter verpflichtet, das Gut zu lagern und aufzubewahren (I); der Einlagerer wird verpflichtet, die vereinbarte Vergütung zu bezahlen (II). **Lagern** ist Unterbringen in dazu bestimmten und eingerichteten Räumen auf gewisse Dauer. **Aufbewahren** heißt in Obhut nehmen. Vermieten des Lagerraums ist nicht Aufbewahren. Lagern und Aufbewahren ist auch in fremden Räumen möglich, auch in denen des Einlagerers, wenn Lagerhalter das Gut in Besitz und Obhut nimmt, BGH WM **75,** 352. Gut bzw **Güter** im Sinne von § 467 sind nur zum Lagern und Aufbewahren geeignete bewegliche Sachen, nicht Geld, Wertpapiere, Tiere außerhalb geschlossener Behälter, zB in Gaststall eingestelltes Vieh; Güter iSv Frachtvertrag s § 407 Rn 5. Der Lagervertrag ist eine besondere handelsrechtliche Form der **Verwahrung** (s Rn 5).

5   Soweit §§ 467 ff nicht eingreifen, etwa weil kein gewerbliches Unternehmen betrieben oder kein Gut iSv § 467 eingelagert wird, greifen **§§ 688 ff BGB** über die Verwahrung ein. Eine Vorschrift wie § 417 I aF, der allgemein auf Kommissionsrecht verwies, findet sich heute nicht mehr. Das schließt aber einzelne Analogien nicht aus. Mietrecht ist nicht anwendbar, denn der Lagervertrag beinhaltet nicht bloße Gebrauchsüberlassung eines Lagerraums, sondern neben der Lagerung auch Aufbewahrung, also Übernahme einer besonderen Obhut, BGH **3,** 202, **46,** 50.

6   **Nicht** Lagervertrag iSv § 467 ist die **Summenlagerung,** bei der der Lagerhalter Eigentümer der eingelagerten Güter wird und nur Sachen von gleicher Art, Güte und Menge zurückzugewähren hat (so die Legaldefinition in § 419 III aF); sie fällt von vornherein nicht unter §§ 467 ff, sondern unter § 700 BGB (früher ausdrücklich klarstellend § 419 III aF).

7   Die **OLSchVO,** die ohnehin weitgehend obsolet war, ist vom TRG **außer Kraft** gesetzt (Art 7 mit Übergangsregelung); zugleich ist § 363 II über kaufmännische Orderpapiere dahin geändert worden, dass künftig die Beschränkung

der Ausgabe von Orderlagerscheinen auf staatlich zur Ausstellung solcher Urkunden ermächtigte Anstalten beseitigt worden ist (§ 363 Rn 5). Das ist konsequent, denn auch für die Ausstellung der sonstigen in § 363 genannten Wertpapiere bedarf es keiner staatlichen Genehmigung.

b) Zustandekommen: Der Lagervertrag kommt, auch bei Verlangen und 8 Ausstellen einer Urkunde, **formlos** zustande, wenn die Parteien nichts anderes vereinbart haben. § 362 greift ein.

c) Vertragsparteien: Vertragspartner sind der Lagerhalter und der Einlagerer. 9 Auch Kommissionäre, Spediteure und Frachtführer können Lagerhalter oder Einlagerer sein und einen Lagervertrag abschließen, etwa wenn sie das Gut im Rahmen eines Fracht- oder Speditionsgeschäfts zwischenlagern oder ihrerseits zur Einlagerung geben.

B. Pflichten des Lagerhalters (I): a) Lagerung und Aufbewahrung des 10 **Gutes:** Hauptpflicht des Lagerhalters ist es, das Gut zu lagern und aufzubewahren. Bei Ausstellung eines Lagerscheins Auslieferung nur gegen dessen Rückgabe (§ 475 e), jedenfalls aber Pflicht, die Sachbefugnis des nicht durch Lagerschein Legitimierten zu prüfen, BGH WM **84,** 1060, NJW **99,** 3487. Daneben hat der Lagerhalter Nebenpflichten ua aus §§ 470, 471 und andere zweckdienliche Nebenpflichten. Zur Bedeutung der Zusage einer Mindestlagerkapazität LG Mü TranspR **07,** 82. Versicherungspflicht nur auf Verlangen des Einlagerers, aber gegenüber Verbraucher Hinweispflicht auf Versicherungsmöglichkeit (§ 472).

b) Einschalten weiterer Personen: Sofern ausdrücklich gestattet, kann der 11 Lagerhalter das Gut bei Dritten einlagern (§ 472 II; diese sind Substitut, nicht Erfüllungsgehilfe, also Haftung nur für Auswahlverschulden), im Übrigen kann er sich Dritter als Erfüllungsgehilfen bedienen.

c) Weitere Pflichten: Der Lagerhalter hat neben seiner Hauptpflicht nach 12 § 467 I zweckdienliche Nebenpflichten. Er hat als Verwahrer, dem das Gut anvertraut ist, eine allgemeine Interessenwahrungspflicht gegenüber dem Einlagerer bezüglich des anvertrauten Gutes.

C. Pflichten des Einlagerers (II): Hauptpflicht des Einlagerers ist es, die 13 vereinbarte Vergütung (früherer Begriff: Lagergeld) zu zahlen. Der Lagerhalter kann auch einen Anspruch auf Aufwendungsersatz nach § 474 haben. Rücknahmepflicht § 473 II; Mitteilungs- u Auskunftspflichten § 468.

D. Beendigung des Lagervertrags: Einen auf unbestimmte Zeit geschlosse- 14 nen Lagervertrag kann der Einlagerer nur mit einer einmonatigen Kündigungsfrist kündigen, es sei denn bei wichtigem Grund (§ 473 I). Das ist wichtig für die Fortzahlung der Vergütung.

E. Abweichende Vereinbarungen: § 467 ist weitgehend dispositiv, Grenzen 15 setzt aber § 475 h, wenn der Einlagerer Verbraucher ist.

4) AGB

Neben den §§ 467 ff gelten AGB. In Frage kommen die Lagerordnung (kom- 16 mentiert in Staub/Koller Anh II zu § 424) sowie die **(18)** ADSp, die auch für das Lagergeschäft der Spediteure gelten (für Verkehrsverträge über alle Arten von Tätigkeiten des Spediteurs, auch Lagerung von Gütern ua, **(18)** ADSp Ziff 2.1), ferner die Allgemeinen Lagerbedingungen des deutschen Möbeltransports (ALB) und die Hamburger Lagerbedingungen (s MüKo/Frantzioch S 772 ff). Die ALB sind zuletzt 1999 neu gefasst worden, nachdem sie einer AGB-Inhaltskontrolle in vielerlei Punkten nicht standgehalten hatten. Auch die Neufassung ist aber noch immer nicht gesetzeskonform, Ul/Bra/He Anh § 310 BGB Rn 510 (Lagergeschäft).

§ 468 1–3 IV. Buch. Handelsgeschäfte

Behandlung des Gutes. Begleitpapiere. Mitteilungs- und Auskunftspflichten

468 (1) ¹ Der Einlagerer ist verpflichtet, dem Lagerhalter, wenn gefährliches Gut eingelagert werden soll, rechtzeitig in Textform die genaue Art der Gefahr und, soweit erforderlich, zu ergreifende Vorsichtsmaßnahmen mitzuteilen. ² Er hat ferner das Gut, soweit erforderlich, zu verpacken und zu kennzeichnen und Urkunden zur Verfügung zu stellen sowie alle Auskünfte zu erteilen, die der Lagerhalter zur Erfüllung seiner Pflichten benötigt.

(2) ¹ Ist der Einlagerer ein Verbraucher, so ist abweichend von Absatz 1
1. der Lagerhalter verpflichtet, das Gut, soweit erforderlich, zu verpacken und zu kennzeichnen,
2. der Einlagerer lediglich verpflichtet, den Lagerhalter über die von dem Gut ausgehende Gefahr allgemein zu unterrichten; die Unterrichtung bedarf keiner Form.

² Der Lagerhalter hat in diesem Falle den Einlagerer über dessen Pflicht nach Satz 1 Nr. 2 sowie über die von ihm zu beachtenden Verwaltungsvorschriften über eine amtliche Behandlung des Gutes zu unterrichten.

(3) ¹ Der Einlagerer hat, auch wenn ihn kein Verschulden trifft, dem Lagerhalter Schäden und Aufwendungen zu ersetzen, die verursacht werden durch
1. ungenügende Verpackung oder Kennzeichnung,
2. Unterlassen der Mitteilung über die Gefährlichkeit des Gutes oder
3. Fehlen, Unvollständigkeit oder Unrichtigkeit der in § 413 Abs. 1 genannten Urkunden oder Auskünfte.

² § 414 Abs. 1 Satz 2 und Abs. 2 ist entsprechend anzuwenden.

(4) Ist der Einlagerer ein Verbraucher, so hat er dem Lagerhalter Schäden und Aufwendungen nach Absatz 3 nur zu ersetzen, soweit ihn ein Verschulden trifft.

1) Pflichten des Einlagerers zu Verpackung und Kennzeichnung, Stellung von Begleitpapieren, Mitteilungs- und Auskunftspflichten (I)

1   Der Einlagerer hat gegenüber dem Lagerhalter bestimmte Pflichten in Betreff Behandlung des Gutes, Begleitpapiere sowie Mitteilung und Auskunft (I, ähnlich wie Versender beim Speditionsgeschäft, vgl § 455). Der Einlagerer hat eine Mitteilungspflicht bei gefährlichem Gut (**I 1**, entspr § 455 I 2). Die Mitteilung bedarf der Textform (§ 126 b BGB). Der Einlagerer muss ferner das Gut, soweit erforderlich, verpacken und kennzeichnen, hat die Begleitpapiere zu stellen und alle Auskünfte zu erteilen, die der Lagerhalter zur Erfüllung seiner Pflichten benötigt (**I 2**, entspr § 455 I 1).

2) Pflichtenverteilung, wenn der Einlagerer Verbraucher ist (II)

2   Ist der Einlagerer Verbraucher (§ 13 BGB), reduzieren sich seine Pflichten nach I. Eine erforderliche Verpackungs- und Kennzeichnungspflicht trifft statt seiner den Lagerhalter (**II 1 Nr 1**). Bei gefährlichem Gut ist der Einlagerer nur verpflichtet, den Lagerhalter über die vom Gut ausgehende Gefahr allgemein zu unterrichten (**II 1 Nr 2**), die Formerfordernisse entfallen. Über diese Pflicht und über weitere Umstände ist der Einlagerer vom Lagerhalter zu unterrichten (**II 2**).

3) Verschuldensunabhängige Haftung des Einlagerers, außer wenn er Verbraucher ist (III, IV)

3   A. III und IV entsprechen § 455 II, III. Den Einlagerer trifft (wie den Versender beim Speditionsgeschäft, vgl § 455 II) in drei besonderen Fällen eine verschuldensunabhängige Haftung (**III 1 Nr 1–3**, aber s Rn 4; näher § 455

Rn 2). Haftungsobergrenze wie bei Verlust des Gutes (**III 2** iVm § 414 I 2, dort Rn 3). Mitverursachung führt zur Schadensteilung (III 2 iVm § 414 II, dort Rn 4).

B. Ist der Einlagerer ein **Verbraucher** (§ 13 BGB), haftet er für Schäden und 4 Aufwendungen nach II nur verschuldensabhängig (**IV,** wie § 455 III, dort Rn 3).

Sammellagerung

469 (1) Der Lagerhalter ist nur berechtigt, vertretbare Sachen mit anderen Sachen gleicher Art und Güte zu vermischen, wenn die beteiligten Einlagerer ausdrücklich einverstanden sind.

(2) **Ist der Lagerhalter berechtigt, Gut zu vermischen, so steht vom Zeitpunkt der Einlagerung ab den Eigentümern der eingelagerten Sachen Miteigentum nach Bruchteilen zu.**

(3) **Der Lagerhalter kann jedem Einlagerer den ihm gebührenden Anteil ausliefern, ohne daß er hierzu der Genehmigung der übrigen Beteiligten bedarf.**

1) Sammellagerung und andere Lagerungsformen

§ 469 regelt die **Sammellagerung,** auch Mischlagerung genannt. Sie steht im 1 Gegensatz zur Einzellagerung, auch Sonderlagerung genannt (§ 467 Rn 1). Auch bei der Sammellagerung bleibt der Einlagerer (Mit-)Eigentümer. Sie ist deshalb von der Summenlagerung, bei der der Einlagerer Eigentümer wird, streng zu unterscheiden (§ 467 Rn 6).

2) Recht zur Sammellagerung (I)

Der Lagerhalter darf das Gut nur, wenn es sich um vertretbare Sachen (§ 91 2 BGB) handelt und nur mit ausdrücklicher (dazu RG **63,** 30) Erlaubnis des Einlagerers mit solchem gleicher Art und Güte mischen. Unbefugte Mischung kann Einlagerer nachträglich genehmigen, worin dann idR Erlass der Ersatzansprüche für unbefugte Sammellagerung liegt, Koller 2, aA wohl MüKo/Frantzioch 19 Fußn 10. Für Schaden des Einlagerers aus schuldhafter unbefugter (nicht nachträglich genehmigter) Mischung haftet Lagerhalter.

3) Wirkung der Sammellagerung (II, III)

A. **Entstehung von Miteigentum durch Vermischung (II):** Die Ver- 3 mischung, ob erlaubt oder nicht, macht die wahren Eigentümer der vermischten Mengen (nicht den Einlagerer) zu Miteigentümern des Ganzen im Verhältnis des Werts jener Mengen (§§ 947, 948 BGB), Koller 2. Es gelten die §§ 1008 ff, 741 ff BGB. Dingliche Rechte Dritter am Eigentum eines Einlagerers bestehen nunmehr an seinem Miteigentumsanteil fort. Bei Berechtigung des Lagerhalters zur Vermischung des Gutes entsteht Miteigentum der Einlagerer nicht erst mit Vermischung, sondern schon im Zeitpunkt der Einlagerung.

B. **Auslieferung des Anteils (III):** Bei erlaubter Mischung (bei unerlaubter: 4 §§ 749 ff BGB) ist Lagerhalter ohne Genehmigung oder sonstige Mitwirkung der Miteigentümer befugt (auch nach Maßgabe der einzelnen Lagerverträge verpflichtet) zur Aussonderung und Auslieferung des Anteils jedes Miteigentümers. Auslieferung ist die rechtsgeschäftliche Übereignung zu Alleineigentum unter Wegfall des Miteigentums des Empfängers am Verbleibenden, üM; nach aA ist gesetzlicher Erwerb des wahren Eigentümers (nicht des Einlagerers) kraft Auslieferung anzunehmen, Koller 4, anders bei Auslieferung an einen Nichtberechtigten, Miteigentum bleibt dann erhalten, str, Staub/Koller § 419 Rn 17. Wer in

§§ 470, 471
IV. Buch. Handelsgeschäfte

gutem Glauben mehr als seinen Anteil erhält, wird Eigentümer des ganzen Empfangenen (§ 366 HGB, § 932 BGB), muss aber die Bereicherung herausgeben (§ 812 BGB), hL, nach aA besteht Bruchteilseigentum fort bis zur Rückgabe des überschießenden Teils, Koller 4, Staub/Koller § 419 Rn 17; zudem ist Lagerhalter den benachteiligten Einlagerern ersatzpflichtig.

5   C. **Abtretung** des Anteilsrechts durch Abtretung des Anspruchs auf Herausgabe; **Verpfändung** ebenso. **Pfändung** durch Pfändung des Herausgabeanspruchs (§ 857 ZPO). In der **Insolvenz** des Lagerhalters haben die Einlager ein Aussonderungsrecht (§ 47 InsO); der Insolvenzverwalter hat jedem seinen Anteil auszuliefern.

6   D. **Gewichtsverlust** der Gesamtmenge ist bei Auslieferung von Anteilen zu berücksichtigen (vgl §§ 23 IV, 32 aF OLSchVO, § 467 Rn 7). Stellt sich der Verlust erst nach Auslieferung eines Teils heraus, so haftet den späteren Empfängern der Erste anteilsmäßig aus ungerechtfertigter Bereicherung. Das gilt entspr bei Beschädigung. Ist ein Teil der Gesamtmenge beschädigt, so hat jeder Einlagerer an der beschädigten Menge teil. Dies gilt unbeschadet (ggf) der Haftung des Lagerhalters; Lagerordnung oder besondere Vereinbarung können für (nicht vom Lagerhalter zu vertretenden) gewöhnlichen Schwund und (von ihm zu vertretenden) höheren Verlust feste Sätze bestimmen.

Empfang des Gutes

470 Befindet sich Gut, das dem Lagerhalter zugesandt ist, beim Empfang in einem beschädigten oder mangelhaften Zustand, der äußerlich erkennbar ist, so hat der Lagerhalter Schadenersatzansprüche des Einlagerers zu sichern und dem Einlagerer unverzüglich Nachricht zu geben.

1   1) Wenn das Gut schon **beim Empfang** äußerlich erkennbar beschädigt oder in mangelhaftem Zustand ist, muss der Lagerhalter **Schadensersatzansprüche des Einlagerers sichern** und ihm unverzüglich (ohne schuldhaftes Zögern, § 121 I 1 BGB) Nachricht geben. Die Sicherungspflicht umfasst nicht nur die Wahrung von Rechten, die der Lagerhalter als Empfänger im eigenen Namen geltend machen kann, sondern auch die Beweissicherung für diese Rechte dergestalt, dass sie mit an Sicherheit grenzender Wahrscheinlichkeit durchgesetzt werden können, Koller 2. Aufwendungsersatzanspruch § 474.

Erhaltung des Gutes

471 (1) ¹Der Lagerhalter hat dem Einlagerer die Besichtigung des Gutes, die Entnahme von Proben und die zur Erhaltung des Gutes notwendigen Handlungen während der Geschäftsstunden zu gestatten. ²Er ist jedoch berechtigt und im Falle der Sammellagerung auch verpflichtet, die zur Erhaltung des Gutes erforderlichen Arbeiten selbst vorzunehmen.

(2) ¹Sind nach dem Empfang Veränderungen an dem Gut entstanden oder zu befürchten, die den Verlust oder die Beschädigung des Gutes oder Schäden des Lagerhalters erwarten lassen, so hat der Lagerhalter dies dem Einlagerer oder, wenn ein Lagerschein ausgestellt ist, dem letzten ihm bekannt gewordenen legitimierten Besitzer des Scheins unverzüglich anzuzeigen und dessen Weisungen einzuholen. ²Kann der Lagerhalter innerhalb angemessener Zeit Weisungen nicht erlangen, so hat er die angemessen erscheinenden Maßnahmen zu ergreifen. ³Er kann insbesondere das Gut gemäß § 373 verkaufen lassen; macht er von dieser Befugnis Gebrauch, so hat der Lagerhalter, wenn ein Lagerschein ausgestellt ist, die in § 373 Abs. 3 vorgesehene Androhung

des Verkaufs sowie die in Absatz 5 derselben Vorschriften vorgesehenen Benachrichtigungen an den letzten ihm bekannt gewordenen legitimierten Besitzer des Lagerscheins zu richten.

1) Besichtigung während Geschäftszeit, Arbeiten zur Erhaltung des Gutes (I)

Den Lagerhalter treffen bestimmte Pflichten zur Erhaltung des Gutes. Der **1** Lagerhalter muss dem Einlagerer die Besichtigung des Gutes, die Entnahme von Proben und die zur Erhaltung notwendigen Handlungen während der Geschäftsstunden gestatten **(I 1)**. In Notfällen auch außerhalb der Geschäftsstunden (§ 242 BGB), Koller 3, str. Der Lagerhalter ist jedoch berechtigt und bei Sammellagerung (§ 469) sogar verpflichtet, die zur Erhaltung notwendigen Maßnahmen selbst zu treffen **(I 2)**. Eine besondere Vergütung darf dafür nicht gefordert werden, Ko/Ro/Mo/Koller 1.

2) Anzeige, Einholung von Weisungen, Notrechte und Notpflichten (II)

Wenn nach dem Empfang des Gutes durch eingetretene oder zu befürchtende **2** (insoweit weiter als § 388 II) Veränderungen an dem Gut Schäden entweder für das Gut oder für den Lagerhalter drohen, zB bei verderblichen Gütern, muss der Lagerhalter das unverzüglich (ohne schuldhaftes Zögern, § 121 I 1 BGB) anzeigen und **Weisung einholen (II 1)**. Sind innerhalb angemessener Zeit Weisungen nicht zu erlangen, hat der Lagerhalter bestimmte Rechte (Notrechte) und Pflichten **(II 2, 3)**. Unter anderem hat er das Recht zum **Selbsthilfeverkauf** (II 3 Halbs 1 iVm § 373). Von wem er Weisungen einzuholen bzw wem er den Selbsthilfeverkauf anzudrohen hat, hängt davon ab, ob ein Lagerschein ausgestellt ist. Der Lagerhalter kann im Einzelfall, so wenn sonst größerer Schaden droht, zur Ausübung der Notrechte, etwa Selbsthilfeverkauf, im Interesse des Einlagerers sogar verpflichtet sein (§ 242 BGB, § 467 Rn 12).

Versicherung. Einlagerung bei einem Dritten

472 (1) ¹Der Lagerhalter ist verpflichtet, das Gut auf Verlangen des Einlagerers zu versichern. ²Ist der Einlagerer ein Verbraucher, so hat ihn der Lagerhalter auf die Möglichkeit hinzuweisen, das Gut zu versichern.

(2) Der Lagerhalter ist nur berechtigt, das Gut bei einem Dritten einzulagern, wenn der Einlagerer ihm dies ausdrücklich gestattet hat.

1) Versicherung (I)

Der Lagerhalter ist verpflichtet, das Gut auf Verlangen des Einlagerers zu **1** versichern **(I 1)**, und hat diesen, wenn er ein Verbraucher gem § 13 BGB ist, auf diese Möglichkeit hinzuweisen **(I 2)**. Hier ist insbesondere an Feuerversicherung zu denken. Allein aus Wertangabe bei Anlieferung ergibt sich keine Versicherungspflicht, Ko/Ro/Mo/Koller 1.

2) Einlagerung bei einem Dritten (II)

Bei einem Dritten darf der Lagerhalter das Gut nur einlagern, wenn der **2** Einlagerer ihm dies ausdrücklich gestattet hat (II). Zur Haftung in diesem Fall s § 475 Rn 2. Zweifelhaft im Hinblick auf § 307 BGB **(18)** ADSp Ziff 15.1, jedenfalls ist aber klar formulierte Erlaubnis nötig, Koller 4.

§§ 473–475

Dauer der Lagerung

473 (1) ¹Der Einlagerer kann das Gut jederzeit herausverlangen. ²Ist der Lagervertrag auf unbestimmte Zeit geschlossen, so kann er den Vertrag jedoch nur unter Einhaltung einer Kündigungsfrist von einem Monat kündigen, es sei denn, es liegt ein wichtiger Grund vor, der zur Kündigung des Vertrags ohne Einhaltung der Kündigungsfrist berechtigt.

(2) ¹Der Lagerhalter kann die Rücknahme des Gutes nach Ablauf der vereinbarten Lagerzeit oder bei Einlagerung auf unbestimmte Zeit nach Kündigung des Vertrags unter Einhaltung einer Kündigungsfrist von einem Monat verlangen. ²Liegt ein wichtiger Grund vor, so kann der Lagerhalter auch vor Ablauf der Lagerzeit und ohne Einhaltung einer Kündigungsfrist die Rücknahme des Gutes verlangen.

(3) Ist ein Lagerschein ausgestellt, so sind die Kündigung und das Rücknahmeverlangen an den letzten dem Lagerhalter bekannt gewordenen legitimierten Besitzer des Lagerscheins zu richten.

1) Herausverlangen, Kündigungsrecht des Einlagerers (I)

1 § 473 regelt die Dauer der Lagerung. Der Einlagerer kann das Gut jederzeit herausverlangen (**I 1**; nicht zu verwechseln mit Kündigung). Einen auf unbestimmte Zeit geschlossenen Lagervertrag kann er jedoch nur mit einer einmonatigen Frist kündigen, es sei denn bei wichtigem Grund (**I 2**). Das ist wichtig für die Fortzahlung der Vergütung.

2) Rücknahmeverlangen, Kündigungsrecht des Lagerhalters (II)

2 Der Lagerhalter kann seinerseits Rücknahme des Gutes nach Ablauf der vereinbarten Lagerzeit verlangen und ebenfalls mit einer einmonatigen Kündigungsfrist kündigen (**II 1**). Haftung des Einlagerers gem § 280 I BGB. Kündigung aus wichtigem Grund bleibt wie immer möglich (**II 2**), nicht aber, wenn der Grund bereits bei Vertragsschluss bekannt war (aA Koller 10 Fußn 37: Kündigungsmöglichkeit auch dann, Schutz des Einlagerers über cic).

3) Adressat der Erklärung bei Lagerschein (I)

3 III regelt, wer Adressat der Kündigung bzw des Rücknahmeverlangens nach II ist, falls ein Lagerschein ausgestellt ist. Das ist der Letzte dem Lagerhalter bekannt gewordene legitimierte Besitzer des Lagerscheins (§ 475 c).

Aufwendungsersatz

474 Der Lagerhalter hat Anspruch auf Ersatz seiner für das Gut gemachten Aufwendungen, soweit er sie den Umständen nach für erforderlich halten durfte.

1 **1)** Der Lagerhalter hat Anspruch auf Ersatz der für das Gut gemachten Aufwendungen, soweit er sie für erforderlich halten durfte, nicht aber auf einen Vorschuss, Koller 2, str. Keine Aufwendungen sind alle Kosten zur Erfüllung der Obhutspflicht, Düss VersR **94**, 332. Der Anspruch ist im Zweifel sofort fällig, § 271 I BGB.

Haftung für Verlust oder Beschädigung

475 ¹Der Lagerhalter haftet für den Schaden, der durch Verlust oder Beschädigung des Gutes in der Zeit von der Übernahme zur Lagerung bis zur Auslieferung entsteht, es sei denn, daß der Schaden durch die

6. Abschnitt. Lagergeschäft **§§ 475a, 475b**

Sorgfalt eines ordentlichen Kaufmanns nicht abgewendet werden konnte.
²Dies gilt auch dann, wenn der Lagerhalter gemäß § 472 Abs. 2 das Gut bei einem Dritten einlagert.

1) Verschuldenshaftung des Lagerhalters für Verlust oder Beschädigung (Satz 1)

Die **Haftung des Lagerhalters** für Verlust oder Beschädigung bestimmt sich **1** nach § 475; für andere Pflichtverletzungen haftet der Lagerhalter nach allgemeinen Vorschriften (§ 280 I BGB, Pflichtverletzung, § 467 Rn 12), hM, Koller 8. Der Lagerhalter haftet für den Schaden, der durch Verlust oder Beschädigung des Gutes in der Zeit von der Übernahme zur Lagerung bis zur Auslieferung entsteht, außer wenn der Schaden durch die Sorgfalt eines ordentlichen Kaufmanns (§ 347 I) nicht abgewendet werden konnte (Satz 1). Es handelt sich also um eine Haftung für vermutetes Verschulden. Der Lagerhalter muss sich entlasten. Eine verschuldensunabhängige Obhutshaftung wurde (anders als für Frachtführer und Spediteur, §§ 425 I, 461 I 1) nicht eingeführt. In Differenzmeldung zum Verbleib der Waren und Zahlung von Schadensersatz kann deklaratorisches Schuldanerkenntis liegen, Düss TranspR **08**, 44. Keine Pflicht zur Untersuchung gemieteter Lagerräume auf konstruktive Mängel, Hbg TranspR **03**, 404, anders, wenn Mängel äußerlich erkennbar. Haftung für grobe Fahrlässigkeit Kln TranspR **04**, 372, Ffm VersR **01**, 736. Verjährung s § 475a. Abweichende Vereinbarungen s § 475h. Haftungsbegrenzung s **(18)** ADSp Ziff 24.

2) Einlagerung bei Dritten (Satz 2)

Der Lagerhalter haftet nach Satz 2 auch dann, wenn er das Gut bei Dritten **2** einlagert (§ 472 II). Für den Dritten hat er nach § 278 BGB einzustehen. Die ausdrückliche Gestattung des Einlagerers nach § 472 II mindert also nicht die Haftung des Lagerhalters.

Verjährung

475a ¹Auf die Verjährung von Ansprüchen aus einer Lagerung, die den Vorschriften dieses Abschnitts unterliegt, findet § 439 entsprechende Anwendung. ²Im Falle des gänzlichen Verlusts beginnt die Verjährung mit Ablauf des Tages, an dem der Lagerhalter dem Einlagerer oder, wenn ein Lagerschein ausgestellt ist, dem letzten ihm bekannt gewordenen legitimierten Besitzer des Lagerscheins den Verlust anzeigt.

1) § 475a regelt die **Verjährung** wie bei der Frachtführerhaftung unter Verweisung auf § 439 **(Satz 1)**. Erfasst werden sämtliche vertraglichen und außervertraglichen Ansprüche, auch aus Nebenpflichtverletzung (§ 439 Rn 1). Bei Totalverlust beginnt die Verjährung mit Ablauf des Tages des Zugangs der Verlustanzeige durch den Lagerhalter **(Satz 2)**, unerheblich ist, dass der Einlagerer von dem Verlust auf andere Weise Kenntnis erlangt hat (Ausnahme Verwirkung), Koller 3.

Pfandrecht

475b (1) ¹Der Lagerhalter hat wegen aller durch den Lagervertrag begründeten Forderungen sowie wegen unbestrittener Forderungen aus anderen mit dem Einlagerer abgeschlossenen Lager-, Fracht- und Speditionsverträgen ein Pfandrecht an dem Gut. ²Das Pfandrecht erstreckt sich auch auf die Forderung aus einer Versicherung sowie auf die Begleitpapiere.

§ 475b 1–3 IV. Buch. Handelsgeschäfte

(2) Ist ein Orderlagerschein durch Indossament übertragen worden, so besteht das Pfandrecht dem legitimierten Besitzer des Lagerscheins gegenüber nur wegen der Vergütungen und Aufwendungen, die aus dem Lagerschein ersichtlich sind oder ihm bei Erwerb des Lagerscheins bekannt oder infolge grober Fahrlässigkeit unbekannt waren.

(3) Das Pfandrecht besteht, solange der Lagerhalter das Gut in seinem Besitz hat, insbesondere solange er mittels Konnossements, Ladescheins oder Lagerscheins darüber verfügen kann.

1) Gesetzliches Pfandrecht des Lagerhalters (I)

1   Auch der Lagerhalter hat wie der Frachtführer (§ 441) und der Spediteur (§ 464) ein **gesetzliches Besitzpfandrecht** (§ 1257 BGB), das nicht nur alle durch den Lagervertrag begründeten Forderungen sichert, sondern auch unbestrittene Forderungen aus anderen mit dem Einlagerer abgeschlossenen Lager-, Fracht- und Speditionsverträgen. Es ist also in bestimmtem Umfang auch auf inkonnexe Forderungen des Lagerhalters erweitert, Koller 3. **I 1** entspricht voll § 441 I 1 und § 464 Satz 1. Das Pfandrecht besteht am Gut des Einlagerers (§ 441 Rn 1). Das Pfandrecht besteht am ganzen Gut, grundsätzlich ohne Rücksicht auf das Wertverhältnis der zu sichernden Forderungen des Lagerhalters zum Lagergut, BGH BB **66,** 179 (Wein, Verhältnis 10 zu 1), NJW **99,** 3716, aber uU Freigabeanspruch (§ 441 Rn 5). Droht das Gut zu verderben, Anzeigepflicht des Lagerhalters und Austauschrecht des Einlagerers (§ 1218 BGB). Sicherung aller konnexen Forderungen (aus dem Lagervertrag) und bestimmter inkonnexer Forderungen des Spediteurs (s § 441 Rn 2, 3). Andere inkonnexe Forderungen als aus mit dem Einlagerer abgeschlossenen Lager-, Fracht- und Speditionsverträgen sind nicht abgedeckt, zB wegen Bearbeitung des Guts (hierfür Werkunternehmerpfandrecht, § 647 BGB), BGH BB **60,** 837 (Lagerhalter). Das Besitzpfandrecht kann gutgläubig erworben werden (§§ 1207, 1257, 932 ff BGB, § 366 III, s dort Rn 10 und § 441 Rn 4). Wirkung und Ausübungsschranken s § 441 Rn 5. Das Pfandrecht des Lagerhalters gibt ihm absolutes Besitzrecht gegenüber dem auf Eigentum gestützten Herausgabeverlangen des Einlagerers (§ 986 I BGB, keine Berufung darauf nötig), BGH NJW **99,** 3716. Das Pfandrecht erstreckt sich nach **I 2** wie nach § 441 I 2 (s dort Rn 6) auch auf **Begleitpapiere** (§ 413), darüber hinaus aber auch auf die Forderung aus einer Versicherung, nicht nur wie früher nach OLSchO einer Feuerversicherung. Pfandrecht bei Namenslagerschein s Ohling BB **60,** 1266. Neben dem Pfandrecht kommen Zurückbehaltungsrechte in Betracht (§§ 369 ff HGB, § 273 BGB).

2) Pfandrecht bei Orderlagerschein (II)

2   Ist ein Orderlagerschein (§ 475 g) durch Indossament übertragen worden, ist das Pfandrecht nach Maßgabe des Lagerscheins beschränkt, außer wenn die Vergütungen und Aufwendungen dem legitimierten Besitzer beim Erwerb des Lagerscheins bekannt oder infolge grober Fahrlässigkeit (§ 932 II BGB) unbekannt waren. Für Namens- und Inhaberlagerscheine, die keine Traditionsfunktion haben, gilt II nicht. Vergütungen und Aufwendungen meinen den Anspruch auf Entgelt für die Einlagerung des im Orderlagerschein verbrieften Gutes nebst Aufwendungen (§ 474).

3) Besitzpfandrecht (III)

3   Das Pfandrecht besteht nur so lange, als der Lagerhalter das Gut in Besitz hat, insbesondere solange er über das Gut mittels Konnossement, Ladeschein oder Lagerscheins (§§ 642, 444, 475 c) verfügen kann. III entspricht § 441 II (s dort Rn 7). Mittelbarer Besitz (§ 868 BGB) genügt. Unfreiwilliger Besitzverlust beendet es nicht (arg § 1253 BGB), sehr str (§ 397 Rn 8). Ein Folgerecht wie beim Frachtführerpfandrecht (§ 441 III, dort Rn 8) gibt es hier nicht.

§§ 475c, 475d

Lagerschein

475c (1) Über die Verpflichtung zur Auslieferung des Gutes kann von dem Lagerhalter, nachdem er das Gut erhalten hat, ein Lagerschein ausgestellt werden, der die folgenden Angaben enthalten soll:
1. Ort und Tag der Ausstellung des Lagerscheins;
2. Name und Anschrift des Einlagerers;
3. Name und Anschrift des Lagerhalters;
4. Ort und Tag der Einlagerung;
5. die übliche Bezeichnung der Art des Gutes und die Art der Verpackung, bei gefährlichen Gütern ihre nach den Gefahrgutvorschriften vorgesehene, sonst ihre allgemein anerkannte Bezeichnung;
6. Anzahl, Zeichen und Nummern der Packstücke;
7. Rohgewicht oder die anders angegebene Menge des Gutes;
8. im Falle der Sammellagerung einen Vermerk hierüber.

(2) In den Lagerschein können weitere Angaben eingetragen werden, die der Lagerhalter für zweckmäßig hält.

(3) ¹Der Lagerschein ist vom Lagerhalter zu unterzeichnen. ²Eine Nachbildung der eigenhändigen Unterschrift durch Druck oder Stempel genügt.

1) Über die Verpflichtung zur Auslieferung des Gutes kann der Lagerhalter 1 nach Erhalt des Gutes einen Lagerschein ausstellen (§ 475c). Der Sollinhalt des Lagerscheins ist in I Nr. 1–8 geregelt; der Lagerhalter kann weitere Angaben eintragen. Wenn der Name des Empfangsberechtigten nicht genannt wird, ist der Schein an Order des Einlagerers gestellt (§ 444 II 2 analog), Koller 1. Der Lagerschein ist ein **Wertpapier**. Seine **Wirkung** ergibt sich aus §§ 475 d, 475 e, 475 f; insbesondere ist der Lagerhalter, wenn ein Lagerschein ausgestellt ist, zur Auslieferung des Gutes nur gegen Rückgabe des Lagerscheins, auf dem die Auslieferung bescheinigt ist, verpflichtet. Der Lagerschein kommt als Namenslagerschein, Inhaberlagerschein (§ 793 BGB) oder Orderlagerschein vor (vgl früher ADSp § 48 C, D, E aF, s 29. Aufl). Der Orderlagerschein (vgl §§ 475 f, 475 g) ist eines der kaufmännischen Wertpapiere (§ 363 II). Gutglaubensschutz ist vorgesehen (§ 364 II HGB, Art 17 WG; § 365 HGB, Art 16 II WG). Einzelheiten dazu folgen aus dem Wertpapierrecht.

Wirkung des Lagerscheins

475d (1) Der Lagerschein ist für das Rechtsverhältnis zwischen dem Lagerhalter und dem legitimierten Besitzer des Lagerscheins maßgebend.

(2) ¹Der Lagerschein begründet insbesondere die widerlegliche Vermutung, daß das Gut und seine Verpackung in bezug auf den äußerlichen Zustand sowie auf Anzahl, Zeichen und Nummern der Packstücke wie im Lagerschein beschrieben übernommen worden sind. ²Ist das Rohgewicht oder die anders angegebene Menge des Gutes oder der Inhalt vom Lagerhalter überprüft und das Ergebnis der Überprüfung in den Lagerschein eingetragen worden, so begründet dieser auch die widerlegliche Vermutung, daß Gewicht, Menge oder Inhalt mit den Angaben im Lagerschein übereinstimmt. ³Ist der Lagerschein einem gutgläubigen Dritten übertragen worden, so ist die Vermutung nach den Sätzen 1 und 2 unwiderleglich.

(3) Für das Rechtsverhältnis zwischen dem Lagerhalter und dem Einlagerer bleiben die Bestimmungen des Lagervertrages maßgebend.

§§ 475e, 475f 1

1) Wirkung des Lagerscheins zwischen Lagerhalter und legitimiertem Besitzer (I)

1 Der Lagerschein ist für das Rechtsverhältnis zwischen dem Lagerhalter und dem durch den Lagerschein legitimierten Besitzer desselben maßgebend (I).

2) Vermutungen auf Grund des Lagerscheins (II)

2 Der Lagerschein begründet die widerlegliche Vermutung, dass das Gut und seine Verpackung nach dem äußerlichen Zustand und nach Anzahl, Zeichen und Nummer der Packstücke wie im Lagerschein beschrieben übernommen worden sind (II 1, vgl für den Ladeschein § 444 III). Weitere Vermutung nach II 2. Gutgläubige Dritte s II 3 und § 444 Rn 3.

3) Rechtsverhältnis zwischen Lagerhalter und Einlagerer (III)

3 Für das Rechtsverhältnis zwischen Lagerhalter und Einlagerer bleiben die Bestimmungen des Lagervertrags maßgeblich (III, vgl für den Ladeschein § 444 IV).

Auslieferung gegen Rückgabe des Lagerscheins

475e (1) Ist ein Lagerschein ausgestellt, so ist der Lagerhalter zur Auslieferung des Gutes nur gegen Rückgabe des Lagerscheins, auf dem die Auslieferung bescheinigt ist, verpflichtet.

(2) ¹ Die Auslieferung eines Teils des Gutes erfolgt gegen Abschreibung auf dem Lagerschein. ² Der Abschreibungsvermerk ist vom Lagerhalter zu unterschreiben.

(3) **Der Lagerhalter haftet dem rechtmäßigen Besitzer des Lagerscheins für den Schaden, der daraus entsteht, daß er das Gut ausgeliefert hat, ohne sich den Lagerschein zurückgeben zu lassen oder ohne einen Abschreibungsvermerk einzutragen.**

1 1) Der Lagerhalter braucht das Gut nur gegen Rückgabe des Lagerscheins mit Vermerk über die Auslieferung auszuliefern (**I**). Teilauslieferung ist zu vermerken (Abschreibungsvermerk, **II**). Der Lagerhalter haftet dem rechtmäßigen Besitzer für Auslieferung ohne Rückgabe des Lagerscheins oder ohne Abschreibungsvermerk (**III**). III ist § 447 S 1 nachgebildet und ist wie dieser verschuldensunabhängig, aA Koller 3 und zu § 417 aF BGH WM **84**, 1060, NJW **99**, 3487 (Verletzung der Pflicht, die Sachlegitimation zu prüfen), iErg aber wohl kein Unterschied, da Auslieferung ohne Rückgabe idR grob fahrlässig (vgl Koller § 447 Rn 14), mindestens aber fahrlässig ist. Eine Parallelnorm zu § 447 S 2 existiert nicht, Analogie aber erwägenswert, aA Koller 3 aE. Bei Verlust des Lagerscheins gelten § 365 II HGB, §§ 433 ff, spez 466 ff FamFG (Aufgebotsverfahren).

Legitimation durch Lagerschein

475f ¹ **Zum Empfang des Gutes legitimiert ist derjenige, an den das Gut nach dem Lagerschein ausgeliefert werden soll oder auf den der Lagerschein, wenn er an Order lautet, durch Indossament übertragen ist.** ² **Der Lagerhalter ist nicht verpflichtet, die Echtheit der Indossamente zu prüfen.**

1 1) Der Lagerschein legitimiert zum Empfang des Gutes (Satz 1). Beim Inhaberlagerschein ist der Besitz maßgeblich (§ 793 I 2 BGB), bei der Übertragung eines Namenslagerscheins eine zusammenhängende Kette von Zessionen (§ 410 BGB), Ko/Ro/Mo/Koller 1. Der Lagerhalter ist nicht zur Prüfung der Echtheit der Indossamente verpflichtet (Satz 2).

6. Abschnitt. Lagergeschäft 1, 2 §§ 475g, 475h

Traditionsfunktion des Orderlagerscheins

475g Ist von dem Lagerhalter ein Lagerschein ausgestellt, der durch Indossament übertragen werden kann, so hat, wenn das Gut vom Lagerhalter übernommen ist, die Übergabe des Lagerscheins an denjenigen, den der Lagerschein zum Empfang des Gutes legitimiert, für den Erwerb von Rechten an dem Gut dieselben Wirkungen wie die Übergabe des Gutes.

1) Der Orderlagerschein ist Wertpapier (mit Orderklausel kfm Orderpapier, § 363 II) und nach § 475 g ebenso wie der Ladeschein (§ 448) ein **Traditionspapier**. Die Übereignung und Verpfändung des eingelagerten Gutes ist also durch Einigung und Übergabe des Papiers an den durch den Orderlagerschein zum Empfang des Gutes Legitimierten möglich. Näher § 448 Rn 2 ff.   1

Abweichende Vereinbarungen

475h Ist der Einlagerer ein Verbraucher so kann nicht zu dessen Nachteil von den §§ 475 a und 475 e Abs. 3 abgewichen werden.

1) §§ 467 ff sind nach hM grundsätzlich **dispositiv**, Koller § 475 a Rn 4. Ist der **Einlagerer** ein **Verbraucher** (Legaldefinition § 13 BGB), kann aber nicht zu seinem Nachteil von § 475 a (Verjährung) und § 475 e III (Haftung gegenüber dem rechtmäßigen Besitzer bei Auslieferung ohne Rückgabe des Lagerscheins) abgewichen werden (vgl §§ 449 I, 466 I).   1

2) Darüber hinausgehende Grenzen wie in §§ 449 II–III, 466 II–IV setzt § 475 h nicht. AGB bleiben also im Lagergeschäft in viel weiterem Umfang als im Fracht- und Speditionsgeschäft (§ 466 Rn 2) möglich (§ 467 Rn 16). Diese unterfallen **(5)** §§ 305 ff BGB, namentlich der dort vorgesehenen Inhaltskontrolle. Eine formularmäßige Begrenzung der Haftung bei Verletzung sog. Kardinalpflichten des Lagerhalters (dazu Hbg TranspR **03,** 260) ist auch im kaufmännischen Verkehr gem § 307 II Nr. 2 BGB selbst dann unwirksam, wenn der Schaden durch einfache Fahrlässigkeit eines nicht leitenden Angestellten oder Arbeiters entstanden ist, Hbg TranspR **03,** 405, BGH TranspR **98,** 376.   2

Fünftes Buch. Seehandel

476 - 905 *(aufgehoben)*

1 **1)** Text s HGB einschließlich SeeHdlRecht (Beck'sche Textausgaben); wesentliche Änderungen durch 3. SeerechtsÄndG 16. 5. 2001 BGBl 898, Ramming, HANSA Int. Maritime Journal 9/2001. Zur Reform des SeeHR s Abschlussber der Sachverstg 27. 8. 09, auszugsweise abgedr TranspR **09,** 417. **Lit:** Herber 1999, Rabe, 4. Aufl 2000, Puttfarken 1997, Schaps/Abraham I, II, 4. Aufl 1978. **Muster:** Hopt 3. Aufl 2007 Form I.O.1 (Liner Bill of Lading), Form I.O.3 (Sea Waybill Non-Negotiable).

2. Teil
Handelsrechtliche Nebengesetze

Einleitung

1) HGB und Nebengesetze

A. Das HGB: a) Sonderkodifikation: Das HGB enthält nur einen Teil der 1
handelsrechtlichen Vorschriften. Das hat mehrere Gründe. Schon eine gesonderte Kodifikation wie das HGB ist nicht selbstverständlich. In vielen Ländern ist das HdlRecht von vornherein oder neuerdings wieder Teil der Kodifikation des allgemeinen bürgerlichen Rechts (Einl 2–3 vor § 1 HGB). Das HGB als gesonderte Kodifikation hat nie den Anspruch auf abschließende gebietsmäßige Regelung erhoben, sondern ist seit jeher ein Sonderprivatrecht der Kaufleute, das nur zusammen mit dem BGB verstanden und angewandt werden kann (vgl zB §§ 48 ff HGB über die hdlrechtlichen Vollmachten oder §§ 373 ff HGB über den Hdlkauf, wie die Schuldrechtsreform des SMG 2001 erneut vor Augen geführt hat). Wichtige hdlrechtliche Gebiete wie das Wechselrecht (Allgemeine deutsche WechselO, WechselO 1871, heute WG 1933) oder Scheckrecht (ScheckG 1908, heute ScheckG 1933) wurden von vornherein gesondert kodifiziert.

b) Handelsrechtliche Neben- und Sondergesetze: Seither ist ein Aushöhlungs- 2
prozess sowohl des BGB (zB AGBG aF, ErbbaurechtsVO, WohnungseigentumsG, EheG, VerbrKrG aF) als auch des HGB durch Neben- bzw Sondergesetze zu verzeichnen. Der wichtigste Verlust für das HGB war der des Kapitalgesellschaftsrechts. Das GenG 1889 und das GmbHG 1892 waren nie Teil des HGB, das Aktienrecht mit der AG und der KGaA wurde mit dem AktG 1937 (vgl EGAktG 30. 1. 37 RGBl I 166 §§ 1, 18) aus den früheren 3. und 4. Abschn (§§ 178–319, 320–334 aF HGB) herausgenommen und ist mitsamt dem Konzernrecht im AktG 1965 geregelt. Die an die OHG angelehnte Rechtsform der Partnerschaftsgesellschaft G 25. 7. 94 BGBl 1744 wurde im PartGG (s HGB Anh § 160 B) von vornherein separat geregelt. Heute sind die Nebengesetze beherrschend. Aus dem privaten Bank- und Börsenrecht sind beispielhaft das **(13)** DepotG, das **(14)** BörsG, das **(16)** WpHG 1994 und spezieller das WpÜG 2001/2002 zu nennen. Das private Versicherungsrecht hat sich längst verselbstständigt (VVG 1908, nF 2007), erst recht das private Wettbewerbsrecht (UWG, s Einl 80 vor § 1 HGB), der gewerbliche Rechtsschutz (zB PatG, MarkenG) und das Urheberrecht (UrhG). Auch im Transportrecht waren jahrelang die Nebengesetze vorherrschend, so im Speditions-, Lager-, Fracht- und Eisenbahnverkehrsrecht (zB OLSchVO, GüKG, KVO, EVO). Die Transportrechtsreform 1998 hat demgegenüber den Schwerpunkt wieder in das HGB zurückverlagert, wenn auch ohne das immer wichtiger werdende internationale Transportrecht in **(17)** CMR.

c) HGB als Grundgesetz der Kaufleute und Unternehmer: Dennoch ist das 3
HGB nicht nur historisch, sondern auch materiellrechtlich das Kerngebiet des Kaufmanns- und Unternehmerprivatrechts. Es hat durch das BiRiLiG 1985 eine wichtige Aufwertung erfahren. Die Inkorporierung des **gesamten Rechnungslegungsrechts** für Kflte und Ges einschließlich des Sonderrechts für Banken und Versicherungsunternehmen mit nur wenigen Sonderregeln außerhalb des HGB hat die Rolle des HGB als Grundgesetz für Kaufleute und Unternehmer und Bezugspunkt der handelsrechtlichen Nebengesetze bestätigt und bekräftigt. Es bleibt abzuwarten, ob sich daran durch die Entscheidung der Europäischen Union für die IFRS/IAS durch VO Nr 1606/2002 v 19. 7. 02 NZG **02,** 1095, etwas ändern wird (näher § 234 Rn 89 ff, § 315 a HGB).

d) Kautelarpraxis und freiwillige Selbstregelungen: Im HdlRecht spielen au- 4
ßerrechtliche Gebräuche und Regelungen seit jeher eine hervorragende Rolle. Heute wird die hdlrechtliche Praxis von **AGB** und mehr oder weniger **typisierten Vertragsklauseln** (zB **(6)** Incoterms) bestimmt, vor allem im Bank- und Börsenrecht (zB

(1) 2. Teil Einl 5, 6   2. Handelsrechtl. Nebengesetze

(8) AGB-Banken oder für Dokumenten-Akkreditive und Dokumenten-Inkasso die **(11)** ERA und **(12)** ERI) und im Transportrecht (zB **(18)** ADSp). Hinzu kam in Deutschland besonders im Bank- und Börsenrecht eine Tendenz, durch **freiwillige Selbstregelungen** den Erlass von Gesetzen und eine drohende behördliche Aufsicht oder Einflussnahme zu vermeiden. So wurden zB die Reformprobleme des Insiderhandels, der Verhaltensnormen für Wertpapierhändler und Berater und der öffentlichen Kauf- und Tauschangebote zum Erwerb von Wertpapieren einer Zielgesellschaft (Übernahmeangebote bzw takeover bids) lange Zeit außerrechtlich durch Richtlinien und Leitsätze der beteiligten Kreise geregelt (so früher zB die Insiderhandels-Ri, Händler- und Beraterregeln, InsiderVerfO, LSÜbernahmeangebote und später den Übernahmekodex). Die EG-Rechtsangleichung hat diese Tendenz allerdings gestoppt und unmittelbar oder mittelbar zu zwingendem Gesetzesrecht geführt (zB Insiderrecht in **(16)** WpHG §§ 12 ff und 2001/2002 Übernahmerecht im WpÜG), obschon neben beidem wie in anderen Ländern auch freiwillige Selbstregelungen durchaus möglich wären, vgl Hopt in Bankrechtstag **95,** 7, ZHR 161 **(97)** 368 (396). Inzwischen erlebt die **private Regelsetzung und Regeldurchsetzung** eine Renaissance, vor allem mit den IFRS im internationalen und der Prüfstelle für Rechnungslegung im nationalen Rechnungslegungsrecht (Einl 144 ff, 161 a vor § 238; §§ 342 b ff).

5   C. **Internationales und europäisches Handelsrecht** bildet weitere Rechtsschichten um das HGB herum. Internationale Einheitsgesetze (loi uniforme) werden häufig nicht in vorhandene nationale Kodifikationen eingearbeitet, sondern als gesondertes nationales Gesetz erlassen. Das einheitliche Wechsel- und Scheckrecht (Genfer Konferenz 1931) betraf schon vorhandene Nebengesetze (s Rn 1–3). Das internationale Einheitsrecht auf dem Gebiet des Kaufrechts, das UN-Kaufrecht (CISG, Überbl 46 vor § 373 HGB) wie schon zuvor und von ihm abgelöst die einheitlichen Kaufgesetze (EKG und EAG 1973), entzieht dagegen mangels gegenteiliger Parteivereinbarung den internationalen Kauf beweglicher Sachen dem BGB und dem HGB. Auch das Recht des grenzüberschreitenden Transports und Verkehrs ist heute statt in §§ 407 ff HGB in internationalen Abkommen zu finden (zB für den Straßengüterverkehr **(17)** CMR, Eisenbahnfrachtverkehr CIM, Eisenbahn-Personen- und Gepäckverkehr CIV, Luftverkehr Warschauer Abkommen). Die Rechtsangleichung im Rahmen der Europäischen Union hat tiefe Spuren im deutschen HdlRecht hinterlassen, zwar noch wenig im HdlVertreterrecht, das seinerseits weitgehend Modell für die EGRi 1986 (§ 84 HGB Rn 3) war, mehr schon im Gesellschaftsrecht (hier aber primär im Kapitalgesellschaftsrecht), vor allem aber im Bilanzrecht und im Börsen- und Kapitalmarktrecht. Die entsprechenden Einwirkungen, etwa die des europäischen Gesellschaftsrechts, sind, soweit das HGB betroffen ist, in dieses eingearbeitet worden (zB § 15 III HGB auf Grund der 1. Ri 1968, sog Publizitäts-Ri, und besonders Buch III des HGB auf Grund der 4., 7. und 8. Ri 1978, 1983, 1984 durch das BiRiLiG 1985). Auf dem Gebiet des Börsen- und Kapitalmarktrechts finden sich demgegenüber selbstständige, von europäischem Recht vielfältig beeinflusste und zT sogar weitgehend geprägte Gesetze, so neben dem **(14)** BörsG und der **(15)** BörsZulV vor allem das **(16)** WpHG, das auf die TransparenzRi 1988, InsiderRi 1989 und die WpDienstleistungsRi 1993 zurückgeht, und das WpÜG, das obschon europäisch beeinflusst autonom deutsches Recht ist. Auch wenn die europäische Richtlinien umsetzenden Gesetze deutsches Recht sind, ist doch wegen ihrer Herkunft, ihrer Auslegung und der erforderlichen Vorlage an den EuGH der europäische Bezug von entscheidender Bedeutung (s zB § 84 Rn 3; § 86 Rn 22, 86 a Rn 1 für das Handelsvertreterrecht; Einl 36 vor § 105 für das Gesellschaftsrecht; Einl 4 ff, 7 vor § 238 für das Bilanzrecht).

2) Auswahl und Darstellung

6   A. **Auswahl nach der Nähe zum HGB und der erleichterten Greifbarkeit für die Handelsrechtspraxis:** Die Auswahl der Nebengesetze erfolgte unter drei Sachgesichtspunkten. Aufgenommen wurden nur privatrechtliche bzw privatrechtlich relevante Nebengesetze (also zB privates Bank- und Börsenrecht, nicht Bankaufsichtsrecht). Nicht aufgenommen wurden – außer im knappen Auszug – Nebengesetze aus etablierten selbstständigen Gebieten (zB Aktien- und GmbHRecht, Wertpapierrecht, Gewerblicher Rechtsschutz und Urheberrecht, Privatversicherungsrecht). Entscheidend

I. EinführungsG **1 EGHGB (1)**

für die Auswahl war letztlich die Nähe zum HGB, sei es, dass das HGB unmittelbar ergänzt wird (zB **(1)** EGHGB mit seinen zahlreichen Übergangsvorschriften; zu den Handelsbüchern die Sondernormen zu Buch III des HGB im **(2 a)** AktG und **(2 b)** GmbHG; zum Handelsregister Buch 5 des **(3)** FamFG (§§ 374 ff) und die **(4)** HRV; zum Transportrecht die **(18)** ADSp), sei es, dass der Benutzer des HGB auf das Nebengesetz laufend oder dringend angewiesen ist (zB **(6)** Incoterms 2000 und andere Handelskaufklauseln, **(8)** AGB-Banken, **(9)** AGB-Anderkonten, **(10)** Lastschriftabkommen samt dem Text der für sie alle wichtigen AGBKontrollvorschriften, auch wenn letztere nunmehr im BGB verortet sind, **(5)** §§ 305–310 BGB), oder dass die nur gelegentlich benötigten Texte für ihn nicht ohne weiteres greifbar wären (zB **(11)** ERA, **(12)** ERI). Hinzu kommen die beiden grundlegenden Kapitalmarktrechtsgesetze, das **(14)** BörsG und das **(16)** WpHG, auf die sich heute wegen der Finanzierungsbedürfnisse und der Kapitalmarktregulierung zunehmend auch kleine und mittlere Unternehmen (KMU) einstellen müssen. Praktische und theoretische Gründe (Einl 18–19 vor § 1 HGB) ließen bei der Auswahl keine Unterscheidung zwischen Nebengesetzen ieS und außerrechtlichen Texten (AGB, Richtlinien, Regeln, Leitsätze) zu.

B. Die **Darstellung** erfolgt zweckmäßig **nach sechs Gebieten in Anlehnung an die Systematik des HGB:** I. Einführungsgesetz, II. Handelsbücher und Bilanzen, III. Handelsregister, IV. AGB und (nicht branchengebundene) Vertragsklauseln, V. Bankgeschäfte (mit Börsen- und Kapitalmarktrecht), VI. Transport (Fracht-, Speditions-, Lager- und andere Transportgeschäfte). Die einzelnen Nebengesetze sind durch **fortlaufende Nummerierung (1)–(18),** die auch für ihre im Text sonst zitierten Vorschriften als Ordnungskennzahl benutzt wird, leichter auffindbar. Ein **Verzeichnis** dieser und einzelner sonst aufgenommener Nebengesetze ist Teil des Inhaltsverzeichnisses. Die Darstellung beschränkt sich entweder auf die Wiedergabe des Nebengesetzes mit kurzer Einleitung, Schrifttumsnachweisen und einzelnen Hinweisen oder bringt darüber hinaus eine durchgängige, auf das Wichtigste beschränkte **Kurz-Kommentierung,** so **(6)** Incoterms 2000, **(7)** Bankgeschäfte, **(8)** AGB-Banken mit Sonderbedingungen für Wertpapiergeschäfte, **(11)** ERA, **(12)** ERI, **(13)** Depotgesetz, **(14)** BörsG und **(17)** CMR; **(16)** WpHG ist aus theoretischen wie praktischen Gründen (Kapitalmarktrecht, Verbindungen zum BörsG und zum Effektenkommissionsrecht ua) zwar aufgenommen, aber nicht kommentiert worden. Das bis zur 32. Aufl abgedrucktes WpÜG ist vorwiegend öffentliches und Aufsichtsrecht und für die Zivilgerichtsbarkeit ohne große Bedeutung, vor allem aber liegen insoweit umfassende, neueste Spezialkommentierungen vor. **Verstärkte Aufmerksamkeit** kommt dabei wegen ihrer großen und allgemeinen Bedeutung den zwei erstgenannten zu: **(7) Bankgeschäfte,** die ohne Anlehnungsmöglichkeit an einen Gesetzestext **mit Schwerpunkt auf dem Zahlungs- und Kreditrecht** behandelt werden (mit der Einschränkung, dass die mittlerweile im BGB kodifizierten Teile wie das Überweisungsrecht, da dort leicht greifbar, in der Kommentierung zurücktreten), und **(8) AGB-Banken** samt **(8) Sonderbedingungen für Wertpapiergeschäfte (AGB-WPGeschäfte),** die exemplarisch für die in Text und Inhalt nicht völlig gleichen AGB der verschiedenen Kreditinstitute erläutert sind.

I. Einführungsgesetz

(1) Einführungsgesetz zum Handelsgesetzbuche (EGHGB)

Vom 10. Mai 1897 (RGBl 437/ BGBl III FNA 400-1) mit den späteren Änderungen

Einleitung

Schrifttum: Großkommentare und Lehrbücher zum HGB (Einl vor § 1 HGB), zum Registerrecht (vor § 8 HGB)

1) Zur Geschichte des HGB und zum EGHGB s Einl 10 vor § 1 HGB. Erst mit dem BiRiLiG 1985 hat das weitgehend überholte EGHGB wieder große praktische Bedeutung gewonnen. Die **Gesetzestechnik** ist so, dass 1985 die alten Art 1–22 als

(1) EGHGB 1–3

1. Abschnitt Einführung des Handelsgesetzbuches zusammengefasst wurden und jeweils eigene Abschnitte die Übergangsvorschriften zu späteren Gesetzen bündeln. Der 2. Abschn (Art 23–28) enthält die Übergangsvorschriften zum BiRiLiG, diese sind in Einl 52–58 vor § 238 HGB kommentiert. Es folgen: 3. Abschn Handelsvertreter-Novelle 1989, 4. und 5. Abschn BankBiRiLiG 1990 und VersRiLiG 1994, 6. Abschn G zur Durchführung der 11. EG-Ri zur GesRechtsangleichung 1993, 7. Abschn NachhBG 1994, 8. Abschn HRefG 1998 u VVGReformG 2007, 9. Abschn EuroEG 1998, 10. Abschn KonTraG 1998 und 11. Abschn G zur Verlängerung der steuerlichen und handelsrechtlichen Aufbewahrungsfristen 1998, 12. Abschn KapCoRiLiG 2000, 13. Abschn G zur Anpassung der Abgrenzungsmerkmale für größenabhängige Befreiungen (§§ 290 ff HGB) 2000, 14. Abschn WPOAG 2000, 15. Abschn EuroBilG 2001, 16. Abschn ERJuKoG 2001, 17. Abschn AltfahrzeugG 2002, 18. Abschn TransPuG 2002, 19. Abschn WPRefG 2003, 20. Abschn BilKoG 2004, 21. Abschn VO (EG) Nr 1606/2002 sowie BilReG 2004, 22. Abschn VorstandsvergütungsOffenlegungsG 2005, 23. Abschn Übernahmerichtlinien-UmsetzungsG 2006, 24. Abschn EHUG 2006, 25. Abschn TUG 2007, 26. Abschn VVGReformG 2007, 27. Abschn RisikobegrenzungsG 2008, 28. Abschn MoMiG 2008, 29. Abschn BilMoG 2009, 30. Abschn VorstAG 2009.

Erster Abschnitt. Einführung des Handelsgesetzbuchs

[Inkrafttreten]

EGHGB 1 (1) Das Handelsgesetzbuch tritt gleichzeitig mit dem Bürgerlichen Gesetzbuch in Kraft.

(2) Der sechste Abschnitt des ersten Buches des Handelsgesetzbuchs tritt mit Ausnahme des § 65 am 1. Januar 1898 in Kraft.

(3) *(gegenstandslos)*

[Verhältnis zum BGB und zu Bundesgesetzen]

EGHGB 2 (1) In Handelssachen kommen die Vorschriften des Bürgerlichen Gesetzbuchs nur insoweit zur Anwendung, als nicht im Handelsgesetzbuch oder in diesem Gesetz ein anderes bestimmt ist.

(2) Im übrigen werden die Vorschriften der Reichsgesetze durch das Handelsgesetzbuch nicht berührt.

[Änderungsvorschrift]

EGHGB 3 *(hier nicht wiederzugeben)*

Art. 4 [Handelsgewerbe und eheliches Güterrecht]

(1) ¹Die nach dem bürgerlichen Rechte mit einer Eintragung in das Güterrechtsregister verbundenen Wirkungen treten, sofern ein Ehegatte Kaufmann ist und seine Handelsniederlassung sich nicht in dem Bezirke eines für den gewöhnlichen Aufenthalt auch nur eines der Ehegatten zuständigen Registergerichts befindet, in Ansehung der auf den Betrieb des Handelsgewerbes sich beziehenden Rechtsverhältnisse nur ein, wenn die Eintragung auch in das Güterrechtsregister des für den Ort der Handelsniederlassung zuständigen Gerichts erfolgt ist. ²Bei mehreren Niederlassungen genügt die Eintragung in das Register des Ortes der Hauptniederlassung.

(2) Wird die Niederlassung verlegt, so finden die Vorschriften des § 1559 des Bürgerlichen Gesetzbuchs entsprechende Anwendung.

1   1) I 1 nF G 23. 10. 89 BGBl 1910 (§ 84 HGB Rn 3) passte die Zuständigkeit des Registergerichts an §§ 1558 I, 1559 BGB an.

I. EinführungsG

[Bergwerksgesellschaften]

EGHGB 5 Auf Bergwerksgesellschaften, die nach den Vorschriften der Landesgesetze nicht die Rechte einer juristischen Person besitzen, findet § 1 des Handelsgesetzbuchs keine Anwendung.

1) IdF HRefG 22. 6. 1998 BGBl 1474. Bloße Folgeänderung nach Abschaffung des SollKfm nach § 2 aF HGB.

[Anwendungsbereich der zwingenden Bestimmungen über Konossemente]

EGHGB 6 *(hier nicht wiederzugeben, betrifft SeeHdlRecht)*

[Haftung nach Seehandelsrecht]

EGHGB 7 *(hier nicht wiederzugeben, betrifft SeeHdlRecht)*

[Anwendung von deutschem Recht]

EGHGB 8 (1) ¹Die §§ 740 bis 746, 748 bis 750, 753, 753 a, 902 Nr. 3 in Verbindung mit § 903 Abs. 3 des Handelsgesetzbuchs sind, soweit sich aus Satz 3 und Absatz 3 nichts anderes ergibt, ohne Rücksicht auf das nach Internationalem Privatrecht anzuwendende Recht anzuwenden. ²Die Aufteilung des Bergelohns oder der Sondervergütung zwischen dem Berger und seinen Bediensteten bestimmt sich jedoch, wenn die Bergung von einem Schiff aus durchgeführt worden ist, nach dem Recht des Staates, dessen Flagge das Schiff führt, sonst nach dem Recht, dem der zwischen dem Berger und seinen Bediensteten geschlossene Vertrag unterliegt. ³Das Recht der Parteien, eine Rechtswahl zu treffen, bleibt unberührt; unterliegt jedoch das Rechtsverhältnis ausländischem Recht, so sind § 741 Abs. 1 und § 750 Abs. 2 des Handelsgesetzbuchs gleichwohl anzuwenden.

(2) Sind die in Absatz 1 Satz 1 genannten Vorschriften anzuwenden, so unterliegt auch der Anspruch des Bergers auf Zinsen deutschem Recht.

(3) Bei Bergungsmaßnahmen durch eine Behörde ist für die Verpflichtungen zwischen den Parteien das Recht des Staates maßgebend, in dem sich die Behörde befindet.

[Anwendung von deutschem Recht]

EGHGB 8–14 *(Aufhebungs- und Änderungsvorschriften bzw gegenstandslos)*

[Verhältnis zu den Landesgesetzen]

EGHGB 15 (1) Die privatrechtlichen Vorschriften der Landesgesetze bleiben insoweit unberührt, als es in diesem Gesetze bestimmt oder als im Handelsgesetzbuch auf die Landesgesetze verwiesen ist.

(2) Soweit die Landesgesetze unberührt bleiben, können auch neue landesgesetzliche Vorschriften erlassen werden.

EGHGB 16 *(aufgehoben)*

EGHGB 17 *(gegenstandslos)*

[Landesrecht über Bierlieferungsvertrag]

EGHGB 18 Unberührt bleiben die landesgesetzlichen Vorschriften über den Vertrag zwischen dem Brauer und dem Wirte über die Lieferung von Bier, soweit sie das aus dem Vertrage sich ergebende Schuldverhältnis für den Fall regeln, daß nicht besondere Vereinbarungen getroffen werden.

EGHGB 19–21 *(gegenstandslos)*

[Weiterführung von eingetragenen Firmen]

EGHGB 22 (1) Die zur Zeit des Inkrafttretens des Handelsgesetzbuchs im Handelsregister eingetragenen Firmen können weitergeführt werden, soweit sie nach den bisherigen Vorschriften geführt werden durften.

(2) *gegenstandslos*

Zweiter Abschnitt. Übergangsvorschriften zum Bilanzrichtlinien-Gesetz

[Jahresabschluss, Lagebericht und Pflicht zur Offenlegung; Konzernabschluss; Prüfung]

EGHGB 23 (1) [1] Die vom Inkrafttreten der Artikel 1 bis 10 des Bilanzrichtlinien-Gesetzes vom 19. Dezember 1985 (BGBl. I S. 2355) an geltende Fassung der Vorschriften über den Jahresabschluß und den Lagebericht sowie über die Pflicht zur Offenlegung dieser und der dazu gehörenden Unterlagen ist erstmals auf das nach dem 31. Dezember 1986 beginnende Geschäftsjahr anzuwenden. [2] Die neuen Vorschriften können auf ein früheres Geschäftsjahr angewendet werden, jedoch nur insgesamt.

(2) [1] Die vom Inkrafttreten der Artikel 1 bis 10 des Bilanzrichtlinien-Gesetzes an geltende Fassung der Vorschriften über den Konzernabschluß und den Konzernlagebericht sowie über die Pflicht zur Offenlegung dieser und der dazu gehörenden Unterlagen ist erstmals auf das nach dem 31. Dezember 1989 beginnende Geschäftsjahr anzuwenden. [2] Die neuen Vorschriften können auf ein früheres Geschäftsjahr angewendet werden, jedoch nur insgesamt. [3] Mutterunternehmen, die bereits bei Inkrafttreten des Bilanzrichtlinien-Gesetzes zur Konzernrechnungslegung verpflichtet sind, brauchen bei früherer Anwendung der neuen Vorschriften Tochterunternehmen mit Sitz im Ausland nicht einzubeziehen und einheitliche Bewertungsmethoden im Sinne des § 308 sowie die §§ 311, 312 des Handelsgesetzbuchs über assoziierte Unternehmen nicht anzuwenden.

(3) [1] Die vom Inkrafttreten der Artikel 1 bis 10 des Bilanzrichtlinien-Gesetzes an geltende Fassung der Vorschriften über die Pflicht zur Prüfung des Jahresabschlusses und des Lageberichts ist auf Unternehmen, die bei Inkrafttreten des Bilanzrichtlinien-Gesetzes ihren Jahresabschluß nicht auf Grund bundesgesetzlicher Vorschriften prüfen lassen müssen, erstmals für das nach dem 31. Dezember 1986 beginnende Geschäftsjahr anzuwenden. [2] Die vom Inkrafttreten der Artikel 1 bis 10 des Bilanzrichtlinien-Gesetzes an geltende Fassung der Vorschriften über die Pflicht zur Prüfung des Konzernabschlusses und des Konzernlageberichts ist auf Unternehmen, die bei Inkrafttreten des Bilanzrichtlinien-Gesetzes nicht zur Konzernrechnungslegung verpflichtet sind, erstmals für das nach dem 31. Dezember 1989 beginnende Geschäftsjahr anzuwenden. [3] Der Bestätigungsvermerk nach § 322 Abs. 1 des Handelsgesetzbuchs ist erstmals auf Jahresabschlüsse, Konzernabschlüsse und Teilkonzernabschlüsse sowie auf Lageberichte, Konzernlageberichte und Teilkonzernlageberichte anzuwenden, die nach den am 1. Januar 1986 in Kraft tretenden Vorschriften aufgestellt worden sind.

I. EinführungsG **EGHGB 24 (1)**

(4) § 319 Abs. 2 Nr. 8 des Handelsgesetzbuchs ist erstmals auf das sechste nach dem Inkrafttreten des Bilanzrichtlinien-Gesetzes beginnende Geschäftsjahr anzuwenden.

(5) ¹ Sind die neuen Vorschriften nach den Absätzen 1 bis 3 auf ein früheres Geschäftsjahr nicht anzuwenden und werden sie nicht freiwillig angewendet, so ist für das Geschäftsjahr die am 31. Dezember 1985 geltende Fassung der geänderten oder aufgehobenen Vorschriften anzuwenden. ² Satz 1 ist auf Gesellschaften mit beschränkter Haftung hinsichtlich der Anwendung des Gesetzes über die Rechnungslegung von bestimmten Unternehmen und Konzernen entsprechend anzuwenden.

[Bewertungsvorschriften]

EGHGB 24 (1) ¹ Waren Vermögensgegenstände des Anlagevermögens im Jahresabschluß für das am 31. Dezember 1986 endende oder laufende Geschäftsjahr mit einem niedrigeren Wert angesetzt, als er nach § 240 Abs. 3 und 4, §§ 252, 253 Abs. 1, 2 und 4, §§ 254, 255, 279 und 280 Abs. 1 und 2 des Handelsgesetzbuchs zulässig ist, so darf der niedrigere Wertansatz beibehalten werden. ² § 253 Abs. 2 des Handelsgesetzbuchs ist in diesem Falle mit der Maßgabe anzuwenden, daß der niedrigere Wertansatz um planmäßige Abschreibungen entsprechend der voraussichtlichen Restnutzungsdauer zu vermindern ist.

(2) Waren Vermögensgegenstände des Umlaufvermögens im Jahresabschluß für das am 31. Dezember 1986 endende oder laufende Geschäftsjahr mit einem niedrigeren Wert angesetzt als er nach §§ 252, 253 Abs. 1, 3 und 4, §§ 254, 255 Abs. 1 und 2, §§ 256, 279 Abs. 1 Satz 1, Abs. 2, §§ 280 Abs. 1 und 2 des Handelsgesetzbuchs zulässig ist, so darf der niedrigere Wertansatz insoweit beibehalten werden, als

1. er aus den Gründen des § 253 Abs. 3, §§ 254, 279 Abs. 2, § 280 Abs. 2 des Handelsgesetzbuchs angesetzt worden ist oder
2. es sich um einen niedrigeren Wertansatz im Sinne des § 253 Abs. 4 des Handelsgesetzbuchs handelt.

(3) ¹ Soweit ein niedrigerer Wertansatz nach den Absätzen 1 und 2 nicht beibehalten werden darf oder nicht beibehalten wird, so kann bei der Aufstellung des Jahresabschlusses für das nach dem 31. Dezember 1986 beginnende Geschäftsjahr oder bei Anwendung auf ein früheres Geschäftsjahr nach Artikel 23 in dem früheren Jahresabschluß der Unterschiedsbetrag zwischen dem im letzten vorausgehenden Jahresabschluß angesetzten Wert und dem nach den Vorschriften des Dritten Buchs des Handelsgesetzbuchs anzusetzenden Wert in Gewinnrücklagen eingestellt oder für die Nachholung von Rückstellungen verwendet werden; dieser Betrag ist nicht Bestandteil des Ergebnisses. ² Satz 1 ist entsprechend auf Beträge anzuwenden, die sich ergeben, wenn Rückstellungen oder Sonderposten mit Rücklageanteil wegen Unvereinbarkeit mit § 247 Abs. 3, §§ 249, 253 Abs. 1 Satz 2, § 273 des Handelsgesetzbuchs aufgelöst werden.

(4) Waren Schulden im Jahresabschluß für das am 31. Dezember 1986 endende oder laufende Geschäftsjahr mit einem höheren Wert angesetzt, als er nach §§ 249, 253 Abs. 1 Satz 2 des Handelsgesetzbuchs vorgeschrieben oder zulässig ist, so kann bei der Aufstellung des Jahresabschlusses für das nach dem 31. Dezember 1986 beginnende Geschäftsjahr oder bei Anwendung auf ein früheres Geschäftsjahr nach Artikel 23 in dem früheren Geschäftsjahr der für die Nachholung erforderliche Betrag den Rücklagen entnommen werden, soweit diese nicht durch Gesetz Gesellschaftsvertrag oder Satzung für andere Zwecke gebunden sind; dieser Betrag ist nicht Bestandteil des Ergebnisses oder des Bilanzgewinns.

(5) ¹ Ändern sich bei der erstmaligen Anwendung der durch die Artikel 1 bis 10 des Bilanzrichtlinien-Gesetzes geänderten Vorschriften die bisherige Form der Darstellung oder die bisher angewendeten Bewertungsmethoden, so sind § 252 Abs. 1 Nr. 6, § 265 Abs. 1, § 284 Abs. 2 Nr. 3 des Handelsgesetzbuchs bei der erstmaligen Aufstellung eines Jahresabschlusses nach den geänderten Vorschriften nicht anzuwenden. ² Außerdem brauchen die Vorjahreszahlen bei der erstmaligen Anwendung nicht angegeben zu werden.

(6) ¹ Sind bei der erstmaligen Anwendung des § 268 Abs. 2 des Handelsgesetzbuchs über die Darstellung der Entwicklung des Anlagevermögens die Anschaf-

Hopt 1609

fungs- oder Herstellungskosten eines Vermögensgegenstands des Anlagevermögens nicht ohne unverhältnismäßige Kosten oder Verzögerungen feststellbar, so dürfen die Buchwerte dieser Vermögensgegenstände aus dem Jahresabschluß des vorhergehenden Geschäftsjahrs als ursprüngliche Anschaffungs- oder Herstellungskosten übernommen und fortgeführt werden. ²Satz 1 darf entsprechend auf die Darstellung des Postens „Aufwendungen für die Ingangsetzung und Erweiterung des Geschäftsbetriebs" angewendet werden. ³Kapitalgesellschaften müssen die Anwendung der Sätze 1 und 2 im Anhang angeben.

[Abschlussprüfer und Konzernabschlussprüfer bei gemeinnützigen Wohnungsunternehmen, AktG, KGaA und GmbH]

EGHGB 25 (1) ¹Auf die Prüfung des Jahresabschlusses

1. von Aktiengesellschaften, Gesellschaften mit beschränkter Haftung und Gesellschaften, bei denen kein persönlich haftender Gesellschafter eine natürliche Person ist, wenn die Mehrheit der Anteile und die Mehrheit der Stimmrechte an diesen Gesellschaften Genossenschaften oder zur Prüfung von Genossenschaften zugelassenen Prüfungsverbänden zusteht, oder
2. von Unternehmen, die am 31. Dezember 1989 als gemeinnützige Wohnungsunternehmen oder als Organe der staatlichen Wohnungspolitik anerkannt waren und die nicht eingetragene Genossenschaften sind,

ist § 319 Abs. 1 des Handelsgesetzbuchs mit der Maßgabe anzuwenden, daß diese Gesellschaften oder Unternehmen sich auch von dem Prüfungsverband prüfen lassen dürfen, dem sie als Mitglied angehören, sofern mehr als die Hälfte der geschäftsführenden Mitglieder des Vorstands dieses Prüfungsverbands Wirtschaftsprüfer sind und dem Prüfungsverband vor dem 29. Mai 2009 das Prüfungsrecht verliehen worden ist. ²Hat der Prüfungsverband nur zwei Vorstandsmitglieder, so muß einer von ihnen Wirtschaftsprüfer sein. ³§ 319 Abs. 2 und 3 sowie § 319a Abs. 1 des Handelsgesetzbuchs sind auf die gesetzlichen Vertreter des Prüfungsverbandes und auf alle vom Prüfungsverband beschäftigten Personen, die das Ergebnis der Prüfung beeinflussen können, entsprechend anzuwenden; § 319 Abs. 3 Satz 1 Nr. 2 ist auf Mitglieder des Aufsichtsorgans des Prüfungsverbandes nicht anzuwenden, wenn sichergestellt ist, dass der Abschlussprüfer die Prüfung unabhängig von den Weisungen durch das Aufsichtsorgan durchführen kann.

(2) ¹Bei der Prüfung des Jahresabschlusses der in Absatz 1 bezeichneten Gesellschaften oder Unternehmen durch einen Prüfungsverband darf der gesetzlich vorgeschriebene Bestätigungsvermerk nur von Wirtschaftsprüfern unterzeichnet werden. ²Die im Prüfungsverband tätigen Wirtschaftsprüfer haben ihre Prüfungstätigkeit unabhängig, gewissenhaft, verschwiegen und eigenverantwortlich auszuüben. ³Sie haben sich insbesondere bei der Erstattung von Prüfungsberichten unparteiisch zu verhalten. ⁴Weisungen dürfen ihnen hinsichtlich ihrer Prüfungstätigkeit von Personen, die nicht Wirtschaftsprüfer sind, nicht erteilt werden. ⁵Die Zahl der im Verband tätigen Wirtschaftsprüfer muß so bemessen sein, daß die den Bestätigungsvermerk unterschreibenden Wirtschaftsprüfer die Prüfung verantwortlich durchführen können.

(3) Ist ein am 31. Dezember 1989 als gemeinnütziges Wohnungsunternehmen oder als Organ der staatlichen Wohnungspolitik anerkanntes Unternehmen als Aktiengesellschaft, Kommanditgesellschaft auf Aktien oder als Gesellschaft mit beschränkter Haftung zur Aufstellung eines Konzernabschlusses und eines Konzernlageberichts nach dem Zweiten Unterabschnitt des Zweiten Abschnitts des Dritten Buchs des Handelsgesetzbuchs verpflichtet, so ist der Prüfungsverband, dem das Unternehmen angehört, auch Abschlußprüfer des Konzernabschlusses.

---

1 1) IdF KapCoRiLiG 24. 2. 00 BGBl 154; I 1 letzter Halbs idF BilMoG 25. 5. 09 BGBl II 02, I 3 idF BilReG 4. 12. 04 BGBl 3166 trägt den schärferen Anforderungen an die Unabhängigkeit von Abschlussprüfern in §§ 319 und 319a HGB Rechnung. Allein die Mitgliedschaft und dementsprechende Mitwirkung in einem Prüfungsverband ist keine besondere Beziehung iSv § 319 II HGB.

I. EinführungsG **EGHGB 26–28 (1)**

[Abschlussprüfer nach § 319 HGB]

EGHGB 26 (1) ¹Abschlußprüfer nach § 319 Abs. 1 Satz 1 des Handelsgesetzbuchs kann auch eine nach § 131f Abs. 2 der Wirtschaftsprüferordnung bestellte Person sein. ²Abschlußprüfer nach § 319 Abs. 1 Satz 2 des Handelsgesetzbuchs kann auch eine nach § 131b Abs. 2 der Wirtschaftsprüferordnung bestellte Person sein. ³Für die Durchführung der Prüfung von Jahresabschlüssen und Lageberichten haben diese Personen die Rechte und Pflichten von Abschlußprüfern.

(2) Für die Anwendung des § 319 Abs. 2 und 3 des Handelsgesetzbuchs in der Fassung des Bilanzrichtlinien-Gesetzes bleibt eine Mitgliedschaft im Aufsichtsrat des zu prüfenden Unternehmens außer Betracht, wenn sie spätestens mit der Beendigung der ersten Versammlung der Aktionäre oder Gesellschafter der zu prüfenden Gesellschaft, die nach Inkrafttreten des Bilanzrichtlinien-Gesetzes stattfindet, endet.

1) II idF BilReG 4. 12. 04 BGBl 3166.   1

[Kapitalkonsolidierung]

EGHGB 27 (1) ¹Hat ein Mutterunternehmen ein Tochterunternehmen schon vor der erstmaligen Anwendung des § 301 des Handelsgesetzbuchs in seinen Konzernabschluß auf Grund gesetzlicher Verpflichtung oder freiwillig nach einer den Grundsätzen ordnungsmäßiger Buchführung entsprechenden Methode einbezogen, so braucht es diese Vorschrift auf dieses Tochterunternehmen nicht anzuwenden. ²Auf einen noch vorhandenen Unterschiedsbetrag aus der früheren Kapitalkonsolidierung ist § 309 des Handelsgesetzbuchs anzuwenden, soweit das Mutterunternehmen den Unterschiedsbetrag nicht in entsprechender Anwendung des § 301 Abs. 1 Satz 3 des Handelsgesetzbuchs den in den Konzernabschluß übernommenen Vermögensgegenständen und Schulden des Tochterunternehmens zuschreibt oder mit diesen verrechnet.

(2) Ist ein Mutterunternehmen verpflichtet, § 301 des Handelsgesetzbuchs auf ein schon bisher in seinen Konzernabschluß einbezogenes Tochterunternehmen anzuwenden oder wendet es diese Vorschrift freiwillig an, so kann als Zeitpunkt für die Verrechnung auch der Zeitpunkt der erstmaligen Anwendung dieser Vorschrift gewählt werden.

(3) Die Absätze 1 und 2 sind entsprechend auf die Behandlung von Beteiligungen an assoziierten Unternehmen nach §§ 311, 312 des Handelsgesetzbuchs anzuwenden.

(4) Ergibt sich bei der erstmaligen Anwendung der §§ 303, 304, 306 oder 308 des Handelsgesetzbuchs eine Erhöhung oder Verminderung des Ergebnisses, so kann der Unterschiedsbetrag in die Gewinnrücklagen eingestellt oder mit diesen offen verrechnet werden; dieser Betrag ist nicht Bestandteil des Jahresergebnisses.

[Pensionsrückstellungen]

EGHGB 28 (1) ¹Für eine laufende Pension oder eine Anwartschaft auf eine Pension auf Grund einer unmittelbaren Zusage braucht eine Rückstellung nach § 249 Abs. 1 Satz 1 des Handelsgesetzbuchs nicht gebildet zu werden, wenn der Pensionsberechtigte seinen Rechtsanspruch vor dem 1. Januar 1987 erworben hat oder sich ein vor diesem Zeitpunkt erworbener Rechtsanspruch nach dem 31. Dezember 1986 erhöht. ²Für eine mittelbare Verpflichtung aus einer Zusage für eine laufende Pension oder eine Anwartschaft auf eine Pension sowie für eine ähnliche unmittelbare oder mittelbare Verpflichtung braucht eine Rückstellung in keinem Fall gebildet zu werden.

(2) Bei Anwendung des Absatzes 1 müssen Kapitalgesellschaften die in der Bilanz nicht ausgewiesenen Rückstellungen für laufende Pensionen, Anwartschaften auf Pensionen und ähnliche Verpflichtungen jeweils im Anhang und im Konzernanhang in einem Betrag angeben.

Hopt   1611

Dritter Abschnitt. Übergangsvorschrift zum Gesetz zur Durchführung der EG-Richtlinie zur Koordinierung des Rechts der Handelsvertreter vom 23. Oktober 1989 (BGBl. I S. 1910)

[Handelsvertreterverträge]

EGHGB 29 Auf Handelsvertretervertragsverhältnisse, die vor dem 1. Januar 1990 begründet sind und an diesem Tag noch bestehen, sind die §§ 86, 86a, 87, 87a, 89, 89b, 90a und 92c des Handelsgesetzbuchs in der am 31. Dezember 1989 geltenden Fassung bis zum Ablauf des Jahres 1993 weiterhin anzuwenden.

1   **1)** Neu 1990, s § 84 HGB Rn 3. Maßgeblich ist nicht der bloße Abschluss, sondern die Begründung, also der Laufzeitbeginn des HVVertrags noch vor 1. 1. 90. Art 29 ist auch auf Vertragshändler anwendbar, BGH NJW **98,** 1861. Sonderrecht für die neuen Bundesländer s Einl 30 vor § 1 HGB.

[Wettbewerbsabrede]

EGHGB 29a § 90a Abs. 2 und 3 des Handelsgesetzbuchs in der ab dem 1. Juli 1998 geltenden Fassung ist auch auf Ansprüche aus vor dem 1. Juli 1998 begründeten Handelsvertretervertragsverhältnissen anzuwenden, über die noch nicht rechtskräftig entschieden worden ist.

1   **1)** Neu durch HRefG 22. 6. 98 BGBl 1474. AF von 1990 betraf Wiedervereinigung und war deshalb obsolet. NF betrifft § 90a II, III (§ 90a HGB Rn 23–26). Die Neuregelung gilt auch für Ansprüche aus HVVertragsverhältnissen von vor 1. 7. 1998, über die noch nicht rechtskräftig entschieden ist; das kann bei bereits beendeten Vertragsverhältnissen mangels Lossagung des Unternehmers rückwirkend zu einer Entschädigungspflicht führen, dann aber uU Minderung der Entschädigung (angemessen, § 90a I 3 HGB; Vertrauensschutz) sowie Aufrechnung des Unternehmers mit Schadensersatzanspruch aus § 89a II HGB (s dort Rn 34).

Vierter Abschnitt. Übergangsvorschriften zum Bankbilanzrichtlinie-Gesetz

[Art. 1 bis 10 Bankbilanzrichtlinie-Gesetz]

EGHGB 30 (1) Die vom Inkrafttreten der Artikel 1 bis 10 des Bankbilanzrichtlinie-Gesetzes vom 30. November 1990 (BGBl. I S. 2570) an geltende Fassung der Vorschriften über den Jahresabschluß, den Lagebericht und deren Prüfung sowie über die Pflicht zur Offenlegung dieser und der dazu gehörenden Unterlagen ist erstmals auf das nach dem 31. Dezember 1992 beginnende Geschäftsjahr anzuwenden.

(2) ¹Die vom Inkrafttreten der Artikel 1 bis 10 des Bankbilanzrichtlinie-Gesetzes an geltende Fassung der Vorschriften über den Konzernabschluß, den Konzernlagebericht und deren Prüfung sowie über die Pflicht zur Offenlegung dieser und der dazu gehörenden Unterlagen ist erstmals auf das nach dem 31. Dezember 1992 beginnende Geschäftsjahr anzuwenden; dies gilt für Kreditinstitute auch für die erstmalige Anwendung der in Artikel 23 Abs. 2 Satz 1 bezeichneten Vorschriften. ²Die neuen Vorschriften einschließlich derjenigen über den Jahresabschluß können auf den Konzernabschluß eines früheren Geschäftsjahrs angewendet werden, jedoch nur insgesamt; Artikel 23 Abs. 2 Satz 3 ist entsprechend anzuwenden.

(3) Auf Geschäftsjahre, die vor dem 1. Januar 1993 beginnen, sind die Vorschriften über den Jahresabschluß, den Lagebericht und deren Prüfung sowie über die Pflicht zur Offenlegung dieser und der dazu gehörenden Unterlagen in der am 1. Januar 1986 geltenden Fassung und die Vorschriften der Verordnung über Formblätter für die Gliederung des Jahresabschlusses von Kreditinstituten in der Fassung der Bekanntmachung vom 14. September 1987 (BGBl. I S. 2169) anzuwenden.

I. EinführungsG **EGHGB 31 (1)**

(4) ¹ Auf Geschäftsjahre, die vor dem 1. Januar 1993 beginnen, sind die Vorschriften über den Konzernabschluß, den Konzernlagebericht und deren Prüfung sowie über die Pflicht zur Offenlegung dieser und der dazu gehörenden Unterlagen in der am 31. Dezember 1985 geltenden Fassung anzuwenden, sofern die neuen Vorschriften nicht freiwillig angewendet werden. ² Werden nach Artikel 23 Abs. 2 die Vorschriften in der am 1. Januar 1986 geltenden Fassung freiwillig angewendet, so gilt Satz 1 mit der Maßgabe, daß diese Vorschriften anzuwenden sind. ³ Sind auf den Konzernabschluß Vorschriften über den Jahresabschluß anzuwenden, ist Absatz 3 entsprechend anzuwenden.

1) Vierter Abschn (Art 30–31) neu Art 12 BankBiRiLiG 30. 11. 90 BGBl 2570. 1 Zu Art 30–31 s Einl 59–61 vor § 238 HGB.

[Vermögensgegenstände im Jahresabschluss]

EGHGB 31 (1) ¹ Waren wie Anlagevermögen behandelte Vermögensgegenstände im Jahresabschluß für das am 31. Dezember 1992 endende oder laufende Geschäftsjahr mit einem niedrigeren Wert angesetzt, als er nach § 240 Abs. 3 und 4, §§ 252, 253 Abs. 1 und 2, §§ 254, 255, 279, 280 Abs. 1 und 2 sowie § 340 e des Handelsgesetzbuchs zulässig ist, so darf der niedrigere Wertansatz beibehalten werden. ² § 253 Abs. 2 des Handelsgesetzbuchs ist in diesem Falle mit der Maßgabe anzuwenden, daß der niedrigere Wertansatz um planmäßige Abschreibungen entsprechend der voraussichtlichen Restnutzungsdauer zu vermindern ist.

(2) ¹ Waren nicht wie Anlagevermögen behandelte Vermögensgegenstände im Jahresabschluß für das am 31. Dezember 1992 endende oder laufende Geschäftsjahr mit einem niedrigeren Wert angesetzt, als er nach §§ 252, 253 Abs. 1 und 3, §§ 254, 255 Abs. 1 und 2, §§ 256, 279 Abs. 1 Satz 1, Abs. 2, § 280 Abs. 1 und 2 sowie § 340 f Abs. 1 Satz 1 des Handelsgesetzbuchs zulässig ist, so darf der niedrigere Wertansatz insoweit beibehalten werden, als

1. er aus den Gründen des § 253 Abs. 3, §§ 254, 279 Abs. 2, § 280 Abs. 2 des Handelsgesetzbuchs angesetzt worden ist oder
2. es sich um einen niedrigeren Wertansatz im Sinne des § 340 f Abs. 1 Satz 1 des Handelsgesetzbuchs handelt.

² Nach § 26 a Abs. 1 des Gesetzes über das Kreditwesen gebildete Vorsorgen können fortgeführt werden.

(3) ¹ Soweit ein niedrigerer Wertansatz nach den Absätzen 1 und 2 nicht beibehalten werden darf oder nicht beibehalten wird, kann bei der Aufstellung des Jahresabschlusses für das nach dem 31. Dezember 1992 beginnende Geschäftsjahr der Unterschiedsbetrag zwischen dem im letzten vorausgehenden Jahresabschluß angesetzten Wert und dem nach den Vorschriften des Dritten Buchs des Handelsgesetzbuchs anzusetzenden Wert in Gewinnrücklagen eingestellt oder für die Nachholung von Rückstellungen oder die Bildung des Sonderpostens für Bankrisiken verwendet werden; dieser Betrag ist nicht Bestandteil des Ergebnisses. ² Satz 1 ist entsprechend auf Beträge anzuwenden, die sich ergeben, wenn Rückstellungen oder Sonderposten mit Rücklageanteil wegen Unvereinbarkeit mit § 247 Abs. 3, §§ 249, 253 Abs. 1 Satz 2, § 273 des Handelsgesetzbuchs aufgelöst werden.

(4) Waren Schulden oder der Sonderposten für allgemeine Bankrisiken im Jahresabschluß für das am 31. Dezember 1992 endende oder laufende Geschäftsjahr mit einem niedrigeren Wert angesetzt, als er nach §§ 249, 253 Abs. 1 Satz 2 oder § 340 g des Handelsgesetzbuchs vorgeschrieben oder zulässig ist, so kann bei der Aufstellung des Jahresabschlusses für das nach dem 31. Dezember 1992 beginnende Geschäftsjahr der für die Nachholung erforderliche Betrag den Rücklagen entnommen werden, soweit diese nicht durch Gesetz, Gesellschaftsvertrag oder Satzung für andere Zwecke gebunden sind; dieser Betrag ist nicht Bestandteil des Ergebnisses oder des Bilanzgewinns.

(5) ¹ Ändern sich bei der erstmaligen Anwendung der durch die Artikel 1 bis 10 des Bankbilanzrichtlinie-Gesetzes geänderten Vorschriften die bisherige Form der Darstellung oder die bisher angewandten Bewertungsmethoden, so sind § 252 Abs. 1 Nr. 6, § 265 Abs. 1, § 284 Abs. 2 Nr. 3 des Handelsgesetzbuchs bei der erstmaligen Aufstellung eines Jahresabschlusses oder Konzernabschlusses nach den geänderten

(1) EGHGB 32 1

Vorschriften auf diese Änderungen nicht anzuwenden. ²Außerdem brauchen die Vorjahreszahlen bei der erstmaligen Anwendung nicht angegeben zu werden.

(6) ¹Sind bei der erstmaligen Anwendung des § 340a in Verbindung mit § 268 Abs. 2 des Handelsgesetzbuchs über die Darstellung der Entwicklung der wie Anlagevermögen behandelten Vermögensgegenstände die Anschaffungs- oder Herstellungskosten eines Vermögensgegenstands nicht ohne unverhältnismäßige Kosten oder Verzögerungen feststellbar, so dürfen die Buchwerte dieser Vermögensgegenstände aus dem Jahresabschluß des vorhergehenden Geschäftsjahrs als ursprüngliche Anschaffungs- oder Herstellungskosten übernommen und fortgeführt werden. ²Satz 1 darf entsprechend auf die Darstellung des Postens „Aufwendungen für die Ingangsetzung und Erweiterung des Geschäftsbetriebs" angewendet werden. ³Die Anwendung der Sätze 1 und 2 ist im Anhang anzugeben.

1   1) Neu BankBiRiLiG 30. 11. 90 BGBl 2570. Zu Art 31s Einl 61 vor § 238 HGB.

Fünfter Abschnitt. Übergangsvorschriften zum Versicherungsbilanzrichtlinie-Gesetz

[Abschlüsse und Lageberichte]

EGHGB 32

(1) ¹Die vom Inkrafttreten der Artikel 1 bis 5 des Versicherungsbilanzrichtlinie-Gesetzes vom 24. Juni 1994 an geltende Fassung der Vorschriften über den Jahresabschluß, den Lagebericht, den Konzernabschluß, den Konzernlagebericht und deren Prüfung sowie über die Pflicht zur Offenlegung dieser und der dazugehörenden Unterlagen ist erstmals auf das nach dem 31. Dezember 1994 beginnende Geschäftsjahr anzuwenden. ²In der nach Artikel 1 des Versicherungsbilanzrichtlinie-Gesetzes (§ 330 Abs. 1 in Verbindung mit Abs. 3 und 4 des Handelsgesetzbuchs) zu erlassenden Verordnung kann bestimmt werden, daß der Zeitwert der Grundstücke und Bauten im Anhang erstmals für das nach dem 31. Dezember 1998 beginnende Geschäftsjahr und der Zeitwert der in § 341b Abs. 1 Satz 2, Abs. 2 des Handelsgesetzbuchs genannten Vermögensgegenstände erstmals für das nach dem 31. Dezember 1996 beginnende Geschäftsjahr anzugeben ist.

(2) Auf Geschäftsjahre, die vor dem 1. Januar 1995 beginnen, sind die Vorschriften über den Jahresabschluß, den Lagebericht, den Konzernabschluß, den Konzernlagebericht und deren Prüfung sowie über die Pflicht zur Offenlegung dieser und der dazugehörenden Unterlagen in der am 1. Januar 1986 geltenden Fassung und die Vorschriften der Verordnung über die Rechnungslegung von Versicherungsunternehmen vom 11. Juli 1973 (BGBl. I S. 1209), zuletzt geändert durch Verordnung vom 23. Dezember 1986 (BGBl. 1987 I S. 2), anzuwenden.

(3) Niederlassungen im Geltungsbereich dieses Gesetzes von Versicherungsunternehmen mit Sitz in einem anderen Mitgliedstaat der Europäischen Gemeinschaft brauchen die Vorschriften über den Jahresabschluß, den Lagebericht und deren Prüfung sowie über die Pflicht zur Offenlegung dieser und der dazugehörenden Unterlagen in der bis zum Inkrafttreten der Artikel 1 bis 5 des Versicherungsbilanzrichtlinie-Gesetzes vom 24. Juni 1994 geltenden Fassung bereits auf Geschäftsjahre, die nach dem 31. Dezember 1993 enden, nicht mehr anzuwenden, wenn sie die Vorschriften über die Pflicht zur Offenlegung des Jahresabschlusses, des Lageberichts, des Konzernabschlusses, des Konzernlageberichts sowie der dazu gehörenden Unterlagen in der vom Inkrafttreten der Artikel 1 bis 5 des Versicherungsbilanzrichtlinie-Gesetzes vom 24. Juni 1994 an geltenden Fassung anwenden.

(4) ¹§ 341b Abs. 2 des Handelsgesetzbuchs in der vom 4. April 2002 an geltenden Fassung ist erstmals auf den Jahres- und Konzernabschluss für das am 30. September 2001 oder später endende Geschäftsjahr anzuwenden. ²§ 341b Abs. 2 des Handelsgesetzbuchs in der am 3. April 2002 geltenden Fassung ist letztmals auf den Jahres- und Konzernabschluss für das vor dem 30. September 2001 endende Geschäftsjahr anzuwenden.

1   1) Fünfter Abschn (Art 32–33) neu VersRiLiG 24. 6. 94 BGBl 1377, s Einl 62 vor § 238 HGB. IV neu Art 2 VersKapAG 26. 3. 02 BGBl 1219.

I. EinführungsG — EGHGB 33, 34 (1)

[Wie Anlagevermögen behandelte Vermögensgegenstände]

EGHGB 33 (1) [1] Waren wie Anlagevermögen behandelte Vermögensgegenstände im Abschluß für das am 31. Dezember 1994 endende oder laufende Geschäftsjahr mit einem niedrigeren Wert angesetzt, als er nach § 240 Abs. 3 und 4, §§ 252, 253 Abs. 1 und 2, §§ 254, 255, 279, 280 Abs. 1 und 2 sowie §§ 341 b bis 341 d des Handelsgesetzbuchs zulässig ist, so darf der niedrigere Wertansatz beibehalten werden. [2] § 253 Abs. 2 des Handelsgesetzbuchs ist in diesem Fall mit der Maßgabe anzuwenden, daß der niedrigere Wertansatz um planmäßige Abschreibungen entsprechend der voraussichtlichen Restnutzungsdauer zu vermindern ist.

(2) Waren nicht wie Anlagevermögen behandelte Vermögensgegenstände im Jahresabschluß für das am 31. Dezember 1994 endende oder laufende Geschäftsjahr mit einem niedrigeren Wert angesetzt, als er nach §§ 252, 253 Abs. 1, 3 und 4, §§ 254, 255 Abs. 1 und 2, §§ 256, 279 Abs. 1 Satz 1, Abs. 2, § 280 Abs. 1 und 2 zulässig sowie §§ 341 b bis 341 d des Handelsgesetzbuchs zulässig ist, so darf der niedrigere Wertansatz insoweit beibehalten werden, als er aus den Gründen des § 253 Abs. 3, §§ 254, 279 Abs. 2, § 280 Abs. 2 des Handelsgesetzbuchs angesetzt worden ist.

(3) [1] Soweit ein niedrigerer Wertansatz nach den Absätzen 1 und 2 nicht beibehalten werden darf oder nicht beibehalten wird, kann bei der Aufstellung des Jahresabschlusses für das nach dem 31. Dezember 1994 beginnende Geschäftsjahr der Unterschiedsbetrag zwischen dem im letzten vorausgehenden Jahresabschluß angesetzten Wert und dem nach den Vorschriften des Dritten Buches des Handelsgesetzbuchs anzusetzenden Wert in Gewinnrücklagen eingestellt oder für die Nachholung von Rückstellungen verwendet werden; dieser Betrag ist nicht Bestandteil des Ergebnisses. [2] Satz 1 ist entsprechend auf Beträge anzuwenden, die sich ergeben, wenn Rückstellungen oder Sonderposten mit Rücklageanteil wegen Unvereinbarkeit mit § 247 Abs. 3, §§ 249, 253 Abs. 1 Satz 2, § 273 des Handelsgesetzbuchs aufgelöst werden. [3] Vereinbarungen über die Beteiligung der Versicherungsnehmer am Überschuß bleiben unberührt.

(4) Waren Schulden, insbesondere versicherungstechnische Rückstellungen, im Jahresabschluß für das am 31. Dezember 1994 endende oder laufende Geschäftsjahr mit einem niedrigeren Wert angesetzt, als er nach §§ 249, 253 Abs. 1 Satz 2 oder §§ 341 e bis 341 h des Handelsgesetzbuchs vorgeschrieben oder zulässig ist, so kann bei der Aufstellung des Jahresabschlusses für das nach dem 31. Dezember 1994 beginnende Geschäftsjahr der für die Nachholung erforderliche Betrag den Rücklagen entnommen werden, soweit diese nicht durch Gesetz, Gesellschaftsvertrag oder Satzung für andere Zwecke gebunden sind; dieser Betrag ist nicht Bestandteil des Ergebnisses oder des Bilanzgewinns.

(5) [1] Ändern sich bei der erstmaligen Anwendung der durch die Artikel 1 bis 5 des Versicherungsbilanzrichtlinie-Gesetzes geänderten Vorschriften die bisherige Form der Darstellung oder die bisher angewandten Bewertungsmethoden, so sind § 252 Abs. 1 Nr. 6, § 265 Abs. 1, § 284 Abs. 2 Nr. 3 des Handelsgesetzbuchs bei der erstmaligen Aufstellung eines Jahresabschlusses oder Konzernabschlusses nach den geänderten Vorschriften auf diese Änderungen nicht anzuwenden. [2] Außerdem brauchen die Vorjahreszahlen bei der erstmaligen Anwendung nicht angegeben zu werden.

Sechster Abschnitt. Übergangsvorschriften zum Gesetz zur Durchführung der Elften gesellschaftsrechtlichen Richtlinie vom 22. Juli 1993

[Inländische Zweigniederlassungen]

EGHGB 34 (1) [1] Bei inländischen Zweigniederlassungen von Aktiengesellschaften, Kommanditgesellschaften auf Aktien und Gesellschaften mit beschränkter Haftung mit Sitz im Ausland, die vor dem 1. November 1993 in das Handelsregister eingetragen worden sind, haben die gesetzlichen Vertreter der Gesellschaft die in § 13 e Abs. 2 Satz 4 des Handelsgesetzbuchs vorgeschriebenen Angaben bis zum 1. Mai 1994 zur Eintragung in

(1) EGHGB 35, 36

das Handelsregister anzumelden. ²Die gesetzlichen Vertreter haben innerhalb dieses Zeitraums auch die Anschrift und den Gegenstand der Zweigniederlassung anzumelden, sofern nicht bereits die Anmeldung der Errichtung der Zweigniederlassung diese Angaben enthalten hat.

(2) Hat eine Aktiengesellschaft, Kommanditgesellschaft auf Aktien oder Gesellschaft mit beschränkter Haftung mit Sitz im Ausland am 1. November 1993 mehrere inländische Zweigniederlassungen oder errichtet sie neben einer oder mehreren bereits bestehenden inländischen Zweigniederlassungen weitere inländische Zweigniederlassungen, so ist § 13 e Abs. 5 des Handelsgesetzbuchs sinngemäß anzuwenden.

(3) Die §§ 289, 325 a und § 335 des Handelsgesetzbuchs in der ab 1. November 1993 geltenden Fassung sind erstmals auf das nach dem 31. Dezember 1992 beginnende Geschäftsjahr anzuwenden.

1   1) Sechster Abschn (Art 34) neu Art 5 G 22. 7. 93 BGBl 1282 (s § 13 HGB Rn 2). Art 34 I, II stellt sicher, dass auch die bei In-Kraft-Treten des Gesetzes bereits bestehenden ZwNl voll erfasst werden. III betrifft die Rechnungslegung.

Siebenter Abschnitt. Übergangsvorschriften zum Nachhaftungsbegrenzungsgesetz

[Übergangsvorschrift zu § 160 HGB]

EGHGB 35 ¹§ 160 des Handelsgesetzbuches in der ab dem 26. März 1994 geltenden Fassung ist auf vor diesem Datum entstandene Verbindlichkeiten anzuwenden, wenn

1. das Ausscheiden des Gesellschafters oder sein Wechsel in die Rechtsstellung eines Kommanditisten nach dem 26. März 1994 in das Handelsregister eingetragen wird und
2. die Verbindlichkeiten nicht später als vier Jahre nach der Eintragung fällig werden.

² Auf später fällig werdende Verbindlichkeiten im Sinne des Satzes 1 ist das bisher geltende Recht mit der Maßgabe anwendbar, daß die Verjährungsfrist ein Jahr beträgt.

1   1) Siebter Abschn (Art 35–37) neu Art 3 NachhaftungsbegrenzungsG (NachhBG) 18. 3. 94 BGBl 560. Art 35 enthält die Übergangsvorschrift für § 160 HGB. Ist der Gfter vor In-Kraft-Treten der neuen Regelung bereits ausgeschieden, bleibt es beim bisherigen Recht (S 1 Nr 1; Besitzstandswahrung). S 1 Nr 2 will dem Gläubiger die angemessene Zeit von mindestens einem Jahr zur Geltendmachung seiner Forderung geben, bevor die Nachhaftungsbegrenzung eintritt. Für später fällig werdende Verbindlichkeiten iSv S 1 bleibt es beim bisherigen Recht, also uU sehr lange Nachhaftung, dann aber nur einjährige Verjährung (S 2). Ausnahmen für fortbestehende Arbeitsverhältnisse s Art 36. Zu Art 35, 36 Hamm NJW **08,** 101, Reichold NJW **94,** 1621.

[Verbindlichkeiten aus fortbestehenden Arbeitsverhältnissen]

EGHGB 36 (1) ¹Abweichend von Artikel 35 gilt § 160 Abs. 3 Satz 2 des Handelsgesetzbuches auch für Verbindlichkeiten im Sinne des Artikels 35 Satz 2, wenn diese aus fortbestehenden Arbeitsverhältnissen entstanden sind. ²Dies gilt auch dann, wenn der Wechsel in der Rechtsstellung des Gesellschafters bereits vor dem 26. März 1994 stattgefunden hat, mit der Maßgabe, daß dieser Wechsel mit dem 26. März 1994 als in das Handelsregister eingetragen gilt.

(2) ¹Die Enthaftung nach Absatz 1 gilt nicht für Ansprüche auf Arbeitsentgelt, für die der Arbeitnehmer bei Zahlungsunfähigkeit der Gesellschaft keinen Anspruch auf Insolvenzgeld hat. ²Insoweit bleibt es bei dem bisher anwendbaren Recht.

1   1) Art 36, II 1 idF EGInsOÄndG 1998, enthält Sonderrecht für § 160 III 2 HGB (geschäftsführender Kdist) für Verbindlichkeiten aus fortbestehenden Arbeitsverhältnissen. Anders als nach Art 35 S 2 bleibt es nicht beim alten Recht mit einer uU sehr

I. EinführungsG **EGHGB 37–41 (1)**

langen Nachhaftung, sondern greift die Nachhaftungsbegrenzung auf fünf Jahre ein (I 1). I 2 betrifft den Fall, dass der Wechsel in der Rechtsstellung schon vor In-Kraft-Treten des Gesetzes erfolgt war, dann läuft die Frist von fünf Jahren ab In-Kraft-Treten des Gesetzes. Für Ansprüche auf Arbeitsentgelt gilt die Nachhaftungsbegrenzung nach I nicht, wenn der Arbeitnehmer bei Zahlungsunfähigkeit der Ges keinen Anspruch auf Insolvenzgeld hat; insoweit verbleibt es dann beim bisher anwendbaren Recht (II).

[Übergangsvorschrift zu §§ 26 und 28 Abs. 3 HGB]

EGHGB 37 (1) [1]**Die §§ 26 und 28 Abs. 3 des Handelsgesetzbuches in der ab dem 26. März 1994 geltenden Fassung sind auf vor diesem Datum entstandene Verbindlichkeiten anzuwenden, wenn**
1. **nach dem 26. März 1994 der neue Inhaber oder die Gesellschaft eingetragen wird oder die Kundmachung der Übernahme stattfindet und**
2. **die Verbindlichkeiten nicht später als vier Jahre nach der Eintragung oder der Kundmachung fällig werden.**

[2] **Auf später fällig werdende Verbindlichkeiten im Sinne des Satzes 1 ist das bisher geltende Recht mit der Maßgabe anwendbar, daß die Verjährungsfrist ein Jahr beträgt.**

(2) [1]**Abweichend von Absatz 1 gilt § 28 Abs. 3 des Handelsgesetzbuches auch für Verbindlichkeiten im Sinne des Absatzes 1 Satz 2, wenn diese aus fortbestehenden Arbeitsverhältnissen entstanden sind.** [2]**Dies gilt auch dann, wenn die Gesellschaft bereits vor dem 26. März 1994 ins Handelsregister eingetragen wurde, mit der Maßgabe, daß der 26. März 1994 als Tag der Eintragung gilt.**

(3) [1]**Die Enthaftung nach Absatz 2 gilt nicht für Ansprüche auf Arbeitsentgelt, für die der Arbeitnehmer bei Zahlungsunfähigkeit der Gesellschaft keinen Anspruch auf Insolvenzgeld hat.** [2]**Insoweit bleibt es bei dem bisher anwendbaren Recht.**

1) Art 37, III 1 idF EGInsOÄndG 1998, enthält die Übergangsvorschrift für §§ 26, 28 III HGB entspr Art 35, 36 (s dort). II, III enthält Sonderrecht für Verbindlichkeiten aus fortbestehenden Arbeitsverhältnissen entspr Art 36. Näher MüKo/Lieb § 26 HGB Rn 20 ff.

Achter Abschnitt. Übergangsvorschriften zum Handelsrechtsreformgesetz

[Eintragung ins Handelsregister]

EGHGB 38 **Hat die Änderung der Firma eines Einzelkaufmanns oder einer Personenhandelsgesellschaft ausschließlich die Aufnahme der nach § 19 Abs. 1 des Handelsgesetzbuchs in der ab dem 1. Juli 1998 geltenden Fassung vorgeschriebenen Bezeichnung zum Gegenstand, bedarf diese Änderung nicht der Anmeldung zur Eintragung in das Handelsregister.**

1) Achter Abschn (Art 38–41) neu durch HRefG 22. 6. 98 BGBl 1474, aufgehoben durch Art 209 VI G 19. 4.06 BGBl 866. Achter Abschn (Art 38) wieder eingeführt mit Wirkung vom 25. 4. 06 durch Art 5 G zur Reform des Versicherungsvertragsrecht 23. 11. 07 BGBl 2631. Art 38 betrifft die Neuregelung des Firmenrechts und enthält bezüglich § 19 I HGB (ausschließlich insoweit) als Erleichterung für EinzelKflte und PersonenGes eine Befreiung vom Anmeldeerfordernis nach § 31 I HGB (nur von diesem, nicht von korrekter Firmenführung). Nicht einmal formlose Mitteilung ist notwendig, zutr krit MüKoErgänzBd/Bokelmann § 19 HGB Rn 69. Die Anmeldung ist aber zulässig.

EGHGB 39–41 (gegenstandslos)

Neunter Abschnitt. Übergangsvorschriften zur Einführung des Euro

[Jahres- und Konzernabschluss]

EGHGB 42 (1) ¹Die §§ 244, 284 Abs. 2 Nr. 2, § 292a Abs. 1 Satz 1, § 313 Abs. 1 Nr. 2 und § 340h Abs. 1 Satz 1 und 2 des Handelsgesetzbuchs in der ab 1. Januar 1999 geltenden Fassung sind erstmals auf das nach dem 31. Dezember 1998 endende Geschäftsjahr anzuwenden. ²Der Jahres- und Konzernabschluß darf auch in Deutscher Mark aufgestellt werden, letztmals für das im Jahre 2001 endende Geschäftsjahr. ³Sofern der Jahresabschluß und der Konzernabschluß nach Satz 2 in Deutscher Mark aufgestellt werden, sind auch die nach § 284 Abs. 2 Nr. 2, § 292a Abs. 1 Satz 1, § 313 Abs. 1 Nr. 2 sowie § 340h Abs. 1 Satz 1 und 2 vorgeschriebenen Angaben weiterhin in Deutscher Mark zu machen. ⁴§ 328 Abs. 4 des Handelsgesetzbuchs ist letztmals auf das spätestens am 31. Dezember 1998 endende Geschäftsjahr anzuwenden.

(2) ¹Werden der Jahresabschluß und der Konzernabschluß in Euro aufgestellt, ist § 265 Abs. 2 des Handelsgesetzbuchs mit der Maßgabe anzuwenden, daß zu jedem Posten der entsprechende Betrag des vorhergehenden Geschäftsjahres in Euro anzugeben ist. ²Die Umrechnung hat insoweit auch für ein Geschäftsjahr, das vor dem 1. Januar 1999 endet, von dem vom Rat der Europäischen Union gemäß Artikel 109l Abs. 4 Satz 1 des EG-Vertrages unwiderruflich festgelegten Umrechnungskurs zu erfolgen. ³Satz 2 gilt entsprechend für die Darstellung der Entwicklung der einzelnen Posten des Anlagevermögens und des Postens „Aufwendungen für die Ingangsetzung und Erweiterung des Geschäftsbetriebs" in der Bilanz oder im Anhang nach § 268 Abs. 2 des Handelsgesetzbuchs.

(3) ¹Stellen Unternehmen vor Umstellung ihres gezeichneten Kapitals auf Euro den Jahres- und Konzernabschluß in Euro auf, darf das gezeichnete Kapital in der Vorspalte der Bilanz weiterhin in Deutscher Mark ausgewiesen werden, sofern der sich in Euro ergebende Betrag in der Hauptspalte ausgewiesen wird. ²Stellen Unternehmen den Jahres- und Konzernabschluß nach Umstellung ihres gezeichneten Kapitals auf Euro in Deutscher Mark auf, darf das gezeichnete Kapital in der Vorspalte in Euro ausgewiesen werden, sofern der sich in Deutscher Mark ergebende Betrag in der Hauptspalte ausgewiesen wird. ³Statt des Ausweises in der Vorspalte darf das gezeichnete Kapital auch im Anhang angegeben werden.

1   1) Neunter Abschn (Art 42–45) neu durch EuroEG 9. 6. 98 BGBl 1242, Art. 42, 43 und 45 mit Wirkung ab 1. 1. 99, Art. 44 mit Wirkung ab 16. 6. 98. Lit: IDW WPg **97**, 400, Ernst ZGR **98**, 20, Scheffler NJW **98**, 3174.

[Ausleihungen, Forderungen und Verbindlichkeiten]

EGHGB 43 (1) ¹Ausleihungen, Forderungen und Verbindlichkeiten, die auf Währungseinheiten der an der Wirtschafts- und Währungsunion teilnehmenden anderen Mitgliedstaaten oder auf die ECU im Sinne des Artikels 2 der Verordnung (EG) Nr. 1103/97 des Rates vom 17. Juni 1997 (ABl. EG Nr. L 162 S. 1) lauten, sind zum nächsten auf den 31. Dezember 1998 folgenden Stichtag im Jahresabschluß und im Konzernabschluß mit dem vom Rat der Europäischen Union gemäß Artikel 109l Abs. 4 Satz 1 des EG-Vertrages unwiderruflich festgelegten Umrechnungskurs umzurechnen und anzusetzen. ²Erträge, die sich aus der Umrechnung und dem entsprechenden Bilanzansatz ergeben, dürfen auf der Passivseite in einen gesonderten Posten unter der Bezeichnung „Sonderposten aus der Währungsumstellung auf den Euro" nach dem Eigenkapital eingestellt werden. ³Der Posten ist insoweit aufzulösen, als die Ausleihungen, Forderungen und Verbindlichkeiten, für die er gebildet worden ist, aus dem Vermögen des Unternehmens ausscheiden, spätestens jedoch am Schluß des fünften nach dem 31. Dezember 1998 endenden Geschäftsjahres.

(2) ¹In den Sonderposten gemäß Absatz 1 Satz 2 dürfen auch Erträge eingestellt werden, die sich aus der Aktivierung von Vermögensgegenständen aufgrund der unwiderruflichen Festlegung der Wechselkurse ergeben. ²Absatz 1 Satz 3 gilt entsprechend.

1   1) S Art. 42 Rn 1.

I. EinführungsG **EGHGB 44–46 (1)**

[Aufwendungen für Währungsumstellung]

EGHGB 44 (1) ¹Die Aufwendungen für die Währungsumstellung auf den Euro dürfen als Bilanzierungshilfe aktiviert werden, soweit es sich um selbstgeschaffene immaterielle Vermögensgegenstände des Anlagevermögens handelt. ²Der Posten ist in der Bilanz unter der Bezeichnung „Aufwendungen für die Währungsumstellung auf den Euro" vor dem Anlagevermögen auszuweisen. ³Die als Bilanzierungshilfe ausgewiesenen Beträge sind in jedem folgenden Geschäftsjahr zu mindestens einem Viertel durch Abschreibung zu tilgen. ⁴Im Jahresabschluß von Kapitalgesellschaften ist der Posten im Anhang zu erläutern. ⁵Werden solche Aufwendungen in der Bilanz von Kapitalgesellschaften ausgewiesen, so dürfen Gewinne nur ausgeschüttet werden, wenn die nach der Ausschüttung verbleibenden jederzeit auflösbaren Gewinnrücklagen zuzüglich eines Gewinnvortrags und abzüglich eines Verlustvortrags dem angesetzten Betrag mindestens entsprechen.

(2) Absatz 1 ist erstmals auf das nach dem 31. Dezember 1997 endende Geschäftsjahr anzuwenden.

1) S Art. 42 Rn 1.   **1**

[Anmeldungen zur Eintragung ins Handelsregister]

EGHGB 45 (1) ¹Anmeldungen zur Eintragung in das Handelsregister, die nur die Ersetzung von auf Deutsche Mark lautenden Beträgen durch den zu dem vom Rat der Europäischen Union gemäß Artikel 1091 Abs 4 Satz 1 des EG-Vertrages unwiderruflich festgelegten Umrechnungskurs ermittelten Betrag in Euro zum Gegenstand haben, bedürfen nicht der in § 12 des Handelsgesetzbuchs vorgeschriebenen Form. ²Entsprechende Eintragungen werden abweichend von § 10 des Handelsgesetzbuchs nicht bekannt gemacht.

(2) Für die Anmeldung der Erhöhung des Grund- oder Stammkapitals aus Gesellschaftsmitteln oder der Herabsetzung des Kapitals auf den nächsthöheren oder nächstniedrigeren Betrag, mit dem die Nennbeträge der Aktien auf volle Euro oder die Nennbeträge der Geschäftsanteile auf einen durch zehn teilbaren Betrag in Euro gestellt werden können, zum Handelsregister ist die Hälfte des sich auf § 41a Abs. 1 Nr. 3 oder 4 der Kostenordnung ergebenden Wertes als Geschäftswert zugrunde zu legen.

1) II nF HRegGebNeuOG 2004; II aF weggefallen, III aF in geänderter Form jetzt **1**
II. S auch Art. 42 Rn 1.

Zehnter Abschnitt. Übergangsvorschriften zum Gesetz zur Kontrolle und Transparenz im Unternehmensbereich

[Übergangsvorschriften zum KonTraG]

EGHGB 46 (1) ¹Die §§ 285, 289, 297, 315, 317, 321, 322, 340a und 341k des Handelsgesetzbuchs in der Fassung des Gesetzes zur Kontrolle und Transparenz im Unternehmensbereich sind spätestens auf das nach dem 31. Dezember 1998 beginnende Geschäftsjahr anzuwenden. ²§ 323 des Handelsgesetzbuchs in der Fassung des in Satz 1 genannten Gesetzes ist erstmals auf die Prüfung des Abschlusses für das nach dem 31. Dezember 1998 beginnende Geschäftsjahr anzuwenden.

(2) § 319 des Handelsgesetzbuchs in der Fassung des in Absatz 1 Satz 1 genannten Gesetzes ist erstmals auf das nach dem 31. Dezember 2001 beginnende Geschäftsjahr anzuwenden.

(3) Sind die neuen Vorschriften nach den Absätzen 1 und 2 auf ein früheres Geschäftsjahr nicht anzuwenden und werden die neuen Vorschriften nach Absatz 1 Satz 1 nicht freiwillig angewendet, so ist für das Geschäftsjahr die am 30. April 1998 geltende Fassung der geänderten Vorschriften anzuwenden.

1) Zehnter Abschn (Art 46) neu durch KonTraG 27. 4. 98 BGBl 786. Betroffen **1**
sind Vorschriften des 3. Buchs des HGB zu den HdlBüchern und zur Abschluss-

prüfung. I 2 gilt für die Verantwortlichkeit des Abschlussprüfers (§ 323 HGB). II verlangt die erweiterte Unabhängigkeit der Abschlussprüfer nach § 319 HGB erstmals für das nach dem 31. 12. 01 beginnende Geschäftjahr.

Elfter Abschnitt. Übergangsvorschrift zum Gesetz zur Verlängerung der steuerlichen und handelsrechtlichen Aufbewahrungsfristen

[Aufbewahrungsfrist]

EGHGB 47 § 257 Abs. 4 des Handelsgesetzbuchs in der Fassung des Artikels 4 des Gesetzes vom 19. Dezember 1998 (BGBl. I S. 3816) gilt erstmals für Unterlagen, deren Aufbewahrungsfrist nach § 257 Abs. 4 des Handelsgesetzbuchs in der bis zum 23. Dezember 1998 geltenden Fassung noch nicht abgelaufen ist.

1 1) 11. Abschn (Art 47) neu durch G 19. 12. 98 BGBl 3816. Übergangsvorschrift zu § 257 IV HGB betreff Verlängerung der Aufbewahrungsfrist für Buchungsbelege auf 10 Jahre.

Zwölfter Abschnitt. Übergangsvorschriften zum Kapitalgesellschaften- und Co-Richtlinie-Gesetz

[Übergangsvorschriften zum KapCoRiLiG]

EGHGB 48 (1) ¹Die Bestimmungen des Zweiten Abschnitts des Dritten Buchs des Handelsgesetzbuchs in der vom 9. März 2000 an geltenden Fassung sind von offenen Handelsgesellschaften und Kommanditgesellschaften im Sinne des § 264 a des Handelsgesetzbuchs erstmals auf Jahresabschlüsse und Lageberichte sowie auf Konzernabschlüsse und Konzernlageberichte für das nach dem 31. Dezember 1999 beginnende Geschäftsjahr anzuwenden; sie können auf ein früheres Geschäftsjahr angewendet werden, jedoch nur insgesamt. ²§ 264 Abs. 4, §§ 267, 292a Abs. 1, § 313 Abs. 2 Nr. 4 Satz 2, § 314 Abs. 1 Nr. 6 Buchstabe a Satz 1, § 325 Abs. 1 Satz 1, Abs. 3 Satz 1, § 326 Satz 1, §§ 335 a, 335 b, 339 Abs. 1 Satz 1, Abs. 2, §§ 340 o und 341 o des Handelsgesetzbuchs in der vom 9. März 2000 an geltenden Fassung sind vorbehaltlich des Satzes 1 erstmals auf Jahres- und Konzernabschlüsse für das nach dem 31. Dezember 1998 beginnende Geschäftsjahr anzuwenden. ³§ 335 des Handelsgesetzbuchs in der bis zum 8. März 2000 geltenden Fassung ist letztmals zur Durchsetzung der in Satz 1 dieser Vorschrift bezeichneten Pflichten anzuwenden, soweit sie ein Geschäftsjahr betreffen, das vor dem 1. Januar 1999 begonnen hat.

(2) ¹Waren Vermögensgegenstände des Anlagevermögens im Jahresabschluss für das am 31. Dezember 1999 endende oder laufende Geschäftsjahr mit einem niedrigeren Wert angesetzt, als er nach § 240 Abs. 3 und 4, §§ 252, 253 Abs. 1, 2 und 4, §§ 254, 255, 279 und 280 Abs. 1 und 2 des Handelsgesetzbuchs zulässig ist, so darf der niedrigere Wertansatz beibehalten werden. ²§ 253 Abs. 2 des Handelsgesetzbuchs ist in diesen Fällen mit der Maßgabe anzuwenden, dass der niedrigere Wertansatz um planmäßige Abschreibungen entsprechend der voraussichtlichen Restnutzungsdauer zu vermindern ist.

(3) Waren Vermögensgegenstände des Umlaufvermögens im Jahresabschluss für das am 31. Dezember 1999 endende oder laufende Geschäftsjahr mit einem niedrigeren Wert angesetzt, als er nach §§ 252, 253 Abs. 1, 3 und 4, §§ 254, 255 Abs. 1 und 2, §§ 256, 279 Abs. 1 Satz 1, Abs. 2 § 280 Abs. 1 und 2 des Handelsgesetzbuchs zulässig ist, so darf der niedrigere Wertansatz insoweit beibehalten werden, als er aus den Gründen des § 253 Abs. 3, §§ 254, 279 Abs. 2, § 280 Abs. 2 des Handelsgesetzbuchs angesetzt worden ist.

(4) ¹Ändern sich bei der erstmaligen Anwendung der durch die Artikel 1 und 5 des Kapitalgesellschaften- und Co-Richtlinie-Gesetzes geänderten Vorschriften auf eine Personenhandelsgesellschaft im Sinne des § 264a des Handelsgesetzbuchs die bisherige Form der Darstellung oder die bisher angewandten Bewertungsmethoden, so sind § 252 Abs. 1 Nr. 6, § 265 Abs. 1, § 284 Abs. 2 Nr. 3 des Han-

I. EinführungsG **EGHGB 49 (1)**

delsgesetzbuchs bei der erstmaligen Aufstellung eines Jahresabschlusses nach den geänderten Vorschriften nicht anzuwenden. ²Außerdem brauchen die Vorjahreszahlen bei der erstmaligen Anwendung nicht angegeben zu werden.

(5) ¹Sind bei der erstmaligen Anwendung des § 268 Abs. 2 des Handelsgesetzbuchs über die Darstellung der Entwicklung des Anlagevermögens die Anschaffungs- oder Herstellungskosten eines Vermögensgegenstandes des Anlagevermögens nicht ohne unverhältnismäßige Kosten oder Verzögerungen feststellbar, so dürfen die Buchwerte dieser Vermögensgegenstände aus dem Jahresabschluss des vorhergehenden Geschäftsjahrs als ursprüngliche Anschaffungs- oder Herstellungskosten übernommen und fortgeführt werden. ²Satz 1 darf entsprechend auf die Darstellung des Postens „Aufwendungen für die Ingangsetzung und Erweiterung des Geschäftsbetriebs" angewendet werden. ³Die Anwendung der Sätze 1 und 2 ist im Anhang anzugeben. ⁴Die Sätze 1 und 2 sind nicht anzuwenden, soweit aus Gründen des Steuerrechts die Anschaffungs- oder Herstellungskosten ermittelt werden müssen.

(6) Personenhandelsgesellschaften im Sinne des § 264 a des Handelsgesetzbuchs haben bei Anwendung des Artikels 28 Abs. 1 die in Artikel 28 Abs. 2 vorgeschriebenen Angaben erstmals für das nach dem 31. Dezember 1999 beginnende Geschäftsjahr zu machen.

1) 12. Abschn (Art 48) neu durch KapCoRiLiG 24. 2. 00 BGBl 154. Übergangs- **1** vorschrift zu den durch die GmbH & Co-Ri (Einl 8 vor § 238) bedingten Änderungen. Die Bestimmungen des 2. Abschn des 3. Buchs (§§ 264–335 HGB) sind in der nF von OHG und KG iSv § 264 a HGB erstmals auf Jahres- und Konzernabschlüsse und (Konzern-)Lageberichte für das nach dem 31. 12. 99 beginnende Geschäftsjahr anzuwenden **(I 1).** Sie können auch schon auf ein früheres Geschäftsjahr angewandt werden, dann aber nur insgesamt. Eine Reihe von Bestimmungen (darunter §§ 335 a, b, 340 o, 341 o HGB bezüglich Festsetzung von Ordnungsgeld für Verletzung von Offenlegungspflichten nach §§ 325, 325 a HGB) sind vorbehaltlich von I 1 erstmals auf Jahres- und Konzernabschlüsse anzuwenden, die das nach dem 31. 12. 98 beginnende Geschäftsjahr betreffen **(I 2).** § 335 aF HGB ist letztmals anwendbar auf Pflichtverletzungen nach I 1, die ein vor dem 1. 1. 99 begonnenes Geschäftsjahr betreffen **(I 3).** II–VI enthalten Übergangsregeln zu speziellen Vorschriften, ua Beibehaltungswahlrechte.

Dreizehnter Abschnitt. Übergangsvorschrift zur Anpassung der Abgrenzungsmerkmale für größenabhängige Befreiungen bei der Aufstellung des Konzernabschlusses nach den §§ 290 bis 293 des Handelsgesetzbuchs

EGHGB 49 § 293 Abs. 1 des Handelsgesetzbuchs ist für Geschäftsjahre, die nach dem 31. Dezember 1998 beginnen und die spätestens am 31. Dezember 1999 enden, mit folgenden Maßgaben anzuwenden:
1. In Nummer 1 treten
    a) in Buchstabe a an die Stelle des Geldbetrages „32 270 000 Deutsche Mark" der Geldbetrag von „80 670 000 Deutsche Mark",
    b) in Buchstabe b an die Stelle des Geldbetrages „64 540 000 Deutsche Mark" der Geldbetrag von „161 330 000 Deutsche Mark" und
    c) in Buchstabe c an die Stelle der Arbeitnehmerzahl „250" die Arbeitnehmerzahl „500".
2. In Nummer 2 treten
    a) in Buchstabe a an die Stelle des Geldbetrages „26 890 000 Deutsche Mark" der Geldbetrag von „67 230 000 Deutsche Mark",
    b) in Buchstabe b an die Stelle des Geldbetrages „53 780 000 Deutsche Mark" der Geldbetrag von „134 460 000 Deutsche Mark" und
    c) in Buchstabe c an die Stelle der Arbeitnehmerzahl „250" die Arbeitnehmerzahl „500".

(1) EGHGB 50, 51

1 1) 13. Abschn (Art 49) neu durch KapCoRiLiG 24. 2. 00 BGBl 154, Übergangsvorschrift zu § 293 I HGB betreffend größenabhängige Befreiungen bei der Aufstellung des Konzernabschlusses nach §§ 290–293 HGB.

Vierzehnter Abschnitt. Übergangsvorschrift zum Gesetz zur Änderung von Vorschriften über die Tätigkeit der Wirtschaftsprüfer

[Übergangsvorschrift zum Gesetz zur Änderung von Vorschriften über die Tätigkeit der Wirtschaftsprüfer]

EGHGB 50 § 319 Abs. 2 Satz 2 Nr. 2 und Abs. 3 Nr. 7 des Handelsgesetzbuchs in der am 1. Januar 2001 geltenden Fassung sind für die Prüfung einer Aktiengesellschaft, die Aktien mit amtlicher Notierung ausgegeben hat, erstmals auf die Prüfung des Abschlusses für das nach dem 31. Dezember 2002 beginnende Geschäftsjahr anzuwenden.

1 1) 14. Abschn (Art 50) neu durch WPOÄG 19. 12. 00 BGBl 1769, Abs 2 aufgehoben durch EuroBilG 10. 12. 2001 BGBl 3414, Abs 1 Satz 2 aufgehoben durch BilReG 4. 12. 2004 BGBl 3166. Übergangsvorschrift zu § 319 II 2 Nr 2 HGB und III Nr 7 betr mangelnde Teilnahme an der Qualitätskontrolle (Peer Review) als Ausschlussgrund für Wirtschaftsprüfer und vereidigte Buchprüfer. Art 50 differenziert zwischen Aktiengesellschaften, die Aktien mit amtlicher Notierung ausgegeben haben (vgl (14) BörsG § 30 aF, sprachliche Anpassung wie in § 319 III Nr 6 HGB ua durch Art 8 4. FinanzmarktfördG „deren Aktien zum Handel im amtlichen Markt zugelassen sind" ist unterblieben), und sonstigen Aktiengesellschaften; für letztere Frist bis zum nach dem 31. 12. 05 beginnenden Geschäftsjahr. Abs 1 Satz 2 war mit § 319 HGB idF BilReG obsolet geworden.

Fünfzehnter Abschnitt. Übergangsvorschriften zum Euro-Bilanzgesetz

[Übergangsvorschriften zum Euro-Bilanzgesetz]

EGHGB 51 (1) [1] § 323 Abs. 2 und § 340k Abs. 4 des Handelsgesetzbuchs in der vom 1. Januar 2002 an geltenden Fassung sind erstmals auf die Prüfung des Abschlusses für ein nach dem 31. Dezember 2001 endendes Geschäftsjahr anzuwenden. [2] § 323 Abs. 2 und § 340k Abs. 4 des Handelsgesetzbuchs in der bis zum 31. Dezember 2001 geltenden Fassung sind letztmals auf die Prüfung des Abschlusses für ein spätestens am 31. Dezember 2001 endendes Geschäftsjahr anzuwenden.

(2) [1] § 325a Abs. 1 Satz 3 bis 5, § 340l Abs. 2 Satz 3 und 4, Abs. 4 des Handelsgesetzbuchs in der am 15. Dezember 2001 geltenden Fassung sind erstmals auf die Offenlegung des Jahres- und Konzernabschlusses, des Lageberichts und Konzernlageberichts sowie der dazugehörenden Unterlagen für das am 31. Dezember 2000 oder später endende Geschäftsjahr anzuwenden. [2] § 325a Abs. 1 Satz 3 und 4, § 340l Abs. 2 Satz 3 und 4, Abs. 4 des Handelsgesetzbuchs in der am 14. Dezember 2001 geltenden Fassung sind letztmals auf die Offenlegung des Jahres- und Konzernabschlusses, des Lageberichts und Konzernlageberichts sowie der dazugehörenden Unterlagen für das vor dem 31. Dezember 2000 endende Geschäftsjahr anzuwenden. [3] Sofern die Offenlegung des Jahres- und Konzernabschlusses, des Lageberichts und Konzernlageberichts sowie der dazugehörenden Unterlagen eines Geschäftsjahres, das vor dem 31. Dezember 2000 endet, bisher nicht erfolgt ist und das Unternehmen diesen Umstand nicht zu vertreten hat, können auf die Offenlegung die Vorschriften des Satzes 1 angewendet werden.

1 1) 15. Abschn (Art 51) neu durch EuroBilG 10. 12. 01 BGBl 3414. Übergangsvorschriften zu § 323 II HGB betr Erhöhung der gesetzlichen Haftungsobergrenze (§ 323 HGB Rn 9) und § 340k IV betr erleichterte Auswahl von Abschlussprüfern kleinerer Finanzdienstleistungsinstitute (Art 51 I) und zu §§ 325 a I 3–5, 340l II 3, 4, IV HGB betr ZwNl von KapitalGes mit Sitz im Ausland (Art 51 II).

I. EinführungsG **EGHGB 52–54 (1)**

Sechzehnter Abschnitt. Übergangsvorschrift zum Gesetz über elektronische Register und Justizkosten für Telekommunikation

[Übergangsvorschrift zum Gesetz über elektronische Register und Justizkosten für Telekommunikation]

EGHGB 52 ¹Bei nach § 33 des Handelsgesetzbuchs eingetragenen juristischen Personen, Offenen Handelsgesellschaften und Kommanditgesellschaften muss die Anmeldung und Eintragung einer dem gesetzlichen Regelfall entsprechenden Vertretungsmacht der persönlich haftenden Gesellschafter, des Vorstandes und der Liquidatoren erst erfolgen, wenn eine vom gesetzlichen Regelfall abweichende Bestimmung des Gesellschaftsvertrages oder der Satzung über die Vertretungsmacht angemeldet und eingetragen wird oder wenn erstmals die Liquidatoren zur Eintragung angemeldet und eingetragen werden. ²Das Registergericht kann die Eintragung einer dem gesetzlichen Regelfall entsprechenden Vertretungsmacht auch von Amts wegen vornehmen.

1) 16. Abschn (Art 52) neu durch ERJuKoG 10. 12. 01 BGBl 3422. Übergangsvorschrift betr juristische Personen nach § 33 HGB, OHG und KG. Die nach dem ER JuKoG erforderliche Anmeldung und Eintragung einer dem gesetzlichen Regelfall entsprechenden Vertretungsmacht der phG, des Vorstands und der Liquidatoren und entsprechender Änderungen (§§ 33 II, 34 I, 106 II Nr 4, 107, 148 I, 150 HGB) muss erst bei einem in Art 52 bezeichneten neuen Ereignis erfolgen (Art 52 S 1). Doch kann das Registergericht von Amts wegen eintragen (Art 52 S 2).

Siebzehnter Abschnitt. Übergangsvorschriften zum Altfahrzeug-Gesetz

[Übergangsvorschriften zum Altfahrzeug-Gesetz]

EGHGB 53 (1) Für Verpflichtungen zur Rücknahme und Verwertung von Altfahrzeugen nach den §§ 3 bis 5 der Altfahrzeug-Verordnung in der Fassung der Bekanntmachung vom 21. Juni 2002 (BGBl. I S. 2214) sind Rückstellungen hinsichtlich der bis zum jeweiligen Abschlussstichtag in Verkehr gebrachten Fahrzeuge erstmals im Jahresabschluss für das nach dem 26. April 2002 endende Geschäftsjahr zu bilden.

(2) ¹Soweit sich die in Absatz 1 genannten Verpflichtungen auf Fahrzeuge beziehen, die vor dem 1. Juli 2002 in Verkehr gebracht wurden, darf als Bilanzierungshilfe jeweils der Unterschiedsbetrag zwischen den hierfür nach Absatz 1 anzusetzenden Rückstellungen und dem Rückstellungsbetrag aktiviert werden, der sich bei Ansammlung dieser Rückstellungen in gleichmäßig bemessenen Jahresraten ergäbe. ²Dabei ist ein Ansammlungszeitraum zugrunde zu legen, der mit dem in Absatz 1 bezeichneten Geschäftsjahr beginnt und mit dem letzten vor dem 1. Januar 2007 endenden Geschäftsjahr endet. ³Der Posten ist in der Bilanz unter der Bezeichnung „Ausgleichsbetrag nach dem Altfahrzeug-Gesetz" vor dem Anlagevermögen auszuweisen. ⁴Artikel 44 Abs. 1 Satz 4 und 5 gilt entsprechend.

1) 17. Abschn (Art 53) neu durch AltfahrzeugG 21. 6. 02 BGBl 2199. Übergangsvorschriften zu Rückstellungen und Bilanzierungshilfe bei Verpflichtungen zur Rücknahme und Verwertung von Altfahrzeugen.

Achtzehnter Abschnitt. Übergangsvorschriften zum Transparenz- und Publizitätsgesetz

[Übergangsvorschriften zum Transparenz- und Publizitätsgesetz]

EGHGB 54 (1) ¹Die vom Inkrafttreten des Artikels 2 des Transparenz- und Publizitätsgesetzes an geltende Fassung des § 285 Nr. 9, § 286 Abs. 3, § 291 Abs. 3, § 297 Abs. 1 Satz 2, § 298 Abs. 1, § 299 Abs. 1, § 301 Abs. 1, der §§ 304, 308, 313 Abs. 3, des § 314 Abs. 1

(1) EGHGB 55, 56
2. Handelsrechtl. Nebengesetze

Nr. 6 sowie des § 341j Abs. 2 des Handelsgesetzbuchs ist erstmals auf das nach dem 31. Dezember 2002 beginnende Geschäftsjahr anzuwenden. ²Die Vorschriften können auf ein früheres Geschäftsjahr angewendet werden. ³Die vom Inkrafttreten des Artikels 2 des Transparenz- und Publizitätsgesetzes an geltende Fassung des § 285 Nr. 16, § 314 Abs. 1 Nr. 8, Abs. 2, § 316 Abs. 2 Satz 2, § 317 Abs. 4, § 321 Abs. 1 Satz 3, Abs. 2, § 325 Abs. 1 Satz 1, Abs. 3 Satz 1 und 2 sowie des § 341 Abs. 4 Satz 2 des Handelsgesetzbuchs ist erstmals auf das nach dem 31. Dezember 2001 beginnende Geschäftsjahr anzuwenden.

(2) Ergibt sich bei der erstmaligen Anwendung der in Absatz 1 genannten Bestimmungen eine Erhöhung oder Verminderung des Ergebnisses, so ist der Unterschiedsbetrag in die Gewinnrücklagen einzustellen oder offen mit diesen zu verrechnen; dieser Betrag ist nicht Bestandteil des Jahresergebnisses.

1   **1)** 18. Abschn (Art 54) neu durch TransPuG 19. 7. 02 BGBl 2681. Übergangsvorschriften zu verschiedenen Vorschriften betr Pflichtangaben im Anhang (§§ 285, 286 HGB), Konzernabschluss (§§ 291 ff HGB), Prüfung (§§ 316 ff HGB) und Offenlegung (§ 325 HGB).

Neunzehnter Abschnitt. Übergangsvorschrift zum Wirtschaftsprüfungsexamens-Reformgesetz

[Übergangsvorschrift zum Wirtschaftsprüfungsexamens-Reformgesetz]

EGHGB 55 (1) Die regelmäßige Verjährungsfrist nach § 195 des Bürgerlichen Gesetzbuchs findet auf die am 1. Januar 2004 bestehenden und noch nicht verjährten Ansprüche nach § 323 des Handelsgesetzbuchs Anwendung.

(2) ¹Die regelmäßige Verjährungsfrist nach § 195 des Bürgerlichen Gesetzbuchs wird vom 1. Januar 2004 an berechnet. ²Läuft jedoch die Verjährungsfrist nach dem bis zum 31. Dezember 2003 geltenden § 323 Abs. 5 des Handelsgesetzbuchs früher als die Verjährungsfrist nach § 195 des Bürgerlichen Gesetzbuchs ab, so ist die Verjährung mit Ablauf der in § 323 Abs. 5 des Handelsgesetzbuchs in der bis zum 31. Dezember 2003 geltenden Fassung bestimmten Verjährungsfrist vollendet.

1   **1)** 19. Abschn (Art 55) neu durch WPRefG 1. 12. 03 BGBl 2446. Übergangsvorschrift zu der aufgehobenen Sonderverjährungsvorschrift des § 323 V aF HGB (5 Jahre). Stichtag für die Anwendbarkeit der Regelverjährung nach § 196 BGB ist danach grundsätzlich 1. 1. 04. Art 55 entspricht **(2 c)** WPO § 139 b WPO, der Übergangsvorschrift zu der aufgehobenen parallelen Sonderverjährungsvorschrift des **(2 c)** WPO § 51 a (5 Jahre ab Anspruchsentstehung).

Zwanzigster Abschnitt. Übergangsvorschriften zum Bilanzkontrollgesetz

[Übergangsvorschriften zum Bilanzkontrollgesetz]

EGHGB 56 (1) ¹Die Bestimmungen des Sechsten Abschnitts des Dritten Buchs des Handelsgesetzbuchs in der Fassung des Bilanzkontrollgesetzes vom 15. Dezember 2004 finden erstmals auf Abschlüsse des Geschäftsjahres Anwendung, das am 31. Dezember 2004 oder später endet. ²Prüfungen durch eine anerkannte Prüfstelle im Sinne von § 342 b Abs. 1 des Handelsgesetzbuchs finden frühestens ab dem 1. Juli 2005 statt.

(2) In dem ersten nach Anerkennung einer Prüfstelle gemäß § 342 d des Handelsgesetzbuchs aufzustellenden Wirtschaftsplan sind auch die Kosten zu berücksichtigen, die zur Errichtung der Prüfstelle erforderlich waren, auch wenn sie bereits vor Anerkennung der Prüfstelle entstanden sind.

1   **1)** 20. Abschn (Art 56) neu durch BilKoG 15. 12. 04 BGBl 3408. Übergangsvorschrift zum neuen 6. Abschn des 3. Buchs über die Prüfstelle für Rechnungslegung. Prüfungen nicht vor 1. 7. 05.

I. EinführungsG **EGHGB 57, 58 (1)**

Einundzwanzigster Abschnitt. Übergangsvorschriften zur Verordnung (EG) Nr. 1606/2002 sowie zum Bilanzrechtsreformgesetz

[Übergangsvorschrift zur Verordnung (EG) Nr. 1606/2002]

EGHGB 57 [1] Auf Gesellschaften, von denen
1. lediglich Schuldtitel zum Handel in einem geregelten Markt eines Mitgliedstaats der Europäischen Union oder eines anderen Vertragsstaats des Abkommens über den Europäischen Wirtschaftsraum im Sinne des Artikels 1 Nr. 13 der Richtlinie 93/22/EWG des Rates vom 10. Mai 1993 über Wertpapierdienstleistungen (ABl. EG Nr. L 141 S. 27), die zuletzt durch die Richtlinie 2002/87/EG des Europäischen Parlaments und des Rates vom 16. Dezember 2002 (ABl. EU 2003 Nr. L 35 S. 1) geändert worden ist, zugelassen sind, oder
2. Wertpapiere zum öffentlichen Handel in einem Drittstaat zugelassen sind und die zu diesem Zweck seit dem Geschäftsjahr, das vor dem 11. September 2002 begann, international anerkannte Rechnungslegungsstandards anwenden,

findet Artikel 4 der Verordnung (EG) Nr. 1606/2002 des Europäischen Parlaments und des Rates vom 19. Juli 2002 betreffend die Anwendung internationaler Rechnungslegungsstandards (ABl. EG Nr. L 243 S. 1) in der jeweils geltenden Fassung erst von dem Geschäftsjahr an Anwendung, das nach dem 31. Dezember 2006 beginnt. [2] Drittstaat im Sinne des Satzes 1 Nr. 2 ist ein Staat, der weder Mitgliedstaat der Europäischen Union noch Vertragsstaat des Abkommens über den Europäischen Wirtschaftsraum ist.

1) 21. Abschn (Art 57–58) neu durch BilReG 4. 12. 04 BGBl 3166. Art 57 enthält **1** Übergangsvorschrift zu Art 4 VO (EG) 19. 7. 02 betr Anwendung internationaler Rechnungslegungsstandards, ABlEG Nr L 243/1, Geltung gemäß Wahlrecht in Art 9 VO erst für Geschäftsjahre beginnend nach 31. 12. 06.

[Übergangsvorschrift zum Bilanzrechtsreformgesetz]

EGHGB 58 (1) § 267 Abs. 1 und 2, § 293 Abs. 1 des Handelsgesetzbuchs in der Fassung des Bilanzrechtsreformgesetzes vom 4. Dezember 2004 (BGBl. I S. 3166) sind erstmals auf Jahres- und Konzernabschlüsse für das nach dem 31. Dezember 2003 beginnende Geschäftsjahr anzuwenden.

(2) [1] § 285 Satz 1 Nr. 18, 19, Satz 2 bis 6, §§ 286 bis 288, 289 Abs. 2 Nr. 2, § 314 Abs. 1 Nr. 10, 11, § 315 Abs. 2 Nr. 2, §§ 327, 336, 338, 340 a Abs. 2, § 341 a Abs. 2 des Handelsgesetzbuchs in der Fassung des Bilanzrechtsreformgesetzes sind erstmals auf Jahres- und Konzernabschlüsse für das nach dem 31. Dezember 2003 beginnende Geschäftsjahr anzuwenden. [2] Im Lagebericht und im Konzernlagebericht ist für Geschäftsjahre, die nach dem 31. Dezember 2003 beginnen und die spätestens am 31. Dezember 2004 enden, auch auf die voraussichtliche Entwicklung der Kapitalgesellschaft und des Konzerns einzugehen.

(3) [1] Die §§ 257, 285 Satz 1 Nr. 17, § 289 Abs. 1, 3, § 291 Abs. 3, § 294 Abs. 3 Satz 1, § 297 Abs. 1, § 298 Abs. 3, § 313 Abs. 2 Nr. 1, § 314 Abs. 1 Nr. 9, § 315 Abs. 1, § 315a Abs. 1 und 3, § 317 Abs. 2, §§ 321, 321 a, 322, 324 a, 325, 328, 339, 340 a Abs. 1, 340 j, 340 l Abs. 5, § 341 j Abs. 1, § 341 l Abs. 4 des Handelsgesetzbuchs in der Fassung des Bilanzrechtsreformgesetzes finden erstmals auf das nach dem 31. Dezember 2004 beginnende Geschäftsjahr Anwendung. [2] § 315 a Abs. 2 des Handelsgesetzbuchs in der Fassung des Bilanzrechtsreformgesetzes findet erstmals auf das nach dem 31. Dezember 2006 beginnende Geschäftsjahr Anwendung. [3] § 318 Abs. 3 des Handelsgesetzbuchs in der Fassung des Bilanzrechtsreformgesetzes ist erstmals anzuwenden bei Ersetzungsverfahren, die nach dem 31. Dezember 2004 beantragt werden. [4] Die bis zum 9. Dezember 2004 geltenden Fassungen der §§ 257, 289 Abs. 1, § 291 Abs. 3, §§ 292 a, 294 Abs. 3 Satz 1, §§ 295, 297 Abs. 1, § 298 Abs. 3, § 313 Abs. 2 Nr. 1, § 315 Abs. 1, § 317 Abs. 2, §§ 321, 322, 325, 328, 339, 340 a Abs. 1, § 340 l Abs. 5, § 341 j Abs. 1 des Handelsgesetzbuchs sind letztmals auf das vor dem 1. Januar 2005 beginnende Geschäftsjahr anzuwenden. [5] § 292 a des Handelsgesetzbuchs gilt entsprechend für nach

(1) EGHGB 58 1, 2 2. Handelsrechtl. Nebengesetze

dem 31. Dezember 2002 und vor dem 1. Januar 2005 beginnende Geschäftsjahre auch für Mutterunternehmen, die keinen organisierten Markt im Sinne des § 2 Abs. 5 des Wertpapierhandelsgesetzes in Anspruch nehmen.

(4) ¹Die §§ 319 und 319a des Handelsgesetzbuchs in der Fassung des Bilanzrechtsreformgesetzes finden vorbehaltlich der Sätze 3, 4 und 6 erstmals auf alle gesetzlich vorgeschriebenen Abschlussprüfungen für das nach dem 31. Dezember 2004 beginnende Geschäftsjahr Anwendung. ²Die bis zum 9. Dezember 2004 geltende Fassung des § 319 des Handelsgesetzbuchs ist letztmals auf alle gesetzlich vorgeschriebenen Abschlussprüfungen für das vor dem 1. Januar 2005 beginnende Geschäftsjahr anzuwenden. ³ § 319 Abs. 1 Satz 3 des Handelsgesetzbuchs in der Fassung des Bilanzrechtsreformgesetzes ist auf alle gesetzlich vorgeschriebenen Abschlussprüfungen mit Ausnahme der Prüfung einer Aktiengesellschaft, die Aktien mit amtlicher Notierung ausgegeben hat, erstmals für das nach dem 31. Dezember 2005 beginnende Geschäftsjahr anzuwenden. ⁴ § 319a Abs. 1 Satz 1 Nr. 1, 4 und Satz 4 des Handelsgesetzbuchs in der Fassung des Bilanzrechtsreformgesetzes ist erstmals auf Abschlussprüfungen für das nach dem 31. Dezember 2006 beginnende Geschäftsjahr anzuwenden. ⁵ Auf Abschlussprüfungen für vor dem 1. Januar 2007 beginnende Geschäftsjahre findet § 319 Abs. 3 Nr. 6 des Handelsgesetzbuchs in der bis zum 9. Dezember 2004 geltenden Fassung Anwendung. ⁶ § 319 Abs. 3 Satz 1 Nr. 3 und § 319a Abs. 1 Satz 1 Nr. 2 des Handelsgesetzbuchs in der Fassung des Bilanzrechtsreformgesetzes sind auf Abschlussprüfungen für vor dem 1. Januar 2006 beginnende Geschäftsjahre nicht anzuwenden, wenn der Auftrag zur Erbringung der dort genannten Leistungen vor dem 29. Oktober 2004 erteilt worden ist und die Tätigkeit nach der bis zum 9. Dezember 2004 geltenden Fassung des Handelsgesetzbuchs zulässig war.

(5) ¹Erfüllt ein Mutterunternehmen (§ 290 des Handelsgesetzbuchs) die Voraussetzungen des Artikels 57 Satz 1 Nr. 1 dieses Gesetzes, so ist die bis zum 9. Dezember 2004 geltende Fassung des § 297 Abs. 1 des Handelsgesetzbuchs abweichend von Absatz 3 Satz 4 letztmals auf das vor dem 1. Januar 2007 beginnende Geschäftsjahr anzuwenden; dies gilt nicht, wenn ein Konzernabschluss nach § 315a Abs. 3 des Handelsgesetzbuchs aufgestellt wird. ²In den Fällen des Artikels 57 Satz 1 dürfen die in dieser Vorschrift bezeichneten Rechnungslegungsstandards nach Maßgabe des § 292a des Handelsgesetzbuchs in der bis zum 9. Dezember 2004 geltenden Fassung noch auf Geschäftsjahre angewendet werden, die vor dem 1. Januar 2007 beginnen.

(6) Soweit § 292a des Handelsgesetzbuchs in der bis zum 9. Dezember 2004 geltenden Fassung nach Absatz 3 Satz 4 oder 5 oder nach Absatz 5 Satz 2 weiterhin Anwendung findet, ist auch § 331 Nr. 3 des Handelsgesetzbuchs in der bis zum 9. Dezember 2004 geltenden Fassung weiter anzuwenden.

1 Art 58 enthält Übergangsvorschriften zu den vielen durch das BilReG gebrachten Änderungen im 3. Buch (Zusammenstellung s Einl 15 vor § 1 HGB, für die Abschlussprüfung s Einl 1 vor § 316 HGB). I betrifft die Schwellenwerte nach § 267 I, II, 293 I HGB. II betrifft die Änderungen auf Grund der Fair Value-Richtlinie. III 1 enthält Übergangsvorschriften ua zu § 321a HGB (Offenlegung des Prüfungsberichts in besonderen Fällen) und § 322 HGB (Bestätigungsvermerk): erstmals für das nach dem 31. 12. 04 beginnende Geschäftsjahr. Eine Ausnahme davon macht III 2 für § 315a II HGB. Nach III 3 ist das Ersetzungsverfahren nach § 318 III HGB erstmals auf nach dem 31. 12. 04 beantragte Ersetzungsverfahren anwendbar. V betrifft die Fälle von Art 57. VI betrifft § 292a aF HGB.

2 IV fasst die Übergangsregelungen für die Abschlussprüfung nach § 319 HGB (Auswahl der Abschlussprüfer und Ausschlussgründe) und § 319a HGB (Ausschlussgründe in besonderen Fällen) zusammen. Die Grundregel nach IV 1 geht dahin, dass das neue Recht grundsätzlich erstmals auf das Geschäftsjahr 2005 bzw die Prüfung des entsprechenden Abschlusses anzuwenden ist. IV 2 betrifft die letztmalige Anwendung von § 319 aF HGB. IV 3 schiebt die Anforderungen von § 319 I 3 HGB bezüglich der Qualitätskontrolle (außer für Ges mit amtlich notierten Aktien) um ein Jahr hinaus. Nach IV 4 finden § 319a I 1 Nr 1, 4 und Satz 4 HGB erstmals auf Abschlussprüfungen für das nach dem 31. 12. 06 beginnende Geschäftsjahr Anwendung. IV 5 betrifft § 319 III Nr 6 aF HGB. IV 6 enthält Übergangsrecht zu §§ 319 III 1 Nr 3, 319 a I 1 Nr 2 HGB.

Zweiundzwanzigster Abschnitt. Übergangsvorschriften zum Vorstandsvergütungs-Offenlegungsgesetz

[Übergangsvorschriften zum VorstOG und zum RechtsbereinigungsG BMJ]

EGHGB 59 ¹§ 285 Satz 1 Nr. 9 Buchstabe a, § 286 Abs. 4, 5, § 289 Abs. 2 Nr. 5, § 314 Abs. 1 Nr. 6 Buchstabe a, Abs. 2 Satz 2, § 315 Abs. 2 Nr. 4, § 334 Abs. 3, § 340 n Abs. 3 und § 341 n Abs. 3 des Handelsgesetzbuchs in der Fassung des Gesetzes vom 3. August 2005 (BGBl. I S. 2267) sowie § 315 a Abs. 1 und § 325 Abs. 2 a des Handelsgesetzbuchs in der Fassung des Artikels 145 des Gesetzes vom 19. April 2006 (BGBl. I S. 866) sind erstmals auf Jahres- und Konzernabschlüsse für das nach dem 31. Dezember 2005 beginnende Geschäftsjahr anzuwenden. ²Die in Satz 1 genannten Bestimmungen sind auch auf Gesellschaften im Sinne des Artikels 57 Satz 1 Nr. 2 anzuwenden.

22. Abschn (Art 59) neu durch VorstOG 3. 8. 05 BGBl 2267, geänd mWv 25. 4. **1** 2006 durch G 19. 4. 06 BGBl 866. Übergangsvorschrift zur Offenlegung der Vorstandsvergütungen im Jahres- und Konzernabschluss. Erstmalige Anwendung auf Abschlüsse für das nach dem 31. 12. 2005 beginnende Geschäftsjahr.

Dreiundzwanzigster Abschnitt. Übergangsvorschriften zum Übernahmerichtlinie-Umsetzungsgesetz

[Übergangsvorschriften zum Übernahmerichtlinie-Umsetzungsgesetz]

EGHGB 60 § 289 Abs. 4, § 315 Abs. 4, § 334 Abs. 1 Nr. 3 und 4, § 340 n Abs. 1 Nr. 3 und 4 sowie § 341 n Abs. 1 Nr. 3 und 4 in der Fassung des Übernahmerichtlinie-Umsetzungsgesetzes sind erstmals auf Jahres- und Konzernabschlüsse für das nach dem 31. Dezember 2005 beginnende Geschäftsjahr anzuwenden.

23. Abschn (Art 60) neu durch ÜbernahmeRiUmsetzungsG 8. 7. 06 BGBl 1426. **1** Übergangsvorschrift zu den durch Art 10 der ÜbernahmeRi vorgeschriebenen, für Übernahmeinteressenten relevanten Angaben über Gesellschaften mit zum Handel an einem organisierten Markt zugelassenen Wertpapieren nach §§ 289 IV als Grundnorm (Angaben im Lagebericht) und §§ 315 IV, 334 I Nr 3, 4, 340 I Nr 3, 4 und 341 n I Nr 3, 4 HGB. Erstmalige Anwendung auf Jahres- und Konzernabschlüsse für das nach dem 31. 12. 2005 beginnende Geschäftsjahr.

Vierundzwanzigster Abschnitt. Übergangsvorschriften zum Gesetz über elektronische Handelsregister und Genossenschaftsregister sowie das Unternehmensregister

[Übergangsvorschriften zum Gesetz über elektronische Handelsregister]

EGHGB 61 (1) ¹Die Landesregierungen können durch Rechtsverordnung bestimmen, dass Anmeldungen und alle oder einzelne Dokumente bis zum 31. Dezember 2009 auch in Papierform zum Handelsregister eingereicht werden können. ²Soweit eine Rechtsverordnung nach Satz 1 erlassen wird, gelten die Vorschriften über die Anmeldung zum Handelsregister und die Einreichung von Dokumenten in ihrer bis zum Inkrafttreten des Gesetzes über elektronische Handelsregister und Genossenschaftsregister sowie das Unternehmensregister vom 10. November 2006 (BGBl. I S. 2553) am 1. Januar 2007 geltenden Fassung. ³Die Landesregierungen können durch Rechtsverordnung die Ermächtigung nach Satz 1 auf die Landesjustizverwaltungen übertragen.

(2) Das Bundesministerium der Justiz kann durch Rechtsverordnung ohne Zustimmung des Bundesrates bestimmen, dass alle oder einzelne beim Betreiber des elektronischen Bundesanzeigers elektronisch einzureichenden Dokumente bis zum 31. Dezember 2009 auch in Papierform eingereicht werden können.

(1) EGHGB 61

2. Handelsrechtl. Nebengesetze

(3) ¹Nach Eingang eines Antrags auf Offenlegung als elektronisches Dokument werden Schriftstücke, die innerhalb des dem Antrag vorausgehenden Zeitraums von zehn Jahren bei dem Registergericht in Papierform eingereicht worden sind, in ein elektronisches Dokument übertragen; § 8 b Abs. 4 Satz 2 des Handelsgesetzbuchs gilt entsprechend. ²Soweit eine Rechtsverordnung nach Absatz 1 Satz 1 erlassen wird, sind die nach dem 31. Dezember 2006 in Papierform eingereichten Dokumente unverzüglich in ein elektronisches Dokument zu übertragen.

(4) ¹Das Gericht hat die Eintragungen in das Handelsregister bis zum 31. Dezember 2008 zusätzlich zu der elektronischen Bekanntmachung nach § 10 des Handelsgesetzbuchs in der Fassung des Gesetzes über elektronische Handelsregister und Genossenschaftsregister sowie das Unternehmensregister auch in einer Tageszeitung oder einem sonstigen Blatt bekannt zu machen. ²Das Gericht hat jährlich im Dezember das Blatt zu bezeichnen, in dem während des nächsten Jahres die in Satz 1 vorgesehenen Bekanntmachungen erfolgen sollen; § 11 der Handelsregisterverordnung in der bis zum Inkrafttreten des Gesetzes über elektronische Handelsregister und Genossenschaftsregister sowie das Unternehmensregister am 1. Januar 2007 geltenden Fassung findet auf die Auswahl und Bezeichnung des Blattes weiter Anwendung. ³Wird das Handelsregister bei einem Gericht von mehreren Richtern geführt und einigen sich diese nicht über die Bezeichnung des Blattes, so wird die Bestimmung von dem im Rechtszug vorgeordneten Landgericht getroffen; ist bei diesem Landgericht eine Kammer für Handelssachen gebildet, so tritt diese an die Stelle der Zivilkammer. ⁴Für den Eintritt der Wirkungen der Bekanntmachung ist ausschließlich die elektronische Bekanntmachung nach § 10 Satz 1 des Handelsgesetzbuchs maßgebend.

(5) ¹§ 264 Abs. 3, § 264 b Nr. 3, § 287 Satz 3, § 290 Abs. 1, § 313 Abs. 4 Satz 3, die §§ 325, 325 a, 327 a und 328 Abs. 2, die §§ 329, 334, 335, 335 b, 339, 340 l, 340 n, 340 o, 341 i Abs. 3 Satz 1, die §§ 341 a, 341 l, 341 n, 341 o und 341 p des Handelsgesetzbuchs in der Fassung des Gesetzes über elektronische Handelsregister und Genossenschaftsregister sowie das Unternehmensregister sind erstmals auf Jahres- und Konzernabschlüsse sowie Lageberichte und Konzernlageberichte für das nach dem 31. Dezember 2005 beginnende Geschäftsjahr anzuwenden. ²§ 264 Abs. 3, § 264 b Nr. 3 und 4, § 287 Satz 3, § 290 Abs. 1, § 313 Abs. 4 Satz 3, die §§ 325, 325 a, 327 und 328 Abs. 2, die §§ 329, 334, 335, 335 a, 335 b, 339, 340 l, 340 n, 340 o, 341 a, 341 i Abs. 3 Satz 1, die §§ 341 l, 341 n, 341 o und § 341 p des Handelsgesetzbuchs in der bis zum Inkrafttreten des Gesetzes über elektronische Handelsregister und Genossenschaftsregister sowie das Unternehmensregister am 1. Januar 2007 geltenden Fassung sind letztmals auf Jahres- und Konzernabschlüsse für das vor dem 1. Januar 2006 beginnende Geschäftsjahr anzuwenden. ³Jahres- und Konzernabschlussunterlagen nach Satz 2, die ab dem 1. Januar 2007 beim Betreiber des elektronischen Bundesanzeigers eingereicht werden, leitet dieser an das bis dahin zuständige Amtsgericht weiter, das nach den bis zum 31. Dezember 2006 geltenden Bestimmungen verfährt. ⁴In den Fällen des Satzes 3 werden die Jahres- und Konzernabschlussunterlagen sowie Lageberichte und Konzernlageberichte nach § 325 Abs. 2 oder Abs. 3 sowie die Hinweisbekanntmachung nach § 325 Abs. 1 Satz 2 des Handelsgesetzbuchs, jeweils in der bis zum Inkrafttreten des Gesetzes über elektronische Handelsregister und Genossenschaftsregister sowie das Unternehmensregister am 1. Januar 2007 geltenden Fassung, im elektronischen Bundesanzeiger bekannt gemacht.

(6) ¹Die auf Grundlage der §§ 13 bis 13 c des Handelsgesetzbuchs in der bis zum Inkrafttreten des Gesetzes über elektronische Handelsregister und Genossenschaftsregister sowie das Unternehmensregister am 1. Januar 2007 geltenden Fassung beim Gericht der Zweigniederlassung für die Zweigniederlassung eines Unternehmens mit Sitz oder Hauptniederlassung im Inland geführten Registerblätter werden zum 1. Januar 2007 geschlossen; zugleich ist von Amts wegen folgender Vermerk auf dem Registerblatt einzutragen: „Die Eintragungen zu dieser Zweigniederlassung werden ab dem 1. Januar 2007 nur noch bei dem Gericht der Hauptniederlassung/ des Sitzes geführt." ²Auf dem Registerblatt beim Gericht der Hauptniederlassung oder des Sitzes wird zum 1. Januar 2007 von Amts wegen der Verweis auf die Eintragung beim Gericht am Ort der Zweigniederlassung gelöscht.

(7) ¹Soweit gesetzliche oder vertragliche Verwendungsbeschränkungen nicht entgegenstehen, übermittelt die Bundesanstalt für Finanzdienstleistungsaufsicht (Bundesanstalt) auf automatisiert verarbeitbaren Datenträgern oder durch Daten-

I. EinführungsG   1–6 **EGHGB 61 (1)**

fernübertragung dem Betreiber des elektronischen Bundesanzeigers zum Stand 30. April 2007 die Namen und Anschriften der Kapitalgesellschaften, die einen organisierten Markt im Sinn des § 2 Abs. 5 des Wertpapierhandelsgesetzes durch von ihnen ausgegebene Wertpapiere im Sinn des § 2 Abs. 1 Satz 1 des Wertpapierhandelsgesetzes im Inland in Anspruch nehmen. ² Der Betreiber des elektronischen Bundesanzeigers darf die ihm übermittelten Daten im Wege des automatisierten Abgleichs zur Pflege der bei ihm zu den in Satz 1 genannten Kapitalgesellschaften gespeicherten Daten verwenden. ³ Eine Verwendung der Daten für andere Zwecke ist unzulässig. ⁴ Die von der Bundesanstalt übermittelten Daten sind nach Durchführung des Abgleichs unverzüglich zu löschen; überlassene Datenträger sind unverzüglich zurückzugeben oder zu vernichten. ⁵ Für die Übermittlung unrichtiger Daten haftet die Bundesanstalt dem Betreiber des elektronischen Bundesanzeigers nicht.

24. Abschn (Art 61) neu durch EHUG 10. 10. 06 BGBl 2553. Art 61 enthält Über- **1** gangsvorschrift zu verschiedenen Vorschriften über das elektronische Handelsregister. Unternehmen, die keinen Zugang zur elektronischen Technik haben, wird zwar in der Praxis der Geschäftsverkehr mit den Registergerichten durch die Notare abgenommen, die die Einreichung zur Eintragung notariell beurkunden müssen (§ 12 HGB); auch ist die Beauftragung von Dienstleistern bzw Service Providern möglich (RegE). Um alle Härten zu vermeiden, enthält jedoch I 1 eine Ermächtigung an die Landesregierungen, durch RVO die Einreichung von Anmeldungen und allen oder einzelnen Dokumenten zum HdlReg bis zum 31. 12. 09 auch in Papierform zuzulassen. Ergeht eine solche RVO, bleibt es bei den bis zum EHUG geltenden Vorschriften über die Anmeldung zum HdlReg und die Einreichung von Dokumenten (I 2). Die Landesregierungen können die Ermächtigung auf die Landesjustizverwaltungen weiter übertragen (I 3).

Eine entsprechende Ermächtigung erhält das BMJ. Es kann durch RVO bestimmen, **2** dass alle oder einzelne beim Betreiber des elektronischen BAnz elektronisch einzureichenden Dokumente bis zum 31. 12. 2009 auch in Papierform eingereicht werden können (II). II erstreckt sich nicht auf die Offenlegung im Übrigen (dazu V).

III trägt Art 3 II Unterabs 4 Satz 2 der PublizitätsRi (§ 8 Rn 2 a HGB) Rechnung, **3** wonach bei Antrag auf Offenlegung die vor dem 1. 1. 2007 eingereichten Schriftstücke in elektronischer Form für die letzten 10 Jahre in ein elektronisches Dokument übertragen werden müssen. Ein bloßer Online-Abruf (§ 9 I HGB) ist nicht als solcher Antrag anzusehen, Voraussetzung ist vielmehr nach dem RegE ein Antrag an das Registergericht, eine Kopie des Schriftstücks in ein elektronisches Dokument zu übertragen (vgl Art 3 III Unterabs 2 Satz 1 der PublizitätsRi)

IV enthält Übergangsvorschriften zu der bisherigen Pflicht, Eintragungen in das **4** HdlReg im BAnz und mindestens einem anderen Blatt bekannt zu machen (§ 10 aF HGB). Das Gericht hat die Eintragungen in das HdlReg bis zum 31. 12. 2008 zusätzlich zur elektronischen Bekanntmachung nach § 10 nF auch in (nur) einer Tageszeitung oder einem sonstigen Blatt bekannt zu machen; so bundeseinheitlich IV 1). Grund: etwaige regionale Unterverbreitungen von Internetanschlüssen (RegE). Zeitlich und rechtlich, also zB für die Publizitätswirkung, kommt es schon während der Übergangszeit allein auf die elektronische Bekanntmachung an (Rechtsausschuss).

V 1 bestimmt, auf welche Jahres- bzw Konzernabschlüsse sowie weitere Jahres- **5** abschlussunterlagen die neuen Offenlegungsvorschriften erstmals anzuwenden sind, nämlich für das nach dem 31. 12. 2005 beginnende Geschäftsjahr. Entsprechend legt V 2 fest, bis wann die betreffenden Vorschriften noch in der aF vor dem EHUG geltenden Fassung anzuwenden sind, nämlich letztmals für das vor dem 1. 1. 2006 beginnende Geschäftsjahr. V 3 enthält für die Fälle von V 2 Weiterleitungsvorschriften des Betreibers des elektronischen BAnz an die noch dem alten Verfahrensrecht zuständigen Registergerichte. V 4 enthält für die Fälle von V 3, bei denen es beim alten Verfahren bleibt, besondere Übergangsvorschriften zur Bekanntmachung.

VI (neu im Rechtsausschuss) regelt die Schließung der bisherigen Registerblätter für **6** die ZwNl eines inländischen Unternehmens durch die Registergerichte der ZwNl, weil nunmehr das HdlReg der HauptNl führend ist. Stichtag ist der 1. 1. 2007.

Hopt   1629

(1) EGHGB 62–64

7 VII (neu im Rechtsausschuss) schafft die Rechtsgrundlage für die (einmalige, Stand 30. 4. 07) Übermittlung von elektronisch verfügbaren Daten über kapitalmarktorientierte Ges durch die BaFin an den Betreiber des elektronischen BAnz. Dem letzteren obliegt dann die fortlaufende Aktualisierung der Datenbestände. VII begründet keine Pflicht der BaFin zur Datenermittlung.

8 VIII war nur für einen kurzen Übergangszeitraum wichtig und ist nach Art 13 II mit dem Inkrafttreten des EHUG am 1. 1. 2007 außer Kraft getreten.

Fünfundzwanzigster Abschnitt. Übergangsvorschriften zum Transparenzrichtlinie-Umsetzungsgesetz

[Übergangsvorschriften zum Transparenzrichtlinie-Umsetzungsgesetz]

EGHGB 62 § 264 Abs. 2 Satz 3, § 289 Abs. 1 Satz 5, § 297 Abs. 2 Satz 4, § 315 Abs. 1 Satz 6, § 315a Abs. 1, § 325 Abs. 2a Satz 3, § 331 Nr. 3 und 3a, § 340a Abs. 3, § 340i Abs. 4 sowie § 342b Abs. 2 Satz 1 des Handelsgesetzbuchs in der Fassung des Transparenzrichtlinie-Umsetzungsgesetzes sind erstmals auf Jahres- und Konzernabschlüsse sowie Lageberichte und Konzernlageberichte und Halbjahresfinanzberichte sowie Zwischenabschlüsse und Konzernzwischenabschlüsse für das nach dem 31. Dezember 2006 beginnende Geschäftsjahr anzuwenden.

1 25. Abschn (Art 62) neu durch TUG 5. 1. 07 BGBl 10. Übergangsvorschrift zu den Vorschriften zum Dritten Buch des HGB über den Bilanzeid mit Wissensvorbehalt (§§ 264 II 3, 289 I 5, 297 II 4, 315 I Satz 6 HGB) und verschiedene Angabe-, Offenlegungs-, Straf- und Bußgeldvorschriften (§§ 315a I, 325 IIa 3, 331 Nr 3, 3a, 340a III, 340i IV und 342b II 1 HGB). Erstmalige Anwendung auf Jahres- und Konzernabschlüsse sowie Lageberichte und Konzernlageberichte und Halbjahresfinanzberichte sowie Zwischenabschlüsse und Konzernzwischenabschlüsse für das nach dem 31. 12. 2006 beginnende Geschäftsjahr.

Sechsundzwanzigster Abschnitt. Übergangsvorschrift zum Gesetz zur Reform des Versicherungsvertragsrechts

[Übergangsvorschrift]

EGHGB 63 Der Zehnte Abschnitt des Fünften Buchs und § 905 des Handelsgesetzbuchs sind auf Versicherungsverhältnisse, die bis zum Inkrafttreten des Versicherungsvertragsgesetzes vom 23. November 2007 (BGBl. I S. 2631) am 1. Januar 2008 entstanden sind, bis zum 31. Dezember 2008 anzuwenden.

1 26. Abschn (Art 63) neu durch Art 5 G zur Reform des Versicherungsvertragsrechts 23. 11. 07 BGBl 2631. Betrifft Übergangsvorschrift zur Aufhebung seehandelsrechtlicher Vorschriften.

Siebenundzwanzigster Abschnitt. Übergangsvorschrift zum Risikobegrenzungsgesetz

[Übergangsvorschrift zum Risikobegrenzungsgesetz]

EGHGB 64 § 354a des Handelsgesetzbuchs ist in seiner seit dem 19. August 2008 geltenden Fassung nur auf Vereinbarungen anzuwenden, die nach 18. August 2008 geschlossen werden.

1 27. Abschn (Art 64) neu durch Art 11 RisikobegrenzG 12. 08. 08 BGBl 1666. § 354a nF HGB gilt erst für Vereinbarungen, die nach dem 18. 8. 08 geschlossen werden.

Achtundzwanzigster Abschnitt. Übergangsvorschriften zum Gesetz zur Modernisierung des GmbH-Rechts und zur Bekämpfung von Missbräuchen

[Übergangsvorschriften zum Gesetz zur Modernisierung des GmbH-Rechts und zur Bekämpfung von Missbräuchen]

EGHGB 65 [1] Die Pflicht, die inländische Geschäftsanschrift bei dem Gericht nach den §§ 13, 13 d, 13 e, 29 und 106 des Handelsgesetzbuchs in der ab dem Inkrafttreten des Gesetzes vom 23. Oktober 2008 (BGBl. I S. 2026) am 1. November 2008 geltenden Fassung zur Eintragung in das Handelsregister anzumelden, gilt auch für diejenigen, die zu diesem Zeitpunkt bereits in das Handelsregister eingetragen sind, es sei denn, die inländische Geschäftsanschrift ist dem Gericht bereits nach § 24 Abs. 2 oder Abs. 3 der Handelsregisterverordnung mitgeteilt worden und hat sich anschließend nicht geändert. [2] In diesen Fällen ist die inländische Geschäftsanschrift mit der ersten das eingetragene Unternehmen betreffenden Anmeldung zum Handelsregister ab dem 1. November 2008, spätestens aber bis zum 31. Oktober 2009 anzumelden. [3] Wenn bis zum 31. Oktober 2009 keine inländische Geschäftsanschrift zur Eintragung in das Handelsregister angemeldet worden ist, trägt das Gericht von Amts wegen und ohne Überprüfung kostenfrei die ihm nach § 24 Abs. 2, bei Zweigniederlassungen die nach § 24 Abs. 3 der Handelsregisterverordnung bekannte inländische Anschrift als Geschäftsanschrift in das Handelsregister ein; in diesem Fall gilt bei Zweigniederlassungen nach § 13 e Abs. 1 des Handelsgesetzbuchs die mitgeteilte Anschrift zudem unabhängig von dem Zeitpunkt ihrer tatsächlichen Eintragung ab dem 31. Oktober 2009 als eingetragene inländische Geschäftsanschrift, wenn sie im elektronischen Informations- und Kommunikationssystem nach § 9 Abs. 1 des Handelsgesetzbuchs abrufbar ist. [4] Ist dem Gericht keine Mitteilung im Sinne des § 24 Abs. 2 oder Abs. 3 der Handelsregisterverordnung gemacht worden, ist ihm aber in sonstiger Weise eine inländische Geschäftsanschrift bekannt geworden, so gilt Satz 3 mit der Maßgabe, dass diese Anschrift einzutragen ist, wenn sie im elektronischen Informations- und Kommunikationssystem nach § 9 Abs. 1 des Handelsgesetzbuchs abrufbar ist. [5] Dasselbe gilt, wenn eine in sonstiger Weise bekanntgewordene inländische Anschrift von einer früher nach § 24 Abs. 2 oder Abs. 3 der Handelsregisterverordnung mitgeteilten Anschrift abweicht. [6] Eintragungen nach den Sätzen 3 bis 5 werden abweichend von § 10 des Handelsgesetzbuchs nicht bekannt gemacht.

28. Abschn (Art 65, ursprünglich Redaktionsversehen 27. Abschn und Art 64) neu **1** durch Art 4 MoMiG 23. 10. 08 BGBl 2026. Art 65 enthält Übergangsvorschriften zur neuen Pflicht, die inländische Geschäftsanschrift anzumelden (§§ 13, 13 d, 13 e, 29, 106 HGB) und regelt, ob und ggf bis wann die bereits im HdlReg eingetragenen Ges dem nachkommen müssen. Die Pflicht gilt grundsätzlich auch für diese Altgesellschaften (Satz 1). Anzumelden ist dann zusammen mit der ersten neuen Anmeldung, spätestens aber bis 31. 10. 09 (Satz 2). Wenn nicht rechtzeitig angemeldet wird, trägt das Gericht von Amts wegen und ohne Überprüfung die ihm nach § 24 II, bei ZwNl die nach § 24 III HRV bekannte inländische Anschrift als Geschäftsanschrift ein (Satz 3). Für den Fall, dass dem Gericht keine Mitteilung nach § 24 II, III HRV gemacht worden ist, ihm aber sonst eine inländische Geschäftsanschrift bekannt ist, trägt es unter den in Satz 4 genannten Voraussetzungen diese ein. Ebenso bei Abweichungen (Satz 5). Eintragungen nach Satz 3–5 werden abweichend von § 10 HGB nicht bekannt gemacht (Satz 6).

Neunundzwanzigster Abschnitt. Übergangsvorschriften zum Bilanzrechtsmodernisierungsgesetz

[Übergangsvorschriften zum Bilanzrechtsmodernisierungsgesetz]

EGHGB 66 (1) Die §§ 241a, 242 Abs. 4, § 267 Abs. 1 und 2 sowie § 293 Abs. 1 des Handelsgesetzbuchs in der Fassung des Bilanzrechtsmodernisierungsgesetzes vom 25. Mai 2009 (BGBl. I S. 1102) sind erstmals auf Jahres- und Konzernabschlüsse für das nach dem 31. Dezember 2007 beginnende Geschäftsjahr anzuwenden.

(1) EGHGB 66

(2) ¹ § 285 Nr. 3, 3 a, 16, 17 und 21, § 288 soweit auf § 285 Nr. 3, 3 a, 17 und 21 Bezug genommen wird, § 289 Abs. 4 und 5, die §§ 289 a, 292 Abs. 2, § 314 Abs. 1 Nr. 2, 2 a, 8, 9 und 13, § 315 Abs. 2 und 4, § 317 Abs. 2 Satz 2, Abs. 3 Satz 2, Abs. 5 und 6, § 318 Abs. 3 und 8, § 319 a Abs. 1 Satz 1 Nr. 4, Satz 4 und 5, Abs. 2 Satz 2, die §§ 319 b, 320 Abs. 4, § 321 Abs. 4 a, § 340 k Abs. 2 a, § 340 l Abs. 2 Satz 2 bis 4, § 341 a Abs. 2 Satz 5 und § 341 j Abs. 1 Satz 3 des Handelsgesetzbuchs in der Fassung des Bilanzrechtsmodernisierungsgesetzes vom 25. Mai 2009 (BGBl. I S. 1102) sind erstmals auf Jahres- und Konzernabschlüsse für das nach dem 31. Dezember 2008 beginnende Geschäftsjahr anzuwenden. ² § 285 Satz 1 Nr. 3, 16 und 17, § 288 soweit auf § 285 Nr. 3 und 17 Bezug genommen wird, § 289 Abs. 4, § 292 Abs. 2, § 314 Abs. 1 Nr. 2, 8 und 9, § 315 Abs. 4, § 317 Abs. 3 Satz 2 und 3, § 318 Abs. 3, § 319 a Abs. 1 Satz 1 Nr. 4, Satz 4, § 341 a Abs. 2 Satz 5 sowie § 341 j Abs. 1 Satz 3 des Handelsgesetzbuchs in der bis zum 28. Mai 2009 geltenden Fassung sind letztmals auf Jahres- und Konzernabschlüsse für vor dem 1. Januar 2009 beginnende Geschäftsjahre anzuwenden.

(3) ¹ § 172 Abs. 4 Satz 3, die §§ 246, 248 bis 250, § 252 Abs. 1 Nr. 6 , die §§ 253 bis 255 Abs. 2 a und 4, § 256 Satz 1, die §§ 256 a, 264 Abs. 1 Satz 2, die §§ 264 d, 266, 267 Abs. 3 Satz 2, § 268 Abs. 2 und 8, § 272 Abs. 1, 1 a, 1 b und 4, die §§ 273, 274 a Nr. 5, § 277 Abs. 3 Satz 1, Abs. 4 Satz 3, Abs. 5, § 285 Nr. 13, 18 bis 20, 22 bis 29, § 286 Abs. 3 Satz 3, § 288 soweit auf § 285 Nr. 19, 22 und 29 Bezug genommen wird, die §§ 290, 291 Abs. 3, § 293 Abs. 4 Satz 2, Abs. 5, § 297 Abs. 3 Satz 2, § 298 Abs. 1, § 300 Abs. 1 Satz 2, § 301 Abs. 1 Satz 1, Abs. 4, die §§ 306, 308 a, 310 Abs. 2, § 313 Abs. 3 Satz 3, § 314 Abs. 1 Nr. 10 bis 12, 14 bis 21, § 315 a Abs. 1, § 319 Abs. 1 Halbsatz 1, § 325 Abs. 4, § 325 a Abs. 1 Satz 2 Satz 1, § 327 Nr. 1 Satz 2, die §§ 334, 336 Abs. 2, die §§ 340 a, 340 c, 340 e, 340 f, 340 h, 340 n, 341 a Abs. 1 Satz 1, Abs. 2 Satz 1 und 2, die §§ 341 b, 341 e, 341 l und 341 n des Handelsgesetzbuchs in der Fassung des Bilanzrechtsmodernisierungsgesetzes vom 25. Mai 2009 (BGBl. I S. 1102) sind erstmals auf Jahres- und Konzernabschlüsse für das nach dem 31. Dezember 2009 beginnende Geschäftsjahr anzuwenden. ² § 253 des Handelsgesetzbuchs in der Fassung des Bilanzrechtsmodernisierungsgesetzes findet erstmals auf Geschäfts- oder Firmenwerte im Sinn des § 246 Abs. 1 Satz 4 des Handelsgesetzbuchs in der Fassung des Bilanzrechtsmodernisierungsgesetzes Anwendung, die aus Erwerbsvorgängen herrühren, die in Geschäftsjahren erfolgt sind, die nach dem 31. Dezember 2009 begonnen haben. ³ § 255 Abs. 2 des Handelsgesetzbuchs in der Fassung des Bilanzrechtsmodernisierungsgesetzes findet erstmals auf Herstellungsvorgänge Anwendung, die in dem in Satz 1 bezeichneten Geschäftsjahr begonnen wurden. ⁴ § 294 Abs. 2, § 301 Abs. 1 Satz 2 und 3, Abs. 2, § 309 Abs. 1 und § 312 in der Fassung des Bilanzrechtsmodernisierungsgesetzes finden erstmals auf Erwerbsvorgänge Anwendung, die in Geschäftsjahren erfolgt sind, die nach dem 31. Dezember 2009 begonnen haben. ⁵ Für nach § 290 Abs. 1 und 2 des Handelsgesetzbuchs in der Fassung des Bilanzrechtsmodernisierungsgesetzes erstmals zu konsolidierende Tochterunternehmen oder bei erstmaliger Aufstellung eines Konzernabschlusses für nach dem 31. Dezember 2009 beginnende Geschäftsjahre finden § 301 Abs. 1 Satz 2 und 3, Abs. 2 und § 309 Abs. 1 des Handelsgesetzbuchs in der Fassung des Bilanzrechtsmodernisierungsgesetzes auf Konzernabschlüsse für nach dem 31. Dezember 2009 beginnende Geschäftsjahre Anwendung. ⁶ Die neuen Vorschriften können bereits auf nach dem 31. Dezember 2008 beginnende Geschäftsjahre angewandt werden, dies jedoch nur insgesamt; dies ist im Anhang und Konzernanhang anzugeben.

(4) Die §§ 324, 340 k Abs. 5 sowie § 341 k Abs. 4 des Handelsgesetzbuchs in der Fassung des Bilanzrechtsmodernisierungsgesetzes vom 25. Mai 2009 (BGBl. I S. 1102) sind erstmals ab dem 1. Januar 2010 anzuwenden; § 12 Abs. 4 des Einführungsgesetzes zum Aktiengesetz ist entsprechend anzuwenden.

(5) § 246 Abs. 1 und 2, § 247 Abs. 3, die §§ 248 bis 250, § 252 Abs. 1 Nr. 6, die §§ 253, 254, 255 Abs. 2 und 4, § 256 Satz 1, § 264 c Abs. 4 Satz 3, § 265 Abs. 3 Satz 2, die §§ 266, 267 Abs. 3 Satz 2, § 268 Abs. 2, die §§ 269, 270 Abs. 1 Satz 2, § 272 Abs. 1 und 4, die §§ 273, 274, 274 a Nr. 5, § 275 Abs. 2 Nr. 7 Buchstabe a, § 277 Abs. 3 Satz 1, Abs. 4 Satz 3, die §§ 279 bis 283, 285 Satz 1 Nr. 2, 5, 13, 18 und 19, Sätze 2 bis 6, § 286 Abs. 3 Satz 3, der §§ 287, 288 soweit auf § 285 Satz 1 Nr. 2, 5 und 18 Bezug genommen wird, die §§ 290, 291 Abs. 3 Nr. 1 und 2 Satz 2, § 293 Abs. 4 Satz 2, Abs. 5, § 294 Abs. 2 Satz 2, § 297 Abs. 3, § 298 Abs. 1, § 300 Abs. 1 Satz 2, § 301 Abs. 1 Satz 2 bis 4, Abs. 2, 3 Satz 1 und 3, Abs. 4, die

I. EinführungsG 1–6 **EGHGB 66 (1)**

§§ 302, 306, 307 Abs. 1 Satz 2, § 309 Abs. 1, § 310 Abs. 2, § 312 Abs. 1 bis 3, § 313 Abs. 3 Satz 3, Abs. 4, § 314 Abs. 1 Nr. 10 und 11, § 315 a Abs. 1, § 319 a Abs. 1 Satz 1 Halbsatz 1, § 325 Abs. 4, § 325 a Abs. 1 Satz 1, § 327 Nr. 1 Satz 2, die §§ 334, 336 Abs. 2, § 340 a Abs. 2 Satz 1, die §§ 340 c, 340 e, 340 f, 340 h, 340 n, 341 a Abs. 1 und 2 Satz 1 und 2, § 341 b Abs. 1 und 2, § 341 e Abs. 1, § 341 l Abs. 1 und 3 und § 341 n des Handelsgesetzbuchs in der bis zum 28. Mai 2009 geltenden Fassung sind letztmals auf Jahres- und Konzernabschlüsse für das vor dem 1. Januar 2010 beginnende Geschäftsjahr anzuwenden.

(6) § 335 Abs. 5 Satz 11 und 12 des Handelsgesetzbuchs in der Fassung des Bilanzrechtsmodernisierungsgesetzes vom 25. Mai 2009 (BGBl. I S. 1102) ist nur vom 29. Mai 2009 bis zum 31. August 2009 anzuwenden und tritt am 1. September 2009 außer Kraft.

(7) § 248 Abs. 2 und § 255 Abs. 2 a des Handelsgesetzbuchs in der Fassung des Bilanzrechtsmodernisierungsgesetzes vom 25. Mai 2009 (BGBl. I S. 1102) finden nur auf die selbst geschaffenen immateriellen Vermögensgegenstände des Anlagevermögens Anwendung, mit deren Entwicklung in Geschäftsjahren begonnen wird, die nach dem 31. Dezember 2009 beginnen.

Der 24. Abschn eingefügt durch BilMoG 2009. Er enthält Übergangsregelungen 1 zum BilMoG in Art 66 und diesbezüglich Erleichterungen in Art 67. Nach **I** sind die mit der Anhebung der Schwellenwerte (§§ 267, 293 HGB) erfolgten, der Umsetzung der AbänderungsRi (2006/46/EG) dienenden **Erleichterungen** für Unternehmen rückwirkend anzuwenden für Geschäftsjahre beginnend nach dem 31. 12. 07. Das gilt auch für die Befreiungen der §§ 241 a HGB, 242 IV HGB für kleine Kflte.

Die in **II** genannten, auf die AbänderungsRi (2006/46/EG) und die Abschluss- 2 prüferRi (2006/43/EG) zurückgehenden Änderungen sind auf Geschäftsjahre beginnend nach dem 31. 12. 2008 anzuwenden; sie betreffen bestimmte Anhangangaben, den Lagebericht mit Erklärung zur Unternehmensführung (§ 289 a nF HGB) und die Abschlussprüfung. Nach Art 56 der Ri waren deren Rechtsinhalte bis zum 29. 6. 08 umzusetzen.

III 1 bestimmt für den **Großteil der anderen Änderungen** Anwendung für Geschäftsjahre nach dem **31. 12. 09**. Nach **III 2** jedoch ist § 253 HGB nur auf solche, nach § 246 I 4 nF HGB IV mit III 1 aktivierungspflichtige derivate **Geschäfts- oder Firmenwerte** anzuwenden, die auch in Geschäftsjahren nach dem 31. 12. 09 erworben werden. So wird aus Kostengründen verhindert, dass schon vorher gehaltene Geschäfts- oder Firmenwerte ergebniswirksam nachaktiviert werden müssen.

Eine prospektive Anwendung ist auch für den **Vollkostenansatz** des § 255 II nF 3 HGB vorgesehen, der nach **III 3** erst für Herstellungsvorgänge Anwendung findet, die in Geschäftsjahre beginnend nach dem 31. 12. 09 fallen; bisher nicht einzubeziehende Herstellungskostenbestandteile dürfen somit nicht nachaktiviert werden.

Mit **III 4** wird erreicht, dass die Abschaffung der Buchwertmethode bei der **Kon-** 4 **solidierung** (§§ 301, 312 HGB) nicht für Altfälle gilt; ebenso nicht für Altfälle gelten die Abschaffung des Abschreibungswahlrechts bei aktivischen Unterschiedsbeträgen (Geschäfts- oder Firmenwert) aus der Konsolidierung (§ 309 HGB) und auch nicht die der Möglichkeit der Angabe angepasster Vorjahreszahlen (§ 294 II 2 HGB). Diese Neuregelungen sind erst auf Erwerbsvorgänge in Geschäftsjahren nach dem 31. 12. 09 anzuwenden. Die Pflicht zur prospektiven Anwendung der §§ 301, 309 HGB betrifft jedoch nach **III 5** solche Unternehmen nicht, die nach § 290 I, II nF HGB erstmals zu konsolidieren sind, zB **Zweckgesellschaften** (§ 290 II Nr 4 HGB), die demnach auch einzubeziehen sind, wenn der Erwerbszeitpunkt vor dem 31. 12. 09 lag; dasselbe gilt bei erstmaliger Aufstellung eines Konzernabschlusses nach dem 31. 12. 09.

III 6 sieht **optionale Anwendung aller Änderungen** ab 1. 1. 09 vor, dann aber 5 Anhangangabe erforderlich.

Zur neuen Pflicht der Einrichtung eines **Prüfungsausschuss** (§ 324 HGB) bestimmt **IV,** dass sie erst ab 1. 1. 2010 gilt; bereits vor dem Inkrafttreten des BilMoG (25. 5. 09) bestellte Mitglieder unterfallen gem § 12 EGAktG nicht den §§ 100 V, 107 IV AktG, sodass diese erst bei Neubesetzung des Prüfungsausschusses Anwendung finden.

Letztmalige Anwendung alter Vorschriften nach **V** vor dem 1. 1. 2010. Redak- 6 tionsversehen war die ursprüngliche Erwähnung des § 318 III hier und in II, bereinigt durch Art 14 a ARUG nur für V.

Merkt 1633

(1) EGHGB 67　　　　　　　　　　　2. Handelsrechtl. Nebengesetze

7   Zu Änderungen beim Ordnungsgeldverfahren (§ 335 HGB) s **VI** (von Bedeutung nur bis zum 1. 9. 09).

8   **VII** betrifft die Aktivierbarkeit von originärem immateriellem Anlagevermögen und sieht eine rein prospektive Anwendung vor. Das Aktivierungsverbot des § 248 II aF HGB ist gem V letztmalig auf Geschäftsjahre beginnend vor dem 1. 1. 2010 anzuwenden. Um die Möglichkeit der Nachaktivierung und damit die Wahl eines beliebigen Zeitpunkts des Beginns der Entwicklungsphase bereits vorhandener oder in der Entwicklung befindlicher originärer immaterieller Anlagegüter zu verhindern bestimmt daher VII, dass §§ 248 II nF, 255 a nF HGB nur auf solche immateriellen Vermögensgegenstände Anwendung finden, mit deren Entwicklung in Geschäftsjahren ab dem 1. 1. 2010 begonnen wurde.

[Übergangsvorschriften zum Bilanzrechtsmodernisierungsgesetz]

EGHGB 67

(1) [1] Soweit auf Grund der geänderten Bewertung der laufenden Pensionen oder Anwartschaften auf Pensionen eine Zuführung zu den Rückstellungen erforderlich ist, ist dieser Betrag bis spätestens zum 31. Dezember 2024 in jedem Geschäftsjahr zu mindestens einem Fünfzehntel anzusammeln. [2] Ist auf Grund der geänderten Bewertung von Verpflichtungen, die die Bildung einer Rückstellung erfordern, eine Auflösung der Rückstellungen erforderlich, dürfen diese beibehalten werden, soweit der aufzulösende Betrag bis spätestens zum 31. Dezember 2024 wieder zugeführt werden müsste. [3] Wird von dem Wahlrecht nach Satz 2 kein Gebrauch gemacht, sind die aus der Auflösung resultierenden Beträge unmittelbar in die Gewinnrücklagen einzustellen. [4] Wird von dem Wahlrecht nach Satz 2 Gebrauch gemacht, ist der Betrag der Überdeckung jeweils im Anhang und im Konzernanhang anzugeben.

(2) Bei Anwendung des Absatzes 1 müssen Kapitalgesellschaften, Kreditinstitute und Finanzdienstleistungsinstitute im Sinn des § 340 des Handelsgesetzbuchs, Versicherungsunternehmen und Pensionsfonds im Sinn des § 341 des Handelsgesetzbuchs, eingetragene Genossenschaften und Personenhandelsgesellschaften im Sinn des § 264 a des Handelsgesetzbuchs die in der Bilanz nicht ausgewiesenen Rückstellungen für laufende Pensionen, Anwartschaften auf Pensionen und ähnliche Verpflichtungen jeweils im Anhang und im Konzernanhang angeben.

(3) [1] Waren im Jahresabschluss für das letzte vor dem 1. Januar 2010 beginnende Geschäftsjahr Rückstellungen nach § 249 Abs. 1 Satz 3, Abs. 2 des Handelsgesetzbuchs, Sonderposten mit Rücklageanteil nach § 247 Abs. 3, § 273 des Handelsgesetzbuchs oder Rechnungsabgrenzungsposten nach § 250 Abs. 1 Satz 2 des Handelsgesetzbuchs in der bis zum 28. Mai 2009 geltenden Fassung enthalten, können diese Posten unter Anwendung der für sie geltenden Vorschriften in der bis zum 28. Mai 2009 geltenden Fassung, Rückstellungen nach § 249 Abs. 1 Satz 3, Abs. 2 des Handelsgesetzbuchs auch teilweise, beibehalten werden. [2] Wird von dem Wahlrecht nach Satz 1 kein Gebrauch gemacht, ist der Betrag unmittelbar in die Gewinnrücklagen einzustellen; dies gilt nicht für Beträge, die der Rückstellung nach § 249 Abs. 1 Satz 3, Abs. 2 des Handelsgesetzbuchs vor dem 28. Mai 2009 geltenden Fassung im letzten vor dem 1. Januar 2010 beginnenden Geschäftsjahr zugeführt wurden.

(4) [1] Niedrigere Wertansätze von Vermögensgegenständen, die auf Abschreibungen nach § 253 Abs. 3 Satz 3, § 253 Abs. 4 des Handelsgesetzbuchs oder nach den §§ 254, 279 Abs. 2 des Handelsgesetzbuchs in der bis zum 28. Mai 2009 geltenden Fassung beruhen, die in Geschäftsjahren vorgenommen wurden, die vor dem 1. Januar 2010 begonnen haben, können unter Anwendung der für sie geltenden Vorschriften in der bis zum 28. Mai 2009 geltenden Fassung fortgeführt werden. [2] Wird von dem Wahlrecht nach Satz 1 kein Gebrauch gemacht, sind die aus der Zuschreibung resultierenden Beträge unmittelbar in die Gewinnrücklagen einzustellen; dies gilt nicht für Abschreibungen, die im letzten vor dem 1. Januar 2010 beginnenden Geschäftsjahr vorgenommen worden sind.

(5) [1] Ist im Jahresabschluss für ein vor dem 1. Januar 2010 beginnendes Geschäftsjahr eine Bilanzierungshilfe für Aufwendungen für die Ingangsetzung und Erweiterung des Geschäftsbetriebs nach § 269 des Handelsgesetzbuchs in der bis zum 28. Mai 2009 geltenden Fassung gebildet worden, so darf diese unter Anwendung der für sie geltenden Vorschriften in der bis zum 28. Mai 2009 geltenden Fassung fortgeführt werden. [2] Ist im Konzernabschluss für ein vor dem 1. Januar

2010 beginnendes Geschäftsjahr eine Kapitalkonsolidierung gemäß § 302 des Handelsgesetzbuchs in der bis zum 28. Mai 2009 geltenden Fassung vorgenommen worden, so darf diese unter Anwendung der für sie geltenden Vorschriften in der bis zum 28. Mai 2009 geltenden Fassung beibehalten werden.

(6) [1] Aufwendungen oder Erträge aus der erstmaligen Anwendung der §§ 274, 306 des Handelsgesetzbuchs in der Fassung des Bilanzrechtsmodernisierungsgesetzes vom 25. Mai 2009 (BGBl. I S. 1102) sind unmittelbar mit den Gewinnrücklagen zu verrechnen. [2] Werden Beträge nach Absatz 1 Satz 3, nach Absatz 3 Satz 2 oder nach Absatz 4 Satz 2 unmittelbar mit den Gewinnrücklagen verrechnet, sind daraus nach den §§ 274, 306 des Handelsgesetzbuchs in der Fassung des Bilanzrechtsmodernisierungsgesetzes entstehende Aufwendungen und Erträge ebenfalls unmittelbar mit den Gewinnrücklagen zu verrechnen.

(7) Aufwendungen aus der Anwendung des Artikels 66 sowie der Absätze 1 bis 5 sind in der Gewinn- und Verlustrechnung gesondert unter dem Posten „außerordentliche Aufwendungen" und Erträge hieraus gesondert unter dem Posten „außerordentliche Erträge" anzugeben.

(8) [1] Ändern sich bei der erstmaligen Anwendung der durch die Artikel 1 bis 11 des Bilanzrechtsmodernisierungsgesetzes vom 25. Mai 2009 (BGBl. I S. 1102) geänderten Vorschriften die bisherige Form der Darstellung oder die bisher angewandten Bewertungsmethoden, so sind § 252 Abs. 1 Nr. 6, § 265 Abs. 1, § 284 Abs. 2 Nr. 3 und § 313 Abs. 1 Nr. 3 des Handelsgesetzbuchs bei der erstmaligen Aufstellung eines Jahres- oder Konzernabschlusses nach den geänderten Vorschriften nicht anzuwenden. [2] Außerdem brauchen die Vorjahreszahlen bei erstmaliger Anwendung nicht angepasst zu werden; hierauf ist im Anhang und Konzernanhang hinzuweisen.

Art 67 enthält Erleichterungen hinsichtlich der Befolgung der Übergangsregelungen nach Art 66. **I 1** betrifft die geänderten Bewertungsregeln für Pensionsrückstellungen. Hierdurch ergibt sich ein erheblicher Einmaleffekt, weshalb I 1 verschiedene Möglichkeiten für die ggf erforderliche **Zuführung zu den Rückstellungen** vorsieht, s hierzu ausführlich § 249 Rn 6. **I 2** gibt für den Fall, dass stattdessen Auflösung von Rückstellungen erforderlich wird, **ein Beibehaltungswahlrecht**, wenn der Betrag bis zum 31. 12. 2024 den Rückstellungen wieder zugeführt werden müsste. Bei Auflösung der Rückstellung hat nach **I 3** Zuführung zu den Gewinnrücklagen zu erfolgen. Wird gem I 2 beibehalten verlangt **I 4** Angabe des Betrags der Überdeckung im Anhang. 1

II sieht für KapitalGes, PersonenGes iS von § 264a, Kreditinstitute, Finanzdienstleistungsinstitute iS von § 340 HGB, Versicherungsunternehmen und Pensionsfonds iS von § 341 HGB sowie eingetragene Genossenschaften Angabe der wegen I nicht in der Bilanz ausgewiesenen Rückstellungen im **Anhang** vor. 2

III betrifft Instandhaltungs- und Aufwandsrückstellungen (§ 249 I 3, II aF HGB), Sonderposten mit Rücklagenanteil (§§ 247 III aF, 273 aF HGB) und Rechnungsabgrenzungsposten (§ 250 I 2 aF HGB). Nach Art 66 V sind die betreffenden Normen letztmalig auf vor dem 1. 1. 2010 beginnende Geschäftsjahre anzuwenden. III gibt jedoch ein Wahlrecht zur Beibehaltung, wenn die Rückstellungen, Sonderposten mit Rücklagenanteil und Rechnungsabgrenzungsposten im Abschluss für das letzte vor dem 1. 1. 2010 beginnende Geschäftsjahr enthalten waren. Es gelten dann für sie auch weiterhin die bisherigen Vorschriften. Für Rückstellungen auch teilweise Auflösung zulässig. Bei Auflösung Zuführung zu den Gewinnrücklagen, III 2. Der **III 2** Halbs 2 soll nach dem gesetzgeberischen Willen bewirken, dass Beträge, die den Rücklagen erst im letzten vor dem 1. 1. 2010 beginnenden Geschäftsjahr zugeführt wurden, von dem Beibehaltungswahlrecht ausgenommen sind (BT-Drucks 16/12407 S 127); systematisch bezieht er sich jedoch nur auf III 2 und hebt so nur die Pflicht zur Rücklagenzuführung auf. 3

Stille Reserven aus der Anwendung von § 253 III 3, IV aF HGB oder aufgrund steuerlicher Abschreibungsregeln (§§ 254, 273 aF HGB) dürfen gem **IV** beibehalten werden, wenn sie in Geschäftsjahren vor dem 1. 10. 2010 gebildet wurden. Auch hier bezieht sich IV 2 Halbs 2 nur auf die Pflicht zur Rücklagenzuführung schließt nicht die Ausübung des Wahlrechts aus, vergl Rn 3. 4

Nach **V 1** ist Beibehaltung aktivierter Ingangsetzungs- und Erweiterungsaufwendungen iS der **Bilanzierungshilfe** des § 269 aF HGB möglich. **V 2** erlaubt für **Kapitalkonsolidierungen** in Geschäftsjahren vor dem 1. 1. 2010 die Beibehaltung der Interessenzusammenführungsmethode (§ 302 aF HGB). 5

6 Aufwendungen und Erträge aus geänderter Bilanzierung **latenter Steuern** (§§ 274, 306 HGB) sind mit den Gewinnrücklagen zu verrechnen **(VI):** Dasselbe gilt für Aufwendungen und Erträge, die nach §§ 274, 306 HGB entstehen, wenn Beträge nach I 3, III 2 oder IV 2 mit Gewinnrücklagen verrechnet werden. Sonstige **Aufwendungen und Erträge aus Anwendung der Übergangsregelung** sind im außerordentlichen Ergebnis der GuV (VII) darzustellen **(VII).**

7 VIII 1 befreit von der Pflicht zur Beachtung des **Stetigkeitsgrundsatzes** (§§ 253 I Nr 6, 284 II Nr 13, 313 I Nr 3 HGB) bei erstmaliger Anwendung der neuen Regelungen. Außerdem brauchen nach **VIII 2** die **Vorjahreszahlen** den neuen Bewertungsmethoden nicht angepasst und auch nicht im Anhang erläutert werden; der Hinweis auf die Umstellung im Anhang genügt. So wird verhindert, dass die neuen Regelungen faktisch schon ein Jahr früher befolgt werden müssen.

Dreißigster Abschnitt. Übergangsvorschriften zum Gesetz zur Angemessenheit der Vorstandsvergütung

[Übergangsvorschriften zum Gesetz zur Angemessenheit der Vorstandsvergütung]

EGHGB 68 [1] § 285 Nummer 9, § 286 Absatz 5 Satz 1, § 289 Absatz 2 Nummer 5, § 314 Absatz 1 Nummer 6, Absatz 2 und § 315 Absatz 2 Nummer 4 des Handelsgesetzbuchs in der Fassung des Gesetzes zur Angemessenheit der Vorstandsvergütung vom 31. Juli 2009 (BGBl. I S. 2509) sind erstmals auf Jahres- und Konzernabschlüsse für das nach dem 31. Dezember 2009 beginnende Geschäftsjahr anzuwenden. [2] Die bis zum 4. August 2009 geltenden Fassungen des § 285 Nummer 9, § 286 Absatz 5 Satz 1, § 289 Absatz 2 Nummer 5, § 314 Absatz 1 Nummer 6, Absatz 2 und § 315 Absatz 2 Nummer 4 des Handelsgesetzbuchs sind letztmals auf Jahres- und Konzernabschlüsse für das vor dem 1. Januar 2010 beginnende Geschäftsjahr anzuwenden.

II. Handelsbücher und Bilanzen
(2 a) Aktiengesetz (AktG): §§ 150–176

Vom 6. September 1965 (BGBl 1089/ BGBl III FNA 4121-1)) mit den späteren Änderungen

(2 b) Gesetz betreffend die Gesellschaften mit beschränkter Haftung (GmbHG): §§ 41–42 a

Vom 20. April 1892 (RGBl 477) idF vom 20. Mai 1898 (RGBl 846/ BGBl III FNA 4123-1) mit den späteren Änderungen

Einleitung

Schrifttum zum AktG

a) Kommentare: *Bürgers/Körber* 2008. – *Geßler/Hefermehl/Eckardt/Kropff,* 6 Bde (Einzellieferungen) 1973 ff. – *Geßler J.* (LBl). – *GroßKoAktG,* begr von Gadow/Heinichen, 4. Aufl, hrsg von *Hopt/Wiedemann,* 1992 ff (Einzellieferungen). – *Hüffer* 8. Aufl 2008. – *KöKo AktG,* hrsg von *Zöllner,* 3. Aufl 2004 ff (Einzellieferungen). – *MüKoAktG,* hrsg von *Goette/Habersack,* 3. Aufl 2008 ff. – *Ringleb/Kremer/Lutter/von Werder,* Kodex-Kommentar, 3. Aufl 2008. – *K. Schmidt/Lutter* 2008. – *Spindler/Stilz* 2007.

b) Lehr- und Handbücher: *Deilmann/Lorenz* 2005 (börsennot AG). – *Emmerich/Habersack,* Konzernrecht, 9. Aufl 2008. – *Emmerich/Habersack,* Aktien- und GmbH-Konzernrecht, 5. Aufl 2008. – *Henn,* Hdb des Aktienrechts, 8. Aufl 2009. – *Hirte,* Kapitalgesellschaftsrecht, 5. Aufl 2006. – *Hommelhoff/Hopt/von Werder,* Hdb Corporate Governance, 2. Aufl 2009 – *Hölters/Deilmann/Buchta,* 2. Aufl 2002 (Kleine AG). –

II. Handelsbücher und Bilanzen **AktG 150 (2 a)**

Langenbucher 2008. – *Marsch-Barner/Schäfer,* Hdb börsennotierte AG, 2. Aufl 2009. – *MüHdbGesR* 3. Aufl 2007 (AG). –*Nirk/Ziemons/Binnewies,* Hdb der AG, 2 Bde (LBl). – *Müller/Rödder,* Beck'sches Hdb der AG, 2. Aufl 2009. – *Raiser/Veil,* Recht der Kapitalgesellschaften, 4. Aufl 2006. – *Schüppen/Schaub,* MüAnwaltsHdb Aktienrecht, 2005. – *Seibert/Kiem* 5. Aufl 2008 (Kleine AG). – *Hirte* NZG **08,** 761, *Kindler* NJW **08,** 3249 (MoMiG).. **Muster:** MüHdbGesRecht, Bd 4 3. Aufl 2007 (AG). – *Happ* 3. Aufl 2007. **RsprÜbersichten:** *Henze* 5. Aufl 2002, *Henze* 2001 (Konzernrecht); BGHFSWissII/*Lutter* **00,** 321, *Goette* DStR **05,** 603, 651, *Hirte* NJW **03,** 1090, **05,** 479, **07,** 817, *Pentz* BB **05,** 1397.

Schrifttum zum GmbHG

a) Kommentare: 19. Aufl 2009. – *Hachenburg,* hrsg von *Ulmer,* 3 Bde, 8. Aufl 1990 ff. – *Lutter/Hommelhoff* 17. Aufl 2009. – *Michalski* 2002. – MüKoGmbHG, hrsg von *Fleischer/Goette,* 2009 ff. – *Roth/Altmeppen* 6. Aufl 2009. – *Rowedder/Schmidt-Leithoff* 4. Aufl 2002. – *Scholz* Bd. 1–3, 10. Aufl 2006 ff. – *Ulmer/Habersack* Groß-KoGmbHG 3 Bde 2005 ff.

b) Lehr- und Handbücher: *Centrale für GmbH* GmbH-Hdb (LBl). – *Emmerich/Habersack,* Konzernrecht, 9. Aufl 2008. – *Emmerich/Habersack,* Aktien- und GmbH-Konzernrecht, 4. Aufl 2005. – *Gehrlein* 2009. – *Goette* 2. Aufl 2002 (anhand BGHRspr). – *Goette* 2009 (MoMiG). – *Hesselmann/Tillmann/Mueller-Thuns* 20. Aufl 2009. – *Liebscher,* GmbH-Konzernrecht, 2006. – *Müller/Winkeljohann,* Beck'sches Hdb der GmbH, 4. Aufl 2009. – *MüHdbGesR* 3. Aufl 2009 (GmbH). – *Nirk/Ziemons/Binnewies,* Hdb der AG (LBl). – *Raiser/Veil,* Recht der Kapitalgesellschaften, 4. Aufl 2006. – *Römermann* 2. Aufl 2009 (AnwaltsHdb). – *K. Schmidt//Uhlenbruck* 4. Aufl 2009 (Krise, Sanierung, Insolvenz). – Weitere Schriften der *Centrale für GmbH Dr. Otto Schmidt* Köln. – **Muster:** MüHdbGesRecht, Bd 3, 2. Aufl 2003 (GmbH). – *Reichert/Harbarth* 3. Aufl 2001. **RsprÜbersichten:** *Henze* 2. Aufl 1997, *Henze* 2001 (Konzernrecht); BGHFSWissII/*Ulmer* **00,** 273, *Goette* ZNotP **00,** 42, ZIP **05,** 1481, DStR **06,** 2132, *Hirte* NJW **03,** 1154, **05,** 482, **07,** 819.

1) Aus dem AktG ist zur Rechnungslegung aus dem 1. Buch der 5. Teil, Rechnungslegung, Gewinnverwendung (§§ 150–176, wichtige Änderungen durch BilMoG 2008 zu §§ 158, 161, 171, 175 AktG) abgedruckt. Damit ist das Recht der Rechnungslegung der AG, das durch das BiRiLiG 1985 weitestgehend in Buch III des HGB überführt worden ist, auch hinsichtlich der wenigen im AktG verbliebenen Besonderheiten in diesem Kommentar einsehbar. Die frühere Modellwirkung des AktG für das Recht der Rechnungslegung der übrigen KapitalGes ist zwar durch das BiRiLiG gezielt unterbrochen. Aber praktisch spielt die Rechnungslegung der Kapitalgesellschaften, die am weitesten gehen, weiterhin eine Vorreiterrolle. **1**

2) Aus dem GmbHG sind dementsprechend §§ 41, 42 und 42 a über **Buchführung, Bilanz und Feststellung und Prüfung des Jahresabschlusses** abgedruckt. Damit ist auch für die Geschäftsführer und Gfter der GmbH das schwerpunktmäßig in Buch III des HGB befindliche Recht der Rechnungslegung voll in diesem Kommentar einsehbar. **2**

a) §§ 150–176 AktG

Erstes Buch. Aktiengesellschaft

Fünfter Teil. Rechnungslegung. Gewinnverwendung

Erster Abschnitt. Jahresabschluß und Lagebericht, Entsprechenserklärung

Gesetzliche Rücklage. Kapitalrücklage

AktG 150 (1) In der Bilanz des nach den §§ 242, 264 des Handelsgesetzbuchs aufzustellenden Jahresabschlusses ist eine gesetzliche Rücklage zu bilden.

(2) In diese ist der zwanzigste Teil des um einen Verlustvortrag aus dem Vorjahr geminderten Jahresüberschusses einzustellen, bis die gesetzliche Rücklage und die Kapitalrücklagen nach § 272 Abs. 2 Nr. 1 bis 3 des Handelsgesetzbuchs zusammen den zehnten oder den in der Satzung bestimmten höheren Teil des Grundkapitals erreichen.

(3) Übersteigen die gesetzliche Rücklage und die Kapitalrücklagen nach § 272 Abs. 2 Nr. 1 bis 3 des Handelsgesetzbuchs zusammen nicht den zehnten oder den in der Satzung bestimmten höheren Teil des Grundkapitals, so dürfen sie nur verwandt werden

1. zum Ausgleich eines Jahresfehlbetrags, soweit er nicht durch einen Gewinnvortrag aus dem Vorjahr gedeckt ist und nicht durch Auflösung anderer Gewinnrücklagen ausgeglichen werden kann;
2. zum Ausgleich eines Verlustvortrags aus dem Vorjahr, soweit er nicht durch einen Jahresüberschuß gedeckt ist und nicht durch Auflösung anderer Gewinnrücklagen ausgeglichen werden kann.

(4) [1] Übersteigen die gesetzliche Rücklage und die Kapitalrücklagen nach § 272 Abs. 2 Nr. 1 bis 3 des Handelsgesetzbuchs zusammen den zehnten oder den in der Satzung bestimmten höheren Teil des Grundkapitals, so darf der übersteigende Betrag verwandt werden

1. zum Ausgleich eines Jahresfehlbetrags, soweit er nicht durch einen Gewinnvortrag aus dem Vorjahr gedeckt ist;
2. zum Ausgleich eines Verlustvortrags aus dem Vorjahr, soweit er nicht durch einen Jahresüberschuß gedeckt ist;
3. zur Kapitalerhöhung aus Gesellschaftsmitteln nach den §§ 207 bis 220.

[2] Die Verwendung nach den Nummern 1 und 2 ist nicht zulässig, wenn gleichzeitig Gewinnrücklagen zur Gewinnausschüttung aufgelöst werden.

AktG 150 a, 151 (aufgehoben)

Vorschriften zur Bilanz

AktG 152
(1) [1] Das Grundkapital ist in der Bilanz als gezeichnetes Kapital auszuweisen. [2] Dabei ist der auf jede Aktiengattung entfallende Betrag des Grundkapitals gesondert anzugeben. [3] Bedingtes Kapital ist mit dem Nennbetrag zu vermerken. [4] Bestehen Mehrstimmrechtsaktien, so sind beim gezeichneten Kapital die Gesamtstimmenzahl der Mehrstimmrechtsaktien und die der übrigen Aktien zu vermerken.

(2) Zu dem Posten „Kapitalrücklage" sind in der Bilanz oder im Anhang gesondert anzugeben

1. der Betrag, der während des Geschäftsjahrs eingestellt wurde;
2. der Betrag, der für das Geschäftsjahr entnommen wird.

(3) Zu den einzelnen Posten der Gewinnrücklagen sind in der Bilanz oder im Anhang jeweils gesondert anzugeben

1. die Beträge, die die Hauptversammlung aus dem Bilanzgewinn des Vorjahrs eingestellt hat;
2. die Beträge, die aus dem Jahresüberschuß des Geschäftsjahrs eingestellt werden;
3. die Beträge, die für das Geschäftsjahr entnommen werden.

AktG 153–157 (aufgehoben)

Vorschriften zur Gewinn- und Verlustrechnung

AktG 158
(1) [1] Die Gewinn- und Verlustrechnung ist nach dem Posten „Jahresüberschuß/Jahresfehlbetrag" in Fortführung der Numerierung um die folgenden Posten zu ergänzen:

II. Handelsbücher und Bilanzen **AktG 159, 160 (2 a)**

1. Gewinnvortrag/Verlustvortrag aus dem Vorjahr
2. Entnahmen aus der Kapitalrücklage
3. Entnahmen aus Gewinnrücklagen
   a) aus der gesetzlichen Rücklage
   b) aus der Rücklage für Anteile an einem herrschenden oder mehrheitlich beteiligten Unternehmen
   c) aus satzungsmäßigen Rücklagen
   d) aus anderen Gewinnrücklagen
4. Einstellungen in Gewinnrücklagen
   a) in die gesetzliche Rücklage
   b) in die Rücklage für Anteile an einem herrschenden oder mehrheitlich beteiligten Unternehmen
   c) in satzungsmäßige Rücklagen
   d) in andere Gewinnrücklagen
5. Bilanzgewinn/Bilanzverlust.[2] Die Angaben nach Satz 1 können auch im Anhang gemacht werden.

(2) [1] Von dem Ertrag aus einem Gewinnabführungs- oder Teilgewinnabführungsvertrag ist ein vertraglich zu leistender Ausgleich für außenstehende Gesellschafter abzusetzen; übersteigt dieser den Ertrag, so ist der übersteigende Betrag unter den Aufwendungen aus Verlustübernahme auszuweisen. [2] Andere Beträge dürfen nicht abgesetzt werden.

AktG 159 *(aufgehoben)*

Vorschriften zum Anhang

AktG 160

(1) In jedem Anhang sind auch Angaben zu machen über
1. den Bestand und den Zugang an Aktien, die ein Aktionär für Rechnung der Gesellschaft oder eines abhängigen oder eines im Mehrheitsbesitz der Gesellschaft stehenden Unternehmens oder ein abhängiges oder im Mehrheitsbesitz der Gesellschaft stehendes Unternehmen als Gründer oder Zeichner oder in Ausübung eines bei einer bedingten Kapitalerhöhung eingeräumten Umtausch- oder Bezugsrechts übernommen hat; sind solche Aktien im Geschäftsjahr verwertet worden, so ist auch über die Verwertung unter Angabe des Erlöses und die Verwendung des Erlöses zu berichten;
2. den Bestand an eigenen Aktien der Gesellschaft, die sie, ein abhängiges oder im Mehrheitsbesitz der Gesellschaft stehendes Unternehmen oder ein anderer für Rechnung der Gesellschaft oder eines abhängigen oder eines im Mehrheitsbesitz der Gesellschaft stehenden Unternehmens erworben oder als Pfand genommen hat; dabei sind die Zahl dieser Aktien und der auf sie entfallende Betrag des Grundkapitals sowie deren Anteil am Grundkapital, für erworbene Aktien ferner der Zeitpunkt des Erwerbs und die Gründe für den Erwerb anzugeben. Sind solche Aktien im Geschäftsjahr erworben oder veräußert worden, so ist auch über den Erwerb oder die Veräußerung unter Angabe der Zahl dieser Aktien, des auf sie entfallenden Betrags des Grundkapitals, des Anteils am Grundkapital und des Erwerbs- oder Veräußerungspreises, sowie über die Verwendung des Erlöses zu berichten;
3. die Zahl und bei Nennbetragsaktien den Nennbetrag der Aktien jeder Gattung, sofern sich diese Angaben nicht aus der Bilanz ergeben; davon sind Aktien, die bei einer bedingten Kapitalerhöhung oder einem genehmigten Kapital im Geschäftsjahr gezeichnet wurden, jeweils gesondert anzugeben;
4. das genehmigte Kapital;
5. die Zahl der Bezugsrechte gemäß § 192 Abs. 2 Nr. 3, der Wandelschuldverschreibungen und vergleichbaren Wertpapiere unter Angabe der Rechte, die sie verbriefen;
6. Genußrechte, Rechte aus Besserungsscheinen und ähnliche Rechte unter Angabe der Art und Zahl der jeweiligen Rechte sowie der im Geschäftsjahr neu entstandenen Rechte;
7. das Bestehen einer wechselseitigen Beteiligung unter Angabe des Unternehmens;

(2 a) AktG 161–171

8. das Bestehen einer Beteiligung, die nach § 20 Abs. 1 oder Abs. 4 dieses Gesetzes oder nach § 21 Abs. 1 oder Abs. 1 a des Wertpapierhandelsgesetzes mitgeteilt worden ist; dabei ist der nach § 20 Abs. 6 dieses Gesetzes oder der nach § 26 Abs. 1 des Wertpapierhandelsgesetzes veröffentlichte Inhalt der Mitteilung anzugeben.

(2) Die Berichterstattung hat insoweit zu unterbleiben, als es für das Wohl der Bundesrepublik Deutschland oder eines ihrer Länder erforderlich ist.

Erklärung zum Corporate Governance Kodex

AktG 161 (1) ¹Vorstand und Aufsichtsrat der börsennotierten Gesellschaft erklären jährlich, dass den vom Bundesministerium der Justiz im amtlichen Teil des elektronischen Bundesanzeigers bekannt gemachten Empfehlungen der „Regierungskommission Deutscher Corporate Governance Kodex" entsprochen wurde und wird oder welche Empfehlungen nicht angewendet wurden oder werden und warum nicht. ²Gleiches gilt für Vorstand und Aufsichtsrat einer Gesellschaft, die ausschließlich andere Wertpapiere als Aktien zum Handel an einem organisierten Markt im Sinn des § 2 Abs. 5 des Wertpapierhandelsgesetzes ausgegeben hat und deren ausgegebene Aktien auf eigene Veranlassung über ein multilaterales Handelssystem im Sinn des § 2 Abs. 3 Satz 1 Nr. 8 des Wertpapierhandelsgesetzes gehandelt werden.

(2) Die Erklärung ist auf der Internetseite der Gesellschaft dauerhaft öffentlich zugänglich zu machen.

Zweiter Abschnitt. Prüfung des Jahresabschlusses

Erster Unterabschnitt. Prüfung durch Abschlußprüfer

AktG 162–169 *(aufgehoben)*

Zweiter Unterabschnitt. Prüfung durch den Aufsichtsrat

Vorlage an den Aufsichtsrat

AktG 170 (1) ¹Der Vorstand hat den Jahresabschluß und den Lagebericht unverzüglich nach ihrer Aufstellung dem Aufsichtsrat vorzulegen. ²Satz 1 gilt entsprechend für einen Einzelabschluss nach § 325 Abs. 2a des Handelsgesetzbuchs sowie bei Mutterunternehmen (§ 290 Abs. 1, 2 des Handelsgesetzbuchs) für den Konzernabschluss und den Konzernlagebericht.

(2) ¹Zugleich hat der Vorstand dem Aufsichtsrat den Vorschlag vorzulegen, den er der Hauptversammlung für die Verwendung des Bilanzgewinns machen will. ²Der Vorschlag ist, sofern er keine abweichende Gliederung bedingt, wie folgt zu gliedern:
1. Verteilung an die Aktionäre
2. Einstellung in Gewinnrücklagen
3. Gewinnvortrag
4. Bilanzgewinn

(3) ¹Jedes Aufsichtsratsmitglied hat das Recht, von den Vorlagen und Prüfungsberichten Kenntnis zu nehmen. ²Die Vorlagen und Prüfungsberichte sind auch jedem Aufsichtsratsmitglied oder, soweit der Aufsichtsrat dies beschlossen hat, den Mitgliedern eines Ausschusses zu übermitteln.

Prüfung durch den Aufsichtsrat

AktG 171 (1) ¹Der Aufsichtsrat hat den Jahresabschluß, den Lagebericht und den Vorschlag für die Verwendung des Bilanzgewinns zu prüfen, bei Mutterunternehmen (§ 290 Abs. 1, 2 des Handelsgesetzbuchs) auch den Konzernabschluß und den Konzernlagebericht. ²Ist der

Jahresabschluss oder der Konzernabschluss durch einen Abschlussprüfer zu prüfen, so hat dieser an den Verhandlungen des Aufsichtsrats oder des Prüfungsausschusses über diese Vorlagen teilzunehmen und über die wesentlichen Ergebnisse seiner Prüfung, insbesondere wesentliche Schwächen des internen Kontroll- und des Risikomanagementsystems bezogen auf den Rechnungslegungsprozess, zu berichten. ³ Er informiert über Umstände, die seine Befangenheit besorgen lassen und über Leistungen, die er zusätzlich zu den Abschlussprüfungsleistungen erbracht hat.

(2) ¹ Der Aufsichtsrat hat über das Ergebnis der Prüfung schriftlich an die Hauptversammlung zu berichten. ² In dem Bericht hat der Aufsichtsrat auch mitzuteilen, in welcher Art und in welchem Umfang er die Geschäftsführung der Gesellschaft während des Geschäftsjahrs geprüft hat; bei börsennotierten Gesellschaften hat er insbesondere anzugeben, welche Ausschüsse gebildet worden sind, sowie die Zahl seiner Sitzungen und die der Ausschüsse mitzuteilen. ³ Ist der Jahresabschluß durch einen Abschlußprüfer zu prüfen, so hat der Aufsichtsrat zu dem Ergebnis der Prüfung des Jahresabschlusses durch den Abschlußprüfer Stellung zu nehmen. ⁴ Am Schluß des Berichts hat der Aufsichtsrat zu erklären, ob nach dem abschließenden Ergebnis seiner Prüfung Einwendungen zu erheben sind und ob er den vom Vorstand aufgestellten Jahresabschluß billigt. ⁵ Bei Mutterunternehmen (§ 290 Abs. 1, 2 des Handelsgesetzbuchs) finden die Sätze 3 und 4 entsprechende Anwendung auf den Konzernabschluss.

(3) ¹ Der Aufsichtsrat hat seinen Bericht innerhalb eines Monats, nachdem ihm die Vorlagen zugegangen sind, dem Vorstand zuzuleiten. ² Wird der Bericht dem Vorstand nicht innerhalb der Frist zugeleitet, hat der Vorstand dem Aufsichtsrat unverzüglich eine weitere Frist von nicht mehr als einem Monat zu setzen. ³ Wird der Bericht dem Vorstand nicht vor Ablauf der weiteren Frist zugeleitet, gilt der Jahresabschluß als vom Aufsichtsrat nicht gebilligt; bei Mutterunternehmen (§ 290 Abs. 1, 2 des Handelsgesetzbuchs) gilt das Gleiche hinsichtlich des Konzernabschlusses.

(4) ¹ Die Absätze 1 bis 3 gelten auch hinsichtlich eines Einzelabschlusses nach § 325 Abs. 2 a des Handelsgesetzbuchs. ² Der Vorstand darf den in Satz 1 genannten Abschluss erst nach dessen Billigung durch den Aufsichtsrat offen legen.

Dritter Abschnitt. Feststellung des Jahresabschlusses. Gewinnverwendung

Erster Unterabschnitt. Feststellung des Jahresabschlusses

Feststellung durch Vorstand und Aufsichtsrat

AktG 172 ¹ Billigt der Aufsichtsrat den Jahresabschluß, so ist dieser festgestellt, sofern nicht Vorstand und Aufsichtsrat beschließen, die Feststellung des Jahresabschlusses der Hauptversammlung zu überlassen. ² Die Beschlüsse des Vorstands und des Aufsichtsrats sind in den Bericht des Aufsichtsrats an die Hauptversammlung aufzunehmen.

Feststellung durch die Hauptversammlung

AktG 173 (1) ¹ Haben Vorstand und Aufsichtsrat beschlossen, die Feststellung des Jahresabschlusses der Hauptversammlung zu überlassen, oder hat der Aufsichtsrat den Jahresabschluß nicht gebilligt, so stellt die Hauptversammlung den Jahresabschluß fest. ² Hat der Aufsichtsrat eines Mutterunternehmens (§ 290 Abs. 1, 2 des Handelsgesetzbuchs) den Konzernabschluss nicht gebilligt, so entscheidet die Hauptversammlung über die Billigung.

(2) ¹ Auf den Jahresabschluß sind bei der Feststellung die für seine Aufstellung geltenden Vorschriften anzuwenden. ² Die Hauptversammlung darf bei der Feststellung des Jahresabschlusses nur die Beträge in Gewinnrücklagen einstellen, die nach Gesetz oder Satzung einzustellen sind.

(3) ¹Ändert die Hauptversammlung einen von einem Abschlußprüfer auf Grund gesetzlicher Verpflichtung geprüften Jahresabschluß, so werden vor der erneuten Prüfung nach § 316 Abs. 3 des Handelsgesetzbuchs von der Hauptversammlung gefaßte Beschlüsse über die Feststellung des Jahresabschlusses und die Gewinnverwendung erst wirksam, wenn auf Grund der erneuten Prüfung ein hinsichtlich der Änderungen uneingeschränkter Bestätigungsvermerk erteilt worden ist. ²Sie werden nichtig, wenn nicht binnen zwei Wochen seit der Beschlußfassung ein hinsichtlich der Änderungen uneingeschränkter Bestätigungsvermerk erteilt wird.

Zweiter Unterabschnitt. Gewinnverwendung

[Beschluss über Gewinnverwendung]

AktG 174 (1) ¹Die Hauptversammlung beschließt über die Verwendung des Bilanzgewinns. ²Sie ist hierbei an den festgestellten Jahresabschluß gebunden.

(2) In dem Beschluß ist die Verwendung des Bilanzgewinns im einzelnen darzulegen, namentlich sind anzugeben
1. der Bilanzgewinn;
2. der an die Aktionäre auszuschüttende Betrag oder Sachwert;
3. die in Gewinnrücklagen einzustellenden Beträge;
4. ein Gewinnvortrag;
5. der zusätzliche Aufwand auf Grund des Beschlusses.

(3) Der Beschluß führt nicht zu einer Änderung des festgestellten Jahresabschlusses.

Dritter Unterabschnitt. Ordentliche Hauptversammlung

Einberufung

AktG 175 (1) ¹Unverzüglich nach Eingang des Berichts des Aufsichtsrats hat der Vorstand die Hauptversammlung zur Entgegennahme des festgestellten Jahresabschlusses und des Lageberichts, eines vom Aufsichtsrat gebilligten Einzelabschlusses nach § 325 Abs. 2a des Handelsgesetzbuchs sowie zur Beschlußfassung über die Verwendung eines Bilanzgewinns, bei einem Mutterunternehmen (§ 290 Abs. 1, 2 des Handelsgesetzbuchs) auch zur Entgegennahme des vom Aufsichtsrat gebilligten Konzernabschlusses und des Konzernlageberichts, einzuberufen. ²Die Hauptversammlung hat in den ersten acht Monaten des Geschäftsjahrs stattzufinden.

(2) ¹Der Jahresabschluß, ein vom Aufsichtsrat gebilligter Einzelabschluss nach § 325 Abs. 2a des Handelsgesetzbuchs, der Lagebericht, der Bericht des Aufsichtsrats, der Vorschlag des Vorstands für die Verwendung des Bilanzgewinns und bei börsennotierten Aktiengesellschaften im erläuternder Bericht zu den Angaben nach § 289 Abs. 4 Nr. 1 bis 5 und Abs. 5 sowie § 315 Abs. 4 des Handelsgesetzbuchs sind von der Einberufung an in dem Geschäftsraum der Gesellschaft zur Einsicht der Aktionäre auszulegen. ²Auf Verlangen ist jedem Aktionär unverzüglich eine Abschrift der Vorlagen zu erteilen. ³Bei einem Mutterunternehmen (§ 290 Abs. 1, 2 des Handelsgesetzbuchs) gelten die Sätze 1 und 2 auch für den Konzernabschluss, den Konzernlagebericht und den Bericht des Aufsichtsrats hierüber. ⁴Die Verpflichtungen nach den Sätzen 1 bis 3 entfallen, wenn die dort bezeichneten Dokumente für denselben Zeitraum über die Internetseite der Gesellschaft zugänglich sind.

(3) ¹Hat die Hauptversammlung den Jahresabschluss festzustellen oder hat sie über die Billigung des Konzernabschlusses zu entscheiden, so gelten für die Einberufung der Hauptversammlung zur Feststellung des Jahresabschlusses oder zur Billigung des Konzernabschlusses und für die Auslegung der Vorlagen und die Erteilung von Abschriften die Absätze 1 und 2 sinngemäß. ²Die Verhandlungen über die Feststellung des Jahresabschlusses und über die Verwendung des Bilanzgewinns sollen verbunden werden.

(4) ¹Mit der Einberufung der Hauptversammlung zur Entgegennahme des festgestellten Jahresabschlusses oder, wenn die Hauptversammlung den Jahresabschluß festzustellen hat, der Hauptversammlung zur Feststellung des Jahresabschlusses sind Vorstand und Aufsichtsrat an die in dem Bericht des Aufsichtsrats enthaltenen Erklärungen über den Jahresabschluß (§§ 172, 173 Abs. 1) gebunden. ²Bei einem Mutterunternehmen (§ 290 Abs. 1, 2 des Handelsgesetzbuchs) gilt Satz 1 für die Erklärung des Aufsichtsrats über die Billigung des Konzernabschlusses entsprechend.

Vorlagen. Anwesenheit des Abschlußprüfers

AktG 176 (1) ¹Der Vorstand hat der Hauptversammlung die in § 175 Abs. 2 angegebenen Vorlagen vorzulegen. ²Zu Beginn der Verhandlung soll der Vorstand seine Vorlagen, der Vorsitzende des Aufsichtsrats den Bericht des Aufsichtsrats erläutern. ³Der Vorstand soll dabei auch zu einem Jahresfehlbetrag oder einem Verlust Stellung nehmen, der das Jahresergebnis wesentlich beeinträchtigt hat. ⁴Satz 3 ist auf Kreditinstitute nicht anzuwenden.

(2) ¹Ist der Jahresabschluß von einem Abschlußprüfer zu prüfen, so hat der Abschlußprüfer an den Verhandlungen über die Feststellung des Jahresabschlusses teilzunehmen. ²Satz 1 gilt entsprechend für die Verhandlungen über die Billigung eines Konzernabschlusses. ³Der Abschlußprüfer ist nicht verpflichtet, einem Aktionär Auskunft zu erteilen.

Vierter Abschnitt. Bekanntmachung des Jahresabschlusses

AktG 177, 178 (aufgehoben)

b) §§ 41–42 a GmbHG

Buchführung

GmbHG 41 Die Geschäftsführer sind verpflichtet, für die ordnungsmäßige Buchführung der Gesellschaft zu sorgen.

Bilanz

GmbHG 42 (1) In der Bilanz des nach den §§ 242, 264 des Handelsgesetzbuchs aufzustellenden Jahresabschlusses ist das Stammkapital als gezeichnetes Kapital auszuweisen.

(2) ¹Das Recht der Gesellschaft zur Einziehung von Nachschüssen der Gesellschafter ist in der Bilanz insoweit zu aktivieren, als die Einziehung bereits beschlossen ist und den Gesellschaftern ein Recht, durch Verweisung auf den Geschäftsanteil sich von der Zahlung der Nachschüsse zu befreien, nicht zusteht. ²Der nachzuschießende Betrag ist auf der Aktivseite unter den Forderungen gesondert unter der Bezeichnung „Eingeforderte Nachschüsse" auszuweisen, soweit mit der Zahlung gerechnet werden kann. ³Ein dem Aktivposten entsprechender Betrag ist auf der Passivseite in dem Posten „Kapitalrücklage" gesondert auszuweisen.

(3) Ausleihungen, Forderungen und Verbindlichkeiten gegenüber Gesellschaftern sind in der Regel als solche jeweils gesondert auszuweisen oder im Anhang anzugeben; werden sie unter anderen Posten ausgewiesen, so muß diese Eigenschaft vermerkt werden.

Vorlage des Jahresabschlusses und des Lageberichts

GmbHG 42a (1) ¹Die Geschäftsführer haben den Jahresabschluß und den Lagebericht unverzüglich nach der Aufstellung den Gesellschaftern zum Zwecke der Feststellung des Jahresabschlusses vorzulegen. ²Ist der Jahresabschluß durch einen Abschlußprüfer zu

(2 c) WPO Einl

prüfen, so haben die Geschäftsführer ihn zusammen mit dem Lagebericht und dem Prüfungsbericht des Abschlußprüfers unverzüglich nach Eingang des Prüfungsberichts vorzulegen. ³Hat die Gesellschaft einen Aufsichtsrat, so ist dessen Bericht über das Ergebnis seiner Prüfung ebenfalls unverzüglich vorzulegen.

(2) ¹Die Gesellschafter haben spätestens bis zum Ablauf der ersten acht Monate oder, wenn es sich um eine kleine Gesellschaft handelt (§ 267 Abs. 1 des Handelsgesetzbuchs), bis zum Ablauf der ersten elf Monate des Geschäftsjahrs über die Feststellung des Jahresabschlusses und über die Ergebnisverwendung zu beschließen. ²Der Gesellschaftsvertrag kann die Frist nicht verlängern. ³Auf den Jahresabschluß sind bei der Feststellung die für seine Aufstellung geltenden Vorschriften anzuwenden.

(3) Hat ein Abschlußprüfer den Jahresabschluß geprüft, so hat er auf Verlangen eines Gesellschafters an den Verhandlungen über die Feststellung des Jahresabschlusses teilzunehmen.

(4) ¹Ist die Gesellschaft zur Aufstellung eines Konzernabschlusses und eines Konzernlageberichts verpflichtet, so sind die Absätze 1 bis 3 entsprechend anzuwenden. ²Das Gleiche gilt hinsichtlich eines Einzelabschlusses nach § 325 Abs. 2 a des Handelsgesetzbuchs, wenn die Gesellschafter die Offenlegung eines solchen beschlossen haben.

(2 c) Gesetz über eine Berufsordnung der Wirtschaftsprüfer (Wirtschaftsprüferordnung): Erster Teil: Allgemeine Vorschriften (§§ 1–3), Zweiter Teil: Voraussetzungen für die Berufsausübung (§ 27), Dritter Teil: Rechte und Pflichten der Wirtschaftsprüfer (§§ 43–56)

Vom 5. November 1975 (BGBl I 2803) mit den späteren Änderungen

Einleitung

Schrifttum

a) **Berufsrecht:** *Deutscher Steuerberaterverband* Stbg **93**, 2. – *Schulze* DZWir **93**, 525. – *Köhler/Marten* BB **00**, 867. – *Marks/Schmidt* WPg **00**, 409. – *Köhler/Marten/Meyer* WPg **03**, 10. – *Sommerschuh* BB **03**, 1166 (WPRefG). – *Baetge/Lienau* DB **04**, 2277 (BilKoG, APAG). – *Mattheus/Schwab* BB **04**, 1099 (BilKoG). – *Müßig* NZG **04**, 796 (WPOÄG, WPRefG). – *Marten/Köhler* WPg **05**, 145 (APAG), *Hense/Ulrich* WPO-Kommentar, 2008.

b) **Prüfungsrecht:** *Wirtschaftsprüfer-Handbuch*, 2 Bde, Bd I 13. Aufl 2006, Bd 2 12. Aufl 2003 (WP-Hdb). – *Seitz* DStR **91**, 315. – *Hense* WPg **93**, 716. – *Förschle* WPK-Mitt. **94**, 1. – *Rauch* BB **97**, 35. – *Pink* ZIP **97**, 177. – *Duesing* GmbH-Stb **99**, 911. – *IDW* PS 140 (Qualitätskontrolle nach §§ 57a WPO). – *WPK/IDW* WPg **06**, 629 (Qualitätssicherung in der WPPraxis).

c) **Einzeldarstellungen:** *Marten/Köhler/Paulitschek* BB **06**, 23. – *Naumann/Feld* WPg **06**, 873.

1) Wirtschaftsprüfer, Wirtschaftsprüfungsgesellschaft

1   A. **Wirtschaftsprüfer:** Gemäß §§ 1 I, 15 WPO bedarf die Tätigkeit der öffentlichen Bestellung. Diese setzt den Nachweis der persönlichen und fachlichen Eignung im Zulassungs- und Prüfungsverfahren voraus. Der Wirtschaftsprüfer übt eine freiberufliche Tätigkeit nicht gewerblicher Natur aus (§ 1 II WPO), BGH **94**, 69, und fällt deshalb nicht unter § 1 HGB, entsprechende Anwendung einzelner Vorschriften des HGB ist dennoch möglich (§ 1 HGB Rn 19).

2   B. **Wirtschaftsprüfungsgesellschaft:** Das Tätigwerden als WirtschaftsprüfungsGes setzt voraus, dass die Ges zuvor durch die Wirtschaftsprüferkammer als WirtschaftsprüfungsGes anerkannt worden ist (§ 29 WPO). Die Anerkennung bedarf des Nachweises, dass die Ges von Wirtschaftsprüfern verantwortlich geführt wird sowie der

II. Handelsbücher und Bilanzen **3–6 WPO Einl (2 c)**

Erfüllung weiterer gesetzlicher Voraussetzungen (§ 28 WPO). Die Ges kann als Personen-, Kapital- oder PartGes (§ 1 PartGG, Text Anh B nach § 160) verfasst sein, seit 2007 auch als GmbH & Co KG und als SE (§ 27 WPO). NichtWP als Gfter und Anteilsinhaber s § 28 WPO.

C. **Berufsausübung:** Die Berufsausübung verbindet herkömmlich eine Vielzahl 3 **unterschiedlicher Aufgaben,** die nach Bedeutung und Umfang grundsätzlich gleichwertig sind, darunter die Prüfungstätigkeit, die Steuerberatung, die Wirtschafts- und Unternehmensberatung (die als eigenes Aufgabenfeld durch die 3. WPO-Novelle 1994 aus dem Katalog der lediglich vereinbaren Tätigkeiten gem § 43 a IV WPO herausgenommen und den das Berufsbild prägenden Gebieten gem § 2 WPO zugeordnet wurde), die Gutachter- und Sachverständigentätigkeit, Düss DB **06,** 1670, die Treuhandtätigkeit (darunter auch Insolvenzverwaltung, BGHSt NJW **05,** 1058, Dekkenbrock/Fleckner NJW **05,** 1167) sowie – erweitert durch das Rechtsdienstleistungsgesetz **RDG** v 12. 12. 2007 – die Rechtsberatung und -besorgung, Hense/Ulrich § 2 Rn 23 ff. Das Gesetz verzichtet bewusst auf eine obligatorische Trennung von Prüfung und Beratung wie zum Teil in anderen Rechtsordnungen (vgl § 319 Rn 5). Dies wird wegen der Gefahr der Interessenkollision (Selbstprüfung) zunehmend als problematisch empfunden, s 64. DJT 2002 Abteilung Wirtschaftsrecht, Beschluss 1.14. Das BilReG hat dieses Anliegen durch deutliche Verschärfung der Unabhängigkeitsvorschriften in §§ 318 III, 319 und 319 a HGB aufgegriffen. Den Wirtschaftsprüfern kommt nach der Vorstellung des deutschen Gesetzgebers eine zentrale Rolle bei der Corporate Governance zu, was die „Erwartungslücke" noch vergrößert hat und für den Berufsstand Herausforderung ist, Hopt in IDW, Kapitalmarktorientierte Unternehmensüberwachung 2001 S 27. Zu den Reformen der WPO s Rn 9, zu denen der §§ 316–324 a s Überbl 1 vor § 316 HGB. Gemeinsame Stellungnahme der WPK und des IDW: Anforderungen an die Qualitätssicherung in der Wirtschaftsprüferpraxis VO 1/2006 WPg **06,** 629, dazu Schmidt/Pfitzer WPg **06,** 1193.

Die **Rechte und Pflichten der Wirtschaftsprüfer** sind in §§ **43–56 WPO** (im 4 Folgenden abgedruckt) näher umschrieben, insbesondere die allgemeinen Berufspflichten (§ 43 WPO), gemeinsame Berufsausübung, Außen- und Scheinsozietät (§ 44 b WPO), Zweigniederlassung (§ 47 WPO), Ablehnung der Tätigkeit bei Besorgnis der Befangenheit (§ 49 WPO), BGH **159,** 242, unverzügliche Mitteilung der Ablehnung eines Auftrages (sonst Schadensersatzpflicht, § 51 WPO), beschränkter Wechsel des Auftraggebers (§ 53 WPO), Berufshaftpflichtversicherung (§ 54 WPO), Haftungsbeschränkung (§ 54 a WPO) und Vergütung (§§ 55, 55 a WPO) sowie Qualitätssicherung (§§ 55 b, 55 c WPO). Bei Verstoß allein gegen § 49 Alt 2 WPO keine Nichtigkeit, BGH **159,** 234, krit Ring WPg **05,** 200, aber dann zugleich Verstoß gegen §§ 319 II (§ 319 Rn 4 ff).

D. **Pflichtprüfung:** Die Prüfungstätigkeit wird maßgeblich durch die Vorbehalts- 5 aufgabe geprägt, die (gesetzlich vorgeschriebene) Pflichtprüfung der Jahresabschlüsse bestimmter Unternehmen durchzuführen sowie Bestätigungsvermerke über Vornahme und Ergebnis der Prüfung zu erteilen bzw zu versagen (§ 2 I WPO). Eine gesetzliche Prüfungspflicht wird sowohl durch Bundes- als auch durch Landesrecht begründet und betrifft Unternehmen unterschiedlichster Rechtsformen, Größe und Branchen. Die Durchführung der Prüfung des Jahresabschlusses dient einerseits der Kontrolle vor allem der Ordnungsmäßigkeit der Buchführung und der Berichterstattung (einschließlich der Prüfung, ob Risiken der zukünftigen Entwicklung richtig dargestellt sind), andererseits ist sie nach § 316 I Voraussetzung dafür, dass der Jahresabschluss festgestellt werden kann (mit uU schwerwiegenden zivil-, straf- und steuerrechtlichen Folgen bei unterlassener Pflichtprüfung), Seitz DStR **91,** 315, Hense WPg **93,** 716, Rauch BB **97,** 35. Aus diesem Grund ist die **Unabhängigkeit** der Pflichtprüfer essentiell (§§ 319, 319 a II HGB), BGH **135,** 260 (Allweiler), dazu Wolf Müller WPg **03,** 741, NJW **03,** 970 (Hypo-Vereinsbank), dazu Schüppen WPg **03,** 750, näher zu §§ 319, 319 a HGB.

E. **Freiwillige Prüfungen und Testate:** Daneben werden Wirtschaftsprüfer regel- 6 mäßig auch mit der freiwilligen (gesetzlich nicht vorgeschriebenen) Prüfung von Abschlüssen beauftragt. Häufig besteht bei nicht kraft Gesetzes prüfungspflichtigen Unternehmen auf Grund der Satzung bzw des GesVertrages oder entsprechende

Hopt/Merkt 1645

Beschlussfassung der Gesellschafter oder auf Grund kreditvertraglicher Vereinbarung eine Pflicht zur Prüfung, weshalb in solchen Fällen die Bezeichnung „freiwillig" irreführend ist, Mü DB **96,** 1666. Ein Kernproblem von Prüfungen und Testaten außerhalb der gesetzlichen Pflichtprüfung ist die Dritthaftung gegenüber Personen, die nicht Auftraggeber des Testats sind, denen dieses jedoch zugänglich gemacht wird und die darauf vertrauen, umfangreiche Rspr (§ 323 HGB Rn 8, § 347 HGB Rn 19–21).

7 F. **AGB:** Die Wirtschaftsprüfer werden auch bei Pflichtprüfungen nicht ex lege, sondern auf Grund privater Verträge tätig (§ 318 Rn 1). Diesen werden die **(2 d)** AGB-WP zu Grunde gelegt.

2) **Wirtschaftsprüfungsordnung**

8 A. **In-Kraft-Treten:** Die **WPO** 24. 7. 61 trat am 1. 11. 1961 in Kraft und löste nach über zehnjähriger Gesetzgebungsvorbereitung die seit 1945 in den Ländern geltenden unterschiedlichen Vorschriften durch eine **bundeseinheitliche Gesetzesregelung** zum Berufsrecht der Wirtschaftsprüfer und der vereidigten Buchprüfer ab. Einzelne Bestimmungen der WPO wurden im Zuge der Verabschiedung bzw Änderung anderer Gesetze ua im Bereich des Strafrechts in den Jahren 1964, 1968, 1970 und 1974 geändert.

9 B. **Änderungen:** Substantielle Reform der WPO durch nF 5. 11. 74 BGBl 2258. Weitere wesentliche Änderungen durch BiRiLiG 1985 BGBl 2355 zur Umsetzung der 4., 7. u 8. (Prüferbefähigungs-)EG-Ri: Zulassung zum Wirtschaftsprüfer-Examen, Anerkennung, Führung des Berufsregisters. Weitere Änderung durch **2. WPO-ÄndG** 20. 7. 90 BGBl 1462 (Umsetzung der EG-**Hochschuldiplom-Ri). Neuordnung des Berufsrechts durch 3. WPO-ÄndG 15. 7. 94** BGBl 1596 (Einführung der Berufssatzung der WPK 11. 6. 1996, BAnz 7509 u 11 077). Nach weiteren kleineren Änd **4. WPOÄG** 19. 12. 2000 BGBl 1769 mit Einführung der Qualitätssicherung durch externe Kontrolle (peer review-Verfahren) sowie der Bestellung und Anerkennung von Wirtschaftsprüfungsges durch die WPK. Weitere Änderungen brachten ua das **WPRefG** 1. 12. 03 BGBl 2446 (sog **5. WPO-Novelle** mit zahlreichen Änderungen, ua zu Prüfungsverfahren und -gebieten, Zulassungs- und Prüfungszuständigkeit der Wirtschaftsprüferkammer statt bei den Ländern sowie bessere Sanktionskompetenzen der Wirtschaftsprüferkammer als Aufsichtsorgan), das **BilKoG** 15. 12. 04 BGBl 3408 (§ 43a IV Nr 4) und das **APAG** 27. 12. 04 BGBl 3846 (sog **6. WPO-Novelle,** ua §§ 55b, 57a, 57e, 57f u 57g, a 60, § 61a, § 66a). Das APAG bringt neben der Weiterentwicklung des Qualitätskontrollverfahrens nach §§ 57a ff WPO vor allem eine öffentliche, fachbezogene, berufstandsunabhängige Aufsicht (public oversight board, vgl PCAOB in den USA) durch eine neue „Abschlussprüferaufsichtskommission" (**APAK,** „nicht rechtsfähige Personengemeinschaft sui generis", keine Verwaltungsakte, sondern zivilrechtliche Tätigkeit, so RegE zu § 66a WPO), die unterhalb der Rechtsaufsicht durch das Ministerium (§ 66 WPO) und oberhalb der Wirtschaftsprüferkammer (§ 4 WPO, Selbstverwaltung, zugleich mittelbare Staatsverwaltung als Körperschaft des öffentlichen Rechts) steht (RegE). § 55b WPO stellt die Berufspflicht zur Einführung eines internen Qualitätssicherungssystems klar. Zur Abschlussprüferreform einschneidend **BilReG** 4. 12. 04 BGBl 3166 s Einl 2 vor § 316 HGB. 9. ZustAnpV 31. 10. 2006 BGBl I 2407. 2. JuMoG 23. 12. 2006 BGBl I 3416. Das Berufsaufsichtsreformgesetz **(BARefG, 7. WPO-Novelle)** 3. 9. 2007 BGBl I 2178 hat wichtige berufsrechtliche Änderungen gebracht, die durch das **BilMoG 2009** weiter ergänzt werden. Lit: Marten/Köhler WPg **05,** 145 (APAK), IDW IDW-FN **07,** 430, (BARefG), Wiechers StuB **07,** 687 (BARefG), Ernst/Seidler ZGR **08,** 631 (MilMoG), Hennsler/Deckenbrock BB **08,** 41 (RDG), Petersen/Zwirner StuB **08,** 50, dies KoR **09,** 44.

10 C. **Inhalt und Aufbau:** Erster Teil: Allgemeine Vorschriften §§ 1–4. Zweiter Teil: Voraussetzungen für die Berufsausübung §§ 5–42. Dritter Teil: Rechte und Pflichten der Wirtschaftsprüfer §§ 43–56. Vierter Teil: Organisation des Berufs §§ 57–66. Fünfter Teil: Berufsaufsicht §§ 61a–66a. Sechster Teil: Berufsgerichtsbarkeit §§ 67–127. Siebter Teil: Vereidigte Buchprüfer und Buchprüfungsgesellschaften §§ 128–131d. Achter Teil: *(weggefallen).* Neunter Teil: Eignungsprüfung als Wirtschaftsprüfer §§ 131g–131n. Zehnter Teil: Straf- und Bußgeldvorschriften §§ 132–133b. Elfter Teil: Übergangs- und Schlussvorschriften §§ 134–141.

Wirtschaftsprüfer und Wirtschaftsprüfungsgesellschaften

WPO 1 (1) ¹Wirtschaftsprüfer oder Wirtschaftsprüferinnen (Berufsangehörige) sind Personen, die als solche öffentlich bestellt sind. ²Die Bestellung setzt den Nachweis der persönlichen und fachlichen Eignung im Zulassungs- und staatlichen Prüfungsverfahren voraus.

(2) ¹Der Wirtschaftsprüfer übt einen freien Beruf aus. ²Seine Tätigkeit ist kein Gewerbe.

(3) ¹Wirtschaftsprüfungsgesellschaften bedürfen der Anerkennung. ²Die Anerkennung setzt den Nachweis voraus, daß die Gesellschaft von Wirtschaftsprüfern verantwortlich geführt wird.

Inhalt der Tätigkeit

WPO 2 (1) Wirtschaftsprüfer haben die berufliche Aufgabe, betriebswirtschaftliche Prüfungen, insbesondere solche von Jahresabschlüssen wirtschaftlicher Unternehmen, durchzuführen und Bestätigungsvermerke über die Vornahme und das Ergebnis solcher Prüfungen zu erteilen.

(2) Wirtschaftsprüfer sind befugt, ihre Auftraggeber in steuerlichen Angelegenheiten nach Maßgabe der bestehenden Vorschriften zu beraten und zu vertreten.

(3) Wirtschaftsprüfer sind weiter befugt
1. unter Berufung auf ihren Berufseid auf den Gebieten der wirtschaftlichen Betriebsführung als Sachverständige aufzutreten;
2. in wirtschaftlichen Angelegenheiten zu beraten und fremde Interessen zu wahren;
3. zur treuhänderischen Verwaltung.

Berufliche Niederlassung

WPO 3 (1) ¹Berufsangehörige müssen unmittelbar nach der Bestellung eine berufliche Niederlassung begründen und eine solche unterhalten; wird die Niederlassung in einem Staat begründet, der nicht Mitgliedstaat der Europäischen Union, Vertragsstaat des Abkommens über den Europäischen Wirtschaftsraum oder die Schweiz ist (Drittstaat), muss eine zustellungsfähige Anschrift im Inland unterhalten werden. ²Berufliche Niederlassung eines selbständigen Wirtschaftsprüfers ist die eigene Praxis, von der aus er seinen Beruf überwiegend ausübt. ³Als berufliche Niederlassung eines ausschließlich nach § 43 a Abs. 1 angestellten Wirtschaftsprüfers gilt die Niederlassung, von der aus er seinen Beruf überwiegend ausübt.

(2) Bei Wirtschaftsprüfungsgesellschaften ist Sitz der Hauptniederlassung der Sitz der Gesellschaft.

(3) Wirtschaftsprüfer und Wirtschaftsprüfungsgesellschaften dürfen Zweigniederlassungen nach den Vorschriften dieses Gesetzes begründen.

Fünfter Abschnitt. Wirtschaftsprüfungsgesellschaften

Rechtsform

WPO 27 (1) Aktiengesellschaften, Europäische Gesellschaften (SE), Kommanditgesellschaften auf Aktien, Gesellschaften mit beschränkter Haftung, Offene Handelsgesellschaften, Kommanditgesellschaften und Partnerschaftsgesellschaften können nach Maßgabe der Vorschriften dieses Abschnittes als Wirtschaftsprüfungsgesellschaften anerkannt werden.

(2) Offene Handelsgesellschaften und Kommanditgesellschaften können als Wirtschaftsprüfungsgesellschaften anerkannt werden, wenn sie wegen ihrer Treuhandtätigkeit als Handelsgesellschaften in das Handelsregister eingetragen worden sind.

Dritter Teil. Rechte und Pflichten der Wirtschaftsprüfer

Allgemeine Berufspflichten

WPO 43 (1) ¹Der Wirtschaftsprüfer hat seinen Beruf unabhängig, gewissenhaft, verschwiegen und eigenverantwortlich auszuüben. ²Er hat sich insbesondere bei der Erstattung von Prüfungsberichten und Gutachten unparteiisch zu verhalten.

(2) ¹Der Wirtschaftsprüfer hat sich jeder Tätigkeit zu enthalten, die mit seinem Beruf oder mit dem Ansehen des Berufs unvereinbar ist. ²Er hat sich der besonderen Berufspflichten bewußt zu sein, die ihm aus der Befugnis erwachsen, gesetzlich vorgeschriebene Bestätigungsvermerke zu erteilen. ³Er hat sich auch außerhalb der Berufstätigkeit des Vertrauens und der Achtung würdig zu erweisen, die der Beruf erfordert. ⁴Er ist verpflichtet, sich fortzubilden.

(3) Wer Abschlussprüfer eines Unternehmens im Sinn des § 319a Abs. 1 Satz 1 des Handelsgesetzbuchs war oder wer als verantwortlicher Prüfungspartner im Sinn des § 319a Abs. 1 Satz 5, Abs. 2 Satz 2 des Handeslgesetzbuchs bei der Abschlussprüfung eines solchen Unternehmens tätig war, darf dort innerhalb von zwei Jahren nach der Beendigung der Prüfungstätigkeit keine wichtige Führungstätigkeit ausüben.

Regeln der Berufsausübung

WPO 43a *(vom Abdruck wird abgesehen)*

Eigenverantwortliche Tätigkeit

WPO 44 (1) ¹Eine eigenverantwortliche Tätigkeit übt nicht aus, wer sich als zeichnungsberechtigter Vertreter oder als zeichnungsberechtigter Angestellter an Weisungen zu halten hat, die ihn verpflichten, Prüfungsberichte und Gutachten auch dann zu unterzeichnen, wenn ihr Inhalt sich mit seiner Überzeugung nicht deckt. ²Weisungen, die solche Verpflichtungen enthalten, sind unzulässig. ³Gesetzliche Vertreter und Gesellschafter einer Wirtschaftsprüfungsgesellschaft, die nicht Wirtschaftsprüfer sind, und Mitglieder des Aufsichtsrats der Wirtschaftsprüfungsgesellschaft dürfen auf die Durchführung von Abschlußprüfungen nicht in einer Weise Einfluß nehmen, die die Unabhängigkeit der verantwortlichen Wirtschaftsprüfers beeinträchtigt.

(2) Die Eigenverantwortlichkeit wird nicht schon dadurch ausgeschlossen, daß für gesetzliche Vertreter von Wirtschaftsprüfungsgesellschaften und für bei Wirtschaftsprüfern oder Wirtschaftsprüfungsgesellschaften angestellte Wirtschaftsprüfer eine Mitzeichnung durch einen anderen Wirtschaftsprüfer oder bei genossenschaftlichen Prüfungsverbänden, Prüfungsstellen von Sparkassen- und Giroverbänden oder überörtlichen Prüfungseinrichtungen für Körperschaften und Anstalten des öffentlichen Rechts durch einen zeichnungsberechtigten Vertreter des Prüfungsverbandes, der Prüfungsstelle oder der Prüfungseinrichtung vereinbart ist.

Zweigniederlassungen

WPO 47 ¹Zweigniederlassungen müssen jeweils von wenigstens einem Wirtschaftsprüfer geleitet werden, der seine berufliche Niederlassung am Ort der Zweigniederlassung hat. ²Für Zweigniederlassungen von in eigener Praxis tätigen Wirtschaftsprüfern kann die Wirtschaftsprüferkammer Ausnahmen zulassen.

Versagung der Tätigkeit

WPO 49 Der Wirtschaftsprüfer hat seine Tätigkeit zu versagen, wenn sie für eine pflichtwidrige Handlung in Anspruch genommen werden soll oder die Besorgnis der Befangenheit bei der Durchführung eines Auftrages besteht.

II. Handelsbücher und Bilanzen

Verschwiegenheitspflicht der Gehilfen

WPO 50 Der Wirtschaftsprüfer hat seine Gehilfen und Mitarbeiter, soweit sie nicht bereits durch Gesetz zur Verschwiegenheit verpflichtet sind, zur Verschwiegenheit zu verpflichten.

Mitteilung der Ablehnung eines Auftrages

WPO 51 ¹Der Wirtschaftsprüfer, der einen Auftrag nicht annehmen will, hat die Ablehnung unverzüglich zu erklären. ²Er hat den Schaden zu ersetzen, der aus einer schuldhaften Verzögerung dieser Erklärung entsteht.

Verjährung

WPO 51a *(aufgehoben)*

Handakten

WPO 51b (1) Der Wirtschaftsprüfer muß durch Anlegung von Handakten ein zutreffendes Bild über die von ihm entfaltete Tätigkeit geben können.

(2) ¹Der Wirtschaftsprüfer hat die Handakten auf die Dauer von zehn Jahren nach Beendigung des Auftrags aufzubewahren. ²Diese Verpflichtung erlischt jedoch schon vor Beendigung dieses Zeitraums, wenn der Wirtschaftsprüfer den Auftraggeber aufgefordert hat, die Handakten in Empfang zu nehmen, und der Auftraggeber dieser Aufforderung binnen sechs Monaten, nachdem er sie erhalten hat, nicht nachgekommen ist.

(3) ¹Der Wirtschaftsprüfer kann seinem Auftraggeber die Herausgabe der Handakten verweigern, bis er wegen seiner Vergütung und Auslagen befriedigt ist. ²Dies gilt nicht, soweit die Vorenthaltung der Handakten oder einzelner Schriftstücke nach den Umständen unangemessen wäre.

(4) ¹Handakten im Sinne der Absätze 2 und 3 sind nur die Schriftstücke, die der Wirtschaftsprüfer aus Anlaß seiner beruflichen Tätigkeit von dem Auftraggeber oder für ihn erhalten hat, nicht aber der Briefwechsel zwischen dem Wirtschaftsprüfer und seinem Auftraggeber, die Schriftstücke, die dieser bereits in Urschrift oder Abschrift erhalten hat, sowie die zu internen Zwecken gefertigten Arbeitspapiere. ²Der Wirtschaftsprüfer hat in den Arbeitspapieren, die Abschlussprüfungen im Sinne des § 316 des Handelsgesetzbuchs betreffen, auch die zur Überprüfung seiner Unabhängigkeit im Sinn des § 319 Abs. 2 bis 5 und des § 319a des Handelsgesetzbuchs ergriffenen Maßnahmen, seine Unabhängigkeit gefährdende Umstände und ergriffene Schutzmaßnahmen schriftlich zu dokumentieren.

(4a) ¹Der Wirtschaftsprüfer, der eine Konzernabschlussprüfung durchführt, hat der Wirtschaftsprüferkammer auf deren schriftliche Aufforderung die Unterlagen über die Arbeit von Abschlussprüfern oder Abschlussprüfungsgesellschaften aus Drittstaaten im Sinn des § 3 Abs. 1 Satz 1, die in den Konzernabschluss einbezogene Tochterunternehmen prüfen, zu übergeben, soweit diese nicht gemäß § 134 Abs. 1 eingetragen sind oder eine Vereinbarung zur Zusammenarbeit gemäß § 57 Abs. 9 Satz 5 Nr. 3 nicht besteht. ²Erhält der Wirtschaftsprüfer keinen Zugang zu den Unterlagen über die Arbeit von Abschlussprüfern oder Abschlussprüfungsgesellschaften aus Drittländern, sind der Versuch ihrer Erlangung und die Hindernisse zu dokumentieren und der Wirtschaftsprüferkammer auf deren schriftliche Aufforderung die Gründe dafür mitzuteilen.

(5) ¹Die Absätze 1 bis 4a gelten entsprechend, soweit sich der Wirtschaftsprüfer zum Führen von Handakten der elektronischen Datenverarbeitung bedient. ²In anderen Gesetzen getroffene Regelungen über die Pflichten zur Aufbewahrung von Geschäftsunterlagen bleiben unberührt.

Werbung

WPO 52 Werbung ist zulässig, es sei denn, sie ist unlauter.

Wechsel des Auftraggebers

WPO 53 Berufsangehörige dürfen keine widerstreitenden Interessen vertreten; sie dürfen insbesondere in einer Sache, in der sie oder eine Person oder eine Personengesellschaft, mit der sie ihren Beruf gemeinsam ausüben, bereits tätig waren, für andere Auftraggebende nur tätig werden, wenn die bisherigen und die neuen Auftraggebenden einverstanden sind.

Berufshaftpflichtversicherung

WPO 54 (1) ¹Selbständige Wirtschaftsprüfer und Wirtschaftsprüfungsgesellschaften sind verpflichtet, eine Berufshaftpflichtversicherung zur Deckung der sich aus ihrer Berufstätigkeit ergebenden Haftpflichtgefahren für Vermögensschäden abzuschließen und die Versicherung während der Dauer ihrer Bestellung oder Anerkennung aufrechtzuerhalten. ²Die Mindestversicherungssumme muß für den einzelnen Versicherungsfall muß in § 323 Abs. 2 Satz 1 des Handelsgesetzbuchs bezeichneten Umfang betragen. ³Zuständige Stelle im Sinne des § 158c Abs. 2 des Gesetzes über den Versicherungsvertrag ist die Wirtschaftsprüferkammer.

(2) Die Wirtschaftsprüferkammer kann Dritten auf Antrag Auskunft über die Berufshaftpflichtversicherung des Wirtschaftsprüfers erteilen, soweit dies zur Geltendmachung von Schadenersatzansprüchen erforderlich ist und der Wirtschaftsprüfer kein überwiegendes schutzwürdiges Interesse an der Nichterteilung der Auskunft hat.

(3) Die Wirtschaftsprüferkammer trifft im Rahmen der Berufssatzung die näheren Bestimmungen über den Versicherungsinhalt, Regelungen über zulässige Versicherungsausschlüsse wie etwa für Ersatzansprüche bei wissentlicher Pflichtverletzung, den Versicherungsnachweis, das Anzeigeverfahren und die Überwachung der Versicherungspflicht.

Vertragliche Begrenzung von Ersatzansprüchen

WPO 54a (1) Der Anspruch des Auftraggebers aus dem zwischen ihm und dem Wirtschaftsprüfer bestehenden Vertragsverhältnis auf Ersatz eines fahrlässig verursachten Schadens kann beschränkt werden
1. durch schriftliche Vereinbarung im Einzelfall bis zur Mindesthöhe der Deckungssumme nach § 54 Abs. 1 Satz 2;
2. durch vorformulierte Vertragsbedingungen auf den vierfachen Betrag der Mindesthöhe der Deckungssumme nach § 54 Abs. 1 Satz 2, wenn insoweit Versicherungsschutz besteht.

(2) Die persönliche Haftung von Mitgliedern einer Sozietät (§ 44b) auf Schadensersatz kann auch durch vorformulierte Vertragsbedingungen auf einzelne namentlich bezeichnete Mitglieder der Sozietät beschränkt werden, die die vertragliche Leistung erbringen sollen.

Gebührenordnung

WPO 55 *(aufgehoben)*

Vergütung

WPO 55a (1) Der Wirtschaftsprüfer darf für Tätigkeiten nach § 2 Abs. 1, 2 und 3 Nr. 1 und 3 keine Vereinbarung schließen, durch welche die Höhe der Vergütung vom Ergebnis seiner Tätigkeit als Wirtschaftsprüfer abhängig gemacht wird. Die Vergütung für gesetzlich vorgeschriebene Abschlussprüfungen darf über Satz 1 hinaus nicht an weitere Bedingungen geknüpft sein und sie darf auch nicht von dem Erbringung zusätzlicher Leistungen für das geprüfte Unternehmen beeinflusst oder bestimmt sein. Besteht zwischen der erbrachten Leistung und der vereinbarten Vergütung ein erhebliches Missverhältnis, muss der Wirtschaftsprüferkammer auf Verlangen nachgewiesen werden können, dass für die Prüfung eine angemessene Zeit aufgewandt und qualifiziertes Personal eingesetzt wurde.

(2) Die Abgabe und Entgegennahme eines Teils der Vergütung oder sonstiger Vorteile für die Vermittlung von Aufträgen, gleichviel ob im Verhältnis zu einem Wirtschaftsprüfer oder Dritten, ist unzulässig.

(3) Die Abtretung von Vergütungsforderungen oder die Übertragung ihrer Einziehung an Berufsangehörige, an Berufsgesellschaften oder an Berufsausübungsgemeinschaften ist auch ohne Zustimmung der auftraggebenden Person zulässig; diese sind in gleicher Weise zur Verschwiegenheit verpflichtet wie die beauftragte Person. Satz 1 gilt auch bei einer Abtretung oder Übertragung an Berufsangehörige anderer freier Berufe, die einer entsprechenden gesetzlichen Verschwiegenheitspflicht unterliegen. Die Abtretung von Vergütungsforderungen oder die Übertragung ihrer Einziehung an andere Personen ist entweder bei rechtskräftiger Feststellung der Vergütungsforderung oder mit Zustimmung der auftraggebenden Person zulässig.

Qualitätssicherungssystem

WPO 55b [1] Der Wirtschaftsprüfer oder die Wirtschaftsprüferin hat die Regelungen, die zur Einhaltung der Berufspflichten erforderlich sind, zu schaffen sowie ihre Anwendung zu überwachen und durchzusetzen (Qualitätssicherungssystem). [2] Das Qualitätssicherungssystem ist zu dokumentieren.

Transparenzbericht

WPO 55c *(vom Abdruck wird abgesehen)*

Anwendung der Vorschriften über die Rechte und Pflichten der Wirtschaftsprüfer auf Wirtschaftsprüfungsgesellschaften

WPO 56 (1) § 43, § 43a Abs. 3 und 4, § 44b, §§ 49 bis 53, § 54a, §§ 55a und 55b gelten sinngemäß für Wirtschaftsprüfungsgesellschaften sowie für Vorstandsmitglieder, Geschäftsführer, Partner und persönlich haftende Gesellschafter einer Wirtschaftsprüfungsgesellschaft, die nicht Wirtschaftsprüfer sind.

(2) Die Mitglieder der durch Gesetz, Satzung oder Gesellschaftsvertrag vorgesehenen Aufsichtsorgane der Gesellschaften sind zur Verschwiegenheit verpflichtet.

(2 d) Allgemeine Auftragsbedingungen für Wirtschaftsprüfer und Wirtschaftsprüfungsgesellschaften (AGB-WP)

Vom 1. Januar 2002
IDW-Verlag GmbH 40420 Düsseldorf

Einleitung

Schrifttum

a) Kommentare und Handbücher: s zunächst allgemeines Schrifttum zum AGB-Recht s **(5)** §§ 305–310 BGB Einl vor § 1, ferner *Schäfer,* Wirtschaftsprüfer, in *v Westphalen,* Vertragsrecht und AGB-Klauselwerke, Bd 2 (LBl). – *WPK,* Hdb des Berufsrechts für Wirtschaftsprüfer und vereidigte Buchprüfer 1992.

b) Einzeldarstellungen und Sonstiges: *Brandner* ZIP **84,** 1186. – *Bunte* BB **81,** 1064. – *Flies* WPK-Mitt **92,** 49. – *Ekkenga* WM-Sonderbeilage 3/**96.** – *Land,* Wirtschaftsprüferhaftung gegenüber Dritten 1996 (rechtsvgl). – *Otto/Mittag* WM **96,** 325. – *Weber* NZG **99,** 9.

Der zwischen Wirtschaftsprüfer bzw Wirtschaftsprüfungsgesellschaft und Auftraggeber geschlossene Vertrag zur Prüfung des Jahresabschlusses ist idR Geschäftsbesorgungsvertrag mit Dienst- bzw Werkvertragscharakter (vgl §§ 675 I, 611 bzw 631 BGB, § 318 HGB Rn 3). Diesem Vertrag werden von Seiten der Wirtschaftsprüfer und Wirtschaftsprüfungsgesellschaften üblicherweise die **Allgemeinen Auftragsbe- 1**

(2 d) AGB-WP Einl 1

dingungen für Wirtschaftsprüfer und Wirtschaftsprüfergesellschaften (AGB-WP, Stand 1. 1. 2002) zu Grunde gelegt, die vom Fachausschuss des IDW redigiert werden. Die Verwendung von AGB im Rahmen der Wirtschaftsprüfung ist gemäß **(2 c)** WPO § 54 a zulässig. Inhaltlich und besonders für die Haftungsbeschränkungen sind die AGB-WP auf die berufsrechtlichen Anforderungen gemäß **(2 c)** WPO § 54 a I Nr 2 abgestimmt. Für die Wirksamkeit der Einbeziehung und die Inhaltskontrolle gilt allgemeines AGB-Recht (s **(5)** §§ 305–310 BGB, insbesondere § 308 BGB), Brandner ZIP **84**, 1186, JZ **85**, 757, Hopt FS Pleyer **86**, 367, Ul/Br/He/H. Schmidt Anh § 310 BGB Rz 1045, Graf v Westphalen/Schäfer 2 (§ 318 Rn 3).

2   Der **Inhalt des Vertrages** zwischen Prüfer und Auftraggeber wird durch die AGB-WP in mehrfacher Hinsicht geregelt. Nach Nr 2 I ist Auftragsgegenstand die vereinbarte Leistung und nicht ein bestimmter Erfolg. Diese Zuordnung zum Vertragstyp des **Geschäftsbesorgungsvertrags** mit Dienstvertragscharakter (§§ 675 I, 611 BGB) entspricht grundsätzlich dem Charakter der Wirtschaftsprüfung. Dem werkvertraglichen Element entspricht die Regelung in Nr 8 I, wonach ein verschuldensunabhängiger Anspruch auf **Mängelbeseitigung** durch den Wirtschaftsprüfer gewährt wird und für den Fall des Fehlschlagens weitere Gewährleistungsrechte vorgesehen sind. Ist abweichend von Nr 2 I Vertragsgegenstand die Erstattung eines Gutachtens, hat die Individualabrede Vorrang. Nr 2 I ist wirksam. Als nicht unbedenklich werden dagegen die Klauseln über den Leistungsumfang angesehen, so die Nichtberücksichtigung ausländischen Rechts außer bei ausdrücklicher schriftlicher Vereinbarung (Nr 2 II), der kategorische Ausschluss von Sondervorschriften, soweit der Auftrag nicht darauf gerichtet ist (Nr 2 III), selbst wenn die Prüfung „dazu gehört", und die Abbedingung jedweder Nachsorgepflicht (Nr 2 IV), Ul/Br/He/H. Schmidt Anh § 310 BGB Rz 1047. Das erscheint sehr weitgehend, in Rechnung zu stellen ist dabei allerdings der Grundsatz der Auslegung gegen den Verwender (scheinbar kundenfeindlichste Auslegung, **(5)** § 305 c II BGB).

3   Für gesetzlich vorgeschriebene Prüfungen gilt gemäß Nr 9 I die **Haftungsbeschränkung** des § 323 II HGB (1 Mio Euro, bei Ges mit Notierung im amtlichen Handel 4 Mio Euro). Daran an schließt sich in Nr 9 II die Haftungsbeschränkung für Schadensersatzansprüche jeder Art bei fahrlässig verursachtem Einzelschaden auf 4 Mio Euro gemäß **(2 c)** WPO § 54 a I Nr 2. Nach Nr 9 II 5 ist die Haftung bei Serienschäden auf 5 Mio Euro beschränkt. Diese letztere Beschränkung ist von **(2 c)** WPO § 54 a I Nr 2 nicht mehr gedeckt und wegen des erheblichen Schadenspotenzials das mit der beruflichen Fehlleistung des Wirtschaftsprüfers verbunden sein kann, besonders bei grober Fahrlässigkeit unangemessen, Otto/Mittag WM **96**, 383, Ul/Br/He/H. Schmidt § 310 BGB Rn 1052, str, keine Freizeichnung für Verletzung von wesentlichen Vertragspflichten, str, für Wirksamkeit dagegen Vo/Li/Pf Rechtsanwälte ua R 7.

4   Von besonderem Interesse ist die Einbeziehung Dritter in die Haftungsregelung der AGB-WPO. Nach Nr 7 haftet der Prüfer gegenüber Dritten nur, wenn er der Weitergabe seiner beruflichen Äußerungen schriftlich zugestimmt hat. Diese Regelung kann deliktische oder quasivertragliche Ansprüche oder solche aus § 328 BGB bzw aus Vertrag mit drittschützender Wirkung (in den beiden letztgenannten Fällen aber uU Höhenbegrenzung, Düss NJW-RR **86**, 522) nicht verhindern (näher § 347 Rn 38, 38 a). Die Beschränkung nach Nr 9 ist gegenüber einem Dritten wirksam, wenn sie mit dem Dritten wirksam vereinbart wurde, Vl/Br/He/H. Schmidt Anh § 310 BGB Rz 1053, Schäfer 5.

Geltungsbereich

AGB-WP 1 (1) **Die Auftragsbedingungen gelten für die Verträge zwischen Wirtschaftsprüfern oder Wirtschaftsprüfungsgesellschaften (im nachstehenden zusammenfassend „Wirtschaftsprüfer" genannt) und ihren Auftraggebern über Prüfungen, Beratungen und sonstige Aufträge, soweit nicht etwas anderes ausdrücklich schriftlich vereinbart oder gesetzlich zwingend vorgeschrieben ist.**

(2) **Werden im Einzelfall ausnahmsweise vertragliche Beziehungen auch zwischen dem Wirtschaftsprüfer und anderen Personen als dem Auftraggeber begründet, so gelten auch gegenüber solchen Dritten die Bestimmungen der nachstehenden Nr. 9.**

II. Handelsbücher und Bilanzen AGB-WP Einl 2–6 (2 d)

Umfang und Ausführung des Auftrages

AGB-WP 2 (1) ¹Gegenstand des Auftrages ist die vereinbarte Leistung, nicht ein bestimmter wirtschaftlicher Erfolg. ²Der Auftrag wird nach den Grundsätzen ordnungsmäßiger Berufsausübung ausgeführt. ³Der Wirtschaftsprüfer ist berechtigt, sich zur Durchführung des Auftrages sachverständiger Personen zu bedienen.

(2) Die Berücksichtigung ausländischen Rechts bedarf – außer bei betriebswirtschaftlichen Prüfungen – der ausdrücklichen schriftlichen Vereinbarung.

(3) ¹Der Auftrag erstreckt sich, soweit er nicht darauf gerichtet ist, nicht auf die Prüfung der Frage, ob die Vorschriften des Steuerrechts oder Sondervorschriften, wie z.B. die Vorschriften des Preis-, Wettbewerbsbeschränkungs- und Bewirtschaftungsrechts beachtet sind; das gleiche gilt für die Feststellung, ob Subventionen, Zulagen oder sonstige Vergünstigungen in Anspruch genommen werden können. ²Die Ausführung eines Auftrages umfaßt nur dann Prüfungshandlungen, die gezielt auf die Aufdeckung von Buchfälschungen und sonstigen Unregelmäßigkeiten gerichtet sind, wenn sich bei der Durchführung von Prüfungen dazu ein Anlaß ergibt oder dies ausdrücklich schriftlich vereinbart ist.

(4) Ändert sich die Rechtslage nach Abgabe der abschließenden beruflichen Äußerung, so ist der Wirtschaftsprüfer nicht verpflichtet, den Auftraggeber auf Änderungen oder sich daraus ergebende Folgerungen hinzuweisen.

Aufklärungspflicht des Auftraggebers

AGB-WP 3 (1) ¹Der Auftraggeber hat dafür zu sorgen, daß dem Wirtschaftsprüfer auch ohne dessen besondere Aufforderung alle für die Ausführung des Auftrages notwendigen Unterlagen rechtzeitig vorgelegt werden und ihm von allen Vorgängen und Umständen Kenntnis gegeben wird, die für die Ausführung des Auftrages von Bedeutung sein können. ²Dies gilt auch für die Unterlagen, Vorgänge und Umstände, die erst während der Tätigkeit des Wirtschaftsprüfers bekannt werden.

(2) Auf Verlangen des Wirtschaftsprüfers hat der Auftraggeber die Vollständigkeit der vorgelegten Unterlagen und der gegebenen Auskünfte und Erklärungen in einer vom Wirtschaftsprüfer formulierten schriftlichen Erklärung zu bestätigen.

Sicherung der Unabhängigkeit

AGB-WP 4 ¹Der Auftraggeber steht dafür ein, daß alles unterlassen wird, was die Unabhängigkeit der Mitarbeiter des Wirtschaftsprüfers gefährden könnte. ²Dies gilt insbesondere für Angebote auf Anstellung und für Angebote, Aufträge auf eigene Rechnung zu übernehmen.

Berichterstattung und mündliche Auskünfte

AGB-WP 5 ¹Hat der Wirtschaftsprüfer die Ergebnisse seiner Tätigkeit schriftlich darzustellen, so ist nur die schriftliche Darstellung maßgebend. ²Bei Prüfungsaufträgen wird der Bericht, soweit nichts anderes vereinbart ist, schriftlich erstattet. ³Mündliche Erklärungen und Auskünfte von Mitarbeitern des Wirtschaftsprüfers außerhalb des erteilten Auftrages sind stets unverbindlich.

Schutz des geistigen Eigentums des Wirtschaftsprüfers

AGB-WP 6 Der Auftraggeber steht dafür ein, daß die im Rahmen des Auftrages vom Wirtschaftsprüfer gefertigten Gutachten, Organisationspläne, Entwürfe, Zeichnungen, Aufstellungen und Berechnungen, insbesondere Massen- und Kostenberechnungen, nur für seine eigenen Zwecke verwendet werden.

Weitergabe einer beruflichen Äußerung des Wirtschaftsprüfers

AGB-WP 7 (1) ¹Die Weitergabe beruflicher Äußerungen des Wirtschaftsprüfers (Berichte, Gutachten und dgl.) an einen Dritten bedarf der schriftlichen Zustimmung des Wirtschaftsprüfers, soweit sich nicht bereits aus dem Auftragsinhalt die Einwilligung zur Weitergabe an einen bestimmten Dritten ergibt. ²Gegenüber einem Dritten haftet der Wirtschaftsprüfer (im Rahmen von Nr. 9) nur, wenn die Voraussetzungen des Satzes 1 gegeben sind.

(2) Die Verwendung beruflicher Äußerungen des Wirtschaftsprüfers zu Werbezwecken ist unzulässig; ein Verstoß berechtigt den Wirtschaftsprüfer zur fristlosen Kündigung aller noch nicht durchgeführten Aufträge des Auftraggebers.

Mängelbeseitigung

AGB-WP 8 (1) ¹Bei etwaigen Mängeln hat der Auftraggeber Anspruch auf Nacherfüllung durch den Wirtschaftsprüfer. ²Nur bei Fehlschlagen der Nacherfüllung kann er auch Herabsetzung der Vergütung oder Rückgängigmachung des Vertrages verlangen; ist der Auftrag von einem Kaufmann im Rahmen seines Handelsgewerbes, einer juristischen Person des öffentlichen Rechts oder von einem öffentlich-rechtlichen Sondervermögen erteilt worden, so kann der Auftraggeber die Rückgängigmachung des Vertrages nur verlangen, wenn die erbrachte Leistung wegen Fehlschlagens der Nacherfüllung für ihn ohne Interesse ist. ³Soweit darüber hinaus Schadensersatzansprüche bestehen, gilt Nr. 9.

(2) Der Anspruch auf Beseitigung von Mängeln muß vom Auftraggeber unverzüglich schriftlich geltend gemacht werden. Ansprüche nach Abs. 1, die nicht auf einer vorsätzlichen Handlung beruhen, verjähren nach Ablauf eines Jahres ab dem gesetzlichen Verjährungsbeginn.

(3) ¹Offenbare Unrichtigkeiten, wie z.B. Schreibfehler, Rechenfehler und formelle Mängel, die in einer beruflichen Äußerung (Bericht, Gutachten und dgl.) des Wirtschaftsprüfers enthalten sind, können jederzeit vom Wirtschaftsprüfer auch Dritten gegenüber berichtigt werden. ²Unrichtigkeiten, die geeignet sind, in der beruflichen Äußerung des Wirtschaftsprüfers enthaltene Ergebnisse in Frage zu stellen, berechtigen diesen, die Äußerung auch Dritten gegenüber zurückzunehmen. ³In den vorgenannten Fällen ist der Auftraggeber vom Wirtschaftsprüfer tunlichst vorher zu hören.

Haftung

AGB-WP 9 (1) Für gesetzlich vorgeschriebene Prüfungen gilt die Haftungsbeschränkung des § 323 Abs. 2 HGB.

(2) Haftung bei Fahrlässigkeit; Einzelner Schadensfall

¹Falls weder Abs. 1 eingreift noch eine Regelung im Einzelfall besteht, ist die Haftung des Wirtschaftsprüfers für Schadensersatzansprüche jeder Art, mit Ausnahme von Schäden aus der Verletzung von Leben, Körper und Gesundheit, bei einem fahrlässig verursachten einzelnen Schadensfall gem. § 54a Abs. 1 Nr. 2 WPO auf 4 Mio. € beschränkt; dies gilt auch dann, wenn eine Haftung gegenüber einer anderen Person als dem Auftraggeber begründet sein sollte. ²Ein einzelner Schadensfall ist auch bezüglich eines aus mehreren Pflichtverletzungen stammenden einheitlichen Schadens gegeben. ³Der einzelne Schadensfall umfaßt sämtliche Folgen einer Pflichtverletzung ohne Rücksicht darauf, ob Schäden in einem oder in mehreren aufeinanderfolgenden Jahren entstanden sind. ⁴Dabei gilt mehrfaches auf gleicher oder gleichartiger Fehlerquelle beruhendes Tun oder Unterlassen als einheitliche Pflichtverletzung, wenn die betreffenden Angelegenheiten miteinander in rechtlichem oder wirtschaftlichem Zusammenhang stehen. ⁵In diesem Fall kann der Wirtschaftsprüfer nur bis zur Höhe von 5 Mio. € in Anspruch genommen werden. ⁶Die Begrenzung auf das Fünffache der Mindestversicherungssumme gilt nicht bei gesetzlich vorgeschriebenen Pflichtprüfungen.

(3) Ausschlußfristen

¹Ein Schadensersatzanspruch kann nur innerhalb einer Ausschlußfrist von einem Jahr geltend gemacht werden, nachdem der Anspruchsberechtigte von dem Scha-

II. Handelsbücher und Bilanzen **AGB-WP Einl 10, 11 (2 d)**

den und von dem anspruchsbegründenden Ereignis Kenntnis erlangt hat, spätestens aber innerhalb von 5 Jahren nach dem anspruchsbegründenden Ereignis. ²Der Anspruch erlischt, wenn nicht innerhalb einer Frist von sechs Monaten seit der schriftlichen Ablehnung der Ersatzleistung Klage erhoben wird und der Auftraggeber auf diese Folge hingewiesen wurde. ³Das Recht, die Einrede der Verjährung geltend zu machen, bleibt unberührt. ⁴Die Sätze 1 bis 3 gelten auch bei gesetzlich vorgeschriebenen Prüfungen mit gesetzlicher Haftungsbeschränkung.

Ergänzende Bestimmungen für Prüfungsaufträge

AGB-WP 10 (1) ¹Eine nachträgliche Änderung oder Kürzung des durch den Wirtschaftsprüfer geprüften und mit einem Bestätigungsvermerk versehenen Abschlusses oder Lageberichts bedarf, auch wenn eine Veröffentlichung nicht stattfindet, der schriftlichen Einwilligung des Wirtschaftsprüfers. ²Hat der Wirtschaftsprüfer einen Bestätigungsvermerk nicht erteilt, so ist ein Hinweis auf die durch den Wirtschaftsprüfer durchgeführte Prüfung im Lagebericht oder an anderer für die Öffentlichkeit bestimmter Stelle nur mit schriftlicher Einwilligung des Wirtschaftsprüfers und mit dem von ihm genehmigten Wortlaut zulässig.

(2) ¹Widerruft der Wirtschaftsprüfer den Bestätigungsvermerk, so darf der Bestätigungsvermerk nicht weiterverwendet werden. ²Hat der Auftraggeber den Bestätigungsvermerk bereits verwendet, so hat er auf Verlangen des Wirtschaftsprüfers den Widerruf bekanntzugeben.

(3) ¹Der Auftraggeber hat Anspruch auf fünf Berichtsausfertigungen. ²Weitere Ausfertigungen werden besonders in Rechnung gestellt.

Ergänzende Bestimmungen für Hilfeleistung in Steuersachen

AGB-WP 11 (1) ¹Der Wirtschaftsprüfer ist berechtigt, sowohl bei der Beratung in steuerlichen Einzelfragen als auch im Falle der Dauerberatung die vom Auftraggeber genannten Tatsachen, insbesondere Zahlenangaben, als richtig und vollständig zugrunde zu legen; dies gilt auch für Buchführungsaufträge. ²Er hat jedoch den Auftraggeber auf von ihm festgestellte Unrichtigkeiten hinzuweisen.

(2) ¹Der Steuerberatungsauftrag umfaßt nicht die zur Wahrung von Fristen erforderlichen Handlungen, es sei denn, daß der Wirtschaftsprüfer hierzu ausdrücklich den Auftrag übernommen hat. ²In diesem Falle hat der Auftraggeber dem Wirtschaftsprüfer alle für die Wahrung von Fristen wesentlichen Unterlagen, insbesondere Steuerbescheide, so rechtzeitig vorzulegen, daß dem Wirtschaftsprüfer eine angemessene Bearbeitungszeit zur Verfügung steht.

(3) ¹Mangels einer anderweitigen schriftlichen Vereinbarung umfaßt die laufende Steuerberatung folgende, in die Vertragsdauer fallende Tätigkeiten:
a) Ausarbeitung der Jahressteuererklärungen für die Einkommensteuer, Körperschaftsteuer und Gewerbesteuer sowie der Vermögensteuererklärungen, und zwar auf Grund der vom Auftraggeber vorzulegenden Jahresabschlüsse und sonstiger, für die Besteuerung erforderlicher Aufstellungen und Nachweise
b) Nachprüfung von Steuerbescheiden zu den unter a) genannten Steuern
c) Verhandlungen mit den Finanzbehörden im Zusammenhang mit den unter a) und b) genannten Erklärungen und Bescheiden
d) Mitwirkung bei Betriebsprüfungen und Auswertung der Ergebnisse von Betriebsprüfungen hinsichtlich der unter a) genannten Steuern
e) Mitwirkung in Einspruchs- und Beschwerdeverfahren hinsichtlich der unter a) genannten Steuern.

²Der Wirtschaftsprüfer berücksichtigt bei den vorgenannten Aufgaben die wesentliche veröffentlichte Rechtsprechung und Verwaltungsauffassung.

(4) Erhält der Wirtschaftsprüfer für die laufende Steuerberatung ein Pauschalhonorar, so sind mangels anderweitiger schriftlicher Vereinbarungen die unter Abs. 3 d) und e) genannten Tätigkeiten gesondert zu honorieren.

(5) ¹Die Bearbeitung besonderer Einzelfragen der Einkommensteuer, Körperschaftsteuer, Gewerbesteuer, Einheitsbewertung und Vermögensteuer sowie aller

Fragen der Umsatzsteuer, Lohnsteuer, sonstige Steuern und Abgaben erfolgt auf Grund eines besonderen Auftrages. ²Dies gilt auch für
a) die Bearbeitung einmalig anfallender Steuerangelegenheiten, z. B. auf dem Gebiet der Erbschaftsteuer, Kapitalverkehrsteuer, Grunderwerbsteuer,
b) die Mitwirkung und Vertretung in Verfahren vor den Gerichten der Finanz- und der Verwaltungsgerichtsbarkeit sowie in Steuerstrafsachen und
c) die beratende und gutachtliche Tätigkeit im Zusammenhang mit Umwandlung, Verschmelzung, Kapitalerhöhung und -herabsetzung, Sanierung, Eintritt und Ausscheiden eines Gesellschafters, Betriebsveräußerung, Liquidation und dergleichen.

(6) ¹Soweit auch die Ausarbeitung der Umsatzsteuerjahreserklärung als zusätzliche Tätigkeit übernommen wird, gehört dazu nicht die Überprüfung etwaiger besonderer buchmäßiger Voraussetzungen sowie die Frage, ob alle in Betracht kommenden umsatzsteuerrechtlichen Vergünstigungen wahrgenommen worden sind. ²Eine Gewähr für die vollständige Erfassung der Unterlagen zur Geltendmachung des Vorsteuerabzuges wird nicht übernommen.

Schweigepflicht gegenüber Dritten, Datenschutz

AGB-WP 12 (1) Der Wirtschaftsprüfer ist nach Maßgabe der Gesetze verpflichtet, über alle Tatsachen, die ihm im Zusammenhang mit seiner Tätigkeit für den Auftraggeber bekannt werden, Stillschweigen zu bewahren, gleichviel, ob es sich dabei um den Auftraggeber selbst oder dessen Geschäftsverbindungen handelt, es sei denn, daß der Auftraggeber ihn von dieser Schweigepflicht entbindet.

(2) Der Wirtschaftsprüfer darf Berichte, Gutachten und sonstige schriftliche Äußerungen über die Ergebnisse seiner Tätigkeit Dritten nur mit Einwilligung des Auftraggebers aushändigen.

(3) Der Wirtschaftsprüfer ist befugt, ihm anvertraute personenbezogene Daten im Rahmen der Zweckbestimmung des Auftraggebers zu verarbeiten oder durch Dritte verarbeiten zu lassen.

Annahmeverzug und unterlassene Mitwirkung des Auftraggebers

AGB-WP 13 ¹Kommt der Auftraggeber mit der Annahme der vom Wirtschaftsprüfer angebotenen Leistung in Verzug oder unterläßt der Auftraggeber eine ihm nach Nr. 3 oder sonstwie obliegende Mitwirkung, so ist der Wirtschaftsprüfer zur fristlosen Kündigung des Vertrages berechtigt. ²Unberührt bleibt der Anspruch des Wirtschaftsprüfers auf Ersatz der ihm durch den Verzug oder die unterlassene Mitwirkung des Auftraggebers entstandenen Mehraufwendungen sowie des verursachten Schadens, und zwar auch dann, wenn der Wirtschaftsprüfer von dem Kündigungsrecht keinen Gebrauch macht.

Vergütung

AGB-WP 14 (1) ¹Der Wirtschaftsprüfer hat neben seiner Gebühren- oder Honorarforderung Anspruch auf Erstattung seiner Auslagen; die Umsatzsteuer wird zusätzlich berechnet. ²Er kann angemessene Vorschüsse auf Vergütung und Auslagenersatz verlangen und die Auslieferung seiner Leistung von der vollen Befriedigung seiner Ansprüche abhängig machen. ³Mehrere Auftraggeber haften als Gesamtschuldner.

(2) Eine Aufrechnung gegen Forderungen des Wirtschaftsprüfers auf Vergütung und Auslagenersatz ist nur mit unbestrittenen oder rechtskräftig festgestellten Forderungen zulässig.

Aufbewahrung und Herausgabe von Unterlagen

AGB-WP 15 (1) Der Wirtschaftsprüfer bewahrt die im Zusammenhang mit der Erledigung eines Auftrages ihm übergebenen und von ihm selbst angefertigten Unterlagen sowie den über den Auftrag geführten Schriftwechsel sieben Jahre auf.

III. Handelsregister **FamFG 374 (3)**

(2) ¹Nach Befriedigung seiner Ansprüche aus dem Auftrag hat der Wirtschaftsprüfer auf Verlangen des Auftraggebers alle Unterlagen herauszugeben, die er aus Anlaß seiner Tätigkeit für den Auftrag von diesem oder für diesen erhalten hat. ²Dies gilt jedoch nicht für den Schriftwechsel zwischen dem Wirtschaftsprüfer und seinem Auftraggeber und für die Schriftstücke, die dieser bereits in Urschrift oder Abschrift besitzt. ³Der Wirtschaftsprüfer kann von Unterlagen, die er an den Auftraggeber zurückgibt, Abschriften oder Fotokopien anfertigen und zurückbehalten.

Anzuwendendes Recht

AGB-WP 16 Für den Auftrag, seine Durchführung und die sich hieraus ergebenden Ansprüche gilt nur deutsches Recht.

III. Handelsregister
(3) Gesetz über das Verfahren in Familiensachen und in den Angelegenheiten der freiwilligen Gerichtsbarkeit (FamFG): §§ 374–377, 388–389, 392–395

Vom 17. Dezember 2008 (BGBl I 2587/BGBl III FNA 315–1)) mit den späteren Änderungen

Einleitung

Schrifttum

Kommentare: *Bumiller/Harders, FamFG,* Freiwillige Gerichtsbarkeit, 9. Aufl 2009. – *Keidel,* FamFG, 16. Aufl 2009. – *MüKoZPO* Bd 4, FamFG 2009. – *Prütting/Helms,* FamFG 2009. – *H. Roth* JZ **09,** 585.

1) Die Zuständigkeit zur Registerführung gemäß § 8 HGB, die   richtung und **1** Führung des HdlReg regelt das **FamFG** 17. 12. 2008 BGBl 2587, das das FGG von 1898 ersetzt hat. S aus Buch 5 des FamFG (Verfahren in Registersachen, unternehmensrechtliche Verfahren): **§§ 374–377, 388–389, 392–395** im Folgenden. Abschn 1 mit Begriffsbestimmung regelt Registersachen **(§ 374)** und unternehmensrechtliche Verfahren **(§ 375).** Abschn 2 über Zuständigkeit enthält besondere Zuständigkeitsregelungen **(§ 376)** und regelt die örtliche Zuständigkeit **(§ 377).** Abschn 3 handelt von den Registersachen. Unterabschn 1 enthält allgemeine Verfahrensvorschriften (§§ 378–387). Unterschn 2 regelt spezieller das Zwangsgeldverfahren (§§ 388–392), darin Androhung und Festsetzung von Zwangsgeld **(§§ 388, 389)** und das Verfahren bei unbefugtem Firmengebrauch **(§ 392).** Unterabschn 3 betrifft das Löschungs- und Auflösungsverfahren (§§ 393–399), darin Löschung der Firma **(§ 393),** Löschung vermögensloser Ges und Genossenschaften **(§ 394),** Löschung unzulässiger Eintragungen **(§ 395),** Löschung nichtiger Ges und Genossenschaften und nichtiger Beschlüsse (§§ 397, 398) und Auflösung wegen Mangels der Satzung (§ 399). Unterabschn 4 enthält ergänzende Vorschriften für das Vereinsregister (§§ 400–401). Abschn 4 über unternehmensrechtliche Verfahren regelt in § 402 I die Anfechtbarkeit von Gerichtsbeschlüssen über Anträge nach § 375 und enthält im weiteren das Seerecht betreffende Vorschriften (§§ 403–409, insbesondere zur „Dispache" nach HGB Buch V und BinnSchG).

Registersachen

FamFG 374 Registersachen sind
1. **Handelsregistersachen,**
2. **Genossenschaftsregistersachen,**
3. **Partnerschaftsregistersachen,**
4. **Vereinsregistersachen,**
5. **Güterrechtsregistersachen.**

(3) FamFG 375, 376 2. Handelsrechtl. Nebengesetze

1) § 374 FamFG zählt fünf Registersachen auf: 1. HdlRegSachen (§§ 8 ff HGB), 2. GenRegSachen (GenG), 3. PartRegSachen (PartGG, Anh § 160), 4. Vereinsregistersachen (§§ 55, 55 a, 77 ff BGB, VereinsregisterVO) und 5. Güterrechtsregistersachen (§§ 1558 ff BGB). Für sie alle gilt Buch 5 über Verfahren in Registersachen.

Unternehmensrechtliche Verfahren

FamFG 375 Unternehmensrechtliche Verfahren sind die nach
1. § 146 Abs. 2, den §§ 147, 157 Abs. 2, § 166 Abs. 3, § 233 Abs. 3 und § 318 Abs. 3 bis 5 des Handelsgesetzbuchs,
2. den §§ 522, 590 und 729 Abs. 1, § 884 Nr. 4 des Handelsgesetzbuchs und § 103 des Binnenschifffahrtsgesetzes sowie die in Ansehung der nach dem Handelsgesetzbuch oder dem Binnenschifffahrtsgesetz aufzumachenden Dispache geltenden Vorschriften,
3. § 33 Abs. 3, den §§ 35 und 73 Abs. 1, den §§ 85 und 103 Abs. 3, den §§ 104 und 122 Abs. 3, § 147 Abs. 2, § 265 Abs. 3 und 4, § 270 Abs. 3 sowie § 273 Abs. 2 bis 4 des Aktiengesetzes,
4. Artikel 55 Abs. 3 der Verordnung (EG) Nr. 2157/2001 des Rates vom 8. Oktober 2001 über das Statut der Europäischen Gesellschaft (SE) (ABl. EG Nr. L 294 S. 1) sowie § 29 Abs. 3, § 30 Abs. 1, 2 und 4, § 45 des SE-Ausführungsgesetzes,
5. § 26 Abs. 1 und 4 sowie § 206 Satz 2 und 3 des Umwandlungsgesetzes,
6. § 66 Abs. 2, 3 und 5, § 71 Abs. 3 sowie § 74 Abs. 2 und 3 des Gesetzes betreffend die Gesellschaften mit beschränkter Haftung,
7. § 45 Abs. 3, den §§ 64 b, 83 Abs. 3, 4 und 5 sowie § 93 des Genossenschaftsgesetzes,
8. Artikel 54 Abs. 2 der Verordnung (EG) Nr. 1435/2003 des Rates vom 22. Juli 2003 über das Statut der Europäischen Genossenschaft (SCE) (ABl. EU Nr. L 207 S. 1),
9. § 2 Abs. 3 und § 12 Abs. 3 des Publizitätsgesetzes,
10. § 11 des Gesetzes über die Mitbestimmung der Arbeitnehmer in den Aufsichtsräten und Vorständen der Unternehmen des Bergbaus und der Eisen und Stahl erzeugenden Industrie,
11. § 2 c Abs. 2 Satz 2 bis 7, den §§ 22 o, 38 Abs. 2 Satz 2, § 45 a Abs. 2 Satz 1, 3, 4 und 6 sowie § 46 a Abs. 2 Satz 1, Abs. 4 und 5 des Kreditwesengesetzes,
12. § 2 Abs. 4, § 30 Abs. 2 Satz 1 und Abs. 5 Satz 1 sowie § 31 Abs. 1, 2 und 4 des Pfandbriefgesetzes,
13. § 104 Abs. 2 Satz 3 bis 8 und § 104 u Abs. 2 Satz 1 bis 6 des Versicherungsaufsichtsgesetzes,
14. § 6 Abs. 4 Satz 4 bis 7 des Börsengesetzes,
15. § 10 des Partnerschaftsgesellschaftsgesetzes in Verbindung mit § 146 Abs. 2 und den §§ 147 und 157 Abs. 2 des Handelsgesetzbuchs

vom Gericht zu erledigenden Angelegenheiten.

1) § 375 FamFG (ähnlich §§ 145 I, 149, 160 b II FGG) definiert unternehmensrechtliche Verfahren, für die Buch 5 über unternehmensrechtliche Verfahren gilt. Hervorzuheben sind **aus dem HGB** Verfahren nach §§ 146 II, 147 und 157 II HGB (Liquidation der OHG), §§ 166 III und 233 III HGB (Kontrollrecht des Kdtisten und des Stillen) und § 318 III-V HGB (Abschlussprüferbestellung); **aus dem PartGG** Verfahren nach § 10 (Anh § 160) iVm §§ 146 II, 147 und 157 II HGB über die Liquidation der PartG; **aus dem KWG** Verfahren betr Inhaber bedeutender Beteiligungen, Bestellung des Sachwalters bei Insolvenzgefahr, Abwicklung und Maßnahmen der BaFin in besonderen Fällen. Andere Nrn betreffen Verfahren ua aus dem GesR.

Besondere Zuständigkeitsregelungen

FamFG 376 (1) Für Verfahren nach § 374 Nr. 1 und 2 sowie § 375 Nr. 1 und 3 bis 14 ist das Gericht, in dessen Bezirk ein Landgericht seinen Sitz hat, für den Bezirk dieses Landgerichts zuständig.

III. Handelsregister **FamFG 377, 388 (3)**

(2) ¹Die Landesregierungen werden ermächtigt, durch Rechtsverordnung die Aufgaben nach § 374 Nr. 1 bis 3 sowie § 375 Nr. 1 und 3 bis 14 anderen oder zusätzlichen Amtsgerichten zu übertragen und die Bezirke der Gerichte abweichend von Absatz 1 festzulegen. ²Sie können die Ermächtigung nach Satz 1 durch Rechtsverordnung auf die Landesjustizverwaltungen übertragen. ³Mehrere Länder können die Zuständigkeit eines Gerichts für Verfahren nach § 374 Nr. 1 bis 3 über die Landesgrenzen hinaus vereinbaren.

1) Sachlich zuständig ist für alle Verfahren nach Buch 5 grundsätzlich das Amts- **1** gericht (§ 23 a II Nr 3, 4 nF GVG). § 376 FamFG enthält ergänzende Zuständigkeitsregelungen. Für HdlReg- und GenRegSachen (§ 374 Nr 1, 2 FamFG) und für unternehmensrechtliche Verfahren nach § 375 Nr 1, 3 ff FamFG ist das Gericht, in dessen Bezirk ein Landgericht seinen Sitz hat, für den Bezirk dieses Landgerichts zuständig (I wie § 125 I FGG, § 10 II aF GenG). II (zT wie § 125 II 1 Nr 1, Satz 2, 3 iVm § 160 b I FGG, § 10 II aF GenG) enthält eine Ermächtigung der Landesregierungen zu ÄnderungsRVO; Inkrafttreten 29. 5. 09 (Art 14 I BilMoG). Die früher in § 125 III-V FGG enthaltenen Ermächtigungen finden sich nunmehr in § 387 FamFG.

Örtliche Zuständigkeit

FamFG 377 (1) Ausschließlich zuständig ist das Gericht, in dessen Bezirk sich die Niederlassung des Einzelkaufmanns, der Sitz der Gesellschaft, des Versicherungsvereins, der Genossenschaft, der Partnerschaft oder des Vereins befindet, soweit sich aus den entsprechenden Gesetzen nichts anderes ergibt.

(2) Für die Angelegenheiten, die den Gerichten in Ansehung der nach dem Handelsgesetzbuch oder nach dem Binnenschifffahrtsgesetz aufzumachenden Dispache zugewiesen sind, ist das Gericht des Ortes zuständig, an dem die Verteilung der Havereischäden zu erfolgen hat.

(3) Die Eintragungen in das Güterrechtsregister sind bei jedem Gericht zu bewirken, in dessen Bezirk auch nur einer der Ehegatten oder Lebenspartner seinen gewöhnlichen Aufenthalt hat.

(4) § 2 Abs. 1 ist nicht anzuwenden.

1) § 377 FamFG regelt die örtliche Zuständigkeit (bisher in Spezialgesetzen). In **1** HdlReg- und GenRegSachen sowie hinsichtlich der meisten Geschäfte nach § 375 ist das Gericht ausschließlich zuständig, in dessen Bezirk sich die Niederlassung des EinzelKfm oder der Hauptsitz der HdlGes etc befindet. Sondervorschriften sind ausdrücklich vorbehalten, zB für die ZwNl (§§ 13 ff HGB).

Androhung

FamFG 388 (1) Sobald das Registergericht von einem Sachverhalt, der sein Einschreiten nach den §§ 14, 37 a Abs. 4 und § 125 a Abs. 2 des Handelsgesetzbuchs, auch in Verbindung mit § 5 Abs. 2 des Partnerschaftsgesellschaftsgesetzes, den §§ 407 und 408 des Aktiengesetzes, § 79 Abs. 1 des Gesetzes betreffend die Gesellschaften mit beschränkter Haftung, § 316 des Umwandlungsgesetzes oder § 12 des EWIV-Ausführungsgesetzes rechtfertigt, glaubhafte Kenntnis erhält, hat es dem Beteiligten unter Androhung eines Zwangsgelds aufzugeben, innerhalb einer bestimmten Frist seiner gesetzlichen Verpflichtung nachzukommen oder die Unterlassung mittels Einspruchs zu rechtfertigen.

(2) In gleicher Weise kann das Registergericht gegen die Mitglieder des Vorstands eines Vereins oder dessen Liquidatoren vorgehen, um sie zur Befolgung der in § 78 des Bürgerlichen Gesetzbuchs genannten Vorschriften anzuhalten.

1) Unterabschn 2 regelt in §§ 388–392 das Zwangsgeldverfahren mit besonderen **1** Vorschriften zu den allgemeinen in Unterabschn 1 (§§ 378 ff FamFG). §§ 388 ff FamFG entsprechen weithin unverändert den §§ 132 ff FGG. § 388 I FGG entspricht § 132 I FGG. Die Aufforderung unter Androhung von Zwangsgeld (§ 388 I FamFG) ist nicht mit der Beschwerde anfechtbar (§ 58 FamFG), da sie keine Endentscheidung ist. II betrifft Vereine.

Hopt 1659

Festsetzung

FamFG 389 (1) Wird innerhalb der bestimmten Frist weder der gesetzlichen Verpflichtung genügt noch Einspruch erhoben, ist das angedrohte Zwangsgeld durch Beschluss festzusetzen und zugleich die Aufforderung nach § 388 unter Androhung eines erneuten Zwangsgelds zu wiederholen.

(2) Mit der Festsetzung des Zwangsgelds sind dem Beteiligten zugleich die Kosten des Verfahrens aufzuerlegen.

(3) In gleicher Weise ist fortzufahren, bis der gesetzlichen Verpflichtung genügt oder Einspruch erhoben wird.

1) § 389 I, III FamFG wie § 133 FGG, § 389 II FamFG wie § 138 FGG.

Verfahren bei unbefugtem Firmengebrauch

FamFG 392 (1) Soll nach § 37 Abs. 1 des Handelsgesetzbuchs gegen eine Person eingeschritten werden, die eine ihr nicht zustehende Firma gebraucht, sind die §§ 388 bis 391 anzuwenden, wobei
1. dem Beteiligten unter Androhung eines Ordnungsgelds aufgegeben wird, sich des Gebrauchs der Firma zu enthalten oder binnen einer bestimmten Frist den Gebrauch der Firma mittels Einspruchs zu rechtfertigen;
2. das Ordnungsgeld festgesetzt wird, falls kein Einspruch erhoben oder der erhobene Einspruch rechtskräftig verworfen ist und der Beteiligte nach der Bekanntmachung des Beschlusses diesem zuwidergehandelt hat.

(2) Absatz 1 gilt entsprechend im Fall des unbefugten Gebrauchs des Namens einer Partnerschaft.

1) § 392 I FamFG wie § 140 FGG, II verweist auf I für den Fall des unbefugten Gebrauchs des Namens einer Partnerschaft (§ 2 II PartGG iVm § 37 HGB, s Anh § 160).

Löschung einer Firma

FamFG 393 (1) ¹Das Erlöschen einer Firma ist gemäß § 31 Abs. 2 des Handelsgesetzbuchs von Amts wegen oder auf Antrag der berufsständischen Organe in das Handelsregister einzutragen. ²Das Gericht hat den eingetragenen Inhaber der Firma oder dessen Rechtsnachfolger von der beabsichtigten Löschung zu benachrichtigen und ihm zugleich eine angemessene Frist zur Geltendmachung eines Widerspruchs zu bestimmen.

(2) Sind die bezeichneten Personen oder deren Aufenthalt nicht bekannt, erfolgt die Benachrichtigung und die Bestimmung der Frist durch Bekanntmachung in dem für die Bekanntmachung der Eintragungen in das Handelsregister bestimmten elektronischen Informations- und Kommunikationssystem nach § 10 des Handelsgesetzbuchs.

(3) ¹Das Gericht entscheidet durch Beschluss, wenn es einem Antrag auf Einleitung des Löschungsverfahrens nicht entspricht oder Widerspruch gegen die Löschung erhoben wird. ²Der Beschluss ist mit der Beschwerde anfechtbar.

(4) Mit der Zurückweisung eines Widerspruchs sind dem Beteiligten zugleich die Kosten des Widerspruchsverfahrens aufzuerlegen, soweit dies nicht unbillig ist.

(5) Die Löschung darf nur erfolgen, wenn kein Widerspruch erhoben oder wenn der den Widerspruch zurückweisende Beschluss rechtskräftig geworden ist.

(6) Die Absätze 1 bis 5 gelten entsprechend, wenn die Löschung des Namens einer Partnerschaft eingetragen werden soll.

1) Unterabschn 3 regelt in §§ 393–399 FamFG das Löschungs- und Auflösungsverfahren mit besonderen Vorschriften zu den allgemeinen in Unterabschn 1 (§§ 378 ff FamFG). § 393 I, II, V FamFG entspr § 141 FGG. I betrifft das Erlöschen einer Firma gemäß § 31 II HGB, Eintragung von Amts wegen oder auf Antrag der jeweiligen berufsständischen Organe (§ 380 FamFG) in das HdlReg (I 1), dies unter Setzung einer angemessenen Frist an den Inhaber der Firma oder dessen Rechtsnachfolger (I 2).

III. Handelsregister **FamFG 394, 395 (3)**

Löschung vermögensloser Gesellschaften und Genossenschaften

FamFG 394 (1) ¹Eine Aktiengesellschaft, Kommanditgesellschaft auf Aktien, Gesellschaft mit beschränkter Haftung oder Genossenschaft, die kein Vermögen besitzt, kann von Amts wegen oder auf Antrag der Finanzbehörde oder der berufsständischen Organe gelöscht werden. ²Sie ist von Amts wegen zu löschen, wenn das Insolvenzverfahren über das Vermögen der Gesellschaft durchgeführt worden ist und keine Anhaltspunkte dafür vorliegen, dass die Gesellschaft noch Vermögen besitzt.

(2) ¹Das Gericht hat die Absicht der Löschung den gesetzlichen Vertretern der Gesellschaft oder Genossenschaft, soweit solche vorhanden sind und ihre Person und ihr inländischer Aufenthalt bekannt ist, bekannt zu machen und ihnen zugleich eine angemessene Frist zur Geltendmachung des Widerspruchs zu bestimmen. ²Auch wenn eine Pflicht zur Bekanntmachung und Fristbestimmung nach Satz 1 nicht besteht, kann das Gericht anordnen, dass die Bekanntmachung und die Bestimmung der Frist durch Bekanntmachung in dem für die Bekanntmachung der Eintragungen in das Handelsregister bestimmten elektronischen Informations- und Kommunikationssystem nach § 10 des Handelsgesetzbuchs erfolgt; in diesem Fall ist jeder zur Erhebung des Widerspruchs berechtigt, der an der Unterlassung der Löschung ein berechtigtes Interesse hat. ³Vor der Löschung sind die in § 380 bezeichneten Organe, im Fall einer Genossenschaft der Prüfungsverband, zu hören.

(3) Für das weitere Verfahren gilt § 393 Abs. 3 bis 5 entsprechend.

(4) ¹Die Absätze 1 bis 3 sind entsprechend anzuwenden auf offene Handelsgesellschaften und Kommanditgesellschaften, bei denen keiner der persönlich haftenden Gesellschafter eine natürliche Person ist. ²Eine solche Gesellschaft kann jedoch nur gelöscht werden, wenn die für die Vermögenslosigkeit geforderten Voraussetzungen sowohl bei der Gesellschaft als auch bei den persönlich haftenden Gesellschaftern vorliegen. ³Die Sätze 1 und 2 gelten nicht, wenn zu den persönlich haftenden Gesellschaftern eine andere offene Handelsgesellschaft oder Kommanditgesellschaft gehört, bei der eine natürliche Person persönlich haftender Gesellschafter ist.

1) § 394 FamFG wie § 141a FGG mit entspr Regeln für die Gen (147 I 2, II FGG). § 394 FamFG regelt die Löschung vermögensloser Ges (früher LöschG). Keine Löschung nach I, solange KomplementärGmbH noch bei der Abwicklung der GmbH & Co mitwirkt, Ffm ZIP **05**, 2157. Setzung einer angemessenen Frist nach II. Anhörung der berufsständischen Organe nach § 380 vor Löschung (II 3). I bis III gelten auch für die OHG und KG, bei denen kein phG eine natürliche Person ist (IV 1, Ausnahme IV 3), zB GmbH & Co (Anh § 177 a). Eine solche Ges kann nur gelöscht werden, wenn die für die Vermögenslosigkeit geforderten Voraussetzungen sowohl bei der Ges als auch bei dem phG vorliegen (IV 2). IV 3 erfasst wohl auch den Fall der mehrstöckigen Ges, Löschung nur, wenn auf keiner der Stufen eine natürliche Person als phG haftet (vgl, allerdings mit genauerer Formulierung § 19 II, dort Rn 25). Löschung der Löschung, KG NJW-RR **06**, 904.

Löschung unzulässiger Eintragungen

FamFG 395 (1) ¹Ist eine Eintragung im Register wegen des Mangels einer wesentlichen Voraussetzung unzulässig, kann das Registergericht sie von Amts wegen oder auf Antrag der berufsständischen Organe löschen. ²Die Löschung geschieht durch Eintragung eines Vermerks.

(2) ¹Das Gericht hat den Beteiligten von der beabsichtigten Löschung zu benachrichtigen und ihm zugleich eine angemessene Frist zur Geltendmachung eines Widerspruchs zu bestimmen. ² § 394 Abs. 2 Satz 1 und 2 gilt entsprechend.

(3) Für das weitere Verfahren gilt § 393 Abs. 3 bis 5 entsprechend.

1) § 395 FamFG statt § 142 FGG. Hierzu § 8 HGB Rn 12–15. Löschung auch noch dann, wenn eine Eintragung nachträglich unzulässig geworden ist, RegE. Zweifelhaftigkeit der Zulässigkeit ist kein zureichender Grund, von der Kann-Vorschrift des I nicht Gebrauch zu machen, Hamm DB **73**, 2034. Löschungsantrag des BAKred nach

(4) HRV 1–3

KWG (s **(7)** Bankgeschäfte Rn A/4–5) gegen Angabe „Betrieb von Finanzierungen" als Unternehmensgegenstand ohne Erlaubnis hierfür, LG Osnabrück BB **76,** 1530. Abwägung des öffentlichen Interesses und des privaten Beibehaltungsinteresses, Ffm NJW-RR **06,** 44, mangels konkreter Verwechslungsgefahr ua ging letzteres vor.

(4) Verordnung über die Einrichtung und Führung des Handelsregisters (Handelsregisterverordnung – HRV)

Vom 12. August 1937 (RMBl 515, DJ 1251/BGBl III FNA 315–20) mit den späteren Änderungen

Einleitung

Schrifttum

Böttcher/Ries, Formularpraxis des Handelsregisterrechts, 2003. – *Gustavus,* HdlRegister-Anmeldungen, 7. Aufl 2009. – *Krafka* 2. Aufl 2008 (Einführung). – *Krafka/Willer,* Registerrecht, 7. Aufl 2007. – *Melchior/Schulte,* HRV, 2003. – Ferner die Großkommentare zum HGB (s Einl vor § 1 HGB) und zum FamFG (s Einl vor **(3)** FamFG § 374). Weitere Lit vor § 8 HGB, dort auch zur HdlRegReform durch das EHUG 2006.

1 **1)** Einzelheiten der Einrichtung und Führung des HdlReg regelt die auf Grund von § 125 III FGG, heute **(3)** FamFG § 387 II erlassene Handelsregisterverordnung (HRV) von 1937. Sie wurde wiederholt geändert, ua durch 8. ÄndVO 19. 6. 89 BGBl 1113 (Anpassung an §§ 8a, 9 II HGB und EWIVAG, s Anh § 160), HRefG 1998, VOAnpassInsO 8. 12. 98 BGBl 3580, VO 11. 12. 01 BGBl 3688 (HRV als RVO des BMJ umbenannt). Seither weitere Änderungen ua durch SEEG 22. 12. 04 BGBl 3675 (§§ 3 III, 24 I, 37 I, 43–45, 62, Anl 5, 7); HRegGebNeuOG 3. 7. 04 BGBl 1410 (§ 25 I, Bescheidungsfrist von 1 Monat durch Registergericht) und ganz erheblich infolge der Einführung des elektronischen HdlReg und des Unternehmensregisters durch EHUG 10. 11. 06 BGBl 2553. Später weitere Änderungen. Im Folgenden ist die HRV unter Weglassung der ihr beigegebenen Muster abgedruckt.

I. Einrichtung des Handelsregisters. Örtliche und sachliche Zuständigkeit

Zuständigkeit des Amtsgerichts

HRV 1 Soweit nicht nach § 376 Abs. 2 des Gesetzes über das Verfahren in Familiensachen und in den Angelegenheiten der freiwilligen Gerichtsbarkeit etwas Abweichendes geregelt ist, führt jedes Amtsgericht, in dessen Bezirk ein Landgericht seinen Sitz hat, für den Bezirk dieses Landgerichts ein Handelsregister.

HRV 2 *(aufgehoben)*

[Einrichtung des Registers]

HRV 3 (1) Das Handelsregister besteht aus zwei Abteilungen.

(2) **In die Abteilung A werden eingetragen die Einzelkaufleute, die in dem § 33 des Handelsgesetzbuchs bezeichneten juristischen Personen sowie die offenen Handelsgesellschaften, die Kommanditgesellschaften und die Europäischen wirtschaftlichen Interessenvereinigungen.**

III. Handelsregister

(3) In die Abteilung B werden eingetragen die Aktiengesellschaften, die SE, die Kommanditgesellschaften auf Aktien, die Gesellschaften mit beschränkter Haftung und die Versicherungsvereine auf Gegenseitigkeit.

[Zuständigkeit des Richters und Urkundsbeamten]

HRV 4 [1] Für die Erledigung der Geschäfte des Registergerichts ist der Richter zuständig. [2] Soweit die Erledigung der Geschäfte nach dieser Verordnung dem Urkundsbeamten der Geschäftsstelle übertragen ist, gelten die §§ 5 bis 8 des Rechtspflegergesetzes in Bezug auf den Urkundsbeamten der Geschäftsstelle entsprechend.

HRV 5, 6 (aufgehoben)

Elektronische Führung des Handelsregisters

HRV 7 [1] Die Register einschließlich der Registerordner werden elektronisch geführt. [2] § 8a Abs. 2 des Handelsgesetzbuchs bleibt unberührt.

Registerakten

HRV 8 (1) [1] Für jedes Registerblatt (§ 13) werden Akten gebildet. [2] Zu den Registerakten gehören auch die Schriften oder Dokumente über solche gerichtlichen Handlungen, die, ohne auf eine Registereintragung abzuzielen, mit den in dem Register vermerkten rechtlichen Verhältnissen in Zusammenhang stehen.

(2) [1] Wird ein Schriftstück, das in Papierform zur Registerakte einzureichen war, zurückgegeben, so wird eine beglaubigte Abschrift zurückbehalten. [2] Ist das Schriftstück in anderen Akten des Amtsgerichts enthalten, so ist eine beglaubigte Abschrift zu den Registerakten zu nehmen. [3] In den Abschriften und Übertragungen können die Teile des Schriftstückes, die für die Führung des Handelsregisters ohne Bedeutung sind, weggelassen werden, wenn hiervon Verwirrung nicht zu besorgen ist. [4] In Zweifelsfällen bestimmt der Richter den Umfang der Abschrift, sonst der Urkundsbeamte der Geschäftsstelle.

(3) [1] Die Landesjustizverwaltung kann bestimmen, dass die Registerakten ab einem bestimmten Zeitpunkt elektronisch geführt werden. [2] Nach diesem Zeitpunkt eingereichte Schriftstücke sind zur Ersetzung der Urschrift in ein elektronisches Dokument zu übertragen und in dieser Form zur elektronisch geführten Registerakte zu nehmen, soweit die Anordnung der Landesjustizverwaltung nichts anderes bestimmt; § 9 Abs. 3 und 4 gilt entsprechend. [3] Im Fall einer Beschwerde sind in Papierform eingereichte Schriftstücke mindestens bis zum rechtskräftigen Abschluss des Beschwerdeverfahrens aufzubewahren, wenn sie für die Durchführung des Beschwerdeverfahrens notwendig sind und das Beschwerdegericht keinen Zugriff auf die elektronisch geführte Registerakte hat. [4] Das Registergericht hat in diesem Fall von ausschließlich elektronisch vorliegenden Dokumenten Ausdrucke für das Beschwerdegericht zu fertigen, soweit dies zur Durchführung des Beschwerdeverfahrens notwendig ist; § 298 Abs. 2 der Zivilprozessordnung gilt entsprechend. [5] Die Ausdrucke sind mindestens bis zum rechtskräftigen Abschluss des Beschwerdeverfahrens aufzubewahren.

Registerordner

HRV 9 (1) [1] Die zum Handelsregister eingereichten und nach § 9 Abs. 1 des Handelsgesetzbuchs der unbeschränkten Einsicht unterliegenden Dokumente werden für jedes Registerblatt (§ 13) in einen dafür bestimmten Registerordner aufgenommen. [2] Sie sind in der zeitlichen Folge ihres Eingangs und nach der Art des jeweiligen Dokuments abrufbar zu halten. [3] Ein Widerspruch gegen eine Eintragung in der Gesellschafterliste (§ 16 Abs. 3 Satz 3 des Gesetzes betreffend die Gesellschaften mit beschränkter Haftung) ist der Gesellschafterliste zuzuordnen und zudem besonders hervorzuheben. ⁴ Die in einer Amtssprache der Europäischen Union übermittelten Übersetzungen (§ 11 des Handelsgesetzbuchs) sind den jeweiligen Ursprungsdokumenten zuzuordnen. ⁵ Wird ein aktualisiertes Dokument eingereicht, ist kenntlich zu machen, dass die für eine frühere Fassung eingereichte Übersetzung nicht dem aktualisierten Stand des Dokuments entspricht.

(2) ¹ Schriftstücke, die vor dem 1. Januar 2007 eingereicht worden sind, können zur Ersetzung der Urschrift in ein elektronisches Dokument übertragen und in dieser Form in den Registerordner übernommen werden. ² Sie sind in den Registerordner zu übernehmen, sobald ein Antrag auf Übertragung in ein elektronisches Dokument (Artikel 61 Abs. 3 des Einführungsgesetzes zum Handelsgesetzbuch) oder auf elektronische Übermittlung (§ 9 Abs. 2 des Handelsgesetzbuchs) vorliegt.

(3) ¹ Wird ein Schriftstück, das in Papierform zum Registerordner einzureichen war, zurückgegeben, so wird es zuvor in ein elektronisches Dokument übertragen und in dieser Form in den Registerordner übernommen. ² Die Rückgabe wird im Registerordner vermerkt. ³ Ist das Schriftstück in anderen Akten des Amtsgerichts enthalten, so wird eine elektronische Aufzeichnung hiervon in dem Registerordner gespeichert. ⁴ Bei der Speicherung können die Teile des Schriftstückes, die für die Führung des Handelsregisters ohne Bedeutung sind, weggelassen werden, sofern hiervon Verwirrung nicht zu besorgen ist. ⁵ Den Umfang der Speicherung bestimmt der Urkundsbeamte der Geschäftsstelle, in Zweifelsfällen der Richter.

(4) ¹ Wird ein Schriftstück in ein elektronisches Dokument übertragen und in dieser Form in den Registerordner übernommen, ist zu vermerken, ob das Schriftstück eine Urschrift, eine einfache oder beglaubigte Abschrift, eine Ablichtung oder eine Ausfertigung ist; Durchstreichungen, Änderungen, Einschaltungen, Radierungen oder andere Mängel des Schriftstückes sollen in dem Vermerk angegeben werden. ² Ein Vermerk kann unterbleiben, soweit die in Satz 1 genannten Tatsachen aus dem elektronischen Dokument eindeutig ersichtlich sind.

(5) ¹ Wiedergaben von Schriftstücken, die nach § 8a Abs. 3 oder Abs. 4 des Handelsgesetzbuchs in der bis zum Inkrafttreten des Gesetzes über elektronische Handelsregister und Genossenschaftsregister sowie das Unternehmensregister vom 10. November 2006 (BGBl. I S. 2553) am 1. Januar 2007 geltenden Fassung auf einem Bildträger oder einem anderen Datenträger gespeichert wurden, können in den Registerordner übernommen werden. ² Dabei sind im Fall der Speicherung nach § 8a Abs. 3 des Handelsgesetzbuchs in der in Satz 1 genannten Fassung auch die Angaben aus dem nach § 8a Abs. 3 Satz 2 des Handelsgesetzbuchs in der in Satz 1 genannten Fassung gefertigten Nachweis in den Registerordner zu übernehmen. ³ Im Fall der Einreichung nach § 8a Abs. 4 des Handelsgesetzbuchs in der in Satz 1 genannten Fassung ist zu vermerken, dass das Dokument aufgrund des § 8a Abs. 4 des Handelsgesetzbuchs in der in Satz 1 genannten Fassung als einfache Wiedergabe auf einem Datenträger eingereicht wurde.

(6) ¹ Im Fall einer Beschwerde hat das Registergericht von den im Registerordner gespeicherten Dokumenten Ausdrucke für das Beschwerdegericht zu fertigen, soweit dies zur Durchführung des Beschwerdeverfahrens notwendig ist; § 298 Abs. 2 der Zivilprozessordnung gilt entsprechend. ² Die Ausdrucke sind mindestens bis zum rechtskräftigen Abschluss des Beschwerdeverfahrens aufzubewahren.

Einsichtnahme

HRV 10 (1) Die Einsicht in das Register und in die zum Register eingereichten Dokumente ist auf der Geschäftsstelle des Registergerichts während der Dienststunden zu ermöglichen.

(2) ¹ Die Einsicht in das elektronische Registerblatt erfolgt über ein Datensichtgerät oder durch Einsicht in einen aktuellen oder chronologischen Ausdruck. ² Dem Einsichtnehmenden kann gestattet werden, das Registerblatt selbst auf dem Bildschirm des Datensichtgerätes aufzurufen, wenn technisch sichergestellt ist, dass der Abruf von Daten die nach § 9 Abs. 1 des Handelsgesetzbuchs zulässige Einsicht nicht überschreitet und Veränderungen an dem Inhalt des Handelsregisters nicht vorgenommen werden können.

III. Handelsregister

(3) Über das Datensichtgerät ist auch der Inhalt des Registerordners einschließlich der nach § 9 Abs. 4 oder Abs. 5 Satz 2 aufgenommenen Angaben und der eingereichten Übersetzungen zugänglich zu machen.

HRV 11 *(aufgehoben)*

II. Führung des Handelsregisters

Form der Eintragungen

HRV 12 [1] Die Eintragungen sind deutlich, klar verständlich sowie in der Regel ohne Verweis auf gesetzliche Vorschriften und ohne Abkürzung herzustellen. [2] Aus dem Register darf nichts durch technische Eingriffe oder sonstige Maßnahmen entfernt werden.

[Registerblatt]

HRV 13 (1) Jeder Einzelkaufmann, jede juristische Person sowie jede Handelsgesellschaft ist unter einer in derselben Abteilung fortlaufenden Nummer (Registerblatt) in das Register einzutragen.

(2) [1] Wenn ein Amtsgericht das Register für mehrere Amtsgerichtsbezirke führt, können auf Anordnung der Landesjustizverwaltung die fortlaufenden Nummern für einzelne Amtsgerichtsbezirke je gesondert geführt werden. [2] In diesem Fall sind die fortlaufenden Nummern der jeweiligen Amtsgerichtsbezirke durch den Zusatz eines Ortskennzeichens unterscheidbar zu halten. [3] Nähere Anordnungen hierüber trifft die Landesjustizverwaltung.

(3) [1] Wird die Firma geändert, so ist dies auf demselben Registerblatt einzutragen. [2] Bei einer Umwandlung ist der übernehmende, neu gegründete Rechtsträger oder Rechtsträger neuer Rechtsform stets auf ein neues Registerblatt einzutragen.

(4) Die zur Offenlegung in einer Amtssprache der Europäischen Union übermittelten Übersetzungen von Eintragungen (§ 11 des Handelsgesetzbuchs) sind dem Registerblatt und der jeweiligen Eintragung zuzuordnen.

[Laufende Nummern, Trennung von Eintragungen]

HRV 14 (1) Jede Eintragung ist mit einer laufenden Nummer zu versehen und mittels eines alle Spalten des Registers durchschneidenden Querstrichs von der folgenden Eintragung zu trennen.

(2) Werden mehrere Eintragungen gleichzeitig vorgenommen, so erhalten sie nur eine laufende Nummer.

Übersetzungen

HRV 15 [1] War eine frühere Eintragung in einer Amtssprache der Europäischen Union zugänglich gemacht worden (§ 11 des Handelsgesetzbuchs), so ist mit der Eintragung kenntlich zu machen, dass die Übersetzung nicht mehr dem aktuellen Stand der Registereintragung entspricht. [2] Die Kenntlichmachung ist zu entfernen, sobald eine aktualisierte Übersetzung eingereicht wird.

[Änderungen und Löschungen]

HRV 16 (1) [1] Änderungen des Inhalts einer Eintragung sowie Löschungen sind unter einer neuen laufenden Nummer einzutragen. [2] Eine Eintragung, die durch eine spätere Eintragung ihre Bedeutung verloren hat, ist nach Anordnung des Richters rot zu unterstreichen. ³ Mit der Eintragung selbst ist auch der Vermerk über ihre Löschung rot zu unterstreichen.

(2) Eintragungen oder Vermerke, die rot zu unterstreichen oder rot zu durchkreuzen sind, können anstelle durch Rötung auch auf andere eindeutige Weise als gegenstandslos kenntlich gemacht werden.

(3) ¹ Ein Teil einer Eintragung darf nur gerötet oder auf andere eindeutige Weise als gegenstandslos kenntlich gemacht werden, wenn die Verständlichkeit der Eintragung und des aktuellen Ausdrucks nicht beeinträchtigt wird. ² Andernfalls ist die betroffene Eintragung insgesamt zu röten und ihr noch gültiger Teil in verständlicher Form zu wiederholen.

Kennzeichnung bestimmter Eintragungen

HRV 16a Diejenigen Eintragungen, die lediglich andere Eintragungen wiederholen, erläutern oder begründen und daher nach § 30 a Abs. 4 Satz 4 nicht in den aktuellen Ausdruck einfließen, sind grau zu hinterlegen oder es ist auf andere Weise sicherzustellen, dass diese Eintragungen nicht in den aktuellen Ausdruck übernommen werden.

[Berichtigungen]

HRV 17 (1) ¹ Schreibversehen und ähnliche offenbare Unrichtigkeiten in einer Eintragung können durch den Richter oder nach Anordnung des Richters in Form einer neuen Eintragung oder auf andere eindeutige Weise berichtigt werden. ² Die Berichtigung ist als solche kenntlich zu machen.

(2) ¹ Die Berichtigung nach Absatz 1 ist den Beteiligten bekanntzugeben. ² Die öffentliche Bekanntmachung kann unterbleiben, wenn die Berichtigung einen offensichtlich unwesentlichen Punkt der Eintragung betrifft.

(3) ¹ Eine versehentlich vorgenommene Rötung oder Kenntlichmachung nach § 16 oder § 16 a ist zu löschen oder auf andere eindeutige Weise zu beseitigen. ² Die Löschung oder sonstige Beseitigung ist zu vermerken.

[Eintragung aufgrund Entscheidung des Prozessgerichts]

HRV 18 ¹ Erfolgt eine Eintragung auf Grund einer rechtskräftigen oder vollstreckbaren Entscheidung des Prozeßgerichts, so ist dies bei der Eintragung im Register unter Angabe des Prozessgerichts, des Datums und des Aktenzeichens der Entscheidung zu vermerken. ² Eine Aufhebung der Entscheidung ist in dieselbe Spalte des Registers einzutragen.

[Löschung von Amts wegen]

HRV 19 (1) Soll eine Eintragung von Amts wegen gelöscht werden, weil sie mangels einer wesentlichen Voraussetzung unzulässig ist, so erfolgt die Löschung durch Eintragung des Vermerks „Von Amts wegen gelöscht".

(2) ¹ Hat in sonstigen Fällen eine Eintragung von Amts wegen zu erfolgen, so hat sie den Hinweis auf die gesetzliche Grundlage und einen Vermerk „Von Amts wegen eingetragen" zu enthalten. ² Dies gilt nicht für die Eintragung der Vermerke über die Eröffnung, die Einstellung oder Aufhebung des Insolvenzverfahrens, die Aufhebung des Eröffnungsbeschlusses, die Anordnung der Eigenverwaltung durch den Schuldner und deren Aufhebung, die Anordnung der Zustimmungsbedürftigkeit bestimmter Rechtsgeschäfte des Schuldners nach § 277 der Insolvenzordnung sowie die sonstigen in § 32 des Handelsgesetzbuchs vorgesehenen Vermerke.

HRV 19 a *(aufgehoben)*

III. Handelsregister

[Verlegung von Firmen]

HRV 20 [1] Wird die Hauptniederlassung eines Einzelkaufmanns, einer juristischen Person oder der Sitz einer Handelsgesellschaft oder die Zweigniederlassung eines Unternehmens mit Sitz oder Hauptniederlassung im Ausland aus dem Bezirke des Registergerichts verlegt, so ist erst bei Eingang der Nachricht von der Eintragung in das Register des neuen Registergerichts (§ 13 h Abs. 2 Satz 5 des Handelsgesetzbuchs; § 45 Abs. 2 Satz 6 des Aktiengesetzes) die Verlegung auf dem bisherigen Registerblatt in der Spalte 2 und in der Spalte „Rechtsverhältnisse" zu vermerken; § 22 ist entsprechend anzuwenden. [2] Auf dem bisherigen Registerblatt ist bei der jeweiligen Eintragung auf das Registerblatt des neuen Registergerichts zu verweisen und umgekehrt.

Umschreibung eines Registerblatts

HRV 21 (1) [1] Ist das Registerblatt unübersichtlich geworden, so sind die noch gültigen Eintragungen unter einer neuen oder unter derselben Nummer auf ein neues Registerblatt umzuschreiben. [2] Dabei kann auch von dem ursprünglichen Text der Eintragung abgewichen werden, soweit der Inhalt der Eintragung dadurch nicht verändert wird. [3] Auf jedem Registerblatt ist auf das andere zu verweisen, auch wenn es bei derselben Nummer verbleibt.

(2) Die Zusammenfassung und Übertragung ist den Beteiligten unter Mitteilung von dem Inhalt der neuen Eintragung und gegebenenfalls der neuen Nummer bekannt zu machen.

(3) Bestehen Zweifel über die Art oder den Umfang der Übertragung, so sind die Beteiligten vorher zu hören.

Gegenstandslosigkeit aller Eintragungen

HRV 22 (1) [1] Sämtliche Seiten des Registerblatts sind zu röten oder rot zu durchkreuzen, wenn alle Eintragungen gegenstandslos geworden sind. [2] Das Registerblatt erhält einen Vermerk, der es als „geschlossen" kennzeichnet.

(2) [1] Geschlossene Registerblätter sollen weiterhin, auch in der Form von Ausdrucken, wiedergabefähig oder lesbar bleiben. [2] Die Datenträger für geschlossene Registerblätter können auch bei der für die Archivierung von Handelsregisterblättern zuständigen Stelle verfügbar gehalten werden, soweit landesrechtliche Vorschriften nicht entgegenstehen.

III. Verfahren bei Anmeldung, Eintragung und Bekanntmachung

[Stellungnahme der Organe des Handelsstandes]

HRV 23 [1] Das Gericht hat dafür Sorge zu tragen, dass die gesetzlich vorgeschriebenen Eintragungen in das Register erfolgen. [2] Die Stellungnahme der Organe des Handelsstandes gemäß § 380 Abs. 2 des Gesetzes über das Verfahren in Familiensachen und in den Angelegenheiten der freiwilligen Gerichtsbarkeit soll elektronisch eingeholt und übermittelt werden.

[Inhalt der Anmeldung]

HRV 24 (1) Werden natürliche Personen zur Eintragung in das Handelsregister angemeldet (insbesondere als Kaufleute, Gesellschafter, Prokuristen, Vorstandsmitglieder, Mitglieder des Leitungsorgans, geschäftsführende Direktoren, Geschäftsführer, Abwickler), so ist in der Anmeldung deren Geburtsdatum anzugeben.

(2) [1] Bei der Anmeldung ist die Lage der Geschäftsräume anzugeben. [2] Dies gilt nicht, wenn die Lage der Geschäftsräume als inländische Geschäftsanschrift zur Eintragung in das Handelsregister angemeldet wird oder bereits in das Handelsregister eingetragen worden ist. [3] Eine Änderung der Lage der Geschäftsräume ist dem Registergericht unverzüglich mitzuteilen; Satz 2 gilt entsprechend.

(3) Absatz 2 gilt für die Anmeldung einer Zweigniederlassung und die Änderung der Lage ihrer Geschäftsräume entsprechend.

(4) Es ist darauf hinzuwirken, daß bei den Anmeldungen auch der Unternehmensgegenstand, soweit er sich nicht aus der Firma ergibt, angegeben wird.

[Entscheidung über die Eintragung, Bekanntmachung]

HRV 25 (1) ¹Auf die Anmeldung zur Eintragung, auf Gesuche und Anträge entscheidet der Richter. ²Über die Eintragung ist unverzüglich nach Eingang der Anmeldung bei Gericht zu entscheiden. ³Ist eine Anmeldung zur Eintragung in das Handelsregister unvollständig oder steht der Eintragung ein durch den Antragsteller behebbares Hindernis entgegen, so hat der Richter unverzüglich zu verfügen; liegt ein nach § 23 einzuholendes Gutachten bis dahin nicht vor, so ist dies dem Antragsteller unverzüglich mitzuteilen. ⁴Der Richter entscheidet auch über die erforderlichen Bekanntmachungen.

(2) Der Richter ist für die Eintragung auch dann zuständig, wenn sie vom Beschwerdegericht oder nach § 395 des Gesetzes über das Verfahren in Familiensachen und in den Angelegenheiten der freiwilligen Gerichtsbarkeit verfügt ist.

HRV 26 *(aufgehoben)*

Vornahme der Eintragung, Wortlaut der Bekanntmachung

HRV 27 (1) Der Richter nimmt die Eintragung und Bekanntmachung entweder selbst vor oder er verfügt die Eintragung und die Bekanntmachung durch den Urkundsbeamten der Geschäftsstelle.

(2) ¹Nimmt der Richter die Eintragung nicht selbst vor, so hat er in der Eintragungsverfügung den genauen Wortlaut der Eintragung sowie die Eintragungsstelle im Register samt aller zur Eintragung erforderlichen Merkmale festzustellen. ²Der Wortlaut der öffentlichen Bekanntmachung ist besonders zu verfügen, wenn er von dem der Eintragung abweicht. ³Der Urkundsbeamte der Geschäftsstelle hat die Ausführung der Eintragungsverfügung zu veranlassen, die Eintragung zu signieren und die verfügten Bekanntmachungen herbeizuführen.

(3) ¹Die Wirksamkeit der Eintragung (§ 8a Abs. 1 des Handelsgesetzbuchs) ist in geeigneter Weise zu überprüfen. ²Die eintragende Person soll die Eintragung auf ihre Richtigkeit und Vollständigkeit sowie ihre Abrufbarkeit aus dem Datenspeicher (§ 48) prüfen.

(4) Bei jeder Eintragung ist der Tag der Eintragung anzugeben.

Elektronische Signatur

HRV 28 ¹Der Richter oder im Fall des § 27 Abs. 2 der Urkundsbeamte der Geschäftsstelle setzt der Eintragung seinen Nachnamen hinzu und signiert beides elektronisch. ²Im Übrigen gilt § 75 der Grundbuchverfügung entsprechend.

[Obliegenheiten des Urkundsbeamten]

HRV 29 (1) Der Urkundsbeamte der Geschäftsstelle ist zuständig:
1. für die Erteilung von Abschriften oder Ausdrucken oder die elektronische Übermittlung der Eintragungen und der zum Register eingereichten Schriftstücke und Dokumente; wird eine auszugsweise Abschrift, ein auszugsweiser Ausdruck oder eine auszugsweise elektronische Übermittlung beantragt, so entscheidet bei Zweifeln über den Umfang des Auszugs der Richter;
2. für die Beglaubigung und die Erteilung oder elektronische Übermittlung von Zeugnissen und Bescheinigungen nach § 9 Abs. 5 des Handelsgesetzbuchs und § 32 der Grundbuchordnung;

III. Handelsregister **HRV 30, 30a (4)**

3. für die Eintragung der in § 32 des Handelsgesetzbuchs vorgesehenen Vermerke im Zusammenhang mit einem Insolvenzverfahren;
4. für die Eintragung der inländischen Geschäftsanschrift.

(2) [1] Wird die Änderung einer Entscheidung des Urkundsbeamten der Geschäftsstelle verlangt, so entscheidet, wenn dieser dem Verlangen nicht entspricht, der Richter. [2] Die Beschwerde ist erst gegen seine Entscheidung gegeben.

[Abschriften]

HRV 30 (1) [1] Einfache Abschriften der in Papierform vorhandenen Registerblätter und Schriftstücke sind mit dem Vermerk: „Gefertigt am . . ." abzuschließen. [2] Der Vermerk ist nicht zu unterzeichnen.

(2) [1] Die Beglaubigung einer Abschrift geschieht durch einen unter die Abschrift zu setzenden Vermerk, der die Übereinstimmung mit der Hauptschrift bezeugt. [2] Der Beglaubigungsvermerk muß Ort und Tag der Ausstellung enthalten, von dem Urkundsbeamten der Geschäftsstelle unterschrieben und mit Siegel oder Stempel versehen sein.

(3) [1] Soll aus dem Handelsregister eine auszugsweise Abschrift erteilt werden, so sind in die Abschrift die Eintragungen aufzunehmen, die den Gegenstand betreffen, auf den sich der Auszug beziehen soll. [2] In dem Beglaubigungsvermerk ist der Gegenstand anzugeben und zu bezeugen, daß weitere ihn betreffende Eintragungen in dem Register nicht enthalten sind.

(4) [1] Werden beglaubigte Abschriften der zum Register eingereichten Schriftstücke oder der eingereichten Wiedergaben von Schriftstücken (§ 8a Abs. 4 des Handelsgesetzbuchs in der bis zum Inkrafttreten des Gesetzes über elektronische Handelsregister und Genossenschaftsregister sowie das Unternehmensregister am 1. Januar 2007 geltenden Fassung) beantragt, so ist in dem Beglaubigungsvermerk ersichtlich zu machen, ob die Hauptschrift eine Urschrift, eine Wiedergabe auf einem Bildträger oder auf anderen Datenträgern, eine einfache oder beglaubigte Abschrift, eine Ablichtung oder eine Ausfertigung ist; ist die Hauptschrift eine Wiedergabe auf einem Bildträger oder auf anderen Datenträgern, eine beglaubigte Abschrift, eine beglaubigte Ablichtung oder eine Ausfertigung, so ist der nach § 8a Abs. 3 Satz 2 des Handelsgesetzbuchs in der bis zum Inkrafttreten des Gesetzes über elektronische Handelsregister und Genossenschaftsregister sowie das Unternehmensregister am 1. Januar 2007 geltenden Fassung angefertigte schriftliche Nachweis über die inhaltliche Übereinstimmung der Wiedergabe mit der Urschrift, der Beglaubigungsvermerk oder der Ausfertigungsvermerk in die beglaubigte Abschrift aufzunehmen. [2] Durchstreichungen, Änderungen, Einschaltungen, Radierungen oder andere Mängel einer von den Beteiligten eingereichten Schrift sollen in dem Vermerk angegeben werden.

(5) [1] Die Bestätigung oder Ergänzung früher gefertigter Abschriften ist zulässig. [2] Eine Ergänzung einer früher erteilten Abschrift soll unterbleiben, wenn die Ergänzung gegenüber der Erteilung einer Abschrift durch Ablichtung einen unverhältnismäßigen Arbeitsaufwand, insbesondere erhebliche oder zeitraubende Schreibarbeiten erfordern würde; andere Versagungsgründe bleiben unberührt.

Ausdrucke

HRV 30a (1) [1] Ausdrucke aus dem Registerblatt (§ 9 Abs. 4 des Handelsgesetzbuchs) sind mit der Aufschrift „Ausdruck" oder „Amtlicher Ausdruck", dem Datum der letzten Eintragung und dem Datum des Abrufs der Daten aus dem Handelsregister zu versehen. [2] Sie sind nicht zu unterschreiben.

(2) [1] Ausdrucke aus dem Registerordner sind mit der Aufschrift „Ausdruck" oder „Amtlicher Ausdruck", dem Datum der Einstellung des Dokuments in den Registerordner, dem Datum des Abrufs aus dem Registerordner und den nach § 9 Abs. 4 oder Abs. 5 Satz 2 aufgenommenen Angaben zu versehen. [2] Sie sind nicht zu unterschreiben.

(3) [1] Der amtliche Ausdruck ist darüber hinaus mit Ort und Tag der Ausstellung, dem Vermerk, dass der Ausdruck den Inhalt des Handelsregisters oder einen Inhalt des Registerordners bezeugt, sowie dem Namen des erstellenden Urkundsbeamten

der Geschäftsstelle und mit einem Dienstsiegel zu versehen. ²Anstelle der Siegelung kann maschinell ein Abdruck des Dienstsiegels eingedruckt sein oder aufgedruckt werden; in beiden Fällen muss unter der Aufschrift „Amtlicher Ausdruck" der Vermerk „Dieser Ausdruck wird nicht unterschrieben und gilt als beglaubigte Abschrift." aufgedruckt sein oder werden.

(4) ¹Ausdrucke aus dem Registerblatt werden als chronologischer oder aktueller Ausdruck erteilt. ²Der chronologische Ausdruck gibt alle Eintragungen des Registerblatts wieder. ³Der aktuelle Ausdruck enthält den letzten Stand der Eintragungen. ⁴Nicht in den aktuellen Ausdruck aufgenommen werden diejenigen Eintragungen, die gerötet oder auf andere Weise nach § 16 als gegenstandslos kenntlich gemacht sind, die nach § 16a gekennzeichneten Eintragungen sowie die Angaben in den Spalten § 40 (HR A) Nr. 6 Buchstabe b und § 43 (HR B) Nr. 7 Buchstabe b. ⁵Die Art des Ausdrucks bestimmt der Antragsteller. ⁶Soweit nicht ausdrücklich etwas anderes beantragt ist, wird ein aktueller Ausdruck erteilt. ⁷Aktuelle Ausdrucke können statt in spaltenweiser Wiedergabe auch als fortlaufender Text erstellt werden.

(5) ¹Ausdrucke können dem Antragsteller auch elektronisch übermittelt werden. ²Die elektronische Übermittlung amtlicher Ausdrucke erfolgt unter Verwendung einer qualifizierten elektronischen Signatur nach dem Signaturgesetz.

(6) § 30 Abs. 3 gilt entsprechend.

[Ausfertigungen]

HRV 31 ¹Ausfertigungen der Bescheinigungen und Zeugnisse sind von dem Urkundsbeamten der Geschäftsstelle unter Angabe des Ortes und Tages zu unterschreiben und mit dem Gerichtssiegel oder Stempel zu versehen. ²Bescheinigungen und Zeugnisse können auch in elektronischer Form (§ 126a des Bürgerlichen Gesetzbuchs) übermittelt werden.

[Veröffentlichung]

HRV 32 Die Veröffentlichung der Eintragung ist unverzüglich zu veranlassen.

[Form der Bekanntmachungen]

HRV 33 (1) Die öffentlichen Bekanntmachungen sollen knapp gefaßt und leicht verständlich sein.

(2) In den Bekanntmachungen ist das Gericht und der Tag der Eintragung zu bezeichnen, einer Unterschrift bedarf es nicht.

(3) ¹Die Bekanntmachungen sind tunlichst nach dem anliegenden Muster abzufassen (Anlage 3). ²Der Tag der Bekanntmachung ist durch die bekannt machende Stelle beizufügen.

[Besondere Angaben in der Bekanntmachung]

HRV 34 ¹In den Bekanntmachungen sind, falls entsprechende Mitteilungen vorliegen, auch der Unternehmensgegenstand, soweit er sich nicht aus der Firma ergibt, und die Lage der Geschäftsräume anzugeben. ²Ist eine inländische Geschäftsanschrift eingetragen, so ist diese anstelle der Lage der Geschäftsräume anzugeben. ³Es ist in den Bekanntmachungen darauf hinzuweisen, daß die in Satz 1 genannten Angaben ohne Gewähr für die Richtigkeit erfolgen.

Veröffentlichungen im Amtsblatt der Europäischen Union

HRV 34a Die Pflichten zur Veröffentlichung im Amtsblatt der Europäischen Union und die Mitteilungspflichten gegenüber dem Amt für amtliche Veröffentlichungen der Europäischen Union nach der Verordnung (EWG) Nr. 2137/85 des Rates vom 25. Juli 1985 über die Schaffung einer Europäischen wirtschaftlichen Interessenvereinigung (EWIV) (ABl. EG Nr. L 199 S. 1) sowie der Verordnung (EG) Nr. 2157/2001 des Rates vom 8. Oktober 2001 über das Statut der Europäischen Gesellschaft (SE) (ABl. EG Nr. L 294 S. 1) bleiben unberührt.

III. Handelsregister

[Angabe des Löschungsgrundes]

HRV 35 [1] Wird eine Firma im Handelsregister gelöscht, weil das Unternehmen nach Art oder Umfang einen in kaufmännischer Weise eingerichteten Geschäftsbetrieb nicht erfordert, so kann auf Antrag des Inhabers in der Bekanntmachung der Grund der Löschung erwähnt werden. [2] Handelt es sich um einen Handwerker, der bereits in die Handwerksrolle eingetragen ist, so kann neben der Angabe des Grundes der Löschung in der Bekanntmachung auch auf diese Eintragung hingewiesen werden.

[Benachrichtigungen]

HRV 36 [1] Der Urkundsbeamte der Geschäftsstelle unterschreibt die Mitteilungen. [2] In geeigneten Fällen ist darauf hinzuweisen, daß auf die Bekanntgabe verzichtet werden kann (§ 383 Abs. 1 Satz 1 des Gesetzes über das Verfahren in Familiensachen und in den Angelegenheiten der freiwilligen Gerichtsbarkeit).

Mitteilungen an andere Stellen

HRV 37 (1) [1] Das Gericht hat jede Neuanlegung und jede Änderung eines Registerblatts
1. der Industrie- und Handelskammer,
2. der Handwerkskammer, wenn es sich um ein handwerkliches Unternehmen handelt oder handeln kann, und
3. der Landwirtschaftskammer, wenn es sich um ein land- oder forstwirtschaftliches Unternehmen handelt oder handeln kann, oder, wenn eine Landwirtschaftskammer nicht besteht, der nach Landesrecht zuständigen Stelle mitzuteilen. [2] Die über Geschäftsräume und Unternehmensgegenstand gemachten Angaben sind ebenfalls mitzuteilen.

(2) Soweit in anderen Rechtsvorschriften oder durch besondere Anordnung der Landesjustizverwaltung eine Benachrichtigung weiterer Stellen vorgesehen ist, bleiben diese Vorschriften unberührt.

[Anfragen bei anderen Registergerichten]

HRV 38 Gehört ein Ort oder eine Gemeinde zu den Bezirken verschiedener Registergerichte, so hat jedes Registergericht vor der Eintragung einer neuen Firma oder vor der Eintragung von Änderungen einer Firma bei den anderen beteiligten Registergerichten anzufragen, ob gegen die Eintragung im Hinblick auf § 30 des Handelsgesetzbuches Bedenken bestehen.

[Maschinelle Verfügungen und Benachrichtigungen]

HRV 38a (1) [1] Gerichtliche Verfügungen und Benachrichtigungen an Beteiligte, die maschinell erstellt werden, brauchen nicht unterschrieben zu werden. [2] In diesem Fall muß anstelle der Unterschrift auf dem Schreiben der Vermerk „Dieses Schreiben ist maschinell erstellt und auch ohne Unterschrift wirksam." angebracht sein. [3] Die Verfügung muß den Verfasser mit Funktionsbezeichnung erkennen lassen.

(2) [1] Die in Absatz 1 bezeichneten maschinell zu erstellenden Schreiben können, wenn die Kenntnisnahme durch den Empfänger allgemein sichergestellt ist, auch durch Bildschirmmitteilung oder in anderer Weise elektronisch übermittelt werden. [2] § 15 des Gesetzes über das Verfahren in Familiensachen und in den Angelegenheiten der freiwilligen Gerichtsbarkeit bleibt unberührt.

(3) Für die Texte für die öffentliche Bekanntmachung der Eintragungen sowie für Mitteilungen nach § 37 und Anfragen nach § 38 gelten die Absätze 1 und 2 entsprechend.

IV. Sondervorschriften für die Abteilungen A und B

[Trennung, Muster]

HRV 39 Die Abteilungen A und B werden in getrennten Registern nach den beigegebenen Mustern geführt.

Abteilung A

Inhalt der Eintragungen in Abteilung A

HRV 40 In Abteilung A des Handelsregisters sind die nachfolgenden Angaben einzutragen:

1. In Spalte 1 ist die laufende Nummer der die Firma betreffenden Eintragungen einzutragen.
2. In Spalte 2 sind
    a) unter Buchstabe a die Firma;
    b) unter Buchstabe b der Ort der Niederlassung oder der Sitz, bei Einzelkaufleuten und Personenhandelsgesellschaften die inländische Geschäftsanschrift sowie die Errichtung oder Aufhebung von Zweigniederlassungen, und zwar unter Angabe des Ortes einschließlich der Postleitzahl, der inländischen Geschäftsanschrift und, falls der Firma für eine Zweigniederlassung ein Zusatz beigefügt ist, unter Angabe dieses Zusatzes;
    c) unter Buchstabe c bei Europäischen wirtschaftlichen Interessenvereinigungen und bei juristischen Personen der Gegenstand des Unternehmens
    und die sich jeweils darauf beziehenden Änderungen anzugeben.
3. [1] In Spalte 3 sind
    a) unter Buchstabe a die allgemeine Regelung zur Vertretung des Rechtsträgers durch die persönlich haftenden Gesellschafter, die Geschäftsführer, die Mitglieder des Vorstandes, bei Kreditinstituten die gerichtlich bestellten vertretungsbefugten Personen sowie die Abwickler oder Liquidatoren, und
    b) unter Buchstabe b der Einzelkaufmann, bei Handelsgesellschaften die persönlich haftenden Gesellschafter, bei Europäischen wirtschaftlichen Interessenvereinigungen die Geschäftsführer, bei juristischen Personen die Mitglieder des Vorstandes und deren Stellvertreter, bei Kreditinstituten die gerichtlich bestellten vertretungsberechtigten Personen, die Abwickler oder Liquidatoren unter der Bezeichnung als solche, bei ausländischen Versicherungsunternehmen die nach § 106 Abs. 3 des Versicherungsaufsichtsgesetzes bestellten Hauptbevollmächtigten sowie bei einer Zweigstelle eines Unternehmens mit Sitz in einem anderen Staat, die Bankgeschäfte in dem in § 1 Abs. 1 des Gesetzes über das Kreditwesen bezeichneten Umfang betreibt, die nach § 53 Abs. 2 Nr. 1 des Gesetzes über das Kreditwesen bestellten Geschäftsleiter jeweils mit Familiennamen, Vornamen, Geburtsdatum und Wohnort oder gegebenenfalls mit Firma, Rechtsform, Sitz oder Niederlassungund die jeweils sich darauf beziehenden Änderungen anzugeben.
    [2] Weicht die Vertretungsbefugnis der in Spalte 3 unter Buchstabe b einzutragenden Personen im Einzelfall von den Angaben in Spalte 3 unter Buchstabe a ab, so ist diese besondere Vertretungsbefugnis bei den jeweiligen Personen zu vermerken.
4. In Spalte 4 sind die die Prokura betreffenden Angaben einschließlich Familienname, Vorname, Geburtsdatum und Wohnort der Prokuristen und die sich jeweils darauf beziehenden Änderungen einzutragen.
5. In Spalte 5 sind anzugeben
    a) unter Buchstabe a die Rechtsform sowie bei juristischen Personen das Datum der Erstellung und jede Änderung der Satzung; bei der Eintragung genügt, soweit sie nicht die Änderung der einzutragenden Angaben betrifft, eine allgemeine Bezeichnung des Gegenstands der Änderung; dabei ist in der Spalte 6 unter Buchstabe b auf die beim Gericht eingereichten Urkunden sowie auf die Stelle der Akten, bei der die Urkunden sich befinden, zu verweisen;

IV. Sondervorschriften für die Abteilungen A und B **HRV 41, 42 (4)**

b) unter Buchstabe b
   aa) die besonderen Bestimmungen des Gründungsvertrages oder der Satzung über die Zeitdauer der Europäischen wirtschaftlichen Interessenvereinigung oder juristischen Person sowie alle sich hierauf beziehenden Änderungen;
   bb) die Eröffnung, Einstellung und Aufhebung des Insolvenzverfahrens sowie die Aufhebung des Eröffnungsbeschlusses; die Bestellung eines vorläufigen Insolvenzverwalters unter den Voraussetzungen des § 32 Abs. 1 Satz 2 Nr. 2 des Handelsgesetzbuchs sowie die Aufhebung einer derartigen Sicherungsmaßnahme; die Anordnung der Eigenverwaltung durch den Schuldner und deren Aufhebung sowie die Anordnung der Zustimmungsbedürftigkeit bestimmter Rechtsgeschäfte des Schuldners nach § 277 der Insolvenzordnung; die Überwachung der Erfüllung eines Insolvenzplans und die Aufhebung der Überwachung;
   cc) die Klausel über die Haftungsbefreiung eines Mitglieds der Europäischen wirtschaftlichen Interessenvereinigung für die vor seinem Beitritt entstandenen Verbindlichkeiten;
   dd) die Auflösung, Fortsetzung und die Nichtigkeit der Gesellschaft, Europäischen wirtschaftlichen Interessenvereinigung oder juristischen Person; der Schluss der Abwicklung der Europäischen wirtschaftlichen Interessenvereinigung; das Erlöschen der Firma, die Löschung einer Gesellschaft, Europäischen wirtschaftlichen Interessenvereinigung oder juristischen Person sowie Löschungen von Amts wegen;
   ee) Eintragungen nach dem Umwandlungsgesetz;
   ff) im Fall des Erwerbs eines Handelsgeschäfts bei Fortführung unter der bisherigen Firma eine von § 25 Abs. 1 des Handelsgesetzbuchs abweichende Vereinbarung;
   gg) beim Eintritt eines persönlich haftenden Gesellschafters oder eines Kommanditisten in das Geschäft eines Einzelkaufmanns eine von § 28 Abs. 1 des Handelsgesetzbuchs abweichende Vereinbarung;
c) unter Buchstabe c Familienname, Vorname, Geburtsdatum und Wohnort oder gegebenenfalls Firma, Rechtsform, Sitz oder Niederlassung und der Betrag der Einlage jedes Kommanditisten einer Kommanditgesellschaft sowie bei der Europäischen wirtschaftlichen Interessenvereinigung die Mitglieder mit Familiennamen, Vornamen, Geburtsdatum und Wohnort oder gegebenenfalls mit Firma, Rechtsform, Sitz oder Niederlassung und die sich jeweils darauf beziehenden Änderungen.
6. In Spalte 6 sind unter Buchstabe a der Tag der Eintragung, unter Buchstabe b sonstige Bemerkungen einzutragen.
7. Enthält eine Eintragung die Nennung eines in ein öffentliches Register eingetragenen Rechtsträgers, so sind Art und Ort des Registers sowie die Registernummer dieses Rechtsträgers mit zu vermerken.

[Änderung der Firma, Neueintragung, Verweisungen]

HRV 41 (1) ¹Wird bei dem Eintritt eines persönlich haftenden Gesellschafters oder eines Kommanditisten in das Geschäft eines Einzelkaufmanns oder bei dem Eintritt eines Gesellschafters in eine bestehende Gesellschaft die bisherige Firma nicht fortgeführt oder die neue Firma unter einer neuen Nummer auf einem anderen Registerblatt eingetragen, so ist der Eintritt in Spalte 5 des Registers bei der bisherigen und bei der neuen Firma zu vermerken. ²Dasselbe gilt von einer von § 28 Abs. 1 des Handelsgesetzbuchs abweichenden Vereinbarung.

(2) Auf jedem Registerblatt ist auf das andere in Spalte „Bemerkungen" zu verweisen.

[Übergang eines Handelsgeschäfts, Verweisungen]

HRV 42 ¹Wird zum Handelsregister angemeldet, daß das Handelsgeschäft eines Einzelkaufmanns, einer juristischen Person, einer offenen Handelsgesellschaft oder einer Kommanditgesellschaft auf eine in Abteilung B eingetragene Handelsgesellschaft mit dem Recht zur Fortführung der

Firma übergegangen ist, so sind die das Handelsgeschäft betreffenden Eintragungen in Abteilung A des Registers rot zu unterstreichen. ²Wird von dem Erwerber die Fortführung der Firma angemeldet, so ist bei der Eintragung in Abteilung B auf das bisherige Registerblatt in der Spalte „Bemerkungen" zu verweisen und umgekehrt.

Abteilung B

Inhalt der Eintragungen in Abteilung B

HRV 43 In Abteilung B des Handelsregisters sind die nachfolgenden Angaben einzutragen:
1. In Spalte 1 ist die laufende Nummer der die Gesellschaft betreffenden Eintragung einzutragen.
2. In Spalte 2 sind
   a) unter Buchstabe a die Firma;
   b) unter Buchstabe b der Ort der Niederlassung oder der Sitz, bei Aktiengesellschaften, bei einer SE, bei Kommanditgesellschaften auf Aktien und Gesellschaften mit beschränkter Haftung die inländische Geschäftsanschrift sowie gegebenenfalls Familienname und Vorname oder Firma und Rechtsform sowie inländische Anschrift einer für Willenserklärungen und Zustellungen empfangsberechtigten Person, sowie die Errichtung oder Aufhebung von Zweigniederlassungen, und zwar unter Angabe des Ortes einschließlich der Postleitzahl, der inländischen Geschäftsanschrift und, falls der Firma für eine Zweigniederlassung ein Zusatz beigefügt ist, unter Angabe dieses Zusatzes;
   c) unter Buchstabe c der Gegenstand des Unternehmens
   und die sich jeweils darauf beziehenden Änderungen anzugeben.
3. In Spalte 3 sind bei Aktiengesellschaften, bei einer SE und bei Kommanditgesellschaften auf Aktien die jeweils aktuellen Beträge der Höhe des Grundkapitals, bei Gesellschaften mit beschränkter Haftung die Höhe des Stammkapitals und bei Versicherungsvereinen auf Gegenseitigkeit die Höhe des Gründungsfonds anzugeben.
4. ¹In Spalte 4 sind
   a) unter Buchstabe a die allgemeine Regelung zur Vertretung des Rechtsträgers durch die Mitglieder des Vorstandes, des Leitungsorgans, die geschäftsführenden Direktoren, die persönlich haftenden Gesellschafter sowie bei Kreditinstituten die gerichtlich bestellten vertretungsbefugten Personen, die Geschäftsführer, die Abwickler oder Liquidatoren und
   b) unter Buchstabe b bei Aktiengesellschaften und Versicherungsvereinen auf Gegenseitigkeit die Mitglieder des Vorstandes und ihre Stellvertreter (bei Aktiengesellschaften unter besonderer Bezeichnung des Vorsitzenden), bei einer SE die Mitglieder des Leitungsorgans und ihre Stellvertreter (unter besonderer Bezeichnung ihres Vorsitzenden) oder die geschäftsführenden Direktoren, bei Kommanditgesellschaften auf Aktien die persönlich haftenden Gesellschafter, bei Kreditinstituten die gerichtlich bestellten vertretungsbefugten Personen, bei Gesellschaften mit beschränkter Haftung die Geschäftsführer und ihre Stellvertreter, ferner die Abwickler oder Liquidatoren unter der Bezeichnung als solcher, jeweils mit Familiennamen, Vornamen, Geburtsdatum und Wohnort oder gegebenenfalls mit Firma, Rechtsform, Sitz oder Niederlassungund die jeweils sich darauf beziehenden Änderungen anzugeben. ²Weicht die Vertretungsbefugnis der in Spalte 4 unter Buchstabe b einzutragenden Personen im Einzelfall von den Angaben in Spalte 4 unter Buchstabe a ab, so ist diese besondere Vertretungsbefugnis bei den jeweiligen Personen zu vermerken. ³Ebenfalls in Spalte 4 unter Buchstabe b sind bei ausländischen Versicherungsunternehmen die nach § 106 Abs. 3 des Versicherungsaufsichtsgesetzes bestellten Hauptbevollmächtigten, bei einer Zweigstelle eines Unternehmens mit Sitz in einem anderen Staat, die Bankgeschäfte in dem in § 1 Abs. 1 des Gesetzes über das Kreditwesen bezeichneten Umfang betreibt, die nach § 53 Abs. 2 Nr. 1 des Gesetzes über das Kreditwesen bestellten Geschäftsleiter sowie bei einer Zweigniederlassung einer Aktiengesellschaft, SE oder Gesellschaft mit beschränkter Haftung mit Sitz im Ausland die ständigen Vertreter nach § 13e Abs. 2 Satz 5

IV. Sondervorschriften für die Abteilungen A und B **HRV 44 (4)**

Nr. 3 des Handelsgesetzbuchs jeweils mit Familiennamen, Vornamen, Geburtsdatum und Wohnort unter Angabe ihrer Befugnisse zu vermerken.
5. In Spalte 5 sind die die Prokura betreffenden Eintragungen einschließlich Familienname, Vorname, Geburtsdatum und Wohnort der Prokuristen sowie die jeweils sich darauf beziehenden Änderungen anzugeben.
6. In Spalte 6 sind anzugeben
   a) unter Buchstabe a die Rechtsform und der Tag der Feststellung der Satzung oder des Abschlusses des Gesellschaftsvertrages; jede Änderung der Satzung oder des Gesellschaftsvertrages; bei der Eintragung genügt, soweit nicht die Änderung die einzutragenden Angaben betrifft, eine allgemeine Bezeichnung des Gegenstands der Änderung;
   b) unter Buchstabe b neben den entsprechend für die Abteilung A in § 40 Nr. 5 Buchstabe b Doppelbuchstabe bb einzutragenden Angaben:
      aa) die besonderen Bestimmungen der Satzung oder des Gesellschaftsvertrages über die Zeitdauer der Gesellschaft oder des Versicherungsvereins auf Gegenseitigkeit;
      bb) eine Eingliederung einschließlich der Firma der Hauptgesellschaft sowie das Ende der Eingliederung, sein Grund und sein Zeitpunkt;
      cc) das Bestehen und die Art von Unternehmensverträgen einschließlich des Namens des anderen Vertragsteils, beim Bestehen einer Vielzahl von Teilgewinnabführungsverträgen alternativ anstelle des Namens des anderen Vertragsteils eine Bezeichnung, die den jeweiligen Teilgewinnabführungsvertrag konkret bestimmt, außerdem die Änderung des Unternehmensvertrages sowie seine Beendigung unter Angabe des Grundes und des Zeitpunktes;
      dd) die Auflösung, die Fortsetzung und die Nichtigkeit der Gesellschaft oder des Versicherungsvereins auf Gegenseitigkeit;
      ee) Eintragungen nach dem Umwandlungsgesetz;
      ff) das Erlöschen der Firma, die Löschung einer Aktiengesellschaft, SE, Kommanditgesellschaft auf Aktien, Gesellschaft mit beschränkter Haftung oder eines Versicherungsvereins auf Gegenseitigkeit sowie Löschungen von Amts wegen;
      gg) das Bestehen eines bedingten Kapitals unter Angabe des Beschlusses der Hauptversammlung und der Höhe des bedingten Kapitals;
      hh) das Bestehen eines genehmigten Kapitals unter Angabe des Beschlusses der Hauptversammlung, der Höhe des genehmigten Kapitals und des Zeitpunktes, bis zu dem die Ermächtigung besteht;
      ii) bei Investmentaktiengesellschaften das in der Satzung festgelegte Mindestkapital und Höchstkapital (§ 105 Abs. 1 des Investmentgesetzes);
      jj) der Beschluss einer Übertragung von Aktien gegen Barabfindung (§ 327a des Aktiengesetzes) unter Angabe des Tages des Beschlusses;
      kk) der Abschluss eines Nachgründungsvertrages unter Angabe des Zeitpunktes des Vertragsschlusses und des Zustimmungsbeschlusses der Hauptversammlung sowie der oder die Vertragspartner der Gesellschaft;
      ll) bei Versicherungsvereinen auf Gegenseitigkeit der Tag, an dem der Geschäftsbetrieb erlaubt worden istund die sich jeweils darauf beziehenden Änderungen.
7. Die Verwendung der Spalte 7 richtet sich nach den Vorschriften über die Benutzung der Spalte 6 der Abteilung A.
8. § 40 Nr. 7 gilt entsprechend.

[Eintragungen von Urteilen über Nichtigkeitserklärungen und Verfügungen über Löschungen]

HRV 44 Urteile, durch die ein in das Register eingetragener Beschluß der Hauptversammlung einer Aktiengesellschaft, SE, Kommanditgesellschaft auf Aktien oder der Gesellschafterversammlung einer Gesellschaft mit beschränkter Haftung rechtskräftig für nichtig erklärt ist, sowie die nach § 398 des Gesetzes über das Verfahren in Familiensachen und in den Angelegenheiten der freiwilligen Gerichtsbarkeit verfügte Löschung eines Beschlusses sind in einem Vermerk, der den Beschluß als nichtig bezeichnet, in diejenigen Spalten des Registerblatts einzutragen, in die der Beschluß eingetragen war.

[Löschung einer Gesellschaft wegen Nichtigkeit, Benachrichtigung über Heilung eines Mangels]

HRV 45 (1) Soll eine Aktiengesellschaft, eine SE, eine Kommanditgesellschaft auf Aktien oder eine Gesellschaft mit beschränkter Haftung als nichtig gelöscht werden, so ist, wenn der Mangel geheilt werden kann, in der nach § 395 Abs. 2, § 397 des Gesetzes über das Verfahren in Familiensachen und in den Angelegenheiten der freiwilligen Gerichtsbarkeit ergehenden Benachrichtigung auf diese Möglichkeit ausdrücklich hinzuweisen.

(2) [1] Die Löschung erfolgt durch Eintragung eines Vermerks, der die Gesellschaft als nichtig bezeichnet. [2] Gleiches gilt, wenn die Gesellschaft durch rechtskräftiges Urteil für nichtig erklärt ist.

[Verweisung bei Firmenänderung]

HRV 46 Wird bei einer in Abteilung B eingetragenen Handelsgesellschaft die Änderung der Firma zum Handelsregister angemeldet, weil das Geschäft mit dem Recht zur Fortführung der Firma auf einen Einzelkaufmann, eine juristische Person oder eine Handelsgesellschaft übertragen worden ist, und wird von dem Erwerber die Fortführung der Firma angemeldet, so ist bei der Eintragung in die Spalte „Bemerkungen" auf das bisherige Registerblatt zu verweisen und umgekehrt.

IVa. Vorschriften für das elektronisch geführte Handelsregister

1. Einrichtung des elektronisch geführten Handelsregisters

Grundsatz

HRV 47 (1) [1] Bei der elektronischen Führung des Handelsregisters muss gewährleistet sein, dass
1. die Grundsätze einer ordnungsgemäßen Datenverarbeitung eingehalten, insbesondere Vorkehrungen gegen einen Datenverlust getroffen sowie die erforderlichen Kopien der Datenbestände mindestens tagesaktuell gehalten und die originären Datenbestände sowie deren Kopien sicher aufbewahrt werden,
2. die vorzunehmenden Eintragungen alsbald in einen Datenspeicher aufgenommen werden und auf Dauer inhaltlich unverändert in lesbarer Form wiedergegeben werden können,
3. die nach der Anlage zu § 126 Abs. 1 Satz 2 Nr. 3 der Grundbuchordnung erforderlichen Maßnahmen getroffen werden.[2] Die Dokumente sind in inhaltlich unveränderbarer Form zu speichern.

(2) Wird die Datenverarbeitung im Auftrag des zuständigen Amtsgerichts auf den Anlagen einer anderen staatlichen Stelle oder juristischen Person des öffentlichen oder privaten Rechts vorgenommen (§ 125 Abs. 5 des Gesetzes über die Angelegenheiten der freiwilligen Gerichtsbarkeit), so muss sichergestellt sein, dass Eintragungen in das Handelsregister und der Abruf von Daten hieraus nur erfolgen, wenn dies von dem zuständigen Gericht verfügt worden oder sonst zulässig ist.

(3) Die Verarbeitung der Registerdaten auf Anlagen, die nicht im Eigentum der anderen staatlichen Stelle oder juristischen Person des öffentlichen oder privaten Rechts stehen, ist nur zulässig, wenn gewährleistet ist, dass die Daten dem uneingeschränkten Zugriff des zuständigen Gerichts unterliegen und der Eigentümer der Anlage keinen Zugang zu den Daten hat.

Begriff des elektronisch geführten Handelsregisters

HRV 48 [1] Bei dem elektronisch geführten Handelsregister ist der in den dafür bestimmten Datenspeicher aufgenommene und auf Dauer unverändert in lesbarer Form wiedergabefähige Inhalt des Registerblattes (§ 13 Abs. 1) das Handelsregister. [2] Die Bestimmung des Datenspeichers nach

IVa. Vorschriften f. d. el. geführte Handelsregister HRV 49–53 (4)

Satz 1 kann durch Verfügung der nach Landesrecht zuständigen Stelle geändert werden, wenn dies dazu dient, die Erhaltung und die Abrufbarkeit der Daten sicherzustellen oder zu verbessern, und die Daten dabei nicht verändert werden.

Anforderungen an Anlagen und Programme; Sicherung der Anlagen, Programme und Daten

HRV 49 (1) Hinsichtlich der Anforderungen an die für das elektronisch geführte Handelsregister verwendeten Anlagen und Programme, deren Sicherung sowie der Sicherung der Daten gelten die §§ 64 bis 66 der Grundbuchverfügung entsprechend.

(2) Das eingesetzte Datenverarbeitungssystem soll innerhalb eines jeden Landes einheitlich sein und mit den in den anderen Ländern eingesetzten Systemen verbunden werden können.

Gestaltung des elektronisch geführten Handelsregisters

HRV 50 (1) ¹Der Inhalt des elektronisch geführten Handelsregisters muß auf dem Bildschirm und in Ausdrucken entsprechend den beigegebenen Mustern (Anlagen 4 und 5) sichtbar gemacht werden können. ²Der letzte Stand aller noch nicht gegenstandslos gewordenen Eintragungen (aktueller Registerinhalt) kann statt in spaltenweiser Wiedergabe auch als fortlaufender Text nach den Mustern in Anlage 6 und 7 sichtbar gemacht werden.

(2) Der Inhalt geschlossener Registerblätter, die nicht für die elektronische Registerführung umgeschrieben wurden, muss entsprechend den beigegebenen Mustern (Anlagen 1 und 2 in der bis zum Inkrafttreten des Gesetzes über elektronische Handelsregister und Genossenschaftsregister sowie das Unternehmensregister am 1. Januar 2007 geltenden Fassung dieser Verordnung) auf dem Bildschirm und in Ausdrucken sichtbar gemacht werden können, wenn nicht die letzte Eintragung in das Registerblatt vor dem 1. Januar 1997 erfolgte.

2. Anlegung des elektronisch geführten Registerblatts

Anlegung des elektronisch geführten Registerblatts durch Umschreibung

HRV 51 Ein bisher in Papierform geführtes Registerblatt kann für die elektronische Führung nach den §§ 51, 52 und 54 in der bis zum Inkrafttreten des Gesetzes über elektronische Handelsregister und Genossenschaftsregister sowie das Unternehmensregister am 1. Januar 2007 geltenden Fassung dieser Verordnung umgeschrieben werden.

3. Automatisierter Abruf von Daten

Umfang des automatisierten Datenabrufs

HRV 52 ¹Umfang und Voraussetzungen des Abrufs im automatisierten Verfahren einschließlich des Rechts, von den abgerufenen Daten Abdrucke zu fertigen, bestimmen sich nach § 9 Abs. 1 des Handelsgesetzbuchs. ²Abdrucke stehen den Ausdrucken (§ 30a) nicht gleich.

Protokollierung der Abrufe

HRV 53 (1) ¹Für die Sicherung der ordnungsgemäßen Datenverarbeitung und für die Abrechnung der Kosten des Abrufs werden alle Abrufe durch die zuständige Stelle protokolliert. ²Im Protokoll dürfen nur das Gericht, die Nummer des Registerblatts, die abrufende Person oder Stelle, ein Geschäfts-, Aktenzeichen oder eine sonstige Kennung des Abrufs, der Zeitpunkt des Abrufs sowie die für die Durchführung des Abrufs verwendeten Daten gespeichert werden.

(2) ¹Die protokollierten Daten dürfen nur für die in Absatz 1 Satz 1 genannten Zwecke verwendet werden. ²Sie sind durch geeignete Vorkehrungen gegen zweckfremde Nutzung und gegen sonstigen Missbrauch zu schützen.

(3) ¹Die nach Absatz 1 gefertigten Protokolle werden vier Jahre nach Ablauf des Kalenderjahres, in dem die Zahlung der Kosten erfolgt ist, vernichtet. ²Im Fall der Einlegung eines Rechtsbehelfs mit dem Ziel der Rückerstattung verlängert sich die Aufbewahrungsfrist jeweils um den Zeitraum von der Einlegung bis zur abschließenden Entscheidung über den Rechtsbehelf.

4. Ersatzregister und Ersatzmaßnahmen

Ersatzregister und Ersatzmaßnahmen

HRV 54 (1) ¹Ist die Vornahme von Eintragungen in das elektronisch geführte Handelsregister vorübergehend nicht möglich, so können auf Anordnung der nach Landesrecht zuständigen Stelle Eintragungen ohne Vergabe einer neuen Nummer in einem Ersatzregister in Papierform vorgenommen werden, wenn hiervon Verwirrung nicht zu besorgen ist. ²Sie sollen in das elektronisch geführte Handelsregister übernommen werden, sobald dies wieder möglich ist. ³Auf die erneute Übernahme sind die Vorschriften über die Anlegung des maschinell geführten Registerblatts in der bis zum Inkrafttreten des Gesetzes über elektronische Handelsregister und Genossenschaftsregister sowie das Unternehmensregister am 1. Januar 2007 geltenden Fassung dieser Verordnung entsprechend anzuwenden.

(2) Für die Einrichtung und Führung der Ersatzregister nach Absatz 1 gelten § 17 Abs. 2 und die Bestimmungen des Abschnitts IV dieser Verordnung sowie die Bestimmungen der Abschnitte I bis III in der bis zum Inkrafttreten des Gesetzes über elektronische Handelsregister und Genossenschaftsregister sowie das Unternehmensregister am 1. Januar 2007 geltenden Fassung dieser Verordnung.

(3) ¹Können elektronische Anmeldungen und Dokumente vorübergehend nicht entgegengenommen werden, so kann die nach Landesrecht zuständige Stelle anordnen, dass Anmeldungen und Dokumente auch in Papierform zum Handelsregister eingereicht werden können. ²Die aufgrund einer Anordnung nach Satz 1 eingereichten Schriftstücke sind unverzüglich in elektronische Dokumente zu übertragen.

Anlagen 1, 2 *(aufgehoben)*

Anlagen 3–7 *(vom Abdruck wird abgesehen)*

IV. AGB und (nicht branchengebundene) Vertragsklauseln

(5) §§ 305–310 BGB Abschnitt 2. Gestaltung rechtsgeschäftlicher Schuldverhältnisse durch Allgemeine Geschäftsbedingungen

Vom 18. August 1896 (RGBl 195) idF vom 2. Januar 2002 (BGBl I 42/BGBl III FNA 400–2) mit den späteren Änderungen

Einleitung

Schrifttum

a) Kommentare zu §§ 305–310 BGB: *Palandt/Heinrichs* 68. Aufl 2009. – *Graf von Westphalen,* Vertragsrecht und AGB-Klauselwerke (LBl). – *Ulmer/Brandner/Hensen,* 10. Aufl 2006. – *Wolff/Lindacher/Pfeiffer* 5. Aufl 2009.

b) Einzeldarstellungen und Sonstiges zu §§ 305–310 BGB: *Stadler,* AGB im internationalen Handel, 2003. – *Graf von Westphalen* NJW **02,** 12. – *Artz* JuS **02,** 528.

IV. AGB und Vertragsklauseln **1–4 BGB Einl (5)**

– *Berger, Graf von Westphalen, Lischek/Mahnken* ZIP **06,** 2149, **07,** 149, 158 (Unternehmerverkehr). – Zur **EG-Richtlinie 1993** *Tilmann* 2003, *Nobis* 2005 (Umsetzung), *Basedow* in Schulte-Nölke/Schulze, Europ Rechtsangleichung 1999, S 277, *Rott* EuZW **03,** 5 (effektiver Rechtsschutz). – **Zum AGBG:** *Eberstein,* Die zweckmäßige Ausgestaltung von AGB im kfm Geschäftsverkehr, 1997. – *Graf von Westphalen,* Vertragsrecht und AGB-Klauselwerke (LBl). – *Heinrichs/Löwe/Ulmer,* Zehn Jahre AGB-Gesetz, 1987. – *Karatzenis,* Zur Anwendung der Generalklausel des § 9 im Handelsverkehr, 1989. – *Lutz,* AGB-Kontrolle im Handelsverkehr unter Berücksichtigung der Klauselverbote, 1991. – *Munz,* AGB in den USA und Deutschland im Handelsverkehr, 1992. – *Ohlendorf/von Hertel,* Kontrolle von AGB im kfm Geschäftsverkehr, 1988. – *Vorderobermeier,* Einbeziehung AGB im kfm Geschäftsverkehr, 1992. – Aufsätze allgemein zu AGB im kfm Verkehr: *Helm* BB **77,** 1109, *Schlechtriem* FS Duden **77,** 571, *Schiller* NJW **79,** 636, *Alisch* JZ **82,** 706, *Müller-Graff* FS Pleyer **86,** 401, *Rabe* NJW **87,** 1978, *Hensen* NJW **87,** 1986, *Schlosser* in 10 Jahre AGBG 1987, *Wolf* ZHR 153 **(89)** 300 (international), *Brandner* DZWir **92,** 177, *Paulusch* DZWir **92,** 182, *Henseler* DZWir **92,** 192, *Hommelhoff/Wiedemann* ZIP **93,** 562, *Berger/Kleine* BB **07,** 2137, *Berger/Lucas* NJW **07,** 3526 (Transparenzgebot), *Lenkaitis/Löwisch* ZIP **09,** 441 (b2b).
– **RsprÜbersichten:** *Graf von Westphalen* NJW **02,** 1688, **03,** 1635, 1981, **04,** 1993, **05,** 1987, **06,** 2228, **07,** 2228, **08,** 2234, **09,** 2355.

1) AGBG 1976

Bis zur 28. Aufl war das **(5)** AGBG kommentiert mit Schwerpunkt auf den Klauseln 1
im Handelsverkehr, ab der 29. Aufl unter **(5)** AGBG wurde nur noch der Gesetzestext verfügbar gemacht.

2) §§ 305–310 BGB und SMG 2001

A. **Textlich kaum veränderte Überführung der materiellrechtlichen Vor-** 2
schriften des früheren AGBG in das BGB: Ab der 31. Aufl wird nur noch der durch das SMG 2001 (nahezu unverändert) in das BGB überführte, materiellrechtliche Teil des früheren AGBG als **(5)** §§ 305–310 BGB beibehalten. Der verfahrensrechtliche Teil des AGBG ist jetzt im UKlaG geregelt. Vom völligen Verzicht auf die Wiedergabe wurde wegen der praktischen Wichtigkeit und der häufigen Verweise in diesem Kommentar abgesehen. Auf AGB-rechtliche Besonderheiten wird, soweit sinnvoll, nicht hier, sondern jeweils in der Kommentierung zum HGB und zu den Nebengesetzen **(1)–(18)** eingegangen. Die verschiedenen unter den Nebengesetzen abgedruckten Klauselwerke werden durchgängig auf Vereinbarkeit mit dem AGBG untersucht; Konsequenzen ergeben sich insbesondere für **(8)** AGB-Banken mit Sonderbedingungen zum Wertpapierhandel, **(9)** AGB-Anderkonten, **(11)** ERA, **(12)** ERI und **(18)** ADSp.

B. **Grundlegende mittelbare Änderungen in (5) §§ 305–310 BGB durch das** 3
SMG: Bei der weiterhin wichtigen, zum AGBG ergangenen Rspr ist zu beachten, dass die **(5)** §§ 305–310 BGB trotz des nahezu unveränderten Wortlauts wegen des in § 307 BGB als Maßstab der Inhaltskontrolle in Bezug genommenen dispositiven Rechts mittelbar grundlegend verändert worden sind, Graf von Westphalen NJW **02,** 16 ("Paradigmenwechsel"). Das gilt vor allem im Hinblick auf das Verjährungs-, Leistungsstörungs-, Kauf- und Werkvertragsrecht sowie für das in §§ 474 ff BGB geregelte Verbrauchsgüterkaufrecht. Ältere Judikate sind deshalb vor Weiterverwendung auf mögliche Bedeutungsänderung zu überprüfen.

3) Kaufleute und AGB

Die Rechtsprechung neigt schon lange dazu, die Wertungen aus den Klauseln der 4
(5) §§ 308 und 309 BGB über das Einfallstor der Generalklausel des **(5)** § 307 BGB und teilweise auch diese selbst auf Kaufleute zu erstrecken und nimmt indiziell eine unangemessene Benachteiligung an, außer wenn die AGBKlausel wegen der besonderen Interessen und Bedürfnisse des unternehmerischen Geschäftsverkehrs ausnahmsweise als angemessen angesehen werden kann, BGH **90,** 278, NJW **07,** 3774. Damit besteht die Gefahr, dass bei der AGB-Inhaltskontrolle das zwingende Verbraucherrecht auch für den Geschäftsverkehr zwischen Unternehmen, insbesondere auch für den

Hopt 1679

(5) BGB 305

HdlKauf, als gesetzliches Regelrecht angesehen wird. Einer solchen Entwicklung gegen Vertragsfreiheit und Markt, die auch für die Geschützten letztlich kontraproduktiv ist, gilt es entgegenzuwirken, ua durch Rückbesinnung auf **(5) § 310 I 2 aE BGB**, wonach auf die im HdlVerkehr geltenden Gewohnheiten und Gebräuche angemessen Rücksicht zu nehmen ist, zutr Rö/Röhricht Einl 96, Berger/Kleine BB **07**, 2137, Lenkaitis/Löwisch ZIP **09**, 441.

4) Europäische Rechtsangleichung, internationaler Verkehr

5   A. **Europäische Rechtsangleichung:** Die EG-Ri über missbräuchliche Klauseln in Verbraucherverträgen vom 5. 4. 1993 ABlEG L 95/29 hat eine gewisse Harmonisierung des Rechts der AGB in den Mitgliedstaaten der heutigen EU gebracht. Die Vorschriften der EG-Ri gehen zwar weniger ins Detail als die der **(5) §§ 305–310 BGB**, haben aber wegen der Direktwirkung in vertikalen Verhältnissen, zB privatrechtliche Verträge der öffentlichen Hand, der richtlinienkonformen Auslegung und der Möglichkeit der Vorlage an den EuGH einen nicht zu unterschätzenden Einfluss auf das deutsche Recht. Für den internationalen Verkehr innerhalb der EU ist zudem die von der Richtlinie bewirkte Mindestharmonisierung von Bedeutung. Dazu und zum angeglichenen Recht der AGB in den Mitgliedstaaten MüKoBGB/Basedow Vor § 305 Rn 18 ff mwN. Seit 8. 10. 2008 liegt jedoch der **Vorschlag der Kommission für eine EG-Richtlinie** (KOM (2008) 614 endg) vor, die eine weitreichende **Vollharmonisierung** im Bereich des Direkt- und Distanzvertriebs, des Verbrauchsgüterkaufs und der Klausel-Ri (dazu zwei Annexe mit einer „schwarzen" und einer „grauen" Liste) vorsieht. Die in den Annexen enthaltenden AGB-Klauselverbote bleiben weit hinter den derzeitigen deutschen zurück. Die bisherige Rechtsprechung wäre dann nur noch über die Generalklausel aufrechthaltbar, und dies nur unter der Interpretationshoheit des EuGH (vgl § 84 Rn 3). Lit: Graf von Westphalen EWS **09**, 1. Seite, Tacou ZRP **09**, 140.

6   B. **Internationaler Verkehr:** Die Einbeziehung von AGB im internationalen Rechtsverkehr wirft zahlreiche, komplizierte Rechtsfragen auf, zB kollidierende Rechtswahlklauseln, Einbeziehung und Inhaltskontrolle von branchenüblichen AGB wie **(8) AGB-Banken** und **(18) ADSp**, auch von Incoterms (s **(6)** Incoterms Einl 16) und internationalen Akkreditivbedingungen (s **(11)** ERA Einl 5, 6 vor Art 1), Sprachenfrage, Verbraucherschutznormen ua. Einführend MüKoBGB/Kieninger § 307 Rn 265 ff.

Abschnitt 2.* Gestaltung rechtsgeschäftlicher Schuldverhältnisse durch Allgemeine Geschäftsbedingungen

Einbeziehung Allgemeiner Geschäftsbedingungen in den Vertrag

BGB 305 (1) ¹Allgemeine Geschäftsbedingungen sind alle für eine Vielzahl von Verträgen vorformulierten Vertragsbedingungen, die eine Vertragspartei (Verwender) der anderen Vertragspartei bei Abschluss eines Vertrags stellt. ²Gleichgültig ist, ob die Bestimmungen einen äußerlich gesonderten Bestandteil des Vertrags bilden oder in die Vertragsurkunde selbst aufgenommen werden, welchen Umfang sie haben, in welcher Schriftart sie verfasst sind und welche Form der Vertrag hat. ³Allgemeine Geschäftsbedingungen liegen nicht vor, soweit die Vertragsbedingungen zwischen den Vertragsparteien im Einzelnen ausgehandelt sind.

(2) Allgemeine Geschäftsbedingungen werden nur dann Bestandteil eines Vertrags, wenn der Verwender bei Vertragsschluss

1. die andere Vertragspartei ausdrücklich oder, wenn ein ausdrücklicher Hinweis wegen der Art des Vertragsschlusses nur unter unverhältnismäßigen Schwierigkeiten möglich ist, durch deutlich sichtbaren Aushang am Orte des Vertragsschlusses auf sie hinweist und

---

* **Amtlicher Hinweis:** Dieser Abschnitt dient auch der Umsetzung der Richtlinie 93/13/EWG des Rates vom 5. April 1993 über missbräuchliche Klauseln in Verbraucherverträgen (ABl. EG Nr. L 95 S. 29).

2. der anderen Vertragspartei die Möglichkeit verschafft, in zumutbarer Weise, die auch eine für den Verwender erkennbare körperliche Behinderung der anderen Vertragspartei angemessen berücksichtigt, von ihrem Inhalt Kenntnis zu nehmen,
und wenn die andere Vertragspartei mit ihrer Geltung einverstanden ist.

(3) Die Vertragsparteien können für eine bestimmte Art von Rechtsgeschäften die Geltung bestimmter Allgemeiner Geschäftsbedingungen unter Beachtung der in Absatz 2 bezeichneten Erfordernisse im Voraus vereinbaren.

Einbeziehung in besonderen Fällen

BGB 305 a Auch ohne Einhaltung der in § 305 Abs. 2 Nr. 1 und 2 bezeichneten Erfordernisse werden einbezogen, wenn die andere Vertragspartei mit ihrer Geltung einverstanden ist,
1. die mit Genehmigung der zuständigen Verkehrsbehörde oder auf Grund von internationalen Übereinkommen erlassenen Tarife und Ausführungsbestimmungen der Eisenbahnen und die nach Maßgabe des Personenbeförderungsgesetzes genehmigten Beförderungsbedingungen der Straßenbahnen, Obusse und Kraftfahrzeuge im Linienverkehr in den Beförderungsvertrag,
2. die im Amtsblatt der Bundesnetzagentur für Elektrizität, Gas, Telekommunikation, Post und Eisenbahnen veröffentlichten und in den Geschäftsstellen des Verwenders bereitgehaltenen Allgemeinen Geschäftsbedingungen
    a) in Beförderungsverträge, die außerhalb von Geschäftsräumen durch den Einwurf von Postsendungen in Briefkästen abgeschlossen werden,
    b) in Verträge über Telekommunikations-, Informations- und andere Dienstleistungen, die unmittelbar durch Einsatz von Fernkommunikationsmitteln und während der Erbringung einer Telekommunikationsdienstleistung in einem Mal erbracht werden, wenn die Allgemeinen Geschäftsbedingungen der anderen Vertragspartei nur unter unverhältnismäßigen Schwierigkeiten vor dem Vertragsschluss zugänglich gemacht werden können.

Vorrang der Individualabrede

BGB 305 b Individuelle Vertragsabreden haben Vorrang vor Allgemeinen Geschäftsbedingungen.

Überraschende und mehrdeutige Klauseln

BGB 305 c (1) Bestimmungen in Allgemeinen Geschäftsbedingungen, die nach den Umständen, insbesondere nach dem äußeren Erscheinungsbild des Vertrags, so ungewöhnlich sind, dass der Vertragspartner des Verwenders mit ihnen nicht zu rechnen braucht, werden nicht Vertragsbestandteil.
(2) Zweifel bei der Auslegung Allgemeiner Geschäftsbedingungen gehen zu Lasten des Verwenders.

Rechtsfolgen bei Nichteinbeziehung und Unwirksamkeit

BGB 306 (1) Sind Allgemeine Geschäftsbedingungen ganz oder teilweise nicht Vertragsbestandteil geworden oder unwirksam, so bleibt der Vertrag im Übrigen wirksam.
(2) Soweit die Bestimmungen nicht Vertragsbestandteil geworden oder unwirksam sind, richtet sich der Inhalt des Vertrags nach den gesetzlichen Vorschriften.
(3) Der Vertrag ist unwirksam, wenn das Festhalten an ihm auch unter Berücksichtigung der nach Absatz 2 vorgesehenen Änderung eine unzumutbare Härte für eine Vertragspartei darstellen würde.

Umgehungsverbot

BGB 306 a Die Vorschriften dieses Abschnitts finden auch Anwendung, wenn sie durch anderweitige Gestaltungen umgangen werden.

Inhaltskontrolle

BGB 307 (1) ¹Bestimmungen in Allgemeinen Geschäftsbedingungen sind unwirksam, wenn sie den Vertragspartner des Verwenders entgegen den Geboten von Treu und Glauben unangemessen benachteiligen. ²Eine unangemessene Benachteiligung kann sich auch daraus ergeben, dass die Bestimmung nicht klar und verständlich ist.

(2) Eine unangemessene Benachteiligung ist im Zweifel anzunehmen, wenn eine Bestimmung
1. mit wesentlichen Grundgedanken der gesetzlichen Regelung, von der abgewichen wird, nicht zu vereinbaren ist oder
2. wesentliche Rechte oder Pflichten, die sich aus der Natur des Vertrags ergeben, so einschränkt, dass die Erreichung des Vertragszwecks gefährdet ist.

(3) ¹Die Absätze 1 und 2 sowie die §§ 308 und 309 gelten nur für Bestimmungen in Allgemeinen Geschäftsbedingungen, durch die von Rechtsvorschriften abweichende oder diese ergänzende Regelungen vereinbart werden. ²Andere Bestimmungen können nach Absatz 1 Satz 2 in Verbindung mit Absatz 1 Satz 1 unwirksam sein.

Klauselverbote mit Wertungsmöglichkeit

BGB 308 In Allgemeinen Geschäftsbedingungen ist insbesondere unwirksam
1. (Annahme- und Leistungsfrist)
   eine Bestimmung, durch die sich der Verwender unangemessen lange oder nicht hinreichend bestimmte Fristen für die Annahme oder Ablehnung eines Angebots oder die Erbringung einer Leistung vorbehält; ausgenommen hiervon ist der Vorbehalt, erst nach Ablauf der Widerrufs- oder Rückgabefrist nach § 355 Abs. 1 und 2 und § 356 zu leisten;
2. (Nachfrist)
   eine Bestimmung, durch die sich der Verwender für die von ihm zu bewirkende Leistung abweichend von Rechtsvorschriften eine unangemessen lange oder nicht hinreichend bestimmte Nachfrist vorbehält;
3. (Rücktrittsvorbehalt)
   die Vereinbarung eines Rechts des Verwenders, sich ohne sachlich gerechtfertigten und im Vertrag angegebenen Grund von seiner Leistungspflicht zu lösen; dies gilt nicht für Dauerschuldverhältnisse;
4. (Änderungsvorbehalt)
   die Vereinbarung eines Rechts des Verwenders, die versprochene Leistung zu ändern oder von ihr abzuweichen, wenn nicht die Vereinbarung der Änderung oder Abweichung unter Berücksichtigung der Interessen des Verwenders für den anderen Vertragsteil zumutbar ist;
5. (Fingierte Erklärungen)
   eine Bestimmung, wonach eine Erklärung des Vertragspartners des Verwenders bei Vornahme oder Unterlassung einer bestimmten Handlung als von ihm abgegeben oder nicht abgegeben gilt, es sei denn, dass
   a) dem Vertragspartner eine angemessene Frist zur Abgabe einer ausdrücklichen Erklärung eingeräumt ist und
   b) der Verwender sich verpflichtet, den Vertragspartner bei Beginn der Frist auf die vorgesehene Bedeutung seines Verhaltens besonders hinzuweisen;
   dies gilt nicht für Verträge, in die Teil B der Verdingungsordnung für Bauleistungen insgesamt einbezogen ist;
6. (Fiktion des Zugangs)
   eine Bestimmung, die vorsieht, dass eine Erklärung des Verwenders von besonderer Bedeutung dem anderen Vertragsteil als zugegangen gilt;

IV. AGB und Vertragsklauseln **BGB 309 (5)**

7. (Abwicklung von Verträgen)
eine Bestimmung, nach der der Verwender für den Fall, dass eine Vertragspartei vom Vertrag zurücktritt oder den Vertrag kündigt,
   a) eine unangemessen hohe Vergütung für die Nutzung oder den Gebrauch einer Sache oder eines Rechts oder für erbrachte Leistungen oder
   b) einen unangemessen hohen Ersatz von Aufwendungen verlangen kann;
8. (Nichtverfügbarkeit der Leistung)
die nach Nummer 3 zulässige Vereinbarung eines Vorbehalts des Verwenders, sich von der Verpflichtung zur Erfüllung des Vertrags bei Nichtverfügbarkeit der Leistung zu lösen, wenn sich der Verwender nicht verpflichtet,
   a) den Vertragspartner unverzüglich über die Nichtverfügbarkeit zu informieren und
   b) Gegenleistungen des Vertragspartners unverzüglich zu erstatten.

Klauselverbote ohne Wertungsmöglichkeit

BGB 309 Auch soweit eine Abweichung von den gesetzlichen Vorschriften zulässig ist, ist in Allgemeinen Geschäftsbedingungen unwirksam

1. (Kurzfristige Preiserhöhungen)
eine Bestimmung, welche die Erhöhung des Entgelts für Waren oder Leistungen vorsieht, die innerhalb von vier Monaten nach Vertragsschluss geliefert oder erbracht werden sollen; dies gilt nicht bei Waren oder Leistungen, die im Rahmen von Dauerschuldverhältnissen geliefert oder erbracht werden;
2. (Leistungsverweigerungsrechte)
eine Bestimmung, durch die
   a) das Leistungsverweigerungsrecht, das dem Vertragspartner des Verwenders nach § 320 zusteht, ausgeschlossen oder eingeschränkt wird oder
   b) ein dem Vertragspartner des Verwenders zustehendes Zurückbehaltungsrecht, soweit es auf demselben Vertragsverhältnis beruht, ausgeschlossen oder eingeschränkt, insbesondere von der Anerkennung von Mängeln durch den Verwender abhängig gemacht wird;
3. (Aufrechnungsverbot)
eine Bestimmung, durch die dem Vertragspartner des Verwenders die Befugnis genommen wird, mit einer unbestrittenen oder rechtskräftig festgestellten Forderung aufzurechnen;
4. (Mahnung, Fristsetzung)
eine Bestimmung, durch die der Verwender von der gesetzlichen Obliegenheit freigestellt wird, den anderen Vertragsteil zu mahnen oder ihm eine Frist für die Leistung oder Nacherfüllung zu setzen;
5. (Pauschalierung von Schadensersatzansprüchen)
die Vereinbarung eines pauschalierten Anspruchs des Verwenders auf Schadensersatz oder Ersatz einer Wertminderung, wenn
   a) die Pauschale den in den geregelten Fällen nach dem gewöhnlichen Lauf der Dinge zu erwartenden Schaden oder die gewöhnlich eintretende Wertminderung übersteigt oder
   b) dem anderen Vertragsteil nicht ausdrücklich der Nachweis gestattet wird, ein Schaden oder eine Wertminderung sei überhaupt nicht entstanden oder wesentlich niedriger als die Pauschale;
6. (Vertragsstrafe)
eine Bestimmung, durch die dem Verwender für den Fall der Nichtabnahme oder verspäteten Abnahme der Leistung, des Zahlungsverzugs oder für den Fall, dass der andere Vertragsteil sich vom Vertrag löst, Zahlung einer Vertragsstrafe versprochen wird;
7. (Haftungsausschluss bei Verletzung von Leben, Körper, Gesundheit und bei grobem Verschulden)
   a) (Verletzung von Leben, Körper, Gesundheit)
   ein Ausschluss oder eine Begrenzung der Haftung für Schäden aus der Verletzung des Lebens, des Körpers oder der Gesundheit, die auf einer fahrlässigen Pflichtverletzung des Verwenders oder einer vorsätzlichen oder fahrlässigen Pflichtverletzung eines gesetzlichen Vertreters oder Erfüllungsgehilfen des Verwenders beruhen;

b) (Grobes Verschulden)
ein Ausschluss oder eine Begrenzung der Haftung für sonstige Schäden, die auf einer grob fahrlässigen Pflichtverletzung des Verwenders oder auf einer vorsätzlichen oder grob fahrlässigen Pflichtverletzung eines gesetzlichen Vertreters oder Erfüllungsgehilfen des Verwenders beruhen; die Buchstaben a und b gelten nicht für Haftungsbeschränkungen in den nach Maßgabe des Personenbeförderungsgesetzes genehmigten Beförderungsbedingungen und Tarifvorschriften der Straßenbahnen, Obusse und Kraftfahrzeuge im Linienverkehr, soweit sie nicht zum Nachteil des Fahrgasts von der Verordnung über die Allgemeinen Beförderungsbedingungen für den Straßenbahn- und Obusverkehr sowie den Linienverkehr mit Kraftfahrzeugen vom 27. Februar 1970 abweichen; Buchstabe b gilt nicht für Haftungsbeschränkungen für staatlich genehmigte Lotterie- oder Ausspielverträge;

8. (Sonstige Haftungsausschlüsse bei Pflichtverletzung)
   a) (Ausschluss des Rechts, sich vom Vertrag zu lösen)
   eine Bestimmung, die bei einer vom Verwender zu vertretenden, nicht in einem Mangel der Kaufsache oder des Werkes bestehenden Pflichtverletzung das Recht des anderen Vertragsteils, sich vom Vertrag zu lösen, ausschließt oder einschränkt; dies gilt nicht für die in der Nummer 7 bezeichneten Beförderungsbedingungen und Tarifvorschriften unter den dort genannten Voraussetzungen;
   b) (Mängel)
   eine Bestimmung, durch die bei Verträgen über Lieferungen neu hergestellter Sachen und über Werkleistungen
      aa) (Ausschluss und Verweisung auf Dritte) die Ansprüche gegen den Verwender wegen eines Mangels insgesamt oder bezüglich einzelner Teile ausgeschlossen, auf die Einräumung von Ansprüchen gegen Dritte beschränkt oder von der vorherigen gerichtlichen Inanspruchnahme Dritter abhängig gemacht werden;
      bb) (Beschränkung auf Nacherfüllung) die Ansprüche gegen den Verwender insgesamt oder bezüglich einzelner Teile auf ein Recht auf Nacherfüllung beschränkt werden, sofern dem anderen Vertragsteil nicht ausdrücklich das Recht vorbehalten wird, bei Fehlschlagen der Nacherfüllung zu mindern oder, wenn nicht eine Bauleistung Gegenstand der Mängelhaftung ist, nach seiner Wahl vom Vertrag zurückzutreten;
      cc) (Aufwendungen bei Nacherfüllung) die Verpflichtung des Verwenders ausgeschlossen oder beschränkt wird, die zum Zwecke der Nacherfüllung erforderlichen Aufwendungen, insbesondere Transport-, Wege-, Arbeits- und Materialkosten, zu tragen;
      dd) (Vorenthalten der Nacherfüllung) der Verwender die Nacherfüllung von der vorherigen Zahlung des vollständigen Entgelts oder eines unter Berücksichtigung des Mangels unverhältnismäßig hohen Teils des Entgelts abhängig macht;
      ee) (Ausschlussfrist für Mängelanzeige) der Verwender dem anderen Vertragsteil für die Anzeige nicht offensichtlicher Mängel eine Ausschlussfrist setzt, die kürzer ist als die nach dem Doppelbuchstaben ff zulässige Frist;
      ff) (Erleichterung der Verjährung) die Verjährung von Ansprüchen gegen den Verwender wegen eines Mangels in den Fällen des § 438 Abs. 1 Nr. 2 und des § 634a Abs. 1 Nr. 2 erleichtert oder in den sonstigen Fällen eine weniger als ein Jahr betragende Verjährungsfrist ab dem gesetzlichen Verjährungsbeginn erreicht wird; dies gilt nicht für Verträge, in die Teil B der Verdingungsordnung für Bauleistungen insgesamt einbezogen ist;

9. (Laufzeit bei Dauerschuldverhältnissen)
bei einem Vertragsverhältnis, das die regelmäßige Lieferung von Waren oder die regelmäßige Erbringung von Dienst- oder Werkleistungen durch den Verwender zum Gegenstand hat,
   a) eine den anderen Vertragsteil länger als zwei Jahre bindende Laufzeit des Vertrags,
   b) eine den anderen Vertragsteil bindende stillschweigende Verlängerung des Vertragsverhältnisses um jeweils mehr als ein Jahr oder

c) zu Lasten des anderen Vertragsteils eine längere Kündigungsfrist als drei Monate vor Ablauf der zunächst vorgesehenen oder stillschweigend verlängerten Vertragsdauer; dies gilt nicht für Verträge über die Lieferung als zusammengehörig verkaufter Sachen, für Versicherungsverträge sowie für Verträge zwischen den Inhabern urheberrechtlicher Rechte und Ansprüche und Verwertungsgesellschaften im Sinne des Gesetzes über die Wahrnehmung von Urheberrechten und verwandten Schutzrechten;

10. (Wechsel des Vertragspartners)
eine Bestimmung, wonach bei Kauf-, Darlehens-, Dienst- oder Werkverträgen ein Dritter anstelle des Verwenders in die sich aus dem Vertrag ergebenden Rechte und Pflichten eintritt oder eintreten kann, es sei denn, in der Bestimmung wird
a) der Dritte namentlich bezeichnet oder
b) dem anderen Vertragsteil das Recht eingeräumt, sich vom Vertrag zu lösen;

11. (Haftung des Abschlussvertreters)
eine Bestimmung, durch die der Verwender einem Vertreter, der den Vertrag für den anderen Vertragsteil abschließt,
a) ohne hierauf gerichtete ausdrückliche und gesonderte Erklärung eine eigene Haftung oder Einstandspflicht oder
b) im Falle vollmachtsloser Vertretung eine über § 179 hinausgehende Haftung auferlegt;

12. (Beweislast)
eine Bestimmung, durch die der Verwender die Beweislast zum Nachteil des anderen Vertragsteils ändert, insbesondere indem er
a) diesem die Beweislast für Umstände auferlegt, die im Verantwortungsbereich des Verwenders liegen, oder
b) den anderen Vertragsteil bestimmte Tatsachen bestätigen lässt;Buchstabe b gilt nicht für Empfangsbekenntnisse, die gesondert unterschrieben oder mit einer gesonderten qualifizierten elektronischen Signatur versehen sind;

13. (Form von Anzeigen und Erklärungen)
eine Bestimmung, durch die Anzeigen oder Erklärungen, die dem Verwender oder einem Dritten gegenüber abzugeben sind, an eine strengere Form als die Schriftform oder an besondere Zugangserfordernisse gebunden werden.

Anwendungsbereich

BGB 310 (1) ¹ § 305 Abs. 2 und 3 und die §§ 308 und 309 finden keine Anwendung auf Allgemeine Geschäftsbedingungen, die gegenüber einem Unternehmer, einer juristischen Person des öffentlichen Rechts oder einem öffentlich-rechtlichen Sondervermögen verwendet werden. ² § 307 Abs. 1 und 2 findet in den Fällen des Satzes 1 auch insoweit Anwendung, als dies zur Unwirksamkeit von in den §§ 308 und 309 genannten Vertragsbestimmungen führt; auf die im Handelsverkehr geltenden Gewohnheiten und Gebräuche ist angemessen Rücksicht zu nehmen.

(2) ¹ Die §§ 308 und 309 finden keine Anwendung auf Verträge der Elektrizitäts-, Gas-, Fernwärme- und Wasserversorgungsunternehmen über die Versorgung von Sonderabnehmern mit elektrischer Energie, Gas, Fernwärme und Wasser aus dem Versorgungsnetz, soweit die Versorgungsbedingungen nicht zum Nachteil der Abnehmer von Verordnungen über Allgemeine Bedingungen für die Versorgung von Tarifkunden mit elektrischer Energie, Gas, Fernwärme und Wasser abweichen. ² Satz 1 gilt entsprechend für Verträge über die Entsorgung von Abwasser.

(3) Bei Verträgen zwischen einem Unternehmer und einem Verbraucher (Verbraucherverträge) finden die Vorschriften dieses Abschnitts mit folgenden Maßgaben Anwendung:

1. Allgemeine Geschäftsbedingungen gelten als vom Unternehmer gestellt, es sei denn, dass sie durch den Verbraucher in den Vertrag eingeführt wurden;
2. § 305 c Abs. 2 und die §§ 306 und 307 bis 309 dieses Gesetzes sowie Artikel 46 des Einführungsgesetzes zum Bürgerlichen Gesetzbuche finden auf vorformulierte Vertragsbedingungen auch dann Anwendung, wenn diese nur zur ein-

(6) Incoterms Einl

maligen Verwendung bestimmt sind und soweit der Verbraucher auf Grund der Vorformulierung auf ihren Inhalt keinen Einfluss nehmen konnte;
3. bei der Beurteilung der unangemessenen Benachteiligung nach § 307 Abs. 1 und 2 sind auch die den Vertragsschluss begleitenden Umstände zu berücksichtigen.

(4) ¹Dieser Abschnitt findet keine Anwendung bei Verträgen auf dem Gebiet des Erb-, Familien- und Gesellschaftsrechts sowie auf Tarifverträge, Betriebs- und Dienstvereinbarungen. ²Bei der Anwendung auf Arbeitsverträge sind die im Arbeitsrecht geltenden Besonderheiten angemessen zu berücksichtigen; § 305 Abs. 2 und 3 ist nicht anzuwenden. ³Tarifverträge, Betriebs- und Dienstvereinbarungen stehen Rechtsvorschriften im Sinne von § 307 Abs. 3 gleich.

(6) Incoterms und andere Handelskaufklauseln
Einleitung

Schrifttum

a) Kommentare: *Bredow/Seiffert*, Incoterms 2000, 2000. – *Bredow/Seiffert*, Incoterms 1990, 2. Aufl 1994. – *Eisemann/Melis*, Incoterms Ausgabe 1980, Kommentar 1982, Wien 1983. – ICC, Guide to Incoterms 2000 (IntHK-Publikation Nr 620), Incoterms 2000, Kommentar und Text (IntHK-Publikation Nr 560/1). – IntHK, Incoterms 1990 – Kommentar und Text (IntHK-Publikation Nr 460/1). – *Ramberg*, Guide to Incoterms 1990 (IntHK-Publication Nr 461/90).

b) Einzeldarstellungen und Sonstiges: *Digenopoulos*, Die Abwandlung der CIF- und FOB-Geschäfte im modernen Überseekauf, 1979. – *Eisemann*, Die Incoterms im internationalen Warenkaufrecht, Wesen und Geltungsgrund, 1967. – *Grimm*, Der Einfuhrhandel, 1968. – *Haage*, Die Vertragsklauseln CIF, FOB, ab Kai unter Berücksichtigung der Trade Terms, 1956. – *Haage*, Das Abladegeschäft, 1958. – *IntHK*, Einführung in die ICC Richtlinien für internationale Verträge (IntHK-Publikation Nr 365, Sprache engl); Internationale Handelsbräuche (IntHK-Publikation Nr 374, Sprache engl, frz). – *Lebuhn*, FOB und FOB-Usancen europäischer Seehäfen, Lieferklauseln im internationalen Handelsverkehr, 3. Aufl 1971. – Vertragsklauseln im Handelsverkehr, 4. gemeinsames Seminar Univ. Montpellier/Heidelberg, 1974. – *Renck*, Der Einfluß der INCOTERMS 1990 auf das UN-Kaufrecht, 1995. – *Liesecke* WM **66,** 174, Sonderbeil 3/**78,** 23. – *Piltz* RIW **00,** 485. – *Piltz* FS Herber **99,** 20 (Incoterms und UN-Kaufrecht). – *Lehr* VersR **00,** 548. – *Wertenbruch* ZGS **05,** 136. – *Magnus/Lüsnig* IHR **07,** 1.

Allgemeiner: *Graf von Westphalen*, Rechtsprobleme der Exportfinanzierung, 3. Aufl 1987. – *Zahn/Eberding/Ehrlich*, Zahlung und Zahlungssicherung im Außenhandel, 6. Aufl 1986. – Großkommentare zum HGB (Einl vor § 1 HGB). – *Hoffmann* AWD **70,** 247. – *Basedow* RabelsZ 43 (**79**) 125. – **RsprÜbersichten:** *Straatmann/ Ulmer* (Schiedsspruchsammlung) Bd 1 1975, Bd 2 1982; *Straatmann/Ulmer/Timmermann* Bd 3 1984, Bd 4 1988; *HK Hbg* Bd 5 1994, Bd 6 1998, keine weiteren Bde. – S auch § 346 HGB Rn 39–40.

Übersicht

Gruppe E. Abholklausel:
1. EXW Ab Werk (... benannter Ort)/Ex Works (... named place)

Gruppe F. Haupttransport vom Verkäufer nicht bezahlt:
2. FCA Frei Frachtführer (... benannter Ort)/Free Carrier (... named place)
3. FAS Frei Längsseite Schiff (benannter Verschiffungshafen)/Free Alongside Ship (named port of shipment)
4. FOB Frei an Bord (... benannter Verschiffungshafen)/Free On Board (... named port of shipment)

Gruppe C. Haupttransport vom Verkäufer bezahlt:
5. CFR Kosten und Fracht (... benannter Bestimmungshafen)/Cost and Freight (... named port of destination)

IV. AGB und Vertragsklauseln   1–3 **Incoterms Einl (6)**

6. CIF Kosten, Versicherung- und Fracht (... benannter Bestimmungshafen)/Cost, Insurance and Freight (... named port of destination)
7. CPT Frachtfrei (... benannter Bestimmungsort)/Carriage Paid To (... named place of destination)
8. CIP Frachtfrei versichert (... benannter Bestimmungsort)/Carriage and Insurance Paid to (... named place of destination)

Gruppe D. Ankunftsklausel:
9. DAF Geliefert Grenze (... benannter Ort)/Delivered At Frontier (... named place)
10. DES Geliefert ab Schiff (... benannter Bestimmungshafen)/Delivered Ex Ship (... named port of destination)
11. DEQ Geliefert ab Kai (... benannter Bestimmungshafen)/Delivered Ex Quay (... named port of destination)
12. DDU Geliefert unverzollt (... benannter Bestimmungsort)/Delivered Duty Unpaid (... named place of destination)
13. DDP Geliefert verzollt (... benannter Bestimmungsort)/Delivered Duty Paid (... named place of destination).

1) Trade Terms

Der rasch arbeitende, auf Klarheit der Rechtsverhältnisse bedachte Kaufhandel hat 1 vor allem im internationalen Verkehr **Bedarf an genormten Vertragsformeln** und verwendet deshalb seit alters kurze Klauseln, deren Bedeutung zwar im Kern feststeht, in Einzelheiten aber nicht ohne weiteres klar ist und in verschiedenen Ländern verschieden verstanden wird. Nationale und internationale Vereinigungen bemühen sich um ihre Klärung. „Trade Terms" und „Incoterms" (Rn 3) formulieren Gebote für Verkäufer und Käufer, die aus der Anwendung gewisser Klauseln solcher Art (CIF, FOB usw) folgen.

Die **Trade Terms**, von der IntHK zuerst 1923, zuletzt 1953 veröffentlicht, sind 2 von einer Reihe von Landesgruppen der IntHK (in Ägypten, Australien, Belgien, Dänemark, Deutschland, Frankreich, Großbritannien, Italien, Jugoslawien, Kanada, Marokko, Niederlande, Norwegen, Österreich, Schweden, Schweiz, Südafrika, USA) aufgestellt worden, je für ihr Land als Aufzeichnung der zu diesem Zeitpunkt üblichen Auslegung. Dabei kann es sich um einen nationalen HdlBrauch handeln, Karlsr RIW **75,** 225. Diese nationalen Trade Terms sind in der Form aufeinander abgestimmt, aber inhaltlich nicht vereinheitlicht. Bei Geschäften zwischen Kflten verschiedener Länder kann iZw jeder sich als Schuldner auf die Trade Terms seines Landes berufen. Die Berufung eines Schiedsgerichts (Einl 89 vor § 1 HGB) an einem bestimmtem Ort (zB: „Hamburger freundschaftliche Arbitrage") macht iZw die Trade Terms des Landes des Schiedsgerichts anwendbar. Gefahrübergang und Dokumentenübergabe nach deutschen Trade Terms über CIF-Klausel s Hbg MDR **64,** 601. Lit: Beyer AWD **54,** 20, Haage AWD Beil 1/**56,** BB **56,** 195 (über „ab Kai").

2) Incoterms 2000

A. **Bedeutung und Entwicklung:** Die Incoterms (Text unten) sind die bekann- 3 testen und verbreitetsten internationalen Handelsklauseln. Sie wurden zwecks Vereinheitlichung der Trade Terms unabhängig von den nationalen HdlBräuchen 1936 von der IntHK (ICC) in Paris aufgestellt und 1953, 1967, 1976, 1980, 1990 und 2000 neu ausgelegt. 1967 kamen die Klauseln „Geliefert Grenze" und „Geliefert unverzollt" hinzu, 1976 „FOB Flughafen" und 1980 „Frei Frachtführer" und „Frachtfrei versichert". Die **Revision 1990** galt ab 1. 7. 1990 und umfasste 13 (statt bisher 14) Klauseln. Gründe für die Revision waren die modernen Transporttechniken (Containerverkehr, multimodaler Transport, Ro-Ro-Transporte), der elektronische Datenaustausch (EDI, bei allen Klauseln möglich) und das Ziel größerer Übersichtlichkeit. Die einfachere „FCA"-Klausel ersetzte die Spezialklauseln für Luft- und Eisenbahntransport „FOR/FOT" und „FOB Flughafen". Neu war auch „DDU" (geliefert unverzollt im Einfuhrland). Weitere Änderungen betrafen die Verpackungspflichten des Verkäufers, Dokumentenfragen bei „FCR" und „CIF" und die Versicherung bei „CIP" (jetzt wie bei „CIF"). Die **Incoterms 2000** sind eine Teilüberarbeitung der Incoterms 1990; grundsätzliche Änderungen: Während Zahl, Reihenfolge und Aufbau der 13 Incoterms

(6) Incoterms Einl 4, 5

gleich geblieben sind, betreffen die wichtigsten Einzeländerungen FAS, nunmehr Zuweisung der Exportfreimachung an den Verkäufer, und DEQ, nunmehr Zuweisung der Importfreimachung an den Käufer. In der FCA-Klausel, die ebenso wie CPT auf alle Transportarten abstellt, ist der Hinweis auf die verschiedenen Transportarten gestrichen worden (A 4), also Änderungen der Be- und Entladepflichten unter FCA. Infolge der Änderungen gibt es insgesamt sieben verschiedene Fassungen der Incoterms. Folglich ist zB „CIF Hamburg" unklar, iZw ist aber die zur Zeit des Vertragsabschlusses geltende Fassung gemeint. Um Streit darüber zu vermeiden, sollte der Vertrag **klarstellen, welche Fassung gemeint ist,** Magnus/Lüsing IHR **07,** 6. Die Incoterms 2000 werden derzeit überarbeitet, ein erster Entwurf der **Incoterms 3000** liegt bereits vor, Endzeitpunkt der Überarbeitung steht nicht fest, Vorpeil RIW 4/09, 1.

4   B. **Inhalt:** Die Incoterms beziehen sich ausschließlich auf das Verhältnis zwischen Verkäufer und Käufer (**nur Kaufvertrag,** nicht Beförderungsvertrag) und regeln auch insoweit nur ganz bestimmte Punkte (**nur Teilregelung,** nicht umfassende Regelung des Kaufvertrags), insbesondere bestimmte Verkäufer- und Käuferpflichten, Gefahrübergang, Risikoverteilung und Haftung, nicht zB Eigentumsübergang, Gewährleistung, Haftungsausschlüsse. Insoweit kommt es auf das anwendbare Recht an. Auch HdlBräuche (§ 346 Rn 1) oder Hafenusancen spielen eine erhebliche Rolle (IntHK Einl 12). Die Incoterms sind primär für den **internationalen Verkehr** bestimmt, können aber **auch** für den **nationalen** verwandt werden, dann ohne A2- und B2-Klauseln und andere auf Export/Import bezogene Bestimmungen.

a) **Klauselgruppen:** Die 13 Incoterms sind in vier Gruppen gegliedert mit 1 E-Klausel, 3 F-Klauseln, 4 C-Klauseln und 5 D-Klauseln. Diese Gliederung entspricht der gesamten Skala zwischen Abholklausel (am wenigsten Verkäuferpflichten) und Ankunftsklausel (am meisten Verkäuferpflichten) und ist auch so aufgebaut:

(1) **Gruppe E**: Die einzige Klausel dieser Gruppe „Ab Werk" (**EXW**) ist eine reine **Abholklausel.**

(2) **Gruppe F**: Die drei Klauseln betreffen den **Haupttransport,** der **vom Verkäufer nicht bezahlt** wird. Der Verkäufer liefert dabei nicht, sondern liefert entweder nur frei an den Frachtführer (**FCA),** frei an die Längsseite des Seeschiffes (**FAS)** oder frei an Bord des Seeschiffes (**FOB)** jeweils an dem benannten Ort bzw Verschiffungshafen. Gefahr- und Kostenübergang jeweils bei Übergabe. Interesse des Käufers an der Übernahme des Transports zB wegen Mengenrabatt, Devisenregeln oder Einsatz von Transportmitteln des Importlandes (sog FOB Importieren). Bei den F-Klauseln handelt es sich um Absendeverträge (shipment contracts).

(3) **Gruppe C**: Auch die vier C-Klauseln betreffen den **Haupttransport,** aber nur, wenn er **vom Verkäufer bezahlt** wird. Der Verkäufer zahlt entweder nur Kosten und Fracht (**CFR**) oder Kosten, Versicherung und Fracht (**CIF**), beides zum benannten Bestimmungshafen. Mit der Klausel „frachtfrei" (**CPT**) übernimmt der Verkäufer die Bezahlung des Transports sogar bis zum benannten Bestimmungsort, je nachdem zuzüglich der Versicherungsprämie „frachtfrei versichert" (**CIP**). Gefahr- und Kostenübergang fallen bei allen C-Klauseln auseinander (sog Zweipunktklauseln). Interesse des Verkäufers an der Übernahme des Transports zB wegen Mengenrabatt, Devisenregeln oder Einsatz von Transportmitteln des Exportlandes (sog CIF Exportieren). Die C-Klauseln sind auch dann, wenn die Versicherung übernommen wird, keine Ankunfts-, sondern wie die F-Klauseln Absendeverträge. Denn der Verkäufer erfüllt seine vertraglichen Verpflichtungen im Verschiffungs- bzw Versandland.

(4) **Gruppe D**: Alle fünf Klauseln dieser Gruppe sind **Ankunftsklauseln:** geliefert Grenze an einem benannten Ort (**DAF);** geliefert ab Schiff (**DES)** oder geliefert ab Kai (verzollt) (**DEQ)** jeweils an einem benannten Bestimmungshafen; geliefert unverzollt (**DDU)** oder geliefert verzollt (**DDP)** jeweils an den benannten Ort. Außer bei DDP ist der Verkäufer nicht verpflichtet, die Ware im Bestimmungsland zur Einfuhr freizumachen, unter Incoterms 2000 auch nicht bei DEQ. Die D-Klauseln entsprechen Ankunftsverträgen.

5   b) **Verkäufer- und Käuferpflichten: Bei allen Klauseln** stehen sich **unter gleichen Überschriften und in derselben Reihenfolge** die korrespondierenden Pflichten des Verkäufers (A 1–10) und des Käufers (B 1–10) **spiegelbildlich** gegenüber (im

IV. AGB und Vertragsklauseln 6–8 **Incoterms Einl (6)**

folgenden V/K): 1. Lieferung vertragsgemäßer Waren/Zahlung des Kaufpreises, 2. Lizenzen, Genehmigungen und Formalitäten (für beide), 3. Beförderungs- und Versicherungsvertrag/Beförderungsvertrag, 4. Lieferung/Abnahme, 5. Gefahrenübergang (für beide), 6. Kostenteilung (für beide), 7. Benachrichtigung (des jeweils anderen), 8. Liefernachweis, Transportdokument oder entsprechende elektronische Mitteilung (für beide), 9. Prüfung, Verpackung, Kennzeichnung/Prüfung der Ware, 10. Sonstige Verpflichtungen. Wenn danach bei einer bestimmten Klausel den Verkäufer oder Käufer keine Pflicht trifft, kann sich eine solche aber doch aus dem anwendbaren Recht oder einer Individualvereinbarung ergeben (s Rn 9).

Inhaltlich ergibt sich danach vereinfacht folgende **Pflichtenverteilung:** 6

(1) **Transportvertrag:** Sein Abschluss ist bei Gruppe E und F Sache des K, bei Gruppe C und D Sache des V. Die Ware zum **Export freimachen** muss K nur bei Gruppe E und bei FAS, sonst immer V. Die Ware zum **Import freimachen** muss immer K außer bei DEQ und DDP.

(2) **Ort der Lieferung:** Die Incoterms bieten eine ganze Skala von Lieferorten an: Werk des V bei Gruppe E; Ort der Übergabe an den Frachtführer bei FCA; Längsseite Schiff im Verschiffungshafen bei FAS; Schiff im Verschiffungshafen: FOB, CFR, CIF; Ort der Übergabe an den ersten Frachtführer bei CPT und CIP; Bestimmungsort an der Grenze bei DAF; Schiff im Bestimmungshafen bei DES; Kai des Bestimmungshafens bei DEQ; Bestimmungsort bei DDU und DDP.

(3) **Gefahrübergang:** jeweils am Lieferort, oben (2); ist dieser ein Schiff im Hafen bedeutet das Schiffsreling.

(4) **Kostenübergang und Versicherung:** Der Kostenübergang von V auf K findet grundsätzlich am Ort des Gefahrübergangs, also dem Lieferort, statt. Eine Ausnahme gilt bei der C-Gruppe, bei der V ja die Kosten besonders übernommen hat: Kostenübergang bei CFR und CIF also im Bestimmungshafen, bei CPT und CIP am Bestimmungsort. Transportversicherungspflicht besteht grundsätzlich nicht, anders nur auf Grund ausdrücklicher Bestimmung, nämlich bei CIF und CIP, dann jeweils Versicherung mit Mindestdeckung. Schaubild: Bredow/Seiffert S 16.

C. **Rechtsnatur: a) AGB:** Die Incoterms gelten nicht kraft Gesetz und nur ausnahmsweise als HdlBrauch iSv § 346 HGB (vgl Rn 2), sondern nur soweit die Vertragsparteien im (nationalen oder internationalen) Kaufvertrag auf sie Bezug nehmen. Sie sind also vorformulierte Vertragsklauseln, deren Einbeziehung (nicht auch ihr Inhalt) bewiesen werden muss, hL, BGH RIW **75,** 578, Wo/Li/Pf Handelsklauseln H 61, und die bei Geltung des deutschen Rechts der AGB-Kontrolle nach (5) §§ 305 ff BGB unterliegen (Rn 16). Auch soweit die Incoterms nicht in den Vertrag aufgenommen wurden, tragen sie uU zur Auslegung des maßgeblichen nationalen HdlBrauchs bei bzw decken sich im Einzelfall mit diesem. Lit: Basedow RabelsZ 43 **(79)** 125.

b) Geschäftstyp: Rechtlich entspricht nicht jede Gruppe einem einzigen Geschäftstyp. Vielmehr finden sich in verschiedenen Gruppen **Abnahmegeschäfte** (zB ab Werk, ab Schiff, ab Kai), **Versendungsgeschäfte** (zB FAS, FOB, CFR, CIF, frachtfrei), **Fern- oder Ankunftsgeschäfte** (zB geliefert ab Schiff, geliefert ab Kai, geliefert unverzollt, geliefert verzollt).

D. **Auslegung:** Incoterms sind nach ihrem Zweck und dem Parteiwillen international einheitlich auszulegen, von Hoffmann RIW **70,** 252, str. Den Parteien wird spezifizierte Bezugnahme (englische oder andere Ausgabe, Fassung mit Jahr, Klausel; zB „Incoterms 2000 cif") empfohlen. Bei allgemeiner Bezugnahme gelten iZw die Incoterms 2000 in der englischen Originalfassung. Die Vereinbarung der Incoterms bedeutet nicht zugleich auch die Vereinbarung der ICC-Schiedsgerichtsbarkeit (Einl 97 vor § 1 HGB). Gleiche Pflichten sind (seit 1990) mit gleichlautenden Formulierungen ausgedrückt, was eine einheitliche Auslegung erleichtert. Soweit möglich, sind in den Incoterms dieselben Ausdrücke wie im UN-Kaufrecht (Überbl 46 vor § 373 HGB) verwandt worden. Die offizielle Einleitung zu den Incoterms enthält Erklärungen zur Terminologie, zB Verlader/shipper (bei FOB sowohl der Verkäufer, der die Ware zur Beförderung übergibt, als auch der Käufer, der den Vertrag mit dem Frachtführer abschließt), zur Verfügung stellen (Übergabe der Ware), Lieferung bzw Abnahme/delivery (zwei Bedeutungen), üblich/usual (soweit feststellbar tatsächliche Praxis,

Hopt 1689

unter gewissen Umständen „angemessen"), Abgaben (nicht mehr unbedingt „öffentliche", sondern nach den anwendbaren Einfuhrbestimmungen zu zahlen, aber nicht zB Lagergebühren, stehen mit der Freimachung nicht in Beziehung), ship/vessel (idR synonym) ua.

9 E. **Nationales Recht: a) Zwingendes** Recht geht in jedem Fall vor.

b) **Dispositives** Recht findet Anwendung, soweit durch die Incoterms nicht wirksam abbedungen (vgl Rn 16). Die Incoterms beschränken sich auf einige Hauptprobleme des Kaufs (Lieferung, Abnahme, (Preis)Gefahrübergang und Fragen der Aus-, Durch- und Einfuhr der Ware). Alle nicht in den Incoterms geregelten Fragen (zB Vertragsabschluss, Leistungsstörungen, Zahlungsabwicklung und vor allem Eigentumsübergang) bestimmen sich nach dem auf den Vertrag anzuwendenden nationalen Recht (auch internationales Einheitsrecht, Überbl 46 vor § 373 HGB).

c) Im Übrigen gehen **Individualvereinbarungen** den Incoterms vor, vgl **(5)** § 305 b BGB.

10 F. **Richtige Klauselwahl: a) Nach Verantwortungsbereichen:** Die Incoterms regeln 13 Vertragstypen. Ihre Gruppierung ermöglicht zunächst eine Auswahl unter dem Aspekt weniger oder vieler Verkäufer- bzw umgekehrt Käuferpflichten (oben Rn 4–6).

b) **Nach Transportart:** Nicht jede Incoterms-Klausel ist für jede Transportart geeignet. Geeignet sind **für:** (1) **alle Transportarten einschließlich des multimodalen Transports:** EXW, FCA, CPT, CIP, DAF, DDU, DDP; (2) **Lufttransport:** FCA; (3) **Eisenbahntransport:** FCA; (4) **See- und Binnenschiffstransport:** FAS, FOB, CFR, CIF, DES und DEQ.

c) **Abstimmungsbedarf:** Bei der Auswahl (und ganz besonders bei der Abänderung) einer Incoterms-Klausel ist besonders darauf zu achten, dass der Klauselinhalt im Einzelnen mit dem Vertragsinhalt im Übrigen zusammenpasst. Außerdem hat die Wahl bestimmter Incoterms (obschon ohne Geltung für Dritte) Rückwirkungen auf die dazu passenden Fracht-, Akkreditiv- und Versicherungsgestaltungen. Näher Bredow/Seiffert S 8, 22.

11 G. **Text der Incoterms 2000:** Die Incoterms 2000 sind als ICC(IntHK)-Publikation Nr 560 ED erhältlich. Der Originaltext ist englisch (vgl Rn 8). Hier abgedruckt ist die deutsche Übersetzung der IntHK. Die Durchnummerierung der einzelnen Klauseln ist inoffiziell. Die Abkürzungen (s Übersicht) sind standardisiert (engl Anfangsbuchstaben), mit der ECE abgestimmt und heute offiziell.

Der Text der Incoterms 2000 ist abgedruckt mit freundlicher Genehmigung der **Deutschen Gruppe der Internationalen Handelskammer,** Köln (ohne die Fußnoten zum Original-Klauseltext, die auf die Einleitung verweisen).

3) Warschau-Oxford-Regeln

12 Speziell für CIF-Geschäfte hatte die International Law Association schon früher ähnliche Regeln aufgestellt, die bei „ausdrücklicher" Aufnahme in den Kaufvertrag gelten sollen: Warschau-Oxford-Regeln (revidierter Text von Oxford, August 1932, engl, Übersetzung Drucks 5/1951 der Deutschen Gruppe der IntHK). Sie werden nach Auskunft der IntHK jetzt selten angewandt.

4) FIDIC-Bedingungen, ECE-Bedingungen, American Foreign Trade Definitions

13 A. **FIDIC-Bauvertragsbedingungen:** In internationalen Bau- und Industrieanlageverträgen spielen die FIDIC-Bauvertragsbedingungen der Fédération Internationale des Ingénieurs-Conseils und der Fédération Internationale Européenne de la Construction, neue Standardbedingungen 1999, eine herausragende Rolle. Lit: Bunni 2nd ed Oxford 1997, Corbett 4th ed London 1991; Mallmann RIW **00**, 532, Atzpodien/Müller RIW **06**, 331.

14 B. **ECE, VDMA/VDW Lieferbedingungen:** Die **ECE** (UN-Wirtschaftskommission für Europa) hat Allgemeine Lieferbedingungen für den Export von Maschinen und Anlagen (ECE 1953, VDMA 1993), Allgemeine Liefer- und Montagebedingungen für den Import und Export von Maschinen und Anlagen (ECE 1957, VDMA

IV. AGB und Vertragsklauseln **Incoterms Einl (6)**

1993) und weitere AGB mit großer Verbreitung erstellt (erhältlich von VDMA-Verlag Ffm). Nunmehr **VDMA/VDW,** Bedingungen für Lieferung von Maschinen für Inlandsgeschäfte, Bedingungen für Reparaturen an Maschinen und Anlagen für Inlandsgeschäfte und Bedingungen für Montagen im Inland, idF 2. 4. 02 BAnz Nr 70 13. 4. 02 S 7944.

C. **American Foreign Trade Definitions:** Die American Foreign Trade Definitions beinhalten teilweise ähnlich benannte Klauseln, die aber inhaltlich teilweise erheblich abweichen. Spanogle The International Lawyer **97,** 111. **15**

5) Verhältnis zum deutschen AGB-Recht

Incoterms und andere HdlKaufklauseln sind AGB (Rn 7). Ist deutsches Recht anwendbar, gelten also **(5)** §§ 305–310 BGB. Soweit die Incoterms wie idR unter Unternehmern verwendet werden, finden nach **(5)** § 310 I 1 BGB die 305 II, III, 308, 309 keine Anwendung, wohl aber zB die Generalklausel des **(5)** § 307 BGB. Dazu ist allerdings in der Rechtsprechung ein gefährlicher Trend zur Übernahme der **Grenzen aus (5) §§ 308, 309 BGB in § 307 BGB** festzustellen (s **(5)** BGB Einl 4 vor § 305). Diese Gefahr gerade auch für internationale Klauseln wird in der Praxis unterschätzt. Dazu (für internationale Anleihebedingungen) **(7)** Bankgeschäfte Rn Y/ 3. Internationales Einheitsrecht s Überbl 46 vor § 373 HGB. Klauselpraxis im internationalen Abladegeschäft s Überbl 50 vor § 373 HGB. AGB im internationalen Geschäftsverkehr s Ul/Br/He/H. Schmidt Anh zu § 305 BGB. **16**

Incoterms
Revision 2000
Einleitung

1. Zweck und Umfang der Incoterms

Zweck der Incoterms ist es, internationale Regeln zur Auslegung der hauptsächlich verwendeten Vertragsformeln in Außenhandelsverträgen aufzustellen. Es werden dadurch Unsicherheiten, die durch die unterschiedliche Auslegung solcher Klauseln in den verschiedenen Ländern entstehen, vermieden oder zumindest erheblich eingeschränkt.

Häufig sind den Vertragspartner die unterschiedlichen Handelsgewohnheiten in ihren jeweiligen Ländern nicht bewußt. Hieraus können Mißverständnisse, Auseinandersetzungen sowie Gerichtsverfahren mit dem damit verbundenen großen Aufwand an Zeit und Kosten entstehen. Um zur Lösung dieser Probleme beizutragen, hat die Internationale Handelskammer erstmals im Jahre 1936 internationale Regeln zur Auslegung von handelsüblichen Vertragsformeln herausgegeben. Diese Regeln wurden unter dem Namen ,,Incoterms 1936" bekannt. Ergänzungen und zusätzliche Klauseln wurden 1953, 1967, 1976, 1980, 1990 und als jetzige Neufassung im Jahre 2000 veröffentlicht, um die Regeln der jeweiligen internationalen Handelspraxis anzupassen.

Es ist zu beachten, daß die Incoterms sich auf die Rechte und Pflichten der Vertragspartner eines Kaufvertrages im Hinblick auf die Lieferung von Ware beschränken, deren Verkauf abgeschlossen ist (im Sinne von beweglicher Ware und nicht von körperlich nicht greifbarer Ware wie Computersoftware).

Zwei Mißverständnisse treten in Bezug auf die Incoterms häufig in Erscheinung. Zum einen wird oft angenommen, daß die Incoterms auf den Beförderungsvertrag Anwendung finden und nicht auf den Kaufvertrag. Zum zweiten wird manchmal fälschlicherweise davon ausgegangen, daß die Incoterms für alle Verpflichtungen, die die Parteien in einem Kaufvertrag festlegen möchten, Regelungen bereitstellen.

Die ICC hat immer wieder betont, daß die Incoterms sich ausschließlich mit dem Verhältnis zwischen Käufer und Verkäufer in Bezug auf einige ganz bestimmte Punkte des Kaufvertrags befassen.

Während Importeure und Exporteure sich zwingend mit den ausgesprochen praktischen Beziehungen zwischen den verschiedenen Verträgen, welche zur Durchführung eines internationalen Handelsgeschäfts notwendig sind, auseinandersetzen müssen – so bedarf es nicht nur eines Kaufvertrags, sondern auch Beför-

(6) Incoterms Einl

derungs-, Versicherungs- und Finanzierungsverträge – sind die Incoterms jedoch für nur einen dieser Verträge relevant, nämlich den Kaufvertrag.

Dennoch wirkt sich die Vereinbarung zwischen den Vertragspartnern, eine bestimmte Incoterms-Klausel anzuwenden, auch auf die anderen Verträge aus. Ein Beispiel: Ein Verkäufer, der auf einen CFR- oder CIF-Vertrag eingegangen ist, kann, um den Vertrag zu erfüllen, keinen anderen Transport als den Seetransport wählen, da er unter diesen Klauseln dem Käufer ein Konnossement oder einen anderen maritimen Frachtbrief vorlegen muß, so daß andere Transportmittel schlichtweg ausgeschlossen sind. Außerdem würde das gemäß Dokumentenakkreditiv erforderliche Dokument notwendigerweise von dem vorgesehenen Transportmittel abhängen.

Zudem befassen sich die Incoterms mit einer Anzahl von anerkannten Pflichten, die den Vertragspartnern auferlegt werden – so z. B. die Verpflichtung des Verkäufers, die Ware dem Käufer zur Verfügung zu stellen oder sie zur Beförderung zu übergeben oder sie zum Bestimmungsort zu liefern – sowie mit der Verteilung der Risiken zwischen den Vertragsparteien in diesen Fällen.

Weiterhin befassen sie sich mit den Pflichten, die Ware für den Export bzw. Import freizumachen, die Ware zu verpacken, mit der Pflicht des Käufers, die Ware anzunehmen, sowie mit der Verpflichtung, den Beweis für die ordnungsgemäße Ausführung der Pflichten zu bringen. Obwohl die Incoterms äußerst wichtig für die Durchführung des Kaufvertrags sind, werden viele Probleme, die im Zusammenhang mit einem solchen Vertrag entstehen, überhaupt nicht geregelt, wie die Eigentumsübertragung und andere Rechte aus dem Eigentum, Vertragsbrüche und deren Folgen sowie Haftungsausschlüsse unter bestimmten Umständen. Es muß betont werden, daß die Incoterms nicht solche Vertragsklauseln ersetzen sollen, die zur Komplettierung eines Kaufvertrags entweder durch Einfügung von Standardklauseln oder individuell ausgehandelten Klauseln notwendig sind.

Im allgemeinen befassen sich die Incoterms nicht mit den Folgen von Vertragsbrüchen und Haftungsausschlüssen infolge unterschiedlicher Hindernisse. Diese Fragen müssen durch besondere Abmachungen im Vertrag und das jeweils anwendbare Recht gelöst werden.

Die Incoterms waren stets primär zur Anwendung bezüglich Verkaufs von Ware zur Lieferung über nationale Grenzen hinweg vorgesehen; daher die Bezeichnung: internationale Handelsklauseln. In der Praxis jedoch werden die Incoterms gelegentlich auch in Verträgen über den Verkauf von Ware auf dem Binnenmarkt eingesetzt. In solchen Fällen werden die A2- und B2-Klauseln und jede andere Bestimmung in den anderen Artikeln, die sich auf den Im- bzw. Export bezieht, hinfällig.

2. Warum neue Incoterms?

Hauptgrund für die jeweiligen Neufassungen der Incoterms war die Notwendigkeit, die Klauseln an die jeweils gängige Handelspraxis anzupassen. Folglich wurde in der Neufassung der Incoterms 1980 die Klausel „Frei Frachtführer" (jetzt FCA) eingeführt, um den häufig auftretenden Fall abzudecken, bei dem die Übergabestelle im Seetransport nicht mehr die traditionell in der FOB-Klausel geregelte Stelle (Überschreiten der Schiffsreling) ist, sondern statt dessen eine Stelle an Land, vor der Verladung auf das Schiff, an der die Ware in einen Container zum späteren Seetransport oder zwecks Transportes mit einer Kombination verschiedener Transportmittel (sogenannter kombinierter oder multimodaler Transport) verladen wird.

Ferner ließen in der Incoterms-Neufassung 1990 die Klauseln, die sich auf die Pflicht des Verkäufers beziehen, einen Liefernachweis zu erbringen, die Möglichkeit zu, Papierdokumente durch elektronische Mitteilungen zu ersetzen, falls die Vertragspartner sich auf elektronischen Datenaustausch verständigt hatten. Selbstverständlich gehen die Bestrebungen kontinuierlich dahin, den Wortlaut und die Darstellung der Incoterms zu verbessern, um ihre praktische Anwendung zu vereinfachen.

3. Incoterms 2000

Während der Vorbereitung der Neufassung, die sich über etwa zwei Jahre erstreckte, hat sich die ICC nach Kräften bemüht, Ansichten und Reaktionen auf die verschiedenen Entwürfe von einer breitgefächerten Auswahl von Kaufleuten zu erhalten, durch Einschaltung der ICC-eigenen Landesgruppen, welche Vertreter der verschiedensten Handelsbereiche zu ihren Mitgliedern zählen. Erfreulicherweise hat die jetzige Neufassung eine weit größere weltweite Resonanz von seiten

IV. AGB und Vertragsklauseln **Incoterms Einl (6)**

der Anwender erfahren als frühere Versionen. Ergebnis dieses Dialogs sind die Incoterms 2000, die im Vergleich zu den Incoterms 1990 nur wenig verändert erscheinen mögen. Es steht jedoch fest, daß die Incoterms nunmehr weltweite Anerkennung genießen, so daß die ICC beschlossen hat, auf dieser Anerkennung aufzubauen und Änderungen nur um der Änderung willen zu vermeiden. Auf der anderen Seite wurden Anstrengungen unternommen, um zu gewährleisten, daß der Wortlaut der Incoterms 2000 die allgemeine Handelspraxis widerspiegelt. Des weiteren wurden in zwei Bereichen inhaltliche Änderungen vorgenommen:
* die Zollfreimachung und Zahlung der Zollgebühren unter FAS und DEQ; und
* die Be- und Entladepflichten unter FCA.

Alle Änderungen, ob inhaltlich oder formell, wurden auf der Basis eingehender Nachforschungen bei den Incoterms-Anwendern vorgenommen, wobei die seit 1990 seitens der Incoterms Expertengruppe (einer als zusätzliche Dienstleistung für Incoterms-Anwender eingerichteten Gruppe) erhaltenen Anfragen besondere Berücksichtigung fanden.

4. Aufnahme der Incoterms in den Kaufvertrag

In Anbetracht der Neufassung der Incoterms muß gewährleistet sein, daß bei Einigkeit zwischen den Parteien, die Incoterms in ihren Kaufvertrag aufzunehmen, ausdrücklich die derzeit gültige Fassung der Incoterms erwähnt wird. Dies kann leicht übersehen werden, wenn zum Beispiel in Standardvertragsformularen oder in von Kaufleuten benutzten Bestellformularen auf eine frühere Fassung Bezug genommen wird. Fehlt der Hinweis auf die derzeit gültige Fassung, kann es zum Streit darüber kommen, ob die Partner diese oder eine frühere Version in ihrem Vertrag festlegen wollten. Kaufleute, die die Incoterms 2000 anwenden möchten, sollten daher ausdrücklich erwähnen, daß ihr Vertrag den „Incoterms 2000" unterliegt.

5. Darstellung der Incoterms

Um sie leichter verständlich zu machen, wurden in den Incoterms 1990 die Klauseln in vier grundsätzlich unterschiedliche Gruppen eingeteilt; zunächst die Klausel, nach der der Verkäufer dem Käufer die Ware lediglich auf seinem eigenen Gelände zur Verfügung stellt (die „E"-Klausel EXW); es folgte die zweite Gruppe, wonach der Verkäufer die Ware einem vom Käufer benannten Frachtführer zu übergeben hat (die „F"-Klauseln FCA, FAS und FOB); danach die „C"-Klauseln, nach denen der Verkäufer den Beförderungsvertrag auf eigene Kosten abzuschließen hat, ohne die Haftung für Verlust oder Beschädigung der Ware oder zusätzliche Kosten, die aufgrund von Ereignissen nach dem Abtransport entstehen, zu übernehmen (CFR- CIF, CPT und CIP); und schließlich die „D"-Klauseln, nach denen der Verkäufer alle Kosten und Gefahren bis zur Ankunft der Ware am Bestimmungsort zu tragen hat. Folgende Übersicht zeigt diese Gliederung der Handelsklauseln auf.

Incoterms 2000		
Gruppe E Abholklausel	EXW	Ab Werk (... benannter Ort)
Gruppe F Haupttransport vom Verkäufer nicht bezahlt	FCA	Frei Frachtführer (... benannter Ort)
	FAS	Frei Längsseite Schiff (... benannter Verschiffungshafen)
	FOB	Frei an Bord (... benannter Verschiffungshafen)
Gruppe C Haupttransport vom Verkäufer bezahlt	CFR	Kosten und Fracht (... benannter Bestimmungshafen)
	CIF	Kosten, Versicherung, Fracht (... benannter Bestimmungshafen)
	CPT	Frachtfrei (... benannter Bestimmungsort)
	CIP	Frachtfrei versichert (... benannter Bestimmungsort)
Gruppe D Ankunftsklausel	DAF	Geliefert Grenze (... benannter Ort)
	DES	Geliefert ab Schiff (... benannter Bestimmungshafen)
	DEQ	Geliefert ab Kai (... benannter Bestimmungshafen)
	DDU	Geliefert unverzollt (... benannter Bestimmungsort)
	DDP	Geliefert verzollt (... benannter Bestimmungsort)

Hopt 1693

(6) Incoterms Einl

Wie in den Incoterms 1990 sind bei allen Klauseln die jeweiligen Verpflichtungen der Parteien unter 10 Überschriften zusammengefaßt. Den Verpflichtungen des Verkäufers stehen auf der gegenüberliegenden Seite die entsprechenden Pflichten des Käufers „spiegelbildlich" gegenüber.

6. Terminologie

Während der Neufassung der Incoterms 2000 wurden erhebliche Anstrengungen unternommen, die Terminologie der dreizehn Klauseln so konsequent zu gestalten, wie es möglich bzw. praktikabel ist. Die Benutzung unterschiedlicher Ausdrücke, um denselben Sinn zu vermitteln, wurde daher vermieden. Wo immer möglich, sind auch dieselben Ausdrücke benutzt worden, die in dem UN-Übereinkommen von 1980 über Verträge des internationalen Warenkaufs (CISG) erscheinen.

„Verlader" – „shipper"

In manchen Fällen war es notwendig, für unterschiedliche Bedeutungen dasselbe Wort zu verwenden, weil keine angemessene Alternative zur Verfügung stand. Kaufleute werden dieses Problem aus ihren Kaufverträgen sowie ihren Beförderungsverträgen kennen. Der englische Ausdruck „shipper" zum Beispiel bezeichnet sowohl die Person, die die Ware zur Beförderung übergibt, als auch die Person, die den Beförderungsvertrag mit dem Frachtführer abschließt. Bei diesen beiden „shippers" kann es sich jedoch um zwei verschiedene Personen handeln, zum Beispiel unter einer FOB-Klausel, gemäß der der Verkäufer die Ware zur Beförderung übergibt, wohingegen der Käufer den Vertrag mit dem Frachtführer abschließt.

„Lieferung"/„Abnahme" – „delivery"

Von besonderer Wichtigkeit ist, daß der englische Ausdruck „delivery" in den Incoterms zweierlei Bedeutung hat. Zum einen wird er benutzt um festzulegen, wann der Verkäufer seine Lieferverpflichtung erfüllt hat, was in den Incoterms durchgängig unter A4 geschieht. Zum anderen wird der Ausdruck „Lieferung" im Zusammenhang mit der Verpflichtung des Käufers verwendet, die Ware abzunehmen oder ihre Lieferung anzuerkennen, eine Verpflichtung, die durchgängig in den Klauseln B4 der Incoterms erscheint. In diesem zweiten Sinne bedeutet „Lieferung" erstens, daß der Käufer das eigentliche Wesen der C-Klauseln „anerkennt", nämlich der Verkäufer seine Verpflichtung mit der Versendung der Ware erfüllt, und zweitens, daß der Käufer verpflichtet ist, die Ware abzunehmen. Letztgenannte Verpflichtung ist zur Vermeidung unnötiger Lagerkosten bis zur Übernahme durch den Käufer wichtig. Folglich muß der Käufer unter CFR- und CIF-Verträgen die Übergabe der Ware anerkennen und sie dem Frachtführer abnehmen. Tut er dies nicht, kann er gegenüber dem Verkäufer, der den Beförderungsvertrag mit dem Frachtführer abgeschlossen hat, schadenersatzpflichtig werden oder unter Umständen für Lagerungskosten aufkommen müssen, um die Freigabe der Ware an ihn durch den Frachtführer zu erreichen. Wenn in diesem Zusammenhang gesagt wird, der Käufer müsse „die Übergabe anerkennen", so heißt dies nicht, daß der Käufer die Ware als übereinstimmend mit dem Kaufvertrag angenommen hat, sondern lediglich, daß er akzeptiert hat, daß der Verkäufer seiner Verpflichtung gemäß A3 a) der „C"-Klauseln nachgekommen ist, die Ware zur Beförderung gemäß dem Beförderungsvertrag zu übergeben. Sollte daher der Käufer nach Erhalt der Ware am Bestimmungsort feststellen, daß sie nicht mit den Bestimmungen des Kaufvertrags übereinstimmt, kann er gegenüber dem Verkäufer alle ihm unter dem Kaufvertrag und dem jeweils anwendbaren Recht zur Verfügung stehenden Mittel einsetzen, denn diese Angelegenheiten liegen, wie bereits erwähnt, gänzlich außerhalb des Regelungsbereichs der Incoterms.

An den entsprechenden Stellen wird in den Incoterms 2000 der Ausdruck dem Käufer „die Ware zur Verfügung zu stellen" benutzt, wenn die Ware an einem bestimmten Ort für den Käufer bereitgestellt wird. Dieser Ausdruck ist im Sinne des Begriffs „Übergabe der Ware" gemeint, welcher in dem UN-Übereinkommen von 1980 über Verträge des internationalen Warenverkaufs Verwendung findet.

IV. AGB und Vertragsklauseln **Incoterms Einl (6)**

„üblich" – „usual"

Der Ausdruck „usual" (üblich) erscheint in verschiedenen Klauseln, z. B. in EXW, im Zusammenhang mit dem Zeitpunkt der Lieferung (A4) und in den „C"-Klauseln in Bezug auf die Dokumente, die der Verkäufer erbringen muß, und den Beförderungsvertrag, den der Verkäufer beschaffen muß (A8, A3). Es kann unter Umständen schwierig sein, genau zu präzisieren, welche Bedeutung das Wort „üblich" hat, wenngleich es in vielen Fällen möglich ist, festzustellen, wie innerhalb eines bestimmten Handelszweigs üblicherweise vorgegangen wird, so daß diese Praxis den Weg weist. In diesem Zusammenhang ist das Wort „üblich" bedeutend hilfreicher als der Begriff „angemessen", der eine Wertung im Sinne des schwer zu handhabenden Grundsatzes von Treu und Glauben und des fairen Handelns verlangt und nicht die tatsächlich ausgeübte Praxis miteinbezieht. Unter gewissen Umständen wird man wohl entscheiden müssen, was „angemessen" ist. Aus den gegebenen Gründen hat sich jedoch das Wort „üblich" gegenüber dem Ausdruck „angemessen" in den Incoterms generell durchgesetzt.

„Abgaben" – „charges"

Im Zusammenhang mit der Verpflichtung, die Ware zur Einfuhr freizumachen, ist es wichtig festzustellen, welche „Abgaben" gemeint sind, die bei der Einfuhr der Ware anfallen. In den Incoterms 1990 wurde der Begriff „öffentliche Abgaben, die bei der Aus- und Einfuhr der Ware anfallen" unter DDP A6 benutzt. In den Incoterms 2000 wurde unter DDP A6 das Wort „öffentliche" gestrichen, da oft Unsicherheit bestand, ob ein Kostenpunkt eine „öffentliche" Abgabe war oder nicht. Eine Änderung der Bedeutung ist durch diese Streichung nicht beabsichtigt. Die zu zahlenden „Abgaben" sind solche, die sich durch den eigentlichen Importvorgang ergeben und die daher nach den anwendbaren Einfuhrbestimmungen zu zahlen sind. Zusätzliche Abgaben, die durch private Parteien im Zusammenhang mit dem Import der Ware in Rechnung gestellt werden, zählen nicht zu diesen Abgaben, wie z. B. Lagergebühren, die mit der Verpflichtung zur Freimachung in keinerlei Beziehung stehen. Die Erfüllung dieser Verpflichtung kann jedoch Kosten gegenüber Zollspediteuren oder Spediteuren verursachen, sollte die verpflichtete Partei diese Aufgaben nicht selbst ausführen.

„Häfen", „Orte", „Stellen" und „beim Verkäufer" – „ports", „places", „points" and „premises"

Was den Ort betrifft, an dem die Lieferverpflichtung zu erfüllen ist, werden in den Incoterms verschiedene Ausdrücke benutzt. In den Klauseln, die ausschließlich für den Seetransport benutzt werden – z. B. FAS, FOB, CRF, CIF, DES und DEQ – wurden die Begriffe „Verschiffungshafen" bzw. „Bestimmungshafen" benutzt. In allen anderen Fällen wurde das Wort „Ort" benutzt. In manchen Fällen wurde es für notwendig erachtet, auch eine „Stelle" innerhalb des Hafens oder des Orts zu benennen, da es für den Verkäufer wichtig sein könnte, nicht nur zu wissen, daß die Ware in einen bestimmten Bereich, z. B. eine Stadt, zu liefern ist, sondern auch, an welcher Stelle innerhalb jenes Bereichs die Ware dem Käufer zur Verfügung zu stellen ist. Solche Angaben fehlen oft in Kaufverträgen, und die Incoterms legen daher fest, daß falls keine bestimmte Stelle innerhalb des benannten Ortes vereinbart wurde, und verschiedene Stellen in Betracht kommen, der Verkäufer die ihm am besten zusagende Stelle am Lieferort auswählen kann (vgl. z. B. FCA A4). Ist der Lieferort dem Bereich des Verkäufers zuzuordnen, so wurde der Ausdruck „beim Verkäufer" (FCA A4) benutzt.

Die englischen Begriffe „ship" und „vessel"

In den Klauseln, die zur Benutzung beim Seetransport der Ware bestimmt sind, werden die Ausdrücke „ship" and „vessel" synonym benutzt. Selbstverständlich ist das Wort „ship" zu benutzen, wenn es innerhalb der eigentlichen Handelsklausel vorkommt, wie in „frei Längsseite Schiff" (FAS) und „geliefert ab Schiff" (DES). In Anbetracht der traditionellen Benutzung des Ausdruckes „wenn die Ware die Schiffsreling überschritten hat" in der FOB-Klausel, ist auch hier das Wort „ship" zu benutzen.

Hopt

(6) Incoterms Einl

Die englischen Begriffe „checking" und „inspection"

Unter den A9- und B9-Klauseln der Incoterms werden jeweils die Überschriften „checking – packaging and marking" und „inspection of the goods" benutzt. Obwohl die Worte „checking" und „inspection" die gleiche Bedeutung haben, erschien es angebracht, ersteres bezüglich der Verpflichtung des Verkäufers unter A4 zu benutzen und letzteres ausschließlich für den speziellen Fall einer Warenkontrolle vor der Verladung („pre-shipment inspection") anzuwenden, da eine solche Warenkontrolle nur verlangt wird, wenn der Käufer oder die Behörde des Export- oder Importlandes sicherstellen wollen, daß die Ware den Vertragsbestimmungen oder den offiziellen Vorschriften vor der Verschiffung entspricht.

7. Lieferverpflichtungen des Verkäufers

Die Incoterms stellen insbesondere auf die Lieferverpflichtung des Verkäufers ab. Die genaue Verteilung der im Zusammenhang mit der Lieferung der Ware durch den Verkäufer zu erfüllenden Leistungen und zu tragenden Kosten verursacht in der Regel keine Probleme, wenn die Parteien ständige Handelsbeziehungen miteinander unterhalten. Es etabliert sich zwischen ihnen eine gängige Praxis, an die sie sich bei Folgeverträgen genauso halten werden wie früher. Im Falle einer neuen Handelsbeziehung jedoch, oder wenn ein Vertrag durch Makler vermittelt wird – wie beim Rohstoffhandel häufig der Fall – müßte man die Bestimmungen des Kaufvertrages anwenden und, sieht dieser Vertrag die Anwendung der Incoterms 2000 vor, die darin vorgesehene Aufteilung der Leistungen bzw. der Kosten und der Risiken berücksichtigen.

Es wäre selbstverständlich erstrebenswert, wenn die Incoterms die Verpflichtungen der Parteien im Zusammenhang mit der Lieferung der Ware so detailliert wie möglich darstellen könnten. Verglichen mit den Incoterms 1990 sind bei bestimmten Punkten (vgl. z. B. FCA A4) dahingehende weitere Anstrengungen unternommen worden. Es war jedoch nicht möglich, in den FAS- und FOB-Klauseln unter A4 ganz auf eine Bezugnahme auf die Handelsbräuche zu verzichten („dem Hafenbrauch entsprechend"). Der Grund dafür ist, daß insbesondere im Rohstoffhandel die genaue Art und Weise, in der die Ware unter Verträgen mit FAS- und FOB-Klauseln zum Weitertransport angeliefert wird, an den verschiedenen Seehäfen unterschiedlich ist.

8. Kosten- und Gefahrenübergang

Die Gefahr des Verlusts oder der Beschädigung der Ware sowie die Pflicht, die durch die Ware bedingten Kosten zu tragen, geht vom Verkäufer auf den Käufer über, wenn der Verkäufer seine Verpflichtung zur Lieferung der Ware erfüllt hat. Da der Käufer keine Gelegenheit haben soll, diesen Übergang zu verzögern, legen alle Klauseln fest, daß der Kosten- und Gefahrenübergang auch vor der Lieferung liegen kann, wenn der Käufer die Ware nicht wie vereinbart abnimmt oder wenn er versäumt, Anweisungen zu geben (bezüglich des Verladetermins und/oder des Lieferorts), der Verkäufer benötigt, um seine Lieferverpflichtung zu erfüllen. Als Vorbedingung für den vorgezogenen Übergang von Kosten und Gefahren gilt, daß die Ware als die für den Käufer bestimmte kenntlich gemacht wurde oder, wie in den Klauseln festgelegt, für ihn konkretisiert wurde (Absonderung).

Diese Bedingung ist besonders bei der EXW-Klausel von Wichtigkeit, da bei den übrigen Klauseln die Ware normalerweise als für den Käufer bestimmte Ware konkretisiert wird, wenn Maßnahmen für die Verladung oder den Versand („F"- und „C"-Klauseln) oder die Lieferung am Bestimmungsort („D"-Klauseln) getroffen wurden. In Ausnahmefällen jedoch kann die Ware vom Verkäufer als eine Gesamtladung angeliefert worden sein, ohne Identifizierung des für den jeweiligen Käufer bestimmten Anteils; in solchen Fällen liegt der Zeitpunkt für den Übergang der Kosten und Gefahren auf den Käufer vor der oben erwähnten Absonderung der Ware (vgl. auch Art. 69, Abs. 3 des UN-Übereinkommens von 1980 über Verträge des internationalen Warenkaufs).

9. Die Klauseln

9.1 Die „E"-Klausel ist die Klausel, die die Mindestverpflichtung für den Verkäufer darstellt: der Verkäufer hat die Ware lediglich am benannten Ort – in der

Regel auf seinem eigenen Gelände – dem Käufer zur Verfügung zu stellen. Andererseits ist der Verkäufer in der Praxis häufig dem Käufer bei der Verladung der Ware auf dessen Abholfahrzeug behilflich. Obwohl EXW diese Tatsache besser widerspiegeln würde, wenn die Verpflichtungen des Verkäufers um die Verladung der Ware erweitert würden, wurde es als günstiger erachtet, den traditionellen Grundsatz der Mindestverpflichtung des Verkäufers unter der EXW-Klausel beizubehalten, um ihn in den Fällen anwenden zu können, in denen der Verkäufer keinerlei Verpflichtung im Zusammenhang mit der Verladung der Ware übernehmen möchte. Wünscht der Käufer, daß der Verkäufer weitere Leistungen erbringt, sollte dies im Kaufvertrag ausdrücklich klargestellt werden.

9.2 Nach den „F"-Klauseln hat der Verkäufer, die Ware so zur Beförderung zu übergeben, wie es der Käufer angewiesen hat. Die Stelle, an der die Parteien gemäß der FCA-Klausel die Übergabe vorsehen, bereitet durch die vielen unterschiedlichen Umstände, die sich bei Verträgen mit dieser Klausel ergeben, oft Schwierigkeiten. So kann die Ware auf ein abholendes Fahrzeug verladen werden, das der Verkäufer geschickt hat, um die Ware beim Verkäufer aufzunehmen; alternativ ist es möglich, daß die Ware von einem Fahrzeug abzuladen ist, das der Verkäufer geschickt hat, um die Ware an einem vom Käufer benannten Terminal zu übergeben. Die Incoterms 2000 berücksichtigen diese Alternativen, indem sie bestimmen, daß, wenn es sich bei dem im Vertrag benannten Lieferort um einen Ort beim Verkäufer handelt, die Übergabe vollendet ist, wenn die Ware auf das abholende Fahrzeug des Käufers verladen wurde, und in den anderen Fällen die Lieferung vollendet ist, wenn die Ware dem Käufer zur Verfügung gestellt wurde, ohne daß sie vom Fahrzeug des Verkäufers abzuladen ist. Die in den Incoterms 1990 unter FCA A4 erwähnten Unterschiede für verschiedene Transportarten enthalten die Incoterms 2000 nicht mehr.

Die Übergabestelle unter FOB, die auch für CFR und CIF gilt, bleibt trotz eingehender Diskussion unverändert. Obwohl der Begriff unter FOB, die Ware „über die Schiffsreling" zu liefern, heutzutage in vielen Fällen ungeeignet erscheinen mag, ist er dennoch für Kaufleute verständlich und wird in einer Art angewandt, die das Gut und die verfügbaren Lademöglichkeiten berücksichtigt. Es wird davon ausgegangen, daß eine Änderung der FOB-Übergabestelle unnötige Verwirrung schaffen würde, insbesondere im Handel mit Rohstoffen, die typischerweise unter Charterverträgen über See transportiert werden.

Bedauerlicherweise benutzen einige Kaufleute den Begriff „FOB" lediglich, um damit eine beliebige Übergabestelle anzuzeigen – wie „FOB Fabrik", „FOB Anlage" „FOB ab Werk des Verkäufers" oder andere Stellen im Inland – wobei sie die tatsächliche Bedeutung der Abkürzung übersehen: Free On Board (frei an Bord). Es bleibt dabei, daß eine solche Verwendung von „FOB" Verwirrung schafft und vermieden werden sollte.

Es gibt eine bedeutende Veränderung in der FAS-Klausel im Hinblick auf die Verpflichtung, die Ware zur Ausfuhr freizumachen, da es allgemeine Praxis zu sein scheint, diese Pflicht eher dem Verkäufer als dem Käufer aufzuerlegen. Um sicher zu stellen, daß diese Veränderung gebührend beachtet wird, erscheint sie in Großbuchstaben in der Präambel zu FAS.

9.3 Die C-Klauseln sehen vor, daß der Verkäufer auf eigene Rechnung in der üblichen Weise den Beförderungsvertrag abschließt. Folglich muß nach Angabe der in Frage kommenden „C"-Klausel der Ort genannt werden, bis zu dem er die Beförderungskosten zu bezahlen hat. Gemäß den CIF- und CIP-Klauseln hat der Verkäufer außerdem auf eigene Kosten für Versicherungsschutz zu sorgen. Da der Zeitpunkt der Kostenteilung im Bestimmungsland liegt, werden die „C"-Klauseln oft irrtümlich als Ankunftsverträge angesehen, bei denen der Verkäufer alle Risiken und Kosten trägt, bis die Ware tatsächlich am benannten Ort angekommen ist. Es muß jedoch immer wieder ausdrücklich betont werden, daß die „C"-Klauseln den „F"-Klauseln insoweit gleichstehen, als der Verkäufer seine vertraglichen Verpflichtungen im Verschiffungs- bzw. Versandland erfüllt. Demgemäß fallen Kaufverträge mit „C"-Klauseln wie Kaufverträge mit „F"-Klauseln in die Kategorie der Absendeverträge.

Es gehört zum Wesen von Absendeverträgen, daß zwar der Verkäufer die normalen Transportkosten für den üblichen Transportweg in der üblichen Art und Weise zum vereinbarten Bestimmungsort tragen muß, die Gefahren für Verlust oder

(6) Incoterms Einl

Beschädigung der Ware sowie zusätzliche Kosten, die aufgrund von nach Übergabe der Ware zum Transport entstehenden Ereignissen eintreten, jedoch zu Lasten des Käufers gehen. Somit unterscheiden sich die „C"-Klauseln von allen anderen Klauseln dadurch, daß es zwei „kritische" Punkte gibt; zum einen denjenigen, bis zu dem der Verkäufer verpflichtet ist, den Beförderungsvertrag abzuschließen und die Beförderungskosten zu tragen, und zum anderen den des Gefahrenübergangs. Aus diesem Grund ist größte Aufmerksamkeit notwendig, wenn man den Verpflichtungen des Verkäufers nach den „C"-Klauseln Verpflichtungen hinzufügt, die über den oben erwähnten „kritischen" Zeitpunkt des Gefahrenübergangs hinauswirken. Der wesentliche Gehalt der „C"-Klauseln ist, den Verkäufer von weiteren Kosten und Gefahren freizustellen, nachdem er seine vertraglichen Verpflichtungen durch Abschluß des Beförderungsvertrags und Übergabe der Ware an den Frachtführer und, im Falle der CIF- und CIP-Klauseln, Versicherung der Ware erfüllt hat.

Daß die „C"-Klauseln „Absendeverträge" („shipment contracts") sind, wird auch durch die verbreitete Anwendung von Dokumentenakkreditiven als bevorzugtem Zahlungsmodus bei solchen Klauseln unterstrichen. Wenn die Parteien im Kaufvertrag vereinbart haben, daß an den Verkäufer aus einem Akkreditiv gegen Vorlage der vereinbarten Dokumente bei einer Bank gezahlt wird, widerspräche es dem zentralen Zweck des Dokumentenakkreditivs, wenn der Verkäufer weitere Kosten und Risiken tragen müßte, nachdem in einem Akkreditivgeschäft Zahlung geleistet oder nachdem die Ware versandt oder verschifft wurde. Selbstverständlich hat der Verkäufer alle dem Frachtführer zustehenden Kosten zu tragen, unabhängig davon, ob die Frachtkosten bei der Verschiffung im voraus gezahlt werden müssen oder erst am Bestimmungsort zahlbar sind (freight collect); zusätzliche Kosten, die erst aufgrund von Ereignissen nach der Verschiffung entstehen, müssen zwangsläufig vom Käufer beglichen werden.

Hat der Verkäufer einen Beförderungsvertrag abzuschließen, der die Zahlung aller Zölle, Steuern und anderer Abgaben einschließt, müssen diese Kosten selbstverständlich vom Verkäufer getragen werden, und zwar in dem Umfang, in dem sie unter besagtem Vertrag ihm zugeteilt sind. Alle „C"-Klauseln enthalten nunmehr unter A6 ausdrücklich diese Regelung.

Ist es üblich, mehrere Beförderungsverträge abzuschließen, bei denen die Ware an verschiedenen Orten umgeladen werden muß, um den vereinbarten Bestimmungsort zu erreichen, so muß der Verkäufer alle Transportkosten tragen, einschließlich der Kosten, die bei der Umladung von einem Transportmittel auf das andere entstehen. Wenn jedoch der Frachtführer Rechte aus einer Umladeklausel – oder einer ähnlichen Klausel – geltend macht, um unerwarteten Hindernissen aus dem Weg zu gehen (z. B. Eis, Stau, Arbeitsstörungen, Regierungsanordnungen, Krieg oder kriegsähnliche Zustände), gehen die hierdurch bedingten zusätzlichen Kosten zu Lasten des Käufers, da die Pflicht des Verkäufers sich im Abschluß des üblichen Beförderungsvertrages erschöpft.

Es kommt verhältnismäßig häufig vor, daß die Parteien des Kaufvertrags klarstellen möchten, inwieweit der vom Verkäufer abzuschließende Beförderungsvertrag die Entladungskosten einschließen soll. Da solche Kosten üblicherweise in den Frachtkosten inbegriffen sind, wenn die Ware von einer regulären Schiffahrtsgesellschaft befördert wird, legt der Kaufvertrag oft fest, daß die Ware in dieser Weise oder zumindest gemäß den „liner terms" befördert werden muß. In anderen Fällen wird das Wort „landed" der CFR- oder CIF-Klausel hinzugefügt. Trotzdem ist es nicht ratsam, den „C"-Klauseln abgekürzte Zusatzvermerke hinzuzufügen, sofern nicht in dem betreffenden Handelszweig die Bedeutung der Abkürzungen einwandfrei verstanden wird und von den Vertragsparteien, dem anzuwendenden Recht oder einem Handelsbrauch anerkannt ist.

Auf keinen Fall sollte der Verkäufer – was er auch gar nicht ohne Änderung des Wesens der „C"-Klauseln kann – eine Verpflichtung bezüglich der Ankunft der Ware am Bestimmungsort eingehen, da der Käufer das Risiko bezüglich Verzögerungen während des Transports trägt. Daher muß sich jede zeitliche Verpflichtung auf den Verschiffungs- oder Versandort beziehen, z. B. „Verschiffung (Versand) spätestens bis ...". Eine Vereinbarung, wie z. B. „CFR Hamburg spätestens bis ..." ist nicht eindeutig, da sie unterschiedlich ausgelegt werden kann. Diese Vereinbarung könnte einmal bedeuten, daß die Ware zum genannten Zeitpunkt in Hamburg ankommen soll, was einen Ankunfts- und keinen Absendevertrag darstellen würde, oder sie könnte so zu verstehen sein, daß der Verkäufer die Ware so rechtzeitig verladen soll, daß sie unter normalen Umständen vor dem genannten Zeitpunkt in Hamburg ankommen wird, wenn der Transport sich nicht durch unvorhergesehene Ereignisse verzögert.

Es kommt im Rohstoffhandel vor, daß die Ware während des Transports auf See gekauft wird. In solchen Fällen wird das Wort „schwimmend" der Klausel hinzugefügt. Da gemäß den CFR- und CIF-Klauseln die Gefahr des Verlusts oder der Beschädigung der Ware vor diesem Zeitpunkt schon vom Verkäufer auf den Käufer übergegangen ist, kann es zu Auslegungsschwierigkeiten kommen. Es ist auf der einen Seite möglich, die übliche Auslegung der CFR- und CIF-Klauseln bezüglich des Gefahrenübergangs vom Verkäufer auf den Käufer aufrechtzuerhalten; d. h. daß die Gefahr bei Überschreitung der Schiffsreling übergeht; dies würde bedeuten, daß der Käufer Risiken für Schäden übernimmt, die bei Abschluß des Kaufvertrags schon eingetreten sind. Die andere Möglichkeit ist, die Gefahr im Zeitpunkt des Vertragsabschlusses übergehen zu lassen. Die erste Alternative kann sich als zweckmäßiger erweisen, denn es ist normalerweise nicht möglich, den Zustand der Ware während des Transports festzustellen. Aus diesem Grund wird im UN-Übereinkommen von 1980 über Verträge des internationalen Warenkaufs, Artikel 68, festgelegt, daß „die Gefahr bereits im Zeitpunkt der Übergabe der Ware an den Beförderer, der die Dokumente über den Beförderungsvertrag ausgestellt hat, von dem Käufer übernommen wird, falls die Umstände diesen Schluß nahelegen". Eine Ausnahme gilt, wenn „der Verkäufer bei Abschluß des Kaufvertrags wußte oder wissen mußte, daß die Ware untergegangen oder beschädigt war und er dies dem Käufer nicht offenbart hat". Demzufolge ist die Auslegung der CFR- oder CIF-Klausel mit dem Zusatz „schwimmend" von dem auf den Kaufvertrag anwendbaren Recht abhängig. Es wird den Parteien empfohlen, sich Kenntnis vom anzuwendenden Recht zu beschaffen sowie von den bei Anwendung dieses Rechts zu erwartenden Konsequenzen. Etwaige Zweifelsfälle sollten die Parteien in ihrem Kaufvertrag regeln.

In der Praxis benutzten die Parteien häufig noch die traditionelle Bezeichnung C&F (oder C und F, C+F), wenngleich sie in vielen Fällen diesen Ausdruck dem Anschein nach in dem Sinne von CFR verstehen. Um Schwierigkeiten bei der Auslegung ihres Vertrages zu vermeiden, sollten die Parteien die korrekte Incoterm-Klausel zitieren, nämlich CFR, da dies die einzige weltweite anerkannte Standardabkürzung für die Klausel „Kosten und Fracht (... benannter Bestimmungshafen)" ist.

In den Incoterms 1990 hatte der Verkäufer unter A8 der CFR- und CIF-Klauseln ein Exemplar des Chartervertrags zu übergeben, wenn das Transportdokument (üblicherweise ein Konnossement) einen Hinweis auf einen Chartervertrag enthält, z. B. häufig durch den Vermerk „alle andere Vereinbarungen und Bedingungen gemäß dem Chartervertrag". Obwohl die Vertragsparteien immer über die Bestimmungen des Vertrags informiert sein müßten – vorzugsweise bei Vertragsabschluß – scheint es in der Praxis problematisch zu sein, den Chartervertrag wie oben verlangt zur Verfügung zu stellen; dies gilt insbesondere im Zusammenhang mit Akkreditivgeschäften. Die Pflicht des Verkäufers unter den CFR- und CIF-Klauseln, eine Kopie des Chartervertrags gleichzeitig mit anderen Transportdokumenten zu übergeben, entfällt mit den Incoterms 2000.

Obwohl die A8-Bedingungen der Incoterms sicherstellen sollen, daß der Verkäufer dem Käufer „den Nachweis der Lieferung der Ware" zu erbringen hat, ist zu betonen, daß der Verkäufer diese Bedingung erfüllt, wenn er den „üblichen" Nachweis erbringt. Unter den CPT- und CIP-Klauseln ist dies das „übliche Transportdokument", während unter den CFR- und CIF-Klauseln ein Konnossement oder ein Seefrachtbrief gemeint ist. Die Transportdokumente müssen „rein" sein, d. h. sie dürfen keine Klauseln oder Vermerke enthalten, die ausdrücklich einen schadhaften Zustand der Ware und/oder der Verpackung feststellen. Erscheinen solche Klauseln oder Vermerke in einem Dokument, gilt es als „unrein" und wird von den Banken in einem Akkreditivgeschäft nicht angenommen. Merken sollte man sich jedoch, daß auch ein Transportdokument ohne solche Klauseln oder Vermerke dem Käufer in der Regel keinen unwiderlegbaren Beweis gegenüber dem Frachtführer liefert, daß der Zustand der Ware zum Zeitpunkt der Verschiffung den Vorgaben des Kaufvertrages entsprach. In der Regel wird der Frachtführer in einem Standardtext auf der ersten Seite des Transportdokuments die

Verantwortung für Angaben über die Ware ablehnen, indem er darauf hinweist, daß die in dem Transportdokument erwähnten Einzelheiten Erklärungen des Verladers sind und daß daher die Information, wie sie im Dokument enthalten ist, nur „nach Angaben des Verladers" ist. Unter den meisten Vorschriften des anwendbaren Rechts und anderen Grundsätzen muß der Frachtführer die Richtigkeit der Information zumindest mit angemessenen Mitteln überprüfen. Kommt er dieser Verpflichtung nicht nach, kann er sich gegenüber dem Absender schadenersatzpflichtig machen. Beim Containertransport jedoch hat der Frachtführer keine Möglichkeit, den Inhalt der Container zu prüfen, es sei denn, er war selbst für das Laden des Containers verantwortlich.

Es gibt lediglich zwei Klauseln, die die Versicherung der Ware behandeln, die CIF- und die CIP-Klauseln. Unter diesen Klauseln ist der Verkäufer verpflichtet, dem Käufer Versicherungsschutz zu beschaffen. In anderen Fällen obliegt es den Parteien, selbst zu entscheiden, ob und in welchem Umfang sie sich versichern wollen. Da der Verkäufer den Versicherungsvertrag zugunsten des Käufers abzuschließen hat, kann er die präzisen Wünsche des Käufers nicht kennen. Nach den Institute Cargo Clauses des Institute of London Underwriters wird unter Clause C eine „Mindestdeckung", unter Clause B eine „mittlere Deckung" und unter Clause A die „Höchstdeckung" angeboten. Da im Rohstoffhandel unter einer CIF-Klausel der Käufer die Ware während des Transports unter Umständen an einen weiteren Käufer verkaufen will, der seinerseits die Ware eventuell ebenfalls weiterverkauft, ist es nicht möglich, die passende Versicherungsdeckung für solche Folgekäufer vorherzusehen. Es wird daher unter der CIF-Klausel traditionell die Mindestdeckung gewählt, wobei dem Käufer die Möglichkeit offensteht, vom Verkäufer einen zusätzlichen Versicherungsschutz zu verlangen. Die Mindestdeckung ist jedoch ungeeignet im Falle von Fertigware, bei der die Gefahr von Diebstahl, geringfügigem Diebstahl, unsachgemäßer Handhabung oder Aufbewahrung der Ware eine umfassendere Deckung verlangt als die, die unter Clause A angeboten wird. Da die CIP-Klausel, im Gegensatz zu der CIF-Klausel, normalerweise nicht im Rohstoffhandel verwendet wird, wäre es praktikabel gewesen, unter der CIP-Klausel die Höchstdeckung anstelle der unter der CIF-Klausel vorgesehenen Mindestdeckung zu wählen. Allerdings hätte eine unterschiedliche Gestaltung der Verkäuferpflicht bei den CIF- und CIP-Klauseln Unsicherheit hervorgerufen, so daß bei beiden Klauseln die Verpflichtung des Verkäufers, eine Versicherung abzuschließen, auf die Mindestdeckung beschränkt wurde. Der CIP-Käufer sollte daher, falls er einen höheren Schutz benötigt, ausdrücklich darauf achten, daß er mit dem Verkäufer vereinbart, daß letzterer für eine höhere Deckung sorgt. Ansonsten hat er selbst die Möglichkeit, für zusätzlichen Versicherungsschutz zu sorgen. Es gibt außerdem besondere Umstände, in denen der Käufer eine noch höhere Deckung beschaffen möchte, als die durch die Institute Clause A gebotene, z. B. eine Versicherung gegen Krieg, Aufruhr, innere Unruhen, Streiks oder andere Arbeitsstörungen. Wünscht er, daß der Verkäufer einen solchen Versicherungsschutz besorgt, so muß er ihm entsprechende Anweisungen geben und der Verkäufer muß den gewünschten Versicherungsvertrag, falls in dieser Form verfügbar, abschließen.

9.4 Die „D"-Klauseln unterscheiden sich wesentlich von den „C"-Klauseln, da der Verkäufer nach den „D"-Klauseln für die Ankunft der Ware am vereinbarten Ort oder an der benannten Stelle an der Grenze oder innerhalb des Einfuhrlandes verantwortlich ist. Der Verkäufer hat alle Gefahren und Kosten bis zur Ankunft der Ware an diesem Ort zu tragen. Die „D"-Klauseln entsprechen daher Ankunftsverträgen, während die „C"-Klauseln Absendeverträge darstellen.

Außer bei DDP ist der Verkäufer unter den „D"-Klauseln nicht verpflichtet, die Ware im Bestimmungsland zur Einfuhr freizumachen.

Es war bisher unter DEQ üblich, daß der Verkäufer die Ware zur Einfuhr freizumachen hatte, da die Ware am Kai abzuliefern war und dadurch in das Einfuhrland eingeliefert wurde. Aufgrund von Änderungen der Zollformalitäten in den meisten Ländern, ist es heute angemessener, wenn die Partei, die in dem betreffenden Land wohnhaft ist, die Erledigung der Einfuhrformalitäten sowie die Zahlung der Zölle und anderen Kosten übernimmt. Die Änderung der DEQ-Klausel ist daher aus demselben Grund wie die oben erwähnte Änderung der FAS-Klausel eingeführt worden. Sowohl bei der FAS- wie auch bei der DEQ-Klausel ist diese Änderung in der Präambel durch Blockschrift hervorgehoben.

Offensichtlich werden in vielen Ländern Handelsklauseln verwendet, die nicht zu den Incoterms gehören, insbesondere im Eisenbahnverkehr („frei Grenze", „franco border", „franco-frontière"). Es ist jedoch unter solchen Klauseln in der Regel nicht beabsichtigt, daß der Verkäufer die Gefahr des Verlusts von oder der Beschädigung der Ware während des Transports bis zur Grenze übernehmen soll. Die Benutzung der CPT-Klausel mit Bestimmungsort „Grenze" ist unter diesen Umständen vorteilhafter. Sollten die Parteien jedoch beabsichtigen, daß der Verkäufer die Gefahren während des Transports übernimmt, so ist die DAF-Klausel „Geliefert Grenze" angebracht.

Die „DDU"-Klausel wurde neu in die Incoterms 1990 aufgenommen. Sie erfüllt eine wichtige Funktion, wenn der Verkäufer bereit ist, die Ware bis zum benannten Ort im Einfuhrland zu liefern, ohne die Ware zur Einfuhr freizumachen und ohne die dabei anfallenden Zölle zu zahlen. In Ländern, in denen die Einfuhrformalitäten schwierig und zeitaufwendig sein können, kann die Verpflichtung, die Ware hinter die Zollgrenze zu liefern, für den Verkäufer Gefahren bergen. Obwohl gemäß DDU, B5 und B6 der Käufer zusätzliche Kosten und Gefahren tragen muß, die aus seinem Versäumnis, die Ware zur Einfuhr freizumachen entstehen, empfiehlt es sich für den Verkäufer, die DDU-Klausel nicht in den Ländern anzuwenden, in denen mit Schwierigkeiten bei der Freimachung der Ware zur Einfuhr zu rechnen ist.

10. Der Begriff „Keine Verpflichtung"

Wie durch die Formulierungen „der Verkäufer hat" und „der Käufer hat" zum Ausdruck gebracht wird, befassen sich die Incoterms ausschließlich mit den gegenseitigen Verpflichtungen der Parteien. Die Worte „keine Verpflichtung" werden dort verwendet, wo eine Verpflichtung der einen Partei gegenüber der anderen Partei nicht besteht. Wenn beispielsweise nach A3 einer bestimmten Klausel der Verkäufer den Beförderungsvertrag abzuschließen und zu bezahlen hat, erscheinen zur Position des Käufers unter der Überschrift B3 „Beförderungsvertrag" die Worte „keine Verpflichtung". In Fällen, in denen keine der Parteien eine Verpflichtung gegenüber der anderen Partei hat, erscheinen die Worte „keine Verpflichtung" hingegen unter beiden Spalten, zum Beispiel unter „Versicherungsvertrag".

In beiden Fällen ist es wichtig zu erwähnen, daß auch wenn eine Partei gegenüber der anderen keine Verpflichtung hat bezüglich der Erbringung einer bestimmten Leistung, es durchaus in ihrem Interesse sein kann, dies trotzdem zu tun. Besteht zum Beispiel unter B4 für einen CFR-Käufer keine Verpflichtung gegenüber seinem Verkäufer, einen Versicherungsvertrag abzuschließen, so ist es ganz offensichtlich in seinen eigenen Interesse, einen solchen Vertrag abzuschließen, da der Verkäufer unter A4 nicht verpflichtet ist, für Versicherungsschutz zu sorgen.

11. Abweichungen von den Incoterms

Es kommt in der Praxis häufig vor, daß die Parteien eine Incoterms-Klausel mit einem Zusatz versehen, weil sie eine weitere Präzisierung wünschen. Es sollte betont werden, daß die Incoterms selbst keine Hilfe bei der Formulierung solcher Zusätze bieten. Können die Parteien nicht auf etablierte Handelsbräuche bezüglich der Auslegung solcher Zusätze zurückgreifen, kann es zu ernsthaften Schwierigkeiten kommen, falls keine allgemeingültige Deutung der Zusätze bewiesen werden kann.

Werden zum Beispiel die gängigen Ausdrücke „FOB verstaut" oder „EXW geladen" benutzt, ist es unmöglich, eine weltweit gültige Auslegung der Worte dahingehend zu erreichen, daß die Verpflichtung des Verkäufers nicht nur auf die Kosten, die für die Verladung der Ware auf das Schiff bzw. auf das Transportfahrzeug anfallen, ausgeweitet wird, sondern auch auf die Gefahr des zufälligen Verlusts oder der Beschädigung der Ware während des Verlade- bzw. Stauvorganges.

Es wird den Parteien daher ausdrücklich geraten klarzustellen, ob allein die Funktion und die Kosten des Stau- und Ladevorgangs zu Lasten des Verkäufers gehen sollen oder ob er auch das Risiko bis zum Abschluß des Stau- und Ladevorgangs tragen soll. Für diese Fragen bieten die Incoterms keine Lösung: Daraus folgt, daß, wenn auch der Vertrag die Absichten der Partei nicht ausdrücklich

(6) Incoterms Einl

erwähnt, auf die Parteien unnötiger Ärger und zusätzliche Kosten zukommen können.

Obwohl die Incoterms 2000 für viele dieser gängigen Varianten keine Regelung bieten, machen die Präambeln von bestimmten Klauseln die Parteien auf die Notwendigkeit besonderer Abmachungen in ihrem Vertrag aufmerksam, falls sie die Incoterms-Bestimmungen erweitern wollen.

EXW	die zusätzliche Verpflichtung seitens des Verkäufers, die Ware auf das Abholfahrzeug des Käufers zu verladen;
CIF/CIP	der Bedarf eines zusätzlichen Versicherungsschutzes seitens des Käufers;
DEQ	die zusätzliche Verpflichtung des Verkäufers, Kosten, die nach der Entladung entstehen, zu zahlen.

In manchen Fällen beziehen sich sowohl Verkäufer als auch Käufer auf Handelsbräuche im Linienschiffs- und Charterverkehr. Unter diesen Umständen besteht die Notwendigkeit, deutlich zwischen den Verpflichtungen der Parteien aus dem Beförderungsvertrag und ihren gegenseitigen Verpflichtungen aus dem Kaufvertrag zu unterscheiden. Leider gibt es keine verbindlichen Definitionen von Ausdrücken wie „Usancen des Linienverkehrs" und „Umschlaggebühren" (terminal handling charges) (THC). Die Kostenteilung unter solchen Klauseln kann je nach Ort variieren und sich gelegentlich ändern. Den Parteien wird empfohlen, im Kaufvertrag die Aufteilung der Kosten untereinander zu klären.

Ausdrücke, die häufig in Charterverträgen benutzt werden, wie „FOB verstaut", „FOB verstaut und getrimmt" werden manchmal in Kaufverträgen benutzt, um deutlich zu machen, inwieweit unter einer FOB-Klausel der Verkäufer verpflichtet ist, die Ware auf dem Schiff zu verstauen und zu trimmen. Werden solche Begriffe hinzugefügt, muß im Kaufvertrag klargestellt werden, ob die zusätzlichen Pflichten sich nur auf die Kosten beschränken oder sowohl Kosten als auch Risiken einschließen sollen.

Wie schon erwähnt, wurde viel Mühe darauf verwendet, um sicherzustellen, daß die Incoterms die gängigsten Handelsbräuche widerspiegeln. In einigen Fällen jedoch – insbesondere wo die Incoterms 2000 sich von den Incoterms 1990 unterscheiden – möchten die Parteien eventuell lieber andere Wirkungen mit den Handelsklauseln erreichen. Sie werden in den Präambeln zu den Klauseln auf mögliche Optionen hingewiesen, die durch das Wort „JEDOCH" angezeigt werden.

12. Hafenusancen oder Handelsbräuche

Da die Incoterms vorformulierte Klauseln zur Verwendung sowohl durch unterschiedliche Geschäftszweige, als auch in verschiedenen Regionen anbieten, ist es beinahe unmöglich, die Verpflichtungen der Parteien ganz präzise darzulegen. Es muß notwendigerweise in einem bestimmten Maß Bezug genommen werden auf die Hafenbräuche oder die Handelsgepflogenheiten eines bestimmten Geschäftszweigs oder auf die Praxis, die zwischen den Parteien in ihren früheren Geschäftsbeziehungen entstanden sind (vgl. Artikel 9 des UN-Übereinkommens von 1980 über Verträge des internationalen Warenkaufs). Verkäufern und Käufern wird empfohlen, sich beim Aushandeln ihres Vertrages über solche Bräuche zu informieren und bei etwaigen Unsicherheiten ihre Rechtslage durch Einfügung entsprechender Klauseln in ihrem Kaufvertrag klarzustellen. Solche im individuellen Kaufvertrag eingefügten Sondervereinbarungen haben Vorrang vor oder Einfluß auf die in den verschiedenen Incoterms dargelegten Auslegungen.

13. Wahlmöglichkeiten des Käufers bei der Bestimmung des Übergabeortes

Es wird unter Umständen nicht möglich sein, sich beim Abschluß des Kaufvertrags für eine bestimmte Stelle oder einen Ort zu entscheiden, an dem die Ware vom Verkäufer zur Beförderung übergeben werden soll. Es ist möglicherweise zu diesem Zeitpunkt nur auf einen Bereich oder einen größeren Ort, z. B. einen Seehafen, Bezug genommen worden und in der Regel wird dann festgelegt, daß der Käufer das Recht oder die Pflicht hat, später die genauere Stelle innerhalb des Bereichs oder des Ortes zu benennen. Hat der Käufer die erwähnte Pflicht, die genaue Stelle zu benennen, nicht erfüllt, so kann sein Versäumnis zur Übernahme der dadurch bedingten Risiken und zusätzlichen Kosten führen (B5/B7 aller Klauseln). Versäumt es der Käufer, sein Recht zur Benennung der Stelle auszuüben, kann dem Verkäufer das Recht zufallen, die ihm am besten zusagende Stelle auszuwählen (FCA A4).

14. Zollabfertigung

Der Ausdruck „Zollabfertigung" („customs clearance") hat zu Mißverständnissen geführt. So wird jetzt klar festgelegt, daß wenn von der Verpflichtung des Verkäufers oder des Käufers die Rede ist, Pflichten im Zusammenhang mit dem Verbringen der Ware durch den Zoll des Ausfuhr- oder Einfuhrlandes zu erfüllen, diese Verpflichtung nicht nur die Zahlung der anfallenden Zölle und anderen Kosten einschließt, sondern auch die Erledigung und Bezahlung anderer behördlicher Angelegenheiten, die mit der Verbringung der Ware durch den Zoll und der Auskunftserteilung an die Behörden verbunden sind. Es wurde auch – fälschlicherweise – für unangebracht gehalten, Klauseln zu benutzen, die die Pflicht zur Zollabfertigung enthalten, wenn wie im Binnenhandel innerhalb der EU oder anderen Freihandelszonen, Zölle nicht mehr erhoben werden und Import-/Exporteinschränkungen nicht mehr bestehen. Um dieser Situation gerecht zu werden, sind die Worte „falls anwendbar" unter A2 und B2 sowie A6 und B6 der entsprechenden Incoterms eingefügt worden, <u>so daß sie auch dann ohne Mißverständnisse benutzt werden können, wenn die Zollabfertigung entfällt.</u>

Es ist normalerweise empfehlenswert, die Zollabfertigung von der Partei durchführen zu lassen, die ihren Sitz in dem Land hat, in dem die Abfertigung stattfinden soll, oder zumindest von einem Vertreter vor Ort. Folglich hat üblicherweise der Exporteur die Ware zur Ausfuhr abzufertigen, während der Importeur die Einfuhrabfertigung übernimmt. Die Incoterms 1990 wichen von dieser Praxis in den EXW- und FAS-Klauseln (Ausfuhrabfertigung durch den Käufer) und der DEQ-Klausel (Einfuhrabfertigung durch den Verkäufer) ab, wogegen die Incoterms 2000 unter den FAS- und DEQ-Klauseln die Pflicht zur Ausfuhrabfertigung dem Verkäufer, die Pflicht zur Einfuhrabfertigung jedoch dem Käufer auferlegt haben, während die EXW-Klausel – die die Mindestverpflichtung für den Verkäufer darstellt – unverändert bleibt (Ausfuhrabfertigung durch den Käufer). Unter der DDP-Klausel verpflichtet sich der Verkäufer genau das zu tun, was die Bezeichnung der Klausel besagt – geliefert verzollt (<u>D</u>elivered <u>D</u>uty <u>P</u>aid) – d. h. die Ware zur Einfuhr freizumachen und die dadurch entstehenden Zölle zu entrichten.

15. Verpackung

In den meisten Fällen wissen die Parteien im voraus, welche Verpackung zur sicheren Beförderung der Ware bis zum Bestimmungsort erforderlich ist. Da jedoch die Verpflichtung des Verkäufers, die Ware zu verpacken, sich nach der Art und Dauer des vorgesehenen Transports richtet, erschien es notwendig festzulegen, daß der Verkäufer die Ware transportgerecht zu verpacken hat, jedoch nur soweit die Umstände des Transports ihm vor Abschluß des Kaufvertrags bekannt sind (vgl. Art. 35.1 und 35.2.b des UN-Übereinkommens von 1980 über Verträge des internationalen Warenkaufs, gemäß dem die Ware einschließlich der Verpackung „sich für einen bestimmten Zweck eignet, der dem Verkäufer bei Vertragsabschluß ausdrücklich oder auf andere Weise zur Kenntnis gebracht wurde, sofern sich nicht aus den Umständen ergibt, daß der Käufer auf die Sachkenntnis und das Urteilsvermögen des Verkäufers nicht vertraute oder vernünftigerweise nicht vertrauen konnte").

16. Prüfung der Ware

In vielen Fällen ist der Käufer gut beraten, die Prüfung der Ware vor oder zum Zeitpunkt ihrer Verladung (sogenannte „pre-shipment inspection" oder PSI) vornehmen zu lassen. Mangels anderweitiger vertraglicher Vereinbarung hat der Käufer die Kosten für eine solche in seinem eigenen Interesse angeordnete Prüfung zu tragen. Wenn jedoch die Prüfung aufgrund von behördlichen Auflagen des Ausfuhrlands beim Warenexport durchgeführt wird, die vom Verkäufer erfüllt werden müssen, hat der Verkäufer die Kosten dieser Prüfung zu tragen, außer unter der EXW-Klausel, unter der die Kosten einer solchen Prüfung zu Lasten des Käufers gehen.

(6) Incoterms Einl

17. Transportart und geeignete Incoterms-Klausel 2000

Jede Transportart		
Gruppe E	EXW	Ab Werk (... benannter Ort)
Gruppe F	FCA	Frei Frachtführer (... benannter Ort)
Gruppe C	CPT	Frachtfrei (... benannter Bestimmungsort)
	CIP	Frachtfrei versichert (... benannter Bestimmungsort)
Gruppe D	DAF	Geliefert Grenze (... benannter Ort)
	DDU	Geliefert unverzollt (... benannter Bestimmungsort)
	DDP	Geliefert verzollt (... benannter Bestimmungsort)
Ausschließlich See- und Binnenschiffstransport		
Gruppe F	FAS	Frei Längsseite Schiff (... benannter Verschiffungshafen)
	FOB	Frei an Bord (... benannter Verschiffungshafen)
Gruppe C	CFR	Kosten und Fracht (benannter Bestimmungshafen)
	CIF	Kosten, Versicherung, Fracht (... benannter Bestimmungshafen)
Gruppe D	DES	Geliefert ab Schiff (... benannter Bestimmungshafen)
	DEQ	Geliefert ab Kai (... benannter Bestimmungshafen)

18. Die empfohlene Klausel

In manchen Fällen wird in der Präambel die Benutzung oder Nichtbenutzung einer bestimmten Klausel empfohlen. Dies ist von besonderer Bedeutung, wenn es auf die Wahl zwischen der FCA- und der FOB-Klausel ankommt. Leider bedienen sich Kaufleute nach wie vor der FOB-Klausel in Fällen, in denen diese völlig ungeeignet ist und der Verkäufer dadurch nach Übergabe der Ware an den vom Käufer benannten Frachtführer Risiken eingeht. Die FOB-Klausel ist nur geeignet, wenn die Ware „über die Schiffsreling" angeliefert wird, oder zumindest „an das Schiff" und nicht in Fällen, in denen die Ware dem Frachtführer zur anschließenden Verladung auf das Schiff übergeben wird, zum Beispiel in Containern verladen oder auf Lastkraftwagen oder Waggons als sogenannter Ro-Ro-Verkehr. So wurde in der Präambel zur FOB-Klausel deutlich davor gewarnt, diese Klausel zu verwenden, wenn die Parteien die Lieferung über die Schiffsreling nicht vorgesehen haben.

Es kommt vor, daß die Parteien irrtümlich auch dann Klauseln benutzen, die für den Seetransport gelten, wenn sie eine andere Transportart vorsehen wollen. Dadurch kann der Verkäufer in die mißliche Lage geraten, seiner Verpflichtung, das richtige Dokument an den Käufer zu liefern, nicht nachkommen zu können (z. B. ein Konnossement oder einen Seefrachtbrief bzw. das elektronische Gegenstück). Die in Abschnitt 17 enthaltene Tabelle zeigt auf, welche Klausel der Incoterms 2000 zu welcher Transportart paßt. Es wird außerdem in der Präambel jeder Klausel gesagt, ob die Klausel für alle Transportarten oder lediglich für den Seetransport geeignet ist.

19. Das Konnossement und der Electronic Commerce

Bisher hatte der Verkäufer nach den CFR- und CIF-Klauseln ein An-Bord-Konnossement als allein annehmbares Dokument zu beschaffen. Das Konnossement erfüllt drei wichtige Aufgaben, nämlich:
- den Nachweis der Lieferung der Ware an Bord des Schiffs
- den Nachweis des Beförderungsvertrags
- die Übertragung der Rechte an der Ware während des Transports durch Übergabe des Dokuments an eine dritte Partei.

Während die ersten beiden Aufgaben auch durch andere Transportdokumente erfüllt werden können, regelt nur das Konnossement die Auslieferung der Ware am Bestimmungsort oder ermöglicht dem Käufer, die Ware während des Transports durch Übergabe des Dokuments an einen weiteren Käufer zu veräußern. Die übrigen Transportdokumente benennen die Partei, die zum Empfang der Ware am

Bestimmungsort berechtigt ist. Der Umstand, daß derjenige, der die Ware am Bestimmungsort von dem Frachtführer übernehmen will, im Besitz des Konnossements sein muß, kompliziert es erheblich, dieses Dokument durch elektronischen Datenaustausch zu ersetzen.

Es ist ferner üblich, mehrere Originalexemplare eines Konnossements auszustellen. Dabei ist es selbstverständlich für den Käufer oder eine Bank, die gemäß seinen Anweisungen die Zahlung an den Verkäufer vornimmt, unerläßlich sicherzustellen, daß alle Originale vom Verkäufer übergeben werden (sogenannter „voller Satz"). Dies ist auch in den ICC-Richtlinien für Dokumentenakkreditive (die Einheitlichen Richtlinien und Gebräuche für Dokumenten-Akkreditive „ERA"; aktuelle Version zum Zeitpunkt des Inkrafttretens der Incoterms 2000: ICC-Publ. Nr. 500) festgelegt.[1]

Das Transportdokument muß nicht nur einen Nachweis für die Übergabe der Ware an den Frachtführer liefern, sondern auch dafür, daß die Ware, soweit sich das vom Frachtführer feststellen läßt, ordnungsgemäß und in einem guten Zustand übernommen wurde. Sollte das Transportdokument einen Vermerk enthalten, der darauf hinweist, daß die Ware nicht in einem solchen Zustand war, gilt das Dokument als „unrein" und ist gemäß ERA nicht annehmbar.

Trotz der besonderen Rechtsnatur des Konnossements ist zu erwarten, daß es in naher Zukunft durch ein elektronisches Verfahren ersetzt wird. Die Incoterms 1990 hatten diese vorauszusehende Entwicklung schon in angemessener Weise berücksichtigt. Nach den A8-Klauseln können Papierdokumente durch elektronische Mitteilungen ersetzt werden, falls sich Verkäufer und Käufer auf elektronischen Datenaustausch geeignet haben. Solche Mitteilungen könnten direkt an die betreffende Partei gesendet werden oder durch eine dritte Partei, die Zusatzdienstleistungen anbietet. Eine solche Dienstleistung, die zweckmäßig durch Dritte angeboten werden kann, ist die Registrierung der aufeinander folgenden Inhaber eines Konnossements. Dienstleister, die solche Leistungen anbieten, wie BOLERO, müssen u. U. durch angemessene Normen und Rechtsgrundsätze zusätzlich unterstützt werden, wie dies die CMI 1990 Regeln für elektronische Konnossemente und Art. 16–17 des UNCITRAL Modellgesetzes von 1996 über Electronic Commerce gezeigt haben.

20. Nichtbegebbare Transportdokumente anstelle von Konnossementen

In den letzten Jahren wurde eine erhebliche Vereinfachung der Dokumentenpraxis erreicht. Konnossemente werden häufig durch nichtbegebbare Dokumente ersetzt, vergleichbar denjenigen, die für andere Transportarten als den Seetransport verwendet werden. Diese Dokumente bezeichnet man als „Seefrachtbriefe", „Linienfrachtbrief" („liner waybill"), „Frachtempfangsbescheinigungen", oder man verwendet ähnliche Ausdrücke. Diese nichtbegebbaren Dokumente können zufriedenstellend eingesetzt werden, außer der Käufer möchte die Ware während des Transports durch Übergabe eines Papiers an einen weiteren Käufer veräußern. Um dies zu ermöglichen, mußte gemäß den CFR- und CIF-Klauseln die Pflicht des Verkäufers zur Beschaffung eines Konnossements bestehen bleiben. Wenn jedoch für die Vertragsparteien feststeht, daß der Käufer nicht die Absicht hat, die Ware unterwegs weiter zu veräußern, können sie vertraglich vereinbaren, den Verkäufer von der Pflicht zur Beschaffung eines Konnossements zu befreien, oder sie wenden die CPT- oder CIP-Klausel an, nach denen diese Verpflichtung zur Beschaffung eines Konnossements nicht besteht.

21. Absenderverfügungen

Ein Käufer, der gemäß einer „C"-Klausel Ware bezahlt, sollte sicherstellen, daß der Verkäufer nach Bezahlung nicht durch neue Weisungen an den Frachtführer über die Ware weiter verfügen kann. Manche für bestimmte Transportarten benutzte Transportdokumente (Luft-, Straßen- oder Schienentransporte) bieten den Vertragsparteien die Möglichkeit, den Verkäufer an der Erteilung neuer Weisungen an den Frachtführer dadurch zu hindern, daß dem Käufer ein besonderes Original oder Duplikat des Frachtbriefs übergeben wird. Die Dokumente erhalten eine Verfügungsbeschränkung. Dokumente, die anstelle eines Konnossements für den Seetransport benutzt werden, enthalten jedoch normalerweise nicht diese

---

[1] Nunmehr **(11)** ERA 600 (2007) *[Anm. des Kommentators]*.

(6) Incoterms 1. EXW

„Sperr"-Funktion. Das Comité Maritime International hat jedoch diesen Mangel bei den oben erwähnten Dokumenten beseitigt, indem es die „Einheitlichen Richtlinien für Seefrachtbriefe 1990" eingeführt hat, nach denen die Parteien eine „Verfügungsverzichtsklausel" vereinbaren können, die besagt, daß der Verkäufer auf das Recht verzichtet, über die Ware durch Weisungen an den Frachtführer, sie an eine im Frachtbrief nicht erwähnte andere Person oder einen anderen Bestimmungsort zu liefern, zu verfügen.

22. ICC-Schiedsgerichtsbarkeit

Wenn die Vertragschließenden für den Fall einer Auseinandersetzung die Durchführung eines ICC Schiedsverfahrens vereinbaren wollen, muß dies in ihrem Vertrag oder, falls ein schriftlicher Vertrag nicht existiert, im Wege des Schriftwechsels ausdrücklich und unmißverständlich durch Einigung auf die ICC-Schiedsgerichtsbarkeit erfolgen. Die Aufnahme einer oder mehrerer Incoterms-Klauseln in einen Vertrag oder in die Korrespondenz darüber beinhaltet NICHT automatisch die Vereinbarung der ICC-Schiedsgerichtsbarkeit.

Die ICC empfiehlt folgende Standardklausel:

„Alle aus oder in Zusammenhang mit dem gegenwärtigen Vertrag sich ergebenden Streitigkeiten werden nach der Schiedsgerichtsordnung der Internationalen Handelskammer von einem oder mehreren gemäß dieser Ordnung ernannten Schiedsrichtern endgültig entschieden."

1. EXW
AB WERK
(... benannter Ort)

„Ab Werk" bedeutet, daß der Verkäufer liefert, wenn er die Ware dem Käufer auf dem Gelände des Verkäufers oder an einem anderen benannten Ort (d. h. Werk, Fabrikationsstätte, Lager usw.) zur Verfügung stellt, ohne daß die Ware zur Ausfuhr freigemacht und auf ein abholendes Beförderungsmittel verladen ist.

Diese Klausel stellt daher die Mindestverpflichtung für den Verkäufer dar, wobei der Käufer alle Kosten und Gefahren, die mit dem Transport der Ware von dem Gelände des Verkäufers verbunden sind, zu tragen hat.

Wenn die Parteien jedoch wünschen, daß der Verkäufer für das Verladen der Ware bei Abfahrt verantwortlich sein und die Gefahren und alle Kosten einer solchen Verladung übernehmen soll, dann sollte dies durch einen entsprechenden ausdrücklichen Zusatz im Kaufvertrag deutlich gemacht werden. Diese Klausel sollte nicht verwendet werden, wenn es dem Käufer nicht möglich ist, direkt oder indirekt die Exportformalitäten durchzuführen. Unter solchen Umständen sollte die FCA-Klausel verwendet werden, vorausgesetzt der Verkäufer ist damit einverstanden, daß er auf seine Kosten und Gefahr verlädt.

A. Verpflichtungen des Verkäufers

1. Lieferung vertragsgemäßer Ware

Der Verkäufer hat die Ware in Übereinstimmung mit dem Kaufvertrag zu liefern sowie die Handelsrechnung oder die entsprechende elektronische Mitteilung und alle sonstigen vertragsgemäßen Belege hierfür zu erbringen.

2. Lizenzen, Genehmigungen und Formalitäten

Der Verkäufer hat dem Käufer auf dessen Verlangen, Gefahr und Kosten, falls anwendbar, bei der Beschaffung der Ausfuhrbewilligung oder anderen behördlichen Genehmigung, die für die Ausfuhr der Ware erforderlich sind, jede Hilfe zu gewähren.

3. Beförderungs- und Versicherungsverträge

a) Beförderungsvertrag
   Keine Verpflichtung.
b) Versicherungsvertrag
   Keine Verpflichtung.

4. Lieferung

Der Verkäufer hat die Ware dem Käufer an dem benannten Lieferort in dem vereinbarten Zeitpunkt oder innerhalb der vereinbarten Frist oder, mangels Vereinbarung über die Zeit, zu der für die Lieferung solcher Ware üblichen Zeit zur Verfügung zu stellen, und zwar ohne Verladung auf das abholende Beförderungsmittel. Wurde keine bestimmte Stelle am benannten Ort vereinbart und kommen mehrere Stellen in Betracht, kann der Verkäufer die ihm am besten zusagende Stelle am Lieferort auswählen.

5. Gefahrenübergang

Der Verkäufer hat, vorbehaltlich der Bestimmungen von B5, alle Gefahren des Verlusts oder der Beschädigung der Ware solange zu tragen, bis sie gemäß A4 geliefert worden ist.

6. Kostenteilung

Der Verkäufer hat, vorbehaltlich der Bestimmungen von B6, alle die Ware betreffenden Kosten solange zu tragen, bis sie gemäß A4 geliefert worden ist.

7. Benachrichtigung des Käufers

Der Verkäufer hat den Käufer in angemessener Weise zu benachrichtigen an welchem Ort und zu welcher Zeit ihm die Ware zu Verfügung gestellt wird.

8. Liefernachweis, Transportdokument oder entsprechende elektronische Mitteilung.

Keine Verpflichtung.

9. Prüfung – Verpackung – Kennzeichnung

Der Verkäufer hat die Kosten der Prüfung (wie Qualitätsprüfung, Messen, Wiegen und Zählen) zu tragen, die für die Zurverfügungstellung der Ware an den Käufer erforderlich ist.

Der Verkäufer hat auf eigene Kosten für eine Verpackung zu sorgen (sofern es nicht handelsüblich ist, die im Vertrag beschriebene Ware unverpackt bereitzustellen), die für den Transport der Ware erforderlich ist, wenn und soweit die Transportmodalitäten (z. B. Transportart, Bestimmungsort) dem Verkäufer vor Abschluß des Kaufvertrags zur Kenntnis gebracht worden sind. Die Verpackung ist in geeigneter Weise zu kennzeichnen.

10. Sonstige Verpflichtungen

Der Verkäufer hat dem Käufer auf dessen Verlangen, Gefahr und Kosten bei der Beschaffung aller Dokumente oder entsprechender elektronischen Mitteilungen, die im Liefer- und/oder Ursprungsland ausgestellt oder abgesendet werden und die der Käufer zur Ausfuhr und/oder Einfuhr der Ware und gegebenenfalls zur Durchfuhr durch jedes Land benötigt, jede Hilfe zu gewähren.

Der Verkäufer hat dem Käufer auf dessen Verlangen die für die Versicherung der Ware erforderlichen Auskünfte zu erteilen.

B. Verpflichtungen des Käufers

1. Zahlung des Kaufpreises

Der Käufer hat den Preis vertragsgemäß zu zahlen.

2. Lizenzen, Genehmigungen und Formalitäten

Der Käufer hat auf eigene Gefahr und Kosten die Aus- und Einfuhrbewilligung oder andere behördliche Genehmigung zu beschaffen sowie, falls anwendbar, alle erforderlichen Zollformalitäten für die Aus- und Einfuhr der Ware und für ihre Durchfuhr durch jedes Land zu erledigen.

3. Beförderungs- und Versicherungsverträge

a) Beförderungsvertrag
   Keine Verpflichtung.
b) Versicherungsvertrag
   Keine Verpflichtung.

4. Abnahme

Der Käufer hat die Ware abzunehmen, wenn sie gemäß A4 und A7/B7 geliefert worden ist.

(6) Incoterms 1. EXW 2. Handelsrechtl. Nebengesetze

5. Gefahrenübergang

Der Käufer hat alle Gefahren des Verlustes oder der Beschädigung der Ware zu tragen und zwar
- von dem Zeitpunkt an, in dem sie ihm gemäß A4 geliefert worden ist; und
- von dem für die Abnahme vereinbarten Zeitpunkt oder vom Ablauf der hierfür vereinbarten Frist an, die dadurch entstehen, daß er eine Benachrichtigung gemäß B7 unterläßt, vorausgesetzt jedoch, daß die Ware in geeigneter Weise konkretisiert, d. h. als der für den Käufer bestimmte Gegenstand abgesondert oder auf andere Art kenntlich gemacht worden ist.

6. Kostenteilung

Der Käufer hat zu tragen
- alle die Ware betreffenden Kosten von dem Zeitpunkt an, in dem sie gemäß A4 geliefert worden ist; und
- alle zusätzlichen Kosten, die entweder dadurch entstehen, daß die Ware, nachdem sie ihm zur Verfügung gestellt wurde, nicht abgenommen worden ist, oder keine Benachrichtigung gemäß B7 erfolgte, vorausgesetzt jedoch, daß die Ware in geeigneter Weise konkretisiert, d. h. als der für den Käufer bestimmte Gegenstand abgesondert oder auf andere Art kenntlich gemacht worden ist; und
- falls anwendbar, alle Zölle, Steuern und andere Abgaben sowie die Kosten der Zollformalitäten, die bei der Ein- und Ausfuhr der Ware und bei der Durchfuhr durch jedes Land anfallen.

Der Käufer hat alle Kosten und Abgaben zu erstatten, die dem Verkäufer bei der Hilfeleistung gemäß A2 entstanden sind.

7. Benachrichtigung des Verkäufers

Der Käufer hat, wenn er berechtigt ist, den Zeitpunkt der Abnahme innerhalb einer vereinbarten Frist und/oder ihren Ort zu bestimmen, den Verkäufer in angemessener Weise davon zu benachrichtigen.

8. Liefernachweis, Transportdokument oder entsprechende elektronische Mitteilung

Der Käufer hat dem Verkäufer einen geeigneten Nachweis der Abnahme der Ware zu erbringen.

9. Prüfung der Ware

Der Käufer hat die Kosten für jede Warenkontrolle vor der Verladung (pre-shipment inspection) zu tragen, einschließlich behördlich angeordneter Kontrollen des Ausfuhrlandes.

10. Sonstige Verpflichtungen

Der Käufer hat alle Kosten und Gebühren für die Beschaffung der in A10 genannten Dokumente oder entsprechender elektronischer Mitteilungen zu tragen und diejenigen des Verkäufers zu erstatten, die diesem bei der Hilfeleistung hierfür entstanden sind.

1) Vertragstyp

1 „Ab Werk" ist die den Verkäufer am wenigsten belastende Incoterms-Klausel (umgekehrt Maximalbelastung des Verkäufers bei Klausel „Geliefert verzollt", s Nr 13). Der benannte Ort ist idR das eigene Gelände (Betriebsgelände) des Verkäufers. „Ab Werk" hat wegen der einseitigen Lastenverteilung auf den Käufer keine große Bedeutung für den Außenhandel. Der Ab-Werk-Vertrag ist nicht mit der bloßen Ab-Werk-Preisklausel zu verwechseln, die auch bei anderen Verträgen vorkommt.

2) Verkäufer- und Käuferpflichten

2 Die Gefahr und Kosten nicht nur der Einfuhrbewilligung (so unter Incoterms 2000 FAS und DEQ), sondern auch der Ausfuhrbewilligung liegen beim Käufer, Verkäufer hat nur ggf Hilfe zu gewähren (B 2/A 2). Prüfung der Ware (pre-shipment inspection oder PSI) ist Sache des Käufers, bei EXW (sonst nicht) selbst dann, wenn die Prüfung Voraussetzung des Warenexports ist (IntHK Einl 16). Der Verkäufer hat die Waren am benannten Lieferort zur Verfügung zu stellen, und zwar ohne Verladung auf das abholende Beförderungsmittel (A 4). Wünscht der Käufer, dass der Verkäufer weitere Leistungen erbringt, etwa wie in der Praxis häufig dem Käufer bei der Verladung der Ware

IV. AGB und Vertragsklauseln **2. FCA Incoterms (6)**

auf dessen Abholfahrzeug behilflich ist, muss das im Kaufvertrag klargestellt werden (so ausdrücklich Präambel zu EXW; IntHK Einl 11). Von einer speziellen Incoterms-Klausel „ex works loaded" wurde abgesehen. – Der **Gefahrübergang** erfolgt mit Zurverfügungstellung im Werk des Verkäufers, Verladung also auf Risiko des Käufers (A 5, B 5); der Käufer muss dort untersuchen und rügen (§ 377 HGB Rn 7, 10). Vorgezogener Gefahrübergang setzt Absonderung oder andere Kenntlichmachung der Ware für den Käufer voraus (B 5). „Ab Werk" regelt nur den Preisgefahrübergang; die Leistungsgefahr geht mit der Konkretisierung der Gattungsschuld über. – Mangels bestimmter Fristvereinbarung gilt für die **Benachrichtigung** (B 7) handelsübliche Frist.

2. FCA
FREI FRACHTFÜHRER
(... benannter Ort)

„Frei Frachtführer" bedeutet, daß der Verkäufer die zur Ausfuhr freigemachte Ware dem vom Käufer benannten Frachtführer am benannten Ort liefert. Es sollte beachtet werden, daß der ausgewählte Ort der Lieferung Folgen für die Verpflichtungen zur Be- und Entladung der Ware an diesem Ort nach sich zieht. Falls die Lieferung beim Verkäufer stattfindet, ist der Verkäufer für die Beladung verantwortlich. Falls die Lieferung an einem anderen Ort stattfindet, ist der Verkäufer nicht für die Entladung verantwortlich.

Diese Klausel kann für jede Transportart verwendet werden, einschließlich des multimodalen Transports.

„Frachtführer" ist, wer sich durch einen Beförderungsvertrag verpflichtet, die Beförderung per Schiene, Straße, Luft, See, Binnenschiff, oder in einer Kombination dieser Transportarten durchzuführen oder durchführen zu lassen.

Benennt der Käufer für die Entgegennahme der Ware eine andere Person als den Frachtführer, hat der Verkäufer seine Lieferverpflichtung erfüllt, wenn die Ware dieser Person geliefert wird.

A. Verpflichtungen des Verkäufers

1. Lieferung vertragsgemäßer Ware
Der Verkäufer hat die Ware in Übereinstimmung mit dem Kaufvertrag zu liefern sowie die Handelsrechnung oder die entsprechende elektronische Mitteilung und alle sonstigen vertragsgemäßen Belege hierfür zu erbringen.

2. Lizenzen, Genehmigungen und Formalitäten
Der Verkäufer hat auf eigene Gefahr und Kosten die Ausfuhrbewilligung oder andere behördliche Genehmigung zu beschaffen sowie, falls anwendbar, alle Zollformalitäten zu erledigen, die für die Ausfuhr der Ware erforderlich sind.

3. Beförderungs- und Versicherungsverträge

a) Beförderungsvertrag
Keine Verpflichtung. Wenn es der Käufer jedoch verlangt, oder wenn es Handelspraxis ist und der Käufer nicht rechtzeitig eine gegenteilige Anweisung erteilt, kann der Verkäufer zu üblichen Bedingungen den Beförderungsvertrag auf Gefahr und Kosten des Käufers abschließen. In beiden Fällen kann der Verkäufer es ablehnen, den Vertrag abzuschließen; in diesem Fall hat er den Käufer unverzüglich zu benachrichtigen.
b) Versicherungsvertrag: Keine Verpflichtung.

4. Lieferung
Der Verkäufer hat die Ware dem Frachtführer oder einer anderen Person, vom Käufer benannt oder vom Verkäufer in Übereinstimmung mit A3 a) ausgewählt, am benannten Ort in der für die Lieferung vereinbarten Zeitpunkt oder innerhalb der hierfür vereinbarten Frist zu liefern.
Die Lieferung ist abgeschlossen:
a) **Falls der benannte Ort beim Verkäufer liegt, wenn die Ware auf das bereitgestellte Beförderungsmittel des Frachtführers verladen worden ist, der vom Käufer oder einer anderen in seinem Auftrag handelnden Person benannt wurde.**
b) **Falls der benannte Ort ein anderer als der gemäß a) ist, wenn die Ware dem Frachtführer oder einer anderen vom Käufer benannten oder vom Verkäufer**

(6) Incoterms 2. FCA

gemäß A3 a) ausgewählten Person auf dem Beförderungsmittel des Verkäufers unentladen zur Verfügung gestellt wird.

Wurde keine bestimmte Stelle am benannten Ort vereinbart und kommen mehrere Stellen in Betracht, kann der Verkäufer die ihm am besten zusagende Stelle am Lieferort auswählen.

Mangels genauer Anweisungen des Käufers kann der Verkäufer die Ware zur Beförderung in der Weise übergeben, wie es die Beförderungsart und/oder die Menge und/oder die Art der Ware verlangen.

5. Gefahrenübergang

Der Verkäufer hat, vorbehaltlich der Bestimmungen von B5, alle Gefahren des Verlusts oder der Beschädigung der Ware solange zu tragen, bis sie gemäß A4 geliefert worden ist.

6. Kostenteilung

Der Verkäufer hat, vorbehaltlich der Bestimmungen von B6, zu tragen
- alle die Ware betreffenden Kosten bis zu dem Zeitpunkt, in dem sie gemäß A4 geliefert worden ist; und
- falls anwendbar, die Kosten der Zollformalitäten sowie alle Zölle, Steuern und andere Abgaben, die bei der Ausfuhr der Ware anfallen.

7. Benachrichtigung des Käufers

Der Verkäufer hat den Käufer in angemessener Weise zu informieren, daß die Ware gemäß A4 geliefert worden ist. Sollte der Frachtführer die Lieferung nicht gemäß A4 zum vereinbarten Zeitpunkt übernehmen, hat der Verkäufer den Käufer entsprechend zu benachrichtigen.

8. Liefernachweis, Transportdokument oder entsprechende elektronische Mitteilung

Der Verkäufer hat auf seine Kosten dem Käufer den üblichen Nachweis der Lieferung gemäß A4 zu beschaffen.

Der Verkäufer hat, sofern das im vorstehenden Absatz erwähnte Dokument nicht das Transportdokument ist, dem Käufer auf dessen Verlangen, Gefahr und Kosten bei der Beschaffung eines Transportdokuments zum Beförderungsvertrag (z. B. eines begebbaren Konnossements, eines nichtbegebbaren Seefrachtbriefs, eines Dokuments des Binnenschifftransports, eines Luftfrachtbriefs, eines Eisenbahnfrachtbriefs, eines Straßenfrachtbriefs oder eines multimodalen Transportdokuments) jede Hilfe zu gewähren.

Wenn sich Verkäufer und Käufer auf elektronische Datenkommunikation geeinigt haben, kann das im vorstehenden Absatz erwähnte Dokument durch eine entsprechende Mitteilung im elektronischen Datenaustausch (EDI message) ersetzt werden.

9. Prüfung – Verpackung – Kennzeichnung

Der Verkäufer hat die Kosten der Prüfung (wie Qualitätsprüfung, Messen, Wiegen und Zählen) zu tragen, die für die Lieferung der Ware gemäß A4 erforderlich ist.

Der Verkäufer hat auf eigene Kosten für eine Verpackung zu sorgen (sofern es nicht handelsüblich ist, die im Vertrag beschriebene Ware unverpackt zu versenden), die für den Transport der Ware erforderlich ist, wenn und soweit die Transportmodalitäten (z. B. Transportart, Bestimmungsort) dem Verkäufer vor Abschluß des Kaufvertrags zur Kenntnis gebracht worden sind. Die Verpackung ist in geeigneter Weise zu kennzeichnen.

10. Sonstige Verpflichtungen

Der Verkäufer hat dem Käufer auf dessen Verlangen, Gefahr und Kosten bei der Beschaffung aller anderen als in A8 genannten Dokumente oder entsprechender elektronischer Mitteilungen, die im Liefer- und/oder Ursprungsland ausgestellt oder abgesendet werden und die der Käufer zur Einfuhr der Ware und gegebenenfalls zur Durchfuhr durch jedes Land benötigt, jede Hilfe zu gewähren.

Der Verkäufer hat dem Käufer auf dessen Verlangen die für die Versicherung der Ware erforderlichen Auskünfte zu erteilen.

B. Verpflichtungen des Käufers

1. Zahlung des Kaufpreises

Der Käufer hat den Preis vertragsgemäß zu zahlen.

IV. AGB und Vertragsklauseln **2. FCA Incoterms (6)**

2. Lizenzen, Genehmigungen und Formalitäten

Der Käufer hat auf eigene Gefahr und Kosten die Einfuhrbewilligung oder andere behördliche Genehmigung zu beschaffen sowie, falls anwendbar, alle erforderlichen Zollformalitäten für die Einfuhr der Ware und für ihre Durchfuhr durch jedes Land zu erledigen.

3. Beförderungs- und Versicherungsverträge

a) Beförderungsvertrag

Der Käufer hat auf eigene Kosten den Vertrag über die Beförderung der Ware vom benannten Ort abzuschließen, es sei denn, daß der Beförderungsvertrag vom Verkäufer gemäß A3 a) abgeschlossen worden ist.

b) Versicherungsvertrag

Keine Verpflichtung.

4. Abnahme

Der Käufer hat die Ware abzunehmen, wenn sie gemäß A4 geliefert worden ist.

5. Gefahrenübergang

Der Käufer hat alle Gefahren des Verlustes oder der Beschädigung der Ware zu tragen, und zwar

- von dem Zeitpunkt an, in dem sie gemäß A4 geliefert worden ist; und
- von dem für die Lieferung vereinbarten Zeitpunkt an oder vom Ablauf jeder hierfür vereinbarten Frist an, die entweder dadurch entstehen, daß er den Frachtführer oder eine andere Person gemäß A4 nicht benennt, oder weil der Frachtführer oder die von dem Käufer benannte Partei die Ware nicht zum vereinbarten Zeitpunkt übernimmt oder weil der Käufer eine angemessene Benachrichtigung gemäß B7 unterläßt, vorausgesetzt jedoch, daß die Ware in geeigneter Weise konkretisiert, d. h. als der für den Käufer bestimmte Gegenstand abgesondert oder auf andere Art kenntlich gemacht worden ist.

6. Kostenteilung

Der Käufer hat zu tragen

- alle die Ware betreffenden Kosten von dem Zeitpunkt an, in dem sie gemäß A4 geliefert worden ist; und
- alle zusätzlichen Kosten, die entweder dadurch entstehen, daß er den Frachtführer oder eine andere Person gemäß A4 nicht benennt oder die von ihm benannte Person die Ware in dem vereinbarten Zeitpunkt nicht übernimmt oder weil er eine angemessene Benachrichtigung gemäß B7 unterläßt, vorausgesetzt jedoch, daß die Ware in geeigneter Weise konkretisiert, d. h. als der für den Käufer bestimmte Gegenstand abgesondert oder auf andere Art kenntlich gemacht worden ist; und,
- falls anwendbar, alle Zölle, Steuern und andere Abgaben sowie die Kosten der Zollformalitäten, die bei der Einfuhr der Ware und bei der Durchfuhr durch jedes Land anfallen.

7. Benachrichtigung des Verkäufers

Der Käufer hat dem Verkäufer in angemessener Weise den Namen der in A4 bestimmten Partei anzugeben, und, soweit erforderlich, die Transportart sowie den Zeitpunkt oder die Frist für die Lieferung der Ware und gegebenenfalls die Stelle innerhalb des Ortes, an dem die Ware dem Dritten geliefert werden soll, mitzuteilen.

8. Liefernachweis, Transportdokument oder entsprechende elektronische Mitteilung

Der Käufer hat den in Übereinstimmung mit A8 erbrachten Liefernachweis anzunehmen.

9. Prüfung der Ware

Der Käufer hat die Kosten für jede Warenkontrolle vor der Verladung (pre-shipment inspection) zu tragen, mit Ausnahme behördlich angeordneter Kontrollen des Ausfuhrlandes.

10. Sonstige Verpflichtungen

Der Käufer hat alle Kosten und Gebühren für die Beschaffung der in A10 genannten Dokumente oder entsprechender elektronischer Mitteilungen zu tragen und diejenigen des Verkäufers zu erstatten, die diesem bei der Hilfeleistung hierfür und beim Abschluß des Beförderungsvertrags gemäß A3 a) entstanden sind.

(6) Incoterms 2. FCA

Der Käufer hat dem Verkäufer zweckdienliche Anweisungen zu erteilen, wenn seine Hilfe beim Abschluß des Beförderungsvertrags gemäß A3 a) erforderlich ist.

1) Vertragstyp

1 „Frei Frachtführer" (seit 1980; 1990 grundlegend überarbeitet) ersetzt die früheren Spezialklauseln für Luft- und Eisenbahntransport „FOR/FOT" bzw „Frei Waggon" und „FOB Flughafen" (s 28. Aufl.). Diese können aber weiterhin vereinbart werden. „Frei Waggon" ist im Überlandhandel weit verbreitet, betrifft den Eisenbahntransport, ist aber auch für den Straßentransport geeignet („Frei LKW", „Frei verladen"). „Frei Frachtführer" steht für jede Transportart einschließlich des Containerverkehrs (vgl „FOB" Nr 4 Rn 1) und des multimodalen Transports zur Verfügung, auch statt „FOB" für den Seetransport; Unterschiede zu „FOB" (s Nr 4) betreffen vor allem die Übergabe an Frachtführer (A 4) und den Gefahrübergang schon zu diesem Zeitpunkt (A 5). „Frei Frachtführer" ist damit sehr breit einsatzbar und besonders wichtig. Zum Containerverkehr Bredow/Seiffert 32 ff, zum multimodalen Transport (FCA Multimodal) 41 ff.

2) Verkäufer- und Käuferpflichten

2 Gefahr der **Export-/Importlizenzerteilung** liegt nach A 2/B 2 jeweils beim Verkäufer/Käufer. Die Parteien können aber die Liefer-/Abnahmepflicht „vorbehaltlich (Export- bzw Import)lizenz" vereinbaren. – **Abschluss des Beförderungsvertrags** ist Sache des Käufers, der dies aber in der Praxis häufig dem Verkäufer überlässt (A 3 lit); Gefahr und Kosten bleiben auch dann beim Käufer. Vgl „FOB verschifft" (s Nr 4 Rn 2). – **Lieferung** an den Frachtführer war in den Incoterms 1990 A 4 mit Unterschieden je nach Transportart, zB „FCA Bahn/Straße/Binnenschiff/Seehafen/Flughafen/(unbenannte Transportart)/Multimodal" geregelt. Diese Differenzierungen sind in den Incoterms 2000 weggefallen (A 4). Diese sehen nur noch zwei alternative Spezifikationen vor: Wenn es sich bei dem im Vertrag benannten Lieferort um einen Ort beim Verkäufer handelt, ist die Übergabe vollendet, wenn die Ware auf das abholende Fahrzeug (oder Beförderungsmittel) des Käufers bzw des in dessen Auftrag handelnden Frachtführers ua verladen wurde (A 4 Abs 2 lit a); in den anderen Fällen ist die Lieferung vollendet, wenn die Ware dem Käufer bzw seinem Frachtführer zur Verfügung gestellt wurde, ohne dass sie vom Fahrzeug (oder Beförderungsmittel) des Verkäufers abzuladen ist (A 4 Abs 2 lit b). Ob diese Vereinfachung sich in der Praxis als klarer und hilfreich erweisen wird, bleibt abzuwarten. Praktisch kommt es doch auf die verschiedenen Transportarten an. Zu „FCA Bahn", „FCA Straße", „FCA Flughafen" Bredow/Seiffert 19, 21, 34. Bei „FCA Seehafen" im Containerverkehr ist geliefert mit Übergabe der Ware an den Seefrachtführer (einschließlich NVOCCs, None Vessel Operating Common Carriers), zB bei Zurverfügungstellung der Ware an der Übergabestelle des Container-Terminals (Container-Yard, Bahnanschlussstelle ua) auf dem anliefernden Beförderungsmittel entladebereit, Bredow/Seiffert 32. Bei „FCA Seehafen" im Roll-on/Roll-off-Verkehr ist geliefert, wenn die vonseiten des Verkäufers beladene Ro-Ro-Einrichtung vom Frachtführer übernommen oder die Ware dem Seefrachtführer zur Beladung auf die Ro-Ro-Einrichtung auf dem anliefernden Beförderungsmittel unentladen zur Verfügung gestellt wird, Bredow/Seiffert 33. Bei „FCA Multimodal" ist geliefert mit Abgabe an den Gesamtbeförderer (Multimodal Transport Operator/MTO) oder bei gesonderten Transportverträgen (gebrochener Transport) mit Abgabe entsprechend der Ersten maßgeblichen Transportart, Bredow/Seiffert 43. – **Gefahrübergang** nach A 5/B 5. Untergang oder Verschlechterung infolge mangelnder Verpackung (A 9) oder Haltbarkeit der Ware für den Transport gehören nicht zur Beförderungsgefahr, aber uU Gewährleistung des Verkäufers, erkennbare Mängel sind bei Warenübernahme zu rügen (§ 377 HGB Rn 8, 10). – **Kostenteilung** nach A 6/B 6. Beim Seetransport fallen die Kaigebühren und die Gebühren für die Zwischenlagerung in der Container Freight Station dem Verkäufer, die THC- und LCL-Containergebühren (terminal handling charges, less than container load service charges) dem Käufer zur Last; Bredow/Seiffert 47. Andere Parteivereinbarung ist möglich, zB beim Lufttransport „freight on seller's account" (klarer als wie häufig „freight prepaid"), Bredow/Seiffert 50. – Parteiabreden über **Zahlungsmodalitäten** und **Transportdokumente** (zB „Kasse gegen Dokumente", § 346 HGB Rn 40) gehen den Incoterms (A 8/B 8) vor.

IV. AGB und Vertragsklauseln 3. FAS **Incoterms (6)**

Statt Transportdokumenten können EDI messages vereinbart werden (A 8). – Die **Prüfung** nach A 9 betrifft nicht die kaufrechtliche Untersuchungs- und Rügeobliegenheit (§ 377 HGB Rn 8, 10). **Verpackungspflicht** des Verkäufers (A 9).

3. FAS
FREI LÄNGSSEITE SCHIFF
(... benannter Verschiffungshafen)

„Frei Längsseite Schiff" bedeutet, daß der Verkäufer liefert, wenn die Ware längsseits des Schiffs im benannten Verschiffungshafen gebracht ist. Dies bedeutet, daß der Käufer alle Kosten und Gefahren des Verlusts oder der Beschädigung der Ware von diesem Zeitpunkt an zu tragen hat.

Die FAS-Klausel verpflichtet den Verkäufer, die Ware zur Ausfuhr freizumachen.

DIES BEDEUTET EINE UMKEHR GEGENÜBER FRÜHEREN INCOTERMS-FAS-SUNGEN, DIE DEN KÄUFER VERPFLICHTETEN, DIE AUSFUHRFREIMACHUNG ZU ERLEDIGEN.

Sollten die Vertragsparteien jedoch wünschen, daß der Käufer die Ware zur Ausfuhr freimacht, sollte dies durch einen entsprechenden ausdrücklichen Zusatz im Kaufvertrag deutlich gemacht werden.

Diese Klausel kann nur für den See- oder Binnenschiffstransport verwendet werden.

A. Verpflichtungen des Verkäufers

1. Lieferung vertragsgemäßer Ware

Der Verkäufer hat die Ware in Übereinstimmung mit dem Kaufvertrag zu liefern sowie die Handelsrechnung oder die entsprechende elektronische Mitteilung und alle sonstigen vertragsgemäßen Belege hierfür zu erbringen.

2. Lizenzen, Genehmigungen und Formalitäten

Der Verkäufer hat auf eigene Gefahr und Kosten die Ausfuhrbewilligung oder andere behördliche Genehmigung zu beschaffen sowie, falls anwendbar, alle Zollformalitäten zu erledigen, die für die Ausfuhr der Ware erforderlich sind.

3. Beförderungs- und Versicherungsverträge

a) **Beförderungsvertrag**
   Keine Verpflichtung.
b) **Versicherungsvertrag**
   Keine Verpflichtung.

4. Lieferung

Der Verkäufer hat die Ware in dem für die Lieferung vereinbarten Zeitpunkt oder innerhalb der vereinbarten Frist dem Hafenbrauch entsprechend an dem vom Käufer benannten Ladeplatz in dem benannten Verschiffungshafen Längsseite des vom Käufer benannten Schiffs bereitzustellen.

5. Gefahrenübergang

Der Verkäufer hat, vorbehaltlich der Bestimmungen von B5, alle Gefahren des Verlusts oder der Beschädigung der Ware solange zu tragen, bis sie gemäß A4 geliefert worden ist.

6. Kostenteilung

Der Verkäufer hat, vorbehaltlich der Bestimmungen von B6, zu tragen
- alle die Ware betreffenden Kosten bis zu dem Zeitpunkt, in dem sie gemäß A4 geliefert worden ist; und
- falls anwendbar, die Kosten der Zollformalitäten sowie alle Zölle, Steuern und andere Abgaben, die bei der Ausfuhr der Ware anfallen.

7. Benachrichtigung des Käufers

Der Verkäufer hat den Käufer in angemessener Weise zu benachrichtigen, daß die Ware längsseits des benannten Schiffs geliefert worden ist.

8. Liefernachweis, Transportdokument oder entsprechende elektronische Mitteilung

Der Verkäufer hat auf seine Kosten dem Käufer das übliche Dokument zum Nachweis der Lieferung gemäß A4 zu beschaffen.

(6) Incoterms 3. FAS

Der Verkäufer hat, sofern das im vorstehenden Absatz erwähnte Dokument nicht das Transportdokument ist, dem Käufer auf dessen Verlangen, Gefahr und Kosten bei der Beschaffung eines Transportdokuments (z. B. eines begebbaren Konnossements, eines nichtbegebbaren Seefrachtbriefs, eines Dokuments des Binnenschiffstransports) jede Hilfe zu gewähren.

Wenn sich Verkäufer und Käufer auf elektronische Datenkommunikation geeinigt haben, kann das in den vorstehenden Absätzen erwähnte Dokument durch eine entsprechende Mitteilung im elektronischen Datenaustausch (EDI message) ersetzt werden.

9. Prüfung – Verpackung – Kennzeichnung

Der Verkäufer hat die Kosten der Prüfung (Qualitätsprüfung, Messen, Wiegen und Zählen) zu tragen, die für die Lieferung der Ware gemäß A4 erforderlich ist.

Der Verkäufer hat auf eigene Kosten für eine Verpackung zu sorgen (sofern es nicht handelsüblich ist, die im Vertrag beschriebene Ware unverpackt zu verschiffen), die für den Transport der Ware erforderlich ist, wenn und soweit die Transportmodalitäten (z. B. Transportart, Bestimmungsort) dem Verkäufer vor Abschluß des Kaufvertrags zur Kenntnis gebracht worden sind. Die Verpackung ist in geeigneter Weise zu kennzeichnen.

10. Sonstige Verpflichtungen

Der Verkäufer hat dem Käufer auf dessen Verlangen, Gefahr und Kosten bei der Beschaffung aller anderen als in A8 genannten Dokumente oder entsprechender elektronischer Mitteilungen, die im Verschiffungs- und/oder Ursprungsland ausgestellt oder abgesendet wurden und die der Käufer zur Einfuhr der Ware und gegebenenfalls zur Durchfuhr durch jedes Land benötigt, Hilfe zu gewähren.

Der Verkäufer hat dem Käufer auf dessen Verlangen die für die Versicherung der Ware erforderlichen Auskünfte zu erteilen.

B. Verpflichtungen des Käufers

1. Zahlung des Kaufpreises

Der Käufer hat den Preis vertragsgemäß zu zahlen.

2. Lizenzen, Genehmigungen und Formalitäten

Der Käufer hat auf eigene Gefahr und Kosten die Einfuhrbewilligung oder andere behördliche Genehmigung zu beschaffen sowie, falls anwendbar, alle erforderlichen Zollformalitäten für die Einfuhr der Ware und für ihre Durchfuhr durch jedes Land zu erledigen.

3. Beförderungs- und Versicherungsverträge

a) Beförderungsvertrag
   Der Käufer hat auf eigene Kosten den Vertrag über die Beförderung der Ware vom benannten Verschiffungshafen abzuschließen.
b) Versicherungsvertrag
   Keine Verpflichtung.

4. Abnahme

Der Käufer hat die Ware abzunehmen, wenn sie gemäß A4 geliefert worden ist.

5. Gefahrenübergang

Der Käufer hat alle Gefahren des Verlustes oder der Beschädigung der Ware zu tragen, und zwar
- von dem Zeitpunkt an, in dem sie gemäß A4 geliefert worden ist; und
- von dem für die Lieferung vereinbarten Zeitpunkt an oder vom Ablauf der hierfür vereinbarten Frist an, die dadurch entstehen, daß er die Benachrichtigung gemäß B7 unterläßt oder, weil das von ihm benannte Schiff nicht rechtzeitig eintrifft oder die Ware nicht übernehmen kann oder schon vor der gemäß B7 festgesetzten Zeit keine Ladung mehr annimmt, vorausgesetzt jedoch, daß die Ware in geeigneter Weise konkretisiert, d. h. als der für den Käufer bestimmte Gegenstand abgesondert oder auf andere Art kenntlich gemacht worden ist.

6. Kostenteilung

Der Käufer hat zu tragen

IV. AGB und Vertragsklauseln　　　　　　　　　　4. FOB **Incoterms (6)**

- alle die Ware betreffenden Kosten von dem Zeitpunkt an, in dem sie gemäß A4 geliefert worden ist; und
- alle zusätzlichen Kosten, die entweder dadurch entstehen, daß das von ihm bezeichnete Schiff nicht rechtzeitig eintrifft oder die Ware nicht übernehmen kann oder schon vor der gemäß B7 mitgeteilten Zeit keine Ladung mehr annimmt, oder der Käufer die angemessene Benachrichtigung gemäß B7 unterläßt, vorausgesetzt jedoch, daß die Ware in geeigneter Weise konkretisiert, d. h. als der für den Käufer bestimmte Gegenstand abgesondert oder auf andere Art kenntlich gemacht worden ist; und,
- falls anwendbar, alle Zölle, Steuern und andere Abgaben sowie die Kosten der Zollformalitäten, die bei der Einfuhr der Ware und bei der Durchfuhr durch jedes andere Land anfallen.

7. Benachrichtigung des Verkäufers

Der Käufer hat dem Verkäufer in angemessener Weise den Namen des Schiffs, den Ladeplatz und die erforderliche Lieferzeit anzugeben.

8. Liefernachweis, Transportdokument oder entsprechende elektronische Mitteilung

Der Käufer hat den in Übereinstimmung mit A8 erbrachten Liefernachweis anzunehmen.

9. Prüfung der Ware

Der Käufer hat die Kosten für jede Warenkontrolle vor der Verladung (pre-shipment inspection) zu tragen, mit Ausnahme behördlich angeordneter Kontrollen des Ausfuhrlandes.

10. Sonstige Verpflichtungen

Der Käufer hat alle Kosten und Gebühren für die Beschaffung der in A10 genannten Dokumente oder entsprechender elektronischer Mitteilungen zu tragen und diejenigen des Verkäufers zu erstatten, die diesem bei der Hilfeleistung hierfür entstanden sind.

1) „FAS" sieht Lieferung des Verkäufers nur längsseits des Schiffes vor. „FAS" ist **1** daher für den Containerverkehr ungeeignet. – Die Exportlizenz und -formalitäten waren nach Incoterms 1990 Sache des Käufers, der Verkäufer musste nur Hilfe gewähren, nach Incoterms 2000 muss umgekehrt der Verkäufer die Sache zur Ausfuhr freimachen, nur Importlizenz und -formalitäten sind Sache des Käufers (A 2/B 2). – Kann der Verkäufer danach nicht liefern, trägt die Gefahr der Käufer (Vertragsverletzung). Lieferung längsseits des Schiffs bedeutet nicht auch Übergabe an den Seefrachtführer (A 4). – „FAS" lässt die (Preis-)Gefahr bereits Längsseite des Schiffes übergehen; Verlust beim Ladungsvorgang trifft den Käufer (A 5 mit A 4).

4. FOB
FREI AN BORD
(... benannter Verschiffungshafen)

„Frei an Bord" bedeutet, daß der Verkäufer liefert, wenn die Ware die Schiffsreling in dem benannten Verschiffungshafen überschritten hat. Dies bedeutet, daß der Käufer von diesem Zeitpunkt an alle Kosten und Gefahren des Verlusts oder der Beschädigung der Ware zu tragen hat. Die FOB-Klausel verpflichtet den Verkäufer, die Ware zur Ausfuhr freizumachen. Diese Klausel kann nur für den See- oder Binnenschiffstransport verwendet werden. Falls die Parteien nicht beabsichtigen, die Ware über die Schiffsreling zu liefern, sollte die FCA-Klausel verwendet werden.

A. Verpflichtungen des Verkäufers

1. Lieferung vertragsgemäßer Ware

Der Verkäufer hat die Ware in Übereinstimmung mit dem Kaufvertrag zu liefern sowie die Handelsrechnung oder die entsprechende elektronische Mitteilung und alle sonstigen vertragsgemäßen Belege hierfür zu erbringen.

(6) Incoterms 4. FOB

2. Lizenzen, Genehmigungen und Formalitäten

Der Verkäufer hat auf eigene Gefahr und Kosten die Ausfuhrbewilligung oder andere behördliche Genehmigung zu beschaffen sowie, falls anwendbar, alle Zollformalitäten zu erledigen, die für die Ausfuhr der Ware erforderlich sind.

3. Beförderungs- und Versicherungsverträge

a) Beförderungsvertrag
Keine Verpflichtung.
b) Versicherungsvertrag
Keine Verpflichtung.

4. Lieferung

Der Verkäufer hat die Ware an Bord des vom Käufer bezeichneten Schiffes im benannten Verschiffungshafen in dem vereinbarten Zeitpunkt oder innerhalb der vereinbarten Frist und dem Hafenbrauch entsprechend zu liefern.

5. Gefahrenübergang

Der Verkäufer hat, vorbehaltlich der Bestimmungen von B5, alle Gefahren des Verlusts oder der Beschädigung der Ware solange zu tragen, bis sie die Schiffsreling im benannten Verschiffungshafen überschritten hat.

6. Kostenteilung

Der Verkäufer hat, vorbehaltlich der Bestimmungen von B6, zu tragen
- alle die Ware betreffenden Kosten bis zu dem Zeitpunkt, in dem sie die Schiffsreling im benannten Verschiffungshafen überschritten hat; und,
- falls anwendbar, die Kosten der für die Ausfuhr notwendigen Zollformalitäten sowie alle Zölle, Steuern und andere Abgaben, die bei der Ausfuhr der Ware anfallen.

7. Benachrichtigung des Käufers

Der Verkäufer hat den Käufer in angemessener Weise zu benachrichtigen, daß die Ware gemäß A4 geliefert worden ist.

8. Liefernachweis, Transportdokument oder entsprechende elektronische Mitteilung

Der Verkäufer hat auf seine Kosten dem Käufer den üblichen Nachweis der Lieferung gemäß A4 zu beschaffen.

Der Verkäufer hat, sofern das im vorstehenden Absatz erwähnte Dokument nicht das Transportdokument ist, dem Käufer auf dessen Verlangen, Gefahr und Kosten bei der Beschaffung eines Transportdokuments zum Beförderungsvertrag (z. B. eines begebbaren Konnossements, eines nicht begebbaren Seefrachtbriefs, eines Dokuments des Binnenschifftransports oder eines multimodalen Transportdokuments) jede Hilfe zu gewähren.

Wenn sich Verkäufer und Käufer auf elektronische Datenkommunikation geeinigt haben, kann das im vorstehenden Absatz erwähnte Dokument durch eine entsprechende Mitteilung im elektronischen Datenaustausch (EDI message) ersetzt werden.

9. Prüfung – Verpackung – Kennzeichnung

Der Verkäufer hat die Kosten der Prüfung (wie Qualitätsprüfung, Messen, Wiegen und Zählen) zu tragen, die für die Lieferung der Ware gemäß A4 erforderlich ist.

Der Verkäufer hat auf eigene Kosten für eine Verpackung zu sorgen (sofern es nicht handelsüblich ist, die im Vertrag beschriebene Ware unverpackt zu verschiffen), die für den Transport der Ware erforderlich ist, wenn und soweit die Transportmodalitäten (z. B. Transportart, Bestimmungsort), dem Verkäufer vor Abschluß des Kaufvertrags zur Kenntnis gebracht worden sind. Die Verpackung ist in geeigneter Weise zu kennzeichnen.

10. Sonstige Verpflichtungen

Der Verkäufer hat dem Käufer auf dessen Verlangen, Gefahr und Kosten bei der Beschaffung aller anderen als in A8 genannten Dokumente oder entsprechender elektronischer Mitteilungen, die im Verschiffungs- und/oder Ursprungsland ausgestellt oder abgesendet werden und die der Käufer zur Einfuhr der Ware und gegebenenfalls zur Durchfuhr durch jedes Land benötigt, jede Hilfe zu gewähren.

IV. AGB und Vertragsklauseln 4. FOB **Incoterms** (6)

Der Verkäufer hat dem Käufer auf dessen Verlangen die für die Versicherung der Ware erforderlichen Auskünfte zu erteilen.

B. Verpflichtungen des Käufers

1. Zahlung des Kaufpreises

Der Käufer hat den Preis vertragsgemäß zu zahlen.

2. Lizenzen, Genehmigungen und Formalitäten

Der Käufer hat auf eigene Gefahr und Kosten die Einfuhrbewilligung oder andere behördliche Genehmigung zu beschaffen sowie, falls anwendbar, alle erforderlichen Zollformalitäten für die Einfuhr der Ware und gegebenenfalls für ihre Durchfuhr durch jedes Land zu erledigen.

3. Beförderungs- und Versicherungsverträge

a) Beförderungsvertrag

Der Käufer hat auf eigene Kosten den Vertrag über die Beförderung der Ware vom benannten Verschiffungshafen abzuschließen.

b) Versicherungsvertrag

Keine Verpflichtung.

4. Abnahme

Der Käufer hat die Ware abzunehmen, wenn sie gemäß A4 geliefert worden ist.

5. Gefahrenübergang

Der Käufer hat alle Gefahren des Verlusts oder der Beschädigung der Ware zu tragen, und zwar
- von dem Zeitpunkt an, in dem sie die Schiffsreling im benannten Verschiffungshafen überschritten hat; und
- von dem für die Lieferung vereinbarten Zeitpunkt an oder vom Ablauf der hierfür vereinbarten Frist an, die dadurch entstehen, daß er die Benachrichtigung gemäß B7 unterläßt oder weil das von ihm benannte Schiff nicht rechtzeitig eintrifft oder die Ware nicht übernehmen kann oder schon vor der gemäß B7 festgesetzten Zeit keine Ladung mehr annimmt, vorausgesetzt jedoch, daß die Ware in geeigneter Weise konkretisiert, d. h. als der für den Verkäufer bestimmte Gegenstand abgesondert oder auf andere Art kenntlich gemacht worden ist.

6. Kostenteilung

Der Käufer hat zu tragen
- alle die Ware betreffenden Kosten von dem Zeitpunkt an, in dem sie die Schiffsreling im benannten Verschiffungshafen überschritten hat; und
- alle zusätzlichen Kosten, die entweder dadurch entstehen, daß das von ihm bezeichnete Schiff nicht rechtzeitig eintrifft oder die Ware nicht übernehmen kann oder schon vor der gemäß B7 mitgeteilten Zeit keine Ladung mehr annimmt, oder der Käufer die angemessene Benachrichtigung gemäß B7 unterlassen hat, vorausgesetzt jedoch, daß die Ware in geeigneter Weise konkretisiert, d. h. als der für den Käufer bestimmte Gegenstand abgesondert oder auf andere Art kenntlich gemacht worden ist; und,
- falls anwendbar, alle Zölle, Steuern und andere Abgaben sowie die Kosten der Zollformalitäten, die bei der Einfuhr der Ware und bei der Durchfuhr durch jedes Land anfallen.

7. Benachrichtigung des Verkäufers

Der Käufer hat dem Verkäufer in angemessener Weise den Namen des Schiffs, den Ladeplatz und die erforderliche Lieferzeit anzugeben.

8. Liefernachweis, Transportdokument oder entsprechende elektronische Mitteilung

Der Käufer hat den in Übereinstimmung mit A8 erbrachten Liefernachweis anzunehmen.

9. Prüfung der Ware

Der Käufer hat die Kosten für jede Warenkontrolle vor der Verladung (pre-shipment inspection) zu tragen, mit Ausnahme behördlich angeordneter Kontrollen des Ausfuhrlandes.

(6) Incoterms 5. CFR

10. Sonstige Verpflichtungen

Der Käufer hat alle Kosten und Gebühren für die Beschaffung der in A10 genannten Dokumente oder entsprechender elektronischer Mitteilungen zu tragen und diejenigen des Verkäufers zu erstatten, die diesem bei der Hilfeleistung hierfür entstanden sind.

1) Vertragstyp

1 A. **Echtes FOB-Geschäft:** „FOB" ist wie „CIF" (s Nr 6; einfachere Form „CFR", s Nr 5) eine der verbreitetsten Vertragstypen des Überseekaufs und wie dieses ein Versendungsgeschäft. „FOB" ist eine Klausel für das Überseegeschäft, kann aber auch für andere Transporttarten vereinbart werden, doch ist dafür die Klausel „Frei Frachtführer" (s Nr 2) vorgesehen und vorzuziehen. „Frei Frachtführer" kommt auch statt „FOB" für das Überseegeschäft in Frage. „FOB" ist für den Containerverkehr ungeeignet, da dabei der Verkäufer nicht an Bord liefern kann, stattdessen „FCA" (s Nr 2 Rn 1). „FOB" ist entgegen älterer Rspr keine Zweipunktklausel: nicht nur die Kostenlast, sondern auch die Gefahr geht erst mit Überschreiten der Reling über (A 5/B 5).

2 B. **Unechtes FOB-Geschäft:** Wenn vereinbart (Klausel „FOB verschifft"; auch stillschweigend möglich, zB bei ständiger Übung zwischen den Parteien), kann der Verkäufer für die Verschiffung sorgen (wie bei „FCA", s Nr 2 A 3/B 3), Bredow/Seiffert 8. Empfehlenswert, wenn der Verkäufer sicher gehen will, dass der Frachtvertrag fristgerecht abgeschlossen wird, zB weil davon ein im Akkreditiv vorgesehenes „An Bord Konnossement" abhängt. Der Verkäufer ist dann Geschäftsbesorger (§ 675 BGB) für den Käufer und diesem zur sorgfältigen Auswahl des Seefrachtführers verpflichtet. Der Verkäufer schließt den Vertrag entweder als Vertreter des Käufers oder im eigenen Namen, aber auf Rechnung des Käufers ab, meist unter Einschaltung von Seehafenspediteuren.

2) Verkäufer- und Käuferpflichten

3 Der Verkäufer muss mangels Vorbehalts für das Fehlen der **Exportlizenz** einstehen (A 2). – **Lieferzeit:** Nichteinhaltung der Lieferzeit nach A 4 hat beim internationalen Abladegeschäft kraft HdlBrauchs idR entsprechende Folgen wie bei § 376 I HGB (Fixgeschäft, s dort Rn 7, 8), Karlsr RIW **75,** 225, vgl BGH WM **91,** 466, aA Magnus/Lüsing IHR **07,** 1. – **Gefahrübergang** mit (erstmaligem) Überschreiten der Reling (A 5/B 5; vgl Rn 1); Unterschied also, ob die Waren beim Laden in das Wasser oder auf das Deck fällt. Die Formulierung „die Schiffsreling ... überschritten" ist in Incoterms 2000 beibehalten worden, obwohl dies vielfach wegen fälschlicher Verwendung der Klausel durch die Parteien kritisiert wird (Warnung IntHK Einl 18) heißt nicht; die Klausel ist dann eben unter Berücksichtigung des Guts und der verfügbaren Lademöglichkeiten anzuwenden. Früherer Gefahrübergang bei Instruktionsmangel (B 5 Abs 2), aber Absonderung oder andere Kenntlichmachung der Ware für den Käufer erforderlich (B 5 Abs 2). – Dass „FOB gestaut" am Gefahrübergang nichts ändert, Bredow/Seiffert 12, sollte im Kaufvertrag klargestellt werden (IntHK Einl 11). – **Kostenteilung** nach A 6/B 6. Bei „FOB verstaut", „FOB verstaut und getrimmt" trägt der Verkäufer die Stau- bzw Trimmkosten. – **Liefernachweis** über Anbordlieferung (Bord recept, A 8). – Nach A 9 trägt der Verkäufer die Kosten für die **Prüfung** der Ware, falls eine solche für die Lieferung nach A 4 erforderlich ist; die Untersuchungs- und Rügeobliegenheit des Käufers nach § 377 HGB (dort Rn 10) ist davon nicht betroffen und liegt idR später. – Vorleistungspflicht des Käufers betr Benennung des Schiffs (**Benachrichtigung,** B 7), BGH WM **75,** 920. – **Verpackungspflicht** des Verkäufers, soweit die Transportmodalitäten dem Verkäufer vor Kaufvertragsschluss zur Kenntnis gebracht werden (A 9 aE; dann wie „CIF", s Nr 6 Rn 2 aE).

5. CFR
Kosten und Fracht
(... benannter Bestimmungshafen)

„Kosten und Fracht" bedeutet, daß der Verkäufer liefert, wenn die Ware die Schiffsreling in dem benannten Verschiffungshafen überschritten hat.

IV. AGB und Vertragsklauseln 5. CFR **Incoterms (6)**

Der Verkäufer hat die Kosten und die Fracht zu tragen, die erforderlich sind, um die Ware zum benannten Bestimmungshafen zu befördern; JEDOCH gehen die Gefahr des Verlusts oder der Beschädigung der Ware ebenso wie zusätzliche Kosten, die auf Ereignisse nach Lieferung der Ware an Bord zurückzuführen sind, vom Verkäufer auf den Käufer über.

Die CFR-Klausel verpflichtet den Verkäufer, die Ware zur Ausfuhr freizumachen.

Diese Klausel kann nur für den See- und Binnenschiffstransport verwendet werden. Falls die Parteien nicht beabsichtigen, die Ware über die Schiffsreling zu liefern, sollte die CPT-Klausel verwendet werden.

A. Verpflichtungen des Verkäufers

1. Lieferung vertragsgemäßer Ware

Die Verkäufer hat die Ware in Übereinstimmung mit dem Kaufvertrag zu liefern sowie die Handelsrechnung oder die entsprechende elektronische Mitteilung und alle sonstigen vertragsgemäßen Belege hierfür zu erbringen.

2. Lizenzen, Genehmigungen und Formalitäten

Der Verkäufer hat auf eigene *Gefahr und*[1] Kosten die Ausfuhrbewilligung oder andere behördliche Genehmigung zu beschaffen sowie, falls anwendbar, alle Zollformalitäten zu erledigen, die für die Ausfuhr der Ware erforderlich sind.

3. Beförderungs- und Versicherungsverträge

a) Beförderungsvertrag

Der Käufer hat auf eigene Rechnung den Vertrag über die Beförderung der Ware auf dem üblichen Weg in der üblichen Weise bis zum benannten Bestimmungshafen in einem Seeschiff (oder Binnenschiff je nach den Umständen) der Bauart, die normalerweise für die Beförderung der im Vertrag genannten Ware verwendet wird, abzuschließen.

b) Versicherungsvertrag
Keine Verpflichtung.

4. Lieferung

Der Verkäufer hat die Ware an Bord des Schiffs im Verschiffungshafen in dem vereinbarten Zeitpunkt oder innerhalb der vereinbarten Frist zu liefern.

5. Gefahrenübergang

Der Verkäufer hat, vorbehaltlich der Bestimmungen von B5, alle Gefahren des Verlusts oder der Beschädigung der Ware solange zu tragen, bis sie die Schiffsreling im Verschiffungshafen überschritten hat.

6. Kostenteilung

Der Verkäufer hat, vorbehaltlich der Bestimmungen von B6, zu tragen

- alle die Ware betreffenden Kosten bis zu dem Zeitpunkt, in dem sie gemäß A4 geliefert worden ist; und
- die Fracht- und alle anderen aus A3 a) entstehenden Kosten einschließlich der Kosten der Verladung der Ware an Bord und alle Ausladungskosten im vereinbarten Entladungshafen, die nach dem Beförderungsvertrag vom Verkäufer zu tragen sind; und,
- falls anwendbar, die Kosten der für die Ausfuhr notwendigen Zollformalitäten sowie alle Zölle, Steuern und andere Abgaben, die bei der Ausfuhr und, soweit sie im Beförderungsvertrag vom Verkäufer zu tragen sind, bei der Durchfuhr durch jedes Land anfallen.

7. Benachrichtigung des Käufers

Der Verkäufer hat den Käufer in angemessener Weise zu benachrichtigen, daß die Ware gemäß A4 geliefert worden ist sowie jede andere Nachricht zu geben, die der Käufer benötigt, um erforderliche Maßnahmen zur Übernahme der Ware treffen zu können.

8. Liefernachweis, Transportdokument oder entsprechende elektronische Mitteilung

Der Verkäufer hat auf eigene Kosten dem Käufer unverzüglich das übliche Transportdokument für den vereinbarten Bestimmungshafen zu beschaffen.

---

[1] Fehlt irrtümlich in der offiziellen dt. Übersetzung.

Hopt

(6) Incoterms 5. CFR

Dieses Dokument (z. B. ein begebbares Konnossement, ein nichtbegebbarer Seefrachtbrief oder ein Dokument des Binnenschiffstransports) muß über die vertraglich vereinbarte Ware lauten, ein innerhalb der für die Verschiffung vereinbarten Frist liegendes Datum tragen, den Käufer berechtigen, die Herausgabe der Ware im Bestimmungshafen von dem Frachtführer zu verlangen, und mangels anderer Vereinbarung dem Käufer ermöglichen, die Ware während des Transports an einen nachfolgenden Käufer durch Übertragung des Dokuments (begebbares Konnossement) oder durch Mitteilung an den Frachtführer zu verkaufen.

Besteht ein solches Transportdokument aus mehreren Originalausfertigungen, muß dem Käufer der vollständige Satz übergeben werden.

Wenn sich Verkäufer und Käufer auf elektronische Datenkommunikation geeinigt haben, kann das in den vorstehenden Absätzen erwähnte Dokument durch eine entsprechende Mitteilung im elektronischen Datenaustausch (EDI message) ersetzt werden.

9. Prüfung – Verpackung – Kennzeichnung

Der Verkäufer hat die Kosten der Prüfung (wie Qualitätsprüfung, Messen, Wiegen und Zählen) zu tragen, die für die Lieferung der Ware gemäß A4 erforderlich ist.

Der Verkäufer hat auf eigene Kosten für eine Verpackung zu sorgen (sofern es nicht handelsüblich ist, die im Vertrag beschriebene Ware unverpackt zu verschiffen), die für den von ihm besorgten Transport der Ware erforderlich ist. Die Verpackung ist in geeigneter Weise zu kennzeichnen.

10. Sonstige Verpflichtungen

Der Verkäufer hat dem Käufer auf dessen Verlangen, Gefahr und Kosten bei der Beschaffung aller anderen als in A8 genannten Dokumente oder entsprechender elektronischer Mitteilungen, die im Verschiffungs- und/oder Ursprungsland ausgestellt oder abgesendet werden und die der Käufer zur Einfuhr der Ware und gegebenenfalls zur Durchfuhr durch jedes Land benötigt, jede Hilfe zu gewähren.

Der Verkäufer hat dem Käufer auf dessen Verlangen die für die Versicherung der Ware erforderlichen Auskünfte zu erteilen.

B. Verpflichtungen des Käufers

1. Zahlung des Kaufpreises

Der Käufer hat den Preis vertragsgemäß zu zahlen.

2. Lizenzen, Genehmigungen und Formalitäten

Der Käufer hat auf eigene Gefahr und Kosten die Einfuhrbewilligung oder andere behördliche Genehmigung zu beschaffen sowie, falls anwendbar, alle erforderlichen Zollformalitäten für die Einfuhr der Ware und ihre Durchfuhr durch jedes Land zu erledigen.

3. Beförderungs- und Versicherungsverträge

a) Beförderungsvertrag
Keine Verpflichtung.
b) Versicherungsvertrag
Keine Verpflichtung.

4. Abnahme

Der Käufer hat anzuerkennen, daß die Ware in Übereinstimmung mit A4 übergeben wird, und die Ware dem Frachtführer im Bestimmungshafen abzunehmen.

5. Gefahrenübergang

Der Käufer hat alle Gefahren des Verlusts oder der Beschädigung der Ware von dem Zeitpunkt an zu tragen, in dem sie die Schiffsreling im Verschiffungshafen überschritten hat.

Der Käufer hat, sollte er die Benachrichtigung gemäß B7 unterlassen, alle Gefahren des Verlusts oder der Beschädigung der Ware von dem für die Verschiffung vereinbarten Zeitpunkt oder vom Ablauf der hierfür vereinbarten Frist an zu tragen, vorausgesetzt jedoch, daß die Ware in geeigneter Weise konkretisiert, d. h. als der für den Käufer bestimmte Gegenstand abgesondert oder auf andere Art kenntlich gemacht worden ist.

IV. AGB und Vertragsklauseln 6. CIF **Incoterms** (6)

6. Kostenteilung

Der Käufer hat, vorbehaltlich der Bestimmungen von A3 a), zu tragen
- alle die Ware betreffenden Kosten von dem Zeitpunkt an, in dem sie gemäß A4 geliefert worden ist; und
- alle während des Transports bis zur Ankunft im Bestimmungshafen anfallenden, die Ware betreffenden Kosten, sofern diese Kosten und Gebühren nach dem Beförderungsvertrag nicht vom Verkäufer zu tragen sind; und
- die Kosten für Löschung und Leichterung sowie die Kaigebühren, sofern diese Kosten und Gebühren nach dem Beförderungsvertrag nicht vom Verkäufer zu tragen sind; und,
- sollte er die Benachrichtigung gemäß B7 unterlassen, von dem für die Verschiffung vereinbarten Zeitpunkt oder vom Ablauf der hierfür vereinbarten Frist an alle dadurch entstehenden zusätzlichen Kosten, vorausgesetzt jedoch, daß die Ware in geeigneter Weise konkretisiert, d. h. als der für den Käufer bestimmte Gegenstand abgesondert oder auf andere Art kenntlich gemacht worden ist; und,
- falls anwendbar, alle Zölle Steuern und andere Abgaben sowie die Kosten der Zollformalitäten, die bei der Einfuhr der Ware und, soweit nicht in den Kosten des Beförderungsvertrages enthalten, gegebenenfalls bei der Durchfuhr durch jedes Land anfallen.

7. Benachrichtigung des Verkäufers

Der Käufer hat, wenn er berechtigt ist, den Zeitpunkt für die Verschiffung der Ware und/oder den Bestimmungshafen festzulegen, den Verkäufer in angemessener Weise davon zu benachrichtigen.

8. Liefernachweis, Transportdokument oder entsprechende elektronische Mitteilung

Der Käufer hat das Transportdokument gemäß A8 anzunehmen, wenn es mit dem Kaufvertrag übereinstimmt.

9. Prüfung der Ware

Der Käufer hat die Kosten für jede Warenkontrolle vor der Verladung (pre-shipment inspection) zu tragen, mit Ausnahme behördlich angeordneter Kontrollen des Ausfuhrlandes.

10. Sonstige Verpflichtungen

Der Käufer hat alle Kosten und Gebühren für die Beschaffung der in A10 genannten Dokumente oder entsprechender elektronischer Mitteilungen zu tragen und diejenigen des Verkäufers zu erstatten, die diesem bei der Hilfeleistung hierfür entstanden sind.

„CFR" (früher „C & F", C und F, C + F, so vielfach noch in der Praxis, aber 1 mißverständlich) steht auch inhaltlich zwischen „FOB" (s Nr 4) und „CIF" (s Nr 6). Bis auf die Pflicht des Verkäufers zum Abschluss einer Seeversicherung („CIF A 3 b") ist „CFR" wort- und deckungsgleich mit „CIF" (s dort). Man kann aber „CFR" auch als „FOB plus reguläre Fracht" bezeichnen, Bredow/Seiffert 1. „CFR" wird nur dann gebraucht, wenn das Importland den Abschluss einer einheimischen Versicherung verlangt. „CFR" ist eine Klausel für das Überseegeschäft, wird aber auch für andere Transportarten verwandt. Jedenfalls für den Lufttransport ist das nicht zu empfehlen, da der Verkäufer nicht direkt an Bord liefern kann und unterschiedliche Transportdokumente vorgesehen sind; vorzuziehen sind deshalb „FCA" (s Nr 2) oder „Frachtfrei" (s Nr 7).

6. CIF
Kosten, Versicherung, Fracht
(... benannter Bestimmungshafen)

„Kosten, Versicherung, Fracht" bedeutet, daß der Verkäufer liefert, wenn die Ware die Schiffsreling in dem benannten Verschiffungshafen überschritten hat.

Der Verkäufer hat die Kosten und die Fracht zu tragen, die erforderlich sind, um die Ware zum benannten Bestimmungshafen zu befördern; JEDOCH gehen die Gefahr des Verlusts oder der Beschädigung der Ware sowie alle zusätzlichen Kosten, die auf Ereignisse nach Lieferung der Ware

(6) Incoterms 6. CIF

zurückzuführen sind, vom Verkäufer auf den Käufer über. In der CIF-Klausel hat der Verkäufer jedoch zusätzlich die Seetransportversicherung gegen die vom Käufer getragene Gefahr des Verlusts oder der Beschädigung der Ware während des Transportes abzuschließen.

Folglich schließt der Verkäufer den Versicherungsvertrag ab und zahlt die Versicherungsprämie. Der Verkäufer sollte beachten, daß gemäß der CIF-Klausel der Verkäufer nur verpflichtet ist, eine Versicherung mit Mindestdeckung abzuschließen. Sollte der Käufer einen Schutz mit höherer Deckung wünschen, müßte er dies entweder ausdrücklich mit dem *Verkäufer*[1] vereinbaren oder eigene zusätzliche Versicherungsvorkehrungen treffen.

Die CIF-Klausel verpflichtet den Verkäufer, die Ware zur Ausfuhr freizumachen.

Diese Klausel kann nur für den See- und Binnenschiffstransport verwendet werden. Sollten die Parteien nicht beabsichtigen, die Ware über die Schiffsreling zu liefern, sollte die CIP-Klausel verwendet werden.

A. Verpflichtungen des Verkäufers

1. Lieferung vertragsgemäßer Ware

Der Verkäufer hat die Ware in Übereinstimmung mit dem Kaufvertrag zu liefern sowie die Handelsrechnung oder die entsprechende elektronische Mitteilung und alle sonstigen vertragsgemäßen Belege hierfür zu erbringen.

2. Lizenzen, Genehmigungen und Formalitäten

Der Verkäufer hat auf eigene Gefahr und Kosten die Ausfuhrbewilligung oder andere behördliche Genehmigung zu beschaffen sowie, falls anwendbar, alle Zollformalitäten zu erledigen, die für die Ausfuhr der Ware erforderlich sind.

3. Beförderungs- und Versicherungsverträge

a) Beförderungsvertrag

Der Verkäufer hat auf eigene Rechnung den Vertrag über die Beförderung der Ware auf dem üblichen Weg in der üblichen Weise bis zum benannten Bestimmungshafen in einem Seeschiff (oder Binnenschiff je nach den Umständen) der Bauart, die normalerweise für die Beförderung der im Vertrag genannten Ware verwendet wird, abzuschließen.

b) Versicherungsvertrag

Der Verkäufer hat auf eigene Kosten die im Vertrag vereinbarte Transportversicherung zu beschaffen, die den Käufer oder eine andere Person mit versichertem Interesse an den Gütern berechtigt, direkt beim Versicherer Ansprüche geltend zu machen, und dem Käufer die Versicherungspolice oder einen sonstigen Nachweis über den Versicherungsschutz zu übermitteln.

Die Versicherung ist bei zulässigen Versicherern oder Versicherungsgesellschaften abzuschließen und muß mangels ausdrücklicher Vereinbarung von etwas Gegensätzlichem mit der Mindestdeckung der Institute Cargo Clauses (Institute of London Underwriters) oder einem ähnlichen Bedingungswerk übereinstimmen. Die Dauer der Versicherung muß B5 und B4 entsprechen. Auf Verlangen des Käufers hat der Verkäufer auf Kosten des Käufers eine Versicherung gegen die Gefahren Krieg, Streik, Aufruhr und bürgerliche Unruhen zu beschaffen, sofern dies möglich ist. Die Mindestversicherung muß den Kaufpreis zuzüglich 10% (d. h. 110%) decken und in der Währung des Kaufvertrags genommen werden.

4. Lieferung

Der Verkäufer hat die Ware an Bord des Schiffs im Verschiffungshafen in dem vereinbarten Zeitpunkt oder innerhalb der vereinbarten Frist zu liefern.

5. Gefahrenübergang

Der Verkäufer hat, vorbehaltlich der Bestimmungen von B5, alle Gefahren des Verlusts oder der Beschädigung der Ware solange zu tragen, bis sie die Schiffsreling im Verschiffungshafen überschritten hat.

6. Kostenteilung

Der Verkäufer hat, vorbehaltlich der Bestimmungen von B6, zu tragen
- **alle die Ware betreffenden Kosten bis zu dem Zeitpunkt, in dem sie gemäß A4 geliefert worden ist; und**

---

[1] In der dt. Übersetzung heißt es hier irrtümlich „Käufer" *(Anm. d. Kommentators)*.

IV. AGB und Vertragsklauseln   6. CIF **Incoterms (6)**

- die Fracht- und alle anderen aus A3 a) entstehenden Kosten sowie die Kosten der Verladung der Ware an Bord; und
- die aus A3 b) resultierenden Kosten für die Versicherung; und
- alle Ausladungskosten im vereinbarten Entladungshafen, die nach dem Beförderungsvertrag vom Verkäufer zu tragen sind; und,
- falls anwendbar, die Kosten der für die Ausfuhr notwendigen Zollformalitäten sowie alle Zölle, Steuern und andere Abgaben, die bei der Ausfuhr und, soweit sie im Beförderungsvertrag vom Verkäufer zu tragen sind, bei der Durchfuhr durch jedes Land anfallen.

7. Benachrichtigung des Käufers

Der Verkäufer hat den Käufer in angemessener Weise zu benachrichtigen, daß die Ware gemäß A4 geliefert worden ist sowie jede andere Nachricht zu geben, die der Käufer benötigt, um erforderliche Maßnahmen zur Übernahme der Ware treffen zu können.

8. Liefernachweis, Transportdokument oder entsprechende elektronische Mitteilung

Der Verkäufer hat auf eigene Kosten dem Käufer unverzüglich das übliche Transportdokument für den vereinbarten Bestimmungshafen zu beschaffen.

Dieses Dokument (z. B. ein begebbares Konnossement, ein nichtbegebbarer Seefrachtbrief oder ein Dokument des Binnenschiffstransports) muß über die vertraglich vereinbarte Ware lauten, ein innerhalb der für die Verschiffung vereinbarten Frist liegendes Datum tragen, den Käufer berechtigen, die Herausgabe der Ware im Bestimmungshafen von dem Frachtführer zu verlangen, und mangels anderer Vereinbarung dem Käufer ermöglichen, die Ware während des Transports an einen nachfolgenden Käufer durch Übertragung des Dokuments (begebbares Konnossement) oder durch Mitteilung an den Frachtführer zu verkaufen.

Besteht ein solches Transportdokument aus mehreren Originalausfertigungen, muß dem Käufer der vollständige Satz übergeben werden.

Wenn sich Verkäufer und Käufer auf elektronische Datenkommunikation geeinigt haben, kann das in den vorstehenden Absätzen erwähnte Dokument durch eine entsprechende Mitteilung im elektronischen Datenaustausch (EDI message) ersetzt werden.

9. Prüfung – Verpackung – Kennzeichnung

Der Verkäufer hat die Kosten der Prüfung (wie Qualitätsprüfung, Messen, Wiegen und Zählen) zu tragen, die für die Lieferung der Ware gemäß A4 erforderlich ist.

Der Verkäufer hat auf eigene Kosten für eine Verpackung zu sorgen (sofern es nicht handelsüblich ist, die in dem Vertrag beschriebene Ware unverpackt zu verschiffen), die für den ihm besorgten Transport der Ware erforderlich ist. Die Verpackung ist in geeigneter Weise zu kennzeichnen.

10. Sonstige Verpflichtungen

Der Verkäufer hat dem Käufer auf dessen Verlangen, Gefahr und Kosten bei der Beschaffung aller anderen als in A8 genannten Dokumente oder entsprechender elektronischer Mitteilung, die im Verschiffungs- und/oder Ursprungsland ausgestellt oder abgesendet werden und die der Käufer zur Einfuhr der Ware und gegebenenfalls zur Durchfuhr durch jedes Land benötigt, jede Hilfe zu gewähren.

Der Verkäufer hat dem Käufer auf dessen Verlangen die notwendigen Informationen für die Beschaffung jeder zusätzlichen Versicherung zur Verfügung zu stellen.

B. Verpflichtungen des Käufers

1. Zahlung des Kaufpreises

Der Käufer hat den Preis vertragsgemäß zu zahlen.

2. Lizenzen, Genehmigungen und Formalitäten

Der Käufer hat auf eigene Gefahr und Kosten die Einfuhrbewilligung oder andere behördliche Genehmigung zu beschaffen sowie, falls anwendbar, alle erforderlichen Zollformalitäten für die Einfuhr der Ware und für ihre Durchfuhr durch jedes andere Land zu erledigen.

Hopt   1723

3. Beförderungs- und Versicherungsverträge

a) Beförderungsvertrag
Keine Verpflichtung.

b) Versicherungsvertrag
Keine Verpflichtung.

4. Abnahme

Der Käufer hat anzuerkennen, daß die Ware in Übereinstimmung mit A4 übergeben wird, und die Ware dem Frachtführer im Bestimmungshafen abzunehmen.

5. Gefahrenübergang

Der Käufer hat alle Gefahren des Verlusts oder der Beschädigung der Ware von dem Zeitpunkt an zu tragen, in dem sie die Schiffsreling im benannten Verschiffungshafen überschritten hat.

Der Käufer hat, sollte er die Benachrichtigung gemäß B7 unterlassen, alle Gefahren des Verlusts oder der Beschädigung der Ware von dem für die Verschiffung vereinbarten Zeitpunkt oder vom Ablauf der hierfür vereinbarten Frist an zu tragen, vorausgesetzt jedoch, daß die Ware in geeigneter Weise konkretisiert, d. h. als der für den Käufer bestimmte Gegenstand abgesondert oder auf andere Art kenntlich gemacht worden ist.

6. Kostenteilung

Der Käufer hat, vorbehaltlich der Bestimmung von A3, zu tragen

- alle die Ware betreffenden Kosten von dem Zeitpunkt an, in dem sie gemäß A4 geliefert worden ist; und
- alle während des Transports bis zur Ankunft im Bestimmungshafen anfallenden, die Ware betreffenden Kosten, sofern diese Kosten und Gebühren nach dem Beförderungsvertrag nicht vom Verkäufer zu zahlen sind, und
- die Kosten für Löschung und Leichterung sowie die Kaigebühren, sofern diese Kosten und Gebühren nach dem Beförderungsvertrag nicht vom Käufer zu tragen sind; und,
- sollte er die Benachrichtigung gemäß B7 unterlassen, von dem für die Verschiffung vereinbarten Zeitpunkt oder vom Ablauf der hierfür vereinbarten Frist an alle dadurch entstehenden zusätzlichen Kosten, vorausgesetzt jedoch, daß die Ware in geeigneter Weise konkretisiert, d. h. als der für den Käufer bestimmte Gegenstand abgesondert oder auf andere Art kenntlich gemacht worden ist; und,
- falls anwendbar, alle Zölle, Steuern und andere Abgaben sowie die Kosten der Zollformalitäten, die bei der Einfuhr der Ware und, soweit nicht in den Kosten des Beförderungsvertrages enthalten, gegebenenfalls bei der Durchfuhr durch jedes Land anfallen.

7. Benachrichtigung des Verkäufers

Der Käufer hat, wenn er berechtigt ist, den Zeitpunkt für die Verschiffung der Ware und/oder den Bestimmungshafen festzulegen, den Verkäufer in angemessener Weise davon zu benachrichtigen.

8. Liefernachweis, Transportdokument oder entsprechende elektronische Mitteilung

Der Käufer hat das Transportdokument gemäß A8 anzunehmen, wenn es mit dem Kaufvertrag übereinstimmt.

9. Prüfung der Ware

Der Käufer hat die Kosten für jede Warenkontrolle vor der Verladung (pre-shipment inspection) zu tragen, mit Ausnahme behördlich angeordneter Kontrollen des Ausfuhrlandes.

10. Sonstige Verpflichtungen

Der Käufer hat alle Kosten und Gebühren für die Beschaffung der in A10 genannten Dokumente oder entsprechender elektronischer Mitteilungen zu tragen und diejenigen des Verkäufers zu erstatten, die diesem bei der Hilfeleistung hierfür entstanden sind.

Der Käufer hat den Verkäufer auf dessen Verlangen die für die Versicherung der Ware erforderlichen Auskünfte zu erteilen.

IV. AGB und Vertragsklauseln   6. CIF **Incoterms (6)**

1) Vertragstyp

„CIF" (wie"CFR", nur ohne Versicherung, s Nr 5) und „FOB" (s Nr 4) sind die 1
beiden verbreitetsten Vertragstypen des Überseekaufs. Beides sind Versendungsgeschäfte. „CIF" ist eine Klausel für das Überseegeschäft, wird aber häufig auch für andere Transportarten vereinbart. Das kann aber vor allem für den Lufttransport Probleme aufwerfen (s „CFR" Nr 5 Rn 1).

2) Verkäufer- und Käuferpflichten

Transportdisposition, also Beförderungs- und Versicherungsvertrag, sind Sache des 2
Verkäufers (A 3). Beförderung auf dem üblichen Weg (A 3 a), also je nachdem Direkttransport, Anlaufen von Zwischenhäfen oder sogar Umladung. Beförderung in der üblichen Weise betrifft die üblichen Bedingungen des Seefrachtvertrags, zB Haftungsausschluss, Umladungsvorbehalt. Ist danach Umladung üblich, kann Direkttransport durch Zusatzklausel „ohne Verladung"/„without transshipment" vorgesehen werden.
– Hinzu kommt die **Versicherung.** Der Verkäufer ist zum Abschluss einer (See-)Transportversicherung verpflichtet (A 3 b; einziger Unterschied zu „CFR", s Nr 5). Mindestdeckung wie die (Clause C) der Institute Cargo Clauses (Institute of London Underwriters) oder eines ähnlichen Bedingungswerks (zB deutsche DTV-Güter 2000); s IntHK Einl 9.3, näher Bredow/Seiffert 4 f. Mindestversicherung in Höhe von 110% des Kaufpreises und in der Währung des Kaufvertrags (A 3 b aE). Wünscht der Käufer höhere Deckung, muss er das mit dem Verkäufer besonders vereinbaren oder sich selbst versichern (so ausdrücklich Präambel zu CIF; IntHK Einl 11). Umfang der Versicherungspflicht nach aF s Düss IPRax **82,** 101; zur Versicherungspraxis s Ehlers/Luttmer VersPr **82,** 143, 177, Nielsen ZIP **84,** 248. – **Lieferung** und **Abnahme** (A 4/B 4). Teillieferung ist nicht vorgesehen. Wenn keine Lieferzeit vereinbart ist, ist innerhalb angemessener Frist zu verladen. Nichteinhaltung der Lieferzeit nach A 4 wie bei „FOB", also nach HdlBrauch idR Fixgeschäft, str (Nr 4 Rn 2). Jede zeitliche Verpflichtung muss sich auf den Verschiffungs- oder Versandort beziehen, sonst kann der Absende- zum Ankunftsvertrag werden (IntHK Einl 9.3). „CFR Hamburg spätestens bis ..." ist nicht eindeutig, entweder Ankunftsvertrag oder Pflicht des Verkäufers, so rechtzeitig zu verladen, dass die Ware unter normalen Umständen rechtzeitig ankommt (IntHK Einl 9.3). Konkretisierung der Gattungsschuld (Schickschuld) tritt mit Übergabe der Sache an die Transportperson (Lieferung nach A 4) ein; kommt es dazu mangels Benachrichtigung durch den Käufer nicht, genügt Absonderung bzw anderweitige Kenntlichmachung der Ware (vgl B 5 aE). Zur Abnahme nicht vertragsgerechter Ware ist der Käufer unter B 4 nicht verpflichtet. – (Preis-)**Gefahrübergang** nach A 5/B 5 wie bei FOB (s Nr 4). CIF-Kauf „schwimmender" Ware ist nicht geregelt, sondern nach dem anwendbaren Recht zu beurteilen (IntHK Einl 9.3), danach etwa (Art 68 UN-Kaufrecht, vgl Überbl 46 vor § 373 HGB) rückwirkender Gefahrübergang außer bei Kenntnis des Verkäufers vom Untergang, der Käufer ist durch Versicherung geschützt. „CIF, Zahlung gegen Dokumente nach Ankunft des Dampfers" regelt nur Zahlungszeitpunkt ohne Änderung des Gefahrübergangs, RG **87,** 135. Nicht transportfähige Ware wie bei „FCA" (s Nr 2 Rn 2). – Die **Kosten** der Verladung an Bord und die Auslandungskosten im Entladungshafen, die nach dem Beförderungsvertrag vom Verkäufer zu tragen sind, gehören nicht zur Fracht, erstere fallen aber wie diese dem Verkäufer zur Last, letztere nur, wenn sie nach dem Beförderungsvertrag vom Verkäufer zu tragen sind (A 6). Bei „CIF landed" trägt der Verkäufer die Entladungskosten auf jeden Fall (auch nach Incoterms 1990), aber von solchen Zusatzvermerken sollte besser abgesehen werden (IntHK Einl 9.3). Der Käufer trägt nach B 6, soweit nicht nach dem Beförderungsvertrag vom Verkäufer zu tragen, alle Mehrbelastungen nach Überschreiten der Reling, auch Umladekosten, die nicht zur vorgesehenen Reiseroute gehören, Bredow/Seiffert CFR 22. Vorgesehene Umladekosten auf dem Weg zum vereinbarten Bestimmungsort trägt nach dem Beförderungsvertrag der Verkäufer, anders wenn der Käufer Rechte aus einer Umladeklausel geltend macht, um unerwarteten Hindernissen zu entgehen, zB Eis, Stau, Arbeitsstörungen, Regierungsanordnungen, Krieg oder kriegsähnliche Zustände (IntHK Einl 9.3), Grund: geht über den Abschluss des üblichen Beförderungsvertrags hinaus. – Vorleistungspflicht des Käufers betr Benennung des Schiffs (B 7), vgl BGH WM **75,** 920. –

(6) Incoterms 7. CPT

Lieferungsnachweis und **Transportdokument** nach A 8, idR begebbares Konnossement oder nichtbegebbarer Seefrachtbrief. Papierdokumente können durch elektronische Mitteilungen ersetzt werden (EDI message, A8). Dazu oft Individualvereinbarung, sonst eben übliches Transportdokument. Der Käufer, der gemäß CIF oder einer anderen C-Klausel bezahlt, muss beachten, dass nicht alle Transportdokumente Sperrfunktion gegen Absenderverfügungen enthalten, so aber zB Konnossement, ebenso Einheitliche Richtlinien für Seefrachtbriefe 1990 mit Verfügungsverzichtsklausel (IntHK Einl 21). Nach Incoterms 1990 musste ein Exemplar des Chartervertrags übergeben werden, wenn das Transportdokument einen Hinweis auf einen solchen enthielt. Das ist in Incoterms 2000 entfallen. Gewichts- und Mankoklauseln (zB Ankunftsgewicht) regeln iZw nur Beweislast (für Verschiffungsgewicht). „Reine" Konnossemente s auch **(11)** ERA Art 32, nunmehr **(11)** ERA 600 (2007) Art 27. Der Käufer muss Gelegenheit zur Prüfung der Dokumente erhalten, kann aber nicht Zahlung von Besichtigung der Ware abhängig machen (B 1, 8); Ausnahme Rechtsmissbrauch, str (vgl **(7)** Bankgeschäfte Rn K/20). – Die **Prüfung** nach A 9 betrifft nicht die kaufrechtliche Untersuchungs- und Rügeobliegenheit (§ 377 HGB Rn 10).
– Für **Verpackung** hat der Verkäufer zu sorgen, sofern nicht Verschiffung unverpackt handelsüblich ist (A 9); Handelsüblichkeit bestimmt sich, falls Verpackung für die Verkäuflichkeit der Ware wesentlich ist, auch aus der Sicht des Bestimmungslands. Die Verpackung hat transportgerecht zu sein, aber nur soweit die Umstände des Transports dem Verkäufer vor Abschluss des Kaufvertrags bekannt sind (A 9 aE; IntHK Einl 15).

7. CPT
Frachtfrei
(... benannter Bestimmungsort)

„Frachtfrei" bedeutet, daß der Verkäufer die Ware dem von ihm benannten Frachtführer liefert, der Verkäufer hat jedoch zusätzlich die Frachtkosten zu übernehmen, die erforderlich sind, um die Ware bis zum benannten Bestimmungsort zu befördern. Dies bedeutet, daß der Käufer alle Gefahren sowie alle anderen Kosten trägt, die nach der erfolgten Lieferung der Ware auftreten.

„Frachtführer" ist, wer sich durch einen Beförderungsvertrag verpflichtet, die Beförderung per Schiene, Straße, Luft, See, Binnenschiff oder in einer Kombination dieser Transportarten durchzuführen oder durchführen zu lassen.

Werden mehrere aufeinanderfolgende Frachtführer für die Beförderung zum benannten Ort eingesetzt, geht die Gefahr auf den Käufer über, sobald die Ware dem ersten Frachtführer übergeben worden ist.

Die CPT-Klausel verpflichtet den Verkäufer, die Ware zur Ausfuhr freizumachen.

Diese Klausel kann für jede Transportart verwendet werden, einschließlich des multimodalen Transports.

A. Verpflichtungen des Verkäufers

1. Lieferung vertragsgemäßer Ware

Der Verkäufer hat die Ware in Übereinstimmung mit dem Kaufvertrag zu liefern sowie die Handelsrechnung oder die entsprechende elektronische Mitteilung und alle sonstigen vertragsgemäßen Belege hierfür zu erbringen.

2. Lizenzen, Genehmigungen und Formalitäten

Der Verkäufer hat auf eigene Gefahr und Kosten die Ausfuhrbewilligung oder andere behördliche Genehmigung zu beschaffen sowie, falls anwendbar, alle Zollformalitäten zu erledigen, die für die Ausfuhr der Ware erforderlich sind.

3. Beförderungs- und Versicherungsverträge

a) Beförderungsvertrag
   Der Verkäufer hat auf eigene Rechnung den Vertrag über die Beförderung der Ware auf dem üblichen Weg in der üblichen Weise bis zur benannten Stelle am benannten Bestimmungsort abzuschließen. Ist die Stelle nicht vereinbart oder ergibt sie sich nicht aus der Handelspraxis, kann der Verkäufer die ihm am besten zusagende Stelle am benannten Bestimmungsort auswählen.

b) Versicherungsvertrag
   Keine Verpflichtung.

4. Lieferung

Der Verkäufer hat die Ware dem gemäß A3 verpflichteten Frachtführer oder bei mehreren aufeinanderfolgenden Frachtführern dem ersten Frachtführer in dem für die Lieferung vereinbarten Zeitpunkt oder innerhalb der vereinbarten Frist zur Beförderung an die vereinbarte Stelle am benannten Bestimmungsort zu übergeben.

5. Gefahrenübergang

Der Verkäufer hat, vorbehaltlich der Bestimmungen von B5 alle Gefahren des Verlusts oder der Beschädigung der Ware solange zu tragen, bis sie gemäß A4 geliefert worden ist.

6. Kostenteilung

Der Verkäufer hat, vorbehaltlich der Bestimmungen von B6, zu tragen
- alle die Ware betreffenden Kosten bis zu dem Zeitpunkt, in dem sie gemäß A4 geliefert worden ist, sowie die Fracht- und alle anderen aus A3 a) entstehenden Kosten einschließlich der Kosten der Verladung der Ware und aller Ausladungskosten am Bestimmungsort, die nach dem Beförderungsvertrag vom Verkäufer zu tragen sind; und,
- falls anwendbar, die Kosten der für die Ausfuhr notwendigen Zollformalitäten sowie alle Zölle, Steuern und andere Abgaben, die bei der Ausfuhr und, soweit sie im Beförderungsvertrag vom Verkäufer zu tragen sind, bei der Durchfuhr durch jedes Land anfallen.

7. Benachrichtigung des Käufers

Der Verkäufer hat den Käufer in angemessener Weise zu benachrichtigen, daß die Ware gemäß A4 geliefert worden ist, sowie jede andere Nachricht zu geben, die der Käufer benötigt, um erforderliche Maßnahmen zur Übernahme der Ware treffen zu können.

8. Liefernachweis, Transportdokument oder entsprechende elektronische Mitteilung

Der Verkäufer hat dem Käufer auf Kosten des Verkäufers, falls handelsüblich, das übliche Transportdokument oder Dokumente (z. B. ein begebbares Konnossement, einen nichtbegebbaren Seefrachtbrief, ein Dokument des Binnenschiffstransports, einen Luftfrachtbrief, einen Eisenbahnfrachtbrief, einen Straßenfrachtbrief oder ein multimodales Transportdokument) für den gemäß A3 vertraglich festgelegten Transport zu beschaffen.

Wenn sich Verkäufer und Käufer auf elektronische Datenkommunikation geeinigt haben, kann das im vorstehenden Absatz erwähnte Dokument durch eine entsprechende Mitteilung im elektronischen Datenaustausch (EDI message) ersetzt werden.

9. Prüfung – Verpackung – Kennzeichnung

Der Verkäufer hat die Kosten der Prüfung (wie Qualitätsprüfung, Messen, Wiegen und Zählen) zu tragen, die für die Lieferung der Ware gemäß A4 erforderlich ist.

Der Verkäufer hat auf eigene Kosten für eine Verpackung zu sorgen (sofern es nicht handelsüblich ist, die in dem Vertrag beschriebene Ware unverpackt zu versenden), die für den von ihm besorgten Transport der Ware erforderlich ist. Die Verpackung ist in geeigneter Weise zu kennzeichnen.

10. Sonstige Verpflichtungen

Der Verkäufer hat dem Käufer auf dessen Verlangen, Gefahr und Kosten bei der Beschaffung aller anderen als in A8 genannten Dokumente oder entsprechender elektronischer Mitteilungen, die im Versendungs- und/oder Ursprungsland ausgestellt oder abgesendet werden und die der Käufer zur Einfuhr der Ware und zur Durchfuhr durch jedes andere Land benötigt, jede Hilfe zu gewähren.

Der Verkäufer hat dem Käufer auf dessen Verlangen die für die Versicherung der Ware erforderlichen Auskünfte zu erteilen.

B. Verpflichtungen des Käufers

1. Zahlung des Kaufpreises

Der Käufer hat den Preis vertragsgemäß zu zahlen.

(6) Incoterms 7. CPT

2. Lizenzen, Genehmigungen und Formalitäten

Der Käufer hat auf eigene Gefahr und Kosten die Einfuhrbewilligung oder andere behördliche Genehmigung zu beschaffen sowie, falls anwendbar, alle erforderlichen Zollformalitäten für die Einfuhr der Ware und für ihre Durchfuhr durch jedes Land zu erledigen.

3. Beförderungs- und Versicherungsverträge

a) Beförderungsvertrag
Keine Verpflichtung.

b) Versicherungsvertrag
Keine Verpflichtung.

4. Abnahme

Der Käufer hat anzuerkennen, daß die Ware in Übereinstimmung mit A4 übergeben wird und die Ware dem Frachtführer am Bestimmungsort abzunehmen.

5. Gefahrenübergang

Der Käufer hat alle Gefahren des Verlusts oder der Beschädigung der Ware von dem Zeitpunkt an zu tragen, in dem sie gemäß A4 geliefert worden ist.

Der Käufer hat, sollte er die Benachrichtigung gemäß B7 unterlassen, alle Gefahren der Ware von dem für die Lieferung vereinbarten Zeitpunkt oder vom Ablauf der hierfür vereinbarten Frist an zu tragen, in dem sie zu tragen, vorausgesetzt jedoch, daß die Ware in geeigneter Weise konkretisiert, d. h. als der für den Käufer bestimmte Gegenstand abgesondert oder auf andere Art kenntlich gemacht worden ist.

6. Kostenteilung

Der Käufer hat, vorbehaltlich der Bestimmung von A3 a), zu tragen

- alle die Ware betreffenden Kosten von dem Zeitpunkt an, in dem sie gemäß A4 geliefert worden ist; und
- alle während des Transports bis zur Ankunft im Bestimmungsort anfallenden, die Ware betreffenden Kosten, sofern diese Kosten und Gebühren nach dem Beförderungsvertrag nicht vom Verkäufer zu tragen sind; und
- die Auslagerungskosten, sofern diese Kosten und Gebühren nach dem Beförderungsvertrag nicht vom Verkäufer zu zahlen sind; und,
- sollte er die Benachrichtigung gemäß B7 unterlassen, von dem für den Versand vereinbarten Zeitpunkt oder vom Ablauf der hierfür vereinbarten Frist an alle dadurch entstehenden zusätzlichen Kosten, vorausgesetzt jedoch, daß die Ware in geeigneter Weise konkretisiert, d. h. als der für den Käufer bestimmte Gegenstand abgesondert oder auf andere Art kenntlich gemacht worden ist; und,
- falls anwendbar, alle Zölle, Steuern und andere Abgaben sowie die Kosten der Zollformalitäten, die bei der Einfuhr der Ware und, soweit nicht in den im Beförderungsvertrag genannten Kosten enthalten, bei der Durchfuhr durch jedes Land anfallen.

7. Benachrichtigung des Verkäufers

Der Käufer hat, wenn er berechtigt ist, den Zeitpunkt für den Versand der Ware und/oder den Bestimmungsort festzulegen, den Verkäufer in angemessener Weise davon zu benachrichtigen.

8. Liefernachweis, Transportdokument oder entsprechende elektronische Mitteilung

Der Käufer hat das Transportdokument gemäß A8 anzunehmen, wenn es mit dem Kaufvertrag übereinstimmt.

9. Prüfung der Ware

Der Käufer hat die Kosten für jede Warenkontrolle vor der Verladung (pre-shipment inspection) zu tragen, mit Ausnahme behördlich angeordneter Kontrollen des Ausfuhrlandes.

10. Sonstige Verpflichtungen

Der Käufer hat alle Kosten und Gebühren für die Beschaffung der in A10 genannten Dokumente oder entsprechender elektronischer Mitteilungen zu tragen und diejenigen des Verkäufers zu erstatten, die diesem bei Hilfestellung hierfür entstanden sind.

1   1) „Frachtfrei" (s auch „Frachtfrei versichert", Nr 8) ist für alle Transportarten geeignet. – Gefahrübergang tritt mit Übergabe an den ersten Frachtführer ein (A 5 mit A 4; vgl dagegen „DAF" Nr 9 Rn 1).

IV. AGB und Vertragsklauseln 8. CIP **Incoterms (6)**

8. CIP
Frachtfrei versichert
(... benannter Bestimmungsort)

„Frachtfrei versichert" bedeutet, daß der Verkäufer die Ware dem von ihm benannten Frachtführer liefert, der Verkäufer hat jedoch zusätzlich die Frachtkosten zu übernehmen, die erforderlich sind, um die Ware bis zum benannten Bestimmungsort zu befördern. Dies bedeutet, daß der Käufer alle Gefahren sowie alle zusätzlichen Kosten trägt, die nach der derart erfolgten Lieferung der Ware auftreten. Bei der CIP-Klausel hat der Verkäufer jedoch auch die Transportversicherung gegen die vom Käufer getragene Gefahr des Verlusts oder der Beschädigung der Ware während der Beförderung zu beschaffen.

Folglich schließt der Verkäufer die Versicherung ab und zahlt die Versicherungsprämie.

Der Käufer sollte beachten, daß gemäß der CIP-Klausel der Verkäufer verpflichtet ist, nur eine Versicherung mit Mindestdeckung abzuschließen. Sollte der Käufer einen Schutz mit höherer Deckung wünschen, müßte er dies entweder insoweit ausdrücklich mit dem Verkäufer vereinbaren oder eigene zusätzliche Versicherungsvorkehrungen treffen.

„Frachtführer" ist, wer sich durch einen Beförderungsvertrag verpflichtet, die Beförderung per Schiene, Straße, Luft, See, Binnenschiff oder in einer Kombination dieser Transportarten durchzuführen oder durchführen zu lassen.

Werden mehrere aufeinanderfolgende Frachtführer für die Beförderung zum benannten Ort eingesetzt, geht die Gefahr auf den Käufer über, sobald die Ware dem ersten Frachtführer übergeben worden ist.

Die CIP-Klausel verpflichtet den Verkäufer, die Ware zur Ausfuhr freizumachen.

Diese Klausel kann für jede Transportart verwendet werden, einschließlich des multimodalen Transports.

A. Verpflichtungen des Verkäufers

1. Lieferung vertragsgemäßer Ware

Der Verkäufer hat die Ware in Übereinstimmung mit dem Kaufvertrag zu liefern sowie die Handelsrechnung oder die entsprechende elektronische Mitteilung und alle sonstigen vertragsgemäßen Belege hierfür zu erbringen.

2. Lizenzen, Genehmigungen und Formalitäten

Der Verkäufer hat auf eigene Gefahr und Kosten die Ausfuhrbewilligung oder andere behördliche Genehmigung zu beschaffen sowie, falls anwendbar, alle Zollformalitäten zu erledigen, die für die Ausfuhr der Ware erforderlich sind.

3. Beförderungs- und Versicherungsverträge

a) Beförderungsvertrag
Der Verkäufer hat auf eigene Rechnung den Vertrag über die Beförderung der Ware auf dem üblichen Weg in der üblichen Weise bis zur benannten Stelle am benannten Bestimmungsort abzuschließen. Ist die Stelle nicht vereinbart oder ergibt sie sich nicht aus der Handelspraxis, kann der Verkäufer die ihm am besten zusagende Stelle am benannten Bestimmungsort auswählen.

b) Versicherungsvertrag
**Der Verkäufer hat auf eigene Kosten die im Vertrag vereinbarte Transportversicherung zu beschaffen, die den Käufer oder eine andere Peson mit versichertem Interesse an den Gütern berechtigt, direkt beim Versicherer Ansprüche geltend zu machen, um dem Käufer die Versicherungspolice oder einen sonstigen Nachweis über den Versicherungsschutz zu übermitteln.
Die Versicherung ist bei zuverlässigen Versicherern oder Versicherungsgesellschaften abzuschließen und muß mangels ausdrücklicher Vereinbarung von etwas Gegensätzlichem mit der Mindestdeckung der Institute Cargo Clauses (Institute of London Underwriters) oder einem ähnlichen Bedingungswerk übereinstimmen. Die Dauer der Versicherung muß B5 und B4 entsprechen. Auf Verlangen des Käufers hat der Verkäufer auf Kosten des Käufers eine Versicherung gegen die Gefahren Krieg, Streik, Aufruhr und bürgerliche Unruhen zu beschaffen, sofern dies möglich ist. Die Mindestversicherung muß den Kaufpreis zuzüglich 10% (d. h. 110%) decken und in der Währung des Kaufvertrags genommen werden.**

4. Lieferung

Der Verkäufer hat die Ware dem gemäß A3 verpflichteten Frachtführer oder bei mehreren aufeinanderfolgenden Frachtführern dem ersten Frachtführer in dem für

Hopt 1729

die Lieferung in dem vereinbarten Zeitpunkt oder innerhalb der vereinbarten Frist zur Beförderung an die vereinbarte Stelle am benannten Bestimmungsort zu übergeben.

5. Gefahrenübergang

Der Verkäufer hat, vorbehaltlich der Bestimmungen von B5, alle Gefahren des Verlusts oder der Beschädigung der Ware solange zu tragen, bis sie gemäß A4 geliefert worden ist.

6. Kostenteilung

Der Verkäufer hat, vorbehaltlich der Bestimmungen von B6, zu tragen
- alle die Ware betreffenden Kosten bis zu dem Zeitpunkt, in dem sie gemäß A4 geliefert worden ist, sowie die Fracht- und alle anderen aus A3 a) entstehenden Kosten einschließlich der Kosten der Verladung der Ware und aller Ausladungskosten am Bestimmungsort, die nach dem Beförderungsvertrag vom Verkäufer zu tragen sind; und
- die aus A3 b) resultierenden Kosten für die Versicherung; und,
- falls anwendbar, die Kosten der für die Ausfuhr notwendigen Zollformalitäten sowie alle Zölle, Steuern und andere Abgaben, die bei der Ausfuhr und, soweit sie im Beförderungsvertrag vom Verkäufer zu tragen sind, bei der Durchfuhr durch jedes Land anfallen.

7. Benachrichtigung des Käufers

Der Verkäufer hat den Käufer in angemessener Weise zu benachrichtigen, daß die Ware gemäß A4 geliefert worden ist sowie jede andere Nachricht zu geben, die der Käufer benötigt, um erforderliche Maßnahmen zur Übernahme der Ware treffen zu können.

8. Liefernachweis, Transportdokument oder entsprechende elektronische Mitteilung

Der Verkäufer hat dem Käufer auf Kosten des Verkäufers, falls handelsüblich, das übliche Transportdokument oder Dokumente (z. B. ein begebbares Konnossement, einen nichtbegebbaren Seefrachtbrief, ein Dokument des Binnenschiffstransports, einen Luftfrachtbrief, einen Eisenbahnfrachtbrief, einen Straßenfrachtbrief oder ein multimodales Transportdokument) für den gemäß A3 vertraglich festgelegten Transport zu beschaffen.

Wenn sich Verkäufer und Käufer auf elektronische Datenkommunikation geeinigt haben, kann das im vorstehenden Absatz erwähnte Dokument durch eine entsprechende Mitteilung im elektronischen Datenaustausch (EDI message) ersetzt werden.

9. Prüfung – Verpackung – Kennzeichnung

Der Verkäufer hat die Kosten der Prüfung (wie Qualitätsprüfung, Messen, Wiegen und Zählen) zu tragen, die für die Lieferung der Ware gemäß A4 erforderlich ist.

Der Verkäufer hat auf eigene Kosten für eine Verpackung zu sorgen (sofern es nicht handelsüblich ist, die in dem Vertrag beschriebene Ware unverpackt zu versenden), die für den von ihm besorgten Transport der Ware erforderlich ist. Die Verpackung ist in geeigneter Weise zu kennzeichnen.

10. Sonstige Verpflichtungen

Der Verkäufer hat dem Käufer auf dessen Verlangen, Gefahr und Kosten bei der Beschaffung aller anderen als in A8 genannten Dokumente oder entsprechender elektronischer Mitteilungen, die im Versendungs- und/oder Ursprungsland ausgestellt oder abgesendet werden und die der Käufer zur Einfuhr der Ware und zur Durchfuhr durch jedes Land benötigt, jede Hilfe zu gewähren.

Der Verkäufer hat dem Käufer auf dessen Verlangen die für jede zusätzliche Versicherung der Ware erforderlichen Auskünfte zu erteilen.

B. Verpflichtungen des Käufers

1. Zahlung des Kaufpreises

Der Käufer hat den Preis vertragsgemäß zu zahlen.

2. Lizenzen, Genehmigungen und Formalitäten

Der Käufer hat auf eigene Gefahr und Kosten die Einfuhrbewilligung oder andere behördliche Genehmigung zu beschaffen sowie, falls anwendbar, alle erfor-

IV. AGB und Vertragsklauseln 8. CIP **Incoterms (6)**

derlichen Zollformalitäten für die Einfuhr der Ware und Durchfuhr durch jedes Land zu erledigen.

3. Beförderungs- und Versicherungsverträge
a) Beförderungsvertrag
Keine Verpflichtung.
b) Versicherungsvertrag
Keine Verpflichtung.

4. Abnahme

Der Käufer hat anzuerkennen, daß die Ware in Übereinstimmung mit A4 übergeben worden ist und die Ware dem Frachtführer am benannten Ort abzunehmen.

5. Gefahrenübergang

Der Käufer hat alle Gefahren des Verlusts oder der Beschädigung der Ware von dem Zeitpunkt an zu tragen, in dem sie gemäß A4 geliefert worden ist.

Der Käufer hat, sollte er die Benachrichtigung gemäß B7 unterlassen, alle Gefahren der Ware von dem für die Lieferung vereinbarten Zeitpunkt oder vom Ablauf der hierfür vereinbarten Frist an zu tragen, vorausgesetzt jedoch, daß die Ware in geeigneter Weise konkretisiert, d. h. als der für den Käufer bestimmte Gegenstand abgesondert oder auf andere Art kenntlich gemacht worden ist.

6. Kostenteilung

Der Käufer hat, vorbehaltlich der Bestimmung von A3 a), zu tragen
- alle die Ware betreffenden Kosten von dem Zeitpunkt an, in dem sie gemäß A4 geliefert worden ist; und
- alle während des Transports bis zur Ankunft im Bestimmungsort anfallenden, die Ware betreffenden Kosten, sofern diese Kosten und Gebühren nach dem Beförderungsvertrag nicht vom Verkäufer zu tragen sind; und
- die Auslagerungskosten, sofern diese Kosten und Gebühren gemäß Beförderungsvertrag nicht vom Verkäufer zu tragen sind; und
- sollte er die Benachrichtigung gemäß B7 unterlassen, von dem für den Versand vereinbarten Zeitpunkt oder vom Ablauf der hierfür vereinbarten Frist an alle dadurch entstehenden zusätzlichen Kosten, vorausgesetzt jedoch, daß die Ware in geeigneter Weise konkretisiert, d. h. als der für den Käufer bestimmte Gegenstand abgesondert oder auf andere Art kenntlich gemacht worden ist; und,
- falls anwendbar, alle Zölle, Steuern und andere Abgaben sowie die Kosten der Zollformalitäten, die bei der Einfuhr der Ware und, soweit nicht in den im Beförderungsvertrag genannten Kosten enthalten, bei der Durchfuhr durch jedes andere Land anfallen.

7. Benachrichtigung des Verkäufers

Der Käufer hat, wenn er berechtigt ist, den Zeitpunkt für den Versand der Ware und/oder den Bestimmungsort festzulegen, den Verkäufer in angemessener Weise davon zu benachrichtigen.

8. Liefernachweis, Transportdokument oder entsprechende elektronische Mitteilung

Der Käufer hat das Transportdokument gemäß A8 anzunehmen, wenn es mit dem Kaufvertrag übereinstimmt.

9. Prüfung der Ware

Der Käufer hat die Kosten für jede Warenkontrolle vor der Verladung (pre-shipment inspection) zu tragen, mit Ausnahme behördlich angeordneter Kontrollen des Ausfuhrlandes.

10. Sonstige Verpflichtungen

Der Käufer hat alle Kosten und Gebühren für die Beschaffung der in A10 genannten Dokumente oder entsprechender elektronischer Mitteilungen zu tragen und diejenigen des Verkäufers zu erstatten, die diesem bei Hilfestellung hierfür entstanden sind.

Der Käufer hat dem Verkäufer auf dessen Verlangen die für jede zusätzliche Versicherung der Ware erforderlichen Auskünfte zu erteilen.

„Frachtfrei versichert" ist bis auf die Pflicht des Verkäufers zum Abschluss eines 1 Transportversicherungsvertrags (A 3 b) wort- und deckungsgleich mit „Frachtfrei" (s Nr 7) und wie diese Klausel für alle Transportarten geeignet. Die Versicherungsklausel (A 3 b) ist mit der bei „CIF" wort- und deckungsgleich (s Nr 6 A 3 b), muss aber dem anderen Inhalt von „CIP" Rechnung tragen, die Versicherungszeit kann also wesentlich länger als bei „CIF" sein.

9. DAF
GELIEFERT GRENZE
(... benannter Ort)

„Geliefert Grenze" bedeutet, daß der Verkäufer liefert, wenn die zur Ausfuhr, aber nicht zur Einfuhr freigemachte Ware dem Käufer unentladen auf dem ankommenden Beförderungsmittel an der benannten Stelle des benannten Grenzorts zur Verfügung gestellt wird, jedoch vor der Zollgrenze des benachbarten Landes. Der Begriff „Grenze" schließt jede Grenze ein, auch die Grenze des Ausfuhrlandes. Es ist daher von entscheidender Bedeutung, die fragliche Grenze genau zu bestimmen und stets Stelle und Ort in der Vertragsklausel zu benennen.

Sollten die Parteien jedoch wünschen, daß der Verkäufer auf eigene Gefahren und Kosten für die Entladung der Ware von dem ankommenden Beförderungsmittel verantwortlich sein soll, sollte dieses durch einen entsprechenden ausdrücklichen Zusatz im Kaufvertrag deutlich gemacht werden.

Diese Klausel kann für jede Transportart verwendet werden, wenn Ware an eine Landesgrenze geliefert wird. Soll die Lieferung im Bestimmungshafen, an Bord eines Schiffes oder auf dem Kai stattfinden, sollten die DES- oder DEQ-Klauseln verwendet werden.

A. Verpflichtungen des Verkäufers

1. Lieferung vertragsgemäßer Ware

Der Verkäufer hat die Ware in Übereinstimmung mit dem Kaufvertrag zu liefern sowie die Handelsrechnung oder die entsprechende elektronische Mitteilung und alle sonstigen vertragsgemäßen Belege hierfür zu erbringen.

2. Lizenzen, Genehmigungen und Formalitäten

Der Verkäufer hat auf eigene Gefahr und Kosten die Ausfuhrbewilligung oder andere behördliche Genehmigung sowie jedes weitere erforderliche Dokument zu beschaffen, um dem Käufer die Ware zur Verfügung stellen zu können.

Der Verkäufer hat, falls anwendbar, alle Zollformalitäten zu erledigen, die für die Ausfuhr der Ware zum benannten Lieferort an der Grenze und Durchfuhr durch jedes Land erforderlich ist.

3. Beförderungs- und Versicherungsverträge

a) Beförderungsvertrag
  i) Der Verkäufer hat auf eigene Rechnung den Vertrag über die Beförderung der Ware bis zur gegebenenfalls benannten Stelle am Lieferort an der Grenze abzuschließen. Ist eine Stelle am Lieferort an der Grenze nicht vereinbart oder ergibt sich nicht aus der Handelspraxis, kann der Verkäufer die ihm am besten zusagende Stelle am benannten Lieferort auswählen.
  ii) Auf Verlangen des Käufers, kann der Verkäufer zustimmen, auf Gefahr und Kosten des Käufers einen Vertrag über die weitere Beförderung der Ware vom benannten Ort an der Grenze bis zum Endbestimmungsort in dem vom Käufer benannten Einfuhrland zu den üblichen Bedingungen abzuschließen. Der Verkäufer kann es ablehnen einen solchen Vertrag abzuschließen; in diesem Fall muß er dies dem Käufer unverzüglich anzeigen.
b) Versicherungsvertrag
  Keine Verpflichtung.

4. Lieferung

Der Verkäufer hat die Ware dem Käufer an dem benannten Lieferort an der Grenze in dem vereinbarten Zeitpunkt oder innerhalb der vereinbarten Frist auf dem ankommenden Beförderungsmittel unentladen zur Verfügung zu stellen.

5. Gefahrenübergang

Der Verkäufer hat vorbehaltlich der Bestimmungen von B5, alle Gefahren des Verlusts oder der Beschädigung der Ware solange zu tragen, bis sie gemäß A4 geliefert worden ist.

IV. AGB und Vertragsklauseln   9. DAF Incoterms (6)

6. Kostenteilung

Der Verkäufer hat, vorbehaltlich der Bestimmungen von B6, zu tragen
- zusätzlich zu den aus A3 a) entstehenden Kosten alle die Ware betreffenden Kosten bis zu dem Zeitpunkt, in dem sie gemäß A4 geliefert worden ist; und,
- falls anwendbar, die Kosten der für die Ausfuhr notwendigen Zollformalitäten sowie alle Zölle, Steuern und andere Abgaben, die bei der Ausfuhr der Ware und bei ihrer Durchfuhr durch jedes Land vor der Lieferung gemäß A4 anfallen.

7. Benachrichtigung des Käufers

Der Verkäufer hat den Käufer in angemessener Weise zu benachrichtigen, daß die Ware an den benannten Grenzort versandt worden ist sowie jede andere Nachricht zu geben, die der Käufer benötigt, um erforderliche Maßnahmen zur Abnahme der Ware treffen zu können.

8. Liefernachweis, Transportdokument oder entsprechende elektronische Mitteilung

i) Der Verkäufer hat dem Käufer auf Kosten des Verkäufers das übliche Dokument oder einen anderen Nachweis für die Lieferung der Ware am benannten Ort an der Grenze gemäß A3 a) i) zu beschaffen.

ii) Der Verkäufer hat, sollten die Parteien einen Weitertransport jenseits der Grenze gemäß A3 a) ii) vereinbaren, dem Käufer auf dessen Verlangen, Gefahr und Kosten das Durchfrachtdokument zu beschaffen, das üblicherweise im Versandland zu erhalten ist und sich auf den Transport der Ware zu üblichen Bedingungen vom Abgangsort im Versandland bis zum endgültigen vom Käufer benannten Bestimmungsort im Einfuhrland bezieht.

Wenn sich Verkäufer und Käufer auf elektronische Datenkommunikation geeinigt haben, kann das im vorstehenden Absatz erwähnte Dokument durch eine entsprechende Mitteilung im elektronischen Datenaustausch (EDI message) ersetzt werden.

9. Prüfung – Verpackung – Kennzeichnung

Der Verkäufer hat die Kosten der Prüfung (wie Qualitätsprüfung, Messen, Wiegen und Zählen) zu tragen, die für die Lieferung der Ware gemäß A4 erforderlich ist.

Der Verkäufer hat auf eigene Kosten für eine Verpackung zu sorgen (sofern es nicht handelsüblich ist, die in dem Vertrag beschriebene Ware unverpackt zu liefern), die für die Lieferung der Ware an der Grenze und für den nachfolgenden Transport erforderlich ist, wenn und soweit die Transportmodalitäten (z. B. Transportart, Bestimmungsort) dem Verkäufer vor Abschluß des Kaufvertrags zur Kenntnis gebracht worden sind. Die Verpackung ist in geeigneter Weise zu kennzeichnen.

10. Sonstige Verpflichtungen

Der Verkäufer hat dem Käufer auf dessen Verlangen, Gefahr und Kosten bei der Beschaffung aller anderen als in A8 genannten Dokumente oder entsprechender elektronischer Mitteilungen, die im Versendungs- und/oder Ursprungsland ausgestellt oder abgesendet werden und die der Käufer zur Einfuhr der Ware und gegebenenfalls zur Duchfuhr durch jedes andere Land benötigt, jede Hilfe zu gewähren.

Der Verkäufer hat dem Käufer auf dessen Verlangen die für die Versicherung der Ware erforderlichen Auskünfte zu erteilen.

B. Verpflichtungen des Käufers

1. Zahlung des Kaufpreises

Der Käufer hat den Preis vertragsgemäß zu zahlen.

2. Lizenzen, Genehmigungen und Formalitäten

Der Käufer hat auf eigene Gefahr und Kosten die Einfuhrbewilligung oder andere behördliche Genehmigung zu beschaffen sowie, falls anwendbar, alle erforderlichen Zollformalitäten am benannten Lieferort an der Grenze oder an anderer Stelle für die Einfuhr der Ware und für ihren Weitertransport zu erledigen.

3. Beförderungs- und Versicherungsverträge

a) Beförderungsvertrag
   Keine Verpflichtung.

(6) Incoterms 9. DAF

b) Versicherungsvertrag
Keine Verpflichtung.

4. Abnahme

Der Käufer hat die Ware abzunehmen, wenn sie ihm gemäß A4 zur Verfügung gestellt worden ist.

5. Gefahrenübergang

Der Käufer hat alle Gefahren des Verlusts oder der Beschädigung der Ware von dem Zeitpunkt an zu tragen, in dem sie ihm gemäß A4 geliefert worden ist.

Der Käufer hat, sollte er die Benachrichtigung gemäß B7 unterlassen, alle Gefahren des Verlusts oder der Beschädigung der Ware von dem für die Lieferung vereinbarten Zeitpunkt oder vom Ablauf der hierfür vereinbarten Frist an zu tragen, vorausgesetzt, daß die Ware in geeigneter Weise konkretisiert, d. h. als der für den Käufer bestimmte Gegenstand abgesondert oder auf andere Art kenntlich gemacht worden ist.

6. Kostenteilung

Der Käufer hat zu tragen
- alle die Ware betreffenden Kosten von dem Zeitpunkt an, in dem sie gemäß A4 geliefert worden ist, einschließlich Kosten der Entladung, die erforderlich ist, um die Ware von dem ankommenden Beförderungsmittel am benannten Ort an der Grenze übernehmen zu können; und
- alle zusätzlichen Kosten, die entweder dadurch entstehen, daß die Ware, nachdem sie ihm gemäß A4 geliefert wurde, nicht abgenommen worden ist oder keine Benachrichtigung gemäß B7 erfolgte, vorausgesetzt jedoch, daß die Ware in geeigneter Weise konkretisiert, d. h. als der für den Käufer bestimmte Gegenstand abgesondert oder auf andere Art kenntlich gemacht worden ist; und,
- falls anwendbar, die Kosten der Zollformalitäten sowie alle Zölle, Steuern und andere Abgaben, die bei der Einfuhr der Ware und bei ihrem Weitertransport anfallen.

7. Benachrichtigung des Verkäufers

Der Käufer hat, wenn er berechtigt ist, den Zeitpunkt der Abnahme innerhalb einer vereinbarten Frist und/oder die Abnahmestelle am benannten Ort zu bestimmen, den Verkäufer in angemessener Weise davon zu benachrichtigen.

8. Liefernachweis, Transportdokument oder entsprechende elektronische Mitteilung

Der Käufer hat das Transportdokument und/oder einen anderen in Übereinstimmung mit A8 erbrachten Liefernachweis anzunehmen.

9. Prüfung der Ware

Der Käufer hat die Kosten für jede Warenkontrolle vor der Verladung (pre-shipment inspection) zu tragen, mit Ausnahme behördlich angeordneter Kontrollen des Ausfuhrlandes.

10. Sonstige Verpflichtungen

Der Käufer hat alle Kosten und Gebühren für die Beschaffung der in A10 genannten Dokumente oder entsprechender elektronischer Mitteilungen zu tragen und diejenigen des Verkäufers zu erstatten, die diesem bei der Hilfeleistung hierfür entstanden sind.

Falls erforderlich, hat der Käufer gemäß A3 a) ii) dem Verkäufer auf dessen Verlangen und auf Gefahr und Kosten des Käufers Devisengenehmigungen, Zulassungen, sonstige Dokumente oder beglaubigte Kopien davon zu beschaffen oder die Anschrift des endgültigen Bestimmungsorts im Einfuhrland für die Beschaffung des Durchfrachtdokuments oder jedes anderen Dokuments gemäß A8 ii) mitzuteilen.

1   1) „Geliefert Grenze" wurde 1967 zur Beseitigung der Unsicherheiten bei den Frei- bzw Franko-Klauseln veröffentlicht. „Geliefert Grenze" und alle anderen D-Klauseln (Nr 9–13) betreffen den Fern- oder Ankunftsvertrag im Gegensatz zur „Frachtfrei" und den übrigen C-Klauseln (Nr 5–7), die den Versendungskauf betreffen (Einl 4 vor Incoterms). Ankunftsklausel s Hbg frdsch Arbitr RIW 85, 328. Der gemeinte Grenzort ist konkret zu bezeichnen, besonders bei Überschreiten mehrerer Grenzen. – Lieferung durch den Verkäufer auf dem ankommenden

IV. AGB und Vertragsklauseln

Beförderungsmittel unentladen (A 4). – Bei „Geliefert Grenze" geht die (Preis-)-Gefahr erst mit Lieferung an dem benannten Lieferort an der Grenze auf dem ankommenden Beförderungsmittel unentladen über (A 5 mit A 4); bei „Frachtfrei" mit einem Grenzort als benanntem Ort dagegen bereits mit Übergabe an den ersten Frachtführer (s Nr 7 Rn 1).

10. DES
GELIEFERT AB SCHIFF
(... benannter Bestimmungshafen)

„Geliefert ab Schiff" bedeutet, daß der Verkäufer liefert, wenn die nicht zur Einfuhr freigemachte Ware an Bord des Schiffs im benannten Bestimmungshafen zur Verfügung gestellt wird. Der Verkäufer hat bis zur Entladung alle Kosten und Gefahren der Beförderung der Ware bis zum benannten Bestimmungshafen zu tragen. Falls die Parteien wünschen, daß der Verkäufer die Kosten und Gefahren der Entladung der Ware übernehmen soll, sollte die DEQ-Klausel verwendet werden.

Die DES-Klausel kann nur verwendet werden, wenn die Ware über See oder Binnenschiff oder im multimodalen Transport auf einem Schiff in den Bestimmungshafen geliefert werden soll.

A. Verpflichtungen des Verkäufers

1. Lieferung vertragsgemäßer Ware

Der Verkäufer hat die Ware in Übereinstimmung mit dem Kaufvertrag zu liefern sowie die Handelsrechnung oder die entsprechende elektronische Mitteilung und alle sonstigen vertragsgemäßen Belege hierfür zu erbringen.

2. Lizenzen, Genehmigungen und Formalitäten

Der Verkäufer hat auf eigene Gefahr und Kosten die Ausfuhrbewilligung oder andere behördliche Genehmigung oder andere Dokumente zu beschaffen sowie, falls anwendbar, alle Zollformalitäten zu erledigen, die für die Ausfuhr der Ware und ihre Durchfuhr durch jedes Land erforderlich sind.

3. Beförderungs- und Versicherungsverträge

a) Beförderungsvertrag

Der Verkäufer hat auf eigene Rechnung den Vertrag über die Beförderung der Ware bis zu gegebenenfalls benannten Stelle im benannten Bestimmungshafen abzuschließen. Ist eine Stelle nicht vereinbart oder ergibt sie sich nicht aus der Handelspraxis kann der Verkäufer die ihm am besten zusagende Stelle im benannten Bestimmungshafen auswählen.

b) Versicherungsvertrag
Keine Verpflichtung.

4. Lieferung

Der Verkäufer hat dem Käufer die Ware an Bord des Schiffs an der Entladungsstelle gemäß A3 a) im benannten Bestimmungshafen an dem vereinbarten Zeitpunkt oder innerhalb der vereinbarten Frist zur Verfügung zu stellen, so daß sie mit dem der Natur der Ware entsprechenden Entladegerät von Bord genommen werden kann.

5. Gefahrenübergang

Der Verkäufer hat, vorbehaltlich der Bestimmungen von B5, alle Gefahren des Verlusts oder der Beschädigung der Ware solange zu tragen, bis sie gemäß A4 geliefert worden ist.

6. Kostenteilung

Der Verkäufer hat, vorbehaltlich der Bestimmungen von B6, zu tragen
- zusätzlich zu den aus A3 a) entstehenden Kosten alle die Ware betreffenden Kosten bis zu dem Zeitpunkt, in dem sie gemäß A4 geliefert worden ist; und,
- falls anwendbar, die Kosten der für die Ausfuhr notwendigen Zollformalitäten sowie alle Zölle, Steuern und andere Abgaben, die bei der Ausfuhr der Ware und bei ihrer Durchfuhr durch jedes Land, bevor sie gemäß A4 geliefert worden ist, anfallen.

(6) Incoterms 10. DES

7. Benachrichtigung des Käufers

Der Verkäufer hat den Käufer in angemessener Weise über das voraussichtliche Ankunftsdatum des benannten Schiffs gemäß A4 zu benachrichtigen sowie jede andere Nachricht zu geben, die der Käufer benötigt, um erforderliche Maßnahmen zur Abnahme der Ware treffen zu können.

8. Liefernachweis, Transportdokument oder entsprechende elektronische Mitteilung

Der Verkäufer hat dem Käufer auf Kosten des Verkäufers den Auslieferungsauftrag (delivery order) und/oder das übliche Transportdokument (z. B. ein begebbares Konnossement, einen nichtbegebbaren Seefrachtbrief, ein Dokument des Binnenschiffstransports oder ein multimodales Transportdokument) zu beschaffen, damit der Käufer die Ware vom Frachtführer am Bestimmungshafen herausverlangen kann.

Wenn sich Verkäufer und Käufer auf elektronische Datenkommunikation geeinigt haben, kann das im vorstehenden Absatz erwähnte Dokument durch eine entsprechende Mitteilung im elektronischen Datenaustausch (EDI message) ersetzt werden.

9. Prüfung – Verpackung – Kennzeichnung

Der Verkäufer hat die Kosten der Prüfung (wie Qualitätsprüfung, Messen, Wiegen und Zählen) zu tragen, die für die Lieferung der Ware gemäß A4 erforderlich ist.

Der Verkäufer hat auf eigene Kosten für eine Verpackung zu sorgen (sofern es nicht handelsüblich ist, die in dem Vertrag beschriebene Ware unverpackt zu liefern), die für die Lieferung der Ware erforderlich ist. Die Verpackung ist in geeigneter Weise zu kennzeichnen.

10. Sonstige Verpflichtungen

Der Verkäufer hat dem Käufer auf dessen Verlangen, Gefahr und Kosten bei der Beschaffung aller anderen als in A8 genannten Dokumente oder entsprechender elektronischer Mitteilungen, die im Versendungs- und/oder Ursprungsland ausgestellt oder abgesendet werden und die der Käufer zur Einfuhr der Ware benötigt, jede Hilfe zu gewähren.

Der Verkäufer hat dem Käufer auf dessen Verlangen die für die Versicherung der Ware erforderlichen Auskünfte zu erteilen.

B. Verpflichtungen des Käufers

1. Zahlung des Kaufpreises

Der Käufer hat den Preis vertragsgemäß zu zahlen.

2. Lizenzen, Genehmigungen und Formalitäten

Der Käufer hat auf eigene Gefahr und Kosten die Einfuhrbewilligung oder andere behördliche Genehmigung zu beschaffen sowie, falls anwendbar, alle erforderlichen Zollformalitäten für die Einfuhr der Ware zu erledigen.

3. Beförderungs- und Versicherungsverträge

a) Beförderungsvertrag
Keine Verpflichtung.
b) Versicherungsvertrag
Keine Verpflichtung.

4. Abnahme

Der Käufer hat die Ware abzunehmen, wenn sie ihm gemäß A4 geliefert worden ist.

5. Gefahrenübergang

Der Käufer hat alle Gefahren des Verlusts oder der Beschädigung der Ware von dem Zeitpunkt an zu tragen, in dem sie gemäß A4 geliefert worden ist.

Der Käufer hat, sollte er die Benachrichtigung gemäß B7 unterlassen, alle Gefahren des Verlusts oder der Beschädigung der Ware von dem für die Lieferung vereinbarten Zeitpunkt oder vom Ablauf der hierfür vereinbarten Frist an zu tragen, vorausgesetzt jedoch, daß die Ware in geeigneter Weise konkretisiert, d. h.

IV. AGB und Vertragsklauseln   11. DEQ Incoterms (6)

als der für den Käufer bestimmte Gegenstand abgesondert oder auf andere Art kenntlich gemacht worden ist.

6. Kostenteilung

Der Käufer hat zu tragen
- alle die Ware betreffenden Kosten von dem Zeitpunkt an, in dem sie ihm gemäß A4 geliefert worden ist, einschließlich der Kosten für die Entladetätigkeiten, die erforderlich sind, um die Ware vom Schiff zu übernehmen; und
- alle zusätzlichen Kosten, die entweder dadurch entstehen, daß die Ware, nachdem sie ihm gemäß A4 zur Verfügung gestellt wurde, nicht abgenommen worden ist oder keine Benachrichtigung gemäß B7 erfolgte, vorausgesetzt jedoch, daß die Ware in geeigneter Weise konkretisiert, d. h. als der für den Käufer bestimmte Gegenstand abgesondert oder auf andere Weise kenntlich gemacht worden ist; und,
- falls anwendbar, die Kosten der Zollformalitäten sowie alle Zölle, Steuern und andere Abgaben, die bei der Einfuhr der Ware anfallen.

7. Benachrichtigung des Verkäufers

Der Käufer hat, wenn er berechtigt ist, den Zeitpunkt der Abnahme innerhalb einer vereinbarten Frist und/oder die Abnahmestelle am benannten Bestimmungshafen zu bestimmen, den Verkäufer in angemessener Weise davon zu benachrichtigen.

8. Liefernachweis, Transportdokument oder entsprechende elektronische Mitteilung

Der Käufer hat den Auslieferungsauftrag (delivery order) oder das Transportdokument gemäß A8 anzunehmen.

9. Prüfung der Ware

Der Käufer hat die Kosten für jede Warenkontrolle vor der Verladung (pre-shipment inspection) zu tragen, mit Ausnahme behördlich angeordneter Kontrollen des Ausfuhrlandes.

10. Sonstige Verpflichtungen

Der Käufer hat alle Kosten und Gebühren für die Beschaffung der in A10 genannten Dokumente oder entsprechender elektronischer Mitteilungen zu tragen und diejenigen des Verkäufers zu erstatten, die diesem bei der Hilfeleistung hierfür entstanden sind.

1) „Geliefert ab Schiff" (bis 1990 gleichbedeutend „Ab Schiff") weist außer den **1** Kosten auch die (Preis-)Gefahr der Seereise dem Verkäufer zu (Fern- oder Ankunftsvertrag). Die praktische Bedeutung ist gering. – Die (Preis-)Gefahr geht noch an Bord des Schiffs über (A 5 mit A 4), nicht erst bei Überschreiten der Reling (vgl aber „FOB" Nr 4 Rn 1). Massengut hat der Käufer idR direkt aus dem Schiffsraum zu übernehmen, Stückgut muss der Verkäufer idR an Deck bzw die Reling bringen lassen, maßgeblich sind die Hafenusancen, Bredow/Seiffert 6, vgl IntHK Einl 12. – „Ex Schiff X, Weiterverladung per Waggon Y" ist nur eine Instruktion für die Weiterverladung ohne Verschiebung des Gefahrübergangs.

11. DEQ
GELIEFERT AB KAI
(... benannter Bestimmungshafen)

„Geliefert ab Kai" bedeutet, daß der Verkäufer liefert, wenn die nicht zur Einfuhr freigemachte Ware dem Käufer am Kai des benannten Bestimmungshafens zur Verfügung gestellt wird. Der Verkäufer hat die Kosten und Gefahren, die mit der Beförderung der Ware zum benannten Bestimmungsort und mit der Entladung der Ware auf den Kai verbunden sind, zu tragen. Die DEQ-Klausel verlangt von dem Käufer, daß er die Ware zur Einfuhr freimacht und er alle Formalitäten, Zölle, Steuern und andere Abgaben bei der Einfuhr bezahlt.

Dies ist eine Umkehr gegenüber vorherigen Incoterms-Fassungen, die verlangten, dass der Verkäufer die Importfreimachung vornimmt.

(6) Incoterms 11. DEQ

Wünschen die Parteien, daß in die Verpflichtungen des Verkäufers alle oder Teile der bei der Einfuhr der Ware anfallenden Abgaben eingeschlossen werden, sollte dieses durch einen entsprechenden ausdrücklichen Zusatz im Kaufvertrag deutlich gemacht werden.

Diese Klausel kann nur verwendet werden, wenn die Ware über See oder Binnenschiff oder im multimodalen Transport zur Entladung von einem Schiff auf den Kai im Bestimmungshafen geliefert werden soll. Wünschen die Parteien jedoch, daß in die Verpflichtungen des Verkäufers die Gefahren und Kosten des Verbringens der Ware vom Kai zu einem innerhalb oder außerhalb des Hafens befindlichen Ort (Lagerhaus, Terminal, Transportstation usw.) eingeschlossen werden, sollten die DDU- oder DDP-Klauseln verwendet werden.

A. Verpflichtungen des Verkäufers

1. Lieferung vertragsgemäßer Ware

Der Verkäufer hat die Ware in Übereinstimmung mit dem Kaufvertrag zu liefern sowie die Handelsrechnung oder die entsprechende elektronische Mitteilung und alle sonstigen vertragsgemäßen Belege hierfür zu erbringen.

2. Lizenzen, Genehmigungen und Formalitäten

Der Verkäufer hat auf eigene Kosten und Gefahr die Ausfuhrbewilligung oder andere behördliche Genehmigung oder andere Dokumente zu beschaffen sowie, falls anwendbar, alle Zollformalitäten zu erledigen, die für die Ausfuhr der Ware und für ihre Durchfuhr durch jedes Land erforderlich sind.

3. Beförderungs- und Versicherungsverträge

a) Beförderungsvertrag

Der Verkäufer hat auf eigene Rechnung den Vertrag über die Beförderung der Ware bis zum benannten Kai im benannten Bestimmungshafen abzuschließen. Ist ein bestimmter Kai nicht vereinbart oder ergibt er sich nicht aus der Handelspraxis, kann der Verkäufer den ihm am besten zusagenden Kai im Bestimmungshafen auswählen.

b) Versicherungsvertrag

Keine Verpflichtung.

4. Lieferung

Der Verkäufer hat die Ware dem Käufer am Kai gemäß A3 a) in dem vereinbarten Zeitpunkt oder innerhalb der vereinbarten Frist zur Verfügung zu stellen.

5. Gefahrenübergang

Der Verkäufer hat, vorbehaltlich der Bestimmungen von B5, alle Gefahren des Verlusts oder der Beschädigung der Ware solange zu tragen, bis sie gemäß A4 geliefert worden ist.

6. Kostenteilung

Der Verkäufer hat, vorbehaltlich der Bestimmungen von B6, zu tragen
- **zusätzlich zu den aus A3 a) entstehenden Kosten alle die Ware betreffenden Kosten bis zu dem Zeitpunkt, in dem sie gemäß A4 zum Kai geliefert worden sind; und,**
- **falls anwendbar, die Kosten für Zollformalitäten sowie alle Zölle, Steuern und andere Abgaben, die bei der Ausfuhr der Ware und bei ihrer Durchfuhr durch jedes Land, bevor sie geliefert worden ist, anfallen.**

7. Benachrichtigung des Käufers

Der Verkäufer hat den Käufer in angemessener Weise über das voraussichtliche Ankunftsdatum des bezeichneten Schiffes gemäß A4 zu benachrichtigen sowie jede andere Nachricht zu geben, die der Käufer benötigt, um erforderliche Maßnahmen zur Abnahme der Ware treffen zu können.

8. Liefernachweis, Transportdokument oder entsprechende elektronische Mitteilung

Der Verkäufer hat dem Käufer auf Kosten des Verkäufers den Auslieferungsauftrag (delivery order) und/oder das übliche Transportdokument (z. B. ein begebbares Konnossement, einen nichtbegebbaren Seefrachtbrief, ein Dokument des Binnenschiffstransports oder ein multimodales Transportdokument) zu beschaffen, das der Käufer zur Übernahme der Ware und zu ihrem Abtransport vom Kai benötigt.

IV. AGB und Vertragsklauseln   11. DEQ **Incoterms (6)**

Wenn sich Verkäufer und Käufer auf elektronische Datenkommunikation geeinigt haben, kann das im vorstehenden Absatz erwähnte Dokument durch eine entsprechende Mitteilung im elektronischen Datenaustausch (EDI message) ersetzt werden.

9. Prüfung – Verpackung – Kennzeichnung

Der Verkäufer hat die Kosten der Prüfung (wie Qualitätsprüfung, Messen, Wiegen und Zählen) zu tragen, die für die Lieferung der Ware gemäß A4 erforderlich ist.

Der Verkäufer hat auf eigene Kosten für eine Verpackung zu sorgen (sofern es nicht handelsüblich ist, die in dem Vertrag beschriebene Ware unverpackt zu liefern), die für die Lieferung der Ware erforderlich ist. Die Verpackung ist in geeigneter Weise zu kennzeichnen.

10. Sonstige Verpflichtungen

Der Verkäufer hat dem Käufer auf dessen Verlangen, Gefahr und Kosten bei der Beschaffung jeglicher Dokumente oder entsprechender elektronischer Mitteilungen (jedoch nicht die in A8 erwähnten), die im Absende- und/oder Ursprungsland ausgestellt oder übermittelt werden, die der Käufer für die Einfuhr der Ware benötigen kann, jede Hilfe zu gewähren.

Der Verkäufer hat dem Käufer auf dessen Verlangen die für die Versicherung der Ware erforderlichen Auskünfte zu erteilen.

B. Verpflichtungen des Käufers

1. Zahlung des Kaufpreises

Der Käufer hat den Preis vertragsgemäß zu zahlen.

2. Lizenzen, Genehmigungen und Formalitäten

Der Käufer hat auf eigene Gefahr und Kosten die Einfuhrbewilligung oder behördliche Genehmigung oder andere Dokumente, die für die Einfuhr der Ware erforderlich sind, zu beschaffen und, falls anwendbar, alle Zollformalitäten, die für die Einfuhr der Ware erforderlich sind, zu erledigen.

3. Beförderungs- und Versicherungsverträge

a) Beförderungsvertrag
   Keine Verpflichtung.
b) Versicherungsvertrag
   Keine Verpflichtung.

4. Abnahme

Der Käufer hat die Ware abzunehmen, wenn sie ihm gemäß A4 geliefert worden ist.

5. Gefahrenübergang

Der Käufer hat alle Gefahren des Verlusts oder der Beschädigung der Ware von dem Zeitpunkt an zu tragen, in dem sie ihm gemäß A4 geliefert worden ist.

Der Käufer hat, sollte er die Benachrichtigung gemäß B7 unterlassen, alle Gefahren des Verlusts oder der Beschädigung der Ware von dem für die Lieferung vereinbarten Zeitpunkt oder vom Ablauf der hierfür vereinbarten Frist an zu tragen, vorausgesetzt jedoch, daß die Ware in geeigneter Weise konkretisiert, d. h. als der für den Käufer bestimmte Gegenstand abgesondert oder auf andere Art kenntlich gemacht worden ist.

6. Kostenteilung

Der Käufer hat zu tragen
- alle die Ware betreffenden Kosten von dem Zeitpunkt an, in dem sie gemäß A4 geliefert worden ist, einschließlich aller Kosten, die bei dem Handling der Ware im Hafen zwecks Weitertransport oder Lagerung im Lagerhaus oder Terminal anfallen; und
- alle zusätzlichen Kosten, die entweder dadurch entstehen, daß die Ware, nachdem sie ihm gemäß A4 zur Verfügung gestellt wurde, nicht abgenommen worden ist oder keine Benachrichtigung gemäß B7 erfolgte, vorausgesetzt jedoch, daß die Ware in geeigneter Weise konkretisiert, d. h. als der für den Käufer

Hopt   1739

(6) Incoterms 12. DDU

bestimmte Gegenstand abgesondert oder auf andere Art kenntlich gemacht worden ist; und,
- falls anwendbar, die Kosten der Zollformalitäten sowie alle Zölle, Steuern und andere Abgaben, die bei der Einfuhr der Ware und deren Weitertransport anfallen.

7. Benachrichtigung des Verkäufers

Der Käufer hat, wenn er berechtigt ist, den Zeitpunkt der Abnahme innerhalb einer vereinbarten Frist und/oder die Abnahmestelle im benannten Bestimmungshafen zu bestimmen, den Verkäufer davon in angemessener Weise zu benachrichtigen.

8. Liefernachweis, Transportdokument oder entsprechende elektronische Mitteilung

Der Käufer hat den Auslieferungsauftrag (delivery order) oder das Transportdokument gemäß A8 anzunehmen.

9. Prüfung der Ware

Der Käufer hat die Kosten für jede Warenkontrolle vor der Verladung (pre-shipment inspection) zu tragen, mit Ausnahme behördlich angeordneter Kontrollen des Ausfuhrlandes.

10. Sonstige Verpflichtungen

Der Käufer hat alle Kosten und Gebühren für die Beschaffung der in A10 genannten Dokumente oder entsprechender elektronischer Mitteilungen zu tragen und diejenigen des Verkäufers zu erstatten, die diesem bei der Hilfeleistung hierfür entstanden sind.

1) Vertragstyp

1 „Geliefert ab Kai" (bis 1990 gleichbedeutend „Ab Kai"/EXQ) regelt den praktisch wichtigsten Fern- oder Ankunftsvertrag, auch Platz- oder Locogeschäft genannt (im Gegensatz zu den Versendungs- oder Abladegeschäften des Überseehandels „CFR", „CIF" und „CPT". Häufig handelt es sich dabei um Lieferung bereits eingelagerter Ware.

2) Verkäufer- und Käuferpflichten

2 **Export- und Importlizenzen** (A 2/B 2). Bei **„Ab Kai"** obliegt nach den Incoterms 2000 in Umkehr zu Incoterms 1990 die Einfuhrabwicklung samt Tragung der Einfuhrzölle dem Käufer, dem Verkäufer braucht nur noch am Kai des Bestimmungshafens exportfreie Ware zur Verfügung zu stellen (A 2/B 2). Soll der Verkäufer alle oder einen Teil der bei der Einfuhr anfallenden Abgaben tragen, muss das besonders vereinbart werden (so ausdrücklich Präambel zu DEQ; IntHK Einl 11). – **Lieferung** (A 4): Der Verkäufer hat die Ware dem Käufer am Kai des benannten Bestimmungshafens zum vereinbarten Zeitpunkt zur Verfügung zu stellen). Entladen muss also der Verkäufer, Bredow/Seiffert 10. Vereinbarung einer Abnahmefrist zugunsten des Käufers ist möglich. – Die (Preis-)**Gefahr** geht am Kai über (mit Lieferung, A 5 mit A 4). (Preis-)Gefahrübergang (B 5) setzt Konkretisierung der Gattungsschuld voraus, Konkretisierung allein genügt aber nur ausnahmsweise (mangels Benachrichtigung durch den Käufer mit Absonderung oder anderweitiger Kenntlichmachung durch den Verkäufer, B 5 aE; vgl Rn 2). – Kosten für **Prüfung** trägt der Verkäufer nur, soweit sie für die Lieferung der Ware notwendig werden (A 9 mit A 4); sonst fallen sie dem Käufer zur Last, zB Einwiegekosten bei Übernahme der Ware „en vrac" (ohne Verpackung) oder Sortierungskosten bei Kauf verschiedener Sorten „en bloc".

12. DDU
GELIEFERT UNVERZOLLT
(... benannter Bestimmungsort)

„Geliefert unverzollt" bedeutet, daß der Verkäufer dem Käufer die nicht zur Einfuhr freigemachte Ware am benannten Bestimmungsort auf dem ankommenden Beförderungsmittel unentladen liefert. Der Verkäufer hat die Kosten und Gefahren der Beförderung bis dorthin zu tragen

IV. AGB und Vertragsklauseln 12. DDU **Incoterms (6)**

mit Ausnahme, falls anwendbar, jeglichen „Zolls" (ein Begriff, der die Verantwortung und die Gefahr der Erledigung der Zollformalitäten sowie die Bezahlung von Formalitäten, Zöllen, Steuern und anderer Abgaben umfaßt) für die Einfuhr in das Bestimmungsland. Dieser „Zoll" ist vom Käufer zu tragen ebenso wie alle Kosten und Gefahren, die durch sein Unterlassen, die Ware rechtzeitig zur Einfuhr frei zu machen, entstehen.

Wünschen die Parteien jedoch, daß der Verkäufer die Einfuhrzollformalitäten erledigt und die dadurch bedingten Kosten und Gefahren sowie einige der bei Einfuhr der Ware fälligen Kosten trägt, sollte dies durch einen entsprechenden ausdrücklichen Zusatz im Kaufvertrag deutlich gemacht werden.

Diese Klausel kann für jede Transportart verwendet werden; es sollte jedoch die DES- oder DEQ-Klausel verwendet werden, wenn die Lieferung am Bestimmungshafen an Bord des Schiffes oder auf dem Kai stattfinden soll.

A. Verpflichtungen des Verkäufers

1. Lieferung vertragsgemäßer Ware

Der Verkäufer hat die Ware in Übereinstimmung mit dem Kaufvertrag zu liefern sowie die Handelsrechnung oder die entsprechende elektronische Mitteilung und alle sonstigen vertragsgemäßen Belege hierfür zu erbringen.

2. Lizenzen, Genehmigungen und Formalitäten

Der Verkäufer hat auf eigene Gefahr und Kosten die Ausfuhrbewilligung und andere behördliche Genehmigung oder andere Dokumente zu beschaffen sowie, falls anwendbar, alle Zollformalitäten zu erledigen, die für die Ausfuhr der Ware und Durchfuhr durch jedes andere Land nötig sind.

3. Beförderungs- und Versicherungsverträge

a) Beförderungsvertrag
Der Verkäufer hat auf eigene Rechnung den Vertrag über die Beförderung der Ware zu dem benannten Bestimmungsort abzuschließen. Ist eine bestimmte Stelle nicht vereinbart oder ergibt sie sich nicht aus der Handelspraxis, kann der Verkäufer die ihm am besten zusagende Stelle am benannten Bestimmungsort auswählen.
b) Versicherungsvertrag
Keine Verpflichtung.

4. Lieferung

Der Verkäufer hat die Ware dem Käufer oder einer anderen vom Käufer benannten Person auf dem ankommenden Beförderungsmittel unentladen am benannten Bestimmungsort in dem vereinbarten Zeitpunkt oder innerhalb der vereinbarten Lieferfrist zur Verfügung zu stellen.

5. Gefahrenübergang

Der Verkäufer hat, vorbehaltlich der Bestimmungen von B5, alle Gefahren des Verlusts oder der Beschädigung der Ware solange zu tragen, bis sie gemäß A4 geliefert worden ist.

6. Kostenteilung

Der Verkäufer hat, vorbehaltlich der Bestimmungen von B6, zu tragen
- zusätzlich zu den aus A3 a) entstehenden Kosten alle die Ware betreffenden Kosten bis zu dem Zeitpunkt, in dem sie gemäß A4 geliefert worden ist; und,
- falls anwendbar, die Kosten der für die Ausfuhr notwendigen Zollformalitäten sowie alle Zölle, Steuern und andere Abgaben, die bei der Ausfuhr der Ware und bei ihrer Durchfuhr durch jedes andere Land, bevor sie gemäß A4 geliefert worden ist, anfallen.

7. Benachrichtigung des Verkäufers

Der Käufer hat, wenn er berechtigt ist, den Zeitpunkt der Abnahme innerhalb einer vereinbarten Frist und/oder die Abnahmestelle am benannten Ort zu bestimmen, den Verkäufer in angemessener Weise davon zu benachrichtigen.

8. Liefernachweis, Transportdokument oder entsprechende elektronische Mitteilung

Der Verkäufer hat dem Käufer auf Kosten des Verkäufers den Auslieferungsauftrag (delivery order) und/oder das übliche Transportdokument (z. B. ein begebbares Konnossement, einen nichtbegebbaren Seefrachtbrief, ein Dokument des Binnenschiffstransports, einen Luftfrachtbrief, einen Eisenbahnfrachtbrief, einen Straßenfrachtbrief oder ein multimodales Transportdokument) zu beschaffen, das der Käufer zur Übernahme der Ware gemäß A4/B4 benötigt.

Wenn sich Verkäufer und Käufer auf elektronische Datenkommunikation geeinigt haben, kann das im vorstehenden Absatz erwähnte Dokument durch eine entsprechende Mitteilung im elektronischen Datenaustausch (EDI message) ersetzt werden.

9. Prüfung – Verpackung – Kennzeichnung

Der Verkäufer hat die Kosten der Prüfung (wie Qualitätsprüfung, Messen, Wiegen und Zählen) zu tragen, die für die Lieferung der Ware gemäß A4 erforderlich ist.

Der Verkäufer hat auf eigene Kosten für eine Verpackung zu sorgen (sofern es nicht handelsüblich ist, die in dem Vertrag beschriebene Ware unverpackt zu liefern), die für die Lieferung der Ware erforderlich ist. Die Verpackung ist in geeigneter Weise zu kennzeichnen.

10. Sonstige Verpflichtungen

Der Verkäufer hat dem Käufer auf dessen Verlangen, Gefahr und Kosten bei der Beschaffung aller anderen als in A8 genannten Dokumente oder entsprechender elektronischer Mitteilungen, die im Versendungs- und/oder Ursprungsland ausgestellt oder abgesendet werden und die der Käufer zur Einfuhr der Ware benötigt, jede Hilfe zu gewähren.

Der Verkäufer hat dem Käufer auf dessen Verlangen die für die Versicherung der Ware erforderlichen Auskünfte zu erteilen.

B. Verpflichtungen des Käufers

1. Zahlung des Kaufpreises

Der Käufer hat den Preis vertragsgemäß zu zahlen.

2. Lizenzen, Genehmigungen und Formalitäten

Der Käufer hat auf eigene Gefahr und Kosten die Einfuhrbewilligung oder andere behördliche Genehmigung zu beschaffen sowie, falls anwendbar, alle erforderlichen Zollformalitäten für die Einfuhr der Ware zu erledigen.

3. Beförderungs- und Versicherungsverträge

a) Beförderungsvertrag
Keine Verpflichtung.
b) Versicherungsvertrag
Keine Verpflichtung.

4. Abnahme

Der Käufer hat die Ware abzunehmen, wenn sie gemäß A4 geliefert worden ist.

5. Gefahrenübergang

Der Käufer hat alle Gefahren des Verlusts oder der Beschädigung der Ware von dem Zeitpunkt an zu tragen, in dem sie ihm gemäß A4 geliefert worden ist.

Der Käufer hat, sollte er seine Verpflichtungen gemäß B2 nicht erfüllen, alle daraus entstehenden zusätzlichen Gefahren des Verlusts oder der Beschädigung der Ware zu tragen.

Der Käufer hat, wenn er die Benachrichtigung gemäß B7 unterläßt, alle Gefahren des Verlusts oder der Beschädigung der Ware von dem für die Lieferung vereinbarten Zeitpunkt oder vom Ablauf der hierfür vereinbarten Frist an zu tragen, vorausgesetzt jedoch, daß die Ware in geeigneter Weise konkretisiert, d. h. als der für den Käufer bestimmte Gegenstand abgesondert oder auf andere Art kenntlich gemacht worden ist.

6. Kostenteilung

Der Käufer hat zu tragen

- alle die Ware betreffenden Kosten von dem Zeitpunkt an, in dem sie gemäß A4 geliefert worden ist; und
- alle zusätzlichen Kosten, die dadurch entstehen, daß er seine Verpflichtungen gemäß B2 nicht erfüllt hat oder er eine Benachrichtigung gemäß B7 unterläßt,

IV. AGB und Vertragsklauseln 13. DDP **Incoterms** (6)

vorausgesetzt jedoch, daß die Ware in geeigneter Weise konkretisiert, d. h. als der für den Käufer bestimmte Gegenstand abgesondert oder auf andere Art kenntlich gemacht worden ist; und
- falls anwendbar, die Kosten der Zollformalitäten sowie alle Zölle, Steuern und andere Abgaben, die bei der Einfuhr der Ware anfallen.

7. Benachrichtigung des Verkäufers

Der Käufer hat, wenn er berechtigt ist, den Zeitpunkt der Abnahme innerhalb einer vereinbarten Frist und/oder die Abnahmestelle am benannten Ort zu bestimmen, den Verkäufer in angemessener Weise davon zu benachrichtigen.

8. Liefernachweis, Transportdokument oder entsprechende elektronische Mitteilung

Der Käufer hat den Auslieferungsauftrag (delivery order) oder das Transportdokument gemäß A8 anzunehmen.

9. Prüfung der Ware

Der Käufer hat die Kosten für jede Warenkontrolle vor der Verladung (pre-shipment inspection) zu tragen, mit Ausnahme behördlich angeordneter Kontrollen des Ausfuhrlandes.

10. Sonstige Verpflichtungen

Der Käufer hat alle Kosten und Gebühren für die Beschaffung der in A10 genannten Dokumente oder entsprechender elektronischer Mitteilungen zu tragen und diejenigen des Verkäufers zu erstatten, die diesem bei der Hilfeleistung hierfür entstanden sind.

1) Diese Klausel (neu 1990) entspricht der „DDP" (Nr 13, s dort), nur „unverzollt". Die Klausel empfiehlt sich zB bei Lieferung von Teilen zur Baustelle im Anlagengeschäft oder bei Gewährleistungslieferungen. Im Vergleich zu „DDP" ist „DDU" vor allem bei Erstattbarkeit von Einfuhrabgaben (etwa Einfuhrumsatzsteuer) nur an Ansässige des Importlands vorzuziehen. Zwischenformen sind möglich, zB „DDU, Mehrwertsteuer bezahlt". „DDU" empfiehlt sich nicht, wenn im Bestimmungsland mit Schwierigkeiten bei der Freimachung der Ware zur Einfuhr zu rechnen ist. Incoterms 2000 stellen klar, dass Lieferung am Bestimmungsort auf dem ankommenden Beförderungsmittel unentladen erfolgt (A 4). Zwischenformen sind möglich, zB „DDU, customs formalities by the seller", wenn der Verkäufer zur Beschleunigung die Einfuhrzollprozeduren von einem Zollagenten erledigen lassen will, oder „DDU Mehrwertsteuer bezahlt", wenn er bestimmte (nicht alle sonst DDP) Importabgaben zu übernehmen bereit ist, Bredow/Seiffert 4.

13. DDP
GELIEFERT VERZOLLT
(... benannter Bestimmungsort)

„Geliefert verzollt" bedeutet, daß der Verkäufer dem Käufer die zur Einfuhr freigemachte Ware an dem benannten Bestimmungsort auf dem ankommenden Beförderungsmittel unentladen liefert. Der Verkäufer hat alle Kosten und Gefahren der Beförderung der Ware bis dorthin zu tragen, einschließlich, falls anwendbar, jeglichen für die Einfuhr in das Bestimmungsland erforderlichen „Zolls" (ein Begriff, der die Verantwortung und die Gefahr der Erledigung der Zollformalitäten sowie die Bezahlung von Formalitäten, Zöllen, Steuern und anderer Abgaben umfaßt).

Während die Klausel EXW die Mindestverpflichtung des Verkäufers darstellt, enthält die DDP-Klausel seine Maximalverpflichtung.

Diese Klausel sollte nicht verwendet werden, wenn es dem Verkäufer nicht möglich ist, entweder direkt oder indirekt die Einfuhrbewilligung zu beschaffen.

Wünschen die Parteien jedoch, daß von den Verpflichtungen des Verkäufers bestimmte bei der Einfuhr der Ware anfallende Abgaben (wie z. B. die Mehrwertsteuer) ausgeschlossen werden, sollte dies durch einen entsprechenden ausdrücklichen Zusatz im Kaufvertrag deutlich gemacht werden.

Wünschen die Parteien, daß der Käufer alle Gefahren und Kosten der Einfuhr trägt, sollte die DDU-Klausel verwendet werden.

Diese Klausel kann für jede Transportart verwendet werden; es sollte jedoch die DES- oder DEQ-Klausel verwendet werden, wenn die Lieferung am Bestimmungshafen an Bord des Schiffes oder auf dem Kai stattfinden soll.

(6) Incoterms 13. DDP

A. Verpflichtungen des Verkäufers

1. Lieferung vertragsgemäßer Ware

Der Verkäufer hat die Ware in Übereinstimmung mit dem Kaufvertrag zu liefern sowie die Handelsrechnung oder die entsprechende elektronische Mitteilung und alle sonstigen vertragsgemäßen Belege hierfür zu erbringen.

2. Lizenzen, Genehmigungen und Formalitäten

Der Verkäufer hat auf eigene Kosten und Gefahr die Aus- und Einfuhrbewilligungen oder andere behördliche Genehmigung oder andere Dokumente zu beschaffen sowie, falls anwendbar, alle Zollformalitäten zu erledigen, die für die Aus- und Einfuhr der Ware und für ihre Durchfuhr durch jedes Land erforderlich sind.

3. Beförderungs- und Versicherungsverträge

a) Beförderungsvertrag

Der Verkäufer hat auf eigene Rechnung den Vertrag über die Beförderung der Ware bis zu dem Bestimmungsort abzuschließen. Ist eine bestimmte Stelle nicht vereinbart oder ergibt sie sich nicht aus der Handelspraxis, kann der Verkäufer die ihm am besten zusagende Stelle am benannten Bestimmungsort auswählen.

b) Versicherungsvertrag

Keine Verpflichtung.

4. Lieferung

Der Verkäufer hat die Ware dem Käufer oder einer anderen vom Käufer benannten Person unentladen auf dem ankommenden Beförderungsmittel am benannten Bestimmungsort in dem vereinbarten Zeitpunkt oder innerhalb der vereinbarten Lieferfrist zur Verfügung zu stellen.

5. Gefahrenübergang

Der Verkäufer hat, vorbehaltlich der Bestimmungen von B5, alle Gefahren des Verlusts oder der Beschädigung der Ware solange zu tragen, bis sie gemäß A4 geliefert worden ist.

6. Kostenteilung

Der Verkäufer hat, vorbehaltlich der Bestimmungen von B6, zu tragen
- zusätzlich zu den aus A3 a) entstehenden Kosten alle die Ware betreffenden Kosten bis zu dem Zeitpunkt, in dem sie gemäß A4 geliefert worden ist; und,
- falls anwendbar, die Kosten für Zollformalitäten, die für Ein- und Ausfuhr nötig sind, sowie alle Zölle, Steuern und andere Abgaben, die bei der Aus- und Einfuhr der Ware und bei ihrer Durchfuhr durch jedes Land, bevor sie gemäß A4 geliefert worden ist, anfallen.

7. Benachrichtigung des Käufers

Der Verkäufer hat den Käufer in angemessener Weise zu benachrichtigen, daß die Ware versandt worden ist, sowie jede andere Nachricht zu geben, die der Käufer benötigt um erforderliche Maßnahmen zur Abnahme der Ware treffen zu können.

8. Liefernachweis, Transportdokument oder entsprechende elektronische Mitteilung

Der Verkäufer hat dem Käufer auf Kosten des Verkäufers den Auslieferungsauftrag (delivery order) und/oder das übliche Transportdokument (z. B. ein begebbares Konnossement, einen nichtbegebbaren Seefrachtbrief, ein Dokument des Binnenschiffstransportes, einen Luftfrachtbrief, einen Eisenbahnfrachtbrief, einen Straßenfrachtbrief oder ein multimodales Transportdokument) zu beschaffen, das der Käufer zur Übernahme der Ware gemäß A4/B4 benötigt.

Wenn sich Verkäufer und Käufer auf elektronische Datenkommunikation geeinigt haben, kann das im vorstehenden Absatz erwähnte Dokument durch eine entsprechende Mitteilung im elektronischen Datenaustausch (EDI message) ersetzt werden.

9. Prüfung – Verpackung – Kennzeichnung

Der Verkäufer hat die Kosten der Prüfung (wie Qualitätsprüfung, Messen, Wiegen und Zählen) zu tragen, die für die Lieferung der Ware gemäß A4 erforderlich ist.

IV. AGB und Vertragsklauseln 13. DDP **Incoterms (6)**

Der Verkäufer hat auf eigene Kosten für eine Verpackung zu sorgen (sofern es nicht handelsüblich ist, die in dem Vertrag beschriebene Ware unverpackt zu liefern), die für die Lieferung der Ware erforderlich ist. Die Verpackung ist in geeigneter Weise zu kennzeichnen.

10. Sonstige Verpflichtungen

Der Verkäufer hat alle Kosten und Gefahren für die Beschaffung der in B10 genannten Dokumente oder entsprechender elektronischer Mitteilungen zu tragen und diejenigen des Käufers zu erstatten, die diesem bei der Hilfeleistung hierfür entstanden sind.

Der Verkäufer hat dem Käufer auf dessen Verlangen die für die Versicherung der Ware erforderlichen Auskünfte zu erteilen.

B. Verpflichtungen des Käufers

1. Zahlung des Kaufpreises

Der Käufer hat den Preis vertragsgemäß zu zahlen.

2. Lizenzen, Genehmigungen und Formalitäten

Der Käufer hat dem Verkäufer auf dessen Verlangen, Gefahr und Kosten bei der Beschaffung, falls anwendbar, der Einfuhrbewilligung oder anderer behördlicher Genehmigung, die für die Einfuhr der Ware erforderlich sind, jede Hilfe zu gewähren.

3. Beförderungs- und Versicherungsverträge
a) Beförderungsvertrag
   Keine Verpflichtung.
b) Versicherungsvertrag
   Keine Verpflichtung.

4. Abnahme

Der Käufer hat die Ware abzunehmen, wenn sie gemäß A4 geliefert worden ist.

5. Gefahrenübergang

Der Käufer hat alle Gefahren des Verlusts oder der Beschädigung der Ware von dem Zeitpunkt an zu tragen, in dem sie ihm gemäß A4 geliefert worden ist.

Der Käufer hat, sollte er seine Verpflichtungen gemäß B2 nicht erfüllen, alle daraus entstehenden zusätzlichen Gefahren des Verlusts oder der Beschädigung der Ware zu tragen.

Der Käufer hat, wenn keine Benachrichtigung gemäß B7 erfolgte, alle Gefahren des Verlusts oder der Beschädigung der Ware von dem für die Lieferung vereinbarten Zeitpunkt vom Ablauf der hierfür vereinbarten Frist an zu tragen, vorausgesetzt jedoch, daß die Ware in geeigneter Weise konkretisiert, d. h. als der für den Käufer bestimmte Gegenstand abgesondert oder auf andere Art kenntlich gemacht worden ist.

6. Kostenteilung

Der Käufer hat zu tragen
- alle die Ware betreffenden Kosten von dem Zeitpunkt an, in dem sie ihm gemäß A4 geliefert worden ist; und
- alle zusätzlichen Kosten, die entweder dadurch entstehen, daß er seine Verpflichtungen gemäß B2 nicht erfüllt oder er eine Benachrichtigung gemäß B7 unterläßt, vorausgesetzt jedoch, daß die Ware in geeigneter Weise konkretisiert, d. h. als der für den Käufer bestimmte Gegenstand abgesondert oder auf andere Art kenntlich gemacht worden ist.

7. Benachrichtigung des Verkäufers

Der Käufer hat, wenn er berechtigt ist, den Zeitpunkt der Abnahme innerhalb einer vereinbarten Frist und/oder die Abnahmestelle am benannten Ort zu bestimmen, den Verkäufer in angemessener Weise davon zu benachrichtigen.

8. Liefernachweis, Transportdokument oder entsprechende elektronische Mitteilung

Der Käufer hat den Auslieferungsauftrag (delivery order) oder das Transportdokument gemäß A8 anzunehmen.

9. Prüfung der Ware
Der Käufer hat die Kosten für jede Warenkontrolle vor der Verladung (pre-shipment inspection) zu tragen, mit Ausnahme behördlich angeordneter Kontrollen des Ausfuhrlandes.

10. Sonstige Verpflichtungen
Der Käufer hat dem Verkäufer auf dessen Verlangen, Gefahr und Kosten bei der Beschaffung der Dokumente oder entsprechender elektronischer Mitteilungen, die im Einfuhrland ausgestellt oder abgesendet werden und die der Verkäufer benötigt, um die Ware dem Käufer dementsprechend zur Verfügung zu stellen, jede Hilfe zu gewähren.

1 1) „Geliefert verzollt" ist die den Verkäufer maximal belastende Incoterms-Klausel (umgekehrt Mindestverpflichtung des Verkäufers bei Klausel „Ab Werk", s Nr 1). Diese Klausel entspricht der „DDU" (s Nr 12), nur eben „verzollt". Sie unterscheidet sich von „Geliefert Grenze" (s Nr 9) dadurch, dass der Verkäufer die Ware auf seine Gefahr und Kosten in das Einfuhrland zu verbringen und dort zu verzollen hat; er muss also die Einfuhrgenehmigung beschaffen und alle Einfuhrzölle und -abgaben tragen (A 2). Incoterms 2000 stellen klar, dass auch bei DDP die Zurverfügungstellung unentladen erfolgt (A 4). Zwischenformen sind möglich, zB „DDP, Einfuhrumsatzsteuer nicht bezahlt", Bredow/Seiffert 2.

V. Bankgeschäfte (mit Börsen- und Kapitalmarktrecht)
(7) Bankgeschäfte

Schrifttum

a) Kommentare und Handbücher: *Assmann/Schneider,* WpHG, 5. Aufl 2009. – *BankrechtsHdb/(Schimansky/Bunte/Lwowski)* 2 Bde, 3. Aufl 2007. – *BuB/Hellner/Steuer/Lwowski/Roth ua* (LBl). – *Bunte,* AGB-Banken und Sonderbedingungen mit AGB-Sparkassen und AGB-Postbank, 2. Aufl 2009. – *Canaris,* Bankvertragsrecht, 2. Aufl 1981 (Sonderausgabe aus GroßKo III 3, 2. Bearbeitung), 1. Teil 3. Aufl 1988. – *Derleder/Knops/Bamberger* 2. Aufl 2009. – *Ebenroth/Boujong/Joost/ (Thessinga/Grundmann ua)* BankR I–IX 2001. – *Einsele,* Bank- und Kapitalmarktrecht, 2006. – *Fuchs* WpHG 2009. – *Heymann/Horn* Bd. 4, Anh § 372, 2. Aufl 2005. – *Hirte/Möllers* KöKoWpHG 2007. – *Hopt/Mülbert,* Kreditrecht (Sonderausgabe aus Staudinger) 1989. – *Langenbucher/Gößmann/Werner* 2004 (Zahlungsverkehr). – *MüKo(HGB)/(Bearbeiter)* 2. Aufl 2005 ff Bd 5 2009. Anh nach § 372, *MüKo/Hadding/Häuser/ua* (Zahlungsverkehr A-J), *MüKo/Ekkenga* (Effektengeschäft), *MüKo/Einsele* (Depotgeschäft), *MüKo/Ferrari ua* (FactÜ). – *Schlegelberger/Hefermehl* Bd IV, Anh § 365, 5. Aufl 1976. – *Welter/Lang,* Informationspflichten im Bankverkehr 2005.

b) Lehrbücher: *Claussen* 4. Aufl 2008. – *Einsele* 2006. – *Fischer/Klanten* 3. Aufl 2000. – *Huber* 2001. – *Kümpel,* Bank- und Kapitalmarktrecht, 3. Aufl 2004. – *Lenenbach,* Kapitalmarkt- und Börsenrecht, 2002. – *Schwintowski/Schäfer* 2. Aufl 2004.

c) Sonstige Beiträge: *Assmann/Schütze,* Hdb des Kapitalanlagerechts, 2. Aufl 1997. – *BrV,* Bankrechtstage seit 1990. – *Hadding/Nobbe,* Bankrecht 2000, 2000. – *Heermann,* Geld und Geldgeschäfte, 2003. – *Hopt,* Kapitalanlegerschutz im Recht der Banken, 1975. – Bankrecht, Festschrift für *Schimansky* 1999. – *Hüffer/van Look,* Bankkonto, 4. Aufl 2000. – *Lang,* Informationspflichten bei WPDienstleistungen, 2003. – *Obermüller,* Insolvenzrecht in der Bankpraxis, 7. Aufl 2007. – *RWS,* Forum Bankrecht seit 1998 (RWSForum). – *K. Schmidt,* Geldrecht (Sonderausgabe aus Staudinger), 1997. – *Wernicke,* Privates Bankrecht im EG-Binnenmarkt, 1996. – *Habersack* Bankrechtstag **02**, 3 (SMG). – *Nobbe* ZBB **09**, 93 (Verjährung im Bankrecht). **Muster:** *Hopt,* Vertrags- und Formularbuch zum Hdl-, Ges- und Bankrecht, 3. Aufl 2007, Teil IV.A-Z (mit 182 Vertragsmustern, Vertragsbausteinen und Formularen). – *Schwark* ZHR 151 (**87**) 325. **RsprÜbersichten:** *Nobbe* 6. Aufl 1995,

V. Bankgeschäfte (m. Börsen- u. KapMR) Übersicht **BankGesch (7)**

ErgänzungsBd 1999; BGHFSWissII/*Hadding/Schwark/Hopt* 00, 425, 455, 497 (Zahlungsverkehr; Börsenrecht; Kapitalmarktrecht mit Prospekthaftung); *Köndgen* NJW **92,** 2263, **96,** 558, **00,** 468 (Bankkreditrecht), **04,** 1288; *Oechsler* NJW **05,** 1406, **06,** 1399, **07,** 1418. Weiteres Schrifttum und Rspr s bei den einzelnen Bankgeschäften.

AGB s **(8)** AGB-Banken, **(8 a)** AGB-Spark.

Übersicht
1. Kap: Bankvertrag und Geschäftsverbindung

A. Grundlagen des Bankrechts A/1–60
1) HGB und Bankgeschäfte A/1–3
   A. HGB A/1
   B. Handelsrechtliche Nebengesetze A/2
   C. Bankrecht und Bankgeschäfte A/3
2) KWG und Bankgeschäfte A/4–5
   A. KWG A/4
   B. Privatrechtliche Fragen A/5
3) Bankvertrag, Geschäftsverbindung und AGB A/6–8
   A. Allgemeiner Bankvertrag, Girokonto für jedermann A/6
   B. Geschäftsverbindung A/7
   C. AGB A/8
4) Bankgeheimnis A/9–13
   A. Geheimhaltungspflicht; Abtretung von Darlehensforderungen A/9
   B. Grenzen A/10
5) Bankauskünfte A/14–15
   A. Pflichten gegenüber dem Anfrager A/14
   B. Pflichten gegenüber dem Kunden A/15
6) Informationspflicht: Wissenszurechnung; Aufklärungs-, Warn- und Beratungspflichten A/16–29
   A. Rechtsgrundlage für Informations- und Aufklärungspflicht, Wissenszurechnung A/16
   B. Aufklärungs-, Warn- und Beratungspflichten A/17
   C. Schadensersatz A/21
   D. Einzelne Bankgeschäfte A/22
7) Haftung gegenüber Dritten A/30–35
   A. Unmittelbare vertragliche Haftung A/30
   B. Abgeleitete vertragliche Haftung A/32
   C. Haftung aus gesetzlichem Schuldverhältnis A/34
   D. Deliktische Haftung A/35
8) Konto A/36–52
   A. Kontoarten A/36
   B. Kontoinhaber A/48
   C. Konto- und Depotvollmachten A/52
9) Datenschutz bei Bankgeschäften A/53–55
   A. Datenschutz A/53
   B. Kreditauskünfte A/54
   C. Schufa-Verfahren A/55
10) Verfahrensrecht (Ombudsmann), Einlagensicherung, Anlegerentschädigung, Insolvenz A/56–59
    A. Verfahrensrecht, insbesondere Schlichtung (Ombudsmann) A/56
    B. Einlagensicherung, Anlegerentschädigung A/57
    C. Insolvenz des Kunden A/58
    D. Insolvenz der Bank A/59
11) Internationales Bankvertragsrecht A/60

2. Kap: Passivgeschäft, insbesondere Einlagengeschäft

B. Einlagengeschäft B/1–7
1) Rechtliche Qualifikation B/1–2
2) Rückzahlung der Einlagen, insbesondere Spareinlagen B/3–6
   A. Rückzahlung B/3
   B. Rückzahlung an Nichtberechtigte (§§ 362, 808 BGB) B/4
   C. Pfändung B/6

3. Kap: Zahlungsverkehr

C. Giroüberweisung: Überweisungs-, Zahlungs-, Girovertrag C/1–26

0) Neues Recht ab 31. 10. 2009 für den Zahlungsverkehr, insbesondere Giroüberweisung, Lastschrift und Bankkunden-Karte C/01–09
1) Rechtliche Qualifikation C/1–5 b
   A. Girogeschäft, Überweisungsgesetz 1999, Bedingungen für den Überweisungsverkehr 2007 C/1
   B. Überweisungsvertrag C/2
   C. Girovertrag C/3–4
   D. Mehrgliedriger Überweisungsverkehr, insbesondere Zahlungsvertrag C/5
2) Das Rechtsverhältnis zwischen den Banken und dem Überweisenden C/6–12
   A. Überweisungsvertrag, nicht bloßer Überweisungsauftrag C/6
   B. Pflichten und Rechte der Bank C/7–9
   C. Außerbetriebliche Überweisungen C/10
   D. Kündigung des Überweisungsvertrags durch den Überweisenden C/11
   E. Mängel der Überweisungsanweisung C/12
3) Das Rechtsverhältnis zwischen den Banken und dem Überweisungsempfänger C/13–21
   A. Vor Gutschrift C/13
   B. Nach Gutschrift C/14
   C. Bereicherungsausgleich bei Fehlüberweisung C/15–19
   D. Stornierung C/20
   E. Verrechnung C/21
4) Das Rechtsverhältnis zwischen dem Überweisenden und dem Überweisungsempfänger C/22–26
   A. Zulässigkeit der Überweisung C/22
   B. Erfüllung C/23
   C. Rechtzeitigkeit C/24
   D. Gefahrtragung C/25
   E. Bereicherungsausgleich C/26

D. Lastschrift D/1–23

0) Neues Recht ab 31. 10. 2009 für die Lastschrift C/01–04
1) Rechtliche Qualifikation bis 30. 10. 2009 D/1–4
   A. Lastschriftverfahren D/1
   B. Einschaltung mehrerer Banken D/2
2) Das Rechtsverhältnis zwischen den Banken und dem Lastschriftschuldner D/5–11
   A. Vor Einlösung D/5
   B. Einlösung D/6
   C. Widerspruch (individueller Widerruf) D/7
   D. Sittenwidriger Widerspruch D/8
   E. Andere Mängel D/10
3) Das Rechtsverhältnis zwischen den Banken und dem Lastschriftgläubiger D/12–21
   A. Gutschrift D/12
   B. Rückbelastung D/14
   C. Bereicherungsausgleich D/15
4) Das Rechtsverhältnis zwischen dem Lastschriftschuldner und dem Lastschriftgläubiger D/22–23
   A. Abrede über den Lastschrifteinzug D/22
   B. Bereicherungsausgleich D/23

E. Scheck E/1–10
1) Scheckgeschäft E/1–5
   A. Scheckvertrag E/1
   B. Prüfungspflicht der Bank, Bösgläubigkeit E/2
   C. Schecksperre E/4
   D. Bereicherungsausgleich E/5
2) Scheckeinziehung (Scheckinkasso) E/6–7
   A. Scheckeinziehung (Scheckinkasso) E/6
   B. Abkommen E/7

V. Bankgeschäfte (m. Börsen- u. KapMR) **Übersicht BankGesch (7)**

3) Scheckauskunft E/8
4) Reisescheck E/9–17
   A. Rechtliche Qualifikation E/9
   B. Das Rechtsverhältnis zwischen dem Reisescheckersterwerber und dem Reischeckemittenten E/12
   C. Das Rechtsverhältnis zwischen der Einlösestelle und dem Reisescheckemittenten E/15
   D. Das Rechtsverhältnis zwischen dem Reisescheckersterwerber und der Einlösestelle E/18

F. Bankkunden-Karte; automatisierte Zahlungssysteme, Online-Banking; Kreditkarte F/1–42
0) Neues Recht ab 31. 10. 2009 für die Kartenzahlung F/01–02
1) (Bankkunden-)Karte; GeldKarte F/1–20
   A. Einsatzbereich der (Bankkunden-)Karte F/1
   B. Rechtliche Qualifikation F/2
   C. Rechte und Pflichten des Karteninhabers und der Bank F/3
   D. Rechtsfragen der früheren eurocheque-Garantie F/9
   E. Haftung für Schäden durch missbräuchliche Verwendung der Karte (§ 676 h BGB) F/13
   F. GeldKarte F/14
2) Automatisierte Online-Banking F/21–35
   A. Automatisierte Zahlungssysteme F/21
   B. Rechtliche Qualifikation F/22
   C. Rechte und Pflichten des Karteninhabers und der Bank F/23
   D. Zahlungsverpflichtung der Bank gegenüber den Betreibern F/26
   E. Haftung für Schäden durch missbräuchliche Verwendung der Karte (§ 676 h BGB, Bedingungen) F/29
   F. POS, POZ F/32
   G. E-Geld-Geschäft, Online-Banking F/33
3) Kreditkarte F/36–53
   A. Rechtliche Qualifikation F/36
   B. Das Rechtsverhältnis zwischen Kreditkarteninhaber und Kreditkartenunternehmen F/37
   C. Das Rechtsverhältnis zwischen Kreditkartenunternehmen und Vertragsunternehmen F/46
   D. Das Rechtsverhältnis zwischen Kreditkarteninhaber und Vertragsunternehmen F/52

4. Kap: Kreditgeschäft und Kreditsicherung

G. Kreditgeschäft (mit Finanzierungsdarlehen, ohne Verbraucherdarlehen) G/1–50
1) Erscheinungsformen G/1
2) Krediteröffnungsvertrag (einschließlich sittenwidriger Darlehen) G/2–19
   A. Zustandekommen und Inhalt des Vertrags G/2
   B. Nichtige, widerrufene und sittenwidrige Darlehen G/6
   C. Bereicherungsausgleich G/11
   D. Kündigung G/14
3) Rechtsprobleme besonderer Geldkreditgeschäfte G/20–24
   A. Kontokorrentkredit G/20
   B. Lombardkredit G/21
   C. Hypothekenbank- und Pfandbriefdarlehen G/22
   D. Schuldscheindarlehen G/24
4) Rechtsprobleme der Akzeptkreditgeschäfte G/25–27
   A. Akzeptkredit G/25
   B. Rembourskredit G/26
   C. Avalkredit G/27
5) Haftung der Bank bei Kreditvergabe G/28–32
   A. Haftung gegenüber dem Kreditnehmer G/28
   B. Haftung gegenüber Dritten G/30
6) Neue Finanzinstrumente G/33
7) Finanzierungsdarlehen und Verbraucherdarlehen G/34–38
   A. Finanzierungsdarlehen G/34
   B. Verbraucherdarlehen G/36

(7) BankGesch Übersicht   2. Handelsrechtl. Nebengesetze

8) Die Rechtsverhältnisse zwischen Bank, Käufer und Verkäufer beim Finanzierungsdarlehen (außerhalb von §§ 491 ff BGB) G/39–47
   A. Wirtschaftliche Einheit von Kauf und Finanzierungsdarlehen (verbundene Verträge) G/39
   B. Anfechtung wegen arglistiger Täuschung des Verkäufers G/41
   C. Einwendungsdurchgriff bei verbundenen Verträgen G/42
   D. Besondere Aufklärungs- und Warnpflichten der Bank beim Finanzierungsdarlehen G/46
   E. Bereicherungsausgleich G/48
   F. Finanzierungsdarlehen mit Sicherung durch Wechsel G/51
   G. Finanzierungsdarlehen bei anderen Leistungen als Waren G/52
9) Freie Darlehen (im Gegensatz zu Finanzierungs- und Verbraucherdarlehen) G/54

H. Kreditsicherungsverträge H/1–5
1) Arten von Kreditsicherheiten H/1
2) Unwirksamkeit der Globalzession H/2–4
   A. Ungenügende Bestimmtheit, Abtretungsverbot, Insolvenz H/2
   B. Knebelung H/3
   C. Kollision infolge Mehrfachabtretung H/4
3) Unwirksamkeit von Sicherungsklauseln H/5
4) Kündigung unbefristeter Sicherheitsbestellungen H/6

J. Diskontgeschäft, Forfaitierungsgeschäft J/1–6
1) Rechtliche Qualifikation des Diskontgeschäfts J/1–2
   A. Erscheinungsformen J/1
   B. Rechtliche Qualifikation J/2
2) Rechte und Pflichten der Beteiligten J/3
3) Forfaitierungsgeschäft J/4
4) Pensionsgeschäft J/5–6

5. Kap: Akkreditiv, Bankgarantie, Dokumenteninkasso und sonstiges Auslandsgeschäft

K. Akkreditivgeschäft K/1–28
1) Rechtliche Qualifikation des Akkreditivs K/1–2
   A. Rechtliche Qualifikation K/1
   B. Einschaltung weiterer Banken K/2
2) Das Rechtsverhältnis zwischen den Banken und dem Akkreditivauftraggeber (Käufer) K/3–9
   A. Akkreditivauftrag K/3
   B. Weisungen K/4
   C. Prüfung der Dokumente K/5
   D. Beendigung K/9
3) Das Rechtsverhältnis zwischen den Banken und dem Begünstigten (Verkäufer) K/10–24
   A. Vor Akkreditiveröffnung K/10
   B. Nach Akkreditiveröffnung K/11
   C. Einwendungsausschluss K/16
   D. Übertragung, Zahlungsanspruchsabtretung, Pfändung K/23
   E. Gegen- oder Unterakkreditiv (back-to-back credit) K/24
4) Das Rechtsverhältnis zwischen dem Akkreditivauftraggeber (Käufer) und dem Begünstigten (Verkäufer) K/25–28
   A. Akkreditivklausel K/25
   B. Erfüllung K/26
   C. Gefahrtragung K/27
   D. Einstweilige Verfügung, Arrest K/28

L. Garantiegeschäft (mit Bankbürgschaft und Patronatserklärung) L/1–19
1) Rechtliche Qualifikation der Garantie L/1–3
   A. Funktion und Rechtsnatur L/1
   B. Einschaltung mehrerer Banken L/2
   C. Rückgarantie L/3
2) Das Rechtsverhältnis zwischen den Banken und dem Garantieauftraggeber L/4–5
   A. Garantieauftrag L/4
   B. Fälschungsrisiko L/5

V. Bankgeschäfte (m. Börsen- u. KapMR)   **Übersicht BankGesch (7)**

3) Das Rechtsverhältnis zwischen den Banken und dem Garantiebegünstigten L/6–16
 A. Vor Garantieeröffnung L/6
 B. Nach Garantieeröffnung L/7
 C. Einwendungsausschluss L/12
 D. Übertragung L/16
4) Das Rechtsverhältnis zwischen dem Garantieauftraggeber und dem Garantiebegünstigten L/17
5) Bankbürgschaft L/18
6) Patronatserklärung L/19

M. Inkassogeschäft M/1–5
1) Rechtliche Qualifikation M/1–2
2) Das Rechtsverhältnis zwischen den Banken und dem Gläubiger M/3
3) Das Rechtsverhältnis zwischen den Banken und dem Schuldner M/4
4) Das Rechtsverhältnis zwischen dem Gläubiger und dem Schuldner M/5

N. Devisenhandels- und sonstiges Auslandsgeschäft N/1–3
1) Devisenhandelsgeschäfte N/1
2) Sonstige Auslandsgeschäfte N/2
3) Hermesdeckung N/3

6. Kap: Factoring und Finanzierungsleasing

O. Factoring O/1–8
1) Rechtliche Qualifikation O/1
2) Verhältnis zwischen Bank und Kunden O/5
3) Globalzession O/7

P. Finanzierungsleasing P/1–19
1) Rechtliche Qualifikation P/1
2) Verhältnis zwischen Leasinggeber und Leasingnehmer P/5
 A. Vertragsinhalt P/5
 B. Finanzierungsleasing als Finanzierungsdarlehen P/12
3) Verhältnis des Leasinggebers zum Hersteller und zu Dritten P/18
4) Verhältnis des Leasingnehmers zum Hersteller und zu Dritten P/19

7. Kap: Börse und Kapitalmarkt (Handelsgeschäfte, Wertpapierdienst- und Wertpapiernebendienstleistungen)

Q. Kauf und Verkauf von Wertpapieren Q/1–4

R. Derivatgeschäfte an der Eurex Deutschland und an ausländischen Terminbörsen, Devisen- und Edelmetallgeschäfte R/1

S. Finanztermingeschäfte, OTC-Derivatgeschäfte S/1

T. Wertpapierdarlehen, Pensions- und Repogeschäfte T/1–3
1) Begriff des Wertpapierdarlehens T/1
2) Abgrenzung zum echten Wertpapierpensionsgeschäft T/2
3) Bedeutung T/3

U. Wohlverhaltensregeln, Beratung, Vermögensverwaltung U/1–3

V. Schrankfächer, Verwahrstücke und Tresore V/1

W. Depotgeschäft W/1

X. Investmentgeschäft X/1

Y. Emissions- und (Effekten-)Konsortialgeschäft Y/1–4

Z. Compliance Z/1

1. Kap: Bankvertrag und Geschäftsverbindung

A. Grundlagen des Bankrechts

1) HGB und Bankgeschäfte

A/1   A. **HGB:** Das HGB behandelte vor dem HRefG 1998 in Buch I Bankgeschäfte als GrundHdlGeschäfte (Bankier- und Geldwechslergeschäfte, § 1 II Nr 4 aF). Der Bankier war VollKfm ohne Eintragung im HdlReg. Seit HRefG ist der Bankier Kfm nach § 1 II, denn dass der Gewerbebetrieb des Bankiers nach Art oder Umfang einen in kfm Weise eingerichteten Geschäftsbetrieb nicht erfordert, wird kaum vorkommen. Vorschriften von Bedeutung für Bankgeschäfte enthält Buch IV, zB §§ 349–350 (Bürgschaft, Kreditauftrag, Schuldversprechen, Schuldanerkenntnis), §§ 352–354 (Zinsen, Provision), § 354a (Wirksamkeit der Abtretung einer Geldforderung), §§ 355–357 (Kontokorrent), §§ 363–365 (kfm Orderpapiere), §§ 366–368 (Übereignung und Verpfändung von Sachen und Wertpapieren), §§ 369–372 (kfm Zurückbehaltungsrecht), §§ 383 ff (Kommissionsgeschäft), Vorschriften aus dem Transportrecht (kfm Dokumente: Lagerschein, Ladeschein, Konnossement ua). Im **BGB** s jetzt §§ 676 ff idF ÜG 1999.

A/2   B. **Handelsrechtliche Nebengesetze:** Neben dem HGB sind handelsrechtliche Nebengesetze einschließlich nicht rechtsverbindlicher Texte der kfm und bankgeschäftlichen Praxis für die Bankgeschäfte von spezieller Bedeutung. Die **(8) AGB-Banken, (8a) AGB-Spark** bilden die Grundlage für die Geschäftsbeziehung zwischen Bank und Kunden mit zahlreichen Abweichungen vom dispositiven Recht. Sie werden durch Sonderbedingungen für bestimmte Geschäftsbereiche ergänzt, s zB Sonderbedingungen für den Überweisungsverkehr, **(9) AGB-Anderkonten, (10) LSA, (11) ERA** betr Dokumenten-Akkreditive, **(12) ERI** betr Inkassi. Das Wertpapiergeschäft ist über das Recht der Effektenkommission in §§ 383 ff HGB hinaus durch **(13) DepotG, (14) BörsG, (15) BörsZulV, (16) WpHG** und seit 2002 WpÜG gesetzlich geregelt.

A/3   C. **Bankrecht und Bankgeschäfte:** Das Bankrecht wird durch diese Regeln nur gebietsweise und zum kleineren Teil erfasst. Im Wesentlichen ist es eine Schöpfung der (durch die Rspr überwachten und korrigierten) Bankpraxis, mit der heute jeder, ob Privatmann (Verbraucher) oder Kfm (bzw sonstiger Unternehmer), zu tun hat, zB wenn er ein Konto eröffnet (Einlagengeschäft, s Rn B/1 ff), Überweisungen tätigen will (Girogeschäft und Zahlungsverkehr, Lastschriftverfahren, s Rn C/1 ff, D/1 ff, E/1 ff, F/1 ff), Bankkredit aufnimmt (Kreditgeschäft mit Finanzierungsdarlehen, s Rn G/1 ff, G/34 ff), mit Wechseln und Akkreditiven arbeitet (Diskont- und Akkreditivgeschäft, s Rn J/1 ff, K/1 ff), Bürgschaften und Garantien einholt (Garantiegeschäft, s Rn L/1 ff) oder Wertpapierdienst- oder Wertpapiernebendienstleistungen in Anspruch nimmt (Effekten-, Depot-, Investmentgeschäft, s Rn Q/1 ff–Z/1 ff). Neuere Schöpfungen der Handels- und Bankpraxis sind das Factoring (s Rn O/1 ff) und das Finanzierungsleasing (s Rn P/1 ff). Die Wichtigkeit dieser Bankgeschäfte stellt heute manche andere im HGB eigens geregelte Geschäfte in den Schatten. Das entspricht der Entwicklung seit 1900 zu einer modernen Wirtschaft, in der Dienstleistungen allgemein und speziell bankmäßige Zahlung, Finanzierung und Sicherheiten zentrale Funktionen übernommen haben. Diese Entwicklung geht weiter und spiegelt sich in einer rasch anwachsenden Flut von bankrechtlichen Entscheidungen. Eine Gesamtkodifikation des Bankvertragsrechts durch ein eigenes BankvertragsG ähnlich dem VVG für Versicherungsverträge empfiehlt sich nicht, RegE ÜG S 11, hL, aA Aden ZRP **97,** 358. Grund: drohende Zersplitterung des Schuldrechts, notwendige Flexibilität des Bankvertragsrechts. Durch das ÜG und das SMG sind wichtige Teile des Bankrechts, vor allem soweit Verbraucher betroffen sind, in das BGB integriert worden.

2) KWG und Bankgeschäfte

A/4   A. **KWG:** Das **Kreditwesengesetz** (KWG) gilt idF v 9.9.98 BGBl 2776 (nach 4. KWGÄndG 21.12.92 BGBl 2211, zur KWGNovelle 1993 Lehnhoff WM **93,**

V. Bankgeschäfte (m. Börsen- u. KapMR) A/4 **BankGesch** (7)

277; 5. KWGÄndG 1994 28. 9. 94 BGBl 2735 betr Aufsicht auf konsolidierter Basis und Großkredite in Umsetzung von EG-Ri, zu KWGNovelle 1994 Boos/Klein Bank **94,** 529; 6. KWGÄndG 22. 10. 97 BGBl 2518 betr Umsetzung WPDienstleistungsRi, KapitaladäquanzRi, BCCIRi, zu diesem UmsetzungsG Bank- und Wertpapieraufsicht 1997 Mielk WM **97,** 2200, 2237), seither zahlreiche weitere Änderungen, ua 7. KWGÄndG (BankenRiUmsetzG) 17. 11. 06 BGBl 2606, Mielk WM **07,** 52, 621, FinanzmarktRiUmsetzG 16. 7. 07 BGBl 1330, Jahressteuergesetz 19. 12. 08 BGBl 2794, ZahlungsdiensteUmsetzG 25. 6. 09 BGBl 1506 (mit **Zahlungsdiensteaufsichtsgesetz** mit Definition der verschiedenen Zahlungsdienste in § 1 II **ZAG**), FMVAStärkG 29. 7. 09 BGBl 2305. Zahlreiche weitere Regulierungen 2008/09 im Zuge der **Finanzmarktkrise,** ua FMStG, FMStFondsG, FMStErgG, FMStFortentwicklG (Bad-Bank-Gesetz). Das KWG enthält in § 1 (ebenfalls zahlreiche Änderungen, ua SanLiquRiG 2003, FinKonglomRiG 2004, BankenRiUmsetzG 2006: § 1 I 2 Nr 12, zentraler Kontrahent, FinanzmarktRiUmsetzG 2007: §§ 1 Ia 2 Nr 1, 1 a–c, S 3, III 1 Nr 6, IIId 2 nF ua, InvestmentÄndG 2007: Investmentgeschäft kein Bankgeschäft mehr) die wichtigsten **Begriffsbestimmungen.** Grundlegend sind die Begriffe der **Bankgeschäfte** (§ 1 I 2) und der **Finanzdienstleistungen** (§ 1 Ia 2, beide Begriffe stehen im KWG nebeneinander; dagegen ist letzterer nach § 312 b I 2 BGB idF FernabsFDLG 2004 Oberbegriff für Bank- und bestimmte andere Dienstleistungen und gilt für §§ 312 b ff BGB über Fernabsatzverträge, näher Rn A/16, G/9). Ihr gewerbsmäßiges Betreiben (§ 1 Ia 1: für andere) macht ein Unternehmen zum **Kreditinstitut** bzw zum **Finanzdienstleistungsinstitut.** Das KWG definiert demgemäß in § 1 I 1 Kreditinstitute und in § 1 I 2 Nr 1–12 Bankgeschäfte, in § 1 Ia 1 Finanzdienstleistungsinstitute und in § 1 Ia 2 Nr 1–11 Finanzdienstleistungen. Kreditinstitute und Finanzdienstleistungsinstitute werden **beide** für die Zwecke des KWG **als Institute bezeichnet** (§ 1 Ib KWG). In § 1 II handelt von den Geschäftsleitern. Das KWG erstreckt sich auch auf **Finanzunternehmen** und definiert dazu in § 1 III 1 Nr 1–8 (Erweiterung der Liste durch RVO möglich) die Tätigkeiten, die ein Unternehmen, das weder Kreditinstitut noch Finanzdienstleistungsinstitut ist, bei entsprechender Haupttätigkeit zum Finanzunternehmen iSv v KWG machen. **Weitere Definitionen** betreffen Finanzholding-Gesellschaften (§ 1 III a), gemischte Unternehmen (§ 1 III b), Unternehmen mit Nebendienstleistungen wie Immobilienverwaltung und Betreiben von Rechenzentren (§ 1 III c), Einlagenkreditinstitute (§ 1 III d) und Wertpapier- und Terminbörsen iSd KWG (§ 1 III e). Viele weitere Definitionen in § 1 IV ff, ua Finanzinstrumente (§ 1 XI), elektronisches Geld (§ 1 XIV), Finanzsicherheiten (§ 1 XVII), Finanzkonglomerate (§ 1 XX). Ausnahmen gelten nach § 2 für die DBBk und andere. Abgedruckt ist **im Folgenden nur § 1 I–IIIe KWG:**

KWG 1 Begriffsbestimmungen

(1) ¹ Kreditinstitute sind Unternehmen, die Bankgeschäfte gewerbsmäßig oder in einem Umfang betreiben, der einen in kaufmännischer Weise eingerichteten Geschäftsbetrieb erfordert. ² Bankgeschäfte sind

1. die Annahme fremder Gelder als Einlagen oder anderer unbedingt rückzahlbarer Gelder des Publikums, sofern der Rückzahlungsanspruch nicht in Inhaber- oder Orderschuldverschreibungen verbrieft wird, ohne Rücksicht darauf, ob Zinsen vergütet werden (Einlagengeschäft),

1 a. die in § 1 Abs. 1 Satz 2 des Pfandbriefgesetzes bezeichneten Geschäfte (Pfandbriefgeschäft),

2. die Gewährung von Gelddarlehen und Akzeptkrediten (Kreditgeschäft),

3. der Ankauf von Wechseln und Schecks (Diskontgeschäft),

4. die Anschaffung und die Veräußerung von Finanzinstrumenten im eigenen Namen für fremde Rechnung (Finanzkommissionsgeschäft),

5. die Verwahrung und die Verwaltung von Wertpapieren für andere (Depotgeschäft),

6. *(aufgehoben)*

7. die Eingehung der Verpflichtung, zuvor veräußerte Darlehensforderungen vor Fälligkeit zurückzuerwerben,
8. die Übernahme von Bürgschaften, Garantien und sonstigen Gewährleistungen für andere (Garantiegeschäft),
9. die Durchführung des bargeldlosen Scheckeinzugs (Scheckeinzugsgeschäft), des Wechseleinzugs (Wechseleinzugsgeschäft) und die Ausgabe von Reiseschecks (Reisescheckgeschäft),
10. die Übernahme von Finanzinstrumenten für eigenes Risiko zur Plazierung oder die Übernahme gleichwertiger Garantien (Emissionsgeschäft),
11. die Ausgabe und die Verwaltung von elektronischem Geld (E-Geld-Geschäft),
12. die Tätigkeit als zentraler Kontrahent im Sinne von Absatz 31.

(1 a) ¹ Finanzdienstleistungsinstitute sind Unternehmen, die Finanzdienstleistungen für andere gewerbsmäßig oder in einem Umfang erbringen, der einen in kaufmännischer Weise eingerichteten Geschäftsbetrieb erfordert, und die keine Kreditinstitute sind. ² Finanzdienstleistungen sind

1. die Vermittlung von Geschäften über die Anschaffung und die Veräußerung von Finanzinstrumenten (Anlagevermittlung),
1 a. die Abgabe von persönlichen Empfehlungen an Kunden oder deren Vertreter, die sich auf Geschäfte mit bestimmten Finanzinstrumenten beziehen, sofern die Empfehlung auf eine Prüfung der persönlichen Umstände des Anlegers gestützt oder als für ihn geeignet dargestellt wird und nicht ausschließlich über Informationsverbreitungskanäle oder für die Öffentlichkeit bekannt gegeben wird (Anlageberatung),
1 b. der Betrieb eines multilateralen Systems, das die Interessen einer Vielzahl von Personen am Kauf und Verkauf von Finanzinstrumenten innerhalb des Systems und nach festgelegten Bestimmungen in einer Weise zusammenbringt, die zu einem Vertrag über den Kauf dieser Finanzinstrumente führt (Betrieb eines multilateralen Handelssystems),
1 c. das Platzieren von Finanzinstrumenten ohne feste Übernahmeverpflichtung (Platzierungsgeschäft),
2. die Anschaffung und Veräußerung von Finanzinstrumenten im fremden Namen für fremde Rechnung (Abschlußvermittlung),
3. die Verwaltung einzelner in Finanzinstrumenten angelegter Vermögen für andere mit Entscheidungsspielraum (Finanzportfolioverwaltung),
4. die Anschaffung und die Veräußerung von Finanzinstrumenten für eigene Rechnung als Dienstleistung für andere (Eigenhandel),
5. die Vermittlung von Einlagengeschäften mit Unternehmen mit Sitz außerhalb des Europäischen Wirtschaftsraums (Drittstaateneinlagenvermittlung),
6. *(aufgehoben)*
7. der Handel mit Sorten (Sortengeschäft),
8. *(aufgehoben)*
9. der laufende Ankauf von Forderungen auf der Grundlage von Rahmenverträgen mit oder ohne Rückgriff (Factoring),
10. der Abschluss von Finanzierungsleasingverträgen als Leasinggeber und die Verwaltung von Objektgesellschaften im Sinne des § 2 Abs. 6 Satz 1 Nr. 17 (Finanzierungsleasing),
11. die Anschaffung und die Veräußerung von Finanzinstrumenten für eine Gemeinschaft von Anlegern, die natürliche Personen sind, mit Entscheidungsspielraum bei der Auswahl der Finanzinstrumente, sofern dies ein Schwerpunkt des angebotenen Produktes ist und zu dem Zweck erfolgt, dass diese Anleger an der Wertentwicklung der erworbenen Finanzinstrumente teilnehmen (Anlageverwaltung). ³ Als Finanzdienstleistung gilt auch eine Anschaffung oder Veräußerung von Finanzinstrumenten für eigene Rechnung, die keine Dienstleistung für andere im Sinne des Satzes 1 Nr. 4 darstellt (Eigengeschäft).

(1 b) Institute im Sinne dieses Gesetzes sind Kreditinstitute und Finanzdienstleistungsinstitute.

(2) ¹ Geschäftsleiter im Sinne dieses Gesetzes sind diejenigen natürlichen Personen, die nach Gesetz, Satzung oder Gesellschaftsvertrag zur Führung der Geschäfte und zur Vertretung eines Instituts in der Rechtsform einer juristischen Person oder einer Personen-

handelsgesellschaft berufen sind. ²In Ausnahmefällen kann die Bundesanstalt für Finanzdienstleistungsaufsicht (Bundesanstalt) auch eine andere mit der Führung der Geschäfte betraute und zur Vertretung ermächtigte Person widerruflich als Geschäftsleiter bezeichnen, wenn sie zuverlässig ist und die erforderliche fachliche Eignung hat; § 33 Abs. 2 ist anzuwenden. ³Wird das Institut von einem Einzelkaufmann betrieben, so kann in Ausnahmefällen unter den Voraussetzungen des Satzes 2 eine von dem Inhaber mit der Führung der Geschäfte betraute und zur Vertretung ermächtigte Person widerruflich als Geschäftsleiter bezeichnet werden. ⁴Beruht die Bezeichnung einer Person als Geschäftsleiter auf einem Antrag des Instituts, so ist sie auf Antrag des Instituts oder des Geschäftsleiters zu widerrufen.

(3) ¹Finanzunternehmen sind Unternehmen, die keine Institute und keine Kapitalanlagegesellschaften oder Investmentaktiengesellschaften sind und deren Haupttätigkeit darin besteht,
1. Beteiligungen zu erwerben und zu halten,
2. Geldforderungen entgeltlich zu erwerben,
3. Leasing-Objektgesellschaft im Sinne des § 2 Abs. 6 Satz 1 Nr. 17 zu sein,
4. *(aufgehoben)*
5. mit Finanzinstrumenten für eigene Rechnung zu handeln,
6. andere bei der Anlage in Finanzinstrumenten zu beraten,
7. Unternehmen über die Kapitalstruktur, die industrielle Strategie und die damit verbundenen Fragen zu beraten sowie bei Zusammenschlüssen und Übernahmen von Unternehmen diese zu beraten und ihnen Dienstleistungen anzubieten oder
8. Darlehen zwischen Kreditinstituten zu vermitteln (Geldmaklergeschäfte).²Das Bundesministerium der Finanzen kann nach Anhörung der Deutschen Bundesbank durch Rechtsverordnung weitere Unternehmen als Finanzunternehmen bezeichnen, deren Haupttätigkeit in einer Tätigkeit besteht, um welche die Liste im Anhang I der Richtlinie 2006/48/EG vom 14. Juni 2006 über die Aufnahme und Ausübung der Tätigkeit der Kreditinstitute (ABl. EU Nr. L 177 S. 1) (Bankenrichtlinie) erweitert wird.

(3 a) ¹Finanzholding-Gesellschaften sind Finanzunternehmen, die keine gemischten Finanzholding-Gesellschaften sind und deren Tochterunternehmen ausschließlich oder hauptsächlich Institute oder Finanzunternehmen sind und die mindestens ein Einlagenkreditinstitut, ein E-Geld-Institut oder ein Wertpapierhandelsunternehmen zum Tochterunternehmen haben. ²Gemischte Finanzholding-Gesellschaften sind Mutterunternehmen, die keine beaufsichtigten Finanzkonglomeratsunternehmen sind, die zusammen mit ihren Tochterunternehmen, von denen mindestens ein Unternehmen ein beaufsichtigtes Finanzkonglomeratsunternehmen mit Sitz im Inland oder einem anderen Staat des Europäischen Wirtschaftsraums ist, und anderen Unternehmen ein Finanzkonglomerat bilden. ³Beaufsichtigte Finanzkonglomeratsunternehmen sind konglomeratsangehörige Einlagenkreditinstitute, E-Geld-Institute, Wertpapierhandelsunternehmen, Erstversicherungsunternehmen im Sinne des § 104k Nr. 2 Buchstabe a des Versicherungsaufsichtsgesetzes, Kapitalanlagegesellschaften oder andere Vermögensverwaltungsgesellschaften im Sinne des Artikels 2 Nr. 5 und des Artikels 30 der Richtlinie 2002/87/EG.

(3 b) ¹Gemischte Unternehmen sind Unternehmen, die keine Finanzholding-Gesellschaften, gemischte Finanzholding-Gesellschaften oder Institute sind und die mindestens ein Einlagenkreditinstitut, ein E-Geld-Institut oder ein Wertpapierhandelsunternehmen zum Tochterunternehmen haben. ²Eine gemischte Unternehmensgruppe besteht aus einem gemischten Unternehmen und seinen Tochterunternehmen.

(3 c) Anbieter von Nebendienstleistungen sind Unternehmen, die keine Institute oder Finanzunternehmen sind und deren Haupttätigkeit darin besteht, Immobilien zu verwalten, Rechenzentren zu betreiben oder ähnliche Tätigkeiten auszuführen, die Nebentätigkeiten im Verhältnis zur Haupttätigkeit eines oder mehrerer Institute sind.

(3 d) ¹Einlagenkreditinstitute sind Kreditinstitute, die die Einlagen oder andere unbedingt rückzahlbare Gelder des Publikums entgegennehmen und das Kreditgeschäft betreiben. ²Wertpapierhandelsunternehmen sind Institute, die keine Einlagenkreditinstitute sind und die Bankgeschäfte im Sinne des Absatzes 1 Satz 2 Nr. 4 oder 10 betreiben oder Finanzdienstleistungen im Sinne des Absatzes 1a Satz 2 Nr. 1 bis 4 erbringen, oder deren Bankgeschäfte oder Finanzdienstleistungen beschränken sich auf Devisen oder Rechnungseinheiten. ³Wertpapierhandelsbanken sind Kreditinstitute, die keine Einlagenkreditinstitute sind und die Bankgeschäfte im Sinne des Absatzes 1 Satz 2 Nr. 4 oder 10 betreiben oder Finanzdienstleistungen im Sinne des Absatzes 1a Satz 2 Nr. 1 bis 4 erbringen. ⁴E-Geld-Institute sind Kreditinstitute, die nur das E-Geld-Geschäft betreiben.

(7) BankGesch A/4 2. Handelsrechtl. Nebengesetze

(3 e) **Wertpapier-** oder **Terminbörsen** im Sinne dieses Gesetzes sind Wertpapier- oder Terminmärkte, die von den zuständigen staatlichen Stellen geregelt und überwacht werden, regelmäßig stattfinden und für das Publikum unmittelbar oder mittelbar zugänglich sind, einschließlich

1. ihrer Betreiber, wenn deren Haupttätigkeit im Betreiben von Wertpapier- oder Terminmärkten besteht, und
2. ihrer Systeme zur Sicherung der Erfüllung der Geschäfte an diesen Märkten (Clearingstellen), die von den zuständigen staatlichen Stellen geregelt und überwacht werden.

Der Begriff der **Bankgeschäfte** wird in § 1 I 2 Nr 1–12 KWG durch Aufzählung der verschiedenen Bankgeschäfte für die Zwecke der Bankaufsicht abschließend umschrieben. Diese Aufzählung ist demgegenüber für das allgemeine HdlRecht wenngleich eine wichtige Hilfe, so doch weder bindend noch abschließend. Das Betreiben von Bankgeschäften, gewerbsmäßig oder objektiv in einem Umfang, der einen in kfm Weise eingerichteten Geschäftsbetrieb erfordert (§ 1 I 1 KWG, zur Gewerbsmäßigkeit s § 1 HGB Rn 11, zur Erforderlichkeit eines kfm Geschäftsbetriebs s § 1 HGB Rn 22) macht ein Unternehmen (auch gegen seinen Willen) zum **Kreditinstitut** (im Folgenden wird **gleichbedeutend** mit dem technischen Ausdruck Kreditinstitut der geläufigere Begriff „**Bank**" gebraucht, dieser letztere also nicht ieS im Unterschied zur Sparkasse, Volksbank ua). **Finanzkommissionsgeschäft** (§ 1 I 2 Nr 4 KWG) s § 383 Rn 4, statt Änderung (WM 08, 1476) jetzt **Anlageverwaltung** (§ 1 I a 2 Nr 11 idF PfandBRFortentwG 2009. Das **Investmentgeschäft** ist nicht mehr Bankgeschäft, § 1 I 2 Nr 6 aF KWG ist durch InvestmentÄndG 2007 aufgehoben worden, da über die Mindestvorgaben der EUOGAWRi 1985 (vgl Einl 36 vor § 105 HGB) hinausreichend; KapitalanlageGes sind auch keine Finanzunternehmen iSv § 1 III KWG. § 1 I 2 Nr 9 idF ZahlungsdiensteUmsetzG 25. 6. 09 BGBl 1506 erfasst nunmehr nur noch das **Scheckeinzugs-, Wechseleinzugs- und Reisescheckgeschäft** (letzteres bisher nur Finanzdienstleistung). Das **Girogeschäft** ist kein Bankgeschäft mehr (aufsichtsrechtliches downgrading, wie sonst in EU); aber Lastschrift- und Überweisungsgeschäft sind Zahlungsdienste nach § 1 II Nr 2 lit a und b ZAG und bilden zusammen mit dem Zahlungskartengeschäft nach § 1 II Nr 2 lit c den Oberbegriff **Zahlungsgeschäft** (§ 1 II Nr 2 aE ZAG). **Zahlungsinstitute** sind Zahlungsdienstleister ohne eine Einlagenkreditinstitutslizenz nach KWG, Einlagenkreditinstitute dürfen aufgrund ihrer Banklizenz nach KWG auch Zahlungsdienstleistungen erbringen.

Von den Kreditinstituten zu **unterscheiden** sind bankaufsichtsrechtlich, wie oben vor § 1 KWG erwähnt, die **Finanzdienstleistungsinstitute,** die eine der in § 1 I a 2 Nr 1–11 (nach Nr 9, 10 auch Factoring und Finanzierungsleasing) aufgezählten Finanzdienstleistungen erbringen und keine Kreditinstitute sind. Kreditinstitute und Finanzdienstleistungsinstitute sind Institute iSd KWG (§ 1 I b KWG). **Anlageberatung** ist seit 2007 erlaubnispflichtige Finanzdienstleistung (s Rn U/3), Thonfeld ZIP **07,** 2302 (Entschädigung s Rn A/57), Anlageverwaltung seit 2009 (s zuvor), ebenso seit 2009 **Factoring** (s Rn O/1) und **Finanzierungsleasing** (s Rn P/2). Das **Zahlungskartengeschäft** und das **Finanztransfergeschäft** sind nunmehr Zahlungsdienste (§ 1 II Nr 2 lit c und Nr 6 ZAG), nicht mehr Finanzdienstleistungen nach Nr 8 (aber Reisescheckgeschäft nunmehr Bankgeschäft s oben) und Nr 6 KWG aF.

Die Zulassung zum Geschäftsbetrieb und die Bankenaufsicht obliegt der Bundesanstalt für Finanzdienstleistungsaufsicht (**BaFin,** durch FinDAG seit 1. 5. 2002, zuvor BAKred), in Bonn. Trennung von Handelsbuch, das mit den Hdlbüchern iSd HGB (§ 238 HGB Rn 1) nichts zu tun hat, und Anlagebuch (§ 1 a KWG idF BankenRiUmsetzG 2006) und von HdlBuch- und NichtHdlbuchinstituten (§§ 2 XI, 13 I 1 KWG); zum HdlBuch gehören alle Positionen, deren Geschäftszweck auf Erzielung eines HdlErfolgs gerichtet ist (näher § 1 a KWG mit VO). Mindestanforderungen an das Betreiben von HdlGeschäften der Kreditinstitute **(MaH)** s BAKred DBBk 3/**96,** 55, und Mindestanforderungen der BaFin an das Kreditgeschäft der Kreditinstitute **(MaK)** 20. 12. 2002, DBBk **03,** 45, ZBB **03,** 62, Wimmer BKR **02,** 1079, Theewen WM **04,** 105, beide 2005 ersetzt durch Mindestanforderungen der BaFin an das Risikomanagement (**MaRisk BA,** daneben auch MaRisk VA) nF 30. 10. 07

V. Bankgeschäfte (m. Börsen- u. KapMR) A/5, A/6 **BankGesch** (7)

Rdschr 5/07, derzeit in Überarbeitung, geänderter Entwurf 24. 6. 09, www.bafin.de, Fischer/Petri/Steidle WM **07,** 2313, Kaetzler/Weirauch BKR **08,** 265. Das **KWG** ist **öffentliches Recht** und in diesem Kommentar **nicht näher zu behandeln.** Dasselbe gilt für das Recht der **DBBk** und der **EuZBk.** Der Rechtsweg gegen Maßnahmen der BaFin ist der Verwaltungsrechtsweg (§ 42 VwGO; sofortige Vollziehbarkeit § 49 KWG; anders betr Strafrecht). Lit zum KWG: Consbruch/Fischer (LBl, Textsammlung), Beck/Samm (LBl); Boos/Fischer/Schulte-Mattler 3. Aufl 2008, Reischauer/ Kleinhans (LBl), Schwennike/Auerbach 2009.

B. **Privatrechtliche Fragen:** Das **Fehlen einer Erlaubnis** nach §§ 1 I 2 Nr 2, A/5 32 KWG führt nicht zur Nichtigkeit des Kreditvertrags, BGH **76,** 126, **152,** 315, WM **72,** 853; Karls WM **07,** 350 (Kreditvermittler), grundsätzlich auch nicht sonstige Verstöße gegen Bankaufsichtsrecht, zB §§ 13, 13 a KWG (Anzeigepflicht für Großkredite) BGH WM **78,** 787, § 46 I KWG BGH WM **90,** 54. § 18 KWG über Offenlegung von Kreditunterlagen ist kein Schutzgesetz nach § 823 II BGB zugunsten des Darlehensnehmers, Kln WM **99,** 1817, Dresd WM **03,** 1802. Für § 32 I KWG (Erlaubnis für Bankgeschäfte und Finanzdienstleistungen) als **Schutzgesetz** nach § 823 II BGB zugunsten des einzelnen Kapitalanlegers, BGH **166,** 37, WM **05,** 1217, **06,** 1896, 1898, Mü WM **06,** 1765, zugunsten des Vertragspartners Celle WM **03,** 325. – Die Bestimmungen des KWG sind seit 1. 1. 85 **bezüglich der Aufsicht kein Schutzgesetz** iSv § 823 II BGB mehr. Nach § 4 IV FinDAG (statt § 6 IV aF KWG, § 81 I 3 aF VAG, **(16)** WpHG § 4 II aF; wie **(14)** BörsG § 1 III) nimmt die BaFin ihre gesetzlichen Aufgaben vielmehr nur im öffentlichen Interesse wahr, BGH (III ZS) **162,** 49 (m Anm Dannwitz JZ **05,** 724 u Binder WM **05,** 1781), NJW **05,** 2704, WM **05,** 1362, **06,** 1897, 1899, aA MüKoBGB/Papier § 839 Rn 251 (Verstoß gegen Gewaltenteilung Art 20 III GG), Rohlfing WM **05,** 311. Früher waren Rspr und üL anderer Meinung gewesen, BGH **74,** 144 u WM **82,** 124 (Wetterstein), BGH **75,** 120 u NJW **83,** 563 (Herstatt), näher 29. Aufl. Das Europarecht steht der deutschen Regelung nicht entgegen, EuGH NJW **04,** 3479 auf Vorlage des BGH (III ZS), WM **02,** 1266. – Sonderprüfung nach § 44 I 2 KWG durch Wirtschaftsprüfer im Auftrag der BaFin hat keine Drittschutzwirkung, Stgt WM **08,** 1303.

Die **Bezeichnungen** „Bank", „Bankier" ua sind geschützt, §§ 39 ff KWG, für „Sparkasse" EG-rechtliche Einwände, Geschwandtner/Bach NJW **07,** 129; die BaFin entscheidet verbindlich über das Recht zur Führung dieser Bezeichnungen (§ 42 KWG); firmenrechtlicher Schutz s Consbruch BB **66,** 103, § 18 HGB Rn 28. **Registereintragungen** betr Kreditinstitute setzen den Nachweis der Erlaubnis nach § 32 KWG voraus (§ 43 I KWG). Im Verfahren des Registergerichts kann die BaFin Anträge stellen und Rechtsmittel einlegen (§ 43 III KWG).

3) Bankvertrag, Geschäftsverbindung, AGB

A. **Allgemeiner Bankvertrag, Girokonto für jedermann:** Der allgemeine A/6 Bankvertrag regelt das Verhältnis zwischen Bank und Kunden insgesamt. Bankkunden, die sich der Dienste einer Bank bedienen, wollen in aller Regel nicht nur ein einziges Geschäft erledigen, sondern eine (allerdings grundsätzlich jederzeit kündbare) „Bankverbindung" eröffnen. Der Bankvertrag regelt dieses Dauerschuldverhältnis und gibt damit die Grundlage bzw den Rahmen für die zahlreichen, rechtlich ganz verschiedenen Bankgeschäfte im Einzelnen; Hopt, Kapitalanlegerschutz 393, BankrechtsHdb/ Hopt 3. Aufl 2007 § 1, BuB/Lwowski/Roth 2002 Rn 2/1 b, Claussen 4. Aufl 2008 § 1 VI 4, Ebenroth/Thessinga BankR I 11 2001, Schwintowski/Schäfer § 1 Rn 133, Staudinger/Martinek 13. Aufl 1995, § 675 Rn B 1, wohl auch K. Schmidt § 20 I 2 b, nach dem dies die hL ist, BGH WM **04,** 1238 (II ZS), aA BGH **152,** 114 (XI ZS), Canaris 2, MüKo/Hadding/Häuser ZahlungsV A 112, Kümpel Rn 2805; die Gegenansicht erreicht ähnliche Ergebnisse über Geschäftsverbindung oder die Lehre vom gesetzlichen Schuldverhältnis, vertraut aber im Grundansatz weniger der Privatautonomie. Der Bankvertrag ist dogmatisch ein Grundlagen- bzw Rahmenvertrag, jedenfalls aber und unbestreitbar **(5)** § 305 III BGB eine Rahmenvereinbarung, Ul/Br/ He/Ulmer § 305 BGB Rn 204 f, BankrechtsHdb/Bunte 3. Aufl 2007 § 4 Rn 15 f. Dass die Parteien einen solchen abschließen können, ist unbestreitbar und wird auch

(7) BankGesch A/6

von der Rspr nicht in Frage gestellt; fraglich kann nur sein, ob sie es idR tun, was eine Frage der Auslegung ist (§§ 133, 157 BGB). Da typischerweise beide Parteien bei Bankgeschäften kein bloßes Einmalgeschäft tätigen, sondern in eine länger andauernde, vertragliche Beziehung treten wollen, was durch die Vereinbarung der AGB auch für künftige Beziehungen klar wird, wird die Auslegung in vielen Fällen einen solchen Bankvertrag ergeben. Die Annahme, der Bankvertrag sei eine Fiktion, so BGH **152,** 114 ohne Notwendigkeit für die konkrete Entscheidung (die streitige Beratungspflicht wurde zu Recht verneint und hätte sich bei richtiger Auslegung auch nicht aus dem Bankvertrag ergeben, s Rn A/23–25, und das Bestehen einer Abschlusspflicht hätte auch bei Annahme eines Bankvertrags verneint werden können), entspricht nicht dem auf längere Dauer gerichteten Parteiwillen und gibt keinen Anlass, die hier vertretene Meinung zu ändern, zust Claussen 4. Aufl 2008 § 1 VI 4, M. Roth WM **03,** 480, aA zu gläubig Lang BKR **03,** 227.

Der **typische Inhalt** dieses Rahmenvertrags ist, auch ohne dass das (wie noch in den **(8)** AGB-Banken aF vor 1993) ausdrücklich gesagt werden müsste, die vertragliche Bestätigung des Geschäftsverhältnisses als Vertrauensverhältnis, die allgemeine Zurverfügungstellung der Geschäftseinrichtungen der Bank und die Einbeziehungsvereinbarung der Grund-AGB, diese nach **(5)** § 305 III BGB im Voraus für alle weiteren Einzelgeschäfte (s **(8)** AGB-Banken Nr 1); zu den Sonderbedingungen s **(8)** AGB-Banken Nr 1 Rn 6 sowie zB **(8)** Sonderbedingungen für Wertpapiergeschäfte, **(9)** AGB-Anderkonten, **(11)** ERA, **(12)** ERI). Rahmenvereinbarung bezüglich AGB s Rn A/8. Der Bankvertrag ist rechtlich ein Dienstvertrag mit **Geschäftsbesorgungs**charakter (§ 675 I BGB; für die Überweisung s jetzt §§ 676 a ff BGB, Zahlungsvertrag §§ 676 g ff BGB, Girovertrag §§ 676 f ff BGB idF ÜG 1999). Als Folgen der Annahme eines Bankvertrags (nach aA des Giro- oder Darlehensvertrags, vgl BGH **152,** 119) kommen ua in Betracht: **(1)** allgemeine vertragliche **Interessenwahrungspflicht,** zB auch bei Austauschverträgen ohne Interessenwahrungspflicht wie Wertpapierkauf (Effektenpropergeschäft), was mit dem Typ Kauf und der entspr Geschäftsverbindung allein unvereinbar wäre; **(2)** Pflicht der Bank, sich in allem (nicht nur bei Bankgeschäften nach §§ 675 I, 665 BGB, Giroüberweisung, s Rn C/6–7) streng an die **Weisungen** bzw Anweisungen **des Kunden** zu halten, weil sie deren Relevanz für den Kunden idR nicht übersehen kann, vgl BGH WM **76,** 630, NJW **80,** 2130. **(3) Abschlusspflichten hinsichtlich „risikoneutraler" Geschäfte,** str, Bachmann ZBB **06,** 259 (§ 19 AGG), BankrechtsHdb/Bunte 3. Aufl 2007 § 4 Rn 17, vgl auch Bunte Rn 9 ff (§ 242 BGB), aA BGH **152,** 120, **zB Eröffnung eines Sparbuchs,** Ausgabe einer Geldkarte allenfalls, wenn von der Bankkunden-Karte isoliert (prepaid, s Rn F/15), Heymann/Horn V/154, str, Besorgen von Wertpapiergeschäften bei entsprechender Deckung, nicht ohne weiteres aber Gewährung eines Kredits, einer Bürgschaft, Ausgabe einer Bankkunden-Karte, Abschluss eines Überweisungsvertrags (s Rn C/2) und wohl **auch eines Girovertrags** (s Rn C/3), dies unbeschadet der jederzeitigen Kündigungsmöglichkeit nach **(8)** AGB-Banken Nr 19 (**aber kein allgemeiner Kontrahierungszwang** für Banken mangels Monopolstellung, BVerfG NJW **01,** 1413, Ausnahmen für Sparkassen und staatlich beherrschte Kreditinstitute BGH **154,** 146, NJW **04,** 1031, s Rn C/3) mit Kontrahierungszwang für Girokonten natürlicher Personen, Günnewig ZIP **92,** 1670, Reifner ZBB **95,** 243, Steuer WM **98,** 439, vom OG bewusst nicht geregelt, RegE S 13, vgl **Empfehlung** des Zentralen Kreditausschusses zum **Girokonto für jedermann,** August 1995, WM **04,** 1603, vgl WM **06,** 1650, aber ohne Rechtsbegründung, Brem ZIP **06,** 798, Berresheim ZBB **05,** 420, Koch WM **06,** 2242, Segna BKR **06,** 274, Geschwandtner/Bornemann NJW **07,** 1253), gesetzliche Regelung ist beabsichtigt, WM **09,** 287. **(4)** Pflicht, **im Massengeschäft** den einzelnen Kunden **nicht willkürlich anders zu behandeln** als alle anderen (iErg auch BaFin unter § 6 KWG, orderly banking), von BGH **152,** 114 nicht angesprochen, wäre danach aber sinngemäß zu verneinen; wie hier Bachmann ZBB **06,** 266 (§ 19 AGG). Rahmenvertrag bei Leasing s Rn P/4. Der Bankvertrag erlischt bei Insolvenz des Kunden (s Rn 58), besteht aber bei Kenntnis bzw Kennenmüssen der Bank fort (§§ 116 S 1, 115 I, III 1 InsO), BGH **63,** 91; Überweisungsverträge und Zahlungs- und Übertragungsverträge bestehen dagegen mit Wirkung für die Masse fort (§ 116 S 3 InsO).

V. Bankgeschäfte (m. Börsen- u. KapMR)   A/7–A/9 **BankGesch** (7)

B. **Geschäftsverbindung:** Die Geschäftsverbindung ist das zwischen Bank und A/7
Kunden bestehende gesetzliche Schuldverhältnis ohne primäre Leistungspflicht (s
Einl 2 vor § 343 HGB). Dieses wird idR vom Bankvertrag überlagert und vertraglich
ausgestaltet. Die besonderen Verhaltens- und Berufspflichten der Bank, zB Bankgeheimnis
(s Rn A/9–13), Aufklärungs- und Beratungspflichten (s Rn A/14–15),
sind bei Bestehen eines Bankvertrags aus diesem versprochen. Fehlt dieser, uU beim
Einmalgeschäft, oder ist er nichtig, zB bei Geschäftsunfähigkeit des Kunden, bleibt
doch die Geschäftsverbindung als Schutzverhältnis und Grundlage einer Vertrauenshaftung
(iVm § 278 BGB für Erfüllungsgehilfen), das spricht nicht gegen den Bankvertrag,
aA BGH **152,** 120, sondern ist allgemeines Schuldrecht. Bankgeschäfte mit
Minderjährigen s Scheerer BB **71,** 981. Dieses gesetzliche Schuldverhältnis ohne
primäre Leistungspflicht kann drittschützend sein (entspr zum Vertrag mit Drittschutzwirkung).
Im **außerbetrieblichen Bankenverkehr,** zB im mehrgliedrigen
Überweisungs- und Lastschriftverkehr, können aber im Einzelfall **unmittelbare gesetzliche
Schutzpflichten** bestehen, s Rn A/34, C/10, K/2 und § 347 HGB
Rn 22.

C. **AGB:** AGB sind für die gesamte Geschäftsverbindung vorformulierte, dem A/8
Kunden von der Bank gestellte Vertragsbedingungen, die Teil des Bankvertrags werden,
s Rn A/6, **(8)** AGB-Banken, **(8 a)** AGB-Spark. Für die **Einbeziehung von
AGB** in den Vertrag gilt **(5)** § 305 II BGB; außer gegenüber Unternehmern,
(5) § 310 I BGB, dann genügt, falls der Kunde nicht widerspricht, Branchenüblichkeit
wie im Bankverkehr oder, wenn schon bisher regelmäßig die AGB vereinbart worden
sind, laufende Geschäftsverbindung, Ul/Br/He/Ulmer § 305 BGB Rn 173, 176.
Rahmenvereinbarungen (Bankvertrag, Geschäftsverbindung) können die vertragliche
Einbeziehung in der Form von **(5)** § 305 II BGB vorwegnehmen (so
(5) § 305 III BGB), BGH **98,** 29. Rahmenvereinbarungen sind **unter Kaufleuten**
besonders wichtig. Da **(5)** § 305 III BGB gegenüber Unternehmern nicht gilt, kann
insoweit auch die Geltung der jeweiligen **späteren Fassung der AGB** vereinbart
werden; davon zu unterscheiden sind Änderungen der AGB, die nur eine Gesetzesänderung
nachvollziehen und Text der AGB berichtigen (nicht aus deren Anlass selbstständig
ändern). Ohne solche Rahmenvereinbarung kann der Verwender nicht einseitig
Änderungen der AGB durchsetzen, Ebel BB **80,** 479. Doch genügt Fortsetzung
der Geschäftsverbindung in Kenntnis der Änderung, BGH **52,** 62 (AGB-Spark), oder
nach mehrmaligen Rechnungen mit geänderten AGB, besonderer Hinweis ist nur bei
wesentlicher Schlechterstellung nötig, Kblz BB **83,** 1635, sonst uU überraschend nach
(5) § 305 c I BGB; Kreditzinsen s Rn G/4, G/10, G/10 a–c. Gegenüber **Nichtkaufleuten**
gibt es für die Neufassung von AGB keine Erleichterung, vertragliche Einbeziehung
ist unerlässlich, auch bei Rahmenvereinbarung nach **(5)** § 305 III BGB, der
auf II verweist. Klausel über einseitiges Änderungsrecht der Bank gegenüber Privatkunden
ist unwirksam. In der Praxis ist dieses letztere ausschlaggebend, da die AGB,
zB **(8)** AGB-Bank für alle Kunden gelten sollen.

4) **Bankgeheimnis**

A. **Geheimhaltungspflicht; Abtretung von Darlehensforderungen:** Die Bank A/9
schuldet ihren Kunden seit jeher (zur Geschichte und heute für Gewohnheitsrecht
Nobbe WM **05,** 1540) auf Grund des Bankvertrags (bzw der Geschäftsverbindung, s
Rn A/7, deklaratorisch **(8)** AGB-Banken Nr 2 I mit Definition) auch ohne ausdrückliche
Vereinbarung umfassende Geheimhaltung des Geschäftsverkehrs, besonders
von Stand und Bewegung der Konten des Kunden. Das ergibt sich schon aus der
allgemeinen Vermögenswahrungspflicht der Bank gegenüber dem Kunden, BGH **166,**
93. Das Bankgeheimnis gilt nur für kundenbezogene Tatsachen und Wertungen, die
der Bank auf Grund, aus Anlass oder im Rahmen der Geschäftsverbindung mit dem
Kunden bekannt geworden sind, BGH **27,** 246, **166,** 85 (Kirch). Erfasst sind alle
kundenbezogenen Tatsachen und Wertungen, die der Bank auf Grund, aus Anlass
oder im Rahmen der Geschäftsverbindung zum Kunden bekannt geworden sind und
die der Kunde geheim zu halten wünscht, BGH WM **07,** 644 (vgl **(8)** AGB-Banken
Nr 2 I), vgl Tiedemann NJW **03,** 2213, Canaris ZIP **04,** 1781, 2362 (krit), Schumann
ZIP **04,** 2353, 2367. Teilweise wird zwischen externem und internem Bank-

Hopt 1759

(7) BankGesch A/10

geheimnis unterschieden, aber auch bankintern ist keine ganz beliebige Weitergabe zulässig. Das Bankgeheimnis besteht grundsätzlich auch gegenüber Behörden (aber Grenzen, s Rn A/10). Es besteht bei Verhandlungen vor Vertragsschluss und überdauert das Vertragsende, BGH BB **53,** 993. Geheimnisherr ist der Kunde bzw sein gesetzlicher Vertreter, in seinem Insolvenzverfahren der Insolvenzverwalter (mit Ausnahme persönlicher, insolvenzirrelevanter Umstände), BGH **109,** 270 (Rechtsanwalt). Beim **Tod des Kunden** gehen der Anspruch auf Geheimhaltung und die Befugnis zur Entbindung davon auf die Erben über, BGH **107,** 104, Wille des Erblassers kann aber bei persönlichkeitsbezogenen Vorgängen entgegenstehen, Stgt NJW **83,** 1744 LS (für Steuerberater). Kollision zwischen Bankgeheimnis und Auskunftsanspruch ist durch Interessenabwägung zu lösen, das Interesse des Erben nach § 666 BGB geht idR dem des Zuwendungsempfängers vor. Der Auskunftsanspruch des Erben gegen die Bank ist ausnahmsweise abtretbar, BGH **107,** 104. Das Bankgeheimnis erstreckt sich bei der in eine Überweisung eingeschalteten zweiten Bank auf die Angelegenheiten des Kunden der ersten Bank, für dessen Rechnung die Überweisung erfolgt, BGH **27,** 246 (Fall der Drittschutzwirkung, s Rn A/32–35), das gilt auch bei Buchung auf „Konto pro Diverse", BGH **27,** 241; str, ob allgemein im Konzernverbund, bejahend LG Mü NJW **03,** 1046 (DBk/Kirch). Das Bankgeheimnis steht, da rein schuldrechtlich, der **Abtretung von Darlehensforderungen** trotz des Auskunftsanspruchs des Zedenten nach § 402 BGB nicht entgegen, BGH WM **07,** 643, BVerfG NJW **07,** 3707, Nobbe WM **05,** 1545; Abtretung ist **wirksam,** § 134 BGB und BDSG (s Rn A/53) greifen insoweit nicht ein, auch kein konkludentes Abtretungsverbot nach § 399 BGB, schon gar nicht, wenn Abtretungsempfänger eine Bank ist oder Zedent weiterhin für Einzug zuständig bleibt; aber uU Schadensersatz, BGH WM **07,** 644 (str, aber ohne praktische Bedeutung), außer bei notleidenden Krediten (NPL, distressed loan ua), Nobbe WM **05,** 1546; Lit: Rinze/Heda, Hofmann/Walter, Cahn WM **04,** 1557, 1566, 2041, Langenbucher BKR **04,** 333, Rögner NJW **04,** 3230, Stiller ZIP **04,** 2027, Adolff FS Heldrich **05,** 3, Nobbe WM **05,** 1537, Kreft, Hammen, Wittig Bankrechtstag 2005, Nobbe ZIP **08,** 97, Schwintowski/Schantz NJW **08,** 472; Vollstreckungsklausel ist auch bei Abtretbarkeit zulässig (s Rn G/5); vgl zum BDSG Rn A/53. Aber Schutz durch das **RisikobegrenzungsG** 12. 8. 08 BGBl 1666 (s Rn G/5 a). Im **Zivilprozess** hat die Bank ein Zeugnisverweigerungsrecht nach § 383 I Nr 6 ZPO als „Person, der kraft ihres Gewerbes Tatsachen anvertraut sind, deren Geheimhaltung durch ihre Natur geboten ist"; es deckt alle unter ihre Verschwiegenheitspflicht fallenden Tatsachen; BGH BB **53,** 993, Kln MDR **68,** 931; ferner nach § 384 Nr 3 ZPO „Gewerbegeheimnis". Entsprechendes gilt in sonstigen Gerichtsverfahren (Arbeits-, Verwaltungs-, Sozial-). Die Drittschuldnererklärung nach § 840 ZPO bei Forderungspfändung kann die Bank nicht verweigern. Das Bankgeheimnis ist kein sonstiges Recht iSv § 823 I BGB, kann aber Teil des Unternehmensrechtsschutzes nach § 823 I BGB (Gewerbebetrieb, Persönlichkeitsrecht, s Einl 63–64 vor § 1 HGB) sein. Im **Insolvenzverfahren** wird grundsätzlich der (auch starke vorläufige) Insolvenzverwalter Geheimnisherr, aber Grenzen, zB bei Gemeinschaftskonten (dazu § 84 I 1 InsO), Stephan WM **09,** 241. **Weitere geheimhaltungsrelevante Normen** sind ua §§ 55 a, 55 b KWG, §§ 17 ff UWG, § 824 BGB, BGH **166,** 84 (Kirch), dazu krit Ehricke/Rotstegge ZIP **06,** 925, krit zur Außenhaftung Hellgardt WM **06,** 1514.

A/10 B. **Grenzen: a)** Das Bankgeheimnis hat wie jedes Recht (Pflicht) seine Grenzen (vgl **(8)** AGB-Banken Nr 2 Rn 2). So kann die Bank sich nicht einfach unter Berufung auf das Bankgeheimnis von den **gebotenen Aufklärung und Warnung** (s Rn A/16–29) dispensieren, BGH WM **91,** 85, vielmehr Güter- und Interessenabwägung. Die Bank muss die Auskunftsansprüche Dritter gegen sie (§§ 260, 809, 810 BGB ua, vgl § 118 NJW Rn 11) erfüllen, BayObLG ZIP **03,** 569. Die Aufdeckung von Kreditbetrug kann durch Nothilfe gerechtfertigt sein; ebenso die Aufdeckung von Insiderinformationen. In Ausnahmefällen kommt Notstand (§§ 34, 35 StGB) in Betracht. Auch in Fällen eines (unter Berücksichtigung der Fremdinteressenwahrung) **überwiegenden Eigeninteresses** kann ein Offenbarungsrecht gegeben sein, so zB gegenüber einem ehrenrührigen Vorwurf, BGH BB **53,** 993, RG BankA **34,** 326, Kln WM **93,** 289; erforderlichenfalls kann die Bank eine stille Zession offenlegen (s

V. Bankgeschäfte (m. Börsen- u. KapMR) A/11–A/13 **BankGesch (7)**

Rn H/4); die Bank A kann idR ohne Rechtsmissbrauch in ein Konto ihres Kunden-Schuldners bei Bank B vollstrecken, von dem sie unter Geheimnisbruch der B erfuhr; anders wenn A diese Pflichtverletzung der B veranlasst, BGH MDR **73,** 926. Schwierige Einzelabwägung wird nötig, wenn die Bank zB von US-amerikanischen Gerichten zur Offenlegung von unter das Bankgeheimnis fallenden Tatsachen verurteilt wird, LG Kiel RIW **83,** 206, Bosch IPRax **84,** 127.

b) BaFin und **DBBk** haben Einsichts- und Auskunftsrechte ohne Beschränkung A/11 durch das Bankgeheimnis, insbesondere nach **KWG** und **(16) WpHG**, zB §§ 44 ff KWG; automatisierter Abruf von Kontoinformationen durch die BaFin (§ 24 c KWG). Meldepflichten, Überwachung und Prüfung (s **(16)** WpHG §§ 9, 35, 36); Auskunftsrecht gegenüber jedermann (s **(16)** WpHG § 4 III).

c) Im **Strafprozess** hat die Bank kein Zeugnisverweigerungsrecht nach § 53 StPO; A/12 auch gegenüber der Staatsanwaltschaft muss sie aussagen (vgl § 161 a StPO), nicht aber gegenüber der Polizei. Das gilt entspr nach § 46 II OWiG. Prost NJW **76,** 214, Ungnade WM **76,** 1210, Ehlers BB **78,** 1513. Weitgehende Dokumentations-, Anzeige-, Sorgfalts- und Überwachungspflichten nach **GeldwäscheG** (GwG) nF 2008 (3. EG-GeldwäscheRi 2005), Kallert DB **08,** 1661, Ackmann/Reder WM **09,** 158, 200. GwG aF hat keine Drittschutzwirkung, BGH WM **08,** 1256. Bundesamt für Verfassungsschutz (Terrorismusbekämpfung), Huber NJW **07,** 881. Lit: BankrechtsHdb/Bruchner/Fischbeck 3. Aufl 2007 § 42, Fülbier/Aepfelbach/Langweg 5. Aufl 2006; Wegener NJW **02,** 794 (EG-Ri), **02,** 2276 (GwG), Findeisen Bankrechtstag **03,** 95 (Bankgeheimnis), WM **03,** 1658, Höche WM **05,** 8 (EU), Köhling WM **07,** 1780, Seibert WM **08,** 2006 (Bankenhaftung).

d) Im **Finanzgerichtsprozess** hat die Bank ebenfalls kein Zeugnisverweigerungs- A/13 recht, BFH NJW **93,** 2831. Gegenüber **Steuerbehörden** besteht Offenbarungspflicht ua nach §§ 90, 92, 93 AO; keine Aussageverweigerung nach AO, aber besondere Rücksichtspflicht der Finanzbehörden auf das Bankgeheimnis nach § 30 a AO neu 3. 8. 88, dazu Bruschke BB **90,** 392. Vorgänger war BFM-Bankenerlass 31. 8. 79, NJW **79,** 2190, dazu Lit: Becker 1983, Miebach 1999 (Verfassungsrecht und § 30 a AO); Söhn NJW **80,** 1430. Auskunftsersuchen an Kreditinstitute nach §§ 93 ff AO und Steuer- bzw Zollfahndung nach § 208 AO bleiben möglich, bei hinreichendem Anlass, BFH NJW **07,** 2284, dabei auch Sammelauskunftsersuchen über bestimmten Personenkreis, aber nicht „ins Blaue hinein" und nur wenn verhältnismäßig, BFH NJW **02,** 2340, **07,** 1308. Grenzen von Verwertungsverboten, BFH NJW **07,** 2282. Kontrollmitteilungen anlässlich Außenprüfung von Banken sind nach § 194 III AO grundsätzlich ohne besonderen Anlass zulässig, BFH WM **09,** 599, nicht bei legitimationsgeprüften Konten und Depots (§ 30 a III AO, aber ohne Sperrwirkung, „wenn hinreichend veranlasst"), BFH WM **09,** 599, str. Ab 1. 4. 2005 Automatisierung des Auskunftsverfahrens durch Zugriff der Finanzbehörden (über das Bundesamt für Finanzen) auf die Dateien der Kreditinstitute über Konto- und Depotverbindungen (§ 93 VII, 93 b AO iVm § 24 c KWG, trotz Missbrauchsrisiko verfassungsgemäß, BVerfG NJW **07,** 2464), krit Göres NJW **05,** 253, 1902, Maidorn NJW **06,** 3752, vgl BVerfG WM **07,** 1360. Nach § 33 ErbStG ist die Bank beim Tod des Kunden anzeigepflichtig, auch betr Existenz von Schließfächern, auch betr ZwNl im Ausland, BGH NJW **07,** 669, BFH NJW **07,** 1310 LS; die Nutzung auch für ESt und Vermögensteuer ist rechtswidrig, str, aA BFH NJW **92,** 2246. **International** sind infolge der Liechtensteinaffaire und der Finanzkrise die Steuerfluchtländer 2009 stark unter Druck gekommen, die Schweiz, Liechtenstein ua haben ihr Bankgeheimnis deutlich gelockert. Komm zu AO: Hübschmann/Hepp/Spitaler (LBl); Tippppke/Kruse (LBl); Ungnade WM **76,** 1218, Ungnade/Kruck WM **80,** 258, Hamacher WM **97,** 2149, Thomas/Tischbein WM **99,** 1645, Carlé NJW **07,** 2226.

Lit: BankrechtsHdb/Bruchner/Krepold 3. Aufl 2007 § 39; Sichtermann, 3. Aufl 1984 (bearb von Feuerborn ua); Spitzenverbände des Kreditgewerbes (Zentraler Kreditausschuss, ZKA, Weber ua), Bankgeheimnis und Bankauskunft in der Praxis, 7. Aufl 2009; Bruchner/Stützle 2. Aufl 1990; Dahm/Schebesta/Schroeter/Weber 5. Aufl 1995; Miebach 1999 (Verfassungsrecht); Petersen 2005 (Grundlagen); Wech

(7) BankGesch A/14, A/15

2008; Müller NJW **63**, 833, Scheer NJW **63**, 2062, Mielke AG **64**, 182, Sichtermann ZfgK **68**, 1063, Wolff DB **68**, 695, AG **68**, 286 (Kreditauskunft), Schmidt WiR **72**, 127, Martinek FS Schütze **99**, 503 u Schefold IPRax **00**, 234 (internationales Bankgeheimnis), Herzog, Kirchhoff Bankrechtstag **03**, 47, 79, Nobbe WM **05**, 1537.

5) Bankauskünfte

A/14 A. **Pflichten gegenüber dem Anfrager:** Die Auskunftserteilung der Bank erfolgt entweder auf Grund des Bankvertrags (Anfrager ist Kunde) oder eines besonderen Auskunftsvertrags (Anfrager ist andere Bank oder Nichtkunde), st Rspr, s § 347 HGB Rn 13 (zur Fiktivität eines solchen Auskunftsvertrags s dort Rn 22); bei Scheck- und Wechselauskunft ausnahmsweise Garantievertrag, s Rn E/8. Zu Inhalt, Voraussetzungen und Empfänger der Bankauskunft s **(8)** AGB-Banken Nr 2 II–IV. Die Bank haftet für schuldhaft unrichtige oder unvollständige Auskünfte dem Anfrager auf Schadensersatz (idR nur negatives Interesse). Die Bank schwebt dabei zwischen Haftung gegenüber dem Anfrager und gegenüber dem Kunden, über den angefragt wird (s Rn A/15). Das führt praktisch zu vorsichtigen Auskunftsformeln, die richtig gelesen werden müssen, Beispiele Rehbein ZHR 149 **(85)** 147, und ist rechtlich bei der Aufstellung der Verhaltenspflichten zu berücksichtigen. „Gespaltene" Auskünfte (Positives schriftlich, Negatives mündlich) sind für die Bank gefährlich, weil der schriftliche Teil für sich unwichtig ist und die Bank diesen Schein widerlegen muss. Wechselprotest, Scheck- oder Lastschriftrückgaben (mangels Deckung) müssen erwähnt werden, BGH WM **62**, 1111. Die Tatsache einer Vollstreckung durch Dritte ist auch dann mitzuteilen, wenn sie durch Schuldzahlung erledigt wurde, BGH NJW **72**, 1200. Bsp für Anforderungen Ffm WM **85**, 253. Zur **Dritthaftung** bei der Bank-zu-Bank-Auskunft s § 347 HGB Rn 21. Zur Wahrheits-, Vollständigkeits-, **Berichtigungs- und anderen Pflichten** der auskunftgebenden Bank s § 347 HGB Rn 23–33; Einzelheiten zur **Haftung** s § 347 HGB Rn 34–40. **(8)** AGB-Banken Nr 2, 3 (anders Nr 10 II 3 aF vor 1993) enthalten keine **Freizeichnung** mehr. Lit: Breinersdorfer 1991.

A/15 B. **Pflichten gegenüber dem Kunden:** Die Bank darf Kreditauskünfte nur mit **Einwilligung** des Betroffenen erteilen. Diese muss bei **Privatkunden** ausdrücklich sein, also grundsätzlich nur nach **Rückfrage** (diese ihrerseits nur mit Einverständnis des Anfragers) bei ihrem Kunden, über den die Auskunft eingeholt wird; zu **(8)** AGB-Banken Nr 2 III 3, wonach eine solche Rückfragepflicht auch bei „genereller" Zustimmung entfallen soll, s dort. Im kfm Verkehr mit **Geschäftskunden** wird bei günstiger Auskunft idR mutmaßliche Einwilligung des Geschäftskunden vorliegen, offen BGH **95**, 365. Der kfm Kunde weiß, dass üblicherweise Bankauskünfte eingeholt und erteilt werden und dass die Ablehnung einer Auskunft über ihn geradezu kreditschädigend wirkt. Nach **(8)** AGB-Banken Nr 2 III 1 wird die Einwilligung für den kfm Verkehr allgemein erteilt. Bei klar negativer Auskunft kann jedoch trotzdem auch bei Geschäftskunden Rückfrage nötig sein, erst recht, wenn ihre Persönlichkeitssphäre berührt wird (Einl 64 vor § 1). Die Bank **haftet** dem Kunden bei Erteilung einer richtigen Auskunft ohne (tatsächliche oder mutmaßliche) Einwilligung und für unrichtige nachteilige Auskünfte. Der **Inhalt** der Bankauskunft ist dem Kunden **auf Verlangen mitzuteilen** (ohne Namen des Anfragers), Karlsr NJW **71**, 1042, nach Karlsr WM **09**, 512 auch Empfänger von, soweit zumutbar, dessen Kunden, dagegen stehen aber deren Interessen am Bankgeheimnis, Konfliktlösung durch Auskunft nur an Sachverständige wie im GesRecht (§ 118 Rn 9). Zum Verfahrensablauf von Bank-zu-Bank-Auskünften „Grundsätze für die Durchführung des Bankauskunftsverfahrens zwischen Kreditinstituten" nF 1. 5. 87, ZIP **87**, 608 (Text), Schebesta WM **89**, 429. Dabei handelt es sich um AGB zwischen den beteiligten Kreditinstituten, Geltung zwischen diesen s **(8)** AGB-Banken Nr 1 Rn 4. Für den Bankkunden können die Grundsätze Drittschutzwirkung entfalten. Jedenfalls hat die anfragende Bank klarzustellen, ob sie die Auskunft im eigenen oder im Kundeninteresse einholt (Nr 2); das hat Folgen für die Drittschutzwirkung der Auskunft selbst, s Rn A/32–33, § 347 HGB Rn 19–21. Kreditauskunft, **Schufa** und **Datenschutz** s Rn A/54–55. Lit: BankrechtsHdb/Bruchner 3. Aufl 2007 § 40; Sichtermann 3. Aufl 1984 (bearb von Feuerborn ua); Spitzenverbände des Kreditgewerbes (Zentraler Kreditausschuss, ZKA, Weber ua), Bankgeheimnis und Bankauskunft in der Praxis, 7. Aufl 2009; Dahm/

V. Bankgeschäfte (m. Börsen- u. KapMR) A/16 **BankGesch (7)**

Hammacher (Finanzbehörden) 2006; Gaede NJW **72**, 926, Schraepler NJW **72**, 1836, Lorenz FS Larenz **73**, 575, Scheerer FS Bärmann **75**, 801, Dirichs WM **76**, 1078, Musielak VersR **77**, 973, Kirchherr/Stützle ZIP **84**, 515, Berger ZBB **01**, 238 (Haftung), Nobbe WM **05**, 1537, Hammen Bankrechtstag **05**, 113 (Abtretung), Wittig Bankrechtstag **05**, 145 (distressed loan trading).

6) Informationspflicht: Wissenszurechnung; Aufklärungs-, Warn- und Beratungspflichten

A. **Rechtsgrundlage für Informations- und Aufklärungspflicht, Wissens-** A/16 **zurechnung:** Eine spezielle **Informationspflicht** über Entgelte und Auslagen bei Standardgeschäften (Geschäftsanbahnungsinformationen) ist allgemeiner bei öffentlicher Bestellung bzw öffentlichem Anerbieten vorgesehen (§ 675 a BGB idF VerbrKrRiUmsetzG), Zahlungsdienstleister (§ 675 c III BGB iVm § 1 I ZAG) schulden bei Zahlungsdiensten zusätzliche Unterrichtung (§ 675 d BGB idF VerbrKrRiUmsetzG, zuvor Masuch NJW **08**, 1700). Besondere Informationspflichten (sowie Widerrufs- und Rückgaberecht) gelten auch für den Fernabsatz von Finanzdienstleistungen (s Rn A/4, G/9, §§ 312 b ff BGB iVm BGB-InfoV), Felke/Jordans NJW **05**, 710. Kundenbeschwerden s Rn A/56. Preisangaben nach PAngV s Rn G/5. **Grundlage** der davon zu unterscheidenden **Aufklärungs-, Warn- und Beratungspflichten** der Bank ist der Bankvertrag bzw die Geschäftsverbindung als gesetzliches Schuldverhältnis (s Rn A/6–7, § 347 HGB Rn 13–18, 22). Diese Pflichten sind Ausprägung der allgemeinen Interessenwahrungspflicht der Bank (s Rn A/6). Sie sind (in ihrem Kern gesetzliche) **Berufspflichten** in einem Vertrauensverhältnis, s § 347 HGB Rn 2; Konsequenzen für Freizeichnung s Rn I/21.

Wissenszurechnung (Wissensvertretung, s auch § 125 HGB Rn 4): Umfangreiche Rspr, ältere mit absoluter Wissenszurechnung ist überholt (Unterschiede zwischen den Senaten), keine Zurechnung von Wissen, sondern von wissensgetragenem, rechtserheblichem (aktivem oder passivem) Verhalten, Nobbe Bankrechtstag **02**, 126. Für Wissenszurechnung von juristischen Personen und PersonenGes gilt grundsätzlich dasselbe. Aus der (uneinheitlichen) Rspr ist hervorzuheben: Das Wissen aller Organvertreter der Bank ist ihr zuzurechnen; auch ohne Kenntnis des Organvertreters von dem Rechtsgeschäft, BGH **109**, 327 (V ZS, Schlachthof-Fall, Gemeinde); auch wenn der Organvertreter ausgeschieden oder verstorben ist (so bei juristischen Personen), aber nur sofern es sich um typischerweise aktenmäßig festgehaltenes Wissen handelt, BGH **109**, 332, NJW **95**, 2160, **96**, 1205 (beide iErg abl). Auch das Wissen von an der konkreten Transaktion unbeteiligten Mitarbeitern soll grundsätzlich zuzurechnen sein (entspr §§ 166, 278 BGB), BGH WM **84**, 1311, **89**, 1364, 1368, **93**, 541 (verschiedene Bankfilialen), aber mit § 166 BGB unvereinbar und zT praxisfern, zutr krit Nobbe Bankrechtstag **02**, 147. Wissensvertreter ist nur jemand, dessen sich der Geschäftsherr im rechtsgeschäftlichen Verkehr wie eines Vertreters bedient, nicht nur ein interner Berater, BGH **117**, 104 (V ZS, Knollenmergel-Fall, nicht Bauaufsichtsamt für Gemeinde). Wissenszurechnung ist aber nur möglich, soweit eine entsprechende Organisation innerhalb des Unternehmens möglich und zumutbar ist, zu weitgehend Bohrer DNotZ **91**, 129, offen BGH **117**, 108. Maßgeblicher Grund für die Wissenszurechnung ist **Pflicht zur ordnungsgemäßen Organisation der Kommunikation** (möglicher und gebotener Informationsfluss), BGH **140**, 61 (IX ZS); eine rein organisationsbedingte Wissensaufspaltung ist nicht anzuerkennen (Gleichstellungsargument), BGH **132**, 36 (Altlasten-Fall, GmbH & Co). Bsp für Zurechnung WM **05**, 375 (XI ZS, Rahmenfinanzierung in der einen Filiale, Immobilienkreditausreichung in der anderen), Bambg WM **07**, 389 (Scheckeinzahlung auf eine an die Bank verpfändete Forderung). Als vorhanden gilt nicht nur präsentes Wissen, sondern auch Wissen, das bei sachgerechter Organisation dokumentiert und verfügbar ist und das zu nutzen ein konkreter Anlass besteht (also **auch Akten- und Speicherwissen**), BGH **135**, 202 (XI ZS, Scheckinkasso, s Rn E/2), WM **09**, 1275. Das bedeutet Informationsvorhalte-, -weitergabe- und -abfragepflichten. Auch in Vergessenheit geratenes Wissen kann relevant sein. Wissen um Bösgläubigkeit von Bankangestellten aus anderen Abteilungen, bei Scheckgutschrift etwa der Kreditabteilung, ist grundsätzlich nicht zuzurechnen, anders bei Organwalter oder ähnlichen Wissensvertretern

Hopt 1763

sowie bei groben Pflichtverletzung bei Kontoeröffnung, BankrechtsHdb/Nobbe 3. Aufl 2007 § 61 Rn 201 ff (zur Scheckprüfung, s Rn E/2). In diesem Umfang kommt es zu einer Wissenszusammenrechnung. Schadensersatzanspruch auf Grund Wissenszusammenrechnung kann wegen fehlender Kausalität der Pflichtverletzung entfallen, BankrechtsHdb/Nobbe § 61 Rn 208, str. Eine allgemeine Wissenszusammenrechnung im Unternehmen und in der Bank wäre dagegen unvereinbar mit Bankgeheimnis und Datenschutz und wäre bei Töchtern nicht durchzuhalten, zutr BankrechtsHdb/Nobbe § 61 Rn 210 (zur Scheckprüfung, s Rn E/2). str, wohl aA Canaris 106, 800 a (keine Privilegierung von Großunternehmen). Gegen Wissensvertretung bei § 852 aF BGB (Verjährungsbeginn erst bei Kenntnis, anders seit SMG § 199 I Nr 2 BGB) BGH **134,** 343. Die Zurechnung scheidet ganz aus für Wissen von Bankvertretern in Aufsichtsräten oder in Organen anderer Unternehmen (§§ 93 I 2, 116 AktG ua), Hopt, Kapitalanlegerschutz 475, Lutter RdW **87,** 314. Zur Wissenszurechnung im Konzern Düss NZG **09,** 429, Koller ZBB **09,** 199. Lit: Fassbender 1998 (Banken, BrV), Fastenberg 1998 (Banken), Buck 2001, Schüler 2000 (Konzern), Schulenburg 2002 (Konzern), Welter/Lang 2005 (Informationspflichten im Bankverkehr), BankrechtsHdb/Nobbe 3. Aufl 2007 § 61 Rn 198 ff (zur Scheckprüfung, s Rn E/2); Waltermann AcP 192 **(92)** 181, Grunewald FS Beusch **93,** 301, Medicus u Taupitz, Karlsruher Forum **94,** 4, 16, Bork ZGR **94,** 237 (Konzern), Taupitz JZ **96,** 734, Drexl ZHR 161 **(97)** 491 (Konzern), Koller JZ **98,** 75, Altmeppen BB **99,** 749, Fassbender/Neuhaus WM **02,** 1253, Drexl, Nobbe, Schröter Bankrechtstag **02,** 85, 121, 163, Buck-Heeb WM **08,** 281.

A/17 B. **Aufklärungs-, Warn- und Beratungspflichten:** Inhalt und Umfang dieser Verhaltenspflichten hängen von dem jeweiligen Bankgeschäft (s Rn A/22) und den Umständen ab.

a) **Kriterien** sind: (1) **Aufklärungsbedürftigkeit** des Kunden, zB „einfache Frau vom Lande mit geringer Bildung", Mü OLGE **28,** 204; auch (Voll)Kflte können aufklärungsbedürftig sein, BGH NJW **81,** 1440 (Warenterminoptionsgeschäfte); (2) Absprache, zB besonders erbetene Beratung, vgl BGH **70,** 356 (Börsendienst), konkrete Fragen oder Besorgnisse; (3) Intensität der gegenseitigen Beziehungen, zB Einmalgeschäft, laufende Geschäftsverbindung, selbstständige Wertpapier- und Vermögensverwaltung durch die Bank; Tätigkeit als Hausbank, BGH BB **83,** 1174; (4) Schutzverzicht, zB Auftreten als Branchenkenner, vgl BGH WM **80,** 284 (Käufer eines Aktienpakets, selbst Aktionär und Branchenkenner), Vorgabe der Kenntnis einer Information, eigenverantwortliche Wahl einer aggressiven Anlagepolitik für die zu verwaltenden Wertpapiere; (5) betriebliche und finanzielle Tragbarkeit für die Bank, vgl BGH **70,** 363 (kein unzumutbarer Zeit- und Kostenaufwand). S § 347 HGB Rn 23.

A/18 b) Je nachdem können sich unterschiedliche **Typen von Pflichten** ergeben: (1) **Wahrheitspflicht,** BGH **74,** 110, einschließlich Pflicht zur Vollständigkeit, BGH NJW **73,** 456, Klarheit und ggf Berichtigung, BGH **61,** 179 (Scheckauskunft); (2) **Nachforschungs- und Erkundigungspflichten,** BGH **70,** 363, **72,** 105; (3) **Organisationspflichten,** BGH NJW **64,** 2059 (laufende Überwachung des BGBl oder einer Fachzeitschrift), NJW **82,** 1513 (innerbetriebliche Scheckkontrolle), Hbg BB **74,** 1266 (Wechselprolongation). S § 347 HGB Rn 24 ff.

A/19 c) Bei **Interessenkonflikten** gilt der Grundsatz der Priorität des Kundeninteresses gegenüber dem Bankinteresse. Interessenkonflikte verpflichten uU überhaupt erst zur Aufklärung, BGH **72,** 102, BB **78,** 1186. Bei Konflikt mehrerer Kundeninteressen ist Güter- und Interessenabwägung nötig, BGH WM **91,** 85; Bankgeheimnis s Rn A/10. Offenlegungspflicht der Bank bei Provisionsbeteiligung des Vermögensverwalters des Kunden, BGH **146,** 235. Herausgabepflicht (§ 667 BGB) ist str (§ 347 Rn 30, § 384 Rn 9). Lit: Hopt FS Heinsius **91,** 289, Mülbert WM **07,** 1149 (FRUG). S § 347 HGB Rn 30.

A/20 d) Berücksichtigung von **Insiderinformationen,** str, s Heinsius ZHR 145 **(81)** 194 (nein), Kübler ZHR 145 **(81)** 210 (uU ja), Hopt FS Heinsius **91,** 289 (uU). S § 347 HGB Rn 31–33.

Lit: Zu Aufklärungspflichten der Banken Hopt, Kapitalanlegerschutz, 1975, BankrechtsHdb/Siol 3. Aufl 2007 §§ 43–45, Arendts 1998, Schäfer/Müller 1999, Lang

V. Bankgeschäfte (m. Börsen- u. KapMR)   A/21–A/25   **BankGesch**   (7)

2003, Vortmann 8. Aufl 2006, Welter/Lang 2004; Rümker ZHR 147 (**83**) 30, Hopt u Rümker in Bankrechtstag **92,** 1, 29, Horn ZBB **97,** 139, Nobbe RWSForum **98,** 235, Hadding FS Schimansky **99,** 67, Mülbert WM **07,** 1149, Veil WM **07,** 1821 (nach MiFID), Assmann/Sethe FS Westermann **08,** 67. S auch § 347 HGB Rn 2 ff.

C. **Schadensersatz:** Die Probleme des Verschuldens (einfache Fahrlässigkeit),   **A/21**
Schadens (idR negatives Interesse), Mitverschuldens (nicht schon im Vertrauen auf den Rat ohne eigene Nachprüfung), Beweislast (idR bei der Bank) ua sind nicht bankspezifisch. S ausführlich § 347 HGB Rn 34–40. Freizeichnung s § 347 HGB Rn 38.

D. **Einzelne Bankgeschäfte: a)** Bei Bankgeschäften allgemein kann eine Aufklä-   **A/22**
rungspflicht bestehen, wenn gegen den Vertreter (Geschäftsführer) des Kunden (GmbH) der Verdacht des **Missbrauchs der Vertretungsmacht** (s § 50 HGB Rn 4–7) sich geradezu aufdrängt, also massive Verdachtsmomente mit objektiver Evidenz des Missbrauchs, BGH WM **76,** 474, BGH ZIP **04,** 1210, WM **04,** 1625, **08,** 1253, Naumbg WM **05,** 1313, Kblz WM **08,** 1301; bei Verdacht der Untreue des phG einer KG, aber nur wenn er der Gewissheit fast gleichkommt, sonst unzumutbare Belastung der Beziehungen und Schadensersatzrisiko der Bank, BGH BB **83,** 1174; bei Scheck nur, wenn der Missbrauch auf Grund massiver Verdachtsmomente objektiv evident ist, BGH WM **94,** 1204/1956. Wer sich trotz des Angebots weiterer Unterrichtung mit einer erkennbar unvollständigen **Auskunft** begnügt, handelt auf eigenes Risiko, BGH WM **89,** 1409. Bei **grenzüberschreitenden** Bankdienstleistungen ist auf die speziellen Risiken zB aus Fremdwährung hinzuweisen, Vortmann WM **93,** 581.

b) Beim **Einlagengeschäft** (s Rn B/1, A/36 ff), zB bei Spareinlagen, muss die   **A/23**
Bank den Kunden auch auf rechtliche Tatsachen aufmerksam machen, zB Zinsverlust bei vorzeitiger Kündigung, BGH **28,** 373, **Prämienschädlichkeit** von Verfügungen, BGH NJW **64,** 2058, Celle NJW **54,** 1810. Sie muss den Kunden auch über die Gefahr eines Gemeinschaftskontos als Oder-Konto aufklären. Sie muss nicht vor gefährlicher Verwendung abgehobener Einlagen warnen; anders wenn sie diese veranlasst, auch bei Schwarzgeldern, BGH BB **90,** 94. Die Bank muss aber bei Festgeld- und Währungskonten vor dem Beratungsvertrag auf zinsgünstigere Anlagemöglichkeiten hinweisen, BGH NJW **02,** 3697.

c) Beim **Girogeschäft** (s Rn C/1 ff) ist die Bank angesichts der Massenhaftigkeit   **A/24**
der Überweisungsvorgänge nicht über die korrekte Abwicklung des Verfahrens hinaus zur Fürsorge für die Teilnehmer verpflichtet; auch nicht, wenn sie weiß, dass das Guthaben wirtschaftlich einem Dritten zusteht (s Rn C/7–9). Doch kann ausnahmsweise eine Warnpflicht der Bank gegenüber dem Überweisenden bestehen, wenn sie Kenntnis von der **Zahlungseinstellung** oder dem **unmittelbar bevorstehenden Zusammenbruch** des Begünstigten hat, BGH **61,** 503, NJW **63,** 1872, **78,** 1852 („Herstatt"), **87,** 317, WM **08,** 1253, krit Hellner ZHR 145 (**81**) 123, idR aber nicht vor dem endgültigen Scheitern von Sanierungsverhandlungen. Das gilt grundsätzlich nicht im **Zentralbank-Abrechnungsverfahren,** BGH NJW **78,** 1852, Canaris WM **76,** 1013, Pfister ZHR 143 (**79**) 64, Langenbucher FS Canaris **02,** 65, aA Ffm BB **76,** 758, Sandberger BB **76,** 487; zu Schutz- und Neutralitätspflichten in Zahlungssystemen Langenbucher Beiträge Canaris 2002 S 65. Die Bank muss den uninformierten Kunden auch auf (devisen-)rechtliche Bedenken gegen einen Überweisungsauftrag hinweisen, BGH **23,** 227, Nürnb WM **61,** 94, enger BGH WM **58,** 1080. Das gilt entspr für das **Lastschriftverfahren,** BGH WM **08,** 1253 (s Rn D/1 ff). Im **Scheckgeschäft** gelten dagegen andere Grundsätze (bargeldähnliches Zahlungsmittel, vgl Art 32 I ScheckG), s Rn E/2–4.

d) Beim **Kreditgeschäft** ist die Bank grundsätzlich nicht zum Hinweis auf die   **A/25**
Gefährlichkeit der Kreditaufnahme (zu hohe eigene Verschuldung des Kunden) oder der Kredithingabe (Vermögensverhältnisse des Darlehensnehmers) oder andere Risiken verpflichtet, stRspr, BGH **72,** 102, NJW **00,** 3559. Ausnahmen bei besonderem Aufklärungs- und Schutzbedürfnis, BGH NJW **88,** 1584, WM **88,** 898; zwischenfinanzierte Bausparverträge, Celle WM **93,** 2082; Unsicherheiten bei Kreditablösung durch andere Bank, Naumbg WM **04,** 782. Keine Aufklärungspflicht der Bank bei Vorlage eines vollständigen Finanzierungskonzepts, Ausnahme, wenn der Kaufpreis doppelt so hoch wie der Wert der Immobilie ist, BGH WM **04,** 524, 1225, **07,** 881,

Hopt   1765

(7) BankGesch A/25   2. Handelsrechtl. Nebengesetze

08, 118, 1397. Davon zu unterscheiden ist Aufklärungspflicht bei Angebot unterschiedlicher Kreditprodukte, BGH WM **89,** 666 (Kredit mit Kapitallebensversicherung). Allgemeiner für Kundengerechtigkeit des Kreditangebots zT Instanzgerichte, Köndgen NJW **94,** 1510, **00,** 469. Zur Eigenverantwortung vgl § 347 HGB Rn 23. Sicherheiten prüft die Bank grundsätzlich nur im eigenen Interesse, BGH NJW **92,** 1820, **98,** 305, **02,** 3697; ebenso bankinterne Beleihungswertermittlung, BGH WM **06,** 1200, **07,** 881, **08,** 119, 156, 975, 1263, 1394; auch für Sicherheiten steuerschädliche Gesetzesänderung löst idR keine Aufklärungspflicht der Bank aus, BGH WM **97,** 2301. IdR keine Aufklärungspflicht des alten Kreditgebers bei Kreditablösung gegenüber der neuen Bank, Dresd WM **07,** 251. Lit: Horn FS Claussen **1997,** 469, Früh WM **98,** 2176, Singer ZBB **98,** 141 (Konsumentenkredit), Schnauder JZ **07,** 1069.

Dasselbe gilt grundsätzlich auch für Übernahme einer **Bürgschaft** und **Gewährung anderer Sicherheiten,** BGH **107,** 103, WM **90,** 1956, NJW **06,** 847, grundsätzlich auch gegenüber Ausländern, BGH WM **97,** 1045; aber nicht uneingeschränkt auch bei Ehegattenmitverpflichtung (s Rn G/8, G/10, G/10 a–c); anders auch bei überraschendem Inhalt der Bürgschaft, Düss WM **84,** 82, bei offensichtlichem Irrtum des Bürgen über seine Haftung, BGH WM **99,** 1614, bei zurechenbarer Veranlassung eines Irrtums des Bürgen (nicht schon Erwartung, dass Schuldner zahlen werde), BGH NJW **01,** 3331, bei bewusster Verharmlosung des Risikos, BGH NJW **06,** 847, und bei Fragen des Bürgens. Die Bank braucht nicht mitzuteilen, dass sie selbst dem Kreditnehmer des Kunden keinen Kredit mehr gewährt, BGH WM **63,** 475, **69,** 561, oder selbst auf Kreditrückzahlung gedrängt hat, so jedenfalls gegenüber einer den Kredit ablösenden Bank, BGH WM **89,** 1409. Die Grundsätze zu Rn A/24 (Kenntnis von Zahlungseinstellung oder unmittelbar bevorstehendem Zusammenbruch) können aber hierher übertragen werden. Bei Fehlen jeglicher Kreditwürdigkeit (Scheckreitereien) muss Gläubigerbank Bürgen warnen, Hamm BB **82,** 1512.

Bei **Projekt(beteiligungs)- und Immobilienfinanzierung** kann sich Bank ohne weitergehende Aufklärungspflichten **auf ihre Finanzierungsrolle beschränken,** insbesondere bei Bauherrn- und Erwerbermodellen (vgl Rn G/53, s aber auch Rn G/9); **anders** zB **bei Mitwirkung an Prospektherausgabe** (s Anh § 177 a HGB Rn 63) oder **an Vertrieb** oder **Schaffung eines speziellen Gefährdungstatbestandes** oder **bei konkretem Wissensvorsprung** der Bank zB über versteckte Mängel oder bereits erfolgte Überzeichnung, oder **bei schwerem Interessenkonflikt** zu Lasten des Erwerbers (§ 347 Rn 30); BGH **100,** 120, WM **90,** 920, **91,** 85, **92,** 1310 (Wissensvorsprung, aber nur soweit schon vorhanden, WM **92,** 1359), 1269 (Einverständnis mit Benennung als Referenz für Projekt), 1355 (Anschein der eigenen Projektüberprüfung), WM **99,** 678 (nicht bloße Übersteuerung oder Unrentabilität, sondern Kaufzweckgefährdung), NJW **00,** 2352, 3067, 3559, WM **07,** 882 (Interessenkonflikt nicht schon durch bloße Kredite oder globale Finanzierungszusage der Bank an den Bauträger), **08,** 118, 156, 971, 1395, Mü WM **07,** 2333 (krasses Bsp), Karlsr WM **08,** 1870 (Grundstücksaltlasten), Nobbe WM Sonderbeil 1/**07,** 27 (auch Schmiergeldzahlung). Kenntnisse der Bank über den Zustand des zu finanzierenden Objekts, BGH WM **92,** 134, und über die Unangemessenheit des Kaufpreises begründen idR noch keinen Wissensvorsprung, BGH **161,** 22, NJW **00,** 2353, **03,** 2088, 2530, **04,** 156, 2380, **05,** 670, **06,** 2104, **07,** 358, anders erst bei **sittenwidriger Übervorteilung** (s Rn G/10, G/10 a–c), also erst wenn der **Wert** der Leistung **knapp doppelt so hoch** ist wie der Wert der Gegenleistung, BGH **146,** 302, WM **05,** 1598, NJW **06,** 2104, **07,** 358, 1831, WM **08,** 976, stRspr; ebenso bei **erkannter arglistiger Täuschung oder vorsätzlicher culpa in contrahendo** des Verkäufers, BGH WM **07,** 114. Erforderlich sind präsentes Wissen (keine Nachforschungen) und positive Kenntnis, außer bei Verschließen der Augen, BGH WM **08,** 1121. Wissensvorsprung aber zB wenn eine Mietgarantie wegen Überschuldung offenkundig wertlos und die Anlage deshalb ein höchst risikobehaftetes Vorhaben ist, BGH **139,** 316; bei Mietpoolbeteiligung, die die Bank zur Voraussetzung der Darlehensauszahlung macht, nur wenn spezifische Risiken bestehen wie bestehende Überschuldung, Mithaftung für ausstehende Darlehen, Irreführung durch konstant überhöhte Ausschüttungen an die Poolmitglieder, BGH WM **07,** 876, **08,** 1394. Insoweit auch keine Zurechnung (§ 278

V. Bankgeschäfte (m. Börsen- u. KapMR) A/26–A/29 **BankGesch** (7)

BGB) von Erklärungen des Vermittlers über die Rentabilität des Kaufobjekts, sie liegen außerhalb des Pflichtenkreises der Bank, BGH NJW **03,** 2088, **04,** 157, 1377. Bei institutionalisiertem Zusammenwirken der Bank mit Verkäufer oder Vertreiber gelten im Hinblick auf Verbraucherschutz bei **Kapitalanlagemodellen** im nationalen Recht (EuGH Schulte, Crailsheimer Volksbank, s Rn G/9) **strengere Anforderungen an die Bank,** uU Vermutung der Kenntnis der Bank, BGH WM **06,** 1194 (Schrottimmobilien, s Rn G/9), aber Unsicherheiten zur Frage der Fortbildung der WissensvorsprungsRspr (s Rn G/9). **Keine Beschränkung auf die Finanzierungsrolle,** wenn ein **verbundenes Geschäft** vorliegt (s Rn G/36, 39, 40), so BGH (II ZS) zu kreditfinanzierten Immobilien(fonds)geschäften, näher Rn G/9. Die Abstimmung zwischen der Rechtsprechung zur Beschränkung auf die Finanzierungsrolle und die Ausnahmen davon und zu der zum verbundenen Geschäft ist nicht völlig geklärt. Lit: Hopt FS Stimpel **85,** 284, Immenga ZHR 151 **(87)** 148, Rümker ZHR 151 **(87)** 162, Schwintowski NJW **89,** 2087, Nobbe WM Sonderbeil 1/**07,** 32. Bei der Gewährung von Krediten zur Finanzierung von Unternehmensbeteiligungen durch Arbeitnehmer muss die Bank durch den Arbeitgeber hervorgerufene Fehlvorstellungen berichtigen, BGH **72,** 92 (vgl Rn A/26). Besondere Schutz- und Warnpflichten hat eine Bank, die als Hauptgläubiger in einer PublikumsKG ein eigenes Interesse an der Sanierung hat und Kdtisten zur Unterstützung der KG mit von ihr finanzierten Darlehen auffordert, BGH BB **78,** 1186. **Rechtsfolge** der Aufklärungspflichtverletzung ist Ersatz des Vermögensschadens (durch die ungünstige Finanzierung entstandene Mehrkosten), nicht Rückabwicklung des Darlehensvertrags, BGH **116,** 213, NJW **03,** 2529 (§ 347 Rn 35). Diskontkredit s Rn A/27. Aufbaudarlehen s BVerwG MDR **69,** 954. Bankenhaftung bei Kapitalanlagen und bei Immobilienfinanzierung s auch Rn A/29 und vor U/1. **Nichtigkeit der Treuhändervollmacht** bei Immobilienfinanzierung wegen **Art 1 § 1 I RBerG** s Rn G/9, Anh 177 a Rn 78.

e) Beim **Finanzierungsdarlehen** und besonders beim Verbraucherdarlehen (s   A/26
Rn G/34 ff, 46 f) hat die Bank angesichts der besonderen Schutzbedürftigkeit des Kreditnehmers und ihrer Eigeninteressen besonders weitgehende Aufklärungspflichten, zB über die rechtliche Trennung von Kauf- und Darlehensvertrag, Warnung vor Bescheinigung des Empfangs der Ware vor Empfang, stRspr BGH, s Rn G/46–47.

f) Bei Hereinnahme von Kundenakzept zum **Diskont** (s Rn J/1 ff) hat die Bank   A/27
idR keine Informationspflicht betr Bonität anderer Wechselbeteiligter, BGH WM **87,** 677, anders wenn die Bank besonderen Rechtsschein erweckt, BGH WM **77,** 638. Sicherheiten prüft die Bank nur im eigenen Interesse, BGH NJW **82,** 1520, anders in Sonderfall bei besonderem Vertrauenstatbestand, BGH WM **72,** 73.

g) Auch beim **Akkreditivgeschäft** und ähnlichen Geschäften (s Rn K/1 ff) kann   A/28
die Bank Warn- oder Rückfragepflichten haben, so bei das Akkreditiv unwirksam machenden, unvollständigen oder unklaren Weisungen (s Rn K/4, 6), zB Nichtangabe des Verfalldatums (s Rn K/13), aber idR nicht ungefragt betr Zweckmäßigkeit der konkreten Akkreditivklausel; vgl Stötter RIW **81,** 86. Beim Auftrag zur Auslieferung von Warendokumenten gegen Akzept besteht zwar idR keine Pflicht zur Prüfung der Kreditwürdigkeit des Empfängers, aber uU Pflicht zum Hinweis auf schon bekannte wesentliche Bedenken, sogar wenn Empfänger Kunde der Bank ist, BGH BB **60,** 1305. Warnpflicht bei Kenntnis von Zahlungseinstellung oder unmittelbar bevorstehendem Zusammenbruch des Begünstigten (vgl Rn A/24), Canaris 966 a, aA Obermüller ZIP **81,** 1050.

h) Besonders ausgeprägt sind die Aufklärungs- und Beratungspflichten der Bank   A/29
beim **Börsen- und Effektengeschäft** (s Rn Q/1) und, gegenüber dem bankmäßigen Effektengeschäft noch gesteigert (BGH WM **98,** 1391), bei Finanztermingeschäften (umfangreiche Rspr, s § 347 HGB Rn 26) sowie bei der **Vermögensanlage** und **Vermögensverwaltung** (s Rn U/1), vor allem gegenüber unerfahrenen Anlegern, heute unstr. Diese Grundsätze gelten auch bei **Zins-Swap-Geschäften der öffentlichen Hand,** Weber ZIP **08,** 2199 (§ 347 HGB Rn 26). Unterschied zwischen Kommissions- und Eigenhandel besteht insoweit nicht, BGH WM **87,** 103. Sachlich begrenzte Informationspflichten beim **Depotgeschäft,** s **(8)** AGB-WPGeschäfte Nr 13 Rn 1, Nr 16 Rn 1.

Hopt 1767

(7) BankGesch A/30–A/36

Lit und RsprÜbersichten s **(7) Bankgeschäfte** vor U/1, dort auch zur Bankenhaftung bei Immobilienanlagen. Zur Anlageberatung § 347 HGB Rn 8–40. Zur ähnlich liegenden Prospekthaftung s Anh § 177 a HGB Rn 56–63, § 347 HGB Rn 8–40.

7) Haftung gegenüber Dritten

A/30   A. **Unmittelbare vertragliche Haftung: a)** Zum Schutz der Dritten konstruiert die Rspr häufig einen (fiktiven) **Auskunftsvertrag mit dem Dritten** (s § 347 HGB Rn 13–15, 19–22), BGH NJW **79,** 596 (Formularauskunft der Bank wurde von Finanzmakler an potentielle Anleger weitergegeben). Bei **Bank-zu-Bank-Auskunft** ist denkbar, dass die anfragende Bank im Einzelfall als **Vertreter** ihres Kunden auftritt, BGH WM **80,** 528; sonst kommt es auf den jeweiligen Erklärungswert an, s § 347 HGB Rn 19–21.

A/31   b) „Auskunft an den, den es angeht" ist rechtlich möglich, aber idR zu verneinen (s § 347 HGB Rn 19); die Bank will sich nicht einer unbestimmten Vielzahl von Personen verpflichten, BGH NJW **79,** 1597.

A/32   B. **Abgeleitete vertragliche Haftung: a) Vertrag mit Schutzwirkung zugunsten Dritter** (s § 347 HGB Rn 19–21), so zB stRspr beim Lastschriftverfahren (s Rn D/6), beim vereinfachten Scheck- und Lastschrifteinzugsverfahren (s Rn E/6); auch Drittschutzwirkung der Geschäftsverbindung (genauer: Einbeziehung bestimmter Dritter in den Schutzbereich der gesetzlichen Schutzpflichten nach § 241 II BGB). Drittschutzwirkung ist im Einzelnen genau zu prüfen: sie ist zu bejahen für das Lastschriftverfahren (unter Preisgabe des Erfordernisses des personenrechtlichen Einschlags), BGH **69,** 82; für Scheckinkasso, BGH **96,** 9; vgl ebenso für die Haftung des GmbH-Geschäftsführers gegenüber der GmbH & Co KG, BGH **75,** 321, **76,** 327. Keine Drittschutzwirkung des Kreditvertrags mit GmbH zugunsten des AlleinGfters, auch nicht bei Sicherheitenstellung durch diesen, BGH **166,** 85 (Kirch), Celle WM **07,** 740. Bei **Bank-zu-Bank-Auskunft** wird heute klargestellt, ob eine Auskunft im Kundeninteresse eingeholt wird (s Rn A/15); dann ist Drittschutzwirkung zu bejahen (falls nicht schon unmittelbarer Auskunftsvertrag anzunehmen ist, s Rn A/30); s § 347 HGB Rn 19–21.

A/33   b) **Drittschadensliquidation,** zB bei Bank-zu-Bank-Auskunft durch die Empfängerbank für ihren am Auskunftsvertrag nicht beteiligten Kunden, wird von der Rspr vereinzelt erwogen, BGH NJW **72,** 1201, ist aber schon mangels unmittelbaren Anspruchs des geschädigten Kunden eine ungeeignete Konstruktion.

A/34   C. **Haftung aus gesetzlichem Schuldverhältnis** zwischen Bank und Drittem, zB Verschulden bei Vertragsverhandlungen (§ 311 II, III BGB), Geschäftsverbindung (s Rn A/5) und Berufshaftung, s § 311 II, III BGB, § 347 HGB Rn 16–22.

A/35   D. **Deliktische Haftung:** zB § 823 I BGB (Unternehmensschutz: Gewerbebetrieb, Persönlichkeitsrecht, s Einl 63–64 vor § 1 HGB); § 823 II BGB iVm Schutzgesetz, zB § 266 StGB (Beihilfe zur Untreue des Kunden gegenüber dem Dritten), BGH **LM** § 826 (B) BGB Nr 4; § 826 BGB, Bsp: unrichtige Kreditauskunft, s Rn A/14–15; Vortäuschung der Kreditwürdigkeit eines Bankkunden ohne Kreditauskunft, aber durch Teilnahme an Verhandlungen zwischen dem Kunden und dem Dritten, BGH BB **74,** 297 (zur Eigenhaftung des Vertreters s § 311 III BGB und Überbl 9 vor § 48 HGB); unrichtiger Rat s § 347 HGB Rn 16–18; sittenwidrige Schädigung im bargeldlosen Zahlungsverkehr (s Rn C/10, D/4); Kredittäuschung ua s Rn G/28–29; Diskontgeschäft und Wechselreiterei s Rn J/1–2. Haftung gegenüber dem Aussteller von zur Wechselprolongation bestimmten Schecks bei Ermöglichung missbräuchlicher Scheckverwendung durch Bankkunden, BGH NJW **73,** 1366, DB **75,** 1932; bei Ermöglichung der Fortsetzung einer als solche erkannten Scheckreiterei, BGH WM **69,** 335, **70,** 635.

8) Konto

A/36   A. **Kontoarten:** Das **Konto** verstanden als die Unterlagen ist ein HdlBuch (§§ 238, 239 HGB), wie üblich verstanden ist es das **gesamte Rechtsverhältnis zwischen dem Kunden und der Bank.** Dieses beinhaltet regelmäßig eine Forderung (des

V. Bankgeschäfte (m. Börsen- u. KapMR)   A/37–A/39   **BankGesch** (7)

Kunden bei aktivem bzw kreditorischem Konto, der Bank bei passivem bzw debitorischem Konto, §§ 398 ff BGB). Lit: BuB/Lwowski/Roth.
Die Einlageforderung kann in rechtlich verschiedenen Formen begründet werden (Kontoarten):

a) Das **Eigenkonto** ist der Normalfall; es entsteht zB auch, wenn nicht deutlich   A/37
erkennbar wird, dass ein Gemeinschaftskonto errichtet werden soll, BGH **61,** 76.
Dritte, zB der Ehegatte, können Vertretungs- oder Verfügungsmacht haben; für den Passivsaldo haftet nur der Inhaber; Kontovollmacht s Rn A/52, C/5. Das Innenverhältnis der Ehegatten kann nach §§ 741 ff BGB ausgestaltet sein, BGH NJW **02,** 3702, aber nicht ohne weiteres schon bei bloßer Kontovollmacht, Karlsr NJW **03,** 1676; das berührt die Bank aber nicht unmittelbar. Die Bank kann für einen Kunden mehrere, auch gleichartige Konten anlegen, ohne Pflicht zur Prüfung der Motive, BGH WM **61,** 321. Überweisung nur auf das angegebene Konto; auch bei Fakultativklausel, s Rn C/7.

b) Gemeinschaftskonto ist das mehreren Kontoinhabern, meist Ehegatten, ge-   A/38
meinsam zustehende Konto. Jeder haftet als Gesamtschuldner für den (wirksam begründeten, s Rn A/39–40) Passivsaldo voll mit (§§ 427, 421 BGB), BGH WM **93,** 141, Nürnb NJW **61,** 510. AGB für das Gemeinschaftskonto finden sich in den Kontoeröffnungsformularen der Banken. Auskunftsanspruch des einzelnen Kontoinhabers, LG Kleve WM **07,** 830. Lit: Hansen 1967, BankrechtsHdb/Hadding/Häuser 3. Aufl 2007 § 35; Hadding WM-FG Hellner **94,** 4, K. Schmidt FS Hadding **04,** 1093, Einsele FS Nobbe **09,** 27.
Das Gemeinschaftskonto ist idR ein **Oder-Konto,** jeder der Mitinhaber kann allein   A/39
verfügen; die Mitinhaber sind dann Gesamtgläubiger (§§ 428 ff BGB), BGH **95,** 185; aA § 741, K. Schmidt FS Hadding **04,** 1093, und sogar § 705; die Bank kann aber abw von § 428 S 1 BGB nur an den leisten, der die Leistung verlangt; kein Ausgleich unter Ehegatten während der Ehe, aber Ausgleichspflicht bei Verfügung nach Trennung (§ 430 BGB), BGH WM **90,** 239, Zweibr NJW **91,** 1835. Für Leistungsverlangen gilt grundsätzlich Priorität bei ordnungsgemäßer Bearbeitung, LG Ffm WM **04,** 1282 (Gemeinschaftsdepot). Beim Oder-Konto kann der Gläubiger jedes Inhabers das volle Guthaben pfänden und sich überweisen lassen, BGH **93,** 321, Wagner ZIP **85,** 855; der andere Inhaber hat kein Interventionsrecht gegen die Pfändung, Wagner WM **91,** 1145, aA konsequent K. Schmidt FS Hadding **04,** 1113. Er kann aber jedoch weiterhin über das Konto verfügen und die Bank an ihn leisten, bis der gepfändete Betrag an den Pfandgläubiger ausbezahlt ist, offen BGH **93,** 321. Ist Kontoüberziehung (vgl § 493 BGB) durch den einen zulässig, haftet auch der andere. Die Eröffnung des Insolvenzverfahrens über das Vermögen des einen berührt Fortbestand des Giro- und Kontokorrentverhältnisses mit dem andern nicht; die Bank kann auch nach Eröffnung des Insolvenzverfahrens auf das Konto eingezahlte Beträge wirksam mit Schuldsaldo verrechnen, BGH **95,** 185, für § 84 InsO dagegen K. Schmidt FS Hadding **04,** 1115. Das gesamte Guthaben auf dem Oder-Konto fällt in die Insolvenzmasse, Ausgleich nur im Innenverhältnis, Hbg ZIP **08,** 88, nach aA § 84 InsO. Der Auftrag zur Überweisung auf „ein Konto" des Gläubigers A erlaubt Gutschrift auf ein Oder-Konto AB, str, nicht aber auf ein Und-Konto AB (zB wenn A Gfter ist), Hbg NJW **64,** 726; anders, wenn ein dem Kontoinhaber allein zustehendes Konto angegeben ist, die Fakultativklausel ist unwirksam, s Rn C/7. Die Umwandlung eines Oder-Kontos in ein Und-Konto setzt Einverständnis nicht nur der Bank, sondern grundsätzlich aller Kontoinhaber voraus (Vertragsänderung), BGH WM **90,** 2067, Wagner NJW **91,** 1790, str; anders bei vertraglicher Befugnis des einen zur Umwandlung ohne den anderen, diese Befugnis folgt aber nicht schon aus der bloßen Gesamtgläubigerstellung, str, offen BGH WM **93,** 141. Das Einverständnis der Bank kann im Schweigen auf entsprechende Weisung liegen; vgl Karlsr NJW **86,** 63. Bei Oder-Depot verwahrten Wertpapieren gilt für das Eigentum nicht § 430 BGB, sondern §§ 1006, 742 BGB, BGH WM **97,** 667. Lit: Gernhuber WM **97,** 645 (Oder-Konten von Ehegatten), Lenkaitis/Messing ZBB **07,** 364, K. Schmidt FS Nobbe **09,** 187. **Muster:** Hopt/Werner 3. Aufl 2007 Form IV. A.3 (Eröffnung von Oder-Konto).

Hopt 1769

(7) BankGesch A/40–A/48 2. Handelsrechtl. Nebengesetze

A/40 Beim selteneren **Und-Konto** können nur beide Inhaber gemeinsam verfügen, BGH WM **80,** 438. Es entsteht kraft Gesetzes (zB Miterben des Kontoinhabers) oder kraft Weisung an die Bank. Rechtlich beurteilt sich das Und-Konto nach dem zwischen den Mitinhabern bestehenden Rechtsverhältnis (zB Miterben, § 747 BGB, Ges), nach aA gilt § 432 BGB. Lit: Schebesta WM **85,** 1329, Rieder WM **87,** 29. **Muster:** Hopt/Werner 3. Aufl 2007 Form IV. A.4 (Eröffnung von Und-Konto).

A/41 c) Beim **Fremdkonto** fallen Kontoinhaberschaft und Verfügungsbefugnis (ursprünglich oder nachträglich) auseinander, BGH NJW **88,** 709. Bsp: Fremdkonto „A, minderjährig, vertreten durch Vormund B". Bei bloßem die besondere Zweckbestimmung des Kontos angebendem Zusatz liegt Eigenkonto vor, Bsp: „Verwaltungskonto, Eigentumswohnung T", im konkreten Fall nicht Fremdkonto, sondern Eigenkonto des Verwalters, BGH WM **75,** 1200.

A/42 **Konto pro Diverse (cpd)** ist ein bankinternes Sammelkonto (der Bank) zur Buchung von Geschäftsvorfällen für verschiedene andere Personen, die aber noch keinen Anspruch gegen die Bank und keine Verfügungsbefugnis erhalten, BGH NJW **87,** 56, s Rn C/11, 14, 23, G/2; es ist also nicht Fremd-, sondern Eigenkonto (der Bank). Dazu Schebesta WM **85,** 1329.

A/43 d) **Sonderkonto** (Separat-, Unter-, „Wegen"-Konto), zB Baukonto, ist idR Eigenkonto, so auch zB, wenn der Name des Errichtenden an erster Stelle und ein weiterer Name an zweiter steht; es kann aber auch Gemeinschaftskonto oder Treuhandkonto ua sein, BGH **21,** 152, **61,** 75. Konto für Wohnungseigentümergemeinschaften s Sühr WM **78,** 806.

A/44 e) **Anderkonto** s **(9)** AGB-Anderkonten.

A/45 f) **Treuhandkonto** s **(9)** AGB-Anderkonten Einl 1–4.

A/46 g) **Sperrkonto** ist ein Konto, über das nur erschwert verfügt werden kann. Die Sperre kann gesetzlich (zB Devisensperrkonten) oder rechtsgeschäftlich (zB Mieterdarlehen, BGH WM **61,** 1128) sein. Dingliche Sperren erfolgen durch Sicherungsabtretung, Verpfändung, Vertrag zugunsten Dritter oder Ausschluss der Abtretbarkeit (§ 399 BGB). Schuldrechtliche Sperren erfolgen durch entspr Verpflichtung des Kontoinhabers gegenüber der Bank und der dem Dritten (aber Grenze § 137 S 1 BGB). Rein schuldrechtliche Sperren sind nicht insolvenzfest, BGH WM **86,** 749. Auslegung des Sperrvermerks zugunsten des Vermieters bei Mietkaution auf Sparbuch des Mieters s BGH WM **84,** 799 m Anm Eckert ZIP **84,** 1121; Sperrvermerk zugunsten Enkelin s BGH NJW **76,** 2211. Bei Hinweis „Sperrkonto" Gutschrift nur auf diesem, wenn es das Einzige von mehreren Konten ist, über das der Empfänger nur gemeinsam mit einem anderen verfügen kann, BGH WM **74,** 274. Rückzahlung an nichtberechtigten Sparbuchinhaber, Kennwort und Sparbuchsperre s Rn B/4. Lit: Hopt/Mülbert 158, BankrechtsHdb/Hadding/Häuser 3. Aufl 2007 § 36; Bork NJW **81,** 905, Kollhosser ZIP **84,** 389.

A/47 h) Das **Nummernkonto** weist den Namen des Kontoinhabers nicht aus, es ist nach deutschem Recht unzulässig (§ 154 I, II AO, sog Kontenwahrheit); anders zB in der Schweiz. § 154 AO schützt nur die **formale Kontenwahrheit** (zB falscher Name), nicht die materielle (zB dass der richtig angegebene Kontoinhaber das Konto für fremde Rechnung führt), BGH **127,** 229, üL. Die steuerrechtliche Prüfungspflicht der Bank bei Kontoeröffnung nach § 154 II AO ist kein Schutzgesetz iSv § 823 II BGB. Anwendungserlass zur AO 1977 (AEAO) 15. 7. 98 BStBl I 630, auch in Fischer/Klanten Anh VII.

A/48 B. **Kontoinhaber:** Der Kontoinhaber ist idR jeder Gläubiger der Einlageforderung, **kontofähig** ist, wer eigene Rechte und Pflichten haben kann, also auch GbR (Einl 14 vor § 105), Lehnhoff FS Hadding **04,** 935. Er ist grundsätzlich der Verfügungsberechtigte, er schuldet den Passivsaldo, seine Gläubiger können auf das Konto zugreifen (Ausnahme: Treuhandkonto und uU Sperrkonto, s Rn A/44–46), die Bank kann eingegangene Beträge mit Debetsaldo verrechnen (Ausnahmen wie bei Pfandrecht, s **(8)** AGB-Banken Nr 14 III, dort Rn 10 ff). **Kontosperren** s Rn A/46. **Kontowechsel** in der EU ab 1. 11. 09 erleichtert, EBIC Common Principles for Bank Account Switching, NZG 1/**09** IX.

V. Bankgeschäfte (m. Börsen- u. KapMR)   A/49–A/51   **BankGesch** (7)

a) Die Bank muss sich bei **Kontoeröffnung** (Girokonto für jedermann, Grenzen   A/49
der Vertragsfreiheit s Rn A/6) über die Person des Kontoinhabers vergewissern (s
Rn E/2–3; zu unterscheiden von der steuerrechtlichen Prüfungspflicht, s Rn A/47,
und der nach GeldwäscheG, s Rn A/12); dazu ist Ausweis mit Lichtbild (zB Führerschein) nötig, BGH WM **74**, 154, Identitätsprüfung des das Konto eröffnenden
Stellvertreters genügt nicht, BGH WM **77**, 1019, Überprüfung der Zeichnungsberechtigung zB durch HdlRegAuszug, Hamm WM **85**, 1161. **Muster:** Hopt/Werner
3. Aufl 2007 A.1–7 (Eröffnung verschiedener Konten, durch unterschiedliche Personen, ua Minderjährige).

b) Die **Bestimmung** des Kontoinhabers kann schwierig sein. Maßgeblich ist, wer   A/50
nach dem erkennbaren Willen des die Einzahlung Bewirkenden der Gläubiger der
Bank werden soll, BGH **21**, 150, **28**, 370, **127**, 231, WM **75**, 1200, **90**, 538. Einerlei
ist, von wem das Geld stammt, BGH **21**, 150, **127**, 231, WM **72**, 383; ebenso was im
Innenverhältnis des Einzahlenden zu einem Dritten bestimmt ist, aber Berücksichtigung bei der Auslegung des Parteiwillens, soweit der Bank bekannt, BGH WM **96**,
249. Kriterien für diesen Willen sind ua Kontobezeichnung, BGH **28**, 369, WM **73**,
895, Mü WM **86**, 34, dies idR mit besonderem Gewicht beim Girokonto, BGH WM
96, 249; vorbehaltene oder mangelnde Verfügungsbefugnis; beim **Sparbuch** vorrangig
Besitz, stRspr, BGH **46**, 200, WM **70**, 712, Mü WM **83**, 1295; so auch, wenn das
Sparbuch auf den Namen eines nahen Angehörigen angelegt wird (dann idR noch
nicht § 328 BGB), BGH WM **05**, 462, Klarstellung zu BGH NJW **94**, 931; anders bei
abweichender Bestimmung, BGH NJW **05**, 2222, Ffm NJW **86**, 64, Kblz WM **89**,
565, Nürnb WM **90**, 928, Bambg WM **06**, 274. Beim Sonderkonto ist Kontoinhaber
idR, wer das Konto eröffnet, auch wenn in der Kontobezeichnung noch ein anderer
genannt ist, BGH **61**, 75. Für Vertretungs- und Verfügungsmacht über das Konto
gelten die allgemeinen Regeln, vgl Überbl 4 vor § 48 HGB. Beweis für Strohmannkonto s BGH NJW **83**, 626. **Kontopfändung** s § 357 HGB. Kontoinhaberschaft und
Pfändung bei ausländischen Staatsunternehmen im Inland (keine Immunität), BVerfG
NJW **83**, 2766. Zur Kontoinhaberschaft Hopt/Mülbert 43.

c) Beim **Tod des Kontoinhabers** geht das Konto auf die Erben über. Diese werden   A/51
statt des Erblassers Herren des Bankgeheimnisses (näher Rn A/9). Bei Miterben wird
es zum Und-Konto (s Rn A/40); die Bank muss ihnen auf Verlangen (nur an alle
gemeinsam, § 2039 BGB) Auskunft über das Konto geben, das Bankgeheimnis steht
nicht entgegen, Ffm MDR **66**, 503. Die Bank kann Vorlage eines Erbscheins verlangen, näher **(8)** AGB-Banken Nr 5. Vom Kontoinhaber erteilte Vollmachten bestehen fort (§ 52 III HGB, §§ 168 S 1, 672 S 1 BGB); die Erben können jederzeit
widerrufen, Ausnahme unwiderrufliche Vollmacht über den Tod hinaus (nicht Generalvollmacht). Der Vertreter hat aber nunmehr im Interesse des Erbens zu handeln;
Pflicht zur Rückfrage beim Erben str, BGH NJW **69**, 1247 u Düss WM **83**, 548
(nein), Hopt ZHR 133 **(70)** 305 (uU ja, aber nicht bei Vollmachten des HdlRechts),
aA ja. Bei der postmortalen Vollmacht hat die Bank die Weisung des Bevollmächtigten
unverzüglich auszuführen (außer wenn ersichtlich verdächtig, vgl § 50 HGB Rn 4),
ohne die Zustimmung des Erben abzuwarten oder durch Zuwarten dessen Widerruf
zu ermöglichen, BGH **127**, 239, Hopt aaO 325, Grund: Zweck dieser Vollmacht. Der
Erblasser kann Auskunfts- und Herausgabepflicht seines Vertreters an die Erben ausschließen, BGH WM **89**, 1813. Miterben, die das auf sie übergegangene Girokonto
des Erblassers für den eigenen Zahlungsverkehr fortführen, erlangen eine eigene
persönliche Rechtsbeziehung zur Bank, BGH WM **00**, 469; so auch bei Vorerbschaft,
der Nacherbe tritt beim Nacherbfall in dieses Girovertragsverhältnis des Vorerben nicht
ein (zu unterscheiden vom Kontoguthaben, § 2111 BGB), BGH **131**, 60. **Testamentsvollstreckung** durch Banken ist zulässig (RBerG, §§ 3, 4 Nr 11 UWG), BGH
WM **05**, 412, Grunsky/Theiss WM **06**, 1561.

Ein **Sparkonto** geht beim Tod des Kontoinhabers nicht auf die Erben über, wenn
eine wirksame **Schenkung** auf den Todesfall vorliegt, so wenn die Bank auf Grund
eines Vertrags zugunsten Dritter ein vom Kontoinhaber auf fremden Namen angelegtes
Sparbuch (Sonderkonto, s Rn A/45) auf dessen Weisung nach seinem Tode dem
Begünstigten aushändigt (§§ 130 II, 153, 151, 518 II BGB); der Vorbehalt des Wider-

Hopt   1771

rufs durch den Erblasser gegenüber der Bank steht wegen §§ 328 II, 332 BGB nicht entgegen; unabhängig davon können jedoch die Erben bis zur Annahme des Schenkungsangebots durch den Begünstigten, richtiger bis zum Zugang des Angebots beim Begünstigten, widerrufen; dazu BGH **46**, 203, **66**, 8, **157**, 79, NJW **75**, 383, **84**, 480, WM **05**, 462, KG WM **79**, 928, str. Der Widerruf ist vertraglich (auch § 328 BGB) ausschließbar, Celle WM **93**, 591, nicht durch einseitigen Verzicht, aA Kümpel WM **93**, 825, vgl Hopt ZHR 133 **(70)** 317 zur unwiderruflichen Vollmacht. Heilung nach § 518 II BGB (anders § 2301 II BGB) auch, wenn die Leistung erst nach dem Tod des Kontoinhabers kraft (Postsparkassen-)Vollmacht aus dessen Vermögen bewirkt wird, BGH NJW **86**, 2108. Die Schenkung eines Bankguthabens ist (soweit nicht § 331 BGB eingreift) auch bei unwiderruflicher Verfügungsvollmacht nicht vollzogen iSv §§ 518 II, 2301 II BGB, BGH **87**, 25; anders bei Oder-Konto, BGH WM **86**, 786. Zur Abgrenzung der auf den Tod des Erblassers befristeten Schenkung unter Lebenden von der Schenkung von Todes wegen BGH **99**, 97, Leipold JZ **87**, 362; dabei gilt § 2084 BGB entspr, BGH WM **88**, 984. Auskunftsanspruch des Beschenkten gegen die Bank ohne Einwand des § 410 BGB, BGH WM **82**, 706. Feststellungsklage eines von mehreren Prätendenten gegen Bank betr Kontoberechtigung, BGH WM **81**, 120. Auflage an den Beschenkten zugunsten eines Dritten berechtigt diesen nach § 330 S 2 BGB unmittelbar. Lit: Komm zu § 2301 BGB, Heymann/Horn IV/40ff, Hopt/Mülbert 76, 133 (Zuwendungen auf den Todesfall), Lange/Werkmüller 2002 (Erbfall in der Bankpraxis), Bork JZ **88**, 1059, Seif AcP 200 **(00)** 192 (postmortale Vollmacht).

A/52 C. **Konto- und Depotvollmachten:** Angesichts der Reichweite des Bankvertrags bzw der Geschäftsverbindung und der Vielzahl der dabei möglicherweise vorkommenden einzelnen Bankgeschäfte wird in der Praxis die Vollmacht oft auf ein oder mehrere Konten beschränkt. Je nachdem sind Inhalt, Reichweite und Geltungsdauer der Kontovollmacht sehr unterschiedlich. In der Praxis ist dies sehr wichtig. Rechtlich gelten die allgemeinen Regeln der §§ 164ff BGB. Vgl BGH WM **91**, 1414. Missbrauch (§ 50 HGB Rn 5), BGH WM **99**, 1617. Anerkennung von Vorsorgevollmachten, Tersteegen NJW **07**, 1717. **Muster:** Hopt/Werner 3. Aufl 2007 Form IV. A.5 (Konto-/Depotvollmacht), Form IV. A.6 (Vollmacht für den Todesfall), Form IV. A.7 (Kontoeröffnung für Firmen und Vereine).

9) Datenschutz bei Bankgeschäften

A/53 A. **Datenschutz:** Die zunehmende Automation bei Bankgeschäften bringt für die Kunden außer Vorteilen auch Gefahren mit sich. Neben die traditionellen Probleme von Bankgeheimnis (s Rn A/9) und Bankauskunft (s Rn A/14) treten die Probleme des Datenschutzes auf zB bei Kreditauskünften (s Rn A/54), Schufa-Verfahren (s Rn A/55) und im Zusammenhang mit Geldwäsche (s Rn A/12). Der Datenschutz steht neben dem Bankgeheimnis und dem Berufsgeheimnis und hat ihm gegenüber Auffangfunktion, BGH WM **07**, 645. Wirksamkeit von Abtretungen auch bei Verstoß, BGH WM **07**, 645 (s Rn A/9). Reform des BDSG Juli 2009 mit erheblichen Erschwerungen (Scoring). Lit zum Datenschutz im Bankrecht: Hartmann 2. Aufl 2009, Kalkbrenner/Koch 2009; Ungnade ua WM Sonderbeil 7/**83**, Zöllner ZHR 149 **(85)** 179, Schaffland NJW **02**, 1539 (bei Bankenfusion), Mackenthun WM **04**, 1713 (Bankkonzern), Nobbe WM **05**, 1537. Komm zum BDSG: Gola/Schomerus 8. Aufl 2005, Simitis 5. Aufl 2003, Simitis/Dammann/Geiger/Mallmann/Walz (LBl), Schaffland/Wiltfang (LBl); RsprÜbersicht: Gola/Klug NJW **07**, 2452, **08**, 2481.

A/54 B. **Kreditauskünfte:** Kreditauskünfte über **natürliche Personen** (nicht juristische, str für Einpersonen- und personalistische GmbH) sind ohne ausdrückliche (im Regelfall schriftliche) **Einwilligung** (§ 4 II BDSG) zulässig, wenn sie zur Wahrung berechtigter Interessen erforderlich sind und schutzwürdige Belange des Betroffenen nicht beeinträchtigt werden (vgl Rn A/55). Zutreffende und nicht den sensitiven persönlichen Bereich berührende Kreditauskünfte sind danach auch bei negativem Inhalt idR zulässig, BGH WM **86**, 190, str. Diese Zulässigkeit betrifft nur die nach BDSG, unabhängig davon gelten die allgemeinen bankrechtlichen Schranken für Kreditauskünfte, Canaris 72, str; s oben Rn A/14, 15.

V. Bankgeschäfte (m. Börsen- u. KapMR) A/55, A/56 **BankGesch** (7)

C. Schufa-Verfahren: Zu beachten BDSG idF 20. 12. 90 BGBl 2954, dazu Bülles- A/55
bach NJW **91,** 2593, Ungnade/Gorynia WM **91,** 121. Übermittlung von „Negativmerkmalen" eines Kreditbürgen durch Bank an **Schufa** (Schutzgemeinschaft für allgemeine Kreditsicherung, s auch Rn A/15) kann gegen BDSG verstoßen, nötig sind Interessenabwägung und Wahrung des Verhältnismäßigkeitsgrundsatzes, BGH NJW **84,** 437, 1889, Kblz WM **90,** 1108. Formularmäßige Einwilligung zur Speicherung aller Daten des Kreditnehmers über Aufnahme und Abwicklung des Kredits, also ohne Beschränkung auf bestimmte Kreditarten und auch von einseitigen Durchsetzungsmaßnahmen der Bank wie Kündigung etc, ohne Interesseabwägung im Einzelfall, ist unwirksam, BGH **95,** 368. Speicherung von personenbezogenen Angaben, die geeignet sind, etwaige Kreditgeber zu sorgfältiger Bonitätsprüfung zu veranlassen, ist zulässig, zB auch finanzielle Angaben über EinpersonenGmbHGfter, BGH WM **86,** 189, NJW **03,** 2904. Die neue Schufa-Klausel für Kontoeröffnungen und für Kreditverträge (ZIP **86,** 469) sieht die Einholung der Einwilligung der Kunden unter Präzisierung der Voraussetzungen für Mitteilungen vor; gleichzeitige Verfahrenseinschränkungen betreffen engeren Teilnehmerkreis und Löschung nach Ablauf bestimmter Fristen; Weber WM **86,** 845; sie enthält zugleich eine unter **(5)** § 307 BGB wirksame Befreiung vom Bankgeheimnis (so III), auch Ul/Br/He/H. Schmidt Anh § 310 BGB Rn 292. Meldung auch bestrittener Forderungen, Ffm ZIP **05,** 654. Nicht gedeckt sind unzutreffende Mitteilungen. Bei fehlender Einwilligung des Kunden greift die Rspr auf § 24 BDSG (vgl Rn A/54) zurück, BGH NJW **84,** 436, Hamm WM **89,** 983, nach aA verbleibt es auch unter dem BDSG daneben bei den allgemeinen Grundsätzen des Bankgeheimnisses, Canaris 74. Meldung eines Widerspruchs des Kunden gegen Schufa-Klausel ist unzulässig. Bei unzulässiger Datenübermittlung hat der Betroffene Unterlassungsanspruch, vgl BGH **95,** 362 zu § 13 AGBG, seit SMG § 1 UKlaG, und alter Schufa-Klausel), und Widerrufsanspruch (aus BDSG oder § 1004 BGB) gegen die übermittelnde Stelle, BGH NJW **84,** 436. Schadensersatzanspruch folgt gegen nichtöffentliche Stellen aus § 8 BDSG nF (Verschulden, Beweislastumkehr); auch nach § 280 I BGB wegen Pflichtverletzung, Vortmann ZIP **89,** 80. Der Betroffene hat Anspruch auf Auskunft über Herkunft und Empfänger der Daten nach § 34 BDSG nF; auch nach § 1004 BGB iVm Persönlichkeitsrecht, BGH **91,** 239. Der Verbraucher hat Anspruch auf Unterrichtung, wenn die Bank den Abschluss eines Verbraucherdarlehensvertrags oder einer entgeltlichen Finanzierungshilfe (§§ 491 I, 506 BGB) infolge einer Negativauskunft ablehnt (näher § 29 VII idF VerbrKrRiUmsetzG). Kein Schadensersatzanspruch anderer am Schufa-Verfahren Beteiligter bei unterlassener Meldung, Dresd WM **07,** 251. Kartellrechtliche Grenzen für den Kreditinformationsaustausch zwischen Finanzinstituten, EuGH WM **07,** 157. **Muster:** Schufa-Merkblatt, Schufaklausel, BankrechtsHdb/Bruchner 3. Aufl 2007 Anh zu § 41. Lit: BankrechtsHdb/Bruchner 3. Aufl 2007 § 41.

10) Verfahrensrecht (Ombudsmann) Einlagensicherung, Anlegerentschädigung, Insolvenz

A. **Verfahrensrecht, insbesondere Schlichtung (Ombudsmann): a)** Es gilt das A/56 **allgemeine Prozessrecht.**

b) Seit Juni 1992 besteht bei den privaten Banken und privaten Hypothekenbanken das Angebot einer vorherigen außergerichtlichen **„Schlichtung von Kundenbeschwerden im deutschen Bankgewerbe"** mit eigener Verfahrensordnung, WM **92,** 1423, NJW **92,** 2745 (keine Geltung für Sparkassen- und Genossenschaftsbereich) nF April 1999, Text BankrechtsHdb/Steuer 3. Aufl 2007 § 3 Rn 28; seit 2001 auch Verfahrensordnung für die Beilegung von Kundenbeschwerden im Bereich des Bundesverbandes öffentlicher Banken, NJW **01,** 2613; Hinweis darauf in **(8)** AGB-Banken Nr 21 neu 2009. Nach formaler Vorprüfung durch eine Kundenbeschwerdestelle (Bundesverband deutscher Banken, Nr 3 VerfahrensO) auf Grund formloser Anrufung (kurze Schilderung des Sachverhalts, Beifügung der notwendigen Unterlagen) und bei Nichtabhilfe durch die betroffene Bank ist Schlichtungsverfahren durch einen **Ombudsmann** möglich (1) bei Beschwerden von Verbrauchern (vgl § 13 BGB, also nicht für gewerbliche oder selbstständige berufliche Tätigkeit) oder (2) hinsichtlich grenzüberschreitender Zahlungsverkehrsaufträge (iSd EG-Empfehlung 14. 2. 90, insoweit also nicht auf Verbraucher beschränkt). Die Schlichtung ist in fünf Fällen ausgeschlos-

(7) BankGesch A/57　　2. Handelsrechtl. Nebengesetze

sen (Nr 2 II VerfahrensO): wenn die Sache bereits vor einem Gericht anhängig ist oder war, der Beschwerdeführer Strafanzeige erstattet (hat) oder der Anspruch bereits verjährt ist und die Bank sich auf Verjährung beruft oder die Klärung des Sachverhalts eine Beweisaufnahme erfordert (außer Urkundsbeweis) oder eine von der Rechtsprechung noch nicht entschiedene Grundsatzfrage betroffen ist (problematisch). Ein Schlichtungsspruch des Ombudsmanns bindet nur die Bank (bei Streitwert wie vor dem Amtsgericht), nicht den Kunden, diesem bleibt der Rechtsweg unbenommen (Nr 4 VerfahrensO). Während des Schlichtungsverfahrens ist die Verjährung für den Beschwerdeführer gehemmt. Die Kosten des Vorprüfungs- und des Schlichtungsverfahrens trägt der Bundesverband, auch wenn die Bank obsiegt. Die außergerichtlichen Kosten trägt jede Partei grundsätzlich selbst. Die Parteien können sich sachkundig vertreten lassen. Ob rechtlich ein Schiedsverfahren vorliegt, ist fraglich, Schlosser Bankrechtstag **98,** 208: Vertragsschluss und Heilung des Formmangels könnten zwar konkludent mit Verfahrensbeteiligung erfolgen (§ 1031 VI ZPO), Beschränkung der Bindungswirkung ist möglich, soweit danach keine Bindung, bloße Schlichtung; aber Schiedsverfahren ist offenbar nicht gewollt, aA offenbar deshalb auch im Bindungsbereich bloßes Schlichtungsverfahren (so auch Wortlaut nF 1999 mehrfach), iErg auch BankrechtsHdb/Steuer § 3 Rn 54 ff, Hoeren NJW **92,** 2731, dann aber ist Vertrag zwischen beitretender Bank und Bundesverband zugunsten (bestimmbarer) Dritter (der Kunden) anzunehmen. BankrechtsHdb/Steuer § 3 Rn 59, ähnlich von Hippel 2000 S 112 f: bedingtes Schuldanerkenntnis zugunsten des Kunden, nach aA im Bankenbereich mindestens venire contra factum proprium seitens der Bank. Kündigung seitens der Bank ist denkbar, aber nur ex nunc, also nicht mehr nach Beginn des Schlichtungsverfahrens, BankrechtsHdb/Steuer § 3 Rn 60. Der Ombudsmann ist unabhängig, nur insoweit funktional wie ein Schiedsrichter. Die Einrichtung des Ombudsmannes, die für EU-Sachverhalte EU-rechtlich vorgeschrieben, im Übrigen freiwillig erfolgt ist, ist im Großen und Ganzen positiv für die Kunden wie für die Banken. Vieles wird jetzt schon im Vorfeld bereinigt (Verfahrenseinleitung idR mit Berichtspflicht an Vorstand). Lit: BankrechtsHdb/Steuer 3. Aufl 2007 § 3, von Hippel 2000, Hoeren NJW **92,** 2727, **94,** 362, Parsch WM **97,** 1228, Bundschuh ZBB **98,** 2, Bundschuh, Metz Bankrechtstag **98,** 211, 245, Scherpe WM **01,** 2321, Römer NJW **05,** 1251 (Versicherungsombudsmann), Lücke WM **09,** 102 (Schlichtung).

c) Für **Kundenbeschwerden** aus §§ 675 c–676 c BGB idF VerbrKrRiUmsetzG (s vor Rn C/1) sowie aus Fernabsatzverträgen über Finanzdienstleistungen im BGB (FernAbsFDLG 2004) gibt es eine **Schlichtungsstelle** (§ 14 UKlaG nF VerbrKrRiUmsetzG mit SchlichtungsstellenverfahrensVO idF Bek 10. 7. 02 BGBl 2577). § 7 der VO überträgt die Schlichtungsaufgabe für Kreditinstitute, die dem Bundesverband deutscher Banken bzw dem Bundesverband öffentlicher Banken angehören, diesen Verbänden, bei Sparkassen den bei den Sparkassen- und Giroverbänden eingerichteten Schlichtungsstellen.

A/57　B. **Einlagensicherung, Anlegerentschädigung: a) Freiwillige Einlagensicherung der Kreditinstitute:** Geldforderungen aus einer bankmäßigen Geschäftsverbindung (vor allem Giroguthaben, Termin- und Spareinlagen samt auf den Namen lautenden Sparbriefen) sind durch freiwillige Sicherungseinrichtungssysteme der Kreditwirtschaft (Sparkassen und Genossenschaften mit Institutssicherung, private Banken mit unmittelbarer Kundensicherung) weitgehend vor Insolvenz der Kreditinstitute geschützt. Das Rechtsverhältnis zwischen der freiwilligen Sicherungseinrichtung und dem Kreditinstitut ist privatrechtlich. Inhaltskontrolle der Normen der Sicherungseinrichtung der Genossenschaftsbanken, BGH WM **89,** 184. Für die privaten Banken besteht ein Einlagensicherungsfonds (Statut August 1996). Verweigerung des Anschlusses bei Nichterfüllung von Mindestvoraussetzungen bei der Bank (Vieraugenprinzip), Kln WM **96,** 1294. Mit **(8)** AGB-Banken Nr 20 (s dort Rn 2) wird auf die Einlagensicherung hingewiesen und diese zur Vertragspflicht gemacht. Die Einlagensicherung deckt die Gläubiger (ausgenommen aus Kreditinstitute) bis zu 30% des Haftkapitals der Bank (näher **(8)** AGB-Banken Nr 20 Rn 2). § 6 des Statuts schließt trotz unmittelbarer Kundensicherung vor allem aus steuer- und versicherungsaufsichtsrechtlichen Gründen eigene Ansprüche der Kunden ausdrücklich aus, das ist wirksam, str, BGH

V. Bankgeschäfte (m. Börsen- u. KapMR) **A/58 BankGesch (7)**

WM **08**, 831, Habscheid BB **88**, 2328; auch kein Drittschutz nach § 328 BGB bei Vereinbarung zur Abwicklung der Entschädigungsleistung, BGH WM **08**, 832; aber uU Gleichbehandlungsanspruch sowie § 826 BGB. Eine vertragliche Haftungserklärung gegenüber dem Kunden unter Anscheinsvollmacht des Bundesverbandes deutscher Banken ist fiktiv. Ein Anspruch aus Vertrauenshaftung kraft widersprüchlichen Verhaltens besteht angesichts der klaren Regelung nicht, aA Canaris 2725. Praktisch besteht danach ein Vollschutz der kleinen Einleger. Bei Entschädigungszahlung (antizipierte) Forderungszession (s **(8)** AGB-Banken Nr 20 Rn 3). Grundsätzlich keine Werbung mit Einlagensicherung, Lettl WM **07**, 1345, 1397. Näher Statut des Einlagensicherungsfonds, abgedruckt in BankrechtsHdb/Bunte 3. Aufl 2007 § 25 Anh 4, und **(8)** AGB-Banken Nr 20.

b) Gesetzliche Einlagen- und Anlegerentschädigung: Diese ist geregelt im Einlagensicherungs- und AnlegerentschädigungsG (EAEG) 16. 7. 98 BGBl 1842, das die EG-EinlagensicherungsRi 1994 und die EG-AnlegerentschädigungsRi 1997 umgesetzt hat (bloße Mindestsicherung), unter dem Eindruck der Finanzkrise EGÄnderungsRi 2009 (Anhebung der Beträge auf 50 000, ab Ende 2010 100 000 Euro, beschleunigte Auszahlung, Inaussichtnahme weiterer Harmonisierung), Umsetzung durch EAEGÄndG 25. 6. 09 BGBl 1528, ua Streichung des Selbstbehalts von 10%, Regelung der Sonderbeiträge und Sonderzahlungen, dazu auch Änderungen in der BeitragsVO des BMF. Die Klage der BRD gegen die EinlagensicherungsRi war erfolglos, EuGH WM **97**, 1838, krit Everling ZHR 162 **(98)** 403. Die Richtlinienkonformität der Umsetzung ist str, bejahend Herdegen WM **99**, 1541, verneinend Dreher ZIP **98**, 1777. Zu Entschädigung wegen verspäteter Umsetzung LG Bonn WM **99**, 1972. ZwNl ausländischer Kreditinstitute können sich dem kundengünstigeren Gastlandsicherungssystem (BRD) insoweit (also hinsichtlich des überschießenden Teils) anschließen (§ 13 EAEG, topping up), dieses darf jedoch nicht auf ZwNl inländischer Kreditinstitute im Ausland ausgedehnt werden (§ 14 EAEG, Exportverbot). Ausnahme für institutssichernde Systeme gemäß EG-Ri (§ 12 EAEG). Zu sichern sind danach Einlagen sowie Verbindlichkeiten aus Wertpapiergeschäften (§ 2 EAEG). Die Gläubiger (nicht ua Kreditinstitute) haben einen unmittelbaren Anspruch auf Entschädigung für Einlagen und für Verbindlichkeiten aus Wertpapiergeschäften, der nach Abzug einer Selbstbeteiligung von jeweils 10% jeweils auf höchstens 20 000 Euro begrenzt ist (§§ 3, 4 EAEG), vgl BGH **161**, 273, WM **05**, 325. Die Sicherung wird für die privaten Banken durch die Entschädigungseinrichtung deutscher Banken GmbH (EdB) übernommen. Bei Entschädigungszahlung cessio legis (§ 5 V EAEG). Aufteilung in drei Sondervermögen, darunter eines für WPHdlUnternehmen (§ 6). Das Rechtsverhältnis zwischen dieser Sicherungseinrichtung und der Bank ist öffentlichrechtlich (Beleihung, § 7 EAEG, VO BMF), trotzdem Zivilrechtsweg für Entschädigungsanspruch (§ 3 IV EAEG), Grund: Sachnähe. Beide Systeme, das öffentlich- und das privatrechtliche, bestehen nebeneinander (Grunddeckung, Anschlussdeckung). Die Kredit- und Finanzdienstleistungsinstitute müssen die Kunden, die nicht Institute iSv KWG sind, über die Zugehörigkeit zu einer Sicherungseinrichtung und die für die Sicherung geltenden Bestimmungen informieren (§ 23 a KWG). Die „Beiträge" nach dem EAEG sind europarechtlich zulässige Sonderabgaben, BVerwG NJW **04**, 3198, VG Bln WM **08**, 1733, Zweifel an Verfassungsmäßigkeit, VG Bln WM **08**, 2213, ZIP **08**, 2064. Notaranderkonto ohne Einlagensicherung s **(9)** AGB-Anderkonten Einl 8 vor Nr 1. Haftung des Treuhänders für Anlage größerer Beträge bei einer Bank mit bloßer gesetzlicher Mindesteinlagensicherung, BGH **165**, 298. Anspruch aus §§ 3, 4 EAEG wird von Verpfändung des Sparbuchs nicht erfasst, selbständiger Anspruch, nicht § 401 BGB, keine Surrogation, BGH WM **08**, 830. Lit: Nicklisch 1979, M. Wagner 2004, Bigus/Leyens 2008 (ökonomisch); BankrechtsHdb/Bunte 3. Aufl 2007 § 25; Fröhlich 2008; Kümpel Rn 19 ff; Sethe ZBB **98**, 305; Steuer WM **98**, 2449, Weber Bank **98**, 470, Berger, Meißner WM **03**, 949, 1977 (Beiträge), Bigus/Leyens ZBB **08**, 277 (ökonomisch), Herdegen WM **08**, 329 (Reformüberlegungen), Thonfeld WM **08**, 1725 (Beiträge).

C. **Insolvenz des Kunden:** Bankgeschäfte bringen erhöhte Insolvenzgefahren mit **A/58** sich. Rechtlich geht es um verschiedenartige, nur praktisch zusammenhängende Ein-

(7) BankGesch   A/59, A/60   2. Handelsrechtl. Nebengesetze

zelprobleme wie Auswirkung der Insolvenz auf den **Bankvertrag** (Geschäftsverbindung) und einzelne Bankgeschäfte mit Geschäftsbesorgungscharakter; diese erlöschen (s Rn 6), BGH **63,** 90, WM **09,** 664 (Girovertrag), mit Ausnahme von Überweisungsverträgen und Zahlungs- und Übertragungsverträgen (§ 116 S 3 InsO idF ÜG 1999, s Rn Q/4), die grundsätzlich zum Nachteil der Masse auszuführen sind, BGH WM **09,** 664; für andere Bankgeschäfte gilt Wahlrecht nach § 103 InsO, aber BGH **106,** 236 (Neubegründung der Erfüllungsansprüche), Kreft ZIP **97,** 865, str; ohne Wahlrecht nur Forderung wegen der Nichterfüllung bei Finanztermingeschäften, falls Zeitpunkt bzw Fristablauf erst nach Verfahrenseröffnung eintritt (§ 104 II InsO); Ausnahme von der Unzulässigkeit der Aufrechnung bei Überweisungs-, Zahlungs- und Übertragungsverträgen, Voraussetzung ist Einbringung in ein System, das der Ausführung solcher Verträge dient (§ 96 II InsO), weitere diesbezügliche Sondervorschriften in §§ 147 I 2, 166 II 2, 223 I 1 InsO (idF G 8. 12. 99 BGBl 2384, Umsetzung der EG-Ri über die Wirksamkeit von Abrechnungen in Zahlungs- sowie WPLiefer- und -abrechnungssystemen 19. 5. 98 ABlEG Nr L 166/45); für Kontokorrent s § 355 HGB Rn 23, uU Bildung eines neuen Insolvenzkontos; Bankgeheimnis s Rn A/9; Zahlungsverkehr s Rn C/21; Lastschriftverfahren s Rn D/1–4, 6. **Warnpflichten** gegenüber anderen Kunden s Rn A/22–29. Besondere Probleme entstehen beim **Kreditgeschäft;** dabei geht es zunächst um die **Kreditsicherung** und ihre Wirksamkeit (s Rn H/1), sodann um den rechtzeitigen Rückzug der Bank (s Rn G/18). **Haftung** gegenüber dem Kunden s Rn G/28, Sanierungskredite, Insolvenzverschleppung und Haftung gegenüber Dritten s Rn G/31; Gefahr des Verlusts als **eigenkapitalersetzende Darlehen,** wenn die Bank (auch nur als Sicherheit) Beteiligung hält, s § 172a aF HGB Rn 10 ff, seit MoMiG 2008 § 39 I Nr 5 InsO. Lit: Obermüller 7. Aufl 2008, Lauer 3. Aufl 2003, Bankrechtstag 1999 (InsO und Kreditwirtschaft), Heise 2001, Bork 2002 (Zahlungsverkehr) sowie Komm zur InsO; BankrechtsHdb/Schimansky 3. Aufl 2007 § 50 Rn 29 ff; Uhlenbruck FS Vieregge **95,** 883, Wittig WM **98,** 157, 209 (Konsumentenkredit), Keller WM **00,** 1269 (EG-Ri). RsprÜbersicht (InsO) Kirchhof WM Sonderbeil 1/**08.**

A/59   D. **Insolvenz der Bank:** Schutz der Kunden durch Einlagesicherung, s Rn 57, (8) AGB-Banken Nr 20. Teilnahme an Zahlungs- sowie Wertpapierliefer- und -abrechnungssystemen s §§ 24 b, 46 a I 6, 46 b II KWG. Maßnahmen in besonderen Fällen (Insolvenzgefahr, Insolvenzantrag, Moratorium ua) s §§ 45 ff KWG. Lit: s Rn A/58, Komm zur InsO.

11) Internationales Bankvertragsrecht

A/60   Das auf den Bankvertrag und die einzelnen Bankgeschäfte anwendbare Recht kann ausdrücklich oder stillschweigend gewählt werden (**freie Rechtswahl,** Art 27 ff EGBGB, ab 17. 12. 09 gilt für die EG-Mitgliedstaaten ausser Dänemark der **Rom I-VO** über das auf vertragliche Schuldverhältnisse anzuwendende Recht 17. 6. 08 AblEU L 177/6, Einsele WM **09,** 289). Das geschieht wirksam in **(8) AGB-Banken Nr 6 I** (Grenzen s dort Rn 1). Ohne eine solche Wahl gilt das Recht des Orts der charakteristischen Leistung, also der gewerblichen Niederlassung der Bank (Geschäftssitz, Art 28 II 2 EGBGB), hL, BGH **108,** 362, NJW **87,** 1825 (Überweisung), WM **04,** 1177 (AGB), Ffm RIW **92,** 316 (Akkreditiv, Avis), Kln RIW **93,** 1025 (Überweisung), Düss RIW **96,** 155 (Sparkonto), Mü RIW **96,** 330 (Kreditvertrag), Berger DZWir **97,** 426 (Akkreditiv, Bankgarantie); das gilt auch unter Banken, BGH **128,** 362, WM **04,** 1177. Das gesetzliche Schuldverhältnis zwischen Bank und Kunden mit vorvertraglichen Pflichten beurteilt sich ebenfalls nach dem Vertragsstatut, hL; soweit es differenzierend zwischen Aufklärungs- und Beratungspflichten und Obhuts- und Verhaltenspflichten oder überhaupt nur nach §§ 823 ff BGB beurteilt wird, führt Art 41 I, 2 Nr 1 EGBGB ebenfalls zum Vertragsstatut, str, auch dann, wenn es später nicht zum Vertragsschluss kommt, Einsele § 2 Rn 28 f. Das Vertragsstatut gilt auch für Ansprüche Dritter aus Rechtsverhältnissen mit Schutzwirkung zu ihren Gunsten. Rein deliktische Ansprüche beurteilen sich nach Art 40 ff EGBGB. Pflichtenkollisionen s Einsele § 2 Rn 39 ff. Das Recht der grenzüberschreitenden Überweisung ist durch EG-Ri harmonisiert (s Rn C/1); grenzüberschreitende Überweisung s Einsele § 6 Rn 158 ff. Grenzüberschreitende Rechtsbeziehungen bei Kreditkarten, Einsele

V. Bankgeschäfte (m. Börsen- u. KapMR) **BankGesch (7)**

§ 6 Rn 264 ff. Bei Akkreditiv und Garantie sind die jeweiligen Geschäftssitze der Erst- und der Zweitbank maßgeblich, bei Avis richtet sich das Verhältnis zwischen Avis- und auftraggebender Bank nach dem Sitz der Ersteren, Reithmann/Martiny/Martiny 1226. Die Bankgeschäfte sind Dienstleistungen bzw Finanzierungsverträge iSv Art 29, 29 a EGBGB (zwingende Schutznormen für **Verbraucherverträge**, künftig Art 6 Rom I-VO, dazu Einsele WM **09,** 292), namentlich Zahlungsverkehr und Kreditgeschäft, Effektengeschäft (einschließlich des Propergeschäfts, str, Grund: Bankvertrag, s Rn A/6), auch Warentermingeschäft (s § 347 HGB Rn 26), vgl BGH WM **87,** 1154. Verbrauchervertrag setzt voraus, dass der Leistungszweck nicht oder nur zum geringeren Teil der beruflichen oder gewerblichen Tätigkeit des Berechtigten (Verbraucher), nicht des Schuldners zuzurechnen ist. **Zwingende Vorschriften** s Art 34 EGBGB, **Eingriffsnormen** s künftig Art 9 Rom I-VO, Einsele WM **09,** 295. **Gerichtsstandsklausel** gespalten für Inlands- und Auslandskunden s **(8)** AGB-Banken Nr 6 II, III. **Sprachrisiko** s **(5)** § 305 II BGB, Jayme FS Bärmann **75,** 509, Ul/Br/He/ H. Schmidt Anh § 305 BGB Rn 13. S auch **Auslandsgeschäfte** Rn N/1–3.

Lit: BankrechtsHdb/Welter 3. Aufl 2007 §§ 26, 28 (Ausland, EU); Einsele 2006 § 2; Jayme 1977; Hadding/Schneider 1992 (Auslandsüberweisung); Kiel, Internationales Kapitalanlegerschutzrecht, 1994; Reithmann/Martiny/Martiny 1214 (Bankverträge); Assmann/Schütze, Hdb des Kapitalanlagerechts, 3. Aufl 2007, § 10; Blesch/Lange, Bankgeschäfte mit Auslandsbezug, 2007; Schütze, Dokumentenakkreditiv, 6. Aufl 2008 Rn 458 ff, 491 ff; Kegel FS R. Schmidt **66,** 215; Ebenroth FS Keller **89,** 391 (Finanzinnovationen), Grundmann RabelsZ 54 **(90)** 283 (Anlegerschutz), Kaiser EuZW **91,** 83 (elektronischer Zahlungsverkehr), Lorenz FS Steindorff **90,** 405 (Dokumentenakkreditiv), Lorenz NJW **90,** 607 (fehlerhafte Banküberweisung), Schefold IPRax **90,** 20, **96,** 348 (Akkreditiv), Gruber D(Z)WiR **93,** 237 (Konkursverschleppung durch Kreditgewährung), Vortmann WM **93,** 581 (Aufklärungs- und Beratungspflichten), Gruber DZWir **93,** 237 (Insolvenzverschleppung), Wand WM **95,** 2165 (Lastschrift), Schücking WM **96,** 281 (Konsortien), Thorn IPRax **96,** 259 (Akkreditiv), Czernich/Tiefenthaler, ÖBA **98,** 663 (Bankgeschäfte), Einsele AcP 199 **(99)** 145 (Haftung bei Überweisung), Martinek FS Schütze **99,** 503 (Bankgeheimnis), Hoffmann ZBB **00,** 391 (Überweisung), Schefold IPRax **00,** 234 (Bankgeheimnis), Borges WM **01,** 1542 (electronic banking), Göthel IPRax **01,** 411 (Kapitalmarktrecht), Jayme FS Lorenz II **01,** 315 (Überweisung), Bälz ZVglRWiss 101 **(02)** 379 (Islam), Hanten WM **03,** 1412 (Aufsichtsrecht), Heiss IPRax **03,** 100 (FernabsFDLG), Reuschle RabelsZ 68 **(04)** 687 (Effektengiroverkehr), Haubold RIW **05,** 656 (PRIMA), H. Schmidt WM **07,** 2093 (private limited company in der Bankpraxis), Leible/Lehmann RIW **08,** 528 (Rom I), Lüttringhaus RIW **08,** 193 (culpa in contrahendo nach Rom I und II), Tschäpe/Kramer/Glück RIW **08,** 657 (Prospekthaftung Rom II), von Hein in Beiträge für Hopt **08,** 371 (Prospekthaftung Rom II), Einsele WM **09,** 289 (Rom I), Stephan WM **09,** 241 (Bankgeheimnis). Ferner zu Akkreditiv s Rn K/2, Garantie s vor Rn L/1, Factoring s vor Rn O/1, Leasing s vor Rn P/1, Effektengiroverkehr s **(13)** DepotG § 17 a.

2. Kap: Passivgeschäft, insbesondere Einlagengeschäft

B. Einlagengeschäft

a) Kommentare und Handbücher: Außer dem allgemeinen Schrifttum (s Einl vor A/1) BankrechtsHdb/*Gößmann* 3. Aufl 2007 §§ 69–71. – *Bunte,* AGB-Banken und Sonderbedingungen, 2. Aufl 2009, Sonderbedingungen für Sparkonten (SB Spar 4). – *Canaris* (1. Kap 3. Abschn: Das Konto) 3. Aufl 1988, Rn 142. – *Ebenroth/Thessinga* BankR III 2001. – *Hopt/Mülbert* (II. Einlagengeschäft) 1989. – *Kümpel,* Bank- und Kapitalmarktrecht, 3. Aufl 2004, Rn 3.1 ff. – *MüKo(HGB)/(Bearbeiter)* 2. Aufl 2005 ff Bd 5 2009 Anh nach § 372: *MüKo/Hadding/Häuser/ua* (Zahlungsverkehr K).

b) Sonstige Beiträge: *Hüffer/van Look* (Bankkonto) 4. Aufl 2000. **Muster:** *Hopt/ Werner* 3. Aufl 2007 Form IV. B (Einlagengeschäft). **RsprÜbersichten:** *Liesecke* WM **75,** 214, 238, 286, 314 (Bankguthaben).

Hopt 1777

(7) BankGesch B/1–B/4

1) Rechtliche Qualifikation

B/1 Das **Einlagengeschäft** ist die Annahme fremder Gelder als Einlagen oder anderer rückzahlbarer Gelder des Publikums (außer bei Verbriefung des Rückzahlungsanspruchs in Inhaber- oder Orderschuldverschreibungen), ohne Rücksicht darauf, ob Zinsen vergütet werden (Bankgeschäft nach § 1 I 2 Nr 1 KWG, Text s Rn A/4), dazu BGH **125,** 380, **129,** 90 m krit Anm Wallat NJW **95,** 3236. Rückzahlbar heißt unbedingter Rückzahlungsanspruch, zB auch Vermögenseinlagen stiller Gfter ohne Verlustbeteiligung und partiarische Darlehen mit Verlustbeteiligung nur am Zins. Nicht zum Publikum gehören verbundene Unternehmen. Kundenschutz bei Industrieschuldverschreibungen nur durch das VerkaufsprospektG. **Sichteinlagen** (Tagesgelder) sind täglich fällige Gelder auf Giro- oder laufenden Konten (s §§ 355 ff HGB); für sie gelten §§ 700, 488 ff BGB, BGH **84,** 373, **124,** 258, **131,** 63, **133,** 13. **Termineinlagen** sind Festgelder (über eine bestimmte Zeit unkündbar) und Kündigungsgelder; wegen der hinausgeschobenen Fälligkeit (§ 489 BGB) und den Eigeninteressen der Bank an diesen Einlagen gelten §§ 488 ff BGB unmittelbar. **Spareinlagen** sind durch Sparbuch oder eine andere Urkunde gekennzeichnete Einlagen. Der Begriff Spareinlagen ist nicht mehr gesetzlich vorgegeben (anders § 21 I aF KWG, §§ 21–22 a aF KWG außer Kraft 1. 7. 93 4. KWGÄndG 21. 12. 92 BGBl 2211). § 21 IV RechKredV nF gilt nur für Zwecke der Bilanzierung, Mindestreserveberechnung und Liquiditätsgrundsätze nach § 11 KWG, zu den Anforderungen der RechKredV an die Spareinlage Kaiser WM **96,** 141. Für Spareinlagen gelten deshalb **AGB** (Sparbedingungen der Banken, Sonderbedingungen der Sparkassen) mit Regeln ua über die Sparurkunde (Sparbuch ua), zT Kennwort und Sperrvermerk und vor allem Rückzahlung und Kündigung (s Rn B/3). Spareinlagen sind Darlehen des Kunden an die Bank, § 488 BGB, BGH **64,** 284. Hinweis- und Warnpflichten der Bank s Rn A/23. Sparkontoinhaber s Rn 50, bei Tod des Kontoinhabers s Rn A/51. **Muster:** Hopt/Werner 9. Aufl 2007 Form IV. B.1 (Bedingungen für Sparkonten); die Muster tragen §§ 21 IV, 39 VI RechKredV Rechnung.

B/2 **Wirksamkeit:** Für das Einlagengeschäft gelten die allgemeinen Unwirksamkeitsgründe. Verstöße gegen KWG führen idR nicht zur Nichtigkeit des Einlagengeschäfts, entscheidend ist der Schutzzweck der jeweiligen Norm; für § 3 Nr 3 KWG str, offen BGH **128,** 92. Formularmäßige Bankgebühren für Freistellungsaufträge sind unwirksam, BGH **136,** 261, BVerfG NJW **00,** 3635. Grund: staatlich zugewiesene Aufgabe der Bank. AGBKlausel über inhaltlich unbegrenzte Zinsänderung (§ 315 BGB) ist jedenfalls bei langfristigen Sparverträgen unwirksam, BGH **158,** 149, spiegelbildliche Übertragung der Grundsätze für Darlehen (Passivseite, s Rn G/4) auf Aktivseite ist nicht möglich, BGH **158,** 149. Gebühren s auch Rn C/3 c.

2) Rückzahlung der Einlagen, insbesondere Spareinlagen

B/3 A. **Rückzahlung:** Rückzahlungsanspruch folgt auch bei Giro- und Kontokorrentabrede aus §§ 488 I, 700 I 1 BGB, dieser Anspruch unterliegt nicht der Kontokorrentbindung, Hopt/Mülbert 9. Aufl, str. Sichteinlagen sind jederzeit **fällig,** Termineinlagen zu dem vereinbarten Termin (idR 30 Tage, danach jederzeit) für den entspr Kündigungsfrist. Zu den Besonderheiten beim Kontokorrent s § 355 HGB Rn 7–12, 21–22. Spareinlagen sind je nach Vereinbarung fällig, aber im Hinblick auf § 21 IV RechKredV (s Rn B/1) gemäß AGB nur bis zu Euro 2000 pro Monat. Rückzahlung beim prämienbegünstigten Sparen ist prämienschädlich. Darüber muss die Bank den Sparer beim Abheben aufklären, BGH **28,** 374, vgl Rn A/23. Die Beweislast für Rückzahlung liegt bei der Bank; zur Beweisführung KG WM **92,** 979. Nach Ablauf der Aufbewahrungsfristen grundsätzlich Beweislastumkehr (§ 257 HGB Rn 4), anders für Sparbuch, Ffm NJW **98,** 997.

B/4 B. **Rückzahlung an Nichtberechtigte (§§ 362, 808 BGB):** Sparbücher sind Namens- bzw Rektapapiere (§ 952 II BGB, BGH WM **72,** 701, **73,** 41). Die Bank muss nur gegen Vorlage der Urkunde leisten und kann an jeden Inhaber befreiend leisten, ohne dass dieser die Leistung verlangen kann (hinkendes Inhaberpapier). § 808 BGB deckt Mängel der Berechtigung, der Vertretungs- und Verfügungsmacht und sogar Leistung an minderjährige oder geschäftsunfähige Inhaber (entspr Art 16 II WG, Art 21 ScheckG, dazu BGH NJW **51,** 402 m Anm Hefermehl 598, WM **68,** 4), hL,

V. Bankgeschäfte (m. Börsen- u. KapMR)   B/5–C/01   **BankGesch** (7)

Düss WM **71**, 231, str. Das gilt nicht bei Kenntnis oder grober Fahrlässigkeit der Bank (entspr Art 40 III 1 WG), üL. Zur umstrittenen Rspr, dass § 808 BGB bei Leistung der Bank entgegen § **22 aF KWG** (s Rn B/1) ohne Einhaltung der Kündigungsfrist nicht befreite, zuletzt Hamm WM **89**, 562, Hess VGH WM **91**, 993, s 28. Aufl.

Sperre: Aufhebung der Sperre nach Abhandenkommen nur mit dem wahren Spareinlagengläubiger, BGH NJW 88, 2101; Sperrkonto s Rn A/46. Kennwort s BGH 28, 372. Kennwort und Sperre schränken die Legitimationswirkung des § 808 I BGB nur bei Vermerk im Sparbuch ein. Wird die Bank nach § 808 BGB nicht frei, kann sie doch uU einen Anspruch nach § 280 I BGB wegen Pflichtverletzung gegen den Kunden haben, BGH **28**, 374, Grenze § 254 BGB. Zu den Streitfragen, ob Auszahlung ohne Vorlage des Sparbuchs (§ 21 IV 3 aF KWG, s Rn B/1) befreite, s 28. Aufl. Lit: Hopt/Mülbert 90, Welter WM **87**, 1117.   **B/5**

C. **Pfändung:** Die Einlagenforderung ist abtretbar, verpfändbar und pfändbar. Verpfändung des Sparguthabens erfasst nicht Entschädigungsanspruch gemäß §§ 3, 4 EAEG (s Rn A/57), BGH WM **08**, 830. Zu den verschiedenen Pfändungsmöglichkeiten s § 357 HGB Rn 5–10, Hopt/Mülbert 111. Vererbung s Rn A/51.   **B/6**

3. Kap: Zahlungsverkehr

C. Giroüberweisung: Überweisungs-, Zahlungs-, Girovertrag

a) Kommentare und Handbücher: Außer dem allgemeinen Schrifttum (s Einl vor A/1) BankrechtsHdb/*Schimansky* 3. Aufl 2007 §§ 46–50. – BankrechtsHdb/*Hadding/Häuser* 3. Aufl 2007 § 51 (international). – BankrechtsHdb/*Gößmann* 3. Aufl 2007 §§ 52, 53 (Belegloser Datenträgeraustausch, ÜberweisungsAbk). – BuB/*Hellner ua.* – *Canaris* (2. Kap: Zahlungswesen) 3. Aufl 1988, Rn 300. – *Bunte*, AGB-Banken und Sonderbedingungen, 2. Aufl 2009, Sonderbedingungen für den Überweisungsverkehr (SB Üb 5, noch Fassung 2004). – Ebenroth/*Grundmann* BankR II 2001. – *Heymann/Horn* Anh § 372 V, 2. Aufl 2005. – *Kümpel* WM **00** Aufl 2004 Rn 4.1 ff. – *Langenbucher/Gößmann/Werner* 2004. – *MüKo(HGB)/(Bearbeiter)* 2. Aufl 2005 ff Bd 5 2009 Anh nach § 372: *MüKo/Hadding/Häuser/ua* (Zahlungsverkehr A-C). – *MüKoBGB/Casper* 4. Aufl 2005 §§ 676 a ff. – *Schwintowski/Schäfer* 2. Aufl 2004, §§ 7 ff. – *Toussaint* 2009. – *Weber* 4. Aufl 2004.

b) Sonstige Beiträge: *BdB*, Zahlungsverkehr (Texte, LBI). – *Bork* 2002 (Zahlungsverkehr in der Insolvenz). – *Gößmann* 3. Aufl 1997. – *Hadding/Schneider* 1992 (Auslandsüberweisung). –*Langenbucher* 2001 (Risikozuordnung). – *Werner* 2002 (Internet). – *Feldhahn* 2003 (Bankenhaftung). – *Mucke* 2004 (Haftung für zwischengeschaltete Banken). – *Neumann/Bock* 2004 (Zahlungsverkehr im Internet). – *Recknagel* 2005 (Internet). – *B. Schmidt*, Grenzüberschreitende Überweisungen 1999. – *Vollrath* 1997 (Endgültigkeit bargeldloser Zahlungen, BrV). – *Schön* AcP 198 **(98)** 401. – *Einsele* AcP 199 **(99)** 145, JZ **00**, 9. – BGHFSWissII/*Hadding* **00**, 425. – *Gößmann/van Look* WM Sonderbeil 1/**00**. – *Grundmann* WM **00**, 2269. – *Hadding* WM **00**, 2465. – *Hoffmann* WM **01**, 881. – *Kümpel* WM **00**, 797 (Bankenhaftung), **01**, 2273 (Bereicherungsausgleich). – *Schimansky* Bankrecht 2000 (RWS) S 1, Bankrechtstag **02**, 49. – *Langenbucher* FS Heldrich **05**, 285 (Bereicherungsausgleich bei Überweisung). **Muster:** *Hopt/Werner* 3. Aufl 2007 Form IV. C.1–2 (Giroüberweisung). **RsprÜbersichten:** *Hadding/Häuser* 2. Aufl 1993 (RWS). – *Pikart* WM **60**, 1316, *Hadding* JZ **77**, 281, *Liesecke* WM **75**, 214, 238, 286, 314, *Nobbe* WM Sonderbeil 4/**01**. Lit zu ÜG s Rn C/1.

0) Neues Recht ab 31. 10. 2009 für den Zahlungsverkehr, insbesondere Giroüberweisung, Lastschrift und Bankkunden-Karte

Zahlungsdienste §§ 675 c–-676 c BGB: Das VerbrKrRiUmsetzG 29. 7. 09   **C/01**
BGBl I 2355 hat ausser der EU-Verbraucherkreditrichtlinie (s (7) Bankgeschäfte Rn G/36, dort und anderweitig berücksichtigt) auch die zivilrechtlichen Teile der **EU-Zahlungsdiensterichtlinie** 13. 11. 07 ABlEU L 319/1 (s Rn C/1) in das deutsche Recht **umgesetzt** (Umsetzung der aufsichtsrechtlichen Teile duch ZAG 25. 6. 09 BGBl 506, **(7)** Bankgeschäfte Rn A/4). **Stichtag** ist insoweit **31. 10. 09** (Art 11 II

Hopt 1779

VerbrKrRiUmsetzG, im übrigen grundsätzlich **11. 6. 10.**) Da dies bis ganz zum Schluss der Legislaturperiode offen war (Stichtag für den Kommentar 30. 4. 09) und für den gesamten Zahlungsverkehr einen anderen systematischen Ansatz bedeutet (s Rn C/05), konnte dieser Teil des VerbrKrRiUmsetzG mit dem neuen Untertitel 3 **Zahlungsdienste §§ 675 c–676 c BGB** in dieser 34. Aufl nicht mehr voll berücksichtigt werden. Auf die ausführliche und weiterführende erste Kommentierung dieser 28 Paragraphen, die im BGBl 8 Seiten einnehmen, durch Sprau in Palandt, BGB, 69. Aufl 2010, ist zu verweisen. Zahlungsdienste im Sinne der neuen Vorschriften sind das **Überweisungsgeschäft, das Lastschriftgeschäft und das Zahlungskartengeschäft** sowie Bareinzahlungen und -abhebungen von Zahlungskonten, Online-Banking, nicht dagegen Scheck- und Wechselzahlungen (näher § 675c III nF BGB iVm § 1 II ZAG). Dagegen sind die neuen **(8) AGB-Banken** idF 31. 10. 09 und **(8a) AGB-Spark 2009** bereits in der neuen Fassung abgedruckt und kommentiert. Lit: vor allem Grundmann WM **09**, 1109, 1157, an dem sich die folgende Übersicht orientiert; ferner zur EU-ZahlungsdiensteRi Lohman/Koch WM **08**, 57, Franck/Massari WM **09**, 1117; zur Umsetzung Rösler, Werner BKR **09**, 1, 5; Schäfer/Lang BKR **09**, 11; Schürmann, Hartmann (SEPA-Lastschrift), Sprau, Bankrechtstag **09** (ersch 2010).

C/02 **Überblick über die neuen Vorschriften:** Die EU-Zahlungsdienste-Ri beabsichtigt innerhalb der von ihr geregelten Materie eine **Vollharmonisierung** und geht dabei hinsichtlich der wichtigsten Zahlungsinstrumente wie Überweisung, Lastschrift und Bankkunden-Karte, ohne diese einzeln anzusprechen, also generalisierend-abstrakt (s Rn C/05), voll ins Detail. Das bedeutet für die Umsetzung, insbesondere aber auch für die Anwendung der neuen §§ 675 c–676 c BGB, dass diese nicht ohne Rückgriff auf die Richtlinie voll verstanden werden können und dass Zweifelsfragen dazu letztinstanzlich nicht mehr vom BGH, sondern **vom EuGH zu entscheiden** sind (vgl § 84 Rn 3). Inwieweit und insbesondere in welcher Tiefe der EuGH dazu bei seiner derzeitigen Besetzung überhaupt imstande sein wird, bleibt allerdings abzuwarten. Zusammen mit dem Regelungsinhalt der neuen Vorschriften (anhand der amtlichen Überschriften) werden deshalb hier die **Konkordanzen** zwischen den neuen Vorschriften des BGB und denen der EU-Zahlungsdienste-Ri nachgewiesen (umgekehrt von der Richtlinie her Grundmann WM **09**, 1111):

BGB (§§, amtliche Überschrift/Regelungsinhalt)	EU-Zahlungs-dienste-Ri (Art)
Titel 12	
Auftrag, Geschäftsbesorgungsvertrag und Zahlungsdienste	
§ 675 a Informationspflichten	30–50
§ 675 b Aufträge zur Übertragung von Wertpapieren in Systemen	
Untertitel 3	
Zahlungsdienste	
Kapitel 1. Allgemeine Vorschriften	
§ 675 c Zahlungsdienste und elektronisches Geld	
§ 675 d Unterrichtung bei Zahlungsdiensten (iVm Art 248 EGBGB)	30–48
§ 675 e Abweichende Vereinbarungen	
Kapitel 2. Zahlungsdienstevertrag	
§ 675 f Zahlungsdienstevertrag	4 Nr 5, 12, 16; 52 ua
§ 675 g Änderung des Zahlungsdiensterahmenvertrags	44
§ 675 h Ordentliche Kündigung eines Zahlungsdiensterahmenvertrags	45
§ 675 i Ausnahmen für Kleinbetragsinstrumente und elekronisches Geld	34, 53

V. Bankgeschäfte (m. Börsen- u. KapMR)   C/03 **BankGesch** (7)

BGB (§§, amtliche Überschrift/Regelungsinhalt)	EU-Zahlungs-dienste-Ri (Art)
Kapitel 3. Erbringung und Nutzung von Zahlungsdiensten	
Unterkapitel 1. Autorisierung von Zahlungsvorgängen; Zahlungsauthentifizierungsinstrumente	
§ 675 j Zustimmung und Widerruf der Zustimmung	54, 55 I
§ 675 k Nutzungsbegrenzung	55
§ 675 l Pflichten des Zahlers in Bezug auf Zahlungsauthentifizierungsinstrumente	56
§ 675 m Pflichten des Zahlungsdienstleisters in Bezug auf Zahlungsauthentifizierungsinstrumente; Risiko der Versendung	57
Unterkapitel 2. Ausführung von Zahlungsvorgängen	
§ 675 n Zugang von Zahlungsaufträgen	64
§ 675 o Ablehnung von Zahlungsaufträgen	65
§ 675 p Unwiderruflichkeit eines Zahlungsauftrags	66
§ 675 q Entgelte bei Zahlungsvorgängen	67
§ 675 r Ausführung eines Zahlungsvorgangs anhand von Kundenkennungen	74
§ 675 s Ausführungsfrist für Zahlungsvorgänge	69, 70
§ 675 t Wertstellungsdatum und Verfügbarkeit von Geldbeträgen	70–73
Unterkapitel 3. Haftung	
§ 675 u Haftung des Zahlungsdienstleisters für nicht autorisierte Zahlungsvorgänge	60
§ 675 v Haftung des Zahlers bei missbräuchlicher Nutzung eines Zahlungsauthentifizierungsinstruments	61
§ 675 w Nachweis der Authentifizierung	59
§ 675 x Erstattungsanspruch bei einem vom oder über den Zahlungsempfänger ausgelösten autorisierten Zahlungsvorgang	62, 63
§ 675 y Haftung der Zahlungsdienstleister bei nicht erfolgter oder fehlerhafter Ausführung eines Zahlungsauftrags; Nachforschungspflicht	75, 67 III
§ 675 z Sonstige Ansprüche bei nicht erfolgter oder fehlerhafter Ausführung eines Zahlungsauftrags oder bei einem nicht autorisierten Zahlungsvorgang	60 II, 76
§ 676 Nachweis der Ausführung von Zahlungsvorgängen	59
§ 676 a Ausgleichsanspruch	77
§ 676 b Anzeige nicht autorisierter oder fehlerhaft ausgeführter Zahlungsvorgänge	58
§ 676 c Haftungsausssschluss	78

Wichtige Begriffsbestimmungen im neuen Recht: Die EU-ZahlungsdiensteRi C/03 und ihr folgend das VerbrKrRiUmsetzG arbeiten in erheblichem Umfang mit Legaldefinitionen, die europäisch vorgeprägt sind (s Rn C/02). Wichtig ist dabei § 675 c III BGB, wonach die Begriffsbestimmungen des **KWG** und des **ZAG** anzuwenden sind. Das bedeutet eine begrüßenswerte Engführung von Bankvertrags- und Bankaufsichtsrecht, allerdings angesichts der Aufspaltung in drei verschiedene Gesetze auch eine gewisse Erschwernis für den Benutzer. Die wichtigsten Begriffsbestimmungen werden im folgenden aufgeführt, wiederum nach BGB und Richtlinie. Diese Zusammenstellung ist von Palandt/Sprau § 675 c Rn 10 übernommen, dort auch Nachweise der Kommentierungsstellen dazu im Palandt.

(7) BankGesch C/04

BGB (§§, amtliche Überschrift/Regelungsinhalt)	EU-Zahlungs-dienste-Ri (Art)
Autorisierung § 675j	54
Authentifizierung § 675 w S 2	4 Nr 19
Elektronisches Geld § 675 c III iVm § 1 XIV KWG	
Einzelzahlungsvertrag § 675 f	
Finanztransfer(geschäft) § 675 c III iVm § 1 II Nr 6 ZAG	4 Nr 13
Geldbetrag 4 Nr 15	
Geschäftstag § 675 n I 4	4 Nr 15
Geschäftstag § 675 n I 4	4 Nr 27
Kleinbetragsinstrument § 675 i I 2	4 Nr 23, 53
Kundenkennung § 675 r II	4 Nr 21
Lastschrift § 675 c III iVm § 1 IV ZAG	4 Nr 28
Referenzwechselkurs § 675 g III 3	4 Nr 18
Referenzzinssatz § 675 g III 2	4 Nr 20
Verbraucher § 13	4 Nr 11
Wertstellungsdatum § 675 t I 2	4 Nr 17
Zahler 4 Nr. 7	4 Nr 7
Zahlungsauftrag § 675 f III 2	4 Nr 16
Zahlungsauthentifizierungsinstrument § 675 c III iVm § 1 V ZAG	4 Nr 19, 23
Zahlungsbetrag § 675 q I	
Zahlungsdienst § 675 c III iVm § 1 II, X ZAG	3; 4 Nr 3; Anh
Zahlungsdiensterahmenvertrag § 675 f II	4 Nr 12
Zahlungsdienstleister § 675 c III iVm § 1 I ZAG	4 Nr 9
Zahlungsdienstnutzer § 675 f I	4 Nr 10
Zahlungsempfänger	4 Nr 8
Zahlungsinstitut § 675 c III iVm § 1 I Nr 5 ZAG	4 Nr 4
Zahlungsinstrument	4 Nr 23
Zahlungskonto § 675 c III iVm § 1 III ZAG	4 Nr 14
Zahlungssystem § 675 c III iVm § 1 VI ZAG	4 Nr 6
Zahlungsvorgang § 675 f III	4 Nr 5

C/04 **Grundsätze der neuen Regelung des Zahlungsverkehrs:** Der EU-ZahlungsdiensteRi und den §§ 675 c–676 c BGB nF liegen zwei allgemeinere Regelungsgrundsätze zugrunde, die bei der Anwendung und Auslegung der einzelnen Bestimmungen zu beachten sind:

Die EU-ZahlungsdiensteRi bringt eine **vollständige Harmonisierung** in den Bereichen, in denen die Richtlinie harmonisierte Bestimmungen enthält (vorbehaltlich bestimmter Ausnahmen bzw Mitgliedstaatenoptionen, Art 86 I). In diesen Bereichen regelt die Richtlinie das Verhältnis zwischen Bank und Kunden überwiegend nicht nur punktuell, sondern flächendeckend, erfasst ist also der größte Teil des privaten Zahlungsverkehrs bezüglich der Zahlungsinstrumente, der geregelten Einzelfragen und der Regelungstiefe, Grundmann WM **09**, 1110. Von diesen Regeln kann ausser bei ausdrücklich vorgesehenen Ausnahmen nicht zum Nachteil des Zahlungsdienstnutzers abgewichen werden. Zahlungsdienstleister können jedoch beschließen, Zahlungsdienstnutzern günstigere Konditionen einzuräumen (Art 86 III). Dieser Grundsatz des **halbzwingenden Rechts** folgt in der Umsetzung aus § 675 e nF BGB, also grundsätzlich keine Abweichung zum Nachteil des Zahlungsdienstnutzers (§ 675 e I nF BGB) mit Erleichterungen für Zahlungsdienstnutzer, die **Nicht-Ver-**

V. Bankgeschäfte (m. Börsen- u. KapMR)   C/05–C/07   **BankGesch**   (7)

braucher sind (§ 675 e IV nF BGB). Für Drittstaatensachverhalte gelten Ausnahmen (§ 675 e II nF BGB).

Die neuen Regeln trennen nicht wie bisher in der deutschen Rechtsprechung und C/05 Literatur zwischen den einzelnen Zahlungsinstrumenten, also zB Überweisung (s Rn C/1–26), Lastschrift (s Rn D/1–23) und Bankkundenkarte uä (s Rn F/1–42). **Statt getrennt nach einzelnen Zahlungsinstrumenten** wird abstrakt-generell der Zahlungsverkehr und dieser **systematisch** und **nach dem Ablauf** desselben geregelt, also: Allgemeine Vorschriften, Zahlungsdienstevertrag, Erbringung und Nutzung von Zahlungsdiensten (dabei Autorisierung von Zahlungsvorgängen und Ausführung) sowie Haftung. Ob dies für die Kommentierung in der 35. Aufl bedeutet, die bisherige Einteilung nach Zahlungsinstrumenten aufzugeben, bleibt abzuwarten. Möglicherweise wäre der Bruch mit der bisherigen Rechtsprechung zu groß, auch weil dann bei jeder bisher ergangenen Entscheidung zu prüfen wäre, ob sie über das betreffende Zahlungsinstrument, also zB Überweisung, hinaus auch auf die Lastschrift, die Girokarte, das Online-Banking oder sogar die Kreditkarte übertragen werden kann. Andererseits wird sich auf Dauer ein Fundus neuer Entscheidungen ergeben, die die neuen Regeln, wenngleich anhand eines bestimmten Zahlungsinstruments, allgemein anwenden.

Wichtige Änderungen zum Recht der Überweisung: Das neue Recht enthält C/06 eine Reihe wichtiger Abweichungen von der bisherigen, durch das ÜG 1999 geprägten Rechtslage, die schon bisher heftig kritisiert worden war (s Rn C/1). Einige dieser Änderungen seien kurz erwähnt.?

Die grundlegendste ist, dass das neue Recht zur alten Rechtslage zurückkehrt, was die künstliche Trennung von Girovertrag (§ 676 f aF BGB, s C/3), Zahlungsvertrag (§ 676 d aF BGB, s Rn C/5) und Überweisungsvertrag (§ 676 g aF BGB, s Rn C/2) angeht. Grundlage ist künftig wieder der **einheitliche Girovertrag**, also typischerweise ein Rahmenvertrag mit Geschäftsbesorgungscharakter, der die Erbringung von Zahlungsdiensten (und uU weitere Geschäftsbesorgungen) zum Gegenstand hat (**Zahlungsdienstevertrag**, § 675 c nF BGB). Der Girovertrag kann sich mit diesem Zahlungsdienstevertrag decken oder diesen umfassen. Der Zahlungsdienstevertrag kann als **Einzelzahlungsvertrag oder Zahlungsdiensterahmenvertrag** (letzteres Regelfall in der Praxis) abgeschlossen werden (§ 675 f I, II nF BGB). Die Änderung des Zahlungsdiensterahmenvertrags ist in § 675 g nF BGB näher geregelt (dazu **(8)** AGB-Banken Nr 1 II nF), die ordentliche **Kündigung** des Zahlungsdiensterahmenvertrags in § 676 h nF BGB (Änderungen in **(8)** AGB-Banken Nr 19 I, II). An der Kündigung aus wichtigem Grund ändert sich nichts, es bleibt insoweit bei § 314 BGB und **(8)** AGB-Banken Nr 18 II, 19 III.

Aufgrund des Zahlungsdienstevertrags kann anders als bisher und wie vor dem ÜG C/07 1999 ein Überweisungsauftrag als einseitige **Weisung** iSv §§ 675 I, 665 BGB erteilt werden. Die Verkomplizierung durch einen Überweisungsvertrag entfällt. Statt Weisung ist von Autorisierung des Zahlungsvorgangs die Rede (§ 675 j I 1 nF BGB). Der Zahlungsdienstleister muss diese Weisung befolgen, dh er kann die Ausführung des autorisierten Zahlungsauftrag nicht ablehnen, wenn die im Zahlungsdiensterahmenvertrag festgelegten Ausführungsbedingungen erfüllt sind und die Ausführung nicht gegen sonstige Rechtsvorschriften verstößt (§ 675 o II nF BGB). Für die Unterrichtung über eine **berechtigte Ablehnung** eines Zahlungsauftrags darf die Bank künftig ein *Entgelt* vereinbaren (§ 675o I 4 nF BGB; anders die bisherige Rspr). Es bleibt bei der bisherigen formalen Auftragsstrenge (s Rn C/7). Allerdings kann künftig vereinbart werden, dass die **Buchung allein nach Bank- und Kundenidentifikator** erfolgen kann (§ 675 r iVm §§ 675 y III, 675 z S 5 nF BGB), für die **Kundenkennung** also **nicht mehr** wie bisher grundsätzlich der Name **entscheidend ist** (s Rn C/8). Das entspricht der bereits derzeitigen Handhabung beim beleglosen Daten-(träger)tausch (s Rn C/8), wird aber von Verbraucherschützern wegen des gesteigerten Fehlerrisikos kritisiert. Die Bank muss allerdings einen für den Kunden jederzeit erreichbaren Rund-um-die-Uhr-**Sperrannahmedienst** vorhalten (§ 675 m I Nr 3 nF BGB), sonst wird der Kunde frei (§ 675 v III 2 nF BGB). Zu Geschäftsunfähigkeit, Fälschung und Rechtsschein bleibt es von kleineren Zweifelsfragen abgesehen bei der bisherigen Rechtslage, Grundmann WM **09**, 1114.

(7) BankGesch C/08–C/1

C/08 Der Zahlungsauftrag wird wirksam, wenn er der Bank zugeht (§ 675 n I 1 nF BGB), schon der **Zugang des Zahlungsauftrags** führt also grundsätzlich zur Ausführungspflicht, Ausnahme Terminvereinbarungen, zB Terminüberweisung, Daueraufträge, Lastschriften (§ 675 n II nF BGB); Ablehnung nur nach § 675 o nF BGB (s Rn C/07). **Cut-off-Zeiten** § 675 n I 3, Geschäftstag § 675 n I 4 nF BGB. Der Zeitpunkt für den **Widerruf** eines Weisung wird abweichend vom bisherigen Recht (s Rn C/11) grundsätzlich auf den Zugang des Überweisungsauftrags vorverlegt (§§ 675 j II, 675 p nF BGB, Ausnahme Terminvereinbarung), was auch die Verkürzung der Ausführungszeit erleichtert (§ 675 x nF BGB). Die bisherigen Überweisungsrückrufverfahren im Interbankenverhältnis werden damit überflüssig. **Entgelte** bei Zahlungsdiensten nach §§ 675 f IV, V BGB, **Aufwendungsersatz** §§ 675 c I iVM 670, 675 u nF BGB. **Entgeltabzugsverbot** und **Entgeltteilungsgebot** für EWR-Sachverhalte (§ 675 q nF BGB). **Ausführungsfrist** für Zahlungsvorgänge grundsätzlich vom bis Ende des auf den Zugangszeitpunkt des Zahlungsauftrags folgenden Geschäftstags (**D+1**, bei beleghaften Aufträgen 1 zusätzlicher Geschäftstag, § 675 s nF BGB). Das gilt nicht nur für Überweisungen, sondern grundsätzlich auch für die Zahlungsflüsse von der Zahlstelle an den Dienstleister des Zahlungsempfängers bei Lastschriften (s Rn D/04) und Zahlungskartenverfügungen (RegE, aber Erwägungsgrund 43 der EU-Zahlungsdiensten RL). **Übergangsrecht:** Vereinbarung einer Frist bis zu drei Geschäftstagen ist bis zu 1. 1. 12 zulässig (§ 675 s I 1 letzter Halbs nF BGB).

C/09 Das **Bankkonto** und seine Ausprägungen und Regelungen (s Rn A/36 ff) werden nicht angetastet, Grundmann WM **09**, 1113. Zur **Belastungsbuchung,** zur **Gutschrift,** zum **Zeitpunkt derselben** und zur **Wertstellung (Mittelzuflussprinzip,** gleichtägige Wertstellung) kleinere Änderungen, aber grundsätzlich wie bisher (§ 675 t nF BGB), Grundmann WM **09**, 1113. Ebenso der **Kontokorrentkredit** (§ 675 f II 2 nF BGB). Bei den **Pflichten des Zahlerinstituts** sind künftig verschärfte Mitteilungspflichten (§ 675 o I nF BGB), Ausführungsfristen (§ 675 nF BGB) und vor allem detailliertere Haftungsvorschriften (§ 675 y, 675 z nF BGB) zu beachten; kleinere Änderungen auch bei den **Pflichten des Empfängerinstituts** (§ 675 q I, II, 675 t, 675 z nF BGB). Näher Grundmann WM **09**, 1115 f. Grundlagen für die Haftung der Bank und des Kunden bei fehlender Autorisierung in §§ 675 u, 675 v nF BGB. Die **Haftung des Zahlers** bei missbräuchlicher Nutzung eines Zahlungsauthentifizierungsinstruments (str, ob nur dann, uU Analogie) beschränkt sich (verschuldensunabhängig) auf **Euro 150** (Grenze: Vorsatz oder grobe Fahrlässigkeit, § 675 v nF BGB), nach Abgabe der Sperrnachricht keine Haftung des Zahlers außer bei Betrugsabsicht. Höhere Haftungsgrenze bei Nicht-Verbrauchern bleibt möglich (§ 675 e IV nF BGB). Unsicherheiten ergeben sich zum **Nachweis der Authentifizierung,** den bei Streit die Bank führen muss, denn § 675 w S 3 nF BGB ist dazu offen („reicht ... allein nicht notwendigerweise aus, um nachzuweisen"), aber Anscheinsbeweis ist aber weiterhin möglich, Pal/Sprau § 675 w Rn 2, 4. Der Kunde muss die Bank unverzüglich nach Feststellung eines nicht autorisierten oder fehlerhaft ausgeführten Zahlungsvorgangs unterrichten; sonst wird die Belastung nach 13 Monaten endgültig, also **Ausschlussfrist 13 Monate (Finalität,** § 676 b nF BGB); aber Unsicherheiten bezüglich des Verhältnisses zum Saldoanerkenntnis und zur Genehmigung von Belastungen aus Lastschrift nach AGB, dazu bei Pal/Sprau § 676 b Rn 2. **Haftung** der Bank **bei Nicht- oder fehlerhafter Ausführung** eines Zahlungsauftrags nach § 675 y nF BGB, Folgeschäden § 675 z nF BGB, Begrenzungsmöglichkeit auf Euro 12 500. Die danach vorgesehene ungekürzte Erstattung wäre, wenn der Fehler in der Verzögerung liegt, sinnwidrig, da die Überweisung ausgeführt ist; dann bleibt es bei einem verschuldensabhängigen Schadensersatzanspruch (§ 280 I BGB iVm § 675 z nF BGB, RegE) Auch die bisherigen Regeln zum **Bereicherungsausgleich** (s Rn C/15 ff) bleiben grundsätzlich erhalten, Zweifel bei Grundmann WM **09**, 1117.

1) Rechtliche Qualifikation bis 30. 10. 2009

C/1 A. **Girogeschäft, Überweisungsgesetz 1999, Bedingungen für den Überweisungsverkehr 2007: a) Girogeschäft:** Das Girogeschäft (it giro = Kreis, Kreislauf) ist die Durchführung des bargeldlosen Zahlungsverkehrs und des Abrechnungsverkehrs (bis 2009 Bankgeschäft nach § 1 I 2 Nr 9 aF KWG, Text s Rn A/4), aufsichtsrecht-

V. Bankgeschäfte (m. Börsen- u. KapMR)   C/1a **BankGesch** (7)

liches downgrading, aber nunmher zT Zahlungdienste iSv § 1 II ZAG, s dort ua Überweisungsgeschäft iSv § 1 II Nr 2 lit b ZAG, s Rn A/4); gemeint ist damit das Geldgirogeschäft, nicht das Effektengirogeschäft (Depotgeschäft, § 1 I 2 Nr 5 KWG, **(13)** DepotG § 5 Rn 1). Ein großer Teil des Überweisungsverkehrs wird heute beleglos abgewickelt **(belegloser Datentausch, Clearing-Abkommen)**, BGH WM **03,** 432. **Muster:** Hopt/Werner 3. Aufl 2007 Form IV. C.1 (Bedingungen für den Datenträgeraustausch).

b) Überweisungsgesetz: Das Überweisungsrecht ist auf Grund der EG-ÜberweisungsRi über grenzüberschreitende Überweisungen 27. 1. 97 ABlEG L 43/25 sowie der EG-Ri über die Wirksamkeit von Abrechnungen in Zahlungs- sowie Wertpapierliefer- und -abrechnungssystemen (ZahlungssicherungsRi) 19. 5. 98 ABlEG L 166/45 durch das ÜG 27. 7. 99 in §§ 676 a–676 g BGB über die Vorgaben der EG-Ri hinaus für alle, auch reine Inlandsüberweisungen zum ersten Mal kodifiziert, dazu BGB-InfoV 5. 8. 2002 BGBl 3002. Das ÜG ist mit seinen drei neuen Vertragstypen, seiner Ersetzung der Überweisungsaufträge im Rahmen des bisherigen Girovertrags (Dauerschuldverhältnis) durch lauter Überweisungsverträge und durch die werk- statt dienstvertragliche Typisierung, was durchweg unnötig und rechtsunsicher ist, **heftig kritisiert** worden, zB Schimansky Bankrechtstag **02,** 50 (erstaunliches Unvermögen). Der Versuch, das ÜG entgegen Wortlaut und vor allem Begründung konsequent im Sinne des bisherigen Überweisungsrechts auszulegen (mit Ausnahme etwa von § 278 BGB und anderen Vorgaben der EG-Ri), ist vorstellbar, aber de lege lata nur in Grenzen vertretbar. Vor allem aber sollte sich die Praxis bis zu einer anderweitigen Klärung durch die höchstrichterliche Rechtsprechung nicht auf solche Experimente verlassen. Andererseits sollte dem ÜG nicht weiter als nötig Gefolgschaft geleistet werden; die Drittschutzwirkung bzw gesetzlichen Schutzpflichten, das Institut der Gutschrift im bisherigen Umfang (vgl auch § 676 g BGB), der Bereicherungsausgleich und vor allem die Lastschrift (obschon als rückläufige Überweisung zu verstehen, s Rn D/1) bleiben unberührt; erst recht sonstige Anweisungsverhältnisse (Scheck, Kreditkarte ua), Bülow WM **00,** 59. Diese Linie verfolgt die folgende Kommentierung. Für **Kundenbeschwerden** aus §§ 675 a–676 g BGB gibt es eine **Schlichtungsstelle** bei der DBBk (Rn A/56). **Übergangsrecht:** Geltung ab Abwicklungsbeginn 14. 8. 99 und für **inländische Überweisungen** und Überweisungen in Staaten außerhalb EU und EWR **ab 1. 1. 2002** (Art 228 EGBGB). Zum alten Recht s 29. Aufl. Ein einheitlicher Euro-Zahlungsverkehrsraum steht bevor **(SEPA), Richtlinie 2007/64/EG über Zahlungsdienste im Binnenmarkt** (Payment Services Directive, **PSD**) v. 13. 11. 07 ABlEU L 319/1 für Überweisungen, Lastschriften, Zahlungskarten, Überweisungen einschließlich Daueraufträgen und andere (Anhang zur Richtlinie, Versprechen der Kreditwirtschaft: europäische Lastschrift neben der deutschen) mit Regelungen für Rahmenverträge (darin Titel III Kap 3; s Rn A/6), neuen Informations- und Verhaltenspflichten; Haftungsregeln (Kundenhaftung bis höchstens 150 €) und Freizeichnungsausschlüssen und Maximalfrist auch für grenzüberschreitende, vom Zahler angewiesene Zahlungsvorgänge (Art 60 ff: spätestens bis zum Ende des ersten Arbeitstags nach Annahme des Auftrags gutzuschreiben, bis 1. 1. 2012 noch maximal 3 Tage), Dippel/Lohmann/Peschke 2008, Manger-Nestler EuZW **08,** 332, krit Koch WM **08,** 57, s auch Rn D/1. **Grenzüberschreitende Überweisung** s Einsele § 6 Rn 158 ff. – Lit: zur Ri Göbel WM **97,** 1832, Schneider EuZW **97,** 589, Hadding in Horn/Schimansky, Bankrecht 1998, 125; zum ÜG Schmidt-Räntsch ZIP **99,** 676 (RegE), Bydlinski WM **99,** 1046, Ehmann/Hadding WM Sonderbeil 3/**99,** Häuser WM **99,** 1037, Klamt/Koch NJW **99,** 2776, Köndgen ZBB **99,** 103, Risse/Lindner BB **99,** 2201, Schneider WM **99,** 2189, Schulz ZBB **99,** 287, Einsele JZ **00,** 9, Gößmann/van Look WM Sonderbeil 1/**00,** Grundmann WM **00,** 2269, Hadding WM **00,** 2465, Kümpel WM **00,** 797, Schimansky Bankrechtstag **02,** 49.

c) Bedingungen für den Überweisungsverkehr 2009: Neben den **(8)** AGB-   C/1a
Banken gelten für den Überweisungsverkehr Sonderbedingungen, umfassend überarbeitete Fassung wie die der AGB-Banken zum 31. 10. 2009 (Änderungen ua Nr 1.2 Kundenerkennungen; Nr 1.4 Zugang des Überweisungsauftrags bei der Bank; Nr 1.5 Widerruf des Überweisungsauftrags; Nr 1.10 Entgelte; Nr 2.1 und 3.1 Erforderliche

Hopt 1785

(7) BankGesch C/2 2. Handelsrechtl. Nebengesetze

Angaben; Nr 2.2 und 3.2 Ausführungsfristen und Nr 2.3. und 3.3 Erstattungs- und Schadensersatzansprüche). Ältere Fassungen 2004 und 2007 (s 32., 33. Aufl). Die Bedingungen für den Überweisungsverkehr regeln die Überweisung, soweit §§ 676a–676c BGB idF VerbrKrUmsetzG 2009 dafür Raum lassen. Ausführung von Überweisungen nebst Kundenkennungen, Entgelte und Leistungsmerkmale (1 Nr 1.1–1.13); Inlands- und EWR-Überweisungen (2 Nr 2.1–2.3: Nr 2.1 erforderliche Angaben; Nr 2.2 Maximale Ausführungsfrist: Fristlänge, Beginn der Ausführungsfrist und (optional) Ende der Annahmefrist; Nr 2.3 Erstattungs- und Schadensersatzansprüche des Kunden); Überweisungen in Drittstaatenwährung und Überweisungen in Drittstaaten (außerhalb EU/EWR, 3 Nr 3.1–3.3). **Muster:** Hopt/Werner 3. Aufl 2007 Form IV. C.2 (Geschäftsbedingungen für den Überweisungsverkehr, noch Fassung 2004).

C/2   B. **Überweisungsvertrag: a)** Maßgeblich ist nunmehr nicht mehr der Girovertrag (s Rn C/3), sondern der von diesem zu trennende einzelne Überweisungsvertrag (§§ 676a–c BGB). Er ist ein gesetzlich besonders geregelter, entgeltlicher, gemischttypischer Geschäftsbesorgungsvertrag mit Werkvertragscharakter (**§ 676g BGB** iVm §§ 675 I, 631 BGB), RegE ÜG S 18 (vgl Rn C/3), zutr krit Ehmann/Hadding WM Sonderbeil 3/**99,** 4; werkvertragliche Fehlkonstruktion; dennoch de lege lata wohl bindend. Durch den Überweisungsvertrag wird das Kreditinstitut (**überweisendes Kreditinstitut**) gegenüber demjenigen, der die Überweisung veranlasst (**Überweisender,** auch ein anderes Kreditinstitut), **verpflichtet,** dem Begünstigten (kann auch der Auftraggeber selbst sein) einen bestimmten Geldbetrag zur Gutschrift auf dessen Konto beim überweisenden Kreditinstitut (mehrgliedrige Überweisungen s Rn C/5) zur Verfügung zu stellen (**Überweisung,** Legaldefinition) sowie Angaben zur Person des Überweisenden und einen angegebenen Verwendungszweck, soweit üblich, mitzuteilen (**§ 676a I 1 BGB**), Celle WM **07,** 1563 (Schadensersatz). Das Kreditinstitut **schuldet** dem Überweisenden (nicht auch dem Begünstigten) nicht nur ein Bemühen um den **Überweisungserfolg,** sondern bei institutsinternen Überweisungen (hier schon bisher, BGH WM **91,** 797) die Gutschrift und bei Überweisungen auf Konten eines anderen Kreditinstituts Gutschrift auf dem Eingangskonto des Kreditinstituts (des Begünstigten), idR Konto bei der DBBk, Girozentrale oder einem anderen Kreditinstitut (§ 676a I 2 BGB), BankrechtsHdb/Schimansky 3. Aufl 2007 § 49 Rn 55. Zurverfügungstellung des zu überweisenden Geldbetrags bei entsprechender Vereinbarung **auch in bar** (§ 676a I 3 BGB, ohne Entsprechung beim Girovertrag, s Rn C/3). Ein Überweisungsvertrag geht idR auf Konto-zu-Konto-Überweisung, kann aber auch eine Überweisung zu Barauszahlung vorsehen. Kein Überweisungs-, sondern **Auszahlungsauftrag** liegt vor, wenn die Bank beauftragt wird, einer Person, die bei ihr kein Konto hat, einen Barbetrag auszuzahlen, hier ist Auftrags-, nicht Überweisungsrecht anwendbar. BankrechtsHdb/Schimansky 3. Aufl 2007 § 49 Rn 223; bei fehlgegangenem Auszahlungsauftrag grundsätzlich kein Aufwendungsersatz (s Rn C/9), BGH **130,** 91.

Der Überweisungsvertrag kommt **formlos** zustande, bei Barüberweisung idR mit ausdrücklicher Annahme, sonst nach § 362 HGB, hilfsweise § 151 BGB, Vertretung durch Eltern, ohne dass § 181 BGB eingreift, BGH WM **04,** 1546. § 181 BGB greift bei Überweisung des Vertreters auf das eigene Konto nicht ein, weder unmittelbar noch analog, BGH WM **58,** 553, **82,** 549, BankrechtsHdb/Schimansky 3. Aufl 2007 § 49 Rn 17, aA Schlegelb/Hefermehl 17. Das Kreditinstitut ist **zum Abschluss** eines bestimmten Überweisungsvertrags **nicht verpflichtet,** BGH WM **04,** 1546, auch nicht auf Grund des Bankvertrags (s Rn A/6, kein neutrales Geschäft), grundsätzlich auch nicht schlechthin bei Bestehen eines Girovertrags (s Rn C/3), Grund: Erfolg geschuldet und Einstandspflicht; **aber** wenn für die Ausführung der Überweisung ein ausreichendes Guthaben vorhanden oder ein ausreichender Kredit eingeräumt worden ist, wird man die Bank **auf Grund des Girovertrags** für verpflichtet ansehen können, den Überweisungsvertrag abzuschließen, üL, Häuser FS Horn **06,** 735, auch Gößmann/van Look WM Sonderbeil 1/**00,** 22: Ablehnung nur aus wichtigem Grund, aA, aber mit ähnlichem Ergebnis BankrechtsHdb/Schimansky 3. Aufl 2007 § 49 Rn 2: wie früher genügt idR einseitige Weisung des Kunden, aA auch Einsele JZ **00,** 10. Ablehnung danach praktisch selten, denkbar zB bei Überweisungen in unsichere

V. Bankgeschäfte (m. Börsen- u. KapMR) **C/2a, C/2b** **BankGesch** **(7)**

Länder, Verdacht der Geldwäsche uä. Auch dann aber jedenfalls § 362 HGB, sonst Schadensersatz entspr § 663 BGB.
Überweisungen sind mangels Fristvereinbarung (also abdingbar) baldmöglichst zu bewirken (§ 676 a I 1 BGB, gilt für alle Überweisungen, auf jeden Fall aber unverzüglich, s Rn C/7). Zusätzlich sind feste, „strafzinsbewehrte" **Ausführungsfristen** vorgeschrieben **(§ 676 a II BGB);** institutsintern idR 1, höchstens 2 Bankgeschäftstage (Werktage ohne Samstag), außerbetrieblich im Inland 3 (alle „längstens", nicht abdingbar), grenzüberschreitend innerhalb EU/EWR 5 (abdingbar), für Drittstaatenüberweisungen nicht tagmäßig fixiert, aber baldmöglichst; Fristbeginn (Vereinbarung möglich, idR auf den Beginn des Ausführungstages) setzt ua die erforderlichen Angaben und ausreichende Deckung (Guthaben, Kredit, Bargeld) voraus (§ 676 a II 3 BGB). Ausnahme: § 676 c III Nr 2 BGB, davon Gebrauch machend Sonderbedingungen der Banken, s Rn C/1 a. Verzug ohne Mahnung gemäß § 286 II Nr 2 BGB, nach aA Nr 1 oder 4, vgl Seibert NJW **06,** 2359. **Einschränkung des Kündigungsrechts des überweisenden Kreditinstituts** (§ 676 a III BGB, s Rn C/9) **und des Überweisenden** (§ 676 a IV BGB, s Rn C/11).

b) Verspätete, verkürzte und verlorene Überweisungen: Für alle drei Fälle **C/2a** nicht vertragsgemäßer Überweisung (Erfolg geschuldet) ist **verschuldensunabhängige Haftung** vorgesehen (**§ 676 b BGB,** Garantiehaftung) **außer bei höherer Gewalt** (§ 676 b IV BGB, entspr § 651 j I BGB, für Begriff gibt EU-Ri nur Mindeststandard vor, aA Grundmann WM **00,** 2281: autonom; zweifelhaft bei Insolvenz zwischengeschalteter Kreditinstitute, abl Einsele JZ **00,** 15). (1) Bei **Verspätung,** also Überweisung erst nach Ablauf der Ausführungsfrist, droht verschuldensunabhängig (anders als § 286 IV nF BGB) Verzinsungspflicht von 5 Prozentpunkten über dem Basiszinssatz im Jahr (Garantieverzinsung, § 676 b I 2 BGB). (2) **Kürzungen** des Gutschriftsbetrags, zB einbehaltene Gebühren (einerlei durch welche der beteiligten Banken) entgegen dem Überweisungsvertrag (nicht betroffen interne Absprache zwischen Überweisenden und Begünstigten) sind unzulässig, dafür muss das überweisende Kreditinstitut selbst geradestehen (§ 676 b II BGB), Beweislast beim Kreditinstitut, Wahlrecht des Überweisenden nach §§ 263, 264 BGB. Gesonderte Gebührenbelastung bleibt möglich. (3) **Verlorengehen:** Ist die Überweisung weder bis zum Ablauf der Ausführungsfrist (§ 676 a II BGB) noch innerhalb einer Nachfrist von 14 Bankgeschäftstagen ab Erstattungsverlangen bewirkt, droht verschuldensunabhängige Vergütungspflicht von bis zu 12 500 Euro (§ 676 b III BGB, **money-back-Garantie**). Mit dem Erstattungsverlangen und dem Ablauf der Nachfrist gilt der Überweisungsvertrag als gekündigt (§ 676 b III BGB, vgl § 676 a IV BGB). Der Anspruch **entfällt** (anders § 254 BGB) bei bestimmter **Mitverursachung** des Überweisenden (§ 676 b III 6, 7 BGB, fehlerhafte Weisung, auch falsche Kontonummer bei richtiger Empfängerangabe, Grund: wegen Garantiehaftung gilt Rspr bei Rn C/8 hier nicht, BankrechtsHdb/Schimansky 3. Aufl 2007 § 49 Rn 73. Nichtausführung durch das vom Überweisenden ausdrücklich bestimmte zwischengeschaltete Kreditinstitut, dann allerdings Direktanspruch des Überweisenden gegen letzteres). Ausgleichsansprüche des Kreditinstituts gegen andere Kreditinstitute und Herausgabe nach § 667 BGB (str) s Rn C/5 a. Insolvenzrisiko derselben beim überweisenden Kreditinstitut, nicht beim Überweisenden.

c) Die verschuldensunabhängige Haftung nach § 676 b BGB bei verspäteten, ge- **C/2b** kürzten und verlorenen Überweisungen (§ 676 b I, II, III BGB) ist **nur ein Mindestschutz** für den Überweisenden. **Verschuldensabhängige Ansprüche,** insbesondere wegen Pflichtverletzung nach §§ 280 ff BGB (auch für Folgeschäden, zB Vertragsrücktritt im Valutaverhältnis), dann auch § 254 BGB, **und Bereicherungsansprüche** bleiben daneben **unberührt (§ 676 c I 1, 2 BGB).** § 667 BGB auf Herausgabe des vorhandenen Barbetrags bzw als Rückgutschrift soll durch § 676 c I 2 BGB ausgeschlossen sein (RegE S 23); das kann aber nicht gelten, wenn der Betrag beim überweisenden Kreditinstitut noch oder wieder vorhanden ist (BReg S 19 zu § 676 Nr 35, s näher Rn C/5 a). Das überweisende Kreditinstitut **haftet für** ein Verschulden eines von ihm **zwischengeschalteten Kreditinstituts** wie für eigenes Verschulden (nicht § 664 I 2, 3 BGB), es sei denn, dass die wesentliche Ursache bei einem zwischengeschalteten Kreditinstitut liegt, das der Überweisende vorgegeben hat (§ **676 c I 3 BGB,** verdrängt § 278 BGB (nur) bezüglich der zwischengeschalteten Kreditinstitute, s Rn C/10); Haftungsbegrenzung ist eingeschränkt möglich (§ 676 c I 4, 5 BGB). Die Regelung ist zugunsten des Kunden grundsätzlich **zwingend** (Ausnahmen § 676 c III BGB, davon Gebrauch machend Sonderbedingungen der Banken, s Rn C/1 a). AGB sind im Rahmen von **(5)** § 307 BGB zulässig (BReg, weitergehend RegE), aber Rissel/Lindner BB **99,** 2206.

C/3 C. **Girovertrag: a)** Der Girovertrag ist ein besonders geregelter, entgeltlicher, gemischttypischer Geschäftsbesorgungsvertrag (**§ 676 f BGB** iVm § 675 I BGB, lückenhafte Regelung ohne inhaltliche Änderungen der früheren Rechtslage, BankrechtsHdb/Schimansky 3. Aufl 2007 § 47 Rn 8), RegE ÜG S 13, schon bisher Canaris 315, aA zu aF reiner, also nicht gemischttypischer Geschäftsbesorgungsvertrag mit Dienstleistungscharakter (§§ 675 I, 611 BGB), hL, BGH **133,** 14, NJW **85,** 2699, **91,** 978. Durch den Girovertrag wird das Kreditinstitut berechtigt und **verpflichtet,** für den Kunden ein Konto einzurichten, eingehende Zahlungen auf dem Konto gutzuschreiben und abgeschlossene Überweisungsverträge (s Rn C/2) zu Lasten dieses Kontos abzuwickeln (§ 675 f S 1 BGB). Außerdem sind dem Kunden eine weitergeleitete Angabe zur Person des Überweisenden und zum Verwendungszweck mitzuteilen (§ 676 f S 2 BGB). Vertragliche Nebenpflichten, nicht nur zu Kontoauszügen, sondern zB auf Auskunft (§§ 675 I, 666 BGB), BGH WM **85,** 1099, auch noch nach Ablauf der Aufbewahrungsfrist, falls Bank noch aufbewahrt, BGH NJW **01,** 1486. Beim aktiven Girokonto ist mit dem Girovertrag, von diesem streng zu trennen (BGH **131,** 64), eine unregelmäßige **Verwahrung** (§§ 700, 488 ff BGB, s Rn B/1), beim passiven Girokonto ein **Kreditvertrag** verbunden, BGH **124,** 257. Die Möglichkeit von Bareinzahlungen soll heute nicht mehr zum Mindestinhalt des Girovertrags gehören (so RegE, anders als beim Überweisungsvertrag, § 676 a I 3 BGB, s Rn C/2). Grund: Giroverträge mit Direktbanken; aber entsprechende Vereinbarung ist ohne weiteres möglich.
Mit dem Girovertrag sind häufig **Nebenabreden über weitere Bankgeschäfte** verbunden, teils konkludent zB Lastschrift (s Rn D/5), Scheckinkasso (s Rn E/6), teils ausdrücklich zB Kartenvertrag (s Rn F/2), GeldKartenvertrag (s Rn F/14), Zulassung zum Online-Banking (s Rn F/22). Kündigung solcher gesondert zum Girovertrag abgeschlossener Verträge, zB Kartenvertrag, ist unabhängig vom Girovertrag zulässig, nicht aber Teilkündigung einzelner Leistungselemente, zB Dauerauftrag (keine abtrennbare Geschäftsbeziehung iSv **(8)** AGB-Banken Nr 19 I 1), BGH WM **06,** 179.
Auch der Girovertrag kommt formlos zustande, in der Praxis idR Schriftform. Das Kreditinstitut ist **zum Abschluss** eines Girovertrags grundsätzlich **nicht verpflichtet,** auch nicht auf Grund Bankvertrags (s Rn A/6, kein neutrales Geschäft). Grund: Gutschrift bei entspr Zahlungsvertrag geschuldet und verschuldensunabhängige Einstandspflicht, grundsätzlich kein Kontrahierungszwang ex lege s Rn A/6. Dementsprechend ist auch ordentliche **Kündigung** möglich (näher **(8)** AGB-Banken Nr 19 Nr 2), auch aus nicht geschäftlichen Gründen, anders für Girovertrag mit politischen Parteien bei Sparkassen und staatlich beherrschten Kreditinstituten (s Rn A/6), BGH **154,** 146, NJW **04,** 1031. Nach Erlöschen des Girovertrags ist die Bank nicht mehr verpflichtet, aber nachwirkend noch berechtigt, als Zahlstelle eingehende Beträge auf dem Konto zu verbuchen, die sie dann herausgeben muss (§ 676 f BGB oder jedenfalls § 667 BGB), BGH WM **07,** 348. Buchung **nachträglich eingehender Zahlungen** auf einem sog Abwicklungskonto und Verrechnung mit Debetsaldo dort ist unzulässig, BankrechtsHdb/Schimansky 3. Aufl 2007 § 47 Rn 36 a, aA BFH WM **04,** 223, str, näher Schimansky FS Nobbe **09,** 163.
Das Kreditinstitut ist zur **fristgemäßen Gutschrift** eingegangener Überweisungsbeträge für den Kunden (Begünstigten) verpflichtet (**§ 676 g I 1 BGB,** Anspruch auf Gutschrift). § 676 g I 4 BGB betrifft das Verhältnis zur Wertstellung.

C/3a **b) Verspätete, verkürzte und verlorene Überweisungen:** Für alle drei Fälle nicht vertragsgemäßer Gutschrift beim Begünstigten (Erfolg geschuldet) ist **verschuldensunabhängige Haftung** vorgesehen (**§ 676 g BGB),** außer bei höherer Gewalt (§ 676 g IV 6 BGB wie § 676 b IV BGB, s Rn C/2 a). (1) Bei **Verspätung** der

V. Bankgeschäfte (m. Börsen- u. KapMR) **C/3b–C/4 BankGesch (7)**

Gutschrift droht verschuldensunabhängig Verzinsungspflicht zu 5 Prozentpunkten über dem Basiszinssatz im Jahr (§§ 676g I 2, 3, 676b I 2 BGB). (2) **Kürzungen** des Gutschriftsbetrags sind unzulässig. Entgelt für Gutschrift bleibt aber unberührt (§ 676g II 1, 2 BGB). (3) Bei **Nichtausführung** eines Zahlungsvertrags durch ein Kreditinstitut, das von dem Kreditinstitut des Begünstigten mit der Entgegennahme beauftragt worden ist, Vergütungspflicht des letzteren von bis zu 12 500 Euro (§ 676g III BGB).

c) Die verschuldensunabhängige Haftung ist **nur** ein **Mindestschutz** für den Über- C/3b weisungsempfänger (Begünstigten). Sie lässt **verschuldensabhängige Ansprüche unberührt** (§ 676g IV 1–5 BGB entspricht im Wesentlichen § 676c I BGB, s Rn C/2b; § 676g IV 6 BGB wie § 676b IV BGB, s Rn C/3a). Das Kreditinstitut des Kunden **haftet** für ein Verschulden eines von ihm **zwischengeschalteten Kreditinstituts** wie für eigenes Verschulden (§ 278 BGB); Haftungsbegrenzung ist eingeschränkt möglich (§ 676g IV 4, 5 BGB, vgl § 676c I BGB). Die Regelung zugunsten des Kunden grundsätzlich zwingend (§ 676g V BGB).

d) Gebühren für Bareinzahlung auch bei debitorischem Girokonto verstoßen ge- C/3c gen **(5)** §§ 305 ff BGB, ebenso für Barauszahlung (jedenfalls am Schalter der kontoführenden Filiale), wenn Gebühr ohne Rücksicht auf Möglichkeit zur kostenfreien Abhebung an Geldausgabeautomaten der Bank anfällt, BGH **124,** 254, Grund: reiner Zahlungsanspruch aus Verwahrung (s Rn B/1). Ebenso unwirksam Kontoauflösungsgebühr, BankrechtsHdb/Schimansky 3. Aufl 2007 § 47 Rn 26, Grund: Kündigung jederzeit möglich. Postenpreisklauseln bei Girokonto (5 Freiposten monatlich in Ordnung) mit Differenzierung Kassenschalter/Geldausgabeautomat, BGH **133,** 10. Keine Bankgebühr für Freistellungsaufträge, s Rn B/2; bei Nichtausführung einer Überweisung oder Rückgabe von Scheck oder Lastschrift wegen fehlender Deckung, BGH **137,** 43 m krit Anm Canaris EWiR **98,** 49, Rohe NJW **98,** 1284; für Benachrichtigung in solchen Fällen, Grund: Unterrichtungspflicht der Bank, BGH **146,** 377 (s Rn D/5); für Bearbeitung einer Pfändung, BGH NJW **00,** 651; für vom Kunden nicht zu vertretende Rücklastschrift, BGH **150,** 269, Celle WM **08,** 1213. Bei unwirksamer Zinsanpassungsklausel ist Aufteilung in wirksame Zinsvariabilitätsabrede und unwirksame konkrete Zinsanpassungsklausel möglich, BGH WM **08,** 1493, str. Zu Scheckrückgabe (klauseln) s Rn E/6. Entgeltklauseln im Kreditgeschäft s Rn G/4. Lit: Steppeler, Bankentgelte, 2002; Köndgen ZBB **97,** 117, Horn WM Sonderbeil 1/**97** (AGBKontrolle von Entgeltklauseln), Schimansky BGHFS **00,** 6, Krüger/Bütter WM **05,** 673, Bitter ZBB **07,** 237, Merkel FS Nobbe **09,** 141.

e) Die Bank eröffnet dem Kunden ein **Girokonto** (s Rn A/36–47) zum Zahlungs- C/4 verkehr (Annahme und Gutschrift von eingehenden Zahlungen des Kunden oder Dritter für den Kunden) und Abwicklung von mit dem Kunden abgeschlossenen Überweisungsverträgen; es steht damit im Gegensatz zum Sparkonto (Geldsammlung, s Rn B/3–5). Bei **Bareinzahlung** (vgl § 676a I 3 BGB) erwirbt nach herkömmlicher Lehre der Kontoinhaber das Forderungsrecht sofort, nicht erst mit der Gutschriftsbuchung, BGH **74,** 132; auch Belastungsbuchung bei Barauszahlung ist nur deklaratorisch, BGH **63,** 93; richtiger auch hier nur **Anspruch auf Gutschrift,** nur so kann die Bank Einwendungen und Einreden dagegen erheben, BankrechtsHdb/Schimansky 3. Aufl 2007 § 47 Rn 52a. Die **Gutschrift** kommt durch einseitige, in der Gutschrift selbst liegende Erklärung der Bank zustande, Kenntnis des Begünstigten der auch nur Mitteilung an ihn ist unnötig (s Rn C/13). Gutschrift der zum Einzug eingereichten Schecks erfolgt unter Vorbehalt (Bedingung) des Eingangs **(Vorbehaltsgutschrift, E. v.),** dazu str s Rn E/6, **(8)** AGB-Banken Nr 9 Rn 1.

f) Von der **Belastungs- und Gutschriftsbuchung** sind die für Soll- und Habenzinsen maßgeblichen **Wertstellungsbuchungen** (Valutierung) zu unterscheiden, die zT kundenungünstig gehandhabt werden, Hadding/Häuser ZHR 145 **(81)** 161, Pleyer/Huber ZIP **87,** 424. Die Rspr hat dazu schon bisher Mindestanforderungen aufgestellt, zB Klausel über Wertstellung erst am nächsten Tag ist nach **(5)** § 307 BGB unwirksam, bei Bareinzahlung BGH **106,** 259 (Verstoß gegen Transparenzgebot und unangemessen), aA Canaris 460, für Überweisungsbeträge BGH **135,** 316; zu Euro- und Fremdwährungsschecks auf andere in- oder ausländische Banken, BGH **135,** 316;

(7) BankGesch C/5, C/5a   2. Handelsrechtl. Nebengesetze

zu Lastschrifteinzug, BGH WM **97,** 1661. Nach ÜG 1999 ist die Gutschrift, auch wenn sie nachträglich erfolgt, so vorzunehmen, dass die **Wertstellung** des eingegangenen Betrags auf dem Konto des Kunden grundsätzlich unter dem **gleichen Tag** erfolgt, an dem der Betrag dem Kreditinstitut zur Verfügung gestellt worden ist (§ 676g I 4 BGB). Die **Giroguthaben** sind jederzeit verfügbar (Sichteinlagen, s Rn B/1), übertragbar und pfändbar (§ 357 HGB Rn 2–4); auch künftige Girotagesguthaben (§ 357 HGB Rn 8–10). Der Kunde kann durch Überweisung(sverträge) verfügen, idR aber auch durch Scheckzahlung, dann liegt zusätzlich ein Scheckvertrag vor (s Rn E/1). **Girokontovollmacht** (s Rn A/52) umfasst auch Verfügung mittels Scheck, BGH WM **86,** 901; aber nicht ohne weiteres auch Befugnis zur Kontoüberziehung (vgl § 493 BGB); Hopt/Mülbert 72. Überweisungen auf Grund Abbuchungsauftrag des Kunden oder Einzugsermächtigung des Gläubigers durch den Schuldner erfolgen im Lastschriftverfahren (s Rn D/1). Das Girokonto ist ein Bankkontokorrentkonto, s § 355 HGB Rn 4. **Lastschrift als rückläufige Überweisung** s Rn D/1 ff. Lit: BankrechtsHdb/Schimansky 3. Aufl 2007 § 47 Rn 61; Borges WM **98,** 105 (Wertstellung), Schimansky BGHFS **00,** 6 (AGBKontrolle).

C/5   D. **Mehrgliedriger Überweisungsverkehr, insbesondere Zahlungsvertrag: a) Zahlungsvertrag:** Der mehrgliedrige Überweisungsverkehr macht Überweisungen von Kunden der Überweisungsbank (uU über Zwischenbanken) zu Kunden der Empfängerbank möglich, ohne dass der Kunde der Überweisungsbank zu den anderen Banken in vertragliche Beziehungen tritt, BGH WM **58,** 1078. Das ÜG 1999 regelt die Beziehungen der Kreditinstitute im mehrgliedrigen Überweisungsverkehr (teilweise) in der Form des Zahlungsvertrags (§§ 676 d–e BGB, abdingbar; vgl aber auch § 676 f BGB). Durch den **Zahlungsvertrag** verpflichtet sich ein zwischengeschaltetes Kreditinstitut gegenüber einem anderen Kreditinstitut, im Rahmen des Überweisungsverkehrs einen Überweisungsbetrag an ein weiteres Kreditinstitut oder an das Kreditinstitut des Begünstigten weiterzuleiten (§ 676 d I BGB). Der Zahlungsvertrag ist ein Geschäftsbesorgungsvertrag mit Dienstleistungscharakter (**§ 676 d I BGB** iVm §§ 675 I, 611 BGB), aA Gößmann/van Look WM Sonderbeil 1/**00,** 43, Grund: nur Weiterleitungspflicht, kein Erfolg geschuldet. Zahlungsvertrag ist entgegen Wortlaut auch für Mehrzahl von Überweisungen möglich, dann Rahmenvertrag (wie die Abkommen zum Überweisungsverkehr, s Rn C/5 b) und Dauerschuldverhältnis. Die Vertragsverpflichtung schließt einseitige Lösungsmöglichkeit des zwischengeschalteten Kreditinstituts aus (außer bei Rahmenvertrag, hier Kündigung nach allgemeinen Regeln), vertragliche Aufhebung bleibt möglich, ebenso Gegenweisung des überweisenden Kreditinstituts. Nicht erfasst ist das Verhältnis des überweisenden oder zwischengeschalteten Kreditinstituts zum Kreditinstitut des Begünstigten (BReg S 19), dieses soll nicht § 676 e BGB, sondern nur § 676 g BGB unterliegen. §§ 676 d–e BGB sind wegen des engen Zusammenhangs nur anwendbar auf Überweisungen iSv § 676 a BGB, nicht auf andere bargeldlose Zahlungen wie mehrgliedriger Scheckverkehr, Bülow WM **00,** 58.

C/5a   b) **Zurückleitungspflicht:** Das Kreditinstitut des Begünstigten ist verpflichtet, einen Überweisungsbetrag an das überweisende Kreditinstitut **zurückzuleiten,** wenn ihm vor dessen Eingang eine entsprechende Mitteilung durch das überweisende Kreditinstitut zugeht (**§ 676 d II 1** iVm § 676 a IV 1 BGB). Im Rahmen von Zahlungsverkehrssystemen braucht die **Kündigung** von dem in dem Systems festgelegten Zeitpunkt an nicht mehr beachtet zu werden (§ 676 d II 2 iVm § 676 a IV 2 BGB, s Rn C/5 b). Verschuldensunabhängige **Ausgleichsansprüche** zwischen den beteiligten Kreditinstituten bei verspäteten, verkürzten oder verlorenen Überweisungen nach § 676 e BGB, §§ 249 ff BGB sind anwendbar. Nachforschungspflichten und Erstattungsansprüche bestehen auch unabhängig von **§ 676 e IV BGB** und werden durch diesen nicht eingeschränkt, BankrechtsHdb/Schimansky 3. Aufl 2007 § 49 Rn 164 Bei fehlgeschlagener Überweisung Anspruch auf Herausgabe des vorhandenen Barbetrags bzw als zurückerlangten Betrags bereits aus **§ 667 BGB,** der insoweit entgegen dem Wortlaut von § 676 c I 2 BGB kraft richtlinienkonformer Auslegung gerade nicht ausgeschlossen ist (BReg S 19, s Rn C/2 b), BankrechtsHdb/Schimansky 3. Aufl 2007 § 49 Rn 72, 139, aA Hoffmann WM **01,** 881: nur § 812 I 1 Alt 2 BGB.

V. Bankgeschäfte (m. Börsen- u. KapMR) C/5b–C/7 **BankGesch** (7)

Auf jeden Fall ist ein nicht verbrauchter Vorschuss nach § 669 BGB nach Kündigung nach § 667 BGB, nicht nach § 812 BGB zurückzuerstatten, BankrechtsHdb/Schimansky 3. Aufl 2007 § 49 Rn 71.

c) Verrechnungssysteme: In der Praxis erfolgt der mehrgliedrige Überweisungs- C/5b verkehr durch Verrechnung in Gironetzen mit einer gemeinsamen Kopfstelle. Gironetze bestehen in den privaten Großbanken, den Sparkassen (Girozentralen und Deutsche Girozentrale-Deutsche Kommunalbank), den Volksbanken und Raiffeisenbanken (Zentralkassen und Deutsche Genossenschaftsbank) und zwischen diesen Netzen durch die Zentralbank (DBBk mit einer LZBk, nunmehr Abrechnungsstelle der DBBk, in jedem Bundesland und Zweiganstalten, § 3 BBankG), s Besondere Bedingungen der DBBk für den beleglosen Datenträgeraustausch. Die DBBkAbrechnung erfolgt durch **Verrechnungsvertrag (Skontration)**, BGH WM **72,** 1379, NJW **87,** 2439. Lit: Canaris 892, 892 a; Canaris WM **76,** 994, Sandberger BB **76,** 488, Pfister ZHR 143 **(79)** 24. Warnpflichten im Abrechnungsverkehr s Rn A/24. Auch zwischen den beteiligten Banken bestehen Giroverträge (Kontokorrente), bei Zwischenbanken (nicht aber bei bloßer Einschaltung von Landeszentralbanken: diese sind bloße Boten, BGH **96,** 13, Schlegelb/Hefermehl 49, str für das vereinfachte Scheck- und Lastschrifteinzugsverfahren der DBBk, Häuser WM **88,** 1508), aber nur mit diesen, nicht auch unmittelbar zwischen der Überweisungsbank und der Empfängerbank, BGH WM **57,** 1047. Das **Abkommen zum Überweisungsverkehr** 16. 4. 96 (statt EZÜ-Abkommen 27. 9. 94 und BZÜ-Abkommen 19. 1. 93; entsprechend für Lastschriften **(10)** LSA, früher EZL-Abkommen) zwischen den Spitzenverbänden des Kreditgewerbes und der DBB enthält Verfahrens- und Haftungsregeln für die Abwicklung von Bankkunden beleglos oder in Belegform erteilten Überweisungsaufträge, Texte WM **96,** 840; dazu BGH NJW **03,** 1389 (Auslegung von Weisungen). Nr. 3 I des Abkommens über Rückfrage ist bloße Sollvorschrift, BGH **144,** 245. Zur insolvenzrechtlichen **Wirksamkeit von Verrechnungen** bei Einbringung in ein Verrechnungssystem (§ 147 I 2 ua InsO) s Rn A/58. Zur **außerbetrieblichen Überweisung** (Einstandspflicht für eingeschaltete Banken, Aufwendungsersatz) s Rn C/10; zur **internationalen Überweisung** BankrechtsHdb/Häuser § 51; zum beleglosen Datenträgeraustausch BankrechtsHdb/Gößmann § 52; zum Scheckabrechnungsverkehr mit und ohne DBBk BankrechtsHdb/Nobbe § 61 Rn 81 ff.

2) Das Rechtsverhältnis zwischen den Banken und dem Überweisenden

A. **Überweisungsvertrag, nicht bloßer Überweisungsauftrag:** Jede einzelne C/6 Überweisung erfolgt nach dem ÜG 1999 (volle Geltung erst ab 1. 2. 2002, s Rn C/1) auf der Grundlage eines Überweisungsvertrags (näher dazu Rn C/2), nicht mehr nur eines Überweisungsauftrags des Bankkunden-Kontoinhabers als einer Weisung iSv §§ 675 I, 665 BGB im Rahmen des Girovertrags, aA nach aF hL, BGH **10,** 319, NJW **83,** 1779. Der Überweisungsvertrag ist tatbestandlich keine echte Anweisung iSv §§ 783 ff BGB (mangels Urkunde, Leistung von Sachen, Aushändigung ua), beinhaltet aber eine Weisung, genauer **Anweisung** iwS, die gleichzeitige Leistungen im Valutaverhältnis zwischen Überweisendem und Überweisungsempfänger (s Rn C/22–26) und im Deckungsverhältnis zwischen Überweisungsbank und dem die Weisung erteilenden Kunden zur Folge hat (Simultanleistung); § 784 I Halbs 2 BGB (Einwendungsausschluss) ist entspr anwendbar, s Rn C/15–19. Die Anweisung setzt aber keinen wirksamen Überweisungsvertrag voraus und kann auch ohne Giroverhältnis erteilt werden. Überweisungsauftrag ohne Deckung ist nicht unbedingt Betrug, BGH NJW **01,** 453, Einzelheiten str.

B. **Pflichten und Rechte der Bank: a) Pflichten:** Überweisungen sind von der C/7 Bank unverzüglich (§ 121 I 1 BGB, § 347 HGB), auf jeden Fall aber innerhalb der Ausführungsfrist (§§ 676 a–c BGB, s Rn C/2) und **strikt an den vom Kunden als Empfänger Genannten** durchzuführen. Die Bank hat die **formale Anweisung** iwS (s Rn C/6) ohne Rücksicht auf die zugrundeliegenden Rechtsverhältnisse der Beteiligten zu befolgen (Grundsatz der **formalen Auftragsstrenge**), BGH WM **62,** 460, **91,** 799, NJW **03,** 1390, Düss WM **04,** 1234, zumal bei Sammelüberweisung BGH WM **92,** 1392. Auch keine Plausibilitätskontrolle über die gewissenhafte Auftragserfüllung hinaus, BGH NJW **03,** 1390. Hat der als Empfänger Bezeichnete mehrere

(7) BankGesch C/8, C/9   2. Handelsrechtl. Nebengesetze

Konten, ist strikt auf das vom Kunden bezeichnete zu überweisen, auch wenn eine vorgedruckte Fakultativklausel („oder ein anderes Konto des Empfängers") nicht gestrichen ist, BGH **98,** 24; Grund: Gefährdung des Kunden zB bei Kontopfändung oder Konto im Debet. Überweisung auf Und-, Oder-Konto s Rn A/38–40. Existiert das angegebene Girokonto nicht (mehr), keine Gutbringung auf Sparkonto ohne Rückfrage, BGH BB **89,** 2213. Die Wichtigkeit strikter Befolgung der Anweisung erweist sich bei debitorischen oder gepfändeten Konten und bei besonderer Zweckbindung der Überweisung. Weisungen des Empfängers s Rn C/14. Bei auftragswidriger Ausführung Verschuldenshaftung (§ 280 BGB), nach § 676 c I 2 BGB unberührt, s Rn C/2 b), auch ohne Verschulden Entfallen des Vergütungsanspruchs nach §§ 675 I, 670 BGB, Grenze § 242 BGB, zB wenn Überweisungszweck trotz Fehlbuchung erreicht worden ist, BGH NJW **91,** 3209, **92,** 112, Mitverschuldenseinwand (§ 254 BGB, s Rn C/9).

C/8   Stimmen im Überweisungsauftrag Name des Empfängers und Kontonummer nicht überein, ist grundsätzlich der **Name entscheidend,** BGH **68,** 268 (Postscheck), **108,** 386, NJW **87,** 1826, stRspr; Ausnahmen unter Kreditinstituten denkbar, BGH NJW **03,** 1390, weitere Ausnahme (kein Schaden bzw treuwidrige Berufung darauf): Überweisung gelangt trotz falschen Namens über Kontonummer an den richtigen Empfänger; diese Rspr ist aber auf Garantiehaftung bei Kürzungen des Gutschriftsbetrags (§ 676b II, III 6 BGB) nicht übertragbar (s Rn C/2a). Eine Risikoüberwälzung auf den Kunden ist bei dem großen Schadensrisiko im herkömmlichen Überweisungsverkehr mit Belegträgern unwirksam, hL, BGH **108,** 386; anders für den **beleglosen Daten(träger)austausch** im Interbankenverkehr, BGH **108,** 386, und bei Teilnahme eines Unternehmens an der elektronischen Kontenführung auch im Unternehmerverkehr, BGH WM **06,** 28, früher str (s 32. Aufl). Die Bank darf aber in Nachhinein abgleichen und ggf stornieren, Düss ZIP **03,** 1139. Der Überweisung an den Empfänger steht sofortiger Weiterleitung auf dessen Veranlassung an einen Dritten gleich, BGH WM **76,** 904. Lit: Casper FS Nobbe **09,** 3 (Änderungen durch ZahlungsdienstleistungsRi), Rauhut ZBB **09,** 32.

Überweisungsverträge werden durch Gutschrift ausgeführt, außer bei ausdrücklicher anderer Weisung außerhalb des Überweisungsträgers. Vermerke in der **Spalte Verwendungszweck** auf dem Überweisungsvordruck dienen zu Mitteilungen des Bankkunden an den Empfänger (Valutaverhältnis s Rn C/22–26) und brauchen von der Bank idR **nicht beachtet** zu werden, BGH **50,** 230, Düss WM **87,** 954. Anders in Ausnahmefällen, zB wenn die Bank selbst Überweisungsempfänger ist oder der abweichende Wille des Kunden für die Bank offensichtlich ist, BGH **50,** 230, WM **62,** 460, NJW **03,** 1390, Düss WM **86,** 478. Ist die Anweisung unklar, zB falsche Kontonummer und unkorrekte Empfängerbezeichnung, oder kann die Bank die Anweisung aus einem anderen Grund nicht ausführen, zB auch weil die Deckung auf dem Konto nicht ausreicht (dann uU Teilausführung, wenn im Interesse des Auftraggebers), ist die Bank zu unverzüglicher **Rückfrage** bzw **Benachrichtigung** verpflichtet, BGH **68,** 269 (Postscheck), WM **78,** 637, Hamm WM **85,** 1162 (s auch für Lastschrift RN D/5, für ungedeckten Scheck Rn E/1), auf den Einzelfall abstellend BankrechtsHdb/Schimansky 3. Aufl 2007 § 49 Rn 38; ebenso im Ausnahmefall einer berechtigten Abweichung von der Anweisung im Interesse des Überweisenden. Die Bank hat aber keine Pflicht zur Kontrolle der Kontobewegungen, auch wenn sie weiß, dass das Guthaben wirtschaftlich einem Dritten zusteht. Rückfragepflicht muss Ausnahme bleiben, so Prüfungspflicht der Bank bei Verdacht missbräuchlicher Abbuchungen eines Vertreters des Kunden, BGH WM **04,** 1625, s Rn A/22, § 50 HGB Rn 5; Mitteilungspflicht bei Nichtausführung einer Überweisung mangels Deckung (vgl § 676a II 3 aE BGB), jedenfalls aber dann, wenn der Kunde von Ausführung der Überweisung trotz fehlender Deckung ausgehen konnte, BGH NJW **01,** 1420, aber Mitverschulden des Kunden (§ 254 I BGB); Warnpflicht s Rn A/24. Auskunfts- und Rechenschaftspflicht (§ 666 BGB), auch neben § 355 HGB; zB laufende Kontoauszüge, bei Vertragsende nicht noch einmal umfassend (unzumutbar), BGH NJW **85,** 2699, aber begrenzt und gegen Kostenerstattung (§ 242 BGB), BGH NJW-RR **88,** 1072.

C/9   **b) Rechte der Bank:** (1) **Ersatz:** Die Bank kann Konto des Überweisenden vor Gutschrift belasten, Heymann/Horn V/20; mit Gutschrift hat sie einen **Aufwen-**

V. Bankgeschäfte (m. Börsen- u. KapMR) C/10 **BankGesch** (7)

dungsersatzanspruch (§ 670 BGB), bei außerbetrieblicher Überweisung s Rn C/10. Bei fehlgegangener Auszahlung entsteht kein Aufwendungsersatzanspruch (bei Kündigung § 676 b III 5 BGB, im Gegenteil: money-back-Garantie, s Rn C/2 a). § 254 BGB ist nur auf Schadensersatz- und analog auf Erstattungsansprüche nach §§ 667, 675 I BGB anwendbar, BGH **130,** 87. Kontoüberziehung (vgl § 493 BGB) s Rn G/14 ff, **(8)** AGB-Banken Nr 12 Rn 2. – (2) **Kündigung:** Kündigung durch die Bank ohne Angaben von Gründen nur, solange die Ausführungsfrist noch nicht begonnen hat (§ 676 b III 1 iVm § 676 a II 3 BGB, aber mit Girovertrag nicht vereinbar), danach nur noch bei Eröffnung des Insolvenzverfahrens über das Vermögen des Überweisenden oder bei Kündigung eines zur Durchführung der Überweisung erforderlichen Kredits (§ 676 a III 1 BGB), krit BankrechtsHdb/Schimansky 3. Aufl 2007 § 49 Rn 7: ohne praktische Anwendung, und in Zahlungsverkehrssystemen nach deren Regeln (§ 676 a III 2 BGB), krit Ehmann/Hadding WM Sonderbeil 3/**99,** 11: offenes Blankett für die Banken. Diese frühe Unkündbarkeit nach § 676 a III BGB betrifft aber nur das Innenverhältnis der Banken untereinander, der Überweisende kann bis zum Eingang des Überweisungsbetrags beim Kreditinstitut des Begünstigten kündigen, sofern die Mitteilung dieses letztere Kreditinstitut vorher erreicht (s Rn C/11).

C. **Außerbetriebliche Überweisungen: a) Haftung nach § 278 BGB:** Der C/10 Überweisende steht **in Vertragsbeziehung nur mit der von ihm beauftragten Bank,** nicht auch mit der Empfängerbank (oder sonst eingeschalteten Banken), BGH **108,** 388. Das hat sich durch das ÜG nicht verändert. Die beauftragte Bank **darf** in die Überweisung **andere Banken** (Empfängerbank, Zwischenbanken) **einschalten,** ist also zur Substitution berechtigt. Die Bank haftet aber anders als nach § 664 I 2 BGB für die eingeschalteten Banken wie für eigenes Verschulden (§ 676 c I 3 BGB für Ansprüche aus § 676 b BGB, § 676 g IV 3 BGB für Ansprüche aus § 676 g I–III BGB, insoweit Sonderregelungen zu § 278 BGB, s auch Rn C/2 b), nicht nur mehr für eigenes Auswahl- und Überwachungsverschulden, so schon bisher Köndgen, Neue Entwicklungen im Bankhaftungsrecht 1987, S 133, Einsele AcP 199 **(99)** 177, Wakkerbarth ZIP **00,** 1187, aA zu aF BGH WM **91,** 797.

b) Drittschutzwirkung bzw Schutzpflichten aus Gesetz: Nach der Rechtslage **vor** dem ÜG (s Rn C/1) hatten die Giroverträge zwischen den beteiligten Banken, zumutbare Pflichten vorausgesetzt, uU **Drittschutzwirkung,** Düss WM **82,** 575, Ffm WM **84,** 726, Düss WM **87,** 1008, Kln WM **88,** 93, Hüffer ZHR 151 **(87)** 93, offen BGH **108,** 390, besser **unmittelbare Schutzpflichten** aus Gesetz s Rn D/4; nach aA ist nur Drittschadensliquidation möglich, Hadding FS Werner **84,** 165, van Gelder WM **95,** 1253, Schlegelb/Hefermehl 100, BankrechtsHdb/Schimansky 3. Aufl 2007 § 49 Rn 149, s zum Lastschriftverfahren Rn D/2, allgemein zur Drittschadensliquidation Langenbucher/Adolff FS Canaris **07** I 679. Nach der üL hatte sich dies auch **nach** dem ÜG nicht geändert, nähere Begründung 33. Aufl., schon damals aA BankrechtsHdb/Schimansky 3. Aufl 2007 § 49 Rn 150 („noch weniger als nach altem Recht"), vielmehr erschien die Lehre von der Drittschutzwirkung bzw den Schutzpflichten aus Gesetz als auch nach dem ÜG unverzichtbar, zur Begründung s auch Langenbucher/Gößmann/Werner § 1 Rn 100 ff, aA diese Bedeutung marginalisierend BankrechtsHdb/Schimansky 3. Aufl 2007 § 49 Rn 149. Eine andere Frage ist auf der Basis dieser Ansicht, in welchen konkreten Fallkonstellationen solche unmittelbare Schutzpflichten anzunehmen sind, was jeweils besonders begründet werden und zumutbar sein muss (Reibungslosigkeit des Giroverkehrs), vgl BankrechtsHdb/Schimansky 3. Aufl 2007 § 49 Rn 150 ff, Canaris 396. Der BGH 6. 5. 08 WM **08,** 1252 hat in einem Grundsatzurteil unter **Aufgabe früherer Rechtsprechung** (BGH **69,** 85, **96,** 17, WM **88,** 247, s zum Lastschriftverkehr Rn D/4) vertragliche Schutzpflichten von Banken zugunsten Dritter im bargeldlosen Zahlungsverkehr generell abgelehnt. Darauf muss sich der Rechtsverkehr beim Überweisungsverkehr, bei der Lastschrift (s Rn D/4) und beim Scheckgeschäft (s Rn E/6) künftig einstellen, auch wenn dogmatisch und im Ergebnis nach wie vor die besseren Gründe für die alte Rspr sprechen (sehr wohl bestimmungsgemäße, wenn auch nicht direkte Leistungsberührung; personenrechtlicher Einschlag ist heute zur nicht mehr nötig, das war gerade der Fortschritt der

(7) BankGesch C/11

früheren Rspr; dem Massengeschäftscharakter kann ohne weiteres Rechnung getragen werden, s. o.; das alleinige Interesse der Banken sollte nicht entscheidend sein, sie handeln im Interesse der Kunden; europarechtliche Überprüfung fehlt). Stattdessen werden die Kunden (außer bei Bareinzahlung, dann eigenständiger Geschäftsbesorgungsvertrag mit direkter Warnpflicht, BGH WM **08,** 1256) auf die Drittschadensliquidation (zutr aA Canaris 26, 395) und § 826 BGB verwiesen, was sie deutlich schlechter stellt (Notwendigkeit, zuerst die Abtretung zu erstreiten; Vorsatzerfordernis, vgl im Übrigen 33. Aufl). Bankgeheimnis s Rn A/9.

c) Überweisungszusage: Möglich ist ausnahmsweise eine förmliche **Bestätigung** der Überweisungsbank gegenüber dem Überweisungsempfänger (direkt oder über den Überweisenden) mit dem Inhalt, ohne Rücksicht auf Deckung oder Widerruf zu überweisen (wie Scheckeinlösungszusage, s Rn E/8). Eine solche Garantie muss aber erkennbar gewollt sein (s Rn E/8). Der bloße Stempelaufdruck „angenommen" genügt keinesfalls, auch nicht **Sperrzusage** (nur Sperrverpflichtung, uU Drittschutz, vgl Düss WM **08,** 1398). Liegt solche Garantie vor, ist der Widerruf des Überweisenden unbeachtlich. (Un)Widerruflichkeit des Überweisungsauftrags ist dafür irrelevant, BankrechtsHdb/Schimansky 3. Aufl 2007 § 49 Rn 15, aA Canaris Rn 397 a. Die Bestätigung kann an bestimmte Voraussetzungen gebunden sein, uU auch stillschweigend, zB Auslieferung der Ware, BankrechtsHdb/Schimansky 3. Aufl 2007 § 49 Rn 16, doch darf nicht auf diese Weise die Bestätigung konterkariert werden. Bloße **Bestätigung des Überweisungsvertrags** durch Überweisungsbank an Überweisungsbegünstigten kann je nach den Umständen selbstständiges Schuldversprechen iSv § 780 BGB sein; zumindest besteht Schutzpflicht (vgl Scheckauskunft Rn E/8), Canaris 397 a.

d) Der **Aufwendungsersatzanspruch** (s Rn C/9) der Erstbank entsteht nach Rechtslage vor ÜG schon mit Weiterleitung, BGH WM **91,** 797, der Überweisende hat jedoch später uU einen Rückübertragungsanspruch nach **§ 667 BGB,** str (s Rn C/2 b, C/5 a); nach ÜG richtiger Aufwendungsersatzanspruch erst mit Gutschrift an Empfänger, die die Erstbank schuldet (s Rn C/2), so schon nach aF Hadding/Häuser ZHR 145 **(81)** 152. Die Bank macht den Anspruch mit Kontobelastung, bei elektronischer Überweisung erst nach Nachdisposition, geltend, BGH WM **05,** 1019. Im beleglosen Überweisungsverkehr gelten zwischen den Banken die durch die bevollmächtigten Verbände vereinbarten Richtlinien, zB zum Magnetbandclearing, BGH **108,** 386.

C/11   D. **Kündigung des Überweisungsvertrags durch den Überweisenden:** Die Kündigung des Überweisungsvertrags ist nach dem ÜG nicht mehr als bloß gegenteilige Weisung des Kunden ohne weiteres möglich, solange die Bank den Betrag dem Empfänger noch nicht gutgeschrieben hat, BGH **103,** 143, sondern eine besonders geregelte werkvertragliche Kündigung (§ 649 S 1 BGB, s Rn C/2), krit BankrechtsHdb/Schimansky 3. Aufl 2007 § 49 Rn 21 (völlig verunglückt). Sie ist vor Beginn der Ausführungsfrist (§ 676 a II 3 BGB) jederzeit möglich (selbstverständlich nur, solange die Überweisung noch nicht getätigt worden ist), danach nur noch, wenn die Mitteilung von der Kündigung das Kreditinstitut des Begünstigten noch vor dem Zeitpunkt erreicht, in dem der Überweisungsbetrag diesem Kreditinstitut endgültig zur Gutschrift auf dem Konto des Begünstigten zu Verfügung gestellt wird, also **Eingang der Mitteilung vor Eingang des Überweisungsbetrags** (§ 676 a IV 1 BGB, berichtigend auszulegen, Zeitpunkt, in dem der Empfänger Anspruch auf (nicht erst: aus) Gutschrift gegen die Empfängerbank erwirbt, Gößmann/van Look WM Sonderbeil 1/**00,** 35, ähnlich BankrechtsHdb/Schimansky 3. Aufl 2007 § 49 Rn 22, 23), in Zahlungsverkehrssystemen nach deren Regeln (§ 676 a IV 2 BGB, krit Ehmann/Hadding WM Sonderbeil 3/**99,** 11). Das überweisende Kreditinstitut muss das Kreditinstitut des Begünstigten unverzüglich über die Kündigung informieren (§ 676 a IV 3 BGB).

Ein **Anspruch** des Überweisungsempfängers **auf Gutschrift** steht, sofern ein solcher im Verhältnis zwischen Empfängerbank und Empfänger schon vor Eingang des Überweisungsbetrags vereinbart ist, unter der auflösenden Bedingung der Kündigung (früher: Widerruf), BGH **6,** 124; nach Eingang des Überweisungsbetrags hat der

V. Bankgeschäfte (m. Börsen- u. KapMR)   C/12 **BankGesch** (7)

Empfänger dagegen einen unbedingten Anspruch auf Gutschrift. Mit Gutschrift erlangt der Überweisungsempfänger einen **Anspruch aus Gutschrift** (anders bei Buchungen auf Konto pro Diverse, s Rn A/41). Bei **außerbetrieblicher Überweisung** (s Rn C/10) ist die Kündigung des Kunden (**Rückruf**) nur gegenüber seiner Bank möglich, aA Möschel AcP 186 (**86**) 228; sein Widerruf an Zwischen- oder Empfängerbank (mit denen er nicht in Vertragsbeziehung steht, s Rn C/5) ist wirkungslos, LG Fbg WM **76**, 143. Die Kündigung des Kunden an seine Bank ist von dieser jedoch unverzüglich weiterzugeben (§ 676a IV 3 BGB), BGH **4**, 249, und zwar zur Verhinderung der Gutschrift unmittelbar an die Empfängerbank (Direktwiderruf der erstbeauftragten Bank), vor ÜG str (Direktrückruf ist auch nach Überweisungsabk Nr 4 möglich, s Rn C/5b). Der Rückruf ist nicht mehr wie früher (BGH WM **00**, 25) bis zur vorbehaltslosen Gutschrift auf dem Konto des Begünstigten möglich, sondern nur noch, wenn die Mitteilung davon der Empfängerbank zugeht, bevor ihr der Überweisungsbetrag endgültig zur Gutschrift auf dem Konto des Begünstigten zur Verfügung gestellt wird (§ 676a IV 1 BGB), Rückruf ist also zB noch möglich, wenn die Empfängerbank den Eingang auf Conto pro Diverse verbucht und damit noch nicht erkennbar dem Kontoinhaber zuweist, BGH WM **07**, 349. Beim beleglosen Datenträgeraustausch erfolgt die EDVGutschrift sofort, die Überprüfung folgt nach (**Nachdisposition** im Gegensatz zur Vordisposition; zum Vorbehalt der Nachdisposition; vgl Rn C/13, 14. Die Bank trifft eine Organisationspflicht, soweit zumutbar für Beachtung der Kündigung zu sorgen; sie darf sich nicht nur auf die Kontrolle des Kunden (s (**8**) AGB-Banken Nr 11 Rn 9) verlassen. Die wirksame Kündigung wirkt **ex nunc**. Die beteiligten Banken sind zur Stornierung (Rückbuchung) verpflichtet; Rechtsgrundlage ist nach ÜG § 676d II BGB (früher: § 667 BGB, Rückgewähr des in der Buchung liegenden Vorschusses § 669 BGB), BGH **27**, 248; bloße Abtretung der eigenen Rückbuchungsansprüchs der Bank an den Auftraggeber ist ungenügend, aA BGH **4**, 249. **Bereicherungsausgleich** bei Kündigung des Überweisungsvertrags s Rn C/19. Lit: Häuser NJW **94**, 3121.

E. **Mängel der Überweisungsanweisung**: Bei Fehlen, zB Doppelausführung   C/12 (etwa bei Verkennung der schriftlichen Bestätigung als neuer Auftrag, BGH **72**, 9) oder versehentliche Überweisung an einen Dritten (Bsp BGH **62**, 372), Fälschung, BGH WM **94**, 1420, Verfälschung, BGH WM **05**, 1564, **08**, 1119, Scheinanweisung, BGH **152**, 307, Nichtigkeit (zB Geschäftsunfähigkeit, BGH **111**, 382, WM **08**, 1119, Vertretung ohne Vertretungsmacht, BGH **147**, 145, **158**, 1, WM **08**, 1119), oder Anfechtung (§§ 119ff, 142 I BGB, hL, BankrechtsHdb/Schimansky 3. Aufl 2007 § 49 Rn 19, str, aber wenig bedeutsam) der Überweisungsanweisung (s Rn C/6) ist die Überweisung gegenüber dem Kunden grundsätzlich nicht wirksam. Täuschung durch den Anweisenden über Berechtigung eines Dritten zum Abruf der Kreditmittel macht die (abstrakte) Anweisung nicht unwirksam, BGH **147**, 269. Bei unwirksamer Anweisung ist eine Belastungsbuchung ex tunc rückgängig zu machen. Empfangene Deckung ist nach § 667 BGB ohne Rücksicht auf Verschulden zurückzugeben, BGH **87**, 380, WM **91**, 1912, Gutschrift an unrichtigen Empfänger steht nicht entgegen, BGH WM **78**, 367. Keine Rückgabe, wenn der Weisungsverstoß das Interesse des Auftraggebers iErg nicht verletzt hat (§ 242 BGB), BGH WM **91**, 1912, zB Überweisungszweck wird trotz Fehlbuchung erreicht. Grenzen (zB Mitverschulden § 254 BGB, entspr auch gegenüber § 667 BGB) oder Gegenansprüche ergeben sich zB: aus Sorgfaltspflichtverletzungen des Kunden und seiner Erfüllungsgehilfen (§ 280 I iVm §§ 278, 31 BGB, auch bei dessen Vorsatz und Straftat), BGH WM **91**, 1912; aus Vertrauenshaftung (§ 5 HGB Rn 9–17); aus Risikoverlagerung, soweit wirksam (unwirksam (**8 a**) AGB-Spark Nr 4 II nF bei Geschäftsunfähigwerden des Kunden, BGH **115**, 38 gegen **52**, 63 zu (**8**) AGB-Banken Nr 23 aF vor 1993). Das **Fälschungsrisiko** trägt die Bank, BGH WM **85**, 511, **90**, 1280, **92**, 1393, **94**, 2074, ganz hL; auch, wenn die Bank die Fälschung nicht erkennen konnte und diese durch in der Sphäre des Kontoinhabers liegende Umstände ermöglicht wurde (keine verschuldensunabhängige Sphärenhaftung), BGH NJW **01**, 2968, anders nur in besonderen Ausnahmefällen, zB (wie beim Blankettmissbrauch analog § 172 II BGB) bei einer Sammelüberweisung, BGH WM **92**, 1392, eventueller Rechtsschein aber nur bei Bezug gerade auf die Echtheit des Überweisungsauftrags, BGH NJW **01**, 2968. Abweichende AGB sind wegen **(5)** § 307 BGB jedenfalls gegenüber Privatkunden unwirksam, aA Canaris 369: Differenzierung zwischen Fälschung und Verfälschung; vgl dagegen zur früheren Klausel bei Banken betr Scheckverkehr (s Rn E/1) und **(11)** ERA Art 34, **(12)** ERI Art 2, 8. Auch wenn die Bank das Fälschungsrisiko trägt, kann sie aber einen Anspruch nach § 280 I BGB gegen den Kunden wegen pflichtwidriger Ermöglichung der Fälschung haben, dieser wiederum uU gemindert bei Mitverschulden der Bank wegen unzureichender Kontrolle, BGH WM **67**, 1142, **85**, 511, **94**, 2074, aber nicht schon bei Informationsweitergabe über Kontoverbindung an Person seines Vertrauens, BGH NJW **01**, 2968. **Bereicherungsausgleich** bei Mängeln der Überweisungsanweisung s Rn C/18; bei versehentlicher, aber wirksamer Überweisungsanweisung (Mangel im Valutaverhältnis) s Rn C/16. **Schadensersatz** bei Fälschung s BGH NJW **01**, 2629, 3183, 3191, krit Häuser FS Kümpel **03**, 219.

3) Das Rechtsverhältnis zwischen den Banken und dem Überweisungsempfänger

C/13 A. **Vor Gutschrift:** Der Überweisungsvertrag zwischen dem Überweisenden und der überweisenden Bank ist **kein Vertrag zugunsten Dritter** iSv § 328 BGB; der Überweisungsvertrag (s Rn C/2) begründet für den Empfänger (Begünstigten) noch keinen unmittelbaren Anspruch gegenüber der überweisenden Bank, BGH **69**, 85, NJW **87**, 318; Drittschutzwirkung s Rn C/1–5. Auch die Mitteilung (**Avis,** auch Eilavis oder Direktavis) des Überweisenden oder der überweisenden Bank an den Empfänger oder seine Bank ist nur eine Vorausankündigung, auch bei Auftragskopie mit Originalunterschriften; dazu Nürnb WM **77**, 1441, Düss WM **79**, 1272, BankrechtsHdb/Schimansky 3. Aufl 2007 § 49 Rn 186, Koller BB **72**, 687. Daran hat sich durch das ÜG nichts geändert.

Möglich ist aber ein Anspruch des Empfängers aus anderem Rechtsgrund, zB Garantie oder sonstiger Vereinbarung, RG **134**, 77, BGH WM **56**, 1293, BB **60**, 343; Haftung aus § 826 BGB s Rn A/34. IdR hat der Empfänger jedoch einen **Anspruch auf Gutschrift** (oder Weiterüberweisung, BGH WM **58**, 222) aus seinem eigenen Girovertrag mit seiner (Empfänger-)Bank (§ 676 f iVm §§ 675 I, 667 BGB, s Rn C/3), BGH WM **90**, 6 m Anm Häuser 1184. Dieser Anspruch entsteht allgemein auf Gutschrift eingehender Zahlungen bereits mit Abschluss des Girovertrags (§ 676 f S 1 BGB), als Anspruch auf Gutschrift eines konkreten Überweisungsbetrags dagegen mangels anderer Vereinbarung erst, wenn die Empfängerbank den Überweisungsbetrag erhalten hat (§ 676 g I 1 Halbs 1 BGB); **Eingang des Überweisungsbetrags** bzw der buchmäßigen Deckung, auch nach ÜG: bei innerbetrieblicher Überweisung mit Erlangung der buchmäßigen Deckung durch Belastung des Kontos des Überweisenden, bei außerbetrieblicher Überweisung mit entspr Belastung bzw Gutschrift für die Empfängerbank; auf Kenntnis der Empfängerbank kommt es nicht an. Bei elektronischem Überweisungseingang ist außer der Belastungsbuchung eine **Nachdisposition** der Bank notwendig, nicht ohne weiteres Zusammenfallen mit dem Zustandekommen des Überweisungsvertrags, bloßes Schweigen genügt nicht, BGH WM **05**, 1019. Fällt die Deckung wieder weg, zB durch Insolvenz der Überweisungs- oder der Zwischenbank, ist nichts herauszugeben, str, fraglich unter § 676 g I BGB („eingegangen"). Erfüllung des Anspruchs wird nicht durch fälschliche Gutschrift für Dritten unmöglich, Ffm NJW **83**, 1681; aA BGH NJW **69**, 320. Der Anspruch auf Gutschrift ist nach Eingang des Überweisungsbetrags unbedingt (keine Kündigung des Überweisenden mehr, s Rn C/11). Der Anspruch ist unverzüglich zu erfüllen; Zinsberechnung mangels Fristvereinbarung grundsätzlich vom Banktag nach Deckungseingang an (§ 676 g I 1 BGB), früher str. Der Anspruch auf Gutschrift ist grundsätzlich nicht abtretbar, aber pfändbar (analog § 851 II ZPO). Bei Geldbeträgen in **ausländischer Währung** muss die Empfängerbank mangels Fremdwährungskonto beim Empfänger rückfragen, bei kleineren Beträgen kann sie nach dem mutmaßlichen Willen des Kunden in Euro (Verkaufskurs der Fremdwährung) gutschreiben, in der Praxis bestehen dazu Schwellenwerte.

C/14 B. **Nach Gutschrift:** Die Gutschrift des überwiesenen Betrags durch die (Empfänger-)Bank für den Empfänger vollendet den Überweisungsvorgang. Der Empfänger soll sich durch sie möglichst wie bei Empfang von Bargeld stellen, BGH **6**, 124. Die

V. Bankgeschäfte (m. Börsen- u. KapMR) C/15 **BankGesch** (7)

Gutschrift begründet deshalb für ihn ein **abstraktes Recht aus Gutschrift,** das durch Kündigung des Überweisenden nicht berührt werden kann (nach ÜG bereits Vorverlagerung auf Eingang des Überweisungsbetrags, s Rn C/11, 13) und von Einwendungen und Einreden aus dem Deckungs- und Valutaverhältnis (s Rn C/15) unabhängig ist, BGH **6,** 124, **26,** 171, NJW **51,** 437, BB **76,** 1246 (Nichtbefolgen von Weisung zur Weiterleitung von Zweckangaben). Das ÜG hat zwar die Rechtsstellung des Empfängers (Begünstigten) verbessert, insbesondere hat er nach Eingang des Überweisungsbetrags bei seiner Bank einen unbedingten Anspruch auf Gutschrift, der weder durch Kündigung der überweisenden Bank noch durch Kündigung des Überweisenden mehr berührt werden kann, aber das zwingt nicht dazu, den Zeitpunkt der Endgültigkeit des Überweisungsvorgangs bereits auf den Zeitpunkt des Eingangs des Überweisungsbetrags vorzuverlagern. Die EG-Ri und das ÜG sorgen zwar dafür, dass der Empfänger den Überweisungsbetrag ab einem früheren Zeitpunkt gesichert erwarten kann, berühren aber nicht zwingend die Rückabwicklung. Die **Gutschrift behält also nach dem ÜG ihre Bedeutung** als Scheidepunkt für den Bereicherungsausgleich bei Fehlüberweisung (s Rn C/15). Das zeigt sich ua darin, dass das ÜG nur einen Mindestschutz (für den Überweisenden s Rn C/2 b, für den Überweisungsempfänger s Rn C/3 b) begründet und weitergehende Ansprüche unberührt lässt.

Die **Gutschrift** ist als abstrakte Schulderklärung der Empfängerbank gegenüber dem Empfänger anzusehen (§§ 780, 781 BGB), hL, aA Kupisch WM Sonderbeil 3/**79,** 20. Diese beruht auf dem (wirksamen) Girovertrag, aus dem die Bank das Recht zur einseitigen Begründung abstrakter Rechte des Kunden ohne dessen Kenntnniserlangung hat (nach aA antizipierte Angebote des Kunden mit Verzicht auf Erklärung der Annahme nach § 151 BGB, nach aA überhaupt einseitiges Rechtsgeschäft der Bank), Koller BB **72,** 692. Gutschrift Eingang vorbehalten (E. v., **Vorbehaltsgutschrift**) ist möglich, Ffm BB **83,** 148, aber, da die Gutschrift nach Buchung verschaffen kann, anders als bei Gutschrift von Einzugspapieren (s **(8)** AGB-Banken Nr 9 für Einzugsaufträge, Scheckinkasso s Rn E/6) unüblich. Der **maßgebliche Zeitpunkt** ist bei **manueller** Bearbeitung die Gutschriftsbuchung durch die Bank. Kenntnis des Empfängers ist irrelevant. Anzeige an ihn ist nur deklaratorisch, BGH NJW **51,** 437. Der maßgebliche Zeitpunkt ist die Gutschrift beim **maschinellen** Buchungsverfahren der, in dem die Bank die Daten der Gutschrift zur vorbehaltlosen Bekanntgabe an den Empfänger zur Verfügung stellt: so je nach Organisation zB Eintragung in Kontokarte des Empfängers; Absendung des Kontoauszugs bzw Bereitstellung zur Abholung; bei KundenEDVAnschluss, zB Kontoauszugsdrucker, bereits autorisierte **Abrufpräsenz** aus EDV-Anlage der Bank; BGH **103,** 143, NJW **00,** 804, WM **05,** 1019, str; das muss einheitlich auch für das Magnetbandclearing angenommen werden; s auch **(8)** AGB-Banken Nr 9 II für Lastschriften und Schecks. Gutschrift aus Ausland s Polke ZIP **85,** 11. Zum Vorbehalt der **Nachdisposition** (s Rn C/11) BGH NJW **00,** 804. Zum Forderungserwerb vor Gutschrift bei Bareinzahlung s Rn C/4. Der Empfänger kann die Gutschrift (analog § 333 BGB, str) **zurückweisen,** hL, Canaris 473, Häuser, WM-FG Hellner **94,** 10, Schön AcP 198 (**98**) 433, aA BGH **128,** 135, BankrechtsHdb/Schimansky 3. Aufl 2007 § 47 Rn 20: nur wenn dem Empfänger die Zahlung nicht (mehr) zusteht, also ihm sonst § 812 BGB droht, für letzteren Fall auch BGH WM **89,** 1560; aber nur unverzüglich (vgl **(8)** AGB-Banken Nr 11 IV, V), insoweit aA Canaris ZIP **86,** 1025, offen BGH NJW **90,** 323; ausführlich BankrechtsHdb/Schimansky 3. Aufl 2007 § 47 Rn 16 ff. Gutschrift auf Konto pro Diverse (cpd, s Rn A/41) begründet mangels Vertrags zwischen Bank und Empfänger, der bei ihr kein Konto hat, noch keinen Anspruch des letzteren, BGH **27,** 241, NJW **87,** 55; anders in Ausnahmefällen, in denen dann aber ein mindestens konkludenter Vertragsschluss vorliegen muss. Lit: Hadding/Häuser WM **88,** 1149.

C. **Bereicherungsausgleich bei Fehlüberweisung:** Die Gutschrift begründet ein C/15 abstraktes Recht des Empfängers, gegen das entspr § 784 I Halbs 2 BGB (s Rn C/6) Einwendungen und Einreden nur beschränkt zulässig sind. Für den Bereicherungsausgleich gilt der Grundsatz, dass die Rückabwicklung grundsätzlich innerhalb des jeweiligen Leistungsverhältnisses zu erfolgen hat, BGH **61,** 291, **66,** 363, 374, **111,** 385, **147,** 273, WM **08,** 1118, stRspr, Nobbe WM Sonderbeil 4/**01,** 24, Einzelheiten

Hopt 1797

(7) BankGesch C/16–C/18

in BankrechtsHdb/Schimansky 3. Aufl 2007 § 50 Rn 3 ff, was wegen des Prozess- und Insolvenzrisikos hoch relevant ist:

a) Mängel im Deckungsverhältnis zwischen der Bank und dem Überweisenden kann die Bank nicht gegen den Empfänger nach § 812 BGB, BGH WM **55,** 1476, sondern nur gegen den Überweisungsauftraggeber geltend machen; das gilt auch, wenn der Überweisende insolvent geworden oder sein Konto ungedeckt oder gepfändet ist, hL, stRspr; anders nur, wenn die Gutschrift selbst unter Vorbehalt erteilt wurde, vgl **(8)** AGB-Banken Nr 9 (Scheck, Lastschrift). Überhaupt kein Mangel im Deckungsverhältnis liegt vor, wenn die Bank zur Ausführung der Überweisung rechtlich nicht verpflichtet war, etwa mangels ausreichender Deckung auf dem Konto oder Pfändung, BankrechtsHdb/Schimansky 3. Aufl 2007 § 50 Rn 23.

C/16 **b) Mängel des Valutaverhältnisses** zwischen dem Überweisenden und dem Empfänger sind unmittelbar und ausschließlich zwischen dem Überweisenden und dem Empfänger (nicht deren Banken) auszugleichen (vgl Rn C/26, aber s Rn C/18), hL, stRspr. So hat zB bei Nichtigkeit nur der Überweisende (nicht seine Bank) einen Bereicherungsanspruch, und zwar nur gegen den Empfänger (nicht gegen die Empfängerbank); ebenso bei Fehlüberweisung auf überschuldetes Konto des Empfängers nach erneuter Überweisung auf das richtige Konto desselben (idR ohne § 818 III BGB), BGH NJW **85,** 2700; ebenso bei irrtümlich falscher Empfängerangabe, vgl BGH WM **87,** 530, oder bei Überweisung auf ein anderes als das angegebene Konto, dann auch keine Aufrechnung des weisungswidrig leistenden Schuldners mit seinem Bereicherungsanspruch, BankrechtsHdb/Schimansky 3. Aufl 2007 § 50 Rn 27, aA für Zurückweisungsrecht des Empfängers, Canaris 473, gegen ein solches BGH **128,** 139 aus Gründen des ungehinderten Überweisungsverkehrs und der Kalkulierbarkeit des Tagessaldos für die Parteien.

C/17 **c)** Das gilt auch bei **Doppelmangel** des Deckungs- und Valutaverhältnisses, sonst würden Einwendungen und Aufrechnungsmöglichkeiten abgeschnitten; üL, aA RG **86,** 347, JW **34,** 2459, offen BGH **48,** 72, **147,** 275; streitig ist, ob die Bank dann einen vom Valutaverhältnis unabhängigen Bereicherungsanspruch hat, Canaris 1. FS Larenz **73,** 811, oder sich nur den Bereicherungsanspruch des Überweisenden abtreten lassen kann und dann das Risiko der Insolvenz des Empfängers trägt (§ 818 III BGB), Schlegelb/Hefermehl 79. Ausnahme: Bei Mangel im Deckungsverhältnis und unentgeltlicher Leistung im Valutaverhältnis besteht mangels Bereicherungsanspruches (§§ 818 III, nicht IV, 819 BGB) gegen den Anweisenden ein unmittelbarer Anspruch des Angewiesenen gegen den Leistungsempfänger (entspr § 822 BGB), BGH **88,** 237, **147,** 274, krit Mühl WM **84,** 1441; dem Fehlen des Bereicherungsanspruchs gegen den Anweisenden steht nach § 822 BGB nicht gleich mangelnde Durchsetzbarkeit des Primäranspruchs aus nur tatsächlichen Gründen, zB Zahlungsunfähigkeit des Anweisenden, BGH NJW **69,** 605, **99,** 1026, üL, aA Canaris 1. FS Larenz **73,** 833, sehr str.

C/18 **d)** Bei von Anfang an gegebenen **Mängeln der** idR im Überweisungsvertrag liegenden **Anweisung** (Weisung, s Rn C/6, Mängeln s Rn C/12; anders bei nachträglicher Kündigung, s Rn C/19) hat die Bank dagegen einen Bereicherungsanspruch (Stornorecht s Rn C/20) im **Ausführungs-** bzw **Vollzugsverhältnis** unmittelbar gegen den Überweisungsempfänger (**Direktkondiktion** nach § 812 BGB, „in sonstiger Weise", idR gerichtet auf Zustimmung zur Aufhebung des abstrakten Rechts aus Gutschrift, s Rn C/14), BGH **111,** 382, **147,** 145, WM **90,** 1280, Zweibr WM **06,** 1102, hL, BankrechtsHdb/Schimansky 3. Aufl 2007 § 50 Rn 5 ff unter Heranziehung des Grundsatzes der Zurechenbarkeit bzw. Zweckbestimmung, Rn 7; auch wenn dem Empfänger der Mangel nicht bekannt war (anders frühere Rspr), BGH **111,** 386, **147,** 151, 274, **152,** 312, **158,** 5, WM **08,** 1119, Grund: Empfängerhorizont ersetzt nicht fehlende Tilgungs- und Zweckbestimmung durch den Kontoinhabers. Bspe (wie Rn C/12): Fehlen der Überweisungsanweisung, Doppelgutschrift, Gutschrift an falschen Empfänger, Fälschung, mangelnde Geschäftsfähigkeit; auch Anfechtung der Überweisungsanweisung (§ 142 I BGB), str. Der Empfänger ist geschützt nach §§ 172 f BGB analog, Canaris 439. Allgemein ist der Empfänger nach § 818 III BGB geschützt, BGH **147,** 151, **152,** 315, Zweibr WM **06,** 1102, seine Bereicherung kann danach durch seine Verfügung über den irrtümlich gutgeschriebenen Betrag entfallen; das gilt nicht bei

V. Bankgeschäfte (m. Börsen- u. KapMR)   C/19–C/22   **BankGesch**   (7)

Kenntnis des Empfängers von dem Mangel (§ 819 I BGB), auch nicht bei fahrlässig mangelhafter Kontrolle der Kontoauszüge (Verletzung des Girovertrags, § 254 BGB), BGH **72,** 9, Mü WM **71,** 265, KG WM **80,** 254, str, nach aA ist § 819 I BGB lex specialis. Lit: Schnauder ZIP **94,** 1069.

e) Bei Gutschrift trotz rechtzeitiger **Kündigung** (früher: Widerruf) oder anderweitiger (nicht vorsätzlicher) Mißachtung der Anweisung, etwa zu hoher Überweisungsbetrag (Bsp BGH WM **86,** 1381: das Zehnfache, dort aber problematische Korrektur über § 242 BGB) wurzelt der Fehler demgegenüber im Verhältnis zwischen Bank und Auftraggeber; Kündigung und von Anfang an fehlende Überweisungsanweisung stehen (auch aus Empfängersicht) nicht gleich, Nobbe WM Sonderbeil 4/**01,** 8 li Sp, anders für Erlöschen eines Dauerauftrags und Kündigungsfälle nach § 676 b III 3, 4 BGB, wenn der Überweisungsbetrag doch noch eingeht, BankrechtsHdb/Schimansky 3. Aufl 2007 § 50 Rn 8, str. Die Bank hat deshalb, zB auch bei irrtümlicher Zuvielüberweisung, BGH WM **08,** 1118 (ebenso schon 33. Aufl), str, keinen unmittelbaren Bereicherungsanspruch gegen den Empfänger, so wenn der Empfänger mit Überweisung des Auftraggebers rechnen konnte und Kündigung nicht kannte; dann findet Bereicherungsausgleich zwischen Bank und Auftraggeber statt, BGH **87,** 246 (ebenso wie bei Scheckwiderruf, s Rn E/5), **89,** 376 und NJW **84,** 2205 (Änderung eines Dauerauftrags); anders nur wenn der Empfänger die Kündigung kannte (Beweislast für die Kenntnis liegt beim Auftraggeber), BGH **87,** 393, **88,** 235, **89,** 379, WM **08,** 1119. Nach aA hat die Bank einen Bereicherungsanspruch unmittelbar gegen den Empfänger auch ohne dessen Kenntnis, Lieb JZ **83,** 962, Schnepp WM **85,** 1249, aber dieser ist über § 818 III BGB hinaus bei Gutgläubigkeit entspr §§ 172 f BGB geschützt, Canaris 439. Ein girovertraglicher Rückzahlungsanspruch gegen den Empfänger besteht nicht (aber Stornierung, s Rn C/20), Grund: Schutzgrenze der §§ 818 III, 819 I BGB, Canaris 434, aA Mü WM **71,** 265. Lit zum Bereicherungsausgleich Stierle 1980; Canaris WM **80,** 354 gegen Kupisch WM Sonderbeil 3/**79,** ZIP **83,** 1412, Flume NJW **84,** 464, Krumm WM **90,** 1609, Langenbucher FS Heldrich **05,** 285.

C/19

D. Stornierung: Neben dem gesetzlichen Bereicherungsanspruch hat die Bank bei fehlerhaften Gutschriften, zB infolge falscher Kontonummer, ein eigenständiges girovertragliches Rückbuchungsrecht (Stornierung, ausführlich **(8)** AGB-Banken Nr 8 Rn 1); nach üL erstreckt sich das Stornorecht aber nur auf technische Buchungsfehler, richtiger auch auf Fälschung, Nichtigkeit und Anfechtung (s Rn C/18, nach aA unzutr sogar auf Kündigung des Überweisungsvertrags); erstreckt man das Stornorecht auch auf diese Fälle, kommt dem Bereicherungsanspruch nur noch geringe Bedeutung zu, so uU bei einem Debetsaldo, s **(8)** AGB-Banken Nr 8 Rn 2. Zum Einlösungszeitpunkt und zur Stornierung bei Einzugsaufträgen s **(8)** AGB-Banken Nr 9.

C/20

E. Verrechnung: Die Bank kann eingehende Überweisungen mit einem Debet des Empfängers verrechnen (§ 355 HGB Rn 7–12) und hat ein Pfandrecht an der eingegangenen Forderung nach **(8)** AGB-Banken Nr 14; der Empfänger kann das nicht einseitig verhindern. Doch kann die Überweisung einen die Verrechnung untersagenden Sperrvermerk (Weisung des Überweisenden) enthalten, BGH WM **62,** 460, **71,** 158. In der **Insolvenz** des Kunden (s Rn A/58) bestehen Überweisungsverträge ebenso wie Zahlungs- und Übertragungsverträge mit Wirkung für die Masse fort (§ 116 S 3 InsO idF ÜG 1999).

C/21

4) Das Rechtsverhältnis zwischen dem Überweisenden und dem Überweisungsempfänger

A. **Zulässigkeit der Überweisung:** Notwendig ist das **Einverständnis** des Überweisungsempfängers (Gläubiger) mit der Überweisung statt mit Barzahlung (Schuldnerwechsel: statt des überweisenden Schuldners schuldet die Bank des Gläubigers; Buchgeld statt Bargeld). Einverständnis liegt vor bei Angabe des Bankkontos auf Rechnung, Briefkopf oder Prospekt, BGH **98,** 30, WM **04,** 1219. Das Einverständnis kann sich auf eines von mehreren Konten des Empfängers beschränken. Die widerspruchslose Annahme einer Überweisung ist als Einverständnis zu werten, uU auch für künftige Zahlungen, BGH WM **55,** 1476. Eine Einverständniserklärung liegt aber angesichts der allgemeinen Üblichkeit der bargeldlosen Zahlung auch schon in der

C/22

(7) BankGesch C/23, C/24

bloßen Errichtung eines Bankgirokontos (nicht Spar-, Festgeld- und andere nicht für den Zahlungsverkehr bestimmte Konten, s Rn A/36 ff), auch ohne besondere Bekanntgabe, üL, zutr BankrechtsHdb/Schimansky 3. Aufl 2007 § 49 Rn 199, aA BGH NJW **55,** 897, Canaris 470. Barzahlungsklausel bedeutet nur sofortige Zahlung, nicht Ausschluss der bargeldlosen Zahlung, BankrechtsHdb/Schimansky 3. Aufl 2007 § 49 Rn 199. Die Bank wird durch den Girovertrag zur Annahme ermächtigt (entspr §§ 362 II, 185 BGB); der Kontoinhaber kann sich, wenn er sein Geld anders empfangen will, durch entspr Mitteilung an den Schuldner schützen. Eine Barzahlungsklausel steht der Überweisung idR nicht entgegen (§ 346 HGB Rn 40 „Zahlung"). Das Einverständnis ist frei widerruflich (entspr § 183 BGB); es ist nicht mehr widerruflich nach Eingang der Überweisung, anders in Sonderfällen, Canaris 474. Angabe eines neuen Bankkontos ist iZw konkludenter Widerruf des Einverständnisses bezüglich des alten, BGH WM **04,** 1219. Überweisung ohne Einverständnis ist zurückweisbar (entspr § 333 BGB). Folge: kein aufrechenbarer Bereicherungsanspruch des Überweisenden. Schutz des Schuldners bei Angabe der falschen Kontonummer oder Widerruf entspr §§ 170 ff BGB, Canaris 472. Lit: v Dücker WM **99,** 1257.

C/23 B. **Erfüllung:** Die Überweisung im Einverständnis des Gläubigers ist Erfüllung (§ 362 BGB), nicht nur Leistung an Erfüllungs Statt (§ 364 I BGB), ganz üL, wohl auch BGH WM **99,** 11 (Erfüllung mit Gutschrift auf Konto mit alleiniger Verfügungsmacht), noch offen BGH **98,** 30, aA BGH **58,** 109 (beiläufig), Canaris 467, denn die Überweisung „an den Gläubiger" und Barzahlung stehen sich nach der Verkehrsanschauung gleich; das gilt auch bei zulässiger Überweisung auf Oder-Konto (Rn A/39), anders bei Überweisung auf Sparkonto wegen § 808 BGB, Hamm NJW **87,** 70. Leistungsempfänger ist nur der Gläubiger (Kontoinhaber), nicht seine Bank (nur Zahlstelle), BGH **53,** 142, NJW **74,** 458, **79,** 371; das ist wichtig für § 812 BGB. **Tilgungsbestimmung** des Schuldners nach § 366 BGB ist anfechtbare Willenserklärung, BGH **106,** 163. Die **Erfüllungswirkung** (nicht gleichzusetzen mit Rechtzeitigkeit, s Rn C/24) tritt nach üL **erst mit Gutschrift** auf dem Gläubigerkonto ein, BGH **6,** 123, **58,** 109, nicht schon mit Eintreffen der Deckung bei der Empfängerbank (bloße Zahlstelle), str, das ist bisher mit der Widerruflichkeit bis zur Gutschrift begründet worden, deshalb nach dem ÜG zweifelnd Häuser WM **99,** 1043, Vorverlagerung auf den Zeitpunkt des Entstehens des Anspruchs auf Gutschrift verteilt das Insolvenzrisiko besser, BankrechtsHdb/Schimansky 3. Aufl 2007 § 49 Rn 207; jedenfalls noch nicht mit Unkündbarkeit des Überweisungsvertrags (§ 676 a IV BGB), BGH WM **82,** 294 (auch für internationales Zahlungsabkommen); auch nicht mit Gutschrift auf Konto pro Diverse (s Rn A/41). Überweisung **an Dritte,** auch auf Notaranderkonto (s **(9)** AGB-Anderkonten), ist Erfüllung nach §§ 362 II, 185 BGB nur bei besonderer Vereinbarung (Verkäuferinsolvenzrisiko), BGH **87,** 164 (vgl Rn G/3); so auch, wenn der Gläubiger nur Verfügungsmacht über Drittkonto hat, BGH NJW **99,** 210. Lit: v Dücker WM **99,** 1257, Gösele FS Nobbe **09,** 75.

C/24 C. **Rechtzeitigkeit:** Für die Rechtzeitigkeit der Zahlung (wichtig zB für Verzug, Wechselkursänderungen, Vertragsstrafe) kommt es bei einer Geld-Bringschuld (Erfüllungsort ist ausnahmsweise der Wohnsitz des Gläubigers) auf den Zeitpunkt der Gutschrift auf dem Gläubigerkonto an, BGH BB **71,** 147; so jetzt generell für Geldschuld EuGH NJW **08,** 1935 m Anm Scheuren-Brandes ZIP **08,** 1463, Herresthal ZGS **08,** 259 (vgl Rn C/1). Die Geldschuld ist jedoch nach bisheriger, so nicht aufrechtbarer Ansicht idR eine Schickschuld (§§ 270 IV, 269 I BGB), bei der nur rechtzeitige Leistungshandlung geschuldet ist, hL, aA Schön AcP 198 **(98)** 443; Gutschrift innerhalb der Leistungszeit (Leistungserfolg) ist nicht erforderlich, vielmehr genügt jedenfalls Abbuchung, BGH NJW **64,** 499, bei Haus- und Filialüberweisung sogar Vorverlagerung auf Zeitpunkt des Weisungseingangs bei der Bank, sofern ausreichende Deckung vorhanden ist, hL, so auch bei außerbetrieblichen Überweisungen, üL, BankrechtsHdb/Schimansky 3. Aufl 2007 § 49 Rn 216, aA rechtzeitige Hinausgabe des Überweisungsauftrags durch die Bank des Überweisenden (Absendung), differenzierend Canaris 481. Ort und Zeit bargelloser Zahlung s Schönle FS Werner **84,** 817. Lit: Graf v Westphalen BB **00,** 157.

V. Bankgeschäfte (m. Börsen- u. KapMR)   C/25–D/03   **BankGesch (7)**

D. Gefahrtragung: Die Gefahrtragung richtet sich nach § 270 I BGB. Die Gefahr   C/25
(zB Verlust, Insolvenz der Bank, Währungsreform) trägt im Verhältnis zum Gläubiger
der Schuldner bis zur Gutschrift (s Rn C/23). Die Gefahr der Insolvenz der Empfängerbank ist aber nach der Sphärentheorie dem Gläubiger zuzuweisen.

E. Bereicherungsausgleich: Der Bereicherungsausgleich nach §§ 812 ff BGB fin-   C/26
det im Valutaverhältnis zwischen dem Überweisenden und dem Überweisungsempfänger, nicht dem Kunden der Bank C/16; Ausnahme bei Mängeln der Überweisungsanweisung, s Rn C/18. Beweislast, dass der Betrag dem Überweisungsempfänger
nicht zugeflossen ist, weil das auf ihn lautende Konto nur Strohmannkonto ist, liegt bei
ihm, BGH NJW **83**, 626. Lit: Stierle 1980.

D. Lastschrift

S zunächst C. Giroüberweisung

a) Kommentare und Handbücher: Außer dem allgemeinen Schrifttum (s Einl
vor A/1) BankrechtsHdb/*van Gelder* 3. Aufl 2007 §§ 56–59. – *Canaris* (2. Kap: Zahlungswesen) 3. Aufl 1988, Rn 528. – Ebenroth/*Grundmann* BankR II 103 2001. –
MüKo(HGB)/(Bearbeiter) 2. Aufl 2005 ff Bd 5 2009 Anh nach § 372: *MüKo/Hadding/
Häuser/ua* (Zahlungsverkehr C). – *Kümpel* 3. Aufl 2004 Rn 4411 ff.

b) Sonstige Beiträge: *Engel* 1966. – *Fallscheer/Schlegel* 1977. – *Hadding/Häuser*
1981. – *Zschoche* 1981. – *Reyher/Terpitz* 1982. – *Lohmann* 2008 (grenzüberschreitende
Lastschrift). – *Franke* DB **73**, 1055. – *Hadding* FS Bärmann **75**, 375. – *Sandberger* JZ
77, 285. – *Holschbach* DB **77**, 1933. – *Frenz/Winterhalder* DB **78**, 1821. – *Buck* KTS
80, 97. – *Canaris* WM **80**, 359. – *Denck* ZHR 144 **(80)** 171, 147 **(83)** 544. – *Bauer*
WM **81**, 1186. – *Terpitz* NJW **81**, 1649. – *Hadding/Häuser* ZHR 145 **(81)** 156. –
Bundschuh FS Stimpel **85**, 1039. – *Häuser* ZBB **95**, 285. – *van Gelder* FS Schimansky
99, 127. – *Hadding* WM **05**, 1549. – *Piekenbrock* KTS **07**, 179 (Einzugsermächtigung).
Muster: *Hopt/Werner* 3. Aufl 2007 Form IV. D.1–6 (Lastschrift). **RsprÜbersicht:**
Hadding WM **78**, 1366, *van Gelder* WM Sonderbeil 7/**01**.

0) Neues Recht ab 31. 10. 09 für die Lastschrift

Zahlungsdienste §§ 675c–676 c BGB: Die neuen Regeln für Zahlungsdienste (s   D/01
Rn C/01 ff) gelten ab 31. 10. 09 auch für die Lastschrift. Zu beachten sind auch hier
der Grundsatz der Vollharmonisierung (s Rn C/02, C/04) und die neuen Begriffsbestimmungen (s Rn C/03). Die §§ 675 c–676 c nF BGB unterscheiden nicht mehr
zwischen Überweisung, Lastschrift und anderen Zahlungsinstrumenten (s Rn C/05).
Da die Lastschrift schon bisher als „rückläufige Überweisung" verstanden wurde (s
Rn D/1) und deshalb die Grundsätze für die Überweisung und namentlich auch die
Rückabwicklung bei Bereicherung auch für die Lastschrift herangezogen werden
konnten, war das schon im bisherigen Recht angelegt. Zu beachten sind auch für die
Lastschrift der Grundsatz der Vollharmonisierung (s Rn C/02, C/04) und die neuen
Begriffsbestimmungen (s Rn C/03). **Lastschrift** ist nach der **Legaldefinition** von
§ 675 c III BGB iVm § 1 IV ZAG ein vom Zahlungsempfänger ausgelöster Zahlungsvorgang zur Belastung des Zahlungskontos des Zahlers, dem dieser gegenüber dem
Zahlungsempfänger, dessen Zahlungsdienstleister oder seinem eigenen Zahlungsdienstleister zustimmt. Die bisherigen Formen der Lastschrift sind damit erfasst.

Änderungen zum Recht der Lastschrift: Wichtig ist zunächst, dass für die   D/02
Lastschrift herkömmlicher Art, also Abbuchungsauftragsverfahren und Einzugsermächtigungsverfahren einerseits, und die neue **SEPA-Lastschrift** andererseits unterschiedliche Regime gelten. Das betrifft insbesondere die Art der Autorisierung. Vgl
Art 62 I EU-ZahlungsdiensteRi. Einzelheiten zur SEPA-Lastschrift sind noch in der
Diskussion. Die Unterschiede zeigen sich auch in den verschiedenen Sonderbedingungen der Banken (s **(8)** AGB-Banken Nr 1 I 2). Ab 31. 10. 09 gibt es eigene „Bedingungen für Zahlungen mittels Lastschrift im SEPA-Basis-Lastschriftverfahren".

Die bisherige **Unterscheidung zwischen Abbuchungsauftragsverfahren und**   D/03
Einzugsermächtigungsverfahren (s Rn D1, D/6, D7 ua) **bleibt erhalten**. § 675j
I 2 nF BGB erlaubt auch die nachträgliche Autorisierung, die dem Einzugsermächtigungsverfahren zugrundeliegt (Genehmigung, s Rn D/5; **(8)** AGB-Banken Nr 7 III

(7) BankGesch   D/04, D/1   2. Handelsrechtl. Nebengesetze

aF, s dort, ist allerdings in die Sonderbedingungen verlagert worden). Zu beachten ist aber für Fälle, in denen nicht der genaue Zahlungsbetrag angegeben wurde oder in denen der Zahlungsbetrag den zu erwartenden Betrag übersteigt (§ 675 x I 1 nF BGB), der dann resultierende **Erstattungsanspruch** des Zahlers gegen den Zahlungsdienstleister, Ausschluss nach acht Wochen (§ 675 x IV nF BGB); **autorisierte Zahlungen ohne Betragsangabe in der Autorisierung** kommen praktisch vor bei blanko erteilten Kreditkartenverfügungen (zB in Hotels, bei Autovermietern oder an Tankautomaten) sowie bei SEPA-Lastschriften ohne Betragsangabe im Mandat, die im Unterschied zur Einzugsermächtigungslastschrift vorautorisiert sind. Für das Abbuchungsauftragsverfahren sehen AGB eine abweichende Regelung vor (iErg zulässig wegen § 675 x III nF BGB, da Auftrag unmittelbar an die Zahlstelle erteilt wird). Für das Einzugsermächtigungsverfahren gilt § 675 x nF BGB nicht (nur für Vorautorisierung). Das neue Recht erlaubt wie bisher breiten Raum für Vereinbarungen. Dementsprechend gibt es ab 31. 10. 09 eigene „Bedingungen für Zahlungen mittels Lastschrift im Einzugsermächtigungsverfahren" und „Bedingungen für Zahlungen mittels Lastschrift im Abbuchungsauftragsverfahren".

D/04   Bei den **Rechten und Pflichten** des Zahlungsinstituts ändert sich wenig, zu beachten sind aber § 675 o I 4 und § 675 f IV 2 aE nF BGB zu Entgeltabreden und § 675 y II nF BGB zur Ausführungspflicht des Zahlerinstituts. **Ausführungsfrist** (D+1, § 675 s nF BGB) s Rn C/08, aber nicht für Einzugsermächtigungslastschriften (Genehmigung). Bei der **Wertstellung** wird das Mittelzuflussprinzip (gleichtägige Wertstellung) auch auf den Zahlungszufluss aus Lastschriften ausgedehnt (§ 675 t nF BGB). Größere Änderungen ergeben sich dagegen beim **Widerspruch des Inkassoschuldners** (§ 675 x I nF BGB, s oben Rn D/03, und § 675 x IV nF BGB), näher Grundmann WM **09,** 1159.

1) Rechtliche Qualifikation

D/1   A. **Lastschriftverfahren:** Das Lastschriftverfahren ist eine weit verbreitete Sonderform des Überweisungsverfahrens (s Rn C/1 ff; das Lastschriftgeschäft ist Zahlungsdienst iSv § 1 II Nr 1 lit a ZAG 2009, s Rn A/4); während dieses vom Schuldner (Überweisenden) ausgeht, geht jenes vom Gläubiger aus (Einzug durch Lastschrift); es ist also eine **„rückläufige Überweisung",** BGH **69,** 84, 187, was aber nicht bedeutet, dass die Lastschrift unter das ÜG fällt (s Rn C/1). Mit der Lastschrift (idR beleglose Lastschriften, kaum noch Einzugspapier) erhebt der Gläubiger (Zahlungsempfänger) durch Vermittlung seines Kreditinstituts (Gläubiger- oder Empfängerbank, **erste Inkassostelle**) aus dem Guthaben des Schuldners (Zahlungspflichtiger) bei demselben oder einem anderen Kreditinstitut des Schuldners (Schuldnerbank, **Zahlstelle**) einen Betrag. Der Gläubiger ist dazu berechtigt entweder auf Grund eines Abbuchungsauftrags des Schuldners an die Zahlstelle zugunsten des Gläubigers (**Abbuchungs(auftrags)verfahren,** gedacht für Forderungen über höhere Beträge, zB Warenforderungen gegen Geschäftskunden) oder auf Grund einer Einzugsermächtigung des Gläubigers durch den Schuldner (**Einzugsermächtigungsverfahren,** gedacht für Massenlastschriftverkehr). Zwischen Gläubiger und Inkassobank besteht letzterenfalls idR eine **Inkassovereinbarung.** Die Inkassostelle erteilt dem Gläubiger sofort eine Gutschrift unter Vorbehalt, die Zahlstelle nimmt auf dem Schuldnerkonto eine Belastungsbuchung vor. Die für das Lastschriftenverfahren notwendige Zustimmung des Schuldners wird als Ermächtigung des Gläubigers iSv § 185 I BGB, als Vollmacht iSv § 164 BGB, als (General-)Weisung (für das Abbuchungsverfahren), so BGH, oder als (nachträgliche) Genehmigung (für das Einzugsermächtigungsverfahren) konstruiert. Ebenso wie bei der Überweisung sind das Deckungsverhältnis (Schuldner – Zahlstelle, s Rn D/5–11), das hier sog Inkassoverhältnis (Gläubiger – erste Inkassostelle, s Rn D/12–18) und das Valutaverhältnis (Schuldner – Gläubiger, s Rn D/21–22) streng zu trennen. Zu den Verhältnissen zwischen den Banken s Rn D/2. **Europäisches Lastschriftverfahren** (SEPA-Lastschrift) gemäß **Richtlinie über Zahlungsdienste im Binnenmarkt** v. 13. 11. 2007 (vgl Rn C/1). Zum 31. 10. 2009 sind im Hinblick auf das VerbrKrRiUmsetzG 2009 **drei neue Klauselwerke** geschaffen worden: Bedingungen für Zahlungen mittels Lastschrift im Einzugsermächtigungsverfahren, im Abbuchungsauftragsverfahren und im SEPA-Basis-Lastschriftverfahren. Die Bedingungen beschreiben entsprechend dem Ablauf des jeweiligen Verfahrens die Autorisierung, den Einzug, den Zahlungsvorgang und die Einlösung der Lastschriften und regeln eventuelle Erstattungs- und Schadensersatzansprüche. **Muster:** Hopt/Werner 3. Aufl 2007 Form IV. D.1–6, darunter auch Form IV. D.5 (Sonderbedingungen für den Lastschriftverkehr der Sparkassen).

B. **Einschaltung mehrerer Banken:** Der Lastschriftverkehr, der seit 1964 auf D/2 einen erheblichen Teil des gesamten bargeldlosen Zahlungsverkehrs angewachsen ist, erfolgt ebenso wie der Giroverkehr idR unter Einschaltung mehrerer Banken. Wie dort stehen dabei Gläubiger und Schuldner nur jeweils zu ihrer eigenen Bank in Vertragsbeziehungen. Unmittelbare vertragliche Beziehungen bestehen zwischen dem Gläubiger und der Bank des Schuldners nicht, BGH **69,** 84; ebenso wenig zwischen dem Schuldner und der Bank des Gläubigers, BGH **74,** 303. Dagegen stehen die Inkassostelle und die Zahlstelle in vertraglichen Beziehungen, soweit nicht Zwischenbanken eingeschaltet sind (s Rn C/5).

Die Beziehungen der beteiligten Banken regeln ua das **(10) Lastschriftabkommen** D/3 **(LSA)** idF 1. 2. 2002 (aF 1964, 1982, 1993, 1995) und die **AGB-DBBk Abschn III** „Vereinfachter Scheck- und Lastschrifteinzug für die Kreditinstitute", **Muster:** Hopt/Werner 3. Aufl 2007 Form IV. D.6 (AGB-DBBk Abschn II 21, III). Das Abkommen ist ein personell sehr weit ausgreifender schuldrechtlicher Vertrag (nach manchen: multilateraler Normenvertrag, Zschoche 1981, Mitterhuber/Mühl WM **07,** 963). Er begründet (über die beteiligten Spitzenverbände hinaus) Rechte und Pflichten nur zwischen den beteiligten Banken, BGH **69,** 85, 187, nicht darüber hinaus (zB Sechswochenfrist nach **(10)** LSA III Nr 2, die Rechtsposition des Zahlungspflichtigen zur Zahlstelle bleibt unberührt). Die Zahlstelle hat gegenüber der ersten Inkassostelle ua ggf das Recht zur Rückgabe der Lastschrift, aber spätestens am (Geschäfts-)Tag nach Eingang (bei Unanbringlichkeit, mangelnder Deckung oder Fehlen des Abbuchungsauftrags im Abbuchungsverfahren) oder unverzüglich nach Widerspruch des Schuldners (s **(10)** LSA II Nr 1, III Nr 1 S 2), BGH **79,** 389; die erste Inkassostelle muss die uneingelöste oder wegen Widerspruchs des Schuldners zurückgegebene Lastschrift (Rücklastschrift, **(10)** LSA I Nr 8 I) zurücknehmen (s **(10)** LSA II Nr 3), auch bei offenkundig unberechtigter Rückgabe (Klärung unmittelbar mit der Zahlstelle außerhalb des Lastschrifteinzugs), auch bei nicht rechtzeitiger Rückgabe (diese führt nur zur Schadensersatzpflicht der Zahlstelle, nicht zur fingierten Einlösung), BGH **74,** 358, und muss sie wieder vergüten (s **(10)** LSA II Nr 3; Rückrechnungslastschrift, BGH NJW **83,** 221); bei unberechtigter Rückbelastung hat die Inkassobank einen Anspruch auf Rückgängigmachung der Rückbelastung aus Girovertrag und § 812 BGB, BGH **79,** 384; die Beweislast für unberechtigte Rückbelastung (einer Abbuchungsauftragslastschrift) liegt bei der nach § 812 BGB vorgehenden Inkassostelle, BGH NJW **83,** 220. Die Zahlstelle hat Anspruch auf Wiedervergütung von Lastschriften bei Widerspruch des Schuldners binnen sechs Wochen, BGH **72,** 347, **74,** 355 (s **(10)** LSA III Nr 1 S 1, Nr 2; Rn D/7); sie hat Anspruch auf Schadensersatz aus unberechtigt eingereichten Lastschriften (s **(10)** LSA I Nr 5, verschuldensunabhängige Garantiehaftung der ersten Inkassostelle); Verstöße gegen das LSA sind unverzüglich zu rügen (s **(10)** LSA IV Nr 3 I 1), BGH **79,** 389; sie machen schadensersatzpflichtig nach § 280 BGB, zB wenn die Gläubigerbank wegen verspäteter Rückgabe der nicht eingelösten Lastschrift und bereits erfolgter Verfügung des Gläubigers ausfällt, BGH NJW **83,** 221.

Das Fehlen einer Vertragsbeziehung zwischen Schuldner und Gläubigerbank bzw D/4 Gläubiger und Schuldnerbank hindert nach dem Grundsatzurteil des BGH 6. 5. 08 WM **08,** 1252 unter **Aufgabe früherer Rechtsprechung** (BGH **69,** 85, **96,** 17, WM **88,** 247) vertragliche Schutzpflichten von Banken zugunsten Dritter im Lastschriftverkehr und allgemeiner im bargeldlosen Zahlungsverkehr (s Rn C/10, E/6). Darauf muss sich der Rechtsverkehr einstellen, auch wenn dogmatisch und im Ergebnis nach wie vor die besseren Gründe für die alte Rspr sprechen (s Rn C/10). In Fällen etwa einer Pflichtverletzung der Schuldnerbank, wenn diese die Nichtbezahlung einer Lastschrift nicht alsbald an die Gläubigerbank meldet (vgl **(10)** LSA II Nr 2: Eilnachricht ab Euro 3000) und der Gläubiger infolgedessen weiter mit Lastschrift an den Schuldner liefert und den Gegenwert verliert, bleiben dem Geschädigten nur noch die Drittschadensliquidation und Ansprüche aus § 826 BGB, BankrechtsHdb/van Gelder

§ 58 Rn 210 ff; das gilt dann erst Recht, wenn der Schuldner durch Pflichtverletzungen der Gläubigerbank oder die dritte Bank durch Pflichtverletzungen von Schuldner oder Gläubiger selbst (Canaris 613) zu Schaden kommen. Zur Zulässigkeit der Direktliquidation in Dreipersonenverhältnissen Langenbucher/Adolff FS Canaris **07** I 679.

2) Das Rechtsverhältnis zwischen den Banken und dem Lastschriftschuldner

D/5 A. **Vor Einlösung:** Das **Abbuchungsauftragsverfahren** beruht auf dem Abbuchungsauftrag des Lastschriftschuldners. Dieser ist eine (General-)Weisung iSv §§ 665, 675 I BGB innerhalb des bestehenden Girovertrags, BGH **69,** 85, **72,** 345, Hadding FS Bärmann **75,** 375, BankrechtsHdb/van Gelder § 57 Rn 64 ff; nach aA liegt eine Ermächtigung des Gläubigers iSv § 185 I BGB vor, Canaris 532. Die Schuldnerbank ist zur Einlösung der Lastschrift berechtigt und verpflichtet, falls das Schuldnerkonto gedeckt ist; sonst hat die Schuldnerbank den Schuldner zu benachrichtigen. **Muster:** Hopt/Werner 3. Aufl 2007 Form IV. D.2 (Vereinbarung über den Einzug von Forderungen mittels Lastschriften/Abbuchungsauftragsverfahren), Form IV. D.4 (Abbuchungsauftrag für Lastschriften).

Beim **Einzugsermächtigungsverfahren** hängt die Einlösung von der Genehmigung des Schuldners ab (s Rn D/6, **Genehmigungstheorie**), stRspr, BGH **144,** 353, **161,** 53, **162,** 303, **167,** 174, WM **89,** 521, **96,** 337, **07,** 2247, **08,** 1963, ausführlich BankrechtsHdb/van Gelder § 57 Rn 31 ff. Zur möglichen Aufgabe der Genehmigungstheorie durch den XI. ZS in Reaktion auf die insolvenzrechtliche GenehmigungsRspr des IX. ZS s Rn D/8. Nach aA ist die Bank auch hier zur Einlösung berechtigt und verpflichtet, weil der Schuldner den Gläubiger allgemein zum Einzug ermächtigt hat (§ 185 I BGB, **Ermächtigungstheorie**), Canaris 543, Langenbucher FS Mailänder **06,** 21; aber auch dann will sich der Schuldner Prüfung des Zahlungsbegehrens im Einzelfall vorbehalten, die Ermächtigung an den Gläubiger ersetzt nicht die Weisung des Schuldners an seine Bank. Allerdings bleibt bei der Genehmigungstheorie die Erfüllung auch im Valutaverhältnis bis zur Genehmigung offen, Korrektiv: bei Missbrauch sittenwidriger Widerspruch (s Rn D/8), BGH WM **08,** 1964. Die Genehmigung (§§ 182 ff BGB) ist unwiderruflich, BGH WM **89,** 520. **Muster:** Hopt/Werner 3. Aufl 2007 Form IV. D.2 (Vereinbarung über den Einzug von Forderungen mittels Lastschriften/Einzugsermächtigungsverfahren), Form IV. D.3 (Ermächtigung an den Gläubiger zum Einzug von Forderungen mittels Lastschriften).

Die Schuldnerbank kann bei unberechtigter Einlösung einer Lastschrift dem Schuldner schadensersatzpflichtig werden, str. Bei Nichteinlösung muss die Schuldnerbank den Schuldner spätestens bei Rückgabe der (Einziehungsermächtigungs-)Lastschrift **benachrichtigen,** BGH **146,** 382, WM **89,** 625 m Anm Terpitz NJW **89,** 2740 (s auch für Überweisung Rn C/8). Warn- bzw Rückfragepflichten der Bank s Rn A/22–29.

D/6 B. **Einlösung:** Die Lastschrift wird von der Zahlstelle eingelöst. Die Belastungsbuchung (zu unterscheiden von der Wertstellungsbuchung, s Rn C/4; Scheckeinlösung s Rn E/1–3) auf einem Girokonto ist zwar grundsätzlich ein Realakt mit deklaratorischer Bedeutung, BGH **162,** 298. Sie hat aber nicht stets nur deklaratorische Bedeutung, sondern entspricht bei der Lastschrift der Gutschrift bei der Überweisung (s Rn C/14). Wann Einlösung anzunehmen ist, ist ähnlich problematisch wie dort, zumal beim maschinellen Buchungsverfahren (zum Zeitpunkt s Rn C/14). **(8)** AGB-Banken Nr 9 II stellt deshalb die Einlösung der Lastschrift allgemein unter den Vorbehalt, dass die Belastungsbuchung nicht spätestens am zweiten Bankarbeitstag nach ihrer Vornahme rückgängig gemacht wird. Selbstverständlich kann die Zahlstelle die Lastschrift aber schon vorher zurückgehen lassen. Im Verkehr zwischen Banken ist zwischen den beiden Verfahrensarten zu unterscheiden: Beim **Abbuchungsauftragsverfahren** liegt in der Übersendung der Lastschrift die Weisung an die Schuldnerbank zum Einzug beim Schuldner; die Weisung ist für die Schuldnerbank bei Abbuchungsauftrag des Schuldners und Deckung auf seinem Konto bindend. In diesem Fall ist deshalb die Lastschrift mit Wirksamwerden der Belastung des Schuldnerkontos eingelöst, die Schuldnerbank muss der Gläubigerbank den Erlös der Lastschrift nach § 667 BGB herausgeben, BGH **74,** 355, **79,** 385. Ohne Abbuchungsauftrag an die Schuldnerbank liegt in der Übersendung der Lastschrift ein Auftragsangebot zum Einzug

V. Bankgeschäfte (m. Börsen- u. KapMR) D/7 **BankGesch** (7)

nach Möglichkeit, BGH **74,** 356, **79,** 386, krit Hadding/Häuser WM Sonderbeil 1/ **83,** 18. Dieses Angebot kann zwar durch bloße Belastungsbuchung (§ 151 BGB) angenommen werden; indessen ist trotz Belastungsbuchung nicht angenommen und die Lastschrift noch nicht eingelöst, solange der Schuldner der Belastung nicht zustimmt (fehlender Einlösungswille der Bank, §§ 133, 157 BGB), BGH **74,** 356; anders ist es, wenn die Bank das Risiko der Unwirksamkeit der Belastung des Schuldnerkontos übernimmt, so zB wenn sie bis zu bestimmten Beträgen das Vorliegen eines Abbuchungsauftrags generell nicht prüft, BGH **79,** 381 m Anm Terpitz NJW **81,** 1649.

Beim **Einzugsermächtigungsverfahren** erfolgt die Belastung des Schuldnerkontos durch die Schuldnerbank allein auf Grund der Weisung der Gläubigerbank (s Rn D/5). Die Belastung wird also erst als Einlösung wirksam, wenn der Schuldner genehmigt (§ 684 S 2 BGB), BGH **74,** 312, **95,** 106, **144,** 353, **167,** 174; erst dann hat die Schuldnerbank den Erlös der Lastschrift erlangt und kann ihn herausgeben (§ 667 BGB). Eine Risikoübernahme der Bank wie uU beim Abbuchungsverfahren scheidet aus. Die Genehmigung kann auch stillschweigend durch Duldung erteilt werden, BGH WM **79,** 995, liegt aber nicht schon (bei unberechtigter Verfügung überhaupt nicht) im Schweigen des Schuldners auf den entspr Kontoauszug (s **(8)** AGB-Banken Nr 7 Rn 5), BGH **95,** 108, **144,** 354; auch nicht im Schweigen auf einen Rechnungsabschluss, Saldoanerkenntnis bedeutet nicht Genehmigung aller zugrundeliegenden Buchungen, BGH **144,** 349; aber uU in widerspruchsloser Fortsetzung des Zahlungsverkehrs über ein diesbezüglich belastetes Konto über längere Zeit, offen BGH **144,** 354, str. Eine Widerspruchsfrist besteht nicht (s Rn D/7), str. Bei Rückgabe der Lastschrift mangels Deckung steht der Schuldnerbank keine Gebühr gegen ihren Kunden zu, BGH **162,** 294 m Anm Jungmann NJW **05,** 1621, auch nicht als Schadensersatz, denn der Schuldner hat keine Pflicht aus Girovertrag, für ausreichende Deckung auf seinem Konto zu sorgen, BGH **162,** 302, str. Aufwendungsersatz (§ 670 BGB) schuldet er erst nach Genehmigung, BGH **162,** 303. Mangels Genehmigung kann der Schuldner die Rückgängigmachung der Belastungsbuchung verlangen.

Beim **Abrechnungsverfahren** (über Abrechnungsstelle einer DBBk) liegt nach den entspr AGB (zB Bestimmungen und Geschäftsordnung für die Abrechnungsstelle zu Hamburg) überdies Einlösung vor, wenn die Lastschrift nicht binnen drei Geschäftstagen zurückgereicht wird, BGH **74,** 359, **79,** 384; das gilt nicht beim vereinfachten Einzugsverfahren bei einer Abrechnungsstelle der DBBk (s Rn D/3) und bei unmittelbarer Zusendung an die Zahlstelle.

C. **Widerspruch (individueller Widerruf):** Der Widerspruch (gemeint ist der D/7 individuelle Widerruf) des Schuldners ist bis zur Belastungsbuchung ohne weiteres als gegenteilige Weisung möglich und von der Schuldnerbank zu beachten, str. Nach Belastungsbuchung ist zu unterscheiden: Im **Abbuchungsauftragsverfahren** ist einseitiger Widerspruch durch den Schuldner für die Schuldnerbank unverbindlich, BGH **72,** 345, WM **78,** 819 (vgl bei Überweisung nach Gutschrift Rn C/11, C/13, C/14). Das soll auch dann gelten, wenn die Lastschrift den Einzugsermächtigungsvermerk trägt (doppelt begründete Lastschrift), BGH **72,** 346; der Abbuchungsauftrag des Schuldners kann jedoch auf die einfach begründete Lastschrift beschränkt sein, dann behält sich der Schuldner für alle anderen Lastschriften die Genehmigung vor; auf jeden Fall kann die Schuldnerbank an die Gläubigerbank zurückbelasten, wenn die Lastschrift den Einzugsermächtigungsvermerk trägt und der Schuldner binnen sechs Wochen widerspricht; so (auf Grund von **(10)** LSA) BGH **72,** 347; aA Canaris 590; eine Schutzpflicht der Schuldnerbank gegenüber der Gläubigerbank, einen solchen Widerspruch unbeachtet zu lassen, besteht nicht, BGH **72,** 348.

Im **Einzugsermächtigungsverfahren** kommt es wegen der mangelnden Abbuchungsweisung des Schuldners auf seine Genehmigung gegenüber der Zahlstelle an (§ 684 S 2 BGB, s Rn D/7). Er kann einer Belastung bis zur Genehmigung unbefristet widersprechen, BGH **144,** 349, Bundschuh FS Stimpel **85,** 1045, str, aA Canaris 560: unverzüglich, spätestens nach sechs Wochen; wie immer spätestens Verwirkung (§ 242 BGB). Sein Widerspruch ist für die Schuldnerbank grundsätzlich immer verbindlich (näher Rn D/6), BGH **101,** 156, **144,** 354; das soll auch dann gelten, wenn die

(7) BankGesch D/8

Schuldnerbank weiß, dass der Schuldner im Verhältnis zum Gläubiger oder zur Gläubigerbank rechtsmissbräuchlich widerspricht und sich sogar schadensersatzpflichtig macht (s Rn D/8–9), BGH **74,** 309, BGH **95,** 103, offen BGH **101,** 159, zu Recht krit Hüffer ZHR 151 **(87)** 115, Schröter ZHR 151 **(87)** 131. Notwendig ist aber ein offensichtlicher und liquide beweisbarer (str) Missbrauch (vgl Rn L/13), Canaris 562. Zulassung des Widerspruchs nur, wenn die für den Lastschrifteinzug notwendigen Voraussetzungen fehlen, verstößt aber gegen **(5)** § 307 BGB, Canaris 565 b. Bei debitorischem Konto kann der widersprechende Schuldner nur Beseitigung verlangen, Zahlungsanspruch ist nicht entstanden, auch keine Aufrechnungslage, BGH NJW **03,** 143. Mangels Widerspruchs vor Ablauf von sechs Wochen greift aber die wirksame Genehmigungsfiktion von **(8)** AGB-Banken Nr 7 III nF 2002 ein (dort Rn 8).

Der Widerspruch gegen die einzelne Lastschrifteinlösung ist von dem **generellen Widerruf** des Einverständnisses mit dem Lastschrifteinzug durch den Gläubiger überhaupt zu unterscheiden. Der generelle Widerspruch ist frei möglich, kann aber gegenüber der Bank an Zustimmung des Gläubigers gebunden werden (§ 168 S 2 BGB analog); auch dann aber Widerruf bei missbräuchlichem Verhalten des Gläubigers, Canaris 650, Düss WM **84,** 724. Lit: Bauer WM **81,** 1186, van Gelder WM **00,** 101.

D/8 D. **Sittenwidriger Widerspruch: a) Haftung des Schuldners:** Der widersprechende **Schuldner** handelt keinesfalls sittenwidrig, wenn er keine Einzugsermächtigung erteilt hat oder den eingezogenen Betrag nicht schuldet, BGH **74,** 300, Hamm WM **84,** 300 m Anm Hadding/Häuser; auch nicht bei Widerruf zu einem Zeitpunkt, in dem eine Überweisung nicht mehr kündbar war (s Rn C/11), BGH NJW **85,** 847. Er handelt grundsätzlich auch dann nicht sittenwidrig, wenn er sonstige „anerkennenswerte Gründe" hat, vor allem wenn er im Zeitpunkt des Zugangs der Belastungsanzeige Leistungsverweigerungs-, Zurückbehaltungs- oder Aufrechnungsrechte gegen den Gläubiger geltend machen will, BGH **74,** 305, WM **79,** 831, 832, NJW **85,** 848; in diesem Fall handelt er jedoch dann sittenwidrig und macht sich dem **Gläubiger** nach § 826 BGB schadensersatzpflichtig, wenn er (nach Ablauf einer angemessenen Überlegungsfrist) eine von einer Einziehungsermächtigung gedeckte Zahlung nur deshalb widerruft, um das Ausfallrisiko dem Gläubiger zuzuschieben bzw einen anderen Gläubiger zu begünstigen, BGH **74,** 300, **101,** 153, WM **08,** 1964, oder weil er befürchtet, dass der Gläubiger den eingezogenen Betrag nicht mehr an dessen Lieferanten weitergeben kann, BGH WM **79,** 830; ein Schaden der Gläubigerbank besteht aber nur, wenn der Gläubiger zur Rückgewähr der Gutschrift nicht mehr imstande ist, BGH NJW **79,** 2147. Pauschales **Widerrufsrecht des Insolvenzverwalters** auch ohne sachliche Einwendungen, so BGH **161,** 49, WM **07,** 2247, **08,** 1328, **09,** 662 (IX ZS), hL im Insolvenzrecht, G. Fischer FS Gerhardt **04,** 230 u WM **09,** 629, Ganter WM **05,** 1557, Haas ZIP **08,** 1985, vgl Kirchhof WM **09,** 337 (vorläufiger Insolvenzverwalter), Grund: keine Erfüllung vor Genehmigung, ist auch im Einzugsermächtigungsverfahren abzulehnen, hL im Bankrecht, BGH WM **08,** 1963 (XI ZS), BankrechtsHdb/van Gelder § 59 Rn 5, Nobbe/Ellenberger (XI ZS) WM **06,** 1885, Jungmann WM **07,** 1633 u ZIP **08,** 295, Bork ZIP **08,** 1047, 1984, Grund: Insolvenzverwalter hat nicht mehr Rechte als der Schuldner, BGH **144,** 351, differenzierend Berger NJW **09,** 473, gegen beide Senate Mü WM **09,** 454: Genehmigungsfiktion der **(8)** AGB-Banken Nr 7 III werde durch öffentliche Bekanntmachung nach § 9 I 3 InsO zerstört. Jedenfalls kann aber der Insolvenzverwalter (nicht der vorläufige) genehmigen (s **(8)** AGB-Banken Nr 7 III), auch konkludent durch widerspruchslose Weiterbenutzung des Schuldnerkontos, so IX ZS, aber Kln ZIP **09,** 232. Für den Fall, dass der IX ZS an seiner Rspr festhält, erwägt der XI ZS Aufgabe der Genehmigungstheorie und Annahme der Erfüllungswirkung durch vorbehaltlose Gutschrift der fälligen und einredefreien Forderung (§§ 133, 157 BGB), dies in Parallele zur Überweisung (oben Rn C/14), BGH WM **08,** 1965, zust Bork ZIP **08,** 1984. Dagegen Vermittlungsvorschlag Fischer WM **09,** 635: konkludente Genehmigung spätestens nach 30 Tagen (§ 286 III 1 BGB analog, bei Verbrauchern nur nach besonderem Hinweis), aber Vertrauensschutz für die Vergangenheit, insoweit sechs Wochen wie in **(8)** AGB-Banken Nr 7 III 1. Verweigert der Insolvenzverwalter die Genehmigung, kann er bei einem debitorischen Konto nicht im Wege der Anfechtung Auszahlung

V. Bankgeschäfte (m. Börsen- u. KapMR)   D/9–D/17   **BankGesch** (7)

des Lastschriftbetrags verlangen, BGH WM **09**, 662 (IX ZS). Auswirkung auf das Verhältnis zwischen Schuldner und Schuldnerbank s Rn D/7. Lit: Wittig FS Nobbe **09**, 237 (Bestandsaufnahme).

b) Haftung der Schuldnerbank: Ausnahmsweise hat die Gläubigerbank einen Schadensersatzanspruch gegen die **Schuldnerbank,** wenn diese den Schuldner im eigenen Interesse zum Widerspruch animiert oder Lastschriftreiterei des Gläubigers schon vor Belastungsbuchung kennt und unter Inkaufnahme einer Schädigung der Gläubigerbank duldet, BGH **74**, 313, **101**, 153, NJW **01**, 2632, Hamm OLGR **98**, 271, Naumbg WM **03**, 433, Saarbr WM **05**, 1660. Lit: Denck ZHR 144 (**80**) 171, Westermann FS Hübner **84**, 697.   D/9

E. **Andere Mängel:** Andere Mängel als Widerspruch, zB fehlender Abbuchungsauftrag, Fälschung, s Rn C/12. Bereicherungsausgleich s Rn D/7. Insolvenzanfechtung im Insolvenzverfahren über das Vermögen des Lastschriftschuldners bei Abbuchungsauftrag s BGH NJW **80**, 1964, Brem ZIP **80**, 359; vgl Canaris ZIP **80**, 516, Buck KTS **80**, 97. Lastschriftverfahren und Insolvenz, Canaris 651.   D/10

Das **Fälschungsrisiko** trägt nach Inkassovereinbarung Nr 11 der Zahlungsempfänger (anders bei Überweisung, aber s Rn C/12); das ist wie Scheckbedingungen Nr 11 aF nach üL wirksam, Canaris 582 b, aber wie dort problematisch (s Rn E/1).   D/11

3) Rechtsverhältnis zwischen den Banken und dem Lastschriftgläubiger

A. **Gutschrift:** Der Gläubiger kann am Lastschriftverfahren nur teilnehmen, wenn die Gläubigerbank ihn dazu vertraglich besonders zulässt **(Lastschriftinkassoabrede);** ein Anspruch darauf folgt wegen des Risikos für die Bank (Garantiehaftung, s Rn D/2–4) nicht schon aus dem Bank- oder dem Girovertrag (kein „neutrales Geschäft", s Rn A/6).   D/12

Nach der formularmäßigen „Vereinbarung über den Einzug von Forderungen durch Lastschriften" (s Rn D/1) zwischen der ersten Inkassostelle und dem Zahlungsempfänger schreibt die Gläubigerbank den Gesamtbetrag dem Konto des Gläubigers gut „**Eingang vorbehalten**" („E. v."). Der Gläubiger erhält also idR nicht erst einen Anspruch auf Gutschrift wie bei der Überweisung (s Rn C/13), sondern sofort die Gutschrift selbst, aber nur unter der (aufschiebenden) Bedingung der Lastschrifteinlösung (zum Zeitpunkt der Einlösung s Rn D/6) und der (auflösenden) Bedingung der späteren Rückgabe der Lastschrift, BGH **74**, 315, BankrechtsHdb/van Gelder § 58 Rn 166, 168, s Rn D/7, E/6, sehr str. Lit: van Gelder FS Schimansky **99**, 127.   D/13

B. **Rückbelastung:** Wird die Lastschrift nicht eingelöst oder wird die eingelöste Lastschrift rückbelastet (s Rn D/7), hat die Gläubigerbank ein Zurückbelastungsrecht gegen den Gläubiger auf Grund der Lastschrifteinzugsvereinbarung (s Rn D/12–13). Dieses Zurückbelastungsrecht ist ein ex tunc wirkendes besonderes Stornorecht. Daneben besteht das allgemeine Stornorecht aus (8) AGB-Banken Nr 8 (dort Rn 2) bei fehlerhafter Gutschrift. Insolvenzanfechtung der Gutschrift bei Insolvenz des Lastschriftgläubigers s BGH **70**, 177.   D/14

C. **Bereicherungsausgleich:** Für die Zahlung durch Lastschrift gelten dieselben Grundsätze wie für die durch Überweisung (Rn C/15–19), BGH **69**, 188, **167**, 171, Grund: „rückläufige Überweisung", einheitliche Rückabwicklung fehlgeschlagener bargeldloser Zahlungsvorgänge. Der Bereicherungsausgleich ist wegen der Widerspruchsmöglichkeit des Schuldners beim Einzugsermächtigungsverfahren weniger bedeutsam als beim Abbuchungsauftragsverfahren.   D/15

a) **Mängel in Deckungsverhältnis** (zB fehlende Deckung) zwischen der Schuldnerbank und dem Schuldner kann die Schuldnerbank, die die Lastschrift eingelöst hat, nicht gegen den Empfänger nach § 812 BGB, sondern nur gegen den Lastschriftauftraggeber geltend machen.   D/16

b) **Mängel des Valutaverhältnisses** zwischen Schuldner und empfangendem Gläubiger sind nur zwischen diesen (nicht deren Banken) auszugleichen (s Rn D/23, aber s Rn D/19); der Schuldner hat keinen Bereicherungsanspruch gegen die Gläubigerbank (bloße Leistungsmittlerin), BGH **69**, 188 (für fehlende Einzugsermächtigung).   D/17

Hopt 1807

(7) BankGesch D/18–D/23

D/18 c) Das gilt auch bei **Doppelmangel**, s Rn C/17.

D/19 d) Bei von Anfang an gegebenen **Mängeln des Abbuchungsauftrags** hat die Schuldnerbank einen Bereicherungsanspruch im **Ausführungs-** bzw **Vollzugsverhältnis** unmittelbar gegen den Empfänger (Direktkondiktion nach § 812 BGB), s Rn C/18. Die vom Schuldner nicht veranlasste Zahlung ist auch keine Leistung an ihn im Deckungsverhältnis; die Schuldnerbank muss eine Belastung des Schuldnerkontos ohne weiteres auf Grund Girovertrags (nicht Bereicherungsrecht) rückgängig machen, BGH **69**, 190 (für fehlende Einzugsermächtigung). Beim **Einzugsermächtigungsverfahren** fehlt es mangels Genehmigung an der Anweisung, bei Widerspruch des Schuldner gegen die Kontenbelastung und Wiedergutschrift hat deshalb die Schuldnerbank einen unmittelbaren Bereicherungsanspruch gegen den Gläubiger (Durchgriff, statt nur gegen die Gläubigergank), sein Empfängerhorizont (s Rn C/18) kann Anweisung nicht ersetzen, BGH **167**, 171.

D/20 e) Bei Einlösung der Lastschrift trotz rechtzeitigen **Widerrufs** wurzelt der Fehler im Verhältnis zwischen der Zahlstelle und dem Schuldner. Die Bank hat deshalb keinen unmittelbaren Bereicherungsanspruch gegen den Empfänger, wenn dieser mit Zahlung rechnen konnte und Widerruf nicht kannte; sonst doch, sehr str, s für Kündigung bei der Überweisung Rn C/19.

D/21 f) Mängel im Giroverhältnis zwischen den beteiligten Banken s Rn C/5, 15–20, D/2-4.

4) Das Rechtsverhältnis zwischen Lastschriftschuldner und Lastschriftgläubiger

D/22 A. Die **Abrede über den Lastschrifteneinzug** ist eine unselbstständige Nebenabrede zum Grundgeschäft. Die Lastschriftabrede über Einzugsermächtigung kann wirksam auch in AGB erfolgen, wenn die Beträge klein sind oder größer, aber regelmäßig, gleich hoch und feststehend, BGH NJW **96**, 988, **08**, 2495, uU auch sonst, aber nur bei Prüfungszeitraum von mindestens 5 Werktagen zwischen Rechnungszugang und Einzug, BGH NJW **03**, 1237 (Mobilfunkverträge); anders bei AGB über Abbuchungsverfahren, da kein Widerspruch mehr möglich ist (s Rn D/7), BGH NJW **96**, 989, **08**, 2495, Brdbg NJW-RR **02**, 1640 (intransparent). Sie macht die Geldschuld von einer qualifizierten Schickschuld (§ 270 I, IV BGB) zur Holschuld (§ 269 BGB), BGH **69**, 367, NJW **84**, 872, WM **08**, 1965. Die Bank des Schuldners bleibt dessen Erfüllungsgehilfin iSv § 278 BGB, str. Die Erfüllung (§ 362 BGB, BGH WM **78**, 821, aber s Rn C/23 zur Überweisung) tritt mit Gutschrift ein, ist aber ebenso wie diese (str) bedingt (s Rn D/12–13); für das Abrechnungsverfahren vgl BGH **74**, 359. Der Schuldner ist auf Grund der Lastschriftabrede verpflichtet, auf dem Konto ausreichende Deckung vorzuhalten, BGH **150**, 275, WM **08**, 1965. Der Schuldner kann die Lastschrifteinzugsabrede allgemein widerrufen oder im Einzelfall dem Einzug widersprechen, eine Pflichtverletzung gegenüber dem Gläubiger liegt darin idR nicht, str; anders zB bei sittenwidrigem Widerruf, vgl Rn D/8. Sieht man als Erfüllung nur eine vorbehaltslose, endgültige Leistung an, ist Erfüllung beim Einzugsermächtigungsverfahren erst mit Genehmigung des Schuldners anzunehmen, auf die dann der Gläubiger einen Anspruch hat, Häuser WM **91**, 1. Für Rechtzeitigkeit der Zahlung und Gefahrtragung ergeben sich Unterschiede zur Überweisung (s Rn C/24–25), da hier anders als dort Holschuld vorliegt, BGH **69**, 366 (zu § 39 II aF, 38 nF VVG). Schuldner- und Gläubigerverzug s Schwarz ZIP **89**, 1442. Abtretung von Forderungen mit Einzugsermächtigung s Haertlein/Thümmler WM **08**, 2137. Die Lastschriftklauseln halten der Kontrolle nach **(5)** § 307 BGB nur zT stand, Häuser ZBB **95**, 285. **Muster:** Hopt/Werner 3. Aufl 2007 Form IV. D.3 (Ermächtigung an den Gläubiger zum Einzug von Forderungen mittels Lastschriften); das Formular deckt einen Einzugsauftrag im Einzugsermächtigungs- und im Abbuchungsauftragsverfahren ab.

D/23 B. **Bereicherungsausgleich:** Der Bereicherungsausgleich nach §§ 812 ff BGB findet im Valutaverhältnis zwischen dem Schuldner und dem empfangenden Gläubiger, nicht deren Banken statt, s Rn D/17; Ausnahme bei Mängeln des Abbuchungsauftrags, s Rn D/19.

E. Scheck

a) Kommentare und Handbücher: Außer dem allgemeinen Schrifttum (s Einl vor A/1) BankrechtsHdb/*Nobbe* 3. Aufl 2007 §§ 60–63 (Scheckanweisung, Scheckeinziehung, Scheckrückgriff, Eurocheque und Reisescheck). – BuB/*Hülsken*. – *Baumbach/Hefermehl/Casper* 23. Aufl 2008. – *Bülow* 4. Aufl 2004 (mit AGB-Banken Nr 9, 11, 15). – *Bunte,* AGB-Banken und Sonderbedingungen, 2. Aufl 2009, Sonderbedingungen für den Scheckverkehr (SchB 2). – *Canaris* (2. Kap: Zahlungswesen) 3. Aufl 1988, Rn 675. – Ebenroth/*Hakenberg* BankR II 203 2001. – *MüKo(HGB)/ (Bearbeiter)* 2. Aufl 2005 ff Bd 52009 Anh nach § 372: *MüKo/Hadding/Häuser/ua* (Zahlungsverkehr D). – *Schwintowski/Schäfer* 2. Aufl 2004 § 9.

b) Lehrbücher: *Gursky* 2. Aufl 1997. – *Hueck/Canaris* 12. Aufl 1986. – *Zöllner* 14. Aufl 1987.

c) Sonstige Beiträge: *Bundschuh* 1987. – *Gößmann* 3. Aufl 1997. – *Ernst* 1993 (Einwendungsausschluß). **Muster:** Hopt/*Werner* 3. Aufl 2007 Form IV. E.1–2 (Scheck). **RsprÜbersichten:** *Bundschuh* WM **83,** 1178, **84,** 1357; *Häuser* WM **88,** 1505 (Scheckeinlösung); *Nobbe* WM Sonderbeil 10/**91;** *Müller-Christmann* WM **98,** 577, *Nobbe* WM Sonderbeil 5/**00.**Die Kommentierung beschränkt sich auf das Scheckgeschäft der Banken (Scheckvertrag, inneres Scheckrecht) ohne Scheck als Wertpapier, dazu s Komm zum ScheckG

1) Scheckgeschäft

A. **Scheckvertrag:** Der Scheckvertrag **zwischen Bank und Scheckaussteller** ist E/1 idR zusätzlich zum Girovertrag (s Rn C/1 ff) geschlossen, also durch Zusatzabrede verbunden, aber rechtlich zu unterscheiden. Er ist ein entgeltlicher Geschäftsbesorgungsvertrag mit Dienstleistungscharakter (§§ 675 I, 611 BGB, Grund: Dauerverpflichtung steht gegenüber dem jeweiligen Einlösungserfolg im Vordergrund; nach aA Werkvertrag, nach aA gemischttypisch mit dienst- und werkvertraglichen Elementen, BankrechtsHdb/*Nobbe* § 60 Rn 30; praktische Bedeutung der Streitfrage gering). Für ihn gelten die „**Bedingungen für den Scheckverkehr" (Banken)** nF Januar 1995 mit Ergänzung 1997 und geringfügiger Überarbeitung Januar 2001 (**Muster:** Hopt/ Werner 3. Aufl 2007 Form IV. E.1), s **(8)** AGB-Banken Nr 1 Rn 6, Komm Bülow, Bunte, AGB-Kontrolle Ul/Br/He/Fuchs Anh § 310 BGB Rn 695. Der Scheckvertrag ist formfrei. Er ist kein Vertrag zugunsten Dritter. Nach dem Scheckvertrag ist die Bank zur Einlösung der auf den von der Bank zugelassenen Scheckvordrucken ausgestellten Schecks bei Deckung verpflichtet und trotz mangelnder Deckung (dann Überziehungskredit, vgl § 493 BGB) berechtigt, BGH **53,** 204. Eine Pflicht zur Einlösung trotz mangelnder Deckung besteht idR nicht; enge Ausnahmen § 242 BGB, BankrechtsHdb/Nobbe 3. Aufl 2007 § 60 Rn 52, 48 (s Rn G/28). Doch ist die Bank vor (wegen Warnfunktion nicht gleichzeitig) Nichteinlösung zur **Rückfrage** verpflichtet, die auch telefonisch erfolgen kann, angesichts des Massengeschäfts allerdings nur soweit möglich und zumutbar (§ 242 BGB), BankrechtsHdb/Nobbe § 60 Rn 92 (großzügiger 32. Aufl, s auch für die Überweisung Rn C/8); Abbedingung dieser Rückfragepflicht (so Scheckbedingungen Nr 5 S 2 aF: „Bei Nichteinlösung wird dem Vorleger des Schecks ohne vorherige Rückfrage beim Kontoinhaber die gesetzlich vorgesehene Bescheinigung erteilt") verstößt gegen **(5)** § 307 BGB, Ul/Br/He/Fuchs Anh § 310 BGB Rn 696, Canaris 690, BankrechtsHdb/Nobbe § 60 Rn 92. Bei Scheckeinlösung hat die Bank einen Aufwendungsersatzanspruch gegen den Aussteller (§ 670 BGB). Das gilt nicht, wenn sie (ohne Verstoß gegen ihre Prüfungspflicht, s Rn E/2) einen gefälschten Scheck einlöst, Grund: fehlende Anweisung, keine Sphärentheorie; klauselmäßige **Missbrauchsrisikoabwälzung** (so Scheckbedingungen 1989 Nr 11, vgl **(3)** AGB-Banken Nr 1 Rn 6) ist **unwirksam,** BGH **135,** 116, WM **97,** 1250, str, aA nur gegenüber Privatkunden, Koller NJW **81,** 2433, WM **85,** 825. Die Haftungsverteilung zwischen Kunde und Bank nach Mitverschuldensgrundsätzen gemäß Scheckbedingungen 2001 Nr 3 I ist nach **(5)** §§ 305 ff BGB wirksam, BankrechtsHdb/Nobbe § 60 Rn 134. Dagegen war die Überwälzung des Missbrauchsrisikos auf den KfmKunden auch in den von ihm beherrschbaren Verantwortungsberei-

(7) BankGesch E/2

chen (Scheckbedingungen 1995 Nr 3 III) unwirksam, da er eine verschuldensunabhängige Zufallshaftung enthielt, vgl BGH **135**, 116 Formulierung des Leitsatzes, BankrechtsHdb/Nobbe § 60 Rn 134, aA Koller JZ **97**, 1070. Schadensersatzhaftung nach § 280 I BGB wegen Pflichtverletzung (betr Aufbewahrung, Mitteilung des Abhandenkommens ua) des Kunden, BGH **135**, 123; zu § 254 BGB s Rn E/3. **Zeitpunkt der Scheckeinlösung:** bei Bareinlösung diese; bei Vorlage an die bezogene Bank und bargeldloser Zahlung die Gutschrift (nicht die Belastung des Ausstellerkontos), BGH NJW **87**, 317, bei Filialgutschrift aber Prüfungs- und Stornierungsvorbehalt; bei Inkasso die Gutschrift unter Vorbehalt des Eingangs (E. v.) und der Nichtstornierung (s Rn E/6), die Gutschrift wird somit endgültig mit der Belastungsbuchung des Ausstellerkontos durch die bezogene Bank, BGH NJW **87**, 318, Zeitpunkt der Gutschrift bei maschineller Bearbeitung s Rn C/14; bei DBBkAbrechnung spätestens mit Skontration (s Rn C/5) bzw Erfüllungswirkung der verspäteten Scheckrückgabe (s Rn D/6), BGH NJW **87**, 2439. Die **Bezahltmeldung** (s **(8)** AGB-Banken Nr 9 II 3) schafft einen gesonderten Einlösungstatbestand (unbedingter Einlösungswille), auf Kontobelastung und Ablauf der Stornierungsfrist kommt es dann nicht mehr an, BGH **135**, 307, Canaris 733, s Scheckeinlösungsbestätigung Rn E/8. Zur Scheckeinlösung Häuser WM **88**, 1505, Pleyer/Wallach ZHR 153 **(89)** 539. **Scheck-Wechselverfahren** im Diskontgeschäft s Rn J/1. **Scheckrückgriff** s BankrechtsHdb/Nobbe § 62.

E/2 B. **Prüfungspflicht der Bank, Bösgläubigkeit:** Die Bank ist zur sorgfältigen Prüfung der vorgelegten Schecks, ob wirksame Anweisung des Scheckausstellers-Kontoinhabers vorliegt, verpflichtet. Dies ist eine vertragswesentliche Pflicht, also unabdingbare Haftung nach § 280 I BGB für jedes Verschulden (zu unterscheiden von Haftungsbeschränkung auf grobe Fahrlässigkeit bei Prüfung der Berechtigung des Vorlegers nach Scheckbedingungen Nr 4 aF, BGH **91**, 231). Sofern zwischen Scheckeigentümer und einlösender Bank, idR Inkassobank, keine Vertragsbeziehungen bestehen, ergibt sich der Anspruch des Scheckeigentümers (je nachdem Scheckaussteller oder Schecknehmer) gegen die Bank aus §§ **990, 989 BGB** iVm Art 21 ScheckG; keine Belastung des Kontos des Kunden bei grob fahrlässiger Einlösung eines abhanden gekommenen Schecks (Scheckbedingungen 1995 Nr 3 II). Dabei Wissenszurechnung (Kontounterlagen), BGH **135**, 202, BankrechtsHdb/Nobbe § 61 Rn 198 ff (s Rn A/16). Zur **Bezahltpflicht** bei Scheckeinlösung gibt es eine reiche Rspr, näher BankrechtsHdb/Nobbe 3. Aufl 2007 § 61 Rn 192 ff. Die Prüfungspflicht darf aber angesichts des Massengeschäftscharakters des Scheckgeschäfts **nicht überspannt** werden, BankrechtsHdb/Nobbe 3. Aufl 2007 § 60 Rn 116, 13; die Bank genügt der Prüfungspflicht hinsichtlich der Echtheit der (Inhaber-) Schecks idR, wenn sie sich dem Massenverkehr entsprechend davon überzeugt, dass der Scheck seinem äußeren Gesamtbild nach den Eindruck der Echtheit erweckt. Vor allem muss sich die Bank nicht um Angabe des Zahlungszwecks wie überhaupt um die zugrundeliegenden Rechtsbeziehungen des Ausstellers kümmern, BGH NJW **69**, 695; sie muss nicht jeweils die früher bei Kontoeröffnung gemachten Angaben über Beruf und damit verbundene interne Absprachen nachsehen; Verschiedenheit von Einreicher und Schecknehmer (Disparität, **disparische Schecks**) begründete nach früherer Rspr keine Prüfungspflicht, BGH NJW **87**, 1264; das gilt heute nur noch, soweit die Weitergabe von Schecks zahlungshalber im kfm Geschäftsverkehr üblich ist, BGH NJW **96**, 657, WM **97**, 2396 (Inhaberverrechnungsscheck), **00**, 2585 (blanko indossierte Orderverrechnungsschecks), interne Kontounterlagen sind ab bestimmter Mindestgrenze einzusehen, BGH WM **97**, 2395, Karls ZIP **06**, 1576. Soweit die Weitergabe unüblich ist (HdlBrauch, Gutachten DIHT betr Inhaberschecks, Ffm ZIP **99**, 1208, Karlsr ZIP **07**, 857), liegt grobe Fahrlässigkeit vor, Ffm ZIP **99**, 1208, Karlsr ZIP **07**, 857, BankrechtsHdb/Nobbe § 60 Rn 227. Daraus folgt, dass die Bank verpflichtet ist zu prüfen, ob der disparische Scheck aus kfm Verkehr stammt, BankrechtsHdb/Nobbe § 60 Rn 116, 230. Für Inhaberschecks aus privatem Verkehr ist über Unüblichkeit der Weitergabe nichts bekannt, jedenfalls bleibt es insoweit bei der bisherigen Ablehnung einer Prüfungspflicht, zutr BankrechtsHdb/Nobbe § 61 Rn 233. Die Prüfungspflicht trifft nur die Inkassobank und Kflte beim Erwerb von Schecks aus kfm Verkehr, BGH WM **00**, 1745, aber grundsätzlich nicht eine von Auslandsbank zur Weiterleitung an die bezogene Bank beauftragte Zwischenbank,

V. Bankgeschäfte (m. Börsen- u. KapMR) E/3, E/4 **BankGesch** (7)

BGH NJW **01,** 2971, Grund: rasche Weiterleitung ohne Prüfung von Auslandsrecht. **Nachprüfungspflicht** besteht nicht schon wegen ungewöhnlich hoher Schecksumme (über Euro 50000), aber bei besonderen Umständen, dann uU auch bei Zwischenbank, vor allem in der Person des Einreichers oder Ungewöhnlichkeit des Geschäfts, BGH WM **93,** 736, oder wenn angesichts der Verhältnisse des Einreichers zusammen mit weiteren Umständen verdächtig, BankrechtsHdb/Nobbe § 61 Rn 244, oder bei Abwicklung eines Geschäfts mit nur flüchtig Bekanntem über Scheck mit sehr hohem Betrag (Euro 100 000) in Gaststätte, Saarbr ZIP **98,** 1267. Sorgfaltspflicht also zB bei **Prüfung der Unterschrift** auf Schecks (bei Vertrautsein mit Unterschriftsbild ist Vergleich mit Unterschriftsprobe entbehrlich), BGH NJW **69,** 694, Karlsr WM **75,** 461, Hamm WM **75,** 480; auch im beleglosen Scheckverfahren, doch nehmen die Banken dort die Schadensersatzpflicht (bei Ursächlichkeit) bewusst in Kauf (s Rn E/6). Pflicht zur Prüfung der Rückseite, BGH BB **76,** 1247; Rückfragepflicht bei Einlösung eines nach den bisherigen Gepflogenheiten des Kontoinhabers außergewöhnlich hohen Barschecks durch Unbekannten, BGH WM **86,** 123, anders wenn Einreicher der Bank bekannt ist, Kblz NJW **84,** 467; Prüfung, ob die Ausstellung durch die Scheckzeichnungsvollmacht gedeckt ist, BGH NJW **82,** 1513. **Bareinlösung durch nicht kontoführende Stellen** der bezogenen Bank an Einreicher, der sich nicht als Kontoinhaber oder sonst Verfügungsberechtigter ausweisen kann, ist idR pflichtwidrig, BGH **91,** 232; bloße telefonische Plausibilitätsprüfung der Unterschrift genügt nicht. Einzug eines erkennbar kfm Zwecken dienenden Schecks auf Privatkonto des Geschäftsmanns ist nicht ungewöhnlich, BGH WM **89,** 944, auch nicht durch selbstständigen **Handelsvertreter** (Inkassovollmacht zum Einzug über Privatkonto nicht unüblich), BGH WM **65,** 706, 1976, anders jedoch Einreichung durch **Angestellte** eines Unternehmens (wenn das der Bank bekannt ist, keine Nachforschungspflicht insoweit) zur **Gutschrift auf persönliches Konto,** BGH WM **26,** 268 (entspr bei Konto pro Diverse), WM **63,** 892, **65,** 973, **68,** 1299, **74,** 155, Stgt BB **70,** 1506 (zur Prüfung ist Rückfrage beim Arbeitgeber nur das letzte Mittel), Mü WM **69,** 510 (Gutschrift auf Konto der Ehefrau), Celle BB **71,** 327 (Buchführungsbüro), Düss WM **84,** 637. Einziehung eines disparischen Verrechnungsschecks durch **Minderjährigen** auf eigenes Konto ist verdächtig, s BGH NJW **94,** 2094 (Inhaberschuldverschreibung), Bank muss Minderjährigkeit auf Kontoblatt vermerken, BGH WM **62,** 524, Schütz BB **65,** 693, str. Pflicht zur Prüfung der Berechtigung des Einreichers von **Verrechnungsschecks** (Einlösung nur durch Gutschrift, Art 39 II ScheckG) besteht vor allem bei Barauszahlungsbegehren, aber bei gleichzeitiger Kontoeröffnung, bei Einzug eines erkennbar kfm Zwecken dienenden Schecks auf Sparkonto, BGH NJW **87,** 1264, uU auch sonst, jedoch keine Überspannung der Anforderungen; Voraussetzungen der groben Fahrlässigkeit iSv §§ 990, 989, 932 II BGB, Art 21 ScheckG s BGH **26,** 268, **102,** 316 (Adressaufklären), **108,** 353 (Orderscheck), WM **93,** 736. Haftung gegenüber Dritten s Rn A/30–35.

Mitverschulden des Kunden iSv § 254 BGB bzw Aufrechnung der Bank mit E/3 Schadensersatzanspruch nach § 280 I BGB wegen Sorgfaltspflichtverletzung des Kunden, uU nur zum Teil, BGH BB **68,** 232, ist möglich: zB bei Sendung des Schecks an einen falschen Empfänger, KG JW **17,** 113, nachlässiger Verwahrung der Scheckformulare und ausgestellten Schecks, BGH WM **97,** 1250, Verlust von Reisepass und Kundenkarte, mit denen dann ein Unberechtigter über das Konto verfügt, BGH BB **68,** 232, ungeeignete betriebliche Organisation, BGH NJW **82,** 1514, WM **03,** 2286 (iErg abl), Hamm WM **83,** 461, Celle WM **90,** 2069, unzureichende laufende Kontrolle der Scheckverwendung anhand der Bankauszüge in einem Betrieb, BGH NJW **69,** 696, Karlsr WM **75,** 460. Nicht: Versendung des (Verrechnungs-)Schecks, auch über einen hohen Betrag, im einfachen Brief, außer wenn von außen zu erkennen ist (zB Fensterumschlag), BGH **139,** 108. Lit: BankrechtsHdb/Nobbe 3. Aufl 2007 § 60 Rn 115 ff (Bank), 103 ff (Kunde); Reiser WM **84,** 1557, Aden NJW **94,** 413, Bülow WM **97,** 10, Schnauder WM **98,** 1901, Binder WM **04,** 449 (Abhandenkommen).

C. **Schecksperre:** Der Scheckvertrag verpflichtet die Bank zur Beachtung der von E/4 Kunden ihr wirksam erklärten Sperre eines (vom Kunden auf sie gezogenen, einem Dritten übergebenen) Schecks, dh des Widerrufs iSv Art 32 ScheckG. Der Widerruf kann nach dem (abdingbaren) Art 32 I ScheckG wirksam nach Ablauf der Vorlegungsfrist (im Inland 8 Tage ab angegebenem Ausstellungstag, Art 29 I, II ScheckG) erklärt werden; doch muss der Widerruf der kontoführenden Stelle spätestens am Bankarbeitstag vor Scheckvorlage zugehen. Auch einen vor Ablauf der Vorlegungsfrist einseitig erklärten Widerruf muss die Bank beachten (Nebenpflicht des Scheckvertrags kraft HdlBrauch); Scheckbedingungen Nr 10 S 1 aF, der dafür besondere vertragliche Abrede verlangte, wurde nach **(5)** § 307 BGB für unwirksam gehalten, BGH (II ZS) **104,** 374, aA üL, BankrechtsHdb/Nobbe 3. Aufl 2007 § 60 Rn 140, hingegen wirksam daraufhin neu gefasst Scheckbedingungen 1995 Nr 5, BankrechtsHdb/Nobbe § 60 Rn 142: Widerruf wird beachtet, wenn er der Bank rechtzeitig genug zugeht. Eine wirksame Sperre verbietet der Bank die Einlösung des Schecks (bei Mißachtung kein Aufwendungsersatz nach § 670 BGB) und verpflichtet sie zur Mitteilung der Sperre an anfragende Dritte (Inhaber des Schecks, zB andere Bank, welcher der Scheck zum Einzug mit Antrag auf sofortige Gutschrift gemäß **(8)** AGB-Banken Nr 9 eingereicht wird), selbstverständlich auf ausdrückliche Frage nach Ordnungsmäßigkeit des Schecks (s Rn E/8), uU auch bei Frage mit anderem Inhalt, zB nach Zahlungsfähigkeit des Ausstellers, sofern diese erkennbar durch den gesperrten Scheck veranlasst ist, BGH **35,** 222 (Gefahr des Verlusts von Einwendungen durch den Aussteller). Schecksperre im Verhältnis zwischen Gläubiger und Schuldner s BGH NJW **02,** 1788.

E/5   D. **Bereicherungsausgleich:** Es gelten dieselben Grundsätze wie bei Fehlüberweisungen (s Rn C/15–19), BGH **89,** 381, BankrechtsHdb/Nobbe 3. Aufl 2007 § 60 Rn 218 ff, BankrechtsHdb/Schimansky 3. Aufl 2007 § 50 Rn 1 ff, aA Canaris 739. Bei Mängeln der Anweisung (zB Scheckfälschung, formunwirksamer Scheck, Geschäftsunfähigkeit des Ausstellers, Vertretung ohne Vertretungsmacht des Ausstellers für den Kontoinhaber) hat die bezogene Bank Bereicherungsanspruch gegen den Einreicher (Geldempfänger), BGH **158,** 1, Kln WM **84,** 728; Vertrauensschutz s Rn C/18. Löst die Bank versehentlich den vom Aussteller widerrufenen Scheck ein, hat sie keinen Bereicherungsanspruch unmittelbar gegen den Inhaber (Geldempfänger), jedenfalls wenn dieser vom Widerruf nichts wusste, BGH **61,** 289; anders wenn dieser davon wusste, Kln WM **83,** 190 m Anm Axer, str. Anders auch bei Einlösung eines nicht unterschriebenen Schecks, jedenfalls wenn der Inhaber sich des Mangels bewusst war, BGH **66,** 364, **87,** 396. Vgl entspr betr Wechseleinlösung in der Insolvenz des Akzeptanten (Bankkunden) BGH **67,** 79. Die Bank hat bei irrtümlicher Einlösung eines gesperrten Schecks Bereicherungsanspruch gegen den Kontoinhaber/Scheckgeber, keine aufgedrängte Bereicherung, Kln WM **03,** 17. Lit: Canaris WM **80,** 363, Schnauder WM **96,** 1069.

2) Scheckeinziehung (Scheckinkasso)

E/6   A. **Scheckeinziehung (Scheckinkasso):** Der Girovertrag (s Rn C/3) beinhaltet idR auch die Abrede, Schecks dritter Aussteller nach Weisung des Kunden (§ 665 Satz 1 BGB) für diesen einzuziehen. Doch ist auch ein selbstständiger Inkassovertrag (§§ 675 I, 611 BGB, Tätigkeit wird geschuldet, nicht Erfolg) möglich, BGH **150,** 272, BankrechtsHdb/Nobbe 3. Aufl 2007 § 61 Rn 4. Hinzu kommt Einziehungsvollmacht, ggf Einziehungsermächtigung oder Verwaltungstreuhand, BankrechtsHdb/Nobbe 3. Aufl 2007 § 61 Rn 8 ff. Geregelt wird also das Verhältnis **zwischen Bank und Scheckeinzieher.** Entsprechendes gilt für Wechsel (Wechselinkasso). Das Scheckeinzugs- und das Wechseleinzugsgeschäft sind Bankgeschäfte (§ 1 I 2 Nr 9 KWG idF ZahlungsdiensteUmsetzG 2009, s Rn A/4). Inkassoauftrag geht iZw nicht nur auf Einziehung des Schecks, sondern auch auf Geltendmachung des Rückgriffsanspruch gegen den Aussteller, solange Inkassobank im Besitz des Schecks ist, BGH WM **77,** 1120. Die Inkassobank muss den Scheck auf dem schnellsten und sichersten Weg der bezogenen Bank vorlegen, BGH **22,** 305, **96,** 16; kurze Vorlegungsfristen nach Art 29 ScheckG auch im Auslandsgeschäft, BGH **115,** 247. Die Inkassobank haftet für schuldhafte Nichtvorlage des Schecks bei der bezogenen Bank; doch hat der Scheckeinreicher zu beweisen, dass zum Zeitpunkt ordnungsgemäßer Vorlage der Scheck gedeckt gewesen wäre, BGH WM **81,** 119, BankrechtsHdb/Nobbe § 61 Rn 43, str. Die bezogene Bank und Zwischenbanken sind keine Erfüllungsgehilfen der Inkassobank nach § 278 BGB (§ 664 I 2 BGB; **(8)** AGB-Banken Nr 3 II 3). Die DBBk ist im vereinfachten Scheck- und Lastschrifteinzug (s Rn D/3) Botin der Inkassobank gegenüber der bezogenen Bank, BGH **96,** 13; sie haftet der Inkassobank, die den Scheck im eigenen Namen für Rechnung des Einreichers einzieht, wegen Verneinung von Schutzpflichten im Zahlungsverkehr jedoch nicht auch dem Einreicher selbst, BGH 6. 5. 08 WM **08,** 1252 (näher oben Rn C/10, D/4); Haftungsausschluss der DBBk für leichte Fahrlässigkeit bei Verzögerungen ist unwirksam (vertragswesentliche Pflicht), BGH WM **88,** 246. Der Einreicher hat **keinen Anspruch** gegen die Bank **auf Einlösung** des Schecks eines dritten Ausstellers; zwar hat dieser gegen die Bank einen Anspruch auf Einlösung zugunsten des Einreichers, aber dieser Anspruch ist weder dem Einreicher abgetreten, vgl BGH **64,** 341, noch ist der Scheckvertrag ein Vertrag zugunsten des Einreichers iSv § 328 BGB, vgl BGH **3,** 241; der Einreicher hat auch bei jahrelanger Einlösungspraxis keinen Schadensersatzanspruch gegen die Bank wegen Nichteinlösung, BGH NJW **74,** 457. **Gutschrift** (s Rn C/14) erfolgt idR sofort mit Einreichung, aber nur unter Vorbehalt des Eingangs (**Vorbehaltsgutschrift, E. v.;** aufschiebende Bedingung der buchmäßigen Deckung, BGH (IX ZS) **118,** 177, Canaris 744, BankrechtsHdb/van Gelder 3. Aufl 2007 § 58 Rn 166, van Gelder FS Schimansky **99,** 127, Bunte 219, aA mit beachtlichen Gründen auflösende Bedingung BGH (II ZS) **74,** 315, NJW **80,** 1964, **87,** 319, Saarbr ZIP **98,** 1267, BankrechtsHdb/ Schimansky 3. Aufl 2007 § 47 Rn 57, BankrechtsHdb/Nobbe 3. Aufl 2007 § 60 Rn 201, § 61 Rn 51, Grund: Zweck und Handhabung in der Praxis, Konsequenz: sofortige Einstellung ins Kontokorrent mit Wertstellung für Zinsberechnung); und unter dem weiteren Vorbehalt der Nichtstornierung (s **(8)** AGB-Banken Nr 9 I, Stornierungsvorbehalt auf Kontoauszug stellt dies nur klar), BGH **44,** 180, **69,** 27, **135,** 307 (deshalb Sicherungstreuhand, nicht bloße Legitimationszession des Schecks, BGH **102,** 70, s **(8)** AGB-Banken Nr 15 I), darin kann Aufwendung iSv §§ 670, 675 I BGB, BGH **118,** 176, oder Darlehen iSv § 488 BGB liegen, Prost NJW **69,** 1233. **Zeitpunkt der Einlösung** s Rn E/1. Haftung (§ 826 BGB) der Inkassobank gegenüber dem Aussteller, BGHZ **102,** 68. **Aufwendungsersatz** (§§ 675 I, 670 BGB), auch für Scheckrückgabegebühr, BGH **150,** 273. Lit zum Scheckinkasso: von Wrede 1977; BankrechtsHdb/Nobbe 3. Aufl 2007 § 61; Prost NJW **69,** 1233.

B. **Abkommen:** Das Rechtsverhältnis der Inkassobank und der bezogenen Bank richtet sich nach dem **Scheckabkommen,** nF 7. 8. 98, BankrechtsHdB Anh 8 zu §§ 60 ff. Das gilt auch, wenn die Erstbank den Scheck auf eigene Rechnung einzieht, BGH **109,** 235. Das Scheckabkommen nF 1998 fasst das aF für den beleghaften Scheckeinzug, das Abkommen über das beleglose Scheckeinzugsverfahren (BSE-Abk 8. 7. 85) und andere Abkommen zusammen. Verletzung der Pflicht zur unverzüglichen Rüge (Scheckabkommen I Nr 5 aF) lässt Schadensersatzanspruch nicht entfallen, nur Mitverschulden, BGH **109,** 235, anders zu früherer Fassung BGH **53,** 202. **Muster:** Hopt/Werner 3. Aufl 2007 Form IV. E.2 (Unterrichtung des Kunden über die Nichteinlösung eines BSE-Schecks).

3) Scheckauskunft

Die auf Anfrage des Scheckinhabers erteilte Antwort der bezogenen Bank, sie werde den Scheck einlösen **(Scheckeinlösungszusage),** kann je nach den Umständen eine selbstständige Garantie (zeitlich begrenzt durch alsbaldige Vorlage im ordentlichen Geschäftsgang, aber Vorlagefrist des Art 29 ScheckG ist nicht maßgeblich) begründen, BGH **77,** 50, WM **82,** 924, erst recht die Antwort, „sie garantiere" die Einlösung, BGH WM **78,** 873. Voraussetzung ist aber, dass eine solche Garantie (und nicht nur einfache Scheckbestätigung) vom Anfragenden erkennbar gewollt ist, also nur bei eindeutiger und unmißverständlicher Anfrage, BGH (XI ZS) **110,** 263, BankrechtsHdb/Nobbe 3. Aufl 2007 § 61 Rn 139, aA überholt: ohne Hinzutreten weiterer Umstände BGH (II ZS) **77,** 50; iZw nur Scheckbestätigung. Solche Umstände können zB bei erkennbar beabsichtigter Vermögensdisposition des Anfragenden oder Eigeninteresse der Bank vorliegen (vgl § 347 HGB Rn 13), BankrechtsHdb/Nobbe § 61 Rn 139. Diese Garantie schließt Einwand der Scheckpräjudizierung und des Erlöschens der Ausstellerhaftung aus, kann aber im Einzelfall an bestimmte Voraussetzungen (zB Weiterbelieferung des Scheckausstellers mit Waren), gebunden sein, BGH WM **82,** 924. Die übliche Antwort, der Scheck sei gedeckt oder gehe in Ordnung, dh er würde eingelöst, wenn er zurzeit der Auskunft vorläge **(Scheckbestätigung)** ist dagegen keine Garantie, so für Bestätigung der Einlösung unter banküblichem Vorbehalt, Hamm WM **93,** 1545 anders bei Scheckbestätigung der DBBk nach § 23 BBankG, aber Form- und Fristerfordernisse (III, Art 40 ScheckG), BGH **96,** 9, dazu Bülow ZIP **91,** 1469. Die Bank haftet aber uU aus Auskunftsvertrag oder laufender Geschäftsverbindung, BGH **49,** 168, **77,** 52, Kln WM **83,** 1372, Karlsr WM **09,** 168; Rieder WM **79,** 686. Das gilt auch bei der bloßen Tatsachenmitteilung, der Scheck sei eingelöst (**Scheckeinlösungsbestätigung,** Gut-Meldung), BGH **135,** 315, Canaris 733, aA BGH WM **59,** 113, Ffm WM **86,** 351, s auch **Bezahltmeldung** Rn E/1. Die Scheckauskunft ist dabei nicht schon richtig, wenn sie der letzten Eintragung auf dem Kontoblatt entspricht, vielmehr sind zur Einlösung bereits vorliegende Wechsel zu berücksichtigen, BGH **49,** 169; idR besteht keine Benachrichtigungspflicht, wenn nach Erteilung der Bestätigung Gründe gegen die Einlösung entstehen, BGH **61,** 176 (im konkreten Fall aber doch, s § 347 HGB Rn 26). S auch Rn A/14–29. Keine wirksame Freizeichnung für Scheckauskunft unter Banken, da die „klar abgrenzbarer und überschaubarer Vorgang", BGH **49,** 173, WM **74,** 274. Rechtsstellung der Inkassobank s Klein WM **75,** 374; zum Scheckinkasso Prost NJW **69,** 1233, 2041. Lit: BankrechtsHdb/Nobbe 3. Aufl 2007 § 61 Rn 137 ff (Einlösungszusage), Rn 154 ff (Scheckbestätigung); Häuser FS Schimansky **99,** 183.

4) Reisescheck

E/9 A. **Rechtliche Qualifikation:** Die Ausgabe oder Verwaltung von Reiseschecks ist kein Bankgeschäft nach § 1 I 2 KWG und auch nicht mehr Finanzdienstleistung nach § 1 I a 2 Nr 8 aF KWG, vielmehr ist das Reisescheckgeschäft Bankgeschäft (§ 1 I 2 Nr 9 KWG idF ZahlungsdiensteUmsetzG 2009, s Rn A/4). Unternehmen, die gewerbsmäßig für andere das Reisescheckgeschäft betreiben (Reiseschecks ausgeben oder verwalten), sind danach Finanzdienstleistungsinstitute (§ 1 Ia 1 KWG, Text Rn A/4). Der Reisescheck hat zugunsten der früheren Euroschecks und inzwischen der Bankkunden-, Geld- und Kreditkarte (s Rn F/1, 14, 36) seine Bedeutung weitgehend verloren, aA BankrechtsHdb/Nobbe § 63 Rn 48. Lit: Heinichen 1964, Odefey 1982; Bösch 1987; BankrechtsHdb/Nobbe 3. Aufl 2007 § 63 Rn 46 ff, MüKo/Hadding ZahlungsV F 2009; Justat/Mauer ZfgK **56,** 155, Käser ZfgK **61,** 196 (travelers cheques), **62,** 399, Haucke in Hadding/Schneider, Grenzüberschreitender Zahlungsverkehr im europäischen Binnenmarkt, 1997, S 53, Hadding FS Krejci **01,** 1181.

E/10 Der Reisescheck wird zwar herkömmlich und von der Praxis schon wegen seines Namens wie ein vom Reisescheckersterwerber (Reisenden) an eine Order ausgestellter Scheck behandelt. Er ist jedoch **kein Scheck** iSv Art 1 ScheckG, heute hL, aA früher üL, Canaris 859, MüKoBGB/Hüffer § 783 Rn 30. Denn die Unterschriften des Reisescheckersterwerbers sollen keine scheckrechtliche Ausstellerhaftung (Art 12 ScheckG) begründen (der Gegenwert ist bereits gezahlt), sondern dienen dem Ausweis; die Vorlegungsfrist (Art 29 ScheckG) passt ersichtlich nicht, und der Widerruf (Art 32 ScheckG) ist funktionslos. Der Reisescheck ist vielmehr eine **Anweisung an eigene Order** (§ 783 BGB), die von der ausgebenden Bank bzw **vom Reiseschekkemittenten angenommen** wird (deutlich zB Citicorp Travelers Cheque), BankrechtsHdb/Nobbe § 63 Rn 54, MüKo/Hadding ZahlungsV F 6; je nach Ausgestaltung auch ein kfm Verpflichtungsschein nach § 363 I 2 HGB (so zB Amex), RG **79,** 345, BankrechtsHdb/Nobbe § 63 Rn 54, str. Die Einlösestelle erhält damit einen **abstrakten Zahlungsanspruch** (§§ 784 I, 780 BGB; wie bei Überweisung, s Rn C/14, Akkreditiv, s Rn K/11, Garantie, s Rn L/7, Kreditkarte, s Rn F/46). Das trägt dem Umstand Rechnung, dass der Reisescheck nicht nur zur Bargeldbeschaffung, sondern auch in Hotels, Verkehrsunternehmen, Restaurants ua als Zahlungsmittel verwendet wird, Hadding FS Krejci **01,** 1186. Allerdings fehlt die Ausstellerunterschrift (§§ 784 II 1, 2, 126 BGB), doch genügt die faksimilierte Unterschrift analog § 793 II 2 BGB für die Annahme der Anweisung durch den Reisescheckemittenten. Gemäß § 783 BGB weist also der Reisescheckersterwerber **(Anweisender)** durch seine Unterschrift (Gegenzeichnung bei Einlösung, erste Namenszeichnung bereits nach Erwerb) und die Aushändigung des Reiseschecks an die Einlösestelle **(Anweisungsempfänger)** den Reisescheckemittenten **(Angewiesener)** an, den Betrag an die Einlösestelle (oder deren Rechtsnachfolger) zu bezahlen; diese ist ermächtigt, die

V. Bankgeschäfte (m. Börsen- u. KapMR)   E/11–E/15   **BankGesch**   (7)

Geldleistung bei dem Angewiesenen im eigenen Namen zu erheben; der Angewiesene ist ermächtigt, für Rechnung des Anweisenden an den Anweisungsempfänger zu bezahlen. Die auf dem Reisescheck erklärte Annahmeerklärung des Reisescheckemittenten ist das Angebot zum Abschluss eines Schuldversprechens nach § 780 BGB, das die einlösende Stelle durch Annahme des Reisescheck annimmt (§§ 151, 784 II 2 BGB).

Der Reisescheck ist **kein Wertpapier**, nach aA Scheck, so früher üL, Canaris 859. Dem Charakter als Anweisung entspricht **aber** seine Einordnung als **Rektapapier**, also nicht als bloße Legitimationsurkunde, MüKo/Hadding ZahlungsV F 7, BankrechtsHdb/Nobbe § 63 Rn 58, aA Schlegelb/Hefermehl 314. Denn die im Reisescheck verkörperte Forderung gegen den Reisescheckemittenten kann nur gegen Vorlegung der Urkunde geltend gemacht werden (Aushändigung, § 785 BGB). Für das Eigentum am Reisescheck gilt danach § 952 BGB, str. E/11

B. **Das Rechtsverhältnis zwischen dem Reisescheckersterwerber und dem Reisescheckemittenten:** Der Reisescheckersterwerber (bei einem Reisescheck „für zwei" auch der Reisepartner, § 328 BGB) schließt mit der den Reisescheck ausgebenden Bank bzw dem Reisescheckemittenten, wenn die Bank nur als dessen Vertreter handelt (so idR, dann zwischen diesen gemischttypischer Vertrag mit Handelsvertreter-, Geschäftsbesorgungs- und Verwahrungselementen, BankrechtsHdb/Nobbe § 63 Rn 60) einen **Geschäftsbesorgungsvertrag** (§§ 675 I, 631 BGB, geschuldeter Erfolg ist Einlösung des Reisescheck), aA Kaufvertrag über die Reisescheck. Dieser Vertrag gibt dem Reisescheckersterwerber einen zeitlich grundsätzlich unbegrenzten **Anspruch auf Einlösung** des (bereits bezahlten, Vorschuss nach § 669 BGB) Reisescheck. E/12

Der Reisescheckersterwerber hat einen Anspruch gegen den Reisescheckemittenten auf Rückerstattung, wenn er die Reisescheck nicht einlöst. Hat der Reisescheckemittent die Reisescheck selbst eingelöst oder an die Einlösestelle gezahlt, hat er einen **Aufwendungsersatzanspruch** gegen den Reisescheckersterwerber (§§ 675 I, 670 BGB), den er mit dem eingezahlten Gegenwert (Vorschuss, s Rn E/12) **verrechnen** kann. E/13

Ist der Reisescheck **abhanden gekommen** und trägt eine gefälschte Unterschrift, zahlt der Reisescheckemittent wegen der Legitimationswirkung der Urkunde (vgl § 783 BGB) mit Wirkung gegenüber dem Reisescheckersterwerber (dh Aufwendungsersatzanspruch wie Rn E/13) an die Einlösestelle, sofern er seiner **Prüfungspflicht** aus dem Geschäftsbesorgungsvertrag mit dem Reisescheckersterwerber (s Rn E/12) auf auffällige Abweichung der Gegenzeichnung von der Erstunterschrift nachkommt (§§ 276, 278 BGB). Bei **eigenem Verschulden** des Reisescheckersterwerbers hat der Reisescheckemittent einen Schadensersatzanspruch nach § 280 I BGB gegen ihn, dann anteilige Schadenstragung. Zu den verschiedenen AGB s BankrechtsHdb/Nobbe § 63 Rn 72. Voraussetzung für die Erstattung des Gegenwerts der Reisescheck bei Abhandenkommen ist nach AGB sorgfältige Aufbewahrung und unverzügliche Benachrichtigung des Reisescheckemittenten bzw einer zentralen Stelle. Das ist nach **(5)** §§ 307 ff BGB wirksam, Ffm NJW **03,** 1747 für Klausel „mit der gleichen Sorgfalt wie Bargeld". Keine Vorschussrückerstattung vor Verjährung der Zahlungsansprüche aus Reisescheck, Ffm NJW **03,** 1747. E/14

C. **Das Rechtsverhältnis zwischen der Einlösestelle und dem Reisescheckemittenten:** Die Einlösestelle hat einen **rechtlich selbstständigen Zahlungsanspruch** gegen den Reisescheckemittenten (§§ 784 I 1, 780 BGB, s Rn E/10); daneben hat sie auch (nach aA nur) Anspruch aus §§ 675 I, 611, 670 BGB iVm entsprechenden Einlöseabkommen, Hotels, Restaurants ua nur aus §§ 677, 683 S 1 BGB, BankrechtsHdb/Nobbe § 63 Rn 95. **Einwendungen** können diesem Zahlungsanspruch nur begrenzt entgegengehalten werden (§ 784 I 2 BGB), nämlich weder aus dem Deckungsverhältnis zwischen dem Reisescheckemittenten und dem Reisescheckersterwerber (s Rn E/14) noch aus dem Valutaverhältnis zwischen dem Reisescheckersterwerber und der Einlösestelle (s Rn E/18), auch nicht bei Doppelmangel (entspr wie bei der Überweisung, s Rn C/15 ff). Mit der Auszahlung an die Einlösestelle E/15

(7) BankGesch E/16–F/01   2. Handelsrechtl. Nebengesetze

erfüllt der Reischeckemittent seine Verpflichtung aus §§ 780, 784 I 1 BGB (Ausführungs- bzw Vollzugsverhältnis).

E/16 Bei **abhanden gekommenen** Reischecks mit gefälschter Unterschrift entsteht kein rechtlich selbstständiger Zahlungsanspruch (kein gutgläubiger Erwerb, kein Wertpapier, s Rn E/10), aber die Einlösestelle kann einen Anspruch aus §§ 675 I, 670 BGB iVm entsprechenden Einlöseabkommen zwischen dem Reischeckemittenten und angeschlossenen Unternehmen haben oder aus §§ 677, 683 S 1, 670 BGB (s auch Rn E/15), letzteres ist bei Hotels ua in aller Regel anzunehmen ist, str, Grund: der Reischeckemittent hat ein Interesse an Verbreitung der Reischecks. Voraussetzung ist allerdings, dass die Einlösestelle ihrer **Prüfungspflicht** auf auffällige Abweichung der Gegenzeichnung von der Erstunterschrift nachgekommen ist (§§ 276, 278 BGB); vgl Prüfungspflicht der Bank bei Scheckeinlösung (s Rn E/2), Grundsätze dort sind aber nicht unbesehen übertragbar. Zu berücksichtigen sind auch Verdachtsmomente außerhalb des Reischecks. Einfache Fahrlässigkeit schadet, Ffm WM **80**, 752, BankrechtsHdb/Nobbe § 63 Rn 84 f mit Bspen. **Schecksperre** nach Art. 32 ScheckG (Widerruf) ist nicht möglich, aA die Mindermeinung (echter Scheck).

E/17 **Übertragung:** Der Reischeck (genauer: die Anweisung) ist übertragbar (§ 792 I 1 BGB), dazu sind Schriftform und Aushändigung des Reischecks an den Dritten erforderlich (§ 792 I 2, 3 BGB), ergänzend gelten §§ 398 ff BGB (§ 792 III 2 BGB). Eine Übertragung durch Indossament ist nicht möglich, aA Mindermeinung (echter Scheck).

E/18 D. **Das Rechtsverhältnis zwischen dem Reischeckersterwerber und der Einlösestelle:** Der Reischeckersterwerber hat grundsätzlich keinen Anspruch gegen andere Banken oder Dritte auf Einlösung; anders ausnahmsweise auf Grund von zwischen der Einlösestelle und dem Reischeckemittenten geschlossenen Einlöseabkommen (dann uU § 328 BGB wie bei Kreditkarten, s Rn F/46, aber iZw nicht). Auch scheckrechtliche Beziehungen bestehen nicht, aA Mindermeinung (echter Scheck). Aber Vertragsbeziehungen aus dem Kausalverhältnis, zB Hotel, Restaurant etc, auf Grund dessen mit dem Reischeck bezahlt wird.

F. Bankkunden-Karte; automatisierte Zahlungssysteme, Online-Banking; Kreditkarte

a) Kommentare und Handbücher: Außer dem allgemeinen Schrifttum (s Einl vor A/1) BankrechtsHdb/*Nobbe* 3. Aufl 2007 § 63 A (Eurocheque). – BankrechtsHdb/*Gößmann* 3. Aufl 2007 §§ 52–55, 68. – BankrechtsHdb/*Martinek/Oechsler* 3. Aufl 2007 § 67 (Kreditkarte). – BuB/*Werner/Haun*. – *Bunte*, AGB-Banken und Sonderbedingungen, 2. Aufl 2009, Sonderbedingungen für den ec-/Maestro-Service (SB ec/Maestro 3), Sonderbedingungen für das Online-Banking (SB Online 6), Homebanking-Bedingungen (SB Home 7). – *Ebenroth/Grundmann* BankR II 271 2001. – *Hefermehl/Casper,* WG, ScheckG, Recht der kartengestützten Zahlungen, 23. Aufl 2008. – *Kümpel* 3. Aufl 2004 Rn 4766 ff. – *Langenbucher/Gößmann/Werner* 2004. – *MüKo(HGB)/(Bearbeiter)* 2. Aufl 2005 ff Bd 52009 Anh nach § 372: *MüKo/Hadding/Häuser/ua* (Zahlungsverkehr E-G).

b) Sonstige Beiträge: *Wentzel* 1974. – *Knoche* 1983. – *Gößmann* 3. Aufl 1997. – *Neumann/Bock* 2004 (Zahlungsverkehr im Internet). – *Harbeke* WM **89**, 1709, 1749, WM Sonderbeil 1/**94**, ZIP **95**, 250. – *Ahlers* WM **95**, 601. – *Schröter* ZBB **95**, 395. – *Wand* ZIP **96**, 214. – *Gößmann* WM **98**, 1264. – *Taupitz, Grundmann, Wand, Fischer,* Kartengesteuerter Zahlungsverkehr, Bankrechtstag **98**, 3, 37, 97, 157. – *Einsele* WM **99**, 1801. – *Werner* BKR **02**, 149 (Wegfall der ec-Garantie). – Zur GeldKarte s Rn F/14, zur Kreditkarte s Rn F/36. **Muster:** *Hopt/Werner* 3. Aufl 2007 Form IV. F.1–11 (ec-Karte, Kreditkarte, automatisierte Zahlungssysteme, Online-Banking). **RsprÜbersicht:** *Hadding/Häuser* WM **93**, 1357.

0) Neues Recht ab 31. 10. 2009 für die Kartenzahlung

F/01 **Zahlungsdienste §§ 675 c–676 c BGB:** Die neuen Regeln für Zahlungsdienste (s Rn C/01 ff) gelten ab 31. 10. 09 auch für die Kartenzahlung (Bankkunden-Karte, künftig Girokarte, s Rn F/1), also die Geldautomatenauszahlung, die ec/Maestro-

V. Bankgeschäfte (m. Börsen- u. KapMR)   F/02–F/4   **BankGesch**   (7)

Karten-Zahlung mit PIN und die Kreditkartenzahlung, Grundmann WM **09,** 1161. §§ 675 c–676 c nF BGB unterscheiden nicht mehr zwischen Überweisung, Lastschrift und anderen Zahlungsinstrumenten (s Rn C/05). Zu beachten sind auch hier der Grundsatz der Vollharmonisierung (s Rn C/02, C/04) und die neuen Begriffsbestimmungen (s Rn C/03).

Änderungen zum Recht der Bankkunden-Karte: Änderungen ergeben sich F/02 hauptsächlich zum Entgelt und zum Kartenmissbrauch, also zur Haftung bei fehlender Autorisierung (§§ 675 u–675 w nF BGB). Ausführungsfrist (D+1, § 675 s nF BGB) s Rn C/08. Bei der Wertstellung wird das Mittelzuflussprinzip (gleichtägige Wertstellung) auch auf den Zahlungszufluss aus Kartenzahlungen auf das Einreicherkonto ausgedehnt (§ 675 t nF BGB). Lit: Grundmann WM **09,** 1162.

1) (Bankkunden-)Karte; GeldKarte

A. **Einsatzbereich der (Bankkunden-)Karte:** Die Bankkunden-Karte oder F/1 schlicht Karte ist heute **multifunktional** einsetzbar. Ihr **Geltungsbereich** erstreckt sich auf Dienstleistungen in Verbindung **mit** der persönlichen Geheimzahl **(PIN) und ohne** Einsatz derselben. Zu ersteren gehören Abhebung an Geldautomaten, bargeldlose Zahlung an automatisierten Kassen (s Rn F/21) und Aufladen der GeldKarte (s Rn F/14); zu letzteren gehören ebenfalls bargeldlose Zahlung an automatisierten Kassen und der Einsatz als Speichermedium für unternehmensbezogene Zusatzanwendungen (letztere in den Bedingungen näher geregelt seit 1. 7. 02; nur nach Maßgabe der vom Karteninhaber mit Handels- und Dienstleistungsunternehmen abgeschlossenen Verträge, ohne größere bankrechtliche Besonderheiten). Bis 31. 12. 01 diente sie auch als Garantiekarte für den Euroscheck (eurocheque, Rn F/9). Nachdem diese Garantiefunktion weggefallen ist, wird die Karte **nicht mehr** wie bisher **ec-Karte** oder Scheckkarte, **sondern Bankkunden-Karte** oder schlicht **Karte** und ab 2009 allgemein **Girokarte** genannt. Die Karte ist mit gewissen Abweichungen zwischen der Bank- und der Sparkassenversion geregelt in **Bedingungen für den ec-/Maestro-Service** idF Juli 2002, vorher Bedingungen für ec-Karten, Fassungen 1989 (Banken und Sparkassen), 1995 (Banken), WM **95,** 636, Änderungen 1997. Mit Änderungen zum **31. 10. 2009 Bedingungen für das Online Banking, Bedingungen für die girocard und Bedingungen für die MasterCard.**

B. **Rechtliche Qualifikation:** Der Kartenvertrag **zwischen Bank und Kartenin-** F/2 **haber** ist idR zusätzlich zum Girovertrag (s Rn C/1 ff; das Zahlungskartengeschäft ist Zahlungsdienst iSv § 1 II Nr 2 lit c ZAG 2009, s Rn A/4) geschlossen, also durch Zusatzabrede verbunden, aber rechtlich zu unterscheiden (wie Scheckvertrag, s Rn E/ 1), BGH WM **06,** 179 (vgl Rn C/3). Im Rechtsverhältnis zwischen der Bank und dem Karteninhaber liegt ein gemischttypischer **Geschäftsbesorgungsvertrag** (§§ 675 I, 611, 631 BGB, Grund: Dauerverpflichtung, Multifunktionalität, Einlösungszusage; nach aA rein dienstvertraglich, nach aA werkvertraglich). Das entspricht dem Girovertrag (s Rn C/3) und ist idR anders bei der Kreditkarte (werkvertraglich, s Rn F/37); vgl auch für den Scheckvertrag Rn E/1. **Karte** selbst ist einfaches Legitimationspapier und, soweit sie Anweisung iSv § 783 BGB ist, Wertpapier, Canaris 527 b, str (Geldkarte s Rn F/15).

Der Vertrag kommt **formlos** zustande, idR mit Aushändigung der Karte. Die Karte gilt nur für das angegebene Konto. Anspruch auf Zulassung besteht nicht (kein neutrales Geschäft, s Rn A/6). Postzusendung der Karte ist nicht pflichtwidrig. **Muster:** Hopt/Werner 3. Aufl 2007 Form IV. F.1 (Bankenversion), Form IV. F.2 (Sparkassenversion), Vereinbarung über das deutsche ec-Geldautomatensystem zwischen den Kreditinstitutsverbänden, Januar 1995, Bankrechtstag **98,** 177.

C. **Rechte und Pflichten des Karteninhabers und der Bank:** Für die Ausgabe F/3 und Nutzung der Karte gibt es **allgemeine Regeln** (Bedingungen 2002 II Nr 1–6). Das ist angesichts der verschiedenen Einsatzmöglichkeiten der Karte (s Rn F/1, F/14, F/21) wichtig.

Der Karteninhaber ist berechtigt, nach Maßgabe der ihm durch die Karte bzw durch F/4 besondere Vereinbarung eingeräumten Möglichkeiten die **verschiedenen Dienstleistungen** der Bank (s Rn F/1) in Anspruch zu nehmen. Der Kunde darf die Karte **nur innerhalb der finanziellen Nutzungsgrenzen** (Kontoguthaben oder vorher

(7) BankGesch F/5–F/9 2. Handelsrechtl. Nebengesetze

für das Konto eingeräumter Kredit) nutzen. Überschreitet er diese Grenzen, hat die Bank trotzdem Anspruch auf Aufwendungsersatz, falls sie die Buchung vornimmt. Es kommt dann zu einer geduldeten Kontoüberziehung mit entsprechend höheren Zinsen (Bedingungen 2002 II Nr 2, s Rn G/2, **(8)** AGB-Banken Nr 12 Rn 2). Außerdem macht sich der Kunde schadensersatzpflichtig (§ 280 BGB).

F/5 **Sperre, Einziehung der Karte:** Nach ec-Bedingungen 1989 Nr 7 III war die Bank zum Einzug der Karte berechtigt, wenn auf dem Konto das Guthaben nicht ausreichte oder der Kreditrahmen überschritten wurde; das war angesichts der Multifunktionalität der Karte (s Rn F/1) wegen Abbedingung einer vertragswesentlichen Pflicht unwirksam, Canaris 527 k (zur aF), str; das galt erst recht für Klausel über jederzeitige fristlose Kündigung, BGH **125,** 349 (Kreditkarte). Die Bank darf die Karte sperren und den Einzug der Karte, zB an Geldautomaten, veranlassen, wenn sie einen wichtigen Grund zur Kündigung hat oder die Nutzungsberechtigung sonst endet, zB durch ordentliche Kündigung oder Gültigkeitsablauf (Bedingungen 2002 II Nr 5). Das ist unter **(5)** § 307 BGB wirksam, str, vorherige Kündigung ist nicht notwendig, aber unverzüglich nachzuholen, was in der (entsprechend begründeten) Mitteilung der Sperre liegen kann; unberechtigte Sperre macht die Bank schadensersatzpflichtig. Erstattung unverbrauchter Beträge (Bedingungen 2002 II Nr 5).

F/6 **Sorgfalts- und Mitwirkungspflichten des Karteninhabers:** Der Karteninhaber muss die Karte nach Erhalt unverzüglich unterschreiben. Er muss die Karte mit besonderer Sorgfalt aufbewahren, insbesondere darf er sie nicht unbeaufsichtigt im Kfz liegen lassen. Er muss die persönliche Geheimzahl (PIN) geheim halten, Hamm WM **97,** 1203, Ffm NJW-RR **01,** 1341, und darf sie insbesondere nicht auf der Karte vermerken oder zusammen mit dieser aufbewahren. Schließlich treffen ihn Unterrichtungs- und Anzeigepflichten, wenn er den Verlust seiner Karte oder missbräuchliche Verfügungen feststellt (näher Bedingungen 2002 II Nr 6.1–4). Dagegen ist unter **(5)** §§ 307 ff BGB nichts einzuwenden. UU Rückfragepflicht bei Nichterhalt der Karte, KG NJW **06,** 381. Entgeltklauseln für Ersatzkarte s Pamp WM **02,** 573.

F/7 **Besondere Regeln** mit weiteren Rechten und Pflichten der Beteiligten gelten bei Einsatz der Karte **für einzelne Nutzungsarten,** zB beim electronic cash (s Rn F/21) oder als GeldKarte (s Rn F/14).

F/8 **Beendigung des Kartenvertrags:** Der Kartenvertrag endet nicht schon mit Zeitablauf der Karte, BGH WM **06,** 179, sondern mit seiner ordentlichen oder außerordentlichen (grundsätzlich fristlos) Kündigung (einzelne Geschäftsverbindung, s **(8)** AGB-Banken Nr 18, 19), die auch unabhängig vom Girovertrag erfolgen kann (s Rn C/3). Der Kartenvertrag endet aber auch mit dem Girovertrag, mit dem er zusammenhängt. Der Karteninhaber ist dann zur unverzüglichen Rückgabe der Karte verpflichtet. In der Karte gespeicherte Beträge (GeldKarte, s Rn F/14) oder Zusatzanwendungen (s Rn F/1) erstattet die Bank (Bedingungen 2002 II Nr 4); Verfallklausel wäre unwirksam (s Rn F/18). Beendigung des Kartenvertrags hat keine Auswirkung auf Zahlungsverpflichtung der Bank gegenüber Dritten, zB ec-Schecknehmer, Geld-Kartenvertragsunternehmern, Betreibern automatisierter Kassen ua (s Rn F/10, F/19, F/26, vgl Rn F/46), Grund: § 172 II BGB und die jeweiligen Bedingungen (s zB Rn F/26), Ausnahme bei Kenntnis oder Kennenmüssen (§ 173 BGB).

F/9 D. **Rechtsfragen der früheren eurocheque-Garantie:** Der **eurocheque** war ein normaler Inhaberscheck, hatte aber bis 31. 12. 01 die **Besonderheit einer Einlösungsgarantie** (ec-Bedingungen 1997 III Nr 1.1–7, **aufgehoben zum 1. 1. 02).** Werden ab 1. 1. 02 eurocheques ausgestellt, sind sie als normale (Bar- oder Verrechnungs)Schecks zu behandeln (s Rn E/1 ff). Die nicht garantierte Scheckzahlung hat im anonymen Massenverkehr bislang keinerlei Bedeutung (anders in den USA); an ihre Stelle treten Kreditkarte (s Rn F/36) und electronic cash (s Rn F/21). Die Rechtsfragen zu Garantie, Rechtsmissbrauch und Risikotragung beim eurocheque werden **trotzdem bis auf weiteres verkürzt kommentiert,** ebenso BankrechtsHdb/Nobbe 3. Aufl 2007 § 63 Rn 1 ff, nicht nur, weil diesbezüglich Rechtsstreitigkeiten fortdauern, sondern weil auch nach Wegfall der ec-Garantie die dazu in Rspr und Lehre entwickelten Grundsätze für ähnliche Rechtsfragen im Zusammenhang mit der Zahlungsverpflichtung der Bank gegenüber den Betreibern von Geldautomaten und auto-

V. Bankgeschäfte (m. Börsen- u. KapMR) F/10–F/12 **BankGesch** (7)

matisierten Kassen einschlägig sind (s Rn F/26 ff). Für **Altfälle** ausführlicher s 31. Aufl, BankrechtsHdb/Nobbe 2. Aufl § 63 A.

a) Rechtsnatur: Beim **eurocheque-Garantieverfahren** lag rechtlich ein **Garan-** F/10 **tievertrag** vor (wie bei der Scheckeinlösungszusage, Rn E/8), BGH **64,** 81, hL, BankrechtsHdb/Nobbe § 63 Rn 29, und zwar zwischen der bezogenen Bank, vertreten durch den Scheckaussteller, und dem Nehmer auf Garantie der Einlösung, Düss WM **84,** 489, offen BGH **93,** 80; für Garantievertrag mit Drittschutzwirkung jedenfalls bei Verfälschung Canaris 833, aA überhaupt §§ 328, 780 BGB, § 350 HGB, Zöllner DB **68,** 559, Einsele WM **99,** 1801. Die Bank „garantiert(e)" danach Scheckzahlung bis zu DM 400/Euro 200 oder dem im jeweiligen Land geltenden ec-Garantiehöchstbetrag (III Nr 1.1) unberührt von Widerruf bzw Schecksperre (III Nr 1.2, Schecksperre nur bei nicht garantiertem eurocheque, III Nr 1.6). Ein Verstoß gegen Art 4 ScheckG lag nicht vor (Einlösungspflicht außerhalb des Schecks), BGH **64,** 81. Voraussetzung war ein formgültiger eurocheque (abgesehen von Widerruf und (Ver)-Fälschung, Rn F/12), ganz hL, BGH **122,** 156. Aber Ausstellungsort und -datum konnten fehlen (III Nr 1.1, IV, wirksam). Vorlage der ec-Karte an den Schecknehmer war für die Entstehung der Garantiehaftung der Bank unnötig, BGH **83,** 31, auch Canaris 844, volle Wirkung also auch bei Scheckversendung; aber anders bei (Ver-) Fälschung, denn Schecknehmer hatte ohne Vorlage auch der ec-Karte nicht schutzwürdig vertraut. Verwendung auch gleichzeitig vieler eurocheques zur Bargeldbeschaffung insgesamt über Garantiehöchstbetrag hinaus war funktionsgerecht (s Rn F/11), BGH **122,** 156. Einwendungsausschluss entspr § 784 I Halbs 2 BGB (s Rn K/16–21). Geltung der Garantie nur bei Vorlage bzw Einreichung von Inkasso innerhalb Garantiefrist, für in Deutschland (in anderen Ländern) ausgestellte eurocheques 8 (20) Tage ab Ausstellungsdatum (III Nr 1.1 II 2, 3, anders Art 29 ScheckG). Ausstellungstag wurde nicht mitgerechnet (Art 56 ScheckG). Die ec-Karte war keine über die Forderung vorhandene Urkunde iSv § 836 III 1 ZPO, BGH WM **03,** 625; für Rektapapier Hofmann WM **05,** 1305.

b) Einwand des Rechtsmissbrauchs gegen den Schecknehmer: Der grob F/11 fahrlässige Nehmer von Schecks, die unter vertragswidrigem Gebrauch der ec-Karte ausgestellt waren, konnte sich der Bank gegenüber nicht auf die ec-Kartengarantie berufen (§ 242 BGB), BGH **64,** 79 (Schecks zur Kreditsicherung bei fehlender Kontodeckung), **83,** 33 (46 Schecks zur Darlehensrückzahlung, zu letzterem aA BankrechtsHdb/Nobbe 2. Aufl 2007 § 63 Rn 37), Hamm WM **76,** 140; präzisierend Bundschuh WM **83,** 1182: bei bestimmungsgemäßer Verwendung der Scheckkarte schadete auch grobe Fahrlässigkeit nicht, Grund: Verkehrsschutz; Mitverschulden der Bank schadete nicht unmittelbar nach § 254 BGB (Erfüllungsanspruch), aA dogmatisch unscharf BGH **64,** 79, aber uU Gegenanspruch gegen Bank aus Schutzpflichtverletzung nach §§ 280 I, 241 II BGB. Grobe Fahrlässigkeit reichte aber nur aus, wenn ec-Schecks zweckwidrig ausgenutzt wurden. Bei funktionsgerechter Verwendung (s Rn F/1) schadete dem Nehmer nur Kenntnis, dass der Aussteller den eurocheque mangels Deckung nicht ausstellen durfte (§ 242 BGB), BGH **122,** 156. Geschützt war nur der erste Nehmer, hL, BankrechtsHdb/Nobbe § 63 Rn 33, str, doch konnte dieser seinen Garantieanspruch an den zweiten abtreten (§§ 398, 404 BGB), Nürnb NJW **78,** 2514, LG Hbg WM **75,** 90. Bei Unwirksamkeit oder Erlöschen der **Vollmacht** des ec-Karteninhabers galt § 173 BGB. Bei **Geschäftsunfähigkeit** war schon der Garantievertrag nichtig (vgl § 165 BGB). Bei Fälschung von ec-Karte und ec-Vordrucken keine Garantiehaftung, str. Grund: keine Zurechenbarkeit, auch kein „Abhandenkommen" iSv III Nr 1.3 aF.

c) Einlösung von eurocheques nach Verlust von ec-Karte und eurocheque- F/12 **Vordrucken; Fälschung, Verfälschung:** Nach III Nr 1.1, 1.3 aF garantierte die Bank Zahlung des Scheckbetrags an den (gutgläubigen) Schecknehmer auch bei missbräuchlicher Verwendung nach **Abhandenkommen,** wenn die (nicht mehr auf der Rückseite der ec-Karte abgedruckten) Voraussetzungen (Übereinstimmen von Bank, Konto- und ec-Kartennummer und Unterschriften auf eurocheque und ec-Karte) eingehalten waren und die Unterschrift auf dem eurocheque dem äußeren Anschein nach den Eindruck der Echtheit erweckte (Rechtsscheinhaftung, Zurechenbarkeit ua

Hopt 1819

(7) BankGesch F/13, F/14   2. Handelsrechtl. Nebengesetze

wegen III 1.1, 1.3; nach aA § 328 BGB); dazu BGH WM **03,** 1945 (Abhandenkommen auf dem Weg von der Druckerei zur Bank), LG Bln WM **81,** 1242; Abhandenkommen schadete nicht (III Nr 1.3), Verlustanzeige und Sperre der ec-Karte konnten Einlösung nicht verhindern (III Nr 1), Kraftloserklärung der ec-Karte analog § 176 BGB war aber möglich, Canaris 849, str. Voraussetzung war weiter Vorlage der ec-Karte, BankrechtsHdb/Nobbe § 63 Rn 41. Bei **Fälschung** und Verfälschung der eurocheques kam Garantiehaftung der Bank allein unter Rechtsscheingesichtspunkten zustande (§ 5 HGB Rn 9), die ec-Karte war insoweit einer Vollmachtsurkunde (§ 172 BGB) ähnlich, BankrechtsHdb/Nobbe § 63 Rn 30; bei Fälschung der ec-Karte und/ oder der ec-Vordrucke kein der Bank zurechenbarer Rechtsschein, BankrechtsHdb/ Nobbe § 63 Rn 42 (vgl bereits oben Rn F/11 aE). **Beweis des ersten Anscheins** nach III Nr 1.7 ohne Verstoß gegen **(5)** §§ 307, 309 Nr 12 BGB (bloße Klarstellung) für Ausstellung des eurocheque unter Verwendung der ec-Karte, wenn der eurocheque die ec-Kartennummer trug, Stgt WM **03,** 125. Der Kontoinhaber konnte anderen Geschehensablauf konkret dartun (keine Beweislastumkehr). Beweis des ersten Anscheins galt auch zwischen der bezogenen Bank und dem Schecknehmer. **Aufwendungsersatzanspruch** der Bank bei missbräuchlicher Verwendung der Karte wie Rn F/31 (ec-Bedingungen 1997 III Nr 1.4, 30. Aufl **(7)** Bankgeschäfte Rn F/4) und seit 29. 6. 00 § 676h BGB (s Rn F/13).

F/13   E. **Haftung für Schäden durch missbräuchliche Verwendung der Karte (§ 676h BGB):** Nach dem zugunsten des Karteninhabers zwingenden § 676h BGB idF G 27. 6. 00 (zusammen mit FernabsG, Übergangsvorschrift Art 229 § 2 I EGBGB: Kartenverwendung nach 29. 6. 00, in Umsetzung EG-FernabsRi 20. 5. 97 ABlEG L 144/19, s Rn G/9) kann das Kreditinstitut **Aufwendungsersatz nur** verlangen, **wenn** die Zahlungskarte oder deren Daten **nicht von einem Dritten missbräuchlich verwendet** wurden; § 676h BGB regelt wie EG-Ri nur diesen einen Punkt, nicht das gesamte Kartenverhältnis (Rechtsausschuss BTDrucks 14/3195 12. 4. 00). Verwendung der Karte umfasst auch beglesoses Verfahren (Telefon, Fax, Mailorder, s Rn F/37). Missbrauch nur durch Dritten, nicht durch den Karteninhaber selbst, zB unerlaubte Kontoüberziehung (s Rn F/4). Missbrauch Dritter liegt sicher vor **mangels Weisung** des Karteninhabers, BGH **145,** 340, so auch bei gefälschter oder sonst nichtiger Weisung (vgl Rn C/12), aber auch bei **weisungswidriger Verwendung,** LG Karls NJW-RR **01,** 770 (Kreditkarte), str, nicht aber bei bloßen Leistungsstörungen bei der Leistung, für die der Karteninhaber mit der Karte bezahlt (Rechtsausschuss: bisherige Rspr samt Beweislast beim Kreditinstitut soll festgeschrieben werden). **Beweislast** für Aufwendungsersatzanspruch liegt beim Kreditinstitut (§ 676h BGB wie schon §§ 675 I, 670 BGB). Beweis des ersten Anscheins zu Lasten des Karteninhabers bleibt von § 676h BGB unberührt. § 676h BGB betrifft nur den Aufwendungsersatzanspruch der Bank, nicht sonstige Ansprüche, zB auf Vorschuss (GeldKarte, s Rn F/17), Schadensersatz, aus Darlehen, Ansprüche gegen auch des Karteninhaber. An den **eigenen Sorgfalts- und Mitwirkungspflichten des Karteninhabers** (zu den diesbezüglichen Klauseln s Rn F/31) ändert § 676h BGB nichts; Verletzung führt unabhängig von dem Missbrauch des Dritten zu Schaden und macht den Karteninhaber dem Kreditinstitut gegenüber schadensersatzpflichtig (§ 280 BGB); Mitverschulden des Kreditinstituts ist zu berücksichtigen (§ 254 BGB). Zur entsprechenden Anwendbarkeit von § 676h BGB auf Kreditkarten s Rn F/39. **Kundenbeschwerden** (UKlaG) s Rn A/56.

F/14   F. **GeldKarte: a) Einsatzbereich:** Das E-Geld-Geschäft der Banken ist die Ausgabe und die Verwaltung von elektronischem Geld (Bankgeschäft nach § 1 I 2 Nr 11 KWG, Text s Rn A/4, s auch Rn F/33). Beim zweiseitigen GeldKartensystem fallen Kartenemittent und Leistungserbringer (Kartenakzeptant) zusammen; nur das dreiseitige GeldKartensystem, bei dem Kartenemittent und Leistungserbringer verschiedene Personen sind, ist von § 1 I 2 Nr 11 KWG erfasst, Grund: Systemgefahr. Die GeldKarte (elektronische Geldbörse, prepaid) wird seit 1996 angeboten. Die (Bankkunden-) Karte (s Rn F/1) dient auch als GeldKarte, doch ist GeldKarte als eigene, auf diese Funktion beschränkte Karte vorstellbar. Die GeldKarte ist ebenfalls in den die Bankkunden-Karten regelnden **Bedingungen für den ec-/Maestro-Service** idF

V. Bankgeschäfte (m. Börsen- u. KapMR)   F/15–F/19 **BankGesch**   (7)

Juli 2002 (s Rn F/1) geregelt (unter III Nr 2); dazu auch Vereinbarung über das institutsübergreifende System „GeldKarte" zwischen den Kreditinstitutsverbänden 1. 10. 96, WM **96,** 2353, Bedingungen für die Teilnahme am System „GeldKarte", Texte auch in Bankrechtstag **98,** 146. Lit: BankrechtsHdb/Gößmann 3. Aufl 2007 § 68 V (GeldKarte); Tegebauer 2002; Kümpel WM **97,** 1037, Pfeiffer NJW **97,** 1036, Schinkels WM **05,** 450.

b) Rechtliche Qualifikation: Die mit einem Chip ausgestattete (Bankkunden-) F/15 Karte (s Rn F/1) kann auch als GeldKarte eingesetzt werden, so idR kraft Zusatzabrede zum Girovertrag. Dann gilt für die rechtliche Qualifikation dasselbe wie bei dieser (s Rn F/2). Wird eine isolierte GeldKarte ausgegeben, liegt im Rechtsverhältnis zwischen der Bank und dem Karteninhaber ebenfalls ein **Geschäftsbesorgungsvertrag** vor, aber mit speziellerem Inhalt (GeldKartenvertrag, §§ 675 I, 611 BGB, nach aA werkvertraglich oder gemischttypisch, s Rn F/1, E/1); Verrechnungsabrede über vorausbezahlte Beträge (Vorschuss, §§ 675 I, 669 BGB), kein Darlehen, BGH **148,** 80 (für Telefonkarte). Anspruch auf Zulassung besteht grundsätzlich nicht (s Rn F/2), Ausnahme bei isolierter Geldkarte denkbar s Rn A/6 (risikoneutral, da prepaid, s Rn F/14). Rechtsnatur der Karte ist str, für (je nachdem qualifiziertes) Legitimationspapier Pfeiffer NJW **97,** 1037, für Vollmachtsurkunde Kümpel WM **97,** 1041 (zur Bankkundenkarte s Rn F/2).

c) Rechte und Pflichten des Karteninhabers und der Bank: Neben den allge- F/16 meinen Regeln für die Ausgabe und Nutzung der Karte (Bedingungen 2002 II Nr 1–6, s Rn F/3), die auch hier gelten, gelten **besondere Regeln** für einzelne Nutzungsarten, hier für die GeldKarte (Bedingungen 2002 III Nr 2.1.–2.6).

Die GeldKarte ermöglicht außer Abhebung (bei der Bank selbst: Rückzahlung aus F/17 dem gespeicherten Geldbetrag, bei fremder Bank: abstraktes Schuldversprechen, s Rn F/19) bargeldlose Bezahlung an den GeldKarten-Terminals des Handels- und Dienstleistungsbereichs. Sie ermöglicht zunächst Speicherung eines Geldbetrags auf der Karte (entweder mit PIN-Angabe zu Lasten des auf der Karte angegebenen Kontos oder gegen Bargeld oder im Zusammenwirken mit einer anderen Karte zu Lasten des diesbezüglichen Kontos, sofortige Kontobelastung, Bedingungen 2002 III 2.2, 2.3). Auf den Anspruch der Bank auf Vorschuss des Geldbetrags (s Rn F/15) ist § 676h BGB nicht anwendbar (s Rn F/13). Die GeldKarte ermöglicht sodann Verfügung über den auf ihr gespeicherten Geldbetrag ohne PIN-Angabe an den Terminals der angeschlossenen Vertragsunternehmen (Unterschied zum bargeldlosen Bezahlen an automatisierten Kassen, s Rn F/21); diese erhalten den Betrag durch Zahlung der Bank (Bargeldsubstitution, abstraktes Schuldversprechen s Rn F/19), während sich der in der GeldKarte gespeicherte Betrag bei jedem Bezahlvorgang um den verfügten Betrag vermindert (Bedingungen 2002 III 2.4). Kein Widerruf der Weisung nach Gebrauch der GeldKarte (vgl Rn F/37 für die Kreditkarte).

Beendigung des GeldKartenvertrags wie beim Kartenvertrag s Rn F/8. AGB über F/18 **Gültigkeitsbefristung** mit Verfall des unverbrauchten Kartenguthabens verstößt gegen **(5)** § 307 BGB, BGH **147,** 74 (Telefonkarte). Lit: Hofmann 2001; Kümpel WM **97,** 1037, Pfeiffer NJW **97,** 1036, Wand Bankrechtstag **98,** 97, Gross FS Schimansky **99,** 165.

d) Zahlungsverpflichtung der Bank gegenüber den Vertragsunternehmen: F/19 Der GeldKarteninhaber weist die Bank mit dem Einsatz der GeldKarte konkludent zur Zahlung an den Vertragspartner aus dem auf der Geldkarte gespeicherten Vorschuss (s Rn F/15, nach aA „Gutschrift" auf GeldKarte) an. Dabei Begründung eines von Einwendungen aus dem Grundgeschäft unabhängigen **abstrakten Schuldversprechens,** BGH **150,** 286, NJW **02,** 286 (für Kreditkarte, s Rn F/46), Einsele WM **99,** 1801, aA Zahlungsgarantie (wie bei der früheren ec-Karte, s Rn F/10), wegen der online-Abbuchung bei der Bank ohne Vertretung derselben durch den Kunden (anders ec-Karte, s Rn F/10); bei Einsatz durch Dritten weist die GeldKarte diesen als Rechtsscheinträger aus (entspr §§ 172f BGB, nach aA § 808 BGB, nicht Wertpapier, str). Bei **Fälschung** und Verfälschung der GeldKarte selbst fehlt es an einem der Bank zurechenbaren Rechtsschein (wie Rn F/28).

(7) BankGesch

F/20 e) Haftung für Schäden durch missbräuchliche Verwendung der GeldKarte:
Das Missbrauchsrisiko trägt hinsichtlich des auf der GeldKarte gespeicherten Geldbetrags der Kunde (Haftung bei Verlust der aufgeladenen Karte, Bedingungen III Nr 2.5). Das ist unter **(5)** § 307 BGB wirksam, Grund: Der Kunde kann die Verlusthöhe selbst bestimmen und jeder, der im Besitz der Karte ist, kann über den darin gespeicherten Geldbetrag ohne PIN-Angabe verfügen. Bei Verschulden der Bank haftet diese. Bei missbräuchlichem Aufladen unter Verwendung von Karte und PIN (s Rn F/17) gelten keine Besonderheiten (Bedingungen 2002 III Nr 2.6 entspricht voll III Nr 1.4 beim Geldautomaten-Service und bargeldlosen Bezahlen an automatisierten Kassen, s dazu Rn F/29–31).

2) Automatisierte Zahlungssysteme, Online-Banking

F/21 A. Automatisierte Zahlungssysteme:
Die automatisierten Zahlungssysteme sind zT kartengesteuert, zT nicht. Die Tendenz geht auf **electronic cash** unter Einsatz der multifunktionalen Karte. **Geldautomaten** und **automatisierte Kassen** können mit der **(Bankkunden-)Karte** (s Rn F/1) unter Einsatz der persönlichen Geheimzahl (PIN) institutsübergreifend genutzt werden. Das ist heute ebenfalls in den **Bedingungen für den ec-/Maestro-Service** idF Juli 2002, vorher Bedingungen für ec-Karten, geregelt (s Rn F/1), und zwar unter III Nr 1 Geldautomaten-Service und bargeldloses Bezahlen an automatisierten Kassen. Möglich ist auch bargeldloses Bezahlen ohne Zahlungsgarantie an automatisierten Kassen mittels Lastschrift (POZ-System, s Rn F/32). Dazu auch „Vereinbarung über ein institutsübergreifendes System zur bargeldlosen Zahlung an automatisierten Kassen (electronic cash-System)" zwischen den Kreditinstitutsverbänden 1990, WM Sonderbeil 1/**94**, 16. **Bedingungen für das Online Banking** mit Änderungen zum 31. 10. 2009 s Rn F/1. **Muster:** Hopt/Werner 3. Aufl 2007 Form IV. F. 1, 2 (ec-Bedingungen), Form IV. F.4 (Vereinbarung über ein electronic-cash-System zwischen den deutschen Kreditinstituten), Form IV. F.5 (Bedingungen für die Teilnahme am electronic-cash-System der deutschen Kreditwirtschaft), Form IV. F.6 (Netzbetreibervertrag). Lit zum Recht des elektronischen Zahlungsverkehrs: Schneider 1982, Priewasser 1981, Neumann/Bock 2004 (Internet); Hadding/Häuser ZHR 145 (**81**) 159, Reiser WM **86**, 1401, Blaurock in Köndgen, Neue Entwicklungen im Bankhaftungsrecht 1987 S 35, Bieber WM Sonderbeil 6/**87**, Fervers WM **88**, 1037, Harbeke WM Sonderbeil 1/**94**, ZIP **05**, 250, Kartengesteuerter Zahlungsverkehr, Bankrechtstag **98**, 37, 97, 157, Hofmann WM **05**, 441, Schinkels WM **06**, 841, Wand ZIP **96**, 214.

F/22 B. Rechtliche Qualifikation:
Soweit die Bank die Nutzung der automatisierten Zahlungssysteme mittels der (Bankkunden-)Karte ermöglicht (Online-Banking, s Rn F/34), so idR kraft Zusatzabrede zum Girovertrag, liegt wie allgemein bei diesem ein **Geschäftsbesorgungsvertrag** vor (s Rn F/2). Wertpapiercharakter der ec-Karte ist str (Lit s Rn F/22), aber praktisch kaum relevant.

F/23 C. Rechte und Pflichten des Karteninhabers und der Bank:
Neben den allgemeinen Regeln für die Ausgabe und Nutzung der Karte (Bedingungen 2002 II Nr 1–6, s Rn F/3), die auch hier gelten, gelten **besondere Regeln** für einzelne Nutzungsarten, hier für den Geldautomaten-Service und das bargeldlose Bezahlen an automatisierten Kassen im electronic-cash- und Maestro-System (Bedingungen 2002 III Nr 1.1–1.4).

F/24
Der Karteninhaber muss sich innerhalb des ihm eingeräumten **Verfügungsrahmens** halten (so schon nach den Allgemeinen Regeln II Nr 1.2, s Rn F/4). Er darf den Verfügungsrahmen nur ihm Rahmen des Kontoguthabens oder eines vorher für das Konto eingeräumten Kredits in Anspruch nehmen (Bedingungen 2002 III Nr 1.1).

F/25 Sperre, Einziehung der Karte:
Die Kreditinstitute lehnten in ec-Bedingungen 1989 Nr 7 II eine Pflicht zur Aufrechterhaltung der **Funktionsfähigkeit** des Geldautomaten- und des POS-Systems ab, Verstoß gegen **(5)** §§ 307, 309 Nr 8 BGB war str, verneinend Canaris 572i, Grund: kein Verzug, da herkömmliche Auszahlung offensteht, aber wie bei der Sperre eher zu bejahen (s Rn F/5). **Sperre** und **Einziehung** durch die Bank allgemein für die Karte s schon Rn F/5. Bei **Fehleingabe der Geheimzahl** dreimal hintereinander kann die Karte an Geldautomaten sowie an

V. Bankgeschäfte (m. Börsen- u. KapMR)   F/26–F/31   **BankGesch** (7)

automatisierten Kassen nicht mehr eingesetzt werden (Bedingungen 2002 III Nr 1.2); das ist mit **(5)** § 307 BGB vereinbar.

D. **Zahlungsverpflichtung der Bank gegenüber den Betreibern: a) Rechts-** F/26 **natur:** Nach Bedingungen 2002 III Nr 1.3 besteht eine Zahlungsverpflichtung der Bank gegenüber Betreibern von Geldautomaten und automatisierten Kassen für Beträge, über die unter Verwendung der an den Karteninhaber ausgegebenen Karte verfügt worden ist. Rechtlich handelt es sich dabei um die Begründung eines von Einwendungen aus dem Grundgeschäft unabhängigen **abstrakten Schuldversprechens** (wie für GeldKarte und Kreditkarte, s Rn F/19, F/46), aA 30. Aufl: Zahlungsgarantie wie nach den Bedingungen 1997 ausdrücklich für die ec-Karte (s Rn F/10), aber diese Garantie ist beseitigt worden, die Bedingungen sprechen hier nur von „Zahlungsverpflichtung" (nicht Garantie), und die Konstruktion sollte für die einheitliche Karte (Bankkunden-Karte, GeldKarte, Kreditkarte) nicht ohne Grund unterschiedlich sein. Bei Einsatz durch Dritten weist die Karte diesen (wie bei der Geld-Karte, s Rn F/19) als Rechtsscheinträger aus (entspr §§ 172 f BGB, nach aA § 808 BGB, nicht Wertpapier, str). Einwendungen des Karteninhabers aus dem Vertrag mit dem Vertragsunternehmen können der Bank nicht entgegengehalten werden (Bedingungen 2002 III Nr 1.3 aE). Auch kein Widerruf der Weisung (vgl Rn F/37), Gößmann WM **98**, 1267.

b) Einwand des Rechtsmissbrauchs gegen den Betreiber: Der Einwand des F/27 Rechtsmissbrauchs spielt bei der Verwendung der Karte bei automatisierten Kassen zwar nicht dieselbe Rolle wie bei der früheren ec-Karte, ist aber auch hier nicht ausgeschlossen. Bei funktionsgerechter Verwendung (s Rn F/21) schadet dem Betreiber nur Kenntnis, dass der Karteninhaber die Karte mangels Deckung nicht zur Zahlung benutzen durfte (§ 242 BGB), vgl BGH **122,** 156 (ec-Karte), näher Rn F/11.

c) Zahlungsverpflichtung auch nach Verlust der Karte: Die Bank ist gegen- F/28 über den Betreibern auch bei Verlust der Karte durch den Karteninhaber zahlungspflichtig. Das folgt ohne weiteres aus dem abstrakten Schuldversprechen, das die Bank bei Einsatz der Karte, auch durch einen durch sie als legitimiert geltenden Dritten, abgibt (s Rn F/26). Kraftloserklärung der abhanden gekommenen Karte entspr § 176 BGB, kein Aufgebotsverfahren analog Art 59 ScheckG (Karte verbrieft keine Rechte). Bei **Fälschung** und **Verfälschung** der Karte liegt im Verhältnis zwischen Bank und Karteninhaber das Fälschungs- und Verfälschungsrisiko ebenso wie beim nicht garantierten Scheck nach dispositivem Recht bei der bezogenen Bank, BankrechtsHdb/ Nobbe § 63 Rn 13. Für den Aufwendungsersatzanspruch gegen den Karteninhaber gilt zwingend § 676 h BGB (s Rn F/29).

E. **Haftung für Schäden durch missbräuchliche Verwendung der Karte** F/29 **(§ 676 h BGB, Bedingungen): a) § 676 h BGB:** Die zwingende Regelung des § 676 h BGB (s Rn F/13) gilt allgemein für den Missbrauch von Zahlungskarten und die Versagung des Aufwendungsersatzanspruchs der Bank in solchen Fällen, also auch beim Einsatz der Karte in automatisierten Zahlungssystemen. Die **Regelung** der Schadenstragung bei missbräuchlicher Verwendung der Karte in solchen Systemen (Bedingungen 2002 III Nr 1.4; von einzelnen Abweichungen abgesehen, wie die für die früheren eurocheques, s 30. Aufl Rn F/4) ist **mit § 676 h BGB vereinbar.** Allgemeiner zur Risikoverteilung zwischen Bank und Kunde Mülbert FS Canaris **07** II 271.

b) Regelung in den Bedingungen: Das Kreditinstitut übernimmt alle **nach** Ein- F/30 gang der Verlustanzeige durch Verfügungen entstehenden Schäden (Bedingungen 2002 III Nr 2.4); das gilt auch bei grober Fahrlässigkeit des Kunden im Übrigen. Problematisch sind dagegen die Schäden **vor** Eingang der Verlustanzeige. Hierzu gab und gibt es **unterschiedliche Regelungen** der Kreditinstitute. Zu den älteren Versionen s 30 Aufl Rn F/7, BankrechtsHdb/Nobbe 2. Aufl 2001 § 63 Rn 34 ff., 3. Aufl 2007 § 63 Rn 13 ff.

Die **Bedingungen 2002 III Nr 1.4** (wie 1995 III Nr 2.4) sind demgegenüber F/31 ausgewogen. Die Bank übernimmt mangels Verschuldens des Karteninhabers auch die bis zum Eingang der Verlustanzeige entstehenden Schäden voll, bei leichter Fahrlässigkeit des Kunden in jedem Fall in Höhe von 90% des Gesamtschadens, bei grober

Hopt 1823

(7) BankGesch   F/32   2. Handelsrechtl. Nebengesetze

Fahrlässigkeit des Karteninhabers (ohne mitwirkendes Verschulden der Bank) trägt der Kontoinhaber den Schaden dagegen allein. Letzterenfalls beschränkt III Nr 1.4 aE die Haftung auf den Verfügungsrahmen. Diese Haftungsklausel, die auf der gesetzlichen Mitverschuldensregelung basiert, ist nach **(5)** §§ 305 ff BGB **wirksam,** vgl BankrechtsHdb/Nobbe § 63 Rn 21 ff (für die ec-Karte), (noch) kein Verstoß gegen das Transparenzgebot des **(5)** § 307 I 2 BGB, aA Löwe ZIP **95,** 259. Anders wäre es, wenn III Nr 1.4 aE sich, was nicht ganz eindeutig ist, auch auf andere Fälle als die der Schadenstragung allein durch den Kontoinhaber beziehen sollte.

III Nr 1.4 nennt für **grobe Fahrlässigkeit** drei **Beispiele:** nicht unverzügliche (ohne schuldhaftes Zögern, § 121 I 1 BGB) Mitteilung des Kartenverlusts an die Bank oder den Zentralen Sperrannahmedienst, Vermerk der persönlichen Geheimzahl auf der Karte (zB im Originalbrief, in dem sie dem Karteninhaber mitgeteilt wurde) oder ihre Verwahrung zusammen mit der Karte und Verursachung des Missbrauchs durch Mitteilung an eine andere Person. Diese Konkretisierung der groben Fahrlässigkeit durch die drei Beispiele ist mit **(5)** §§ 307 ff BGB noch vereinbar, weil nach dem Wortlaut von III Nr 1.4 grobe Fahrlässigkeit hier nur vorliegen „kann", im Einzelfall das Verhalten des Kunden also als nur leicht oder in Ausnahmefällen (zB Zwang, Mitteilung durch Kranken an Vertrauensperson) sogar als überhaupt nicht fahrlässig eingestuft werden kann (bloße Warnfunktion). **Kasuistik:** Grob fahrlässig handelt (Ehegatte, § 278 BGB), wer die Karte zusammen mit der persönlichen Geheimzahl aufbewahrt, KG WM **92,** 729, etwa offen in der Wohnung oder in einer Handtasche oder einem einzigen Gepäckstück, KG MDR **00,** 1022, auch wenn in einer Telefonnummer verschlüsselt, Ffm NJW-RR **04,** 206; wer beide unbeaufsichtigt im Kfz aufbewahrt (so für ec-Karte Bedingungen 1997 III Nr 1.4 aE), auch wenn im Kfz nicht offen sichtbar, an grober Fahrlässigkeit kann es hier aber situationsbedingt im Einzelfall auch fehlen, zB bei Strandbesuch oder im Urlaub im Wohnwagen, Ffm NJW-RR **02,** 692. Keine grob fahrlässige, gemeinsame Verwahrung von Karte und Geheimzahl ist die Aufbewahrung an verschiedenen Stellen der Wohnung mit der Folge, dass ein Unbefugter weitersuchen muss, BGH **145,** 341. Instanzgerichtliche Rspr bei Palandt/Sprau § 676 h Rn 13.

Beweislast: Die Bank trägt die Beweislast für den Zugang der Karte bei Versand, für ihren Aufwendungsersatzanspruch, für Pflichtverletzungen des Karteninhabers (§ 280 I 1 BGB); der Karteninhaber trägt die Beweislast dafür, dass er eine Pflichtverletzung nicht zu vertreten hat, und für Mitverschulden der Bank (§§ 280 I 2, 254 BGB). **Beweis des ersten Anscheins** (vgl für das Scheckgeschäft Rn E/2, auch F/28) ist durch § 676 h BGB nicht ausgeschlossen (s Rn F/13). Bsp: an Geldausgabeautomaten ist mit der (ec-)Karte unter zutreffender Geheimzahl zeitnah nach Diebstahl der Karte Geld abgehoben worden, BGH **160,** 308 m krit Anm Spindler BB **04,** 2766, Karlsr WM **08,** 1549, Hofmann WM **05,** 441, str, Hinweis auf „Innentäterattacke" genügt nicht zur Widerlegung, Bank muss aber, soweit zumutbar, ihre Sicherheitsvorkehrungen darlegen (§ 138 II ZPO), BGH **160,** 320. Die Beweislast für missbräuchliche Verwendung generell beim Kunden zu sehen, wenn ihm die Karte zugegangen ist, geht dagegen zu weit, str, aA Harbeke WM **89,** 1753, und ist unter § 676 h BGB (zwingend) keinesfalls mehr haltbar. Zu **Mitverschulden** bzw Pflichtverletzung von Bank und Kunden im Einzelnen vgl für das Scheckgeschäft Rn E/3. Die Bank muss den Kunden über die spezifischen Risiken der Karte aufklären, ihn bei verdächtigen, im Hinblick auf den Kunden auffälligen Kontobewegungen und wiederholten Kontoüberziehungen (Höhe, Umstände) warnen, Zweibr WM **91,** 67, und dafür Sorge tragen, dass keine auffälligen Auszahlungen über den Verfügungsrahmen des Karteninhabers hinaus (s Bedingungen 2002 III Nr 1.1 und II Nr 2) erfolgen.

F/32   F. **POS, POZ:** Beim **POS**-System (POS: point of sale) können Waren und Dienstleistungen an automatisierten Kassen des Handels und Dienstleistungsgewerbes unter Benutzung einer Karte mit persönlicher Geheimzahl (PIN) bargeldlos bezahlt werden (also mit Zahlungsverpflichtung der Bank). Beim **POZ**-System ist ebenfalls bargeldloses Bezahlen an automatisierten Kassen möglich, und zwar mittels Lastschrift, aber ohne Zahlungsgarantie der Bank. Beide Verwendungsmöglichkeiten der (Bankkunden-)Karte sind in den **„Bedingungen für den ec-/Maestro-Service"** idF Juli 2002 (s Rn F/21) geregelt, POS unter III Nr 1 (s Rn F/21), POZ unter dem

V. Bankgeschäfte (m. Börsen- u. KapMR) F/33, F/34 **BankGesch** (7)

Abschnitt: Bargeldloses Bezahlen ohne Zahlungsgarantie an automatisierten Kassen mittels Lastschrift (POZ-System); dazu auch Vereinbarung zwischen den Kreditinstitutsverbänden sowie Musterhändlervertrag, WM Sonderbeil 1/**94**, 18. Hinzu kommen die vom Händler beim Betreiben der POS-Kassen zu beobachtenden sog Richtlinien für POS-Kassen. Die GZS Gesellschaft für Zahlungssysteme übermittelt im Namen und für Rechnung eines jeden kartenausgebenden Instituts dem einzelnen Händler ein Zahlungsversprechen in Höhe des an der nach den Richtlinien betriebenen Kasse (angezeigten) autorisierten Betrages. Dieses Zahlungsversprechen ist ein von Einwendungen aus dem Grundgeschäft unabhängiges abstraktes Schuldversprechen (s Rn F/26, wie für GeldKarte und Kreditkarte, s Rn F/19, F/46), aA Zahlungsgarantie. Bei POS gelten Bedingungen 2002 III Nr 1, insbesondere III Nr 1.4 über die Haftung für Schäden durch missbräuchliche Verwendung der Karte (s Rn F/29). Bei POZ (ohne Zahlungsgarantie, Bedingungen 2002: POZ-System) erfolgt idR Sperrabfrage (mit Ausnahme von Kleinbeträgen) durch den Handel bei der Bank (nur mit Einwilligung des Kunden, Datenschutz, s Rn A/53) und dann Zahlung mit Lastschrift nach den Grundsätzen des Lastschriftverfahrens (s Rn D/1 ff). Der Händlervertrag ist ein Vertrag zugunsten des Karteninhabers (§ 328 BGB), diese dürfen danach mit der Karte ohne Aufpreis bezahlen. **Muster:** Hopt/Werner 3. Aufl 2007 Form IV. F. 7 (Vereinbarung zum POZ-System zwischen den deutschen Kreditinstituten), Form IV. F.8 (Konzentratorvertrag im POZ-System), Form IV. F. 9 (Händlerbedingungen), Form IV. F.10 (Vereinbarung über die Teilnahme am POS-System zwischen Unternehmen und Netzbetreiber). Lit: BankrechtsHdb/Gößmann 3. Aufl 2007 § 68 I–IV (ec-Kassen und POS-System); Brockmeier 1991; Reiser WM Sonderbeil 3/**89**, Harbeke WM Beil 1/**94**, ZIP **05**, 250, Wand ZIP **96**, 219.

G. **E-Geld-Geschäft, Online-Banking: a) E-Geld-Geschäft:** Das E-Geld- F/33 geschäft der Banken ist die Ausgabe und die Verwaltung von elektronischem Geld (Bankgeschäft nach § 1 I 2 Nr 11 KWG, Text s Rn A/4). Definition von E-Geld (für Aufsichtszwecke) in § 1 XIV KWG. § 1 I 2 Nr 11 KWG idF 4. FinanzmarktfördG 2002 (in Umsetzung der EG-Ri über E-Geld-Institute 2000, dazu Vereecken/Widmaier EuZW **01**, 397) fasst die früheren Nr 11 und 12 über GeldKartengeschäft (s Rn F/5) und Netzgeldgeschäft (30. Aufl) ohne materielle Änderung (RegE) als E-Geld-Geschäft zusammen. E-Geld-Institute sind Kreditinstitute, die nur das E-Geld-Geschäft betreiben (§ 1 IIId 4 KWG). Beim elektronischen Geld handelt es sich um vorausbezahlte elektronische Zahlungseinheiten, die von einer Bank oder Nichtbank emittiert und als Zahlungsmittel statt Bar- oder Buchgeld verwendet werden können. Das E-Geld wird vom Benutzer auf der GeldKarte (s Rn F/14) oder auf PC gespeichert und einmalig oder mehrfach verwendet, entweder durch Einsatz der GeldKarte oder zur Abwicklung von Fernzahlungen zwischen den beteiligten Rechnern (Substitution des herkömmlichen bargeldlosen Zahlungsverkehrs). Die Zahlungen erfolgen idR wie mit Bargeld anonym. Zur Benutzung von Konten kommt es nur beim Aufladen und ggf beim späteren Einzahlen auf Konto. Lit: BankrechtsHdb/Gößmann 3. Aufl 2007 § 54 (ec-Geldautomatensystem); Escher WM **97**, 1173; Kümpel WM **98**, 365, NJW **99**, 313; Neumann 2000 (Netzgeld), Behrendt 2007 (Ausgabe von E-Geld).

b) Online-Banking: Beim Online-Banking (auch als Internetbanking, Homeban- F/34 king, Direktbankgeschäft bezeichnet) kann der Kunde elektronische Informationen über sein Konto abrufen und Geschäfte über dieses abwickeln. Das Online-Banking beruht auf einem Interbankenabkommen (Homebanking-Abkommen 1. 10. 97). Das Online-Banking ersetzt das Btx, das ausläuft (30. Aufl). Es wird abgewickelt nach den Bedingungen für die konto-/depotbezogene Nutzung des Online-Banking mit PIN und TAN (Online-Bedingungen), WM **01**, 650, und den Bedingungen für die konto-/depotbezogene Nutzung des Online-Banking mit elektronischer Signatur (Homebanking-Bedingungen), WM **01**, 650. Wichtige Systemelemente sind eine persönliche geheime Identifikationsnummer **(PIN),** eine nur für einen einzigen Zahlungsvorgang gültige Transaktionsnummer **(TAN)** und Sperrvorkehrungen, über deren Gefahren bei Nichtgeheimhaltung die Bank den teilnehmenden Kunden aufklären muss, sonst Schadensersatzpflicht wegen Pflichtverletzung (§ 280 BGB, s auch Rn A/17, 24).

(7) BankGesch F/35, F/36

F/35 Teilnahme am Online-Banking setzt idR Nebenabrede zum Girovertrag voraus (**Online-Vertrag**), BankrechtsHdb/Gößmann § 55 Rn 15. Anspruch auf **Zulassung** besteht nicht, str (kein neutrales Geschäft, s Rn A/6). Online-Zugriff ist mangels zeitlicher Beschränkung grundsätzlich jederzeit möglich. Klausel über Nichthaftung der Bank bei grob fahrlässiger, zeitweiliger **Zugangsunterbrechung** verstößt gegen **(5)** § 309 Nr 7 b BGB, BGH **146**, 138. **Zugangssperre** bei Falscheingabe dreimal hintereinander, bei (begründetem) Verdacht missbräuchlicher Nutzung und auf Wunsch des Kontoinhabers ist nach AGBKontrolle nicht zu beanstanden (wie Rn F/5, 26). **Finanzielle Nutzungsgrenze** setzt das Kontoguthaben bzw ein dem Kunden vorher für das Konto eingeräumter Kredit (wie Rn F/4, 24). Die klauselmäßige Überwälzung des **Missbrauchsrisikos** auf den Kunden ist (soweit nicht von § 676 h BGB erfasst, was str ist, s Rn F/13) iErg wirksam nach **(5)** § 307 BGB, str, Canaris 527 ff Wo/Li/Pf EC-Bedingungen E 1, 4. Geht der Missbrauch auf die Sphäre der Bank zurück, was nur in Ausnahmefällen denkbar ist, greift § 242 BGB. Mangels AGBKlausel sind die Grundsätze der Anscheinsvollmacht einschlägig (aA entspr §§ 172 f BGB wie für GeldKarte, s Rn F/19, PIN müsste dann einer Vollmachtsurkunde entsprechen, was der Funktion nach zutrifft), BankrechtsHdb/Gößmann § 55 Rn 26. Die Verschuldenshaftung der Bank bleibt auf jeden Fall (anteilig) unberührt. Haftung bei kriminellem Besorgen von PIN und TAN (**Phishing**, bei Vishing V für voice), LG Kln WM **08**, 354, Bender WM **08**, 2051, Stornierung s auch **(8)** AGB-Banken Nr 8 Rn 2. Lit: Bankrechts-Hdb/Gößmann 3. Aufl 2007 § 55; Weber, Zahlungsverfahren im Internet, 2002; Recknagel 2005; Schleicher 2007; Werner 2008; Escher WM **97**, 1173, Rottenburg WM **97**, 2381, Koch/Maurer WM **01**, 2443, 2481, Erfurth WM **06**, 2198, van Gelder, Gössmann/Bredenkamp FS Nobbe **09**, 55, 93 (Phishing), Spindler FS Nobbe **09**, 215. **Muster:** Hopt/Werner 3. Aufl 2007 Form IV. F.11 (Bedingungen für die konto-/depotbezogene Nutzung des Online-Banking mit PIN und TAN).

3) Kreditkarte

F/36 A. **Rechtliche Qualifikation:** Kreditkarten kommen in verschiedenen Formen vor. Bei vom Verkäufer ausgegebenen Kreditkarten liegt ein Rahmenvertrag vor, der den Karteninhaber zum Kreditkauf (Stundung der künftig zu begründenden Kaufpreisforderungen) berechtigt, BGH **114**, 241. Die klassischen Kreditkarten werden dagegen von einem **eigenen Kreditkartenunternehmen** (zB Eurocard GmbH, American Express, Visa) ausgegeben. Diese können die Banken zur Ausgabe ihrer Kreditkarten lizenzieren (Interchange), dann Lizenz- und Abrechnungsverhältnis (§ 675 I BGB, Schiedsklauseln), Reinfeld WM **94**, 1505. Der Karteninhaber kann bei den dem System angeschlossenen Vertragsunternehmen (Hotels, Fluggesellschaften, Händler ua) Waren und Dienstleistungen **bargeldlos bezahlen.** Das Kreditkartenunternehmen verspricht, die so entstandenen fälligen Forderungen der Vertragsunternehmen gegen den Karteninhaber dem Vertragsunternehmen zu bezahlen, und fordert dann dafür Aufwendungsersatz beim Karteninhaber. Die Ausgabe oder Verwaltung von Kreditkarten ist kein Bankgeschäft nach § 1 I 2 KWG, das Kreditkartengeschäft ist als Zahlungsgeschäft mit Kreditgewährung in Zahlungsdienst iSv § 1 II Nr 3 ZAG 2009, s Rn A/4. Unternehmen, die gewerbsmäßig das Kreditkartengeschäft betreiben, sind seit dem 4. FinanzmarktfördG 2002 Finanzdienstleistungsinstitute (falls sie nicht bereits Kreditinstitute sind, s Rn A/4), es sei denn, der Kartenemittent ist auch der Erbringer der dem Zahlungsvorgang zugrunde liegenden Leistung (§ 1 I a 2 Nr 8 KWG, Text s Rn A/4); anders bei GeldKarte (Bankgeschäft und Kreditinstitut, s Rn F/14). Diese **Bargeldersatzfunktion** der Kreditkarte ist für Einordnung und Auslegung zentral, Nobbe FS Hadding **04**, 1011, Unterzeichnung und Übergabe des Belegs entsprechen der Geldübergabe bei Barzahlung (Konsequenzen s zB Rn F/37, F/42, F/46, F/51, F/58). Kreditkarten bieten heute **zusätzlich** zur Möglichkeit bargeldloser Bezahlung einen **Bargeldservice** an und sind insoweit wie Bankkunden-Karten (persönliche Geheimzahl PIN; Kreditkarten-Verfügungsrahmen bzw finanzielle Nutzungsgrenze) ausgestaltet (s Rn F/1, F/14, F/21). **Muster:** Hopt/Werner 3. Aufl 2007 Form IV. F.3 (Eurocard-Bedingungen), auch in WM **91**, 1937.

Lit: MüKo/Hadding ZahlungsV G 2009, Bankrechts-Hdb/Martinek/Oechsler 3. Aufl 2007 § 67; Kienholz 2000 (Fernabsatz, Mailorder); Hadding FS Pleyer **86**, 17,

V. Bankgeschäfte (m. Börsen- u. KapMR)   F/37–F/39   **BankGesch** (7)

Bitter ZBB **96**, 104, BB **97**, 480, Taupitz Bankrechtstag **98**, 3, Oechsler WM **00**, 1613, Freitag WM **00**, 2185, Hadding RWSForum Bankrecht **00**, 51, Meder ZBB **00**, 89, NJW **02**, 2215, WM **02**, 1993, Langenbucher BKR **02**, 119, Werner BB **02**, 1382, Schnauder NJW **03**, 849, Barnert WM **03**, 1153, Nobbe FS Hadding **04**, 1007, Körber WM **04**, 563, Jungmann WM **05**, 1351, Zwade/Mühl WM **06**, 1225, Bitter BB **07**, 246, Joeres FS Nobbe **09**, 119.

B. Das Rechtsverhältnis zwischen Kreditkarteninhaber und Kreditkarten- F/37
unternehmen: In diesem Rechtsverhältnis **(Deckungsverhältnis)** liegt ein Geschäftsbesorgungsvertrag vor, BGH **152**, 78, und zwar Dauerschuldverhältnis mit Werkvertragscharakter (§§ 675 I, 631, Grund: jeweilige Einlösungszusage, s Rn F/46, steht im Vordergrund; nach aA § 611 BGB oder gemischttypisch; anders Bankkunden-Karte s Rn F/2), offen BGH **125**, 350. Für die Einbeziehung der AGB des Kreditkartenunternehmens in den Vertrag gilt **(5)** § 305 II BGB ohne Erleichterung, bloßes Angebot der Zusendung auf Anfordern genügt nicht. Der vom Karteninhaber unterschriebene Belastungsbeleg ist Weisung iSv §§ 675 I, 665 BGB, BGH **91**, 224, **152**, 75, nach aA Anweisung (§ 783 BGB), Schnauder NJW **03**, 849, nicht ohne weiteres Schuldanerkenntnis gegenüber dem Vertragsunternehmen, str. Die **Weisung** des Kreditkarteninhabers an das Kreditkartenunternehmen (§§ 675 I, 665 BGB) ist der beim Vertragsunternehmen unterzeichnete **Beleg**; aber Weisung ist auch **beleglos** möglich, zB bei telefonischem oder Fax-Einsatz der Kreditkarte beim Vertragsunternehmen (**Mailorderverfahren**, s auch Rn F/47), vgl BGH **150**, 286. Die Weisung (durch unterzeichneten Beleg) ist grundsätzlich **unwiderruflich**, BGH NJW **152**, 75, Grund: mit Unterzeichnung und Übergabe an das Vertragsunternehmen entsteht ein irreversibler Zahlungsanspruch des Vertragsunternehmens gegenüber dem Kartenunternehmen (§ 780 BGB); nach aA ist die Weisung zwar (nur) bis zur Zahlung widerruflich, aber kraft Vereinbarung unwiderruflich (entspr § 790 BGB), Canaris 1634. Die beleglose Weisung ist nach Begründung eines Zahlungsanspruchs des Vertragsunternehmens ebenfalls unwiderruflich, vorher dagegen widerruflich, str, aA gegen Bargeldanalogie Schnauder NJW **03**, 849. Die Erteilung der Weisung durch den Kunden muss das Kreditkartenunternehmen **beweisen** (s Rn F/39), zB Beleg, Benutzung von PIN, aber auch anders, LG Karlsr NJW-RR **01**, 770, aA KG WM **93**, 2044, etwa (Zeugenaussage über) telefonische Warenbestellung unter Angabe der Kartennummer; gegenteilige AGB verstößt gegen **(5)** § 309 Nr 12 BGB; aber uU Anscheinsbeweis, zB wenn die Waren an den Kunden gesandt und von diesem angenommen wurden und das Vertragsunternehmen generell nur gegen Vorkasse liefert.

Das Kartenunternehmen kann für die Zahlung vom Karteninhaber **Aufwendungs-** F/38
ersatz verlangen (§§ 675 I, 670 BGB), BGH **91**, 223, **152**, 81, bei Zusatzkarte str (s Rn F/41). Das gilt auch dann, wenn der Karteninhaber den Kreditkarten-Verfügungsrahmen nicht einhält, also die finanzielle Nutzungsgrenze überschreitet; die Genehmigung einzelner Umsätze bedeutet nicht schon die Gewährung eines Kredits. Der Karteninhaber kann dem Kreditkartenunternehmen, das bezahlt hat, keine Einwendung aus seinem Verhältnis zum Vertragsunternehmen entgegenhalten, BGH WM **90**, 1059, Karls WM **94**, 942 (wirksame Abbedingung von § 404 BGB), sondern hat nur Bereicherungsanspruch gegen dieses (vgl Rn C/15). Aufwendungsersatz aber nur, wenn die Karte oder deren Daten nicht von einem Dritten missbräuchlich verwendet wurden (§ 676 h BGB, s Rn F/39). Werden dem Kreditkartenunternehmen nach Zahlung Umstände bekannt, die es zur Verweigerung der Zahlung berechtigt hätten (Rechtsmissbrauch, s Rn F/14), kann der Kreditkarteninhaber nicht einwenden, das Kreditkartenunternehmen müsse zuvor Rückforderung beim Vertragsunternehmen versuchen, str, zweifelnd BGH NJW **02**, 3700. Klausel über Sondervergütung bei Auslandsverwendung unterliegt nicht der Inhaltskontrolle (s **(5)** § 307 III BGB), BGH **137**, 30, str.

Missbrauch der Kreditkarte (§ 676 h BGB): § 676 h BGB (s näher Rn F/13) ist F/39
entsprechend auch **auf Kreditkarten anwendbar.** Auch Kreditkarte ist Zahlungskarte iSv § 676 h BGB. Girovertrag liegt nicht vor, aber auf andere Geschäftsbesorgungsverträge (s Rn F/37) ist § 676 h S 1 BGB entsprechend anwendbar (§ 676 h S 2 BGB). Kreditkartenunternehmen sind auch als solche keine Kreditinstitute iSv § 675 a I 2 BGB iVm § 1 I KWG (s Rn F/36), aber sie führen gewerbsmäßig Überweisungen

(7) BankGesch F/40–F/43

aus (§ 675 a II Nr 2 BGB), bei aA jedenfalls § 676 h S 1 BGB analog (über § 676 h S 2 BGB oder auch ohne diesen) für Kreditkartenunternehmen. Das Kreditkartenunternehmen kann **Aufwendungsersatz nur** verlangen, **wenn** die Kreditkarte oder deren Daten (zB im Mailorderverfahren, s Rn F/37) **nicht von einem Dritten missbräuchlich verwendet** wurden. Missbrauch liegt sicher vor **mangels Weisung** des Kreditkarteninhabers, BGH **145,** 340 (ec-Karte), so auch bei gefälschter oder sonst nichtiger Weisung (vgl Rn C/12, Unwiderruflichkeit s Rn F/37), aber auch bei **weisungswidriger Verwendung,** LG Karls NJW-RR **01,** 770, str, nicht aber bei bloßen Leistungsstörungen bei der Leistung, für die der Kreditkarteninhaber mit der Karte bezahlt. **Beweislast** für Aufwendungsersatzanspruch liegt beim Kreditkartenunternehmen (s Rn F/13), Beweis des ersten Anscheins zu Lasten des Kreditkarteninhabers bleibt von § 676 h BGB unberührt. An den **eigenen Sorgfalts- und Mitwirkungspflichten des Kreditkarteninhabers** (zu den diesbezüglichen Klauseln s Rn F/40) ändert § 676 h BGB nichts; Verletzung führt unabhängig von dem Missbrauch des Dritten zu Schaden und macht den Kreditkarteninhaber dem Kreditkartenunternehmen gegenüber schadensersatzpflichtig (§ 280 BGB); Mitverschulden des Kreditkarteninhaberunternehmens ist zu berücksichtigen (§ 254 BGB).

F/40 **AGBKontrolle:** Ein gesetzliches Leitbild des Kreditkartenvertrags, auf das die Inhaltskontrolle nach **(5)** §§ 307 ff BGB zurückgreifen könnte, gibt es nicht, BGH **114,** 241, **137,** 30, immerhin jetzt § **676 h BGB** über Missbrauch von Zahlungskarten (s Rn F/39). Gebühren s BGH **125,** 343. AGB über Missbrauchsrisikoüberwälzung s Rn F/42, über Pflichten s Rn F/43. Allgemein zu KreditkartenAGB unter **(5)** §§ 307 ff BGB s Ul/Br/He/H. Schmidt Anh § 310 BGB Rn 490.

F/41 Bei **Zusatzkreditkarte** (Familien-, Firmenkarte) ist die gesamtschuldnerische Mithaftung des Hauptkreditkarteninhabers für durch Einsatz der Zusatzkreditkarte begründete Verbindlichkeiten nicht unangemessen, auch bei missbräuchlicher Verwendung (der Firmenkarte für Privatzwecke) durch den Zusatzkreditkarteninhaber (kein Dritter iSv § 676 h BGB), Oldbg NJW **04,** 2907, Kblz NJW **04,** 3563, Gestaltungen: Außenvollmacht oder Schuldbeitritt des Hauptkreditkarteninhabers, kaum § 328 BGB, str. Haftung des Zusatzkreditkarteninhabers für Einsatz der Zusatzkreditkarte durch ihn selbst oder ggf den Hauptkreditkarteninhaber ist unproblematisch, Kln WM **93,** 369, str vor allem für Firmenkarte, dagegen ist seine Mithaftung für Einsatz der Hauptkreditkarte mit dem typischen Zweck der Zusatzkreditkarte unvereinbar und unwirksam, Ul/Br/He/H. Schmidt Anh § 310 BGB Rn 502, str für Familienkarte. Aber Sperrung der Zusatzkarte muss möglich sein, Klausel über Haftung bis zur Rückgabe der Zusatzkarte verstößt nicht gegen **(5)** BGB §§ 305 c I, 307, Oldbg NJW **04,** 2907, Kblz NJW **04,** 3563, aA Langenbucher NJW **04,** 3523. Lit: Langenbucher NJW **04,** 3522.

F/42 **Missbrauchsrisikoabwälzung** auf Karteninhaber ist unwirksam (§ 676 h BGB, zugunsten des Karteninhabers zwingend, s Rn F/39, F/13, aber auch schon vorher), zB bei Fälschung durch Vertragsunternehmen, BGH **91,** 221, auch bei unverschuldetem Verlust, BGH **114,** 238, auch im Mailorderverfahren (s Rn F/37, Grund: § 676 h BGB, auch F/47), sehr str, aA Werner BB **02,** 1382, anders bei nicht bestimmungsgemäßem Gebrauch wie Überlassung der Karte an unbefugte Dritte. Klausel über Eigenhaftung des Kunden für grobe Fahrlässigkeit auch nach Verlustanzeige ist auf jeden Fall unwirksam, BGH **114,** 238. Summenmäßig beschränkte, geringfügige Haftung des Kreditkarteninhabers ist in Grenzen (keine Überwälzung des Fälschungs- und des Kartenversandrisikos) mit **(5)** §§ 305 ff BGB vereinbar (vgl Rn F/31), Ul/Br/He/H. Schmidt Anh § 310 BGB Rn 493, Taupitz Bankrechtstag **98,** 31, str, nach § 676 h BGB (Wortlaut, auch Art 8 EG-FernabsRi) wohl nicht mehr, obwohl Art 6 der EG-Kommissionsempfehlung 30. 7. 97 ABlEG L 208/52 über elektronische Zahlungsinstrumente eine verschuldensunabhängige Haftung bis höchstens 150 ECU (heute: Euro) zulässt, aA Ul/Br/He/H. Schmidt Anh§ 310 BGB Rn 496.

F/43 Die AGB enthalten ausführliche Regeln über die **Sorgfalts- und Mitwirkungspflichten des Karteninhabers,** zB unverzügliche Unterschrift, Aufbewahrung mit besonderer Sorgfalt, kein Vermerk der persönlichen Geheimzahl auf der Kreditkarte oder Aufbewahrung beider zusammen, unverzügliche Verlustmeldung zwecks Sperrung der Kreditkarte; das alles ist bei Inhaltskontrolle nicht zu beanstanden (wie bei der

V. Bankgeschäfte (m. Börsen- u. KapMR)   F/44–F/48 **BankGesch (7)**

Bankkunden-Karte, s Rn F/6, F/31). Bei schuldhafter Zuwiderhandlung Schadensersatz wegen Pflichtverletzung (§ 280 BGB); für Schäden, die durch missbräuchliche Verfügungen vor Eingang der Verlustanzeige entstehen, haftet der Karteninhaber nach AGB nur bei grober Fahrlässigkeit, mangels Mitverschuldens der Bank dann aber für den von ihm verursachten Schaden in vollem Umfang, auch das ist haltbar (wie bei der Bankkunden-Karte, s Rn F/31). Karteninhaber braucht nicht zu sehen, dass Belastungsbeleg vor seinen Augen mit Kreditkarte abgestempelt wird. Überprüfung der Abrechnung durch Karteninhaber erst, aber alsbald nach Rückkehr von (auch längerer) Reise genügt, BGH **91,** 221. Zum Erfordernis unverzüglicher Benachrichtigung des Kartenunternehmens bei Verlust oder Diebstahl Bambg NJW **93,** 2819, Ffm NJW-RR **04,** 206.

Kündigung: Klausel über Recht des Kartenunternehmens zur jederzeitigen fristlosen Kündigung ohne wichtigen Grund ist unwirksam, BGH **125,** 343. Recht zur fristlosen Kündigung aus wichtigem Grund besteht schon nach Gesetz, die AGB können dafür Beispiele geben, was letztlich zwar nicht bindet, aber wirksam ist (wie **(8)** AGB-Banken Nr 19 Rn 5; s auch zur Bankkunden-Karte Rn F/5). Klausel über ordentliche Kündigung durch das Kreditkartenunternehmen mit angemessener, mindestens sechswöchiger Kündigungsfrist und bei berechtigten Belangen des Karteninhabers länger ist nicht zu beanstanden. **F/44**

Mängel der Weisung: Bei Mängeln der Weisung wie Fälschung oder Nichtigkeit (zB Vertretung ohne Vertretungsmacht) ist die Zahlung unwirksam, Konsequenz: **Bereicherungsausgleich** des Kreditkartenunternehmens direkt gegen das Vertragsunternehmen. Das müsste an sich auch bei Geschäftsunfähigkeit des Karteninhabers gelten (s Rn F/55), aber für Anspruch des Kreditkartenunternehmens gegen den geschäftsunfähigen Karteninhaber aus Geschäftsbesorgung (§§ 683 Satz 1, 677, 670 BGB) Nobbe FS Hadding **04,** 1026. Andere Fehler im Deckungsverhältnis berühren nur dieses. Zum Bereicherungsausgleich s Rn F/52. **F/45**

C. **Das Rechtsverhältnis zwischen Kreditkartenunternehmen und Vertragsunternehmen:** In diesem Rechtsverhältnis **(Ausführungs-** bzw **Vollzugsverhältnis)** besteht ein Rahmenvertrag (Akquisitionsvertrag, Meder ZBB **00,** 90, ähnlich dem Bankvertrag, s Rn A/6) auf Bezahlung der einzelnen Forderungen erfüllungshalber für den Karteninhaber, Meder ZBB **00,** 90. Der Rahmenvertrag ist ein echter Vertrag zugunsten der Kreditkarteninhabers (**§ 328 I BGB,** s Rn F/57). Die vertragliche Zahlungszusage ist idR (ähnlich bei Überweisung und Akkreditiv, s Rn C/14, K/11) ein durch die **Unterzeichnung und Übergabe** (nicht erst Vorlage an das Kreditkartenunternehmen) eines ordnungsgemäßen **Belastungsbelegs** aufschiebend bedingtes, **abstraktes Schuldversprechen** (§§ 780, 781, 158 I BGB), BGH **150,** 286, **157,** 246, NJW **02,** 286 (XI ZS), WM **04,** 1031, 1130, **05,** 1602, nach aA Forderungskauf (§ 453 I BGB), BGH WM **00,** 1059 (VIII ZS, dann auch Haftung für den Bestand der Forderung (Verität nach § 437 aF BGB), was aber der Bargeldersatzfunktion widerstreitet), nach aA Krediteröffnungsvertrag mit einzelnen Darlehensverträgen, Canaris 1640; je nach Ausgestaltung kann Garantie vorliegen (wie bei ec-Karte, s Rn F/1), Bitter ZBB **96,** 118. **F/46**

Bargeldersatzfunktion hat die Kreditkarte auch im **Mailorderverfahren,** bei dem der Karteninhaber dem Vertragsunternehmen lediglich seine Kreditkartennummer angibt (s Rn F/37), BGH **157,** 263, WM **05,** 1601. Hier muss das Vertragsunternehmen bei Inanspruchnahme des Kreditkartenunternehmens die beleglose Erteilung der Weisung durch den Karteninhaber nachweisen (Anspruchsbegründung nach § 780 BGB; vgl auch F/37, F/39). An die Stelle des Belastungsbelegs tritt die Belegausfertigung, BGH **150,** 295, WM **04,** 1131. **F/47**

Einschränkung der Zahlungszusage (zB Forderungslimit, Genehmigungsvorbehalt bei Überschreitung bestimmter Beträge) ist rechtlich möglich (s Rn F/50), BGH WM **04,** 1031. **Nicht** wirksam ist dagegen Klausel über **Rückforderungsrecht,** falls der Karteninhaber Zahlung verweigert, weil er die Karte nicht selbst verwendet habe (auflösende Bedingung, § 158 II BGB), sie verstößt gegen **(5)** § 307 BGB, BGH **150,** 296, **157,** 263, NJW **02,** 286, WM **05,** 1602, sehr str, Grund: das verfahrensimmanente Missbrauchsrisiko kann das Kreditkartenunternehmen besser beherrschen, kalkulieren und auffangen; erst recht liegt das Bonitätsrisiko (Zahlungsunfähigkeit des **F/48**

Karteninhabers) allein beim Kreditkartenunternehmen. Klausel über Erstattung von Zahlungen, die das Kreditkartenunternehmen trotz Unvollständigkeit des Leistungsbelegs geleistet hat, ist nach **(5)** BGB § 307 III 1 kontrollfrei, BGH WM **04,** 1031.

F/49 Der abstrakte Zahlungsanspruch des Vertragsunternehmens schützt dieses gegen unbeschränkte Einwendungen des Kreditkartenunternehmens ua aus dem Verhältnis mit dem Karteninhaber (**Einwendungsausschluss** ähnlich wie beim Akkreditiv, s Rn K/16 ff), also keine Berufung auf Schlechtleistung des Vertragsunternehmens. Ausnahmsweise kann aber **Rechtsmissbrauch** vorliegen und eingewandt werden (wie bei Akkreditiv und Garantie, s Rn K/20, L/13), BGH **150,** 209, **152,** 75, so zB §§ 138, 142 I iVm § 123 BGB, auch **offensichtliche und liquide beweisbare Unbegründetheit** (§ 242 BGB, s Rn K/20, L/13), zB wenn der Vertrag des Vertragsunternehmens mit dem Kreditkartenkunden nach §§ 134, 138 BGB nichtig ist, BGH NJW **02,** 289.

F/50 Die am Kreditkartenverfahren Beteiligten haben **Sorgfalts- und Kontrollpflichten,** Schadensersatz (§§ 280, 254 I BGB) wie im Giroverkehr (s Rn C/8), BGH **157,** 266. Das Vertragsunternehmen hat idR vertragliche Sorgfaltspflichten (Prüfung, Meldung ua) übernommen, deren Verletzung den Erstattungsanspruch auf Grund Vertragsklausel entfallen lassen kann oder jedenfalls schadensersatzpflichtig nach § 280 I BGB macht, BGH **157,** 256; offen, ob Pflichtverstoß schon bei Aufteilung eines hohen Rechnungsbetrags auf mehrere Kreditkarten vorliegt, BGH **157,** 268. Bei hinreichendem Verdacht muss das Vertragsunternehmen von Mailorderverfahren absehen, BGH **157,** 268. Auch das Kreditkartenunternehmen hat Prüfungspflichten (Laufzeit und Bonität der Kreditkarte, besondere Verdachtsmomente, Übereinstimmung von Bestellern und Karteninhabern) im Mailorderverfahren, BGH **157,** 267, WM **04,** 1130, **05,** 1604. Zahlt das Kreditkartenunternehmen trotz ungenehmigter Limitüberschreitung auf eingereichten Belastungsbeleg, kann es dem Vertragsunternehmen zur Rückforderung zu einem Einziehungsversuch verpflichtet sein, Kln WM **95,** 1914. Möglich ist Klausel über Einholung der Zustimmung des Kartenunternehmens vor Akzeptanz der Kreditkarte (s Rn F/48).

F/51 **Bereicherungsausgleich bei fehlerhafter Zahlung mit Kreditkarte:** Für die bargeldlose Zahlung durch Kreditkarte gelten die Grundsätze für Zahlung durch Scheck entsprechend (s Rn E/5; vgl für Überweisung Rn C/15–19, für Lastschrift Rn D/15), Grund: einheitliche Rückabwicklung fehlgeschlagener bargeldloser Zahlungsvorgänge. Gegen das abstrakte Schuldversprechen (s Rn F/46) sind Einwendungen und Einreden nur beschränkt zulässig.

F/52 **Mängel im Deckungsverhältnis** zwischen dem Kreditkarteninhaber und dem Kreditkartenunternehmen sind in diesem Verhältnis geltend zu machen, nicht vom Kreditkartenunternehmen gegenüber dem Vertragsunternehmen (s Rn F/45, C/15).

F/53 **Mängel im Valutaverhältnis** zwischen Kreditkarteninhaber und Vertragsunternehmen berühren nur dieses, dort findet auch der Bereicherungsausgleich statt (s Rn C/16).

F/54 Dasselbe gilt bei **Doppelmangel** in beiden Verhältnissen (s Rn C/17).

F/55 Nur bei **Mängeln der Weisung,** zB Fälschung oder Vertretung ohne Vertretungsmacht, hat das Kreditkartenunternehmen einen Bereicherungsanspruch unmittelbar gegen das Vertragsunternehmen (§ 812 BGB, s Rn C/18). Das müsste an sich auch für Geschäftsunfähigkeit des Kreditkarteninhabers gelten (wie bei Scheck, s Rn E/5, Überweisung s Rn C/18, Lastschrift s Rn D/19), anders in Auslegung des abstrakten Schuldversprechens (Unterzeichnung als solche, s Rn F/46) Nobbe FS Hadding **04,** 1020, 1026 (s Rn F/45).

F/56 Bei **Mängeln im Ausführungs-** bzw **Vollzugsverhältnis** selbst, zB unwirksames abstraktes Schuldversprechen, so idR auch bei unwirksamem Rahmenvertrag, hat das Kreditkartenunternehmen einen Bereicherungsanspruch gegen das Vertragsunternehmen. Das Risiko des Missbrauchs der (nicht gefälschten) Kreditkarte trägt aber das Kreditkartenunternehmen, wenn das Vertragsunternehmen kein Verschulden trifft (s Rn F/50), gegenteilige AGB ist unwirksam (s Rn F/48); in diesem Fall kann sich das Kreditkartenunternehmen nur an den Dritten, der die Kreditkarte missbraucht hat, halten (§§ 812 I 1 Alt 2, 823 II BGB iVm § 263 StGB). Lit zum Bereicherungsausgleich: Nobbe FS Hadding **04,** 1007.

D. **Das Rechtsverhältnis zwischen Kreditkarteninhaber und Vertragsunter-** F/57
nehmen: Dieses Rechtsverhältnis (**Valutaverhältnis**) besteht zwischen den Transaktionsparteien, das Kreditkartenunternehmen bzw die Bank sind daran nicht beteiligt. Der Karteninhaber hat keinen Anspruch auf Vertragsschluss überhaupt, str; wenn abgeschlossen wird, hat er aber Anspruch auf bargeldlose Zahlung (§ 328 I BGB, Rahmenvertrag, s Rn F/46), also Stundung ohne Aufpreis, näher Schinkels WM **06,** 842 (pactum de non petendo). Das gilt auch, wenn der Kauf schon zustandegekommen ist, dann Anspruch auf entsprechende Vertragsänderung (§§ 328 I, 311 I BGB). Bei unberechtigter Weigerung Schadensersatzanspruch gegen Vertragsunternehmen und Kreditkartenunternehmen (§§ 280 iVm 278 BGB). Das Vertragsunternehmen muss erst unbare Zahlung erfüllungshalber (§ 364 II BGB) beim Kreditkartenunternehmen versuchen und kann nur bei Mißlingen die gestundete Forderung gegen den Kreditkarteninhaber geltend machen. Bei Leistungsstörungen kann der Kreditkarteninhaber uneingeschränkt alle Einwendungen und Ansprüche gegen das Vertragsunternehmen geltend machen, auch durch einstweiligen Rechtsschutz gegen Inanspruchnahme des Kreditkartenunternehmens.

Bereicherungsausgleich: Der Bereicherungsausgleich nach §§ 812 ff BGB findet F/58
im Valutaverhältnis zwischen dem Kreditkarteninhaber und dem Vertragsunternehmen, nicht zwischen dem Kreditkartenunternehmen und dem Vertragsunternehmen statt, s Rn F/51. Ausgleich der Bereicherung des Vertragsunternehmens (Anspruch aus §§ 780, 781 BGB gegen das Kreditkartenunternehmen oder nach Bezahlung Wert des Anspruchs) erfolgt durch Erlassvertrag mit dem Kreditkartenunternehmen (§ 397 BGB, letzteres ist dem Karteninhaber zur Zustimmung verpflichtet) oder Wertersatz (§ 818 II BGB). Kein Wegfall der Bereicherung (§ 818 III BGB), falls Disagio nach Vereinbarung zwischen dem Kreditkartenunternehmen und dem Vertragsunternehmen bei ersterem verbleibt, Grund: Bargeldfunktion der Kreditkarte. Lit: *Nobbe* FS Hadding **04,** 1015.

4. Kap: Kreditgeschäft und Kreditsicherung

G. Kreditgeschäft (mit Finanzierungsdarlehen, ohne Verbraucherdarlehen)

a) Kommentare und Handbücher: Außer dem allgemeinen Schrifttum (s Einl vor A/1) BankrechtsHdb/*Lwowski/Wunderlich/Bruchner ua* 3. Aufl 2007 §§ 75 ff. – BuB/*Früh/Gößmann/Eckstein/Wilhelm. – Bunte,* AGB-Banken und Sonderbedingungen, 2. Aufl 2009. – *Canaris* 2. Aufl 1981, 3. Kap. – Ebenroth/*Thessinga* BankR IV 2001. – *Hopt/Mülbert* 1989. – *Kümpel* 3. Aufl 2004 Rn 5.1 ff. – *Schwintowski/Schäfer* 2. Aufl 2004 § 9. **Verbraucherdarlehen:** s vor G/34.

b) Sonstige Beiträge: *Schaarschmidt* 8. Aufl 1991. – *Heermann,* Geld und Geldgeschäfte, 2003. – *Rösler/Wimmer/Lang* 2003 (vorzeitige Beendigung von Darlehensverträgen). – *Luther* 1990 (Insolvenz). – *Klein* 2004 (Projektfinanzierung). – *Felke* 2004 (Internet). – *Freitag* 2009 (Darlehensvertrag). – *Heermann* 1998 (Drittfinanzierte Erwerbsgeschäfte). – *Köndgen* WM **01,** 1637. – *Freitag* WM **01,** 2370. – *Grundmann* BKR **01,** 66. – *Wittig/Wittig* WM **02,** 145. – *Mülbert* WM **02,** 465. – *Habersack, Weber* Bankrechtstag **02,** 3, 67. – *von Wilmowsky* WM **08,** 1189, 1237 (Insolvenz des Darlehensnehmers). **Muster:** *Hopt/Wittig* 3. Aufl 2007 Form IV. G.1–7 (Kreditgeschäft mit Finanzierungsdarlehen und Verbraucherdarlehensverträgen). **RsprÜbersichten:** *Wolf* WM **81,** 110, *Diederichs/Rixecker* WM Sonderbeil 7/**85,** *Halstenberg* WM Sonderbeil 4/**88,** *Mülbert* JZ **92,** 289, 401, 448, ÖBA **93,** 105, 186, 282; *Köndgen* NJW **94,** 1508, **00,** 468.

1) Erscheinungsformen

Das Kreditgeschäft der Banken ist die Gewährung von Gelddarlehen und Ak- G/1
zeptkrediten (Bankgeschäft nach § 1 I 2 Nr 2 KWG, Text s Rn A/4). Damit sind zwei sehr unterschiedliche Grundformen von Kredit unterschieden. Einen einheitlichen, alle Kreditarten umfassenden Rechtsbegriff des Kredits gibt es nicht, str; das Gesetz

(7) BankGesch

spricht von Darlehen (§§ 488 ff BGB), Sachdarlehen (§§ 607 ff BGB), Kreditauftrag (§ 778 BGB bezüglich Darlehen oder Finanzierungshilfe) ua. **Gelddarlehen ist effektive Kreditgewährung (Zahlungskredit);** sie ist grundsätzlich in §§ 488 ff BGB geregelt. **Akzeptkredit** ist **Kreditleihe (Haftungskredit);** die Bank verpflichtet sich zur Einlösung des Wechsels am Fälligkeitstag, auf dieses Akzept der Bank erhält der Kreditnehmer bei seinem Lieferanten Ware oder Geld „auf Kredit", ohne dass die Bank selbst effektiv zahlen soll (Deckung des Wechsels durch den Kunden vor Verfall). Der Akzeptkredit unterliegt unterschiedlichen Regeln, nicht generell §§ 488 ff BGB. **Nicht** hierher gehört der „**Warenkredit**" von Lieferanten an Kunden; er ist kein Kredit im Rechtssinn, sondern Stundung der Kaufpreisforderung gegen Sicherung durch (verlängerten) Eigentumsvorbehalt; das führt zum Zusammenprall mit der Sicherung der Geldkreditgeber durch Globalzession (Rn H/2). Von Kreditgewährung ist **Kreditvermittlung** zu unterscheiden, sie ist kein Kreditgeschäft, s § 93 HGB Rn 5.

2) Krediteröffnungsvertrag (einschließlich sittenwidriger Darlehen)

G/2   A. **Zustandekommen und Inhalt des Vertrags: a)** Der Krediteröffnungsvertrag ist ein Grund- bzw **Rahmenvertrag,** durch den sich der Kreditgeber zur Kreditgewährung bis zu einer bestimmten Höhe (Kreditrahmen, Kreditlinie) nach Abruf (s Rn G/3) verpflichtet (nach aA Darlehensvorvertrag), BGH **83,** 81. Krediteröffnungsvertrag und einzelne Kreditgeschäfte innerhalb seines Rahmens sind rechtlich getrennt. Der Krediteröffnungsvertrag richtet sich idR auf Gelddarlehen und unterliegt dann selbst den §§ 488 ff BGB; er kann sich aber auch auf Akzeptkredite ua richten und enthält dann bereits Elemente des jeweiligen Vertragstyps (§§ 488 ff, 675 I, 433 ff BGB, Garantievertrag ua). Der Krediteröffnungsvertrag kann auch stillschweigend zustande kommen, str, aber idR noch nicht durch bloße Zulassung einer vertragswidrigen Kontoüberziehung, diese gibt keinen Anspruch auf Kredit, BGH NJW **04,** 3780, **07,** 1359, str, oder Einlösung eines ungedeckten Schecks (Überziehungskredit, nur einfaches Gelddarlehen nach §§ 488 ff BGB, vgl auch für Verbraucher §§ 504, 505 BGB), Hopt ZHR 143 **(79)** 157. Einen Anspruch auf Abschluss des Krediteröffnungsvertrags hat der Kunde auch nicht auf Grund Bankvertrag (s Rn A/6); doch kann die Bank nach §§ 280, 311 II BGB aus Verschulden bei Vertragsverhandlungen haften (s Rn G/28). **Muster:** Hopt/Wittig 3. Aufl 2007 Form IV. G.1–7 (verschiedene Kreditbzw Darlehensverträge mit Kreditlinien).

G/3   Der **Abruf der einzelnen Kreditbeträge** ist einseitiges **Gestaltungsrecht** des Kreditnehmers, BGH **83,** 81, NJW **04,** 1445. Zum Dispositionskredit BGH NJW **07,** 1359. Der Kredit kann, falls besonders vereinbart (auch konkludent, str, offen BGH WM **84,** 1181), nach Rückzahlung erneut abgerufen werden (revolvierender Kredit, s Rn G/20). Ein Anspruch der Bank auf Ausnutzung der Kreditzusage besteht idR nicht, doch kann ein solcher Anspruch (nicht notwendig ausdrücklich) vereinbart werden, BGH WM **62,** 115, Ffm NJW **69,** 327, so ohne weiteres bei Grundstücksbeleihung durch Hypothekenbank (Anlagezweck), BGH WM **91,** 760 (zum Schadensersatz). Die Bank berechnet auf jeden Fall ihre Bereitstellungsprovision, BGH WM **78,** 422. Kein Entschädigungsanspruch der Bank wegen Nichtinanspruchnahme eines Darlehens bei unverschuldeter Unmöglichkeit der Stellung einer bestimmten Sicherheit (s **(5)** § 307 BGB), Saarbr WM **81,** 1212. Die Bank muss den Kredit dem Kunden effektiv, iZw **in bar,** zur Verfügung stellen; Abdeckung eines Schuldsaldos, Pfandrecht und Aufrechnung sind damit nicht vereinbar (vgl **(8)** AGB-Banken Nr 14 Rn 10 ff). **Auszahlung an Dritten** auf Weisung und im Interesse des Darlehensnehmers genügt („**empfangen**"), BGH NJW **85,** 731, auch auf debitorisches Konto, BGH ZIP **85,** 596. **Nicht** genügt Überweisung auf Konto pro Diverse (s Rn A/41), BGH NJW **87,** 55, oder an Dritten, der „**verlängerter Arm" des Kreditgebers** ist, BGH **152,** 337, WM **85,** 223, 653, 994, NJW **86,** 2947, WM **97,** 1659, ZIP **06,** 846 (Notaranderkonto, s Rn C/23), gegenteilige AGB ist nach **(5)** § 307 BGB unwirksam, BGH NJW **98,** 3200 (Treuhänderkonto); andere (auch stillschweigende) Abrede ist möglich, BGH **113,** 158. Der Anspruch auf Kreditgewährung ist außer bei Zweckbindung **abtretbar** (aber s Rn G/5 a). **Pfändbarkeit** ist str, § 357 HGB Rn 10. **Warnpflichten** der Bank s Rn A/25; **Aufklärungspflicht** des Kreditnehmers s § 347 HGB Rn 30. **Vermö-**

V. Bankgeschäfte (m. Börsen- u. KapMR) G/4, G/5 **BankGesch** (7)

genswahrungspflicht, ua Pflicht, die Kreditwürdigkeit des Kunden nicht durch Werturteile oder Meinungsäußerungen, auch wahre, zu gefährden, BGH **166,** 85 (keine Drittschutzwirkung, s Rn A/32). **Beweislast** für erfolgte Darlehenshingabe liegt beim Kreditgeber, auch bei notariell beurkundeter Vollstreckungsunterwerfung, BGH **147,** 203 gegen BGH WM **81,** 1140, Grund: Beweislast folgt aus materiellem Recht, Beweislast für Erfüllung beim Darlehensschuldner, BGH WM **07,** 636.

b) Der **Kreditpreis** (Sollzins, vgl § 352 HGB) ist heute **frei.** Die ZinsVO des G/4 BAKred 5. 2. 65 BGBl 33 (betr Kredit- und Einlagenzins) wurde durch VO 21. 3. 67 BGBl 352 wettbewerbspolitisch zu Recht ersatzlos aufgehoben. Die Marge zwischen Soll- und Habenzinsen (s Rn C/1, 4) ist Sache der Bank am Markt. Bereitstellungszinsen s BGH WM **83,** 447, **86,** 156, NJW **86,** 1807. **Disagio** (vgl § 250 HGB Rn 8) galt früher als Abgeltung des einmaligen Kreditbeschaffungsaufwands, ist aber heute idR Vorauszahlung eines Teils der Zinsen, BGH **133,** 355. Es ist erst bei effektiver Auszahlung an Kunden verdient, BGH NJW **85,** 1831, und bei vorzeitiger Darlehenskündigung idR anteilig zurückzuzahlen (angemessene **Vorfälligkeitsentschädigung**), Düss ZIP **07,** 1748, s Rn G/19 a. Die Bank kann sich nach bisheriger Rspr wirksam durch AGB einseitige **Anpassung** (Erhöhung oder Senkung) der Kreditzinsen vorbehalten (§ 315 BGB), aber nur an kapitalmarktbedingte Änderungen der Refinanzierungskonditionen (DBbk), mit Normalzinssatz und unter Gleichbehandlung, BGH **97,** 212, krit Schwarz NJW **87,** 626, und nur bei gleichzeitiger Kündigungsmöglichkeit des Kunden, **(5)** § 307 BGB, BGH WM **89,** 740; mit Änderung musste gerechnet werden, vgl Schimansky WM **01,** 1172, **03,** 1450, BGH **158,** 149, so BGH WM **09,** 1077: Preisanpassungsklauselrecht gilt auch für Zinsanpassungsklauseln im Kreditgeschäft; dazu Neuregelung 2009 in **(8)** AGB-Banken Nr 12, dort Rn 1, 5. Zur Problematik beim Aktivgeschäft s Rn B/2. **Überziehungskredite** und **Überziehungszinsen** s **(8)** AGB-Banken Nr 12 Rn 2, Transparenz bei Verbrauchern nach §§ 504, 505 BGB. Indexierungsverbot nach PaPkG mit PreisklauselVO (PrKV, Überbl 4 vor § 373 HGB) gilt nicht für sämtliche Finanzdienstleistungen, Schmidt-Räntsch NJW **98,** 3168. **Schadensregelung bei Verzug s (5)** § 309 Nr 5 BGB. AGBKlausel über generelle Verzinsung des Bankkreditrestsaldos mit Vertragszinssatz nach vorzeitiger Fälligstellung wegen Verzug ist unwirksam, aber die Bank kann entweder den Vertragszins (nur) auf das Darlehenskapital und bis zur vertraglichen Fälligkeit oder zum nächsten Kündigungstermin verlangen (analog § 628 II BGB), BGH **104,** 337, oder den marktüblichen Bruttosollzins entsprechend dem gesamten Aktivkreditgeschäft der Bank (abstrakte Schadensberechnung), BGH **62,** 103, **104,** 337, str; nach aA Schaden nur in Höhe der Refinanzierungskosten. Verzugszinssatz 5 bzw 8 Prozentpunkte über Basiszinssatz (§§ 288 I, II, 247 BGB). **Zinsanpassungsklauseln nach Bonität** auch bei Festzinskrediten **(Basel II,** BankenRiUmsetzG 17. 11. 06) können wirksam ausgestaltet werden, Mülbert WM **04,** 1205 (ratingbasiertes Margengitter), Langenbucher Bankrechtstag **04,** 63, Wand WM **05,** 1932, 1969, von Linden WM **08,** 195. Entgeltklauseln im Zahlungsverkehr s Rn C/3 c.

Lit: zum Kreditzinsrecht und Entgeltklauseln Bunte 287 (Urteile unter § 315 BGB), Ul/Br/He/Fuchs Anh § 310 BGB Rn 260 ff, Hopt/Mülbert § 608, Heymann/Horn II/105 ff, Bruchner/Metz 2001 (variable Zinsklauseln), Rösler/Wimmer/Lang 2003 (Vorfälligkeits-, Nichtabnahmeentschädigung), Steppeler 2003 (Bankentgelte); Schimansky WM **01,** 1169, **03,** 1449 (Anpassungsklauseln), Mülbert WM **04,** 1205, Langenbucher BKR **05,** 134, Bitter ZBB **07,** 237, Kersting ZIP **07,** 56, Langenbucher FS Westermann **08,** 399, Nobbe WM **08,** 185 (mit Katalog zulässiger und unzulässiger Klauseln), Merkel, Rösler/Sauer FS Nobbe **09,** 141, 437, Thomas AcP 209 **(09)** 84. **Muster:** Hopt/Wittig 3. Aufl 2007 Form IV. G.7 (Zinsberechnungsformeln mit Anwendungsbeispielen).

c) Preisangaben sind vorgeschrieben durch die PAngV idF 18. 10. 02 BGBl 4147 G/5 (auch EG-Ri 16. 2. 98 ABlEG L 80/27) dazu Völker NJW **00,** 2787, Wimmer WM **01,** 447. Bei gewerbs-, geschäfts- oder regelmäßigen Angebot von Waren oder Leistungen an Letztverbraucher (gleichgestellt öffentliche Werbung) unter Angabe von Preisen sind Endpreise einschließlich MWSt anzugeben (§ 1 I PAngV), unter Beachtung von Preisklarheit, Preiswahrheit und deutlicher Lesbarkeit (§ 1 VI PangV). Bei

(7) BankGesch G/5a–G/7

Leistungen ist ein Preisverzeichnis auszuhängen (§ 5 PangV). Bei Krediten sind die Gesamtkosten (Oberbegriff für die Zinsen und die sonstigen Kosten im Zusammenhang mit dem Kreditvertrag) anzugeben und als „effektiver Jahreszins" bzw bei Krediten mit nicht über die gesamte Laufzeit festen Konditionen als „anfänglicher effektiver Jahreszins" zu bezeichnen (§ 6 I PAngV nF 2002); so auch bei Stundungsangebot gegen prozentuale Bearbeitungsgebühr, BGH **108,** 39. Die Gesamtkosten umfassen alle finanziellen Verpflichtungen des Kreditnehmers, die dieser bei regulärem Vertragsverlauf über die Rückzahlung des Kredits hinaus zu tragen hat. Die sonstigen Kosten müssen dem Kreditgeber bekannt sein. Dazu gehören auch die Vermittlungskosten, auch Kosten obligatorischer Restschuldversicherungen (Einzelheiten in § 6 PangV idF VerbrKrRiUmsetzG), aber nicht Prämien für eine Kapitallebensversicherung, BGH **162,** 20. Internetangebote, BGH WM **07,** 2347. Die Berechnung des effektiven Jahrszinses hat statt nach der 360-Tage-Methode unterjährig nach der AIBD(ISMA)-Methode zu erfolgen (mathematische Formel, § 6 II PAngV), näher Wimmer WM **01,** 448. Pflichtangaben bei Werbung für Kreditverträge und bei Überziehungsmöglichkeiten (§§ 6a, 6b idV VerbrKrRiUmsetzG). Erfasst sind auch Bausparkassenkredite und Realkredite. Verstoß ist Ordnungswidrigkeit, führt aber nicht zur Nichtigkeit (str, s Rn G/6). Kreditvermittler s § 93 HGB Rn 5. **Informationspflicht** der Kreditinstitute nach § 675a BGB über Entgelte und Auslagen der Geschäftsbesorgung (s Rn A/16; **(8)** AGB-Banken Nr 12). Zur PAngV Lit: Völker 2. Aufl 2002, Wimmer/Stöckl-Pukall 1998 Nachtrag 2000; Zirpel DB **85,** 1008, Völker NJW **97,** 3405, **00,** 2787, Wimmer WM **01,** 447 (Berechnungsbeispiele).

G/5a **d) Abtretung der Darlehensforderung durch die Bank** ist nicht durch das Bankgeheimnis ausgeschlossen (s Rn A/9, früher str), auch kein Kündigungsrecht bei Forderungsabtretung. Verkauf und Abtretung von Darlehensforderungen sind für Verbriefung, Konsortialfinanzierung, interbankmäßige Refinanzierung und Sanierung unverzichtbar. Aber Schutz durch **(5)** BGB § 309 Nr 10 (Klauselverbot ohne Wertungsmöglichkeit, Wechsel des Vertragspartners), §§ 492 Ia 3, 492a, 496 II (Informationspflichten), 498 III (Schonfrist bei Kündigung), 1192 Ia, 1193 II 2 BGB (Sicherungsgrundschulden) BGB, §§ 769 I 2, 799a ZPO, § 354a II HGB idF RisikobegrenzungsG 12. 8. 08 BGBl 1666. Dagegen verstößt die formularmäßige Vollstreckungsunterwerfung nicht gegen **(5)** BGB § 307 ff, BGH NJW **08,** 3210 m Anm M. Zimmer 3185, Bork ZIP **08,** 2049, Freitag, Binder/Piekenbrock WM **08,** 1813, 1816, Habersack NJW **08,** 3173, aA Schimansky WM **08,** 1049, LG Hbg NJW **08,** 2784 (bei freier Abtretbarkeit der Kreditforderung), Grund: Schutz durch BGB, ZPO, RisikobegrenzungsG. Lit: Dörrie ZBB **09,** 292, Langenbucher NJW **08,** 3169 (RisikobegrenzungsG), Höche FS Nobbe **09,** 317, Stürner ZHR 173 **(09)** 363.

G/6 B. **Nichtige, widerrufene und sittenwidrige Darlehen: a)** Der Vertrag ist nach allgemeinen Regeln **nichtig,** §§ 104 ff, 117, BGH WM **99,** 1501 (iErg abl), §§ 125, 134; 138, BGH ZIP **90,** 915 (Bordell); §§ 142 I, 179 BGB ua. Darlehen als Scheingeschäft iSv § 117 BGB s BGH WM **80,** 380 (Schenkungsteuerersparnis, iErg nein), **93,** 1504 (Mitunterzeichnung), s auch Rn N/2. Enthält ein Vertragswerk einen Darlehensvertrag und eine Grundstücksveräußerungs- oder erwerbsklausel, setzt § 311b I BGB einen rechtlichen, nicht nur wirtschaftlichen Zusammenhang beider voraus, BGH WM **79,** 868, DNotZ **85,** 279, NJW **86,** 1984. Die Verbindung von Kredit und Besorgung von Rechtsangelegenheiten (Unfallhelferringe ua) kann wegen Verstoß gegen **RBerG** nach § 134 BGB nichtig sein, BGH **61,** 317, NJW **77,** 38, 431, WM **78,** 1062, NJW **98,** 1955; aA Canaris ZIP **80,** 709; Verstoß gegen RBerG bei kreditfinanzierten Immobiliengeschäften s **(7)** Bankgeschäfte Rn G/9, Anh § 177a Rn 78a. Steuerhinterziehung nur, wenn sie Hauptzweck des Vertrags ist, Hamm WM **84,** 1149. Verstoß gegen Verbot, Geschäftsanteile zu kreditieren (§ 22 IV 2 GenG), BGH NJW **83,** 1420. Verstoß gegen EU-Beihilferecht, str, zur Rückabwicklung BGH WM **06,** 2274.

G/7 **Annuitätendarlehen:** Nachträgliche Tilgungsverrechnung (Annuitätendarlehen, § 20 II HypBG) ist mangels Effektivzinsangabe und Tilgungsplanüberreichung unwirksam, BGH **106,** 42, Transparenzgebot **(5)** § 307 I 2 BGB, Köndgen NJW **89,** 943, Reifner NJW **89,** 952, Hunecke WM **89,** 553. Anforderungen an die Zinsberechnungsklausel je nach Durchschnittskunden ohne Überforderung des Verwenders,

V. Bankgeschäfte (m. Börsen- u. KapMR)   G/8–G/9 b   **BankGesch**   (7)

BGH **112**, 115, WM **92**, 395, **95**, 1262. Rückabwicklung s Rn G/11, Disagio Rn G/4. Berechnung der Nichtabnahmeentschädigung wie bei vorzeitiger Ablösung (s Rn G/16), BGH **146**, 5. Verjährung auch des Tilgungsanteils der Zins- und Tilgungsraten nach § 197 aF BGB, BGH **148**, 90.

Ehegattenmitverpflichtung für Kredite s Rn G/10, G/10 a–c. Bank- oder Teil- G/8 zahlungskreditaufnahme durch Ehegatten ist nicht durch **Schlüsselgewalt** (§ 1357 I BGB) gedeckt, Unterschrift beider ist nötig, LG Aach NJW **80**, 1472, Wacke NJW **79**, 2588, str, aber uU Haftung des Kontoinhabers trotz Nichtwissen nach § 812 BGB (s Rn G/11). **Vollmachtsklauseln**, die im Interesse des Verwenders den einen Kontoinhaber mit Wirkung für den anderen über bloße Kontoüberziehung im banküblichen Rahmen hinaus zur weiteren Kreditaufnahme berechtigen, sind nach **(5)** §§ 305 c I, 307 BGB unwirksam, BGH **108**, 98, NJW **91**, 923. Gesamtschuldnerausgleich bei gemeinsamer Darlehensaufnahme s BGH **87**, 265.

Nicht zu Nichtigkeit führen Verstöße gegen das **KWG** (s Rn A/5); gegen PAngV G/9 (s Rn G/5), BGH WM **80**, 306, aA Canaris 1303 a; gegen Beleihungsgrenze bei Hypotheken- und Schiffsbanken, BGH WM **80**, 862. § 56 I Nr 6 GewO umfasst nicht mehr den Abschluss von Darlehensgeschäften im Reisegewerbe, sondern nur noch ihre entgeltliche Vermittlung (§ 93 HGB Rn 5).

Haustürgeschäfte: Eine Vertragsschlusserklärung, zu der der Kunde durch münd- G/9 a liche Verhandlungen an seinem Arbeitsplatz oder im Bereich einer (nicht nur seiner) Privatwohnung, anlässlich einer vom Unternehmer oder von einem Dritten zumindest auch im Interesse des Unternehmers durchgeführten Freizeitveranstaltung oder im Anschluss an ein überraschendes Ansprechen im Bereich öffentlicher Verkehrswege bestimmt worden ist, kann durch **Widerruf binnen zwei Wochen** (zur Fristwahrung genügt rechtzeitige Absendung) unwirksam werden (§§ 312, 355 BGB idF SMG; zuvor HWiG); Ausnahmen bei vorheriger Bestellung, BGH **109**, 127, **110**, 308, Sofortabwicklung bis Euro 40 oder notarieller Beurkundung (§ 312 III BGB). Form, Belehrung, Rechtsfolgen s §§ 355 ff BGB idF VerbrKrRiUmsetzG. EG-HaustürRi umfasst auch Realkredite, EuGH WM **01**, 2434 (Heininger). Zurechnung der Haustürsituation an die kreditgebende Bank nach rein objektiven Gesichtspunkten (nicht nach den Grundsätzen von § 123 II BGB), BGH **167**, 252, WM **06**, 220 u WM **06**, 674, 2304 (II u XI ZS, RsprÄnd nach EuGH s unten). In richtlinienkonformer Auslegung Annahme einer Rechtspflicht des Unternehmers zur Widerrufsbelehrung; bei Verstoß culpa in contrahendo mit Schadensersatzfolge, aber nur bei Verschulden und Kausalität für unterlassenen Widerruf, BGH WM **06**, 2303, 2343, str. Kein Schadensersatzanspruch wegen unterbliebener Widerrufsbelehrung, wenn der Verbraucher bei Abschluss des Darlehensvertrags bereits an seine Erklärung zum Abschluss des Immobilienkaufvertrags gebunden ist, BGH WM **06**, 1194, 2303, 2349, **07**, 878 (nach EuGH). Rechtsfolgen des Widerrufs regelt das nationale Recht, vierwöchige Widerrufsfrist nach vollständiger Abwicklung (HWiG) zulässig, EuGH NJW **08**, 1965 m krit Anm Kroll 1999. Rechtsfolgen der fehlerhaften Ges (§ 105 Rn 75) str, Vorlagebeschluss BGH (II ZR) WM **08**, 1026 m Anm Oechsler NJW **08**, 2471, Schäfer ZIP **08**, 1022, Wagner NZG **08**, 447. Umfangreiche und kontroverse Rspr zu HWiG im Zusammenhang mit kreditfinanzierten Immobilien(fonds)geschäften, s unten sowie Komm zu HWiG (alt) und BGB (neu). Lit: Nachweise zum Streit bei Bungeroth WM **04**, 1507, Benedict AcP 206 (**06**) 56, umfassmne Nobbe (II ZS) WM Sonderbeil 1/**07**, 11, Hammen WM **08**, 233.

Kreditfinanzierte Immobilien(fonds)geschäfte: Höchst streitig ist die **Rück-** G/9 b **abwicklung** solcher Geschäfte („Schrottimmobilien"). Nach dem **EuGH** 25. 10. 05 WM **05**, 2079 = NJW **05**, 3551 (C-350/03 Schulte), WM **05**, 2086 = NJW **05**, 3555 (C-229/04 Crailsheimer Volksbank) erfasst zwar die VerbraucherkreditRi Immobilienkredite nicht, während die EG-HaustürRi auf sie unabhängig von Kenntnis oder Kennenmüssen der Haustürsituation anwendbar ist; beide stehen nicht entgegen, dass bei Widerruf der Verbraucher die Darlehensvaluta samt Zins sofort an den Darlehensgeber zurückzahlen muss; aber die Verbraucher müssen wirksam gegen Risiken mangels Belehrung geschützt werden (Art 4). Was Letzteres konkret bedeutet, ist kontrovers, BGH (XI ZS) WM **06**, 1197 mwN, Hoffmann ZIP **05**, 1985, Habersack JZ **06**, 91, Oechsler NJW **06**, 2451, Lang/Rösler, Piekenbrock, Hofmann, Jungmann WM

(7) BankGesch G/9 c 2. Handelsrechtl. Nebengesetze

06, 513, 466, 1847, 2193, Franzen FS Canaris **07** I 251. Relevant dürfte ua sein, in welchen Verbundfällen die Bank trotz Fehlens einer Verbundklausel in der RiLi (so auch EuGH) als nach Art 4 belehrungspflichtiger Gewerbetreibender angesehen muss (vgl Schulte Rn 98, 100). Der **BGH XI ZS** stRspr hält de lege lata den widerrufenden Anleger für verpflichtet, die Darlehensvaluta an die Bank zurückzubezahlen, BGH (XI ZS) **150,** 248, **152,** 331, NJW **03,** 199, **04,** 153, 154 (Vertretung), WM **06,** 1194, 2303 (nach EuGH). Immobilienkredit liegt auch vor, wenn der Erwerber das Grundpfandrecht nicht selbst bestellt, sondern ein bestehendes (teilweise) übernimmt, BGH **161,** 26, **167,** 223, WM **06,** 1060, 2343 (gegen BGH II ZS **159,** 307, aber II ZS hält daran nicht mehr fest, so BGH **167,** 238). Empfangen hat der Darlehensnehmer die Valuta **auch bei verbundenen Geschäften** durch weisungsgemäße Auszahlung an den Verkäufer, BGH **167,** 223, 239, 263, WM **06,** 1060, (XI ZS, II ZS hält an gegenteiliger Auffassung nicht mehr fest, so BGH **167,** 266). Bei verbundenem Geschäft kann der getäuschte Darlehensnehmer auch der finanzierenden Bank seine Ansprüche gegen die Fondsgesellschaft entgegenhalten, soweit ihm gegen letztere ein Abfindungsanspruch zusteht, BGH **156,** 46 (II ZS), **167,** 239 (XI ZS), nicht dagegen seine Ansprüche gegen GründungsGfter, Fondsinitiatoren, maßgebliche Betreiber, Manager und Prospektherausgeber, BGH **167,** 239 (gegen BGH II ZS **159,** 307), WM **07,** 1367. Der Darlehensnehmer kann bei einer idR auch insoweit kausalen arglistigen Täuschung auch den Darlehensvertrag anfechten (§ 123 BGB) und auch gegen die Bank seinen Anspruch aus culpa in contrahendo gegen den Vermittler (nicht Dritter iSv § 123 II BGB) geltend machen, BGH **167,** 239 (gegen BGH II ZS **159,** 280, aber II ZS hält daran nicht mehr fest, so BGH **167,** 250; vgl 32. Aufl). **Zur** Nichtigkeit des Kreditvertrags wegen **Nichtigkeit der Treuhändervollmacht nach Art 1 § 1 RBerG,** BGH **159,** 294 (II ZS), NJW **06,** 1008 (XI ZS), dies **aber nur, wenn keine Rechtsscheinvollmacht eingreift,** BGH **167,** 223 (XI ZS gegen II ZS, Nobbe WM Sonderbeil 1/**07,** 3), WM **08,** 683 (Crailsheimer Volksbank), **näher Anh § 177 a Rn 78 a.**

G/9 c Der BGH (XI ZS) arbeitet nunmehr verstärkt mit der Aufklärungspflicht der Bank auf Grund von konkretem **Wissensvorsprung** (s Rn A/25), so schon früher zB wenn eine Mietgarantie wegen Überschuldung offenkundig wertlos und die Anlage deshalb ein höchst risikobehaftetes Vorhaben ist, BGH NJW **04,** 2741. Bei **institutionalisiertem Zusammenwirken der Bank mit Verkäufer oder Vertreiber** gelten zum Wissensvorsprung im Hinblick auf die Rspr des EuGH (Schulte, Crailsheimer Volksbank, s oben) **strengere Anforderungen an die Bank,** Beweiserleichterung durch widerlegliche **Vermutung der Kenntnis** der Bank unter bestimmten Voraussetzungen, ua evidenter Unrichtigkeit (objektive Evidenz) der Angaben des Vermittlers oder im Prospekt (nicht bloße Anpreisungen), BGH WM **06,** 1194 (XI ZS, Ergänzung der Rspr, 1200), WM **07,** 200, 882, 1257, 1456, **08,** 115 (prospektwidriger Mangel betriebswirtschaftlicher Vermietbarkeitsuntersuchung), 688, 1260, 1346, 1396, Lang WM **07,** 1728. Zu den Beweisanforderungen bezüglich arglistiger Täuschung und Kausalität BGH WM **06,** 1194, 2343, 2350, **08,** 971, 1596, KG WM **08,** 1123, sehr str. Institutionalisiertes Zusammenwirken liegt nicht schon bei bloßer Abgabe einer allgemeinen Finanzierungszusage vor, sondern setzt ständige Geschäftsbeziehung voraus, zB konkrete Vertriebsabsprachen, gemeinsames Vertriebskonzept, indiziell Überlassung von Büroräumen oder Bankformularen, wiederholte Finanzierungsvermittlung ua, BGH WM **07,** 882, 1257 (vgl Rn G/40 zu den objektiven Verbindungselementen beim Finanzierungsdarlehen), NJW **08,** 3423 („Näheverhältnis"/„Nähebeziehung"). Mangels eigenen Aufklärungsverschuldens haftet die Bank für arglistige Täuschungen des Vermittlers nur im Bereich der Anbahnung des Kreditvertrags, nicht für Erklärungen zum Wert des Objekts ua, diese liegen außerhalb des Pflichtenkreises der Bank, BGH NJW **06,** 2106. Die Divergenzen zwischen dem XI und II ZS dürften, wie dringend angemahnt (32. Aufl), im Wesentlichen beigelegt sein. Erhebliche Unsicherheiten zur Fortbildung der WissensvorsprungsRspr, auch im Hinblick auf EuGH, bestehen fort, zB Karls WM **07,** 355, Jungmann NJW **07,** 1562. Aufklärung über versteckte Innenprovisionen bei Bauherren-, Bauträger- und Erwerbermodellen s § 347 HGB Rn 30. Rückforderung der trotz dauernder Einrede auf den Kredit geleisteten Zahlungen kann der Verbraucher vom Kreditgeber nach § 813 I 1 iVm

V. Bankgeschäfte (m. Börsen- u. KapMR)   G/9 d–G/10   **BankGesch**   (7)

§ 812 I 1 verlangen (kein Rückforderungsdurchgriff analog § 9 II 4 VerbrKrG, gegen BGH **156,** 54 II ZS), BGH WM **08,** 244, 986. Die Bank kann im Rahmen der Rückabwicklung nicht Übereignung der finanzierten Eigentumswohnung verlangen, BGH NJW **07,** 3127. Zur Verjährung BGH WM **08,** 1346. Zur Staatshaftung bei Schrottimmobilien Kahl/Essig WM **07,** 525. Lit: Nobbe WM Sonderbeil 1/**07,** 1, Mayen FS Nobbe **09,** 399 u Bankrechtstag **08,** 11 (Bericht WM **08,** 1436), Schoppmeyer WM **09,** 10 (Instanzgerichte).

Gesamtkonzept des BGH (XI ZS) laut Mayen (XI ZS), Bankrechtstag 08, 12: G/9 d (1) Die Wirksamkeitseinwendungen nach RBerG und VerbrKrG sind, bei finanzierten Fondsbeitritten und Wohnungskäufen gleichermaßen, vom Vorliegen eines Verbundgeschäfts unabhängig. (2) Auf das Vorliegen eines Verbundgeschäfts (§ 9 VerbrKrG, s Rn G/36, 39 ff) kommt es dagegen in zwei Fallgruppen an: (a) für Rückabwicklung aufgrund wirksamen Widerrufs des Darlehensvertrags nach dem HWiG und (b) für Rückabwicklung ohne Rückzahlung des Darlehensbetrag wegen Anfechtung nach § 123 BGB oder kraft Schadensersatzanspruchs aus zugerechnetem vorsätzlichen Aufklärungsverschulden; hier kein Verbundgeschäft bei realkreditfinanzierten Wohnungskäufen und Immobilienfondsbeteiligungen (wegen § 3 II Nr 2 VerbrKrG, so auch unter HWiG, auch nicht über § 278 BGB) und bei arglistiger Täuschung durch FondsGfter, Initiatoren, maßgebliche Betreiber und Prospektherausgeber; in der Fallgruppe (b) aber doch Beweiserleichterung für die Anleger bei institutionalisiertem Zusammenwirken der Bank mit dem Vertrieb.

Fernabsatzverträge: Informationspflichten sowie Widerrufs- und Rückgaberecht G/9 e wie bei Haustürgeschäften (§§ 312 b ff, 355 BGB idF VerbrKrRiUmsetzG), Grundlage EG-FernabsRi 20. 5. 97 ABlEG L 144/19 ua sowie EG-FernabsFDLRi 23. 9. 02 ABlEG L 271/16, anwendbar auf Fernabsatzdienstleistungen und seit 2004 auch auf Finanzdienstleistungen (s Rn A/4). Erfasst werden danach alle Bankdienstleistungen sowie Dienstleistungen im Zusammenhang mit einer Kreditgewährung wie Verbraucherdarlehensverträge, Darlehensvermittlungsverträge ua, nicht Versicherungen sowie deren Vermittlung (§ 312 b III Nr 3 BGB). Lit: Felke/Jordans WM **04,** 166 (Ri), NJW **05,** 710 (FernabsFDLG).

b) Hochverzinsliche Darlehen sind aber nach § 138 I BGB **sittenwidrig,** G/10 **wenn** zwischen den Leistungen des Darlehensgebers und den durch einseitige Vertragsgestaltung festgelegten Gegenleistungen des Darlehensnehmers (1) objektiv ein **auffälliges Missverhältnis** besteht **und** (2) der Darlehensgeber in Kenntnis oder zumindest leichtfertiger Unkenntnis der auf Grund seiner wirtschaftlichen Überlegenheit für den Darlehensnehmer bestehenden **Zwangslage** diese zu seinem Vorteil **ausnutzt.** Dazu ist (3) eine **Gesamtwürdigung aller Umstände** nötig, stRspr zusammenfassend BGH **80,** 153, **98,** 174, NJW **82,** 2433, 2436, **83,** 2692, **86,** 2568, **87,** 2220, WM **91,** 179 (Kontokorrentkredit).

Wichtigste Bewertungsgrundlage ist dabei ein **Vergleich des effektiven Vertragszinses mit dem marktüblichen Effektivzins,** BGH **110,** 336. Der **Effektivzinssatz** versteht sich samt Auslagen, Inkassogebühren, Bearbeitungsgebühren, Vermittlungsprovision (auch bei eigenem Anspruch des Kreditvermittlers gegen den Darlehensnehmer); Belastungen und Vertragsklauseln für den Verzugsfall, auch wenn sie nach **(5)** §§ 305 ff BGB nichtig sind, BGH **80,** 172, **98,** 177; Umschuldung s unten. Festkredit mit Kapitallebensversicherung ist wie marktüblicher Ratenkredit zu behandeln, BGH **111,** 117. Belastungsmindernd sind dem Kreditnehmer erwachsende Vorteile anzusetzen, BGH **111,** 122, so bei der Kapitallebensversicherung Gewinnbeteiligung und Steuervergünstigungen. Maßgebend sind die von der Bank ausbedungenen Rechte, nicht welche sie idR oder im Einzelfall tatsächlich geltend macht, BGH NJW **82,** 2434.

Der **Marktvergleich** ist mit finanzmathematisch genauer **Methode** vorzunehmen. Bei Kreditlaufzeiten über 48 Monate ist die Uniformmethode zu ungenau, BGH NJW **87,** 2220. Rückgriff auf den von der DBBk ermittelten „Schwerpunktzins" (Durchschnittszins aller, nicht nur der Teilzahlungs-Banken, unterschiedliche Kostenund Risikostruktur der Letzteren wird bei der Frage des „groben" Missverhältnisses berücksichtigt, str) ist angezeigt, BGH **98,** 175, str. Beim Vergleich zwischen Vertragsund Marktzins sind Vermittlerkosten nur bei den Vertragszinsen, nicht auch den

Marktzinsen anzusetzen, BGH **101,** 392, NJW **87,** 181. Die Kosten der Restschuldversicherung sind weder in den Vertrags- noch in den Marktzins einzubeziehen, BGH NJW **88,** 1661, aA Reifner NJW **88,** 1948.
Absolute Zinsobergrenzen bestehen **nicht.** Feste Grenzprozentsätze für Teilzahlungskredite (als stets unwirksam oder stets wirksam) sind schon angesichts der Marktzinsschwankungen mit der stRspr abzulehnen, zB BGH NJW **87,** 182. Damit nicht zu verwechseln sind die in der Rspr geltenden **Richtwerte.** Als kritische Grenze gelten ein **absoluter Zinsunterschied von 12 Prozentpunkten** zwischen Vertrags- und Marktzins (auch in Hochzinsphase), BGH **110,** 336, WM **89,** 1675, oder die **relative Überschreitung des marktüblichen Zinses um 100%** (ohne Berücksichtigung der Erwerbsnebenkosten), BGH **146,** 301, NJW **03,** 2530, **04,** 156, **07,** 3200, **08,** 1588. Diese Richtwerte gelten aber nicht starr, zB mehr als 110% bei langfristigen Ratenkrediten aus Niedrigzinsphase, BGH WM **91,** 216; Sittenwidrigkeit kann aber auch schon zwischen 90–100% anzunehmen sein, BGH **104,** 102. Auch eine **darunter** liegende Überschreitung macht den Teilzahlungs- oder Ratenkreditvertrag zwar nicht schon für sich allein sittenwidrig, aber zusammen mit Umständen, vgl BGH **80,** 153, NJW **87,** 183 (auch bei absolut gesehen niedrigen Zinsen).

G/10a **Finanzielle Überforderung bei Ausnutzung emotionaler Bindung:** Grundsätzlich kann jeder Volljährige ihn finanziell überfordernde Verbindlichkeiten eingehen, die ihn lebenslang auf den pfändungsfreien Teil seiner Einkünfte beschränken; die kreditgewährende Bank handelt, auch wenn sie sich darüber im Klaren ist, noch nicht sittenwidrig, die Rspr zusammenfassend Schimansky WM **02,** 2437. Finanzielle Überforderung kann aber dann sittenwidrig sein, wenn die Bank Dritte unter Ausnutzung ihrer emotionalen Bindung zum Kreditnehmer in die Darlehens(rückzahlungs- und zins)haftung einbindet (im folgenden RsprGrundsätze genannt, hier Rn G/10 a) oder wenn sonstige besondere, der Bank zurechenbare Umstände hinzukommen (s Rn G/10b), stRspr (XI ZS), BGH WM **99,** 1556 (Vorlagebeschluss an GrS, aber Revisionsrücknahme), BGH **146,** 37, **151,** 34, NJW **02,** 744, 746, 2230, **05,** 971, 973; früher abw IX ZS (s 30. Aufl), aber überholt, vgl schon BGH WM **00,** 410 (IX ZS) und Zuständigkeitswechsel zu Bürgschaftsrecht seit 1. 1. 01. Diese RsprGrundsätze tragen der richtig verstandenen Gewährleistung der Privatautonomie Rechnung (Art 2 GG), vgl BVerfG WM **93,** 2199, dazu Schimansky WM **95,** 461, Joswig, Krämer FS Schimansky **99,** 335, 367, Zöllner WM **00,** 1, str, nämlich Pflicht zur Inhaltskontrolle von Verträgen, die einen der beiden Vertragspartner ungewöhnlich stark belasten und das Ergebnis strukturell ungleicher Verhandlungsstärke sind; diese sehr allgemeinen verfassungsrechtlichen Kriterien müssen aber und können auch zivilrechtsdogmatisch präzisiert und praktikabel gemacht werden. Viele streitige Einzelheiten sind mittlerweile in der Rspr des XI ZS geklärt und für die Kreditpraxis kalkulierbar. Lit: Nobbe/Kirchhoff BKR **01,** 05, Schimansky WM **02,** 2437.

(1) Abgrenzung zwischen echten Mitdarlehensnehmern und aus emotionaler Bindung mithaftenden Dritten: Üblicherweise wird zwischen Mitdarlehensnehmern und mithaftenden Dritten unterschieden. Echter Mitdarlehensnehmer ist danach nur, wer erkennbar ein eigenes sachliches und/oder persönliches Interesse an der Kreditaufnahme hat und im Wesentlichen gleichberechtigt über die Auszahlung bzw Verwendung der Darlehensvaluta mitentscheiden darf, bloßer Mithaftender bzw Dritter ist, wer der Bank nicht als gleichberechtigter Darlehensnehmer gegenübersteht, BGH **146,** 37, WM **09,** 646; was der Fall ist, richtet sich aber ausschließlich nach den Verhältnissen auf Seiten der Vertragsgegner der Bank ohne Rücksicht auf Formulierungen im Darlehensvertrag, BGH NJW **02,** 744, 2705. Für echte Mitdarlehensnehmer sprechen unmittelbare, gewichtige, geldwerte Vorteile; nur mittelbare, vor allem emotionale, aber auch geldwerte Vorteile genügen nicht, näher unten (5). Die Unterscheidung als solche hilft deshalb nicht für die Anwendung der RsprGrundsätze, sondern ist eher die Folge der Anwendung derselben; sie bietet nur eine Kurzformel für die Abgrenzungskriterien bei der Beurteilung von Mithaftungserklärungen, Schimansky WM **02,** 2438. Maßgeblich für die Abgrenzung ist der wahre Parteiwille (§§ 133, 157 BGB), Bezeichnung ist nicht entscheidend, BGH WM **05,** 418. Bsp: Kreditfinanzierter Kauf eines gemeinsam zu nutzenden Pkw, BGH WM **04,** 1083, Wassermann WM **04,** 1611, Bankrechtstag 2004. Die Bank muss Mitdarlehensnehmerschaft **beweisen**, der Schuldner sekundär das mangelnde Eigeninteresse darlegen, BGH WM 09, 645. Lit: Schimansky WM 02, 2437, Madaus WM 03, 1705.

(2) **Anwendungsbereich der RsprGrundsätze:** (1) **Auf Darlehensnehmerseite:** Die RsprGrundsätze gelten auf Darlehensnehmer- bzw Mithaftendenseite für Mithaftung und Bürgschaft (nicht: bloße dingliche Haftung des zu finanzierenden Objekts, auch falls Eigenheim, oder sonstige Sicherheitenhingabe; Vollmachtsklauseln, s Rn G/8) von grundsätzlich **allen dem Hauptschuldner persönlich nahe stehenden Sicherungsgebern (Kindern, Ehegatten, Lebenspartnern und Verwandten)** im alleinigen Interesse des Kreditgebers, zB Mithaftung oder Bürgschaft einer Hausfrau für Betriebsmittelkredit des Ehemanns oder dessen Ges. **Nicht Gesellschaft und Geschäftsführer:** Die RsprGrundsätze gelten nicht (keine Ausnutzung emotionaler Verbundenheit) für GmbHGesellschafter und GmbHGeschäftsführer, grundsätzlich selbst bei bloßer Strohmannsfunktion, BGH NJW 02, 956, 1337, HdlBevollmächtigte, die anstelle des Geschäftsführers GmbH leiten, BGH NJW 00, 1179, und Kommanditisten, die für ihre Ges Mithaftung übernehmen oder bürgen, BGH WM 02, 1647, auch bei gemeinnütziger GmbH, BGH WM 02, 923; „maßgebliche" Beteiligung (zB 10%) genügt, anders nur bei unbedeutenden Bagatell- und Splitterbeteiligungen, BGH NJW 03, 967. Sittenwidrigkeit kann aber auch in solchen GfterFällen vorliegen, wenn der Gfter nur Strohmannfunktion hat, die Mithaftung oder Bürgschaft nur aus emotionaler Verbundenheit mit der hinter ihm stehenden Person übernimmt und beides für die kreditgebende Bank evident ist, BGH WM 02, 1647, oder wenn besondere, der Bank zurechenbare Umstände hinzukommen (s Rn G/10 b).
(2) **Auf Darlehensgeberseite:** Gebunden sind durch die Grundsätze der Rspr nicht nur **Kreditinstitute**, sondern auch **andere gewerbliche und berufliche Kreditgeber** (iSv §§ 491 ff BGB), BGH NJW 02, 746; auf private Kreditgeber ausdehnend Brdbg WM 07, 1021, problematisch. Die finanzielle Überforderung muss der Bank bewusst sein; aber das Unterlassen eigener banküblicher bzw zumutbarer Nachforschungen steht gleich.

(3) **Finanzielle Überforderung bei Ausnutzung emotionaler Bindung** des Mithaftenden oder Bürgen ist grundsätzlich **auch ohne Hinzutreten besonders belastender Umstände sittenwidrig.** Das Interesse der Bank am Schutz vor Vermögensverschiebungen schließt dies grundsätzlich nur bei einer ausdrücklichen Beschränkung der Haftung auf den Fall der Vermögensverschiebung aus, BGH **151,** 34, NJW 02, 2230 (Aufgabe von BGH NJW **99,** 58). **Bei krasser finanzieller Überforderung** besteht nach den RsprGrundsätzen eine tatsächliche (widerlegliche) **Vermutung**, dass die Bank die emotionale Beziehung zwischen Hauptschuldner und Mithaftendem sittenwidrig ausgenutzt hat, BGH NJW 02, 745, 746, str. Krasse finanzielle Überforderung ist grundsätzlich dann zu bejahen, wenn der Mithaftende oder Bürge bei Übernahme der Verpflichtung voraussichtlich (Prognose auf Vertragslaufzeit, auch sehr kurze) **nicht einmal in der Lage** sein wird, auch nur die **vertraglich vereinbarten Darlehenszinsen** der Hauptschuld aus dem pfändbaren Teil seines Einkommens oder Vermögens bei Eintritt des Sicherungsfalls dauerhaft zu tragen, BGH NJW 02, 746. Die Überforderung kann auch aus mehreren einzelnen Bürgschaften resultieren, Kln WM 03, 286. Abzustellen ist auf die **Vermögens- und Einkommensverhältnisse allein des Mithaftenden oder Bürgen** (Einzelbetrachtung), nach früherer aA anders bei Ehegatten, nicht mehr BGH WM **00,** 410 (IX ZS). Bei Grundbesitz sind anderweitige dingliche Belastungen zu berücksichtigen. Bei **anderweitigen Sicherheiten** des Gläubigers kommt es darauf an, inwieweit sie das Haftungsrisiko des Mithaftenden oder Bürgen rechtlich gesichert auf ein vertretbares Maß beschränken, was von Beginn an gewährleistet sein muss.

(4) **Maßgeblicher Zeitpunkt** für die Beurteilung der finanziellen Überforderung ist grundsätzlich die Übernahme der Verpflichtung, stRspr, BGH NJW 02, 745, nach aA ist Zukunftsprognose auch auf Zeitpunkt des Eintritts der Fälligkeit der Bürgschaftsschuld zu beziehen, zB bei Schul- und Berufsbildung oder anderen erwerbsrelevanten Fähigkeiten. Später eingetretene Besserung der finanziellen Verhältnisse kann aber vorhersehbar gewesen sein.

(5) **Eigenes wirtschaftliches oder persönliches Interesse** des Mithaftenden oder Bürgen an der Kreditaufnahme kann einen **angemessenen Ausgleich** zur

krassen finanziellen Überforderung bilden und die obige Vermutung widerlegen, s oben (1), (2). Erforderlich ist aber ein **unmittelbarer Vorteil** (XI ZS), zB Miteigentum eines mit den Kreditmitteln zu erwerbenden Grundstücks, BGH **120,** 278, notarieller Entwurf über hälftiges Miteigentum am Objekt, BGH NJW-RR **04,** 337, Beteiligung an dem finanzierten Objekt in nennenswertem Umfang, BGH WM **05,** 421, mitunternehmerische Stellung im Betrieb des Hauptschuldners, aber nur bei rechtlich oder wirtschaftlich hinreichend gesicherter, bedeutsamer Beteiligung am Betrieb und im Wesentlichen gleichberechtigter Entscheidung über die Darlehensverwendung, BGH WM **05,** 971, 973, Dresd WM **03,** 277. **Nicht** ausreichend ist ein bloß **mittelbarer Vorteil** aus dem Kredit des Hauptschuldners, BGH **146,** 37, NJW **05,** 971, zB wirtschaftlich unrealistische Planung eines Betriebs als Existenzgrundlage der ganzen Familie, BGH NJW **05,** 971, Verbesserung des Lebensstandards, höhere Unterhaltsleistung an den mithaftenden bzw bürgenden Ehegatten, so auch BGH WM **00,** 410 (IX ZS), Aussicht auf Arbeitsplatz, auch verantwortlich, im künftigen Betrieb, BGH WM **05,** 421, erhebliche Mitarbeit im Betrieb des Hauptschuldners, Celle WM **08,** 296, Mitwohnen, uU auch aufgedrängte Übernahme eines eigenen Anteils an dem zu finanzierenden Objekt. Mitverpflichtung der Geschäftsführer (Vater und Sohn) neben GmbH ist wirksam, BGH WM **93,** 1504 und oben (2), ebenso Schuldbeitritt von Ehefrau, wenn der Kredit überwiegend für Hausstandsgründung und dem gemeinsamen Interesse dienende Anschaffungen verwandt wird, BGH WM **98,** 2366. Die Beweislast für Eigeninteresse liegt bei der Bank, BGH NJW **02,** 745, Celle WM **04,** 1957.

(6) Rechtsfolgen: Der Darlehensvertrag, der den Dritten finanziell überfordert und ihm unter Ausnutzung seiner emotionalen Verbundenheit gewährt wird, ist sittenwidrig und nichtig (§ 138 BGB). Bei entsprechendem Parteiwillen ist **Teilaufrechterhaltung** der sittenwidrigen Mithaftungsabrede möglich, sofern sich der Vertragsinhalt eindeutig abgrenzbar in den nichtigen Teil und den Rest aufteilen lässt, BGH **146,** 37, WM **09,** 645.

G/10b **Finanzielle Überforderung bei anderen, besonderen, der Bank zurechenbaren Umständen:** In anderen Fällen der finanziellen Überforderung (also ohne Ausnutzung der emotionalen Verbundenheit), die der Bank auch hier bewusst sein muss (s Rn G/10 a (2)), kann bei Bürgschaften von Ehegatten ua die Sittenwidrigkeit des Darlehensvertrags nur bei besonderen, der Bank zurechenbaren Umständen angenommen werden, BGH NJW **02,** 956, WM **02,** 1647 (Nachweise unter III 3), zB Arbeitnehmerbürgschaft bei sonst sofortigem Arbeitsplatzverlust, BGH **156,** 302, Seifert NJW **04,** 1707; Überrumpelung in der ehelichen Wohnung, Appell an eheliche Verbundenheit, Bagatellisierung der Unterschrift ua, BGH **120,** 272, **135,** 66, WM **98,** 2366 (iErg abl), Ausnutzung der geschäftlichen Unerfahrenheit, BGH WM **97,** 512, Beeinträchtigung der freien Entscheidung durch Irreführung, BGH WM **98,** 240, Schaffung einer seelischen Zwangslage, BGH WM **97,** 512, oder Ausübung unzulässigen Drucks, BGH WM **96,** 592, **98,** 240. Lit: Grundlegend Nobbe/Kirchhof BKR **01,** 5 (Vorbereitung für GrS, aber Rücknahme der Revision, s Rn G/10 a), Schimansky WM **02,** 2437.

G/10c **Zinsanpassung** bei noch wirksamem Geschäft unterliegt der Kontrolle nach § 315 BGB, BGH WM **91,** 179. **Bestätigung** des sittenwidrigen Geschäfts (§ 141 BGB) ist trotz Wegfalls entsprechender Umstände idR unwirksam, es sei denn das neue Geschäft ist insgesamt nicht sittenwidrig, BGH NJW **82,** 1981. Sittenwidrigkeit des alten Geschäfts führt bei **Umschuldung** und Folgekreditvertrag nicht ohne weiteres zur Sittenwidrigkeit auch des für sich nicht sittenwidrigen neuen, aber zur Vertragsanpassung, BGH **99,** 333, WM **87,** 463, **88,** 184, NJW **88,** 818; Prüfungspflicht bei externer Umschuldung, BGH WM **90,** 534; Zusatzkredit, BGH WM **90,** 625; Canaris WM **86,** 1413, Scholz WM **87,** 711, Münstermann WM **87,** 745. Zur **subjektiven Tatbestandsseite** gilt zugunsten von Verbrauchern eine widerlegbare Vermutung, BGH **98,** 178.

Ist Sittenwidrigkeit zu verneinen, kann die Bank doch mangels **Aufklärung** über die speziellen Nachteile und Risiken der Vertragsbindung (§ 347 HGB Rn 8 ff) schadensersatzpflichtig sein, BGH **111,** 117, WM **89,** 665 (Festkredit mit Kapitallebensversicherung), WM **91,** 179 je nachdem auch Hinweispflicht der Bank bei **Schuldmitübernahme** auf finanzielle Überforderung, falls nicht schon § 138 BGB

V. Bankgeschäfte (m. Börsen- u. KapMR) G/11–G/15 **BankGesch** (7)

eingreift, aA oder zumindest zu weit gefasst BGH WM **90,** 59. Hinweis auf allgemeine Lebensrisiken s Rn G/8.

C. **Bereicherungsausgleich** bei Nichtigkeit des Vertrags (Rn G/6 ff) erfolgt nach G/11 §§ 812 ff BGB. Das soll auch für schon 1978 vor Änderung der Rspr voll abgewickelte Altverträge gelten, BGH NJW **83,** 2692, Nüssgens FS Stimpel **85,** 15, Reifner/ Siederer NJW **84,** 2313, Bunte NJW **85,** 705; kein Verfassungsverstoß, BVerfG NJW **84,** 2345. Die Ausnutzung eines **rechtskräftigen Vollstreckungstitels** kann gegen § 826 BGB verstoßen, BGH **101,** 380, WM **90,** 391, 393, jedoch nach BGH **112,** 54 nicht schon, wenn der Gläubiger mehr erhält, als ihm an sich zustünde, aA Hopt/ Mülbert § 607 Rn 319. Voraussetzung für § 812 BGB ist, dass der Kunde auf Kosten der Bank **etwas erlangt** hat. Der Kreditnehmer hat nichts erlangt, wenn die Valuta direkt an einen jetzt vermögenslosen Dritten zur Finanzierung eines gleichfalls nichtigen Vertrags bezahlt wurde, BGH **71,** 358 (Golden Products), ebenso wenn er den Verrechnungsscheck der Bank an den Dritten weitergibt, BGH NJW **78,** 2145, **79,** 1595, ebenso wenn sein nach RBerG nicht wirksam bevollmächtigter Vertreter Auszahlung der Darlehensvaluta an Dritte anweist, BGH WM **07,** 733; die Bank muss ihrerseits an sie geleistete Raten zurückzahlen, soweit der Kunde nicht selbst ungerechtfertigt bereichert ist, BGH NJW **79,** 1598. Die Ehefrau hat nichts erlangt, wenn das gemeinsame Darlehen (in ihrem Einverständnis) auf das Konto des Ehemanns ausbezahlt wurde und sie darüber keine Verfügungsmacht hatte, BGH NJW **82,** 2436 m Anm Berkenbrock BB **83,** 278. Ist das Darlehen auf das Konto des Ehemanns ausbezahlt und dort von der verfügungsberechtigten Ehefrau verbraucht worden, haftet der Ehemann nach §§ 812, 818 IV, 819, 166 BGB, BGH **83,** 298; krit Wilhelm AcP 183 **(83)** 1.

Der Bereicherungsanspruch geht nach seinem **Umfang** auf Rückzahlung des Kapi- G/12 tals, aber erst nach Ablauf der in dem unwirksamen Vertrag vorgesehenen Laufzeit, BGH NJW **79,** 209 und auf Rückzahlung sämtlicher Kreditzinsen, Gebühren und der an Vermittler geflossenen Beträge, BGH WM **83,** 951, **91,** 624. Der Bereicherungsanspruch umfasst auch einen Teil der Restschuldversicherungsprämie, und zwar idR die Hälfte (Schätzung nach § 287 II ZPO), ferner Vorschusszahlungen auf Geschäftsanteile bei Kreditgenossenschaft, BGH NJW **83,** 1422, 2693. Zahlungen des Restschuldversicherers an die Bank mindern ihren Bereicherungsanspruch, KG NJW **83,** 291. Wertersatz für gezogene Nutzung (§ 818 II BGB) scheitert an § 817 S 2 BGB, BGH NJW **83,** 1422, 2696, aA üL: für kapitalmarktorientierten Zins, s Bunte NJW **83,** 2676. Jedenfalls erstreckt sich der Bereicherungsanspruch nicht auf den mit dem Darlehen rechtsgeschäftlich erlangten Gegenwert, zB Wohnung, seine Nutzung und Gewinn aus seinem Verkauf, BGH NJW **83,** 868, **84,** 230, WM **07,** 731 (anders bei Schadensersatz, Rn G/47).

Bürgschaft erstreckt sich je nach Ausgestaltung auch auf Bereicherungsanspruch G/13 nach nichtigem Darlehen (Rspr s § 349 HGB Rn 4). Lit: zur Rückabwicklung Hopt/ Mülbert § 607 Rn 312; Canaris WM **81,** 978, Hübner ZIP **84,** 1175, Lass WM **97,** 145, Rösler/Wimmer WM **00,** 164.

D. **Kündigung:** Für Leistungsstörungen gelten die allgemeinen Regeln (§§ 320 ff G/14 BGB), jedoch wie bei allen Dauerschuldverhältnissen mit dem Recht zur fristlosen Kündigung statt Rücktritt. Dasselbe gilt für die Beendigung. Diese richtet sich zunächst nach den Parteiabreden, zB fester Termin, Kündigungsfrist, Verfallklausel. Kein dauernder Ausschluss der ordentlichen Kündigung eines unbefristeten Darlehens, BGH WM **80,** 381. Bei unerlaubter Kontoüberziehung (s (8) AGB-Banken Nr 12 Rn 2) ist keine Kündigung nötig; die Bank hat Anspruch auf sofortige Rückzahlung, BGH **73,** 209.

Bei jeder Kündigung ist die **Trennung von Krediteröffnungsvertrag und ein-** G/15 **zelnen Kreditgeschäften** (s Rn G/2) zu beachten und genau zu unterscheiden, ob der gesamte Krediteröffnungsvertrag oder nur innerhalb dieses Rahmens der Einzelne (Darlehens-)Vertrag beendet wird (s auch (8) AGB-Banken Nr 19 Rn 9); Leistungsstörung und Kündigung im einen Verhältnis bedeuten nicht notwendig dasselbe auch im anderen Verhältnis, zB Kündigung des Krediteröffnungsvertrages bei Belassung des

(7) BankGesch G/16–G/19

gewährten Darlehens bis zum Ende der für dieses vereinbarten Laufzeit. Lit: Hopt/ Mülbert 269. Zur vorzeitigen Beendigung Rösler/Wimmer WM **00,** 164.

G/16   **a) Ordentliche Kündigung,** ist mangels besonderer, auch stillschweigender Vereinbarung (so zB bei auf bestimmte Dauer angelegtem Darlehenszweck, etwa Sanierungsdarlehen, BGH NJW **04,** 3780, 3782) jederzeit möglich (s **(8)** AGB-Banken Nr 18 I, 19 II), BGH WM **83,** 1038, Kln NJW **01,** 452; das Verbot der Kündigung zur Unzeit gilt auch hier (§§ 627 II, 671 II, 675 I iVm § 671 II BGB analog), aber ohne Unwirksamkeitsfolge für die Kündigung, BGH NJW **03,** 2676, vgl auch BGH WM **84,** 586 (Vorankündigung). Grenzen können aus einer Pflicht zu Rücksichtnahme (§ 242 BGB) folgen, BGH WM **77,** 835 (langjähriges Baudarlehen), NJW **81,** 1364, WM **87,** 921 (Verknüpfung mit langfristiger Lebensversicherung), Hamm WM **85,** 1411. Eine allgemeine Pflicht zur Abmahnung besteht aber nicht, Ffm WM **92,** 1018, das folgt aber nicht erst aus AGB. Grundsätzlich bestehen jedoch keine Rechtspflichten der Bank zur Kreditbelassung und Sanierung außer bei entspr vertraglicher Zusage, Düss WM **89,** 1838 (ausführlich), Ffm WM **92,** 1018, auch nicht zur Deckung eines kurzfristigen Liquiditätsbedarfs und bei Sicherheitsstellung, Zweibr WM **84,** 1635; Hopt ZHR 143 **(79)** 139, K. Schmidt WM **83,** 492, Berger FS Westermann **08,** 109 u BKR **09,** 45, strenger Canaris ZHR 143 **(79)** 113.

G/17   **b) Ordentliche Kündigung nach § 489:** § 489 idF SMG entspricht bis auf geringfügige redaktionelle Änderungen dem § 609 aF BGB, der seinerseits § 247 aF BGB (Altfälle bis 31. 12. 86) abgelöst hat, nunmehr idF VerbrKrRiUmsetzG. Lit: Hopt/Mülbert WM Sonderbeil 3/**90,** Komm zum BGB.

G/18   **c) Außerordentliche Kündigung,** idR fristlos, ist wie bei allen Dauerschuldverhältnissen (§ 314 BGB) bei wichtigem Grund möglich; s **(8)** AGB-Banken Nr 18 II, 19 III nF 1. 4. 02, zum Spezialfall des § 490 BGB s Rn G/19. Einschränkungen beim Verbraucherdarlehensvertrag in § 498 BGB. **Wichtiger Grund** ist zB unmittelbar drohende Gefahr der Zahlungsunfähigkeit, BGH NJW **03,** 2674; mangelnde Sicherung; schuldhafte Verschlechterung einer vom Darlehensschuldner gestellten Sicherheit (§ 490 I BGB, s Rn G/19, ist insofern nicht lex specialis); bei Sanierungsdarlehen wesentliche Verschlechterung, sodass Sanierung als nicht mehr aussichtsreich erscheint, BGH NJW **04,** 3782; Zahlungsverzug mit mindestens zwei aufeinanderfolgenden Raten, BGH WM **95,** 362 (AGB-Kontrolle), auch dann aber Grenze aus § 242 BGB, Schlesw ZIP **06,** 1339 (3 Raten, aber Rückstand von nur 1,7%). Zins- oder Tilgungsverzug und dadurch ausgelöster Eigenbedarf des Gläubigers; beharrliche Nichtvorlage der Kreditunterlagen nach § 18 KWG, jedenfalls bei Kündigungsandrohung, BGH WM **94,** 838; Verschweigen von Zwangsvollstreckung, auch ungefragt, Saarbr WM **06,** 2251. Entscheidend sind aber immer Gesamtwürdigung und Interessenabwägung, BGH NJW **86,** 1928. Bestreiten des Anspruchs und Verweigerung der fälligen Ratenzahlungen aus erwägenswerten rechtlichen Zweifeln durch offenbar vertragstreuen Darlehensschuldner sind kein wichtiger Grund, der Gläubiger kann auf Feststellung oder wegen Besorgnis nicht rechtzeitiger Leistung (§§ 256, 259 ZPO) klagen, BGH NJW **81,** 1666. Nachschieben von Kündigungsgründen ist zulässig, auch wenn vorher schon bekannt; entscheidend ist allein Vorliegen im Zeitpunkt der Kündigung; BGH WM **85,** 1493. Ausnahmsweise ist auch vor der außerordentlichen Kündigung Abmahnung nötig, zB wenn der Kunde an der Mißbilligung der Kontoüberziehung durch die Bank zweifeln kann, BGH NJW **78,** 947, BB **80,** 698; Schneider JR **78,** 416. Außerordentliche Kündigung nur innerhalb angemessener Frist, BGH WM **80,** 381, **83,** 753. Verhältnis der außerordentlichen Kündigung zur Störung der Geschäftsgrundlage, BGH **133,** 320, WM **80,** 380, Siol FS Hadding **04,** 1156.

G/19   **d) Außerordentliche Kündigung nach § 490 I, II BGB: § 490 I BGB** idF SMG (mit erheblicher Änderung zu § 610 aF BGB) gibt dem Darlehensgeber ein außerordentliches Kündigungsrecht (früher Widerrufsrecht), das eine besondere Ausformung von § 314 BGB ist und im Übrigen § 313 BGB (Störung der Geschäftsgrundlage) und § 314 BGB (s Rn G/18) unberührt lässt (§ 490 III BGB). Die Kündigung nach § 490 I BGB ist vor Auszahlung des Darlehens stets, nach Auszahlung nur in der Regel möglich (früher nicht mehr nach Auszahlung, BGH WM **59,** 665), aber Mülbert WM **02,** 474: auch nach Auszahlung iErg stets. § 490 I BGB setzt voraus,

V. Bankgeschäfte (m. Börsen- u. KapMR) G/19a–G/21 **BankGesch** (7)

dass in den Vermögensverhältnissen des Darlehensnehmers oder in der Werthaltigkeit einer für das Darlehen gestellten Sicherheit eine wesentliche Verschlechterung eintritt oder einzutreten droht, die die Rückzahlung des Darlehens, auch unter Verwertung der Sicherheit, gefährdet. Gefährdung iSv § 490 I BGB ist uU zu bejahen, wenn sich die bisherige Finanzplanung des Kunden als unzuverlässig erweist, BGH WM **60,** 576. Gefährdung muss nach § 490 I BGB auch unter Verwertung der Sicherheit bestehen. Denn bei einer werthaltigen Sicherheit ist auch der schuldrechtliche Sicherheitenfreigabeanspruch des Darlehensnehmers Vollstreckungsobjekt. Der Darlehensgeber soll aber durch § 490 I BGB nicht gezwungen werden, immer zuerst eine von einem Dritten bestellte Sicherheit wie Bürgschaften oder Grundpfandrechte zu verwerten, Sonnenhol WM **02,** 1265, vgl Kln WM **03,** 280, wohl aA Mülbert WM **02,** 474. Die Sicherheit muss aber das volle Kreditrisiko abdecken, die Bewertung kann zeitaufwändig und schwierig sein (aber idR Zerschlagungswert). Die Berücksichtigung von Sicherheiten ist abdingbar, auch durch AGB, Mülbert WM **02,** 474, aA Siol FS Hadding **04,** 1163 (vgl Rn G/19a). Wenn Insolvenzantrag gestellt ist, kann auch eine ausreichend gesicherte Bank fristlos kündigen. Lit: Hopt/Mülbert § 610, Freitag WM **01,** 2372, Wittig/Wittig WM **02,** 148, Mülbert WM **02,** 473, Sonnenhol WM **02,** 1264, Siol FS Hadding **04,** 1164.

§ 490 II BGB idF VerbrKrRiUmsetzG gibt dem Darlehensnehmer ein außerordentliches Kündigungsrecht bei einem durch Grund- oder Schiffspfandrecht gesicherten Darlehen mit einem gebundenen Sollzinsatz (§ 489 V BGB idF VerbrKrRiUmsetzG). § 490 II BGB ist in besonders geregelter Fall der Vertragsanpassung (vgl § 313 BGB), Mülbert WM **02,** 475, str. Das Kündigungsrecht besteht nur, wenn die berechtigten Interessen des Darlehensnehmers dies gebieten, so insbesondere (also nicht nur) bei Bedürfnis nach anderweitiger Verwertung der beliehenen Sache (§ 490 II 2 BGB). In diesem Fall hat der Darlehensnehmer dem Kreditgeber jedoch den (vollen, nicht mehr nur angemessenen) Kündigungsschaden zu ersetzen (**Vorfälligkeitsentschädigung,** § 490 III 3 BGB). § 490 II BGB entspricht dogmatisch verändert der Rspr, BGH **136,** 161. Ein Bedürfnis nach anderweitiger Verwertung ist auch unter II 2 anzunehmen, zB bei beabsichtigter Veräußerung des belasteten Grundstücks auch aus privaten Gründen, auch wegen günstiger Verkaufsgelegenheit, BGH **136,** 161, auch wenn der Darlehensnehmer das beliehene Objekt zur Absicherung eines beim Darlehensgeber nicht erhältlichen umfangreicheren Kredits benötigt, BGH WM **97,** 1799, zum Zwecke der Umschuldung, wenn das Beleihungsobjekt sonst nicht gehalten werden könnte, Naumbg ZIP **07,** 1900. Keine Vorfälligkeitsentschädigung bei zulässigem Sicherheitenaustausch, BGH **158,** 11. Schadensberechnung sowohl nach der Aktiv-Aktiv-Methode als nach der Aktiv-Passiv-Methode, BGH **136,** 168, **146,** 10, Berechnung der Vorfälligkeitsentschädigung nach der Bundesbankstatistik, BGH **161,** 196, näher Rösler/Wimmer WM **00,** 164, v Heymann/Rösler ZIP **01,** 441. § 490 II BGB lässt §§ 313, 314 BGB unberührt (s oben). § 490 II BGB ist dispositiv (vgl §§ 489 IV, 506 BGB), aA Siol FS Hadding **04,** 1167, aber Grenzen bei Parteiabreden über Vorfälligkeitsentschädigung (§ 490 II 3 BGB) und für AGB bei Verbrauchern (§ 13 BGB) und Existenzgründern (§ 512 BGB). Lit: Freitag WM **01,** 2376, Wittig/Wittig WM **02,** 149, Mülbert WM **02,** 475, Becher/Lauterbach WM **04,** 1163, Wimmer/Rösler WM **05,** 1873, Freitag ZIP **08,** 1102 (VerbraucherkreditRi), Ady/Paetz WM **09,** 1061 (RegE Umsetzungsgesetz). G/19a

3) Rechtsprobleme besonderer Geldkreditgeschäfte

A. **Kontokorrentkredit** ist die häufigste Form von Geldkredit. Der Kreditnehmer unterhält bei der Bank ein Einlagenkonto (Kontokorrentkonto), das er bis zu einem bestimmten Kreditrahmen überziehen darf. Die Überziehungen können beliebig häufig sein (**revolvierender Kredit,** s Rn G/3). Beim Kontokorrentkredit liegen ein Krediteröffnungsvertrag und ein Girovertrag (s Rn G/2, C/3) vor; außerdem sind grundsätzlich §§ 355–357 HGB anwendbar (s dort). Kontokorrentkredit s Hopt/Mülbert 288, Canaris WM Sonderbeil 4/**87,** K. Schmidt FS Claussen **97,** 483. G/20

B. **Lombardkredit** ist ein Gelddarlehen, das durch Verpfändung oder Sicherungsübereignung bzw Sicherungszession beweglicher Sachen oder Rechte gesichert ist (enger § 19 I Nr 3 aF BBankG: verzinsliche Darlehen gegen Pfänder). Der Lombard- G/21 kredit ist also (dinglich gesicherter) Realkredit (aber nicht Immobiliarkredit) im Gegensatz zum (nur durch Personen gesicherten) Personalkredit. Als Pfänder sind vor allem Effekten wichtig (Effektenlombard). Die Lombardsätze (Sollzinsen bei Lombardkreditgewährung) der DBBk sind für die Banken rechtlich nicht bindend, aber praktisch richtungsweisend. Lit: Brand 1968 (Effektenlombard), Hopt/Mülbert 305.

G/22   C. **Hypothekenbankkredit** ist ein normaler, durch Hypotheken, Grundschulden oder die volle Gewährleistung einer inländischen Körperschaft oder Anstalt des öffentlichen Rechts gesichertes Darlehen einer privatrechtlichen Hypothekenbank, Schiffsbank oder öffentlichrechtlichen Kreditanstalt. Frühere Sonderregelungen (HypBG, SchiffsBG ua) sind aufgeh; s jetzt §§ 12 ff, 20, 21 ff PfandBG.

G/23   Beim **Pfandbriefdarlehen** wird der Hypothekenbankkredit ausnahmsweise statt in Geld in Hypothekenpfandbriefen der Bank gewährt; der Kreditnehmer kann dann nach seiner Wahl in Geld oder in Hypothekenpfandbriefen zu ihrem Nennwert zurückzahlen. Pfandbriefumlauf und Darlehensgewährung bzw Hypothekenstock müssen sich entsprechen (Grundsatz der Deckungskongruenz, § 4 PfandBG). Reform des Pfandbriefrechts durch PfandBG 2005 (Wegfall des Spezialbankprinzips, Neuordnung des Deckungssystems, Risikomanagement). Lit: Hopt/Mülbert 313, Frank/Glatzl WM **05**, 1681, Koppmann WM **06**, 305.

G/24   D. **Schuldscheindarlehen** sind Kredite von Kapitalsammelstellen, die typischerweise durch Vermittlung eines Finanzmaklers (s auch § 93 HGB Rn 5 über Darlehensvermittler) oder einer Bank zustande kommen, von dieser bei Großanlegern (Kapitalgeber) plaziert werden, langfristig an kapitalsuchende Unternehmen und öffentliche Hände gegeben werden und idR besonders gesichert sind (Grundschulden, Treuhänder). Die Vertragsgestaltungen sind unterschiedlich; meist liegt zunächst ein Darlehen zwischen Bank und Kreditnehmer vor; in die Stellung der Bank rücken später die endgültigen Kreditgeber ein (§§ 398, 404 BGB; vgl § 405 BGB). Der Schuldschein hat idR bloße Beweisfunktion (§§ 371, 952 BGB). Lit: Hopt/Mülbert 318.

4) Rechtsprobleme der Akzeptkreditgeschäfte

G/25   A. **Akzeptkredit:** Der Akzeptkredit ist im Gegensatz zum Geldkredit (s Rn G/20–24) bloßer Haftungskredit. Die Bank akzeptiert den vom Kreditnehmer auf sie gezogenen Wechsel und schafft durch diese wechselmäßige Haftung die Grundlage für die Kreditaufnahme des Kunden; dieser muss rechtzeitig vor Verfall des Wechsels Deckung beschaffen, so dass die Bank nicht effektiv zahlen muss. Je nach den Umständen des Falls, der Vertragsgestaltung und dem Einsatz eigener oder fremder Mittel der Bank liegt entweder Geschäftsbesorgung (§§ 675 I, 631 BGB) oder Darlehen (§ 488 BGB) vor, BGH **19**, 288, WM **60**, 608. Ersteres ist gegeben, wenn es Sache des Kunden ist, sich auf Grund des Akzepts den Geldkredit zu beschaffen, oder die Bank auf Rechnung und Gefahr des Kunden den Fremddiskont besorgt, BGH **19**, 288, BankrechtsHdb/Peters § 65 Rn 17 f; hL. Darlehen liegt vor, wenn die Bank den Geldkredit aus eigenen Mitteln gewährt (Eigendiskont) oder sich von vornherein auf eigene Rechnung und Gefahr Fremddiskont besorgt. Meist liegt ein Krediteröffnungsvertrag vor (s Rn G/2), Akzeptkredit kann revolvierend sein. Der Anspruch auf Erteilung des Akzepts und ggf Aushändigung des Wechsels zur eigenen Weitergabe bzw der Diskontsumme ist abtretbar außer im Fall des § 399 BGB (zu diesem s § 354 a HGB), BGH WM **70**, 1095. Die Bank hat (auch bei Darlehen) Anspruch auf Akzeptprovision (nach Vereinbarung, sonst § 354 HGB) sowie auf rechtzeitige Anschaffung der Deckung. Beim bloßen Haftungskredit hat die Bank Anspruch auf Freistellung und Aufwendungsersatz (Revalierung, §§ 675 I, 669, 670 BGB), aber nur wenn sie tatsächlich Aufwendungen hat, nicht wenn das Akzept nicht vorgelegt wird, BGH **19**, 291, KG WM **56**, 1554. Bei Darlehen besteht Anspruch auf Rückzahlung auf jeden Fall unabhängig von der Akzeptvorlegung. Kein Anspruch des Kunden gegen die Bank aus dem Wechsel nach Art 28 WG, denn der Wechsel dient dem Kunden zur Geldbeschaffung (Einwand des Akzeptkreditgeschäfts). Lit: Hopt/Mülbert 333, BankrechtsHdb/Peters 3. Aufl 2007 § 65 Rn 16 ff.

V. Bankgeschäfte (m. Börsen- u. KapMR.)   G/26–G/30 **BankGesch** (7)

B. Remburskredit: Der Remburskredit ist eine besondere Form des Akzeptkre- **G/26** dits im Außenhandel und deshalb rechtlich wie dieser (s Rn G/25) zu behandeln, BankrechtsHdb/Peters § 65 Rn 21, vgl BGH **LM** § 675 BGB Nr 25. Er ist idR mit einem Akkreditiv gekoppelt, dann steht Akkreditivrecht (s Rn K/1 ff) im Vordergrund. Zugrunde liegt zB ein Kauf zwischen Exporteur (Verkäufer) und Importeur (Käufer). Remburskreditgeberin ist idR eine vom Käufer bzw seiner Bank zum Akzept des vom Verkäufer ausgestellten Wechsels beauftragte Bank (Remboursbank). Der Verkäufer erhält gegen den Wechsel und die Übergabe der Verladedokumente (Konnossement mit Begleitpapieren) den Diskonterlös von seiner ausländischen (Haus-)Bank (Negoziierung); diese reicht den Wechsel samt Dokumenten zum Akzept an die Remboursbank weiter und refinanziert sich durch Rediskontierung des Akzepts. Der Remburskredit wird dem Käufer eingeräumt, der sich bis zu Verfall und Revalierung des Wechsels durch Weiterverkauf der Importware refinanzieren kann. Rechtlich sind der isolierte Remburskredit und der Remburskredit mit Akkreditiv zu unterscheiden. Beim ersteren gelten grundsätzlich die Regeln für den Akzeptkredit (s Rn G/25); diese werden beim letzteren durch Akkreditivrecht überlagert. Zwischen dem Käufer und der Bank liegt also wie beim Akkreditiv (s Rn K/1 ff) ein Geschäftsbesorgungsvertrag nach §§ 675 I, 631 BGB vor; bei Einschaltung einer dritten, idR ausländischen Bank kommt ein weiterer Geschäftsbesorgungsvertrag nach §§ 675 I, 631 BGB zwischen den beiden Banken hinzu. Zwischen Remboursbank und Verkäufer besteht nach Bestätigung des Akkreditivs (bestätigter Remburskredit) ein abstraktes Schuldversprechen nach § 780 BGB bzw die aus Akzept folgende rechtliche Beziehung (vgl für das Akkreditiv Rn K/10–24). Lit: Hopt/Mülbert 361, BankrechtsHdb/Peters 3. Aufl 2007 § 65 Rn 21 ff, s auch vor Rn K/1 (Außenhandelsfinanzierung).

C. Avalkredit: Der Avalkredit ist wie der Akzeptkredit ein bloßer Haftungskredit. **G/27** Die Bank übernimmt gegen Zahlung einer Avalprovision durch den Kunden die Bürgschaft gegenüber dessen Gläubiger. Das kann durch Wechselbürgschaft (Art 30 ff WG, streng zu unterscheiden von Bürgschaft nach §§ 765 ff BGB) oder in der Praxis häufiger durch Indossierung geschehen. Der Avalkreditvertrag (Innenverhältnis) ist streng von dem Bürgschaftsvertrag (Außenverhältnis) zu trennen. Er ist kein Vertrag zugunsten Dritter (des Gläubigers), BGH WM **84,** 768. Lit: BankrechtsHdb/Peters 3. Aufl 2007 § 65 Rn 29.

5) Haftung der Bank bei Kreditvergabe

A. **Haftung gegenüber dem Kreditnehmer: a)** Eine Haftung aus **Kreditversa-** **G/28** **gung** gibt es mangels Abschlusszwangs im deutschen Recht nicht; die Ausnahmen, zB § 826 BGB, § 20 GWB (Einl 7 vor § 343 HGB), spielen für das Kreditgeschäft keine Rolle (Ermessen bei Beurteilung der Kreditwürdigkeit). Möglich ist aber Haftung der Bank nach §§ 280, 311 II BGB aus Verschulden bei Vertragsverhandlungen auf das negative Interesse, wenn der Kunde ausnahmsweise auf den Abschluss vertrauen durfte, nicht schon wegen Hausbankstellung, nicht wenn er falsche (auch für den Abschluss letztlich nicht maßgebliche) Angaben machte, dann zumindest Mitverschulden, BGH WM **60,** 433, **62,** 347. Bei vorangegangener Duldung von Kontoüberziehungen (Überziehungskredit, vgl für Verbraucherverträge: geduldete Überziehung, § 505 BGB idF VerbrKrRiUmsetzG, s **(8)** AGB-Banken Nr 12 Rn 2) können Hinweis- und Warnpflichten der Bank bestehen, aber keine Erfüllungshaftung, Ausnahmen nach § 242 BGB nur in ganz atypischen Fällen, Hopt ZHR 143 **(79)** 159, Saarbr WM **88,** 1227 (Versicherungserstprämie), entspr bei Scheckeinlösung (s Rn E/1). Lit: Voglis 2001.

b) Haftung bei Kreditvergabe s Rn A/25 (Aufklärungspflichtverletzung, Ein- **G/29** wendungsdurchgriff, Projekt- und Immobilienfinanzierung). Haftung aus **Kreditkündigung** ist bei Pflichtverletzung möglich, zB bei unberechtigtem vorzeitigem Entzug des Kredits, s Rn G/14–15, Schaden kann auch vor Sicherheitenverwertung durch die Bank entstehen, str, entgangener Gewinn (§ 252 BGB), für Insolvenz str, Hopt/ Mülbert § 609 Rn 141 ff, aA Kln WM **85,** 1131; Haftung aus **Knebelung** s Rn H/3.

B. Haftung gegenüber Dritten: a) Haftung aus **Kreditversagung** ist nur aus- **G/30** nahmsweise denkbar, wenn der Dritte auf die Kreditgewährung vertrauen konnte (Vertrauenshaftung); zur Patronatserklärung s § 349 HGB Rn 22.

Hopt   1845

(7) BankGesch G/31–G/33 2. Handelsrechtl. Nebengesetze

G/31 **b)** Haftung aus **Kreditbelassung** ist häufiger (§§ 138, 826 BGB), zB **Insolvenzverschleppung,** Kredittäuschung, Gläubigerbenachteiligung (alle drei Fallgruppen ineinander übergehend) durch die selbst voll abgesicherte Bank, RG **136,** 253, 296, **143,** 51, BGH **10,** 233, **75,** 114, **90,** 399, NJW **55,** 1272, WM **64,** 671, **65,** 475, **70,** 400, NJW **70,** 658, **84,** 728, 1900, **86,** 837, **01,** 2632 (Lastschriftmanipulation). Ebenso bei eigennütziger Veranlassung des Schuldners zur bewussten Hinauszögerung des Insolvenzantrags, BGH **162,** 143. Dabei ist für § 826 BGB mindestens bedingter Vorsatz nötig, stRspr, aA Mertens ZHR 143 **(79)** 182. Geltendmachung des Gesamtgläubigerschadens in der Insolvenz durch Insolvenzverwalter (§ 92 InsO), K. Schmidt ZGR **96,** 209.

G/32 Sinnvolle **Sanierungsversuche,** die nach sorgfältiger Prüfung der Erfolgsaussichten dauerhafte Rettung als realistisch erscheinen lassen, machen auch bei Fehlschlag nicht haftbar, BGH **10,** 228, **75,** 110 (Herstatt), **96,** 231 (BuM), NJW **84,** 1900, **92,** 3174. Erforderlich ist nach einer knappen Überlegungsfrist Aufstellung eines Sanierungsplanes idR unter Heranziehung eines Wirtschaftsprüfers und Ablaufüberwachung, dagegen nicht Offenlegung der Sanierung (Verfahrenspflichten). § 826 BGB schützt bei Missbrauch einer Kapitalerhöhung als Mittel zur Insolvenzverschleppung die Erwerber der Neuaktien, aber nicht die Käufer von Altaktien, die Dritten während der Verschleppungszeit einen überhöhten Preis bezahlen, BGH **96,** 231. Außergerichtlicher Sanierungsvergleich, BGH **116,** 319 (Gefahrengemeinschaft und § 242 BGB abl, iErg sehr problematisch). Zahlungsunfähigkeit tritt erst mit der nach außen verlautbarten Kreditverweigerung der Bank ein, BGH **118,** 171. Kooperationspflichten der Gfter s § 109 HGB Rn 27, der Gläubiger Eidenmüller ZHR 160 **(96)** 343. Sanierungsprivileg §§ 39 IV 2, 135 IV InsO. Sanierungskredite im Insolvenzplan s § 264 InsO. Arbeitsrecht s § 59 Rn 43. Lit: BankrechtsHdb/Stodolkowitz/Kleindiek § 84 (kapitalersetzende Darlehen), BankrechtsHdb/Häuser § 85 (Sanierungsdarlehen), K. Schmidt/Uhlenbruck 4. Aufl 2009 (GmbH); BuB/Früh § 3/161a ff, Eidenmüller 1999, Engert 2005, Ferschen 2008 (Prüfungspflicht der Bank), Hess, SanierungsHdb, 4. Aufl 2009; Westermann, Brandner, von Rottenburg, ZHR 153 **(89)** 123, 147, 162, Häuser, Köndgen, Bankrechtstag **94,** 75, 141, Wittig FS Uhlenbruck **00,** 685, Obermüller ZInsO **02,** 97, Theewen BKR **03,** 141, Schäffler BB **06,** 56, Smid WM **07,** 1589 (Haftung), Westpfahl/Janjuah ZIP Sonderbeil 1/**08** (Reform).

6) Neue Finanzinstrumente

G/33 Das Kreditgeschäft vor allem an den internationalen Finanzmärkten ist im Umbruch. Kreditbuchforderungen werden während ihrer Laufzeit verbrieft oder sonst handelbar gemacht (sog securitization, von engl security = Wertpapier). Wirtschaftlich wird die Bank dabei zum Vermittler, der Anleger zum eigentlichen Kreditgeber. Rechtlich sind die Gestaltungen der neuen Finanzinstrumente sehr unterschiedlich: zB **TLF** (Transferable Loan Facilities; teils als übertragbare Schuldverschreibungen bezüglich der Rechte aus dem Kreditvertrag, teils Handelbarkeit durch Vertragsgestaltung); Absicherungsfazilitäten wie **NIF** (Note Issuance Facilities, Plazierungsgarantie einer Bank für Euronotes), **RUF** (Revolving Underwriting Facilities, zwecks fristenkongruenter Refinanzierung der üblichen Rolloverkredite am Euromarkt); Absicherung revolvierender Euronotesemissionen durch Bank. Refinanzierung der Banken zB durch **CD** (Certificates of Deposit, Festgeldzertifikate, Teilschuldverschreibung mit kurzen Laufzeiten), **FRN** (Floating Rate Notes, längerfristige Schuldverschreibungen mit Zinsanpassungsklausel), Währungs- und Zinss**waps** (dabei werden Zins- und der Kapitalverpflichtungen zu heute schon festgelegten Bedingungen ausgetauscht; s Rn N/1). Im Zuge der Finanzkrise sind die **CDS** (Credit Default Swaps) in Verruf geraten (AIG-Krise), Verbot liefe aber der Risikostreuung zuwider, seit Juli 2009 auf Druck der EUKommission freiwillige Abwicklung über einen zentralen Kontrahenten (Clearinghäuser). Rechtsprobleme liegen ua in der passenden Vertrags- bzw Wertpapiergestaltung, Übernahme von Risiken (Bonität, Plazierung, Liquidität, Rentabilität) zT ohne Erscheinen in der Bilanz, Anwendung von Bankaufsichtsrecht (zB betr Eigenkapital) und Notenbankrecht (zB Geldpolitik der DBBk). Das KWG erfasst seit 1997 als Finanzinstrumente vier Gattungen von Finanzprodukten: handelbare Wertpapiere, **Geldmarktinstrumente** (Auffangtatbestand), Devisen oder Rechnungsein-

V. Bankgeschäfte (m. Börsen- u. KapMR)   G/34, G/35   **BankGesch**   (7)

heiten und **Derivate** der verschiedensten Art (§ 1 XI 4 Nr 1–5 KWG). Swapgeschäfte s Rn N/1, Bilanzierung s § 330 HGB Rn 6, Rückstellungen § 249 HGB Rn 3. Lit: Erne 1992 (Swapgeschäfte), Krämer (Finanzswaps) 1999, Baums/Cahn 2004 (Reform Schuldverschreibungsrecht); DBBk 4/**86,** 25, 4/**87,** Fülbier ZIP **90,** 544, 680, Decker WM **90,** 1001, Niemann WM **93,** 777, DBBk 10/**93,** 47 (bilanzunwirksame Bankgeschäfte).

7) Finanzierungsdarlehen und Verbraucherdarlehen
   a) Kommentare und Handbücher: BankrechtsHdb/*Hadding/Häuser* 3. Aufl 2007 §§ 83, 85 (gewerbliche Kredite, Sanierungsdarlehen). – *Canaris* 2. Aufl 1981, 3. Kap. – *Hopt/Mülbert* 1989. **Verbraucherdarlehen:** BankrechtsHdb/*Bruchner ua* 3. Aufl 2007 § 81. – *Bülow/Artz,* Hdlbger Komm, 6. Aufl 2006. – *Godefroid,* Verbraucherkreditverträge, 3. Aufl 2008. – *Luwowski/Peters/Münscher* 3. Aufl 2008. – *MüKoBGB/Schürnbrand* Bd 3 5. Aufl 2008. – *Palandt/Weidenkaff,* 68. Aufl 2009. – *Staudinger/Kessal-Wulf* 2004.

   b) Sonstige Beiträge: *Franz,* Einwendungsdurchgriff, 1996. – *Heermann,* Drittfinanzierte Erwerbsgeschäfte, 1998. – *Hoffmann* Reform der Eur VerbrKrRi, 2007. – *Nobbe* WM Sonderbeil 1/**07,** 20 (Schrottimmobilien). – *Ady/Paetz* WM/**09,** 1061 (VerbrKrRiUmsetzG). **Muster:** *Hopt/Wittig* 3. Aufl 2007 Form IV. G.4, 5 (Ratenkredit/Kreditrahmen, Kreditlinie für Verbraucher). **RsprÜbersichten:** *Halstenberg* WM Sonderbeil 4/**88,** 10.

A. **Finanzierungsdarlehen:** Beim Kreditgeschäft der Banken sind das **Verbraucherdarlehen** (§§ **491–505 BGB** idF VerbrKrRiUmsetzG) und diesbezüglichen **Finanzierungshilfen der Bank** (§§ **506–509 BGB** idF VerbrKrRiUmsetzG) und diesbezüglichen **Finanzierungshilfen der Bank** (§§ **499–504 BGB**) einerseits und die gewerblichen Kredite, darunter das **Finanzierungsdarlehen,** zu unterscheiden. Erstere sind zum Schutz des Verbrauchers detailliert geregelt, ursprünglich im AbzG (Abzahlungsgeschäft, Teilzahlungskredit), dann im VerbrKrG (Verbraucherkredit) und seit dem SMG im BGB. Letztere unterfallen dem allgemeinen Darlehensrecht des BGB (§§ **488–491 BGB**) mit Ausformungen durch die Rspr vor allem für das Finanzierungsdarlehen. Dogmatisch kann das Verbraucherdarlehen als besonders wichtige Unterform des Finanzierungsdarlehens behandelt werden (Canaris, Hopt/Mülbert), denn abgesehen vom Verbraucherschutz stellen sich die gleichen Probleme. Beim Finanzierungsdarlehen kauft der Käufer vom Verkäufer mit Mitteln, die die Bank vorstreckt; der Verkäufer wird also sofort bezahlt, der Käufer muss die Mittel an die Bank in Raten mit Gebühren und Zinsen zurückzahlen; sittenwidrig hohe Zinsen (§ 138 BGB) s Rn G/10, G/10 a–c. Die Mittel besorgt entweder der Käufer-Bankkunde selbst ohne Einschaltung des Verkäufers (persönlicher Kleinkredit, Anschaffungsdarlehen, s Rn G/54) oder der Verkäufer. Die Bank sichert sich außer durch Sicherungsübereignung der Kaufsache durch Mithaftung und Bürgschaft des Verkäufers (B-Geschäft, s Rn G/39 ff) oder durch einen Wechsel, den der Verkäufer ausstellt und der Käufer akzeptiert (C-Geschäft, s Rn G/51). Die ursprüngliche Form der Ausgabe von Warenschecks der Bank an den Käufer (A-Geschäft) kommt heute nicht mehr vor. Zwischen Käufer und Verkäufer liegt ein **Kauf** (Kreditkauf) vor. Zwischen Käufer und Bank besteht ein **Darlehensvertrag** (§ 488 BGB, Gelddarlehen im Unterschied zum Sachdarlehen nach § 607 BGB). Besorgt der Verkäufer den Kredit, liegt zwischen Verkäufer und Bank idR ein Grund- oder **Rahmenvertrag** (§§ 675 I, 611 BGB, vgl Rn A/6) vor, auf Grund dessen der Verkäufer der Bank Kunden zuführt und die Bank den Kunden bis zu einer bestimmten Gesamthöhe Darlehen gewährt und die Darlehenssumme direkt an den Verkäufer ausbezahlt. Der Rahmenvertrag ist damit ein besonders gestalteter Krediteröffnungsvertrag (s Rn G/2), str.

Die rechtliche Problematik beim Finanzierungsdarlehen besteht in der **Aufspaltung des** wirtschaftlichen und funktionellen **Zusammenhangs von Kauf und Darlehen** mit der Wirkung, dass der Käufer das Darlehen an die Bank zurückzahlen muss, ohne Rücksicht auf Schlecht- oder Nichterfüllung des Verkäufers. Hier sind Korrekturen nötig (verbundene Verträge, s Rn G/42), ohne dass jedoch entgegen Vertragsgestaltung und Parteiwillen die Verträge als rechtliche Einheit angesehen werden könnten, so die Trennungstheorie, hL, stRspr, aA Gernhuber FS Larenz **73,** 476, Vollkommer

G/34

G/35

(7) BankGesch G/36, G/37　　2. Handelsrechtl. Nebengesetze

FS Larenz **73**, 712. Der Kauf hängt vom Zustandekommen des Darlehens ab, Ffm BB **77**, 1573. Die dogmatische Begründung des Einwendungsdurchgriffs ist streitig. Die Rspr arbeitete vor Erlass des VerbrKrG außer mit § 242 BGB mit Ansprüchen aus Verschulden bei Vertragsverhandlungen (Aufklärungs- und Warnpflichten), das Schrifttum ua mit § 139 BGB, § 273 BGB, § 404 BGB, Geschäftsgrundlage, Zweckverfehlung ua; Einwendungsdurchgriff als Sanktion (berufs) rollenwidrigen Verhaltens s Hopt/Mülbert 429. Das SMG hat die verbundenen Verträge beim Verbraucherdarlehensvertrag in §§ 358, 359, 359 a BGB geregelt, die bei Finanzierungshilfen zwischen einem Unternehmer und einem Verbraucher ebenfalls anwendbar sind (§§ 506 BGB). **Muster:** Hopt/Wittig 3. Aufl 2007 Form IV. G.4 (Ratenkreditvertrag/Kreditrahmen), Form IV. G.5 (Kreditlinie für Verbraucher.)

G/36　　B. **Verbraucherdarlehen:** Das Verbraucherdarlehen ist im wesentlichen in §§ 491–507, 655 a–655 e BGB geregelt. Es ist weitgehend durch Vorgaben der EU bestimmt, so schon durch die EG-VerbraucherkreditRi 22. 12. 86 ABlEG 12. 2. 87 Nr L 42/48, und inzwischen durch die **Neufassung der EU-Verbraucherkreditrichtlinie** 23. 4. 08 ABlEU L 133/66, deren Reform sehr kontrovers war, Hoffmann 2007, Rott WM **08**, 1104, Siems EuZW **08**, 454, Gsell/Schellhaas JZ **09**, 20, Rösler/Werner BKR **09**, 1. Die Neuerungen betreffen ua die vorvertragliche Erläuterung und Unterstützung. **Die Umsetzung der Verbraucherkreditrichtlinie** erfolgt **zum 11. 6. 10** durch das VerbrKrRiUmsetzG 29. 7. 09 BGBl I 2355 und betrifft Änderungen zu §§ 488–512 BGB. Eingeführt wird insbesondere ein eigenes Kapitel 2 mit besonderen Vorschriften für Verbraucherdarlehensverträge (§§ 491–512 BGB). Die Informationspflichten und Musterbelehrungen werden aus §§ 312ff BGB in das EGBGB ausgelagert (§ 312c iVm Art 246 §§ 1 und 2 EGBGB). § 358 BGB über verbundene Geschäfte wird durch § 359 a BGB über ähnliche Geschäfte ergänzt. § 360 BGB über die Widerrufs- und Rückgabebelehrung ist neu gefasst. Das VerbrKrRiUmsetzG hat auch **die zivilrechtlichen Teile der Zahlungsdiensterichtlinie** in §§ 675 a–676 c BGB, dort mit einem eigenen Untertitel Zahlungsdienste mit Zahlungsdienstevertrag und Haftung, umgesetzt (s Rn C/1 b ff). Dazu RegE VerbrKrRiUmsetzG 21. 1. 09 BTDrucks 16/11643, Schürnbrand ZBB **08**, 383 (RegE).

Das Verbraucherdarelehen ist, wie schon die Fülle verschiedener, zT sehr technischer Vorschriften im BGB anzeigt, Gegenstand einer umfänglichen Rspr und umfassender Kommentierungen. Eine Kurzdarstellung derselben in diesem Kommentar ist nicht sinnvoll. Das **Finanzierungsdarlehen (als Grundform)** und das entsprechende **Kreditgeschäft der Banken** wird im BGB allerdings nur ausschnittsweise geregelt, nämlich sofern Verbraucher und Gleichgestellte (zB Existenzgründer) beteiligt sind. **Verbraucher** iSv § 13 BGB ist jede natürliche Person, die ein Rechtsgeschäft zu einem Zweck abschließt, der weder ihrer gewerblichen noch ihrer selbständigen beruflichen Tätigkeit zugerechnet werden kann; dementsprechend **Unternehmer** s § 14 BGB; Darlehensgeber iSv § 491 I BGB auch, wenn unternehmerische Tätigkeit sich nicht auf die Kreditvergabe bezieht, hL, BGH WM **09**, 262. §§ 491–511 BGB gelten auch für Existenzgründer (§ 512 BGB, Grenze: 75 000 Euro). Auf Finanzierungshilfen zwischen einem Unternehmer und einem Verbraucher (Zahlungsaufschub, sonstige Finanzierungshilfe, § 506 BGB) sind §§ 358–359 a BGB über **verbundene Verträge** (Einwendungsdurchgriff) und weitere Vorschriften aus dem Verbraucherdarlehensrecht anwendbar.

Ob bzw wann Realkredit- und Immobilienkaufverträge verbundene Geschäfte sind, ist sehr im Fluss, verneinend BGH **167**, 252 (XI ZS, gegen BGH **159**, 280, 294, II ZS hält daran nicht mehr fest, BGH **167**, 238, s Rn G/9), WM **08**, 685, 967, näher zu **kreditfinanzierten Immobilien(fonds)geschäften** s Rn G/9. **Muster:** Hopt/Wittig 3. Aufl 2007 Form IV. G.5, 6 (Kreditlinie für Verbraucher, Darlehensvertrag für Immobilienfinanzierung).

G/37　　**Außerhalb von §§ 491ff BGB,** also nicht schon bei Nichtvorliegen von Tatbestandsvoraussetzungen im Anwendungsbereich dieser Vorschriften, BGH NJW **04**, 1376, gelten die allgemeinen **Grundsätze über das Finanzierungsdarlehen,** wie sie die Rspr entwickelt hat, grundsätzlich weiter. Dabei ist aber ein Doppeltes zu beachten: Zum einen ist damit zu rechnen, dass die Entwicklung in beiden Bereichen zT parallel verlaufen wird (ua für Definition und Behandlung der verbundenen Verträge,

V. Bankgeschäfte (m. Börsen- u. KapMR) G/38–G/40 **BankGesch** (7)

s Rn G/39). Zum anderen muss jeweils genau geprüft werden, ob frühere Entscheidungen nicht gerade auf Verbraucherschutz abzielen und deshalb für das Finanzierungsdarlehen nicht weitergelten können. Die folgenden Grundsätze betreffen also insbesondere **Finanzierungsdarlehen an Kaufleute, Kapitalgesellschaften** (AG, GmbH ua, soweit nicht natürliche Personen), **Gewerbetreibende** ohne KfmEigenschaft und **Freiberufler**, soweit diese Tätigkeiten bereits ausgeübt werden, also nicht Existenzgründungsdarlehen (§§ 13, 512 BGB).

Darlehensvermittler sind, soweit es um Vermittlung und Nachweis von Verbraucherdarlehensverträgen geht, in §§ 655 a–e BGB geregelt (§ 93 HGB Rn 5). G/38

8) Das Rechtsverhältnis zwischen Bank, Käufer und Verkäufer beim Finanzierungsdarlehen (außerhalb von §§ 491 ff BGB)

A. **Wirtschaftliche Einheit von Kauf und Finanzierungsdarlehen (verbundene Verträge):** Voraussetzung für die Annahme eines mit dem Grundgeschäft verbundenen Darlehensgeschäfts und für besondere Aufklärungs- und Warnpflichten der Bank zwischen Käufer und Bank ist, dass Kauf und Darlehen „wirtschaftlich eine auf ein Ziel ausgerichtete Einheit bilden oder sich zu einer solchen Einheit ergänzen", stRspr, BGH **47,** 255 (einschränkend für Immobilienkaufs G/40). Die Definition der verbundenen Verträge in § 358 III BGB kann insoweit übernommen werden: Ein Vertrag über die Lieferung einer Ware oder die Erbringung einer anderen Leistung und ein Darlehen sind verbunden, „wenn das Darlehen ganz oder teilweise der Finanzierung des anderen Vertrags dient und beide Verträge eine wirtschaftliche Einheit bilden" **(§ 358 III 1 BGB).** Dogmatisch bedeutet wirtschaftliche Einheit: Überschreitung der bloßen Darlehensgeberrolle durch die Bank und (kumulativ) Bindung des Darlehensnehmers in der Verwendung der Valuta an den Vertragspartner des drittfinanzierten Geschäfts, Hopt/Mülbert 447. G/39

Die Rspr hat zur Bestimmung der wirtschaftlichen Einheit eine Reihe **objektiver Verbindungselemente** entwickelt, die zT in **§ 358 III 2 BGB** kodifiziert sind. Danach ist eine wirtschaftliche Einheit insbesondere (also nicht abschließend) im Falle der Finanzierung durch einen Dritten (also abgesehen von der Finanzierung durch die Unternehmer-Vertragspartei selbst) anzunehmen, „wenn sich der Darlehensgeber bei der Vorbereitung oder dem Abschluss des Verbraucherdarlehensvertrags der Mitwirkung des Unternehmers bedient" (mit Abweichungen für Grundstücke und grundstücksgleiche Rechte, § 358 III 3 BGB idF OLGVertrÄndG 2002, Meinhof NJW **02,** 2273, BGH NJW **00,** 3066). Typische objektive Verbindungselemente sind nach der **Rechtsprechung** zB Geschäftsverbindungen zwischen Bank und Verkäufer, das eigene Interesse der Bank am Zustandekommen des Kaufs wegen der Darlehensprovision und -zinsen, die unmittelbare Auszahlung des Darlehens durch die Bank an den Verkäufer, die formularmäßige Ausgestaltung der Verträge, Sicherungsübereignung der Kaufsache, BGH **47,** 255, Benutzung derselben Vertriebsorganisation, BGH **159,** 280, 294 = NJW **04,** 2731, 2736, 2735 LS, 2742 (alle für VerbrKrG), Überlassung der Anbahnung auch des Kreditvertrags an den vom Immobilienfonds eingeschalteten Vermittler, BGH WM **04,** 1518 (II ZS), ähnlich BGH NJW **06,** 1877 (XI ZS), oder einen für diesen tätigen Finanzierungsvermittler, BGH NJW **04,** 3332 (VerbrKrG), enger zeitlicher und räumlicher Zusammenhang der Verträge, BGH NJW **80,** 1515, mangelnde freie Verfügung des Käufers über Darlehen, BGH **91,** 12, Beteiligung der Bank an dem finanzierten (Immobilien-)Geschäft über ihre Rolle als Kreditgeberin hinaus (s Rn A/25), BGH **83,** 304, NJW **80,** 43, 00, 3066 ua. Zusammenfassend BGH WM **08,** 967. Diese Elemente brauchen nicht alle zugleich vorzuliegen, BGH NJW **80,** 940. **Nicht erforderlich** sind (entgegen früherer Rspr) zB Dauerverbindung, BGH **47,** 230, NJW **71,** 2303, Sicherungsübereignung an die Bank, BGH NJW **79,** 2511, 80, 938, mangelnde Geschäftserfahrung des Käufers, BGH NJW **78,** 1428. Die Zwischenschaltung von Darlehensvermittlern ändert nichts, BGH NJW **80,** 1516, **83,** 2252. Es genügt, dass Teilzahlung erst nachträglich vereinbart wird, BGH **91,** 13; uU auch, dass der Kredit nur zum Teil (zB ³/₄) für den Abzahlungskauf bestimmt ist, BGH BB **70,** 417. Bei Refinanzierung der Bank durch eine zweite Bank, erstreckt sich der Einwendungsdurchgriff auch auf diese, BGH **43,** 260, **51,** 78. Der Einwendungsdurchgriff erfasst nur den finanzierten Kauf, nicht auch einen zweiten, wenn- G/40 gleich auch mit diesem verknüpften Vertrag zwischen Käufer und Verkäufer, BGH BB **73**, 776 (Drehbankkauf mit Auftragszusage). Ein **subjektives** Element, dass dem Darlehensnehmer Kauf und Darlehen als Einheit erscheinen, ist **weder positiv nötig noch schadet** grundsätzlich sein Fehlen, aber s Rn G/44. Diese Grundsätze zum verbundenen Geschäft gelten **auch bei kreditfinanzierten Immobilien(fonds)geschäften,** insoweit also keine Besonderheiten, s Rn G/9 (dort auch zum früheren Streit zwischen XI und II ZS).

G/41 B. **Anfechtung wegen arglistiger Täuschung des Verkäufers:** Die Bank muss sich eine arglistige Täuschung auch des Verkäufers zurechnen lassen. Der **Verkäufer ist** wegen der wirtschaftlichen Einheit (s Rn G/39) **nicht Dritter nach § 123 II 1 BGB,** stRspr, BGH **47**, 231, NJW **78**, 2144; ebenso Darlehensvermittler, BGH NJW **79**, 1594; Vermittler bei Haustürgeschäftssituationen, BGH **159**, 280, 294 = NJW **04**, 2731, 2736, 2742 LS, 2742; auch Untervermittler, BGH NJW **01**, 359. Es kommt darauf an, ob der Vermittler, gleichgültig ob selbstständig oder nicht, mit Wissen und Wollen der späteren Vertragspartei Aufgaben übernimmt, die typischerweise ihr obliegen, BGH WM **96**, 2105, NJW **01**, 358. Etwas anders gilt bei arglistigem Zusammenwirken zwischen Käufer und Verkäufer, BGH **47**, 233. Vertragsklauseln, der Verkäufer handele ausschließlich als Beauftragter des Käufers, ändern grundsätzlich nichts, BGH **47**, 239, aA Canaris 1433. Die Anfechtung des Kaufvertrags erstreckt sich aber nicht ohne weiteres auf den Darlehensvertrag, sondern muss für diesen grundsätzlich gesondert erklärt werden, BGH NJW **64**, 37. Bei Versäumung der einjährigen Anfechtungsfrist des § 124 BGB bleibt doch ein Einwendungsdurchgriff (Arglisteinrede, § 823 II BGB iVm § 263 StGB), BGH NJW **80**, 784. Lit: Hopt FS Stimpel **85**, 269.

G/42 C. **Einwendungsdurchgriff bei verbundenen Verträgen: a) Einwendungsdurchgriff:** Der Käufer darf durch die Aufspaltung in Kauf und Darlehen (s Rn G/35) nicht „rechtlos" oder „schlechter" gestellt werden also ohne diese, stRspr, BGH **47**, 237. Er kann also die Einwendungen und Einreden gegen den Verkäufer grundsätzlich auch dem Darlehensrückzahlungsanspruch der Bank entgegenhalten (§ 242 BGB, so die Rspr): zB Nichtlieferung der Kaufsache oder wirksame Anfechtung des Kaufvertrags, BGH **47**, 233. Das entspricht im Wesentlichen dem Einwendungsdurchgriff nach § 359 BGB, der nicht gilt, wenn das finanzierte Entgelt 200 Euro nicht überschreitet, sowie bei Einwendungen, die auf einer zwischen dem Unternehmer und dem Verbraucher nach Abschluss des Verbraucherdarlehensvertrags vereinbarten Vertragsänderung beruhen (§ 359 S 2 BGB). Dieser Einwendungsdurchgriff ist heute eine **allgemeine Rechtsfigur** auch außerhalb der Bankgeschäfte, vgl BGH **105**, 299 (besondere Schutzbedürftigkeit), Canaris 1425, Hopt/Mülbert Vorbem 429 ff zu § 607, Abeltshauser ZIP **92**, 693. Lit zur Vorläufernorm § 9 III VerbrKrG Franz 1996; Fuchs AcP 199 **(99)** 306.

G/43 b) **Stellung wie ohne Aufspaltung:** Der Käufer soll grundsätzlich so stehen, wie er ohne Aufspaltung in Kauf und Darlehen stünde, also weder schlechter noch besser. Dem Käufer ist es nicht selten zumutbar, sich **erst an den Verkäufer** (auch an den phG der VerkäuferGes) zu halten, zB wegen Rücktritts oder Minderung **(Subsidiarität des Durchgriffs),** BGH NJW **73**, 452, **78**, 1428; weitergehend Canaris 1430, 1442: § 320 BGB, die Mängeleinrede und alle dilatorischen Einreden könnten der Bank nie entgegengehalten werden. Für den Verbraucherdarlehensvertrag dagegen enger § 359 S 1 BGB: Verweigerung der Kreditrückzahlung wegen Verweigerung der Leistung; das Subsidiaritätsprinzip gilt also dort grundsätzlich (zum Nacherfüllungsverlangen s § 359 S 3 BGB) nicht. Der Käufer hat aber auch allgemein beim Finanzierungsdarlehen den Einwendungsdurchgriff **sofort gegen die Bank,** wenn ihm die Inanspruchnahme des Verkäufers von vornherein unzumutbar ist, zB bei arglistiger Täuschung oder Sittenwidrigkeit des Kaufvertrags nach § 138 I BGB, BGH NJW **80**, 1157, oder wenn die Inanspruchnahme des Verkäufers fruchtlos erscheint, zB bei anhaltender Verweigerung, BGH NJW **79**, 2194, bei Vermögensverfall oder Unauffindbarkeit des Verkäufers, BGH **47**, 240, NJW **79**, 2512. Eine Klage gegen den Verkäufer ist dem Käufer aber idR nicht zuzumuten, aA BGH NJW **73**, 454; jedenfalls kein volles Durchprozessieren, BGH NJW **79**, 2195. Der Käufer soll aber auch **nicht** besser gestellt werden, BGH NJW **84,** 2818, also kein Einwendungsdurchgriff bei Verjährung der Ansprüche gegen den Verkäufer, BGH NJW **78,** 1429. Der Käufer hat den Einwendungsdurchgriff entweder oder er hat ihn nicht, eine Abstufung wie nach § 242 bzw § 313 BGB (bei Störung der Geschäftsgrundlage vorrangig Vertragsanpassung) wird von der Rspr bisher nicht anerkannt (trotz der entspr dogmatische Begründung, s Rn G/35).

c) **Ausschluss oder Verlust des Einwendungsdurchgriffs:** Der Einwendungs- G/44
durchgriff entfällt nicht schon, weil der Käufer eingetragener Kaufmann ist, aA BGH **37,** 101, **47,** 237, NJW **80,** 782 (§ 8 AbzG aF analog); doch fehlt es bei **Verstoß gegen § 377 HGB** bereits an einer Einwendung des Käufers (auch) gegenüber der Bank, BGH NJW **80,** 782. Der Käufer verliert den Einwendungsdurchgriff aus Gründen, die er unabhängig von seiner Schutzbedürftigkeit selbst zu verantworten hat, zB Ausstellung einer **unrichtigen Vorausquittung** (Empfangsbestätigung über Erhalt der Kaufsache) trotz Belehrung (s Rn G/47) und dadurch Veranlassung der Bank zur Auszahlung der Darlehenssumme an den Verkäufer, BGH **47,** 221, Celle NJW **73,** 372; ebenso Aushändigung einer Blankoerklärung an den Verkäufer; grundlose Verweigerung der Abnahme der Kaufsache, vgl BGH WM **63,** 1277 (§ 254 BGB); Aufhebung des Kaufvertrags im Einverständnis mit dem Verkäufer, LG Fbg MDR **73,** 495; Abtretung der Rechte aus dem Kauf an einen zweiten Käufer (§ 415 BGB), auch wenn die Bank informiert wird und dem zweiten Käufer einen Zahlungsplan übersendet, BGH NJW **74,** 187.

Der Einwendungsdurchgriff kann **nicht durch AGB ausgeschlossen** werden, G/45 BGH **83,** 301, auch nicht durch Trennungsklausel, BGH **95,** 350. Für den Verbraucherdarlehensvertrag weitergehend auch nicht durch (Individual)Vereinbarung, § 496 I BGB, allgemeiner §§ 511, 512 BGB (halbzwingend).

D. **Aufklärungs- und Warnpflichten der Bank beim Finanzierungsdarlehen:** G/46
a) **Dogmatik:** Die Bank kann sich bei Verstoß gegen ihre Aufklärungs- und Warnpflichten (vgl allgemein Rn A/16–29, hier geht es spezieller um Aufklärung **über das Aufspaltungsrisiko**) gegenüber dem Käufer schadensersatzpflichtig machen. Nach der Rspr kann der Käufer den Schadensersatzanspruch nach §§ 280, 311 II BGB aus Verschulden bei Vertragsverhandlungen dem Darlehensrückzahlungsanspruch der Bank entgegenhalten, stRspr, BGH **47,** 207, 217, üL. Diese teils kumulativ, teils alternativ zum Einwendungsdurchgriff gebrauchte Konstruktion ist diesem gegenüber schwächer, weil sie vom Vorliegen aller Schadensersatzanspruchsvoraussetzungen abhängt, zB Pflichtverletzung, Verschulden, Kausalität, mangelndes Mitverschulden des Käufers. Demgegenüber ist festzuhalten, dass der Einwendungsdurchgriff heute auch außerhalb der §§ 491 ff BGB aus den allgemeinen Grundsätzen des Finanzierungsdarlehens folgt (s Rn G/34 ff); auf eine Warnpflichtverletzung der Bank kommt es nicht mehr an, noch kann umgekehrt die Warnung den Einwendungsdurchgriff beseitigen, BGH NJW **92,** 2562 (s Rn G/44). Die Rspr zu den Aufklärungs- und Warnpflichten beim finanzierten Abzahlungskauf behält aber ihre Bedeutung: (1) der Einwendungsausschluss durch Aufspaltung kann ohne Aufklärung überraschend iSv **(5)** § 305 c I BGB sein; (2) die Bank kann sich auch auf einen an sich zulässigen Einwendungsausschluss (Subsidiarität, Verlust infolge Empfangsbestätigung ua, s Rn G/44 f) nicht berufen, wenn der Käufer bei entspr Aufklärung das Geschäft so nicht abgeschlossen hätte; (3) die Bank muss die über den Einwendungsausschluss hinausgehenden Vertrauensschäden aus unterlassener Aufklärung ersetzen.

b) **Inhalt und Umfang:** Die Bank muss den Käufer, auch wenn er nicht besonders G/47
unerfahren ist, auf das Risiko der Darlehensrückzahlung unabhängig vom Kauf (Aufspaltungsrisiko) unmißverständlich hinweisen, BGH **47,** 222, 239; sie muss ihn insbesondere vor Abgabe einer unrichtigen Vorausquittung warnen, BGH **47,** 217; sie muss ihn bei KfzBriefübergabe durch den Verkäufer unmittelbar an die Bank darauf hinweisen, dass er mangels Briefvorlage nicht gutgläubig Eigentümer werden kann, BGH **47,** 216. Die Warnung muss klar, drucktechnisch deutlich gestaltet und vom Käufer gesondert unterschrieben sein. Nicht ausreichend ist Warnung in einem für andere Zwecke bestimmten Selbstauskunftsformular, BGH WM **75,** 1298, allgemein in AGB statt im Text des Darlehensantrags, BGH NJW **79,** 2094, in Empfangsbestäti-

gung (bereits Bindung nach § 145 BGB), BGH NJW **79**, 2512, **80**, 783. Keine besonderen Aufklärungspflichten treffen die Bank beim finanzierten Beitritt zu einer AbschreibungsGes und beim Erwerb von Bauherren- und Erwerbsmodellen (Rn G/53), Ausnahmen s Rn A/25. **Interessenkonflikte**, zB bei Einschaltung der Arbeitgeberfirma als Darlehensvermittlerin gegenüber den Arbeitnehmern, verstärken oder begründen uU erst die Pflicht zur Warnung vor gefährlichem Darlehensgeschäft, BGH **72**, 102, für Projekt- und Immobilienfinanzierung s Rn A/25. Die Bank haftet dann für ein Verschulden des Verkäufers bei den Vertragsverhandlungen nach **§§ 280, 311 II iVm § 278 BGB**, BGH **47**, 229, **72**, 97; ebenso für Verschulden des Darlehensvermittlers, Ffm BB **80**, 124. Der Verkäufer handelt auch dann in Erfüllung der Verbindlichkeit der Bank, wenn er den Käufer arglistig täuscht oder eine Blankoerklärung des Käufers abredewidrig ausfüllt, BGH WM **73**, 751. **Schaden** s § 347 HGB Rn 35; die Vorteile aus Nutzung und Weiterveräußerung der Kaufsache sind anzurechnen, BGH NJW **84**, 230. **Ursächlichkeit** der Verletzung der Aufklärungspflicht für den Schaden (Vertragsabschluss) ist vom Käufer nicht zu beweisen, BGH **72**, 106, NJW **80**, 2303. **Mitverschulden** des Käufers ist nach § 254 BGB zu berücksichtigen; geschäftliche Unerfahrenheit und Unachtsamkeit sind aber nicht schon ohne weiteres Mitverschulden, BGH **72**, 107.

G/48 E. **Bereicherungsausgleich**: **Rückabzuwickeln** sind **Anweisungsleistungen**, denn die Bank zahlt an den Verkäufer nur auf Anweisung des Käufers (Darlehenskunde). Der Bereicherungsausgleich hier **entspricht deshalb** dem bei **Überweisung** (Rn C/15, 26), **Scheck** (Rn E/5) und **Lastschrift** (Rn D/15, 22). Er findet grundsätzlich zwischen Bank und Käufer bzw Käufer und Verkäufer statt (Doppelkondiktion), soweit nicht Schutzzwecke beim Finanzierungsdarlehen entgegenstehen. Besonderheiten gelten für den Verbraucherdarlehensvertrag, s Fuchs AcP 199 **(99)** 306: wegen Darlehensfortbestand Rückforderungsanspruch nur aus § 242 BGB, sowie bei Widerruf des Verbrauchers und bei Rücktritt des Kreditgebers (zu §§ 7, 13 aF VerbrKrG).

G/49 a) **Bereicherungsanspruch der Bank:** Ist der Kauf wirksam, das Darlehen unwirksam, hat die Bank einen Bereicherungsanspruch nur gegen den Käufer; der Anspruch kann aber entfallen bei Mängeln der Kaufsache (Einwendungsdurchgriff, s Rn G/42) oder bei mangelnder Aufklärung (Gegenanspruch auf Schadensersatz s Rn G/46), BGH NJW **80**, 2302. Sind Kauf und Darlehen unwirksam, besteht ausnahmsweise je nach Schutzzweck der verletzten Norm (dann Unwirksamkeit auch der Anweisung selbst) ein Bereicherungsanspruch der Bank nicht gegen den Käufer, sondern nur gegen den Verkäufer, vgl BGH **91**, 19 (§§ 1 b, d AbzG aF), NJW **80**, 940 (§ 1 a I AbzG aF), **80**, 1157 (§ 138 BGB). Grundsätzlich hat die Bank jedoch auch bei Doppelmängeln (Anweisung bleibt wirksam) die Leistungskondiktion nur **gegen den Käufer**, an den sie durch die Auszahlung des Darlehens und den Verkäufer geleistet hat. Der Bereicherungsanspruch geht aber auch dann inhaltlich nicht auf Rückzahlung des Darlehens (wie es der vermögensmäßigen Entscheidung des Käufers nach § 818 III BGB an sich entsprechen würde, was aber mit dem Einwendungsdurchgriff unvereinbar wäre), sondern nur auf Abtretung des Anspruchs des Käufers gegen den Verkäufer (abzüglich der zurückgezahlten Darlehensraten), BGH NJW **78**, 2145, **79**, 1595. Bürgschaft des Verkäufers gegenüber der Bank erstreckt sich iZw auch auf Bereicherungsanspruch der Bank gegenüber dem Käufer, BGH NJW **87**, 2077. Übernimmt der Verkäufer die gesamtschuldnerische Haftung, schuldet er der Bank trotz Unwirksamkeit des Vertrags bei Widerruf des Käufers Nettokreditbetrag und marktübliche Verzinsung (ergänzende Vertragsauslegung), BGH WM **93**, 1236.

G/50 b) **Bereicherungsanspruch des Käufers:** Der Käufer kann von der Bank nur die zurückgezahlten Darlehensraten verlangen, nicht die an den Verkäufer geleistete Anzahlung (anders für das Verbraucherdarlehen bei Widerruf des Verbrauchers § 358 II, IV 3 BGB); wegen dieser muss er sich an den Verkäufer halten. Die Bank kann dem Kunden grundsätzlich die Auszahlung der Darlehensvaluta an den Verkäufer auf Weisung des Käufers entgegenhalten (Saldotheorie), denn das Verkäuferinsolvenzrisiko verlagert sich mit Ratenzahlung zunehmend auf den Käufer (wie auch ohne Einschaltung der Bank), Canaris 1452. Dem kann jedoch der Schutzzweck der verletzten

V. Bankgeschäfte (m. Börsen- u. KapMR)   G/51–G/54   **BankGesch**   **(7)**

Norm entgegenstehen (dann Zweikondiktionentheorie), so bei § 134 BGB iVm § 56 I Nr 6 GewO aF (s Rn G/9), BGH **71**, 365, NJW **79**, 1599; bei § 138 I BGB, BGH NJW **80**, 1158; bei arglistiger Täuschung, BGH NJW **78**, 2145, **79**, 1595. Lit: zur Rückabwicklung Hopt/Mülbert 525; Canaris WM **81**, 978.

F. **Finanzierungsdarlehen mit Sicherung durch Wechsel:** Der Verkäufer stellt   G/51
hier zur Sicherung des Finanzierungsdarlehens **zusätzlich** einen **Wechsel** an Order der Bank aus, den der Käufer annimmt (wechselmäßige Haftung des Verkäufers als Aussteller und des Käufers als Akzeptant, Art 9, 28 WG; früher als C-Geschäft bezeichnet. Der Käufer hat gegen den wechselmäßigen Anspruch der Bank im Fall des Einwendungsdurchgriffs (s Rn G/42) die Bereicherungseinrede, BGH WM **62**, 761, 1263, **63**, 278. Eventuelle Rückgewähransprüche (§ 812 BGB) sind mangels gegenteiliger Vereinbarung durch den Wechsel nicht gesichert, BGH **51**, 73. Auch eine zweite Bank, der die Erste den Wechsel zur Refinanzierung weitergegeben hat, kann bei wirtschaftlicher Einheit der Geschäfte (s Rn G/39) den Einwendungen des Käufers nicht Art 17 WG entgegenhalten, BGH **43**, 260, **51**, 78, WM **86**, 1179; ebenso der Zessionar einer Sicherungsgrundschuld, BGH **66**, 172, oder ein Garantiegläubiger, BGH NJW **80**, 1157. Für den Verbraucherdarlehensvertrag gilt Wechsel- und Scheckverbot (§ 496 II BGB).

G. **Finanzierungsdarlehen bei anderen Leistungen als Waren:** Der Käufer-   G/52
schutz beim Finanzierungsdarlehen gilt bei gleicher Interessenlage entspr auch bei finanzierten Verträgen über andere Leistungen als die Lieferung von Waren (ebenso für den Verbraucherdarlehensvertrag § 358 I BGB): zB finanzierte Dienstverträge, Ehemäklerverträge (nach aA bereits § 656 BGB analog gegenüber der Bank), BGH **72**, 101, Werkverträge, BGH BB **82**, 1020; finanzierte Mitarbeiterverträge, auch unter Einschaltung von Kreditvermittlern, BGH NJW **80**, 1515; finanzierte Unfallhilfe, soweit der Kreditvertrag nicht schon wegen Verstoß gegen RBerG nichtig ist (s Rn G/4); finanzierte Beteiligungen der Arbeitnehmer an der Arbeitgeberfirma, BGH **72**, 92; Beteiligung an AnlageGes, BGH **156**, 46 (zu § 9 VerbrKrG); finanzierter Kauf anderer als beweglicher Sachen, etwa Erwerb einer Privatschule, BGH NJW **87**, 1813, eines Waschsalons, BGH NJW **78**, 1427, dabei Aufklärung über Zweifel der Bank an Ertragsfähigkeit, BGH WM **81**, 869; im Einzelfall auch beim finanzierten Bauträgervertrag über Eigentumswohnungen, BGH NJW **80**, 42. Leasing s Rn P/12 ff.

Der Käuferschutz gilt grundsätzlich **nicht** beim finanzierten Beitritt zu einer Ab-   G/53
schreibungsGes (Anh § 177 a HGB Rn 52), BGH **93**, 268, NJW **81**, 389 oder einem **Bauherrn- oder Erwerbermodell,** BGH NJW **88**, 1584, WM **92**, 901; Grund: eigenes (steuerrechtliches ua) Interesse des Erwerbers an der Vertragsaufspaltung, idR geringere Aufklärungsbedürftigkeit (Höhe der Beteiligung, Einschaltung von Steuerberatern), idR selbstständige Rolle des Bauträgers, bloße Kreditgeberrolle der Bank; anders, wenn Bank über bloße Finanzierung hinausgeht (s Rn A/25). Näher zu **kreditfinanzierten Immobilien(fonds)geschäften,** Einzelheiten sehr str, Rn G/9. Für das Verbraucherdarlehen ähnlich § 358 III 3 BGB. Lit: v Heymann 15. Aufl 2001.

9) Freie Darlehen (im Gegensatz zu Finanzierungs- und Verbraucherdarlehen)

Das freie Darlehen der Bank an den Käufer, häufig als persönlicher Kleinkredit ohne   G/54
vertragliche Zweckbindung, und das idR größere Anschaffungsdarlehen der Bank an den Käufer mit einer je nach Vertrag unterschiedlich fixierten Zweckbindung (beides auch als **freier Personalkredit** bezeichnet) sind ebenso wie die **freien gewerblichen Kredite** durch das Fehlen von verbundenen Verträgen (s Rn G/39) gekennzeichnet (vom Käufer „auf eigene Faust" besorgt, BGH NJW **80**, 516).

Folglich sind grundsätzlich weder die Anfechtung wegen Täuschung des Verkäufers noch der Einwendungsdurchgriff (s Rn G/41 ff) gegeben; str für Anschaffungsdarlehen und bei Sicherungsübereignung der Kaufsache an die Bank. Anfechtung wegen Täuschung des Darlehensvermittlers bleibt aber auch beim Personalkredit möglich, BGH NJW **79**, 1595. Aufklärungs- und Warnpflichten bezüglich des Aufspaltungsrisikos (s Rn G/46, Aufklärungspflichten im Übrigen s Rn A/16–29) können im Einzelfall jedoch auch hier bestehen, da sie auf der Geschäftsverbindung zwischen Bank und Kunde beruhen (s Rn A/16); so bei Gefahr eines Irrtums des Kunden über die Risikoaufteilung (auch bei Einschaltung eines Kreditvermittlers), BGH NJW **79,** 2093. Die Bank braucht den Kunden aber nicht auf das über das Aufspaltungsrisiko hinausgehende wirtschaftliche Risiko hinzuweisen, BGH **83,** 310 (s Rn A/25).

H. Kreditsicherungsverträge

a) Kommentare und Handbücher: Außer dem allgemeinen Schrifttum (s Einl vor A/1) BankrechtsHdb/*Ganter/Nobbe* ual 3. Aufl 2007 §§ 90 ff. – BuB/*Wenzel ua*. – *Kümpel* 3. Aufl 2004 Rn 6.1 ff. – *Lwowski* 8. Aufl 2000 (Hdb). – *Serick*, Bd I 1963, II 2. Aufl 1986, III 1970, IV 1976, V 1982, VI 1986; 2. Aufl 1993 (Eigentumsvorbehalt u Sicherungsübertragung).

b) Sonstige Beiträge: *Bülow* 6. Aufl 2003. – *Lwowski/Merkel* 8. Aufl 2003 (Grundzüge). – *Merkel* 1985 (Negativklausel). – *Schröter/Graf v Westphalen* 1986 (Sicherheitenpoolverträge). – *Weber* 6. Aufl 1998. – *Clemente* 4. Aufl 2008 (Sicherungsgrundschuld). – *Otten* 2003 (Zweckerklärung). – *Graham-Siegenthaler* 2005 (international). – *Lambsdorff* ZIP **86,** 1524 (Freigabeklauseln). – *Blaurock, Bruchner,* Bankrechtstag **94,** 3, 35 (Sicherheitenfreigabe). – *Nobbe* ZIP **96,** 675. – *Canaris* ZIP **97,** 813 (Freigabe). – *Schröter* WM **97,** 2193. – *Nobbe* FS Schimansky **99,** 433. – *Ganter* WM **01,** 1 (ursprüngliche Übersicherung). – *Nobbe* BKR **02,** 747 (Sicherungszweckerklärung). – *Lwowski, Eidenmüller* Bankrechtstag **04,** 107, 117 WM **04,** 1613 (Übersicherung; Internationales). – *Kieninger* WM **05,** 2305, 2353 (international). – *Mucke* WM **06,** 1804 (Negativerklärung). – *Stöcker* WM **06,** 1941 (Eurohypothek). – *Piekenbrock* WM **07,** 141 (Globalzession). – *Obermüller* FS Lüer **08,** 415 (Pools). **Muster:** *Hopt/ Wittig* 3. Aufl 2007 Form IV. H.1–12 (Kreditsicherungsverträge: Sicherungsübereignung, Sicherungsabtretung, Bürgschaft, Pfandrechte, Grundpfandrechte). **RsprÜbersichten:** *Ganter* WM **06,** 1081.

1) Arten von Kreditsicherheiten

Personalsicherheiten sind zB Wechsel, Bürgschaft und Garantie (s § 349 HGB), Schuldbeitritt, Schuldübernahme. Auch die in notarieller Urkunde erklärte Unterwerfung unter die sofortige Zwangsvollstreckung und die Abgabe eines abstrakten Schuldanerkenntnisses (idR nicht schon in der bloßen Vorausquittung des erwarteten Darlehens) verbessern die Stellung des Kreditgebers; dazu Schlesw WM **80,** 964. Bei Krediten gegen Negativerklärung verspricht der Kreditnehmer, während der Laufzeit des Kredits sein Vermögen nicht zum Nachteil des Kreditgebers, zB durch Sicherheiten an Dritte, zu verändern **(Negativklausel, negative pledge clause),** Mucke WM **06,** 1804. Konzernweite Negativklauseln s Schneider FS Stimpel **85,** 887. **Realsicherheiten** (Sachsicherheiten) sind zB Grundpfandrechte (Realkredit ieS), Pfandrechte an beweglichen Sachen und Rechten, vor allem Wertpapieren (Lombard, s Rn G/21), Eigentumsvorbehalt, Sicherungsübereignung, Sicherungsabtretung, Hinterlegung, Zurückbehaltungsrecht (§§ 369 ff HGB). Einzelheiten sind im Schuld- und Sachenrecht des BGB geregelt. Ohne Kredithingabe bleibt Sicherungszession iZw wirkungslos (Akzessorietät), BGH NJW **82,** 275 m krit Anm Jauernig. Zur Zweckerklärung der Sicherungsgrundschuld Clemente NJW **83,** 6. Bei der Kreditsicherung besteht ein grundlegender Konflikt zwischen Kreditgeber und Kreditnehmer einerseits und Kreditgeber und anderen Gläubigern andererseits. Das wird besonders akut bei der Mantel- und Globalzession. **Mantelzession** ist eine Verpflichtung zur Abtretung künftiger (insbesondere aus künftigen Warenlieferungen oder anderen Leistungen des Kreditnehmers an Dritte entstehender) Forderungen des Kreditnehmers an die Bank; die Abtretung erfolgt dann zB durch Übersendung von Rechnungskopien, Kontokarten, Listen ausgeführter Leistungen und Forderungen auf das Entgelt. **Globalzession** ist Vorwegabtretung (bei Kreditvertragsschluss) bestimmter künftiger Forderungen; diese gehen bei Entstehung auf die Bank über, ohne die Belege folgen. Globalzession (samt Werthaltigmachung zukünftiger Forderungen) in der Insolvenz als kongruente Deckung (§ 130 InsO), aber nicht Bargeschäft (§ 142 InsO), BGH NJW **08,** 430 (IX ZS), anders als Sicherungen nach **(8)** AGB-Banken Nr 13–15 (Nr 13 Rn 5). **Sicherheitenpool** ist unabhängig von der dinglichen Rechtslage eine GbR (nach aA unechte Treuhand) von Gläubigern zwecks gemeinsamer Interessenwahrnehmung gegen

V. Bankgeschäfte (m. Börsen- u. KapMR) H/2–H/4 **BankGesch** (7)

Schuldner im Insolvenzverfahren, BGH NJW **89,** 895, hinzu kommen manchmal Sicherheitenabgrenzungsverträge zwischen den verschiedenen Gläubigergruppen; Sicherheitenpool im Konzern, BGH **138,** 291, in der Insolvenz BGH WM **05,** 1790, Ganter WM **06,** 1087, Steinwachs NJW **08,** 2231. Neuerungen in InsO, InvG und **(13)** DepotG durch das **FinSichRiG 2004** in Umsetzung von Europarecht, Herring/Cristea ZIP **04,** 1627.

2) Unwirksamkeit der Globalzession

A. **Ungenügende Bestimmbarkeit, Abtretungsverbot, Insolvenz:** Die Global- H/2 zession muss wirksam vorgenommen werden: Sie ist unwirksam bei ungenügender Bestimmbarkeit der abgetretenen Forderung, BGH **71,** 75. Unwirksamkeit einer Forderungsabtretung (im Rahmen eines verlängerten Eigentumsvorbehalts) bei **Kontokorrent**abreden, Stgt WM **78,** 149; Sicherungsvorausabtretung des künftigen Schlusssaldos ist aber möglich, s § 357 HGB Rn 5–7. **Abtretungsverbot** (§ 399 BGB) ist durch § 354 a HGB eingeschränkt, im Übrigen in AGB des Käufers idR wirksam unter **(5)** §§ 305 ff BGB, BGH **77,** 275, dazu Matthies WM **81,** 1042; dann allenfalls gutgläubiger Erwerb der unter verlängertem Eigentumsvorbehalt stehenden Ware, s § 366 HGB Rn 6; zum Abtretungsverbot Hadding/van Look WM Sonderbeil 7/**88. Insolvenz:** Globalzession ist auch hinsichtlich der zukünftig entstehenden Forderungen grundsätzlich nur als kongruente Deckung anfechtbar (§ 130 InsO), Insolvenzanfechtung scheitert grundsätzlich nicht am Vorliegen eines Bargeschäfts (§ 142 InsO), BGH ZIP **08,** 183 (IX ZS), was nach Karlsr ZIP **05,** 1248 sehr str war, Kuder ZIP **08,** 289, Jacoby ZIP **08,** 385, Griesbeck ZIP **08,** 1813 (Konsortialkredit).

B. **Knebelung:** Die Globalzession kann sittenwidrig aus dem Verhältnis zum Kre- H/3 ditnehmer sein (Knebelung), BGH BB **74,** 669, **79,** 12, Celle ZIP **82,** 942, Kln WM **86,** 452.

C. **Kollision infolge Mehrfachabtretung:** Bei Kollision von Kreditsicherheiten H/4 infolge Mehrfachabtretung hat grundsätzlich die zeitlich erstere Abtretung Vorrang **(Prioritätsprinzip),** soweit nicht die spätere Abtretung durch eine iZw für widerrufliche **Einziehungsermächtigung** seitens des Vorrangigen gedeckt ist (§ 185 BGB), stRspr, BGH **32,** 288. Globalzessionen sind aber trotz Priorität idR sittenwidrig iSv **§ 138 BGB,** wenn sie den Kreditnehmer = Zedenten zur **Täuschung und** dadurch **Schädigung Dritter** verleiten, indem sie künftige Forderungen einbeziehen, die der Kreditnehmer auf Grund verlängerten Eigentumsvorbehalts an Lieferanten abtreten soll (Vertragsbruchtheorie) stRspr, BGH **72,** 308, Ausnahmen nur, wenn die besicherte Bank auf Grund besonderer Umstände, zB Unüblichkeit des verlängerten Eigentumsvorbehalts in der Branche, Kollision der Sicherheitsrechte für ausgeschlossen halten durfte, BGH **72,** 310, WM **99,** 126, 1216; sittenwidrig also, auch wenn die Einzelzessionen noch der Zustimmung der Drittschuldner bedürfen, BGH **55,** 34; auch wenn der Kreditnehmer verpflichtet wird, mit den Kreditmitteln gerade jene Lieferanten laufend zu bezahlen, BGH NJW **74,** 943; auch bei nur schuldrechtlicher Teilverzichtsklausel, BGH **72,** 308, WM **99,** 126; auch bei Klausel betr ausschließliche Zahlung an die Bank als Zahlstelle des Kreditnehmers, BGH **72,** 316, Ffm WM **81,** 974; auch bei Globalzessionen nicht in Geld-, sondern Warenkreditgläubiger, BGH NJW **74,** 942, **77,** 2261. Für Kollision zwischen zwei Globalzessionen (Bank, Maschinenvermieter) gilt die Vertragsbruchtheorie nicht, BGH NJW **05,** 1192. **Factoring s** Rn O/7 f. Aufrechterhaltung einer insoweit nichtigen Globalzession im Übrigen str, s **(5)** § 306 II BGB. **Nicht sittenwidrig** sind Globalzessionen, wenn die Lieferantenansprüche aus (branchenüblichem) verlängertem Eigentumsvorbehalt der Globalzession auf jeden Fall mit dinglicher Wirkung vorgehen sollen, BGH **98,** 314; formularvertragliche, revolvierende Globalsicherungen sind wirksam auch ohne ausdrückliche Regelung der Freigabe, wenn eine zahlenmäßig bestimmten Deckungsgrenze und der Bewertung der Sicherungsgegenstände (Grund: auch ohne Akzessorietät ermessensunabhängige Freigabepflicht aus fiduziarischer Rechtsnatur), Deckungsgrenze bei 110% der gesicherten Forderungen, Freigabeanspruch idR bei 150% des Schätzwerts (§ 237 S 1 BGB), BGH GrS **137,** 212 und schon BGH **133,** 25 (XI ZS unter Aufgabe der stRspr seit BGH **109,** 240), s auch **(8)** AGB-Banken Nr 16 Rn 2; wenn die durch Globalzession erlangten Mittel unmittelbar zur Befriedigung der

Hopt 1855

(7) BankGesch H/5–J/1   2. Handelsrechtl. Nebengesetze

Warenkreditgeber dienen, diese also nicht gefährdet werden, BGH **69**, 254 (echtes Factoring, s Rn O/7); Diskontierung von Kundenwechseln s Rn J/1–2. Haftung aus § 826 BGB s Rn A/35. Lit: Finger DB **82**, 475 (BankAGB).

Auskunftsanspruch des Warenlieferanten besteht gegen seinen Käufer, aber nicht ohne weiteres gegen die einzelne Bank, BGH NJW **80**, 2463. **Offenlegung** der stillen Zession kann zulässig sein, BGH BB **63**, 574, WM **79**, 1180.

3) Unwirksamkeit von Sicherungsklauseln

H/5   Die herkömmlichen Formularsicherungsklauseln der Kreditwirtschaft werden von der Rspr zunehmend eng ausgelegt bzw kritisch an **(5)** §§ 307, 308, 309 BGB gemessen, Ul/Br/He/H. Schmidt Anh § 310 BGB Rn 730 ff. Die Klauselpraxis wird sich zT umstellen müssen. **Lohnabtretung** für Bankkredit, auch Teilzahlungskredit, ist zulässig. Eine Lohnabtretungsklausel muss aber hinreichend eindeutig sein und darf nicht zu unverhältnismäßiger Übersicherung führen, BGH **108**, 98. Lit: Kohte ZIP **88**, 1225. Sicherungsübereignung s Rn H/4; Klausel über persönliche Haftungsübernahme bei Grundschuldbestellung für Drittkredit ist unwirksam, BGH **114**, 9. Zulässiger Sicherheitenaustausch s Rn G/19 a. Zu Einbeziehung der PersonenGes oder Gfter, Tiedtke NJW **91**, 3241; Bürgschaftsklauseln s § 349 HGB Rn 3–10; **(8)** AGB-Banken Nr 13–17. RsprÜbersicht: Clemente ZIP **85**, 193.

4) Kündigung unbefristeter Sicherheitsbestellungen

H/6   Bei unbefristeten Sicherheitsbestellungen, zB Formularpfandrechten, aber auch Grundschulden und anderen Sicherheiten, kann der Sicherungsgeber nach Ablauf eines gewissen Zeitraums oder bei Eintritt besonders wichtiger Umstände mit Wirkung für die Zukunft kündigen (Dauerschuldverhältnis, § 314 BGB); BGH NJW **85**, 3007, **03**, 61. Besonders wichtige Umstände sind zB das Ausscheiden eines Gfters aus der Ges, für deren Schulden er die Sicherheit bestellt hat, BGH ZIP **99**, 877, NJW **03**, 62. Die Besicherung beschränkt sich dann auf die bei Wirksamwerden der Kündigung begründeten Verbindlichkeiten des Schuldners, bei Kontokorrentkredit also auf den entsprechenden Tagessaldo (vgl § 356 HGB Rn 2), BGH NJW **03**, 61, neue Verbindlichkeiten sind nicht gedeckt. Prolongationskredit ist weitergesichert, wenn die Parteien des Kreditvertrags sich über die periodische Verlängerung von vornherein einig waren (Grundlage der Prolongation bereits im Ursprungsvertrag), BGH NJW **03**, 62.

J. Diskontgeschäft, Forfaitierungsgeschäft

a) Kommentare und Handbücher: Außer dem allgemeinen Schrifttum (s Einl vor A/1) BankrechtsHdb/*Peters* 3. Aufl 2007 § 65 (Wechselkredit). – BankrechtsHdb/ *Martinek/Oechsler* 3. Aufl 2007 § 103 (Forfaitinggeschäft). – BuB/*Früh* 3/241 a ff. – *Canaris* 2. Aufl 1981, Rn 1522. – *Ebenroth/Hakenberg* BankR V 35 2001. – *Hopt/ Mülbert* 650, 693 (1989). – *Kümpel* 3. Aufl 2004 Rn 5333 ff.

b) Sonstige Beiträge: Zum Diskontgeschäft *Helm* 1967. – *Helm* WM **67**, 310, **68**, 930. – *Stauder* WM **68**, 562, 1238. – Zum Forfaitierungsgeschäft: *Bernard* 1991. – *Finger* BB **69**, 765. – *Schultz/Meister* AWD **72**, 230. – *Graf v Westphalen* RIW **77**, 80. – *Schütze* WM **79**, 962 (IPR). – *Graf v Westphalen* WM **01**, 1837. **Muster:** *Hopt/Joos* 3. Aufl 2007 Form IV. J.1–3 (Diskontgeschäft, Forfaitierungsgeschäft). **RsprÜbersicht:** vgl allgemeiner zum Wechsel- und Scheckrecht vor E/1.

1) Rechtliche Qualifikation des Diskontgeschäfts

J/1   A. **Erscheinungsformen:** Das Diskontgeschäft ist der Ankauf von Wechseln und Schecks (Bankgeschäft nach § 1 I 2 Nr 3 KWG, Text s Rn A/4). Die Bank erwirbt dabei vom Einreicher (Diskontant) den noch nicht fälligen Wechsel und bezahlt dafür den Nennbetrag der Forderung abzüglich des Zwischenzinses für die Zeit bis zum Fälligkeitstag **(Diskont).** Der Wechselerwerb dient nicht als Grundlage eines Haftungskredits (wie beim Akzeptkredit, s Rn G/25), sondern ist Teil eines Geldkreditgeschäfts (Diskontkredit, vgl § 21 I 1 Nr 2 KWG). Die Bank refinanziert sich durch Weitergabe des Wechsels an eine andere Bank (Privatdiskont) oder über die DBBk nach Maßgabe der EZB, DBBk 11/**98**, 21, Kümpel Rn 5345. Letzteres setzte bis 1999 voraus (§ 19 I Nr 1 aF BBankG): Haftung grundsätzlich dreier als zahlungsfähig bekannter Verpflichteter aus dem Wechsel oder Scheck und Fälligkeit binnen dreier Monate ab Ankaufstag; außerdem sollte es sich um gute **Handelswechsel** handeln (Zugrundeliegen eines Warenumsatzgeschäftes; Gegensatz **Finanzwechsel**). Stattdessen gewährt die DBBk seither Offenmarktkredite in der Form von Hauptrefinanzierungsgeschäften mit vorgeschaltetem Standardtender sowie längerfristige Refinanzierungsgeschäfte (gewöhnlich als Zinstender mit dreimonatiger Laufzeit, AGB-DBBk V Nr 14 ff); die Besicherung der Offenmarktkredite erfolgt duch Verpfändung der refinanzierten Wechsel (AGB-DBBk V Nr 3 ff, 9 ff). Wechselrechtlich ist der Einreicher idR Aussteller oder Indossant (so der Warenkreditgläubiger); er kann aber auch Akzeptant sein (so der Warenkäufer; Akzeptantenwechsel), zB beim **umgekehrten Wechsel** bzw **Scheck-Wechselverfahren**, BankrechtsHdb/Peters § 65 Rn 13, diese sind nicht sittenwidrig (keine Wechselreiterei oder Akzepttausch, vgl BGH **27**, 172), BGH **56**, 265, WM **79**, 272, **80**, 126, Ffm WM **93**, 1710; Ulmer/Heinrich DB **72**, 1104, 1149, Thamm ZIP **84**, 922 (Sicherungsklausel, Skonto); ebenso umgekehrter Finanzwechsel, Hamm ZIP **86**, 364. Die bloße Diskontierung eines Akzeptantenwechsels ist, auch wenn die Bank weiß, dass für Regress des Ausstellers wegen Sicherungsübereignungen kein vollstreckungsfähiges Vermögen mehr da ist, nicht sittenwidrig, BGH NJW **84**, 728; die Bank darf den Akzeptantenwechsel auch vor Ausstellung oder Einlösung des Schecks diskontieren, Hamm NJW **86**, 2839. Zum Ausstellerkredit mittels umgedrehter Wechsel Hopt/Mülbert 376. **Muster:** Hopt/Joos 3. Aufl 2007 Form IV. J.1 (Forfaitierung avalierter Solawechsel), Form IV. J.2 (Forfaitierung von Solawechseln mit separater Garantie).

B. **Rechtliche Qualifikation:** Das Diskontgeschäft ist idR **Kauf** oder kaufähnliches Geschäft, **ausnahmsweise Darlehen**, hL, stRspr, BGH **19**, 292, **59**, 200, WM **63**, 507, **68**, 797, **72**, 72, BankrechtsHdb/Peters § 65 Rn 3; aA Canaris 1532: idR Darlehen, Hingabe des Wechsels als Leistung erfüllungshalber zur Darlehensrückzahlung. Ein Darlehen kann vorliegen zB bei Diskontierung des Wechsels für Rechnung des Kunden und sofortiger Gutschrift aus eigenen Mitteln der Bank, vgl BGH **19**, 291, WM **66**, 1222; bei Wechsel mit der Unterschrift nur des Ausstellers (eigener oder Solawechsel, Art 75 WG) oder nur dem Akzept ohne Unterschrift des Ausstellers, BGH WM **56**, 188; bei Vorbehalt der Rückforderung des Diskonterlöses vom Verkäufer (vgl auch **(8)** AGB-Banken Nr 9 Rn 1) ua. Bei nicht nur einmaliger Diskontierung kann ein Diskontkrediteröffnungsvertrag vorliegen, auf dessen Grundlage dann das einzelne Diskontgeschäft zustande kommt, BankrechtsHdb/Peters § 65 Rn 4 ff, s Rn G/2–19. Diskontierung von Kundenwechseln durch die Wechseldiskontkredit gewährende Bank ist auch bei verlängertem Eigentumsvorbehalt der Lieferanten nicht sittenwidrig (s Rn H/4), BGH BB **79**, 956; Muscheler NJW **81**, 657. Zum Selbstdiskont von Eigenakzepten beim Akzeptkredit s Rn G/25.

2) Rechte und Pflichten der Beteiligten

Der Diskontkreditnehmer hat Anspruch auf den Wechselgegenwert. Die Geldsumme ist effektiv, iZw in bar, auszuzahlen (s Rn G/3); die Bank erwirbt auch bei Ablehnung der Diskontierung kein Pfandrecht an dem Wechsel oder Scheck nach **(8)** AGB-Banken Nr 14 III (s dort Rn 11). Die Bank hat Anspruch auf Übertragung des Wechsels und Schecks, bei Verlangen auch durch Indossament, str, und erwirbt sicherungshalber auch die dem Wechselgeschäft zugrunde liegende Forderung (s **(8)** AGB-Banken Nr 15 II). Warnpflichten der Bank s Rn A/27. Der Kunde muss der Bank offenbaren, wenn es sich um einen Finanzwechsel handelt und die Bank das den Umständen nicht ohne weiteres entnehmen kann, BGH **56**, 266; denn dann scheiden Erwerb einer zugrundeliegenden Forderung nach **(8)** AGB-Banken Nr 15 II und Rediskontierung durch die DBBk aus. Die Bank hat den wechsel- bzw scheckrechtlichen Rückgriffsanspruch (Art 9, 15, 47 ff WG), den Rückgriffsanspruch als Diskontvertrag (§ 453 I, uU § 488 BGB) und ggf ein vertraglich vereinbartes Rückbelastungsrecht (früher in **(8)** AGB-Banken Nr 42 II 2 aF), das als vertraglich vereinbartes Recht zum Rücktritt vom Kauf anzusehen ist (s Rn J/2), BankrechtsHdb/Peters § 65 Rn 9. Der Einreicher kann seinerseits den noch nicht fälligen Wechsel grundsätzlich nur bei Rücktritt zurückfordern, anders nur bei entsprechender Vereinbarung, BankrechtsHdb/Peters § 65 Rn 10. Beim Akzeptantenwechsel (s Rn

J/1) erfüllt der Kunde (Schuldner, Akzeptant) mit Zahlung an den Gläubiger (Aussteller), nicht erst mit Wechseleinlösung, BGH **97,** 197, aA mit guten Gründen üL; empfehlenswert ist abweichende Abrede.

3) Forfaitierungsgeschäft

J/4 Beim Forfaitierungs- oder Forfaitgeschäft in der Form des Diskonts à forfait (frz: in Bausch und Bogen) diskontiert die Bank (Forfaiteur) einen Wechsel unter Verzicht auf jeden Rückgriff beim Diskontkreditnehmer (Forfaitist, Exporteur). Das Forfaitierungsgeschäft kommt meist als Kauf von Exportforderungen vor, meist unter Verzicht auf Rückgriff (echtes Forfaitierungsgeschäft, sonst unechtes Forfaitierungsgeschäft), dies aber idR nur, wenn die Forderung gesichert ist, zB durch Bankgarantien. Das Forfaitierungsgeschäft ähnelt dem Factoring (s Rn O/1), im Unterschied zu diesem ist es aber ein Einzelgeschäft, kein mit weiteren Dienstleistungen verbundenes Dauerverhältnis bzw Rahmenvertrag; dazu Graf v Westphalen RIW **77,** 80; Zusammentreffen mit Globalzession wie beim echten Factoring, Hbg ZIP **83,** 47, s Rn O/7. Das Forfaitierungsgeschäft dient vor allem der Exportfinanzierung, Hauptfall ist der Ankauf von Exportforderungen. Der Exporteur überträgt der Bank idR einen Solawechsel des ausländischen Importeurs durch Blankoindossament (Art 13 II, 77 WG) mit eigenem Haftungsausschluss (Angstklausel); er kann ihr aber auch einen selbst ausgestellten, vom Importeur akzeptierten Wechsel übertragen, dann allerdings ohne Ausschluss der Haftung für Zahlung (Art 9 WG, anders US-amerikanisches und englisches Recht), jedoch mit schuldrechtlicher, auch konkludenter Freistellungserklärung, BankrechtsHdb/Martinek/Oechsler § 103 Rn 22 ff. In der Praxis kommt als Sonderform der Forfaitierung auch der regresslose Ankauf von Leasingforderungen durch die Bank zur Refinanzierung von Leasinggesellschaften vor, BankrechtsHdb/Martinek/Oechsler § 103 Rn 31 ff.

J/4a Rechtlich liegt beim echten Forfaitierungsgeschäft wie beim Diskontgeschäft und beim echten Factoring ein Rechtskauf vor (s Rn J/1–2, O/2), BGH **126,** 264, BFH WM **99,** 1763, Hbg ZIP **83,** 47, dabei wird vorausgesetzt, dass das Bonitätsrisiko vollständig auf den Käufer übergeht. Beim unechten Forfaitierungsgeschäft (praktisch nur bei Forderungen) liegt wie beim unechten Factoring idR Kauf, ausnahmsweise Darlehen vor (s Rn O/3), wie dort str. Beim Wechselforfaitierungsgeschäft begibt sich die Bank des Zurückbelastungsrechts und verzichtet schuldrechtlich (nicht wechselrechtlich, Art 9 II WG) und formlos wirksam auch auf alle wechselrechtlichen Regressansprüche des Vertragspartners und sonstiger wechselrechtlich Verpflichteter (Freistellungserklärung), BGH **126,** 261. Um die Einwendung des Verzichts (Art 17 WG) gegen die Rediskontbank zu erhalten, muss die Bank diese auf den Forfaitierungscharakter hinweisen. Bei der Wechselforfaitierung wird die Kausalforderung aus dem Exportgeschäft idR nicht mitverkauft, Grund: Risiko der Anwendung des auf die Forderung anwendbaren ausländischen Rechts auch auf die Wechselforderung. **Muster:** Hopt/Joos 3. Aufl 2007 Form IV. J.1 (Forfaitierung avalierter Solawechsel), Form IV. J.2 (Forfaitierung von Solawechseln mit separater Garantie), Form IV. J.3 (Forfaitierung einer Akkreditivforderung). Lit: Bernard 1991, Deuber Bern 1993, BankrechtsHdb/Martinek/Oechsler 3. Aufl 2007 § 103; Schütze WM **79,** 962, Hakenberg RIW **98,** 906, Brink WM **03,** 1355 (SMG).

4) Pensionsgeschäft

J/5 Beim Pensionsgeschäft überträgt der Pensionsgeber Wechsel, Wertpapiere ua gegen Zahlung eines Betrags auf den Pensionsnehmer; diese sind entweder auf jeden Fall (Rückgabepflicht, echtes Pensionsgeschäft) oder nur auf Verlangen des Pensionsnehmers (bloßes Rückgaberecht, unechtes Pensionsgeschäft) gegen Zahlung eines Betrags wieder zurückzuübertragen. Definitionen und Bilanzierungsregeln für die Pensionsgeschäfte der Kreditinstitute enthält § 340 b HGB (nF BankBiRiLiG 1990). Das Pensionsgeschäft hat idR Kreditcharakter und bringt Vorteile betr Mindestreserven, Bilanzierung (s § 340 b HGB) ua. Anders als beim Effektenlombard (s Rn G/21) erwirbt der Pensionsnehmer eine Kapitalanlage auf Zeit und trägt solange das Substanz- und Ertragsrisiko; das gilt auch für Zwangsvollstreckung und Insolvenz. Das Pensionsgeschäft ist Kauf mit fester Rückkaufvereinbarung (echtes Pensionsgeschäft)

V. Bankgeschäfte (m. Börsen- u. KapMR) **J/6, K/1 BankGesch (7)**

oder mit Rückverkaufsrecht (unechtes Pensionsgeschäft), im Einzelfall auch Darlehen, Bennat WM **69,** 1437, Schönle § 19 I 2; nach aA Darlehen mit Hingabe des Wechsels sicherungshalber. In der Praxis sind die Vorteile aus dem Papier und der Liquiditätsüberlassung idR im Rückkaufpreis einkalkuliert (Sell and buy back-Geschäft). International wird das Geschäft zunehmend dahin standardisiert, dass bei gleichen Preisen für Kauf und Rückkauf die Liquiditätsüberlassung durch Ausgleichszahlung vergütet wird (Repo-Geschäft). Lit: Hopt/Mülbert 703 und § 340 b HGB Rn 1.

Wechsel- und Scheckinkasso: s Rn E/1–8, (12) ERI. J/6

5. Kap: Akkreditiv, Bankgarantie, Dokumenteninkasso und sonstiges Auslandsgeschäft

K. AkkreditivgeschäftSchrifttum

S speziell vor **(11) ERA 600,** zu den **ERA 500** s **(11)** ERA Einl 1, 3 vor Art 1.

a) Kommentare und Handbücher: Außer dem allgemeinen Schrifttum (s Einl vor A/1) BankrechtsHdb/*Nielsen* 3. Aufl 2007 § 120. – BuB/*Nielsen* 5/250 ff. – *Canaris,* 3. Aufl 1988, Rn 916. – *Ebenroth/Hakenberg* BankR II 456 2001. – *MüKo(HGB)/(Bearbeiter)* 2. Aufl 2005 ff Bd 5 2009 Anh nach § 372: *MüKo/Nielsen* (Zahlungsverkehr H). – *Schütze,* 6. Aufl 2008 (zit). – *Graf v Westphalen,* Rechtsprobleme der Exportfinanzierung, 3. Aufl 1987. –*Zahn/Ehrlich/Neumann,* Zahlung und Zahlungssicherung im Außenhandel, 7. Aufl 2001.

b) Sonstige Beiträge: *Raith* 1985 (USA, BRD). – *Krauß* 1990 (Dokumentenstrenge). – *ICC,* ISP 98 – International Standby Practices – The Commentary 1999 (IntHK-Publikation Nr 947, Sprache englisch). – *ICC,* Annual Surveys of Letter of Credit Law and Practice, zuletzt 2006 (IntHK-Publikation Nr 962, Sprache englisch). – *Richter* 1990 (Standby Letter of Credit). – *Liesecke* WM **61,** 194, **64,** 1282 (Seefrachtgeschäft), FS Fischer **79,** 397 (Kredit, Insolvenz). – *Obermüller* FS Bärmann **75,** 709 (Sicherungsrechte der Bank). – *Peters* WM **78,** 1030. – *Steindorff* FS von Caemmerer **78,** 761 (IPR). – *Nielsen* FS Werner **84,** 573 (Regress), WM **85,** 149 (Fehlauszahlung). – *Canaris* ÖBA **87,** 769 (Einwendungsausschluß). – *Plagemann* RIW **87,** 27 (Arretierung), **87,** 948 (Einwendungen). – *Plett/Welling* DB **87,** 925 (Abwicklung). – *Schütze* WM **82,** 226 (IPR), DB **87,** 2189 (Avisierung), RIW **88,** 343 (Zahlstelle). – *von Bar* ZHR 152 **(88)** 38 (IPR). – *Lorenz* FS Steindorff **90,** 405 (IPR, Rembours). – *Koller* WM **90,** 293 (Dokumentenstrenge). – *Schefold* IPRax **90,** 20, **96,** 347 (IPR). – *Lenz* EuZW **91,** 297. – *Nielsen* WM Beil 3/93 (Aufnahmefähigkeit von Transportdokumenten). – *Vorpeil* RIW **93,** 12 (Prüfungszeitraum). – *Nielsen* WM **99,** 2005, 2049 (international). – *Berger* FS Schütze **99,** 103 (Auslegung durch Rspr). – **Muster:** *Hopt/Joos* 3. Aufl 2007 Form IV. K.1–15 (Akkreditivgeschäft). **RsprÜbersichten:** *Liesecke* WM **66,** 458, **69,** 210, **76,** 258, *Eberth* RIW **77,** 522.

1) Rechtliche Qualifikation des Akkreditivs

A. Rechtliche Qualifikation: Das Akkreditiv ist ein selbstständiges Zahlungsversprechen iSv § 780 BGB, das eine Bank auf Anweisung des Auftraggebers dem Begünstigten gegenüber abgibt und in dem sich die Bank verpflichtet, gegen Vorlage bestimmter Dokumente zu zahlen, BGH **108,** 348, WM **92,** 928, Mü WM **96,** 2336, Schütze 45 a, hL. Die Anweisung ist eine solche iwS, nicht unmittelbar iSv § 783 BGB, aber §§ 783 ff BGB sind zT entspr anwendbar, zB §§ 784 I Halbs 2, 788, 790 BGB, Canaris 921, str. Das Akkreditiv dient vor allem der Zahlungssicherung im Außenhandel, daneben aber auch sonst der Sicherung und ggf der Kreditgewährung. Zugrunde liegt ein **Warengeschäft,** zB Kauf, zwischen Exporteur (Verkäufer) und Importeur (Käufer), in dem der Käufer Bezahlung der Ware durch Stellung eines Akkreditivs bei einer Bank verspricht (Verpflichtung, „den Verkäufer bei der Bank zu akkreditieren"; sog **Akkreditivklausel, s** Rn K/25). Der Käufer (**Akkreditivauftraggeber,** Akkreditivsteller) erteilt seiner Bank den Akkreditivauftrag (§§ 675 I, 631 BGB, s Rn K/3). Die Bank teilt dem Verkäufer (**Begünstigter,** Akkreditierter) das Akkreditiv mit und eröffnet es. Mit Eröffnung des Akkreditivs erlangt der Verkäufer

K/1

einen unmittelbaren und selbstständigen Anspruch gegen die eröffnende Bank auf Zahlung, Akzeptierung oder Negoziierung von Wechseln gegen Aushändigung der Warendokumente (s Rn K/11). Die Besonderheit des Akkreditivs liegt vor allem darin, dass der Verkäufer sich nach Eröffnung des Akkreditivs auch berechtigte Einwendungen und Einreden aus dem Kaufvertrag nicht mehr entgegenhalten lassen muss; der Käufer ist auf Rückforderung nach § 812 BGB verwiesen (Grundsatz der **Unabhängigkeit des Zahlungsanspruchs vom Grundgeschäft,** Umkehr der Prozessrollen, „**erst bezahlen, dann prozessieren**", s Einwendungsausschluss Rn K/16). Dies ist nur tragbar, weil andererseits die Bank zur Zahlung nur gegen Vorlage der Warendokumente verpflichtet ist und diese den Akkreditivbedingungen auf das Genaueste entsprechen müssen (Grundsatz der **Dokumentenstrenge,** s Rn K/5). Jeder Versuch, die Dokumentenstrenge aufzuweichen, entwertet deshalb das Akkreditiv als vom Grundgeschäft unabhängiges Zahlungsinstrument. Das **Dokumentenakkreditiv** ist seit **1. 7. 2007** in **ERA 600** mit Anhang **eUCP** (englisch) Version 2.1 (dazu **(11)** ERA 600 Einl 1 ff vor Art 1) **näher geregelt;** Wirksamkeit und Auslegung nach **(5)** §§ 305 ff BGB s **(11)** ERA Einl 4 ff, 8. Die ERA gelten nur, wenn sie **besonders vereinbart** sind, **(11)** ERA 600 Art 1: „**ausdrücklich**", aber auch konkludent, **(11)** ERA Art 1 Rn 1, 3; sind sie aber vereinbart, sind sie für alle Beteiligten bindend, soweit sie im Akkreditiv nicht ausdrücklich geändert oder ausgeschlossen sind, sog **fall back rules**). Sie sind heute nicht mehr schon in **(8)** AGB-Banken ohne weiteres mitvereinbart (s dort Nr 1 Rn 6). **(11)** ERA erfasst auch den Standby Letter of Credit, s Art 1 Rn 2.

K/1a Der **Standby Letter of Credit (L/C, auch Guarantee Letter of Credit)** ist eine besondere Art des Dokumentenakkreditivs, ursprünglich eine Garantie amerikanischer Banken, die gegen ein Dokument zahlbar gestellt wird, vgl BGH WM **94,** 1063, Horn/Wymeersch 1990, Eschmann RIW **96,** 913, Nielsen WM **99,** 2005, 2049; er unterliegt den Grundsätzen für dieses, Ffm WM **97,** 1893; Barzahlung beim Akkreditiv und Vorlage und Einlösung von Tratten beim L/C stehen funktional gleich. Beim Standby L/C Erklärung des Begünstigten über Nichterfüllung wie bei der Garantie auf erstes Anfordern (s Rn L/8). Unterschied zum Negoziierungskredit (drawing authorization): Ausschluss des wechselrechtlichen Regresses gegen den Begünstigten, Schütze 70 f. Zum L/C, Berger DZWir **97,** 426, Schütze 67 ff (Letter of Credit), 73 ff (Standby Letter of Credit). ICC, International Standby Practices, zur Verwendung bei Standby letter of credit empfohlen, s **(11)** ERA Einl 1. AGBKontrolle Haas ZBB **99,** 301. **Muster:** Hopt/Joos 3. Aufl 2007 Form IV. K.2, 3 (unwiderrufliches Dokumenten-Akkreditiv).

K/2 B. **Einschaltung weiterer Banken:** Üblicherweise sind mehrere Banken eingeschaltet, vor allem im internationalen Zahlungsverkehr. Die Bank des Käufers bzw Importeurs **(Akkreditivbank oder Eröffnungsbank)** schließt mit der zweiten, meist ausländischen Bank (Korrespondenzbank) einen Geschäftsbesorgungsvertrag (§§ 675 I, 631 BGB). Die zweite Bank beschränkt sich entweder darauf, den Verkäufer bzw Exporteur von der Stellung des Akkreditivs zu unterrichten (**Avisbank** bzw avisierende Bank als bloße technische Durchlaufstelle, s **(11)** ERA Art 2 (Definition), Art 9, dazu Schütze 266, DB **87,** 2189) und auch idR (ohne Übernahme einer eigenen Verbindlichkeit; aber Pflicht zur Überprüfung der augenscheinlichen Echtheit) ihm den Akkreditivbetrag gegen Prüfung der Warendokumente auszuzahlen (**Zahlstelle** oder Abwicklungsbank), BGH WM **58,** 1542, Schütze 297, RIW **88,** 343, oder sie übernimmt es, das (unwiderrufliche) Akkreditiv dem Verkäufer gegenüber zu bestätigen (**Bestätigungsbank, (11)** ERA Art 2 mit Definition, Art 8). Letzterenfalls erhält der Verkäufer einen zusätzlichen, vom Grundgeschäft unabhängigen Zahlungsanspruch auch gegen die Bestätigungsbank (Gesamtschuld), ebenfalls § 780 BGB (s Rn K/1), Ffm WM **96,** 58. Eröffnung und Avis (nicht Annahme, § 151 BGB) soll nicht (fern)mündlich (in der Praxis höchst selten), sondern nur schriftlich oder per schriftlicher Telekommunikation s **(11)** ERA Art 11) möglich sein, Schütze 252 wegen Dokumentenstrenge (s Rn K/6) und HdlBrauch, letzteres kaum angesichts vieler abweichender Meinungen auch im Ausland, jedenfalls können die Parteien Formlosigkeit vereinbaren (s **(11)** ERA Art 1 Rn 3). Die zweitbeauftragte Bank hat gegen die Akkreditivbank Anspruch auf Vorschuss und Aufwendungsersatz (§§ 675 I,

V. Bankgeschäfte (m. Börsen- u. KapMR) K/3 **BankGesch** (7)

669, 670 BGB), wenn sie auftragsgemäß gegen die Dokumente auszahlt, sonst nicht, BGH NJW **85,** 551; bei Akkreditiv mit aufgeschobener Zahlung (deferred payment-Akkreditiv, s **(11)** ERA Art 7 Rn 1), BGH **101,** 84; zur Remboursklausel **(11)** ERA Art 13 Rn 1. Der Käufer steht in vertraglicher Beziehung nur zur Akkreditivbank, nicht zur zweitbeauftragten Bank, RG **105,** 50, **106,** 27, Düss WM **78,** 360. Die Akkreditivbank haftet aber dem Käufer je nach Einzelfall (nach aA immer, nach aA nie, sondern nur § 664 I 2 BGB) für die eingeschalteten Banken nach § 278 BGB, BGH WM **58,** 1542, Schütze DB **87,** 2190, so zB betr Mitteilung und Eröffnung des Akkreditivs, nicht aber zB wenn der Auftraggeber die Einschaltung einer bestimmten Bank vorschreibt; soweit § 278 BGB eingreift, ist die Freizeichnung nach **(11)** ERA Art 37, jedenfalls gegenüber Verbrauchern, unwirksam, **(11)** ERA Art 37 Rn 1, Canaris 975, Nielsen ZIP **84,** 239, aA Graf v Westphalen WM **80,** 186: allgemein auch gegenüber Kflten; keine Haftungsbeschränkung nach **(8)** AGB-Banken (anders Nr 25 aF vor 1993). Statt Schadensliquidation der Akkreditivbank im Drittinteresse für den Käufer sind besser im Einzelfall (Dritt)Schutzpflichten der zweitbeauftragten Bank zugunsten des Käufers anzunehmen, zB für richtige Akkreditivmitteilung (wie beim mehrgliedrigen Giroverkehr, s Rn C/5), str. Der Verkäufer hat vor Eröffnung des Akkreditivs keine eigenen Ansprüche gegen die eingeschalteten Banken, nachher hat er einen Anspruch aus § 780 BGB gegen die Akkreditivbank und ggf gegen die Bestätigungsbank. **Muster:** Hopt/Joos 3. Aufl 2007 Form IV. K.3 (Unwiderrufliches Dokumenten-Akkreditiv mit Avisierungs-/Bestätigungsauftrag an Korrespondenzbank), Form IV. K.5 (Auftrag an Korrespondenzbank zur Avisierung einer Akkreditivänderung), Form IV. K.10 (Mitteilung über Akkreditiveröffnung mit Bestätigung durch die avisierende Bank).

Ankaufs- und Schutzzusagen: In der Praxis haben sich neben der Einschaltung von Avis- und Bestätigungsbanken durch die beauftragte Bank Ankaufs- und Schutzzusagen (einer dritten Bank gegenüber dem Akkreditivbegünstigten außerhalb der Akkreditivbeziehungen) entwickelt (Schutzklauseln). Dabei geht es dem Begünstigten um Absicherung seines Anspruchs gegen die Akkreditivbank (Zahlungsunfähigkeit, Konvertierungs-, Transfer- und Moratoriumsrisiken). Der Sache nach sind es verdeckte Bestätigungen, Schütze 59 mit Musterformel. **Muster:** Hopt/Joos 3. Aufl 2007 Form IV. K.14 (Ankaufszusage), Form IV. K.15 (Schutzzusage).

Internationales Recht: Die Rechtsverhältnisse der Beteiligten unterliegen nicht einem einheitlichen, sondern dem jeweils anwendbaren Recht: Käufer/Verkäufer (s Rn K/25), Bank/Akkreditivauftraggeber (s Rn K/3), Akkreditivbank/Begünstigter (s Rn K/11), Avis-Bestätigungsbank/Akkreditivbank (s Rn K/2), Avis-, Bestätigungsbank/Begünstigter (s Rn K/2); Übertragung (s Rn K/23); Gegen- oder Unterakkreditiv (s Rn K/24). Die Akkreditivbank erbringt die charakteristische Leistung (Art 28 II 2 EGBGB), Ffm RIW **92,** 315. Das gilt entsprechend für die bestätigende Zweitbank, nach aA dann einheitlich deren Niederlassungsort für Ansprüche gegen beide Banken, Ffm NJW-RR **88,** 682. Der **Bankenrembours** ist in den IntHK Einheitliche Richtlinien für Rembourse zwischen Banken, 1996, geregelt, s **(11)** ERA Art 13. Lit: Schütze 458 (IPR), 491 (internationaler Akkreditivprozess), Reithmann/Martiny/Martiny 1226; Steindorff FS von Caemmerer **78,** 761, von Bar ZHR 152 **(88)** 38, Lorenz FS Steindorff **90,** 405, Schefold IPRax **90,** 20, **96,** 347.

2) Das Rechtsverhältnis zwischen den Banken und dem Akkreditivauftraggeber (Käufer)

A. **Akkreditivauftrag:** Zwischen Akkreditivauftraggeber und seiner Bank (Akkre- K/3 ditivbank) besteht ein Werkvertrag mit Geschäftsbesorgungscharakter (§§ 675 I, 631 BGB), vgl RG 174, 268, BGH WM **56,** 1542, **98,** 1770, hL. Der Akkreditivauftrag ist zwar an sich formfrei (vgl zum Akkreditiv selbst Rn K/2), aber Schriftform ist handelsüblich. Die Akkreditivbank schuldet den Erfolg der Bezahlung des Akkreditierten (Verkäufers) aus Akkreditiv. Im Einzelnen treffen die Bank gegenüber dem Akkreditivauftraggeber ua Pflichten zur Eröffnung des Akkreditivs (s Rn K/11–15) durch unverzügliche Mitteilung von der Akkreditivstellung, vgl RG **103,** 379, 105, 34, zur Prüfung der Dokumente auf Vollständigkeit und Ordnungsmäßigkeit (s Rn K/5–8) und zur Zahlung gegen fristgerechte Vorlage akkreditivgerechter Dokumente. Auch

Hopt 1861

(7) BankGesch K/4 2. Handelsrechtl. Nebengesetze

sonstige Nebenpflichten, zB Vertraulichkeit, Vorpeil RIW **05,** 854 (House of Lords). Bei Nichteröffnung des Akkreditivs muss die Bank den Auftraggeber unverzüglich benachrichtigen, RG **103,** 379. Risikoabwälzungen durch **(11)** ERA Art 34–37, Wirksamkeit str, s dort. Keine allgemeine Beratungspflicht, aber uU Warnpflichten der Bank, Schütze 95 f, s Rn A/28, zB wenn das Akkreditiv nichtig wäre (s Rn K/13) oder beim Umladungsverbot (s **(11)** ERA Art 20 Rn 2), Schütze 97, 190. Die Bank kann andere Banken einschalten, je nach Einzelfall haftet sie aber für diese als ihre Erfüllungsgehilfen (§ 278 BGB), str, s Rn K/2. Die Zahlung ist fällig gegen Präsentation akkreditivgerechter Dokumente nach notwendiger Prüfung (s Rn K/5). Jedoch kann die Fälligkeit hinausgeschoben sein (**Akkreditiv mit hinausgeschobener Zahlung, Nachsichtzahlung, deferred payment,** s **(11)** ERA Art 7 Rn 1); dann ist die Bank grundsätzlich auch **nicht zur vorzeitigen Zahlung berechtigt** (§ 271 II BGB gilt nur iZw), Canaris 955, str; vorzeitige Zahlung der Bank ist weisungswidrig und wirkt also nur als Vorschuss auf eigenes Risiko der Bank (Folgen s Rn K/4), BGH **101,** 87, Plagemann RIW **87,** 27, 948, Schönle ÖBA **88,** 311, Schütze 65, nach aA vorzeitige Befriedigung des befristeten Zahlungsanspruchs des Begünstigten, Ffm WM **81,** 445; Konsequenz: keine Erfüllung, der Akkreditivanspruch fällt in die Insolvenzmasse des Begünstigten; s jetzt aber **(11)** ERA Art 7 lit c, 8 lit c, 12 lit b, dort Rn 2, Wirksamkeit str. Funktion des Akkreditivs mit hinausgeschobener Zahlung ist es gerade, dass der Auftraggeber (Käufer) sich bis dahin den Betrag durch Weiterverkauf der Ware beschaffen kann, daran muss sich die Bank halten (Auftragsstrenge), Nielsen WM **09,** 479. Umgekehrt ermächtigt die sog **red clause** die Bank zur Auszahlung eines Teils des Akkreditivbetrags schon vor Dokumenteneinreichung (Vorschuss zwecks Warenbeschaffung), bei **green clause** müssen zuvor die Waren in Namen der eröffnenden Bank gelagert werden, Schütze 436 ff. Funktion: Der Begünstigte (Verkäufer) kann mit dem Vorschuss die zu liefernde Ware erst selbst beziehen. Der Akkreditivauftraggeber muss der Bank den Betrag vorschießen, ggf erstatten (Deckung, §§ 675 I, 669, 670 BGB), RG **102,** 155 und eine Akkreditivprovision (§§ 675 I, 633 BGB), ggf eine besondere Bestätigungsprovision bezahlen (§§ 675 I, 631 I BGB). Aufwendungsersatz auch bei unberechtigter gerichtlicher Inanspruchnahme aus dem Akkreditiv, BGH WM **98,** 1769, Ausnahme Schütze 102. **Pactum de non petendo,** dass der Akkreditivauftraggeber die Bank nicht auf Unterlassung der Auszahlung verklagt (s Rn K/21), ist häufig, Grenze aber Rechtsmissbrauch, Schütze 105. **Muster:** Hopt/Joos 3. Aufl 2007 Form IV. K.1 (Akkreditivauftrag), Form IV. K.4 (Belastungsaufgabe), Form IV. K.6–8 (Mitteilungen an Akkreditivauftraggeber), Form IV. K.13 (Akkreditivabrechnung).

K/4 B. **Weisungen:** Die Bank muss die Weisungen des Auftraggebers strikt befolgen (Ausnahme § 665 BGB, s Rn K/7), BGH WM **58,** 292, 588, **60,** 39, **64,** 476, NJW **70,** 992, **85,** 551, s Rn K/8 aE; Nichtbefolgung führt zu Deckungsverlust (§ 670 BGB, Grenze: § 242 BGB bei Folgenlosigkeit), BGH NJW **89,** 160, und Schadensersatzpflicht (§ 280 BGB, uU nur diese bei endgültiger Durchführung des Kaufvertrags, sehr str). Die Weisungen müssen aber vollständig und genau sein (s ausdrücklich noch **(11)** ERA 500 Art 12), sonst kann die Bank das Akkreditiv nicht eröffnen und muss rückfragen (s Rn K/6). Weisungen mit zu weit gehenden Einzelheiten kann die Bank ablehnen (s **(11)** ERA 500 Art 5 a i; **(11)** ERA 600 Art 6 Rn 7), um nicht die Unabhängigkeit der Akkreditivverpflichtung vom Grundgeschäft auszuhöhlen (zB Weisung, nur bei „vereinbarungsgemäßer Lieferung der Ware" zu zahlen, vgl BGH BB **55,** 462). Nach Akkreditiveröffnung kann der Akkreditivauftraggeber die Rechtsstellung des Akkreditierten nicht mehr durch Gegenweisung an die Bank antasten (§ 790 BGB entspr, s Rn K/12). Beim Akkreditiv mit hinausgeschobener Zahlung (Nachsicht- bzw deferred payment-Akkreditiv (s **(11)** ERA Art 7 Rn 1) keine vorzeitige Zahlung (s Rn K/3). Nichtordnungsgemäße Auszahlung, die aus den Dokumenten ersichtlich ist, muss der Auftraggeber unverzüglich rügen, sofern die Abweichung nicht offensichtlich ist, vgl (im konkreten Fall ablehnend) RG **114,** 268. Die Unterlassung der Rüge macht schadensersatzpflichtig nach § 280 BGB, bedeutet aber noch nicht ohne weiteres eine (allerdings auch stillschweigend mögliche) Genehmigung oder Verwirkung, auch nicht bei Schweigen auf Zusendung oder Entgegennahme von akkreditivwidrigen Dokumenten durch den Auftraggeber, zutr Canaris

V. Bankgeschäfte (m. Börsen- u. KapMR) **K/5, K/6 BankGesch (7)**

948, üL. Die Bank kann ein vertragliches Pfandrecht an den Dokumenten nach **(8)** AGB-Banken Nr 14 (aber s dort Rn 2) erlangen, Liesecke WM **64,** 1282, **69,** 551. Freizeichnung s **(11)** ERA Art 34.

C. **Prüfung der Dokumente: a)** Der Akkreditivauftrag gibt der Akkreditivbank K/5 genau an, gegen welche Dokumente sie zahlen bzw Wechsel akzeptieren oder negoziieren soll. Wenn der Verkäufer die Dokumente der Bank andient, darf diese sie nur aufnehmen und einlösen, wenn aus ihnen hervorgeht, dass die Lieferung richtig ist, dh den Akkreditivbedingungen entspricht, zB dass die richtige Ware richtig verschifft ist. Solche **aufnahmefähige Dokumente** sind nach **(11)** ERA Art 18–28 außer der Handelsrechnung (Art 18) vor allem Transportdokumente, Art 19–27: multimodales Transportdokument (dh mit mindestens zwei verschiedenen Beförderungsarten, zB FIATA Combined Transport Bill of Lading), (See)Konnossement, nichtbegebbarer Seefrachtbrief, Charterpartie-Konnossement, Lufttransportdokument, Dokumente des Straßen-, Eisenbahn- oder Binnenschiffstransports (zB Eisenbahnfrachtbrief, Flussladeschein oder entspr Verladebescheinigungen, Frachtbriefdoppel), Kurierempfangsbestätigung, Posteinlieferungs/Postempfangsschein, Postversandnachweis ua; ferner Versicherungsdokumente (Art 28), Gewichtsbescheinigung und sonstige Dokumente (zB Qualitätszertifikate, Analysenzertifikate, Inspektionszertifikate ua). Die Bank darf **nur „reine"** **Transportdokumente** ohne hinzugefügte Klauseln über Mängel der Ware oder der Verpackung aufnehmen (s **(11)** ERA Art 27). ZT ergibt sich die Art der anzudienenden Dokumente aus der Art der vereinbarten Lieferung; so ist beim cif-Kauf (s **(6)** Incoterms Nr 6) das Versicherungsdokument vorzulegen, auch wenn das im Akkreditiv nicht besonders vorgeschrieben ist. Zu den Akkreditivdokumenten Schütze 150–237.

b) Die Bank ist verpflichtet, die Dokumente mit angemessener Sorgfalt und in K/6 angemessener Zeit (s **(11)** ERA Art 14 Rn 1, 2: maximal fünf Bankarbeitstage) darauf zu prüfen, ob sie der äußeren Aufmachung nach den Akkreditivbedingungen entsprechen (vertragswesentliche Pflicht der Bank iSv **(5)** § 307 II Nr 2 BGB); zu prüfen ist **nur** die **förmliche Übereinstimmung** von Akkreditivbedingungen und Dokumenten (äußere Ordnungsmäßigkeit, Vollzähligkeit, Ausschluss von Widersprüchen), nicht die inhaltliche Richtigkeit der Dokumente, Mü WM **96,** 2337, erst recht nicht die Waren (s **(11)** ERA Art 5, 14). Die insoweit beschränkte Prüfungspflicht ist eine vertragswesentliche Pflicht iSv **(5)** § 307 II Nr 2 BGB, also keine Haftungsbeschränkung. Für die Echtheitsprüfung kann die Haftung für leichte Fahrlässigkeit dagegen durch AGB wirksam ausgeschlossen werden, BGH **108,** 348. Bei der Prüfung gilt der Grundsatz der **Dokumentenstrenge** (s auch Rn K/1, 14): das Dokument muss den im Akkreditiv gestellten Bedingungen für die Zahlung genau entsprechen, BGH WM **58,** 292, 588, **60,** 39, **64,** 476, NJW **70,** 992, WM **71,** 159, **84,** 1214, ZIP **04,** 1049, Nielsen WM **62,** 778; Auslegung (§§ 133, 157 BGB) bleibt aber möglich, BGH WM **94,** 1963, Ffm DZWir **97,** 423 m Anm Berger (Standby Letter of Credit, s Rn K/1), str, aber Rückgriff dabei auf Teile des Grundgeschäfts nur, soweit in der Akkreditivurkunde in Bezug genommen, Schütze 400, 400 a. Akribische, streng förmlich genaue Prüfung, BGH WM **71,** 158, Mü WM **96,** 2337, denn die Bank vermag nicht zu übersehen, ob nicht bereits „die kleinste, wenn auch in ihren Augen belanglose Abweichung" den Auftraggeber erheblich schädigen kann, BGH WM **71,** 159. Trotzdem nicht rein sklavische Wortlautauslegung, sondern nach Sinn und Zweck der Akkreditivbedingungen, allerdings nur, sofern sie aus der Urkunde ersichtlich sind, BGH WM **94,** 1062 (zum Standby Letter of Credit), Schütze 398, Nielsen WM **09,** 480, krit Berger FS Schütze **99,** 110, Nielsen FS Kümpel **03,** 417. Offenbare Schreib- und Zeichenfehler schaden nur dann nicht, wenn sie als solche klar erkennbar sind und keinesfalls irreführen können („could not possibly mislead"), Schütze 390, zB ß/ss, ä/ae, nach ICC-Praxis im Einzelfall „Industrial Parl" statt „Industrial Park"; ebenso Klein- statt Großschreibung und umgekehrt, Nielsen WM **62,** 778. Stellung einer Bankgarantie hilft nicht über Fehlen eines Dokuments hinweg, wird aber in der Praxis nicht selten als Ersatz bei nicht vollzähliger oder unvollständiger Dokumentenlage gewählt, dann aber jedenfalls keine Pflicht der Bank, sich darauf einzulassen, Schütze 384, 420, str (Vorbehaltszahlung s **(11)** ERA 500 Art 14 lit f). § 242 BGB gilt auch

(7) BankGesch K/7

hier, str, zB wenn Transportpapiere als Empfänger statt des Auftraggebers die Akkreditivbank ausweisen, Mü WM **98,** 554, Schütze 389, aber Berufung auf Dokumentenstrenge ist grundsätzlich nicht treuwidrig, BGH NJW **85,** 552, Mü WM **96,** 2335, weitergehend Koller WM **90,** 293. **Bspe:** Andere Adresse und Firmenzusatz des Begünstigten beim nicht übertragbaren Akkreditiv (trotz behaupteter Identität), Mü WM **96,** 2335; Wiedergabe der Wareneigenschaft in Anführungszeichen oder Klammern statt wie im Akkreditiv ohne solche ist schädlich (könnte bloßes Zitat sein); ebenso grundsätzlich deutscher Ausdruck statt des vorgeschriebenen fremdsprachigen (anders nur wenn absolut eindeutig); „new" statt „in new condition" oder „new, good"; „warehouse Bilbao" statt „fas Bilbao", BGH NJW **85,** 551; das Qualitätsattest muss von dem im Akkreditiv vorgesehenen Sachverständigen kommen, von keinem anderen, vgl RG **96,** 246; das spezifische Gewicht von Dieselkraftstoff darf nicht bei 157 statt gemäß Akkreditiv bei 200 festgestellt sein, auch wenn ein Ölfachmann die Angaben als gleichwertig beurteilt, BGH WM **58,** 292; das Analysenzeugnis muss, falls es hierauf ankommt, eindeutig nachweisen, dass auch die Art der Herstellung geprüft wurde, BGH WM **58,** 588; „attested by Govt. Authorities" umfasst auch Attest von IHK, Nielsen ZIP **84,** 240; die Dokumente dürfen sich nicht ihrer äußeren Aufmachung nach widersprechen (inconsistent), s **(11)** ERA Art 14 lit d, e, positive Übereinstimmung ist aber nicht unbedingt notwendig, str; bei Widerspruch zwischen FIATA FCR (Bruttogewicht) und packing list (Nettogewicht) liegt wohl solcher Widerspruch vor, aber str. Vorzulegen sind die Dokumente in der **angegebenen Anzahl** und grundsätzlich **alle** Dokumente. Vorzulegen sind grundsätzlich **Originale**; aber Erweiterungen dazu s **(11)** ERA Art 17; Kopien s **(11)** ERA Art 17 lit d, e. Bei HdlRechnungen braucht die Bank nicht sämtliche Einzelberechnungen nachzuprüfen. Rechnungsbetrag über und unter Akkreditivsumme s **(11)** ERA Art 18 Rn 2, 3; Übereinstimmung der Warenbeschreibung s **(11)** ERA Art 18 Rn 4. Über- und Unterschreiten der angegebenen Warenmenge **(Toleranzen)** s **(11)** ERA Art 30 Rn 1; Sonderfälle Teilinanspruchnahmen oder Teilverladungen und Sukzessivlieferungen, s **(11)** ERA Art 31, 32, Schütze 139, 143. Ob die Dokumente akkreditivgerecht sind, entscheidet die Bank selbstständig und allein auf Grund der Dokumente (s **(11)** ERA Art 14 lit a). Die Bank hat dabei aber kein Ermessen, anders ganz ausnahmsweise **(11)** ERA Art 18 lit b (dort Rn 1). Die Bank braucht bei Unstimmigkeit das Dokument nicht aufzunehmen; dies selbst dann nicht, wenn der Auftraggeber die Unstimmigkeit billigen sollte, str, eine Rückfragepflicht, um dies herauszufinden, hat sie jedenfalls nicht (s **(11)** ERA Art 14 lit b „in eigenem Ermessen"). Hat die Bank Grund zur Annahme, dass die Warenangaben falsch sind, muss sie (auch bei Klausel „said to contain") **Zweifel vermerken,** Folge: Konossement wird „unrein", keine Auszahlung, sonst uU Haftung nach § 826 BGB, BGH NZG **04,** 612. **Rückfragen** beim Auftraggeber sind dadurch zwar nicht ausgeschlossen, aber die Bank darf die Prüfung der Dokumente nicht auf den Auftraggeber verlagern. Eine Pflicht zur Rückfrage beim Auftraggeber besteht idR nicht, aber Akkreditiv kann Inspektionsklausel (Auszahlung erst gegen Bestätigungsvorlage) enthalten, BGH NJW **83,** 631. Die Bank kann sich zwecks Verzichts auf Geltendmachung der Unstimmigkeit an den Auftraggeber wenden (s **(11)** ERA Art 14 lit b). Dieser kann zB wegen der zwischenzeitlichen Preisentwicklung an dem Verzicht interessiert sein. Verzichtet der Auftraggeber, kann die Bank die Dokumente aufnehmen, ohne den Begünstigten über die Tatsache des Verzichts aufzuklären, str; hat der Auftraggeber nicht verzichtet und nimmt die Bank daraufhin die Dokumente nicht auf, kann sie dies nicht einseitig rückgängig machen, dies ist nur mit Zustimmung des Dokumenteneinreichers möglich (s **(11)** ERA Art 16 Rn 2). **Muster:** Hopt/Joos 3. Aufl 2007 Form IV. K.7 (Alternative Abwicklungsnachrichten an den Akkreditivauftraggeber).

K/7 Von den Akkreditivbedingungen darf (und uU muss) die Bank jedoch ganz ausnahmsweise **abweichen** (bei Gefahr im Verzug sogar ohne vorherige Verständigung des Akkreditivstellers, §§ 665, 675 I BGB, str), wenn sie ohne Zuziehung von Fachleuten völlig einwandfrei beurteilen kann, dass die Abweichung unerheblich und für den Auftraggeber unschädlich ist, BGH WM **84,** 1443, NJW **85,** 551, Mü WM **96,** 2337, Canaris 945, str. Andererseits kann die Pflicht zur Aufnahme an sich einwandfreier Dokumente entfallen bei Vorliegen einer widersprechenden urkundlichen Erklärung, besonders wenn dadurch die Auszahlung eines der Bank eröffneten Gegenakkreditivs gefährdet wird, BGH WM **64**, 223. Unzulässige Abweichung und Folgen s Rn K/4.

Das **Fälschungsrisiko** trägt zwar an sich die Bank, doch ist es nach **(11)** ERA K/8 Art 34 wirksam auf den Auftraggeber abgewälzt, soweit nicht eine vertragswesentliche Pflicht verletzt ist (s **(11)** ERA Art 34 Rn 1).

D. **Beendigung:** Der Akkreditivvertrag kann ohne Kündigungsgrund von beiden K/9 Seiten jederzeit gekündigt werden (§§ 675 I, 649 S 1 BGB). Die Kündigung des Auftraggebers berührt aber einen bereits entstandenen Anspruch des Begünstigten aus dem Akkreditiv nicht. Die Eröffnung des Insolvenzverfahrens über das Vermögen des Auftraggebers lässt den Akkreditivauftrag erlöschen (§ 116 InsO), Schutz der Bank nach §§ 116, 115 II, III; ist das Akkreditiv bereits bestätigt, ist für das Verhältnis von Auftraggeber und Bank streitig, ob § 116 InsO oder § 103 InsO anzuwenden ist, Canaris 1079. Zum Akkreditiv in der Insolvenz Liesecke FS Fischer **79**, 397. **Muster:** Hopt/Joos 3. Aufl 2007 Form IV. K.8 (Mitteilung an den Auftraggeber über die Erledigung bzw Ermäßigung des Akkreditivs).

3) Das Rechtsverhältnis zwischen der Bank und dem Begünstigten (Verkäufer)

A. **Vor Akkreditiveröffnung:** Der Begünstigte steht vor Akkreditiveröffnung in K/10 keinem Vertragsverhältnis (aus dem Akkreditiv) zur Akkreditivbank (vgl entspr zur Rechtslage vor Gutschrift bei der Überweisung, Rn C/13). Der Akkreditivvertrag ist kein Vertrag zugunsten Dritter iSv § 328 BGB, auf Grund dessen der Begünstigte schon vor Akkreditiveröffnung einen Anspruch gegen die Bank erlangen könnte, hL, vgl **(11)** ERA Art 4 lit a Satz 4; das gilt mangels Auftragsverhältnisses zwischen Bank und Verkäufer sogar, wenn die Bank bereits Deckung erhalten hat (vgl anders bei der Überweisung, Rn C/13).

B. **Nach Akkreditiveröffnung: a)** Die Akkreditivbank eröffnet das Akkreditiv K/11 durch Mitteilung an den Begünstigten (formlos per Fax ua, § 350 HGB, str ob auch (fern)mündlich, s Rn K/2; s auch s **(11)** ERA Art 11; Zugangserfordernis, nach anderen Rechtsordnungen mailbox theory, Schütze 256) und wird dadurch diesem vertraglich unmittelbar und abstrakt zur Zahlung gegen Vorlage der vorgeschriebenen Dokumente verpflichtet (§§ 780, 151 BGB), RG **144**, 136, BGH **60**, 264, Düss WM **78**, 124, nach aA Garantievertrag. Die Mitteilung kann über eine andere Bank (Avisbank) erfolgen; diese haftet selbst nur bei eigener Bestätigung des (unwiderruflichen) Akkreditivs gegenüber dem Begünstigten (bestätigtes Akkreditiv, §§ 780, 151 BGB, s Rn K/2), BGH **28**, 129. Ob bloßes Avis oder Bestätigung vorliegt, folgt aus §§ 133, 157 BGB. Eine Regel, dass die Mitteilung iZw eine verbindliche Bestätigung darstelle, gibt es nicht. Akkreditivbank und Bestätigungsbank haften als Gesamtschuldner. Die Verpflichtung aus dem Akkreditiv kann sich außer auf Zahlung auch auf Akzeptierung oder Negoziierung eines Wechsels erstrecken (s **(11)** ERA Art 6 Rn 2, 7 Rn 1). Die fünf Modalitäten der Verpflichtung aus dem Akkreditiv sind aufgezählt in **(11)** ERA Art 7 lit a. **Muster:** Hopt/Joos 3. Aufl 2007 Form IV. K.9 (Mitteilung über Akkreditiveröffnung durch die avisierende Bank), Form IV. K.10 (Mitteilung über Akkreditiveröffnung mit Bestätigung durch die avisierende Bank).

b) Das Akkreditiv ist in der Praxis in aller Regel **unwiderruflich** (Definition des K/12 Akkreditivs in **(11)** ERA Art 2, s **(11)** ERA Art 2 Rn 9). Die Verpflichtung daraus kann nur mit Zustimmung aller Beteiligten geändert werden Möglich ist aber auch, allerdings nicht mehr nach ERA 600 (aber s **(11)** ERA Art 3 Rn 3) ein **widerrufliches** Akkreditiv (zB wenn Zahlungsweg für Import/Exportgenehmigung anzugeben ist); es muss aber eindeutig als solches bezeichnet sein, allerdings ohne dass unbedingt das Wort „widerruflich/irrevocable" gebracht werden müsste. Auch das widerrufliche Akkreditiv ist abstraktes Schuldversprechen iSv § 780 BGB (oben Rn K/1), Schütze 50, es ist bis zum Widerruf rechtlich verbindlich, früher str. Bestätigung eines (un)widerruflichen Akkreditivs s **(11)** ERA Art 8. Im Normalfall weist der Auftraggeber die Bank zum Widerruf an (sonst uU Schadensersatzpflicht der Bank), nur diese kann den Widerruf aussprechen. Widerruflichkeit (ohne sachlich gerechtfertigten und im

Vertrag angegebenen Grund) widerspricht an sich **(5)** BGB § 308 Nr 3, dessen Grundgedanken auch unter Unternehmern gelten, ist aber im Hinblick auf internationale Standards bei Schadensersatzpflicht (durch **(11)** ERA 600 nicht ausgeschlossen) zulässig, M. Wolf ZHR 153 **(89)** 315 f, Wo/Li/Pf Akkreditivbedingungen A 125, der unberechtigten Widerruf für treuwidrig hält. Die Bank kann das widerrufliche Akkreditiv jederzeit und ohne vorherige Nachricht an den Begünstigten widerrufen, Grenze § 242 BGB bei treuwidrigem Widerruf, aber nur in ganz gravierenden Fällen; sie muss dem Begünstigten, dem sie die Akkreditiveröffnung zuerst mitgeteilt hat, aber auch den (erfolgten) Widerruf mitteilen, sonst haftet sie nach § 280 I BGB auf den Vertrauensschaden. Das Recht zum Widerruf erlischt erst mit Leistung der Akkreditivbank oder Bestätigungsbank an den Begünstigten, RG **107,** also nicht schon mit Aufnahme und Anerkennung der Dokumente durch die Zweitbank; anders, nämlich schon mit Dokumentenaufnahme nur beim Akkreditiv mit hinausgeschobener Zahlung (Nachsicht- bzw deferred payment-Akkreditiv, s Rn K/3), Schütze 53; bei gemischtem Akkreditiv (zahlbar teils bei Sicht teils nach Sicht) bleibt Verpflichtung für die Nachsichtrate.

K/13   c) Der Anspruch des Begünstigten aus § 780 BGB ist **befristet.** Alle Akkreditive, auch die widerruflichen, müssen ein **Verfalldatum** für die Vorlage der Dokumente (nur dafür, Schütze 115) enthalten (s **(11)** ERA Art 6 lit d). Ohne Verfalldatum ist Akkreditiv nichtig (s **(11)** ERA Art 6 Rn 4), Eröffnungsmitteilung ist dann nur unverbindlicher Avis, darauf muss die Bank den Auftraggeber (s Rn A/28) und auch den Empfänger hinweisen (s Rn K/3), Schütze 129, str. Zu Problemen der Bestimmung des Verfalldatums Schütze 120. Die Bank darf (und muss gegenüber dem Auftraggeber) die Zahlung selbst bei geringfügiger Überschreitung des Verfalldatums verweigern, RG **105,** 52; eine Pflicht zur Einräumung einer Nachfrist ist mit der Striktheit des Akkreditivs nicht vereinbar. Außer dem Verfalldatum muss jedes Akkreditiv, das ein Transportdokument verlangt, auch eine genau bestimmte Frist ab Ausstellungsdatum der Verladedokumente bis Vorlegung enthalten **(Vorlagefrist);** andernfalls Zurückweisung bei Vorlage später als 21 Kalendertage nach dem Verladedatum, auch schon vorher bei Vorlage später als am Verfalldatum **(11)** ERA Art 14 lit c). Laufende Fristen werden auch nicht durch höhere Gewalt verlängert, Stgt RIW **80,** 729, Ausnahme Bankschalterschließung nach **(11)** ERA Art 29. Zur früheren Zurückweisung von Dokumenten wegen übermäßiger Verzögerung **(stale documents)** s **(11)** ERA Art 14 Rn 3.

K/14   d) Der Anspruch des Begünstigten aus § 780 BGB ist durch **Andienung akkreditivgerechter Dokumente** bedingt. Der **Grundsatz der Dokumentenstrenge** gilt im Verhältnis zwischen Bank und Begünstigtem (Zahlung) ebenso wie zwischen Bank und Auftraggeber (Erstattung), s Rn K/5–8. Die Bank hat zur Prüfung der Dokumente eine 5 Bankarbeitstage nicht überschreitende Frist (s **(11)** ERA Art 14 lit b), das ist eine Höchstfrist, im konkreten Fall also je nachdem auch weniger (s **(11)** ERA Art 14 Rn 2). Während dieser Zeit hält die Bank die Dokumente als Treuhänderin für den Begünstigten; an den Auftraggeber darf sie sie keinesfalls ohne Einwilligung des Begünstigten herausgeben (sonst uU keine Berufung mehr auf Mängel der Dokumente), BGH **101,** 85, anders erst, wenn sie bezahlt hat. Bei kleineren Unstimmigkeiten kommt Aufnahme der Dokumente und Zahlung **unter Vorbehalt** in Betracht (s noch **(11)** ERA 500Art 14 f, nicht mehr in ERA 600), Schütze 422; dieser ist (Kredit-)Abrede zwischen der Bank und dem Begünstigten ohne Änderung des Akkreditivs, str, Eberth WM **83,** 1302, nach Schütze 424 a macht Vorbehaltsvereinbarung aber nur Sinn, wenn mit Zustimmung aller Beteiligten die Fünftagesfrist (s **(11)** ERA Art 14 lit b) verlängert wird. Interner Vorbehalt gegenüber dem Einreicher genügt, die Bank hat grundsätzlich keine Pflicht, die Eröffnungsbank auf die Zahlung nur unter Vorbehalt hinzuweisen, Nielsen 179. Bei schweren Abweichungen ist externer Vorbehalt, dh Mitteilung durch die übersendende Bank an die Eröffnungs- bzw Bestätigungsbank, üblich und auch geboten. Externer Vorbehalt entbindet die Eröffnungsbzw Bestätigungsbank nicht der rechtzeitigen Dokumentenrüge. Keine Pflicht der Bank, gegen Garantie zu zahlen (s **(7)** Bankgeschäfte Rn K/6). Für nicht akkreditivgerechte Dokumente kann die Bank uU Genehmigung des Käufers einholen (Dokumenteninkasso, s Rn M/1). Bei Nichtgenehmigung des Käufers hat die Bank Rückgewähranspruch auf Grund Vereinbarung, aA Canaris 994: § 812 BGB; Rückabwicklung sonst s Rn K/22. Bei Nichtaufnahme des Dokuments muss die Bank die Zweitbank bzw den Begünstigten, von dem sie die Dokumente erhalten hat, unverzüglich (jedoch nicht später als am Ende des 5 Bankarbeitstags nach dem Tag der Dokumentenvorlage (11) ERA 16 lit d) benachrichtigen. Erneute Andienung nach Beseitigung des Dokumentenmangels ist möglich. **Muster:** Hopt/Joos 3. Aufl 2007 Form IV. K.11 (Dokumenteneinreichung), Form IV. K.12 (Dokumentenspezifikation).

e) Die Akkreditivbank zahlt an den Begünstigten oder die von diesem bevollmächtigte Bank. Eine Bank, die die Dokumente besitzt, ist auch zur **Entgegennahme der Akkreditivsumme** ermächtigt (HdlBrauch), BGH NJW **89,** 159.

C. **Einwendungsausschluss:** Der abstrakte Zahlungsanspruch bietet dem begünstigten Verkäufer nur deshalb die notwendige Sicherheit im (Export-)Geschäft, weil die Bank nicht unbeschränkt Einwendungen aus den verschiedenen Verhältnissen entgegenhalten kann. Beim eröffneten oder bestätigten Akkreditiv gilt ein weitgehender Einwendungsausschluss entspr § 784 I Halbs 2 BGB (Akkreditiv als Anweisung iwS, s Rn K/1; zum Ganzen entspr bei der Überweisung s Rn C/15–19), BGH **28,** 130, WM **55,** 767.

a) **Ausgeschlossen** sind **Einwendungen aus dem Deckungsverhältnis** zwischen Akkreditivbank und Akkreditivauftraggeber, zB der Letztere habe keine Deckung gestellt oder sei insolvent geworden. Dasselbe gilt für Einwendungen aus dem Verhältnis zwischen Bestätigungsbank und Akkreditivbank, BGH WM **58,** 292.

b) **Einwendungen aus dem Valutaverhältnis** zwischen Verkäufer und Käufer, zB Mängelansprüche, sind ebenfalls ausgeschlossen, BGH **60,** 264, Mü WM **96,** 2338. Der Käufer ist darauf angewiesen, notfalls die Zahlung direkt vom Verkäufer aus ungerechtfertigter Bereicherung zurückzuholen. Einwendungen aus dem Valutaverhältnis, zB Schadensersatzansprüche, kann die Bank dem begünstigten Verkäufer selbst dann nicht entgegensetzen, wenn der auftraggebende Käufer sie ihr abgetreten hat, BGH **28,** 129, **6,** 264. Ausnahme des Rechtsmissbrauchs s Rn K/20.

c) Das gilt zwecks Erhaltung der jeweiligen Gegenrechte **auch bei einem Doppelmangel** von Deckungs- und Valutaverhältnis.

d) **Zulässig** sind dagegen (1) die Einwendung von **Mängeln des Akkreditivauftrags** (richtiger: Mängel der Akkreditivanweisung, s Rn K/1; Mängel s unten Rn K/22; vgl entspr zum Mangel des Überweisungsauftrags Rn C/15–19); weiter die Einwendungen nach § 784 I Halbs 2 BGB, also (2) Einwendungen, die die Gültigkeit der Annahme betreffen **(Gültigkeitseinwendung),** zB das Schuldversprechen nach § 780 BGB sei nach §§ 134, 138 I, II, 142 I iVm § 123, 179 BGB nichtig. Devisenvorschriften und Export-, Importverbote, die sich auch gegen die Bank richten, fallen unter § 134 BGB; bei ausländischen Verboten kann § 138 BGB vorliegen, uU auch nur Rechtsmissbrauch, s Canaris 1019. (3) Einwendungen aus dem Inhalt des Akkreditivs, dh der Akkreditivurkunde, nicht des Akkreditivauftrags **(inhaltliche Einwendungen),** zB die angedienten Dokumente seien nicht akkreditivgerecht oder erst nach Verfall eingereicht; (4) Einwendungen auf Grund des Verhältnisses zwischen Akkreditiv- oder Bestätigungsbank und dem Begünstigten **(unmittelbare Einwendungen).** Die Bank darf aber idR (Vertragsauslegung) **nicht** gegen die Akkreditivforderung **aufrechnen,** denn der Begünstigte soll die Zahlung effektiv, also idR bar erhalten, üL, aA Canaris 1009, Schütze 426, offen BGH **60,** 264, anders für Zahlungsgarantie (s Rn L/12–15), BGH **94,** 171. Das gilt nicht nur für Forderungen aus dem Grundverhältnis, sondern für alle eigenen Forderungen der Bank, außer wenn sie im Zusammenhang mit der Akkreditiveröffnung bzw -bestätigung stehen, und erst recht für abgetretene des Auftraggebers (s Rn K/18), so auch BGH **60,** 264, Schütze 426. Entspr gilt für den Erwerb von Sicherungsrechten der Bank (§ 369 HGB, **(8)** AGB-Banken Nr 14, 15). (5) Der Einwand des **Rechtsmissbrauchs** (§ 242 BGB) ist wie immer zulässig. Das kann aber nur in engen Ausnahmefällen gelten, sonst wird die Abstraktheit des Akkreditivs ausgehöhlt. Das Erfordernis der Akkreditivinanspruchnahme trotz **offensichtlicher** und **liquide beweisbarer Unbegründetheit** wie beim Garantiegeschäft (s Rn L/6–16), BGH **101,** 91, **132,** 317, WM **88,** 1300, Ffm DZWir **97,** 424, Karlsr RIW **97,** 781, hL. Wie dort wird der Beweis idR durch geeignete Dokumente geführt, uU aber auch Zeugenbeweis, str. Bei einem solchen Rechtsmissbrauch und anderen Einwänden hat die Bank eine Pflicht gegenüber dem Auftraggeber, die Zahlung zu verweigern (s Rn L/6–16), str. Ausstellung einer Bestätigung der Bank, dass ihr die Dokumente vorgelegt sind, ist kein Verzicht auf Rechtsmissbrauchseinwand, Ffm WM **97,** 609. **Bsp:** Verstoß des Grundgeschäfts gegen §§ 134, 138 BGB, RG **106,** 307; völlige Ungeeignetheit der Ware zur Vertragserfüllung, BGH **101,** 92 (auch für deferred payment-Akkreditiv); so grobe und evidente (liquide beweisbare) Mängel der Ware, dass das Zahlungsverlangen des Verkäufers arglistig erscheint, BGH WM **55,** 768, Schlesw WM **80,** 50 (Erschleichen einer akkreditivähnlichen Rechtsstellung), aA Canaris 1021: nur bei Straftat oder unerlaubter Handlung (iErg wohl ohne großen Unterschied), oder der Umstand, dass die Forderung des Verkäufers gegen den Käufer rechtskräftig abgewiesen ist, BGH WM **58,** 697. **Nicht:** starker Verdacht nicht ordnungsgemäßer Erfüllung des Kaufvertrags, BGH NJW **89,** 159; schwere Mängel der Ware; Umstand, dass nach der Bestätigung durch ausländische Devisenvorschriften Deckung aus dem Ausland unmöglich geworden ist, aA RG **144,** 137; Gerichtsentscheidung zu einstweiligem Rechtsschutz, Karls RIW **97,** 784, aA Ffm WM **97,** 610.

K/21 e) **Verhinderung der Zahlung** durch **einstweilige Verfügung** oder **Arrest** ist in engen Grenzen denkbar, BGH **101,** 92. Verhinderung der Zahlung ist zwar idR nicht durch einstweilige Verfügung gegen die Bank auf Unterlassung der Auszahlung möglich (bei grundloser Zahlung kann sie aber vom Auftraggeber keine Erstattung verlangen), Düss WM **78,** 360, Ffm WM **81,** 445, str, unklar BGH **101,** 92; aber in engen Grenzen ist einstweilige Verfügung (§ 940 ZPO) gegen Rückbelastung beim Auftraggeber denkbar (s Rn L/12–15). Der Auftraggeber kann aber einen Anspruch aus dem Valutaverhältnis gegen den Begünstigten auf Nichtinanspruchnahme des Akkreditivs haben, LG Düss WM **75,** 67, Aden RIW **76,** 678, von Bernstorff RIW **86,** 332. Das gleiche Problem taucht vor allem bei der internationalen Bankgarantie auf (s Rn L/14). Lit: Heinze 1984 (einstweiliger Rechtsschutz im Zahlungsverkehr der Banken).

K/22 f) **Rückabwicklung:** Bei ausgeschlossenen Einwendungen (s Rn K/17–19) erfolgt der Bereicherungsausgleich allein im Deckungs- bzw im Valutaverhältnis. Die Bank kann auch nicht aus einem vom Begünstigten ausgestellten Wechsel Regress nehmen, Schütze 293 ff; Wechselremboursgeschäft s Rn G/26, Forfaitierungsgeschäft s Rn J/4. Nur bei zulässigen Einwendungen (s K/20 wie C/18, praktisch vor allem bei Mängeln der Akkreditivanweisung, aber auch bei Zahlung unter Verkennung eines Dokumentenmangels, sonst § 814 BGB) hat die Bank einen unmittelbaren Anspruch gegen den Begünstigten aus § 812 BGB. Teilweise wird noch restriktiver die Anfechtung (§§ 119 ff BGB) der Dokumentenaufnahme gefordert, Nielsen FS Werner **84,** 573, aber diese ist bloßer Realakt.

K/23 D. **Übertragung, Zahlungsanspruchsabtretung, Pfändung: a)** Ein Akkreditiv ist nur übertragbar, wenn es von der Akkreditivbank **ausdrücklich als übertragbar bezeichnet** worden ist (allgemeine Zustimmung; aber bei Fusion Übergang auch des nicht übertragbaren Akkreditivs, Schütze 343a, teleologische Reduktion von § 399 BGB, jedenfalls § 354a HGB). Der Begünstigte **(Erstbegünstigte)** kann dann grundsätzlich ein einziges Mal das Akkreditiv ganz oder zT einem oder mehreren Dritten **(Zweitbegünstigte)** verfügbar machen, dh dieser erhält gegen Andienung eigener Dokumente (eigene Lieferung) Bezahlung von der Akkreditiv- oder Bestätigungsbank (s **(11)** ERA Art 38). Die tatsächliche Übertragung (die übertragbar gestellten) Akkreditivs bedarf überdies der Mitwirkung der Bank („**übertragende Bank**", s **(11)** ERA Art 38 lit b), Baumhöfener WM **69,** 1462, nach hL, Schütze 334: besondere Zustimmung, aA Canaris 1041: unnötige Verdoppelung; doch ist die Bank dazu im Rahmen der allgemeinen Übertragbarkeit und nach Deckung der entstehenden Kosten verpflichtet (nach **(11)** ERA Art 38 lit a mißverständlich: nur soweit die Bank ausdrücklich zugestimmt hat), str, anders nur bei wichtigem Grund, Schütze 334. Die Übertragung erfolgt nicht nach §§ 398 ff BGB, str (dann ohne Mitwirkung

V. Bankgeschäfte (m. Börsen- u. KapMR) K/24, K/25 **BankGesch** (7)

der Bank), sondern durch Erklärung der Bank gegenüber dem Zweitbegünstigten, Canaris 1035, hL, anders zT im Ausland, Schütze 342. Grund: Begründung eines eigenständigen Rechts gegenüber der Bank. Die Übertragung lässt für den Zweitbegünstigten einen abstrakten Anspruch gegen die Bank nach § 780 BGB mit entspr Einwendungsausschluss auch betr das Verhältnis der Bank zum Erstbegünstigten (s Rn K/16 ff) entstehen, BGH **132**, 313. Einwand des Rechtsmissbrauchs des Zweitbegünstigten (wie Rn K/20), BGH **132**, 317. Der Erstbegünstigte hat insoweit aus dem Akkreditiv kein Recht mehr, es ist übertragen (anders beim Unterakkreditiv, s Rn K/24). Weiterübertragung durch den Zweitbegünstigten ist unzulässig. Zur Übertragung Stauder AWD **68**, 46.

b) Von der Übertragung des Akkreditivs **zu unterscheiden** ist die (auch beim unübertragbaren Akkreditiv) ohne weiteres mögliche **Abtretung des bloßen Zahlungsanspruchs aus dem Akkreditiv** durch den Begünstigten (s (11) ERA Art 39, §§ 398, 404 ff BGB; § 399 BGB liegt hier nicht vor), Karlsr IPRax **82**, 102 m Anm Nielsen 91, Ffm WM **92**, 570, hL, aA früher BGH WM **59**, 970; auch Teilabtretung an mehrere. Abtretung auch schon vor Fälligkeit und Vorlegung akkreditivgerechter Dokumente, Karls RIW **97**, 781. Abtretbarkeit macht Akkreditiv forfaitierbar, praktisch nur bei deferred payment (s Rn K/3), Schütze 354, Scheuermann/Göttsche RIW **05**, 894 (Insolvenzanfechtung, Nachsichtakkreditiv).

c) Das Akkreditivrecht ist **nicht pfändbar** (nur der Begünstigte kann seine eigenen Dokumente vorlegen); die Pfändung des Zahlungsanspruchs aus dem Akkreditiv ist zwar (außer durch den Käufer selbst, aA Aden RIW **76**, 680) möglich, aber ohne Vorlage der Dokumente praktisch nutzlos, außer bei Pfändung auch der Kaufpreisforderung, im Einzelnen str.

E. **Gegen- oder Unterakkreditiv (back-to-back credit):** Der Begünstigte kann K/24 für einen Dritten (Unterbegünstigter) bei der Akkreditivbank oder der Bestätigungsbank ein selbstständiges Gegenakkreditiv (Unter-, Weiter-, Zwischen-, Zweitakkreditiv) bestellen, BGH WM **58**, 587, **64**, 223, mit Fristablauf vor dem Fristablauf des Hauptakkreditivs, so dass die vom Dritten in der Frist des Unterakkreditivs eingereichten Dokumente noch innerhalb der Frist des Hauptakkreditivs der Hauptakkreditivbank weitergereicht werden können. Das Unterakkreditiv ermöglicht dem Verkäufer, sich die verkaufte Ware erst noch zu beschaffen. Das Unterakkreditiv ist also ein neues Akkreditiv an den Unterbegünstigten, keine Übertragung des Rechts aus dem Hauptakkreditiv. Es ist also auch bei einem unübertragbaren Hauptakkreditiv möglich und kommt gerade dort vor. Der Erstbegünstigte behält seine vollen Rechte aus dem Hauptakkreditiv. Als Sicherung dient der Bank die Forderung des Begünstigten aus dem Hauptakkreditiv. Lit: Schütze 356, Stauder AWD **69**, 385.

4) Das Rechtsverhältnis zwischen dem Akkreditivauftraggeber (Käufer) und dem Begünstigten (Verkäufer)

A. **Akkreditivklausel:** Der **Käufer** verpflichtet sich durch entspr (auch konklu- K/25 dente) Vereinbarung zur Stellung des Akkreditivs zugunsten des Verkäufers (entspr bei anderen Verträgen als Kauf). Die Akkreditivklausel enthält zweckmäßigerweise den Ausdruck Akkreditiv, rechtlich nötig ist das aber nicht. Zur Klausel „Kasse gegen Dokumente" BGH **41**, 221 (s § 346 HGB Rn 40). Die Akkreditivklausel macht den Käufer vorleistungspflichtig (Akkreditivstellung, Zahlung gegen Dokumente ohne Untersuchung der Ware, vgl § 377 HGB Rn 20), BGH **55**, 342, WM **55**, 767, **65**, 103. Die Verletzung der Pflicht zur Akkreditivstellung gewährt die Rechte aus §§ 280 III, 281 ff; 323 ff BGB, BGH WM **58**, 458, **65**, 103. Die Vereinbarung befristeter Akkreditivstellung ist idR Fixgeschäft (§ 376 HGB Rn 3, 4, 7), RG **104**, 41, 375, BGH WM **58**, 456. Nicht notwendig ist bei einer solchen Vereinbarung auch die Lieferpflicht des Verkäufers „fix" mit entspr Folge zugunsten des Käufers, Nürnb NJW **66**, 2272. Die Akkreditivbank ist Erfüllungsgehilfin des Käufers bei Ausführung der Zahlung durch Akkreditiv (§ 278 BGB), RG **105**, 35, BGH WM **55**, 767, der Käufer haftet dem Verkäufer für ihr Verschulden, zB bei verspäteter Eröffnung des Akkreditivs oder unberechtigter Zurückweisung der vom Verkäufer angedienten Dokumente. Der **Verkäufer** verpflichtet sich, der Akkreditivbank akkreditivgerechte

Hopt 1869

(7) BankGesch K/26–L/1

Dokumente anzudienen. Auch dies ist eine Hauptpflicht, str, aA RG **96,** 248. Der Verkäufer haftet für die von ihm eingeschaltete Bank nach § 278 BGB. Fälligkeit der Kaufpreisforderung und Verjährungsbeginn sind bis zur Vorlage der Dokumente hinausgeschoben, BGH **55,** 342.

K/26 B. **Erfüllung:** Das Akkreditiv wird ebenso wie Wechsel und Scheckhingabe nur **erfüllungshalber** gestellt (entspr §§ 788, 364 II BGB), BGH BB **56,** 546. Der Verkäufer muss Befriedigung erst aus dem Akkreditiv suchen (Akkreditiveinrede). Erst wenn die Bank nicht zahlt, kann der Verkäufer sich an den Käufer halten; das gilt auch bei Nichtzahlung aus vom Begünstigten zu vertretenden Gründen, zB Mängel der Dokumente. In der Akkreditivabrede allein liegt dementsprechend idR noch keine Vereinbarung, der Sitz der Akkreditivbank solle **Erfüllungsort** für alle Ansprüche sein, BGH NJW **81,** 1905. Die Akkreditivklausel verpflichtet den Käufer zur effektiven Zahlung, idR in bar **(keine Aufrechnung),** BGH **60,** 264; das gilt nicht nach Verfall des Akkreditivs, außer wenn dieser auf Gründe im Risikobereich des Käufers zurückgeht (§ 242 BGB), BGH **60,** 265, Hbg BB **78,** 63, str. Zur Aufrechnung durch die Akkreditivbank s Rn K/20. Entsprechendes gilt für das Zurückbehaltungsrecht.

K/27 C. **Gefahrtragung:** Die Gefahr der Nichtzahlung der Bank, zB ihre Insolvenz, trägt der Käufer, auch für die Zeit nach Akkreditiveröffnung (Grund: § 364 II BGB), hL, aA Canaris 1061.

K/28 D. **Einstweilige Verfügung, Arrest:** Der Käufer kann den Verkäufer uU durch Arrest oder einstweilige Verfügung (§§ 916 ff, 937 ff ZPO) daran hindern, den Akkreditivbetrag von der Bank einzuziehen (vgl Rn K/21), Liesecke WM **66,** 468. Voraussetzung ist ein Verzichtsanspruch, zB bei Nichtigkeit des Kaufvertrags (§ 812 II BGB). Das gilt aber nicht schon bei Mängeln des Valutaverhältnisses, von denen die Zahlung durch Akkreditiv gerade unabhängig sein soll, zB Mängel der Ware, Schadensersatzpflicht des Verkäufers ua; etwas anderes gilt nur bei evidentem und liquide beweisbarem Rechtsmissbrauch, LG Düss WM **75,** 68, Liesecke WM **76,** 267; s zur Garantie Rn L/1–19. Pfändung der Kaufpreisforderung des Verkäufers durch Käufer s bejahend Hbg BB **78,** 63 m krit Anm Kremers.

L. Garantiegeschäft (mit Bankbürgschaft und Patronatserklärung)

Schrifttum

a) Kommentare und Handbücher: Außer dem allgemeinen Schrifttum (s Einl vor A/1) BankrechtsHdb/*Nielsen* 3. Aufl 2007 § 121. – BuB/*Nielsen* 5/290. – *Canaris,* 3. Aufl 1988, Rn 1102. – *MüKo(HGB)/(Bearbeiter)* 2. Aufl 2005 ff Bd 52009 Anh nach § 372: *MüKo/Welter* (Zahlungsverkehr J). – *Schütze* 1994.

b) Sonstige Beiträge: *Blesch* 2. Aufl 2008 (Avalgeschäft). – *Dohm* (Schweiz) 1985. – *Horn* 8. Aufl 2001. – *ICC,* Bank Guarantees in International Trade, 3rd ed 2004 (IntHK-Publikation Nr 661). – *Kleiner* 4. Aufl 1990. – *Kübler* 1967. – *Lienesch* (UN-Konvention) 1999. – *Mülbert* 1985. – *Nielsen* 1986. – *Schröder* 2003 (Regress, Rückabwicklung). – *Graf v Westphalen* 4. Aufl 2005. – *von Caemmerer* FS Riese **64,** 295. – *Pleyer* WM Sonderheft 2/**73.** – *Horn* NJW **80,** 2153. – *Graf v Westphalen* WM **81,** 294. – *Bark* ZIP **82,** 405, 655. – *Coing* ZHR 147 **(83)** 125. – *Nielsen* ZHR 143 **(83)** 145. – *Heldrich* FS Kegel **87,** 175 (IPR). – *Canaris* ÖBA **87,** 769, ZIP **98,** 493. – *Graf v Westphalen* FS Schütze **99,** 947 (Bankenhaftung bei Garantiebetrug). – *Nielsen* WM **99,** 2005, 2049 (international). – *Wilhelm* NJW **99,** 3519. – *Schnauder* WM **00,** 2073. – *Kröll* WM **01,** 1553 (elektronisch). – Speziell zum Rechtsmißbrauch s Rn L/13. **Muster:** Hopt/*Blesch* 3. Aufl 2007 Form IV. L.1–24 (Garantiegeschäft mit Bankbürgschaft). **RsprÜbersichten:** vgl zum Akkreditiv vor K/1.

1) Die rechtliche Qualifikation der Garantie

L/1 A. **Funktion und Rechtsnatur:** Das Garantiegeschäft ist die Übernahme von Bürgschaften, Garantien und sonstigen Gewährleistungen für andere (Schuldner, Käufer) nach § 1 I 2 Nr 8 KWG, Text s Rn A/4). Zur Bürgschaft s § 349 HGB; zur Patronatserklärung s § 349 HGB Rn 22. Abgrenzung von Bankbürgschaft und Bankgarantie s Hbg WM **83,** 188. Der Garantieauftraggeber (Schuldner, Käufer, Importeur)

V. Bankgeschäfte (m. Börsen- u. KapMR) L/2, L/3 **BankGesch** (7)

beauftragt seine Bank (Garantiebank) mit der Stellung einer Garantie an den Garantiebegünstigten (Gläubiger, Verkäufer, Exporteur). Bsp: Bietungsgarantie (tender guarantee, Sicherheit für Vertragserfüllung des Bieters, falls er den Zuschlag erhält), Anzahlungs- oder Rückzahlungsgarantie (repayment guarantee), Leistungs- und Lieferungsgarantien (performance guarantee), Gewährleistungsgarantie (warranty guarantee). Die Bankgarantie ist ein gesetzlich nicht geregelter selbstständiger **Garantievertrag** (s § 349 HGB Rn 15–20). Die Bankgarantie ist in der internationalen Vertragspraxis bis ins einzelne geregelt; für vom nationalen Recht autonome Auslegung Coing ZHR 147 **(83)** 127. **Einheitliche Richtlinien für Vertragsgarantien** (Uniform Rules for Contract Guarantees) wurden von der IntHK 1978 veröffentlicht (IntHK-Publikation Nr 325; Muster für Vertragsgarantien 1983 IntHK-Publikation Nr 406), dazu Stumpf RIW **79,** 1, Trost RIW **81,** 659; sie beachten die rechtliche Selbstständigkeit der Garantie zu wenig und haben sich deshalb in der Bankenpraxis nicht durchgesetzt. Die IntHK hat deshalb Ende 1991 ergänzend **Einheitliche Richtlinien für auf Anfordern zahlbare Garantien** (Uniform Rules for Demand Guarantees) aufgestellt (IntHK-Publikation Nr 458/1), abgedruckt als **Muster:** Hopt/Blesch 3. Aufl 2007 Form IV. L.4 (ERG der ICC); dazu ICC Model Forms 1994 (IntHK-Publikation Nr 503, engl), ICC Guide 1992 (IntHK-Publikation Nr 510, engl), User's Handbook 2001 (IntHK-Publikation Nr 631, engl), Hasse WM **93,** 1985. Diese sind AGB und unterliegen **(5)** §§ 305 ff BGB, vgl **(11)** ERA Einl 6. Auch bei einer auf Anfordern zahlbaren Garantie ist eine schriftliche Erklärung über Ob und Wie der Verletzung des zugrundeliegenden Vertrags beizufügen (Art 20 Garantierichtlinien); Verzicht darauf nur, wenn in den Garantiebedingungen ausdrücklich vorgesehen, Grund: Kompromiss zwischen Exportindustrie und Banken, Risiko der „schriftlichen Lüge" bei Rechtsmissbrauch. Das verwässert die Garantie auf erstes Anfordern (s L/8), ist aber nicht überraschend iSv **(5)** § 305 c I BGB, str. Die **(11)** ERA beziehen seit 1983 auch die Standby Letters of Credit ein, s **(11)** ERA Art 1 Rn 2. Die Bankgarantie steht **dem Akkreditiv nahe,** obwohl sie der Sicherung und uU der Kreditierung, nicht aber der Zahlung dient; vor allem gelten auch hier der Grundsatz der **Unabhängigkeit** des Zahlungsanspruchs vom Grundgeschäft und der Grundsatz der **Dokumentenstrenge** (s Rn K/1, 16–24, 6). Diese Grundsätze sind besonders streng zu beachten, weil die internationale Bankgarantie die **Funktion des Bardepots** übernommen hat, Umkehr der Prozessrollen, **„erst bezahlen, dann prozessieren".** **Muster:** Hopt/Blesch 3. Aufl 2007 Form IV. L.7 (Garantiemuster: Bietungs-, Vertragserfüllungsgarantie).

B. **Einschaltung mehrerer Banken:** Bei internationalen Bankgarantien sind idR L/2
mehrere Banken beteiligt. Der Schuldner beauftragt seine **Schuldnerbank** mit der Hinauslegung einer Garantie; dieser liegt dann ein Werkvertrag mit Geschäftsbesorgungscharakter zugrunde (§§ 675 I, 631 BGB). Die Schuldnerbank beauftragt eine zweite, idR vom Gläubiger benannte Bank (vereinfacht: **Gläubigerbank**) im Land des Gläubigers mit der Mitteilung (Avis, s Rn K/2) oder idR der selbstständigen Hinauslegung einer Garantie; wiederum liegt ein Vertrag nach §§ 675 I, 631 BGB zugrunde, an dem aber der Schuldner-Käufer nicht beteiligt ist. Der Schuldner-Käufer steht in vertraglicher Beziehung nur zu seiner Bank, nicht zur zweitbeauftragten. Seine Bank haftet ihm für die eingeschaltete Avisbank nach § 278 BGB (s Rn K/2); nicht dagegen für die zweitbeauftragte Garantiebank, dann aber § 664 I 2 BGB, hL. Das anwendbare Recht wird idR ausdrücklich vereinbart, andernfalls gilt das Recht am Sitz der Bank, die die für die Garantie typische Leistung erbringt (s Rn A/59), Hbg RIW **78,** 616, LG Ffm NJW **63,** 451. Muß die Gläubigerbank bei Eintritt des Garantiefalls bezahlen, nimmt sie Regress bei der Schuldnerbank (§§ 675 I, 670 BGB); diese hält sich wiederum an den Garantieauftraggeber (§§ 675 I, 670 BGB). **Muster:** Hopt/Blesch 3. Aufl 2007 Form IV. L.9 (Avisierung von Garantien mit drei Varianten), Form IV. L:10 (Auftrag zur Garantiebestätigung), Form IV. L:11–13 (Bank-zu-Bank-Auftrag mit Bausteinen).

C. **Rückgarantie:** Häufig lässt sich die Gläubigerbank von der Schuldnerbank L/3
zusätzlich, uU auch diese von einer dritten Bank eine Rückgarantie (Gegengarantie, counter guarantee) stellen. Bei Inanspruchnahme der Rückgarantie ist entscheidend,

(7) BankGesch L/4–L/6   2. Handelsrechtl. Nebengesetze

ob der Rückgarantiefall der Eintritt des Hauptgarantiefalls oder aber wie idR die rein tatsächliche Inanspruchnahme und Zahlung der Hauptgarantiebank ist. Mangelnde Abstimmung der Rückgarantie auf die Hauptgarantie s Stgt WM **81,** 1265. Die Rückgarantie sichert den Aufwendungsersatzanspruch, idR auf erstes Anfordern (s Rn L/8), BGH **145,** 291, und unter anderer Rechtsordnung, aber uU Einwand nach § 242 BGB (doppelter Rechtsmissbrauch) oder Bereicherungseinrede, Canaris 1118. **Muster:** Hopt/Blesch 3. Aufl 2007 Form IV. L.12.2, 14 (Rückgarantie mit Bausteinen).

2) Das Rechtsverhältnis zwischen den Banken und dem Garantieauftraggeber

L/4   A. **Garantieauftrag:** Die Bank ist dem Garantieauftraggeber aus §§ 675 I, 631 ff BGB verpflichtet, eine Garantie mit dem vereinbarten Inhalt (Bsp s Rn L/1; Garantie auf erstes Anfordern s Rn L/8) zu eröffnen. Warnpflichten s Rn A/28. Anspruch auf Vorschuss hat sie nicht, doch gilt § 775 BGB analog. Andere Banken darf sie nur mit Einverständnis des Auftraggebers einschalten, je nach Einzelfall haftet sie dann nach § 278 BGB (s Rn K/3), str. Sie muss die **Weisungen** des Auftraggebers strikt befolgen, Stgt WM **79,** 734; nach Garantieerteilung kann der Auftraggeber aber die Rechtsstellung des Garantiebegünstigten nicht mehr durch Gegenweisung an die Bank antasten. Bei Eintritt des Garantiefalls muss die Bank erst unverzüglich den Auftraggeber **benachrichtigen** (auch bei Garantie auf erstes Anfordern), um ihm Gelegenheit zur Stellungnahme, str, und bei der Garantie auf erstes Anfordern (s Rn L/8) zum Vorbringen liquider Einwandtatsachen zu geben, BGH **95,** 375. Die Bank darf (auch gegen den ausdrücklichen Widerspruch des Auftraggebers) **bezahlen,** aber nur gegen genaue Prüfung der zum Nachweis des Garantiefalls vorgeschriebenen Dokumente; bei schlüssigen, substantiierten und ohne weiteres beweisbaren Einwendungen und Einreden darf die Bank im Verhältnis zum Kunden nicht zahlen, zB bei mangelnder Fälligkeit, BGH WM **67,** 1008, **69,** 834. Eine AGBKlausel, die für alle Garantien (nicht nur solche auf erstes Anfordern) der Bank das Recht zur Zahlung auf einseitiges Anfordern des Gläubiger einräumt (so **(8)** AGB-Banken Nr 13 aF vor 1993, auch für Bürgschaften), ist bedenklich, aA BGH **95,** 375, üL, aber Tiedtke BB **56,** 541, Graf v Westphalen WM **84,** 8. Der Grundsatz der **Garantiestrenge** (ebenso im Verhältnis zum Garantiebegünstigten, s Rn L/7) gilt hier wie beim Akkreditiv (Dokumentenstrenge, s Rn K/6), Hbg WM **78,** 261, Stgt WM **79,** 734. Verletzt sie diese Prüfungspflicht, verliert sie ihren Aufwendungsersatzanspruch gegenüber dem Auftraggeber aus §§ 675 I, 670 BGB (für Sicherheiten § 774 BGB analog, str) und (mangels Vorliegens des Garantiefalls, so wie formal festgelegt) uU auch den Rückgriffsanspruch gegen die Rückgarantiebank (s Rn L/3). **AGB-Kontrolle** von Garantiebedingungen nach **(5)** BGB §§ 305 ff, Ul/Br/He/Christensen Anh § 310 BGB Rn 360 ff. **Muster:** Hopt/Blesch 3. Aufl 2007 Form IV. L.2 (Garantieauftrag), Form IV. L.3 (Bedingungen für das Avalgeschäft), Form IV. L.15 (Freistellungserklärung), Form IV. L.16 (Ausführungsanzeige), Form IV. L:17 (Benachrichtigung über Garantieerledigung bzw Ermäßigung).

L/5   B. Das **Fälschungsrisiko** trägt die Bank; es ist anders als beim Akkreditiv (s Rn K/8) nicht wirksam auf den Auftraggeber abgewälzt, Canaris 1109, str. Der Garantievertrag kann von der Bank analog § 490 I (§ 610 aF) BGB gekündigt werden (nach aA jederzeit ohne Grund, §§ 675 I, 649 S 1 BGB).

3) Das Rechtsverhältnis zwischen den Banken und dem Garantiebegünstigten

L/6   A. **Vor Garantieeröffnung:** Vor Garantieeröffnung steht der Gläubiger in keinem Vertragsverhältnis (aus der Garantie) zur Garantiebank. Der Garantieauftrag ist kein Vertrag zugunsten Dritter iSv § 328 BGB (s Rn K/10). Der Garantievertrag mit dem Begünstigten kommt formlos zustande (§ 151 BGB); in der Praxis ist aber Schriftform handelsüblich. Bei öffentlichen Ausschreibungen wird manchmal als Teilnahmebedingung die Vorlage einer Bankbestätigung verlangt, die eine bloße Auskunft (s Rn A/14) bis hin zu einer unwiderruflichen **Bereitschaftserklärung** sein kann, die Garantie zu erstellen. Die Garantie selbst wird in der heutigen Praxis mit mehr oder weniger formalisierten **Garantiebausteinen** erstellt (Präambel, Zahlungsklausel, Reduzierungsklausel, Valutierungsklausel, Erlöschensklausel, Übertragungsklausel, Außenwirtschaftliche Zulässigkeit, Rechtswahlklausel). **Muster:** Hopt/Blesch 3. Aufl 2007

V. Bankgeschäfte (m. Börsen- u. KapMR)   L/7–L/10   **BankGesch** (7)

Form IV. L.5 (elementare Garantiebausteine ohne/mit Vereinbarung der ERG), Form IV. L.6 (variable und alternative Garantiebausteine), Form IV. L.7 (Garantiemuster: Bietungs-, Vertragserfüllungsgarantie), Form IV. L.8 (Bereitschaftserklärung).

B. **Nach Garantieeröffnung:** Nach Garantieeröffnung hat der Begünstigte einen durch Eintritt des Garantiefalls bedingten, selbstständigen Zahlungsanspruch gegen die Bank. Was Garantiefall sein soll und dementsprechend wie genau die Zahlungsaufforderung lauten muss, richtet sich nach dem Garantieversprechen. Dieses ist nach dem Grundsatz der **Garantiestrenge** (wie im Verhältnis zum Garantieauftraggeber, s Rn L/4) auszulegen, BGH **145**, 293, WM **96**, 393; Nichtberücksichtigung aller Umstände außerhalb der Garantieurkunde geht aber zu weit, Canaris 1133 a, aA BGH **90**, 291. Die Bank hat den Begünstigten auf die Fehlerhaftigkeit der Zahlungsaufforderung hinzuweisen (vgl L/9; sonst Schadensersatzpflicht), Karlsr WM **92**, 2095, str, offen BGH WM **96**, 393. Die einfache Garantie, bei der die Bank der Garantieforderung des Gläubigers alle Einwendungen aus dem Grundverhältnis entgegenhalten kann, nützt dem Gläubiger wenig.   L/7

Internationale Bankgarantien sind deshalb idR eine „**Garantie auf erstes Anfordern**" (vgl Bürgschaft auf erstes Anfordern, s § 349 HGB Rn 6, Standby Letter of Credit oben Rn K/1 a). Dann ist zu zahlen schon auf die **bloße schlüssige** (str) **Behauptung** des Eintritts des Garantiefalls durch den Begünstigten oder seinen Zessionar (s Rn L/16), zB der Kaufpreis sei nicht bezahlt. Einwendungen aus dem Grundverhältnis werden damit ausgeschlossen, weitere gerichtliche oder andere Verfahren sollen nicht notwendig sein; Bsp: BGH WM **89**, 433; Rückgarantie auf erstes Anfordern, BGH **145**, 286. Die Garantie auf erstes Anfordern macht den Käufer vorleistungspflichtig und verweist ihn darauf, notfalls die Zahlung vom Verkäufer wieder zurückzuverlangen (je nach Vereinbarung an dessen Gerichtsstand und nach ausländischem Recht). Wörtliche Übereinstimmung der Inanspruchnahme mit Garantietext ist nur erforderlich, wenn besonders vereinbart, BGH **145**, 293 (sonst auch bloße Bezugnahme auf Garantieurkunde möglich), NJW **97**, 1435, aber dringend zu empfehlen (s Rn L/9), Canaris 1133: genau in der Weise und mit dem Inhalt abzugeben, wie die Garantieurkunde es vorschreibt. Garantiestrenge bei Garantie auf erstes Anfordern, Namensänderung, s Rüßmann/Britz WM **95**, 1825. Vorherige Benachrichtigung des Käufers s Rn L/4.   L/8

Wegen der damit für den Käufer verbundenen Gefahren wird mitunter eine **besondere Nachweise** verlangende (sog bedingte) Garantie vereinbart, bei der der Eintritt des Garantiefalls von bestimmten urkundlich nachzuweisenden Umständen (Bestätigungen, Zertifikate unabhängiger Dritter, zB Control-Co, uU auch Schiedsspruch) abhängig ist. Mittellösung nach Art 20 Garantierichtlinien (s L/1). Der Grundsatz der Dokumenten- bzw Garantiestrenge gilt auch gegenüber dem Gläubiger (s Rn L/4), BGH WM **96**, 770, Hbg WM **78**, 261, Stgt WM **79**, 734 (s auch L/8). Effektivklauseln (zB „falls der Schaden eintritt") führen, soweit sie reichen (Auslegung), zur Überprüfungspflicht der Bank, im Übrigen bleibt es beim „auf erstes Anfordern". Unzureichende Nachweise muss die Bank unverzüglich zurückweisen (wie (**11**) ERA Art 16 lit d), BGH WM **96**, 393. Empfehlenswert ist Klausel über automatische Garantieermäßigung, **Muster:** Hopt/Blesch 3. Aufl 2007 Form IV. L.12.1 (Reduzierungsklausel).   L/9

Der Garantieanspruch verjährt in 3 Jahren (§§ 195, 199 BGB), doch wird idR ein **Verfalldatum** vereinbart, bis zu dem die Garantie formgerecht in Anspruch genommen sein muss (Garantiefrist), Hbg RIW **78**, 616, Stgt WM **79**, 733; Bezifferung der Anspruchshöhe ist dazu jedoch nicht nötig, Brändel FS Werner **84**, 49, aA Ffm WM **83**, 517. Praktisch wird häufig die Verlängerung der Garantie erzwungen („pay or extend"), das kann rechtsmissbräuchlich sein, s Rn L/13. Schweigen auf „pay or extend" verlängert Garantiefrist nicht; auch nicht Hinweis der Bank, erst nach Rücksprache mit Garantieauftraggeber reagieren zu können, BGH WM **96**, 393. Ein Verfalldatum wird in verschiedenen Rechtsordnungen nicht anerkannt. Eine Pflicht zur Einräumung einer Nachfrist besteht bei der Striktheit der Garantie nicht, aA wohl Canaris 1127; auch nicht bei Fristversäumung infolge höherer Gewalt, Mülbert ZIP **85**, 1105.   L/10

Hopt   1873

(7) BankGesch L/11–L/16   2. Handelsrechtl. Nebengesetze

L/11   Die häufige Klausel, dass die Garantie bei **Rückgabe der Urkunde** erlischt (iZw Rechtsgeschäft, nicht bloße Besitzänderung), nützt praktisch wenig. Zur Urkundenrückgabepflicht nach Erlöschen der Garantie BGH NJW **89,** 1482 (Bürgschaft), Schütze WM **82,** 1398, vgl auch BGH **147,** 99 (Bürgschaft), aber BGH WM **08,** 2201 (bei wertloser Bürgschaftsurkunde Rechtsmissbrauch). Besteht der zu sichernde Anspruch nicht und kann er auch nicht mehr entstehen, kann **Verzicht** auf die Garantie und Unterlassung verlangt werden (aus Vertrag oder § 812 BGB), BGH WM **87,** 369. IPR s Mülbert ZIP **85,** 1113.

L/12   C. **Einwendungsausschluss:** Für den Einwendungsausschluss gilt Entsprechendes wie beim eröffneten Akkreditiv (s Rn K/16–22), vgl BGH **140,** 49. Das gilt **aber** nicht ohne weiteres für die **Aufrechnung** der Bank, Grund: Garantie dient nicht der Zahlung (s Rn L/1), deshalb ist je nach Garantiezweck zu differenzieren und Aufrechnung mit eigenen liquiden Ansprüchen der Bank bei Zahlungsgarantie zu bejahen, BGH **94,** 171 m Anm Assmann IPRax **86,** 142.

L/13   Im Vordergrund steht hier die Einwendung des (objektiven, str) **Rechtsmissbrauchs** (§ 242 BGB). Rechtsmissbräuchliches Verhalten des Begünstigten liegt nicht schon vor, wenn die Forderung aus dem Grundverhältnis bestritten, zweifelhaft oder auch möglicherweise inexistent ist. Die Garantie soll ihn gerade auch vor solchen Unsicherheiten abdecken. Rechtsmissbrauch liegt vielmehr nur bei Garantieabruf trotz **offensichtlicher** und **liquide beweisbarer Unbegründetheit** vor, hL, BGH **90,** 292, **145,** 291, WM **86,** 1429, NJW **88,** 2610, alle nicht von selbst beantwortbaren tatsächlichen und rechtlichen Streitfragen sind Sache eines Rückforderungsprozesses; der Beweis wird idR durch geeignete Dokumente geführt, uU aber auch Zeugenbeweis, str, aA (noch strenger) für Ausschluss des Missbrauchseinwands Weth AcP 189 **(89)** 303. Das gilt auch für die Rückgarantie, BGH **145,** 291, Saarbr WM **81,** 277. Einstweilige Verfügung gegen den Garantienehmer ist nicht ohne weiteres liquides Beweismittel für Rechtsmissbrauch, str, offen BGH **145,** 295, jedenfalls nicht wenn ohne Anhörung des Antragsgegners erlassen, BGH **145,** 296. Bei einem solchen Rechtsmissbrauch und anderen Einwänden hat die Bank eine Pflicht gegenüber dem Garantieauftraggeber, die Zahlung zu verweigern, str. Rückabwicklung s Rn K/22. Lit: Schütze WM **80,** 1438, RIW **81,** 83, DB **81,** 779, Stockmayer AG **80,** 326, v Mettenheim RIW **81,** 581, Nielsen ZIP **82,** 253, Mülbert ZIP **85,** 1101, Heldrich FS Kegel **87,** 179, Jedzig WM **88,** 1469, Blau WM **88,** 1474.

L/14   Verhinderung der Zahlung ist (idR) nicht durch eine **einstweilige Verfügung** gegen Auszahlung der Garantiesumme durch die Garantiebank möglich, Stgt NJW **81,** 1913, Ffm WM **88,** 1480, Kln WM **91,** 171; Heinsius FS Werner **84,** 229, sehr str, aA LG Ffm NJW **81,** 56 (§ 935 ZPO), wegen der Auslandsrisiken der Bank dann aber nur gegen Sicherheitsleistung (§§ 936, 921 S 2 ZPO), Nielsen ZHR 147 **(83)** 159; aber in engen Grenzen ist einstweilige Verfügung (§ 940 ZPO) gegen Rückbelastung beim Garantieauftraggeber-Bankkunden denkbar, zB bei Auszahlung trotz Abrufs der Garantie erst nach Garantieablauf, Stgt NJW **81,** 1913. Einstweilige Verfügung gegenüber dem Begünstigten s Rn L/17. Das gleiche Problem taucht beim Akkreditiv auf (s Rn K/21 m Nachw).

L/15   **Rückabwicklung** grundsätzlich wie beim Akkreditiv, s Rn K/22; war die Garantie mangels zulässiger Einwendungen (s Rn K/16–22) zu erfüllen, hat die Bank auch bei Nichtbestehen oder späterer Erfüllung der gesicherten Forderung keinen Bereicherungsanspruch gegen den Begünstigten, BGH **140,** 49, aA Ffm ZIP **98,** 148; anders bei Bankbürgschaft auf erstes Anfordern (§ 349 HGB Rn 1). Ein Bereicherungsanspruch gegen den Begünstigten besteht nur bei rechtsmissbräuchlicher Inanspruchnahme der Garantie. Lit: Schröder 2003, Panagiatopoulos 2007 (Garantie auf erstes Anfordern); Canaris ZIP **98,** 493, Heermann ZBB **98,** 239, Wilhelm NJW **99,** 3519.

L/16   D. **Übertragung:** Der Anspruch aus dem Garantieversprechen ist übertragbar, doch kann ausnahmsweise § 399 BGB vorliegen. Der Garantieanspruch geht nach § 401 BGB analog bei Abtretung der gesicherten Forderung mit über, zutr Canaris 1150, aA BGH WM **64,** 62, üL, offen BGH WM **75,** 349. Das Recht zum Abruf der Garantie geht mangels anderer Vereinbarung als Hilfsrecht mit über, BGH NJW **87,** 2075, aA üL, Canaris 1149. Lit: P. Bydlinski ZBB **89,** 153.

V. Bankgeschäfte (m. Börsen- u. KapMR)   L/17–M/1 **BankGesch**   (7)

4) Das Rechtsverhältnis zwischen dem Garantieauftraggeber und dem Garantiebegünstigten

Der Käufer verpflichtet sich durch Garantieklausel zur Stellung einer Garantie mit   L/17
genau bestimmtem Inhalt zugunsten des Verkäufers (entspr bei anderen Verträgen, zB Werkvertrag, Vertrag über noch herzustellende oder zu erzeugende bewegliche Sache, § 651 BGB). Unwirksamkeit der Garantieklausel macht iZw den ganzen Vertrag unwirksam (§ 139 BGB). Zur Verletzung der Pflicht zur Garantiestellung s Rn K/25. Die Garantie wird nicht erfüllungshalber (so Akkreditiv, s Rn K/26) gestellt, der Begünstigte kann deshalb zunächst aus der gesicherten Forderung vorgehen. Anders als beim Akkreditiv (s Rn K/26) gilt hier auch nicht ohne weiteres ein Aufrechnungsverbot. Zur Aufrechnung durch die Garantiebank s Rn L/12. Der Käufer kann grundsätzlich ebenso wenig wie beim Akkreditiv den Verkäufer durch Arrest oder einstweilige Verfügung an der Einziehung des Garantiebetrags hindern (s Rn K/28), Ffm BB **74**, 954; die Garantie (auf erstes Anfordern) würde als Sicherungsmittel sonst hinfällig. Der missbräuchliche Abruf spielt bei der Garantie eine größere Rolle als beim Akkreditiv. Bei Rechtsmissbrauch, insbesondere Betrug des Verkäufers (s Rn L/13), kann sich der Käufer durch einstweilige Verfügung (§§ 937 ff ZPO) oder Arrest (§§ 916 ff ZPO, dazu Aden RIW **81**, 439) wehren, hL (s Rn L/15). **Muster:** Hopt/Blesch 3. Aufl 2007 Form IV. L.1 (Garantieklausel im Grundgeschäft).

5) Bankbürgschaft

s § 349 HGB.   L/18
Muster: Hopt/Blesch 3. Aufl 2007 Form IV. L.18 (Bürgschaftsklausel im Grundgeschäft), Form IV. L.19 (Auftrag zur Erstellung einer Bankbürgschaft), Form IV. L.20 (Bedingungen für das Avalgeschäft), Form IV. L.21 (Elementare Bürgschaftsbausteine), Form IV. L.22 (variable und alternative Bürgschaftsbausteine), Form IV. L.23 (Bürgschaftsmuster: Bietungs-, Anzahlungs-, Liefer-, Vertragserfüllungs-, Mängelansprüche-, Zahlungs-, Kreditsicherungs-, Miet-, Prozess-, Versandverfahrens-, Scheckeinlösungs-, Wechseleinlösungsbürgschaft), Form IV. L.24 (Avalauftrags- und Ausführungsbestätigung).

6) Patronatserklärung

s § 349 HGB Rn 22.   L/19
Muster: Hopt/Kraft 3. Aufl 2007 Form III. K.1 (weiche Patronatserklärung), Form III. K.2 (harte Patronatserklärung), Form III. K.3 (Rangrücktrittsvereinbarung), Form III. K.4 (Besserungsvereinbarung).

M. InkassogeschäftSchrifttum

a) Kommentare und Handbücher: Außer dem allgemeinen Schrifttum (s Einl vor A/1) BankrechtsHdb/*Nielsen* 3. Aufl 2007 § 119. – BuB/*Nielsen*. – Ebenroth/*Hakenberg* BankR II 433 2001. – *MüKo(HGB)/(Bearbeiter)* 2. Aufl 2005 ff Bd 5 2009 Anh nach § 372: *MüKo/Nielsen* (Zahlungsverkehr I).

b) Sonstige Beiträge: *Menkhaus* 1984. – *Nielsen* 1987. – *Senkbeil* 1992. – *Obermüller* FS Bärmann **75**, 709. – *Nielsen* ZIP **83**, 535 (Andienung zu getreuen Händen). – *Obermüller* FS Nielsen **96**, 99 (Insolvenz). – **Muster:** Hopt/*Joos* 3. Aufl 2007 Form IV. M.1–5 (Inkassogeschäft).

1) Rechtliche Qualifikation

Der **Inkassoauftraggeber** (Gläubiger, Verkäufer, Exporteur) beauftragt seine Bank   M/1
(Inkassobank) mit dem Einzug seiner Kaufpreisforderung vom **Bezogenen** (Schuldner, Käufer, Importeur) gegen Aushändigung der Warendokumente. Das Inkasso kann auch auf Aushändigung von Dokumenten gegen Zahlung und/oder Akzeptierung oder unter anderen Bedingungen gerichtet sein. Der Inkassovertrag zwischen Gläubiger und Bank ist ein Dienstvertrag mit Geschäftsbesorgungscharakter (§§ 675 I, 611 BGB), vgl BGH WM **58**, 224. Das **Bankinkasso** ist in **(12) ERI näher geregelt;** diese sind in **(8)** AGB-Banken nicht mehr ohne weiteres mitvereinbart (s dort Nr 1

Hopt   1875

(7) BankGesch M/2–M/4

Rn 6) und regeln das einfache Inkasso (dh von Zahlungspapieren ohne Begleitung von HdlPapieren) und das dokumentäre (zu den diesbezüglichen Klauseln im Valutaverhältnis s Rn M/5). Im Übrigen gelten für das **Dokumenteninkasso** entsprechend die Grundsätze des Wechsel- und Scheckinkassogeschäfts (s Rn E/6); zT kann auch auf Akkreditivrecht zurückgegriffen werden, doch wird beim Dokumenteninkasso kein abstraktes Schuldversprechen abgegeben und für die Inkassobank als vom Gläubiger eingeschaltete Bank gilt der Grundsatz der Dokumentenstrenge nicht. In der Praxis kommt das Dokumenteninkasso (auf Verkäuferseite) häufig gemeinsam mit einem Akkreditiv (auf Käuferseite) vor, so wenn der Verkäufer seinerseits eine Inkassobank einschaltet oder wenn die Akkreditivbank oder Bestätigungsbank den Einzug nicht akkreditivgerechter Dokumente beim Käufer versucht (oft nur gegen Bankgarantie), s Rn K/14. Kreditsicherung beim Dokumenteninkasso s BGH **95,** 141.

M/2 Üblicherweise zieht nicht die erstbeauftragte Bank **(Einreicherbank)** ein, sondern diese beauftragt die zweitbeauftragte Bank **(Inkassobank)** mit dem Einzug bei dem Bezogenen. Der Gläubiger steht dann zu der Inkassobank in keinen vertraglichen Beziehungen, Hbg MDR **70,** 335. Zwischen den beiden Banken besteht dagegen ein Vertrag nach §§ 675 I, 611 BGB. Für Drittschadensliquidation oder (Dritt-)Schutzpflichten gilt dasselbe wie beim Akkreditiv (s Rn K/2). **(12)** ERI Art 3 unterscheidet weitergehend: Einreicherbank, Inkassobank (jede mit der Durchführung des Inkassos befasste Bank mit Ausnahme der Einreicherbank) und **vorlegende Bank** (die Inkassobank, die gegenüber dem Bezogenen die Vorlegung vornimmt). **Muster:** Hopt/Joos 3. Aufl 2007 Form IV. M.2 (Inkasso-/Akzepteinholungsauftrag der Einreicherbank an die Inkassobank), Form IV. M.3 (alternative Mitteilungen der Einreicherbank an die Inkassobank).

2) Das Rechtsverhältnis zwischen den Banken und dem Gläubiger

M/3 Hat die Bank den Inkassoauftrag angenommen (bei Nichtannahme Pflicht zur unverzüglichen Benachrichtigung, nach **(12)** ERI Art 1 c durch Telekommunikation), ist sie dem Gläubiger zur sorgfältigen Erledigung des Inkassoauftrags verpflichtet. Sie kann das als Bevollmächtigte oder im eigenen Namen tun (Einziehungsermächtigung nach § 185 BGB oder, so idR, Treuhandübertragung, BGH **95,** 154, Canaris 1092). Die Einreicherbank darf eine andere Bank als Inkassobank einschalten. Sie haftet für diese idR nicht nach § 278 BGB, str, auch nicht für ein eingeschaltetes Transportunternehmen, Ffm WM **00,** 1637, vielmehr liegt eine zulässige Substitution vor, hL, **(12)** ERI Art 11 ist deshalb wirksam, insoweit zutr Ffm WM **00,** 1637, das folgt aber nicht erst aus **(8)** AGB-Banken Nr 3 II (s dort Rn 6); **(12)** ERI Art 11 schließt die Haftung der Bank für eigenes Auswahl- und Instruktionsverschulden nicht aus, str. Die Einreicherbank hat die Weisungen des Gläubigers strikt zu befolgen, BGH WM **80,** 588; Weisungen des Gläubigers sind nicht direkt an die Inkassobank möglich, aber von der Einreicherbank weiterzuleiten. Die Banken müssen nur prüfen, ob die erhaltenen Dokumente den im Inkassoauftrag aufgelisteten Dokumenten zu entsprechen scheinen und bei Fehlen Nachricht geben, eine weitergehende Prüfungspflicht haben sie nicht (s **(12)** ERI Art 12). Die Bank darf dem Schuldner die Dokumente nur gegen Zahlung aushändigen (s **(12)** ERI Art 17, 18); auch keine Andienung „zu getreuen Händen" (§ 346 HGB Rn 40, **(12)** ERI Art 5 Rn 1). Vom Scheitern des Inkasso muss sie den Gläubiger unverzüglich benachrichtigen (s **(12)** ERI Art 26 c III, Bezahltmeldung und Meldung über Nichtzahlung). Pflichten bezüglich der Ware treffen sie idR nicht (s **(12)** ERI Art 10), vgl aber für einen Sonderfall BGH **36,** 339. Der Inkassovertrag kann jederzeit gekündigt werden (§§ 675 I, 649 S 1 BGB; s Rn K/9). **Muster:** Hopt/Joos 3. Aufl 2007 Form IV. M.1 (Inkassoauftrag), Form IV. M.4 (Alternative Mitteilungen der Einreicherbank an den Inkassoauftraggeber), Form IV. M.5 (Gutschriftsaufgabe).

3) Das Rechtsverhältnis zwischen den Banken und dem Schuldner

M/4 Die Inkassobank steht in keinem vertraglichen Verhältnis zum Schuldner (s **(12)** ERI Art 3 b), Schlesw WM **03,** 20. Zu einem Schuldanerkenntnis wie beim eröffneten oder bestätigten Akkreditiv (s Rn K/11–15) kommt es nicht.

V. Bankgeschäfte (m. Börsen- u. KapMR)   M/5, N/1   **BankGesch** (7)

4) Das Rechtsverhältnis zwischen dem Gläubiger und dem Schuldner
Im Valutaverhältnis zwischen Verkäufer und Käufer (entspr für andere Verträge) ist   M/5
Zahlung durch Inkasso (ohne Dokumente, clean collection) bzw Dokumenteninkasso
vereinbart, zB durch Klausel „Kasse gegen Dokumente", „netto Kasse gegen Doku-
mente bei Ankunft des Dampfers", BGH **41,** 221, „D/P" (documents against pay-
ment), „D/A" (documents against acceptance), s § 346 HGB Rn 40. Der Käufer wird
beim Dokumenteninkasso vorleistungspflichtig (Zahlung bzw Wechselhingabe gegen
Dokumente ohne Untersuchung der Ware, vgl § 377 HGB Rn 20), BGH **41,** 221.
Aufrechnung und Zurückbehaltungsrechte sind ausgeschlossen, BGH **14,** 62; die
Grundsätze zum Akkreditiv gelten entspr, s Rn K/25.

N. Devisenhandels- und sonstiges Auslandsgeschäft

a) Kommentare und Handbücher: Außer dem allgemeinen Schrifttum (s Einl
vor A/1) BankrechtsHdb/*Welter* 3. Aufl 2007 § 118. – BuB/*Nielsen*. – *von Bernstorff,*
Rechtsprobleme im Auslandsgeschäft, 5. Aufl 2006. – *von Bernstoff,* Vertragsgestaltung
im Auslandsgeschäft, 6. Aufl 2007. – *Blesch/Lange* 2007. – *Dortschy/Jung/Köller*
3. Aufl 2005. – *Graf v Westphalen,* Rechtsprobleme der Exportfinanzierung, 3. Aufl
1987. – *Zahn/Ehrlich/Neumann* 7. Aufl 2001.

b) Sonstige Beiträge: *Ebke,* Internationales Devisenrecht, 1991. – *Grothe,* Fremd-
währungsverbindlichkeiten, 1999. – *Nielsen* 1988 (dokumentäre Import- und Export-
sicherung). – *Kleiner* 1985 (internationales Devisenschuldrecht). – *Hahn,* Währungs-
recht 1990. – *Nolting* 1995 (Kompensationsgeschäfte). – *Krämer,* Finanzswaps und
Swapderivate in der Bankpraxis, 1999. – *Staudinger/K. Schmidt,* Geldrecht, 1997. –
Aden RIW **82,** 309 (Eurokreditvertrag). – *Decker* WM **90,** 1001 (Swapgeschäft). – *Lenz*
EuZW **91,** 297 (Zahlungssicherungen). – *Wertenbruch* FS Westermann **08,** 695 (Kom-
pensationsgeschäfte). **Muster:** Rahmenvertrag für Swap-Geschäfte WM **90,** 1047.

1) Devisenhandelsgeschäft
Der Devisenhandel ist der Handel mit ausländischen Zahlungsmitteln. Dazu gehören   N/1
Sorten (ausländische Noten und Münzen), Fremdwährungsguthaben und im Ausland
zahlbare Fremdwährungswechsel **und -schecks. Devisenhandel ist, wenn er im
eigenen Namen und für fremde Rechnung betrieben** wird, Finanzkommissions-
geschäft (Devisen sind Finanzinstrumente, § 1 XI 1 KWG) und dann Bankgeschäft iSv
§ 1 I 2 Nr 4 KWG, bei bloßem Eigenhandel für andere dagegen Finanzdienstleistung
iSv § 1 I a 2 Nr 4 KWG. Auch der Handel mit Sorten (Sortengeschäft) ist Finanzdienst-
leistung (§ 1 I a 2 Nr 7 KWG, Text s Rn A/4). Das Sortengeschäft umfasst den Aus-
tausch von Banknoten oder Münzen, die gesetzliche Zahlungsmittel darstellen, sowie
den Verkauf und Ankauf von Reiseschecks. Nicht erfasst werden Unternehmen wie
Hotels, Reisebüros oder Kaufhäuser (§ 2 VI 1 Nr 12 KWG). Rechtlich handelt es sich
beim Devisenhandel idR um Kaufverträge. **Kassageschäfte** sind Verträge über Devi-
sen, die nach zwei Tagen oder bei überseeischen Währungen binnen fünf Tagen zu
erfüllen sind (Fixgeschäft iSv § 323 II Nr 2 BGB, § 376 HGB). **Termingeschäfte** sind
Verträge über Devisen, die von beiden Seiten erst zu einem späteren Zeitpunkt (als bei
Tages- oder Kassageschäften) zu erfüllen sind; Hadding/Hennrichs FS Claussen **97,**
447; vgl auch **(8)** AGB-Banken, Einl 2 vor (8) AGB-WPGeschäfte Nr 1. **Swapge-
schäfte** sind eine Kombination aus Kassa- und Termingeschäften; zB wird ein Devisen-
kassakauf mit einem Devisenterminverkauf oder umgekehrt verbunden, vgl Naumbg
WM **05,** 1313. Rechtlich kann ein doppelter Kauf oder ein Kauf mit Wiederverkaufs-
abrede (vgl Rn J/5 zum Pensionsgeschäft), im Einzelfall, zB beim Finanzierungsswap,
auch ein Darlehen vorliegen, Lüer WM Sonderbeil 1/**77,** 5. Der Swapsatz ist der
Unterschied zwischen Kassa- und Terminkurs. Währungs- und Zinssatzswaps s G/33.
Switchgeschäfte, BGH **55,** 336, und Swinggeschäfte sind heute selten, BuB/Nielsen 5/
565. Überblick über Devisen- und Währungsrecht (AWG, AWV) s BuB/Nielsen 5/
490. Zur Berücksichtigung ausländischer Devisenvorschriften Reithmann/Martiny/
Thode 501. **Neue Finanzinstrumente** s Rn G/33. **Internationale Gerichtsbar-
keit:** Internationale Zuständigkeit und Vollstreckung, vor allem EuGVVO, s Einl 87 vor
§ 1 HGB; internationale Anerkennung von Schiedssprüchen s Einl 99 vor § 1 HGB.

2) Sonstige Auslandsgeschäfte

N/2 **Internationales Bankvertragsrecht,** insbesondere Vertragsstatut, s Rn A/40. Wichtige **Auslandsgeschäfte** der Banken sind Akkreditivgeschäft (s Rn K/1–28), Dokumenteninkasso (s Rn M/1–5), Garantiegeschäft (s Rn L/1–19), Remboursgeschäft (s Rn G/26), Forfaitierungsgeschäft (s Rn J/4). Regelmäßig geht es dabei um Import- oder Exportfinanzierung und die entsprechenden Sicherheiten. Rolloverkredite und Bardepotpflicht s BGH NJW **79,** 2097 m Anm Peltzer WM **79,** 788. Scheingeschäft (§ 117 BGB) zur Umgehung der Bardepotpflicht, BGH NJW **80,** 1572; Abgrenzung zwischen Schein- und Strohmannsdarlehen danach, ob nur der Hintermann oder der Strohmann selbst als Vertragspartei haftet, BGH NJW **82,** 569. Auswirkung von Devisensperren auf Bürgenhaftung, str, Kühn/Rotthege NJW **83,** 1233, Rüßmann WM **83,** 1126. Fehlende Genehmigung nach Außenwirtschaftsrecht (zB § 52 AWV) führt zur schwebenden Unwirksamkeit des Darlehensvertrags, BGH WM **81,** 190, vorsätzliche Mißachtung der Genehmigungspflicht zur Nichtigkeit, BGH WM **81,** 188.

3) Ausfuhrgewährleistungen des Bundes

N/3 Exportkredite werden heute vielfach unter Mitwirkung der öffentlichen Hand gewährt, die den Exporteuren und Banken bei Lieferung in bestimmte Länder unberechenbare Risiken abnimmt (Ausfuhrgewährleistungen des Bundes, auch als Hermes-Deckungen bezeichnet, unter Einschaltung der Hermes Kreditversicherungs-AG Hamburg/Berlin für den Bund). Dazu Richtlinien für die Übernahme von Ausfuhrgewährleistungen 30. 12. 83 BAnz 29. 2. 84 Nr 42 mit späteren Änderungen, von Spiegel NJW **84,** 2005. Die Richtlinien trennen Übernahmeentscheidung und vertragliche Abwicklung, geben Kriterien für die Übernahme und sehen eine grundsätzliche Stellungnahme (Zusicherung) gegenüber dem Antragsteller vor. Die Einzelverträge zwischen Hermes und dem Exporteur enthalten dann als AGB die Hermes-Bedingungen (nF seit 1. 10. 86; vier Allgemeine Bedingungen: für Fabrikationsrisiko-Garantien, für Fabrikationsrisiko-Bürgschaften, für Ausfuhrgarantien, für Ausfuhrbürgschaften). Gewährt werden „Bürgschaft" und „Garantie" (mangels Akzessorietät beidesmal Garantievertrag, üL, aA Versicherungsvertrag) für Fabrikations- und Ausfuhrrisiko, gedeckt werden wirtschaftliche ebenso wie politische Risiken. Die Fabrikationsrisikoabdeckung setzt Wirksamkeit des Ausfuhrvertrags voraus (Problem der Auswirkung ausländischer öffentlichrechtlicher Verbote). Hermes-Deckung ist vielfach Voraussetzung dafür, dass sich die Banken auf die Exportfinanzierung überhaupt einlassen können. Anrechnung von Zahlungen auf Hermesgarantie, BGH WM **83,** 151, 912. Rückforderung, BGH WM **96,** 2299. Lit: Christopheit 1968, Graf Kageneck 1991, BankrechtsHdb/Janus 3. Aufl 2007 § 122 (Exportkreditgarantien des Bundes), BuB/Nielsen 5/184, Heymann/Horn 2. Aufl 2005 VII/149 ff.; Graf v Westphalen ZIP **86,** 1497, Eistert RIW **96,** 805, Sellner/Külpmann RIW **03,** 410.

6. Kap: Factoring und Finanzierungsleasing

O. Factoring

a) Kommentare und Handbücher: Außer dem allgemeinen Schrifttum (s Einl vor A/1) BankrechtsHdb/*Martinek/Oechsler* 3. Aufl 2007 § 102. – *Canaris* 2. Aufl 1981, Rn 1652. – Ebenroth/*Wagner* BankR V 2001. – *Hopt/Mülbert* 713 (1989). – *MüKo(HGB)/(Bearbeiter)* 2. Aufl 2005 ff Bd 52009 Anh nach § 372: *MüKo/ Ferrari, Brink* (Unidroit Factoring Übk 1988) FactÜ. – *Rö/Graf von Westphalen* 3. Aufl 2008 Factoring.

b) Sonstige Beiträge: *Hagenmüller/Sommer/Brink* 3. Aufl 1997. – *Achsnik/Krüger* 2008 (Insolvenz). – *Hill* 1994 (Interessenkollisionen). – *Bette* 1999. – *Basedow* ZEuP **97,** 615 (IPR). – *Weller* RIW **99,** 161 (Unidroit-Übk von Ottawa). – *Brink* WM **03,** 1355 (SMG). **Muster:** *Hopt/Scharff* 3. Aufl 2007 Form IV. O.1–2 (Factoring). **RsprÜbersicht:** Tiedtke/Peterek DB **08,** 335 (BGH).

V. Bankgeschäfte (m. Börsen- u. KapMR)   O/1–O/7   **BankGesch** (7)

1) Rechtliche Qualifikation

Beim Factoringgeschäft überträgt der Factoringkunde (Gläubiger) seine Forderungen durch vorweggenommene Global- oder Mantelzession an den Factor unter der aufschiebenden Bedingung des jeweiligen Ankaufs der Forderung durch den Factor (§§ 398, 158 I BGB). Dieser vergütet dem Kunden sofort den Gegenwert der Forderungen abzüglich Provision (Einbehalt auf Sperrkonto), nimmt ihm die Debitorenbuchhaltung ab und zieht die Forderungen ein. Das Factoring erfolgt entweder einstufig oder zweistufig; idR liegt **Factoring-Rahmenvertrag** (s Rn O/5) mit Einzelgeschäften vor, der als gemischttypischer Vertrag mit primär kaufrechtlichen, daneben aber auch dienstvertraglichen Elementen (§§ 433, 675 I iVm 611 und uU 488 BGB,) anzusehen und Dauerschuldverhältnis (§ 314 BGB) ist. Das Factoring ist, obschon meist von Banken betrieben, kein Bankgeschäft iSv § 1 I 2 KWG, wird aber meist von Banken betrieben. Unternehmen, die Factoring betreiben (laufender Ankauf von Forderungen auf der Grundlage von Rahmenverträgen mit oder ohne Rückgriff), sind Finanzdienstleistungsinstitute iSv KWG (§ 1 Ia 1, 2 Nr 9 KWG, Text s Rn A/4). Rechtlich ist das Factoring(einzelgeschäft) weder einheitlich Kauf, so Blaurock ZHR 142 **(78)** 341, 143 **(79)** 71, noch einheitlich Darlehen, so Canaris 1655, vielmehr ist zu unterscheiden.   O/1

Beim **echten Factoring** (ähnlich Forfaitierungsgeschäft s Rn J/4) verkauft der Kunde der Bank laufend gegen Sofortzahlung seine idR noch nicht fälligen Forderungen aus Warenlieferungen oder Dienstleistungen. Die Zession erfolgt offen (Einzug durch die Bank im eigenen Namen) oder still (Einzug auf Konto des Kunden bei der Factoringbank). Vor Übernahme kann eine Bonitätsprüfung erfolgen. Der Factor übernimmt hier das Risiko der Zahlungsunfähigkeit des Schuldners (Delkredere). Rechtlich ist dies ein **Forderungskauf** (§§ 453, 433 BGB), BGH **69,** 257, **72,** 21. Die Zession ist Erfüllungsgeschäft des einzelnen Kaufs (§ 362 I BGB), keine Verwaltungstreuhand.   O/2

Beim **unechten Factoring** vergütet die Bank die Kundenforderungen zwar ebenfalls sofort und muss Befriedigung zuerst aus den abgetretenen Forderungen suchen, das Ausfallrisiko verbleibt aber beim Kunden (Rückbelastungsrecht des Factors). Rechtlich ist das nach der Rspr im Kreditgeschäft (§ 488 BGB) mit Abtretung der Forderungen erfüllungshalber, BGH **58,** 366, **71,** 308, **82,** 61, üL, BankrechtsHdb/Martinek/Oechsler 44. Richtiger ist wie beim Diskontgeschäft (s Rn J/1) idR **Kauf, ausnahmsweise Darlehen** mit Abtretung der Forderung erfüllungshalber anzunehmen, Hopt/Mülbert 726. Die praktischen Unterschiede beider Konstruktion lassen sich in Grenzen halten.   O/3

Für das Factoring ist der zwingende § 354a HGB bedeutsam, der Abtretungsverbotsklauseln einschränkt. **Bilanzierung** s § 246 HGB Rn 19.   O/4

2) Verhältnis zwischen Bank und Kunden

Der Factoringvertrag verstößt nicht gegen das RBerG, weder beim echten Factoring (reines Inkassogeschäft), BGH **76,** 119, noch beim unechten Factoring (Kreditgeschäft mit Sicherungsabtretung), BGH **58,** 364. Der Factoringvertrag ist (auch beim echten Factoring) kein Krediteröffnungsvertrag (s Rn G/2–19). Möglich ist, dass sich der Rahmenvertrag nicht generell auf echtes oder unechtes Factoring festlegt, dann kann der Factor ein Wahlrecht iSv § 262 BGB haben, Canaris 1671. **Muster:** Hopt/Scharff 3. Aufl 2007 Form IV. O.1 (Factoringvertrag).   O/5

Zur **ABG-Kontrolle** von Factoringverträgen unter **(5)** §§ 307 ff BGB Ul/Br/He/ H. Schmidt Anh § 310 BGB Rn 325 ff.   O/6

3) Globalzession

A. Beim **echten** Factoring ist die Globalzession (s Rn H/1–5) an die Factoringbank auch gegenüber dem verlängerten Eigentumsvorbehalt der Warenkreditgläubiger wirksam, BGH **69,** 258; Grund: Vorbehaltsverkäufer steht wie bei Bareinzug der Kaufpreisforderung durch den Vorbehaltskäufer. Eine dem Vorbehaltskäufer vom Vorbehaltsverkäufer erteilte Einzugsermächtigung deckt auch die Factoringzession der Forderungen aus dem Weiterverkauf der Vorbehaltsware, BGH **72,** 15, **82,** 288, aA Bähr DB **81,** 1759; gedeckt ist also auch die dem verlängerten Eigentumsvorbehalt nachfolgende   O/7

Factoringzession, anders wenn der Factor zumutbare Schutzmaßnahmen zugunsten des Warenkreditgläubigers unterlässt, zB bei Mitwirkung an Überweisung der Factoringerlöse an Gläubigerbank des Vorbehaltskäufers, BGH **100**, 353, Ffm BB **88**, 232, krit Kapp, BB **87**, 1762, oder wenn das Delkredere des Factors völlig ausgehöhlt wird, Kblz WM **88**, 45. Ein Verbot des Factoring durch AGB des Vorbehaltsverkäufers ist unwirksam, Ffm NJW **77**, 907, so idR auch für ein generelles Lieferantenabtretungsverbot, Lambsdorff BB **82**, 337. Einzugsermächtigung durch Geldkreditgeber, der durch Globalzession gesichert ist, berechtigt Darlehensnehmer nicht zur nochmaligen Abtretung im echten Factoring, BGH **75**, 391; Grund: Substanzverlust der Sicherung durch Factorgebühren; die nochmalige Abtretung nach Globalzession ist aber gedeckt, wenn der Darlehensnehmer dafür den ungeschmälerten Gegenwert der Forderung (Abzinsung unschädlich) endgültig erhält, BGH **82**, 283.

O/8   B. Beim **unechten** Factoring ist anders als beim echten die Globalzession an die Factoringbank gegenüber dem verlängerten Eigentumsvorbehalt grundsätzlich unwirksam; denn entweder deckt schon die erteilte Einzugsermächtigung die Factoringzession nicht oder es gelten dieselben Grundsätze wie bei der Kollision von Geldkredit- und Warenkreditgläubigern (Vertragsbruchtheorie, s Rn H/4); BGH **82**, 50, Karlsr WM **86**, 1029; Serick BB **79**, 850, NJW **81**, 794, 1715, Lambsdorff ZIP **80**, 543, Kübler ZIP **80**, 546, Kuhnt BB **81**, 334; aA Canaris NJW **81**, 249, 1347 (Barvorschusstheorie), weil die Rückbelastung uneinbringlicher Forderungen den Vorbehaltsverkäufer nicht wesentlich schlechter als ohne Factoring stelle und die Zulässigkeit ähnlicher Rückbelastungsrechte zB der diskontierenden Bank anerkannt ist (BGH BB **79**, 956). Die zurückzubuchenden Forderungen können jedenfalls nicht als Sicherheit für mit dem Factoringvertrag nicht zusammenhängende Gegenforderungen der Bank verwandt werden. Die zurückzubuchenden Forderungen gehen iZw kraft auflösender Bedingung an den Lieferanten zurück (§ 185 II 1 Fall 2 BGB), Canaris NJW **81**, 252. Zur Sittenwidrigkeit eines unechten Factoring gegenüber PublikumsGes s Anh § 177a HGB Rn 67. Das Factoring ist keine Vermögensübernahme iSv § 419 aF BGB, weder beim unechten Factoring, BGH **71**, 306, noch beim echten.

P. Finanzierungsleasing

a) Kommentare und Handbücher: Außer dem allgemeinen Schrifttum (s Einl vor A/1) BankrechtsHdb/*Martinek/Oechsler* 3. Aufl 2007 § 101. – *Beckmann,* Finanzierungsleasing, 3. Aufl 2006. – *Canaris* 3. Aufl 1988, Rn 1710. – Ebenroth/*Schmalenbach* BankR V 52, 2001. –*MüKoBGB/Habersack,* Leasing (nach Miete § 535 BGB). – *Martinek/Stoffels/Wimmer-Leonhardt* 2. Aufl 2008. – *Rö/Graf von Westphalen* 3. Aufl 2008 Leasing.

b) Sonstige Beiträge: *Girsberger* 1997 (Schweiz, international). – *Graf v Westphalen* 6. Aufl 2008. – *Reithmann/Martiny/Dageförde* 1127, *Dageförde* 1992 (international). – *Gebler/Müller* ZBB **02**, 107. – *Reiner/Kaune* WM **02**, 2314. – *Schmalenbach/Sester* WM **02**, 2184 (SMG). – *Graf v Westphalen* ZIP **06**, 1653 (SMG). – *Beckmann* DStR **07**, 157. – *Habersack* WM **08**, 809 (Projektleasing). **Muster:** *Hopt/Scharff* 3. Aufl 2007 Form IV. P.1–5 (Finanzierungsleasing). **RsprÜbersichten:** *Treier* WM Sonderbeil 4/**92**, 4/**95**, 6/**97**, 8/**01**, 46; *Weber* NJW **03**, 2348, **05**, 2195, **07**, 2525.

1) Rechtliche Qualifikation

P/1   Beim **Leasinggeschäft** überlässt der Leasinggeber eine Sache oder Sachgesamtheit dem Leasingnehmer gegen Entgelt zur Nutzung auf Zeit. Dabei trägt der Leasingnehmer die Gefahr des Untergangs und der Beschädigung und hat idR eine Kaufoption auf späteren Erwerb. Beim **Herstellerleasing** zwischen Leasinggeber und Leasingnehmer ohne Dreiecksverhältnis handelt es sich um einen **Mietvertrag** mit fester Mietzeit, Deckung von Anschaffungs- bzw Herstellungskosten und Gewinn durch die über die Laufzeit verteilten Raten und Gefahrtragung und Sachunterhaltung durch den Leasingnehmer, s dazu Komm zu §§ 535 ff BGB. Das **Operating-Leasing** zielt auf Amortisation durch mehrfaches Überlassen des Leasinggegenstands an verschiedene Leasingnehmer ab, BGH **97**, 75, **111**, 84, NJW **98**, 1639, das ist ebenfalls Miete. Einen Übergang zum Finanzierungsleasing stellt das **sale-and-lease back** dar,

V. Bankgeschäfte (m. Börsen- u. KapMR)   P/2–P/6 **BankGesch** (7)

bei dem der Eigentümer (Leasingnehmer) einen Gegenstand zunächst veräußert und dann vom Erwerber zurückleast. Das bringt Liquidität, senkt Kapitalzinsen und hat uU Bilanzvorteile (§ 246 HGB Rn 20).

Beim **Finanzierungsleasing** (seit etwa 1960) ist dagegen Hauptmerkmal außer der P/2 zeitweiligen Gebrauchsüberlassung, dass es auf den Rückfluss des eingesetzten Kapitals **(Amortisation der aufgewendeten Kosten)** angelegt ist, BGH **111**, 242. Es ist typischerweise ein **Dreiecksverhältnis zwischen Hersteller bzw Lieferant, Leasinggeber und** dem zumeist vom Hersteller angeworbenen **Leasingnehmer.** Der Leasinggeber ist wirtschaftlich auf die bloße Finanzierung der Gebrauchsnutzung durch den Leasingnehmer beschränkt und wälzt die Sach- und Preisgefahr auf diesen ab, BGH **71**, 198. Das Finanzierungsleasing ist, obschon meist von Banken betrieben, kein Bankgeschäft iSv § 1 I 2 KWG, aber eine Finanzdienstleistung iSv § 1 I a 2 Nr 10 KWG, s Rn A/4. Unternehmen, die Finanzierungsleasing betreiben (Abschluss von Finanzierungsleasingverträgen als Leasinggeber und die Verwaltung von Objektgesellschaften iSd § 2 VI 1 Nr 17 KWG), sind Finanzdienstleistungsinstitute (§ 1I a 1, 2 Nr 10 KWG, Text s Rn A/4).

Rechtlich handelt es sich um einen **atypischen Mietvertrag,** BGH **68**, 123, **71**, P/3 189, **96**, 106, **109**, 370, **112**, 71, WM **06**, 495, NJW **09**, 577, stRspr, sehr str; so auch beim Operating-Leasing (Leasing mit mehreren Leasingnehmern hintereinander) BGH **111**, 95. Die Einräumung einer Kaufoption ändert daran idR nichts, BGH **71**, 194; der Lieferant ist Erfüllungsgehilfe des Leasinggebers bis zur Übergabe durch ihn an den Leasingnehmer, BGH NJW **88**, 198, aber nicht bezüglich der vom Leasingnehmer abzugebenden Übernahmebestätigung, insoweit auch keine Wissenszurechnung nach § 166 BGB, BGH NJW **05**, 365. Nach **aA** liegt gemischter (Geld-)Darlehens- und Kommissionsvertrag vor, bei dem der Leasinggeber Vereinbarungsdarlehensgeber (§§ 607 II aF, 488 I nF BGB) und bezüglich des Eigentums Treuhänder des Leasingnehmers (Darlehensnehmer, Treugeber) sein soll, Canaris 1719, ZIP **93**, 401, nach aA Kauf oder Geschäftsbesorgung (§ 675 I BGB). Für die Lösung der einzelnen Rechtsprobleme ist diese rechtliche Einordnung wegen der atypischen Ausgestaltung nur von begrenztem Wert, BGH NJW **88**, 200.

Rahmenvertrag ist möglich und üblich, BGH WM **86**, 1024, **87**, 108; vgl Rn A/ P/4 6. **Bilanzierung** s § 246 HGB Rn 20.

2) Verhältnis zwischen Leasinggeber und Leasingnehmer

A. **Vertragsinhalt:** Der Leasingvertrag ist idR durch **AGB** geregelt, diese unter- P/5 liegen der Inhaltskontrolle nach **(5)** §§ 307 ff BGB, zB BGH NJW **01**, 2165, Ul/Br/He/H. Schmidt Anh § 310 BGB Rn 525 ff. Bei der Kontrolle nach **(5)** § 307 II Nr 1 BGB ist zu beachten, dass es sich nur um einen atypischen Mietvertrag handelt, BGH **112**, 71 (Untervermietungsverbot). Auf die Sittenwidrigkeit von Finanzierungsleasingverträgen über bewegliche Sachen sind, obschon atypische Mietverträge (s Rn P/3), die Grundsätze zum sittenwidrigen Darlehen bei finanzieller Überforderung (s Rn G/10, 10 a–c) übertragbar, BGH **128**, 263. Preisanpassungsklausel verstößt nicht gegen **(5)** § 309 Nr 1 BGB (Dauerschuldverhältnis); wenn einseitig oder unangemessen, dann Verstoß gegen **(5)** § 307 BGB, Ffm NJW **86**, 1355. **Muster:** Hopt/Scharff 3. Aufl 2007 Form IV. P.1, 2 (Voll-, Teilamortisationsleasingvertrag), Form IV. P.3, 4 (Auto-, Immobilienleasingvertrag), Form IV. P.5 (Ankaufsrecht).

Sach- und Gegenleistungsgefahr (letzteres str) auf den Leasingnehmer abzuwäl- P/6 zen, ist wirksam, BGH **93**, 394, NJW **88**, 200, WM **04**, 1179, Ul/Br/He/H. Schmidt Anh § 310 BGB Rn 540, Grund: wie Kauf, Leasingnehmer mag sich versichern; anders, wenn die Leasingsache bei Nachbesserung beim Hersteller untergeht, BGH **94**, 44; bei KfzLeasing ist aber kurzfristiges Kündigungsrecht einzuräumen (gegen Ausgleichszahlung), BGH NJW **87**, 377, WM **98**, 1452, 2148. Klausel über **Versicherungspflicht** des Leasingnehmers ist bei üblichem Versicherungsrahmen wirksam, vgl BGH WM **04**, 1179. Zweckbindung der Versicherungsleistung bei KfzLeasing, BGH **93**, 391. Abgabe einer (unzutreffenden) **Übernahmebestätigung** durch Leasingnehmer, Lieferant ist dabei nicht Erfüllungsgehilfe des Leasinggebers, BGH WM **05**, 756 gegen BGH WM **87**, 1131.

(7) BankGesch P/7–P/10

P/7 **Vertragsbeendigung:** Bei **vorzeitiger ordentlicher Kündigung** im Teilamortisationsleasing hat der Leasingnehmer eine **Abschlusszahlung** (Kostenersatz samt anteiligem Gewinn) zu erbringen (dazu **(5)** § 308 Nr 7 a BGB), BGH **95,** 39, **97,** 65, 147, 7, **151,** 188, NJW **86,** 1746. Diese umfasst auch die Vorfälligkeitsentschädigung des Leasinggebers an die Refinanzierungsbank, BGH **111,** 237. Klausel über mehr als den anteiligen Gewinn ist unwirksam, BGH WM **90,** 2043. Mindestnutzungsentschädigung bei verspäteter Rückgabe (§ 546 a BGB) auch beim Finanzierungsleasing, BGH **107,** 123. Entschädigung bei **verspäteter Rückgabe** (§ 546 a BGB) idR in Höhe der Leasingrate, BGH WM **05,** 1332.

P/8 **Leistungsstörungen:** Kündigung ist nur einheitlich gegenüber allen am Leasingvertrag beteiligten Leasingnehmern möglich, BGH **144,** 370. Fristloses Kündigungsrecht des Leasinggebers wegen Vermögensverschlechterung beim Leasingnehmer ohne Abstellen auf Gefährdung der Gegenleistung verstößt gegen **(5)** § 307 BGB, BGH **112,** 279. Klausel über **Provisionserstattung** trotz vom Leasingnehmer nicht verschuldeten Scheiterns des Leasingvertrags wegen Nichtlieferung durch Lieferanten ist unwirksam, BGH **96,** 103; Grund: Leasinggeber hat seine Hauptleistungspflicht (Gebrauch, Überlassung) nicht erfüllt. Haftung des Leasingnehmers für unrichtige Übernahmebestätigung, BGH NJW **05,** 365. **Ausschluss eigener Mängelhaftung** des Finanzierungsleasinggebers bei (unbedingter) Übertragung der Mängelrechte gegen den Hersteller auf den Leasingnehmer verstößt weder gegen **(5)** § 307 BGB, BGH **68,** 124, **81,** 302, **94,** 47 (auch gegenüber NichtKfltn), NJW **84,** 2688 (anders bei Übertragung nur gegen Zahlung aller Raten), **88,** 2467, noch gegen **(5)** § 309 Nr 8 b aa BGB, Canaris 1765, aA üL, Ul/Br/He/H. Schmidt Anh § 310 BGB Rn 539 (§ 278 iVm §§ 281, 283, 323 BGB, **(5)** BGB §§ 309 Nr 7 b, 8 a, 307), jedenfalls gegenüber Verbrauchern, J. Blomeyer NJW **78,** 975. Doch liegt darin die Erklärung des Leasinggebers, die Rechtsfolgen der Mängelhaftung als auch für sich verbindlich hinzunehmen, BGH **81,** 305, **114,** 57; anders bei Kollusion zwischen Leasingnehmer und Hersteller, BGH **114,** 64. Der Leasinggeber kann aber das Risiko der Insolvenz des Herstellers bei wirksamem Rücktritt vom Kaufvertrag auch im kfm Verkehr nicht durch AGB auf den Leasingnehmer abwälzen (Äquivalenzprinzip), BGH **114,** 57, auch nicht durch Ausbedingung eines eigenen Rücktrittsrechts, BGH NJW **09,** 575. Der Leasinggeber hat ohne entsprechende Vertragsklausel vor Kündigung kein Recht zur vorläufigen Sicherstellung der Sache wegen Zahlungsverzugs; nimmt er sie trotzdem an sich, verliert er solange den Anspruch auf die Leasingraten, BGH **82,** 125, **144,** 379. Keine Abwälzung der **Rüge** auf nichtkfm Leasingnehmer durch AGB (§ 377 HGB Rn 59).

P/9 Bei fristloser **Kündigung wegen Zahlungsverzugs** (§ 543 II 1 Nr 3 BGB) hat der Leasinggeber einen Schadensersatzanspruch (entgangener Mietzins, aber Vorteilsausgleichung), BGH **94,** 194, 215, **95,** 39, WM **90,** 2043, WM **95,** 935, NJW **95,** 954, **04,** 2823; davon abweichende AGBKlausel kann gegen **(5)** § 307 BGB verstoßen, zB bei Kündigung nach 48 Monaten Grundmietzeit, Verfallklausel von 43% der Beschaffungskosten und Rückgabe der Mietsache, ohne Weiterverkaufserlös anzurechnen und Abzinsung der Restzahlung erkennbar zu machen, BGH **82,** 129, bei genereller Abzinsung von 6%, BGH WM **86,** 480. Die Kumulierung von Rücktrittsrecht und Anspruch auf alle Restraten in AGB hält aber der Inhaltskontrolle nicht stand, BGH **71,** 205, auch wenn der Leasingnehmer bei sofortiger Zahlung aller rückständigen und künftigen Raten die Sache wiedererlangen kann, BGH **82,** 127; ebenso Klausel, wonach die gesamte Restmiete bereits bei Verzug mit einer Rate fällig und die Sache zur Sicherheit herauszugeben ist, Stgt BB **78,** 122, Hamm BB **81,** 1795, aA Ffm WM **83,** 666. Der Leasinggeber ist nach fristloser Kündigung zur bestmöglichen Verwertung der Leasingsache verpflichtet, BGH NJW **91,** 221. Zu Abschlusszahlungs –, Verfall- und weiteren Klauseln Ul/Br/He/H. Schmidt Anh § 310 BGB Rn 542 ff.

P/10 Bei **Rücktritt des Leasingnehmers** (§ 437 Nr 2 BGB, nicht schon bei Nacherfüllungsverlangen nach § 437 Nr 1 BGB, hL) verliert Leasinggeber Anspruch auf Leasingraten (**Störung der Geschäftsgrundlage,** § 313 BGB), BGH **94,** 48 (gilt auch nach SMG), nach aA § 326 BGB, str, und zwar von Anfang an, auch soweit Leasingsache noch zeitweilig oder teilweise genutzt werden konnte, BGH NJW **85,** 796 (abw

V. Bankgeschäfte (m. Börsen- u. KapMR)   P/11–P/14   **BankGesch**   **(7)**

BGH **81**, 309), auch nach SMG ex tunc (§§ 313 III 1, 346 ff BGB bzw §§ 326 I, IV, 346 ff BGB), aA ex nunc (§ 313 III 2 BGB). Der Leasingnehmer kann (außerhalb von § 500 iVm § 359 BGB) die Zahlung der Leasingraten aber erst dann (vorläufig) verweigern, wenn er gegen den Lieferanten Klage auf Rückzahlung des Kaufpreises (an den Leasinggeber) erhoben hat, vgl BGH **97**, 135 (noch zur Wandelung), ebenso zum Rücktritt (seit SMG) Palandt/Weidenkaff Einf 58 v § 535, aA schon nach Rücktrittserklärung, Rö/Graf von Westphalen Leasing Rn N 98 ff: Wegfall der Geschäftsgrundlage schon mit Zugang der Rücktrittserklärung. Bei Erfolg der Klage muss der Leasinggeber die Leasingraten herausgeben, ohne Abzug des an den Hersteller gezahlten Kaufpreises und diesbezüglicher Vertragskosten, BGH **109**, 139; das gilt auch, wenn der Leasinggeber das Insolvenzrisiko des Herstellers auf kfm Leasingnehmer abgewälzt hat, aA Graf v Westphalen ZIP **84**, 1107. Bei Kündigung des Leasingnehmers hat der Leasinggeber Anspruch auf Ausgleich des noch nicht amortisierten Gesamtaufwands, BGH NJW **04**, 1041, Berechnungswahlrecht, BGH NJW **07**, 290. Vom Leasingnehmer gezogene Nutzungen sind zu berücksichtigen (Saldotheorie), Beweislast des Leasinggebers, BGH **109**, 139.

Zur **AGBKontrolle** von Leasingverträgen unter **(5)** §§ 307 ff BGB Ul/Br/He/ **P/11** H. Schmidt Anh § 310 BGB Rn 525 ff; Ulmer/Schmidt DB **83**, 2558, 2615, Graf v Westphalen ZIP **85**, 1033, 1436, H. Roth AcP **90** (**90**) 292.

B. **Finanzierungsleasing als Finanzierungsdarlehen: a) Finanzierungsdar-** **P/12** **lehen und Verbraucherdarlehen:** Die Anwendung der Grundsätze zum Finanzierungsdarlehen auf das Finanzierungsleasing waren vor und unter dem VerbrKrG umstritten. Das SMG hat die Frage in § 500 BGB geregelt. Auf Zahlungsaufschub und sonstige Finanzierungshilfen finden §§ 358, 359 (verbundene Verträge), 492 I–III, 494–498 BGB (zum Verbraucherdarlehensvertrag) entsprechende Anwendung (§ 499 I BGB). Für Finanzierungsleasingverträge gelten die in §§ 500–504 BGB geregelten Besonderheiten (§ 499 II BGB, Vorbehalte in § 499 III BGB). Auf Finanzierungsleasingverträge zwischen einem Unternehmer und einem Verbraucher finden lediglich die §§ 358, 359 (verbundene Verträge), 492 I 1–4, II, III (Schriftform, Vertragsinhalt), 495 I (Widerrufsrecht, ohne die Unterbleibensfiktion, § 495 II BGB), 496–498 BGB (Einwendungsverzicht, Wechsel- und Scheckverbot; Verzugszinsen, Teilleistungen; Gesamtfälligstellung) entsprechende Anwendung (§ 500 BGB). Einzelheiten s Komm zu BGB. Lit: Bülow, VerbrKrRecht, 5. Aufl 2002, §§ 499 Rn 67 ff, 500 BGB, Peters WM **06**, 1183.

Nach dem SMG sollte der Anwendungsbereich des VerbrKrG durch §§ 499, 500 **P/13** BGB nicht verändert werden (RegE vor § 499, § 499 II). Für das Finanzierungsleasing an andere Leasingnehmer als Verbraucher (§ 13 BGB), also an **Kaufleute, Kapitalgesellschaften, Gewerbetreibende ohne KfmEigenschaft** und **Freiberufler**, soweit diese Tätigkeiten bereits ausgeübt werden, also nicht Existenzgründungsdarlehen (§§ 13, 507 BGB, s Rn G/37), verbleibt es nach wie vor bei den allgemeinen Grundsätzen über das Finanzierungsdarlehen wie folgt:

b) Wirtschaftliche Einheit: Der Begriff des Finanzierungsleasing unter §§ 499 II, **P/14** 500 BGB ist weiter als früher, insbesondere soll es nicht mehr auf ein Erwerbsrecht des Leasingnehmers ankommen, Bülow § 500 BGB Rn 4. Die Rspr vor und zum VerbrKrG grenzt wie folgt ab: Sie bejaht den Charakter des Finanzierungsleasing als Finanzierungsdarlehen (statt richtiger auf das Kriterium der wirtschaftlichen Einheit abzustellen, s Rn G/39, 40) bei einem (auch stillschweigend vereinbarten) Erwerbsoder Behaltensrecht des Leasingnehmers, nicht schon wenn die Gesamtmiete die Herstellerkosten deckt, BGH **62**, 45, **68**, 120, **94**, 195, **109**, 250 (sale-and-lease back-Vertrag), str; auch bei Erwerbsrecht vom Hersteller, wenn der Leasinggeber diesem dazu ein Rückkaufsrecht einräumt, BGH **104**, 392; auch ohne Erwerbsrecht, wenn (bei Vertragsschluss erkennbar) die Sache während Vertragszeit jeden Gebrauchswert verliert, BGH **94**, 195, BB **89**, 1501, oder wenn der Leasinggeber sich nach Vertragsende selbst als Käufer benennen darf, BGH WM **86**, 480. **Nicht** bei bloßem Anspruch des Leasingnehmers auf 90% des Erlöses für die vom Leasinggeber zu veräußernde Sache, BGH NJW **80**, 234; bei Erwerbspflicht (im Gegensatz zum Erwerbsrecht) des Leasingnehmers auf Verlangen des Leasinggebers, BGH **71**, 202, NJW

87, 2083; ausnahmsweise auch nicht trotz Erwerbsrechts, wenn Endziel des Vertrags nicht Eigentumsübertragung ist, uU bei Vereinbarung ungewöhnlich kurzer Festmietzeit, BGH WM **85**, 635. Die Grundsätze zum Finanzierungsdarlehen (s Rn G/39 ff) können danach auch zum Schutz des Leasingnehmers gegen Leasinggeber (Bank) anwendbar sein. **Muster:** Hopt/Scharff 3. Aufl 2007 Form IV. P.5 (Ankaufsrecht).

P/15   c) **Anfechtung wegen arglistiger Täuschung durch Hersteller:** Wie allgemein beim Finanzierungsdarlehen (s Rn G/41) ist der Hersteller bei Anfechtung des Leasingnehmers nicht Dritter nach § 123 II 1 BGB, BGH NJW **89**, 287.

P/16   d) **Einwendungsdurchgriff:** Die bisherige Rspr gilt, soweit §§ 499 II, 500 BGB nicht anwendbar sind (s oben a), weiter. Beide Teile haben das Recht zur außerordentlichen Kündigung; der Leasingnehmer muss aber zuvor versucht haben, sein Recht gegen den Hersteller durchzusetzen (Subsidiarität, s Rn G/43; anders § 9 III VerbrKrG, § 359 BGB außer für Nacherfüllung), BGH **68**, 122, BB **82**, 698. S ferner BGH **81**, 309. Ausschluss oder Verlust des Einwendungsdurchgriffs s Rn G/44.

P/17   e) **Aufklärungs- und Beratungspflichten des Leasinggebers/Bank:** Auch insoweit gilt dasselbe wie beim Finanzierungsdarlehen (s Rn G/46–47). Die Bank braucht nicht ungefragt über Inhalt und Folgen des Leasing aufzuklären, BGH NJW **87**, 2084; sie haftet aber für den mit ihrem Wissen und Willen tätigen Hersteller nach § 278 BGB, str, zB für unterlassene Hinweise des Herstellers, auch gegenüber Kfm, BGH **95**, 170, aber idR nur bis zum Abschluss des Leasingvertrags, BGH BB **89**, 1500.

3) Verhältnis des Leasinggebers zum Hersteller und zu Dritten

P/18   Zwischen dem Leasinggeber und dem Hersteller besteht idR ein Kauf. Mängelansprüche des Lieferanten bei Wiederverkaufsrecht des Leasinggebers nach §§ 434 ff BGB; § 457 II 2 BGB gilt nicht analog, BGH **110**, 183. **Mängelrüge** sehr str, s § 377 HGB Rn 2, 34, 59. Der Leasinggeber, der Eigentümer, aber nicht Halter des LeasingKfz ist, muss sich Mitverschulden des Leasingnehmers oder des Fahrers und KfzBetriebsgefahr nicht zurechnen lassen, BGH NJW **07**, 3120 m Anm Weber, str. Haftung des Leasinggebers für zur Refinanzierung verkaufte Leasingforderungen, BGH **161**, 90, WM **05**, 23 (Flowtex). Lit: Graf v Westphalen BB **84**, 2093.

4) Verhältnis des Leasingnehmers zum Hersteller und zu Dritten

P/19   Zwischen dem Leasingnehmer und dem Hersteller besteht idR kein Vertragsverhältnis. Auch unmittelbare Bereicherungsansprüche zwischen Leasingnehmer und Hersteller bestehen nicht. Die Mängelrechte des Leasingnehmers gegen Verkäufer und Werkunternehmer sind aber idR an den Leasingnehmer abgetreten; andernfalls kommt Drittschadensliquidation des Leasinggebers für den Leasingnehmer in Betracht. Keine Umgehung (§ 475 I 2 BGB, Verbrauchsgüterkauf) bei Abtretung kaufrechtlicher Gewährleistungsansprüche an Leasingnehmer mit Verbrauchereigenschaft, BGH WM **06**, 495, krit Graf von Westphalen ZIP **06**, 1653, str. Leasingnehmer kann (abgetretene) Mängeleinrede gegen den an Hersteller abgetretenen Zahlungsausgleich auch vor gerichtlicher Entscheidung über den Rücktritt erheben, BGH NJW **85**, 796. Schadensersatzanspruch des Leasingnehmers gegen dritte Schädiger (nur Mehraufwendungen infolge vorzeitiger Fälligstellung), BGH **116**, 22.

7. Kap: Börse und Kapitalmarkt (Handelsgeschäfte, Wertpapierdienst- und Wertpapiernebendienstleistungen)

Q. Kauf und Verkauf von Wertpapieren

a) **Kommentare und Handbücher:** Außer dem allgemeinen Schrifttum (s Einl vor A/1) *Assmann/Schneider,* WpHG, 5. Aufl 2009. – Bankrechts Hdb/*Kümpel* 3. Aufl 2007 § 104. – *Canaris* 2. Aufl 1981, Rn 1810. – *Ebenroth/Grundmann* BankR VI 2001. – *Fuchs* WpHG 2009. – *Groß,* Kapitalmarktrecht, 4. Aufl 2009. – *Kümpel/ Hammen/Ekkenga* (ex *Bruns/Rodrian*), Kapitalmarktrecht (LBl). – *Hirte/Möllers* WpHG 2007. – *MüKo(HGB)/(Bearbeiter)* 2. Aufl 2005 ff Bd 52009 Anh nach § 372: *MüKo/*

V. Bankgeschäfte (m. Börsen- u. KapMR)   Q/1–Q/4   **BankGesch** (7)

Ekkenga Effektengeschäft. – *Schäfer/Hamann (LBl)* 2006 ff. – *Kümpel* 3. Aufl 2004 Rn 10.1 ff. – *Schwintowski/Schäfer* 2. Aufl 2004 § 16. – *Habersack/Mülbert/Schlitt,* Hdb der Kapitalmarktinformation, 2008. – *Habersack/Mülbert/Schlitt,* Unternehmensfinanzierung am Kapitalmarkt, 2. Aufl 2008.

b) Sonstige Beiträge: *Assmann/Lenz/Ritz,* Verkaufsprospektgesetz, 2001. – *Assmann/Schütze,* Hdb des Kapitalanlagerechts 3. Aufl 2007. – *Claussen* 4. Aufl 2008. – *Fleischer* 64. DJT 2002 GA (Anlegerschutz). – *Hopt,* Der Kapitalanlegerschutz im Recht der Banken, 1975 – *Lang,* Informationspflichten bei WPDienstleistungen, 2003. – *Schäfer/Müller* 1999 (Haftung). – *Schwintowski/Schäfer* 1997. – *Wienecke,* Discount-Broking und Anlegerschutz, 1999. – *Hopt* FS Heinsius **91,** 289 (Insiderwissen und Interessenkonflikte). – *Kümpel* WM **93,** 2025. – *Mülbert* WM **01,** 2085 (EU). **Muster:** *Hopt/Clouth/Seyfried* 3. Aufl 2007 Form IV. Q.1–3 (Kauf und Verkauf von Wertpapieren). Zur Anlageberatung s **(7)** Bankgeschäfte vor Rn U; zu den Sonderbedingungen für Wertpapiergeschäfte s **(8)** AGB-WPGeschäfte; zum WpHG s vor **(16)** WpHG, dort vor allem zu den Verhaltenspflichten der Banken nach § 31 WpHG.

Das **Finanzkommissionsgeschäft** (früher streng wertpapierbezogen: Effekten-   Q/1
kommissionsgeschäft) ist die Anschaffung und die Veräußerung von Finanzinstrumenten (§ 1 XI KWG, einschließlich Derivaten) im eigenen Namen für fremde Rechnung (Bankgeschäft nach § 1 I 2 Nr 4 KWG, Text s Rn A/4). **Anlagevermittlung** (Abschluss in mittelbarer Stellvertretung), **Abschlussvermittlung** (Abschluss in offener Stellvertretung) und **Finanzportfolioverwaltung** (Verwaltung einzelner in Finanzinstrumenten angelegter Vermögen für andere mit Emessensspielraum) sind Finanzdienstleistungen (§ 1 I a 2 Nr 1, 2, 3 KWG, Text s Rn A/4). Das gilt auch, soweit als Dienstleistung für andere zu begreifen, für den **Eigenhandel** (Anschaffung und Veräußerung von Finanzinstrumenten für eigene Rechnung als Dienstleistung für andere, § 1 I a 2 Nr 4 KWG, Text s Rn A/4). Das gilt nach § 1 I a 2 Nr 1 a KWG (Text s Rn A/4) auch für die Abgabe von persönlichen Empfehlungen an Kunden oder deren Vertreter, die sich auf Geschäfte mit bestimmten Finanzinstrumenten beziehen, sofern die Empfehlung auf eine Prüfung der persönlichen Umstände des Anlegers gestützt oder als für ihn geeignet dargestellt wird und nicht ausschließlich über Informationsverbreitungskanäle oder für die Öffentlichkeit bekannt gegeben wird (**Anlageberatung**). Ein Finanzunternehmen liegt dagegen vor, wenn die Haupttätigkeit darin besteht, Unternehmen über die Kapitalstruktur, die industrielle Strategie und die damit verbundenen Fragen zu beraten sowie bei Zusammenschlüssen und Übernahmen von Unternehmen diese zu beraten und ihnen Dienstleistungen anzubieten (§ 1 III 1 Nr 7 KWG, Investmentbanking). Zum eigentlichen **Börsengeschäft** s **(14)** BörsG. Die EG-WertpapierdienstleistungsRi 10. 5. 93 WM **93,** 1432 hat in KWG, **(14)** BörsG und **(16)** WpHG ganz erhebliche Änderungen zur Folge gehabt; Jentsch WM **93,** 2189. (Wertpapier)VerkaufsprospektG idF 9. 9. 98 BGBl 2701, VerkaufsprospektVO idF 9. 9. 98 BGBl 2854, erneute grundlegende Änderungen durch das 4. FinanzmarktfördG 2002. Umfassende Änderungen in **(14)** BörsG und **(16)** WpHG durch die FinanzmarktRi 21. 4. 04 und die Umsetzung durch das FinanzmarktRiUmsetzG 2007, s **(14)** BörsG Einl 19 vor § 1 und **(16)** WpHG Einl 4 vor § 1. **Muster:** Hopt/Clouth/Seyfried 3. Aufl 2007 Form IV. Q. (Sonderbedingungen für Wertpapiergeschäfte Nr 1–12), Form IV. Q.2 (Wertpapier-/Options-Kauf-/Verkaufauftrag), Form IV. Q.3 (Wertpapierabrechnung).

Zum **Kommissionsgeschäft** (Waren- und Effektenkommission) s **§§ 383 ff HGB.**   Q/2
Provisionsschinderei (**churning**) s § 384 Rn 1. Interessenwahrungspflichten der Bank bei der Effektenkreditexekution Kln ZIP **90,** 90, Mülbert ZBB **90,** 144. Interessenkonflikte § 384 Rn 1, § 347 Rn 30. **Tafelgeschäft** s § 383 Rn 8.

Zu den **Aufklärungs- und Beratungspflichten der Bank** s Lit Rn A/29, zur   Q/3
Anlageberatung und Vermögensverwaltung s § 347 HGB Rn 8–40. Interessenkonflikte s Hopt FS Heinsius **91,** 289, Kümpel WM **93,** 2026.

Die **Kündigung** eines Geschäftsbesorgungsvertrags, der die Weiterleitung von   Q/4
Wertpapieren (einschließlich Wertrechten, **(13)** DepotG § 1 Rn 1, 2) oder Ansprüchen auf Herausgabe von Wertpapieren im Wege der Verbuchung oder auf sonstige Weise zum Gegenstand hat (**Übertragungsvertrag,** Legaldefinition), ist nur wirksam, wenn sie dem depotführenden (idR Sammelverwahrung, häufig Globalaktie, s **(13)**

Hopt   1885

(7) BankGesch R/1–T/2   2. Handelsrechtl. Nebengesetze

DepotG §§ 5, 9 a) Unternehmen des Begünstigten so rechtzeitig mitgeteilt wird, dass die Kündigung unter Wahrung der gebotenen Sorgfalt noch vor der Verbuchung auf dem Depot des Begünstigten berücksichtigt werden kann (§ **676 BGB** idF ÜG 1999). Diese Regelung beruht auf der EG-Ri 19. 5. 98 (s Rn C/1) und steht in Parallele zur Kündigungsbeschränkung bei Überweisungen (vgl Rn C/9, C/11). Dadurch soll bei Insolvenz eines an dem Vorgang Beteiligten, besonders im Rahmen eines Verrechnungssystems, das Risiko für die anderen Teilnehmer möglichst gering gehalten werden. Erfasst ist insbesondere die Übertragung von sammelverwahrten Wertpapieren von einem Kunden auf einen anderen Kunden auf Grund eines entsprechenden Auftrags, dagegen nicht das Liefergeschäft zur Erfüllung von Wertpapierkäufen, § 676 BGB ist nicht nur auf den Auftrag des übertragenden Depotkunden gegenüber seinem depotführenden Unternehmen, sondern auch auf Aufträge im Rahmen des Effektengiro- und Treuhandgiroverkehrs anwendbar. Keine Beendigung des Vertrags durch Insolvenz, sie bestehen ebenso wie Zahlungs- und Überweisungsverträge (s Rn C/21) mit Wirkung für die Masse fort (§ 116 S 3 InsO idF ÜG 1999, s Rn A/58). Lit: zur Übertragung von Wertpapieren Keller WM **00**, 1269 (EG-Ri), Mentz/Fröhling NZG **02**, 201 (Übertragungsformen).

R. Derivatgeschäfte an der Eurex Deutschland und ausländischen Terminbörsen, Devisen- und Edelmetallgeschäfte

R/1 s **(16)** WpHG §§ 37 e, 37 g und **(14)** BörsG Überbl 6 ff vor § 32.

S. Finanztermingeschäfte, OTC-Derivatgeschäfte

S/1 s **(16)** WpHG §§ 37 e, 37 g und **(14)** BörsG Überbl 6 ff vor § 32.

T. Wertpapierdarlehen, Pensions- und Repogeschäfte

a) Kommentare und Handbücher: Außer dem allgemeinen Schrifttum zum Effektengeschäft (s Einl vor Q/1) BankrechtsHdb/*Kienle* 3. Aufl 2007 § 105.

b) Sonstige Beiträge: *Acker* 1991 (Praxis). – *Häuselmann/Wiesenbart* 1991. – *Dörge* 1992. – *Gesell* 1995. – *Grimm* 1996. – *Kümpel* WM **90,** 909. – *Kümpel/Peters* AG **94,** 525. – *Dörge* AG **97,** 396. – *Sieger/Hasselbach* WM **04,** 1370 (Wertpapierdarlehen, Zurechnung). – *Kort* WM **06,** 2149 (WPDarlehen). **Muster:** *Hopt/Clouth/Vollmuth* 3. Aufl 2007 Form IV. T.1–6 (Wertpapierdarlehen und Wertpapierpensionsgeschäfte, Repos).

1) Begriff des Wertpapierdarlehens

T/1 Das Wertpapierdarlehen (Wertpapierleihe, securities lending) ist die Überlassung von Wertpapieren zu vollem Eigentum und zu freier Verfügung mit der Maßgabe, dass Papiere gleicher Art und Ausstattung zurückzugeben sind. Rechtlich liegt ein Sachdarlehen vor, Kort WM **06,** 2149. Der Verleiher wird idR durch schuldrechtliche Abrede mit dem Entleiher so gestellt, als sei er noch Inhaber der Papiere (Ausgleichszahlungen in Höhe der Bruttodividenden oder Zinszahlungen, die während der Laufzeit auf das Papier entfallen).

2) Abgrenzung zum echten Wertpapierpensionsgeschäft

T/2 Das Wertpapierpensionsgeschäft (s Rn J/5, § 340 b HGB) wird rechtlich als Kauf und (Gattungs- oder Stück-)Rückkauf ausgestaltet. Dabei steht traditionell die Geldseite im Vordergrund, und die Wertpapiere haben Sicherungsfunktion. Wenn der Pensionsnehmer hinsichtlich der Pensionsgegenstände keinen Bindungen unterliegt und die Rückgabe nur als Gattungskauf ausgestaltet ist (früher: sog unecht/echtes Pensionsgeschäft), kann aber die Wertpapierseite für den Pensionsnehmer die gleiche Funktion wie beim Wertpapierdarlehen für den Darlehennehmer erlangen; diese Nebenfunktion der Pensionsgeschäfte hat aber gegenüber der Finanzierungsfunktion bislang nur eine untergeordnete Bedeutung. Bilanzierung s § 340 b HGB Rn 4, 5, § 246 HGB Rn 17. Verpfändung s **(13)** DepotG §§ 13, 15 II, III, 16.

V. Bankgeschäfte (m. Börsen- u. KapMR) T/3 **BankGesch** (7)

3) Bedeutung

Das Wertpapierdarlehen dient der Belieferung anderweitiger Lieferverpflichtungen, T/3 zB zur Überbrückung von Lieferverzögerungen (unterschiedliche Erfüllungsfristen im grenzüberschreitenden Durchhandeln von Wertpapieren); bei Leerverkäufen zur Absicherung (Hedging, vor allem durch die Market Maker an der DTB, die bei Baisse futures und calls kaufen bzw puts verkaufen und diese Terminpositionen am Kassamarkt absichern müssen), zur Baissespekulation (falls kein funktionsfähiger Terminmarkt besteht) und zur Arbitrage zwischen Termin- und Kassamarkt bei unterbewertetem Terminkurs; bei Aktienleihe zur vorübergehenden Beschaffung der Gfter-Rechte, zB Stimmrecht; aus Steuergründen, früher Dividendenstripping, jetzt § 36 II Nr 3 Buchst g EStG. Auch Benutzung zu Squeeze-out ist, da Vollrechtsübertragung, grundsätzlich zulässig, Kort WM **06,** 2150, im Einzelfall Missbrauch, str, Mü ZIP **05,** 2259, **06,** 2370. **Wertpapierleihsysteme** werden von den Zentralverwahrern (DKV, Cedel, Euroclear, Clearstream Banking AG, s **(13)** DepotG § 1 Rn 6) im Rahmen des Effektengiro angeboten, daneben auch von einzelnen Großbanken (Poolsystem der Deutschen Bank). **Standardvertrag** für das Interbanken-Leihgeschäft (Bundesverband Deutscher Banken eV). Die Rspr ist bisher spärlich, zB BGH WM **61,** 243, **63,** 315, **78,** 1203 (Leerverkauf; Termin- und Differenzeinwand, die zugrundeliegenden **(14)** BörsG §§ 53 ff aF, § 764 BGB wurden aber durch das 4. FinanzmarktfördG aufgehoben). **Bilanzierung** s § 246 HGB Rn 18. **Muster:** Hopt/Clouth/Vollmuth 3. Aufl 2007 Form IV. T.1 (Rahmenvertrag für Wertpapierdarlehen), Form IV. T.2 (Rahmenvertrag für Finanzgeschäfte, EMA, Produktanhang für Wertpapierdarlehen), Form IV. T.3 (Sonderbedingungen für Wertpapierdarlehen der Clearstream Banking AG), Form IV. T.4 (Rahmenvertrag für echte Pensionsgeschäfte, Repos), Form IV. T.5 (Rahmenvertrag für Wertpapierpensionsgeschäfte, Repos), Form IV. T.6 (Rahmenvertrag für Finanzgeschäfte, EMA, Produktanhang für Pensionsgeschäfte).

U. Wohlverhaltensregeln, Beratung, Vermögensverwaltung

a) Kommentare und Handbücher: Außer dem allgemeinen Schrifttum zum Effektengeschäft (s Einl vor Q/1) *Assmann/Schütze,* Hdb des Kapitalanlagerechts 3. Aufl 2007 § 28. – BankrechtsHdb/*Eisele/Kienle* 3. Aufl 2007 §§ 109–111. – BuB/ *Schäfer.* – Ebenroth/*Grundmann* BankR I 101. – *Habersack/Mülbert/Schlitt,* Hdb der Kapitalmarktinformation, 2008. – *Lang,* Informationspflichten bei WPDienstleistungen, 2003. – *Schwintowski/Schäfer* 2. Aufl 2004 § 19. –*Vortmann,* Prospekthaftung und Anlageberatung, 2000. – *Welter/Lang,* Hdb der bankrechtlichen Informationspflichten, 2004.

b) Sonstige Beiträge: *Hopt,* Kapitalanlegerschutz 1975 S 413–510. – *Grundmann,* Treuhandvertrag, 1997. – *Arendts* 1998. – *Bliesener* 1998 (WpHG). – *Balzer* 1999. – *Schäfer/Müller* 1999. – *Vortmann* 7. Aufl 2002. – *Thévenoz,* Legal Aspects of Investment Management, Brüssel 1999. – *Sethe* 2005. – *Wiegand,* Bern 2005. – *Benicke* 2006. – *Coing* AcP 167 **(67)** 99. – *Hopt,* Berufshaftung und Berufsrecht der Börsendienste, Anlageberater und Vermögensverwalter, FS Fischer 79, 237. – *Heinsius, Kübler* ZHR 145 **(81)** 177, 204. – *Hopt, Rümker,* Bankrechtstag **92,** 1, 29. – *Raeschke-Kessler* WM **93,** 1830 (bei neuen Finanzprodukten). – *Heinsius* ZBB **94,** 47. – *Drygala* ZHR 159 **(95)** 686 (Optionsscheine). – *Kümpel* WM **95,** 689. – *Schäfer* WM **95,** 1009. – *Schwark,* Bankrechtstag **96,** 109. – *Balzer* FS Horn **97,** 21. – *Jung* BB **98,** 649. – *Horn* RWS-Forum Bankrecht **98,** 265. – *Balzer* WM **00,** 441, WM **01,** 1533 (Direktbank). – *Wolf* BKR **02,** 892 (getrennte Kundengeldverwaltung). – *Sprockhoff* WM **05,** 1739. – *Assmann/Sethe* FS Westermann **08,** 67 (Warnpflichten). – *Krämer, Lang/Balzer* FS Nobbe **09,** 618, 639 (Bankenhaftung). **Muster:** *Hopt/Clouth* 3. Aufl 2007 Form IV. U.1–5 (Wohlverhaltensregeln, Beratung, Vermögensverwaltung). **Rspr-Übersichten:** *Gaßner/Escher* WM **97,** 93; zur Bankenhaftung bei Immobilienkapitalanlagen *Frisch/Münscher* 2002, *v Heymann/Merz* 16. Aufl 2005 u NJW **99,** 1577, *Bruchner* WM **99,** 825, *Stüsser* NJW **99,** 1586, *Ellenberger* WM Sonderbeil 1/**01,** Möllers WM **08,** 93. Zur Anlageberatung allgemein s § 347 HGB Rn 8–40. Zur ähnlich liegenden Prospekthaftung s Anh § 177 a HGB Rn 56–63, § 347 HGB Rn 8–40.

(7) BankGesch U/1–U/3

U/1 **Vermögensverwaltung:** Die Vermögensverwaltung für andere ist kein Bankgeschäft nach § 1 I 2 KWG. **Finanzportfolioverwaltung** ist die Verwaltung einzelner in Finanzinstrumenten angelegter Vermögen für andere mit Entscheidungsspielraum (Finanzdienstleistung nach § 1 I a 2 Nr 3 KWG, Text s Rn A/4). In den Portfolios, die der Finanzportfolioverwalter verwaltet, können auch Vermögen verschiedener Kunden zusammengefasst sein. Wertpapiere hat der Portfolioverwalter bei einer Depotbank verwahren zu lassen, sonst betreibt er selbst das Depotgeschäft und wird damit zum Kreditinstitut (§ 1 I 2 Nr 5 KWG, Text s Rn A/4; **(13)** DepotG). Die Verwaltung einzelner oder mehrerer in Wertpapieren, Geldmarktinstrumenten, Derivaten oder Rechten auf Zeichnung von Wertpapieren (Finanzinstrumente, **(16)** WpHG § 2 IIb) angelegter Vermögen für andere mit Entscheidungsspielraum ist **Wertpapierdienstleistung** (s **(16)** WpHG § 2 III 1 Nr 7). Die Vermögensverwalter unterliegen damit den Verhaltensregeln der **(16)** WpHG §§ 31 ff. Getrennte Vermögensverwahrung nach **(16)** WpHG § 34 a, Omnibuskonten (auf den Namen des Vermögensverwalters für mehrere Kunden) sind unzulässig, Rundschreiben BAWe (nunmehr BaFin) 21. 10. 98. Der Vermögensverwaltungsvertrag ist ein entgeltlicher **Geschäftsbesorgungsvertrag** mit Dienstleistungscharakter (§§ 675 I, 611 BGB) des Inhalts, dass der Verwalter laufend und selbstständig, also mit Entscheidungsspielraum und ohne Einzelweisungen des Kunden einzuholen, für diesen und in seinem Interesse Anlageentscheidungen trifft, hL, BGH **137,** 73, WM **08,** 112. Ermessensgrenzen und Anlagenmix, Düss WM **06,** 1576. RsprÜbersicht: Gaßner/Escher WM **97,** 93, Sprockhoff WM **05,** 1739.

U/2 Je nach Vereinbarung handelt der Verwalter im freien Ermessen oder im Rahmen von Anlagerichtlinien, in deren Rahmen er sich dann halten muss, BGH **137,** 69, WM **08,** 112, zB konservative Anlagepolitik, Düss WM **91,** 94. Auch bei freiem Ermessen ist idR eine angemessene Risikomischung geboten, Ffm WM **96,** 665. Ausnahmsweise darf und ggf muss der Verwalter im Kundeninteresse von den Richtlinien abweichen, aber idR nicht ohne Rückfrage (§ 665 BGB). Pflichten beim Investitionsprozess, Benicke ZGR **04,** 760. Pflichtverstoß macht treuhänderischen Vermögensverwalter nicht zum nichtberechtigt Verfügenden, BGH WM **99,** 23. Der Vermögensverwaltungskunde braucht Abrechnungen und Ausführungsanzeigen von Wertpapiergeschäften nicht zeitnah zu kontrollieren, BGH **137,** 69. Schadensersatzermittlung bei Mißachtung der vereinbarten Anlagestrategie (§ 252 BGB), BGH NJW **02,** 2536. Beweislast s § 347 HGB Rn 37. Keine formularmäßige Freizeichnung von den Hauptpflichten aus der Vermögensverwaltung, Ffm WM **96,** 665, s § 347 HGB Rn 38.

U/3 **Anlageberatung:** Die bloße Anlageberatung ist kein Bankgeschäft nach § 1 I 2 KWG, aber Finanzdienstleistung nach § 1 I a 2 Ziff 1 a KWG (s Rn A/4). Unternehmen, deren Haupttätigkeit darin besteht, andere bei der Anlage in Finanzinstrumenten zu beraten, sind bloße Finanzunternehmen, falls sie nicht bereits Institute iSv KWG sind (§ 1 III 1 Nr 6 KWG, Text s Rn A/4). Die Beratung bei der Anlage in Wertpapieren, Geldmarktinstrumenten oder Derivaten ist seit dem FinanzmarktRiUmsetzG **Wertpapierhauptdienstleistung** (s **(16)** WpHG § 2 III 1 Nr 9 (Anlageberatung), Unternehmensberatung dagegen nur WPNebendienstleistung, **(16)** WpHG § 2 III a Nr 3 (s **(16)** WpHG Einl 4 a). Anlageverwaltung iSv KWG s Rn A/4. Zu den Aufklärungs- und Beratungspflichten der Bank s Rn A/29, zur Anlageberatung und Vermögensverwaltung s § 347 HGB Rn 8–40, Regelverjährung seit 2009 (§ 347 Rn 39). Interessenkonflikte s Hopt FS Heinsius **91,** 289, Kümpel WM **93,** 2026 und § 347 Rn 30. **Muster:** Hopt/Clouth 3. Aufl 2007 Form IV. U.1 (Wertpapierverhaltensrichtlinie des BAWe, heute BaFin), Form IV. U.2 (WpHG-Erhebungsbogen), Form IV. U.3 (Broschüre: Basisinformationen über Vermögensanlagen in Wertpapieren, Inhaltsverzeichnis), Form IV. U.4 (Vermögensverwaltungsauftrag), Form IV. U.5 (Fonds-Vermögensverwaltung).

V. Schrankfächer, Verwahrstücke und Tresore

a) Kommentare und Handbücher: Außer dem allgemeinen Schrifttum zum Effektengeschäft (s Einl vor Q/1) BankrechtsHdb/*Gößmann* 3. Aufl 2007 §§ 73, 74 (Safevertrag, Schließfach; Verwahrgeschäft). – BuB/*Kayser*. – *Bunte,* AGB-Banken und

V. Bankgeschäfte (m. Börsen- u. KapMR) V/1–X/1 **BankGesch** (7)

Sonderbedingungen, 2. Aufl 2009, Sonderbedingungen für die Vermietung von Schrankfächern/für die Annahme von Verwahrstücken (SB Vermiet 9, SB Verwahr 10). – *Canaris* 2. Aufl 1981, Rn 2224.
b) Sonstige Beiträge: *Markus* Diss 1989. **Muster:** *Hopt/Werner* 3. Aufl 2007 Form IV. V.1–6 (Schrankfächer, Verwahrstücke und Tresore).

Der **Schrankfachvertrag** (Safevertrag) ist der Vertrag, durch den eine Bank dem V/1 Kunden ein Schrankfach (Stahlkammerfach, Safe, Tresor) zwecks Verwahrung zur Verfügung stellt; entweder der Kunde allein oder Kunde und Bank zusammen können das Fach öffnen (Allein-, Mitverschluss). Der Vertrag ist Miete (§§ 535 ff BGB), RG **141,** 101, Kblz WM **97,** 470. Die Einzelheiten des Vertrags regeln gewöhnlich AGB. Das DepotG ist nicht anwendbar, **(13)** DepotG § 1 Rn 5. Die Bank schuldet dem Kunden Schutz des Schrankfachs nach letzter Technik, sorgsamste Überwachung des Zutritts, bei Gefahr möglichst Rettung des Inhalts des Schrankfachs. Der Kunde ist unmittelbarer Alleinbesitzer des Schrankfachinhalts (auch bei Mitverschluss der Bank, aA O. *Werner* JuS **80,** 176: Mitbesitz). Schon deshalb hat die Bank kein Pfandrecht nach **(8)** AGB-Banken Nr 14 (s dort Rn 2) und kein Zurückbehaltungsrecht nach § 369 HGB. Möglich sind dagegen ein besitzloses Pfandrecht (§ 562 BGB) und Zurückbehaltungsrechte aus § 273 BGB ua, allerdings nach dem Sinn des Schrankfachvertrags nur für Forderungen der Bank gerade aus dem Schrankfachvertrag. Zwangsvollstreckung nach §§ 808, 809 ZPO: Gerichtsvollzieher nimmt dem Schuldner den Schlüssel weg und öffnet das Fach. Verweigert die Bank die Mitwirkung, ist der Anspruch des Schuldners auf Mitwirkung nach § 857 ZPO zu pfänden, zu überweisen und anzuordnen, dass der vom Gläubiger zu beauftragende Gerichtsvollzieher statt des Schuldners Zutritt hat, vgl LG Bln DR **40,** 1639. Zur Zuwendung des Schrankfachinhalts auf den Todesfall Oldbg NJW **77,** 1780 m Anm O. *Werner* JuS **80,** 176. Anzeigepflicht der Bank im Todesfall nach § 33 ErbStG s Rn A/13. **Muster:** *Hopt/Werner* 3. Aufl 2007 Form IV. V.1 (Bedingungen für die Vermietung von Schrankfächern), Form IV. V.2 (Schrankfachvollmacht), Form IV. V.3 (Benutzung der Schrankfachs), Form IV. V.4 (Schrankfach-Benutzungskarte), Form IV. V.5 (Bedingungen für die Annahme von Verwahrstücken), Form IV. V.6 (Vollmacht für Verwahrstücke).

W. Depotgeschäft

(13) DepotG. Dienstleistungen im Rahmen der Verwahrung s **(8)** AGB-WPGe- W/1 schäfte Nr 13–20. Informationspflichten s **(8)** AGB-WPGeschäfte Nr 13 Rn 1, 16 Rn 1. **Muster:** *Hopt/Clouth* 3. Aufl 2007 Form IV. W.1 (Sonderbedingungen für Wertpapiergeschäfte Nrn 13–20), Form IV. W.2 (Auslandsverwahrung von Wertpapieren), Form IV. W.3 (Depotauszug).

X. Investmentgeschäft

a) Kommentare und Handbücher: Außer dem allgemeinen Schrifttum zum Effektengeschäft (s Einl vor Q/1) *Assmann/Schütze,* Hdb des Kapitalanlagerechts 3. Aufl 2007. – *BankrechtsHdb/Köndgen* 3. Aufl 2007 § 113. – *Baur/Fock* 3. Aufl 2009. – *Beckmann/Scholtz/Vollmer* (LBl, früher *Flachmann*). – *Breithaupt/Ottersbach* 2004. – *Brinkhaus/Scherer* 2003. – *Canaris* 2. Aufl 1981, Rn 2325 – *Fock,* UBGG 2005.

b) Sonstige Beiträge: *Gschoßmann* 1996. – *König* 1998 (Anlegerschutz). – *Schelm* 2008 (Sorgfalts- und Loyalitätspflichten). – *Laux* WM **90,** 1093 (Umsetzung EG-Ri 20. 12. 85). – *Grundmann* ZBB **91,** 242 (EG). – *Straus* WM **98,** 2221 (Derivate). – *Kaune/Oulds* ZBB **04,** 114 (InvG). – *Köndgen/Schmies* WM Sonderbeil 1/**04** (InvG). – *Schmolke* WM **07,** 1909 (Interessenkonflikte). – *Zetzsche* ZBB **07,** 438 (InvÄndG 2007). – *Kestler/Benz* BKR **08,** 403 (InvÄndG). **Muster:** *Hopt/Clouth* 3. Aufl 2007 Form IV. X.1–2 (Investmentgeschäft).

Das InvG 15. 12. 03 BGBl 2676 mit Änderungen hat das KAGG und AuslInvestmG X/1 ersetzt. Investmentgeschäft ist kein Bankgeschäft mehr (§ 1 I 2 Nr 6 KWG ist aufgehoben, s Rn A/4), aber erlaubnispflichtig (§ 7 I, II KAGG). Es ist besonderen

(7) BankGesch Y/1 2. Handelsrechtl. Nebengesetze

Kreditinstituten (Kapitalanlagegesellschaften, nur AG oder GmbH, § 6 I InvG) vorbehalten und im Einzelnen im InvG 15. 12. 03 BGBl 2676 (KAGG und AuslInvestmG aufgehoben, statt des letzteren Vertriebsvorschriften in InvG Kap 5) unter maßgeblichem Einfluss von EG-Ri. Davon zu unterscheiden sind die Unternehmensbeteiligungsgesellschaften (UBGG, vom KWG ausgenommen, § 2 I Nr 6 KWG), Menzel WM **87**, 705, Reform durch MoRaKG, Fischer WM **08**, 857, Haag/Veith BB **08**, 1915. Inländischer Repräsentant (§ 6 aF AuslInvestmG, § 138 InvG für Nicht-EG-Investmentanteile), BGH NJW **04**, 3706. Pflichten der Depotbank nach §§ 20–29 InvG. Überwachungspflichten der Depotbank, auch Pflicht zum vorbeugenden Eingreifen, aber nur Rechtmäßigkeits-, keine Zweckmäßigkeitskontrolle der Maßnahmen der KAG (vgl § 28 I 1 Nr 2 InvG), BGH **149**, 33, Ffm WM **97**, 364. Gesetzliche Prozessstandschaft der Depotbank zur Durchsetzung von Ansprüchen der Anteilsinhaber gegen die KAG (§ 28 1 Nr 1 InvG, entspr umgekehrt KAG gegen Depotbank, § 28 II InvG), sie schließt aber Anleger von Geltendmachung an sich selbst nicht aus (§ 28 I 2 InvG), keine bloße actio pro socio, BankrechtsHdb/Köndgen § 113 Rn 139. Schutzgesetzeigenschaft einzelner Zulässigkeitsvoraussetzungen nach § 136 InvG, noch für AuslInvestmG BGH NJW **04**, 3706, Celle WM **03**, 325 u ZIP **08**, 123 LS, Karls WM **06**, 967. Haftung der am unzulässigen Vertrieb mitwirkenden inländischen Funktionsträger aus § 826 BGB, BGH NJW **04**, 3706. **Muster:** Hopt/Clouth 3. Aufl 2007 Form IV. X.1 (Allgemeine Vertragsbedingungen für richtlinienkonforme Sondervermögen), Form IV. X.2 (Bausteine für „Besondere Vertragsbedingungen" für richtlinienkonforme Sondervermögen).

Y. Emissions- und (Effekten-)Konsortialgeschäft

a) Kommentare und Handbücher: Außer dem allgemeinen Schrifttum zum Effektengeschäft (s Einl vor Q/1) BankrechtsHdb/*Grundmann* 3. Aufl 2007 § 112. – BuB/*Bosch*/*Gross* 10/65. – *Canaris* 2. Aufl 1981 Rn 2236. – *Delorme*/*Hoessrich* 2. Aufl 1971. – *Einsele* § 7. – Ebenroth/*Groß* BankR VII 2001. – *Ekkenga*/*Maas* 2006. – *Groß*, Kapitalmarktrecht, 4. Aufl 2009. – *Habersack*/*Mülbert*/*Schlitt*, Unternehmensfinanzierung am Kapitalmarkt, 2. Aufl 2008. – *Kümpel* 3. Aufl 2004 Rn 9.1 ff. – *Scholze*, Konsortialgeschäft der deutschen Banken, 1973. – *Siebel*, Rechtsfragen internationaler Anleihen, 1997. – *Schwintowski*/*Schäfer* 2. Aufl 2004 § 23.

b) Sonstige Beiträge: *Hopt*, Die Verantwortlichkeit der Banken bei Emissionen, 1991. – *Schaub*, Konsortialvertrag, 1991 (Industrieanlagenbau). – *de Meo*, Bankkonsortien, 1994. – *Poehler*, Das internationale Konsortialgeschäft der Banken, 1988. – *Singhof* 1998 (Außenhaftung von Emissionskonsorten). – *Heinze*, Eur Kapitalmarktrecht 1999 (Primärmarkt). – *Rayermann*, Der internationale Konsortialvertrag, 2002. – *Lang*, Informationspflichten bei WPDienstleistungen, 2003. – *Müller*, Das Emissionskonsortium im Wettbewerbsrecht, 2008. – *Hopt* FS Kellermann **91**, 181; FS Lorenz **91**, 413 (international). – *Timm*/*Schöne* ZGR **94**, 113. – *Grundmann*, Konsortien, Gesellschaftszweck und Gesamthandsvermögen, FS Boujong **96**, 159. – *Schücking* WM **96**, 281 (IPR). – *Brandt*/*Sonnenhol* WM **01**, 2329, 2355 (Konsortialkredit). – *Schäfer* WM **02**, 361 (KWG). – *Köhler*/*Weiser* DB **03**, 565 (comfort letter). – *Kullmann*/*Sester* WM **05**, 1068 (WpPG); *Schlitt*/*Ries*, Preisbestimmungsverfahren bei Aktienemissionen, FS Schwark **09**, 241. **Muster:** unüblich.

Y/1 **(Effekten-)Emissionsgeschäft nach KWG:** Das Emissionsgeschäft ist die Übernahme von Finanzinstrumenten für eigenes Risiko zur Plazierung oder die Übernahme gleichwertiger Garantien (Bankgeschäft nach § 1 I 2 Nr 10 KWG, Text s Rn A/4). Das Emissionsgeschäft (underwriting) ist vom Finanzkommissionsgeschäft (s Rn Q/1) zu trennen. Bankaufsichtsrechtlich sind Übernahmekonsortium, Begebungskonsortium und Geschäftsbesorgungskonsortium zu trennen: das Erste ist Bankgeschäft nach § 1 I 2 Nr 10, das zweite Bankgeschäft nach § 1 I 2 Nr 4, das dritte idR nur Finanzdienstleistung nach § 1 Ia 2 Nr 2 KWG (Abschlussvermittlung). Das **Übernahmekonsortium** mehrerer Dienstleistungsunternehmen übernimmt die Emission zu einem festen Kurs gegen sofortige Vergütung des Emittenten in den eigenen Bestand (volles Absatzrisiko) und plaziert dann im eigenen Namen und für

V. Bankgeschäfte (m. Börsen- u. KapMR) Y/2, Y/3 **BankGesch** (7)

eigene Rechnung. Das **Begebungskonsortium** plaziert im eigenen Namen, aber kommissionsweise, also für fremde Rechnung (kein Absatzrisiko). Das **Geschäftsbesorgungskonsortium** plaziert in offener Stellvertretung für den Emittenten. Verpflichten sich aber letzterenfalls die Konsorten, nicht verkaufte Emissionen in den Eigenbestand zu übernehmen (Garantie), wird auch das Geschäftsbesorgungskonsortium zum Bankgeschäft nach § 1 I 2 Nr 10 KWG.

Bankkonsortien sind zeitweilige Vereinigungen selbstständig bleibender Banken Y/2 zur Durchführung von Einzelgeschäften auf gemeinsame Rechnung, häufig mit dem Zweck, Risiko und Kapitalinanspruchnahme für den einzelnen Konsorten zu vermindern. Sie sind GbR (§§ 705 ff BGB, s Einl 14 vor § 105 HGB), häufig mit Einzelteilvermögen statt GesVermögen iSv § 718 I BGB und Teil- statt Gesamthaftung gegenüber Vertragspartnern (auf Grund Vereinbarung mit diesen, vgl § 427 BGB). Gegenstand des Konsortialgeschäfts ist insbesondere: Kreditgewährung, auch Prolongation und Stillhaltung; Anleiheemission, auch Konversion (Änderung der Bedingungen einer Anleihe); Aktienemission, bei Gründung der AG oder Kapitalerhöhung; Börseneinführung von Wertpapieren (Obligationen oder Aktien, meist mit Emission verbunden); Kurspflege (Kauf und Verkauf von Wertpapieren zur Regulierung ihres Kurses oft anschließend an Emission und Börseneinführung). Zur Haftung einzelner Mitglieder nach § 278 BGB für Beauftragte BGH NJW **85,** 2584, krit Assmann ZHR 152 **(88)** 371, Timm/Schöne ZGR **94,** 113. Konsortialgeschäft und GWB s Möschel ZHR 136 **(72)** 273.

Effektenemission: Die Emission von Wertpapieren durch Bankenkonsortien er- Y/3 folgt entweder durch „reine" **Übernahme:** Kauf der Wertpapiere vom Emittenten, oft ohne Sofort-Weitergabe; oder „reine" **Begebung:** Verkauf für Rechnung des Emittenten, im eigenen Namen (Kommission, §§ 383 ff HGB) oder im Namen des Emittenten (Übergang von Fremd- zur Selbstemission des Emittenten); oder meist **kombinierte Übernahme und Begebung (Einheitskonsortium):** Kauf zum Sofortweiterverkauf (Plazierung) im eigenen Namen für eigene Rechnung. Bei Festübernahme der Aktien werden die Emissionsbanken (Übernahmekonsortium, GbR, BGH **118,** 99) selbst Inhaber der Aktien. Bei Verpflichtung zum Bezugsangebot aus die Aktionäre der AG (§ 186 V AktG) haben diese einen Bezugsanspruch gegen die Bank (§ 328 BGB). Die Bank ist insoweit fremdnütziger Treuhänder; anders wenn sie vor Plazierung Recht aus den Aktien wahrnimmt oder Aktien durch Selbsteintritt erwirbt, BGH **118,** 83, Wiedemann WM **79,** 990. Prospektpflichten nach **WpPG** 22. 6. 05, BGBl I 1698, Kullmann/Sester WM **05,** 1068. **Bookbuilding,** der Emissionspreis wird erst nach Einholung der Angebote der Aktionäre innerhalb eines vorgegebenen Preisrahmens festgesetzt; auch bei bezugsrechtsfreier Kapitalerhöhung (§ 186 II 2 nF AktG), Schlitt/Seiler WM 03, 2175. Weitere Formen, zB Decoupled-Bookbuilding, Auktionsverfahren (Dutch, American auction), Schlitt/Ries FS Schwark **09,** 241. **Anleihebedingungen** sind AGB, unterfallen aber nicht (5) § 305 II BGB, konkludente Einbeziehungsvereinbarung genügt, BGH **163,** 311, bei Übernahme durch Bankenkonsortium greift **(5)** § 310 I BGB, Ffm **93,** 2089, str; dazu Vogel 1999, BankrechtsHdb/Grundmann § 112 Rn 115 ff, Ul/Br/He/Ulmer Anh § 310 BGB Rn 1035; Hopt FS Steindorff **90,** 341, von Randow ZBB **94,** 23, Bungert DZWiR **96,** 185, Assmann WM **05,** 1053, Gottschalk ZIP **06,** 1121. Das neue **Schuldverschreibungsgesetz (SchVG)** 31. 7. 09 BGBl 2512 paßt das völlig veraltete SchVG 4. 12. 1899, RGBl 1899, 691 an internationale Standards an (s auch (14) WpHG Einl 5 v § 1). Gemeinschaft der Anleihegläubiger (Obligationäre) in Anlehnung an §§ 705 ff, 741 ff BGB mit gemeinsamen Vertreter der Gläubiger, der bereits in den Anleihebedingungen bestellt werden kann. Die Gläubigerversammlung erhält mehr Rechte (Mehrheitsbeschlüsse und Verfahren entspr Hauptversammlung nach AktG). Die Zulässigkeit von Umschuldungsklauseln (collective action clauses) wird klargestellt. Die AGB-Problematik ist abgesehen von einem Transparenzgebot nicht aufgegriffen (anders noch DiskE, schon nicht mehr RefE). Lit: Bliesener in Beiträge für Hopt **08,** 355, Baums ZBB **09,** 1 (Beschlusskontrolle), Bredow/Vogel ZBB **09,** 153, Hopt FS Schwark **09,** 441, Horn ZHR 173 **(09)** 12, Schlitt/Schäfer AG **09,** 477, Schmolke ZBB **09,** 8 (gemeinsamer Vertreter). Verbot der **Kurs- und Marktpreismanipulation** nach **(16)** WpHG § 20a, s **(16)** WpHG Einl 15 vor § 1. **Rating:**

(8) AGB-Banken

Haftung der Rating-Agentur für nicht vom Emittenten in Auftrag gegebenes Rating entspr Rspr zum Warentest, KG WM **06,** 1432; zur Berücksichtigung des Rating bei Beratung der Banken § 347 Rn 25, 26. Lit: *Hopt,* Verantwortlichkeit der Banken bei Emissionen, 1991; *Siebel,* Rechtsfragen internationaler Anleihen, 1997.

Y/4 Handelt die Konsortialführerin (abw von § 709 I BGB) nicht im Namen des Konsortiums (§§ 164, 714 BGB), sondern im eigenen (für Rechnung aller Konsorten) besteht ein **Innenkonsortium.** Ein **Unterkonsortium** ist eine Innenkonsortialbeteiligung (Unterbeteiligung) an der Beteiligung eines Konsorten an einem (Außen-) Konsortium. Innen- und Außengesellschaft s Einl 10–11 vor § 105; stille Gesellschaft, Unterbeteiligung s § 105 HGB Rn 38. **Metageschäft** (a-metà, it: Hälfte; s § 230 HGB Rn 4) ist Verbindung (auch von mehr als zwei Kreditinstituten mit je ¹/₂ Beteiligung) zur Durchführung eines Bankgeschäfts auf geteilte Rechnung, jedoch nach außen durch nur ein einziges Institut ungeteilt im eigenen Namen.

Z. Compliance

a) Kommentare und Handbücher: Außer dem allgemeinen Schrifttum (s Einl vor Q/1) BankrechtsHdb/*Eisele* 3. Aufl 2007 § 109:

b) Sonstige Beiträge: *Lösler* 2003 (Compliance im Wertpapierdienstleistungskonzern); *Eisele* WM **93,** 1021, *Gebauer* in DIRK, Hdb Investor Relations **04,** 505, *Hauschka* NJW **04,** 257. – **Muster:** *Hopt/Clouth* 3. Aufl 2007 Form IV. Z (Compliance).

Z/1 BAKred und BAWe (nunmehr BaFin), Mitarbeiter-Leitsätze vom 7. 6. 2000 BAnz Nr 131, 13 790, Bergles ZBB **00,** 140. **Muster:** Hopt/Clouth 3. Aufl 2007 Form IV. Z.1 (Richtlinie des BAWe, heute BaFin, zur Konkretisierung der Organisationspflichten von Wertpapierdienstleistungsunternehmen gemäß § 33 Abs 1 WpHG vom 25. 10. 99 BAnz Nr 210, 18 453).

(8) Allgemeine Geschäftsbedingungen der Banken (AGB-Banken)

Neufassung zum 31. 10. 2009

Sonderbedingungen für Wertpapiergeschäfte (AGB-WPGeschäfte)

Fassung 1. 11. 2007

Einleitung

Schrifttum

a) Kommentare und Handbücher: Außer dem allgemeinen Schrifttum (s **(7)** Bankgeschäfte Einl vor A/1) BankrechtsHdb/*Bunte* 3. Aufl 2007 §§ 4–25. – BuB/ *Gößmann/Wagner-Wieduwilt/Weber* (LBl). – BuB/*Wagner* (AGB-WPGeschäfte, LBl). – *Bunte,* AGB-Banken und Sonderbedingungen mit AGB-Sparkassen und AGB-Postbank, 2. Aufl 2009, SB Wp 8. – *Canaris,* Bankvertragsrecht, 2. Aufl 1981, Rz 2532 ff. – *Derl(eder)/Kno(ps)/Ba(mberger)(/Casper)* 2. Aufl 2009. – *Heymann/Horn* Bd. 4, Anh § 372 II, 2. Aufl 2005. – *Kümpel* 3. Aufl 2004, Rn 2.103 ff. – *Kümpel/Ott/Kümpel,* Kapitalmarktrecht (LBl). – *Ulmer/Brandner/Hensen(/Fuchs),* AGB-Recht, 10. Aufl 2006, Anh § 310 BGB, Rn 75 ff. – *Werhahn/Schebesta* (LBl). – *Graf v Westphalen,* Vertragsrecht und AGB-Klauselwerke (Banken- und Sparkassen-AGB, LBl). – *Wo(lf)/ Li(ndacher)/Pf(eiffer)/(Bearbeiter)* 5. Aufl 2009.

V. Bankgeschäfte (m. Börsen- u. KapMR)   1, 2   **AGB-Banken** (8)

b) Sonstige Beiträge: *Bruchner/Bunte* 1989. – *Bunte/Schröter* 1986. – *Heinrichs,* Freizeichnung im Bankgeschäft, in Köndgen, Neue Entwicklungen im Bankhaftungsrecht, 1987. – *Nobbe,* Bankrecht 1999. – *Raiser,* Das Recht der AGB, 1936 (1961). – *Schäfer,* Die Entstehung und der Umfang des Pfandrechts der Banken nach deren AGB, Diss Tüb 1959. – *Schaudwet,* Bankenkontokorrent und AGB, 1967. – *Schlenke,* AGB-Banken und AGBG, 1984. – *Wittig,* Freizeichnungsklauseln in Banken-AGB 1994. – *Schimansky* BGHFS **00,** 3 (Inhaltskontrolle). **Muster:** *Hopt,* Vertrags- und Formularbuch zum Hdl-, Ges-, Bank- und Transportrecht, 2. Aufl 2000, Teil VI A–Z (mit 140 Vertragsmustern und Formularen zu den Bankgeschäften mit Börsenrecht). **Rspr-Übersichten:** *Graf v Westphalen* WM **80,** 1406, **84,** 2. Zur Fassung 1. 1. 93 außer verbandsinternen Sonderrundschreiben *Hoeren* NJW **92,** 3263, *Krings* ZBB **92,** 326, *Bruchner* DZWir **93,** 89, *Sonnenhol* WM **93,** 677 (Nr 1–10), *Merkel* WM **93,** 725 (Nr 11–20), *Westermann* WM **93,** 1865, *Schimansky* BGHFS **00,** 3. Zur Fassung 1. 1. 2000 *Sonnenhol* WM **00,** 853. Zur Fassung 1. 1. 98 *Sonnenhol* WM **00,** 853. **Zur nF 1. 4. 02** *Sonnenhol* WM **02,** 1259, *Becher/Gößmann* BKR **02,** 519.

1) AGB-Banken

A. Die AGB-Banken wurden 1937 aufgestellt und wiederholt geändert, ua 1955, **1** 1969, 1976, 1977 (wegen **(5)** §§ 305 ff BGB), 1984, 1986, 1988 und zum 1. 1. 1993 völlig neu gefasst (vom Bundesverband deutscher Banken e. V., Berlin) mit weiteren Änderungen zum 1. 1. 2000 und zum 1. 4. 2002, auch als Fassungen 1. 1. 2000 bzw 1. 4. 2002 bezeichnet. Die **Neufassung zum 31. 10. 2009** erfolgte zeitgleich mit dem Inkrafttreten der zivilrechtlichen Vorschriften in der EU-ZahlungsdienstleistungsRi aufgrund des VerbrKRRiUmsetzG 2009. Die AGB-Banken werden von (soweit bekannt) **allen privatrechtlich organisierten** (überwiegend diesem Verband angehörenden) Kreditinstituten verwendet.

B. Die **Neufassung 1993** regelte nicht mehr eine Vielzahl von Einzelfällen, son- **2** dern sollte ein Handbuch zum Umgang mit dem Konto sein. Sie war wesentlich transparenter, kürzer (statt bisher 47 nur noch 20 Klauseln, aber Sonderbedingungen s Rn 5) und inhaltlich kundenfreundlicher als die aF, ua bei der Kündigungsregelung. Auf Haftungsfreizeichnungsklauseln wurde ganz verzichtet. Das Bankgeheimnis wurde ausdrücklich in die AGB aufgenommen. Die nF ersetzte nur die Teile I (Allgemeines, Nr 1–28) und IV (Einzugs- und Diskontgeschäft, Wechsel- und Scheckverkehr, Nr 40–47) der aF. Die Teile II und III (Effekten- und Depotgeschäft, Nr 29–39) galten zunächst noch weiter, sind aber 1995 durch die **(8)** Sonderbedingungen für Wertpapiergeschäfte ersetzt worden. Parallel zur nF wurden **neue Formulare** eingeführt, zB für Kontoeröffnung, Sicherheitenbestellung, Sparverkehr und Zahlungsverkehr. Zur besseren Transparenz sind einzelne Klauseln aus der aF in die Formulare übernommen worden, zB betr Vollmachten. Für die rechtliche Beurteilung der AGB-Banken bleibt die frühere Rspr insoweit wichtig, als Teile der aF (bis 1993) übernommen worden sind, dazu Synopse des Bankenverbandes (s 29. Aufl) und Hinweise auf die aF (bis 1993), soweit nützlich, bei der jeweiligen Kommentierung der nF.

Die **Änderungen 1998** betrafen nur Nr 20 über den Einlagensicherungsfonds und trugen § 23 a nF KWG (ab 1. 1. 98) Rechnung.

Die **Änderungen 2000** betrafen insbesondere die Einbeziehung der Sonderbedingungen für grenzüberschreitende Überweisungen (Nr 1 I 2), die Verlängerung der Widerspruchs- und Kündigungsfristen von vier auf sechs Wochen (Nr 1 II 3, Nr 7 II 1, sowie ersichtlich dann auch Nr 12 IV 4, Nr 19 I 3), die Schaffung einer Vertragsgrundlage für Umrechnungskurse (Nr 10 IV), Einfügung von Auftragswährung in Nr 11 II 3 und wegen § 675 a I 2 BGB die Erweiterung auf „Preis- und Leistungsverzeichnis" (Nr 12 I). Text: WM **00,** 95. Synopse der AGB-Banken aF 1993/1998 und nF 2000 WM **00,** 93.

Die **Änderungen 2002** betrafen besonders die elektronische Information über Bedingungsänderungen (Nr 1 II 2, 3), die Genehmigung von Belastungen aus Lastschriften (Nr 7 III), die gesetzlichen Kündigungsrechte (Nr 18 III) und die Kündigung aus wichtigem Grund (Nr 19 III, Anpassung an § 490 I BGB idF SMG). Kleinere Änderungen betrafen Anpassung an Euro (Nr 10 III 2, Nr 13 II 5), geänderte Verweisung auf BGB statt VerbrKrG (Nr 12 VI, 13 II, 19 IV), den Wegfall der eurocheque-Garantie zum 31. 12. 01 (Nr 1 I 2, 19 I 1, III 2) und die Präzisierung und Bekanntgabe der Sicherungsgrenze (Nr 20 I 4–6). Text WM **02,** 1307. Synopse AGB-Banken aF 2000 und nF 2002 WM **02,** 1303.

Die **Änderungen 2009** erfolgten vor allem im Hinblick auf die Umsetzung der EU-ZahlungsdienstleistungsRi und der EU-VerbraucherkreditRi durch das VerbrKrRiUmsetzG 2009 sowie auf neue Rechtsprechung des BGH zum Preisrecht. Sie betreffen die Modalitäten der Änderung der AGB und Sonderbedingungen (Nr 1 II), die Genehmigung von Belastungen aus Lastschriften (Nr 7 III), die Regelung von Zinsen, Entgelten und Auslagen (Nr 12 V, VII), die Kündigungsrechte der Bank (Nr 19 I), den Schutzumfang des Einlagensicherungsfonds (Nr 20) und Hinweise auf das Ombudsmannverfahren (Nr 21). Weitere meist kleinere Änderungen finden sich in Nr 1 I 2, 7 II, 9 I, II, 10 IV, 11 I–V, 12 I–IV, 13 II 5 und 19 II, III.

3   C. Meinungsverschiedenheiten über die Geschäftsbedingungen und sonstige Kundenbeschwerden können vor einen **Ombudsmann** zur Schlichtung gebracht werden (s **(7)** Bankgeschäfte Rn A/56). Darauf weist Nr 21 nF ausdrücklich hin.

4   **2) AGB anderer Kreditinstitute:**

Die gewerblichen und die ländlichen **Kreditgenossenschaften** verwenden nahezu unverändert die AGB-Banken (Bundesverband der Deutschen Volksbanken und Raiffeisenbanken e. V.). Andere, aber inhaltlich ähnliche AGB verwenden insbesondere **Sparkassen und Girozentralen, s (8 a)** AGB-Spark. Konkordanzen in beiden Richtungen in BuB.

Eigene AGB hat die **Deutsche Bundesbank.** Die **öffentlichrechtlichen** Geschäftsbanken verwenden zT (insbesondere soweit dem Sparkassen- und Giroverband angeschlossen) die AGB der Girozentralen, zT die der privatrechtlich organisierten Kreditinstitute, zT noch andere. Möglich sind Ergänzung und **Änderung einzelner Bestimmungen** solcher Gruppen-AGB durch ein einzelnes Institut; an die Annahme der Unterwerfung unter die AGB mit Einschluss solcher Abweichungen sind aber erhöhte Anforderungen zu stellen, s **(5)** §§ 305 II, III, 305 c I BGB.

5   **3) Sonderbedingungen:**

Die AGB-Banken, die für die gesamte Geschäftsverbindung gelten, werden ergänzt durch „Sonderbedingungen" für bestimmte Geschäftsarten, vor allem die **(8)** Sonderbedingungen für Wertpapiergeschäfte Fassung 1. 1. 2007, unten nach Nr 20. Beispiele und Einbeziehung s unten Nr 1 I 2 (ähnlich nach anderen AGB). S auch **(9)** AGB-Anderkonten, **(11)** ERA, **(12)** ERI.

I. Grundregeln für die Beziehung zwischen Kunde und Bank

Geltungsbereich und Änderungen dieser Geschäftsbedingungen und der Sonderbedingungen für einzelne Geschäftsbeziehungen

AGB-Banken 1 (1) Geltungsbereich

[1] **Die Allgemeinen Geschäftsbedingungen gelten für die gesamte Geschäftsverbindung zwischen dem Kunden und den inländischen Geschäftsstellen der Bank (im Folgenden Bank genannt).** [2] **Daneben gelten für einzelne Geschäftsbeziehungen (zum Beispiel für das Wertpapiergeschäft, den Zahlungsverkehr und für den Sparverkehr) Sonderbedingungen, die Abweichungen oder Ergänzungen zu diesen Allgemeinen Geschäftsbedingungen enthalten; sie werden bei der Kontoeröffnung oder bei Erteilung eines Auftrages mit dem Kunden vereinbart.** [3] **Unterhält der Kunde auch Geschäftsverbindungen zu ausländischen Geschäftsstellen, sichert das Pfandrecht der Bank (Nummer 14 dieser Geschäftsbedingungen) auch die Ansprüche dieser ausländischen Geschäftsstellen.**

(2) Änderungen

[1] **Änderungen dieser Geschäftsbedingungen und der Sonderbedingungen werden dem Kunden spätestens zwei Monate vor dem vorgeschlagenen Zeitpunkt ihres Wirksamwerdens in Textform angeboten.** [2] **Hat der Kunde mit der Bank im Rah-**

V. Bankgeschäfte (m. Börsen- u. KapMR)   1–5 **AGB-Banken 1 (8)**

men der Geschäftsbeziehung einen elektronischen Kommunikationsweg vereinbart (zum Beispiel das Online-Banking), können die Änderungen auch auf diesem Wege angeboten werden. ³ Die Zustimmung des Kunden gilt als erteilt, wenn er seine Ablehnung nicht vor dem vorgeschlagenen Zeitpunkt des Wirksamwerdens der Änderungen angezeigt hat. ⁴ Auf diese Genehmigungswirkung wird ihn die Bank in ihrem Angebot besonders hinweisen.

¹ Werden dem Kunden Änderungen von Bedingungen zu Zahlungsdiensten (zum Beispiel Überweisungsbedingungen) angeboten, kann er den vor der Änderung betroffenen Zahlungsdiensterahmenvertrag vor dem vorgeschlagenen Zeitpunkt des Wirksamwerdens der Änderungen auch fristlos und kostenfrei kündigen. ² Auf dieses Kündigungsrecht wird ihn die Bank in ihrem Angebot besonders hinweisen.

1) Geltung der AGB nur kraft Vertrages

A. Die AGB-Banken gelten wie alle AGB **nur durch Einbeziehung in den Vertrag**, s **(5)** § 305 II, III BGB. Der Kunde muss also bei Vertragsschluss ausdrücklich auf sie hingewiesen werden, die Möglichkeit zumutbarer Kenntnis erhalten (Zurverfügungstellung des Gesamttextes) und mindestens stillschweigend zustimmen. Gegenüber einem Unternehmer, zB im Interbankenverkehr (auch mit Ausland), gilt das nicht, **(5)** BGB §§ 310 I, 305 II, III, BGH WM **04,** 1177, **07,** 874. Die AGB-Banken sind schon wegen der häufigen Änderung des Textes und der Unterschiede der AGB verschiedener Bankengruppen nicht Gewohnheitsrecht geworden, Ffm WM **73,** 1151. Die AGB-Banken sind aber jedenfalls im Interbankenverkehr branchenüblich (s Rn 4), mit ihrer Verwendung ist also zu rechnen. 1

B. **Individuelle Vertragsabreden** gehen den AGB-Banken vor, s **(5)** § 305 b BGB. Individualabreden unterfallen nicht der AGB-Kontrolle im Unterschied zu Sonderbedingungen (s Rn 6). Die bloße Aufforderung, nicht gewollte Teile zu streichen (Bankvollmachtsformular), ist noch kein Aushandeln, s **(5)** § 305 I 3 BGB. 2

2) Geltungsbereich der AGB (I)

A. **Nr 1 I** regelt den Geltungsbereich der AGB-Banken und der Sonderbedingungen. Er entspricht der Präambel und Nr 28 I aF (bis 1993). **I 1** erstreckt die AGB-Banken auf die **gesamte Geschäftsverbindung** zwischen dem Kunden und der Bank. Die Geschäftsverbindung ist hier weit zu verstehen, sie umfasst also den allgemeinen Bankvertrag, die sonstigen Verträge und die Geschäftsverbindungen ieS als gesetzliches Schuldverhältnis iSv § 311 II BGB ohne primäre Leistungspflicht, s **(7)** Bankgeschäfte Rn A/6 ff. Geschäftsverbindung und Bankvertrag sind ein besonderes Vertrauensverhältnis. Das folgt schon aus der Berufsrolle der Bank und der Inanspruchnahme eines besonderen Vertrauens im Verkehr (ohne Änderung durch den Wegfall der Präambel aF (bis 1993). 3

B. **Kunde** ist jeder, der mit der Bank in (bank)rechtsgeschäftlichen Kontakt tritt, auch zum ersten Mal, auch nur einmal, auch Auslandsverkehr (s Rn 5), nicht zB Lieferant von Waren oder Software, privater Rat oder Geschäft mit Bankier. Kunde kann auch eine andere Bank sein. Daher gelten die AGB idR **auch** im Verkehr **zwischen Banken** (s Rn 1). Im Verkehr zwischen den verschiedene AGB handhabenden Kreditinstituten sind idR die AGB desjenigen anzuwenden, das dem anderen seine Dienste zur Verfügung stellt, zB durch Kontoeröffnung, WPVerwahrung, Ausführung eines Auftrags, auch Auskunft, BGH **49,** 17, WM **89,** 1836. Dazu Pleyer/Battes DB **71,** 1289. 4

C. **Bank** ist in I 1 für die gesamten AGB-Banken und die Sonderbedingungen als die „**inländischen Geschäftsstellen der Bank**" definiert. Ausgenommen ist danach nur der Verkehr der (in- und ausländischen Kunden) mit ausländischen Geschäftsstellen der Bank. **I 3** stellt aber klar, dass das Pfandrecht nach Nr 14 auch Ansprüche ausländischer Geschäftsstellen der Bank gegen den Kunden sichert. Im Übrigen bestehen die Banken auch im **Auslandsverkehr** auf der Anwendung ihrer AGB. Die Einbeziehung der AGB-Banken entscheidet sich nach deutschem IPR nach dem Recht des Vertragspartners, der die vertragstypische Leistung erbringt, also in aller Regel der Bank, BGH **108,** 362. Schweigen des ausländischen Kunden auf Übersendung der 5

Hopt 1895

AGB s von Westphalen WM **84,** 17 (für deutsches Recht). Geltung der AGB ausländischer Banken s Canaris 2516. Anwendung gegenüber ausländischer Bank s BGH NJW **71,** 2126, dazu Ungnade WM **73,** 1130. AGB im internationalen Geschäftsverkehr, ua Sprachenproblem, s Ul/Br/He/H. Schmidt Anh § 305 BGB sowie Kommentare zu **(5)** § 305 II, III BGB. **Rechtswahl s** Nr 6 I. Zum IPR bei Bankgeschäften s **(7)** Bankgeschäfte Rn A/60.

6   D. **Sonderbedingungen (I 2)** gelten neben den AGB-Banken für die einzelnen Geschäftsbeziehungen. Das ist mit **(5)** § 305 II, III BGB vereinbar, befreit aber nicht von dessen Voraussetzungen. Sonderbedingungen gelten wie die AGB-Banken nur bei Vereinbarung (s Rn 1), entweder schon bei Kontoeröffnung oder bei späterer Auftragserteilung. Einzelne Geschäftsbeziehungen mit Sonderbedingungen sind in I 2 genannt: WPGeschäft, Zahlungsverkehr (vor 1. 4. 02 ec-Service, bis 31. 0. 09 kartengestützter Zahlungsverkehr) und Sparverkehr. Bspe: Bedingungen für Sparkonten, vgl **(7)** Bankgeschäfte Rn A/36–51, B; Bedingungen für den Überweisungsverkehr (Überweisungsbedingungen), vgl **(7)** Bankgeschäfte Rn C/1a; Bedingungen für den Lastschriftverkehr, vgl **(7)** Bankgeschäfte Rn D/1; Bedingungen für den Scheckverkehr, für das Online Banking, für die girocard und für die MasterCard, **(7)** Bankgeschäfte Rn E/1, F/1; **(8)** Sonderbedingungen für Wertpapiergeschäfte; **(9)** AGB-Anderkonten; zum Safevertrag s **(7)** Bankgeschäfte Rn V/1. Das gilt auch für **(11)** ERA über das Dokumentenakkreditiv und **(12)** ERI über Inkassi; diese sind anders als nach Nr 28 I 2 aF (bis 1993) auch gegenüber Kflten nicht mehr schon durch die Vereinbarung der AGB-Banken mitvereinbart. **Keine AGB** sind bankinterne Anweisungen an nachgeordnete Geschäftsstellen außer bei Umgehung nach **(5)** BGB § 306 a, BGH **162,** 294 m krit Anm Freitag ZIP **05,** 2052.

3) Änderungen (II)

7   A. II nF 2009 wegen § 675 g I, II BGB idF VerbrKrRiUmsetzG. Änderungen der AGB-Banken und der Sonderbedingungen werden dem Kunden spätestens **zwei Monate** vor dem vorgeschlagenen Zeitpunkt ihres Wirksamwerdens in Textform (§ 126 b BGB) angeboten (bis 2009 wegen II 5 aF iErg sechs Wochen und durch schriftliche Bekanntgabe) **(II 1),** vgl auch Nr 19 I 3. In der Mitteilung liegt ein Vertragsänderungsangebot der Bank. Hat der Kunde mit der Bank im Rahmen der Geschäftsbeziehung einen elektronischen Kommunikationsweg vereinbart (zB Online Banking), können die Änderungen auch auf diesem Wege angeboten werden **(II 2).** Das ist wirksam, aber auch notwendig, weil § 127 III 1 nF BGB elektronische Form nur genügen lässt, soweit nicht ein anderer Wille anzunehmen ist, und dies ohne II 2 unklar sein könnte. Ein elektronischer Kommunikationsweg muss vereinbart sein, bloßer e-mail-Kontakt genügt nicht, Bunte 77; letzterenfalls bleibt es bei I 1, also nur Angebot in Textform. Der Kunde kann das Vertragsänderungsangebot ausdrücklich oder stillschweigend, zB durch anschließende Auftragserteilung, annehmen. Mangels einer Ablehnung, die wie bisher schriftlich oder auf dem vereinbarten elektronischen Weg, aber seit 2009 auch mündlich erklärt werden kann und die vor dem vorgeschlagenen Zeitpunkt des Wirksamwerdens der Änderungen erfolgen muss (Ausschlussfrist, § 675 g II 1 BGB nF; bis 2009 innerhalb von sechs Wochen wegen BGH **141,** 158), gilt Schweigen als Annahme **(II 3).** Das verstößt nicht gegen **(5)** §§ 305 II, III, 307, 308 Nr 5, 6 BGB, aA Matusche-Beckmann NJW **98,** 115, Grund: angemessene Frist und besonderer Hinweis der Bank auf diese Folge bei der Bekanntgabe **(I 4);** vor allem hat die Bank kein einseitiges Änderungsrecht, was nicht wirksam wäre, BGH WM **98,** 558 (für AVB), **99,** 1367 (ARB); vgl dazu unten Nr 7 II, dort Rn 3. Für die Fristwahrung genügte bis 2009 die rechtzeitige Absendung (II 5 aF), wie Nr 7 II 1, III 2, vgl §§ 121 I 2, 355 I 2 BGB, auch § 377 IV HGB, dort sind Tragung der Beweislast und Verlustgefahr str (§ 377 HGB Rn 41). Das ist in der Neufassung 2009 beseitigt, die Ablehnung muss also rechtzeitig zugehen (§ 130 BGB). Eine eventuelle analoge Anwendung der genannten Normen ist wegen der Vollharmonisierung durch die EU-Zahlungsdienste-Ri problematisch und würde angesichts der Streichung der alten AGB und der Beibehaltung in Nr 7 II 1 wohl dem Parteiwillen widersprechen.

8   Für **Zahlungsdienste,** zB Überweisungsbedingungen (s **(7)** Bankgeschäfte Rn C/1), enthalten II 5 und 6 nF 2009 Sonderregelungen (vgl Nr 19 I 3), die ein

V. Bankgeschäfte (m. Börsen- u. KapMR) 1–3 **AGB-Banken 2 (8)**

Sonderkündigungsrecht enthalten und § 676 g II 2, 3 nF BGB entsprechen. Werden dem Kunden Änderungen von Bedingungen zu Zahlungsdiensten angeboten, kann er den von der Änderung betroffenen Zahlungsdiensterahmenvertrag (§ 675 f II BGB) vor dem vorgeschlagenen Zeitpunkt des Wirksamwerdens auch fristlos und kostenfrei kündigen **(II 5).** Auf diese Kündigungsrecht weist ihn die Bank in ihrem Angebot nach II 1 hin **(II 6).**

Bankgeheimnis und Bankauskunft

AGB-Banken 2 (1) Bankgeheimnis

¹ **Die Bank ist zur Verschwiegenheit über alle kundenbezogenen Tatsachen und Wertungen verpflichtet, von denen sie Kenntnis erlangt (Bankgeheimnis).**
² **Informationen über den Kunden darf die Bank nur weitergeben, wenn gesetzliche Bestimmungen dies gebieten oder der Kunde eingewilligt hat oder die Bank zur Erteilung einer Bankauskunft befugt ist.**

(2) Bankauskunft

Eine Bankauskunft enthält allgemein gehaltene Feststellungen und Bemerkungen über die wirtschaftlichen Verhältnisse des Kunden, seine Kreditwürdigkeit und Zahlungsfähigkeit; betragsmäßige Angaben über Kontostände, Sparguthaben, Depot- oder sonstige der Bank anvertraute Vermögenswerte sowie über die Höhe von Kreditinanspruchnahmen werden nicht gemacht.

(3) Voraussetzungen für die Erteilung einer Bankauskunft

¹ Die Bank ist befugt, über juristische Personen und im Handelsregister eingetragene Kaufleute Bankauskünfte zu erteilen, sofern sich die Anfrage auf ihre geschäftliche Tätigkeit bezieht. ² Die Bank erteilt jedoch keine Auskünfte, wenn ihr eine anders lautende Weisung des Kunden vorliegt. ³ Bankauskünfte über andere Personen, insbesondere über Privatkunden und Vereinigungen, erteilt die Bank nur dann, wenn diese generell oder im Einzelfall ausdrücklich zugestimmt haben. ⁴ Eine Bankauskunft wird nur erteilt, wenn der Anfragende ein berechtigtes Interesse an der gewünschten Auskunft glaubhaft dargelegt hat und kein Grund zu der Annahme besteht, dass schutzwürdige Belange des Kunden der Auskunftserteilung entgegenstehen.

(4) Empfänger von Bankauskünften

Bankauskünfte erteilt die Bank nur eigenen Kunden sowie anderen Kreditinstituten für deren Zwecke oder die ihrer Kunden.

1) Bankgeheimnis (I)

A. **Nr 2 I** regelt ohne Entsprechung in der aF (bis 1993) das **Bankgeheimnis.** **1** Dieses gilt schon auf Grund des Bankvertrags (s **(7)** Bankgeschäfte Rn A/9; Datenschutz ebenda I/36 f). I ist insoweit nicht deklaratorisch, so BGH **166**, 93. Bankgeheimnis ist in I 1 definiert als die Pflicht der Bank zur Verschwiegenheit über alle kundenbezogenen Tatsachen und Wertungen, von denen sie Kenntnis erlangt. Im Rahmen der allgemeinen Interessenwahrungspflicht darf die Bank auch ihr nicht bekannte Geheimnisse des Kunden nicht verletzen, etwa durch Zugänglichmachung von Dokumenten oder sonstige Ermöglichung des Zugriffs auf Kundeninformationen, I 1 steht nicht entgegen.

B. I 2 nennt drei **Grenzen** des Bankgeheimnisses: Gesetz, Einwilligung des Kunden **2** und zulässige Bankauskunft. Das ist nur deklaratorisch. Wie weit diese Grenzen reichen, folgt nicht aus den AGB-Banken, s **(7)** Bankgeschäfte Rn A/10 ff. Gegenüber Auskunftsverlangen ausländischer Behörden ist I 2 ohne Belang, aber vielleicht eine Argumentationshilfe.

2) Bankauskunft (II): II entspricht Nr 10 II 1 aF (bis 1993). II Halbs 1 umschreibt **3** **Bankauskunft** als allgemein gehaltene Feststellungen und Bemerkungen über die wirtschaftlichen Verhältnisse des Kunden, seine Kreditwürdigkeit und Zahlungsfähigkeit. Nach II Halbs 2 werden keine betragsmäßigen Angaben über Kontostände, Sparguthaben, Depot- oder sonstige der Bank anvertraute Vermögenswerte und über die Höhe von Kreditinanspruchnahmen gemacht. Das entspricht dem Bankgeheimnis, s **(7)** Bankgeschäfte Rn A/9. Weiter gehende Auskünfte (zB nicht allgemein gehalten, über private Verhältnisse, über Eignung für andere Geschäfte) sind trotz II Halbs 1 Bankauskünfte im Rechtssinn, aber mangels Einwilligung des Kunden, über den Auskunft erteilt wird, rechtswidrig. Nicht in II geregelt sind **andere Auskünfte** der Bank, zB Scheckauskunft; s BGH **49,** 173, **(7)** Bankgeschäfte Rn E/8.

3) Voraussetzungen für die Erteilung einer Bankauskunft (III)

4 A. III entspricht Nr 10 I, II 2 aF (bis 1993). Nach **III 1** hat die Bank mangels anderslautender Weisung (**III 2**) ein allgemeines **Bankauskunftserteilungsrecht** über juristische Personen und im HdlRegister eingetragene Kflte (angesichts des klaren Wortlauts nicht auch unternehmenstragende GbR trotz Rechtsfähigkeit Einl 14 vor § 105 HGB, aber wohl PartG, Anh § 160 Rn 57, str, strenger Ul/Br/He/ Fuchs Anh § 310 BGB Rn 83), sofern sich die Anfrage auf ihre geschäftliche Tätigkeit bezieht (sonst gilt III 3). Zur Bankgeschäfte s **(7)** Bankgeschäfte Rn A/14–15; zu den aus der Berufsstellung der Bank folgenden Aufklärungs- und Beratungspflichten s § 347 HGB Rn 22 ff. Danach ist regelmäßig keine Rückfrage der Bank vor Auskunftserteilung notwendig. Denn die Auskunftserteilung liegt im Eigeninteresse dieser Geschäftskunden. Jedoch gilt dies auch gegenüber juristischen Personen und eingetragenen Kfltn nicht ausnahmslos, sondern nur, soweit auch ohne Klausel mutmaßliche Einwilligung anzunehmen wäre, so idR bei günstiger Auskunft (s **(7)** Bankgeschäfte A/15), nicht bei klar negativer Auskunft; ähnlich Horn WM **84,** 455; dies lässt sich wohl noch durch Auslegung ohne Unwirksamkeit von III 1 feststellen (vgl **(5)** § 305 c II BGB). III 1 ist also wirksam, str. Zur Verpflichtung der Bank, dem Kunden Tatsache und Inhalt der über ihn erteilten Kreditauskunft mitzuteilen, s **(7)** Bankgeschäfte Rn A/15, 55. Besonderheiten der Bank-zu-Bank-Auskunft s § 347 HGB Rn 19. Anwendung von Nr 10 aF (bis 1993) gegenüber einer ausländischen Bank s BGH DB **71,** 1904.

5 B. Nach **III 3** werden (entsprechend der Bankpraxis seit 1984) Bankauskünfte über alle nicht unter III 1 fallenden Kunden, vor allem Privatkunden und Vereinigungen, nur noch nach ausdrücklicher Zustimmung des Kunden erteilt. Die Zustimmung soll für den Einzelfall oder auch generell gegeben werden können. Eine von Privatleuten routinemäßig für alle künftigen Auskunftsfälle eingeholte Zustimmung kann jedoch nicht ausreichen. Eine allgemeine Rückfragepflicht bei Privatkunden schützt den Privatkunden am besten und belastet die Bank und den Rechtsverkehr nicht übermäßig. Zumindest müsste die Zustimmung von Verbrauchern auf bestimmte Bereiche und Zeiträume beschränkt werden. Diese Einschränkung lässt sich nicht mehr durch bloße Auslegung erreichen (keine geltungserhaltende Reduktion, **(5)** § 306 II BGB). III 3 „generell" ist danach **unwirksam,** zust MüKoBGB/Kieninger § 307 Rn 220.

6 C. III 4 verlangt ein glaubhaft dargelegtes berechtigtes Interesse an der Auskunft, was praktisch kaum einschränkt. Außerdem darf kein Grund zur Annahme bestehen, dass schutzwürdige Belange des Kunden, über den Auskunft erteilt wird, entgegenstehen (vgl § 28 BDSG); das gilt für Privatkunden und Kflte gleichermaßen. Nicht jeder zutreffende Hinweis auf negative Tatsachen verstößt schon für sich gegen schutzwürdige Kundenbelange, zust BankrechtsHdb/Bunte 3. Aufl 2007 § 7 Rn 23.

7 **4) Empfänger von Bankauskünften (IV):** IV beschränkt wie 10 II 2 aF (bis 1993) den Empfängerkreis: nur **eigene Kunden** und andere Kreditinstitute, letztere für ihre eigenen Zwecke und die ihrer Kunden. Die Bank gibt danach keine Bankauskünfte unmittelbar an Dritte, sondern nur im Wege einer **Bank-zu-Bank-Auskunft.** Zur Frage eigener Ansprüche dieser Dritten gegen die auskunftgebende Bank s § 347 HGB Rn 19 ff.

8 **5) Haftung für Bankauskünfte:** Nr 2 enthält anders als Nr 10 II 3 aF (bis 1993) keine besondere Freizeichnung mehr. Die Bank haftet danach dem Kunden, über den sie Auskunft erteilt hat, und dem Auskunftsempfänger (s Rn 4) bei jeder Fahrlässigkeit auch ihrer Erfüllungsgehilfen (§§ 276, 278 BGB). Praktisch erhöht sich dadurch das Haftungsrisiko der Banken gegenüber früher kaum.

V. Bankgeschäfte (m. Börsen- u. KapMR) 1–3 **AGB-Banken 3 (8)**

Haftung der Bank; Mitverschulden des Kunden

AGB-Banken 3 (1) Haftungsgrundsätze

¹ Die Bank haftet bei der Erfüllung ihrer Verpflichtungen für jedes Verschulden ihrer Mitarbeiter und der Personen, die sie zur Erfüllung ihrer Verpflichtungen hinzuzieht. ² Soweit die Sonderbedingungen für einzelne Geschäftsbeziehungen oder sonstige Vereinbarungen etwas Abweichendes regeln, gehen diese Regelungen vor. ³ Hat der Kunde durch ein schuldhaftes Verhalten (zum Beispiel durch Verletzung der in Nr. 11 dieser Geschäftsbedingungen aufgeführten Mitwirkungspflichten) zu der Entstehung eines Schadens beigetragen, bestimmt sich nach den Grundsätzen des Mitverschuldens, in welchem Umfang Bank und Kunde den Schaden zu tragen haben.

(2) Weitergeleitete Aufträge

¹ Wenn ein Auftrag seinem Inhalt nach typischerweise in der Form ausgeführt wird, dass die Bank einen Dritten mit der weiteren Erledigung betraut, erfüllt die Bank den Auftrag dadurch, dass sie ihn im eigenen Namen an den Dritten weiterleitet (weitergeleiteter Auftrag). ² Dies betrifft zum Beispiel die Einholung von Bankauskünften bei anderen Kreditinstituten oder die Verwahrung und Verwaltung von Wertpapieren im Ausland. ³ In diesen Fällen beschränkt sich die Haftung der Bank auf die sorgfältige Auswahl und Unterweisung des Dritten.

(3) Störung des Betriebs

Die Bank haftet nicht für Schäden, die durch höhere Gewalt, Aufruhr, Kriegs- und Naturereignisse oder durch sonstige von ihr nicht zu vertretende Vorkommnisse (zum Beispiel Streik, Aussperrung, Verkehrsstörung, Verfügungen von hoher Hand im In- oder Ausland) eintreten.

1) Haftungsgrundsätze (I)

A. **Nr 3 I 1** lässt die Bank bei der Erfüllung ihrer Pflichten für **jedes auch nur** 1 **leichte Verschulden** haften (§§ 276, 278 BGB), also entgegen Nr 25 I aF (bis 1993) ohne Freizeichnung für andere Erfüllungsgehilfen als die eigenen Mitarbeiter wie zB dritte Banken oder selbstständige Rechenzentren. Die rechtlich zT unwirksamen Haftungsfreizeichnungsklauseln der aF (bis 1993), vor allem Nr 10 III Halbs 2, sind zu Recht nicht mehr aufgenommen worden. Das erspart die schwierige Abgrenzung zwischen vertragswesentlichen und anderen Pflichten und zwischen Pflichten aus Vertrag und aus gesetzlichem Schuldverhältnis wie vor allem Aufklärungs- und Warnpflichten, BGH NJW **91**, 694 und 28. Aufl. Die Bank haftet also für Bank- und andere **Auskünfte, Aufklärung und Beratung** (s § 347 HGB Rn 8–40, **(7)** Bankgeschäfte Rn A/16–29) samt deren Unterlassung für jede Fahrlässigkeit, auch im kfm Verkehr. Das entspricht der Mittlerrolle der Banken mit besonderen Berufspflichten und Vertrauensstellung und ihrem wohlverstandenen Eigeninteresse, Hopt Kapitalanlegerschutz 351 ff, FS Heinsius **91**, 303, Bunte 106. Die Anpassung der Berufshaftpflichtversicherung (zB Vermögensschadenhaftpflichtversicherung für Banken, unterhalten vom Bundesverband deutscher Banken) ist nur konsequent.

I 1 legt nicht selbst einen Sorgfaltsmaßstab fest, sondern verweist auf Gesetz und 2 Vertrag (s Rn 2), wo mehr (zB Rechtsscheinhaftung, s § 5 HGB Rn 11) oder weniger (zB § 708 BGB) verlangt sein kann. Nach § 276 II BGB, § 347 I HGB gilt ein objektiver Sorgfaltspflichtmaßstab mit unterschiedlichen Anforderungen je nach Verkehrs- und Berufskreis. Die allgemeinen berufstypischen Anforderungen an Professionalität und Loyalität der Kreditinstitute sind hoch, müssen aber sachgerecht bleiben. Unterschiedliche Anforderungen je nach Bankbranchen spielen im deutschen Universalbankensystem kaum eine Rolle. Besondere Kenntnisse und Fähigkeiten gerade dieser Bank sind zu berücksichtigen. Interessenkonflikte und Insiderwissen der Bank s § 347 HGB Rn 30–33. Keine Hinzuziehung eines Erfüllungsgehilfen liegt bei bloßer Substitution vor, zB bei weitergeleiteten Aufträgen (II).

B. **I 2** lässt (rein deklaratorisch) **abweichende Vereinbarungen** in Sonderbedin- 3 gungen (Nr 1 Rn 6) und sonstige Vereinbarungen (Nr 1 Rn 2) vorgehen.

Hopt 1899

(8) AGB-Banken 3 4–8

4 C. I 3 verweist für das **Mitverschulden** des Kunden, zB Verletzung seiner Mitwirkungspflichten (Nr 11), der Sache nach auf § 254 BGB und entsprechende Regelungen.

2) Weitergeleitete Aufträge (II)

5 A. **II** entspricht Nr 9 aF (bis 1993). **II 1** erlaubt entgegen §§ 613 S 1, 664 I 1, 691 S 1 BGB die **Substitution**, allerdings anders als nach Nr 9 aF (bis 1993) nicht mehr allgemein, sondern nur noch, wenn ein Auftrag seinem Inhalt nach typischerweise durch bloße Weiterleitung ausgeführt wird (sog **weitergeleiteter Auftrag**). Beispiele sind die Einholung von Bankauskünften bei anderen Kreditinstituten (vgl Nr 2 IV) und die Verwahrung und Verwaltung von Wertpapieren im Ausland (so **II 2**). Das hat dann zur Folge, dass die Bank nicht für Verschulden eines Erfüllungsgehilfen (s Rn 1), sondern **nur** für **eigenes Auswahl- und Unterweisungsverschulden** haftbar ist (so II 3) und nur etwaige Ansprüche gegen den Dritten dem Kunden auf Verlangen abzutreten hat (s Rn 7). II erstreckt sich **nicht** auf den **Überweisungsverkehr**, zwar ist auch hier Substitution zulässig, aber die Bank haftet für die zwischengeschalteten Banken nach § 278 BGB (s **(7)** Bankgeschäfte Rn C/10, Grundsatz des weitergeleiteten Auftrags), aber zum einen beinhaltet die Überweisung nach ÜG keine auftragsrechtliche Weisung, wie in II vorausgesetzt, zum anderen gehen Sonderbedingungen, wie in Nr 1 I 2 klargestellt (dort Rn 6), vor, hier also Überweisungsbedingungen Nr 5.2.

6 II 1 macht mit dem Hinweis auf den typischen Vertragsinhalt und die Betrauung Dritter „mit der weiteren Erledigung" nicht hinreichend klar, ob und wann von §§ 664 I 2, 675 I BGB zu Lasten des Kunden abgewichen wird. Die Reichweite der rechtlich zulässigen Substitution kann nicht durch die Einführung des Begriffs des (bloß) weitergeleiteten Auftrags in AGB verschoben werden. Entscheidend ist vielmehr ua, dass der Beauftragte nicht gegen seinen Willen zur Übernahme nicht beherrschbarer und überschaubarer Risiken gezwungen wird, BGH WM **91**, 798. Das besondere in die Bank selbst als Interessenwahrer gesetzte Vertrauen und die Umgehung der Beschränkung des **(5)** § 309 Nr 7 b BGB mit einschneidenden Folgen für den Kunden, der mit dem Dritten nichts zu tun hat (vgl auch **(5)** § 309 Nr 10 BGB), lassen **II 1** nach **(5)** §§ 307, 309 Nr 7 b u 10 BGB und dem Transparenzgebot nach **(5)** § 307 I 2 BGB als **unwirksam** erscheinen, LG Kln WM **00**, 720, str, für aF (bis 1993) ganz üL, Koller ZIP **85**, 1248, Hansen BB **89**, 2418, Bitter ZBB **07**, 252, aA zB Ffm WM **00**, 1638, Kümpel WM **77**, 699, BankrechtsHdb/Bunte 3. Aufl 2007 § 8 Rn 39: „typischerweise" sei bei objektiver Auslegung klar genug, Ul/Br/He/Fuchs Anh § 310 BGB Rn 86, differenzierend Derl/Kno/Ba/Casper 24 ff. Unwirksamkeit von II bedeutet nicht, dass die Bank nie zulässig substituieren könnte, so ist Substitution zB beim Dokumenteninkasso ohne Verstoß gegen § 664 BGB zulässig (s **(7)** Bankgeschäfte Rn M/3), insoweit zutr Ffm WM **00**, 1637.

7 B. **Rechtsfolge** der Unwirksamkeit ist nur, dass es bei der allgemeinen Rechtslage verbleibt; danach schuldet die Bank aber in den meisten Fällen (außer in den in II 2 genannten Beispielsfällen, zB Scheck- und Dokumenteninkasso) nicht rein persönlich, sondern darf übertragen (§ 664 I 2 BGB), von Westphalen WM **84**, 7. **Praktisch** bleibt es also meist bei der bloßen Haftung für Auswahl- und Unterweisungsfehler wie nach **II 3**. Folgt die Bank bei der Einschaltung des Dritten einer Kundenweisung, haftet sie nicht (so noch ausdrücklich Nr 9 S 3 aF (bis 1993), doch bleiben die Aufklärungs- und Beratungspflichten der Bank (s **(7)** Bankgeschäfte Rn A/16–29) unberührt. Über II 3 hinaus ist die Bank zur Abtretung von Ansprüchen gegen den Dritten verpflichtet (§ 667 BGB), BGH DB **58**, 133. Wegen der Abtretungspflicht sind diese Ansprüche von der Kontokorrentabrede zwischen den Kunde und Bank Banken nicht erfasst, BGH WM **78**, 367. Zur Substitution der Banken Lit: von Gablenz 1983, Heymann/Horn II/34.

8 3) **Störung des Betriebs (III):** III stellt im Wesentlichen nur deklaratorisch klar, dass die Bank nicht für unabwendbare **Zufallsschäden** haftet (Aufzählung wie in Nr 25 II aF (bis 1993). Höhere Gewalt bedeutet auch durch äußerste, billigerweise zu erwartende Sorgfalt nicht abwendbar, schon geringstes Verschulden schadet, BGH **81**, 355, BAG NJW **03**, 2849 (§ 206 BGB). Von der Bank zu vertretende (§ 276 I 1 BGB,

V. Bankgeschäfte (m. Börsen- u. KapMR) **AGB-Banken 4, 5 (8)**

auch Haftungsverschäfung aus Garantie oä Betriebsstörungen sind nicht erfasst. Soweit die Bank darüber hinaus schadensersatzpflichtig ist (Gefährdungshaftung) oder sonst das Risiko zu tragen hat (zB Betriebsrisiko), gilt III ebenfalls nicht. Das folgt aus III (Wortlaut, Zweck) ohne Verstoß gegen das Verbot der geltungserhaltenden Reduktion (s **(5)** § 306 II BGB). III ist deshalb wirksam, str. Keinesfalls verschafft III der Bank Ansprüche, die sie sonst nicht hätte, OGH **2,** 91.

Grenzen der Aufrechnungsbefugnis des Kunden

AGB-Banken 4 Der Kunde kann gegen Forderungen der Bank nur aufrechnen, wenn seine **Forderungen unbestritten oder rechtskräftig festgestellt sind.**

1) **Nr 4** entspricht Nr 2 I aF (bis 1993). Nr 4 bringt ein **Aufrechnungsverbot** zu 1 Lasten des Kunden, außer bei unbestrittenen oder rechtskräftig festgestellten Verbindlichkeiten. Nr 2 I ist wirksam (s **(5)** § 309 Nr 3 BGB), die Berufung darauf nicht treuwidrig, BGH NJW **86,** 1757, **02,** 2779. Der Vorbehalt „in derselben Währung" folgt schon aus § 387 BGB (Gleichartigkeit; ausdrücklich Nr 2 I aF (bis 1993). Das Aufrechnungsverbot gilt nicht bei gesetzlichem Einwendungsdurchgriff, s **(7)** Bankgeschäfte Rn G/42. Grundlose oder unsubstantiierte Einwendungen machen die Forderung nicht zur bestrittenen, BGH **12,** 136 (zu **(18)** ADSp § 32 aE), BB **77,** 815. Die Berufung auf das Aufrechnungsverbot wäre **missbräuchlich,** wenn die Gegenforderung des Kunden nach Grund und Höhe feststeht, zumal wenn sie aus schuldhafter Pflichtverletzung der Bank hervorgeht, BGH NJW **78,** 2244, **85,** 2820, **91,** 840. In besonderen Fällen kann die Berufung auf das Aufrechnungsverbot nach § 393 BGB und auch sonst nach § 242 BGB unzulässig sein, BGH WM **61,** 1357, **66,** 734, **76,** 1332, Nürnb WM **77,** 311. Das Aufrechnungsverbot gilt nicht; gegen begründete, entscheidungsreife Forderungen, BGH BB **77,** 814, WM **78,** 628, str. S Kommentare zu **(5)** § 309 Nr 3 BGB. **Zurückbehaltungsrechte** erfasst Nr 4 **nicht** (s **(5)** §§ 305 c II, 309 Nr 2 BGB), aA Ffm WM **77,** 156 LS.

Verfügungsberechtigung nach dem Tod des Kunden

AGB-Banken 5 [1]Nach dem Tod des Kunden kann die Bank zur Klärung der Verfügungsberechtigung die Vorlegung eines Erbscheins, eines Testamentsvollstreckungserzeugnisses oder weiterer hierfür notwendiger Unterlagen verlangen; fremdsprachige Urkunden sind auf Verlangen der Bank in deutscher Übersetzung vorzulegen. [2]Die Bank kann auf die Vorlage eines Erbscheins oder eines Testamentsvollstreckerzeugnisses verzichten, wenn ihr eine Ausfertigung oder eine beglaubigte Abschrift der letztwilligen Verfügung (Testament, Erbvertrag) nebst zugehöriger Eröffnungsniederschrift vorgelegt wird. [3]Die Bank darf denjenigen, der darin als Erbe oder Testamentsvollstrecker bezeichnet ist, als Berechtigten ansehen, ihn verfügen lassen und insbesondere mit befreiender Wirkung an ihn leisten. [4]Dies gilt nicht, wenn der Bank bekannt ist, dass der dort Genannte (zum Beispiel nach Anfechtung oder wegen Nichtigkeit des Testaments) nicht verfügungsberechtigt ist, oder wenn ihr dies infolge Fahrlässigkeit nicht bekannt geworden ist.

1) **Vorlage von Urkunden (Satz 1, 2): Nr 5** entspricht Nr 24 I aF (bis 1993). 1 Nr 5 regelt die **Legitimation der Erben,** Testamentsvollstrecker ua, zB Zeugnis des Nachlassgerichts über die Fortsetzung der Gütergemeinschaft, nach dem Tod des Kunden, Ausdehnung auf Vormundschaft, Pflegschaft, Insolvenz ua (Bestallungsurkunden) ist nicht vorgesehen (anders Nr 24 III aF). Die Bank kann die Vorlegung eines Erbscheins (§ 2353 BGB), Testamentsvollstreckerzeugnisse (§ 2368 BGB) ua (ggf in deutscher Übersetzung) verlangen (S 1). Wenn nötig, sind auch mehrere Urkunden vorzulegen. Die Bank darf aber nicht stets auf Vorlage des Erbscheins bestehen, RG **54,** 343, BGH WM **05,** 1432, und würde damit auch ihre Kunden vergrämen. Die Bank erkennt deshalb auch eine Ausfertigung oder beglaubigte Abschrift der letztwilligen Verfügung als Erbrechtsnachweis an, allerdings nur wenn zugleich die zugehörige (ordnungsgemäße) Eröffnungsniederschrift (§ 2260 II BGB) vorgelegt

(8) AGB-Banken 6 1–3 2. Handelsrechtl. Nebengesetze

wird (S 2). S 1 ist unter **(5)** BGB § 307 so auszulegen, dass die Bank nicht ohne weiteres, so noch hL, sondern nur nach billigem Ermessen (§ 315 I BGB) auf Vorlage eines Erbscheins ua bestehen kann, Keim WM **06**, 753, enger nur bei konkreten Zweifeln Starke NJW **05**, 3186. Nr 5 ist danach wirksam, Schröder/Meyer NJW **06**, 3252.

2 **2) Leistung mit befreiender Wirkung (Satz 3, 4):** Die Bank darf den darin als Erbe oder Testamentsvollstrecker genannten verfügen lassen, also zB **mit befreiender Wirkung** an ihn **leisten (Satz 3).** S 3 ist, jedenfalls angesichts von S 4, wirksam, Celle NJW **98**, 82, Bunte 144, Grund: Wille des Erblassers, vergleichbar einer postmortalen Vollmacht (s Rn A/51). Die Niederschrift kann in Kurzform auch auf dem Testament selbst stehen. Ein reiner Eröffnungsvermerk genügt dagegen nicht. Die Bank wird entgegen S 3 nicht frei, wenn sie die mangelnde Verfügungsmacht des in der Urkunde Genannten, zB bei Nichtigkeit oder Anfechtung des Testaments, kennt oder fahrlässig nicht kennt (S 4). Das gilt auch für die Prüfung ausländischer Urkunden ohne Freizeichnung (anders Nr 24 I 2, 3). Bsp: Einlösung von Erblasserschecks trotz Widerrufs durch Alleinerben, der noch keinen Erbschein hat, LG Krefeld WM **77**, 379.

Maßgebliches Recht und Gerichtsstand bei kaufmännischen und öffentlich-rechtlichen Kunden

AGB-Banken 6 (1) Geltung deutschen Rechts
Für die Geschäftsverbindung zwischen dem Kunden und der Bank gilt deutsches Recht.
  (2) Gerichtsstand für Inlandskunden
¹**Ist der Kunde ein Kaufmann und ist die streitige Geschäftsbeziehung dem Betriebe seines Handelsgewerbes zuzurechnen, so kann die Bank diesen Kunden an dem für die kontoführende Stelle zuständigen Gericht oder bei einem anderen zuständigen Gericht verklagen; dasselbe gilt für eine juristische Person des öffentlichen Rechts und für öffentlich-rechtliche Sondervermögen.** ²**Die Bank selbst kann von diesen Kunden nur an dem für die kontoführende Stelle zuständigen Gericht verklagt werden.**
  (3) Gerichtsstand für Auslandskunden
Die Gerichtsstandsvereinbarung gilt auch für Kunden, die im Ausland eine vergleichbare gewerbliche Tätigkeit ausüben, sowie für ausländische Institutionen, die mit inländischen juristischen Personen des öffentlichen Rechts oder mit einem inländischen öffentlich-rechtlichen Sondervermögen vergleichbar sind.

1 **1) Geltung deutschen Rechts (I): Nr 6 I** enthält wie Nr 25 I 2 aF (bis 1993) eine wirksame **Rechtswahl** zugunsten des deutschen Rechts, BGH WM **04**, 1177, ganz hL. Bsp: Bankgarantie, BGH **108**, 362. I führt idR zum gleichen Ergebnis wie Art 28 EGBGB (mangels Rechtswahl engste Verbindungen, Grenze Art 29 EGBGB für Verbraucherverträge) und ist mit §§ 305 c I, 307 BGB vereinbar. I gilt nur für die Geschäftsverbindungen von In- und Auslandskunden mit inländischen Geschäftsstellen der Bank (Nr 1 I 1). Zum IPR bei Bankgeschäften s Nr 1 Rn 5, **(7)** Bankgeschäfte Rn A/60.

2 **2) Gerichtsstand für Inlandskunden (II): II** entspricht Nr 26 II aF (bis 1993) und enthält eine **Gerichtsstandsvereinbarung** für Inlandskunden, und zwar Kftle (nicht für deren Privatgeschäfte, Abgrenzung §§ 343, 344, Bunte 153; insoweit anders § 38 I ZPO, s Einl 76 vor § 1), juristische Personen des öffentlichen Rechts und öffentlich-rechtliche Sondervermögen. Diese Klausel entspricht § 38 I ZPO und ist auch mit **(5)** §§ 305 c I, 307 BGB vereinbar (s Einl 86 vor § 1 HGB). Zuständig ist für die Bank als Klägerin wahlweise (S 1), für den Kunden als Kläger ausschließlich (S 2) das für die kontoführende Stelle zuständige Gericht. Eine Regelung des Erfüllungsorts ist nicht getroffen (anders Nr 26 I 1 aF (bis 1993).

3 **3) Gerichtsstand für Auslandskunden (III): III** entspricht Nr 26 I 1, 26 II aF (bis 1993). III erstreckt der Sache nach (entspr § 38 I ZPO, s Rn 2) II auf Auslandskunden. Auch für Auslandskunden gilt danach der Gerichtsstand des für die kontofüh-

rende Stelle zuständigen Gerichts. Das ist ein deutsches Gericht, denn die AGB-Banken gelten nur für inländische Geschäftsstellen der Bank (Nr 1 I 1, s dort Rn 5). Eine Gerichtsstandsvereinbarung auch für ausländische Geschäftsstellen enthält III nicht.

II. Kontoführung

Rechnungsabschlüsse bei Kontokorrentkonten (Konten in laufender Rechnung)

AGB-Banken 7 (1) Erteilung der Rechnungsabschlüsse

¹Die Bank erteilt bei einem Kontokorrentkonto, sofern nicht etwas anderes vereinbart ist, jeweils zum Ende eines Kalenderquartals einen Rechnungsabschluss; dabei werden die in diesem Zeitraum entstandenen beiderseitigen Ansprüche (einschließlich der Zinsen und Entgelte der Bank) verrechnet. ²Die Bank kann auf den Saldo, der sich aus der Verrechnung ergibt, nach Nrummer 12 dieser Geschäftsbedingungen oder nach der mit dem Kunden anderweitig getroffenen Vereinbarung Zinsen berechnen.

(2) **Frist für Einwendungen; Genehmigung durch Schweigen**

¹Einwendungen wegen Unrichtigkeit oder Unvollständigkeit eines Rechnungsabschlusses hat der Kunde spätestens vor Ablauf von sechs Wochen nach dessen Zugang zu erheben; macht er seine Einwendungen in Textform geltend, genügt die Absendung innerhalb der Sechs-Wochen-Frist. ²Das Unterlassen rechtzeitiger Einwendungen gilt als Genehmigung. ³Auf diese Folge wird die Bank bei Erteilung des Rechnungsabschlusses besonders hinweisen. ⁴Der Kunde kann auch nach Fristablauf eine Berichtigung des Rechnungsabschlusses verlangen, muss dann aber beweisen, dass zu Unrecht sein Konto belastet oder eine ihm zustehende Gutschrift nicht erteilt wurde.

1) Erteilung der Rechnungsabschlüsse (1): Nr 7 I 1 gibt dem Kunden Anspruch auf Erteilung von Rechnungsabschlüssen bei Kontokorrentkonten (Konten in laufender Rechnung) nicht nur jährlich (so § 355 II HGB, Nr 14 I aF (bis 1993), sondern jeweils zum Ende des Kalenderquartals, dies in Übereinstimmung mit der Regelabrechnungsperiode von § 493 BGB. Abweichende Vereinbarung mit dem Kunden ist möglich, zB monatlich mit kfm Kundschaft. I 1 Halbs 2 beschreibt deklaratorisch für den Kunden die Verrechnungswirkung des Kontokorrents (§ 355 Rn 7). **I 2** weist den Kunden auf die Zinsesberechnung auch aus dem Periodenschlusssaldo hin, die nach § 355 I HGB ohne Verstoß gegen das Zinseszinsverbot des § 248 I BGB zulässig ist. 1

2) Frist für Einwendungen; Genehmigung durch Schweigen (II)

A. Nach **II 1** muss der Kunde **Einwendungen** wegen Unrichtigkeit oder Unvollständigkeit des Rechnungsabschlusses spätestens vor Ablauf (nF 2002, aF: innerhalb) von sechs Wochen (nF 2000 wie Nr 1 I 2 wegen BGH **141**, 158) seit **Zugang** (§ 130 BGB, Bunte 170; bei vereinbarter Abholung bzw Kontoauszugsdrucker: idR Bereitstellung bzw Abrufmöglichkeit, aA Becher/Gößmann BKR **02**, 521 f, Ul/Br/He/Fuchs Anh § 310 BGB Rn 97, bei länger dauernder Nichtabholung muss Bank aber zusenden) erheben, formlos, auch mündlich. Macht er seine Einwendungen in **Textform** (§ 126 b BGB) geltend, genügt für die Fristwahrung die **rechtzeitige Absendung** innerhalb der Sechs-Wochen-Frist (II 1 Halbs 2 wie Nr 1 II 5 aF; s dort Rn 7; vgl §§ 121 I 2, 355 I 2 BGB, auch § 377 IV HGB, dort sind Tragung der Beweislast und Verlustgefahr str, § 377 HGB Rn 41). Diese Fristbestimmung ist wirksam, vgl BGH **125**, 243 (vgl § 621 Nr 4 BGB, sechs Wochen zum Quartalsende bei Kreditkartenkündigung). Für den Zugang ist die Bank, für die rechtzeitige Absendung der Kunde beweispflichtig. Bei Verstoß gegen II 1 Schadensersatzpflicht, unabhängig von II 2 (s Rn 8). 2

B. Nach **II 2** gilt das Unterlassen rechtzeitiger Einwendungen (II 1) als (rechtsgeschäftliche) Genehmigung (vgl entspr § 346 HGB Rn 16 f, 30 ff; § 362 HGB). II 2 betrifft nur **Rechnungsabschlüsse** bei Kontokorrentkonten. Diese **Genehmigungs-** 3

(8) AGB-Banken 7 4–7   2. Handelsrechtl. Nebengesetze

fiktion des II 2 ist wirksam, Dresd ZIP **99,** 1626 (zu **(8 a)** AGB-Spark Nr 7 III), ebenso Ul/Br/He/Fuchs Anh § 310 BGB Rn 94. Denn die Frist von sechs Wochen des II 1 ist hier angemessen und die Bank ist nach **II 3** verpflichtet, den Kunden zu Fristbeginn darauf besonders hinzuweisen (s **(5)** § 308 Nr 5 BGB). Auch gibt II 2 der Bank kein einseitiges Bestimmungsrecht, was nicht wirksam wäre, BGH WM **98,** 558 (für AVB), **99,** 1367; vgl Nr 1 II, dort Rn 7. Allerdings führt die Genehmigungsfiktion im Ergebnis zu einer Beweislastumkehr; das Saldoanerkenntnis im Kontokorrent verstößt aber als gesetzlich anerkanntes Institut nicht gegen **(5)** § 309 Nr 12 BGB, Wo-Ho-Li § 10 Nr 5 Rn 30, vgl BGH **99,** 282, früher str. Schadensersatz s Rn 2.

4   Nach allgemeinen Grundsätzen greift die Genehmigungsfiktion nicht ein, wenn die Bank nicht mit dem Einverständnis des Kunden rechnen kann, Bunte 173, zB bei Maßnahmen der Bank ohne Auftrag des Kunden, etwa bei mangelnder Einziehungsermächtigung der Bank, Düss WM **78,** 771, oder gefälschtem Überweisungsauftrag, offen Hbg WM **83,** 518, bei krassen Abweichungen (vgl zum Bestätigungsschreiben § 346 HGB Rn 27) oder sonst unrechtmäßigen Verfügungen der Bank. Wenn solche Posten in den Rechnungsabschluss eingehen, kann sich das auf die Rückforderung und die Beweislast dabei (s Rn 6) auswirken, berührt aber nicht die Wirksamkeit von II 2.

5   Die Genehmigungsfiktion betrifft nicht auch sonstige Abrechnungen und insbesondere **Tages(konto)auszüge,** Depot- und Wertpapieraufstellungen (anders Nr 15 S 3 aF (bis 1993). Tageskontoauszüge dienen als reiner Postensaldo nur rein tatsächlichen Zwecken (s § 355 HGB Rn 9). Das Unterlassen von Einwendungen ist deshalb insoweit keine rechtsgeschäftliche Genehmigung, zB einer Überweisung zu Lasten des Kontos ohne Auftrag oder einer Belastung im Einzugsermächtigungsverfahren (s **(7)** Bankgeschäfte Rn D/6), sondern die rein tatsächlich Erklärung, dass der Kunde gegen die Buchung nichts einzuwenden hat, BGH **73,** 207 (zu Nr 10 ABG-Spark), **95,** 108, **144,** 354, ohne Beweislastumkehr. Jedoch Schadensersatzpflicht des Kunden nach § 280 I BGB wegen Verletzung des Girovertrags bei fahrlässig mangelhafter Kontrolle der Kontoauszüge, BGH **73,** 211, **95,** 108, Hamm WM **86,** 704.

6   C. Bei **Unrichtigkeit des Saldoanerkenntnisses** ist in besonderen Fällen die **Anfechtung** des Saldoanerkenntnisses möglich, allerdings nicht wegen Irrtums über die Bedeutung des Schweigens (s § 346 HGB Rn 32). Ist das unrichtige Saldoanerkenntnis im Kontokorrent ein wirksames Anerkenntnis iSv § 781 BGB (str, s § 355 Rn 7), kann der Kunde es bei eigener Beweislast als rechtsgrundlos widerrufen (**Bereicherungsanspruch, § 812 II BGB),** 55, s § 355 Rn 10. Denn unberechtigte Belastungsbuchungen werden durch das Saldoanerkenntnis weder rechtmäßig noch ohne weiteres genehmigt, BGH **144,** 355. Die Genehmigungsfiktion des II 2 kann und will solche gesetzlichen Rechte nicht beschneiden. **II 4** sagt dazu deklaratorisch, dass der Kunde auch nach Fristablauf Berichtigung verlangen kann, dann aber beweispflichtig ist.

3) Genehmigung von Belastungen aus Lastschriften (III aF, nunmehr in Sonderbedingungen)

7   A. **III** ist 2009 aus den AGB-Banken gestrichen und zur besseren Verständlichkeit in die **Bedingungen für Zahlungen mittels Lastschrift im Einzugsermächtigungsverfahren** (dort Nr 2.4) übernommen worden. Inhaltliche Änderngen sollen damit nicht verbunden sein. Aus diesem Grund wird die Genehmigung von Belastungen aus Lastschriften zunächst weiterhin hier kommentiert, formal allerdings bezogen auf die aF.

III aF brachte wie II eine zeitliche Grenze für Einwendungen und eine Genehmigungsfiktion, und zwar nur von Belastungen aus Lastschriften, für die der Kunde dem Gläubiger eine Einzugsermächtigung erteilt hat (**berechtigt eingereichte Lastschrift,** für unberechtigt eingereichte galt III nicht). **Einwendungen** gegen eine Belastungsbuchung aus einer solchen Lastschrift, die im Saldo des nächsten Rechnungsabschlusses enthalten war, hatte der Kunde spätestens vor Ablauf von sechs Wochen nach Zugang des Rechnungsabschlusses zu erheben (**III 1 aF**). Das galt nur, wenn der Kunde die Belastungsbuchung nicht ohnehin schon ausdrücklich oder stillschweigend genehmigt hatte (klarstellend III 1 Halbs 1 aF; s (7) Bankgeschäfte Rn D/

V. Bankgeschäfte (m. Börsen- u. KapMR) 1 **AGB-Banken 8 (8)**

6). Ob der Kunde der Bank während des in III vorgesehenen Zeitraums noch entstehende Einwendungen, insbesondere dessen Insolvenzverwalter die Insolvenz, erheben kann, bzw ob die Genehmigungsfiktion des III durch öffentliche Bekanntmachung nach § 9 I 3 InsO zerstört wird, ist hoch str, s (7) Bankgeschäfte Rn D/6). Für konkludente Genehmigung durch Verbraucher spätestens nach 30 Tage nach besonderem Hinweis (§ 268 III 1 BGB analog), Fischer WM **09,** 635, aber Vertrauensschutz für die Vergangenheit (insoweit sechs Wochen wie in III 1). Verstoß gegen III 1 konnte, soweit III 3 aF (s Rn 8) nicht eingriff oder sonstige Schäden entstanden waren, den Kunden schadensersatzpflichtig nach § 280 I BGB machen, zB weil die Bank nach sechs Wochen keine Wiedervergütung von der ersten Inkassostelle verlangen kann, BGH **144,** 356.

B. Das Unterlassen rechtzeitiger Einwendungen gilt bei berechtigt eingereichten 8 Lastschriften (s Rn 7) als Genehmigung **(III 3).** Diese **Genehmigungsfiktion** des III 2 ist mit **(5)** § 308 Nr 5 BGB vereinbar (s Rn 3, 4), BGH **144,** 356, WM **08,** 1966, Mü ZIP **06,** 2122, Karlsr ZIP **07,** 287, van Gelder WM **00,** 106, Derl/Kno/Ba/ Casper 38, Grund: angemessene Frist und besonderer Hinweis der Bank auf diese Folge bei Erteilung des Rechnungsabschlusses **(III 4).** III 3 gilt auch in Insolvenz, die zurechenbare Anweisung des Zahlungspflichtigen an die Zahlstelle ergibt sich auch aus fingierter Genehmigung nach III 2, auch des vorläufigen Insolvenzverwalters, BGH WM **08,** 1966, Einzelheiten str s **(7)** Bankgeschäfte D/8.

C. Die wirksame rechtsgeschäftliche Genehmigung ist **endgültig.** III 3 unterschei- 9 det sich damit von II 2, wo bei fiktiv genehmigten Rechnungsabschlüssen immer noch die Unrichtigkeit des Saldoanerkenntnisses geltend gemacht und dieses über § 812 BGB kondiziert werden kann (II 4, Rn 6), BGH **144,** 355. Konsequenterweise fehlt in III eine II 4 entsprechende, deklaratorische Vorschrift. Die Genehmigung war also nicht wie ein Saldoanerkenntnis ohne weiteres nach § 812 BGB kondizierbar. Schadensersatz s Rn 7.

Storno- und Berichtigungsbuchungen der Bank

AGB-Banken 8 (1) Vor Rechnungsabschluss

Fehlerhafte Gutschriften auf Kontokorrentkonten (zum Beispiel wegen einer falschen Kontonummer) darf die Bank bis zum nächsten Rechnungsabschluss durch eine Belastungsbuchung rückgängig machen, soweit ihr ein Rückzahlungsanspruch gegen den Kunden zusteht (Stornobuchung); der Kunde kann in diesem Fall gegen die Belastungsbuchung nicht einwenden, dass er in Höhe der Gutschrift bereits verfügt hat.

(2) **Nach Rechnungsabschluss**

¹ **Stellt die Bank eine fehlerhafte Gutschrift erst nach einem Rechnungsabschluss fest und steht ihr ein Rückzahlungsanspruch gegen den Kunden zu, so wird sie in Höhe ihres Anspruchs sein Konto belasten (Berichtigungsbuchung).** ² **Erhebt der Kunde gegen die Berichtigungsbuchung Einwendungen, so wird die Bank den Betrag dem Konto wieder gutschreiben und ihren Rückzahlungsanspruch gesondert geltend machen.**

(3) **Information des Kunden; Zinsberechnung**

¹ **Über Storno- und Berichtigungsbuchungen wird die Bank den Kunden unverzüglich unterrichten.** ² **Die Buchungen nimmt die Bank hinsichtlich der Zinsberechnung rückwirkend zu dem Tag vor, an dem die fehlerhafte Buchung durchgeführt wurde.**

1) Vor Rechnungsabschluss (I)

A. **Nr 8** entspricht Nr 4 I 3 aF (bis 1993). **I** regelt das **Stornorecht.** Dieses ist ein 1 eigenständiges, von den Unsicherheiten des Bereicherungsrechts unabhängiges, girovertragliches Rückbuchungsrecht, BGH **87,** 251, KG WM **88,** 1723, seiner Rechtsnatur nach ein Widerrufsrecht, BGH **72,** 11, von Westphalen WM **84,** 4, oder besser ein vertragliches Anfechtungsrecht (Rückwirkung § 142 I BGB), Otto BB **78,** 987, 1383. Es bezweckt Rückgewähr durch Selbsthilfe (ohne §§ 122 bzw 818 III BGB) und setzt deshalb materiellrechtlich Bestehen eines Rückgewähranspruchs gegen den

Kontoinhaber (s **(7)** Bangeschäfte C/15–20) voraus, BGH **87**, 252; aA zur aF (bis 1993) Canaris 447. Das Stornorecht beseitigt zugunsten der Bank die Schutzgrenze der §§ 818 III, 819 I BGB und dreht die Parteirollen im Prozess um, ohne Ansprüche gegen die Bank wegen fehlerhafter Buchung abzuschneiden. I trägt dem Rechnung und ist wirksam (s auch Rn 2), Bunte 194, Ul/Br/He/Fuchs Anh § 310 BGB Rn 98, nach aA nur bei Beschränkung auf technische Buchungsfehler, aA ganz unwirksam. Das Bestehen des Stornorechts lässt Bereicherung nicht entfallen, BGH **167**, 177 (unberechtigte Lastschrift, s **(7)** Bankgeschäfte Rn D/19), str. Lit: Berninghaus 1980, Wallach 1992; Liesecke WM **75**, 238, Otto-Stierle WM **78**, 530, Otto BB **78**, 987, Kümpel WM **79**, 378, Sonderbeil 3/**79**, Blaurock NJW **84**, 1.

2   B. **Fehlerhafte Gutschrift:** Nach üL ist das Stornorecht auf technische Buchungsfehler, zB Fehl- oder Zuvielüberweisung (etwa infolge falscher Kontonummer, so Bsp in I), beschränkt. Richtiger ist es (entspr der Abgrenzung beim Bereicherungsanspruch, s **(7)** Bankgeschäfte Rn C/18, 19), auch **bei allen von Anfang an gegebenen Mängeln** wie Fälschung, Nichtigkeit und (str) Anfechtung der Überweisungsanweisung (§ 142 I BGB) Stornierung zuzulassen (s **(7)** Bankgeschäfte Rn C/20), Bunte 187, Canaris 449, Heymann/Horn II/59; wie Fälschung auch Phishing, Hbg ZIP **06**, 1981 m Anm Borges, Karlsr WM **08**, 632. Auch dann liegt eine fehlerhafte Gutschrift iSv I vor. Das Stornorecht besteht aber **nicht bei Widerruf** der Überweisungsanweisung (wie **(7)** Bankgeschäfte Rn C/19), aA Canaris 449, Bunte 189, selbst wenn das so wäre unwirksame AGB (s Rn 1). AGB-Spark Nr 1 IV idF 1984 war insoweit nach **(5)** § 307 BGB unwirksam, str, vgl BGH **87**, 252, aA Flume NJW **84**, 467, Terpitz NJW **84**, 1330. Bei Irrtum der Bank über Deckung des Kontos besteht es keinesfalls. Es kann auch bei nicht ausreichendem Kontoguthaben ausgeübt werden, also **ins Debet** führen, Mü WM **71**, 265, Nürnb WM **77**, 1336, KG KTS **83**, 450, aA Otto/Stierle WM **78**, 544, Canaris 448; zur Überziehungszinsfolge s Rn 7.

3   C. **Frist:** Das Stornorecht besteht nur **bis zum nächsten Rechnungsabschluss** (dann gilt II). Abgesehen davon ist es nicht fristgebunden, BGH **72**, 11 (nach aA gilt § 121 BGB analog); ausnahmsweise ist aber Stornierung nach längerer Zeit, wenn der Empfänger mit ihr nicht mehr zu rechnen braucht, rechtsmissbräuchlich; der Kunde kann auch einen Anspruch nach § 280 I BGB wegen Pflichtverletzung entgegenhalten, nach aA aus § 122 BGB analog (dann ohne Verschulden der Bank).

2) Nach Rechnungsabschluss (II); Erlöschen des Stornorechts

4   A. Das **Stornorecht** nach I **erlischt mit Rechnungsabschluss (II)**, also wenn die irrtümliche Gutschrift in ein Saldoanerkenntnis eingegangen ist. Die Bank kann diese für den Kunden zwischenzeitlich begründete günstige Rechtslage nicht einseitig beseitigen, sondern ist auf einen (ebenfalls kontokorrentgebundenen) Bereicherungsanspruch wegen des Saldoanerkenntnisses angewiesen, so zur aF (bis 1993) BGH **72**, 11, Düss NJW **85**, 2723 m krit Anm Jähn BB **85**, 2285; dazu Otto BB **78**, 987, 1383. **II 1** erlaubt dementsprechend der Bank eine bloße **Berichtigungsbuchung**. Dabei bucht die Bank zwar zunächst wie bei einer Stornobuchung nach I ab, aber darin liegt nur ein Angebot an den Kunden zu einer Stornierungsvereinbarung, die auf eine Herausnahme des Postens aus dem (nach der Rspr durch Novation gebildeten) Saldo geht. Lehnt der Kunde das Angebot ausdrücklich oder stillschweigend ab (Erhebung von **Einwendungen**), wird rückgutgeschrieben, und die Bank muss ihren **Rückzahlungsanspruch gesondert** geltend machen **(II 2)**. Einwendung iSv II 2 ist untechnisch als fehlendes Einverständnis gemeint, auf Begründetheit kommt es nicht an, Bunte 199, str. II 2 enthält für die Einwendung weder eine Frist noch eine Genehmigungsfiktion. II 1 verschiebt zwar nicht unmittelbar die Beweislast entgegen **(5)** § 309 Nr 12 BGB, aber führt doch dazu, dass der Kunde auch bei unverschuldetem Schweigen oder wegen Mißinterpretation des Begriffs „Einwendungen" seine Rechte aus dem Saldoanspruch insoweit verliert. Das ist trotz II 2, 3 nicht unbedenklich, vgl Bsp Blaurock NJW **84**, 7, aber wohl noch hinnehmbar, Ul/Br/He/Fuchs Anh § 310 BGB Rn 100, str, zur Rechtsfolge des III 2 s Rn 7. **Bei Einwendung** des Kunden nach II 2 bleibt der Bank § 812 BGB (s Rn 1); zu §§ 818 III, 819 I BGB s **(7)** Bankgeschäfte Rn C/15–19. Trotz Rückgutschrift kann der Kunde aber über

V. Bankgeschäfte (m. Börsen- u. KapMR) **AGB-Banken 9 (8)**

diesen Betrag nicht verfügen, wenn die Bank das verweigert (Einrede nach § 821 BGB).

B. **Erlöschen sonst:** Das Stornorecht erlischt nicht schon mit Beendigung des Bankvertrags, Grund: AGB gelten auch im Abwicklungsstadium (s Nr 19 Rn 10), KG KTS **83**, 449, aA BGH **63**, 93, Celle DB **77**, 2138, offen BGH **87**, 251; auch nicht mit Eröffnung des Insolvenzverfahrens über das Vermögen des Schuldners, Canaris 453, aA BGH **63**, 93. Jedenfalls bleiben spätere rein banktechnische Berichtigungsbuchungen möglich, solange der Saldo nicht festgestellt ist, so auch BGH **63**, 93. 5

3) Information des Kunden; Zinsberechnung (III)

A. **III 1** verpflichtet die Bank zu unverzüglicher (ohne schuldhaftes Zögern, § 121 I 1 BGB) **Benachrichtigung** des Kunden über Storno- und Berichtigungsbuchungen nach I, II. Mitteilung im Kontoauszug genügt nur bei klarem Hinweis auf den Fehler. Bei länger zurückliegenden Fehlern kann gesonderte Mitteilung mit Erläuterung nötig sein. Führt die Buchung ins Debet, ist auf die Zinsfolgen hinzuweisen, Bunte 202. Verstoß macht zwar die Buchung nicht unwirksam, aber die Bank schadensersatzpflichtig nach § 280 I BGB wegen Pflichtverletzung. 6

B. **III 2** gilt für die Storno- und die Berichtigungsbuchung (arg e III 1) und betrifft die Folgen für die Zinsberechnung, dass nämlich rückwirkend der Tag der fehlerhaften Buchung maßgeblich ist **(valutagerechte Buchung).** III 2 ist für die Stornobuchung dann problematisch, wenn diese ins Debet führt (Überziehungszinsen, s Nr 12 Rn 1). III 2 ist insoweit nur akzeptabel, wenn man die Berechnung solcher Zinsen erst ab Benachrichtigung nach III 1 zulässt (außer wenn die Fehlbuchung vom Kunden selbst verschuldet ist, dann ex tunc), Blaurock NJW **84**, 7. Für die Berichtigungsbuchung, die über den dazwischen liegenden Rechnungsabschluss zurückreicht, verschärft sich das Problem. III 2 darf nicht dazu führen, dass der Kunde uU erhebliche Zinsnachteile erleidet, die bei einem bloßen Bereicherungsanspruch der Bank ohne Inverzugsetzung so nicht erwüchsen. Da der Kunde, zumal wenn die fehlerhafte Gutschrift längere Zeit zurückliegt, diese Folgen nicht ohne weiteres ermessen kann, liegt jedenfalls ein Verstoß gegen das Transparenzgebot nach **(5)** § 307 I 2 BGB vor. III 2 ist deshalb **unwirksam,** Ul/Br/He/Fuchs Anh § 310 BGB Rn 101, Wo/Li/Pf AGB der Banken B 38, Derl/Kno/Ba/Casper 49, aA Bunte 205, und zwar insgesamt ohne Beschränkungsmöglichkeit auf den Fall der Berichtigungsbuchung (keine geltungserhaltende Reduktion, vgl Kommentar zu **(5)** § 306 II BGB). 7

Einzugsaufträge

AGB-Banken 9 (1) Erteilung von Vorbehaltsgutschriften bei der Einreichung

¹ Schreibt die Bank den Gegenwert für Schecks und Lastschriften schon vor ihrer Einlösung gut, geschieht dies unter dem Vorbehalt ihrer Einlösung, und zwar auch dann, wenn diese bei der Bank selbst zahlbar sind. ² Reicht der Kunde andere Papiere mit dem Auftrag ein, von diesem einen Zahlungspflichtigen einen Forderungsbetrag zu beschaffen (zum Beispiel Zinsscheine), und erteilt die Bank über den Betrag eine Gutschrift, so steht diese unter dem Vorbehalt, dass die Bank den Betrag erhält. ³ Der Vorbehalt gilt auch dann, wenn die Schecks, Lastschriften und andere Papiere bei der Bank selbst zahlbar sind. ⁴ Werden Schecks oder Lastschriften nicht eingelöst oder erhält die Bank den Betrag aus dem Einzugsauftrag nicht, macht die Bank die Vorbehaltsgutschrift rückgängig. ⁵ Dies geschieht unabhängig davon, ob in der Zwischenzeit ein Rechnungsabschluss erteilt wurde.

(2) Einlösung von Lastschriften und vom Kunden ausgestellter Schecks

¹ Einzugsermächtigungs- und Abbuchungsauftragslastschriften sowie Schecks sind eingelöst, wenn die Belastungsbuchung nicht spätestens am zweiten Bankarbeitstag¹ nach ihrer Vornahme rückgängig gemacht wird. ² Für Lastschriften aus anderen Verfahren gelten die Einlösungsregeln in den hierfür vereinbarten Sonderbedingungen. ³ Barschecks sind bereits mit Zahlung an den Scheckvorleger eingelöst. ⁴ Schecks sind auch schon dann eingelöst, wenn die Bank im Einzelfall eine

---

¹ Bankarbeitstage sind alle Werktage außer: Sonnabende, 24. und 31. Dezember.

Bezahltmeldung absendet. ⁵ Schecks, die über die **Abrechnungsstelle der Bundesbank** vorgelegt werden, sind eingelöst, wenn sie nicht bis zu dem von der Bundesbank festgesetzten Zeitpunkt zurückgegeben werden.

1) Erteilung von Vorbehaltsgutschriften bei der Einreichung (I)

1   A. **Nr 9 I** entspricht Nr 41 I aF (bis 1993). **I 1** stellt klar, dass die Bank den Gegenwert von **Schecks und Lastschriften** (anders als bei der Überweisung, s **(7)** Bankgeschäfte Rn C/14) nur unter dem Vorbehalt ihrer Einlösung, also des tatsächlichen Eingangs des Gegenwerts oder des Erhalts der Deckung (vgl I 4), Heymann/Horn II/68, gutschreibt (**Vorbehaltsgutschrift, s (7)** Bankgeschäfte Rn E/6). Das gilt ausdrücklich auch dann, wenn diese Papiere bei der Bank selbst zahlbar sind. Wechsel sind in I 1 nicht genannt, weil sie entweder angekauft (dann Gutschrift abzüglich Diskont) oder zum Inkasso hereingenommen werden (dann Gutschrift nicht auf Kundenkonto, sondern auf internem Konto der Bank, also keine Gutschrift E. v.). Dasselbe gilt nach **I 2, 3** allgemein für andere **Einzugspapiere**, zB Zinsscheine, auch für bei der Bank selbst zahlbare Lastschriften und Schecks (ausdrücklich I 1 3 nF 2009); auch Wechsel, falls ausnahmsweise E. v. gutgeschrieben.

2   B. Nach **I 3** kann die Bank, wenn die Schecks oder Lastschriften nicht eingelöst werden oder der Betrag aus dem Einzugsauftrag nicht eingeht, die Vorbehaltsgutschrift rückgängig machen (Stornierung, s Nr 8 I). Das kann sie trotz zwischenzeitiger Erteilung eines Rechnungsabschlusses (**I 4**; s Nr 8 II), I 4 Alt 2 verstößt nicht gegen **(5)** §§ 305 ff BGB, BGH **135**, 307; I 4 gilt auch für den Einzug von Schecks.

3   **2) Einlösung von Lastschriften und vom Kunden ausgestellter Schecks (II):** II nF 2009 betrifft den **Einlösungszeitpunkt** (s **(7)** Bankgeschäfte Rn E/1). Nach **II 1** sind Einzugsermächtigungs- und Abbuchungsauftrags**lastschriften** sowie **Schecks** erst eingelöst, wenn die Bank die Belastungsbuchung nicht spätestens am **zweiten Bankarbeitstag** (alle Werktage außer Sonnabende, 24. und 31. 12.) nach ihrer Vornahme rückgängig macht (Stornierung, s Nr 8), ohne darüber hinausgehende Bekundung des Einlösungswillens, Saarbr ZIP **98**, 1268, aA noch BGH **53**, 203; einerlei, ob Vor- oder Nachdisposition stattgefunden hat, str, anders nur bei Mitteilung der Nichteinlösung vor Ablauf der Stornierungsfrist, näher zur Einlösung und Vorbehaltsgutschrift **(7)** Bankgeschäfte Rn E/6. II 2 nF besagt klarstellend, dass für Lastschriften aus anderen Verfahren (also SEPA-Lastschriften) die Einlösungsregeln in den hierfür vereinbarten Sonderbedingungen (Nr 1 Rn 6) gelten.

4   Nr 41 II aF (bis 1993) legte nach der Rspr einen einheitlichen Einlösungszeitpunkt fest, unabhängig von Vor- oder Nachdisposition (s **(7)** Bankgeschäfte Rn C/11), so BGH **104**, 374 (zu Nr 1 V AGB-Spark), aA BGH **79**, 387, Bauer WM **83**, 206. **II 3–5** (wie bisher II 24) stellen demgegenüber klar, dass die Zweitagesfrist des II 1 nur eine Regelfrist ist und zählen (abschließend) die Fälle auf, in denen **schon frühere Einlösung** anzunehmen ist. Nach **II 3** sind **Barschecks** bereits mit Zahlung an den Scheckvorleger eingelöst. **II 4** setzt die Einlösung bei **Bezahltmeldung** von Schecks (s **(7)** Bankgeschäfte Rn E/1, 8) auch schon bei Absendung fest. **II 5** betrifft die Einlösung von Lastschriften und Schecks bei Vorlage in der **(7) Abrechnung** mit der Bundesbank.

Fremdwährungsgeschäfte und Risiken bei Fremdwährungskonten

AGB-Banken 10   (1) Auftragsausführung bei Fremdwährungskonten

¹ **Fremdwährungskonten des Kunden dienen dazu, Zahlungen an den Kunden und Verfügungen des Kunden in fremder Währung bargeldlos abzuwickeln.** ² **Verfügungen über Guthaben auf Fremdwährungskonten (zum Beispiel durch Überweisungen zu Lasten des Fremdwährungsguthabens) werden unter Einschaltung von Banken im Heimatland der Währung abgewickelt, wenn sie die Bank nicht vollständig innerhalb des eigenen Hauses ausführt.**

(2) Gutschriften bei Fremdwährungsgeschäften mit dem Kunden

Schließt die Bank mit dem Kunden ein Geschäft (zum Beispiel ein Devisentermingeschäft) ab, aus dem sie die Verschaffung eines Betrages in fremder

Währung schuldet, wird sie ihre Fremdwährungsverbindlichkeit durch Gutschrift auf dem Konto des Kunden in dieser Währung erfüllen, sofern nicht etwas anderes vereinbart ist.

(3) **Vorübergehende Beschränkung der Leistung durch die Bank**

¹ Die Verpflichtung der Bank zur Ausführung einer Verfügung zu Lasten eines Fremdwährungsguthabens (Absatz 1) oder zur Erfüllung einer Fremdwährungsverbindlichkeit (Absatz 2) ist in dem Umfang und so lange ausgesetzt, wie die Bank in der Währung, auf die das Fremdwährungsguthaben oder die Verbindlichkeit lautet, wegen politisch bedingter Maßnahmen oder Ereignisse im Lande dieser Währung nicht oder nur eingeschränkt verfügen kann. ² In dem Umfang und solange diese Maßnahmen oder Ereignisse andauern, ist die Bank auch nicht zu einer Erfüllung an einem anderen Ort außerhalb des Landes der Währung, in einer anderen Währung (auch nicht in Euro) oder durch Anschaffung von Bargeld verpflichtet. ³ Die Verpflichtung der Bank zur Ausführung einer Verfügung zu Lasten eines Fremdwährungsguthabens ist dagegen nicht ausgesetzt, wenn sie die Bank vollständig im eigenen Haus ausführen kann. ⁴ Das Recht des Kunden und der Bank, fällige gegenseitige Forderungen in derselben Währung miteinander zu verrechnen, bleibt von den vorstehenden Regelungen unberührt.

(4) **Wechselkurs**

¹ Die Bestimmung des Wechselkurses bei Fremdwährungsgeschäften ergibt sich aus dem „Preis- und Leistungsverzeichnis". ² Bei Zahlungsdiensten gilt ergänzend der Zahlungsdiensterahmenvertrag.

1) Auftragsausführung bei Fremdwährungskonten (I)

A. **Nr 10** ersetzt Nr 3 II aF (bis 1993). **I** regelt **Fremdwährungskonten**. Diese 1 dienen der bargeldlosen Zahlung an und durch Kunden in fremder Währung (**I 1**). Unmittelbare Ein- und Auszahlungen sind anders als bei Euro-Konten nicht vorgesehen.

B. **Verfügungen über Guthaben auf Fremdwährungskonten** (zB durch Über- 2 weisungen zu Lasten des Fremdwährungskontos) werden grundsätzlich über Banken im Heimatland der Währung abgewickelt (**I 2** idF 1. 4. 02). Das ist entscheidend für politische Fremdwährungsrisiken (s III). Eine besondere anderweitige Kundenweisung, zB Abwicklung über ein Drittland, bleibt möglich (ausdrücklich nur II). Der Kunde entgeht damit zwar idR dem Fremdwährungslandsrisiko (s III), trägt dann aber das Drittlandsrisiko (entspr III; uU Hinweis darauf, da dort nicht angesprochen), zust Heymann/Horn II/79.

Etwas anderes gilt auch bei vollständiger **Ausführung im eigenen Haus** (I 2 3 Halbs 2), zB bei bloßer Umbuchung vom Fremdwährungskonto des Kunden auf das entsprechende Fremdwährungskonto des Empfängers.

2) Gutschriften bei Fremdwährungsgeschäften mit dem Kunden (II): 4 **II** regelt die Erfüllung einer **Fremdwährungsverbindlichkeit** der Bank. Bei Fremdwährungsgeschäften mit dem Kunden, zB Devisentermingeschäft, erteilt die Bank alle Gutschriften daraus auf dem Konto des Kunden in der Fremdwährung, falls nichts anderes vereinbart ist. II umschreibt damit klar den Umfang der Schuld der Bank. § 244 BGB gilt für echte Fremdwährungsschulden nicht.

3) Vorübergehende Beschränkung der Leistung durch die Bank (III)

A. **III** regelt die Risikotragung bei politisch bedingten Maßnahmen oder Ereignissen 5 im Land der Fremdwährung (**politische Fremdwährungsrisiken**). Bspe: Enteignung, Beschlagnahme, politisch motivierte Devisenbeschränkungen, aber auch nur mittelbare Beschränkungen durch Drittstaaten verursachte devisen- und währungsrechtliche Maßnahmen des Landes der Fremdwährung. Nichtpolitische Transferrisiken, zB Zerstörung, Diebstahl, selbstständige Auslandsfilialinsolvenz ua sind nicht erfasst. Kann die Bank infolge solcher Maßnahmen oder Ereignisse im Lande der Fremdwährung (nicht in anderen Ländern, wichtig deshalb das Abwicklungsland nach I 2, s Rn 2) nicht oder nur eingeschränkt verfügen, so ist die **Erfüllungspflicht** nach I bzw II **suspendiert**, soweit und solange die Beschränkung gilt (**III 1**). Die Bank übernimmt nach III 1 von vornherein keine weitergehende Erfüllungspflicht (keine Übernahme eines Beschaffungsrisikos iSv § 276 I 1 BGB). III 1 führt damit dazu, dass die Verbindlichkeit der Bank nach I bzw II vorübergehend oder auch endgültig **un-**

(8) AGB-Banken 10 6–12

möglich wird. Das ist wirksam, denn der Umfang des Leistungsversprechens kann in AGB kontrollfrei festgelegt werden (s **(5)** § 307 III 1 BGB). Die Anpassung nach § 242 BGB wird davon aber nicht berührt (s Rn 7 f). Die Beschränkung kann auch zur bloßen Teilunmöglichkeit führen. Soweit die Auslandsfiliale zB bei Beschlagnahme davon nicht erfasste Fremdwährungsbestände außerhalb des Landes der Fremdwährung hat, besteht keine Unmöglichkeit. Reicht der Vorrat für die Belieferung mehrerer Gläubiger nicht aus, ist grundsätzlich an alle verhältnismäßig zu verteilen (**Repartierung,** Gefahrengemeinschaft der Gläubiger), zust Bunte 250, str. Zur Abwicklung über ein Drittland s Rn 2. III lässt die Haftung der Bank nach § 280 I BGB für Pflichtverletzungen, zB nicht rechtzeitigen Transfer oder Abwicklung über ein Drittland ohne Zustimmung des Kunden, unberührt. Lit: Kleiner, Internationales Devisen-Schuldrecht, Zürich 1985; Ebke/1990; Maier-Reimer NJW **85,** 2049; Weber IPRax **85,** 56.

6   B. **Kein Ersatzort oder Ersatzwährung (III 2):** Die Bank ist in den Fällen von III 1, zB bei US $, auch nicht zur Erfüllung an einem anderen Ort außerhalb des Landes der Währung, zB Deutschland oder Drittland, oder in einer anderen Währung (auch Euro) oder in Bargeld verpflichtet (III 2 idF 1. 4. 02). Das politische Fremdwährungsrisiko wird damit (durch Leistungsbeschreibung von vornherein) Risiko des Fremdwährungskunden (**Ausschluss des politischen Risikos des Heimatlandes der Währung**). Diese Risikoabwälzung nach III 2 wird durch die Ausnahmen in III 3, 4 begrenzt. III 2 ist **noch wirksam,** Grund: die Ausnahmen nach § 242 BGB (Rn 6) bleiben von III 2 unberührt und brauchen, da sie unmittelbar aus Gesetz folgen, in den AGB nicht ausdrücklich aufgeführt zu werden.

7   Allerdings kann eine Zahlungspflicht der Bank **ausnahmsweise** trotzdem begründet sein (**Anpassung der Fremdwährungsschuld, § 242 BGB**), Weber IPRax **85,** 58, str (iErg hL), nach aA ausnahmsweise Pflicht zur Ersetzung (§ 244 BGB analog; aber s Rn 4) oder sogar allgemeiner Umwandlung der Fremd- in eine Inlandswährungsschuld (aber zu rigoros). Solche mögliche Ausnahmefälle könnten sein: die Bank hat den Gegenwert bereits erhalten oder ist sonst bereichert (richtiger: bloßer Bereicherungsanspruch, s Rn 8); die politische Maßnahme verwirklicht nur ein eigenes Risiko der Bank, zB erfasst nur die Eigen-, nicht die Kundenbestände der Bank. Die Anpassung muss aber zumutbar sein (Grenze wie bei Störung der Geschäftsgrundlage, § 313 BGB). Unzumutbar wäre es auf jeden Fall, wenn die Bank über ihre gesamten, auch außerhalb des Landes der Fremdwährung gehaltenen Eigen- (nicht Kunden)bestände hinaus in Anspruch genommen würde.

8   Jedenfalls soweit die Bank bereits den Gegenwert erhalten hat oder sonst **ungerechtfertigt bereichert** ist, wird sie trotz III 2 nicht schlechthin ohne tatsächliche Zahlung befreit (§§ 285, 326 III BGB). Die Bank darf keine windfall profits auf Kosten der Kunden machen. Die Höhe einer solchen Bereicherung lässt sich allerdings bei zwischenzeitigen Gegenanlagen und Gewinnen der Bank kaum ermitteln.

9   C. Eine Suspendierung nach III 1 findet nicht statt, wenn die Ausführung völlig **hausintern** erfolgt **(III 3)**.

10 D. Die **Verrechnung** fälliger gegenseitiger Forderungen in derselben Währung bleibt für beide Teile unberührt **(III 4)**.

11 E. Nr 10 regelt **nicht die politischen Transferrisiken im internationalen Wertpapiergeschäft** der Kreditinstitute. Dazu Nr 2 der Sonderbedingungen für Auslandsgeschäfte in Wertpapieren (in Überarbeitung). Dieses Problem ist verwandt, aber rechtlich nicht gleich gelagert.

12 **4) Umrechnungskurs (IV):** IV idF 2009 gibt nach dem Wegfall der amtlichen Feststellung der Devisenkurse (Euro, 1. 1. 99) die Grundlage für die Vereinbarung von Umrechnungsmodalitäten bei Fremdwährungsgeschäften. Die Bestimmung des Wechselkurses bei Fremdwährungsgeschäften folgt nunmehr aus dem „Preis- und Leistungsverzeichnis" der jeweiligen Bank **(IV 1).** Die Bank nimmt dabei nach eigener (System-)Wahl Bezug auf ein bestimmtes Devisenfixingsystem (zB Hausfixing, EZB-Fixing, EuroFX). Über diese Referenzkurse muss die Bank den Kunden informieren (§ 675 a I 2 BGB). Bei Zahlungsdiensten gilt nach **IV 2** neu 2009 ergänzend der Zahlungsdiensterahmenvertrag (§ 675 f II BGB idF VerbrKrRiUmsetzG). Das trägt § 675 g II BGB und Art 248 § 5 EGBGB idF VerbrKrRiUmsetzG Rechnung.

III. Mitwirkungspflichten des Kunden

Mitwirkungspflichten des Kunden

AGB-Banken 11 (1) Mitteilung von Änderungen

¹ Zur ordnungsgemäßen Abwicklung des Geschäftsverkehrs ist es erforderlich, dass der Kunde der Bank Änderungen seines Namens und seiner Anschrift sowie das Erlöschen oder die Änderung einer gegenüber der Bank erteilten Vertretungsmacht (insbesondere einer Vollmacht) unverzüglich mitteilt. ² Diese Mitteilungspflicht besteht auch dann, wenn die Vertretungsmacht in ein öffentliches Register (zum Beispiel in das Handelsregister) eingetragen ist und ihr Erlöschen oder ihre Änderung in dieses Register eingetragen wird. ³ Darüber hinaus können sich weitergehende gesetzliche Mitteilungspflichten, insbesondere aus dem Geldwäschegesetz, ergeben.

(2) Klarheit von Aufträgen

¹ Aufträge müssen ihren Inhalt zweifelsfrei erkennen lassen. ² Nicht eindeutig formulierte Aufträge können Rückfragen zur Folge haben, die zu Verzögerungen führen können. ³ Vor allem hat der Kunde bei Aufträgen auf die Richtigkeit und Vollständigkeit seiner Angaben, insbesondere der Kontonummer und der Bankleitzahl oder IBAN[1] und BIC[2] sowie der Währung zu achten. ⁴ Änderungen, Bestätigungen oder Wiederholungen von Aufträgen und Überweisungen müssen als solche gekennzeichnet sein.

(3) Besonderer Hinweis bei Eilbedürftigkeit der Ausführung eines Auftrags

¹ Hält der Kunde bei der Ausführung eines Auftrags besondere Eile für nötig, hat er dies der Bank gesondert mitzuteilen. ² Bei formularmäßig erteilten Aufträgen muss dies außerhalb des Formulars erfolgen.

(4) Prüfung und Einwendungen bei Mitteilungen der Bank

Der Kunde hat Kontoauszüge, Wertpapierabrechnungen, Depot- und Erträgnisaufstellungen, sonstige Abrechnungen, Anzeigen über die Ausführung von Aufträgen sowie Informationen über erwartete Zahlungen und Sendungen (Avise) auf ihre Richtigkeit und Vollständigkeit unverzüglich zu überprüfen und etwaige Einwendungen unverzüglich zu erheben.

(5) Benachrichtigung der Bank bei Ausbleiben von Mitteilungen

¹ Falls Rechnungsabschlüsse und Depotaufstellungen dem Kunden nicht zugehen, muss er die Bank unverzüglich benachrichtigen. ² Die Benachrichtigungspflicht besteht auch beim Ausbleiben anderer Mitteilungen, deren Eingang der Kunde erwartet (Wertpapierabrechnungen, Kontoauszüge nach der Ausführung von Aufträgen des Kunden oder über Zahlungen, die der Kunde erwartet).

1) Mitteilung von Änderungen (I)

A. **Nr 11 I** entspricht Nr 1 I aF (bis 1993) I 3 nF 2009. **I 1** verlangt die unverzügliche (ohne schuldhaftes Zögern, § 121 I 1 BGB) **Mitteilung** der Änderung von Namen, Anschrift und Vertretungsmacht, letzterenfalls nur wenn sie gegenüber der Bank erteilt wurde (vgl § 167 I Fall 2 BGB). Formlose Mitteilung, zB telefonisch, genügt (anders Nr 1 I 1 aF (bis 1993). Die Rechtsfolge von Verstößen, also zB Fortbestehen der Vollmacht, ist in I 1 nicht geregelt (anders Nr 1 I aF (bis 1993). 1

I 1 lässt die weitergehenden Pflichten sowie **Rechtsfolgen** aus Geschäftsverbindung, Bankvertrag und Gesetz, zB Rechtsschein, unberührt. Der Kunde ist über I 1 hinaus verpflichtet, der Bank zur Vermeidung von Schäden alle für die Geschäftsverbindung wesentlichen Tatsachen mitzuteilen (für eilbedürftige Aufträge ausdrücklich III); sonst macht er sich schadensersatzpflichtig nach § 280 I BGB, Hamm WM **84,** 926. Eine Pflichtverletzung des Kunden kann auch als Mitverschulden im Rahmen einer Haftung der Bank berücksichtigt werden (§ 254 BGB; ausdrücklich Nr 3 I 3), zB wenn die Bank bei fahrlässiger Unkenntnis des Erlöschens der Vollmacht ohne befreiende Wirkung 2

---

[1] International Bank Account Number (Internationale Bankkontonummer).
[2] Bank Identifier Code (Bank-Identifizierungs-Code).

(8) AGB-Banken 11 3–7

leistet und der Kunde dies hätte verhindern können. Das Fortbestehen einer der Bank gegenüber erteilten Vollmacht ergibt sich auch ohne Verletzung von I 1 aus §§ 170, 173 BGB sowie nach Duldungs- und Anscheinsvollmacht (Überbl 5 vor § 48 HGB).

3   B. **I 2** lässt für die Vertretungsmacht (s Rn 1) die Publizität des **Handelsregisters** oder anderer öffentlicher Register nicht ausreichen und fordert über § 15 II HGB, § 29 II GenG hinaus eigene Mitteilung des Erlöschens oder der Änderung. Eine solche Pflicht zum Hinweis auf Rechts- und Registereintragsänderung ist in besonderen Fällen ohnehin anerkannt (Rspr s § 15 HGB Rn 15). I 2 erweitert diese Pflicht (iErg nur für Firmenkunden) wirksam ohne Verstoß gegen **(5)** §§ 305 ff BGB. Rechtsfolge (s Rn 2) ist Schadensersatzpflicht des Kunden, die jedoch bei Mitverschulden der Bank (zB schuldhaftes Nichtauswerten des HdlReg, BAnz ua) ganz oder teilweise entfallen kann. Unabhängig von I 2 kann in bestimmten Fällen eine Haftung aus Rechtsschein (gegen den Registerinhalt) bestehen, den zu beseitigen Sache des Kunden ist (s § 15 HGB Rn 15).

I 3 stellt klar, dass sich darüber hinaus weitergehende gesetzliche Mitteilungspflichten, insbesondere aus dem Geldwäschegesetz (s Rn A/12) ergeben können.

2) Klarheit von Aufträgen (II)

4   A. **II** idF 2009. Nach **II 1** trifft den Kunden bei **allen Aufträgen** eine allgemeine Klarheitspflicht. Von Überweisungen ist in hier und mehrfach in Nr 11 nicht mehr die Rede, weil das VerbrKrRiUmsetzG 2009 wieder das alte, von dem ÜberweisungsG 1999 geltende, auftragsrechtliche Modell mit Rahmenvertrag (§ 675 f II BGB) und Weisung eingeführt hat; der allgemeine Begriff ist „Zahlungsauftrag" (§ 675 f III 2 BGB nF). Die Klarheitspflicht wird, wenn ein Missverständnis besonders naheliegt wie bei Auftragsänderung ua, zur Kennzeichnungspflicht **(II 4).** Rechtsfolgen: Auslegung entgegen dem vom Kunden nicht klargemachten Willen (so schon §§ 133, 157 BGB, § 346 HGB), uU Schadensersatzpflicht des Kunden nach § 280 I BGB. **II** 2 weist rein deklaratorisch auf Verzögerungen durch Rückfragen bei nicht eindeutig formulierten Aufträgen hin.

5   B. **II 3** idF 2009 betrifft **Kundenaufträge zu Kontogutschriften** (zB bei Lastschrift- und Scheckeinreichungen). Der Kunde muss auf Richtigkeit und Vollständigkeit seiner Angaben, insbesondere **Kontonummer und Bankleitzahl oder IBAN und BIC sowie Währung** achten. Eine Pflicht zur Angabe auch der Kontonummer und der Bankleitzahl folgt nicht aus II 3 (s **(5)** § 305 c II BGB), aber uU aus Bank- oder Giroverkehr. Eine Einstandspflicht des Kunden bzw Risikoabwälzung auf ihn durch II 3 besteht nicht (anders Nr 4 III 2 aF (bis 1993). Sie wäre auch jedenfalls für den herkömmlichen Überweisungsverkehr mit Belegträgern unwirksam gewesen, zu Nr 4 III 2 aF (bis 1993) BGH **108,** 386. Nach § 675 j I 3, 4 BGB idF VerbrKrRiUmsetzG 2009 können Art und Weise der Zustimmung (Autorisierung des Zahlungsvorgangs) zwischen dem Zahler und seinem Zahlungsdienstleister vereinbart werden, auch dass allein nach Bank- und Kundenidentifikator gebucht werden darf, Grundmann WM **09,** 1114. II 3 nF spricht deshalb anders als die aF nicht mehr vom Namen des Zahlungsempfängers. **II 4** idF 1. 4. 02 verlangt ergänzend, dass Änderungen, Bestätigungen oder Wiederholungen von Aufträgen als solche zu kennzeichnen sind.

6   **Rechtsfolgen:** Haftung der Bank ohne Freizeichnung für leichte Fahrlässigkeit (anders Nr 4 III 3 aF (bis 1993), aber unwirksam, 28. Aufl, offen BGH NJW **91,** 3208), aber begrenzt durch Mitverschulden des Kunden und seiner Erfüllungsgehilfen (§ 254 BGB; Nr 3 I 3). Im Falle von Fehlüberweisungen bei falscher Kontonummer, aber richtiger Namensangabe hat die Bank ihre Leistungspflicht aus Vertrag nicht erfüllt und hat dann keinen Aufwendungsersatzanspruch (s **(7)** Bankgeschäfte Rn C/8), so auch im beleglosen Datenträgeraustausch. Sie kann dann aber einen Schadensersatzanspruch nach § 280 I BGB gegen den Kunden haben, allerdings idR nicht im herkömmlichen Überweisungsverkehr, in dem grundsätzlich der Name entscheidend ist, sondern allenfalls im beleglosen Datenträgeraustausch. Dieser Schadensersatzanspruch kann wiederum durch Mitverschulden nunmehr der Bank (§ 254 BGB) begrenzt sein.

7   ### 3) Besonderer Hinweis bei Eilbedürftigkeit der Ausführung eines Auftrags (III):
III idF 1. 4. 02 entspricht Nr 7, 40 I aF (bis 1993). Der Kunde muss **bei besonderer Eile** des Auftrags dies der Bank **gesondert** mitteilen (III 1). Bei formularmäßig erteilten Aufträgen muss diese Mitteilung außerhalb des benutzten Formulars

erfolgen (III 2). Bspe: Fristgebundenheit der Zahlung oder wenn über den Zinsschaden hinaus Schäden aus Verzögerung oder Fehlleitung drohen. Das ist wirksam, da nur Aufträge erfasst werden, die in kürzerer Zeit als banküblich (vgl § 676 a II 1 BGB: baldmöglichst) zu erledigen sind, Ul/Br/He/Fuchs Anh § 310 BGB Rn 106, Seibert NJW **06,** 2362, str, aA zu Nr 7 S 1 aF (bis 1993) Canaris 2577, weil Hinweispflicht außer auf außergewöhnliche oder besonders hohe Schäden den Kunden unbillig belaste. Je nachdem muss der Kunde eben einen besonderen Eilauftrag erteilen, zB Eilüberweisung oder bei Scheck- oder Wechselinkasso.

Rechtsfolgen: Bei Verzögerung oder Fehlleitung trotz Hinweises haftet die Bank 8 für jede, auch leichte Fahrlässigkeit. Bei fehlendem Hinweis haftet die Bank je nachdem mangels Verschuldens gar nicht oder bei Verschulden ohne Freizeichnung (anders Nr 7 S 2, 40 I 2 aF (bis 1993), aber begrenzt durch ein Mitverschulden des Kunden (§ 254 BGB; Nr 3 I 3). Bei eigenem Schaden hat sie einen Schadensersatzanspruch gegen den Kunden, begrenzt durch ihr Mitverschulden. Ein eigenes Verschulden der Bank kann in mangelnder Aufklärung des Kunden liegen, zB über längere Inkassolaufzeiten von in ländlichen Regionen oder im Ausland zahlbaren Schecks.

4) Prüfung und Einwendungen bei Mitteilungen der Bank (IV)

IV idF 1. 4. 02 entspricht Nr 15 aF (bis 1993). Der Kunde muss Kontoauszüge, 9 Wertpapier- und sonstige Abrechnungen, Depot- und Erträgnisaufstellungen, Ausführungsanzeigen von Aufträgen sowie Avise (Definition in IV: Informationen über erwartete Zahlungen und Sendungen) auf Richtigkeit und Vollständigkeit unverzüglich (s Rn 1) überprüfen und ggf unverzüglich beanstanden. Das ist auch bereits ohne IV eine bank- bzw giro- und depotvertragliche Nebenpflicht, nicht nur eine Obliegenheit, aA Ul/Br/He/Fuchs Anh § 310 BGB Rn 105. Verstoß macht den Kunden schadensersatzpflichtig nach § 280 I BGB, BGH WM **79,** 419, Hamm WM **86,** 704, Brdbg WM **07,** 2150. Schweigen gilt in bestimmten Fällen als Genehmigung (s Nr 7 Rn 3). Zur Anwendung gegen den Insolvenzverwalter s BGH WM **72,** 285.

5) Benachrichtigung der Bank bei Ausbleiben von Mitteilungen (V): V idF 10 1. 4. 02 entspricht Nr 16 aF (bis 1993). Der Kunde muss die Bank unverzüglich (s Rn 1) benachrichtigen, falls Rechnungsabschlüsse (Nr 7 I) und Depotaufstellungen nicht zum normalen Zeitpunkt (zB Quartalsende, Nr 7 I 1) zugehen (**V 1**). Das gilt auch bei anderen Mitteilungen, wenn der Kunde Anlass hat, ihren Eingang zu erwarten. Die Aufzählung dazu (Wertpapierabrechnungen, Kontoauszüge nach der Ausführung von Aufträgen des Kunden oder über Zahlungen, die der Kunde erwartet) in **V 2** idF 1. 4. 02 ist abschließend (vgl **(5)** § 305 c II BGB). Bsp: telefonische Kontoeröffnung, BGH WM **85,** 511. Die Kontroll- und Mitteilungspflicht bezieht sich damit nicht schon auf jeden einzelnen Buchungsvorgang und das Ausbleiben einzelner Kontoauszüge, sondern nur auf erkennbar bedeutsame Ausfälle; vgl Düss WM **87,** 1215 („auffällig"). Verletzung kann Mitverschulden (§ 254 BGB) oder Schadensersatzpflicht des Kunden nach § 280 I BGB wegen Pflichtverletzung begründen, BGH NJW **84,** 922.

IV. Kosten der Bankdienstleistungen

Zinsen, Entgelte und Auslagen

AGB-Banken 12 (1) Zinsen und Entgelte im Privatkundengeschäft

¹**Die Höhe der Zinsen und Entgelte für die im Privatkundengeschäft üblichen Kredite und Leistungen ergibt sich aus dem „Preisaushang – Regelsätze im standardisierten Privatkundengeschäft" und ergänzend aus dem „Preis- und Leistungsverzeichnis".** ²**Wenn ein Kunde einen dort aufgeführten Kredit oder eine dort aufgeführte Leistung in Anspruch nimmt und dabei keine abweichende Vereinbarung getroffen wurde, gelten die zu diesem Zeitpunkt im Preisaushang oder Preis- und Leistungsverzeichnis angegebenen Zinsen und Entgelte.** ³**Für die Vergütung der darin nicht aufgeführten Leistungen, die im Auftrag des Kunden oder in dessen mutmaßlichen Interesse erbracht werden und die, nach den Umständen zu urteilen, nur gegen eine Vergütung zu erwarten sind, gelten, soweit keine andere Vereinbarung getroffen wurde, die gesetzlichen Vorschriften.**

Hopt 1913

(8) AGB-Banken 12

(2) Zinsen und Entgelte außerhalb des Privatkundengeschäfts

Außerhalb des Privatkundengeschäfts bestimmt die Bank, sofern keine andere Vereinbarung getroffen wurde und gesetzliche Bestimmungen dem nicht entgegen stehen, die Höhe von Zinsen und Entgelten nach billigem Ermessen (§ 315 des Bürgerlichen Gesetzbuches).

(3) Nicht entgeltfähige Leistung

[1] Für eine Leistung, zu deren Erbringung die Bank kraft Gesetzes oder aufgrund einer vertraglichen Nebenpflicht verpflichtet ist oder die sie im eigenen Interesse wahrnimmt, wird die Bank kein Entgelt berechnen, es sei denn, es ist gesetzlich zulässig und wird nach Maßgabe der gesetzlichen Regelung erhoben.

(4) Änderung von Zinsen; Kündigungsrecht des Kunden bei Erhöhung

[1] Die Änderungen der Zinsen bei Krediten mit einem veränderlichen Zinssatz erfolgt aufgrund der jeweiligen Kreditvereinbarungen mit dem Kunden. [2] Die Bank wird dem Kunden Änderungen von Zinsen mitteilen.[3] Bei einer Erhöhung kann der Kunde, sofern nichts anderes vereinbart ist, die davon betroffene Kreditvereinbarung innerhalb von sechs Wochen nach der Bekanntgabe der Änderung mit sofortiger Wirkung kündigen. [4] Kündigt der Kunde, so werden die erhöhten Zinsen für die gekündigte Kreditvereinbarung nicht zugrunde gelegt. [5] Die Bank wird zur Abwicklung eine angemessene Frist einräumen.

(5) Änderung von Entgelten bei typischerweise dauerhaft in Anspruch genommenen Leistungen

[1] Änderungen von Entgelten für solche Leistungen, die vom Kunden im Rahmen der Geschäftsverbindung typischerweise dauerhaft in Anspruch genommen werden (zum Beispiel Konto- und Depotführung), werden dem Kunden spätestens zwei Monate vor dem vorgeschlagenen Zeitpunkt ihres Wirksamwerdens in Textform angeboten. [2] Hat der Kunde mit der Bank im Rahmen der Geschäftsbeziehung einen elektronischen Kommunikationsweg vereinbart (zum Beispiel das Online-Banking), können die Änderungen auch auf diesem Wege angeboten werden. [3] Die Zustimmung des Kunden gilt als erteilt, wenn er seine Ablehnung nicht vor dem vorgeschlagenen Zeitpunkt des Wirksamwerdens der Änderung angezeigt hat. [4] Auf diese Genehmigungswirkung wird ihn die Bank in ihrem Angebot besonders hinweisen. [5] Werden dem Kunden Änderungen angeboten, kann er den von der Änderung betroffenen Vertrag vor dem vorgeschlagenen Zeitpunkt des Wirksamwerdens der Änderungen auch fristlos und kostenfrei kündigen. [6] Auf dieses Kündigungsrecht wird ihn die Bank in ihrem Angebot besonders hinweisen. [7] Kündigt der Kunde, wird das geänderte Entgelt für die gekündigte Geschäftsbeziehung nicht zugrunde gelegt.

(6) Auslagen

Die Bank ist berechtigt, dem Kunden Auslagen in Rechnung zu stellen, die anfallen, wenn die Bank in seinem Auftrag oder seinem mutmaßlichen Interesse tätig wird (insbesondere für Ferngespräche, Porti) oder wenn Sicherheiten bestellt, verwaltet, freigegeben oder verwertet werden (insbesondere Notarkosten, Lagergelder, Kosten der Bewachung von Sicherungsgut).

(7) Besonderheiten bei Verbraucherdarlehensverträgen und Zahlungsdiensteverträgen mit Verbrauchern für Zahlungen innerhalb des Europäischen Wirtschaftsraums (EWR) in einer EWR-Währung

Bei Verbraucherdarlehensverträgen und Zahlungsdiensteverträgen mit Verbrauchern für Zahlungen innerhalb des Europäischen Wirtschaftsraums[4] (EWR) in einer EWR-Währung[5] richten sich die Zinsen und die Kosten (Entgelte und Auslagen) nach den jeweiligen vertraglichen Vereinbarungen und Sonderbedingungen sowie ergänzend nach den gesetzlichen Vorschriften.

---

[4] Zum Europäischen Wirtschaftsraum gehören derzeit: Belgien, Bulgarien, Dänemark, Deutschland, Estland, Finnland, Frankreich, Griechenland Irland, Island, Italien, Lettland, Liechtenstein, Litauen, Luxemburg, Malta, Niederlande, Norwegen, Österreich, Polen, Portugal, Rumänien, Schweden, Slowakei, Slowenien, Tschechische Republik, Ungarn, Vereinigtes Königreich von Großbritannien und Nordirlan, Zypern.

[5] Zu den EWR-Währungen gehören derzeit: Euro, Britische Pfund Sterling, Bulgarische Lew, Dänische Krone, Isländische Krone, Lettische Lats, Litauische Litas, Norwegische Krone, Polnische Zloty, Rumänische Leu, Schwedische Krone, Schweizer Franken, Tschechische Krone, Ungarische Forint.

V. Bankgeschäfte (m. Börsen- u. KapMR)   1–4 **AGB-Banken 12 (8)**

1) Zinsen und Entgelte im Privatkundengeschäft (I): Nr 12 nF 2009 enthält 1
eine **originäre Preisvereinbarung.** I gilt **nur für das Privatkundengeschäft** (Firmenkundengeschäft s II; Verbraucher s VII; Privatkunden vgl auch Nr 2 III 3). Die
Höhe der Zinsen und Entgelte für Standardkredite und andere typische Leistungen
folgt nach **I 1** aus dem **Preisaushang** (für Privatkunden) und ergänzend dem **Preis-
und Leistungsverzeichnis.** Dabei gilt mangels abweichender Vereinbarung die Fassung zurzeit der Inanspruchnahme des Kredits bzw der Leistung (**I 2**). Für dort nicht
aufgeführte Leistungen im Auftrag oder mutmaßlichen Interesse des Kunden (§§ 662,
677 BGB) richtet sich die nach den Umständen zu erwartende Vergütung (vgl § 612 I
BGB) mangels Vereinbarung nach den gesetzlichen Vorschriften (**I 3 nF 2009**). Die
bis 2009 geltende Regelung, nach der die Bank die Vergütung dann einseitig nach
billigem Ermessen (§ 315 BGB) bestimmen konnte, war zwar nach üL durch § 354
HGB, § 612 BGB gedeckt und mit **(5)** § 309 Nr 1 BGB vereinbar, war aber angesichts
der höchstrichterlichen Rechtsprechung zu der allerdings weiteren und unbestimmteren Klausel in **(8a)** AGB-Sp Nr 17 II 1, BGH WM **09**, 1077, Nürnb WM **08**, 1921
zweifelhaft geworden. Entgelt für Löschungsbewilligung bei Grundpfandrechten widerspricht § 369 I BGB, **(5)** § 307 BGB, BGH **114**, 330. Zinsänderung bei variablem
Kredit und Dauerleistungen s III. Abrechnung s Rn 3. Allgemeiner zu Kreditzinsrecht
und Entgeltklauseln s **(7)** Bankgeschäfte Rn G/4.

Überziehungskredite sind in den AGB-Banken nicht mehr besonders geregelt, 2
(anders Nr 14 III aF (bis 1993). Für vereinbarte Überziehungskredite (klassische Dispositionskredit) ist bei Verbraucherdarlehen § 504 BGB idF VerbrKrRiUmsetzG (eingeräumte Überziehungsmöglichkeit) zu beachten; für nur geduldete, eigenmächtige
Kontoüberziehungen (ohne Dispositionskredit oder über den Dispositionsrahmen
hinaus) gilt bei Verbraucherverträgen § 505 BGB idF VerbrKrRiUmsetzG (geduldete
Überziehung), s auch VI 3, Rn 8; zur Unterscheidung beider Formen BGH **154**, 237; s
auch **(7)** Bankgeschäfte Rn G/2. Nicht vereinbarte Überziehungen banküblich bis zu
10% des nach den Umständen möglichen Überziehungskredits, Kln WM **99**, 1003,
Brdbg WM **07**, 2150. Für Kontoüberziehungen kann die Bank wirksam erhöhte Zinsen
berechnen, wie im Preisaushang angegeben, BGH **118**, 126, WM **92**, 940, 942, Eckert
ZBB **91**, 101, aA Kilimann NJW **90**, 1154. Die Inanspruchnahme von Kredit über den
vereinbarten Termin hinaus ist kein solcher Überziehungskredit (anders unwirksam
Nr 14 III 1 Fall 2 aF (bis 1993), 18 I 1 Halbs 2), sondern normaler Verzug mit Verzugsfolgen nur nach §§ 280 II, 286, 288, 289 S 2 BGB, BGH **154**, 230, WM **86**, 10, Düss
NJW **91**, 2429. Keine Überziehungszinsen nach Vertragsende s Nr 19 Rn 12.

2) Zinsen und Entgelte außerhalb des Privatkundengeschäfts (II): II nF 3
2009. Danach kann die Bank außerhalb des Privatkundengeschäfts, also insbesondere
im **Firmenkundengeschäft** (s Rn 1), mangels Vereinbarung und mangels entgegenstehender gesetzlicher Bestimmungen der Höhe von Zinsen und Entgelten einseitig
nach billigem Ermessen (§ 315 BGB) bestimmen. Das ist wirksam (Rn 1), Derl/Kno/
Ba/Casper 70, aA noch zur aF Ul/Br/He/Fuchs Anh § 310 BGB Rn 105. Zur Sittenwidrigkeit bei hochverzinslichen Darlehen s **(7)** Bankgeschäfte Rn G/10. Die Bank
schuldet dem (kfm und privaten) Kunden-**Abrechnung** (§ 384 HGB, § 666 BGB;
ausdrücklich Nr 14 II 4 aF bis 1993). Die Bank muss also eine „Rechnung" stellen
und darin Leistungen, Entgelte und Sachkosten etc spezifizieren. Pauschalpreis ist nicht
ausgeschlossen. Bei Abrechnung auf Stundenbasis sind aber Stundenzahl und Stundensatz aufzuschlüsseln. Obschon I nicht im Firmenkundengeschäft gilt, hat das Preis-
und Leistungsverzeichnis (s Rn 1) zumindest hinsichtlich seiner Informationen auch
hier Bedeutung, weil § 675 a I 2 BGB für alle Kundengruppen gilt.

3) Nicht entgeltfähige Leistungen (III): III neu 2009 stellt im Hinblick auf die 4
höchstrichterliche Rechtsprechung (s Rn 1) und § 675 g BGB idF VerbrKrRi-
UmsetzG vorsorglich klar, dass die Bank für eine Leistung, zu deren Erbringung die
Bank kraft Gesetzes oder aufgrund einer vertraglichen Nebenpflicht verpflichtet ist
oder die sie im eigenen Interesse wahrnimmt, kein Entgelt berechnet, es sei denn, es ist
gesetzlich zulässig und wird nach Maßgabe der gesetzlichen Regelung erhoben. Das
deckt sich bis hin in den Wortlaut mit der Rechtsprechung, BGH WM **09**, 1079
mwN, und ist eigentlich selbstverständlich, mag aber im Hinblick auf den Grundsatz
der kundenfeindlichsten Auslegung kautelarjuristischer Vorsicht entsprechen.

Hopt

(8) AGB-Banken 12   5–9

4) Änderung von Zinsen; Kündigungsrecht des Kunden bei Erhöhung (IV)

5   A. **IV** idF 2009. IV 1 nF wie III 1 aF, IV 2–5 nF wie IV 1–4 aF. IV enthält selbst **keine Zinsanpassungsklausel.** Nach **IV 1** kann die Bank die Zinsen bei **Krediten mit veränderlichem Zinssatz** während der Laufzeit nur nach den jeweiligen Kreditvereinbarungen mit dem Kunden ändern. Bsp: variabler Kredit an Firmenkunden nach entsprechendem Kreditzusage- oder -bestätigungsschreiben, bei Änderung der Marktzinsen dann einseitige Anpassung und Mitteilung. Auch die Zinsanpassungsvoraussetzungen müssen vertraglich festgelegt werden. Zinsanpassungsklauseln müssen neben der Erhöhung auch die Senkung des allgemeinen Zinsniveaus berücksichtigen. Zu den Zulässigkeitsvoraussetzungen für Zinsanpassungsklauseln nach § 315 BGB s (7) Bankgeschäfte Rn G/4. Verbraucherdarlehensverträge s Rn 9. Die Bank verpflichtet sich, dem Kunden Änderungen von Zinsen **mitzuteilen (IV 2)**. IV 2 betrifft nur Änderungen von Zinsen nach IV 1, nicht auch Änderungen im Preisaushang und Preisverzeichnis nach I.

6   B. **Bei Zinserhöhung** kann der **Kunde** mangels anderweitiger Vereinbarung die davon betroffene Kreditvereinbarung innerhalb von sechs Wochen nach der Bekanntgabe der Änderung (s Rn 5) **mit sofortiger Wirkung kündigen (IV 3)**, vgl Nr 18 I. Dann werden die erhöhten Zinsen für die gekündigte Kreditvereinbarung nicht zugrunde gelegt **(IV 4)**. Zur Abwicklung räumt die Bank eine angemessene Frist ein **(IV 5)**.

7   **5) Änderungen von Entgelten bei typischerweise dauerhaft in Anspruch genommenen Leistungen (V):** V neu 2009 betrifft Entgelte für typisch **dauerhafte Leistungen,** zB Konto- oder Depotführung. Änderungen solcher Entgelte werden dem Kunden spätestestens zwei Monate (bis 2009 sechs Wochen, vgl Nr 1 Rn 7) vor dem vorgeschlagenen Zeitpunkt ihres Wirksamwerdens in Textform (§ 126 b BGB) angeboten **(V 1).** Statt Textform kann die Bank den elektronischen Kommunikationsweg benutzen, den der Kunde mit der Bank im Rahmen ihrer Geschäftsbeziehung vereinbart hat, zB Online Banking **(V 2).** Schweigen des Kunden gilt als Zustimmung, wenn er nicht vor dem vorgeschlagenen Zeitpunkt der Wirksamwerdens der Änderung seine Ablehnung angezeigt hat **(V 3).** Besonderer Hinweis auf die Genehmigungsfiktion wie in Nr 1 II 4 **(V 4).** All das entspricht Nr 1 II und ist wie dort wirksam, dort auch zur Frage, ob bloße Absendung die Frist wahrt (Nr 1 Rn 7). Fristloses und kostenfreies Kündigungsrecht des Kunden vor dem vorgeschlagenen Zeitpunkt und besonderer Hinweis darauf wie nach Nr 1 II 5 und 6 **(V 5, 6).** Kündigt der Kunde, wird das geänderte Entgelt für die gekündigte Geschäftsbeziehung nicht zugrunde gelegt **(V 7).** V 7 wie IV 4.

8   **6) Auslagen (VI): VI** nF 2000. Nach VI kann die Bank dem Kunden alle in seinem Auftrag oder mutmaßlichen Interesse gemachten Auslagen sowie die Kosten im Zusammenhang mit Sicherheiten in Rechnung stellen (zu beidem Bspe in VI). Kostenersatz für Sicherheiten folgt schon aus §§ 675 I, 670 BGB; nicht aber Kosten eines Rechtsstreits um Pfandrechtsbestellung durch Bürgen, BGH WM **89,** 129, Entgelt für Drittschuldnererklärung bei Pfändungsmaßnahmen gegen den Kunden, BGH **141,** 380, Maklerkosten bei Zwangsversteigerung, Ffm ZIP **09,** 414. Rspr bei Bunte 301.

9   **7) Besonderheiten bei Verbraucherdarlehensverträgen und Zahlungsdiensteleistungsverträgen mit Verbrauchern für Zahlungen innerhalb des Europäischen Währungsraums (EWR) in einer EWR-Währung (VII): VI** nF 2009 nimmt Verbraucherdarlehensverträge und EWR-Zahlungsdiensteverträge mit Verbrauchern (Zahlungen innerhalb Deutschlands und in andere EWR-Staaten in Euro oder einer EWR-Währung) von Nr 12 zu Recht aus. Hier richten sich die Zinsen und Kosten (Entgelte und Auslagen) nach den jeweiligen vertraglichen Vereinbarungen und Sonderbedingungen sowie ergänzend nach den gesetzlichen Vorschriften (§ 675 g II BGB idF VerbrKrRiUmsetzG. Überziehungskredite sind nicht mehr besonders geregelt (anders VI 3 aF, s Rn 2.

V. Sicherheiten für die Ansprüche der Bank gegen den Kunden

Bestellung oder Verstärkung von Sicherheiten

AGB-Banken 13 (1) Anspruch der Bank auf Bestellung von Sicherheiten

¹ Die Bank kann für alle Ansprüche aus der bankmäßigen Geschäftsverbindung die Bestellung bankmäßiger Sicherheiten verlangen, und zwar auch dann, wenn die Ansprüche bedingt sind (zum Beispiel Aufwendungsersatzanspruch wegen der Inanspruchnahme aus einer für den Kunden übernommenen Bürgschaft). ² Hat der Kunde gegenüber der Bank eine Haftung für Verbindlichkeiten eines anderen Kunden der Bank übernommen (zum Beispiel als Bürge), so besteht für die Bank ein Anspruch auf Bestellung oder Verstärkung von Sicherheiten im Hinblick auf die aus der Haftungsübernahme folgende Schuld jedoch erst ab ihrer Fälligkeit.

(2) Veränderungen des Risikos

¹ Hat die Bank bei der Entstehung von Ansprüchen gegen den Kunden zunächst ganz oder teilweise davon abgesehen, die Bestellung oder Verstärkung von Sicherheiten zu verlangen, kann sie auch später noch eine Besicherung fordern. ² Voraussetzung hierfür ist jedoch, dass Umstände eintreten oder bekannt werden, die eine erhöhte Risikobewertung der Ansprüche gegen den Kunden rechtfertigen. ³ Dies kann insbesondere der Fall sein, wenn
- sich die wirtschaftlichen Verhältnisse des Kunden nachteilig verändert haben oder sich zu verändern drohen, oder
- sich die vorhandenen Sicherheiten wertmäßig verschlechtert haben oder zu verschlechtern drohen.

⁴ Der Besicherungsanspruch der Bank besteht nicht, wenn ausdrücklich vereinbart ist, dass der Kunde keine oder ausschließlich im Einzelnen benannte Sicherheiten zu bestellen hat. ⁵ Bei Verbraucherdarlehensverträgen besteht der Anspruch auf die Bestellung oder Verstärkung von Sicherheiten nur, soweit die Sicherheiten im Kreditvertrag angegeben sind; wenn der Nettokreditvertrag 75 000 Euro übersteigt, besteht der Anspruch auf Bestellung oder Verstärkung auch dann, wenn der Kreditvertrag keine oder keine abschließenden Angaben über Sicherheiten enthält.

(3) Fristsetzung für die Bestellung oder Verstärkung von Sicherheiten

¹ Für die Bestellung oder Verstärkung von Sicherheiten wird die Bank eine angemessene Frist einräumen. ² Beabsichtigt die Bank, von ihrem Recht zu fristlosen Kündigung nach Nr. 19 Absatz 3 dieser Geschäftsbedingungen Gebrauch zu machen, falls der Kunde seiner Verpflichtung zur Bestellung oder Verstärkung von Sicherheiten nicht fristgerecht nachkommt, wird sie ihn zuvor hierauf hinweisen.

1) Anspruch der Bank auf Bestellung von Sicherheiten (I)

A. **Nr 13 I** entspricht Nr 19 I aF (bis 1993). I ist wirksam, hL. Der **Anspruch der** 1 **Bank auf bankmäßige Sicherheiten (I 1)** besteht nur gegen den Kunden der Bank. Das zeigt die Abschnittsüberschrift und folgt schon aus der Reichweite der AGB (Nr 1 Rn 1, 4). Der Anspruch besteht also nicht gegen den Bürgen des Kunden, BGH **92**, 301, außer wenn dieser selbst Kunde der Bank ist (vgl I 2).

Der Anspruch der Bank besteht **für alle Ansprüche aus der bankmäßigen** 2 **Geschäftsverbindung.** Der Anspruch ist auch bei festem Darlehen auf bestimmte Zeit nicht ausgeschlossen.

Die Bank hat **Anspruch auf bankmäßige Sicherheiten,** also vornehmlich solche 3 mit leichter und rascher Verwertbarkeit; sie hat keinen Anspruch auf eine bestimmte Sicherheit, die freie Wahl der Art und des Gegenstandes bleibt beim Kunden, BGH NJW **81**, 1363. Die Bank hat aber keinen Anspruch auf Übersicherung (Nr 16, § 242 BGB) und muss bei einem Wechsel der Sicherheiten die Belange des Kunden angemessen berücksichtigen, zB kein Verlangen zur Unzeit, BGH NJW **83**, 2703.

Der Anspruch der Bank besteht **ohne weiteres.** Die Bank braucht keinen besonde- 4 ren Anlass für ihr Verlangen, zB genügen veränderte Beurteilung der Lage des Kunden oder vorsichtigere Geschäftspolitik; Verschlechterung der Vermögensverhältnisse des Kunden ist nicht Anspruchsvoraussetzung, BGH NJW **81**, 1364, aA Grunewald ZIP

Hopt

81, 586; **(5)** § 305 b BGB. Er besteht **sofort**, auch wenn die zu sichernden Ansprüche bedingt sind, zB Aufwendungsersatz vor Inanspruchnahme aus einer Bankbürgschaft für den Kunden (§§ 765, 670 BGB).

5   Trotz des Sicherungsrechts nach I ist die vom Kunden nach §§ 232 ff BGB konkretisierte (also keine Wahlschuld iSv § 262 BGB) Sicherung in der kritischen Zeit nach § 131 InsO „inkongruent", daher anfechtbar, BGH **33**, 394 (Grundschuld), **150**, 122, NJW **04**, 1660 (Kundenforderungsgutschrift, Nr 14 Rn 7), NJW **08**, 431, Ganter WM **06**, 1088, ebenso Pfandrecht nach Nr 14 (Nr 14 Rn 1), Jacobi ZIP **06**, 2351, und Sicherungsabtretung nach Nr 15 II (Nr 15 Rn 3), anders Globalzession (näher **(7)** Bankgeschäfte Rn H/1. Übersicht zu Nr 13: Pleyer-Weiser DB **85**, 2233.

6   B. Ist die Bank durch die Haftungsübernahme eines Kunden A für einen anderen Kunden B gesichert, zB Kundenbürgschaft gegenüber der Bank, kann sie **Sicherheiten** nach I 1 **für die Bürgenschuld** des A **erst ab Fälligkeit** derselben verlangen **(I 2)**. Ein Unterlegungsanspruch schon vorher widerspräche dem Leitbild der Bürgschaft und **(5)** § 307 BGB, BGH **92**, 300, WM **89**, 129, **90**, 1910. I 2 ist wirksam, Derl/Kno/Ba/Casper 79, iErg auch Ul/Br/He/Fuchs Anh § 310 BGB Rn 245. Auch unter I 2 bleibt es aber bei dem Erfordernis der bankmäßigen Geschäftsverbindung (s Rn 2). Wird der Bürge erst später Kunde der Bank, werden bis dahin eingegangene Bürgschaften nicht ohne weiteres Teil der neuen Geschäftsverbindung, Köndgen NJW **92**, 2267; nach aA sind Bürgschaftsansprüche der Bank gegen den Kunden überhaupt nicht Teil ihrer bankmäßigen Geschäftsverbindung mit ihm, Krings ZBB **92**, 331, dann wäre I 2 unwirksam.

7   **2) Veränderungen des Risikos (II): II 1** enthält wie Nr 19 I aF (bis 1993) eine **Nachsicherungsklausel** bei Risikoveränderung. Sie ist bis auf den Betrag in II 5 2009 unverändert geblieben. Die Bank hat aber keinen Anspruch auf ein konkretes Sicherungsmittel, nur auf bankmäßige Sicherungen überhaupt, Auswahl liegt beim Kunden, BGH NJW **81**, 1363. Statt Nachsicherung kann die Bank auch bestehende Sicherheit zB durch Kontosperre aktivieren (Nr 14 Rn 1), BGH NJW **04**, 1662. Der Nachsicherungsanspruch besteht aber nach **II 2** nur bei einer berechtigten erhöhten Risikobewertung auf Grund neu eintretender oder (der Bank) erst später bekannt werdender Umstände. **II 3** gibt dafür nicht abschließend zwei Beispiele: tatsächliche oder drohende nachteilige Veränderung der wirtschaftlichen Verhältnisse des Kunden; entsprechende wertmäßige Verschlechterung der vorhandenen Sicherheiten, zB bei sinkenden Kursen verpfändeter Aktien. Die wertmäßige Verschlechterung nach II 3 braucht nicht eine wesentliche zu sein wie für Nr 19 III 2 Spiegelstrich 2 (dann Kündigungsrecht der Bank; bewusste Abstufung). Der Nachsicherungsanspruch entfällt bei ausdrücklicher anderer Vereinbarung, so bei „Blankokredit" und bei abschließender Benennung der zu bestellenden Sicherheiten **(II 4)**; ebenso bei Gleichbehandlungsklausel (Kunde versichert etwa bei kurzfristigen Großkrediten, auch keiner anderen Bank Sicherheit zu stellen). Obwohl II 4 von ausdrücklicher Vereinbarung spricht, geht jede andere, auch konkludente Individualvereinbarung vor, II 4 ist iErg wirksam, Derl/Kno/Ba/Casper 80, an Wirksamkeit von II 4 zweifelnd Ul/Br/He/Fuchs Anh § 310 BGB Rn 119. Kreditgewährung ohne oder ohne hinreichende Sicherheit ist nicht ohne weiteres Vereinbarung iSv II 4, BGH NJW **80**, 399, **81**, 1364, str (s auch Nr 14 Rn 6). Beweislast dafür liegt idR beim Kunden. Bei Verbraucherdarlehensverträgen müssen die zu bestellenden Sicherheiten in der Vertragserklärung des Darlehensnehmers angegeben sein (§ 492 BGB), nur bei Nettodarlehensbetrag über Euro 75 000 (vgl § 494 VI BGB idF VerbrKrRiUmsetzG; bis 2009 Euro 50 000) schadet Nichtangabe nicht (§ 494 II 6 BGB, 15 idF 2009.

8   **3) Fristsetzung für die Bestellung oder Verstärkung von Sicherheiten (III):** Die Bank muss dem Kunden für die Aufbringung der Sicherheiten eine angemessene Frist einräumen **(III 1)**. Nach erfolglosem Verstreichen dieser Frist kann die Bank außerordentlich kündigen (Nr 19 III 3). Will die Bank davon Gebrauch machen, muss sie den Kunden auf diese gravierende Folge zuvor hinweisen **(III 2)**. Dieser Hinweis ist schon bei Fristsetzung nach III 1 nötig, andernfalls ist erneut Frist nach III 1 einzuräumen.

Vereinbarung eines Pfandrechts zugunsten der Bank

AGB-Banken 14 (1) Einigung über das Pfandrecht

¹ Der Kunde und die Bank sind sich darüber einig, dass die Bank ein Pfandrecht an den Wertpapieren und Sachen erwirbt, an denen eine inländische Geschäftsstelle im bankmäßigen Geschäftsverkehr Besitz erlangt hat oder noch erlangen wird. ² Die Bank erwirbt ein Pfandrecht auch an den Ansprüchen, die dem Kunden gegen die Bank aus der bankmäßigen Geschäftsverbindung zustehen oder künftig zustehen werden (zum Beispiel Kontoguthaben).

(2) Gesicherte Ansprüche

¹ Das Pfandrecht dient der Sicherung aller bestehenden, künftigen und bedingten Ansprüche, die der Bank mit ihren sämtlichen in- und ausländischen Geschäftsstellen aus der bankmäßigen Geschäftsverbindung gegen den Kunden zustehen. ² Hat der Kunde gegenüber der Bank eine Haftung für Verbindlichkeiten eines anderen Kunden der Bank übernommen (zum Beispiel als Bürge), so sichert das Pfandrecht die aus der Haftungsübernahme folgende Schuld jedoch erst ab ihrer Fälligkeit.

(3) Ausnahmen vom Pfandrecht

¹ Gelangen Gelder oder andere Werte mit der Maßgabe in die Verfügungsgewalt der Bank, dass sie nur für einen bestimmten Zweck verwendet werden dürfen (zum Beispiel Bareinzahlung zur Einlösung eines Wechsels), erstreckt sich das Pfandrecht der Bank nicht auf diese Werte. ² Dasselbe gilt für die von der Bank selbst ausgegebenen Aktien (eigene Aktien) und für die Wertpapiere, die die Bank im Ausland für den Kunden verwahrt. ³ Außerdem erstreckt sich das Pfandrecht nicht auf die von der Bank selbst ausgegebenen eigenen Genussrechte/Genussscheine und nicht auf die verbrieften und nicht verbrieften nachrangigen Verbindlichkeiten der Bank.

(4) Zins- und Gewinnanteilscheine

Unterliegen dem Pfandrecht der Bank Wertpapiere, ist der Kunde nicht berechtigt, die Herausgabe der zu diesen Papieren gehörenden Zins- und Gewinnanteilscheine zu verlangen.

1) Einigung über das Pfandrecht (I)

A. **Nr 14** regelt wie Nr 19 II aF (bis 1993) den Erwerb eines **weitreichenden** 1 **Pfandrechts der Bank**. Der schuldrechtliche Anspruch der Bank auf ein solches ergibt sich aus Nr 13, offen BGH **150,** 126. Nr 14 liegt im berechtigten Interesse der Bank an Sicherung und dem des Kunden an rascher (Dispositions) Kreditgewährung einschließlich erlaubter Kontoüberziehung. II ist mit **(5)** §§ 305 c I, 307 BGB vereinbar, BGH **93,** 75, NJW **83,** 2702; auch die Erstreckung auf erst künftig entstehende Forderungen der Bank, auch gegen Nichtkflte, BGH NJW **81,** 756. Geltendmachung des Pfandrechts schon vor Pfandreife durch Kontosperre (§ 1281 S 2 BGB), BGH NJW **04,** 1660. Das Pfandrecht nach Nr 14 begründet in der Insolvenz nur eine inkongruente Sicherung, BGH **150,** 126, NJW **07,** 2324, Ganter WM **06,** 1088, ebenso Nr 13 (Nr 13 Rn 5) und Nr 15 (Nr 15 Rn 3). Ein besonderes **Zurückbehaltungsrecht** der Bank dort, wo ein Pfandrechtserwerb ausscheidet, ist nicht vorgesehen (anders Nr 19 IV aF bis 1993), es bleibt bei § 273 BGB, §§ 369 ff HGB. Nr 14 ist wirksam, aA Piekenbrock WM **09,** 49 (besondere Freigabeklausel, Form § 492 I 5 Nr 7 BGB).

B. Das Pfandrecht erstreckt sich nach I 1 auf **Wertpapiere und Sachen.** Das 2 können auch unbewegliche Sachen, also Grundstücke sein. Voraussetzung ist, dass irgendeine inländische Geschäftsstelle der Bank (Filialklausel) daran Besitz erlangt hat oder noch erlangen wird. Besitz kann unmittelbar oder mittelbar sein (s Rn 4). I 1 erstreckt sich **nicht** auf **Forderungen** und andere Rechte (anders Nr 19 II 1 aF (bis 1993); Ausnahme aber I 2, s Rn 7), zB Anwartschaftsrechte, Immaterialgüterrechte; auch nicht wenn ein **Dokument über eine Forderung** des Kunden in den Besitz der Bank kommt, zB Sparbuch, Lebensversicherungspolice, Briefe über Grundpfandrechte ua, hL. Grund: I 1 will nicht auf diesem indirekten Weg Forderungen erfassen; jedenfalls fehlt es aber am Erlangen des „Besitzes" an dem Grundpfandrecht usw, BGH **60,** 174, dazu Kollhosser JR **73,** 315. In diesen Fällen kann sich eine Sicherungsabtretung anbieten, zB bei kfm HdlPapieren (Nr 15 II).

Hopt

(8) AGB-Banken 14 3–8

3 Die Wertpapiere und Sachen muss die Bank nach I 1 im **bankmäßigen Geschäftsverkehr** erlangen, so wie die Ansprüche nach I 2 aus der **bankmäßigen Geschäftsverbindung** herrühren müssen. So schon zur aF (bis 1993) stRspr, BGH **101**, 34, NJW **81**, 756, **83**, 2702, **85**, 849; Grund: keine vertrauens- und zurechnungswidrige Ausnutzung des als Bank erlangten Zugriffs. Geschäftsverbindung ist die auf eine unbestimmte Vielzahl von Geschäftsvorfällen angelegte tatsächliche Beziehung zwischen Bank und Kunden, BGH WM **07**, 875 (vgl Einl 3 vor § 343).

4 **Begründung** des Pfandrechts nach I 1 erfolgt durch antizipierte Einigung, die in I 1 erklärt ist. Diese Einigung muss bis zur Entstehung des Pfandrechts (Besitzerlangung) fortbestehen und tut das auch ohne besonderes Rechtsfolgebewusstsein, BGH **128**, 299; aber bis dahin kann sie der Kunde einseitig widerrufen, str. Die Einigung genügt, wenn die Bank im Besitz der Sache ist (§ 1205 I 2 BGB), sonst muss die Übergabe oder ein Übergabesurrogat hinzukommen (§ 1205 BGB). Für das Pfandrecht an Inhaberpapieren (Aktien, Rentenwerte) gelten die Vorschriften über das Pfandrecht an beweglichen Sachen (§§ 1293, 1205 BGB). Der mittelbare Besitz der Bank an bei einer Wertpapiersammelbank (s **(13)** DepotG § 1 Rn 6) aufbewahrten Wertpapieren des Kunden genügt. **Gutgläubiger Erwerb** auf Grund I (§§ 932 ff, 1207 f BGB, §§ 366 f HGB, Art 16 II WG, Art 21 ScheckG ua) ist nicht schlechthin ausgeschlossen, Staud/Wiegand Anh § 1257 BGB Rz 9, aA Hbg MDR **70**, 422; der gutgläubige Pfandrechtserwerb an Gegenständen Dritter ist aber uU im Einzelfall ausgeschlossen, zB wenn die Bank gar nicht im Vertrauen auf die Sicherheit disponiert hat, vgl Canaris 2666, str. Relevanter Zeitpunkt für Anfechtbarkeit nach InsO, BGH **150**, 126, WM **05**, 1791.

5 **Verwaltung der Sicherheiten** ist nach wie vor Sache des Kunden (ausdrücklich § 19 V aF (bis 1993), jetzt Regelung in Sicherheitenvordrucken); Verwaltungspflichten der Bank bestehen nur bei besonderer Abrede oder wenn nur die Bank die Sicherheiten kontrollieren kann, vgl BGH WM **72**, 73, zB bei unmittelbarem Besitz der Bank.

6 **Abbedingung** ist wie stets bei AGB möglich (Individualabrede oder Sonderbedingungen, s Nr 1 Rn 2, 6), doch gelten dabei strenge Anforderungen, BGH **128**, 299. I wird nicht durch die Vereinbarung bestimmter Sicherheiten abbedungen (vgl Nr 13 II „Verstärkung"), BGH NJW **80**, 399, **81**, 1364 (s auch Nr 13 Rn 7); auch nicht bezüglich solcher Werte des Kunden, die die Bank bei Sicherungsabrede schon im Besitz hat, die Bank kann also auch nicht als Sicherheit vorgesehene Werte in Anspruch nehmen, BGH NJW **83**, 2702. Wenn für die beabsichtigte gemeinsame Sanierung durch mehrere Banken nötig, ist konkludente Abbedingung möglich, BGH NJW-RR **98**, 485.

7 C. Dem Pfandrecht unterfallen **auch Ansprüche des Kunden gegen die Bank selbst** (Pfandrecht an eigener Schuld; **I 2**), BGH **93**, 76, BGH NJW **83**, 2702, **88**, 3262. Vorausgesetzt ist, dass sie dem Kunden aus der bankmäßigen Geschäftsverbindung (s Rn 3) zustehen oder künftig zustehen werden. Bsp: Kontoguthaben (so Bsp in I 2), Erlösauszahlungsanspruch nach Wertpapierverkauf, künftige Kostenerstattungsansprüche aus verlorenen Prozessen der Bank mit dem Kunden, Brem BB **74**, 154. Die **Begründung** des Pfandrechts der Bank an solchen künftigen Forderungen erfolgt im Wege antizipierter Einigung und Abtretung (§§ 1205, 1274 BGB), BGH NJW **83**, 2702, später eintretende Geschäftsunfähigkeit hindert nicht, BGH NJW **88**, 3268. § 1280 BGB greift hier seinem Schutzzweck nach nicht ein (Schuldner ist Pfandgläubiger), BGH NJW **04**, 1662, jedenfalls aber liegt hier in der Begründung ausnahmsweise zugleich die formlos mögliche Anzeige (des Kunden) nach § 1280 BGB an den Schuldner (Bank). I 2 ersetzt nicht Zustimmung nach § 1274 I BGB, § 68 II AktG. Die Einziehung nach § 1282 BGB erfolgt bei eigener Geldschuld durch einfache Erklärung der Bank. Klausel über vorzeitige Kündigung ist problematisch, Düss WM **92**, 1941.

2) Gesicherte Ansprüche (II)

8 A. **II** entspricht Nr 19 II aF (bis 1993). II 1 umschreibt den Kreis der gesicherten Ansprüche umfassend. Gesichert sind grundsätzlich **alle Ansprüche der Bank gegen den Kunden aus der bankmäßigen Geschäftsverbindung,** einerlei ob bestehend, künftig oder nur bedingt (aber s II 2). Die Bank sind hier nicht nur die inländischen Geschäftsstellen der Bank (Nr I 1 1), sondern ausdrücklich auch alle ausländischen. Darauf weist bereits Nr 1 I 3 hin. Künftige Ansprüche müssen mindestens bestimmbar

V. Bankgeschäfte (m. Börsen- u. KapMR)   9–11   **AGB-Banken 14 (8)**

sein, Brem WM **73,** 1229, Canaris 2676. Im Einzelnen fallen unter II auch erst später an die Bank abgetretene Ansprüche, BGH **58,** 722, **77,** 919, ausser bei missbräuchlicher Abtretung, BGH ZIP **83,** 667, WM **07,** 875. Ansprüche der Bank gegen GmbH & Co, für die eine GmbH als phG haftet, gehören noch zur Geschäftsverbindung der Bank mit der GmbH, BGH WM **07,** 875, Grenzen vgl BGH **98,** 260 (zu **(8 a)** AGB-Spark Nr 21 III 1). Das gilt aber nicht ohne weiteres auch für alle Ansprüche der Bank gegen eine OHG oder KG, für die anderer Kunde als eine phG-GmbH persönlich haftet (§ 128 HGB), sie sind, wenn nicht aus der bankmäßigen Geschäftsverbindung mit dem Kunden resultierend, nach Wegfall von Nr 19 II 2 aF (bis 1993) nicht mehr umfasst, Bruchner DZWir **93,** 94; auch nicht Ansprüche der Bank gegen GbR, deren Gfter Bankkunde ist; alte Klausel war unwirksam, Schlesw WM **06,** 1578 (für **(8 a)** AGB-Spark Nr 21 III 2), Clemente ZBB **07,** 55, offen BGH WM **07,** 876. Nicht erfasst wird der Rückerstattungsanspruch der Bank aus Verbraucherdarlehen (§§ 491, 488 I 2 aE BGB), Ul/Br/He/Fuchs Anh § 310 BGB Rn 122, Grund: §§ 492 I 5 Nr 7, 494 II 6 BGB.

B. **II 2** entspricht Nr 13 I 2, also kein Pfandrecht vor Fälligkeit der Bürgenschuld (s   9 Nr 13 Rn 6), BGH WM **07,** 875 (zu **(8 a)** AGB-Spark Nr 21 III 3). II 2 ist bei Nur-Verpfändungserklärung zugunsten einer Drittschuld nicht anwendbar, Bank kann also schon vor Fälligkeit Wertpapierorder ablehnen, Mü WM **08,** 122.

3) Ausnahmen vom Pfandrecht (III)

A. **III** entspricht Nr 19 III aF (bis 1993). Danach sind drei Ausnahmen vom Pfand-   10 recht vorgesehen. Nach **III 1** erstreckt sich das Pfandrecht **nicht auf Gelder und andere Werte,** die die Bank nur **zur Verwendung für einen bestimmten Zweck** erlangt hat. So schon früher die stRspr, zB BGH WM **68,** 695, **73,** 167, Düss WM **88,** 1688. Für eine solche besondere Zweckbestimmung genügt ein auch stillschweigender, aus den Umständen zu schließender Vorbehalt des Kunden, zB bei Treuhandkonten, s Rn 11.

B. **Einzelfälle des III 1: Bareinzahlung** des Kunden zur Einlösung eines Wechsels   11 (so Bsp in III 1); Einzahlung mit ausdrücklichem Überweisungsauftrag, auch wenn die Bank wegen Zahlungseinstellung des Kunden den Girovertrag einseitig aufhebt, BGH **74,** 132.

Verwahrung: Wertsachen, die der Kunde der Bank zur vorübergehenden Aufbewahrung gibt, zB wegen Reparatur des Haussafes, BGH WM **58,** 1480 (vgl **(7)** Bankgeschäfte Rn V/1 zum Safevertrag).

Scheck- und Wechseleinreichung nur zur Prolongation oder nur zur Auszahlung oder Gutschrift für einen Dritten, BGH WM **90,** 6.

Wechseleinreichung nur zum Diskont, RG **126,** 348, BGH WM **68,** 695, **84,** 1391; bei Konzernkreditnehmereinheit gilt dies auch zugunsten des konzernangehörigen Überweisungsempfängers, Hbg WM **88,** 571. Lehnt die Bank den Diskont ab, um den Wechsel zur Minderung des Debets des Einreichers zu verwenden, und widerspricht der Einreicher nicht, so ist Treuhandsicherungsübereignung des Wechsels an die Bank anzunehmen, BGH NJW **70,** 42. Wirkung von I gegen Aussteller eines Wechsels zur Sicherung von Kredit an Akzeptant auch nach Wegfall der Ausstellerhaftung, BGH DB **76,** 768.

Einzug beim Dokumentenakkreditiv (s **(7)** Bankgeschäfte Rn K/1–28, **(11)** ERA) **und Inkassogeschäft** (s **(12)** ERI): Nicht ohne weiteres, nur bei besonderem Vorbehalt des Kunden, BGH WM **71,** 179 (zum Scheckinkasso), zweifelhaft. Die Bank erlangt aber jedenfalls ein Pfandrecht am Herausgabeanspruch des Kunden gegen sie selbst, BGH **95,** 154.

Kreditvaluta: III gilt im Einzelfall auch beim Kreditgeschäft (s **(7)** Bankgeschäfte Rn G/1 ff), so jedenfalls bei zweckgebundenen Krediten. Aber auch beim Krediteröffnungsvertrag und Kreditauszahlung will der Kunde ersichtlich die Verfügungsmacht über den Kredit, nicht nur Abdeckung einer Verbindlichkeit gegenüber der Bank, das Pfandrecht erstreckt sich also nicht auf den sich aus der Kreditzusage ergebenden Auszahlungsanspruch, BGH **147,** 198; daran ändert „Auszahlung" durch Gutschrift auf Konto des Kunden, aA BGH WM **56,** 218.

Treuhand: Anderkonto, s **(9)** AGB-Anderkonten Nrn 8, 12. Auch sonstiges **offenes Treuhandkonto, s (9)** AGB-Anderkonten Einl 1 vor Nr 1, **(7)** Bankgeschäfte

(8) AGB-Banken 15 1

Rn A/36 ff, 44; hier ist nach §§ 133, 157 BGB konkludenter Ausschluss der Aufrechnung und Zurückbehaltung durch die Bank anzunehmen, also Rechtslage entspr (9) AGB-Anderkonten Nr 8, BGH **61,** 77, WM **83,** 873, NJW **85,** 1954, WM **90,** 1954, **93,** 1524. Bei **verdecktem** Treuhandkonto nur, wenn der Bank die wirtschaftliche Fremdinhaberschaft bekannt ist, zB bei Baugeld (iSd G über die Sicherung der Bauforderungen), BGH NJW **88,** 263; nicht ohne weiteres bei zu Bauzwecken dienendem Festgeldkonto einer TreuhandGes, die nur nach Baufortschritt verfügen kann, BGH NJW **85,** 1955. Spätere Offenlegung der Treuhandbindung steht dem Pfand-, Aufrechnungs-, Zurückbehaltungsrecht nicht entgegen, BGH WM **90,** 1954. Bei unklarer Bezeichnung besteht keine Nachforschungspflicht der Bank, BGH **61,** 78.

Nicht unter III fallen: **von Dritten** nur für eine bestimmte Schuld des Kunden gegebene Sicherheiten, Ffm WM **73,** 1151; Bürgschaft eines Dritten für bestimmte Kundenschuld, Stgt BB **77,** 416.

12   C. Nach **III 2** unterfallen dem Pfandrecht auch **nicht:** von ihr selbst ausgegebene, sog **eigene Aktien der Bank** (§ 71 e AktG) und von der Bank **im Ausland für den Kunden verwahrte Wertpapiere.** Grund: Überschreiten der Grenze des § 71 e I 2 AktG bzw Probleme mit Kunden, ausländischen Gläubigern und ausländischem Recht. Ebenso **III 3:** eigene Genussrechte und Genussscheine der Bank (§ 10 V KWG); nachrangige Verbindlichkeiten der Bank (§ 10 V a KWG).

13   **4) Zins- und Gewinnanteilscheine (IV):** IV entspricht Nr 21 I 2 aF (bis 1993). Bei einem Pfandrecht der Bank an Wertpapieren bleiben die zugehörigen Zins- und Gewinnanteilsscheine bei diesen. IV bedingt § 1296 II BGB ab, BankrechtsHdb/ Bunte 3. Aufl 2007 § 19 Rn 57, aA Ul/Br/He/Fuchs Anh § 310 BGB Rn 123.

Sicherungsrechte bei Einzugspapieren und diskontierten Wechseln

AGB-Banken 15 (1) Sicherungsübereignung

¹**Die Bank erwirbt an den ihr zum Einzug eingereichten Schecks und Wechseln im Zeitpunkt der Einreichung Sicherungseigentum.** ²**An diskontierten Wechseln erwirbt die Bank im Zeitpunkt des Wechselankaufs uneingeschränktes Eigentum; belastet sie diskontierte Wechsel dem Konto zurück, so verbleibt ihr das Sicherungseigentum an diesen Wechseln.**

(2) Sicherungsabtretung

Mit dem Erwerb des Eigentums an Schecks und Wechseln gehen auch die zugrunde liegenden Forderungen auf die Bank über; ein Forderungsübergang findet ferner statt, wenn andere Papiere zum Einzug eingereicht werden (zum Beispiel Lastschriften, kaufmännische Handelspapiere).

(3) Zweckgebundene Einzugspapiere

Werden der Bank Einzugspapiere mit der Maßgabe eingereicht, dass ihr Gegenwert nur für einen bestimmten Zweck verwendet werden darf, erstrecken sich die Sicherungsübereignung und die Sicherungsabtretung nicht auf diese Papiere.

(4) Gesicherte Ansprüche der Bank

¹**Das Sicherungseigentum und die Sicherungsabtretung dienen der Sicherung aller Ansprüche, die der Bank gegen den Kunden bei Einreichung von Einzugspapieren aus seinen Kontokorrentkonten zustehen oder die infolge der Rückbelastung nicht eingelöster Einzugspapiere oder diskontierter Wechsel entstehen.** ²**Auf Anforderung des Kunden nimmt die Bank eine Rückübertragung des Sicherungseigentums an den Papieren und der auf sie übergegangenen Forderungen an den Kunden vor, falls ihr im Zeitpunkt der Anforderung keine zu sichernden Ansprüche gegen den Kunden zustehen oder sie ihn über den Gegenwert der Papiere vor deren endgültiger Bezahlung nicht verfügen lässt.**

1   **1) Sicherungsübereignung (I): Nr 15 I** entspricht Nr 42 V aF (bis 1993). Die Bank erwirbt Sicherungseigentum an den ihr eingereichten Einzugspapieren (Wechsel, Scheck) im Zeitpunkt der Einreichung (I 1) und an diskontierten Wechseln im Zeitpunkt des Wechselankaufs (I 2 Halbs 1). Die antizipierte Einigung liegt

V. Bankgeschäfte (m. Börsen- u. KapMR) **AGB-Banken 16 (8)**

in I 1 (vgl Nr 14 Rn 4). Das so erworbene Sicherungseigentum bleibt der Bank erhalten, auch wenn sie den diskontierten Wechsel dem Konto zurückbelastet (I 2 Halbs 2). Über II behält die Bank als Sicherheit auch nach Zurückbelastung die scheck- und wechselrechtlichen Zahlungsansprüche. Bei der Auslegung von I ist auf Nr 13, 14 zurückzugreifen. I verstößt nicht gegen **(5)** § 305 b BGB, str. I ist wirksam (nicht sittenwidrig) auch für nicht dem Kunden gehörende Schecks, Düss WM **73,** 739.

2) Sicherungsabtretung (II)

A. **II** entspricht Nr 44 aF (bis 1993). Die Bank erhält zugleich **mit** dem Eigentum am **Scheck oder Wechsel** (s I) auch **die zugrundeliegenden Forderungen** **(II Halbsatz 1),** BGH **95,** 152. Dazu gehören auch die Hilfsrechte, zB Fälligkeitskündigung, Mängelrechte, nicht aber ohne weiteres auch sonstiger Rücktritt und Anfechtung, **(5)** § 305 c II BGB, offen BGH **96,** 196, vgl BGH WM **85,** 1108. Sonstige Sicherheiten sind nicht ausdrücklich angesprochen. Unselbständige Sicherheiten gehen mit über (§ 401 BGB), selbständige sind an die Bank abzutreten, sofern nicht eine Abrede mit dem Sicherungsgeber entgegensteht (§ 157 BGB oder entspr § 401 BGB).

II enthält eine antizipierte Forderungsabtretung (§ 398 BGB; vgl Rn 1, Nr 14 Rn 4, 7). Der Schuldner wird von der Abtretung nicht benachrichtigt (anders bei Verpfändung § 1280 BGB); ob dies die Wirksamkeit der Abtretung beeinträchtigt, entscheidet das für die abgetretene Forderung maßgebende Recht, BGH **95,** 152. Die Sicherungsabtretung nach II begründet in der Insolvenz nur eine inkongruente Sicherung, BGH NJW **07,** 2324 (wie Nr 14 Rn 1). Rechtsfolgen bei Einzug im Insolvenzverfahren über das Vermögen des Schuldners s BGH **95,** 149.

B. Sicherungsabtretung wie nach I erfolgt nach **II Halbsatz 2** auch bei Einreichung anderer Papiere zum Einzug. Solche **andere Einzugspapiere** sind nicht nur Zahlungspapiere, zB Lastschriften (s **(7)** Bankgeschäfte Rn D/1 ff), BGH **70,** 185, NJW **80,** 1964; sondern auch HdlPapiere, zB kfm HdlPapiere (II Halbs 2; vgl **(12)** ERI Art 2 b ii); BGH **95,** 151. Benachrichtigung des Schuldners ist nicht nötig (s Rn 3). Nicht unter II fallende Rechte werden in der Praxis durch besondere, auch antizipierte Einigung als Sicherheit genommen, zB GesAnteile, Immaterialgüterrechte, Konsortialbeteiligungen, Lebensversicherungsansprüche, BGH WM **88,** 658.

3) Zweckgebundene Einzugspapiere (III): III bringt für die Sicherungsübereignung und Sicherungsabtretung nach I und II eine entsprechende Einschränkung wie Nr 14 III 1 für das Pfandrecht (s Nr 14 Rn 10 f).

4) Gesicherte Ansprüche der Bank (IV): IV entspricht Nr 42 V, 44 aF (bis 1993). Gesichert sind alle Ansprüche, die der Bank gegen den Kunden bei Einreichung von Einzugspapieren aus seinen Kontokorrentkonten zustehen oder die infolge der Rückbelastung entstehen **(IV 1).** Bspe: der einreichende Kunde ist im Debet, BGH **5,** 285, **95,** 149, WM **75,** 20; das Konto wird erst durch Rückbelastung (nach Gutschrift und prompter Auszahlung) debitorisch, BGH **69,** 31. Es genügt auch, dass der Einreicher zwar selbst nicht im Debet ist, aber für einen anderen haftet, BGH **69,** 30, WM **77,** 49. Vor Fälligkeit der Bürgenschuld hat die Bank aber keine Rechte aus Nr 15, BGH NJW **91,** 100 (zu aF bis 1993). Nach **IV** 2 ist die Bank unter bestimmten Voraussetzungen auf Anfordern des Kunden zur Rückübertragung des Sicherungseigentums und der übergegangenen Forderungen verpflichtet. IV 1 ist deshalb wirksam, auch Derl/Kno/Ba/Casper 90, str.

Begrenzung des Besicherungsanspruchs und Freigabeverpflichtung

AGB-Banken 16 (1) Deckungsgrenze

Die Bank kann ihren Anspruch auf Bestellung oder Verstärkung von Sicherheiten so lange geltend machen, bis der realisierbare Wert aller Sicherheiten dem Gesamtbetrag aller Ansprüche aus der bankmäßigen Geschäftsverbindung (Deckungsgrenze) entspricht.

Hopt

(8) AGB-Banken 16 1–4

(2) **Freigabe**

¹ Falls der realisierbare Wert aller Sicherheiten die Deckungsgrenze nicht nur vorübergehend übersteigt, hat die Bank auf Verlangen des Kunden Sicherheiten nach ihrer Wahl freizugeben, und zwar in Höhe des die Deckungsgrenze übersteigenden Betrages; sie wird bei der Auswahl der freizugebenden Sicherheiten auf die berechtigten Belange des Kunden und eines dritten Sicherungsgebers, der für die Verbindlichkeiten des Kunden Sicherheiten bestellt hat, Rücksicht nehmen. ² In diesem Rahmen ist die Bank auch verpflichtet, Aufträge des Kunden über die dem Pfandrecht unterliegenden Werte auszuführen (zum Beispiel Verkauf von Wertpapieren, Auszahlung von Spargutsthaben).

(3) Sondervereinbarungen

Ist für eine bestimmte Sicherheit ein anderer Bewertungsmaßstab als der realisierbare Wert oder ist eine andere Deckungsgrenze oder ist eine andere Grenze für die Freigabe von Sicherheiten vereinbart, so sind diese maßgeblich.

1 **1) Deckungsgrenze (I): Nr 16 I** hat keine Entsprechung in der aF (bis 1993). Der Besicherungsanspruch der Bank geht nur bis zur Deckungsgrenze (sonst II). Das ist die Grenze, bei der der realisierbare Wert aller Sicherheiten (nach Nr 14, 15 und anderweitig bestellt) dem Gesamtbetrag aller Ansprüche der Bank aus der bankmäßigen Geschäftsverbindung (s Nr 13 I 1) entspricht. Die Deckungsgrenze wird also nicht schon durch Vereinbarung bestimmter Sicherheiten festgesetzt. Überblick: Lauer ZBB **92**, 310.

2) Freigabe (II)

2 A. **II 1** entspricht Nr 19 VI aF (bis 1993). Die Freigabepflicht bei Übersicherung der Bank ist Wirksamkeitsvoraussetzung für Sicherheitenbestellung nach Nr 13 ff; anders beim Pfandrecht, Grund: Akzessorietät bewirkt Freiwerden schon ex lege, Übersicherung bei Verpfändung mehrerer Sachen bis zur Grenze des § 242 BGB, BGH **128**, 300 (zu Nr 19 II aF (bis 1993). II 1 mit I sind wirksam, vgl BGH **109**, 240 (Freigabeklausel bei Globalzession, s **(7)** Bankgeschäfte Rn H/4); ein schuldrechtlicher Freigabeanspruch genügt, offen BGH **108**, 108 (Lohnabtretungsklausel). Die von BGH GrS **137**, 212 aufgestellten angemessenen Grenzen (Deckungsgrenze 110% der gesicherten Forderungen, Freigabegrenze idR 150% des Schätzwertes, **(7)** AGB-Banken Rn H/4) brauchen nicht ausdrücklich in II enthalten zu sein, vgl Ul/Br/He/H. Schmidt Anh § 310 BGB Rn 748, aA wohl Ul/Br/He/Fuchs Anh § 310 BGB Rn 126. Nach II 1 ist ein Deckungsgesamtplan zu erstellen, der sonst nicht unbedingt erforderlich ist, vgl Hamm WM **93**, 1590, 2046. Die Bank muss auf Verlangen des Kunden Sicherheiten in der Höhe freigeben, in welcher der realisierbare Wert aller Sicherheiten die vereinbarte Deckungsgrenze (I) nicht nur vorübergehend übersteigt. Bei sonst sittenwidriger Übersicherung bedarf es keines Verlangens, BGH **83**, 2702. Überschreiten der Deckungsgrenze bestimmt sich nach dem Liquidationswert (vgl Nr 19 Rn 5). Der Kunde hat Anspruch auf Freigabe des überschießenden Betrags, nicht nur billiges Ermessen der Bank, so zu aF (bis 1993) BGH NJW **81**, 571. Die Wahl der freizugebenden Gegenstände obliegt grundsätzlich der Bank (II 1, § 262 BGB); das ist, da kein ermessensabhängiger Freigabeanspruch iSv BGH **137**, 212, wirksam; die Bank darf aber nicht gegen schützenswerte Belange des Kunden verstoßen, BGH NJW **83**, 2703. Nach II 1 nimmt die Bank auch auf die Belange eines dritten Sicherungsgebers Rücksicht (nur § 328 BGB); das bedeutet aber nicht, dass dessen Sicherheit zuerst freizugeben wäre. Lit: Heymann/Horn II/149 ff; Claussen FS Brandner **96**, 527.

3 B. **II 2** verpflichtet die Bank, im Rahmen von I 1 Kundenaufträge auszuführen, zB Wertpapierverkauf. Die Bank muss also den Kunden über dem Pfandrecht unterfallende Vermögenswerte verfügen lassen, soweit sie nach I 1 gesichert ist.

4 **3) Sondervereinbarungen (III):** III nF 2000 (nur klarstellend) hat keine Entsprechung in der aF (bis 1993). Sondervereinbarungen zu Bewertungsmaßstab (zB Nennwertprinzip statt realisierbarer Wert), Deckungsgrenze (zB mehr als 100%, klargestellt; bezogen nicht nur auf eine bestimmte Sicherheit) oder Freigabe sind im Rahmen des rechtlich Zulässigen (s Rn 2 und **(7)** Bankgeschäfte Rn H/4) möglich und gehen vor.

V. Bankgeschäfte (m. Börsen- u. KapMR)

Verwertung von Sicherheiten

AGB-Banken 17 (1) Wahlrecht der Bank

¹ Wenn die Bank verwertet, hat die Bank unter mehreren Sicherheiten die Wahl. ² Sie wird bei der Verwertung und bei der Auswahl der zu verwertenden Sicherheiten auf die berechtigten Belange des Kunden und eines dritten Sicherungsgebers, der für die Verbindlichkeiten des Kunden Sicherheiten bestellt hat, Rücksicht nehmen.

(2) Erlösgutschrift nach dem Umsatzsteuerrecht

Wenn der Verwertungsvorgang der Umsatzsteuer unterliegt, wird die Bank dem Kunden über den Erlös eine Gutschrift erteilen, die als Rechnung für die Lieferung der als Sicherheit dienenden Sache gilt und den Voraussetzungen des Umsatzsteuerrechts entspricht.

1) Wahlrecht der Bank (I)

Nr 17 regelt die Verwertung von Sicherheiten (nicht nur von Pfandrechten) nur noch in zwei Punkten (erheblich weitergehend Nr 20–22 aF bis 1993). Weitere und ggf vorrangige Verwertungsregeln sind Sache des jeweiligen Sicherheitenbestellungsvertrags (zB Sicherungsübereignung oder -zession, Grundschuldbestellung), zumal bei atypischen Sicherheiten (zB GmbH-Anteile, ausländische Sicherheiten). Im Übrigen genügen die gesetzlichen Regeln, zB zum Pfandverkauf §§ 1220, 1221, 1228 ff BGB, § 368 HGB. Abweichung davon könnte ohnehin gegen **(5)** §§ 305 ff BGB verstoßen, so zB Verwertung bei Sicherungsabtretung ohne Androhung und Wartefrist nach § 1234 BGB, § 368 HGB, BGH WM **92,** 1359, **05,** 1168 (Nr 20 aF (bis 1993). Kosten der Verwertung s zu Nr 12. Lit: (zu Nr 20 ff aF bis 1993): Kümpel WM **78,** 973, von Westphalen WM **80,** 1422, **84,** 14, Mülbert ZBB **90,** 144 (Effektenkreditexekution). 1

I 1 nF 2000 (klarstellend wegen des Verwertungsrechts des Insolvenzverwalters, ua § 165 InsO) gestattet (wie Nr 20 I 2 aF bis 1993) der Bank die Wahl unter mehreren Sicherheiten. I 1 entspricht § 1230 S 1 BGB und ist daher wirksam. Für Verwertung und Auswahl gilt das Gebot der Rücksichtnahme zugunsten des Kunden und eines dritten Sicherungsgebers (**I 2,** § 242 bzw § 241 II BGB), BGH WM **87,** 853, Düss WM **90,** 1062, Hbg WM **91,** 581, Ffm WM **91,** 930. Dieses Gebot beinhaltet die Wahrung des Verhältnismäßigkeitsgrundsatzes und die Pflicht der Bank, sich um den bestmöglichen Preis für die Sicherheit zu bemühen. Ein Recht, zunächst auf anderes Kundenvermögen als die Sicherheit zuzugreifen, besteht nicht (anders bedenklich Nr 20 I 3 aF (bis 1993). 2

2) Erlösgutschrift nach dem Umsatzsteuerrecht (II): II entspricht Nr 20 I 4 aF (bis 1993). 3

VI. Kündigung

Kündigungsrechte des Kunden

AGB-Banken 18 (1) Jederzeitiges Kündigungsrecht

Der Kunde kann die gesamte Geschäftsverbindung oder einzelne Geschäftsbeziehungen (zum Beispiel den Scheckvertrag), für die weder eine Laufzeit noch eine abweichende Kündigungsregelung vereinbart ist, jederzeit ohne Einhaltung einer Kündigungsfrist kündigen.

(2) Kündigung aus wichtigem Grund

Ist für eine Geschäftsbeziehung eine Laufzeit oder eine abweichende Kündigungsregelung vereinbart, kann eine fristlose Kündigung nur dann ausgesprochen werden, wenn hierfür ein wichtiger Grund vorliegt, der es dem Kunden, auch unter Berücksichtigung der berechtigten Belange der Bank, unzumutbar werden lässt, die Geschäftsbeziehung fortzusetzen.

(3) Gesetzliche Kündigungsrechte

Gesetzliche Kündigungsrechte bleiben unberührt.

Hopt

(8) AGB-Banken 19 2. Handelsrechtl. Nebengesetze

1 **1) Jederzeitiges Kündigungsrecht (I): Nr 18 I** entspricht Nr 17 S 1 aF (bis 1993). Nr 18 und 19 gehören zusammen. Sie unterscheiden übersichtlich die Kündigungsrechte des Kunden und der Bank (anders Nr 17, 18 aF (bis 1993): Kündigung und ihre Rechtsfolgen). I gibt dem Kunden grundsätzlich ein jederzeitiges Kündigungsrecht für die gesamte und für jede einzelne Geschäftsverbindung (s Nr 1 Rn 3, 6). Das gilt nicht, wenn eine Laufzeit oder eine Kündigungsfrist vereinbart ist; insoweit ist aber der sich darauf berufende Kunde beweispflichtig, BGH WM **79**, 458. Rechtsfolgen vgl Nr 19 Rn 9.

2 **2) Kündigung aus wichtigem Grund (II):** II idF 1. 4. 02 entspricht Nr 17 S 2 aF (bis 1993). Der Kunde kann auch vor Ende der Laufzeit oder ohne Einhaltung der Kündigungsfrist eine außerordentliche (fristlose) Kündung aussprechen, wenn hierfür ein wichtiger Grund vorliegt. Wichtiger Grund ist ein solcher, der es dem Kunden auch unter (bis 1. 4. 02: angemessener) Berücksichtigung der berechtigten Belange der Bank unzumutbar werden lässt, die (gesamte oder einzelne) Geschäftsbeziehung fortzusetzen. Das ist zwingendes Recht, II ist nur deklaratorisch (§§ 675 I, 626 BGB, Bunte 418, str, s **(7)** Bankgeschäfte Rn A/6; im Übrigen §§ 314 ua BGB, zu § 490 BGB **(7)** Bankgeschäfte Rn G/19). Rechtsfolgen vgl Nr 19 Rn 9.

3 **3) Gesetzliche Kündigungsrechte (II): III** neu 1. 4. 02 stellt klar, dass Nr 18 gesetzliche Kündigungsrechte (des Kunden, nur davon handelt Nr 18) unberührt lässt. Das bezieht sich auf § 490 II BGB idF SMG, der es dem Darlehensnehmer ermöglicht, einen grund- oder schiffspfandrechtlich gesicherten Festsatzkredit gegen Zahlung einer Vorfälligkeitsentschädigung außerordentlich zu kündigen, vgl zuvor zT abweichend BGH **136**, 161, WM **97**, 1799 (s **(7)** Bankgeschäfte Rn G/16), Sonnenhol WM **02**, 1264. III gilt für außerordentliche wie ordentliche Kündigungsrechte, etwa § 489 nF BGB (§ 609a aF BGB, s **(7)** Bankgeschäfte Rn G/17).

Kündigungsrechte der Bank

AGB-Banken 19 (1) Kündigung unter Einhaltung einer Kündigungsfrist

¹Die Bank kann die gesamte Geschäftsverbindung oder einzelne Geschäftsbeziehungen, für die weder eine Laufzeit noch eine abweichende Kündigungsregelung vereinbart ist, jederzeit unter Einhaltung einer angemessenen Kündigungsfrist kündigen (zum Beispiel den Scheckvertrag, der zur Nutzung von Scheckvordrucken berechtigt). ²Bei der Bemessung der Kündigungsfrist wird die Bank auf die berechtigten Belange des Kunden Rücksicht nehmen. ³Für die Kündigung eines Zahlungsdiensterahmenvertrages (zum Beispiel laufendes Konto oder Kartenvertrag) und eines Depots beträgt die Kündigungsfrist mindestens zwei Monate.

(2) Kündigung unbefristeter Kredite

¹Kredite und Kreditzusagen, für die weder eine Laufzeit noch eine abweichende Kündigungsregelung vereinbart ist, kann die Bank jederzeit ohne Einhaltung einer Kündigungsfrist kündigen. ²Die Bank wird bei der Ausübung dieses Kündigungsrechts auf die berechtigten Belange des Kunden Rücksicht nehmen.

Soweit das Bürgerliche Gesetzbuch Sonderregelungen für die Kündigung eines Verbraucherdarlehensvertrages vorsieht, kann die Bank nur nach Maßgabe dieser Regelungen kündigen.

(3) Kündigung aus wichtigem Grund ohne Einhaltung einer Kündigungsfrist

¹Eine fristlose Kündigung der gesamten Geschäftsverbindung oder einzelner Geschäftsbeziehungen ist zulässig, wenn ein wichtiger Grund vorliegt, der der Bank deren Fortsetzung auch unter Berücksichtigung der berechtigten Belange des Kunden unzumutbar werden lässt. ²Ein wichtiger Grund liegt insbesondere vor,

– wenn der Kunde unrichtige Angaben über seine Vermögensverhältnisse gemacht hat, die für die Entscheidung der Bank über eine Kreditgewährung oder über andere mit Risiken für die Bank verbundene Geschäfte (zum Beispiel Aushändigung einer Zahlungskarte) von erheblicher Bedeutung waren, oder

– wenn eine wesentliche Verschlechterung der Vermögensverhältnisse des Kunden oder der Werthaltigkeit einer Sicherheit eintritt oder einzutreten droht und dadurch die Rückzahlung des Darlehens oder die Erfüllung einer sonstigen

V. Bankgeschäfte (m. Börsen- u. KapMR)   1–3 **AGB-Banken 19 (8)**

Verbindlichkeit gegenüber der Bank – auch unter Verwertung einer hierfür bestehenden Sicherheit – gefährdet ist, oder
– wenn der Kunde seiner Verpflichtung zur Bestellung oder Verstärkung von Sicherheiten nach Nr. 13 Absatz 2 dieser Geschäftsbedingungen oder aufgrund einer sonstigen Vereinbarung nicht innerhalb der von der Bank gesetzten angemessenen Frist nachkommt.

³ Besteht der wichtige Grund in der Verletzung einer vertraglichen Pflicht, ist die Kündigung erst nach erfolglosem Ablauf einer zur Abhilfe bestimmten angemessenen Frist oder nach erfolgloser Abmahnung zulässig, es sei denn, dies ist wegen der Besonderheiten des Einzelfalles (§ 323 Absätze 2 und 3 des Bürgerlichen Gesetzbuches) entbehrlich.

(4) Kündigung von Verbraucherdarlehensverträgen bei Verzug

Soweit das Bürgerliche Gesetzbuch Sonderregelungen für die Kündigung wegen Verzuges mit der Rückzahlung eines Verbraucherdarlehensvertrages vorsieht, kann die Bank nur nach Maßgabe dieser Regelungen kündigen.

(5) Abwicklung nach einer Kündigung

Im Falle einer Kündigung ohne Kündigungsfrist wird die Bank dem Kunden für die Abwicklung (insbesondere für die Rückzahlung eines Kredits) eine angemessene Frist einräumen, soweit nicht eine sofortige Erledigung erforderlich ist (zum Beispiel bei der Kündigung des Scheckvertrages die Rückgabe der Scheckvordrucke).

1) Kündigung unter Einhaltung einer Kündigungsfrist (I)

A. **Nr 19 I** nF 2009. Die Bank kann nach **I 1** die gesamte Geschäftsverbindung 1 (Bankvertrag, s Nr 1 Rn 3) oder einzelne Geschäftsbeziehungen (s Nr 1 Rn 6, zB Krediteröffnungsvertrag, s **(7)** Bankgeschäfte Rn G/2; nicht aber nur einzelne Leistungselemente, BGH WM **06,** 179, s **(7)** Bankgeschäfte Rn C/3) jederzeit kündigen (**ordentliche Kündigung** im Gegensatz zu III). Bspe: Kündigung des Scheckvertrags, der zur Nutzung von Scheckvordrucken berechtigt (vor 1. 4. 02 auch zur Nutzung der Scheckkarte); Kündigung des Darlehensvertrags (§ 488 III BGB). Kündigung auch aus nichtgeschäftlichen Gründen ist zulässig (s **(7)** Bankgeschäfte Rn C/3), anders für Konten politischer Parteien (zumindest bei Sparkassen), BGH **154,** 146, Dresd NJW **02,** 757 (NPD). Das gilt nicht, wenn eine Laufzeit oder eine abweichende Kündigungsregelung vereinbart ist. Bsp für bestimmte Laufzeit BGH NJW **81,** 1363; Sondervereinbarung Guthabenkonto, Karlsr WM **09,** 215 (Sparkassen); Sanierungsvereinbarung s **(7)** Bankgeschäfte Rn G/16. I gilt gegenüber allen Kunden der Bank, auch einer Genossenschaftsbank gegenüber langjährigen Mitgliedern, BGH NJW **78,** 947.

B. Für eine solche ordentliche Kündigung ist an sich keine Frist vorgeschrieben 2 (§§ 675 I, 671 I BGB), vgl BGH WM **85,** 1136; Härten im Einzelfall, zB bei Kreditkündigung, sind über entsprechende Rücksichtspflichten der Bank zu bewältigen (s **(7)** Bankgeschäfte Rn G/16). Dennoch verpflichtet sich die Bank in I außer bei unbefristeten Krediten (II) zur **Einhaltung einer Kündigungsfrist.** Diese beträgt für die Kündigung eines Zahlungsdiensterahmenvertrags (§ 675f II BGB, zB laufendes Konto oder Kartenvertrag) und eines Depots mindestens **zwei Monate** (**I 3** nF 2009, § 675h II 2 BGB idF VerbrKrRiUmsetzG; nach aF sechs Wochen), das erlaubt das Aufbrauchen von Scheckvordrucken, Briefbögen etc und gibt Zeit für die Umstellung von Daueraufträgen ua auf eine neue Kontoverbindung. In den übrigen Fällen muss sie angemessen sein (**I 1**). Bei der Bemessung der Kündigungsfrist verspricht die Bank Rücksichtnahme auf die berechtigten Belange des Kunden (**I 2**). Das entspricht dem Verbot der Kündigung zur Unzeit und weiteren Schranken aus § 242 BGB (s **(7)** Bankgeschäfte Rn G/16).

2) Kündigung unbefristeter Kredite (II): II bringt eine Ausnahme zur Kündi- 3 gungsfrist nach I 1. Unbefristete Kredite und Kreditzusagen kann die Bank jederzeit **ohne Einhaltung einer Kündigungsfrist** kündigen (**II 1**), so zB die auf einem Girokonto „bis auf weiteres" (Baw) zugesagten Kredit- bzw Dispolinien. Die Bank verspricht aber Rücksichtnahme auf die berechtigten Belange des Kunden (**II 2;** vgl I 2, s Rn 2); außerdem gilt V mit einer Abwicklungsfrist. Damit werden die von der Rspr teilweise zu streng gefassten Grenzen des ordentlichen Kündigungsrechts (§ 242 BGB) angesprochen, ohne diese näher zu regeln. Da Unsicherheiten danach bestehen blieben,

Hopt   1927

(8) AGB-Banken 19 4–5c

stellt II Unterabs 2 nF 2009 klar, dass bei Sonderregelung des BGB für die Kündigung eines Verbraucherdarlehensvertrages die Bank nur nach Maßgabe dieser Regelungen kündigen kann. II ist bewusst so gefasst, damit die Kreditzusagen nicht der Kapitalunterlegungspflicht nach KWG (Grundsatz I) unterfallen. II verstößt nicht gegen **(5)** §§ 307, 308 Nr 3 BGB, Kln WM **99,** 1004, hL. Lit: Hopt/Mülbert § 609 Rn 19, 77 ff.

3) Kündigung aus wichtigem Grund ohne Einhaltung einer Kündigungsfrist (III)

4   A. III entspricht Nr 17 S 2 aF (bis 1993). Auch bei einer von I 1 abweichenden Vereinbarung über Laufzeit oder Kündigungsregelung hat die Bank wie bei allen Dauerschuldverhältnissen (§ 314 BGB idF SMG) das Recht zur fristlosen Kündigung aus wichtigem Grund (**außerordentliche Kündigung, III 1**; entspr für den Kunden Nr 18 II). **Wichtiger Grund** ist ein solcher, der der Bank die Fortsetzung der (gesamten oder einzelnen) Geschäftsbeziehung auch unter (bis 1. 4. 02: angemessener, Wittig/Wittig WM **02,** 150) Berücksichtigung der berechtigten Belange des Kunden unzumutbar werden lässt, die (gesamte oder einzelne) Geschäftsbeziehung fortzusetzen. Das ist zwingendes Recht, III 1 ist nur deklaratorisch. Die außerordentliche Kündigung wird nicht dadurch zur ordentlichen, dass die Bank dem Kunden entgegenkommend doch eine Frist einräumt, es sei denn, sie wählt trotz des wichtigen Grundes eine bloße ordentliche Kündigung. Ausnahmsweise kann auch bei der außerordentlichen Kündigung erst Abmahnung nötig sein (s **(7)** Bankgeschäfte Rn G/18).

5   B. III 2 idF 1. 4. 02 gibt drei wichtige, aber letztlich nicht bindende **Beispiele für solche wichtigen Gründe** (str, iErg auch Canaris 1247; s **(7)** Bankgeschäfte Rn G/18). III 2 ist somit richtig ausgelegt wirksam, hL, stRspr. Die dort genannten drei Fälle, die in der nF zwecks besserer Übersichtlichkeit in drei Spiegelstriche auseinandergezogen sind, sind nicht abschließend („insbesondere"), zB unberechtigte Vorwürfe und Beleidigungen, Kln WM **93,** 325.

5a **a) Unrichtige Angaben** des Kunden **über seine Vermögensverhältnisse** (III 2 Spiegelstrich 1 idF 1. 4. 02, vorher: Vermögenslage) genügen nur, wenn sie für die Entscheidung der Bank von erheblicher Bedeutung waren, zB die Sicherheit des Kredits gefährden oder etwa im Fall der Aushändigung einer Zahlungskarte Zweifel an der Zuverlässigkeit des Kunden begründen. Den unrichtigen Angaben steht pflichtwidrige Unterlassung vollständiger Aufklärung gleich (jedenfalls ist III 2 nicht abschließend, s Rn 5), BankrechtsHdb/Bunte 3. Aufl 2007 § 24 Rn 31.

5b **b)** Wichtiger Grund ist auch, wenn eine **wesentliche Verschlechterung der Vermögensverhältnisse** des Kunden **oder der Werthaltigkeit einer Sicherheit** eintritt oder einzutreten droht und dadurch die Rückzahlung des Darlehens oder die Erfüllung einer sonstigen Verbindlichkeit gegenüber der Bank – auch unter Verwertung einer hierfür bestehenden Sicherheit – gefährdet ist.(III 2 Spiegelstrich 2 idF 1. 4. 02). Die nF bildet im Wesentlichen § 490 I BGB idF SMG nach, dazu **(7)** Bankgeschäfte Rn G/19 (aF entsprach im Wesentlichen § 610 aF BGB; ließ aber schon bloß drohenden Eintritt der Vermögensverschlechterung genügen, was nicht zu beanstanden war). III 2 Spiegelstrich 2 beschränkt sich aber nicht wie § 490 I BGB auf Darlehen, sondern erfasst allgemeiner auch die Erfüllung sonstiger Verbindlichkeiten gegenüber der Bank, womit auch für diese Fälle die Einschränkung „unter Verwertung" einer Sicherheit gilt. III 2 Spiegelstrich 2 ist wirksam, Sonnenhol WM **02,** 1265, und zwar einerlei ob § 490 I BGB insoweit ein gesetzliches Leitbild enthält oder nicht, wie str ist, Köngen WM **01,** 1643, Mülbert WM **02,** 474. Die Vermögensverschlechterung bzw ihr Drohen muss objektiv vorliegen, nicht nur aus Sicht des Darlehensgebers. Ein wichtiger Grund liegt auch noch vor, wenn die schlechten Vermögensverhältnisse erst nachträglich bekannt werden, str (wenn nicht III 2 Spiegelstrich 2, dann III 1), aber mangels hinreichender Informationsbemühungen vorher kann die Bank sich nach § 242 BGB nicht darauf berufen (vgl § 321 BGB: Unsicherheitseinrede bei erst nachträglicher Erkennbarkeit der Anspruchsgefährdung). Bei der Bewertung ist nach dem Zweck von III idR auf den Liquidationswert abzustellen, BGH NJW **78,** 947 (vgl aber Einl 37 vor § 1 HGB). Lit: Hopt/Mülbert § 609 Rn 103 ff.

5c **c)** Wichtiger Grund ist nach III 2 Spiegelstrich 3 auch, wenn der **Anspruch der Bank auf Sicherheiten** aus Nr 13 II oder auf Grund sonstiger Abrede nicht innerhalb der von der Bank gesetzten angemessenen Frist erfüllt wird. III 2 Spiegelstrich 3 ist wirksam (s Rn 5). Der Anspruch auf Sicherheiten muss aber tatsächlich gegeben sein (Nr 13 I, II), im Einzelfall kann § 242 BGB entgegenstehen, BGH NJW **81**, 1363.

C. **Abhilfefrist oder Abmahnung (III 3):** IIII 3 neu 1. 4. 02 trägt § 314 BGB **6** idF SMG Rechnung und übernimmt diesen nahezu wörtlich in die AGB-Banken. Besteht der wichtige Grund in der Verletzung einer vertraglichen Pflicht, ist die Kündigung grundsätzlich erst nach erfolglosem Ablauf einer angemessenen Abhilfefrist oder nach erfolgloser Abmahnung zulässig (III 3 Halbs 1). Das gilt nur dann nicht, wenn die Setzung einer Abhilfefrist oder die Abmahnung wegen der Besonderheiten des Einzelfalles (§ 323 II, III BGB idF SMG) entbehrlich ist (III 3 Halbs 2). III 3 Halbs 2 übernimmt §§ 314 II 2 iVm 323 II BGB und ist insoweit nur deklaratorisch; die einzelnen Fälle des § 323 II BGB braucht III 3 Halbs 2 deshalb trotz des Transparenzgebots nicht aufzuzählen. § 323 II BGB nennt drei Fälle solcher Entbehrlichkeit: ernsthafte und endgültige Leistungsverweigerung; Nichtbewirken einer termin- oder fristgebundenen Leistung, wenn der Fortbestand des Leistungsinteresses des Gläubigers vertraglich an die Rechtzeitigkeit der Leistung gebunden ist; und besondere Umstände, die unter Abwägung der beiderseitigen Interessen den sofortigen Rücktritt rechtfertigen.

4) Kündigung von Verbraucherdarlehensverträgen bei Verzug (IV): IV idF **7** 1. 4. 02 verweist für die Kündigung wegen Verzuges mit der Rückzahlung eines Verbraucherdarlehens rein deklaratorisch auf die besonderen Kündigungsvorschriften des BGB (vgl zwingend §§ 498, 506 nF BGB, §§ 12, 18 aF VerbrKrG).

5) Abwicklung nach einer Kündigung (V): V räumt (ohne Entsprechung in **8** Nr 18 aF bis 1993) dem Kunden im Falle einer Kündigung ohne Kündigungsfrist (II, aber auch III) eine **angemessene Abwicklungsfrist** ein. Das gilt vor allem für die Rückzahlung eines Kredits. Eine solche Frist entfällt nur, wenn die sofortige Erledigung nötig ist, zB Rückgabe von Scheckvordrucken beim Scheckvertrag.

6) Rechtsfolgen der Kündigung; Fortgeltung der AGB

A. Die **Rechtsfolgen der Kündigung** sind in Nr 18, 19 mit Ausnahme der Ein- **9** räumung einer angemessenen Abwicklungsfrist für den Kunden (s V) **nicht geregelt** (anders Nr 18 aF bis 1993). Diese ergeben sich aus allgemeinem Vertrags- und Gesetzesrecht. Dabei ergeben sich erhebliche Unterschiede je nachdem, ob eine einzelne oder die gesamte Geschäftsverbindung aufgelöst werden (**Trennung zwischen** dem **Bankvertrag und** den **einzelnen Bankgeschäften**). Mit der Auflösung der Letzteren enden nicht ohne weiteres auch alle ersteren, s (**7**) Bankgeschäfte G/15. Zu den erheblichen Konsequenzen für bereits gewährte Kredite s Canaris 1240.

B. Die **AGB** der Bank gelten nach Kündigung einzelner auf Dauer angelegter **10** Geschäftsbeziehungen ohne weiteres fort, aber auch nach Kündigung der Geschäftsverbindung im ganzen **bis zur völligen Beendigung** (vgl V; ausdrücklich Nr 18 II aF bis 1993). Denn bei Dauerschuldverhältnissen fallen die Auflösung und Vollbeendigung (nach Abwicklung) nicht unbedingt zusammen, und auch das Abwicklungsverhältnis betrifft noch zwei Vertragspartner. Dem steht nicht entgegen, dass **nicht mehr Vertragserfüllung**, zB vertragliche Überziehungszinsen, geschuldet wird (s Rn 12). Bereits bestellte **Sicherheiten** haften weiter. Stornorecht während Abwicklung s Nr 8 Rn 5. Bei Sicherheiten, die die Bank erst während der Abwicklung der gesamten Geschäftsverbindung erlangt, wird es idR am fortdauernden Einigsein des Kunden mit der Bestellung fehlen (s Nr 14 Rn 4). Dann hat die Bank aber jedenfalls Zurückbehaltungs- und Aufrechnungsrechte.

C. **Beispiele:** Mit Ende der Geschäftsverbindung wird der Gesamtsaldo auch vor **11** Kontokorrentperiodenende fällig (s § 355 HGB Rn 23). Die Bank kann Verpflichtungen, insbesondere solche in fremder Währung, glattstellen. Die Bank kann spätestens jetzt Aufwendungsersatz, Befreiung von ihr für den Kunden eingegangenen Verbindlichkeiten und bis dahin Sicherheitsleistung verlangen (§§ 670, 257 BGB, vgl § 775 BGB). Ob die Bank Bürgschaften, Garantien und sonstige Haftungsverpflichtungen kündigen kann, richtet sich nach dem jeweiligen Haftungsvertrag; idR ist dieser unkündbar,

(8) AGB-Banken 20 1, 2   2. Handelsrechtl. Nebengesetze

Ausnahmen sind möglich. Entsprechendes gilt für die Zurückbelastung diskontierter Wechsel, Hopt/Mülbert Vorbem 687 zu §§ 607 ff.

12   Nach Vertragsende kann die Bank **nicht** mehr die vertraglichen **Überziehungszinsen** verlangen (anders Nr 14 III aF (bis 1993, aber unwirksam), sondern ist auf §§ 280 II, 286, 288, 289 S 2 BGB ua angewiesen, BGH WM **86,** 10, Kilimann NJW **90,** 1154. Überziehungskredite s Nr 12 Rn 2.

VII. Schutz der Einlagen

Einlagensicherungsfonds

AGB-Banken 20 (1) Schutzumfang

[1] Die Bank ist dem Einlagensicherungsfonds des Bundesverbandes deutscher Banken e. V. angeschlossen. [2] Der Einlagensicherungsfonds sichert alle Verbindlichkeiten, die in der Bilanzposition „Verbindlichkeiten gegenüber Kunden" auszuweisen sind. [3] Hierzu zählen Sicht-, Termin- und Spareinlagen einschließlich der auf den Namen lautenden Sparbriefe. [4] Die Sicherungsgrenze je Gläubiger beträgt 30% des für die Einlagensicherung jeweils maßgeblichen haftenden Eigenkapitals der Bank. [5] Diese Sicherungsgrenze wird dem Kunden von der Bank auf Verlangen bekannt gegeben. [6] Sie kann auch im Internet unter www.bankenverband.de abgefragt werden. [7] Sofern es sich bei der Bank um eine Zweigniederlassung eines Instituts aus einem anderen Staat des Europäischen Wirtschaftsraumes handelt, erbringt der Einlagensicherungsfonds Entschädigungsleistungen nur, wenn und soweit diese Verbindlichkeiten nicht vom Schutzumfang der Heimatlandeinlagensicherung umfasst sind. [8] Der Umfang der Heimatlandeinlagensicherung kann im Internet auf der Webseite der jeweils zuständigen Sicherungseinrichtung abgefragt werden, deren Adresse dem Kunden auf Verlangen von der Bank mitgeteilt wird.

(2) Ausnahmen vom Einlegerschutz

Nicht geschützt sind Forderungen, über die die Bank Inhaberpapiere ausgestellt hat, wie zB Inhaberschuldverschreibungen und Inhabereinlagenzertifikate, sowie Verbindlichkeiten gegenüber Kreditinstituten.

(3) Ergänzende Geltung des Statuts des Einlagensicherungsfonds

Wegen weiterer Einzelheiten des Sicherungsumfanges wird auf § 6 des Statuts des Einlagensicherungsfonds verwiesen, das auf Verlangen zur Verfügung gestellt wird.

(4) Forderungsübergang

Soweit der Einlagensicherungsfonds oder ein von ihm Beauftragter Zahlungen an einen Kunden leistet, gehen dessen Forderungen gegen die Bank in entsprechender Höhe mit allen Nebenrechten Zug um Zug auf den Einlagensicherungsfonds über.

(5) Auskunftserteilung

Die Bank ist befugt, dem Einlagensicherungsfonds oder einem von ihm Beauftragten alle in diesem Zusammenhang erforderlichen Auskünfte zu erteilen und Unterlagen zur Verfügung zu stellen.

1   **1) Einlagensicherungsfonds: Nr 20** idF 2009 wie bisher, Nr 20 I 7, 8 neu. Nr 20 trägt den Anforderungen von **§ 23 a KWG** (nF ab 1. 1. 98) Rechnung, Sonnenhol WM **00,** 853. § 23 a KWG verlangt nähere Information der Bankkunden über die Zugehörigkeit der Bank zu einer Sicherungseinrichtung (Legaldefinition in § 23 a I 1 KWG: Einrichtung zur Sicherung der Ansprüche von Einlegern und Anlegern). Zu Einlagensicherung und Anlegerentschädigung s **(7)** Bankgeschäfte Rn A/57. Das Statut des Einlagensicherungsfonds, Stand 8/96 ist abgedruckt in BankrechtsHdb/Bunte 3. Aufl 2007 § 25 Anh 4.

2   **2) Schutzumfang (I–III): I** informiert über den **Schutzumfang,** zunächst darüber, dass die Bank dem Einlagensicherungsfonds des Bundesverbandes deutscher Banken angeschlossen ist **(I 1).** Gesichert sind alle in der Bilanzposition „Verbindlich-

V. Bankgeschäfte (m. Börsen- u. KapMR) **AGB-Banken 21 (8)**

keiten gegenüber Kunden" auszuweisenden Verbindlichkeiten (**I 2**). Dazu zählen Sicht-, Termin- und Spareinlagen (s (**7**) Bankgeschäfte Rn B/1) einschließlich der auf den Namen lautenden Sparbriefe (**I 3**). Die Sicherungsgrenze je Gläubiger beträgt 30% des für die Einlagensicherung jeweils (verdeutlichend eingefügt ab 1. 4. 02) maßgeblichen haftenden Eigenkapitals der Bank (**I 4**). Der Kunde kann von der Bank die Bekanntgabe der Sicherungsgrenze verlangen und diese auch beim Bundesverband deutscher Banken (www.bankenverband.de) im Internet abfragen, wo die jeweilige Zahl prompt erhältlich ist (**I 5, 6** neu 1. 4. 02). I 1 ist nicht nur eine Tatsachenerklärung, die die Bank ggf richtigzustellen hat, sondern begründet eine wesentliche Vertragspflicht für die Bank (s (**7**) Bankgeschäfte Rn A/57), deren Verletzung einen wichtigen Kündigungsgrund darstellen (Nr 18 II) und die Bank schadensersatzpflichtig machen würde (aber keine Vertrauenshaftung, (**7**) Bankgeschäfte Rn A/57). **I 7, 8** nF 2009 enthält Sonderregelungen für Zweigniederlassungen eines Instituts aus einem anderen Staat des EWR. Hier erbringt der Einlagensicherungsfonds Entschädigungsleistungen nur, wenn und soweit diese Verbindlichkeiten nicht vom Schutzumfang der Heimatlandsicherung umfasst sind. Der Kunde erhält auf Anfrage von der betreffenden Bank die Adresse der jeweils zuständigen Sicherungseinrichtung. Nicht geschützt sind Inhaberpapiere über Forderungen der Bank und Verbindlichkeiten gegenüber Kreditinstituten (**II**). **III** verweist wegen weiterer Einzelheiten des Sicherungsumfangs auf § 6 des Statuts des Einlagensicherungsfonds (s Rn 1).

3) Forderungsübergang (IV): IV enthält, um zu Rechtsfolge wie nach § 774 **3** BGB zu kommen, eine (durch Forderungserwerb des Kunden und Zahlung der Entschädigung an ihn) aufschiebend bedingte antizipierte Forderungsabtretung (§ 398 BGB), Canaris 1722, Bunte 518, die ua wegen der für die Forderungen bestellten Sicherungsrechte wichtig ist (§ 401 BGB). Der Forderungsübergang findet nur in Höhe der an den Kunden geleisteten Entschädigung, Zug um Zug und mit allen Nebenrechten statt. IV ist wirksam, da die Forderungen hinreichend bestimmt sind. Der Forderungsabtretung liegt ein Forderungskauf zugrunde.

4) Auskunftserteilung (V): V begründet für die Bank das Recht zur Auskunfts- **4** erteilung an den Einlagensicherungsfonds oder einen von ihm Beauftragten und zur Zurverfügungstellung aller notwendigen Unterlagen (insoweit Befreiung vom Bankgeheimnis). Das ist angesichts der Zweckrichtung und Eingrenzung wirksam. Dass die allgemeinen rechtlichen Grenzen eingehalten werden müssen, braucht V nicht eigens zu sagen.

Ombudsmannverfahren

Außergerichtliche Streitschlichtung

AGB-Banken 21 [1] Für die Beilegung von Streitigkeiten mit der Bank besteht für Verbraucher die Möglichkeit, den Ombudsmann der privaten Banken anzurufen. [2] Betrifft der Beschwerdegegenstand eine Streitigkeit aus dem Anwendungsbereich des Zahlungsdiensterechts (§§ 675 c bis 676 c des Bürgerlichen Gesetzbuches), können auch Kunden, die keine Verbraucher sind, den Ombudsmann der privaten Banken anrufen. [3] Näheres regelt die „Verfahrensordnung für die Schlichtung von Kundenbeschwerden im deutschen Bankgewerbe", die auf Wunsch zur Verfügung gestellt wird oder im Internet unter www.bankenverband.de abrufbar ist.

Die Beschwerde ist schriftlich an die Kundenbeschwerdestelle beim Bundesverband deutscher Banken e. V., Postfach 04 03 07, 10062 Berlin, zu richten.

1) Nr 21 nF 2009 weist auf die Möglichkeit einer außergerichtlichen Streitschlichtung zwischen Bank und Verbraucher durch den Ombudsmann der privaten Banken hin (**I 1**), näher (**7**) Bankgeschäfte Rn A/56. Bei Streitigkeiten aus dem Anwendungsbereich des Zahlungsdiensterechts (§§ 675c–676c BGB) können auch Kunden, die nicht Verbraucher sind (§ 13 BGB), den Ombudsmann anrufen (**I 2**). **II 3 und 4** weisen auf die Verfahrensordnung und die Kundenbeschwerdestelle beim Bundesverband deutscher Banken e. V. hin.

(8) AGB-WPGeschäfte Einl 1–3 2. Handelsrechtl. Nebengesetze

Sonderbedingungen für Wertpapiergeschäfte
(AGB-WpGeschäfte)

Fassung 1. November 2007

Einleitung

Schrifttum

S vor **(8)** AGB-Banken. Spezieller BuB/*Wagner* 7/24 (AGB-WPGeschäfte). – *Bunte,* AGB-Banken und Sonderbedingungen, 2. Aufl 2009, Sonderbedingungen für Wertpapiergeschäfte (Sp Wp 8). – *Wagner,* Sonderbedingugnen für Wertpapiergeschäfte, 2008. – *Wagner* WM **07, 1725.**

1 **1)** S Einl 5 vor **(8)** AGB-Banken. Den **Sonderbedingungen für Wertpapiergeschäfte vom 1. 11. 2007** der Banken, auch in WM **07, 1769,** entsprechen die **(8 a)** Bedingungen für WPGeschäfte (Sparkassen) (s **(8 a)** Einl 1 vor Nr 1). Die **(8)** Sonderbedingungen für Wertpapiergeschäfte sind 1995, WM **95,** 362, an die Stelle der bis dahin geltenden **(8)** AGB-Banken Nr 29–29 aF getreten (s 29. Aufl), und zwar wegen der Anpassungsschwierigkeiten später als die **(8)** AGB-Banken nF 1. 1. 93. Sie sind im Hinblick auf die Änderungen der Bedingungen der Deutsche Börse AG zum 1. 1. 2000 (Nr 6 über das Erlöschen laufender Aufträge) und im Hinblick auf das 4. FinanzmarktfördG 2002 und die Einführung eines „Zentralen Kontrahenten" (CCP) durch die Deutsche Börse im ersten Quartal 2003 zum 1. 1. 2003, zu diesem Horn WM Sonderbeil 2/**02,** erneut geändert worden. Die Fassung vom 1. 11. 2007 wurde durch das FinanzmarktRiUmsetzG (FRUG) erforderlich und trägt neueren Kapitalmarktentwicklungen Rechnung. Diesbezügliche Änderungen betreffen Nrn 1–9 und 20 mit zT erheblichen sprachlichen und inhaltlichen Abweichungen gegenüber früher. Die Sonderbedingungen lassen Pflichten ex lege, soweit nicht abdingbar, unberührt, zB die privatrechtlichen allgemeinen Verhaltenspflichten der Bank, s **(7)** Bankgeschäfte Rn A/ 6 ff, oder die öffentlichrechtlichen Verhaltensregeln für WPDienstleistungsinstitute nach **(16)** WpHG §§ 31 ff (s Nr 13 Rn 1). Namentlich die **Aufklärungs- und Beratungspflichten der Bank** beim WPGeschäft sind in den Sonderbedingungen nicht geregelt und bleiben **unberührt** (s **(7)** Bankgeschäfte Rn A/29 und im Einzelnen § 347 HGB Rn 26). Lit zur Fassung 1995: Langbein 1995; Grimm WiB **95,** 56, Kümpel WM **95,** 137, Bankrechtstag **95,** 165; zur Fassung 2003: Hopt/Clouth/Seyfried 3. Aufl 2007 Form IV. Q.1 (Nrn 1–12), Hopt/Clouth 3. Aufl 2007 IV. W.1 (Nrn 13–20); zur **Fassung 2007:** siehe Schrifttum.

2 **2) Anwendungsbereich:** Die Sonderbedingungen für WPGeschäfte gelten für den Kauf oder Verkauf sowie für die Verwahrung von WP, einerlei ob verbrieft oder nicht (Einl S 1); zu Wertrechten s **(13)** DepotG § 1 Rn 2. Sie gelten nicht für Finanztermingeschäfte (s **(16)** WpHG § 2 II: Derivate und Optionsscheine), bei denen die Rechte nicht in Urkunden verbrieft sind (so noch ausdrücklich Einl S 2 Fassung 2003). Für diese gelten andere Bedingungen (Sonderbedingungen für Termingeschäfte). Finanztermingeschäfte in verbrieften Rechten, zB Aktienindexoptionsscheine, fallen dagegen wie Papiere aus dem Kassabereich unter die Sonderbedingungen. Auch Devisen- und Sortengeschäfte (s **(7)** Bankgeschäfte Rn N/1) fallen nicht unter die Sonderbedingungen für WPGeschäfte (anders früher), sondern unmittelbar unter Kommissions- oder Kaufrecht (§§ 383 ff HGB, §§ 433 ff BGB) und ggf die Sonderbedingungen für Termingeschäfte.

3 **3) Aufbau:** Die Sonderbedingungen für WPGeschäfte regeln diese in vier Abschnitten: Geschäfte in WP **(Nr 1–2),** besondere Regelungen für das Kommissionsgeschäft **(Nr 3–9),** Erfüllung der WPGeschäfte **(Nr 10–12)** und die Dienstleistungen im Rahmen der Verwahrung **(Nr 13–20).**

Diese Sonderbedingungen gelten für den Kauf oder Verkauf sowie für die Verwahrung von Wertpapieren, und zwar auch dann, wenn die Rechte nicht in Urkunden verbrieft sind (nachstehend: „Wertpapiere").

V. Bankgeschäfte 1–3 **AGB-WPGeschäfte 1 (8)**

1) Die Sonderbedingungen gelten für **Wertpapiergeschäfte**. Was unter **Wertpa-** 1
pier verstanden wird, wird nicht näher definiert, außer dass es nicht auf Verbriefung
ankommen soll (Einl S 1), doch ist der bankrechtliche WPBegriff unter Einschluss der
Bucheffekten zugrundezulegen (s **(13)** DepotG § 1 Rn 1, 2), vgl auch die WPDefinitionen in **(16)** WpHG § 2 I und § 1 XI 2 KWG. Für Finanztermingeschäfte (Definition s **(16)** WpHG § 2 II a) ohne Verbriefung gelten die Sonderbedingungen für
Termingeschäfte, Hopt/Clouth/Seyfried, 3. Aufl 2007, Form IV. R.1.

Geschäfte in Wertpapieren

Formen des Wertpapiergeschäfts

AGB-WPGeschäfte 1 (1) **Kommissions-/Festpreisgeschäfte**Bank und
Kunde schließen Wertpapiergeschäfte in Form von Kommissionsgeschäften **(2)**
oder Festpreisgeschäften **(3)** ab.

(2) Kommissionsgeschäfte[1] Führt die Bank Aufträge ihres Kunden zum Kauf
oder Verkauf von Wertpapieren als Kommissionärin aus, schließt sie für Rechnung
des Kunden mit einem anderen Marktteilnehmer oder einer Zentralen Gegenpartei
ein Kauf- oder Verkaufsgeschäft (Ausführungsgeschäft) ab, oder sie beauftragt
einen anderen Kommissionär (Zwischenkommissionär), ein Ausführungsgeschäft
abzuschließen. [2] Im Rahmen des elektronischen Handels an einer Börse kann der
Auftrag des Kunden auch gegen die Bank oder den Zwischenkommissionär unmittelbar ausgeführt werden, wenn die Bedingungen des Börsenhandels dies zulassen.

(3) Festpreisgeschäfte[1] Vereinbaren Bank und Kunde miteinander für das einzelne Geschäft einen festen oder bestimmbaren Preis (Festpreisgeschäft), so
kommt ein Kaufvertrag zustande; dementsprechend übernimmt die Bank vom
Kunden die Wertpapiere als Käuferin, oder sie liefert die Wertpapiere an ihn als
Verkäuferin. [2] Die Bank berechnet dem Kunden den vereinbarten Preis, bei verzinslichen Schuldverschreibungen zuzüglich aufgelaufener Zinsen (Stückzinsen).

1) **Nr 1 I–III** nF 2007 betrifft die verschiedenen Formen von WPGeschäften. I 1
stellt klar klar, dass Bank und Kunde WPGeschäfte in Form von Kommissionsgeschäften (II) oder Festpreisgeschäften (III) abschliessen. Demgegenüber behandelten
Nr 1 aF nur die einfache Kommission (jetzt II) und Nr 9 aF die Festpreisgeschäfte
(jetzt III). Nr 1 I dient nicht nur der Klarstellung, sondern trägt **(16)** WpHG § 33 a nF
2007 iVm § 11 WpDVerOV Rechnung, wonach jedes Kreditinstitut zur bestmöglichen Ausführung von WPGeschäften entsprechende Ausführungsgrundsätze zu verfassen hat. Die bisher in Nrn 1 aF, 9 aF enthaltenen, abstrakt formulierten Ausführungsgrundsätze reichten dafür nicht mehr aus. Anforderungen an diese Grundsätze in
(16) WpHG § 33. Jedes Kreditinstitut kann für sich entscheiden, ob es WPGeschäfte
im Wege des Kommissionsgeschäfts oder des Festpreisgeschäfts abschliessen will. Nur
auf diesem Hintergrund ist Nr 1 I–III nF verständlich, Wagner WM **07,** 1726.

2) **II** regelt den Fall der Ausführung von Kundenaufträgen (nicht technisch iSv 2
§ 662 BGB) zum Kauf oder Verkauf von WP im Wege der **einfachen Kommission**
(§ 383 HGB Rn 2). Das ist anders als nach Nr 1 aF, BGH WM **02,** 1688, nicht mehr
der Regelfall, sondern wird von der Bank gemäß ihren Ausführungsgrundsätzen (s
Rn 1) entschieden. Festpreisgeschäfte s III.

Ausführung nach **II 1** geschieht entweder durch Abschluss des Ausführungsge- 3
schäfts (Kauf oder Verkauf) durch die Bank mit einem **anderen Marktteilnehmer**
(also auch außerhalb der Börse, zB mit einem anderen Kreditinstitut) oder durch
Beauftragung eines **Zwischenkommissionärs** (zB eine Landesbank oder bei Auslandsgeschäft ein dortiger Händler bzw Broker), der dann seinerseits ein Ausführungsgeschäft abschließt (**II 1**). II 1 erwähnt zusätzlich die Möglichkeit der Einschaltung
einer **Zentralen Gegenpartei** zwischen dem Kunden und der Bank, wie von der
Deutschen Börse AG als Trägerin der Frankfurter WPBörse ab 2003 eingerichtet
(Central Counter Party, CCP). Das dient der Klarheit, da die Zentrale Gegenpartei
streng genommen kein anderer Marktteilnehmer iSv II 1 ist, Bunte 40. Die Bank sieht

(8) AGB-WPGeschäfte 2   2. Handelsrechtl. Nebengesetze

danach gemäß II 1 (anders als früher, Nr 29 I 1 aF) generell von der Vereinbarung eines Selbsteintritts nach §§ 400–405 HGB ab, und zwar selbst für Ausnahmefälle (keine escape-Klausel). Es gelten also §§ 383 ff HGB. Folge der kommissionsrechtlichen Ausführung ist, dass dem Kunden alle Vorteile aus dem Ausführungsgeschäft (Herausgabepflicht nach § 667 BGB, ohne Beweislast des Kunden wie beim Selbsteintritt), aber auch alle Verluste und Nachteile zukommen, an sich auch das Insolvenzrisiko des Ausführungsgeschäftspartners der Bank, aber insoweit gilt zugunsten des Kunden Nr 9. Die Zuordnung des Ausführungsgeschäfts an einen bestimmten Kunden ist kraft Auftragsrechts aber auch nach **(16)** WpHG § 34 erforderlich.

4   II 2 dient als rechtliche Grundlage für Orderausführungen in Xetra-Best und ähnlichen Systemen, bei denen Banken oder WPHdlHäuser einen Preis stellen. **Im elektronischen Handel** an der Börse können danach Aufträge des Kunden **auch gegen die Bank oder den Zwischenkommissionär unmittelbar** ausgeführt werden, sofern die Bedingungen des Börsenhandels dies zulassen. Bietet die Bank die Orderausführung in Xetra-Best oder einem ähnlichen System nicht an, greift II 2 nicht ein. Wird diese Möglichkeit angeboten, tritt sie als weiterer Weg neben das Kommissionsgeschäft (§§ 383 ff HGB, ohne Selbsteintritt, s Rn 3) und das Festpreisgeschäft (III).

5   **3) III** (früher Nr 9) regelt den Fall, dass Bank und Kunde miteinander für das einzelne Geschäft einen festen oder bestimmbaren Preis vereinbaren. Dann handelt es sich um ein **Festpreisgeschäft** (auch Eigenhandel oder Propergeschäft genannt). III soll mit der Einfügung „miteinander" gegenüber Nr 9 aF deutlicher machen, dass beim Festpreisgeschäft anders als bei der Kommission keine Dritten eingeschaltet sind, sondern die Pflichten allein den Kunden oder die Bank treffen. Ein Festpreisgeschäft liegt auch vor, wenn der vereinbarte Preis zwar zum Zeitpunkt des Vertragsschlusses noch nicht beziffert, aber nach den von den Parteien festgelegten Kriterien verlässlich bestimmt werden kann („bestimmbar"), Wagner WM **07,** 1727. So wird zB beim Fondskauf und Fondsverkauf der endgültige Preis erst durch den Ausgabe- oder Rücknahmepreis bestimmt, den nur die KapitalGes oder unter ihrer Mitwirkung auf der Basis des Inventarwerts börsentäglich neu ermittelt wird (§ 36 InvG). Festpreisgeschäft kommt vor zB beim Erwerb von festverzinslichen WP oder Investmentzertifikaten im Tafelgeschäft der Banken, uU auch mit institutionellen Anlegern, Kümpel WM **95,** 139. Beim Festpreisgeschäft handelt es sich statt um ein Kommissionsgeschäft um einen **Kauf** zwischen Bank und Kunde **(III 1).** Die Bank berechnet den vereinbarten Kaufpreis, bei verzinslichen Schuldverschreibungen kommen die aufgelaufenen Zinsen (Stückzinsen) hinzu **(III 2).** Der Preis des Deckungsgeschäfts geht den Kunden beim Festpreisgeschäft nichts an, im Gegenzug hat die Bank keine Provisions- und Aufwendungsersatzansprüche (sog Nettoabrechnung). Ob Kommission- oder Festpreisgeschäft vorliegt, bestimmt sich nach dem Parteiwillen bzw besonderen Indizien (ausführlich § 383 HGB Rn 7), insbesondere nach den Ausführungsgrundsätzen der jeweiligen Bank (s Nr 2). Auch beim Festpreisgeschäft ist Bedingung des Abschlusses eines Deckungsgeschäfts möglich, das muss aber besonders vereinbart werden, Bunte 48. Aufklärungspflichten beruhen auch beim Proper(Eigen-)geschäft auf der Berufsstellung der Bank (§ 347 HGB Rn 22); Aufklärungspflicht besonders bei Berechnung von Preisen, die eindeutig nicht marktgerecht sind (vgl Rspr zu Warenterminoptionsprämien, § 347 HGB Rn 26; Recht und Praxis in USA: ab 5% über Marktpreis). Auch beim Festpreisgeschäft gelten **(13)** DepotG §§ 18–30, **(13)** DepotG § 31 und **(16)** WpHG. Preis- und Vergütungsgestaltung im WPHandel Köndgen FS Canaris **07** II 183.

6   **4)** Zur Frage der Geltung inländischer oder ausländischer Usancen, relevant ua für Lieferfrist, s BuB/Wagner 7/106, Bunte 49 f.

Ausführungsgrundsätze für Wertpapiergeschäfte

AGB-WPGeschäfte 2

[1] Die Bank führt Wertpapiergeschäfte nach ihren jeweils geltenden Ausführungsgrundsätzen aus. [2] Die Ausführungsgrundsätze sind Bestandteil der Sonderbedingungen. [3] Die Bank ist berechtigt, die Ausführungsgrundsätze entsprechend den aufsichtsrechtlichen Vorgaben zu ändern.

⁴Über die Änderungen der Ausführungsgrundsätze wird die Bank den Kunden jeweils informieren.

1) Nr 2 nF 2007 betrifft die Ausführungsgrundsätze für WPGeschäfte. Nr 2 ist 1 gegenüber Nr 2 idF 2003 viel schlanker, weil die Bank, wie nunmehr **Satz 1** besagt, WPGeschäfte nach ihren jeweils geltenden eigenen Ausführungsgrundsätzen ausführt, die sie nach **(16)** WpHG § 33 a nF 2007 festlegen und mindest jährlich überprüfen muss. Eine abstrakte Vorabfestlegung in den Sonderbedingungen wie bisher erübrigt sich damit. Die Bank ist gegenüber dem Kunden an diese Ausführungsgrundsätze gebunden. Doch kann sie einen Auftrag auch gemäß einer ausdrücklichen Kundenweisung ausführen, s **(16)** WpHG § 33 a IV nF 2007. Die Ausführungsgrundsätze sind Bestandteil der vorliegenden Sonderbedingungen, werden also Bestandteil der vereinbarten AGB **(Satz 2)**. Wenn die Bank ihre Ausführungsgrundsätze, wie nach **(16)** WpHG 33 a vorgesehen, überprüft und entsprechend den aufsichtsrechtlichen Vorgaben der BaFin ändert, dann erstrecken sich diese Änderungen nach **Satz 3** auch auf das Verhältnis zwischen Kunde und Bank. Kommt es zu einer solchen Änderung, wird die Bank den Kunden jeweils informieren **(Satz 4)**. Weitere Informationspflichten der Bank enthält **(16)** WpHG § 33 a VI nF 2007.

Besondere Regelungen für das Kommissionsgeschäft

Usancen/Unterrichtung/Preis

AGB-WPGeschäfte 3 (1) Geltung von Rechtsvorschriften/
Usancen/Geschäftsbedingungen Die Ausführungsgeschäfte unterliegen den für den Wertpapierhandel am Ausführungsplatz geltenden Rechtsvorschriften und Geschäftsbedingungen (Usancen); daneben gelten die Allgemeinen Geschäftsbedingungen des Vertragspartners der Bank.

(2) **Unterrichtung** ¹Über die Ausführung des Auftrags wird die Bank den Kunden unverzüglich unterrichten. ²Wurde der Auftrag des Kunden im elektronischen Handel an einer Börse gegen die Bank oder den Zwischenkommissionär unmittelbar ausgeführt, bedarf es keiner gesonderten Benachrichtigung.

(3) **Preis des Ausführungsgeschäfts/Entgelt/Auslagen** Die Bank rechnet gegenüber dem Kunden den Preis des Ausführungsgeschäfts ab; sie ist berechtigt, ihr Entgelt und ihre Auslagen einschließlich fremder Kosten in Rechnung zu stellen.

1) Nr 3 nF 2007 entspricht in I und III wortgleich den bisherigen Nr 1 II, III. Die 1 Ausführungsgeschäfte unterliegen den für den WPHandel am Ausführungsplatz geltenden Rechtsvorschriften und AGB, sog **Usancen (I)**, auch besonderen Usancen für den Freihandel. Ferner gelten die AGB des Vertragspartners der Bank.

2) Die Bank verspricht dem Kunden unverzügliche **Unterrichtung** über die Aus- 2 führung des Auftrags **(II 1)**. Eine gesonderte Benachrichtigung ist dann nicht erforderlich, wenn der Auftrag des Kunden im elektronischen Handel an einer Börse gegen die Bank oder den Zwischenkommissionär unmittelbar ausgeführt wird **(II 2)**.

3) Bei der Ausführung des Kommissionsauftrags rechnet die Bank gegenüber dem 3 Kunden den exakten Preis des konkret zurechenbaren Ausführungsgeschäftes ab (III Halbsatz 1). Hinzu kommen ihre Provision (Entgelt) und ihre Auslagen (§ 670 BGB), zu den letzteren gehören insbesondere fremde Kosten, die die Bank zB ihrerseits nach § 670 BGB übernehmen muss (III Halbsatz 2). Bei der Abrechnung ist § 384 II HGB zu beachten.

Erfordernis eines ausreichenden Kontoguthabens/Depotbestandes

AGB-WPGeschäfte 4 ¹Die Bank ist zur Ausführung von Aufträgen
oder zur Ausübung von Bezugsrechten nur insoweit verpflichtet, als das Guthaben des Kunden, ein für Wertpapiergeschäfte nutzbarer Kredit oder der Depotbestand des Kunden zur Ausführung ausreichen. ²Führt die Bank den Auftrag ganz oder teilweise nicht aus, so wird sie den Kunden unverzüglich unterrichten.

(8) AGB-WPGeschäfte 5, 6

1) Nr 4 nF 2007 (wie früher Nr 7) regelt das Erfordernis eines **ausreichenden Kontoguthabens** (oder eines für WPGeschäfte nutzbaren Kredits) bzw **Depotbestands (Satz 1).** Nr 4 entspricht der Vorschusspflicht nach § 669 BGB, danach besteht diese allerdings nur bei Verlangen von Vorschuss, Nr 4 sieht davon wirksam ab. Nr 4 gilt grundsätzlich auch bei Verkaufsaufträgen, Bunte 61, differenzierend BuB/Wagner 7/91, das ist wirksam. Die Bank kann auch teilweise ausführen (vgl Satz 2). Nr 4 begründet für die Bank keine Pflicht und schützt nicht den Kunden, Karls NJW-RR **04,** 1052. Die Bank kann wie jeder Kommissionär auch ohne Vorschuss(verlangen) ausführen, doch kann sie unter besonderen Umständen zur vorherigen Nachfrage verpflichtet sein, iErg abl Nürnbg BKR **03,** 550, Bunte 62, str. Unverzügliche (§ 121 I 1 BGB) Benachrichtigung durch die Bank **(Satz 2).** Satz 2 konkretisiert § 384 II 1 HGB.

Festsetzung von Preisgrenzen

AGB-WPGeschäfte 5 Der Kunde kann der Bank bei der Erteilung von Aufträgen Preisgrenzen für das Ausführungsgeschäft vorgeben (preislich limitierte Aufträge).

1) Nr 5 nF 2007 (früher Nr 3) stellt im Anschluss an § 386 HGB deklaratorisch klar, dass der Kunde bei der Erteilung von Aufträgen **Preislimits** (Höchst- oder Mindestpreis) setzen kann. Das entspricht der allgemeinen Weisungsfreiheit des Kunden (Nr 2 Rn 1). **Bestens**-Auftrag ist Kommissionsgeschäft mit entspr Bemühenspflicht der Bank, aber schon Interessenwahrungspflicht nach § 384 I HGB.

Gültigkeitsdauer von unbefristeten Kundenaufträgen

AGB-WPGeschäfte 6 (1) **Preislich unlimitierte Aufträge** ¹Ein preislich unlimitierter Auftrag gilt entsprechend den Ausführungsgrundsätzen (Nr. 2) nur für einen Handelstag; ist der Auftrag für eine gleichtägige Ausführung nicht so rechtzeitig eingegangen, dass seine Berücksichtigung im Rahmen des ordnungsgemäßen Arbeitsablaufs möglich ist, so wird er für den nächsten Handelstag vorgemerkt. ²Wird der Auftrag nicht ausgeführt, so wird die Bank den Kunden hiervon unverzüglich benachrichtigen.

(2) **Preislich limitierte Aufträge** ¹Ein preislich limitierter Auftrag ist bis zum letzten Handelstag des laufenden Monats gültig (Monats-Ultimo). ²Ein am letzten Handelstag eines Monats eingehender Auftrag wird, sofern er nicht am selben Tag ausgeführt wird, entsprechend den Ausführungsgrundsätzen (Nr. 2) für den nächsten Monat vorgemerkt. ³Die Bank wird den Kunden über die Gültigkeitsdauer seines Auftrags unverzüglich unterrichten.

1) Nr 6 nF 2007 (früher Nr 4) regelt ohne große praktische Bedeutung entsprechend den in Nr 2 geregelten Ausführungsgrundsätzen (so ausdrücklich I und II) die **Gültigkeitsdauer** von unbefristeten **Kundenaufträgen** unterschiedlich für preislich unlimitierte, dann nur für einen Handelstag (**I 1,** Tagesgültigkeit, außer wenn zu spät eingegangen, dass Weiterleitung vor Börsenschluss nicht mehr möglich ist, dann Vormerkung für den nächsten Handelstag, I 1 Halbs 2, Karls ZIP **99,** 1125), und preislich limitierte Aufträge, dann bis zum Monats-Ultimo (**II 1,** Ultimogültigkeit), ausnahmsweise Vormerkung für den gesamten nächsten Monat (**II 2**). Änderung des früheren Begriffs „Börsentag" in „Handelstag" ist rein redaktionell (Grund s Rn 8 Rn 1). Die bloße **Tagesgültigkeit preislich unlimitierter Aufträge** schützt den Kunden bei hohen Volatilitäten, die auch im WPKassamarkt vorkommen. Unterrichtungspflicht der Bank **(I 2, II 3)**. Bei Vormerkung für den nächsten Handelstag nach I 1 Halbs 2 erübrigt sich die Mitteilung am selben Handelstag, Mitteilung erst, wenn auch an diesem Tag nicht ausgeführt werden kann, Karlsr ZIP **99,** 1125. Unterrichtung nach II 3 erfolgt als sog Limit-Bestätigung, BuB/Wagner 7/80, Bunte 70, vgl § 384 II, III HGB. Erlischt der Auftrag infolge fahrlässig nicht rechtzeitiger Ausführung, haftet die Bank nach §§ 280 III, 283 BGB, da sie zu umgehender Weiterleitung verpflichtet ist (§ 384 Rn 4). Abrechnung erfolgt zu dem leicht fahrlässig versäumten Kurs des Eingangstags (§ 249 BGB, vgl für Selbsteintritt §§ 401 I, 402).

V. Bankgeschäfte 1 **AGB-WPGeschäfte 7, 8 (8)**

Gültigkeitsdauer von Aufträgen zum Kauf oder Verkauf von Bezugsrechten

AGB-WPGeschäfte 7 ¹Preislich unlimitierte Aufträge zum Kauf oder Verkauf von Bezugsrechten sind für die Dauer des Bezugsrechtshandels gültig. ²Preislich limitierte Aufträge zum Kauf oder Verkauf von Bezugsrechten erlöschen mit Ablauf des vorletzten Tages des Bezugsrechtshandels. ³Die Gültigkeitsdauer von Aufträgen zum Kauf oder Verkauf ausländischer Bezugsrechte bestimmt sich nach den maßgeblichen ausländischen Usancen. ⁴Für die Behandlung von Bezugsrechten, die am letzten Tag des Bezugsrechtshandels zum Depotbestand des Kunden gehören, gilt Nr. 15 Abs. 1.

1) **Nr 7** nF 2007 (wie früher Nr 5) regelt die **Gültigkeitsdauer** von **Aufträgen** 1 zum Kauf oder Verkauf von **Bezugsrechten** ähnlich wie Nr 6, nämlich wiederum unterschiedlich für preislich unlimitierte Aufträge (Unterabs I 1) und preislich limitierte (Unterabs I 2). Bezugsrechtshandel mindestens zwei Wochen (§ 186 I 2 AktG), Fristbestimmung durch Satzung, Hauptversammlung oder Vorstand. Bei Aufträgen über ausländische Bezugsrechte sind die maßgeblichen ausländischen Usancen für die Gültigkeitsdauer des Auftrags bestimmend (Unterabs I 3, der Unterabs I 2 vorgeht). Grund: Gleichlauf im Verhältnis Bank–Kunde und Bank–Makler. Für die Behandlung der Bezugsrechte am letzten Tag der Bezugsfrist gilt das Gebot bestmöglicher Verwertung (Unterabs 2, Nr 15 I).

Erlöschen laufender Aufträge

AGB-WPGeschäfte 8 (1) Dividendenzahlungen, sonstige Ausschüttungen, Einräumung von Bezugsrechten, Kapitalerhöhung aus Gesellschaftsmitteln¹ Preislich limitierte Aufträge zum Kauf oder Verkauf von Aktien an inländischen Ausführungsplätzen erlöschen bei Dividendenzahlung, sonstigen Ausschüttungen, der Einräumung von Bezugsrechten oder einer Kapitalerhöhung aus Gesellschaftsmitteln mit Ablauf des Handelstages, an dem die Aktien letztmalig einschließlich der vorgenannten Rechte gehandelt werden, sofern die jeweiligen Regelungen des Ausführungsplatzes ein Erlöschen vorsehen. ²Bei Veränderung der Einzahlungsquote teileingezahlter Aktien oder des Nennwertes von Aktien und im Falle des Aktiensplittings erlöschen preislich limitierte Aufträge mit Ablauf des Handelstages vor dem Tag, an dem die Aktien mit erhöhter Einzahlungsquote bzw. mit dem veränderten Nennwert bzw. gesplittet notiert werden.

(2) **Kursaussetzung** Wenn an einem inländischen Ausführungsplatz die Preisfeststellung wegen besonderer Umstände im Bereich des Emittenten unterbleibt (Kursaussetzung), erlöschen sämtliche an diesem Ausführungsplatz auszuführenden Kundenaufträge für die betreffenden Wertpapiere, sofern die Bedingungen des Ausführungsplatzes dies vorsehen.

(3) ¹Ausführung von Kundenaufträgen an ausländischen Ausführungsplätzen. ²Bei der Ausführung von Kundenaufträgen an ausländischen Ausführungsplätzen gelten insoweit die Usancen der ausländischen Ausführungsplätze.

(4) **Benachrichtigung** Von dem Erlöschen eines Kundenauftrags wird die Bank den Kunden unverzüglich benachrichtigen.

1) **Nr 8** nF 2007 regelt das **Erlöschen laufender Aufträge**. Nr 8 entspricht Nr 6 1 aF, letztere im Anschluss an die Änderung der Bedingungen für Geschäfte an der Frankfurter WPBörse über die Behandlung laufender Aufträge vom 26. 4. 99, wonach laufende preislich limitierte Aufträge in deutschen Aktien nicht mehr am ersten Börsentag nach der Hauptversammlung um die Bruttodividende abgeschlagen werden, sondern zu diesem Zeitpunkt erlöschen, Grund: Vereinheitlichung. **Dividendenzahlungen** und die anderen in I genannten Umstände lassen preislich limitierte Aufträge zum Kauf oder Verkauf von Aktien an inländischen Ausführungsplätzen erlöschen, sofern die jeweiligen Regelungen des Ausführungsplatzes ein Erlöschen vorsehen (**I**). Bei ausländischen Börsen bzw Ausführungsplätzen gilt das nicht. Änderung der früheren Begriffe „Börse" und „Börsentag" (so Nr 6 aF) in „Ausführungsplatz" und „Handelstag" ist rein redaktionell (Grund: FinanzmarktRiUmsetzG behandelt börsenund mulitlaterale HdlSysteme neutral).

Hopt 1937

(8) AGB-WPGeschäfte 9–11   2. Handelsrechtl. Nebengesetze

2 **2) Bei Kursaussetzung** (s **(14)** BörsG § 25 I 1 Nr 1 idF 2007), die an einem inländischen Ausführungsplatz wegen besonderer Umstände im Bereich des Emittenten (also nicht zB bei technischen Störungen, die zur Aussetzung führen können) erfolgt, erlöschen sämtliche an dieser Börse auszuführenden Kundenaufträge für die betreffenden WP **(II)**. Das gilt auch, wenn das in besonders gelagerten Einzelfällen nicht der Interessenlage von Kunde und Bank entspricht, Grund für II ist sichere Rechtslage, auch Vermeidung von Problemen mit Insider- und Ad-hoc-Publizitätsregeln (s **(16)** WpHG §§ 14, 15, und Einl 11, 12 vor § 1 WpHG), BuB/Wagner 7/87, Bunte 74.

3 **3) Bei Ausführung** von Kundenaufträgen an ausländischen Ausführungsplätzen gelten insoweit die dortigen Usancen **(III)**, Grund: Gleichlauf (Nr 7 Rn 1).

4 **4) Bei Erlöschen** des Kundenauftrags unverzügliche (§ 121 I 1 BGB) Benachrichtigung durch die Bank **(IV)**. Diese braucht angesichts des Massengeschäftscharakters nicht unbedingt telefonisch zu erfolgen, andererseits genügt auch nicht in jedem Fall bloße schriftliche Unterrichtung, aA BuB/Wagner 7/90, vielmehr zumutbar rascheste Unterrichtung, zB Fax, e-mail, Bunte 74.

Haftung der Bank bei Kommissionsgeschäften

AGB-WPGeschäfte 9 [1] Die Bank haftet für die ordnungsgemäße Erfüllung des Ausführungsgeschäfts durch ihren Vertragspartner oder den Vertragspartner des Zwischenkommissionärs. [2] Bis zum Abschluss eines Ausführungsgeschäfts haftet die Bank bei der Beauftragung eines Zwischenkommissionärs nur für dessen sorgfältige Auswahl und Unterweisung.

1 **1) Nr 9** nF 2007 (wie früher Nr 8) regelt die **Haftung der Bank bei Kommissionsgeschäften.** Die Bank haftet für die ordnungsgemäße Erfüllung des Ausführungsgeschäfts durch ihren Vertragspartner oder den Vertragspartner des Zwischenkommissionärs (vgl Nr 1 II 1), also ohne Einschränkung nach **§ 278 BGB**, keine Substitution **(Satz 1)**. Eine Benennung des Vertragspartners (vgl § 384 III HGB) ist nicht vorgesehen, aber auch nicht ausgeschlossen und kann im Einzelfall erforderlich werden. Das gilt aber erst ab Abschluss des Ausführungsgeschäfts. Vorher haftet die Bank bei Beauftragung eines Zwischenkommissionärs nur für Auswahl- und Unterweisungsverschulden **(Satz 2)**. Satz 2 ist wirksam, Grund: Satz 2 beinhaltet keine Freizeichnung von Auswahl- und Unterweisungsverschulden oder von Fehlern bei der Entgegennahme des Auftrags, Nürnb WM **01,** 2440. Zu den Grenzen der Substitution **(8)** AGB-Banken Nr 3 Rn 5 ff.

Erfüllung der Wertpapiergeschäfte

Erfüllung im Inland als Regelfall

AGB-WPGeschäfte 10 Die Bank erfüllt Wertpapiergeschäfte im Inland, soweit nicht die nachfolgenden Bedingungen oder eine anderweitige Vereinbarung die Anschaffung im Ausland vorsehen.

1 **1) Nr 10–12** regeln die **Erfüllung** der WPGeschäfte. Diese werden idR im Inland erfüllt (Nr 10). Dann gilt Nr 11, bei Anschaffung im Ausland Nr 12.

Anschaffung im Inland

AGB-WPGeschäfte 11 [1] Bei der Erfüllung im Inland verschafft die Bank dem Kunden, sofern die Wertpapiere zur Girosammelverwahrung bei der deutschen Wertpapiersammelbank (Clearstream Banking AG) zugelassen sind, Miteigentum an diesem Sammelbestand – Girosammel-Depotgutschrift – (GS-Gutschrift). [2] Soweit Wertpapiere nicht zur Girosammelverwahrung zugelassen sind, wird dem Kunden Alleineigentum an Wertpapieren verschafft. [3] Diese Wertpapiere verwahrt die Bank für den Kunden gesondert von ihren eigenen Beständen und von denen Dritter (Streifbandverwahrung).

V. Bankgeschäfte 1, 2 **AGB-WPGeschäfte 12 (8)**

1) Nr 11 regelt den Regelfall, **Anschaffung im Inland.** Das gilt, wenn nichts 1
anderes bestimmt ist (besondere Abrede oder Nrn 2 II, 12). Der Kunde erhält durch
eine Girosammel-Depotgutschrift (s **(13)** DepotG § 5) Miteigentum am Sammelbestand bezüglich des jeweiligen WP **(Satz 1, (13)** DepotG § 5). Bei nicht zur Sammelverwahrung zugelassenen WP erhält der Kunde Alleineigentum unter Streifbandverwahrung **(Satz 2; (13)** DepotG § 2).

Anschaffung im Ausland

AGB-WPGeschäfte 12   (1) Anschaffungsvereinbarung

Die Bank schafft Wertpapiere im Ausland an, wenn

– sie als Kommissionärin Kaufaufträge in in- oder ausländischen Wertpapieren
  im Ausland ausführt, oder
– sie dem Kunden im Wege eines Festpreisgeschäftes ausländische Wertpapiere
  verkauft, die im Inland weder börslich noch außerbörslich gehandelt werden
  oder
– sie als Kommissionärin Kaufaufträge in ausländischen Wertpapieren ausführt
  oder dem Kunden ausländische Wertpapiere im Wege eines Festpreisgeschäftes
  verkauft, die zwar im Inland börslich oder außerbörslich gehandelt, üblicherweise aber im Ausland angeschafft werden.

(2) Einschaltung von Zwischenverwahrern

¹Die Bank wird die im Ausland angeschafften Wertpapiere im Ausland verwahren lassen. ²Hiermit wird sie einen anderen in- oder ausländischen Verwahrer
(zB die Clearstream Banking AG) beauftragen oder eine eigene ausländische Geschäftsstelle damit betrauen. ³Die Verwahrung der Wertpapiere unterliegt den
Rechtsvorschriften und Usancen des Verwahrungsorts und den für den oder die
ausländischen Verwahrer geltenden Allgemeinen Geschäftsbedingungen.

(3) Gutschrift in Wertpapierrechnung

¹Die Bank wird sich nach pflichtgemäßem Ermessen unter Wahrung der Interessen des Kunden das Eigentum oder Miteigentum an den Wertpapieren oder eine
andere im Lagerland übliche, gleichwertige Rechtsstellung verschaffen und diese
Rechtsstellung treuhänderisch für den Kunden halten. ²Hierüber erteilt sie dem
Kunden Gutschrift in Wertpapierrechnung (WR-Gutschrift) unter Angabe des
ausländischen Staates, in dem sich die Wertpapiere befinden (Lagerland).

(4) Deckungsbestand

¹Die Bank braucht die Auslieferungsansprüche des Kunden aus der ihm erteilten
WR-Gutschrift nur aus dem von ihr im Ausland unterhaltenen Deckungsbestand
zu erfüllen. ²Der Deckungsbestand besteht aus den im Lagerland für die Kunden
und für die Bank verwahrten Wertpapieren derselben Gattung. ³Ein Kunde, dem
eine WR-Gutschrift erteilt worden ist, trägt daher anteilig alle wirtschaftlichen
und rechtlichen Nachteile und Schäden, die den Deckungsbestand als Folge von
höherer Gewalt, Aufruhr, Kriegs- und Naturereignissen oder durch sonstige von
der Bank nicht zu vertretende Zugriffe Dritter im Ausland oder im Zusammenhang mit Verfügungen von hoher Hand des In- oder Auslands treffen sollten.

(5) Behandlung der Gegenleistung

Hat ein Kunde nach Absatz 4 Nachteile und Schäden am Deckungsbestand zu
tragen, so ist die Bank nicht verpflichtet, dem Kunden den Kaufpreis zurückzuerstatten.

1) **Nr 12** regelt die **Anschaffung im Ausland,** die nach Nr 10 die Ausnahme ist. 1
I stellt klar, wann die Bank WP im Ausland anschafft, nämlich in drei näher beschriebenen Fällen. II erlaubt die Einschaltung von Zwischenverwahrern. II 3 bestimmt die
Anwendbarkeit der ausländischen Rechtsvorschriften, Usancen des Verwahrungsorts
und der AGB des ausländischen Verwahrers, was sachgerecht und wirksam ist. Der
Kunde erhält bei WP, die im Ausland angeschafft und verwahrt werden, entspr
(13) DepotG § 22 eine Gutschrift in Wertpapierrechnung **(WR-Gutschrift, III).**

2) **IV** und **V** regeln die besonderen, gravierenden Risiken der Auslandsverwahrung 2
(Krieg, Eingriffe von hoher Hand ua). Die Bank präzisiert und beschränkt damit ihren

Hopt   1939

(8) AGB-WPGeschäfte 13, 14   2. Handelsrechtl. Nebengesetze

Pflichtenkreis, teilweise Risikoverlagerung auf den Kunden, was aber insgesamt ausgewogen und wirksam ist, BuB/Wagner 7/130, Bunte 98 f. Kundenschützend wirken die sog **Drei-Punkte-Erklärungen,** die die Bank mit der ausländischen Lagerstelle vereinbart, BuB/Wagner 7/132 ff, abgedruckt bei BuB/Decker 8/183, kurz auch Bunte 95. Die Bank braucht die Auslieferungsansprüche des Kunden aus der ihm erteilten WR-Gutschrift nur aus dem von ihr im Ausland unterhaltenen **Deckungsbestand** zu erfüllen **(IV 1).** Das bedeutet statt reiner Gattungsschuld eine bloße Vorratsschuld (§ 243 BGB). Die Leistungsgefahr geht damit von der Bank auf den Kunden über (§§ 243 II, 275 BGB). Der Vorrat ist nicht der bei dem ausländischen Zwischenverwahrer, sondern der gesamte Bestand der Bank im (betreffenden, s IV 2) Ausland. **IV 2** engt den Deckungsbestand auf die im Lagerland für den Kunden und die Bank verwahrten WPe derselben Gattung ein. Wird der Deckungsbestand durch höhere Gewalt, Enteignung ua vermindert, kommt es zu einer **Gefahrengemeinschaft** zwischen Kunde und Bank mit anteiliger Tragung aller wirtschaftlichen und rechtlichen Nachteile und Schäden durch den Kunden **(IV 3). V** regelt die Gegenleistung in Fällen von IV dahin, dass der Kunde nicht den Kaufpreis von der Bank zurückverlangen kann. Die Vergütungsgefahr liegt damit abweichend von § 326 I BGB beim Kunden.

Die Dienstleistungen im Rahmen der Verwahrung

Depotauszug

AGB-WPGeschäfte 13 Die Bank erteilt mindestens einmal jährlich einen Depotauszug.

1   1) Nr 13–20 regeln, welche **Dienstleistungen** die Bank im Rahmen der WPVerwahrung erbringt **(Verwaltungspflichten der Bank),** Nr 13 ff sprechen von Dienstleistungen, nicht wie § 1 I 2 Nr 5 KWG (Depotgeschäft) von Verwahrung und Verwaltung, um das Depotgeschäft von der Vermögensverwaltung (s **(7)** Bankgeschäfte Rn U/1) mit wesentlich weitergehenden Verwaltungspflichten abzuheben. Zunächst erteilt die Bank mindestens einmal jährlich, nach Vereinbarung auch öfter, einen Depotauszug **(Nr 13).** Weitergehende Pflichten aus Depotvertrag als aus Nr 13–20 übernimmt die Bank zulässigerweise nicht, Karlsr WM **92,** 577, vgl Mü **97,** 1806, Hamm BB **99,** 1676; Nr **13 ff** betr Informations- und Überwachungspflichten der Bank sind also **wirksam,** Karls WM **91,** 276 (zu Nr 5 aF, Bezugnahme auf Bekanntmachung in WM). Jedoch werden damit allgemeine Aufklärungs-, Beratungs- und sonstige Verhaltenspflichten der Bank aus anderen Rechtsgründen nicht beschränkt (Einl 1 vor Nr 1). Aus dem WPDepotVertrag folgt aber keine Pflicht zu vollumfänglicher Beratung und laufender Beratung, ganz hL, BGH WM **05,** 270 (s auch Nr 16 Rn 1). Zum Depotvertrag s **(13)** DepotG § 1 Rn 4, Pflichten bezüglich der Stimmrechtsvollmacht (früher: Depotstimmrecht) s §§ 128, 135 AktG; Komm zu **(2 a)** AktG.

Einlösung von Wertpapieren/Bogenerneuerung

AGB-WPGeschäfte 14 (1) Inlandsverwahrte Wertpapiere
¹ Bei im Inland verwahrten Wertpapieren sorgt die Bank für die Einlösung von Zins-, Gewinnanteil- und Ertragscheinen sowie von rückzahlbaren Wertpapieren bei deren Fälligkeit. ² Der Gegenwert von Zins-, Gewinnanteil- und Ertragscheinen sowie von fälligen Wertpapieren jeder Art wird unter dem Vorbehalt gutgeschrieben, dass die Bank den Betrag erhält, und zwar auch dann, wenn die Papiere bei der Bank selbst zahlbar sind. ³ Die Bank besorgt neue Zins-, Gewinnanteil- und Ertragscheinbogen (Bogenerneuerung).

(2) **Auslandsverwahrte Wertpapiere**

Diese Pflichten obliegen bei im Ausland verwahrten Wertpapieren dem ausländischen Verwahrer.

V. Bankgeschäfte   **AGB-WPGeschäfte 15 (8)**

(3) **Auslosung und Kündigung von Schuldverschreibungen**

¹ Bei im Inland verwahrten Schuldverschreibungen überwacht die Bank den Zeitpunkt der Rückzahlung infolge Auslosung und Kündigung anhand der Veröffentlichungen in den „Wertpapier-Mitteilungen". ² Bei einer Auslosung von im Ausland verwahrten Schuldverschreibungen, die anhand deren Urkundennummern erfolgt (Nummernauslosung), wird die Bank nach ihrer Wahl den Kunden für die ihm in Wertpapierrechnung gutgeschriebenen Wertpapiere entweder Urkundennummern für die Auslosungszwecke zuordnen oder in einer internen Auslosung die Aufteilung des auf den Deckungsbestand entfallenden Betrages auf die Kunden vornehmen. ³ Diese interne Auslosung wird unter Aufsicht einer neutralen Prüfungsstelle vorgenommen; sie kann statt dessen unter Einsatz einer elektronischen Datenverarbeitungsanlage durchgeführt werden, sofern eine neutrale Auslosung gewährleistet ist.

(4) **Einlösung in fremder Währung**

¹ Werden Zins-, Gewinnanteil- und Ertragscheine sowie fällige Wertpapiere in ausländischer Währung oder Rechnungseinheiten eingelöst, wird die Bank den Einlösungsbetrag auf dem Konto des Kunden in dieser Währung gutschreiben, sofern der Kunde ein Konto in dieser Währung unterhält. ² Andernfalls wird sie dem Kunden hierüber eine Gutschrift in Euro erteilen, soweit nicht etwas anderes vereinbart ist.

1) Nr 14 regelt die **Einlösung** von WP und die **Besorgung von Bogenerneuerungen** (Zins-, Gewinnanteil- und Ertragsscheinbogen). Dabei wird wie auch sonst in den AGB-WPGeschäften zwischen Inland (I, III 1) und Ausland (II, III 2, 3) unterschieden. Soweit die Bank danach tätig zu werden verspricht, braucht der Kunde keine Eigeninitiative zu entfalten. I betrifft die im Inland verwahrten WP. Bei im Ausland verwahrten WP obliegen die in I genannten Pflichten dem ausländischen (Zwischen)-Verwahrer (**II**). Bei im Inland verwahrten Schuldverschreibungen überwacht die Bank den Zeitpunkt der Rückzahlung infolge Auslosung und Kündigung anhand der WM (**III 1**), nicht auch des BAnz, zulässig, Karlsr WM **91**, 276, **92**, 577. Die Bank behält sich bei der Auslosung die Wahl zwischen zwei Alternativen vor (**III 2**). Die Bank kann den Kunden für die ihm in WPRechnung gutgeschriebenen WP Urkundennummern für die Auslosungszwecke zuordnen (III 2 Alt 1); statt nach Urkundennummern (so Wortlaut) kann Verlosung auch nach Serien- oder Gruppeneinteilungen vorgehen, BuB/Decker 8/276, Bunte 115, Grund: Fortentwicklung der WPPraxis, keine Kundengefährdung. Bei der internen Auslosung (III 2 Alt 2) ist Aufsicht einer neutralen Prüfstelle erforderlich (**III 3**). Diese kann auch intern sein, zB hauseigene Revision, BuB/Wagner 7/166, Bunte 112, str. Statt Prüfstelle ist EDVVerfahren möglich, sofern eine neutrale Auslosung gewährleistet ist (III 3 Halbs 2), BuB/Decker 8/275, Dokumentation ist empfehlenswert. **IV** regelt die Einlösung fälliger WP in fremder Währung. Die Gutschrift erfolgt in Fremdwährung, sofern der Kunde ein Konto in dieser Währung unterhält. Der Kunde soll nicht das Kursrisiko des Währungsumtausches tragen. Andernfalls erhält der Kunde Gutschrift in Euro. Gutschriften von Zinsen, Dividenden und Kapitalrückzahlungen von Wertpapieren erfolgen nur unter dem Vorbehalt des tatsächlichen Eingangs des Betrags (s **(8)** AGB-Banken Nr 9); Gutschriftsbuchung (s **(7)** Bankgeschäfte Rn C/4) bedeutet also nicht ohne weiteres schon Bezahlung des Papiers.

Behandlung von Bezugsrechten/Optionsscheinen/Wandelschuldverschreibungen

AGB-WPGeschäfte 15 (1) Bezugsrechte

¹ Über die Einräumung von Bezugsrechten wird die Bank den Kunden benachrichtigen, wenn hierüber eine Bekanntmachung in den „Wertpapier-Mitteilungen" erschienen ist. ² Soweit die Bank bis zum Ablauf des vorletzten Tages des Bezugsrechtshandels keine andere Weisung des Kunden erhalten hat, wird sie sämtliche zum Depotbestand des Kunden gehörenden inländischen Bezugsrechte bestens verkaufen; ausländische Bezugsrechte darf die Bank gemäß den im Ausland geltenden Usancen bestens verwerten lassen.

(2) **Options- und Wandlungsrechte**

(8) AGB-WPGeschäfte 16 1   2. Handelsrechtl. Nebengesetze

Über den Verfall von Rechten aus Optionsscheinen oder Wandlungsrechten aus Wandelschuldverschreibungen wird die Bank den Kunden mit der Bitte um Weisung benachrichtigen, wenn auf den Verfalltag in den „Wertpapier-Mitteilungen" hingewiesen worden ist.

1 1) **Nr 15** regelt wirksam (Nr 13 Rn 1) die Behandlung von **Bezugsrechten** (I) und von Options- und Wandlungsrechten (II). Die Bank kann nicht ohne Auftrag des Kunden für ihn eine Anlageentscheidung treffen, deshalb wird sie nach **I 2** Bezugsrechte bestens verkaufen; ausnahmsweise ist (telefonische) Rückfrage beim Kunden erforderlich, vgl Ffm WM **77,** 986, Bunte 117. Verkaufspflicht nach I 2 gilt nur für I, nicht auch für II, BGH **151,** 5. Benachrichtigung nach **II** ist Schick-, nicht Bringschuld, Benachrichtigungspflicht nach II oder § 666 BGB wird mit Absendung erfüllt, § 130 I 1 BGB ist auf bloße Benachrichtigungen (anders Anzeigen mit Rechtsfolgen) nicht anwendbar, BGH **151,** 5. Klarheitsgebot, Mitverschulden und Vermutung aufklärungsrichtigen Verhaltens s § 347 HGB Rn 26, 36, 37. Zu Nr 39 aF Kümpel WM **80,** 707.

Weitergabe von Nachrichten

AGB-WPGeschäfte 16 [1]Werden in den „Wertpapier-Mitteilungen" Informationen veröffentlicht, die die Wertpapiere des Kunden betreffen, oder werden der Bank solche Informationen vom Emittenten oder von ihrem ausländischen Verwahrer/Zwischenverwahrer übermittelt, so wird die Bank dem Kunden diese Informationen zur Kenntnis geben, soweit sich diese auf die Rechtsposition des Kunden erheblich auswirken können und die Benachrichtigung des Kunden zur Wahrung seiner Interessen erforderlich ist. [2]So wird sie insbesondere Informationen über

– gesetzliche Abfindungs- und Umtauschangebote,
– freiwillige Kauf- und Umtauschangebote,
– Sanierungsverfahren zur Kenntnis geben. [3]Eine Benachrichtigung des Kunden kann unterbleiben, wenn die Information bei der Bank nicht rechtzeitig eingegangen ist oder die vom Kunden zu ergreifenden Maßnahmen wirtschaftlich nicht zu vertreten sind, weil die anfallenden Kosten in einem Missverhältnis zu den möglichen Ansprüchen des Kunden stehen.

1 1) **Nr 16** regelt wirksam (Nr 13 Rn 1) die Weitergabe von Nachrichten betreffend die verwahrten WPe des Kunden. Eine nachwirkende Pflicht (Wechsel der Bankverbindung, Veräußerung der WP ua) besteht aus Nr 16 nicht. Informationspflichten aus dem WPGeschäft im Übrigen, etwa Kauf und Verkauf (Kommissions- und Festpreisgeschäfte, Nr 1–8, 9) sind hier nicht geregelt (s Nr 13 Rn 1). Das gilt auch für die Nachforschungs- und Überprüfungspflichten beim WPGeschäft (§ 347 HGB Rn 27). Zur Beschaffung von Informationen über Satz 1 hinaus ist die Bank bei bloßer WPVerwahrung (Nr 13 ff) grundsätzlich nicht verpflichtet, aA für „offizielle" Informationen aus dem In- und Ausland, Bunte 125. Ausnahmen aber nach § 242 BGB. Erforderlichkeit zur Wahrung der Interessen des Kunden (S 1, § 666 BGB), vgl auch **(16)** WpHG § 31 II. Die Bank muss dem Kunden nach Nr 16 die in WM veröffentlichten, für ihn relevanten Informationen vollständig und unmißverständlich weiterleiten, aber nicht auf ihre Konsequenzen und wirtschaftliche Bedeutung hinweisen, BGH WM **05,** 270 (Nr 13 Rn 1). Die Weiterleitungspflicht von den Konditionen eines Kauf- oder Umtauschangebots abhängig zu machen, zB nicht bei 20% unter dem derzeitigen Börsenkurs, so Gericke/Saager WM **08,** 629, ist jedenfalls unter besonderen Umständen problematisch, es ist Sache des Kunden zu entscheiden. Jedenfalls bei Pflichtangeboten besteht Weiterleitungspflicht ohne Rücksicht auf die Konditionen. Unterrichtung auch bei (US-amerikanischen) Sammelklagen (Beitritt, Entschädigung), BankrechtsHdb/Gößmann/Klanten § 77 Rn 186. Aus Nr 16 folgt grundsätzlich keine Pflicht, ausländische Urkunden für den Kunden zu übersetzen, Ausnahmen bei vorausgegangener Beratung und Empfehlung der WP sind denkbar, BuB/Wagner 7/177, Bunte 124. **Satz 3** ist Ermessensregelung, sie ist wirksam, für Alt 1 selbstverständlich, Alt 2 liegt im Interesse des Kunden, der sonst die Kosten erstatten müsste (s **(8)** AGB-Banken Nr 12 V, § 670 BGB). Lit: Gericke/Saager WM **08,** 623, Klanten FS Schwark 09, 495.

V. Bankgeschäfte AGB-WPGeschäfte 17–19 (8)

Prüfungspflicht der Bank

AGB-WPGeschäfte 17 (1) Die Bank prüft anhand der Bekanntmachungen in den „Wertpapier-Mitteilungen" einmalig bei der Einlieferung von Wertpapierurkunden, ob diese von Verlustmeldungen (Opposition), Zahlungssperren und dergleichen betroffen sind. ² Die Überprüfung auf Aufgebotsverfahren zur Kraftloserklärung von Wertpapierurkunden erfolgt auch nach Einlieferung.

1) Nr 17 regelt wirksam (Nr 13 Rn 1) die **Prüfungspflicht** der Bank bei Einlieferung von WP; Überprüfung nach Einlieferung erfolgt nur ausnahmsweise, nämlich auf Aufgebotsverfahren zur Kraftloserklärung von WPUrkunden, sonst nicht. Wünscht der Kunde mehr, muss er das vereinbaren bzw eine entsprechende Vermögensverwaltung abschließen (vgl **(7)** Bankgeschäfte Rn U/1). Die Bank hat aber Pflicht zur Überprüfung der sog Oppositionslisten (abhanden gekommene Papiere), auch bei ausländischen WP, bei Inhaberpapieren aber angesichts der Besitzvermutung nur eingeschränkt, Ffm WM **95**, 52 (analog Nr 38 aF, methodisch verfehlt).

Umtausch sowie Ausbuchung und Vernichtung von Urkunden

AGB-WPGeschäfte 18 (1) Urkundenumtausch

¹ Die Bank darf ohne vorherige Benachrichtigung des Kunden einer in den „Wertpapier-Mitteilungen" bekanntgemachten Aufforderung zur Einreichung von Wertpapierurkunden Folge leisten, wenn diese Einreichung offensichtlich im Kundeninteresse liegt und damit auch keine Anlageentscheidung verbunden ist (wie zB nach der Fusion der Emittentin mit einer anderen Gesellschaft oder bei inhaltlicher Unrichtigkeit der Wertpapierurkunden). ² Der Kunde wird hierüber unterrichtet.

(2) Ausbuchung und Vernichtung nach Verlust der Wertpapiereigenschaft

¹ Verlieren die für den Kunden verwahrten Wertpapierurkunden ihre Wertpapiereigenschaft durch Erlöschen der darin verbrieften Rechte, so können sie zum Zwecke der Vernichtung aus dem Depot des Kunden ausgebucht werden. ² Im Inland verwahrte Urkunden werden soweit möglich dem Kunden auf Verlangen zur Verfügung gestellt. ³ Der Kunde wird über die Ausbuchung, die Möglichkeit der Auslieferung und die mögliche Vernichtung unterrichtet. ⁴ Erteilt er keine Weisung, so kann die Bank die Urkunden nach Ablauf einer Frist von zwei Monaten nach Absendung der Mitteilung an den Kunden vernichten.

1) Nr 18 regelt **Urkundenumtausch (Umbuchung) (I)**, zB bei Fusion und bei inhaltlicher Unrichtigkeit der WPUrkunden, so bei Kraftloserklärung nach § 73 AktG, und **Ausbuchung** und Vernichtung von Urkunden nach Verlust der WPEigenschaft, sog Nonvaleurs (**II**, ausführlich wegen des Eigentumsverlustes des Kunden am Papier).

Haftung

AGB-WPGeschäfte 19 (1) Inlandsverwahrung

¹ Bei der Verwahrung von Wertpapieren im Inland haftet die Bank für jedes Verschulden ihrer Mitarbeiter und der Personen, die sie zur Erfüllung ihrer Verpflichtungen hinzuzieht. ² Soweit dem Kunden eine GS-Gutschrift erteilt wird, haftet die Bank auch für die Erfüllung der Pflichten der Clearstream Banking AG.

(2) Auslandsverwahrung

¹ Bei der Verwahrung von Wertpapieren im Ausland beschränkt sich die Haftung der Bank auf die sorgfältige Auswahl und Unterweisung des von ihr beauftragten ausländischen Verwahrers oder Zwischenverwahrers. ² Bei einer Zwischenverwahrung durch die Clearstream Banking AG oder einen anderen inländischen Zwischenverwahrer sowie einer Verwahrung durch eine eigene ausländische Geschäftsstelle, haftet die Bank für deren Verschulden.

1) Nr 19 regelt die **Haftung der Bank bei der Verwahrung** von WP, getrennt nach Inlandsverwahrung (**I**) und Auslandsverwahrung (**II**). Bei Inlandsverwahrung bleibt es uneingeschränkt (insoweit nur deklaratorisch) bei § 278 BGB für alle Mitar-

(8 a) AGB-Spark Einl

beiter und sonstigen Erfüllungsgehilfen, auch WPSammelbanken (s **13**) DepotG § 1 Rn 6). Bei Auslandsverwahrung haftet die Bank nur für Auswahl- und Unterweisungsverschulden **(II 1)**, außer wenn es sich um einen inländischen Zwischenverwahrer oder eine eigene ausländische Geschäftsstelle der Bank handelt, dann § 278 BGB **(II 2)**.

Sonstiges

AGB-WPGeschäfte 20   (1) Auskunftsersuchen

[1] Ausländische Wertpapiere, die im Ausland angeschafft oder veräußert werden oder die ein Kunde von der Bank im Inland oder im Ausland verwahren lässt, unterliegen regelmäßig einer ausländischen Rechtsordnung. [2] Rechte und Pflichten der Bank oder des Kunden bestimmen sich daher auch nach dieser Rechtsordnung, die auch die Offenlegung des Namens des Kunden vorsehen kann. [3] Die Bank wird entsprechende Auskünfte an ausländische Stellen erteilen, soweit sie hierzu verpflichtet ist; sie wird den Kunden hierüber benachrichtigen.

(2) Einlieferung/Überträge

[1] Diese Sonderbedingungen gelten auch, wenn der Kunde der Bank in- oder ausländische Wertpapiere zur Verwahrung effektiv einliefert oder Depotguthaben von einem anderen Verwahrer übertragen lässt. [2] Verlangt der Kunde die Verwahrung im Ausland, wird ihm eine WR-Gutschrift nach Maßgabe dieser Sonderbedingungen erteilt.

1   **1)** Nr 20 regelt zwei ganz verschiedene Fragen. I betrifft das für Bank und Kunden immer wichtiger werdende Problem der Auskunftsersuchen ausländischer Stellen (nicht mehr nur wie nach Nr 20 aF ausländischer AG). Ausländische Kapitalmarktaufsichtsbehörden, Börsen und andere Kapitalmarktüberwachungsstellen stellen vermehrt Auskunftsersuchen an die deutschen Banken im Zusammenhang mit der Anschaffung, Veräußerung oder Verwahrung ausländischer Wertpapiere für deutsche Kunden, zB bei Verdacht von Insidergeschäften oder Kursmanipulationen. Die Bank kann sich dem zumeist nicht entziehen, weil die betreffenden Wertpapiere idR einer ausländischen Rechtsordnung unterliegen (Grund: Geltung der für den WPHandel am Ausführungsplatz geltenden Rechtsvorschriften, s Nr 3 Rn 1) und diese häufig auch die Offenlegung des Namens des Kunden vorsehen (wie **I 1, 2** feststellen). Der Kunde wird durch **I 3** besonders darauf aufmerksam gemacht, dass die Bank entsprechende Auskünfte erteilt, soweit sie hierzu verpflichtet ist. Die Bank verspricht, ihn hierüber zu benachrichtigen **(I 4)**. Wann sie letzteres tut, ist in I 4 nicht präzisiert. Der Kunde wird idR ein Interesse daran haben, dass die Bank ihn vor Auskunftserteilung informiert, weil er entsprechende Dispositionen treffen will. Doch sehen die ausländischen Rechtsvorschriften häufig explizit vor, dass der Kunde gerade nicht vorher informiert werden darf. Das muss die Bank beachten und der Kunde respektieren.

2   **2)** II betrifft Einlieferungen und Überträge und stellt für diese klar, dass diese Sonderbedingungen auch dann gelten, wenn der Kunde **effektive Stücke** einliefert oder übertragen lässt. Bei Auslandsverwahrung erhält der Kunde eine WR-Gutschrift (s Nr 12).

(8 a) Allgemeine Geschäftsbedingungen der Sparkassen (AGB-Spark)

Fassung Oktober 2009

Bedingungen für Wertpapiergeschäfte

Fassung November 2007

Einleitung

Schrifttum

Vgl **(8)** AGB-Banken sowie spezieller *Bunte,* AGB-Banken und Sonderbedingungen mit AGB-Sparkassen und AGB-Postbank, 2. Aufl 2009. – *Krebs,* AGB der Sparkassen

V. Bankgeschäfte (m. Börsen- u. KapMR) **AGB-Spark Einl (8 a)**

und privaten Banken, 3. Aufl 1990. – *Steppeler/Künzle* 4. Aufl 2009. – Zur nF 1993 *Aden* NJW **93,** 832, *Westermann* WM **93,** 1865, *Graf v Westphalen* BB **93,** 8. – **Zur nF 1. 4. 02** *Danco* ZBB **02,** 136. – *Becher/Gößmann* BKR **02,** 519; zu den WPBedingungen **nF 1. 1. 03** *Zingel* ZBB **03,** 59.

1) AGB-Sparkassen

A. Die **Sparkassen und Girozentralen** verwenden besondere AGB, hrsg vom 1
Deutschen Sparkassen- und Giroverband, nF 1975, 1977, 1983, 1986, 1988 völlig neu gefasst zum 1. 1. 1993 (Text NJW **93,** 840, Synopse nF/aF ZIP **92,** 1811). Änderungen 2002 (Text ZBB **02,** 139), und nach geringfügigen Änderungen Fassung 2005. Die **Neufassung zum 31. 10. 2009** erfolgte zeitgleich mit dem Inkrafttreten der zivilrechtlichen Vorschriften in der EU-ZahlungsdienstleistungsRi aufgrund des VerbrKrRiUmsetzG 2009 und zu der Neufassung 2009 der **(8)** AGB-Banken.

B. Die **Neufassung 1993** erfolgte parallel zu der der **(8)** AGB-Banken idF 1. 1. 93. Auch die AGB-Spark sind damit wesentlich transparenter, kürzer (statt früher 55 nur noch 28 Klauseln, aber Sonderbedingungen s Rn 4) und inhaltlich kundenfreundlicher als früher. Für die rechtliche Beurteilung der AGB-Spark bleiben die frühere Rspr und die entsprechenden Verweise auf die AGB-Banken in der aF (28. Aufl) insoweit wichtig, als Teile der aF (bis 1993) übernommen worden sind, dazu Synopse des Sparkassenverbandes (s 29. Aufl) und Hinweise auf die aF (bis 1993), soweit nützlich, bei der jeweiligen Kommentierung der nF.

Die **Neufassung 2002** erfolgte ebenfalls parallel zu der der **(8)** AGB-Banken idF 1. 4. 02. Sie betrifft ua die Verlängerung von Fristen auf sechs Wochen (Nr 2 II, 7 III, 17 III), die Berücksichtigung von per e-mail abgegebenen Erklärungen (Nr 2 II, 4 I, 7 III, 20 I a), die Genehmigung für Belastungen aus Einzugsermächtigungslastschriften (Nr 7 IV), die Festlegung der Modalitäten zur Währungsumrechnung (Nr 13, 15), die Sicherung von Bürgschaftsschulden durch das AGB-Pfandrecht (Nr 21 III) und die Kündigung aus wichtigem Grund (Nr 26 II). Ferner gibt es zahlreiche redaktionelle Änderungen. Deshalb wird in den Anmerkungen zu den einzelnen Nrn unten nur bei den wichtigeren Fällen nF 1. 4. 02 vermerkt.

Für die **Fassung August 2005** Änderungen zu Nr 28 S 2.

Die **Neufassung Oktober 2009** erfolgte wie die zeitgleiche der **(8)** AGB-Banken vor allem im Hinblick auf die Umsetzung der EU-ZahlungsdienstleistungsRi und der EU-VerbraucherkreditRi durch das VerbrKrRiUmsetzG 2009 sowie auf neue Rechtsprechung des BGH zum Preisrecht. Sie betreffen die Grundlagen der Geschäftsbeziehung (Nr 1 II), die Modalitäten der Änderung der AGB und besonderen Bedingungen (Nr 2 I-IV), den Rechnungsabschluss und die Genehmigung von Belastungen aus Lastschriften (Nr 7 II-IV), die Einlösung (Nr 9 II 1, 3), Zinsen und Entgelte (Nr. 17 I-VIII, ganz neu), Auslagen (Nr. 18), Pfandrecht und Sicherungsrechte (Nr 21), Nachsicherung und Freigabe (Nr 22), das Kündigungsrecht (Nr 26 I, III) und den Schutz der Einlagen durch Institutssicherung (Nr 28). Weitere meist kleinere Änderungen finden sich in Nr 4 I, 6, 8, 9 I, II 4, 15, 16, 20.

Die AGB-Spark **unterscheiden** sich von den AGB-Banken nur in einigen, aber nicht unwichtigen Punkten: ua andere zeitliche Geltung der Vertretungs- und Verfügungsbefugnis (Nr 4; **(8)** AGB-Banken Nr 11 I), mehr Haftungsbeschränkungen (Nr 19; ohne eine solche **(8)** AGB-Banken Nr 3), keine Regelung des Bankgeheimnisses (anders **(8)** AGB-Banken Nr 2 I). Geltung s zu **(8)** AGB-Banken Nr 1.

Da die AGB-Spark jedenfalls in der Fassung 2005 verschiedentlich kundenungünstiger als die **(8)** AGB-Banken sind, so Ul/Br/He/Fuchs Anh § 310 BGB Rn 76, sind sie insoweit unter der **AGB-Inhaltskontrolle** nach **(5)** §§ 307 ff BGB zT bedenklich, zB **(8 a)** AGB-Spark Nr 2 I, 4 I, II, 5 III 2, 7 III, 8 III iVm II, 10, 17 II, 19 II, 20 I, 21 V, 22 I, II, 26 II 3 c, d, e, III 1, 28, so Ul/Br/He/Fuchs Anh § 310 BGB Rn 75 ff. Auch wenn diese Bedenken zT ausgeräumt werden können, ist damit doch **Rechtsunsicherheit** verbunden. Die Neufassung 2009 hat einige Punkte ausgeräumt.

2) Sonderbedingungen:

Die AGB werden ergänzt durch „Sonderbedingungen" für bestimmte Geschäfts- 2
arten, s unten Nr 1 II 2. An die Stelle der früher auch in den AGB enthaltenen

(8 a) AGB-Spark 1, 2

Regelungen über Wertpapiere, Devisen und Sorten (Nr 36–46 aF) sind die im Anschluß an die **(8 a)** AGB-Sparkassen abgedruckten **(8 a)** Bedingungen für Wertpapiergeschäfte (Sparkassen) Fassung November 2007 getreten.

3 **3) Inhalt und Kommentierung:**

Inhaltlich entsprechen die AGB-Sparkassen, von Unterschieden im einzelnen abgesehen, den **(8)** AGB-Banken. Die Rechtsprechung und Kommentierung zu diesen ist also grundsätzlich auch für sie verwendbar. Das gilt auch umgekehrt. Die **Konkordanzen** werden jeweils zu den einzelnen Nrn der **(8 a)** AGB-Spark nachgewiesen. Für die Zwecke der Kommentierung ist weniger entscheidend, ob ein Urteil zu dem einen oder dem anderen Klauselwerk ergangen ist. Grundsätzlich werden deshalb **Urteile auch zu (8 a) AGB-Spark bei der entsprechenden Klausel der (8) AGB-Banken** nachgewiesen.

[I.] Allgemeines

1. Grundlagen der Geschäftsbeziehungen

(1) Geschäftsbeziehung als Vertrauensverhältnis

¹ **Die Geschäftsbeziehung zwischen dem Kunden und der Sparkasse ist durch die Besonderheiten des Bankgeschäfts und ein besonderes Vertrauensverhältnis geprägt.** ² **Der Kunde kann sich darauf verlassen, dass die Sparkasse seine Aufträge mit der Sorgfalt eines ordentlichen Kaufmanns ausführt und das Bankgeheimnis wahrt.**

(2) Allgemeine und besondere Geschäftsbedingungen

¹ Für die Geschäftsbeziehung gelten ergänzend zu den einzelvertraglichen Vereinbarungen diese Allgemeinen Geschäftsbedingungen (AGB). Für einzelne Geschäftszweige gelten ergänzend oder abweichend besondere Bedingungen, z. B. für den Überweisungsverkehr, den Scheckverkehr, für den kartengestützten Zahlungsverkehr, für den Sparverkehr, für Wertpapiergeschäfte. ² Diese Geschäftsbedingungen können in den Kassenräumen eingesehen werden und werden auf **Wunsch zur Verfügung gestellt.**

1 **1)** Nr 1 I hat keine entsprechende Regelung in **(8)** AGB-Banken, Nr 1 II nF 2009 entspricht **(8)** AGB-Banken Nr 1 I. Auslegen der besonderen Geschäftsbedingungen in den Kassenräumen der Sparkasse wie nach der aF genügte nicht mehr. Die konkrete Handhabung der Aushändigung bzw Einsichtnahmemöglichkeit wurde bewusst offen gelassen.

2. Änderungen der Geschäftsbedingungen

(1) Art und Weise des Hinweises

¹ Die Sparkasse wird den Kunden auf eine Änderung der Allgemeinen Geschäftsbedingungen oder der besonderen Bedingungen oder die Einführung zusätzlicher Bedingungen unmittelbar hinweisen. ² Ist ein solcher Hinweis nur unter unverhältnismäßigen Schwierigkeiten möglich, wird die Sparkasse durch deutlich sichtbaren Aushang oder Auslegung in ihren Kassenräumen auf die Änderung hinweisen.

(2) Genehmigung der Änderung

¹ Ist der Hinweis erfolgt, so gilt die Änderung als genehmigt, wenn der Kunde ihr nicht binnen sechs Wochen schriftlich oder, wenn im Rahmen der Geschäftsbeziehung der elektronische Kommunikationsweg vereinbart wurde (z. B. Homebanking), auf diesem Wege widerspricht. ² Die Sparkasse wird dann die geänderte Fassung der Allgemeinen Geschäftsbedingungen, die geänderten besonderen Bedingungen bzw. die zusätzlich eingefügten Bedingungen der weiteren Geschäftsbeziehung zugrunde legen. ³ Die Sparkasse wird den Kunden bei der Bekanntgabe der Änderung auf die Folgen besonders hinweisen. ⁴ Die Frist ist gewahrt, wenn der Widerspruch innerhalb von sechs Wochen nach Bekanntgabe abgesandt worden ist.

1 **1)** Nr 2 ganz neu 2009 im Hinblick auf VerbrKrRiUmsetzG. Vgl zu entsprechenden **(8)** AGB-Banken Nr 1 II dort Rn 7.

V. Bankgeschäfte (m. Börsen- u. KapMR) **AGB-Spark 3–5 (8 a)**

3. Bankauskünfte

(1) Inhalt von Bankauskünften

¹Bankauskünfte sind allgemein gehaltene Feststellungen und Bemerkungen über die wirtschaftlichen Verhältnisse von Kunden, deren Kreditwürdigkeit und Zahlungsfähigkeit. ²Betragsmäßige Angaben über Kontostände, Sparguthaben, Depot- oder sonstige dem Kreditinstitut anvertraute Vermögenswerte sowie Kreditinanspruchnahmen werden nicht gemacht.

(2) Voraussetzungen für die Auskunftserteilung

¹Die Sparkasse darf Bankauskünfte über juristische Personen und im Handelsregister eingetragene Kaufleute erteilen, sofern sich die Anfrage auf deren geschäftliche Tätigkeit bezieht und der Sparkasse keine anders lautende Weisung des Kunden vorliegt. ²In allen anderen Fällen darf die Sparkasse Bankauskünfte nur erteilen, wenn der Kunde dem allgemein oder im Einzelfall ausdrücklich zugestimmt hat. ³Bankauskünfte erhalten nur eigene Kunden sowie andere Kreditinstitute für deren eigene Zwecke und die ihrer Kunden; sie werden nur erteilt, wenn der Anfragende ein berechtigtes Interesse an der gewünschten Auskunft glaubhaft darlegt.

(3) Schriftliche Bestätigung

Bei mündlichen Auskünften über Kreditwürdigkeit und Zahlungsfähigkeit behält sich die Sparkasse eine unverzügliche schriftliche Bestätigung vor, deren Inhalt von diesem Zeitpunkt an maßgeblich ist.

1) Nr 3 I entspricht **(8)** AGB-Banken Nr 2 II. Nr 3 II entspricht **(8)** AGB-Banken Nr 2 III, Nr 3 II 3 entspricht **(8)** AGB-Banken Nr 2 IV. Nr 3 III ohne Entsprechung.

4. Vertretungs- und Verfügungsbefugnisse

(1) Bekanntgabe

¹Der Sparkasse bekannt gegebene Vertretungs- oder Verfügungsbefugnisse gelten, bis ihr eine Mitteilung über das Erlöschen oder eine Änderung schriftlich oder, wenn im Rahmen der Geschäftsbeziehung der elektronische Kommunikationsweg vereinbart wurde (z. B. Homebanking), auf diesem Wege zugeht, es sei denn, diese Umstände sind der Sparkasse bekannt oder infolge Fahrlässigkeit nicht bekannt. ²Dies gilt auch, wenn die Befugnisse in einem öffentlichen Register eingetragen sind und eine Änderung veröffentlicht ist.

(2) Mangel in der Geschäftsfähigkeit des Vertreters

Der Kunde trägt den Schaden, der daraus entstehen sollte, dass die Sparkasse von einem eintretenden Mangel in der Geschäftsfähigkeit seines Vertreters unverschuldet keine Kenntnis erlangt.

1) Nr 4 I entspricht **(8)** AGB-Banken Nr 11 I. Nr 4 II ohne Entsprechung.

5. Legitimationsurkunden

(1) Erbnachweise

¹Nach dem Tode des Kunden kann die Sparkasse zur Klärung der rechtsgeschäftlichen Berechtigung die Vorlegung eines Erbscheins, eines Testamentsvollstreckerzeugnisses oder ähnlicher gerichtlicher Zeugnisse verlangen; fremdsprachige Urkunden sind auf Verlangen der Sparkasse mit deutscher Übersetzung vorzulegen. ²Die Sparkasse kann auf die Vorlegung eines Erbscheins oder eines Testamentsvollstreckerzeugnisses verzichten, wenn ihr eine Ausfertigung oder eine beglaubigte Abschrift vom Testament oder Erbvertrag des Kunden sowie der Niederschrift über die zugehörige Eröffnungsverhandlung vorgelegt wird.

(2) Leistungsbefugnis der Sparkasse

¹Die Sparkasse ist berechtigt, auch die in Urkunden nach Absatz 1 Satz 2 als Erbe oder Testamentsvollstrecker bezeichneten Personen als Berechtigte anzusehen, insbesondere sie verfügen zu lassen und mit befreiender Wirkung an sie zu leisten. ²Dies gilt nicht, wenn der Sparkasse die Unrichtigkeit oder Unwirksamkeit dieser Urkunden bekannt oder infolge Fahrlässigkeit nicht bekannt geworden ist.

(3) Sonstige ausländische Urkunden

¹ Werden der Sparkasse ausländische Urkunden als Ausweis der Person oder zum Nachweis einer Berechtigung vorgelegt, so wird sie prüfen, ob die Urkunden zum Nachweis geeignet sind. ² Sie haftet jedoch für deren Eignung, Wirksamkeit und Vollständigkeit sowie für deren richtige Übersetzung und Auslegung nur bei Fahrlässigkeit oder wenn die Urkunde insgesamt gefälscht ist. ³ Im vorstehenden Rahmen kann die Sparkasse die in den Urkunden als Berechtigte bezeichneten Personen als berechtigt ansehen, insbesondere sie verfügen lassen und mit befreiender Wirkung an sie leisten.

1   1) Nr 5 I, II entsprechen (8) AGB-Banken Nr 5. Nr 5 III ohne Entsprechung.

6. Rechtswahl, Gerichtsstand, Erfüllungsort

(1) Deutsches Recht

Auf die Geschäftsbeziehung findet vorbehaltlich der in Artikel 29 des Einführungsgesetzes zum Bürgerlichen Gesetzbuch (EGBGB) geregelten Ausnahmen deutsches Recht Anwendung.

(2) Erfüllungsort

Erfüllungsort für die Sparkasse und den Kunden ist der Sitz der Sparkasse.

(3) Gerichtsstand

Ist der Kunde ein Kaufmann, eine juristische Person des öffentlichen Rechts oder ein öffentlich-rechtliches Sondervermögen, kann die Sparkasse an ihrem allgemeinen Gerichtsstand klagen und nur an diesem Gerichtsstand verklagt werden.

1   1) Nr 6 entspricht (8) AGB-Banken Nr 6.

[II.] Kontokorrentkonten und andere Geschäfte

7. Kontokorrent, Rechnungsabschluss, Genehmigung von Belastungen aus Lastschriften

(1) Kontokorrent, Rechnungsabschluss

Die Sparkasse führt ein Konto zur Abwicklung des laufenden Geschäfts- und Zahlungsverkehrs (Girokonto) als Kontokorrent im Sinne des § 355 des Handelsgesetzbuches (Konto in laufender Rechnung).

(2) Rechnungsabschluss

¹ Die Sparkasse erstellt Rechnungsabschlüsse nach den vereinbarten Zeitabschnitten sowie zu sonstigen Terminen, soweit hierfür ein berechtigtes Interesse einer der Vertragsparteien besteht. ² Soweit nicht anderes vereinbart ist, gelten – auch im Geschäftskundenbereich – die jeweils im Preisaushang aufgeführten Rechnungsabschlussperioden.

(3) Einwendungen gegen den Rechnungsabschluss

¹ Einwendungen gegen Rechnungsabschlüsse müssen der Sparkasse schriftlich oder, wenn im Rahmen der Geschäftsbeziehung der elektronische Kommunikationsweg vereinbart wurde (z. B. Homebanking), auf diesem Wege zugehen. ² Unbeschadet der Verpflichtung, Einwendungen gegen Rechnungsabschlüsse unverzüglich zu erheben (Nr. 20 Absatz 1 Buchst. g), gelten diese als genehmigt, wenn ihnen nicht vor Ablauf von sechs Wochen nach Zugang des Rechnungsabschlusses widersprochen wird. ³ Zur Wahrung der Frist genügt die rechtzeitige Absendung. ⁴ Die Sparkasse wird den Kunden bei Fristbeginn auf diese Folgen hinweisen. ⁵ Stellt sich nachträglich die Unrichtigkeit heraus, so können sowohl der Kunde als auch die Sparkasse eine Richtigstellung aufgrund gesetzlicher Ansprüche verlangen.

(4) Genehmigung von Belastungen aus Lastschriften

¹ Einwendungen gegen eine Belastungsbuchung aus einer Lastschrift, für die er dem Gläubiger eine Einzugsermächtigung erteilt hat, muss der Kunde unverzüglich schriftlich oder, wenn im Rahmen der Geschäftsbeziehung der elektronische Kommunikationsweg vereinbart wurde (z. B. Homebanking), auf diesem Wege erheben (Nr. 20 Absatz 1 Buchst. g). ² Hat er eine im darauf folgenden Rech-

V. Bankgeschäfte (m. Börsen- u. KapMR) **AGB-Spark 8–10 (8 a)**

nungsabschluss enthaltene Belastungsbuchung nicht schon genehmigt, so gilt die Genehmigung spätestens dann als erteilt, wenn der Belastung nicht vor Ablauf von sechs Wochen nach Zugang des Rechnungsabschlusses widersprochen wird. ³ Die Frist ist gewahrt, wenn der Widerspruch innerhalb von sechs Wochen abgesandt worden ist. ⁴ Auf die Genehmigungswirkung wird die Sparkasse bei Erteilung des Rechnungsabschlusses besonders hinweisen.

1) Nr 7 nF 2009 entspricht **(8)** AGB-Banken Nr 7. Nr 7 IV aF betraf die Genehmigung von Belastungen aus Lastschriften und ist in der Fassung 2009 ebenso wie die entsprechende **(8)** AGB-Banken Nr 7 III aF weggefallen. 1

8. Korrektur fehlerhafter Gutschriften

(1) Stornobuchung vor Rechnungsabschluss

Gutschriften, die ohne einen verpflichtenden Auftrag gebucht werden (z. B. wegen Irrtums, Schreibfehlers, Kündigung des Überweisungsvertrages), darf die Sparkasse bis zum nächsten Rechnungsabschluss durch einfache Buchung rückgängig machen (Stornobuchung), soweit ihr ein Rückforderungsanspruch gegen den Kunden zusteht.

(2) Korrekturbuchung nach Rechnungsabschluss

¹ Den Rückforderungsanspruch nach Absatz 1 kann die Sparkasse auch noch nach Rechnungsabschluss durch Korrekturbuchung geltend machen, wenn sie die fehlerhafte Gutschrift nicht mehr rechtzeitig vor diesem Zeitpunkt festgestellt hat. ² Bei Widerspruch des Kunden wird die Sparkasse die Korrekturbuchung rückgängig und ihren Anspruch anderweitig geltend machen.

(3) Kennzeichnung

Storno- und Korrekturbuchungen werden im Kontoauszug gekennzeichnet.

1) Nr 8 entspricht **(8)** AGB-Banken Nr 8. 1

9. Gutschriften und Einlösung von Einzugspapieren

(1) Gutschriften „Eingang vorbehalten"

¹ Schreibt die Sparkasse den Gegenwert von Einzugspapieren (z. B. Scheck, Lastschrift) schon vor ihrer Einlösung gut, so geschieht dies unter dem Vorbehalt der Einlösung und des Einganges des Gegenwertes (E. v.-Gutschrift). ² Das gilt auch dann, wenn das Papier bei der Sparkasse selbst zahlbar ist. ³ Jede unter diesem Vorbehalt – „E. v." – erfolgende Gutschrift wird erst mit dem Eingang des Gegenwertes endgültig. ⁴ Wird das Einzugspapier nicht eingelöst oder geht der Sparkasse der Gegenwert nicht zu, so macht sie die Gutschrift gemäß Nr. 23 dieser AGB rückgängig (Stornobuchung), und zwar auch nach einem zwischenzeitlich erfolgten Rechnungsabschluss.

(2) Einlösung

¹ Einzugspapiere sind erst eingelöst, wenn die Belastungsbuchung nicht bis zum Ablauf des übernächsten Bankarbeitstages rückgängig gemacht wird. ² Diese Papiere sind auch eingelöst, wenn die Sparkasse ihren Einlösungswillen schon vorher Dritten gegenüber erkennbar bekundet hat (z. B. durch Bezahltmeldung). ³ Über die Landeszentralbank eingezogene Papiere sind eingelöst, wenn sie nach deren Allgemeinen Geschäftsbedingungen nicht mehr zurückgegeben werden können. ⁴ Barschecks sind mit Zahlung an den Scheckvorleger eingelöst.

1) Nr 9 nF 2009 entspricht **(8)** AGB-Banken Nr 9. Nr 9 II 1, 3 beziehen sich der Sache nach auf die SEPA-Lastschrift und die diesbezüglichen Sonderbedingungen. 1

10. Auftragsbestätigung vor Ausführung

Bei telefonischen oder auf anderen technischen Wegen erteilten sowie bei nicht unterschriebenen Aufträgen behält sich die Sparkasse die unverzügliche Einholung einer Bestätigung vor Auftragsausführung vor.

1) Nr 10 ohne Entsprechung in **(8)** AGB-Banken. 1

11. Aufrechnung und Verrechnung

(1) Aufrechnung durch den Kunden

Der Kunde darf Forderungen gegen die Sparkasse nur insoweit aufrechnen, als seine Forderungen unbestritten oder rechtskräftig festgestellt sind.

(2) Verrechnung durch die Sparkasse

¹ Die Sparkasse darf bestimmen, auf welche von mehreren fälligen Forderungen Zahlungseingänge, die zur Begleichung sämtlicher Forderungen nicht ausreichen, zu verrechnen sind. ² Dies gilt nicht, soweit der Kunde anderes bestimmt hat oder eine andere Verrechnung gesetzlich zwingend vorgeschrieben ist.

1   1) Nr 11 I entspricht (8) AGB-Banken Nr 4. Nr 11 II ohne Entsprechung.

12. Konten in ausländischer Währung

Konten in ausländischer Währung dienen ausschließlich zur bargeldlosen Abwicklung von Zahlungen an den Kunden und von Verfügungen des Kunden in ausländischer Währung.

1   1) Nr 12 weitgehend neu 1. 4. 02 entspricht (8) AGB-Banken Nr 10 I.

13. Leistungsbefreiung bei Geschäften in ausländischer Währung

¹ Die Verpflichtung der Sparkasse zur Ausführung einer Verfügung zulasten eines Guthabens in ausländischer Währung oder zur Erfüllung einer Verbindlichkeit in ausländischer Währung ist in dem Umfang und solange ausgesetzt, wie die Sparkasse in der Währung, auf die das Guthaben oder die Verbindlichkeit lautet, wegen politisch bedingter Maßnahmen oder Ereignisse im Lande dieser Währung nicht oder nur eingeschränkt verfügen kann. ² In dem Umfang und solange diese Maßnahmen oder Ereignisse andauern, ist die Sparkasse auch nicht zu einer Erfüllung an einem anderen Ort außerhalb des Landes der Währung, in einer anderen Währung (auch nicht in Euro) oder durch Anschaffung von Bargeld verpflichtet. ³ Die Verpflichtung der Sparkasse zur Ausführung einer Verfügung zulasten eines Guthabens in ausländischer Währung ist dagegen nicht ausgesetzt, wenn die Sparkasse diese vollständig im eigenen Haus ausführen kann. ⁴ Das Recht des Kunden und der Sparkasse, fällige gegenseitige Forderungen in derselben Währung miteinander zu verrechnen, bleibt von den vorstehenden Regelungen unberührt.

1   1) Nr 13 entspricht (8) AGB-Banken Nr 10 III.

14. Geldeingang in ausländischer Währung

Geldbeträge in ausländischer Währung darf die Sparkasse mangels ausdrücklicher gegenteiliger Weisung des Kunden in Euro gutschreiben, sofern sie nicht für den Kunden ein Konto in der betreffenden Währung führt.

1   1) Nr 14 nF 1. 4. 02 entspricht (8) AGB-Banken Nr 10, aber mit anderer Regelung.

15. Umrechnungskurs

Die Bestimmung des Umrechnungskurses bei Geschäften in ausländischer Währung ergibt sich aus dem Preis- und Leistungsverzeichnis.

1   1) Nr 15 nF 2009 trägt § 675g nF BGB Rechnung und entspricht (8) AGB-Banken Nr 10 IV.

16. Einlagengeschäft

¹ Mangels abweichender Vereinbarungen sind Einlagen ohne Kündigung fällig (täglich fällige Gelder). Einlagen werden mit dem jeweiligen, von der Sparkasse für Einlagen dieser Art festgesetzten und durch Aushang bekannt gemachten Zinssatz verzinst, soweit nichts Abweichendes vereinbart ist. ² Für die Zinsberechnung wird jeder Monat zu 30 Tagen gerechnet.

1   1) Nr 16 nF 2009 ohne Entsprechung in (8) AGB-Banken. Nr 16 aF über Akkreditiv und Kreditbrief ist weggefallen.

V. Bankgeschäfte (m. Börsen- u. KapMR.) **AGB-Spark 17–19** (8 a)

[III.] Entgelte einschließlich Überziehungszinsen

17. Entgelte, Kosten, Auslagen

(1) Entgelt-Berechtigung

[1] Die Sparkasse ist berechtigt, für ihre Leistungen Entgelte, insbesondere Zinsen und Provisionen, vom Kunden zu verlangen. [2] Dies gilt auch für Leistungen, die zusätzlich zu einer üblichen Grundleistung im Auftrag oder nach den Grundsätzen der Geschäftsführung ohne Auftrag im Interesse des Kunden erbracht oder im Zusammenhang mit der Geschäftsverbindung mit ihm erforderlich werden (z.B. bei der Verwaltung von Sicherheiten).

(2) Festsetzung und Ausweis der Entgelte

[1] Soweit nichts anderes vereinbart ist, werden die Entgelte im Privat- und Geschäftskundenbereich von der Sparkasse unter Berücksichtigung der Marktlage (z. B. Veränderung des allgemeinen Zinsniveaus) und des Aufwandes nach gemäß § 315 des Bürgerlichen Gesetzbuches nachprüfbarem billigen Ermessen festgelegt und geändert. [2] Für typische, regelmäßig vorkommende Bankleistungen gelten die im Preisaushang, ergänzend im Preis- und Leistungsverzeichnis ausgewiesenen Entgelte, und zwar die der jeweils geltenden Fassung. [3] Für dort nicht aufgeführte Leistungen, die nach den Umständen nur gegen eine Vergütung zu erwarten sind, werden angemessene Entgelte gemäß Satz 1 berechnet. [4] Der Kunde kann die Vorlage einer Abrechnung verlangen. [5] Werden Zinsen oder sonstige Entgelte erhöht, kann der Kunde die davon betroffene Geschäftsbeziehung innerhalb von sechs Wochen seit Bekanntgabe mit sofortiger Wirkung kündigen. [6] Im Falle der Kündigung wird die Erhöhung nicht wirksam. [7] Eine Kreditkündigung des Kunden gilt jedoch als nicht erfolgt, wenn er den geschuldeten Betrag nicht binnen zwei Wochen nach Wirksamwerden der Kündigung zurückzahlt.

(3) Kosten und Auslagen

[1] Dem Kunden können alle im Zusammenhang mit der Geschäftsbeziehung entstehenden Kosten und Auslagen in Rechnung gestellt werden, die die Sparkasse für erforderlich halten durfte und die über die allgemeinen Geschäftskosten hinausgehen (z. B. für Versicherungen, Steuern, Briefporto, Ferngespräche, Telegramme und Fernschreiben). [2] Dies gilt auch für die Bestellung, Verwaltung und Verwertung oder Freigabe von Sicherheiten (z. B. Lagergelder, Kosten der Beaufsichtigung und Instandhaltung, Versicherungsprämien, Provisionen, Rechtsanwalts- und Prozesskosten).

1) Nr 17 nF 2009 mit Entsprechung in **(8)** AGB-Banken. Nr 12, s näher dort. 1
Nr 17 ist im Hinblick auf BGH WM **09**, 1077 zu Nr 17 II 1 aF und auf §§ 675f IV und 675g nF BGB völlig neu gefasst.

18. Überziehungszinsen

Für Inanspruchnahmen des Kontos, die nicht durch ein Guthaben oder einen eingeräumten Kreditrahmen gedeckt sind (geduldete Kontoüberziehungen), sind die im Preisaushang aufgeführten Überziehungszinsen zu zahlen. Dies gilt auch für Geschäftskunden.

1) Nr 18 neu 2009 regelt Auslagen wie bisher Nr 17 III aF. Nr 18 aF betraf Über- 1
ziehungszinsen, dazu **(8)** AGB-Banken Nr 12 Rn 2.

[IV.] Pflichten und Haftung von Sparkasse und Kunde

19. Haftung der Sparkasse

(1) Haftung für Verschulden

[1] Die Sparkasse haftet für eigenes Verschulden sowie das Verschulden von Personen, derer sie sich zur Erfüllung ihrer Verpflichtung gegenüber dem Kunden bedient, soweit sich nicht aus den folgenden Absätzen, den besonderen Bedingungen oder aus einzelvertraglichen Regelungen etwas Abweichendes ergibt. [2] Haftet

die Sparkasse und ist ein Schaden nicht ausschließlich von der Sparkasse verursacht oder verschuldet, so richtet sich die Verpflichtung zum Schadensersatz nach den Grundsätzen des Mitverschuldens, § 254 Bürgerliches Gesetzbuch.

(2) Haftung für Dritte

¹ Die Sparkasse darf Aufträge bei Fehlen einer gegenteiligen Weisung ganz oder teilweise auf Dritte zur selbstständigen Erledigung übertragen, soweit dies unter Berücksichtigung der Art des Auftrages und der Interessen von Sparkasse und Kunde erforderlich erscheint. ² In diesen Fällen beschränken sich die Verpflichtung und Haftung der Sparkasse auf die Weiterleitung des Auftrags einschließlich sorgfältiger Auswahl und Unterweisung des Dritten.

(3) Haftung bei höherer Gewalt

Die Sparkasse haftet nicht für Schäden, die durch Störung ihres Betriebs (z. B. Bombendrohung, Banküberfall), insbesondere infolge von höherer Gewalt (z. B. von Kriegs- und Naturereignissen) sowie infolge von sonstigen, von ihr nicht zu vertretenden Vorkommnissen (z. B. Streik, Aussperrung, Verkehrsstörung) verursacht sind oder die durch Verfügungen von hoher Hand des In- und Auslands eintreten.

1   **1)** Nr 19 entspricht (8) AGB-Banken Nr 3.

20. Mitwirkungs- und Sorgfaltspflichten des Kunden

(1) Grundsatz

¹ Die Sparkasse führt die Aufträge des Kunden mit der Sorgfalt eines ordentlichen Kaufmanns aus. ² Für den Kunden bestehen seinerseits besondere Mitwirkungs- und sonstige Sorgfaltspflichten, insbesondere folgende Pflichten:

a) Mitteilung wesentlicher Angaben und Änderungen
  Der Sparkasse sind unverzüglich schriftlich oder, wenn im Rahmen der Geschäftsbeziehung der elektronische Kommunikationsweg vereinbart wurde (z. B. Homebanking), auf diesem Wege alle für die Geschäftsbeziehung wesentlichen Tatsachen anzuzeigen, insbesondere Änderungen des Namens, der Anschrift, des Personenstandes, der Verfügungs- oder Verpflichtungsfähigkeit des Kunden (z. B. Eheschließung, Eingehung einer Lebenspartnerschaft, Änderung des Güterstandes) oder der für ihn zeichnungsberechtigten Personen (z. B. nachträglich eingetretene Geschäftsunfähigkeit eines Vertreters oder Bevollmächtigten) sowie Änderungen der der Sparkasse bekannt gegebenen Vertretungs- oder Verfügungsbefugnisse (z. B. Vollmachten, Prokura). Die Anzeigepflicht besteht auch dann, wenn die Tatsachen in öffentlichen Registern eingetragen und veröffentlicht werden. Die Namen der für den Kunden vertretungs- oder verfügungsbefugten Personen sind der Sparkasse mit eigenhändigen Unterschriftsproben auf den Vordrucken der Sparkasse bekannt zu geben.

b) Eindeutige Angaben bei Aufträgen und Weisungen
  Aufträge und Weisungen jeder Art müssen den Inhalt des Geschäfts zweifelsfrei erkennen lassen. Abänderungen und Bestätigungen müssen als solche gekennzeichnet sein. Bei Zahlungs- und Überweisungsaufträgen hat der Kunde insbesondere auf richtige, vollständige, unmissverständliche und leserliche Angaben des Zahlungsempfängers und der Kontonummer sowie der Bankleitzahl zu achten.

c) Sorgfalt bei besonderer Auftrags-Übermittlung
  Bei telefonischen oder auf anderen technischen Wegen erteilten Aufträgen oder Weisungen hat der Kunde dafür zu sorgen, dass sich keine Übermittlungsfehler, Missverständnisse, Missbräuche und Irrtümer ergeben.

d) Verwendung von Vordrucken
  Für bestimmte Geschäfte, insbesondere im Scheck- und Lastschriftverkehr, bei Barabhebungen, Überweisungen, sind die von der Sparkasse zugelassenen Vordrucke zu verwenden.

e) Ausdrücklicher Hinweis bei besonderer Weisung
  Besondere Weisungen für die Ausführung von Aufträgen hat der Kunde der Sparkasse gesondert mitzuteilen, bei formularmäßig erteilten Aufträgen außerhalb des Formulars. Dies gilt insbesondere, wenn Zahlungen auf bestimmte Forderungen der Sparkasse verrechnet werden sollen.

f) Hinweis auf Fristen und Termine
  Der Kunde hat entsprechend Buchst. e) besonders darauf hinzuweisen, wenn Aufträge innerhalb bestimmter Fristen oder zu bestimmten Terminen aus-

geführt sein sollen oder wenn bei nicht ordnungsgemäßer, insbesondere nicht fristgemäßer Ausführung von Aufträgen außergewöhnliche Schäden drohen. Auf die besondere Hinweispflicht bei knappen Scheckvorlegungsfristen nach Nr. 24 wird verwiesen.

g) **Unverzügliche Reklamation**
Einwendungen gegen Rechnungsabschlüsse, Lastschriften, Kontoauszüge, Wertpapieraufstellungen oder sonstige Mitteilungen der Sparkasse sowie Einwendungen gegen die Ordnungsmäßigkeit von der Sparkasse gelieferter Wertpapiere oder sonstiger Werte müssen unverzüglich erhoben werden. Falls Rechnungsabschlüsse oder Depotaufstellungen dem Kunden nicht zugehen, muss er die Sparkasse unverzüglich benachrichtigen. Die Benachrichtigungspflicht besteht auch beim Ausbleiben anderer Anzeigen, Mitteilungen oder Sendungen, deren Eingang der Kunde erwarten oder mit deren Eingang er rechnen muss.

h) **Kontrolle von Bestätigungen der Sparkasse**
Soweit Bestätigungen der Sparkasse von Aufträgen oder Weisungen des Kunden abweichen, hat er dies unverzüglich zu beanstanden.

(2) **Haftung bei Pflichtverletzungen**

[1] Schäden und Nachteile aus einer schuldhaften Verletzung von Mitwirkungs- und sonstigen Sorgfaltspflichten gehen zu Lasten des Kunden. [2] Bei schuldhafter Mitverursachung des Schadens durch die Sparkasse richtet sich die Haftung nach den Grundsätzen des Mitverschuldens, § 254 Bürgerliches Gesetzbuch.

1) Nr 20 I ohne Entsprechung in (8) AGB-Banken. Nr 20 I a entspricht (8) AGB-Banken Nr 11 I. Nr 20 I b entspricht (8) AGB-Banken Nr 11 II. Nr 20 I c–e ohne Entsprechung. Nr 20 I f entspricht (8) AGB-Banken Nr 11 III. Nr 20 I g, h entsprechen (8) AGB-Banken Nr 11 IV, V. Nr 20 II ohne Entsprechung.

[V.] AGB-Pfandrecht, Nachsicherung, Sicherheitenfreigabe

21. Pfandrecht, Sicherungsabtretung

(1) **Umfang**

[1] Der Kunde räumt hiermit der Sparkasse ein Pfandrecht ein an Werten jeder Art, die im bankmäßigen Geschäftsverkehr durch den Kunden oder durch Dritte für seine Rechnung in ihren Besitz oder ihre sonstige Verfügungsmacht gelangen. [2] Zu den erfassten Werten zählen sämtliche Sachen und Rechte jeder Art (Beispiele: Waren, Devisen, Wertpapiere einschließlich der Zins-, Renten- und Gewinnanteilscheine, Sammeldepotanteile, Bezugsrechte, Schecks, Wechsel, Konnossemente, Lager- und Ladescheine). [3] Erfasst werden auch Ansprüche des Kunden gegen die Sparkasse (z.B. aus Guthaben).

Forderungen des Kunden gegen Dritte sind an die Sparkasse abgetreten, wenn über die Forderungen ausgestellte Urkunden im bankmäßigen Geschäftsverkehr in die Verfügungsmacht der Sparkasse gelangen.

(2) **Ausnahmen**

[1] Gelangen Gelder oder andere Werte mit der ausdrücklichen Zweckbestimmung für eine bestimmte Verwendung in die Verfügungsmacht der Sparkasse (z.B. Bareinzahlung zur Einlösung eines Schecks, Wechsels oder Ausführung einer bestimmten Überweisung), so erstreckt sich das Pfandrecht der Sparkasse nicht auf diese Werte. [2] Im Ausland verwahrte Wertpapiere unterliegen – vorbehaltlich anderweitiger Vereinbarung – nicht dem Pfandrecht. [3] Dasselbe gilt für die von der Sparkasse selbst ausgegebenen Genussrechte/Genusssscheine und für Ansprüche des Kunden aus nachrangigem Haftkapital (z.B. nachrangig haftende Inhaberschuldverschreibung).

(3) **Gesicherte Ansprüche**

[1] Das Pfandrecht sichert alle bestehenden und künftigen, auch bedingten oder befristeten, auch gesetzlichen Ansprüche der Sparkasse gegen den Kunden, die sie im Zusammenhang mit der Geschäftsverbindung erwirbt. [2] Das Pfandrecht sichert auch Ansprüche der Sparkasse gegen Dritte, für deren Erfüllung ihr der Kunde

persönlich haftet. ³Ansprüche gegen Kunden aus von diesen für Dritte übernommenen Bürgschaften werden erst ab deren Fälligkeit gesichert.

(4) Geltendmachung des Pfandrechts

¹Die Sparkasse darf die dem AGB-Pfandrecht unterliegenden Werte nur bei einem berechtigten Sicherungsinteresse zurückhalten. ²Ein solches besteht insbesondere unter den Voraussetzungen des Nachsicherungsrechts gemäß Nr. 22.

(5) Verwertung

¹Die Sparkasse ist zur Verwertung dieser Werte berechtigt, wenn der Kunde seinen Verbindlichkeiten bei Fälligkeit und trotz Mahnung mit angemessener Nachfrist und einer Androhung der Verwertung entsprechend § 1234 Absatz 1 Bürgerliches Gesetzbuch nicht nachkommt. ²Unter mehreren Sicherheiten hat die Sparkasse die Wahl. ³Bei der Auswahl und Verwertung wird die Sparkasse auf die berechtigten Belange des Kunden Rücksicht nehmen. ⁴Die Sparkasse hat das Recht, Verwertungserlöse, die nicht zur Befriedigung sämtlicher Forderungen ausreichen, nach ihrem billigen Ermessen zu verrechnen. ⁵Die Sparkasse wird dem Kunden erteilte Gutschriften über Verwertungserlöse so gestalten, dass sie als Rechnungen im Sinne des Umsatzsteuerrechts anzusehen sind.

1   1) Nr 21 I entspricht **(8)** AGB-Banken Nr 14 I, IV. Nr 21 II entspricht **(8)** AGB-Banken Nr 14 III. Nr 21 III entspricht **(8)** AGB-Banken Nr 14 II. Nr. 21 III 2 aF, wonach das Pfandrecht aus Ansprüche der Sparkasse gegen Dritte, für deren Erfüllung ihr der Kunde persönlich haftet, sicherte, ist weggefallen, Nr 21 III 3 aF ist nunmehr III 2 nF. Nr. 21 III 2 trägt BGH WM **98**, 2463 Rechnung, Danco ZBB **02**, 138. Nr 21 IV ohne Entsprechung. Nr 21 V entspricht **(8)** AGB-Banken Nr 17 I, II.

22. Nachsicherung und Freigabe

(1) Nachsicherungsrecht

Die Sparkasse kann vom Kunden die Bestellung oder Verstärkung von Sicherheiten für seine Verbindlichkeiten verlangen, wenn sich aufgrund nachträglich eingetretener oder bekannt gewordener Umstände, z. B. aufgrund einer Verschlechterung oder drohenden Verschlechterung der wirtschaftlichen Verhältnisse des Kunden, eines Mithaftenden oder Bürgen oder des Werts bestehender Sicherheiten, eine Veränderung der Risikolage ergibt.

(2) Freigabe-Verpflichtung

¹Die Sparkasse ist auf Verlangen zur Freigabe von Sicherheiten nach ihrer Wahl verpflichtet, soweit der realisierbare Wert aller Sicherheiten den Gesamtbetrag aller Forderungen der Sparkasse nicht nur vorübergehend um mehr als 10 v. H. übersteigt. ²Diese Deckungsgrenze erhöht sich um den jeweils aktuellen Umsatzsteuersatz, soweit die Sparkasse im Verwertungsfall mit der Abführung der Umsatzsteuer aus Verwertungserlösen belastet ist. ³Die Sparkasse wird bei der Auswahl der freizugebenden Sicherheiten auf die berechtigten Belange des Kunden Rücksicht nehmen.

1   1) Nr 22 I entspricht **(8)** AGB-Banken Nr 13 II. Nr 22 I Unterabs 2 nF 2009. Nr 22 II entspricht **(8)** AGB- Banken Nr 16 II.

[VI.] Einzugspapiere

23. Inkasso von Einzugspapieren

(1) Inkasso-Vereinbarung

Schecks, Wechsel, Lastschriften oder sonstige Einzugspapiere werden von der Sparkasse nur zum Einzug (Inkasso) hereingenommen, soweit nichts anderes vereinbart ist.

(2) Rückbelastung

¹Hat die Sparkasse den Gegenwert von Einzugspapieren schon vor Eingang gutgeschrieben, so kann sie den Gegenwert bei Nichteinlösung der Papiere rückbelasten, und zwar auch nach einem zwischenzeitlichen Rechnungsabschluss. ²Das Gleiche gilt, wenn

V. Bankgeschäfte (m. Börsen- u. KapMR) **AGB-Spark 24–26 (8 a)**

– ihr der Gegenwert nicht zugeht oder
– die freie Verfügung über den Gegenwert durch Gesetz oder behördliche Maßnahmen beschränkt ist oder
– die Papiere infolge unüberwindlicher Hindernisse nicht oder nicht rechtzeitig vorgelegt werden können oder
– der Einzug mit im Zeitpunkt der Hereinnahme nicht bekannten unverhältnismäßigen Schwierigkeiten verbunden ist oder
– in dem Land, in dem die Papiere einzulösen sind, ein Moratorium ergangen ist.

Unter den gleichen Voraussetzungen kann die Sparkasse Einzugspapiere auch schon vor Fälligkeit zurückgeben.

[3] Die Rückbelastung ist auch zulässig, wenn die Papiere nicht zurückgegeben werden können. [4] Ist dies von der Sparkasse zu vertreten, so trägt sie einen sich hieraus ergebenden Schaden des Kunden.

1) Nr 23 ohne Entsprechung in (8) AGB-Banken.   1

24. Vorlegungsfrist, Eilmittel

Wenn Schecks, die am Bankplatz der Sparkasse zahlbar sind, nicht spätestens am dritten Geschäftstag, Schecks auf auswärtige Bankplätze nicht spätestens am vierten Geschäftstag vor Ablauf der Vorlegungsfrist (Artikel 29 Scheckgesetz) eingereicht werden bzw. bei Übersendung nicht innerhalb dieser Fristen vor Geschäftsschluss bei der Sparkasse eingehen, so hat der Kunde auf den Ablauf der Vorlegungsfrist und die eventuelle Anwendung von Eilmitteln gesondert hinzuweisen.

1) Nr 24 ohne Entsprechung in (8) AGB-Banken.   1

25. Sicherungsrechte im Einzugsgeschäft

(1) Sicherungseigentum

[1] Mit der Einreichung von Schecks und Wechseln zum Einzug überträgt der Kunde der Sparkasse das Sicherungseigentum an den Papieren für den Fall, dass das Einzugspapier nicht eingelöst wird und der Sparkasse aufgrund von Vorausverfügungen des Kunden im Hinblick auf das Einzugsgeschäft Ansprüche gegen den Kunden zustehen, und zwar bis zum Ausgleich dieser Ansprüche. [2] Mit dem Erwerb des Sicherungseigentums gehen auch die zugrunde liegenden Forderungen auf die Sparkasse über.

(2) Sicherungsabtretung

Werden andere Papiere zum Einzug eingereicht (z.B. Lastschriften, kaufmännische Handelspapiere), so gehen die zugrunde liegenden Forderungen unter den Voraussetzungen des Absatzes 1 auf die Sparkasse über.

1) Nr 25 I entspricht (8) AGB-Banken Nr 15 I, IV. Nr 25 II entspricht (8) AGB-   1
Banken Nr 15 II.

[VII.] Auflösung der Geschäftsbeziehung

26. Kündigungsrecht

(1) Ordentliche Kündigung

[1] Sowohl der Kunde als auch die Sparkasse können die gesamte Geschäftsbeziehung oder einzelne Geschäftszweige jederzeit ohne Einhaltung einer Kündigungsfrist kündigen, soweit keine abweichenden Vorschriften oder anderweitigen Vereinbarungen dem entgegenstehen. [2] Kündigt die Sparkasse, so wird sie die berechtigten Belangen des Kunden angemessen Rechnung tragen, insbesondere nicht zur Unzeit kündigen.

(2) Kündigung aus wichtigem Grund

[1] Ungeachtet anderweitiger Vereinbarungen kann sowohl der Kunde als auch die Sparkasse die gesamte Geschäftsbeziehung oder einzelne Geschäftszweige jederzeit fristlos kündigen, wenn ein wichtiger Grund vorliegt, aufgrund dessen dem Kündigenden die Fortsetzung der Geschäftsbeziehung nicht zugemutet werden

kann. ² Dabei sind die berechtigten Belange des anderen Vertragspartners zu berücksichtigen.

Für die Sparkasse ist ein solcher Kündigungsgrund insbesondere gegeben, wenn aufgrund der nachfolgend beispielhaft aufgeführten Umstände die Einhaltung der Zahlungsverpflichtungen des Kunden oder die Durchsetzbarkeit der Ansprüche der Sparkasse – auch unter Verwertung etwaiger Sicherheiten – gefährdet wird:

a) wenn eine wesentliche Verschlechterung oder eine erhebliche Gefährdung der Vermögensverhältnisse des Kunden oder in der Werthaltigkeit der für ein Darlehen gestellten Sicherheiten eintritt, insbesondere wenn der Kunde die Zahlungen einstellt oder erklärt, sie einstellen zu wollen, oder wenn von dem Kunden angenommene Wechsel zu Protest gehen;
b) wenn der Kunde seiner Verpflichtung zur Bestellung oder zur Verstärkung von Sicherheiten (Nr. 22 Absatz 1) nach Aufforderung durch die Sparkasse nicht innerhalb angemessener Frist nachkommt;
c) wenn der Kunde unrichtige Angaben über seine Vermögensverhältnisse gemacht hat;
d) wenn gegen den Kunden eine Zwangsvollstreckung eingeleitet wird;
e) wenn sich die Vermögensverhältnisse eines Mitverpflichteten oder des persönlich haftenden Gesellschafters wesentlich verschlechtert haben oder erheblich gefährdet sind, sowie bei Tod oder Wechsel des persönlich haftenden Gesellschafters.³ Besteht der wichtige Grund in der Verletzung einer Pflicht aus dem Vertrag, ist die Kündigung erst nach erfolglosem Ablauf einer zur Abhilfe bestimmten Frist oder nach erfolgloser Abmahnung zulässig. ⁴ Etwas anderes gilt nur, wenn der Kunde die Leistung ernsthaft und endgültig verweigert, er die Leistung zu einem im Vertrag bestimmten Termin oder innerhalb einer bestimmten Frist nicht bewirkt, obwohl die Sparkasse den Fortbestand ihres Leistungsinteresses vertraglich an die Rechtzeitigkeit der Leistung gebunden hat, oder wenn besondere Umstände vorliegen, die unter Abwägung der beiderseitigen Interessen eine sofortige Kündigung rechtfertigen.

(3) Rechtsfolgen bei Kündigung

¹ Mit der Auflösung der gesamten Geschäftsbeziehung oder einzelner Geschäftszweige werden die auf den betroffenen Konten geschuldeten Beträge sofort fällig.
² Der Kunde ist außerdem verpflichtet, die Sparkasse insoweit von allen für ihn oder in seinem Auftrag übernommenen Verpflichtungen zu befreien.

Die Sparkasse ist berechtigt, die für den Kunden oder in seinem Auftrag übernommenen Verpflichtungen zu kündigen und sonstige Verpflichtungen, insbesondere solche in fremder Währung, mit Wirkung gegen den Kunden auszugleichen sowie hereingenommene Wechsel und Schecks sofort zurückzubelasten; die wechsel- oder scheckrechtlichen Ansprüche gegen den Kunden und jeden aus dem Papier Verpflichteten auf Zahlung des vollen Betrages der Wechsel und Schecks mit Nebenforderungen verbleiben der Sparkasse jedoch bis zur Abdeckung eines etwaigen Schuldsaldos.

1 1) Nr 26 I nF 2009 entspricht (8) AGB-Banken Nr 18 I, 19 I, II. Nr 26 I nF 1. 4. 02 entspricht (8) AGB-Banken Nr 18 II und 19 III nF 1. 4. 02. Nr 26 II Unterabsatz 3 nF 1. 4. 02 entspricht (8) AGB-Banken Nr 19 III 3 nF 1. 4. 02. Nr 26 III nF 2009 klarstellend.

27. Weitergeltung der Allgemeinen Geschäftsbedingungen

Auch nach Auflösung der gesamten Geschäftsbeziehung oder einzelner Geschäftszweige gelten für die Abwicklung und in dem Abwicklungsverhältnis entsprechenden Umfange die Allgemeinen Geschäftsbedingungen weiter.

1 1) Nr 27 ohne Entsprechung in (8) AGB-Banken.

28. Schutz der Einlagen

¹ Die Sparkasse ist dem Sicherungssystem der Deutschen Sparkassen-Finanzgruppe angeschlossen. ² Die Sparkasse ist befugt, dem Sicherungssystem oder einem von ihm Beauftragten alle in diesem Zusammenhang erforderlichen Auskünfte zu erteilen und Unterlagen zur Verfügung zu stellen.

1 1) Nr 28 nF 2009 entspricht (8) AGB-Banken Nr 20.

V. Bankgeschäfte (m. Börsen-u. KapMR) 1 **AGB-Anderk Einl (9)**

Bedingungen für Wertpapiergeschäfte (Sparkassen)
Fassung November 2007
Einleitung

1) S Einl 2 vor (8 a) AGB-Sparkassen. Die Bedingungen für Wertpapiergeschäfte 1 (Sparkassen) Fassung November 2007 entsprechen den **(8)** Sonderbedingungen für WPGeschäfte (Banken) Fassung 1. 11. 2007. Sie sind wie diese in ihrer Fassung von 2003 im Hinblick auf das 4. FinanzmarktfördG 2002 und die Einführung eines „Zentralen Kontrahenten" durch die Deutsche Börse im ersten Quartal 2003 zum 1. 1. 2003 geändert worden, Zingel ZBB **03,** 59. Die Fassung 2007 trägt dem Erlass des FinanzmarktRiUmsetzG Rechnung (näher zu **(8)** AGB-WPGeschäfte). Das betrifft vor allem Nr 2 über die (bislang einheitlichen) Ausführungsgrundsätze. Künftig hat jedes Institut eine eigene Best-Execution-Policy aufzustellen, die in das Vertragsverhältnis mit dem Kunden einbezogen werden muss.

Text entsprechend der Fassung für die privaten Banken, oben **(8)** Bedingungen für Wertpapiergeschäfte (vom Abdruck wurde deshalb abgesehen).

(9) Bedingungen für Anderkonten und Anderdepots (AGB-Anderkonten)
Einleitung

Schrifttum

a) Kommentare und Handbücher: Außer dem allgemeinen Schrifttum (s **(7)** Bankgeschäfte Einl vor A/1) BankrechtsHdb/*Hadding/Häuser* 3. Aufl 2007 §§ 37, 38 (Treuhandkonto, Anderkonto). – BuB/*Gößmann* 2/225 (LBl). – *Bunte,* AGB-Banken und Sonderbedingungen, 2. Aufl 2009, Sonderbedingungen für Anderkonten und Anderdepots (nur Rechtsanwälte, SB Ander 11). – *Canaris* 3. Aufl 1988, Rdn 288 ff. – *Hellner,* Geschäftsbedingungen für Anderkonten (Fassung 1962), 1963. – *Hopt/Mülbert* Vor § 607 Rn 201. – Ferner Komm und Hdb zum Notarrecht.

b) Sonstige Beiträge: *König* 1988 (Darlehensvalutierung über Notaranderkonto). – *Bräu,* Verwahrungstätigkeit des Notars 1992. – *Kawohl,* Notaranderkonto 1995. – *Capeller,* Die Pfändung von Fremdkonten, MDR **54,** 708. – *Coing,* Bemerkungen zum Treuhandkonto im deutschen Recht, FS Cohn **75,** 23. – *Bambring,* Kaufpreiszahlung über Notaranderkonto, DNotZ **90,** 615. – *Reichmann* WM **91,** 1493 (Rückforderung). – *Kreft* FS Merz **92,** 313 (Insolvenz). – *Lüke* ZIP **92,** 150 (Notaranderkonto). – *Hellner* FS Nielsen **96,** 29. – *Hadding* FS Schippel **96,** 163 (Postbank). – *Ganter* FS Kreft **04,** 251 (Treuhandkonto). – *K. Schmidt* FS Wiegand **05,** 933 (Treuhandkonto). – *Lange* NJW **07,** 2513. **Zur nF** 1. 4. 2000 *Gößmann* WM **00,** 857. Allgemein zur Kontoinhaberschaft s **(7)** Bankgeschäft A/36–52.

1) Verdeckte und offene Treuhandkonten

A. Auf Bankkonten können statt eigener Werte des Kontoinhabers (Eigenkonto) 1 fremde Werte (die im Verhältnis des Kontoinhabers zu einem Dritten diesem zustehen) verbucht werden. Bspe: Kautionskonto des Vermieters, WEG-Verwalterkonto, Fremdgelderkonto von Anwälten ua. Inhaber der Werte und Inhaber des Kontos ist (privat)rechtlich der Treuhänder, BGH **124,** 300, **127,** 232. Zum Treuhänder und Treugeber näher § 105 HGB Rn 31 ff. Das Unmittelbarkeitsprinzip, wonach der Treuhänder das Treugut aus dem Vermögen des Treugebers, nicht von dritter Seite erhalten muss (sonst keine Aussonderung, im Einzelnen str), gilt hier nicht, BGH **155,** 231, WM **05,** 1997. Ein Treuhandkonto soll aber nur vorliegen, wenn es ausschließlich für Vermögenswerte des Treugebers bestimmt ist, BGH **61,** 78, NJW **88,** 710, WM **03,**

Hopt 1957

(9) AGB-Anderk Einl 2–6   2. Handelsrechtl. Nebengesetze

1641, **05**, 1797, Brdbg WM **99**, 267, Hamm WM **99**, 1111, aber problematisch s Hopt/Mülbert 188. Dass Treugüter verschiedener Treugeber zu Unrecht auf einem Treuhandkonto gehalten werden, berührt Treuhandcharakter der Kontos aber nicht, BGH NJW-RR **03**, 1375. Das Treuhandverhältnis kann **verdeckt,** dh der Bank als solches nicht erkennbar sein; dann bleibt das Fremdinteresse im Bankverhältnis unerheblich, BGH NJW **87**, 3250. Ein Fremdkonto liegt dann nicht vor (s **(7)** Bankgeschäfte Rn A/41). Der Treugeber kann trotzdem Drittwiderspruchsklage erheben (§ 771 ZPO), BGH WM **93**, 1524, NJW **96**, 1543, und aussondern (§ 47 InsO), Publizität des Treuhandkontos wie beim Anderkonto ist dafür nicht erforderlich, BGH WM **05**, 1797, Naumbg WM **03**, 1668. Die Treuhand kann **offen,** dh als solche der Bank offenbart sein, BGH NJW **85**, 1955. Kontozusatz „wegen …" ist interne Information für Kontoinhaber, nicht schon deswegen offene Treuhand, BGH **61**, 77, ebenso Zusatz „Mietkonto", BGH WM **90**, 1955. Aufrechnung der Bank mit Ansprüchen gegen den Treuhänder ist beim offenen Treuhandkonto ausgeschlossen, BGH **61**, 77, NJW **87**, 3250. Für Treuhandverhältnisse typisch sind wirtschaftliches Eigentum des Treugebers am Treuhandvermögen, Kündigungsrecht des Treuhänders aus wichtigem Grund (§ 671 III BGB), Möglichkeit des Vermögensrückfalls bei Insolvenz des Treugebers (§§ 115, 80 InsO, § 667 BGB), BGH **157**, 182. Keine Treuhand soll vorliegen, wenn das Geld nicht verwaltet, sondern sofort weitergeleitet werden soll, anders bei zusätzlicher vertraglicher Verpflichtung, BGH WM **07**, 135. Treuhandkonto ist nicht mit **Bank als Treuhänder** zu verwechseln (Treuhandauftrag), BGH WM **87**, 883. RsprÜbersicht zur Bank als Treuhänder von Heymann NJW **90**, 1141. Lit: Kreft FS Merz **92**, 313 (Insolvenz).

2   B. Formen offener Treuhandkonten: **a) Sonderkonten der gesetzlichen Treuhänder,** zB Testamentsvollstrecker, Insolvenz-, Nachlass-, Zwangsverwalter; der Insolvenzverwalter führt das Konto auf seinen Namen mit Bezeichnung Sonderkonto für bestimmte Insolvenzmasse (s Rn 6), BGH WM **95**, 353.

3   **b)** Die vertraglich als solche begründeten **gewöhnlichen Treuhandkonten,** bezeichnet zB als „Treuhand" – oder „Sonder-Konto B" (Treugeber) des A (Treuhänder-Kontoinhaber). Zur Auslegung bei unklarer Bezeichnung und/oder Vereinbarung, BGH **11**, 41, **21**, 151, **61**, 77. Zum konkludenten Abschluss eines Treuhandvertrags dabei, BGH NJW **06**, 3777. Ein Eigentümer kann ohne Änderung der Bezeichnung durch Vereinbarung zwischen Inhaber und Bank Fremdkonto werden, BGH BB **63**, 574.

4   c) **Anderkonten,** s Rn 5–7. Lit: zum Treuhandkonto – Hopt/Mülbert 186.

2) Anderkonten

5   A. Anderkontenbedingungen wurden erstmals 1931 eingeführt, näher BGH **165**, 237. Die Fassung von 1962 wurde einheitlich festgestellt durch alle Gruppen der Kreditinstitute, eine geänderte Fassung darüber im 1978, jetzt **Neufassung** vom Bundesverband deutscher Banken e. V. **2000**, Stand 1. 4. 00, der AGB-Anderkonten von Rechtsanwälten und Wirtschaftsprüfern mit kleinen Änderungen (Euro) Stand 1. 1. 02. Die nF berücksichtigt die neuen gesellschaftsrechtlichen Formen bei Zusammenschlüssen von Rechts- und Patentanwälten (außer GbR auch PartG, AnwaltsGmbH; zulässig auch AnwaltsAG, BayObLG NJW **00**, 1647) und die sehr verbreiteten Sammelanderkonten (außer bei Notaren, Verbot § 54 b II 3 BeurkG). Außerdem werden in Nr 1 I 2 außer für Notare das für das Anderkonto typische Treuhandverhältnis deutlicher angesprochen, den besonderen Anforderungen an das Notaranderkonto (§§ 54 a ff BeurkG) entsprochen, auf Forderung der BaFin die Wiederverwendung von Anderkonten für andere Mandanten transparent gemacht (Nr 2 I 2) und die Rechtsnachfolge klarer gefasst (Nr 13 bzw 12). Lit: Hopt/Mülbert 201; Gößmann WM **00**, 857.

6   B. Anderkonten sind **offene Vollrechtstreuhandkonten** (BGH **11**, 43, **164**, 282, WM **71**, 221, **95**, 353, Kln ZIP **84**, 475. Sie sind beschränkt auf Angehörige gewisser Berufe, denen besonders oft fremde Vermögenswerte von ihren Mandanten zu vollem Recht anvertraut werden und die ein eigenes Standesrecht haben: **Rechtsanwälte, Notare** (der Anwalts-Notar kann wählen, s unter Nr 3; für Verwahrung durch Notare

V. Bankgeschäfte (m. Börsen-u. KapMR) 7, 8 **AGB-Anderk Einl (9)**

s §§ 54 a ff BeurkG, Notaranderkonto s § 54 b I 1 BeurkG), **„Treuhänder"**, dh Wirtschaftsprüfer, vereidigte Buchprüfer, Steuerberater, Steuerbevollmächtigte, Wirtschaftsprüfungs-, Buchprüfungs-, Steuerberatungsgesellschaften (Aufzählung in Nr I 1 der einschlägigen Bedingungen ohne Bezeichnung „Treuhänder") und **Patentanwälte.** Insolvenzverwalter gehört nicht dazu, BGH WM **88,** 1222 (s Rn 2). Die Einrichtung eines Anderkontos für Angehörige anderer Berufsgruppen ist aber möglich und rechtlich wirksam, zB für Obmann von Schiedsgerichten. Sie ist aber, auch bei Bezeichnung als Anderkonto, iZw nicht gewollt (konkludente Individualabrede iSv **(5)** § 305 b BGB), BGH WM **88,** 1222. Zahlung auf RAAnderkonto ist Zahlung an die Ges, wenn das Konto ausschließlich im Interesse der Ges geführt und über das Konto ihr Zahlungsverkehr abgewickelt wird, Düss GmbHR **98,** 1227 (eigenkapitalersetzende Darlehen). Anderkonto des Insolvenzverwalters, BGH WM **07,** 2299, Paulus WM **08,** 473. Lit: König 1988 (Darlehensvalutierung); Lüke ZIP **92,** 150.

C. Die **„Bedingungen für Anderkonten und Anderdepots"** sind Sonderbedingungen, die neben den AGB-Banken für die besondere Geschäftsbeziehung gelten (s **(8)** AGB-Banken Nr 1 Rn 6). Sie gelten für die in Rn 6 genannten vier Berufsgruppen in **vier besonderen Fassungen,** die sich für Rechtsanwälte, Patentanwälte sowie für Wirtschaftsprüfer und Steuerberater weitestgehend gleichen, während die Notaranderkonten-Bedingungen wegen der besonderen Stellung des Notars (Ausübung eines öffentlichen Amtes als Beliehener, Aufsicht der Berufskammer) graduell unterschiedlich sind. Die Bedingungen sind für alle vier Berufsgruppen einheitlich aufgebaut: Begriffsbestimmungen (Nr 1 mit Sammelanderkonto Nr 1 II außer für Notare und für Wirtschaftsprüfer und Steuerberater), Kontoeröffnung (Nr 2, 3, nur Nr 2 für Wirtschaftsprüfer und Steuerberater), Kontoführung (Nr 4–12, Nr 3–10 für Wirtschaftsprüfer und Steuerberater, Nr 4–10 für Notare) und Rechtsnachfolge (Nr 13 bzw 11 für Wirtschaftsprüfer und Steuerberater), besonders für Notare Verfügungsbefugnis und Rechtsnachfolge (Nr 11) und Einzelverwahrung von fremden Wertpapieren und Kostbarkeiten (Nr 12). Die gemeinsamen Grundsätze sind: (1) Alleinige Berechtigung und Verpflichtung des Inhabers, (2) Unangreifbarkeit für Gläubiger der Begünstigten, (3) Trennung vom Eigenvermögen des Inhabers und Abwehr von Inhaber-Gläubigern, auch der Bank selbst.

Die AGB-Anderkonten gelten wie alle **AGB** nur Kraft vertraglicher Vereinbarung, 8 diese kann aber konkludent erfolgen. Eine „analoge" Anwendung der AGB-Anderkonten auf sonstige Treuhandkonten ist nicht möglich, aA Hbg WM **70,** 1308 (zu Nr 8 aF), wohl aber Heranziehung im Rahmen von § 157 BGB, Canaris 292. Kontoformen bei Anderkonten, debitorisches Anderkonto (Nr 1 Rn 1). Gläubiger des Treugebers können in das Guthaben auf dem Anderkonto nicht vollstrecken, da Inhaber der Treuhänder ist (Erinnerung, § 766 ZPO), sondern nur den Anspruch des Treugebers gegen den Treuhänder auf Rückübertragung der Forderung pfänden, BGH **11,** 37, NJW **59,** 1225. **Widerspruchsrecht des Treugebers (§ 771 ZPO)** gegen Vollstreckung durch Gläubiger des Treuhänders bei „echtem Anderkonto", auch ad hoc gebildetem Sonderkonto, nicht RA-Privatkonto, BGH DB **71,** 1157, WM **96,** 662; auch bei Treuhand für mehr als einen Treugeber, aber nicht weitergehend immer noch dann, wenn sich Treugut und Eigengut noch klar trennen lassen, BGH WM **03,** 1641, aA Canaris 280, erst recht nicht bei Nutzung zugleich als Eigenkonto, BGH WM **03,** 1641, s auch **(13)** DepotG § 2 Rn 1. Bei Insolvenz des Treuhänders **Aussonderung** des Guthabens auf dem Anderkonto durch den Treugeber (§ 47 InsO), vgl BGH DNotZ **93,** 385, das Treuhandverhältnis erlischt (§§ 116 Satz 1, 115 I InsO), die Anderkontoforderung ist dem Treugeber zurückzuübertragen (nicht automatisch). Mehrseitige Treuhand beim Anderkonto (§ 328 BGB), BGH **109,** 52; Abrede zwischen Börsentermingeschäftsvermittler und Anwalt, über dessen Treuhandkonto die Einzahlungen zur Sicherheit der Anleger weiterzuleiten sind, schützt auch diese (§ 328 BGB), BGH WM **04,** 1287. Einzahlungen auf das Anderkonto des Insolvenzverwalters fallen weder in das Schuldnervermögen noch in die Masse, BGH WM **09,** 562. Der Notar hat anvertraute Gelder unverzüglich einem Notaranderkonto zuzuführen (§ 54 b BeurkG). Zum Notaranderkonto ohne Einlagensicherung BGH **165,** 232. Vorläufig amtsenthobener Notar, BGH **164,** 275. **„Empfangen"** durch Darlehensnehmer bei Auszahlung an Dritte s **(7)** Bankgeschäfte Rn G/3. Dem Notar auf Notar-Anderkon-

(9) AGB-Anderk 1, 2   2. Handelsrechtl. Nebengesetze

ten überwiesenen (oder ihm bar übergebene) Gelder bleiben zwar für ihn „fremde" Gelder (Treuhanderwerb), aber auch dabei geht das Eigentum auf den Erwerber über (Summenverwahrung, vgl § 700 BGB), BGH **76,** 13; fehlerhafte Abwicklung, BGH WM **90,** 483. Die vereinbarte „**Hinterlegung**" beim Notar (Überweisung auf Notar-Anderkonto) ist keine Hinterlegung iSv §§ 372, 378 BGB und idR noch nicht Erfüllung nach §§ 362 II, 185 BGB, BGH **87,** 160; ebenso bei Auszahlung durch den Darlehensgeber des Käufers unmittelbar an den Verkäufer, der darüber aber noch nicht verfügen darf, BGH **145,** 44. Keine einseitige Änderung der Verwahrungsanweisung mehr, wenn bei mehrseitigem Treuhandverhältnis der Kaufpreis auf Notaranderkonto hinterlegt ist, BGH NJW **02,** 1326. Bei vereinbarter Kaufpreisabwicklung über Notaranderkonto hat der Verkäufer mit Geldeingang gegen den Notar einen öffentlich-rechtlichen Auszahlungsanspruch, der aber nur zusammen mit der Kaufpreisforderung abtretbar ist (entspr § 401 I BGB), BGH **138,** 179.

a) Bedingungen für Anderkonten und Anderdepots von Rechtsanwälten und Gesellschaften von Rechtsanwälten

Fassung 1. 4. 2000 mit Änderungen Dezember 2001

Begriffsbestimmungen

    1. (1) [1] **Für Rechtsanwälte oder Gesellschaften von Rechtsanwälten**[1] **(im Weiteren: „Kontoinhaber") werden Anderkonten und Anderdepots (beide im Folgenden „Anderkonten" genannt) eingerichtet.** [2] **Diese dienen der Verwahrung von Vermögenswerten eines Mandanten, die dem Kontoinhaber anvertraut wurden.** [3] **Der Bank gegenüber ist nur der Kontoinhaber berechtigt und verpflichtet.**

    (2) **Ein Sammelanderkonto dient der Verwahrung von Vermögenswerten verschiedener Mandanten.**

1   1) Anderkonten werden nach diesen Bedingungen I 1 nur für die dort genannten Berufsgruppen eingerichtet (aber Einl 6 vor Nr 1). Sie dienen der Verwahrung von Vermögenswerten eines Mandanten, die dem Kontoinhaber anvertraut sind **(I 2).** Der Anwalt muss nämlich fremde Gelder unverzüglich an den Empfangsberechtigten weiterleiten oder auf ein Anderkonto einzahlen (§ 43 V 2 BRAO). AGB-Anderkonten sind in verschiedenen **Kontoformen** möglich, häufig als Kontokorrentkonto (§ 355 HGB), auch als Depot, Festgeldkonto; wenn nicht dem Zahlungsverkehr dienend, auch als Sparkonto, Bunte 13, str. Ein als Girokonto geführtes Anderkonto kann **debitorisch** werden, etwa bei Überziehung, Düss WM **89,** 211, aA Mü WM **73,** 439. Das sollte aber vermieden werden (s Nr 13 Rn 1). Der Bank gegenüber ist nur der Kontoinhaber berechtigt und verpflichtet **(I 3).** Anderkonten sind nach Nr I als **Vollrechtstreuhand** (nicht wie Treuhandkonten idR sonst als Ermächtigungstreuhand) ausgestaltet, Kontoinhaber ist also allein der Rechtsanwalt, vgl BGH **11,** 43, KG WM **64,** 1039; er haftet bei einem Debet, zB Sollzinsen (debitorisches Anderkonto). Zu Anderkonten für ausländische Kontoinhaber Hellner FS Nielsen **96,** 46.

2   **Sammelanderkonten** dienen der Verwahrung von Vermögenswerten verschiedener Mandanten **(I 2).** Bei Anderkonten von Rechtsanwälten, Steuerberatern und Patentanwälten sind sie üblich und zulässig, verboten dagegen bei Anderkonten von Notaren (§ 54 b II 3 BeurkG) und Wirtschaftsprüfern (Berufssatzung), dort zulässig aber Anderkonto mit Stammnummern und Unterkontonummern, Gößmann WM **00,** 861, Bunte 16. Sie sind typische Durchlaufkonten. Eingehende Gelder werden idR unverzüglich an die Mandanten weitergeleitet bzw auf spezielle Anderkonten für die einzelnen Treugeber/Mandanten umgebucht oder, falls die Gelder für die Anwälte selbst bestimmt sind, auf ihr Eigenkonto übertragen. Der Kontoinhaber hat dafür Sorge zu tragen, dass die Mandantengelder nur kurzfristig auf dem Sammelkonto verbleiben (Nr 5). Die Bank muss das Sammelanderkonto als solches kenntlich machen (Nr 2 II 1).

---

[1] Gesellschaften von Rechtsanwälten sind Zusammenschlüsse von Rechtsanwälten in der Rechtsform der Gesellschaft bürgerlichen Rechts, der Partnerschaftsgesellschaft und der Rechtsanwalts-GmbH.

V. Bankgeschäfte (m. Börsen-u. KapMR) **1 AGB-Anderk (9)**

Kontoeröffnung

2. (1) ¹ Bei jeder Kontoeröffnung ist der Kontoinhaber verpflichtet, den Namen und die Anschrift desjenigen mitzuteilen, für dessen Rechnung er handelt (wirtschaftlich Berechtigter)[1]. ² Wird das Anderkonto vom Kontoinhaber für einen anderen als den nach Satz 1 benannten wirtschaftlich Berechtigten wiederverwendet, ist der Kontoinhaber verpflichtet, unverzüglich Name und Anschrift des neuen wirtschaftlich Berechtigten schriftlich mitzuteilen.

(2) ¹ Beantragt der Kontoinhaber die Eröffnung eines Sammelanderkontos, so ist dieses als „Sammelanderkonto" kenntlich zu machen[2]. ² Nr. 2 Abs. 1 gilt nicht für Sammelanderkonten, jedoch ist der Kontoinhaber auf Verlangen der Bank verpflichtet, Namen und Anschrift des oder der wirtschaftlich Berechtigten schriftlich mitzuteilen.

(3) Auf Wunsch des Kontoinhabers kann die Bank weitere Anderkonten auch ohne schriftlichen Kontoeröffnungsantrag einrichten.

1) Der Kontoinhaber muss bei jeder **Kontoeröffnung** den wirtschaftlich Berech- 1 tigten (Treugeber) mit Namen und Anschrift benennen (I 1), bei Wiederverwendung des Anderkontos durch den Kontoinhaber für einen anderen Treugeber als nach I 1 erneute schriftliche Mitteilung (I 2), Grund: Geldwäsche (§ 8 I 1 GwG). I gilt nicht für Sammelanderkonten (Nr 1 Rn 2), da bei Kontoeröffnung die künftigen Treugeber noch nicht feststehen, aber Mitteilungspflicht des Kontoinhabers auf Verlangen der Bank (II 2). Sammelanderkonten müssen aber als solche kenntlich gemacht werden (II 1). Die Bank vermerkt die Angaben nach I 1 und II 1 im Konto-Dokumentationsbogen. Schriftlicher Kontoeröffnungsantrag ist nur für das erste Anderkonto nötig, für weitere (Unter-)Anderkonten desselben Kontoinhabers genügt mündliche bzw telephonische Weisung (III). Anderkonten und GwG Hellner FS Nielsen **96**, 38.

3. Ist der Rechtsanwalt auch Notar (Anwaltsnotar, Notaranwalt) oder Patentanwalt, so führt die Bank seine Anderkonten als Rechtsanwalts-Anderkonten, sofern er nicht beantragt hat, ein Anderkonto als Notar- oder als Patentanwalts-Anderkonto zu führen.

1) Die Bank führt das Anderkonto für den Rechtsanwalt iZw als Rechtsanwalts- 1 Anderkonto. **Doppelberufler** können aber auch Notar- oder Patentanwalts-Anderkonto wählen. Der Anwaltsnotar bzw Notaranwalt muss klarstellen, welche Art Anderkonto er eröffnen will. Das betrifft nur die Anderkontoeröffnung. Ob der Doppelberufler in seiner Beziehung zum Kunden als Anwalt oder als Notar tätig wird, ist eine andere, die Bank nicht unmittelbar berührende Frage, iZw als Rechtsanwalt, ausnahmsweise zwingend als Notar (§ 24 II BNotO), Bunte. 20. Auch spätere Umwandlung ist möglich (Nr 6 S 2).

Kontoführung

4. ¹ Der Kontoinhaber darf Werte, die seinen eigenen Zwecken dienen, nicht einem Anderkonto zuführen oder auf einem Anderkonto belassen. ² Diese Werte sind auf ein Eigenkonto zu übertragen.

1) Nr 4–11 regeln die **Kontoführung**. Grundregel ist die **getrennte** Kontofüh- 1 rung von Eigen- und Fremdgeldern (Nr 4). Der Rechtsanwalt darf Eigengelder weder einem Anderkonto zuführen noch es auf einem belassen (nach Nr 4 S 1), sondern muss sie auf ein Eigenkonto (s **(7)** Bankgeschäfte Rn A/37) übertragen (Nr 4 S 2).

5. Der Kontoinhaber sorgt dafür, daß auf einem Sammelanderkonto in der Regel Werte über 15 000 € für einen einzelnen Mandanten nicht länger als einen Monat verbleiben.

1) Sammelanderkonten sind **Durchlaufkonten** (Nr 2 Rn 2), Mandantenwerte sind 1 kurzfristig (in Nr 5 näher definiert) auf eigene Anderkonten zu übertragen. Verstoß kann die Bank zur außerordentlichen Kündigung berechtigen, noch strikter Gößmann WM **00**, 861, Bunte 24.

---

[1] Im Konto-Dokumentationsbogen ist dies zu vermerken.
[2] Im Konto-Dokumentationsbogen ist dies zu vermerken.

6. ¹Die Eigenschaft eines Kontos als Anderkonto kann nicht aufgehoben werden. ²Ist der Rechtsanwalt auch Notar (Anwaltsnotar, Notaranwalt) oder Patentanwalt, so kann er bestimmen, daß ein Anderkonto in Zukunft als Notar- oder als Patentanwalts-Anderkonto zu führen ist.

1 **1)** Die Eigenschaft eines Kontos als Anderkonto kann nicht aufgehoben werden (Nr 6 S 1), aber es kann bei Doppelberuflern in ein anderes Anderkonto seiner Wahl umgewandelt werden (Nr 6 S 2, vgl Nr 3). Nr 6 schließt Sicherung der Bank nach **(8)** AGB-Banken Nr 14 nicht aus, Düss MDR **66**, 761.

7. Eine Kontovollmacht darf der Kontoinhaber nur einem Rechtsanwalt, Notar, Notarassessor, Patentanwalt, Wirtschaftsprüfer, vereidigtem Buchprüfer, Steuerberater oder Steuerbevollmächtigtem erteilen.

1 **1)** Nach Nr 7 ist Kontovollmacht nur an einen der genannten Berufsträger zulässig. Nr 7 ist abschließend, also zB keine Vollmacht an Bürovorsteher, Bunte 27. Für die Kontovollmacht gelten die allgemeinen Grundsätze.

8. ¹Die Bank nimmt unbeschadet der Regelung in Nr. 2 Abs. 1 keine Kenntnis vom Rechtsverhältnis zwischen dem Kontoinhaber und seinem Mandanten. ²Rechte des Mandanten auf Leistung aus einem Anderkonto oder auf Auskunft über ein Anderkonto bestehen der Bank gegenüber nicht; die Bank ist demgemäß nicht berechtigt, dem Mandanten Verfügungen über ein Anderkonto zu gestatten oder Auskunft über das Anderkonto zu erteilen, selbst wenn nachgewiesen wird, dass das Konto im Interesse des Mandanten errichtet worden ist.

1 **1)** Nr 8 trägt dem Charakter des Anderkontos als offenem Vollrechtstreuhandkonto Rechnung (Einl 6 vor Nr 1). Das Treuhandverhältnis zwischen dem Rechtsanwalt und dem Treugeber/Mandanten geht sie nichts an. Die Bank nimmt demnach keine Kenntnis von dem Rechtsverhältnis zwischen Kontoinhaber und seinem Mandanten (Satz 1). Rechte des Mandanten bezüglich des Anderkontos gegenüber der Bank bestehen nicht und diese gestattet dem Mandanten keine Verfügungen über das Anderkonto und gibt auch keine Auskunft darüber (Satz 2). Nr 8 schließt Sicherung der Bank durch Pfandrecht nach **(8)** AGB-Banken Nr 14 nicht aus, Düss MDR **66**, 671.

9. Die Bank prüft die Rechtmäßigkeit der Verfügungen des Kontoinhabers in seinem Verhältnis zu Dritten nicht, auch wenn es sich um Überweisungen von einem Anderkonto auf ein Eigenkonto handelt.

1 **1)** Nr 9, wonach die Bank Verfügungen des Kontoinhabers nicht auf ihre Rechtmäßigkeit in seinem Verhältnis zu Dritten prüft, auch bei Überweisungen vom Anderkonto auf Eigenkonto, hat nur klarstellende Bedeutung (Folge der Vollrechtstreuhand). Die Konsequenz, dass die Bank dann für den einem Dritten aus einer unrechtmäßigen Verfügung des Kontoinhabers entstehenden Schaden nicht haftet, ist anders als nach Nr 7 S 2 aF nicht mehr ausdrücklich niedergelegt, aber ergibt sich auch so; beides ist wirksam unter **(5)** §§ 305 ff BGB. Schadensersatzansprüche des Treugebers gegen die Bank aus **§§ 823 ff, 826 BGB** werden durch Nr 9 ebenso wie durch Nr 7 S 2 aF (Vertrag Bank – Kunde) nicht berührt, so wenn die Bank sehenden Auges Mißbräuche des Treuhänders zulässt (s zur Haftung der Bank bei Missbrauch der Vertretungsmacht **(7)** Bankgeschäfte Rn A/22). Solche Mißbräuche können in Barabhebungen von dem Anderkonto, in Überweisungen auf ein Eigen- oder Fremdkonto und in Mißachtung von Verfügungsbeschränkungen bestehen, näher BuB/Gößmann Rn 2/305 ff. Abreden zwischen Treuhänder und Bank im Zusammenhang mit der Anderkontoeröffnung können (aber nicht ohne weiteres) Drittschutzwirkung zugunsten des Treugebers bzw Destinatärs haben, zB Rechtsanwaltstreuhandkonto zur Sicherung von Anlegergeldern, BGH WM **04**, 1287, Düss WM **86**, 637, Canaris 294, aA LG Bln WM **88**, 1309, BankrechtsHdb/Häuser 3. Aufl 2007 § 48 Rn 6. Die Bank haftet, wenn sie wissentlich zulässt, dass der Nachlasspfleger Nachlasswerte auf sein Anderkonto überträgt und von diesem die Erben schädigende Verfügungen vornimmt, notwendig wäre Sperrvermerk, LG Kempten WM **91**, 59. Die Bank kann sich wie bei jeder Art von Treuhandkonto entgegen Nr 9 dem Treugeber oder sonst interessierten Dritten zur Überwachung der Verfügungen des Treuhänder-Kontoinhabers verpflich-

V. Bankgeschäfte (m. Börsen-u. KapMR)

ten und ist dann bei Verletzung dieser Pflicht für Schaden durch unrechtmäßige Verfügung nach § 280 I BGB haftbar, BGH BB **67,** 1453. Ebenso wie Nr 9 kann ein nicht den AGB-Anderkonten unterstelltes „gewöhnliches" Treuhandkonto (Einl vor Nr 1) zu beurteilen sein, BGH JZ **54,** 438.

10. Ansprüche gegen die Bank aus Anderkonten sind nicht abtretbar und nicht verpfändbar.

1) Vertragliches Abtretungsverbot (§ 399 Alt 2 BGB). Für Verpfändungen (nicht abtretbarer Forderungen) folgt das bereits aus § 1274 II BGB. § 354 a HGB ist nicht einschlägig (kein beiderseitiges HdlGeschäft, da Freiberufler, § 1 HGB Rn 19). Abtretung auch nicht an den Treugeber selbst, Bunte 37, vgl BGH WM **90,** 940. Auch gewillkürte Prozessstandschaft ist grundsätzlich ausgeschlossen, anders ausnahmsweise, wenn nur noch endgültig abzuwickeln ist, zB Auskehrung des Treuguts (Erlös) an den Insolvenzverwalter nach Erlöschen des Treuhandvertrags, Kln WM **87,** 1279.

11. Im Falle der Pfändung wird die Bank den pfändenden Gläubiger im Rahmen der Drittschuldnererklärung auf die Eigenschaft als Anderkonto hinweisen.

1) Nr 11 verpflichtet die Bank, bei **Pfändung** (Forderungspfändung, § 829 ZPO) den pfändenden Gläubiger im Rahmen der Drittschuldnererklärung (§ 840 ZPO) auf die Eigenschaft des Kontos als Anderkonto hinzuweisen. Das liegt im Interesse aller Beteiligten, denn der Treugeber kann der Pfändung widersprechen (§ 771 ZPO, s Einl 8 vor Nr 1). Die Pfändung durch Gläubiger des Treugebers und zur Insolvenz des Treuhänders Einl 8 vor Nr 1.

12. Die Bank wird bei einem Anderkonto weder das Recht der Aufrechnung noch ein Pfand- oder Zurückhaltungsrecht geltend machen, es sei denn wegen Forderungen, die in bezug auf das Anderkonto selbst entstanden sind.

1) Nr 12 enthält eine **Privilegierung** des Anderkontos dahingehend, dass die Bank auf die **Aufrechnung** (§§ 387 ff BGB) verzichtet und **Pfand- und Zurückbehaltungsrechte** nicht geltend zu machen verspricht, außer wegen Forderungen (auch Nebenforderungen wie Zinsen, Provisionen, Auslagen ua) bezüglich des Anderkontos selbst. Das entspricht der Rechtslage allgemeiner bei offenen Treuhandkonten (s (8) AGB-Banken Nr 14 Rn 10).

Rechtsnachfolge

13. (1) Wird das Anderkonto als Einzelkonto für einen Rechtsanwalt geführt, so wird im Falle seines Todes die zuständige Rechtsanwaltskammer oder die von ihr bestimmte Person Kontoinhaber, bis die Landesjustizverwaltung einen Abwickler bestellt.

(2) ¹**Absatz 1 gilt entsprechend, wenn der Kontoinhaber infolge Zurücknahme oder Erlöschens seiner Zulassung aus der Rechtsanwaltschaft ausscheidet oder gegen ihn ein Berufs- oder Vertretungsverbot verhängt ist.** ² **Wird im Falle eines Berufs- oder Vertretungsverbots von der Landesjustizverwaltung ein Vertreter für den Kontoinhaber bestellt, so tritt dieser an die Stelle der in Absatz 1 genannten Personen.** ³ **Die Wirksamkeit von Rechtshandlungen des Rechtsanwalts wird durch ein Berufs- oder Vertretungsverbot nicht berührt (§ 155 Abs. 5 BRAO).**

1) Nr 13 regelt die **Rechtsnachfolge** bei Tod des Rechtsanwalts **(I)** und **Verlust der Zulassung (II).** Die Forderungen aus dem Anderkonto gehen also nicht auf seine Erben über. Der in I und II bezeichnete neue Rechtsinhaber erwirbt im Wege des Vertrags zugunsten Dritter (§§ 328 I, 331 I BGB, so noch ausdrücklich Nr 13 I aF), Bunte 43, aA nur nach Standesrecht, BankrechtsHdb/Häuser 3. Aufl 2007 § 38 Rn 11. Bei ausnahmsweise debitorischem Anderkonto (Nr 1 Rn 1) haftet der Rechtsnachfolger nicht für das Debet, dieses ist vielmehr aus den Eingängen auszugleichen, Bunte 44. Die Bank muss die Legitimation des neuen Kontoinhabers nach allgemeinen Grundsätzen prüfen.

b) Bedingungen für Anderkonten und Anderdepots von Notaren

Fassung 1. 4. 2000

Begriffsbestimmungen

1. [1] Für Notare werden Anderkonten und Anderdepots (beide im Folgenden „Anderkonten" genannt) als Sonderkonten für fremde Gelder und Wertpapiere, die ihnen als Notare anvertraut wurden, eingerichtet. [2] Der Bank gegenüber ist nur der Notar berechtigt und verpflichtet.

Kontoeröffnung

2. [1] Bei jeder Kontoeröffnung ist der Notar verpflichtet, den Namen und die Anschrift desjenigen mitzuteilen, für dessen Rechnung er handelt[1]. [2] Wird das Anderkonto vom Notar für einen anderen als den nach Satz 1 benannten wirtschaftlich Berechtigten wiederverwendet, ist der Notar verpflichtet, unverzüglich Name und Anschrift des neuen wirtschaftlich Berechtigten schriftlich mitzuteilen.[2] Auf Wunsch des Notars kann die Bank weitere Anderkonten auch ohne schriftlichen Kontoeröffnungsantrag einrichten.

3. Ist der Notar auch Rechtsanwalt (Anwaltsnotar), so führt die Bank das Anderkonto als Rechtsanwaltsanderkonto, sofern er nicht beantragt hat, das Anderkonto als Notaranderkonto zu führen.

Kontoführung

4. Der Notar darf Werte, die ihm nicht als Notar anvertraut wurden, nicht einem Anderkonto zuführen oder auf einem Anderkonto belassen.

5. [1] Die Eigenschaft eines Kontos als Anderkonto kann nicht aufgehoben werden. [2] Ist der Notar auch Rechtsanwalt (Anwaltsnotar), so kann er bestimmen, dass ein Anderkonto in Zukunft als Rechtsanwaltsanderkonto zu führen ist.

6. [1] Die Bank nimmt unbeschadet der Regelung in Nr. 2 Satz 1 und 2 keine Kenntnis davon, wer bei einem Anderkonto Rechte gegen den Notar geltend zu machen befugt ist. [2] Rechte Dritter auf Leistung aus einem Anderkonto oder auf Auskunft über ein Anderkonto bestehen der Bank gegenüber nicht; die Bank ist demgemäß nicht berechtigt, einem Dritten Verfügungen über ein Anderkonto zu gestatten oder Auskunft über das Anderkonto zu erteilen, selbst wenn nachgewiesen wird, dass das Konto im Interesse des Dritten errichtet worden ist.

7. Die Bank prüft die Rechtmäßigkeit der Verfügungen des Notars in seinem Verhältnis zu Dritten nicht, auch wenn es sich um Überweisungen von einem Anderkonto auf ein Eigenkonto handelt.

8. Ansprüche gegen die Bank aus Anderkonten sind nicht abtretbar und nicht verpfändbar.

9. Im Falle der Pfändung wird die Bank den pfändenden Gläubiger im Rahmen der Drittschuldnererklärung auf die Eigenschaft als Anderkonto hinweisen.

10. Die Bank wird bei einem Anderkonto weder das Recht der Aufrechnung noch ein Pfand- oder Zurückbehaltungsrecht geltend machen, es sei denn wegen Forderungen, die in Bezug auf das Anderkonto selbst entstanden sind.

Verfügungsbefugnis und Rechtsnachfolge

11. [1] Über das Notaranderkonto darf nur der Notar persönlich, dessen amtlich bestellter Vertreter oder der Notariatsverwalter oder eine sonstige nach § 54b Absatz 3 Beurkundungsgesetz berechtigte Person verfügen. [2] Wenn der Notar oder Notariatsverwalter aus rechtlichen Gründen (z. B. Erlöschen des Amtes, Verlegung des Amtssitzes, vorläufige Amtsenthebung) an der Amtsausübung gehindert ist, endet seine Verfügungsbefugnis. [3] Nach einer vorläufigen Amtsenthebung steht die Verfügungsbefugnis dem von der Landesjustizverwaltung wegen der Amtsenthebung bestellten Vertreter oder Notariatsverwalter zu, vor dessen Bestellung der zuständigen Notarkammer. [4] Bis zur Bestellung eines Vertreters oder Notariatsverwalters bleibt der Notar Kontoinhaber ohne Verfügungsbefugnis (§ 55 Abs. 2 Satz 3 Bundesnotarordnung). [5] Mit der Bestellung wird der Notariatsverwalter

---

[1] Im Konto-Dokumentationsbogen ist dies zu vermerken.

Kontoinhaber (§ 58 Abs. 1 Bundesnotarordnung). [6] In den übrigen Fällen wird die zuständige Notarkammer Kontoinhaber, bis die Landesjustizverwaltung einen Notariatsverwalter bestellt oder einem anderen Notar die Verfügungsbefugnis übertragen hat (§ 54 b Abs. 3 Satz 2 Beurkundungsgesetz).

Einzelverwahrung von fremden Wertpapieren und Kostbarkeiten

12. Für die Einzelverwahrung von fremden Wertpapieren und Kostbarkeiten, die nicht unter Verwendung eines Anderkontos erfolgt, gelten auf Antrag des Notars die vorstehenden Bedingungen mit Ausnahme von Nr. 2 sinngemäß.

c) Bedingungen für Anderkonten und Anderdepots von Angehörigen der öffentlich bestellten wirtschaftsprüfenden und wirtschafts- und steuerberatenden Berufe

Fassung 1. 4. 2000

Begriffsbestimmungen

1. [1] Für Wirtschaftsprüfer, vereidigte Buchprüfer, Steuerberater und Steuerbevollmächtigte sowie Wirtschaftsprüfungsgesellschaften, Buchprüfungsgesellschaften und Steuerberatungsgesellschaften (im weiteren: „Kontoinhaber") werden Anderkonten und Anderdepots (beide im Folgenden „Anderkonten" genannt) eingerichtet. Diese dienen der Verwahrung von Vermögenswerten eines Mandanten, die dem Kontoinhaber anvertraut wurden. [2] Der Bank gegenüber ist nur der Kontoinhaber berechtigt und verpflichtet.

Kontoeröffnung

2. [1] Bei jeder Kontoeröffnung ist der Kontoinhaber verpflichtet, den Namen und die Anschrift desjenigen mitzuteilen, für dessen Rechnung er handelt (wirtschaftlich Berechtigter)[1]. [2] Wird das Anderkonto vom Kontoinhaber für einen anderen als den nach Satz 1 benannten wirtschaftlich Berechtigten wiederverwendet, ist der Kontoinhaber verpflichtet, unverzüglich Name und Anschrift des neuen wirtschaftlich Berechtigten schriftlich mitzuteilen. [3] Auf Wunsch des Kontoinhabers kann die Bank weitere Anderkonten auch ohne schriftlichen Kontoeröffnungsantrag einrichten.

Kontoführung

3. [1] Der Kontoinhaber darf Werte, die seinen eigenen Zwecken dienen, nicht einem Anderkonto zuführen oder auf einem Anderkonto belassen. Diese Werte sind auf ein Eigenkonto zu übertragen.

4. Die Eigenschaft eines Kontos als Anderkonto kann nicht aufgehoben werden.

5. Eine Kontovollmacht darf der Kontoinhaber nur einem Wirtschaftsprüfer, vereidigten Buchprüfer, Steuerberater, Steuerbevollmächtigten, Rechtsanwalt, Notar, Notarassessor oder Patentanwalt erteilen.

6. [1] Die Bank nimmt unbeschadet der Regelung in Nr. 2 keine Kenntnis vom Rechtsverhältnis zwischen Kontoinhaber und seinem Mandanten. [2] Rechte des Mandanten auf Leistung aus einem Anderkonto oder auf Auskunft über ein Anderkonto bestehen der Bank gegenüber nicht; die Bank ist demgemäß nicht berechtigt, dem Mandanten Verfügungen über ein Anderkonto zu gestatten oder Auskunft über das Anderkonto zu erteilen, selbst wenn nachgewiesen wird, dass das Konto im Interesse des Mandanten errichtet worden ist.

7. Die Bank prüft die Rechtmäßigkeit der Verfügungen des Kontoinhabers in seinem Verhältnis zu Dritten nicht, auch wenn es sich um Überweisungen von einem Anderkonto auf ein Eigenkonto handelt.

8. Ansprüche gegen die Bank aus Anderkonten sind nicht abtretbar und nicht verpfändbar.

9. Im Falle der Pfändung wird die Bank den pfändenden Gläubiger im Rahmen der Drittschuldnererklärung auf die Eigenschaft als Anderkonto hinweisen.

---

[1] Im Konto-Dokumentationsbogen ist dies zu vermerken.

10. Die Bank wird bei einem Anderkonto weder das Recht der Aufrechnung noch ein Pfand- oder Zurückbehaltungsrecht geltend machen, es sei denn wegen Forderungen, die in Bezug auf das Anderkonto selbst entstanden sind.

Rechtsnachfolge

11. (1) Wird das Anderkonto als Einzelkonto für einen Wirtschaftsprüfer, vereidigten Buchprüfer, Steuerberater oder Steuerbevollmächtigten geführt, so wird im Falle seines Todes die zuständige Berufskammer oder die von ihr bestimmte Person Kontoinhaber, bis die zuständige Berufskammer einen Abwickler bestellt.

(2) ¹Absatz 1 gilt entsprechend, wenn der Kontoinhaber infolge Zurücknahme oder Erlöschens seiner Zulassung aus dem Personenkreis der Wirtschaftsprüfer, vereidigten Buchprüfer, Steuerberater oder Steuerbevollmächtigten ausscheidet oder gegen ihn ein Berufs- oder Vertretungsverbot verhängt ist. ²Wird im Falle eines Berufs- oder Vertretungsverbots von der zuständigen Berufskammer ein Vertreter für den Kontoinhaber bestellt, so tritt dieser an die Stelle der in Absatz 1 genannten Personen. ³Die Wirksamkeit von Rechtshandlungen des Wirtschaftsprüfers, vereidigten Buchprüfers, Steuerberaters oder Steuerbevollmächtigten wird durch ein Berufs- oder Vertretungsverbot nicht berührt (§ 144 Abs. 4 Wirtschaftsprüferordnung; § 139 Abs. 5 StBerG).

d) Bedingungen für Anderkonten und Anderdepots von Patentanwälten und Gesellschaften von Patentanwälten

Fassung 1. 4. 2000 mit Änderungen Dezember 2001

Begriffsbestimmungen

1. (1) ¹Für Patentanwälte oder Gesellschaften von Patentanwälten[1] (im Weiteren: „Kontoinhaber") werden Anderkonten und Anderdepots (beide im Folgenden „Anderkonten" genannt) eingerichtet. ²Diese dienen der Verwahrung von Vermögenswerten eines Mandanten, die dem Kontoinhaber anvertraut wurden. ³Der Bank gegenüber ist nur der Kontoinhaber berechtigt und verpflichtet.

(2) Ein Sammelanderkonto dient der Verwahrung von Vermögenswerten verschiedener Mandanten.

Kontoeröffnung

2. (1) ¹Bei jeder Kontoeröffnung ist der Kontoinhaber verpflichtet, den Namen und die Anschrift desjenigen mitzuteilen, für dessen Rechnung er handelt (wirtschaftlich Berechtigter)[2]. ²Wird das Anderkonto vom Kontoinhaber für einen anderen als den nach Satz 1 benannten wirtschaftlich Berechtigten wiederverwendet, ist der Kontoinhaber verpflichtet, unverzüglich Name und Anschrift des neuen wirtschaftlich Berechtigten schriftlich mitzuteilen.

(2) ¹Beantragt der Kontoinhaber die Eröffnung eines Sammelanderkontos, so ist dieses als „Sammelanderkonto" kenntlich zu machen[3]. ²Nr. 2 Abs. 1 Satz 1 gilt nicht für Sammelanderkonten, jedoch ist der Kontoinhaber auf Verlangen verpflichtet, Namen und Anschrift des oder der wirtschaftlich Berechtigten schriftlich mitzuteilen.

(3) Auf Wunsch des Kontoinhabers kann die Bank weitere Anderkonten auch ohne schriftlichen Kontoeröffnungsantrag einrichten.

3. Ist der Patentanwalt auch Rechtsanwalt so führt die Bank seine Anderkonten als Rechtsanwalts-Anderkonten, sofern er nicht beantragt hat, ein Anderkonto als Patentanwalts-Anderkonto zu führen.Kontoführung

4. ¹Der Kontoinhaber darf Werte, die seinen eigenen Zwecken dienen, nicht einem Anderkonto zuführen oder auf einem Anderkonto belassen. ²Diese Werte sind auf ein Eigenkonto zu übertragen.

---

[1] Gesellschaften von Rechtsanwälten sind Zusammenschlüsse von Patentanwälten in der Rechtsform der Gesellschaft bürgerlichen Rechts, der Partnerschaftsgesellschaft und der Patentanwalts-GmbH.

[2] Im Konto-Dokumentationsbogen ist dies zu vermerken.

[3] Im Konto-Dokumentationsbogen ist dies zu vermerken.

V. Bankgeschäfte (m. Börsen- u. KapMR.)

5. Der Kontoinhaber sorgt dafür, dass auf einem Sammelanderkonto in der Regel Werte über 15 000 € für einen einzelnen Mandanten nicht länger als einen Monat verbleiben.

6. ¹Die Eigenschaft eines Kontos als Anderkonto kann nicht aufgehoben werden. ²Ist der Patentanwalt auch Rechtsanwalt, so kann er bestimmen, daß ein Anderkonto in Zukunft als Rechtsanwalts-Anderkonto zu führen ist.

7. Eine Kontovollmacht darf der Kontoinhaber nur einem Patentanwalt, Rechtsanwalt, Notar, Notarassessor, Wirtschaftsprüfer, vereidigten Buchprüfer, Steuerberater oder Steuerbevollmächtigten erteilen.

8. ¹Die Bank nimmt unbeschadet der Regelung in Nr. 2 Satz 1 keine Kenntnis vom Rechtsverhältnis zwischen Kontoinhaber und seinem Mandanten. ²Rechte des Mandanten auf Leistung aus einem Anderkonto oder auf Auskunft über ein Anderkonto bestehen der Bank gegenüber nicht; die Bank ist demgemäß nicht berechtigt, dem Mandanten Verfügungen über ein Anderkonto zu gestatten oder Auskunft über das Anderkonto zu erteilen, selbst wenn nachgewiesen wird, dass das Konto im Interesse des Mandanten errichtet worden ist.

9. Die Bank prüft die Rechtmäßigkeit der Verfügungen des Kontoinhabers in seinem Verhältnis zu Dritten nicht, auch wenn es sich um Überweisungen von einem Anderkonto auf ein Eigenkonto handelt.

10. Ansprüche gegen die Bank aus Anderkonten sind nicht abtretbar und nicht verpfändbar.

11. Im Falle der Pfändung wird die Bank den pfändenden Gläubiger im Rahmen der Drittschuldnererklärung auf die Eigenschaft als Anderkonto hinweisen.

12. Die Bank wird bei einem Anderkonto weder das Recht der Aufrechnung noch ein Pfand- oder Zurückbehaltungsrecht geltend machen, es sei denn wegen Forderungen, die in bezug auf das Anderkonto selbst entstanden sind.

Rechtsnachfolge

13. (1)Wird das Anderkonto als Einzelkonto für einen Patentanwalt geführt, so wird im Falle seines Todes das Patentamt oder die von ihr bestimmte Person Kontoinhaber, bis der Präsident des Patentamts einen Abwickler bestellt.

(2)¹Absatz 1 gilt entsprechend, wenn der Kontoinhaber infolge Zurücknahme oder Erlöschens seiner Zulassung an der Patentanwaltschaft ausscheidet oder gegen ihn ein Berufs- oder Vertretungsverbot verhängt ist. ²Wird im Falle eines Berufs- oder Vertretungsverbots vom Präsidenten des Patentamtes ein Vertreter für den Kontoinhaber bestellt, so tritt dieser an die Stelle der in Absatz 1 genannten Personen. ³Die Wirksamkeit von Rechtshandlungen des Patentanwalts wird durch ein Berufs- oder Vertretungsverbot nicht berührt (§ 137 Abs. 5 Patentanwaltsordnung).

(10) Abkommen über den Lastschriftverkehr (Lastschriftabkommen)

Fassung 1. Februar 2002

Einleitung

Schrifttum

S allgemein zur Lastschrift (7) Bankgeschäfte vor Rn D/1.

1) Entstehung und Inhalt des Lastschriftabkommens

Das LSA von 1964 ist mehrfach geändert worden und hat jetzt den Stand vom 1. 2. 2002. Die seit 1995 im LSA vorgenommenen Änderungen (2001, 2002) betreffen nur die Einführung des Euro, nicht den materiellrechtlichen Gehalt. Vertragspartner des LSA sind Bundesverband der Deutschen Volksbanken und Raiffeisenbanken e. V., Bundesverband deutscher Banken e. V., Deutscher Sparkassen- und Giroverband e. V., 1

(10) LastschrAbk

Verband deutscher Hypothekenbanken e. V., Verband öffentlicher Banken e. V. sowie die Deutsche Bundesbank. Zum Inhalt des LSA und zu einzelnen Rechtsfragen s **(7)** Bankgeschäfte Rn D/3.

Abschnitt I

Nummer 1

[1] Im Rahmen des Lastschriftverfahrens wird zugunsten des Zahlungsempfängers über sein Kreditinstitut (erste Inkassostelle) von dem Konto des Zahlungspflichtigen bei demselben oder einem anderen Kreditinstitut (Zahlstelle) der sich aus der Lastschrift ergebende Betrag eingezogen, und zwar aufgrund

    a) einer dem Zahlungsempfänger von dem Zahlungspflichtigen erteilten schriftlichen Ermächtigung (Einzugsermächtigung)
oder
    b) eines der Zahlstelle von dem Zahlungspflichtigen zugunsten des Zahlungsempfängers erteilten schriftlichen Auftrags (Abbuchungsauftrag).

[2] Wegen der Ausnahmen zu Buchstabe a wird auf Anlage 3 verwiesen.

Nummer 2

(1) [1] Die erste Inkassostelle nimmt Aufträge zum Einzug fälliger Forderungen, für deren Geltendmachung nicht die Vorlage einer Urkunde erforderlich ist, mittels Lastschrift herein. [2] Für die Weiterleitung der Lastschriften gelten die für das jeweilige Verfahren (Datenträgeraustausch oder Datenfernübertragung) gültigen Bestimmungen, soweit im folgenden nichts Abweichendes bestimmt ist.

(2) Lastschriften, die der ersten Inkassostelle beleghaft eingereicht werden, sind von dieser auf EDV-Medien zu erfassen und beleglos an die in der Inkassostelle nachgeschalteten Stelle weiterzuleiten beziehungsweise der Zahlstelle beleglos vorzulegen (EZL-Verfahren).

Nummer 3

(1) Für den EZL sind folgende Daten zu erfassen:
– Bankleitzahl der Zahlstelle
– Kontonummer des Zahlungspflichtigen
– Name des Zahlungspflichtigen, wobei der Zuname oder Firmenname am Anfang stehen soll
– Betrag und Bezeichnung der Währungseinheit
– Verwendungszweck, soweit vom Zahlungsempfänger angegeben
– Kontonummer des Zahlungsempfängers
– Bezeichnung des Zahlungsempfängers
– Bankleitzahl der ersten Inkassostelle
– Textschlüssel

(2) [1] Die erste Inkassostelle als in den EZL überführendes Kreditinstitut hat die richtige Erfassung der in Absatz (1) aufgeführten Daten durch geeignete Kontrollen sicherzustellen und die erfaßten Daten in Feld C6a des Datensatzes um die Kennziffer 1 und eine maximal 11-stellige Referenznummer zu ergänzen. [2] Der Aufbau der Referenznummer ist freigestellt.

(3) Für die zwischenbetriebliche Weiterleitung sind die Daten im Satz- und Dateiaufbau – insbesondere die Referenzinformation in Feld C6a – nach den Spezifikationen der Anlage 1 der „Richtlinien für den beleglosen Datenträgeraustausch"[1] zu formatieren.

(4) [1] Das Datenfeld C6a ist bei allen beteiligten Stellen in die Dokumentation aufzunehmen. [2] Auf gegebenenfalls auszudruckenden Belegen ist in der rechten Hälfte der letzten Zeile des Verwendungszweckfeldes der Schlagtext „EZV" und die Referenznummer aus Feld C6a anzudrucken.

(5) Bei Rückfragen beziehungsweise Rücklastschriften sind die Daten des Lastschriftauftrags einschließlich des Inhalts des Feldes C6a vollständig anzugeben.

---

[1] Jetzt Anlage 1 zur Vereinbarung über den beleglosen Datenaustausch in der zwischenbetrieblichen Abwicklung des Inlandszahlungsverkehrs (Clearingabkommen).

Nummer 4

Die Kreditinstitute bearbeiten Lastschriften nach dem Textschlüssel und der Textschlüsselergänzung entsprechend der Anlage 2 der „Richtlinien für den beleglosen Datenträgeraustausch"[1].

Nummer 5

Bei Lastschriften, die als Einzugsermächtigungslastschriften gekennzeichnet sind, haftet die erste Inkassostelle der Zahlstelle für jeden Schaden, der dieser durch unberechtigt eingereichte Lastschriften entsteht.

Nummer 6

[1] Lastschriften sind zahlbar, wenn sie bei der Zahlstelle eingehen[2]. [2] Fälligkeitsdaten und Wertstellungen bleiben unbeachtet.

Nummer 7

(1) Die Zahlstelle hat dem Zahlungspflichtigen unverzüglich nach Belastung seines Kontos den Lastschriftbetrag, den Verwendungszweck und den Namen des Zahlungsempfängers entsprechend der getroffenen Absprache mitzuteilen.

(2) Bestätigungen über die Einlösung von Lastschriften werden nicht erteilt.

(3) Teileinlösungen sind unzulässig.

Nummer 8

(1) [1] Lastschriften, die nicht eingelöst werden beziehungsweise denen im Sinne von Abschnitt III Nummer 1 widersprochen wurde (Rücklastschriften) und für die keine Zinsausgleichsrechnung anfällt, sind beleglos nach dem in Anlage 1 beschriebenen Verfahren zurückzugeben. [2] Rücklastschriften mit Zinsausgleichsrechnung sind beleghaft zurückzugeben (siehe Abschnitt I Nummer 8 Absatz (4)).

(2) Bei der Rückgabe von nicht eingelösten Lastschriften sind die ersten drei Erweiterungsteile des Rückrechnungssatzes mit den Angaben gemäß Anlage 1 Nummer 1 Absatz (5) Satz 1 zu belegen.

(3) Bei Rückgaben von Lastschriften, die als Einzugsermächtigungslastschriften gekennzeichnet sind und wegen Widerspruchs des Zahlungspflichtigen zurückgegeben werden (Abschnitt III Nummer 1), sind die ersten drei Erweiterungsteile des Rückrechnungssatzes mit den Angaben gemäß Anlage 1 Nummer 1 Absatz (5) Satz 2 zu belegen.

(4) [1] Bei beleghaften Rücklastschriften mit Zinsausgleichsrechnung ist der Ersatzbeleg mit dem Vermerk „Vorgelegt am ... und nicht bezahlt" beziehungsweise mit dem Vermerk „Belastet am ... zurück wegen Widerspruchs" sowie mit dem Namen der Zahlstelle, Ort und Datum der Ausfertigung zu versehen. [2] Für die Rückgabe ist ausschließlich die „Retourenhülle (Lastschrift) für Einzugspapier" gemäß Anlage 2 zu verwenden.

Abschnitt II

Nummer 1

[1] Lastschriften, die nicht eingelöst werden,

a) weil sie unanbringlich sind,
b) weil auf dem Konto des Zahlungspflichtigen keine Deckung vorhanden ist oder
c) weil bei Abbuchungsauftragslastschriften der Zahlstelle kein Abbuchungsauftrag vorliegt, sind von der Zahlstelle spätestens an dem Tag des Eingangs[3] folgenden Geschäftstag mit den Angaben gemäß Abschnitt I Nummer 8 an die erste Inkassostelle zurückzugeben. [2] Der Zahlstelle ist freigestellt, auf welchem Wege sie die Lastschriften zurückgibt und zurückrechnet.

---

[1] Jetzt Anlage 2 zur Vereinbarung über den beleglosen Datenaustausch in der zwischenbetrieblichen Abwicklung des Inlandszahlungsverkehrs (Clearingabkommen).
[2] Der Tag des Eingangs ist derjenige Tag, an dem die Lastschriftdaten der disponierenden Stelle der im Datensatz bezeichneten Zahlstelle, gegebenenfalls also einer Zweigstelle dieses Instituts, zugehen.
[3] Der Tag des Eingangs ist derjenige Tag, an dem die Lastschriftdaten der disponierenden Stelle der im Datensatz bezeichneten Zahlstelle, gegebenenfalls also einer Zweigstelle dieses Instituts, zugehen.

Nummer 2

(1) Werden Lastschriften im Sinne des Abschnittes II Nummer 1 nicht eingelöst, so hat die Zahlstelle die erste Inkassostelle bei Lastschriftbeträgen von 3.000 Euro und darüber unmittelbar spätestens an dem auf den Tag des Eingangs folgenden Geschäftstag bis zu dem in Nummer 4 der Anlage 1 genannten Zeitpunkt und unter Einsatz der dort genannten Kommunikationsverfahren von der Nichteinlösung zu benachrichtigen (Eilnachricht).

(2) Die Eilnachricht hat den Namen und die Kontonummer des Zahlungsempfängers, den Lastschriftbetrag sowie den Namen des Zahlungspflichtigen zu enthalten, soweit sich diese Daten aus der Magnetbandinhaltsliste gemäß den „Richtlinien für den beleglosen Datenträgeraustausch"[1] ergeben.

Nummer 3

Die erste Inkassostelle ist – auch bei Verletzung dieses Abkommens und unbeschadet etwaiger Schadensersatzansprüche – verpflichtet, nicht eingelöste beziehungsweise wegen Widerspruchs des Zahlungspflichtigen zurückgegebene Lastschriften, die mit den Angaben gemäß Abschnitt I Nummer 8 versehen sind, zurückzunehmen und wieder zu vergüten; sie darf diese Lastschriften nicht erneut zum Einzug geben.

Nummer 4

[1] Die Zahlstelle kann für Rücklastschriften als Auslagenersatz und Bearbeitungsprovision ein Entgelt entsprechend dem in Nummer 2 der Anlage 1 genannten Höchstsatz verlangen. [2] Vereinbarungen der Kreditinstitute mit dem Zahlungsempfänger beziehungsweise Zahlungspflichtigen über die Erhebung von Entgelten werden durch dieses Abkommen nicht berührt.

Nummer 5

[1] Bei der Verrechnung von Rücklastschriften wird jede Stelle, über die die Rücklastschriftrechnung läuft, mit der Tageswertstellung für Einzugslastschriften belastet. [2] Im übrigen gelten die Bestimmungen in Nummer 3 der Anlage 1.

Nummer 6

Einzelheiten über die Rückgabe, Rückrechnung und Eilnachricht regelt die Anlage 1.

Abschnitt III

Nummer 1

[1] Lastschriften, die als Einzugsermächtigungslastschriften gekennzeichnet sind, kann die Zahlstelle auch zurückgeben und deren Wiedervergütung verlangen, wenn der Zahlungspflichtige der Belastung widerspricht. [2] Die Zahlstelle hat unverzüglich, nachdem sie von dem Widerspruch Kenntnis erlangt, die Lastschrift mit den Angaben nach Abschnitt I Nummer 8 Absatz (3) zurückzurechnen.

Nummer 2

[1] Die Rückgabe und Rückrechnung ist ausgeschlossen, wenn der Zahlungspflichtige nicht binnen sechs Wochen nach Belastung widerspricht. [2] Schadensersatzansprüche im Sinne der Regelung in Abschnitt I Nummer 5 bleiben hiervon unberührt.

Nummer 3

(1) Im übrigen gelten die Bestimmungen unter Abschnitt II entsprechend.

(2) Die Eilnachricht entsprechend Abschnitt II Nummer 2 über die Rückgabe einer Lastschrift wegen Widerspruchs hat bis zu dem in Nummer 4 der Anlage 1 genannten Zeitpunkt des auf den Zugang des Widerspruchs folgenden Geschäftstages zu erfolgen.

---

[1] Jetzt Anlage 2 zur Vereinbarung über den beleglosen Datenaustausch in der zwischenbetrieblichen Abwicklung des Inlandszahlungsverkehrs (Clearingabkommen).

Abschnitt IV

Nummer 1

Dieses Abkommen begründet Rechte und Pflichten nur zwischen den beteiligten Kreditinstituten.

Nummer 2

(1) Sind die Daten der Originalbelege, die gemäß Abschnitt I Nummer 3 für den EZL zu erfassen sind, vollständig und unverändert in den EZL übernommen, so haften die erste Inkassostelle als das in den EZL überführende Kreditinstitut sowie die in die Weiterleitung der Lastschriften zwischengeschalteten Kreditinstitute – unabhängig von der Form der Weiterleitung – nicht für die Richtigkeit dieser Daten.

(2) [1] Stimmt die vom Zahlungsempfänger angegebene oder die von der ersten Inkassostelle ergänzte Bankleitzahl der Zahlstelle mit der vom Zahlungsempfänger angegebenen Klarschriftbezeichnung nicht überein, so haftet abweichend von Absatz (1) für die hieraus entstehenden Schäden die erste Inkassostelle. [2] Bei Abbuchungsauftragslastschriften haftet jedoch die nach der unrichtigen Bankleitzahl bezeichnete Zahlstelle, wenn sie den Lastschriftbetrag einem nicht zahlungspflichtigen Kontoinhaber belastet, obwohl dieser Fehler bei der Prüfung auf Vorliegen des Abbuchungsauftrags zu vermeiden gewesen wäre.

(3) Eine Haftung des Zahlungsempfängers für unrichtige Angaben in dem Originalbeleg bleibt unberührt.

(4) Abschnitt II Nummer 1 der „Richtlinien für den beleglosen Datenträgeraustausch"[1] gilt für das EZL-Verfahren nicht.

(5) Eine Verpflichtung zur Weiterleitung beleghafter Lastschriften, die entgegen Abschnitt I Nummer 2 Absatz (2) nicht umgewandelt wurden, besteht nicht.

Nummer 3

(1) [1] Verstöße gegen die aus diesem Abkommen erwachsenden Verpflichtungen sind unverzüglich nach Bekanntwerden zu rügen. [2] Aus einer Verletzung dieses Abkommens können Schadensersatzansprüche nur in Höhe des Betrages des jeweiligen betroffenen Vorganges geltend gemacht werden. [3] Ein Schadensersatzanspruch gegen die Zahlstelle kann nicht daraus hergeleitet werden, daß die unter Abschnitt II Absatz (1) a) bis c) genannten Voraussetzungen nicht vorgelegen haben.

(2) Reklamationen und Schadensersatzansprüche sind außerhalb des Lastschriftverfahrens unmittelbar gegenüber der ersten Inkassostelle beziehungsweise der Zahlstelle geltend zu machen.

Nummer 4

[1] Die in diesem Abkommen in Bezug genommenen Anlagen sind Bestandteile des Abkommens. [2] Die Regelungen in den Anlagen können durch Beschluß der Vertragspartner im Betriebswirtschaftlichen Arbeitskreis der Spitzenverbände des Kreditgewerbes geändert werden. [3] Die Änderungen werden für die Kreditinstitute verbindlich, die diesen Änderungen nicht binnen einer Frist von einem Monat nach deren Bekanntgabe widersprechen; die Kreditinstitute werden auf diese Möglichkeit des Widerspruchs jeweils bei Bekanntgabe der Änderungen in jedem Einzelfall hingewiesen. [4] Der Widerspruch ist über den für das Kreditinstitut zuständigen Spitzenverband des deutschen Kreditgewerbes an den im Zentralen Kreditausschuß federführenden Verband zu richten. [5] Dieser hat die übrigen Vertragspartner unverzüglich entsprechend zu unterrichten.

Abschnitt V

Dieses Abkommen tritt am 12. Dezember 1995 in Kraft. Gleichzeitig treten das „Abkommen über den Lastschriftverkehr" vom 17. April 1989 in der Fassung vom 7. April 1993 und das „Abkommen über die Umwandlung beleghaft erteilter Last-

---

[1] Jetzt Abschnitt III der Vereinbarung über den beleglosen Datenaustausch in der zwischenbetrieblichen Abwicklung des Inlandszahlungsverkehrs (Clearingabkommen).

schriften in Datensätze und deren Bearbeitung (EZL-Abkommen)" vom 18. November 1993 außer Kraft.

Abschnitt VI

(1) Dieses Abkommen kann von jedem Kreditinstitut oder einem Vertragspartner mit einer Frist von zwölf Monaten zum Ende eines Kalenderjahres gekündigt werden.

(2) [1] Kündigungen haben durch eingeschriebenen Brief gegenüber dem im Zentralen Kreditausschuß federführenden Verband zu erfolgen. [2] Kündigt ein Kreditinstitut, so ist die Erklärung über den zuständigen Vertragspartner an den im Zentralen Kreditausschuß federführenden Verband zu richten. [3] Die Kündigung muß in diesen Fällen spätestens am vierzehnten Tag der Kündigungsfrist bei dem im Zentralen Kreditausschuß federführenden Verband eingegangen sein. [4] Dieser hat die Kündigung den Vertragspartnern und den übrigen diesem Abkommen angeschlossenen Kreditinstituten über die Vertragspartner mitzuteilen. [5] Durch eine Kündigung wird das Fortbestehen dieses Abkommens zwischen den übrigen Vertragspartnern nicht berührt.

Anlage 1: *(nicht abgedruckt)*

1. Verfahrensbeschreibung für die beleglose Rückrechnung nicht eingelöster beziehungsweise wegen Widerspruchs des Zahlungspflichtigen zurückzugebender Lastschriften
2. Rückgabeentgelt
3. Zinsausgleich
4. Eilnachricht

Anlage 2: *(nicht abgedruckt)*

Retourenhülle (Lastschrift) für Einzugspapier

Anlage 3:

Bedingungen für die Zulassung nicht schriftlich erteilter Einzugsermächtigungen

Die erste Inkassostelle kann in begründeten Ausnahmefällen unter folgenden Bedingungen mit dem Zahlungsempfänger vereinbaren, dass anstelle der nach Abschnitt I Nummer 1 a) des Abkommens erforderlichen schriftlichen Einzugsermächtigung eine nicht schriftlich erteilte Einzugsermächtigung ausreicht:

1. Die nicht schriftliche Erteilung von Einzugsermächtigungen kommt ausschließlich für Einmaleinzüge bis maximal 50 Euro in Betracht.
2. Der Zahlungsempfänger informiert den Zahlungspflichtigen darüber, dass der Rechnungsbetrag ohne schriftliche Einzugsermächtigung eingezogen werden soll, und dokumentiert das nicht schriftliche Einverständnis.
3. Der Zahlungsempfänger stellt die erste Inkassostelle von jeder Haftung frei, die sich für diese aus dem Verzicht auf das Schriftformerfordernis nach dem Lastschriftabkommen ergibt.
4. Der Zahlungsempfänger nimmt ausdrücklich zur Kenntnis, dass er nach der Vereinbarung über den Einzug von Forderungen durch Lastschriften im Einzugsermächtigungsverfahren (Inkassovereinbarung) verpflichtet ist, zurückgegebene Lastschriften wieder aufzunehmen.
5. Der Zahlungsempfänger verzichtet auf jegliche Werbung für das nicht schriftliche Verfahren.
6. Die Möglichkeit der nicht schriftlichen Erteilung von Einzugsermächtigungen darf nicht mit einer Benachteiligung anderer Zahlungsverfahren verbunden werden. Der Zahlungsempfänger bietet vielmehr dem Zahlungspflichtigen ein gleichwertiges Alternativverfahren zu preislich identischen Bedingungen an.
7. Die erste Inkassostelle kann die Zusatzvereinbarung jederzeit fristlos widerrufen, zum Beispiel wenn der Zahlungsempfänger die Regelungen der Zusatzvereinbarung nicht einhält oder wenn das Verfahren durch Vorkommen missbräuchlich verursachter Lastschrifteinreichungen nicht mehr zu vertreten ist. Im Übrigen kann die erste Inkassostelle die Zusatzvereinbarung jederzeit unter Einhaltung einer Frist von vier Wochen widerrufen.

V. Bankgeschäfte (m. Börsen- u. KapMR) **ERA Einl (11)**

(11) Einheitliche Richtlinien und Gebräuche für Dokumenten-Akkreditive (ERA)
Revision 2007 (ERA 600)

Anhang zu den ERA 600 für die Vorlage elektronischer Dokumente (el.ERA)
Version 1.1 1. 7. 2007 (el.ERA)
Text der ERA und el.ERA © Internationale Handelskammer

Einleitung
Schrifttum
S allgemein zum (Dokumenten)Akkreditivgeschäft **(7)** Bankgeschäfte vor Rn K/1, hier nur speziell zu ERA.

a) Kommentare und Handbücher: *ICC*, Commentary on UCP 600, 2007 (ICC-Publikation No 680, nur engl, by UCC Drafting Group, zit Drafting Group). – *ICC,* Users' Handbook for Documentary Credits under UCP 600, 2008 (IntHK-Publikation No 694). – BankrechtsHdb/*Nielsen* 3. Aufl 2007 § 120 (Akkreditivgeschäft), ohne ERA 600. – BuB/*Nielsen* 5/250 (LBl). – *Canaris,* Bankvertragsrecht, 3. Aufl 1988, Rn 925 ff. – *Graffe/Weichbrodt/Xueref* ICC 1993. – *MüKo(HGB)/*(*Bearbeiter)* 2. Aufl 2005 ff Bd 5 2009 Anh nach § 372: *MüKo/Nielsen* (Zahlungsverkehr H). – *Nielsen,* Richtlinien für Dokumentenakkreditive, 3. Aufl 2008 (zit). – *Schütze* 6. Aufl 2008 (zit). – *Stapel* 1998.

b) Sonstige Beiträge: *ICC,* International Standard Banking Practice for the Examination of Documents under Documentary Credits 2003 (IntHK-Publikation Nr 681). – *ICC,* International Standard Banking Practice – 2007 Revision for UCP 600, 2007 (IntHK-Publikation Nr 681). – *ICC,* Opinions of the ICC Banking Commission, 1980 ff, zuletzt 1995–2001, 2002 (IntHK-Publikation Nr 632, Sprache engl), inzwischen weit über 500 (Stand 2006). – *ICC,* Case Studies on Documentary Credits, vols 1, 2 (IntHK-Publikation Nr 459, 489, Sprache engl). – *ICC,* Collected DOCDEX Decisions 1997–2003, 2004 und 2004–2008, 2008 (IntHK-Publikation Nr 665, 696), inzwischen über 60 (Stand 2006). – *ICC,* Unpublished Opinions 1995–2004 on UCP 500, e-UCP et al, 2005 (IntHK-Publikation Nr 660), Banking Commission Opinions 2005–2008, 2009 (IntHK-Publikation Nr 697). – Laufend: Annual Survey of Letter of Credit Law & Practice (seit 1992, vol 2006 in honor of *Kozolchyk,* zuletzt 2008 IntHK-Publikation No 967); Documentary Credits INSight (DCInsight, kostenpflichtiger Newsletter). – *ICC,* Documentary Credit Law throughout the world, Annotated legislation for more than 35 countries, 2002. – *ICC, Katz,* Insights into UCP 600 (Aufsatzsammlung) und *Taylor,* The Complete UCP (Materialien), beide 2008. – *Ellinger/Neo* Oxford 2009. – *Hare* London 2 d ed 2009. – *Kurkela* London 2007. – *Schönle,* Die Rechtsnatur der ERA, NJW **68,** 726. – *Graf v Westphalen,* ERA und ERI im Lichte des AGBG, WM **80,** 178. – *Grundmann* Jb Junger Zivilrechtswissenschaftler **91,** 43 (lex mercatoria und ERA). – *Graf v Westphalen* RIW **94,** 453 (AGB und ERA 1993). – *Holzwarth* FS Nielsen **96,** 49 (Regeln der ICC über Akkreditivstreitfall-Gutachten). – *Obermüller* FS Nielsen **96,** 99 (Insolvenz). – *Wälzholz* WM **94,** 1457 (AGB). – *Berger* FS Schütze **99,** 103 (Rspr zur Auslegung von Dokumentenakkreditiven). – *Haas* ZBB **99,** 301 (International Standby Practices ISP 1998). – *Vorpeil* RIW **03,** 370 (DOCDEX). – Zur **Revision 1983** *Eberth* WM Sonderbeil 4/**84;** *Nielsen* ZIP **84,** 230. – Zur **Revision 1993:** *Nielsen* WM Sonderbeil 3/**93,** 30; WM Sonderbeil 2/**94,** WM **99,** 2005, 2049. – Zur **Revision 2007:** Stellungnahmen aus ICC DCINsight, ua *Malmqvist, Taneja; Vorpeil* RIW 12/**06** 1 S;

(11) ERA Einl 1, 2

Holzwarth IHR **07**, 136. – **Muster:** *Hopt/Joos* 3. Aufl 2007 Form IV. K.1–15 (Akkreditivgeschäft).

1) ERA 2007 (ERA 600) mit Anhang (el.ERA) und dazu gehörende Unterlagen

1 Die **Einheitlichen Richtlinien und Gebräuche für Dokumenten-Akkreditive (ERA)** wurden auf Grund einer Vereinbarung der Bankvereinigungen von der IntHK 1933 veröffentlicht und später mehrfach revidiert: 1951, 1962, 1974, 1983 (ERA 400), 1993 (ERA 500) und 2007 die **ERA 600/UCP 600** (Uniform Customs and Practices for Documentary Credits). Die ERA 600 wurden am 25. 10. 2006 nach langen Vorarbeiten (seit Mai 2003, mehr als 5000 eingegangene Kommentare, 15 Entwurfsfassungen) seitens der ERA-Drafting Group (Vorsitz Collyer) und der ERA-Consulting Group aus mehr als 40 Mitgliedern von 26 Ländern (Vorsitz Turnbull und Di Ninni) und der ICC-Kommission für Banktechnik und -praxis (Bankenkommission) beschlossen und nach längerer Verzögerung im Frühjahr 2007 zur Geltung ab **1. 7. 2007** veröffentlicht (ICC-Publikation Nr 600, Sprache engl/deutsch). Dokumentenakkreditive, die nicht den ERA in einer der verschiedenen Versionen unterliegen, spielen in der Praxis keine Rolle, Schütze 31.

Der **Anhang zu den ERA 600 für die Vorlage elektronischer Dokumente (el.ERA, eUCP)**, Version 1.1, IntHK-Publikation Nr 600, Original engl: eUCP, offizielle deutsche Übersetzung (aber englische Fassung hat Vorrang), ist keine Revision der ERA, sondern Anhang dazu, der die Vorlage elektronischer Dokumente allein oder in Kombination mit Papierdokumenten ermöglichen soll. Die el.ERA ergänzen die ERA 600 (kaum Abweichungen zur Fassung 1.0 zu ERA 500) und verweisen auf sie, Schütze 83 a. Die 12 Art der el.ERA sind im Anhang zur ERA abgedruckt, offizielle Bezeichnung: Art e 1–e 12, zu beachten sind die Definitionen in Art e 3. Zur Nutzung von **SWIFT** s ICC SWIFT UCP 600 Guidelines, Schütze 83 a.

Einführend IntHK/*del Busto*, Leitfaden für Dokumenten-Akkreditiv-Geschäfte 1994 (IntHK-Publikation Nr 515, Sprache engl), Kurzkommentar *Graffe/Weichbrodt/Xueref* (IntHK-Publikation Nr 500/1), ERA-Revision 1983/1993, Vergleich und Erläuterung (IntHK-Publikation Nr 511, Sprache engl), praktische Ergänzung zu ERA 600: **International Standard Banking Practice** for the Examination of Documentary Credits 2007 (ISBP, IntHK-Publikation Nr 881, Sprache engl). Speziell zu el.ERA ICC Guide to the eUCP 2002 (IntHK-Publikation Nr 639). Dazu **Standardformulare für Dokumentenakkreditive** 1951, 1993 (IntHK-Publikation Nr 516, Sprache engl). Liste der Länder, in denen die ERA mit den Standardformeln angewandt werden, BuB/Nielsen 5/255. Für Meinungsverschiedenheiten im Zusammenhang mit Dokumentenakkreditiven, Rembursierungen, auf Anfordern zahlbare Garantien und grenzüberschreitende Inkassi stehen die ICC **DOCDEX** Rules (Rules for Documentary Instruments Dispute Resolution Expertise) zur Verfügung, das Verfahren führt aber nicht zu einem vollstreckbaren Titel, sondern nur zu einer Expertenentscheidung; Schütze 31 a, Vorpeil RIW **03**, 370.

Seit 1996 IntHK **Einheitliche Richtlinien für Rembourse** zwischen Banken unter Dokumenten-Akkreditiven (ERR 525/URR 525, s Art 13 Rn 2). Zum **Standby Letter of Credit** (s Art 1 Rn 2, **(7)** Bankgeschäfte Rn K/1 a), ICC, International Standby Practices (ISP 98), 1998 mit Official Commentary (IntHK-Publikationen Nr 590, 947) und ISP 98 & UCP 500 Compared, 2000 (IntHK-Publikation No 950), dazu Schütze 67 ff (Letter of Credit L/C), 73 ff (Standby Letter of Credit); Praxishinweise auf Fallstricke der ISP 98 im Vergleich zu ERA bei Nielsen WM **99**, 2005, 2049; Haas ZBB **99**, 301.

2) Synopse ERA 500 mit ERA 600

2 Die ERA 600 haben nur noch 39 Art im Vergleich zu 49 Art der ERA 500, die eUCP haben wie bisher 12 Artikel. Der Anhang el.ERA Version 1.0 (hinter **(11)** ERA) ist artikelmäßig gleich geblieben wie Supplement eUCP Version 1.1. Die Zwischenüberschriften in ERA 500 sind weggefallen.

V. Bankgeschäfte (m. Börsen- u. KapMR)   2 **ERA Einl (11)**

ERA 600	**Inhalt**	**ERA 500**
Art 1	Anwendbarkeit der ERA	Art 1
Art 2	Definitionen	neu
Art 3	Auslegungen	neu
Art 4	Akkreditive im Verhältnis zu Verträgen	Art 3
Art 5	Dokumente im Verhältnis zu Waren, Dienstleistungen oder Leistungen	Art 4
Art 6	Benutzbarkeit, Verfalldatum und Ort für die Dokumentenvorlage	zT Art 42
Art 7	Verpflichtung der eröffnenden Bank	Art 9
Art 8	Verpflichtung der bestätigenden Bank	Art 9
Art 9	Avisierung von Akkreditiven und Änderungen	Art 7
Art 10	Änderungen	neu
Art 11	Akkreditive und Änderungen per Telekommunikation und Voravis	Art 11
Art 12	Nominierung	neu
Art 13	Bank-zu-Bank Remboursvereinbarungen	Art 19
Art 14	Grundsatz der Dokumentenprüfung	Art 13
Art 15	Konforme Dokumentenvorlage	neu
Art 16	Unstimmige Dokumente, Verzicht auf Geltendmachung der Unstimmigkeiten und Benachrichtigung	neu
Art 17	Originale und Kopien von Dokumenten	neu
Art 18	Handelsrechnung	Art 37
Art 19	Transportdokument über mindestens zwei verschiedene Beförderungsarten	Art 26
Art 20	Konnossement	Art 23
Art 21	Nichtbegebbarer Seefrachtbrief	Art 24
Art 22	Charterpartie-Konnossement	Art 25
Art 23	Lufttransportdokument	Art 27
Art 24	Dokumente des Straßen-, Eisenbahn- oder Binnenschiffstransports	Art 28
Art 25	Kurierempfangsbestätigung, Posteinlieferungs-/Postempfangsschein oder Postversandnachweis	Art 29
Art 26	„An Deck", „Shipper's Load and Count", „Said by Shipper to Contain" und zusätzliche Kosten zur Fracht	Art 31
Art 27	Reine Transportdokumente	Art 32
Art 28	Versicherungsdokument und -deckung	Art 34
Art 29	Verlängerung des Verfalldatums oder des letzten Tags der Dokumentenvorlage	neu
Art 30	Toleranz bzgl. Akkreditivbetrag, Menge und Preis pro Einheit	Art 39
Art 31	Teilinanspruchnahmen oder Teilverladungen	Art 40
Art 32	Inanspruchnahme oder Verladung in Raten	Art 41
Art 33	Vorlegungszeiten	Art 45
Art 34	Haftungsausschluss für Wirksamkeit von Dokumenten	Art 15
Art 35	Haftungsausschluss für Nachrichtenübermittlung und Übersetzung	zT Art 16
Art 36	Höhere Gewalt	Art 17
Art 37	Haftungsausschluss für Handlungen einer beauftragten Partei	Art 18
Art 38	Übertragbare Akkreditive	Art 48
Art 39	Abtretung von Akkreditiverlösen	Art 49
eUCP Supplement for Electronic Presentation Version 1.1		Anhang el.ERA Version 1.0
Art 1–12		Art 1–12.

3) Die Änderungen der ERA 600 gegenüber ERA 500

3   Die Neufassung ERA 600 (im Folgenden: **nF**) trägt den Entwicklungen im Bank-, Transport- und Versicherungswesen seit den ERA 500 von 1993 (im Folgenden: **aF**) Rechnung. Sprache und Ausdrucksweise sind im Interesse einheitlicher Anwendung überarbeitet. Nach Angaben der ICC sind circa 70% der unter Akkreditiven vorgelegten Dokumente bei der ersten Dokumentenvorlage zurückgewiesen worden, für Mängelrügen wurde eine Abweichungsgebühr eingeführt und es kam zu einer erheblichen Zahl von Rechtsstreitigkeiten insbesondere zu den Documentary Credit Dispute Resolution Expertise Rules (DOCDEX, seit 1997, revidiert 2002). Die Aufnahme von **13 Definitionen (Art 2**, Akkreditiv iSv ERA nur noch „unwiderruflich"; neu zB „Honorieren"; „Negoziierung" präzisiert als „Ankauf" unter Vorleistung) und **12 Auslegungsregeln (Art 3)** sorgen für **Vereinheitlichung** und trugen zur **Straffung** von 49 auf 39 Artikel bei. Inhaltlich sind die **wichtigsten Änderungen solche der Struktur und der Sprache** der ERA, die präziser geworden sind (ua Beseitigung der in ERA 500 laufend wiederholten selbstverständlichen Formel „soweit im Akkreditiv nicht anders geregelt", vgl Art 1 über Anwendbarkeit der ERA 600) und auf generalklauselartige, streitanfällige Begriffe wie „angemessene Sorgfalt" (Art 7 a Satz 1, 13 a I 1 ERA 500) oder „angemessene Zeit" (Art 13 b, 14 d.i ERA 500) verzichten. Dagegen sind **sonst** (also hinsichtlich der tatsächlichen Regeln) **ziemlich wenige Änderungen** vorgenommen worden. Das gilt besonders für die tägliche Arbeit, denn die meisten dieser Änderungen beruhen auf den offiziellen ICC Banking Commission Opinions (bis 2006 weit über 500), die die Basis der International Standard Banking Practice (ISBP, s Rn 3 c a E) bilden. **Art 6** stellt klar, dass ein Akkreditiv bei einer bestimmten Bank, bei jeder Bank in einem bestimmten geographischen Gebiet oder schlechthin bei jeder Bank benutzbar gestellt werden kann. **Art 6 c** präzisiert: Ein Akkreditiv **„darf nicht"** durch eine Tratte gezogen auf den Auftraggeber benutzbar gestellt sein (Art 9 b.iv. Satz 2 ERA 500: „soll nicht"). **Art 7 a.iii.** und **8 a. i. c)** stellen für ein **Akkreditiv mit hinausgeschobener Zahlung** (Nachsichtzahlung, s **(7)** Bankgeschäfte Rn K/3) klar, dass die eröffnende und die bestätigende Bank bei Nichtzahlung der benannten Bank das Akkreditiv honorieren müssen. Die **eröffnende Bank muss** die benannte Bank (erst) bei Fälligkeit **remboursieren, unabhängig davon, ob die benannte Bank vor Fälligkeit gezahlt oder angekauft hat** (Art 7 c Satz 2, 8 c Satz 2, anders zuvor Rspr im Anschluss an Banco Santander/Banque Paribas-Fall). Im Zusammenhang damit steht **Art 12 b,** wonach die eröffnende Bank die benannte Bank ermächtigt, ihr Akzept oder ihre eingegangene Verpflichtung zur hinausgeschobenen Zahlung im Voraus zu zahlen oder anzukaufen. Das ist wichtig für die Finanzierung von Nach-Sicht-Akkreditiven. **Art 14** beschreibt (viel ausführlicher als Art 13 ERA 500), was die Bank bei der Dokumentenprüfung zu beachten hat. Praktisch **besonders wichtig** ist die Änderung in **Art 14 und 16**, die den Zeitrahmen für die Dokumentenprüfung präzisiert (**bisher,** es war bis zuletzt auslegungsfähig, „eine **angemessene, sieben Bankarbeitstage** nach dem Tag des Dokumentenerhalts **nicht überschreitende Zeit"**, Art 13 b, 14 d.i ERA 500), **nunmehr** „maximal **fünf Bankarbeitstage** nach dem Tag der Dokumentenvorlage" (Art 14 b) bzw „nicht später als am Ende des fünften Bankarbeitstags nach dem Tag der Dokumentenvorlage" (Art 16 d). Nach **Art 14 d** müssen Angaben in einem Dokument nicht identisch sein mit Angaben in diesem Dokument, irgendeinem anderen vorgeschriebenen Dokument oder dem Akkreditiv, dürfen damit aber auch nicht im Widerspruch stehen. Nach Art **14 g** wird ein vorgelegtes Dokument, das in dem Akkreditiv nicht verlangt wird, nicht beachtet und kann dem Einreicher zurückgegeben werden. Art **14 j** erlaubt gewisse Abweichungen zu den im Akkreditiv und in einem anderen vorgeschriebenen Dokument angegebenen Adressen. **Art 16** erweitert die Möglichkeiten der Bank im Falle unstimmiger Dokumente im Hinblick auf einen Verzicht des Auftraggebers. **Art 17** betrifft **Originale** und Kopien von Dokumenten und klärt, wann was vorzulegen ist. Es ist mindestens ein Original von jedem im Akkreditiv vorgeschriebenen Dokument vorzulegen **(Art 17 a)**. Nach **Art 22** muss beim Charterpartie-Konnossement nicht mehr der Name des Kapitäns genannt werden. Eine Änderung in **Art 23** gilt, wenn das Lufttransportdokument einen speziellen, das tatsächliche Verladedatum ausweisenden Vermerk enthält. **Art 28** erlaubt auch Ausstellung bzw Anschein derselben durch einen Bevollmächtigten. Kleinere Änderungen betreffen den Inhalt des Ver-

V. Bankgeschäfte (m. Börsen- u. KapMR) 4–9 **ERA Einl (11)**

sicherungsdokuments (**Art 28 f.ii und f.iii**). Art 31 b enthält eine Änderung zur Teilverladung. **Art 35 II** stellt Folgendes klar: Wenn eine benannte Bank entscheidet, dass eine Dokumentenvorlage konform ist und die Dokumente an die eröffnende oder bestätigende Bank versendet, müssen diese das Akkreditiv honorieren, auch wenn die Dokumente inzwischen verloren gegangen sind. **Art 38 e, i und k** enthalten verschiedene Änderungen zu übertragbaren Akkreditiven. Wichtig ist insbesondere **Art 38 k**, wonach die Dokumentenvorlage durch oder für den Zweitbegünstigten an die übertragende Bank erfolgen muss. Ersatzlos **weggefallen** sind ua die Bestimmungen in ERA 500 über das **widerrufliche Akkreditiv** (Art 6 a.i, 8), die **Vorbehaltszahlung** (Art 14 f, weil das nicht die Verpflichtungen der eröffnenden oder bestätigenden Bank berührt, Art 14 f S 2), die Erwähnung von **Spediteur-Transportdokumenten** (Art 30). Widerrufliche Akkreditive außerhalb der ERA 600 bleiben selbstverständlich möglich (s **(8)** Bankgeschäfte Rn K/12).

4) Geltung als AGB und in weiten Teilen als Handelsbrauch

Die **Einbeziehung** der ERA und der el.ERA ist in **(11)** ERA Art 1 und 4 **(11)** el.ERA Art e 1, e 2 geregelt (s Anhang zu ERA). Dazu ist aber die Rechtsnatur der ERA zu berücksichtigen (s Rn 5, 6).

Die ERA sind zwar schon angesichts der zahlreichen Revisionen in ihrer Gesamt- 5 heit weder Gewohnheitsrecht noch Handelsbrauch, Canaris 926, Graf v Westphalen RIW **94,** 454, üL, str, offen BGH WM **84,** 1443, ohne Stellungnahme BGH **108,** 351, aA Ffm WM **97,** 610 (Gewohnheitsrecht), Schütze DB **87,** 2190, Wälzholz WM **94,** 1457, BuB/Nielsen 5/256, Schütze 19 (sui generis). Vieles in ihnen Aufgezeichnete, vor allem die **Grundsätze der Unabhängigkeit des Akkreditivs vom Grundgeschäft und der Dokumentenstrenge** (s **(7)** Bankgeschäfte Rn K/1), dürfte aber in weiten Bereichen **Handelsbrauch** iSv § 346 HGB sein (schon vor oder infolge der Aufzeichnung) und ohne Unterwerfung gelten (Einl 18 vor § 1 HGB); dazu (zu weitgehend) BGH WM **58,** 459, ZIP **98,** 1102, LG Ffm WM **96,** 153, Schütze 16, Schönle NJW **68,** 726, Holzwarth IHR **07,** 149. Soweit die ERA HdlBrauch sind, unterliegen sie nicht der Inhaltskontrolle nach **(5)** § 307 BGB (§ 346 HGB Rn 10), aber uU Verstoß gegen § 242 BGB (§ 346 HGB Rn 10).

In ihrer Gesamtheit sind die ERA jedoch **AGB**, BGH WM **60,** 40, Mü WM **96,** 6 2336, Eberth FS Neumayer **85,** 200, Canaris 927, Wo/Li/Pf Akkreditivbedingungen A 123, str (s Rn 5), nicht angesprochen in BGH ZIP **89,** 1452. Dass sie von der ICC stammen, ändert nichts daran, dass die eine Partei sie der anderen zur Einbeziehung in den Vertrag stellt, aA Schütze 18, aber AGB-rechtlich nicht haltbar. Sie gelten also nur kraft Unterwerfung der Kunden; bei Kflten idR konkludent (denn **(5)** § 305 II, III BGB gilt nach § 310 I 1 BGB gegenüber Unternehmern nicht), Mü WM **96,** 2336 (Art 1 Rn 1). Für Bankkunden s **(8)** AGB-Banken Nr 1 Rn 6.

Soweit die ERA nur AGB sind, ist die **Inhaltskontrolle** nach **(5)** § 307 BGB 7 grundsätzlich möglich, Wo/Li/Pf Akkreditivbedingungen A 125, Ul/Bra/He/ H. Schmidt Anh § 310 BGB Rn 301, Graf von Westphalen WM **80,** 178, str, einschließlich des Verbots der geltungserhaltenden Reduktion, s **(5)** § 306 II BGB, aA Canaris 929, Schütze 21 (nur §§ 242, 138 BGB); sie ist aber ohne große praktische Bedeutung (s zu Art 9, 13, 15, 17, 18, 20 ua ERA 500, 33 in der 33. Aufl und zu Art 10, 14, 34–37 ua ERA 600 unten).

Die ERA sind nach dem von ihnen verfolgten Zweck aus sich selbst heraus ohne 8 Rückgriff auf nationale Gesetze auszulegen; der Zweck der ERA und der Parteiwille legen eine möglichst international einheitliche **Auslegung** nahe, Schütze 22, Steindorff FS von Caemmerer **78,** 765, aA Canaris 930. Das bedeutet Lückenfüllung aus den ERA selbst; nur ergänzend gilt die nationale Rechtsordnung. Dem entspricht die Auslegungspraxis der IntHK-Bankenkommission, s Rn 1. Kollisionsrecht s Schütze WM **82,** 226, von Bar ZHR 152 (**88**) 38. AGB im internationalen Geschäftsverkehr s Ul/Br/He/H. Schmidt Anh zu § 305 BGB.

5) Erläuterungen

Die folgenden Erläuterungen zu den ERA 600 berücksichtigen die offiziöse Kom- 9 mentierung der Drafting Group: ICC, Commentary on UCP 600, Article-by-Article

Hopt 1977

Analysis by the UCP 600 Drafting Group, Chair Collyer, ICC-Publication No 680 aus 2007, zit: Drafting Group. Diese Kommentierung zeigt, was die Drafting Group sich zur Neufassung überlegt hat und ist die wichtigste Auslegungsquelle, sie ist aber nicht vorher mit der ICC Banking Comission abgestimmt. Das deutsche Standardwerk ist Schütze, Das Dokumentenakkreditiv im Internationalen Handelsverkehr, 6. Aufl 2008 (zit Schütze Rn), mit technischen Details Kommentar Nielsen 3. Aufl 2008 (zit Nielsen Rn). Die Erläuterungen zu den ERA 600 sind nur im Zusammenhang mit der Kommentierung allgemein zum Akkreditivgeschäft verständlich, s **(7)** Bankgeschäfte Rn K/1. ICC-Dokumente und andere Lit zu ERA oben vor Rn 1.

10 Die **Überschriften** zu den einzelnen Artikeln sind anders als zuvor in der Revision 1993 offiziell.

Übersicht ERA 600

Anwendbarkeit der ERA 1
Definitionen 2
Auslegungen 3
Akkreditive im Verhältnis zu Verträgen 4
Dokumente im Verhältnis zu Waren, Dienstleistungen oder Leistungen 5
Benutzbarkeit, Verfalldatum und Ort für die Dokumentenvorlage 6
Verpflichtung der eröffnenden Bank 7
Verpflichtung der bestätigenden Bank 8
Avisierung von Akkreditiven und Änderungen 9
Änderungen 10
Akkreditive und Änderungen per Telekommunikation und Voravis 11
Nominierung 12
Bank-zu-Bank Remboursvereinbarungen 13
Grundsatz der Dokumentenprüfung 14
Konforme Dokumentenvorlage 15
Unstimmige Dokumente, Verzicht auf Geltendmachung der Unstimmigkeiten und Benachrichtigung 16
Originale und Kopien von Dokumenten 17
Handelsrechnung 18
Transportdokument über mindestens zwei verschiedene Beförderungsarten 19
Konnossement 20
Nichtbegebbarer Seefrachtbrief 21
Charterpartie-Konnossement 22
Lufttransportdokument 23
Dokumente des Straßen-, Eisenbahn- oder Binnenschiffstransports 24
Kurierempfangsbestätigung, Posteinlieferungs-/Postempfangsschein oder Postversandnachweis 25
„An Deck", Shipper's Load and Count", „Said by Shipper to Contain" und zusätzliche Kosten zur Fracht 26
Reine Transportdokumente 27
Versicherungsdokument und -deckung 28
Verlängerung des Verfalldatums oder des letzten Tags der Dokumentenvorlage 29
Toleranz bzgl. Akkreditivbetrag, Menge und Preis pro Einheit 30
Teilinanspruchnahmen oder Teilverladungen 31
Inanspruchnahme oder Verladung in Raten 32
Vorlegungszeiten 33
Haftungsausschluss für Wirksamkeit von Dokumenten 34
Haftungsausschluss für Nachrichtenübermittlung und Übersetzung 35
Höhere Gewalt 36
Haftungsausschluss für Handlungen einer beauftragten Partei 37
Übertragbare Akkreditive 38
Abtretung von Akkreditiverlösen 39

V. Bankgeschäfte (m. Börsen- u. KapMR) 1–3 **ERA 1 (11)**

Übersicht el.ERA
Anwendungsbereich der el.ERA e 1
Verhältnis der el.ERA zu den ERA e 2
Definitionen e 3
Format e 4
Vorlage e 5
Prüfung e 6
Benachrichtigung über Zurückweisung e 7
Originale und Kopien e 8
Ausstellungsdatum e 9
Transport e 10
Beschädigung eines elektronischen Dokuments nach der
 Vorlage e 11
Zusätzlicher Haftungsausschluss für die Vorlage elektronischer
 Dokumente unter el.ERA e 12

Anwendbarkeit der ERA

ERA 1 [1] **Die Einheitlichen Richtlinien und Gebräuche für Dokumenten-Akkreditive, Revision 2007, ICC-Publikation Nr. 600 („ERA"), sind Regeln, die für jedes Dokumenten-Akkreditiv („Akkreditiv") gelten (einschließlich, soweit anwendbar, für jeden Standby Letter of Credit), wenn der Wortlaut des Akkreditivs ausdrücklich besagt, dass es diesen Regeln unterliegt.** [2] **Sie sind für alle Beteiligten bindend, soweit sie im Akkreditiv nicht ausdrücklich geändert oder ausgeschlossen sind.**

1) Definition von ERA (Art 1 Satz 1)   1

Art 1 nF entspricht Art 1 aF. Art 1 Satz 1 definiert die **ERA** (offizielle Abkürzung) als Regeln für Dokumentenakkreditive. **Rechtsnatur** s Einl 5, 6 vor Art 1. Wenn in den ERA von „Akkreditiv" („credit") die Rede ist, ist nach Satz 1 ein Dokumentenakkreditiv gemeint. Was ein **Akkreditiv** ist, ist in Art 2 definiert, nämlich „jede wie auch immer benannte oder bezeichnete Vereinbarung, die unwiderruflich ist und dadurch eine feststehende Verpflichtung der eröffnenden Bank begründet, eine konforme Dokumentenvorlage zu honorieren". Die ERA müssen, um Geltung zu erlangen, in den Akkreditivtext einbezogen sein **(Einbeziehungshinweis)**. Nach Art Satz 1 ERA 600 muss dies, um Zweifel auszuschließen, anders als nach ERA 500 „ausdrücklich" geschehen. Die neuen SWIFT-Regeln tragen dem Rechnung. Nach Ansicht der Drafting Group zu Art 1 sollen die ERA mangels ausdrücklicher Inkorporation nur als Beschreibung von Handelsbräuchen für Akkreditive Anwendung finden. Indessen steht nichts entgegen, dass die ERA auch konkludent vereinbart werden (§§ 133, 157 BGB). Nach deutschem Recht gelten die ERA als AGB auf jeden Fall nur bei Einbeziehung in den Vertrag, die aber unter Kflten konkludent erfolgen kann und idR erfolgt (Einl 4, 6 vor Art 1), Mü WM **96**, 2336, LG Ffm WM **96**, 153, Schütze 31. AGB-Kontrolle s Einl 7 vor Art 1. Einbeziehung der el.ERA und Verhältnis der el.ERA zu den ERA s Anhang el.ERA Art e 1 und e 2.

Art 1 gilt auch, soweit anwendbar, für die **Standby Letters of Credit** (Garantien   2
amerikanischer Banken in Form von Akkreditiven, die gegen Dokument zahlbar gestellt werden, s **(7)** Bankgeschäfte Rn K/1 a), s Einl 1 vor Art 1. Dabei ist der Einbeziehungshinweis unbedingt nötig, weil die Geltung der ERA hier nicht selbstverständlich ist. Auch dann gelten die ERA nicht insgesamt („soweit anwendbar"), deshalb ist Klarstellung empfehlenswert, dass die ERA und nicht die International Standby Practices (ISP 98, Einl 3 vor Art 1) gelten sollen und am besten auch welche Artikel der ERA, sinnvoll vor allem für Art 14, 34–37, auch Nielsen 5 f (nach Nielsen 2. Aufl 2001 Rn 8: Art 13–18, 42–45 und 3, 4, 6, 10 a, b, 14 und 20 ERA 500).

2) Bindungswirkung (Art 1 Satz 2)   3

Art 1 Satz 2 erklärt die ERA für alle Beteiligten bindend, soweit sie im Akkreditiv nicht ausdrücklich geändert oder ausgeschlossen sind. Da die ERA keine Rechts-, sondern nur Vertragsregeln sind (Einl 4, 5 vor Art 1), können sie von den Parteien völlig frei ganz oder teilweise geändert werden. Wenn das ausdrücklich geschieht, dient das der Rechtssicherheit, doch ist das ebenso wie die Einbeziehung in den Vertrag auch konkludent möglich (s Rn 1). Das Inkrafttreten des Akkreditivs kann auch von einer Bedingung abhängig gemacht werden, zB Beibringung einer Bankgarantie durch den Begünstigten oder Verwirklichung eines Reexportprogramms, Nielsen 7, dann unter der Rubrik „Special Conditions".

Definitionen

ERA 2 Im Sinne dieser Regeln bedeutet:

<u>avisierende Bank</u> **die Bank, die das Akkreditiv im Auftrag der eröffnenden Bank avisiert;**

<u>Auftraggeber</u> **die Partei, in deren Auftrag das Akkreditiv eröffnet wurde;**

<u>Bankarbeitstag</u> **ein Tag, an dem eine Bank an dem Ort, an dem eine Handlung unter diesen Regeln auszuführen ist, üblicherweise geöffnet ist;**

<u>Begünstigter</u> **die Partei, zu deren Gunsten das Akkreditiv eröffnet ist;**

<u>konforme Dokumentenvorlage</u> **eine Dokumentenvorlage in Übereinstimmung mit den Akkreditiv-Bedingungen, den anwendbaren Bestimmungen dieser Regeln und dem Standard internationaler Bankpraxis;**

<u>Bestätigung</u> **eine feststehende Verpflichtung der bestätigenden Bank, zusätzlich zu derjenigen der eröffnenden Bank, eine konforme Dokumentenvorlage zu honorieren oder negoziieren;**

<u>bestätigende Bank</u> **die Bank, die einem Akkreditiv aufgrund Ermächtigung oder im Auftrag der eröffnenden Bank ihre Bestätigung hinzufügt;**

<u>Akkreditiv</u> **jede wie auch immer benannte oder bezeichnete Vereinbarung, die unwiderruflich ist und dadurch eine feststehende Verpflichtung der eröffnenden Bank begründet, eine konforme Dokumentenvorlage zu honorieren;**

<u>Honorieren</u>

a bei Sicht zu zahlen, wenn das Akkreditiv durch Sichtzahlung benutzbar ist,
b eine Verpflichtung zur hinausgeschobenen Zahlung zu übernehmen und bei Fälligkeit zu zahlen, wenn das Akkreditiv durch hinausgeschobene Zahlung benutzbar ist,
c einen vom Begünstigten gezogenen Wechsel („Tratte") zu akzeptieren und diesen bei Fälligkeit zu zahlen, wenn das Akkreditiv durch Akzeptleistung benutzbar ist;

<u>eröffnende Bank</u> **die Bank, die ein Akkreditiv im Auftrag des Auftraggebers oder in eigenem Interesse eröffnet;**

<u>Negoziierung</u> **der Ankauf von Tratten (die auf eine andere Bank als die benannte Bank gezogen sind) und/oder von Dokumenten aus einer konformen Dokumentenvorlage durch die benannte Bank unter Vorleistung oder Übernahme einer Verpflichtung zur Vorleistung von Geldmitteln an den Begünstigten vor oder an dem Bankarbeitstag, an dem der Rembours an die benannte Bank fällig ist;**

<u>benannte Bank</u> **die Bank, bei der das Akkreditiv benutzbar gestellt ist, oder im Fall eines Akkreditivs, das bei jeder Bank benutzbar gestellt ist, jede Bank.**

<u>Dokumentenvorlage</u> **entweder die Vorlage der Dokumente unter einem Akkreditiv bei der eröffnenden Bank oder der benannten Bank oder die vorgelegten Dokumente selbst;**

<u>Einreicher</u> **ein Begünstigter, eine Bank oder ein Dritter, der eine Dokumentenvorlage tätigt.**

1 **1) Definitionen**

Art 2 (neu) enthält 14 Definitionen, die für die gesamten ERA gelten (vgl dem- gegenüber Art 3 mit 12 Auslegungsregeln). Im Folgenden ist untechnisch von Legal- definitionen die Rede, obwohl die ERA keinen Gesetzesrang haben (Einl 4, 5 vor Art 1). Die spezielleren Definitionen, die für übertragbare Akkreditive wichtig sind, sind unmittelbar in Art 38 integriert. Einige weitere Definitionen finden sich in Art 9 (zweite avisierende Bank), 11 (Voravis), 13 (Rembours beanspruchende Bank und Remboursbank) und 37 (Spesen). Viele dieser Definitionen fanden sich schon in ERA

V. Bankgeschäfte (m. Börsen- u. KapMR)   2–9 **ERA 2 (11)**

500, sind aber in den ERA 600 präzisiert, zum Teil sind sie ganz neu. Im Folgenden werden die Definitionen zusammen mit ihrer englischen Bezeichnung (nach diesen in den ERA alphabetisch gereiht) zunächst noch einmal kurz wiedergegeben und dann ggf erläutert.

2) Avisierende Bank

Avisierende Bank (advising bank) bedeutet die Bank, die das Akkreditiv (Legaldefinition weiter unten) im Auftrag der eröffnenden Bank (s Rn 11) avisiert. Zur Avisierung s Art 9 und **(7)** Bankgeschäfte Rn K/2.

3) Auftraggeber

Auftraggeber (applicant) bedeutet die Partei, in deren Auftrag das Akkreditiv eröffnet wurde. Auftraggeber wird in der Regel der Kunde der eröffnenden Bank sein, kann aber auch Kunde einer Korrespondenzbank oder einer Tochter der Bank sein. Die Definition in ERA 500 war diesbezüglich zu eng. Partei bedeutet nicht, dass der Betreffende formal in das Akkreditiv einbezogen sein müsste, Drafting Group zu Art 2. S **(7)** Bankgeschäfte Rn K/1, 3.

4) Bankarbeitstag

Bankarbeitstag (banking day) bedeutet ein Tag, an dem eine Bank an dem Ort, an dem eine Handlung unter diesen Regeln auszuführen ist, üblicherweise geöffnet ist. Damit ist klar gestellt, dass die Bank an diesem Tag, zB samstags, üblicherweise nicht nur für das Massengeschäft, sondern gerade auch für das Akkreditivgeschäft geöffnet sein muss.

5) Begünstigter

Begünstigter (beneficiary) bedeutet die Partei, zu deren Gunsten das Akkreditiv eröffnet ist. S **(7)** Bankgeschäfte Rn K/1, 10 ff.

6) Konforme Dokumentenvorlage

Konforme Dokumentenvorlage (complying presentation) bedeutet eine Dokumentenvorlage in Übereinstimmung mit den Akkreditivbedingungen, den anwendbaren Bestimmungen dieser Regeln und dem Standard internationaler Bankpraxis. Eine Dokumentenvorlage ist danach nur dann konform, wenn sie allen drei Voraussetzungen entspricht: den Bedingungen des Akkreditivs selbst, den ERA und dem Standard internationaler Bankpraxis. Was Standard internationaler Bankpraxis ist, ist weder in den ERA definiert noch textlich irgendwo festgehalten, wenngleich viele (nicht alle) dieser Standards in ICC Banking Commission, International Standard Banking Practice for the Examination of Documents under Documentary Credits (IntHK-Publikation Nr. 681) enthalten sind. Beweislast nach allgemeinen Grundsätzen, also wer sich darauf beruft, ggf Einholung von Sachverständigengutachten bei ICC oder IHK, auch Nielsen 4, 14. S **(7)** Bankgeschäfte Rn K/14.

7) Bestätigung

Bestätigung (confirmation) bedeutet eine feststehende Verpflichtung der bestätigenden Bank (s Rn 8), zusätzlich zu derjenigen der eröffnenden Bank, eine konforme Dokumentenvorlage zu honorieren oder zu negoziieren. Die einzelnen Begriffe dieser Definition sind ihrerseits legaldefiniert, zB konforme Dokumentenvorlage, Honorieren, Negoziierung. S **(7)** Bankgeschäfte Rn K/2.

8) Bestätigende Bank

Bestätigende Bank (confirming bank) bedeutet die Bank, die einem Akkreditiv auf Grund Ermächtigung oder im Auftrag der eröffnenden Bank (s Rn 11) ihre Bestätigung hinzufügt. S **(7)** Bankgeschäfte Rn K/2.

9) Akkreditiv

Art 2 enthält eine sehr weit gefasste Begriffsdefinition für Akkreditiv (auch Standby Letter of Credit, s Art 1 Rn 2). Akkreditiv (credit) iSv ERA bedeutet jede wie auch immer benannte oder bezeichnete Vereinbarung, die unwiderruflich ist und dadurch eine feststehende Verpflichtung der eröffnenden Bank begründet, eine konforme Dokumentenvorlage zu honorieren. Damit ist die Unwiderruflichkeit des Akkreditivs Teil der Legaldefinition. Vgl allgemeiner **(7)** Bankgeschäfte Rn K/1. Die Figur des widerruflichen Akkreditivs (s **(7)** Bankgeschäfte Rn K/12), die noch in ERA 500 vorgesehen war und kaum praktisch war, ist unter ERA 600 nicht mehr vorgesehen, bleibt aber privatautonom weiterhin möglich (Art 3 Rn 3). Konforme Dokumentenvorlage und Honorieren sind ihrerseits legaldefiniert. Akkreditiv iSv Art 2 ist Oberbegriff für alle dokumentären Zahlungsversprechen. Diese brauchen nicht unbedingt als „Akkreditiv" bezeichnet zu werden („wie auch immer benannt oder bezeichnet"). Die Bank handelt typischerweise im Auftrag und nach den Weisungen eines Kunden. Dass eine Bank ein Akkreditiv „im eigenen Interesse" hinauslegt (Art 2 vor i aF), ist selten, aber rechtlich zulässig, vgl BGH ZIP **99**, 607. Zwingende Angaben s Art 6, mögliche Leistungsinhalte des Akkreditivs Art 6 lit b, 7 i.-v. Zum el.ERA-Akkreditiv s Anhang el.ERA Art e 2 und e 5.

10 **10) Honorieren**

Honorieren (honour) bedeutet a) bei Sicht zu zahlen, wenn das Akkreditiv durch Sichtzahlung benutzbar ist, b) eine Verpflichtung zur hinausgeschobenen Zahlung zu übernehmen und bei Fälligkeit zu zahlen, wenn das Akkreditiv durch hinausgeschobene Zahlung benutzbar ist, c) einen vom Begünstigten gezogenen Wechsel („Tratte") zu akzeptieren und diesen bei Fälligkeit zu zahlen, wenn das Akkreditiv durch Akzeptleistung benutzbar ist. Honorieren kann danach in einer der drei verschiedenen Arten (bei Sicht zahlen, Übernahme der Verpflichtung später zu zahlen und Akzept und Bezahlung einer Tratte) erfolgen, aber auch als Kombination derselben (gemischte Zahlung). S **(7)** Bankgeschäfte Rn K/3.

11 **11) Eröffnende Bank**

Eröffnende Bank (issuing bank) bedeutet die Bank, die ein Akkreditiv im Auftrag des Auftraggebers oder in eigenem Interesse eröffnet. Akkreditive können auch von einem Unternehmen, das nicht Bank ist, eröffnet werden. Meistens handelt es sich dabei um L/Cs (letters of credit, s Art 1 Rn 2), die von Unternehmen ausgestellt sind und von den Parteien den ERA unterstellt sind, was privatautonom ohne weiteres möglich ist. Für das das Akkreditiv eröffnende Unternehmen gilt dann alles, was in den ERA für die eröffnende Bank gilt. Einzelheiten dazu sind enthalten in der Opinion R.505 der ICC (abgedruckt als TA 537 in Drafting Group zu Art 2). Dort wird besonders auf das höhere Risiko bei einem nicht von einer Bank eröffneten Akkreditiv und auf die Gefahr einer Irreführung des Begünstigten hingewiesen, was je nach anwendbarem Recht zu einer Haftung der avisierenden Bank führen könne. S **(7)** Bankgeschäfte Rn K/2.

12 **12) Negoziierung**

Negoziierung (negotiation) bedeutet der Ankauf von Tratten (die auf eine andere Bank als die benannte Bank gezogen sind) und/oder von Dokumenten aus einer konformen Dokumentenvorlage durch die benannte Bank unter Vorleistung oder Übernahme einer Verpflichtung zur Vorleistung von Geldmitteln an den Begünstigten vor oder an dem Bankarbeitstag, an dem der Rembours an die benannte Bank fällig ist. Die Legaldefinition benützt den Begriff „Ankauf" statt wie Art 10 lit b ii ERA 500 den Begriff „Zahlung" („giving of value"), der in der Praxis zu Zweifeln geführt hatte. Erhalt oder Prüfung und Weiterleitung von Dokumenten stellt keine Negoziierung dar (Art 12 lit c). Für die Negoziierung ist entscheidend die Vorleistung oder Übernahme einer Verpflichtung zur Vorleistung. Daraus folgt dann, ohne dass es Teil der Definition von Negoziierung wäre, die Pflicht, die Bank zu remboursieren (Art 7 lit c, 8 lit c), Drafting Group zu Art 2. Die eröffnende Bank negoziiert nicht, wenn sie honoriert, das kann aber die benannte Bank tun. In der Praxis zahlen die Zahlstellen, die nicht selbst bestätigt haben, Negoziierungsakkreditive idR nur unter Vorbehalt aus.

V. Bankgeschäfte (m. Börsen- u. KapMR)

13) Benannte Bank

Benannte Bank (nominated bank) bedeutet die Bank, bei der das Akkreditiv benutzbar gestellt ist, oder im Fall eines Akkreditivs, das bei jeder Bank benutzbar gestellt ist, jede Bank. Zahlstelle oder Abwicklungsbank s **(7)** Bankgeschäfte Rn K/2.

14) Dokumentenvorlage

Dokumentenvorlage (presentation) bedeutet entweder die Vorlage der Dokumente unter einem Akkreditiv bei der eröffnenden Bank (s Rn 11) oder der benannten Bank (s Rn13) oder die vorgelegten Dokumente selbst. Welche der beiden Bedeutungen gemeint ist, ergibt sich aus dem Kontext, ob also physische Vorlage der Dokumente erfolgt oder die Dokumente bereits vorgelegt sind und sich bei der Bank befinden. S **(7)** Bankgeschäfte Rn K/5, 14.

15) Einreicher

Einreicher (presenter) bedeutet ein Begünstigter (s Rn 5), eine Bank oder ein Dritter, der eine Dokumentenvorlage tätigt. Diese Legaldefinition erlangt besonders unter Art 16 Bedeutung, wenn es um die Benachrichtigung von der Ablehnung zu honorieren oder zu negoziieren geht.

Auslegungen

ERA 3 Im Sinne dieser Regeln gilt:

Wo immer anwendbar, schließen Worte im Singular den Plural ein, und Worte im Plural schließen den Singular ein.

Ein Akkreditiv ist selbst dann unwiderruflich, wenn es keine dementsprechende Angabe enthält.

Ein Dokument kann handschriftlich, durch Faksimile-Unterschrift, perforierte Unterschrift, Stempel, Symbol oder durch irgendeine andere mechanische oder elektronische Authentisierungsmethode unterzeichnet sein.

Eine Bedingung, wonach ein Dokument legalisiert, mit einem Sichtvermerk versehen, beglaubigt sein muss oder ähnliches, gilt als erfüllt durch irgendeine Unterschrift, ein Zeichen, einen Stempel oder Aufkleber auf dem Dokument, wodurch diese Bedingung erfüllt zu sein scheint.

Filialen einer Bank in unterschiedlichen Ländern gelten als separate Banken.

Begriffe wie „erstklassig", „gut bekannt", „qualifiziert", „unabhängig", „offiziell", „kompetent" oder „örtlich", die zur Beschreibung eines Ausstellers eines Dokuments verwendet werden, lassen jeden Aussteller mit Ausnahme des Begünstigten für die Ausstellung dieses Dokuments zu.

Worte wie „prompt", „unverzüglich" oder „baldmöglichst" werden nicht beachtet, soweit nicht gefordert ist, dass sie in einem Dokument zu verwenden sind.

Der Begriff „am oder um den" oder ähnliche Begriffe werden als eine Bestimmung ausgelegt, wonach ein Ereignis innerhalb eines Zeitraums von fünf Kalendertagen vor bis fünf Kalendertagen nach dem angegebenen Datum eintreten muss, wobei der erste und letzte Tag eingeschlossen sind.

Die Worte „bis", „bis zum", „ab" und „zwischen" schließen, wenn sie zur Bestimmung einer Verladefrist verwendet werden, das angegebene Datum oder die angegebenen Daten ein, und die Worte „vor" und „nach" schließen das angegebene Datum aus.

Die Worte „ab" und „nach" schließen, wenn sie zur Bestimmung eines Fälligkeitsdatums verwendet werden, das angegebene Datum aus.

Die Begriffe „erste Hälfte" und „zweite Hälfte" eines Monats bedeuten „1. bis 15. einschließlich" bzw. „16. bis letzter Tag des Monats einschließlich".

Die Begriffe „Anfang", „Mitte" oder „Ende" eines Monats bedeuten „1. bis 10. einschließlich", „11. bis 20. einschließlich" bzw. „21. bis letzter Tag des Monats einschließlich".

Hopt

(11) ERA 3 1–10

1) Auslegungen
Art 3 (neu) enthält 12 Auslegungsregeln. Art 2 enthält demgegenüber Legaldefinitionen.

2) Singular/Plural
Was gemeint ist, hängt vom Kontext ab.

3) Unwiderrufliches Akkreditiv
Die ERA 600 kennen nur noch unwiderrufliche Akkreditive (Art 2 Rn 9). Dass ein Akkreditiv unter den ERA 600 unwiderruflich sein soll, braucht also nicht eigens gesagt zu werden. Da die ERA die Privatautonomie unangetastet lassen (Art 1 Rn 3), können die Parteien aber auch ein widerrufliches Akkreditiv vorsehen (s **(7)** Bankgeschäfte Rn K/12), was allerdings selten vorkommt. Ob ein solches ausnahmsweise vorliegt, ergibt die Auslegung (§§ 133, 157 BGB). Das Wort „widerruflich" muss nicht unbedingt benutzt werden.

4) Unterzeichnung
Die Auslegungsregel betreffend Unterzeichnung (entsprechend Art 20 b ERA 500, wo von Originaldokument die Rede war) lässt insbesondere Faksimileunterschrift ausreichen. Bei el.ERA-Akkreditiv bedeutet „unterzeichnen" elektronische Signatur, Anhang el.ERA e 3 a iv. Originale und Kopien von Dokumenten s Art 17.

5) Legalisierung und Beglaubigung
Bedingungen, wonach ein Dokument legalisiert oder beglaubigt sein muss, zB verifizierte Kopie (verified copy), kommen in der Praxis häufig vor. Die Auslegungsregel besagt, was dafür genügt (entsprechend Art 20 d ERA 500 für Authentisierung).

6) Filialen einer Bank
Nach dieser Auslegungsregel gelten Filialen einer Bank in unterschiedlichen Ländern als separate Banken. Das ist spezifisch für Akkreditive und wichtig, weil es von dem üblichen rechtlichen Verständnis von Filiale (Zweigniederlassung, s § 13 HGB Rn 3) abzuweichen scheint. Die Auslegungsregel besagt jedoch nicht, dass es sich um eine andere Bank handelt, sondern nur, dass die Filiale eine separate Bank ist, was die Funktionen angeht, die sie bezüglich eines Akkreditivs unter den ERA zu erfüllen hat. Da Filialen einer Bank in unterschiedlichen Ländern als andere Bank gelten, genügt Einreichung bei der falschen Filiale derselben Bank nicht (zB Frist) bzw bindet nicht. Diese Fiktion gilt aber nur für die Anwendung der ERA selbst, nicht zB für den Gerichtsstand.

7) Beschreibungen des Ausstellers als erstklassig uä
Begriffe wie erstklassig uä zur Beschreibung eines Ausstellers eines Dokuments lassen jeden Aussteller mit Ausnahme des Begünstigten für die Ausstellung des Dokuments zu (entsprechend Art 20 lit a ERA 500). Klauselbeispiele bei Nielsen 29 ff.

8) „prompt", „unverzüglich", baldmöglichst"
Derartige Worte werden nicht beachtet, soweit nicht gefordert ist, dass sie in einem Dokument zu verwenden sind (entsprechend Art 46 lit b ERA 500).

9) „am oder um den"
Diese Auslegungsregel enthält eine praktisch überaus wichtige Zeitbestimmung, wonach ein Ereignis innerhalb von fünf Kalendertagen vor bis fünf Kalendertagen nach dem angegebenen Datum eintreten muss, wobei der Erste und letzte Tag eingeschlossen sind (entsprechend Art 46 lit c ERA 500).

10) Verladefrist „bis" uä und „vor" und „nach"
Praktisch wichtige Auslegungsregel für die Bestimmung einer Verladefrist (nicht sonst), wonach das angegebene Datum bzw die angegebenen Daten eingeschlossen

sind, während sie bei den Worten „vor" und „nach" ausgeschlossen sind (entsprechend Art 47 lit a ERA 500).

11) Fälligkeitsdatum „ab" und „nach" 11

„Ab" und „nach" schließen, wenn sie zur Bestimmung eines Fälligkeitsdatums verwendet werden (nur dafür gilt die Auslegungsregel, nicht für Zeitabschnitte), das angegebene Datum aus. Der Begriff „ab" wird hier anders gebraucht als bezüglich Verschiffungsperioden, Drafting Group zu Art 3.

12) „erste Hälfte", „zweite Hälfte" eines Monats 12

Diese Begriffe bedeuten „1. bis 15. einschließlich" bzw „16. bis letzter Tag des Monats einschließlich" (entsprechend Art 47 lit c ERA 500).

13) „Anfang", „Mitte", „Ende" eines Monats 13

Diese Begriffe bedeuten „1. bis 10. einschließlich", „11. bis 20. einschließlich" bzw „21. bis letzter Tag des Monats einschließlich" (entsprechend Art 47 lit d ERA 500).

Akkreditive im Verhältnis zu Verträgen

ERA 4

a **[1] Ein Akkreditiv ist seiner Natur nach ein von dem Kauf- oder anderen Vertrag, auf dem es möglicherweise beruht, getrenntes Geschäft. [2] Banken haben in keiner Hinsicht etwas mit einem solchen Vertrag zu tun und sind durch ihn auch nicht gebunden, selbst wenn im Akkreditiv irgendein Bezug darauf enthalten ist. [3] Folglich ist die Verpflichtung einer Bank zu honorieren, negoziieren oder irgendeine andere Verpflichtung unter dem Akkreditiv zu erfüllen, nicht abhängig von Ansprüchen oder Einreden des Auftraggebers, die sich aus seinen Beziehungen zur eröffnenden Bank oder zum Begünstigten ergeben.**
[4] Ein Begünstigter kann sich keinesfalls auf die vertraglichen Beziehungen berufen, die zwischen den Banken oder zwischen dem Auftraggeber und der eröffnenden Bank bestehen.
b **Eine eröffnende Bank sollte jedem Versuch des Auftraggebers, Kopien des zugrunde liegenden Vertrags, Proforma-Rechnung und Ähnliches als integralen Bestandteil des Akkreditivs aufzunehmen, entgegentreten.**

1) Unabhängigkeit des Akkreditivs (Art 4 lit a) 1

Art 4 nF entspricht Art 3 aF. Art 4 lit a Satz 1 enthält den Grundsatz der Unabhängigkeit des Akkreditivs vom Grundgeschäft (Einwendungsausschluss), s ausführlich (7) Bankgeschäfte Rn K/1, 16–22. Der Grundsatz ist für Akkreditive zentral wichtig und kann heute als HdlBrauch angesehen werden (Einl 5 vor Art 1). Bezugnahme im Akkreditiv auf das Grundgeschäft ändert daran nichts (Art 4 lit a Satz 2). Die Verpflichtung einer Bank zu honorieren, negoziieren oder irgendeine andere Verpflichtung unter dem Akkreditiv zu erfüllen (vgl Legaldefinitionen in Art 2), ist nicht abhängig von Gegenansprüchen oder Einreden des Auftraggebers aus seinen Beziehungen zur eröffnenden Bank oder zum Begünstigten (Art 4 lit a Satz 3). Rechtsmissbrauch und Verhinderung der Zahlung durch einstweilige Verfügung und Arrest s (7) Bankgeschäfte Rn K/20, 21; Art 4 lit a steht dem nicht entgegen. Zu internationalen Unterschieden bei Abstraktheit und Missbrauch Nielsen 38, 40. Ebensowenig kann sich ein Begünstigter auf die vertraglichen Beziehungen zwischen den Banken oder zwischen dem Auftraggeber und der eröffnenden Bank berufen (Art 4 lit a Satz 4).

2) Separierung von Akkreditiv und Vertragsdokumenten (Art 4 lit b) 2

Art 4 lit b (ähnlich wie Art 5 lit a i ERA 500) zieht die praktischen Konsequenzen aus der Unabhängigkeit des Akkreditivs vom Grundgeschäft. Um der (unberechtigten) Berufung auf letzteres oder auch nur diesbezüglicher Irrtümern und Missverständnissen vorzubeugen, sollte eine eröffnende Bank (Art 2 Rn 11) jedem Versuch des Auftraggebers entgegentreten, Kopien des zugrundeliegenden Vertrags, Proforma-Rechnungen oder Ähnliches als integralen Bestandteil des Akkreditivs aufzunehmen.

(11) ERA 5, 6 1, 2 2. Handelsrechtl. Nebengesetze

Ausgeschlossen wird das angesichts der Privatautonomie, die vorgeht (Art 1 Rn 3), aber nicht. Doch kann sich dann eine Bank, die mit der Avisierung des Akkreditivs oder einer Änderung beauftragt ist, entschließen, das abzulehnen (Art. 9 lit c). Auch sollten sich Auftraggeber darüber im Klaren sein, dass ihnen eine derartige Aufnahme in das Akkreditiv für die Güter und deren Güte nichts bringt, Drafting Group zu Art 4.

Dokumente im Verhältnis zu Waren, Dienstleistungen oder Leistungen

ERA 5 Banken befassen sich mit Dokumenten und nicht mit Waren, Dienstleistungen oder Leistungen, auf die sich die Dokumente möglicherweise beziehen.

1   **1) Ausschließliche Maßgeblichkeit der Dokumente**

Art 5 nF (missverständlich Schütze 108, zu Art 5 aF unten Art 6 Rn 6) entspricht Art 4 aF, der aber unrichtig weit formuliert war („alle Parteien", der Begünstigte befasst sich jedoch sehr wohl mit der Ware ua). Art 5 ist Ausfluss des Grundsatzes der Unabhängigkeit des Akkreditivs vom Grundgeschäft (Art 4 Rn 1). Beim Akkreditiv befassen sich die Banken mit Dokumenten, nicht Waren, Dienstleistungen oder Leistungen, auf die sich die Dokumente möglicherweise beziehen, s **(7)** Bankgeschäfte Rn K/1, 5 ua. Elektronisches Dokument s Anhang ERA e 1, 3 II.

Benutzbarkeit, Verfalldatum und Ort für die Dokumentenvorlage

ERA 6

a [1] Ein Akkreditiv muss die Bank angeben, bei der es benutzbar ist, oder, ob es bei jeder Bank benutzbar ist. [2] Ein bei einer benannten Bank benutzbares Akkreditiv ist auch bei der eröffnenden Bank benutzbar.
b Ein Akkreditiv muss angeben, ob es durch Sichtzahlung, hinausgeschobene Zahlung, Akzeptleistung oder Negoziierung benutzbar ist.
c Ein Akkreditiv darf nicht durch eine Tratte gezogen auf den Auftraggeber benutzbar gestellt sein.
d i. [1] Ein Akkreditiv muss ein Verfalldatum für die Dokumentenvorlage angeben. [2] Ein für die Honorierung oder Negoziierung angegebenes Verfalldatum gilt als Verfalldatum für die Dokumentenvorlage.
  ii. [1] Der Ort der Bank, bei der das Akkreditiv benutzbar ist, ist der Ort für die Dokumentenvorlage. [2] Der Ort für die Dokumentenvorlage unter einem bei jeder Bank benutzbaren Akkreditiv ist der Ort jeder Bank. [3] Ein Ort für die Dokumentenvorlage, der vom Ort der eröffnenden Bank abweicht, gilt zusätzlich zum Ort der eröffnenden Bank.
e Vorbehaltlich der Bestimmung von Artikel 29 (a) muss eine Dokumentenvorlage durch oder für den Begünstigten am oder vor dem Verfalldatum erfolgen.

1   **1) Benutzbarkeit bei welcher Bank (Art 6 lit a)**

Art 6 nF entspricht in lit d und e ERA 500 Art 42 lit a und b und in lit c zT Art 9 lit a iv, b iv, ist aber im Übrigen neu. Art 6 regelt die zwingenden Mindestangaben in einem Akkreditiv (s auch Rn 7). Nach lit a Satz 1 muss das Akkreditiv angeben, bei welcher Bank es benutzbar ist, oder ob es bei jeder Bank benutzbar ist. Ein bei einer benannten Bank benutzbares Akkreditiv ist auch bei der eröffnenden Bank (Art 2 Rn 11) benutzbar (Art 6 lit a Satz 2).

2   **2) Art der Benutzbarkeit (Art 6 lit b)**

Das Akkreditiv muss angeben, ob es durch Sichtzahlung, hinausgeschobene Zahlung (Nachsichtzahlung, deferred payment), Akzeptleistung oder Negoziierung benutzbar gestellt ist (vgl Legaldefinition von Honorieren und Negoziierung in Art 2 Rn 10, 12). Die Verpflichtung der eröffnenden und der bestätigenden Bank zu honorieren variiert je nach Art der Benutzbarkeit des Akkreditivs, näher Art 7 Rn 1, Art 8 Rn 1. Zum deferred payment-Akkreditiv BGH **101,** 92; Zulässigkeit der vorzeitigen Zahlung s Art 12 Rn 2.

3) Keine Benutzbarkeit durch eine auf den Auftraggeber gezogene Tratte (Art 6 lit c)

Das Akkreditiv darf nicht durch eine Tratte gezogen auf den Auftraggeber benutzbar gestellt sein. Tratte ist ein vom Begünstigten gezogener Wechsel (s Legaldefinition von Honorieren in Art 2 Rn 10). Der Auftraggeber soll aus dem Prozess der Bezahlung des Akkreditivs herausgehalten werden. In Art 9 lit a iv, b iv ERA 500 war für den Fall, dass das Akkreditiv dennoch Trattenziehung auf den Auftraggeber vorschreibt, vorgesehen, dass die Banken solche Tratten als zusätzliche Dokumente behandeln. Art 6 lit c sieht das zwar nicht mehr vor, um zu unterstreichen, dass das unerwünscht ist. Sieht ein Akkreditiv das dennoch vor, wird die Tratte wie jedes andere vom Akkreditiv vorgeschriebene Dokument behandelt, und die eröffnende Bank muss dann eben die Bedingungen und den Inhalt der Tratte im Einzelnen festlegen, Drafting Group zu Art 6.

4) Verfalldatum und Ort für die Dokumentenvorlage (Art 6 lit d)

Akkreditive ohne Verfalldatum nach Art 6 lit d i sind nichtig (entsprechend Art 42 lit a ERA 500), Eröffnungsmitteilung ist dann nur unverbindlicher Avis, Schütze 127, Hinweispflicht der Bank s **(7)** Bankgeschäfte Rn K/13. Verfalldatum s **(7)** Bankgeschäfte Rn K/13. Ein für die Honorierung oder Negoziierung angegebenes Verfalldatum gilt als Verfalldatum für die Dokumentenvorlage, denn der Begünstigte hat nur auf die Rechtzeitigkeit der letzteren Einfluss (Art 6 lit d i Satz 2). Nach Art 42 c ERA 500 sollte das Verfalldatum ausdrücklich, also mit bestimmtem Endtermin und nicht nur indirekt über die Benutzbarkeit des Akkreditivs „für einen Monat" oä angegeben sein; letzterenfalls begann die Frist mit dem Tag der Akkreditiveröffnung, also ohne Rücksicht auf Akkreditivannahme (vgl **(7)** Bankgeschäfte Rn K/11), krit Nielsen 2. Aufl 2001 Rn 402, aber zulässig. Verfalldatum sollte die Versandfrist so überschreiten, dass der Begünstigte die Versandfrist voll ausschöpfen kann, Schütze 115. Berechnung des Verfalldatums mit Bsp, International Standard Banking Practice 2003 sections 45 ff.

Die Angabe des Vorlageorts (place of expiry) ist nicht mehr vorgeschrieben. Aber auch schon unter ERA 500 machte das Fehlen das Akkreditiv nicht nichtig, Vorlage dann bei der Eröffnungsbank bzw Zahlstelle, Nielsen 2. Aufl 2001 Rn 397. Der Ort der Bank, bei der das Akkreditiv benutzbar ist, ist der Ort für die Dokumentenvorlage bzw bei einem bei jeder Bank benutzbaren Akkreditiv der Ort jeder Bank (Art 6 lit d ii Satz 1, 2). Bei Abweichung des Orts der Dokumentenvorlage und des Orts der eröffnenden Bank gelten beide Orte als Vorlageorte (Art 6 lit d ii Satz 1, 2). „Ort der Vorlage" von elektronischen Dokumenten bedeutet bei el.ERA-Akkreditiv eine elektronische Adresse, Anhang el.ERA Art e 3 a iii; Vorlage Art e 5.

5) Zeitpunkt der Dokumentenvorlage (Art 6 lit e)

Nach Art 6 lit e (entsprechend Art 42 lit b ERA 500) muss eine Dokumentenvorlage durch oder für den Begünstigten am oder vor dem Verfalldatum (s Rn 4) erfolgen. Der Vorbehalt verweist auf Art 29 lit a (arbeitsfreie Tage). Die Dokumentenvorlage kann für den Begünstigten zB durch eine andere Bank oder einen Frachtführer vorgelegt werden. S auch Art 14 lit c und Art 29 lit c.

6) Weitere, fakultative Angaben

Art 6 regelt die Mindestangaben im Akkreditiv, soweit sie nicht schon aus der Definition des Akkreditivs folgen (Art 2 Rn 9). Das Akkreditiv kann selbstverständlich weitere Angaben enthalten (Art 1 Rn 3). Art 5 a i, ii aF besagte dazu aber zu Recht, dass die Banken jedem Versuch entgegentreten sollen, zu weit gehende Einzelheiten in das Akkreditiv aufzunehmen und im Akkreditiv auf früher eröffnete Akkreditive Bezug zu nehmen. Damit sollte die Praxis zurückgedrängt werden, auf frühere gleiche Akkreditive (besser: ähnliche, englisch: „similar credit"; Unterschiede, zB in Laufzeit ua, liegen immer vor) zu verweisen, wenn sie Gegenstand von Änderungen waren, denn dann drohen Missverständnisse. Wird trotzdem verwiesen, sind iZw die ursprünglichen Bedingungen gemeint (vgl Art 13 ERA 1983), aber iZw Rückfragepflicht.

Verpflichtung der eröffnenden Bank

ERA 7

a Werden die vorgeschriebenen Dokumente der benannten Bank oder der eröffnenden Bank vorgelegt und stellen [sie] eine konforme Dokumentenvorlage dar, muss die eröffnende Bank honorieren, wenn das Akkreditiv benutzbar ist durch:
  i. Sichtzahlung, hinausgeschobene Zahlung oder Akzeptleistung bei der eröffnenden Bank;
  ii. Sichtzahlung bei einer benannten Bank und diese benannte Bank nicht zahlt;
  iii. hinausgeschobene Zahlung bei einer benannten Bank und diese benannte Bank keine Verpflichtung zur hinausgeschobenen Zahlung übernimmt oder, falls sie eine Verpflichtung zur hinausgeschobenen Zahlung übernommen hat, bei Fälligkeit nicht zahlt;
  iv. Akzeptleistung bei der benannten Bank und diese benannte Bank eine auf sie gezogene Tratte nicht akzeptiert oder, nachdem sie die Tratte akzeptiert hat, bei Fälligkeit nicht zahlt;
  v. Negoziierung bei einer benannten Bank und diese benannte Bank nicht negoziiert.
b Eine eröffnende Bank ist ab dem Zeitpunkt der Eröffnung des Akkreditivs unwiderruflich zur Honorierung verpflichtet.
c [1] Eine eröffnende Bank verpflichtet sich, die benannte Bank, die eine konforme Dokumentenvorlage honoriert oder negoziiert und die Dokumente an die eröffnende Bank versandt hat, zu rembroursieren. [2] Rembours in Höhe des Betrags der konformen Dokumentenvorlage unter einem Akkreditiv, das durch Akzeptleistung oder hinausgeschobene Zahlung benutzbar ist, ist bei Fälligkeit zu leisten, unabhängig davon, ob die benannte Bank vor Fälligkeit gezahlt oder angekauft hat. [3] Die Verpflichtung der eröffnenden Bank, die benannte Bank zu rembroursieren, ist unabhängig von der Verpflichtung der eröffnenden Bank gegenüber dem Begünstigten.

1 **1) Verpflichtung der eröffnenden Bank zur Honorierung je nach Art der Benutzbarkeit des Akkreditivs (Art 7 lit a)**

Art 7 lit a nF entspricht Art 9 lit a i–iii aF. Art 7 lit a enthält die Verpflichtung der eröffnenden Bank (Art 2 Rn 11), bei konformer Dokumentenvorlage zu honorieren, und zwar unterschiedlich je nach Art der Benutzbarkeit des Akkreditivs. Art 7 lit a unterscheidet fünf Formen: Sichtzahlung, hinausgeschobene Zahlung (Nachsichtzahlung, deferred payment) (lit a i–iii), Akzeptleistung und Negoziierung (a iv–v), jeweils mit bestimmtem Leistungsinhalt. Zum deferred payment-Akkreditiv BGH **101**, 92; vorzeitige Zahlung bei diesem s **(7)** Bankgeschäfte Rn K/3. Negoziierung ist definiert in Art 2 (dort Rn 12).

Art 7 lit a regelt die Verpflichtung der eröffnenden Bank, Art 8 lit a die der bestätigenden Bank, s **(7)** Bankgeschäfte Rn K/2. Art 7 betont die sog Ersthaftung der Eröffnungsbank, aber missverständlich, krit Schütze 58, Nielsen 67. Ist Zahlung bei einer anderen Bank als Zahlstelle bzw Bestätigungsbank vereinbart (s **(7)** Bankgeschäfte Rn K/2), ist trotz Art 7 lit a nur über diese auszuzahlen, also keine Direktzahlung durch die eröffnende Bank, die nur durch die andere Bank zu erfüllen versprochen hat, Nielsen 67. Nach Art 7 lit a, Art 8 lit a ist Dokumenteneinreichung entweder bei der Eröffnungs- oder der Bestätigungsbank möglich.

2 **2) Unwiderrufliche Verpflichtung der eröffnenden Bank zur Honorierung (Art 7 lit b)**

Art 7 lit b nF formuliert weitergehend als Art 9 lit d ii Satz 1 aF. Eine eröffnende Bank ist ab dem Zeitpunkt der Eröffnung des Akkreditivs unwiderruflich zur Honorierung verpflichtet. Zur (Un-)Widerruflichkeit s Art 3 Rn 3.

3 **3) Verpflichtung der eröffnenden Bank zur Remboursierung (Art 7 lit c)**

Art 7 lit c betrifft die Remboursierung durch die eröffnende Bank, entsprechend Art 8 lit c die durch die bestätigende Bank (wie Art 14 lit a ERA 500). Bank-zu-Bank

Remboursvereinbarungen sind in Art 13 geregelt. Art 7 lit c Satz 1 enthält die Remboursierungsverpflichtung. Art 7 lit c Satz 2 bestimmt, wann zu remboursieren ist, nämlich zum Zeitpunkt der Fälligkeit, ohne Rücksicht darauf, ob die benannte Bank vor Fälligkeit gezahlt oder angekauft hat, wozu diese nach Art 12 lit b berechtigt ist (Wirksamkeit str, s dort Rn 2). Art 7 lit c Satz 3 hält noch einmal fest, dass die Remboursierungspflicht der eröffnenden Bank unabhängig von ihrer Verpflichtung gegenüber dem Begünstigten ist.

Verpflichtung der bestätigenden Bank

ERA 8

a Werden die vorgeschriebenen Dokumente der bestätigenden Bank oder einer anderen benannten Bank vorgelegt und stellen eine konforme Dokumentenvorlage dar, muss die bestätigende Bank:
  i. honorieren, wenn das Akkreditiv benutzbar ist durch
     a) Sichtzahlung, hinausgeschobene Zahlung oder Akzeptleistung bei der bestätigenden Bank;
     b) Sichtzahlung bei einer anderen benannten Bank und diese benannte Bank nicht zahlt;
     c) hinausgeschobene Zahlung bei einer anderen benannten Bank und diese benannte Bank keine Verpflichtung zur hinausgeschobenen Zahlung übernimmt oder, falls sie eine Verpflichtung zur hinausgeschobenen Zahlung übernommen hat, bei Fälligkeit nicht zahlt;
     d) Akzeptleistung bei einer anderen benannten Bank und diese benannte Bank eine auf sie gezogene Tratte nicht akzeptiert oder, nachdem sie die Tratte akzeptiert hat, bei Fälligkeit nicht zahlt;
     e) Negoziierung bei einer anderen benannten Bank und diese benannte Bank nicht negoziiert.
  ii. ohne Regress negoziieren, wenn das Akkreditiv durch Negoziierung bei der bestätigenden Bank benutzbar ist.
b Eine bestätigende Bank ist ab dem Zeitpunkt der Hinzufügung ihrer Bestätigung zu dem Akkreditiv unwiderruflich zur Honorierung oder Negoziierung verpflichtet.
c ¹Eine bestätigende Bank verpflichtet sich, eine andere benannte Bank, die eine konforme Dokumentenvorlage honoriert oder negoziiert und die Dokumente an die bestätigende Bank versandt hat, zu remboursieren. ²Rembours in Höhe des Betrags der konformen Dokumentenvorlage unter einem Akkreditiv, das durch Akzeptleistung oder hinausgeschobene Zahlung benutzbar ist, ist bei Fälligkeit zu leisten, unabhängig davon, ob die benannte Bank diesen Betrag vor Fälligkeit gezahlt oder angekauft hat. ³Die Verpflichtung einer bestätigenden Bank, eine andere benannte Bank zu remboursieren, ist unabhängig von der Verpflichtung der bestätigenden Bank gegenüber dem Begünstigten.
d Wenn eine Bank von der eröffnenden Bank ermächtigt oder beauftragt ist, ein Akkreditiv zu bestätigen, hierzu aber nicht bereit ist, muss sie die eröffnende Bank unverzüglich davon unterrichten und kann das Akkreditiv ohne Bestätigung avisieren.

1) Verpflichtung der bestätigenden Bank zur Honorierung je nach Art der Benutzbarkeit des Akkreditivs (Art 8 lit a)

Art 8 nF entspricht Art 9 lit b i-iii aF. Art 8 lit a enthält die Verpflichtung der bestätigenden Bank (Art 2 Rn 8), bei konformer Dokumentenvorlage zu honorieren, und zwar unterschiedlich je nach Art der Benutzbarkeit des Akkreditivs (Art 8 a lit a i a-e). Art 8 lit a i entspricht für die bestätigende Bank Art 7 lit a für die eröffnende Bank, s näher Art 7 Rn 1. Die bestätigende Bank muss ohne Regress negoziieren, wenn das Akkreditiv durch Negoziierung bei ihr benutzbar gestellt ist (Art 8 lit a ii).

Art 8 lit a regelt die Verpflichtung der bestätigenden Bank wie schon Art 7 lit a die der eröffnenden Bank, s **(7)** Bankgeschäfte Rn K/2. Zur Bedeutung der sog Ersthaftung der Eröffnungsbank s Art 7 Rn 2. Nach Art 7 lit a, Art 8 lit a ist Dokumenteneinreichung entweder bei der Eröffnungs- oder der Bestätigungsbank möglich.

(11) ERA 9

3   2) Unwiderrufliche Verpflichtung der bestätigenden Bank zur Honorierung (Art 8 lit b)

Art 8 lit b nF formuliert weitergehend als Art 9 lit d ii Satz 2 aF. Eine bestätigende Bank ist ab dem Zeitpunkt der Bestätigung des Akkreditivs unwiderruflich zur Honorierung oder zur Negoziierung verpflichtet. Zur Unwiderruflichkeit s schon bei der Definition des Akkreditivs in Art 2 Rn 9. Bestätigung ist zwar auch beim widerruflichen Akkreditiv (Art 3 Rn 3) möglich, str, kommt aber praktisch nicht vor.

4   3) Verpflichtung der bestätigenden Bank zur Remboursierung (Art 8 lit c)

Art 8 lit c nF (entsprechend Art 14 lit a aF) betrifft die Remboursierung durch die bestätigende Bank, entsprechend Art 7 lit c die durch die eröffnende Bank. Art 8 lit c Satz 2 bestimmt, wann zu remboursieren ist, nämlich zum Zeitpunkt der Fälligkeit, ohne Rücksicht darauf, ob die benannte Bank vor Fälligkeit gezahlt oder angekauft hat, wozu diese nach Art 12 lit b berechtigt ist (Wirksamkeit str, s dort Rn 2). Bank-zu-Bank-Remboursvereinbarungen sind in Art 13 geregelt.

5   4) Ablehnung der Bestätigung (Art 8 lit d)

Art 8 lit d nF entspricht Art 9 lit d ii Satz 3 aF. Lehnt die von der eröffnenden Bank zur Bestätigung ermächtigte oder beauftragte Bank die Bestätigung ab, muss sie die eröffnende Bank unverzüglich davon unterrichten. Sie kann das Akkreditiv aber ohne Bestätigung avisieren. Zur Avisierung näher Art 9.

Avisierung von Akkreditiven und Änderungen

ERA 9

a ^{1} Ein Akkreditiv und jegliche Änderung kann dem Begünstigten durch eine avisierende Bank avisiert werden. ^{2} Eine avisierende Bank, die nicht bestätigende Bank ist, avisiert das Akkreditiv und jegliche Änderungen, ohne irgendeine Verpflichtung zu honorieren oder zu negoziieren.

b Durch die Avisierung des Akkreditivs oder der Änderung gibt die avisierende Bank zu erkennen, dass sie sich der augenscheinlichen Echtheit des Akkreditivs oder der Änderung vergewissert hat und dass das Avis die Bedingungen des ihr zugegangenen Akkreditivs oder der ihr zugegangenen Änderung genau wiedergibt.

c ^{1} Eine avisierende Bank kann sich einer anderen Bank („zweite avisierende Bank") zur Avisierung des Akkreditivs und jeglicher Änderung an den Begünstigten bedienen. ^{2} Durch die Avisierung des Akkreditivs oder der Änderung gibt die zweite avisierende Bank zu erkennen, dass sie sich der augenscheinlichen Echtheit des bei ihr eingegangenen Avises vergewissert hat und dass das Avis die Bedingungen des ihr zugegangenen Akkreditivs oder der ihr zugegangenen Änderungen genau wiedergibt.

d Eine Bank, die sich der Dienste der avisierenden oder zweiten avisierenden Bank zur Avisierung eines Akkreditivs bedient, muss dieselbe Bank zur Avisierung von jeder Änderung dazu benutzen.

e Wenn sich eine Bank, die mit der Avisierung eines Akkreditivs oder einer Änderung beauftragt ist, entschließt, dies nicht zu tun, muss sie darüber unverzüglich die Bank unterrichten, von der sie das Akkreditiv, die Änderung oder das Avis erhalten hat.

f ^{1} Wenn eine Bank mit der Avisierung eines Akkreditivs oder einer Änderung beauftragt ist, sich jedoch nicht der augenscheinlichen Echtheit des Akkreditivs, der Änderung oder des Avises vergewissern kann, muss sie unverzüglich die Bank, von der sie den Auftrag erhalten zu haben scheint, davon unterrichten. ^{2} Wenn die avisierende oder zweite avisierende Bank sich dennoch zur Avisierung des Akkreditivs oder der Änderung entschließt, muss sie den Begünstigten oder die zweite avisierende Bank davon unterrichten, dass sie sich nicht der augenscheinlichen Echtheit des Akkreditivs oder der Änderung oder des Avises vergewissern konnte.

V. Bankgeschäfte (m. Börsen- u. KapMR)

1) Avisierung von Akkreditiven und Änderungen (Art 9 lit a)

Art 9 nF entspricht zT Art 7 und 11 lit b aF. Art 9 regelt die Avisierung von Akkreditiven und von Änderungen derselben durch die avisierende oder Avisbank (Art 2 Rn 2). Die avisierende Bank, die nicht bestätigende Bank ist, übernimmt mit der Avisierung keine Verpflichtung zu honorieren oder zu negoziieren (Art 9 lit a Satz 2), s auch (7) Bankgeschäfte Rn K/2.

2) Prüfungspflicht der avisierenden Bank (Art 9 lit b)

Durch die Avisierung gibt die Bank zu erkennen, dass sie sich der augenscheinlichen Echtheit des Akkreditivs bzw. der Änderung vergewissert hat und dass das Avis den Bedingungen des Akkreditivs bzw der Änderung genau entspricht. Mit ersterem soll Fälschungen vorgebeugt werden. Die Pflicht, sich nur der augenscheinlichen Echtheit zu vergewissern (Art 9 lit b Alt 1), ersetzt die Pflicht, „mit angemessener Sorgfalt" dies „zu überprüfen" (Art 7 lit a ERA 500), was zu erheblicher Unsicherheit geführt hatte. Intendiert ist mit der nF offenbar ein Weniger gegenüber der aF, obwohl es sich doch um eine Pflicht (responsibility) der Bank handeln soll, Drafting Group zu Art 9. Die Pflicht, im Avis die Bedingungen des Akkreditivs bzw der Änderung „genau wiederzugeben", bedeutet nicht, dass alle möglichen „Bank zu Bank"-Informationen weitergegeben werden müssen, zB Refinanzierungsersuchen, Kreditvereinbarungen und spezielle Instruktionen für die benannte Bank. Diese können vielmehr aus dem Avis entfernt werden; wichtig ist nur, dass der Begünstigte mindestens alle Informationen erhält, die er für den dokumentarischen Kredit benötigt, Drafting Group zu Art 9. Weitere Nachprüfungspflichten als in Art 9 lit b hat die avisierende Bank grundsätzlich nicht. Falls Vergewisserung nicht möglich ist, bestehen Mitteilungspflichten (Art 9 lit f, s Rn 6).

3) Einschaltung einer zweiten avisierenden Bank (Art 9 lit c)

Die avisierende Bank kann sich entsprechend einer seit einigen Jahren bestehenden Praxis für das Avis einer zweiten avisierenden Bank bedienen, für die dann dasselbe wie für die Erste gilt (Art 9 lit c Satz 2 entspricht Art 9 lit b, s Rn 2).

4) Keine verschiedenen Banken für Avisierung des Akkreditivs und von Änderungen (Art 9 lit d)

Art 9 lit c (wie Art 11 lit b aF) will Irrtümer durch Einschaltung verschiedener Banken für die Avisierung des Akkreditivs und von Änderungen desselben verhindern.

5) Pflicht bei Ablehnung des Avisierungsauftrags (Art 9 lit e)

Bei Auftragsablehnung (Art 9 lit e nF wie Art 7 lit a aF) besteht Mitteilungspflicht an die Bank, von der das Akkreditiv, die Änderung oder das Avis gekommen ist. Bloßes Schweigen kann schadensersatzpflichtig (§§ 280 I, 311 II BGB) machen, gilt aber nicht ohne weiteres als Annahme (§ 346 HGB Rn 30 ff).

6) Mitteilungspflicht mangels Vergewisserung der augenscheinlichen Echtheit (Art 9 lit f)

Kann sich die Bank nicht der augenscheinlichen Echtheit vergewissern (s Rn 2), muss sie das mitteilen, je nachdem an die Bank bzw den Begünstigten (Art 9 lit f Satz 1, 2 nF wie Art 7 lit b aF). In der Praxis wird die Bank sich jedoch bei der eröffnenden Bank über die Echtheit erkundigen.

Änderungen

ERA 10

a Soweit Artikel 38 nichts anderes vorsieht, kann ein Akkreditiv ohne die Zustimmung der eröffnenden Bank, der möglicherweise vorhandenen bestätigenden Bank und des Begünstigten weder geändert noch annulliert werden.

b [1] Eine eröffnende Bank ist ab dem Zeitpunkt der Erstellung einer Änderung unwiderruflich an die Änderung gebunden. [2] Eine bestätigende Bank kann ihre Bestätigung auf eine Änderung erstrecken und ist ab dem Zeitpunkt ihrer

Avisierung der Änderung unwiderruflich verpflichtet. ³ Eine bestätigende Bank kann jedoch dem Begünstigten eine Änderung auch avisieren, ohne ihre Bestätigung darauf zu erstrecken, und muss dann die eröffnende Bank unverzüglich und den Begünstigten in ihrer Avisierung unterrichten.

c ¹ Die Bedingungen des ursprünglichen Akkreditivs (oder eines Akkreditivs mit zuvor angenommenen Änderungen) bleiben für den Begünstigten in Kraft, bis der Begünstigte seine Annahme der Änderung der Bank mitteilt, die ihm die Änderung avisiert hat. ² Der Begünstigte sollte mitteilen, ob er eine Änderung annimmt oder ablehnt. ³ Wenn der Begünstigte diese Mitteilung unterlässt, gilt die Dokumentenvorlage, die dem Akkreditiv und jeglicher noch nicht angenommener Änderung entspricht, als Mitteilung der Annahme der Änderung durch den Begünstigten. ⁴ Ab diesem Zeitpunkt ist das Akkreditiv geändert.

d Eine Bank, die eine Änderung avisiert, sollte die Bank, von der sie die Änderung erhalten hat, von jeglicher Mitteilung über die Annahme oder Ablehnung informieren.

e Eine teilweise Annahme einer Änderung ist nicht erlaubt und gilt als Mitteilung über die Ablehnung der Änderung.

f Eine Bestimmung in einer Änderung des Inhalts, dass die Änderung wirksam werden soll, sofern der Begünstigte sie nicht binnen einer bestimmten Frist ablehnt, wird nicht beachtet.

1) Keine Änderung ohne Zustimmung (Art 10 lit a)

Art 10 lit nF entspricht Art 9 lit d aF. Änderungen und Annullierung des Akkreditivs sind nur mit Zustimmung der eröffnenden Bank, bei Bestätigung der bestätigenden Bank und des Begünstigten möglich. Sonderregelungen enthält Art 38 für übertragbare Akkreditive.

2) Bindung an die Änderung (Art 10 lit b)

Die eröffnende Bank ist bereits ab Erstellung einer Änderung unwiderruflich daran gebunden, auch wenn die Mitteilung dem Begünstigten noch nicht zugegangen ist (Art 10 lit b Satz 1), sog mailbox theory, krit Nielsen 108. Die bestätigende Bank ist dagegen nur gebunden, wenn sie ihre Bestätigung auf die Änderung erstreckt, dann ab dem Zeitpunkt ihrer Avisierung der Änderung (Satz 2). Tut die bestätigende Bank das nicht, muss sie die eröffnende Bank unverzüglich und den Begünstigen in ihrer Avisierung unterrichten (Satz 3).

3) Weitergeltung für den Begünstigten bis zur Annahme der Änderung (Art 10 lit c)

Die Bedingungen des ursprünglichen bzw geänderten Akkreditivs bleiben für den Begünstigten in Kraft, bis er seine Annahme der Änderung der Bank mitteilt, die ihm die Änderung avisiert hat (Art 10 lit c Satz 1). Wenn der Begünstigte diese Mitteilung unterlässt (nach Satz 2 Obliegenheit, keine Pflicht), soll nach Satz 3 die Dokumentenvorlage, die dem Akkreditiv und einer jeglichen noch nicht angenommenen Änderung entspricht, als Mitteilung der Annahme gelten. Der Begünstigte gibt jedoch seine Zustimmung nicht schon durch Schweigen, str, Grund: Änderung seiner Rechte; er kann allein durch Art 10 lit c Satz 3 nicht gebunden werden, Nielsen 109, vgl **(5)** BGB § 308 Nr 5 und Einl 7 vor Art 1. Nach Satz 4 ist der Zeitpunkt der Dokumentenvorlage gemäß Satz 3 für die Änderung maßgeblich.

4) Mitteilung der Bank (Art 10 lit d)

Wenn die avisierende oder zweite avisierende Bank eine Mitteilung über die Annahme oder Ablehnung der Änderung bis zur oder bei Vorlage der Dokumente erhält, sollte sie die Bank, von der sie die Änderung erhalten hat, darüber informieren.

5) Keine teilweise Änderung (Art 10 lit e)

Art 10 lit e nF entspricht Art 9 lit d iv aF. Teilweise Änderung gilt als Mitteilung über die Ablehnung der Änderung. Das gilt aber nur, wenn sie in ein- und derselben Änderungsanzeige enthalten ist, sonst nicht, denn dann liegen mehrere konsekutive

V. Bankgeschäfte (m. Börsen- u. KapMR) **ERA 11, 12 (11)**

Änderungsmitteilungen vor, die der Begünstigte jeweils annehmen oder ablehnen kann; andere Vereinbarung aller Betroffenen bleibt möglich (Art 1 Rn 3), str.

6) Keine Annahme der Änderung durch den Begünstigten mangels Ableh- 6
nung (Art 10 lit f)

Wenn eine Akkreditivänderung bestimmt, dass sie mangels Ablehnung durch den Begünstigten binnen einer bestimmten Frist wirksam wird, ist das unbeachtlich (so schon Position Paper No 1 der ICC zu ERA 500).

Akkreditive und Änderungen per Telekommunikation und Voravis

ERA 11

a ¹ Eine authentisierte Telekommunikation eines Akkreditivs oder einer Änderung gilt als das operative Akkreditiv oder als die operative Änderungsmitteilung; eine darauf folgende briefliche Bestätigung wird nicht beachtet.
² Wen eine Telekommunikation den Hinweis „vollständige Einzelheiten folgen" (oder Worte ähnlicher Bedeutung) enthält oder angibt, dass die briefliche Bestätigung das operative Akkreditiv oder die operative Änderungsmitteilung sein soll, dann wird die Telekommunikation nicht als das operative Akkreditiv oder die operative Änderungsmitteilung angesehen. ³ Die eröffnende Bank muss dann unverzüglich das operative Akkreditiv oder die operative Änderungsmitteilung erstellen mit Bedingungen, die der Telekommunikation nicht widersprechen.

b ¹ Eine Voranzeige („Voravis") über die Eröffnung oder Änderung eines Akkreditivs soll nur versendet werden, wenn die eröffnende Bank bereit ist, das operative Akkreditiv oder die operative Änderungsmitteilung zu erstellen. ² Die eröffnende Bank, die ein Voravis versendet, ist unwiderruflich verpflichtet, das operative Akkreditiv oder die operative Änderungsmitteilung unverzüglich, mit Bedingungen, die dem Voravis nicht widersprechen, zu erstellen.

1) Telekommunikation eines Akkreditivs oder einer Änderung (Art 11 lit a) 1

Art 11 nF entspricht Art 11 lit a, c aF. Das Akkreditiv wird nach Art 11 lit a mit authentisierter Telekommunikation wirksam, letztere gilt als das Instrument für die Inanspruchnahme des (operativen) Akkreditivs. Briefliche Bestätigung ist dann nicht nur unnötig und wirkungslos (Art 11 lit a Satz 1), sondern braucht von der Zweitbank nicht geprüft zu werden, das Risiko von Übertragungsfehlern der Telekommunikation liegt also trotz schriftlicher Korrektur voll bei der eröffnenden Bank, Nielsen 114 mit Fall. Soll etwas anderes gelten, muss die eröffnende Bank das klar sagen, zB „vollständige Einzelheiten folgen" oä (Art 11 lit a Satz 2).

2) Voranzeige („Voravis") eines Akkreditivs oder einer Änderung (Art 11 2
lit b)

Eine Voranzeige (Voravis, pre-advice) über Eröffnung oder Änderung eines Akkreditivs (Satz 1) verpflichtet die sie versendende Bank unwiderruflich (Art 2 Rn 9) zur unverzüglichen Erstellung des Akkreditivs oder der Änderung (Satz 2). Voraussetzung ist, dass die Voranzeige konkret genug ist. Keine Verbindlichkeit nach Art 11 lit b bei klarer Erklärung, dass es sich nicht um ein Voravis handelt.

Nominierung

ERA 12

a Sofern die benannte Bank nicht die bestätigende Bank ist, begründet die Ermächtigung zu honorieren oder zu negoziieren keine Verpflichtung der benannten Bank zur Honorierung oder Negoziierung, es sei denn, die benannte Bank hat diese ausdrücklich übernommen und dies dem Begünstigten mitgeteilt.

b Durch die Benennung einer Bank zur Akzeptierung einer Tratte oder zur Übernahme einer Verpflichtung zur hinausgeschobenen Zahlung ermächtigt die eröffnende Bank diese benannte Bank, ihr Akzept oder ihre eingegangene Verpflichtung zur hinausgeschobenen Zahlung im Voraus zu zahlen oder anzukaufen.

c Erhalt oder Prüfung und Weiterleitung von Dokumenten durch eine benannte Bank, die keine bestätigende Bank ist, verpflichtet die benannte Bank nicht zur Honorierung oder Negoziierung, stellt aber auch keine Honorierung oder Negoziierung dar.

1 **1) Keine Verpflichtung anderer als der bestätigenden Bank durch Nominierung (Art 12 lit a)**

Art 12 lit a, c nF entspricht Art 10 lit c, lit b ii aF. Die Ermächtigung einer Bank zu honorieren (Art 2 Rn 10) oder negoziieren (Art 2 Rn 12) begründet für diese Bank (benannte Bank, Art 2 Rn 13) keine Verpflichtung zur Honorierung oder Negoziierung. Anders, wenn die benannte Bank diese Verpflichtung ausdrücklich übernommen und dies dem Begünstigten mitgeteilt hat (Halbs 2).

2 **2) Nominierung zur Akzeptierung einer Tratte oder zur Übernahme einer Verpflichtung zur hinausgeschobenen Zahlung (Art 12 lit b)**

In der Benennung der Bank liegt eine Ermächtigung durch die eröffnende Bank, im Voraus zu zahlen oder anzukaufen, dann Aufwendungsersatz bzw Rembursierung durch die eröffnende Bank, s Art 7 lit c, Art 8 lit c. Aber vorzeitige Zahlung beim Akkreditiv mit hinausgeschobener Zahlung wird als unzulässig angesehen, üL, s **(7)** Bankgeschäfte Rn K/3; deshalb AGB-rechtliche Bedenken bei Blesch/Lange/Keßler, Bankgeschäfte mit Auslandsbezug 2007 Rn 661, Nielsen 6, 81, 118 und WM **09,** 479 (überraschende AGB, jedenfalls unwirksam). Voraussetzung ist auftragsgemäße Honorierung und Aufnahme der Dokumente; gehen die Dokumente auf dem Weg von der benannten Bank zur eröffnenden Bank verloren, berührt das den Anspruch nicht mehr (Art 35 II). Aufwendungsersatz an die benannte Bank entweder direkt durch die eröffnende Bank oder indirekt über die Remboursbank (Art 13).

3 **3) Erhalt oder Prüfung oder Weiterleitung von Dokumenten (Art 12 lit c)**

Art 12 lit c stellt klar, dass die benannte Bank nicht schon als solche (auch nicht nach Aufnahme, Prüfung und Weiterleitung der Dokumente) dem Begünstigten haftet, sondern nur bei Bestätigung ihm gegenüber, s **(7)** Bankgeschäfte Rn K/2.

Bank-zu-Bank Remboursvereinbarungen

ERA 13

a Wenn ein Akkreditiv bestimmt, dass Rembours seitens der nominierten Bank („Rembours beanspruchende Bank") durch Anforderung bei einer anderen Partei („Remboursbank") erlangt werden soll, muss das Akkreditiv angeben, ob der Rembours den ICC-Regeln für Bank-zu-Bank-Rembourse unterliegen soll, die zum Zeitpunkt der Eröffnung des Akkreditivs in Kraft sind.

b Wenn ein Akkreditiv nicht angibt, dass der Rembours den ICC-Regeln für Bank-zu-Bank-Rembourse unterliegt, gilt Folgendes:
  i. [1] Eine eröffnende Bank muss der Remboursbank eine Remboursermächtigung erteilen, die mit der Benutzbarkeit des Akkreditivs in Einklang steht. [2] Die Remboursermächtigung sollte kein Verfalldatum tragen.
  ii. Von einer Rembours beanspruchenden Bank soll nicht verlangt werden, der Remboursbank eine Bestätigung über die Erfüllung der Akkreditiv-Bedingungen zu übermitteln.
  iii. Eine eröffnende Bank haftet für jeglichen Zinsverlust sowie jegliche Auslagen, wenn der Rembours von der Remboursbank nicht auf erstes Anfordern gemäß den Akkreditiv-Bedingungen geleistet wird.
  iv. [1] Die Spesen der Remboursbank gehen zu Lasten der eröffnenden Bank. [2] Wenn jedoch die Spesen zu Lasten des Begünstigten gehen, liegt es in der Verantwortung der eröffnenden Bank, einen entsprechenden Hinweis in das Akkreditiv und die Remboursermächtigung aufzunehmen. [3] Wenn die Spesen der Remboursbank zu Lasten des Begünstigten gehen, müssen sie bei

Leistung des Rembourses von dem an die Rembours beanspruchende Bank zu zahlenden Betrag abgezogen werden. ⁴ Wenn kein Rembours geleistet wird, bleibt die eröffnende Bank für die Spesen der Remboursbank haftbar.
c Eine eröffnende Bank wird von ihren Verpflichtungen zur Remboursleistung nicht befreit, wenn die Remboursbank nicht auf erstes Anfordern Rembours leistet.

1) Rembours

Art 13 nF entspricht Art 19 aF. Art 13 regelt den Rembours näher und enthält die dazu gehörenden Definitionen (nicht in Art 2, dort Rn 1). Die Rembourklausel in einem Akkreditiv bestimmt, dass Rembours seitens der nominierten Bank (Rembours beanspruchende Bank, claiming bank) durch Anforderung bei einer anderen Partei (Remboursbank, reimbursing bank) erlangt werden kann (Art 13 lit 1 Halbs 1). Die Remboursklausel betrifft nur das Verhältnis zwischen Eröffnungsbank und Zweitbank, s (7) Bankgeschäfte Rn K/2. Rembours ist typisch bei Währungsakkreditiven. Remboursbank iSv Art 13 ist eine „andere Partei", also auch Nichtbank. Die Remboursbank soll ohne Bestätigung der den Rembours beanspruchenden Bank über die Erfüllung der Akkreditivbedingungen rembourieren (Art 13 lit b ii). Art 13 lit c stellt klar, dass die Einschaltung der Remboursbank nur erfüllungshalber erfolgt, das gilt für lit a und lit b. Lit: Schütze 315 ff, Lorenz FS Steindorff **90,** 405 (IPR).

2) ICC Einheitliche Richtlinien für Rembourse zwischen Banken

Die ICC Einheitliche Richtlinien für Rembourse zwischen Banken unter Dokumenten-Akkreditiven (ERR 525/URR 525) (IntHK-Publikation Nr 52, Sprache engl/deutsch, mit Kurzkomm Nr 551 und Guide Nr 575, beides englisch, auch bei Schütze Anh IV) regelt seit 1996 den **Bankenrembours.** 2008 Anpassung an ERA 600 (IntHK-Publikation Nr 725, Sprache engl/deutsch). Die ERR gelten für alle Rembourse zwischen Banken, sofern sie in den Text der Remboursermächtigung einbezogen sind, die ERA werden durch sie nicht geändert (Art 1 ERR). IZw hatte schon Art 19 ERA 500 Vorrang, Nielsen 2. Aufl 2001 Rn 215. Art 13 verlangt nunmehr Klarstellung im Akkreditiv, ob dieses den (jeweils geltenden) ICC-Regeln unterliegen soll (Art 13 lit a), bzw regelt, was gilt, wenn das Akkreditiv dazu schweigt, nämlich Geltung von Art 13 lit b. Die Eröffnungsbank haftet für Übermittlungsfehler (Art 5 ERR). Die Remboursbanken schließen Haftung für Nachrichtenübermittlung und Übersetzungsirrtümer aus (Art 14 ERR, vgl Art 35 ERA); das gilt nur, soweit nach (5) §§ 305 ff BGB zulässig (Einl 7 vor Art 1 ERA).

Grundsatz der Dokumentenprüfung

ERA 14

a Eine benannte Bank, die gemäß ihrer Benennung handelt, eine möglicherweise vorhandene bestätigende Bank und die eröffnende Bank müssen die Dokumentenvorlage prüfen, um allein aufgrund der Dokumente zu entscheiden, ob die Dokumente ihrer äußeren Aufmachung nach eine konforme Dokumentenvorlage zu bilden scheinen.
b ¹Eine benannte Bank, die gemäß ihrer Benennung handelt, eine möglicherweise vorhandene bestätigende Bank und die eröffnende Bank haben jeweils maximal fünf Bankarbeitstage nach dem Tag der Dokumentenvorlage um zu entscheiden, ob eine Dokumentenvorlage konform ist. ²Dieser Zeitraum wird nicht verkürzt oder anderweitig beeinflusst von einem Verfalldatum oder letzten Tag für die Dokumentenvorlage an oder nach dem Tag der tatsächlichen Dokumentenvorlage.
c Eine Dokumentenvorlage, die ein oder mehrere Original-Transportdokumente gemäß Artikeln 19, 20, 21, 22, 23, 24 oder 25 mit einschließt, muss von dem oder für den Begünstigten nicht später als 21 Kalendertage nach dem gemäß diesen Regeln bestimmten Verladedatum, aber in jedem Fall nicht später als an dem Verfalldatum des Akkreditivs vorgelegt werden.

d Angaben in einem Dokument, im Zusammenhang mit dem Akkreditiv, dem Dokument selbst und dem Standard internationaler Bankpraxis gelesen, müssen nicht identisch sein mit Angaben in diesem Do-kument, irgendeinem anderen vorgeschriebenen Dokument oder dem Akkreditiv, dürfen damit aber auch nicht im Widerspruch stehen.

e In anderen Dokumenten als der Handelsrechnung kann die Beschreibung der Waren, Dienstleistungen oder Leistungen, soweit angegeben, in allgemeinen Begriffen gehalten sein, die nicht im Widerspruch zu ihrer Beschreibung im Akkreditiv stehen.

f Wenn ein Akkreditiv die Vorlage eines anderen Dokuments als ein Transportdokument, Versicherungsdokument oder eine Handelsrechnung verlangt, ohne den Aussteller des Dokuments oder dessen Inhaltsmerkmale zu bestimmen, nehmen Banken das Dokument so an, wie es vorgelegt wird, wenn sein Inhalt die Funktion des verlangten Dokuments zu erfüllen scheint und im übrigen Artikel 14 (d) entspricht.

g Ein vorgelegtes Dokument, das in dem Akkreditiv nicht verlangt ist, wird nicht beachtet und kann dem Einreicher zurückgegeben werden.

h Wenn ein Akkreditiv eine Bedingung enthält, ohne das zum Erfüllungsnachweis vorzulegende Dokument anzugeben, betrachten die Banken eine solche Bedingung als nicht angegeben und werden sie nicht beachten.

i Ein Dokument kann vor dem Ausstellungsdatum des Akkreditivs datiert sein, darf aber nicht später datiert sein als das Datum der Dokumentenvorlage.

j [1] Wenn die Adressen des Begünstigten und des Auftraggebers in einem vorgeschriebenen Dokument enthalten sind, müssen sie nicht den Adressen entsprechen, die im Akkreditiv und in einem anderen vorgeschriebenen Dokument angegeben sind, müssen aber in demselben Land angesiedelt sein wie die entsprechenden im Akkreditiv erwähnten Adressen. [2] Kontaktdaten (Telefax, Telefon, E-Mail und Ähnliches), die als Teil der Adresse des Begünstigten und Auftraggebers genannt sind, werden nicht beachtet. Ist jedoch die Adresse bzw. Kontaktdaten des Auftraggebers in einem Transportdokument gemäß Artikel 19, 20, 21, 22, 23, 24 oder 25 als Teil der Empfänger- oder „Notify-Address"-Angaben anzugeben, müssen sie den Akkreditiv-Bedingungen entsprechen.

k Der Ablader oder Absender der Waren in einem Dokument muss nicht der Akkreditiv-Begünstigte sein.

l Ein Transportdokument kann von jeder anderen Person als dem Frachtführer, Eigentümer, Master oder Charterer ausgestellt sein, vorausgesetzt, das Transportdokument erfüllt die Anforderungen der Artikel 19, 20, 21, 22, 23 oder 24 dieser Regeln.

1) Alleinige Dokumentenprüfung (Art 14 lit a)

Art 14 nF (entsprechend Art 13 aF) betrifft die Prüfung der Dokumente. Zusätzliche Vorschriften dazu enthalten die Regeln über Transportdokumente, Versicherungsdokumente und Handelsrechnungen (Art 19 ff, 28, 18). Nach Art 14 lit a nF (entsprechend Art 13 lit a, 14 lit b aF) prüfen die verschiedenen Banken (die eröffnende, bestätigende und benannte) die Dokumentenvorlage und entscheiden dabei allein auf Grund der Dokumente, ob die Dokumente ihrer äußeren Aufmachung nach eine konforme Dokumentenvorlage zu bilden scheinen, Düss ZIP **03,** 1786. Der Grundsatz der alleinigen Dokumentenprüfung ist für das Dokumentenakkreditiv bestimmend, die Banken befassen sich nur mit Dokumenten (Art 5). Art 14 lit a könnte dahin gelesen werden, dass die Dokumentenvorlage nicht konform (Art 2 Rn 6) sein muss, sondern nur nach der äußeren Aufmachung der Dokumente als eine solche erscheinen muss (on their face) oder dass die Bank gar nur den äußeren Anschein prüfen müsste, unklar Drafting Group zu Art 14. Das würde indessen den Grundsatz der Dokumentenstrenge (Einl 5 vor Art 1, **(7)** Bankgeschäfte Rn K/1) in Frage stellen, zu dem anerkannt ist, dass eine sehr strenge, genaue Prüfung zu erfolgen hat (s **(7)** Bankgeschäfte Rn K/1). Vielmehr ist damit eine streng förmliche Prüfung allein der Dokumente gemeint (vgl Art 5; auch Schütze 376, der die Akkreditivgemäßheit dann verneinen will, wenn ein an sich dem Akkreditiv entsprechendes Dokument äußerlich nicht in Ordnung ist). Zur angloamerikanischen Praxis (strict compliance/substantial compliance) Nielsen 131 ff. Prüfungsziel bleibt also, ob eine konforme Dokumentenvorlage gegeben ist, was eine dreifache Prüfung impliziert: ob die Dokumente dem Akkreditiv selbst, den ERA und dem Standard internationaler Bankpraxis entsprechen (§ 2 Rn 6). Dieser Prüfungsmaßstab nach Art 14 lit a nF ist an die Stelle von „mit angemessener Sorgfalt prüfen" (Art 13 lit a aF) getreten. Damit wird also der Sorgfaltsmaßstab nicht abgesenkt, sondern der Prüfungsmaßstab nur präzisiert, was wegen der Weiterentwicklung der internationalen Standardbankpraxis möglich war, die Drafting Group verweist dabei auf die ICC Publications No 645 (2003) und 681 mit UCP 600 (Schrifttum vor Einl 1 vor Art 1), dazu auch Nielsen 137. Zu prüfen sind die Vollzähligkeit der Dokumente, ihre äußerliche Ordnungsmäßigkeit und ihre Übereinstimmung miteinander (keine Widersprüchlichkeit, s Art 14 lit d, e), BGH ZIP **04,** 1049, s **(7)** Bankgeschäfte Rn K/5–8. Die Prüfungspflicht nach Art 14 ist also keine umfassende, sondern gerichtet auf die formelle Übereinstimmung mit den Akkreditivbedingungen. Nur insoweit ist sie vertragswesentlich iSv **(5)** § 307 II Nr 2 BGB, insoweit dann aber auch keine Haftungsbeschränkung, BGH **108,** 348, s **(7)** Bankgeschäfte Rn K/6. Strenge, akribische Prüfung (s **(7)** Bankgeschäfte Rn K/6). Für eine benannte Bank gilt Art 14 lit a und b nur, wenn sie „gemäß ihrer Benennung handelt", dazu Drafting Group zu Art 14. Zur Prüfung von elektronischen Dokumenten s Anhang Art e 6, zusätzlicher Haftungsausschluss Art e 12.

2) Prüfungszeitraum (Art 14 lit b)

Art 14 lit b legt ganz genau der Prüfungszeitraum fest. Die verschiedenen Banken (die eröffnende, bestätigende und benannte) haben für die Prüfung der konformen Dokumentenvorlage (Art 2 Rn 6) jeweils maximal fünf (nach ERA 500 sieben) Bankarbeitstage (Legaldefinition in Art 2, dort Rn 4) nach dem Tag der Dokumentenvorlage (Satz 1). Dieser Prüfungszeitraum kann aber notwendig sein und wird durch ein Verfalldatum oder letzten Tag für die Dokumentenvorlage nicht berührt (Satz 2). Die angemessene Frist nach Art 14 lit b kann im konkreten Fall aber durchaus unter fünf Bankarbeitstagen nach dem Tag des Dokumentenerhalts (bloße Höchstfrist) liegen, zB 3–4 Tage, Einzelfall entscheidet, Düss ZIP **03,** 1786. Die Frist nach Art 14 lit b gilt nicht nur gegenüber dem Begünstigten, sondern auch unter den beteiligten Banken, aber nicht kumulativ.

3) Dokumentenvorlage mit Original-Transportdokumenten (Art 14 lit c)

Art 14 lit c nF (entsprechend Art 43 lit a aF; anstelle von Art 41 ERA 1974 über Zurückweisung von „stale documents" wegen übermäßiger Verzögerung, Schütze 117) betrifft die Dokumentenvorlage bei Original-Transportdokumenten (Art 19, 20, 21, 22, 23, 24 oder 25). Schließt die Dokumentenvorlage ein solches Dokument mit ein, gilt eine Frist von nicht später als 21 Kalendertagen nach dem gemäß den ERA (Art 19 lit a ii) bestimmten Verladedatum. Spätester Zeitpunkt ist aber auch dann das Verfalldatum des Akkreditivs (s auch Art Rn 6).

4) Angaben in Dokumenten (Art 14 lit d)

Art 14 lit d nF entspricht Art 21 Satz 2, 13 lit a Abs 1 Satz 3 aF. Angaben in dem Dokument selbst, in anderen Dokumenten oder im Akkreditiv werden häufig nicht identisch sein. Wenn das verlangt würde, wäre der Akkreditivverkehr stark beeinträchtigt. Unerlässlich ist jedoch, dass sie miteinander nicht im Widerspruch stehen. Ob ein Widerspruch vorliegt, ist durch Lesen der Angaben im Zusammenhang mit dem Akkreditiv, dem Dokument selbst und dem Standard internationaler Bankpraxis festzustellen. Die Drafting Group zu Art 14 kritisiert dazu, dass die Banken häufig schon bloße Tipp- und Grammatikfehler als widersprüchlich behandelt haben. Ein Widerspruch liegt auch nicht vor bei unterschiedlichem Bedeutungsinhalt eines Begriffs in verschiedenen Dokumenten, zB „consignee" bzw Empfänger in einem Herkunftszeugnis (für den Zoll) und einem Konnossement (zB für eine Sicherheiten gebende Bank), Drafting Group zu Art 14. Was Standard internationaler Bankpraxis ist, kann über das von der ICC Niedergelegte (International Standard Banking Practice, IntHK-Publikation Nr 681) hinausgehen, Drafting Group zu Art 14.

5) Warenbeschreibung in Dokumenten (Art 14 lit e)

5 Art 14 lit e nF entspricht Art 37 lit c aF. Die Beschreibung der Waren, Dienstleistungen oder Leistungen, soweit angegeben (also nicht in jedem Dokument unbedingt notwendig), kann in allgemeinen Begriffen erfolgen. Wie nach Art 14 lit d darf die Beschreibung aber nicht im Widerspruch zu ihrer Beschreibung im Akkreditiv stehen. Art 14 lit e gilt nicht für die Handelsrechnung, für diese gelten strengere Regeln nach Art 18, s dort.

6) Dokumente ohne Bestimmung des Ausstellers oder der Inhaltsmerkmale (Art 14 lit f)

6 Art 14 lit f nF (entsprechend Art 21 aF) ergänzt lit d und lit e für den Fall, dass ein vorzulegendes Dokument den Aussteller oder die Inhaltsmerkmale des Dokuments nicht bestimmt. In diesem Fall genügt es, wenn der Inhalt des vorgelegten Dokuments die Funktion des verlangten Dokuments zu erfüllen scheint (zB als Untersuchungsbericht oder als Packliste) und nicht iSv Art 14 lit d widersprüchlich ist (s Rn 4). Art 14 lit f gilt nicht für Transportdokumente (Art 19 ff), Versicherungsdokumente (Art 28) und Handelsrechnungen (Art 18). Als Dokumente iSv lit f kommen zB in Betracht: Ursprungszeugnis, Qualitätszertifikat, Analysezertifikat, Inspektionszertifikat, aber auch sonstige Dokumente, zB Export- oder Importgenehmigungen, Versicherungsnachweise, Schiffsregistrierung und andere Bestätigungen. Hier brauchen Aussteller und Wortlaut bzw Inhalt nicht bestimmt zu werden. Das sonstige Dokument wird dann so angenommen wie vorgelegt (außer bei Widerspruch zu einem anderen vorgeschriebenen Dokument), auch wenn das Dokument nicht handelsüblich ist, auch wenn es vom Akkreditivbegünstigten selbst stammt, Schütze 228. Zu certificates of origin: International Standard Banking Practice 2003 sections 196 ff.

7) Im Akkreditiv nicht verlangte Dokumente (Art 14 lit g)

7 Nach Art 14 lit g prüft die Bank im Akkreditiv nicht vorgeschriebene Dokumente nicht. Die Bank kann (freigestellt, anders Art 13 lit a Abs 2 Satz 2 aF) sie entweder dem Einreicher zurückgeben oder leitet sie unverbindlich weiter (aber Risiko, dass Widersprüchlichkeit der Dokumente behauptet wird). Das ist unter **(5)** § 307 BGB nicht zu beanstanden, vgl Ul/Br/He/H. Schmidt Anh § 310 BGB Rn 301, zT aA Graf von Westphalen RIW **94,** 456.

8) Bedingungen ohne Angabe eines Dokuments (Art 14 lit h)

8 Nach Art 14 lit h sind nichtdokumentäre Akkreditivbedingungen unbeachtlich, das betrifft aber nicht sichere künftige Ereignisse wie Verfall- oder Verladedatum. Ohne Angabe eines vorzulegenden Dokuments kann der Eintritt der Bedingung nicht durch die bloße Dokumentenprüfung nach Art 14 lit a (s Rn 1) festgestellt werden. Die Bedingung gilt deshalb als nicht gegeben und wird nicht beachtet. Art 14 lit h entbindet aber nicht von der Prüfung nach Art 14 lit d auf Widersprüchlichkeit. Auf jeden Fall empfiehlt es sich, für jede Akkreditivbedingung ein diesbezügliches Dokument anzugeben, zB statt „shipment by conference line vessel" besser „bill of lading to indicate shipment by conference line vessel", Drafting Group zu Art 14.

9) Datierung von Dokumenten (Art 14 lit i)

9 Art 14 lit i nF entspricht Art 22 aF. Die vorzulegenden Dokumente können ein Datum vor dem Ausstellungsdatum des Akkreditivs haben, aber nicht eines, das später als das Datum der Dokumentenvorlage liegt. Denn bei letzterer erfolgt die maßgebliche Dokumentenprüfung (s Rn 1). Das Ausstellungsdatum der Dokumente kann vor dem des Akkreditivs liegen, aber Grenzen bei Widersprüchlichkeit, zB wenn es in einem Untersuchungsbericht heißt, „auf Grund unserer heutigen Untersuchung" und das Verschiffungsdatum schon vorher liegt, Drafting Group zu Art 14, oder bei Rechtsmissbrauch, zB wenn ein Gesundheitsattest für Fleisch oder Analysezertifikat so lange zurückliegt, dass die Nachweiseigenschaft verloren ist, Nielsen 181; doch kann Rechtsmissbrauch nur in engen Ausnahmefällen angenommen werden (s **(7)** Bankgeschäfte Rn K7/20). Ausstellungsdatum bei elektronischen Dokumenten bei el.ERA-Akkreditiv s Anhang el.ERA Art e 9.

10) Adressen (Art 14 lit j)

Art 14 lit j regelt den häufigen Fall, dass die Adressen im Akkreditiv und in vorgeschriebenen Dokumenten nicht übereinstimmen.

11) Ablader oder Absender der Waren in einem Dokument (Art 14 lit k)

Art 14 lit k nF (weiter als Art 31 iii aF) bestimmt, dass der Ablader oder Absender der Waren in einem Dokument nicht der Akkreditivbegünstigte sein muss. Danach kann statt des Begünstigten zB ein mit dem Vortransport beauftragter Spediteur als Absender erscheinen („third party shipper").

12) Transportdokumente (Art 14 lit l)

Art 14 lit l nF ersetzt Art 30 aF (Art 19 Rn 1). Entscheidend ist, dass das Transportdokument die Anforderungen der Art 19, 20, 21, 22, 23 oder 24 erfüllt. Dann kann das Transportdokument von jeder anderen Person als dem Frachtführer, Eigentümer, Master oder Charterer ausgestellt sein.

Konforme Dokumentenvorlage

ERA 15

a **Wenn eine eröffnende Bank entscheidet, dass eine Dokumentenvorlage konform ist, muss sie honorieren.**
b **Wenn eine bestätigende Bank entscheidet, dass eine Dokumentenvorlage konform ist, muss sie honorieren oder negoziieren und die Dokumente an die eröffnende Bank senden.**
c **Wenn eine benannte Bank entscheidet, dass eine Dokumentenvorlage konform ist, und honoriert oder negoziiert, muss sie die Dokumente an die bestätigende Bank oder die eröffnende Bank senden.**

1) Pflichten der Banken bei konformer Dokumentenvorlage (Art 15)

Art 15 bestimmt, welche Pflichten die eröffnende (lit a), die bestätigende (lit b) und die benannte Bank, falls sie honoriert oder negoziiert, haben, wenn sie entscheiden, dass eine Dokumentenvorlage konform ist (Art 2 Rn 6). Mit dem Wort „wenn" wird der Beginn der jeweiligen Pflicht festgelegt. „Wenn" bedeutet nicht „sofort", sondern dass der Prozess der Honorierung oder Negoziierung beginnen muss. Die tatsächliche Ausführung wird je nachdem eine Stunde oder einen Tag in Anspruch nehmen oder auch erst am nächsten Morgen erfolgen können, Drafting Group zu Art 15.

Unstimmige Dokumente, Verzicht auf Geltendmachung der Unstimmigkeiten und Benachrichtigung

ERA 16

a **Wenn eine benannte Bank, die gemäß ihrer Benennung handelt, eine möglicherweise vorhandene bestätigende Bank oder die eröffnende Bank entscheidet, dass eine Dokumentenvorlage nicht konform ist, kann sie ablehnen zu honorieren oder zu negoziieren.**
b **Wenn eine eröffnende Bank entscheidet, dass eine Dokumentenvorlage nicht konform ist, kann sie sich in eigenem Ermessen zwecks Verzichts auf Geltendmachung der Unstimmigkeiten („Verzicht") an den Auftraggeber wenden. Dadurch verlängert sich jedoch nicht der in Artikel 14 (b) erwähnte Zeitraum.**
c [1] **Wenn eine benannte Bank, die gemäß ihrer Benennung handelt, eine möglicherweise vorhandene bestätigende Bank oder die eröffnende Bank sich entscheidet, abzulehnen zu honorieren oder zu negoziieren, muss sie dem Einreicher eine einzige dementsprechende Mitteilung senden.**
[2] **Diese Mitteilung muss angeben,**
   i. **dass die Bank sich weigert zu honorieren oder zu negoziieren; und**
   ii. **jede Unstimmigkeit, wegen der sich die Bank weigert zu honorieren oder zu negoziieren; und**
   iii. a) **dass die Bank die Dokumente bis zum Erhalt weiterer Anweisungen vom Einreicher bei sich hält; oder**

b) dass die eröffnende Bank die Dokumente hält, bis sie einen Verzicht von dem Auftraggeber erhält und diesen annimmt oder vor ihrer Verzichtsannahme weitere Instruktionen von dem Einreicher erhält; oder
c) dass die Bank die Dokumente zurücksendet; oder
d) dass die Bank in Übereinstimmung mit vorher von dem Einreicher erhaltenen Weisungen handelt.

d Die in Artikel 16 (c) verlangte Mitteilung muss durch Telekommunikation oder, wenn dies nicht möglich ist, auf anderem schnellen Weg nicht später als am Ende des fünften Bankarbeitstags nach dem Tag der Dokumentenvorlage erfolgen.

e Eine benannte Bank, die gemäß ihrer Benennung handelt, eine möglicherweise vorhandene bestätigende Bank oder die eröffnende Bank kann, nachdem sie die Mitteilung gemäß Artikel 16 (c) (iii) a) oder b) gemacht hat, die Dokumente jederzeit dem Einreicher zurücksenden.

f Wenn eine eröffnende Bank oder eine bestätigende Bank nicht gemäß den Bestimmungen dieses Artikels handelt, kann sie nicht geltend machen, dass die Dokumente nicht konform vorliegen.

g Wenn eine eröffnende Bank sich weigert zu honorieren oder eine bestätigende Bank sich weigert zu honorieren oder zu negoziieren und eine dementsprechende Mitteilung gemäß diesem Artikel gemacht hat, dann ist sie berechtigt, Rückzahlung jedes geleisteten Rembourses zuzüglich Zinsen zu verlangen.

1) Vorgehensweisen bei unstimmigen Dokumenten (Art 16)

Art 16 nF entspricht Art 14 aF. Hierzu gab es unter der alten Fassung die meisten Rückfragen bei der ICC Banking Commission, dazu ICC „Examination of Documents, Waiver of Discrepancies and Notice unter UCP 500" (2002). Art 16 nF beruht auf dieser Stellungnahme. Art 16 entspricht für den Fall unstimmiger Dokumente Art 15 für den Fall einer konformen Dokumentenvorlage. Über Art 16 lit f führt der Weg zu Art 15 (unten Rn 5). Zur Unstimmigkeit von Dokumenten bei der Dokumentenprüfung s **(7)** Bankgeschäfte Rn K/5–8, 14. Nach Art 16 hat die Bank bei Unstimmigkeit verschiedene Entscheidungsmöglichkeiten. Entscheidungen der Bank über die Aufnahme von Dokumenten bei Teillieferungen sind grundsätzlich unabhängig voneinander. Art 16 nF regelt nicht mehr die Vorbehaltszahlung wie noch Art 14 lit f aF, zu dieser **(7)** Bankgeschäfte Rn K/14.

2) Ablehnung der Honorierung oder Negoziierung (Art 16 lit a)

Art 16 lit a enthält die Grundregel bei unstimmigen Dokumenten. Bei nicht konformer Dokumentenvorlage können die benannte Bank, die gemäß ihrer Benennung handelt, eine bestätigende Bank oder die eröffnende Bank die Dokumentenvorlage ablehnen zu honorieren oder zu negoziieren. Keine einseitige Rücknahme der Nichtaufnahme, Nielsen 2. Aufl 2001 Rn 174, str.

3) Verzicht auf Geltendmachung der Unstimmigkeiten (Art 16 lit b)

Statt wie nach lit a abzulehnen, kann die eröffnende Bank nach eigenem Ermessen beim Auftraggeber rückfragen (Art 16 lit b Satz 1), s **(7)** Bankgeschäfte Rn K/6. Der Zeitraum von maximal 5 Bankarbeitstagen nach Art 14 lit b verlängert sich dadurch aber nicht (Art 16 lit b Satz 2). Art 16 lit b betrifft nur die eröffnende Bank, da nur sie in direkten Vertragsbeziehungen zum Auftraggeber steht. Die eröffnende Bank handelt nach eigenem Ermessen, wird also durch entsprechende Ersuchen des Begünstigten, der bestätigenden Bank oder der benannten Bank nicht zur Rückfrage verpflichtet. Keine einseitige Rücknahme des Verzichts, str (s Rn 2).

4) Mitteilung und Rücksendung der Banken an den Einreicher bei Ablehnung der Honorierung oder Negoziierung (Art 16 lit c, d, e)

Art 16 lit c-d statuieren eine Mitteilungspflicht der Banken an den Einreicher bei Ablehnung der Honorierung oder Negoziierung und enthalten Einzelheiten zu Inhalt und Zeitpunkt der Mitteilung. „Jede Unstimmigkeit" muss genau angegeben werden (Art 16 lit c ii), allgemeine Angaben wie „invoice not as per LC" oder „conflicting data between documents" reichen nicht aus, Drafting Group zu Art 16. Nach Art 16 lit c ii hat die Bank vier Handlungsoptionen. Der Zeitraum in Art 16 lit d entspricht

V. Bankgeschäfte (m. Börsen- u. KapMR)

dem in Art 14 lit b. Art 16 lit e enthält das Recht der Banken zur jederzeitigen Rücksendung der Dokumente an den Einreicher. Das ist wichtig, weil der Einreicher häufig nicht oder nicht rechtzeitig antwortet. Die Bank tut jedoch gut daran, den Einreicher vor Rücksendung zu benachrichtigen, Drafting Group zu Art 16.

7) Verlust des Einwands der Unstimmigkeit (Art 16 lit f) 5

Wenn eine eröffnende oder eine bestätigende Bank nicht gemäß den Bestimmungen dieses Artikels handeln, können sie nicht mehr geltend machen, dass die Dokumente nicht konform vorliegen. Sie verlieren also diesen Einwand und müssen sich so behandeln lassen, als wäre die Dokumentenvorlage konform. Sie haben dann die Pflichten nach Art 15 wie bei konformer Dokumentenvorlage. Art 16 lit f gilt nicht für die bloße Zahlstelle, zB wenn diese die Frist überschreitet. Art 16 lit f ist AGB-rechtlich nicht zu beanstanden, ebenso Wo/Li/Pf Akkreditivbedingungen A 126.

8) Rückzahlung des Rembourses (Art 16 lit g) 6

Art 16 lit g gibt unter den dort genannten Voraussetzungen einen Anspruch auf Rückzahlung des Rembourses.

Originale und Kopien von Dokumenten

ERA 17

a **Es ist mindestens ein Original von jedem im Akkreditiv vorgeschriebenen Dokument vorzulegen.**
b **Eine Bank behandelt jedes Dokument als Original, das Originalunterschriften, Zeichen, Stempel oder Aufkleber des Ausstellers des Dokuments zu tragen scheint, es sei denn, das Dokument weist aus, kein Original zu sein.**
c **Soweit sich aus einem Dokument nichts anderes ergibt, akzeptiert eine Bank auch ein Dokument als Original, wenn es**
   i. **vom Aussteller handschriftlich oder eigenhändig mit der Maschine geschrieben, perforiert oder gestempelt zu sein scheint; oder**
   ii. **auf dem Originalbriefpapier des Ausstellers erstellt zu sein scheint; oder**
   iii. **angibt, dass es ein Original ist, es sei denn, diese Angabe scheint sich nicht auf das vorgelegte Dokument zu beziehen.**
d **Wenn ein Akkreditiv die Vorlage von Kopien von Dokumenten verlangt, ist die Vorlage entweder von Originalen oder von Kopien zulässig.**
e **Wenn ein Akkreditiv die Vorlage von mehrfachen Exemplaren von Dokumenten durch Begriffe wie „doppelt", „zweifach" oder „zwei Exemplare" verlangt, gilt dies als erfüllt, wenn mindestens ein Original und in verbleibender Anzahl Kopien vorgelegt werden, es sei denn, das Dokument gibt selbst etwas anderes an.**

1) Originale und Kopien von Dokumenten (Art 17) 1

Art 17 nF entspricht Art 20 lit b und c aF. Von jedem im Akkreditiv vorgeschriebenen Dokument ist mindestens ein Original vorzulegen (Art 17 lit a), Fax oder Photokopie des unterzeichneten Originals genügen nicht. Art 17 lit b iVm Art 3 (Unterzeichnung, s dort Rn 4) erweitert den Begriffs des Originaldokuments, Faksimile- und entsprechende elektronische Unterschriften genügen. Die Auslegungsregel kann aber an diesbezüglichen zwingenden Formvorschriften des anwendbaren Rechts nichts ändern. Das Dokument muss als Original erkennbar sein, idR Überstempelung als Original, was bei original maschinengeschriebenen oder per Hand unterschriebenen Dokumenten nicht nötig ist, str, aber zu empfehlen. Art 20 b aF sollte nicht für Abänderungen eines Dokuments gelten, Nielsen 2. Aufl 2001 Rn 227, aber wenig überzeugend, in der Praxis häufig nur Stempel „correction approved". Mehrere Änderungen müssen, soweit erforderlich, einzeln oder mit klarer Gesamtformel authentisiert werden. Ist das Dokument von einem Dritten ausgestellt, muss dieser authentisieren, Nielsen 213, ISBP ICC-Publ Nr 681 E §§ 9–12. Kopien s Art 17 lit c. Kopien brauchen nicht unterzeichnet zu sein, International Standard Banking Practice (ICC Publication No 681) para 32. Sind mehrere Exemplare vorzulegen, genügt grundsätzlich ein Original und im übrigen Kopien (Art 17 lit e), vgl aber auch Art 19 lit a iv. Bei el.ERA-Akkreditiv bedeutet „unterzeichnen" elektronische Signatur, Anhang el.ERA e 3 a iv.

Handelsrechnung

ERA 18

a Eine Handelsrechnung:
  i. muss dem Anschein nach vom Begünstigten ausgestellt sein (vorbehaltlich der Bestimmungen des Artikels 38);
  ii. muss auf den Namen des Auftraggebers lauten (vorbehaltlich der Bestimmungen des Artikels 38 (g));
  iii. muss in der Währung des Akkreditivs aufgemacht sein; und
  iv. braucht nicht unterzeichnet zu sein.
b Eine benannte Bank, die gemäß ihrer Benennung handelt, eine möglicherweise vorhandene bestätigende Bank oder die eröffnende Bank kann eine Handelsrechnung akzeptieren, die auf einen die Akkreditivsumme übersteigenden Betrag lautet, und ihre Entscheidung bindet alle Beteiligten, vorausgesetzt, die in Frage stehende Bank hat nicht für einen höheren Betrag honoriert oder negoziiert, als im Akkreditiv erlaubt ist.
c Die Beschreibung der Waren, Dienstleistungen oder Leistungen in der Handelsrechnung muss mit der Beschreibung im Akkreditiv übereinstimmen.

1 **1) Handelsrechnung (Art 18 lit a)**

Art 18 nF (entsprechend Art 37 aF) regelt die Handelsrechnungen (commercial invoices). Art 18 lit a regelt, wann ein Dokument als Handelsrechnung anerkannt wird, ua Ausstellung durch den Begünstigten, Unterzeichnung ist dafür nicht nötig. Die Handelsrechnung muss in der Währung des Akkreditivs aufgemacht sein. Ist das der Fall, schadet es nicht, wenn auch der entsprechende Betrag in lokaler Währung vermerkt ist. Dagegen genügt es nicht, wenn die Handelsrechnung in lokaler Währung aufgemacht ist und nur die Entsprechung in der Währung des Akkreditivs vermerkt ist, Drafting Group zu Art 18. Zur Handelsrechnung International Standard Banking Practice (ICC Publication No 681) paras 59 et s.

2 **2) Höhere Beträge (Art 18 lit b)**

Eine Handelsrechnung über einen höheren Betrag als die Akkreditivsumme braucht nicht zurückgewiesen zu werden, aber Honorierung oder Negozierung über die Akkreditivsumme ist nicht zulässig (Art 18 lit b). Die Bank hat dazu Ermessensfreiheit („kann"; in ERA ganz ausnahmsweise, s **(7)** Bankgeschäfte Rn K/6). Das trifft zB den Fall, dass der Verkäufer schon eine Anzahlung erhalten hat, das Akkreditiv nur den Restbetrag deckt und die (aufgeschlüsselte) Rechnung über den gesamten Betrag geht. Vgl auch Art 30 zu Toleranzen.

3 Eine Handelsrechnung über einen niederen Betrag als die Akkreditivsumme ist nicht aufnahmefähig, außer im Rahmen von Toleranzen nach Art 30. Ermessensentscheidungen der Bank sind dazu nicht möglich, Schütze 219. Teilverladungen s Art 31.

4 **3) Übereinstimmung der Warenbeschreibung (Art 18 lit c)**

Art 18 lit c verlangt genaue Übereinstimmung der Warenbeschreibung in der Handelsrechnung mit der im Akkreditiv (Dokumentenstrenge, s **(7)** Bankgeschäfte Rn K/6). Art 18 lit c ist strikt zu beachten, BGH WM **87,** 612 (zur aF). Beispiel: Beschreibung der Waren als „gebraucht" in der Rechnung, nicht aber im Akkreditiv verletzt Art 18 lit c. Weitere Beispiele, fremdsprachliche Ausdrücke, Schütze 214 f. Auch FOB-Lieferklausel kann Teil der Warenbeschreibung sein, Nielsen 225.

Transportdokument über mindestens zwei verschiedene Beförderungsarten

ERA 19

a ¹Ein wie auch immer benanntes Transportdokument über mindestens zwei verschiedene Beförderungsarten (Dokument für multimodalen oder kombinierten Transport) muss dem Anschein nach:
  i. den Namen des Frachtführers angeben und unterzeichnet sein vom

- Frachtführer oder einem namentlich genannten Agenten für den Frachtführer, oder
- Master oder einem namentlich genannten Agenten für den Master.

²Jede Unterschrift des Frachtführers, Master oder Agenten muss als diejenige des Frachtführers, Master oder Agenten gekennzeichnet sein.

³Jede Unterschrift eines Agenten muss angeben, ob der Agent für den Frachtführer oder für den Master gezeichnet hat.

ii. ¹ausweisen, dass die Ware an dem im Akkreditiv vorgeschriebenen Ort versandt, übernommen oder an Bord verladen worden ist, und zwar durch:
- vorgedruckten Wortlaut, oder
- Stempel oder Vermerk, der das Datum angibt, an dem die Ware versandt, übernommen oder an Bord verladen worden ist.

²Das Ausstellungsdatum des Transportdokuments gilt als das Datum der Versendung, Übernahme oder Verladung an Bord und als das Verladedatum. ³Wenn jedoch das Transportdokument durch Stempel oder Vermerk ein Datum der Versendung, Übernahme oder Verladung an Bord angibt, gilt dieses Datum als das Verladedatum.

iii. den Versand-, Übernahme- oder Verladeort und einen endgültigen Bestimmungsort gemäß dem Akkreditiv ausweisen, unabhängig davon, ob:
  a) das Transportdokument zusätzlich einen anderen Versand-, Übernahme- oder Verladeort oder endgültigen Bestimmungsort ausweist oder
  b) das Transportdokument den Hinweis „intended" oder einen ähnlichen Vorbehalt in Bezug auf das Schiff, den Verlade- oder Löschungshafen enthält.

iv. das einzige Original des Transportdokuments oder, wenn es in mehr als einem Original ausgestellt ist, der im Transportdokument angegebene volle Satz sein.

v. die Beförderungsbedingungen enthalten oder auf eine andere Quelle verweisen, die diese Beförderungsbedingungen enthält (Kurzform- oder Blanko-Rückseite-Transportdokument); der Inhalt der Beförderungsbedingungen wird nicht geprüft.

vi. keinen Hinweis enthalten, dass es einer Charterpartie unterliegt.

b Umladung im Sinne dieses Artikels bedeutet Ausladen aus einem Beförderungsmittel und Wiederverladen auf ein anderes Beförderungsmittel (derselben Beförderungsart oder einer anderen Beförderungsart) während des Transports vom Versand-, Übernahme- oder Verladeort zum endgültigen Bestimmungsort, wie sie im Akkreditiv vorgeschrieben sind.

c i. Ein Transportdokument darf vorsehen, dass Umladung der Ware stattfinden wird oder kann, vorausgesetzt, dass der gesamte Transport durch ein und dasselbe Transportdokument gedeckt ist.

ii. Ein Transportdokument, das vorsieht, dass Umladung stattfinden wird oder kann, ist aufnahmefähig, selbst wenn das Akkreditiv Umladung verbietet.

1) Separate Regelung der verschiedenen Transportdokumente (Art 19–27)

Art 19–27 bringen wie ERA 500 und entgegen ERA 400 (1983, Einheitsregelung) **für jedes Transportdokument** eine **geschlossene** Eigenregelung. Das wird teilweise eher als ein Rückschritt angesehen, da es zahlreiche wörtliche Wiederholungen impliziert, zB reine Duplizierung in Art 20 und 21. Im Kern gelten für alle Transportdokumente: Übernahme der Transportverpflichtung durch einen Frachtführer, Unzulässigkeit von Speditionspapieren, Beachtung der im Akkreditiv vorgeschriebenen Reiseroute, Beachtung von Umladeverboten, Unerheblichkeit der Bezeichnung eines Transportdokuments, Nielsen 2. Aufl 2001 Rn 254 ff. Frachtführer (carrier) kann jeder sein, der die Beförderung im eigenen Namen verspricht, auch NichtKfm, juristische Person. Aufnahmefähig sind danach nur Frachtpapiere (auch FIATA FBL, FIATA Combined Transport Bill of Lading), nicht aber reine Speditionspapiere wie FIATA, FCR und FCT (vgl § 453 HGB Rn 4, 8), Schütze 197, Grund: keine Übernahme der Transportverpflichtung durch den ausstellenden Spediteur (forwarding agent). Doch kann das Speditionsunternehmen als Frachtführer oder als namentlich genannter Agent für den Frachtführer zeichnen (ausdrücklich noch Art 30 ERA 500, nunmehr Art 14 lit l, Drafting Group zu Art 14 aE). Das Frachtpapier braucht nicht als solches bezeichnet zu sein („wie immer benannt"), entscheidend ist allein sein Inhalt.

(11) ERA 20

2) Multimodales oder kombiniertes Transportdokument (Art 19 lit a)

Art 19 nF entspricht Art 26 aF. Art 19 regelt das multimodale Transportdokument (multimodal or combined transport document, §§ 452–452 d HGB), das in der Praxis am häufigsten vorkommt und deshalb von ERA als erstes der Transportdokumente geregelt ist (Durchkonnossemente, Through Bills of Lading.) Das Transportdokument muss sich aber auf mindestens zwei Beförderungsarten erstrecken. Art 19 erfasst also nicht die gleichartige Durchfracht und damit nicht den gesamten multimodalen Transport (§ 452 HGB). Art 19 gilt für echte und unechte Durchkonnossemente (bei letzteren eigene Transportpflicht des Erstverfrachters nur für den ersten Teilabschnitt), Schütze 183. In der Praxis liegt meist ein Seekonnossement vor (Art 20). In dem Dokument muss der Name des Frachtführers (carrier) angegeben sein, andere Bezeichnungen, zB multimodal transport operator, genügen nicht, Drafting Group zu Art 19. Für Unterzeichnung nach Art 19 lit a i genügen Faksimile- und entsprechende elektronische Unterschriften (Art 3 Rn 4). Art 19 lit a iii trägt dem Umstand Rechnung, dass der Frachtführer die günstigste Reiseroute wählen soll. Kein Ausschluss von „intended"-Vermerken (Art 19 lit a iii b, vgl zum Konnossement Art 20 a ii, iii). Art 19 lit a iv verlangt bei mehreren Originalen den ganzen Satz, vgl demgegenüber Art 17 lit e. Art 19 lit a v regelt die Kurzform- oder Blanko-Rückseite-Transportdokumente. Multimodal transport documents und Anwendungspraxis zu Art 19, International Standard Banking Practice (ICC Publication No 681) sections 120 et s.

3) Umladung (Art 19 lit b, c)

Umladung ist dem multimodalen Transport (s Rn 1) wesenseigen, deshalb Legaldefinition (Art 19 lit b) und Regelung, dass ein Transportdokument, das Umladung vorsieht, aufnahmefähig ist, auch wenn das Akkreditiv versehentlich Umladung verbietet (Art 19 lit c).

Konnossement

ERA 20

a ¹ Ein wie auch immer benanntes Konnossement muss dem Anschein nach:
  i. den Namen des Frachtführers ausweisen und unterzeichnet sein vom
     • Frachtführer oder einem namentlich genannten Agenten für den Frachtführer, oder
     • Master oder einem namentlich genannten Agenten für den Master.
     ² Jede Unterschrift des Frachtführers, Master oder Agenten muss als diejenige des Frachtführers, Master oder Agenten gekennzeichnet sein.
     ³ Jede Unterschrift eines Agenten muss angeben, ob der Agent für den Frachtführer oder für den Master gezeichnet hat.
  ii. ¹ ausweisen, dass die Ware an dem im Akkreditiv vorgeschriebenen Ort an Bord eines namentlich genannten Schiffes verschifft worden ist, und zwar durch:
     • vorgedruckten Wortlaut, oder
     • einen An-Bord-Vermerk, der das Datum angibt, an dem die Ware an Bord verladen worden ist.
     ² Das Ausstellungsdatum des Konnossements gilt als das Verladedatum, es sei denn, das Konnossement enthält einen An-Bord-Vermerk, der das Verladedatum angibt, wodurch das im An-Bord-Vermerk angegebene Datum als das Verladedatum gilt.
     ³ Weist das Konnossement den Hinweis „intended vessel" oder eine ähnliche Einschränkung in Bezug auf den Namen des Schiffes aus, ist ein An-Bord-Vermerk, der das Verladedatum und den Namen des tatsächlich benutzten Schiffes ausweist, erforderlich.
  iii. ¹ den Transport vom Verladehafen zum Löschungshafen, wie sie im Akkreditiv vorgeschrieben sind, ausweisen.
     ² Wenn das Konnossement nicht den Verladehafen ausweist, der im Akkreditiv als Verladehafen vorgeschrieben ist oder wenn es den Hinweis „intended" oder eine ähnliche Einschränkung in Bezug auf den Verladehafen enthält, ist ein An-Bord-Vermerk erforderlich, der den Verladehafen, wie er im Akkreditiv vorgeschrieben ist, das Verladedatum und den Namen des Schiffes

V. Bankgeschäfte (m. Börsen- u. KapMR) **ERA 21 (11)**

angibt. ³ Diese Bestimmung gilt auch, wenn die Verladung an Bord oder die Verschiffung auf einem namentlich genannten Schiff durch einen auf dem Konnossement vorgedruckten Wortlaut ausgewiesen ist.
  iv. das einzige Original des Transportdokuments oder, wenn es in mehr als einem Original ausgestellt ist, der im Transportdokument angegebene volle Satz sein.
   v. die Beförderungsbedingungen enthalten oder auf eine andere Quelle verweisen, die diese Beförderungsbedingungen enthält (Kurzform- oder Blanko-Rückseite-Transportdokument); der Inhalt der Beförderungsbedingungen wird nicht geprüft.
  vi. keinen Hinweis enthalten, dass es einer Charterpartie unterliegt.
 b Umladung im Sinne dieses Artikels bedeutet Ausladen aus einem Schiff und Wiederverladen auf ein anderes Schiff während des Transports vom Verladehafen zum Bestimmungshafen, wie sie im Akkreditiv vorgeschrieben sind.
 c i. Ein Konnossement darf vorsehen, dass Umladung der Ware stattfinden wird oder kann, vorausgesetzt, dass der gesamte Transport durch ein und dasselbe Konnossement gedeckt ist.
   ii. Wenn gemäß Angabe im Konnossement die Ware im Container, Anhänger oder „LASH"-Leichter verladen ist, ist ein Konnossement, das ausweist, dass Umladung der Ware stattfinden kann oder wird, aufnahmefähig, selbst wenn das Akkreditiv Umladung verbietet.
 d Klauseln in einem Konnossement, mit denen sich der Frachtführer das Recht zur Umladung vorbehält, werden nicht beachtet.

1) Konnossement (Art 20 lit a)   1

Art 20 nF entspricht Art 23 aF. Art 20 regelt separat (Art 19 Rn 1) das in der Dokumentenakkreditivpraxis besonders wichtige (See)Konnossement (bill of lading; in Art 23 aF noch als Seekonnossement, ocean/marine bill of lading bezeichnet, port-to-port shipment). Das Seekonnossement ist das wichtigste Verladedokument im internationalen Handel, Schütze 153. Die Abgrenzung zum multimodalen Transportdokument (Art 19, Durchkonnossemente) ist in der Praxis schwierig, aber wichtig, weil ersteres flexibler ist, Nielsen 249, deshalb ist gerade die genaue Bezeichnung wichtig. Aufnahmefähig ist jedes Seekonnossement, das §§ 642 ff HGB entspricht, zB CONLINE Bill, Schütze 153. In der Praxis werden einheitliche Formulare für (See)Konnossemente (mit Vor- und Nachreise) und Dokumente des kombinierten Transports verwandt (Mehrzweckformulare). Art 20 a i, insbesondere i II enthält unbequeme Formalerfordernisse für die Zeichnung, zB auch bei einem den Frachtführer ausweisenden Briefkopf Zeichnung „For Hapag-Lloyd (carrier), Smith (as agent) Unterschrift". Beim Konnossement ist ein An-Bord-Vermerk nötig (Art. 20 a ii), „intended"-Vermerke s Art 20 a ii, iii, Nielsen 267. Ocean/marine bills of lading (mitsamt port-to-port shipment) und Anwendungspraxis zu Art 23 aF, International Standard Banking Practice (ICC Publication No 681) sections 73 et s. Muster von Seefrachtdokumenten (Liner Bill of Lading/BIMCO, Bill of Lading/Hapag-Lloyd) s Hopt/Joos/Leyens 3. Aufl 2007 Form I. O.1, 2.

2) Umladung (Art 20 lit b-d)   2

Art 20 b–d regeln Umladung und Umladungsverbot. Art 20 lit c trägt der Praxis Rechnung, dass umgeladen wird. Soll Umladung wirklich verhindert werden, genügt diesbezügliche Angabe im Akkreditiv nicht, vielmehr muss auch Geltung des Art 20 lit c ii abbedungen werden (vgl Art 1 Rn 3), Drafting Group zu Art 20. UU Hinweispflicht der Bank, Schütze 97, 190, **(7)** Bankgeschäfte Rn K/3.

Nichtbegebbarer Seefrachtbrief

ERA 21

a ¹Ein wie auch immer benannter Nichtbegebbarer Seefrachtbrief muss dem Anschein nach:
  i. den Namen des Frachtführers ausweisen und unterzeichnet sein vom
     • Frachtführer oder einem namentlich genannten Agenten für den Frachtführer, oder

Hopt   2005

(11) ERA 21 1

- Master oder einem namentlich genannten Agenten für den Master.
²Jede Unterschrift des Frachtführers, Master oder Agenten muss als diejenige des Frachtführers, Master oder Agenten gekennzeichnet sein.
³Jede Unterschrift eines Agenten muss angeben, ob der Agent für den Frachtführer oder für den Master gezeichnet hat.
  ii. ¹ausweisen, dass die Ware an dem im Akkreditiv vorgeschriebenen Ort an Bord eines namentlich genannten Schiffes verschifft worden ist, und zwar durch
  - vorgedruckten Wortlaut, oder
  - einen An-Bord-Vermerk, der das Datum angibt, an dem die Ware an Bord verladen worden ist.
  ²Das Ausstellungsdatum des Nichtbegebbaren Seefrachtbriefs gilt als das Verladedatum, es sei denn, der Nichtbegebbare Seefrachtbrief enthält einen An-Bord-Vermerk, der das Verladedatum angibt, wodurch das im An-Bord-Vermerk angegebene Datum als das Verladedatum gilt.
  ³Weist der Nichtbegebbare Seefrachtbrief den Vermerk „intended vessel" oder eine ähnliche Einschränkung in Bezug auf den Namen des Schiffes aus, ist ein An-Bord-Vermerk, der das Verladedatum und den Namen des tatsächlich benutzten Schiffes ausweist, erforderlich.
  iii. ¹den Transport vom Verladehafen zum Löschungshafen, wie sie im Akkreditiv vorgeschrieben sind, ausweisen.
  ²Wenn der Nichtbegebbare Seefrachtbrief nicht den Verladehafen ausweist, der im Akkreditiv als Verladehafen vorgeschrieben ist, oder wenn er den Hinweis „intended" oder eine ähnliche Einschränkung in Bezug auf den Verladehafen enthält, ist ein An-Bord-Vermerk erforderlich, der den Verladehafen, wie er im Akkreditiv vorgeschrieben ist, das Verladedatum und den Namen des Schiffes angibt. ³Diese Bestimmung gilt auch, wenn die Verladung an Bord oder die Verschiffung auf einem namentlich genannten Schiff durch einen auf dem Konnossement vorgedruckten Wortlaut ausgewiesen ist.
  iv. das einzige Original des Transportdokuments oder, wenn es in mehr als einem Original ausgestellt ist, der im Transportdokument angegebene volle Satz sein.
  v. ¹die Beförderungsbedingungen enthalten oder auf eine andere Quelle verweisen, die diese Beförderungsbedingungen enthält (Kurzform- oder Blanko-Rückseite-Transportdokument). ²Der Inhalt der Beförderungsbedingungen wird nicht geprüft.
  vi. keinen Hinweis enthalten, dass es einer Charterpartie unterliegt.
 b Umladung im Sinne dieses Artikels bedeutet Ausladen aus einem Schiff und Wiederverladen auf ein anderes Schiff während des Transports vom Verladehafen zum Bestimmungshafen, wie sie im Akkreditiv vorgeschrieben sind.
 c i. Ein Nichtbegebbarer Seefrachtbrief darf vorsehen, dass Umladung der Ware stattfinden wird oder kann, vorausgesetzt, dass der gesamte Transport durch ein und denselben Nichtbegebbaren Seefrachtbrief gedeckt ist.
   ii. Wenn gemäß Angabe im Nichtbegebbaren Seefrachtbrief die Ware im Container, Anhänger oder „LASH"-Leichter verladen ist, ist ein Nicht-begebbarer Seefrachtbrief, der ausweist, dass Umladung der Ware stattfinden kann oder wird, aufnahmefähig, selbst wenn das Akkreditiv Umladung verbietet.
 d Klauseln im Nichtbegebbaren Seefrachtbrief, mit denen sich der Frachtführer das Recht zur Umladung vorbehält, werden nicht beachtet.

1 **1) Nichtbegebbarer Seefrachtbrief (Art 21)**

Art 21 nF entspricht Art 24 aF. Art 24 betrifft separat (Art 19 Rn 1) den Seefrachtbrief (non-negotiable sea waybill), in der Akkreditivpraxis eher selten, aber zB bei konzerninternen Geschäften. Regelung des Art 21 exakt wie in Art 20, s dort. Als Grund für die merkwürdige Separierung in zwei Artikel wird vorgebracht, dass das Konnosseement begebbar ist, der Seefrachtbrief hier nicht, Drafting Group zu Art 21. Unter Art 21 sollen alle im Vorwort zu den **(6)** Incoterms Nr 20 aufgeführten Transportdokumente fallen, Schütze 168 (noch zu Incoterms 1990 Nr 19), also Liner Waybills, Frachtempfangsbescheinigungen ua. Muster von Sea Waybill Non-Negotiable s Hopt/Joos/Leyens 3. Aufl 2007 Form I. O.3.

Charterpartie-Konnossement

ERA 22

a ¹Ein wie auch immer benanntes Konnossement, das einen Hinweis enthält, dass es einer Charterpartie unterliegt (Charterpartie-Konnossement), muss dem Anschein nach:
  i. unterzeichnet sein vom:
     - Master oder einem namentlich genannten Agenten für den Master, oder
     - Schiffseigner oder einem namentlich genannten Agenten für den Schiffseigner, oder
     - Charterer oder einem namentlich genannten Agenten für den Charterer.

     ²Jede Unterschrift des Master, Eigentümers, Charterer oder Agenten muss als diejenige des Master, Eigentümers, Charterer oder Agenten gekennzeichnet sein.
     ³Jede Unterschrift des Agenten muss angeben, ob der Agent für den Master, Eigentümer oder Charterer gezeichnet hat.
     ⁴Ein Agent, der für einen Eigentümer oder Charterer zeichnet, muss den Namen des Eigentümers oder Charterer angeben.
  ii. ¹ausweisen, dass die Ware an dem im Akkreditiv vorgeschriebenen Ort an Bord eines namentlich genannten Schiffes verschifft worden ist, und zwar durch:
     - vorgedruckten Wortlaut, oder
     - einen An-Bord-Vermerk, der das Datum angibt, an dem die Ware an Bord verladen worden ist.

     ²Das Ausstellungsdatum des Charterpartie-Konnossements gilt als das Verladedatum, es sei denn, das CharterpartieKonnossement enthält einen An-Bord-Vermerk, der das Verladedatum angibt, wodurch das im An-Bord-Vermerk angegebene Datum als das Verladedatum gilt.
  iii. den Transport vom Verladehafen zum Löschungshafen, wie sie im Akkreditiv vorgeschrieben sind, ausweisen; der Löschungshafen kann auch in der Form mehrerer Häfen oder einer geografischen Region ausgewiesen sein, wie sie im Akkreditiv vorgeschrieben sind.
  iv. das einzige Original des Transportdokuments oder, wenn es in mehr als einem Original ausgestellt ist, der im Transportdokument angegebene volle Satz sein.

b Banken prüfen Charterpartie-Verträge nicht, selbst wenn sie nach den Akkreditiv-Bedingungen vorzulegen sind.

1) Charterpartie-Konnossement (Art 22) 1

Art 22 nF entspricht Art 25 aF. Art 22 betrifft separat (Art 19 Rn 1) das Charterpartie-Konnossement (charter party bill of lading). Regelung wie in Art 20 zum Konnossement, s dort. Vgl § 557 HGB „Charterpartie". Nach Art 22 lit b prüfen Banken Charterpartie-Verträge nicht, selbst wenn sie nach den Akkreditivbedingungen vorzulegen sind oder wenn auf sie im Akkreditiv Bezug genommen ist, zB „freight and all other conditions as per charter party" (incorporation clause), Schütze 173. Charter party bills of lading und Anwendungspraxis zu Art 25 aF, International Standard Banking Practice (ICC Publication No 681) sections 100 et s.

Lufttransportdokument

ERA 23

a Ein wie auch immer benanntes Lufttransportdokument muss dem Anschein nach:
  i. ¹den Namen des Frachtführers angeben und unterzeichnet sein vom:
     - Frachtführer, oder
     - einem namentlich genannten Agenten für den Frachtführer.

     ²Jede Unterschrift des Frachtführers oder Agenten muss als diejenige des Frachtführers oder Agenten gekennzeichnet sein.
     ³Jede Unterschrift eines Agenten muss angeben, dass der Agent für den Frachtführer gezeichnet hat.

(11) ERA 24

ii. ausweisen, dass die Ware zur Beförderung angenommen worden ist.
iii. ¹das Ausstellungsdatum ausweisen. ²Dieses Datum gilt als das Verladedatum, es sei denn, das Lufttransportdokument enthält einen speziellen, das tatsächliche Verladedatum ausweisenden Vermerk, wodurch das in diesem Vermerk ausgewiesene Datum als das Verladedatum gilt.
³Sonstige Angaben, die auf dem Lufttransportdokument zu Flugnummer und Flugdatum erscheinen, werden für die Bestimmung des Verladedatums nicht beachtet.
iv. den im Akkreditiv vorgeschriebenen Abflughafen und Bestimmungsflughafen ausweisen;
v. das für den Absender oder Ablader bestimmte Original sein, selbst wenn das Akkreditiv einen vollen Satz Originale vorschreibt.
vi. ¹Beförderungsbedingungen enthalten oder auf eine andere Quelle verweisen, die diese Beförderungsbedingungen enthält. ²Der Inhalt der Beförderungsbedingungen wird nicht geprüft.
b Umladung im Sinne dieses Artikels bedeutet Ausladen aus einem Flugzeug und Wiederverladen auf ein anderes Flugzeug während des Transports vom Abflughafen zum Bestimmungsflughafen, wie sie im Akkreditiv vorgeschrieben sind.
c i. Ein Lufttransportdokument darf vorsehen, dass Umladung der Ware stattfinden wird oder kann, vorausgesetzt, dass der gesamte Transport durch ein und dasselbe Lufttransportdokument gedeckt ist.
ii. Ein Lufttransportdokument, das ausweist, dass Umladung der Ware stattfinden kann oder wird, ist aufnahmefähig, selbst wenn das Akkreditiv Umladung verbietet.

1 **1) Lufttransportdokument (Art 23)**

Art 23 nF entspricht Art 27 aF. Art 23 betrifft separat (Art 19 Rn 1) das Lufttransportdokument (air transport document). Üblich, aber nicht nötig (Art 19 Rn 1) ist die Bezeichnung air waybill bzw Luftfrachtbrief. Air transport documents und Anwendungspraxis zu Art 27 aF, International Standard Banking Practice (ICC Publication No 681) sections 144 et s. Muster von Luftfrachtbrief der Lufthansa/DB Cargo s Hopt/Joos/Leyens 3. Aufl 2007 Form I. N. 4.

Dokumente des Straßen-, Eisenbahn- oder Binnenschiffstransports

ERA 24

a Ein wie auch immer benanntes Straßen-, Eisenbahn- oder Binnenschiffs-Transportdokument muss dem Anschein nach:
i. ¹den Namen des Frachtführers ausweisen und:
• vom Frachtführer oder einem namentlich genannten Agenten für den Frachtführer unterzeichnet sein, oder
• den Empfang der Ware durch Unterschrift, Stempel oder Vermerk des Frachtführers oder eines namentlich genannten Agenten für den Frachtführer ausweisen.
²Jede(r) Unterschrift, Stempel oder Vermerk über den Empfang der Ware durch den Frachtführer oder Agenten muss als die-/derjenige des Frachtführers oder Agenten gekennzeichnet sein.
³Jede(r) Unterschrift, Stempel oder Vermerk über den Empfang der Ware durch den Agenten muss angeben, dass der Agent für den Frachtführer gezeichnet oder gehandelt hat.
⁴Wenn ein Eisenbahn-Transportdokument den Frachtführer nicht identifiziert, ist jede(r) Unterschrift oder Stempel der Eisenbahngesellschaft als Nachweis dafür, dass das Dokument vom Frachtführer gezeichnet ist, akzeptabel.
ii. ¹das Verladedatum oder das Datum ausweisen, an dem die Ware zur Verladung, Versendung oder Beförderung an dem im Akkreditiv vorgeschriebenen Ort in Empfang genommen worden ist. ²Sofern das Transportdokument nicht einen datierten Empfangsstempel oder eine Angabe des Empfangsdatums oder des Verladedatums enthält, gilt das Ausstellungsdatum des Transportdokuments als Verladedatum.

iii. den Verladeort und den Bestimmungsort, wie sie im Akkreditiv vorgeschrieben sind, ausweisen.
b i. Ein Straßen-Transportdokument muss dem Anschein nach das für den Absender oder Ablader bestimmte Original sein oder darf keinen Hinweis darauf enthalten, für wen das Dokument erstellt wurde.
ii. Ein Eisenbahn-Transportdokument, das als „Duplikat" gekennzeichnet ist, ist als Original aufnahmefähig.
iii. Ein Eisenbahn- oder Binnenschiffs-Transportdokument wird als ein Original akzeptiert, unabhängig davon, ob es als Original gekennzeichnet ist.
c Mangels Angabe der Zahl der ausgestellten Originale in dem Transportdokument gilt die Zahl der vorgelegten Dokumente als voller Satz.
d Umladung im Sinne dieses Artikels bedeutet Ausladen aus einem Beförderungsmittel und Wiederverladen auf ein anderes Beförderungsmittel innerhalb derselben Transportart im Verlauf des Transports vom Ort der Verladung, Versendung oder Beförderung zum Bestimmungsort, wie sie im Akkreditiv vorgeschrieben sind.
e i. Ein Dokument des Straßen-, Eisenbahn- oder Binnenschiffstransports darf ausweisen, dass Umladung der Ware stattfinden kann oder wird, vorausgesetzt, dass der gesamte Transport durch ein und dasselbe Transportdokument gedeckt ist.
ii. Ein Dokument des Straßen-, Eisenbahn- oder Binnenschiffstransports, das ausweist, dass Umladung stattfindet, ist aufnahmefähig, selbst wenn das Akkreditiv Umladung verbietet.

1) Dokumente des Straßen-, Eisenbahn- oder Binnenschiffstransports (Art 24)

Art 24 nF entspricht Art 28 aF. Art 24 regelt separat (Art 19 Rn 1) Dokumente des Straßen-, Eisenbahn- oder Binnenschiffstransports (road, rail or inland waterway transport documents). Beispiele: Frachtbriefdoppel (Eisenbahn), CMR-Frachtbrief (internationaler Straßengüterverkehr, s (17) CMR Art 4), Ladeschein (Binnenschifffahrt). FBL s Art 19 Rn 1. „Empfangen" bei elektronischen Dokumenten bei el.ERA-Akkreditiv s Anhang el.ERA Art e 3 b v. Road, rail or inland waterway transport documents und Anwendungspraxis zu Art 28 aF, International Standard Banking Practice (ICC Publication No 681) sections 170 et s. Muster von Frachtführerdokumenten s Hopt/Joos/Leyens 3. Aufl 2007 Form I. N.1–3, Luftfrachtbrief s Art 23 Rn 1.

Kurierempfangsbestätigung, Posteinlieferungs-/Postempfangsschein oder Postversandnachweis

ERA 25

a Eine wie auch immer benannte Kurierempfangsbestätigung, die den Empfang der Ware zum Transport ausweist, muss dem Anschein nach:
  i. den Namen des Kurierdienstes ausweisen und durch einen namentlich genannten Kurierdienst an dem Ort, von dem das Akkreditiv den Versand der Ware vorschreibt, gestempelt oder unterzeichnet sein; und
  ii. ein Abhol- oder Empfangsdatum oder einen entsprechenden Wortlaut ausweisen. Dieses Datum gilt als Verladedatum.
b Eine Bedingung, wonach die Spesen des Kuriers bezahlt oder vorausbezahlt sein müssen, kann durch ein von einem Kurierdienst ausgestelltes Transportdokument erfüllt werden, das ausweist, dass Kurierspesen zu Lasten eines anderen Beteiligten als des Empfängers gehen.
c Ein Posteinlieferungs-/Postempfangsschein oder Postversandnachweis, der, wie auch immer benannt, den Empfang der Ware für den Transport ausweist, muss dem Anschein nach an dem Ort, von dem das Akkreditiv den Versand der Ware vorschreibt, gestempelt oder unterzeichnet und datiert sein. Dieses Datum gilt als Verladedatum.

1) Postdokumente (Art 25)

Art 25 nF entspricht Art 29 aF. Art 25 regelt die Postdokumente, also die Kurierempfangsbestätigung, den Posteinlieferungs- bzw Postempfangsschein und den Post-

(11) ERA 26–28 2. Handelsrechtl. Nebengesetze

versandnachweis (courier receipt, post receipt, certificate of posting). Die Reihenfolge trägt der relativen Häufigkeit von Kuriersendungen Rechnung. Notwendig ist Stempelung oder Unterzeichnung, für letztere genügen Faksimile- und entsprechende elektronische Unterschriften (Art 3 Rn 4). Der Ort muss ausgewiesen werden, Aufgabe bei verschiedenen Postämtern desselben Orts schadet nicht, Schütze 191. „Gestempelt" bei elektronischen Dokumenten bei el.ERA-Akkreditiv s Anhang el.ERA Art e 3 a v.

„An Deck", „Shipper's Load and Count", „Said by Shipper to Contain" und zusätzliche Kosten zur Fracht

ERA 26

a Ein Transportdokument darf nicht ausweisen, dass die Ware an Deck verladen ist oder wird. Eine Klausel in einem Transportdokument, wonach die Ware an Deck verladen werden kann, ist annehmbar.
b Ein Transportdokument mit einer Klausel wie „Shipper's Load and Count" bzw. „Said by Shipper to Contain" ist annehmbar.
c Ein Transportdokument darf durch Stempel oder auf andere Weise auf zusätzlich zur Fracht anfallende Kosten hinweisen.

1   1) „An Deck", „Shipper s Load and Count", „Said by Shipper to Contain" und zusätzliche Kosten zur Fracht (Art 26)

Art 26 nF entspricht Art 31 aF (Art 31 iii aF entspricht jetzt Art 14 lit k). Art 26 lit a regelt das Verbot der „An Deck"-Verladung; bloße Gestattung der „An Deck"-Verladung schadet nicht (Satz 2). Art 26 lit b anerkennt die Klausel „Shipper's Load and Count", welche insoweit die Nachprüfung durch den Verfrachter ausschließt; wichtig vor allem bei Containerverladung. Ein Transportdokument darf auf zusätzliche Kosten zur Fracht hinweisen (Art 26 lit c).

Reine Transportdokumente

ERA 27
[1] Banken nehmen nur reine Transportdokumente an. [2] Ein reines Transportdokument enthält keine Klauseln oder Vermerke, die ausdrücklich auf einen mangelhaften Zustand der Ware oder deren Verpackung hinweisen. [3] Das Wort „clean" muss nicht auf dem Transportdokument erscheinen, selbst wenn das Akkreditiv eine Bedingung enthält, nach der ein Transportdokument „clean on board" sein soll.

1   1) Reine Transportdokumente (Art 27)

Art 27 nF entspricht Art 32 aF. Banken nehmen nur reine Transportdokumente an, so jetzt ausdrücklich Art 27 Satz 1. Satz 2 definiert, wann ein Dokument als rein (clean) gilt. Der Reinheitsbegriff gilt für alle Transportdokumente, nicht nur für Konnossemente, sondern auch für den Land- und Lufttransport. Schädlich ist nur der ausdrückliche Vermerk der Mangelhaftigkeit des Zustands der Ware und/oder Verpackung. Zulässig bleiben Unbekanntklauseln, zB Inhalt und Gewicht unbekannt. Das Wort „rein" braucht danach nicht auf dem Dokument zu erscheinen, auch wenn das Akkreditiv ausdrücklich ein „reines" Dokument verlangt. Art 27 Satz 3 betrifft die Klausel „clean on board". Beispiele für (nicht) akkreditivschädliche Klauseln, zB multipple bill of lading clause, Caspiana-Klausel, bei Nielsen 352; open top container (nur Art des Transports, kein Mängelvermerk) und weitere Klauseln aus der ICC-Gutachtenpraxis Schütze 198 f.

Versicherungsdokument und -deckung

ERA 28

a [1] Ein Versicherungsdokument wie eine Versicherungspolice, ein Versicherungszertifikat oder eine „declaration" unter einem Open Cover („laufende Police") muss dem Anschein nach von einer Versicherungsgesellschaft, einem Versiche-

rer („underwriter") oder deren Agenten oder deren Bevollmächtigten ausgestellt sein.
² Jede Unterschrift eines Agenten oder Bevollmächtigten muss ausweisen, ob der Agent oder Bevollmächtigte für eine Versicherungsgesellschaft oder einen Versicherer gezeichnet hat.

b Wenn das Versicherungsdokument ausweist, dass es in mehr als einem Original ausgestellt ist, müssen alle Originale vorgelegt werden.

c Deckungsbestätigungen („cover notes") werden nicht angenommen.

d Eine Versicherungspolice ist anstelle eines Versicherungszertifikats oder einer „declaration" unter einer laufenden Police annehmbar.

e Das Versicherungsdokument darf nicht nach dem Verladedatum datiert sein, es sei denn, aus dem Versicherungsdokument geht hervor, dass die Deckung ab einem Datum, das nicht nach dem Verladedatum liegt, wirksam wird.

f i. Das Versicherungsdokument muss den Betrag der Versicherungsdeckung ausweisen und in derselben Währung wie das Akkreditiv ausgestellt sein.

ii. ¹ Verlangt ein Akkreditiv, dass die Versicherungsdeckung auf einen Prozentsatz des Werts der Waren, des Rechnungswerts oder eines ähnlichen Werts lauten muss, gilt dies als Anforderung eines Mindestbetrags der erforderlichen Versicherungsdeckung.
² Wenn im Akkreditiv keine Angabe zur Höhe der erforderlichen Versicherungsdeckung enthalten ist, muss der Betrag der Versicherungsdeckung mindestens 110 % des CIF- oder CIP-Werts der Ware sein.
³ Wenn der CIF- oder CIP-Wert aufgrund der Dokumente nicht bestimmt werden kann, muss der Betrag der Versicherungsdeckung auf der Basis des Betrags berechnet werden, für den Honorierung oder Negoziierung verlangt wird, oder des Bruttowerts der Ware gemäß Handelsrechnung, je nachdem, welcher Betrag höher ist.

iii. Das Versicherungsdokument muss ausweisen, dass die Risiken mindestens zwischen dem im Akkreditiv vorgeschriebenen Übernahme- oder Verladeort und dem im Akkreditiv vorgeschriebenen Auslieferungs- oder endgültigen Bestimmungsort gedeckt sind.

g ¹ Das Akkreditiv sollte vorschreiben, welche Art von Versicherung verlangt wird und, gegebenenfalls, welche zusätzlichen Risiken zu decken sind. ² Ein Versicherungsdokument wird ungeachtet der Risiken, die nicht gedeckt sind, angenommen, wenn im Akkreditiv ungenaue Begriffe wie „übliche Risiken" oder „handelsübliche Risiken" verwendet werden.

h Wenn ein Akkreditiv „Versicherung gegen alle Risiken" vorschreibt und ein Versicherungsdokument mit einem Vermerk oder einer Klausel über „alle Risiken" vorgelegt wird, wird das Versicherungsdokument unabhängig davon, ob es mit der Überschrift „alle Risiken" versehen ist oder nicht, ohne Rücksicht darauf angenommen, ob irgendwelche Risiken ausdrücklich ausgeschlossen sind.

i Ein Versicherungsdokument darf einen Hinweis auf jegliche Ausschlussklauseln enthalten.

j Ein Versicherungsdokument darf ausweisen, dass die Deckung einer Franchise oder einer Abzugsfranchise unterworfen ist.

1) Versicherungsdokument und -deckung (Art 28)

Art 28 nF entspricht Art. 34–36 aF. Art 28 regelt die Behandlung von Versicherungsdokumenten und Versicherungsdeckung, dazu ausführlich Drafting Group zu Art 28. Art 28 lit a nennt (nicht abschließend) als Beispiele Versicherungspolice, Versicherungszertifikat und eine „declaration" unter einem Open Cover (laufende Police). Unterzeichnung eines Versicherers oder seines Agenten bzw Bevollmächtigten (dies üblich, „as agent") genügt, auch bei Konsortium, doch muss die Unterschrift ausweisen, dass letztere für den Versicherer unterzeichnet haben (Art 28 lit a Satz 2, vgl für Transportdokumente Art 19 a i ua). Versicherungsdokumente unter einem Open Cover verlangen üblicherweise eine Gegenzeichnung des Versicherten oder einer anderen bestimmten Partei zu der vorherigen Unterschrift des Versicherers, ohne diese ist das Dokument dann nicht aufnahmefähig. Art 28 lit b betrifft mehrfache Originale (vgl Art 19 lit a iv). Das Wort „Duplikat" deutet nicht unbedingt auf ein Original hin, sondern wird im Zweifel als Kopie behandelt. Bloße Deckungsbestätigungen (cover notes) sind nicht akzeptabel (Art 28 lit c). Eine Versicherungspolice ist statt eines Versicherungszertifikats oder einer „declaration" unter einer laufenden Police annehmbar (Art 28 lit d), das gilt aber nicht umgekehrt. Art 28 lit e gilt trotz der transit clause in Institute Cargo Clauses. Nach Art 28 lit f sind bei Nichtangabe im Akkreditiv bestimmte Mindestdeckungssummen vorgeschrieben, eine Prüfung, ob die Risikodeckung „handelsüblich" ist, kann nicht verlangt werden, Schütze 209, str. Arten der Versicherung (Art 28 lit g) sind zB Institute Cargo Clauses „A" (alle Risiken), „B" (spezifizierte Risiken), „C" (weniger spezifizierte Risiken) und Institute Cargo Clauses (Air) (alle Risiken, aber nur Lufttransport). Bei einer Akkreditivklausel „Versicherung gegen alle Risiken" ist ein Versicherungsdokument, das die Klausel oder einen Vermerk über „alle Risiken" enthält (nicht notwendigerweise in der Überschrift), aufnahmefähig, auch wenn irgendwelche Risiken ausdrücklich ausgeschlossen sind (Art 29 lit h). Ausweis in einem Versicherungsdokument, dass die Deckung einer Franchise (franchise, Betrag unter einem Mindestbetrag wird nicht ersetzt) oder einer Abzugsfranchise (excess/deductible, bei jedem Betrag vorzunehmender Abzug) unterworfen ist, ist zulässig (Art 19 lit j). Ein Versicherungsdokument darf einen Hinweis auf jegliche Ausschlussklauseln enthalten (Art 29 lit i), üblich sind heute zB Ausschlussklauseln für Terrorismus. Insurance documents und Anwendungspraxis zu Art 34–36 aF, International Standard Banking Practice (ICC Publication No 681) sections 183 et s.

Verlängerung des Verfalldatums oder des letzten Tags der Dokumentenvorlage

ERA 29

a Wenn das Verfalldatum des Akkreditivs oder der letzte Tag der Dokumentenvorlagefrist auf einen Tag fällt, an dem die Bank, der die Dokumente vorzulegen sind, aus anderen als den unter Artikel 36 genannten Gründen geschlossen ist, wird das vorgeschriebene Verfalldatum oder der letzte Tag der Dokumentenvorlage auf den nächstfolgenden Bankarbeitstag hinausgeschoben.
b Wenn eine Dokumentenvorlage an dem nächstfolgenden Bankarbeitstag erfolgt, muss die benannte Bank der eröffnenden oder bestätigenden Bank eine Erklärung in ihrem Dokumentenversandschreiben abgeben, dass die Dokumentenvorlage innerhalb der gemäß Artikel 29 (a) hinausgeschobenen Fristen erfolgt ist.
c Das letzte Verladedatum wird durch Artikel 29 (a) nicht hinausgeschoben.

1 1) **Verlängerung des Verfalldatums oder des letzten Tags der Dokumentenvorlage (Art 29)**

Art 29 nF entspricht Art 44 aF. Art 29 lit a verlängert die Verfallfrist bei arbeitsfreien Tagen (nur allgemeine, nicht individuelle Schließungsgründe, nicht lokale Feiertage wie Rosenmontag, Nielsen 368) auf den nächsten Bankarbeitstag (banking day, dazu Nielsen 369), nicht bei Schließung der Bank aus Gründen höherer Gewalt (Art 36). Das gilt nach Art 29 lit c nicht auch für das mit Akkreditiv festgesetzte letzte Verladedatum, dieses wird nicht hinausgeschoben. In anderen Fällen als nach lit a auch bei höherer Gewalt (Art 36) keine Verlängerung (s **(7)** Bankgeschäfte Rn K/13).

Toleranz bzgl. Akkreditivbetrag, Menge und Preis pro Einheit

ERA 30

a Die Worte „etwa" oder „ungefähr" im Zusammenhang mit dem Akkreditivbetrag oder der im Akkreditiv angegebenen Menge oder dem im Akkreditiv angegebenen Preis pro Einheit sind dahin gehend auszulegen, dass eine Toleranz von bis zu 10 % nach oben oder bis zu 10 % nach unten von dem Betrag, der Menge oder dem Preis pro Einheit, auf die sie sich beziehen, statthaft ist.
b Eine Toleranz in der Warenmenge von bis zu 5 % nach oben oder bis zu 5 % nach unten ist statthaft, vorausgesetzt, dass das Akkreditiv die Menge nicht in einer bestimmten Anzahl von Verpackungseinheiten oder Stücken vorschreibt und dass der Gesamtbetrag der Inanspruchnahmen den Akkreditivbetrag nicht überschreitet.

c ¹ Selbst wenn Teilverladungen nicht erlaubt sind, ist eine Toleranz um bis zu 5 % weniger als der Akkreditivbetrag zulässig, vorausgesetzt, dass bei einer im Akkreditiv gegebenenfalls vorgeschriebenen Warenmenge diese in vollem Umfang geliefert und bei einem im Akkreditiv gegebenenfalls vorgeschriebenen Preis pro Einheit dieser Preis nicht unterschritten wird oder dass Artikel 30 (b) nicht anwendbar ist. ² Diese Toleranz ist nicht anwendbar, wenn im Akkreditiv eine besondere Toleranz ausgewiesen ist oder die Begriffe gemäß Artikel 30 (a) verwendet werden.

1) Toleranzen (Art 30) 1

Art 30 nF entspricht Art 39 aF. Art 30 regelt Toleranzen. Art 30 lit a enthält eine Auslegungsregel für Toleranzangaben („etwa", „ungefähr"), hat aber durch SWIFT MT7, wo genaue Prozentsätze verlangt werden, an Bedeutung verloren, Drafting Group zu Art 30. Abweichungen von bis zu 10% nach oben oder unten sind statthaft. Bei Unterschreiten der Warenmenge wird entsprechend weniger ausgezahlt, bei Überschreiten aber nicht mehr als der Akkreditivbetrag. Art 30 lit b lässt auch ohne Toleranzangaben 5% Toleranz zu; das gilt aber nur bei pauschaler Mengenangabe, nicht für Stückangaben, Schütze 132, zB ist ein Konnossement über 5000 Sack Zucker bei Fehlen von nur 3 nicht aufnahmefähig, Nielsen ZIP **84,** 249. Art 30 lit c betrifft Minderinanspruchnahme bis zu 5% des Akkreditivbetrags, auch bei verbotener Teilverladung. Bei Teillieferungen muss die Toleranz für jede einzelne Teillieferung beachtet werden, ICC Banking Commission, Nielsen 377.

Teilinanspruchnahmen oder Teilverladungen

ERA 31

a Teilinanspruchnahmen oder Teilverladungen sind zulässig.
b ¹ Eine Dokumentenvorlage, die aus mehr als einem Satz von Transportdokumenten besteht, die Verladungsbeginn auf demselben Beförderungsmittel und für dieselbe Reise ausweisen, vorausgesetzt sie geben dasselbe Ziel an, wird nicht als eine Teilverladung abdeckend angesehen, selbst wenn die Transportdokumente unterschiedliche Verladedaten oder unterschiedliche Verladehäfen, Übernahme- oder Versandorte ausweisen. ² Besteht die Dokumentenvorlage aus mehr als einem Satz von Transportdokumenten, gilt das letzte Verladedatum, wie es sich aus einem der Sätze von Transportdokumenten ergibt, als das Verladedatum.
³ Eine Dokumentenvorlage, die aus einem oder mehreren Sätzen von Transportdokumenten besteht und Verladung auf mehr als einem Beförderungsmittel innerhalb derselben Beförderungsart ausweist, wird als eine Teilverladung abdeckend angesehen, selbst wenn die Beförderungsmittel an demselben Tag zu demselben Ziel abgehen.
c Eine Dokumentenvorlage bestehend aus mehr als einer Kurierempfangsbestätigung, Posteinlieferungs-/Postempfangsschein oder Postversandnachweis wird nicht als eine Teilverladung angesehen, wenn die Kurierempfangsbestätigungen, Posteinlieferungs-, Postempfangsscheine oder Postversandnachweise dem Anschein nach von demselben Kurier oder Postdienst an demselben Ort und Datum für dasselbe Ziel abgestempelt oder unterzeichnet sind.

1) Teilinanspruchnahmen oder Teilverladungen (Art 31) 1

Art 31 nF entspricht Art 40 aF. Teilinanspruchnahmen und Teilverladungen sind nach Art 31 lit a zulässig, falls im Akkreditiv nicht etwas anderes vorgeschrieben (Art 1 Rn 3). Letzterenfalls bleiben noch immer die Ausnahmen von einem solchen Verbot nach Art 31 lit c (Post- und Kurierversand) und lit b (gilt für alle sonstigen Beförderungsarten). Über Teilinanspruchnahme hat der Begünstigte zu entscheiden, nicht die Zweitbank, der das Akkreditiv vorgelegt wird; dass ein Teil der Dokumente akkreditivgerecht ist, genügt daher nicht, Düss ZIP **03,** 1785, Schütze 384 a. Bei zulässiger Teilleistung nach Art 31 ist Teilausnutzung des Akkreditivs bis zum letzten Tage möglich, auch wenn es zu der vollen Leistung ersichtlich nicht mehr kommen wird. „Unterzeichnen", „gestempelt" bei elektronischen Dokumenten bei el.ERA-Akkreditiv s Anhang el.ERA Art e 3 a iv, v.

Inanspruchnahme oder Verladung in Raten

ERA 32 Ist im Akkreditiv Inanspruchnahme oder Verladung in Raten innerhalb bestimmter Zeiträume vorgeschrieben und ist irgendeine Rate nicht innerhalb des für sie vorgeschriebenen Zeitraums in Anspruch genommen oder verladen worden, kann das Akkreditiv für diese betreffende und jede weitere Rate nicht mehr benutzt werden.

1 **1) Inanspruchnahme oder Verladung in Raten (Art 32)**

Art 32 nF entspricht Art 41 aF. Art 32 regelt den Fall, dass das Akkreditiv Inanspruchnahme oder Verladung in Raten innerhalb bestimmter Zeiträume vorschreibt (Sukzessivlieferungen), Schütze 143. Dann schadet Versäumung schon einer einzigen Rate, falls im Akkreditiv nicht etwas anderes vorgeschrieben (Art 1 Rn 3), auch für alle anderen Raten. Art 32 setzt voraus, dass Raten „innerhalb bestimmter Zeiträume" vorgeschrieben sind, also nicht nur Zahl der Raten, sondern feste Termine.

Vorlegungszeiten

ERA 33 Banken sind nicht verpflichtet, Dokumente außerhalb ihrer Öffnungszeiten entgegenzunehmen.

1 **1) Vorlegungszeiten (Art 33)**

Art 33 nF entspricht Art 45 aF. Wirksamkeit bezweifelnd Nielsen 385, außer bei individueller Zustellung der Dokumente, zB durch Kurierdienste.

Haftungsausschluss für Wirksamkeit von Dokumenten

ERA 34 Banken übernehmen keine Haftung oder Verantwortung für Form, Vollständigkeit, Genauigkeit, Echtheit, Verfälschung oder Rechtswirksamkeit irgendeines Dokuments oder für die allgemeinen oder besonderen Bedingungen, die in irgendeinem Dokument angegeben oder demselben hinzugefügt sind; Banken übernehmen auch keine Haftung oder Verantwortung für Bezeichnung, Menge, Gewicht, Qualität, Beschaffenheit, Verpackung, Lieferung, Wert oder Vorhandensein der durch irgendein Dokument repräsentierten Waren, Dienstleistungen oder anderen Leistungen oder für Treu und Glauben oder Handlungen oder Unterlassungen sowie für Zahlungsfähigkeit, Leistungsvermögen oder Ruf von Absender, Frachtführer, Spediteur, Empfänger oder Versicherer der Waren oder irgendeiner anderen Person.

1 **1) Haftungsausschluss für Wirksamkeit von Dokumenten (Art 34)**

Art 34 nF entspricht fast wörtlich Art 15 aF. Art 34 bezieht sich nicht auf die Pflicht der Bank zur Prüfung der Dokumente nach Art 14 (vertragswesentliche Pflicht, s dort Rn 1, zur Reichweite der Prüfungspflicht ebenda), hL, so auch ausdrücklich Drafting Group zu Art 34. Auch sonst gelten die allgemeinen Grenzen von **(5)** §§ 307, 309 Nr 7 b BGB. Art 34 Halbs 1 soll selbst nicht zum Ausschluss der Haftung für eigene Pflichtverletzung der Bank führen; aber bei gebotener kundenfeindlichster Auslegung wäre an sich Unwirksamkeit die Folge, str, aber wirksame Überwälzung des Risikos von Fälschungen und anderen unverschuldeten Unregelmäßigkeiten und Vorrang von Art 13 (Pflicht, alle im Akkreditiv vorgeschriebenen Dokumente zu prüfen), so wohl auch Ul/Br/He/H. Schmidt Anh zu § 310 BGB Rn 301. Im Übrigen ist AGB mit Haftungsausschluss für leichte Fahrlässigkeit bei Echtheitsprüfung wirksam, BGH **108,** 348 (s **(7)** Bankgeschäfte Rn K/6), für ERA auch Wo/Li/Pf Akkreditivbedingungen A 127. Auch Art 34 Halbs 2 ist AGB-rechtlich wirksam, hL.

Haftungsausschluss für Nachrichtenübermittlung und Übersetzung

ERA 35 [1]Banken übernehmen keine Haftung oder Verantwortung für die Folgen von Verzögerungen, Verlusten, Verstümmelungen oder sonstigen Irrtümern bei der Übermittlung von Nachrichten oder

V. Bankgeschäfte (m. Börsen- u. KapMR) 1   **ERA 36 (11)**

Versand von Briefen oder Dokumenten, wenn diese Nachrichten, Briefe oder Dokumente gemäß den im Akkreditiv gestellten Anforderungen übermittelt oder abgesandt werden oder wenn die Bank, mangels entsprechender Weisungen im Akkreditiv, selbst die Initiative bei der Auswahl des Beförderungsdienstes ergriffen hat.

² Wenn eine benannte Bank entscheidet, dass eine Dokumentenvorlage konform ist, und die Dokumente an die eröffnende oder bestätigende Bank versendet, unabhängig davon, ob die benannte Bank honoriert oder negoziiert hat, muss die eröffnende oder bestätigende Bank honorieren oder negoziieren oder diese benannte Bank remboursieren, selbst dann, wenn die Dokumente auf dem Weg von der benannten Bank zur eröffnenden Bank oder bestätigenden Bank oder zwischen der bestätigenden und der eröffnenden Bank verloren gegangen sind.

³ Banken übernehmen keine Haftung oder Verantwortung für Irrtümer bei der Übersetzung oder Auslegung von technischen Begriffen und können Akkreditiv-Bedingungen unübersetzt weiterleiten.

1) Haftungsausschluss für Nachrichtenübermittlung und Übersetzung (Art 35)

1

Art 35 I und III nF entsprechen Art 16 aF. Art 35 I bezieht sich nicht auf die Pflicht zur Mitteilung über die Eröffnung des Akkreditivs (vgl **(5)** §§ 305 c II, 307 II Nr 2 BGB), str, oder eine sonstige Akkreditivpflichtverletzung, Bsp: die Bank wählt einen anderen Kurier als im Akkreditiv vorgeschrieben, Drafting Group zu Art 35. Art 35 I enthält danach einen wirksamen Haftungsausschluss für leichte Fahrlässigkeit, Wo/Li/Pf Akkreditivbedingungen A 128. Haftungsausschluss für Dokumentenverlust bei Versand vgl **(12)** ERI Art 14 Rn 1. Art 35 II enthält eine begrenzte Ausnahme zu I zugunsten einer benannten Bank, wenn die Dokumente unterwegs verloren gehen. Die benannte Bank muss aber auf Anforderung Kopien der relevanten Dokumente liefern, damit Konformität der Dokumentenvorlage nachgeprüft werden kann; zur Aufbewahrung solcher Kopien ist sie allerdings nicht verpflichtet, Drafting Group zu Art 35. Art 35 III betrifft Übersetzungen und Auslegung von technischen Begriffen, die die Bank ihren Kunden als Service leistet. III lässt Pflicht des Art 14 zur Dokumentenprüfung unberührt, ebenso andere vertragswesentliche Pflichten, vgl Art 34 Rn 1, str, und ist wirksam, auch Wo/Li/Pf Akkreditivbedingungen A 128, str; nach aA ist Art 35 III (auch im unternehmerischen Verkehr) hinsichtlich grober Fahrlässigkeit oder sogar gänzlich (Unklarheitenregel, **(5)** § 306 BGB, aber Canaris 941) unwirksam, Ul/Br/He/H. Schmidt Anh zu § 310 BGB Rn 301 (zur aF).

Höhere Gewalt

ERA 36 ¹ Banken übernehmen keine Haftung oder Verantwortung für die Folgen der Unterbrechung ihrer Geschäftstätigkeit durch Fälle höherer Gewalt, Unruhen, Aufruhr, Aufstände, Kriege, Terrorakte oder durch irgendwelche Streiks oder Aussperrungen oder irgendwelche anderen Ursachen außerhalb ihrer Kontrolle.

² Banken werden nach Wiederaufnahme ihrer Geschäftstätigkeit unter einem Akkreditiv, das während einer solchen Unterbrechung ihrer Geschäftstätigkeit verfallen ist, nicht honorieren oder negoziieren.

1) Höhere Gewalt (Art 36)

1

Art 36 nF entspricht Art 17 aF, neu eingefügt „Terrorakte", aber der Sache nach schon nach aF erfasst. Art 36 lit a schließt die Haftung der Banken für höhere Gewalt (force majeure) aus, zB wenn der Begünstigte deshalb das Akkreditiv nicht rechtzeitig in Anspruch nehmen kann. Art 36 ist wirksam, aber nicht generell, was die Folgen von Arbeitskämpfen angeht, Wo/Li/Pf Akkreditivbedingungen A 129. Tritt die höhere Gewalt erst nach Einreichung ordnungsgemäßer Dokumente ein und verhindert Leistung innerhalb der Akkreditivfrist, wird die Bank aber nicht überhaupt frei, BGH WM **60**, 38. Ist das Akkreditiv während einer solchen Unterbrechung der Geschäftstätigkeit der Bank verfallen, bleibt es dabei (Art 36 II), also keine Schonfrist nach Wiedereröffnung, Drafting Group zu Art 36.

Hopt   2015

Haftungsausschluss für Handlungen einer beauftragten Partei

ERA 37

a Bedient sich eine Bank einer anderen Bank, um die Weisungen des Auftraggebers auszuführen, tut sie dies für Rechnung und Gefahr des Auftraggebers.

b Eine eröffnende oder avisierende Bank übernimmt keine Haftung oder Verantwortung, wenn die von ihr einer anderen Bank übermittelten Weisungen nicht ausgeführt werden, selbst wenn sie die Initiative bei der Auswahl dieser Bank ergriffen hat.

c ^{1} Eine Bank, die eine andere Bank beauftragt, Leistungen zu erbringen, haftet für alle Provisionen/Kommissionen, Gebühren, Kosten oder Auslagen („Spesen"), die dieser Bank im Zusammenhang mit ihren Weisungen entstanden sind.
^{2} Wenn ein Akkreditiv vorschreibt, dass die Spesen für Rechnung des Begünstigten gehen und die Spesen nicht eingezogen oder von Erlösen abgezogen werden können, bleibt die eröffnende Bank für die Zahlung der Spesen haftbar.
^{3} Ein Akkreditiv oder dessen Änderung sollte nicht vorschreiben, dass die Avisierung an den Begünstigten davon abhängig ist, dass die avisierende Bank oder zweite avisierende Bank ihre Spesen erhält.

d Der Auftraggeber muss alte Verpflichtungen und Verantwortlichkeiten übernehmen, die auf ausländischen Gesetzen und Gebräuchen beruhen, und muss die Banken für alle hieraus resultierenden Folgen schadlos halten.

1 **1) Haftungsausschluss für Handlungen einer beauftragten Partei (Art 37)**

Art 37 nF entspricht Art 18 aF, beschränkt den Haftungsausschluss aber auf Banken. Art 18 a und 18 b aF waren, soweit § 278 BGB vorliegt, jedenfalls gegenüber Privatleuten nach **(5)** § 309 Nr 7 b BGB unwirksam, nach aA allgemein auch gegenüber Unternehmern, Graf von Westphalen RIW **94**, 456, offen Ul/Br/He/H. Schmidt Anh zu § 310 BGB Rn 301, s **(7)** Bankgeschäfte Rn K/2. Art 37 nF trägt dem durch die engere Fassung Rechnung und ist deshalb wirksam, iErg auch Wo/Li/Pf Akkreditivbedingungen A 130–140, aber einschränkend für Filialen der Bank im Ausland (vgl Art 3 Rn 6).

2 **2) Auslandsakkreditive (Art 37 lit d)**

Sind Auftraggeber und Begünstigter in verschiedenen Ländern ansässig, ergeben sich für die Banken besondere Gefahren aus der Anwendbarkeit ausländischen Rechts. Nach Art 37 lit d muss der Auftraggeber alle Verpflichtungen und Verantwortlichkeiten übernehmen, die auf ausländischen Gesetzen und Gebräuchen beruhen, und muss die Banken für Folgen daraus schadlos halten. Art 37 lit d erfasst nicht den Fall eigener Pflichtverletzung der Bank; sonst wäre er nach **(5)** § 307 BGB unangemessen, Canaris 975, wohl strenger Wo/Li/Pf Akkreditivbedingungen A 130–140, str.

Übertragbare Akkreditive

ERA 38

a Keine Bank ist verpflichtet, ein Akkreditiv zu übertragen außer in dem Umfang und in der Art, wie ausdrücklich von der Bank zugestimmt.

b ^{1} Im Sinne dieses Artikels bedeutet:
übertragbares Akkreditiv ein Akkreditiv, das ausdrücklich als „übertragbar" bezeichnet ist. ^{2} Ein übertragbares Akkreditiv kann im Auftrag des Begünstigten („Erstbegünstigter") ganz oder teilweise für einen anderen Begünstigten („Zweitbegünstigten") benutzbar gestellt werden;
^{3} übertragende Bank eine benannte Bank, die das Akkreditiv überträgt, oder, bei einem bei jeder Bank benutzbaren Akkreditiv, eine Bank, die von der eröffnenden Bank ausdrücklich zur Übertragung ermächtigt ist und das Akkreditiv überträgt. Eine eröffnende Bank kann eine übertragende Bank sein;
^{4} übertragenes Akkreditiv ein Akkreditiv, das durch die übertragende Bank für einen Zweitbegünstigten benutzbar gemacht worden ist.

c Soweit zum Zeitpunkt der Übertragung nichts anderes vereinbart ist, gehen alle Spesen (wie Provisionen/Kommissionen, Gebühren, Kosten oder Auslagen), die durch die Übertragung anfallen, zu Lasten des Erstbegünstigten.

d ¹ Ein Akkreditiv kann in Teilen an mehr als einen Zweitbegünstigten übertragen werden, vorausgesetzt, dass Teilinanspruchnahmen oder Teilverladungen zulässig sind.
² Ein übertragenes Akkreditiv kann im Auftrag des Zweitbegünstigten nicht an einen nachfolgenden Begünstigten übertragen werden. Der Erstbegünstigte gilt nicht als nachfolgender Begünstigter.

e Jeder Übertragungsauftrag muss angeben, ob und unter welchen Bedingungen Änderungen dem Zweitbegünstigten avisiert werden können. Das übertragene Akkreditiv muss diese Bedingungen klar ausweisen.

f ¹ Wird ein Akkreditiv an mehr als einen Zweitbegünstigten übertragen, macht die Ablehnung einer Änderung durch einen oder mehrere Zweitbegünstigte die Annahme durch andere Zweitbegünstigte nicht unwirksam, denen gegenüber das übertragene Akkreditiv entsprechend geändert ist. ² Für jeden Zweitbegünstigten, der die Änderung abgelehnt hat, bleibt das übertragene Akkreditiv unverändert.

g ¹ Das übertragene Akkreditiv muss die Bedingungen des Akkreditivs, einschließlich einer möglicherweise vorhandenen Bestätigung, genau widerspiegeln. Davon ausgenommen sind:
 – Akkreditivbetrag,
 – jeder im Akkreditiv angegebene Preis pro Einheit,
 – Verfalldatum,
 – Dokumentenvorlagefrist, oder
 – letztes Verladedatum oder angegebene Verladefrist,
 die einzeln oder insgesamt ermäßigt oder verkürzt werden können.
² Der Prozentsatz, auf den die Versicherungsdeckung lauten muss, kann erhöht werden, um den im Akkreditiv oder in diesen Artikeln vorgeschriebenen Deckungsbetrag zu erreichen.
³ Der Name des Erstbegünstigten kann an die Stelle des Namens des Auftraggebers des Akkreditivs gesetzt werden.
⁴ Wenn im Akkreditiv ausdrücklich verlangt wird, dass der Name des Auftraggebers in irgendeinem anderen Dokument als der Rechnung erscheint, muss sich diese Bedingung im übertragenen Akkreditiv widerspiegeln.

h Der Erstbegünstigte hat das Recht, seine eigene Rechnung und, gegebenenfalls, Tratte an die Stelle derjenigen des Zweitbegünstigten zu setzen, und zwar in einem Betrag, der den im Akkreditiv angegebenen Betrag nicht übersteigt; und aufgrund eines solchen Austauschs kann der Erstbegünstigte unter dem Akkreditiv den Differenzbetrag in Anspruch nehmen, der gegebenenfalls zwischen seiner Rechnung und der des Zweitbegünstigten besteht.

i Wenn der Erstbegünstigte seine eigene Rechnung und, gegebenenfalls, Tratte vorzulegen hat, aber der ersten Aufforderung hierzu nicht nachkommt oder wenn die vom Erstbegünstigten vorgelegte Rechnung Unstimmigkeiten herbeiführt, welche die Dokumentenvorlage des Zweitbegünstigten nicht aufwies und die der Erstbegünstigte nicht auf erste Aufforderung korrigiert, dann hat die übertragende Bank das Recht, der eröffnenden Bank die Dokumente, die sie vom Zweitbegünstigten erhalten hat, zu präsentieren, ohne weitere Verantwortlichkeit gegenüber dem Erstbegünstigten.

j ¹ Der Erstbegünstigte kann in seinem Übertragungsauftrag verlangen, dass die Honorierung oder Negoziierung gegenüber dem Zweitbegünstigten an dem Ort, an den das Akkreditiv übertragen worden ist, vorgenommen wird, und zwar bis zum Verfalldatum des Akkreditivs einschließlich. ² Dies gilt unbeschadet des Rechts des Erstbegünstigten gemäß Artikel 38 (h).

k Die Dokumentenvorlage durch oder für den Zweitbegünstigten muss an die übertragende Bank erfolgen.

1) Übertragbare Akkreditive (Art 38 lit a)

Art 38 nF entspricht Art 48 aF. Art 38 betrifft übertragbare Akkreditive s (7) Bankgeschäfte Rn K/23. Art 38 regelt nur die Übertragung des Akkreditivs insgesamt (Vollübertragung), nicht die bloße Abtretung des Zahlungsanspruchs (Art 39). Art 38 lit a hält als Grundsatz fest, dass eine Bank nur bei ausdrücklicher Zustimmung zur

(11) ERA Anh el.ERA 1

Übertragung verpflichtet ist, aber so uneingeschränkt ist dies problematisch (s **(7)** Bankgeschäfte Rn K/23).

2 2) Definitionen (Art 39 lit b)

Art 38 lit b enthält Definitionen (vgl Art 2 Rn 1): übertragbares Akkreditiv (transferable), übertragende Bank (transferring bank) und übertragenes Akkreditiv (transferred credit). Art 38 lit b verlangt schon kraft Definition ausdrückliche Bezeichnung als „übertragbar" („transferable"), andere Ausdrücke wie „divisible" ua genügen nicht. Auch die eröffnende Bank kann eine übertragende Bank sein, was in der Praxis häufig vorkommt. Ein übertragbares Akkreditiv kann im Auftrag des Begünstigten (Erstbegünstigter, first beneficiary) ganz oder teilweise für einen anderen Begünstigten (Zweitbegünstigter, second beneficiary) benutzbar gestellt werden (Art 38 lit b Satz 2).

3 3) Weitere Regelungen (Art 39 lit c–j)

Art 38 lit c ist eine Spesenregelung, die Bank kann sich grundsätzlich an den ihr bekannten Erstbegünstigten halten. Art 38 lit d regelt Teilübertragungen an mehr als einen Zweitbegünstigten, falls Teilübertragungen oder Teilverladungen (Art 31) zulässig sind, sonst nicht, da erhebliche Erschwernisse. Grundsätzlich ist nur eine einmalige Übertragung möglich. Rückübertragung an den Erstbegünstigten gilt nicht als zweite Übertragung. Mehrere zulässige Teilübertragungen gelten als eine zulässige einmalige Übertragung. Art 38 lit e regelt die Avisierung von Änderungen bei Zweitbegünstigung, Einzelheiten dazu in Drafting Group zu Art 39. Mehrere Zweitbegünstigte können sich nach Art 38 lit f gegenüber Änderungen unterschiedlich entscheiden. Das übertragene Akkreditiv muss die (Original)Bedingungen des Akkreditivs (einschließlich einer Bestätigung) genau widerspiegeln, doch sind mehrere Ausnahmen vorgesehen (Art 38 lit g). Art 38 lit h gibt das Recht zum Tausch von Tratten. Damit kann sich der Erstbegünstigte seine Gewinnmarge sichern, ohne den bezahlten Preis und den tatsächlichen Lieferanten zu nennen. Art 38 lit j gibt das Recht auf Verlegung der Abwicklungsstelle. Die Dokumentenvorlage durch oder für den Zweitbegünstigten muss an die übertragende Bank erfolgen (Art 38 lit k). Näher zu lit j und k Drafting Group zu Art 39.

Abtretung von Akkreditiverlösen

ERA 39 [1] Die Tatsache, dass ein Akkreditiv nicht als übertragbar bezeichnet ist, berührt nicht die Rechte des Begünstigten, seinen unter einem solchen Akkreditiv bestehenden oder künftig entstehenden Anspruch auf den Erlös gemäß den Bestimmungen des anzuwendenden Rechts abzutreten. [2] Dieser Artikel bezieht sich nur auf die Abtretung des Akkreditiverlöses und nicht auf die Abtretung des Rechts auf Inanspruchnahme des Akkreditivs.

1 1) Abtretung von Akkreditiverlösen (Art 39)

Art 39 nF entspricht Art 49 aF. Art 39 betrifft die bloße Abtretung des Zahlungsanspruchs (ohne Vollübertragung, Art 38), s **(7)** Bankgeschäfte Rn K/23. Diese ist stets zulässig, also auch bei nicht übertragbar gestellten Akkreditiven iS Art 38.

Anhang zu den ERA 600 für die Vorlage elektronischer Dokumente (el.ERA) – Version 1.1

anwendbar ab 1. 7. 2007

Anwendungsbereich der el.ERA

el.ERA 1

a) Der Anhang zu den Einheitlichen Richtlinien und Gebräuchen für Dokumenten-Akkreditive für die Vorlage elektronischer Dokumente (el.ERA) ergänzt die Einheitlichen Richtlinien und Gebräuche für Dokumenten-Akkreditive (Revision 2007, ICC Publikation Nr. 600, ERA), um die Vorlage elektronischer Dokumente allein oder zusammen mit Papierdokumenten zu ermöglichen.

b) Die el.ERA gelten als Ergänzung zu den ERA, wenn das Akkreditiv ausweist, dass es den el.ERA unterliegt.
c) ¹ Die vorliegende Version ist die Version 1.1. ² Ein Akkreditiv muß die anzuwendende Version der el.ERA ausweisen. ³ Andernfalls unterliegt es der Version, die zum Datum der Akkreditiveröffnung, oder, wenn das Akkreditiv durch eine vom Begünstigten angenommene Änderung den el.ERA unterworfen wurde, der Version, die zum Datum dieser Änderung in Kraft ist.

Verhältnis der el.ERA zu den ERA

el.ERA 2

a) Ein Akkreditiv, das den el.ERA unterworfen ist (el.ERA-Akkreditiv), unterliegt auch den ERA, ohne dass diese ausdrücklich einbezogen wurden.
b) Wenn die el.ERA Anwendung finden, gehen deren Bestimmungen den ERA insoweit vor, als sie zu einem von der Anwendung der ERA abweichenden Ergebnis führen würden.
c) ¹ Wenn ein el.ERA-Akkreditiv dem Begünstigten die Wahl zwischen der Vorlage von Papierdokumenten und elektronischen Dokumenten lässt und dieser sich entscheidet, nur Papierdokumente vorzulegen, gelten für diese Vorlage ausschließlich die ERA. ² Wenn ein el.ERA-Akkreditiv nur Papierdokumente erlaubt, gelten ausschließlich die ERA.

Definitionen

el.ERA 3

a) Die nachstehenden Begriffe der ERA bedeuten für die Anwendung der ERA auf ein unter einem el.ERA-Akkreditiv vorgelegtes elektronisches Dokument folgendes:
 i. „seiner äußeren Aufmachung nach" und ähnliche Begriffe: gelten für die Prüfung des Dateninhaltes eines elektronischen Dokuments.
 ii. „Dokument" schließt ein elektronisches Dokument ein.
 iii. „Ort der Vorlage" von elektronischen Dokumenten bedeutet eine elektronische Adresse.
 iv. „unterzeichnen" und ähnliche Begriffe umfassen eine elektronische Signatur.
 v. „angebracht", „Vermerk" oder „gestempelt": bedeuten Dateninhalte, deren ergänzender Charakter in einem elektronischen Dokument augenscheinlich ist.
b) Die nachstehenden in den el.ERA verwendeten Begriffe haben die folgende Bedeutung:
 i. „elektronisches Dokument" bedeutet Daten,
   – die elektronisch geschaffen, generiert, versandt, kommuniziert, empfangen oder gespeichert werden,
   – die hinsichtlich der augenscheinlichen Identität eines Versenders und der augenscheinlichen Quelle der enthaltenen Daten und hinsichtlich ihrer Vollständigkeit und Freiheit von nachträglichen Veränderungen authentisiert werden können, und
   – die auf Übereinstimmung mit den Bedingungen eines el.ERA-Akkreditivs überprüft werden können.
 ii. „elektronische Signatur" bedeutet einen Datenverarbeitungsvorgang, der mit einem elektronischen Dokument verbunden oder logisch verknüpft ist und der von einer Person ausgeführt oder verwandt wurde, um diese Person zu identifizieren und die Authentisierung des elektronischen Dokumentes durch diese Person anzuzeigen.
 iii. „Format" bedeutet die Datenorganisation, in der das elektronische Dokument aufbereitet ist oder auf die es sich bezieht.
 iv. „Papierdokument" bedeutet ein Dokument in der traditionellen Papierform.
 v. „empfangen" bedeutet den Zeitpunkt, zu dem ein elektronisches Dokument in das Informationssystem des jeweiligen Empfängers in einer Form

Einlaß findet, die von diesem System angenommen werden kann. Eine Empfangsbestätigung bedeutet nicht die Annahme oder Ablehnung des elektronischen Dokuments unter einem el.ERA-Akkreditiv.

Format

el.ERA 4 Ein el.ERA-Akkreditiv muß die Formate bezeichnen, in denen elektronische Dokumente vorzulegen sind. Wenn das Format eines elektronischen Dokuments nicht bezeichnet ist, kann das Dokument in jedem Format vorgelegt werden.

Vorlage

el.ERA 5

a) Ein el.ERA-Akkreditiv, das die Vorlage
   i. von elektronischen Dokumenten zulässt, muss einen Ort für die Vorlage der elektronischen Dokumente angeben;
   ii. sowohl von elektronischen Dokumenten als auch von Papierdokumenten zulässt, muss auch einen Ort für die Vorlage der Papierdokumente angeben.
b) Elektronische Dokumente können getrennt und müssen nicht zum gleichen Zeitpunkt vorgelegt werden.
c) [1] Erlaubt ein el.ERA-Akkreditiv die Vorlage eines oder mehrerer elektronischer Dokumente, muss der Begünstigte die Bank, der die Dokumente eingereicht werden, benachrichtigen, wenn die Vorlage vollständig ist. [2] Die Benachrichtigung über die Vollständigkeit kann in der Form eines elektronischen Dokuments oder eines Papierdokuments erfolgen und muss das el.ERA-Akkreditiv benennen, auf das sie sich bezieht. [3] Die Vorlage gilt als nicht erfolgt, wenn die vom Begünstigten vorgenommene Benachrichtigung nicht empfangen wird.
d) i. Jede Vorlage eines elektronischen Dokuments und die Vorlage der Papierdokumente unter einem el.ERA-Akkreditiv muss das el.ERA-Akkreditiv benennen, unter dem es vorgelegt wird.
   ii. Eine nicht so identifizierte Vorlage kann als nicht empfangen angesehen werden.
e) [1] Falls die Bank, bei der die Vorlage zu erfolgen hat, geöffnet ist, aber ihre Systeme am festgelegten Verfalldatum bzw. dem letzten Tag der Vorlagefrist nach dem Verladedatum nicht in der Lage sind, ein zwecks Vorlage übermitteltes elektronisches Dokument zu empfangen, gilt die Bank als geschlossen, und das letzte Datum für die Vorlage bzw. das Verfalldatum wird auf den nächstfolgenden Bankarbeitstag verschoben, an dem die Bank in der Lage ist, ein elektronisches Dokument zu empfangen. [2] Falls das einzige noch vorzulegende elektronische Dokument die Benachrichtigung über die Vollständigkeit ist, kann diese via Telekommunikation oder als Papierdokument vorgelegt werden und gilt als rechtzeitig vorgelegt, sofern sie geschickt wird, bevor die Bank in der Lage ist, ein elektronisches Dokument zu empfangen.
f) Ein elektronisches Dokument, das nicht authentisiert werden kann, gilt nicht als vorgelegt.

Prüfung

el.ERA 6

a) [1] Falls ein elektronisches Dokument einen Hyperlink zu einem externen System enthält, oder eine Vorlage ausweist, dass das elektronische Dokument unter Bezug auf ein externes System geprüft werden kann, gilt das elektronische Dokument unter dem Hyperlink oder dem Referenz-System als das zu prüfende elektronische Dokument. [2] Wenn das benannte System zum Zeitpunkt der Prüfung keinen Zugang zum erforderlichen elektronischen Dokument ermöglicht, gilt dies als Unstimmigkeit.
b) Die Weiterleitung elektronischer Dokumente durch eine benannte Bank gemäß ihrer Ermächtigung bedeutet, dass sie die augenscheinliche Echtheit der elektronischen Dokumente überprüft hat.

c) Das Unvermögen der eröffneten Bank und der etwaigen bestätigenden Bank, ein elektronisches Dokument in einem im el.ERA-Akkreditiv geforderten Format zu prüfen oder, wenn kein Format vorgeschrieben ist, es im vorgelegten Format zu prüfen, ist keine Grundlage für eine Ablehnung.

Benachrichtigung über Zurückweisung

el.ERA 7

a) i. Die Frist für die Prüfung der Dokumente beginnt an dem Bankarbeitstag, der dem Bankarbeitstag folgt, an dem die Benachrichtigung seitens des Begünstigten über die Vollständigkeit empfangen wird.
ii. Wenn die Frist für die Dokumentenvorlage oderr für die Benachrichtigung der Vollständigkeit verlängert ist, beginnt die Frist für die Prüfung der Dokumente am nächstfolgenden Bankarbeitstag, an dem die Bank, bei der die Vorlage zu erfolgen hat, in der Lage ist, die Benachrichtigung hinsichtlich der Vollständigkeit zu empfangen.
b) Wenn eine eröffnende Bank, eine etwaige bestätigende Bank oder eine in deren Auftrag handelnde benannte Bank, eine Benachrichtigung über die Zurückweisung einer Vorlage, die elektronische Dokumente einschließt, vornimmt und sie von der Partei, an welche die Benachrichtigung über die Zurückweisung gerichtet ist, innerhalb von 30 Kalendertagen vom Datum der Benachrichtigung über die Zurückweisung keine Weisungen über die Weiterbehandlung der elektronischen Dokumente empfängt, muss die Bank alle nicht bereits vorher an den Einreicher zurückgegebenen Papierdokumente zurückgeben, kann aber über die elektronischen Dokumente ohne jede Haftung auf eine für angemessen erachtete Weise verfügen.

Originale und Kopien

el.ERA 8

Jede Anforderung der ERA oder eines el.ERA-Akkreditivs über die Vorlage eines Originals oder mehrerer Originale oder Kopien eines elektronischen Dokuments wird durch Vorlage eines elektronischen Dokuments erfüllt.

Ausstellungsdatum

el.ERA 9

[1] Sofern ein elektronisches Dokument kein bestimmtes Ausstellungsdatum enthält, gilt das Datum, an dem es vom Aussteller gesendet zu sein scheint, als das Ausstellungsdatum. [2] Das Empfangsdatum wird als Sendedatum betrachtet, falls kein anderes Datum erkennbar ist.

Transport

el.ERA 10

[1] Falls ein den Transport nachweisendes elektronisches Dokument kein Verlade- oder Versendungsdatum ausweist, gilt das Ausstellungsdatum des elektronischen Dokuments als Verlade- bzw. Versendungsdatum. [2] Falls jedoch das elektronische Dokument einen Vermerk trägt, der das Verlade- oder Versendedatum ausweist, gilt das Datum des Vermerks als das Verlade- bzw. Versendedatum. [3] Ein Vermerk, der zusätzliche Dateninhalte zeigt, braucht nicht gesondert unterschrieben oder anderweitig authentisiert zu sein.

Beschädigung eines elektronischen Dokuments nach der Vorlage

el.ERA 11

a) Wenn ein elektronisches Dokument, welches von der eröffnenden, bestätigenden oder einer anderen benannten Bank empfangen wurde, beschädigt zu sein scheint, kann die Bank den Einreicher informieren und ihn zu einer erneuten Vorlage des elektronischen Dokuments auffordern.

(12) ERI 1

b) Verlangt die Bank, dass ein elektronisches Dokument erneut vorgelegt wird:
  i. wird die Prüfungsfrist ausgesetzt und beginnt von neuem, wenn der Einreicher das elektronische Dokument erneut vorlegt; und,
  ii. falls die benannte Bank nicht die bestätigende Bank ist, muss sie der eröffnenden Bank und jeder bestätigenden Bank eine Benachrichtigung über die Aufforderung zur erneuten Vorlage zukommen lassen, und sie über die Aussetzung informieren; jedoch,
  iii. wenn das gleiche elektronische Dokument nicht innerhalb von dreißig (30) Kalendertagen erneut vorgelegt wird, kann die Bank das elektronische Dokument als nicht vorgelegt betrachten, und
  iv. irgendwelche Fristen werden nicht verlängert.

Zusätzlicher Haftungsausschluss für die Vorlage elektronischer Dokumente unter el.ERA

el.ERA 12 Bei der Prüfung der augenscheinlichen Echtheit eines elektronischen Dokuments übernehmen die Banken keine Haftung für die Identität von Absender, Datenquelle oder die Vollständigkeit und Unverändertheit des Dokumentes, soweit sich nichts offensichtlich anderes aus dem elektronischen Dokument ergibt und es mit einem kommerziell akzeptablen Datenverfahren für den Empfang, die Authentisierung und Identifikation elektronischer Dokumente empfangen wurde.

(12) Einheitliche Richtlinien für Inkassi (ERI)

Revision 1995 Text der ERI © Internationale Handelskammer

Einleitung

Schrifttum

S allgemein zum Inkassogeschäft **(7)** Bankgeschäfte vor Rn M/1, hier nur speziell zu **(12)** ERI.

a) Kommentare und Handbücher: BankrechtsHdb/*Nielsen* 3. Aufl 2007 § 119 (Inkassogeschäft). – BuB/*Nielsen* (LBl). – *Canaris,* Bankvertragsrecht, 2. Aufl 1981, Rdn 1088 ff. – *MüKo(HGB)/(Bearbeiter)* 2. Aufl 2005 ff Bd 52009 Anh nach § 372: *MüKo/Nielsen* (Zahlungsverkehr I). – *Hoffmann,* ERI (Revision 1995), 1995. – *Wickremeratne,* ICC Guide to Collection Operations (for the ICC URC 522), Paris 1996. – *Zahn/Eberding/Ehrlich,* Zahlung und Zahlungssicherung im Außenhandel, 6. Aufl 1986.

b) Sonstige Beiträge: *Liesecke,* Inkasso von Konnossementen, WM **64,** 1287. – *Kümpel,* Rechtsprobleme bei der Bevorschussung von Inkassodokumenten, Bank-Betrieb **68,** 195. – *Prost,* Spielarten und Rechtsfragen des Scheckinkasso, NJW **69,** 1233. – *Schinnerer,* Das Dokumenteninkasso, ÖA **69,** 394. – *Obermüller,* Sicherungsrechte der Bank beim Dokumenteninkasso, FS Bärmann **75,** 709. – *Graf von Westphalen,* ERA und ERI im Lichte des AGBG, WM **80,** 178. – *Nielsen,* Die Rechte am Inkassoerlös bei der Bevorschussung von Exportinkassi, ZIP **85,** 777. – Zur **nF 1995:** *Graf von Westphalen* FS Nielsen **96,** 141.

1   **1) Entstehung und Neufassung:** Die **Einheitlichen Richtlinien für Inkassi** (bis 1978: für das Inkasso von Handelspapieren) (**ERI,** Uniform Rules for Collections, URC) wurden von der IntHK veröffentlicht 1956, revidiert 1967, 1978 und **1995** (IntHK-Publikation Nr 522, zweisprachige deutsch-englische Ausgabe, mit Kurzkomm Nr 550, Sprache engl), zur Anwendung empfohlen ab 1. 1. 1996. Der jetzige Titel berücksichtigt, dass Inkassodokumente Zahlungs- oder Handelspapiere sein können. Länder, in denen die ERI angewandt werden, ähnlich wie bei ERA, s Einl 3 vor **(11)** ERA. Die Revision 1995 berücksichtigt ua den Einsatz technischer Hilfsmittel und nimmt Anpassungen an **(11)** ERA 500 vor, mittlerweile liegt allerdings **(11)** ERA 600 aus 2007 vor (Abdruck und Kommentar oben). Der Text der ERI ist abgedruckt

V. Bankgeschäfte (m. Börsen- u. KapMR)

mit freundlicher Genehmigung der Deutschen Gruppe der Internationalen Handelskammer, Köln.

2) Geltung: Die ERI sind AGB ebenso wie die ERA, Graf von Westphalen FS Nielsen **96,** 141, s Einl 6 vor **(11)** ERA; aA HdlBrauch Hbg MDR **70,** 335, Wälzholz WM **94,** 1457.

3) Erläuterungen: Allgemein zum Inkassogeschäft s **(7)** Bankgeschäfte Rn M/1 (Dokumenteninkasso), E/6 (Scheckinkasso).

A. Allgemeine Regeln und Begriffsbestimmungen

Anwendbarkeit der ERI 522

ERI 1

a. **Die Einheitlichen Richtlinien für Inkassi, Revision 1995, ICC-Publikation 522, gelten für alle Inkassi wie in Artikel 2 definiert, soweit sie in den Text eines „Inkassoauftrags" gemäß Artikel 4 einbezogen sind und sind für alle Beteiligten bindend, sofern nicht ausdrücklich anderweitige Vereinbarungen getroffen worden sind oder nicht nationale, staatliche oder örtliche Gesetze und/oder Verordnungen entgegenstehen, von denen nicht abgewichen werden darf.**
b. **Banken sind nicht verpflichtet, ein Inkasso oder irgendeine Inkassoweisung oder spätere sich darauf beziehende Weisungen zu bearbeiten.**
c. **Wenn eine Bank sich aus irgendeinem Grund entschließt, ein erhaltenes Inkasso oder sich darauf beziehende Weisungen nicht zu bearbeiten, muß sie unverzüglich denjenigen Beteiligten, von dem sie das Inkasso oder die Weisungen erhalten hat, durch Telekommunikation oder, wenn dies nicht möglich ist, auf anderem schnellen Wege davon unterrichten.**

1) Die Bank braucht den Inkassoauftrag nicht anzunehmen, muss dann aber den Auftrag- bzw Weisungsgeber unverzüglich durch Telekommunikation davon unterrichten (Art 1 b, c). Keine Benachrichtigungspflicht nach c soll in den Fällen von Art 10 a und 16 b bestehen, so Hoffmann S 4, aber fraglich, s dort.

Definition des Inkassos

ERI 2 Im Sinne dieser Richtlinien bedeuten:

a. **„Inkasso" die Bearbeitung von nachstehend unter Artikel 2 (b) definierten Dokumenten durch Banken in Übereinstimmung mit erhaltenen Weisungen, um:**
   i. **Zahlung und/oder Akzeptierung zu erhalten**
   oder
   ii. **Dokumente gegen Zahlung und/oder Akzeptierung auszuhändigen**
   oder
   iii. **Dokumente unter anderen Bedingungen auszuhändigen**
b. **„Dokumente" Zahlungspapiere und/oder Handelspapiere:**
   i. **„Zahlungspapiere" Wechsel, Solawechsel, Schecks oder andere ähnliche zum Erlangen von Zahlungen dienende Dokumente;**
   ii. **„Handelspapiere" Rechnungen, Transportdokumente, Dispositions- oder andere ähnliche Dokumente sowie irgendwelche andere Dokumente, die keine Zahlungspapiere darstellen.**
c. **„Einfaches Inkasso" das Inkasso von Zahlungspapieren, die nicht von Handelspapieren begleitet sind.**
d. **„Dokumentäres Inkasso" das Inkasso von:**
   i. **Zahlungspapieren, die von Handelspapieren begleitet sind;**
   ii. **Handelspapieren, die nicht von Zahlungspapieren begleitet sind.**

1) Art 2 a stellt klar, dass **(12)** ERI nur für Inkasso durch Banken gilt. Doch können die Parteien auch etwas anderes vereinbaren. Inkasso durch Banken liegt auch vor, wenn der Auftraggeber sich die Inkassoformulare der Bank blanko aushändigen lässt und dann selbst versendet (direktes Inkasso), zB wegen Kosten- oder Transportvorteilen, Hoffmann S 6. Art 2 b definiert Dokumente als Zahlungspapiere und/oder

HdlPapiere (financial/commercial documents). Art 2c, d definieren einfaches und dokumentäres Inkasso (clean, documentary collection). D/P, D/A s **(7)** Bankgeschäfte Rn M/5, § 346 HGB Rn 40. Muster für Finanz-, Hdl-, Versicherungs- und Transportdokumente in ICC Guide Kap 6 (engl).

Beteiligte an einem Inkasso

ERI 3

a. Im Sinne dieser Richtlinien sind die „Beteiligten":
  i. der „Auftraggeber", das ist derjenige, der eine Bank mit der Bearbeitung eines Inkassos betraut;
  ii. die „Einreicherbank", das ist die vom Auftraggeber mit der Bearbeitung des Inkassos betraute Bank;
  iii. die „Inkassobank", das ist jede mit der Durchführung des Inkassos befaßte Bank mit Ausnahme der Einreicherbank;
  iv. die „vorlegende Bank", das ist diejenige Inkassobank, die gegenüber dem Bezogenen die Vorlegung vornimmt.
b. Der „Bezogene" ist derjenige, demgegenüber in Übereinstimmung mit dem Inkassoauftrag die Vorlegung zu erfolgen hat.

1 **1)** Art 3a definiert den Begriff der Beteiligten. Der Bezogene ist danach, obwohl in b besonders erwähnt, kein Beteiligter iSd ERI (s **(7)** Bankgeschäfte Rn M/4).

B. Form und Gliederung von Inkassi

Inkassoauftrag

ERI 4

a. i. Alle zum Inkasso übersandten Dokumente müssen von einem Inkassoauftrag begleitet sein, der angibt, daß das Inkasso den ERI 522 unterliegt und in dem vollständige und genaue Weisungen erteilt werden. Banken sind nur berechtigt, gemäß den in einem solchen Inkassoauftrag erteilten Weisungen sowie in Übereinstimmung mit diesen Richtlinien zu verfahren.
  ii. Banken werden Dokumente nicht auf darin enthaltene Weisungen prüfen.
  iii. Sofern im Inkassoauftrag nicht anderweitig ermächtigt, werden Banken Weisungen von einem anderen Beteiligten/einer anderen Bank als dem Beteiligten/der Bank, von welchem/welcher sie das Inkasso erhalten haben, keine Beachtung schenken.
b. Ein Inkassoauftrag sollte die folgenden Informationen, soweit anwendbar, enthalten:
  i. Einzelheiten über die Bank, von der das Inkasso zuging einschließlich des vollständigen Namens, Postanschrift, SWIFT-Adresse, Telex-, Telefon-, Telefax-Nummern und Referenz.
  ii. Einzelheiten über den Auftraggeber einschließlich des vollständigen Namens, Postanschrift und gegebenenfalls Telex-, Telefon-, Telefax-Nummern.
  iii. Einzelheiten über den Bezogenen einschließlich des vollständigen Namens, Postanschrift oder der Domizilstelle, bei der die Vorlegung zu erfolgen hat und gegebenenfalls Telex-, Telefon-, Telefax-Nummern.
  iv. Einzelheiten über die etwaige vorlegende Bank einschließlich des vollständigen Namens, Postanschrift und gegebenenfalls Telex-, Telefon-, Telefax-Nummern.
  v. Einzuziehende(r) Beträge (Betrag) und Währung(en).
  vi. Auflistung der beigefügten Dokumente und Angabe der Anzahl jedes einzelnen Dokumentes.
  vii. a. Bedingungen, unter denen Zahlung und/oder Akzeptierung zu erhalten ist.
      b. Bedingungen für die Aushändigung von Dokumenten gegen:
        1. Zahlung und/oder Akzeptierung
        2. andere Bedingungen

Der Beteiligte, der den Inkassoauftrag erstellt, ist verantwortlich dafür, daß die Bedingungen für die Aushändigung von Dokumenten klar und eindeutig angegeben sind, andernfalls übernehmen Banken für daraus resultierende Folgen keine Verantwortung.
- viii. Einzuziehende Gebühren mit der Angabe, ob oder ob nicht auf sie verzichtet werden kann.
- ix. Falls zutreffend, einzuziehende Zinsen mit der Angabe, ob oder ob nicht auf sie verzichtet werden kann, einschließlich:
  - a. Zinssatz
  - b. Berechnungszeitraum
  - c. Art der anzuwendenden Zinsberechnung (zB das Jahr zu 360 oder 365 Tagen).
- x. Art der Zahlung und Form des Zahlungsavises.
- xi. Weisungen für den Fall von Nichtzahlung, Nichtakzeptierung und/oder Nichterfüllung anderer Weisungen.
- c. i. Inkassoweisungen sollen die vollständige Anschrift des Bezogenen enthalten oder die Domizilstelle, bei der die Vorlage zu erfolgen hat. Wenn die Anschrift unvollständig oder unrichtig ist, kann die Inkassobank ohne eigene Haftung und Verantwortlichkeit versuchen, die richtige Anschrift festzustellen.
  - ii. Die Inkassobank ist nicht haftbar oder verantwortlich für Verzögerungen aufgrund unvollständiger/unrichtiger Adresse.

1) Art 4a i handelt vom Inkassoauftrag. Der Auftrag zwischen Einreicherbank und Inkassobank ist iZw selbständig (nicht Unterauftrag); daher ist die Inkassobank an Weisungen gebunden und hat iZw auch kein Recht zur Wareneinlagerung auf Kosten des Auftraggebers, Hbg MDR **70,** 335 (s **(7)** Bankgeschäfte Rn M/2). Zu a ii s auch Art 12 (Haftungsausschluss für erhaltene Dokumente). a iii stellt klar, dass die Bank, wenn nichts anderes vereinbart ist, nur Weisungen von dem Beteiligten beachten muss, von dem sie das Inkasso bzw die Dokumente erhalten hat. Das gilt auch für Weisungen des ursprünglichen Auftraggebers und, praktisch wichtig, für sogenannte global collections, bei denen eine Einreicherbank das Inkasso an eine Inkassobank sendet und zugleich eine Drittbank mit der Überwachung beauftragt, Hoffmann S 10. 4b enthält Checkliste mit Informationen, die der Inkassoauftrag enthalten soll; sie ist rechtlich weder bindend („soll") noch abschließend.

C. Form der Vorlegung

Vorlegung

ERI 5

- a. Im Sinne dieser Richtlinien bedeutet Vorlegung das Verfahren, mit dem die vorlegende Bank die Dokumente dem Bezogenen weisungsgemäß verfügbar macht.
- b. Der Inkassoauftrag sollte die genaue Frist angeben, innerhalb derer die Bezogene Maßnahmen zu ergreifen hat.
  [1] Ausdrücke wie „erster", „prompt", „unverzüglich" und ähnliche sollten nicht im Zusammenhang mit der Vorlegung oder in bezug auf eine Frist verwendet werden, innerhalb der die Dokumente aufzunehmen sind oder der Bezogene anderweitige Maßnahmen zu ergreifen hat. [2] Wenn solche Ausdrücke verwendet werden, werden die Banken sie nicht beachten.
- c. [1] Dokumente müssen dem Bezogenen in der Form vorgelegt werden, in der sie empfangen worden sind. [2] Banken sind jedoch berechtigt, etwa notwendige Stempelmarken anzubringen, und zwar, sofern keine anderen Weisungen erteilt worden sind, auf Kosten des Beteiligten, von dem ihnen das Inkasso zugegangen ist, und etwa erforderliche Indossamente vorzunehmen oder irgendwelche Stempel oder andere Erkennungszeichen oder -symbole anzubringen, die für den Inkassovorgang üblich oder erforderlich sind.
- d. [1] Um die Weisungen des Auftraggebers auszuführen, betraut die Einreicherbank als Inkassobank die vom Auftraggeber benannte Bank. [2] Mangels einer solchen

(12) ERI 6–8

2. Handelsrechtl. Nebengesetze

  Benennung wird die Einreicherbank eine Bank nach eigener Wahl oder Wahl einer anderen Bank im Lande der Zahlung oder Akzeptierung oder in dem Land, in dem andere Bedingungen zu erfüllen sind, betrauen.
  e. Dokumente und Inkassoauftrag können von der Einreicherbank direkt oder über eine zwischengeschaltete andere Bank der Inkassobank übersandt werden.
  f. Falls die Einreicherbank keine spezielle vorlegende Bank benennt, kann sich die Inkassobank einer vorlegenden Bank nach eigener Wahl bedienen.

1   **1)** Art 5 a definiert die Vorlegung als Verfahren, mit dem die vorlegende Bank die Dokumente dem Bezogenen weisungsgemäß verfügbar macht. Werden die Dokumente, statt Zug um Zug gegen Erfüllung der Inkassobedingungen, wie zT vorkommend, „zu getreuen Händen" ausgehändigt, ist das keine Vorlegung iSv und der **(12)** ERI, Hoffmann S 16; die Bank handelt dabei auf eigenes Risiko und kann sich schadensersatzpflichtig machen (§ 280 BGB, s § 346 HGB Rn 40 zu getreuen Händen, **(7)** Bankgeschäfte Rn M/3).

Sicht/Akzeptierung

ERI 6   Bei Sicht zahlbare Dokumente muß die vorlegende Bank unverzüglich zur Zahlung vorlegen.
Nicht bei Sicht zahlbare Dokumente muß die vorlegende Bank im Falle verlangter Akzeptierung unverzüglich zur Akzeptierung und im Falle verlangter Zahlung nicht später als am betreffenden Fälligkeitsdatum zur Zahlung vorlegen.

1   **1)** Art 6 verlangt unverzügliche Vorlage, also ohne schuldhaftes Zögern. Die Höchstfrist von 5 Tagen wie in **(11)** ERA Art 14 lit b und der Verlust des Rügerechts nach **(11)** ERA Art 16 lit f passen hier nicht und sind bewusst nicht hierher übernommen worden, Hoffmann S 20 (zur aF).

Freigabe von Handelspapieren/Dokumente gegen Akzept (D/A) und Dokumente gegen Zahlung (D/P)

ERI 7
  a. Inkassi sollten keine erst später fälligen Wechsel mit Weisungen enthalten, daß die Handelspapiere gegen Zahlung auszuhändigen sind.
  b. Wenn ein Inkasso einen erst später fälligen Wechsel enthält, sollte im Inkassoauftrag bestimmt werden, ob die Handelspapiere dem Bezogenen gegen Akzeptierung (D/A) oder gegen Zahlung (D/P) freizugeben sind.
  Fehlt eine solche Bestimmung, werden Handelspapiere nur gegen Zahlung freigegeben und die Inkassobank ist nicht verantwortlich für jegliche Folgen irgendwelcher Verzögerungen in der Aushändigung der Dokumente.
  c. Wenn ein Inkasso einen erst später fälligen Wechsel enthält und der Inkassoauftrag angibt, daß Handelspapiere gegen Zahlung freizugeben sind, werden die Dokumente nur gegen entsprechende Zahlung freigegeben und die Inkassobank ist nicht verantwortlich für jegliche Folgen irgendwelcher Verzögerungen in der Aushändigung der Dokumente.

1   **1)** Art 7 b und c stellen klar, dass die Inkassobank in den genannten Fällen nicht für Verzögerungsschäden haftet. Das ist praktisch wichtig, zB wenn die auszuhändigenden HdlPapiere Traditionspapiere enthalten (Lagerkosten und andere Unkosten).

Erstellung von Dokumenten

ERI 8   Hat die Inkassobank oder der Bezogene gemäß Weisung der Einreicherbank Dokumente zu erstellen (Wechsel, Solawechsel, Trust Receipts, Verpflichtungsschreiben oder andere Dokumente), die nicht dem Inkasso beigefügt waren, müssen Form und Wortlaut derartiger Dokumente von der Einreicherbank vorgeschrieben werden; andernfalls ist die Inkassobank für Form und Wortlaut solcher von ihr und/oder dem Bezogenen gelieferten Dokumente nicht haftbar oder verantwortlich.

D. Haftung und Verantwortlichkeit

Treu und Glauben und angemessene Sorgfalt

ERI 9 Banken handeln nach Treu und Glauben und mit angemessener Sorgfalt.

Dokumente und Waren/Dienstleistungen/Leistungen

ERI 10

a. Waren sollten nicht direkt an die Adresse einer Bank oder zur Verfügung oder an die Order einer Bank versandt werden, ohne daß diese Bank zuvor zugestimmt hat.
Wenn der Bank dennoch ohne ihre vorherige Zustimmung Waren direkt an ihre Adresse oder zu ihrer Verfügung oder an ihre Order zwecks Freigabe an einen Bezogenen gegen Zahlung, Akzeptierung oder unter anderen Bedingungen zugesandt werden, ist diese Bank nicht zur Entgegennahme der Waren verpflichtet, für welche Gefahr und Verantwortlichkeit beim Absender verbleiben.

b. [1] Banken sind nicht verpflichtet, irgendwelche Maßnahmen hinsichtlich der Waren zu ergreifen, auf die sich das dokumentäre Inkasso bezieht, einschließlich ihrer Einlagerung und Versicherung, selbst wenn spezielle Weisungen, dies zu tun, erteilt wurden. [2] Banken werden derartige Maßnahmen nur ergreifen, wenn und in dem Ausmaß, in dem sie dazu im Einzelfall bereit sind. [3] Ungeachtet der Bestimmungen des Artikels 1 (c) findet diese Regelung auch bei Fehlen einer diesbezüglichen Benachrichtigung durch die Inkassobank Anwendung.

c. [1] Falls Banken dennoch, ob beauftragt oder nicht, Maßnahmen zum Schutze der Waren ergreifen, übernehmen sie keine Haftung oder Verantwortlichkeit für Schicksal und/oder Zustand der Waren und/oder irgendwelche Handlungen und/oder Unterlassungen Dritter, die mit der Verwahrung und/oder dem Schutz der Waren betraut wurden. [2] Die Inkassobank muß jedoch diejenige Bank, von der ihr der Inkassoauftrag zuging, unverzüglich über alle ergriffenen Maßnahmen benachrichtigen.

d. Alle Gebühren und/oder Auslagen, die den Banken im Zusammenhang mit irgendeiner Maßnahme zum Schutze der Ware entstanden sind, gehen zu Lasten des Beteiligten, von dem sie das Inkasso erhalten haben.

e. i. Wenn die Waren, ungeachtet der Bestimmungen des Artikels 10 (a), zur Verfügung der Inkassobank oder an deren Order gesandt werden und der Bezogene das Inkasso durch Zahlung, Akzeptierung oder unter anderen Bedingungen honoriert hat und die Inkassobank die Freigabe der Ware veranlaßt, gilt die Inkassobank als von der Einreicherbank hierzu ermächtigt.

ii. Wenn eine Inkassobank auf Weisungen der Einreicherbank oder nach den vorstehenden Bedingungen von Artikel 10 (e) i die Freigabe der Waren veranlaßt, muß die Einreicherbank diese Inkassobank für alle entstandenen Schäden und Auslagen entschädigen.

1) Art 10 stellt klar, dass die Banken beim Inkasso mit Dokumenten zu tun haben und nicht mit Waren. Letztere brauchen sie nicht entgegenzunehmen oder in Sicherheit zu bringen. Das gilt auch, wenn die Bank eine entsprechende (nicht vereinbarte) Weisung erhalten. Nach b S 3 ebenso, wenn die Inkassobank die absendende Bank nicht nach Art 1 c benachrichtigt. Die Benachrichtigungspflicht (nach Art 1 c oder aus allgemeinen Grundsätzen) bleibt aber unberührt, was zur Schadensersatzpflicht führen kann (§ 280 BGB), missverständlich Hoffmann S 4, 25. Nach e gilt die Inkassobank als von der Einreicherbank ermächtigt, die Ware nach Honorierung des Inkassos, also Aufnahme der Dokumente, durch den Bezogenen freizugeben. Alle Auslagen und Schäden der Inkassobank infolge Freigabe gehen dann zu Lasten der Einreicherbank.

Haftungsausschluß für Handlungen einer beauftragten Partei

ERI 11

a. **Bedienen sich Banken einer oder mehrerer anderer Banken, um die Weisungen des Auftraggebers auszuführen, tun sie dies für Rechnung und Gefahr dieses Auftraggebers.**
b. **Die Banken übernehmen keine Haftung oder Verantwortung, wenn die von ihnen übermittelten Weisungen nicht ausgeführt werden sollten, auch wenn sie selbst die Auswahl dieser anderen Bank(en) getroffen haben.**
c. **Ein Beteiligter, der einen anderen Beteiligten beauftragt, Leistungen zu erbringen, muß alle Verpflichtungen und Verantwortlichkeiten übernehmen, die auf ausländischen Gesetzen und Gebräuchen beruhen, und er muß den beauftragten Beteiligten für alle hieraus resultierenden Folgen schadlos halten.**

1 1) Art 11 b entspricht zwar dem Wortlaut nach **(11)** ERA Art 37 lit b (s **(11)** ERA Art 37 Rn 1, unwirksam). 11 a und b enthält aber eine zulässige Substitution ohne Verstoß gegen **(5)** § 307 BGB, s **(7)** Bankgeschäfte Rn M/3, str. Die Bank haftet für Auswahl- und Instruktionsverschulden (vgl Art 5 d, f).

Haftungsausschluß für erhaltene Dokumente

ERI 12

a. **Die Banken müssen prüfen, ob die erhaltenen Dokumente den im Inkassoauftrag aufgelisteten Dokumenten zu entsprechen scheinen und vom Fehlen irgendwelcher Dokumente, oder, wenn andere als die aufgelisteten festgestellt wurden, denjenigen Beteiligten, von dem ihnen der Inkassoauftrag zuging, unverzüglich durch Telekommunikation oder, wenn dies nicht möglich ist, auf anderem schnellen Wege benachrichtigen.**
Banken haben in dieser Hinsicht keine weitere Verpflichtung.
b. **Wenn die Dokumente nicht aufgelistet zu sein scheinen, kann die Einreicherbank nicht Art und Anzahl der von der Inkassobank erhaltenen Dokumente bestreiten.**
c. **Unter Berücksichtigung der Artikel 5 (c) und 12 (a) und 12 (b) werden Banken Dokumente wie erhalten, ohne weitere Prüfung vorlegen.**

1 1) Art 12 a II ist wirksam unter **(5)** § 307 BGB, denn die Prüfungspflichten gehen beim Dokumenteninkasso weniger weit als beim Akkreditiv, s **(7)** Bankgeschäfte Rn K/1; M/1, 3.

Haftungsausschluß für Wirksamkeit von Dokumenten

ERI 13

[1] **Die Banken übernehmen keine Haftung oder Verantwortung für Form, Vollständigkeit, Genauigkeit, Echtheit, Verfälschung oder Rechtswirksamkeit von Dokumenten oder für die allgemeinen und/oder besonderen Bedingungen, die in den Dokumenten angegeben oder denselben hinzugefügt sind.** [2] **Sie übernehmen auch keine Haftung oder Verantwortung für Bezeichnung, Menge, Gewicht, Qualität, Beschaffenheit, Verpackung, Lieferung, Wert oder Vorhandensein der durch Dokumente ausgewiesenen Waren, oder für Treu und Glauben oder Handlungen und/oder Unterlassungen sowie für Zahlungsfähigkeit, Leistungsvermögen oder Ruf der Absender, Frachtführer, Spediteure, Empfänger oder Versicherer der Waren oder irgendwelcher anderer Personen.**

1 1) Art 13 entspricht **(11)** ERA Art 34 (aber die Prüfungspflichten gehen beim Dokumenteninkasso weniger weit als beim Akkreditiv, s **(7)** Bankgeschäfte Rn K/1; M/1, 3).

V. Bankgeschäfte (m. Börsen- u. KapMR) **ERI 14–17 (12)**

Haftungsausschluß für Verzögerungen, Verlust bei Übermittlung und Übersetzung
ERI 14
a. Die Banken übernehmen keine Haftung oder Verantwortung für die Folgen von Verzögerungen und/oder Verlusten bei Übermittlung von Nachrichten, Briefen oder Dokumenten, sowie für Verzögerung, Verstümmelung oder sonstige Irrtümer, die aus der Übermittlung einer Telekommunikation resultieren oder für Irrtümer bei der Übersetzung und/oder Auslegung von technischen Ausdrücken.
b. Banken sind nicht haftbar oder verantwortlich für Verzögerungen, die aus der Notwendigkeit der Klärung erhaltener Weisungen resultieren.

1) Art 14 a enthält einen totalen Haftungsausschluss, der unter (5) § 307 BGB **unwirksam** ist. Nach Ffm EWiR 00, 617 m krit Anm Koller ist das mit dem Transport der Dokumente beauftragte Drittunternehmen beim mehrgliedrigen Dokumenteninkasso idR nicht im Pflichtenkreis der Einreicherbank tätig. b ist dagegen wirksam.

Höhere Gewalt
ERI 15
Die Banken übernehmen keine Haftung oder Verantwortung für die Folgen der Unterbrechung ihrer Geschäftstätigkeit durch Fälle höherer Gewalt, Unruhen, Aufruhr, Aufstand, Kriege oder irgendwelche anderen Ursachen, die außerhalb ihrer Kontrolle liegen, sowie durch Streiks oder Aussperrungen.

1) Art 14 a entspricht (11) ERA Art 17 und ist wirksam.   1

E. Zahlung

Unverzügliche Zahlung
ERI 16
a. Eingezogene Beträge (gegebenenfalls abzüglich Gebühren und/oder Aufwendungen und/oder Auslagen) müssen in Übereinstimmung mit dem Inkassoauftrag unverzüglich dem Beteiligten zur Verfügung gestellt werden, von dem der Inkassoauftrag zuging.
b. Ungeachtet der Bestimmungen des Artikels 1(c) wird die Inkassobank, sofern sie keiner anderweitigen Vereinbarung zugestimmt hat, Zahlung des eingezogenen Betrages nur zugunsten der Einreicherbank vornehmen.

1) Art 16 a verpflichtet zur unverzüglichen Zahlung eingezogener Beträge (abzüg- 1
lich Unkosten) an den Beteiligten, von dem der Inkassoauftrag zuging. a verlangt „unverzügliche" Weiterleitung ohne eine Höchstfrist, vgl Art 6 Rn 1. Nach b braucht die Inkassobank grundsätzlich nur an die Einreicherbank zu zahlen, und zwar auch dann, wenn der Inkassoauftrag zur Zahlung an einen Dritten anweist, Grund: Verhinderung von Geldwäsche und Betrug; Ausnahmen zB für Zahlung von Vertreterprovisionen, Hoffmann S 34. Dass b die Benachrichtigungspflicht nach Art 1 c ausschaltet, folgt nicht aus dem Wortlaut und ist fraglich, aA Hoffmann S 4, 34.

Zahlung in inländischer Währung
ERI 17
Dokumente, die in der Währung des Zahlungslandes (inländische Währung) zahlbar sind, darf die vorlegende Bank, sofern im Inkassoauftrag keine anderen Weisungen erteilt worden sind, dem Bezogenen nur dann gegen Zahlung in inländischer Währung freigeben, wenn diese Währung gemäß der im Inkassoauftrag vorgeschriebenen Art sofort verfügbar ist.

Hopt 2029

Zahlung in ausländischer Währung

ERI 18 Dokumente, die in einer anderen Währung als der des Zahlungslandes (ausländische Währung) zahlbar sind, darf die vorlegende Bank, sofern im Inkassoauftrag keine anderen Weisungen erteilt worden sind, dem Bezogenen nur dann gegen Zahlung in der betreffenden ausländischen Währung freigeben, wenn diese ausländische Währung gemäß der im Inkassoauftrag erteilten Weisungen sofort verfügbar ist.

1   1) Art 18 betrifft Anweisung zur Zahlung in ausländischer Währung (dh zahlbar in einer anderen Währung als der des Zahlungslandes). Schwierigkeiten treten auf, wenn das anwendbare Recht besagt, dass auch in Landeswährung erfüllt werden kann. Für diesen Fall wird Effektivklausel empfohlen, Hoffmann S 35. Unabhängig davon kann Anweisung zur Zahlung in inländischer Währung nach Art 17 der nach Art 18 praktisch vorzuziehen sein, so bei Devisenvorschriften und Zollabfertigung erst nach Erhalt der Dokumente, Hoffmann S 35.

Teilzahlungen

ERI 19

a. ¹ Bei einfachen Inkassi können Teilzahlungen angenommen werden, wenn und soweit Teilzahlungen nach dem am Zahlungsort geltenden Recht gestattet sind. ² Die Zahlungspapiere werden dem Bezogenen erst nach Erhalt der vollen Zahlung freigegeben.

b. ¹ Bei dokumentären Inkassi werden Teilzahlungen nur angenommen, wenn der Inkassoauftrag eine ausdrückliche Ermächtigung hierzu enthält. ² Jedoch wird die vorlegende Bank, sofern keine anderen Weisungen erteilt worden sind, die Dokumente dem Bezogenen erst nach Erhalt der vollen Zahlung freigeben, und die vorlegende Bank ist nicht verantwortlich für Folgen von Verzögerungen in der Aushändigung von Dokumenten.

c. In allen Fällen werden Teilzahlungen nur entsprechend den jeweils anwendbaren Bestimmungen der Artikel 17 oder 18 angenommen.

Angenommene Teilzahlungen werden gemäß den Bestimmungen des Artikels 16 behandelt.

F. Zinsen, Gebühren und Auslagen

Zinsen

ERI 20

a. Wenn der Inkassoauftrag angibt, daß Zinsen einzuziehen sind und der Bezogene deren Bezahlung verweigert, kann die vorlegende Bank das (die) Dokument(e) je nach Lage des Falles gegen Zahlung oder Akzeptierung oder unter anderen Bedingungen ohne Einzug solcher Zinsen aushändigen, sofern nicht Artikel 20 (c) Anwendung findet.

b. In Fällen, in denen solche Zinsen eingezogen werden sollen, muß der Inkassoauftrag den Zinssatz, den Berechnungszeitraum und die Art der Zinsberechnung angeben.

c. ¹ In Fällen, in denen der Inkassoauftrag ausdrücklich vorschreibt, daß auf die Zinsen nicht verzichtet werden darf und der Bezogene sich weigert, solche Zinsen zu zahlen, wird die vorlegende Bank die Dokumente nicht aushändigen und keine Verantwortung für Folgen von Verzögerungen in der Aushändigung der Dokumente tragen. ² Wenn die Zahlung von Zinsen verweigert wurde, muß die vorlegende Bank unverzüglich die Bank, von der der Inkassoauftrag zuging, durch Telekommunikation oder, wenn dies nicht möglich ist, auf anderem schnellen Wege unterrichten.

1   1) Art 20 schreibt vor, dass eine Zinsklausel im Inkassoauftrag selbst enthalten sein muss, Angabe auf einem Zahlungspapier oder einem anderen Dokument genügt nicht.

Gebühren und Auslagen

ERI 21

a. Wenn der Inkassoauftrag angibt, daß Inkassogebühren und/oder Auslagen zu Lasten des Bezogenen gehen und der Bezogene deren Zahlung verweigert, kann die vorlegende Bank das (die) Dokument(e) je nach Lage des Falles gegen Zahlung oder Akzeptierung oder unter anderen Bedingungen ohne Einzug der Inkassogebühren und/oder Auslagen aushändigen, sofern nicht Artikel 21 (b) Anwendung findet.
Wird so auf Inkassogebühren und/oder Auslagen verzichtet, gehen diese zu Lasten des Beteiligten, von dem das Inkasso zuging und dürfen vom Erlös abgezogen werden.
b. [1] In Fällen, in denen der Inkassoauftrag ausdrücklich vorschreibt, daß auf die Gebühren und/oder Auslagen nicht verzichtet werden darf und der Bezogene sich weigert, solche Gebühren und/oder Auslagen zu zahlen, wird die vorlegende Bank die Dokumente nicht aushändigen und keine Verantwortung für Folgen von Verzögerungen in der Aushändigung der Dokumente tragen.
[2] Wenn die Zahlung von Gebühren und/oder Auslagen verweigert worden ist, muß die vorlegende Bank unverzüglich die Bank, von der der Inkassoauftrag zuging, durch Telekommunikation oder, wenn dies nicht möglich ist, auf anderem schnellen Wege unterrichten.
c. Sind gemäß den ausdrücklichen Bedingungen des Inkassoauftrags oder nach diesen Richtlinien Aufwendungen und/oder Auslagen und/oder Inkassogebühren vom Auftraggeber zu tragen, ist (sind) die Inkassobank(en) berechtigt, sich für ihre Aufwendungen, Auslagen und Gebühren sofort bei der Bank zu erholen, von der ihr (ihnen) der Inkassoauftrag zuging; die Einreicherbank ist berechtigt, sich für solche von ihr geleisteten Zahlungen sowie für eigene Aufwendungen, Auslagen und Gebühren unabhängig vom Ergebnis des Inkassos sofort beim Auftraggeber zu erholen.
d. Banken behalten sich das Recht vor, von dem Beteiligten, von dem ihnen der Inkassoauftrag zuging, Zahlung von Gebühren und/oder Auslagen im voraus zu verlangen, um Kosten abzudecken, die im Zusammenhang mit der Ausführung von Weisungen entstehen; sie behalten sich das Recht vor, solche Weisungen bis zum Erhalt dieser Zahlung nicht auszuführen.

G. Andere Regeln

Akzeptierung

ERI 22

Die vorlegende Bank ist dafür verantwortlich, darauf zu achten, daß die Form der Akzeptierung eines Wechsels vollständig und richtig erscheint, jedoch ist sie für die Echtheit von Unterschriften oder für die Zeichnungsberechtigung irgendeines Unterzeichners des Akzeptes nicht verantwortlich.

1) Anders als beim Dokumentenakkreditiv hat die Bank keine Pflicht zur Prüfung der Unterschriften auf Echtheit, str, anders bei konkretem Verdacht, dann Prüfungspflicht aus Art 1. Art 22 verstößt deshalb nicht gegen (5) § 307 BGB, Canaris 1090, str. Pflicht zur Unterschriftsprüfung kann aber vereinbart werden.

Solawechsel und andere Dokumente

ERI 23

Die vorlegende Bank ist für die Echtheit von Unterschriften oder für die Zeichnungsberechtigung irgendeines Unterzeichners eines Solawechsels, einer Quittung oder anderer Dokumente nicht verantwortlich.

1) Vgl Art 22 Rn 1.

Protest

ERI 24 Der Inkassoauftrag sollte spezielle Weisungen hinsichtlich des Protestes (oder eines entsprechenden rechtlichen Verfahrens) im Falle der Nichtzahlung oder Nichtakzeptierung enthalten.

Bei Fehlen solcher speziellen Weisungen sind die mit dem Inkasso befaßten Banken nicht verpflichtet, die Dokumente wegen Nichtzahlung oder Nichtakzeptierung protestieren (oder einem entsprechenden rechtlichen Verfahren unterwerfen) zu lassen.

Alle Gebühren und/oder Auslagen, die den Banken im Zusammenhang mit einem solchen Protest oder entsprechenden rechtlichen Verfahren entstehen, gehen zu Lasten des Beteiligten, von dem ihnen der Inkassoauftrag zuging.

1   1) Der Ausschluss der Pflicht zum Protest auch bei Papieren, bei denen dieser Voraussetzung für die Rechtserhaltung ist, macht II nach **(5)** § 307 BGB **unwirksam,** str.

Notadresse

ERI 25 Wenn der Auftraggeber einen Vertreter bestellt, der als Notadresse bei Nichtzahlung und/oder Nichtakzeptierung tätig werden soll, dann sollte der Inkassoauftrag die Befugnisse einer solchen Notadresse klar und vollständig angeben. Bei Fehlen einer solchen Angabe nehmen die Banken keinerlei Weisungen der Notadresse entgegen.

Benachrichtigungen

ERI 26 Inkassobanken sind gehalten, Benachrichtigungen nach folgenden Regeln vorzunehmen:

a. **Form der Benachrichtigung**
   Sämtliche Meldungen oder Nachrichten seitens der Inkassobank an diejenige Bank, von der ihr der Inkassoauftrag zuging, müssen geeignete Einzelheiten enthalten, und zwar in jedem Fall auch die Referenznummer des Inkassoauftrags der letzteren Bank.

b. **Art der Benachrichtigung**
   ¹Die Einreicherbank ist verantwortlich dafür, daß der Inkassobank Weisungen über die Art der Übermittlung der in den Absätzen (c) i, (c) ii und (c) iii dieses Artikels beschriebenen Benachrichtigungen erteilt werden. ²Bei Fehlen solcher Weisungen wird die Inkassobank die Benachrichtigung nach eigener Wahl auf Kosten der Bank, von der ihr der Inkassoauftrag zuging, vornehmen.

c. i. **Bezahltmeldung**
      Die Inkassobank muß derjenigen Bank, von der ihr der Inkassoauftrag zuging, unverzüglich eine Bezahltmeldung zusenden mit detaillierter Angabe des eingezogenen Betrags oder der eingezogenen Beträge, der gegebenenfalls abgezogenen Gebühren und/oder Aufwendungen und/oder Auslagen sowie der Art der Verfügbarstellung des Erlöses.

   ii. **Akzeptmeldung**
      Die Inkassobank muß derjenigen Bank, von der ihr der Inkassoauftrag zuging, unverzüglich eine Akzeptmeldung zusenden.

   iii. **Meldung über Nichtzahlung und/oder Nichtakzeptierung**
      Die vorlegende Bank sollte versuchen, die Gründe einer solchen Nichtzahlung und/oder Nichtakzeptierung festzustellen, und diejenige Bank unverzüglich entsprechend benachrichtigen, von der ihr der Inkassoauftrag zuging.
      Die vorlegende Bank muß derjenigen Bank, von der ihr der Inkassoauftrag zuging, unverzüglich eine Meldung über Nichtzahlung und/oder Nichtakzeptierung zusenden.
      Bei Erhalt einer solchen Benachrichtigung muß die Einreicherbank geeignete Weisungen hinsichtlich der weiteren Behandlung der Dokumente erteilen. Falls die vorlegende Bank solche Weisungen nicht innerhalb von 60 Tagen nach ihrer Meldung über Nichtzahlung und/oder Nichtakzeptierung erhält, können die Dokumente ohne eine weitere Verantwortlichkeit seitens der vorlegenden Bank derjenigen Bank zurückgesandt werden, von der ihr der Inkassoauftrag zuging.

(13) Gesetz über die Verwahrung und Anschaffung von Wertpapieren (Depotgesetz – DepotG)

Vom 4. Februar 1937 (RGBl I 171) idF vom 11. Januar 1995 (BGBl I 34/ BGBl III FNA 4130-1) mit den späteren Änderungen

Einleitung

Schrifttum

a) Kommentare und Handbücher: Außer dem allgemeinen Schrifttum (s **(7)** Bankgeschäfte Einl vor A/1) BankrechtsHdb/*Gößmann/Klanten* 3. Aufl 2007 § 72. – BuB/*Kümpel* 8/1 (LBl). – *Canaris,* Bankvertragsrecht, 2. Aufl 1981, Rdn 2080 ff. – Ebenroth/*Scherer* BankR VI 301, 2001. – *Einsele,* Bank- und Kapitalmarktrecht 2006, § 9. – *Heinsius/Horn/Than,* 1975. – *Kümpel* 3. Aufl 2004 Rn 11.1 ff. – *Kümpel/Ott,* Kapitalmarktrecht (LBl). – *MüKo(HGB)/(Bearbeiter)* 2. Aufl 2005 ff Bd 52009 Anh nach § 372: *MüKo/Einsele* Depotgeschäft. – *Opitz,* 2. Aufl 1955. – *Schlegelberger/Hefermehl,* Bd VI, Anh § 406, 5. Aufl 1977.

b) Sonstige Beiträge: *Bruns,* Depotgeschäft, 3. Aufl 1972. – *Delorme,* Die Wertpapiersammelbanken, 1970. – *Opitz,* 50 Depotrechtliche Abhandlungen, 1954. – *Einsele* 1995. – *Dittrich,* Effektengiroverkehr mit Auslandsberührung, 2002. – *Micheler,* Wertpapierrecht zwischen Schuld- und Sachenrecht, Wien 2004. – *Decker,* Depotgeschäft 2007. **Muster:** Hopt/*Clouth* 3. Aufl 2007 Form IV. W.1–3 (Depotgeschäft; Sonderbedingungen für Wertpapiergeschäfte Nr 13–20; Auslandsverwahrung von Wertpapieren, Depotauszug).

1) Depotgesetz: Das DepotG 1937 löste das DepotG 1896 ab (vgl § 48), Amtl **1** Begr RAnz 37 Nr 29, Änderungen ua durch G 17. 7. 1985 BGBl 1507 (Gesetzesüberschrift, §§ 1 III, 5 IV, 24 III), 2. FinanzmarktfördG 26. 7. 1994 BGBl 1749 (ua §§ 2 S 1; 5 I, II, IV 1 Nr. 4; 9 a I 1; 12 a; 16) und EGInsO 5. 10. 1994 BGBl 2911, in Kraft ab 1. 1. 1999 (Überschrift 3. Abschn, §§ 32, 33, 37). Neufassung 11. 1. 1995 BGBl 34. Seither zahlreiche Einzeländerungen. Das DepotG regelt in Abschn 1 das Depotgeschäft (Verwahrung), in Abschn 2 zT das Effektengeschäft (Einkaufskommission und Eigengeschäft) und in Abschn 3 ein besonderes Insolvenzvorrecht. Abschn 4, 5 enthalten Straf- und Schlussvorschriften.

Das DepotG ist trotz der vielen Änderungen veraltet und reformbedürftig. Dem modernen Effektengiroverkehr und den internationalen Entwicklungen (s Rn 5, 6) wird es nicht mehr gerecht. Das BMJ plant deshalb schon seit 2007 eine grundlegende **Erneuerung des Depotrechts** (Eckpunktepapier zur Reform des Depotrechts, Mai 2008). Regelungsprobleme sind ua: Neuregelung des Effektengiroverkehrs, eventuell nicht mehr nach sachenrechtlichen Grundsätzen (schweizBucheffektenG), dann aber ohne Abstriche am bisherigen Schutzniveau beim Gutglaubenserwerb und in der Insolvenz; jedenfalls aber Regelung der Übertragung (auf der Basis der Kontobuchung), der Verpfändung und anderer Sicherungsrechte, des Gutglaubenserwerbs, der Gutschrift in WPRechnung, weitere Entmaterialisierung nach Wahl des Emittenten, uU Depotvertrag als eigenständiger Vertragstyp.

2) Depotprüfung **2**

A. Das Depotgeschäft ist die Verwahrung und die Verwaltung von Wertpapieren für andere (Bankgeschäft nach § 1 I 2 Nr 5 KWG, Text s **(7)** Bankgeschäfte Rn A/4); nur Kreditinstitute unter der Aufsicht der BaFin dürfen es betreiben. Bei Instituten, die das Depotgeschäft betreiben, hat der Prüfer bei der Prüfung des Jahresabschlusses dieses Geschäft besonders zu prüfen und darüber gesondert zu berichten (§ 29 II 2, 3 KWG idF 6. KWGÄndG 1997); die gesonderte, idR einmal jährlich vorzunehmende Depotprüfung (§ 30 aF KWG) ist zur Entlastung der Institute entfallen. Vgl BAKred, PrüfungsberichtsVO (PrüfbV) 17. 12. 98 BGBl 3690 sowie „Hinweise über die materiellen Prüfungserfordernisse", außer Kraft Richtlinien für die Depotprüfung 16. 12.

1970 BAnz Nr 239. Näher s Kommentare zum KWG, vgl **(7)** Bankgeschäfte Rn A/4. Lit: Miletzki WM **99,** 1451.

3   B. Im Verkehr zwischen Kreditinstituten werden folgende Depots unterschieden: **a) Fremddepot: Depot B, b) Eigendepot: Depot A** (Nostrobestände sowie WP nach §§ 12 IV, 13, 19–21), **c) Pfanddepot: Depot C** (WP nach § 12 II), **d) Sonderpfanddepot: Depot D** (WP nach § 12 III; für jeden einzelnen Kunden ist ein besonderes Depot D zu führen).

4   **3) Depotgeschäft: Muster:** Hopt/Clouth 3. Aufl 2007 Form IV. W.1 (Sonderbedingungen für Wertpapiergeschäfte Nr 13–20), Form IV. W.2 (Auslandsverwaltung von Wertpapieren), Form IV. W.3 (Depotauszug).

5   **4) Internationalisierung des Depotgeschäfts:** Wertpapierverwahrung und -verfügung sind zunehmend international. Das wirft wegen der unterschiedlichen schuld-, sachen- und depotrechtlichen Regeln, ua betr Gutglaubenserwerb, ganz erhebliche Probleme auf. Die Reaktion über IPR (§ 17 a) reicht wegen der ebenfalls unterschiedlichen Regeln zur Lösung nicht mehr aus. Global und regional gibt es deshalb Rechtsangleichungsversuche, vor allem Haager Übk 13. 12. 02 (IPR zwischenverwahrter WP), RabelsZ 68 **(04)** 757, dazu Einsele WM **03,** 2349, Merkt/Rossbach ZVglRWiss 102 **(03)** 33, Reuschle IPRax **03,** 495 u RabelsZ 68 **(04)** 725, und UNIDROIT-Konventionsentwurf (Sachenrecht betr intermediärverwahrte Wertpapiere) WM **05,** 1147, dazu Paech, Einsele WM **05,** 1101, 1109, nunmehr Entwurf eines Übk über materiellrechtliche Normen für intermediärverwaltete Wertpapiere, Februar 2008. Lit: Einsele, Bank- und Kapitalmarktrecht 2006 § 9 III, Donald WM **08,** 526 (US Uniform Commercial Code), s auch § 17 a Rn 1.

6   **5) Europäischer Binnenmarkt auf dem Nachhandelssektor:** Während das Börsenrecht in der EU weitgehend harmonisiert ist, zuletzt durch die MiFiD 2004 (s **(14)** BörsG Einl 8 ff, 19 or § 1), ist der Binnenmarkt auf dem Nachhandelssektor noch sehr zersplittert (Giovannini-Berichte 2001, 2003 mit 15 Barrieren). Geplant ist ein harmonisierter sach- und internationalprivatrechtlicher Rechtsrahmen für mittels eines Kontoführers verwahrte Wertpapiere und für die Ausübung von Rechten in der (grenzüberschreitenden) Verwahrkette, freie Wahl der (Zentral- und anderen)Verwahrer seitens der Emittenten und Aufsicht über Wertpapierverwahrer und -verwalter. Die EUKommission hat dazu 2009 eine öffentliche Konsultation veranstaltet. Näher http://ec.europa.eu/internal_market/financial-markets/securities-law/...

Allgemeine Vorschriften

DepotG 1 (1) **Wertpapiere im Sinne dieses Gesetzes sind Aktien, Kuxe, Zwischenscheine, Zins-, Gewinnanteil- und Erneuerungsscheine, auf den Inhaber lautende oder durch Indossament übertragbare Schuldverschreibungen, ferner andere Wertpapiere, wenn diese vertretbar sind, mit Ausnahme von Banknoten und Papiergeld. Wertpapiere im Sinne dieses Gesetzes sind auch Namensschuldverschreibungen, soweit sie auf den Namen einer Wertpapiersammelbank ausgestellt sind.**

(2) **Verwahrer im Sinne dieses Gesetzes ist, wem im Betrieb seines Gewerbes Wertpapiere unverschlossen zur Verwahrung anvertraut werden.**

(3) [1] **Wertpapiersammelbanken sind Kreditinstitute, die von der nach Landesrecht zuständigen Stelle des Landes, in dessen Gebiet das Kreditinstitut seinen Sitz hat, als solche anerkannt sind.** [2] **Die Anerkennung des Kreditinstituts als Wertpapiersammelbank kann nachträglich, im Interesse des Anlegerschutzes von der Erfüllung von Auflagen abhängig gemacht werden.** [3] **Die Anerkennung und deren Aufhebung sowie Auflagen sind öffentlich bekanntzugeben.**

1   **1) A. Wertpapiere** iS des DepotG sind die in **I** besonders genannten Arten, ferner andere vertretbare WP (außer Banknoten und Papiergeld), auch Sparbriefe. Nicht unter das DepotG fallen zB Schuldscheine auf Namen, Quittungen, Ausweisurkunden (zB Sparbücher), Schuldscheindarlehen, die Traditionspapiere nach HGB (Ladeschein, Orderlagerschein, Konnossement, §§ 448, 475 g, 650 HGB), Wechsel, Schecks, Versicherungsscheine, Hypotheken- und Grundschuldbriefe (BGH BB **73,** 307),

V. Bankgeschäfte (m. Börsen- u. KapMR) **2–4 DepotG 1 (13)**

GmbHAnteilscheine. Auch ausländische Papiere der in I bezeichneten Kategorien sind WP iS des DepotG. Der bankrechtliche WPBegriff (Effekten, Kapitalmarktpapiere, vor allem Aktien, Schuldverschreibungen bzw Obligationen und Investmentzertifikate; vgl auch **(16)** WpHG § 2 I) ist also enger als der des WPRechts und der des HdlRechts (vgl § 1 II Nr 1 aF HGB). WP sind auch Namensschuldverschreibungen, soweit sie auf den Namen einer WPSammelbank ausgestellt sind, **I 2** idF SchVFalschberG 2009. Auch global bonds (idR in beiden Ländern zum Handel zugelassene Namenschuldverschreibungen deutscher oder US-amerikanischer Schuldner) unterfallen danach dem sachenrechtlichen WPGiro, sofern eine inländische WPSammelbank (zB Clearstream Banking AG Frankfurt) im Register des Schuldners als Inhaber des Rechts eingetragen ist.

B. **Wertrechte** sind nichtverbriefte Wertpapiere (wörtlich zwar widersprüchlich, **2** rechtlich aber sinnvoll: vertretbare Rechte gleichgestellt mit vertretbaren Sachen nach § 91 BGB). Man spricht auch von **Bucheffekten** im Gegensatz zu Briefeffekten, Canaris 2045. Reichsschatzanweisungen und Reichsschuldbuchforderungen (VO über Verwaltung und Anschaffung von Reichsschuldbuchforderungen 5. 1. 40 RGBl 30 sowie 1. und 2. VO über die Behandlung von Reichsanleihen im Bank- und Börsenverkehr 31. 12. 40 RGBl 1941, 21, und 18. 4. 42, RGBl 183) wurden zur Förderung des stückelosen Handels im Reichsanleihen, obwohl nicht verbrieft, depotrechtlich den WP gleichgestellt, und zwar originäre Schuldbuchforderungen ebenso wie in solche umgewandelte Reichsschatzanweisungen; auf beide sind §§ 5 ff DepotG (Sammelverwahrung) anwendbar, BGH **5,** 31. Dasselbe wie nach den drei genannten VO gilt für **Bundesanleihen** und **Buchschulden des Bundes** (Anleihegesetz 29. 3. 1951 BGBl 218), für **Schatzanweisungen** des Bundes, der DBB und der DBP (Bek 8. 7. 1963 BGBl 462) und für Schuldverschreibungen auf Grund von Anleihen der Länder und in die Schuldbücher der Länder eingetragene Anleiheforderungen (DepotÄndG 24. 5. 1972 BGBl 802). Seit 1972 ist die **Sammelurkunde** in § 9 a DepotG geregelt (Begriff dort I 1), eine kunstvolle Übergangsform zum rein stückelosen Effektenverkehr. Zur Entwicklung der Bundesschuldenverwaltung Wagner WM **99,** 1949. Die besondere von Opitz vertretene **Wertrechtslehre** (Wertrechte als quasidingliche Rechte mit voller Anwendung des DepotG und der §§ 929 ff BGB) ist zwar de lege lata nicht haltbar. Die Entwicklung geht aber in diese Richtung, und viele einzelne **Analogien** sind schon **de lege lata** möglich. Lit: Brink 1976, Peters 1978, Lütticke 1980, Koller (Schuldrechtskommission II 1496) 1981, Peters 1983, Kreuzer 1988, Dechamps 1989 (Effektengiroverkehr), Einsele 1995, Micheler 2004; Canaris 2040; Koller DB **72,** 1857, 1906, Zöllner FS Raiser **74,** 249, Kümpel WM **82,** 730, Zahn/Kock WM **99,** 1955 (EZB), Than FS Schimansky **99,** 821, Habersack/Mayer WM **00,** 1678, Einsele WM **01,** 7.

2) A. Nach der Legaldefinition des **II** idF HRefG 1998 ist **Verwahrer** iS des **3** DepotG jeder, dem im Betrieb seines (auf solche oder andere Geschäfte gerichteten) Gewerbes WP unverschlossen zur Verwahrung anvertraut werden: zB eine Treuhand-Ges, kleingewerblicher Verwahrer (HdlGewerbe nach § 1 II HGB ist nicht mehr erforderlich), nicht ein Rechtsanwalt (Freiberufler, problematisch, aber § 1 Rn 20), nicht ein Kfm, der außerhalb seines Gewerbebetriebs WP so empfängt (zB als Vormund). „Zuwendungstreuhand" (Verwahrung mit Vereinbarung der Zuwendung an X im Zeitpunkt Y) im Depotrecht s Scherner BB **69,** 816.

B. **Rechtsnatur** des Depotgeschäfts: Das Depotgeschäft ist die Verwahrung und die **4** Verwaltung von WP für andere (§ 1 I 2 Nr 5 KWG, Text s **(7)** Bankgeschäfte Rn A/4). Der **Depotvertrag** ist ein entgeltlicher Geschäftsbesorgungsvertrag mit Dienstleistungs- und Verwahrungselementen (§§ 675 I, 611, 688 BGB), hL, BGH NJW **91,** 978, Mentz/Fröhling NZG **02,** 203. WPKontoinhaber vgl **(7)** Bankgeschäfte Rn A/48; entspr gibt es Gemeinschafts-, Fremd-, Sonder-, Treuhand- und Ander- sowie Sperrdepots. Übertragung der Depots im Gegensatz zum Einlagendepot (§ 398 BGB) entweder durch Abtretung des Herausgabeanspruchs gegen den Verwahrer (§ 931 BGB) oder durch Anweisung an Verwahrer zur Umschreibung des Depots (§ 929 S 1 BGB), s BGH WM **75,** 1261, Canaris 2091. Das DepotG ist auch bei Nichtigkeit des Depotgeschäfts anwendbar (II „anvertraut", Schutzzweck des DepotG). Das verschlos-

Hopt 2035

(13) DepotG 2 1

sene Depot ist dagegen ein reiner Verwahrungsvertrag; das DepotG ist unanwendbar (s Rn 3).

5 C. Der **Safevertrag** (Mietvertrag, s **(7)** Bankgeschäfte Rn V/1) fällt nicht unter das DepotG, weil er nicht auf die Verwahrung von Wertpapieren iSv § 1 gerichtet ist.

6 3) **Wertpapiersammelbanken** sind in III (nF 1985) definiert; zuständig zur Anerkennung sind die Länderbehörden **(III 1)**. Die Anerkennung kann (ohne Verfassungsverstoß auch nachträglich) im Interesse des Anlegerschutzes von der Erfüllung von Auflagen abhängig gemacht werden **(III 2)**. Der Begriff des Anlegerschutzes ist damit gesetzlich anerkannt. Publizität s **III 3**. Bis Ende 1989 gab es sieben WPSammelbanken an den inländischen Börsenplätzen mit Ausnahme von Bremen, teils hießen sie Kassenvereine. 1990 wurden sie auf die Frankfurter Kassenverein AG verschmolzen, die später in Deutsche Kassenverein AG, 1997 in Deutsche Börse Clearing AG und inzwischen in **Clearstream Banking AG** umfirmiert wurde. Diese ist eine hundertprozentige Tochter der Deutsche Börse AG. Sie ist heute die einzige WPSammelbank nach II. 1996 übernahm sie auch die Funktionen der auf sie verschmolzenen Deutsche Auslandskassenverein AG. Ihre Geschäftstätigkeit umfasst die Sammelverwahrung nebst den üblichen Geschäftsbesorgungen als Verwahrer, die Belieferung der von den Depotbanken getätigten Effektengeschäfte im Effektengiroverkehr, die Auslandsverwahrung von Wertpapieren, den Treuhandgiroverkehr und die Mitwirkung als Treuhänder bei der Zulassung ausländischer Wertpapiere zur Börse. Auslandsaufbewahrung s auch § 22. Kontoinhaber bei einer WPSammelbank können grundsätzlich nur Kredit- und Finanzdienstleistungsinstitute mit Sitz im In- und Ausland sein, möglich weitere Kontoinhaber nach AGB-WSB. Zum Effektengiroverkehr der WPSammelbanken Canaris 2007, zur Sammelurkunde und den Besitzverhältnissen dabei § 9 a DepotG. Lit: Horn WM Sonderbeil 2/**02** (CCP, zentraler Kontrahent).

1. Abschnitt. Verwahrung

Sonderverwahrung

DepotG 2 ¹Der Verwahrer ist verpflichtet, die Wertpapiere unter äußerlich erkennbarer Bezeichnung jedes Hinterlegers gesondert von seinen eigenen Beständen und von denen Dritter aufzubewahren, wenn es sich um Wertpapiere handelt, die nicht zur Sammelverwahrung durch eine Wertpapiersammelbank zugelassen sind, oder wenn der Hinterleger die gesonderte Aufbewahrung verlangt. ²Etwaige Rechte und Pflichten des Verwahrers, für den Hinterleger Verfügungen oder Verwaltungshandlungen vorzunehmen, werden dadurch nicht berührt.

1 1) **Sonder- oder Streifbandverwahrung:** Das **Streifbanddepot** war herkömmlich die **Grundform der WPVerwahrung**. Infolge der Trennung des Kundenbestands von den eigenen Beständen der Bank (Nostrobesitz) und Drittbeständen war diese Form für den Kunden am ungefährlichsten. Sie ist jedoch heute durch die günstigere Sammelverwahrung überholt (§ 5 Rn 1). § 2 macht seit 1994 dieses Regel-Ausnahme-Verhältnis deutlich und beschränkt die Sonderverwahrung auf zwei Fälle: Sie ist nur geboten, wenn es sich um Wertpapiere handelt, die nicht zur Sammelverwahrung durch eine Wertpapiersammelbank (§ 5) zugelassen sind, oder wenn der Hinterleger die gesonderte Aufbewahrung verlangt **(Satz 1).** Gesonderte Verwahrung ist für Treuhänder ua Grundsatz, Henssler AcP 196 **(96)** 58, und verschiedentlich ausdrücklich vorgeschrieben (s **(16)** WpHG § 34 a, §§ 9 IV, 20 InvG, § 292 I 2 InsO), sonst verliert er sein Widerspruchsrecht (§ 771 ZPO), BGH WM **03,** 1641 (s **(9)** AGB-Anderkonten Einl 8 vor a) Nr 1). Ob der Treuhänder sich daran hält, ist eine andere Frage, für die Bank kommt es auf die Weisung des Hinterlegers an. Die Weisung des Hinterlegers an den Verwahrer ist formlos. Sie kommt in Betracht, wenn der Hinterleger effektive Stücke einliefert. Für die Verwahrung gelten §§ 688 ff BGB, dazu gegenüber Nichtbankier-Kunden idR **(8)** Sonderbedingungen für WPGeschäfte, s dort zu den Verwaltungspflichten der Bank Nr 14–20. Kann der Verwahrer verwahrte WP nicht zurückgeben, obliegt ihm Entlastung nach § 280 I 2 BGB; anders, wenn der

Kunde die Depotführung nicht überwacht und die Unterlagen nach Ablauf der Aufbewahrungsfrist (vgl § 257 HGB) vernichtet wurden, BGH WM **72**, 281.

2) **Depotscheine** sind Ausweispapier, nicht kfm Verpflichtungsschein iSv § 363 I HGB; nicht, wenn an Order gestellt (indossabel iSv §§ 364, 365 HGB), ihre Übertragung mit Indossament ist Abtretung des Anspruchs auf Herausgabe des WP, RG **118**, 38.

Drittverwahrung

DepotG 3 (1) ¹ Der Verwahrer ist berechtigt, die Wertpapiere unter seinem Namen einem anderen Verwahrer zur Verwahrung anzuvertrauen. ² Zweigstellen eines Verwahrers gelten sowohl untereinander als auch in ihrem Verhältnis zur Hauptstelle als verschiedene Verwahrer im Sinne dieser Vorschrift.

(2) ¹ Der Verwahrer, der Wertpapiere von einem anderen Verwahrer verwahren läßt (Zwischenverwahrer), haftet für ein Verschulden des Drittverwahrers wie für eigenes Verschulden. ² Für die Beobachtung der erforderlichen Sorgfalt bei der Auswahl des Drittverwahrers bleibt er auch dann verantwortlich, wenn ihm die Haftung für ein Verschulden des Drittverwahrers durch Vertrag erlassen worden ist, es sei denn, daß die Papiere auf ausdrückliche Weisung des Hinterlegers bei einem bestimmten Drittverwahrer verwahrt werden.

1) § 691 BGB verbietet dem Verwahrer iZw die **Hinterlegung bei Dritten**. § 3 weicht davon ab und gestattet neben Hausverwahrung auch Drittverwahrung, damit Lokalbanken WP an Zentralbanken zu sicherer Verwahrung oder uU leichterer Verwertung geben können. Von größter praktischer Bedeutung ist heute Drittverwahrung bei WPSammelbank (s § 1 III). Dritter iSv I 1 ist nur ein anderer Verwahrer iSv § 1 II, nicht ein beliebiger Dritter. Zu Verfügungen oder Verwaltungshandlungen ermächtigt § 3 nicht, abgesehen von der Begründung eines gesetzlichen Pfandrechts des Drittverwahrers (zum Schutz gegen Pfand- und Zurückbehaltungsrecht des Dritten s § 4). Drittverwahrung ist nicht nur bei Sonderverwahrung (§ 2) statthaft, sondern auch bei anderen Verwahrungsarten, zB Sammelverwahrung (§ 5 III). Auch der Drittverwahrer darf weitergeben. Der Zwischenverwahrer hinterlegt unter seinem Namen, nicht dem seines Hinterlegers; er hat also gegenüber dem Drittverwahrer selbst die Rechtsstellung eines Hinterlegers. Unmittelbare Vertragsbeziehungen zwischen dem Drittverwahrer und dem ersten Hinterleger (Kunde des Zwischenverwahrers) existieren nicht; doch besteht ein direkter Herausgabeanspruch entspr §§ 546 II, 604 IV BGB, ferner uU Vertrag mit Drittschutzwirkung und Drittschadensliquidation, s Canaris 2164. Mehrere Niederlassungen des Verwahrers behandelt **I 2** als verschiedene Verwahrer, um die Möglichkeit der Drittverwahrung bei solchen klarzustellen. Zur Drittverwahrung s **(8)** Sonderbedingungen für WPGeschäfte Nr 12, 19.

2) Der **Zwischenverwahrer (II 1) haftet** (entspr § 278 BGB) für Verschulden des Drittverwahrers wie für sein eigenes. Diese Haftung können Zwischenverwahrer und Hinterleger vertraglich ausschließen; auch dann haftet der Zwischenverwahrer für Sorgfalt bei Auswahl des Drittverwahrers, wenn nicht der Hinterleger ihm diesen ausdrücklich vorschreibt **(II 2).** Dazu **(8)** Sonderbedingungen für WPGeschäfte Nr 12 II, 19.

Beschränkte Geltendmachung von Pfand- und Zurückbehaltungsrechten

DepotG 4 (1) ¹ Vertraut der Verwahrer die Wertpapiere einem Dritten an, so gilt als dem Dritten bekannt, daß die Wertpapiere dem Verwahrer nicht gehören. ² Der Dritte kann an den Wertpapieren ein Pfandrecht oder ein Zurückbehaltungsrecht nur wegen solcher Forderungen geltend machen, die mit Bezug auf diese Wertpapiere entstanden sind oder für die diese Wertpapiere nach dem einzelnen über sie zwischen dem Verwahrer und dem Dritten vorgenommenen Geschäft haften sollen.

(2) Absatz 1 gilt nicht, wenn der Verwahrer dem Dritten für das einzelne Geschäft ausdrücklich und schriftlich mitteilt, daß er Eigentümer der Wertpapiere sei.

(13) DepotG 5 2. Handelsrechtl. Nebengesetze

(3) ¹Vertraut ein Verwahrer, der nicht Bankgeschäfte betreibt, Wertpapiere einem Dritten an, so gilt Absatz 1 nicht. ²Ist er nicht Eigentümer der Wertpapiere, so hat er dies dem Dritten mitzuteilen; in diesem Falle gilt Absatz 1 Satz 2.

1   **1) A.** § 4 soll bei Drittverwahrung (§ 3) den Hinterleger durch eine **Fremdvermutung** vor Ansprüchen des Drittverwahrers auf Grund guten Glaubens an das **Eigentum** des Zwischenverwahrers schützen. Mangels ausdrücklicher (also nicht nur in AGB) schriftlicher Eigenanzeige des Zwischenverwahrers (II) gelten die Papiere gegenüber dem Drittverwahrer als Eigentum eines anderen als des Zwischenverwahrers, **I 1**. Sie unterliegen daher einem Pfand- oder Zurückbehaltungsrecht des Drittverwahrers nur wegen auf die Papiere sich beziehender Forderungen oder bei besonderer Absprache (nicht nur Pfandklausel in AGB des Drittverwahrers), **I 2**, nicht wegen anderer Ansprüche des Drittverwahrers gegen den Zwischenverwahrer (vgl § 369 HGB). So kann bei Verpfändung nach § 12 II der Drittverwahrer ein Pfandrecht nur wegen des Rückkredits geltend machen, bei Verpfändung nach § 12 IV wegen aller Forderungen gegen den Zwischenverwahrer.

2   **B.** § 4 enthält eine Fremdvermutung bezüglich des Eigentums. Der **gute Glaube an die Verfügungsmacht** des Zwischenverwahrers wird nicht berührt. § 366 HGB gilt; strenge Anforderungen an die Gutgläubigkeit bei Einlieferung in Eigendepot A (Einl 2–3 vor § 1). Nachforschungspflichten sonst nur bei besonderem Anlass. § 4 enthält nur eine Vermutung, betrifft also nicht echte Nostrobestände des Zwischenverwahrers; deshalb ist hier keine Eigenanzeige nach II nötig. Zum echten Nostrobestand gehören nicht WP, an denen die Bank nur Durchgangseigentum erwirbt; hier bleibt § 4 anwendbar.

3   **C.** § 4 gilt beim Einkaufs- ebenso wie beim Verkaufs-Effektengeschäft der Bank. Der Schutz des Kunden erfasst aber grundsätzlich nur die zu veräußernden WP, nicht auch den von der Bank dafür erzielten Kaufpreis. § 4 ist darauf auch nicht entspr anwendbar, wohl aber uU § 392 II HGB, s dort.

4   **2)** Die Fremdvermutung des I wird durch die **Eigenanzeige** entkräftet **(II)**, Befreiung s § 16. Ist die Eigenanzeige unwahr, gelten die Vorschriften über den Erwerb durch guten Glauben an das Eigentum (§§ 932 ff BGB, § 365 HGB, § 16 II WG), nicht nur § 366 HGB. Entfallen die Voraussetzungen der Eigenanzeige, ist sie zu widerrufen; dann greift wieder die Fremdvermutung ein.

5   **3)** I gilt nicht, also keine Fremdvermutung, wenn der Verwahrer nicht Bankgeschäfte betreibt, **III**. Denn dann braucht die drittverwahrende Bank nicht mit fremdem Eigentum zu rechnen. Vielmehr gilt umgekehrt Eigenvermutung, sofern der Zwischenverwahrer nicht **Fremdanzeige** macht. Tut er das, greift I 2 ein.

Sammelverwahrung

DepotG 5   (1) ¹Der Verwahrer darf vertretbare Wertpapiere, die zur Sammelverwahrung durch eine Wertpapiersammelbank zugelassen sind, dieser zur Sammelverwahrung anvertrauen, es sei denn, der Hinterleger hat nach § 2 Satz 1 die gesonderte Aufbewahrung der Wertpapiere verlangt. ²Anstelle der Sammelverwahrung durch eine Wertpapiersammelbank darf der Verwahrer die Wertpapiere ungetrennt von seinen Beständen derselben Art oder von solchen Dritter selbst aufbewahren oder einem Dritten zur Sammelverwahrung anvertrauen, wenn der Hinterleger ihn dazu ausdrücklich und schriftlich ermächtigt hat. ³Die Ermächtigung darf weder in Geschäftsbedingungen des Verwahrers enthalten sein noch auf andere Urkunden verweisen; sie muß für jedes Verwahrungsgeschäft besonders erteilt werden.

(2) Der Verwahrer kann, anstatt das eingelieferte Stück in Sammelverwahrung zu nehmen, dem Hinterleger einen entsprechenden Sammelbestandanteil übertragen.

(3) Auf die Sammelverwahrung bei einem Dritten ist § 3 anzuwenden.

(4) ¹Wertpapiersammelbanken dürfen einem ausländischen Verwahrer im Rahmen einer gegenseitigen Kontoverbindung, die zur Aufnahme eines grenzüberschreitenden Effektengiroverkehrs vereinbart wird, Wertpapiere zur Sammelverwahrung anvertrauen, sofern

V. Bankgeschäfte (m. Börsen- u. KapMR) **1–4 DepotG 5 (13)**

1. der ausländische Verwahrer in seinem Sitzstaat die Aufgaben einer Wertpapiersammelbank wahrnimmt und einer öffentlichen Aufsicht oder einer anderen für den Anlegerschutz gleichwertigen Aufsicht unterliegt,
2. dem Hinterleger hinsichtlich des Sammelbestands dieses Verwahrers eine Rechtsstellung eingeräumt wird, die derjenigen nach diesem Gesetz gleichwertig ist,
3. dem Anspruch der Wertpapiersammelbank gegen den ausländischen Verwahrer auf Auslieferung der Wertpapiere keine Verbote des Sitzstaats dieses Verwahrers entgegenstehen und
4. die Wertpapiere vertretbar und zur Sammelverwahrung durch die Wertpapiersammelbank und den ausländischen Verwahrer im Rahmen ihrer gegenseitigen Kontoverbindung zugelassen sind.

²Die Haftung der Wertpapiersammelbanken nach § 3 Abs. 2 Satz 1 für ein Verschulden des ausländischen Verwahrers kann durch Vereinbarung nicht beschränkt werden.

1) Sammelverwahrung wurde gesetzlich erstmals im DepotG geregelt. Zu ihrer 1 Geschichte s 29. Aufl. Sie ist heute in der Praxis und seit dem 2. FinanzmarktfördG 1994 auch rechtlich der **Regelfall.** Sie hat gegenüber der Sonder- oder Streifbandverwahrung (§ 2) viele **Vorteile.** Sie ist kostengünstiger, BGH **161,** 194, obwohl nicht Alleineigentum, sondern nur Miteigentumsanteile gewährend (§ 6), mindestens ebenso sicher und abwicklungstechnisch einfacher. Sie erlaubt vor allem auch eine schnellere Eigentumsverschaffung bei Effektenkäufen, da hierfür ohne Bewegung der WP Buchungen ausreichen. **Zur Sammelverwahrung geeignet** sind vertretbare WP derselben Art. WP s § 1 I; vertretbar sind alle im Kurszettel verzeichneten Papiere, Namensaktien und Zwischenscheine, wenn blanko indossiert; dann auch vinkulierte Namensaktien, Kümpel WM Sonderbeil 8/**83.** Sammelverwahrung von Schuldbuchforderungen (Wertrechte) s § 1 Rn 2. Sammelverwahrignung von Anteilscheinen s § 35 I InvG. Von der Eignung zur Sammelverwahrung ist rechtlich die konkrete Zulassung von WP durch die WPSammelbank gemäß ihren AGB zu unterscheiden (vgl I 1) Lit: Brink 1976 (Effektengiroverkehr); Kümpel WM **76,** 942 (Internationalisierung), Heißel/Kienle WM **93,** 1909 (vinkulierte Namensaktien), Mentz/Fröhling NZG **02,** 204, Than FS Nobbe **09,** 791 (vinkulierte Namensaktien).

2) Erlaubnis zur Sammelverwahrung: Der Verwahrer darf vertretbare WP, die 2 zur Sammelverwahrung durch eine WPSammelbank geeignet (s Rn 1) und zugelassen sind, dieser ohne weiteres zur **Sammelverwahrung** anvertrauen, anders nur wenn der Hinterleger nach § 2 Satz 1 Sonderverwahrung (Streifbanddepot) verlangt (**I 1**). Die **Verwahrung ungetrennt** von den eigenen Beständen des Verwahrers derselben Art (**Haussammelverwahrung**) oder von solchen Dritter oder Anvertrauung zur Sammelverwahrung an Dritte, die nicht WPSammelbanken sind, ist demgegenüber wegen der damit verbundenen Gefahren nur bei ausdrücklicher und schriftlicher **Ermächtigung** zulässig (**I 2**). Diese ungetrennte Verwahrung ist nicht mit der Sonderverwahrung zu verwechseln (I 1, § 2 Satz 1). Die Ermächtigung darf nicht in AGB des Verwahrers enthalten sein und nicht auf andere Urkunden verweisen, muss also in sich vollständig sein, und sie muss für jedes Verwahrungsgeschäft besonders erteilt werden (**I 3**). Befreiung von der Formvorschrift nach I 2, 3 s § 16. An zur Sammelverwahrung geeigneten WP (s Rn 1) entsteht das Miteigentum (s § 6) auch bei unerlaubter Sammelverwahrung.

3) Übertragung eines Sammelbestandanteils (**II**) erfolgt entweder durch Einigung 3 und Übertragung des mittelbaren Mitbesitzes (§ 929 BGB, näher § 6 Rn 2) oder durch Eintragung eines Vermerks im Verwahrungsbuch (§ 24 II analog); gleichzeitig geht das Eigentum an eingeliefertes Stück von Rechts wegen (ohne besonderen Aneignungsakt, str) auf die Bank über. Ist der Hinterleger nicht Eigentümer des eingelieferten Stücks, wird nicht er, sondern entspr § 6 der wahre Eigentümer des Stücks neuer Miteigentümer (§ 6 Rn 1–2).

4) Der Verwahrer ist, wenn ihm Sammelverwahrung erlaubt ist (§ 3), ohne weitere 4 Erlaubnis zur Sammelverwahrung (im eigenen Namen) **bei Dritten** (vgl auch WPSammelbanken, § 1 III) befugt, **III,** § 3 I, mit entspr Haftung wie bei Sonderverwahrung (§ 2) bei Dritten, s § 3 II.

(13) DepotG 6 1, 2

5) IV nF 1985, IV 1 Nr 4 idF HRefG 1998, erleichtert den grenzüberschreitenden Effektengiroverkehr. Nach **IV 1** dürfen WP auch einer ausländischen WPSammelbank (auch solche mit zusätzlichen anderen Aufgaben) anvertraut werden (kein Stückeversand mehr), wenn ein gleichwertiger (nicht unbedingt gleicher) Anlegerschutz (§ 1 III 2) wie bei deutschen WPSammelbanken nach § 1 III gewährleistet ist. Voraussetzungen sind: (1) öffentliche oder gleichwertige andere Aufsicht über die ausländische WPSammelbank (Nr 1); (2) gleichwertige Rechtsstellung des Hinterlegers (Nr 2); der Gutglaubenserwerb nach dem ausländischen Recht kann unterschiedlich sein, notwendig ist aber eine eigentumsähnliche Stellung des Hinterlegers; (3) keine Verbote der Auslieferung der WP (Nr 3). (4) Sammelverwahreignung der WP (vertretbare WP) und Zulassung zur Sammelverwahrung durch die WPSammelbank und den ausländischen Verwahrer im Rahmen ihrer gegenseitigen Kontoverbindung (Nr 4), denn dann kann der Hinterleger jederzeit den Wert der WP hier wie dort realisieren. Das Erfordernis der Zulassung der einzubeziehenden WP zu einem Markt im Inland oder (ursprünglich: und) Ausland wurde 1998 zu Recht fallengelassen, Erstreckung also nunmehr auch auf außerbörslich gehandelte WP (OTC-Handel). Nach **IV 2** haftet die deutsche WPSammelbank zwingend für ein Verschulden der ausländischen WPSammelbank (§ 3 II 1). Substitution (§ 3 II 2) kann nicht wirksam vereinbart werden. Lit: Pleyer 1985; Keßler Die Bank **85**, 443.

Miteigentum am Sammelbestand, Verwaltungsbefugnis des Verwahrers bei der Sammelverwahrung

DepotG 6 (1) [1] Werden Wertpapiere in Sammelverwahrung genommen, so entsteht mit dem Zeitpunkt des Eingangs beim Sammelverwahrer für die bisherigen Eigentümer Miteigentum nach Bruchteilen an den zum Sammelbestand des Verwahrers gehörenden Wertpapieren derselben Art. [2] Für die Bestimmung des Bruchteils ist der Wertpapiernennbetrag maßgebend, bei Wertpapieren ohne Nennbetrag die Stückzahl.

(2) [1] Der Sammelverwahrer kann aus dem Sammelbestand einem jeden der Hinterleger die diesem gebührende Menge ausliefern oder die ihm selbst gebührende Menge entnehmen, ohne daß er hierzu der Zustimmung der übrigen Beteiligten bedarf. [2] In anderer Weise darf der Sammelverwahrer den Sammelbestand nicht verringern. [3] Diese Vorschriften sind im Falle der Drittverwahrung auf Zwischenverwahrer sinngemäß anzuwenden.

1) A. Die bisherigen Eigentümer (nicht die Hinterleger, BGH WM **57**, 676) werden **Miteigentümer** des Sammelbestands nach Bruchteilen, **I** (vgl § 469 II HGB), BGH **160**, 124. Eigentumserwerb erfolgt mit Eingang der Papiere beim Sammelverwahrer kraft § 6 (eigener Erwerbstatbestand), nicht erst durch Vermischung (§ 948 BGB) und unabhängig von der Wirksamkeit des Depotvertrags (§ 1 Rn 4), der Ermächtigung iSv § 5 I 2, 3 und des Eigentums bzw der Verfügungsmacht des Hinterlegers. Rechte Dritter erlöschen (entspr § 949 S 1 BGB) und entstehen dafür an dem Miteigentumsanteil (§ 949 S 2 BGB). §§ 6 ff verdrängen §§ 1008 ff BGB.

B. §§ 741 ff BGB gelten nur zT, nicht zB §§ 744–746 (Verwaltung), 748 (Lasten, Kosten), zT 749–757 (Aufhebung der Gemeinschaft). Jeder Beteiligte hat mittelbaren Mitbesitz; beim Effektengiroverkehr (§ 1 Rn 6) ist der Mitbesitz mehrstufig (Besitzgebäude zB Kunde-Verwahrer-Sammelverwahrer). **Übertragung:** Der Hinterleger kann nur über seinen Anteil an dem gesamten Sammeldepotguthaben ganz oder teilweise verfügen (§§ 929, 931 BGB), nicht über seine Miteigentumsrechte an den einzelnen WP in Sammelverwahrung (§ 747 BGB ist unanwendbar), vgl BGH WM **75**, 1261. Statt Übergabe des Papiers nach § 929 S 1 BGB erfolgt Umbuchung im Verwahrungsbuch (§ 14 DepotG), BGH **160**, 124, NJW **99**, 1393. Gutgläubiger Erwerb von Sammeldepotanteilen im Effektengiroverkehr ist möglich, Lit: Becker 1981; Koller DB **72**, 1857, 1905; Vertrauensgrundlage ist nicht der Mitbesitz, sondern die Buchung im Verwahrungsbuch, aA MüKo/Einsele Depotgeschäft Rn 107. Die Kündigung von Übertragungsverträgen mit dem depotführenden Kreditinstitut ist nur wirksam, wenn sie dem depotführenden Unternehmen des Begünstigten rechtzeitig vor Verbuchung mitgeteilt wird (§ 676 BGB). Lit: Mentz/Fröhling NZG **02**, 204

V. Bankgeschäfte (m. Börsen- u. KapMR) 1, 2 DepotG 7 (13)

(Übertragung). **Verpfändung** nach § 1205 I BGB durch Umstellung des Besitzmittlungsverhältnisses durch den Verwahrer oder nach § 1205 II BGB durch Übertragung des mittelbaren Besitzes an dem Sammelbestandsanteil mittels Abtretung des Auslieferungsanspruchs (§ 7), hL, nach aA (kein Besitz des Depotinhabers am Sammelbestand) nur nach §§ 1274 I 1, 1280 BGB durch Verpfändung des Auslieferungsanspruchs, Einsele § 9 Rn 38, str, zur Praxis Nodoushani WM **07**, 289. **Zwangsvollstreckung:** Die Anteile sind pfändbar, unstr, Verfahren ist str: §§ 857, 829, 835, 836 ZPO, üL, gegen Heranziehung von § 857 I, IV ZPO, Einigungserklärung über § 894 I 1 ZPO, Herausgabe entspr §§ 886, 883, 884 ZPO, BGH **160**, 121, WM **08**, 400. Zustellung an Verwahrer (als Drittschuldner), nicht an die Miteigentümer (die Sammelbank ist von diesen stillschweigend zum Empfang der Zustellung ermächtigt). Miteigentümer an einem Aktiensammelbestand können entspr ihrem Anteil stimmen (die Sammelbank als Vertreter aller Miteigentümer ermächtigt die Einzelnen dazu). Urteil auf Herausgabe von Papieren in Sammelverwahrung muss auf Anweisung der verwahrenden Bank zur Umschreibung des Depots lauten, BGH WM **75**, 1259. Verlust am Sammelbestand s § 7 II. Vor- und Nachgirodepot (Handbestand) s Canaris 2111. Bestimmtheitsgrundsatz bei Verfügungen über Sammeldepotguthaben, Kümpel WM **80**, 422.

2) Sammelverwahrer darf den Anteil ohne Zustimmung der anderen beteiligten **3** Hinterleger ausliefern, anders darf er den Sammelbestand nicht verringern, **II** (Strafandrohung § 34 DepotG, §§ 246, 266 StGB). Eigentumsübergang nach §§ 929 ff BGB. Mit der Auslieferung wird aber entspr I 1 der bisherige Miteigentümer und nicht der Empfänger der ausgelieferten Stücke sein neuer Alleineigentümer (s Rn 1, § 8 Rn 1). § 6 II 1, 2 (Entnahmerecht, Erhaltungspflicht) gelten außer für den (Dritt-) Sammelverwahrer auch für den Zwischenverwahrer, (§ 6 II 3).

Auslieferungsansprüche des Hinterlegers bei der Sammelverwahrung

DepotG 7 (1) Der Hinterleger kann im Falle der Sammelverwahrung verlangen, daß ihm aus dem Sammelbestand Wertpapiere in Höhe des Nennbetrags, bei Wertpapieren ohne Nennbetrag in Höhe der Stückzahl der für ihn in Verwahrung genommenen Wertpapiere ausgeliefert werden; die von ihm eingelieferten Stücke kann er nicht zurückfordern.

(2) ¹**Der Sammelverwahrer kann die Auslieferung insoweit verweigern, als sich infolge eines Verlustes am Sammelbestand die dem Hinterleger nach § 6 gebührende Menge verringert hat.** ²**Er haftet dem Hinterleger für den Ausfall, es sei denn, daß der Verlust am Sammelbestand auf Umständen beruht, die er nicht zu vertreten hat.**

1) Aufgrund des Depotvertrags kann der Hinterleger, auch wenn er nicht der **1** Eigentümer ist, jederzeit (§ 695 BGB) Auslieferung von Papieren gemäß seinem Anteil (nicht der von ihm eingelieferten Stücke) fordern, **I**. Anspruchsgegner sind der Verwahrer als Vertragspartner und der Drittverwahrer entspr §§ 546 II, 604 IV BGB. Neben dem schuldrechtlichen Auslieferungsanspruch nach § 7 steht der dingliche nach § 8; zum Auseinanderfallen s dort. Auslieferungs-, ggf Ersatzanspruch nach I, II gegen (Dritt-)Sammelverwahrer hat Zwischenverwahrer, gegen diesen hat ihn Hinterleger. Vollstreckung gegen (Dritt-)Sammelverwahrer aus § 883 ZPO, gegen Zwischenverwahrer durch Pfändung seines Herausgabeanspruchs gegen Sammelverwahrer. AGB über Entgelt für Übertragung von Wertpapieren in ein anderes Depot ist unwirksam, Grund: jederzeit geltend machbarer, gesetzlicher Herausgabeanspruch aus §§ 7, 8 bzw §§ 695 Satz 1, 985 BGB, (s **(5)** BGB § 307 I 1, II Nr 1), BGH **161**, 189, WM **05**, 274, Herausgabe erfolgt üblicherweise durch bloße Übertragung mittels Umbuchung von Girosammel-Depotgutschriften (§ 5 Rn 3, § 6 Rn 2).

2) Gehen Stücke verloren, trifft der Verlust am Sammelbestand nicht denjenigen, **2** von dem die Stücke kommen, sondern der Sammelverwahrer muss (nicht nur „darf") auf alle Miteigentümer umlegen. Beruht der Verlust auf einer unrechtmäßigen Verfügung einer Girobank, ist aber nur auf deren Kunden umzulegen, Koller DB **72**, 1907. Der Sammelverwahrer haftet uU für den Ausfall, **II**, muss dann (soweit möglich

(13) DepotG 8–9a

und zumutbar) gleichartige Stücke als Ersatz liefern (sonst Geld, §§ 249 I, 251 I BGB).

Ansprüche der Miteigentümer und sonstiger dinglich Berechtigter bei der Sammelverwahrung

DepotG 8 Die für Ansprüche des Hinterlegers geltenden Vorschriften des § 6 Abs. 2 Satz 1 und des § 7 sind sinngemäß auf Ansprüche eines jeden Miteigentümers oder sonst dinglich Berechtigten anzuwenden.

1 **1)** Der Hinterleger ist uU nicht Miteigentümer, weil er nicht Eigentümer war (also ein anderer Miteigentümer wurde, § 6 Rn 1, oder weil er sein Miteigentum veräußerte), oder der Hinterleger (oder Miteigentümer, der nicht Hinterleger ist) ist nicht verfügungsberechtigt, weil der Anteil einem anderen verpfändet oder zugunsten eines anderen sonstwie belastet ist. Dann hat der Hinterleger nur schuldrechtliche Ansprüche (§ 7); die dinglichen hat der wahre Berechtigte (§ 8, besondere Ausprägung des § 985 BGB). Der Verwahrer kann mit befreiender Wirkung entweder an den Hinterleger (idR ohne Prüfung) oder an den berechtigten Nichthinterleger (idR nach Prüfung) ausliefern. Liefert der Verwahrer an den nichtberechtigten Hinterleger aus, wird entspr § 6 der Miteigentümer am Sammelbestand Alleineigentümer der ausgelieferten WP (§ 6 Rn 1, 3), str. Unwirksamkeit von Entgeltklausel s § 7 Rn 1.

Beschränkte Geltendmachung von Pfand- und Zurückbehaltungsrechten bei der Sammelverwahrung

DepotG 9 § 4 gilt sinngemäß auch für die Geltendmachung von Pfandrechten und Zurückbehaltungsrechten an Sammelbestandanteilen.

1 **1)** Für Geltendmachung von Pfand- und Zurückbehaltungsrechten durch (Dritt-) Sammelverwahrer und Zwischenverwahrer am Sammelbestandanteil des Hinterlegers gilt § 4 entspr.

Sammelurkunde

DepotG 9a (1) [1] Der Verwahrer hat ein Wertpapier, das mehrere Rechte verbrieft, die jedes für sich in vertretbaren Wertpapieren einer und derselben Art verbrieft sein könnten (Sammelurkunde), einer Wertpapiersammelbank zur Verwahrung zu übergeben, es sei denn, der Hinterleger hat nach § 2 Satz 1 die gesonderte Aufbewahrung der Sammelurkunde verlangt. [2] Der Aussteller kann jederzeit und ohne Zustimmung der übrigen Beteiligten
1. eine von der Wertpapiersammelbank in Verwahrung genommene Sammelurkunde ganz oder teilweise durch einzelne in Sammelverwahrung zu nehmende Wertpapiere oder
2. einzelne Wertpapiere eines Sammelbestands einer Wertpapiersammelbank durch eine Sammelurkundeersetzen.

(2) Verwahrt eine Wertpapiersammelbank eine Sammelurkunde allein oder zusammen mit einzelnen Wertpapieren, die über Rechte der in der Sammelurkunde verbrieften Art ausgestellt sind, gelten die §§ 6 bis 9 sowie die sonstigen Vorschriften dieses Gesetzes über Sammelverwahrung und Sammelbestandanteile sinngemäß, soweit nicht in Absatz 3 etwas anderes bestimmt ist.

(3) [1] Wird auf Grund der §§ 7 und 8 die Auslieferung von einzelnen Wertpapieren verlangt, so hat der Aussteller die Sammelurkunde insoweit durch einzelne Wertpapiere zu ersetzen, als dies für die Auslieferung erforderlich ist; während des zur Herstellung der einzelnen Wertpapiere erforderlichen Zeitraums darf die Wertpapiersammelbank die Auslieferung verweigern. [2] Ist der Aussteller nach dem zugrunde liegenden Rechtsverhältnis nicht verpflichtet, an die Inhaber der in der Sammelurkunde verbrieften Rechte einzelne Wertpapiere auszugeben, kann auch von der Wertpapiersammelbank die Auslieferung von einzelnen Wertpapieren nicht verlangt werden.

V. Bankgeschäfte (m. Börsen- u. KapMR) 1 **DepotG 10, 11 (13)**

1) § 9 a, eingefügt 1972, geändert durch 2. FinanzmarktfördG 1994, ordnet Fragen **1** betreffend die Verwahrung von Sammelurkunden. **Sammelurkunde** bzw **Globalurkunde** ist ein WP, das mehrere Rechte verbrieft, die jedes für sich in vertretbaren WP einer und derselben Art verbrieft sein könnten (Legaldefinition, I 1). Ohne solche Sammel- bzw Globalurkunden ist der moderne Kapitalmarkt nicht vorstellbar. Entwicklung, Wertrechte und stückeloser Effektenverkehr s § 1 Rn 2. Sammelverwahrung der Sammelurkunde ist die Regel, Sonderverwahrung die Ausnahme wie in § 5 I 1, § 2 S 1 (s dort). Besitzverhältnisse an der Sammelurkunde s Habersack/Mayer WM **00**, 1679. Übertragung bei girosammelverwahrten Globalurkunden str, Mentz/Fröhling NZG **02**, 208. Lit: Pleyer/Schleiffer DB **72**, 77, Bremer AG **72**, 363, Pleyer WM **79**, 850 (Rückgabe von Schuldverschreibungen an Emittenten) u FS Werner **84**, 639 (Mehrfachurkunde), Than FS Heinsius **91**, 809 u FS Schimansky **99**, 828, Habersack/Mayer WM **00**, 1678, Mentz/Fröhling NZG **02**, 208, Noack FS Wiedemann **02**, 1141, Hirte WM **08**, 7, 49 (Pfandrecht in Insolvenz).

2) II bewirkt ua, dass die in der Sammelurkunde verbrieften Einzelrechte als Miteigentumsanteile entspr § 6 dem Effektengiroverkehr unterliegen. II gilt nur bei Verwahrung durch WPSammelbanken. **2**

3) III schließt einen depotrechtlichen Anspruch auf Ausstellung von Einzelurkunden aus, lässt aber entspr Ansprüche aus anderem Rechtsgrund unberührt. Ein solcher Anspruch auf Verbriefung des Anteils besteht bei Aktien (Mitgliedschaftsrecht); die Satzung kann aber ausschließen (§ 10 V AktG idF KonTraG 1998), Seibert DB **99**, 267, aA früher hL, GroßKoAktG/Brändel § 10 Rn 23. Bei Anleihen ist Ausschluss solcher Ansprüche ohne weiteres möglich, auch kein Verstoß gegen **(5)** § 307 BGB, Than FS Schimansky **99**, 829. **3**

Tauschverwahrung

DepotG 10 (1) ¹Eine Erklärung, durch die der Hinterleger den Verwahrer ermächtigt, an Stelle ihm zur Verwahrung anvertrauter Wertpapiere Wertpapiere derselben Art zurückzugewähren, muß für das einzelne Verwahrungsgeschäft ausdrücklich und schriftlich abgegeben werden. ²Sie darf weder in Geschäftsbedingungen des Verwahrers enthalten sein noch auf andere Urkunden verweisen.

(2) Derselben Form bedarf eine Erklärung, durch die der Hinterleger den Verwahrer ermächtigt, hinterlegte Wertpapiere durch Wertpapiere derselben Art zu ersetzen.

(3) *(gegenstandslos)*

1) Bei Ermächtigung in der Form entspr § 5 I 2, 3 (Befreiung s § 16) darf der **1** Verwahrer die (zur Sonderverwahrung, § 2) hinterlegten WP (die vertretbar, vgl § 5 Rn 1, sein müssen) während der Verwahrung oder bei Rückgabe durch gleichartige ersetzen.

Umfang der Ermächtigung zur Tauschverwahrung

DepotG 11 ¹Eine Erklärung, durch die der Hinterleger den Verwahrer ermächtigt, an Stelle ihm zur Verwahrung anvertrauter Wertpapiere Wertpapiere derselben Art zurückzugewähren, umfaßt, wenn dies nicht in der Erklärung ausdrücklich ausgeschlossen ist, die Ermächtigung, die Wertpapiere schon vor der Rückgewähr durch Wertpapiere derselben Art zu ersetzen. ²Sie umfaßt nicht die Ermächtigung zu Maßnahmen anderer Art und bedeutet nicht, daß schon durch ihre Entgegennahme das Eigentum an den Wertpapieren auf den Verwahrer übergehen soll.

1) Die Ermächtigung zur Rückgewährung anderer WP umfasst mangels ausdrück- **1** lichen Ausschlusses die Ersetzung schon vor Rückgewähr (S 1). Dasselbe gilt umgekehrt. Sie umfasst nicht andere Verfügungen, zB Verpfändung (S 2 Halbs 1). Die Ermächtigung nach § 10 I oder II übereignet noch nicht (entspr § 700 BGB) die Papiere dem Verwahrer (S 2 Halbs 2). Erst beim Tausch geht das Eigentum an den

(13) DepotG 12 1–3

hinterlegten Papieren auf den Verwahrer oder anderen Eigentümer von hinterlegten Papieren (dessen Papiere der Verwahrer in gleicher Weise wirksam tauscht) über und erlangt der alte Eigentümer (nicht der Hinterleger, § 6 analog, s dort Rn 1–2) das Eigentum an den ihm nunmehr zugeteilten Stücken.

Ermächtigungen zur Verpfändung

DepotG 12 (1) [1] Der Verwahrer darf die Wertpapiere oder Sammelbestandanteile nur auf Grund einer Ermächtigung und nur im Zusammenhang mit einer Krediteinräumung für den Hinterleger und nur an einen Verwahrer verpfänden. [2] Die Ermächtigung muß für das einzelne Verwahrungsgeschäft ausdrücklich und schriftlich erteilt werden; sie darf weder in Geschäftsbedingungen des Verwahrers enthalten sein noch auf andere Urkunden verweisen.

(2) [1] Der Verwahrer darf auf die Wertpapiere oder Sammelbestandanteile Rückkredit nur bis zur Gesamtsumme der Kredite nehmen, die er für die Hinterleger eingeräumt hat. [2] Die Wertpapiere oder Sammelbestandanteile dürfen nur mit Pfandrechten zur Sicherung dieses Rückkredits belastet werden. [3] Der Wert der verpfändeten Wertpapiere oder Sammelbestandanteile soll die Höhe des für den Hinterleger eingeräumten Kredits mindestens erreichen, soll diese jedoch nicht unangemessen übersteigen.

(3) [1] Ermächtigt der Hinterleger den Verwahrer nur, die Wertpapiere oder Sammelbestandanteile nur zur Höhe des Kredits zu verpfänden, den der Verwahrer für diesen Hinterleger eingeräumt hat (beschränkte Verpfändung), so bedarf die Ermächtigung nicht der Form des Absatzes 1 Satz 2. [2] Absatz 2 Satz 3 bleibt unberührt.

(4) [1] Ermächtigt der Hinterleger den Verwahrer, die Wertpapiere oder Sammelbestandanteile für alle Verbindlichkeiten des Verwahrers und ohne Rücksicht auf die Höhe des für den Hinterleger eingeräumten Kredits zu verpfänden (unbeschränkte Verpfändung), so muß in der Ermächtigung zum Ausdruck kommen, daß der Verwahrer das Pfandrecht unbeschränkt, also für alle seine Verbindlichkeiten und ohne Rücksicht auf die Höhe des für den Hinterleger eingeräumten Kredits bestellen kann. [2] Dies gilt sinngemäß, wenn der Hinterleger den Verwahrer von der Innehaltung einzelner Beschränkungen des Absatzes 2 befreit.

(5) Der Verwahrer, der zur Verpfändung von Wertpapieren oder Sammelbestandanteilen ermächtigt ist, darf die Ermächtigung so, wie sie ihm gegeben ist, weitergeben.

1 **1) A.** Der Verwahrer darf hinterlegte WP (§§ 2, 10, 11) und Sammelbestandanteile (§§ 5–9) nur **verpfänden** im Zusammenhang mit einer Krediteinräumung für den Hinterleger (Rückkredit, s Rn 2), nur zugunsten eines anderen Verwahrers (§ 1 II) und in der Form entspr § 5 I 2, 3 (Ermächtigung zur Sammelverwahrung, bei Nicht-WPSammelbank) und § 10 I (Ermächtigung zur Tauschverwahrung), so **I 1, 2** (außer wenn der Hinterleger selbst Bank ist, § 16). Der Ermächtigung bedarf auch der Verwahrer, der selbst ein Pfandrecht an den Papieren hat. Befreiung von den Formvorschriften des § 12 s § 16.

2 B. § 12 betrifft nur das Verhältnis zwischen Verwahrer und Hinterleger. Verpfändet der Verwahrer ohne Ermächtigung, kann ein Dritter das Pfandrecht doch gutgläubig erwerben (wegen der Fremdvermutung des § 4 idR nicht nach §§ 1207, 1208 BGB, aber nach § 366 HGB). Fahrlässig handelt der Zentralbankier, wenn er es unterlässt, sich über die Kreditwürdigkeit des verpfändenden Zwischenverwahrers zu vergewissern, RG **164**, 299.

3 **2)** Ergibt sich aus der Ermächtigung nichts anderes, so darf der Verwahrer auf die Papiere oder Sammelbestandanteile **Rückkredit** bei Dritten **(II)** nur bis zur (Gesamt-) Höhe der von ihm den Hinterlegern (die ihn zur Verpfändung ermächtigt haben) eingeräumten Kredite nehmen. Für andere Verbindlichkeiten des Verwahrers haften die Papiere (Anteile) nicht. Für den Rückkredit haftet jedes Papier (jeder Anteil) jedes Hinterlegers. Der Wert der verpfändeten Papiere (Anteile) soll die Höhe des dem Hinterleger eingeräumten Kredits mindestens erreichen, ihn aber nicht unangemessen

V. Bankgeschäfte (m. Börsen- u. KapMR) 1 DepotG 12a (13)

übersteigen. Der Verwahrer darf danach ungedeckte Kredite an den Hinterleger nicht in die Rückkredit einbeziehen. Verstoß kann als Untreue strafbar sein, § 266 StGB. Insolvenz des Verwahrers s § 32 f.

3) Beschränkte Verpfändung (III): Der Verwahrer darf die Papiere (Anteile) nur **4** bis zur Höhe des gerade diesem Hinterleger eingeräumten Kredits verpfänden. Dann muss der Geldgeber (Zentralbank), anders als im Fall II, besondere Depots für die einzelnen Hinterleger (Kunden der Lokalbank) bilden (Sonderpfanddepots, Einl 3 vor § 1). Auch hier gilt volle, nicht übermäßige Deckung (II 3). Die (nach I nötige) Ermächtigung bedarf hier keiner Form. Die Einschränkung muss in der Erklärung selbst enthalten sein; allgemeinere Ermächtigungen schließen die aus III nicht ein, RG **164,** 298.

4) Unbeschränkte Verpfändung (IV): Der Verwahrer darf die Papiere (Anteile) **5** für alle seine Verbindlichkeiten und ohne Rücksicht auf die Höhe des für Hinterleger eingeräumten Kredits verpfänden. Dies muss (neben den Erfordernissen nach I 2) in der Verpfändungsermächtigung (I 1) zum Ausdruck kommen. Ausdrücke wie „zu eigenem Nutzen zu verfügen", die Verpfändung geschehe „unbeschränkt" oder ähnliche genügen nicht. Die Verwendung des Wortlauts des Gesetzes ist nicht nötig, aber zu empfehlen. Diese strenge Formvorschrift gilt auch, wenn der Hinterleger den Verwahrer nur von einzelnen Beschränkungen nach II befreit.

5) Die Ermächtigung ist nicht höchstpersönlich, sondern Verwahrer darf sie wei- **6** tergeben, V.

Verpfändung als Sicherheit für Verbindlichkeiten aus Börsengeschäften

DepotG 12a (1) [1] **Abweichend von § 12 darf der Verwahrer die Wertpapiere oder Sammelbestandanteile auf Grund einer ausdrücklichen und schriftlichen Ermächtigung als Sicherheit für seine Verbindlichkeiten aus Geschäften an einer Börse, die einer gesetzlichen Aufsicht untersteht, an diese Börse, deren Träger oder eine von ihr mit der Abwicklung der Geschäfte unter ihrer Aufsicht beauftragte rechtsfähige Stelle, deren Geschäftsbetrieb auf diese Tätigkeit beschränkt ist, verpfänden, sofern aus einem inhaltsgleichen Geschäft des Hinterlegers mit dem Verwahrer Verbindlichkeiten des Hinterlegers bestehen.** [2] **Der Wert der verpfändeten Wertpapiere oder Sammelbestandanteile soll die Höhe der Verbindlichkeiten des Hinterlegers gegenüber dem Verwahrer aus diesem Geschäft nicht unangemessen übersteigen.** [3] **Die Ermächtigung nach Satz 1 kann im voraus für eine unbestimmte Zahl derartiger Verpfändungen erteilt werden.**

(2) [1] **Der Verwahrer muß gegenüber dem Pfandgläubiger sicherstellen, daß die verpfändeten Wertpapiere oder Sammelbestandanteile für seine in Absatz 1 genannten Verbindlichkeiten nur insoweit in Anspruch genommen werden dürfen, als Verbindlichkeiten des Hinterlegers gegenüber dem Verwahrer nach Absatz 1 bestehen.** [2] **Der Verwahrer haftet für ein Verschulden des Pfandgläubigers wie für eigenes Verschulden; diese Haftung kann durch Vereinbarung nicht beschränkt werden.**

1) § 12a neu durch 2. FinanzmarktfördG 1994. § 12 ermöglicht unter bestimmten **1** Kautelen die Heranziehung auch von **Depotkundenpositionen als Sicherheitsleistung der Kreditinstitute** für ihr Gesamtengagement **beim Clearing,** andernfalls wären kleinere Institute gegenüber größeren mit genügend Eigenpositionen benachteiligt. § 12a erleichtert gegenüber § 12 die Verpfändung von WP oder Sammelbestandanteilen als Sicherheit für die Verbindlichkeiten des Verwahrers aus Börsengeschäften, soweit aus einem inhaltsgleichen Geschäft des Hinterlegers (Kunden) mit dem Verwahrer (Kreditinstitut ua) Verbindlichkeiten des Hinterlegers bestehen (**I 1**). Es handelt sich dabei also um eine **beschränkte Verpfändung** nur in Höhe dieser Verbindlichkeiten und nur zugunsten einer Börse (auch einer ausländischen, wenn gesetzlich beaufsichtigt) oder ähnlichen rechtsfähigen Stelle; weitere, aber nur Sollbeschränkung der Höhe nach in **I 2.** Deshalb ist zwar auch in § 12a eine ausdrückliche und schriftliche **Ermächtigung** unverzichtbar, aber **I 3** erleichtert die Formerfordernisse gegenüber § 12: Ermächtigung im Voraus, nicht für jedes einzelne Geschäft gesondert, sondern für unbestimmte Zahl solcher Verpfändungen. **II** sorgt im Kundeninteresse durch entsprechende Verhaltenspflicht und zwingende **Haftung** des Verwahrers für die Einhaltung der Beschränkung der Verpfändung durch den Pfandgläubiger.

Ermächtigung zur Verfügung über das Eigentum

DepotG 13 (1) ¹Eine Erklärung, durch die der Verwahrer ermächtigt wird, sich die anvertrauten Wertpapiere anzueignen oder das Eigentum an ihnen auf einen Dritten zu übertragen, und alsdann nur verpflichtet sein soll, Wertpapiere derselben Art zurückzugewähren, muß für das einzelne Verwahrungsgeschäft ausdrücklich und schriftlich abgegeben werden. ²In der Erklärung muß zum Ausdruck kommen, daß mit der Ausübung der Ermächtigung das Eigentum auf den Verwahrer oder einen Dritten übergehen soll und mithin für den Hinterleger nur ein schuldrechtlicher Anspruch auf Lieferung nach Art und Zahl bestimmter Wertpapiere entsteht. ³Die Erklärung darf weder auf andere Urkunden verweisen noch mit anderen Erklärungen des Hinterlegers verbunden sein.

(2) Eignet sich der Verwahrer die Wertpapiere an oder überträgt er das Eigentum an ihnen auf einen Dritten, so sind von diesem Zeitpunkt an die Vorschriften dieses Abschnitts auf ein solches Verwahrungsgeschäft nicht mehr anzuwenden.

1   1) Mit Ermächtigung in der Form (Befreiung s § 16) entspr §§ 5 I 2, 3; 10 I; 12 I 2 (so **I** 1, 3; und **I** 2 wiederholt das Erfordernis der ausdrücklichen Erklärung des in I 1 bezeichneten Inhalts) darf der Verwahrer die hinterlegten Papiere sich aneignen oder Dritten übereignen und schuldet nur Rückgabe von Papieren derselben Art (ähnlich der uneigentlichen Verwahrung nach § 700 BGB). Die Ermächtigung nach § 13 zur Verfügung über das Eigentum deckt auch weniger weitgehende Verfügungen des Verwahrers, str. § 13 betrifft insbesondere auch die Wertpapierleihe (s **(7)** Bankgeschäfte Rn T/1), aber § 16.

2   2) Sobald der Verwahrer von der Ermächtigung nach I Gebrauch macht und Eigentum an den hinterlegten WP übergeht, wird das DepotG (nicht nur „dieser" Abschn) entspr § 15 (§ 15 Rn 1) auf das Geschäft unanwendbar **(II)**, Befreiung s § 16. Der Dritte wird im Erwerb ggf geschützt nach §§ 932 ff BGB, § 366 HGB. Sofortige Übereignung entspr I 1 s § 15.

Verwahrungsbuch

DepotG 14 (1) ¹Der Verwahrer ist verpflichtet, ein Handelsbuch zu führen, in das jeder Hinterleger und Art, Nennbetrag oder Stückzahl, Nummern oder sonstige Bezeichnungsmerkmale der für ihn verwahrten Wertpapiere einzutragen sind. ²Wenn sich die Nummern oder sonstigen Bezeichnungsmerkmale aus Verzeichnissen ergeben, die neben dem Verwahrungsbuch geführt werden, genügt insoweit die Bezugnahme auf diese Verzeichnisse.

(2) Die Eintragung eines Wertpapiers kann unterbleiben, wenn seine Verwahrung beendet ist, bevor die Eintragung bei ordnungsmäßigem Geschäftsgang erfolgen konnte.

(3) Die Vorschriften über die Führung eines Verwahrungsbuchs gelten sinngemäß auch für die Sammelverwahrung.

(4) ¹Vertraut der Verwahrer die Wertpapiere einem Dritten an, so hat er den Ort der Niederlassung des Dritten im Verwahrungsbuch anzugeben. ²Ergibt sich der Name des Dritten nicht aus der sonstigen Buchführung, aus Verzeichnissen, die neben dem Verwahrungsbuch geführt werden, oder aus dem Schriftwechsel, so ist auch der Name des Dritten im Verwahrungsbuch anzugeben. ³Ist der Verwahrer zur Sammelverwahrung nach § 5 Abs. 1 Satz 2, zur Tauschverwahrung, zur Verpfändung oder zur Verfügung über das Eigentum ermächtigt, so hat er auch dies in dem Verwahrungsbuch ersichtlich zu machen.

(5) Teilt ein Verwahrer dem Drittverwahrer mit, daß er nicht Eigentümer der von ihm dem Drittverwahrer anvertrauten Wertpapiere ist (§ 4 Abs. 3), so hat der Drittverwahrer dies bei der Eintragung im Verwahrungsbuch kenntlich zu machen.

V. Bankgeschäfte (m. Börsen- u. KapMR) **DepotG 15, 16 (13)**

1) Das Verwahrungsbuch dient dem Hinterleger im Streitfall zum Beweis seines 1
Rechts, dem Verwahrer (Sonder-, Dritt-, Zwischen-, Sammelverwahrer) zur Verwaltung der anvertrauten Papiere und den mit der Depotprüfung betrauten Stellen (Einl 2–3 vor § 1) zur Überwachung der Geschäftsführung des Verwahrers. Jeder Verwahrer (§ 1 II) muss ein Verwahrungsbuch führen. Neben dem in I 1 vorgeschriebenen **persönlichen** (dh auf den einzelnen Hinterlegern aufgebauten) Verwahrungsbuch ist ein **sachliches** Verwahrungsbuch nach WPArten üblich. Hervorzuheben ist der **Nummernzwang** nach I 1. Das Buch ist **Handelsbuch**, §§ 238 ff HGB sind zu beachten. Jede Hinterlegung von WP zu Sonder- oder Sammelverwahrung ist eintragungspflichtig, nicht bei unregelmäßiger Verwahrung nach § 15. Zur Bedeutung der Eintragung in das Verwahrungsbuch für den Eigentumserwerb § 6 Rn 2.

Unregelmäßige Verwahrung, Wertpapierdarlehen

DepotG 15 (1) **Wird die Verwahrung von Wertpapieren in der Art vereinbart, daß das Eigentum sofort auf den Verwahrer oder einen Dritten übergeht und der Verwahrer nur verpflichtet ist, Wertpapiere derselben Art zurückzugewähren, so sind die Vorschriften dieses Abschnitts auf ein solches Verwahrungsgeschäft nicht anzuwenden.**

(2) ¹**Eine Vereinbarung der in Absatz 1 bezeichneten Art ist nur gültig, wenn die Erklärung des Hinterlegers für das einzelne Geschäft ausdrücklich und schriftlich abgegeben wird.** ²**In der Erklärung muß zum Ausdruck kommen, daß das Eigentum sofort auf den Verwahrer oder einen Dritten übergehen soll und daß mithin für den Hinterleger nur ein schuldrechtlicher Anspruch auf Lieferung nach Art und Zahl bestimmter Wertpapiere entsteht.** ³**Die Erklärung darf weder auf andere Urkunden verweisen noch mit anderen Erklärungen des Hinterlegers verbunden sein.**

(3) **Diese Vorschriften gelten sinngemäß, wenn Wertpapiere jemandem im Betrieb seines Gewerbes als Darlehen gewährt werden.**

1) A. Bei unregelmäßiger Verwahrung (**I**, auch sog Aberdepot) verliert der Hinter- 1
leger das Eigentum an den WP und ist auf den schuldrechtlichen Rückgewähranspruch beschränkt, hat zB kein Aussonderungsrecht im Insolvenzverfahren über das Vermögen des Verwahrers. Hier gilt § 700 I 1 BGB über die unregelmäßige Verwahrung. Das DepotG (nicht nur „dieser" Abschn) ist unanwendbar (I), also zB auch § 32.

B. I betrifft nicht schuldrechtliche Lieferungsansprüche aus Einkaufskommission 2
bzw Eigengeschäft (Wertpapierguthaben). Hier gelten §§ 18 ff, 32.

2) Wegen der Gefährlichkeit für den Hinterleger sieht **II** besondere Kautelen vor: 3
Form (Befreiung s § 16) entspr § 13 I (betr Ermächtigung des Verwahrers zur Übereignung auf sich oder Dritten).

3) **III** idF HRefG 1998 stellt der unregelmäßigen Verwahrung ein WPDarlehen, 4
das jemandem im Betriebe seines Gewerbes gewährt wird, gleich. Der Gewerbetreibende ist dann nicht Verwahrer iSv § 1 II. II, III betreffen insbesondere auch die Wertpapierleihe (s **(7)** Bankgeschäfte Rn T/1). Befreiung von den Formvorschriften s § 16.

Befreiung von Formvorschriften

DepotG 16 **Die Formvorschriften des § 4 Abs 2, des § 5 Abs. 1 Satz 2 und 3 und der §§ 10, 12, 13 und 15 Abs. 2 und 3 sind nicht anzuwenden, wenn der Verwahrer einer gesetzlichen Aufsicht untersteht und der Hinterleger ein Kaufmann ist, der**
1. **in das Handelsregister oder Genossenschaftsregister eingetragen ist oder**
2. **im Falle einer juristischen Person des öffentlichen Rechts nach der für sie maßgebenden gesetzlichen Regelung, nicht eingetragen zu werden braucht oder**
3. **nicht eingetragen wird, weil er seinen Sitz oder seine Hauptniederlassung im Ausland hat.**

(13) DepotG 17, 17a

1 **1)** § 16 idF FinSichRiG 2004, ergänzt um § 4 II. Nr 2 idF HRefG 1998 enthält eine **Befreiung von Formvorschriften** nach §§ 4 II, 5 I 2, 3, §§ 10, 12, 13, 15 II, III unter zwei **Voraussetzungen:** Der **Verwahrer** muss einer gesetzlichen (auch ausländischen) Aufsicht unterstehen, zB Kreditinstitute (aber schon KWG), und der **Hinterleger** muss nach Nr 1–3 typisiert nicht des Schutzes bedürfen, nämlich eingetragener Kfm, juristische Person des öffentlichen Rechts, ausländischer Kfm sein. Die Befreiung von den Formvorschriften nach §§ 13 I, 15 II, III durch § 16 ist insbesondere wichtig für das Wertpapierleihgeschäft (s **(7)** Bankgeschäfte Rn T/1). Die Befreiung von § 4 II ist vor allem für grenzüberschreitende Sicherheitenlieferungen bei der DBBk wichtig, RegE ZIP **03,** 1572. Zum FinSichRiG Kollmann WM **04,** 1012.

Pfandverwahrung

DepotG 17 Werden jemandem im Betrieb seines Gewerbes Wertpapiere unverschlossen als Pfand anvertraut, so hat der Pfandgläubiger die Pflichten und Befugnisse eines Verwahrers.

1 **1)** § 17 idF HRefG 1998. Der Pfandverwahrer hat die Rechte und Pflichten eines Verwahrers iSv DepotG (§§ 2–16); im Übrigen gelten §§ 1204–1258 BGB, bes für die Stellung des Pfandverwahrers als Pfandgläubiger.

Verfügungen über Wertpapiere

DepotG 17a Verfügungen über Wertpapiere oder Sammelbestandanteile, die mit rechtsbegründender Wirkung in ein Register eingetragen oder auf einem Konto verbucht werden, unterliegen dem Recht des Staates, unter dessen Aufsicht das Register geführt wird, in dem unmittelbar zugunsten des Verfügungsempfängers die rechtsbegründende Eintragung vorgenommen wird, oder in dem sich die kontoführende Haupt- oder Zweigstelle des Verwahrers befindet, die dem Verfügungsempfänger die rechtsbegründende Gutschrift erteilt.

1 **1)** § 17a idF G 8. 12. 99 BGBl 2384 (Umsetzung EG-Ri über Wirksamkeit von Abrechnungen, s **(7)** Bankgeschäfte Rn A/58) enthält eine internationalprivatrechtliche Vorschrift für Verfügungen über WP oder Sammelbestandanteile, die mit rechtsbegründender (nicht nur deklaratorischer) Wirkung in ein Register eingetragen oder auf einem Konto verbucht werden. Maßgeblich ist das Recht des Staates, unter dessen Aufsicht das betreffende Register geführt wird. § 17a hat wenig Bedeutung, da er auf Eigentumserwerb nach § 24 bezogen ist (§ 24 Rn 2) und Verfügungen über rein schuldrechtliche Ansprüche nicht erfasst. Rechtsangleichung in der EU auf dem Nachhandelssektor, s Einl 6 vor § 1 DepotG und allgemeiner Einl 45 vor § 1 HGB. Lit: Dittrich 2002; Einsele, Bank- und Kapitalmarktrecht 2006 § 9 III; Einsele RIW **97,** 269 (USA), Keller WM **00,** 1269 (EG-Ri), Einsele WM **01,** 15 (EG-Ri), Schefold IPRax **00,** 468 (§ 17a), FS Kümpel **03,** 463 (eur Kollisionsrecht), Than FS Kümpel **03,** 543 (grenzüberschreitender Effektengiroverkehr), Gruson AG **04,** 358 (Doppelnotierung USA/BRD), Reuschle RabelsZ 68 **(04)** 687 (grenzüberschreitender Effektengiroverkehr), Haubold RIW **05,** 656 (PRIMA).

2. Abschnitt. Einkaufskommission

Überblick vor § 18

1 Der 2. Abschn regelt nicht das Depotgeschäft, sondern die Erfüllung des Effektengeschäfts. Einkaufskommission und Eigengeschäft sind dabei gleichgestellt, § 31. Kernstück der §§ 18 ff ist der Effektenkundenschutz durch zwei von §§ 929 ff BGB abweichende, zusätzliche Eigentumserwerbsmöglichkeiten kraft Gesetzes: Absendung des Stückeverzeichnisses (§ 18 III) und Eintragung des Übertragungsvermerks im Verwahrungsbuch der Bank (§ 24 II 1), s § 18 Rn 1. Zum Effektengeschäft im Übrigen s Erläuterungen zu §§ 383 ff HGB.

Stückeverzeichnis

DepotG 18 (1) ¹Führt ein Kommissionär (§§ 383, 406 des Handelsgesetzbuchs) einen Auftrag zum Einkauf von Wertpapieren aus, so hat er dem Kommittenten unverzüglich, spätestens binnen einer Woche ein Verzeichnis der gekauften Stücke zu übersenden. ²In dem Stückeverzeichnis sind die Wertpapiere nach Gattung, Nennbetrag, Nummern oder sonstigen Bezeichnungsmerkmalen zu bezeichnen.

(2) Die Frist zur Übersendung des Stückeverzeichnisses beginnt, falls der Kommissionär bei der Anzeige über die Ausführung des Auftrags einen Dritten als Verkäufer namhaft gemacht hat, mit dem Erwerb der Stücke, andernfalls beginnt sie mit dem Ablauf des Zeitraums, innerhalb dessen der Kommissionär nach der Erstattung der Ausführungsanzeige die Stücke bei ordnungsmäßigem Geschäftsgang ohne schuldhafte Verzögerung beziehen oder das Stückeverzeichnis von einer zur Verwahrung der Stücke bestimmten dritten Stelle erhalten konnte.

(3) Mit der Absendung des Stückeverzeichnisses geht das Eigentum an den darin bezeichneten Wertpapieren, soweit der Kommissionär über sie zu verfügen berechtigt ist, auf den Kommittenten über, wenn es nicht nach den Bestimmungen des bürgerlichen Rechts schon früher auf ihn übergegangen ist.

1) Beim Kauf von WP (Inhaberpapieren oder blanko indossierten Orderpapieren) durch den Kommissionär (§§ 383, 406 HGB), auch Ersterwerb aus einer Emission (RG **104,** 120) erlangt der **Kommittent** das **Eigentum** an den Papieren, wenn nicht früher (vgl § 383 HGB Rn 29, RG **139,** 114, **140,** 229), so **spätestens durch Absendung** (auch ohne Zugang, RG **95,** 257) **eines Stückeverzeichnisses,** III (Absendefrist und Inhalt s Rn 2–4). Bei Erwerb von Miteigentum an einem WPSammelbestand erlangt der Kommittent dieses Miteigentum spätestens durch **Eintragung des Übertragungsvermerks im Verwahrungsbuch** des Kommissionärs, § 24 II 1. **Beide Möglichkeiten** sind **alternativ.** Sie gelten nur, soweit der Kommissionär verfügungsberechtigt ist (§§ 18 III, 24 II 1, § 185 BGB), also nicht zB bei Erwerb unter Eigentumsvorbehalt ohne Verfügungsrecht; auch guter Glaube an Eigentum oder Verfügungsrecht des Kommissionärs verschafft dem Kommittenten kein Eigentum (Miteigentum) durch Absendung des Verzeichnisses (Übertragungsvermerk); nur durch Erlangung des Besitzes an bestimmten Stücken, §§ 932 ff BGB, § 366 HGB. Für die Übersendung des Stückeverzeichnisses gelten §§ 164 ff BGB entspr. Die irrtümliche Übersendung an einen anderen als den Kommittenten ist wirkungslos. Bei irrtümlicher Übersendung an mehrere Kommittenten erwirbt der, an den zuerst abgesandt wurde; falls Reihenfolge nicht mehr feststellbar, Miteigentum, str. Im Übrigen ist die Übersendung entspr §§ 119 ff BGB anfechtbar, auch gemäß §§ 129 ff InsO sowie AnfG. §§ 18 III, 24 II 1 ersetzen nicht eine zur Übertragung nötige besondere Form; sie gelten also nicht für Orderpapiere (außer bei Blankoindossament). Folgen der Unterlassung der Übersendung s § 25. Vgl ferner §§ 19–24, 26–31.

2) A. Das Stückeverzeichnis ist gemäß **I 1 unverzüglich,** spätestens binnen einer Woche abzusenden. Die Frist läuft, falls der Kommissionär bei Ausführungsanzeige einen Dritten als Verkäufer benannt hat (vgl § 384 HGB Rn 12–14), mit dem Erwerb durch den Kommissionär, der schnellstmöglich zu bewirken ist, sonst (bei Ausführung durch Geschäft mit Dritten ohne dessen Nennung und bei Selbsteintritt) vom Zeitpunkt, bis zu dem nach der Ausführungsanzeige (dem Selbsteintritt, § 400 HGB Rn 7–9) der Kommissionär die Stücke hätte erwerben können (auch durch Empfang eines Stückeverzeichnisses von einer zur Verwahrung bestimmten dritten Stelle), **II.** Verkürzung der Frist ist zulässig, nicht aber Verlängerung, außer wenn der Kommittent selbst eine Bank ist (§ 28). Das Stückeverzeichnis ist auch dann fristgerecht zu übersenden, wenn der Kommittent bereits Eigentümer der WP geworden ist, RG **81,** 439, aber vgl § 23 Rn 1.

B. Inhalt des Stückeverzeichnisses s **I 2.** Auch bei Verletzung von I 2 ist das Stückeverzeichnis wirksam iSv III, wenn die Stücke nur (mindestens durch Gattung und Nummer) individualisierbar sind, RG **95,** 259. Das Stückeverzeichnis braucht sich nicht unbedingt auf die „gekauften" Stücke zu beziehen (unsinnige Bindung, bes bei Selbsteintritt und Eigengeschäft, an das Deckungsgeschäft), RG **73,** 247.

(13) DepotG 19, 20

4   C. **Ausnahmen** von der Pflicht zur Übersendung des Stückeverzeichnisses s §§ 19, 20, 22, 23. Dadurch werden sonstige (vertragliche und gesetzliche) Zurückbehaltungsrechte des Kommissionärs ausgeschlossen; nicht dagegen Pfandrechte an Effekten zB nach **(8)** AGB-Banken Nr 14.

Aussetzung der Übersendung des Stückeverzeichnisses

DepotG 19 (1) ¹Der Kommissionär darf die Übersendung des Stückeverzeichnisses aussetzen, wenn er wegen der Forderungen, die ihm aus der Ausführung des Auftrags zustehen, nicht befriedigt ist und auch nicht Stundung bewilligt hat. ²Als Stundung gilt nicht die Einstellung des Kaufpreises ins Kontokorrent.

(2) ¹Der Kommissionär kann von der Befugnis des Absatzes 1 nur Gebrauch machen, wenn er dem Kommittenten erklärt, daß er die Übersendung des Stückeverzeichnisses und damit die Übertragung des Eigentums an den Papieren bis zur Befriedigung seiner Forderungen aus der Ausführung des Auftrags aussetzen werde. ²Die Erklärung muß, für das einzelne Geschäft gesondert, ausdrücklich und schriftlich abgegeben und binnen einer Woche nach Erstattung der Ausführungsanzeige abgesandt werden, sie darf nicht auf andere Urkunden verweisen.

(3) Macht der Kommissionär von der Befugnis des Absatzes 1 Gebrauch, so beginnt die Frist zur Übersendung des Stückeverzeichnisses frühestens mit dem Zeitpunkt, in dem der Kommissionär wegen seiner Forderungen aus der Ausführung des Auftrags befriedigt wird.

(4) ¹Stehen die Parteien miteinander im Kontokorrentverkehr (§ 355 des Handelsgesetzbuchs), so gilt der Kommissionär wegen der ihm aus der Ausführung des Auftrags zustehenden Forderungen als befriedigt, sobald die Summe der Habenposten die der Sollposten zum erstenmal erreicht oder übersteigt. ²Hierbei sind alle Posten zu berücksichtigen, die mit Wertstellung auf denselben Tag zu buchen waren. ³Führt der Kommissionär für den Kommittenten mehrere Konten, so ist das Konto, auf dem das Kommissionsgeschäft zu buchen war, allein maßgebend.

(5) Ist der Kommissionär teilweise befriedigt, so darf er die Übersendung des Stückeverzeichnisses nicht aussetzen, wenn die Aussetzung nach den Umständen, insbesondere wegen verhältnismäßiger Geringfügigkeit des rückständigen Teils, gegen Treu und Glauben verstoßen würde.

1   **1)** Der Kommissionär darf (in Ausübung eines Zurückbehaltungsrechts entspr § 273 BGB, § 369 HGB) mit Erklärung gemäß **II** die Übersendung des Stückeverzeichnisses (§ 18 I, II) bis nach Befriedigung seiner Ansprüche gegen den Kommittenten (falls er sie nicht gestundet hat) aussetzen, **I, III, V.** Die Erklärung nach II 1, 2 hat Warnfunktion für den Kunden. Zugang nach § 130 BGB ist entgegen dem Wortlaut von II 2 nötig, str.

2   **2)** Im Kontokorrentverkehr gilt der Kommissionär als befriedigt, sobald sein Guthaben ausgeglichen ist, **IV.** Das entspricht (punktuell) dem Staffelkontokorrent (§ 355 HGB Rn 8), aber ohne dass deshalb ein bestehender Periodenkontokorrent zum Staffelkontokorrent wird.

Übersendung des Stückeverzeichnisses auf Verlangen

DepotG 20 (1) Wenn der Kommissionär einem Kommittenten, mit dem er im Kontokorrentverkehr (§ 355 des Handelsgesetzbuchs) steht, für die Dauer der Geschäftsverbindung oder für begrenzte Zeit zusagt, daß er in bestimmtem Umfang oder ohne besondere Begrenzung für ihn Aufträge zur Anschaffung von Wertpapieren auch ohne alsbaldige Berichtigung des Kaufpreises ausführen werde, so kann er sich dabei vorbehalten, Stückeverzeichnisse erst auf Verlangen des Kommittenten zu übersenden.

(2) Der Kommissionär kann von dem Vorbehalt des Absatzes 1 nur Gebrauch machen, wenn er dem Kommittenten bei der Erstattung der Ausführungsanzeige schriftlich mitteilt, daß er die Übersendung des Stückeverzeichnisses und damit die Übertragung des Eigentums an den Papieren erst auf Verlangen des Kommittenten ausführen werde.

(3) ¹Erklärt der Kommittent, daß er die Übersendung des Stückeverzeichnisses verlange, so beginnt die Frist zur Übersendung des Stückeverzeichnisses frühestens mit dem Zeitpunkt, in dem die Erklärung dem Kommissionär zugeht. ²Die Aufforderung muß schriftlich erfolgen und die Wertpapiere, die in das Stückeverzeichnis aufgenommen werden sollen, genau bezeichnen.

1) § 20 ist auf die Konten zugeschnitten, auf denen sich die mehr spekulativen Geschäfte abwickeln und bei denen der Kommissionär entweder für die Dauer der Geschäftsverbindung oder für begrenzte Zeit mit dem Kommittenten einen besonderen Kredit zum Ankauf von WP, die der Kunde dann also nicht alsbald bezahlen soll, vereinbart. Bei Vorbehalt (auf Dauer) gemäß I und Mitteilung (im Einzelfall) gemäß II läuft die Frist zur Übersendung des Stückeverzeichnisses (§ 18 I 1) erst ab förmlicher Anforderung des Verzeichnisses durch den Kommittenten (III 1, 2).

Befugnis zur Aussetzung und Befugnis zur Übersendung auf Verlangen

DepotG 21 Will der Kommissionär die Übersendung des Stückeverzeichnisses sowohl deshalb aussetzen, weil er wegen seiner Forderungen nicht befriedigt ist (§ 19), als auch deshalb, weil er sich die Aussetzung mit Rücksicht auf die Besonderheit des Kontokorrentverkehrs mit dem Kommittenten vorbehalten hat (§ 20), so hat er dem Kommittenten bei Erstattung der Ausführungsanzeige schriftlich mitzuteilen, daß er die Übersendung des Stückeverzeichnisses und damit die Übertragung des Eigentums an den Papieren erst auf Verlangen des Kommittenten, frühestens jedoch nach Befriedigung wegen seiner Forderungen aus der Ausführung des Auftrags ausführen werde.

1) Will der Kommissionär die Übersendung des Stückeverzeichnisses sowohl aus § 19 als aus § 20 aussetzen, darf er die beiden Erklärungen miteinander verbinden, muss aber zur Unterrichtung des Kunden die im § 21 vorgeschriebene Mitteilung machen. Hier setzt das Verlangen des Kommittenten die Frist des § 18 I noch nicht in Lauf, es bedarf auch vorheriger Befriedigung des Kommissionärs.

Stückeverzeichnis beim Auslandsgeschäft

DepotG 22 (1) ¹Wenn die Wertpapiere vereinbarungsgemäß im Ausland angeschafft und aufbewahrt werden, braucht der Kommissionär das Stückeverzeichnis erst auf Verlangen des Kommittenten zu übersenden. ²Der Kommittent kann die Übersendung jederzeit verlangen, es sei denn, daß ausländisches Recht der Übertragung des Eigentums an den Wertpapieren durch Absendung des Stückeverzeichnisses entgegensteht oder daß der Kommissionär nach § 19 Abs. 1 berechtigt ist, die Übersendung auszusetzen.

(2) ¹Erklärt der Kommittent, daß er die Übersendung des Stückeverzeichnisses verlange, so beginnt die Frist zur Übersendung des Stückeverzeichnisses frühestens mit dem Zeitpunkt, in dem die Erklärung dem Kommissionär zugeht. ²Die Aufforderung muß schriftlich erfolgen und die Wertpapiere, die in das Stückeverzeichnis aufgenommen werden sollen, genau bezeichnen.

1) Bei Kommission zur Anschaffung und Aufbewahrung der WP im Ausland verpflichtet § 22 (Anwendbarkeit deutschen Depotrechts vorausgesetzt, so idR nach (8) AGB-Banken Nr 6 I) den Kommissionär nur auf Verlangen des Kommittenten, das Verzeichnis zu übersenden, wenn nicht ausländisches Recht entgegensteht oder der Kommissionär gemäß § 19 I zurückhalten darf, BGH WM **88**, 404. Das (zugegangene) Verlangen des Kommittenten setzt Frist des § 18 I 1 in Lauf. Nach den (8) Sonderbedingungen für WPGeschäfte Nr 12 erteilt die Bank bei Aufbewahrung der WP im Ausland Gutschrift in Wertpapierrechnung (Verschaffungsanspruch gegen die Bank, dieser beschränkt auf den jeweiligen Deckungsbestand, (8) Sonderbedingungen für WP-Geschäfte Nr 12 Rn 1), BGH **161**, 192. Zu den **Treuhand-WR-Gutschriften** BuB/Kümpel 8/123, Kümpel/Ott/Kümpel 220/55.

Befreiung von der Übersendung des Stückeverzeichnisses

DepotG 23 Die Übersendung des Stückeverzeichnisses kann unterbleiben, soweit innerhalb der dafür bestimmten Frist (§§ 18 bis 22) die Wertpapiere dem Kommittenten ausgeliefert sind oder ein Auftrag des Kommittenten zur Wiederveräußerung ausgeführt ist.

1   1) Auslieferung setzt Verschaffung des unmittelbaren Besitzes, nicht nur des Eigentums voraus. Der Wiederveräußerung „im Auftrag" des Kommittenten steht es gleich, wenn der Kommissionär aus anderen Gründen zur Veräußerung der WP innerhalb der Frist berechtigt war, RG **81**, 439.

Erfüllung durch Übertragung von Miteigentum am Sammelbestand

DepotG 24 (1) Der Kommissionär kann sich von seiner Verpflichtung, dem Kommittenten Eigentum an bestimmten Stücken zu verschaffen, dadurch befreien, daß er ihm Miteigentum an den zum Sammelbestand einer Wertpapiersammelbank gehörenden Wertpapieren verschafft; durch Verschaffung von Miteigentum an den zum Sammelbestand eines anderen Verwahrers gehörenden Wertpapieren kann er sich nur befreien, wenn der Kommittent im einzelnen Falle ausdrücklich und schriftlich zustimmt.

(2) ¹Mit der Eintragung des Übertragungsvermerks im Verwahrungsbuch des Kommissionärs geht, soweit der Kommissionär verfügungsberechtigt ist, das Miteigentum auf den Kommittenten über, wenn es nicht nach den Bestimmungen des bürgerlichen Rechts schon früher auf ihn übergegangen ist. ²Der Kommissionär hat dem Kommittenten die Verschaffung des Miteigentums unverzüglich mitzuteilen.

(3) Kreditinstitute und Kapitalanlagegesellschaften brauchen die Verschaffung des Miteigentums an einem Wertpapiersammelbestand und die Ausführung der Geschäftsbesorgung abweichend von Absatz 2 Satz 2 sowie von den §§ 675 und 666 des Bürgerlichen Gesetzbuchs und von § 384 Abs. 2 des Handelsgesetzbuchs den Kunden erst innerhalb von dreizehn Monaten mitzuteilen, sofern das Miteigentum jeweils auf Grund einer vertraglich vereinbarten gleichbleibenden monatlichen, zweimonatlichen oder vierteljährlichen Zahlung erworben wird und diese Zahlungen jährlich das Dreifache des höchsten Betrags nicht übersteigen, bis zu dem nach dem Vierten Vermögensbildungsgesetz in der jeweils geltenden Fassung vermögenswirksame Leistungen gefördert werden können.

1   1) § 24 ist grundlegend für den stückelosen Effektengiroverkehr und hat wesentlich zur Durchsetzung der Girosammelverwahrung als Regelform in der Praxis (§ 5 Rn 1) beigetragen. Nach **I** kann der Kommissionär die WP-Stück-Einkaufskommission ausführen (an Erfüllungs Statt) durch Verschaffung von Miteigentum am Sammelbestand (§§ 5–9) einer WPSammelbank (§ 1 III, insoweit auch ohne Zustimmung des Kommittenten) oder (bei ausdrücklicher schriftlicher Zustimmung des Kommittenten) eines anderen Verwahrers (§ 1 II, facultas alternativa, nicht Wahlrecht).

2   2) II enthält einen **Sondertatbestand des Eigentumserwerbs.** Da es dann mangels eines Stückeverzeichnisses nicht zum Eigentumserwerb nach § 18 III kommt, sieht II 1 Eigentumserwerb **durch Eintragung des Übertragungsvermerks im Verwahrungsbuch** vor, s dazu im Einzelnen § 18 Rn 1. II greift nur ein, „soweit der Kommissionär verfügungsberechtigt ist", begründet also keinen gutgläubigen Erwerb. Rückdatierung ist wirkungslos. Mitteilungspflicht, II 2; Mitteilung ist aber für Eigentumserwerb belanglos, BGH **5**, 34. Bei Schuldbuchforderungen (§ 1 Rn 2) ist der Eigentumserwerb nach § 24 II die Regel; die Anteilsübertragung nach BGB ist ungebräuchlich, Düss WM **64**, 36, str. Im Übrigen findet aber beim Effektengiro idR ein Eigentumserwerb nach § 929 BGB (§ 6 Rn 2), und zwar an den es angeht (§ 383 HGB Rn 28), zeitlich vor der Eintragung im Verwahrungsbuch statt.

3   3) III nF 1985 ua, 2007 InvÄndG, erleichtert das Wertpapiersparen. Bei gleich bleibenden, regelmäßigen (1, 2 oder 3 Monate), nach oben begrenzten (4. VermBG in der jeweiligen Fassung) WPKäufen genügt Mitteilung innerhalb von 13 Monaten (abw von II 2, §§ 675 I, 666, BGB, § 384 II HGB).

V. Bankgeschäfte (m. Börsen- u. KapMR) 1 DepotG 25, 26 (13)

Rechte des Kommittenten bei Nichtübersendung des Stückeverzeichnisses

DepotG 25 (1) ¹Unterläßt der Kommissionär, ohne hierzu nach den §§ 19 bis 24 befugt zu sein, die Übersendung des Stückeverzeichnisses und holt er das Versäumte auf eine nach Ablauf der Frist zur Übersendung des Stückeverzeichnisses an ihn ergangene Aufforderung des Kommittenten nicht binnen drei Tagen nach, so ist der Kommittent berechtigt, das Geschäft als nicht für seine Rechnung abgeschlossen zurückzuweisen und Schadensersatz wegen Nichterfüllung zu beanspruchen. ²Dies gilt nicht, wenn die Unterlassung auf einem Umstand beruht, den der Kommissionär nicht zu vertreten hat.

(2) Die Aufforderung des Kommittenten verliert ihre Wirkung, wenn er dem Kommissionär nicht binnen drei Tagen nach dem Ablauf der Nachholungsfrist erklärt, daß er von dem in Absatz 1 bezeichneten Recht Gebrauch machen wolle.

1) § 25 regelt die Folgen der Nichtübersendung des Stückeverzeichnisses. Zurückweisungsrecht und Schadensersatzanspruch (I 1, „wegen Nichterfüllung", seit SMG: statt der Leistung) setzen voraus: **1**

a) Vom Kommissionär **zu vertretende** (I 2, vgl § 280 I 2 BGB) **Nichtübersendung** des Stückeverzeichnisses, obwohl Übersendungspflicht bestand (vgl §§ 19–24).

b) Aufforderung des Kommittenten (empfangsbedürftige Willenserklärung, muss **2** nach Ablauf der Übersendungsfrist dem Kommissionär zugehen) zur Nachholung des Versäumten. Setzen einer Nachfrist (so §§ 281 I 1, 323 I BGB) ist unnötig. Die gesetzliche Nachfrist ist unverkürzbar, aber verlängerbar, str. Aufforderung ist (wie nach §§ 281 II, 323 II BGB) entbehrlich, wo der Kommissionär die Erfüllung ernstlich und endgültig verweigert hat, RG **65**, 182, str.

c) Unterlassen der Nachholung binnen drei Tagen seit Zugang der Aufforde- **3** rung. Teilweise Nachholung lässt die Rechte des Kommittenten aus § 25 iZw teilweise entfallen, RG **73**, 249. Fristberechnung nach § 187 BGB. Absendung des Stückeverzeichnisses, nicht auch Zugang muss binnen drei Tagen erfolgen.

d) Erklärung des Kommittenten (und Zugang der Erklärung) binnen drei Tagen **4** nach Ablauf der Nachfrist, dass er das Geschäft nicht als für seine Rechnung abgeschlossen gelten lasse und Schadensersatz wegen Nichterfüllung bzw statt der Leistung verlange (wie in §§ 280 III, 281 ff BGB) verlange. Die Erklärung ist formlos. Nachholung des Versäumten durch den Kommissionär nach dieser Erklärung ist unzulässig. Versäumt der Kommittent die Frist, hat er die Rechte aus § 25 I 1 nicht; der Kommissionär kann das Stückeverzeichnis nachträglich zusenden. Bis dahin kann der Kommittent das Verfahren (s Rn 2–4) erneut in Gang bringen. Erfolgt die Zurückweisung fristgerecht, gilt das Ausführungsgeschäft für den Kommittenten als nicht verbindlich. Der Kommissionsvertrag besteht fort, RG **65**, 182, str. Kommittent kann ihn aber kündigen. Zurückweisung (bzw nach der Mindermeinung Rücktritt vom Kommissionsvertrag) und Schadensersatz statt der Leistung bestehen (wie nach § 325 BGB) nebeneinander. Verzicht auf das Stückeverzeichnis ist unwirksam, § 28.

Stückeverzeichnis beim Auftrag zum Umtausch und zur Geltendmachung eines Bezugsrechts

DepotG 26 ¹Der Kommissionär, der einen Auftrag zum Umtausch von Wertpapieren oder von Sammelbestandanteilen gegen Wertpapiere oder einen Auftrag zur Geltendmachung eines Bezugsrechts auf Wertpapiere ausführt, hat binnen zwei Wochen nach dem Empfang der neuen Stücke dem Kommittenten ein Verzeichnis der Stücke zu übersenden, soweit er ihm die Stücke nicht innerhalb dieser Frist aushändigt. ²In dem Stückeverzeichnis sind die Wertpapiere nach Gattung, Nennbetrag, Nummern oder sonstigen Bezeichnungsmerkmalen zu bezeichnen. ³Im übrigen finden die §§ 18 bis 24 Anwendung; § 25 ist insoweit anzuwenden, als der Kommittent nur Schadensersatz wegen Nichterfüllung verlangen kann.

1) Bei Auftrag zum Umtausch von WP oder von Sammelbestandanteilen gegen WP **1** oder zur Geltendmachung eines Bezugsrechts muss der Kommissionär dem Kommitten-

ten binnen (abw von § 18 I 1) 2 Wochen seit Empfang der neuen Stücke das Stückeverzeichnis senden oder die Stücke aushändigen. § 26 ist auch anwendbar bei Umtausch von Miteigentum am Sammelbestand in Sondereigentum, str. Von der Frist abgesehen sind §§ 18–24 anwendbar. Die Umtauschkommission gleicht der Einkaufskommission. § 25 ist nur beschränkt anwendbar; der Kommittent darf bei Unterbleiben der Sendung nicht zurückweisen, sondern muss die Ausführung gegen sich gelten lassen; er ist auf Schadensersatz wegen Nichterfüllung (seit SMG: statt der Leistung wie in §§ 280 III, 281 ff BGB) beschränkt, braucht aber auch keine Provision zu zahlen (§ 27).

Verlust des Provisionsanspruchs

DepotG 27 Der Kommissionär, der den in § 26 ihm auferlegten Pflichten nicht genügt, verliert das Recht, für die Ausführung des Auftrags Provision zu fordern (§ 396 Abs. 1 des Handelsgesetzbuchs).

1 **1)** Vgl § 26. Der Kommissionär verliert im Falle des § 27 den Provisionsanspruch sofort, nicht erst mit Ablauf einer Nachfrist (vgl § 25 I 1). Bezahlte Provision ist als ungerechtfertigte Bereicherung zurückzuzahlen.

Unabdingbarkeit der Verpflichtungen des Kommissionärs

DepotG 28 Die sich aus den §§ 18 bis 27 ergebenden Verpflichtungen des Kommissionärs können durch Rechtsgeschäft weder ausgeschlossen noch beschränkt werden, es sei denn, daß der Kommittent gewerbsmäßig Bankgeschäfte betreibt.

1 **1)** Die Pflichten des Kommissionärs aus §§ 18–27 (Einkaufskommission) gestatten vertragliche Erweiterung, nicht Ausschließung oder Beschränkung. Dieser Schutz ist außer im Interbankgeschäft unverzichtbar und auch für die Praxis nicht übermäßig belastend (RegE 2. FinanzmarktfördG). Durch Schweigen kann Kommittent, besonders eine Bank (RG **72**, 59), nach allgemeinen Regeln auf die Ansprüche gegen Kommissionär verzichten oder sie verwirken.

Verwahrung durch den Kommissionär

DepotG 29 Der Kommissionär hat bezüglich der in seinem Besitz befindlichen, in das Eigentum oder das Miteigentum des Kommittenten übergegangenen Wertpapiere die Pflichten und Befugnisse eines Verwahrers.

1 **1)** Hat der Kommissionär WP in seinem (auch mittelbaren, auch Mit-)Besitz, die dem Kommittenten als Allein- oder Miteigentümer gehören, so hat er die Pflichten eines Verwahrers nach Abschn 1 (§§ 2–17); zB nur beschränkte Geltendmachung von Pfand- und Zurückbehaltungsrechten, § 4, Führung des Verwahrungsbuchs, § 14.

Beschränkte Geltendmachung von Pfand- und Zurückbehaltungsrechten bei dem Kommissionsgeschäft

DepotG 30 (1) Gibt der Kommissionär einen ihm erteilten Auftrag zur Anschaffung von Wertpapieren an einen Dritten weiter, so gilt als dem Dritten bekannt, daß die Anschaffung für fremde Rechnung geschieht.
(2) § 4 gilt sinngemäß.

1 **1)** Gibt der Kommissionär den Anschaffungsauftrag an einen anderen weiter (von Bank zu Bank), so gilt Fremdvermutung entspr § 4. § 30 gilt für die Zeit vor dem Eigentumserwerb des Kommittenten (für die Zeit nachher schon § 29) und wirkt insoweit als Verfügungsbeschränkung zu seinen Gunsten. Die zweite Bank kann ein Pfand- oder Zurückbehaltungsrecht an den angeschafften WP nur wegen Forderungen geltend machen, die mit Bezug auf diese Papiere entstanden sind oder für die diese nach dem über sie vorgenommenen Geschäft haften sollen (§ 4 I 2). Anders bei

V. Bankgeschäfte (m. Börsen- u. KapMR) **DepotG 31, 32 (13)**

Eigenanzeige entspr § 4 II; anders ferner, wenn ein Nichtbankier den Anschaffungsauftrag weitergibt, ihm obliegt Fremdanzeige, § 4 III. § 30 gilt auch bei Auftrag zum Kauf von Sammelbestandanteilen. § 30 ist zwingend.

Eigenhändler, Selbsteintritt

DepotG 31 Die §§ 18 bis 30 gelten sinngemäß, wenn jemand im Betrieb seines Gewerbes Wertpapiere als Eigenhändler verkauft oder umtauscht oder einen Auftrag zum Einkauf oder zum Umtausch von Wertpapieren im Wege des Selbsteintritts ausführt.

1) § 31 idF HRefG 1998. §§ 18–30 sind sinngemäß anwendbar, wenn Kommissionär die Kauf- oder Tauschkommission durch **Selbsteintritt** ausführt. Das Stückeverzeichnis muss die gewährten Stücke nennen, nicht die durch ein Deckungsgeschäft erworbenen. Die Frist des § 18 I beginnt mit Ablauf des Zeitraums, in dem Kommissionär nach Eintrittserklärung die Stücke ohne schuldhaftes Zögern bezeichnen oder das Stückeverzeichnis vom Drittverwahrer erhalten konnte (§ 18 II). 1

2) §§ 18–30 gelten auch, wenn jemand im Betrieb seines Gewerbes Papiere als **Eigenhändler** (vgl (8) Sonderbedingungen für WPGeschäfte Nr 9) kauft oder umtauscht. Die einheitliche Behandlung des Effektengeschäfts, einerlei ob Kommission oder Propergeschäft, ist Ausdruck der allgemein an die Berufsstellung (und nicht so sehr an Vertragstyp und -ausgestaltung) anknüpfenden Verhaltenspflichten der Bank, vgl § 347 HGB Rn 22. Das Stückeverzeichnis muss die gewährten Stücke nennen, nicht die durch ein Deckungsgeschäft erworbenen (§ 18 Rn 3). 2

3. Abschnitt. Vorrang im Insolvenzverfahren

Vorrangige Gläubiger

DepotG 32 (1) Im Insolvenzverfahren über das Vermögen eines der in den §§ 1, 17, 18 bezeichneten Verwahrer, Pfandgläubiger oder Kommissionäre haben Vorrang nach den Absätzen 3 und 4:
1. **Kommittenten, die bei Eröffnung des Insolvenzverfahrens das Eigentum oder Miteigentum an Wertpapieren noch nicht erlangt, aber ihre Verpflichtungen aus dem Geschäft über diese Wertpapiere dem Kommissionär gegenüber vollständig erfüllt haben; dies gilt auch dann, wenn im Zeitpunkt der Eröffnung des Insolvenzverfahrens der Kommissionär die Wertpapiere noch nicht angeschafft hat;**
2. **Hinterleger, Verpfänder und Kommittenten, deren Eigentum oder Miteigentum an Wertpapieren durch eine rechtswidrige Verfügung des Verwahrers, Pfandgläubigers oder Kommissionärs oder ihrer Leute verletzt worden ist, wenn sie bei Eröffnung des Insolvenzverfahrens ihre Verpflichtungen aus dem Geschäft über diese Wertpapiere dem Schuldner gegenüber vollständig erfüllt haben;**
3. **die Gläubiger der Nummern 1 und 2, wenn der nichterfüllte Teil ihrer dort bezeichneten Verpflichtungen bei Eröffnung des Insolvenzverfahrens zehn vom Hundert des Wertes ihres Wertpapierlieferungsanspruchs nicht überschreitet und wenn sie binnen einer Woche nach Aufforderung des Insolvenzverwalters diese Verpflichtungen vollständig erfüllt haben.**

(2) Entsprechendes gilt im Insolvenzverfahren über das Vermögen eines Eigenhändlers, bei dem jemand Wertpapiere gekauft oder erworben hat, und im Insolvenzverfahren über das Vermögen eines Kommissionärs, der den Auftrag zum Einkauf oder zum Umtausch von Wertpapieren im Wege des Selbsteintritts ausgeführt hat (§ 31).

(3) ¹**Die nach den Absätzen 1 und 2 vorrangigen Forderungen werden vor den Forderungen aller anderen Insolvenzgläubiger aus einer Sondermasse beglichen;** diese wird gebildet aus den in der Masse vorhandenen Wertpapieren derselben Art und aus den Ansprüchen auf Lieferung solcher Wertpapiere. ²**Die vorrangigen Forderungen werden durch Lieferung der vorhandenen Wertpapiere beglichen,**

Hopt 2055

(13) DepotG 33 2. Handelsrechtl. Nebengesetze

soweit diese nach dem Verhältnis der Forderungsbeträge an alle vorrangigen Gläubiger verteilt werden können. ³ Soweit eine solche Verteilung nicht möglich ist, wird der volle Erlös der nichtverteilten Wertpapiere unter die vorrangigen Gläubiger im Verhältnis ihrer Forderungsbeträge verteilt.

(4) ¹ Die Gläubiger der Absätze 1 und 2 haben den beanspruchten Vorrang bei der Anmeldung der Forderung nach § 174 der Insolvenzordnung anzugeben. ² Sie können aus dem sonstigen Vermögen des Schuldners nur unter entsprechender Anwendung der für die Absonderungsberechtigten geltenden Vorschriften der §§ 52, 190 und 192 der Insolvenzordnung Befriedigung erlangen. ³ Im übrigen bewendet es für sie bei den Vorschriften der Insolvenzordnung über Insolvenzgläubiger.

(5) ¹ Das Insolvenzgericht hat, wenn es nach Lage des Falles erforderlich ist, den vorrangigen Gläubigern zur Wahrung der ihnen zustehenden Rechte einen Pfleger zu bestellen. ² Für die Pflegschaft tritt an die Stelle des Betreuungsgerichts das Insolvenzgericht. ³ § 78 Abs. 2 bis 5 des Versicherungsaufsichtsgesetzes ist sinngemäß anzuwenden.

1   **1)** § 32 gilt in der Insolvenz eines WPVerwahrers (§ 1 II), WPPfandgläubigers (§ 17), WPEinkauf- oder Umtauschkommissionärs (§§ 18, 26; nach II auch nach Selbsteintritt) und Eigenhändler-WPVerkäufers (II). Kommittenten (I Nr 1), Hinterleger, Verpfänder und Kommittenten (I Nr 2), bestimmte Gläubiger derselben (I Nr 3) sowie Käufer von einem Eigenhändler (II), die **nicht Eigentum**, also kein Aussonderungsrecht haben, bzw deren Eigentum rechtswidrig verletzt ist, die aber ihre Gegenpflichten vollständig erfüllt haben (oder einen noch unerfüllten kleinen Teil ihrer Gegenpflichten noch prompt erfüllen, I Nr 3, II), haben nach III, IV ein Recht auf **vorrangige Befriedigung** aus den in der Insolvenzmasse befindlichen WP gleicher Art und den zur Masse gehörenden Ansprüchen auf Lieferung solcher Papiere (**Sondermasse**, III 1). Die Insolvenzgläubiger iSv I und II müssen den beanspruchten Vorrang bei der Anmeldung nach § 174 InsO angeben. Reicht die Sondermasse zur Befriedigung nicht aus, sind die Gläubiger wegen des Rests gewöhnliche Insolvenzgläubiger, § 52 InsO. Erforderlichenfalls ist ein Pfleger zu bestellen. V 2 nunmehr Betreuungsgericht (FGG-RG 2008). Lit: Hopt BB **75**, 397, DB **75**, 1061.

Ausgleichsverfahren bei Verpfändung

DepotG 33 (1) Im Insolvenzverfahren über das Vermögen eines Verwahrers, dessen Pfandgläubiger die ihm nach § 12 Abs. 2 verpfändeten Wertpapiere oder Sammelbestandanteile ganz oder zum Teil zu seiner Befriedigung verwertet hat, findet unter den Hinterlegern, die die dem Pfandgläubiger verpfändeten Wertpapiere oder Sammelbestandanteile dem Verwahrer anvertraut haben, ein Ausgleichsverfahren mit dem Ziel der gleichmäßigen Befriedigung statt.

(2) ¹ Die am Ausgleichsverfahren beteiligten Hinterleger werden aus einer Sondermasse befriedigt. ² In diese Sondermasse sind aufzunehmen:

1. die Wertpapiere oder Sammelbestandanteile, die dem Pfandgläubiger nach § 12 Abs. 2 verpfändet waren, von diesem aber nicht zu seiner Befriedigung verwertet worden sind;
2. der Erlös aus den Wertpapieren oder Sammelbestandanteilen, der der Pfandgläubiger verwertet hat, soweit er ihm zu seiner Befriedigung nicht gebührte;
3. die Forderungen gegen einen am Ausgleichsverfahren beteiligten Hinterleger aus dem ihm eingeräumten Kredit sowie Leistungen zur Abwendung einer drohenden Pfandverwertung.

(3) ¹ Die Sondermasse ist unter den am Ausgleichsverfahren beteiligten Hinterlegern nach dem Verhältnis des Wertes der von ihnen dem Verwahrer anvertrauten Wertpapiere oder Sammelbestandanteile zu verteilen. ² Maßgebend ist der Wert am Tag der Eröffnung des Insolvenzverfahrens, es sei denn, daß die Wertpapiere oder Sammelbestandanteile erst später verwertet worden sind. ³ In diesem Falle ist der erzielte Erlös maßgebend. ⁴ Ein nach Befriedigung aller am Ausgleichsverfahren beteiligter Hinterleger in der Sondermasse verbleibender Betrag ist an die Insolvenzmasse abzuführen.

(4) ¹ Jeder am Ausgleichsverfahren Beteiligte ist berechtigt und verpflichtet, die von ihm dem Verwahrer anvertrauten und in der Sondermasse vorhandenen Wert-

papiere oder Sammelbestandanteile zu dem Schätzungswert des Tages der Eröffnung des Insolvenzverfahrens zu übernehmen. ²Übersteigt dieser Wert den ihm aus der Sondermasse gebührenden Betrag, so hat er den Unterschied zur Sondermasse einzuzahlen. ³Die Wertpapiere oder Sammelbestandanteile haften als Pfand für diese Forderung.

(5) Jeder Hinterleger kann seine Forderungen, soweit er mit ihnen bei der Befriedigung aus der Sondermasse ausgefallen ist, zur Insolvenzmasse geltend machen.

(6) § 32 Abs. 4 und 5 ist sinngemäß anzuwenden.

1) Mehrere Hinterleger, deren Verwahrer gemäß § 12 II Rückkredit mit Verpfändung der hinterlegten Papiere genommen hat, sind, wenn die Papiere ganz oder teilweise verwertet worden sind, im Insolvenzverfahren über das Vermögen des Verwahrers gleichmäßig zu befriedigen (Ausgleichsverfahren nach I, Gedanke der Gefahrengemeinschaft). Ausgleichsberechtigt sind Hinterleger, die eine Verpfändungsermächtigung nach § 12 erteilten, wenn diese Ermächtigung ausgenutzt wurde, nicht Hinterleger bei unberechtigter Verpfändung, sie haben ggf ein Insolvenzanfechtungsrecht. Bildung und Verteilung der Sondermasse s II–IV. Soweit die Sondermasse nicht ausreicht, sind die Hinterleger gewöhnliche Insolvenzgläubiger (V).

4. Abschnitt. Strafbestimmungen

Depotunterschlagung

DepotG 34 (1) Wer, abgesehen von den Fällen der §§ 246 und 266 des Strafgesetzbuchs, eigenen oder fremden Vorteils wegen
1. über ein Wertpapier der in § 1 Abs. 1 bezeichneten Art, das ihm als Verwahrer oder Pfandgläubiger anvertraut worden ist oder das er als Kommissionär für den Kommittenten im Besitz hat oder das er im Falle des § 31 für den Kunden im Besitz hat, rechtswidrig verfügt,
2. einen Sammelbestand solcher Wertpapiere oder den Anteil an einem solchen Bestand nach § 6 Abs. 2 zuwider verringert oder darüber rechtswidrig verfügt, wird mit Freiheitsstrafe bis zu fünf Jahren oder mit Geldstrafe bestraft.

(2) *(weggefallen)*

1) § 34 idF HRefG 1998. Täter kann jeder sein, dem WP als Verwahrer oder Pfandgläubiger anvertraut sind oder der sie als Kommissionär für den Kommittenten oder als Kommissionär nach Selbsteintritt oder als Eigenhändler nach Verkauf für den Kunden (§ 31) in Besitz hat. Verfügung nach Nr 1 ist alles, was die für den Kunden aus dem Papier folgenden Rechte beeinträchtigt, vgl RGSt **46,** 144, also auch Vernichtung. Rechtswidrig sind Verfügungen, wenn die Ermächtigung fehlte oder unzulässig bzw sonst unwirksam ist.

Unwahre Angaben über das Eigentum

DepotG 35 Wer eigenen oder fremden Vorteils wegen eine Erklärung nach § 4 Abs. 2 wahrheitswidrig abgibt oder eine ihm nach § 4 Abs. 3 obliegende Mitteilung unterläßt, wird, wenn die Tat nicht nach anderen Vorschriften mit schwererer Strafe bedroht ist, mit Freiheitsstrafe bis zu einem Jahr oder mit Geldstrafe bestraft.

1) § 35 idF HRefG 1998. S § 4 Rn 1–4. Entstehung eines Schadens unnötig. § 35 kann zusammentreffen mit §§ 246, 266 StGB.

Strafantrag

DepotG 36 Ist in den Fällen der §§ 34 und 35 durch die Tat ein Angehöriger (§ 11 Abs. 1 Nr. 1 des Strafgesetzbuchs) verletzt, so wird sie nur auf Antrag verfolgt.

1) Verletzung der §§ 34, 35 ist Antragsdelikt, wenn Täter Angehöriger des Verletzten ist. Verletzt ist der am WP oder Sammelbestand Berechtigte.

Strafbarkeit im Falle der Zahlungseinstellung oder des Insolvenzverfahrens

DepotG 37 Wer einer Vorschrift der §§ 2 und 14 oder einer sich aus den §§ 18 bis 24, 26 ergebenden Pflicht zuwiderhandelt, wird mit Freiheitsstrafe bis zu zwei Jahren oder mit Geldstrafe bestraft, wenn er seine Zahlungen eingestellt hat oder über sein Vermögen das Insolvenzverfahren eröffnet worden ist und wenn durch die Zuwiderhandlung ein Anspruch des Berechtigten auf Aussonderung der Wertpapiere vereitelt oder die Durchführung eines solchen Anspruchs erschwert wird.

1   1) § 37 idF HRefG 1998. Verletzung der §§ 2 (Sonderverwahrung), 14 (Verwahrungsbuch), 18–24, 26 ist (unbeschadet etwaiger Strafbarkeit der Tat nach anderen Vorschriften) strafbar nach § 37 nach Zahlungseinstellung des Täters oder Eröffnung des Insolvenzverfahrens über sein Vermögen, wenn ein Aussonderungsanspruch vereitelt oder dessen Durchführung erschwert ist.

DepotG 38–40 *(weggefallen)*

5. Abschnitt. Schlußbestimmungen

DepotG 41 *(aufgehoben)*

Anwendung auf Treuhänder, Erlass weiterer Bestimmungen

DepotG 42 Das Bundesministerium der Justiz kann im Einvernehmen mit dem Bundesministerium der Finanzen und dem Bundesministerium für Wirtschaft und Technologie durch Rechtsverordnung, die nicht der Zustimmung des Bundesrates bedarf, die Anwendung von Vorschriften dieses Gesetzes für Fälle vorschreiben, in denen Kaufleute als Treuhänder für Dritte Wertpapiere besitzen oder erwerben oder Beteiligungen oder Gläubigerrechte ausüben oder erwerben oder in öffentliche Schuldbücher oder sonstige Register eingetragen sind.

1   1) Von diesen Ermächtigungen ist bisher nicht Gebrauch gemacht worden.

(Inkrafttreten, Außerkrafttreten anderer Vorschriften, Überleitungsvorschrift)

DepotG 43

1   1) Eingeklammerte Überschrift idF Bek vom 11. 1. 1995, § 43 wurde aber nicht ausgefüllt.

(14) Börsengesetz (BörsG)

Vom 16. Juli 2007 (BGBl I 1351/FNA 4110-8) mit den späteren Änderungen

Einleitung

Schrifttum

a) Kommentare und Handbücher: Außer dem allgemeinen Schrifttum (s **(7)** Bankgeschäfte Einl vor A/1, Effektengeschäft Q/1) *Assmann/Schütze,* Hdb des Kapitalanlagerechts, 3. Aufl 2007. − *BankrechtsHdb/(Schimansky/Bunte/Lwowski)* 2 Bde 3. Aufl 2007, §§ 104 ff. − *BuB/(Hellner/Steuer)* (LBl) 7/79 ff. − *Canaris,* Bankvertragsrecht, 2. Aufl 1981, Rdn 2236 ff (Emissionsgeschäft). − *Ebenroth/König* BankR VIII (Finanzderivate, TerminHdl) 2001. − *Ebenroth/Groß* BankR IX 2001. − *Groß,* Kapitalmarktrecht (BörsG), 4. Aufl 2009 (zit). – *Habersack/Mülbert/Schlitt*, Hdb der Kapitalmarktinformation, 2008. – *Habersack/Mülbert/Schlitt*, Unternehmensfinanzierung am Kapitalmarkt, 2. Aufl 2008. –*Kümpel/Hammen/Ekkenga*, Kapitalmarktrecht (LBl). – *Kümpel/Ott*, Kapitalmarktrecht (LBl). – *Marsch-Barner/Schäfer*, Hdb börsennotierte AG, 2. Aufl 2009. – *Schäfer/Hamann*, Kapitalmarktgesetze, 2. Aufl 2006 ff (LBl). – *Schwark/Beck/Heidelbach/Schwark*, BörsG, BörsZulV in Kapitalmarktrechts-Komm, 3. Aufl 2004.

b) Lehrbücher: *Claussen*, Bank- und Börsenrecht, 4. Aufl 2008. – *Kümpel/Hammen*, Börsenrecht, 2. Aufl 2003. – *Kümpel*, Bank- und Kapitalmarktrecht, 3. Aufl 2004 Rn 17.1 ff (zit).

c) Sonstige Beiträge: *BaFin*, Emittentenleitfaden 15. 7. 2005, Reform Konsultation 15/2008. – *Hopt*, Kapitalanlegerschutz, 1975. – *Hopt/Rudolph/Baum*, Börsenreform, 1998. – *Fleischer* u *Merkt* 64. DJT 2002 GA (Anlegerschutz). – *Lang*, Informationspflichten bei Wertpapierdienstleistungen, 2003. – Reithmann/Martiny/*Mankowski* 1239 (IPR). – *Hopt/Voigt*, Prospekt- und Kapitalmarktinformationshaftung, 2005 (MPI Hamburg) u WM **04,** 1801. – *Kumpan* 2006 (außerbörsliche WPHdlSysteme). – *Schanz*, Börseneinführung, 3. Aufl 2007. – *Meixner* WM **98,** 431 (6. KWGNovelle). – *Hopt* FS Drobnig **98,** 525 (3. FinanzmarktförderungsG), FS Schimansky **99,** 631 (geregelter Markt, Eurex). – *Hellwig* ZGR **99,** 781 (Börsenreform). – *Beck* BKR **02,** 662, 699 (Börsenreform im 4. FinanzmarktfördG). – *Schlitt* AG **03,** 57 (Neue Marktsegmente). – *Fleckner/Hopt* HK Hbg **08,** 249 (Entwicklung des Börsenrechts).

RsprÜbersichten zum Börsen- und Kapitalmarktrecht: BGHFS WissII/ *Schwark* u *Hopt* **00,** 455, 497 (mit Prospekthaftung), M. Weber NJW **00,** 2061, 3461, **03,** 18, **04,** 28, 3674, **05,** 3682, **06,** 3685, **07,** 3688.

Übersicht
1) Grundbegriffe und Erscheinungsformen der Börse 1–7
  A. Börsenbegriff 1
  B. Wertpapierbörsen und Warenbörsen 4
  C. Börsenträger 5
  D. Börsenaufsicht 6
  E. Marktaufsicht, Solvenzaufsicht 7
2) Börsengesetz und Börsenreform seit 1986 8–22
  A. Börsengesetz 8
  B. Börsenreformgesetze seit 1986 9
  C. Finanzmarktrichtlinie-Umsetzungsgesetz 2007 19
  D. Fortlaufende Börsenreform 21

1) Grundbegriffe und Erscheinungsformen der Börse

A. **Börsenbegriff:** Nach herkömmlicher Ansicht sind Börsen Einrichtungen für 1 die regelmäßige Zusammenkunft von Kaufleuten am gleichen Ort zum Massenumsatz von Waren, Wertpapieren oder Devisen durch standardisierte Verträge. Diese Ortsgebundenheit entspricht nicht mehr den modernen technischen Entwicklungen und erscheint für den Begriff verzichtbar, stattdessen **Systemgebundenheit mit Abschlusselementen.** Dieser Streit ist weniger begrifflich als politisch (Börsenaufsicht, Mitsprache der Länder), sollte aber von einer modernen funktionellen Begriffsbildung nicht abhalten, sondern zu differenzierterer Gesetzgebung Anlass bieten. Börse wäre danach organisierte Zusammenführung von Angebot und Nachfrage in vertretbaren, nicht zur Stelle gebrachten Gegenständen (Wertpapiere, Devisen, Waren, Derivate) mit dem Ziel, Vertragsabschlüsse zwischen zum Handel zugelassenen Personen zu ermöglichen. Rechtlich ist die Börse eine teilrechtsfähige Anstalt des öffentlichen Rechts, trotz der Börsenmitglieder keine Körperschaft (§ 1 Rn 1), so jetzt ausdrücklich § 2 I nF 2007. Lit: Schäfer/Peterhoff § 1 aF Rn 19, Gross Vorbem 8, Hopt/Baum S 377, Hellwig ZGR **99,** 787, Wastl/Schlitt WM **01,** 1702, Merkt DJTGA **02,** G 74, Kümpel FS Hadding **04,** 915.

Elektronische Handelssysteme und börsenähnliche Einrichtungen (proprie- 2 täre Transaktionssysteme, PTS, bzw alternative Transaktionssysteme, ATS) stehen je

(14) BörsG Einl 3–7

nach Organisation der Börse näher oder ferner. Sie waren seit dem 4. FinanzmarktfördG zunächst im BörsG geregelt (Anzeigepflicht, Aufsicht, §§ 58–60 aF). Im Rahmen des FinanzmarktRiUmsetzG wurden die Vorschriften an die Vorgaben der FinanzmarktRi angepasst und in das **(16) WpHG** überführt. **(16) WpHG** §§ 31 f–g enthalten nun die Vorschriften für multilaterale Handelssysteme, **(16) WpHG** §§ 32–32 d die Vorschriften für systematische Internalisierer. S **(16) WpHG** vor § 1 Rn 20. Zu den Abgrenzungs- und Reformproblemen Hopt/Baum S 392. Die Regelung im BörsG liegt angesichts der Übergänge zu Börsen und zT funktionaler Austauschbarkeit mit ihnen nahe, macht aber zugleich die Grenzen der Länderbörsenaufsicht deutlich. Lit: Hopt/Baum S 392, Merkt DJTGA **02**, G 93, Kumpan 2006, Loff 2007, Mutschler 2007 (Internalisierung).

3 Markt und Börse sind verwandt, Börse ist eine Unterart des Markts. An Börsen wie allgemeiner an Märkten bilden sich Preise. **Börsen- und Marktpreise** s § 253 Rn 14.

4 B. **Wertpapierbörsen und Warenbörsen:** Begriffe sind in § 2 II, III nF 2007 erstmals geregelt (§ 2 Rn 2, 3).

5 C. **Börsenträger:** Träger der Börsen (§ 1 Rn 1) waren früher die öffentlichrechtlichen IHK **(Kammerbörsen)** oder privatrechtliche rechtsfähige oder nicht rechtsfähige Vereine **(Vereinsbörsen). Heute** sind es **Aktiengesellschaften.** Der Staatsaufsicht unterliegen diese Einrichtungen als „Börse" wie als bloßer „Markt". Die **Organisation** ist in Deutschland heute **öffentlich-rechtlich,** die Börsengeschäfte sind Privatrecht. Rechtspolitisch empfiehlt sich die Öffnung nur für eine privatrechtliche Organisation, Hopt/Baum 400 (Wahlfreiheit), Merkt G 81 (nur privatrechtlich), 64. DJT NJW **02**, 3082 (Wahlfreiheit), aA Börsensachverständigenkommission Juni 2004, Kümpel Rn 17 378 ff, Hammen AG **01**, 459, Beck Referat 64. DJT (nur öffentlichrechtlich), Kümpel BKR **03**, 3, sehr str, offen Hellwig ZGR **99**, 791. Ein Nebeneinander von öffentlich- und privatrechtlichen Börsen wirft ohne Zweifel Probleme auf, die aber zu bewältigen sind. Das Argument der Zersplitterung trägt nicht gegenüber dem des Wettbewerbs.

6 D. **Börsenaufsicht:** Früher Landes-, 1934–45 Reichs-, dann wieder Landessache (für Waren idR Wirtschafts-, für Wertpapiere idR Finanzressort). Der Bund hat von seiner konkurrierenden Kompetenz (Art 74 Nr 11 GG) bisher nicht Gebrauch gemacht, der DiskE eines Börsenaufsichtsmodernisierungsgesetzes des BMF September 2008 ist am Widerstand der Länder gescheitert. Rechtspolitisch und international ist die Zersplitterung überholt, stattdessen einheitliche Verantwortung der BaFin für Börse und Kapitalmarkt, Hopt/Baum 449, Merkt G 122, str, dazu Hellwig ZGR **99**, 810. Europarechtlich sind überdies geregelte Märkte und multilaterale Handelssysteme in Art 4 I Nr 14 und 15 FinanzmarktRi parallel geregelt mit der Konsequenz, dass ein Wahlrecht der betreibenden Unternehmen besteht und allein die BaFin nach § 1 Ia 2 Nr 1 b KWG zuständig ist, wenn das Unternehmen nicht als Börse genehmigte multilaterale Handelsplattform betreibt, eine höchst merkwürdige Zuständigkeitsaufspaltung (s auch § 4 Rn 2). Mittelfristig stellt sich die weitere Frage einer europäischen Börsenaufsicht, für die viele Marktteilnehmer plädieren, die aber auch ihre Probleme hat. Zur Börsenaufsicht de lege lata näher §§ 2 ff. Zur Börsenaufsicht an der jeweiligen Börse selbst (Handelsüberwachungsstelle) s § 7.

7 E. **Marktaufsicht, Solvenzaufsicht:** Keine Börsenaufsicht, sondern bloße Marktaufsicht nach **(16) WpHG** übt bisher eine zentrale Bundesbehörde, die **Bundesanstalt für Finanzdienstleistungsaufsicht (BaFin)** in Bonn/Frankfurt, aus, in der das frühere Bundesaufsichtsamt für den Wertpapierhandel (BAWe) aufgegangen ist. Die BaFin, Nachfolgerin auch des Bundesaufsichtsamtes für das Kreditwesen (BAKred) in Berlin, ist auch für die Zulassung und Solvenzaufsicht über Kreditinstitute und Finanzdienstleistungsinstitute zuständig (s **(7)** Bankgeschäfte Rn A/4). Die frühere strikte Trennung in zwei Behörden ist damit wie vielfach im Ausland zugunsten einer einheitlichen Aufsicht über Markt und Marktteilnehmer aufgegeben, zugleich bleibt eine sinnvolle funktionale Arbeitsteilung zwischen Markt- und Marktteilnehmeraufsicht innerhalb der BaFin selbst erhalten. Erweiterung der Zuständigkeit der BaFin auf die Börsenaufsicht s Rn 6.

V. Bankgeschäfte (m. Börsen- u. KapMR) 8–13 **BörsG Einl (14)**

2) Börsengesetz und Börsenreform seit 1986
A. Börsengesetz: Das BörsG stammt ursprünglich vom 22. 6. 1896, nF 27. 5. **8** 1908 RGBl 215; geändert in vielen Punkten ua durch G 28. 4. 75 BGBl 1013, G 15. 5. 86 BGBl 721 (§§ 88, 89 nF), BörsZulG 16. 12. 86 BGBl 2478 (abgestuftes Inkrafttreten nach Art 5 zum 1. 1. 87, 1. 5. 87 und für die neue Zwischenberichterstattung 1. 7. 88; Übergangsregelung in § 97 nF), G 11. 7. 89 BGBl 1412, EWRG 27. 4. 93 BGBl 512, 2. FinanzmarktfördG 26. 7. 94 BGBl 1749, BörsG **nF 17. 7. 96** BGBl 1030; dieses geändert durch BegleitG 22. 10. 97 BGBl 2567, 3. FinanzmarktfördG 24. 3. 98 BGBl 529, 9. 6. 98 BGBl 1242, G 22. 6. 98 BGBl 1474 zu BörsG **nF 9. 9. 98** BGBl 2682; 4. FinanzmarktfördG 21. 6. 02 BGBl 2010 BörsG **nF 21. 6. 02** BGBl 2010, nunmehr geltend völlige **Neufassung 16. 7. 2007** BGBl 1351 durch FinanzmarktRiUmsetzG.

B. **Börsenreformgesetze seit 1986:** Das Börsenrecht ist seit 1986 in ständiger **9** Reform, teils angestoßen durch EG-Ri, die viele Neuerungen in der behäbig gewordenen deutschen Börsenlandschaft erzwangen, teils infolge von Wettbewerb und Internationalisierung. Weitere Reformen stehen bevor. Es ist deshalb wichtig, sich zu vergewissern, wo das Börsenrecht steht, wie es dazu gekommen ist und wohin die Börsenreform geht.
BörsZulG 1986: Die Börsennovelle 1986 enthielt zwei große Regelungskomplexe: **10** (1) Umsetzung dreier EG-Ri zwecks **Schaffung eines europäischen Börsenrechts** im Rahmen der EG-Rechtsvereinheitlichung (vgl Europäisches GesRecht Einl 34 vor § 105 HGB), und zweier EG-Ri 5. 3. 79 (**Börsenzulassungsbedingungen**), EG-Ri 17. 3. 80 (**Börsenzulassungsprospekte**), EG-Ri 15. 2. 82 (**Zwischenberichterstattung** börsennotierter AG); (2) Erleichterung des Börsenzugangs, insbesondere für kleine und mittlere Unternehmen, zwecks verbesserter Eigenkapitalausstattung der Unternehmen, und zwar durch **Einführung eines neuen Marktabschnitts** an den Wertpapierbörsen (**geregelter Markt**, dh Börsenhandel mit nichtamtlicher Notierung). Die Detailregelungen sind nicht in das (14) BörsG aufgenommen worden, sondern bleiben hinsichtlich der Umsetzung der EG-Ri der (15) BörsZulV überlassen (näher § 32), hinsichtlich des geregelten Marktes den BörsO (§§ 50, 13). Lit: Schwark NJW **87**, 2041, Schäfer ZIP **87**, 953.
Börsenrechtsnovelle 1989: Die Börsenrechtsnovelle vom 11. 7. 89 BGBl 1412 **11** hatte zwei Ziele: die **Stärkung des Finanzplatzes Deutschland** durch Modernisierung des Börsenrechts und Schaffung der Voraussetzungen für die Deutsche Terminbörse Frankfurt und die Umsetzung der EG-Ri 22. 6. 87 über die **gegenseitige Anerkennung der Börsenzulassungsprospekte in der EG** in das nationale Recht. Dem ersten Ziel dienten die Ausweitung des Begriffs „Börsentermingeschäft", die Einschränkung des Termin- und Differenzeinwands, die Stärkung der Funktion der Kursmakler und der freien Makler durch eine bessere Beaufsichtigung und Absicherung, die nunmehr mögliche Notierung von Wertpapieren auch in ausländischer Währung und in Rechnungseinheiten wie Ecu und die Befreiung der Börsenteilnehmer von dem Erfordernis der physischen Anwesenheit an der Börse. Dem zweiten Ziel galt die Vereinfachung des Zulassungsverfahrens für Wertpapiere, die bereits an einer Börse im Inland oder in einem anderen EG-Mitgliedstaat zugelassen sind. Lit: Schwark NJW **89**, 2675, Kümpel WM **89**, 1313, 1485.
Zweites Finanzmarktförderungsgesetz 1994: Der wichtigste Einschnitt seit Er- **12** lass des BörsG 1896 erfolgte durch das 2. FinanzmarktfördG (Artikelgesetz) 26. 7. 1994 BGBl 1749. Es brachte in Art 1 das WpHG mit dem gesetzlichen Insiderrecht, der erweiterten Ad-hoc-Publizität und dem BAWe (s Rn 8). Art 2 enthielt zahlreiche Änderungen des BörsG, ua die HdlAufsicht an der Börse, eine andere Börsenleitungsstruktur, eine schärfere Börsenaufsicht und Grundlagen für Warenterminbörsen. Lit: Kümpel WM **93**, 2025.
Begleitgesetz 1997, Drittes Finanzmarktförderungsgesetz 1998: Die 1993 **13** erlassene **EG-Wertpapierdienstleistungs-Richtlinie** 10. 5. 93 WM **93**, 1432 war bis Ende 1995 umzusetzen, wurde aber zusammen mit der KapitaladäquanzRi erst durch das BegleitG 1997 22. 10. 97 BGBl 2567 zusammen mit der 6. KWGNovelle 22. 10. 97 BGBl 2518 und das 3. FinanzmarktfördG 24. 3. 98 BGBl 529 umgesetzt.

(14) BörsG Einl 14–17

Diese haben einschneidende Änderungen für Kreditinstitute, Wertpapierdienstleistungsunternehmen und Börsen gebracht, s auch **(16)** WpHG Einl 1 vor § 1. Lit: zur WPDienstleistungsRi Jentsch WM **93,** 2189; zur Börsenrechtsreform 1997 Meixner WM **98,** 431; zum 3. FinanzmarktfördG Weisgeber/Baur 1998; Pötzsch WM **98,** 949, Hopt FS Drobnig **98,** 525.

14 **Viertes Finanzmarktförderungsgesetz 2002:** Das 4. FinanzmarktfördG vom 21. 6. 02 BGBl 2010 brachte erneut grundlegende Änderungen für Börsen, Wertpapierdienstleistungsunternehmen und Kreditinstitute und führte zur **Neufassung** des **BörsG 21. 6. 02** (mit nunmehr **amtlichen Paragraphenüberschriften**), darauf bezieht sich die **Angabe nF in der Kommentierung.** An Börsenreformmaßnahmen sind hervorzuheben: die Deregulierung der Preisbildung an den WPBörsen durch Wegfall der amtlichen Preisfeststellung und Übertragung der Verantwortung für die verschiedenen Handelssegmente und die Preisfeststellung dort an die Börse; die Möglichkeit der Börse, für Teilbereiche über die gesetzlichen Vorgaben hinaus weitere Zulassungsfolgepflichten einzuführen; die Regelung von Lock-up-Vereinbarungen und die Neuordnung des Maklerrechts unter Entfallen der amtlichen Kursfestsetzung durch die Kursmakler (§§ 30–35 aF, s 30. Aufl, stattdessen optional Skontroführer). Entfallen ist auch die Börsenschiedsgerichtsbarkeit (§ 28 aF, s 30. Aufl). S auch **(16)** WpHG Einl 2 vor § 1. Lit: Beck BKR **02,** 662, 699, Fleischer NJW **02,** 2977, Rudolph BB **02,** 1036, Hutter/Leppert NZG **02,** 650.

15 **Prospektrichtlinie-Umsetzungsgesetz 2005:** Die **EG-Prospekt-Richtlinie** 4. 11. 03 ABlEU L 345/64 und die DurchführungsVO 29. 4. 04 ABlEU L 215/3 (weitere EG-Ri s **(16)** WpHG Einl 1 vor § 1) haben maßgebliche Vorgaben gemacht. Das ProspRiUmsetzG 22. 6. 05 BGBl 1698 bringt nach weiteren kleinen Änderungen des BörsG wichtige Einschnitte, die das Prospektrecht (mit Ausnahme der Prospekthaftung) in einem eigenen **WpPG** 22. 6. 05 BGBl 1698 zusammengefasst ist. Die Änderungen betreffen vor allem die Zulassungsvorschriften (§§ 30, 32, 33, 34, 35, 51, 64) und die Prospekt- u Unternehmensberichtshaftung (§§ 44, 55). Kleine Änderungen durch **KapMuG** (§§ 48, 55). Lit: Groß 3. Aufl 2006 (WpPG), Arndt/Voß 2008 (VerkProspG), Wiegel 2008 (ProspektRi), Just/Voß/Ritz/Zeising 2009 (WpPG); Crüwell AG **03,** 243 (ProspektRi), Holzborn/Schwarz-Gondeck BKR **03,** 927 (ProspektRi), Fischer-Appelt/Werlen EUREDIA **04,** 379 (ProspektRi), Fleischer WM **04,** 1897 (fehlender Prospekt), Holzborn/Israel ZIP **05,** 1668 (WpPG), Kullmann/Sester WM **05,** 1068 (WpPG), Mülbert/Steup WM **05,** 1633 (WpPG), Schlitt/Singhof/ Schäfer BKR **05,** 251 (WpPG).

16 **Reformdiskussion über ein Kapitalmarktinformationshaftungsgesetz (KapInHaG-E):** Die Börsenprospekthaftung gemäß § 44 sollte um eine **Außenhaftung der Organmitglieder** erweitert werden (**§§ 44 V, VI**), diese wie nach **(16)** WpHG §§ 37a-37c nF als Ausfallhaftung (nur bedingt ähnlich wie § 93 AktG, kein Zuständigkeitsübergang auf den Insolvenzverwalter wie nach § 93 V 4) mit Entlastungsmöglichkeit mangels grober Fahrlässigkeit, Haftungsdeckelung bei 10 Mio Euro und kurzer Verjährung; DiskE KapInHaG 2004, NZG **04,** 1042, ZIP **04,** 2348, völlige BMF-interne Neufassung 2005. Zur parallel diskutierten Reform der Kapitalmarktinformationshaftung nach **(16)** WpHG §§ 37b-37c nF s **(16)** WpHG Einl 24 vor § 1. Lit: Hopt/Voigt, Prospekt- und Kapitalmarktinformationshaftung, 2005 (aus GA für BMF) u WM **04,** 1801; Zimmer WM **05,** 577, Grotheer WM **05,** 2070, und bei § 44 Rn 2.

17 Außerdem sollte analog der allgemeinen zivilrechtlichen Prospekthaftung (Anh § 177a Rn 59ff) die Börsenprospekthaftung auf **Wirtschaftsprüfer und andere externe Sachverständige** ausgedehnt werden, die als berufsmäßige Sachkenner bei der Erstellung der unrichtigen oder unvollständigen Angaben, die für die Beurteilung der Wertpapiere wesentlich sind, erkennbar mitgewirkt haben (**§ 44a**). Der Anspruch bestünde nicht, sofern das Erwerbsgeschäft vor Veröffentlichung des Prospekts oder sechs Monate nach erstmaliger Einführung der Wertpapiere abgeschlossen wurde. Entlastungsbeweis mangelnder Verantwortung für die Angabe bliebe möglich. Schaden wäre der Unterschiedsbetrag zwischen dem Erwerbspreis und dem (ohne Verstoß) hypothetisch richtigen Preis. Dabei würde eine widerlegbare Schadensvermutung gemäß der Differenz des gewichteten durchschnittlichen inländischen Börsenkurses am Börsentag vor und während der Ersten zwei Wochen nach Bekanntwerden der Unrichtigkeit helfen. Lit: s **(16)** WpHG Einl 24 vor § 1; Assmann AG **04,** 435.

Transparenzrichtlinie-Umsetzungsgesetz (TUG) 2007: Das TUG 5. 1. 07 **18** BGBl 10 hat einige börsenrechtliche Vorschriften (§§ 39 Nr 1–3 aF, 40 **(15)** BörsZulV §§ 63, 64, 66, 67 aF) in das nach Vorgaben der TransparenzRi grundlegend geänderte **(16)** WpHG überführt (s **(16)** WpHG Einl 3, 17 vor § 1) und in § 42a (jetzt § 43) Pflichten des Insolvenzverwalters statuiert (wie **(16)** WpHG § 11, s dort). Lit: s **(16)** WpHG Einl 3 vor § 1.

C. **Finanzmarktrichtlinie-Umsetzungsgesetz 2007:** Das FinanzmarktRiUm- **19** setzG (inoffiziell auch FRUG abgekürzt) 16. 7. 07 BGBl 1330 hat das BörsG völlig neu gefasst und durch einheitliche Regelung der Zulassung von Wertpapieren zum Börsenhandel (keine Trennung mehr zwischen amtlichem und geregeltem Markt) von 64 auf 52 Paragraphen verschlankt. Die Reform wurde notwendig infolge der **FinanzmarktRi (Markets in Financial Instruments Directive, MiFID)** 21. 4. 04 über Märkte für Finanzinstrumente ABlEU L 145/1 v 30. 4. 04. Zusammen mit dieser wurde die DurchführungsRi der Kommission 10. 8. 06 ABlEU L 241/26 umgesetzt. Die FinanzmarktRi ist das Grundgesetz des europäischen Finanzmarktrechts. Sie hat die völlig veraltete WPDienstleistungRi (Investment Services Directive ISD) 10. 5. 93 ABLEG L 141/27 ersetzt und wesentlich umgestaltet und erweitert. Die Neuerungen betreffen insbesondere den Anwendungsbereich, Transparenzanforderungen für Handelsplattformen und die rechtlichen Grundlagen zur Ausführung von Wertpapiergeschäften. Beim Umgang mit dem FinanzmarktRiUmsetzG, das außer der Neufassung des **(14)** BörsG grundlegende Änderungen zu **(16)** WpHG gebracht hat, ist die **durch das Lamfalussy-Rechtssetzungverfahren** in der EU **komplizierte Normhierarchie** zu beachten. Nach diesem vierstufigen Verfahren stehen nebeneinander 1) die FinanzmarktRi als vom Europäischen Parlament und Europäischen Rat erlassene Rahmenrichtlinie, 2) DurchführungsVO und DurchführungsRi der Kommission, 3) eine einheitliche Aufsichtspraxis durch das CESR (Committee of European Securities Regulators, Vertreter der Aufsichtsbehörden der Mitgliedstaaten) und 4) Überwachung der einheitlichen Umsetzung und Einhaltung der Rechtsvorschriften durch die Europäische Kommission. Die Europäische Kommission hat bisher schon zwei Durchführungsvorschriften erlassen: die bereits erwähnte **EG-DurchführungsRi** 10. 8. 06 ABlEU L 241/26 und die **EGDurchführungsVO** Nr 1287/2006 der Kommission 10. 8. 06 ABlEU L 241/1 über Aufzeichnungspflichten für Wertpapierfirmen, Meldung von Geschäften, Markttransparenz, Zulassung von Finanzinstrumenten zum Handel und bestimmte Definitionen. Während die DurchführungsRi durch das FinanzmarktRiUmsetzG mitumgesetzt worden ist, gilt die EG-DurchführungsVO ohne Umsetzungsbedarf unmittelbar, diesbezügliche Vorschriften im Börsen- und WPRecht sind deshalb aufgehoben. Von der Praxis unmittelbar zu beachten sind danach sowohl das deutsche Recht gemäß dem FinanzmarktRiUmsetzG als auch die EGDurchführungsVO. Mittelbar relevant bleiben aber auch die FinanzmarktRi und entsprechende DurchführungsRi der Kommission, weil eine eventuelle unrichtige oder unvollständige Umsetzung über **Vorlageverfahren beim EuGH** (Art 234 EGV) geklärt werden kann. Die Umsetzung durch Bundesgesetz erfolgte nach Art 74 I Nr 11 GG und war im Hinblick auf die europäische Harmonisierung, die Gefahr föderaler Zersplitterung und die Vermeidung von Aufsichtsarbitrage unbedingt notwendig.

Der **wesentliche Inhalt der FinanzmarktRi** und ihrer Umsetzung durch das **20** FinanzmarktRiUmsetzungG wird erst zu **(16)** WpHG Einl 5 zusammengefasst, weil dort der Schwerpunkt der Reform liegt. Dort auch Lit zur FinanzmarktRi und zum FinanzmarktRiUmsetzG.

D. **Fortlaufende Börsenreform:** Die Börsenreform ist mit der Fundamentalre- **21** form durch das FinanzmarktRiUmsetzG zu einem vorläufigen Ende gebracht worden. Manche Petita der Praxis und Wissenschaft sind trotzdem noch nicht erfüllt, zB **Privatisierungswahlrecht für Börsen;** gesetzliche Regelung weiterer Fragen des **Delisting** über § 39 idF FinanzmarktRiUmsetzG hinaus (Zuständigkeit der Gesell-

(14) BörsG 1 1, 2   2. Handelsrechtl. Nebengesetze

schaftsorgane, Abfindung); **Clearing und Settlement;** Ersetzung der dezentralen Länderaufsicht über die Börsen durch eine **bundeseinheitliche Aufsicht über die Börsen** und den Kapitalmarkt wie in anderen EUMitgliedstaaten ua, dazu Beschlüsse des 64. DJT NJW **02,** 3082, Verzicht auf letztere hat die BReg beim Finanzmarkt-RiUmsetzG als Kompromiss den Ländern zugestanden. Vieles ist hoch streitig, insbesondere die Frage der öffentlich- und/oder privatrechtlichen Organisation und der zentralen Börsenaufsicht (s Rn 6, 7). Hinzu kommen neue Reformzwänge durch Aktivitäten der EU, die auf **weitere Integrierung des europäischen Binnenkapitalmarkts** abzielen, Foelsch BKR **07,** 94, insbesondere auch auf dem **Nachhandelssektor** (s **(13)** DepotG Einl 5 vor § 1) und Überlegungen der BReg, die auf den Wettbewerb der europäischen und internationalen Finanzplätze reagieren muss.

22   Die **Börsensachverständigenkommission** beim BMF arbeitet mit eigenen Empfehlungen mit dem BMF zusammen. Dabei geht es auch um die Stärkung des Finanzplatzes Deutschland. Das **BMF** will diese Reformen künftig nicht mehr wie bisher durch ein weiteres großes FinanzmarktfördG umsetzen, sondern schon wegen der Bund-Länder-Kompetenzproblematik und der Schwierigkeiten in der Sache weitere Einzelreformgesetze erlassen. In der Wissenschaft, vor allem den Wirtschaftswissenschaften und dort international, geht mittlerweile die Entwicklung rasant weiter.

Lit: Hopt/Rudolph/Baum, Börsenreform 1998 (aus GA für BMF), Merkt 64. DJT 2002 GA G, Ferrarini/Hopt/Wymeersch, Capital Markets in the Age of the Euro, The Hague 2002, Hopt/Wymeersch, Capital Markets and Company Law, Oxford 2003; Blumentritt 2003 (privatrechtlich organisierte Börse); Ferrarini/Hopt/Winter/Wymeersch, Reforming Company and Takeover Law in Europe, Oxford 2005; Hopt/Voigt, Prospekt- und Kapitalmarktinformationshaftung, 2005 (aus GA für BMF) u WM **04,** 1801; Ferrarini/Wymeersch, Investor Protection in Europe, Oxford 2006 (MiFID and beyond); Brockmeier, FinanzmarktRiUmsetzG, 2007; Clouth, MiFID PraktikerHdb, 2007; Köndgen FS Lutter **00,** 1401, Ferrarini CMLRev 36 **(99)** 569, EBOR 3 **(02)** 249, Hutter/Leppert NJW **02,** 2208, Spindler DStR **02,** 1576, Wymeersch EBOR 8 **(07)** 237 (Financial Supervision in Europe).

I. Allgemeine Bestimmungen über die Börsen und ihre Organe

Anwendungsbereich

BörsG 1 Dieses Gesetz ist anzuwenden auf den Betrieb und die Organisation von Börsen, die Zulassung von Handelsteilnehmern, Finanzinstrumenten, Rechten und Wirtschaftsgütern zum Börsenhandel und die Ermittlung von Börsenpreisen.

Übersicht
1) Anwendungsbereich 1
2) Börsenbetrieb 2

1   **1) Anwendungsbereich:** § 1 nF 2007 umschreibt ausdrücklich den Anwendungsbereich des Gesetzes, was angesichts von dessen Weite, die aus der Bezeichnung BörsG nicht ohne weiteres ersichtlich ist, zu begrüßen ist. Der Anwendungsbereich erstreckt sich auf den Betrieb und die Organisation der Börsen (§§ 2 ff), die Zulassung von HdlTeilnehmern (§ 19), Finanzinstrumenten, Wirtschaftsgütern und Rechten zum Börsenhandel (§ 23 und EGDurchführungsVO 10. 8. 06, s Einl 19) und die Ermittlung von Börsenpreisen (§ 24).

2   **2) Börsenbetrieb:** Der Begriff des Börsenbetriebs iSv § 1 ist weit zu verstehen. Er umfasst nach RegE außer der Bereitstellung und dem Betrieb der Börsenhandels- und -abwicklungssysteme auch insbesondere den Börsenhandel in den gesetzlichen Börsensegmenten und dem Freiverkehr sowie sämtliche Vorgänge und Abläufe in der Selbstverwaltung der Börse einschließlich der Schaffung und Durchsetzung des börslichen Regelwerks.

Börsen

BörsG 2 (1) Börsen sind teilrechtsfähige Anstalten des öffentlichen Rechts, die nach Maßgabe dieses Gesetzes multilaterale Systeme regeln und überwachen, welche die Interessen einer Vielzahl von Personen am Kauf und Verkauf von dort zum Handel zugelassenen Wirtschaftsgütern und Rechten innerhalb des Systems nach festgelegten Bestimmungen in einer Weise zusammenbringen oder das Zusammenbringen fördern, die zu einem Vertrag über den Kauf dieser Handelsobjekte führt.

(2) ¹Wertpapierbörsen im Sinne dieses Gesetzes sind Börsen, an denen Wertpapiere und sich hierauf beziehende Derivate im Sinne des § 2 Abs. 2 des Wertpapierhandelsgesetzes gehandelt werden. ²An Wertpapierbörsen können auch andere Finanzinstrumente im Sinne des § 2 Abs. 2b des Wertpapierhandelsgesetzes und Edelmetalle gehandelt werden.

(3) ¹Warenbörsen im Sinne dieses Gesetzes sind Börsen, an denen Waren im Sinne des § 2 Abs. 2c des Wertpapierhandelsgesetzes und Termingeschäfte in Bezug auf Waren gehandelt werden. ²An Warenbörsen können auch Termingeschäfte im Sinne des § 2 Nr. 2 des Wertpapierhandelsgesetzes und die diesen zugrunde liegenden Basiswerte gehandelt werden.

(4) In verwaltungsgerichtlichen Verfahren kann die Börse unter ihrem Namen klagen und verklagt werden.

Übersicht

1) Börsenbegriff (I) 1
2) Begriff der Wertpapierbörse (II) 3
3) Begriff der Warenbörse (III) 5
4) Prozessfähigkeit im verwaltungsgerichtlichen Verfahren (IV) 7

1) Börsenbegriff (I)

A. **Legaldefinition (I):** § 1 nF 2007 enthält zum ersten Mal eine Definition der Börse. Bisher war der allgemeine Begriff der Börse ungeregelt und Einzelheiten dazu streitig geblieben. Börsen sind nach I „teilrechtsfähige Anstalten des öffentlichen Rechts, die nach Maßgabe von **(14)** BörsG multilaterale Systeme regeln und überwachen, welche die Interessen einer Vielzahl von Personen am Kauf und Verkauf von dort zum Handel zugelassenen Wirtschaftsgütern und Rechten innerhalb des Systems nach festgelegten Bestimmungen in einer Weise zusammenbringen oder das Zusammenbringen fördern, die zu einem Vertrag über den Kauf dieser Handelsobjekte führt".

B. **Einzelheiten:** I stellt klar, dass die Börsen teilrechtsfähige Anstalten des öffentlichen Rechts sind, so schon RegE 4. FinanzmarktfördG, Ffm ZIP **01,** 731, Schwark § 1 aF Rn 17, Kümpel Rn 17. 317. Die Mindermeinung, es handele sich wegen des Vorhandenseins von Mitgliedern um Körperschaften oder Einrichtungen sui generis ist nicht mehr haltbar. Die Börsen sind mangels Verleihung nicht vollrechtsfähig, sondern nur teilrechtsfähig. Nicht rechtsfähige Börsen und ihr rechtsfähiger **Börsenträger** sind zu unterscheiden (vgl Unternehmen und Unternehmensträger, Einl 41 vor § 1 HGB); danach gibt es Kammerbörsen und Vereinsbörsen (Einl 6 vor § 1 BörsG). Der Träger der Börse kann aber auch weiteres privatrechtlich sein, also zB eine BörsenAG wie in Frankfurt. Ortsgebundenheit ist nicht mehr notwendig, jedenfalls seit § 16 I 2 auch EDVGeschäfte zum Börsenhandel zählen (schon seit § 16 I 2 aF 2002). Auch reine Computerbörsen sind Börsen iSd BörsG, zB Genehmigung der DTB Deutsche Terminbörse (jetzt Eurex) 1990, Samm WM **90,** 1265, zu Eurex Kümpel Rn 17 657 ff.

2) **Begriff der Wertpapierbörse (II):** II 1 nF 2007 enthält zum ersten Mal eine **Definition der Wertpapierbörse.** Wertpapierbörsen sind Börsen (I), an denen Wertpapiere und sich hierauf beziehende Derivate iSv **(16)** WpHG § 2 II (Waren- und Edelmetallderivate s Rn 5) gehandelt werden. II 1 verweist auf die ausführlichen Definitionen in **(16)** WpHG § 2 I für **Wertpapiere** (dies allerdings anders als nach § 1 VII 1 aF nicht mehr ausdrücklich, aber doch der Sache nach, vgl § 32 Rn 2) und II

(14) BörsG 3 — 2. Handelsrechtl. Nebengesetze

für **Derivate** (insoweit ausdrücklich), dazu Komm zu § 2 WpHG. Über diese Verweisung werden auch inländische Börsen erfasst, an denen Investmentzertifikate gehandelt werden. Wertpapier-(Effekten-)Börsen gibt es in Berlin, Düsseldorf, Frankfurt aM, Hamburg und Hannover (die beiden letzteren unter einem Dach), München und Stuttgart. Der ganz überwiegende Anteil des Geschäfts entfällt auf die in Frankfurt. Die **Deutsche Börse AG** betreibt die **Frankfurter Wertpapierbörse**. Hinzu kommt seit 1990 die DTB Deutsche Terminbörse (heute **Eurex**) als reine Computerbörse. Vom Börsenhandel (Begriff umfasst den früheren amtlichen und den geregelten Markt, jetzt regulierter Markt) sind der Freiverkehr (§ 48) und der Telefonhandel zu unterscheiden (§ 48 Rn 10).

4   II 2 stellt klar, dass an Wertpapierbörsen nicht nur Wertpapiere, sondern **auch andere Finanzinstrumente** iSv **(16)** § 2 IIb WpHG und Edelmetalle gehandelt werden können, doch begründet das nicht die Eigenschaft als Wertpapierbörse, werden nur diese gehandelt, liegt eine Warenbörse vor (III, s Rn 5). Solche Finanzinstrumente sind Wertpapiere iSv **(16)** WpHG § 2 I, Geldmarktinstrumente iSv **(16)** WpHG § 2 Ia, Derivate iSv **(16)** WpHG § 2 II und Recht auf Zeichnung von Wertpapieren. An einigen Wertpapierbörsen werden ab 1953 auch Devisenbörsen betrieben (Handel in Devisen, Valuten, Privatdiskonten), Schäfer/Ledermann § 96 aF Rn 1. Devisen sind auf Währung lautende (girale oder verbriefte) Forderungen oder Verbindlichkeiten, wie zB Bankguthaben, Wechsel oder Schecks.

5   **3) Begriff der Warenbörse (III):** III 1 nF 2007 enthält zum ersten Mal eine **Definition der Warenbörse**. Warenbörsen sind Börsen (I), an denen Waren iSv **(16)** WpHG § 2 IIc nF 2007 und Termingeschäfte in Bezug auf Waren gehandelt werden. **Waren** in diesem Sinne sind fungible Wirtschaftsgüter, die geliefert werden können; dazu zählen auch Metalle, Erze und Legierungen, landwirtschaftliche Produkte und Energien wie Strom. Auch reine Warenterminbörsen unterliegen, da sie Börsen iSv I sind, dem BörsG (Einbeziehung der Waren- und Edelmetallderivate). **Termingeschäfte in Bezug auf Waren** sind als Festgeschäfte oder Optionsgeschäfte ausgestaltete Termingeschäfte, deren Preis unmittelbar oder mittelbar abhängt von dem Börsen- oder Marktpreis von Waren oder Edelmetallen. Der Derivatbegriff in **(16)** WpHG § 2 II ist wesentlich weiter (s Rn 4). Waren-(Produkten-)Börsen bestehen an über einem Dutzend Plätzen. Rechtsform und Organisation sind verschieden; zT handelt es sich nicht um Börsen iSv § 2 III BörsG (§ 1 Rn 9), sondern um anders organisierte Märkte. Seit 1998 besteht die Warenterminbörse Hannover, im Ausland gibt es zahlreiche. Lit: Dannhoff 1993, dazu de Lousanoff ZHR 158 **(94)** 685; Dannhoff WM **94**, 485 (Warenterminrecht).

6   **III 2** stellt klar, dass an Warenbörsen nicht nur Waren und Termingeschäfte auf Waren, sondern **auch Termingeschäfte** iSv **(16)** § 2 II Nr 2 WpHG und die diesen **zugrunde liegenden Basiswerte** gehandelt werden können. Das sind Termingeschäfte mit Bezug auf Frachtsätze, Emissionsberechtigungen, Klima- oder andere physikalische Variablen, Inflationsraten oder andere volkswirtschaftliche Variablen oder sonstige Vermögenswerte, Indices oder Messwerte als Basiswerte unter bestimmten weiteren dort genannten Bedingungen. All diese und die zugrunde liegenden Basiswerte können an Warenbörsen gehandelt werden, Termingeschäfte auf Aktienindices und andere wertpapierbezogene Rechnungsgrößen, zB der BUND-Future, bleiben dagegen alleiniges Handelsobjekt von Wertpapierbörsen (Finanzausschuss BTDrucks 16/4899).

7   **4) Prozessfähigkeit im verwaltungsgerichtlichen Verfahren (IV):** IV nF 2007 (wie § 13 VI aF) stellt klar, dass die Börse im verwaltungsgerichtlichen Verfahren unter ihrem Namen klagen und verklagt werden kann. Die Börse ist insoweit teilrechtsfähig (vgl Legaldefinition in I). Sie ist prozessrechtsfähig, allerdings beschränkt auf das verwaltungsgerichtliche Verfahren. Für die Börse handeln ihr Geschäftsführer nach näherer Maßgabe der BörsO (§ 15 III).

Aufgaben und Befugnisse der Börsenaufsichtsbehörde

BörsG 3 (1) ¹Die zuständige oberste Landesbehörde (Börsenaufsichtsbehörde) übt die Aufsicht über die Börse nach den Vorschriften dieses Gesetzes aus. ²Ihrer Aufsicht unterliegen insbesondere der

Börsenrat, die Börsengeschäftsführung, der Sanktionsausschuss und die Handelsüberwachungsstelle (Börsenorgane) sowie der Börsenträger, die Einrichtungen, die sich auf den Börsenverkehr einschließlich der nach § 5 Abs. 3 ausgelagerten Bereiche beziehen, und der Freiverkehr. [3] Die Aufsicht erstreckt sich auf die Einhaltung der börsenrechtlichen Vorschriften und Anordnungen, die ordnungsmäßige Durchführung des Handels an der Börse sowie die ordnungsmäßige Erfüllung der Börsengeschäfte (Börsengeschäftsabwicklung).

(2) [1] Die Börsenaufsichtsbehörde ist berechtigt, an den Beratungen der Börsenorgane teilzunehmen. [2] Die Börsenorgane sind verpflichtet, die Börsenaufsichtsbehörde bei der Erfüllung ihrer Aufgaben zu unterstützen.

(3) Die Börsenaufsichtsbehörde nimmt die ihr nach diesem Gesetz zugewiesenen Aufgaben und Befugnisse nur im öffentlichen Interesse wahr.

(4) [1] Die Börsenaufsichtsbehörde kann, soweit dies zur Erfüllung ihrer Aufgaben erforderlich ist, auch ohne besonderen Anlass von der Börse und dem Börsenträger sowie von den nach § 19 zur Teilnahme am Börsenhandel zugelassenen Unternehmen, Börsenhändlern, Skontroführern und den skontroführenden Personen (Handelsteilnehmer) sowie von den Emittenten der zum regulierten Markt zugelassenen Wertpapiere Auskünfte und die Vorlage von Unterlagen verlangen sowie Prüfungen vornehmen. [2] Die Börsenaufsichtsbehörde kann verlangen, dass die Übermittlung der Auskünfte und Unterlagen auf automatisiert verarbeitbaren Datenträgern erfolgt. [3] Sofern Anhaltspunkte vorliegen, welche die Annahme rechtfertigen, dass börsenrechtliche Vorschriften oder Anordnungen verletzt werden oder sonstige Missstände vorliegen, welche die ordnungsmäßige Durchführung des Handels an der Börse oder die Börsengeschäftsabwicklung beeinträchtigen können, kann die Börsenaufsichtsbehörde von jedermann Auskünfte, die Vorlage von Unterlagen und die Überlassung von Kopien verlangen sowie Personen laden und vernehmen, soweit dies zur Erfüllung ihrer Aufgaben erforderlich ist. [4] Sie kann in diesen Fällen insbesondere

1. von den Handelsteilnehmern die Angabe der Identität der Auftraggeber und der aus den getätigten Geschäften berechtigten oder verpflichteten Personen sowie der Veränderungen der Bestände von Handelsteilnehmern in an der Börse gehandelten Finanzinstrumenten verlangen,
2. von den Auftraggebern und berechtigten oder verpflichteten Personen Auskünfte über die getätigten Geschäfte einschließlich der Angabe der Identität der an diesen Geschäften beteiligten Personen verlangen,
3. von Wertpapiersammelbanken und Systemen zur Sicherung der Erfüllung von Börsengeschäften Auskünfte über Veränderungen der Bestände von Handelsteilnehmern in an der Börse gehandelten Finanzinstrumenten verlangen und
4. von der Börse, den Handelsteilnehmern und mit diesen verbundenen Unternehmen die Vorlage von bereits existierenden Aufzeichnungen von Telefongesprächen und Datenübermittlungen verlangen; das Grundrecht des Artikels 10 des Grundgesetzes wird insoweit eingeschränkt, die Betroffenen sind nach § 101 der Strafprozessordnung zu benachrichtigen.

[5] Die Auskunftspflichtigen haben den Bediensteten der Börsenaufsichtsbehörde während der üblichen Arbeitszeit das Betreten ihrer Grundstücke und Geschäftsräume zu gestatten, soweit dies zur Wahrnehmung der Aufgaben der Börsenaufsichtsbehörde erforderlich ist. [6] Das Betreten außerhalb dieser Zeit oder, wenn die Geschäftsräume sich in einer Wohnung befinden, ist ohne Einverständnis nur zur Verhütung von dringenden Gefahren für die öffentliche Sicherheit und Ordnung zulässig und insoweit zu dulden. [7] Das Grundrecht der Unverletzlichkeit der Wohnung (Artikel 13 des Grundgesetzes) wird insoweit eingeschränkt. [8] Die Befugnisse und Verpflichtungen nach diesem Absatz gelten entsprechend, sofern von der Börsenaufsichtsbehörde beauftragte Personen und Einrichtungen nach diesem Gesetz tätig werden. [9] Der zur Erteilung einer Auskunft Verpflichtete kann die Auskunft auf solche Fragen verweigern, deren Beantwortung ihn selbst oder einen der in § 383 Abs. 1 Nr. 1 bis 3 der Zivilprozessordnung bezeichneten Angehörigen der Gefahr strafgerichtlicher Verfolgung oder eines Verfahrens nach dem Gesetz über Ordnungswidrigkeiten aussetzen würde. [10] Der Verpflichtete ist über sein Recht zur Verweigerung der Auskunft zu belehren.

(5) [1] Die Börsenaufsichtsbehörde ist befugt, zur Aufrechterhaltung der Ordnung und für den Geschäftsverkehr an der Börse Anordnungen zu erlassen. [2] Sie kann

gegenüber der Börse und den Handelsteilnehmern Anordnungen treffen, die geeignet und erforderlich sind, Verstöße gegen börsenrechtliche Vorschriften und Anordnungen zu verhindern oder Missstände zu beseitigen, welche die ordnungsgemäße Durchführung des Handels an der Börse, der Börsengeschäftsabwicklung oder deren Überwachung beeinträchtigen können. ³ Sie kann zu diesem Zweck insbesondere

1. die Aussetzung oder Einstellung des Börsenhandels mit einzelnen oder mehreren Finanzinstrumenten, Rechten oder Wirtschaftsgütern anordnen,
2. der Börse die Nutzung eines zentralen Kontrahenten, einer Clearingstelle oder eines börslichen Abwicklungssystems untersagen, wenn hierdurch die ordnungsgemäße Durchführung des Handels an der Börse oder der Börsengeschäftsabwicklung beeinträchtigt wird, oder
3. die Nutzung eines externen Abwicklungssystems untersagen, soweit dies zur Durchsetzung der Vorschriften dieses Gesetzes geboten ist.

⁴ Eine Maßnahme nach Satz 1 Nr. 1 hat die Börsenaufsichtsbehörde unverzüglich auf ihrer Internetseite zu veröffentlichen.

(6) Stellt die Börsenaufsichtsbehörde Tatsachen fest, welche die Rücknahme oder den Widerruf der Erlaubnis zur Ermittlung des Börsenpreises oder der Zulassung des Unternehmens oder andere Maßnahmen der Geschäftsführung rechtfertigen können, hat sie die Geschäftsführung zu unterrichten.

(7) Die nach Landesrecht zuständige Stelle wird ermächtigt, Aufgaben und Befugnisse der Börsenaufsichtsbehörde auf eine andere Behörde zu übertragen.

(8) Die Börsenaufsichtsbehörde kann sich bei der Durchführung ihrer Aufgaben anderer Personen und Einrichtungen bedienen.

(9) Widerspruch und Anfechtungsklage gegen Maßnahmen nach den Absätzen 4 und 5 haben keine aufschiebende Wirkung.

(10) Kommt die Börse oder eines ihrer Organe wiederholt und dauerhaft den Anordnungen der Börsenaufsicht nicht nach, kann die Börsenaufsichtsbehörde, sofern ihre sonstigen Befugnisse nicht ausreichen und soweit und solange der ordnungsgemäße Börsenbetrieb es erfordert, Beauftragte bestellen, die die Aufgaben der Börse oder eines ihrer Organe auf Kosten des Börsenträgers wahrnehmen.

(11) Adressaten von Maßnahmen nach Absatz 4, die von der Börsenaufsichtsbehörde wegen eines möglichen Verstoßes gegen die Verbote des § 26 dieses Gesetzes oder des § 14 oder des § 20 a des Wertpapierhandelsgesetzes vorgenommen werden, dürfen andere Personen als staatliche Stellen und solche, die auf Grund ihres Berufs einer gesetzlichen Verschwiegenheitspflicht unterliegen, von diesen Maßnahmen oder von einem daraufhin eingeleiteten Ermittlungsverfahren nicht in Kenntnis setzen.

Übersicht

1) Börsenaufsichtsbehörde, Reichweite der Börsenaufsicht (I) 1–3
2) Teilnahmerecht der Börsenaufsichtsbehörde, Unterstützungspflicht der Börsenorgane (II) 4
3) Börsenaufsicht nur im öffentlichen Interesse (III) 5
4) Auskunfts-, Einsichts-, Prüfungs- und andere Rechte der Börsenaufsichtsbehörde (IV) 6
5) Anordnungen der Börsenaufsichtsbehörde (V) 7
6) Unterrichtung der Geschäftsführung (VI) 8
7) Übertragung von Aufgaben und Befugnissen (VII) 9
8) Einschaltung anderer Personen und Einrichtungen (VIII) 10
9) Keine aufschiebende Wirkung von Rechtsmitteln (IX) 11
10) Bestellung eines Börsenkommissars (X) 12
11) Benachrichtigungsverbot für Adressaten von Maßnahmen und Ermittlungsverfahren (XI) 13

1) Börsenaufsichtsbehörde, Reichweite der Börsenaufsicht (I): § 3 nF 2007 enthält umfangreiche Regelungen über die Aufgaben und Befugnisse der Börsenaufsichtsbehörde. **I** nF entspricht § 1 I 4 aF. Nach **I 1** ist **Börsenaufsichtsbehörde** die **zuständige oberste Landesbehörde.** Diese erteilt die Erlaubnis zur Errichtung einer

Börse (§ 4 I) und kann diese auch wieder aufheben (§ 4 V). I 1 überträgt die Börsenaufsicht ausschließlich den staatlichen Börsenaufsichtsbehörden. Die unmittelbare Börsenaufsicht durch den Träger der Börse (Handelskammer, kaufmännische Korporation, Einl 21 vor § 1 HGB) ist nicht mehr möglich. Die Börsenaufsichtsbehörde übt die Aufsicht nach den Vorschriften des BörsG aus und muss sich dabei selbstverständlich im Rahmen der allgemeinen Gesetze halten. Zur Aufgabenteilung zwischen den Börsenaufsichtsbehörden der Länder und der Bundesbehörde BaFin (früher BAWe und BAKred) s Einl 6, 7 vor § 1. Die Börsenaufsicht ist somit Ländersache und damit dezentralisiert, rechtspolitischer Reformbedarf s Einl 6 vor § 1. Mangels Zentralisierung müssen die Börsenaufsichtsbehörden der Länder eng und institutionell verankert zusammenarbeiten, die relevanten Informationen rasch und komplett austauschen (§ 8) und die Ermessensspielräume möglichst einheitlich ausnutzen.

Wichtig ist, dass die **Börsenaufsicht** sich **auf alle Börsenorgane, den Börsenträger** sowie alle **Einrichtungen** erstreckt, die sich auf den Börsenverkehr einschließlich der nach § 5 III ausgelagerten Bereiche (Outsourcing) beziehen, und dass sie sich auch auf den **Freiverkehr** erstreckt (**I 2**), also zB auch die gesamte EDV mit ihren besonderen Gefahren für Anleger und Markt erfasst wird. I 2 enthält eine **Legaldefinition der Börsenorgane,** nämlich Börsenrat, Börsengeschäftsführung, Sanktionsausschuss und Handelsüberwachungsstelle. 2

Die Börsenaufsicht erstreckt sich nicht nur auf die Einhaltung der börsenrechtlichen Vorschriften und Anordnungen, sondern auch auf die ordnungsgemäße Durchführung des Handels an der Börse sowie die ordnungsgemäße Erfüllung der Börsengeschäfte (**I 3**). Die Börsenaufsicht ist also nicht mehr wie früher nur **Rechtsaufsicht,** sondern auch **Markt- bzw Handelsaufsicht,** also auch eine Aufsicht über die Handelsüberwachungsstelle der Börse (§ 7) und eine Handelsaufsicht vor Ort über Börsenhandel, Handelsteilnehmer und die elektronischen Hilfseinrichtungen der Börse. Die Börsenaufsicht kann also, falls notwendig, trotz Börsenselbstverwaltung direkt, auch parallel zur Selbstverwaltung eingreifen. **Börsengeschäftsabwicklung** (Legaldefinition in I 3, Durchführung des Handels an der Börse und Erfüllung der Börsengeschäfte) umfasst das ganze Verfahren bis zur Schlussnote eines Auftrags einschließlich Clearing, nicht aber das außerhalb stattfindende dingliche Abwicklungsgeschäft durch die Clearstream Banking AG der Deutschen Börse (s (**13**) DepotG § 1 Rn 6). 3

2) Teilnahmerecht der Börsenaufsichtsbehörde, Unterstützungspflicht der Börsenorgane (II): II 1 nF 2007 (wie § 1 V aF) gibt der Börsenaufsichtsbehörde das Recht, an den Beratungen der Börsenorgane teilzunehmen. Diese haben die Pflicht, die Börsenaufsichtsbehörde bei der Erfüllung ihrer Aufgaben zu unterstützen (**II 2**). Konkretisierungen ua in §§ 7 II 1 nF, 20 IV 6 nF. 4

3) Börsenaufsicht nur im öffentlichen Interesse (III): Die Börsenaufsichtsbehörde nimmt die ihr nach dem BörsG zugewiesenen Aufgaben und Befugnisse nur im öffentlichen Interesse wahr (III nF 2007 wie § I VI aF). Das entspricht der Regelung in § 4 IV FinDAG und ist wie dort nicht unumstritten (s (**7**) Bankgeschäfte Rn A/5), aber geltendes Recht, Ffm ZIP **06,** 285. Der einzelne Anleger fällt danach nicht in den Schutzbereich der bei der Aussetzung des Terminhandels zu beachtenden Amtspflichten, Ffm ZIP **01,** 730. Sein Schutz ist bloßer Rechtsreflex Unberührt bleibt die Pflicht zu rechtmäßigem Verhalten in Bezug auf die zu beaufsichtigenden Personen und Unternehmen, insoweit Amtshaftung nach allgemeinen Grundsätzen (§ 839 BGB iVm Art 34 GG). Entsprechende Regelungen wie VI gelten für alle Börsenorgane und -stellen, etwa die Börsengeschäftsführung (§ 12 III, s dort Rn 3). Die Mitglieder der Börsengeschäftsführung sind Beamte im haftungsrechtlichen Sinne, Ffm ZIP **01,** 731. 5

4) Auskunfts-, Einsichts-, Prüfungs- und andere Rechte der Börsenaufsichtsbehörde (IV): IV nF 2007 (eingehender als § 2 I aF) regelt die Befugnisse der Börsenaufsichtsbehörde, ua Auskunfts-, Einsichts- und Prüfungsrechte gegenüber der Börse selbst und dem Börsenträger sowie den nach § 19 zur Teilnahme am Börsenhandel zugelassenen Unternehmen, Börsenhändlern, Skontroführeren und skontroführenden Personen und den Emittenten der zum regulierten Markt zugelassenen Wertpapiere (**IV 1**). **Handelsteilnehmer** sind die nach § 19 zur Teilnahme am Börsenhandel zugelassenen Unternehmen und Börsenhändler und, falls sie an der Börse 6 gibt, die Skontroführer und die skontroführenden Personen (Legaldefinition von Handelsteilnehmern in IV 1, spezieller von Skontroführern und skontroführenden Personen in § 27 I 1, 3 nF). Die Erstreckung auf **Emittenten** hat sich in der Praxis als unabweisbar erwiesen und bedurfte einer Rechtsgrundlage (schon in § 2 I aF). Bei entsprechenden Anhaltspunkten kann die Börsenaufsichtsbehörde sogar von jedermann Auskünfte und Vorlage von Unterlagen verlangen sowie Personen laden und vernehmen **(IV 3)**. Wichtig ist, dass die Börsenaufsichtsbehörde bei entsprechenden Anhaltspunkten von den an der jeweiligen (nicht anderen) Börse zugelassenen Handelsteilnehmern (nicht von Dritten) die Angabe der Identität des Auftraggebers und der aus den getätigten Geschäften Berechtigten oder Verpflichteten sowie der Veränderungen der Bestände in an der Börse gehandelten Finanzinstrumenten verlangen kann **(IV 4 Nr 1)**. Dieses Auskunftsrecht erstreckt sich weiter auf die Auftraggeber und die Berechtigten und Verpflichteten selbst **(IV 4 Nr 2)**. Das erschwert Manipulation der Börsenpreise über Auftragsketten, Hopt FS Drobnig **98**, 542. Bei entsprechenden Anhaltspunkten kann die Börsenaufsichtsbehörde auch Bestandsveränderungen von Handelsteilnehmern in an der Börse (nur dieser, nicht anderen) gehandelten Finanzinstrumenten bei Wertpapiersammelbanken und Clearingstellen abfragen **(IV 4 Nr 3)** sowie von der Börse, den Handelsteilnehmern und mit diesen verbundenen Unternehmen die Vorlage von existierenden Aufzeichnungen von Telefongesprächen und Datenmittlungen verlangen **(IV 4 Nr 4,** ganz neu).

7 **5) Anordnungen der Börsenaufsichtsbehörde (V):** V nF 2007 (wie §§ 18 I aF, 2 II aF) Die Börsenaufsichtsbehörde kann im Rahmen ihrer Rechts- und Handelsaufsicht (Rn 3) die geeigneten und erforderlichen **Anordnungen,** namentlich Verwaltungsakte, gegenüber der Börse und den Handelsteilnehmern treffen. V ist vor allem auch Grundlage für ein **Einschreiten bei Missständen,** welche die ordnungsgemäße Durchführung des Handels an der Börse, der Börsengeschäftsabwicklung oder der Überwachung beeinträchtigen können (V 2). Bei Missständen im Wertpapierhandel und im Kredit- und Finanzdienstleistungswesen geben **(16)** § 4 WpHG, § 6 KWG entsprechende Eingriffsmöglichkeiten. Die Abgrenzungsproblematik bei Missständen im Börsenhandel und darüber hinaus im Wertpapierhandel ist angesichts der Zuständigkeit der BaFin, **(16)** WpHG § 4, praktisch entschärft. V 3 nennt nicht abschließend die möglichen Anordnungen, vor allem die Aussetzung oder Einstellung des Börsenhandels mit einzelnen oder mehreren Finanzinstrumenten, Rechten oder Wirtschaftsgütern (V 3 Nr 1, dann unverzügliche Veröffentlichung V 4 und Unterrichtung der BaFin, § 8 II). Diese Anordnungen stehen unter dem Vorbehalt, dass und soweit sie zur Durchsetzung der Vorschriften des BörsG geboten sind.

8 **6) Unterrichtung der Geschäftsführung (VI):** Nach VI nF 2007 (wie § 2 III aF) hat die Börsenaufsichtsbehörde ihrerseits die Börsengeschäftsführung zu unterrichten, wenn sie Tatsachen feststellt, die sie zu Rücknahme oder Widerruf von bestimmten Erlaubnissen oder Zulassungen oder anderen Maßnahmen der Geschäftsführung berechtigen können.

9 **7) Übertragung von Aufgaben und Befugnissen (VII):** VII nF 2007 (wie § 5 I aF) berechtigt zur Weiterübertragung der Befugnisse der Börsenaufsichtsbehörde (§ 3 I 1) auf eine andere Behörde.

10 **8) Einschaltung anderer Personen und Einrichtungen (VIII):** Nach VIII nF 2007 (wie § 5 II aF) kann sich die Börsenaufsichtsbehörde bei der Durchführung ihrer Aufgaben anderer Personen und Einrichtungen bedienen. Andere Personen können Amtsträger, aber auch Private, zB Wirtschaftsprüfer sein.

11 **9) Keine aufschiebende Wirkung von Rechtsmitteln (IX):** IX nF 2007 (entspr § 2 IV aF, aber ausdrücklich V nF einbeziehend) stellt sicher, dass die Maßnahmen der Börsenaufsichtsbehörde nach IV und V auch bei Widerspruch und Anfechtungsklage sofort durchgesetzt werden können. Das ist gerade im Börsenbereich unerlässlich.

12 **10) Bestellung eines Börsenkommissars (X):** Als ultima ratio hat die Börsenaufsichtsbehörde das Recht, einen Staatskommissar einzusetzen, der die Aufgaben der Börse oder eines ihrer Organe auf Kosten des Börsenträgers wahrnimmt (X nF 2007). Von der früheren Möglichkeit, einen Staatskommissar (Beamter der Börsenaufsichts-

behörde) für die Durchführung der Börsenaufsicht einzusetzen (III 1 aF vor 2002) ist nur dreimal Gebrauch gemacht worden.

11) Benachrichtigungsverbot für Adressaten von Maßnahmen und Ermittlungsverfahren (XI): XI nF 2007 begründet eine Verschwiegenheitspflicht entspr (**16**) WptlG § 4 VIII. 13

Erlaubnis

BörsG 4 (1) Die Errichtung einer Börse bedarf der schriftlichen Erlaubnis der Börsenaufsichtsbehörde.

(2) ¹Der Antrag auf Erteilung der Erlaubnis ist schriftlich bei der Börsenaufsichtsbehörde zu stellen. ²Er muss enthalten:
1. einen geeigneten Nachweis der nach § 5 Abs. 5 zum Börsenbetrieb erforderlichen Mittel,
2. die Namen der Geschäftsleiter des Trägers der Börse sowie Angaben, die für die Beurteilung der Zuverlässigkeit und der fachlichen Eignung dieser Personen erforderlich sind,
3. einen Geschäftsplan, aus dem die Art der geplanten Geschäfte und der organisatorische Aufbau und die geplanten internen Kontrollverfahren des Trägers der Börse hervorgehen, sowie das Regelwerk der Börse,
4. die Angabe der Eigentümerstruktur des Trägers der Börse, insbesondere die Inhaber bedeutender Beteiligungen im Sinne des § 6 Abs. 6 und deren Beteiligungshöhe, und
5. die Angaben, die für die Beurteilung der Zuverlässigkeit der Inhaber bedeutender Beteiligungen erforderlich sind; ist der Inhaber einer bedeutenden Beteiligung eine juristische Person oder Personenhandelsgesellschaft, sind die für die Beurteilung der Zuverlässigkeit seiner gesetzlichen oder satzungsmäßigen Vertreter oder persönlich haftenden Gesellschafter wesentlichen Tatsachen anzugeben.

³Die Börsenaufsichtsbehörde kann zusätzliche Angaben verlangen, soweit diese erforderlich sind, um zu prüfen, ob der Antragsteller die Einhaltung der Vorschriften dieses Gesetzes gewährleistet. ⁴Handelt es sich bei den Geschäftsleitern des Trägers der Börse um solche eines organisierten Marktes, kann der Antragsteller hinsichtlich dieser Personen von den Angaben nach Satz 2 Nr. 2 und 5 absehen.

(3) Die Erlaubnis ist insbesondere zu versagen, wenn
1. der Nachweis der zum Börsenbetrieb erforderlichen Mittel nicht erbracht wird,
2. Tatsachen vorliegen, aus denen sich ergibt, dass eine der in Absatz 2 Satz 2 Nr. 2 genannten Personen nicht zuverlässig oder nicht fachlich geeignet ist,
3. Tatsachen die Annahme rechtfertigen, dass der Inhaber einer bedeutenden Beteiligung oder, wenn er eine juristische Person ist, auch ein gesetzlicher oder satzungsmäßiger Vertreter, oder, wenn er eine Personenhandelsgesellschaft ist, auch ein Gesellschafter, nicht zuverlässig ist oder aus anderen Gründen nicht den im Interesse einer soliden und umsichtigen Führung des Trägers einer Börse zu stellenden Ansprüchen genügt; dies gilt im Zweifel auch dann, wenn Tatsachen die Annahme rechtfertigen, dass er die von ihm aufgebrachten Mittel durch eine Handlung erbracht hat, die objektiv einen Straftatbestand erfüllt, oder
4. sich aus den vom Antragsteller vorgelegten Unterlagen ernstliche Zweifel an seiner Fähigkeit ergeben, die sich aus diesem Gesetz ergebenden Anforderungen an den Betrieb der Börse zu erfüllen.

(4) Die Erlaubnis erlischt, wenn von ihr nicht innerhalb eines Jahres seit ihrer Erteilung Gebrauch gemacht wird.

(5) ¹Die Börsenaufsichtsbehörde kann die Erlaubnis außer nach den Vorschriften der Verwaltungsverfahrensgesetze der Länder aufheben, wenn
1. der Börsenbetrieb, auf den sich die Erlaubnis bezieht, seit mehr als sechs Monaten nicht mehr ausgeübt worden ist,
2. ihr Tatsachen bekannt werden, welche die Versagung der Erlaubnis nach Absatz 3 rechtfertigen würden, oder

(14) BörsG 4 1–3   2. Handelsrechtl. Nebengesetze

3. die Börse oder der Träger der Börse nachhaltig gegen Bestimmungen dieses Gesetzes oder die zur Durchführung dieser Gesetze erlassenen Verordnungen oder Anordnungen verstoßen hat.
²Die den § 48 Abs. 4 Satz 1 und § 49 Abs. 2 Satz 2 des Verwaltungsverfahrensgesetzes entsprechenden Regelungen der Landesgesetze sind nicht anzuwenden.

(6) ¹Die Landesregierungen werden ermächtigt, Art, Umfang, Zeitpunkt und Form der nach Absatz 2 zu machenden Angaben und vorzulegenden Unterlagen durch Rechtsverordnung näher zu bestimmen. ²Die Landesregierung kann die Ermächtigung durch Rechtsverordnung auf die Börsenaufsichtsbehörde übertragen.

(7) ¹Der Börsenträger hat der Börsenaufsichtsbehörde einen Wechsel bei den Personen der Geschäftsleitung sowie wesentliche Änderungen hinsichtlich der nach Absatz 2 Satz 2 Nr. 1 bis 5 gemachten Angaben unverzüglich anzuzeigen. ²Absatz 2 Satz 3 und 4 gilt entsprechend.

Übersicht

1) Erlaubnispflicht für die Errichtung einer Börse (Konzession, I) 1
2) Wahlmöglichkeit zwischen Betrieb als Börse oder als multilaterales Handelssystem 2
3) Antrag (II, VI) 3
4) Versagung, Erlöschen und Aufhebung der Erlaubnis (III–V) 4
5) Mitteilungspflicht des Börsenträgers (VII) 5

1   **1) Erlaubnispflicht für die Errichtung einer Börse (Konzession, I):** § 4 I nF 2007 entspr § 1 I 1 aF, dort aber ohne konkrete Zulassungsanforderungen im Einzelnen. § 4 setzt Art 36 der FinanzmarktRi um, der für die Zulassung als geregelter Markt und damit auch als Börse detaillierte Anforderungen an die Börse selbst und ihre Betreiber stellt. Die Errichtung einer Börse bedarf der schriftlichen Erlaubnis der Börsenaufsichtsbehörde **(Konzession, I)**. Die Regelung als Erlaubnispflicht statt Verbot mit **Erlaubnisvorbehalt** trägt der Börsendefinition nach § 2 I Rechnung, da diese mit der Beschreibung der Rechtsnatur als Anstalt des öffentlichen Recht als Wesenselement auch formelle Aspekte enthält (so RegE).

2   **2) Wahlmöglichkeit zwischen Betrieb als Börse oder als multilaterales Handelssystem:** Statt Antrag auf Börsenzulassung zu stellen, kann ein Unternehmen den Betrieb auch als multilaterales Handelssystem nach **(16)** WpHG §§ 31f ff nF 2007 führen. Das **Wahlrecht zwischen Betrieb als Börse oder als multilaterales Handelssystem** geht auf die parallele Regelung der materiellen Anforderungen an Börsen und multilaterale Handelssysteme durch Art 4 I Nr 14 und 15 der FinanzmarktRi (Begriffsbestimmungen von geregeltem Markt und MTF) zurück. Das hat eine rechtlich und praktisch ganz erhebliche Konsequenz für das deutsche Recht. Wer nicht als Börse genehmigte multilaterale Handelsplattform betreibt, betreibt damit anders als bisher keine ungenehmigte Börse mit entsprechenden börsenrechtlichen Konsequenzen. Vielmehr ist das nunmehr eine erlaubnispflichtige Finanzdienstleistung nach § 1 Ia 2 Nr 1b KWG im ausschließlichen Aufsichtsbereich der BaFin. Liegt diese Erlaubnis nicht vor, kann nicht die Börsenaufsichtsbehörde nach BörsG, sondern nur der BaFin nach KWG einschreiten (zur Kritik Einl 6 vor § 1).

3   **3) Antrag (II, VI):** II regelt (gemäß der FinanzmarktRi über die bisherige Rechtslage hinausgehend) die Einzelheiten des Antrags auf Erteilung der Erlaubnis. Dabei kommt es an auf die zum Börsenbetrieb notwendigen finanzielle Leistungsfähigkeit des Börsenträgers **(II 2 Nr 1,** § 5 V), die Zuverlässigkeit und fachliche Eignung der Geschäftsleiter **(II 2 Nr 2,** § 15 I 3), Geschäftsplan mit dem geplanten internen Kontrollverfahren des Börsenträgers und Regelwerk der Börse **(II 2 Nr 3)**, die Eigentümerstruktur, insbesondere was die Inhaber bedeutender Beteiligungen angeht, sowie deren Zuverlässigkeit **(II 2 Nr 4, 5,** § 6 I). Für die fachliche Eignung der Geschäftsleiter zählen insbesondere die Art der an den Börsen gehandelten Wirtschaftsgüter und die Komplexität der dort abgeschlossenen Geschäfte (RegE, vgl auch § 13 Rn 1). Näheres folgt aus einer RVO **(VI).**

4) Versagung, Erlöschen und Aufhebung der Erlaubnis (III–V): III Nr 1–4 4
enthält die Versagungsgründe, die aber nicht abschließend, sondern nur Regelbeispiele sind („insbesondere"), eine „Bedürfnisprüfung" für weitere Marktplätze bleibt aber ausgeschlossen (Finanzausschuss BTDrucks 16/4899). Diese sind parallel zu den Erlaubnisgründen (II 2 Nr 1, 2, 4, 5) gefasst. Wer also eine Börse betreiben will, muss die anfänglichen Anforderungen der FinanzmarktRi an den Betreiber von geregelten Märkten erfüllen (RegE). Nach **IV** erlischt die Erlaubnis, wenn von ihr nicht innerhalb eines Jahres seit Erteilung Gebrauch gemacht wird. **V** regelt die Voraussetzung der Aufhebung der Erlaubnis durch die Börsenaufsichtsbehörde.

5) Mitteilungspflicht des Börsenträgers (VII): VII dient der laufenden Kon- 5
trolle der Erstzulassungsvoraussetzungen durch die Börsenaufsichtsbehörde. Der Börsenträger hat einen Wechsel in der Geschäftsleitung sowie wesentliche Änderungen der übrigen Angaben nach II unverzüglich anzuzeigen.

Pflichten des Börsenträgers

BörsG 5

(1) ¹Mit Erteilung der Erlaubnis wird der Antragsteller als Träger der Börse zu deren Errichtung und Betrieb berechtigt und verpflichtet. ²Er ist verpflichtet, der Börse auf Anforderung der Geschäftsführung der Börse die zur Durchführung und angemessenen Fortentwicklung des Börsenbetriebs erforderlichen finanziellen, personellen und sachlichen Mittel zur Verfügung zu stellen.

(2) Der Börsenträger ist verpflichtet, die aktuellen Angaben zu seiner Eigentümerstruktur in dem nach § 4 Abs. 2 Satz 2 Nr. 4 erforderlichen Umfang auf seiner Internetseite zu veröffentlichen.

(3) ¹Die Auslagerung von Bereichen, die für die Durchführung des Börsenbetriebs wesentlich sind, auf ein anderes Unternehmen darf weder die ordnungsmäßige Durchführung des Handels an der Börse und der Börsengeschäftsabwicklung noch die Aufsicht über die Börse beeinträchtigen. ²Der Börsenträger hat sich insbesondere die erforderlichen Weisungsbefugnisse vertraglich zu sichern und die ausgelagerten Bereiche in seine internen Kontrollverfahren einzubeziehen. ³Der Börsenträger hat die Absicht der Auslagerung sowie ihren Vollzug der Börsenaufsichtsbehörde unverzüglich anzuzeigen.

(4) Der Börsenträger ist verpflichtet,
1. Vorkehrungen zu treffen, um Konflikte zwischen Eigeninteressen des Börsenträgers oder dessen Eigentümern und dem öffentlichen Interesse am ordnungsgemäßen Betrieb der Börse zu erkennen und zu verhindern, soweit diese geeignet sind, sich nachteilig auf den Börsenbetrieb oder auf die Handelsteilnehmer auszuwirken, insbesondere soweit die der Börse gesetzlich übertragenen Überwachungsaufgaben betroffen sind,
2. angemessene Vorkehrungen und Systeme zur Ermittlung und zum Umgang mit den wesentlichen Risiken des Börsenbetriebs zu schaffen, um diese wirksam zu begrenzen, und
3. die technische Funktionsfähigkeit der Börsenhandels- und Abwicklungssysteme sicherzustellen, technische Vorkehrungen für einen reibungslosen und zeitnahen Abschluss der im Handelssystem ausgeführten Geschäfte zu schaffen und insbesondere wirksame Notfallmaßnahmen bei einem Systemausfall vorzusehen.

(5) Der Börsenträger muss über ausreichende finanzielle Mittel für eine ordnungsgemäße Durchführung des Börsenbetriebs verfügen, wobei Art, Umfang und Risikostruktur der an der Börse getätigten Geschäfte zu berücksichtigen sind.

Übersicht

1) Errichtungs-, Betriebs- und Ausstattungspflicht des Börsenträgers (I) 1
2) Publizitätspflicht des Börsenträgers (II) 2
3) Auslagerung (Outsourcing, III) 3
4) Vorkehrungs- und Sicherstellungspflichten des Börsenträgers (IV) 4
5) Finanzielle Ausstattung des Börsenträgers (V) 5

(14) BörsG 5 1–3

1 1) Errichtungs-, Betriebs- und Ausstattungspflicht des Börsenträgers (I): § 5 I nF 2007 (wie § 1 II aF) trägt dem Umstand Rechnung, dass die Börsen von einem von ihnen verschiedenen Träger getragen und betrieben werden können (Börsenträger, s Einl 5 vor § 1), und stellt klar, dass der Träger der Börse mit der Konzession nicht nur Rechte erhält, sondern auch Pflichten übernimmt (Errichtungs- und Betriebspflicht, **I 1**). Diese Pflichten folgen aus der Beleihung durch die Genehmigung, mit der der beliehene Unternehmer eine bestimmte öffentliche Aufgabe zugewiesen bekommt. Die Betriebspflicht ist nicht statisch zu sehen, der Träger kann sich also nicht darauf zurückziehen, die Börse nur in ihrem einmal genehmigten Bestand zu halten. Er muss vielmehr der Börse auf Anforderung der Geschäftsführung der Börse die zur Durchführung und angemessenen Fortentwicklung notwendigen finanziellen, personellen und sachlichen Mittel zur Verfügung stellen (**I 2**). Art und Umfang der Betriebspflicht ergeben sich aus den konkreten Anforderungen, die jetzt und künftig an den Betrieb der einzelnen Börse zu stellen sind, insbesondere was EDV und Hilfseinrichtungen betrifft, für die im Wettbewerb sehr große Investitionen notwendig sein können. I 2 verlangt nur „angemessene" Fortentwicklung, zeigt also Grenzen der Investitionspflicht auf. Eine Verpflichtung der Trägers zu Maßnahmen über seine Leistungskraft hinaus oder gegen die Bedürfnisse des Marktes lässt sich I 2 nicht entnehmen. Doch ist es ratsam, wenn sich der Träger bei der Genehmigung den Rahmen der Betriebspflicht, die er übernimmt, konkreter umreißen lässt, was rechtlich ohne weiteres möglich ist. Zur Betriebspflicht Groß § 2 c aF Rn 1 c.

2 2) Publizitätspflicht des Börsenträgers (II): II nF 2007 verpflichtet nach Vorgabe von Art 38 II Buchstabe a der FinanzmarktRi den Börsenträger, die aktuellen Angaben zu seiner Eigentümerstruktur in dem nach § 4 II 2 Nr 4 erforderlichen Umfang auf seiner Internetseite zu veröffentlichen. Damit soll sichergestellt werden, dass nicht nur wesentliche Veränderungen der Eigentümerstruktur, sondern auch die jeweilige gegenwärtige Zusammensetzung der Anteilseigner der Öffentlichkeit über die Internetseite des Börsenträgers ersichtlich sind. Es geht also um öffentliche Transparenz der Eigentumsverhältnisse. II erfasst auch solche Börsenträger, die bei ihrer Zulassung der diesbezüglichen Angabepflicht nach § 4 II 2 Nr 4 noch nicht unterlagen.

3 3) Auslagerung (Outsourcing, III): III nF 2007 (wie § 1 III aF) regelt den Fall, dass die Börse Bereiche, die für die Durchführung des Börsenbetriebs wesentlich sind, auf ein anderes Unternehmen auslagert (Outsourcing). Das wird zwar nicht schlechthin verboten, was auch unsinnig wäre, aber die ordnungsmäßige Durchführung des Handels an der Börse und der Börsengeschäftsabwicklung (§ 3 I 3) und die Aufsicht über die Börse dürfen dadurch nicht beeinträchtigt werden (**III 1**). Wesentlich sind nicht nur Teilakte des Börsenbetriebs, sondern auch wesentliche Hilfsfunktionen (Risikoüberwachung, Aufsicht). Nicht auslagerbar sind jedenfalls zentrale Führungsaufgaben der Börsengeschäftsführung (originäre Leitungsaufgaben). Das wird gesichert durch die Pflicht des Börsenträgers zur vertraglichen Sicherung der erforderlichen Weisungsbefugnisse und die Einbeziehung der ausgelagerten Funktionen und Tätigkeiten in seine internen Kontrollverfahren (**III 2**). Dadurch wird zugleich die vollständige Auslagerung der laufenden internen Kontrollverfahren ausgeschlossen. Outsourcing ist ein allgemeines Problem des Aufsichtsrechts, insbesondere im Bank- und Börsenrecht (§ 25a II KWG, **(16)** WpHG § 33 II nF) und besonders bei Auslagerung ins Ausland. III entspricht mit kleineren Abweichung der Sache § 25a II KWG, ähnlich **(16)** WpHG § 33 II nF (ohne III 3). Bei III kann deshalb auf die Erfahrungen im Bank- und Wertpapierhandelsaufsichtsbereich zurückgegriffen werden, vgl BAKred Rundschreiben zu § 25a II KWG, Lensdorf/Schneider WM **02,** 1949 (KWG). Eine derartige Präzisierung des (un)zulässigen Umfangs der Auslagerung und der dabei zu stellenden Anforderungen (Auswahl, Instruktion und Kontrolle des Auslagerungsunternehmens, Sicherheit, Geheimhaltung, interne Revision, Abschlussprüfung) ist unbedingt notwendig und sollte wie im Bankenbereich möglichst bundeseinheitlich sein (vgl Einl 6, 7 vor § 1). Die Auslagerungsabsicht und ihr Vollzug sind der Börsenaufsichtsbehörde unverzüglich anzuzeigen (**III 3**). Zu den gesellschafts- und konzernrechtlichen Problemen bei Auslagerung Mülbert in Bankrechtstag 2000 **00,** 3. Lit: BrV, Bankrechtstag 2000 (Kreditinstitute), Eyles u Findeisen WM **00,** 1217, 1234, Beck BKR **02,** 666.

V. Bankgeschäfte (m. Börsen- u. KapMR) **BörsG 6 (14)**

4) Vorkehrungs- und Sicherstellungspflichten des Börsenträgers (IV): IV nF 4
2007 verpflichtet den Börsenträger zu Vorkehrungen bezüglich möglicher Konflikte
zwischen Eigentümerinteressen des Börsenträgers oder dessen Eigentümern und dem
öffentlichen Interesse am ordnungsgemäßen Betrieb der Börse (IV Nr 1), zu angemessenen (vgl Rn 1) Vorkehrungen und Systemen zur Ermittlung und zum Umgang mit
den wesentlichen Risiken des Börsenbetriebs, um diese wirksam zu begrenzen (IV
Nr 2) und zur Sicherstellung der technischen Funktionsfähigkeit der Systeme, insbesondere zu wirksamen Notfallmaßnahmen bei einem Systemausfall (IV Nr 3).

5) Finanzielle Ausstattung des Börsenträgers (V): Der Börsenträger muss über 5
ausreichende finanzielle Mittel für die ordnungsgemäße Durchführung des Börsenbetriebs verfügen (V Halbs 1). Das gilt aber nicht abstrakt, sondern bezogen auf die
konkreten Umstände wie Art, Umfang und Risikostruktur der an der Börse getätigten
Geschäfte (V Halbs 2).

Inhaber bedeutender Beteiligungen

BörsG 6 (1) ¹Wer beabsichtigt, eine bedeutende Beteiligung im Sinne des § 1 Abs. 9 des Kreditwesengesetzes an dem Träger einer Börse zu erwerben, hat dies der Börsenaufsichtsbehörde unverzüglich anzuzeigen. ²In der Anzeige hat er die Höhe der Beteiligung und gegebenenfalls die für die Begründung des maßgeblichen Einflusses wesentlichen Tatsachen sowie die für die Beurteilung seiner Zuverlässigkeit und die Prüfung der weiteren Untersagungsgründe nach Absatz 2 Satz 1 wesentlichen Tatsachen und Unterlagen, die durch Rechtsverordnung nach Absatz 7 näher zu bestimmen sind, sowie die Personen und Unternehmen anzugeben, von denen er die entsprechenden Anteile erwerben will. ³Die Börsenaufsichtsbehörde kann über die Vorgaben der Rechtsverordnung hinausgehende Angaben und die Vorlage von weiteren Unterlagen verlangen, falls dies für die Beurteilung der Zuverlässigkeit oder die Prüfung der weiteren Untersagungsgründe nach Absatz 2 Satz 1 zweckmäßig erscheint. ⁴Ist der Anzeigepflichtige eine juristische Person oder Personenhandelsgesellschaft, hat er in der Anzeige die für die Beurteilung der Zuverlässigkeit seiner gesetzlichen oder satzungsmäßigen Vertreter oder persönlich haftenden Gesellschafter wesentlichen Tatsachen anzugeben. ⁵Der Inhaber einer bedeutenden Beteiligung hat jeden neu bestellten gesetzlichen oder satzungsmäßigen Vertreter oder neuen persönlich haftenden Gesellschafter mit den für die Beurteilung von dessen Zuverlässigkeit wesentlichen Tatsachen der Börsenaufsichtsbehörde unverzüglich anzuzeigen. ⁶Der Inhaber einer bedeutenden Beteiligung hat der Börsenaufsichtsbehörde ferner unverzüglich anzuzeigen, wenn er beabsichtigt, den Betrag der bedeutenden Beteiligung so zu erhöhen, dass die Schwellen von 20 Prozent, 33 Prozent oder 50 Prozent der Stimmrechte oder des Kapitals erreicht oder überschritten werden oder dass der Träger der Börse unter seine Kontrolle im Sinne des § 1 Abs. 8 des Kreditwesengesetzes kommt. ⁷Die Börsenaufsichtsbehörde kann von Inhabern einer Beteiligung an dem Träger einer Börse Auskünfte und die Vorlage von Unterlagen verlangen, wenn Tatsachen die Annahme rechtfertigen, dass es sich hierbei um eine bedeutende Beteiligung handelt.

(2) ¹Die Börsenaufsichtsbehörde kann innerhalb eines Monats nach Eingang der vollständigen Anzeige nach Absatz 1 den beabsichtigten Erwerb der bedeutenden Beteiligung oder ihre Erhöhung untersagen, wenn Tatsachen die Annahme rechtfertigen, dass

1. der Anzeigepflichtige oder, wenn er eine juristische Person ist, auch ein gesetzlicher oder satzungsmäßiger Vertreter, oder, wenn er eine Personenhandelsgesellschaft ist, auch ein Gesellschafter, nicht zuverlässig ist oder aus anderen Gründen nicht den im Interesse einer soliden und umsichtigen Führung des Trägers der Börse zu stellenden Ansprüchen genügt; dies gilt im Zweifel auch dann, wenn Tatsachen die Annahme rechtfertigen, dass die von ihm aufgebrachten Mittel für den Erwerb der bedeutenden Beteiligung aus einer objektiv rechtswidrigen Tat herrühren,
2. die Durchführung und angemessene Fortentwicklung des Börsenbetriebs beeinträchtigt wird.

²Wird der Erwerb nicht untersagt, kann die Börsenaufsichtsbehörde eine Frist festsetzen, nach deren Ablauf die Person oder Personenhandelsgesellschaft, welche

die Anzeige nach Absatz 1 Satz 1 oder Satz 6 erstattet hat, ihr den Vollzug oder den Nichtvollzug des beabsichtigten Erwerbs anzuzeigen hat. ³ Nach Ablauf der Frist hat diese Person oder Personenhandelsgesellschaft die Anzeige unverzüglich bei der Börsenaufsichtsbehörde einzureichen.

(3) Die Börsenaufsichtsbehörde hat die Auskunfts- und Vorlagerechte nach Absatz 1 auch nach Ablauf der Frist des Absatzes 2 Satz 1.

(4) ¹ Die Börsenaufsichtsbehörde kann dem Inhaber einer bedeutenden Beteiligung sowie den von ihm kontrollierten Unternehmen die Ausübung seiner Stimmrechte untersagen und anordnen, dass über die Anteile nur mit seiner Zustimmung verfügt werden darf, wenn

1. die Voraussetzungen für eine Untersagungsverfügung nach Absatz 2 Satz 1 vorliegen,
2. der Inhaber der bedeutenden Beteiligung seiner Pflicht nach Absatz 1 zur vorherigen Unterrichtung der Börsenaufsichtsbehörde nicht nachgekommen ist und diese Unterrichtung innerhalb einer von der Börsenaufsichtsbehörde gesetzten Frist nicht nachgeholt hat oder
3. die Beteiligung entgegen einer vollziehbaren Untersagung nach Absatz 2 Satz 1 erworben oder erhöht worden ist.

² In den Fällen des Satzes 1 kann die Ausübung der Stimmrechte auf einen Treuhänder übertragen werden; dieser hat bei der Ausübung der Stimmrechte den Interessen einer soliden und umsichtigen Führung des Trägers einer Börse Rechnung zu tragen. ³ In den Fällen des Satzes 1 kann die Börsenaufsichtsbehörde über die Maßnahmen nach Satz 1 hinaus einen Treuhänder mit der Veräußerung der Anteile, soweit sie eine bedeutende Beteiligung begründen, beauftragen, wenn der Inhaber der bedeutenden Beteiligung der Börsenaufsichtsbehörde nicht innerhalb einer von dieser bestimmten angemessenen Frist einen zuverlässigen Erwerber nachweist; die Inhaber der Anteile haben bei der Veräußerung in dem erforderlichen Umfang mitzuwirken. ⁴ Der Treuhänder wird auf Antrag des Trägers der Börse, eines an ihm Beteiligten oder der Börsenaufsichtsbehörde vom Gericht des Sitzes des Trägers der Börse bestellt. ⁵ Sind die Voraussetzungen des Satzes 1 entfallen, hat die Börsenaufsichtsbehörde den Widerruf der Bestellung des Treuhänders zu beantragen. ⁶ Der Treuhänder hat Anspruch auf Ersatz angemessener Auslagen und auf Vergütung für seine Tätigkeit. ⁷ Das Gericht setzt auf Antrag des Treuhänders die Auslagen und die Vergütung fest; die Rechtsbeschwerde gegen die Vergütungsfestsetzung ist ausgeschlossen. ⁸ Das Land schießt die Auslagen und die Vergütung vor; für seine Aufwendungen haften dem Land der betroffene Inhaber der bedeutenden Beteiligung und der Träger der Börse gesamtschuldnerisch.

(5) ¹ Wer beabsichtigt, eine bedeutende Beteiligung an dem Träger der Börse aufzugeben oder den Betrag seiner bedeutenden Beteiligung unter die Schwellen von 20 Prozent, 33 Prozent oder 50 Prozent der Stimmrechte oder des Kapitals abzusenken oder die Beteiligung so zu verändern, dass der Träger der Börse nicht mehr kontrolliertes Unternehmen ist, hat dies der Börsenaufsichtsbehörde unverzüglich anzuzeigen. ² Dabei ist die beabsichtigte verbleibende Höhe der Beteiligung anzugeben. ³ Die Börsenaufsichtsbehörde kann eine Frist festsetzen, nach deren Ablauf die Person oder Personenhandelsgesellschaft, welche die Anzeige nach Satz 1 erstattet hat, den Vollzug oder den Nichtvollzug der beabsichtigten Absenkung oder Veränderung der Börsenaufsichtsbehörde anzuzeigen hat. ⁴ Nach Ablauf der Frist hat die Person oder Personenhandelsgesellschaft, welche die Anzeige nach Satz 1 erstattet hat, die Anzeige unverzüglich bei der Börsenaufsichtsbehörde zu erstatten.

(6) ¹ Der Träger der Börse hat der Börsenaufsichtsbehörde unverzüglich den Erwerb oder die Aufgabe einer bedeutenden Beteiligung an dem Träger, das Erreichen, das Über- oder das Unterschreiten der Beteiligungsschwellen von 20 Prozent, 33 Prozent und 50 Prozent der Stimmrechte oder des Kapitals sowie die Tatsache, dass der Träger Tochterunternehmen eines anderen Unternehmens wird oder nicht mehr ist, anzuzeigen, wenn der Träger von der Änderung dieser Beteiligungsverhältnisse Kenntnis erlangt. ² Der Träger der Börse hat die nach Satz 1 anzeigepflichtigen Tatsachen unverzüglich auf seiner Internetseite zu veröffentlichen.

(7) ¹ Die Landesregierungen werden ermächtigt, durch Rechtsverordnung nähere Bestimmungen über Art, Umfang und Zeitpunkt der nach den Absätzen 1, 5

V. Bankgeschäfte (m. Börsen- u. KapMR) **BörsG 7 (14)**

und 6 vorgesehenen Anzeigen zu erlassen. ²Die Landesregierung kann die Ermächtigung durch Rechtsverordnung auf die Börsenaufsichtsbehörde übertragen.

Übersicht

1) Gesetzeszweck 1
2) Regelung 2

1) Gesetzeszweck: § 6 nF 2007 (wie § 3 aF, diese ohne Vorgängernorm im 1
BörsG) entspricht § 2 c KWG und § 104 VAG und regelt auch für die Börse die
Kontrolle der Anteilseigner. Gesetzeszweck ist hier wie dort, die Übernahme von
bedeutenden Beteiligungen durch Personen aus der organisierten Kriminalität zu
erschweren und die Funktionsfähigkeit des Börsenbetriebs zu sichern (RegE zu § 3
aF). § 6 ist strikt auf diesen Zweck hin auszulegen (keine Industriepolitik, keine
Überfremdungsabwehr). Die Anteilseignerkontrolle geht ursprünglich auf die Erfahrungen mit der BCCI und die entsprechende EG-Ri zurück. Der konkrete Anstoß zu
§ 3 aF war der Zusammenschlussversuch „iX" der Deutsche Börse AG und der
London Stock Exchange.

2) Regelung: § 6 versucht, diesen Gesetzeszweck durch Anzeige- und Auskunfts- 2
pflichten der Beteiligungsinhaber bzw -interessenten und des Börsenträgers (I, III, V,
VI ua) und durch Eingriffsmöglichkeiten (II, IV) zu erreichen. **Bedeutende Beteiligung** wie in § 1 IX KWG Halten von mindestens 10% des Kapitals oder der Stimmrechte im Eigen- oder Fremdinteresse oder Möglichkeit eines maßgeblichen Einflusses
auf die Geschäftsführung. Der Erwerb oder die Erhöhung der bedeutenden Beteiligung kann insgesamt untersagt werden (II), auch Untersagung allein der Stimmrechtsausübung und Stimmrechtstreuhänderschaft sind möglich (IV). Bei den RVO nach VII
kommt es auf Abstimmung zwischen den Ländern und mit den Regeln nach KWG
und VAG an. Lit: Hirschmann 2000; Beck BKR **02,** 665, Christopph WM **04,** 1856.

Handelsüberwachungsstelle

BörsG 7 (1) ¹Die Börse hat unter Beachtung von Maßgaben der
Börsenaufsichtsbehörde eine Handelsüberwachungsstelle
als Börsenorgan einzurichten und zu betreiben, die den Handel an der Börse und
die Börsengeschäftsabwicklung überwacht. ²Die Handelsüberwachungsstelle hat
Daten über den Börsenhandel und die Börsengeschäftsabwicklung systematisch
und lückenlos zu erfassen und auszuwerten sowie notwendige Ermittlungen
durchzuführen. ³An Warenbörsen, an denen Energie im Sinne des § 3 Nr. 14 des
Energiewirtschaftsgesetzes gehandelt wird, sind von der Handelsüberwachungsstelle auch Daten über die Abwicklung von Geschäften systematisch und lückenlos
zu erfassen und auszuwerten, die nicht über die Börse geschlossen werden, aber
über ein Abwicklungssystem der Börse oder ein externes Abwicklungssystem, das
an die börslichen Systeme für den Börsenhandel oder die Börsengeschäftsabwicklung angeschlossen ist, abgewickelt werden und deren Gegenstand der Handel mit
Energie oder Termingeschäfte in Bezug auf Energie sind; die Handelsüberwachungsstelle kann auf Basis dieser Daten notwendige Ermittlungen durchführen. ⁴Die Börsenaufsichtsbehörde kann der Handelsüberwachungsstelle Weisungen erteilen und die Ermittlungen übernehmen. ⁵Die Geschäftsführung kann die
Handelsüberwachungsstelle im Rahmen der Aufgaben dieser Stelle nach den
Sätzen 1 bis 3 mit der Durchführung von Untersuchungen beauftragen.

(2) ¹Der Leiter der Handelsüberwachungsstelle hat der Börsenaufsichtsbehörde
regelmäßig zu berichten. ²Die bei der Handelsüberwachungsstelle mit Überwachungsaufgaben betrauten Personen können gegen ihren Willen nur im Einvernehmen mit der Börsenaufsichtsbehörde von ihrer Tätigkeit entbunden werden.
³Mit Zustimmung der Börsenaufsichtsbehörde kann die Geschäftsführung diesen
Personen auch andere Aufgaben übertragen. ⁴Die Zustimmung ist zu erteilen,
wenn hierdurch die Erfüllung der Überwachungsaufgaben der Handelsüberwachungsstelle nicht beeinträchtigt wird.

(3) Die Handelsüberwachungsstelle stehen die Befugnisse der Börsenaufsichtsbehörde nach § 3 Abs. 4 Satz 1 bis 5 zu; § 3 Abs. 4 Satz 9 und 10 und Abs. 9 gilt
entsprechend.

(4) ¹Die Handelsüberwachungsstelle kann Daten über Geschäftsabschlüsse der Geschäftsführung und der Handelsüberwachungsstelle einer anderen Börse übermitteln, soweit sie für die Erfüllung der Aufgaben dieser Stellen erforderlich sind. ²Die Handelsüberwachungsstelle kann Daten über Geschäftsabschlüsse auch den zur Überwachung des Handels an ausländischen organisierten Märkten oder entsprechenden Märkten mit Sitz außerhalb der Europäischen Union oder eines Vertragstaates des Abkommens über den Europäischen Wirtschaftsraum zuständigen Stellen übermitteln und solche Daten von diesen Stellen empfangen, soweit sie zur ordnungsgemäßen Durchführung des Handels und der Börsengeschäftsabwicklung erforderlich sind. ³An diese Stellen dürfen solche Daten nur übermittelt werden, wenn diese Stellen und die von ihnen beauftragten Personen einer der Regelung des § 10 gleichwertigen Verschwiegenheitspflicht unterliegen. ⁴Diese Stellen sind darauf hinzuweisen, dass sie die Daten nur zu dem Zweck verwenden dürfen, zu dessen Erfüllung sie ihnen übermittelt werden. ⁵Die Handelsüberwachungsstelle hat der Börsenaufsichtsbehörde, der Geschäftsführung und der Bundesanstalt mitzuteilen, mit welchen zuständigen Stellen in anderen Staaten sie welche Art von Daten auszutauschen beabsichtigt.

(5) ¹Stellt die Handelsüberwachungsstelle Tatsachen fest, welche die Annahme rechtfertigen, dass börsenrechtliche Vorschriften oder Anordnungen verletzt werden oder sonstige Missstände vorliegen, welche die ordnungsmäßige Durchführung des Handels an der Börse oder die Börsengeschäftsabwicklung beeinträchtigen können, hat sie die Börsenaufsichtsbehörde und die Geschäftsführung unverzüglich zu unterrichten. ²Die Geschäftsführung kann eilbedürftige Anordnungen treffen, die geeignet sind, die ordnungsmäßige Durchführung des Handels an der Börse und der Börsengeschäftsabwicklung sicherzustellen; § 3 Abs. 9 gilt entsprechend. ³Die Geschäftsführung hat die Börsenaufsichtsbehörde über die getroffenen Maßnahmen unverzüglich zu unterrichten. ⁴Stellt die Handelsüberwachungsstelle Tatsachen fest, deren Kenntnis für die Erfüllung der Aufgaben der Bundesanstalt erforderlich ist, unterrichtet sie unverzüglich die Bundesanstalt. ⁵Die Unterrichtung der Bundesanstalt hat insbesondere zu erfolgen, wenn die Handelsüberwachungsstelle Tatsachen feststellt, deren Kenntnis für die Bundesanstalt für die Verfolgung von Verstößen gegen das Verbot von Insidergeschäften oder das Verbot der Kurs- und Marktpreismanipulation nach § 14 oder § 20a des Wertpapierhandelsgesetzes erforderlich ist.

(6) Die Handelsüberwachungsstelle nimmt die ihr nach diesem Gesetz zugewiesenen Aufgaben und Befugnisse nur im öffentlichen Interesse wahr.

Übersicht

1) Handelsüberwachungsstelle als eigenes Börsenorgan 1
2) Regelung 2

1   **1) Handelsüberwachungsstelle als eigenes Börsenorgan:** § 7 nF 2007 (wie § 4 aF, nur die Bestellung des Leiters ist in § 12 II Nr 5 nF geregelt, dort Rn 2), § 7 I 3, 5 nF BeteiligungsRiUmsetzG 2009. An jeder Börse ist eine Handelsüberwachungsstelle (HüSt) als eigenes Börsenorgan einzurichten. Damit verfolgt das Gesetz zwei Ziele. Zum einen wird die Börsenaufsicht durch Überwachung vor Ort schneller und wirksamer. Zum anderen wird dadurch die Selbstverwaltung der Börse ausgeformt und richtiger Ansicht nach gestärkt. Die HüSt hat in der Börse Eigenständigkeit und Unabhängigkeit, um ihre Überwachungsaufgaben erfüllen zu können (s auch Rn 2). Sie steht, obwohl eigenes Börsenorgan, funktional zwischen Geschäftsführung und Börsenaufsichtsbehörde.

2   **2) Regelung:** Die HüSt hat den Handel an der Börse und die Börsengeschäftsabwicklung (§ 3 I 3) eigenverantwortlich zu **überwachen (I 1).** Sie muss für diese Aufgabe personell und sachlich angemessen ausgestattet sein. Die Überwachung darf sich nicht auf eine bloße Beobachtung beschränken, sondern muss die Daten systematisch und lückenlos erfassen und auswerten und soweit notwendig ermitteln **(I 2).** Für einen engen Informations- und Weisungskontakt zwischen der HüSt und der Börsenaufsichtsbehörde ist gesorgt **(II).** Die HüSt ist eine wichtige Einrichtung der Börsenaufsicht vor Ort durch Selbstverwaltung, sie muss deshalb von den übrigen Börsenorganen unabhängig sein, Interessenkonflikte sind soweit möglich zu vermeiden

(RegE 2. FinanzmarktfördG). Dem trägt die Regelung des Zusammenwirkens bei der Bestellung der Leiters der HüSt Rechnung (§ 12 II 1 Nr 5 wie II aF). Die **Befugnisse** der HüSt sind ähnlich denen der Börsenaufsichtsbehörde geregelt (**III**). Insbesondere kann auch die HüSt nach den Auftraggebern und den Berechtigten und Verpflichteten fragen (III iVm zT § 3 IV, s § 3 Rn 6). **IV** erlaubt Datenübermittlung an andere Börsen und ihre HüSt (Grund ua Mehrfachnotizen), auch international. Zur Einrichtung gemeinsamer HüSt mehrerer Börsen Hopt/Baum S 445. Die HüSt muss die Börsenaufsichtsbehörde und die Geschäftsführung bei entsprechenden Feststellungen unverzüglich **unterrichten (V 1)**. Für Eilfälle hat die Börsengeschäftsführung eine Notkompetenz (**V 2**). Die BaFin ist, falls für die Erfüllung ihrer Aufgaben relevant, unverzüglich zu unterrichten (**V 4**). Letzteres wird durch ein Regelbeispiel unterstrichen (**V 5**), die BaFin ist danach insbesondere bei Verdacht von Insidergeschäften und Kurs- und Marktpreismanipulationen zu unterrichten (s (**16**) WpHG §§ 12 ff, 20 a). Die HüSt nimmt die ihr nach dem BörsG zugewiesenen Aufgaben und Befugnisse **nur im öffentlichen Interesse** wahr (**VI**, wie ua § 15 VI für die Leitung der Börse), das ist wie zu § 3 III (s dort Rn 5) nicht unumstritten. Lit: Brockhausen WM **97,** 1924.

Zusammenarbeit

BörsG 8 (1) Die Börsenaufsichtsbehörden und die Bundesanstalt arbeiten eng zusammen und tauschen nach Maßgabe des § 10 untereinander alle Informationen aus, die für die Wahrnehmung ihrer Aufgaben sachdienlich sind.

(2) Die Börsenaufsichtsbehörde unterrichtet die Bundesanstalt unverzüglich von Handelsaussetzungen und -einstellungen nach § 3 Abs. 5 Satz 3 Nr. 1.

Übersicht

1) Enge Zusammenarbeit zwischen den Börsenaufsichtsbehörden und der BaFin (I) 1
2) Unterrichtung von Handelsaussetzungen und -einstellungen (II) 2

1) Enge Zusammenarbeit zwischen den Börsenaufsichtsbehörden und der 1 **BaFin (I):** § 8 nF 2007. Die Börsenaufsichtsbehörden der Länder (§§ 3 I 1, VII) und die BaFin arbeiten eng zusammen und tauschen unter Beachtung der Verschwiegenheitspflicht nach § 10 untereinander alle für die Wahrnehmung ihrer Aufgaben sachdienlichen Informationen aus. Das ist nicht nur nach Art 49 Satz 1 der FinanzmarktRi vorgeschrieben, sondern auch angesichts des Verzichts auf eine bundeseinheitliche Börsenaufsicht (§ 3 Rn 1) von größter Wichtigkeit.

2) Unterrichtung von Handelsaussetzungen und -einstellungen (II): Die 2 BaFin ist von Handelsaussetzungen und -einstellungen (§ 3 V Nr 1) unverzüglich zu unterrichten.

Anwendbarkeit kartellrechtlicher Vorschriften

BörsG 9 (1) [1]Die Börsenaufsichtsbehörde hat darauf hinzuwirken, dass die Vorschriften des Gesetzes gegen Wettbewerbsbeschränkungen eingehalten werden. [2]Dies gilt insbesondere für den Zugang zu Handels-, Informations- und Abwicklungssystemen und sonstigen börsenbezogenen Dienstleistungseinrichtungen sowie deren Nutzung.

(2) [1]Die Zuständigkeit der Kartellbehörden bleibt unberührt. [2]Die Börsenaufsichtsbehörde unterrichtet die zuständige Kartellbehörde bei Anhaltspunkten für Verstöße gegen das Gesetz gegen Wettbewerbsbeschränkungen. [3]Diese unterrichtet die Börsenaufsichtsbehörde nach Abschluss ihrer Ermittlungen über das Ergebnis der Ermittlungen.

Übersicht

1) Aufgaben der Börsenaufsichtsbehörde (I) 1
2) Kartellaufsicht (II) 2

(14) BörsG 10

1 **1) Aufgaben der Börsenaufsichtsbehörde (I):** § 9 nF 2007 (wie § 6 aF) verpflichtet die Börsenaufsichtsbehörde, darauf hinzuwirken, dass die Vorschriften des GWB eingehalten werden, insbesondere bezüglich des Zugangs zu allen börsenbezogenen Systemen und Dienstleistungseinrichtungen. Das ist eine wichtige Aufgabe gerade auch für die Börsenaufsichtsbehörde,

2 **2) Kartellaufsicht (II):** Die Aufgabe der Börsenaufsichtsbehörde nach I besteht unbeschadet der Zuständigkeit der Kartellbehörden (II 1). Die Behörden haben sich gegenseitig zu unterrichten (II 2, 3) und zu kooperieren. Die Börsen sind Unternehmen iSd GWB und unterliegen **uneingeschränkt** dem **GWB** und der **Kartellaufsicht**. Lit: Röhrl, Börsenwettbewerb, 1996. Börsen im deutschen und europäischen Kartellrecht s Beck WM **00, 597**.

Verschwiegenheitspflicht

BörsG 10 (1) [1] Die bei der Börsenaufsichtsbehörde oder einer Behörde, der Aufgaben und Befugnisse der Börsenaufsichtsbehörde nach § 3 Abs. 7 übertragen worden sind, Beschäftigten, die nach § 3 Abs. 8 beauftragten Personen, die Mitglieder der Börsenorgane sowie die beim Träger der Börse Beschäftigten, soweit sie für die Börse tätig sind, dürfen die ihnen bei ihrer Tätigkeit bekannt gewordenen Tatsachen, deren Geheimhaltung im Interesse der Handelsteilnehmer oder eines Dritten liegt, insbesondere Geschäfts- und Betriebsgeheimnisse sowie personenbezogene Daten, nicht unbefugt erheben oder verwenden, auch wenn sie nicht mehr im Dienst sind oder ihre Tätigkeit beendet ist. [2] Dies gilt auch für andere Personen, die durch dienstliche Berichterstattung Kenntnis von den in Satz 1 bezeichneten Tatsachen erhalten. [3] Ein unbefugtes Erheben oder Verwenden im Sinne des Satzes 1 liegt insbesondere nicht vor, wenn Informationen weitergegeben werden an
1. Strafverfolgungsbehörden oder für Straf- und Bußgeldsachen zuständige Gerichte,
2. kraft Gesetzes oder im öffentlichen Auftrag mit der Überwachung von Börsen oder anderen Märkten, an denen Finanzinstrumente gehandelt werden, von Kreditinstituten, Finanzdienstleistungsinstituten, Investmentgesellschaften, Finanzunternehmen, Versicherungsunternehmen, Versicherungsvermittlern oder den Vermittlern von Anteilen an Investmentvermögen im Sinne des § 2 a Abs. 1 Nr. 7 des Wertpapierhandelsgesetzes oder mit der Überwachung des Handels mit Finanzinstrumenten oder Devisen betraute Stellen sowie von diesen beauftragten Personen,
3. Zentralnotenbanken, das Europäische System der Zentralbanken oder die Europäische Zentralbank in ihrer Eigenschaft als Währungsbehörden sowie an andere staatliche Behörden, die mit der Überwachung der Zahlungssysteme betraut sind, und an
4. mit der Liquidation oder dem Insolvenzverfahren über das Vermögen eines Wertpapierdienstleistungsunternehmens im Sinne des § 2 Abs. 4 des Wertpapierhandelsgesetzes, eines Börsenträgers oder eines organisierten Marktes mit Sitz im Ausland oder dessen Betreiber befasste Stellen,

soweit die Kenntnis dieser Informationen für diese Stellen zur Erfüllung ihrer Aufgaben erforderlich ist. [4] Für die bei diesen Stellen Beschäftigten gilt die Verschwiegenheitspflicht nach Satz 1 entsprechend.

(2) [1] Die §§ 93, 97, 105 Abs. 1, § 111 Abs. 5 in Verbindung mit § 105 Abs. 1 sowie § 116 Abs. 1 der Abgabenordnung gelten nicht für die in Absatz 1 Satz 1 oder 2 bezeichneten Personen, soweit sie zur Durchführung dieses Gesetzes tätig werden. [2] Sie finden Anwendung, soweit die Finanzbehörden die Kenntnis für die Durchführung eines Verfahrens wegen einer Steuerstraftat sowie eines damit zusammenhängenden Besteuerungsverfahrens benötigen, an deren Verfolgung ein zwingendes öffentliches Interesse besteht und nicht Tatsachen betroffen sind, die den in Absatz 1 Satz 1 oder 2 bezeichneten Personen durch eine Stelle eines anderen Staates im Sinne des Absatzes 1 Satz 3 Nr. 2 oder durch von dieser Stelle beauftragte Personen mitgeteilt worden sind.

1 **1)** § 10 nF 2007 (zT wie § 7 aF) regelt die amtliche Verschwiegenheitspflicht im Zusammenhang mit der Börsenaufsicht in Abstimmung mit Insiderrecht (s (16)

V. Bankgeschäfte (m. Börsen- u. KapMR) **BörsG 11, 12 (14)**

WpHG § 13) und Datenschutzrecht. Vgl auch amtliche Verschwiegenheitspflicht nach (16) WpHG § 8 und nach § 9 KWG. Wichtige Einschränkungen, also Möglichkeit der Informationsweitergabe, ergeben sich aus I 3 Nr 1–4. Das betrifft ua die Strafverfolgung (Nr 1) und die Finanzmarkt-, Kredit- und Versicherungsaufsicht (Nr 2). Neu und auf Art 58 V, 54 II der FinanzmarktRi zurückgehend sind die Weitergabemöglichkeiten an die Zentralnotenbanken in ihrer Funktion als Währungsbehörden und andere mit der Überwachung der Zahlungssysteme betrauten Behörden (I 3 Nr 3) und an Stellen, die mit der Liquidation oder dem Insolvenzverfahren über das Vermögen eines WPDienstleistungsunternehmens iSv (16) WpHG § 2 IV, eines Börsenträgers oder eines organisierten Marktes mit Sitz im Ausland oder dessen Betreiber befasst sind (I 3 Nr 4).

Untersagung der Preisfeststellung für ausländische Währungen

BörsG 11 Das Bundesministerium der Finanzen kann im Einvernehmen mit dem Bundesministerium für Wirtschaft und Technologie und nach Anhörung der Deutschen Bundesbank Einzelweisungen an eine Börse erteilen, die Preisermittlung für ausländische Währungen vorübergehend zu untersagen, wenn eine erhebliche Marktstörung droht, die schwerwiegende Gefahren für die Gesamtwirtschaft oder das Publikum erwarten lässt.

1) § 11 nF 2007 wie § 8 aF enthält eine Notbefugnis des BMF zur Untersagung der 1 Preisfeststellung für ausländische Währungen.

Börsenrat

BörsG 12 (1) ¹Jede Wertpapierbörse hat einen Börsenrat zu bilden, der aus höchstens 24 Personen besteht. ²Im Börsenrat müssen die zur Teilnahme am Börsenhandel zugelassenen Kreditinstitute einschließlich der Wertpapierhandelsbanken, die zugelassenen Finanzdienstleistungsinstitute und sonstigen zugelassenen Unternehmen, die Skontroführer, die Versicherungsunternehmen, deren emittierte Wertpapiere an der Börse zum Handel zugelassen sind, andere Emittenten solcher Wertpapiere, die zur Teilnahme am Börsenhandel zugelassenen Kapitalanlagegesellschaften und die Anleger vertreten sein. ³Die Zahl der Vertreter der Kreditinstitute einschließlich der Wertpapierhandelsbanken sowie der mit den Kreditinstituten verbundenen Kapitalanlagegesellschaften und sonstigen Unternehmen darf insgesamt nicht mehr als die Hälfte der Mitglieder des Börsenrates betragen. ⁴Die nach § 13 Abs. 4 zu erlassende Rechtsverordnung kann für einzelne Börsen Ausnahmen von den Bestimmungen der Sätze 2 und 3 zulassen.

(2) ¹Dem Börsenrat obliegt insbesondere
1. der Erlass der Börsenordnung, der Bedingungen für Geschäfte an der Börse, der Gebührenordnung, der Zulassungsordnung für Börsenhändler und der Handelsordnung für den Freiverkehr, die jeweils als Satzung erlassen werden,
2. die Bestellung und Abberufung der Geschäftsführer im Einvernehmen mit der Börsenaufsichtsbehörde,
3. die Überwachung der Geschäftsführung,
4. der Erlass einer Geschäftsordnung für die Geschäftsführung und
5. die Bestellung oder Wiederbestellung des Leiters der Handelsüberwachungsstelle auf Vorschlag der Geschäftsführung und im Einvernehmen mit der Börsenaufsichtsbehörde.

²Die Entscheidung über die Einführung von technischen Systemen, die dem Handel oder der Abwicklung von Börsengeschäften dienen, bedarf der Zustimmung des Börsenrates. ³Die Börsenordnung kann für andere Maßnahmen der Geschäftsführung von grundsätzlicher Bedeutung die Zustimmung des Börsenrates vorsehen. ⁴Bei Kooperations- und Fusionsabkommen des Börsenträgers, die den Börsenbetrieb betreffen, sowie bei der Auslagerung von Funktionen und Tätigkeiten auf ein anderes Unternehmen nach § 5 Abs. 3 ist dem Börsenrat zuvor Gelegenheit zur Stellungnahme zu geben.

(3) ¹Der Börsenrat gibt sich eine Geschäftsordnung. ²Er wählt aus seiner Mitte einen Vorsitzenden und mindestens einen Stellvertreter, der einer anderen Gruppe im Sinne des Absatzes 1 Satz 2 angehört als der Vorsitzende. ³Wahlen nach Satz 2

sind geheim; andere Abstimmungen sind auf Antrag eines Viertels der Mitglieder geheim durchzuführen.

(4) Setzt der Börsenrat zur Vorbereitung seiner Beschlüsse Ausschüsse ein, hat er bei der Zusammensetzung der Ausschüsse dafür zu sorgen, dass Angehörige der Gruppen im Sinne des Absatzes 1 Satz 2, deren Belange durch die Beschlüsse berührt werden können, angemessen vertreten sind.

(5) Mit der Genehmigung einer neuen Börse bestellt die Börsenaufsichtsbehörde einen vorläufigen Börsenrat höchstens für die Dauer eines Jahres.

(6) Der Börsenrat nimmt die ihm nach diesem Gesetz zugewiesenen Aufgaben und Befugnisse nur im öffentlichen Interesse wahr.

Übersicht

1) Einrichtung und Zusammensetzung des Börsenrats (I) 1
2) Aufgaben und Befugnisse (II) 2

1 **1) Einrichtung und Zusammensetzung des Börsenrats (I):** § 12 nF 2007 (wie § 9 aF), idF 2009. §§ 12 und 15 betreffen die Leitungsstruktur der Börse. Mit der **zwingenden Trennung von Börsenrat und Börsenleitung** (zu letzterer § 15) orientiert sich das Gesetz an dem **aktienrechtlichen Modell** (Deutschlands, in anderen Ländern überwiegt das one-tier board-System). Die Ausübung von Aufsichtsratsfunktionen wird bei Ausschöpfung der Maximalgröße von 24 Personen stark erschwert, in aktienrechtlicher Reformdiskussion gilt der (mitbestimmte) Aufsichtsrat der AG als zu groß. Der (öffentlichrechtliche) Börsenrat ist aber mit dem (privatrechtlichen) Aufsichtsrat der Börsenträger AG nicht zu verwechseln. Die Größe ist der Preis für die durch § 12 gleichzeitig eröffnete Möglichkeit zu einer angemessenen **Mitbestimmung** der verschiedenen Interessen- und Interessenuntergruppen (ua die zugelassenen Finanzdienstleistungsinstitute und Unternehmen, Emittenten, institutionelle und Privatanleger) neben den herkömmlich dominierenden Kreditinstituten (einschließlich der Wertpapierhandelsbanken). An die Stelle der Kursmakler sind, falls an der Börse vorhanden, die Skontroführer getreten. Die freien Makler gehören zu den Finanzdienstleistungsinstituten. Näheres zur Wahl in § 13.

2 **2) Aufgaben und Befugnisse (II):** Die Aufgaben des Börsenrats ergeben sich aus II. Der Börsenrat hat vor allem die Aufgabe der Rechtssetzung und der Kontrolle. Ihm obliegen insbesondere der Erlass der BörsO, der Börsengeschäftsbedingungen (§ 16 Rn 4), der Gebührenordnung und der Zulassung für Börsenhändler als Satzung (**II 1 Nr 1** weiter als § 9 II Nr 1 aF), die Bestellung und Abberufung der Geschäftsführer (**II 1 Nr 2**, nur im Einvernehmen mit der Börsenaufsichtsbehörde), die Überwachung der Geschäftsführung (**II 1 Nr 3**) und die Bestellung oder Wiederbestellung des Leiters der HÜSt (**II 1 Nr 5 iVm § 7**, wie § 4 II 1 aF). Geschäftsordnung und Ausschüsse s III, IV. Der Börsenrat nimmt die ihm nach dem BörsG zugewiesenen Aufgaben und Befugnisse wie die Geschäftsführung (§ 15 VI) und alle anderen Börsenorgane und Börsenstellen nur im öffentlichen Interesse wahr (VI, s § 12 Rn 3).

Wahl des Börsenrates

BörsG 13 (1) Die Mitglieder des Börsenrates werden für die Dauer von bis zu drei Jahren von den in § 12 Abs. 1 Satz 2 genannten Gruppen jeweils aus ihrer Mitte gewählt; die Vertreter der Anleger werden von den übrigen Mitgliedern des Börsenrates hinzugewählt.

(2) ¹Unternehmen, die mehr als einer der in § 12 Abs. 1 Satz 2 genannten Gruppen angehören, dürfen nur in einer Gruppe wählen. ²Verbundene Unternehmen dürfen im Börsenrat nur mit einem Mitglied vertreten sein.

(3) Die Mitglieder des Börsenrates müssen zuverlässig sein und die erforderliche fachliche Eignung haben.

(4) ¹Das Nähere über die Amtszeit des Börsenrates, die Aufteilung in Gruppen, die Ausübung des Wahlrechts und die Wählbarkeit, die Durchführung der Wahl und die vorzeitige Beendigung der Mitgliedschaft im Börsenrat wird durch Rechtsverordnung der Landesregierung nach Anhörung des Börsenrates bestimmt. ²Die Landesregierung kann diese Ermächtigung durch Rechtsverordnung

auf die Börsenaufsichtsbehörde übertragen. ³Die Rechtsverordnung muss sicherstellen, dass alle in § 12 Abs. 1 Satz 2 genannten Gruppen angemessen vertreten sind. ⁴Sie kann zudem vorsehen, dass bei vorzeitigem Ausscheiden eines Mitglieds ein Nachfolger für die restliche Amtsdauer aus der Mitte der jeweiligen Gruppe durch die übrigen Mitglieder des Börsenrates hinzugewählt wird.

1) § 13 nF 2007 (wie § 10 aF, diese bereits flexibler und dereguliert). Die Mitglieder **1** des Börsenrats müssen zuverlässig und fachlich geeignet sein (**III neu**, gemäß Art 38 I der FinanzmarktRi). Für die fachliche Eignung zählen insbesondere die Art der an der Börsen gehandelten Wirtschaftsgüter und die Komplexität der dort abgeschlossenen Geschäfte (RegE). Zur Zusammensetzung ist in **IV 3** nur vorgeschrieben, dass alle in § 12 I 2 genannten Gruppen angemessen vertreten sein müssen, nicht mehr wie ursprünglich bestimmte Mindestzahlen und Untergruppen. Näher **RVO** der Landesregierung nach Anhörung des Börsenrats.

Börsenrat an Warenbörsen

BörsG 14 Auf Warenbörsen sind die §§ 12 und 13 über den Börsenrat mit folgender Maßgabe anzuwenden:
1. abweichend von § 12 Abs. 1 Satz 2 müssen die zur Teilnahme am Börsenhandel zugelassenen Unternehmen und die in § 19 Abs. 2 Satz 2 genannten Personen im Börsenrat vertreten sein; die Rechtsverordnung nach § 13 Abs. 4 kann Ausnahmen zulassen und vorsehen, dass sonstige betroffene Wirtschaftsgruppen und die Anleger im Börsenrat vertreten sind;
2. der Börsenrat wählt aus seiner Mitte einen Vorsitzenden; die Rechtsverordnung nach § 13 Abs. 4 kann vorsehen, dass mindestens ein Stellvertreter gewählt wird, der einer anderen Wirtschaftsgruppe im Sinne der Nummer 1 angehört;
3. die Rechtsverordnung nach § 13 Abs. 4 muss sicherstellen, dass die in Nummer 1 genannten Gruppen angemessen vertreten sind; sie kann Untergruppen vorsehen; die Vertreter der nicht zum Börsenhandel zugelassenen Unternehmen werden nach Maßgabe der Rechtsverordnung entsandt.

1) § 14 nF 2007 wie § 11 aF. **1**

Leitung der Börse

BörsG 15 (1) ¹Die Leitung der Börse obliegt der Geschäftsführung in eigener Verantwortung. ²Sie kann aus einer oder mehreren Personen bestehen. ³Die Geschäftsführer müssen zuverlässig sein und die für die Leitung der Börse erforderliche fachliche Eignung besitzen. ⁴Sie werden für höchstens fünf Jahre bestellt; die wiederholte Bestellung ist zulässig. ⁵Die Bestellung eines Geschäftsführers ist unverzüglich der Börsenaufsichtsbehörde anzuzeigen. ⁶Die Anzeige muss die in § 4 Abs. 2 Satz 2 Nr. 2 genannten Angaben enthalten. ⁷§ 4 Abs. 2 Satz 3 und 4 gilt entsprechend.

(2) Die Börsenaufsichtsbehörde hat ihr Einvernehmen zu der Bestellung der Geschäftsführer zu verweigern, wenn aus objektiven und nachweisbaren Gründen Zweifel an der Zuverlässigkeit oder fachlichen Eignung der Geschäftsführer bestehen oder die ordnungsgemäße Leitung der Börse gefährdet erscheint.

(3) ¹Die Geschäftsführer vertreten die Börse gerichtlich und außergerichtlich, soweit nicht der Träger der Börse zuständig ist. ²Das Nähere über die Vertretungsbefugnis der Geschäftsführer regelt die Börsenordnung.

(4) ¹Die Aufrechterhaltung der Ordnung in den Börsenräumen obliegt der Geschäftsführung. ²Sie ist befugt, Personen, welche die Ordnung oder den Geschäftsverkehr an der Börse stören, aus den Börsenräumen zu entfernen. ³Sie kann auch Personen, welche sich an der Börse zu Zwecken einfinden, welche mit der Ordnung oder dem Geschäftsverkehr an derselben unvereinbar sind, den Zutritt untersagen.

(5) ¹Die Geschäftsführung überwacht die Einhaltung der Pflichten der Handelsteilnehmer und der für sie tätigen Personen. ²Sie trifft geeignete Vorkehrungen, die eine wirksame und dauerhafte Überwachung der Pflichten nach Satz 1 gewährleisten. ³Die Aufgaben der Handelsüberwachungsstelle nach § 7 bleiben unberührt.

(14) BörsG 16

(6) Die Geschäftsführung nimmt die ihr nach diesem Gesetz zugewiesenen Aufgaben und Befugnisse nur im öffentlichen Interesse wahr.

Übersicht

1) Leitung der Börse (I) 1
2) Einvernehmen der Börsenaufsichtsbehörde (II) 2
3) Vertretung der Börse (III) 3
4) Aufgaben und Befugnisse der Geschäftsführung (IV, V) 4
5) Leitung nur im öffentlichen Interesse (VI) 5

1 **1) Leitung der Börse (I):** § 15 nF 2007 wie § 12 aF außer I 5–7, II, III, IV, V. I weist die Leitung der Börse der **Geschäftsführung** in eigener Verantwortung zu. Die Geschäftsführung entspricht dem aktienrechtlichen Vorstand, ihr steht der Börsenrat, ähnlich einem Aufsichtsrat, gegenüber (§ 12 Rn 1). Die Geschäftsführer müssen zuverlässig und fachlich geeignet sein (I 3). Für die fachliche Eignung der Geschäftsleiter zählen insbesondere die Art der an der Börsen gehandelten Wirtschaftsgüter und die Komplexität der dort abgeschlossenen Geschäfte (RegE, vgl auch § 13 Rn 1). Sie werden für höchstens fünf Jahre bestellt, Wiederwahl zulässig (I 4).

2 **2) Einvernehmen der Börsenaufsichtsbehörde (II):** II neu auf Grund Art. 37 II der FinanzmarktRi regelt das notwendige Einvernehmen der Börsenaufsichtsbehörde mit der Bestellung der Geschäftsführer. Diese hat das Einvernehmen zu verweigern, wenn aus objektiven und nachweisbaren Gründen Zweifel an ihrer Zuverlässigkeit oder Eignung bestehen oder die ordnungsgemäße Leitung der Börse gefährdet erscheint. Letzteres ist der Fall, wenn ein beruflicher Interessenkonflikt des Geschäftsführers ihn für die Wahrnehmung ausschließlich öffentlicher Interessen im Rahmen der Geschäftsführung ungeeignet macht (RegE).

3 **3) Vertretung der Börse (III):** Die Börse wird durch die Geschäftsführer gerichtlich und außergerichtlich vertreten, soweit nicht der Börsenträger zuständig ist. Näheres in der BörsO (§ 16).

4 **4) Aufgaben und Befugnisse der Geschäftsführung (IV, V):** IV und V (entspr § 18 II, III aF) regeln die Aufgaben und Befugnisse der Geschäftsführung. Wichtig ist V 3, wonach die Aufgaben der Handelsüberwachungsstelle nach § 7 unberührt bleiben (Grund s § 7 Rn 1).

5 **5) Leitung nur im öffentlichen Interesse (VI):** Die Geschäftsführung nimmt die ihr nach dem BörsG zugewiesenen Aufgaben und Befugnisse ebenso wie die Börsenaufsicht (§ 3 III) und die HüSt (§ 7 VI), der Börsenrat (§ 12 VI), der Sanktionsausschuss (§ 22 II 3) und die frühere Zulassungsstelle (§§ 31 V aF, 49 II 3 aF, zuständig jetzt die Geschäftsführung, § 32 I nF) nur im öffentlichen Interesse wahr (VI). Die Geschäftsführung ist als Leitungsorgan der öffentlichrechtlichen Anstalt Börse (§ 2 I) Behörde und erlässt als solche Verwaltungsakte. Amtshaftung nach § 839 BGB iVm Art 34 GG (§ 3 Rn 5), es haftet das jeweilige Bundesland, in dem die Börse ihren Sitz hat, nicht der Börsenträger, Elle ZHR 128 (66) 291, Schwark § 3 aF Rn 3.

Börsenordnung

BörsG 16 (1) ¹Die Börsenordnung soll sicherstellen, dass die Börse die ihr obliegenden Aufgaben erfüllen kann und dabei den Interessen des Publikums und des Handels gerecht wird. ²Sie muss Bestimmungen enthalten über

1. den Geschäftszweig der Börse;
2. die Organisation der Börse;
3. die Handelsarten;
4. die Veröffentlichung der Preise und Kurse sowie der ihnen zugrunde liegenden Umsätze;
5. eine Entgeltordnung für die Tätigkeit der Skontroführer.

(2) Bei Wertpapierbörsen muss die Börsenordnung zusätzlich Bestimmungen enthalten über

1. die Bedeutung der Kurszusätze und -hinweise und

2. über die Sicherstellung der Börsengeschäftsabwicklung und die zur Verfügung stehenden Abwicklungssysteme nach Maßgabe des § 21.

(3) ¹Die Börsenordnung bedarf der Genehmigung durch die Börsenaufsichtsbehörde. ²Diese kann die Aufnahme bestimmter Vorschriften in die Börsenordnung verlangen, wenn und soweit sie zur Erfüllung der der Börse oder der Börsenaufsichtsbehörde obliegenden gesetzlichen Aufgaben notwendig sind.

Übersicht

1) Börsenordnung 1
2) Börsenordnung und Anlegerschutz 2
3) Zusätze und Hinweise bei der Preisfeststellung (III Nr 2 iVm Ffm BörsO § 33) 3
4) Börsenusancen, AGB, Verhaltensregeln 4

1) Börsenordnung: § 16 entspr § 13 aF außer I aF (jetzt in § 12 II Nr 1) und VI aF (jetzt in § 2 IV nF). Für jede Börse ist eine vom Börsenrat zu erlassene BörsO vorgeschrieben (§ 12 II Nr 1). Sie ist, wie § 12 II Nr 1 ausdrücklich feststellt, öffentlichrechtliche **Satzung** der teilrechtsfähigen Anstalt des öffentlichen Rechts Börse (§ 2 I), BGH **147,** 351, hL, Kümpel FS Pleyer **86,** 59, nach früher aA Rechtsverordnung. Richtungweisend war die BörsO der Berliner Börse vom 4. 4. 34. **Mindestinhalt** nach I 2 **Nr 1–5,** darunter ua Bestimmungen über die **Handelsarten** (I 2 Nr 3), die Veröffentlichung der Preise und Kurse sowie der ihnen zugrunde liegenden Umsätze (I 3 Nr 4 neu) und die Entgeltordnung für die Skontroführertätigkeit (I 2 Nr 5, §§ 27 ff). Die Börsen können im Rahmen ihrer Selbstverwaltung die Handelsarten flexibel an die Bedürfnisse und den Wettbewerb anpassen, zB in einem Segment Auktionsverfahren mit Intermediären, im anderen elektronisch mit fortlaufendem Orderausgleich oder auch unterschiedlich im gleichen Segment, zB für besonders liquide Untersegmente elektronisch, für die anderen herkömmlich. Die BörsO braucht nicht alle Einzelheiten der für die verschiedenen Segmente gewählten Preisfeststellungsregeln selbst zu enthalten, sondern kann die konkrete Ausformung norminterpretierenden Verwaltungsvorschriften überlassen, wenn die Regelung nur für die Anleger transparent genug ist (RegE 4. FinanzmarktfördG). Dass die BörsO angemessen zeitlich verzögerte Veröffentlichung der Preise und der ihnen zugrunde liegenden Umsätze vorsehen kann (so noch II 3 aF), was zB für den Blockhandel wegen der unerwünschten Preiseffekte sinnvoll sein kann, ist nicht mehr vorgesehen, denn insoweit greifen die unmittelbar geltende EGDurchführungsVO 10. 8. 06 (Einl 19 vor § 1) sowie §§ 31, 24 II über die. Nachhandelstransparenz im Börsenhandel ein (§ 31 Rn 1, § 24 Rn 6); zur Vorhandelstransparenz mit Ausnahmen für Blockhandel s § 30 Rn 1. Zusätzlicher Mindestinhalt bei Wertpapierbörsen folgt aus **II,** insbesondere Bestimmungen über die Bedeutung der Kurszusätze und -hinweise (**II Nr 1,** s Rn 3). Die BörsO muss gemäß Art 42 II Buchst 3 der FinanzmarktRi (aF kann) Bestimmungen über die Sicherstellung der Börsengeschäftsabwicklung und die zur Verfügung stehenden Abwicklungssysteme nach Maßgabe des § 21 enthalten (**II Nr 2**). Die Börsenordnung bedarf der **Genehmigung** der Börsenaufsichtsbehörde (**III**). Bsp: **BörsO für die Frankfurter Wertpapierbörse** nF 15. 4. 2009); VGH Kassel ZIP **07,** 215 hatte die alte BörsO für teilweise unwirksam erklärt. Lit: Schlitt AG **03,** 57 (Prime Standard, General Standard für die Ffm WPBörse).

2) Börsenordnung und Anlegerschutz: Die Bestimmungen der BörsO haben keine zivilrechtliche anlegerschützende Drittwirkung, BGH **147,** 351 (zur Einholung von Sicherheitsleistungen bei Optionsgeschäften), str. Sie können aber auf das zivilrechtliche Verhältnis zwischen dem Börsenteilnehmer und dem Kunden mittelbar ausstrahlen und zivilrechtlich bedeutsame Mindeststandards begründen, offen BGH **147,** 351; das ist aber jeweils besonders zu prüfen, eine diesbezügliche Vermutung besteht nicht. Der Anlegerschutz ist aber jedenfalls Rechtsreflex und bei Erlass der BörsO wie bei der Börse insgesamt wesentlich mitzubedenken. Die Aufnahme von Bestimmungen über die Handelsarten in die BörsO bedeutet notwendige Genehmigung der Börsenaufsichtsbehörde, was dem Erfordernis eines angemessenen Anleger- und Funktionenschutzes Rechnung trägt.

3) Zusätze und Hinweise bei der Preisfeststellung (III Nr 2 iVm Ffm BörsO § 88): Die Bestimmungen der Börsen über die Bedeutung der Kurszusätze und -hinweise sind heute bundeseinheitlich mit Ausnahme von „C" für Kompensationsgeschäft, das nur an der Frankfurter WPBörse benutzt wird, Schäfer/Peterhoff § 4 aF Rn 14. § 88 der BörsO für die Frankfurter Wertpapierbörse (s Rn 1), Stand 15. 4. 2009 lautet:

§ 88 Zusätze und Hinweise bei der Preisfeststellung

Die skontroführende Person hat nach Maßgabe der Ausführungsmöglichkeiten der vorliegenden Orders bei der Preisfeststellung folgende Preiszusätze und Hinweise zu verwenden:

I. Zusätze

Zu den festgestellten Preisen müssen bei Ziffer 1 bis 5 außer den unlimitierten Kauf- und Verkaufsorders alle über dem festgestellten Preis limitierten Kauforders und alle unter dem festgestellten Preis limitierten Verkaufsorders ausgeführt sein. Inwieweit die zum festgestellten Preis limitierten Kauf- und Verkaufsorders ausgeführt werden konnten, ergeben die Preiszusätze.

1. b oder Preis ohne Zusatz = bezahlt: Alle Orders sind ausgeführt;
2. bG = bezahlt Geld: Die zum festgestellten Preis limitierten Kauforders müssen nicht vollständig ausgeführt sein; es bestand weitere Nachfrage;
3. bB = bezahlt Brief: Die zum festgestellten Preis limitierten Verkaufsorders müssen nicht vollständig ausgeführt sein; es bestand weiteres Angebot;
4. ebG = etwas bezahlt Geld: Die zum festgestellten Preis limitierten Kauforders konnten nur zu einem geringen Teil ausgeführt werden;
5. ebB = etwas bezahlt Brief: Die zum festgestellten Preis limitierten Verkaufsorders konnten nur zu einem geringen Teil ausgeführt werden;
6. ratG = rationiert Geld: Die zum Preis und darüber limitierten sowie die unlimitierten Kauforders konnten nur beschränkt ausgeführt werden;
7. ratB = rationiert Brief: Die zum Preis und niedriger limitierten sowie die unlimitierten Verkaufsorders konnten nur beschränkt ausgeführt werden;
8. * = Sternchen: Kleine Beträge konnten ganz oder teilweise nicht ausgeführt werden.

II. Hinweise Außerdem werden folgende Hinweise verwendet:

1. G = Geld: Es fand kein Umsatz statt, zu diesem Preis bestand nur Nachfrage;
2. B = Brief: Es fand kein Umsatz statt, zu diesem Preis bestand nur Angebot;
3. – = gestrichen: Ein Preis konnte nicht festgestellt werden;
4. – G = gestrichen Geld: Ein Preis konnte nicht festgestellt werden. Es bestand unlimitierte Nachfrage;
5. – B = gestrichen Brief: Ein Preis konnte nicht festgestellt werden. Es bestand unlimitiertes Angebot;
6. – T = gestrichen Taxe: Ein Preis konnte nicht festgestellt werden; der Preis ist geschätzt;
7. – GT = gestrichen Geld/Taxe: Ein Preis konnte nicht festgestellt werden, da der Preis auf der Nachfrageseite geschätzt ist;
8. – BT = gestrichen Brief/Taxe: Ein Preis konnte nicht festgestellt werden, da der Preis auf der Angebotsseite geschätzt ist;
9. ex D = nach Dividende: Erste Notiz unter Abschlag der Dividende;
10. ex A = nach Ausschüttung: Erste Notiz unter Abschlag einer Ausschüttung;
11. ex BR = nach Bezugsrecht: Erste Notiz unter Abschlag eines Bezugsrechts;
12. ex BA = nach Berichtigungsaktien: Erste Notiz nach Umstellung des Preises auf das aus Gesellschaftsmitteln berichtigte Aktienkapital;
13. ex SP = nach Splitting: Erste Notiz nach Umstellung des Preises auf die geteilten Aktien;
14. ex ZS = nach Zinsen: Erste Notiz unter Abschlag der Zinsen;
15. ex AZ = nach Ausgleichszahlung: Erste Notiz unter Abschlag einer Ausgleichszahlung;
16. ex BO = nach Bonusrecht: Erste Notiz unter Abschlag eines Bonusrechts;

V. Bankgeschäfte (m. Börsen- u. KapMR) **BörsG 17 (14)**

17. ex abc = ohne verschiedene Rechte: Erste Notiz unter Abschlag verschiedener Rechte;
18. ausg = ausgesetzt: Der Handel ist ausgesetzt; ein Ausruf ist nicht gestattet;
19. – Z = gestrichen Ziehung: Die Notierung der Schuldverschreibung ist wegen eines Auslosungstermins ausgesetzt. Die Aussetzung beginnt zwei Börsentage vor dem festgesetzten Auslosungstag und endet mit Ablauf des Börsentages danach;
20. H = Hinweis: Auf Besonderheiten wird gesondert hingewiesen;
21. C = Auslösen von Stopp-Markets Orders: Zu diesem Preis werden Stopp-Orders zu Billigst- oder Bestensorders umgewandelt.

Ist der festgestellte Börsenpreis höher als der zuletzt ausgerufene Geldkurs oder niedriger als der zuletzt ausgerufene Briefkurs, so kann es zu diesem Börsenpreis keinen Zusatz oder Hinweis in Verbindung mit „Geld" oder „Brief" geben.

Wird auf ein durch die skontroführende Person ausgerufenes Geschäftsangebot durch Zuruf mit Volumen größer als der Überhang reagiert, so wird ein Börsenpreis ohne Zusatz oder Hinweis in Verbindung mit „Geld" oder „Brief" festgestellt und dies auch dann, wenn nur ein Teil des Zurufs ausgeführt wird.

4) Börsenusancen, AGB, Verhaltensregeln: Zusätzlich zum BörsG und den 4 dortigen Rechtsregeln können an der jeweiligen Börse gleiche oder unterschiedliche Börsenusancen gelten. Börsenusancen können ganz oder zum Teil ein (auf die Börsenteilnehmer beschränkter) HdlBrauch sein, der dann auch ohne Kenntnis gilt (§ 346 HGB Rn 7, 8), was aber Konsequenzen für das Verhältnis zu nachgiebigem Recht und zur AGBKontrolle hat und jeweils festgestellt werden muss (§ 346 Rn 10, 13). Sonst sind sie AGB für Börsengeschäfte und müssen vertraglich vereinbart werden (s **(5)** § 305 II, III BGB; s auch **(8)** AGB-WPGeschäfte nF 1. 1. 2007 Nr 3 I, 7 I 3, 8 III). Die „**Bedingungen**" für Geschäfte an den deutschen Wertpapierbörsen" (1. 1. 1983, unter den Börsen vereinheitlicht, Text WM **84**, 76, Änderungen für die Frankfurter Wertpapierbörse WM **98**, 466 betr WPGeschäfte im elektronischen HdlSystem, mittlerweile wieder unterschiedliche Fassungen unter den Börsen, aktuelle Fassung der „Bedingungen für Geschäfte an der Frankfurter Wertpapierbörse" vom 15. 4. 2009) wurden, da privatrechtlich, ohne weiteres Vertragsbestandteil für die an dieser Börse abgeschlossenen Geschäfte, falls die Vertragsparteien nichts anderes vereinbaren. Nach § 12 II Nr 1 idF FinanzmarktRiUmsetzG werden auch die Bedingungen für Geschäfte an der Börse als Satzung erlassen, krit Hammen WM **07**, 1297. Kontrolle deshalb nicht privatrechtlich nach **(5)** BGB §§ 305 ff, aber Gross §§ 12–14 Rn 5: § 242 BGB. Für zusätzliche privatrechtliche Übernahme der Bedingungen in die jeweiligen Verträge Hammen WM **07**, 1304, AGB-rechtlich ist das zulässig, Ul/Br/He § 305 Rn 7 a. Zu den **Going Public Grundsätzen** der Deutsche Börse AG Meyer WM **02**, 1864, Schlitt ua AG **02**, 478. **Grundsätze für die Zuteilung von Aktienemissionen an Privatanleger,** Börsensachverständigenkommission, ZBB **00**, 287.

Gebühren und Entgelte

BörsG 17 (1) Die Gebührenordnung kann die Erhebung von Gebühren und die Erstattung von Auslagen vorsehen für
1. die Zulassung zur Teilnahme am Börsenhandel und für die Teilnahme am Börsenhandel,
2. die Zulassung zum Besuch der Börse ohne das Recht zur Teilnahme am Handel,
3. die Zulassung von Finanzinstrumenten, anderen Wirtschaftsgütern und Rechten zum Börsenhandel, die Einbeziehung von Wertpapieren zum Börsenhandel im regulierten Markt sowie den Widerruf der Zulassung und der Einbeziehung,
4. die Einführung von Wertpapieren an der Börse,
5. die Notierung von Wertpapieren, deren Laufzeit nicht bestimmt ist,
6. die Prüfung der Druckausstattung von Wertpapieren,
7. die Ablegung der Börsenhändlerprüfung.

(2) ¹Die Gebührenordnung bedarf der Genehmigung durch die Börsenaufsichtsbehörde. ²Die Genehmigung gilt als erteilt, wenn die Gebührenordnung nicht innerhalb von sechs Wochen nach Zugang bei der Börsenaufsichtsbehörde von dieser gegenüber der Börse beanstandet wird.

(14) BörsG 18, 19

(3) Unbeschadet der nach Absatz 1 erhobenen Gebühren kann der Börsenträger für Dienstleistungen, welche er im Rahmen des Börsenbetriebs für Handelsteilnehmer oder Dritte erbringt, separate Entgelte verlangen.

1) § 17 nF 2007 entspr § 14 I, II aF. International gebräuchlich und für die Börsen wichtig ist, dass sie außer Einführungsgebühren auch Notierungsgebühren (ohne Wahlrecht des Emittenten) vorsehen können (I Nr 5). III deckt die derzeitige Praxis ab, wonach der Börsenträger für Dienstleistungen, die er im Rahmen des Börsenbetriebs für Handelsteilnehmer oder Dritte erbringt, separate Entgelte, also unbeschadet der Gebühren nach I, erheben kann.

Sonstige Benutzung von Börseneinrichtungen

BörsG 18 ¹Die Börsenordnung kann für einen anderen als den nach § 16 Abs. 1 Satz 2 Nr. 1 zu bezeichnenden Geschäftszweig die Benutzung von Börseneinrichtungen zulassen. ²Ein Anspruch auf die Benutzung erwächst in diesem Falle für die Beteiligten nicht.

1) § 18 nF 2007 wie § 15 aF. Die Vorschrift hatte für die hanseatischen Börsen Bedeutung, an denen der Börsenhandel nicht auf bestimmte Geschäftszweige beschränkt war, ist aber heute angesichts der Spezialisierung der Börsen und Märkte ohne praktische Bedeutung, Schäfer/Peterhoff § 6 aF Rn 1. Vorstellbar wäre die Benutzung von Börseneinrichtungen für sonstige Kontrakte wie Strom- oder Gaskontrakte, Immobiliengeschäfte oder Dienstleistungen, falls man nicht (aber richtiger) auch Dienstleistungsbörsen anerkennt.

Zulassung zur Börse

BörsG 19 (1) Zum Besuch der Börse, zur Teilnahme am Börsenhandel und für Personen, die berechtigt sein sollen, für ein zur Teilnahme am Börsenhandel zugelassenes Unternehmen an der Börse zu handeln (Börsenhändler), ist eine Zulassung durch die Geschäftsführung erforderlich.

(2) ¹Zur Teilnahme am Börsenhandel darf nur zugelassen werden, wer gewerbsmäßig bei börsenmäßig handelbaren Gegenständen

1. die Anschaffung und Veräußerung für eigene Rechnung betreibt oder
2. die Anschaffung und Veräußerung im eigenen Namen für fremde Rechnung betreibt oder
3. die Vermittlung von Verträgen über die Anschaffung und Veräußerung übernimmt und dessen Gewerbebetrieb nach Art und Umfang einen in kaufmännischer Weise eingerichteten Geschäftsbetrieb erfordert. ²An Warenbörsen können auch Landwirte und Personen zugelassen werden, deren Gewerbebetrieb nach Art oder Umfang einen in kaufmännischer Weise eingerichteten Geschäftsbetrieb nicht erfordert.

(3) Die Zulassung von Personen ohne das Recht zur Teilnahme am Handel regelt die Börsenordnung.

(4) ¹Die Zulassung eines Unternehmens zur Teilnahme am Börsenhandel nach Absatz 2 Satz 1 ist zu erteilen, wenn

1. bei Unternehmen, die in der Rechtsform des Einzelkaufmanns betrieben werden, der Geschäftsinhaber, bei anderen Unternehmen die Personen, die nach Gesetz, Satzung oder Gesellschaftsvertrag mit der Führung der Geschäfte des Unternehmens betraut und zu seiner Vertretung ermächtigt sind, zuverlässig sind und zumindest eine dieser Personen die für das börsenmäßige Wertpapier- oder Warengeschäft notwendige berufliche Eignung hat;
2. die ordnungsgemäße Abwicklung der an der Börse abgeschlossenen Geschäfte sichergestellt ist;
3. das Unternehmen ein Eigenkapital von mindestens 50 000 Euro nachweist, es sei denn, es ist ein Kreditinstitut, ein Finanzdienstleistungsinstitut oder ein nach § 53 Abs. 1 Satz 1 oder § 53 b Abs. 1 Satz 1 des Kreditwesengesetzes tätiges Unternehmen, das zum Betreiben des Finanzkommissionsgeschäfts im Sinne des § 1 Abs. 1 Satz 2 Nr. 4 oder zur Erbringung einer Finanzdienstleistung im Sinne des § 1 Abs. 1a Satz 2 Nr. 1 bis 4 des Kreditwesengesetzes befugt

ist; als Eigenkapital sind das eingezahlte Kapital und die Rücklagen nach Abzug der Entnahmen des Inhabers oder der persönlich haftenden Gesellschafter und der diesen gewährten Kredite sowie eines Schuldenüberhanges beim freien Vermögen des Inhabers anzusehen;

4. bei dem Unternehmen, das nach Nummer 3 zum Nachweis von Eigenkapital verpflichtet ist, keine Tatsachen die Annahme rechtfertigen, dass es unter Berücksichtigung des nachgewiesenen Eigenkapitals nicht die für eine ordnungsmäßige Teilnahme am Börsenhandel erforderliche wirtschaftliche Leistungsfähigkeit hat.

² Die Börsenordnung kann vorsehen, dass bei Unternehmen, die an einer inländischen Börse oder an einem organisierten Markt im Sinne des § 2 Abs. 5 des Wertpapierhandelsgesetzes mit Sitz im Ausland zur Teilnahme am Handel zugelassen sind, die Zulassung ohne den Nachweis der Voraussetzungen nach Satz 1 Nr. 1, 3 und 4 erfolgt, sofern die Zulassungsbestimmungen des jeweiligen Marktes mit diesen vergleichbar sind. ³ Die Börsenordnung kann vorsehen, dass Handelsteilnehmer für den Zugang zu Handelssystemen der Börse weitere Voraussetzungen erfüllen müssen.

(5) Als Börsenhändler ist zuzulassen, wer zuverlässig ist und die notwendige berufliche Eignung hat.

(6) ¹ Die berufliche Eignung im Sinne des Absatzes 4 Satz 1 Nr. 1 ist regelmäßig anzunehmen, wenn eine Berufsausbildung nachgewiesen wird, die zum börsenmäßigen Wertpapier- oder Warengeschäft befähigt. ² Die berufliche Eignung im Sinne des Absatzes 5 ist anzunehmen, wenn die erforderlichen fachlichen Kenntnisse und Erfahrungen nachgewiesen werden, die zum Handel an der Börse befähigen. ³ Der Nachweis über die erforderlichen fachlichen Kenntnisse kann insbesondere durch die Ablegung einer Prüfung vor der Prüfungskommission einer Börse erbracht werden. ⁴ Das Nähere über die Anforderungen an die fachliche Eignung der zum Börsenhandel befähigten Personen und das Prüfungsverfahren regelt eine vom Börsenrat zu erlassende Zulassungsordnung für Börsenhändler, die der Genehmigung durch die Börsenaufsichtsbehörde bedarf.

(7) Das Nähere darüber, wie die in den Absätzen 4 bis 6 genannten Voraussetzungen nachzuweisen sind, bestimmt die Börsenordnung.

(8) ¹ Besteht der begründete Verdacht, dass eine der in den Absätzen 2, 4 oder 5 bezeichneten Voraussetzungen nicht vorgelegen hat oder nachträglich weggefallen ist, so kann die Geschäftsführung das Ruhen der Zulassung längstens für die Dauer von sechs Monaten anordnen. ² Das Ruhen der Zulassung kann auch für die Dauer des Verzuges mit der Zahlung der nach § 17 Abs. 1 Nr. 1 und 2 festgesetzten Gebühren angeordnet werden. ³ Das Recht einer nach Absatz 5 zugelassenen Person zum Abschluss von Börsengeschäften ruht für die Dauer des Wegfalls der Zulassung des Unternehmens, für das sie Geschäfte an der Börse abschließt.

(9) ¹ Die Geschäftsführung kann gegenüber Handelsteilnehmern mit Sitz außerhalb der Mitgliedstaaten der Europäischen Union oder der anderen Vertragsstaaten des Abkommens über den Europäischen Wirtschaftsraum das Ruhen der Zulassung längstens für die Dauer von sechs Monaten anordnen oder die Zulassung widerrufen, wenn die Erfüllung der Meldepflichten nach § 9 des Wertpapierhandelsgesetzes oder der Informationsaustausch zum Zwecke der Überwachung der Verbote von Insidergeschäften oder des Verbots der Marktmanipulation mit den in diesem Staat zuständigen Stellen nicht gewährleistet erscheint. ² Die Bundesanstalt teilt der Geschäftsführung und der Börsenaufsichtsbehörde die für eine Anordnung oder den Widerruf nach Satz 1 maßgeblichen Tatsachen mit.

(10) Beabsichtigt die Geschäftsführung der Börse, Handelsteilnehmern in anderen Staaten einen unmittelbaren Zugang zu ihrem Handelssystem zu gewähren, hat sie dies der Börsenaufsichtsbehörde und der Bundesanstalt anzuzeigen, sofern es sich um die erstmalige Zugangsgewährung an einen Handelsteilnehmer in dem betreffenden Staat handelt.

(11) Die Geschäftsführung der Börse übermittelt der Börsenaufsichtsbehörde regelmäßig ein aktuelles Verzeichnis der an der Börse zugelassenen Handelsteilnehmer.

Übersicht

1) Zulassung zur Börse (I) 1
2) Zulassung zur Teilnahme am Börsenhandel (II) 2
3) Zulassung zum Besuch der Börse (III) 3
4) Zulassungsvoraussetzungen (IV–VII) 4–5
5) Ruhen der Zulassung (VIII) 6
6) Handelsteilnehmer aus Drittstaaten (IX) 7
7) Unmittelbarer Zugang für Handelsteilnehmer aus anderen Staaten (X) 8
8) Laufendes Handelsteilnehmerverzeichnis (XI) 9

1) Zulassung zur Börse (I): § 19 nF 2007 entspr § 16 aF. I 1 unterscheidet zwischen **Besuch der Börse, Teilnahme am Börsenhandel** und Personen, die für ein zur Teilnahme am Börsenhandel zugelassenes Unternehmen an der Börse zu handeln berechtigt sein sollen (Legaldefinition **Börsenhändler**). Nach I 1 besteht für alle drei **Zulassungspflicht.** Diese Unterscheidung entspricht der Entwicklung der neuen elektronischen Kommunikationsmittel und der technischen Möglichkeit einer reinen Computerbörse. Rechtlich ist somit die Teilnahme einer Person am Börsenhandel auch ohne physische Anwesenheit möglich. Die Zulassung erfolgt durch die Geschäftsführung. Der **Börsenhandel** umfasst heute ohne weiteres auch Geschäfte über zugelassene Gegenstände mit elektronischer Auftragsübermittlung (so noch ausdrücklich I 2 aF). Der gesamte börsenmäßig organisierte Handel in zugelassenen Gegenständen (Wertpapiere, Waren, Derivate, § 2 II, III) unterfällt dem Börsenzwang.

2) Zulassung zur Teilnahme am Börsenhandel (II): II regelt den Zugang zur Börse, also wer zur **Teilnahme am Börsenhandel** zugelassen werden kann. Er ist mit Art 12 I GG vereinbar. Teilnehmer können Eigenhändler, Kommissionäre oder in unmittelbarer Stellvertretung auftretende Vermittler sein (II 1 Nr 1–3). Sie müssen dies gewerbsmäßig (§ 1 Rn 11 HGB) bei börsenmäßig handelbaren Gegenständen (s Rn 1) betreiben und ihr Gewerbebetrieb muss außer bei Warenbörsen nach Art und Umfang einen in kfm Weise eingerichteten Geschäftsbetrieb erfordern (vgl § 1 II HGB, aber keine Vermutung). Die Entscheidung über die Zulassung ist ein Verwaltungsakt. Bei Erfüllung der Voraussetzungen besteht ein Rechtsanspruch auf Zulassung, der im Verwaltungsrechtsweg (Anfechtungs- oder Verpflichtungsklage nach VwGO) verfolgt werden kann. Für Skontroführer gilt die Sondervorschrift des § 27.

3) Zulassung zum Besuch der Börse (III): Wer zum bloßen Besuch der Börse, also ohne das Recht zur Teilnahme, zugelassen wird, regelt die BörsO (§ 16). III macht dazu keine näheren Vorgaben.

4) Zulassungsvoraussetzungen (IV–VII): Die Schranken von **IV 1 Nr 1–4** für die Zulassung zum Börsenhandel sind mit Art 12 I GG vereinbar. IV 1 verlangt ua Zuverlässigkeit und die für das börsenmäßige Wertpapier- oder Warengeschäft notwendige berufliche Eignung (Nr 1), Sicherstellung der ordnungsmäßigen Abwicklung der an der Börse abgeschlossenen Geschäfte, und zwar aller, nicht nur der im Präsenzhandel (Nr 2) und den Nachweis eines Mindesteigenkapitals (Nr 3, 4). **IV 2** sieht im Interesse des erleichterten Zugangs zu deutschen Börsen die Möglichkeit eines **vereinfachten Zulassungsverfahrens** für Unternehmen vor, die bereits an einer anderen inländischen Börse oder an einem anderen organisierten Markt in der EU/EWR zur Teilnahme am Handel zugelassen sind (gegenseitige Anerkennung). Voraussetzung ist nicht nur ein organisierter Markt (Legaldefinition nur noch in (16) WpHG § 2 V), sondern dass die Zulassungsbestimmungen des jeweiligen Marktes mit den Voraussetzungen nach IV 1 Nr 1, 3 und 4 vergleichbar sind. Nach **IV 3** neu kann die BörsO vorsehen, dass Handelsteilnehmer für den Zugang zum Handelssystem der Börse über IV hinausgehende, weitere Voraussetzungen erfüllen müssen. Das ist für die qualitätsmäßige Differenzierung verschiedener Handelssysteme im Börsenwettbewerb wichtig.

Börsenhändler (Legaldefinition I 1) müssen zuverlässig sein und die hierfür notwendige berufliche Eignung haben **(V),** was mehr ist als die allgemeine Eignung nach IV 1 Nr 1 und in **VI** näher umschrieben wird. VI ist flexibel gestaltet, da die Anforderungen an die Eignung je nach Börsenmarkt, etwa Präsenzbörse oder rein elektronisches Handelssystem, unterschiedlich sind. Konsequenz dieser Flexibilisierung ist die Aufhebung der problematischen Regelung von § 17 aF über den Zugang zu einem elektronischen Handelssystem, krit Hopt FS Drobnig **98**, 537. Eine Börsenhändlerprüfung ist nicht mehr zwingend vorgeschrieben. VI 4 sieht dazu eine Zulassungsordnung für Börsenhändler vor. Einzelheiten bestimmt die BörsO **(VII, § 16)**.

5) Ruhen der Zulassung (VIII): Unter besonderen Voraussetzungen kann (bis höchstens sechs Monate) das Ruhen der Zulassung angeordnet werden.

6) Handelsteilnehmer aus Drittstaaten (IX): Die Geschäftsführung kann gegen Handelsteilnehmer aus Drittstaaten außerhalb der EU/EWR vorgehen (Anordnung des Ruhens der Zulassung nach VIII bis hin zum Widerruf der Zulassung), wenn die Erfüllung der Meldepflichten der dortigen Behörden nach **(16)** WpHG § 9 und des Informationsaustauschs zu Insidergeschäften und Kurs- und Marktpreismanipulation nicht gewährleistet erscheint. Dabei Zusammenarbeit von BaF, Geschäftsführung und Börsenaufsichtsbehörde.

7) Unmittelbarer Zugang für Handelsteilnehmer aus anderen Staaten (X): X neu auf Grund Art 42 VI Unterabs 2 Satz 1 der FinanzmarktRi. Soll Handelsteilnehmern aus anderen Staaten, auch Drittstaaten, ein unmittelbarer Zugang zum Handelssystem der Börse gewährt werden, ist das der Börsenaufsichtsbehörde und der BaFin anzuzeigen, wenn erstmalig bezüglich des betreffenden Staates ist (spätere Zugangsgewährungen sind aus dem Verzeichnis nach XI ersichtlich). Die BaFin muss ihrerseits die zuständigen Stellen in den anderen EU/EWR Mitgliedstaaten informieren (16) WpHG § 7 V 3 nF 2007.

8) Laufendes Handelsteilnehmerverzeichnis (XI): XI neu auf Grund Art 42 VII des FinanzmarktRi. Danach ist der Börsenaufsichtsbehörde regelmäßig ein aktuelles Verzeichnis der an der Börse zugelassenen Handelsteilnehmer zu übermitteln.

Sicherheitsleistungen

BörsG 20 (1) ¹Die Börsenordnung kann bestimmen, dass die zur Teilnahme am Börsenhandel zugelassenen Unternehmen und die Skontroführer ausreichende Sicherheit zu leisten haben, um die Verpflichtungen aus Geschäften, die an der Börse sowie in einem an der Börse zugelassenen elektronischen Handelssystem abgeschlossen werden, jederzeit erfüllen zu können. ²Die Höhe der Sicherheitsleistung muss in angemessenem Verhältnis zu den mit den abgeschlossenen Geschäften verbundenen Risiken stehen. ³Das Nähere über die Art und Weise der Sicherheitsleistung bestimmt die Börsenordnung.

(2) ¹Wird die nach der Börsenordnung erforderliche Sicherheitsleistung nicht erbracht oder entfällt sie nachträglich, kann die Börsenordnung vorsehen, dass das Ruhen der Zulassung längstens für die Dauer von sechs Monaten angeordnet werden kann. ²Die Börsenordnung kann vorsehen, dass zur Teilnahme am Börsenhandel zugelassene Unternehmen auf die Tätigkeit als Vermittler beschränkt werden können, wenn die geleistete Sicherheit nicht mehr den in der Börsenordnung festgelegten Erfordernissen entspricht. ³Die Börsenordnung kann auch bestimmen, dass das Recht eines Börsenhändlers zum Abschluss von Börsengeschäften für die Dauer des Ruhens der Zulassung des Unternehmens ruht, für das er Geschäfte an der Börse abschließt.

(3) Die Börsenordnung kann Regelungen zur Begrenzung und Überwachung der Börsenverbindlichkeiten von zur Teilnahme am Börsenhandel zugelassenen Unternehmen und Skontroführern vorsehen.

(4) ¹Die Handelsüberwachungsstelle hat die nach Absatz 1 zu leistenden Sicherheiten und die Einhaltung der Regelungen nach Absatz 3 zu überwachen. ²Ihr stehen die Befugnisse der Börsenaufsichtsbehörde nach § 3 Abs. 4 zu. ³Sie kann insbesondere von der jeweiligen Abrechnungsstelle die Liste der offenen Aufgabegeschäfte und die Mitteilung negativer Kursdifferenzen verlangen. ⁴Stellt die Handelsüberwachungsstelle fest, dass der Sicherheitsrahmen überschritten ist, hat die Geschäftsführung Anordnungen zu treffen, die geeignet sind, die Erfüllung der Verpflichtungen aus den börslichen Geschäften nach Absatz 1 sicherzustellen. ⁵Sie kann insbesondere anordnen, dass das zur Teilnahme am Börsenhandel zugelassene Unternehmen und der Skontroführer unverzüglich weitere Sicherheiten zu leisten und offene Geschäfte zu erfüllen haben oder diese mit sofortiger Wirkung

(14) BörsG 21, 22

ganz oder teilweise vom Börsenhandel vorläufig ausschließen. ⁶ Die Geschäftsführung hat die Börsenaufsichtsbehörde über die Überschreitung des Sicherheitsrahmens und die getroffenen Anordnungen unverzüglich zu unterrichten.

(5) **Widerspruch und Anfechtungsklage gegen Maßnahmen nach Absatz 4 haben keine aufschiebende Wirkung.**

1   **1) § 20 nF 2007 wie § 19 aF.** § 20 ermöglicht Bestimmungen in der BörsO über die Leistung ausreichender Sicherheiten durch die zur Teilnahme am Börsenhandel zugelassenen Unternehmen und die Skontroführer (§ 27 I 1). Die Höhe der Sicherheiten muss im Verhältnis zu den Risiken angemessen sein, es dürfen auf diese Weise keine Marktzutrittsschranken aufgebaut werden (I 2). Die Handelsüberwachungsstelle (§ 7) hat die Sicherheiten nach I und die Einhaltung der Regelungen zur Begrenzung und Überwachung der Börsenverbindlichkeiten nach III zu überwachen und hat dafür die Befugnisse der Börsenaufsichtsbehörde nach § 3 IV (IV 1, 2).

Externe Abwicklungssysteme

BörsG 21 (1) ¹ **Die Börsenordnung kann die Anbindung von externen Abwicklungssystemen an die börslichen Systeme für den Börsenhandel und die Börsengeschäftsabwicklung vorsehen.** ² **Eine solche Anbindung ist zulässig, sofern sichergestellt ist, dass**
1. **das System für die angebotene Dienstleistung zur Abwicklung der Börsengeschäfte über die erforderlichen technischen Einrichtungen verfügt, und**
2. **der Betreiber des Systems die notwendigen rechtlichen und technischen Voraussetzungen für eine Anbindung des Systems an die börslichen Systeme für den Handel und die Börsengeschäftsabwicklung geschaffen hat, und**
3. **eine ordnungsgemäße und unter wirtschaftlichen Gesichtspunkten effiziente Abrechnung und Abwicklung der Geschäfte an der Börse gewährleistet ist.**

(2) **Sind nach Absatz 1 mehrere alternative Abwicklungssysteme verfügbar, ist es den Handelsteilnehmern freizustellen, welches der Systeme sie zur Erfüllung der Börsengeschäfte nutzen.**

Übersicht

1) Anbindung externer Abwicklungssysteme an die Börsensysteme
   (I) 1
2) Wahlrecht der Handelsteilnehmer (II) 2

1   **1) Anbindung externer Abwicklungssysteme an die Börsensysteme (I):** § 21 nF 2007 gemäß Art 34 II 1 der FinanzmarktRi. I regelt die Voraussetzungen für die Anbindung von externen Abwicklungssystemen an die börslichen Systeme für den Börsenhandel und die Börsengeschäftsabwicklung. Das betrifft zB eine Clearingeinrichtung in Gestalt eines in den Börsenhandel organisatorisch eingebetteten zentralen Kontrahenten oder andere Abwicklungsdienstleistungen etwa von Wertpapiersammelbanken (RegE). Die BörsO kann eine solche Anbindung vorsehen **(I 1)**. Die Anbindung ist aber nur unter den Voraussetzungen des **I 2** zulässig. So muss das System über die erforderlichen technischen Einrichtungen verfügen **(Nr 1)**. Es muss also auf dem aktuellen Stand der Technik und mit den börslichen System kompatibel sein (RegE). Die notwendigen rechtlichen und technischen Voraussetzungen für die Anbindung müssen gegeben sein **(Nr 2)**. Und es muss eine ordnungsgemäße und unter wirtschaftlichen Gesichtspunkten effiziente Abrechnung und Abwicklung der Geschäfte an der Börse gewährleistet sein **(Nr 3)**.

2   **2) Wahlrecht der Handelsteilnehmer (II):** II schreibt nach Vorgabe von Art 34 II 1 der FinanzmarktRi vor, dass bei Verfügbarkeit mehrerer alternativer Abwicklungssysteme nach I die Handelsteilnehmer zwischen diesen zur Erfüllung der Börsengeschäfte wählen können.

Sanktionsausschuss

BörsG 22 (1) ¹ **Die Landesregierung wird ermächtigt, durch Rechtsverordnung Vorschriften über die Errichtung eines Sanktionsausschusses, seine Zusammensetzung, sein Verfahren einschließlich**

der Beweisaufnahme und der Kosten sowie die Mitwirkung der Börsenaufsichtsbehörde zu erlassen. ²Die Vorschriften können vorsehen, dass der Sanktionsausschuss Zeugen und Sachverständige, die freiwillig vor ihm erscheinen, ohne Beeidigung vernehmen und das Amtsgericht um die Durchführung einer Beweisaufnahme, die er nicht vornehmen kann, ersuchen darf. ³Die Landesregierung kann die Ermächtigung nach Satz 1 durch Rechtsverordnung auf die Börsenaufsichtsbehörde übertragen.

(2) ¹Der Sanktionsausschuss kann einen Handelsteilnehmer mit Verweis, mit Ordnungsgeld bis zu zweihundertfünfzigtausend Euro oder mit Ausschluss von der Börse bis zu 30 Handelstagen belegen, wenn der Handelsteilnehmer oder eine für ihn tätige Hilfsperson vorsätzlich oder fahrlässig gegen börsenrechtliche Vorschriften verstößt, die eine ordnungsgemäße Durchführung des Handels an der Börse oder der Börsengeschäftsabwicklung sicherstellen sollen. ²Mit einem Verweis oder mit Ordnungsgeld bis zu zweihundertfünfzigtausend Euro kann der Sanktionsausschuss auch einen Emittenten belegen, wenn dieser oder eine für ihn tätige Hilfsperson vorsätzlich oder fahrlässig gegen seine Pflichten aus der Zulassung verstößt. ³Der Sanktionsausschuss nimmt die ihm nach diesem Gesetz zugewiesenen Aufgaben und Befugnisse nur im öffentlichen Interesse wahr.

(3) ¹In Streitigkeiten wegen der Entscheidungen des Sanktionsausschusses nach Absatz 2 ist der Verwaltungsrechtsweg gegeben. ²Vor Erhebung einer Klage bedarf es keiner Nachprüfung in einem Vorverfahren.

(4) ¹Haben sich in einem Verfahren vor dem Sanktionsausschuss Tatsachen ergeben, welche die Rücknahme oder den Widerruf der Zulassung eines Handelsteilnehmers oder eines Skontroführers rechtfertigen, so ist das Verfahren an die Geschäftsführung abzugeben. ²Sie ist berechtigt, in jeder Lage des Verfahrens von dem Sanktionsausschuss Berichte zu verlangen und das Verfahren an sich zu ziehen. ³Hat die Geschäftsführung das Verfahren übernommen und erweist sich, dass die Zulassung nicht zurückzunehmen oder zu widerrufen ist, so verweist sie das Verfahren an den Sanktionsausschuss zurück.

1) § 22 nF 2007 wie § 20 aF; § 22 aF ist in Umsetzung von Art 21 der Finanzmarktri inhaltlich voll in (16) WpHG § 33a samt RVO überführt. Börsenrechtliche Vorschriften iSv II 1 sind auch von Börsenorganen erlassene Richtlinien ohne Rechtsnormqualität, VGH Kassel ZIP **08,** 1525 LS, nicht aber privatrechtliche AGB, VG Ffm ZIP **09,** 18. Nach II 3 handelt der Sanktionsausschuss nur im öffentlichen Interesse (§ 15 Rn 5). Rücknahme und Widerruf der Zulassung sind allein Sache der Geschäftsführung (IV).

Abschnitt 2. Börsenhandel und Börsenpreisfeststellung

Zulassung von Wirtschaftsgütern und Rechten

BörsG 23 (1) ¹Wirtschaftsgüter und Rechte, die an der Börse gehandelt werden sollen und nicht zum Handel im regulierten Markt zugelassen oder in den regulierten Markt oder in den Freiverkehr einbezogen sind, bedürfen der Zulassung zum Handel durch die Geschäftsführung. ²Vor der Zulassung zum Handel hat der Börsenrat Geschäftsbedingungen für den Handel an der Börse zu erlassen. ³Das Nähere regeln die Artikel 36 und 37 der Verordnung (EG) Nr. 1287/2006 der Kommission vom 10. August 2006 zur Durchführung der Richtlinie 2004/39/EG des Europäischen Parlaments und des Rates betreffend die Aufzeichnungspflichten für Wertpapierfirmen, die Meldung von Geschäften, die Markttransparenz, die Zulassung von Finanzinstrumenten zum Handel und bestimmte Begriffe im Sinne dieser Richtlinie (ABl. EU Nr. L 241 S. 1) und die Börsenordnung.

(2) ¹Unbeschadet des Absatzes 1 hat die Geschäftsführung vor der Zulassung von Derivaten zum Handel die Kontraktspezifikationen festzusetzen. ²Diese müssen so ausgestaltet sein, dass ein ordnungsgemäßer Börsenhandel und eine wirksame Börsengeschäftsabwicklung möglich sind. ³Absatz 1 Satz 3 gilt entsprechend.

(14) BörsG 24

Übersicht

1) Zulassung von Wirtschaftsgütern und Rechten (I) 1
2) Derivate (II) 2

1) Zulassung von Wirtschaftsgütern und Rechten (I): § 23 entspr § 21 aF. Wirtschaftsgüter und Rechte, die an der Börse gehandelt werden sollen, bedürfen der Zulassung zum Handel durch die Geschäftsführung, sofern sie nicht zum Handel im regulierten Markt zugelassen oder in den regulierten Markt oder in den Freiverkehr einbezogen sind (für letztere §§ 32 ff, 48 bzw Freiverkehrsrichtlinien der Börsen). Die formelle Zulassung (I 1) und die vorherige Festsetzung von AGB für ihren Handel an der Börse durch den Börsenrat (I 2, vgl § 9 II Nr 5) schaffen die notwendige Klarheit für die Handelsteilnehmer. **Wirtschaftsgüter** sind insbesondere Wertpapiere, aber auch Waren (handelbare bewegliche Sachen, Überbl 8 vor § 373 HGB), Devisen und Rechnungseinheiten. Auch **Dienstleistungen**, die sich zum Handel an einer Börse eignen, können darunter fallen. Der Begriff **Rechte** umfasst auch Derivate (dazu Rn 2). Der Begriff ist sehr weit (s vgl (16) WpHG § 2 II Nr 1–5, erfasst sind also zB auch Wetter- und Katastrophen-Futures. § 23 lässt auch den Handel in solchen Produkten zu, falls sich in der Praxis ein Bedürfnis dafür entwickelt, zutr BReg 4. FinanzmarktfördG Gegenäußerung zu Nr 14, Art 1 § 21 BörsG. In **I 3** erfolgt ein Hinweis auf Art 36, 37 der EGDurchführungsVO 10. 8. 06 (Einl 19 vor § 1), der nur klarstellend ist, da die VO unmittelbar gilt. Näheres regelt die BörsO (§ 16), was den Börsen Flexibilität gibt und den Wettbewerb stärkt.

2) Derivate (II): II ergänzt I für Derivate (nach Vorgabe von Art 40 II der FinanzmarktRi). Zum weiten Begriff der Derivate s Rn 1. Die Geschäftsführung muss vor der Zulassung von Derivaten zum Handel die Kontraktspezifikationen festsetzen (II 1). Diese müssen so ausgestaltet sein, dass ein ordnungsgemäßer Börsenhandel und eine wirksame Börsengeschäftsabwicklung möglich sind (II 2). Art 36 und 37 der EG-DurchführungsVO 10. 8. 06 (Einl 19 vor § 1) gelten entsprechend (II 3 iVm I 3). Zum Begriff Derivate s (16) WpHG § 2 II (s § 2 Rn 5).

Börsenpreis

BörsG 24 (1) ¹Preise, die während der Börsenzeit an einer Börse festgestellt werden, sind Börsenpreise. ²Satz 1 gilt auch für Preise, die während der Börsenzeit im Freiverkehr an einer Wertpapierbörse festgestellt werden.

(2) ¹Börsenpreise müssen ordnungsmäßig zustande kommen und der wirklichen Marktlage des Börsenhandels entsprechen. ²Soweit in § 30 nichts anderes bestimmt ist, müssen den Handelsteilnehmern insbesondere Angebote zugänglich und die Annahme der Angebote möglich sein. ³Bei der Ermittlung des Börsenpreises können auch Preise einer anderen Börse, eines organisierten Marktes mit Sitz im Ausland oder eines multilateralen Handelssystems im Sinne des § 2 Abs. 3 Satz 1 Nr. 8 des Wertpapierhandelsgesetzes berücksichtigt werden.

(3) ¹Soweit in § 31 nicht anderes bestimmt ist, müssen Börsenpreise und die ihnen zugrunde liegenden Umsätze den Handelsteilnehmern unverzüglich und zu angemessenen kaufmännischen Bedingungen in leicht zugänglicher Weise bekannt gemacht werden, es sei denn, es erscheint eine verzögerte Veröffentlichung im Interesse der Vermeidung einer unangemessenen Benachteiligung der am Geschäft Beteiligten notwendig. ²Das Nähere regelt die Börsenordnung. ³Die Börsenordnung kann auch festlegen, dass vor Feststellung eines Börsenpreises den Handelsteilnehmern zusätzlich der Preis des am höchsten limitierten Kaufauftrags und des am niedrigsten limitierten Verkaufsauftrags zur Kenntnis gegeben werden muss.

(4) Geschäfte, die zu Börsenpreisen geführt haben, sind bei der Eingabe in das Geschäftsabwicklungssystem der Börse besonders zu kennzeichnen.

Übersicht

1) Börsenpreis (I) 1
2) Arten der Börsenpreisermittlung 2–6
    A. Preisermittlung im elektronischen Handel oder durch
       Skontroführer 2

B. Wahl der Art der Preisermittlung 3
C. Fortlaufende oder variable Kurse 4
D. Einheitskurse 5
E. Auktionskurse 6
F. Market Makers 7
3) Anforderungen an Börsenpreise (II) 8–9
4) Nachhandelstransparenz (III) 10–11
5) Kennzeichnung (IV) 12

1) Börsenpreis (I): § 24 nF 2007 entspr § 24 aF außer I 2 nF und III nF. § 24 **1** definiert den Börsenpreis und bestimmt die Anforderungen an einen solchen. Die ordnungsmäßige, durch die Börsenaufsicht überwachte Bildung von Börsenpreisen ist eines der wichtigsten Qualitätsmerkmale für einen Wertpapiermarkt, gerade auch im internationalen Wettbewerb. **Börsenpreise** sind Preise für Finanzinstrumente (§ 2 II, also auch für Derivate, ausdrücklich noch § 24 I 2 aF), die während der Börsenzeit an einer Börse festgestellt werden **(I 1)**. Deshalb versteht es sich von selbst, dass auch Preise, die sich in einem geregelten elektronischen Handelssystem oder an Börsen, an denen nur elektronisch gehandelt wird, bilden, Börsenpreise sind. Börsenpreise sind **auch** Preise, die während der Börsenzeit im **Freiverkehr** (§ 48) an einer Wertpapierbörse festgestellt werden **(I 2)**. Lit: Köndgen/Theissen WM **03**, 1497.

2) Arten der Börsenpreisermittlung   A. Preisermittlung im elektronischen 2 Handel oder durch Skontroführer: § 24 nF stellt zwar gewisse Mindestanforderungen an den Börsenpreis (II, s Rn 8), überlässt aber die Wahl zwischen Präsenzbörse (Skontroführer, § 27 I) oder elektronischer Preisermittlung den Börsen selbst. Die Restriktionen für die Aufnahme des elektronischen Handels an einer Wertpapierbörse wie Zustimmung einer der anderen Börsen, an denen diese Wertpapiere zum Handel zugelassen sind, hat schon das 4. FinanzmarktfördG zu Recht beseitigt (anders zuvor § 12 I 1 aF, krit Hopt FS Drobnig **98**, 540). Lit: Beck BKR **02**, 701.

B. **Wahl der Art der Preisermittlung:** Auch die Entscheidung darüber, welche **3** Art der Preisermittlung für welches Börsensegment zweckmäßiger ist, ist allein Sache der Börse. Die frühere zwingende Verbindung eines Marktsegments mit einer bestimmten Art von Preisermittlung, etwa amtliche Börsenpreisfeststellung mit amtlicher Notierung (so noch §§ 29, 36 I aF mit der Konsequenz von Kursmaklern, §§ 30 ff aF) ist bereits durch das 4. FinanzmarktfördG 2002 beseitigt worden, dazu Hopt/Baum S 409, Hellwig ZGR **99**, 796. Die Wahl ist **nicht** Sache der **Geschäftsführung, sondern** in der **BörsO** zu treffen (§ 16 I 2 Nr 3 Handelsarten). Damit wird zugleich sichergestellt, dass die Börsenaufsichtsbehörde das genehmigt (§ 16 III 1). Die Börse ist frei zu entscheiden, wie der Preis in den verschiedenen Segmenten ermittelt wird, zB in einem Segment Auktionsverfahren mit Intermediären, im anderen elektronisch mit fortlaufendem Orderausgleich oder auch unterschiedlich im gleichen Segment, zB für besonders liquide Unterseqmente elektronisch, für die anderen herkömmlich (RegE zu § 24 idF 4. FinanzmarktfördG, s auch § 32 Rn 1 zum früheren amtlichen und geregelten Markt und der Gestaltungsfreiheit der Börsen dazu). Eine Beschreibung der verschiedenen Modelle der börslichen Preisfeststellung findet sich auch in Anhang II der EUDurchführungsVO 10. 8. 06 (Einl 19 vor § 1) ABlEU L 241/23, dort unterschieden: Orderbuch-Handelssystem basierend auf einer fortlaufenden Auktion, Market-Maker-Handelssystem, Handelssystem basierend auf periodischen Auktionen und Handelssystem, das nicht unter diese drei Rubriken fällt. Durch die Berücksichtigung der Letzten (sehr allgemein gehaltenen) Kategorie wird sichergestellt, dass die EUDurchführungsVO die Börsen in ihrer Wahl der Handelsarten und Preismechanismen nicht beschränkt. Die EUDurchführungsVO dient vielmehr der Förderung des Wettbewerbs zwischen den Handelsplätzen bei der Ausführung von Dienstleistungen, um die Auswahl für die Anleger zu erhöhen und Innovationen zu fördern (s Erwägungsgrund 5 EUDurchführungsVO). In Deutschland wird traditionell wie folgt unterschieden.

C. **Fortlaufende oder variable Kurse:** Ursprünglich nur im Terminhandel, heute **4** auch im Kassahandel gemäß BörsO. Zu Beginn des Präsenzhandels an der Börse wird der **Anfangskurs** (Eröffnungspreis, Eröffnungskurs, erster Kurs) auf der Grundlage der dem Skontroführer bis dahin vorliegenden und für den fortlaufenden Handel geeigneten Aufträge festgestellt. Bei Wertpapieren, die in die fortlaufende Notierung

(14) BörsG 24 5–9 2. Handelsrechtl. Nebengesetze

einbezogen sind, kommen dann während des fortlaufenden Handels die Preise (Kurse) durch das Zusammenführen (Matching) von Aufträgen zum jeweils besten im Auftragsbuch angezeigten Geld- oder Brief-Limit, bei gleichem Preis in der Reihenfolge der Eingabe in das System (Preis-Zeit-Priorität), zustande. Nach Ablauf etwa der Hälfte der Börsenzeit wird ein nach der Einheitskursmethode gebildeter Kassakurs (Einheitspreis) festgestellt. Bei Börsenschluss kommt es zum **Schlusskurs.** Er ist entweder der Letzte registrierte Kurs oder wird zum Börsenschluss nach der Einheitskursmethode gebildet, Schäfer/Ledermann § 11 aF Rn 13. Lit: Tilly 1975; Ledermann 1990 (Kursmakler); Bittner, Der deutsche Kassahandel, 1997.

5   D. **Einheitskurse:** Einmal pro Börsentag derart festgesetzter Kurs, dass zu ihm möglichst viele Aufträge ausgeführt werden können (ein solcher fester Kurs ist auch der Eröffnungskurs im variablen Handel, s Rn 4). Einheitskurse werden am Einheitsmarkt gebildet, an dem Werte mit geringem Kapital und Umsatz gehandelt werden. Dazu besondere Regeln der einzelnen Börsen für die Preisfeststellung im Präsenzhandel. **Kassakurs** ist missverständlich, an sich gleichbedeutend mit Einheitskurs, aber im Kassahandel heute auch fortlaufende Kurse (s Rn 4).

6   E. **Auktionskurse:** Kursbildung nach Zuruf im Auktionsverfahren; nicht an deutschen WPBörsen, aber zT an Warenbörsen. Veröffentlicht werden die höchsten und niedrigsten Kurse (Spannungsnotizen).

7   F. **Market Makers:** In elektronischen Handelssystemen, aber an bestimmten ausländischen Börsen auch generell herrscht das Market-Maker-System. Dabei stellen die Market-Maker kontinuierlich verbindliche Kursofferten (Quotes) für Angebot und/oder Nachfrage, zu denen sie zu Geschäften bereit sind. Diese Quotes können dann von den Marktteilnehmern angenommen werden, Schäfer/Ledermann § 11 aF Rn 17. Zur Preisermittlung im elektronischen Handelssystem Xetra der Frankfurter Wertpapierbörse Beck WM **98,** 426.

8   3) **Anforderungen an Börsenpreis (II):** Die Anforderungen an das ordnungsmäßige Zustandekommen des Börsenpreises regelt im einzelnen II. Die besonderen Anforderungen an die Preisermittlung an Wertpapierbörsen nach § 25 aF sind weggefallen mit der Folge, dass auch hybride Börsenhandelssysteme zulässig sind (reine „Präsenzbörsen" gibt es heute in Deutschland nicht mehr, so RegE). Der allgemeine Grundsatz ist in **II 1** formuliert: Börsenpreise müssen ordnungsmäßig zustande kommen und **der wirklichen Marktlage** des Börsenhandels **entsprechen.** Das bedeutet, dass grundsätzlich alle an der Börse getätigten Geschäfte zu berücksichtigen sind (Ausnahme zB Scheingeschäfte im Gegensatz zu echten Geschäften, mit denen eine Partei den Kurs zu beeinflussen sucht); reine Geld-, Brief- oder Taxkurse ohne Börsenumsatz sind keine Börsenkurse, BGH WM **90,** 1408. Wirklich repräsentative Kurse wären allerdings nur bei Umsatzkonzentration an der Börse erreichbar. Entscheidend ist nach II 1, dass der Börsenpreis manipulationsfrei gebildet wird und dass Chancengleichheit der Handelsteilnehmer und Transparenz herrschen. Darauf zu achten, ist ein Eckpunkt der Börsenaufsicht. Soweit § 30 nichts anderes bestimmt, müssen den Handelsteilnehmern insbesondere Angebote zugänglich und die Annahme der Angebote möglich sein **(II 2).**

9   Die Marktlage beim elektronischen Handel ergibt sich auf Grund der Orderlage systembedingt, allerdings grundsätzlich ohne dass Preise, die sich außerhalb des Systems an anderen Börsen oder organisierten Märkten ergeben, berücksichtigt werden. Bei der Preisfeststellung durch den Skontroführer kennt nur dieser, nicht auch die Handelsteilnehmer die Orderlage (geschlossenes Orderbuch), sie können also auf diese auch nicht reagieren, was eine engere Informationsbasis des Skontroführers über die wirkliche Marktlage impliziert. Bei der Ermittlung des Börsenpreises gibt es keine Beschränkung mehr auf den Börsenhandel nur an der Wertpapierbörse selbst. Vielmehr können **auch Preise anderer** inländischen Börsen, eines organisierten Marktes mit Sitz im Ausland oder eines multilateralen Handelssystem iSv **(16)** WpHG § 2 III 1 Nr 8 **berücksichtigt** werden **(II 3).** In besonderen Fällen kann die Berücksichtigung sogar geboten sein, so, wenn die wesentliche Liquidität in einem Wertpapier anderswo (zB an der Hauptbörse) vorhanden ist, was insbesondere bei Auslandswerten häufig der Fall sein wird; insoweit dann ausnahmsweise Pflicht des Skontroführers bzw bei

elektronischem Handel in engen Grenzen entsprechende Pflicht zur Ermöglichung durch das System, str. Lit: Beck BKR **02, 703**.

4) Nachhandelstransparenz (III): III neu 2007 nach Vorgabe von Art 40 III der FinanzmarktRi. Soweit in § 31 nichts anderes bestimmt ist (dieser und erst recht die dort erwähnte EGDurchführungsVO gehen vor), müssen Börsenpreise und die ihnen zugrunde liegenden Umsätze den Handelsteilnehmern unverzüglich und zu angemessenen kaufmännischen Bedingungen in leicht zugänglicher Weise bekannt gemacht werden **(III 1 Halbsatz 1)**. Da das im Einzelfall, zB beim Blockhandel, zu Problemen führen kann, gilt davon eine Ausnahme, wenn eine verzögerte Veröffentlichung im Interesse der Vermeidung einer unangemessenen Benachteiligung der am Geschäft Beteiligten notwendig ist **(III 1 Halbsatz 2)**. Den Börsen ist es infolge von III 1 möglich, die festgestellten Preise separat von den Gebührentatbeständen des § 17 zu angemessenen kaufmännischen Bedingungen zu vermarkten (RegE). 10

Alles Weitere, insbesondere Einzelheiten zu den Qualitätsstandards für den Börsenpreis, ergibt sich aus der jeweiligen **BörsO (III 2** iVm § 16 II 2 Nr 3, 4). Die BörsO kann auch festlegen, dass vor Feststellung eines Börsenpreises den Handelsteilnehmern zusätzlich der Preis des am höchsten limitierten Kaufauftrags und des am niedrigsten limitierten Verkaufsauftrags zur Kenntnis gegeben werden muss **(III 3)**. Eine solche Bekanntgabe der Preisspanne (Geld- und Briefkurs, zu dem der Skontroführer verbindlich einen Abschluss herbeiführen würde) muss nicht gleichbedeutend mit einem „gläsernen Skontro" sein. Über die nach § 16 II Nr 1 in der BörsO zwingend zu regelnden, je nach Geschäftslage gebotenen **Kurszusätze** und -hinweise bei der Preis- bzw Kursfeststellungs zB § 33 BörsO für die Frankfurter WPBörse, Text bei § 16 Rn 3. 11

5) Kennzeichnung (IV): IV nF wie § 24 III aF. Preise, die im Direkthandel vor der Maklerschranke oder im außerbörslichen Handel zustandekommen, bilden sich frei am Markt, entbehren der Transparenz und Überwachung und sind keine Börsenpreise. Geschäfte, die zu Börsenpreisen geführt haben, sind demgegenüber bei der Eingabe in das Geschäftsabwicklungssystem der Börse besonders zu kennzeichnen. (so IV). 12

Aussetzung und Einstellung des Handels

BörsG 25 (1) ¹Die Geschäftsführung kann den Handel von Wirtschaftsgütern oder Rechten
1. aussetzen, wenn ein ordnungsgemäßer Börsenhandel zeitweilig gefährdet oder wenn dies zum Schutz des Publikums geboten erscheint; und
2. einstellen, wenn ein ordnungsgemäßer Börsenhandel nicht mehr gewährleistet erscheint.

²Die Geschäftsführung unterrichtet die Börsenaufsichtsbehörde und die Bundesanstalt unverzüglich über Maßnahmen nach Satz 1. ³Sie ist verpflichtet, diese Maßnahmen zu veröffentlichen. ⁴Nähere Bestimmungen über die Veröffentlichung sind in der Börsenordnung zu treffen.

(2) **Widerspruch und Anfechtungsklage gegen die Aussetzung des Handels haben keine aufschiebende Wirkung.**

Übersicht
1) Aussetzung, Einstellung (I) 1
2) Keine aufschiebende Wirkung von Rechtsmitteln (II) 2

1) Aussetzung, Einstellung (I): § 25 nF 2007 entspr § 38 I, II aF; § 38 III, IV aF (Widerruf) finden sich jetzt in § 39 I, II nF. § 25 aF ist weggefallen (§ 24 Rn 8). § 25 setzt Art 41 I der FinanzmarktRi, wo die Rede ist von Finanzmarktinstrumenten, die den Regeln nicht mehr entsprechen, unter Berufung auf den Verhältnismäßigkeitsgrundsatz nur entsprechend sinngemäß um (so RegE). § 25 regelt die in der Praxis nicht sehr häufige Aussetzung (nur für einige Tage) und die Einstellung (auf Dauer) des Handels von Wirtschaftsgütern und Rechten. Die frühere, nicht erwähnte Streichung (Nichtfestsetzung für ein oder zwei Tage, Schwark § 29 aF Rn 12) ist in der Aussetzung, die nicht länger als unbedingt notwendig dauern darf, aufgegangen. **Aussetzung** ist möglich (Kann-Vorschrift), wenn ein ordnungsgemäßer Börsenhandel zeitweilig 1 gefährdet oder wenn dies zum Schutz des Publikums geboten erscheint **(I 1 Nr 1)**, etwa bei starken Kursschwankungen ohne sachliche Veranlassung oder auf Grund von Kurs- oder Preismanipulation (s **(16)** WpHG § 20 a iVm RVO), etwa kursverfälschenden Gerüchten, Insidergeschäften (s **(16)** WpHG § 14) oder Verstößen gegen die Ad-hoc-Publizität nach **(16)** WpHG § 15. Die Aussetzung liegt im Ermessen der Geschäftsführung, keine Haftung, Ffm ZIP **01**, 730 (§ 1 Rn 7), zu ermessenslenkenden Vorgaben VG Ffm ZIP **02**, 1450. **Einstellung** nur, wenn ein ordnungsgemäßer Börsenhandel nicht mehr gewährleistet erscheint **(I 1 Nr 2)**. **Widerruf der Zulassung** wegen Nichterfüllung der Emittentenpflichten nur nach §§ 39 I, 42 II, Widerruf auf Antrag des Emittenten nach § 39 I. Unverzügliche Mitteilung an die Börsenaufsichtsbehörde und die BaFin ist wegen Insiderhandelsverbot und Ad-hoc-Publizität nach **(16)** WpHG §§ 12 ff, 15 wichtig **(I 2)**. Die Geschäftsführung muss die Maßnahme veröffentlichen **(I 3)**. Näheres über die Veröffentlichung bestimmt die BörsO **(I 4)**. Lit: Jaskulla WM **02**, 1093.

2 **2) Keine aufschiebende Wirkung von Rechtsmitteln (II):** Widerspruch und Anfechtungsklage gegen die Aussetzung des Handels nach I 1 Nr 1 haben keine aufschiebende Wirkung (II, wie § 3 IX für die Börsenaufsichtsbehörde, dort Rn 9). Das gilt im Gegenschluss aber nicht bei Einstellung der Notierung nach I 1 Nr 2.

Verleitung zu Börsenspekulationsgeschäften

BörsG 26 (1) **Es ist verboten, gewerbsmäßig andere unter Ausnutzung ihrer Unerfahrenheit in Börsenspekulationsgeschäften zu solchen Geschäften oder zur unmittelbaren oder mittelbaren Beteiligung an solchen Geschäften zu verleiten.**

(2) **Börsenspekulationsgeschäfte im Sinne des Absatzes 1 sind insbesondere**
1. **An- oder Verkaufsgeschäfte mit aufgeschobener Lieferzeit, auch wenn sie außerhalb einer inländischen oder ausländischen Börse abgeschlossen werden, und**
2. **Optionen auf solche Geschäfte, die darauf gerichtet sind, aus dem Unterschied zwischen dem für die Lieferzeit festgelegten Preis und dem zur Lieferzeit vorhandenen Börsen- oder Marktpreis einen Gewinn zu erzielen.**

Übersicht

1) Verbot der Verleitung zu Börsenspekulationsgeschäften (I) 1
2) Börsenspekulationsgeschäfte (II) 2
3) Schutzgesetz 3

1 **1) Verbot der Verleitung zu Börsenspekulationsgeschäften (I):** § 26 nF 2007 wie § 23 aF wie zT früher § 89 aF. Getrennt ist zwischen Verbotstatbestand in § 26 I und Strafvorschrift in § 49. Gewerbsmäßiges Handeln kann auch schon beim ersten Mal vorliegen. Unerfahrenheit ist nur solche in Börsengeschäften. Auch Kfm kann unerfahren iSv I sein (vgl § 347 HGB Rn 23). Neben einem objektiven Element ist ein subjektives nötig (vgl § 138 I BGB, s **(7)** Bankgeschäfte Rn G/10). Verleiten setzt nicht unlautere Mittel voraus, kausale Einwirkung auf den Unerfahrenen genügt. Nicht jede Verletzung der Aufklärungspflicht (§ 347 Rn 8–40 und **(7)** Bankgeschäfte Rn A/16–29) fällt schon unter § 23, dieser ist vielmehr deutlich enger. Lit: Knauth NJW **87**, 33.

2 **2) Börsenspekulationsgeschäfte (II):** II definiert, was Börsenspekulationsgeschäfte iSv I sind. Börsenspekulationsgeschäfte können Börsentermingeschäfte ebenso wie Kassageschäfte sein (Überbl 2 ff vor § 30). Erfasst werden auch Spekulationsgeschäfte außerhalb einer amtlichen, inländischen Börse, auch bei Beteiligung an einem treuhänderischen Sammelkonto, auch bei rein schuldrechtlichen Ansprüchen. § 26 reicht also weit über den Geltungsbereich des BörsG im Übrigen hinaus (Kapitalmarktrecht, s Anh § 177 a HGB Rn 54).

3 **3) Schutzgesetz:** § 26 ist Schutzgesetz iSv § 823 II BGB, Düss WM **89**, 175, Schwark/Schwark § 23 BörsG Rn 8. Die Ablehnung des Schutzgesetzcharakters der früheren Parallelnorm des § 88 aF/§ 15 VI WpHG durch das BVerfG und die hL (s zu **(16)** WpHG Einl 10 vor § 1) bezieht sich nur auf diesen.

Abschnitt 3. Skontroführung und Transparenzanforderungen an Wertpapierbörsen

Zulassung zum Skontroführer

BörsG 27 (1) ¹Die Geschäftsführung einer Wertpapierbörse kann unter Berücksichtigung des von der Börse genutzten Handelssystems zur Teilnahme am Börsenhandel zugelassene Unternehmen auf deren Antrag mit der Feststellung von Börsenpreisen an dieser Wertpapierbörse betrauen (Zulassung als Skontroführer). ²Der Antragsteller und seine Geschäftsleiter müssen die für die Skontroführung erforderliche Zuverlässigkeit haben und auf Grund ihrer fachlichen und wirtschaftlichen Leistungsfähigkeit zur Skontroführung geeignet sein. ³Die Geschäftsführung hat Personen, die berechtigt sein sollen, für einen Skontroführer bei der Skontroführung zu handeln (skontroführende Personen), zuzulassen, wenn diese Personen Börsenhändler sind und die für die Skontroführung erforderliche berufliche Eignung haben. ⁴Das Nähere regelt die Börsenordnung.

(2) ¹Die Geschäftsführung hat die Zulassung als Skontroführer nach Anhörung der Börsenaufsichtsbehörde außer nach den Vorschriften des Verwaltungsverfahrensgesetzes zu widerrufen, wenn der Skontroführer sich einer groben Verletzung seiner Pflichten schuldig gemacht hat. ²Die Geschäftsführung kann die Zulassung widerrufen, wenn die Bundesanstalt Maßnahmen zur Sicherung der Erfüllung der Verbindlichkeiten des Skontroführers gegenüber dessen Gläubigern ergriffen hat. ³In dringenden Fällen kann die Geschäftsführung einem Skontroführer auch ohne dessen Anhörung die Teilnahme am Börsenhandel mit sofortiger Wirkung vorläufig untersagen; Widerspruch und Anfechtungsklage haben keine aufschiebende Wirkung.

(3) Besteht der begründete Verdacht, dass eine der in Absatz 1 bezeichneten Voraussetzungen nicht vorgelegen hat oder nachträglich weggefallen ist, so kann die Geschäftsführung das Ruhen der Zulassung eines Skontroführers längstens für die Dauer von sechs Monaten anordnen.

(4) Die Bundesanstalt hat die Geschäftsführung unverzüglich zu unterrichten, wenn sie Maßnahmen zur Sicherung der Erfüllung der Verbindlichkeiten des Skontroführers gegenüber dessen Gläubigern ergriffen hat.

1) Abschn III enthält in §§ 27–29 die Vorschriften über die Skontroführung und in §§ 30–31 die durch die FinanzmarktRi vorgegebene, neue Regelung über die Vorhandels- und die Nachhandelstransparenz an Wertpapierbörsen. §§ 27–29 nF 2007 entsprechen §§ 26–29 aF. Sie sind diesen gegenüber zurückgenommen und flexibilisiert, was den neuen Entwicklungen in Technik und Markt zutreffend Rechnung trägt. Das BörsG regelt nur noch die Zulassung und Pflichten der mit der Feststellung von Börsenpreisen betrauten Unternehmen (Skontroführer, Legaldefinition in § 27 I 1). Die Unterscheidung zwischen Börsenmaklern, die Preise feststellen oder ermitteln (Kursmakler, §§ 29 ff aF, und **Skontroführer**, § 8 b aF), und anderen Börsenmaklern (Freimaklern) ist schon seit dem 4. FinanzmarktfördG für das BörsG hinfällig geworden. Ob die Börse als Präsenzbörse mit Skontroführern oder als elektronisches Handelssystem oder als Mischform betrieben werden soll, ist Sache der Börse selbst (§ 24 Rn 2, 8). 1

Wegen ihrer Funktion der Feststellung von Börsenpreisen und den damit verbundenen Pflichten (§ 28) bedürfen die Skontroführer einer besonderen **Zulassung durch die Geschäftsführung** nach § 27 (anfechtbarer Verwaltungsakt), und zwar unter Berücksichtigung des von der Börse genutzten Handelssystems (**I 1**, s Rn 1). I 1 regelt die Zulassung als Skontroführer als Sondervorschrift zu § 19. Als Skontroführer zugelassen werden können nur zur Teilnahme am Börsenhandel zugelassene Unternehmen (§ 19; enger aF: nur zugelassene Kreditinstitute und Finanzdienstleistungsinstitute). Die Zulassung zur Teilnahme am Börsenhandel und als Skontroführer kann auch uno acto geschehen (RegE). Die Zulassung erfolgt nur auf Antrag. Die Zulassungsvoraussetzungen (persönliche Zuverlässigkeit und Eignung zur Skontroführung auf Grund fachlicher und wirtschaftlicher Leistungsfähigkeit, auch der Geschäftsleiter des skon- 2

(14) BörsG 28, 29

troführenden Instituts) ergeben sich aus **I 2.** Zulassung als **skontroführende Personen** (Legaldefinition) nach **I 3.** Näheres regelt die BörsO (**I 4**, nicht mehr RVO wie nach § 28 aF). Widerruf der Zulassung (**II**), Ruhen der Zulassung (**III**). Mitteilung durch die Geschäftsführung an die BaFin (**IV**). Lit: Beck BKR 02, 704.

Pflichten des Skontroführers

BörsG 28 (1) ¹Der Skontroführer und die skontroführenden Personen haben im Rahmen der Aufgaben des Skontroführers auf einen geordneten Marktverlauf hinzuwirken und die Skontroführung neutral auszuüben. ²Der Skontroführer hat durch geeignete organisatorische Maßnahmen die Einhaltung der ihm obliegenden Pflichten sicherzustellen. ³Bei der Preisfeststellung hat er weisungsfrei zu handeln. ⁴Die Wahrnehmung der Pflichten hat so zu erfolgen, dass eine wirksame Überwachung der Einhaltung der Pflichten gewährleistet ist. ⁵Das Nähere regelt die Börsenordnung.

(2) ¹Der Skontroführer und die skontroführenden Personen haben alle zum Zeitpunkt der Preisfeststellung vorliegenden Aufträge bei ihrer Ausführung unter Beachtung der an der Börse bestehenden besonderen Regelungen gleich zu behandeln. ²Das Nähere regelt die Börsenordnung.

1   1) § 28 nF 2007 (wie 27 aF) regelt die **Pflichten** des Skontroführers und der skontroführenden Personen. Seine Aufgabe ist es, die Vermittlung und den Abschluss von Börsengeschäften in den zur Skontroführung zugewiesenen Wertpapieren zu betreiben. In diesem Rahmen hat er **auf einen geordneten Marktverlauf hinzuwirken** und die Skontroführung **neutral** auszuüben (**I 1**). Mit der bloßen Zusammenführung von Aufträgen ist es also für den Skontroführer nicht getan, er muss vielmehr auf die Aufrechterhaltung des Handels und die Sicherstellung der Preiskontinuität in den ihm zugewiesenen Wertpapieren hinwirken (RegE). Das kann auch durch Eigen- und Aufgabegeschäfte geschehen, soweit sie dem Skontroführer erlaubt sind, was näher zu regeln Sache der BörsO ist (anders I 2 aF). Ein Recht dazu (ausnahmsweise sogar eine Pflicht) kann je nach Marktlage zB bei unausgeglichener Marktlage oder bei Vorliegen unlimitierter Aufträge bestehen, deren Vermittlung nur zu nicht marktgerechten Preisen möglich wäre (vgl RegE 4. FinanzmarktfördG). Der Skontroführer muss seine Tätigkeit so organisieren, dass die Einhaltung seiner Pflichten sichergestellt ist (**I 2**). Die Neutralitätspflicht des Skontroführers nach I 1 erfordert ihrerseits **Weisungsfreiheit** bei der Preisfeststellung (**I 3**). Es liegt auf der Hand, dass der Skontroführer seine besonderen Informationen nicht zu seinem eigenen Vorteil oder zu dem Dritter benutzen darf. Die besondere Vertrauensstellung des Skontroführers und die (zulässigen) Interessenkonflikte aus der Kombination von Skontroführung und Eigen- und Aufgabegeschäften bedingen, dass der Skontroführer seine Pflichten so wahrnehmen und seine Tätigkeit so organisieren muss, dass eine **wirksame Überwachung** der Einhaltung der Pflichten gewährleistet ist (**I 4**). Näher die BörsO (**I 5**).

2   2) Der Skontroführer ist zur **Gleichbehandlung** der zum Zeitpunkt der Feststellung des Börsenpreises vorliegenden Aufträge verpflichtet (**II 1**), was aber unter Beachtung der an der Börse bestehenden besonderen Regelungen zu erfolgen hat. Aus II resultiert ein **Ausführungsanspruch** der Handelsteilnehmer, soweit möglich (Grenze zB Maßnahmen nach § 38). II 2 aF, wonach dem Skontroführer der Handel in anderen als ihm zur Skontroführung übertragenen Wertpapieren nur, soweit seine Aufgabe der Skontroführung nicht beeinträchtigt wird, gestattet wurde, ist weggefallen und wie alles sonstige Nähere Sache der BörsO (**II 2**), die dies aber sinnvollerweise ähnlich regeln wird. Die BörsO muss eine Entgeltordnung für die Tätigkeit der Skontroführer enthalten (§ 16 I 2 Nr 5).

Verteilung der Skontren

BörsG 29 ¹Über die Verteilung der Skontren unter den für die Skontroführung geeigneten Antragstellern nach § 27 Abs. 1 Satz 2 und die Anzahl der Skontroführer entscheidet die Geschäftsführung. ²Die Zuteilung von Skontren kann befristet erfolgen. ³Das Nähere regelt die

V. Bankgeschäfte (m. Börsen- u. KapMR) 1 **BörsG 30 (14)**

Börsenordnung. ⁴Die Börsenordnung kann als Kriterien für die Zuteilung der Skontren insbesondere die fachliche und wirtschaftliche Leistungsfähigkeit des Antragstellers vorsehen.

1) § 29 nF 2007 (entspr § 29 aF) behandelt die im Wettbewerb der Skontroführer 1 hoch relevante Verteilung der Skontren, regelt dies aber sehr flexibel ohne weitere Vorgaben wie nach aF. Die Verteilung der Skontren unter den geeigneten Antragstellern nach § 27 I 2 und die Entscheidung über die Anzahl der Skontroführer ist allein Sache der Geschäftsführung **(Satz 1).** Die Beteiligung eines Ausschusses mit Sitz und Stimm der Skontroführer ist nicht mehr vorgeschrieben, kann aber in der BörsO vorgesehen werden. Die Entscheidung ist ein Verwaltungsakt. Die Betroffenen haben einen Anspruch auf ermessensfehlerfreie Entscheidung. Die Zuteilung kann befristet erfolgen **(Satz 2).** Näheres ist zu Recht der BörsO vorbehalten **(Satz 3),** was zugleich die Geschäftsführung entlastet und die Genehmigung der Börsenaufsichtsbehörde impliziert (§ 16 III). Unwirksamkeit der Verteilung von Skontren in der BörsO FWB, VGH Kassel ZIP **07,** 215, rechtswidrige Zuteilung, VGH Kassel ZIP **08,** 1520.

Vorhandelstransparenz bei Aktien und Aktien vertretenden Zertifikaten

BörsG 30 (1) ¹Für Aktien und Aktien vertretende Zertifikate, die zum Handel im regulierten Markt zugelassen oder in den regulierten Markt einbezogen sind, sind der Preis des am höchsten limitierten Kaufauftrags und des am niedrigsten limitierten Verkaufauftrags und das zu diesen Preisen handelbare Volumen während der üblichen Geschäftszeiten der Börse kontinuierlich und zu angemessenen kaufmännischen Bedingungen zu veröffentlichen. ²Die Börsenaufsichtsbehörde kann nach Maßgabe von Kapitel IV Abschnitt 1 und 4 der Verordnung (EG) Nr. 1287/2006 für Börsen Ausnahmen von der Verpflichtung nach Satz 1 vorsehen.

(2) Börsen dürfen Systematischen Internalisierern im Sinne des § 2 Abs. 10 des Wertpapierhandelsgesetzes unbeschadet des § 19 Zugang zu den Systemen geben, die sie für die Veröffentlichung der Informationen nach Absatz 1 verwenden.

(3) Die Einzelheiten der Veröffentlichungspflichten nach Absatz 1 regelt die Verordnung (EG) Nr. 1287/2006 und die Börsenordnung.

Übersicht

1) Vorhandelstransparenz (I) 1
2) Systemzugang von systematischen Internalisierern (II) 2
3) Verweisung (III) 3

1) Vorhandelstransparenz (I): § 30 nF 2007 auf Grund Art 44 I–III, 64 II der 1 FinanzmarktRi. § 30 regelt die Vorhandeltransparenz bei Aktien und Aktien vertretenden Zertifikaten (Nachhandelstransparenz s § 31; vgl auch **(16)** WpHG § 31 g: Vor- und Nachhandelstransparenz für multilaterale Handelssysteme). Erfasst sind Aktien und Aktien vertretende Zertifikate, die zum Handel im regulierten Markt zugelassen oder in den regulierten Markt einbezogen sind. Für diese Papiere sind der Preis des am höchsten limitierten Kaufauftrags und des am niedrigsten limitierten Verkaufauftrags und das zu diesen Preisen handelbare Volumen während der üblichen Geschäftszeiten der Börse kontinuierlich und zu angemessenen kaufmännischen Bedingungen zu veröffentlichen **(I 1).** Adressaten der Verpflichtung sind die Wertpapierbörse bezüglich der Veranlassung der Veröffentlichung als solcher und der Börsenträger im Hinblick auf das Gebot, die Veröffentlichungen nur zu angemessenen kaufmännischen Bedingungen zu vermarkten (Finanzausschuss BTDrucks 16/4899). Die Börsenaufsichtsbehörde kann Ausnahmen vorsehen, aber nur soweit die EGDurchführungsVO (s Rn 3) Kap IV Abschn 1 und 4 das zulässt **(I 2).** Das betrifft ua Ausnahmen auf der Grundlage des Marktmodells und des Auftrags- bzw Geschäftstyps (ausführlich Art 18 der EGDurchführungsVO) und Ausnahmen für Aufträge mit großem Volumen, also Blockhandel (näher Art 20 der EGDurchführungsVO) mit zahlenmäßigen Voluminaangaben gemäß Anh II Tabelle 2 und weiteren Anforderungen an die Bestimmung der relevanten Mindestgröße).

Hopt 2101

2 2) Systemzugang von systematischen Internalisierern (II): II nach Vorgabe von Art 44 I Unterabs 1 der FinanzmarktRi. Börsen dürfen systematischen Internalisierern iSv **(16)** WpHG § 2 X Zugang zu den Systemen geben, die sie für die Veröffentlichung der Informationen nach I verwenden. § 19 bleibt unberührt, was bedeutet, dass systematische Internalisierer entweder als Handelsteilnehmer (§ 19) zugelassen werden oder auch nur Zugang zu den Informationen im Orderbuch erhalten können.

3 3) Verweisung (III): III verweist wegen Einzelheiten der Veröffentlichungspflichten nach I auf die EGDurchführungsVO Nr 1287/2006 10. 8. 2006 über die Aufzeichnungspflichten von Wertpapierfirmen etc ABlEU L 241/1 (Einl 19 vor § 1), dort Kap IV Abschn 1, 3 und 4, sowie auf die BörsO.

Nachhandelstransparenz bei Aktien und Aktien vertretenden Zertifikaten

BörsG 31 (1) [1] **Für Aktien und Aktien vertretende Zertifikate, die zum Handel im regulierten Markt zugelassen oder in den regulierten Markt einbezogen sind, sind Börsenpreise sowie das Volumen und der Zeitpunkt der Börsengeschäfte unverzüglich und zu angemessenen kaufmännischen Bedingungen zu veröffentlichen.** [2] **Die Börsenaufsichtsbehörde kann nach Maßgabe von Kapitel IV Abschnitt 3 und 4 der Verordnung (EG) Nr. 1287/2006 je nach Art und Umfang der Aufträge eine verzögerte Veröffentlichung der Informationen nach Satz 1 gestatten.** [3] **Die Verzögerung ist nach Maßgabe von Kapitel IV Abschnitt 4 der Verordnung (EG) Nr. 1287/2006 zu veröffentlichen.**

(2) **Die Einzelheiten der Veröffentlichungspflichten nach Absatz 1 regelt Kapitel IV Abschnitt 1, 3 und 4 der Verordnung (EG) Nr. 1287/2006 und die Börsenordnung.**

Übersicht

1) Nachhandelstransparenz (I) 1
2) Verweisung (II) 2

1 1) Nachhandelstransparenz: § 31 nF 2007 auf Grund Art 45 I–III, 64 II der FinanzmarktRi. § 31 aF infolge Abschaffung der Zulassungsstelle aufgehoben. § 31 regelt die Nachhandelstransparenz bei Aktien und Aktien vertretenden Zertifikaten, (Vorhandelstransparenz s § 30; vgl auch **(16)** WpHG § 31 g: Vor- und Nachhandelstransparenz für multilaterale Handelssysteme). Erfasst sind Aktien und Aktien vertretende Zertifikate, die zum Handel im regulierten Markt zugelassen oder in den regulierten Markt einbezogen sind. Für diese Papiere sind Börsenpreise sowie das Volumen und der Zeitpunkt der Börsengeschäfte unverzüglich und zu angemessenen kaufmännischen Bedingungen zu veröffentlichen **(I 1)**. Die Pflicht zur Veröffentlichung trifft den Börsenträger, der anders als die Börse als bloß teilrechtsfähige Anstalt (§ 2 I) entsprechende Verträge mit Medienanbietern abschließen kann (RegE). Die Börsenaufsichtsbehörde kann je nach Art und Umfang der Aufträge eine verzögerte Veröffentlichung der Informationen nach I 1 gestatten, aber nur soweit die EGDurchführungsVO (s Rn 3) Kap IV Abschn 3 und 4 das zulässt **(I 2)**. Das betrifft die verzögerte Veröffentlichung von Großgeschäften, also Blockhandel (näher Art 28 der EGDurchführungsVO mit hoch detaillierten zahlenmäßigen Voluminaangaben gemäß Anh II Tabelle 4 und weiteren Anforderungen an die Bestimmung der relevanten Mindestgröße). Wird eine solche Verzögerung zugelassen, muss dies nach Maßgabe der EGDurchführungsVO Kap IV Abschn 4 veröffentlicht werden **(I 3)**.

2 2) Verweisung: III verweist wegen Einzelheiten der Veröffentlichungspflichten nach I auf die EGDurchführungsVO (§ 30 Rn 3) Kap IV Abschn 1, 3 und 4 sowie auf die BörsO.

Überblick vor § 32

Schrifttum

Assmann/Schütze HdbKapitalanlagerecht 2. Aufl 1997. –*Bork/Stöve,* Schiedsgerichtsbarkeit bei Börsentermingeschäften, 1992. – BuB/*Polt.* – *Canaris* 2. Aufl 1981,

V. Bankgeschäfte (m. Börsen- u. KapMR) **1–3 BörsG v 32 (14)**

Rn 1868. – Ebenroth/*König* BankR VIII 2001. – *Henssler,* Risiko als Vertragsgegenstand, 1994. – *Schäfer/Müller* 1999 (Haftung). – *Wach,* Der Terminhandel in Recht und Praxis, 2. Aufl 1993. – *Casper* WM **03,** 161. – *Fleckner* ZBB **05,** 96. – *Hellwig/de Lousanoff* FS Stiefel **87,** 309 (Hedgegeschäfte). – *Horn* ZIP **90,** 2, **97,** 1361. – *Horn/Balzer* FS Kümpel, **03,** 275 (Anlegerschutz). – *Jaskulla* ZBB **97,** 171 (Rechtsnatur). *Kälberer* ZIP **97,** 1055 (Tückabwicklung). – *Kümpel* WM **90,** 909 (Wertpapieranleihe). – *Lang* ZBB **99,** 218 (Information). – *de Lousanoff* ZHR **159,** 229 (Börsentermingeschäftsfähigkeit). – *Mankowski* RIW **96,** 1001 (IPR, IZPR). – *Melzer* BKR **03,**69 (Begriff). – *Müller* ZBB **01,** 363 (Aktienanleihen). – *Samtleben* ZBB **03,** 69. – *Schäfer/Lang* BKR **02,** 197. – *Westermann* FS Medicus **99,** 675 (Rückabwicklung). – *Zimmer* JZ **03,** 22 (Schadensersatz). – *Zimmer/Unland* BB **03,** 1445 (Vertretung). **Muster:** Hopt/Clouth/Seyfried 3. Aufl 2007 Form IV.R.1–5 (Derivatgeschäfte an der Eurex Deutschland und ausländischen Terminbörsen, Devisen- und Edelmetalltermingeschäfte), Hopt/Clouth/Vollmuth 3. Aufl 2007 Form IV.S.1–13 (OTC-Derivatgeschäfte: Rahmenvertrag für Finanztermingeschäfte nebst Anhängen und Einzelabschlüssen; Rahmenvertrag für Finanzgeschäfte EMA nebst Anhängen, ISDA Master Agreement). **RsprÜbersichten:** *Allmendinger/Tilp* 2. Aufl 2000; *Häuser* ZIP **81,** 933, *Bundschuh* WM **86,** 725, *Schwennicke* WM **97,** 1265, *Ellenberger* WM Sonderbeil 2/**99.**

Übersicht

1) Geschäftsarten 1–5
   A. Geschäftsarten 1
   B. Kassageschäfte 2
   C. Diffferenzgeschäfte 3
   D. Terminhandel 4
2) Formen von Termingeschäften 6–11
   A. Allgemeines 6
   B. Optionsgeschäfte 7
   C. Prämiengeschäfte 10
   D. Wertpapier-, Devisen-, Warentermingeschäfte 11

1) Geschäftsarten

A. **Geschäftsarten:** Die Abgrenzung verschiedener Geschäftsarten war bis zum 4. FinanzmarktfördG 2002 essentiell, weil die §§ 50 ff aF Termingeschäfte mit einschneidenden Rechtsfolgen, insbesondere mangelnde Verbindlichkeit der Geschäfte, regelten (ausführlich 30. Aufl). Hinzu kam der in § 764 aF BGB geregelte Differenzeinwand, der von Amts wegen zu beachten war und zur Unverbindlichkeit des Geschäfts führte. Diese zu Rechtsunsicherheit und vielen Prozessen führenden Vorschriften sind zu Recht aufgehoben worden. Die Geschäftsarten bleiben auch nach der Börsenreform 2007 durch das FinanzmarktRiUmsetzG, sodass eine kurze Einführung dazu sinnvoll ist. Die angegebene Rspr und Lit ist aber auf dem Hintergrund der früheren Regelung zu lesen.

B. **Kassageschäfte** sind im Gegensatz zu Börsentermin- bzw einfachen Termin- oder Zeitgeschäften Geschäfte, die sofort oder innerhalb ganz kurzer, durch die Börsenusancen bestimmter Fristen zu erfüllen sind, BGH **103,** 84. Sie beziehen sich auf den Kassamarkt und werden idR zu dem jeweiligen Kassakurs abgeschlossen. Ein ernst gemeintes Kassageschäft wird durch spekulative Absicht weder zum Termingeschäft, BGH NJW **88,** 1087, noch zum Differenzgeschäft, BGH **103,** 84. Auch dann nicht, wenn der Verkäufer Wertpapiere leer verkauft, die sich die verkauften Wertpapiere selbst erst noch besorgen muss. Die Form eines Kassageschäfts kann ausnahmsweise ein Termingeschäft verdecken, RG **91,** 45; **142,** 115.

C. **Differenzgeschäfte** sind Geschäfte iSv § 764 aF BGB; sie galten als „Spiel" ohne klagbare Verbindlichkeit (§ 762 BGB). Dieser sog **Differenzeinwand** (s näher 30. Aufl Überbl 3 vor §§ 50, 58, 61 aF) war von Amts wegen zu beachten, BGH **86,** 117, NJW **81,** 1897. § 764 war ursprünglich nur als vorläufige Regelung vorgesehen und führte seit 1896 zu vielen Streitfragen, auch nachdem die Novelle 1989 die Börsenrechtssphäre von diesem Einwand freigestellt hatte. § 764 aF BGB ist deshalb zu Recht aufgehoben worden. Den wesentlichen Anlegerschutz übernehmen die auf Grund der FinanzmarktRi und des FinanzmarktRiUmsetzG erheblich verschärften Verhaltenspflichten von Wertpapierdienstleistungsunternehmen nach **(16)** WpHG

§§ 31 ff nF 2007 und die allgemeinen Aufklärungspflichten der Banken (s **(7)** Bankgeschäfte Rn A/16, A/29). Auch nach Aufhebung von § 764 aF BGB ist aber zu berücksichtigen, dass unter Privaten und für solche Geschäfte, die keine Finanztermingeschäfte sind (s **(16)** WpHG § 37 e), der **Spieleinwand** des § 762 BGB gegeben sein kann.

4   D. **Terminhandel:** Termingeschäfte dienen der Absicherung gegen Kursschwankungen sowie Währungs-, Zins- und andere Risiken und verbreitern die Anlagemöglichkeiten für institutionelle und andere Anleger. Eine moderne Volkswirtschaft kommt ohne einen gut funktionierenden Terminmarkt mit entsprechender Markttiefe und Marktbreite nicht aus. **Termingeschäfte** sind als Kauf, Tausch oder anderweitig ausgestaltete Festgeschäfte oder Optionsgeschäfte, die zeitlich verzögert zu erfüllen sind und deren Wert sich unmittelbar oder mittelbar vom Preis oder Maß eines Basiswertes ableitet, **(16)** WpHG § 2 II Nr. 1 nF 2007. Bis zur Legaldefinition durch das FinanzmarktRiUmsetzG 2007 war der Begriff des Termingeschäfts str. (näher 32. Aufl Überbl vor § 30 Rn 4). Finanztermingeschäfte sind die Derivate im Sinne des **(16)** WpHG § 2 Abs. 2 und Optionsscheine (Legaldefinition in § 37 e S 2). **Terminmarkt** ist ein Markt, auf dem Termingeschäfte und jederzeit völlig gleiche Gegengeschäfte abgeschlossen werden können, also idR eine in- oder ausländische Börse, BGH NJW **80,** 391, aber auch außerbörsliche Märkte. Der Bezug zu einem Terminmarkt führt idR zum Abschluss zu Marktpreisen. Begriffselement ist letzteres nicht, str, Hopt BB **84,** 420, Bundschuh, WM **86,** 726; doch geht bei größeren Differenzen uU der Bezug zu dem Terminmarkt verloren, BGH NJW **80,** 391; bei Prolongationen bei Alt- oder Mischkursen ist das nicht der Fall, Mü WM **86,** 586.

5   Termingeschäfte sind nicht notwendig (relative) Fixgeschäfte (§ 376 HGB, § 361 BGB), BGH **92,** 321, Finanztermingeschäfte (s **(16)** WpHG § 37 e S 2) sind es aber idR (§ 376 HGB Rn 5). Tatsächlich sind Termingeschäfte teils rein spekulative Geschäfte (Hausse-, Baissespekulation), teils wirtschaftlich angezeigte Kurssicherungsbzw Gegengeschäfte zur Absicherung gegen Preisanstieg oder Preisverfall bei künftig fälligen Liefer- oder Abnahmeverpflichtungen (sog Hedge-Geschäfte im Außenhandel). Kein (Börsen)Termingeschäft, sondern zwei separate Kassageschäfte sind idR auch der taggleiche Wertpapierhandel **(day trading)** durch Private, BGH **149,** 294.

2) Formen von Termingeschäften

6   A. **Allgemeines:** Zu unterscheiden sind fest und nur bedingt zu erfüllende Termingeschäfte. **Festgeschäfte** sind Termingeschäfte, bei denen die Wertpapiere, Waren oder Devisen zu dem bestimmten späteren Zeitpunkt unbedingt (fest) zu liefern und abzunehmen sind. An Produktenbörsen sind diese sog **Fixgeschäfte** Leerverkäufe von Waren, die der Verkäufer noch nicht besitzt. Bei einer **Prolongation** beschafft sich der Verkäufer die zu liefernden Waren von einem Dritten, dem er sie später zum Terminkurs abzüglich des Deports zurückgibt (kombiniertes Kauf- und Rückkaufgeschäft). Vgl dazu die **Sonderbedingungen für Termingeschäfte** 1999 für Geschäfte an Terminbörsen sowie für außerbörsliche Termingeschäfte in Devisen und Edelmetallen, Text WM **99,** 872, und **Conditions for Trading at Eurex Deutschland and Eurex Zürich,** 1. 8. 2007; für Geschäfte, bei denen die Rechte in Urkunden verbrieft sind (zB Optionsscheine), gelten **(8) Sonderbedingungen für Wertpapiergeschäfte** (s **(8)** AGB-WPGeschäfte). **Muster:** Hopt/Clouth/Seyfried 3. Aufl 2007 Form IV. R.1 (Sonderbedingungen für Termingeschäfte), Form IV. R.2 (Rahmenvereinbarung für Termingeschäfte), Form IV. R.3 (Wichtige Informationen über Verlustrisiken bei Finanztermingeschäften), Form IV. R.4, 5 (Vollmachten).

7   B. **Optionsgeschäfte:** Nur bedingt zu erfüllende Termingeschäfte sind die **Optionsgeschäfte.** Optionsgeschäfte sind "Börsentermingeschäfte in der Form der Einräumung des Rechts, Lieferung oder Abnahme von Wertpapieren zu verlangen" (vgl VO 26. 6. 70 BGBl 993). Der amtliche Optionshandel an den deutschen WPBörsen ist nach Aussetzung 1931 erst wieder seit 1. 7. 1970 in Anteilen bestimmter AG und seit 1. 4. 1986 auch in bestimmten festverzinslichen Wertpapieren eröffnet worden **(Optionspapiere).** Das Optionsgeschäft besteht aus zwei rechtlich zusammenhängenden Teilen:

a) **Optionsvertrag** ist der Vertrag, durch den eine Option gegen Zahlung des Optionspreises **(Optionsprämie)** erworben wird **(Optionskauf)**. Die Bank tritt bei Optionsgeschäften stets als Eigenhändler auf. Die **Option** ist das Recht des Käufers, innerhalb der Laufzeit der Option (standardisiert auf vier feste Fälligkeitstermine jährlich) jederzeit vom Verkäufer (Stillhalter in Wertpapieren oder in Geld) zum vereinbarten Preis (Standardisierung auf bestimmte Basispreise und Abschlusshöhen bzw. Mindestschlüsse) die Lieferung bestimmter, zum Optionsgeschäft zugelassener Wertpapiere (Kaufoption) bzw ihre Abnahme (Verkaufsoption) zu fordern. Der Stillhalter muss Sicherheit leisten. Die Option ist bis zum dritten Börsentag vor ihrem Fälligkeitstermin übertragbar; Zustimmung der stillhaltenden Bank ist nicht nötig. Handel mit DAX-bezogenen Optionsscheinen ist nicht wettbewerbswidrig, Ffm WM 07, 490, str. **Muster:** Hopt/Clouth/Vollmuth 3. Aufl 2007 Form IV. S. 1 (Rahmenvertrag für Finanztermingeschäfte), Form IV. S. 2 (Anhang für Optionsgeschäfte auf Börsenindizes oder Wertpapiere), Form IV. S. 3 (Anhang für Devisengeschäfte und Optionen auf Devisengeschäfte), Form IV. S. 4 (Anhang über die vorzeitige Erfüllung durch Ausgleichszahlung), Form IV. S. 5 (Besicherungsanhang), Form IV. S. 6 (Anhang für Rohwarengeschäfte), Form IV. S. 7–11 (Einzelabschlüsse), Form IV. S. 12.1–8 (Rahmenvertrag für Finanzgeschäfte EMA nebst Anhängen), Form IV. S. 13.1–3 (ISDA Master Agreement nebst Schedule und Confirmation of a Swap Transaction).

b) Die **Ausübung der Option** ist eine empfangsbedürftige Willenserklärung, die den Kaufvertrag über die Wertpapiere zur Entstehung bringt **(Wertpapierkauf)**. Der Optionspreis ist auf jeden Fall zu zahlen, der Kaufpreis nur bei Ausübung der Option. Bei Nichtausübung verfällt die Option mit Ablauf der Laufzeit.

Optionsscheinhandel: Optionsscheine oder warrants (idR Annex zu festverzinslichen Wertpapieren, sog Optionsanleihen; vgl § 221 AktG) können **abgetrennt** und als solche gehandelt werden; anders als beim Optionsgeschäft liegt schon mangels hinausgeschobener Erfüllung kein Termin-, sondern **Kassageschäft** vor, auch Differenzeinwand greift nicht, BGH **114**, 177, hL, ebenso für ausländische Optionsscheine, BGH **133**, 200. Geschäfte in **selbstständigen** (unabhängig von einer anderen Emission angebotenen) Optionsscheinen sind dagegen **Börsentermingeschäfte,** wenn sie sich bis auf die Verbriefung nicht von Optionen (s Rn 7) unterscheiden, BGH WM **94**, 2231, **95**, 2026; ebenso wegen des termingeschäftsspezifischen Risikos (auch wenn dieses nur Kflte trifft) Indexoptionsscheine und Basket-Optionsscheine, BGH **139**, 1, WM **98**, 2331; ebenso Bandbreiten-Optionsscheine, BGH **142**, 345; nicht: Geschäfte mit Anteilen an Investmentfonds, die ausschließlich in selbständige Optionsscheine investieren, BGH **160**, 50, Verträge über Indexzertifikate, BGH **160**, 58. Lit: Franken 1997 (OTC-Optionen); Casper 2005; Drygala ZHR 159 **(95)** 686.

C. **Prämiengeschäfte:** Weitere bedingt zu erfüllende Termingeschäfte sind ua Prämiengeschäfte, bei denen sich der Käufer oder Verkäufer gegen Bezahlung der Prämie von seiner Erfüllungsverpflichtung lösen kann (Kauf mit Rücktrittsvorbehalt und Rücktritt nur gegen Reugeld nach § 353 BGB). Anders als der Optionspreis, der auf jeden Fall zu zahlen ist, verfällt die Prämie nur bei Rücktritt, Schwark Einl 51 vor § 50 aF. Zum Stellagegeschäft (Wahlschuld iSv § 262 BGB, bei der der Käufer auf eine große, der Verkäufer auf eine kleine Kursschwankung spekuliert) und zum Nochgeschäft (Festgeschäft mit zusätzlicher Option auf weitere Geschäfte) Nussbaum, BörsG, Vorbem 74 f vor § 50. Alle diese Geschäfte sind heute nur in der Form von Optionsgeschäften (s Rn 7–9) zulässig.

D. **Wertpapier-, Devisen- und Warentermingeschäfte:** Termingeschäfte sind je nach Gegenstand in Wertpapiertermingeschäfte, Devisentermingeschäfte und Warentermingeschäfte einzuteilen. Warentermingeschäfte spielen heute vor allem als Auslandsgeschäfte eine Rolle; dabei ist es zu erheblichen Missbräuchen gekommen. Zur Aufklärungspflicht bei Warentermingeschäften s § 347 HGB Rn 26. Lit: von Arnim AG **83**, 29, 67, Samtleben BB **74**, 1616 (Schiedsklauseln), Dittmann BB **77**, 1332 (Einschüsse), Fleckner ZBB **05**, 96 (Finanztermingeschäfte in Devisen).

Abschnitt 4. Zulassung von Wertpapieren zum Börsenhandel

Zulassungspflicht

BörsG 32 (1) Wertpapiere, die im regulierten Markt an einer Börse gehandelt werden sollen, bedürfen der Zulassung oder der Einbeziehung durch die Geschäftsführung, soweit nicht in § 37 oder in anderen Gesetzen etwas anderes bestimmt ist.

(2) ¹Die Zulassung ist vom Emittenten der Wertpapiere zusammen mit einem Kreditinstitut, Finanzdienstleistungsinstitut oder einem nach § 53 Abs. 1 Satz 1 oder § 53 b Abs. 1 Satz 1 des Kreditwesengesetzes tätigen Unternehmen zu beantragen. ²Das Institut oder Unternehmen muss an einer inländischen Wertpapierbörse mit dem Recht zur Teilnahme am Handel zugelassen sein und ein haftendes Eigenkapital im Gegenwert von mindestens 730 000 Euro nachweisen. ³Ein Emittent, der ein Institut oder Unternehmen im Sinne des Satzes 1 ist und die Voraussetzungen des Satzes 2 erfüllt, kann den Antrag allein stellen.

(3) Wertpapiere sind zuzulassen, wenn
1. der Emittent und die Wertpapiere den Anforderungen nach Artikel 35 der Verordnung (EG) Nr. 1287/2006 sowie den Bestimmungen entsprechen, die zum Schutz des Publikums und für einen ordnungsgemäßen Börsenhandel nach § 34 erlassen worden sind, und
2. ein nach den Vorschriften des Wertpapierprospektgesetzes gebilligter oder bescheinigter Prospekt oder ein ausführlicher Verkaufsprospekt im Sinne des § 42 des Investmentgesetzes oder ein Prospekt im Sinne des § 137 Abs. 3 des Investmentgesetzes veröffentlicht worden ist, soweit nicht nach § 1 Abs. 2 oder § 4 Abs. 2 des Wertpapierprospektgesetzes von der Veröffentlichung eines Prospekts abgesehen werden kann.

(4) Der Antrag auf Zulassung der Wertpapiere kann trotz Erfüllung der Voraussetzungen des Absatzes 3 abgelehnt werden, wenn der Emittent seine Pflichten aus der Zulassung zum regulierten Markt an einem anderen organisierten Markt nicht erfüllt.

(5) ¹Die Geschäftsführung bestimmt mindestens drei inländische Zeitungen mit überregionaler Verbreitung zu Bekanntmachungsblättern für die vorgeschriebenen Veröffentlichungen (überregionale Börsenpflichtblätter). ²Die Bestimmung kann zeitlich begrenzt werden; sie ist durch Börsenbekanntmachung zu veröffentlichen.

Übersicht

1) Zulassung von Wertpapieren zum Börsenhandel (I) 1–2
2) Gemeinsame Antragstellung (II) 3
3) Zulassungsvoraussetzungen (III) 4–6
4) Ablehnung des Zulassungsantrags (IV) 7
5) Veröffentlichung (V) 8

1) Zulassung von Wertpapieren zum Börsenhandel (I): Der **IV. Abschnitt** nF 2007 entspricht dem III. und IV Abschn aF, und regelt die Zulassung von Wertpapieren zum Börsenhandel. Der Freihandel ist transparent in einem eigenen V. Abschnitt § 48 geregelt (weitere Marktsegmente s § 48 Rn 1). **Amtlicher und geregelter Markt** werden nach Aufhebung ihrer Trennung im IV. Abschn **nunmehr zusammengefasst (regulierter Markt),** was eine erhebliche Verschlankung des BörsG nach sich gezogen hat (Aufhebung von §§ 49–56 aF). Auch in der Sache ist die Aufhebung der Trennung zu begrüßen. Die Unterschiede zwischen den beiden Marktsegmenten sind durch die EUTransparenzRi 2004/109/EG 15. 12. 2004 AblEU L 390/38 deutlich relativiert worden. Vor allem aber haben die **Börsen breite Gestaltungsmöglichkeiten,** wie sie ihre Handelssegmente ausformen, ob sie für Teilbereiche ihrer Märkte zusätzliche Zulassungs- und Zulassungsfolgepflichten einführen und wie sie sich dadurch im zunehmend härteren, nationalen und internationalen Börsen- und Finanzmarktwettbewerb positionieren (dazu schon § 24 Rn 3 ff). Auch wenn somit das BörsG nicht mehr zwischen amtlichem und geregeltem Markt unterscheidet, wird diese Unterscheidung der Sache nach gemäß Börsenpraxis und BörsO fortbestehen. Das praktische Bedürfnis nach einem Marktsegment mit erleichtertem Zugang liegt auf der Hand, um mehr Unternehmen an die Börse heranzuführen und dadurch die Eigenkapitalausstattung deutscher Unternehmen zu verbessern. Beides liegt auch im Interesse der Anleger und rechtfertigt deshalb einen gegenüber dem ersten Marktabschnitt segmentspezifisch niedrigeren Anlegerschutz. Dieser darf aber trotzdem nicht zweitklassig sein, weil sonst das für die Akzeptanz des neuen Marktabschnitts notwendige Vertrauen gefährdet wäre. Über das größere Risiko an einem solchen Markt und den geringeren Anlegerschutz dort müssen die Kreditinstitute ihre Kunden uU besonders aufklären (RegE 1986; s § 347 HGB Rn 8–40, **(7)** Bankgeschäfte Rn A/16–29). Die **Doppelnotierung** in mehreren Marktabschnitten derselben Börse ist nicht mehr ausdrücklich verboten (so noch § 49 I 1 Halbs 2 aF), wird aber idR die marktgerechte Preisfeststellung gefährden. Ein zum früheren geregelten Markt näher Hopt WM **85,** 793, Woopen ZIP **86,** 258, Schierenbeck BFuP **88,** 430.

§ 32 nF 2007 entspr §§ 30, 49, 51 aF, V nF entspr § 31 IV aF. Nach **I** bedürfen 2 **Wertpapiere,** die im regulierten Markt an einer Börse gehandelt werden sollen, grundsätzlich der **Zulassung** oder der **Einbeziehung** (§ 33), die **durch die Geschäftsführung** ausgesprochen wird. Die frühere Zulassungsstelle hat ua infolge der europarechtlich induzierten Verlagerung der Prüfung der Börsenzulassungsprospekte auf die BaFin erheblich an Bedeutung verloren, § 31 aF ist deshalb zu Recht aufgehoben worden. Die Übertragung auch der Zulassung auf die BaFin (RefE FinanzmarktRiUmsetzG) ist zu Gesetz geworden, Hammen WM **07,** 1299. **Ausnahmen** von I gelten zB nach § 37 für staatliche Schuldverschreibungen und § 33 IV EGAktG für neue Aktien aus Kapitalerhöhung aus Gesellschaftsmitteln, wenn die alten zum regulierten Markt zugelassen sind (Kapitalherabsetzung s Kümpel WM **80,** 694). Der **Wertpapierbegriff** ist im BörsG selbst nicht direkt geregelt (vgl aber über § 2 II betreff Wertpapierbörsen, § 2 Rn 8), er bestimmt sich herkömmlich nach den Erfordernissen des Börsenhandels und Sinn und Zweck der jeweiligen Vorschrift des BörsG, Schwark § 36 aF Rn 7, Schäfer/Hamann § 36 aF Rn 3, idR nur fungible Wertpapiere (Effekten). Teilbereiche des regulierten Marktes mit besonderen Pflichten für Emittenten s § 42. Zur Zulassung von GmbH- und KdtAnteilen krit üL, Hommelhoff ZHR 153 **(89)** 181, dafür mittels zwischengeschalteter Holding (Stuttgarter Modell) Vollmer WM Sonderbeil 2/**91.** Widerruf und Rücknahme der Zulassung sowie freiwilliger Rückzug vom Börsenmarkt **(Delisting)** s § 39. Zur Entkopplung von Zulassung und amtlicher Preisfeststellung (§ 36 aF) s § 24 Rn 3.

2) Gemeinsame Antragstellung (II): Der Zulassungsantrag ist vom Emittenten 3 der Wertpapiere zusammen mit einem an einer (auch anderen) inländischen Wertpapierbörse zugelassenen **Kreditinstitut, Finanzdienstleistungsinstitut** oder Unternehmen nach §§ 53 I 1, 53b I 1 KWG mit einem Mindesteigenkapital zu stellen (vgl **(7)** Bankgeschäfte Rn A/4). Dieses setzt damit sein standing ein und wird rechtlich in Pflicht genommen, BGH **139,** 230: ua Prospekthaftung, III Nr 2 iVm § 44; weitere Betreuung der Emission zB Einsatz als Zahlstelle für Dividenden, Beratung und uU Mitwirkung bei der Sicherstellung der laufenden Bekanntmachungspflichten und der Informationen über für die Kursbildung wichtige Tatsachen (Ad-hoc-Publizität, **(16)** WpHG § 15), Gewährleistung der börsenmäßigen Lieferbarkeit der Wertpapiere, vgl §§ 40ff zu den Emittentenpflichten (Emissionsgeschäft s **(7)** Bankgeschäfte Rn Y/1). Zur Kurspflege **(16)** WpHG Einl 15 vor § 1. Alleiniger Antrag bei Eigenemissionen von Kreditinstituten ua **(II 3).** Zwangsnotierung wie zT im Ausland ist ausgeschlossen, zum Freiverkehr s § 48 Rn 4.

3) Zulassungsvoraussetzungen (III): III regelt die materiellen **Zulassungs-** 4 **voraussetzungen,** namentlich **Prospektzwang** nach **III Nr 2** idF ProspRiUmsetzG (Einl 15 vor § 1), unter Verweis ab 2005 auf das WpPG (Einl 15 vor § 1, nach § 3 WpPG Prospektpflicht für die im Inland öffentlich angebotenen Wertpapiere mit Ausnahmen) und §§ 42, 137 III InvG, Grund für letzteres: Vermeidung doppelter

Prospektpflicht insbesondere von InvestmentAG mit fixem Kapital (RegE 4. Finanzmarktfördg). Die Zulassung kann erst erfolgen, wenn keine Einwendungen nach III Nr 1 (Anforderungen der EGDurchführungsVO 10. 8. 06, Einl 19 vor § 1, und Schutzvorschriften für Publikum und ordnungsgemäßen Börsenhandel nach RVO auf Grund von § 34) erhoben werden und wenn nach III Nr 2 ein nach den genannten Vorschriften ordnungsgemäß gebilligter oder bescheinigter Prospekt veröffentlicht worden ist. Die Billigung durch die BaFin (§ 13 WpPG) ist ein Verwaltungsakt. Inhaltlich übernimmt die billigende Stelle damit aber keine Gewähr für die Richtigkeit, Prospekthaftung wird durch Billigung nicht ausgeschlossen (§ 44 Rn 7). III Nr 2 begründet kein Wahlrecht.

5 **Schutz des Publikums und allgemeiner Interessen:** II Nr 2 aF (aufgehoben durch ProspektRiUmsetzG, Einl 15 vor § 1) bestimmte ausdrücklich, dass dem Zulassungsantrag nur stattgegeben werden darf, wenn keine Umstände bekannt sind, die bei Zulassung zu einer Übervorteilung des Publikums oder einer Schädigung erheblicher allgemeiner Interessen führen. II Nr 3 begründete allerdings weder eine Emissionspreiskontrolle noch eine Bonitätsprüfung, BGH **123**, 130; aber eine Versagung (spflicht) bei Betrug und Missbrauch oder Verstoß gegen ordre public (zB erhebliche kapitalmarktpolitische Interessen), str, aA Zahn ZGR **81,** 110. Mit der Aufhebung war nicht beabsichtigt, diese Prüfung überhaupt zu beseitigen, sondern nur, die Prüfung dieser Voraussetzungen, die eine Prospektprüfung impliziert, allein bei der für diese zuständige BaFin zu konzentrieren und die Doppelprüfung durch die Zulassungsstellen (nunmehr Geschäftsführung) zu vermeiden (BRat ProspektRiUmsetzG BTDrucks 15/5219). Andererseits fehlt nunmehr eine ausdrückliche Grundlage für die Versagung der Zulassung aus diesen Gründen. Eine speziell diesbezügliche Schutzvorschrift iSv III Nr 1 iVm RVO nach § 34 bzw **(15)** BörsZulV §§ 48 ff ist nicht ersichtlich. Eventuell kann in solchen Fällen auf III Nr 1 iVm EGDurchführungsVO Art 35 VI (zu Art. 40 I Unterabs 2 der FinanzmarktRi) zurückgegriffen werden, wonach ein „fairer" Handel in den übertragbaren Papieren gewährleistet sein muss. Lehnt man das ab, wird es bei Beeinträchtigung des Schutzes des Publikums oder allgemeiner Interessen aber idR an der Vollständigkeit bzw Klarheit des Prospekts fehlen. „Bekannt sein" iSv II Nr 2 aF schloss nicht Prüfungs- und Erkundigungspflichten der Geschäftsführung bei gegebenem Anlass aus, doch waren eigene Ermittlungen über die Bonität des Emittenten und die Absicherung der zuzulassenden Wertpapiere nicht vorgesehen, BGH **123**, 130.

6 **Marktschutzvereinbarungen:** Die Einhaltung von Marktschutzvereinbarungen (lock up) zwischen dem Emittenten und einem oder mehreren Aktionären ist keine Zulassungsvoraussetzung (anders RegE 4. FinanzmarktfördG § 29 III Nr 4). Hierbei handelt es sich um eine rein private Vereinbarungen, die allein Sache der Beteiligten sind. Eine Rechtsgrundlage für eine öffentlichrechtliche Pflicht zur Einhaltung solcher Vereinbarungen gibt es bisher nicht. Vgl bisher **(15)** BörsZulV § 16 I Nr 14 aF, aufgehoben durch ProspRiUmsetzG (Einl 1 vor **(15)** BörsZulV § 1). Lit: Fleischer WM **02,** 2305.

7 **4) Ablehnung des Zulassungsantrags (IV):** IV nF wie VI aF (s Rn 1) ergänzt III dahin, dass der Zulassungsantrag trotz Erfüllung der Voraussetzungen von III abgelehnt werden kann, wenn der Emittent seine Pflichten aus der Zulassung zum regulierten Markt (§ 40 Rn 1) an einem anderen organisierten Markt nicht erfüllt. Organisierter Markt ist in **(16)** WpHG § 2 V definiert. Es kann sich dabei nicht nur um eine andere inländischen Börse, sondern auch um eine solche in EU/EWR handeln. Letzterenfalls ergeben sich die Pflichten des Emittenten aus ausländischem Recht, sie sind aber innerhalb EU/EWG weitgehend harmonisiert.

8 **5) Veröffentlichung (V):** V nF 2007 wie § 31 IV aF. Die Geschäftsführung bestimmt mindestens drei (nach aF zwei) überregionale Börsenpflichtblätter (Legaldefinition) für die vorgeschriebenen Veröffentlichungen. Die Veröffentlichungspflicht für den Prospekt folgt aus der DurchführungsVO zur EG-Prospekt-Ri (Einl 15 vor § 1) und § 14 WpPG, die frühere Zeitungspublizität des Prospekts hat das ProspRiUmsetzG (s Rn 4) aufgehoben.

Einbeziehung von Wertpapieren in den regulierten Markt

BörsG 33 (1) Wertpapiere können auf Antrag eines Handelsteilnehmers oder von Amts wegen durch die Geschäftsführung zum Börsenhandel in den regulierten Markt einbezogen werden, wenn
1. die Wertpapiere bereits
   a) an einer anderen inländischen Börse zum Handel im regulierten Markt,
   b) in einem anderen Mitgliedstaat der Europäischen Union oder in einem anderen Vertragsstaat des Abkommens über den Europäischen Wirtschaftsraum zum Handel an einem organisierten Markt oder
   c) an einem Markt in einem Drittstaat, sofern an diesem Markt Zulassungsvoraussetzungen und Melde- und Transparenzpflichten bestehen, die mit denen im regulierten Markt für zugelassene Wertpapiere vergleichbar sind, und der Informationsaustausch zum Zwecke der Überwachung des Handels mit den zuständigen Stellen in dem jeweiligen Staat gewährleistet ist, zugelassen sind und
2. keine Umstände bekannt sind, die bei Einbeziehung der Wertpapiere zu einer Übervorteilung des Publikums oder einer Schädigung erheblicher allgemeiner Interessen führen.

(2) ¹Die näheren Bestimmungen über die Einbeziehung von Wertpapieren sowie über die von dem Antragsteller nach erfolgter Einbeziehung zu erfüllenden Pflichten sind in der Börsenordnung zu treffen. ²Die Börsenordnung muss insbesondere Bestimmungen enthalten über die Unterrichtung des Börsenhandels über Tatsachen, die von dem Emittenten an dem ausländischen Markt, an dem die Wertpapiere zugelassen sind, zum Schutz des Publikums und zur Sicherstellung der ordnungsgemäßen Durchführung des Handels zu veröffentlichen sind; § 38 Abs. 1, die §§ 39 und 41 finden keine Anwendung.

(3) Die Geschäftsführung unterrichtet den Emittenten, dessen Wertpapiere in den Handel nach Absatz 1 einbezogen wurden, von der Einbeziehung.

(4) ¹Für die Aussetzung und die Einstellung der Ermittlung des Börsenpreises gilt § 25 entsprechend. ²Für den Widerruf der Einbeziehung gilt § 39 Abs. 1 entsprechend.

Übersicht

1) Einbeziehung von Wertpapieren in den regulierten Markt (I) 1–2
2) Regelungen der BörsO (II) 3
3) Unterrichtugn des Emittenten (III) 4
4) Aussetzung, Einstellung, Widerruf (III) 5

1) Einbeziehung von Wertpapieren in den regulierten Markt (I): § 33 nF 2007 wie § 56 aF, aber für alle gesetzlichen Marktsegmente, III nF neu. § 33 regelt die materiellen **Einbeziehungsvoraussetzungen bei bereits bestehender anderweitiger Zulassung** Parallelnorm für die erstmalige Zulassung ist § 23. Zur Einbeziehung und ihren Gründen und Folgen s schon § 49 Rn 3. Mit der Einbeziehung **in den regulierten Markt** (vgl Definition des geregelten Marktes in Art 4 I Nr 14 der FinanzmarktRi) bietet sich für die Handelsteilnehmer die Möglichkeit, im In- oder Ausland anderweitig zugelassene Wertpapiere ebenfalls an der Börse zu handeln, was das Angebot der Börse und diese selbst im internationalen Wettbewerb stärkt.

Die Einbeziehung von Wertpapieren zum Börsenhandel in den regulierten Markt erfolgt **durch die Geschäftsführung (I Halbsatz 1)** auf **Antrag** eines Handelsteilnehmers (§ 2 I 1, s § 49 Rn 3) **oder von Amts wegen** (neu), wenn die Geschäftsführung ein entsprechendes Marktbedürfnis erkennt. Einbezogen werden können nach Wertpapiere, die bereits a) an einer anderen inländischen Börse zum Handel im regulierten Markt, b) an einem organisierten Markt in der EU/EWR oder c) an einem Markt in einem Drittstatt (bei vergleichbaren Zulassungsvoraussetzungen und Melde- und Transparenzpflichten und gewährleisteter Zusammenarbeit bei der Überwachung) zugelassen sind **(I Nr 1)**. Voraussetzung ist weiter, dass keine Umstände bekannt sind, die bei Einbeziehung zu einer Übervorteilung des Publikums oder einer Schädigung erheblicher allgemeiner Interessen führen **(I Nr 2,** vgl § 32 Rn 5). Der Fall I Nr 1 a) ist unproblematisch, weil angesichts der bereits erfolgten inländischen Zulassung der

(14) BörsG 34, 35 2. Handelsrechtl. Nebengesetze

Schutz des BörsG bereits greift. Im Fall I Nr 1 b) sorgen die EG-Ri, insbesondere die FinanzmarktRi, die EUDurchführungsRi (Einl 19 vor § 1) und die EGMarktmißbauchsRi für einen vergleichbaren Schutz (s **(16)** WpHG Einl 1 vor § 1). Sofern die Zusammenarbeit der zuständigen Stellen des Drittstaates bei der Überwachung nach I Nr 1 c) nicht gewährleistet sind, bleibt nur die Einbeziehung in den Freiverkehr (§ 48). Fehlt es an einem vergleichbaren Anlegerschutz und Transparenz kann es auch an den Voraussetzungen für die Einbeziehung in den Freiverkehr fehlen, jedenfalls hat die Börsengeschäftsführung die Möglichkeit, einzuschreiten (§ 48 II).

3 2) **Regelungen der BörsO (II):** Die näheren Bestimmungen über die Einbeziehung und die darauf folgenden Pflichten trifft die BörsO **(II 1).** Dazu bringt II 2 Mindestanforderungen hinsichtlich der Unterrichtung des Börsenhandels über in dem ausländischen Markt veröffentlichte Tatsachen zum Schutz des Publikums und zur Sicherstellung der ordnungsgemäßen Durchführung des Handels. Denn es ist unverzichtbar, dass der inländische Bösenhandel über die Veröffentlichungen des ausländischen Emittenten an der Heimatbörse zeitnah unterrichtet wird, damit diese Informationen in den Preisbildungsprozess einfließen können. §§ 38 I, 39 und 41 über Einführung, Widerruf und Auskunftserteilung finden jedoch keine Anwendung (II 2 letzter Halbs).

4 3) **Unterrichtung des Emittenten (III):** III neu. Die Geschäftsführung unterrichtet den Emittenten von der Einbeziehung seiner Papiere.

5 4) **Aussetzung, Einstellung, Widerruf (IV):** Für Aussetzung und Einstellung der Ermittlung des Börsenpreises verweist IV auf § 25, für den Widerruf der Einbeziehung auf § 39 I. Zuständig ist wie für die Einbeziehung die Geschäftsführung. Ein freiwilliges Delisting auf Antrag des Emittenten wie nach § 39 II ist hier nicht vorgesehen.

Ermächtigungen

BörsG 34 Die Bundesregierung wird ermächtigt, durch Rechtsverordnung mit Zustimmung des Bundesrates die zum Schutz des Publikums und für einen ordnungsgemäßen Börsenhandel erforderlichen Vorschriften über
1. die Voraussetzungen der Zulassung, insbesondere
    a) die Anforderungen an den Emittenten im Hinblick auf seine Rechtsgrundlage, seine Größe und die Dauer seines Bestehens;
    b) die Anforderungen an die zuzulassenden Wertpapiere im Hinblick auf ihre Rechtsgrundlage, Handelbarkeit, Stückelung und Druckausstattung;
    c) den Mindestbetrag der Emission;
    d) das Erfordernis, den Zulassungsantrag auf alle Aktien derselben Gattung oder auf alle Schuldverschreibungen derselben Emission zu erstrecken;
2. das Zulassungsverfahrenzu erlassen.

1 1) § 34 nF 2007 wie § 32 aF. S **(15)** BörsZulV.

Verweigerung der Zulassung

BörsG 35 (1) Lehnt die Geschäftsführung einen Zulassungsantrag ab, so hat sie dies den anderen Börsen, an denen die Wertpapiere des Emittenten gehandelt werden sollen, unter Angabe der Gründe für die Ablehnung mitzuteilen.

(2) ¹Wertpapiere, deren Zulassung von einer anderen Börse abgelehnt worden ist, dürfen nur mit Zustimmung dieser Börse zugelassen werden. ²Die Zustimmung ist zu erteilen, wenn die Ablehnung aus Rücksicht auf örtliche Verhältnisse geschah oder wenn die Gründe, die einer Zulassung entgegenstanden, weggefallen sind.

(3) ¹Wird ein Zulassungsantrag an mehreren inländischen Börsen gestellt, so dürfen die Wertpapiere nur mit Zustimmung aller Börsen, die über den Antrag zu entscheiden haben, zugelassen werden. ²Die Zustimmung darf nicht aus Rücksicht auf örtliche Verhältnisse verweigert werden.

V. Bankgeschäfte (m. Börsen- u. KapMR)   1 **BörsG 36–38 (14)**

1) § 35 nF 2007 wie § 33 aF. § 35 betrifft das Verhältnis verschiedener Börsen im Hinblick auf die Zulassung. Zulassung bei mehreren Börsen ist heute üblich. Eine Ablehnung der Zulassung hat die Geschäftsführung den anderen Börsen mit Gründen für die Ablehnung mitzuteilen (**I**). Bei Wertpapieren, deren Zulassung von einer anderen Börse abgelehnt worden ist, ist grundsätzlich Zustimmung dieser Börse nötig (**II**). Bei Zulassungsantrag an mehreren Börsen ist Zustimmung aller dieser Börsen notwendig (**III 1**). Besonderen örtlichen Verhältnissen wird Rechnung getragen (**II 2, III 2**).

Zusammenarbeit in der Europäischen Union

BörsG 36 (1) **Beantragt ein Emittent mit Sitz in einem anderen Mitgliedstaat der Europäischen Union oder in einem anderen Vertragsstaat des Abkommens über den Europäischen Wirtschaftsraum, dessen Aktien entsprechend der Richtlinie 2001/34/EG des Europäischen Parlaments und des Rates vom 28. Mai 2001 über die Zulassung von Wertpapieren zur amtlichen Börsennotierung und über die hinsichtlich dieser Wertpapiere zu veröffentlichenden Informationen (ABl. EG Nr. L 184 S. 1) in diesem Mitgliedstaat oder Vertragsstaat zugelassen sind, die Zulassung von Wertpapieren, mit denen Bezugsrechte für diese Aktien verbunden sind, so hat die Geschäftsführung vor ihrer Entscheidung eine Stellungnahme der zuständigen Stelle des anderen Mitgliedstaates oder Vertragsstaates einzuholen.**

(2) **Die Vorschriften über die Zusammenarbeit nach dem Wertpapierprospektgesetz bleiben unberührt.**

1) § 36 nF 2007 wie § 34 II, III aF. § 36 betrifft die Zusammenarbeit in der EU. Die Zusammenarbeit der BaFin mit zuständigen Stellen im Ausland ist in (**16**) WpHG geregelt, auch was die Wertpapierzulassung angeht (I aF ist entfallen). I betrifft das Zulassungsverfahren für Wertpapiere mit Bezugsrechten eines Emittenten mit Sitz in einem anderen EU-Mitgliedstaat bzw EWR-Vertragsstaat, wenn dessen Aktien gemäß der EGZulassungsRi 28. 5. 2001 ABlEG L 184/1 in diesem Mitglied- oder Vertragsstaat bereits zugelassen sind. I sieht dann die Einholung einer Stellungnahme der erstzulassenden ausländischen Stelle durch die zweitzulassende inländische vor. II (wie III aF idF ProspRiUmsetzG 2005, Einl 15 vor § 1) stellt klar, dass die Vorschriften über die Zusammenarbeit nach dem WpPG (dort § 23) unberührt bleiben.

Staatliche Schuldverschreibungen

BörsG 37 **Schuldverschreibungen des Bundes, seiner Sondervermögen oder eines Bundeslandes, auch soweit sie in das Bundesschuldbuch oder in die Schuldbücher der Bundesländer eingetragen sind, sowie Schuldverschreibungen, die von einem anderen Mitgliedstaat der Europäischen Union oder von einem anderen Vertragsstaat des Abkommens über den Europäischen Wirtschaftsraum ausgegeben werden, sind an jeder inländischen Börse zum Handel im regulierten Markt zugelassen.**

Einführung

BörsG 38 (1) [1] **Die Geschäftsführung entscheidet auf Antrag des Emittenten über die Aufnahme der Notierung zugelassener Wertpapiere im regulierten Markt (Einführung).** [2] **Der Emittent hat der Geschäftsführung in dem Antrag den Zeitpunkt für die Einführung und die Merkmale der einzuführenden Wertpapiere mitzuteilen.** [3] **Das Nähere regelt die Börsenordnung.**

(2) **Wertpapiere, die zur öffentlichen Zeichnung aufgelegt werden, dürfen erst nach beendeter Zuteilung eingeführt werden.**

(3) **Die Bundesregierung wird ermächtigt, durch Rechtsverordnung mit Zustimmung des Bundesrates zum Schutz des Publikums den Zeitpunkt zu bestimmen, zu dem die Wertpapiere frühestens eingeführt werden dürfen.**

(4) [1] **Werden die Wertpapiere nicht innerhalb von drei Monaten nach Veröffentlichung der Zulassungsentscheidung eingeführt, erlischt ihre Zulassung.** [2] **Die Ge-**

(14) BörsG 39 1   2. Handelsrechtl. Nebengesetze

schäftsführung kann die Frist auf Antrag angemessen verlängern, wenn ein berechtigtes Interesse des Emittenten der zugelassenen Wertpapiere an der Verlängerung dargetan wird.

Übersicht

1) Einführung (I) 1
2) Zur öffentlichen Zeichnung aufgelegte Wertpapiere (II) 2
3) Frühestmögliche Einführung (III) 3
4) Erlöschen der Zulassung mangels Einführung (IV) 4

1 **1) Einführung (I):** § 38 nF 2007 wie § 37 aF. § 38 regelt die nach der Zulassung der Wertpapiere erfolgende Aufnahme der ersten Notierung im regulierten Markt (**Einführung**, Legaldefinition in **I 1**). Die Geschäftsführung entscheidet auf Antrag des Emittenten. Einführung ist Verwaltungsakt, ggf Verpflichtungsklage. Zur Mitteilung nach **I 2** ist der Emittent verpflichtet. Näheres in der BörsO (**I 3**). Zur Einführung, Bookbuilding, Greenshoe näher Schwark/Heidelbach 6 ff, zu Greenshoe KG NZG **08**, 29. Stabilisierung des Einführungskurses durch Kurspflege und zum Verbot der Marktmanipulation s **(16)** WpHG Einl 15 vor § 1.

2 **2) Zur öffentlichen Zeichnung aufgelegte Wertpapiere (II):** Das Verbot der Einführung vor beendeter Zuteilung soll den Handel von Wertpapieren per Erscheinen verhindern.

3 **3) Frühestmögliche Einführung (III):** III betrifft den Mindestabstand zwischen zB der Prospektveröffentlichung, die das Publikum erst aufnehmen können muss, und der Einführung.

4 **4) Erlöschen der Zulassung mangels Einführung (IV):** Die Zulassung erlischt mangels Einführung in drei Monaten **(IV 1)**, Grund: Prospektaktualität. Erlöschen von Gesetzes wegen. Eine Verlängerung (Verwaltungsakt) ist möglich **(IV 2)**.

Widerruf der Zulassung bei Wertpapieren

BörsG 39 (1) Die Geschäftsführung kann die Zulassung von Wertpapieren zum Handel im regulierten Markt außer nach den Vorschriften des Verwaltungsverfahrensgesetzes widerrufen, wenn ein ordnungsgemäßer Börsenhandel auf Dauer nicht mehr gewährleistet ist und die Geschäftsführung die Notierung im regulierten Markt eingestellt hat oder der Emittent seine Pflichten aus der Zulassung auch nach einer angemessenen Frist nicht erfüllt.

(2) ¹Die Geschäftsführung kann die Zulassung im Sinne des Absatzes 1 auch auf Antrag des Emittenten widerrufen. ²Der Widerruf darf nicht dem Schutz der Anleger widersprechen. ³Die Geschäftsführung hat einen solchen Widerruf unverzüglich im Internet zu veröffentlichen. ⁴Der Zeitraum zwischen der Veröffentlichung und der Wirksamkeit des Widerrufs darf zwei Jahre nicht überschreiten. ⁵Nähere Bestimmungen über den Widerruf sind in der Börsenordnung zu treffen.

Übersicht

1) Widerruf der Zulassung aus börslichen Gründen (I) 1
2) Widerruf der Zulassung auf Antrag des Emittenten (II, freiwilliges Delisting) 2–7
   A. Freiwilliger Rückzug vom Börsenmarkt 2
   B. Gesellschaftsrechtliche Voraussetzungen (Hauptversammlungsbeschluss, Pflichtangebot) 3
   C. Börsenrechtliche Voraussetzungen (II 1–4) 5
3) Widerruf der Zulassung auf Antrag des Emittenten nach BörsO (II 5) 8–10
4) Delisting ausländischer Emittenten 11
5) Verfahren der Geschäftsführung 12
6) Unechtes Delisting 13

1 **1) Widerruf der Zulassung aus börslichen Gründen (I):** § 39 nF 2007 entspricht § 38 III, IV aF, also nunmehr abgesetzt von Aussetzung und Einstellung, die in § 25 nF geregelt sind, und integriert § 43 Satz 2 aF. Nach I kann die Geschäftsführung

2112   *Hopt*

die Zulassung von Wertpapieren zum Handel am regulierten Markt widerrufen, aber nur unter engen Voraussetzungen und als letztes Mittel. I eröffnet eine zusätzliche Widerrufsmöglichkeit neben den Vorschriften des Verwaltungsverfahrensgesetzes (nicht einschlägig § 19 IX nF, betrifft Widerruf der Zulassung zur Börse). Der Widerruf ist nach I in zwei Fällen möglich. Der eine ist, dass ein ordnungsgemäßer Börsenhandel auf Dauer nicht mehr gewährleistet ist und die Geschäftsführung die Notierung im regulierten Markt eingestellt hat (letzteres nach § 25 I 1 Nr 2). Der andere ist, dass der Emittent seine Pflichten aus der Zulassung auch nach einer angemessenen Frist nicht erfüllt. § 57 nF BörsO Ffm WPBörse über den Widerruf der Zulassung von Amts wegen wiederholt nur I (bzw § 38 III aF) und regelt die unverzügliche Veröffentlichung.

2) Widerruf der Zulassung auf Antrag des Emittenten (II, freiwilliges 2 Delisting): A. **Freiwilliger Rückzug vom Börsenmarkt:** II ermöglicht der Geschäftsführung den Widerruf der Zulassung iSv I auch auf Antrag des Emittenten (s Rn 5 ff). Von Seiten des Emittenten kann ein freiwilliger Rückzug vom Börsenmarkt sinnvoll sein, entweder ganz (going private oder Notierung nur noch an einer ausländischen Börse) oder nur teilweise, zB Notierung nur noch an einer anderen inländischen Börse. Reguläres Delisting (s Rn 3 ff) und unechtes oder „kaltes" Delisting (s Rn 13) sind zu unterscheiden. Gesellschafts- und börsenrechtliche Anforderungen (s Rn 3 f, 5 ff) sind klar zu trennen. Funktional ist Anlegerschutz auf beiden Wegen möglich, doch handelt es sich nicht um wirkliche Alternativen, vielmehr sollten sich der gesellschaftsrechtliche und der börsenrechtliche Schutz ergänzen, ohne sich allerdings kontraproduktiv zu verdoppeln. Lit: Hopt/Baum Börsenreform 1997 S 417, M. Henze 2002, Kleppe 2002, de Vries 2002, Richard/Weinheimer 2002 (Hdb), Schiemzik 2005 (Segmentwechsel), Krolop 2005; Hopt FS Drobnig **98,** 534, Schwark/Geiser ZHR 161 **(97),** 739, Gross ZHR 165 **(01)** 141, Mülbert ZHR 165 **(01)** 104, Hellwig/Bormann ZGR **02,** 465, Beck/Hedtmann BKR **03,** 190, Ekkenga ZGR **03,** 878, Klöhn ZBB **03,** 208, Schlitt ZIP **04,** 533, Grunewald ZIP **04,** 542 (kalt), H. Henze FS Raiser **05,** 145, Krolop NZG **05,** 546, Pluskat BKR **07,** 54 (kaltes Delisting).

B. **Gesellschaftsrechtliche Voraussetzungen: a) Hauptversammlungs-** 3 **beschluss:** Der Rückzug vom Börsenmarkt beeinträchtigt die Verkehrsfähigkeit der Aktien erheblich. Das berührt zwar weder die Innenstruktur der Aktiengesellschaft noch das Mitgliedschaftsrecht des Aktionärs (kein Holzmüller-Fall, str, aA Mü ZIP **01,** 700), aber dessen verfassungsrechtlich geschütztes Aktieneigentum. Zu dessen Eigenschaften gehören nach Art 14 GG der Verkehrswert und die jederzeitige Möglichkeit seiner Realisierung. Gesellschaftsrechtlich ist für Entscheidungen über den mitgliedschaftlichen Vermögenswert die Hauptversammlung zuständig (Sondersituationen bei KGaA, PublikumsGes, Mü WM **08,** 1604). Notwendig ist deshalb ein Hauptversammlungsbeschluss, str, BGH **153,** 47 (Macroton), ZIP **08,** 1471, Hellwig/Bormann ZGR **02,** 473, üL, aA Bungert BB **00,** 55, Wirth/Arnold ZIP 00, 111, Mülbert ZHR 165 **(00)** 125, ohne Sonderbeschluss der Vorzugsaktionäre, Celle ZIP **08,** 1874. Die Rechtsprechung betrifft ausdrücklich nur den Totalrückzug (reguläres Delisting), also Rückzug der Gesellschaft aus dem regulierten Markt (früher amtlichen Handel und dem geregelten Markt) an allen Börsen, BGH **153,** 53. Ob dieselben Anforderungen auch bei Teilrückzug gelten, also bei Rückzug von der Letzten inländischen Börse bei Aufrechterhaltung der Notierung im EUAusland, ist wohl zu bejahen, obschon die Verkehrsfähigkeit der Aktien auch allein an einer ausländischen Börse, etwa New York Stock Exchange, voll gewährleistet sein kann. Für den Rückzug von einer inländischen Börse bei Zulassung und Handel noch an einer anderen im Inland (richtiger innerhalb der EU) sollte die Rechtsprechung jedenfalls dann nicht gelten, wenn dort der Verkehrswert jederzeit realisiert werden kann, (downgrading, zutr (Pflichtgebot ablehnend) Mü WM **08,** 1602, KG NZG **09,** 752 (Entry Standard des Freiverkehrs). Für einen bloßen Wechsel des Börsensegments und für die Begründung des Listing ist ein Hauptversammlungsbeschluss nicht notwendig (vom BGH nicht angesprochen). Für die Beschlussfassung genügt einfache Mehrheit (unternehmerische Entscheidung), satzungsändernde Mehrheit ist nicht erforderlich, str, BGH **153,** 59, Hüffer AktG

§ 120 Rn 24, aA Lutter FS Zöllner **98**, 380. Der Beschluss bedarf keiner sachlichen Rechtfertigung (keine Beschlusskontrolle), der Vorstand braucht keinen Bericht entspr § 186 IV 2 AktG zu erstatten, str, BGH **153**, 59, Hellwig ZGR **99**, 800, aA Lutter FS Zöllner **98**, 381. Zur Hauptversammlungszuständigkeit bei Börseneinführung von Töchtern Fleischer ZHR 165 (**01**) 513

4 **b) Pflichtangebot:** Zusätzlichen und idR besseren Schutz als Beschlussanforderungen (bei Großaktionär idR leerlaufend) bietet für den einzelnen Aktionär ein Abfindungsangebot. Wegen der Auswirkungen des Delisting auf die Verkehrsfähigkeit der Aktien ist zusätzlich zu einem Hauptversammlungsbeschluss ein Pflichtangebot der Aktiengesellschaft in den Grenzen nach §§ 71 f AktG oder des Großaktionärs über den Kauf der Aktien der Minderheitsaktionäre erforderlich (entspr §§ 29, 207 UmwG, §§ 327 a ff AktG), BGH **153**, 47 (Macroton), BayObLG AG **05**, 288, üL, Benecke WM **04**, 1122, zT weitergehend Lutter FS Zöllner **99**, 381, aA LG Mü I ZIP **99**, 2017, Bungert BB **00**, 57, Mülbert ZHR 165 (**00**) 125. Kein Pflichtangebot bei bloßem downgrading, s Rn 3. Dieses Pflichtangebot unterliegt nicht den Regeln des WpÜG, Land/Behnke DB **03**, 2531, Fabritius, Strunk/Behnke, VGR **03**, 49, 98. Das Pflichtangebot muss auf Erstattung des vollen Wertes des Aktieneigentums gehen, was die Minderheitsaktionäre in einem gerichtlichen Verfahren entspr den Regeln des Spruchverfahrens überprüfen lassen können (SpruchG 12. 6. 03 BGBl 838), BGH **153**, 47; wie beim Squeeze-out nicht bloße Anfechtungsklage. Die Vorschriften des SpruchG sind entspr anwendbar, obwohl dort nicht ausdrücklich erwähnt; der Aktionär muss seine Aktionärsstellung innerhalb der Anspruchsbegründungsfrist nur darlegen, nicht nachweisen, BGH ZIP **08**, 1471. Ein börsenrechtliches Abfindungsangebot (s Rn 8) befreit schon wegen der unterschiedlichen Preisfindung nicht von dem gesellschaftsrechtlichen.

5 C. **Börsenrechtliche Voraussetzungen (II 1–4):** Börsenrechtlich ist der Rückzug **nicht** einfach durch **Verzicht** auf die Börsenzulassung möglich, aA Eickhoff WM **88**, 1713, Fluck WM **95**, 553, sondern **nur** durch **Widerruf der Zulassung** durch die Geschäftsführung **auf Antrag des Emittenten (II 1)**. Das Ermessen ist kein freies Ermessen, sondern ein durch II 2–5 eingeschränktes pflichtgemäßes Ermessen. Im Einzelfall kann das Ermessen auch auf Null schrumpfen.

6 Das Ermessen der Geschäftsführung ist dadurch eingeschränkt, dass der Widerruf nicht dem **Schutz der Anleger** widersprechen darf **(II 2)**. II 2 ist nach Wortlaut und Sinn nicht als Vorschrift nur im öffentlichen Interesse anzusehen, sondern dient dem Individualschutz; Konsequenzen für den Rechtsschutz s Rn 12. Bei ihrer Entscheidung hat die Geschäftsführung zu berücksichtigen, dass es für die Anleger einen wesentlichen Unterschied macht, ob das Papier noch an einer anderen Börse zugelassen ist oder nicht. Rechtliche Interessen einzelner Börsen an der Aufrechterhaltung der Notierung an ihnen oder anderer Marktteilnehmer wie Skontroführer, Makler ua sind nicht anzuerkennen, dahingehende Wünsche des Bundesrats beim 4. FinanzmarktfördG haben keinen Eingang in das Gesetz gefunden, Schäfer/Hamann § 43 AF 26. Fiskalische Interessen der einzelnen Börse zu berücksichtigen, wäre ermessensfehlerhaft. Rechtspolitisch ist II 2 durch eine börsenrechtliche Pflichtangebotsregelung zu ergänzen mit einheitlicher Zuweisung an die Zivilgerichte, verfahrensrechtlich ist eine Dopplung beim Pflichtangebot (vgl Rn 4, 14) misslich.

7 Die Geschäftsführung hat den Widerruf unverzüglich im Internet zu **veröffentlichen (II 3)**. Der Widerruf kann unter **Bedingungen**, zB Barabfindungsangebot, und **befristet auf ein erst späteres Wirksamwerden** erfolgen. Letzterenfalls darf aber der Zeitraum zwischen der Veröffentlichung des Widerrufs und des Wirksamwerden des Widerrufs **zwei Jahre** nicht überschreiten **(II 4)**, länger darf der Emittent also keinesfalls festgehalten werden, er hat insoweit einen Rechtsanspruch auf Entlassung. Näheres bestimmt die BörsO (s Rn 8 ff).

8 **3) Widerruf der Zulassung auf Antrag des Emittenten nach BörsO (II 5):** Nähere Bestimmungen über den Widerruf trifft die **BörsO (II 5)**. Diese hat insbesondere die Vorgabe von II 2 über den Anlegerschutz zu beachten, im Übrigen besteht ein weiter Gestaltungsspielraum. Ausgewogen war **§ 54 a aF** BörsO Ffm WPBörse: sofortige Wirksamkeit bei Teilrückzug (Aktie wird noch an einer anderen inländischen

Börse gehandelt), nach einem Jahr bei Totalrückzug von jeder Börse, dann aber Kaufangebot (Barabfindungsangebot, wohl entweder von Großaktionär, so typisch, oder Ges; Abfindung in angemessenem Verhältnis zum höchsten Börsenkurs der Letzten sechs Monate vor Antragstellung. Zum 26. 3. 02 ist das geändert worden, wie bisher dagegen noch Regelungen bei anderen deutschen Börsen, Streit ZIP **03,** 1281.

§ 58 nF BörsO Ffm WPBörse enthält eine **bloße Fristenregelung.** Widerruf ist 9 möglich, wenn der Schutz der Anleger dem nicht entgegensteht (§ 58 I 1 BörsO, insoweit wie II 2, s Rn 6). Der Anlegerschutz steht nach § 58 I 2 einem Widerruf insbesondere dann nicht entgegen, wenn entweder Zulassung und Handel des Wertpapiers an einem inländischen oder ausländischen organisierten Markt iSv **(16)** WpHG § 2 V gewährleistet erscheint **(I 2 Nr 1),** oder mangels Zulassung und Handel an irgendeinem solchen Markt den Anlegern wenigstens ausreichend Zeit für die Veräußerung der Wertpapiere über die Börse bleibt **(I 2 Nr 2).** Der Widerruf nach § 58 I 2 Nr 1 erfolgt bei noch anderweitiger inländischer Notierung mit sofortiger Wirkung, bei ausschließlich noch ausländischer Notierung mit Dreimonatsfrist; der Widerruf nach § 58 I 2 Nr 2 wird sechs Monate nach dessen Veröffentlichung wirksam. Verkürzung der Frist ist auf Antrag des Emittenten möglich, wenn dies dem Anlegerinteresse nicht zuwiderläuft (§ 58 III). Die Beweislast betr Widerrufsvoraussetzungen und Fristen liegt beim Emittenten (§ 58 IV). Bekanntmachung nach § 58 V.

Die Fristenlösung nach **§ 58 I 2 Nr 1** ist unbedenklich, auch in der zweiten 10 Alternative (nur ausländischer organisierter Markt), zumal ein ausländischer Markt iSv **(16)** WpHG § 2 V vorausgesetzt wird. **§ 58 I 2 Nr 2** ist für die Anleger jedoch nicht unproblematisch, denn mit Bekanntmachung des Widerrufs drohen Verkaufswettlauf und rapider Kursverlust, ohne (börsenrechtlichen) Ausgleich durch ein Abfindungsangebot. Ein verbleibender Freiverkehr kann das idR nicht wettmachen. BGH **153,** 56 (Macroton) hält das für keinen hinreichenden Anlegerschutz (und verlangt deshalb gesellschaftsrechtlich mehr, s Rn 3, 4). Auf der anderen Seite sind zu hohe Schutzbarrieren geeignet, ausländische Emittenten vom deutschen Markt fernzuhalten, was ebenfalls nicht im Interesse der Anleger liegt. Im Hinblick darauf, dass der BGH die gesellschaftsrechtlichen Anforderungen für (deutsche) Gesellschaften nicht zuletzt im Hinblick auf die BörsO hoch gesteckt hat (s Rn 3, insbesondere Abfindungsangebot, s Rn 4), dürfte § 58 I 2 Nr 2 aber noch Bestand haben, aA Hellwig/Bormann ZGR **02,** 465 (Unwirksamkeit), Streit ZIP **02,** 1279, **03,** 393. Klage der einzelnen Anleger gegen den Widerruf s Rn 12. Lit: Wilsing/Kruse NZG **02,** 807, Holzborn/Schlößer BKR **02,** 486, Krämer/Theiß AG **03,** 231.

4) Delisting ausländischer Emittenten: Für **ausländische Emittenten,** die sich 11 ganz von deutschen Börsen zurückziehen wollen, gibt es kein Sonderrecht, str. Doch dürfen auch ausländische Emittenten nicht einfach deswegen festgehalten werden, weil sonst keine inländische Notierung mehr existiert. Auch hier macht es aber einen wesentlichen Unterschied, ob das Papier wenigstens noch an einer ausländischen Börse notiert ist. Auch hier gilt jedenfalls die Zweijahresgrenze.

5) Verfahren der Geschäftsführung: Die Geschäftsführung hat bei ihrer Ent- 12 scheidung die gesellschaftsrechtlichen Voraussetzungen für den Widerruf zu prüfen (vgl für die Zulassung **(15)** BörsZulV §§ 1, 4, 5 ua), Schwark/Geiser ZHR 161 **(97)** 768, Schäfer/Hamann § 43 aF Rn 29. Gegen den Verwaltungsakt der Geschäftsführung können auch einzelne Aktionäre vorgehen (arg e II 2 iVm § 42 II VwGO, s Rn 6), sehr str, VG Ffm EWiR **02,** 953, Hellwig/Bomann ZGR **02,** 468, Groß ZHR 165 **(01)** 158 f, nach aA schützt II 2 nur die Gesamtheit der Anleger im öffentlichen Interesse. § 15 VI, wonach die Geschäftsführung nur im öffentlichen Interesse handelt, steht nicht entgegen, str, II 2 ist spezieller. Das gilt auch, wenn die Geschäftsführung sich im Rahmen der Widerrufsbestimmungen der BörsO (s Rn 5–7) hält, insoweit Inzidentkontrolle derselben. Außerdem ist Normenkontrolle der BörsO nach § 47 VwGO auf Antrag einzelner Anleger und Anlegerschutzvereinigungen möglich (II 2 iVm § 47 II VwGO), Streit ZIP **02,** 185, str.

6) Unechtes Delisting: Statt des regulären Delisting auf Antrag des Emittenten 13 nach II kommt ein unechtes Delisting („kalter" Rückzug) durch Umwandlung (Einl 19 vor § 105 HGB) in Betracht, also Verschmelzung auf eine nicht notierte Ges oder Formwechsel in eine nicht börsenfähige Rechtsform, Schwark/Heidelbach 49, Pluskat WM **02,** 833, Grenze Rechtsmissbrauch. Die börsenrechtliche Kontrolle versagt hier, gefordert ist das GesRecht; Mitwirkung der Hauptversammlung und Abfindungsangebot folgen schon aus Umwandlungsrecht, eventuelle Lücken sind durch Analogie (s Rn 3, 4) zu füllen, Hüffer AktG § 119 Rn 25. Lit: Funke 2005.

Pflichten des Emittenten

BörsG 40 (1) Der Emittent zugelassener Aktien ist verpflichtet, für später ausgegebene Aktien derselben Gattung die Zulassung zum regulierten Markt zu beantragen.

(2) Die Bundesregierung wird ermächtigt, durch Rechtsverordnung mit Zustimmung des Bundesrates Vorschriften darüber zu erlassen, wann und unter welchen Voraussetzungen die Verpflichtung nach Absatz 1 eintritt.

1   1) § 40 nF 2007 wie § 39 idF TUG 2007. § 40 aF aufgehoben durch TUG, überführt in **(16)** WpHG § 37 w nF (Halbjahresfinanzbericht). **I** regelt zT die (Zulassungsfolge)Pflichten des Emittenten zur Stellung des Zulassungsantrags auch für bestimmte spätere Aktienemissionen. Die Details regelt eine VO **(II),** s **(15)** BörsZulV § 69 nF 2007 (Zulassung später ausgegebener Aktien). Lit: Zietsch/Holzborn WM **02,** 2356, 2393, Schlitt AG **03,** 57.

Auskunftserteilung

BörsG 41 (1) Der Emittent der zugelassenen Wertpapiere sowie das Institut oder Unternehmen, das die Zulassung der Wertpapiere nach § 32 Abs. 2 Satz 1 zusammen mit dem Emittenten beantragt hat, sind verpflichtet, der Geschäftsführung aus ihrem Bereich alle Auskünfte zu erteilen, die zur ordnungsgemäßen Erfüllung ihrer Aufgaben im Hinblick auf die Zulassung und die Einführung der Wertpapiere erforderlich sind.

(2) [1]Die Geschäftsführung kann verlangen, dass der Emittent der zugelassenen Wertpapiere in angemessener Form und Frist bestimmte Auskünfte veröffentlicht, wenn dies zum Schutz des Publikums oder für einen ordnungsgemäßen Börsenhandel erforderlich ist. [2]Kommt der Emittent dem Verlangen der Geschäftsführung nicht nach, kann die Geschäftsführung nach Anhörung des Emittenten auf dessen Kosten diese Auskünfte selbst veröffentlichen.

1   1) § 41 nF wie § 41 aF. **I** regelt die Auskunftspflicht des Emittenten und der nach § 32 II 1 beteiligten Kreditinstitute ua gegenüber der Geschäftsführung, **II** das Veröffentlichungsverlangen der Geschäftsführung und eine Veröffentlichung von Amts wegen. II schließt Schadensersatzhaftung nicht aus; diese setzt ihrerseits kein Veröffentlichungsverlangen voraus.

Teilbereiche des regulierten Marktes mit besonderen Pflichten für Emittenten

BörsG 42 (1) Die Börsenordnung kann für Teilbereiche des regulierten Marktes ergänzend zu den vom Unternehmen einzureichenden Unterlagen zusätzliche Voraussetzungen für die Zulassung von Aktien oder Aktien vertretenden Zertifikate und weitere Unterrichtungspflichten des Emittenten auf Grund der Zulassung von Aktien oder Aktien vertretenden Zertifikate zum Schutz des Publikums oder für einen ordnungsgemäßen Börsenhandel vorsehen.

(2) [1]Erfüllt der Emittent auch nach einer ihm gesetzten angemessenen Frist zusätzliche Pflichten nach § 42 nicht, kann die Geschäftsführung den Emittenten aus dem entsprechenden Teilbereich des regulierten Marktes ausschließen. [2] § 25 Abs. 1 Satz 2 und 3 gilt bei Maßnahmen der Geschäftsführung nach diesem Absatz entsprechend.

Übersicht

1) Besondere Pflichten des Emittenten in Teilbereichen des regulierten Marktes (I) 1
2) Rechtsfolgen bei Verstößen (II) 2

V. Bankgeschäfte (m. Börsen- u. KapMR) **1, 2 BörsG 43 (14)**

1) Besondere Pflichten des Emittenten in Teilbereichen des regulierten 1
Marktes (I): § 42 nF 2007 (I nF entspr §§ 42, 50 III, 54 S 2 aF; II entspr § 43 aF) trägt dem Umstand Rechnung, dass im Wettbewerb der Börsen Segmente mit zusätzlichen Qualitätsstandards an Publizität sinnvoll sein können (Gütesiegeleffekt, Hopt/Baum S 399). **I** gibt deshalb die Rechtsgrundlage für die Statuierung weiterer Publizitätspflichten, zB Quartalsberichte, als Zulassungsfolgepflichten (nur) für Teilbereiche des amtlichen Marktes durch die BörsO, Quartalsberichtpflicht für Prime Standard ist wirksam, VGH Kassel WM **07,** 1264. Festlegung in der BörsO garantiert Transparenz und Mitwirkung der Börsenaufsichtsbehörde (§ 16 I, III). Zu den Teilsegmenten General Standard und Prime Standard im regulierten (früher amtlichen) Markt der Frankfurter Wertpapierbörse Schlitt AG **03,** 60, Gebhardt WM Sonderbeil 2/**03,** Spindler WM **03,** 2073.

2) Rechtsfolgen bei Verstößen (II): II enthält Rechtsfolgen bei Verstoß des 2
Emittenten gegen I. Ausschluss des Emittenten ist danach möglich, wenn der Emittent auch nach Fristsetzung zusätzliche Zulassungs- oder Zulassungsfolgepflicht nach I nicht erfüllt **(II 1).** Ausschluss ist aber nur für den betroffenen Teilbereich, nicht für den regulierten Markt insgesamt zulässig. Der Ausschluss nach II steht selbstständig neben dem Widerruf nach § 39 I aus börslichen Gründen (§ 39 Rn 1) und nach § 39 II auf Antrag des Emittenten (§ 38 Rn 2 ff). II lässt haftungsrechtliche Sanktionen unberührt. Unterrichtungs- und Veröffentlichungspflichten der Geschäftsführung wie bei Aussetzung und Einstellung nach § 25 II 2, 3 **(II 2).**

Verpflichtung des Insolvenzverwalters

BörsG 43 (1) Wird über das Vermögen eines nach diesem Gesetz zu einer Handlung Verpflichteten ein Insolvenzverfahren eröffnet, hat der Insolvenzverwalter den Schuldner bei der Erfüllung der Pflichten nach diesem Gesetz zu unterstützen, insbesondere indem er aus der Insolvenzmasse die hierfür erforderlichen Mittel bereitstellt.

(2) Wird vor Eröffnung des Insolvenzverfahrens ein vorläufiger Insolvenzverwalter bestellt, hat dieser den Schuldner bei der Erfüllung seiner Pflichten zu unterstützen, insbesondere indem er der Verwendung der Mittel durch den Verpflichteten zustimmt oder, wenn dem Verpflichteten ein allgemeines Verfügungsverbot auferlegt wurde, indem er die Mittel aus dem von ihm verwalteten Vermögen zur Verfügung stellt.

Übersicht

1) Unterstützungspflicht des Insolvenzverwalters (I) 1
2) Unterstützungspflicht des vorläufigen Insolvenzverwalters (II) 2

1) Unterstützungspflicht des Insolvenzverwalters (I): § 43 nF 2007 (wie 1
§ 42a nF TUG 2007) entspricht **(16)** WpHG § 11. § 43 stellt sicher, dass auch im Insolvenzfall die börsenrechtlichen Pflichten erfüllt werden können. Denn diese dienen dem notwendigen Informationsfluss marktrelevanter Daten. Zwar bleiben die diesbezüglichen Pflichten nach wie vor Sache des Emittenten. Aber der Insolvenzverwalter muss ihn bei der Erfüllung dieser Pflichten unterstützen, insbesondere (aber nicht nur) indem er aus der Insolvenzmasse die hierfür erforderlichen Mittel bereitstellt, soweit die organschaftlichen Vertreter des Emittenten keinen Zugriff auf entsprechende Mittel haben **(I).** Eigene Meldepflichten des Insolvenzverwalters begründet § 43 nicht, Grund: Vermeidung weiterer Haftungsrisiken. Denkbar ist, dass der Insolvenzverwalter auf Grund seiner Verwaltung des Schuldnervermögens einen Informationsvorsprung vor dem Schuldner hat. Dann muss er dem Schuldner die zur Erfüllung seiner kapitalmarktrechtlichen Pflichten notwendigen Informationen weiterleiten (RegE TUG). Die Norm wurde notwendig infolge einer restriktiven Entscheidung des BVerwG WM **05,** 1655.

2) Unterstützungspflicht des vorläufigen Insolvenzverwalters (II): Dieselbe 2
Verpflichtung hat der vorläufige Insolvenzverwalter. Er muss insbesondere der Verwen-

dung der Mittel durch den Verpflichteten zustimmen oder, wenn dem Verpflichteten ein allgemeines Verfügungsverbot auferlegt wurde, die Mittelaus dem von ihm verwalteten Vermögen zur Verfügung stellen.

Unrichtiger Wertpapierprospekt

BörsG 44 (1) [1]Der Erwerber von Wertpapieren, die auf Grund eines Prospekts zum Börsenhandel zugelassen sind, in dem für die Beurteilung der Wertpapiere wesentliche Angaben unrichtig oder unvollständig sind, kann
1. von denjenigen, die für den Prospekt die Verantwortung übernommen haben und
2. von denjenigen, von denen der Erlass des Prospekts ausgeht, als Gesamtschuldnern die Übernahme der Wertpapiere gegen Erstattung des Erwerbspreises, soweit dieser den ersten Ausgabepreis der Wertpapiere nicht überschreitet, und der mit dem Erwerb verbundenen üblichen Kosten verlangen, sofern das Erwerbsgeschäft nach Veröffentlichung des Prospekts und innerhalb von sechs Monaten nach erstmaliger Einführung der Wertpapiere abgeschlossen wurde.

[2]Ist ein Ausgabepreis nicht festgelegt, gilt als Ausgabepreis der erste nach Einführung der Wertpapiere festgestellte oder gebildete Börsenpreis, im Falle gleichzeitiger Feststellung oder Bildung an mehreren inländischen Börsen der höchste erste Börsenpreis. [3]Auf den Erwerb von Wertpapieren desselben Emittenten, die von den in Satz 1 genannten Wertpapieren nicht nach Ausstattungsmerkmalen oder in sonstiger Weise unterschieden werden können, sind die Sätze 1 und 2 entsprechend anzuwenden.

(2) [1]Ist der Erwerber nicht mehr Inhaber der Wertpapiere, so kann er die Zahlung des Unterschiedsbetrags zwischen dem Erwerbspreis, soweit dieser den ersten Ausgabepreis nicht überschreitet, und dem Veräußerungspreis der Wertpapiere sowie der mit dem Erwerb und der Veräußerung verbundenen üblichen Kosten verlangen. [2]Absatz 1 Satz 2 und 3 ist anzuwenden.

(3) Sind Wertpapiere eines Emittenten mit Sitz im Ausland auch im Ausland zum Börsenhandel zugelassen, besteht ein Anspruch nach Absatz 1 oder 2 nur, sofern die Wertpapiere auf Grund eines im Inland abgeschlossenen Geschäfts oder einer ganz oder teilweise im Inland erbrachten Wertpapierdienstleistung erworben wurden.

(4) Einem Prospekt steht eine schriftliche Darstellung gleich, auf Grund deren Veröffentlichung der Emittent von der Pflicht zur Veröffentlichung eines Prospekts befreit wurde.

Übersicht

1) Rechtsnatur der Börsenprospekthaftung, Reformen 1998, 2005, Finanzmarktrichtlinie-Umsetzungsgesetz 2007 1–2
   A. Rechtsnatur der Börsenprospekthaftung 1
   B. Reformen 1998, 2005 und Finanzmarktrichtlinie-Umsetzungsgesetz 2007 2
2) Prospekthaftpflichtige 3–5
   A. Prospekterlasser (I 1 Nr 1) 3
   B. Prospektveranlasser (I 1 Nr 2) 4
   C. Verhältnis zur aktienrechtlichen Kapitalerhaltung 5
3) Unrichtigkeit oder Unvollständigkeit des Prospekts 6–7
   A. Prospekt (I, IV) 6
   B. Richtigkeit und Vollständigkeit des Prospekts 7
4) Anspruchsberechtigte 8–9
   A. Erwerber junger Stücke (I 1, 3) 8
   B. Sechsmonatsgrenze (I 1 letzter Halbsatz) 9
5) Ersatzfähiger Schaden (I 1, 2, II) 10–11
   A. Ersatzfähiger Schaden (I 1, 2) 10
   B. Ersatzfähiger Schaden bei Veräußerung (II) 11
6) Auslandsgeschäft (III) 12

V. Bankgeschäfte (m. Börsen- u. KapMR) 1–3 **BörsG 44 (14)**

1) Rechtsnatur der Börsenprospekthaftung, Reformen 1998, 2005, Finanz- 1
marktrichtlinie-Umsetzungsgesetz 2007. A. Rechtsnatur der Börsenprospekthaftung: §§ 44–47 nF 4. FinanzmarktfördG 2002 nahezu unverändert wie §§ 44–48 aF 3. FinanzmarktfördG 1998, § 45 II Nr 5 idF ProspRiUmsetzG 2005 (Einl 16 vor § 1), von FinanzmarktRiUmsetzG 2007 unverändert. §§ 44 ff enthalten eine spezialgesetzliche Prospekthaftung für Börsenprospekt; andere Prospekthaftungen und weitergehende Ansprüche § 47 Rn 2 ff. Ihrer Rechtsnatur nach ist die Prospekthaftung ein kapitalmarktrechtlicher Unterfall der Vertrauens- und Berufshaftung (Anh § 177 a Rn 62), BGHFSWissII/Hopt **00,** 524, Schwark/Schwark §§ 44, 45 Rn 7, vgl BGH NJW **03,** 2384 (zu AVB).

B. Reformen 1998, 2005 und Finanzmarktrichtlinie-Umsetzungsgesetz 2
2007: Die aF bis 1998 (s 29. Aufl, Übergangsrecht § 97 VI bis höchstens 31. 3. 2003) war in vielen Einzelpunkten veraltet, ua nur bei Besitzer, auch nicht bei Notverkauf, Ffm WM **97,** 361, Beschränkung auf Börsenzulassung unter Ausschluss zB von Bezugsangeboten, BGH NJW **82,** 2828; Ursachenzusammenhang zwischen Prospekt und Erwerb, BGH NJW **82,** 2827; Schutz nur für Käufer der auf Grund des Prospekts zugelassenen „jungen" Stücke; grobe Fahrlässigkeit bzw bei Unvollständigkeit des Prospekts Böslichkeit. Erfahrungen steht aber noch aus. **Reform 2005:** Zum Prospekt nach EG-ProspektRi und **WpPG** 22. 6. 05 BGBl 1698 s Einl 16 vor § 1 mit Lit. Zu § 44 a idF **KapInHaG-E** s Einl 17, 18 vor § 1. **FinanzmarktRiUmsetzG 2007:** Im neuen BörsG sind die §§ 44–47 unverändert geblieben bis auf die offizielle Paragraphenüberschrift zu § 44, nunmehr: Unrichtiger Wertpapier- statt Börsenprospekt. Die Neubezeichnung ändert in der Sache nichts, da nach wie vor nur Wertpapiere betroffen sind, die auf Grund eines Prospekts zum Börsenhandel zugelassen sind (§ 44 I 1). Im Folgenden wird deshalb der Ausdruck Börsenprospekt beibehalten. Die frühere, wenig bedeutsame Unterscheidung zwischen Börsenprospekt und Unternehmensbericht (§ 55 aF, s 32. Aufl) ist weggefallen, das FinanzmarktRiUmsetzG hat den früheren amtlichen und regulierten Markt integriert (§ 32 Rn 1). Bei Wertpapierprospekten iSv WpPG für Wertpapiere, die nicht zum Handel an einer inländischen Börsen zugelassen sind, folgt die Prospekthaftung aus §§ 13 ff VerkProspG (systemwidrig nicht aus WpPG). Die Reform 1998 hat im Anschluss an die neuere Rspr (seit BuM-Urteilen 1982) zwar wesentliche Verbesserungen gebracht, die überfällige Abstimmung mit der allgemein zivilrechtlichen Prospekthaftung (§ 47 Rn 4) unter Berücksichtigung der ausländischen Erfahrungen steht aber noch aus.

Lit: Assmann 1985; Hopt, Verantwortlichkeit der Banken bei Emissionen 1991, Rn 141 ff; Siebel, Rechtsfragen internationaler Anleihen, 1997 S 731; Assmann/Schütze/Assmann, HdbKapitalanlagerecht, 2. Aufl 1997 § 7; Gebauer 1999; Ellenberger 2001; Gerber 2001; Floer 2002 (IPR); Hopt/Voigt, Prospekt- und Kapitalmarktinformationshaftung, 2005; Fleischer DJTGA 64/**02** (Anlegerschutz), Schwark FS Raisch **95,** 269 (Kapitalerhaltung in AG), Grundmann/Selbherr WM **96,** 985; nach dem 3. FinanzmarktfördG: Schäfer/Hamann §§ 45 ff (aF), Groß, Kapitalmarktrechtrecht 2. Aufl 2002, §§ 45 ff (aF) BörsG; Hopt FS Drobnig **98,** 525, Sittmann NZG **98,** 490 u NJW **98,** 3761, Krämer/Baudisch WM **98,** 1161, Ellenberger FS Schimansky **99,** 591, Kort AG **99,** 9, Groß AG **99,** 199, Bischoff AG **02,** 489 (IPR), Fleischer/Kalss AG **02,** 329, Meyer WM **03,** 1301, 1349 (Reform), Hopt/Voigt WM **04,** 1801, Ehricke in Hopt/Voigt 2005, S 187 (umfassend), Krämer in Marsch-Barner/Schäfer, Hdb börsennotierte AG 2005 § 9, Mülbert/Steup in Habersack/Mülbert/Schlitt, Unternehmensfinanzierung 2005, § 26, Zimmer/Binder WM **05,** 577 (KapInHaG). **RsprÜbersicht:** Assmann FS Kübler **97,** 317, BGHFSWissII/Hopt **00,** 497 (Kapitalmarktrecht mit Prospekthaftung).

2) Prospekthaftpflichtige: A. **Prospekterlasser (I 1 Nr 1):** Börsenprospekt- 3
haftpflichtig (Anspruchsgegner) sind diejenigen, die für den Prospekt die Verantwortung übernommen haben (sachlich gleich früher: ihn erlassen) haben. Schon nach aF war Prospekterlasser, wer nach außen erkennbar die Verantwortung übernimmt. Das ist außer dem Emittenten nicht ihm Prospekt als Verantwortliche aufgeführten Personen (§ 30 II) das emissionsbegleitende Institut bzw Unternehmen (§ 32 Rdn 3), einerlei ob es als Mitverfasser des Prospekts auftritt oder dort als mitverantwortlich aufgeführt

ist, BGH **139**, 229; auch wenn der Emittent den Zulassungsantrag allein stellt (§§ 32 II 3). Prospekterlasser ist jedenfalls die konsortialführende Bank, Ffm WM **94**, 298, aber auch die übrigen Konsortialbanken ohne Rücksicht auf das Konsortialinnenverhältnis (aber Differenzierung beim Verschulden, § 45 Rn 1, bloße Plausibilitätskontrolle genügt aber nicht, str), Hopt Verantwortlichkeit Rn 118, Schwark FS Hadding **04**, 1122, anders bei reinen Innenkonsortien und Unterbeteiligungen, dann aber uU allgemein zivilrechtliche Prospekthaftung (§ 47 Rn 4), Groß AG **99**, 201. **Wirtschaftsprüfer** haften für die von ihnen verantworteten Teile nach I 1 Nr 1, Schwark FS Hadding **04**, 1126, aA hL, wohl auch noch Schwark/Schwark §§ 44, 45 Rn 12, Grund: keine Übernahme der Gesamtverantwortung, de lege lata Assmann AG **04**, 435 (aber zivilrechtliche Prospekthaftung, dort nur anteilig, Anh § 177 a Rn 64); das kann auf andere im Prospekt für bestimmte Angaben benannte **berufliche Sachkenner** ausgedehnt werden, Schwark FS Hadding **04**, 1127, aA hL, dann aber Rn 4. Zum Umfang ihrer Verantwortung s IDW PS 910 4/**04** Grundsätze für die Erteilung eines **Comfort Letter** (§ 316 Rn 5), IDW PS 910, WPg **04**, 342, Meyer WM **03**, 1745. Alle Prospekthaftungspflichtigen haften als **Gesamtschuldner** (§§ 421 ff BGB) unabhängig vom Innenverhältnis.

4   B. **Prospektveranlasser (I 1 Nr 2):** Für den Prospekt haften auch diejenigen, von denen der Erlass ausgeht, ohne dass sie nach außen die Verantwortung übernommen haben. Das sind die tatsächlichen Urheber des Prospekts, die typischerweise ein eigenes wirtschaftliches Interesse an der Emission haben (RegE 3. FinanzmarktfördG). In Frage kommen zB Konzernmutter, die auf Börsengang und Prospekt der Tochter maßgeblichen Einfluss genommen hat, aA RegE: bloße Veranlassung; eine Bank, die bei einer problematischen Emission eine andere vorgeschoben hat; uU auch Inhaber, Vorstandsmitglieder (Finanzvorstand) und andere Drahtzieher, Schwark §§ 45, 46 aF Rn 7, zB bei persönlicher Information durch Organvertreter gegenüber Anlageinteressenten, BGH WM **08**, 1545 m Anm Mülbert/Leuschner JZ **09**, 158. Dabei ist aber darauf zu achten, dass es nicht zu einer allgemeinen Durchgriffshaftung auf Konzernmütter, Inhaber und Organe kommt; bloßes persönliches Interesse genügt nicht, vgl die zutr Rspr zum Durchgriff (§ 172 a Rn 40) und zur Eigenhaftung des Vertreters (Überbl 9 vor § 48 HGB). An der Prospekterstellung mitwirkende Wirtschaftsprüfer und andere berufliche Sachkenner haften, wenn man der hL folgt (Rn 3), jedenfalls bei Garantenstellung nach der zivilrechtlichen Prospekthaftung (s Anh § 177 a Rn 63, 64).

5   C. **Verhältnis zur aktienrechtlichen Kapitalerhaltung:** Die emittierende AG wird nicht durch die aktienrechtlichen Kapitalschutzregeln (§§ 57 I 1, 71 ff AktG) vor der Börsenprospekthaftung geschützt, §§ 44 ff enthalten insoweit abschließende Spezialregelungen, die diesen Vorschriften vorgehen (ausdrücklich RegE BTDrucks 13/8933 S. 78), LG Ffm WM **98**, 1185, Ffm AG **00**, 134 zur aF. Kein Unterschied mehr zwischen Zeichnungs- und Umsatzerwerb, Groß §§ 45, 46 Rn 7, aA RG **71**, 99, str, anders wohl Schwark/Schwark §§ 44, 45 Rn 13; sonst auch erhebliche Unsicherheiten in der Abgrenzung. Diese klare Entscheidung einer früher höchst strittigen Rechtsfrage kann auch nicht dadurch unterlaufen werden, dass die aktienrechtlichen Schranken des zulässigen Erwerbs eigener Aktien (10%-Grenze, Kapitalgrenze, § 71 II 1, 2 AktG) analog angewandt werden, aA Schäfer/Hamann §§ 45, 46 aF Rn 48. Der Vorstand muss vielmehr die Aktien gegen Erstattung des Erwerbspreises übernehmen und analog § 71 c I AktG innerhalb eines Jahres nach ihrem Erwerb veräußern. Lit: Gebauer 1999; Schwark FS Raisch **95**, 269.

6   **3) Unrichtigkeit oder Unvollständigkeit des Prospekts:** A. **Prospekt (I, IV):** Prospekt ist der Prospekt, auf Grund dessen die Wertpapiere zum Börsenhandel zugelassen sind (I 1). Dem steht nach **IV** nF eine **schriftliche Darstellung** gleich, auf Grund derer der Emittent **von** der Pflicht zur **Prospekt**veröffentlichung **befreit** wurde, Assmann AG **96**, 508 (aF). Informationsmemoranden können je nach Einsatz Prospekte darstellen, Groß AG **99**, 200. Vorhergehende Bezugsangebote (§ 186 V 2 AktG) sind keine Prospekte, str. Erstreckung auch auf andere schriftliche Veröffentlichungen, zB Anzeigen, Pressevorveröffentlichungen ua ist de lege lata ausgeschlossen (anders bei zivilrechtlicher Prospekthaftung, § 47 Rn 4), Schwark/Schwark §§ 44, 45 Rn 16.

V. Bankgeschäfte (m. Börsen- u. KapMR) 7, 8 **BörsG 44 (14)**

B. **Richtigkeit und Vollständigkeit des Prospekts:** Entscheidend ist, ob eine 7 vorhandene oder fehlende Angabe für die Anlageentscheidung **wesentlich** ist, Ffm WM **94,** 291. Das ist unabhängig von § 36 III Nr 2 aF, § 5 I WpPG zu beurteilen. Der Prospekt kann unrichtig sein zB bei Verstoß gegen zwingendes Bilanzrecht oder gegen das Aktualitätsgebot; unrichtige Angabe der Zahlstelle ist iZw unwesentlich. Unvollständigkeit ist, obschon Unterfall der Unrichtigkeit, wegen praktischer Bedeutung besonders aufgeführt (vgl § 347 Rn 25), Bsp: Hinweis auf Anfechtungsklage gegen Kapitalerhöhungsbeschluss, auf dem die Emission neuer Aktien beruht, BGH **139,** 226, Hinweis auf ungesicherte Großforderung der Ges, Ffm AG **00,** 133. Hinweis auf negative Wirtschaftspresse ist nicht nötig, auf negative Ratings jedenfalls nicht generell, str. Bei Übernahme von Angaben sachverständiger Dritter braucht deren Namen nicht unbedingt angegeben zu werden, str. Billigung der Geschäftsführung steht nicht entgegen, ebenso wenig Zulassung, Ffm WM **94,** 297. Entscheidend ist außer den Einzeltatsachen der dem (nicht besonders fachkundigen) **Durchschnittsanleger** vermittelte **Gesamteindruck;** objektiv unberechtigte Erfolgserwartungen dürfen nicht erweckt werden; die genaue Höhe der Betriebsverluste braucht die Emissionsbank aber idR nicht zu offenbaren; BGH NJW **82,** 2826, Düss WM **84,** 586, Ffm AG **00,** 132, AG **04,** 267, WM **04,** 1835, AG **05,** 851; Insiderinformationen s § 347 HGB Rn 31, Prospektwahrheit hat Vorrang. Die Möglichkeiten zur Verbesserung des Bilanzbilds dürfen zwar ausgeschöpft werden, doch kann dann doch der Gesamteindruck unrichtig werden, Schwark/Schwark §§ 44, 45 Rn 30. Die Möglichkeiten zur Verbesserung des Bilanzbilds dürfen zwar ausgeschöpft werden, doch kann dann doch der Gesamteindruck unrichtig werden, Schwark/Schwark §§ 44, 45 Rn 26. Unter § 44 fallen nicht nur Tatsachenbehauptungen, sondern auch wertende Angaben, BGH NJW **82,** 2826, str. Die Emissionsbank haftet dafür, dass Werturteile und Prognosen ausreichend durch Tatsachen gestützt und kaufmännisch vertretbar sind, BGH NJW **82,** 2826. Die Emissionsbank darf sich bei Überprüfung des Prospekts idR auf das Prüfungsergebnis des Wirtschaftsprüfers verlassen; anders wenn berechtigte Zweifel nahe liegen, BGH **139,** 223, Hopt Verantwortlichkeit § 7 II (vgl § 347 Rn 27), Schäfer/Hamann §§ 45, 46 aF Rn 103 ff. Richtigkeit und Vollständigkeit des Prospekts nötigen nicht zur Schwarzmalerei. Der Prospekt kann unrichtig bzw unvollständig geworden sein, dann kommt **Berichtigungspflicht,** idR durch Prospektnachtrag, in Betracht, BGH **139,** 225, Hopt, Verantwortlichkeit § 8 I, auch berufliche Sachkenner, Assmann AG **04,** 441; nach üL nur bis zum Ablauf der Zeichnungsfrist, Ffm WM **04,** 1831, bis zum Beginn der Notierung, Schwark/Schwark §§ 44, 45 Rn 29, Groß §§ 45, 46 Rn 34 b, richtiger bis zur Sechsmonatsgrenze des I 1 letzter Halbs, Assmann FS Ulmer **03,** 757, Ellenberger EWiR **03,** 410; auf jeden Fall aber Ad-hoc-Publizität nach **(16)** WpHG § 15 mit Haftung (s **(16)** WpHG Einl 12 vor § 1). **Nachtragspflicht** s § 16 WpPG, auch Verstoß dagegen fällt unter §§ 44 ff (vgl § 347 Rn 28). Zum Verschulden (Entlastungsbeweis bei einfacher Fahrlässigkeit) s § 45 Rn 1. Lit: Fleischer AG **06,** 7 (Prognosen), Veil AG **06,** 690 (Prognosen).

4) **Anspruchsberechtigte:** A. **Erwerber junger Stücke (I 1, 3):** Anspruchs- 8 berechtigt sind alle Erwerber von Wertpapieren, die auf Grund des Prospekts zum Börsenhandel zugelassen sind. Anspruchsberechtigt sind danach **nur Erwerber von jungen Stücken,** nicht von alten Stücken (Wertpapiere derselben Gattung, die bereits am Markt waren), fragwürdig, vgl BGH NJW **82,** 2828, **86,** 840, Ffm WM **97,** 361, **aber** gemildert durch **I 3,** wonach Wertpapiere desselben Emittenten, also **alte Stücke,** die von den jungen Stücken **nicht** nach Ausstattungsmerkmalen oder sonst **unterschieden** werden können, zB durch WPKennnummer, **gleichstehen.** Die Erwerber unterscheidbarer echter Stücke bleiben so Unrecht auch ohne ungeschützt, wenn sie auf Grund der durch den Prospekt kreierten Anlagestimmung (§ 45 Rn 2) erworben haben. Haftungsbegründende **Kausalität** zwischen Prospekt und (späterem) Kaufentschluss des Anlegers ist, wie § 45 II Nr 1 zeigt, notwendig, wird aber für die Dauer der **Anlagestimmung** (s auch § 45 Rn 2) widerleglich vermutet, der Anleger braucht den Prospekt also nicht gekannt zu haben, BGH **139,** 233, NJW **82,** 2826, Düss WM **84,** 596, Ffm WM **94,** 298, **96,** 1216. Anscheinsbeweis bei Anlagestimmung ist aber nicht auf die Haftung für fehlerhafte ad-hoc-Mitteilungen nach § 826

BGB übertragbar, BGH **160,** 134, NJW **04,** 2668 (Infomatec), WM **08,** 395, 398 (Comroad), s **(16)** WpHG Einl 13 vor § 1. Haftungsausfüllende Kausalität s § 45 II Nr 2. Nur entgeltlicher Erwerb soll erfasst sein, sonst fehle es am Erwerbspreis iSv I 1, II (so RegE 3. FinanzmarktfördG), aber nicht überzeugend, auch Beschenkter kann geschädigt sein, statt Erwerbspreis Börsen- bzw Marktpreis im Schenkungszeitpunkt, str. Börslicher ebenso wie außerbörslicher Erwerb. Ersterwerber und spätere Erwerber (dann II) sind geschützt, was zu einer Haftung über den Emissionsgesamtbetrag hinaus führen kann. Gläubigergesamtheiten, etwa bei Girosammelverwahrung, s Hopt Verantwortlichkeit S 74; die Fragen dazu sind durch II nur teilweise erledigt, str. Zu Bookbuilding und Bezugsrechtsangeboten Schwark/Schwark §§ 44, 45 Rn 36. Lit: Klühs BKR **08,** 154 (alte Stücke), Langenbucher FS K. Schmidt **09,** 1053 (Anlagestimmung).

9   B. **Sechsmonatsgrenze** (I 1 letzter Halbsatz): Anspruchsberechtigt sind nur diejenigen Erwerber, die ihr Erwerbsgeschäft (schuldrechtliches Geschäft, Übereignung kann nachfolgen) nach Veröffentlichung des Prospekts und innerhalb von sechs Monaten nach erstmaliger Einführung der Wertpapiere abgeschlossen haben. Die Börsenprospekthaftung ist damit auf ein kurzes, idR unter 6 Monaten liegendes **Haftungsfenster** eingeschränkt, BGH **160,** 145 (Infomatec). Damit wird nicht nur zutr die Dauer der Anlagestimmung (§ 45 Rn 2) begrenzt, sondern dem Anleger auch der Gegenbeweis tatsächlicher Kausalität bei späterem Erwerb abgeschnitten. Die Grenze des I 1 letzter Halbs ist streng von der Verjährung nach § 46 zu unterscheiden.

10 **5) Ersatzfähiger Schaden (I 1, 2, II):** A. **Ersatzfähiger Schaden (I 1, 2):** Der Erwerber kann nur die Übernahme des Wertpapiers Zug um Zug gegen Erstattung des tatsächlichen Erwerbspreises (auch über Marktpreis, aber nicht höher als der erste Ausgabepreis, zu diesem **I 2**) und der mit dem Erwerb verbundenen üblichen Kosten verlangen (vgl aF Ersetzungsbefugnis). Diese Abweichung von allgemeinem Schadensersatzrecht ist trotz möglicher Preisschwankungen am Markt fragwürdig, Bsp: weit unter pari erworbene Anleihen, etwa Nullkuponanleihen wegen der Steuerfreiheit von Kursgewinnen. Sie kann keinesfalls auf die allgemein zivilrechtliche Prospekthaftung übertragen werden (§ 47 Rn 4, § 347 Rn 35). Bestehen auf Erstattung verfallener Optionsscheine wäre rechtsmissbräuchlich. Entgangener Gewinn (§ 252 BGB) ist nicht ersatzfähig (anders aF). Mitverschulden nach **§ 254 BGB** liegt idR nicht schon darin, dass der Erwerber sich bei Kursverfall nicht schon vor Ablauf der kurzen Verjährungsfrist von einem Jahr (§ 46) beim Prospekthaftpflichtigen meldet, im Einzelfall kann das anders sein, str vgl (offen) RG **80,** 202.

11 B. **Ersatzfähiger Schaden bei Veräußerung der Wertpapiere (II):** Der Erwerber, der nicht mehr Inhaber der Wertpapiers ist (nach aF schutzlos), einerlei ob auf Grund von Veräußerung oder Ausübung des Erwerbsrechts bei Optionsschein oder Wandelschuldverschreibung, hat nur noch Anspruch auf die Differenz zwischen dem Erwerbspreis (nicht höher als der erste Ausgabepreis, s Rn 10) und dem Veräußerungspreis nebst üblichen Erwerbs- und Veräußerungskosten. Bei Optionsscheinen Differenz zwischen Marktpreis des erworbenen Optionsgegenstands im Zeitpunkt der Rechtsausübung und Options- oder Bezugspreis. Mangels Besitzerfordernisses wie nach aF auch bei Verlust der Wertpapiere, dann statt Veräußerungs-Marktpreis zum Zeitpunkt der Verlusts. § 254 BGB bleibt anwendbar, zB Veräußerung unter Börsenpreis (RegE 3. FinanzmarktfördG), aber idR nicht schon bei Zuwarten mit Verkauf bei sinkenden Kursen bis zur Verjährung (s Rn 10), Ellenberger FS Schimansky **99,** 606, Fleischer/Kalss AG **02,** 334, str.

12 **6) Auslandsgeschäft (III):** Die Haftung besteht bei Wertpapieren eines Emittenten mit Sitz im Ausland bei in- und ausländischer Notierung (nicht nur Freiverkehr) **nur bei Inlandsbezug,** nämlich wenn die Wertpapiere auf Grund eines im Inland geschlossenen Geschäfts oder einer ganz oder teilweise im Inland erbrachten WPDienstleistung (s **(16)** WpHG § 2 III), also im wesentlichen Effektengeschäft und WPVermögensverwaltung, erworben wurden. III wird teils als Sachnorm, teils als (einseitige, teils als allseitige) Kollisionsnorm, teils als beides verstanden. Anwendbar ist Deliktsstatut (Art 40 EGBGB), besser Anknüpfung an Plazierungsmarkt, auch wenn

Prospekthaftung als Vertrauenshaftung angesehen wird. Lit zum IPR Schwark/ Schwark §§ 44, 45 Rn 38 ff, Schäfer/Hamann §§ 45, 46 aF Rn 33; Grundmann RabelsZ 54 **(90)** 283; Hopt FS Lorenz **91,** 413 (Prospekthaftung); Bischoff AG **02,** 489; Kuntz WM **07,** 432, Oulds WM **08,** 1575, Weber WM **08,** 1581 (Rom II).

Haftungsausschluss

BörsG 45 (1) Nach § 44 kann nicht in Anspruch genommen werden, wer nachweist, dass er die Unrichtigkeit oder Unvollständigkeit der Angaben des Prospekts nicht gekannt hat und die Unkenntnis nicht auf grober Fahrlässigkeit beruht.

(2) Der Anspruch nach § 44 besteht nicht, sofern
1. die Wertpapiere nicht auf Grund des Prospekts erworben wurden,
2. der Sachverhalt, über den unrichtige oder unvollständige Angaben im Prospekt enthalten sind, nicht zu einer Minderung des Börsenpreises der Wertpapiere beigetragen hat,
3. der Erwerber die Unrichtigkeit oder Unvollständigkeit der Angaben des Prospekts bei dem Erwerb kannte,
4. vor dem Abschluss des Erwerbsgeschäfts im Rahmen des Jahresabschlusses oder Zwischenberichts des Emittenten, einer Veröffentlichung nach § 15 des Wertpapierhandelsgesetzes oder einer vergleichbaren Bekanntmachung eine deutlich gestaltete Berichtigung der unrichtigen oder unvollständigen Angaben im Inland veröffentlicht wurde oder
5. er sich ausschließlich auf Grund von Angaben in der Zusammenfassung oder einer Übersetzung ergibt, es sei denn, die Zusammenfassung ist irreführend, unrichtig oder widersprüchlich, wenn sie zusammen mit den anderen Teilen des Prospekts gelesen wird.

Übersicht

1) Entlastungsbeweis bei leichter Fahrlässigkeit (I) 1
2) Gesetzliche Haftungsausschlüsse (II Nr 1–5) 2–6

1) Entlastungsbeweis bei leichter Fahrlässigkeit (I): § 45 nF 4. Finanzmarkt- 1 FördG 2002, von FinanzmarktRiUmsetzG 2007 unverändert, wie § 46 aF, seinerseits nF 3. FinanzmarktfördG 1998; II Nr 5 idF ProspRiUmsetzG 2005 (Einl 16 vor § 1). I schränkt die allgemeine Verschuldenshaftung auf Kenntnis oder **grobfahrlässige Unkenntnis** ohne Unterschied zwischen Unrichtigkeit oder Unvollständigkeit der Prospektangaben (anders aF) ein. Letztere kann auch unbewusst sein, BGH **139,** 225 (zu aF). Die Beschränkung auf grobe Fahrlässigkeit, aA europarechtswidrig Grundmann/Selbherr WM **96,** 987, ist rechtspolitisch fragwürdig und jedenfalls nicht analog anwendbar auf die allgemeine Prospekthaftung (§ 47 Rn 4, § 347 HGB Rn 34). Was beim Emittenten grob fahrlässig ist, kann beim Emissionsbegleiter nur leicht fahrlässig sein; ähnlich Konsortialführer und Konsorten (§ 44 Rn 3), Groß §§ 45, 46 aF Rn 48. Der Prospekthaftpflichtige muss sich entlasten (Beweislastumkehr, vgl § 347 HGB Rn 37), BGH **160,** 147 (Infomatec), Folge: Dokumentationslast (vgl § 347 HGB Rn 26). Lit zu § 45 Hopt FS Drobnig **98,** 530.

2) Gesetzliche Haftungsausschlüsse (II Nr 1–5) A. **II Nr 1:** Die Haftung 2 nach § 44 ist ausgeschlossen für **nicht auf Grund des Prospekts erworbene Wertpapiere** (haftungsbegründende Kausalität, § 44 Rn 8). Erwerber alter Stücke bleiben also wie schon nach I aF ungeschützt, auch wenn sie auf Grund der Anlagestimmung erworben haben, BGH NJW **82,** 2827, **86,** 840. Abhilfe durch die allgemeine zivilrechtliche Prospekthaftung ist hier problematisch (§ 47 Rn 2). **Auf Grund des Prospekts erworben** bedeutet nicht, dass der Anleger den Prospekt gelesen oder auch nur gesehen haben muss; Erwerb auf Grund der durch den Prospekt begründeten Anlagestimmung genügt, insoweit und innerhalb der Sechsmonatsgrenze (§ 44 I 1 letztes Halbs, § 44 Rn 9) ist die Rspr zur **Anlagestimmung** (§ 44 Rn 8) weiterhin bedeutsam, aA wohl BGH **160,** 146 (Infomatec), s **(16)** WpHG Einl 13 vor § 1. Gegenbeweis nach II Nr 1 wird deshalb selten praktisch, aber zB bei Order der Wertpapiere vor Vorliegen des Prospekts, Ffm ZIP 97, 1105. Die Anlagestimmung kann auch durch einen Kurssturz oder durch einen negativen Jahresabschluss überlagert werden, vgl Ffm WM **96**, 1219 (aF), aber damit ist jedenfalls mangels Kenntnis des Erwerbers davon nach neuem Recht noch kein Gegenbeweis geführt, aA Groß §§ 45, 46 aF Rn 39, Kort AG **99**, 13. Berichtigung s Rn 5. **Beweislastumkehr** bei **II Nr 1–5** wie nach I.

3 B. **II Nr 2:** II Nr 2 betrifft die **haftungsausfüllende Kausalität** (haftungsbegründende s Rn 2). Ein Anspruch scheidet aus, wenn der Sachverhalt, über den der Prospekt unzutreffende Angaben enthält, nicht zu einer Minderung des Börsenpreises beigetragen hat, dann fehlt es schon nach allgemeinen Regeln an **(Mit-)Ursächlichkeit.** Bsp (RegE 3. FinanzmarktfördG: Anleger erwirbt in Kenntnis der zwischenzeitigen Insolvenz des Emittenten zu einem erheblich verminderten Börsenpreis. Vgl Ffm WM **96**, 1216 (aF).

4 C. **II Nr 3:** Die Haftung entfällt (nur) bei **Kenntnis des Erwerbers** von der Unrichtigkeit oder Unvollständigkeit des Prospekts. Damit schadet selbst grobfahrlässiges Mitverschulden entgegen § 254 BGB nicht, fragwürdig und jedenfalls auf die allgemein zivilrechtliche Prospekthaftung nicht übertragbar (§ 47 Rn 4, § 347 Rn 36). Spekulationsabsicht ist unter II Nr 3 irrelevant, Ffm WM **96**, 298 (aF). Durch II Nr 3 wird aber nicht Mitverschulden bezüglich des Schadens ausgeschlossen (§ 44 Rn 10 f).

5 D. **II Nr 4:** Ein unrichtiger oder unvollständiger Prospekt kann berichtigt werden mit der Folge, dass für Wertpapiere, die **nach der Berichtigung** erworben werden, die Prospekthaftung entfällt. Bereits entstandene Prospekthaftungsansprüche bleiben unberührt. Auf den Nachweis der Kenntnis des Erwerbers von der Berichtigung verzichtet II Nr 4 ebenso wie auf den Nachweis der Kenntnis des Erwerbers vom Prospekt (s Rn 2). Diese Parallelität geht zu Lasten des Geschädigten und ist nur als typisierend denkbar akzeptabel, weil eine wesentliche Berichtigung sich unabhängig von individueller Kenntnis idR auf den Marktpreis auswirken wird. Berichtigung kann im Jahresabschluss, Zwischenbericht, Ad-hoc-Meldung nach **(16)** WpHG § 15 oder einer vergleichbaren Bekanntmachung erfolgen. Nicht vorgeschrieben sind darüberhinaus Form und Ort der Berichtigung und Hinweis auf die ursprüngliche Unrichtigkeit bzw Unvollständigkeit. Die Berichtigung muss aber deutlich und für den Anleger unmissverständlich sein, Kort AG **99**, 15.

6 E. **II Nr 5:** II Nr 5 idF ProspRiUmsetzG 2005 (Einl 15 vor § 1) setzt fast wörtlich Art 6 II EG-ProspektRi um. Danach darf niemand lediglich auf Grund der Zusammenfassung einschließlich einer Übersetzung davon haften, es sei denn, die Zusammenfassung ist irreführend, unrichtig oder widersprüchlich, wenn sie zusammen mit den anderen Teilen des Prospekts gelesen wird. Das ist angesichts der in einer Zusammenfassung und ihrer Übersetzung liegenden Verkürzungsrisiken sachgerecht.

Verjährung

BörsG 46 Der Anspruch nach § 44 verjährt in einem Jahr seit dem Zeitpunkt, zu dem der Erwerber von der Unrichtigkeit oder Unvollständigkeit der Angaben des Prospekts Kenntnis erlangt hat, spätestens jedoch in drei Jahren seit der Veröffentlichung des Prospekts.

1 § 46 nF 4. FinanzmarktFördG 2002, von FinanzmarktRiUmsetzG 2007 unverändert, wie § 47 aF. Der Anspruch nach § 44 BörsG verjährt **in einem Jahr** (nach aF in sechs Monaten) seit dem Zeitpunkt, in dem der Erwerber von der Unrichtigkeit oder Unvollständigkeit der Angaben des Prospekts **Kenntnis erlangt** hat, **spätestens** aber **in drei Jahren** seit Veröffentlichung des Prospekts (zu unterscheiden von der Sechsmonatsgrenze in § 44 I 1, dort Rn 9). Beides entspricht den Parallelregelungen in § 127 V InvG und in **(16)** WpHG § 37 a (§ 347 Rn 39). Die Frist von einem Jahr ist angemessen, Teilabhilfe wie unter der früheren Sechsmonatsfrist über Anforderungen an die Kenntniserlangung ist nicht mehr notwendig. Für die allgemeine zivilrechtliche Prospekthaftung soll es nach der Rspr bei der Regelverjährung von drei Jahren bleiben (§ 347 Rn 39), richtiger ist eine einheitliche Verjährung.

V. Bankgeschäfte (m. Börsen- u. KapMR) 1–4 **BörsG 47 (14)**

Unwirksame Haftungsbeschränkung; sonstige Ansprüche

BörsG 47 (1) **Eine Vereinbarung, durch die der Anspruch nach § 44 im Voraus ermäßigt oder erlassen wird, ist unwirksam.**

(2) **Weitergehende Ansprüche, die nach den Vorschriften des bürgerlichen Rechtes auf Grund von Verträgen oder vorsätzlichen oder grob fahrlässigen unerlaubten Handlungen erhoben werden können, bleiben unberührt.**

Übersicht

1) Börsenprospekthaftung als zwingendes Recht (I) 1
2) Verhältnis zu anderen Ansprüchen (II) 2
3) Verkaufs- und investmentrechtliche Prospekthaftung 3
4) Allgemeine zivilrechtliche Prospekthaftung 4

1) Börsenprospekthaftung als zwingendes Recht (I): § 47 nF 4. Finanzmarkt- 1 FördG 2002, II idF FinanzmarktRiUmsetzG 2007, wie § 48 aF. Börsenprospekthaftungsansprüche aus § 44 sind zwingend. Verzicht und Haftungsbeschränkung nicht im Voraus, aber nach Kenntnis des Anspruchsberechtigten von seinem Anspruch aus Börsenprospekthaftung, zB im Rahmen eines Vergleichs.

2) Verhältnis zu anderen Ansprüchen (II): Weitergehende Ansprüche aus Ver- 2 trag oder vorsätzlichem oder grob fahrlässigem (nF 2007 weiter als aF) Delikt bleiben unberührt (II, vor allem § 826 BGB mit umfangreicher Rspr nach Informatec, Comrod und EM.TV, s **(16)** WpHG Einl 13 vor 1), insoweit auch nicht Haftungsgrenzen nach §§ 44, 45 analog, Ffm NJW **03,** 1258, früher str, offen BGH NJW **86,** 840. Das gilt uneingeschränkt für vertragliche Ansprüche, Düss WM **81,** 965, und für vertragsähnliche gesetzliche Ansprüche (Verschulden bei Vertragsverhandlungen, Vertrauenshaftung, Berufshaftung, § 347 Rn 22) etwa wegen Nichtaufklärung, Falschberatung oder einem anderen individuellen vorvertraglichen Verhältnis, zB bei persönlicher Information durch Organvertreter gegenüber Anlageinteressenten, BGH WM **08,** 1545 m Anm Mülbert/Leuschner JZ **09,** 158, s § 347 Rn 20. Die verkaufs- und investmentrechtliche Prospekthaftung (s Rn 3) konkurrieren in aller Regel schon tatbestandlich nicht mit der Börsenprospekthaftung. Diese geht der allgemeinen zivilrechtlichen Prospekthaftung (s Rn 4) vor (RegE 3. FinanzmarktfördG), Ffm WM **97,** 361, insoweit auch wenn diese als Verschulden bei Vertragsverhandlungen verstanden wird, aber nur im Bereich der Börseneinführung, nicht sonst. Gesellschaftsrechtliche Ansprüche, zB aus §§ 47 Nr 3, 117, 399 I Nr 3, 4, 400 I AktG, vgl BGH NJW **82,** 2827 u 2828, Düss WM **84,** 597 (alle BuM), sind insoweit ausgeschlossen, als im konkreten Fall auf einen Börsenprospekt im Bereich der Börseneinführung bzw entspr Unternehmensbericht abgestellt wird, sonst nicht. Unberührt bleiben auch deliktische Ansprüche für die Zeit vor Veröffentlichung des Börsenprospekts, BGH NJW **86,** 841, ebenso aus der Zeit nachher, und aus anderen als Börsenprospekten, Düss WM **81,** 965, 971.

3) Verkaufs- und investmentrechtliche Prospekthaftung: Weitere spezialge- 3 setzlich geregelte Fälle der Prospekthaftung sind die Verkaufsprospekthaftung nach §§ 13, 13a VerkProspG mit Verweis auf §§ 44–47 BörsG, und die investmentrechtliche Prospekthaftung nach § 127 InvG. Lit: zu VerkProspG Schäfer 1999, Groß 2000, Grimme/Ritz WM **98,** 2091; zum InvG s **(7)** Bankgeschäfte vor Rn X/1.

4) Allgemeine zivilrechtliche Prospekthaftung: Die allgemeine zivilrechtliche 4 Prospekthaftung ist praktisch höchst bedeutsam und geht wesentlich weiter als die Börsenprospekthaftung (ausführlich Anh § 177a HGB Rn 60); sie erfasst Emissionsprospekte, Zwischenberichte, für Ad-hoc-Publizitätsmeldungen wegen **(16)** WpHG § 15 VI 1, str, aber **(16)** WpHG § 15 VI 2. Die Börsen- und anderen spezialgesetzlichen Prospekthaftungen gehen ihr aber in deren Anwendungsbereich vor (s Rn 2).

Abschnitt 5. Freiverkehr

Freiverkehr

BörsG 48 (1) ¹Für Wertpapiere, die weder zum Handel im regulierten Markt zugelassen noch zum Handel in den regulierten Markt einbezogen sind, kann die Börse den Betrieb eines Freiverkehrs durch den Börsenträger zulassen, wenn durch eine Handelsordnung sowie durch Geschäftsbedingungen des Börsenträgers, die von der Geschäftsführung gebilligt wurden, eine ordnungsmäßige Durchführung des Handels und der Geschäftsabwicklung gewährleistet erscheint. ²Die Handelsordnung regelt den Ablauf des Handels. ³Die Geschäftsbedingungen regeln die Teilnahme am Handel und die Einbeziehung von Wertpapieren zum Handel. ⁴Emittenten, deren Wertpapiere ohne ihre Zustimmung in den Freiverkehr einbezogen worden sind, können durch die Geschäftsbedingungen nicht dazu verpflichtet werden, Informationen in Bezug auf diese Wertpapiere zu veröffentlichen.

(2) Die Börsenaufsichtsbehörde kann den Handel im Freiverkehr untersagen, wenn ein ordnungsgemäßer Handel für die Wertpapiere nicht mehr gewährleistet erscheint.

(3) ¹Der Betrieb des Freiverkehrs bedarf der schriftlichen Erlaubnis der Börsenaufsichtsbehörde. ²Auf den Betrieb des Freiverkehrs sind die Vorschriften dieses Gesetzes mit Ausnahme der §§ 27 bis 29 und 32 bis 47 entsprechend anzuwenden.

Übersicht

1) Weitere Marktsegmente neben dem regulierten Markt 1
2) Freiverkehr (I–III) 2–7
   A. Kein organisierter Markt 2
   B. Rechtsnatur des Freiverkehrs 3
   C. Zulassungsverfahren 4
   D. Prospektpflicht, Prospekthaftung 5
   E. Ausschließliche Unterstellung unter das BörsG (III 2), insbesondere Börsenpreise 6
   F. Untersagung des Handels (II) 7
3) Neuer Markt, Entry Standard 8–9
   A. Neuer Markt 8
   B. Entry Standard 9
4) Telefonhandel 10

1 **1) Weitere Marktsegmente neben dem regulierten Markt:** § 48 nF 2007 entspr § 57 aF (und schon § 78 aF) mit einer Reihe von Änderungen, I 1, 2, 3, 4 idF PfandBFortentwicklungsG 2009. Zu der im RegE vorgesehenen Überführung aus dem Privatrecht in das öffentliche Recht ist es aber nicht gekommen, vielmehr wird die Erfassung des Freiverkehrs als **privatrechtlich** wie hL und Rspr bestätigt (Finanzausschuss BTDrucks 16/4899 zu Art 48 I und 3), Mü WM **08**, 1604. § 48 gestattet einen den Handel im regulierten Markt (Abschn 4 §§ 32 ff, der den früheren amtlichen und geregelten Markt integriert, § 32 Rn 1) ergänzenden Handel an der Börse einzurichten, aber nur, wenn durch Handelsordnung (als Satzung zu erlassen) und durch Geschäftsbedingungen des Börsenträgers eine ordnungsmäßige Durchführung des Handels und der Geschäftsabwicklung gewährleistet erscheint. Die Handelsordnung regelt den Ablauf des Handels, die Geschäftsbedingungen die Teilnahme am Handel und die Einbeziehung von Wertpapieren zum Handel (s Rn 3). Das Erfordernis der Handelsordnung ist durch PfandBFortentwicklungsG 2009 eingeführt, um das Sanktionsverfahren bei Regelverstößen im Freiverkehr gesetzlich zu verankern. Grund ist, dass nach VG Ffm ZIP **09**, 18 AGB für den Freiverkehr keine börsenrechtlichen Vorschriften sind, sondern rein privatrechtlich. Damit besteht insoweit keine Sanktionsgewalt des Sanktionsausschusses, vielmehr nur noch zivilrechtliche Klagemöglichkeit. Wegen der besonderen Bedeutung der Ordnungsmäßigkeit des Handels müssen jedoch Vorschriften, die einen ordnungsgemäßen Handel gewährleisten, sanktionierbar sein (Finanzausschuss BTDrucks 16/11929, S. 9). Daher war eine öffentlichrechtliche

Regelung im Rahmen einer nun als Satzung zu erlassenden Handelsordnung notwendig, da dann als börsenrechtlich zu qualifizieren. Die übrigen Regelungen bleiben privatrechtlich. Eines Vermittlungsverbots für Kursmakler und eines Verbots der Benutzung der Börseneinrichtungen (§ 43a aF, 27. Aufl) bedarf es deshalb nicht mehr. Der (geregelte) Freiverkehr hat mit § 48 und schon zuvor § 57 aF eine gesetzliche Grundlage und ist von Unsicherheiten befreit. Zu den verschiedenen Marktsegmenten der Frankfurter Wertpapierbörse Schlitt AG **03,** 57.

2) Freiverkehr (I–III): A. **Kein organisierter Markt:** Der Freiverkehr ist trotz 2 der Regelung in § 48 kein geregelter Markt iSv Art 4 I Nr 14 der FinanzmarktRi (europäischer Pass) bzw organisierter Markt iSv **(16)** WpHG § 2 V nF 2007 (neue Legaldefinition), weil er die dafür erforderlichen Voraussetzungen (insbesondere dass er gemäß den Bestimmungen des Titel III der FinanzmarktRi funktioniert bzw durch staatliche Stellen genehmigt, geregelt und überwacht wird, **(16)** WpHG § 2 V nF 2007) nicht hinreichend erfüllt, hL, Mü WM **08,** 1605, Groß 2, Schwark 2, BaFin Emittentenleitfaden IV 2.1.1. Das war ein Grund für die komplizierte Konstruktion des Neuen Marktes (s Rn 8). Bei der Entscheidung für den regulierten Markt oder die Belassung im Freiverkehr stehen also europäischer Pass gegen Flexibilität und weitgehende Freiheit von einengenden Vorschriften. Der Freiverkehr ist jedoch ein multilaterales HdlSystem iSv Art 4 I Nr 15 FinanzmarktRiMi und iSv **(16)** WpHG § 2 III 1 Nr 8, 31f ff (so auch BRat zu § 48 BörsG-E und Gegenäußerung BReg sowie Finanzausschuss BT Drucks 16/4899).

B. **Rechtsnatur des Freiverkehrs:** § 48 gilt für den gesamten Freiverkehr, ohne 3 ihn öffentlichrechtlich zu regeln, dieser bleibt entgegen dem RegE samt Zulassung ua **privatrechtlich** (s Rn 1), was sich ua darin zeigt, dass I 1 von Geschäftsbedingungen, die von der Geschäftsführung gebilligt wurden, spricht (RegE: Erlass von Handelsrichtlinien durch die Geschäftsführung). Eine Trennung wie früher zwischen geregeltem und ungeregeltem Freiverkehr (§ 43a aF 27. Aufl) ist nicht vorgesehen, aber auch nicht untersagt (s Rn 9). § 48 lässt den Betrieb eines Freiverkehrs zu, wenn durch eine Handelsordnung (nF 2009, s Rn 1) sowie durch von der Geschäftsführung gebilligte Geschäftsbedingungen des Börsenträgers eine ordnungsmäßige Durchführung des Handels und der Geschäftsabwicklung gewährleistet erscheint **(I 1).** Die Handelsordnung regelt den Ablauf des Handels **(I 2).** Die Geschäftsbedingungen regeln die Teilnahme am Handel und die Einbeziehung von Wertpapieren zum Handel **(I 3),** I 1–3 nF 2009 (s Rn 1). Die verschiedenen Börsen können zu diesem Zweck Richtlinien für einen ordnungsgemäßen Handel erlassen, zB **Richtlinien für den Freiverkehr an der Frankfurter Wertpapierbörse,** Harrer/Müller WM **06,** 654. Ungeachtet ihres privatrechtlichen Charakters sind die Richtlinien als börsenrechtliche Vorschriften iSd § 22 II 1 anzusehen (so für § 20 II 1 Nr 1 aF VG Ffm NJOZ **03,** 192). Der Freiverkehr an der Deutschen Börse AG Frankfurt wird seit Oktober 2005 als **„Open Market"** bezeichnet. Diese Freiverkehrsrichtlinien sind privatrechtlich. Änderungen des Regelwerks sind mangels Vereinbarung über eine ordentliche Kündigung nicht ohne weiteres möglich, jedenfalls aber Kündigung aus wichtigem Grund (Dauerschuldverhältnis, § 314 BGB), Ffm NJW **02,** 1958 (iErg abl). Die Börsengeschäftsführung (§ 15) kann den Handel bei (eingetretenen oder zu befürchtenden) Missständen untersagen, aber auch das ist kein Verwaltungsakt, sondern eine rein privatrechtliche Maßnahme, deren Berechtigung von den jeweiligen Privatrechtsbeziehungen abhängt; deshalb ist eine Eingriffsmöglichkeit der Börsenaufsichtsbehörde unerlässlich (Genehmigung nach **III 1** nF und Untersagungsmöglichkeit nach **II** nF, beides Verwaltungsakte, s Rn 4, 7). Aber auch für Sanktionsmöglichkeit nach § 20 VG Ffm ZIP **03,** 528. Lit: Hopt WM **85,** 797, Claussen FS Stimpel **85,** 1049, Kümpel WM Sonderbeil 5/**85,** Schwark NJW **87,** 2046, Harrer/Müller WM **06,** 653.

C. **Zulassungverfahren (I, III):** Für die Zulassung eines Wertpapiers zum Frei- 4 verkehr gelten **nicht §§ 32–47,** also Abschn 4 **(III 2), sondern** § 48 (eigener Abschn 5). Voraussetzung ist aber zunächst, dass die Börse den Betriebs eines Freiverkehrs durch den Börsenträger überhaupt zugelassen hat, was davon abhängig ist, dass durch eine Handelsordnung **(I 2)** und durch von der Geschäftsführung gebilligte Geschäftsbedingungen **(I 3)** eine ordnungsmäßige Durchführung des Handels und der

Geschäftsabwicklung gewährleistet erscheint (**I 1**). Die **Zulassung** des Betriebs eines Freiverkehrs erfolgt **durch die Börse**, für die die Geschäftsführung handelt (§ 15). Der Betrieb des Freiverkehrs bedarf überdies der schriftlichen **Erlaubnis der Börsenaufsichtsbehörde** (**III 1**, vgl Art 71 V der FinanzmarktRi), deren Versagung ist Verwaltungsakt. Was die Zulassung eines Wertpapiers zum Freiverkehr angeht, ist idR jedes an der Börse zur Teilnahme am Handel zugelassene Unternehmen antragsberechtigt. Die Ablehnung der Zulassung durch die Geschäftsführung ist kein Verwaltungsakt (s Rn 3), privatrechtliche Klage gegen den Börsenträger (Einl 3 vor § 1) ist möglich, Groß § 78 aF Rn 8, aA Schäfer/Ledermann § 78 aF Rn 6, zB bei willkürlicher Diskriminierung nach § 826 BGB, aber kein allgemeiner Anspruch auf Zulassung. Zuständig für die Entscheidung über die Einbeziehung von Wertpapieren in den Open Market ist die Deutsche Börse AG, der ein Freiverkehrsbeirat zur Seite steht, Groß § 78 aF Rn 7. Zulassungsvoraussetzung sind ua Angaben darüber, auf welchen in- und ausländischen organisierten Märkten bereits Preise für die einzubeziehenden Wertpapiere festgestellt werden. Die Zulassung ist, anders als in den anderen Marktsegmenten, nach den Freiverkehrsrichtlinien der Börsen idR **ohne Einwilligung des Emittenten** zulässig, dieser ist aber über die beabsichtigte Einbeziehung zu informieren. Selbst Widerspruch des Emittenten hindert nach den Freiverkehrsrichtlinien die Einbeziehung nicht zwingend. Emittenten, deren Wertpapiere ohne ihre Zustimmung in den Freiverkehr einbezogen worden sind, können aber durch Handelsrichtlinien nicht dazu verpflichtet werden, Informationen in Bezug auf diese Wertpapiere zu veröffentlichen (**I 4** neu, vgl Art 40 V 3 der FinanzmarktRi). Zum Handel im Freiverkehr näher Usancen der Ständigen Kommission für Angelegenheiten des Handels in amtlich nicht notierten Werten (Bundesverband deutscher Banken); diese unterliegen als AGB iSv (**5**) §§ 305 ff BGB der Inhaltskontrolle.

5 D. **Prospektpflicht, Prospekthaftung:** Prospektpflicht nach BörsG besteht nicht, demnach auch keine Börsenprospekthaftung nach §§ 44 ff. Eine Prospekthaftung nach WpPG kommt nur unter den Voraussetzungen von § 1 WpPG in Frage. Der Deutschen Börse ist ein **Exposé** bzw, wenn zugleich öffentlich angeboten wird, der Prospekt einzureichen, aber diese dienen ihr als bloß interne Entscheidungsgrundlage, sodass auch eine allgemein zivilrechtliche Prospekthaftung (Anh § 177 a HGB Rn 59) ausscheidet; der Freiverkehrsträger haftet für den Inhalt nicht. Der Antrag auf Einbeziehung und die Einbeziehung selbst sind **kein öffentliches Angebot**, aber ein öffentliches Angebot eines dafür verantwortlichen Anbieters kann zu bejahen sein, wenn zusätzlich zum Antrag auf Einbeziehung Werbemaßnahmen erfolgen (so in der Praxis bei den im Freiverkehr gehandelten Optionsscheinen), Groß § 2 WpPG Rn 15. Auch die Aufnahme des Handels selbst und die bloße Information darüber sind kein öffentliches Angebot, vielmehr liegt nur eine Vielzahl von Einzelgeschäften ohne Zutun des Emittenten vor, BAWe VerkProspGBekanntmachungen, Groß § 2 WpPG Rn 15, Harrer/Müller WM **06,** 656. Subsidiär kann die allgemeine zivilrechtliche Prospekthaftung (§ 47 Rn 4) eingreifen, so wenn der Freiverkehrsträger Veröffentlichung des Prospekt verlangt hat oder Emittent oder Kreditinstitut ausnahmsweise Werbemaßnahmen veranlasst haben, Schwark 7, Schäfer/Ledermann § 78 aF Rn 5, vgl LG Ffm WM **87,** 204. Lit: Schwark FS Schimansky **99,** 739 (VerkProspG und Freiverkehr), Lenz/Ritz WM **00,** 904 (Bek BAWe), Harrer/Müller WM **06,** 653.

6 E. **Ausschließliche Unterstellung unter das BörsG (III 2), insbesondere Börsenpreise:** Aufruf und Preisermittlung obliegt den durch den Freiverkehrsausschuss oder die Geschäftsführung bestimmten Skontroführer, für letztere gelten aber nicht §§ 27–29 (III 2), also auch keine Vorgaben für die Verteilung von Skontren wie nach § 29. Preise für Wertpapiere, die während der Börsenzeit an einer Wertpapierbörse im Freiverkehr ermittelt werden, sind **Börsenpreise** (III 2 iVm § 24, § 24 Rn 1). Dass das auch bei elektronischem Handel so ist, versteht sich angesichts von § 24, der keinen Unterschied mehr zwischen der Preisfeststellung durch Intermediäre und dem elektronischen Handel macht, von selbst (ausdrücklich noch II 2 aF). Als Börsenpreise müssen sie den Anforderungen nach § 24 II genügen, Mü WM **08,** 1602. III 2 bewirkt zusammen mit den Ausnahmeregelungen in (**16**) WpHG § 2 a I Nr 13 nF 2007 und § 2 VI 1 Nr 16 iVm XII KWG nF 2007, dass der **Freiverkehr abschlie-**

ßend im BörsG geregelt ist und (16) WpHG §§ 31 f ff für ihn nicht gelten (Finanzausschuss BTDrucks 4/4899). Der Börsenträger unterliegt nach III 2 auch hinsichtlich des Freiverkehrs den **Pflichten nach § 5** hinsichtlich des Betriebs der Börse, wobei er die Anforderungen der FinanzmarktRi an den Betrieb eines multilateralen Handelssystem erfüllen muss (vgl Art 5 II FinanzmarktRi, so auf Grund europarechtskonformer Auslegung Finanzausschuss BTDrucks 4/4899), was die Börsenaufsichtsbehörde überwachen muss. Börsenpreise sind aber, da nicht amtlich festgestellt, kein amtlicher Preis iSv § 400 I HGB (s aber § 400 Rn 2), jedoch Börsenpreis iSv § 253 III HGB. Sie werden in einer Beilage zum amtlichen Kursblatt oder in der Börsenzeitung veröffentlicht.

F. **Untersagung des Handels (II):** Die Börsengeschäftsführung hat schon auf Grund der Einbindung des Freiverkehrs in die öffentlichrechtliche Selbstverwaltung die Möglichkeit einzuschreiten, wenn sie Beanstandungen hat. II ergänzt diese Möglichkeit um ein von den Einbindungsmodalitäten unabhängiges, gesetzliches Untersagungsrecht der Börsenaufsichtsbehörde. Diese kann unabhängig von der Börsengeschäftsführung den Handel im Freiverkehr durch Verwaltungsakt untersagen, wenn ein ordnungsgemäßer Handel für die Wertpapiere nicht mehr gewährleistet erscheint. Das ist wegen der Anbindung des privatrechtlichen Freiverkehrs an die Börse und den damit verbundenen Erwartungen des Börsenpublikums an Seriosität und staatliche Mindest- und Letztkontrolle unerlässlich.

3) Neuer Markt, Entry Standard: A. **Neuer Markt:** Der Neue Markt war ein 1997 geschaffenes Marktsegment der Deutsche Börse AG, das dem Freiverkehr zuzuordnen war, hL, str, und wegen der dort vorgekommenen Missbräuche eingestellt worden ist. Zu Konstruktion und Rechtsfragen s 30. Aufl, BGH **160**, 65, Groß § 71 aF Rn 3, Potthoff/Stuhlfauth WM Sonderbeil 3/97, Kersting AG **97**, 222. Weiterhin wichtig Primary Markets Arbitration Panel BKR **01**, 152, **02**, 410, 468 zur Befugnis der Deutschen Börse AG zur einseitigen Änderung des Regelwerks, Krämer BKR **01**, 131, Bauer/Pleyer/Hirche BKR **02**, 102, Heyder BKR **02**, 806. Reformfragen s Claussen BB **02**, 105. Zur Beendigung des Neuen Markt und des SMAX Schlitt AG **03**, 60.

B. **Entry Standard:** Seit Oktober 2005 betreibt die Deutsche Börse AG eine neue Alternativ-Plattform für KMU (Entry Standard, „Mittelstandsbörse"). Der Entry Standard ist ein Qualitätssegment innerhalb des Open Market (s Rn 3). Der Zugang ist kostengünstiger und die regulatorischen Anforderungen sind niedriger als im Prime Standard (§§ 63 ff BörsG Ffm WPBörse) und General Standard (§§ 60 ff BörsO Ffm WPBörse), die Segmente des regulierten Marktes (s Rn 1) sind. Die Einbeziehung in den Entry Standard erfolgt nur im Einvernehmen mit dem Emittenten. Bei Privatplatzierung genügt ein Exposé (IPO light), öffentliches Angebot dagegen nur mit Zulassungsprospekt gemäß WpPG. Der Emittent übernimmt bestimmte laufende Mindestverpflichtungen in einem Vertrag mit einem Listing Partner der Deutsche Börse AG. Erleichterungen auch bei den laufenden Publizitätspflichten. Regelungen zum Entry Standard finden sich in §§ 18 ff AGB für den Freiverkehr an der Frankfurter WPBörse. Notierung im Entry Standard ist oft Vorstufe zu einem Uplisting in den Prime Standard, dann mit höheren Anforderungen (IFRS-Konzernabschlüsse, mehr Transparenz). Lit: Sudmeyer ua BB **05**, 2703, Harrer/Müller WM **06**, 657 (auch zu M:access der Börse München), Oelke BKR **06**, 7, Schlitt/Schäfer AG **06**, 147, Hammen FS Nobbe **09**, 595.

4) Telefonhandel: Der Telefonhandel wird meist mit dem ungeregelten Freiverkehr gleichgesetzt, vgl Schäfer/Ledermann Vor § 71 aF Rn 5, ist jedoch nicht mit dem ungeregelten Freiverkehr, der in dem nach § 78 aF geregelten aufgegangen ist (s Rn 1), zu verwechseln. Er ist Handel (auch in börslich notierten Werten) völlig außerhalb der Börsen (entweder örtlich oder zeitlich) und wird deshalb auch nicht als weiteres Marktsegment gezählt. Es gilt grundsätzlich nur allgemeines Vertrags- und Effektengeschäftsrecht. Für den außerbörslichen Handel in zum Handel im regulierten Markt zugelassenen Werten, dh außerhalb der Börsenzeiten, gelten aber ebenfalls die Usancen wie im regulierten Markt.

Hopt

Abschnitt 6. Straf- und Bußgeldvorschriften; Schlussvorschriften

Strafvorschriften

BörsG 49 Mit Freiheitsstrafe bis zu drei Jahren oder mit Geldstrafe wird bestraft, wer entgegen § 26 Abs. 1 andere zu Börsenspekulationsgeschäften oder zu einer Beteiligung an einem solchen Geschäft verleitet.

1   1) § 49 nF 2007 (wie § 61 aF und zT früher § 89 aF) bringt die Strafnorm zu § 26 nF 2007. Getrennt ist zwischen Verbotstatbestand in § 26 I und Strafvorschrift in § 49.

Bußgeldvorschriften

BörsG 50 (1) Ordnungswidrig handelt, wer vorsätzlich oder leichtfertig
1. entgegen § 3 Abs. 11 eine Person in Kenntnis setzt,
2. entgegen § 4 Abs. 7 einen Wechsel bei einer dort genannten Person nicht, nicht richtig, nicht vollständig oder nicht rechtzeitig anzeigt,
3. entgegen
    a) § 6 Abs. 1 Satz 1, 5 oder 6 oder
    b) § 6 Abs. 5 Satz 1 oder 4 oder Abs. 6 Satz 1,
    jeweils auch in Verbindung mit einer Rechtsverordnung nach Abs. 7 Satz 1, eine Anzeige nicht, nicht richtig, nicht vollständig oder nicht rechtzeitig erstattet,
4. einer vollziehbaren Anordnung nach § 6 Abs. 1 Satz 7 zuwiderhandelt,
5. entgegen § 6 Abs. 6 Satz 2 eine Veröffentlichung nicht oder nicht rechtzeitig vornimmt oder
6. entgegen § 41 Abs. 1 eine Auskunft nicht, nicht richtig oder nicht vollständig erteilt.

(2) Ordnungswidrig handelt, wer vorsätzlich oder fahrlässig
1. einer vollziehbaren Anordnung nach
    a) § 3 Abs. 4 Satz 1 oder Satz 4 Nr. 1, jeweils auch in Verbindung mit § 7 Abs. 3, oder
    b) § 6 Abs. 2 Satz 1 oder Abs. 4 Satz 1 zuwiderhandelt oder
2. entgegen § 3 Abs. 4 Satz 5 oder 6, jeweils auch in Verbindung mit Satz 8, ein Betreten nicht gestattet oder nicht duldet.

(3) Die Ordnungswidrigkeit kann in den Fällen des Absatzes 2 Nr. 1 Buchstabe b mit einer Geldbuße bis zu fünfhunderttausend Euro, in den Fällen des Absatzes 1 Nr. 3 Buchstabe a und Nr. 4 und 6 mit einer Geldbuße bis zu hunderttausend Euro, in den übrigen Fällen mit einer Geldbuße bis zu fünfzigtausend Euro geahndet werden.

Geltung für Wechsel und ausländische Zahlungsmittel

BörsG 51 (1) Die §§ 24 und 27 bis 29 gelten auch für den Börsenhandel mit Wechseln und ausländischen Zahlungsmitteln.
(2) Als Zahlungsmittel im Sinne des Absatzes 1 gelten auch Auszahlungen, Anweisungen und Schecks.

1   1) § 51 nF 2007 wie § 63 aF. Inländische Wechsel werden an den WPBörsen gehandelt (s § 2 Rn 3). §§ 24 und 27 bis 29 über die Ermittlung des Börsenpreises und über Skontroführung gelten auch für **Wechsel und ausländische Zahlungsmittel (I)**. II stellt klar, dass Zahlungsmittel iSv I auch Auszahlungen, Anweisungen und Schecks sind (weite Legaldefinition). Zu den früheren Streitfragen zu Vorgängernorm und im Zusammenhang mit ihr s 30. Aufl.

V. Bankgeschäfte (m. Börsen- u. KapMR) **BörsZulV (15)**

Übergangsregelungen

BörsG 52 (1) Sind Prospekte, auf Grund derer Wertpapiere zum Börsenhandel mit amtlicher Notierung zugelassen worden sind, oder Unternehmensberichte vor dem 1. April 1998 veröffentlicht worden, so sind auf diese Prospekte und Unternehmensberichte die Vorschriften der §§ 45 bis 49 und 77 des Börsengesetzes in der Fassung der Bekanntmachung vom 17. Juli 1996 (BGBl. I S. 1030) weiterhin anzuwenden.

(2) Sind Prospekte, auf Grund derer Wertpapiere zum Börsenhandel im amtlichen Markt zugelassen worden sind, oder Unternehmensberichte vor dem 1. Juli 2002 veröffentlicht worden, so ist auf diese Prospekte und Unternehmensberichte die Vorschrift des § 47 des Börsengesetzes in der Fassung der Bekanntmachung vom 9. September 1998 (BGBl. I S. 2682), das zuletzt durch Artikel 35 des Gesetzes vom 27. April 2002 (BGBl. I S. 1467) geändert worden ist, weiterhin anzuwenden.

(3) [1] Sind Prospekte, auf Grund derer Wertpapiere zum Handel im amtlichen Markt zugelassen worden sind, vor dem 1. Juli 2005 veröffentlicht worden, so ist auf diese Prospekte die Vorschrift des § 45 dieses Gesetzes in der vor dem 1. Juli 2005 geltenden Fassung weiterhin anzuwenden. [2] Auf Unternehmensberichte, die vor dem 1. Juli 2005 veröffentlicht worden sind, finden die §§ 44 bis 47 und 55 des Börsengesetzes in der vor dem 1. Juli 2005 geltenden Fassung weiterhin Anwendung.

(4) [1] Für Wertpapiere, deren Laufzeit nicht bestimmt ist und die am 1. Juli 2002 weniger als zehn Jahre an einer inländischen Börse eingeführt sind, gilt § 5 Abs. 1 Satz 1 des Börsengesetzes in der Fassung der Bekanntmachung vom 9. September 1998 (BGBl. I S. 2682), das zuletzt durch Artikel 35 des Gesetzes vom 27. April 2002 (BGBl. I S. 1467) geändert worden ist. [2] Auf die in Satz 1 genannten Wertpapiere ist § 17 Abs. 1 Nr. 5 erst mit Ablauf von zehn Jahren seit der Einführung anzuwenden.

(5) [1] Börsenträger, denen vor dem 1. November 2007 eine Genehmigung nach § 1 Abs. 1 des Börsengesetzes in der bis zum 31. Oktober 2007 geltenden Fassung erteilt worden ist, bedürfen insoweit keiner Erlaubnis nach § 4. [2] Sie müssen jedoch der Börsenaufsichtsbehörde bis zum 30. April 2009 die nach § 4 Abs. 2 Satz 2 erforderlichen Unterlagen einreichen. [3] Die Befugnisse der Börsenaufsichtsbehörde nach § 4 gelten in Ansehung der vor dem 1. November 2007 erteilten Genehmigungen entsprechend.

(6) Börsenträger, die den Betrieb eines Freiverkehrs bereits vor dem 1. November 2007 begonnen haben, sind verpflichtet, den Antrag auf Erteilung der Erlaubnis nach § 48 Abs. 3 Satz 1 bis zum 30. April 2009 nachzureichen.

(7) Wertpapiere, die vor dem 1. November 2007 zum amtlichen Markt oder zum geregelten Markt zugelassen waren, gelten ab dem 1. November 2007 als zum regulierten Markt zugelassen.

(15) Verordnung über die Zulassung von Wertpapieren zum regulierten Markt an einer Wertpapierbörse (Börsenzulassungs-Verordnung – BörsZulV)

Fassung vom 9. September 1998 (BGBl I 2832/ BGBl III FNA 4110-1-1) mit den späteren Änderungen

Einleitung
Schrifttum

Wie zu **(14)** BörsG.

1) Die BörsZulV geht auf drei EG-Ri zurück (s **(14)** BörsG Einl 10 vor § 1). Sie ist VO auf Grund von § 34 (§ 32 aF) BörsG und ersetzte die BörsZulassBek von 1910 (s 27. Aufl, aufgehoben durch Art 3 BörsZulG s **(14)** BörsG Einl 10 vor § 1). Nach

(15) BörsZulV 1–3

Änderungen nF 15. 4. 1987 BGBl 1234 und nF 17. 7. 1996 BGBl 1052, nach weiteren Änderungen (durch BegleitG, 3. FinanzmarktfördG, StückAG, KonTraG) nF 9. 9. 1998 BGBl 2832 zusammen mit Neufassung zahlreicher anderer bank- und börsenrechtlicher Gesetze. Sie wurde seither mehrfach geändert, ua durch das 4. FinanzmarktfördG (Art 20, s **(14)** BörsG Einl 14 vor § 1), das BilReG 4. 12. 2004 BGBl 3166 (vor allem § 72 nF), ProspRiUmsetzG 22. 6. 2005 BGBl 1698 (Einl 15 vor **(14)** BörsG § 1), TUG 5. 1. 2007 BGBl 10 (s **(14)** BörsG Einl 18 vor § 1) und FinanzmarktRiUmsetzG 16. 7. 2007 BGBl 1330. Die BörsZulV regelt in §§ 1–12 die Voraussetzungen und in §§ 48–52 das Verfahren für die Zulassung von Wertpapieren zum regulierten Markt und enthält eine Vorschrift über die Zulassung später ausgegebener Aktien (§ 69). Lit: Groß, Kapitalmarktrecht, 4. Aufl 2009; Schwark/Heidelbach, BörsZulV, 3. Aufl 2004; Schäfer/Hamann/Gebhardt, BörsZulV, 2. Aufl, 2006 (LBI); Heinze, Europäisches Kapitalmarktrecht, 1999 (EGPublizitätsRi).

Inhaltsübersicht
(nicht abgedruckt)

Erstes Kapitel. Zulassung von Wertpapieren zum regulierten Markt

Erster Abschnitt. Zulassungsvoraussetzungen

Rechtsgrundlage des Emittenten

BörsZulV 1 Die Gründung sowie die Satzung oder der Gesellschaftsvertrag des Emittenten müssen dem Recht des Staates entsprechen, in dem der Emittent seinen Sitz hat.

Mindestbetrag der Wertpapiere

BörsZulV 2 (1) [1] Der voraussichtliche Kurswert der zuzulassenden Aktien oder, falls seine Schätzung nicht möglich ist, das Eigenkapital der Gesellschaft im Sinne des § 266 Abs. 3 Buchstabe A des Handelsgesetzbuchs, deren Aktien zugelassen werden sollen, muß mindestens 1 250 000 Euro betragen. [2] Dies gilt nicht, wenn Aktien derselben Gattung an dieser Börse bereits zum regulierten Markt zugelassen sind.

(2) [1] Für die Zulassung von anderen Wertpapieren als Aktien muß der Gesamtnennbetrag mindestens 250 000 Euro betragen.

(3) Für die Zulassung von Wertpapieren, die nicht auf einen Geldbetrag lauten, muß die Mindeststückzahl der Wertpapiere zehntausend betragen.

(4) **Die Geschäftsführung kann geringere Beträge als in den vorstehenden Absätzen vorgeschrieben zulassen, wenn sie überzeugt ist, daß sich für die zuzulassenden Wertpapiere ein ausreichender Markt bilden wird.**

Dauer des Bestehens des Emittenten

BörsZulV 3 (1) Der Emittent zuzulassender Aktien muß mindestens drei Jahre als Unternehmen bestanden und seine Jahresabschlüsse für die drei dem Antrag vorangegangenen Geschäftsjahre entsprechend den hierfür geltenden Vorschriften offengelegt haben.

(2) **Die Geschäftsführung kann abweichend von Absatz 1 Aktien zulassen, wenn dies im Interesse des Emittenten und des Publikums liegt.**

Rechtsgrundlage der Wertpapiere

BörsZulV 4 Die Wertpapiere müssen in Übereinstimmung mit dem für den Emittenten geltenden Recht ausgegeben werden und den für das Wertpapier geltenden Vorschriften entsprechen.

Handelbarkeit der Wertpapiere

BörsZulV 5 (1) Die Wertpapiere müssen frei handelbar sein.

(2) Die Geschäftsführung kann
1. nicht voll eingezahlte Wertpapiere zulassen, wenn sichergestellt ist, daß der Börsenhandel nicht beeinträchtigt wird und wenn in dem Prospekt auf die fehlende Volleinzahlung sowie auf die im Hinblick hierauf getroffenen Vorkehrungen hingewiesen wird oder, wenn ein Prospekt nicht zu veröffentlichen ist, das Publikum auf andere geeignete Weise unterrichtet wird;
2. Aktien, deren Erwerb einer Zustimmung bedarf, zulassen, wenn das Zustimmungserfordernis nicht zu einer Störung des Börsenhandels führt.

Stückelung der Wertpapiere

BörsZulV 6 Die Stückelung der Wertpapiere, insbesondere die kleinste Stückelung und die Anzahl der in dieser Stückelung ausgegebenen Wertpapiere, müssen den Bedürfnissen des Börsenhandels und des Publikums Rechnung tragen.

Zulassung von Wertpapieren einer Gattung oder einer Emission

BörsZulV 7 (1) [1] Der Antrag auf Zulassung von Aktien muß sich auf alle Aktien derselben Gattung beziehen. [2] Er kann jedoch insoweit beschränkt werden, als die nicht zuzulassenden Aktien zu einer der Aufrechterhaltung eines beherrschenden Einflusses auf den Emittenten dienenden Beteiligung gehören oder für eine bestimmte Zeit nicht gehandelt werden dürfen und wenn aus der nur teilweisen Zulassung keine Nachteile für die Erwerber der zuzulassenden Aktien zu befürchten sind. [3] In dem Prospekt ist darauf hinzuweisen, daß nur für einen Teil der Aktien die Zulassung beantragt wurde, und der Grund hierfür anzugeben; ist ein Prospekt nicht zu veröffentlichen, so ist das Publikum auf andere geeignete Weise zu unterrichten.

(2) Der Antrag auf Zulassung von anderen Wertpapieren als Aktien muß sich auf alle Wertpapiere derselben Emission beziehen.

Druckausstattung der Wertpapiere

BörsZulV 8 (1) [1] Die Druckausstattung der Wertpapiere in ausgedruckten Einzelurkunden muß einen ausreichenden Schutz vor Fälschung bieten und eine sichere und leichte Abwicklung des Wertpapierverkehrs ermöglichen. [2] Für Wertpapiere eines Emittenten mit Sitz in einem anderen Mitgliedstaat der Europäischen Union oder in einem anderen Vertragsstaat des Abkommens über den Europäischen Wirtschaftsraum reicht die Beachtung der Vorschriften aus, die in diesem Staat für die Druckausstattung der Wertpapiere gelten.

(2) Bietet die Druckausstattung der Wertpapiere keinen ausreichenden Schutz vor Fälschung, so ist in dem Prospekt hierauf hinzuweisen; ist ein Prospekt nicht zu veröffentlichen, so ist das Publikum auf andere geeignete Weise zu unterrichten.

Streuung der Aktien

BörsZulV 9 (1) [1] Die zuzulassenden Aktien müssen im Publikum eines Mitgliedstaats oder mehrerer Mitgliedstaaten der Europäischen Union oder eines Vertragsstaates oder mehrerer Vertragsstaaten des Abkommens über den Europäischen Wirtschaftsraum ausreichend gestreut sein. [2] Sie gelten als ausreichend gestreut, wenn mindestens fünfundzwanzig vom Hundert des Gesamtnennbetrages, bei nennwertlosen Aktien der Stückzahl, der zuzulassenden Aktien vom Publikum erworben worden sind oder wenn wegen der großen Zahl von Aktien derselben Gattung und ihrer breiten Streuung im Publikum ein ordnungsgemäßer Börsenhandel auch mit einem niedrigeren Vomhundertsatz gewährleistet ist.

(2) Abweichend von Absatz 1 können Aktien zugelassen werden, wenn
1. eine ausreichende Streuung über die Einführung an der Börse erreicht werden soll und die Geschäftsführung davon überzeugt ist, daß diese Streuung innerhalb kurzer Frist nach der Einführung erreicht sein wird,
2. Aktien derselben Gattung innerhalb der Europäischen Gemeinschaft oder innerhalb eines Vertragsstaates des Abkommens über den Europäischen Wirtschaftsraum an einem organisierten Markt zugelassen werden und eine ausreichende Streuung im Verhältnis zur Gesamtheit aller ausgegebenen Aktien erreicht wird oder
3. die Aktien außerhalb der Europäischen Gemeinschaft oder außerhalb der anderen Vertragsstaaten des Abkommens über den Europäischen Wirtschaftsraum an einem Markt, der mit einem organisierten Markt vergleichbar ist, zugelassen sind und eine ausreichende Streuung im Publikum derjenigen Staaten erreicht ist, in denen diese Aktien zugelassen sind.

Emittenten aus Drittstaaten

BörsZulV 10 Aktien eines Emittenten mit Sitz in einem Staat außerhalb der Europäischen Gemeinschaft oder außerhalb der anderen Vertragsstaaten des Abkommens über den Europäischen Wirtschaftsraum, die weder in diesem Staat noch in dem Staat ihrer hauptsächlichen Verbreitung an einem Markt, der mit einem organisierten Markt im Sinne des § 2 Abs. 5 des Wertpapierhandelsgesetzes vergleichbar ist, zum Handel zugelassen sind, dürfen nur zugelassen werden, wenn glaubhaft gemacht wird, daß die Zulassung in diesen Staaten nicht aus Gründen des Schutzes des Publikums unterblieben ist.

Zulassung von Wertpapieren mit Umtausch- oder Bezugsrecht

BörsZulV 11 (1) Wertpapiere, die den Gläubigern ein Umtausch- oder Bezugsrecht auf andere Wertpapiere einräumen, können nur zugelassen werden, wenn die Wertpapiere, auf die sich das Umtausch- oder Bezugsrecht bezieht, an einer inländischen Börse entweder zum Handel zugelassen oder in einen anderen organisierten Markt einbezogen sind oder gleichzeitig zugelassen oder einbezogen werden.

(2) Die Geschäftsführung kann abweichend von Absatz 1 Wertpapiere zulassen, wenn die Wertpapiere, auf die sich das Umtausch- oder Bezugsrecht bezieht, zum Handel an einem organisierten Markt zugelassen sind und wenn sich das Publikum im Inland regelmäßig über die Kurse unterrichten kann, die sich an dem Markt im Ausland im Handel in diesen Wertpapieren bilden.

Zulassung von Zertifikaten, die Aktien vertreten

BörsZulV 12 (1) Zertifikate, die Aktien vertreten, können zugelassen werden, wenn
1. der Emittent der vertretenen Aktien den Zulassungsantrag mitunterzeichnet hat, die Voraussetzungen nach den §§ 1 bis 3 erfüllt und sich gegenüber der Geschäftsführung schriftlich verpflichtet, die in den §§ 40 und 41 des Börsengesetzes genannten Pflichten des Emittenten zugelassener Aktien zu erfüllen,
2. die Zertifikate, die in den §§ 4 bis 10 genannten Voraussetzungen erfüllen und
3. der Emittent der Zertifikate die Gewähr für die Erfüllung seiner Verpflichtungen gegenüber den Zertifikatsinhabern bietet.

(2) Vertreten die Zertifikate Aktien eines Emittenten mit Sitz in einem Staat außerhalb der Europäischen Gemeinschaft oder außerhalb eines anderen Vertragsstaates des Abkommens über den Europäischen Wirtschaftsraum und sind die Aktien weder in diesem Staat noch in dem Staat ihrer hauptsächlichen Verbreitung

an einer Börse an einem Markt, der mit einem organisierten Markt vergleichbar ist, zugelassen, so ist glaubhaft zu machen, daß die Zulassung nicht aus Gründen des Schutzes des Publikums unterblieben ist.

Zweiter Abschnitt.
(aufgehoben)

Dritter Abschnitt. Zulassungsverfahren

Zulassungsantrag

BörsZulV 48 (1) ¹Der Zulassungsantrag ist schriftlich zu stellen. ²Er muß Firma und Sitz der Antragsteller, Art und Betrag der zuzulassenden Wertpapiere angeben. ³Ferner ist anzugeben, ob ein gleichartiger Antrag zuvor oder gleichzeitig an einer anderen inländischen Börse oder in einem anderen Mitgliedstaat der Europäischen Union oder in einem anderen Vertragsstaat des Abkommens über den Europäischen Wirtschaftsraum gestellt worden ist oder alsbald gestellt werden wird.

(2) ¹Dem Antrag sind ein Entwurf des Prospekts oder ein gebilligter Prospekt und die zur Prüfung der Zulassungsvoraussetzungen erforderlichen Nachweise beizufügen. ²Der Geschäftsführung sind auf Verlangen insbesondere vorzulegen
1. ein beglaubigter Auszug aus dem Handelsregister nach neuestem Stand;
2. die Satzung oder der Gesellschaftsvertrag in der neuesten Fassung;
3. die Genehmigungsurkunden, wenn die Gründung des Emittenten, die Ausübung seiner Geschäftstätigkeit oder die Ausgabe der Wertpapiere einer staatlichen Genehmigung bedarf;
4. die Jahresabschlüsse und die Lageberichte für die drei Geschäftsjahre, die dem Antrag vorausgegangen sind, einschließlich der Bestätigungsvermerke der Abschlußprüfer;
5. ein Nachweis über die Rechtsgrundlage der Wertpapierausgabe;
6. im Falle ausgedruckter Einzelurkunden ein Musterstück jeden Nennwertes der zuzulassenden Wertpapiere (Mantel und Bogen);
7. im Falle einer Sammelverbriefung der zuzulassenden Wertpapiere die Erklärung des Emittenten, daß
    a) die Sammelurkunde bei einer Wertpapiersammelbank (§ 1 Abs. 3 des Depotgesetzes) hinterlegt ist und bei einer Auflösung der Sammelurkunde die Einzelurkunden gemäß Nummer 6 vorgelegt werden und
    b) er auf Anforderung der Geschäftsführung die Sammelurkunde auflösen wird, wenn er gegenüber den Inhabern der in der Sammelurkunde verbrieften Rechte verpflichtet ist, auf Verlangen einzelne Wertpapiere auszugeben;
8. im Falle des § 3 Abs. 2 die Berichte über die Gründung und deren Prüfung (§ 32 Abs. 1, § 34 Abs. 2 des Aktiengesetzes).

Veröffentlichung eines Basisprospekts

BörsZulV 48 a ¹Schuldverschreibungen, die gleichzeitig mit ihrer öffentlichen ersten Ausgabe zugelassen werden sollen und für die ein nach dem Wertpapierprospektgesetz gültiger Basisprospekt vorliegt, kann die Geschäftsführung zulassen, wenn die endgültigen Bedingungen des Angebots erst kurz vor der Ausgabe festgesetzt werden und der Basisprospekt innerhalb von zwölf Monaten vor der Zulassung der Schuldverschreibungen veröffentlicht worden ist und darüber Auskunft gibt, wie diese Angaben in den Prospekt aufgenommen werden. ²Die endgültigen Bedingungen müssen vor der Einführung der Schuldverschreibungen nach § 6 Abs. 3 des Wertpapierprospektgesetzes veröffentlicht werden.

Veröffentlichung des Zulassungsantrags

BörsZulV 49 *(aufgehoben)*

Zeitpunkt der Zulassung

BörsZulV 50
Die Zulassung darf frühestens an dem auf das Datum der Einreichung des Zulassungsantrags bei der Geschäftsführung folgenden Handelstag erfolgen.

Veröffentlichung der Zulassung

BörsZulV 51
Die Zulassung wird von der Geschäftsführung auf Kosten der Antragsteller im elektronischen Bundesanzeiger veröffentlicht.

Einführung

BörsZulV 52
Die Einführung der Wertpapiere darf frühestens an dem auf die erste Veröffentlichung des Prospekts oder, wenn kein Prospekt zu veröffentlichen ist, an dem der Veröffentlichung der Zulassung folgenden Werktag erfolgen.

Zweites Kapitel. Pflichten des Emittenten zugelassener Wertpapiere

Erster Abschnitt.
(aufgehoben)

Zweiter Abschnitt. Sonstige Pflichten

BörsZulV 63–68 *(aufgehoben)*

Zulassung später ausgegebener Aktien

BörsZulV 69
(1) [1] Der Emittent zugelassener Aktien ist verpflichtet, für später öffentlich ausgegebene Aktien derselben Gattung wie der bereits zugelassenen die Zulassung zum regulierten Markt zu beantragen, wenn ihre Zulassung einen Antrag voraussetzt. [2] § 7 Abs. 1 Satz 2 und 3 bleibt unberührt.

(2) [1] Der Antrag nach Absatz 1 ist spätestens ein Jahr nach der Ausgabe der zuzulassenden Aktien oder, falls sie zu diesem Zeitpunkt nicht frei handelbar sind, zum Zeitpunkt ihrer freien Handelbarkeit zu stellen. [2] Findet vor der Einführung der Aktien ein Handel von Bezugsrechten im regulierten Markt statt und ist ein Prospekt gemäß dem Wertpapierprospektgesetz zu veröffentlichen, so ist der Antrag auf Zulassung unter Beachtung der in § 14 Abs. 1 des Wertpapierprospektgesetzes für die Prospektveröffentlichung bestimmten Fristen zu stellen.

BörsZulV 70 *(aufgehoben)*

Drittes Kapitel. Schlussvorschriften

BörsZulV 71 *(aufgehoben)*

Allgemeine Bestimmungen über Jahresabschlüsse

BörsZulV 72
(1) ¹ Jahresabschlüsse im Sinne dieser Verordnung sind:
1. der Jahresabschluss nach § 242 Abs. 3 des Handelsgesetzbuchs,
2. der Einzelabschluss nach § 325 Abs. 2a des Handelsgesetzbuchs,
3. der Konzernabschluss nach dem Zweiten Unterabschnitt des Zweiten Abschnitts des Dritten Buchs des Handelsgesetzbuchs oder nach dem Zweiten Abschnitt des Publizitätsgesetzes,
4. Abschlüsse nach anderen Vorschriften, sofern darin auf eine der vorgenannten Bestimmungen verwiesen wird, und
5. Abschlüsse nach ausländischem Recht, sofern sie ihrer Art nach einem Abschluss nach den Nummern 1 bis 4 entsprechen.² Die Bestimmungen dieser Verordnung betreffend ausländische Emittenten bleiben unberührt.

(2) ¹ Soweit der Emittent nach dieser Verordnung einen Einzelabschluss in den Prospekt aufzunehmen oder anderweitig offen zu legen hat, kann nach seiner Wahl ein Abschluss nach Absatz 1 Satz 1 Nr. 2 an die Stelle eines solchen nach Absatz 1 Satz 1 Nr. 1 oder nach Absatz 1 Satz 1 Nr. 4 in Verbindung mit Nr. 1 treten.
² Entsprechendes gilt für die Zusammenfassung eines Einzelabschlusses und für den Bestätigungsvermerk dazu.

Übergangsvorschrift

BörsZulV 72 a
(1) Für Schuldverschreibungen, für die ein Prospekt nach § 44 dieser Verordnung vor dem 1. Juli 2005 veröffentlicht worden ist, findet diese Verordnung in der vor dem 1. Juli 2005 geltenden Fassung weiterhin Anwendung.

(2) Veröffentlichungen nach den §§ 49 und 51 sind bis zum 31. Dezember 2008 zusätzlich zu der Veröffentlichung im elektronischen Bundesanzeiger auch in einem Börsenpflichtblatt vorzunehmen; das Börsenpflichtblatt in dem Zulassungsantrag nach § 48 Abs. 1 zu bezeichnen.

(3) ¹ Sind Aktien eines Emittenten vor dem 1. November 2007 zum geregelten Markt zugelassen worden, so ist für vor diesem Tag ausgegebene Aktien, die noch nicht zugelassen sind, der Antrag auf Zulassung nach § 69 Abs. 1 zum regulierten Markt spätestens bis zum 31. Oktober 2009 zu stellen. ² § 69 Abs. 1 Satz 2 bleibt unberührt.

BörsZulV 73 (Inkrafttreten)
Anlage (zu § 57 Abs. 2) *(aufgehoben)*

(16) Gesetz über den Wertpapierhandel (Wertpapierhandelsgesetz – WpHG)

Vom 26. Juli 1994 (BGBl I 1749) idF vom 9. September 1998 (BGBl I 2708/ BGBl III FNA 4110–4) mit den späteren Änderungen

Übersicht

1) Das WpHG 1–3
   A. EG-Richtlinien und WpHG 1
   B. Spätere Änderungen 2

2) Der Inhalt des WpHG im Überblick 4–26
  A. Anwendungsbereich, Begriffsbestimmungen 4
  B. Bundesanstalt für Finanzdienstleistungsaufsicht (BaFin 5
  C. Schutzgesetzcharakter von Vorschriften im WpHG 6
  D. Insiderüberwachung 9
  E. Kurs- und Marktmanipulation 12
  F. Beteiligungsveränderungen 13
  G. Notwendige Informationen für die Wahrnehmung von Rechten aus Wertpapieren 13
  H. Verhaltensregeln für Wertpapierdienstleistungsunternehmen und hinsichtlich Finanzanalysen 14
  I. Haftung für falsche und unterlassene Kapitalmarktinformationen 18
  J. Finanztermingeschäfte 20
  K. Schiedsvereinbarungen 22
  L. Ausländische organisierte Märkte 23
  M. Überwachung von Unternehmensabschlüssen 24
  N. Finanzberichtspflichten 25
  O. Straf-, Bußgeld- und Übergangsvorschriften 26

Einleitung

Schrifttum

a) Kommentare und Handbücher: Außer dem allgemeinen Schrifttum (s **(7)** Bankgeschäfte Einl vor A/1, Effektengeschäft Q/1) *Assmann/Schneider,* WpHG, 5. Aufl 2009. – *Assmann/Schütze,* Hdb des Kapitalanlagerechts, 3. Aufl 2007. – BankrechtsHdb/*Hopt* 3. Aufl 2007 § 107 (Insider, Ad-hoc-Publizität). – *Ebenroth/Grundmann* BankR VI 2001. – *Fuchs,* WpHG, 2009. – *Groß,* Kapitalmarktrecht, 4. Aufl 2009. – *Habersack/Mülbert/Schlitt,* Hdb der Kapitalmarktinformation, 2008. – *Habersack/Mülbert/Schlitt,* Unternehmensfinanzierung am Kapitalmarkt, 2. Aufl 2008. – *Hirte/Möllers,* KöKoWpHG, 2007. – *Hopt/Wymeersch,* European Company and Financial Law, Texts and Leading Cases, 4th ed 2007. – *Kümpel/Hammen/Ekkenga,* Kapitalmarktrecht, 2 Bde, 1998 ff (LBl). – *Kümpel/Veil,* WpHG, 2. Aufl 2006. – *Marsch-Barner/Schäfer,* Hdb börsennotierte AG, 2. Aufl. 2009. – *Schäfer/Hamann,* Kapitalmarktgesetze, 2. Aufl 2006 ff (LBl). – *Schröder,* Kapitalmarktstrafrecht, 2007. – *Schwark/Beck/Schwark/Zimmer,* WpHG in Kapitalmarktrechts-Komm, 3. Aufl 2004, 4. Aufl in Vorbereitung für 2009.

b) Lehrbücher: *Buck-Heeb,* Kapitalmarktrecht, 3. Aufl 2009. – *Claussen,* Bank- und Börsenrecht, 4. Aufl 2008. – *Kümpel,* Bank- und Kapitalmarktrecht, 3. Aufl 2004. – *Kümpel,* Kapitalmarktrecht, 3. Aufl 2004. – *Langenbucher,* Aktien- und Kapitalmarktrecht 2008.

c) Sonstige Beiträge: *(BAWe)/BaFin,* Jahresberichte 1995 ff. – BaFin, Emittentenleitfaden 15. 7. 2005, neu 28. 4. 2009, dazu *Bedkowski* BB 09, 1482, *Burg/Marx* AG **09,** 487, *Merkner/Sustmann* NZG **09,** 813. – *Hopt,* Kapitalanlegerschutz, 1975. – *Bliesener,* Aufsichtsrechtliche Verhaltenspflichten beim Wertpapierhandel, 1998. – *Fleischer* u *Merkt* 64. DJT 2002 GA (Anlegerschutz). – *Lang,* Informationspflichten bei WPDienstleistungen, 2003. – *Möllers/Rotter,* Ad-hoc-Publizität, 2003. – *Berkenbusch,* Grenzüberschreitender Informationsaustausch, 2004. – *Göres,* Interessenkonflikte bei WPAnalyse 2004. – *Park,* Kapitalmarkt-Strafrecht, 2. Aufl 2009. – *Stünkel,* EG-Grundfreiheiten und Kapitalmärkte, 2005. – *Hopt/Voigt,* Prospekt- und Kapitalmarktinformationshaftung, 2005. – *Kumpan,* Außerbörsliche WPHdlSysteme, 2006. – *Hauschka,* Corporate Compliance 2007. – *Hellgardt* 2008 (Kapitalmarktdeliktsrecht). – *Hopt* ZGR **02,** 333 (Insider, Übernahmeangebote), ZGR **04,** 1 (Interessenwahrung und Interessenkonflikte), FS Doralt (Wien) **04,** 213 (Sanktionen bei Interessenkonflikten). – *Kronke/Haubold* ua in Kronke ua, Hdb des Int Wirtschaftsrecht 2005 (international). – *Spindler/Kasten* WM **07,** 1245 (FRUG). – *Hellgardt* in Beiträge für *Hopt* **08,** 397 (EG) – *Richter* ZHR 172 (08) 419 (Kapitalmarkt und GesRecht). – *Stackmann* NJW **08,** 1345 (Anlegerschutzprozess). – *K. Schmidt* FS Schwark **09,** 753 (Schutzgesetzcharakter).

V. Bankgeschäfte (m. Börsen- u. KapMR) **1, 2 WpHG Einl (16)**

RsprÜbersichten zum Kapitalmarktrecht: BGHFSWissII/*Schwark* u *Hopt* **00**, 455, 497 (mit Prospekthaftung), M. Weber NJW **00**, 2061, 3461, **03**, 18, **04**, 28, 3674, **05**, 3682, **06**, 3685, **07**, 3688, **09**, 33.

1) Das WpHG

A. **EG-Richtlinien und WpHG:** Das 2. FinanzmarktfördG 26. 7. 94, das als das **1** wichtigste börsen- und kapitalmarktrechtliche Gesetz in Deutschland seit 100 Jahren bezeichnet worden ist, hat als Kernstück und Art. 1 das **WpHG** gebracht. Es ist das Parallelgesetz zum **(14)** BörsG, jenes regelt die Börsenmärkte einschließlich des Freihandels, dieses regelt die Verhaltenspflichten auf börslichen und nichtbörslichen Kapitalmärkte und ist das **Grundgesetz des Kapitalmarktrechts** (securities regulation). Es geht in wesentlichen Teilen auf europäische Vorgaben zurück: Insiderverbot und Ad-hoc-Publizität auf die EG-InsiderRi 13. 11. 89, die Mitteilungs- und Veröffentlichungspflichten auf die EG-MitteilungsRi 12. 12. 88 und die Verhaltensregeln für Banken und andere WPDienstleister auf die EG-WPDienstleistungsRi 11. 6. 93. Nach internationalem Vorbild sehen diese und andere EG-Ri zwingend eine staatliche Aufsichtsbehörde vor. Mittlerweile gibt es bereits eine zweite und dritte Generation von EG-Richtlinien zum Kapitalmarktrecht. So ist die EG-InsiderRi ersetzt durch die EG-Ri 2003/6/EG (Insider-Geschäfte und Marktmanipulation, **Marktmissbrauchsrichtlinie**) 28. 1. 03 ABlEU L 96/16, NZG Sonderbeil 11/03. Zur Marktmissbrauchs-Ri sind eine DurchführungsVO 22. 12. 03 (Ausnahmen für Rückkaufprogramme und Kursstabilisierung) und drei DurchführungsRi 22. 12. 03 (Begriffe Insiderinformation und Marktmanipulation, Veröffentlichung; Anlageempfehlungen und Interessenkonflikte) und 29. 4. 04 (zulässige Marktpraktiken ua) ergangen. Die EG-WPDienstleistungsRi ist ersetzt durch die EG-Ri 2004/39/EG **(Finanzmarktrichtlinie)** 21. 4. 04 ABlEU L 145/1, dazu FinanzmarktRiUmsetzG 16. 7. 07 BGBl 1330, näher unten Rn 4. **Transparenzrichtlinie** 15. 12. 04 ABlEU L 390/38, dazu TUG, unten Rn 3. Die europarechtliche Grundlage hat die Auslegungsletztzuständigkeit des EuGH zur Folge (Einl 28 vor § 1 HGB). Zur **Prospektrichtlinie** s **(14)** BörsG Einl 15 vor § 1. Lit: EGKomm, laufende Fortschrittsberichte zu Aktionsplan für Finanzdienstleistungen; Hopt/Wymeersch, European Company and Financial Law, Texts and Leading Cases, 4th ed 2007; Hopt ZGR **91**, 17 (InsiderRi) u in Grundmann, Systembildung 2000, S 307 (EGKapitalmarktrecht), Leppert/Stürwald ZBB **02**, 90 (MarktmissbrauchsRi), Dier/Fürhoff AG **02**, 604 (MarktmissbrauchsRi), Weber EuZW **02**, 43 (MarktmissbrauchsRi).

B. **Wichtige Reformen seit 1994:** Das WpHG ist mehrfach substantiell geändert **2** worden, vor allem 1997, 1998, 2002, 2004, 2007, 2008 und 2009.
Art 2 des UmsetzungsG Bank- und WPAufsicht 22. 10. 97 BGBl 2518, 2558 nebst BegleitG 22. 10. 97 BGBl 2567 brachte Änderungen vor allem betreffend den Anwendungsbereich des Gesetzes (§§ 1, 2, 2 a), die Meldepflichten nach § 9 WpHG, die verbesserte Insiderüberwachung (§ 16 WpHG) und die Verhaltensregeln für WPDienstleistungsunternehmen (§§ 31 ff). Lit: Weber-Rey/Baltzer WM **97**, 2295, Meixner NJW **98**, 865.
Das 3. FinanzmarktfördG 24. 3. 98 BGBl 529, 536 verkürzte die Verjährungsfrist für Haftung aus fehlerhafter Information und Beratung bei Wertpapieren auf drei Jahre (§ 37 a WpHG), harmonisierte die Mitteilungspflichten bei Veränderungen bedeutender Beteiligungen (§§ 21 ff WpHG, §§ 20 f AktG), verbesserte die Marktaufsicht und enthielt Deregulierungsmaßnahmen. S auch **(14)** BörsG Einl 13 vor § 1. Lit: Pötzsch WM **98**, 956.
Viertes Finanzmarktförderungsgesetz 2002: Das 4. FinanzmarktfördG 21. 6. 02 BGBl 2010, 2028 brachte Veröffentlichungs- und Mitteilungspflichten bei Geschäften von Geschäftsführungs- oder Aufsichtsratsmitgliedern und phG von börsennotierten Emittenten (§ 15 a WpHG), verbesserte erneut die Insiderüberwachung (§§ 16, 16 b WpHG), regelte die Überwachung des Verbots der Kurs- und Marktpreismanipulation (Abschn 4: §§ 20 a, 20 b WpHG), änderte erneut die Mitteilungspflichten bei Beteiligungsveränderungen (§§ 25, 26 ua WpHG), enthielt Regeln für die Wertpapieranalyse (§ 34 b WpHG), regelte den Schadensersatz bei ad hoc-Meldungen (Abschn 7: §§ 37 b, 37 c WpHG), brachte eine Neuregelung der Finanztermingeschäfte-

(16) WpHG Einl 3, 4 2. Handelsrechtl. Nebengesetze

schäfte (Abschn 8: §§ 37 d–37 g WpHG statt **(14)** BörsG §§ 50 ff aF) und regelte Schiedsvereinbarungen (Abschn 9: § 37 h) und ausländische organisierte Märkte (Abschn 10: §§ 37 i–37 m WpHG). S auch **(14)** BörsG Einl 14 vor § 1. Lit: Hammen AG **01,** 549, Beck BKR **02,** 699, Fleischer NJW **02,** 2977, Hutter/Leppert NZG **02,** 649.

Anlegerschutzverbesserungsgesetz 2004: Das AnSVG 28. 10. 04 BGBl 2630 brachte ganz erhebliche, vor allem durch die MarktmissbrauchsRi nebst DurchführungsVO und -Ri (s Rn 1) notwendig gewordene Änderungen. Betroffen sind Anwendungsbereich und Begriffsbestimmungen, ua Begriff der Finanzinstrumente (§§ 1–2 a WpHG), Aufgaben und Befugnisse der BaFin (§§ 4–10, 34 c ff WpHG), grundlegend Insiderrecht und Ad-hoc-Publizität (§§ 12–16 b WpHG) und im Anschluss daran die Haftung für falsche und unterlassene Kapitalmarktinformationen (§§ 37 b, 37 c WpHG), Verbot der Marktmanipulation (§ 20 a WpHG), Analyse von Finanzinstrumenten (§ 34 b WpHG). Orientierungshilfe zum neuen Recht gab der **Emittentenleitfaden** der BaFin 15. 7. 05, abrufbar auf der Webseite www.bafin.de, dazu Claussen/Florian AG **05,** 745, Merkner/Sustmann NZG **05,** 729, Neufassung 15. 7. 05 (s. Rn 7). Lit: Bürgers BKR **04,** 424, Diekman/Sustmann NZG **04,** 929, Duhnkrack/Hasche DB **04,** 1351, Freiherr von Falkenhausen/Widder BB **05,** 225, Fleischer BKR **04,** 339, Holzborn/Israel WM **04,** 1948, Kuthe ZIP **04,** 883, Spindler NJW **04,** 3449, NZG **04,** 1138 (Finanzanalyse/Journalisten), Tollkühn ZIP **04,** 2215, Ziemons NZG **04,** 537, Koch DB **05,** 267.

Bilanzkontrollgesetz 2004: Das BilKoG 15. 12. 04 BGBl 3408 fügte §§ 37 n–37 u (Abschn 11, Übergangsvorschrift § 45) über Überwachung von Unternehmensabschlüssen ein. Eine privatrechtlich organisierte, vom BMJ anerkannte Prüfstelle für Rechnungslegung (§ 342 b HGB) bedarf des backing durch die BaFin. Abschn 11 regelt die Befugnisse und die Mitwirkung der BaFin.

3   **TUG 2007:** Das TUG 5. 1. 07 BGBl 10 regelt in Umsetzung der TransparenzRi 2004 die Einführung des Herkunftsstaatsprinzips (Sitz in Deutschland statt Zulassung an einer inländischen Börse), die Veröffentlichung und Speicherung der Kapitalmarktinformationen in Ergänzung des EHUG, neue Meldeschwellen für Stimmrechtsmitteilungen (neu: bereits 3%, ferner 15, 20, 30%), Informations- und Publikationspflichten, Finanzberichte und Pflichten des Insolvenzverwalters sowie erhebliche Änderungen zur WpAIV (s Rn 14). Lit: Beiersdorf/Buchheim BB **06,** 1674 (RegE), DAI NZG **06,** 579 (DiskE), Rodewald/Unger BB **06,** 1917 (RegE), Beiersdorf/Rahe BB **07,** 99, Göres Konzern **07,** 15, Held/Ziemann NZG **06,** 652 (Bilanzeid), Bosse DB **07,** 39, Hutter/Kaulamo NJW **07,** 471, Nießen NZG **07,** 41, Piener/Lebherz AG **07,** 19.

4   C. **FinanzmarktRiUmsetzG 2007** (da für das Verständnis grundlegend wie schon **(14)** BörsG Einl 19 vor § 1): Das FinanzmarktRiUmsetzG (inoffiziell auch **FRUG** abgekürzt) 16. 7. 07 BGBl 1330 hat das BörsG völlig neu gefasst und durch einheitliche Regelung der Zulassung von Wertpapieren zum Börsenhandel (keine Trennung mehr zwischen amtlichem und geregeltem Markt) von 64 auf 52 Paragraphen verschlankt. Die Reform wurde notwendig infolge der **FinanzmarktRi (Markets in Financial Instruments Directive, MiFID)** 21. 4. 04 über Märkte für Finanzinstrumente ABlEU L 145/1 v 30. 4. 04. Zusammen mit dieser wurde die DurchführungsRi der Kommission 10. 8. 06 ABlEU L 241/26 umgesetzt. Die FinanzmarktRi ist das Grundgesetz des europäischen Finanzmarktrechts. Sie hat die völlig veraltete WPDienstleistungRi (Investment Services Directive ISD) 10. 5. 93 ABLEG L 141/27 ersetzt und wesentlich umgestaltet und erweitert. Die Neuerungen betreffen insbesondere den Anwendungsbereich, Transparenzanforderungen für Handelsplattformen und die rechtlichen Grundlagen zur Ausführung von Wertpapiergeschäften. Beim Umgang mit dem FinanzmarktRiUmsetzG, das außer der Neufassung des **(14)** BörsG grundlegende Änderungen zu **(16)** WpHG gebracht hat, ist die **durch das Lamfalussy-Rechtssetzungverfahren** in der EU **komplizierte Normhierachie** zu beachten. Nach diesem vierstufigen Verfahren stehen nebeneinander 1) die FinanzmarktRi als vom Europäischen Parlament und Europäischen Rat erlassene Rahmenrichtlinie, 2) DurchführungsVO und DurchführungsRi der Kommission, 3) eine einheitliche Aufsichtspraxis durch das CESR (Committee of European Securities Regulators, Vertreter der Aufsichtsbehörden der Mitgliedstaaten) und 4) Überwachung der einheitlichen

V. Bankgeschäfte (m. Börsen- u. KapMR)   4a, 5   **WpHG Einl (16)**

Umsetzung und Einhaltung der Rechtsvorschriften durch die Europäische Kommission. Die Europäische Kommission hat bisher schon zwei Durchführungsvorschriften erlassen: die bereits erwähnte **DurchführungsRi** 10. 8. 06 und eine **DurchführungsVO** 10. 8. 06 ABlEU L 241/1 über Aufzeichnungspflichten für WPFirmen, Meldung von Geschäften, Markttransparenz, Zulassung von Finanzinstrumenten zum Handel und bestimmte Definitionen. Während die DurchführungsRi durch das FinanzmarktRiUmsetzG mitumgesetzt worden ist, gilt die DurchführungsVO ohne Umsetzungsbedarf unmittelbar, diesbezügliche Vorschriften im Börsen- und WPRecht sind deshalb aufgehoben. Von der Praxis unmittelbar zu beachten sind danach sowohl das deutsche Recht gemäß dem FinanzmarktRiUmsetzG als auch die DurchführungsVO. Mittelbar relevant bleiben aber auch die FinanzmarktRi und entsprechende DurchführungsRi der Kommission, weil eine eventuelle unrichtige oder unvollständige Umsetzung über **Vorlageverfahren beim EuGH** (Art 234 EVG) geklärt werden kann. Die Umsetzung durch Bundesgesetz erfolgte nach Art 74 I Nr 11 GG und war im Hinblick auf die europäische Harmonisierung, die Gefahr föderaler Zersplitterung und die Vermeidung von Aufsichtsarbitrage unbedingt notwendig.

Wesentliche Änderungen durch das FinanzmarktRiUmsetzG: Diese betreffen 4a vor allem den Anwendungsbereich, Transparenzanforderungen für Handelsplattformen und die rechtlichen Grundlagen zur Ausführung von WPGeschäften. 1) Das WpHG erfasst nunmehr die **Anlageberatung** (nunmehr WPHauptdienstleistung, **(16)** WpHG § 2 III Nr 9), die Vermittlung von Investmentfonds und Dienstleistungen im Zusammenhang mit Derivaten. 2) Die **Transparenzanforderungen** für Handelsplattformen sind durch die Vorschriften über Vor- und Nachhandelstransparenz für an organisierten Märkten zugelassene Aktien ganz erheblich gestiegen. **Handelsplattformen** sind **Börsen, multilaterale Handelssystem (multilateral trading facilities, MTF,** also Handelssysteme außer der Börsenmärkte) **und Internalisierungssysteme,** bei denen Banken und Broker hausintern Kundenaufträge auf regelmäßiger Basis ausführen. Näher zur Vorhandelstransparenz ua §§ 31 g, 32 a, zur Nachhandelstransparenz §§ 31 g, 31 h. 3) Wertpapierdienstleistungsunternehmen unterliegen ganz erheblich verschärften Anforderungen an die Ausführung von Wertpapiergeschäften. Das betrifft sowohl die **Organisationspflichten** (§§ 33 ff) als auch verschiedenste **Verhaltenspflichten** (§§ 33 ff).

Lit: Zur FinanzmarktRi Clouth ua 2007; Kühne BKR **05,** 275, Spindler/Kasten WM **06,** 1749, 1797, Spinder/Kasten AG **06,** 785, Duve/Keller BB **06,** 2425, 2477, 2537, Fleischer BKR **06,** 389, Hirschberg AG **06,** 398, Kumpan WM **06,** 797, Kumpan/Hellgardt DB **06,** 1714, Schlicht BKR **06,** 469, Seyfried WM **06,** 1375, Teuber BKR **06,** 429, Volhard/Wilkens DB **06,** 2051, Göres BKR **07,** 85; Roth/Loff WM **07,** 1249, Voß BKR **07,** 45, Weichert/Wenninger WM **07,** 627. Zum FinanzmarktRiUmsetzG Kasten BKR **07,** 261, Mülbert WM **07,** 1149, Spindler/Kasten WM **07,** 1245, Weichert/Wenninger WM **07,** 627, Zingel BKR **07,** 173, Holzborn/Israel NJW **08,** 791, Sester ZBB **08,** 369 (Anteile an geschlossenen Fonds).

D. **Wichtige Reformen seit 2008. Risikobegrenzungsgesetz 2008:** Das Risi- 5 kobegrenzungsgesetz 12. 8. 08 BGBl 1666 soll insb Transparenz des Kapitalmarktes verbessern. Zweck der Neuerungen ist, unerwünschte Aktivitäten von Finanzinvestoren zu erschweren und Risiken von Finanztransaktionen für die davon betroffenen Unternehmen sowie die Stabilität des Finanzsystems einschränken (RegE BTDrucks 16/7438). Dafür wurden im WpHG die Regelungen zu den Meldepflichten verschärft, insbesondere Erweiterung der Definition des abgestimmten Verhaltens (§ 22 II, acting in concert, parallel dazu Änderung in § 30 II WpÜG gegen Forderungen nach Abkopplung beider Normen), Zurechnung auch der Stimmrechte aus Aktien, die auf Grund von Optionen erworben werden können (§ 25 Abs. 1, dadurch früheres Erreichen der Meldeschwellen), besondere Mitteilungspflichten bei Erreichen von 10% der Stimmrechte hinsichtlich der verfolgten Ziele und der Herkunft der Mittel (§ 27 a) und verschärfte Sanktion bei vorsätzlicher oder grob fahrlässiger Verletzung der Meldepflichten hinsichtlich der Höhe des Stimmrechtsanteils (dann Verlust der Rechte aus Aktien noch für 6 Monate nach erfolgter Nachmeldung, § 28).

Lit: Fleischer, AG **08,** 873, Gätsch/Schäfer, NZG **08,** 846, König, BB **08,** 1910, Korff, AG **08,** 692, Querfurth, WM **08,** 1957, Renz/Rippel, BKR **08,** 309, Simon/

Dobel, BB **08**, 1955, von Bülow/Stephanblome, ZIP **08**, 1797, Weber-Rey, DStR **08**, 1967, Fleischer/Schmolke NZG **09**, 401 (Anschleichen), Zimmermann, ZIP **09**, 57.
Das **BilMoG** 2009 änderte §§ 37 v II, 37 y und 39 II.
Schuldverschreibungs(- und Falschberatungs)gesetz 2009: Das SchVFalschberG 31. 7. 09 BGBl 2512 enthält neben dem neuen **SchVG** (s **(7)** Bankgeschäfte Rn Y/3) zwei praktisch weitreichende **Änderungen des WpHG.** Wichtig ist vor allem der **Wegfall der Sonderverjährung** von Schadensersatzansprüchen gegen WPDienstleistungsunternehmen nach § 37 a aF (§ 347 Rn 39), künftig gilt die Regelverjährung nach BGB (**Übergangsrecht:** § 43 WpHG, erst ab 2010). Außerdem werden die Anforderungen an die **Dokumentation der Beratung** (§ 347 Rn 37) erhöht. Ein WPDienstleistungsunternehmen muss über jede Anlageberatung bei einem Privatkunden (erst Rechtsausschuss) ein schriftliches Protokoll anfertigen und dem Kunden vor Geschäftsabschluss (ausser wenn nach Art des Kommunikationsmittels nicht möglich, dann unverzüglich nachher und einwöchiges Widerrufsrecht, ebenfalls erst Rechtsausschuss) auf Verlangen aushöndigen (§§ 34 IIa, IIb neu mit Detailanforderungen in § 14 VI nF WpDVerOV; Übergangsrecht: § 47 WpHG: erst für Anlageberatung nach 31. 12. 09). Das Protokoll muss vom Berater (nicht vom Kunden, aber freiwillig) unterzeichnet werden. Damit soll der BaFin die Kontrolle des Gesprächshergangs (über die Kundenangaben nach § 31 IV und die gewählte Risikoklasse hinaus wie bisher) ermöglicht werden, also keine Schutzwirkung (vgl unten Rn 8).
Lit: Böhm BKR **09**, 221, Strohmeyer ZBB **09**, 197.

Anlegerschutz am Grauen Kapitalmarkt: Diskutiert wird Erstreckung des WpHG hierauf durch Ausdehnung des Finanzinstrumentebegriffs (§ 1 XI KWG, § 2 IIb WpHG), BaFin 10. 6. 09.

2) Der Inhalt des WpHG im Überblick

6   A. **Anwendungsbereich, Begriffsbestimmungen:** Das WpHG regelt in Abschn 1 (§§ 1–2 a) seinen Anwendungsbereich und bringt Begriffsbestimmungen ua für Wertpapiere (§ 2 I) samt Geldmarktinstrumenten, Derivaten, Finanztermingeschäften, Finanzinstrumenten, WP- und WPNebendienstleistungen (§ 2 I a–III a), WPDienstleistungsunternehmen und organisierten Markt (§ 2 IV, V). Letzterer ist ein im Inland, in einem anderen Mitgliedstaat der EU/EWR betriebenes oder verwaltetes, durch staatliche Stellen genehmigtes, geregeltes und überwachtes multilaterales System, das die Interessen einer Vielzahl von Personen am Kauf und Verkauf von dort zum Handel zugelassenen Finanzinstrumenten innerhalb des Systems und nach festgelegten Bestimmungen in einer Weise zusammenbringt oder das Zusammenbringen fördert, die zu einem Vertrag über den Kauf dieser Finanzinstrumente führt (Legaldefinition). § 2 VI neu TUG 2007 verankert das Herkunftslandsprinzip, wonach grundsätzlich der Sitz des Emittenten (in Deutschland) maßgeblich ist. § 2 VII definiert die Inlandsemittenten (Herkunftsstaat Deutschland, aber auch Drittstaatenemittenten, deren Wertpapiere nur im Inland zum Handel an einem organisierten Markt zugelassen sind). Andere Gesetze, zB §§ 267 III 2, 293 V HGB, verweisen auf das WpHG mit seinen Definitionen oder regeln Probleme parallel zu und in Abstimmung mit dem WpHG. Das ist, weil das WpHG das Kernstück des Kapitalmarktrechts ist, sachgerecht. Erstreckung des Insider-, Marktmanipulations- und Finanzanalysevorschriften auch auf Handlungen und Unterlassungen im Ausland, wenn die betroffenen Finanzinstrumente an einer inländischen Börse gehandelt werden (§ 1 II). Lit: Hopt ZHR 159 (**95**) 135 (Grundsatz- und Praxisprobleme des WpHG), Hutter/Kaulamo NJW **07**, 471 (TUG).

7   B. **Bundesanstalt für Finanzdienstleistungsaufsicht (BaFin):** In Abschn 2 ist die Zuständigkeit der BaFin (seit 1. 5. 02 durch FinDAG, vorher BAWe) geregelt. § 4 idF AnSVG enthält eine die Einzelbefugnisse zusammenfassende Generalbefugnisnorm. Dazu gehört nicht nur die Befugnis, Auskünfte von jedermann zu verlangen (§ 4 III 1), sondern auch den Handel mit Finanzinstrumenten vorübergehend zu untersagen oder die Aussetzung des Börsenhandels mit diesen anzuordnen (näher § 4 II 2). Die Aussetzungsbefugnis der Börsenaufsichtsbehörde nach **(14)** BörsG § 3 V und der Börsengeschäftsführung nach **(14)** BörsG § 25 I 1 Nr 1 bleiben davon unberührt. Aussetzung kommt wegen ihrer Folgen für die Marktteilnehmer nur als ultima ratio in Betracht. Für den Privatrechts- und HdlVerkehr ist wichtig, dass die BaFin

V. Bankgeschäfte (m. Börsen- u. KapMR) 8–10 **WpHG Einl (16)**

nach § 4 IV FinDAG (statt § 4 II aF WpHG, § 6 IV aF KWG, § 81 I 3 aF VAG und wie **(14)** BörsG § 3 III über Börsenaufsicht) ihre gesetzlichen Aufgaben **nur im öffentlichen Interesse** wahrnimmt. Europarecht (s Rn 1) steht dem nicht entgegen, str, s **(7)** Bankgeschäfte Rn A/5 zu § 6 IV aF KWG. Zusammenarbeit mit ausländischen Behörden s § 7. Meldepflichten s § 9 mit **WpHMV** 21. 12. 95 BGBl 2094 mit Änderungen 2007. Bei Verdacht von Insidergeschäften oder Marktmanipulationen bestehen weitgehende Anzeigepflichten (§ 10). Nach § 11 idF TUG 2007 (auch ZIP **07,** 552; gleichlautend **(14)** BörsG § 43, s dort) hat der **Insolvenzverwalter** den Schuldner, der weiterhin meldepflichtig bleibt, bei der Erfüllung seiner Melde- und anderen Pflichten nach dem WpHG zu unterstützen (wegen BVerwG WM **05,** 1655 restriktiv zu § 25 I). Eines der wichtigsten praktischen Instrument der BaFin ist der **Emittentenleitfaden,** 15. 7. 2005, **neu 28. 4. 2009,** abrufbar www.bafin.de, dazu Bedkowski BB **09,** 1482, Burg/Marx AG **09,** 487, Merkner/Sustmann NZG **09,** 813.

C. **Schutzgesetzcharakter von Vorschriften im WpHG:** Die Frage, ob die **8** Bestimmungen des WpHG **Schutzgesetze** iSv § **823 II BGB** sind, ist mit § 4 IV FinDAG (s Rn 7) noch nicht beantwortet. Sie ist differenzierend zu beantworten, hL, Hopt ZHR 159 **(95)** 160, K. Schmidt FS Schwark **09,** 762, 769. Ergebnis ist mittlerweile sehr str. Die neueste Rechtsprechung scheint Schutzgesetzcharakter weitgehend abzulehnen und stattdessen nur noch § 826 BGB anwenden zu wollen, BGH NJW **08,** 1735 (XI ZS zu § 32 II Nr 1 aF, der weitgehend § 31 I Nr 1 nF entspricht und bisher als klarer Fall eines Schutzgesetzes galt), F. Schäfer WM **07,** 1872, krit. K. Schmidt FS Schwark **09,** 753, 762, 769. Die Entscheidung beruht auf der Furcht, sonst eine Eigenhaftung der Organe und („einfachen") Angestellten von Wertpapierdienstleistungsunternehmen für leicht fahrlässige Pflichtverletzung annehmen zu müssen (vgl demgegenüber die ProspekthaftungsRspr, die bloße Angestellte zu Recht nicht erfasst, Anh § 177a Rn 64). Die Bedeutung dieser als Trendwende einzustufende Entwicklung, die ihre Parallele in der Zurückdrängung der Schutzpflichten zugunsten Dritter (s **(6)** Bankgeschäfte C/10 ua) hat, liegt darin, dass dann Klagen nur noch bei sittenwidrigem Verhalten und mindestens bedingtem Vorsatz erfolgreich sein können. Das ist der Preis für eine ungewisse Entlastung der Gerichte.

Als **Schutzgesetze** iSv § 823 II BGB galten bisher: **9**
§ 31 (s Rn 18, 19) mit den allgemeinen Verhaltensregeln für WPDienstleistungsunternehmen, für §§ 31, 32 aF BGH **142,** 356 (§ 31 II Nr 2 aF), **147,** 348 (§ 31 I Nr 1 aF), **160,** 64 (iErg § 31 II aF), Ffm ZIP **06,** 2218, Hopt ZHR 159 **(95)** 160 (zu § 32 aF), Schwark Bankrechtstag **95,** 118, Assmann/Schneider/Koller Vor § 31 Rn 17, Schäfer/Schäfer Vor § 31 Rn 9f, Schwark/Schwark vor § 31 Rn 9, Bliesener § 7 II, aA Schwennicke WM **98,** 1102; § 34a I 1, Ffm ZIP **06,** 2385; offen aber jedenfalls keine eigene über die zivilrechtlichen Aufklärungs- und Beratungspflichten hinausgehende Bedeutung, BGH ZIP **07,** 519m Anm Lang/Balzer, Koller ZBB **07,** 200; § 31 c nF, der laut BReg die allgemeinen Verhaltensregeln nach § 31 konkretisiert; § 33 a nF – jedenfalls I Nr. 2 –, der noch über § 31 hinausgeht.

Nicht Schutzgesetze sind: **10**
§§ 12 ff über den Insiderhandel (s Rn 11), hL, Kümpel, Bank- und Kapitalmarktrecht, 3. Aufl 2004 Rn 16.70, zu Recht zweifelnd Assmann/Schneider/Assmann vor § 12 Rn 49,; zu den Schwierigkeiten, wenn man Schutzgesetzcharakter bejaht, BankrechtsHdb/Hopt § 107 Rn 113 f, Assmann/Schneider/Assmann § 14 Rn 208 ff;
§ 15 über die Ad-hoc-Publizität (s Rn 12) wegen § 15 VI nicht als solcher, aber Schadensersatz nach § 37b, 37c idF AnSVG (s Rn 23, anders § 15 VI aF), BVerfG NJW **03,** 501, BGH **160,** 138, NJW **04,** 2668, Mü NJW **03,** 144, Assmann/Schneider/Assmann § 15 Rn 307, Schwark/Zimmer § 15 Rn 172, Haftung aus § 826 s Rn 10a;
§ 15a idF AnSVG über directors' dealing (s Rn 14), Assmann/Schneider/Sethe § 15a Rn 114, Schwark/Zimmer § 15a Rn 47, tendenziell aA Fleischer ZIP **02,** 1229;
§ 20a über Marktmanipulation (s Rn 15), Assmann/Schneider/Vogel § 20a Rn 22, Schwark/Schwark § 20a Rn 5; Barnert WM **02,** 1481 (zu **(14)** BörsG § 88 aF), Ekkenga ZIP **04,** 781, Rützel AG **03,** 79, aA Ziouvas ZGR **03,** 143, tendenziell Fleischer NJW **02,** 2979;

(16) WpHG Einl 11, 12

§§ 21 ff über die Mitteilungspflichten (s Rn 16), Schwark/Schwark § 28 Rn 14, aA für § 21 I Assmann/Schneider/Schneider § 28 Rn 79;

§§ 33 ff über die Organisationsregeln – mit Ausnahme von § 33 a – jedenfalls I Nr. 2 – (s Rn 18), BGH **147**, 343 (zu § 33), Assmann/Schneider/Koller Vor § 31 Rn 17, Schwark/Schwark vor § 31 Rn 9, hL;

§ 34 b I–V über die Analyse von Finanzinstrumenten, aber klarer, richterlich nicht korrigierbarer Verstoß gegen MarktmissbrauchsRi, Assmann/Schneider/Koller § 34 b Rn 129.

Soweit danach Individualschutz der Anleger verneint wird, bleiben nur § 826 BGB und die Straf- und Bußgeldvorschriften nach §§ 38 ff und aufsichtsrechtlichen Maßnahmen. Dass diese oft nicht ausreichen, zeigt die spektakuläre Kehrtwende des Gesetzgebers 2002 zum Schadensersatz nach unterlassener Veröffentlichung (§§ 37 b, 37 c, 15 VI, s oben).

11 **D. Insiderüberwachung:** Abschn 3, §§ 12–16 b idF AnSVG 2004 und TUG 2007, enthält die Insiderüberwachung, die durch EGRecht (s Rn 1) weitgehend, aber nicht völlig vorgegeben ist. Für die Praxis steht der **Emittentenleitfaden der BaFin** neu 28. 4. 2009 (s. Rn 7), abrufbar www.bafin.de, III. Insiderüberwachung, ganz im Vordergrund. Definitionen von **Insiderpapieren** (**§ 12**, auch geregelter Markt und Freiverkehr), Karls WM **04**, 2486, und **Insiderinformation** (**§ 13**, außer Tatsachen auch überprüfbare Werturteile und Prognosen). Auch zukunftsbezogene Umstände wie Pläne, Vorhaben und Absichten einer Person können Insiderinformationen sein, wenn sie hinreichend präzise sind und ihre Verwirklichung hinreichend wahrscheinlich (§ 13 I 3, Eintrittswahrscheinlichkeit von über 50%) ist, BGH WM **08**, 641 (DaimlerChrysler), m krit Anm. Möllers NZG **08**, 330, Stgt WM **09**, 1232. Gerüchte genügen nicht, da nicht konkret genug (RegE zu § 13 I 3), anders, wenn sie Tatsachenkern enthalten, Hess VGH AG **98**, 436 m krit Anm Assmann. Frontrunning ist eigens erwähnt (§ 13 I 4 Nr 1). Dazu gibt es zahlreiche Streitfragen, insbesondere zu mehrstufigen Entscheidungsprozessen und Eignung zur erheblichen Kursbeeinflussung. Es folgt das **Verbot von Insidergeschäften (§ 14).** Danach ist Erwerb oder Veräußerung von Insiderpapieren unter Verwendung einer Insiderinformation (Nr 1), unbefugte Mitteilung oder Zugänglichmachung einer solchen (Nr 2) und Empfehlung oder Verleitung zu Erwerb oder Veräußerung von Insiderpapieren auf der Grundlage einer Insiderinformation (Nr 3) verboten. Streitfragen betreffen ua Paketerwerb nach Due Diligence-Prüfung, Unternehmenskauf, Kontrollerwerb und öffentliche Übernahmeangebote. § 14 I Nr 2, 3 idF AnSVG erfassen nunmehr auch Sekundärinsider, der Unterschied zwischen Primär- und Sekundärinsider ist aber noch für Strafbarkeit relevant (§§ 38, 39). Abgesprochene Kursstützung durch Hauptaktionäre und Vorstandsmitglieder ist kein Ausnutzen einer Insiderinformation, EuGH WM **07**, 1603. Zur unbefugten Weitergabe iSv § 14 I Nr 2 durch Arbeitnehmervertreter im Verwaltungsrat EuGH WM **06**, 612 (Grongaard und Bang), Veil ZHR 172 (**08**) 239. Befugt ist innerbetrieblicher und konzerninterner (str) Informationsfluss. § 14 II verweist für Aktienrückkaufprogramme und Stabilisierungsmaßnahmen auf die EG-VO 22. 12. 03 (s Rn 1). Directors' dealings (§ 15 a) und Insiderverzeichnisse (§ 15 b) s Rn 14. Für Erwerb und Veräußerung genügt Verpflichtungsgeschäft, Karls WM **04**, 2486. Insiderfragen bei Übernahmen Hopt ZGR **02**, 333, Vaupel/Uhl WM **03**, 2126; Gerüchte, Fleischer/Schmolke AG **07**, 841.

Lit: Noch zur aF Schwark/Schwark §§ 12 ff; zur nF Assmann/Schneider/Assmann §§ 12 ff; BankrechtsHdb/Hopt 3. Aufl 2007 § 107; Schäfer/Hamann/Schäfer §§ 12 ff; Cahn Konzern **05**, 5, Grothaus ZBB **05**, 62, Koch DB **05**, 267, Merkner/Sustmann NZG **05**, 729, Sethe ZBB **06**, 243, Assmann u Bachmann ZHR 172 (**08**) 635, 597.

12 **Ad-hoc-Publizität:** Die Pflicht zur unverzüglichen Veröffentlichung und Mitteilung von Insiderinformationen (Ad-hoc-Publizität, **§ 15** idF AnSVG 2004) ist von praktisch größter Wichtigkeit. Sie zielt auf Markttransparenz und Zurückdrängung von Insidergeschäften. Auch hierzu ist primär der **Emittentenleitfaden der BaFin** (neu 28. 4. 2009, IV, Ad-hoc-Publizität (s Rn 7, 11) zu beachten. Der **Emittent** muss sämtliche Insiderinformationen (Begriff nunmehr derselbe wie in § 13 I, s Rn 11, anders als § 15 aF), die ihn **unmittelbar** betreffen (auch nicht in seinem Tätigkeitsbereich eingetretene, § 15 I 3 „insbesondere"), unverzüglich veröffentlichen und sie außerdem unverzüglich, jedoch nicht vor ihrer Veröffentlichung dem Unternehmens-

V. Bankgeschäfte (m. Börsen- u. KapMR) **13 WpHG Einl (16)**

register nach § 8 b HGB übermitteln (I 1 Halbs 2, I 4; § 8 b HGB Rn 4). Streitfragen dazu, wann das der Fall ist, besonders bei Übernahmeangeboten, Schlesw WM **05,** 696. Besonders str ist, ob Aufsichtsratsbeschluss abgewartet werden darf, bejahend Stgt WM **07,** 595, dazu Fleischer NZG **07,** 401 (Ausscheiden des Vorstandsvorsitzenden, § 84 II AktG), verneinend Ffm WM **09,** 647, jetzt BGH WM **08,** 641 (DaimlerChrysler), s Rn 11. Die Ausklammerung des Freiverkehrs anders als beim Insiderhandel ist unstimmig. § 15 I 6 regelt die Verwendung von Kennzahlen, zB EBIT oder EBITDA (earnings before interest, taxes, depreciation and amortization), dazu Letzel WM **03,** 1757. Der Emittent kann **über den Aufschub** einer Ad-hoc-Veröffentlichung **eigenverantwortlich entscheiden** (§ 15 III), Stgt WM **09,** 1232 (DaimlerChrysler, kein Beschluss notwendig, mangels bewusster Entscheidung rechtsmäßiges Alternativverhalten), zB bei Übernahmeverhandlungen oder Ausstehen der Zustimmung des Aufsichtsrats, scheinbare Erleichterung, aber mit Tücken, Veith NZG **05,** 254, Schneider/ Gilfrich BB **07,** 53, Zimmer FS Schwark **09,** 669. Schadensersatzpflicht nach §§ 15 VI, 37b, c (s Rn 23). Lit: Gunßer 2008; Tollkühn ZIP **04,** 2215, Harbarth ZIP **05,** 1898 (Unternehmenskauf), Möllers WM **05,** 1393 (§ 15 III), Nietsch BB **05,** 785, Cahn/Götz AG **07,** 221, Hutter/Kaulamo NJW **07,** 471 (TUG), Parmentier NZG **07,** 407 (IPOs), Fleischer/Schmolke AG **07,** 841 (Gerüchte), Parmentier NZG **07,** 407 (Aktienplazierung, Börsengang), Widder/Bedkowski BKR **07,** 405 (Übernahmen), Assmann u Bachmann ZHR 172 (08) 635, 597, Möllers NZG **08,** 330 (Europarecht), Seibt/Bremkamp AG **08,** 469 (Erwerb eigener Aktien), Eufinger/Teigelack in Hopt/ Veil/Kämmerer, Kapitalmarktgesetzgebung, 2008, 63, Leuering VGR **08,** 171 (Praxisfragen), Zimmer FS Schwark **09,** 669 (Selbstbefreiung); sowie Rn 11.

Haftung: § 15 ist zwar kein Schutzgesetz (s Rn 10). Aber **Vorstandsmitglieder** 13 **haften** für fehlerhafte Ad-hoc-Mitteilungen **persönlich nach § 826 BGB** (Naturalrestitution), nicht nach Prospekthaftung, BGH **160,** 142 (iErg abl), NJW **04,** 2668 **(Infomatec)**, dazu Fleischer DB **04,** 2031, Leisch ZIP **04,** 1573, M. Körner NJW **04,** 3386, Kort AG **05,** 21, Möller JZ **05,** 75; ebenso BGH NJW **05,** 2450 (EM.TV), WM **07,** 683, 684 **(Comroad I, II)**, dazu Hutter/Stürwald NJW **05,** 2428, Kowalewski/ Hellgardt DB **05,** 1839, Möllers BB **05,** 1637; zahlreiche weitere Urteile, zB BGH WM **07,** 486, 1557, 1560, **08,** 395, 398, 790 (Comroad III-VIII). Auch die AG selbst haftet analog § 31 BGB; §§ 57, 71 AktG (Verbote von Einlagenrückgewähr und Erwerb eigener Aktien) stehen der Naturalrestitution nicht entgegen, BGH NJW **05,** 2450 **(EM.TV)**, ZIP **07,** 326. Naturalrestitution (§ 249 BGB) bedeutet Erstattung des gezahlten Kaufpreises oder bei zwischenzeitlicher Veräußerung der Aktien gegen Anrechnung des Veräußerungspreises, BGH **160,** 149, NJW **05,** 2450 (EM.TV); gravierender Nachteil: dem Anleger wird das gesamte spätere Kursrisiko abgenommen, deshalb anders §§ 37 b, 37 c. Kläger kann statt Naturalrestitution Differenzschaden wählen; dieser ist trotz Schwierigkeiten ermittelbar (§ 287 ZPO, Sachverständige), möglicher Rückschluss aus Kursveränderung unmittelbar nach Bekanntwerden der wahren Sachlage, BGH NJW **05,** 2453 (EM.TV). Die Grundsätze über die Anlagestimmung (s **(14)** BörsG § 44 Rn 8) sind idR nicht übertragbar, BGH **160,** 144, NJW **04,** 2668, ZIP **07,** 326, aber im Einzelfall ist solche Anlagestimmung möglich, dann ohne Bindung an die Zeitgrenzen wie bei der Prospekthaftung, BGH **160,** 146, NJW **04,** 2671. Eventualvorsatz auch bei Euphorie und hochspekulativen Papieren, BGH NJW **04,** 2668. Direkt vorsätzliche Beeinflussung des Sekundärmarktpublikums durch wiederholte, grob unrichtige Ad-hoc-Mitteilungen ist sittenwidrig, BGH NJW **04,** 2670. Ad-hoc-Mitteilungen fallen idR nicht unter § 400 I Nr 1 AktG (Schutzgesetz iSv § 823 II BGB, BGH **149,** 20), BGH **160,** 140, NJW **04,** 2668, Grund: keine „Übersicht über den Vermögensstand", anders für Ad-hoc-Mitteilung mit Halbjahreszahlen BGHSt NJW **05,** 447, BGH NJW **05,** 2453 (EM.TV). Kausalitätsnachweis und Schaden sind besonders umstritten; ebenso Klageberechtigung nicht veräußernder Altanleger, vgl BGH NJW **05,** 2453 li Sp (obiter). Kausalitätsanforderungen bei Schadensersatz wegen Gründungs- und Kapitalerhöhungsschwindel (§ 399 I Nr 1, 4 AktG), BGH NJW **05,** 3721, nicht fraud-on-the market-theory, BGH ZIP **07,** 326 (Comroad), **07,** 679, 681, WM **07,** 683, 684, auch bei extrem unseriöser Kapitalmarktinformation, BGH WM **07,** 1557, 1561, **08,** 395, 398, 790 (alle Comroad): Angst vor uferloser Ausweitung.

(16) WpHG Einl 14–16   2. Handelsrechtl. Nebengesetze

Lit: Hopt/Voigt 2005 (Prospekt- und Kapitalmarktinformationshaftung), Assmann/Schneider/Assmann § 15, BankrechtsHdb/Hopt 3. Aufl 2007 § 107, Mülbert/Steup in Habersack ua, Unternehmensfinanzierung am Kapitalmarkt, 2. Aufl 2008, § 33, Bachmann, Informationshaftung, in Bachmann, Steuerungsfunktionen 2007, 93; Hopt ZHR 159 **(95)** 135, Hopt/Voigt WM **04,** 1801, Casper BKR **05,** 83, Fleischer ZIP **05,** 1805, Kowalewski/Hellgardt DB **05,** 1839, Sester ZGR **06,** 1, Findeisen/Backhaus WM **07,** 100 (Kausalität), Unzicker WM **07,** 1596, Zimmer/Cloppenburg ZHR 171 **(07)** 519, Buck-Heeb AG **08,** 681, Heybey BKR **08,** 353 (Rückvergütungen) Leuschner ZIP **08,** 1050, Longino DStR **08,** 2068, Möllers NZG **08,** 413, Schäfer/Weber/Wolf ZIP **08,** 197 (Differenzschadensberechnung), Wagner ZGR **08,** 495 (Schadensberechnung).

14   **Directors' dealings, Insiderverzeichnisse:** § 15 a (directors' dealings) verlangt von Personen, die bei einem Emittenten Führungsaufgaben wahrnehmen (Legaldefinition in II: phG, Vorstände, Aufsichtsratsmitglieder, Geschäftsführer sowie sonstige Personen, die regelmäßig Zugang zu Insiderinformationen haben und zu wesentlichen unternehmerischen Entscheidungen ermächtigt sind) die Mitteilung an die BaFin innerhalb von fünf Werktagen und die unverzügliche Veröffentlichung von eigenen Geschäften in Aktien oder sich darauf beziehenden Finanzinstrumenten „ihrer" Gesellschaft. Übermittlung sämtlicher Insiderinformationen an das Unternehmensregister nach § 8 b HGB unverzüglich, aber nicht vor ihrer Veröffentlichung (IV 1) wie bei § 15 I 1, 4 (s Rn 12). Einbezogen sind auch Personen, die mit einer Person iSv I 1 „in einer engen Beziehung stehen" (§ 15 a I 2), also ua Ehepartner, eingetragene Lebenspartner. § 15 b verlangt von Emittenten nach § 15 I und in ihrem Auftrag oder für ihre Rechnung handelnden Personen die Führung von Insiderverzeichnissen. Konkretisierung in **WpAIV** 13. 12. 04 BGBl 3376, erheblich Änderungen TUG 2007 (s Rn 3). Praktische Anforderungen s **Emittentenleitfaden der BaFin** neu 28. 4. 2009, V. Geschäfte von Führungspersonen, VII Insiderverzeichnisse (s Rn 7, 11). Lit: Hower-Knobloch 2007; Fleischer ZIP **02,** 1225, Schuster ZHR 167 **(03)** 193, Schneider/von Buttlar ZIP **04,** 1621, Pluskat DB **05,** 1097, Veil ZGR **05,** 155 (Gewinnabschöpfung), Fleischer NZG **06,** 561, Hagen-Eck/Wirtsch DB **07,** 504.

15   E. **Kurs- und Marktmanipulation:** Abschn 4 enthält ein Verbot der Kurs- und Marktpreismanipulation, § 20 a idF AnSVG 2004. Verboten sind unrichtige oder irreführende Angaben und pflichtwidriges Verschweigen von Umständen, die auf den Preis eines Finanzinstruments einzuwirken geeignet sind (I 1 Nr 1), die Vornahme von Geschäften oder Erteilung von Kauf- oder Verkaufsaufträgen, die falsche oder irreführende Signale an den Markt zu geben geeignet sind (I I Nr 2), sowie entsprechende sonstige Täuschungshandlungen (I 1 Nr 3, Eignung genügt, Absicht ist nicht mehr notwendig). Die Konkretisierung des Tatbestands bezüglich der erfassten Manipulationstechniken erfolgt durch die EG-DurchführungsVO 22. 12. 03 (s Rn 1) und RVO (§ 20 a V, MaKonV, dazu unten). Sonderregeln gelten für Journalisten (§ 20 a VI). Scalping (Vorlaufen bei Anlageempfehlung) ist kein Insidergeschäft, sondern verbotene Kurs- und Preismanipulation, auch wenn Empfehlung als solche sachlich korrekt ist, BGHSt NJW **04,** 302. Konkretisierung der nF in **MaKonV** 1. 3. 05 BGBl 515, darin Teil 2: Bewertungserhebliche Umstände, falsche oder irreführende Signale oder künstliches Preisniveau und sonstige Täuschungsmaßnahmen, Teil 3: Handlungen, die in keinem Fall einen Verstoß gegen das Verbot der Marktmanipulation darstellen, und Teil 4: Zulässige Marktpraxis (kraft Anerkennung durch BaFin). Praktische Anforderungen s **Emittentenleitfaden der BaFin** neu 28. 4. 2009, VI. Das Verbot der Marktmanipulation (s Rn 7, 11, 12). Lit: Hopt, Kapitalanlegerschutz S 491, Fleischer DJTGA 64 **(02)** F 118, Waschkeit 2007; Hopt/Waschkeit 2. FS Lorenz 2001, 147; Ziouvas ZGR **03,** 113, Fleischer ZIP **03,** 2045 (Kursstabilisierung), DB **04,** 51 (scalping), Meyer AG **04,** 289 (Kursstabilisierung), Weber NZG **04,** 23, Bisson/Kunz BKR **05,** 186, Hellgardt ZIP **05,** 2000, Kutzner WM **05,** 1401, Knauth/Käsler WM **06,** 1041 (MaKonV), Grüger BKR **07,** 437 (Kurspflege).

16   F. **Beteiligungsveränderungen:** Abschn 5, **§§ 21–30,** grundlegend geändert durch TUG 2007 (s Rn 3) sieht Mitteilungs- und Veröffentlichungspflichten bei Veränderungen des Stimmrechtsanteils an börsennotierten Ges vor. Wichtig ist, dass diese

V. Bankgeschäfte (m. Börsen- u. KapMR) 17, 18 **WpHG Einl (16)**

Pflichten nunmehr schon mit 3% der Stimmrechte an einer börsennotierten Ges einsetzen, um das sog Anschleichen zu verhindern. Weitere Schwellenwerte sind 5, 10, 15, 20, 25, 50 und 75%. Das geht zu Recht wesentlich weiter als die aktienrechtlichen Meldepflichten (25%). Bei der **Zurechnung** (§§ 22 ff idF RisikobegrenzungsG, acting in concert) wird für eine erweiterte Zurechnung im Mutter-Tochterverhältnis (§ 22 III a) und für die Zusammenrechnung von Aktienbeständen mit dinglich ausgestalteten (nicht bei anderen) Optionen (§ 25, aber erleichtert durch Meldeschwelle nicht schon bei 3%) gesorgt. Zur Zurechnung Gaede 2008; Schneider WM **06,** 1321, nach RisikobegrenzungsG, das BGH WM **06,** 2080 (zu § 30 II 1 WpÜG) korrigiert hat, Gätsch/Schäfer NZG **08,** 846, Gleichlauf von § 22 II WpHG und § 30 II WpÜG war intendiert, ist aber str. § **26** regelt Veröffentlichungspflichten des Emittenten und Übermittlung an das Unternehmensregister (§ 8 b HGB; s oben Rn 12, 13 zu §§ 15, 15 a). § **27 a** neu durch RisikobegrenzG 2008, Fleischer AG **08,** 873, Querfurth WM **08,** 1957. **Rechtsverlust (§ 28),** Schneider/Schneider ZIP **06,** 493. Heinrich/Kiesewetter Konzern **09,** 137, Fleischer DB **09,** 1335. § **30** definiert Handelstage. Praktische Anforderungen s **Emittentenleitfaden der BaFin** neu 28. 4. 2009, VIII Informationen über bedeutende Stimmrechtsanteile (s Rn 7, 11). Lit: Assmann/Schneider/Schneider §§ 21 ff, Schwark/Schwark §§ 21 ff; Hutter/Kaulamo NJW **07,** 471 (TUG), Nodoushani WM **08,** 1671, Fleischer/Schmolke ZIP **08,** 1501 (cash settled equity swaps), von Bülow/Stephanblome ZIP **08,** 1797 (§§ 22 II, 25, 27a, 28 WpHG), Pluskat NZG **09,** 206 (Investorenmitteilung, § 27a WpHG), Zimmermann ZIP **09,** 57, Fleischer/Schmolke NZG **09,** 401 (Anschleichen), Meyer/Kiesewetter WM **09,** 340.

G. **Notwendige Informationen für die Wahrnehmung von Rechten aus** 17 **Wertpapieren:** Abschn 5 a, §§ **30 a-30 g,** übernimmt Vorschriften, die früher in **(14)** BörsG § 39 Nr 1–3 aF und **(15)** BörsZulV waren, und erstreckt sie auf Emittenten, die an keiner inländischen Börse zugelassen sind. Zuständig für die Überwachung sind nach Vorgabe von Art 24 I TransparenzRi (zwingende Zuständigkeit einer zentralen Behörde für die Durchsetzung aller richtlinienbasierten Vorschriften, vgl RegE) nicht mehr die Zulassungsstellen der Länderbörsen, sondern die BaFin. Zu den Pflichten der Emittenten gegenüber Wertpapierinhabern im Einzelnen § 30 a I, dort ua Gleichbehandlung aller WPInhaber (§ 30 a I Nr 1). Praktische Anforderungen s **Emittentenleitfaden der BaFin** neu 28. 4. 2009 Abschn IX (s Rn 7, 11). Lit: Hutter/Kaulamo NJW **07,** 471, 550 (TUG), Nießen NGZ **07,** 41, Heidelbach FS Schwark **08,** 407.

H. **Verhaltenspflichten, Organisationspflichten, Transparenzpflichten, Ver-** 18 **jährung von Ersatzansprüchen:** Abschn 6, §§ **31–37 a,** enthält die durch das FinanzmarktRiUmsetzG erheblich erweiterten Verhaltensregeln und Organisationspflichten für Wertpapierdienstleistungsunternehmen sowie die durch das FinanzmarktRiUmsetzG ganz neu hinzugekommen Vorschriften zum Betrieb und zur Vor- und Nachhandelstransparenz von multilateralen Handelssystemen, die Regeln für systematischen Internalisierer und am Schluss noch eine Verjährungssondervorschrift. Die Verhaltensregeln sind für die Praxis des Effektengeschäfts und, selbst wenn ihre Schutzgesetzeigenschaft teilweise verneint wird (s Rn 8, 9), auch für den privaten Anleger besonders wichtig. Sie erfassen anders als das Kommissionsrecht von vornherein auch das Eigenhandels- oder Propergeschäft (vgl **(8)** Sonderbedingungen für WPGeschäfte Nr 9 Rn 1). Schutzgesetzcharakter ist str, s Rn 8. §§ 31 ff lassen Raum für die allgemeine zivilrechtliche Haftung für Prospekte (Bond, § 347 Rn 23 ff), keine Verdrängung durch EURecht, hL (§ 347 Rn 23), hL. **Beweislast** s § 347 Rn 37. Lit: Assmann/Schneider/Koller §§ 31 ff, Schäfer/Schäfer §§ 31 ff, Schwark/Schwark §§ 31 ff, Bliesener 1998, Lang 2003, Leisch 2004; Spindler/Kasten WM **06,** 1799 (MiFID), Balzer ZBB **07,** 333 (MiFID), Mülbert WM **07,** 1149 (Beratung und Offenlegung bei Interessenkonflikten bei Zertifikaten), Weichert/Wenninger WM **07,** 627 (Erkundigungs- und Aufklärungspflichten), Veil WM **07,** 1821 u ZBB **08,** 34 (Anlageberatung nach MiFiD und FRUG), Assmann ZBB **08,** 21 (Interessenkonflikte), Dierkes ZBB **08,** 11 (best execution), Einsele JZ **08,** 477, Möllers WM **08,** 93 (Vermögensverwaltung), Mülbert ZHR 172 **(08)** 170, Rott ESW **08,** 21 (Finanzmittler), Ellenberger FS Nobbe **09,** 523.

19 Verhaltens- und Organisationspflichten: § 31 wurde durch das FinanzmarktRiUmsetzG erheblich erweitert, insbesondere die Vorschriften über die Einholung von Information von Kunden und über die Zurverfügungstellung von Informationen an Kunden sind nun sehr detailliert. Auch wurden ausführliche Vorschriften über die Bearbeitung von Kundenaufträgen (§ 31 c), deren bestmögliche Ausführung (§ 33 a) sowie über Mitarbeitergeschäfte (§ 33 b) eingeführt. Damit wird die Richtlinie des BAWe 23. 8. 01 für das Kommissionsgeschäft, den Eigenhandel für andere und das Vermittlungsgeschäft der Wertpapierdienstleistungsunternehmen (WpHVerhaltensRi), bis zur 32. Aufl als **(17)** WpHVerhaltensRi abgedruckt, die §§ 31, 32 aF konkretisierte, weitgehend überflüssig. Informationen zu Art und Risiken von Finanzinstrumenten müssen von allen Wertpapierdienstleistungsunternehmen zur Verfügung gestellt werden, können aber standardisiert sein (§ 31 III). Dies gilt auch für **Discount- bzw Direkt-Broker,** die sich ausdrücklich nur an gut informierte und erfahrene Anleger wenden, jede Beratung ablehnen und nur Order ausführen. Weitergehende Informations- und Beratungspflichten treffen diese nicht, wenn sie sich an die Vorgaben in § 31 VII halten. Zur diesbezüglichen Rechtsprechung vor dem FinanzmarktRiUmsetzG BGH **142,** 345, **160,** 58 WM **04,** 24. Zu **Kick-Backs** bzw. **Retrozessionen** Klarstellung und Verschärfung durch § 31 d, Jordans WM **07,** 1827, Assmann ZBB **08,** 21, Hadding ZIP **08,** 529, Kumpan in Beiträge für Hopt **08,** 33, Mülbert ZHR 172 **(08)** 170, Mülbert WM **09,** 481; zur Rechtsprechung vor dem FinanzmarktRiUmsetzG BGH **170,** 226, Koller ZBB **07,** 197 (näher § 347 Rn 30). Durch das FinanzmarktRiUmsetzG neu eingeführt wird die **Unterteilung von Kunden** in **professionelle Kunden, geeignete Gegenparteien und Privatkunden.** Bei der Erbringung von Dienstleistungen für professionelle Kunden und insbesondere geeignete Gegenparteien gelten geringere Anforderungen (vgl besonders §§ 31 IX, 31 b). Damit wird eine stärkere Differenzierung beim Anlegerschutz eingeführt und so der unterschiedlichen Schutzbedürftigkeit verschiedener Anlegergruppen Rechnung getragen. Lit.: Kasten BKR **07,** 261. Die durch das FinanzmarktRiUmsetzG und das SchVFalschberG 2009 (Dokumentation bei Anlageberatung von Privatkunden, s Einl 5 vor § 1) erheblich erweiterten Verhaltensregeln und Organisationsanforderungen von Wertpapierdienstleistungsunternehmen konkretisiert die WpDVerOV 2007 (mit Änderungen ua durch SchVFalschberG 2009 zum Protokoll nach § 34 II a 1 WpHG, s Einl 5 vor § 1). **Churning** s § 384 HGB Rn 1. Prüfung der Einhaltung der Verhaltenspflichten in § 31 ff gemäß **WpDPV** 16. 12. 04 BGBl 3515.

20 Multilaterale Handelssysteme und systematische Internalisierer, Transparenzpflichten: §§ 31 f–32 d neu durch FinanzmarktRiUmsetzG enthalten umfangreiche Vorschriften für multilaterale Handelssysteme (§§ 31 f–g) und systematische Internalisierer (§§ 32–32 d) sowie eine Vorschrift über die Veröffentlichung von Wertpapiergeschäften, die außerhalb von Börsen und multilateralen Handelssystemen durchgeführt wurden (§ 31 h). Der Betrieb eines **multilateralen Handelssystems** ist nach **§ 2 III 1 Nr. 8** (dort auch Legaldefinition) eine Wertpapierdienstleistung. **§ 31 f** verpflichtet den Betreiber, Regelungen über den Zugang von Handelsteilnehmern und die Einbeziehung von Finanzinstrumenten festzulegen, für eine angemessene Überwachung des Handels und die Aufzeichnung der Geschäfte zu sorgen und zweckdienliche Informationen über die Nutzung des Handelssystems zu veröffentlichen. Für das Zustandekommen der Preise gelten die gleichen Regeln wie für Börsenpreise nach **(14)** BörsG § 24 II. Die Pflichten zur **Vor- und Nachhandelstransparenz** in § 31 g entsprechen den Vorschriften für Börsen nach **(14)** BörsG §§ 30, 31. Die Einzelheiten enthält die DurchführungsVO 10. 8. 06 ABlEU L 241/1. **Systematische Internalisierer** (§§ 32 ff, Legaldefinition in § 2 X) sind verpflichtet, regelmäßig und kontinuierlich für die von ihnen angebotenen Aktiengattungen verbindliche Kauf- und Verkaufsangebote zu veröffentlichen. Aufträge müssen sie zu dem zum Zeitpunkt des Auftragseingangs veröffentlichten Preis ausführen. Sie dürfen den Umfang ihrer Kauf- und Verkaufsangebote aber selbst festlegen und ihre Angebote jederzeit aktualisieren. Sie müssen den Zugang zu den von ihnen veröffentlichten Angeboten in objektiver und nicht diskriminierender Weise gewähren, dürfen aber in ihren Geschäftsbedingungen Regelungen hinsichtlich der Ablehnung von Geschäftsbeziehungen mit Kunden und der nicht diskriminierende Beschränkungen von Auftragsaus-

V. Bankgeschäfte (m. Börsen- u. KapMR) 21–24 **WpHG Einl (16)**

führungen für einen Kunden vorsehen. Bei Geschäften mit Privatkunden (s Rn 19) besteht für sie die Pflicht zur bestmöglichen Auftragsausführung (best execution, § 33 a), Klanten FS Schwark **09,** 493. Die Aufträge professioneller Kunden (s Rn 19) können dagegen unter bestimmten Bedingungen zu anderen Preisen ausgeführt werden. Einzelheiten zu diesen Regelungen enthält die DurchführungsVO 10. 8. 06 AblEU L 241/1.

Finanzanalysen: § 34 b eingeführt durch 4. FinanzmarktfördG neu gefasst durch 21 AnSVG 2004 und durch das FinanzmarktRiUmsetzG erneut geändert und ergänzt regelt die Analyse von Finanzinstrumenten. Erfasst werden Personen, die im Rahmen ihrer Berufs- oder Geschäftstätigkeit eine Information über Finanzinstrumente oder deren Emittenten erstellen, die direkt oder indirekt eine Empfehlung für eine bestimmte Anlageentscheidung enthält und einem unbestimmten Personenkreis zugänglich gemacht werden soll (**Legaldefinition der Finanzanalyse**). Dazu gehören außer WPDienstleistungsunternehmen auch freie Analysten und Emittenten. Empfehlung umfasst auch Anregungen zu Anlagestrategien, zur Erstellung gehören nicht nur die Erarbeitung und wesentliche Veränderung, sondern auch die äußere Darbietung von Finanzanalysen (RegE AnSVG 2004). Die Analyse ist mit der erforderlichen Sachkenntnis, **Sorgfalt** und Gewissenhaftigkeit zu erbringen, und außerdem mit ihr sind der Verantwortliche zu bezeichnen und **Interessenkonflikte** offenzulegen (§ 34 b I 2 Nr 2, s auch § 34 b V, VI, ferner § 347 HGB Rn 30). Weitergabe von Zusammenfassungen s § 34 b II. Erfasst sind auch Finanzinstrumente am geregelten Markt und im Freiverkehr (§ 34 b III). Sonderregeln gelten für Journalisten (§ 34 b IV). Organisationspflichten insbesondere auch betreffend Interessenkonflikte nach § 34 b V (ähnlich § 33). Erstreckung auf **Zugänglichmachung** von Empfehlungen durch Wertpapierdienstleistungsunternehmen **im Kundenverhältnis** nach § 34 b VI (vgl § 347 HGB Rn 24 ff). Konkretisierung in **FinAnV** 17. 12. 04 BGBl 3522, darin § 5 über Interessenkonflikte. Lit: Göres 2004 (Interessenkonflikte bei WPAnalyse); von Kopp-Colomb WM **03,** 609, Hopt ZGR **04,** 1 u FS Doralt **04,** 213 (Interessenkonflikte), Pfüller/Wagner WM **04,** 253, Hettermann/Althoff WM **06,** 265, Seibt ZGR **06,** 501.

Regelverjährung von Ersatzansprüchen: Das WpHGFalschberG 2009 hat § **37 a** 22 **aF ersatzlos aufgehoben.** Die kurze dreijährige Verjährung (ab Anspruchsentstehung) von Ersatzansprüchen gegen ein Wertpapierdienstleistungsunternehmen wegen Informationspflichtverletzung und fehlerhafter Beratung im Zusammenhang mit einer WPDienstleistung oder WPNebendienstleistung nach § 37 a war regelwidrig, es gelten nunmehr die allgemeinen Verjährungsvorschriften nach §§ 195 ff BGB (s § 347 Rn 9). Übergangsrecht: Ansprüche, die in der Zeit vom 1. 4. 98 bis zum Ablauf des 4. 8. 09 entstanden sind, verjähren wie bisher (§ 43 WpHG idF SchVFalschberG 2009).

I. **Haftung für falsche und unterlassene Kapitalmarktinformationen:** 23 Abschn 7 enthält Schadenersatzregeln wegen des Unterlassens unverzüglicher Veröffentlichung kursbeeinflussender Tatsachen und wegen Veröffentlichung unwahrer Tatsachen in einer Mitteilung über kursbeeinflussende Tatsachen, §§ **37 b, 37 c iVm** § **15.** Anspruchsverpflichtet sind nur Emittenten, (noch) nicht Vorstands- und Aufsichtsratsmitglieder (aber zwingende Innenhaftung gegenüber der Ges, s §§ 37 b VI, 37 c VI, Reformdiskussion s Rn 24). Eine unterlassene Veröffentlichung ist zB eine unterbleibende oder verspätete Gewinnwarnung, falls diese ad-hoc-publizitätspflichtig ist. Nicht voll durchgehaltenes Vorbild ist die Prospekthaftung nach (**14**) BörsG §§ 44 ff. Zu den Anspruchsberechtigten (Altaktionäre, die nicht verkauft haben), Kausalität und Schaden gibt es viele offene Fragen.

Reformdiskussion: Abschn 7 sollte unter Wegfall von § 37 a (s Rn 20) durch 24 einen neuen 7. Abschn über Sorgfaltspflicht und Verantwortlichkeit bei öffentlichen Kapitalmarktinformationen (§§ 37 a–37 c nF) ersetzt werden; DiskE Kapitalmarktinformationshaftungsgesetz (**KapInHaG**) 2004, NZG **04,** 1042, ZIP **04,** 2348, völlige BMF-interne Neufassung 2005. Darin soll neben die **Haftung des Emittenten** von (börsennotierten) Finanzinstrumenten für unrichtige oder unvollständige Kapitalmarktinformationen (für mündliche Erklärungen nur im Rahmen der Hauptversammlung oder einer vom Emittenten veranlassten Informationsveranstaltung für Kapitalanleger) eine **Außenhaftung der Organmitglieder** (Leitungs-, Aufsichts-, Verwal-

(16) WpHG Einl 25–29 2. Handelsrechtl. Nebengesetze

tungsorgan) desselben treten, soweit der Dritte von dem Emittenten keine Befriedigung erhalten kann (nur bedingt ähnlich wie § 93 V AktG, kein Zuständigkeitsübergang auf den Insolvenzverwalter wie nach § 93 V 4 AktG). Anspruchsberechtigt soll nur sein, wer innerhalb von drei Monaten seit dem Verstoß die Finanzinstrumente erworben oder veräußert hat, sonst muss der Geschädigte die Kausalität nachweisen. Die Organmitglieder sollen sich außer bei Vorsatz und grober Fahrlässigkeit (bei mündlichen Erklärungen: Vorsatz) entlasten können, ihre Ersatzpflicht ist auf 10 Mio Euro gedeckelt. Schaden ist der Unterschiedsbetrag zwischen dem Kauf- oder Verkaufspreis und dem (ohne Verstoß) hypothetisch richtigen Preis. Dabei hilft eine widerlegbare Schadensvermutung gemäß der Differenz des gewichteten durchschnittlichen inländischen Börsenkurses am Börsentag vor und während der Ersten zwei Wochen nach Bekanntwerden der Unrichtigkeit. Verjährung in einem Jahr nach Kenntniserlangung, spätestens jedoch drei Jahre nach erstmaligem Verstoß (aber seit 2009 Rn 22). Zur der parallel geplanten Reform der Börsenprospekthaftung s (14) BörsG Einl 16, 17 vor § 1.

Lit: s zunächst Rn 13; Dühn 2003, Sauer 2004, Hellgardt 2008 (Kapitalmarktdeliktsrecht); Fleischer BB **02,** 1869 u ZGR **04,** 437 (rvgl), Mülbert JZ **02,** 835, Baums ZHR 167 **(03)** 139, Fleischer BKR **03,** 608, Veil ZHR 167 **(03)** 365. Zum KapIn-HaG Hopt/Voigt, Prospekt- und Kapitalmarktinformationshaftung, 2005 u Hopt/Voigt WM **04,** 1801; DAV ZIP **04,** 2348, NZG **04,** 1099, Ekkenga ZIP **04,** 781, Leisch ZIP **04,** 1573, Semler/Gittermann NZG **04,** 1081, Spindler WM **04,** 2089, Zimmer WM **04,** 9, Casper BKR **05,** 83, Sauer ZBB **05,** 24, Veil BKR **05,** 91, Mülbert/Steup WM **05,** 1633.

25 J. **Finanztermingeschäfte:** Abschn 8 §§ **37 e–37 g** regelt Finanztermingeschäfte. Finanztermingeschäfte sind Derivate und Optionsscheine (**Legaldefinition** in § 37 e S 2). Derivate werden in § 2 II legaldefiniert. Nachdem durch das FinanzmarktRiUmsetzG §§ 37 d, 37 f aF aufgehoben worden sind, gelten für die Information bei Finanztermingeschäften die allgemeinen, individualisierten Aufklärungs- und Beratungspflichten der Kreditinstitute und anderen Aufklärungspflichtigen (s Rn 18, 19). Der Einwand nach § 762 BGB ist ausgeschlossen, damit so eine sichere Rechtssphäre im Bereich der Termingeschäfte geschaffen wird (§ 37 e). Bestimmte Finanztermingeschäfte sind verboten (§ 37 g). Lit: Bulling 2006; Fleischer NJW **02,** 2981, Schäfer/Lang BKR **02,** 197, Casper WM **03,** 161, Zimmer JZ **03,** 22, Melzer BKR **03,** 366, Samtleben ZBB **03,** 69, Fleckner ZBB **05,** 96, Jordans WM **07,** 1827.

26 K. **Schiedsvereinbarungen:** Diese sind in Abschn 9, § **37 h,** geregelt. Lit: Berger ZGB **03,** 77.

27 L. **Ausländische organisierte Märkte:** Abschn 10, §§ **37 i–37 l,** stellt ausländische Märkte, die keine organisierten Märkte oder multilateralen Handelssysteme sind, und ihre Betreiber unter Erlaubnisvorbehalt, wenn sie Handelsteilnehmern mit Sitz im Inland über ein elektronisches Handelssystem einen unmittelbaren Marktzugang gewähren. Organisierte Märkte und multilaterale Handelssysteme aus anderen EU-/EWG-Staaten sind nun vom Anwendungsbereich dieses Abschnitts ausgenommen. Daher wurden §§ 37 i IV, 37 m aF aufgehoben. Zu Erlaubnisantrag nach § 37 i **MarktangV** 30. 9. 04 BGBl 2576. Lit: Assmann AG **06,** 261, Bräutigam/Heyer AG **06,** 188.

28 M. **Überwachung von Unternehmensabschlüssen, Veröffentlichung von Finanzberichten:** Abschn 11 Unterschn 1, §§ **37 n–37 u** neu BilKoG 2004, betrifft die Überwachung von Unternehmensabschlüssen und regelt dazu die Zuständigkeiten und die Zusammenarbeit der BaFin mit der (privaten) Prüfstelle für Rechnungslegung (§§ 342 b ff HGB). Konkretisierungen in **WpDPV** 26. 12. 04 BGBl 3515. Praktische Anforderungen s **Emittentenleitfaden der BaFin** neu 28. 4. 2009 Abschn X-XIII (s Rn 7, 11).

29 N. **Finanzberichtspflichten:** Abschn 11 Unterabschn 2, §§ **37 v–37 z,** regelt die Veröffentlichung und Übermittlung von Finanzberichten an das Unternehmensregister in Ergänzung der §§ 325 ff HGB (insoweit nur deklaratorische Wiederholung, dagegen konstitutiv für ausländische Emittenten, die Inlandsemittenten iS v § 2 VII sind) und des EHUG (§ 8 b HGB idF EHUG). Das betrifft die Jahresfinanzberichte, Halbjahresfinanzberichte (prüferische Durchsicht fakultativ, wenn nicht, Hinweis, § 37 w V 1, 6),

V. Bankgeschäfte (m. Börsen- u. KapMR)

Zwischenmitteilungen (Ende des 1. und 3. Geschäftsjahrsquartals) der Geschäftsführung und den Konzernabschluss, Ausnahmen davon in § 37 z. Hervorzuheben ist der dabei geforderte **Bilanzeid** (§§ 37 v II Nr 3, 37 w II Nr 3, 37 y Nr 1); das ist eine den Vorgaben der §§ 264 II 3, 289 I 5 HGB entsprechenden Erklärung (s dort). Praktische Anforderungen s **Emittentenleitfaden der BaFin** neu 28. 4. 2009 Abschn XIV (s Rn 7, 11). Lit: Heldt/Ziemann NZG **06**, 652 (Bilanzeid), Göres Konzern **07**, 15, Wagner BB **07**, 454 (§ 37 wV prüferische Durchsicht), Mülbert/Steup NZG **08**, 761.

O. **Straf-, Bußgeld- und Übergangsvorschriften:** Abschn 12 und 13, §§ **38 ff,** 30 41 ff enthalten zahlreiche Straf- und Bußgeld- sowie Übergangsvorschriften.

Abschnitt 1. Anwendungsbereich, Begriffsbestimmungen

Anwendungsbereich

WpHG 1 (1) Dieses Gesetz ist anzuwenden auf die Erbringung von Wertpapierdienstleistungen und Wertpapiernebendienstleistungen, den börslichen und außerbörslichen Handel mit Finanzinstrumenten, den Abschluss von Finanztermingeschäften, auf Finanzanalysen sowie auf Veränderungen der Stimmrechtsanteile von Aktionären an börsennotierten Gesellschaften.

(2) Die Vorschriften des dritten und vierten Abschnitts sowie die §§ 34 b und 34 c sind auch anzuwenden auf Handlungen und Unterlassungen, die im Ausland vorgenommen werden, sofern sie Finanzinstrumente betreffen, die an einer inländischen Börse gehandelt werden.

(3) Die Vorschriften des dritten und vierten Abschnitts sowie die §§ 34 b und 34 c sind nicht anzuwenden auf Geschäfte, die aus geld- oder währungspolitischen Gründen oder im Rahmen der öffentlichen Schuldenverwaltung von der Europäischen Zentralbank, dem Bund, einem seiner Sondervermögen, einem Land, der Deutschen Bundesbank, einem ausländischen Staat oder dessen Zentralbank oder einer anderen mit diesen Geschäften beauftragten Organisation oder mit für deren Rechnung handelnden Personen getätigt werden.

Begriffsbestimmungen

WpHG 2 (1) ¹Wertpapiere im Sinne dieses Gesetzes sind, auch wenn keine Urkunden über sie ausgestellt sind, alle Gattungen von übertragbaren Wertpapieren mit Ausnahme von Zahlungsinstrumenten, die ihrer Art nach auf den Finanzmärkten handelbar sind, insbesondere
1. Aktien,
2. andere Anteile an in- oder ausländischen juristischen Personen, Personengesellschaften und sonstigen Unternehmen, soweit sie Aktien vergleichbar sind, sowie Zertifikate, die Aktien vertreten,
3. Schuldtitel,
    a) insbesondere Genussscheine und Inhaberschuldverschreibungen und Orderschuldverschreibungen sowie Zertifikate, die Schuldtitel vertreten,
    b) sonstige Wertpapiere, die zum Erwerb oder zur Veräußerung von Wertpapieren nach den Nummern 1 und 2 berechtigen oder zu einer Barzahlung führen, die in Abhängigkeit von Wertpapieren, von Währungen, Zinssätzen oder anderen Erträgen, von Waren, Indices oder Messgrößen bestimmt wird.

² Wertpapiere sind auch Anteile an Investmentvermögen, die von einer Kapitalanlagegesellschaft oder einer ausländischen Investmentgesellschaft ausgegeben werden.

(1 a) **Geldmarktinstrumente** im Sinne dieses Gesetzes sind alle Gattungen von Forderungen, die nicht unter Absatz 1 fallen und die üblicherweise auf dem Geldmarkt gehandelt werden, mit Ausnahme von Zahlungsinstrumenten.

(2) **Derivate** im Sinne dieses Gesetzes sind
1. als Kauf, Tausch oder anderweitig ausgestaltete Festgeschäfte oder Optionsgeschäfte, die zeitlich verzögert zu erfüllen sind und deren Wert sich unmittel-

bar oder mittelbar vom Preis oder Maß eines Basiswertes ableitet (Termingeschäfte) mit Bezug auf die folgenden Basiswerte:
  a) Wertpapiere oder Geldmarktinstrumente,
  b) Devisen oder Rechnungseinheiten,
  c) Zinssätze oder andere Erträge,
  d) Indices der Basiswerte der Buchstaben a, b oder c, andere Finanzindices oder Finanzmessgrößen oder
  e) Derivate;
2. Termingeschäfte mit Bezug auf Waren, Frachtsätze, Emissionsberechtigungen, Klima- oder andere physikalische Variablen, Inflationsraten oder andere volkswirtschaftliche Variablen oder sonstige Vermögenswerte, Indices oder Messwerte als Basiswerte, sofern sie
  a) durch Barausgleich zu erfüllen sind oder einer Vertragspartei das Recht geben, einen Barausgleich zu verlangen, ohne dass dieses Recht durch Ausfall oder ein anderes Beendigungsereignis begründet ist,
  b) auf einem organisierten Markt oder in einem multilateralen Handelssystem geschlossen werden oder
  c) nach Maßgabe des Artikels 38 Abs. 1 der Verordnung (EG) Nr. 1287/2006 der Kommission vom 10. August 2006 zur Durchführung der Richtlinie 2004/39/EG des Europäischen Parlaments und des Rates betreffend die Aufzeichnungspflichten für Wertpapierfirmen, die Meldung von Geschäften, die Markttransparenz, die Zulassung von Finanzinstrumenten zum Handel und bestimmte Begriffe im Sinne dieser Richtlinie (ABl. EU Nr. L 241 S. 1) Merkmale anderer Derivate aufweisen und nichtkommerziellen Zwecken dienen und nicht die Voraussetzungen des Artikels 38 Abs. 4 dieser Verordnung gegeben sind,und sofern sie keine Kassageschäfte im Sinne des Artikels 38 Abs. 2 der Verordnung (EG) Nr. 1287/2006 sind;
3. finanzielle Differenzgeschäfte;
4. als Kauf, Tausch oder anderweitig ausgestaltete Festgeschäfte oder Optionsgeschäfte, die zeitlich verzögert zu erfüllen sind und dem Transfer von Kreditrisiken dienen (Kreditderivate);
5. Termingeschäfte mit Bezug auf die in Artikel 39 der Verordnung (EG) Nr. 1287/2006 genannten Basiswerte, sofern sie die Bedingungen der Nummer 2 erfüllen.

(2 a) *[aufgehoben]*

(2 b) Finanzinstrumente im Sinne dieses Gesetzes sind Wertpapiere im Sinne des Absatzes 1, Geldmarktinstrumente im Sinne des Absatzes 1 a, Derivate im Sinne des Absatzes 2 und Rechte auf Zeichnung von Wertpapieren.

(2 c) Waren im Sinne dieses Gesetzes sind fungible Wirtschaftsgüter, die geliefert werden können; dazu zählen auch Metalle, Erze und Legierungen, landwirtschaftliche Produkte und Energien wie Strom.

(3) [1] Wertpapierdienstleistungen im Sinne dieses Gesetzes sind

1. die Anschaffung oder Veräußerung von Finanzinstrumenten im eigenen Namen für fremde Rechnung (Finanzkommissionsgeschäft),
2. die Anschaffung oder Veräußerung von Finanzinstrumenten für eigene Rechnung als Dienstleistung für andere (Eigenhandel),
3. die Anschaffung oder Veräußerung von Finanzinstrumenten in fremdem Namen für fremde Rechnung (Abschlussvermittlung),
4. die Vermittlung von Geschäften über die Anschaffung und die Veräußerung von Finanzinstrumenten (Anlagevermittlung),
5. die Übernahme von Finanzinstrumenten für eigenes Risiko zur Platzierung oder die Übernahme gleichwertiger Garantien (Emissionsgeschäft),
6. die Platzierung von Finanzinstrumenten ohne feste Übernahmeverpflichtung (Platzierungsgeschäft),
7. die Verwaltung einzelner oder mehrerer in Finanzinstrumenten angelegter Vermögen für andere mit Entscheidungsspielraum (Finanzportfolioverwaltung),
8. der Betrieb eines multilateralen Systems, das die Interessen einer Vielzahl von Personen am Kauf und Verkauf von Finanzinstrumenten innerhalb des Systems und nach festgelegten Bestimmungen in einer Weise zusammenbringt, die zu einem Vertrag über den Kauf dieser Finanzinstrumente führt (Betrieb eines multilateralen Handelssystems),

9. die Abgabe von persönlichen Empfehlungen an Kunden oder deren Vertreter, die sich auf Geschäfte mit bestimmten Finanzinstrumenten beziehen, sofern die Empfehlung auf eine Prüfung der persönlichen Umstände des Anlegers gestützt oder als für ihn geeignet dargestellt wird und nicht ausschließlich über Informationsverbreitungskanäle oder für die Öffentlichkeit bekannt gegeben wird (Anlageberatung).

² Als Wertpapierdienstleistung gilt auch die Anschaffung und Veräußerung von Finanzinstrumenten für eigene Rechnung, die keine Dienstleistung für andere im Sinne des Satzes 1 Nr. 2 darstellt (Eigengeschäft). ³ Der Finanzportfolioverwaltung gleichgestellt ist hinsichtlich der §§ 9, 31 bis 34 und 34b bis 36b dieses Gesetzes sowie der Artikel 7 und 8 der Verordnung (EG) Nr. 1287/2006 die erlaubnispflichtige Anlageverwaltung nach § 1 Abs. 1a Satz 2 Nr. 11 des Kreditwesengesetzes.

(3a) **Wertpapiernebendienstleistungen** im Sinne dieses Gesetzes sind

1. die Verwahrung und die Verwaltung von Finanzinstrumenten für andere und damit verbundene Dienstleistungen (Depotgeschäft),
2. die Gewährung von Krediten oder Darlehen an andere für die Durchführung von Wertpapierdienstleistungen, sofern das Unternehmen, das den Kredit oder das Darlehen gewährt, an diesen Geschäften beteiligt ist,
3. die Beratung von Unternehmen über die Kapitalstruktur, die industrielle Strategie sowie die Beratung und das Angebot von Dienstleistungen bei Unternehmenskäufen und Unternehmenszusammenschlüssen,
4. Devisengeschäfte, die in Zusammenhang mit Wertpapierdienstleistungen stehen,
5. die Erstellung, Verbreitung oder Weitergabe von Finanzanalysen oder anderen Informationen über Finanzinstrumente oder deren Emittenten, die direkt oder indirekt eine Empfehlungen für eine bestimmte Anlageentscheidung enthalten,
6. Dienstleistungen, die im Zusammenhang mit dem Emissionsgeschäft stehen,
7. Dienstleistungen, die sich auf einen Basiswert im Sinne des Absatzes 2 Nr. 2 oder Nr. 5 beziehen und im Zusammenhang mit Wertpapierdienstleistungen oder Wertpapiernebendienstleistungen stehen.

(4) **Wertpapierdienstleistungsunternehmen** im Sinne dieses Gesetzes sind Kreditinstitute, Finanzdienstleistungsinstitute und nach § 53 Abs. 1 Satz 1 des Kreditwesengesetzes tätige Unternehmen, die Wertpapierdienstleistungen allein oder zusammen mit Wertpapiernebendienstleistungen gewerbsmäßig oder in einem Umfang erbringen, der einen in kaufmännischer Weise eingerichteten Geschäftsbetrieb erfordert.

(5) **Organisierter Markt** im Sinne dieses Gesetzes ist ein im Inland, in einem anderen Mitgliedstaat der Europäischen Union oder einem anderen Vertragsstaat des Abkommens über den Europäischen Wirtschaftsraum betriebenes oder verwaltetes, durch staatliche Stellen genehmigtes, geregeltes und überwachtes multilaterales System, das die Interessen einer Vielzahl von Personen am Kauf und Verkauf von dort zum Handel zugelassenen Finanzinstrumenten innerhalb des Systems und nach festgelegten Bestimmungen in einer Weise zusammenbringt oder das Zusammenbringen fördert, die zu einem Vertrag über den Kauf dieser Finanzinstrumente führt.

(6) **Emittenten**, für die die Bundesrepublik Deutschland der Herkunftsstaat ist, sind

1. Emittenten von Schuldtiteln mit einer Stückelung von weniger als 1 000 Euro oder dem am Ausgabetag entsprechenden Gegenwert in einer anderen Währung oder von Aktien,
    a) die ihren Sitz im Inland haben und deren Wertpapiere zum Handel an einem organisierten Markt im Inland oder in einem anderen Mitgliedstaat der Europäischen Union oder einem anderen Vertragsstaat des Abkommens über den Europäischen Wirtschaftsraum zugelassen sind, oder
    b) die ihren Sitz in einem Staat haben, der weder Mitgliedstaat der Europäischen Union noch Vertragsstaat des Abkommens über den Europäischen Wirtschaftsraum ist (Drittstaat), und deren Wertpapiere zum Handel an einem organisierten Markt im Inland oder in einem anderen Mitgliedstaat

(16) WpHG 2

der Europäischen Union oder einem anderen Vertragsstaat des Abkommens über den Europäischen Wirtschaftsraum zugelassen sind, wenn das jährliche Dokument im Sinne des § 10 des Wertpapierprospektgesetzes bei der Bundesanstalt zu hinterlegen ist,

2. Emittenten, die keine Finanzinstrumente im Sinne der Nummer 1 begeben, wenn sie im Inland oder in einem Drittstaat ihren Sitz haben und ihre Finanzinstrumente zum Handel an einem organisierten Markt im Inland, nicht aber in einem anderen Mitgliedstaat der Europäischen Union oder in einem Vertragsstaat des Abkommens über den Europäischen Wirtschaftsraum zugelassen sind,

3. Emittenten, die keine Finanzinstrumente im Sinne der Nummer 1 begeben und nicht unter Nummer 2 fallen,
   a) wenn sie im Inland ihren Sitz haben und ihre Finanzinstrumente zum Handel an einem organisierten Markt auch oder ausschließlich in einem oder mehreren anderen Mitgliedstaaten der Europäischen Union oder in einem oder mehreren anderen Vertragsstaaten des Abkommens über den Europäischen Wirtschaftsraum zugelassen sind oder
   b) wenn sie ihren Sitz in einem anderen Mitgliedstaat der Europäischen Union oder in einem anderen Vertragsstaat des Abkommens über den Europäischen Wirtschaftsraum haben und ihre Finanzinstrumente zum Handel an einem organisierten Markt auch oder ausschließlich im Inland zugelassen sind oder
   c) wenn sie ihren Sitz in einem Drittstaat haben und ihre Finanzinstrumente zum Handel an einem organisierten Markt im Inland und in einem oder mehreren anderen Mitgliedstaaten der Europäischen Union oder in einem oder mehreren anderen Vertragsstaaten des Abkommens über den Europäischen Wirtschaftsraum zugelassen sind,und sie die Bundesrepublik Deutschland nach Maßgabe des § 2 b als Herkunftsstaat gewählt haben. Für Emittenten, die unter Buchstabe a fallen, aber keine Wahl getroffen haben, ist die Bundesrepublik Deutschland der Herkunftsstaat; das Gleiche gilt für Emittenten, die unter Buchstabe c fallen, aber keine Wahl getroffen haben, wenn das jährliche Dokument im Sinne des § 10 des Wertpapierprospektgesetzes bei der Bundesanstalt zu hinterlegen ist.

(7) Inlandsemittenten sind

1. Emittenten, für die die Bundesrepublik Deutschland der Herkunftsstaat ist, mit Ausnahme solcher Emittenten, deren Wertpapiere nicht im Inland, sondern lediglich in einem anderen Mitgliedstaat der Europäischen Union oder einem anderen Vertragsstaat des Abkommens über den Europäischen Wirtschaftsraum zugelassen sind, soweit sie in diesem anderen Staat Veröffentlichungs- und Mitteilungspflichten nach Maßgabe der Richtlinie 2004/109/EG des Europäischen Parlaments und des Rates vom 15. Dezember 2004 zur Harmonisierung der Transparenzanforderungen in Bezug auf Informationen über Emittenten, deren Wertpapiere zum Handel auf einem geregelten Markt zugelassen sind, und zur Änderung der Richtlinie 2001/34/EG (ABl. EU Nr. L 390 S. 38) unterliegen, und

2. Emittenten, für die nicht die Bundesrepublik Deutschland, sondern ein anderer Mitgliedstaat der Europäischen Union oder ein anderer Vertragsstaat des Abkommens über den Europäischen Wirtschaftsraum der Herkunftsstaat ist, deren Wertpapiere aber nur im Inland zum Handel an einem organisierten Markt zugelassen sind.

(8) Herkunftsmitgliedstaat im Sinne dieses Gesetzes ist

1. für ein Wertpapierdienstleistungsunternehmen der Mitgliedstaat, in dem sich seine Hauptniederlassung befindet;
2. für einen organisierten Markt der Mitgliedstaat, in dem der organisierte Markt registriert oder zugelassen ist, oder, sofern er nach dem Recht dieses Mitgliedstaates keinen Sitz hat, der Mitgliedstaat, in dem sich die Hauptniederlassung des organisierten Marktes befindet.

(9) Aufnahmemitgliedstaat im Sinne dieses Gesetzes ist

1. für ein Wertpapierdienstleistungsunternehmen der Mitgliedstaat, in dem es eine Zweigniederlassung unterhält oder im Wege des grenzüberschreitenden Dienstleistungsverkehrs tätig wird;

V. Bankgeschäfte (m. Börsen- u. KapMR) **WpHG 2a (16)**

2. für einen organisierten Markt der Mitgliedstaat, in dem er geeignete Vorkehrungen bietet, um in diesem Mitgliedstaat niedergelassenen Marktteilnehmern den Zugang zum Handel über sein System zu erleichtern.

(10) Systematischer Internalisierer im Sinne dieses Gesetzes ist ein Unternehmen, das nach Maßgabe des Artikels 21 der Verordnung (EG) Nr. 1287/2006 häufig regelmäßig und auf organisierte und systematische Weise Eigenhandel außerhalb organisierter Märkte und multilateraler Handelssysteme betreibt.

Ausnahmen

WpHG 2a (1) Als Wertpapierdienstleistungsunternehmen gelten nicht

1. Unternehmen, die Wertpapierdienstleistungen im Sinne des § 2 Abs. 3 Satz 1 ausschließlich für ihr Mutterunternehmen oder ihre Tochter- oder Schwesterunternehmen im Sinne des § 1 Abs. 6 und 7 des Kreditwesengesetzes erbringen,
2. Unternehmen, deren Wertpaperdienstleistung für andere ausschließlich in der Verwaltung eines Systems von Arbeitnehmerbeteiligungen an den eigenen oder an mit ihnen verbundenen Unternehmen besteht,
3. Unternehmen, die ausschließlich Wertpapierdienstleistungen sowohl nach Nummer 1 als auch nach Nummer 2 erbringen,
4. private und öffentlich-rechtliche Versicherungsunternehmen,
5. die öffentliche Schuldenverwaltung des Bundes, eines seiner Sondervermögen, eines Landes, eines anderen Mitgliedstaates der Europäischen Union oder eines anderen Vertragsstaates des Abkommens über den Europäischen Wirtschaftsraum, die Deutsche Bundesbank und andere Mitglieder des Europäischen Systems der Zentralbanken sowie die Zentralbanken der anderen Vertragsstaaten,
6. Angehörige freier Berufe, die Wertpapierdienstleistungen nur gelegentlich im Rahmen eines Mandatsverhältnisses als Freiberufler erbringen und einer Berufskammer in der Form der Körperschaft des öffentlichen Rechts angehören, deren Berufsrecht die Erbringung von Wertpapierdienstleistungen nicht ausschließt,
7. Unternehmen, die als Wertpapierdienstleistung für andere ausschließlich die Anlageberatung und die Anlagevermittlung zwischen Kunden und
    a) Instituten im Sinne des Kreditwesengesetzes,
    b) Instituten oder Finanzunternehmen mit Sitz in einem anderen Staat des Europäischen Wirtschaftsraums, die die Voraussetzungen nach § 53 b Abs. 1 Satz 1 oder Abs. 7 des Kreditwesengesetzes erfüllen,
    c) Unternehmen, die aufgrund einer Rechtsverordnung nach § 53 c des Kreditwesengesetzes gleichgestellt oder freigestellt sind, oder
    d) Kapitalanlagegesellschaften, Investmentaktiengesellschaften oder ausländischen Investmentgesellschaften
    betreiben, sofern sich diese Wertpapierdienstleistungen auf Anteile an Investmentvermögen, die von einer inländischen Kapitalanlagegesellschaft oder Investmentaktiengesellschaft im Sinne der §§ 96 bis 111a des Investmentgesetzes ausgegeben werden, oder auf ausländische Investmentanteile, die nach dem Investmentgesetz öffentlich vertrieben werden dürfen, beschränken und die Unternehmen nicht befugt sind, sich bei der Erbringung dieser Finanzdienstleistungen Eigentum oder Besitz an Geldern oder Anteilen von Kunden zu verschaffen, es sei denn, das Unternehmen beantragt und erhält eine entsprechende Erlaubnis nach § 32 Abs. 1 des Kreditwesengesetzes; Anteile an Sondervermögen mit zusätzlichen Risiken nach § 112 des Investmentgesetzes gelten nicht als Anteile an Investmentvermögen im Sinne dieser Vorschrift,
8. Unternehmen, deren Wertpapierdienstleistung ausschließlich in der Erbringung einer oder mehrerer der folgenden Dienstleistungen besteht:
    a) Eigengeschäfte an inländischen Börsen oder in multilateralen Handelssystemen im Inland, an oder in denen Derivate gehandelt werden (Derivatemärkte), und an Kassamärkten nur zur Absicherung dieser Positionen,
    b) Eigenhandel, Finanzkommissionsgeschäft oder Abschlussvermittlung an Derivatemärkten nur für andere Mitglieder dieser Märkte,

(16) WpHG 2b

c) Preisstellung als Market Maker im Sinne des § 23 Abs. 4 im Rahmen des Eigenhandels für andere Mitglieder dieser Derivatemärkte, sofern für die Erfüllung der Verträge, die diese Unternehmen an diesen Märkten oder in diesen Handelssystemen schließen, Clearingmitglieder derselben Märkte oder Handelssysteme haften,

9. Unternehmen, die Eigengeschäfte in Finanzinstrumenten betreiben oder Wertpapierdienstleistungen in Bezug auf Derivate im Sinne des § 2 Abs. 2 Nr. 2 und 5 erbringen, sofern
   a) sie nicht Teil einer Unternehmensgruppe sind, deren Haupttätigkeit in der Erbringung von Wertpapierdienstleistungen oder Bankgeschäften im Sinne des § 1 Abs. 1 Satz 2 Nr. 1, 2, 8 oder 11 des Kreditwesengesetzes besteht,
   b) diese Wertpapierdienstleistungen auf Ebene der Unternehmensgruppe von untergeordneter Bedeutung im Verhältnis zur Haupttätigkeit sind und
   c) die Wertpapierdienstleistungen in Bezug auf Derivate im Sinne des § 2 Abs. 2 Nr. 2 und 5 nur für Kunden ihrer Haupttätigkeit im sachlichen Zusammenhang mit Geschäften der Haupttätigkeit erbracht werden,

10. Unternehmen, die als einzige Wertpapierdienstleistung Eigengeschäfte und Eigenhandel betreiben, sofern sie nicht
    a) an einem organisierten Markt oder in einem multilateralen Handelssystem kontinuierlich den Kauf oder Verkauf von Finanzinstrumenten im Wege des Eigenhandels zu selbst gestellten Preisen anbieten oder
    b) in organisierter und systematischer Weise häufig für eigene Rechnung außerhalb eines organisierten Marktes oder eines multilateralen Handelssystems Handel treiben, indem sie ein für Dritte zugängliches System anbieten, um mit ihnen Geschäfte durchzuführen,

11. Unternehmen, die als Wertpapierdienstleistung ausschließlich die Anlageberatung im Rahmen einer anderen beruflichen Tätigkeit erbringen, ohne sich die Anlageberatung gesondert vergüten zu lassen,

12. Unternehmen, soweit sie als Haupttätigkeit Eigengeschäfte und Eigenhandel mit Waren oder Derivaten im Sinne des § 2 Abs. 2 Nr. 2 in Bezug auf Waren betreiben, sofern sie nicht einer Unternehmensgruppe angehören, deren Haupttätigkeit in der Erbringung von Wertpapierdienstleistungen oder dem Betreiben von Bankgeschäften im Sinne des § 1 Abs. 1 Satz 2 Nr. 1, 2, 8 oder 11 des Kreditwesengesetzes besteht, und

13. Börsenträger oder Betreiber organisierter Märkte, die neben dem Betrieb eines multilateralen Handelssystems keine anderen Wertpapierdienstleistungen im Sinne des § 2 Abs. 3 Satz 1 erbringen.

(2) ¹Ein Unternehmen, das als vertraglich gebundener Vermittler im Sinne des § 2 Abs. 10 Satz 1 des Kreditwesengesetzes als Wertpapierdienstleistung nur die Abschlussvermittlung, Anlagevermittlung, das Platzieren von Finanzinstrumenten ohne feste Übernahmeverpflichtung oder Anlageberatung erbringt, gilt nicht als Wertpapierdienstleistungsunternehmen. ²Seine Tätigkeit wird dem Institut oder Unternehmen zugerechnet, für dessen Rechnung und unter dessen Haftung es seine Tätigkeit erbringt.

Wahl des Herkunftsstaates

WpHG 2b

(1) ¹Ein Emittent im Sinne des § 2 Abs. 6 Nr. 3 Buchstabe a bis c kann die Bundesrepublik Deutschland als Herkunftsstaat wählen, wenn er nicht innerhalb der letzten drei Jahre einen anderen Staat als Herkunftsstaat gewählt hat. ²Die Wahl ist mindestens drei Jahre gültig, es sei denn, die Finanzinstrumente des Emittenten sind an keinem organisierten Markt in einem Mitgliedstaat der Europäischen Union oder in einem anderen Vertragsstaat des Abkommens über den Europäischen Wirtschaftsraum mehr zum Handel zugelassen. ³Die Wahl ist zu veröffentlichen und dem Unternehmensregister im Sinne des § 8b des Handelsgesetzbuchs zur Speicherung zu übermitteln. ⁴Mit der Veröffentlichung wird die Wahl wirksam.

(2) Das Bundesministerium der Finanzen kann durch Rechtsverordnung, die nicht der Zustimmung des Bundesrates bedarf, nähere Bestimmungen zur Veröffentlichung der Wahl des Herkunftsstaates treffen.

Abschnitt 2. Bundesanstalt für Finanzdienstleistungsaufsicht

WpHG 3 *(aufgehoben)*

Aufgaben und Befugnisse

WpHG 4
(1) [1] Die Bundesanstalt für Finanzdienstleistungsaufsicht (Bundesanstalt) übt die Aufsicht nach den Vorschriften dieses Gesetzes aus. [2] Sie hat im Rahmen der ihr zugewiesenen Aufgaben Missständen entgegenzuwirken, welche die ordnungsgemäße Durchführung des Handels mit Finanzinstrumenten oder von Wertpapierdienstleistungen oder Wertpapiernebendienstleistungen beeinträchtigen oder erhebliche Nachteile für den Finanzmarkt bewirken können. [3] Sie kann Anordnungen treffen, die geeignet und erforderlich sind, diese Missstände zu beseitigen oder zu verhindern.

(2) [1] Die Bundesanstalt überwacht die Einhaltung der Verbote und Gebote dieses Gesetzes und kann Anordnungen treffen, die zu ihrer Durchsetzung geeignet und erforderlich sind. [2] Sie kann den Handel mit einzelnen oder mehreren Finanzinstrumenten vorübergehend untersagen oder die Aussetzung des Handels in einzelnen oder mehreren Finanzinstrumenten an Märkten, an denen Finanzinstrumente gehandelt werden, anordnen, soweit dies zur Durchsetzung der Verbote und Gebote dieses Gesetzes oder zur Beseitigung oder Verhinderung von Missständen nach Absatz 1 geboten ist.

(3) [1] Die Bundesanstalt kann von jedermann Auskünfte, die Vorlage von Unterlagen und die Überlassung von Kopien verlangen sowie Personen laden und vernehmen, soweit dies auf Grund von Anhaltspunkten für die Überwachung der Einhaltung eines Verbots oder Gebots dieses Gesetzes erforderlich ist. [2] Sie kann insbesondere die Angabe von Bestandsveränderungen in Finanzinstrumenten sowie Auskünfte über die Identität weiterer Personen, insbesondere der Auftraggeber und der aus Geschäften berechtigten oder verpflichteten Personen, verlangen. [3] Gesetzliche Auskunfts- oder Aussageverweigerungsrechte sowie gesetzliche Verschwiegenheitspflichten bleiben unberührt.

(4) [1] Während der üblichen Arbeitszeit ist Bediensteten der Bundesanstalt und den von ihr beauftragten Personen, soweit dies zur Wahrnehmung ihrer Aufgaben erforderlich ist, das Betreten der Grundstücke und Geschäftsräume der nach Absatz 3 auskunftspflichtigen Personen zu gestatten. [2] Das Betreten außerhalb dieser Zeit oder wenn die Geschäftsräume sich in einer Wohnung befinden, ist ohne Einverständnis nur zulässig und insoweit zu dulden, wie dies zur Verhütung von dringenden Gefahren für die öffentliche Sicherheit und Ordnung erforderlich ist und bei der auskunftspflichtigen Person Anhaltspunkte für einen Verstoß gegen ein Verbot oder Gebot dieses Gesetzes vorliegen. [3] Das Grundrecht des Artikels 13 des Grundgesetzes wird insoweit eingeschränkt.

(5) [1] Die Bundesanstalt hat Tatsachen, die den Verdacht einer Straftat nach § 38 begründen, der zuständigen Staatsanwaltschaft unverzüglich anzuzeigen. [2] Sie kann die personenbezogenen Daten der Betroffenen, gegen die sich der Verdacht richtet oder die als Zeugen in Betracht kommen, der Staatsanwaltschaft übermitteln, soweit dies für Zwecke der Strafverfolgung erforderlich ist. [3] Die Staatsanwaltschaft entscheidet über die Vornahme der erforderlichen Ermittlungsmaßnahmen, insbesondere über Durchsuchungen, nach den Vorschriften der Strafprozessordnung. [4] Die Befugnisse der Bundesanstalt nach den Absätzen 2 bis 4 bleiben hiervon unberührt, soweit dies für die Vornahme von Verwaltungsmaßnahmen oder zur Erfüllung von Ersuchen ausländischer Stellen nach § 7 Abs. 2, Abs. 2 b Satz 1 oder Abs. 7 erforderlich ist und soweit eine Gefährdung des Untersuchungszwecks von Ermittlungen der Strafverfolgungsbehörden oder der für Strafsachen zuständigen Gerichte nicht zu besorgen ist.

(6) Die Bundesanstalt kann eine nach den Vorschriften dieses Gesetzes gebotene Veröffentlichung oder Mitteilung auf Kosten des Pflichtigen vornehmen, wenn die

Veröffentlichungs- oder Mitteilungspflicht nicht, nicht richtig, nicht vollständig oder nicht in der vorgeschriebenen Weise erfüllt wird.

(7) Widerspruch und Anfechtungsklage gegen Maßnahmen nach den Absätzen 1 bis 4 und 6 haben keine aufschiebende Wirkung.

(8) Adressaten von Maßnahmen nach den Absätzen 2 bis 4, die von der Bundesanstalt wegen eines möglichen Verstoßes gegen ein Verbot nach § 14 oder nach § 20a vorgenommen werden, dürfen andere Personen als staatliche Stellen und solche, die auf Grund ihres Berufs einer gesetzlichen Verschwiegenheitspflicht unterliegen, von diesen Maßnahmen oder von einem daraufhin eingeleiteten Ermittlungsverfahren nicht in Kenntnis setzen.

(9) ¹Der zur Erteilung einer Auskunft Verpflichtete kann die Auskunft auf solche Fragen verweigern, deren Beantwortung ihn selbst oder einen der in § 383 Abs. 1 Nr. 1 bis 3 der Zivilprozessordnung bezeichneten Angehörigen der Gefahr strafgerichtlicher Verfolgung oder eines Verfahrens nach dem Gesetz über Ordnungswidrigkeiten aussetzen würde. ²Der Verpflichtete ist über sein Recht zur Verweigerung der Auskunft zu belehren und darauf hinzuweisen, dass es ihm nach dem Gesetz freistehe, jederzeit, auch schon vor seiner Vernehmung, einen von ihm zu wählenden Verteidiger zu befragen.

(10) Die Bundesanstalt darf ihr mitgeteilte personenbezogene Daten nur zur Erfüllung ihrer aufsichtlichen Aufgaben und für Zwecke der internationalen Zusammenarbeit nach Maßgabe des § 7 speichern, verändern und nutzen.

(11) Die Bundesanstalt kann zur Erfüllung ihrer Aufgaben auch Wirtschaftsprüfer oder Sachverständige bei Ermittlungen oder Überprüfungen einsetzen.

Wertpapierrat

WpHG 5 (1) ¹Bei der Bundesanstalt wird ein Wertpapierrat gebildet. ²Er besteht aus Vertretern der Länder. ³Die Mitgliedschaft ist nicht personengebunden. ⁴Jedes Land entsendet einen Vertreter. ⁵An den Sitzungen können Vertreter der Bundesministerien der Finanzen, der Justiz und für Wirtschaft und Technologie sowie der Deutschen Bundesbank teilnehmen. ⁶Der Wertpapierrat kann Sachverständige insbesondere aus dem Bereich der Börsen, der Marktteilnehmer, der Wirtschaft und der Wissenschaft anhören. ⁷Der Wertpapierrat gibt sich eine Geschäftsordnung.

(2) ¹Der Wertpapierrat wirkt bei der Aufsicht mit. ²Er berät die Bundesanstalt, insbesondere

1. bei dem Erlass von Rechtsverordnungen und der Aufstellung von Richtlinien für die Aufsichtstätigkeit der Bundesanstalt,
2. hinsichtlich der Auswirkungen von Aufsichtsfragen auf die Börsen- und Marktstrukturen sowie die Wettbewerb im Handel mit Finanzinstrumenten,
3. bei der Abgrenzung von Zuständigkeiten zwischen der Bundesanstalt und den Börsenaufsichtsbehörden sowie bei Fragen der Zusammenarbeit.

³Der Wertpapierrat kann bei der Bundesanstalt Vorschläge zur allgemeinen Weiterentwicklung der Aufsichtspraxis einbringen. ⁴Der Wertpapierrat berichtet dem Wertpapierrat mindestens einmal jährlich über die Aufsichtstätigkeit, die Weiterentwicklung der Aufsichtspraxis sowie über die internationale Zusammenarbeit.

(3) ¹Der Wertpapierrat wird mindestens einmal jährlich vom Präsidenten der Bundesanstalt einberufen. ²Er ist ferner auf Verlangen von einem Drittel seiner Mitglieder einzuberufen. ³Jedes Mitglied hat das Recht, Beratungsvorschläge einzubringen.

Zusammenarbeit mit anderen Behörden im Inland

WpHG 6 (1) ¹Die Börsenaufsichtsbehörden werden im Wege der Organleihe für die Bundesanstalt bei der Durchführung von eilbedürftigen Maßnahmen im Rahmen der Überwachung der Verbote von Insidergeschäften nach § 14 und des Verbots der Marktmanipulation nach § 20a an den ihrer Aufsicht unterliegenden Börsen tätig. ²Das Nähere regelt ein Verwaltungsabkommen zwischen dem Bund und den börsenaufsichtsführenden Ländern.

(2) Die Bundesanstalt, die Deutsche Bundesbank im Rahmen ihrer Tätigkeit nach Maßgabe des Kreditwesengesetzes, das Bundeskartellamt, die Börsenaufsichtsbehörden, die Handelsüberwachungsstellen sowie die für die Aufsicht über Versicherungsvermittler und die Vermittler von Anteilen an Investmentvermögen zuständigen Stellen haben einander Beobachtungen und Feststellungen einschließlich personenbezogener Daten mitzuteilen, die für die Erfüllung ihrer Aufgaben erforderlich sind.

(3) [1] Die Bundesanstalt darf zur Erfüllung ihrer Aufgaben die nach § 2 Abs. 10, §§ 2c, 24 Abs. 1 Nr. 1, 2, 5, 7 und 10 und Abs. 3, § 25a Abs. 2, § 32 Abs. 1 Satz 1 und 2 Nr. 2 und 6 Buchstabe a und b des Kreditwesengesetzes bei der Deutschen Bundesbank gespeicherten Daten im automatisierten Verfahren abrufen. [2] Die Deutsche Bundesbank hat für Zwecke der Datenschutzkontrolle den Zeitpunkt, die Angaben, welche die Feststellung der aufgerufenen Datensätze ermöglichen, sowie die für den Abruf verantwortliche Person zu protokollieren. [3] Die protokollierten Daten dürfen nur für Zwecke der Datenschutzkontrolle, der Datensicherung oder zur Sicherstellung eines ordnungsmäßigen Betriebs der Datenverarbeitungsanlage verwendet werden. [4] Die Protokolldaten sind am Ende des auf die Speicherung folgenden Kalenderjahres zu löschen.

(4) [1] Öffentliche Stellen haben bei der Veröffentlichung von Statistiken, die zu einer erheblichen Einwirkung auf die Finanzmärkte geeignet sind, sachgerecht und transparent vorzugehen. [2] Insbesondere muss dabei gewährleistet sein, dass hierbei keine Informationsvorsprünge Dritter erzeugt werden können.

Zusammenarbeit mit zuständigen Stellen im Ausland

WpHG 7 (1) [1] Der Bundesanstalt obliegt die Zusammenarbeit mit den für die Überwachung von Verhaltens- und Organisationspflichten von Unternehmen, die Wertpapierdienstleistungen erbringen, von Finanzinstrumenten und von Märkten, an denen Finanzinstrumente gehandelt werden, zuständigen Stellen der anderen Mitgliedstaaten der Europäischen Union und der anderen Vertragsstaaten des Abkommens über den Europäischen Wirtschaftsraum. [2] Die Bundesanstalt kann im Rahmen ihrer Zusammenarbeit zum Zwecke der Überwachung der Einhaltung der Verbote und Gebote dieses Gesetzes sowie der Verbote und Gebote der in Satz 1 genannten Staaten, die denen dieses Gesetzes oder den Börsengesetzes entsprechen, von allen ihr nach diesem Gesetz zustehenden Befugnissen Gebrauch machen, soweit dies geeignet und erforderlich ist, den Ersuchen der in Satz 1 genannten Stellen nachzukommen. [3] Sie kann auf ein Ersuchen der in Satz 1 genannten Stellen die Untersagung oder Aussetzung des Handels nach § 4 Abs. 2 Satz 2 an einem inländischen Markt nur anordnen, sofern die Interessen der Anleger oder der ordnungsgemäße Handel an dem betreffenden Markt nicht erheblich gefährdet werden. [4] Die Vorschriften der Börsengesetzes über die Zusammenarbeit der Handelsüberwachungsstellen mit entsprechenden Stellen oder Börsengeschäftsführungen anderer Staaten bleiben hiervon unberührt.

(2) [1] Auf Ersuchen der in Absatz 1 Satz 1 genannten zuständigen Stellen führt die Bundesanstalt nach Maßgabe des Artikels 15 der Verordnung (EG) Nr. 1287/2006 Untersuchungen durch und übermittelt unverzüglich alle Informationen, soweit dies für die Überwachung von organisierten Märkten oder anderen Märkten für Finanzinstrumente, von Kreditinstituten, Finanzdienstleistungsinstituten, Investmentgesellschaften, Finanzunternehmen oder Versicherungsunternehmen oder damit zusammenhängender Verwaltungs- oder Gerichtsverfahren erforderlich ist. [2] Bei der Übermittlung von Informationen hat die Bundesanstalt den Empfänger darauf hinzuweisen, dass er unbeschadet seiner Verpflichtungen im Rahmen von Strafverfahren die übermittelten Informationen einschließlich personenbezogener Daten nur zur Erfüllung von Überwachungsaufgaben nach Satz 1 und für damit zusammenhängende Verwaltungs- und Gerichtsverfahren verwenden darf.

(2a) Die Bundesanstalt trifft angemessene Vorkehrungen für eine wirksame Zusammenarbeit insbesondere gegenüber solchen Mitgliedstaaten, in denen die Geschäfte einer inländischen Börse eine wesentliche Bedeutung für das Funktionieren der Finanzmärkte und den Anlegerschutz nach Maßgabe des Artikels 16 der Verordnung (EG) Nr. 1287/2006 haben und deren organisierte Märkte eine solche Bedeutung im Inland haben.

(2b) ¹Die Bundesanstalt kann Bediensteten der zuständigen Stellen anderer Staaten auf Ersuchen die Teilnahme an den von der Bundesanstalt durchgeführten Untersuchungen gestatten. ²Nach vorheriger Unterrichtung der Bundesanstalt sind die zuständigen Stellen im Sinne des Absatzes 1 Satz 1 befugt, selbst oder durch ihre Beauftragten die Informationen, die für eine Überwachung der Einhaltung der Meldepflichten nach § 9, der Verhaltens-, Organisations- und Transparenzpflichten nach den §§ 31 bis 34 oder entsprechender ausländischer Vorschriften durch eine Zweigniederlassung im Sinne des § 53 b Abs. 1 Satz 1 des Kreditwesengesetzes erforderlich sind, bei dieser Zweigniederlassung zu prüfen.

(3) ¹Die Bundesanstalt kann eine Untersuchung, die Übermittlung von Informationen oder die Teilnahme von Bediensteten zuständiger ausländischer Stellen im Sinne von Absatz 1 Satz 1 verweigern, wenn

1. hierdurch die Souveränität, die Sicherheit oder die öffentliche Ordnung der Bundesrepublik Deutschland beeinträchtigt werden könnte oder
2. auf Grund desselben Sachverhalts gegen die betreffenden Personen bereits ein gerichtliches Verfahren eingeleitet worden oder eine unanfechtbare Entscheidung ergangen ist.

²Kommt die Bundesanstalt einem Ersuchen nicht nach oder macht sie von ihrem Recht nach Satz 1 Gebrauch, so teilt sie dies der ersuchenden Stelle unverzüglich mit und legt die Gründe dar; im Falle einer Verweigerung nach Satz 1 Nr. 2 sind genaue Informationen über das gerichtliche Verfahren oder die unanfechtbare Entscheidung zu übermitteln.

(4) ¹Die Bundesanstalt ersucht die in Absatz 1 genannten zuständigen Stellen nach Maßgabe des Artikels 15 der Verordnung (EG) Nr. 1287/2006 um die Durchführung von Untersuchungen und die Übermittlung von Informationen, die für die Erfüllung ihrer Aufgaben nach den Vorschriften dieses Gesetzes geeignet und erforderlich sind. ²Sie kann die zuständigen Stellen ersuchen, Bediensteten der Bundesanstalt die Teilnahme an den Untersuchungen zu gestatten. ³Mit Einverständnis der zuständigen Stellen kann die Bundesanstalt Untersuchungen im Ausland durchführen und hierfür Wirtschaftsprüfer oder Sachverständige beauftragen; bei Untersuchung einer Zweigniederlassung eines inländischen Wertpapierdienstleistungsunternehmens in einem Aufnahmemitgliedstaat durch die Bundesanstalt genügt eine vorherige Unterrichtung der zuständigen Stelle im Ausland. ⁴Trifft die Bundesanstalt Anordnungen gegenüber Unternehmen mit Sitz im Ausland, die Mitglieder inländisch organisierter Märkte sind, unterrichtet sie die für die Überwachung dieser Unternehmen zuständigen Stellen. ⁵Werden der Bundesanstalt von einer Stelle eines anderen Staates Informationen mitgeteilt, darf sie diese unbeschadet ihrer Verpflichtungen in strafrechtlichen Angelegenheiten, die Verstöße gegen Verbote nach den Vorschriften dieses Gesetzes zum Gegenstand haben, nur zur Erfüllung von Überwachungsaufgaben nach Absatz 2 Satz 1 und für damit zusammenhängende Verwaltungs- und Gerichtsverfahren verwenden. ⁶Die Bundesanstalt darf diese Informationen unter Beachtung der Zweckbestimmung der übermittelnden Stelle den in § 6 Abs. 2 genannten Stellen mitteilen, sofern dies für die Erfüllung ihrer Aufgaben erforderlich ist. ⁷Eine anderweitige Verwendung der Informationen ist nur mit Zustimmung der übermittelnden Stelle zulässig. ⁸Außer bei Informationen im Zusammenhang mit Insiderhandel oder Marktmanipulation kann in begründeten Ausnahmefällen auf diese Zustimmung verzichtet werden, sofern dieses der übermittelnden Stelle unverzüglich unter Angabe der Gründe mitgeteilt wird. ⁹Wird einem Ersuchen der Bundesanstalt nach den Sätzen 1 bis 3 nicht innerhalb angemessener Frist Folge geleistet oder wird es ohne hinreichende Gründe abgelehnt, kann die Bundesanstalt den Ausschuss der Europäischen Wertpapierregulierungsbehörden hiervon in Kenntnis setzen.

(5) ¹Hat die Bundesanstalt hinreichende Anhaltspunkte für einen Verstoß gegen Verbote oder Gebote nach den Vorschriften dieses Gesetzes oder nach entsprechenden ausländischen Vorschriften der in Absatz 1 Satz 1 genannten Staaten, so teilt sie dies den nach Absatz 1 Satz 1 zuständigen Stellen des Staates mit, auf dessen Gebiet die vorschriftswidrige Handlung stattfindet oder stattgefunden hat oder auf dessen Gebiet die betreffenden Finanzinstrumente an einem organisierten Markt gehandelt werden oder der nach dem Recht der Europäischen Union für die Verfolgung des Verstoßes zuständig ist. ²Erhält die Bundesanstalt eine entsprechende Mitteilung von zuständigen ausländischen Stellen, so unterrichtet sie diese

über Ergebnisse daraufhin eingeleiteter Untersuchungen. ³ Die Bundesanstalt unterrichtet die zuständigen Stellen nach Satz 1 über Anordnungen zur Aussetzung, Untersagung oder Einstellung des Handels nach § 4 Abs. 2 Satz 2 dieses Gesetzes sowie § 3 Abs. 5 Nr. 1 und § 25 Abs. 1 des Börsengesetzes sowie innerhalb eines Monats nach Erhalt einer Mitteilung nach § 19 Abs. 10 des Börsengesetzes von der Absicht der Geschäftsführung einer Börse, Handelsteilnehmern aus diesen Staaten einen unmittelbaren Zugang zu ihrem Handelssystem zu gewähren.

(6) Die Regelungen über die internationale Rechtshilfe in Strafsachen bleiben unberührt.

(7) ¹ Die Bundesanstalt kann mit den zuständigen Stellen anderer als der in Absatz 1 genannten Staaten entsprechend den Absätzen 1 bis 6 zusammenarbeiten und Vereinbarungen über den Informationsaustausch abschließen. ² Absatz 4 Satz 5 und 6 findet mit der Maßgabe Anwendung, dass Informationen, die von diesen Stellen übermittelt werden, nur unter Beachtung einer Zweckbestimmung der übermittelnden Stelle verwendet und nur mit ausdrücklicher Zustimmung der übermittelnden Stelle der Deutschen Bundesbank oder dem Bundeskartellamt mitgeteilt werden dürfen, sofern dies für die Erfüllung ihrer Aufgaben erforderlich ist. ³ Absatz 4 Satz 8 findet keine Anwendung. ⁴ Für die Übermittlung personenbezogener Daten gilt § 4 b des Bundesdatenschutzgesetzes.

(8) ¹ Das Bundesministerium der Finanzen kann durch Rechtsverordnung, die nicht der Zustimmung des Bundesrates bedarf, zu den in den Absätzen 2, 2 a und 4 genannten Zwecken nähere Bestimmungen über die Übermittlung von Informationen an ausländische Stellen, die Durchführung von Untersuchungen auf Ersuchen ausländischer Stellen sowie Ersuchen der Bundesanstalt an ausländische Stellen erlassen. ² Das Bundesministerium der Finanzen kann die Ermächtigung durch Rechtsverordnung auf die Bundesanstalt für Finanzdienstleistungsaufsicht übertragen.

Verschwiegenheitspflicht

WpHG 8 (1) ¹ Die bei der Bundesanstalt Beschäftigten und die nach § 4 Abs. 3 des Finanzdienstleistungsaufsichtsgesetzes beauftragten Personen dürfen die ihnen bei ihrer Tätigkeit bekannt gewordenen Tatsachen, deren Geheimhaltung im Interesse eines nach diesem Gesetz Verpflichteten oder eines Dritten liegt, insbesondere Geschäfts- und Betriebsgeheimnisse sowie personenbezogene Daten, nicht unbefugt offenbaren oder verwenden, auch wenn sie nicht mehr im Dienst sind oder ihre Tätigkeit beendet ist. ² Dies gilt auch für andere Personen, die durch dienstliche Berichterstattung Kenntnis von den in Satz 1 bezeichneten Tatsachen erhalten.
³ Ein unbefugtes Offenbaren oder Verwenden im Sinne des Satzes 1 liegt insbesondere nicht vor, wenn Tatsachen weitergegeben werden an
1. Strafverfolgungsbehörden oder für Straf- und Bußgeldsachen zuständige Gerichte,
2. kraft Gesetzes oder im öffentlichen Auftrag mit der Überwachung von Börsen oder anderen Märkten, an denen Finanzinstrumente gehandelt werden, des Handels mit Finanzinstrumenten oder Devisen, von Kreditinstituten, Finanzdienstleistungsinstituten, Investmentgesellschaften, Finanzunternehmen, Versicherungsunternehmen, Versicherungsvermittlern, Anlageberatern oder Vermittlern von Anteilen an Investmentvermögen im Sinne des § 2a Abs. 1 Nr. 7 betraute Stellen sowie von diesen beauftragte Personen,
3. Zentralbanken, das Europäische System der Zentralbanken oder die Europäische Zentralbank in ihrer Eigenschaft als Währungsbehörden sowie an andere staatliche Behörden, die mit der Überwachung der Zahlungssysteme betraut sind,
4. mit der Liquidation oder dem Insolvenzverfahren über das Vermögen eines Wertpapierdienstleistungsunternehmens, eines organisierten Marktes oder des Betreibers eines organisierten Marktes befasste Stellen,

soweit diese Stellen die Informationen zur Erfüllung ihrer Aufgaben benötigen.
⁴ Für die bei diesen Stellen beschäftigten Personen gilt die Verschwiegenheitspflicht nach Satz 1 entsprechend. ⁵ An eine Stelle eines anderen Staates dürfen die Tatsachen nur weitergegeben werden, wenn diese Stelle und die von ihr beauftragten Personen einer dem Satz 1 entsprechenden Verschwiegenheitspflicht unterliegen.

(2) ¹Die Vorschriften der §§ 93, 97 und 105 Abs. 1, § 111 Abs. 5 in Verbindung mit § 105 Abs. 1 sowie § 116 Abs. 1 der Abgabenordnung gelten nicht für die in Absatz 1 Satz 1 oder 2 genannten Personen, soweit sie zur Durchführung dieses Gesetzes tätig werden. ²Sie finden Anwendung, soweit die Finanzbehörden die Kenntnisse für die Durchführung eines Verfahrens wegen einer Steuerstraftat sowie eines damit zusammenhängenden Besteuerungsverfahrens benötigen, an deren Verfolgung ein zwingendes öffentliches Interesse besteht, und nicht Tatsachen betroffen sind, die den in Absatz 1 Satz 1 oder 2 bezeichneten Personen durch eine Stelle eines anderen Staates im Sinne des Absatzes 1 Satz 3 Nr. 2 oder durch von dieser Stelle beauftragte Personen mitgeteilt worden sind.

Meldepflichten

WpHG 9

(1) ¹Wertpapierdienstleistungsunternehmen und Zweigniederlassungen im Sinne des § 53 b des Kreditwesengesetzes sind verpflichtet, der Bundesanstalt jedes Geschäft in Finanzinstrumenten, die zum Handel an einem organisierten Markt zugelassen oder in den regulierten Markt oder den Freiverkehr einer inländischen Börse einbezogen sind, spätestens an dem auf den Tag des Geschäftsabschlusses folgenden Werktag, der kein Samstag ist, nach Maßgabe des Absatzes 2 mitzuteilen. ²Die Verpflichtung nach Satz 1 gilt auch für den Erwerb und die Veräußerung von Rechten auf Zeichnung von Wertpapieren, sofern diese Wertpapiere an einem organisierten Markt gehandelt werden sollen, sowie für Geschäfte in Aktien und Optionsscheinen, bei denen ein Antrag auf Zulassung zum Handel an einem organisierten Markt oder im Freiverkehr oder auf Einbeziehung in den regulierten Markt oder den Freiverkehr gestellt oder öffentlich angekündigt ist. ³Die Verpflichtung nach den Sätzen 1 und 2 gilt auch für inländische zentrale Kontrahenten im Sinne des § 1 Abs. 31 des Kreditwesengesetzes hinsichtlich der von ihnen abgeschlossenen Geschäfte. ⁴Die Verpflichtung nach den Sätzen 1 und 2 gilt auch für Unternehmen, die ihren Sitz in einem Staat haben, der nicht Mitgliedstaat der Europäischen Union oder Vertragsstaat des Abkommens über den Europäischen Wirtschaftsraum ist, und an einer inländischen Börse zur Teilnahme am Handel zugelassen sind, hinsichtlich der von ihnen an dieser inländischen Börse geschlossenen Geschäfte in Finanzinstrumenten. Die Verpflichtung nach den Sätzen 1 und 2 gilt auch für Unternehmen, die ihren Sitz in einem anderen Mitgliedstaat der Europäischen Union oder einem anderen Vertragsstaat des Abkommens über den Europäischen Wirtschaftsraum haben und an einer inländischen Börse zur Teilnahme am Handel zugelassen sind, jedoch nur hinsichtlich der von ihnen an dieser inländischen Börse geschlossenen Geschäfte in solchen Finanzinstrumenten, die weder zum Handel an einem organisierten Markt zugelassen noch in den regulierten Markt einer inländischen Börse einbezogen sind.

(1 a) ¹Von der Verpflichtung nach Absatz 1 ausgenommen sind Bausparkassen im Sinne des § 1 Abs. 1 des Gesetzes über Bausparkassen und Unternehmen im Sinne des § 2 Abs. 4 und 5 des Kreditwesengesetzes, sofern sie nicht an einer inländischen Börse zur Teilnahme am Handel zugelassen sind, sowie Wohnungsgenossenschaften mit Spareinrichtung. ²Die Verpflichtung nach Absatz 1 findet auch keine Anwendung auf Geschäfte in Anteilen an Investmentvermögen, die von einer Kapitalanlagegesellschaft oder einer ausländischen Investmentgesellschaft ausgegeben werden, bei denen eine Rücknahmeverpflichtung der Gesellschaft besteht.

(2) ¹Die Mitteilung ist der Bundesanstalt im Wege der Datenfernübertragung zu übermitteln, es sei denn, es liegen die Voraussetzungen des Artikels 12 der Verordnung (EG) Nr. 1287/2006 vor, unter denen eine Speicherung auf einem Datenträger erfolgen kann. ²Die Mitteilung muss für jedes Geschäft mindestens die Angaben nach Artikel 13 Abs. 1 Satz 1 in Verbindung mit Tabelle 1 des Anhangs I der Verordnung (EG) Nr. 1287/2006 enthalten, soweit die Bundesanstalt im Hinblick auf diese Angaben eine Erklärung nach Artikel 13 Abs. 1 Satz 2 der Verordnung (EG) Nr. 1287/2006 abgegeben hat. ³Die Mitteilung muss darüber hinaus enthalten:

1. Kennzeichen zur Identifikation des Depotinhabers oder des Depots, sofern der Depotinhaber nicht selbst nach Absatz 1 zur Meldung verpflichtet ist,
2. Kennzeichen für Auftraggeber, sofern dieser nicht mit dem Depotinhaber identisch ist.

(3) ¹Die Bundesanstalt ist zuständige Behörde für die Zwecke der Artikel 9 bis 15 der Verordnung (EG) Nr. 1287/2006. ²Sie übermittelt Mitteilungen nach Absatz 1 innerhalb der in Artikel 14 Abs. 3 der Verordnung (EG) Nr. 1287/ 2006 genannten Frist an die zuständige Behörde eines anderen Mitgliedstaates der Europäischen Union oder eines anderen Vertragsstaates des Abkommens über den Europäischen Wirtschaftsraum, wenn sich in diesem Staat der unter Liquiditätsaspekten wichtigste Markt für das gemeldete Finanzinstrument im Sinne der Artikel 9 und 10 der Verordnung (EG) Nr. 1287/2006 befindet oder eine Anforderung einer zuständigen Behörde nach Artikel 14 Abs. 1 Buchstabe c der Verordnung (EG) Nr. 1287/2006 vorliegt. ³Satz 2 gilt entsprechend für Mitteilungen einer Zweigniederlassung im Sinne des § 53 b Abs. 1 Satz 1 des Kreditwesengesetzes an die Bundesanstalt, falls die zuständige Behörde des Herkunftsmitgliedstaates nicht auf eine Übermittlung verzichtet hat. ⁴Eine Übermittlung nach Satz 2, auch in Verbindung mit Satz 3, gilt auch dann als an die zuständige Behörde im Herkunftsmitgliedstaat übermittelt, wenn sie im Einvernehmen mit dieser Behörde an eine andere Einrichtung übermittelt wird. ⁵Für Inhalt, Form und Frist der Übermittlungen nach den Sätzen 2 bis 4 gilt Artikel 14 Abs. 2 und 3 der Verordnung (EG) Nr. 1287/2006. ⁶Für die nicht automatisierte Zusammenarbeit der Bundesanstalt mit der zuständigen Behörde eines anderen Mitgliedstaates der Europäischen Union oder eines anderen Vertragsstaates des Abkommens über den Europäischen Wirtschaftsraum auf dem Gebiet des Meldewesens nach dieser Vorschrift oder vergleichbaren ausländischen Vorschriften gilt Artikel 15 der Verordnung (EG) Nr. 1287/2006. ⁷Zur Erfüllung der Pflichten nach Satz 2 erstellt die Bundesanstalt eine Liste der Finanzinstrumente nach Maßgabe des Artikels 11 der Verordnung (EG) Nr. 1287/2006 und kann unter den dort geregelten Voraussetzungen Referenzdaten von inländischen Börsen anfordern. ⁸§ 7 bleibt unberührt.

(4) Das Bundesministerium der Finanzen kann durch Rechtsverordnung, die nicht der Zustimmung des Bundesrates bedarf,

1. nähere Bestimmungen über Inhalt, Art, Umfang und Form der Mitteilung und über die zulässigen Datenträger und Übertragungswege erlassen,
2. neben den Angaben nach Absatz 2 zusätzliche Angaben vorschreiben, soweit dies aufgrund der besonderen Eigenschaften des Finanzinstruments, das Gegenstand der Mitteilung ist, oder der besonderen Bedingungen an dem Handelsplatz, an dem das Geschäft ausgeführt wurde, gerechtfertigt ist und die zusätzlichen Angaben zur Erfüllung der Aufsichtsaufgaben der Bundesanstalt erforderlich sind,
3. zulassen, dass die Mitteilungen der Verpflichteten auf deren Kosten durch die Börse oder einen geeigneten Dritten erfolgen, und die Einzelheiten hierzu festlegen,
4. für Geschäfte, die Schuldverschreibungen zum Gegenstand haben, zulassen, dass Angaben nach Absatz 2 in einer zusammengefassten Form mitgeteilt werden,
5. bei Sparkassen und Kreditgenossenschaften, die sich zur Ausführung des Geschäfts einer Girozentrale oder einer genossenschaftlichen Zentralbank oder des Zentralkreditinstituts bedienen, zulassen, dass die in Absatz 1 vorgeschriebenen Mitteilungen durch die Girozentrale oder die genossenschaftliche Zentralbank oder das Zentralkreditinstitut erfolgen, wenn und soweit der mit den Mitteilungspflichten verfolgte Zweck dadurch nicht beeinträchtigt wird.

(5) Das Bundesministerium der Finanzen kann die Ermächtigung nach Absatz 4 durch Rechtsverordnung auf die Bundesanstalt für Finanzdienstleistungsaufsicht übertragen.

Anzeige von Verdachtsfällen

WpHG 10 (1) ¹Wertpapierdienstleistungsunternehmen, andere Kreditinstitute, Kapitalanlagegesellschaften und Betreiber von außerbörslichen Märkten, an denen Finanzinstrumente gehandelt werden, haben bei der Feststellung von Tatsachen, die den Verdacht begründen, dass mit einem Geschäft über Finanzinstrumente gegen ein Verbot oder Gebot nach § 14 oder § 20a verstoßen wird, diese unverzüglich der Bundesanstalt mitzuteilen. ²Sie dürfen andere Personen als staatliche Stellen und solche, die auf Grund ihres Berufs einer gesetzlichen Verschwiegenheitspflicht unterliegen, von der Anzeige oder von einer daraufhin eingeleiteten Untersuchung nicht in Kenntnis setzen.

(2) ¹Die Bundesanstalt hat Anzeigen nach Absatz 1 unverzüglich an die zuständigen Aufsichtsbehörden derjenigen organisierten Märkte innerhalb der Europäischen Union oder des Europäischen Wirtschaftsraums weiterzuleiten, an denen die Finanzinstrumente nach Absatz 1 gehandelt werden. ²Der Inhalt einer Anzeige nach Absatz 1 darf von der Bundesanstalt nur zur Erfüllung ihrer Aufgaben verwendet werden. ³Im Übrigen darf er nur zum Zweck der Verfolgung von Straftaten nach § 38 sowie für Strafverfahren wegen einer Straftat, die im Höchstmaß mit einer Freiheitsstrafe von mehr als drei Jahren bedroht ist, verwendet werden. ⁴Die Bundesanstalt darf die Identität einer anzeigenden Person nach Absatz 1 anderen als staatlichen Stellen nicht zugänglich machen. ⁵Das Recht der Bundesanstalt nach § 40b bleibt unberührt.

(3) Wer eine Anzeige nach Absatz 1 erstattet, darf wegen dieser Anzeige nicht verantwortlich gemacht werden, es sei denn, die Anzeige ist vorsätzlich oder grob fahrlässig unwahr erstattet worden.

(4) ¹Das Bundesministerium der Finanzen kann durch Rechtsverordnung, die nicht der Zustimmung des Bundesrates bedarf, nähere Bestimmungen erlassen über die Form und den Inhalt einer Anzeige nach Absatz 1. ²Das Bundesministerium der Finanzen kann die Ermächtigung durch Rechtsverordnung auf die Bundesanstalt für Finanzdienstleistungsaufsicht übertragen.

Verpflichtung des Insolvenzverwalters

WpHG 11 (1) Wird über das Vermögen eines nach diesem Gesetz zu einer Handlung Verpflichteten ein Insolvenzverfahren eröffnet, hat der Insolvenzverwalter den Schuldner bei der Erfüllung der Pflichten nach diesem Gesetz zu unterstützen, insbesondere indem er aus der Insolvenzmasse die hierfür erforderlichen Mittel bereitstellt.

(2) Wird vor Eröffnung des Insolvenzverfahrens ein vorläufiger Insolvenzverwalter bestellt, hat dieser den Schuldner bei der Erfüllung seiner Pflichten zu unterstützen, insbesondere indem er der Verwendung der Mittel durch den Verpflichteten zustimmt oder, wenn dem Verpflichteten ein allgemeines Verfügungsverbot auferlegt wurde, indem er die Mittel aus dem von ihm verwalteten Vermögen zur Verfügung stellt.

Abschnitt 3. Insiderüberwachung

Insiderpapiere

WpHG 12 ¹Insiderpapiere sind Finanzinstrumente,
1. die an einer inländischen Börse zum Handel zugelassen oder in den regulierten Markt oder in den Freiverkehr einbezogen sind,
2. die in einem anderen Mitgliedstaat der Europäischen Union oder einem anderen Vertragsstaat des Abkommens über den Europäischen Wirtschaftsraum zum Handel an einem organisierten Markt zugelassen sind oder
3. deren Preis unmittelbar oder mittelbar von Finanzinstrumenten nach Nummer 1 oder Nummer 2 abhängt.

²Der Zulassung zum Handel an einem organisierten Markt oder der Einbeziehung in den regulierten Markt oder in den Freiverkehr steht gleich, wenn der Antrag auf Zulassung oder Einbeziehung gestellt oder öffentlich angekündigt ist.

Insiderinformation

WpHG 13 (1) ¹Eine Insiderinformation ist eine konkrete Information über nicht öffentlich bekannte Umstände, die sich auf einen oder mehrere Emittenten von Insiderpapieren oder auf die Insiderpapiere selbst beziehen und die geeignet sind, im

Falle ihres öffentlichen Bekanntwerdens den Börsen- oder Marktpreis der Insiderpapiere erheblich zu beeinflussen. ²Eine solche Eignung ist gegeben, wenn ein verständiger Anleger die Information bei seiner Anlageentscheidung berücksichtigen würde. ³Als Umstände im Sinne des Satzes 1 gelten auch solche, bei denen mit hinreichender Wahrscheinlichkeit davon ausgegangen werden kann, dass sie in Zukunft eintreten werden. ⁴Eine Insiderinformation ist insbesondere auch eine Information über nicht öffentlich bekannte Umstände im Sinne des Satzes 1, die sich
1. auf Aufträge von anderen Personen über den Kauf oder Verkauf von Finanzinstrumenten bezieht oder
2. auf Derivate nach § 2 Abs. 2 Nr. 2 mit Bezug auf Waren bezieht und bei der Marktteilnehmer erwarten würden, dass sie diese Information in Übereinstimmung mit der zulässigen Praxis an den betreffenden Märkten erhalten würden.

(2) Eine Bewertung, die ausschließlich auf Grund öffentlich bekannter Umstände erstellt wird, ist keine Insiderinformation, selbst wenn sie den Kurs von Insiderpapieren erheblich beeinflussen kann.

Verbot von Insidergeschäften

WpHG 14

(1) Es ist verboten,
1. unter Verwendung einer Insiderinformation Insiderpapiere für eigene oder fremde Rechnung oder für einen anderen zu erwerben oder zu veräußern,
2. einem anderen eine Insiderinformation unbefugt mitzuteilen oder zugänglich zu machen,
3. einem anderen auf der Grundlage einer Insiderinformation den Erwerb oder die Veräußerung von Insiderpapieren zu empfehlen oder einen anderen auf sonstige Weise dazu zu verleiten.

(2) ¹Der Handel mit eigenen Aktien im Rahmen von Rückkaufprogrammen und Maßnahmen zur Stabilisierung des Preises von Finanzinstrumenten stellen in keinem Fall einen Verstoß gegen das Verbot des Absatzes 1 dar, soweit diese nach Maßgabe der Vorschriften der Verordnung (EG) Nr. 2273/2003 der Kommission vom 22. Dezember 2003 zur Durchführung der Richtlinie 2003/6/EG des Europäischen Parlaments und des Rates – Ausnahmeregelungen für Rückkaufprogramme und Kursstabilisierungsmaßnahmen (ABl. EU Nr. L 336 S. 33) erfolgen.
²Für Finanzinstrumente, die in den Freiverkehr oder in den regulierten Markt einbezogen sind, gelten die Vorschriften der Verordnung (EG) Nr. 2273/2003 entsprechend.

Mitteilung, Veröffentlichung und Übermittlung von Insiderinformationen an das Unternehmensregister

WpHG 15

(1) ¹Ein Inlandsemittent von Finanzinstrumenten muss Insiderinformationen, die ihn unmittelbar betreffen, unverzüglich veröffentlichen; er hat sie außerdem unverzüglich, jedoch nicht vor ihrer Veröffentlichung dem Unternehmensregister im Sinne des § 8b des Handelsgesetzbuchs zur Speicherung zu übermitteln. ²Als Inlandsemittent gilt im Sinne dieser Vorschrift auch ein solcher, für dessen Finanzinstrumente erst ein Antrag auf Zulassung gestellt ist. ³Eine Insiderinformation betrifft den Emittenten insbesondere dann unmittelbar, wenn sie sich auf Umstände bezieht, die in seinem Tätigkeitsbereich eingetreten sind. ⁴Wer als Emittent oder als eine Person, die in dessen Auftrag oder auf dessen Rechnung handelt, befugt im Rahmen seiner Befugnis einem anderen Insiderinformationen mitteilt oder zugänglich macht, hat diese gleichzeitig nach Satz 1 zu veröffentlichen und dem Unternehmensregister im Sinne des § 8b des Handelsgesetzbuchs zur Speicherung zu übermitteln, es sei denn, der andere ist rechtlich zur Vertraulichkeit verpflichtet. ⁵Erfolgt die Mitteilung oder Zugänglichmachung der Insiderinformation nach Satz 4 unwissentlich, so ist die Veröffentlichung und die Übermittlung unverzüglich nachzuholen. ⁶In einer Veröffentlichung genutzte Kennzahlen müssen im Geschäftsverkehr üblich sein und einen Vergleich mit den zuletzt genutzten Kennzahlen ermöglichen.

(16) WpHG 15a

(2) ¹Sonstige Angaben, die die Voraussetzungen des Absatzes 1 offensichtlich nicht erfüllen, dürfen, auch in Verbindung mit veröffentlichungspflichtigen Informationen im Sinne des Absatzes 1, nicht veröffentlicht werden. ²Unwahre Informationen, die nach Absatz 1 veröffentlicht wurden, sind unverzüglich in einer Veröffentlichung nach Absatz 1 zu berichtigen, auch wenn die Voraussetzungen des Absatzes 1 nicht vorliegen.

(3) ¹Der Emittent ist von der Pflicht zur Veröffentlichung nach Absatz 1 Satz 1 solange befreit, wie es der Schutz seiner berechtigten Interessen erfordert, keine Irreführung der Öffentlichkeit zu befürchten ist und der Emittent die Vertraulichkeit der Insiderinformation gewährleisten kann. ²Die Veröffentlichung ist unverzüglich nachzuholen. ³Absatz 4 gilt entsprechend. ⁴Der Emittent hat die Gründe für die Befreiung zusammen mit der Mitteilung nach Absatz 4 Satz 1 der Bundesanstalt unter Angabe des Zeitpunktes der Entscheidung über den Aufschub der Veröffentlichung mitzuteilen.

(4) ¹Der Emittent hat die nach Absatz 1 oder Absatz 2 Satz 2 zu veröffentlichende Information vor der Veröffentlichung
1. der Geschäftsführung der inländischen organisierten Märkte, an denen die Finanzinstrumente zum Handel zugelassen sind,
2. der Geschäftsführung der inländischen organisierten Märkte, an denen Derivate gehandelt werden, die sich auf die Finanzinstrumente beziehen, und
3. der Bundesanstalt

mitzuteilen. ²Absatz 1 Satz 6 sowie die Absätze 2 und 3 gelten entsprechend. ³Die Geschäftsführung darf die ihr nach Satz 1 mitgeteilte Information vor der Veröffentlichung nur zum Zweck der Entscheidung verwenden, ob die Ermittlung des Börsenpreises auszusetzen oder einzustellen ist. ⁴Die Bundesanstalt kann gestatten, dass Emittenten mit Sitz im Ausland die Mitteilung nach Satz 1 gleichzeitig mit der Veröffentlichung vornehmen, wenn dadurch die Entscheidung der Geschäftsführung über die Aussetzung oder Einstellung der Ermittlung des Börsenpreises nicht beeinträchtigt wird.

(5) ¹Eine Veröffentlichung von Insiderinformationen in anderer Weise als nach Absatz 1 in Verbindung mit einer Rechtsverordnung nach Absatz 7 Satz 1 Nr. 1 darf nicht vor der Veröffentlichung nach Absatz 1 Satz 1, 4 oder 5 oder Absatz 2 Satz 2 vorgenommen werden. ²Der Inlandsemittent hat gleichzeitig mit den Veröffentlichungen nach Absatz 1 Satz 1, Satz 4 oder Satz 5 oder Absatz 2 Satz 2 diese der Geschäftsführung der nach Absatz 4 Satz 1 Nr. 1 und 2 erfassten organisierten Märkte und der Bundesanstalt mitzuteilen; diese Verpflichtung entfällt, soweit die Bundesanstalt nach Absatz 4 Satz 4 gestattet hat, bereits die Mitteilung nach Absatz 4 Satz 1 gleichzeitig mit der Veröffentlichung vorzunehmen.

(6) ¹Verstößt der Emittent gegen die Verpflichtungen nach den Absätzen 1 bis 4, so ist er einem anderen nur unter den Voraussetzungen der §§ 37b und 37c zum Ersatz des daraus entstehenden Schadens verpflichtet. ²Schadenersatzansprüche, die auf anderen Rechtsgrundlagen beruhen, bleiben unberührt.

(7) ¹Das Bundesministerium der Finanzen kann durch Rechtsverordnung, die nicht der Zustimmung des Bundesrates bedarf, nähere Bestimmungen erlassen über
1. den Mindestinhalt, die Art, die Sprache, den Umfang und die Form der Veröffentlichung nach Absatz 1 Satz 1, 4 und 5 sowie Absatz 2 Satz 2,
2. den Mindestinhalt, die Art, die Sprache, den Umfang und die Form einer Mitteilung nach Absatz 3 Satz 4, Absatz 4 und Absatz 5 und
3. berechtigte Interessen des Emittenten und die Gewährleistung der Vertraulichkeit nach Absatz 3.

²Das Bundesministerium der Finanzen kann die Ermächtigung durch Rechtsverordnung auf die Bundesanstalt für Finanzdienstleistungsaufsicht übertragen.

Mitteilung von Geschäften, Veröffentlichung und Übermittlung an das Unternehmensregister

WpHG 15a (1) ¹Personen, die bei einem Emittenten von Aktien Führungsaufgaben wahrnehmen, haben eigene Geschäfte mit Aktien des Emittenten oder sich darauf beziehenden Finanzinstrumenten, insbesondere Derivaten, dem Emit-

tenten und der Bundesanstalt innerhalb von fünf Werktagen mitzuteilen. ²Die Verpflichtung nach Satz 1 obliegt auch Personen, die mit einer solchen Person in einer engen Beziehung stehen. ³Die Verpflichtung nach Satz 1 gilt nur bei Emittenten solcher Aktien, die
1. an einer inländischen Börse zum Handel zugelassen sind oder
2. zum Handel an einem ausländischen organisierten Markt zugelassen sind, sofern der Emittent seinen Sitz im Inland hat oder es sich um Aktien eines Emittenten mit Sitz außerhalb der Europäischen Union und des Europäischen Wirtschaftsraums handelt, für welche die Bundesrepublik Deutschland Herkunftsstaat im Sinne des Wertpapierprospektgesetzes ist.

⁴Der Zulassung zum Handel an einem organisierten Markt steht es gleich, wenn der Antrag auf Zulassung gestellt oder öffentlich angekündigt ist. ⁵Die Pflicht nach Satz 1 besteht nicht, solange die Gesamtsumme der Geschäfte einer Person mit Führungsaufgaben und der mit dieser Person in einer engen Beziehung stehenden Personen insgesamt einen Betrag von 5 000 Euro bis zum Ende des Kalenderjahres nicht erreicht.

(2) Personen mit Führungsaufgaben im Sinne des Absatzes 1 Satz 1 sind persönlich haftende Gesellschafter oder Mitglieder eines Leitungs-, Verwaltungs- oder Aufsichtsorgans des Emittenten sowie sonstige Personen, die regelmäßig Zugang zu Insiderinformationen haben und zu wesentlichen unternehmerischen Entscheidungen ermächtigt sind.

(3) ¹Personen im Sinne des Absatzes 1 Satz 2, die mit den in Absatz 2 genannten Personen in einer engen Beziehung stehen, sind deren Ehepartner, eingetragene Lebenspartner, unterhaltsberechtigte Kinder und andere Verwandte, die mit den in Absatz 2 genannten Personen zum Zeitpunkt des Abschlusses des meldepflichtigen Geschäfts seit mindestens einem Jahr im selben Haushalt leben. ²Juristische Personen, bei denen Personen im Sinne des Absatzes 2 oder des Satzes 1 Führungsaufgaben wahrnehmen, gelten ebenfalls als Personen im Sinne des Absatzes 1 Satz 2. ³Unter Satz 2 fallen auch juristische Personen, Gesellschaften und Einrichtungen, die direkt oder indirekt von einer Person im Sinne des Absatzes 2 oder des Satzes 1 kontrolliert werden, die zugunsten einer solchen Person gegründet wurden oder deren wirtschaftliche Interessen weitgehend denen einer solchen Person entsprechen.

(4) Ein Inlandsemittent hat Informationen nach Absatz 1 unverzüglich zu veröffentlichen und gleichzeitig der Bundesanstalt die Veröffentlichung mitzuteilen; er übermittelt sie außerdem unverzüglich, jedoch nicht vor ihrer Veröffentlichung dem Unternehmensregister im Sinne des § 8 b des Handelsgesetzbuchs zur Speicherung. § 15 Abs. 1 Satz 2 gilt entsprechend mit der Maßgabe, dass die öffentliche Ankündigung eines Antrags auf Zulassung einem gestellten Antrag auf Zulassung gleichsteht.

(5) ¹Das Bundesministerium der Finanzen kann durch Rechtsverordnung, die nicht der Zustimmung des Bundesrates bedarf, Vorschriften erlassen über den Mindestinhalt, die Art, die Sprache, den Umfang und die Form der Mitteilung nach Absatz 1 und Absatz 4 Satz 1 sowie der Veröffentlichung nach Absatz 4. ²Das Bundesministerium der Finanzen kann die Ermächtigung durch Rechtsverordnung auf die Bundesanstalt für Finanzdienstleistungsaufsicht übertragen.

Führung von Insiderverzeichnissen

WpHG 15b (1) ¹Emittenten nach § 15 Abs. 1 Satz 1 oder Satz 2 und in ihrem Auftrag oder für ihre Rechnung handelnde Personen haben Verzeichnisse über solche Personen zu führen, die für sie tätig sind und bestimmungsgemäß Zugang zu Insiderinformationen haben. ²Nach Satz 1 Verpflichtete müssen diese Verzeichnisse unverzüglich aktualisieren und der Bundesanstalt auf Verlangen übermitteln. ³Die in den Verzeichnissen geführten Personen sind durch die Emittenten über die rechtlichen Pflichten, die sich aus dem Zugang zu Insiderinformationen ergeben, sowie über die Rechtsfolgen von Verstößen aufzuklären. ⁴Als im Auftrag oder für Rechnung des Emittenten handelnde Personen gelten nicht die in § 323 Abs. 1 Satz 1 des Handelsgesetzbuchs genannten Personen.

(2) ¹Das Bundesministerium der Finanzen kann durch Rechtsverordnung, die nicht der Zustimmung des Bundesrates bedarf, nähere Bestimmungen erlassen über
1. Umfang und Form der Verzeichnisse,
2. die in den Verzeichnissen enthaltenen Daten,
3. die Aktualisierung und die Datenpflege bezüglich der Verzeichnisse,
4. den Zeitraum, über den die Verzeichnisse aufbewahrt werden müssen und
5. Fristen für die Vernichtung der Verzeichnisse.

²Das Bundesministerium der Finanzen kann die Ermächtigung durch Rechtsverordnung auf die Bundesanstalt für Finanzdienstleistungsaufsicht übertragen.

Aufzeichnungspflichten

WpHG 16 ¹Wertpapierdienstleistungsunternehmen sowie Unternehmen mit Sitz im Inland, die an einer inländischen Börse zur Teilnahme am Handel zugelassen sind, haben vor Durchführung von Aufträgen, die Insiderpapiere im Sinne des § 12 zum Gegenstand haben, bei natürlichen Personen den Namen, das Geburtsdatum und die Anschrift, bei Unternehmen die Firma und die Anschrift der Auftraggeber und der berechtigten oder verpflichteten Personen oder Unternehmen festzustellen und diese Angaben aufzuzeichnen. ²Die Aufzeichnungen nach Satz 1 sind mindestens sechs Jahre aufzubewahren. ³Für die Aufbewahrung gilt § 257 Abs. 3 und 5 des Handelsgesetzbuchs entsprechend.

Überwachung der Geschäfte der bei der Bundesanstalt Beschäftigten

WpHG 16a (1) Die Bundesanstalt muss über angemessene interne Kontrollverfahren verfügen, die geeignet sind, Verstößen der bei der Bundesanstalt Beschäftigten gegen die Verbote nach § 14 entgegenzuwirken.

(2) ¹Der Dienstvorgesetzte oder die von ihm beauftragte Person kann von den bei der Bundesanstalt Beschäftigten die Erteilung von Auskünften und die Vorlage von Unterlagen über Geschäfte in Insiderpapieren verlangen, die sie für eigene oder fremde Rechnung oder für einen anderen abgeschlossen haben. ²§ 4 Abs. 9 ist anzuwenden. ³Beschäftigte, die bei ihren Dienstgeschäften bestimmungsgemäß Kenntnis von Insiderinformationen haben oder haben können, sind verpflichtet, Geschäfte in Insiderpapieren, die sie für eigene oder fremde Rechnung oder für einen anderen abgeschlossen haben, unverzüglich dem Dienstvorgesetzten oder der von ihm beauftragten Person schriftlich anzuzeigen. ⁴Der Dienstvorgesetzte oder die von ihm beauftragte Person bestimmt die in Satz 3 genannten Beschäftigten.

Aufbewahrung von Verbindungsdaten

WpHG 16b (1) ¹Die Bundesanstalt kann von einem Wertpapierdienstleistungsunternehmen sowie von einem Unternehmen mit Sitz im Inland, die an einer inländischen Börse zur Teilnahme am Handel zugelassen sind, und von einem Emittenten von Insiderpapieren sowie mit diesen verbundenen Unternehmen, die ihren Sitz im Inland haben oder deren Wertpapiere an einer inländischen Börse zum Handel zugelassen oder in den regulierten Markt oder Freiverkehr einbezogen sind, für einen bestimmten Personenkreis schriftlich die Aufbewahrung von bereits existierenden Verbindungsdaten über den Fernmeldeverkehr verlangen, sofern bezüglich dieser Personen des konkreten Unternehmens Anhaltspunkte für einen Verstoß gegen § 14 oder § 20a bestehen. ²Das Grundrecht des Artikels 10 des Grundgesetzes wird insoweit eingeschränkt. ³Die Betroffenen sind entsprechend § 101 Abs. 4 und 5 der Strafprozessordnung zu benachrichtigen. ⁴Die Bundesanstalt kann auf der Grundlage von Satz 1 nicht die Aufbewahrung von erst zukünftig zu erhebenden Verbindungsdaten verlangen.

(2) ¹Die Frist zur Aufbewahrung der bereits existierenden Daten beträgt vom Tage des Zugangs der Aufforderung an höchstens sechs Monate. ²Ist die Aufbewahrung der Verbindungsdaten über den Fernmeldeverkehr zur Prüfung des

Verdachts eines Verstoßes gegen ein Verbot nach § 14 oder § 20 a nicht mehr erforderlich, hat die Bundesanstalt den Aufbewahrungspflichtigen hiervon unverzüglich in Kenntnis zu setzen und die dazu vorhandenen Unterlagen unverzüglich zu vernichten. [3] Die Pflicht zur unverzüglichen Vernichtung der vorhandenen Daten gilt auch für den Aufbewahrungspflichtigen.

WpHG 17–20 (aufgehoben)

Abschnitt 4. Überwachung des Verbots der Marktmanipulation

Verbot der Marktmanipulation

WpHG 20a (1) [1] Es ist verboten,

1. unrichtige oder irreführende Angaben über Umstände zu machen, die für die Bewertung eines Finanzinstruments erheblich sind, oder solche Umstände entgegen bestehenden Rechtsvorschriften zu verschweigen, wenn die Angaben oder das Verschweigen geeignet sind, auf den inländischen Börsen- oder Marktpreis eines Finanzinstruments oder auf den Preis eines Finanzinstruments an einem organisierten Markt in einem anderen Mitgliedstaat der Europäischen Union oder in einem anderen Vertragsstaat des Abkommens über den Europäischen Wirtschaftsraum einzuwirken,
2. Geschäfte vorzunehmen oder Kauf- oder Verkaufaufträge zu erteilen, die geeignet sind, falsche oder irreführende Signale für das Angebot, die Nachfrage oder den Börsen- oder Marktpreis von Finanzinstrumenten zu geben oder ein künstliches Preisniveau herbeizuführen oder
3. sonstige Täuschungshandlungen vorzunehmen, die geeignet sind, auf den inländischen Börsen- oder Marktpreis eines Finanzinstruments oder auf den Preis eines Finanzinstruments an einem organisierten Markt in einem anderen Mitgliedstaat der Europäischen Union oder in einem anderen Vertragsstaat des Abkommens über den Europäischen Wirtschaftsraum einzuwirken.

[2] Satz 1 gilt für Finanzinstrumente, die
1. an einer inländischen Börse zum Handel zugelassen oder in den regulierten Markt oder in den Freiverkehr einbezogen sind oder
2. in einem anderen Mitgliedstaat der Europäischen Union oder einem anderen Vertragsstaat des Abkommens über den Europäischen Wirtschaftsraum zum Handel an einem organisierten Markt zugelassen sind.

[3] Der Zulassung zum Handel an einem organisierten Markt oder der Einbeziehung in den regulierten Markt oder in den Freiverkehr steht es gleich, wenn der Antrag auf Zulassung oder Einbeziehung gestellt oder öffentlich angekündigt ist.

(2) [1] Das Verbot des Absatzes 1 Satz 1 Nr. 2 gilt nicht, wenn die Handlung mit der zulässigen Marktpraxis auf dem betreffenden organisierten Markt oder in dem betreffenden Freiverkehr vereinbar ist und der Handelnde hierfür legitime Gründe hat. [2] Als zulässige Marktpraxis gelten nur solche Gepflogenheiten, die auf dem jeweiligen Markt nach vernünftigem Ermessen erwartet werden können und von der Bundesanstalt als zulässige Marktpraxis im Sinne dieser Vorschrift anerkannt werden. [3] Eine Marktpraxis ist nicht bereits deshalb unzulässig, weil sie zuvor nicht ausdrücklich anerkannt wurde.

(3) [1] Der Handel mit eigenen Aktien im Rahmen von Rückkaufprogrammen sowie Maßnahmen zur Stabilisierung des Preises von Finanzinstrumenten stellen in keinem Fall einen Verstoß gegen das Verbot des Absatzes 1 Satz 1 dar, soweit diese nach Maßgabe der Verordnung (EG) Nr. 2273/2003 der Kommission vom 22. Dezember 2003 zur Durchführung der Richtlinie 2003/6/EG des Europäischen Parlaments und des Rates – Ausnahmeregelungen für Rückkaufprogramme und Kursstabilisierungsmaßnahmen (ABl. EU Nr. L 336 S. 33) erfolgen. [2] Für Finanzinstrumente, die in den Freiverkehr oder in den regulierten Markt einbezogen sind, gelten die Vorschriften der Verordnung (EG) Nr. 2273/2003 entsprechend.

(4) Die Absätze 1 bis 3 gelten entsprechend für Waren und ausländische Zahlungsmittel im Sinne des § 51 Abs. 2 des Börsengesetzes, die an einem organisierten Markt gehandelt werden.

(5) ¹Das Bundesministerium der Finanzen kann durch Rechtsverordnung, die der Zustimmung des Bundesrates bedarf, nähere Bestimmungen erlassen über
1. Umstände, die für die Bewertung von Finanzinstrumenten erheblich sind,
2. falsche oder irreführende Signale für das Angebot, die Nachfrage oder den Börsen- oder Marktpreis von Finanzinstrumenten oder das Vorliegen eines künstlichen Preisniveaus,
3. das Vorliegen einer sonstigen Täuschungshandlung,
4. Handlungen und Unterlassungen, die in keinem Fall einen Verstoß gegen das Verbot des Absatzes 1 Satz 1 darstellen, und
5. Handlungen, die als zulässige Marktpraxis gelten, und das Verfahren zur Anerkennung einer zulässigen Marktpraxis.

²Das Bundesministerium der Finanzen kann die Ermächtigung durch Rechtsverordnung auf die Bundesanstalt für Finanzdienstleistungsaufsicht übertragen. ³Diese erlässt die Vorschriften im Einvernehmen mit den Börsenaufsichtsbehörden der Länder.

(6) Bei Journalisten, die in Ausübung ihres Berufes handeln, ist das Vorliegen der Voraussetzungen nach Absatz 1 Satz 1 Nr. 1 unter Berücksichtigung ihrer berufsständischen Regeln zu beurteilen, es sei denn, dass diese Personen aus den unrichtigen oder irreführenden Angaben direkt oder indirekt einen Nutzen ziehen oder Gewinne schöpfen.

WpHG 20b (aufgehoben)

Abschnitt 5. Mitteilung, Veröffentlichung und Übermittlung von Veränderungen des Stimmrechtsanteils an das Unternehmensregister

Mitteilungspflichten des Meldepflichtigen

WpHG 21 (1) ¹Wer durch Erwerb, Veräußerung oder auf sonstige Weise 3 Prozent, 5 Prozent, 10 Prozent, 15 Prozent, 20 Prozent, 25 Prozent, 30 Prozent, 50 Prozent oder 75 Prozent der Stimmrechte an einem Emittenten, für den die Bundesrepublik Deutschland der Herkunftsstaat ist, erreicht, überschreitet oder unterschreitet (Meldepflichtiger), hat dies unverzüglich dem Emittenten und gleichzeitig der Bundesanstalt, spätestens innerhalb von vier Handelstagen unter Beachtung von § 22 Abs. 1 und 2 mitzuteilen. ²Bei Zertifikaten, die Aktien vertreten, trifft die Mitteilungspflicht ausschließlich den Inhaber der Zertifikate. ³Die Frist des Satzes 1 beginnt mit dem Zeitpunkt, zu dem der Meldepflichtige Kenntnis davon hat oder nach den Umständen haben mußte, daß sein Stimmrechtsanteil die genannten Schwellen erreicht, überschreitet oder unterschreitet. ⁴Es wird vermutet, dass der Meldepflichtige zwei Handelstage nach dem Erreichen, Überschreiten oder Unterschreiten der genannten Schwellen Kenntnis hat.

(1a) Wem im Zeitpunkt der erstmaligen Zulassung der Aktien zum Handel an einem organisierten Markt 3 Prozent oder mehr der Stimmrechte an einem Emittenten zustehen, für den die Bundesrepublik Deutschland der Herkunftsstaat ist, hat diesem Emittenten sowie der Bundesanstalt eine Mitteilung entsprechend Absatz 1 Satz 1 zu machen. Absatz 1 Satz 2 gilt entsprechend.

(2) Inlandsemittenten und Emittenten, für die die Bundesrepublik Deutschland der Herkunftsstaat ist, sind im Sinne dieses Abschnitts nur solche, deren Aktien zum Handel an einem organisierten Markt zugelassen sind.

(3) Das Bundesministerium der Finanzen kann durch Rechtsverordnung, die nicht der Zustimmung des Bundesrates bedarf, nähere Bestimmungen erlassen

über den Inhalt, die Art, die Sprache, den Umfang und die Form der Mitteilung nach Absatz 1 Satz 1 und Absatz 1 a.

Zurechnung von Stimmrechten

WpHG 22 (1) ¹Für die Mitteilungspflichten nach § 21 Abs. 1 und 1 a stehen den Stimmrechten des Meldepflichtigen Stimmrechte aus Aktien des Emittenten, für den die Bundesrepublik Deutschland der Herkunftsstaat ist, gleich,
1. die einem Tochterunternehmen des Meldepflichtigen gehören,
2. die einem Dritten gehören und von ihm für Rechnung des Meldepflichtigen gehalten werden,
3. die der Meldepflichtige einem Dritten als Sicherheit übertragen hat, es sei denn, der Dritte ist zur Ausübung der Stimmrechte aus diesen Aktien befugt und bekundet die Absicht, die Stimmrechte unabhängig von den Weisungen des Meldepflichtigen auszuüben,
4. an denen zugunsten des Meldepflichtigen ein Nießbrauch bestellt ist,
5. die der Meldepflichtige durch eine Willenserklärung erwerben kann,
6. die dem Meldepflichtigen anvertraut sind oder aus denen er die Stimmrechte als Bevollmächtigter ausüben kann, sofern er die Stimmrechte aus diesen Aktien nach eigenem Ermessen ausüben kann, wenn keine besonderen Weisungen des Aktionärs vorliegen.

²Für die Zurechnung nach Satz 1 Nr. 2 bis 6 stehen dem Meldepflichtigen Tochterunternehmen des Meldepflichtigen gleich. ³Stimmrechte des Tochterunternehmens werden dem Meldepflichtigen in voller Höhe zugerechnet.

(2) ¹Dem Meldepflichtigen werden auch Stimmrechte eines Dritten aus Aktien des Emittenten, für den die Bundesrepublik Deutschland der Herkunftsstaat ist, in voller Höhe zugerechnet, mit dem der Meldepflichtige oder sein Tochterunternehmen sein Verhalten in Bezug auf diesen Emittenten auf Grund einer Vereinbarung oder in sonstiger Weise abstimmt; ausgenommen sind Vereinbarungen in Einzelfällen. ²Ein abgestimmtes Verhalten setzt voraus, dass der Meldepflichtige oder sein Tochterunternehmen und der Dritte sich über die Ausübung von Stimmrechten verständigen oder mit dem Ziel einer dauerhaften und erheblichen Änderung der unternehmerischen Ausrichtung des Emittenten in sonstiger Weise zusammenwirken. ³Für die Berechnung des Stimmrechtsanteils des Dritten gilt Absatz 1 entsprechend.

(3) Tochterunternehmen sind Unternehmen, die als Tochterunternehmen im Sinne des § 290 des Handelsgesetzbuchs gelten oder auf die ein beherrschender Einfluss ausgeübt werden kann, ohne dass es auf die Rechtsform oder den Sitz ankommt.

(3 a) ¹Für die Zurechnung nach dieser Vorschrift gilt ein Wertpapierdienstleistungsunternehmen hinsichtlich der Beteiligungen, die von ihm im Rahmen einer Wertpapierdienstleistung nach § 2 Abs. 3 Satz 1 Nr. 7 verwaltet werden, unter den folgenden Voraussetzungen nicht als Tochterunternehmen im Sinne des Absatzes 3:
1. das Wertpapierdienstleistungsunternehmen darf die Stimmrechte, die mit den betreffenden Aktien verbunden sind, nur aufgrund von in schriftlicher Form oder über elektronische Hilfsmittel erteilten Weisungen ausüben oder stellt durch geeignete Vorkehrungen sicher, dass die Finanzportfolioverwaltung unabhängig von anderen Dienstleistungen und unter Bedingungen, die denen der Richtlinie 85/611/EWG des Rates vom 20. Dezember 1985 zur Koordinierung der Rechts- und Verwaltungsvorschriften betreffend bestimmte Organismen für gemeinsame Anlagen in Wertpapieren (OGAW) (ABl. EG Nr. L 375 S. 3), die zuletzt durch Artikel 9 der Richtlinie 2005/1/EG des Europäischen Parlaments und des Rates vom 9. März 2005 (ABl. EU Nr. L 79 S. 9) geändert worden ist, gleichwertig ist, erfolgt,
2. das Wertpapierdienstleistungsunternehmen übt die Stimmrechte unabhängig vom Meldepflichtigen aus,
3. der Meldepflichtige teilt der Bundesanstalt den Namen dieses Wertpapierdienstleistungsunternehmens und die für dessen Überwachung zuständige Behörde oder das Fehlen einer solchen mit und

4. der Meldepflichtige erklärt gegenüber der Bundesanstalt, dass die Voraussetzungen der Nummer 2 erfüllt sind.

²Ein Wertpapierdienstleistungsunternehmen gilt jedoch dann für die Zurechnung nach dieser Vorschrift als Tochterunternehmen im Sinne des Absatzes 3, wenn der Meldepflichtige oder ein anderes Tochterunternehmen des Meldepflichtigen seinerseits Anteile an der von dem Wertpapierdienstleistungsunternehmen verwalteten Beteiligung hält und das Wertpapierdienstleistungsunternehmen die Stimmrechte, die mit diesen Beteiligungen verbunden sind, nicht nach freiem Ermessen, sondern nur aufgrund unmittelbarer oder mittelbarer Weisungen ausüben kann, die ihm vom Meldepflichtigen oder von einem anderen Tochterunternehmen des Meldepflichtigen erteilt werden.

(4) Wird eine Vollmacht im Falle des Absatzes 1 Satz 1 Nr. 6 nur zur Ausübung der Stimmrechte für eine Hauptversammlung erteilt, ist es für die Erfüllung der Mitteilungspflicht nach § 21 Abs. 1 und 1a in Verbindung mit Absatz 1 Satz 1 Nr. 6 ausreichend, wenn die Mitteilung lediglich bei Erteilung der Vollmacht abgegeben wird. Die Mitteilung muss die Angabe enthalten, wann die Hauptversammlung stattfindet und wie hoch nach Erlöschen der Vollmacht oder des Ausübungsermessens der Stimmrechtsanteil sein wird, der dem Bevollmächtigten zugerechnet wird.

(5) Das Bundesministerium der Finanzen kann durch Rechtsverordnung, die nicht der Zustimmung des Bundesrates bedarf, nähere Bestimmungen erlassen über die Umstände, unter welchen im Falle des Absatzes 3a eine Unabhängigkeit des Wertpapierdienstleistungsunternehmens vom Meldepflichtigen gegeben ist, und über elektronische Hilfsmittel, mit denen Weisungen im Sinne des Absatzes 3a erteilt werden können.

Nichtberücksichtigung von Stimmrechten

WpHG 23 (1) Stimmrechte aus Aktien eines Emittenten, für den die Bundesrepublik Deutschland der Herkunftsstaat ist, bleiben bei der Berechnung des Stimmrechtsanteils unberücksichtigt, wenn ihr Inhaber

1. ein Unternehmen mit Sitz in einem Mitgliedstaat der Europäischen Union oder in einem anderen Vertragsstaat des Abkommens über den Europäischen Wirtschaftsraum ist, das Wertpapierdienstleistungen erbringt,
2. die betreffenden Aktien im Handelsbestand hält oder zu halten beabsichtigt und dieser Anteil nicht mehr als 5 Prozent der Stimmrechte beträgt und
3. sichergestellt, dass die Stimmrechte aus den betreffenden Aktien nicht ausgeübt und nicht anderweitig genutzt werden, um auf die Geschäftsführung des Emittenten Einfluss zu nehmen.

(2) Stimmrechte aus Aktien eines Emittenten, für den die Bundesrepublik Deutschland der Herkunftsstaat ist, bleiben bei der Berechnung des Stimmrechtsanteils unberücksichtigt, sofern

1. die betreffenden Aktien ausschließlich für den Zweck der Abrechnung und Abwicklung von Geschäften für höchstens drei Handelstage gehalten werden, selbst wenn die Aktien auch außerhalb eines organisierten Marktes gehandelt werden, oder
2. eine mit der Verwahrung von Aktien betraute Stelle die Stimmrechte aus den verwahrten Aktien nur aufgrund von Weisungen, die schriftlich oder über elektronische Hilfsmittel erteilt wurden, ausüben darf.

(3) Stimmrechte aus Aktien, die die Mitglieder des Europäischen Systems der Zentralbanken bei der Wahrnehmung ihrer Aufgaben als Währungsbehörden zur Verfügung gestellt bekommen oder die sie bereitstellen, bleiben bei der Berechnung des Stimmrechtsanteils am Emittenten, für den die Bundesrepublik Deutschland der Herkunftsstaat ist, unberücksichtigt, soweit es sich bei den Transaktionen um kurzfristige Geschäfte handelt und die Stimmrechte aus den betreffenden Aktien nicht ausgeübt werden. Satz 1 gilt insbesondere für Stimmrechte aus Aktien, die einem oder von einem Mitglied im Sinne des Satzes 1 zur Sicherheit übertragen werden, und für Stimmrechte aus Aktien, die dem Mitglied als Pfand oder im Rahmen eines Pensionsgeschäfts oder einer ähnlichen Vereinbarung gegen Liquidität für geldpolitische Zwecke oder innerhalb eines Zahlungssystems zur Verfügung gestellt oder von diesem bereitgestellt werden.

(4) ¹Für die Meldeschwellen von 3 Prozent und 5 Prozent bleiben Stimmrechte aus solchen Aktien eines Emittenten, für den die Bundesrepublik Deutschland der Herkunftsstaat ist, unberücksichtigt, die von einer Person erworben oder veräußert werden, die an einem Markt dauerhaft anbietet, Finanzinstrumente im Wege des Eigenhandels zu selbst gestellten Preisen zu kaufen oder zu verkaufen (Market Maker), wenn
1. diese Person dabei in ihrer Eigenschaft als Market Maker handelt,
2. sie eine Zulassung nach § 32 Abs. 1 Satz 1 in Verbindung mit § 1 Abs. 1a Satz 2 Nr. 4 des Kreditwesengesetzes hat,
3. sie nicht in die Geschäftsführung des Emittenten eingreift und keinen Einfluss auf ihn dahingehend ausübt, die betreffenden Aktien zu kaufen oder den Preis der Aktien zu stützen und
4. sie der Bundesanstalt unverzüglich, spätestens innerhalb von vier Handelstagen mitteilt, dass sie hinsichtlich der betreffenden Aktien als Market Maker tätig ist; für den Beginn der Frist gilt § 21 Abs. 1 Satz 3 und 4 entsprechend.

²Die Person kann die Mitteilung auch schon zu dem Zeitpunkt abgeben, an dem sie beabsichtigt, hinsichtlich der betreffenden Aktien als Market Maker tätig zu werden.

(5) Stimmrechte aus Aktien, die nach den Absätzen 1 bis 4 bei der Berechnung des Stimmrechtsanteils unberücksichtigt bleiben, können mit Ausnahme von Absatz 2 Nr. 2 nicht ausgeübt werden.

(6) Das Bundesministerium der Finanzen kann durch Rechtsverordnung, die nicht der Zustimmung des Bundesrates bedarf,
1. eine geringere Höchstdauer für das Halten der Aktien nach Absatz 2 Nr. 1 festlegen,
2. nähere Bestimmungen erlassen über die Nichtberücksichtigung der Stimmrechte eines Market Maker nach Absatz 4 und
3. nähere Bestimmungen erlassen über elektronische Hilfsmittel, mit denen Weisungen nach Absatz 2 Nr. 2 erteilt werden können.

Mitteilung durch Konzernunternehmen

WpHG 24 Gehört der Meldepflichtige zu einem Konzern, für den nach den §§ 290, 340i des Handelsgesetzbuchs ein Konzernabschluß aufgestellt werden muß, so können die Mitteilungspflichten nach § 21 Abs. 1 und 1a durch das Mutterunternehmen oder, wenn das Mutterunternehmen selbst ein Tochterunternehmen ist, durch dessen Mutterunternehmen erfüllt werden.

Mitteilungspflichten beim Halten von Finanzinstrumenten

WpHG 25 (1) ¹Wer unmittelbar oder mittelbar Finanzinstrumente hält, die ihrem Inhaber das Recht verleihen, einseitig im Rahmen einer rechtlich bindenden Vereinbarung mit Stimmrechten verbundene und bereits ausgegebene Aktien eines Emittenten, für den die Bundesrepublik Deutschland der Herkunftsstaat ist, zu erwerben, hat dies bei Erreichen, Überschreiten oder Unterschreiten der in § 21 Abs. 1 Satz 1 genannten Schwellen mit Ausnahme der Schwelle von 3 Prozent entsprechend § 21 Abs. 1 Satz 1 unverzüglich dem Emittenten und gleichzeitig der Bundesanstalt mitzuteilen. ²Die §§ 23 und 24 gelten entsprechend. ³Eine Zusammenrechnung mit den Beteiligungen nach den §§ 21 und 22 findet statt; Finanzinstrumente im Sinne des § 23 Abs. 1 Satz 1 Nr. 5 werden bei der Berechnung nur einmal berücksichtigt. ⁴Soweit bereits eine Mitteilung nach § 21, auch in Verbindung mit § 22, erfolgt oder erfolgt ist, ist eine zusätzliche Mitteilung auf Grund der Zusammenrechnung im Sinne des Satzes 3 nur erforderlich, wenn hierdurch eine weitere der in § 21 Abs. 1 Satz 1 genannten Schwellen erreicht, überschritten oder unterschritten wird.

(2) Beziehen sich verschiedene der in Absatz 1 genannten Finanzinstrumente auf Aktien des gleichen Emittenten, muss der Mitteilungspflichtige die Stimmrechte aus diesen Aktien zusammenrechnen.

(3) Das Bundesministerium der Finanzen kann durch Rechtsverordnung, die nicht der Zustimmung des Bundesrates bedarf, nähere Bestimmungen erlassen

über den Inhalt, die Art, die Sprache, den Umfang und die Form der Mitteilung nach Absatz 1.

Veröffentlichungspflichten des Emittenten und Übermittlung an das Unternehmensregister

WpHG 26 (1) ¹Ein Inlandsemittent hat Informationen nach § 21 Abs. 1 Satz 1, Abs. 1a und § 25 Abs. 1 Satz 1 oder nach entsprechenden Vorschriften anderer Mitgliedstaaten der Europäischen Union oder anderer Vertragsstaaten des Abkommens über den Europäischen Wirtschaftsraum unverzüglich, spätestens drei Handelstage nach Zugang der Mitteilung zu veröffentlichen; er übermittelt sie außerdem unverzüglich, jedoch nicht vor ihrer Veröffentlichung dem Unternehmensregister im Sinne des § 8b des Handelsgesetzbuchs zur Speicherung. ²Erreicht, überschreitet oder unterschreitet ein Inlandsemittent in Bezug auf eigene Aktien entweder selbst oder über eine in eigenem Namen, aber für Rechnung dieses Emittenten handelnde Person die Schwellen von 5 Prozent oder 10 Prozent durch Erwerb, Veräußerung oder auf sonstige Weise, gilt Satz 1 entsprechend mit der Maßgabe, dass abweichend von Satz 1 eine Erklärung zu veröffentlichen ist, deren Inhalt sich nach § 21 Abs. 1 Satz 1, auch in Verbindung mit einer Rechtsverordnung nach § 21 Abs. 2 bestimmt, und die Veröffentlichung spätestens vier Handelstage nach Erreichen, Überschreiten oder Unterschreiten der genannten Schwellen zu erfolgen hat; wenn für den Emittenten die Bundesrepublik Deutschland der Herkunftsstaat ist, ist außerdem die Schwelle von 3 Prozent maßgeblich.

(2) Der Inlandsemittent hat gleichzeitig mit der Veröffentlichung nach Absatz 1 Satz 1 und 2 diese der Bundesanstalt mitzuteilen.

(3) Das Bundesministerium der Finanzen kann durch Rechtsverordnung, die nicht der Zustimmung des Bundesrates bedarf, nähere Bestimmungen erlassen über

1. den Inhalt, die Art, die Sprache, den Umfang und die Form der Veröffentlichung nach Absatz 1 Satz 1 und
2. den Inhalt, die Art, die Sprache, den Umfang und die Form der Mitteilung nach Absatz 2.

Veröffentlichung der Gesamtzahl der Stimmrechte und Übermittlung an das Unternehmensregister

WpHG 26a Ein Inlandsemittent hat die Gesamtzahl der Stimmrechte am Ende eines jeden Kalendermonats, in dem es zu einer Zu- oder Abnahme von Stimmrechten gekommen ist, in der in § 26 Abs. 1 Satz 1, auch in Verbindung mit einer Rechtsverordnung nach Absatz 3 Nr. 1, vorgesehenen Weise zu veröffentlichen und gleichzeitig der Bundesanstalt entsprechend § 26 Abs. 2, auch in Verbindung mit einer Rechtsverordnung nach Absatz 3 Nr. 2, die Veröffentlichung mitzuteilen. Er übermittelt die Information außerdem unverzüglich, jedoch nicht vor ihrer Veröffentlichung dem Unternehmensregister im Sinne des § 8b des Handelsgesetzbuchs zur Speicherung.

Nachweis mitgeteilter Beteiligungen

WpHG 27 Wer eine Mitteilung nach § 21 Abs. 1, 1a oder 25 Abs. 1 abgegeben hat, muß auf Verlangen der Bundesanstalt oder des Emittenten, für den die Bundesrepublik Deutschland der Herkunftsstaat ist, das Bestehen der mitgeteilten Beteiligung nachweisen.

Rechtsverlust

WpHG 28 ¹Rechte aus Aktien, die einem Meldepflichtigen gehören oder aus denen ihm Stimmrechte gemäß § 22 Abs. 1 Satz 1 Nr. 1 oder 2 zugerechnet werden, bestehen nicht für die Zeit, für welche die Mitteilungspflichten nach § 21 Abs. 1 oder 1a nicht erfüllt werden. ²Dies gilt nicht für Ansprüche nach § 58 Abs. 4 des Aktiengesetzes und § 271 des Aktiengesetzes, wenn die Mitteilung nicht vorsätzlich unterlassen wurde und nachgeholt worden ist. ³ Sofern die Höhe des Stimmrechtsanteils betroffen ist, verlängert sich die Frist nach Satz 1 bei vorsätzlicher oder grob fahrlässiger Verletzung der Mitteilungspflichten um sechs Monate. ⁴ Satz 3 gilt nicht, wenn die Abweichung bei der Höhe der in der vorangegangenen unrichtigen Mitteilung angegebenen Stimmrechte weniger als 10 Prozent des tatsächlichen Stimmrechtsanteils beträgt und keine Mitteilung über das Erreichen, Überschreiten oder Unterschreiten einer der in § 21 genannten Schwellen unterlassen wird.

Richtlinien der Bundesanstalt

WpHG 29 ¹ Die Bundesanstalt kann Richtlinien aufstellen, nach denen sie für den Regelfall beurteilt, ob die Voraussetzungen für einen mitteilungspflichtigen Vorgang oder eine Befreiung von den Mitteilungspflichten nach § 21 Abs. 1 gegeben sind. ² Die Richtlinien sind im elektronischen Bundesanzeiger zu veröffentlichen.

Befreiungen

WpHG 29a (1) Die Bundesanstalt kann Inlandsemittenten mit Sitz in einem Drittstaat von den Pflichten nach § 26 Abs. 1 und § 26a freistellen, soweit diese Emittenten gleichwertigen Regeln eines Drittstaates unterliegen oder sich solchen Regeln unterwerfen.

(2) ¹ Emittenten, denen die Bundesanstalt eine Befreiung nach Absatz 1 erteilt hat, müssen Informationen über Umstände, die denen des § 21 Abs. 1 Satz 1, Abs. 1a, § 25 Abs. 1 Satz 1, § 26 Abs. 1 Satz 1 und 2 und § 26a entsprechen und die nach den gleichwertigen Regeln eines Drittstaates der Öffentlichkeit zur Verfügung zu stellen sind, in der in § 26 Abs. 1 Satz 1, auch in Verbindung mit einer Rechtsverordnung nach Absatz 3, geregelten Weise veröffentlichen und gleichzeitig der Bundesanstalt mitteilen. ² Die Informationen sind außerdem unverzüglich, jedoch nicht vor ihrer Veröffentlichung dem Unternehmensregister im Sinne des § 8b des Handelsgesetzbuchs zur Speicherung zu übermitteln.

(3) ¹ Für die Zurechnung der Stimmrechte nach § 22 gilt ein Unternehmen mit Sitz in einem Drittstaat, das nach § 32 Abs. 1 Satz 1 in Verbindung mit § 1 Abs. 1a Satz 2 Nr. 3 des Kreditwesengesetzes einer Zulassung für die Finanzportfolioverwaltung bedürfte, wenn es seinen Sitz oder seine Hauptverwaltung im Inland hätte, hinsichtlich der Aktien, die von ihm im Rahmen der Finanzportfolioverwaltung verwaltet werden, nicht als Tochterunternehmen im Sinne von § 22 Abs. 3. ² Das setzt voraus, dass

1. es bezüglich seiner Unabhängigkeit Anforderungen genügt, die denen für Wertpapierdienstleistungsunternehmen nach § 25 Abs. 4, auch in Verbindung mit einer Rechtsverordnung nach § 22 Abs. 5, gleichwertig sind,
2. der Meldepflichtige der Bundesanstalt den Namen dieses Unternehmens und die für dessen Überwachung zuständige Behörde oder das Fehlen einer solchen mitteilt und
3. der Meldepflichtige gegenüber der Bundesanstalt erklärt, dass die Voraussetzungen der Nummer 1 erfüllt sind.

(4) Das Bundesministerium der Finanzen wird ermächtigt, durch Rechtsverordnung, die nicht der Zustimmung des Bundesrates bedarf, nähere Bestimmungen über die Gleichwertigkeit von Regeln eines Drittstaates und die Freistellung von Emittenten nach Absatz 1 und Unternehmen nach Absatz 3 zu erlassen.

Handelstage

WpHG 30 (1) Für die Berechnung der Mitteilungs- und Veröffentlichungsfristen nach diesem Abschnitt gelten als Handelstage alle Kalendertage, die nicht Sonnabende, Sonntage oder zumindest in einem Land landeseinheitliche gesetzlich anerkannte Feiertage sind.

(2) Die Bundesanstalt stellt im Internet unter ihrer Adresse einen Kalender der Handelstage zur Verfügung.

Abschnitt 5 a. Notwendige Informationen für die Wahrnehmung von Rechten aus Wertpapieren

Pflichten der Emittenten gegenüber Wertpapierinhabern

WpHG 30a (1) Emittenten, für die die Bundesrepublik Deutschland der Herkunftsstaat ist, müssen sicherstellen, dass

1. alle Inhaber der zugelassenen Wertpapiere unter gleichen Voraussetzungen gleich behandelt werden;
2. alle Einrichtungen und Informationen, die die Inhaber der zugelassenen Wertpapiere zur Ausübung ihrer Rechte benötigen, im Inland öffentlich zur Verfügung stehen;
3. Daten zu Inhabern zugelassener Wertpapiere vor einer Kenntnisnahme durch Unbefugte geschützt sind;
4. für die gesamte Dauer der Zulassung der Wertpapiere mindestens ein Finanzinstitut als Zahlstelle im Inland bestimmt ist, bei der alle erforderlichen Maßnahmen hinsichtlich der Wertpapiere, im Falle der Vorlegung der Wertpapiere bei dieser Stelle kostenfrei, bewirkt werden können;
5. im Falle zugelassener Aktien jeder stimmberechtigten Person zusammen mit der Einladung zur Hauptversammlung oder nach deren Anberaumung auf Verlangen in Textform ein Formular für die Erteilung einer Vollmacht für die Hauptversammlung übermittelt wird;
6. im Falle zugelassener Schuldtitel im Sinne des § 2 Abs. 1 Satz 1 Nr. 3 mit Ausnahme von Wertpapieren, die zugleich unter § 2 Abs. 1 Satz 1 Nr. 2 fallen oder die ein zumindest bedingtes Recht auf den Erwerb von Wertpapieren nach § 2 Abs. 1 Satz 1 Nr. 1 oder Nr. 2 begründen, jeder stimmberechtigten Person zusammen mit der Einladung zur Gläubigerversammlung oder nach deren Anberaumung auf Verlangen rechtzeitig in Textform ein Formular für die Erteilung einer Vollmacht für die Gläubigerversammlung übermittelt wird.

(2) [1] Ein Emittent von zugelassenen Schuldtiteln im Sinne von Absatz 1 Nr. 6, für den die Bundesrepublik Deutschland der Herkunftsstaat ist, kann die Gläubigerversammlung in jedem Mitgliedstaat der Europäischen Union oder anderen Vertragsstaat des Abkommens über den Europäischen Wirtschaftsraum abhalten. [2] Das setzt voraus, dass in dem Staat alle für die Ausübung der Rechte erforderlichen Einrichtungen und Informationen für die Schuldtitelinhaber verfügbar sind und zur Gläubigerversammlung ausschließlich Schuldtitelinhaber mit einer Mindeststückelung von 50 000 Euro oder dem am Ausgabetag entsprechenden Gegenwert in einer anderen Währung eingeladen werden.

(3) Für die Bestimmungen nach Absatz 1 Nr. 1 bis 5 sowie nach § 30 b Abs. 3 Nr. 1 stehen die Inhaber Aktien vertretender Zertifikate den Inhabern der vertretenen Aktien gleich.

Veröffentlichung von Mitteilungen und Übermittlung im Wege der Datenfernübertragung

WpHG 30b (1) [1] Der Emittent von zugelassenen Aktien, für den die Bundesrepublik Deutschland der Herkunftsstaat ist, muss

1. die Einberufung der Hauptversammlung einschließlich der Tagesordnung, die Gesamtzahl der Aktien und Stimmrechte im Zeitpunkt der Einberufung der Hauptversammlung und die Rechte der Aktionäre bezüglich der Teilnahme an der Hauptversammlung sowie
2. Mitteilungen über die Ausschüttung und Auszahlung von Dividenden, die Ausgabe neuer Aktien und die Vereinbarung oder Ausübung von Umtausch-, Bezugs-, Einziehungs- und Zeichnungsrechten

unverzüglich im elektronischen Bundesanzeiger veröffentlichen. [2] Soweit eine entsprechende Veröffentlichung im elektronischen Bundesanzeiger auch durch sonstige Vorschriften vorgeschrieben wird, ist eine einmalige Veröffentlichung ausreichend.

(2) Der Emittent zugelassener Schuldtitel im Sinne von § 30a Abs. 1 Nr. 6, für den die Bundesrepublik Deutschland der Herkunftsstaat ist, muss

1. den Ort, den Zeitpunkt und die Tagesordnung der Gläubigerversammlung und Mitteilungen über das Recht der Schuldtitelinhaber zur Teilnahme daran sowie
2. Mitteilungen über die Ausübung von Umtausch-, Zeichnungs- und Kündigungsrechten sowie über die Zinszahlungen, die Rückzahlungen, die Auslosungen und die bisher gekündigten oder ausgelosten, noch nicht eingelösten Stücke unverzüglich im elektronischen Bundesanzeiger veröffentlichen.

Absatz 1 Satz 2 gilt entsprechend.

(3) Unbeschadet der Veröffentlichungspflichten nach den Absätzen 1 und 2 dürfen Emittenten, für die die Bundesrepublik Deutschland der Herkunftsstaat ist, Informationen an die Inhaber zugelassener Wertpapiere im Wege der Datenfernübertragung übermitteln, wenn die dadurch entstehenden Kosten nicht unter Verletzung des Gleichbehandlungsgrundsatzes nach § 30a Abs. 1 Nr. 1 den Wertpapierinhabern auferlegt werden und

1. im Falle zugelassener Aktien
   a) die Hauptversammlung zugestimmt hat,
   b) die Wahl der Art der Datenfernübertragung nicht vom Sitz oder Wohnsitz der Aktionäre oder der Personen, denen Stimmrechte in den Fällen des § 22 zugerechnet werden, abhängt,
   c) Vorkehrungen zur sicheren Identifizierung und Adressierung der Aktionäre oder derjenigen, die Stimmrechte ausüben oder Weisungen zu deren Ausübung erteilen dürfen, getroffen worden sind und
   d) die Aktionäre oder in Fällen des § 22 Abs. 1 Satz 1 Nr. 1, 3, 4 und Abs. 2 die zur Ausübung von Stimmrechten Berechtigten in die Übermittlung im Wege der Datenfernübertragung ausdrücklich eingewilligt haben oder einer Bitte in Textform um Zustimmung nicht innerhalb eines angemessenen Zeitraums widersprochen und die dadurch als erteilt geltende Zustimmung nicht zu einem späteren Zeitpunkt widerrufen haben,
2. im Falle zugelassener Schuldtitel im Sinne von § 30a Abs. 1 Nr. 6
   a) die Gläubigerversammlung zugestimmt hat,
   b) die Wahl der Art der Datenfernübertragung nicht vom Sitz oder Wohnsitz der Schuldtitelinhaber oder deren Bevollmächtigten abhängt,
   c) Vorkehrungen zur sicheren Identifizierung und Adressierung der Schuldtitelinhaber getroffen worden sind,
   d) die Schuldtitelinhaber in die Übermittlung im Wege der Datenfernübertragung ausdrücklich eingewilligt haben oder einer Bitte in Textform um Zustimmung nicht innerhalb eines angemessenen Zeitraums widersprochen und die dadurch als erteilt geltende Zustimmung nicht zu einem späteren Zeitpunkt widerrufen haben.

Änderungen der Rechtsgrundlage des Emittenten

WpHG 30c Der Emittent zugelassener Wertpapiere, für den die Bundesrepublik Deutschland der Herkunftsstaat ist, muss beabsichtigte Änderungen seiner Satzung oder seiner sonstigen Rechtsgrundlagen, die die Rechte der Wertpapierinhaber berühren, der Bundesanstalt und den Zulassungsstellen der inländischen oder ausländischen organisierten Märkte, an denen seine Wertpapiere zum Handel zugelassen sind, unverzüglich nach der Entscheidung, den Änderungsentwurf dem Beschlussorgan, das über die Änderung beschließen soll, vorlegen, spätestens aber zum Zeitpunkt der Einberufung des Beschlussorgans mitteilen.

Vorschriften für Emittenten aus der Europäischen Union und dem Europäischen Wirtschaftsraum

WpHG 30d Die Vorschriften der §§ 30a bis 30c finden auch Anwendung auf Emittenten, für die nicht die Bundesrepublik Deutschland, sondern ein anderer Mitgliedstaat der Europäischen Union oder Vertragsstaat des Abkommens über den Europäischen Wirtschaftsraum der Herkunftsstaat ist, wenn ihre Wertpapiere zum Handel an einem inländischen organisierten Markt zugelassen sind und ihr Herkunftsstaat für sie keine den §§ 30a bis 30c entsprechenden Vorschriften vorsieht.

Veröffentlichung zusätzlicher Angaben und Übermittlung an das Unternehmensregister

WpHG 30e

(1) ¹Ein Inlandsemittent muss
1. jede Änderung der mit den zugelassenen Wertpapieren verbundenen Rechte sowie
   a) im Falle zugelassener Aktien der Rechte, die mit derivativen vom Emittenten selbst begebenen Wertpapieren verbunden sind, sofern sie ein Umtauschoder Erwerbsrecht auf die zugelassenen Aktien des Emittenten verschaffen,
   b) im Falle anderer Wertpapiere als Aktien Änderungen der Ausstattung dieser Wertpapiere, insbesondere von Zinssätzen, oder der damit verbundenen Bedingungen, soweit die mit den Wertpapieren verbundenen Rechte hiervon indirekt betroffen sind,
   c) bei Wertpapieren, die den Gläubigern ein Umtausch- oder Bezugsrecht auf Aktien einräumen, alle Änderungen der Rechte, die mit den Aktien verbunden sind, auf die sich das Umtausch- oder Bezugsrecht bezieht,
2. die Aufnahme von Anleihen mit Ausnahme staatlicher Schuldverschreibungen im Sinne des § 36 des Börsengesetzes sowie die für sie übernommenen Gewährleistungen, sofern er nicht eine internationale öffentliche Einrichtung ist, der mindestens ein Mitgliedstaat der Europäischen Union oder ein anderer Vertragsstaat des Abkommens über den Europäischen Wirtschaftsraum angehört, oder er nicht ausschließlich Wertpapiere begibt, die durch den Bund garantiert werden, und
3. Informationen, die er in einem Drittstaat veröffentlicht und die für die Öffentlichkeit in der Europäischen Union und dem Europäischen Wirtschaftsraum Bedeutung haben können,unverzüglich veröffentlichen und gleichzeitig der Bundesanstalt diese Veröffentlichung mitteilen.

²Er übermittelt diese Informationen außerdem unverzüglich, jedoch nicht vor ihrer Veröffentlichung dem Unternehmensregister im Sinne des § 8b des Handelsgesetzbuchs zur Speicherung.

(2) Das Bundesministerium der Finanzen wird ermächtigt, durch Rechtsverordnung, die nicht der Zustimmung des Bundesrates bedarf, nähere Bestimmungen zu erlassen über den Mindestinhalt, die Art, die Sprache, den Umfang und die Form der Veröffentlichung und der Mitteilung nach Absatz 1 Satz 1.

Befreiung

WpHG 30f

(1) Die Bundesanstalt kann Inlandsemittenten mit Sitz in einem Drittstaat von den Pflichten nach den §§ 30a, 30b und 30e Abs. 1 Satz 1 Nr. 1 und 2 freistellen, soweit diese Emittenten gleichwertigen Regeln eines Drittstaates unterliegen oder sich solchen Regeln unterwerfen.

(2) Emittenten, denen die Bundesanstalt eine Befreiung nach Absatz 1 erteilt hat, müssen Informationen über Umstände im Sinne des § 30e Abs. 1 Satz 1 Nr. 1 und 2, die nach den gleichwertigen Regeln eines Drittstaates der Öffentlichkeit zur Verfügung zu stellen sind, nach Maßgabe des § 30e Abs. 1 in Verbindung mit einer Rechtsverordnung nach § 30e Abs. 2 veröffentlichen und die Veröffentlichung gleichzeitig der Bundesanstalt mitteilen; sie müssen die Informationen außerdem unverzüglich, jedoch nicht vor der Veröffentlichung dem Unternehmensregister im Sinne des § 8b des Handelsgesetzbuchs zur Speicherung übermitteln.

(3) Das Bundesministerium der Finanzen wird ermächtigt, durch Rechtsverordnung, die nicht der Zustimmung des Bundesrates bedarf, nähere Bestimmungen über die Gleichwertigkeit von Regeln eines Drittstaates und die Freistellung von Emittenten nach Absatz 1 zu erlassen.

Ausschluss der Anfechtung

WpHG 30g

Die Anfechtung eines Hauptversammlungsbeschlusses kann nicht auf eine Verletzung der Vorschriften dieses Abschnitts gestützt werden.

Abschnitt 6. Verhaltenspflichten, Organisationspflichten, Transparenzpflichten, Verjährung von Ersatzansprüchen

Allgemeine Verhaltensregeln

WpHG 31

(1) Ein Wertpapierdienstleistungsunternehmen ist verpflichtet,

1. Wertpapierdienstleistungen und Wertpapiernebendienstleistungen mit der erforderlichen Sachkenntnis, Sorgfalt und Gewissenhaftigkeit im Interesse seiner Kunden zu erbringen,
2. sich um die Vermeidung von Interessenkonflikten zu bemühen und vor Durchführung von Geschäften für Kunden, diesen die allgemeine Art und Herkunft der Interessenkonflikte eindeutig darzulegen, soweit die organisatorischen Vorkehrungen nach § 33 Abs. 1 Satz 2 Nr. 3 nicht ausreichen, um nach vernünftigem Ermessen das Risiko der Beeinträchtigung von Kundeninteressen zu vermeiden.

(2) ¹ Alle Informationen einschließlich Werbemitteilungen, die Wertpapierdienstleistungsunternehmen Kunden zugänglich machen, müssen redlich, eindeutig und nicht irreführend sein. ² Werbemitteilungen müssen eindeutig als solche erkennbar sein. ³ § 124 des Investmentgesetzes und § 15 des Wertpapierprospektgesetzes bleiben unberührt. ⁴ Sofern Informationen über Finanzinstrumente oder deren Emittenten gegeben werden, die direkt oder indirekt eine allgemeine Empfehlung für eine bestimmte Anlageentscheidung enthalten, müssen

1. die Wertpapierdienstleistungsunternehmen den Anforderungen des § 33b Abs. 5 und 6 sowie des § 34b Abs. 5, auch in Verbindung mit einer Rechtsverordnung nach § 34b Abs. 8, oder vergleichbaren ausländischen Vorschriften entsprechen oder
2. die Informationen, sofern sie ohne Einhaltung der Nummer 1 als Finanzanalyse oder Ähnliches beschrieben oder als objektive oder unabhängige Erläuterung der in der Empfehlung enthaltenen Punkte dargestellt werden, eindeutig als Werbemitteilung gekennzeichnet und mit einem Hinweis versehen sein, dass sie nicht allen gesetzlichen Anforderungen zur Gewährleistung der Unvoreingenommenheit von Finanzanalysen genügen und dass sie einem Verbot des Handels vor der Veröffentlichung von Finanzanalysen nicht unterliegen.

(3) ¹ Wertpapierdienstleistungsunternehmen sind verpflichtet, Kunden rechtzeitig und in verständlicher Form Informationen zur Verfügung zu stellen, die angemessen sind, damit die Kunden nach vernünftigem Ermessen die Art und die Risiken der ihnen angebotenen oder von ihnen nachgefragten Arten von Finanzinstrumenten oder Wertpapierdienstleistungen verstehen und auf dieser Grundlage ihre Anlageentscheidungen treffen können. ² Die Informationen können auch in standardisierter Form zur Verfügung gestellt werden. ³ Die Informationen müssen sich beziehen auf

1. das Wertpapierdienstleistungsunternehmen und seine Dienstleistungen,
2. die Arten von Finanzinstrumenten und vorgeschlagene Anlagestrategien einschließlich damit verbundener Risiken,
3. Ausführungsplätze und
4. Kosten und Nebenkosten.

⁴ Vertreibt ein Wertpapierdienstleistungsunternehmen Anteile an Investmentvermögen im Sinne des Investmentgesetzes, gelten die im vereinfachten Verkaufsprospekt nach § 121 Abs. 1 bis 3 und § 123 des Investmentgesetzes enthaltenen Informationen als angemessen im Sinne des Satzes 1.

(4) ¹ Ein Wertpapierdienstleistungsunternehmen, das Anlageberatung oder Finanzportfolioverwaltung erbringt, muss von den Kunden alle Informationen ein-

holen über Kenntnisse und Erfahrungen der Kunden in Bezug auf Geschäfte mit bestimmten Arten von Finanzinstrumenten oder Wertpapierdienstleistungen, über die Anlageziele der Kunden und über ihre finanziellen Verhältnisse, die erforderlich sind, um den Kunden ein für sie geeignetes Finanzinstrument oder eine für sie geeignete Wertpapierdienstleistung empfehlen zu können. ² Die Geeignetheit beurteilt sich danach, ob das konkrete Geschäft, das dem Kunden empfohlen wird, oder die konkrete Wertpapierdienstleistung im Rahmen der Finanzportfolioverwaltung den Anlagezielen des betreffenden Kunden entspricht, die hieraus erwachsenden Anlagerisiken für den Kunden seinen Anlagezielen entsprechend finanziell tragbar sind und der Kunde mit seinen Kenntnissen und Erfahrungen die hieraus erwachsenden Anlagerisiken verstehen kann. ³ Erlangt das Wertpapierdienstleistungsunternehmen die erforderlichen Informationen nicht, darf es im Zusammenhang mit einer Anlageberatung kein Finanzinstrument empfehlen oder im Zusammenhang mit einer Finanzportfolioverwaltung keine Empfehlung abgeben.

(5) ¹ Vor der Erbringung anderer als der in Absatz 4 genannten Wertpapierdienstleistungen zur Ausführung von Kundenaufträgen hat ein Wertpapierdienstleistungsunternehmen von den Kunden Informationen über Kenntnisse und Erfahrungen der Kunden in Bezug auf Geschäfte mit bestimmten Arten von Finanzinstrumenten oder Wertpapierdienstleistungen einzuholen, soweit diese Informationen erforderlich sind, um die Angemessenheit der Finanzinstrumente oder Wertpapierdienstleistungen für die Kunden beurteilen zu können. ² Die Angemessenheit beurteilt sich danach, ob der Kunde über die erforderlichen Kenntnisse und Erfahrungen verfügt, um die Risiken in Zusammenhang mit der Art der Finanzinstrumente, Wertpapierdienstleistungen angemessen beurteilen zu können. ³ Gelangt ein Wertpapierdienstleistungsunternehmen aufgrund der nach Satz 1 erhaltenen Informationen zu der Auffassung, dass das vom Kunden gewünschte Finanzinstrument oder die Wertpapierdienstleistung für den Kunden nicht angemessen ist, hat es den Kunden darauf hinzuweisen. ⁴ Erlangt das Wertpapierdienstleistungsunternehmen nicht die erforderlichen Informationen, hat es den Kunden darüber zu informieren, dass eine Beurteilung der Angemessenheit im Sinne des Satzes 1 nicht möglich ist. ⁵ Der Hinweis nach Satz 3 und die Information nach Satz 4 können in standardisierter Form erfolgen.

(6) Soweit die in den Absätzen 4 und 5 genannten Informationen auf Angaben des Kunden beruhen, hat das Wertpapierdienstleistungsunternehmen die Fehlerhaftigkeit oder Unvollständigkeit der Angaben seiner Kunden nicht zu vertreten, es sei denn, die Unvollständigkeit oder Unrichtigkeit der Kundenangaben ist ihm bekannt oder infolge grober Fahrlässigkeit unbekannt.

(7) Die Pflichten nach Absatz 5 gelten nicht, soweit das Wertpapierdienstleistungsunternehmen

1. auf Veranlassung des Kunden Finanzkommissionsgeschäft, Eigenhandel, Abschlussvermittlung oder Anlagevermittlung in Bezug auf Aktien, die zum Handel an einem organisierten Markt oder einem gleichwertigen Markt zugelassen sind, Geldmarktinstrumente, Schuldverschreibungen und andere verbriefte Schuldtitel, in die kein Derivat eingebettet ist, den Anforderungen der Richtlinie 85/611/EWG entsprechende Anteile an Investmentvermögen oder in Bezug auf andere nicht komplexe Finanzinstrumente erbringt und
2. den Kunden darüber informiert, dass keine Angemessenheitsprüfung im Sinne des Absatzes 5 vorgenommen wird. Die Information kann in standardisierter Form erfolgen.

(8) Wertpapierdienstleistungsunternehmen müssen ihren Kunden in geeigneter Form über die ausgeführten Geschäfte oder die erbrachte Finanzportfolioverwaltung berichten.

(9) Bei professionellen Kunden im Sinne des § 31a Abs. 2 ist das Wertpapierdienstleistungsunternehmen im Rahmen seiner Pflichten nach Absatz 4 berechtigt, davon auszugehen, dass sie für die Produkte, Geschäfte oder Dienstleistungen, für die sie als professionelle Kunden eingestuft sind, über die erforderlichen Kenntnisse und Erfahrungen verfügen, um die mit den Geschäften oder der Finanzportfolioverwaltung einhergehenden Risiken zu verstehen, und dass für sie etwaige mit dem Geschäft oder der Finanzportfolioverwaltung einhergehende Anlagerisiken entsprechend ihren Anlagezielen finanziell tragbar sind.

(10) Absatz 1 Nr. 1 und die Absätze 2 bis 9 sowie die §§ 31a, 31b, 31d und 31e gelten entsprechend auch für Unternehmen mit Sitz in einem Drittstaat, die Wertpapierdienstleistungen oder Wertpapiernebendienstleistungen gegenüber Kunden erbringen, die ihren gewöhnlichen Aufenthalt oder ihre Geschäftsleitung im Inland haben, sofern nicht die Wertpapierdienstleistung oder Wertpapiernebendienstleistung einschließlich der damit im Zusammenhang stehenden Nebenleistungen ausschließlich in einem Drittstaat erbracht wird.

(11) [1] Das Bundesministerium der Finanzen kann durch Rechtsverordnung, die nicht der Zustimmung des Bundesrates bedarf, nähere Bestimmungen erlassen

1. zu Art, Umfang und Form der Offenlegung nach Absatz 1 Nr. 2,
2. zu Art, inhaltlicher Gestaltung, Zeitpunkt und Datenträger der nach den Absätzen 2 und 3 notwendigen Informationen für die Kunden,
3. zur Art der nach den Absätzen 4 und 5 von den Kunden einzuholenden Informationen,
4. zur Zuordnung anderer Finanzinstrumente zu den nicht komplexen Finanzinstrumenten im Sinne des Absatzes 7 Nr. 1,
5. zu Art, inhaltlicher Gestaltung, Zeitpunkt und Datenträger der Berichtspflichten nach Absatz 8.

[2] Das Bundesministerium der Finanzen kann die Ermächtigung durch Rechtsverordnung auf die Bundesanstalt übertragen.

Kunden

WpHG 31a

(1) Kunden im Sinne dieses Gesetzes sind alle natürlichen oder juristischen Personen, für die Wertpapierdienstleistungsunternehmen Wertpapierdienstleistungen oder Wertpapiernebendienstleistungen erbringen oder anbahnen.

(2) [1] Professionelle Kunden im Sinne dieses Gesetzes sind Kunden, bei denen das Wertpapierdienstleistungsunternehmen davon ausgehen kann, dass sie über ausreichende Erfahrungen, Kenntnisse und Sachverstand verfügen, um ihre Anlageentscheidungen zu treffen und die damit verbundenen Risiken angemessen beurteilen zu können. [2] Professionelle Kunden im Sinne des Satzes 1 sind

1. Unternehmen, die als
    a) Wertpapierdienstleistungsunternehmen,
    b) sonstige zugelassene oder beaufsichtigte Finanzinstitute,
    c) Versicherungsunternehmen,
    d) Organismen für gemeinsame Anlagen und ihre Verwaltungsgesellschaften,
    e) Pensionsfonds und ihre Verwaltungsgesellschaften,
    f) Unternehmen im Sinne des § 2a Abs. 1 Nr. 8,
    g) Börsenhändler und Warenderivatehändler,
    h) sonstige institutionelle Anleger, deren Haupttätigkeit nicht von den Buchstaben a bis g erfasst wird,
    im Inland oder Ausland zulassungs- oder aufsichtspflichtig sind, um auf den Finanzmärkten tätig werden zu können;
2. nicht im Sinne der Nummer 1 zulassungs- oder aufsichtspflichtige Unternehmen, die mindestens zwei der drei nachfolgenden Merkmale überschreiten:
    a) 20 000 000 Euro Bilanzsumme,
    b) 40 000 000 Euro Umsatzerlöse,
    c) 2 000 000 Euro Eigenmittel;
3. nationale und regionale Regierungen sowie Stellen der öffentlichen Schuldenverwaltung;
4. Zentralbanken, internationale und überstaatliche Einrichtungen wie die Weltbank, der Internationale Währungsfonds, die Europäische Zentralbank, die Europäische Investmentbank und andere vergleichbare internationale Organisationen;
5. andere nicht im Sinne der Nummer 1 zulassungs- oder aufsichtspflichtige institutionelle Anleger, deren Haupttätigkeit in der Investition in Finanzinstrumente besteht, und Einrichtungen, die die Verbriefung von Vermögenswerten und andere Finanzierungsgeschäfte betreiben.

[3] Sie werden in Bezug auf alle Finanzinstrumente, Wertpapierdienstleistungen und Wertpapiernebendienstleistungen als professionelle Kunden angesehen.

(3) Privatkunden im Sinne dieses Gesetzes sind Kunden, die keine professionellen Kunden sind.

(4) ¹Geeignete Gegenparteien sind Unternehmen im Sinne des Absatzes 2 Nr. 1 Buchstabe a bis f, Einrichtungen nach Absatz 2 Nr. 3 und 4 sowie Unternehmen im Sinne des § 2a Abs. 1 Nr. 12. ²Den geeigneten Gegenparteien stehen gleich
1. Unternehmen im Sinne des Absatzes 2 Nr. 2 mit Sitz im In- oder Ausland,
2. Unternehmen mit Sitz in einem anderen Mitgliedstaat der Europäischen Union oder einem anderen Vertragsstaat des Abkommens über den Europäischen Wirtschaftsraum, die nach dem Recht des Herkunftsmitgliedstaates als geeignete Gegenparteien im Sinne des Artikels 24 Abs. 3 Satz 1 der Richtlinie 2004/39/ EG des Europäischen Parlaments und des Rates vom 21. April 2004 über Märkte für Finanzinstrumente, zur Änderung der Richtlinien 85/611/EWG und 93/6/EWG des Rates und der Richtlinie 2000/12/EG des Europäischen Parlaments und des Rates und zur Aufhebung der Richtlinie 93/22/EWG des Rates (ABl. EU Nr. L 145 S. 1, 2005 Nr. L 45 S. 18) in der jeweils geltenden Fassung anzusehen sind,

wenn diese zugestimmt haben, für alle oder einzelne Geschäfte als geeignete Gegenpartei behandelt zu werden.

(5) ¹Ein Wertpapierdienstleistungsunternehmen kann ungeachtet der Absätze 2 und 4 geeignete Gegenparteien als professionelle Kunden oder Privatkunden und professionelle Kunden als Privatkunden einstufen. ²Das Wertpapierdienstleistungsunternehmen muss seine Kunden über eine Änderung der Einstufung informieren.

(6) ¹Ein professioneller Kunde kann mit dem Wertpapierdienstleistungsunternehmen eine Einstufung als Privatkunde vereinbaren. ²Die Vereinbarung über die Änderung der Einstufung bedarf der Schriftform. ³Soll die Änderung nicht alle Wertpapierdienstleistungen, Wertpapiernebendienstleistungen und Finanzinstrumente betreffen, ist dies ausdrücklich festzulegen. ⁴Ein Wertpapierdienstleistungsunternehmen muss professionelle Kunden im Sinne des Absatzes 2 Satz 2 Nr. 2 und des Absatzes 7 am Anfang einer Geschäftsbeziehung darauf hinweisen, dass sie als professionelle Kunden eingestuft sind und die Möglichkeit einer Änderung der Einstufung nach Satz 1 besteht. ⁵Hat ein Wertpapierdienstleistungsunternehmen Kunden vor dem 1. November 2007 auf der Grundlage eines Bewertungsverfahrens, das auf den Sachverstand, die Erfahrungen und Kenntnisse der Kunden abstellt, im Sinne des Absatzes 2 Satz 1 eingestuft, ist die Einstufung nach dem 1. November 2007 Bestand. ⁶Diese Kunden sind über die Voraussetzungen der Einstufung nach den Absätzen 2, 5 und 6 und die Möglichkeit der Änderung der Einstufung nach Absatz 6 Satz 4 zu informieren.

(7) ¹Ein Privatkunde kann auf Antrag oder durch Festlegung des Wertpapierdienstleistungsunternehmens als professioneller Kunde eingestuft werden. ²Der Änderung der Einstufung hat eine Bewertung durch das Wertpapierdienstleistungsunternehmen vorauszugehen, ob der Kunde aufgrund seiner Erfahrungen, Kenntnisse und seines Sachverstandes in der Lage ist, generell oder für eine bestimmte Art von Geschäften eine Anlageentscheidung zu treffen und die damit verbundenen Risiken angemessen zu beurteilen. ³Eine Änderung der Einstufung kommt nur in Betracht, wenn der Privatkunde mindestens zwei der drei folgenden Kriterien erfüllt:
1. der Kunde hat an dem Markt, an dem die Finanzinstrumente gehandelt werden, für die er als professioneller Kunde eingestuft werden soll, während des letzten Jahres durchschnittlich zehn Geschäfte von erheblichem Umfang im Quartal getätigt;
2. der Kunde verfügt über Bankguthaben und Finanzinstrumente im Wert von mehr als 500 000 Euro;
3. der Kunde hat mindestens für ein Jahr einen Beruf am Kapitalmarkt ausgeübt, der Kenntnisse über die in Betracht kommenden Geschäfte, Wertpapierdienstleistungen und Wertpapiernebendienstleistungen voraussetzt.

⁴Das Wertpapierdienstleistungsunternehmen muss den Privatkunden schriftlich darauf hinweisen, dass mit der Änderung der Einstufung die Schutzvorschriften dieses Gesetzes für Privatkunden nicht mehr gelten. ⁵Der Kunde muss schriftlich

bestätigen, dass er diesen Hinweis zur Kenntnis genommen hat. ⁶Informiert ein professioneller Kunde im Sinne des Satzes 1 oder des Absatzes 2 Satz 2 Nr. 2 das Wertpapierdienstleistungsunternehmen nicht über alle Änderungen, die seine Einstufung als professioneller Kunde beeinflussen können, begründet eine darauf beruhende fehlerhafte Einstufung keinen Pflichtverstoß des Wertpapierdienstleistungsunternehmens.

(8) ¹Das Bundesministerium der Finanzen kann durch Rechtsverordnung, die nicht der Zustimmung des Bundesrates bedarf, nähere Bestimmungen erlassen zu den Vorgaben an eine Einstufung gemäß Absatz 2 Nr. 2, dem Verfahren und den organisatorischen Vorkehrungen der Wertpapierdienstleistungsunternehmen bei einer Änderung der Einstufung nach Absatz 5 und den Kriterien, dem Verfahren und den organisatorischen Vorkehrungen bei einer Änderung oder Beibehaltung der Einstufung nach den Absätzen 6 und 7. ²Das Bundesministerium der Finanzen kann die Ermächtigung durch Rechtsverordnung auf die Bundesanstalt übertragen.

Geschäfte mit geeigneten Gegenparteien

WpHG 31b (1) ¹Wertpapierdienstleistungsunternehmen, die das Finanzkommissionsgeschäft, die Anlage- und Abschlussvermittlung und den Eigenhandel sowie damit in direktem Zusammenhang stehende Wertpapiernebendienstleistungen gegenüber geeigneten Gegenparteien erbringen, sind nicht an die Vorgaben des § 31 Abs. 2, 3 und 5 bis 7 sowie die §§ 31c, 31d und 33a gebunden. ²Satz 1 ist nicht anwendbar, sofern die geeignete Gegenpartei mit dem Wertpapierdienstleistungsunternehmen für alle oder für einzelne Geschäfte vereinbart hat, als professioneller Kunde oder als Privatkunde behandelt zu werden.

(2) ¹Das Bundesministerium der Finanzen kann durch Rechtsverordnung, die nicht der Zustimmung des Bundesrates bedarf, nähere Bestimmungen erlassen über die Form und den Inhalt einer Vereinbarung nach Absatz 1 Satz 2 und die Art und Weise der Zustimmung nach § 31a Abs. 4 Satz 2. ²Das Bundesministerium der Finanzen kann die Ermächtigung durch Rechtsverordnung auf die Bundesanstalt übertragen.

Bearbeitung von Kundenaufträgen

WpHG 31c (1) Ein Wertpapierdienstleistungsunternehmen muss geeignete Vorkehrungen treffen, um

1. Kundenaufträge unverzüglich und redlich im Verhältnis zu anderen Kundenaufträgen und den Handelsinteressen des Wertpapierdienstleistungsunternehmens auszuführen oder an Dritte weiterzuleiten,
2. vergleichbare Kundenaufträge der Reihenfolge ihres Eingangs nach auszuführen oder an Dritte zum Zwecke der Ausführung weiterzuleiten, vorbehaltlich vorherrschender Marktbedingungen oder eines anderweitigen Interesses des Kunden,
3. sicherzustellen, dass Kundengelder und Kundenfinanzinstrumente korrekt verbucht werden,
4. bei der Zusammenlegung von Kundenaufträgen mit anderen Kundenaufträgen oder mit Aufträgen für eigene Rechnung des Wertpapierdienstleistungsunternehmens die Interessen aller beteiligten Kunden zu wahren,
5. sicherzustellen, dass Informationen im Zusammenhang mit noch nicht ausgeführten Kundenaufträgen nicht missbraucht werden,
6. jeden betroffenen Kunden über die Zusammenlegung der Aufträge und damit verbundene Risiken und jeden betroffenen Privatkunden unverzüglich über alle ihm bekannten wesentlichen Probleme bei der Auftragsausführung zu informieren.

(2) ¹Können limitierte Kundenaufträge in Bezug auf Aktien, die zum Handel an einem organisierten Markt zugelassen sind, aufgrund der Marktbedingungen nicht unverzüglich ausgeführt werden, muss das Wertpapierdienstleistungsunternehmen diese Aufträge unverzüglich so bekannt machen, dass sie anderen Marktteilnehmern leicht zugänglich sind, soweit der Kunde keine andere Weisung erteilt. ²Die

(16) WpHG 31d, 31e

Verpflichtung nach Satz 1 gilt als erfüllt, wenn die Aufträge an einen organisierten Markt oder ein multilaterales Handelssystem weitergeleitet worden sind oder werden, die den Vorgaben des Artikels 31 der Verordnung (EG) Nr. 1287/ 2006 entsprechen. ³Die Bundesanstalt kann die Pflicht nach Satz 1 in Bezug auf solche Aufträge, die den marktüblichen Geschäftsumfang erheblich überschreiten, aufheben.

(3) ¹Das Bundesministerium der Finanzen kann durch Rechtsverordnung, die nicht der Zustimmung des Bundesrates bedarf, nähere Bestimmungen zu den Verpflichtungen nach den Absätzen 1 und 2 Satz 1 sowie zu den Voraussetzungen, unter denen die Bundesanstalt die Verpflichtung nach Absatz 2 Satz 3 aufheben kann, erlassen. ²Das Bundesministerium der Finanzen kann die Ermächtigung durch Rechtsverordnung auf die Bundesanstalt übertragen.

Zuwendungen

WpHG 31d (1) ¹Ein Wertpapierdienstleistungsunternehmen darf im Zusammenhang mit der Erbringung von Wertpapierdienstleistungen oder Wertpapiernebendienstleistungen keine Zuwendungen von Dritten annehmen oder an Dritte gewähren, die nicht Kunden dieser Dienstleistung sind, es sei denn,

1. die Zuwendung ist darauf ausgelegt, die Qualität der für den Kunden erbrachten Dienstleistung zu verbessern und steht der ordnungsgemäßen Erbringung der Dienstleistung im Interesse des Kunden im Sinne des § 31 Abs. 1 Nr. 1 nicht entgegen und
2. Existenz, Art und Umfang der Zuwendung oder, soweit sich der Umfang noch nicht bestimmen lässt, die Art und Weise seiner Berechnung, wird dem Kunden vor der Erbringung der Wertpapierdienstleistung oder Wertpapiernebendienstleistung in umfassender, zutreffender und verständlicher Weise deutlich offen gelegt.

²Eine Zuwendung im Sinne des Satzes 1 liegt nicht vor, wenn das Wertpapierdienstleistungsunternehmen diese von einem Dritten, der dazu von dem Kunden beauftragt worden ist, annimmt oder sie einem solchen Dritten gewährt.

(2) Zuwendungen im Sinne dieser Vorschrift sind Provisionen, Gebühren oder sonstige Geldleistungen sowie alle geldwerten Vorteile.

(3) Die Offenlegung nach Absatz 1 Nr. 2 kann in Form einer Zusammenfassung der wesentlichen Bestandteile der Vereinbarungen über Zuwendungen erfolgen, sofern das Wertpapierdienstleistungsunternehmen dem Kunden die Offenlegung näherer Einzelheiten anbietet und auf Nachfrage gewährt.

(4) Erfolgt die Annahme einer Zuwendung im Zusammenhang mit einer Wertpapierdienstleistung nach § 2 Abs. 3 Satz 1 Nr. 9 oder allgemeinen Empfehlungen, die Geschäfte in Finanzinstrumenten betreffen, und werden diese Dienstleistungen trotz der Zuwendung unvoreingenommen erbracht, ist zu vermuten, dass die Zuwendung darauf ausgelegt ist, die Qualität der für den Kunden erbrachten Dienstleistung zu verbessern.

(5) Gebühren und Entgelte, die die Erbringung von Wertpapierdienstleistungen erst ermöglichen oder dafür notwendig sind, und die ihrer Art nach nicht geeignet sind, die Erfüllung der Pflicht nach § 31 Abs. 1 Satz 1 Nr. 1 zu gefährden, sind von dem Verbot nach Absatz 1 ausgenommen.

Erbringung von Wertpapierdienstleistungen und Wertpapiernebendienstleistungen über ein anderes Wertpapierdienstleistungsunternehmen

WpHG 31e Erhält ein Wertpapierdienstleistungsunternehmen über ein anderes Wertpapierdienstleistungsunternehmen einen Auftrag, Wertpapierdienstleistungen oder Wertpapiernebendienstleistungen für einen Kunden zu erbringen, ist das entgegennehmende Unternehmen mit folgenden Maßgaben verantwortlich für die Durchführung der Wertpapierdienstleistung oder Wertpapiernebendienstleistung im Einklang mit den Bestimmungen dieses Abschnitts:

V. Bankgeschäfte (m. Börsen- u. KapMR) **WpHG 31f, 31g (16)**

1. das entgegennehmende Wertpapierdienstleistungsunternehmen ist nicht verpflichtet, Kundenangaben und Kundenanweisungen, die ihm von dem anderen Wertpapierdienstleistungsunternehmen übermittelt werden, auf ihre Vollständigkeit und Richtigkeit zu überprüfen,
2. das entgegennehmende Wertpapierdienstleistungsunternehmen darf sich darauf verlassen, dass Empfehlungen in Bezug auf die Wertpapierdienstleistung oder Wertpapiernebendienstleistung dem Kunden von dem anderen Wertpapierdienstleistungsunternehmen im Einklang mit den gesetzlichen Vorschriften gegeben wurden.

Betrieb eines multilateralen Handelssystems

WpHG 31f (1) Der Betreiber eines multilateralen Handelssystems ist verpflichtet,

1. Regelungen für den Zugang von Handelsteilnehmern zu dem multilateralen Handelssystem festzulegen, die mindestens die Anforderungen für eine Teilnahme am Börsenhandel nach § 19 Abs. 2 und 4 Satz 1 des Börsengesetzes vorsehen; § 19 Abs. 4 Satz 2 des Börsengesetzes gilt entsprechend,
2. Regelungen für die Einbeziehung von Finanzinstrumenten, die ordnungsgemäße Durchführung des Handels und der Preisermittlung, die Verwendung von einbezogenen Referenzpreisen und die vertragsgemäße Abwicklung der abgeschlossenen Geschäfte festzulegen, wobei die Regelungen zum Handel und der Preisermittlung dem Betreiber keinen Ermessensspielraum einräumen dürfen,
3. über angemessene Kontrollverfahren zur Überwachung der Einhaltung der Regelungen nach Nummer 2 und zur Überwachung der Einhaltung der §§ 14 und 20 a zu verfügen,
4. sicherzustellen, dass die Preise im multilateralen Handelssystem entsprechend den Regelungen des § 24 Abs. 2 des Börsengesetzes zustande kommen,
5. dafür Sorge zu tragen, dass die Aufzeichnungen über die erteilten Aufträge und abgeschlossenen Geschäfte im multilateralen Handelssystem eine lückenlose Überwachung durch die Bundesanstalt gewährleisten, und
6. unter Berücksichtigung der Art der Nutzer und der gehandelten Finanzinstrumente alle für die Nutzung des multilateralen Handelssystems erforderlichen und zweckdienlichen Informationen öffentlich bekannt zu geben.

(2) Emittenten, deren Finanzinstrumente ohne ihre Zustimmung in den Handel in einem multilateralen Handelssystem einbezogen worden sind, können nicht dazu verpflichtet werden, Informationen in Bezug auf diese Finanzinstrumente für dieses multilaterale Handelssystem zu veröffentlichen.

(3) Der Betreiber eines multilateralen Handelssystems hat der Bundesanstalt schwerwiegende Verstöße gegen die Handelsregeln und Störungen der Marktintegrität mitzuteilen; bei Anhaltspunkten für einen Verstoß gegen § 14 oder § 20 a ist die Bundesanstalt unverzüglich zu unterrichten und bei ihren Untersuchungen umfassend zu unterstützen.

Vor- und Nachhandelstransparenz für multilaterale Handelssysteme

WpHG 31g (1) Der Betreiber eines multilateralen Handelssystems hat für in das System einbezogene Aktien und Aktien vertretende Zertifikate, die zum Handel an einem organisierten Markt zugelassen sind, den Preis des am höchsten limitierten Kaufauftrags und des am niedrigsten limitierten Verkaufauftrags und das zu diesen Preisen handelbare Volumen kontinuierlich während der üblichen Geschäftszeiten zu angemessenen kaufmännischen Bedingungen zu veröffentlichen.

(2) Die Bundesanstalt kann nach Maßgabe des Kapitels IV Abschnitt 1 der Verordnung (EG) Nr. 1287/2006 Betreibern von multilateralen Handelssystemen Ausnahmen von der Verpflichtung nach Absatz 1 gestatten.

(3) Der Betreiber eines multilateralen Handelssystems hat den Marktpreis, das Volumen und den Zeitpunkt für nach Absatz 1 abgeschlossene Geschäfte zu angemessenen kaufmännischen Bedingungen und so weit wie möglich auf Echtzeitbasis zu veröffentlichen.

(4) ¹Die Bundesanstalt kann nach Maßgabe von Kapitel IV Abschnitt 3 der Verordnung (EG) Nr. 1287/2006 je nach Art und Umfang der abgeschlossenen Geschäfte eine verzögerte Veröffentlichung von Informationen nach Absatz 3 gestatten. ²Der Betreiber eines multilateralen Handelssystems hat eine Verzögerung nach Satz 1 zu veröffentlichen.

(5) Die Einzelheiten der Veröffentlichungspflichten nach den Absätzen 1, 3 und 4 regelt Kapitel IV Abschnitt 1, 3 und 4 der Verordnung (EG) Nr. 1287/2006.

Veröffentlichungspflichten von Wertpapierdienstleistungsunternehmen nach dem Handel

WpHG 31h (1) Wertpapierdienstleistungsunternehmen, die Geschäfte im Rahmen von Wertpapierdienstleistungen nach § 2 Abs. 3 Satz 1 Nr. 1 bis 4 mit zum Handel an einem organisierten Markt zugelassenen Aktien und Aktien vertretenden Zertifikaten außerhalb eines organisierten Marktes oder eines multilateralen Handelssystems abschließen, sind verpflichtet, das Volumen, den Marktpreis und den Zeitpunkt des Abschlusses dieser Geschäfte zu angemessenen kaufmännischen Bedingungen und so weit wie möglich auf Echtzeitbasis zu veröffentlichen.

(2) ¹Die Bundesanstalt kann nach Maßgabe von Kapitel IV Abschnitt 3 der Verordnung (EG) Nr. 1287/2006 je nach Umfang der abgeschlossenen Geschäfte eine verzögerte Veröffentlichung von Informationen nach Absatz 1 gestatten. ²Das Wertpapierdienstleistungsunternehmen hat eine Verzögerung nach Satz 1 zu veröffentlichen.

(3) Die Einzelheiten der Veröffentlichungspflichten nach den Absätzen 1 und 2 regelt Kapitel IV Abschnitt 3 und 4 der Verordnung (EG) Nr. 1287/ 2006 der Kommission.

Systematische Internalisierung

WpHG 32 ¹Die §§ 32a bis 32d gelten für systematische Internalisierer, soweit sie Aufträge in Aktien und Aktien vertretenden Zertifikaten, die zum Handel an einem organisierten Markt zugelassen sind, bis zur standardmäßigen Marktgröße ausführen. ²Einzelheiten sind in den Kapiteln III und IV Abschnitt 2 und 4 der Verordnung (EG) Nr. 1287/2006 geregelt. ³Ein Markt im Sinne dieser Vorschriften besteht für eine Aktiengattung aus allen Aufträgen, die in der Europäischen Union im Hinblick auf diese Aktiengattung ausgeführt werden, ausgenommen jene, die im Vergleich zur normalen Marktgröße für diese Aktien ein großes Volumen aufweisen.

Veröffentlichen von Quotes durch systematische Internalisierer

WpHG 32a (1) ¹Ein systematischer Internalisierer im Sinne des § 32 Satz 1 ist verpflichtet, regelmäßig und kontinuierlich während der üblichen Handelszeiten für die von ihm angebotenen Aktiengattungen zu angemessenen kaufmännischen Bedingungen verbindliche Kauf- und Verkaufsangebote (Quotes) zu veröffentlichen, sofern es hierfür einen liquiden Markt gibt. ²Besteht kein liquider Markt, ist er verpflichtet, auf Anfrage seiner Kunden Quotes nach Maßgabe des Satzes 1 zu veröffentlichen. ³Die Preise der veröffentlichten Quotes müssen die vorherrschenden Marktbedingungen widerspiegeln.

(2) ¹Der systematische Internalisierer kann die Stückzahl der Aktien oder den auf einen Geldbetrag gerechneten Wert (Größe) für seine Kauf- oder Verkaufsangebote in den Aktiengattungen festlegen, zu denen er Quotes veröffentlicht. ²Die Kauf- und Verkaufspreise pro Aktie in einem Quote müssen die vorherrschenden Marktbedingungen widerspiegeln.

(3) Der systematische Internalisierer kann die von ihm veröffentlichten Quotes jederzeit aktualisieren und im Falle außergewöhnlicher Marktumstände zurückziehen.

(4) Die Einzelheiten der Veröffentlichungspflichten nach Absatz 1 Satz 1 und 2 regelt Kapital IV Abschnitt 2 und 4 der Verordnung (EG) Nr. 1287/ 2006.

Bestimmung der standardmäßigen Marktgröße und Aufgaben der Bundesanstalt

WpHG 32b (1) Die Bundesanstalt legt zur Bestimmung der standardmäßigen Marktgröße im Sinne des § 32 Satz 1 auf Basis des rechnerischen Durchschnittswerts der auf dem Markt ausgeführten Geschäfte mindestens einmal jährlich die Klassen für die Aktiengattungen fest, welche ihren unter Liquiditätsaspekten wichtigsten Markt im Inland haben.

(2) Die Bundesanstalt veröffentlicht die nach Absatz 1 ermittelten Klassen auf ihrer Internetseite.

Ausführung von Kundenaufträgen durch systematische Internalisierer

WpHG 32c (1) [1]Ein systematischer Internalisierer im Sinne des § 32 Satz 1 ist verpflichtet, Aufträge zu dem zum Zeitpunkt des Auftragseingangs veröffentlichten Preis auszuführen. [2]Die Ausführung von Aufträgen für Privatkunden muss den Anforderungen des § 33a genügen.

(2) Der systematische Internalisierer kann die Aufträge professioneller Kunden zu einem anderen als dem in Absatz 1 Satz 1 genannten Preis ausführen, wenn die Auftragsausführung

1. zu einem besseren Preis erfolgt, der innerhalb einer veröffentlichten, marktnahen Bandbreite liegt und das Volumen des Auftrags einen Betrag von 7 500 Euro übersteigt,
2. eines Portfoliogeschäftes in mindestens zehn verschiedenen Wertpapieren erfolgt, die Teil eines einzigen Auftrags sind, oder
3. zu anderen Bedingungen erfolgt, als denjenigen, die für den jeweils geltenden Marktpreis anwendbar sind.

(3) [1]Hat der systematische Internalisierer nur einen Quote veröffentlicht oder liegt sein größter Quote unter der standardmäßigen Marktgröße, so kann er einen Kundenauftrag, der über der Größe seines Quotes und unter der standardmäßigen Marktgröße liegt, auch insoweit ausführen, als dieser die Größe seines Quotes übersteigt, wenn die Ausführung zum quotierten Preis erfolgt. [2]Absatz 2 bleibt unberührt.

(4) Hat der systematische Internalisierer Quotes für verschiedene Größen veröffentlicht, so kann er einen Kundenauftrag, der zwischen diesen Größen liegt, nach Maßgabe der Absätze 1 bis 3 zu einem der quotierten Preise ausführen.

Zugang zu Quotes, Geschäftsbedingungen bei systematischer Internalisierung

WpHG 32d (1) [1]Ein systematischer Internalisierer im Sinne des § 32 Satz 1 hat den Zugang zu den von ihm veröffentlichten Quotes in objektiver und nicht diskriminierender Weise zu gewähren. [2]Er hat die Zugangsgewährung in eindeutiger Weise in seinen Geschäftsbedingungen zu regeln.

(2) Die Geschäftsbedingungen können ferner vorsehen, dass

1. die Aufnahme und Fortführung einer Geschäftsbeziehung mit Kunden abgelehnt werden kann, sofern dies aufgrund wirtschaftlicher Erwägungen, insbesondere der Bonität des Kunden, dem Gegenparteienrisiko oder der Abwicklung der Geschäfte geboten ist,
2. die Ausführung von Aufträgen eines Kunden in nicht diskriminierender Weise beschränkt werden kann, sofern dies zur Verminderung des Ausfallrisikos notwendig ist, und
3. unter Berücksichtigung der Anforderungen des § 31c die Gesamtzahl der gleichzeitig von mehreren Kunden auszuführenden Aufträge in nicht diskriminierender Weise beschränkt werden kann, sofern die Anzahl oder das Volumen der Aufträge erheblich über der Norm liegt.

Organisationspflichten

WpHG 33 (1) ¹Ein Wertpapierdienstleistungsunternehmen muss die organisatorischen Pflichten nach § 25a Abs. 1 und 4 des Kreditwesengesetzes einhalten. ²Darüber hinaus muss es

1. angemessene Grundsätze aufstellen, Mittel vorhalten und Verfahren einrichten, die darauf ausgerichtet sind, sicherzustellen, dass das Wertpapierdienstleistungsunternehmen selbst und seine Mitarbeiter den Verpflichtungen dieses Gesetzes nachkommen, wobei insbesondere eine dauerhafte und wirksame Compliance-Funktion einzurichten ist, die ihre Aufgaben unabhängig wahrnehmen kann;
2. angemessene Vorkehrungen treffen, um die Kontinuität und Regelmäßigkeit der Wertpapierdienstleistungen und Wertpapiernebendienstleistungen zu gewährleisten;
3. auf Dauer wirksame Vorkehrungen für angemessene Maßnahmen treffen, um Interessenkonflikte bei der Erbringung von Wertpapierdienstleistungen oder Wertpapiernebendienstleistungen zwischen ihm selbst einschließlich seiner Mitarbeiter und der mit ihm direkt oder indirekt durch Kontrolle im Sinne des § 1 Abs. 8 des Kreditwesengesetzes verbundenen Personen und Unternehmen und seinen Kunden oder zwischen seinen Kunden zu erkennen und eine Beeinträchtigung der Kundeninteressen zu vermeiden;
4. wirksame und transparente Verfahren für eine angemessene und unverzügliche Bearbeitung von Beschwerden durch Privatkunden vorhalten und jede Beschwerde sowie die zu ihrer Abhilfe getroffenen Maßnahmen dokumentieren;
5. sicherstellen, dass die Geschäftsleitung und das Aufsichtsorgan in angemessenen Zeitabständen, zumindest einmal jährlich, Berichte der mit der Compliance-Funktion betrauten Mitarbeiter über die Angemessenheit und Wirksamkeit der Grundsätze, Mittel und Verfahren nach Nummer 1 erhalten, die insbesondere angeben, ob zur Behebung von Verstößen des Wertpapierdienstleistungsunternehmens oder seiner Mitarbeiter gegen Verpflichtungen dieses Gesetzes oder zur Beseitigung des Risikos eines solchen Verstoßes geeignete Maßnahmen ergriffen wurden;
6. die Angemessenheit und Wirksamkeit der nach diesem Abschnitt getroffenen organisatorischen Maßnahmen überwachen und regelmäßig bewerten sowie die erforderlichen Maßnahmen zur Beseitigung von Unzulänglichkeiten ergreifen.

³Im Rahmen der nach Satz 2 Nr. 1 zu treffenden Vorkehrungen muss das Wertpapierdienstleistungsunternehmen Art, Umfang, Komplexität und Risikogehalt seines Geschäfts sowie Art und Spektrum der von ihm angebotenen Wertpapierdienstleistungen berücksichtigen.

(2) ¹Ein Wertpapierdienstleistungsunternehmen muss bei einer Auslagerung von Aktivitäten und Prozessen sowie von Finanzdienstleistungen die Anforderungen nach § 25a Abs. 2 des Kreditwesengesetzes einhalten. ²Die Auslagerung darf nicht die Rechtsverhältnisse des Unternehmens zu seinen Kunden und seine Pflichten, die nach diesem Abschnitt gegenüber den Kunden bestehen, verändern. ³Die Auslagerung darf die Voraussetzungen, unter denen dem Wertpapierdienstleistungsunternehmen eine Erlaubnis nach § 32 des Kreditwesengesetzes erteilt worden ist, nicht verändern.

(3) ¹Ein Wertpapierdienstleistungsunternehmen darf die Finanzportfolioverwaltung für Privatkunden im Sinne des § 31a Abs. 3 nur dann an ein Unternehmen mit Sitz in einem Drittstaat auslagern, wenn

1. das Auslagerungsunternehmen für diese Dienstleistung im Drittstaat zugelassen oder registriert ist und von einer Behörde beaufsichtigt wird, die mit der Bundesanstalt eine hinreichende Kooperationsvereinbarung unterhält, und
2. die Auslagerungsvereinbarung bei der Bundesanstalt angezeigt und von ihr nicht innerhalb eines angemessenen Zeitraums beanstandet worden ist.

²Die Bundesanstalt veröffentlicht auf ihrer Internetseite eine Liste der ausländischen Aufsichtsbehörden, mit denen sie eine angemessene Kooperationsvereinbarung im Sinne des Satzes 1 Nr. 1 unterhält und die Bedingungen, unter denen sie Auslagerungsvereinbarungen nach Satz 1 Nr. 2 in der Regel nicht beanstandet, einschließlich einer Begründung, weshalb damit die Einhaltung der Vorgaben nach Absatz 2 gewährleistet werden kann.

(4) ¹Das Bundesministerium der Finanzen kann durch Rechtsverordnung, die nicht der Zustimmung des Bundesrates bedarf, nähere Bestimmungen zu den organisatorischen Anforderungen nach Absatz 1 Satz 2 erlassen. ²Das Bundesministerium der Finanzen kann die Ermächtigung durch Rechtsverordnung auf die Bundesanstalt übertragen.

Bestmögliche Ausführung von Kundenaufträgen

WpHG 33a (1) Ein Wertpapierdienstleistungsunternehmen, das Aufträge seiner Kunden für den Kauf oder Verkauf von Finanzinstrumenten im Sinne des § 2 Abs. 3 Satz 1 Nr. 1 bis 3 ausführt, muss

1. alle angemessenen Vorkehrungen treffen, insbesondere Grundsätze zur Auftragsausführung festlegen und mindestens jährlich überprüfen, um das bestmögliche Ergebnis für seine Kunden zu erreichen und
2. sicherstellen, dass die Ausführung jedes einzelnen Kundenauftrags nach Maßgabe dieser Grundsätze vorgenommen wird.

(2) Das Wertpapierdienstleistungsunternehmen muss bei der Aufstellung der Ausführungsgrundsätze alle relevanten Kriterien zur Erzielung des bestmöglichen Ergebnisses, insbesondere die Preise der Finanzinstrumente, die mit der Auftragsausführung verbundenen Kosten, die Geschwindigkeit, die Wahrscheinlichkeit der Ausführung und die Abwicklung des Auftrags sowie den Umfang und die Art des Auftrags berücksichtigen und die Kriterien unter Berücksichtigung der Merkmale des Kunden, des Kundenauftrags, des Finanzinstrumentes und des Ausführungsplatzes gewichten.

(3) ¹Führt das Wertpapierdienstleistungsunternehmen Aufträge von Privatkunden aus, müssen die Ausführungsgrundsätze Vorkehrungen dafür enthalten, dass sich das bestmögliche Ergebnis am Gesamtentgelt orientiert. ²Das Gesamtentgelt ergibt sich aus dem Preis für das Finanzinstrument und sämtlichen mit der Auftragsausführung verbundenen Kosten. ³Kann ein Auftrag über ein Finanzinstrument nach Maßgabe der Ausführungsgrundsätze des Wertpapierdienstleistungsunternehmens an mehreren konkurrierenden Plätzen ausgeführt werden, zählen zu den Kosten auch die eigenen Provisionen oder Gebühren, die das Wertpapierdienstleistungsunternehmen dem Kunden für eine Wertpapierdienstleistung in Rechnung stellt. ⁴Die Wertpapierdienstleistungsunternehmen dürfen ihre Provisionen nicht in einer Weise strukturieren oder in Rechnung stellen, die eine sachlich nicht gerechtfertigte Ungleichbehandlung der Ausführungsplätze bewirkt.

(4) Führt das Wertpapierdienstleistungsunternehmen einen Auftrag gemäß einer ausdrücklichen Kundenweisung aus, gilt die Pflicht zur Erzielung des bestmöglichen Ergebnisses entsprechend dem Umfang der Weisung als erfüllt.

(5) ¹Die Grundsätze zur Auftragsausführung müssen

1. Angaben zu den verschiedenen Ausführungsplätzen in Bezug auf jede Gattung von Finanzinstrumenten und die ausschlaggebenden Faktoren für die Auswahl eines Ausführungsplatzes,
2. mindestens die Ausführungsplätze, an denen das Wertpapierdienstleistungsunternehmen gleichbleibend die bestmöglichen Ergebnisse bei der Ausführung von Kundenaufträgen erzielen kann, enthalten. ²Lassen die Ausführungsgrundsätze im Sinne des Absatzes 1 Nr. 1 auch eine Auftragsausführung außerhalb organisierter Märkte und multilateraler Handelssysteme zu, muss das Wertpapierdienstleistungsunternehmen seine Kunden auf diesen Umstand gesondert hinweisen und deren ausdrückliche Einwilligung generell oder in Bezug auf jedes Geschäft einholen, bevor die Kundenaufträge an diesen Ausführungsplätzen ausgeführt werden.

(6) Das Wertpapierdienstleistungsunternehmen muss

1. seine Kunden vor der erstmaligen Erbringung von Wertpapierdienstleistungen über seine Ausführungsgrundsätze informieren und seine Zustimmung zu diesen Grundsätzen einholen,
2. seine Privatkunden ausdrücklich darauf hinweisen, dass im Falle einer Kundenweisung das Wertpapierdienstleistungsunternehmen den Auftrag entsprechend

der Kundenweisung ausführt und insoweit nicht verpflichtet ist, den Auftrag entsprechend seinen Grundsätzen zur Auftragsausführung zum bestmöglichen Ergebnis auszuführen,
3. seinen Kunden wesentliche Änderungen der Vorkehrungen nach Absatz 1 Nr. 1 unverzüglich mitteilen.

(7) Das Wertpapierdienstleistungsunternehmen muss in der Lage sein, einem Kunden auf Anfrage darzulegen, dass sein Auftrag entsprechend den Ausführungsgrundsätzen ausgeführt wurde.

(8) Für Wertpapierdienstleistungsunternehmen, die Aufträge ihrer Kunden an Dritte zur Ausführung weiterleiten oder Finanzportfolioverwaltung betreiben, ohne die Aufträge oder Entscheidungen selbst auszuführen, gelten die Absätze 1 bis 7 mit folgender Maßgabe entsprechend:
1. im Rahmen der angemessenen Vorkehrungen ist den Vorgaben Rechnung zu tragen, die bei der Auftragsausführung nach den Absätzen 2 und 3 zu beachten sind,
2. die nach Absatz 1 Nr. 1 festzulegenden Grundsätze müssen in Bezug auf jede Gruppe von Finanzinstrumenten die Einrichtungen nennen, die das Wertpapierdienstleistungsunternehmen mit der Ausführung seiner Entscheidungen beauftragt oder an die es die Aufträge seiner Kunden zur Ausführung weiterleitet; das Wertpapierdienstleistungsunternehmen muss sicherstellen, dass die von ihm ausgewählten Unternehmen Vorkehrungen treffen, die es ihm ermöglichen, seinen Pflichten nach diesem Absatz nachzukommen,
3. im Rahmen seiner Pflichten nach Absatz 1 Nr. 2 muss das Wertpapierdienstleistungsunternehmen mindestens einmal jährlich seine Grundsätze überprüfen und regelmäßig überwachen, ob die beauftragten Einrichtungen die Aufträge im Einklang mit den getroffenen Vorkehrungen ausführen und bei Bedarf etwaige Mängel beheben.

(9) [1] Das Bundesministerium der Finanzen kann durch Rechtsverordnung, die nicht der Zustimmung des Bundesrates bedarf, nähere Bestimmungen erlassen über Mindestanforderungen zur Aufstellung der Ausführungsgrundsätze nach den Absätzen 1 bis 5, über die Grundsätze im Sinne des Absatzes 8 Nr. 2 und der Überprüfung der Vorkehrungen nach den Absätzen 1 und 8 sowie Art, Umfang und Datenträger der Information über die Ausführungsgrundsätze nach Absatz 6.
[2] Das Bundesministerium der Finanzen kann die Ermächtigung durch Rechtsverordnung auf die Bundesanstalt übertragen.

Mitarbeiter und Mitarbeitergeschäfte

WpHG 33b

(1) Mitarbeiter eines Wertpapierdienstleistungsunternehmens sind
1. die Mitglieder der Leitungsorgane, die persönlich haftenden Gesellschafter und vergleichbare Personen, die Geschäftsführer sowie die vertraglich gebundenen Vermittler im Sinne des § 2 Abs. 10 Satz 1 des Kreditwesengesetzes,
2. die Mitglieder der Leitungsorgane, die persönlich haftenden Gesellschafter und vergleichbare Personen sowie die Geschäftsführer der vertraglich gebundenen Vermittler,
3. alle natürlichen Personen, deren sich das Wertpapierdienstleistungsunternehmen oder dessen vertraglich gebundene Vermittler bei der Erbringung von Wertpapierdienstleistungen, insbesondere aufgrund eines Arbeits-, Geschäftsbesorgungs- oder Dienstverhältnisses, bedienen, und
4. alle natürlichen Personen, die im Rahmen einer Auslagerungsvereinbarung unmittelbar an Dienstleistungen für das Wertpapierdienstleistungsunternehmen oder dessen vertraglich gebundene Vermittler zum Zweck der Erbringung von Wertpapierdienstleistungen beteiligt sind.

(2) Mitarbeitergeschäfte im Sinne der Absätze 3 bis 6 sind Geschäfte mit einem Finanzinstrument durch Mitarbeiter
1. für eigene Rechnung,
2. für Rechnung von Personen, mit denen sie im Sinne des § 15a Abs. 3 Satz 1 in enger Beziehung stehen, von minderjährigen Stiefkindern oder Personen, an deren Geschäftserfolg der Mitarbeiter ein zumindest mittelbares wesentliches

Interesse hat, welches nicht in einer Gebühr oder Provision für die Ausführung des Geschäfts besteht, oder
3. außerhalb des ihnen zugewiesenen Aufgabenbereichs für eigene oder fremde Rechnung.

(3) Wertpapierdienstleistungsunternehmen müssen angemessene Mittel und Verfahren einsetzen, die bezwecken, Mitarbeiter, deren Tätigkeit Anlass zu einem Interessenkonflikt geben könnte oder die aufgrund ihrer Tätigkeit Zugang haben zu Insiderinformationen nach § 13 oder zu anderen vertraulichen Informationen über Kunden oder solche Geschäfte, die mit oder für Kunden getätigt werden, daran zu hindern,
1. ein Mitarbeitergeschäft zu tätigen, welches
   a) gegen eine Vorschrift dieses Abschnitts oder § 14 verstoßen könnte oder
   b) mit dem Missbrauch oder der vorschriftswidrigen Weitergabe vertraulicher Informationen verbunden ist,
2. außerhalb ihrer vorgesehenen Tätigkeit als Mitarbeiter einem anderen ein Geschäft über Finanzinstrumente zu empfehlen, welches als Mitarbeitergeschäft
   a) die Voraussetzungen der Nummer 1 oder des Absatzes 5 Nr. 1 oder Nr. 2 erfüllte oder
   b) gegen § 31c Abs. 1 Nr. 5 verstieße
   oder einen anderen zu einem solchen Geschäft zu verleiten,
3. unbeschadet des Verbots nach § 14 Abs. 1 Nr. 2, außerhalb ihrer vorgesehenen Tätigkeit als Mitarbeiter einem anderen Meinungen oder Informationen in dem Bewusstsein zugänglich zu machen, dass der andere hierdurch verleitet werden dürfte,
   a) ein Geschäft zu tätigen, welches als Mitarbeitergeschäft die Voraussetzungen der Nummer 1 oder des Absatzes 5 Nr. 1 oder Nr. 2 erfüllte oder gegen § 31c Abs. 1 Nr. 5 verstieße, oder
   b) einem Dritten ein Geschäft nach Buchstabe a zu empfehlen oder ihn zu einem solchen zu verleiten.

(4) Die organisatorischen Vorkehrungen nach Absatz 3 müssen zumindest darauf ausgerichtet sein, zu gewährleisten, dass
1. alle von Absatz 3 erfassten Mitarbeiter die Beschränkungen für Mitarbeitergeschäfte und die Vorkehrungen des Wertpapierdienstleistungsunternehmens nach Absatz 3 kennen,
2. das Wertpapierdienstleistungsunternehmen von jedem Mitarbeitergeschäft eines Mitarbeiters im Sinne des Absatzes 3 entweder durch Anzeige des Mitarbeiters oder ein anderes Feststellungsverfahren unverzüglich Kenntnis erhalten kann,
3. im Rahmen von Auslagerungsvereinbarungen im Sinne des § 25a Abs. 2 des Kreditwesengesetzes die Mitarbeitergeschäfte von Personen nach Absatz 1 Nr. 4, welche die Voraussetzungen des Absatzes 3 erfüllen, durch das Auslagerungsunternehmen dokumentiert und dem Wertpapierdienstleistungsunternehmen auf Verlangen vorgelegt werden und
4. das Wertpapierdienstleistungsunternehmen alle Mitarbeitergeschäfte, von denen es nach Nummer 2 oder Nummer 3 Kenntnis erhält, und alle Erlaubnisse und Verbote, die hierzu erteilt werden, dokumentiert.

(5) Die organisatorischen Vorkehrungen von Wertpapierdienstleistungsunternehmen, die auf eigene Verantwortung oder auf Verantwortung eines Mitglieds ihrer Unternehmensgruppe Finanzanalysen über Finanzinstrumente im Sinne des § 2 Abs. 2b oder deren Emittenten erstellen oder erstellen lassen, die unter ihren Kunden oder in der Öffentlichkeit verbreitet werden sollen oder deren Verbreitung wahrscheinlich ist, müssen zudem darauf ausgerichtet sein, zu gewährleisten, dass

1. Mitarbeiter, die den Inhalt und wahrscheinlichen Zeitplan von Finanzanalysen über Finanzinstrumente im Sinne des § 2 Abs. 2b oder deren Emittenten kennen, die weder veröffentlicht noch für Kunden zugänglich sind und deren Empfehlung Dritte nicht bereits aufgrund öffentlich verfügbarer Informationen erwarten würden, für eigene Rechnung oder für Rechnung Dritter, einschließlich des Wertpapierdienstleistungsunternehmens, keine Geschäfte mit Finanzinstrumenten tätigen, auf die sich die Finanzanalysen beziehen, oder damit verbundenen Finanzinstrumenten, bevor die Empfänger der Finanzana-

lysen oder Anlageempfehlungen ausreichend Gelegenheit für eine Reaktion hatten, es sei denn, die Mitarbeiter handeln in ihrer Eigenschaft als Market Maker nach Treu und Glauben und im üblichen Rahmen oder in Ausführung eines nicht selbst initiierten Kundenauftrags,

2. in nicht unter Nummer 1 erfassten Fällen Mitarbeiter, die an der Erstellung von Finanzanalysen über Finanzinstrumente im Sinne des § 2 Abs. 2 b oder deren Emittenten beteiligt sind, nur in Ausnahmefällen und mit vorheriger Zustimmung der Rechtsabteilung oder der Compliance-Funktion ein Mitarbeitergeschäft über Finanzinstrumente, auf die sich die Finanzanalysen beziehen, oder damit verbundene Finanzinstrumente, entgegen den aktuellen Empfehlungen tätigen.

(6) Die Pflichten des Absatzes 5 gelten auch für Wertpapierdienstleistungsunternehmen, die von einem Dritten erstellte Finanzanalysen öffentlich verbreiten oder an ihre Kunden weitergeben, es sei denn,

1. der Dritte, der die Finanzanalyse erstellt, gehört nicht zur selben Unternehmensgruppe und
2. das Wertpapierdienstleistungsunternehmen
    a) ändert die in der Finanzanalyse enthaltenen Empfehlungen nicht wesentlich ab,
    b) stellt die Finanzanalyse nicht als von ihm erstellt dar und
    c) vergewissert sich, dass für den Ersteller der Finanzanalyse Bestimmungen gelten, die den Anforderungen des Absatzes 5 gleichwertig sind, oder dieser Grundsätze im Sinne dieser Anforderungen festgelegt hat.

(7) Von den Absätzen 3 und 4 ausgenommen ist ein Mitarbeitergeschäft

1. im Rahmen der Finanzportfolioverwaltung, sofern vor dem jeweiligen Geschäftsabschluss kein Kontakt zwischen dem Portfolioverwalter und dem Mitarbeiter oder demjenigen besteht, für dessen Rechnung dieser handelt,
2. mit Anteilen an Investmentvermögen, die
    a) den Vorgaben der Richtlinie 85/611/EWG des Rates vom 20. Dezember 1985 zur Koordinierung der Rechts- und Verwaltungsvorschriften betreffend bestimmte Organismen für gemeinsame Anlagen in Wertpapieren (ABl. EG Nr. L 375 S. 3) entsprechen oder
    b) im Inland, in einem anderen Mitgliedstaat der Europäischen Union oder einem anderen Vertragsstaat des Abkommens über den Europäischen Wirtschaftsraum beaufsichtigt werden und ein gleich hohes Maß an Risikostreuung aufweisen müssen, wenn der Mitarbeiter oder eine andere Person, für deren Rechnung gehandelt wird, an der Verwaltung des Investmentvermögens nicht beteiligt sind.

Aufzeichnungs- und Aufbewahrungspflicht

WpHG 34 (1) Ein Wertpapierdienstleistungsunternehmen muss, unbeschadet der Aufzeichnungspflichten nach den Artikeln 7 und 8 der Verordnung (EG) Nr. 1287/2006, über die von ihm erbrachten Wertpapierdienstleistungen und Wertpapiernebendienstleistungen sowie die von ihm getätigten Geschäfte Aufzeichnungen erstellen, die es der Bundesanstalt ermöglichen, die Einhaltung der in diesem Abschnitt geregelten Pflichten zu prüfen.

(2) [1] Das Wertpapierdienstleistungsunternehmen hat Aufzeichnungen zu erstellen über Vereinbarungen mit Kunden, die die Rechte und Pflichten der Vertragsparteien sowie die sonstigen Bedingungen festlegen, zu denen das Wertpapierdienstleistungsunternehmen Wertpapierdienstleistungen oder Wertpapiernebendienstleistungen für den Kunden erbringt. [2] Bei der erstmaligen Erbringung einer Wertpapierdienstleistung für einen Privatkunden, die nicht Anlageberatung ist, muss die Aufzeichnung nach Satz 1 den Abschluss einer schriftlichen Rahmenvereinbarung, die mindestens die wesentlichen Rechte und Pflichten des Wertpapierdienstleistungsunternehmens und des Privatkunden enthält, dokumentieren. [3] In anderen Dokumenten oder Rechtstexten normierte oder vereinbarte Rechte und Pflichten können durch Verweis in die Rahmenvereinbarung einbezogen werden. [4] Die Rahmenvereinbarung muss dem Privatkunden in Papierform oder auf einem anderen dauerhaften Datenträger zur Verfügung gestellt werden. [5] Ein dauerhafter

Datenträger ist jedes Medium, das dem Kunden die Speicherung der für ihn bestimmten Informationen in der Weise gestattet, dass er die Informationen für eine ihrem Zweck angemessene Dauer einsehen und unverändert wiedergeben kann.

(2a) [1] Ein Wertpapierdienstleistungsunternehmen muss über jede Anlageberatung bei einem Privatkunden ein schriftliches Protokoll anfertigen. [2] Das Protokoll ist von demjenigen zu unterzeichnen, der die Anlageberatung durchgeführt hat; eine Ausfertigung ist dem Kunden unverzüglich nach Abschluss der Anlageberatung, jedenfalls vor einem auf der Beratung beruhenden Geschäftsbeschluss, in Papierform oder auf einem anderen dauerhaften Datenträger zur Verfügung zu stellen. [3] Wählt der Kunde für Anlageberatung und Geschäftsabschluss Kommunikationsmittel, die die Übermittlung des Protokolls vor dem Geschäftsabschluss nicht gestatten, muss das Wertpapierdienstleistungsunternehmen eine Ausfertigung des Protokolls dem Kunden unverzüglich nach Abschluss der Anlageberatung zusenden. [4] In diesem Fall kann der Geschäftsabschluss auf ausdrücklichen Wunsch des Kunden vor Erhalt des Protokolls erfolgen, wenn das Wertpapierdienstleistungsunternehmen dem Kunden für den Fall, dass das Protokoll nicht richtig oder nicht vollständig ist, ausdrücklich ein innerhalb von einer Woche nach dem Zugang des Protokolls auszuübendes Recht zum Rücktritt von dem auf der Beratung beruhenden Geschäft einräumt. [5] Der Kunde muss auf das Rücktrittsrecht und die Frist hingewiesen werden. [6] Bestreitet das Wertpapierdienstleistungsunternehmen das Recht zum Rücktritt nach Satz 4, hat es die Richtigkeit und die Vollständigkeit des Protokolls zu beweisen.

(2b) Der Kunde kann von dem Wertpapierdienstleistungsunternehmen die Herausgabe einer Ausfertigung des Protokolls nach Absatz 2a verlangen.

(3) [1] Alle nach diesem Abschnitt erforderlichen Aufzeichnungen sind mindestens fünf Jahre ab dem Zeitpunkt ihrer Erstellung aufzubewahren. [2] Aufzeichnungen über Rechte und Pflichten des Wertpapierdienstleistungsunternehmens und seiner Kunden sowie sonstige Bedingungen, zu denen Wertpapierdienstleistungen und Wertpapiernebendienstleistungen erbracht werden, sind mindestens für die Dauer der Geschäftsbeziehung mit dem Kunden aufzubewahren. [3] In Ausnahmefällen kann die Bundesanstalt für einzelne oder alle Aufzeichnungen längere Aufbewahrungsfristen festsetzen, wenn dies aufgrund außergewöhnlicher Umstände unter Berücksichtigung der Art des Finanzinstruments oder des Geschäfts für die Überwachungstätigkeit der Bundesanstalt erforderlich ist. [4] Die Bundesanstalt kann die Einhaltung der Aufbewahrungsfrist nach Satz 1 auch für den Fall verlangen, dass die Erlaubnis eines Wertpapierdienstleistungsunternehmens vor Ablauf der in Satz 1 genannten Frist endet.

(4) [1] Das Bundesministerium der Finanzen kann durch Rechtsverordnung, die nicht der Zustimmung des Bundesrates bedarf, nähere Bestimmungen zu den Aufzeichnungspflichten und zu der Geeignetheit von Datenträgern nach den Absätzen 1 bis 2a erlassen. [2] Das Bundesministerium der Finanzen kann die Ermächtigung durch Rechtsverordnung auf die Bundesanstalt übertragen.

(5) Die Bundesanstalt veröffentlicht auf ihrer Internetseite ein Verzeichnis der Mindestaufzeichnungen, die die Wertpapierdienstleistungsunternehmen nach diesem Gesetz in Verbindung mit einer Rechtsverordnung nach Absatz 4 vorzunehmen haben.

Getrennte Vermögensverwahrung

WpHG 34a (1) [1] Ein Wertpapierdienstleistungsunternehmen, das über keine Erlaubnis für das Einlagengeschäft im Sinne des § 1 Abs. 1 Satz 2 Nr. 1 des Kreditwesengesetzes verfügt, hat Kundengelder, die es im Zusammenhang mit einer Wertpapierdienstleistung oder einer Wertpapiernebendienstleistung entgegennimmt, unverzüglich getrennt von den Geldern des Unternehmens und von anderen Kundengeldern auf Treuhandkonten bei solchen Kreditinstituten, Unternehmen im Sinne des § 53b Abs. 1 Satz 1 des Kreditwesengesetzes oder vergleichbaren Instituten mit Sitz in einem Drittstaat, welche zum Betreiben des Einlagengeschäftes befugt sind, einer Zentralbank oder einem qualifizierten Geldmarktfonds zu verwahren, bis die Gelder zum vereinbarten Zweck verwendet werden. [2] Der Kunde

(16) WpHG 34b

kann im Wege individueller Vertragsabrede hinsichtlich der Trennung der Kundengelder voneinander anderweitige Weisung erteilen, wenn er über den mit der Trennung der Kundengelder verfolgten Schutzzweck informiert wurde. ³ Zur Verwahrung bei einem qualifizierten Geldmarktfonds hat das Wertpapierdienstleistungsunternehmen die vorherige Zustimmung des Kunden einzuholen. ⁴ Das Wertpapierdienstleistungsunternehmen hat dem verwahrenden Institut vor der Verwahrung offen zu legen, dass die Gelder treuhänderisch eingelegt werden. ⁵ Es hat den Kunden unverzüglich darüber zu unterrichten, bei welchem Institut und auf welchem Konto die Kundengelder verwahrt werden und ob das Institut, bei dem die Kundengelder verwahrt werden, einer Einrichtung zur Sicherung der Ansprüche von Einlegern und Anlegern angehört und in welchem Umfang die Kundengelder durch diese Einrichtung gesichert sind.

(2) ¹ Ein Wertpapierdienstleistungsunternehmen ohne eine Erlaubnis zum Betreiben des Depotgeschäftes im Sinne des § 1 Abs. 1 Satz 2 Nr. 5 des Gesetzes über das Kreditwesen hat Wertpapiere, die es im Zusammenhang mit einer Wertpapierdienstleistung oder einer Wertpapiernebendienstleistung entgegennimmt, unverzüglich einem Kreditinstitut, das im Inland zum Betreiben des Depotgeschäftes befugt ist, oder einem Institut mit Sitz im Ausland, das zum Betreiben des Depotgeschäftes befugt ist und bei welchem dem Kunden eine Rechtsstellung eingeräumt wird, die derjenigen nach dem Depotgesetz gleichwertig ist, zur Verwahrung weiterzuleiten. ² Absatz 1 Satz 5 gilt entsprechend.

(3) Das Wertpapierdienstleistungsunternehmen ist verpflichtet, jedem Kunden mindestens einmal jährlich auf einem dauerhaften Datenträger eine Aufstellung der Gelder und Finanzinstrumente zu übermitteln, die nach Absatz 1 oder Absatz 2 für ihn verwahrt werden.

(4) ¹ Ein Wertpapierdienstleistungsunternehmen darf Finanzinstrumente, die es nach Absatz 2 oder den Vorschriften des Depotgesetzes für Kunden hält, nur unter genau festgelegten Bedingungen, denen der Kunde im Voraus ausdrücklich zugestimmt hat, für eigene Rechnung oder für Rechnung eines anderen Kunden, insbesondere durch Vereinbarungen über Wertpapierfinanzierungsgeschäfte nach Artikel 2 Abs. 10 der Verordnung (EG) Nr. 1287/2006, nutzen. ² Werden die Finanzinstrumente auf Sammeldepots bei einem Dritten verwahrt, sind für eine Nutzung nach Satz 1 zusätzlich die ausdrückliche Zustimmung aller anderen Kunden des Sammeldepots oder Systeme und Kontrolleinrichtungen erforderlich, mit denen die Beschränkung der Nutzung auf Finanzinstrumente gewährleistet ist, für die eine Zustimmung nach Satz 1 vorliegt. ³ Soweit es sich um Privatkunden handelt, muss die Zustimmung nach den Sätzen 1 und 2 durch Unterschrift des Kunden oder auf gleichwertige Weise dokumentiert werden. In den Fällen des Satzes 2 muss das Wertpapierdienstleistungsunternehmen über Kunden, auf deren Weisung hin eine Nutzung der Finanzinstrumente erfolgt, und über die Zahl der von jedem einzelnen Kunden mit dessen Zustimmung genutzten Finanzinstrumenten Aufzeichnungen führen, die eine eindeutige und zutreffende Zuordnung der im Rahmen der Nutzung eingetretenen Verluste ermöglichen.

(5) ¹ Das Bundesministerium der Finanzen kann durch Rechtsverordnung, die nicht der Zustimmung des Bundesrates bedarf, zum Schutz der bei einem Wertpapierdienstleistungsunternehmen anvertrauten Gelder oder Wertpapiere der Kunden nähere Bestimmungen über den Umfang der Verpflichtungen nach den Absätzen 1 bis 4 sowie zu den Anforderungen an qualifizierte Geldmarktfonds im Sinne des Absatzes 1 erlassen. ² Das Bundesministerium der Finanzen kann die Ermächtigung durch Rechtsverordnung auf die Bundesanstalt übertragen.

Analyse von Finanzinstrumenten

WpHG 34b (1) ¹ Personen, die im Rahmen ihrer Berufs- oder Geschäftstätigkeit eine Information über Finanzinstrumente oder deren Emittenten erstellen, die direkt oder indirekt eine Empfehlung für eine bestimmte Anlageentscheidung enthält und einem unbestimmten Personenkreis zugänglich gemacht werden soll (Finanzanalyse), sind zu der erforderlichen Sachkenntnis, Sorgfalt und Gewissenhaftigkeit verpflichtet. ² Die Finanzanalyse darf nur weitergegeben oder öffentlich verbreitet werden, wenn sie sachgerecht erstellt und dargeboten wird und

1. die Identität der Person, die für die Weitergabe oder die Verbreitung der Finanzanalyse verantwortlich ist, und
2. Umstände oder Beziehungen, die bei den Erstellern, den für die Erstellung verantwortlichen juristischen Personen oder mit diesen verbundenen Unternehmen Interessenkonflikte begründen können,

zusammen mit der Finanzanalyse offen gelegt werden.

(2) Eine Zusammenfassung einer von einem Dritten erstellten Finanzanalyse darf nur weitergegeben werden, wenn der Inhalt der Finanzanalyse klar und nicht irreführend wiedergegeben wird und in der Zusammenfassung auf das Ausgangsdokument sowie auf den Ort verwiesen wird, an dem die klar und mit dem Ausgangsdokument verbundene Offenlegung nach Absatz 1 Satz 2 unmittelbar und leicht zugänglich ist, sofern diese Angaben öffentlich verbreitet wurden.

(3) [1] Finanzinstrumente im Sinne des Absatzes 1 sind nur solche, die
1. zum Handel an einem inländischen Börse zugelassen oder in den regulierten Markt oder den Freiverkehr einbezogen sind oder
2. in einem anderen Mitgliedstaat der Europäischen Union oder einem anderen Vertragsstaat des Abkommens über den Europäischen Wirtschaftsraum zum Handel an einem organisierten Markt zugelassen sind.

[2] Der Zulassung zum Handel an einem organisierten Markt oder der Einbeziehung in den geregelten Markt oder in den Freiverkehr steht es gleich, wenn der Antrag auf Zulassung oder Einbeziehung gestellt oder öffentlich angekündigt ist.

(4) Die Bestimmungen der Absätze 1, 2 und 5 gelten nicht für Journalisten, sofern diese einer mit den Regelungen der Absätze 1, 2 und 5 sowie des § 34 c vergleichbaren Selbstregulierung einschließlich wirksamer Kontrollmechanismen unterliegen.

(5) [1] Unternehmen, die Finanzanalysen nach Absatz 1 Satz 1 erstellen oder weitergeben, müssen so organisiert sein, dass Interessenkonflikte im Sinne des Absatzes 1 Satz 2 möglichst gering sind. [2] Sie müssen insbesondere über angemessene Kontrollverfahren verfügen, die geeignet sind, Verstößen gegen Verpflichtungen nach Absatz 1 entgegenzuwirken. [3] Für Wertpapierdienstleistungsunternehmen, die auf eigene Verantwortung oder auf Verantwortung eines Mitglieds ihrer Unternehmensgruppe Finanzanalysen erstellen oder erstellen lassen, die unter ihren Kunden oder in der Öffentlichkeit verbreitet werden sollen oder deren Verbreitung wahrscheinlich ist, gilt Satz 1 auch in Bezug auf Finanzanalysen über Finanzinstrumente im Sinne des § 2 Abs. 2 b, die nicht unter Absatz 3 fallen, oder deren Emittenten. [4] Satz 3 ist nicht auf Wertpapierdienstleistungsunternehmen im Sinne des § 33 b Abs. 6 anwendbar.

(6) *[aufgehoben]*

(7) [1] Die Befugnisse der Bundesanstalt nach § 35 gelten hinsichtlich der Einhaltung der in den Absätzen 1, 2 und 5 genannten Pflichten entsprechend. [2] § 36 gilt entsprechend, wenn die Finanzanalyse von einem Wertpapierdienstleistungsunternehmen erstellt, anderen zugänglich gemacht oder öffentlich verbreitet wird.

(8) [1] Das Bundesministerium der Finanzen kann durch Rechtsverordnung, die nicht der Zustimmung des Bundesrates bedarf, nähere Bestimmungen über die sachgerechte Erstellung und Darbietung von Finanzanalysen, über Umstände oder Beziehungen, die Interessenkonflikte begründen können, über deren Offenlegung sowie über die angemessene Organisation nach Absatz 5 erlassen. [2] Das Bundesministerium der Finanzen kann die Ermächtigung durch Rechtsverordnung auf die Bundesanstalt für Finanzdienstleistungsaufsicht übertragen.

Anzeigepflicht

WpHG 34c [1] Andere Personen als Wertpapierdienstleistungsunternehmen, Kapitalanlagegesellschaften oder Investmentaktiengesellschaften, die in Ausübung ihres Berufes oder im Rahmen ihrer Geschäftstätigkeit für die Erstellung von Finanzanalysen oder deren Weitergabe verantwortlich sind, haben dies gemäß Satz 3 der Bundesanstalt unverzüglich anzuzeigen. [2] Die Einstellung der in Satz 1 genannten Tätigkeiten ist ebenfalls anzuzeigen. [3] Die Anzeige muss Name oder

Firma und Anschrift des Anzeigepflichtigen enthalten. [4] Der Anzeigepflichtige hat weiterhin anzuzeigen, ob bei mit ihm verbundenen Unternehmen Tatsachen vorliegen, die Interessenkonflikte begründen können. [5] Veränderungen der angezeigten Daten und Sachverhalte sind innerhalb von vier Wochen der Bundesanstalt anzuzeigen. [6] Die Ausnahmevorschrift des § 34 b Abs. 4 gilt entsprechend.

Überwachung der Meldepflichten und Verhaltensregeln

WpHG 35 (1) Die Bundesanstalt kann zur Überwachung der Einhaltung der in diesem Abschnitt geregelten Pflichten bei den Wertpapierdienstleistungsunternehmen, den mit diesen verbundenen Unternehmen, den Zweigniederlassungen im Sinne des § 53 b des Kreditwesengesetzes, den Unternehmen, mit denen eine Auslagerungsvereinbarung im Sinne des § 25 a Abs. 2 des Kreditwesengesetzes besteht oder bestand, und sonstigen zur Durchführung eingeschalteten dritten Personen oder Unternehmen auch ohne besonderen Anlass Prüfungen vornehmen.

(2) Die Bundesanstalt kann zur Überwachung der Einhaltung der in diesem Abschnitt geregelten Pflichten Auskünfte und die Vorlage von Unterlagen auch von Unternehmen mit Sitz in einem Drittstaat verlangen, die Wertpapierdienstleistungen gegenüber Kunden erbringen, die ihren gewöhnlichen Aufenthalt oder ihre Geschäftsleitung im Inland haben, sofern nicht die Wertpapierdienstleistung einschließlich der damit im Zusammenhang stehenden Wertpapiernebendienstleistungen ausschließlich in einem Drittstaat erbracht wird.

(3) Widerspruch und Anfechtungsklage gegen Maßnahmen nach den Absätzen 1 und 2 haben keine aufschiebende Wirkung.

(4) [1] Die Bundesanstalt kann Richtlinien aufstellen, nach denen sie nach Maßgabe der Richtlinie 2004/39/EG und der Richtlinie 2006/73/EG der Kommission vom 10. August 2006 zur Durchführung der Richtlinie 2004/39/EG des Europäischen Parlaments und des Rates in Bezug auf die organisatorischen Anforderungen an Wertpapierfirmen und die Bedingungen für die Ausübung ihrer Tätigkeit sowie in Bezug auf die Definition bestimmter Begriffe für die Zwecke der genannten Richtlinie (ABl. EU Nr. L 241 S. 26) für den Regelfall beurteilt, ob die Anforderungen dieses Abschnitts erfüllt sind. [2] Die Deutsche Bundesbank sowie die Spitzenverbände der betroffenen Wirtschaftskreise sind vor dem Erlass der Richtlinien anzuhören. [3] Die Richtlinien sind im elektronischen Bundesanzeiger zu veröffentlichen.

Prüfung der Meldepflichten und Verhaltensregeln

WpHG 36 (1) [1] Unbeschadet des § 35 ist die Einhaltung der Meldepflichten nach § 9, der in diesem Abschnitt geregelten Pflichten und der sich aus der Verordnung (EG) Nr. 1287/2006 ergebenden Pflichten einmal jährlich durch einen geeigneten Prüfer zu prüfen. [2] Bei Kreditinstituten, die das Depotgeschäft im Sinne von § 1 Abs. 1 Satz 2 Nr. 5 des Kreditwesengesetzes betreiben, hat der Prüfer auch dieses Geschäft besonders zu prüfen; diese Prüfung hat sich auch auf die Einhaltung des § 128 des Aktiengesetzes über Mitteilungspflichten und des § 135 des Aktiengesetzes über die Ausübung des Stimmrechts zu erstrecken. [3] Die Bundesanstalt kann auf Antrag von der jährlichen Prüfung, mit Ausnahme der Prüfung der Einhaltung der Anforderungen nach § 34 a, auch in Verbindung mit einer Rechtsverordnung nach § 34 a Abs. 5, ganz oder teilweise absehen, soweit dies aus besonderen Gründen, insbesondere wegen der Art und des Umfangs der betriebenen Geschäfte angezeigt ist. [4] Das Wertpapierdienstleistungsunternehmen hat den Prüfer jeweils spätestens zum Ablauf des Geschäftsjahres zu bestellen, auf das sich die Prüfung erstreckt. [5] Bei Kreditinstituten, die einem genossenschaftlichen Prüfungsverband angehören oder durch die Prüfungsstelle eines Sparkassen- und Giroverbandes geprüft werden, wird die Prüfung durch den zuständigen Prüfungsverband oder die zuständige Prüfungsstelle, soweit hinsichtlich letzterer das Landesrecht dies vorsieht, vorgenommen. [6] Geeignete Prüfer sind darüber hinaus Wirtschaftsprüfer, vereidigte Buchprüfer sowie Wirtschaftsprüfungs- und Buchprüfungsgesellschaften, die hinsichtlich des Prüfungsgegenstandes über ausreichende Kenntnisse verfügen. [7] Der Prüfer hat unverzüglich nach Beendigung der Prüfung der Bundesanstalt und der Deutschen Bundesbank einen Prüfungsbericht einzureichen. [8] Soweit Prüfungen nach Satz 4 von genossenschaftlichen Prüfungsverbänden oder Prüfungsstellen von Sparkassen- und Giroverbänden durchgeführt werden, haben die Prüfungsverbände oder Prüfungsstellen den Prüfungsbericht nur auf Anforderung der Bundesanstalt oder der Deutschen Bundesbank einzureichen.

(2) [1] Das Wertpapierdienstleistungsunternehmen hat vor Erteilung des Prüfungsauftrags der Bundesanstalt den Prüfer anzuzeigen. [2] Die Bundesanstalt kann innerhalb eines Monats nach Zugang der Anzeige die Bestellung eines anderen Prüfers verlangen, wenn dies zur Erreichung des Prüfungszweckes geboten ist; Widerspruch und Anfechtungsklage hiergegen haben keine aufschiebende Wirkung. [3] Die Sätze 1 und 2 gelten nicht für Kreditinstitute, die einem genossenschaftlichen Prüfungsverband angehören oder durch die Prüfungsstelle eines Sparkassen- und Giroverbandes geprüft werden.

(3) [1] Die Bundesanstalt kann gegenüber dem Wertpapierdienstleistungsunternehmen Bestimmungen über den Inhalt der Prüfung treffen, die vom Prüfer zu berücksichtigen sind. [2] Sie kann insbesondere Schwerpunkte für die Prüfungen festlegen. [3] Bei schwerwiegenden Verstößen gegen die Meldepflichten nach § 9 oder die in diesem Abschnitt geregelten Pflichten hat der Prüfer die Bundesanstalt unverzüglich zu unterrichten. [4] Die Bundesanstalt kann an den Prüfungen teilnehmen. [5] Hierfür ist der Bundesanstalt der Beginn der Prüfung rechtzeitig mitzuteilen.

(4) [1] Die Bundesanstalt kann in Einzelfällen die Prüfung nach Absatz 1 anstelle des Prüfers selbst oder durch Beauftragte durchführen. [2] Das Wertpapierdienstleistungsunternehmen ist hierüber rechtzeitig zu informieren.

(5) [1] Das Bundesministerium der Finanzen kann durch Rechtsverordnung, die nicht der Zustimmung des Bundesrates bedarf, nähere Bestimmungen über Art, Umfang und Zeitpunkt der Prüfung nach Absatz 1 erlassen, soweit dies zur Erfüllung der Aufgaben der Bundesanstalt erforderlich ist, insbesondere um Missständen im Handel mit Finanzinstrumenten entgegenzuwirken, um auf die Einhaltung der Meldepflichten nach § 9 und der in diesem Abschnitt geregelten Pflichten hinzuwirken und um zu diesem Zweck einheitliche Unterlagen zu erhalten. [2] Das Bundesministerium der Finanzen kann die Ermächtigung durch Rechtsverordnung auf die Bundesanstalt für Finanzdienstleistungsaufsicht übertragen.

WpHG 36a

Unternehmen, organisierte Märkte und multilaterale Handelssysteme mit Sitz in einem anderen Mitgliedstaat der Europäischen Union oder in einem anderen Vertragsstaat des Abkommens über den Europäischen Wirtschaftsraum

(1) [1] Die in diesem Abschnitt geregelten Rechte und Pflichten sind mit Ausnahme des § 31 Abs. 1 Nr. 2, der §§ 31f, 31g, 33, 33b, 34a und 34b Abs. 5 sowie des § 34c auf Zweigniederlassungen im Sinne des § 53b des Kreditwesengesetzes, die Wertpapierdienstleistungen erbringen, entsprechend anzuwenden. [2] Ein Unternehmen mit Sitz in einem anderen Mitgliedstaat der Europäischen Union oder in einem anderen Vertragsstaat des Abkommens über den Europäischen Wirtschaftsraum, das Wertpapierdienstleistungen allein oder zusammen mit Wertpapiernebendienstleistungen erbringt und das beabsichtigt, im Inland eine Zweigniederlassung im Sinne des § 53b des Kreditwesengesetzes zu errichten, ist von der Bundesanstalt innerhalb der in § 53b Abs. 2 Satz 1 des Kreditwesengesetzes bestimmten Frist auf die Meldepflichten nach § 9 und die nach Satz 1 für die Zweigniederlassung geltenden Rechte und Pflichten hinzuweisen.

(2) [1] Die Bundesanstalt kann von der Zweigniederlassung Änderungen der getroffenen Vorkehrungen zur Einhaltung der für sie geltenden Pflichten verlangen, soweit die Änderungen notwendig und verhältnismäßig sind, um der Bundesanstalt die Prüfung der Einhaltung der Pflichten zu ermöglichen. [2] Stellt die Bundesanstalt fest, dass das Unternehmen die nach Absatz 1 Satz 1 für seine Zweigniederlassung geltenden Pflichten nicht beachtet, fordert es das Unterneh-

men auf, seine Verpflichtungen innerhalb einer von der Bundesanstalt zu bestimmenden Frist zu erfüllen. [3] Kommt das Unternehmen der Aufforderung nicht nach, trifft die Bundesanstalt alle geeigneten Maßnahmen, um die Erfüllung der Verpflichtungen sicherzustellen und unterrichtet die zuständigen Behörden des Herkunftsmitgliedstaates über die Art der getroffenen Maßnahmen. [4] Falls das betroffene Unternehmen den Mangel nicht behebt, kann die Bundesanstalt nach Unterrichtung der zuständigen Behörde des Herkunftsmitgliedstaates alle Maßnahmen ergreifen, um weitere Verstöße zu verhindern oder zu ahnden. [5] Soweit erforderlich, kann die Bundesanstalt dem betroffenen Unternehmen die Durchführung neuer Geschäfte im Inland untersagen. [6] Die Bundesanstalt unterrichtet die Kommission der Europäischen Gemeinschaften unverzüglich von Maßnahmen nach den Sätzen 4 und 5.

(3) [1] Stellt die Bundesanstalt fest, dass ein Unternehmen im Sinne des Absatzes 1 Satz 2, das im Inland eine Zweigniederlassung errichtet hat, gegen andere als die in Absatz 1 Satz 1 genannten Bestimmungen dieses Gesetzes oder entsprechende ausländische Vorschriften verstößt, so teilt sie dies der zuständigen Stelle des Herkunftsmitgliedstaates nach Maßgabe des § 7 Abs. 5 Satz 1 mit. [2] Sind die daraufhin getroffenen Maßnahmen der zuständigen Behörde des Herkunftsmitgliedstaates unzureichend oder verstößt das Unternehmen aus anderen Gründen weiter gegen die sonstigen Bestimmungen dieses Abschnitts und sind dadurch Anlegerinteressen oder die ordnungsgemäße Funktion des Marktes gefährdet, ergreift die Bundesanstalt nach vorheriger Unterrichtung der zuständigen Behörde des Herkunftsmitgliedstaates alle erforderlichen Maßnahmen, um den Anlegerschutz und die ordnungsgemäße Funktion der Märkte zu gewährleisten. [3] Absatz 2 Satz 4 und 5 gilt entsprechend.

(4) Absatz 3 gilt entsprechend für ein Unternehmen mit Sitz in einem anderen Mitgliedstaat der Europäischen Union oder in einem anderen Vertragsstaat des Abkommens über den Europäischen Wirtschaftsraum, das Wertpapierdienstleistungen oder Wertpapiernebendienstleistungen im Wege des grenzüberschreitenden Dienstleistungsverkehrs gegenüber Kunden erbringt, die ihren gewöhnlichen Aufenthalt oder ihre Geschäftsleitung im Inland haben, wenn das Unternehmen gegen Bestimmungen dieses Abschnitts oder entsprechende ausländische Vorschriften verstößt.

(5) Absatz 3 gilt für Betreiber organisierter Märkte und multilateraler Handelssysteme entsprechend mit der Maßgabe, dass für Maßnahmen der Bundesanstalt gegenüber einem solchen Betreiber Verstöße gegen Bestimmungen dieses Abschnitts, des Börsengesetzes oder entsprechende ausländische Vorschriften vorliegen müssen und dass zu den Maßnahmen nach Absatz 3 Satz 2 insbesondere auch gehören kann, dem Betreiber des organisierten Marktes oder des multilateralen Handelssystem zu untersagen, sein System Mitgliedern im Inland zugänglich zu machen.

(6) Die Bundesanstalt unterrichtet die betroffenen Unternehmen oder Märkte von den jeweils nach den Absätzen 2 bis 5 getroffenen Maßnahmen unter Nennung der Gründe.

Werbung der Wertpapierdienstleistungsunternehmen

WpHG 36b

(1) Um Mißständen bei der Werbung für Wertpapierdienstleistungen und Wertpapiernebendienstleistungen zu begegnen, kann die Bundesanstalt den Wertpapierdienstleistungsunternehmen bestimmte Arten der Werbung untersagen.

(2) Vor allgemeinen Maßnahmen nach Absatz 1 sind die Spitzenverbände der betroffenen Wirtschaftskreise und des Verbraucherschutzes anzuhören.

WpHG 36c *(aufgehoben)*

Ausnahmen

WpHG 37 [1]§ 31 Abs. 1 Nr. 1 und Abs. 2 bis 8 sowie die §§ 31c, 31d und 33a gelten nicht für Geschäfte, die an organisierten Märkten oder in multilateralen Handelssystemen zwischen Wertpapierdienstleistungsunternehmen oder zwischen diesen und sonstigen Mitgliedern oder Teilnehmern dieser Märkte oder Systeme geschlossen werden. [2]Wird ein Geschäft im Sinne des Satzes 1 in Ausführung eines Kundenauftrags abgeschlossen, muss das Wertpapierdienstleistungsunternehmen jedoch den Verpflichtungen des § 31 Abs. 1 Nr. 1 und Abs. 2 bis 8 sowie der §§ 31c, 31d und 33a gegenüber dem Kunden nachkommen.

Verjährung von Ersatzansprüchen

WpHG 37a *(aufgehoben)*

Abschnitt 7. Haftung für falsche und unterlassene Kapitalmarktinformationen

Schadenersatz wegen unterlassener unverzüglicher Veröffentlichung von Insiderinformationen

WpHG 37b (1) Unterlässt es der Emittent von Finanzinstrumenten, die zum Handel an einer inländischen Börse zugelassen sind, unverzüglich eine Insiderinformation zu veröffentlichen, die ihn unmittelbar betrifft, ist er einem Dritten zum Ersatz des durch die Unterlassung entstandenen Schadens verpflichtet, wenn der Dritte
1. die Finanzinstrumente nach der Unterlassung erwirbt und er bei Bekanntwerden der Insiderinformation noch Inhaber der Finanzinstrumente ist oder
2. die Finanzinstrumente vor dem Entstehen der Insiderinformation erwirbt und nach der Unterlassung veräußert.

(2) Nach Absatz 1 kann nicht in Anspruch genommen werden, wer nachweist, dass die Unterlassung nicht auf Vorsatz oder grober Fahrlässigkeit beruht.

(3) Der Anspruch nach Absatz 1 besteht nicht, wenn der Dritte die Insiderinformation im Falle des Absatzes 1 Nr. 1 bei dem Erwerb oder im Falle des Absatzes 1 Nr. 2 bei der Veräußerung kannte.

(4) Der Anspruch nach Absatz 1 verjährt in einem Jahr von dem Zeitpunkt an, zu dem der Dritte von der Unterlassung Kenntnis erlangt, spätestens jedoch in drei Jahren seit der Unterlassung.

(5) Weitergehende Ansprüche, die nach Vorschriften des bürgerlichen Rechts auf Grund von Verträgen oder vorsätzlichen unerlaubten Handlungen erhoben werden können, bleiben unberührt.

(6) Eine Vereinbarung, durch die Ansprüche des Emittenten gegen Vorstandsmitglieder wegen der Inanspruchnahme des Emittenten nach Absatz 1 im Voraus ermäßigt oder erlassen werden, ist unwirksam.

Schadenersatz wegen Veröffentlichung unwahrer Insiderinformationen

WpHG 37c (1) Veröffentlicht der Emittent von Finanzinstrumenten, die zum Handel an einer inländischen Börse zugelassen sind, in einer Mitteilung nach § 15 eine unwahre Insiderinformation, die ihn unmittelbar betrifft, ist er einem Dritten zum Ersatz des Schadens verpflichtet, der dadurch entsteht, dass der Dritte auf die Richtigkeit der Insiderinformation vertraut, wenn der Dritte
1. die Finanzinstrumente nach der Veröffentlichung erwirbt und er bei dem Bekanntwerden der Unrichtigkeit der Insiderinformation noch Inhaber der Finanzinstrumente ist oder

2. die Finanzinstrumente vor der Veröffentlichung erwirbt und vor dem Bekanntwerden der Unrichtigkeit der Insiderinformation veräußert.

(2) Nach Absatz 1 kann nicht in Anspruch genommen werden, wer nachweist, dass er die Unrichtigkeit der Insiderinformation nicht gekannt hat und die Unkenntnis nicht auf grober Fahrlässigkeit beruht.

(3) Der Anspruch nach Absatz 1 besteht nicht, wenn der Dritte die Unrichtigkeit der Insiderinformation im Falle des Absatzes 1 Nr. 1 bei dem Erwerb oder im Falle des Absatzes 1 Nr. 2 bei der Veräußerung kannte.

(4) Der Anspruch nach Absatz 1 verjährt in einem Jahr von dem Zeitpunkt an, zu dem der Dritte von der Unrichtigkeit der Insiderinformation Kenntnis erlangt, spätestens jedoch in drei Jahren seit der Veröffentlichung.

(5) Weitergehende Ansprüche, die nach Vorschriften des bürgerlichen Rechts auf Grund von Verträgen oder vorsätzlichen unerlaubten Handlungen erhoben werden können, bleiben unberührt.

(6) Eine Vereinbarung, durch die Ansprüche des Emittenten gegen Vorstandsmitglieder wegen der Inanspruchnahme des Emittenten nach Absatz 1 im Voraus ermäßigt oder erlassen werden, ist unwirksam.

Abschnitt 8. Finanztermingeschäfte

WpHG 37d *(aufgehoben)*

Ausschluss des Einwands nach § 762 des Bürgerlichen Gesetzbuchs

WpHG 37e

[1] Gegen Ansprüche aus Finanztermingeschäften, bei denen mindestens ein Vertragsteil ein Unternehmen ist, das gewerbsmäßig oder in einem Umfang, der einen in kaufmännischer Weise eingerichteten Geschäftsbetrieb erfordert, Finanztermingeschäfte abschließt oder deren Abschluss vermittelt oder die Anschaffung, Veräußerung oder Vermittlung von Finanztermingeschäften betreibt, kann der Einwand des § 762 des Bürgerlichen Gesetzbuchs nicht erhoben werden. [2] Finanztermingeschäfte im Sinne des Satzes 1 und der §§ 37 g und 37 h sind die Derivate im Sinne des § 2 Abs. 2 und Optionsscheine.

WpHG 37f *(aufgehoben)*

Verbotene Finanztermingeschäfte

WpHG 37g

(1) Das Bundesministerium der Finanzen kann durch Rechtsverordnung Finanztermingeschäfte verbieten oder beschränken, soweit dies zum Schutz der Anleger erforderlich ist.

(2) [1] Ein Finanztermingeschäft, das einer Rechtsverordnung nach Absatz 1 widerspricht (verbotenes Finanztermingeschäft), ist nichtig. [2] Satz 1 gilt entsprechend für

1. die Bestellung einer Sicherheit für ein verbotenes Finanztermingeschäft,
2. eine Vereinbarung, durch die der eine Teil zum Zwecke der Erfüllung einer Schuld aus einem verbotenen Finanztermingeschäft dem anderen Teil gegenüber eine Verbindlichkeit eingeht, insbesondere für ein Schuldanerkenntnis,
3. die Erteilung und Übernahme von Aufträgen zum Zwecke des Abschlusses von verbotenen Finanztermingeschäften,
4. Vereinigungen zum Zwecke des Abschlusses von verbotenen Finanztermingeschäften.

Abschnitt 9. Schiedsvereinbarungen

Schiedsvereinbarungen

WpHG 37h Schiedsvereinbarungen über künftige Rechtsstreitigkeiten aus Wertpapierdienstleistungen, Wertpapiernebendienstleistungen oder Finanztermingeschäften sind nur verbindlich, wenn beide Vertragsteile Kaufleute oder juristische Personen des öffentlichen Rechts sind.

Abschnitt 10. Märkte für Finanzinstrumente mit Sitz außerhalb der Europäischen Union

Erlaubnis

WpHG 37i (1) ¹Märkte für Finanzinstrumente mit Sitz im Ausland, die keine organisierten Märkte oder multilateralen Handelssysteme im Sinne dieses Gesetzes sind, oder ihre Betreiber bedürfen der schriftlichen Erlaubnis der Bundesanstalt, wenn sie Handelsteilnehmern mit Sitz im Inland über ein elektronisches Handelssystem einen unmittelbaren Marktzugang gewähren. ²Der Erlaubnisantrag muss enthalten:

1. Name und Anschrift der Geschäftsleitung des Marktes oder des Betreibers,
2. Angaben, die für die Beurteilung der Zuverlässigkeit der Geschäftsleitung erforderlich sind,
3. einen Geschäftsplan, aus dem die Art des geplanten Marktzugangs für die Handelsteilnehmer, der organisatorische Aufbau und die internen Kontrollverfahren des Marktes hervorgehen,
4. Name und Anschrift eines Zustellungsbevollmächtigten im Inland,
5. die Angabe der für die Überwachung des Marktes und seiner Handelsteilnehmer zuständigen Stellen des Herkunftsstaates und deren Überwachungs- und Eingriffskompetenzen,
6. die Angabe der Art der Finanzinstrumente, die von den Handelsteilnehmern über den unmittelbaren Marktzugang gehandelt werden sollen, sowie
7. Namen und Anschrift der Handelsteilnehmer mit Sitz im Inland, denen der unmittelbare Marktzugang gewährt werden soll.

³Das Nähere über die nach Satz 2 erforderlichen Angaben und vorzulegenden Unterlagen bestimmt das Bundesministerium der Finanzen durch Rechtsverordnung, die nicht der Zustimmung des Bundesrates bedarf. ⁴Das Bundesministerium der Finanzen kann die Ermächtigung durch Rechtsverordnung auf die Bundesanstalt für Finanzdienstleistungsaufsicht übertragen.

(2) ¹Die Bundesanstalt kann die Erlaubnis unter Auflagen erteilen, die sich im Rahmen des mit diesem Gesetz verfolgten Zweckes halten müssen. ² Vor Erteilung der Erlaubnis gibt die Bundesanstalt den Börsenaufsichtsbehörden der Länder Gelegenheit, innerhalb von vier Wochen zum Antrag Stellung zu nehmen.

(3) Die Bundesanstalt hat die Erlaubnis im elektronischen Bundesanzeiger bekannt zu machen.

Versagung der Erlaubnis

WpHG 37j Die Erlaubnis ist zu versagen, wenn

1. Tatsachen vorliegen, aus denen sich ergibt, dass die Geschäftsleitung nicht zuverlässig ist,
2. Handelsteilnehmern mit Sitz im Inland der unmittelbare Marktzugang gewährt werden soll, die nicht die Voraussetzungen des § 19 Abs. 2 des Börsengesetzes erfüllen,
3. die Überwachung des Marktes oder der Anlegerschutz im Herkunftsstaat nicht dem deutschen Recht gleichwertig ist oder

Aufhebung der Erlaubnis

WpHG 37k (1) Die Bundesanstalt kann die Erlaubnis außer nach den Vorschriften des Verwaltungsverfahrensgesetzes aufheben, wenn
1. ihr Tatsachen bekannt werden, welche die Versagung der Erlaubnis nach § 37j rechtfertigen würden, oder
2. der Markt oder sein Betreiber nachhaltig gegen Bestimmungen dieses Gesetzes oder die zur Durchführung dieses Gesetzes erlassenen Verordnungen oder Anordnungen verstoßen hat.

(2) Die Bundesanstalt hat die Aufhebung der Erlaubnis im elektronischen Bundesanzeiger bekannt zu machen.

Untersagung

WpHG 37l Die Bundesanstalt kann Handelsteilnehmern mit Sitz im Inland, die Wertpapierdienstleistungen im Inland erbringen, untersagen, Aufträge für Kunden über ein elektronisches Handelssystem eines ausländischen Marktes auszuführen, wenn diese Märkte oder ihre Betreiber Handelsteilnehmern im Inland einen unmittelbaren Marktzugang über dieses elektronische Handelssystem ohne Erlaubnis gewähren.

WpHG 37m (aufgehoben)

Abschnitt 11. Überwachung von Unternehmensabschlüssen, Veröffentlichung von Finanzberichten

Unterabschnitt 1. Überwachung von Unternehmensabschlüssen

Prüfung von Unternehmensabschlüssen und -berichten

WpHG 37n Die Bundesanstalt hat die Aufgabe, nach den Vorschriften dieses Abschnitts und vorbehaltlich § 342b Abs. 2 Satz 3 Nr. 1 und 3 des Handelsgesetzbuchs zu prüfen, ob der Jahresabschluss und der zugehörige Lagebericht oder der Konzernabschluss und der zugehörige Konzernlagebericht sowie der verkürzte Abschluss und der zugehörige Zwischenlagebericht von Unternehmen, deren Wertpapiere im Sinne des § 2 Abs. 1 Satz 1 an einer inländischen Börse zum Handel im regulierten Markt zugelassen sind, den gesetzlichen Vorschriften einschließlich der Grundsätze ordnungsmäßiger Buchführung oder den sonstigen durch Gesetz zugelassenen Rechnungslegungsstandards entspricht.

Anordnung einer Prüfung der Rechnungslegung und Ermittlungsbefugnisse der Bundesanstalt

WpHG 37o (1) ¹Die Bundesanstalt ordnet eine Prüfung der Rechnungslegung an, soweit konkrete Anhaltspunkte für einen Verstoß gegen Rechnungslegungsvorschriften vorliegen; die Anordnung unterbleibt, wenn ein öffentliches Interesse an der Klärung offensichtlich nicht besteht. ²Die Bundesanstalt kann eine

Prüfung der Rechnungslegung auch ohne besonderen Anlass anordnen (stichprobenartige Prüfung). ³Der Umfang der einzelnen Prüfung soll in der Prüfungsanordnung festgelegt werden. ⁴Geprüft wird nur der zuletzt festgestellte Jahresabschluss und der zugehörige Lagebericht oder der zuletzt gebilligte Konzernabschluss und der zugehörige Konzernlagebericht sowie der zuletzt veröffentlichte verkürzte Abschluss und der zugehörige Zwischenlagebericht; unbeschadet dessen darf die Bundesanstalt im Fall von § 37p Abs. 1 Satz 2 den Abschluss prüfen, der Gegenstand der Prüfung durch die Prüfstelle im Sinne von § 342b Abs. 1 des Handelsgesetzbuchs (Prüfstelle) gewesen ist. ⁵Ordnet die Bundesanstalt eine Prüfung der Rechnungslegung an, nachdem sie von der Prüfstelle einen Bericht gemäß § 37p Abs. 1 Satz 2 Nr. 1 erhalten hat, so kann sie ihre Anordnung und den Grund nach § 37p Abs. 1 Satz 2 Nr. 1 im elektronischen Bundesanzeiger bekannt machen. ⁶Auf die Prüfung des verkürzten Abschlusses und des zugehörigen Zwischenlageberichts ist Satz 2 nicht anzuwenden.

(2) ¹Eine Prüfung des Jahresabschlusses und des zugehörigen Lageberichts durch die Bundesanstalt findet nicht statt, solange eine Klage auf Nichtigkeit gemäß § 256 Abs. 7 des Aktiengesetzes anhängig ist. ²Wenn nach § 142 Abs. 1 oder Abs. 2 oder § 258 Abs. 1 des Aktiengesetzes ein Sonderprüfer bestellt worden ist, findet eine Prüfung ebenfalls nicht statt, soweit der Gegenstand der Sonderprüfung, der Prüfungsbericht oder eine gerichtliche Entscheidung über die abschließenden Feststellungen der Sonderprüfer nach § 260 des Aktiengesetzes reichen.

(3) Bei der Durchführung der Prüfung kann sich die Bundesanstalt der Prüfstelle sowie anderer Einrichtungen und Personen bedienen.

(4) ¹Das Unternehmen im Sinne des § 37n, die Mitglieder seiner Organe, seine Beschäftigten sowie seine Abschlussprüfer haben der Bundesanstalt und den Personen, derer sich die Bundesanstalt bei der Durchführung ihrer Aufgaben bedient, auf Verlangen Auskünfte zu erteilen und Unterlagen vorzulegen, soweit dies zur Prüfung erforderlich ist; die Auskunftspflicht der Abschlussprüfer beschränkt sich auf Tatsachen, die ihnen im Rahmen der Abschlussprüfung bekannt geworden sind. ²Satz 1 gilt auch für die nach den Vorschriften des Handelsgesetzbuchs in den Konzernabschluss einzubeziehenden Tochterunternehmen. ³Für das Recht zur Auskunftsverweigerung und die Belehrungspflicht gilt § 4 Abs. 9 entsprechend.

(5) ¹Die zur Auskunft und Vorlage von Unterlagen nach Absatz 4 Verpflichteten haben den Bediensteten der Bundesanstalt oder den von ihnen beauftragten Personen, soweit dies zur Wahrnehmung ihrer Aufgaben erforderlich ist, während der üblichen Arbeitszeit das Betreten ihrer Grundstücke und Geschäftsräume zu gestatten. ²§ 4 Abs. 4 Satz 2 gilt entsprechend. ³Das Grundrecht der Unverletzlichkeit der Wohnung (Artikel 13 des Grundgesetzes) wird insoweit eingeschränkt.

Befugnisse der Bundesanstalt im Fall der Anerkennung einer Prüfstelle

WpHG 37p

(1) ¹Ist nach § 342b Abs. 1 des Handelsgesetzbuchs eine Prüfstelle anerkannt, so finden stichprobenartige Prüfungen nur auf Veranlassung der Prüfstelle statt. ²Im Übrigen stehen der Bundesanstalt die Befugnisse nach § 37o erst zu, wenn

1. ihr die Prüfstelle berichtet, dass ein Unternehmen seine Mitwirkung bei einer Prüfung verweigert oder mit dem Ergebnis der Prüfung nicht einverstanden ist, oder
2. erhebliche Zweifel an der Richtigkeit des Prüfungsergebnisses der Prüfstelle oder an der ordnungsgemäßen Durchführung der Prüfung durch die Prüfstelle bestehen.

³Auf Verlangen der Bundesanstalt hat die Prüfstelle das Ergebnis und die Durchführung der Prüfung zu erläutern und einen Prüfbericht vorzulegen. ⁴Unbeschadet von Satz 2 kann die Bundesanstalt die Prüfung jederzeit an sich ziehen, wenn sie auch eine Prüfung nach § 44 Abs. 1 Satz 2 des Kreditwesengesetzes oder § 83 Abs. 1 Nr. 2 des Versicherungsaufsichtsgesetzes durchführt oder durchgeführt hat und die Prüfungen denselben Gegenstand betreffen.

(2) Die Bundesanstalt kann von der Prüfstelle unter den Voraussetzungen des § 37o Abs. 1 Satz 1 die Einleitung einer Prüfung verlangen.

(3) Die Bundesanstalt setzt die Prüfstelle von Mitteilungen nach § 142 Abs. 7, § 256 Abs. 7 Satz 2 und § 261a des Aktiengesetzes in Kenntnis, wenn die Prüfstelle die Prüfung eines von der Mitteilung betroffenen Unternehmens beabsichtigt oder eingeleitet hat.

Ergebnis der Prüfung von Bundesanstalt oder Prüfstelle

WpHG 37q (1) Ergibt die Prüfung durch die Bundesanstalt, dass die Rechnungslegung fehlerhaft ist, so stellt die Bundesanstalt den Fehler fest.

(2) ¹Die Bundesanstalt ordnet an, dass das Unternehmen den von der Bundesanstalt oder den von der Prüfstelle im Einvernehmen mit dem Unternehmen festgestellten Fehler samt den wesentlichen Teilen der Begründung der Feststellung bekannt zu machen hat. ²Die Bundesanstalt sieht von einer Anordnung nach Satz 1 ab, wenn kein öffentliches Interesse an der Veröffentlichung besteht. ³Auf Antrag des Unternehmens kann die Bundesanstalt von einer Anordnung nach Satz 1 absehen, wenn die Veröffentlichung geeignet ist, den berechtigten Interessen des Unternehmens zu schaden. ⁴Die Bekanntmachung hat unverzüglich im elektronischen Bundesanzeiger sowie entweder in einem überregionalen Börsenpflichtblatt oder über ein elektronisch betriebenes Informationsverbreitungssystem, das bei Kreditinstituten, nach § 53 Abs. 1 Satz 1 des Kreditwesengesetzes tätigen Unternehmen, anderen Unternehmen, die ihren Sitz im Inland haben und die an einer inländischen Börse zur Teilnahme am Handel zugelassen sind, und Versicherungsunternehmen weit verbreitet ist, zu erfolgen.

(3) Ergibt die Prüfung durch die Bundesanstalt keine Beanstandungen, so teilt die Bundesanstalt dies dem Unternehmen mit.

Mitteilungen an andere Stellen

WpHG 37r (1) ¹Die Bundesanstalt hat Tatsachen, die den Verdacht einer Straftat im Zusammenhang mit der Rechnungslegung eines Unternehmens begründen, der für die Verfolgung zuständigen Behörde anzuzeigen. ²Sie darf diesen Behörden personenbezogene Daten der Betroffenen, gegen die sich der Verdacht richtet oder die als Zeugen in Betracht kommen, übermitteln.

(2) ¹Tatsachen, die auf das Vorliegen einer Berufspflichtverletzung durch den Abschlussprüfer schließen lassen, übermittelt die Bundesanstalt der Wirtschaftsprüferkammer. ²Tatsachen, die auf das Vorliegen eines Verstoßes des Unternehmens gegen börsenrechtliche Vorschriften schließen lassen, übermittelt sie der zuständigen Börsenaufsichtsbehörde. ³Absatz 1 Satz 2 gilt entsprechend.

Internationale Zusammenarbeit

WpHG 37s (1) ¹Der Bundesanstalt obliegt die Zusammenarbeit mit den Stellen im Ausland, die zuständig sind für die Untersuchung möglicher Verstöße gegen Rechnungslegungsvorschriften durch Unternehmen, deren Wertpapiere zum Handel an einem organisierten Markt zugelassen sind. ²Sie kann diesen Stellen zur Erfüllung dieser Aufgabe Informationen nach Maßgabe des § 7 Abs. 2 Satz 1 und 2, auch in Verbindung mit Abs. 7 übermitteln. ³§ 37o Abs. 4 und 5 findet mit der Maßgabe entsprechende Anwendung, dass sich dort geregelten Befugnisse sich auf alle Unternehmen, die von der Zusammenarbeit nach Satz 1 umfasst sind, sowie auf alle Unternehmen, die in den Konzernabschluss eines solchen Unternehmens einbezogen werden, erstrecken.

(2) ¹Die Bundesanstalt kann mit den zuständigen Stellen von Mitgliedstaaten der Europäischen Union oder von Vertragsstaaten des Abkommens über den Europäischen Wirtschaftsraum zusammenarbeiten, um eine einheitliche Durchsetzung internationaler Rechnungslegungsvorschriften grenzüberschreitend gewährleisten zu können. ²Dazu kann sie diesen Stellen auch den Wortlaut von Entscheidungen zur Verfügung stellen, die sie oder die Prüfstelle in Einzelfällen

getroffen haben. ³Der Wortlaut der Entscheidungen darf nur in anonymisierter Form zur Verfügung gestellt werden.

(3) Die internationale Zusammenarbeit durch die Bundesanstalt nach den Absätzen 1 und 2 erfolgt im Benehmen mit der Prüfstelle.

Widerspruchsverfahren

WpHG 37t (1) ¹Vor Einlegung der Beschwerde sind Rechtmäßigkeit und Zweckmäßigkeit der Verfügungen, welche die Bundesanstalt nach den Vorschriften dieses Abschnitts erlässt, in einem Widerspruchsverfahren nachzuprüfen. ²Einer solchen Nachprüfung bedarf es nicht, wenn der Abhilfebescheid oder der Widerspruchsbescheid erstmalig eine Beschwer enthält. ³Für das Widerspruchsverfahren gelten die §§ 68 bis 73 und 80 Abs. 1 der Verwaltungsgerichtsordnung entsprechend, soweit in diesem Abschnitt nichts Abweichendes geregelt ist.

(2) Der Widerspruch gegen Maßnahmen der Bundesanstalt nach § 37o Abs. 1 Satz 1, 2 und 5 sowie Abs. 4 und 5, § 37p Abs. 1 Satz 3 und 4 sowie Abs. 2 und § 37q Abs. 1 sowie Abs. 2 Satz 1 hat keine aufschiebende Wirkung.

Beschwerde

WpHG 37u (1) ¹Gegen Verfügungen der Bundesanstalt nach diesem Abschnitt ist die Beschwerde statthaft. ²Die Beschwerde hat keine aufschiebende Wirkung.

(2) Die §§ 43 und 48 Abs. 2 bis 4, § 50 Abs. 3 bis 5 sowie die §§ 51 bis 58 des Wertpapiererwerbs- und Übernahmegesetzes gelten entsprechend.

Unterabschnitt 2. Veröffentlichung und Übermittlung von Finanzberichten an das Unternehmensregister

Jahresfinanzbericht

WpHG 37v (1) ¹Ein Unternehmen, das als Inlandsemittent Wertpapiere begibt, hat für den Schluss eines jeden Geschäftsjahrs einen Jahresfinanzbericht zu erstellen und spätestens vier Monate nach Ablauf eines jeden Geschäftsjahrs der Öffentlichkeit zur Verfügung zu stellen, wenn es nicht nach den handelsrechtlichen Vorschriften zur Offenlegung der in Absatz 2 genannten Rechnungslegungsunterlagen verpflichtet ist. ²Außerdem muss jedes Unternehmen, das als Inlandsemittent Wertpapiere begibt, vor dem Zeitpunkt, zu dem die in Absatz 2 genannten Rechnungslegungsunterlagen erstmals der Öffentlichkeit zur Verfügung stehen, eine Bekanntmachung darüber veröffentlichen, ab welchem Zeitpunkt und unter welcher Internetadresse die in Absatz 2 genannten Rechnungslegungsunterlagen zusätzlich zu ihrer Verfügbarkeit im Unternehmensregister öffentlich zugänglich sind. ³Das Unternehmen teilt die Bekanntmachung gleichzeitig mit ihrer Veröffentlichung der Bundesanstalt mit und übermittelt sie unverzüglich, jedoch nicht vor ihrer Veröffentlichung dem Unternehmensregister im Sinne des § 8 b des Handelsgesetzbuchs zur Speicherung. ⁴Es hat außerdem unverzüglich, jedoch nicht vor Veröffentlichung der Bekanntmachung nach Satz 2 die in Absatz 2 genannten Rechnungslegungsunterlagen an das Unternehmensregister zur Speicherung zu übermitteln, es sei denn, die Übermittlung erfolgt nach § 8 b Abs. 2 Nr. 4 in Verbindung mit Abs. 3 Satz 1 Nr. 1 des Handelsgesetzbuchs.

(2) Der Jahresfinanzbericht hat mindestens
1. den gemäß dem nationalen Recht des Sitzstaats des Unternehmens aufgestellten und geprüften Jahresabschluss,
2. den Lagebericht,
3. eine den Vorgaben des § 264 Abs. 2 Satz 3, § 289 Abs. 1 Satz 5 des Handelsgesetzbuchs entsprechende Erklärung und
4. eine Bescheinigung der Wirtschaftsprüferkammer gemäß § 134 Abs. 2a der Wirtschaftsprüferordnung über die Eintragung des Abschlussprüfers oder eine

Bestätigung der Wirtschaftsprüferkammer gemäß § 134 Abs. 4 Satz 8 der Wirtschaftsprüferordnung über die Befreiung von der Eintragungspflichtzu enthalten.

(3) Das Bundesministerium der Finanzen kann im Einvernehmen mit dem Bundesministerium der Justiz durch Rechtsverordnung, die nicht der Zustimmung des Bundesrates bedarf, nähere Bestimmungen erlassen über
1. den Mindestinhalt, die Art, die Sprache, den Umfang und die Form der Veröffentlichung nach Absatz 1 Satz 2,
2. den Mindestinhalt, die Art, die Sprache, den Umfang und die Form der Mitteilung nach Absatz 1 Satz 3,
3. wie lange die Informationen nach Absatz 2 im Unternehmensregister allgemein zugänglich bleiben müssen und wann sie zu löschen sind, und
4. eine aufeinander abgestimmte Verfahrensweise, nach der der Jahresfinanzbericht und das jährliche Dokument nach § 10 des Wertpapierprospektgesetzes der Bundesanstalt zur Kenntnis gelangen.

Halbjahresfinanzbericht

WpHG 37w

(1) [1]Ein Unternehmen, das als Inlandsemittent Aktien oder Schuldtitel im Sinne des § 2 Abs. 1 Satz 1 begibt, hat für die ersten sechs Monate eines jeden Geschäftsjahrs einen Halbjahresfinanzbericht zu erstellen und diesen unverzüglich, spätestens zwei Monate nach Ablauf des Berichtszeitraums der Öffentlichkeit zur Verfügung zu stellen, es sei denn, es handelt sich bei den zugelassenen Wertpapieren um Schuldtitel, die unter § 2 Abs. 1 Satz 1 Nr. 2 fallen oder die ein zumindest bedingtes Recht auf den Erwerb von Wertpapieren nach § 2 Abs. 1 Satz 1 Nr. 1 oder 2 begründen. [2]Außerdem muss das Unternehmen vor dem Zeitpunkt, zu dem der Halbjahresfinanzbericht erstmals der Öffentlichkeit zur Verfügung steht, eine Bekanntmachung darüber veröffentlichen, ab welchem Zeitpunkt und unter welcher Internetadresse der Bericht zusätzlich zu seiner Verfügbarkeit im Unternehmensregister öffentlich zugänglich ist. [3]Das Unternehmen teilt die Bekanntmachung gleichzeitig mit ihrer Veröffentlichung der Bundesanstalt mit und übermittelt sie unverzüglich, jedoch nicht vor ihrer Veröffentlichung dem Unternehmensregister im Sinne des § 8b des Handelsgesetzbuchs zur Speicherung. [4]Es hat außerdem unverzüglich, jedoch nicht vor Veröffentlichung der Bekanntmachung nach Satz 2 den Halbjahresfinanzbericht an das Unternehmensregister zur Speicherung zu übermitteln.

(2) Der Halbjahresfinanzbericht hat mindestens
1. einen verkürzten Abschluss,
2. einen Zwischenlagebericht und
3. eine den Vorgaben des § 264 Abs. 2 Satz 3, § 289 Abs. 1 Satz 5 des Handelsgesetzbuchs entsprechende Erklärungzu enthalten.

(3) [1]Der verkürzte Abschluss hat mindestens eine verkürzte Bilanz, eine verkürzte Gewinn- und Verlustrechnung und einen Anhang zu enthalten. Auf den verkürzten Abschluss sind die für den Jahresabschluss geltenden Rechnungslegungsgrundsätze anzuwenden. [2]Tritt bei der Offenlegung an die Stelle des Jahresabschlusses ein Einzelabschluss im Sinne des § 325 Abs. 2a des Handelsgesetzbuchs, sind auf den verkürzten Abschluss die in § 315a Abs. 1 des Handelsgesetzbuchs bezeichneten internationalen Rechnungslegungsstandards und Vorschriften anzuwenden.

(4) [1]Im Zwischenlagebericht sind mindestens die wichtigen Ereignisse des Berichtszeitraums im Unternehmen des Emittenten und ihre Auswirkungen auf den verkürzten Abschluss anzugeben sowie die wesentlichen Chancen und Risiken für die dem Berichtszeitraum folgenden sechs Monate des Geschäftsjahrs zu beschreiben. [2]Ferner sind bei einem Unternehmen, das als Inlandsemittent Aktien begibt, die wesentlichen Geschäfte des Emittenten mit nahe stehenden Personen anzugeben; die Angaben können stattdessen im Anhang des Halbjahresfinanzberichts gemacht werden.

(5) [1]Der verkürzte Abschluss und der Zwischenlagebericht kann einer prüferischen Durchsicht durch einen Abschlussprüfer unterzogen werden. [2]Die Vorschriften über die Bestellung des Abschlussprüfers sind auf die prüferische Durch-

sicht entsprechend anzuwenden. ³ Die prüferische Durchsicht ist so anzulegen, dass bei gewissenhafter Berufsausübung ausgeschlossen werden kann, dass der verkürzte Abschluss und der Zwischenlagebericht in wesentlichen Belangen den anzuwendenden Rechnungslegungsgrundsätzen widersprechen. ⁴ Der Abschlussprüfer hat das Ergebnis der prüferischen Durchsicht in einer Bescheinigung zum Halbjahresfinanzbericht zusammenzufassen, die mit dem Halbjahresfinanzbericht zu veröffentlichen ist. ⁵ Sind der verkürzte Abschluss und der Zwischenlagebericht entsprechend § 317 des Handelsgesetzbuchs geprüft worden, ist der Bestätigungsvermerk oder der Vermerk über seine Versagung vollständig wiederzugeben und mit dem Halbjahresfinanzbericht zu veröffentlichen. ⁶ Sind der verkürzte Abschluss und der Zwischenlagebericht weder einer prüferischen Durchsicht unterzogen noch entsprechend § 317 des Handelsgesetzbuchs geprüft worden, ist dies im Halbjahresfinanzbericht anzugeben. ⁷ § 320 und § 323 des Handelsgesetzbuchs gelten entsprechend.

(6) Das Bundesministerium der Finanzen kann im Einvernehmen mit dem Bundesministerium der Justiz durch Rechtsverordnung, die nicht der Zustimmung des Bundesrates bedarf, nähere Bestimmungen erlassen über

1. den Inhalt und die prüferische Durchsicht des Halbjahresfinanzberichts,
2. den Mindestinhalt, die Art, die Sprache, den Umfang und die Form der Veröffentlichung nach Absatz 1 Satz 2,
3. den Mindestinhalt, die Art, die Sprache, den Umfang und die Form der Mitteilung nach Absatz 1 Satz 3 und
4. wie lange der Halbjahresfinanzbericht im Unternehmensregister allgemein zugänglich bleiben muss und wann er zu löschen ist.

Zwischenmitteilung der Geschäftsführung

WpHG 37x (1) ¹ Ein Unternehmen, das als Inlandsemittent Aktien begibt, hat in einem Zeitraum zwischen zehn Wochen nach Beginn und sechs Wochen vor Ende der ersten und zweiten Hälfte des Geschäftsjahrs jeweils eine Zwischenmitteilung der Geschäftsführung der Öffentlichkeit zur Verfügung zu stellen. ² Außerdem muss das Unternehmen vorher eine Bekanntmachung darüber veröffentlichen, ab welchem Zeitpunkt und unter welcher Internetadresse die Zwischenmitteilung der Geschäftsführung zusätzlich zu ihrer Verfügbarkeit im Unternehmensregister öffentlich zugänglich ist. ³ Das Unternehmen teilt die Bekanntmachung gleichzeitig mit ihrer Veröffentlichung der Bundesanstalt mit und übermittelt sie unverzüglich, jedoch nicht vor ihrer Veröffentlichung dem Unternehmensregister im Sinne des § 8 b des Handelsgesetzbuchs zur Speicherung. ⁴ Es hat außerdem unverzüglich, jedoch nicht vor Veröffentlichung der Bekanntmachung nach Satz 2 die Zwischenmitteilung der Geschäftsführung an das Unternehmensregister zur Speicherung zu übermitteln.

(2) ¹ Die Zwischenmitteilung hat Informationen über den Zeitraum zwischen dem Beginn der jeweiligen Hälfte des Geschäftsjahrs und dem Zeitpunkt zu enthalten, zu welchem die Zwischenmitteilung der Öffentlichkeit im Sinne des Absatzes 1 Satz 1 zur Verfügung stehen; diese Informationen haben die Beurteilung zu ermöglichen, wie sich die Geschäftstätigkeit des Emittenten in den drei Monaten vor Ablauf des Mitteilungszeitraums entwickelt hat. ² In der Zwischenmitteilung sind die wesentlichen Ereignisse und Geschäfte des Mitteilungszeitraums im Unternehmen des Emittenten und ihre Auswirkungen auf die Finanzlage des Emittenten zu erläutern sowie die Finanzlage und das Geschäftsergebnis des Emittenten im Mitteilungszeitraum zu beschreiben.

(3) ¹ Wird ein Quartalsfinanzbericht nach den Vorgaben des § 37 w Abs. 2 Nr. 1 und 2, Abs. 3 und 4 erstellt und veröffentlicht, entfällt die Pflicht nach Absatz 1. ² Der Quartalsfinanzbericht ist unverzüglich, jedoch nicht vor seiner Veröffentlichung an das Unternehmensregister zu übermitteln. ³ Wird der Quartalsfinanzbericht einer prüferischen Durchsicht durch einen Abschlussprüfer unterzogen, gelten § 320 und § 323 des Handelsgesetzbuchs entsprechend.

(4) Das Bundesministerium der Finanzen kann im Einvernehmen mit dem Bundesministerium der Justiz durch Rechtsverordnung, die nicht der Zustimmung des Bundesrates bedarf, nähere Bestimmungen erlassen über

1. den Mindestinhalt, die Art, die Sprache, den Umfang und die Form der Veröffentlichung nach Absatz 1 Satz 2 und
2. den Mindestinhalt, die Art, die Sprache, den Umfang und die Form der Mitteilung nach Absatz 1 Satz 3.

Konzernabschluss

WpHG 37y Ist ein Mutterunternehmen verpflichtet, einen Konzernabschluss und einen Konzernlagebericht aufzustellen, gelten § 37 v bis § 37 x mit der folgenden Maßgabe:
1. Der Jahresfinanzbericht hat auch den geprüften, im Einklang mit der Verordnung (EG) Nr. 1606/2002 des Europäischen Parlaments und des Rates vom 19. Juli 2002 betreffend die Anwendung internationaler Rechnungslegungsstandards (ABl. EG Nr. L 243 S. 1) aufgestellten Konzernabschluss, den Konzernlagebericht, eine den Vorgaben des § 297 Abs. 2 Satz 3, § 315 Abs. 1 Satz 6 des Handelsgesetzbuchs entsprechende Erklärung und eine Bescheinigung der Wirtschaftsprüferkammer gemäß § 134 Abs. 2 a der Wirtschaftsprüferordnung über die Eintragung des Abschlussprüfers oder eine Bestätigung der Wirtschaftsprüferkammer gemäß § 134 Abs. 4 Satz 8 der Wirtschaftsprüferordnung über die Befreiung von der Eintragungspflicht zu enthalten.
2. Die gesetzlichen Vertreter des Mutterunternehmens haben den Halbjahresfinanzbericht für das Mutterunternehmen und die Gesamtheit der einzubeziehenden Tochterunternehmen zu erstellen und zu veröffentlichen. § 37 w Abs. 3 gilt entsprechend, wenn das Mutterunternehmen verpflichtet ist, den Konzernabschluss nach den in § 315 a Abs. 1 des Handelsgesetzbuchs bezeichneten internationalen Rechnungslegungsstandards und Vorschriften aufzustellen.
3. Die Angaben nach § 37 x Abs. 2 Satz 2 in der Zwischenmitteilung eines Mutterunternehmens haben sich auf das Mutterunternehmen und die Gesamtheit der einzubeziehenden Tochterunternehmen zu beziehen.

Ausnahmen

WpHG 37z (1) Die §§ 37 v bis 37 y finden keine Anwendung auf Unternehmen, die ausschließlich zum Handel an einem organisierten Markt zugelassene Schuldtitel mit einer Mindeststückelung von 50 000 Euro oder dem am Ausgabetag entsprechenden Gegenwert einer anderen Währung begeben.

(2) § 37 w findet keine Anwendung auf Kreditinstitute, die als Inlandsemittenten Wertpapiere begeben, wenn ihre Aktien nicht an einem organisierten Markt zugelassen sind und sie dauernd oder wiederholt ausschließlichSchuldtitel begeben haben, deren Gesamtnennbetrag 100 Millionen Euro nicht erreicht und für die kein Prospekt nach dem Wertpapierprospektgesetz veröffentlicht wurde.

(3) § 37 w findet ebenfalls keine Anwendung auf Unternehmen, die als Inlandsemittenten Wertpapiere begeben, wenn sie zum 31. Dezember 2003 bereits existiert haben und ausschließlich zum Handel an einem organisierten Markt zugelassene Schuldtitel begeben, die vom Bund, von einem Land oder von einer seiner Gebietskörperschaften unbedingt und unwiderruflich garantiert werden.

(4) ¹Die Bundesanstalt kann ein Unternehmen mit Sitz in einem Drittstaat, das als Inlandsemittent Wertpapiere begibt, von den Anforderungen der §§ 37 v bis 37 y, auch in Verbindung mit einer Rechtsverordnung nach § 37 v Abs. 3, § 37 w Abs. 6 oder § 37 x Abs. 4, ausnehmen, soweit diese Emittenten gleichwertigen Regeln eines Drittstaates unterliegen oder sich solchen Regeln unterwerfen. ²Die nach den Vorschriften des Drittstaates zu erstellenden Informationen sind jedoch in der in § 37 v Abs. 1 Satz 1 und 2, § 37 w Abs. 1 Satz 1 und 2 und § 37 x Abs. 1 Satz 1 und 2, jeweils auch in Verbindung mit einer Rechtsverordnung nach § 37 v Abs. 3, § 37 w Abs. 6 oder § 37 x Abs. 4, geregelten Weise der Öffentlichkeit zur Verfügung zu stellen, zu veröffentlichen und gleichzeitig der Bundesanstalt mitzuteilen. ³Die Informationen sind außerdem unverzüglich, spätestens jedoch vor ihrer Veröffentlichung dem Unternehmensregister im Sinne des § 8 b des Handelsgesetzbuchs zur Speicherung zu übermitteln. ⁴Das Bundesministerium der Finan-

zen kann durch Rechtsverordnung, die nicht der Zustimmung des Bundesrates bedarf, nähere Bestimmungen über die Gleichwertigkeit von Regeln eines Drittstaates und die Freistellung von Unternehmen nach Satz 1 erlassen.

(5) Abweichend von Absatz 4 werden Unternehmen mit Sitz in einem Drittstaat von der Erstellung ihrer Jahresabschlüsse nach § 37v und § 37w vor dem Geschäftsjahr, das am oder nach dem 1. Januar 2007 beginnt, ausgenommen, wenn die Unternehmen ihre Jahresabschlüsse nach den in Artikel 9 der Verordnung (EG) Nr. 1606/2002 des Europäischen Parlaments und des Rates vom 19. Juli 2002 betreffend die Anwendung internationaler Rechnungslegungsstandards (ABl. EG Nr. L 243 S. 1) genannten international anerkannten Standards aufstellen.

Abschnitt 12. Straf- und Bußgeldvorschriften

Strafvorschriften

WpHG 38 (1) Mit Freiheitsstrafe bis zu fünf Jahren oder mit Geldstrafe wird bestraft, wer

1. entgegen § 14 Abs. 1 Nr. 1 ein Insiderpapier erwirbt oder veräußert oder
2. a) als Mitglied des Geschäftsführungs- oder Aufsichtsorgans oder als persönlich haftender Gesellschafter des Emittenten oder eines mit dem Emittenten verbundenen Unternehmens,
   b) auf Grund seiner Beteiligung am Kapital des Emittenten oder eines mit dem Emittenten verbundenen Unternehmens,
   c) auf Grund seines Berufs oder seiner Tätigkeit oder seiner Aufgabe bestimmungsgemäß oder
   d) auf Grund der Vorbereitung oder Begehung einer Straftat

über eine Insiderinformation verfügt und unter Verwendung dieser Insiderinformation eine in § 39 Abs. 2 Nr. 3 oder 4 bezeichnete vorsätzliche Handlung begeht.

(2) Ebenso wird bestraft, wer eine in § 39 Abs. 1 Nr. 1 oder 2 oder Abs. 2 Nr. 11 bezeichnete vorsätzliche Handlung begeht und dadurch auf den inländischen Börsen- oder Marktpreis eines Finanzinstruments oder auf den Preis eines Finanzinstruments an einem organisierten Markt in einem anderen Mitgliedstaat der Europäischen Union oder in einem anderen Vertragsstaat des Abkommens über den Europäischen Wirtschaftsraum einwirkt.

(3) In den Fällen des Absatzes 1 ist der Versuch strafbar.

(4) Handelt der Täter in den Fällen des Absatzes 1 Nr. 1 leichtfertig, so ist die Strafe Freiheitsstrafe bis zu einem Jahr oder Geldstrafe.

(5) Einer in Absatz 1 Nr. 1 oder 2 in Verbindung mit § 39 Abs. 2 Nr. 3 oder 4 oder in Absatz 2 in Verbindung mit § 39 Abs. 1 Nr. 1 oder 2 oder Abs. 2 Nr. 11 genannten Verbotsvorschrift steht ein entsprechendes ausländisches Verbot gleich.

Bußgeldvorschriften

WpHG 39 (1) Ordnungswidrig handelt, wer

1. entgegen § 20a Abs. 1 Satz 1 Nr. 2, auch in Verbindung mit Abs. 4, jeweils in Verbindung mit einer Rechtsverordnung nach Absatz 5 Satz 1 Nr. 2 oder 5 ein Geschäft vornimmt oder einen Kauf- oder Verkaufauftrag erteilt,
2. entgegen § 20a Abs. 1 Satz 1 Nr. 3, auch in Verbindung mit Abs. 4, oder einer Rechtsverordnung nach Absatz 5 Satz 1 Nr. 3, eine Täuschungshandlung vornimmt,
3. entgegen § 31g Abs. 1 eine Veröffentlichung nicht, nicht richtig, nicht vollständig oder nicht rechtzeitig vornimmt,
4. entgegen § 32d Abs. 1 Satz 1 einen Zugang nicht gewährt,
5. entgegen § 34b Abs. 1 Satz 2 in Verbindung mit einer Rechtsverordnung nach Absatz 8 Satz 1 eine Finanzanalyse weitergibt oder öffentlich verbreitet oder
6. entgegen § 34b Abs. 2 in Verbindung mit einer Rechtsverordnung nach Absatz 8 Satz 1 eine Zusammenfassung einer Finanzanalyse weitergibt.

(16) WpHG 39

Abschnitt 9. Schiedsvereinbarungen

(2) Ordnungswidrig handelt, wer vorsätzlich oder leichtfertig
1. entgegen § 4 Abs. 8 oder § 10 Abs. 1 Satz 2 eine Person in Kenntnis setzt,
2. entgegen
   a) § 9 Abs. 1 Satz 1, auch in Verbindung mit Satz 2, jeweils auch in Verbindung mit Satz 3, 4 oder 5 jeweils auch in Verbindung mit einer Rechtsverordnung nach Absatz 4 Nr. 1 oder 2,
   b) § 10 Abs. 1 Satz 1, auch in Verbindung mit einer Rechtsverordnung nach Absatz 4 Satz 1,
   c) § 15 Abs. 3 Satz 4, Abs. 4 Satz 1 oder Abs. 5 Satz 2, jeweils auch in Verbindung mit einer Rechtsverordnung nach Absatz 7 Satz 1 Nr. 2,
   d) § 15 a Abs. 1 Satz 1, auch in Verbindung mit Satz 2, Abs. 4 Satz 1 jeweils auch in Verbindung mit einer Rechtsverordnung nach Absatz 5 Satz 1,
   e) § 21 Abs. 1 Satz 1 oder 2 oder Abs. 1 a, jeweils auch in Verbindung mit einer Rechtsverordnung nach § 21 Abs. 3,
   f) § 25 Abs. 1 Satz 1, auch in Verbindung mit einer Rechtsverordnung nach § 25 Abs. 3,
   g) § 26 Abs. 2, auch in Verbindung mit einer Rechtsverordnung nach § 26 Abs. 3 Nr. 2,
   h) § 26 a Satz 1,
   i) § 29 a Abs. 2 Satz 1,
   j) § 30 c, auch in Verbindung mit § 30 d,
   k) § 30 e Abs. 1 Satz 1, auch in Verbindung mit einer Rechtsverordnung nach § 30 e Abs. 2,
   l) § 30 f Abs. 2,
   m) § 37 v Abs. 1 Satz 3, auch in Verbindung mit § 37 y, jeweils auch in Verbindung mit einer Rechtsverordnung nach § 37 v Abs. 3 Nr. 2,
   n) § 37 w Abs. 1 Satz 3, auch in Verbindung mit § 37 y, jeweils auch in Verbindung mit einer Rechtsverordnung nach § 37 w Abs. 6 Nr. 3,
   o) § 37 x Abs. 1 Satz 3, auch in Verbindung mit § 37 y, jeweils auch in Verbindung mit einer Rechtsverordnung nach § 37 x Abs. 4 Nr. 2, oder
   p) § 37 z Abs. 4 Satz 2
   eine Mitteilung nicht, nicht richtig, nicht vollständig, nicht in der vorgeschriebenen Weise oder nicht rechtzeitig macht,
3. entgegen § 14 Abs. 1 Nr. 2 eine Insiderinformation mitteilt oder zugänglich macht,
4. entgegen § 14 Abs. 1 Nr. 3 den Erwerb oder die Veräußerung eines Insiderpapiers empfiehlt oder auf sonstige Weise dazu verleitet,
5. entgegen
   a) § 15 Abs. 1 Satz 1, auch in Verbindung mit Satz 2, § 15 Abs. 1 Satz 4 oder 5, jeweils in Verbindung mit einer Rechtsverordnung nach Abs. 7 Satz 1 Nr. 1,
   b) § 15 a Abs. 4 Satz 1 in Verbindung mit einer Rechtsverordnung nach Abs. 5 Satz 1,
   c) § 26 Abs. 1 Satz 1, auch in Verbindung mit Satz 2, jeweils in Verbindung mit einer Rechtsverordnung nach § 26 Abs. 3 Nr. 1, oder entgegen § 26 a Satz 1 oder § 29 a Abs. 2 Satz 1,
   d) § 30 b Abs. 1 oder 2, jeweils auch in Verbindung mit § 30 d,
   e) § 30 e Abs. 1 Satz 1 in Verbindung mit einer Rechtsverordnung nach § 30 e Abs. 2 oder entgegen § 30 f Abs. 2,
   f) § 37 v Abs. 1 Satz 2 in Verbindung mit einer Rechtsverordnung nach § 37 v Abs. 3 Nr. 1, jeweils auch in Verbindung mit § 37 y, oder entgegen § 37 z Abs. 4 Satz 2,
   g) § 37 w Abs. 1 Satz 2 in Verbindung mit einer Rechtsverordnung nach § 37 w Abs. 6 Nr. 2, jeweils auch in Verbindung mit § 37 y, oder
   h) § 37 x Abs. 1 Satz 2 in Verbindung mit einer Rechtsverordnung nach § 37 x Abs. 4 Nr. 1, jeweils auch in Verbindung mit § 37 y
   eine Veröffentlichung nicht, nicht richtig, nicht vollständig, nicht in der vorgeschriebenen Weise oder nicht rechtzeitig vornimmt oder nicht oder nicht rechtzeitig nachholt,
6. entgegen § 15 Abs. 1 Satz 1, § 15 a Abs. 4 Satz 1, § 26 Abs. 1 Satz 1, § 26 a Satz 2, § 29 a Abs. 2 Satz 2, § 30 e Abs. 1 Satz 2, § 30 f Abs. 2, § 37 v Abs. 1 Satz 3, § 37 w Abs. 1 Satz 3 oder § 37 x Abs. 1 Satz 3, jeweils auch in Ver-

bindung mit § 37 y, oder entgegen § 37 z Abs. 4 Satz 3 eine Information oder eine Bekanntmachung nicht oder nicht rechtzeitig übermittelt,
7. entgegen § 15 Abs. 5 Satz 1 eine Veröffentlichung vornimmt,
8. entgegen § 15 b Abs. 1 Satz 1 in Verbindung mit einer Rechtsverordnung nach Absatz 2 Satz 1 Nr. 1 oder 2 ein Verzeichnis nicht, nicht richtig oder nicht vollständig führt,
9. entgegen § 15 b Abs. 1 Satz 2 das Verzeichnis nicht oder nicht rechtzeitig übermittelt,
10. entgegen
    a) § 16 Satz 1 oder
    b) § 34 Abs. 1 oder Abs. 2 Satz 1 oder Satz 2, jeweils in Verbindung mit einer Rechtsverordnung nach § 34 Abs. 4 Satz 1,
    eine Aufzeichnung nicht, nicht richtig, nicht vollständig oder nicht rechtzeitig erstellt,
11. entgegen § 20 a Abs. 1 Satz 1 Nr. 1, auch in Verbindung mit Abs. 4, oder einer Rechtsverordnung nach Absatz 5 Satz 1 Nr. 1, eine Angabe macht oder einen Umstand verschweigt,
12. entgegen § 30 a Abs. 1 Nr. 2, auch in Verbindung mit Abs. 3 oder § 30 d, nicht sicherstellt, dass Einrichtungen und Informationen im Inland öffentlich zur Verfügung stehen,
13. entgegen § 30 a Abs. 1 Nr. 3, auch in Verbindung mit Abs. 3 oder § 30 d, nicht sicherstellt, dass Daten vor der Kenntnisnahme durch Unbefugte geschützt sind,
14. entgegen § 30 a Abs. 1 Nr. 4, auch in Verbindung mit Abs. 3 oder § 30 d, nicht sicherstellt, dass eine dort genannte Stelle bestimmt ist,
15. entgegen § 31 Abs. 1 Nr. 2 einen Interessenkonflikt nicht, nicht richtig, nicht vollständig oder nicht rechtzeitig darlegt,
16. entgegen § 31 Abs. 4 Satz 3 ein Finanzinstrument empfiehlt oder im Zusammenhang mit einer Finanzportfolioverwaltung eine Empfehlung abgibt,
17. entgegen § 31 Abs. 5 Satz 3 oder 4 einen Hinweis oder eine Information nicht oder nicht rechtzeitig gibt,
18. entgegen § 33 a Abs. 5 Satz 2 oder Abs. 6 Nr. 1 oder 2 einen Hinweis oder eine Information nicht oder nicht rechtzeitig gibt oder eine Einwilligung oder Zustimmung nicht oder nicht rechtzeitig einholt,
19. entgegen § 33 a Abs. 6 Nr. 3 eine Mitteilung nicht richtig oder nicht vollständig macht,
19a. entgegen § 34 Abs. 2 a Satz 1 in Verbindung mit einer Rechtsverordnung nach § 34 Absatz 4 Satz 1 ein Protokoll nicht, nicht richtig oder nicht rechtzeitig anfertigt,
19b. entgegen § 34 Absatz 2 a Satz 2 eine Ausfertigung des Protokolls nicht, nicht vollständig, nicht in der vorgeschriebenen Weise oder nicht rechtzeitig zur Verfügung stellt,
19c. entgegen § 34 Absatz 2 a Satz 3 und 5 in Verbindung mit einer Rechtsverordnung nach § 34 Absatz 4 Satz 1 eine Ausfertigung des Protokolls nicht, nicht vollständig, nicht in der vorgeschriebenen Weise oder nicht rechtzeitig zusendet,
20. entgegen § 34 Abs. 3 Satz 1 eine Aufzeichnung nicht oder nicht mindestens fünf Jahre aufbewahrt,
21. einer Vorschrift des § 34 a Abs. 1 Satz 1, 3, 4 oder 5, auch in Verbindung mit Abs. 2 Satz 2, oder des § 34 a Abs. 2 Satz 1, jeweils auch in Verbindung mit einer Rechtsverordnung nach § 34 a Abs. 5 Satz 1 oder § 34 a Abs. 4, über die getrennte Vermögensverwahrung zuwiderhandelt,
22. entgegen § 34 c Satz 1, 2 oder 4 oder § 36 Abs. 2 Satz 1 eine Anzeige nicht, nicht richtig, nicht vollständig oder nicht rechtzeitig erstattet,
23. entgegen § 36 Abs. 1 Satz 4 einen Prüfer nicht oder nicht rechtzeitig bestellt,
24. entgegen § 37 v Abs. 1 Satz 1, § 37 w Abs. 1 Satz 1 oder § 37 x Abs. 1 Satz 1, jeweils auch in Verbindung mit § 37 y, einen Jahresfinanzbericht einschließlich der Erklärung gemäß § 37 v Abs. 2 Nr. 3 und der Eintragungsbescheinigung oder Bestätigung gemäß § 37 v Abs. 2 Nr. 4, einen Halbjahresfinanzbericht einschließlich der Erklärung gemäß § 37 w Abs. 2 Nr. 3 oder eine Zwischenmitteilung nicht oder nicht rechtzeitig zur Verfügung stellt oder

25. entgegen § 37 v Abs. 1 Satz 4, § 37 w Abs. 1 Satz 4 oder § 37 x Abs. 1 Satz 4, jeweils auch in Verbindung mit § 37 y, einen Jahresfinanzbericht einschließlich der Erklärung gemäß § 37 v Abs. 2 Nr. 3 und der Eintragungsbescheinigung oder Bestätigung gemäß § 37 v Abs. 2 Nr. 4, einen Halbjahresfinanzbericht einschließlich der Erklärung gemäß § 37 w Abs. 2 Nr. 3 oder eine Zwischenmitteilung nicht oder nicht rechtzeitig übermittelt.

(2 a) Ordnungswidrig handelt, wer vorsätzlich oder leichtfertig entgegen Artikel 7 oder Artikel 8 der Verordnung (EG) Nr. 1287/2006 der Kommission vom 10. August 2006 zur Durchführung der Richtlinie 2004/39/EG des Europäischen Parlaments und des Rates betreffend die Aufzeichnungspflichten für Wertpapierfirmen, die Meldung von Geschäften, die Markttransparenz, die Zulassung von Finanzinstrumenten zum Handel und bestimmte Begriffe im Sinne dieser Richtlinie (ABl. EU Nr. L 241 S. 1) eine Aufzeichnung nicht, nicht richtig, nicht vollständig oder nicht rechtzeitig erstellt.

(3) Ordnungswidrig handelt, wer vorsätzlich oder fahrlässig

1. einer vollziehbaren Anordnung nach
   a) § 4 Abs. 3 Satz 1,
   b) § 36 b Abs. 1,
   c) § 37 o Abs. 4 Satz 1 oder § 37 q Abs. 2 Satz 1
   zuwiderhandelt,
2. entgegen § 4 Abs. 4 Satz 1 oder 2 oder § 37 o Abs. 5 Satz 1 ein Betreten nicht gestattet oder nicht duldet,
3. entgegen § 33 Abs. 3 Satz 1 Nr. 2 eine Portfolioverwaltung auslagert.

(4) Die Ordnungswidrigkeit kann in den Fällen des Absatzes 1 Nr. 1 und 2 und des Absatzes 2 Nr. 5 Buchstabe a, Nr. 7 und 11 mit einer Geldbuße bis zu einer Million Euro, in den Fällen des Absatzes 1 Nr. 3 und 5 und des Absatzes 2 Nr. 2 Buchstabe c, e bis i und m bis p, Nr. 3 und 4, Nr. 5 Buchstabe c bis h und Nr. 6, 18, 24 und des Absatzes 3 Nr. 3 mit einer Geldbuße bis zu zweihunderttausend Euro, in den Fällen des Absatzes 2 Nr. 2 Buchstabe d, Nr. 5 Buchstabe b, Nr. 12 bis 14 und Nr. 16 und des Absatzes 3 Nr. 1 Buchstabe b mit einer Geldbuße bis zu hunderttausend Euro, in den übrigen Fällen mit einer Geldbuße bis zu fünfzigtausend Euro geahndet werden.

(5) Die Bestimmungen des Absatzes 2 Nr. 2 Buchstabe a, Nr. 10 Buchstabe b, Nr. 15, 16, 18 bis 20, 22 und 23, des Absatzes 2 a sowie des Absatzes 3 Nr. 1 Buchstabe b und Nr. 3, jeweils in Verbindung mit Absatz 4, gelten auch für die erlaubnispflichtige Anlageverwaltung im Sinne des § 2 Abs. 3 Satz 3.

Zuständige Verwaltungsbehörde

WpHG 40 Verwaltungsbehörde im Sinne des § 36 Abs. 1 Nr. 1 des Gesetzes über Ordnungswidrigkeiten ist die Bundesanstalt.

Beteiligung der Bundesanstalt und Mitteilungen in Strafsachen

WpHG 40a (1) [1] Die Staatsanwaltschaft informiert die Bundesanstalt über die Einleitung eines Ermittlungsverfahrens, welches Straftaten nach § 38 betrifft. [2] Werden im Ermittlungsverfahren Sachverständige benötigt, können fachkundige Angehörige der Bundesanstalt herangezogen werden. [3] Der Bundesanstalt sind die Anklageschrift und der Antrag auf Erlass eines Strafbefehls mitzuteilen. [4] Erwägt die Staatsanwaltschaft, das Verfahren einzustellen, so hat sie die Bundesanstalt zu hören.

(2) Das Gericht teilt der Bundesanstalt in einem Verfahren, welches Straftaten nach § 38 betrifft, den Termin zur Hauptverhandlung mit.

(3) Der Bundesanstalt ist auf Antrag Akteneinsicht zu gewähren, sofern nicht schutzwürdige Interessen des Betroffenen entgegenstehen oder der Untersuchungserfolg der Ermittlungen gefährdet wird.

(4) [1] In Strafverfahren gegen Inhaber oder Geschäftsleiter von Wertpapierdienstleistungsunternehmen oder deren gesetzliche Vertreter oder persönlich haftende Gesellschafter wegen Straftaten zum Nachteil von Kunden bei oder im Zusam-

menhang mit dem Betrieb des Wertpapierdienstleistungsunternehmens, ferner in Strafverfahren, die Straftaten nach § 38 zum Gegenstand haben, sind im Falle der Erhebung der öffentlichen Klage der Bundesanstalt

1. die Anklageschrift oder eine an ihre Stelle tretende Antragsschrift,
2. der Antrag auf Erlass eines Strafbefehls und
3. die das Verfahren abschließende Entscheidung mit Begründung

zu übermitteln; ist gegen die Entscheidung ein Rechtsmittel eingelegt worden, ist die Entscheidung unter Hinweis auf das eingelegte Rechtsmittel zu übermitteln. [2] In Verfahren wegen fahrlässig begangener Straftaten werden die in den Nummern 1 und 2 bestimmten Übermittlungen nur vorgenommen, wenn aus der Sicht der übermittelnden Stelle unverzüglich Entscheidungen oder andere Maßnahmen der Bundesanstalt geboten sind.

(5) [1] Werden sonst in einem Strafverfahren Tatsachen bekannt, die auf Missstände in dem Geschäftsbetrieb eines Wertpapierdienstleistungsunternehmens hindeuten, und ist deren Kenntnis aus der Sicht der übermittelnden Stelle für Maßnahmen der Bundesanstalt nach diesem Gesetz erforderlich, soll das Gericht, die Strafverfolgungs- oder die Strafvollstreckungsbehörde diese Tatsachen ebenfalls mitteilen, soweit nicht für die übermittelnde Stelle erkennbar ist, dass schutzwürdige Interessen des Betroffenen überwiegen. [2] Dabei ist zu berücksichtigen, wie gesichert die zu übermittelnden Erkenntnisse sind.

Bekanntmachung von Maßnahmen

WpHG 40b [1] Die Bundesanstalt kann unanfechtbare Maßnahmen, die sie wegen Verstößen gegen Verbote oder Gebote dieses Gesetzes getroffen hat, auf ihrer Internetseite öffentlich bekannt machen, soweit dies zur Beseitigung oder Verhinderung von Missständen nach § 4 Abs. 1 Satz 2 geeignet und erforderlich ist, es sei denn, diese Veröffentlichung würde die Finanzmärkte erheblich gefährden oder zu einem unverhältnismäßigen Schaden bei den Beteiligten führen. [2] Anordnungen nach § 4 Abs. 2 hat die Bundesanstalt unverzüglich auf ihrer Internetseite zu veröffentlichen.

Abschnitt 13. Übergangsbestimmungen

Übergangsregelung für Mitteilungs- und Veröffentlichungspflichten

WpHG 41 (1) Ein Unternehmen im Sinne des § 9 Abs. 1 Satz 1, das am 1. August 1997 besteht und nicht bereits vor diesem Zeitpunkt der Meldepflicht nach § 9 Abs. 1 unterlag, muß Mitteilungen nach dieser Bestimmung erstmals am 1. Februar 1998 abgeben.

(2) [1] Wem am 1. April 2002 unter Berücksichtigung des § 22 Abs. 1 und 2 fünf Prozent oder mehr der Stimmrechte einer börsennotierten Gesellschaft zustehen, hat der Gesellschaft und der Bundesanstalt unverzüglich, spätestens innerhalb von sieben Kalendertagen, die Höhe seines Stimmrechtsanteils unter Angabe seiner Anschrift schriftlich mitzuteilen; in der Mitteilung sind die zuzurechnenden Stimmrechte für jeden Zurechnungstatbestand getrennt anzugeben. [2] Eine Verpflichtung nach Satz 1 besteht nicht, sofern nach dem 1. Januar 2002 und vor dem 1. April 2002 bereits eine Mitteilung gemäß § 21 Abs. 1 oder 1a abgegeben worden ist.

(3) Die Gesellschaft hat Mitteilungen nach Absatz 2 innerhalb von einem Monat nach Zugang nach Maßgabe des § 25 Abs. 1 Satz 1 und 2, Abs. 2 zu veröffentlichen und der Bundesanstalt unverzüglich einen Beleg über die Veröffentlichung zu übersenden.

(4) Auf die Pflichten nach den Absätzen 2 und 3 sind die §§ 23, 24, 25 Abs. 3 Satz 2, Abs. 4, §§ 27 bis 30 entsprechend anzuwenden.

(4 a) [1] Wer am 20. Januar 2007, auch unter Berücksichtigung des § 22 in der vor dem 19. August 2008 geltenden Fassung, einen mit Aktien verbundenen Stimmrechtsanteil hält, der die Schwelle von 15, 20 oder 30 Prozent erreicht, überschrei-

(16) WpHG 41 Abschnitt 9. Schiedsvereinbarungen

tet oder unterschreitet, hat dem Emittenten, für den die Bundesrepublik Deutschland der Herkunftsstaat ist, spätestens am 20. März 2007 seinen Stimmrechtsanteil mitzuteilen. ²Das gilt nicht, wenn er bereits vor dem 20. Januar 2007 eine Mitteilung mit gleichwertigen Informationen an diesen Emittenten gerichtet hat; der Inhalt der Mitteilung richtet sich nach § 21 Abs. 1, auch in Verbindung mit einer Rechtsverordnung nach Absatz 2. ³Wem am 20. Januar 2007 aufgrund Zurechnung nach § 22 Abs. 1 Satz 1 Nr. 6 ein Stimmrechtsanteil an einem Emittenten, für den die Bundesrepublik Deutschland der Herkunftsstaat ist, von 5 Prozent oder mehr zusteht, muss diesen dem Emittenten spätestens am 20. März 2007 mitteilen. ⁴Dies gilt nicht, wenn er bereits vor dem 20. Januar 2007 eine Mitteilung mit gleichwertigen Informationen an diesen Emittenten gerichtet hat und ihm die Stimmrechtsanteile nicht bereits nach § 22 Abs. 1 Satz 1 Nr. 6 in der vor dem 20. Januar 2007 geltenden Fassung zugerechnet werden konnten; der Inhalt der Mitteilung richtet sich nach § 21 Abs. 1, auch in Verbindung mit einer Rechtsverordnung nach Absatz 2. ⁵Wer am 20. Januar 2007 Finanzinstrumente im Sinne des § 25 in der vor dem 1. März 2009 geltenden Fassung hält, muss dem Emittenten, für den die Bundesrepublik Deutschland der Herkunftsstaat ist, spätestens am 20. März 2007 mitteilen, wie hoch sein Stimmrechtsanteil wäre, wenn er statt der Finanzinstrumente die Aktien hielte, die aufgrund der rechtlich bindenden Vereinbarung erworben werden können, es sei denn, sein Stimmrechtsanteil läge unter 5 Prozent. ⁶Dies gilt nicht, wenn er bereits vor dem 20. Januar 2007 eine Mitteilung mit gleichwertigen Informationen an diesen Emittenten gerichtet hat; der Inhalt der Mitteilung richtet sich nach § 25 Abs. 1 in der vor dem 1. März 2009 geltenden Fassung, auch in Verbindung mit den §§ 17 und 18 der Wertpapierhandelsanzeige- und Insiderverzeichnisverordnung in der vor dem 1. März 2009 geltenden Fassung. ⁷Erhält ein Inlandsemittent eine Mitteilung nach Satz 1, 3 oder 5, so muss er diese bis spätestens zum 20. April 2007 nach § 26 Abs. 1 Satz 1, auch in Verbindung mit einer Rechtsverordnung nach Absatz 3, veröffentlichen. ⁸Er übermittelt die Information außerdem unverzüglich, jedoch nicht vor ihrer Veröffentlichung dem Unternehmensregister im Sinne des § 8b des Handelsgesetzbuchs zur Speicherung. ⁹Er hat gleichzeitig mit der Veröffentlichung nach Satz 7 diese der Bundesanstalt nach § 26 Abs. 2, auch in Verbindung mit einer Rechtsverordnung nach Absatz 3 Nr. 2, mitzuteilen. ¹⁰Auf die Pflichten nach Satz 1 bis 9 sind die §§ 23, 24, 27 bis 29 und 29a Abs. 3 entsprechend anzuwenden. ¹¹Auf die Pflichten nach Satz 4 ist § 29a Abs. 1 und 2 entsprechend anzuwenden.

(4 b) ¹Wer, auch unter Berücksichtigung des § 22, einen mit Aktien verbundenen Stimmrechtsanteil sowie Finanzinstrumente im Sinne des § 25 hält, muss das Erreichen oder Überschreiten der für § 25 geltenden Schwellen, die er am 1. März 2009 ausschließlich auf Grund der Änderung des § 25 mit Wirkung vom 1. März 2009 durch Zusammenrechnung nach § 25 Abs. 1 Satz 3 erreicht oder überschreitet, nicht mitteilen. ²Eine solche Mitteilung ist erst dann abzugeben, wenn erneut eine der für § 25 geltenden Schwellen erreicht, überschritten oder unterschritten wird. ³Mitteilungspflichten nach § 25 in der bis zum 1. März 2009 geltenden Fassung, die nicht, nicht richtig, nicht vollständig oder nicht in der vorgeschriebenen Weise erfüllt wurden, sind unter Berücksichtigung von § 25 Abs. 1 Satz 3 zu erfüllen.

(4 c) ¹Wer, auch unter Berücksichtigung des § 22, einen mit Aktien verbundenen Stimmrechtsanteil hält, muss das Erreichen oder Überschreiten der für § 21 geltenden Schwellen, die er am 19. August 2008 ausschließlich durch Zurechnung von Stimmrechten auf Grund der Neufassung des § 22 Abs. 2 mit Wirkung vom 19. August 2008 erreicht oder überschreitet, nicht mitteilen. ²Eine solche Mitteilung ist erst dann abzugeben, wenn erneut eine der für § 21 geltenden Schwellen erreicht, überschritten oder unterschritten wird. ³Die Sätze 1 und 2 gelten für die Mitteilungspflicht nach § 25 entsprechend mit der Maßgabe, dass die für § 25 geltenden Schwellen maßgebend sind.

(5) Ordnungswidrig handelt, wer vorsätzlich oder leichtfertig

1. entgegen Absatz 2 Satz 1 oder Absatz 4 a Satz 1, 3, 5 oder 9 eine Mitteilung nicht, nicht richtig, nicht vollständig oder nicht in der vorgeschriebenen Weise oder nicht rechtzeitig macht oder
2. entgegen Absatz 3 oder Absatz 4 a Satz 7 oder 8 eine Veröffentlichung nicht, nicht richtig, nicht vollständig, nicht in der vorgeschriebenen Weise oder nicht

rechtzeitig vornimmt, einen Beleg nicht oder nicht rechtzeitig übersendet oder eine Information nicht oder nicht rechtzeitig übermittelt.

(6) Die Ordnungswidrigkeit kann in den Fällen des Absatzes 5 mit einer Geldbuße bis zu zweihunderttausend Euro geahndet werden.

Übergangsregelung für die Kostenerstattungspflicht nach § 11

WpHG 42 (1) Die nach § 11 Abs. 1 Satz 1 in der Fassung des Gesetzes vom 26. Juli 1994 (BGBl. I S. 1749) zur Erstattung der Kosten der Bundesanstalt Verpflichteten können für die Zeit bis Ende 1996 den Nachweis über den Umfang der Geschäfte in Wertpapieren und Derivaten auch anhand der im Jahre 1996 und für 1997 anhand der Zahl der im Jahre 1997 gemäß § 9 mitgeteilten Geschäfte führen.

(2) § 11 ist für den Zeitraum bis zum 30. April 2002 in der bis zum Tag vor dem Inkrafttreten des Gesetzes über die integrierte Finanzdienstleistungsaufsicht vom 22. April 2002 (BGBl. I S. 1310) geltenden Fassung auf die angefallenen Kosten des Bundesaufsichtsamtes für den Wertpapierhandel anzuwenden.

Übergangsregelung für die Verjährung von Ersatzansprüchen nach § 37a

WpHG 43 § 37a in der bis zum 4. August 2009 geltenden Fassung ist auf Ansprüche anzuwenden, die in der Zeit vom 1. April 1998 bis zum Ablauf des 4. August 2009 entstanden sind.

Übergangsregelung für ausländische organisierte Märkte

WpHG 44 (1) Organisierte Märkte, die einer Erlaubnis nach § 37i bedürfen und am 1. Juli 2002 Handelsteilnehmern mit Sitz im Inland über ein elektronisches Handelssystem einen unmittelbaren Marktzugang gewährt haben, haben dies der Bundesanstalt bis zum 31. Dezember 2002 anzuzeigen und einen Antrag auf Erlaubnis bis zum 30. Juni 2003 zu stellen.

(2) Organisierte Märkte, die eine Anzeige nach § 37m abgeben müssen und die am 1. Juli 2002 Handelsteilnehmern mit Sitz im Inland über ein elektronisches Handelssystem einen unmittelbaren Marktzugang gewährt haben, haben dies und die Absicht, den Marktzugang aufrechtzuerhalten, der Bundesanstalt bis zum 31. Dezember 2002 anzuzeigen.

Anwendungsbestimmung zum Abschnitt 11

WpHG 45 [1] Die Bestimmungen des Abschnitts 11 in der vom 21. Dezember 2004 an geltenden Fassung finden erstmals auf Abschlüsse des Geschäftsjahres Anwendung, das am 31. Dezember 2004 oder später endet. [2] Die Bundesanstalt nimmt die ihr in Abschnitt 11 zugewiesenen Aufgaben ab dem 1. Juli 2005 wahr.

Anwendungsbestimmung für das Transparenzrichtlinie-Umsetzungsgesetz

WpHG 46 (1) § 37n und § 37o Abs. 1 Satz 4 sowie die Bestimmungen des Abschnitts 11 Unterabschnitt 2 in der vom 20. Januar 2007 an geltenden Fassung finden erstmals auf Finanzberichte des Geschäftsjahrs Anwendung, das nach dem 31. Dezember 2006 beginnt.

(2) Auf Emittenten, von denen lediglich Schuldtitel zum Handel an einem organisierten Markt im Sinne des Artikels 4 Abs. 1 Nr. 14 der Richtlinie 2004/39/EG des Europäischen Parlaments und des Rates vom 21. April 2004 über Märkte für Finanzinstrumente (ABl. EU Nr. L 145 S. 1) in einem Mitgliedstaat der Europäischen Union oder in einem anderen Vertragsstaat des Abkommens über den Europäischen Wirtschaftsraum zugelassen sind, sowie auf Emittenten, deren Wertpapiere zum Handel in einem Drittstaat zugelassen sind und die zu diesem Zweck seit dem Geschäftsjahr, das vor dem 11. September 2002 begann, interna-

tional anerkannte Rechnungslegungsstandards anwenden, finden § 37 w Abs. 3 Satz 2 und § 37 y Nr. 2 in der vom 20. Januar 2007 an geltenden Fassung mit der Maßgabe Anwendung, dass der Emittent für vor dem 31. Dezember 2007 beginnende Geschäftsjahre die Rechnungslegungsgrundsätze des jeweiligen Vorjahresabschlusses anwenden kann.

(3) § 30 b Abs. 3 Nr. 1 Buchstabe a in der vom 20. Januar 2007 an geltenden Fassung findet erstmals auf Informationen Anwendung, die nach dem 31. Dezember 2007 übermittelt werden.

(4) Veröffentlichungen nach § 30 b Abs. 1 und 2 sind bis zum 31. Dezember 2010 zusätzlich zu der Veröffentlichung im elektronischen Bundesanzeiger auch in einem Börsenpflichtblatt vorzunehmen.

Anwendungsbestimmung für § 34

WpHG 47 § 34 in der vom 5. August 2009 an geltenden Fassung ist erstmals auf Anlageberatungen anzuwenden, die nach dem 31. Dezember 2009 durchgeführt werden.

VI. Transport (Fracht-, Speditions-, Lager- und andere Transportgeschäfte)

(17) Übereinkommen über den Beförderungsvertrag im internationalen Straßengüterverkehr (CMR)

Vom 19. Mai 1956 /16. August 1961 (BGBl 1961 II 1119, 1962 II 12) mit den späteren Änderungen

Einleitung

Schrifttum

a) **Kommentare:** *Fremuth/Thume*, Kommentar zum Transportrecht 2000. – GK(HGB)/*(Ensthaler ua)* 7. Aufl 2007. – *Glöckner*, Leitfaden zur CMR, 8. Aufl 2002. – *Herber/Piper* 1996. – *Koller*, Transportrecht, 6. Aufl 2007. – *MüKo(HGB)/Jesser-Huß* Bd. 7, 2. Aufl. 2009. – *Precht-Endrigkeit*, CMR-Handbuch, 3. Aufl 1972. – *Staub/ Helm*, Anh VI nach § 452, Bd 7/2 2002. – *Thume/(Bearbeiter)*, Kommentar zur CMR, 2. Aufl 2007. – *Widmann* 1993. – *Clarke*, International Carriage of Goods by Road: CMR, 4th ed, London 2003. – *Hil/Messent*, CMR: Contracts for the International Carriage of Goods by Road, 3rd ed., London 2000. – *Theunis*, International Carriage of Goods by Road (CMR), London 1987. – *Yates*, Contracts for the Carriage of Goods by Land, Sea and Air, part 3.1, Carriage of Goods by Road; CMR, London (LBl).

b) **Lehrbücher:** *Dubischar*, Grundriß des gesamten Gütertransportrechts, 1987.

c) **Einzeldarstellungen und Sonstiges:** *Jung*, The convention on the contract for the international carriage of goods by road (CMR), 1997. – *Heuer*, Die Haftung des Frachtführers nach der CMR, 1975. – *Decker* 1985. – *Basedow,*Der Transportvertrag, 1987. – *Jesser*, Frachtführerhaftung nach CMR, Wien 1992. – *Lieser*, Ergänzung der CMR durch unvereinheitlichtes deutsches Recht, 1991. – *Haak*, Revision der CMR?, TranspR **06,** 325–336. – *Koller*, Schadensverhütung und Quersubventionen bei der CMR aus deutscher Sicht, TranspR **06,** 413–421. – *Loewe*, Erläuterungen zur CMR, ETR **76,** 503–597. – *Münchner CMR-Colloquium*, Einzelbeiträge in VersR **88,** 548 ua. – *Seltmann*, Die CMR in der österreichischen Praxis, Wien 1988. – *Thesing*, Das Recht des nationalen und internationalen Straßengüterverkehrs, 1991. – *Thume*, Aktivlegitimation und Regressverfolgung in Deutschland, ETR **05,** 801–809. Allgemeiner s §§ 407 ff HGB. – **RsprÜbersichten:** *Pokrant/Gran*, Transport- und Logistikrecht: Höchstrichterliche Rechtsprechung und Vertragsgestaltung, 9. Aufl 2009. –

VI. Transportgeschäfte

Jesser-Huß, Aktuelle transportrechtliche Probleme in Österreich, TranspR **09**, 109–117. – *Gruber*, Aktuelle transportrechtliche Probleme in Frankreich, TranspR **09**, 123–129. – *Benz*, Einige aktuelle Probleme im schweizerischen Transportrecht, TranspR **09**, 185–188. – *Eckoldt*, Die niederländische CMR-Rechtsprechung, TranspR **09**, 117–123. – *Haak*, Europäische Lösung der deutsch-niederländischen Kontroverse in der CMR-Interpretation?, TranspR **09**, 189–199 (Vorlagebeschluss TranspR **09**, 279).

1) Entstehung und Geltung: Das Übereinkommen ist gem Bek 28. 12. 1961 1
BGBl 62 II 12 für die Bundesrepublik Deutschland in Kraft getreten. Vertragsstaaten sind ua Belgien, Bulgarien, Dänemark, Finnland, Frankreich, Griechenland, Großbritannien, Italien, Luxemburg, Niederlande, Norwegen, Österreich, Polen, Portugal, Rumänien, Russland (mit Protokoll, Oberstes Arbitragegericht der Russischen Föderation TranspR **09**, 29), Schweden, Schweiz, Slowakei, Spanien, Tschechien und Ungarn; vgl Bek in BGBl II seit 1962. Änderungen durch Protokoll 5. 7. 1978 BGBl 80 II 733, in Kraft für die BRD 28. 12. 1980 BGBl II 1443 (Art 23 III nF, Art 23 VII–IX neu), aber nicht für alle anderen Vertragsstaaten; näher Hein/Eichoff/Pukall/Krien J 111 aE (mit Übersicht aller Vertragsstaaten). Reformvorschläge FIATA s TranspR **84**, 113. Zum Konventionskonflikt CMR und EuGVÜ s EuGH EuZW **05**, 28, näher Art 31 Rn 1, dort auch zur Rom I-VO.

2) Auslegung: Die CMR ist als internationales Abkommen in erster Linie aus sich 2
selbst nebst Materialien auszulegen; dabei kommen dem Wortlaut und dem Zusammenhang der Einzelvorschriften der CMR besondere Bedeutung zu, BGH **75**, 94, NJW **75**, 1598, TranspR **08**, 325, Düss RIW **81**, 558. Die CMR lehnt sich idR eng an die CIM an, eine einheitliche Auslegung bietet sich dann an, BGH **75**, 96. Gewollte Regelungslücken in CMR sind durch Heranziehung des zuständigen nationalen Rechts zu schließen, BGH **94**, 74, NJW **74**, 412, 1615, Düss RIW **84**, 234; zB Haftung wegen Pflichtverletzung gem § 280 I BGB s Art 17 Rn 1. Zu den einzelnen Lücken und der deutschen Rspr dazu Koller Vor Art 1 Rn 5 ff, zur engl Rechtspraxis Becher TranspR **07**, 232.

Kapitel I. Geltungsbereich

[Geltungsbereich, völkerrechtliche Verbindlichkeit]

CMR 1

(1) ¹Dieses Übereinkommen gilt für jeden Vertrag über die entgeltliche Beförderung von Gütern auf der Straße mittels Fahrzeugen, wenn der Ort der Übernahme des Gutes und der für die Ablieferung vorgesehene Ort, wie sie im Vertrage angegeben sind, in zwei verschiedenen Staaten liegen, von denen mindestens einer ein Vertragstaat ist. ²Dies gilt ohne Rücksicht auf den Wohnsitz und die Staatsangehörigkeit der Parteien.

(2) Im Sinne dieses Übereinkommens bedeuten „Fahrzeuge" Kraftfahrzeuge, Sattelkraftfahrzeuge, Anhänger und Sattelanhänger, wie sie in Artikel 4 des Abkommens über den Straßenverkehr vom 19. September 1949 umschrieben sind.

(3) Dieses Übereinkommen gilt auch dann, wenn in seinen Geltungsbereich fallende Beförderungen von Staaten oder von staatlichen Einrichtungen oder Organisationen durchgeführt werden.

(4) Dieses Übereinkommen gilt nicht

a) für Beförderungen, die nach den Bestimmungen internationaler Postübereinkommen durchgeführt werden;
b) für die Beförderung von Leichen;
c) für die Beförderung von Umzugsgut.

(5) Die Vertragsparteien werden untereinander keine zwei- oder mehrseitigen Sondervereinbarungen schließen, die Abweichungen von den Bestimmungen dieses Übereinkommens enthalten; ausgenommen sind Sondervereinbarungen unter Vertragsparteien, nach denen dieses Übereinkommen nicht für ihren kleinen Grenzverkehr gilt, oder durch die für Beförderungen, die ausschließlich auf ihrem

(17) CMR 1 a–3 1 2. Handelsrechtl. Nebengesetze

Staatsgebiet durchgeführt werden, die Verwendung eines das Gut vertretenden Frachtbriefes zugelassen wird.

1 **1)** Auf multimodalen Transport ist die CMR außerhalb von Art 2 nicht unmittelbar anwendbar, BGH NJW **08**, 2783 mit zust Anm Ramming NJW **09**, 414, Karlsr TranspR **08**, 471; zu diesem s § 452 HGB Rn 2, 8 ebenda auch zum gebrochenen Verkehr (§ 452 HGB Rn 4). Umzugsgut nach IV c s Hbg NJW **86**, 670. Lit: Rogov TranspR **05**, 185 (zu V), Koller TranspR **03**, 45.

[Besondere Gerichtsstände]

CMR 1 a Für Rechtsstreitigkeiten aus einer dem Übereinkommen unterliegenden Beförderung ist auch das Gericht zuständig, in dessen Bezirk der Ort der Übernahme des Gutes oder der für die Ablieferung des Gutes vorgesehene Ort liegt.

[Geltung für kombinierten Transport]

CMR 2 (1) [1] Wird das mit dem Gut beladene Fahrzeug auf einem Teil der Strecke zur See, mit der Eisenbahn, auf Binnenwasserstraßen oder auf dem Luftwege befördert und wird das Gut – abgesehen von Fällen des Artikels 14 – nicht umgeladen, so gilt dieses Übereinkommen trotzdem für die gesamte Beförderung. [2] Soweit jedoch bewiesen wird, daß während der Beförderung durch das andere Verkehrsmittel eingetretene Verluste, Beschädigungen oder Überschreitungen der Lieferfrist nicht durch eine Handlung oder Unterlassung des Straßenfrachtführers, sondern durch ein Ereignis verursacht worden sind, das nur während und wegen der Beförderung durch das andere Beförderungsmittel eingetreten sein kann, bestimmt sich die Haftung des Straßenfrachtführers nicht nach diesem Übereinkommen, sondern danach, wie der Frachtführer des anderen Verkehrsmittels gehaftet hätte, wenn ein lediglich das Gut betreffender Beförderungsvertrag zwischen dem Absender und dem Frachtführer des anderen Verkehrsmittels nach den zwingenden Vorschriften des für die Beförderung durch das andere Verkehrsmittel geltenden Rechts geschlossen worden wäre. [3] Bestehen jedoch keine solchen Vorschriften, so bestimmt sich die Haftung des Straßenfrachtführers nach diesem Übereinkommen.

(2) Ist der Straßenfrachtführer zugleich der Frachtführer des anderen Verkehrsmittels, so haftet er ebenfalls nach Absatz 1, jedoch so, als ob seine Tätigkeit als Straßenfrachtführer und seine Tätigkeit als Frachtführer des anderen Verkehrsmittels von zwei verschiedenen Personen ausgeübt würden.

1 **1)** Multimodaler bzw kombinierter Transport s § 452 HGB Rn 2. Außerhalb von Art 2 findet die CMR auf den multimodalen Transport keine unmittelbare Anwendung, BGH NJW **08**, 2783 mit zust Anm Ramming NJW **09**, 414, Karlsr TranspR **08**, 471.

Kapitel II. Haftung des Frachtführers für andere Personen

[Haftung für Gehilfen]

CMR 3 Der Frachtführer haftet, soweit dieses Übereinkommen anzuwenden ist, für Handlungen und Unterlassungen seiner Bediensteten und aller anderen Personen, deren er sich bei Ausführung der Beförderung bedient, wie für eigene Handlungen und Unterlassungen, wenn diese Bediensteten oder anderen Personen in Ausübung ihrer Verrichtungen handeln.

1 **1)** Der Schadensersatzanspruch des Absenders statt der Leistung fällt nicht unter die CMR, entspr Freizeichnung für Hilfspersonen nicht unter Art 3, sondern unter das nationale Recht, BGH NJW **79**, 2470. Der Frachtführer haftet für den Unterfrachtführer, auch wenn Art 34 ff nicht eingreifen, Hbg TranspR **85**, 266, LG Ffm VersR **86**, 384. Lit: Schmid TranspR **04**, 351.

VI. Transportgeschäfte   **CMR 4–6 (17)**

Kapitel III. Abschluß und Ausführung des Beförderungsvertrages

[CMR-Frachtbrief]

CMR 4 [1] Der Beförderungsvertrag wird in einem Frachtbrief festgehalten. [2] Das Fehlen, die Mangelhaftigkeit oder der Verlust des Frachtbriefes berührt weder den Bestand noch die Gültigkeit des Beförderungsvertrages, der den Bestimmungen dieses Übereinkommens unterworfen bleibt.

1) Der Beförderungsvertrag nach der CMR ist Konsensual-, nicht Formalvertrag. 1
Der Frachtbrief ist nur eine (widerlegbare, vgl Art 9) Beweisurkunde, BGH **83**, 100, **123**, 307. Der Frachtbrief hat keine konstitutive, sondern nur Vermutungswirkung (zB Art 9 II, 12 Va, 24, 26, 34).

[Ausfertigungen, Form des Frachtbriefs]

CMR 5 (1) [1] Der Frachtbrief wird in drei Originalausfertigungen ausgestellt, die vom Absender und vom Frachtführer unterzeichnet werden. [2] Die Unterschriften können gedruckt oder durch den Stempel des Absenders oder des Frachtführers ersetzt werden, wenn dies nach dem Recht des Staates, in dem der Frachtbrief ausgestellt wird, zulässig ist. [3] Die erste Ausfertigung erhält der Absender, die zweite begleitet das Gut, die dritte behält der Frachtführer.

(2) Ist das zu befördernde Gut auf mehrere Fahrzeuge zu verladen oder handelt es sich um verschiedenartige oder um in verschiedene Posten aufgeteilte Güter, können sowohl der Absender als auch der Frachtführer verlangen, daß so viele Frachtbriefe ausgestellt werden, als Fahrzeuge zu verwenden oder Güterarten oder -posten vorhanden sind.

[Angaben im Frachtbrief]

CMR 6 (1) Der Frachtbrief muß folgende Angaben enthalten:
a) Ort und Tag der Ausstellung;
b) Name und Anschrift des Absenders;
c) Name und Anschrift des Frachtführers;
d) Stelle und Tag der Übernahme des Gutes sowie die für die Ablieferung vorgesehene Stelle;
e) Name und Anschrift des Empfängers;
f) die übliche Bezeichnung der Art des Gutes und die Art der Verpackung, bei gefährlichen Gütern ihre allgemein anerkannte Bezeichnung;
g) Anzahl, Zeichen und Nummern der Frachtstücke;
h) Rohgewicht oder die anders angegebene Menge des Gutes;
i) die mit der Beförderung verbundenen Kosten (Fracht, Nebengebühren, Zölle und andere Kosten, die vom Vertragsabschluß bis zur Ablieferung anfallen);
j) Weisungen für die Zoll- und sonstige amtliche Behandlung;
k) die Angabe, daß die Beförderung trotz einer gegenteiligen Abmachung den Bestimmungen dieses Übereinkommens unterliegt.

(2) Zutreffendenfalls muß der Frachtbrief ferner folgende Angaben enthalten:

a) das Verbot umzuladen;
b) die Kosten, die der Absender übernimmt;
c) den Betrag einer bei der Ablieferung des Gutes einzuziehenden Nachnahme;
d) die Angabe des Wertes des Gutes und des Betrages des besonderen Interesses an der Lieferung;
e) Weisungen des Absenders an den Frachtführer über die Versicherung des Gutes;
f) die vereinbarte Frist, in der die Beförderung beendet sein muß;
g) ein Verzeichnis der dem Frachtführer übergebenen Urkunden.

(3) Die Parteien dürfen in den Frachtbrief noch andere Angaben eintragen, die sie für zweckmäßig halten.

(17) CMR 7–9

1 **1)** Vgl Art 4 Rn 1. Zu I i: Die Kosten brauchen sich aus dem Frachtbrief nicht ziffernmäßig zu ergeben; Erkennbarkeit des Umfangs der Zahlungspflicht bes durch Hinweis auf Tarife genügt, Düss NJW **81**, 1910. Zu II f: Die Lieferfristvereinbarung ist auch ohne Eintragung im Frachtbrief wirksam, Düss TranspR **86**, 57. Ebenso die Nachnahmevereinbarung nach II c, BGH **83**, 100. Diese muss aber klar, eindeutig und dem Fahrer verständlich sein, wozu „Kasse gegen Dokumente", Kln AWD **75**, 162, oder „Auslieferung gegen Bankakzept und Bankaval", Düss VersR **88**, 77 nicht genügt. aA für „Auslieferung gegen Bankscheck" Hbg TranspR **91**, 297. Angaben nach III werden vorausgesetzt in Art 12 III, 17 IV a, 22 I, 24, 26, 31 und 33, hierzu auch Thume/Teutsch 36.

[Haftung für unrichtige und fehlende Angaben]

CMR 7 (1) Der Absender haftet für alle Kosten und Schäden, die dem Frachtführer dadurch entstehen, daß folgende Angaben unrichtig oder unvollständig sind:
a) die in Artikel 6 Absatz 1 Buchstabe b, d, e, f, g, h und j bezeichneten Angaben;
b) die in Artikel 6 Absatz 2 bezeichneten Angaben;
c) alle anderen Angaben oder Weisungen des Absenders für die Ausstellung des Frachtbriefes oder zum Zwecke der Eintragung in diesen.

(2) Trägt der Frachtführer auf Verlangen des Absenders die in Absatz 1 bezeichneten Angaben in den Frachtbrief ein, wird bis zum Beweise des Gegenteils vermutet, daß der Frachtführer hierbei im Namen des Absenders gehandelt hat.

(3) Enthält der Frachtbrief die in Artikel 6 Absatz 1 Buchstabe k bezeichnete Angabe nicht, so haftet der Frachtführer für alle Kosten und Schäden, die dem über das Gut Verfügungsberechtigten infolge dieser Unterlassung entstehen.

[Überprüfungspflichten]

CMR 8 (1) Der Frachtführer ist verpflichtet, bei der Übernahme des Gutes zu überprüfen
a) die Richtigkeit der Angaben im Frachtbrief über die Anzahl der Frachtstücke und über ihre Zeichen und Nummern;
b) den äußeren Zustand des Gutes und seiner Verpackung.

(2) ¹ Stehen dem Frachtführer keine angemessenen Mittel zur Verfügung, um die Richtigkeit der in Absatz 1 Buchstabe a bezeichneten Angaben zu überprüfen, so trägt er im Frachtbrief Vorbehalte ein, die zu begründen sind. ² Desgleichen hat er Vorbehalte zu begründen, die er hinsichtlich des äußeren Zustandes des Gutes und seiner Verpackung macht. ³ Die Vorbehalte sind für den Absender nicht verbindlich, es sei denn, daß er sie im Frachtbrief ausdrücklich anerkannt hat.

(3) ¹ Der Absender kann vom Frachtführer verlangen, daß dieser das Rohgewicht oder die anders angegebene Menge des Gutes überprüft. ² Er kann auch verlangen, daß der Frachtführer den Inhalt der Frachtstücke überprüft. ³ Der Frachtführer hat Anspruch auf Ersatz der Kosten der Überprüfung. ⁴ Das Ergebnis der Überprüfung ist in den Frachtbrief einzutragen.

1 **1)** Die Pflichten nach I b, II bestehen nicht dem Absender gegenüber; Verletzungsfolge ist vielmehr Vermutung nach Art 9 II, BGH NJW **79**, 2471. Keine Pflicht zur Ablehnung des Transports bei Gefahr des Verderbs (unzulängliche Vorkühlung), diese Entscheidung ist Sache des Auftraggebers, Ffm RIW **82**, 205. Bei Verderb umgekehrt Anspruch des Frachtführers wegen Pflichtverletzung gem § 280 I BGB auf Ersatz von Reinigungskosten und Standgeld, Düss RIW **84**, 234.

[Beweiskraft des Frachtbriefs]

CMR 9 (1) Der Frachtbrief dient bis zum Beweise des Gegenteils als Nachweis für den Abschluß und Inhalt des Beförderungsvertrages sowie für die Übernahme des Gutes durch den Frachtführer.

(2) Sofern der Frachtbrief keine mit Gründen versehenen Vorbehalte des Frachtführers aufweist, wird bis zum Beweise des Gegenteils vermutet, daß das Gut und

seine Verpackung bei der Übernahme durch den Frachtführer äußerlich in gutem Zustande waren und daß die Anzahl der Frachtstücke und ihre Zeichen und Nummern mit den Angaben im Frachtbrief übereinstimmen.

1) Der Frachtbrief ist lediglich Beweisurkunde (keine konstitutive Funktion), BGH TranspR **06**, 363. Die Vermutung nach I setzt einen nach Art 5, 6 ausgestellten Frachtbrief voraus, BGH NJW **79**, 2471, Hamm TranspR **85**, 107. Zu II Hamm TranspR **85**, 187.

[Haftung für mangelhafte Verpackung]

CMR 10
Der Absender haftet dem Frachtführer für alle durch mangelhafte Verpackung des Gutes verursachten Schäden an Personen, am Betriebsmaterial und an anderen Gütern sowie für alle durch mangelhafte Verpackung verursachten Kosten, es sei denn, daß der Mangel offensichtlich oder dem Frachtführer bei der Übernahme des Gutes bekannt war und er diesbezüglich keine Vorbehalte gemacht hat.

[Begleitpapiere]

CMR 11
(1) Der Absender hat dem Frachtbrief die Urkunden beizugeben, die für die vor der Ablieferung des Gutes zu erledigende Zoll- oder sonstige amtliche Behandlung notwendig sind, oder diese Urkunden dem Frachtführer zur Verfügung zu stellen und diesem alle erforderlichen Auskünfte zu erteilen.

(2) ¹Der Frachtführer ist nicht verpflichtet zu prüfen, ob diese Urkunden und Auskünfte richtig und ausreichend sind. ²Der Frachtführer haftet dem Frachtführer für alle aus dem Fehlen, der Unvollständigkeit oder Unrichtigkeit der Urkunden und Angaben entstehenden Schäden, es sei denn, daß den Frachtführer ein Verschulden trifft.

(3) Der Frachtführer haftet wie ein Kommissionär für die Folgen des Verlustes oder der unrichtigen Verwendung der im Frachtbrief bezeichneten und diesem beigegebenen oder dem Frachtführer ausgehändigten Urkunden; er hat jedoch keinen höheren Schadensersatz zu leisten als bei Verlust des Gutes.

1) Haftung für unrichtige Verwendung, III, BGH **136**, 156.

[Verfügungsrecht über das Gut]

CMR 12
(1) ¹Der Absender ist berechtigt, über das Gut zu verfügen. ²Er kann insbesondere verlangen, daß der Frachtführer das Gut nicht weiterbefördert, den für die Ablieferung vorgesehenen Ort ändert oder das Gut einem anderen als dem im Frachtbrief angegebenen Empfänger abliefert.

(2) ¹Dieses Recht erlischt, sobald die zweite Ausfertigung des Frachtbriefes dem Empfänger übergeben ist oder dieser sein Recht nach Artikel 13 Absatz 1 geltend macht. ²Von diesem Zeitpunkt an hat der Frachtführer den Weisungen des Empfängers nachzukommen.

(3) Das Verfügungsrecht steht jedoch dem Empfänger bereits von der Ausstellung des Frachtbriefes an zu, wenn der Absender einen entsprechenden Vermerk in den Frachtbrief eingetragen hat.

(4) Hat der Empfänger in Ausübung seines Verfügungsrechtes die Ablieferung des Gutes an einen Dritten angeordnet, so ist dieser nicht berechtigt, seinerseits andere Empfänger zu bestimmen.

(5) Die Ausübung des Verfügungsrechtes unterliegt folgenden Bestimmungen:

a) der Absender oder in dem in Absatz 3 bezeichneten Falle der Empfänger hat, wenn er sein Verfügungsrecht ausüben will, die erste Ausfertigung des Frachtbriefes vorzuweisen, worin die vom Frachtführer erteilten neuen Weisungen eingetragen sein müssen, und dem Frachtführer alle Kosten und Schäden zu ersetzen, die durch die Ausführung der Weisungen entstehen;

b) die Ausführung der Weisungen muß zu dem Zeitpunkt, in dem sie die Person erreichen, die sie ausführen soll, möglich sein und darf weder den gewöhnlichen Betrieb des Unternehmens des Frachtführers hemmen noch die Absender oder Empfänger anderer Sendungen schädigen;
c) die Weisungen dürfen nicht zu einer Teilung der Sendung führen.

(6) Kann der Frachtführer auf Grund der Bestimmungen des Absatzes 5 Buchstabe b die erhaltenen Weisungen nicht durchführen, so hat er unverzüglich denjenigen zu benachrichtigen, der die Weisungen erteilt hat.

(7) Ein Frachtführer, der Weisungen nicht ausführt, die ihm unter Beachtung der Bestimmungen dieses Artikels erteilt worden sind, oder der solche Weisungen ausführt, ohne die Vorlage der ersten Ausfertigung des Frachtbriefes verlangt zu haben, haftet dem Berechtigten für den daraus entstehenden Schaden.

1 **1)** Der Frachtführer haftet für Nichtausführung einer Weisung des berechtigten Absenders, auch wenn kein CMR-Frachtbrief ausgestellt wird, BGH NJW **82**, 1944. Sonst wäre der Absender ab Auftragserteilung einflusslos. Entgegen den Voraussetzungen in V a können die Parteien nach Vertragsschluss formfrei vereinbaren, dass der Frachtführer eine erteilte Weisung als wirksam zu behandeln hat, BGH NJW-RR **02**, 1608. An eine solche Vereinbarung sind jedoch strenge Anforderungen zu stellen. Teilungsverbot des V c ist gegenstandslos bei gesonderten Frachtbriefen (Art 5 II), BGH **79**, 305. Der Grenzspediteur hat gegen den Empfänger Anspruch auf Ersatz der für ihn bezahlten Grenzumsatzsteuer nicht vor Erlangung der Verfügungsbefugnis über das Gut nach I (§§ 683, 684 S 2 BGB mit Annahme des Guts und der Steuerbelege), Hamm NJW **83**, 1983. Das Pfandrecht des CMR-Frachtführers regelt sich nach nationalem Recht, BGH NJW-RR **87**, 1518. Für die Entstehung des Verfügungsrechts nach II oder III trägt Empfänger Darlegungs- und Beweislast, zu weiteren Beweisfragen vgl Thume/Temme 65 ff.

[Rechte des Empfängers nach Ankunft, Zahlungspflicht]

CMR 13 (1) ¹Nach Ankunft des Gutes an dem für die Ablieferung vorgesehenen Ort ist der Empfänger berechtigt, vom Frachtführer zu verlangen, daß ihm gegen Empfangsbestätigung die zweite Ausfertigung des Frachtbriefes übergeben und das Gut abgeliefert wird. ²Ist der Verlust des Gutes festgestellt oder ist das Gut innerhalb der in Artikel 19 vorgesehenen Frist nicht angekommen, so kann der Empfänger die Rechte aus dem Beförderungsvertrage im eigenen Namen gegen den Frachtführer geltend machen.

(2) ¹Der Empfänger, der die ihm nach Absatz 1 zustehenden Rechte geltend macht, hat den Gesamtbetrag der aus dem Frachtbrief hervorgehenden Kosten zu zahlen. ²Bei Streitigkeiten hierüber ist der Frachtführer zur Ablieferung des Gutes nur verpflichtet, wenn ihm der Empfänger Sicherheit leistet.

1 **1)** Ablieferung iSv I 1 ist die frachtbriefmäßig vorgeschriebene vollständige und unbeschädigte Herausgabe des Gutes, BGH **75**, 95. Der verfügungsberechtigte Empfänger kann die Rechte aus dem Beförderungsvertrag zwischen Absender und Frachtführer wegen Beschädigung des Gutes im eigenen Namen gegen den Frachtführer geltend machen (Argument aus I 2, 18 II 2, 20 I, 27), BGH **75**, 92, NJW-RR **88**, 478, Koller RIW **88**, 254. Dies gilt auch für die Ansprüche zwischen Haupt- und Unterfrachtführer, BGH **172**, 336 (Aufgabe von BGH **116**, 15 LS 1) m zust Anm Thume TranspR **07**, 427, Ramming NJW **08**, 292, da Frachtbrief iSv I 1 nur den Frachtbrief im Besitz des Abliefernden meint und der Unterfrachtführer vielfach nicht den des Ur-Absenders besitzt, abl Herber TranspR **08**, 240. Hat der Empfänger die Verfügungsbefugnis über das Transportgut einmal erlangt, kann er die Rechte nach I auch dann im eigenen Namen geltend machen, wenn er die Annahme der Ware verweigert, BGH **140**, 84. Empfänger und Absender sind Gesamtgläubiger (§ 428 BGB; Doppellegitimation), BGH **116**, 19, NJW-RR **06**, 1545; zu einer Doppelbelastung des Frachtführers, weil das frachtrechtliche Verfügungsrecht des Absenders erst später (Art 12 II) erlischt, als das des Empfängers nach I entsteht, kommt es deshalb

VI. Transportgeschäfte **1 CMR 14, 15 (17)**

nicht, BGH **140**, 93. Der Absender ist zur Geltendmachung von Schäden Dritter aus dem Verlust des Gutes legitimiert, gleichviel ob die Schäden dem Vertragspartner des Absenders (Empfänger) oder aber dem Endempfänger erwachsen sind, BGH TranspR **06**, 309. Ersatzansprüche wegen Verlustes kann der Empfänger auch vor Verfügungsberechtigung geltend machen, BGH **140**, 89. Nur die Leistung des Frachtführers an einen der beiden Ersatzberechtigten, nicht aber diejenige des Transportversicherers des Absenders oder Empfängers lässt auch die Anspruchberechtigung des anderen Gläubigers entfallen, BGH NJW-RR **06**, 1546. Rechte des Absenders sowie des Empfängers nach nationalem Recht bleiben von der CMR unberührt, BGH NJW **74**, 1615, der Empfänger kann Schadensersatzansprüche aber auch dann geltend machen, wenn das nationale Recht eine Drittschadensliquidation nicht kennt, BGH TranspR **08**, 326. Gewillkürte Prozessstandschaft des geschädigten Dritten, für den der Empfänger als Empfangs- oder Hausspediteur tätig war, BGH NJW **81**, 2640. Die Empfängerrechte nach I 2 sind abtretbar, auch wenn der Empfänger die Verfügungsbefugnis noch nicht erlangt hat, BGH NJW **88**, 3095. Beförderungsvertrag iSv I 2 ist der Vertrag zwischen Absender und (Unter-)Frachtführer unabhängig von Art 34, BGH **172**, 337 (Aufgabe von NJW-RR **88**, 481), s bereits Koller VersR **88**, 673. Zu II 1: Die Angabe der Kosten im Frachtbrief wird nicht ersetzt durch Mitübergabe der Frachtrechnung, Hamm NJW **74**, 1056. Der Empfänger hat die Frachtkosten nur in dem aus dem Frachtbrief hervorgehenden Umfang zu zahlen. Weitere Kostenersatzansprüche, zB aus Geschäftsführung ohne Auftrag, sind ausgeschlossen, Düss NJW **81**, 1910, Thume/Temme 36, aA Stgt NJW **76**, 2079. In Folge von BGH **172**, 337 ist Zahlungspflicht aber auch gegenüber Unterfrachtführer zu bejahen, vgl Thume TranspR **07**, 428, Ramming NJW **08**, 292, Herber TranspR **08**, 240.

[Unbehebbare, behebbare Beförderungshindernisse]

CMR 14 (1) **Wenn aus irgendeinem Grunde vor Ankunft des Gutes an dem für die Ablieferung vorgesehenen Ort die Erfüllung des Vertrages zu den im Frachtbrief festgelegten Bedingungen unmöglich ist oder unmöglich wird, hat der Frachtführer Weisungen des nach Artikel 12 über das Gut Verfügungsberechtigten einzuholen.**

(2) **Gestatten die Umstände jedoch eine von den im Frachtbrief festgelegten Bedingungen abweichende Ausführung der Beförderung und konnte der Frachtführer Weisungen des nach Artikel 12 über das Gut Verfügungsberechtigten innerhalb angemessener Zeit nicht erhalten, so hat er die Maßnahmen zu ergreifen, die ihm im Interesse des über das Gut Verfügungsberechtigten die besten zu sein scheinen.**

[Ablieferungshindernisse]

CMR 15 (1) [1]**Treten nach Ankunft des Gutes am Bestimmungsort Ablieferungshindernisse ein, so hat der Frachtführer Weisungen des Absenders einzuholen.** [2]**Wenn der Empfänger die Annahme des Gutes verweigert, ist der Absender berechtigt, über das Gut zu verfügen, ohne die erste Ausfertigung des Frachtbriefes vorweisen zu müssen.**

(2) **Der Empfänger kann, auch wenn er die Annahme des Gutes verweigert hat, dessen Ablieferung noch so lange verlangen, als der Frachtführer keine dem widersprechenden Weisungen des Absenders erhalten hat.**

(3) **Tritt das Ablieferungshindernis ein, nachdem der Empfänger auf Grund seiner Befugnisse nach Artikel 12 Absatz 3 Anweisung erteilt hat, das Gut an einen Dritten abzuliefern, so nimmt bei der Anwendung der Absätze 1 und 2 dieses Artikels der Empfänger die Stelle des Absenders und der Dritte die des Empfängers ein.**

1) Ein Ablieferungshindernis liegt nicht schon darin, dass dem Frachtführer die **1** genaue Anschrift des Empfängers nicht mitgeteilt war, Hbg TranspR **88**, 277. Ablieferung iSv II und 13 I 1 sind nicht deckungsgleich, BGH NJW **99**, 1110.

(17) CMR 16, 17

[Kostenerstattung, Ausladung und Verwahrung, Notverkauf]

CMR 16 (1) Der Frachtführer hat Anspruch auf Erstattung der Kosten, die ihm dadurch entstehen, daß er Weisungen einholt oder ausführt, es sei denn, daß er diese Kosten verschuldet hat.

(2) [1] In den in Artikel 14 Absatz 1 und in Artikel 15 bezeichneten Fällen kann der Frachtführer das Gut sofort auf Kosten des Verfügungsberechtigten ausladen; nach dem Ausladen gilt die Beförderung als beendet. [2] Der Frachtführer hat sodann das Gut für den Verfügungsberechtigten zu verwahren. [3] Er kann es jedoch auch einem Dritten anvertrauen und haftet dann nur für die sorgfältige Auswahl des Dritten. [4] Das Gut bleibt mit den aus dem Frachtbrief hervorgehenden Ansprüchen sowie mit allen anderen Kosten belastet.

(3) [1] Der Frachtführer kann, ohne Weisungen des Verfügungsberechtigten abzuwarten, den Verkauf des Gutes veranlassen, wenn es sich um verderbliche Waren handelt oder der Zustand des Gutes eine solche Maßnahme rechtfertigt oder wenn die Kosten der Verwahrung in keinem Verhältnis zum Wert des Gutes stehen. [2] Er kann auch in anderen Fällen den Verkauf des Gutes veranlassen, wenn er innerhalb einer angemessenen Frist gegenteilige Weisungen des Verfügungsberechtigten, deren Ausführung ihm billigerweise zugemutet werden kann, nicht erhält.

(4) [1] Wird das Gut auf Grund der Bestimmungen dieses Artikels verkauft, so ist der Erlös nach Abzug der auf dem Gut lastenden Kosten dem Verfügungsberechtigten zur Verfügung zu stellen. [2] Wenn diese Kosten höher sind als der Erlös, kann der Frachtführer den Unterschied beanspruchen.

(5) Art und Weise des Verkaufes bestimmen sich nach den Gesetzen oder Gebräuchen des Ortes, an dem sich das Gut befindet.

1 **1)** UU Wahlmöglichkeit: Einholen von Weisungen (Art 15 I 1) oder sofort Ausladen (Art 16 II 1), Kln BB **73**, 405. Zur Einholung von Weisungen ist der Frachtführer aber nicht verpflichtet (II 1: oben). Für Kosten nach II 4 hat Frachtführer Pfandrecht zB nach § 441 HGB, CMR regelt das nicht, BGH WM **87**, 593. Art 16 ist dem Grunde nach und in der Höhe zwingend und abschließend, hM, Koller 2, aA Thume/Temme 12.

Kapitel IV. Haftung des Frachtführers

[Haftung des Frachtführers, Haftungsausschlüsse]

CMR 17 (1) Der Frachtführer haftet für gänzlichen oder teilweisen Verlust und für Beschädigung des Gutes, sofern der Verlust oder die Beschädigung zwischen dem Zeitpunkt der Übernahme des Gutes und dem seiner Ablieferung eintritt, sowie für Überschreitung der Lieferfrist.

(2) Der Frachtführer ist von dieser Haftung befreit, wenn der Verlust, die Beschädigung oder die Überschreitung der Lieferfrist durch ein Verschulden des Verfügungsberechtigten, durch eine nicht vom Frachtführer verschuldete Weisung des Verfügungsberechtigten, durch besondere Mängel des Gutes oder durch Umstände verursacht worden ist, die der Frachtführer nicht vermeiden und deren Folgen er nicht abwenden konnte.

(3) Um sich von seiner Haftung zu befreien, kann sich der Frachtführer weder auf Mängel des für die Beförderung verwendeten Fahrzeuges noch gegebenenfalls auf ein Verschulden des Vermieters des Fahrzeuges oder der Bediensteten des Vermieters berufen.

(4) Der Frachtführer ist vorbehaltlich des Artikels 18 Absatz 2 bis 5 von seiner Haftung befreit, wenn der Verlust oder die Beschädigung aus den mit einzelnen oder mehreren Umständen der folgenden Art verbundenen besonderen Gefahren entstanden ist:

a) Verwendung von offenen, nicht mit Planen gedeckten Fahrzeugen, wenn diese Verwendung ausdrücklich vereinbart und im Frachtbrief vermerkt worden ist;
b) Fehlen oder Mängel der Verpackung, wenn die Güter ihrer Natur nach bei fehlender oder mangelhafter Verpackung Verlusten oder Beschädigungen ausgesetzt sind;

VI. Transportgeschäfte 1, 2 **CMR 17 (17)**

c) Behandlung, Verladen, Verstauen oder Ausladen des Gutes durch den Absender, den Empfänger oder Dritte, die für den Absender oder Empfänger handeln;
d) natürliche Beschaffenheit gewisser Güter, derzufolge sie gänzlichem oder teilweisem Verlust oder Beschädigung, insbesondere durch Bruch, Rost, inneren Verderb, Austrocknen, Auslaufen, normalen Schwund oder Einwirkung von Ungeziefer oder Nagetieren, ausgesetzt sind;
e) ungenügende oder unzulängliche Bezeichnung oder Numerierung der Frachtstücke;
f) Beförderung von lebenden Tieren.

(5) Haftet der Frachtführer auf Grund dieses Artikels für einzelne Umstände, die einen Schaden verursacht haben, nicht, so haftet er nur in dem Umfange, in dem die Umstände, für die er auf Grund dieses Artikels haftet, zu dem Schaden beigetragen haben.

1) Die Haftung nach Art 17 ist Gefährdungshaftung, nicht nur Verschuldenshaftung mit Umkehrung der Beweislast; zum Begriff des unabwendbaren Ereignisses iSv II allg Karlsr TranspR **04**, 34 mwN. Haftung bei Verkehrsunfall wegen Nichteinhaltung der äußersten Sorgfalt, Zweibr NJW-RR **04**, 1177, BGH TranspR **03**, 304 m Anm Thume, Haftung trotz Diebstahls des Kfz aus Zollbereich, Düss RIW **81**, 558. Zur Frage der Unvermeidbarkeit von Raubüberfällen in Osteuropa BGH VersR **00**, 1437, NJW-RR **01**, 1253, Karlsr TranspR **04**, 127, Bracker Beil zu TranspR 3/**04** S VII, allg Boecker VersR **03**, 556; insbesondere durch falschen Polizisten, Hbg TranspR **03**, 352 m Anm Herber, Karlsr VersR **02**, 466, LG Karlsr VersR **06**, 1431 m Anm Boettge VersR **06**, 1618. Unvermeidbar ist die Entwendung von Kfz von einem Lastzug nicht, wenn die Schlüssel der Neuwagen im Reißverschlussverfahren verwahrt werden, Saarbr TranspR **07**, 63. Schadensersatz statt der Leistung richtet sich nicht nach Art 17, sondern nach nationalem Recht, BGH NJW **79**, 2470; ebenso Anspruch aus § 280 I BGB (Pflichtverletzung), sofern der Schaden nicht Folge von Verlust, Beschädigung des Guts oder Lieferfristüberschreitung ist, BGH NJW **79**, 2473, zB von unrichtigen Angaben zur Ankunft des Transportfahrzeugs am Bestimmungsort, BGH **123**, 200. Dagegen sind Art 17 ff eine abschließende Regelung (Art 23, 25, höchstens Substanzschaden) für die Fälle des Verlustes und der Beschädigung von Transportgut, auch bei Pflichtverletzung iSv § 280 I BGB, Düss TranspR **95**, 288, **07**, 196, aA MüKo/Jesser-Huß 97. Die Ansprüche aus Art 17 macht der versendende Spediteur in Drittschadensliquidation geltend entweder auf Zahlung an sich oder direkt an den Absender oder den Empfänger (vgl aber Art 13), BGH NJW **89**, 3099. Haftung für Dritte s Art 3. Nichtigkeit abw Vereinbarungen s Art 41. CMR legt keine Versicherungspflicht des Frachtführers fest; die Versicherer haben sich aber bereit erklärt, die Haftungs-Versicherung auf Haftung aus der CMR zu erstrecken. AGBKontrolle auch der freiwilligen Haftpflichtversicherung, BGH NJW **85**, 559, Roth IPRax **86**, 16. Haftung wegen Nichtabschluss vereinbarter Transportversicherung s BGH WM **75**, 523. Person des Schadensersatzberechtigten s Art 13 Rn 1.

2) Zu I: Das Verladen ist Sache des Absenders, auch bei Benutzung fahrzeugspezifischer Sicherungsmittel, Hamm TranspR **85**, 107, aber der Frachtführer, der mangelhafte Verladung erkennt, hat Hinweispflicht, BGH NJW-RR **88**, 479, weitergehend Koller DB **88**, 589. Ausladen ist noch Teil der Beförderung (vgl Art 16 II 1), fällt unter 17 I; Entlastung nach II, weil Empfänger Ausladegerät abzog, Kln BB **73**, 405. Zum Begriff der Ablieferung (I) s § 425 HGB Rn 3 und Thume/Thume 20 ff. Ablieferung vor Erreichen des Empfangsorts, wenn Empfänger (dessen Beauftragter) vorher übernimmt; dann Wegfall der Haftung aus Art 17, aber uU (wenn Frachtführer nicht so übergeben durfte) Haftung aus Pflichtverletzung gem § 280 I BGB, Hamm NJW **76**, 2077. Verlust iSv I auch bei Auslieferung an Nichtberechtigten; auch wenn Absender Gut bei Drittem auffindet und wieder an sich bringt, dann aber entspr Schadensminderung, BGH NJW **79**, 2473; auch bei Nichtauslieferung und Versteigernlassen, BGH NJW **95**, 2917. „Beschädigung" von Lebensmitteln, auch ohne „inneren Verderb" (vgl IV d), bei Verwertbarkeit nur mit Mindererlös, Celle NJW **75**, 1603 (Verklumpung von Bohnen). Beweislast für Eintreten des Schadens zwischen Übernahme und Ablieferung liegt beim Kläger, BGH WM **88**, 1704, Beweislast für Fehl-

(17) CMR 18

verhalten des Frachtführers liegt beim Geschädigtem, sofern dieses nicht voll dem Organisationsbereich des Frachtführers zuzuordnen ist, Jena TranspR **07,** 201, Koller Art 29 Rn 7. Anscheinsbeweis bei Abhandenkommen des Gutes nur ausreichend, wenn dieses in verschlossenem Behältnis übergeben wird, BGH NJW-RR **03,** 756, nicht für Frage, ob Sendung überhaupt in Obhut des Frachtführers gelangt ist, BGH NJW-RR **08,** 120. Nachweis ordnungsgemäßer Ablieferung erfordert Angabe von Ort, Datum und Unterschrift, BGH NJW-RR **00,** 1631. Anwendbarkeit von § 254 BGB auf I ist zweifelhaft und wird von der Rspr bisher offen gelassen, vgl BGH NJW-RR **06,** 823, Saarbr TranspR **08,** 411.

3   3) **II** und **V** berücksichtigen Mitverschulden der Anspruchsberechtigten, zum Verhältnis zu Art 23 III s dort Rn 1. Annahmeverweigerung ist mangels frachtrechtlicher Pflicht zur Entgegennahme des Gutes in aller Regel kein Verstoß des Empfängers, BGH **140,** 94. Hält der Frachtführer Mitwirkung des Absenders in Bezug auf Sicherheitsmaßnahmen für erforderlich, so muss er dies zum Gegenstand des Beförderungsvertrags machen, BGH NJW **01,** 448. Die Haftungsausschlüsse nach **IV** sind „bevorrechtigt" durch die Vermutung des Art 18 II, die nach **II** dagegen nicht (Art 18 I). Diebstahl eines 3 Stunden unbeaufsichtigten und nur mit einem Anhängerkupplungsschloss gesicherten Anhängers, der Digitalkameras und Camcorder enthält, ist nicht unvermeidbar, Saarbr TranspR **08,** 409 (zu II). Auch Überschreitung von Lieferfrist wegen weiterer Aufträge des Absenders führt nicht zum Ausschluss, Hamm TranspR **09,** 168 (zu II). Zu fingierter Polizeikontrolle in Slowakei Stgt TranspR **07,** 322 (zu II), zu Verpackungsmangel BGH TranspR **84,** 212 (zu IV b); Düss TranspR **84,** 38 (zu IVa, b); Kln DB **75,** 1074 (zu IV c: Säcke rutschten ab, Verladefehler fraglich), Mü TranspR **04,** 326 (zu IV c: Frachtführer als Erfüllungsgehilfe des abladepflichtigen Versenders), Ffm NJW-RR **04,** 834 (zu IV d), Roesch BB **82,** 20 (Verladung). Für IV c ist allein maßgebend, wer tatsächlich die Verladung durchgeführt hat, BGH NJW-RR **07,** 1482, ob der Frachtführer vertraglich zum Verladen verpflichtet ist, spielt keine Rolle, BGH NJW **85,** 2092. Wenn IVc nicht eingreift, ist vom Absender verschuldeter Schadensbeitrag nach II, V zu berücksichtigen, BGH NJW-RR **07,** 1483. Anscheinsbeweis s Art 18 Rn 1.

4   4) **V** ist auch bei qualifiziertem Verschulden (Art 29 I) anwendbar, Mü TranspR **06,** 401. Bsp für Schadensteilung nach V bei Verladefehler (s Rn 2), BGH NJW-RR **88,** 479. Zu Fragen der Beweislast bei Fahrzeugmängeln nach III Thume VersR **00,** 821.

[Beweislast, Vermutungen]

CMR 18 (1) **Der Beweis, daß der Verlust, die Beschädigung oder die Überschreitung der Lieferfrist durch einen der in Artikel 17 Absatz 2 bezeichneten Umstände verursacht worden ist, obliegt dem Frachtführer.**

(2) [1] **Wenn der Frachtführer darlegt, daß nach den Umständen des Falles der Verlust oder die Beschädigung aus einer oder mehreren der in Artikel 17 Absatz 4 bezeichneten besonderen Gefahren entstehen konnte, wird vermutet, daß der Schaden hieraus entstanden ist.** [2] **Der Verfügungsberechtigte kann jedoch beweisen, daß der Schaden nicht oder nicht ausschließlich aus einer dieser Gefahren entstanden ist.**

(3) **Diese Vermutung gilt im Falle des Artikels 17 Absatz 4 Buchstabe a nicht bei außergewöhnlich großem Abgang oder bei Verlust von ganzen Frachtstücken.**

(4) **Bei Beförderung mit einem Fahrzeug, das mit besonderen Einrichtungen zum Schutze des Gutes gegen die Einwirkung von Hitze, Kälte, Temperaturschwankungen oder Luftfeuchtigkeit versehen ist, kann sich der Frachtführer auf Artikel 17 Absatz 4 Buchstabe d nur berufen, wenn er beweist, daß er alle ihm nach den Umständen obliegenden Maßnahmen hinsichtlich der Auswahl, Instandhaltung und Verwendung der besonderen Einrichtungen getroffen und ihm erteilte besondere Weisungen beachtet hat.**

(5) Der Frachtführer kann sich auf Artikel 17 Absatz 4 Buchstabe f nur berufen, wenn er beweist, daß er alle ihm nach den Umständen üblicherweise obliegenden Maßnahmen getroffen und ihm erteilte besondere Weisungen beachtet hat.

1) Anscheinsbeweis ist zulässig (keine unzulässige Umkehr der Beweislast nach CMR), BGH NJW **85,** 554 und Art 17 Rn 2. Zu Art 17, 18 II BGH NJW **85,** 2092, VersR **01,** 216. Beweisführung richtet sich nach Recht des angerufenen Gerichts, Koller 2.

[Überschreitung der Lieferfrist]

CMR 19 Eine Überschreitung der Lieferfrist liegt vor, wenn das Gut nicht innerhalb der vereinbarten Frist abgeliefert worden ist oder, falls keine Frist vereinbart worden ist, die tatsächliche Beförderungsdauer unter Berücksichtigung der Umstände, bei teilweiser Beladung insbesondere unter Berücksichtigung der unter gewöhnlichen Umständen für die Zusammenstellung von Gütern zwecks vollständiger Beladung benötigten Zeit, die Frist überschreitet, die vernünftigerweise einem sorgfältigen Frachtführer zuzubilligen ist.

1) S Hbg VersR **80,** 290, TranspR **85,** 37, **05,** 117, Düss TranspR **07,** 196.

[Verlustvermutung, Wiederauffinden]

CMR 20 (1) Der Verfügungsberechtigte kann das Gut, ohne weitere Beweise erbringen zu müssen, als verloren betrachten, wenn es nicht binnen dreißig Tagen nach Ablauf der vereinbarten Lieferfrist oder, falls keine Frist vereinbart worden ist, nicht binnen sechzig Tagen nach der Übernahme des Gutes durch den Frachtführer abgeliefert worden ist.

(2) ¹Der Verfügungsberechtigte kann bei Empfang der Entschädigung für das verlorene Gut schriftlich verlangen, daß er sofort benachrichtigt wird, wenn das Gut binnen einem Jahr nach Zahlung der Entschädigung wieder aufgefunden wird. ²Dieses Verlangen ist ihm schriftlich zu bestätigen.

(3) Der Verfügungsberechtigte kann binnen dreißig Tagen nach Empfang einer solchen Benachrichtigung fordern, daß ihm das Gut gegen Befriedigung der aus dem Frachtbrief hervorgehenden Ansprüche und gegen Rückzahlung der erhaltenen Entschädigung, gegebenenfalls abzüglich der in der Entschädigung enthaltenen Kosten, abgeliefert wird; seine Ansprüche auf Schadenersatz wegen Überschreitung der Lieferfrist nach Artikel 23 und gegebenenfalls nach Artikel 26 bleiben vorbehalten.

(4) Wird das in Absatz 2 bezeichnete Verlangen nicht gestellt oder ist keine Anweisung in der in Absatz 3 bestimmten Frist von dreißig Tagen erteilt worden oder wird das Gut später als ein Jahr nach Zahlung der Entschädigung wieder aufgefunden, so kann der Frachtführer über das Gut nach dem Recht des Ortes verfügen, an dem es sich befindet.

1) I enthält eine widerlegliche Verlustvermutung (nur) für den Verfügungsberechtigten. Der Anspruchsberechtigte hat die Wahl zwischen Schadensersatz wegen (vermuteten) Verlustes und Abwarten des Wiederauffindens und dann Herausgabe sowie Schadensersatz wegen Lieferfristüberschreitung und/oder Beschädigung, BGH **140,** 90, Düss TranspR **90,** 66. Die Wahl des ersteren muss deutlich zu erkennen gegeben werden, vorher greift I nicht, BGH **140,** 90. Annahme von wieder aufgefundenem Gut ist grundsätzlich nur im Wege der den fortbestehenden Schadensersatzanspruch mindernden Vorteilsausgleichung zu berücksichtigen, BGH TranspR **02,** 198, Beweislast für Vorteil trägt Frachtführer, Düss TranspR **08,** 38.

[Ablieferung ohne Einziehung der Nachnahme]

CMR 21 Wird das Gut dem Empfänger ohne Einziehung der nach dem Beförderungsvertrag vom Frachtführer einzuziehenden Nachnahme abgeliefert, so hat der Frachtführer, vorbehaltlich seines Rückgriffsrechtes gegen den Empfänger, dem Absender bis zur Höhe des Nachnahmebetrages Schadenersatz zu leisten.

1 **1)** Art 21 regelt nicht, ob die Annahme eines Schecks statt Barbetrag eine ordnungsgemäße Nachnahmeerhebung (Art 6 II c) darstellt, dies richtet sich nach dem ergänzend anwendbaren nationalen Recht, BGH **83,** 101. Nach deutschem Recht (§ 307 BGB) kann der einen auf Barzahlung gerichteten Nachnahmeauftrag annehmende Frachtführer sich durch AGB nicht wirksam die Befugnis einräumen, das Gut gegen Scheck auszuliefern, Düss TranspR **07,** 25. „Bis zur Höhe des Nachnahmebetrages" bedeutet nur Obergrenze, Schadensersatz(höhe im Übrigen) und Beweislast richten sich nach allgemeinen Grundsätzen, BGH **115,** 299, Zinsen s Art 27.

[Gefährliche Güter]

CMR 22

(1) ¹Der Absender hat den Frachtführer, wenn er ihm gefährliche Güter übergibt, auf die genaue Art der Gefahr aufmerksam zu machen und ihm gegebenenfalls die zu ergreifenden Vorsichtsmaßnahmen anzugeben. ²Ist diese Mitteilung im Frachtbrief nicht eingetragen worden, so obliegt es dem Absender oder dem Empfänger, mit anderen Mitteln zu beweisen, daß der Frachtführer die genaue Art der mit der Beförderung der Güter verbundenen Gefahren gekannt hat.

(2) Gefährliche Güter, deren Gefährlichkeit der Frachtführer nicht im Sinne des Absatzes 1 gekannt hat, kann der Frachtführer jederzeit und überall ohne Schadenersatzpflicht ausladen, vernichten oder unschädlich machen; der Absender haftet darüber hinaus für alle durch die Übergabe dieser Güter zur Beförderung oder durch ihre Beförderung entstehenden Kosten und Schäden.

1 **1)** Zur Schadensersatzpflicht des Absenders BGH NJW **87,** 1144.

[Haftungsumfang, Höchstbeträge]

CMR 23

(1) Hat der Frachtführer auf Grund der Bestimmungen dieses Übereinkommens für gänzlichen oder teilweisen Verlust des Gutes Schadensersatz zu leisten, so wird die Entschädigung nach dem Wert des Gutes am Ort und zur Zeit der Übernahme zur Beförderung berechnet.

(2) Der Wert des Gutes bestimmt sich nach dem Börsenpreis, mangels eines solchen nach dem Marktpreis oder mangels beider nach dem gemeinen Wert von Gütern gleicher Art und Beschaffenheit.

(3) Die Entschädigung darf jedoch 8,33 Rechnungseinheiten für jedes fehlende Kilogramm des Rohgewichts nicht übersteigen.

(4) Außerdem sind – ohne weiteren Schadenersatz – Fracht, Zölle und sonstige aus Anlaß der Beförderung des Gutes entstandene Kosten zurückzuerstatten, und zwar im Falle des gänzlichen Verlustes in voller Höhe, im Falle des teilweisen Verlustes anteilig.

(5) Wenn die Lieferfrist überschritten ist und der Verfügungsberechtigte beweist, daß daraus ein Schaden entstanden ist, hat der Frachtführer dafür eine Entschädigung nur bis zur Höhe der Fracht zu leisten.

(6) Höhere Entschädigungen können nur dann beansprucht werden, wenn der Wert des Gutes oder ein besonderes Interesse an der Lieferung nach den Artikeln 24 und 26 angegeben worden ist.

(7) ¹Die in diesem Übereinkommen genannte Rechnungseinheit ist das Sonderziehungsrecht des Internationalen Währungsfonds. ²Der in Absatz 3 genannte Betrag wird in die Landeswährung des Staates des angerufenen Gerichts umgerechnet; die Umrechnung erfolgt entsprechend dem Wert der betreffenden Währung an dem Tag des Urteils oder an dem von den Parteien vereinbarten Tag. ³Der in Sonderziehungsrechten ausgedrückte Wert der Landeswährung eines Staates, der Mitglied des Internationalen Währungsfonds ist, wird nach der vom Internationalen Währungsfonds angewendeten Bewertungsmethode errechnet, die an dem betreffenden Tag für seine Operationen und Transaktionen gilt. ⁴Der in Sonderziehungsrechten ausgedrückte Wert der Landeswährung eines Staates, der nicht Mitglied des Internationalen Währungsfonds ist, wird auf eine von diesem Staat bestimmte Weise errechnet.

(8) ¹Dessenungeachtet kann ein Staat, der nicht Mitglied des Internationalen Währungsfonds ist und dessen Recht die Anwendung des Absatzes 7 nicht zuläßt,

VI. Transportgeschäfte   CMR 24, 25 (17)

bei der Ratifikation des Protokolls zum CMR oder dem Beitritt zu jenem Protokoll oder jederzeit danach erklären, daß sich der in seinem Hoheitsgebiet geltende Haftungshöchstbetrag des Absatzes 3 auf 25 Werteinheiten beläuft. ²Die in diesem Absatz genannte Werteinheit entspricht 10/31 Gramm Gold von 900/1000 Feingehalt. ³Die Umrechnung des Betrags nach diesem Absatz in die Landeswährung erfolgt nach dem Recht des betreffenden Staates.

(9) ¹Die in Absatz 7 letzter Satz genannte Berechnung und die in Absatz 8 genannte Umrechnung erfolgen in der Weise, daß der Betrag nach Absatz 3, in der Landeswährung des Staates ausgedrückt, soweit wie möglich dem dort in Rechnungseinheiten ausgedrückten tatsächlichen Wert entspricht. ²Die Staaten teilen dem Generalsekretär der Vereinten Nationen die Art der Berechnung nach Absatz 7 oder das Ergebnis der Umrechnung nach Absatz 8 bei der Hinterlegung einer der in Artikel 3 des Protokolls zum CMR genannten Urkunden sowie immer dann mit, wenn sich die Berechnungsart oder das Umrechnungsergebnis ändert.

1) III nF 1980, VII–IX eingefügt 1980 (s Einl 1 vor Art 1). I betrifft die Berechnung 1
des Schadensersatzes. Zu ersetzen ist der Wert des Gutes am Ort und zurzeit der Übernahme der Beförderung. Wird die beförderte Ware nicht an der Börse gehandelt, ist gem II der Durchschnittswert entscheidend, den das Gut im Allgemeinen bei einem Verkauf am Versandort erzielen würde (Marktpreis). Maßgeblich ist stets die Handelsstufe des Kaufvertrages, zu dessen Erfüllung der Transport bestimmt ist. Der Fakturenwert ist in der Regel ein Indiz für den Marktpreis, Düss TranspR **03,** 456. Die Haftungshöchstsumme nach III ist nach dem Rohgewicht der verlorenen Sendung zu berechnen, einerlei, ob die Werte einzelner Waren oder in Rechnungen oder Verpackungseinheiten zusammengefasster Stücke für sich die Höchstsumme erreichen, BGH **79,** 302. Bei Mitverschulden nach Art 17 II, V ist nicht die Summe aus III zu quoteln sondern zunächst der Schaden insgesamt festzustellen, bevor eine Abwägung nach Art 17 V folgt und ggf deren ermittelter Haftungsanteil höhenmäßig nach III begrenzt wird, Saarbr Transpr **08,** 411, Thume/Thume 56. Kosten iSv IV sind neben dem Wert des Gutes alle mit dem Transport zusammenhängenden, uU auch erst nachträglich entstandenen Kosten, Ffm NJW-RR **86,** 577, aber nicht zusätzliche aus Verlust oder Beschädigung, BGH NJW-RR **04,** 32, NJW **80,** 2021, Düss TranspR **07,** 200, also zB nicht Rücktransport-, Gutachterkosten ua, str, vgl Koller 10 mwN. Zu IV Heuer TranspR **87,** 357, Koller VersR **89,** 2. V setzt keine Obergrenze für Substanzschäden, BGH NJW **93,** 1269, und beschränkt Ersatz nicht auf unmittelbare Schäden (anders I); ersatzfähig daher auch Aufwendungen zur Verhütung von (ersatzfähigen) Schäden, BGH **123,** 303, str, Bischof VersR **82,** 1132, Knorre TranspR **85,** 241, Glöckner TranspR **88,** 327 (Art 23–29). Art 23 betrifft nicht die Haftung wegen verspäteter Entrichtung der Entschädigung als Sekundärpflichtverletzung; insoweit ist ein Rückgriff auf das nationale Recht (§§ 280 I, II, 286 BGB) möglich, falls der Entschädigungsverzug nicht durch Art 27 ausgeschlossen ist, BGH VersR **01,** 397.

[Einvernehmliche Erhöhung des Höchstbetrags]

CMR 24 Der Absender kann gegen Zahlung eines zu vereinbarenden Zuschlages zur Fracht einen Wert des Gutes im Frachtbrief angeben, der den in Artikel 23 Absatz 3 bestimmten Höchstbetrag übersteigt; in diesem Fall tritt der angegebene Betrag an die Stelle des Höchstbetrages.

1) S Oeynhausen TranspR **82,** 113.   1

[Obergrenze bei Beschädigung]

CMR 25 (1) Bei Beschädigung hat der Frachtführer den Betrag der Wertverminderung zu zahlen, die unter Zugrundelegung des nach Artikel 23 Absatz 1, 2 und 4 festgestellten Wertes des Gutes berechnet wird.

(2) Die Entschädigung darf jedoch nicht übersteigen,
a) wenn die ganze Sendung durch die Beschädigung entwertet ist, den Betrag, der bei gänzlichem Verlust zu zahlen wäre,

b) wenn nur ein Teil der Sendung durch die Beschädigung entwertet ist, den Betrag, der bei Verlust des entwerteten Teiles zu zahlen wäre.

1 **1)** Nach Art 25 kein Ersatz von Reparaturkosten, BGH NJW **80**, 2021. Eine Entwertung der ganzen Sendung gem II a kann auch dann anzunehmen sein, wenn durch die Beschädigung nur eines Teils die gesamte Sendung unbrauchbar wird, BGH NJW-RR **97**, 1122, Celle TranspR **04**, 123, Brem TranspR **08**, 258; der Schaden besteht auch bei anderweitiger Veräußerung ohne Verlust in den Kosten des Hin- und Her-Transports, BGH NJW **74**, 1616. Lit: Knorre TranspR **85**, 241.

[Besonderes Lieferungsinteresse]

CMR 26 (1) Der Absender kann gegen Zahlung eines zu vereinbarenden Zuschlages zur Fracht für den Fall des Verlustes oder der Beschädigung und für den Fall der Überschreitung der vereinbarten Lieferfrist durch Eintragung in den Frachtbrief den Betrag eines besonderen Interesses an der Lieferung festlegen.

(2) Ist ein besonderes Interesse an der Lieferung angegeben worden, so kann unabhängig von der Entschädigung nach den Artikeln 23, 24 und 25 der Ersatz des weiteren bewiesenen Schadens bis zur Höhe des als Interesse angegebenen Betrages beansprucht werden.

1 **1)** Besonderes Interesse nach II setzt Eintragung im Frachtbrief voraus, BGH **123**, 200.

[Zinsen, Währungsumrechnung]

CMR 27 (1) ¹Der Verfügungsberechtigte kann auf die ihm gewährte Entschädigung Zinsen in Höhe von ##5 v. H. jährlich verlangen. ²Die Zinsen laufen von dem Tage der schriftlichen Reklamation gegenüber dem Frachtführer oder, wenn keine Reklamation vorausging, vom Tage der Klageerhebung an.

(2) Wird die Entschädigung auf Grund von Rechnungsgrößen ermittelt, die nicht in der Währung des Landes ausgedrückt sind, in dem die Zahlung beansprucht wird, so ist die Umrechnung nach dem Tageskurs am Zahlungsort der Entschädigung vorzunehmen.

1 **1)** Art 27 gilt nicht nur für Art 17 I, sondern für alle Ansprüche aus Art 17 ff, auch aus Art 21, BGH **115**, 299 und Art 37, 34, sowie § 426 I BGB, BGH TranspR **04**, 80. I schließt weitergehende Zinsansprüche, auch aus Verzugsschaden, nach nationalem Recht aus, BGH **115**, 299, nicht jedoch andere Arten von Verzugsschäden, BGH VersR **01**, 397.

[Außervertragliche Ansprüche]

CMR 28 (1) Können Verluste, Beschädigungen oder Überschreitungen der Lieferfrist, die bei einer diesem Übereinkommen unterliegenden Beförderung eingetreten sind, nach dem anzuwendenden Recht zur Erhebung außervertraglicher Ansprüche führen, so kann sich der Frachtführer demgegenüber auf die Bestimmungen dieses Übereinkommens berufen, die seine Haftung ausschließen oder den Umfang der zu leistenden Entschädigung bestimmen oder begrenzen.

(2) Werden Ansprüche aus außervertraglicher Haftung für Verlust, Beschädigung oder Überschreitung der Lieferfrist gegen eine der Personen erhoben, für die der Frachtführer nach Artikel 3 haftet, so kann sich auch diese Person auf die Bestimmungen dieses Übereinkommens berufen, die die Haftung des Frachtführers ausschließen oder den Umfang der zu leistenden Entschädigung bestimmen oder begrenzen.

1 **1)** Art 28 betrifft (anders als Art 32) nur außervertragliche Ansprüche, BGH NJW **79**, 2473.

VI. Transportgeschäfte   **CMR 29, 30 (17)**

[Vorsatz, gleichgestellte Fahrlässigkeit, Gehilfenhaftung]

CMR 29 (1) Der Frachtführer kann sich auf die Bestimmungen dieses Kapitels, die seine Haftung ausschließen oder begrenzen oder die Beweislast umkehren, nicht berufen, wenn er den Schaden vorsätzlich oder durch ein ihm zur Last fallendes Verschulden verursacht hat, das nach dem Recht des angerufenen Gerichtes dem Vorsatz gleichsteht.

(2) ¹Das gleiche gilt, wenn Bediensteten des Frachtführers oder sonstigen Personen, deren er sich bei Ausführung der Beförderung bedient, Vorsatz oder ein dem Vorsatz gleichstehendes Verschulden zur Last fällt, wenn diese Bediensteten oder sonstigen Personen in Ausübung ihrer Verrichtungen handeln. ²In solchen Fällen können sich auch die Bediensteten oder sonstigen Personen hinsichtlich ihrer persönlichen Haftung nicht auf die in Absatz 1 bezeichneten Bestimmungen dieses Kapitels berufen.

1) Dem Vorsatz gleichstehendes Verschulden iSv I war bis zum TRG nach hM grobe Fahrlässigkeit, so BGH **88,** 157, str; grobe Fahrlässigkeit wurde zB bei unbewachtem Abstellen eines beladenen LKW in Mailand, BGH NJW **84,** 2033 oder bei unzureichender Eingangs- und Ausgangskontrolle im Umschlagslager eines Paketdienstes, Nürnb VersR **00,** 1523, bejaht, ebenso bei Verstoß gegen ein Umladeverbot, Kln VersR **03,** 88, vgl auch Koller 4 ff mit zahlreichen weiteren Nachweisen zur alten Rechtslage. Für ab dem 1. 7. 1998 abgeschlossene Frachtverträge ist vor deutschen Gerichten auf Grund § 435 nF ein leichtfertiges Handeln in dem Bewusstsein, dass ein Schaden mit Wahrscheinlichkeit eintreten werde, zu verlangen, BGH NJW-RR **05,** 1278 m Anm Neumann TranspR **06,** 67, NJW-RR **07,** 1631, Hamm TranspR **05,** 123, Düss TranspR **03,** 345. Dazu § 435 Rn 2. Handeln in Ausübung ihrer Verrichtung nach II s BGH TranspR **85,** 338. Bei Wahrscheinlichkeit für Art 29 trifft Frachtführer sekundäre Darlegungslast betr seiner Sorgfalt, BGH NJW-RR **09,** 752. Der Umfang des zu ersetzenden Schadens bestimmt sich nach dem jeweils anwendbaren nationalen Recht, BGH NJW-RR **05,** 1279, aA MüKo/Jesser-Huß 35, und daher – wenn deutsches Recht zur Anwendung kommt – nach den §§ 249 ff BGB. Dem Geschädigten ist es jedoch unbenommen, seinen Schaden stattdessen auf der Grundlage der Art 17–28 zu berechnen, BGH NJW-RR **05,** 908, NJW-RR **09,** 46, Nürnb TranspR **07,** 260, Rinkler TranspR **05,** 305, zu Grenzfällen Schmidt TranspR **09,** 1. Bei Verlust vertretbarer Sachen iSv § 91 BGB sind die Kosten des Empfängers zur Wiederbeschaffung gleichwertiger Sachen maßgeblich; auf eine von seinen Kunden zur Wiederbeschaffung aufgewendete höhere Summe hat er nur Anspruch, wenn er diesen seinerseits in diesem Umfang haftet, BGH NJW-RR **09,** 104 (zu Art 18 WA 1955). Bei qualifiziertem Verschulden kann der Frachtführer dem Absender nach § 254 I bzw II 1 BGB entgegen halten, nicht auf den Wert des Guts bzw die Gefahr eines außergewöhnlich hohen Schadens hingewiesen worden zu sein, BGH TranspR **06,** 114, **06,** 117, **06,** 122 m Anm Tomhave, **06,** 210, NJW-RR **05,** 1280, vgl auch Kln TranspR **07,** 114. Lit: Tuma TranspR **07,** 333, Harms TranspR **08,** 310.

Kapitel V. Reklamationen und Klagen

[Notwendige Vorbehalte]

CMR 30 (1) ¹Nimmt der Empfänger das Gut an, ohne dessen Zustand gemeinsam mit dem Frachtführer zu überprüfen und ohne unter Angaben allgemeiner Art über den Verlust oder die Beschädigung an den Frachtführer Vorbehalte zu richten, so wird bis zum Beweise des Gegenteils vermutet, daß der Empfänger das Gut in dem im Frachtbrief beschriebenen Zustand erhalten hat; die Vorbehalte müssen, wenn es sich um äußerlich erkennbare Verluste oder Beschädigungen handelt, spätestens bei der Ablieferung des Gutes oder, wenn es sich um äußerlich nicht erkennbare Verluste oder Beschädigungen handelt, spätestens binnen sieben Tagen, Sonntage und gesetzliche Feiertage nicht mitgerechnet, nach der Ablieferung gemacht werden. ²Die Vorbehalte müssen schriftlich gemacht werden, wenn es sich um äußerlich nicht erkennbare Verluste oder Beschädigungen handelt.

Merkt   2231

(2) Haben Empfänger und Frachtführer den Zustand des Gutes gemeinsam überprüft, so ist der Gegenbeweis gegen das Ergebnis der Überprüfung nur zulässig, wenn es sich um äußerlich nicht erkennbare Verluste oder Beschädigungen handelt und der Empfänger binnen sieben Tagen, Sonntage und gesetzliche Feiertage nicht mitgerechnet, nach der Überprüfung an den Frachtführer schriftliche Vorbehalte gerichtet hat.

(3) Schadensersatz wegen Überschreitung der Lieferfrist kann nur gefordert werden, wenn binnen einundzwanzig Tagen nach dem Zeitpunkt, an dem das Gut dem Empfänger zur Verfügung gestellt worden ist, an den Frachtführer ein schriftlicher Vorbehalt gerichtet wird.

(4) Bei der Berechnung der in diesem Artikel bestimmten Fristen wird jeweils der Tag der Ablieferung, der Tag der Überprüfung oder der Tag, an dem das Gut dem Empfänger zur Verfügung gestellt worden ist, nicht mitgerechnet.

(5) Frachtführer und Empfänger haben sich gegenseitig jede angemessene Erleichterung für alle erforderlichen Feststellungen und Überprüfungen zu gewähren.

1 **1)** I 1 sieht bei vorbehaltsloser Annahme der Ware ohne Überprüfung nur eine Verschlechterung der Beweislage vor, keinen Rechtsverlust. Dies ist abschließend, also keine „reine Quittung", kein Erlöschen der Schadensersatzansprüche gegen den Frachtführer. Aufrechnung und Zurückbehaltungsrecht sind in CMR nicht geregelt (aber s Art 32 IV), insoweit gilt nationales Recht, BGH **94**, 74. III führt anders als I bei Unterbleiben des Vorbehalts zum Rechtsverlust. Die Berufung auf III kann rechtsmissbräuchlich iSv § 242 BGB sein, wenn der Frachtführer darauf hingewirkt hat, dass der Gegner die Frist verstreichen ließ oder sonst für den Zeitablauf die Verantwortung trägt, Kln TranspR **04**, 323 mwN. Für III gilt Art 29 nicht, BGH **118**, 95, str. Lit: zu Art 30 ff Loewe TranspR **88**, 309.

[Internationale Zuständigkeit, Rechtshängigkeit, Rechtskraft, Vollstreckbarkeit, Sicherheitsleistung]

CMR 31 (1) Wegen aller Streitigkeiten aus einer diesem Übereinkommen unterliegenden Beförderung kann der Kläger, außer durch Vereinbarung der Parteien bestimmte Gerichte von Vertragstaaten, die Gerichte eines Staates anrufen, auf dessen Gebiet
a) der Beklagte seinen gewöhnlichen Aufenthalt, seine Hauptniederlassung oder die Zweigniederlassung oder Geschäftsstelle hat, durch deren Vermittlung der Beförderungsvertrag geschlossen worden ist, oder
b) der Ort der Übernahme des Gutes oder der für die Ablieferung vorgesehene Ort liegt.
Andere Gerichte können nicht angerufen werden.

(2) Ist ein Verfahren bei einem nach Absatz 1 zuständigen Gericht wegen einer Streitigkeit im Sinne des genannten Absatzes anhängig oder ist durch ein solches Gericht in einer solchen Streitsache ein Urteil erlassen worden, so kann eine neue Klage wegen derselben Sache zwischen denselben Parteien nicht erhoben werden, es sei denn, daß die Entscheidung des Gerichtes, bei dem die erste Klage erhoben worden ist, in dem Staat nicht vollstreckt werden kann, in dem die neue Klage erhoben wird.

(3) ¹Ist in einer Streitsache im Sinne des Absatzes 1 ein Urteil eines Gerichtes eines Vertragstaates in diesem Staat vollstreckbar geworden, so wird es auch in allen anderen Vertragstaaten vollstreckbar, sobald die in dem jeweils in Betracht kommenden Staat hierfür vorgeschriebenen Formerfordernisse erfüllt sind. ²Diese Formerfordernisse dürfen zu keiner sachlichen Nachprüfung führen.

(4) Die Bestimmungen des Absatzes 3 gelten für Urteile im kontradiktorischen Verfahren, für Versäumnisurteile und für gerichtliche Vergleiche, jedoch nicht für nur vorläufig vollstreckbare Urteile sowie nicht für Verurteilungen, durch die dem Kläger bei vollständiger oder teilweiser Abweisung der Klage neben den Verfahrenskosten Schadensersatz und Zinsen auferlegt werden.

(5) Angehörige der Vertragstaaten, die ihren Wohnsitz oder eine Niederlassung in einem dieser Staaten haben, sind nicht verpflichtet, Sicherheit für die Kosten

VI. Transportgeschäfte   **CMR 32 (17)**

eines gerichtlichen Verfahrens zu leisten, das wegen einer diesem Übereinkommen unterliegenden Beförderung eingeleitet wird.

1) I regelt nur die internationale gerichtliche Zuständigkeit; die örtliche richtet sich allein nach innerstaatlichem Prozessrecht, Kln TranspR **04,** 360 m Anm Koller sowie Ramming VersR **05,** 607, auch wenn danach iE ein inländischer Gerichtsstand nicht begründet ist, BGH **79,** 332 m abl Anm Kropholler NJW **81,** 1904. Von I werden nicht nur die in den Vertragsstaaten der CMR belegenen Gerichte, sondern auch die der Nicht-Vertragsstaaten erfasst, was sich aus der Unterscheidung zwischen „Vertragstaaten" (bezüglich einer Vereinbarung) und „Staaten" im Übrigen ergibt, Koller 2, aA Thume/Demuth 14. Zur Frage der Kollision von § 30.2 ADSp mit I Karlsr TranspR **05,** 363. I gilt für vertragliche und außervertragliche Ansprüche gleichermaßen. Dies gilt selbst dann, wenn die Ansprüche gegenüber einem Unterfrachtführer als Hilfsperson (Art 3) geltend gemacht werden, BGH NJW-RR **02,** 31 m Anm Koller TranspR **02,** 133, wobei allein der zwischen Hauptfrachtführer und Auftraggeber geschlossene Gesamtbeförderungsvertrag darüber entscheidet, ob die Streitigkeit aus einer der CMR unterliegenden Beförderung entstanden ist, BGH TranspR **09,** 27 m Anm Koller LMK **09,** 276423. Der für die Ablieferung vorgesehene Ort bleibt als Gerichtsstand nach I b auch dann erhalten, wenn das Gut im Hinblick auf seine Beschädigung nicht abgeliefert, sondern zurückbefördert wird, BGH NJW-RR **04,** 763. Gerichtsstandsvereinbarung ist hier im Ergebnis formfrei; soweit Art 23 EuGVO anwendbar ist (Einl 87 vor § 1 HGB), gilt zwar dessen Form, str, aber formfreie Vereinbarung des Erfüllungsorts und damit der Zuständigkeit nach Art 5 EuGVO, dazu Mankowski TranspR **08,** 67 und Einl 87 vor § 1 HGB. Art 31 ist zwingend (Art 41) und geht der EuGVO, dem EuGVÜ sowie dem Übereinkommen von Lugano über die gerichtliche Zuständigkeit und Vollstreckung gerichtlicher Entscheidungen in Zivil- und Handelssachen v 16. 9. 1988 (BGBl II 1995, 221) vor, EuGH NJW **05,** 44 m Anm Vogl EWiR **04,** 1219 zu Art 57 II lit a S 2 EuGVÜ (auf Vorlagebeschluss Mü TranspR **03,** 155), ebenso bereits BGH NJW-RR **03,** 1347, **04,** 497, aA Dresd VersR **99,** 1260, Mü TranspR **01,** 401. Kein Konkurrenzverhältnis vom Rom I-VO, da CMR schon nicht von Art 25 I Rom I-VO erfasst wird, Wagner, TranspR **09,** 107 f, aA Jayme/Nordmeier IPRax **08,** 507 f (Vorrang CMR nach Art 25 I Rom I-VO). Die Rechtshängigkeit einer vom Schuldner gegen den Gläubiger bei einem nach I zuständigen Gericht erhobenen negativen Feststellungsklage steht der späteren Erhebung der Leistungsklage durch den Gläubiger vor dem zuständigen Gericht eines anderen CMR-Vertragsstaats nicht entgegen, BGH **157,** 66 u NJW-RR **04,** 497 m Anm Otte TranspR **04,** 347, abl Barnert ZZP **118,** 81, s auch Haak TranspR **09,** 189. Auf multimodale Transportverträge (dazu § 452 HGB Rn 2, 8) ist Art 31 nicht unmittelbar anwendbar, BGH NJW **08,** 2783 m zust Anm Ramming NJW **09,** 414, Karlsr TranspR **08,** 471. Mittelbare Anwendung scheidet selbst bei Anwendbarkeit deutschen Rechts mangels Verweis von § 452 a HGB auf diese Vorschrift von Koller § 452 a Rn 16. Lit: Shariatmadari TranspR **06,** 105, Herber TranspR **03,** 19.

[Verjährung]

CMR 32 (1) [1] Ansprüche aus einer diesem Übereinkommen unterliegenden Beförderung verjähren in einem Jahr. [2] Bei Vorsatz oder bei einem Verschulden, das nach dem Recht des angerufenen Gerichtes dem Vorsatz gleichsteht, beträgt die Verjährungsfrist jedoch drei Jahre. [3] Die Verjährungsfrist beginnt
  a) bei teilweisem Verlust, Beschädigung oder Überschreitung der Lieferfrist mit dem Tage der Ablieferung des Gutes;
  b) bei gänzlichem Verlust mit dem dreißigsten Tage nach Ablauf der vereinbarten Lieferfrist oder, wenn eine Lieferfrist nicht vereinbart worden ist, mit dem sechzigsten Tage nach der Übernahme des Gutes durch den Frachtführer;
  c) in allen anderen Fällen mit dem Ablauf einer Frist von drei Monaten nach dem Abschluß des Beförderungsvertrages.
Der Tag, an dem die Verjährung beginnt, wird bei der Berechnung der Frist nicht mitgerechnet.

Merkt

(17) CMR 33

(2) ¹Die Verjährung wird durch eine schriftliche Reklamation bis zu dem Tage gehemmt, an dem der Frachtführer die Reklamation schriftlich zurückweist und die beigefügten Belege zurücksendet. ²Wird die Reklamation teilweise anerkannt, so läuft die Verjährung nur für den noch streitigen Teil der Reklamation weiter. ³Der Beweis für den Empfang der Reklamation oder der Antwort sowie für die Rückgabe der Belege obliegt demjenigen, der sich darauf beruft. ⁴Weitere Reklamationen, die denselben Anspruch zum Gegenstand haben, hemmen die Verjährung nicht.

(3) ¹Unbeschadet der Bestimmungen des Absatzes 2 gilt für die Hemmung der Verjährung das Recht des angerufenen Gerichtes. ²Dieses Recht gilt auch für die Unterbrechung der Verjährung.

(4) Verjährte Ansprüche können auch nicht im Wege der Widerklage oder der Einrede geltend gemacht werden.

1 1) Vorrang vor ADSp, BGH NJW **72**, 1003 (Anwendung auf Anspruch aus Frachtzuvielzahlung), Ffm NJW **81**, 1911. Art 32 I gilt für Ansprüche des Frachtführers und gegen ihn, II nur für solche gegen ihn, BGH NJW **75**, 1075. − Art 32 gilt für alle Ansprüche „aus der Beförderung" (nicht nur dem Beförderungsvertrag), zB kraft Gesetzes auf Auslagen-(Umsatzsteuer-)Erstattung, so Nürnb NJW **75**, 501; auch für deliktische Ansprüche, Düss NJW **76**, 1594 (auch betr Hemmung der Verjährung), auch für Anspr aus § 280 I BGB (Pflichtverletzung), BGH NJW **79**, 2473, aber stets nur für die direkt am Transportvertrag beteiligten Personen, Ffm TranspR **08**, 476 m abl Anm Boettge. − Nach I 2 stand bis zum Inkrafttreten des TRG grobe Fahrlässigkeit dem Vorsatz gleich, Bsp BGH NJW **95**, 2917. In Anlehnung an § 435 nF ist nunmehr „Leichtfertigkeit und Bewusstsein, dass ein Schaden mit Wahrscheinlichkeit eintreten werde" zu fordern, s Art 29 Rn 1. I 2 betrifft nur Schadensersatzansprüche uä, nicht den Erfüllungsanspruch, BGH WM **82**, 854. Zum Verjährungsbeginn Düss TranspR **87**, 224, LG Mü TranspR **87**, 437, bei mehreren Teilablieferungen ist letzter Ablieferungsakt entscheidend, Koller 4, nun auch MüKo/Jesser-Huß 15; ohne Ablieferung beginnt die Frist überhaupt nicht zu laufen, Thume/Demuth 28, str. − Zu I 3 c BGH WM **82**, 853. − Zu II 1: Verjährungshemmung tritt nur ein, wenn der Reklamierende bereits Gläubiger des Ersatzanspruchs ist, BGH **116**, 15, vgl auch LG Aachen TranspR **07**, 44. Wirkung der Reklamation durch einen von mehreren Ersatzberechtigten richtet sich nach nationalem Recht, BGH **116**, 15. Textform genügt, Koller 11, anders bei § 439 III HGB. − Wirksame Reklamation erfordert nicht die nähere Spezifikation der geltend gemachten Ansprüche; es genügt, dass dem Transportunternehmer seine Inanspruchnahme aus dem Schadensfall zum Bewusstsein gebracht wird, Ffm TranspR **05**, 256. Auf eine Mitteilung der Höhe des Schadens kommt es nicht an, Hamm TranspR **98**, 459. Vorbehalte des Empfängers bei Gutannahme sind jedoch nicht ohne weiteres Schadensreklamation nach II, BGH TranspR **84**, 146. − Zu III Koller TranspR **01**, 425. − Zu III 2: „Unterbrechung der Verjährung" meint nach deutschem Recht seit SMG Neubeginn der Verjährung, § 212 BGB. − Nach IV darf entgegen § 215 BGB mit verjährten Ansprüchen nicht einseitig aufgerechnet werden. Ist die Aufrechnung schon vor Eintritt der Verjährung wirksam erklärt worden, greift IV nicht ein, Zweibr NJW-RR **04**, 1178. IV regelt die Aufrechnung aber nicht im Übrigen, BGH **94**, 74, s Art 30 Rn 1.

[Schiedsklausel]

CMR 33 Der Beförderungsvertrag kann eine Bestimmung enthalten, durch die die Zuständigkeit eines Schiedsgerichtes begründet wird, jedoch nur, wenn die Bestimmung vorsieht, daß das Schiedsgericht dieses Übereinkommen anzuwenden hat.

1 1) Verweisung auf Schiedsklausel muss ausdrücklich sein, hM, Kln TranspR **05**, 472, Kblz TranspR **07**, 251, aA Koller 1; die generelle Verweisung auf das auch die CMR umfassende nationale Recht führt zu Nichtigkeit der Klausel (Art 41), ö OGH TranspR **07**, 327. Art 23 Nr 7 FENEX idF v 1. 7. 04 ist wirksam, Kblz TranspR **07**, 251, idF v 4. 1. 99 unwirksam, Kln TranspR **05**, 472.

Kapitel VI. Bestimmungen über die Beförderung durch aufeinanderfolgende Frachtführer

[Mehrere aufeinanderfolgende Straßenfrachtführer]

CMR 34 Wird eine Beförderung, die Gegenstand eines einzigen Vertrages ist, von aufeinanderfolgenden Straßenfrachtführern ausgeführt, so haftet jeder von ihnen für die Ausführung der gesamten Beförderung; der zweite und jeder folgende Frachtführer wird durch die Annahme des Gutes und des Frachtbriefes nach Maßgabe der Bedingungen des Frachtbriefes Vertragspartei.

1) Aufeinanderfolgende Frachtführer iSv Art 34 sind nicht schon eine Kette von Unterfrachtführern, die mit dem Absender des Hauptfrachtvertrags nicht in Vertragsbeziehungen stehen; Voraussetzungen sind vielmehr eine Beförderung, die Gegenstand eines einzigen Vertrages ist (Gesamtschuld bzw Samtfrachtführerschaft) und Annahme des Gutes und des Frachtbriefs; ohne Frachtbrief greift Art 34 nicht ein, BGH TranspR **84**, 146, NJW **85**, 555, NJW **99**, 1713; zur sehr umstrittenen Frage, ob die Anwendbarkeit der Art 34 ff voraussetzt, dass der Hauptfrachtführer das Gut selbst in seine Obhut übernommen und eine gewisse Strecke transportiert hat, Koller 3 aE, 4 mwN. Für Regressansprüche im Innenverhältnis ist Art. 39 II maßgebend, BGH NJW-RR **08**, 121. Haftung nach Art 13 ist unabhängig von Art 34, BGH **172**, 337 (Aufgabe von NJW-RR **88**, 481), s Art 13 Rn 1. Lit: Neumann TranspR **06**, 384 (Spediteur-Frachtführer), Heuer TranspR **84**, 169.

[Überprüfungspflichten, Beweiskraft des Frachtbriefs]

CMR 35 (1) ¹Ein Frachtführer, der das Gut von dem vorhergehenden Frachtführer übernimmt, hat diesem eine datierte und unterzeichnete Empfangsbestätigung auszuhändigen. ²Er hat seinen Namen und seine Anschrift auf der zweiten Ausfertigung des Frachtbriefes einzutragen. ³Gegebenenfalls trägt er Vorbehalte nach Artikel 8 Absatz 2 auf der zweiten Ausfertigung des Frachtbriefes sowie auf der Empfangsbestätigung ein.

(2) Für die Beziehungen zwischen den aufeinanderfolgenden Frachtführern gilt Artikel 9.

[Passivlegitimation]

CMR 36 Ersatzansprüche wegen eines Verlustes, einer Beschädigung oder einer Überschreitung der Lieferfrist können, außer im Wege der Widerklage oder der Einrede in einem Verfahren wegen eines auf Grund desselben Beförderungsvertrages erhobenen Anspruches, nur gegen den ersten, den letzten oder denjenigen Frachtführer geltend gemacht werden, der den Teil der Beförderung ausgeführt hat, in dessen Verlauf das Ereignis eingetreten ist, das den Verlust, die Beschädigung oder die Überschreitung der Lieferfrist verursacht hat; ein und dieselbe Klage kann gegen mehrere Frachtführer gerichtet sein.

[Rückgriff]

CMR 37 Einem Frachtführer, der auf Grund der Bestimmungen dieses Übereinkommens eine Entschädigung gezahlt hat, steht der Rückgriff hinsichtlich der Entschädigung, der Zinsen und der Kosten gegen die an der Beförderung beteiligten Frachtführer nach folgenden Bestimmungen zu:
a) der Frachtführer, der den Verlust oder die Beschädigung verursacht hat, hat die von ihm oder von einem anderen Frachtführer geleistete Entschädigung allein zu tragen;
b) ist der Verlust oder die Beschädigung durch zwei oder mehrere Frachtführer verursacht worden, so hat jeder einen seinem Haftungsanteil entsprechenden Betrag zu zahlen; ist die Feststellung der einzelnen Haftungsanteile nicht mög-

lich, so haftet jeder nach dem Verhältnis des ihm zustehenden Anteiles am Beförderungsentgelt;
c) kann nicht festgestellt werden, welche der Frachtführer den Schaden zu tragen haben, so ist die zu leistende Entschädigung in dem unter Buchstabe b bestimmten Verhältnis zu Lasten aller Frachtführer aufzuteilen.

1 **1)** Regress nach Art 37, 39 IV setzt aufeinander folgende Frachtführer iSv Art 34 voraus, BGH NJW **85,** 556; ebenso BGH NJW-RR **08,** 121 für Art. 39 II.

[Ausgleichungspflicht bei Zahlungsunfähigkeit]

CMR 38 Ist ein Frachtführer zahlungsunfähig, so ist der auf ihn entfallende, aber von ihm nicht gezahlte Anteil zu Lasten aller anderen Frachtführer nach dem Verhältnis ihrer Anteile an dem Beförderungsentgelt aufzuteilen.

[Rückgriffsverfahren]

CMR 39 (1) Ein Frachtführer, gegen den nach den Artikeln 37 und 38 Rückgriff genommen wird, kann nicht einwenden, daß der Rückgriff nehmende Frachtführer zu Unrecht gezahlt hat, wenn die Entschädigung durch eine gerichtliche Entscheidung festgesetzt worden war, sofern der im Wege des Rückgriffs in Anspruch genommene Frachtführer von dem gerichtlichen Verfahren ordnungsgemäß in Kenntnis gesetzt worden war und in der Lage war, sich daran zu beteiligen.

(2) [1] Ein Frachtführer, der sein Rückgriffsrecht gerichtlich geltend machen will, kann seinen Anspruch vor dem zuständigen Gericht des Staates erheben, in dem einer der beteiligten Frachtführer seinen gewöhnlichen Aufenthalt, seine Hauptniederlassung oder die Zweigniederlassung oder Geschäftsstelle hat, durch deren Vermittlung der Beförderungsvertrag abgeschlossen worden ist. [2] Ein und dieselbe Rückgriffsklage kann gegen alle beteiligten Frachtführer gerichtet sein.

(3) Die Bestimmungen des Artikels 31 Absatz 3 und 4 gelten auch für Urteile über die Rückgriffsansprüche nach den Artikeln 37 und 38.

(4) [1] Die Bestimmungen des Artikels 32 gelten auch für Rückgriffsansprüche zwischen Frachtführern. [2] Die Verjährung beginnt jedoch entweder mit dem Tage des Eintrittes der Rechtskraft eines Urteils über die nach den Bestimmungen dieses Übereinkommens zu zahlende Entschädigung oder, wenn ein solches rechtskräftiges Urteil nicht vorliegt, mit dem Tage der tatsächlichen Zahlung.

1 **1)** Zu II Fremuth TranspR **83,** 35. II bezieht sich allein auf Regressansprüche im Innenverhältnis zwischen aufeinanderfolgenden Frachtführern iSv Art. 34 CMR, BGH NJW-RR **08,** 121.

[Abweichende Vereinbarungen]

CMR 40 Den Frachtführern steht es frei, untereinander Vereinbarungen zu treffen, die von den Artikeln 37 und 38 abweichen.

Kapitel VII. Nichtigkeit von dem Übereinkommen widersprechenden Vereinbarungen

[Zwingendes Recht]

CMR 41 (1) [1] Unbeschadet der Bestimmungen des Artikels 40 ist jede Vereinbarung, die unmittelbar oder mittelbar von den Bestimmungen dieses Übereinkommens abweicht, nichtig und ohne Rechtswirkung. [2] Die Nichtigkeit solcher Vereinbarungen hat nicht die Nichtigkeit der übrigen Vertragsbestimmungen zur Folge.

VI. Transportgeschäfte 1 **ADSp (18)**

(2) **Nichtig ist insbesondere jede Abmachung, durch die sich der Frachtführer die Ansprüche aus der Versicherung des Gutes abtreten läßt, und jede andere ähnliche Abmachung sowie jede Abmachung, durch die die Beweislast verschoben wird.**

1) Die CMR ist nach I unabdingbar, neben ihr sind die **(19)** ADSp anwendbar, wenn diese wirksam vereinbart wurden, BGH **94**, 71. Fraglich ist, ob Absender wirksam auf Schadensersatzansprüche gegen Frachtführer verzichten kann; ein solcher Verzicht liegt nicht in „Selbstversicherung" des Absenders; solche (Sachschaden-)Versicherung des Absenders lässt die Haftung des Frachtführers (zum Ersatz desselben Schadens) unberührt, BGH NJW **67**, 500. Abrede, wonach der Absender für die Eindeckung der CMR-Haftpflicht des Frachtführers zu sorgen hat,

Bspe für Unwirksamkeit: Vereinbarung eines Fixgeschäfts iS deutschen Rechts, Düss TranspR **95**, 288, **07**, 196, aA Koller vor Art 1 Rn 29, MüKo/Jesser-Huß Art 17 Rn 97; Schiedsgerichtsvereinbarung, die nicht die in Art 33 bestimmte ausdrückliche Verweisung enthält, ö OGH TranspR **07**, 327; Vereinbarung einer Beförderung ohne Schnittstellenkontrollen, Düss TranspR **08**, 40.

2) II betrifft nur die Ansprüche aus Transportversicherungen des Absenders oder Empfängers, BGH NJW **99**, 1711.

Kapitel VIII. Schlußbestimmungen

CMR 42–51 *(nicht abgedruckt)*

(18) Allgemeine Deutsche Spediteur-Bedingungen (ADSp)

In der Fassung der Bekanntmachung vom 13. Dezember 2002 (BAnz 2003, 130)

Einleitung

Schrifttum

a) Kommentare: *Alff,* Fracht-, Lager- und Speditionsrecht, 2. Aufl 1991. – *Andresen/Valder/Krien,* Hdb des Transportrechts (LBl). – *Fremuth/Thume,* Kommentar zum Transportrecht 2000. – *GK(HGB)/(Ensthaler ua)* 7. Aufl 2007. – *Knorre/Demuth/Schmid,* Hdb des Transportrecht s 2008. – *Koller,* Transportrecht, 6. Aufl 2007. – *MüKo(HGB)/Bahnsen* Bd. 7, 2. Aufl 2009. – *Staub/Helm,* §§ 407–415 (mit ADSp, SVS/RVS, Sp-Police, Int.Sped.Dok.), 1986. – *Hättig,* Spediteursbedingungen (ADSp) in *von Westphalen,* Vertragsrecht und AGB-Klauselwerke, Bd 2 (LBl). – *von Westphalen,* ADSp'99, 6. Aufl 1999. – *Wolf/Thiel,* ADSp, 20. Aufl 2003. – *Wolgast,* ADSp (mit SVS/RVS und SP-Police, Textausgabe mit kurzer Erläuterung), 5. Aufl 1979.

b) Lehrbücher: *Dubischar,* Grundriß des gesamten Gütertransportrechts 1987.

c) Einzeldarstellungen und Sonstiges: *Wiesbauer-Zetter,* Transporthaftung, Wien 1984 mit ErgBd 1990. – *Hector,* ADSp u die Speditions- und Transportversicherung, 2. Aufl 2003. – *Wolf/Thiel,* ADSp, 20. Aufl 2003. – Zur Fassung 1993: *Widmann,* ADSp, 5. Aufl 1993; Valder TranspR **93**, 81. – Zu ADSp Fassung 1999: *Widmann,* ADSp'99, 6. Aufl 1999; *Haverkamp,* TranspR **99**, 217. Allgemeiner s §§ 453 ff HGB.

1) Entstehung und Neufassung

Entstehung und Grundgedanken der ADSp Schwartz ZHR 125 **(63)** 241. Erste Fassung 10. 8. 27; Verbindlicherklärung RVerkM 29. 12. 39 RAnz 40 Nr 4, 9, seit 1945 unwirksam. Fassung 1. 10. 78, als Empfehlung durch die Zentralen Wirtschaftsverbände, darunter Bundesverband Spedition und Lagerei, 19. 9. 78; Empfehlung der ADSp beim BKartA angemeldet und veröffentlicht als Bek Nr 130/78 31. 10. 78

(18) ADSp Einl 2–5

BAnz Nr 211; geändert zum 1. 1. 82 Bek Nr 19/82 25. 2. 82 BAnz Nr 47, zum 1. 1. 85 Bek Nr 100/84 19. 11. 84 BAnz Nr 227 (§ 54), zum 1. 2. 93 Bek Nr 13/93 11. 2. 93 BAnz Nr 28 (vor allem §§ 7, 8 nF; § 2 c S 2 gestrichen), in der Praxis als Fassung 1. 1. 93 bezeichnet. ADSp **nF** (nach HRefG) zuletzt geändert **1. 1. 03**. Zur Fassung von 78 Erklärung des BKartA: „Die Befugnis, nach AGB-Gesetz sowie auf Grund anderer gesetzlicher Vorschriften die gerichtliche Überprüfung zu verlangen, wird durch diese Bekanntmachung nicht eingeschränkt. Die vorstehende Empfehlung Allgemeiner Geschäftsbedingungen ist unverbindlich. Zu ihrer Durchsetzung darf kein wirtschaftlicher, gesellschaftlicher oder sonstiger Druck angewendet werden." Dazu Haverkamp TranspR **99**, 217. Der Text ist abgedruckt wie im praktischen Gebrauch. Auskünfte: Bundesverband Spedition und Lagerei (BSL), Berlin; Internationaler Speditionsverband FIATA (Federation of Freight Forwarders' Associations).

2) Geltung

2   A. Die ADSp gelten nicht als HdlBrauch (so schon Raiser SJZ **50**, 666, ausführlich Brüning Diss Hbg 1963), sondern wie andere **AGB** (s **(5)** §§ 305 II, 310 I 1 BGB) **nur kraft Unterwerfung.** Diese ist ohne weiteres als **stillschweigend** erfolgt anzunehmen, wenn jemand in vertragliche Beziehungen zu einem Spediteur tritt, der seinen Geschäften die ADSp zugrunde zu legen pflegt, und er dies weiß oder wissen muss, es sei denn, die Geltung der ADSp sei ausdrücklich ausgeschlossen, stRspr, BGH **96**, 138, NJW **85**, 2412, Philippi TranspR **99**, 375. Dies gilt (falls Vertrag unter deutschem Recht) uU auch **gegenüber ausländischen Auftraggebern**, bes Spediteuren, ausnahmsweise anderen Unternehmen, BGH NJW **73**, 2154, **74**, 2178, **76**, 2075, **81**, 1906, Mü NJW **73**, 1560, Kln TranspR **86**, 432, Ffm IPRax **88**, 99, dazu Hepting RIW **75**, 457, Kronke NJW **77**, 992, Schwenzer IPRax **88**, 86; das geht jedoch als Regelfall zu weit, für stillschweigende Unterwerfung eines ausländischen Auftraggebers sind vielmehr besondere Umstände nötig (s **(5)** § 305 II BGB) vgl Kln TranspR **03**, 126 (für ausländischen Nicht-Spediteur). Notwendig sind Geschäfte, die mit dem Speditionsgewerbe typisch sachlich zusammenhängen („speditionelle Massengeschäfte"), BGH DB **76**, 382, NJW **80**, 1275 (nicht Fakturierung und Kaufpreiseinzug bei Kunden), **81**, 1906. UU Anwendbarkeit auf Grund Lagervertrags, wenn Lagerhalter auf Spediteurgrundstück lagert, BGH WM **75**, 1165. Auch die Einbeziehung über ein kaufmännisches Bestätigungsschreiben ist möglich, wenn Verhandlung und Vertragsschluss auf deutsch erfolgt sind, Kln VersR **99**, 640. Führt die Einbeziehung weiterer Klauselwerke zu Unklarheit, welche der darin enthaltenen konkurrierenden Regelungen gelten soll, kommen alleine die gesetzlichen Vorschriften zur Anwendung, BGH TranspR **06**, 359 (zu ADSp Ziff 19) – Die ADSp gelten außerhalb vertraglicher Beziehungen nur kraft spezieller Unterwerfung, BGH BB **59**, 826. Gelten im Einzelfall die ADSp, so nur mit solchen Bestimmungen, mit deren Aufstellung der Auftraggeber billiger- und gerechterweise rechnen kann, BGH **17**, 3 (zu § 50 aF). AGB im internationalen Geschäftsverkehr s Ul/Br/He/H. Schmidt Anh zu § 305 BGB. Lit: Valder Beil zu TranspR 3/**04** S XLII.

3   B. Vereinbarung der **Nichtanwendbarkeit einzelner Bestimmungen** der ADSp ist möglich, auch durch schlüssiges Verhalten, vgl aber Fikentscher BB **61**, 297. Möglichkeit vorhergehender Vereinbarung über bestimmte Punkte, BGH DB **77**, 994.

4   C. Sachlicher und persönlicher **Anwendungsbereich:** seit 1978 nur unter Kaufleuten, **seit 1999** keine Anwendung auf Verkehrsverträge mit Verbrauchern (Nr 2.4 S 1). Anwendbarkeit, wenn ein Unternehmen mit „Schifffahrt, Spedition und Lagerei" auf fremden Schiffen befördert, Karlsr DB **71**, 1469. Über ADSp Ziff 36 entsteht Vertrag zugunsten Dritter, Koller 6. Lit: Heil/Bayer TranspR **87**, 1.

5   D. **Richterliche Inhaltskontrolle** nach **(5)** § 307 BGB erfasst zwar auch die ADSp (s Rn 1), BGH BB **81**, 267 (zu §§ 54 a, 57 Nr 3 aF); aber die ADSp sind ein von allen beteiligten Kreisen ausgehandeltes Gesamtgefüge; einzelne Klauseln sollen daraus nicht herausgenommen und isoliert an dispositiven Rechtsnormen gemessen werden können, so BGH **113**, 57, **127**, 281, **129**, 349, NJW **82**, 1821, aA zutr Ul/Br/He Anh § 310 BGB Rn 388, allerdings Einzelkontrolle nur mit Blick auf das Gesamtwerk. Die Klauselverbote der **(5)** §§ 308, 309 BGB sind (jedenfalls unmittelbar) auf die (nur

VI. Transportgeschäfte **ADSp 1, 2 (18)**

gegenüber Nichtverbrauchern geltenden) ADSp nicht anwendbar (s **(5)** § 310 I BGB). Das schließt Kontrolle nach **(5)** § 307 BGB nicht aus. Verbot geltungserhaltender Reduktion soll für ADSp nicht gelten, BGH **128**, 345 (zu § 51 b aF). Lit: Ul/Br/He Anh § 310 BGB Rn 386, Helm VersR **77**, 585, von Westphalen ZIP **81**, 119.

3) Auslegung
Die ADSp sind wie allgemein AGB unabhängig von der Gestaltung des Einzelfalls aus ihrem Inhalt auszulegen, BGH **7**, 368, **17**, 3. Das Revisionsgericht ist in der Auslegung frei, BGH **8**, 56, **17**, 3. 6

Präambel
Diese Bedingungen werden zur Anwendung ab dem 1. Januar 2003 empfohlen vom **Bundesverband** der Deutschen Industrie, Bundesverband des Deutschen Groß- und Außenhandels, Bundesverband Spedition und Logistik, Deutschen Industrie- und Handelskammertag, Hauptverband des Deutschen Einzelhandels. Diese Empfehlung ist unverbindlich. Es bleibt den Vertragsparteien unbenommen, vom Inhalt dieser Empfehlung abweichende Vereinbarungen zu treffen.

Interessenwahrungs- und Sorgfaltspflicht

ADSp 1 Der Spediteur hat das Interesse des Auftraggebers wahrzunehmen und seine Tätigkeiten mit der Sorgfalt eines ordentlichen Kaufmannes auszuführen.

Anwendungsbereich

ADSp 2 2.1 Die ADSp gelten für Verkehrsverträge über alle Arten von Tätigkeiten, gleichgültig ob sie Speditions-, Fracht-, Lager- oder sonstige üblicherweise zum Speditionsgewerbe gehörende Geschäfte betreffen. Hierzu zählen auch speditionsübliche logistische Leistungen, wenn diese mit der Beförderung oder Lagerung von Gütern in Zusammenhang stehen.

2.2 Bei speditionsvertraglichen Tätigkeiten im Sinne der §§ 453 bis 466 HGB schuldet der Spediteur nur den Abschluss der zur Erbringung dieser Leistungen erforderlichen Verträge, soweit zwingende oder AGB-feste-Rechtsvorschriften nichts anderes bestimmen.

2.3 Die ADSp gelten nicht für Geschäfte, die ausschließlich zum Gegenstand haben

– **Verpackungsarbeiten,**
– **die Beförderung von Umzugsgut oder dessen Lagerung,**
– **Kran- oder Montagearbeiten sowie Schwer- oder Großraumtransporte mit Ausnahme der Umschlagstätigkeit des Spediteurs.**
– **die Beförderung und Lagerung von abzuschleppenden oder zu bergenden Gütern.**

2.4 Die ADSp findet keine Anwendung auf Verkehrsverträge mit Verbrauchern. Verbraucher ist eine natürliche Person, die den Vertrag zu einem Zweck abschließt, der weder ihrer gewerblichen noch ihrer selbstständigen beruflichen Tätigkeit zugerechnet werden kann.

2.5 Weichen Handelsbräuche oder gesetzliche Bestimmungen von den ADSp ab, so gehen die ADSp vor, es sei denn, dass die gesetzlichen Bestimmungen zwingend oder AGB-fest sind.

Bei Verkehrsverträgen über Luft-, See-, Binnenschiffs- oder multimodale Transporte können abweichende Vereinbarungen nach den dafür etwa aufgestellten besonderen Beförderungsbedingungen getroffen werden.

2.6 Der Spediteur ist zur Vereinbarung der üblichen Geschäftsbedingungen Dritter befugt.

2.7 Im Verhältnis zwischen Erst- und Zwischenspediteur gelten die ADSp als Allgemeine Geschäftsbedingungen des Zwischenspediteurs.

Auftrag, Übermittlungsfehler, Inhalt, gefährliches Gut

ADSp 3 3.1 Aufträge, Weisungen, Erklärungen und Mitteilungen sind formlos gültig. Nachträgliche Änderungen sind als solche deutlich kenntlich zu machen.
Die Beweislast für den Inhalt sowie die richtige und vollständige Übermittlung trägt, wer sich darauf beruft.

3.2 Soweit für Erklärungen die Schriftform verlangt wird, steht ihr die Datenfernübertragung und jede sonst lesbare Form gleich, sofern sie den Aussteller erkennbar macht.

3.3 Der Auftraggeber hat dem Spediteur bei Auftragserteilung mitzuteilen, dass Gegenstand des Verkehrsvertrages sind:
– Gefährliche Güter,
– Lebende Tiere und Pflanzen,
– Leicht verderbliche Güter,
– Besonders wertvolle und diebstahlsgefährdete Güter

3.4 Der Auftraggeber hat im Auftrag Adressen, Zeichen, Nummern, Anzahl, Art und Inhalt der Packstücke, Eigenschaften des Gutes im Sinne von Ziffer 3.3, den Warenwert für eine Versicherung des Gutes und alle sonstigen erkennbar für die ordnungsgemäße Ausführung des Auftrags erheblichen Umstände anzugeben.

3.5 Bei gefährlichem Gut hat der Auftraggeber bei Auftragserteilung dem Spediteur schriftlich die genaue Art der Gefahr und – soweit erforderlich – die zu ergreifenden Vorsichtsmaßnahmen mitzuteilen. Handelt es sich um Gefahrgut im Sinne des Gesetzes über die Beförderung gefährlicher Güter oder um sonstige Güter, für deren Beförderung oder Lagerung besondere gefahrgut-, umgangs- oder abfallrechtliche Vorschriften bestehen, so hat der Auftraggeber alle für die ordnungsgemäße Durchführung des Auftrags erforderlichen Angaben, insbesondere die Klassifizierung nach dem einschlägigen Gefahrgutrecht, mitzuteilen.

3.6 Der Auftraggeber hat den Spediteur bei besonders wertvollen oder diebstahlsgefährdeten Gütern (zB Geld, Edelmetalle, Schmuck, Uhren, Edelsteine, Kunstgegenstände, Antiquitäten, Scheck-, Kreditkarten, gültige Telefonkarten oder andere Zahlungsmittel, Wertpapiere, Valoren, Dokumente, Spirituosen, Tabakwaren, Unterhaltungselektronik, Telekommunikationsgeräte, EDV-Geräte und -Zubehör) sowie bei Gütern mit einem tatsächlichen Wert von 50 Euro/kg und mehr so rechtzeitig vor Übernahme durch den Spediteur schriftlich zu informieren, dass der Spediteur die Möglichkeit hat, über Annahme des Gutes zu entscheiden und Maßnahmen für eine sichere und schadenfreie Abwicklung des Auftrags zu treffen.

3.7 Entspricht ein dem Spediteur erteilter Auftrag nicht den in Ziffern 3.3–3.6 genannten Bedingungen, so steht es dem Spediteur frei,
– die Annahme des Gutes zu verweigern,
– bereits übernommenes Gut zurückzugeben bzw. zur Abholung bereitzuhalten,
– dieses ohne Benachrichtigung des Auftraggebers zu versenden, zu befördern oder einzulagern und eine zusätzliche, angemessene Vergütung zu verlangen, wenn eine sichere und schadenfreie Ausführung des Auftrags mit erhöhten Kosten verbunden ist.

3.8 Der Spediteur ist nicht verpflichtet, die nach Ziffer 3.3 bis 3.6 gemachten Angaben nachzuprüfen oder zu ergänzen.

3.9 Der Spediteur ist nicht verpflichtet, die Echtheit der Unterschriften auf irgendwelchen das Gut betreffenden Mitteilungen oder sonstigen Schriftstücken oder die Befugnis der Unterzeichner zu prüfen, es sei denn, dass an der Echtheit oder der Befugnis begründete Zweifel bestehen.

Verpackung, Gestellung von Ladehilfs- und Packmitteln, Verwiegung und Untersuchung des Gutes

ADSp 4 4.1 Der dem Spediteur erteilte Auftrag umfasst mangels Vereinbarung nicht

1. die Verpackung des Gutes,

VI. Transportgeschäfte

2. die Verwiegung, Untersuchung, Maßnahmen zur Erhaltung oder Besserung des Gutes und seiner Verpackung, es sei denn, dies ist geschäftsüblich,
3. die Gestellung und den Tausch von Paletten oder sonstigen Ladehilfs- und Packmitteln.

Werden diese nicht Zug-um-Zug getauscht, erfolgt eine Abholung nur, wenn ein neuer Auftrag erteilt wird. Dies gilt nicht, wenn der Tausch auf Veranlassung des Spediteurs unterbleibt.

4.2 Die Tätigkeiten nach Ziffer 4.1 sind gesondert zu vergüten.

Zollamtliche Abwicklung

ADSp 5 5.1 Der Auftrag zur Versendung nach einem Bestimmungsort im Ausland schließt den Auftrag zur zollamtlichen Abfertigung ein, wenn ohne sie die Beförderung bis zum Bestimmungsort nicht ausführbar ist.

5.2 Für die zollamtliche Abfertigung kann der Spediteur neben den tatsächlich auflaufenden Kosten eine besondere Vergütung berechnen.

5.3 Der Auftrag, unter Zollverschluss eingehende Sendungen zuzuführen oder frei Haus zu liefern, schließt die Ermächtigung für den Spediteur ein, über die Erledigung der erforderlichen Zollförmlichkeiten und die Auslegung der zollamtlich festgesetzten Abgaben zu entscheiden.

Verpackungs- und Kennzeichnungspflichten des Auftraggebers

ADSp 6 6.1 Die Packstücke sind vom Auftraggeber deutlich und haltbar mit den für ihre auftragsgemäße Behandlung erforderlichen Kennzeichen zu versehen, wie Adressen, Zeichen, Nummern, Symbolen für Handhabung und Eigenschaften; alte Kennzeichen müssen entfernt oder unkenntlich gemacht sein.

6.2 Darüber hinaus ist der Auftraggeber verpflichtet,
1. zu einer Sendung gehörende Packstücke als zusammengehörig leicht erkennbar zu kennzeichnen;
2. Packstücke so herzurichten, dass ein Zugriff auf den Inhalt ohne Hinterlassen äußerlich sichtbarer Spuren nicht möglich ist (Klebeband, Umreifungen oder ähnliches sind nur ausreichend, wenn sie individuell gestaltet oder sonst schwer nachahmbar sind; eine Umwicklung mit Folie nur, wenn diese verschweißt ist);
3. bei einer im Spediteursammelgutverkehr abzufertigenden Sendung, die aus mehreren Stücken oder Einheiten mit einem Gurtmaß (größter Umfang zuzüglich längste Kante) von weniger als 1 m besteht, diese zu größeren Packstücken zusammenzufassen;
4. bei einer im Hängeversand abzufertigenden Sendung, die aus mehreren Stücken besteht, diese zu Griffeinheiten in geschlossenen Hüllen zusammenzufassen;
5. auf Packstücken von mindestens 1000 kg Rohgewicht die durch das Gesetz über die Gewichtsbezeichnung an schweren auf Schiffen beförderten Frachtstücken vorgeschriebene Gewichtsbezeichnung anzubringen.

6.3 Packstücke sind Einzelstücke oder vom Auftraggeber zur Abwicklung des Auftrags gebildete Einheiten, zB Kisten, Gitterboxen, Paletten, Griffeinheiten, geschlossene Ladegefäße, wie gedeckt gebaute oder mit Planen versehene Waggons, Auflieger oder Wechselbrücken, Container, Iglus.

6.4 Entsprechen die Packstücke nicht den in Ziffern 6.1 und 6.2 genannten Bedingungen, findet Ziffer 3.7 entsprechende Anwendung.

Kontrollpflichten des Spediteurs

ADSp 7 7.1 Der Spediteur ist verpflichtet, an Schnittstellen
1. die Packstücke auf Vollzähligkeit und Identität sowie äußerlich erkennbare Schäden und Unversehrtheit von Plomben und Verschlüssen zu überprüfen und

Merkt

2. Unregelmäßigkeiten zu dokumentieren (zB in den Begleitpapieren oder durch besondere Benachrichtigung).

7.2 Schnittstelle ist jeder Übergang der Packstücke von einer Rechtsperson auf eine andere sowie die Ablieferung am Ende jeder Beförderungsstrecke.

Quittung

ADSp 8 8.1 Auf Verlangen des Auftraggebers erteilt der Spediteur eine Empfangsbescheinigung.

In der Empfangsbescheinigung bestätigt der Spediteur nur die Anzahl und Art der Packstücke, nicht jedoch deren Inhalt, Wert oder Gewicht. Bei Massengütern, Wagenladungen und dergleichen enthält die Empfangsbescheinigung im Zweifel keine Bestätigung des Rohgewichts oder der anders angegebenen Menge des Gutes.

8.2 Als Ablieferungsnachweis hat der Spediteur vom Empfänger eine Empfangsbescheinigung über die im Auftrag oder in sonstigen Begleitpapieren genannten Packstücke zu verlangen. Weigert sich der Empfänger, die Empfangsbescheinigung zu erteilen, so hat der Spediteur Weisung einzuholen. Ist das Gut beim Empfänger bereits ausgeladen, so ist der Spediteur berechtigt, es wieder an sich zu nehmen.

Weisungen

ADSp 9 9.1 Eine über das Gut erteilte Weisung bleibt für den Spediteur bis zu einem Widerruf des Auftraggebers maßgebend.

9.2 Mangels ausreichender oder ausführbarer Weisung darf der Spediteur nach seinem pflichtgemäßen Ermessen handeln.

9.3 Ein Auftrag, das Gut zur Verfügung eines Dritten zu halten, kann nicht mehr widerrufen werden, sobald die Verfügung des Dritten beim Spediteur eingegangen ist.

Frachtüberweisung, Nachnahme

ADSp 10 10.1 Die Mitteilung des Auftraggebers, der Auftrag sei unfrei abzufertigen oder der Auftrag sei für Rechnung des Empfängers oder eines Dritten auszuführen, berührt nicht die Verpflichtung des Auftraggebers gegenüber dem Spediteur, die Vergütung sowie die sonstigen Aufwendungen zu tragen.

10.2 Die Mitteilung nach Ziffer 10.1 enthält keine Nachnahmeweisung.

Fristen

ADSp 11 11.1 Mangels Vereinbarung werden Verlade- und Lieferfristen nicht gewährleistet, ebenso wenig eine bestimmte Reihenfolge in der Abfertigung von Gütern gleicher Beförderungsart.

11.2 Unberührt bleibt die gesetzliche Haftung des Spediteurs für eine Überschreitung der Lieferfrist.

Hindernisse

ADSp 12 12.1 Leistungshindernisse, die nicht dem Risikobereich des Spediteurs zuzurechnen sind, befreien ihn für die Zeit ihrer Dauer von den Verpflichtungen, deren Erfüllung unmöglich geworden ist.

Im Falle der Befreiung nach Satz 1 sind der Spediteur und der Auftraggeber berechtigt, vom Vertrag zurückzutreten, auch wenn der Auftrag schon teilweise ausgeführt worden ist.

VI. Transportgeschäfte

Tritt der Spediteur oder Auftraggeber zurück, so sind dem Spediteur die Kosten zu erstatten, die er für erforderlich halten durfte oder die für den Auftraggeber von Interesse sind.

12.2 Der Spediteur hat nur im Rahmen seiner Sorgfaltspflicht zu prüfen und den Auftraggeber darauf hinzuweisen, ob gesetzliche oder behördliche Hindernisse für die Versendung (zB Ein- und Ausfuhrbeschränkungen) vorliegen. Soweit der Spediteur jedoch durch öffentliche Bekanntmachungen oder in den Vertragsverhandlungen den Eindruck erweckt hat, über besondere Kenntnisse für bestimmte Arten von Geschäften zu verfügen, hat er vorstehende Prüfungs- und Hinweispflichten entsprechend zu erfüllen.

12.3 Vom Spediteur nicht zu vertretende öffentlich-rechtliche Akte berühren die Rechte des Spediteurs gegenüber dem Auftraggeber nicht; der Auftraggeber haftet dem Spediteur für alle aus solchen Ereignissen entstehenden Folgen. Etwaige Ansprüche des Spediteurs gegenüber dem Staat oder einem sonstigen Dritten werden hierdurch nicht berührt.

Ablieferung

ADSp 13 Die Ablieferung erfolgt mit befreiender Wirkung an jede im Geschäft oder Haushalt des Empfängers anwesende Person, es sei denn, es bestehen begründete Zweifel an deren Empfangsberechtigung.

Auskunfts- und Herausgabepflicht des Spediteurs

ADSp 14 14.1 Der Spediteur ist verpflichtet, dem Auftraggeber die erforderlichen Nachrichten zu geben, auf Verlangen über den Stand des Geschäftes Auskunft zu geben und nach dessen Ausführung Rechenschaft abzulegen; zur Offenlegung der Kosten ist er jedoch nur verpflichtet, wenn er für Rechnung des Auftraggebers tätig wird.

14.2 Der Spediteur ist verpflichtet, dem Auftraggeber alles, was er zur Ausführung des Geschäfts erhält und was er aus der Geschäftsführung erlangt, herauszugeben.

Lagerung

ADSp 15 15.1 Die Lagerung erfolgt nach Wahl des Spediteurs in dessen eigenen oder fremden Lagerräumen. Lagert der Spediteur bei einem fremden Lagerhalter ein, so hat er dessen Namen und den Lagerort dem Auftraggeber unverzüglich schriftlich bekanntzugeben oder, falls ein Lagerschein ausgestellt ist, auf diesem zu vermerken.

15.2 Dem Auftraggeber steht es frei, die Lagerräume zu besichtigen oder besichtigen zu lassen. Einwände oder Beanstandungen gegen die Unterbringung des Gutes oder gegen die Wahl des Lagerraumes muss er unverzüglich vorbringen. Macht er von dem Besichtigungsrecht keinen Gebrauch, so begibt er sich aller Einwände gegen die Art und Weise der Unterbringung, soweit die Wahl des Lagerraumes und die Unterbringung unter Wahrung der Sorgfalt eines ordentlichen Spediteurs erfolgt ist.

15.3 Das Betreten des Lagers ist dem Auftraggeber nur in Begleitung des Spediteurs zu dessen Geschäftsstunden erlaubt.

15.4 Nimmt der Auftraggeber Handlungen mit dem Gut vor (zB Probeentnahme), so kann der Spediteur verlangen, dass Anzahl, Gewicht und Beschaffenheit des Gutes gemeinsam mit dem Auftraggeber festgestellt werden. Kommt der Auftraggeber diesem Verlangen nicht nach, ist die Haftung des Spediteurs für später festgestellte Schäden ausgeschlossen, es sei denn, der Schaden ist nicht auf die vorgenommenen Handlungen mit dem Gut zurückzuführen.

15.5 Der Auftraggeber haftet für alle Schäden, die er, seine Angestellten oder Beauftragten beim Betreten des Lagers oder beim Betreten oder Befahren des Lagergrundstückes dem Spediteur, anderen Einlagerern oder sonstigen Dritten zufügen, es sei denn, dass den Auftraggeber, seine Angestellten oder Beauftragten kein Verschulden trifft.

Merkt

15.6 Bei Inventurdifferenzen kann der Spediteur bei gleichzeitigen Fehl- und Mehrbeständen desselben Auftraggebers eine wertmäßige Saldierung des Lagerbestandes vornehmen.

15.7 Entstehen dem Spediteur begründete Zweifel, ob seine Ansprüche durch den Wert des Gutes sichergestellt sind, so ist er berechtigt, dem Auftraggeber eine angemessene Frist zu setzen, in der dieser entweder für Sicherstellung der Ansprüche des Spediteurs oder für anderweitige Unterbringung des Gutes Sorge tragen kann. Kommt der Auftraggeber diesem Verlangen nicht nach, so ist der Spediteur zur Kündigung ohne Kündigungsfrist berechtigt.

Angebote und Vergütung

ADSp 16 16.1 Angebote des Spediteurs und Vereinbarungen mit ihm über Preise und Leistungen beziehen sich stets nur auf die namentlich aufgeführten eigenen Leistungen oder Leistungen Dritter und nur auf Gut normalen Umfangs, normalen Gewichts und normaler Beschaffenheit; sie setzen stets unveränderte Beförderungsverhältnisse, ungehinderte Verbindungswege, Möglichkeit unmittelbarer sofortiger Weiterversendung sowie Weitergeltung der bisherigen Frachten, Valutaverhältnisse und Tarife, welche der Vereinbarung zugrunde lagen, voraus, es sei denn, die Veränderungen sind unter Berücksichtigung der Umstände vorhersehbar gewesen. Ein Vermerk, wie etwa „zuzüglich der üblichen Nebenspesen", berechtigt den Spediteur, Sondergebühren und Sonderauslagen zusätzlich zu berechnen.

16.2 Alle Angebote des Spediteurs gelten nur bei unverzüglicher Annahme zur sofortigen Ausführung des betreffenden Auftrages, sofern sich nichts Gegenteiliges aus dem Angebot ergibt, und nur, wenn bei Erteilung des Auftrages auf das Angebot Bezug genommen wird.

16.3 Wird ein Auftrag gekündigt oder entzogen, so stehen dem Spediteur die Ansprüche nach §§ 415, 417 HGB zu.

16.4 Wird ein Nachnahme- oder sonstiger Einziehungsauftrag nachträglich zurückgezogen, oder geht der Betrag nicht ein, kann der Spediteur dennoch Provision erheben.

16.5 Lehnt der Empfänger die Annahme einer ihm zugerollten Sendung ab, oder ist die Ablieferung aus Gründen, die der Spediteur nicht zu vertreten hat, nicht möglich, so steht dem Spediteur für die Rückbeförderung Rollgeld in gleicher Höhe wie für die Hinbeförderung zu.

Aufwendungen des Spediteurs, Freistellungsanspruch

ADSp 17 17.1 Der Spediteur hat Anspruch auf Ersatz der Aufwendungen, die er den Umständen nach für erforderlich halten durfte.

17.2 Der Auftrag, ankommendes Gut in Empfang zu nehmen, ermächtigt den Spediteur, verpflichtet ihn aber nicht, auf dem Gut ruhende Frachten, Wertnachnahmen, Zölle, Steuern und sonstige Abgaben sowie Spesen auszulegen.

17.3 Von Frachtforderungen, Havarieeinschüssen oder -beiträgen, Zöllen, Steuern und sonstigen Abgaben, die an den Spediteur, insbesondere als Verfügungsberechtigten oder als Besitzer fremden Gutes gestellt werden, hat der Auftraggeber den Spediteur auf Aufforderung sofort zu befreien, wenn sie der Spediteur nicht zu vertreten hat. Der Spediteur ist berechtigt, nach pflichtgemäßem Ermessen die zu seiner Sicherung oder Befreiung geeigneten Maßnahmen zu ergreifen. Sofern nicht die Notwendigkeit sofortigen Handelns geboten ist, hat der Spediteur Weisung einzuholen.

17.4 Der Auftraggeber hat den Spediteur in geschäftsüblicher Weise rechtzeitig auf alle öffentlich-rechtlichen, zB zollrechtlichen oder Dritten gegenüber bestehenden, zB markenrechtlichen Verpflichtungen aufmerksam zu machen, die mit dem Besitz des Gutes verbunden sind, soweit nicht auf Grund des Angebots des Spediteurs davon auszugehen ist, dass diese Verpflichtungen ihm bekannt sind.

VI. Transportgeschäfte

Rechnungen, Verzug, fremde Währungen

ADSp 18 18.1 Rechnungen des Spediteurs sind sofort zu begleichen.

18.2 Der Spediteur ist berechtigt, von ausländischen Auftraggebern oder Empfängern nach seiner Wahl Zahlung in ihrer Landeswährung oder in deutscher Währung zu verlangen.

18.5 Schuldet der Spediteur fremde Währung oder legt er fremde Währung aus, so ist er berechtigt, entweder Zahlung in der fremden oder in deutscher Währung zu verlangen. Verlangt er deutsche Währung, so erfolgt die Umrechnung zu dem am Tage der Zahlung amtlich festgesetzten Kurs, es sei denn, dass nachweisbar ein anderer Kurs zu zahlen oder gezahlt worden ist.

Aufrechnung, Zurückbehaltung

ADSp 19 Gegenüber Ansprüchen aus dem Verkehrsvertrag und damit zusammenhängenden außervertraglichen Ansprüchen ist eine Aufrechnung oder Zurückbehaltung nur mit fälligen Gegenansprüchen zulässig, denen ein Einwand nicht entgegensteht.

Pfand- und Zurückbehaltungsrecht

ADSp 20 20.1 Der Spediteur hat wegen aller fälligen und nicht fälligen Forderungen, die ihm aus den in Ziffer 2.1 genannten Tätigkeiten an den Auftraggeber zustehen, ein Pfandrecht und ein Zurückbehaltungsrecht an den in seiner Verfügungsgewalt befindlichen Gütern oder sonstigen Werten. Das Pfand- und Zurückbehaltungsrecht geht nicht über das gesetzliche Pfand- und Zurückbehaltungsrecht hinaus.

20.2 Der Spediteur darf ein Pfand- oder Zurückbehaltungsrecht wegen Forderungen aus anderen mit dem Auftraggeber abgeschlossenen Verkehrsverträgen nur ausüben, soweit sie unbestritten sind oder wenn die Vermögenslage des Schuldners die Forderung des Spediteurs gefährdet.

20.3 An die Stelle der in § 1234 BGB bestimmten Frist von einem Monat tritt in allen Fällen eine solche von zwei Wochen.

20.4 Ist der Auftraggeber in Verzug, so kann der Spediteur nach erfolgter Verkaufsandrohung von den in seinem Besitz befindlichen Gütern und Werten eine solche Menge, wie nach seinem pflichtgemäßen Ermessen zur Befriedigung erforderlich ist, freihändig verkaufen.

20.5 Für den Pfand- oder Selbsthilfeverkauf kann der Spediteur in allen Fällen eine Verkaufsprovision vom Nettoerlös in Höhe von ortsüblichen Sätzen berechnen.

Versicherung des Gutes

ADSp 21 21.1 Der Spediteur besorgt die Versicherung des Gutes (zB Transport- oder Lagerversicherung) bei einemk Versicherer seiner Wahl, wenn der Auftraggeber ihn vor Übergabe der Güter beauftragt. Kann der Spediteur wegen der Art der zu versichernden Güter oder aus einem anderen Grund keinen Versicherungsschutz eindecken, hat der Spediteur dies dem Auftraggeber unverzüglich mitzuteilen.

21.2 Der Spediteur ist berechtigt, aber nicht verpflichtet, die Versicherung des Gutes zu besorgen, wenn dies im Interesse des Auftraggebers liegt. Der Spediteur darf vermuten, dass die Eindeckung einer Versicherung im Interesse des Auftraggebers liegt, insbesondere wenn

– der Spediteur bei einem früheren Verkehrsvertrag eine Versicherung besorgt hat,
– der Auftraggeber einen Warenwert (Ziffer 3.4) angegeben hat. Die Vermutung des Interesses an der Eindeckung einer Versicherung besteht insbesondere nicht,
– der Auftraggeber die Eindeckung schriftlich untersagt,
– der Auftraggeber ein Spediteur, Frachtführer oder Lagerhalter ist.

21.3 Der Spediteur hat nach pflichtgemäßen Ermessen über Art und Umfang der Versicherung zu entscheiden und sie zu marktüblichen Bedingungen abzuschließen, es sei denn, der Auftraggeber erteilt dem Spediteur unter Angabe der Versicherungssumme und der zu deckenden Gefahren schriftlich eine andere Weisung.

21.4 Ist der Spediteur Versicherungsnehmer und hat er für Rechnung des Auftraggebers gehandelt, ist der Spediteur verpflichtet, auf Verlangen gemäß Ziffer 14.1 Rechnung zu legen. In diesem Fall hat der Spediteur die Prämie für jeden einzelnen Verkehrsvertrag auftragsbezogen zu erheben, zu dokumentieren und in voller Höhe ausschließlich für dieses Versicherungsdeckung an den Versicherer abzuführen.

21.5 Für die Versicherungsbesorgung, Einziehung des Entschädigungsbetrages und sonstige Tätigkeiten bei Abwicklung von Versicherungsfällen und Havarien steht dem Spediteur eine besondere Vergütung neben dem Ersatz seiner Auslagen zu.

Haftung des Spediteurs, Abtretung von Ersatzansprüchen

ADSp 22 22.1 Der Spediteur haftet bei all seinen Tätigkeiten (Ziffer 2.1) nach den gesetzlichen Vorschriften. Es gelten jedoch die folgenden Regelungen, soweit zwingende oder AGB-feste Rechtsvorschriften nichts anderes bestimmen.

22.2 Soweit der Spediteur nur den Abschluss der zur Erbringung der vertraglichen Leistungen erforderlichen Verträge schuldet, haftet er nur für die sorgfältige Auswahl der von ihm beauftragten Dritten.

22.3 In allen Fällen, in denen der Spediteur für Verlust oder Beschädigung des Gutes zu haften hat, hat er Wert- und Kostenersatz entsprechend §§ 429, 430 HGB zu leisten.

22.4 Soweit die §§ 425 ff. und 461 Abs. 1 HGB nicht gelten, haftet der Spediteur für Schäden, die entstanden sind aus

- ungenügender Verpackung oder Kennzeichnung des Gutes durch den Auftraggeber oder Dritte;
- vereinbarter oder der Übung entsprechender Aufbewahrung im Freien
- schwerem Diebstahl oder Raub (§§ 243, 244, 249 StGB);
- höherer Gewalt, Witterungseinflüssen, Schadhaftwerden von Geräten oder Leitungen, Einwirkung anderer Güter, Beschädigung durch Tiere, natürlicher Veränderung des Gutes nur insoweit, als ihm eine schuldhafte Verursachung des Schadens nachgewiesen wird. Konnte ein Schaden aus einem der vorstehend aufgeführten Umständen entstehen, so wird vermutet, dass er aus diesem entstanden ist.

22.5 Hat der Spediteur aus einem Schadenfall Ansprüche gegen einen Dritten, für den er nicht haftet, oder hat der Spediteur gegen einen Dritten seine eigene Haftung übersteigende Ersatzansprüche, so hat er diese Ansprüche dem Auftraggeber auf dessen Verlangen abzutreten, es sei denn, dass der Spediteur auf Grund besonderer Abmachung die Verfolgung der Ansprüche für Rechnung und Gefahr des Auftraggebers übernimmt.

Der Auftraggeber kann auch verlangen, dass der Spediteur ihm die gesamten Ansprüche gegen den Dritten erfüllungshalber abtritt. § 437 HGB bleibt unberührt.

Soweit die Ansprüche des Auftraggebers vom Spediteur oder aus der Speditionsversicherung befriedigt worden sind, erstreckt sich der Abtretungsanspruch nur auf den die Leistung des Spediteurs bzw. der Versicherung übersteigenden Teil des Anspruchs gegen den Dritten.

Haftungsbegrenzungen

ADSp 23 23.1 Die Haftung des Spediteurs bei Verlust oder Beschädigung des Gutes (Güterschaden) ist mit Ausnahme der verfügten Lagerung der Höhe nach begrenzt

1. auf € 5,– für jedes Kilogramm des Rohgewichts der Sendung;

2. bei einem Schaden, der an dem Gut während des Transports mit einem Beförderungsmittel eingetreten ist, abweichend von Ziffer 23.1.1 auf den für diese Beförderung gesetzlich festgelegten Haftungshöchstbetrag;
3. bei einem Verkehrsvertrag über eine Beförderung mit verschiedenartigen Beförderungsmitteln unter Einschluss einer Seebeförderung, abweichend von Ziffer 23.1.1 auf 2 SZR für jedes Kilogramm.
4. in jedem Schadenfall höchstens auf einen Betrag von € 1 Millionen oder 2 SZR für jedes Kilogramm, je nachdem, welcher Betrag höher ist.

23.2 Sind nur einzelne Packstücke oder Teile der Sendung verloren oder beschädigt worden, berechnet sich die Haftungshöchstsumme nach dem Rohgewicht

– der gesamten Sendung, wenn die gesamte Sendung entwertet ist,
– des entwerteten Teils der Sendung, wenn nur ein Teil der Sendung entwertet ist.

23.3 Die Haftung des Spediteurs für andere als Güterschäden mit Ausnahme von Personenschäden und Sachschäden an Drittgut ist der Höhe nach begrenzt auf das Dreifache des Betrages, der bei Verlust des Gutes zu zahlen wäre, höchstens auf einen Betrag von 100 000 Euro je Schadenfall. Die §§ 431 Abs. 3, 433 HGB bleiben unberührt.

23.4 Die Haftung des Spediteurs ist in jedem Fall, unabhängig davon, wie viele Ansprüche aus einem Schadenereignis erhoben werden, begrenzt auf € 2 Mio. je Schadenereignis oder 2 SZR für jedes Kilogramm der verlorenen und beschädigten Güter, je nachdem, welcher Betrag höher ist; bei mehreren Geschädigten haftet der Spediteur anteilig im Verhältnis ihrer Ansprüche.

23.5 Für die Berechnung des SZR gilt § 431 Abs. 4 HGB.

Haftungsbegrenzungen bei verfügter Lagerung

ADSp 24

24.1 Die Haftung des Spediteurs bei Verlust oder Beschädigung des Gutes (Güterschaden) ist bei einer verfügten Lagerung begrenzt
1. auf € 5,– für jedes Kilogramm des Rohgewichts der Sendung;
2. höchstens € 5000,– je Schadenfall; besteht der Schaden eines Auftraggebers in einer Differenz zwischen Soll- und Ist-Bestand des Lagerbestandes (Ziffer 15.6), so ist die Haftungshöhe auf € 25000,– begrenzt, unabhängig von der Zahl der für die Inventurdifferenz ursächlichen Schadensfälle. In beiden Fällen bleibt Ziffer 24.1.1 unberührt. 24.2 Ziffer 23.2 gilt entsprechend.

24.3 Die Haftung des Spediteurs für andere als Güterschäden mit Ausnahme von Personenschäden und Sachschäden an Drittgut ist bei einer verfügten Lagerung begrenzt auf € 5000 je Schadenfall.

24.4 Die Haftung des Spediteurs ist in jedem Fall, unabhängig davon, wie viele Ansprüche aus einem Schadenereignis erhoben werden, auf € 2 Mio. je Schadenereignis begrenzt; bei mehreren Geschädigten haftet der Spediteur anteilig im Verhältnis ihrer Ansprüche.

Beweislast

ADSp 25

25.1 Der Auftraggeber hat im Schadenfall zu beweisen, dass dem Spediteur ein Gut bestimmter Menge und Beschaffenheit ohne äußerlich erkennbare Schäden (§ 438 HGB) übergeben worden ist. Der Spediteur hat zu beweisen, dass er das Gut, wie er es erhalten hat, abgeliefert hat.

25.2 Der Beweis dafür, dass ein Güterschaden während des Transports mit einem Beförderungsmittel (Ziffer 23.1.2) eingetreten ist, obliegt demjenigen, der dies behauptet. Bei unbekanntem Schadenort hat der Spediteur auf Verlangen des Auftraggebers oder Empfängers den Ablauf der Beförderung anhand einer Schnittstellendokumentation (Ziffer 7) darzulegen. Es wird vermutet, dass der Schaden auf derjenigen Beförderungsstrecke eingetreten ist, für die der Spediteur eine vorbehaltlose Quittung nicht vorlegt.

25.3 Der Spediteur ist verpflichtet, durch Einholung von Auskünften und Beweismitteln für die Festellung zu sorgen, wo der geltend gemachte Schaden eingetreten ist.

Außervertragliche Ansprüche

ADSp 26 Die vorstehenden Haftungsbefreiungen und -beschränkungen gelten entsprechend §§ 434, 436 HGB auch für außervertragliche Ansprüche.

Qualifiziertes Verschulden

ADSp 27 Die vorstehenden Haftungsbefreiungen und -begrenzungen gelten nicht, wenn der Schaden verursacht worden ist

27.1 durch Vorsatz oder grobe Fahrlässigkeit des Spediteurs oder seiner leitenden Angestellten oder durch Verletzung vertragswesentlicher Pflichten, wobei Ersatzansprüche in letzterem Fall begrenzt sind auf den vorhersehbaren, typischen Schaden;

27.2 in den Fällen der §§ 425 ff., 461 ff. HGB durch den Spediteur oder die in §§ 428, 462 HGB genannten Personen vorsätzlich oder leichtfertig und in dem Bewusstsein, dass ein Schaden mit Wahrscheinlichkeit eintreten werde.

Schadenanzeige

ADSp 28 Für die Anzeige eines Schadens findet § 438 HGB Anwendung.

Speditionsversicherung

ADSp 29 29.1 Der Spediteur ist verpflichtet, bei einem Versicherer seiner Wahl eine Haftungsversicherung zu marktüblichen Bedingungen abzuschließen und aufrecht zu erhalten, die seine verkehrsvertragliche Haftung nach den ADSp und nach dem Gesetz im Umfang der Regelhaftungssummen abdeckt.

29.2 Die Vereinbarung einer Höchstersatzleistung je Schadenfall, Schadenereignis und Jahr ist zulässig; ebenso die Vereinbarung einer Schadenbeteiligung des Spediteurs.

29.3 Der Spediteur darf sich gegenüber dem Auftraggeber auf die ADSp nur berufen, wenn er bei Auftragserteilung einen ausreichenden Haftungsversicherungsschutz vorhält.

29.4 Auf Verlangen des Auftraggebers hat der Spediteur diesen Haftungsversicherungsschutz durch eine Bestätigung des Versicherers nachzuweisen.

Erfüllungsort, Gerichtsstand, anzuwendendes Recht

ADSp 30 30.1 Der Erfüllungsort ist für alle Beteiligten der Ort derjenigen Niederlassung des Spediteurs, an die der Auftrag gerichtet ist.

30.2 Der Gerichtsstand für alle Rechtsstreitigkeiten, die aus dem Auftragsverhältnis oder im Zusammenhang damit entstehen, ist für alle Beteiligten, soweit sie Kaufleute sind, der Ort derjenigen Niederlassung des Spediteurs, an die der Auftrag gerichtet ist; für Ansprüche gegen den Spediteur ist dieser Gerichtsstand ausschließlich.

30.3 Für die Rechtsbeziehungen des Spediteurs zum Auftraggeber oder zu seinen Rechtsnachfolgern gilt deutsches Recht.

Sachverzeichnis

Es bezeichnen: **Fette Zahlen** ohne Klammern und Zusatz die Paragraphen des HGB, fette Zahlen nach dem (mit einer eingeklammerten fetten Nummer bezeichneten) Kurztitel eines Nebengesetzes die Paragraphen dieses Nebengesetzes, **magere Zahlen** (ausnahmsweise in Verbindung mit Großbuchstaben) die Randnummern der Anmerkungen. Anh = Anhang, Einl = Einleitung, Überbl = Überblick, Vorb = Vorbemerkung. Weitere Abkürzungen siehe im Abkürzungsverzeichnis. Beispiele: **Auskunft 347** 8, 23 = Auskunft siehe § 347 Randnummern 8, 23 – **Bankvertrag** (unter: Bankgeschäfte) **(7) Bankgeschäfte** A/6 = siehe **(7)** Bankgeschäfte Randnummer A/6 – **Unternehmenskauf Einl** vor 1 44–47 = Unternehmenskauf siehe Einleitung vor § 1 HGB Randnummern 44–47.

„ab Kai" **(6) Incoterms 11**
Abfindung, Abfindungsklauseln s Ausscheiden
abgestimmtes Verhalten Einl vor **343** 4
Abholklausel 346 40, **(6) Incoterms Einl** vor 1 4, **1**
Abladegeschäft Überbl vor **373** 50
Abmahnung Einl vor **1** 68
„ab Lager" **346** 40
Abrechnung s auch HdlVertreter
– Form **350** 5
– Schweigen auf **346** 31
„ab Schiff" **(6) Incoterms 10, 346** 40
Abschlussfreiheit Einl vor **343** 6
Abschlussprüfer, -prüfung
– s auch HdlBücher, Prospekthaftung, Prüfung, Wirtschaftsprüfer
– Abberufung **318**
– Abschlussprüferfähigkeit **319** 1–3
– Abschlussprüfer-Richtlinie **Überbl** vor **316** 3, 4
– AGB-Kontrolle **318** 3
– Auskunftsrecht **320** 2
– ausländische **291, 292** 1
– Ausschlussgründe **319, 319 a**
– Auswahl **319**
– Befähigung **319**
– Befangenheit **318** 9, **319, 319 a** 1
– Berichtspflicht **320** 4, **321** 1
– Berufshaftpflichtversicherung **323** 11
– Bestätigung der Unabhängigkeit **321** 11
– Bestellung **318, (3) FamFG 375**
– Bestätigungsvermerk **316** 2, **319 a** 7, 10, **321** 11, **322, 328**
– Beurteilung **322** 3–5
– Buchprüfer **319** 1
– comfort letters **316** 5
– Corporate Governance **Überbl** vor **316** 6, 7, **317** 7

– Dritthaftung **323** 8
– Einblicksgebot **321** 8, **321 a** 1
– Einzelabschluss **324 a**
– Enron **Überbl** vor **316** 7
– Entscheidungskompetenz **319** 29, **319 a** 4
– Erläuterungsrecht **321 a** 2
– Ersetzung des Abschlussprüfers **318** 6–10, **319** 30
– Europäische Vorgaben **Überbl** vor **316** 3
– freiwillige Prüfung **316** 5
– Freizeichnung **323** 11
– Gemeinschaftsprüfung/joint audit **317** 6
– Gegenstand der Prüfung **317**
– gerichtliche Bestellung **318** 11, 12
– gerichtliche Ersetzung des Prüfers **318** 6–10, **319** 30
– Haftung **Überbl** vor **316** 5, **323**
– Hilfspersonen **317** 6
– Insiderinformationen **323** 5
– Insolvenz **321 a** 1
– kapitalmarktorientierte Unternehmen **319 a**
– Klarheitsgebot **321** 1
– Konzernabschlussprüfer **318** 5
– Kündigung **318** 13, 14
– künftige Entwicklung **322** 15
– management letter **321** 1
– Meinungsverschiedenheiten **324** 1
– Nachtragsprüfung **316** 4
– Netzwerkabhängigkeiten **319 b** 1–10
– Offenlegung **319** 11, **321 a**
– Pflicht zur Prüfung **316**
– Prüfer **317** 6, **324 a** 2
– Prüfung im Konzern **292** 1–2, **316** 3, **317** 1, **318** 15, **319** 28–31, **319 a** 11, **320** 3, **321 a** 4
– Prüfungsausschuss **Überbl** vor **316** 7, **324**

Sachverzeichnis

Fette Zahlen = §§/Artikel

- Prüfungsbericht **298** 2, **318** 14, **321**, **321 a**, **322** 1
- Prüfungsgesellschaften **319** 26, 27, **319 a** 8, 10
- Prüfungsvertrag **318** 3, **319** 31, **323** 7–8
- Qualitätskontrolle **319** 2
- Rechnungslegungsinformationssysteme **319 a** 6
- Rechnungslegungsstandards s dort, IAS, IFRS
- Rechts- oder Steuerberatungsleistungen **319 a** 3–5
- Redepflicht **321** 2–7
- Reformen **Überbl** vor **316** 1, 2
- Richtlinie **Überbl** vor **316** 3, 4
- Rotation **319 a** 7, 10, 11
- Saldenbestätigung **320** 2
- Sarbanes-Oxley-Act **Überbl** vor **316** 7
- Schadensersatzpflicht **319** 31, **323** 7–8
- Schweigepflicht **323** 2–4, 10
- Selbstprüfungsverbot **319** 18, **319 a** 3
- Sozietätsklausel **319 a** 9
- Spruchstellenverfahren **319** 4
- Steuerberatung **319 a** 3
- Teilbericht **321** 7
- true and fair view **321** 8, **322** 6
- Übergangsrecht **Einl** vor **238** 82–110, **316** 1, **319** 2, 18, **319 a** 3, 10, **(1) EGHGB 25, 46**
- Überwachungssystem bei börsennotierter AG **317** 9, 10
- Umfang der Prüfung **317** 1–6
- Umsatzabhängigkeitsgrenze **319 a** 2
- Unabhängigkeit **319** 4, 12, 29, 30, **319 b** 1
- Unabhängigkeitsbestätigung **321** 11
- Unrichtige Darstellung **331**
- Unternehmen von öffentlichem Interesse **319 a**
- Unterrichtung der Wirtschaftsprüferkammer **318** 15
- Unterzeichnung **321** 12, **322** 16
- verantwortlicher Prüfungspartner **319 a** 10
- Verantwortlichkeit **323**, **(1) EGHGB 46**
- vereidigter Buchprüfer **319** 1
- Vergütung **318** 12
- Verhaltenspflichten **323** 1–6
- Verjährung **323** 12
- Verletzung der Berichtspflicht **332**
- Verletzung der Geheimhaltungspflicht **333**
- Versagungsvermerk **322** 8, 9, 13
- Verschmelzungswertgutachten **319** 19, **319 a** 5
- Verschwiegenheit **323** 2–4, 10
- Verstoß **319** 3, 29, 30, **319 a** 12
- Verwertungsverbot **323** 5
- Vorlagepflicht **318** 14, **320** 1, **321** 12
- Vorwegberichterstattung **321** 1
- Wahl des Abschlussprüfers **318** 1–4
- Warnpflicht **321** 2–7

Abschreibungen
- s auch Bewertung, HdlBücher, Rücklagen
- Abschreibungsplan **253** 10
- Abschreibungsmethode **253** 11
- Anlagevermögen **253** 8–14, **275** 11, 16
- – außerplanmäßige **253** 13, 90, **279** 3
- – planmäßige **253** 9–12, 89
- – sofortige **253** 14
- Aufwendungen für Ingangsetzung und Erweiterung **282**
- beizulegender Wert **253** 17
- Börsenpreis **253** 16
- Finanzanlagen **275** 16
- Forderungen **253** 23
- geringwertige Vermögensgegenstände **253** 14
- IAS/IFRS-Regelungen **253** 30–94, **254** 5, **279** 5, **280** 4, **281** 6, **282** 2
- Marktpreis **253** 16
- nach vernünftiger kfm Beurteilung **253** 27
- Niederstwertprinzip **253** 1, 13, 15
- Nutzungsdauer **253** 10
- sofortige **253** 14
- steuerrechtliche **254**, **279** 4, **281**
- stille Reserven s Rücklagen
- Umlaufvermögen **253** 15–26
- Unterschiedsbetrag bei Konsolidierung **301** 8, **309**, **312** 4
- Wertaufholungsgebot **253** 28, 29, **280**
- Wertberichtigung **253** 8
- Wertpapiere des Umlaufvermögens **253** 25
- Wertschwankungen **253** 18
- Zuschreibungen **280** 2

Abschreibungsgesellschaft Anh 177 a 52, 55

Absichtserklärung Einl vor 343 4

„ab Station" 346 40

abstrakter Vertrag s Schuldversprechen

Abtretung 59 81, **354 a**, **364** 2, **392**, **(11) ERA 39**
- Ansprüche gegen Dritte **(18) ADSp 22.5**
- Form **350** 3
- Darlehensforderungen **(7)** Bankgeschäfte A/9, G/5a

Magere Zahlen = Randnummern

Sachverzeichnis

- Lohnabtretung **(7)** Bankgeschäfte H/5
"**ab Werk**" **346** 40, **(6)** Incoterms **Einl** vor **1** 4, **1**
Abwicklung s Auseinandersetzung, Liquidation
Abzahlungsgeschäft (7) Bankgeschäfte G/34–50
- Verfall **348** 10
- Vertragsstrafe **348** 6
"**Acht Tage**" **359** 2
actio pro socio 109 32, **124** 41
accrual principle Einl vor **238** 151
ADHGB Einl vor **1** 9
Ad-hoc-Publizität (16) WpHG **Einl** vor **1** 12
ADS Güterversicherung 346 15
ADSp (18) ADSp s auch Spedition
- Anwendungsbereich **(18)** ADSp **Einl** vor **1** 4
- Auslegung **(18)** ADSp **Einl** vor **1** 6
- Entstehung, Neufassung **(18)** ADSp **Einl** vor **1** 1
- Geltung **(18)** ADSp **Einl** vor **1** 2
- Inhaltskontrolle **(18)** ADSp **Einl** vor **1** 5
- Nichtanwendbarkeit einzelner Bestimmungen **(18)** ADSp **Einl** vor **1** 3
AfA-Tabellen 253 44
AGB s Allgemeine Geschäftsbedingungen
AGB-Anderkonten (9) AGB-Anderkonten
- Notare **(9)** AGB-Anderkonten b)
- Patentanwälte **(9)** AGB-Anderkonten d)
- Rechtsanwälte **(9)** AGB-Anderkonten a)
- Wirtschaftsprüfer und Steuerberater **(9)** AGB-Anderkonten c)
AGB-Banken (8) AGB-Banken
- Änderung **(8)** AGB-Banken **1** 7, **11** 1, 2
- Änderung von Zinsen und Entgelten **(8)** AGB-Banken **12** 1, 3
- Aufgebote **(8)** AGB-WPGeschäfte **17**
- Aufhebung der Geschäftsverbindung **(8)** AGB-Banken **18, 19**
- Aufrechnungsverbot **(8)** AGB-Banken **4** 1
- Aufträge **(8)** AGB-Banken **11** 4–8
- Ausbleiben von Anzeigen **(8)** AGB-Banken **11** 10
- Auskunfts- und Beratungspflichten **(8)** AGB-Banken **2** 4, **(8)** AGB-WPGeschäfte **Einl** 1
- Auskünfte **(8)** AGB-Banken **2** 3–8
- Auslagen **(8)** AGB-Banken **12** 8
- Auslandsverkehr **(8)** AGB-Banken **1** 5
- Bankauskünfte **(8)** AGB-Banken **2** 3–8
- Bankgeheimnis **(8)** AGB-Banken **2** 1, 2
- Bankleitzahlangabe **(8)** AGB-Banken **11** 5
- Berufspflichten **(8)** AGB-Banken **2** 4
- Bestellung von Sicherheiten **(8)** AGB-Banken **13**
- Bestens-Auftrag **(8)** AGB-WPGeschäfte **3**
- Betriebsstörungen **(8)** AGB-Banken **3** 8
- Bezugsrechte **(8)** AGB-WPGeschäfte **5, 15**
- Bogenerneuerung **(8)** AGB-WPGeschäfte **14**
- Börse **(8)** AGB-WPGeschäfte **2, 4, 6**
- Bürgschaft **(8)** AGB-Banken **13** 4
- Depotgeschäft **(8)** AGB-WPGeschäfte **13**
- Devisenhandel **(8)** AGB-WPGeschäfte **Einl** vor **1** 2
- eigene Aktien der Bank **(8)** AGB-Banken **14** 12
- Eigenhandel **(8)** AGB-WPGeschäfte **9**
- Eigenhändlerklausel **(8)** AGB-WPGeschäfte **9** 2
- Eilbedürftigkeit eines Auftrags **(8)** AGB-Banken **11** 7, 8
- Einlagensicherungsfonds **(8)** AGB-Banken **20**
- Einwendungserhebung **(8)** AGB-Banken **7** 2, **8** 4
- Einzugsgeschäft **(8)** AGB-Banken **9**
- Entgelt **(8)** AGB-Banken **12**
- Erben **(8)** AGB-Banken **5**
- Fehlerhafte Gutschrift **(8)** AGB-Banken **8** 2
- Fehlleitung (Fehlüberweisung) **(8)** AGB-Banken **11** 7, 8
- Freigabeanspruch **(8)** AGB-Banken **16** 2
- Fremdwährungsgeschäfte **(8)** AGB-Banken **10** 4–11
- Fremdwährungskonten **(8)** AGB-Banken **10** 1–3
- Fristgebundene Zahlungen **(8)** AGB-Banken **11** 7
- Geltung **(8)** AGB-Banken **1** 1–6
- Genehmigung **(8)** AGB-Banken **7** 3–5, 7
- Gerichtsstandsklausel **(8)** AGB-Banken **6** 2, 3
- Geschäftsverbindung **(8)** AGB-Banken **18, 19**

Sachverzeichnis

Fette Zahlen = §§/Artikel

- Gewinnanteilscheine **(8)** AGB-WPGeschäfte **14**
- Grundpfandrechte **(8)** AGB-Banken **14** 2
- Gültigkeitsdauer **(8)** AGB-WPGeschäfte **4, 5**
- gutgläubiger Erwerb **(8)** AGB-Banken **14** 4
- Gutschriften **(8)** AGB-Banken **9** 1–2
- Haftung für Erfüllungsgehilfen **(8)** AGB-Banken **3** 1, 2
- höhere Gewalt **(8)** AGB-Banken **3** 8
- Interbankverkehr **(8)** AGB-Banken **1** 1
- Klarheitspflicht **(8)** AGB-Banken **11** 4, 5
- Kontonummerangabe **(8)** AGB-Banken **11** 5
- Kontoüberziehung **(8)** AGB-Banken **12** 2
- Kreditauskünfte **(8)** AGB-Banken **2** 3–8
- Kundenschecks **(8)** AGB-Banken **9** 3, 4
- Kündigung **(8)** AGB-Banken **18, 19**
- Lastschrift **(8)** AGB-Banken **7** 7–9, **9**
- Legitimation **(8)** AGB-Banken **5** 1
- Mitteilungspflicht **(8)** AGB-Banken **11** 1, 10
- Nachsicherungsklausel **(8)** AGB-Banken **13** 7
- Neufassung 1993 **(8)** AGB-Banken **Einl** vor **1** 2
- Neufassung 2009 **(8)** AGB-Banken **Einl** vor **1** 1, 2
- Ombudsmann **(8)** AGB-Banken **Einl** vor **1** 3, **21**
- Pfandrecht **(8)** AGB-Banken **14**
- Preisaushang **(8)** AGB-Banken **12** 1
- Rechnungsabschluss **(8)** AGB-Banken **7**
- Rechtswahl **(8)** AGB-Banken **6** 1
- Scheckauskunft **(8)** AGB-Banken **2** 3
- Scheckinkasso **(8)** AGB-Banken **9**
- Sicherheiten **(8)** AGB-Banken **13–17**
- Sonderbedingungen **(8)** AGB-Banken **1** 5–6
- Sortenhandel **(8)** AGB-WPGeschäfte **Einl** vor **1** 2
- Stornorecht **(8)** AGB-Banken **8**
- Substitution **(8)** AGB-Banken **3** 5
- Tages(konto)auszüge **(8)** AGB-Banken **7** 5
- Testament **(8)** AGB-Banken **5** 2
- Tod des Kunden **(8)** AGB-Banken **5**
- Treuhandkonto **(8)** AGB-Banken **14** 11
- Übergang der Forderungen, Rechte und Sicherheiten **(8)** AGB-Banken **15** 2–6
- Überprüfungspflicht **(8)** AGB-Banken **11** 9
- Übertragung auf Dritte **(8)** AGB-Banken **3** 5–7
- Überweisungen **(8)** AGB-Banken **11** 4–8, **8** 2
- Überziehungszinsen **(8)** AGB-Banken **12** 2
- Unterweisungsverschulden **(8)** AGB-Banken **3** 5
- Vertrauensverhältnis **(8)** AGB-Banken **1** 3
- Vertretungsbefugnis **(8)** AGB-Banken **11** 1–3
- Verwahrungsgeschäft **(8)** AGB-WPGeschäfte **Einl** vor **1** 2, 3, **11–20**
- Verwertung **(8)** AGB-Banken **17**
- Verzögerung **(8)** AGB-Banken **11** 8
- Vorbehaltsgutschriften **(8)** AGB-Banken **9**
- Währungsguthaben **(8)** AGB-Banken **10**
- Wechselinkasso **(8)** AGB-Banken **9**
- Weisungen **(8)** AGB-Banken **11**, **(8)** AGB-WPGeschäfte **2–3**
- weitergeleiteter Auftrag **(8)** AGB-Banken **3** 5
- Wertpapieraufstellung **(8)** AGB-Banken **11** 9
- Wertpapierhandel **(8)** AGB-WPGeschäfte
- Wertpapierverwahrung **(8)** AGB-WPGeschäfte **13–20**
- Zahlungsdienste **(8)** AGB-Banken **1** 8
- Zinsen **(8)** AGB-Banken **12**
- Zurückbehaltungsrecht **(8)** AGB-Banken **14** 1

AGB-Spark (8) AGB-Banken **Einl** vor **1** 4, **(8 a)** AGB-Spark

AGB-Wertpapiergeschäfte (8) AGB-WPGeschäfte, **(8 a)** AGB-Spark

AGB-Wirtschaftsprüfer (2 d) AGB-WP

Agio s Disagio

Akkreditiv (7) Bankgeschäfte K/1–28
- s auch ERA **(11)** ERA, el.ERA **(11)** ERA **Anh**
- Begriffsdefinition **(11)** ERA 2 9
- back-to-back credit **(7)** Bankgeschäfte K/24
- deferred payment **(7)** Bankgeschäfte K/2, 3, 20
- fall back rules **(7)** Bankgeschäfte K/1
- Missbrauch **(7)** Bankgeschäfte K/20

Magere Zahlen = Randnummern

Sachverzeichnis

- red clause **(7)** Bankgeschäfte K/3
- Standby Letter of Credit **(7)** Bankgeschäfte K/1a
- **Akkreditivklausel 346** 40 **(7)** Bankgeschäfte K/25
- **Aktiengesellschaft (2 a)** AktG
- **Aktivierbarkeit 246** 3–9
  - entgeltlich erworbener Geschäfts-/Firmenwert **246** 8–10
  - Forderungen **246** 11
  - immaterielle Güter **246** 4–7
  - Vermögensgegenstände **246** 3
- **Akzeptkredit (7)** Bankgeschäfte G/25
- **Allgemeine Auftragbedingungen für Wirtschaftsprüfer und Wirtschaftsprüfungsgesellschaften (2d)** AGB-WP
- **Allgemeine Geschäftsbedingungen (5)** BGB **305–310**, **(8)** AGB-Banken, **(8 a)** AGB-Spark, **(9)** AGB-Anderkonten, **(2 d)** AGB-WP
  - Abschlussvertreter **(5)** BGB **309 Nr. 11**
  - Abwicklung von Verträgen **(5)** BGB **308 Nr. 7**
  - Änderungsvorbehalt **(5)** BGB **308 Nr. 4**
  - Annahmefrist **(5)** BGB **308 Nr. 1**
  - Anwendungsbereich **(5)** BGB **310**
  - Anzeigen **(5)** BGB **309 Nr. 13**
  - Arbeitsrecht **(5)** BGB **310 IV**
  - Arbeitsvertrag **59** 43
  - Aufrechnung **(5)** BGB **309 Nr. 3**
  - Auslegung **(5)** BGB **305 c II**
  - Ausschlussfrist für Mängelanzeigen **(5)** BGB **309 Nr. 8 b ee**
  - Banken **(8)** AGB-Banken
  - Bauleistungen **(5)** BGB **308 Nr. 5, 309 Nr. 8 b bb, ff**
  - Begriff **(5)** BGB **305**
  - Bereichsausnahmen **(5)** BGB **310**
  - Beweislast **(5)** BGB **309 Nr. 12**
  - Dauerschuldverhältnisse **(5)** BGB **308 Nr. 3, 309 Nr. 1, 9**
  - Einbeziehung in Vertrag **(5)** BGB **305, 305 a**
  - Einverständnis **(5)** BGB **305, 305 a**
  - Eisenbahn **(5)** BGB **305 a Nr. 1**
  - Energiewirtschaft **(5)** BGB **310 II**
  - Erbrecht **(5)** BGB **310 IV**
  - Erklärungsform **(5)** BGB **309 Nr. 13**
  - Familienrecht **(5)** BGB **310 IV**
  - Fiktion des Zugangs **(5)** BGB **308 Nr. 6**
  - fingierte Erklärungen **(5)** BGB **308 Nr. 5**
  - Form von Anzeigen **(5)** BGB **309 Nr. 13**
  - Freizeichnung **347** 38, **(5)** BGB **309 Nr. 7, 8**
  - Fristsetzung **(5)** BGB **309 Nr. 4**
  - geltungserhaltende Reduktion **(5)** BGB **306**
  - Generalklausel **(5)** BGB **307**
  - Gesellschaftsrecht **(5)** BGB **310 IV**
  - Gewährleistung **(5)** BGB **309 Nr. 8**
  - Haftungsbegrenzung s Freizeichnung
  - Hinweis **(5)** BGB **305 II Nr. 1**
  - Incoterms **(6)** Incoterms **Einl** vor **1** 16
  - Inhaltskontrolle **(5)** BGB **307–309**
  - internationaler Verkehr **(6)** Incoterms
  - Kenntnisnahme **(5)** BGB **305 II Nr. 2**
  - Klauselverbot **(5)** BGB **308, 309**
  - kurzfristige Preiserhöhung **(5)** BGB **309 Nr. 1**
  - Leistungsfrist **(5)** BGB **308 Nr. 1**
  - Leistungsverweigerungsrecht **(5)** BGB **309 Nr. 2**
  - Leitbildfunktion des dispositiven Rechts **(5)** BGB **307 II Nr. 1**
  - Mängelgewährleistung **(5)** BGB **09 Nr. 8 b**
  - Mahnung **(5)** BGB **309 Nr. 4**
  - Nacherfüllung **(5)** BGB **309 Nr. 8 b**
  - Nachfrist **(5)** BGB **308 Nr. 2**
  - Nachleistung **(5)** BGB **309 Nr. 8 b**
  - Pauschalierung **(5)** BGB **309 Nr. 5**
  - Preiserhöhung **(5)** BGB **309 Nr. 1**
  - Rechtsnatur **(5)** BGB **305**
  - Rücktrittsvorbehalt **(5)** BGB **308 Nr. 3**
  - Sachgesamtheit **(5)** BGB **309 Nr. 9**
  - Sachmängelhaftung **(5)** BGB **309 Nr. 8 b**
  - Schadenspauschalierung **(5)** BGB **309 Nr. 5**
  - Schriftform **Einl** vor **343** 9, **(5)** BGB **309 Nr. 13**
  - SMG 2001 **(5)** BGB **305–310 Einl** vor **305** 2–4
  - Teilunwirksamkeit **(5)** BGB **306**
  - Treu und Glauben **(5)** BGB **307**
  - überraschende Klauseln **(5)** BGB **305 c**
  - Umgehungsverbot **(5)** BGB **306 a**
  - unbillige AGB **Einl** vor **343** 11–15
  - Unklarheitenregel **(5)** BGB **305 c II**
  - Unternehmer **(5)** BGB **310**
  - Unterwerfung **(5)** BGB **305, 305 a–c**
  - Unwirksamkeit **(5)** BGB **306–310**
  - Verbraucher **(5)** BGB **310 III**
  - Verfallklauseln **(5)** BGB **309 Nr. 6**
  - Verjährung **Einl** vor **343** 16

2253

Sachverzeichnis

Fette Zahlen = §§/Artikel

- Verkehr **(5)** BGB 305 a **Nr. 1, 309 Nr. 7**
- Versicherungsverträge **(5)** BGB **309 Nr. 9**
- Vertragspartnerwechsel **(5)** BGB **309 Nr. 10**
- Vertragsstrafe **(5)** BGB **309 Nr. 6**
- Vollmacht **(5)** BGB **309 Nr. 11**
- Vollständigkeitsklauseln **Einl** vor **343** 9
- Wechsel des Vertragspartners **(5)** BGB **309 Nr. 10**
- Wirtschaftprüfer **(2c)** WPO **Einl** 7
- Zugangsfiktion **(5)** BGB **308 Nr. 6**

Allgemeines Gleichbehandlungsgesetz (AGG) 59 10

Altersversorgung s HdlGehilfe, HdlVertreter

Altersversorgungspläne
- Bilanzierung und Berichterstattung **253** 47-50

Anderkonto (9) AGB-Anderkonten

Änderungen des HGB **Einl** vor **1** 11–15

Anerkenntnis s Schuldversprechen

Anerkennung
- Gründungstheorie **Einl** vor **105** 29
- internationale **Einl** vor **1** 99
- Sitztheorie **Einl** vor **105** 29, 36, **105** 10

Anfechtung
- Arbeitsvertrag **59** 117–120

Angestellter s HdlGehilfe
- nicht kfm **83**
- technischer **59** 23

Anhang Einl vor **238** 76, **284–286**, **(2 a)** AktG **160**
- s auch HdlBücher, Jahresabschluss, Konzernabschluss, Offenlegung
- Abschlussprüfer bei kapitalmarktorientierten Ges **285** 18
- Anteile und Anlageaktien **285** 25
- Anteilsbesitz ab 20 % **285** 11, **287**
- Ausweis unter der Bilanz **285** 26
- Beteiligungsliste **287**
- Bewertungseinheiten **285** 22
- Bewertungsmethoden **284** 11, 13, 14
- Bilanzierungsmethoden **284** 11, 13, 14
- Darstellung **284** 10
- Entsprechenserklärung **285** 17
- Ergebnisbeeinflussung durch steuerrechtliche Bewertung **285** 5
- Ertragsteuerspaltung **285** 6
- Finanzinstrumente **285** 19
- Forschungs- und Entwicklungskosten **285** 21
- Freiwillige Angaben **284** 8
- Fremdkapitalzinsen **284** 15

- Funktion **284** 2
- Genossenschaften **338**
- Gesamtbetrag der Beträge **285** 27
- Gesamtbezüge der Organmitglieder **285** 9
- Gliederung **284** 9
- größenabhängige Erleichterungen **288**
- Großreparaturen **285** 3
- IAS/IFRS-Regelungen **284** 16, **285** 29, **286** 5
- kapitalmarktorientierte Ges **285** 18
- latente Steuern **285** 28
- Material- und Personalaufwand **285** 8
- nahestehende Unternehmen/Personen **285** 20
- Organmitglieder **285** 9, 10
- Pensionsrückstellungen **285** 23
- Pflichtangaben **284** 3–7
- Rechtsnatur **284** 1
- Rückstellungen **285** 13
- Schutzklausel **286**
- sonstige finanzielle Verpflichtungen **285** 3
- Umsatzerlösaufgliederung **285** 4
- Unterlassen von Angaben **286**
- Unterschiedsbeträge **284** 14
- Verrechnung **285** 24
- Währungsumrechnung **284** 12
- Wahlpflichtangaben **284** 3–7

Ankunftsklausel 346 40, **(6)** Incoterms **Einl** vor **1** 4, **9–13**

Anlageberatung 347

Anlagespiegel s Bilanz

Anlagevermögen s Abschreibungen, Bewertung, Bilanz

Anlagenvertrag (Industrie) **Überbl** vor **373** 22–23, **381** 6

Anlageverwaltung (7) Bankgeschäfte A/4

Anlegerschutzverbesserungsgesetz (16) WpHG **Einl** vor **1** 2

Annahmeverzug
- des Arbeitgebers **59** 72–73
- des Käufers **373, 374** 3–7, **375** 13

Ansatzvorschriften s Jahresabschluss, Konzernabschluss

Anschaffungsdarlehen (7) Bankgeschäfte G/50

Anschaffungskosten s Bewertung

Anscheinsvollmacht s Vertretung

Anteil (OHG) s auch Vermögen
- am GesVermögen **124** 16
- an einzelnen Gegenständen **124** 17
- Ausscheiden **139** 40, 43
- Bedingungen **139** 11
- Bewertung **120** 9, 17
- eigener Anteil **105** 18, 24, 30

Magere Zahlen = Randnummern

Sachverzeichnis

- Insolvenz **124** 46
- Kapitalanteil **120** 12–23
- Kapitalkonto **120** 19
- mehrere Erben **139** 10, 14, 37
- Nachlassverwalter **139** 32–36
- negativer Kapitalanteil **120** 22, **139** 42
- Nießbrauch **105** 38, 44–46
- Pfändung **124** 21, 135
- Sicherungsabtretung **124** 19
- Testamentsvollstrecker **139** 21–31
- Übernahme, Übertragung **105** 32, 37, 44, 55, 69–74, 94, **109** 18, **124** 22
- Umwandlung in KdtAnteile **139** 37
- Vererbung **131** 35, **139**
- Verminderung **122** 14
- Verpfändung **124** 20
- Wert **Einl** vor **1** 35

Anweisung s auch Akkreditiv
- kfm Anweisung **363** 2–3
- Übertragung, Form **350** 2–3

Anzahlungen s Bilanz

APAK (2 c) WPO **Einl** 9

Apotheke 1 19, **230** 5

Arbeitgeber
- Arbeitsentgeltpflicht **59** 56–58
- Begriff **59** 13–16
- Fürsorgepflicht **62**
- Haftung **59** 105–106, **73**/**109** GewO 2, 19, 20
- Kündigung **59** 111 ff
- Nebenpflichten **59** 90–104
- Sperrabrede **75 f**
- Wechsel **59** 17–21
- Wettbewerbsverbot **59** 52, 143, **60, 61, 74–75 d**

Arbeitnehmer 83 s auch HdlGehilfe
Arbeitnehmererfindungen 59 12, 54
Arbeitnehmerüberlassung 59 16
Arbeitsentgelt 59 58–70
Arbeitsgericht s HdlGehilfe
Arbeitsrecht s HdlGehilfe
Arbeitsverhältnis s HdlGehilfe
Arbeitsvertrag s HdlGehilfe
Arbitrage s Schiedsgericht
Arglist 377 51–54
Asset Einl vor **238** 142
asset deal Einl vor **1** 44
asset-liability-approach 250 9
Assoziierte Unternehmen s Konzernabschluss
Aufbewahrung s HdlBücher
Aufgebot s Orderpapiere
Aufklärungspflicht 347 8–22, 23–41
- s auch Bankgeschäfte
- Berichtigung **347** 28
- Berufshaftung **347** 22
- Beweislast **347** 37
- Freizeichnung **347** 38
- Haftungsgründe **347** 8–22
- Innenprovisionen **347** 30
- Insiderinformationen **347** 31
- Interessenkonflikte **347** 30
- Internationaler Verkehr **347** 41
- Nachforschungspflicht **347** 27
- Prospektprüfung **347** 29
- Sachkunde **347** 23
- Sekundärhaftung **347** 30
- Verjährung **347** 39
- Verschulden **347** 35
- Wirtschaftsprüfer **347** 21, 22, 29
- Zeitpunkt **347** 28

Auflösung (OHG)
- s auch Auseinandersetzung, Ausscheiden, Kündigung, Liquidation
- Abfindung s Ausscheiden
- Abmahnung **133** 7
- abweichende Vereinbarung **131** 74–82
- Abwicklung **131** 29
- Auflösungsklausel **131** 74–75
- Anmeldung **143**
- Arbeitsverhältnis **59** 111
- Begriff **131** 2
- Beschluss **131** 8, 12, 26
- Ende **131** 2
- Enteignung **131** 10
- Fortbestehen nach Tod **131** 18, **139**
- fortgesetzte Ges **134**
- Fortsetzung **131** 30, 31, 33, **144**
- Fortsetzungsklausel **131** 78–80
- Fortsetzung mit Erben **139**
- gerichtliche Entscheidung **131** 4, 14, **133**
- Gesellschafter-Gesellschaft **131** 20
- Ges auf Lebenszeit **134**
- Gründe **131** 11–17
- HdlRegister **143**
- Insolvenz **131** 13, 22, 77, **143** 1
- Klage **133** 13
- Kündigung **131** 23
- Rechtsfolgen **131** 29–33
- Scheinerbe **131** 76
- Tod **131** 18, 25, 29
- Umwandlung **131** 8, 9, 21
- Unternehmenserhaltung **131** 1
- Vereinbarung **131** 18–21
- Vermögenslosigkeit **131** 10, 16
- wichtiger Grund **133** 5–12
- Wirkung **145** 1, **156**
- Zeitablauf **131** 11
- Zweipersonengesellschaft **131** 19, 81

Aufnahme s Eintritt
Aufrechnung 124 12
Aufsichtsrat s OHG, KG

2255

Sachverzeichnis

Fette Zahlen = §§/Artikel

Auftragsbestätigung 346 16, 34
Aufwendungen
- s auch HdlGehilfe, HdlMakler, HdlVertreter, Kommission, OHG
- aus Verlustübernahme **277** 3
- außerordentliche **275** 20, **277** 4
- Eigenkapitalbeschaffung **248** 1
- Ingangsetzung und Erweiterung des Geschäftsbetriebs **269, 282**
- Unternehmensgründung **248** 1
- Versicherungsverträge **248** 2
- sonstige betriebliche **275** 12, 33

Auseinandersetzung (OHG)
- s auch Auflösung, Ausscheiden, Liquidation
- Anwachsung **131** 39
- Art und Weise nach Auflösung **145** 1–2, 8, **158**
- Aufschub **145** 9
- Auseinandersetzungsbilanz **131** 50, 51
- mit Ausgeschiedenem **131** 38
- Begriff **131** 2
- Einbringung **145** 10
- Naturalteilung **145** 10
- Pfändung **124** 21, **135** 7
- Übernahme durch Gfter **145** 10
- Übertragung **109** 15–22, **124** 21
- Umwandlung **145** 1

Ausfallhaftung s Verbundene Unternehmen
Ausgleichsquittung 59 80
Auskunft 347 8–22, 23–41
- s auch Haftung, HdlVertreter
- Banken **(7)** Bankgeschäfte A/14, 15, **(8)** AGB-Banken **2** 3–8
- Bank-zu-Bank-Auskunft **347** 19
- Dritthaftung **347** 19
- HdlGehilfe **59** 48
- KG **166**
- OHG **118, 145**
- Sachverständiger **347** 21
- stille Ges **233**
- wegen Firma **17** 42
- Wirtschaftsprüfer **347** 21

Auslage
- Zinspflicht **354** 6

Ausland, Ausländer
- s auch Abladegeschäft, AGB, Bankgeschäfte, Bürgschaft, Frachtgeschäfte, Garantie, HdlGehilfe, HdlMakler, HdlVertreter, Internationale Handelskammer, internationales Recht, internationaler Verkehr, Kauf, Kommission, Lagergeschäft, Patronatserklärung, Spedition, Vertragshändler sowie einzelne Länder
- Arbeitsrecht **59** 68–70

- Ausländische HdlRechte **Einl** vor **1** 25
- Firma **17** 48–49
- HdlGeschäft **25** 2
- Schiedsgericht **Einl** vor **1** 91
- WP-Kauf/-Verwahrung **(13)** DepotG **22**

Auslegung Einl vor **343** 12
- europarechtskonforme **Einl** vor **1** 28
- GesVertrag **105** 49, 58–60, 63, 68, 93

Ausleihungen s Bilanz
Außenhandel s Ausland
Außenhandelsfinanzierung (7) Bankgeschäfte G/26
Aussperrung s HdlGehilfe
Ausscheiden
- s auch Auflösung, Auseinandersetzung, Ausschließung, Kündigung
- Abfindung **131** 48–57
- Abfindungsklauseln **131** 58–73
- Abfindungsbeschränkungen **131** 64–66
- Abschichtungsbilanz **131** 50, 51
- abweichende Vereinbarung **131** 82–84
- Anmeldung **143**
- Auskunft **131** 47
- Auszahlung **131** 47
- Befreiung von Schulden **131** 42–43
- Begriff **131** 2
- Debetsaldo **131** 55
- Firma **24**
- Fortsetzung **131** 34
- Fortsetzungsklausel **131** 83, **139** 1
- Gesamtabrechnung **131** 44
- Gesellschafter-Gesellschaft **131** 20, 36
- Gründe **131** 18–28
- Haftung **128** 5, **159, 160**
- HdlRegister **143**
- Informationsrechte **118** 2, **131** 52
- Insolvenz **131** 22
- Kündigung **131** 23
- Nachfolgeklausel
  - – einfache **139** 2, 10–13
  - – qualifizierte **139** 2, 14–18
- rechtsgeschäftliche **139** 56–58
- Prozess **131** 57
- Rechenschaft **131** 47
- Rechtsfolgen **131** 34–47
- Schiedsgutachter **131** 53
- schwebende Geschäfte **131** 45–46
- Tod **131** 18, **139** 1
- Umwandlung **131** 21
- Umwandlungsklausel **139** 2
- Verlustausgleich **131** 55
- Zeitpunkt **131** 28
- Zweipersonengesellschaft **131** 19, 35, 84

Magere Zahlen = Randnummern

Sachverzeichnis

Ausschließung
- s auch Auseinandersetzung, Ausscheiden
- Auseinandersetzung **140** 26
- Gründe **140** 5–13
- Kernbereichslehre **140** 31
- KG-phG **140** 6, 8
- Klage **140** 17–23
- Kdtist **140** 10
- nach Auflösung **140** 18
- Privatsphäre **140** 11
- Sittenwidrigkeit **140** 32
- Treuepflicht **140** 31
- Urteil **140** 22–23
- Vereinbarung **140** 28–33
- Verfahren **140** 17–23
- Vergleichsvorschlag **140** 23
- Zweipersonengesellschaft **140** 3–4, 14–16

Ausschluss s Abschlussprüfer/-prüfung
Ausschüttungsbemessung Einl vor **238** 172, 179
Ausschüttungssperre 268 9, 10, **269** 2, **274** 7
Außendienst s HdlVollmacht
Äußerungen, geschäftsschädigende **Einl** vor **1** 65–67
ausstehende Einlagen s Eigenkapital
Austritt (OHG) s Ausscheiden, Kündigung
Auszubildender 59 23
Automatisierte Zahlungssysteme s Bankgeschäft
Aval 349 4, 21, **(7)** Bankgeschäfte G/27

back-to-back credit s Bankgeschäfte
BaFin 342 b, **(16)** WpHG **Einl** vor **1** 7, **4–11**
Baisse 346 40
„baldmöglichst" 346 40
Bankauskunft s Bankgeschäfte
Bankbilanzrichtlinie Einl vor **238** 11
Banken s Bankgeschäfte, Kreditinstitute
Bankgarantie s Garantie
Bankgeheimnis s Bankgeschäfte
Bankgeschäfte (7) Bankgeschäfte, **(8)** AGB-Banken, **(8 a)** AGB-Spark, **(9)** AGB-Anderkonten
- s auch Börse, DepotG, Dokumente, ERA, ERI, Garantie, Inkasso, Lastschriftabkommen, Wertpapier
- Abbuchungsverfahren **(7)** Bankgeschäfte D/1, 3, 6
- Abrechnungsverfahren **(7)** Bankgeschäfte D/6, 22
- Abschlusspflicht **(7)** Bankgeschäfte A/6
- abstraktes Schuldversprechen F/19, 26, 42
- Abtretung von Darlehensforderungen **(7)** Bankgeschäfte A/9, G/5a
- AGB der Banken **(7)** Bankgeschäfte A/8, **(8)** AGB-Banken
- Akkreditiv **(7)** Bankgeschäfte K/1–25
- Akten- und Speicherwissen **(7)** Bankgeschäfte A/16
- Akzeptantenwechsel **(7)** Bankgeschäfte J/1, 3
- Akzeptkredit **(7)** Bankgeschäfte G/1, 25
- Anderkonto **(7)** Bankgeschäfte A/44, **(9)** AGB-Anderkonten
- Anlageberatung **347** 8–22, **(7)** Bankgeschäfte A/29
- Anlagevermittlung von Finanzinstrumenten **93** 6
- Anlegerentschädigung **(7)** Bankgeschäfte A/57
- Annuitätendarlehen **(7)** Bankgeschäfte G/7
- Anschaffungsdarlehen **(7)** Bankgeschäfte G/50
- arglistige Täuschung **(7)** Bankgeschäfte G/9, 41
- Aufhebung (der Geschäftsverbindung) **(8)** AGB-Banken **18, 19**
- Aufklärung und Beratung **(7)** Bankgeschäfte A/16–29, G/3, 46–47
- Aufsicht **(7)** Bankgeschäfte A/4–5
- Aufspaltungsrisiko **(7)** Bankgeschäfte G/46
- Auftragsstrenge **(7)** Bankgeschäfte C/7
- Ausfuhrgewährleistungen **(7)** Bankgeschäfte N/3
- Auslandsgeschäfte **(7)** Bankgeschäfte N/2
- außerbetrieblicher Bankverkehr **(7)** Bankgeschäfte A/7, C/10–11
- Ausführungsverhältnis **(7)** Bankgeschäfte C/18, D/19, F/46, 56
- automatisierte Zahlungssysteme **(7)** Bankgeschäfte F/21–35
- Avalkredit **(7)** Bankgeschäfte G/27
- Avisbank **(7)** Bankgeschäfte K/2
- back-to-back credit **(7)** Bankgeschäfte K/2
- Bankauskunft **(7)** Bankgeschäfte A/14, 30–33, 54, E/8, K/6, **(8)** AGB-Banken **2** 3–8
- Bank-zu-Bank-Auskunft **347** 19, **(7)** Bankgeschäfte A/30–33
- Bankenerlass **(7)** Bankgeschäfte A/13

2257

Sachverzeichnis

Fette Zahlen = §§/Artikel

- Bankgarantie **(7)** Bankgeschäfte L/1–19
- Bankgeheimnis **(7)** Bankgeschäfte A/9–13, **(8)** AGB-Banken **2** 1–2
- Bankkonsortien **(7)** Bankgeschäfte Y/1, 2
- Bankkundenkarte **(7)** Bankgeschäfte F/01, 1–20
- Bankvertrag **(7)** Bankgeschäfte A/6
- Basel II **(7)** Bankgeschäfte G/4
- Bauherrenmodell **(7)** Bankgeschäfte G/53
- Begriff „Bank" **(7)** Bankgeschäfte A/4
- Begriff „Bankgeschäfte" **(7)** Bankgeschäfte A/4
- belegloser Datentausch **(7)** Bankgeschäfte C/1, 5 b, 8
- Bereicherungsausgleich **(7)** Bankgeschäfte C/11–12, 15–19, 26, D/3, 15–20, 22, E/5, F/45, 51, 58, G/11–13, 48–50
- Bestätigungsbank **(7)** Bankgeschäfte K/2
- Bezeichnungsschutz **(7)** Bankgeschäfte A/5
- Börsen-, Effektengeschäft **(7)** Bankgeschäfte Q/1
- Buchung **(7)** Bankgeschäfte C/1–4
- CDS **(7)** Bankgeschäfte G/33
- certificate of deposit **(7)** Bankgeschäfte G/33
- Clearing-Abkommen **(7)** Bankgeschäfte C/1
- Compliance **(7)** Bankgeschäfte Z/1
- cpd-Konto **(7)** Bankgeschäfte A/42
- Darlehen **(7)** Bankgeschäfte C/1, G
- Darlehensrückgewähr **172 a**
- Darlehensvermittler **(7)** Bankgeschäft G/38
- Datenschutz **(7)** Bankgeschäfte A/53–56
- Deckungsverhältnis **(7)** Bankgeschäfte F/37, 52
- deferred-payment-Akkreditiv **(7)** Bankgeschäfte K/2–4, 20
- Dokumentenakkreditiv s Akkreditiv
- Dokumenteninkasso **(7)** Bankgeschäfte M/1–2
- Depotgeschäft s auch Wertpapier, **(7)** Bankgeschäfte W/1, **(13)** DepotG
- Devisenhandelsgeschäft **(7)** Bankgeschäfte N/1
- Disagio **(7)** Bankgeschäfte A/4
- Diskont **(7)** Bankgeschäfte J/1–6
- Dokumentenstrenge **(7)** Bankgeschäfte K/6, 14
- Doppelmangel **(7)** Bankgeschäfte C/17, D/18, E/15, F/54

- Dritttäuschung **(7)** Bankgeschäfte G/41
- Drittstaateneinlagenvermittlung **93** 6
- ec-Karte **(7)** Bankgeschäfte F/1, 10–11
- Effektengeschäft **(7)** Bankgeschäfte Y/3, s WP-Geschäft
- E-Geld-Geschäft **(7)** Bankgeschäfte F/32
- Ehegattenmitverpflichtung **(7)** Bankgeschäfte G/8
- „Eingang vorbehalten" **(7)** Bankgeschäfte D/13
- Einlagengeschäft **(7)** Bankgeschäfte B/1–7
- Einlagensicherung **(7)** Bankgeschäfte A/57
- Einwendungsausschluss **(7)** Bankgeschäfte F/49
- Einwendungsdurchgriff **(7)** Bankgeschäfte G/42–45
- Einziehung der Karte **(7)** Bankgeschäfte F/5
- Einzugsermächtigungsverfahren **(7)** Bankgeschäfte D/1, 7, 19
- electronic cash **(7)** Bankgeschäfte F/21
- elektronisches Geld **(7)** Bankgeschäfte A/4, F/21
- Emission **383** 32, **(7)** Bankgeschäfte Y/1–4
- emotionale Bindung **(7)** Bankgeschäfte G/10 a
- Erfüllung **(7)** Bankgeschäfte C/23
- Erlaubnis zum Betreiben **(7)** Bankgeschäfte A/5
- eurocheque **(7)** Bankgeschäfte F/1, F/9–12
- Euroscheck **(7)** Bankgeschäfte E/9, F/1
- EZÜ-Abkommen **(7)** Bankgeschäfte C/5 b
- Factoring **(7)** Bankgeschäfte O/1–8
- Fälschung **(7)** Bankgeschäfte F/12, 28
- Fälschungsrisiko **(7)** Bankgeschäfte C/12, D/11, L/5
- Fehlüberweisung **(7)** Bankgeschäfte C/15–19
- Fernabsatzverträge **(7)** Bankgeschäfte G/9
- Finanzbehörden **(7)** Bankgeschäfte A/13
- Finanzierungsdarlehen **(7)** Bankgeschäfte A/26, G/34–54, P/12
- Finanzdienstleistung **(7)** Bankgeschäfte A/4

Magere Zahlen = Randnummern

Sachverzeichnis

- Finanzdienstleistungsinstitut **(7)** Bankgeschäfte A/4
- Finanzholding **(7)** Bankgeschäfte A/4
- finanzielle Überforderung **(7)** Bankgeschäfte G/10 a
- Finanzierungshilfen **(7)** Bankgeschäfte G/34
- Finanzierungsleasing **(7)** Bankgeschäfte P/1–19
- Finanzierungsrolle **(7)** Bankgeschäfte A/25
- Finanzinstrumente **(7)** Bankgeschäfte A/4
- Finanzkonglomerate **(7)** Bankgeschäfte A/4
- Finanzsicherheiten **(7)** Bankgeschäfte A/4
- Finanztermingeschäft **(7)** Bankgeschäfte S/1
- Finanzunternehmen **(7)** Bankgeschäfte A/4
- Forfaitgeschäft **(7)** Bankgeschäfte J/4
- formale Auftragsstrenge **(7)** Bankgeschäfte C/7
- freie Darlehen **(7)** Bankgeschäfte G/54
- Fremdkonto **(7)** Bankgeschäfte A/41, **(9)** AGB-Anderkonten **Einl** vor **1** 1–4
- FRN **(7)** Bankgeschäfte G/33
- Garantie s Bankgarantie
- Geheimnis **(7)** Bankgeschäfte A/9–10
- Geldkarte **(7)** Bankgeschäfte F/14–20
- Geldmaklergeschäfte **93** 6
- Geldwäsche **(7)** Bankgeschäfte A/12
- Gemeinschaftskonto **(7)** Bankgeschäfte A/38
- gemischte Unternehmen **(7)** Bankgeschäfte A/4
- Geschäftsleiter **(7)** Bankgeschäfte A/4
- Geschäftsverbindung **(7)** Bankgeschäfte A/7, **(8)** AGB-Banken
- gesetzliches Schuldverhältnis **(7)** Bankgeschäfte A/7, 34, C/10, D/1–4
- Girogeschäft **(7)** Bankgeschäfte C/1–26
- Girokonto für jedermann **(7)** Bankgeschäfte A/6
- Girovertrag **(7)** Bankgeschäfte C/3
- Girozentrale (AGB) **(8)** AGB-Banken **Einl** vor **1** 4
- Gleichbehandlung **(7)** Bankgeschäfte A/6
- Globalzession **(7)** Bankgeschäfte H/1–6, O/7–8
- Gültigkeitsbefristung **(7)** Bankgeschäfte F/18
- Gutschrift **(7)** Bankgeschäfte C/11, 13–19, 23, D/12, E/2, 6
- Haftung **347** 8–22, **(7)** Bankgeschäfte A/30–35, E/1–8, 2–18, F/12–13, 20, 38–39, G/28–32, **(8)** AGB-Banken **3**
- Haftung gegenüber Dritten **(7)** Bankgeschäfte A/30–35
- Hausbank **(7)** Bankgeschäfte G/28
- Haustürgeschäft **(7)** Bankgeschäfte G/9
- hochverzinsliche Darlehen **(7)** Bankgeschäfte G/10
- Hypothekenbankkredit **(7)** Bankgeschäfte G/22
- Immobilien(fonds)geschäfte **(7)** Bankgeschäfte A/25, G/9, 36, 40, 53
- Inkasso **(7)** Bankgeschäfte E/6
- Insiderinformationen **347** 31, **(7)** Bankgeschäfte A/10, 20
- Insolvenz **(7)** Bankgeschäfte A/56–59, Q/4
- Insolvenz der Bank **(7)** Bankgeschäfte A/59
- Insolvenz des Kunden **(7)** Bankgeschäfte A/58
- Insolvenzverschleppung **(7)** Bankgeschäfte G/31–32
- Interessenkonflikt **(7)** Bankgeschäfte G/47
- Interessenwahrungspflicht **(7)** Bankgeschäfte A/6, 25
- Internationaler Bankverkehr **(7)** Bankgeschäfte A/60, N/2
- Investmentgeschäft **(7)** Bankgeschäfte X/1
- Kassageschäft **(7)** Bankgeschäfte N/1
- Kennwort **(7)** Bankgeschäfte B/5
- Knebelung **(7)** Bankgeschäfte H/3
- Konsortialgeschäft **(7)** Bankgeschäfte Y/1–4
- Kontenwahrheit **(7)** Bankgeschäfte A/47
- Konto **(7)** Bankgeschäfte A/36
- Kontoarten **(7)** Bankgeschäfte A/36–47
- Kontoeröffnung **(7)** Bankgeschäfte A/49
- Kontofähigkeit **(7)** Bankgeschäfte A/48
- Kontoinhaber **(7)** Bankgeschäfte A/48
- Kontokorrentkredit **(7)** Bankgeschäfte G/20
- Kontopfändung **357,** **(7)** Bankgeschäfte B/6
- Konto pro Diverse **(7)** Bankgeschäfte A/42, C/11, 14, 23

Sachverzeichnis

Fette Zahlen = §§/Artikel

- Kontoüberziehung **(7)** Bankgeschäfte G/14, **(8)** AGB-Banken **12** 2
- Kontovollmacht **(7)** Bankgeschäfte A/37, 52, C/4
- Kontrahierungszwang **(7)** Bankgeschäfte A/6
- Kreditauskunft s Bankauskunft
- Krediteröffnungsvertrag **(7)** Bankgeschäfte G/2
- kreditfinanzierte Immobilien(fonds)geschäfte **(7)** Bankgeschäfte G/5, 36, 53
- Kreditgeschäft **(7)** Bankgeschäfte G/1
- Kreditinstitutsbegriff **(7)** Bankgeschäfte A/4
- Kreditkarte **(7)** Bankgeschäfte F/36, 40
- Kreditsicherung **(7)** Bankgeschäfte G, H/1–6
- Kundenbeschwerden **(7)** Bankgeschäfte F/13
- Kündigung **(7)** Bankgeschäfte F/44, G/14–19 a, **(8)** AGB-Banken **18, 19**
- KWG **(7)** Bankgeschäfte A/4
- Lastschriftverfahren **(7)** Bankgeschäfte D/01–04, 1–23, **(10)** Lastschriftabkommen
- Leasing **(7)** Bankgeschäfte P/1–19
- Lohnabtretung **(7)** Bankgeschäfte H/5
- Lombardkredit **(7)** Bankgeschäfte G/21
- Mailorderverfahren **(7)** Bankgeschäfte F/47
- Mantelzession **(7)** Bankgeschäfte H/1
- Metageschäft **(7)** Bankgeschäfte Y/4
- Missbrauch der Vertretungsmacht **(7)** Bankgeschäfte A/22
- Missbrauchsrisikoabwälzung **(7)** Bankgeschäfte F/42
- Mitwirkungspflichten **(7)** Bankgeschäfte F/43
- Nachdisposition **(7)** Bankgeschäfte C/11, C/14
- Negativklausel **(7)** Bankgeschäfte H/1
- Neue Finanzinstrumente **(7)** Bankgeschäfte G/33
- „neutrale" Geschäfte **(7)** Bankgeschäfte A/6
- Nichtigkeit der Treuhändervollmacht **(7)** Bankgeschäfte A/25, G/9
- NIF **(7)** Bankgeschäfte G/33
- Nummernkonto **(7)** Bankgeschäfte A/47
- Oder-Konto **(7)** BankgeschäfteA/39
- Ombudsmann **(7)** Bankgeschäfte A/57

- Online-Banking **(7)** Bankgeschäfte F/34–35
- Optionsgeschäft **(7)** Bankgeschäfte G/33, N/1
- Pensionsgeschäft **(7)** Bankgeschäfte J/5
- Personalkredit **(7)** Bankgeschäfte G/54
- Pfandbriefdarlehen **(7)** Bankgeschäfte G/23
- Pfandklausel **(8)** AGB-Banken **14**
- POS **(7)** Bankgeschäfte F/32
- postmortale Vollmacht **(7)** Bankgeschäfte A/51
- prämienbegünstigtes Sparen **(7)** Bankgeschäfte A/23, B/3
- Preisangaben **(7)** Bankgeschäfte G/5
- Projektfinanzierung **(7)** Bankgeschäfte A/25, G/9, 36, 40
- Rahmenvertrag **(7)** Bankgeschäfte G/34, 36, P/4
- Rechtsmissbrauch **(7)** Bankgeschäfte F/11, 27, 35, 39, 40, 41
- Rechtswahl, freie **(7)** Bankgeschäfte A/60
- Rechtzeitigkeit der Zahlung **(7)** Bankgeschäfte C/24
- Reisescheck **(7)** Bankgeschäfte E/9–18
- Rektapapier **(7)** Bankgeschäfte E/11
- Rembourskredit **(7)** Bankgeschäfte G/26
- Repogeschäft **(7)** Bankgeschäfte T/1
- revolvierender Kredit **(7)** Bankgeschäfte G/3, 20, 25, 33
- Rückbelastung **(7)** Bankgeschäfte D/14
- Rückforderungsrecht **(7)** Bankgeschäfte F/48
- Rückfragepflicht **(7)** Bankgeschäfte C/8
- Rückzahlung an Nichtberechtigte **(7)** Bankgeschäfte B/4–5
- RUF **(7)** Bankgeschäfte G/33
- Safevertrag **(7)** Bankgeschäfte V/I
- Sanierungsdarlehen **172 a** 21
- Sanierungsprivileg **172 a** 11–12
- Scheckabkommen **(7)** Bankgeschäfte E/7
- Scheckauskunft **(7)** Bankgeschäfte E/8
- Scheckbestätigung **(7)** Bankgeschäfte E/8
- Scheckeinlösung **(7)** Bankgeschäfte C/10, E/1–3
- Scheckeinlösungsbestätigung **(7)** Bankgeschäfte E/8

Magere Zahlen = Randnummern

Sachverzeichnis

- Scheckeinlösungszusage **(7)** Bankgeschäfte E/8
- Scheckeinziehung (Scheckinkasso) **(7)** Bankgeschäfte E/6
- Scheckgeschäft **(7)** Bankgeschäfte E/1–8, **(8)** AGB-Banken **9**
- Scheckinkasso **(7)** Bankgeschäfte E/6
- Schecksperre **(7)** Bankgeschäfte E/4
- Scheck-Wechselverfahren **(7)** Bankgeschäfte J/1
- Schenkung auf Todesfall **(7)** Bankgeschäfte A/51
- Schlichtungsstelle **(7)** Bankgeschäfte A/56
- Schrankfächer **(7)** Bankgeschäfte V/1
- Schufa **(7)** Bankgeschäfte A/55
- Schuldscheindarlehen **(7)** Bankgeschäfte G/24
- Schutzgesetze **(7)** Bankgeschäfte A/5
- Scoring **(7)** Bankgeschäfte A/53
- securitization **(7)** Bankgeschäfte G/33
- Sicherheiten **(7)** Bankgeschäfte H/1–6, **(8)** AGB-Banken **13–17**
- Sicherheitenpool **(7)** Bankgeschäfte H/1
- Sicherungsklauseln (Unwirksamkeit) **(7)** Bankgeschäfte H/5
- sittenwidrige Darlehen **(7)** Bankgeschäfte G/10, 10 a–c
- Skontration **(7)** Bankgeschäfte C/5 b, E/1
- Sonderkonto **(7)** Bankgeschäfte A/43, **(9)** AGB-Anderkonten **Einl** vor **1** 1–3
- Sorgfaltspflichten **(7)** Bankgeschäfte F/43, F/50
- Sparbuch **(7)** Bankgeschäfte A/51, B/1, 3, 5
- Spareinlagen **(7)** Bankgeschäfte B/1, 3–5
- Sparkassen (AGB) **(8)** AGB-Banken **Einl** vor **1** 4, **(8 a)** AGB-Spark
- Sparkonto **(7)** Bankgeschäfte B/4–5
- Sperre s Geldkarte, Kreditkarte, Schecksperre
- Sperrkonto **(7)** Bankgeschäfte A/46, B/5
- Sperrzusage **(7)** Bankgeschäfte C/10
- Steuerbehörden **(7)** Bankgeschäfte A/13
- Stornierung **(7)** Bankgeschäfte C/20, **(8)** AGB-Banken **8**
- Swapgeschäfte **(7)** Bankgeschäfte G/33, N/1
- Termingeschäft **(7)** Bankgeschäfte N/1, s auch Börse
- Tilgungsbestimmung **(7)** Bankgeschäfte C/23
- TLF **(7)** Bankgeschäfte G/33
- Todesfall **(7)** Bankgeschäfte A/9, 13, 51, **(8)** AGB-Banken **5**
- Tresor **(7)** Bankgeschäfte V/1
- Treuhandkonto **(7)** Bankgeschäfte A/45, **(9)** AGB-Anderkonten **Einl** vor **1** 1–4
- Überweisung **(7)** Bankgeschäfte C/01–09, 1–26
- Überweisungsgesetz 1999 **(7)** Bankgeschäfte C/1
- Überweisungsvertrag **(7)** Bankgeschäfte C/01–09, 2
- Überziehung **(7)** Bankgeschäfte G/2, 4, **(8)** AGB-Banken **12** 2
- umgekehrter Wechsel **(7)** Bankgeschäfte J/1
- Unterakkreditiv **(7)** Bankgeschäfte K/24
- Und-Konto **(7)** Bankgeschäfte A/40
- US-Auskunftsersuchen **(7)** Bankgeschäfte A/10
- Valutaverhältnis **(7)** Bankgeschäfte F/53, F/57
- Verbraucherdarlehen **(7)** Bankgeschäfte G/34, 36, P/12
- verbundenes Geschäft **(7)** Bankgeschäfte A/25, G/9, 39–40
- Verbrauchervertrag (international) **(7)** Bankgeschäfte A/60
- Verfahrensrecht (Ombudsmann) **(7)** Bankgeschäfte A/56
- Verfügungsrahmen **(7)** Bankgeschäfte F/4, 24
- Verlust **(7)** Bankgeschäfte F/12, F/28
- Vermögensverwaltung **(7)** Bankgeschäfte A/17, 29, U/1
- Verrechnung **(7)** Bankgeschäfte C/5 b, 21
- Verrechnungsscheck **(7)** Bankgeschäfte E/2
- Verrechnungsvertrag **(7)** Bankgeschäfte C/5 b
- Vollmachten **(7)** Bankgeschäfte A/52
- Vollzugsverhältnis **(7)** Bankgeschäfte C/18, D/19, F/46, 56
- Vorausquittung **(7)** Bankgeschäfte G/44
- Vorbehaltsgutschrift **(7)** Bankgeschäfte E/6
- Vorfälligkeitsentschädigung **(7)** Bankgeschäfte G/4, 19 a
- Vordisposition **(7)** Bankgeschäfte C/11
- Währungsguthaben **(8)** AGB-Banken **10**

Sachverzeichnis

Fette Zahlen = §§/Artikel

- Warnpflicht **(7)** Bankgeschäfte A/16–29, 58, B/1, C/5 b, G/3, 46–47
- Wechsel **(7)** Bankgeschäfte J/1–2
- Wechselrembours **(7)** Bankgeschäfte G/26
- Weisungsmängel **(7)** Bankgeschäfte F/45, 55
- Wertpapier (Kux-, Devisen-, Sorten)-Geschäft **(7)** Bankgeschäfte Q/1–4, **(8)** AGB-WPGeschäfte, **(13)** DepotG
- Wertpapierdarlehen **(7)** Bankgeschäfte T/1
- Wertpapierdarlehen **(7)** Bankgeschäfte T/1
- Wertstellung **(7)** Bankgeschäfte C/4
- Widerruf s Darlehen, Lastschrift, Überweisung
- Widerspruch (bei Lastschrift) **(7)** Bankgeschäfte D/7–9
- Willkürliche Ungleichbehandlung im Massengeschäft **(7)** Bankgeschäfte A/6
- Wissensvorsprung **(7)** Bankgeschäfte A/25, G/9
- Wissenszurechnung **(7)** Bankgeschäfte A/16
- Wohlverhaltensregeln **(7)** Bankgeschäfte V/1
- Zahlstellen **(7)** Bankgeschäfte K/2
- Zahlungsdienste s dort
- Zahlungsvertrag **(7)** Bankgeschäfte C/5
- Zahlungsverkehr **(7)** Bankgeschäfte C/01–09, 1–26
- Zentralbankabrechnung **(7)** Bankgeschäfte A/24, C/5
- Zins **(7)** Bankgeschäfte G/4
- Zurückleitungspflicht **(7)** Bankgeschäfte C/5 a
- Zusatzkreditkarte **(7)** Bankgeschäfte F/41

Bankier 367 4
- s auch Bankgeschäfte

Bankkunden-Karte (7) Bankgeschäfte F/01, 1–20
- Einsatzbereich **(7)** Bankgeschäfte F/1
- Geldkarte **(7)** Bankgeschäfte F/14
- Haftung bei Missbrauch **(7)** Bankgeschäfte F/13
- Rechte und Pflichten **(7)** Bankgeschäfte F/3
- rechtliche Qualifikation **(7)** Bankgeschäfte F/2
- Zahlungsdienste **(7)** Bankgeschäfte F/01

„bar" **346** 40
Bardepot (7) Bankgeschäfte L/1, N/2
Basel II (7) Bankgeschäfte G/4
Bauherrenmodell s Formvorschriften
Bausparkassenvertreter s HdlVertreter
Bausparkassenmakler s auch HdlMakler **104**
Bedienstete s Haftung
Befangenheit s Abschlussprüfer/-prüfung
Beförderung s auch Frachtgeschäft, Güterkraftverkehr
Beherrschungsvertrag 290 11
Beihilfen 252 60
Beirat s OHG, KG
Belgien Einl vor **1** 25
Bekanntmachung 11, 325–329, s auch Offenlegung
Benchmark-Methode Einl vor **238** 132
Beratungsvertrag 377 49
Bereicherungsausgleich (7) Bankgeschäfte C/11–12, 15–19, 26, D/3, 15–20, 22, E/5, F/45, 51, 58, G/11–13, 48–50
Bereinigung Einl vor **1** 12
Berufshaftung 347 22
Beschlagnahme wegen Firma **17** 34, 43
Beschluss s Auflösung, Geschäftsführung, OHG (Vertragsänderung)
Beschlussmängelstreitigkeiten Einl vor **1** 88
Besichtigung 346 40
Besserung 346 40
Bestandsaufnahme s Inventur
Bestätigung
- Bestätigungsvermerk s Abschlussprüfer
- kfm und berufliches Bestätigungsschreiben **346** 16–29
- Rechtsgeschäfte **350** 6

Bestimmtheitsgrundsatz s OHG, KG, PublikumsGes
Bestimmungskauf 375
- AGB-Kontrolle **375** 14
- Bestimmungspflicht **375 I, 375** 5
- Gattungsschuld **375** 4
- Rücktritt **375** 10
- Schadensersatz **375** 9
- Selbstbestimmung **375** 7–8
- Wahlschuld **375** 2–3

Beteiligungen s Bilanz, Konzernabschluss
Betragserhöhungsrichtlinie Einl vor **238** 10
Betreuung 1 32–35

Magere Zahlen = Randnummern

Sachverzeichnis

Betriebliche Altersversorgung s
HdlGehilfe, HdlVertreter
Betriebliche Übung 59 7
Betriebsaufspaltung 1 18, **31** 8, **105**
2, 8, 13, 103–104, **172 a** 13
Betriebsrat
− Anhörung bei Kündigung **59** 122
− Mitbestimmung **59** 42
Betriebsstätte 13 5
Betriebsübergang 52 5, **59** 17–21
− Identität der wirtschaftlichen Einheit
59 18
− Wettbewerbsvereinbarung **74** 9
Betriebsvereinbarungen 59 5, 41
Betriebsverpachtung s Betriebsaufspaltung
Beweissicherung s HdlVertreter,
Kommission
Bewertung Einl vor **1** 36–37,
252–256, 279–283, 308–309
− s auch Abfindung, Abschreibungen,
Anhang, HdlBücher
− Anlagevermögen **253** 8–14
− Anpassung der Einzelabschlüsse
308
− Anschaffungskosten **248** 9–10, **253** 1,
40, 44, 77, **255** 1–13, 46, **256** 5
− Anzahlungen **252** 22
− Bewertungsstetigkeit **246** 29, **252** 24,
25
− Bewertungsvorbehalt **252** 2
− Bewertungswahlrecht **252** 28, **264** 25
− Bilanzidentität **252** 6
− Bilanzkontinuität **252** 24–25
− Börsenpreis **Einl** vor **1** 36, **253** 16
− Börsenkurswert **Einl** vor **1** 36–37
− discounted cash flow **Einl** vor **1** 36
− Durchschnittsbewertung **240** 8
− einheitliche bei Konsolidierung **308**
− Einzelbewertung **240** 7, **252** 8–9,
256 1
− Ergebnisbeeinflussung durch steuerrechtliche Bewertung **285** 5
− Ertragswert **Einl** vor **1** 36–37
− Falschbewertung **252** 12
− Festbewertung **240** 7, 10, **256** 4
− Fifo **256** 2, 5
− Firmenwert **255** 25–26, 30, 48
− Fortführungsprinzip **252** 7
− Fremdkapitalkosten **255** 42–45
− Fremdwährungsanschaffungskosten
255 2
− Fremdwährungsforderungen **253** 24,
256 a
− Fremdwährungsverbindlichkeiten
253 2
− Gemeinkosten **255** 17–20
− Geschäftskosten **255** 25–26

− Geschäftswert **255** 25–26, 32, 49
− gewogener Durchschnittswert **240** 8
− going concern **247** 13, **252** 7, 54
− Gruppenbewertung **240** 8, 10, **256** 4
− Herstellungskosten **248** 9–10, **255**
14–22, 47
− Hifo **256** 3
− Imparitätsprinzip **252** 11, 55
− internationale Standards **252** 30–61,
253 30–91, **254** 5, **255** 28–49, **256** 5
− Konzernabschluss **308**
− Lifo **256** 2
− Liquidationswert **Einl** vor **1** 36, 37
− Lofo **256** 3
− Marktpreis **253** 16
− Marktpreisklauseln **Überbl** vor **373**
33
− Marktwert **Einl** vor **1** 36, 37
− Mittelwert **Einl** vor **1** 36
− Periodenabgrenzung **252** 23
− Privatbilanzen **252** 4
− Realisationsprinzip **252** 18–23
− Rentenverpflichtungen **253** 3, 49
− Rückstellungen **253** 5
− Sammelbewertung **240** 8
− Schulden **253** 2, 87
− schwebende Geschäfte **252** 21
− SIC-10 **252** 60
− SIC-31 **252** 61
− stand alone-Bewertung **Einl** vor **1** 37
− Stetigkeit **247** 13, **252** 24–25
− Steuerbilanz **252** 2
− Stichtag **Einl** vor **1** 37, **252** 8, 41
− stille Reserven **252** 15–17
− Stuttgarter Verfahren **Einl** vor **1** 36
− Substanzwert **Einl** vor **1** 36, 37
− Überbewertung **252** 12
− Übergangsrecht **Einl** vor **238** 84, **(1)**
EGHGB **24**
− Umlaufvermögen **253** 15–26
− Unterbewertung **252** 12
− Unternehmensbewertung **Einl** vor **1**
36–37
− Unternehmenszusammenschlüsse
255 28–33
− Verbindlichkeiten **253** 2–4
− Verbrauchsfolgeverfahren **256** 1
− Vereinfachungsverfahren **256**
− Verlustantizipationsprinzip **252** 11
− Vermögen **253** 1
− Verstoß gegen Bewertungsgrundsätze
252 29
− Vorsicht **243** 9, **252** 10, 57
− Wertberichtigung **253** 8
− wertaufhellende Tatsachen **252** 8
− wertbeeinflussende Tatsachen **252** 8,
11
− Wertuntergrenze **Einl** vor **1** 36, 37

2263

Sachverzeichnis

Fette Zahlen = §§/Artikel

- Zerobonds **253** 26
- Zerschlagungswert **Einl** vor **1** 36
- Zinsen für Fremdkapital **255** 23–24
- Zuwendungen der öffentlichen Hand **255** 34–41

Bezeichnung s Kennzeichnung

BGB, Verhältnis zu HGB **Einl** vor **1** 2–3, 10, **(1) EGHGB 2**

BGB-Gesellschaft Einl vor **105** 14
- Abgrenzung zur OHG **105**
- anwendbares Recht **Einl** vor **105** 14
- BGB-Gesellschaftsrecht **105** 15–16
- Anmeldung zum HdlRegister **106** 6
- MitunternehmerGes **176** 6
- Prozessfähigkeit **Einl** vor **105** 14
- Rechtsfähigkeit **Einl** vor **105** 14
- Unterbeteiligung **105** 26, 35, 38–43

Bierliefervertrag (1) EGHGB 18

Bilanz
- s auch Abschreibungen, Bewertung, Gewinn- und Verlustrechnung, HdlBücher, Jahresabschluss, Konzernabschluss, Konzernbilanz, Konzernlagebericht, Rechnungslegungsstandards, Rücklagen, Rückstellungen
- Abschlussprüfung **Einl** vor **238** 20
- Aktivierbarkeit **246** 3–9, s auch dort
- Anlagegitter **268** 2
- Anlagenspiegel **268** 2
- Anlagevermögen **247** 4–7, **248** 3–5
- Ansatzstetigkeit **246** 29
- Ansatzverbote **248** 4
- Ansatzwahlrecht **246** 4, **248** 3, **264** 25
- antizipative Posten **250** 1, 4, **268** 4
- Anzahlungen **252** 22, , **268** 5
- Aufgliederung **247**
- Aufstellungsfrist **242** 1
- Aufstellungspflicht **242** 1
- Aufwendungen für Ingangsetzung und Erweiterung des Geschäftsbetriebes **269**, **282**
- Ausleihungen **(2 b) GmbHG 42 III**
- Ausschüttungssperre **268** 9, 10
- Bankguthaben **266**
- Bankbilanzen **Einl** vor **238** 2, **340–340 o**
- Bankguthaben **266** 11
- Begriff **242** 2
- Besserungsschein **266** 18
- Beteiligungen **271**
- Betriebsvermögen **246** 24
- Bilanzarten **242** 4–7
- Bilanzgewinn **268** 1
- Bilanzgleichung **242** 2
- Bilanzidentität **252** 6, **265** 2
- bilanzierungsfähiges Vermögen **242** 8, **246** 2
- Bilanzierungshilfe **269**, **274 II**
- Bilanzierungsmethoden **284** 11, 13–14
- Bilanzierungsverbote **248**
- Bilanzierungswahlrechte **248** 3, **264** 25
- Bilanzkontinuität **252** 24–25, **265** 1
- Bilanzkontrollgesetz **Einl** vor **238** 21
- Bilanzpolitik **264** 25
- Bilanzrechtsmodernisierungsgesetz **Einl** vor **238** 25–62
- Bilanzrichtliniengesetz 1985 **Einl** vor **238** 1–3
- Bilanzsumme **267**
- Bilanzverlust **268** 1
- Bilanzvermerke **268** 8
- Damnum **250** 8, **268** 6
- Differenzhaftung **Anh 177 a** 16, **242** 1
- Disagio **250** 8, **268** 6
- Eigenkapital **266** 16, **270** 3, **272**, **283**
- Eigentumsvorbehalt **246** 15
- Einheitsbilanz **242** 6
- Einlagen **272** 2–3
- Ergebnisverwendung **268** 1
- Eröffnungsbilanz **Einl** vor **238** 160, **242** 1
- Ertragssteuern **274** 9–14
- europäisches Rechnungslegungsrecht **Einl** vor **238** 5–13
- Factoring **246** 22
- Fair-Value-Richtlinie **Einl** vor **238** 19
- Fehlbetrag **268** 3
- Feststellung **242** 1
- Finanzanlagen **266** 7
- Forderungen **266** 9, **268** 4
- Forderungen gegenüber Gftern **(2 b) GmbHG 42 III**
- Genossenschaften **337**
- Genussrechte **266** 16
- gezeichnetes Kapital **272** 1–4
- Gliederung **265**, **266**
- GmbH & Co **Einl** vor **238** 9
- große Kapitalgesellschaft **Einl** vor **238** 68, **267** 7–9
- Grundsatz der (umgekehrten) Maßgeblichkeit **242** 5
- Grundsätze ordnungsmäßiger Bilanzierung **243** 4–9
- Grundstückskauf **246** 16
- Haftungsverhältnisse **251**, **268** 7
- Handelsbilanz **242** 4–6
- IAS/IFRS-Regelungen **266** 23–28, **267** 13, **268** 11–15, **269** 3, **270** 3, **271** 11–16, **272** 13–19, **273** 3, **274** 9–14
- Identität **243** 7

Magere Zahlen = Randnummern

Sachverzeichnis

- immaterielles Anlagevermögen **248** 3–5
- immaterielle Vermögensgegenstände, **266** 5
- Ingangsetzungskosten **269, 282**
- Inhalt **247**
- Internationale Rechnungslegungsstandards **Einl** vor **238** 111–203, s auch dort
- Kassenbestand **266** 11
- Klarheit **243** 4
- kleine Kapitalgesellschaft **Einl** vor **238** 68, **267** 1–3
- Kommission **246** 18
- Kontinuität **243** 8
- Kontoform **266** 1
- landwirtschaftliche Betriebe **238** 22–26
- latente Steuern **Einl** vor **238** 45, 175, **274**
- Leasing **246** 23
- Maßgeblichkeitsgrundsatz **242** 4, 5
- Maßgeblichkeitsgrundsatz **Einl** vor **238** 180, **280** 2
- Maßnahmenkatalog **Einl** vor **238** 14
- mittelgroße Kapitalgesellschaft **Einl** vor **238** 68, **267** 4–6
- Mittelstandsrichtlinie **Einl** vor **238** 10
- Modernisierungsrichtlinie **Einl** vor **238** 17
- Nachschüsse **(2 b)** GmbHG **42** II
- Nichtigkeit **252** 29
- Offenlegung der Vorstandsvergütung **Einl** vor **238** 22
- Passivierbarkeit **246** 13
- Patronatserklärung **251**
- Pensionsgeschäft **246** 20
- Privatvermögen **246** 24
- Realisationsprinzip **246** 14, **252** 18–23, 48, 55
- Rechnungsabgrenzungsposten **250, 266** 21, **268** 4
- Rechnungslegungsstandards **Einl** vor **238** 111–203
- Rechtsnatur **242** 3
- Reform **Einl** vor **238** 14–62
- Restlaufzeit von Forderungen **268** 4
- Rückstellungen **266** 17
- Sachanlagen **253** 36–46, **266** 6, **268** 12
- Schecks **266** 11
- Schulden **242** 2, 8
- schwebende Geschäfte **252** 21, **285** 3
- Schwellenwertrichtlinie **Einl** vor **238** 18
- Sicherungsbilanzierung **254** 4
- Sicherungsübereignung **246** 15
- Sonderposten mit Rücklageanteil **247** 8, **270** 1, **273, 281**
- sonstige Vermögensgegenstände **266** 9
- Steuerabgrenzung **274, 306**
- Steuerbilanz **242** 4–6
- Steuerrecht **242** 4–6, **247** 8, **266** 17, **273, 274, 281, 306**
- Steuerrückstellungen **266** 17
- Steuerbilanz **242** 4–6
- stille Beteiligung **266** 16, 18
- Transparenzrichtlinie-Umsetzungsgesetz **Einl** vor **238** 24
- Treuhand **246** 19
- Umlaufvermögen **247** 4, **248** 5
- Umsatzsteuer **250** 4
- Unterschiedsbetrag aus Vermögensberechnung **266** 13
- Verbindlichkeiten **266** 18–20, **268** 5
- Verbindlichkeiten gegenüber Gftern **(2 b)** GmbHG **42** III
- Verbrauchssteuer **250** 4
- verkürzte **266** 2
- Vermögen **242** 8, **246** 2
- Vermögensgegenstand **Einl** vor **238** 69, **240** 3, **242** 8, **246** 3
- Vermögenszugehörigkeit **246** 14
- Versendungskauf **246** 17
- Versicherungsbilanz-Richtlinie **Einl** vor **238** 11
- Vollständigkeit **243** 6, **246** 40
- Vorräte **Einl** vor **238** 186, **266** 8, 20–24
- Vorsicht **243** 9, **252** 10, 57
- Wahrheit **243** 5
- Wechselobligo **251**
- Wertpapiere **266** 10
- Wertpapierleihe **246** 21
- Wirtschaftsgut **Einl** vor **238** 69
- Zehn-Punkte Programm der BReg **Einl** vor **238** 14
- Zerobonds **253** 26
- Zölle **250** 4

Bilanzeid Einl vor **238** 24, **264** 26, **(16)** WpHG **Einl** vor **1** 29
Bilanzkontrollgesetz (BilKoG) Einl vor **238** 21, 101, **(1)** EGHGB **56, (2 c)** WPO **Einl 9, (16)** WpHG **Einl** vor **1** 2
Bilanzrechtsmodernisierungsgesetz (BilMoG) Einl vor **1** 15
- Abgrenzung latenter Steuern **Einl** vor **238** 45, 175
- Aktivierungswahlrecht **Einl** vor **238** 32, 42
- Anhangsangabepflichten **Einl** vor **238** 46, 60
- assoziierte Unternehmen **Einl** vor **238** 59
- Aufrechnungszeitpunkt **Einl** vor **238** 54

2265

Sachverzeichnis

Fette Zahlen = §§/Artikel

- Aufwandsrückstellungen **Einl** vor **238** 33
- Ausschüttungssperre **Einl** vor **238** 43
- Befreiung von Rechnungspflicht **Einl** vor **238** 50, 51, **241 a** 1–4
- Berichtspflichten **Einl** vor **238** 39
- Bewertungseinheiten **Einl** vor **238** 36
- Buchwertmethode **Einl** vor **238** 53
- Durchbrechung des Bruttoprinzips **Einl** vor **238** 31
- Eigenkapitaldarstellung **Einl** vor **238** 44
- Fremdwährungsverbindlichkeiten **256 a**
- Geschäfts- oder Firmenwert **Einl** vor **238** 30, 58
- Inkrafttreten **Einl** vor **238** 62, **(1) EGHGB 67**
- Interessenzusammenführungsmethode **Einl** vor **238** 56
- kapitalmarktorientierte Ges **Einl** vor **238** 39, 40
- Konzernabschluss **Einl** vor **238** 48, **290** 5
- Lageberichterstattung **Einl** vor **238** 47, 61
- Maßgeblichkeitsprinzip **Einl** vor **238** 28
- Pensionsrückstellungen **249** 5
- Publizitätspflichten **Einl** vor **238** 25, 27
- Rechnungsabgrenzungsposten **Einl** vor **238** 34
- Richtlinienumsetzung **Einl** vor **238** 26
- Schwellenwerte **Einl** vor **238** 41, 52
- stille Reserven **252** 17
- Übergangsvorschrift **Einl** vor **238** 62, 109, **(1) EGHGB 67**
- Unterschiedsbetrag aus Kapitalkonsolidierung **Einl** vor **238** 55
- Verbrauchsfolgeverfahren **Einl** vor **238** 37
- Währungsumrechnung **Einl** vor **238** 38, 57
- Wettbewerb der HGB- mit IFRS-Bilanz **Einl** vor **238** 174, 175
- wirtschaftliche Zurechnung **Einl** vor **238** 29
- Zeitwertbewertung **Einl** vor **238** 53
- Ziele **Einl** vor **238** 25
- Zugangs- und Folgebewertung **Einl** vor **238** 35
- Zweckgesellschaften **Einl** vor **238** 49

Bilanzrechtsreform Einl vor **238** 14–21, 22–62

Bilanzrechtsreformgesetz (BilReG) Einl vor **238** 14–21, 103, 171, 172 **(1)** EGHGB **57, 58, (2 c)** WPO **Einl** 9

Bilanzrichtlinien-Gesetz Einl vor **1** 9, **Einl** vor **238**
- Übergangsrecht **Einl** vor **238** 82–110, **(1)** EGHGB 23–28

Bildschirmtext s Bankgeschäfte

BilKoG s Bilanzkontrollgesetz

BilMoG s Bilanzrechtsmodernisierungsgesetz

Binnenschifffahrt 408 4, **412** 4

Blockade Einl vor **1** 70

Börse (7) Bankgeschäfte Q/7, **(14)** BörsG, **(15)** BörsZulV
- ähnliche Einrichtungen **(14)** BörsG **Einl** vor **1 2, 59–60**
- Aufsicht **(14)** BörsG **Einl** vor **1** 6–7, 3
- Auktionskurs **(14)** BörsG 24 6
- Auskunftserteilung **(14)** BörsG 41
- ausländische Zahlungsmittel **(14)** BörsG **11, 51**
- Auslagerung **(14)** BörsG **5** 3
- Auslandsgeschäft **(14)** BörsG **44** 12
- Außenhaftung der Organmitglieder **(14)** BörsG **Einl** vor **1** 16
- Aussetzung des Handels **(14)** BörsG **25**
- bedeutende Beteiligungen **(14)** BörsG **6**
- Bedingungen **(14)** BörsG **16** 4
- Begriff **(14)** BörsG **Einl** vor **1** 1, **2** 1
- Benutzung **(14)** BörsG **18**
- Besuch **(14)** BörsG **16** 1, 3
- Börsenbetrieb **(14)** BörsG **1** 2
- Börseneinrichtungen **(14)** BörsG **18**
- Börsenhändler **(14)** BörsG **19** 1
- Börsenordnung **(14)** BörsG **16**
- Börsenpreis **(14)** BörsG **24** s auch Bewertung
- Börsenprospekt **(14)** BörsG **44**
- Börsenrat **(14)** BörsG **12–14**
- Börsenreform **(14)** BörsG **Einl** vor **1** 10–19
- Börsensachverständigenkommission **(14)** BörsG **Einl** vor **1** 22
- Börsenspekulation **(14)** BörsG **26**
- Börsenträger **(14)** BörsG **2** 2, 5
- Börsenusancen **(14)** BörsG **16** 4
- Börsenzulassungsverordnung **(15)** BörsZulV
- Bußgeldvorschriften **(14)** BörsG **50, (15)** BörsZulV
- day trading **(14)** BörsG **Überbl** vor **32** 5
- Delisting **(14)** BörsG **39** 2, 11, 13
- Deutsche Börse AG **(14)** BörsG **Einl** vor **1** 4

Magere Zahlen = Randnummern

Sachverzeichnis

- Deutsche Terminbörse **(14)** BörsG **Einl** vor **1** 4, 12, **1** 1
- Devisentermingeschäfte **(14)** BörsG **Überbl** vor **32** 5, 11
- Differenzgeschäft **(14)** BörsG **Überbl** vor **32** 3
- Einführung **(14)** BörsG **38**
- Einheitskurs **(14)** BörsG **24** 5
- Einstellung des Handels **(14)** BörsG **25**
- elektronische Handelssysteme **(14)** BörsG **Einl** vor **1** 2, **17, 58**
- Erlaubnis **(14)** BörsG **4**
- Emittentenpflichten **(14)** BörsG **40, 42, (15)** BörsZulV
- Entry Standard **(14)** BörsG **48** 9
- Eurex **Einl** vor **1** 1, 4, **Überbl** vor **30** 6
- Europäische Union **(14)** BörsG **36**
- externe Abwicklungssysteme **(14)** BörsG **21**
- Finanzmarktförderungsgesetze **(14)** BörsG **Einl** vor **1** 12–14
- Finanzmarktrichtlinie-Umsetzungsgesetz **(14)** BörsG **Einl** vor **1** 19, 20
- Fixgeschäft **(14)** BörsG **Überbl** vor **32** 6
- fortlaufender Kurs **(14)** BörsG **24** 4
- Freiverkehr **(14)** BörsG **48**
- Gebührenordnung **(14)** BörsG **17**
- geregelter Markt **(8)** AGB-WPGeschäfte **1, 9, (14)** BörsG **Einl** vor **1** 10, 49–56
- Geschäftsarten **(14)** BösG **Überbl** vor **32** 1–5
- GWB **(14)** BörsG **9**
- Haftungsausschluss **(14)** BörsG **45**
- Handelsüberwachungsstelle **(14)** BörsG **7**
- Insiderinformationen **347** 31, **(7)** Bankgeschäfte A/10, 20, **38** 1, **44** 7, **(16)** WpHG
- Inhaber bedeutender Beteiligungen **(14)** BörsG **6**
- Insolvenzverwalter, Verpflichtung **(14)** BörsG **43**
- Kammerbörsen **(14)** BörsG **Einl** vor **1** 5
- Kapitalmarktinformationshaftungsgesetz (KapInHaG) **(14)** BörsG **Einl** vor **1** 16
- Kassageschäft **(14)** BörsG **Überbl** vor **32** 2, 9
- Kassakurs **(14)** BörsG **24** 5
- Konzession **(14)** BörsG **4** 1
- Kurse **(14)** BörsG **24** 4–6
- Kurspflege **(7)** Bankgeschäfte Y/2–3
- Leitung **(14)** BörsG **15**

- Makler **(14)** BörsG **64** IV–VI
- Market-Maker **(14)** BörsG **24** 7
- Markt **(14)** BörsG **Einl** vor **1** 3, **48** 8
- – – regulierter **(14)** BörsG **32** 1, **33**
- Nachhandelstransparenz **(14)** BörsG **24** 10, **31**
- Neuer Markt **(14)** BörsG **48** 8
- Optionsgeschäft **(14)** BörsG **Überbl** vor **32** 7–9
- Outsourcing **(14)** BörsG **5** 3
- Pflichtangebot **(14)** BörsG **39** 6
- Prämiengeschäft **(14)** BörsG **Überbl** vor **32** 10
- Prolongation **(14)** BörsG **Überbl** vor **32** 6
- Prospekt **(14)** BörsG **44** 6
- Prospekterlasser **(14)** BörsG **44** 3
- Prospekthaftung **(14)** BörsG **Einl** vor **1** 17, 44–47
- Prospektrichtlinie-Umsetzungsgesetz **(14)** BörsG **Einl** vor **1** 15
- Prospektveranlasser **(14)** BörsG **44** 4
- Preisfeststellung **(14)** BörsG **11, 16** 3
- Publizität s Börsenprospekt
- Reformgesetze **(14)** BörsG **Einl** vor **1** 9–18
- Sachverständige **(14)** BörsG **Einl** vor **1** 17
- Sanktionsausschuss **(14)** BörsG **22**
- Sicherheitsleistung **(14)** BörsG **20**
- Skontrenverteilung **(14)** BörsG **29**
- Skontroführer **(14)** BörsG **27, 28**
- Spekulation **(14)** BörsG **26**
- staatliche Schuldverschreibungen **(14)** BörsG **37**
- Straf-/Bußgeldvorschriften **(14)** BörsG **49–52**
- systematischer Internalisierer **(14)** BörsG **30** 2
- Systemgebundenheit **(14)** BörsG **Einl** vor **1** 1
- Telefonhandel **(14)** BörsG **48** 10
- Termingeschäft **(7)** Bankgeschäfte N/1, **(14)** BörsG **Überbl** vor **32** 4–11
- Transparenzrichtlinie-Umsetzungsgesetz **(14)** BörsG **Einl** vor **1** 18
- Übergangsregelungen **(14)** BörsG **52, (15)** BörsZulV
- Überwachung **(14)** BörsG **4**
- unrichtiger Wertpapierprospekt **(14)** BörsG **44**
- Usancen **(14)** BörsG **16** 4
- variabler Kurs **(14)** BörsG **24** 4
- Vereinsbörsen **(14)** BörsG **Einl** vor **1** 5
- Verhaltensregeln **(14)** BörsG **16** 4

Sachverzeichnis

Fette Zahlen = §§/Artikel

- Verleitung zu Börsenspekulationen **(14)** BörsG **26**
- Verschwiegenheitspflicht **(14)** BörsG **10**
- Viertes Finanzmarktförderungsgesetz **(14)** BörsG **Einl** vor **1** 14
- Vorhandelstransparenz **(14)** BörsG **30**
- Warenbörsen **(14)** BörsG **Einl** vor **1** 4, 9, **2** 5, 6
- Wertpapierbörse **(14)** BörsG **Einl** vor **1** 4, **2** 3, 4, **3** 3, **25**
- Wettbewerbsbeschränkung **(14)** BörsG **9**
- Widerruf der Zulassung **(14)** BörsG **39**
- Wirtschaftsprüfer **(14)** BörsG **Einl** vor **1** 17
- Zulassung zur Börse **(14)** BörsG **19, 32, (15)** BörsZulV
- Zulassung von Rechten **(14)** BörsG **23**
- Zulassung von Wirtschaftsgütern **(14)** BörsG **23**
- Zusammenarbeit **(14)** BörsG **8**
- Zwischenberichterstattung **(15)** BörsZulV **53–62**

Boykott s Wettbewerb
Brauch s HdlBrauch
Briefe (Hdl-Briefe) **257**
Briefkastenfirmen Einl vor 105 29
Brüssel I-VO Einl vor **1** 87
brutto (Gewicht) **380**
BSL s Spedition
Buchführung
- s auch Bilanz, HdlBücher
- außer Haus **238** 10, **239** 4
- Befreiung für Einzelkaufleute **Einl** vor **238** 50, 51, **241 a** 1–4
- Beginn **238** 16
- Briefkopien **238** 15
- Buchungen **238** 13
- deduktive Methode bei GoB **238** 11
- doppelte **238** 12, 27
- EDV **239** 4
- Einbeziehung in die Prüfung **317** 2, s auch Abschlussprüfung
- Ende **238** 17
- Geschäftsverteilung **238** 8
- Grundsätze ordnungsmäßiger Buchführung (GoB) **238** 11, **243** 4–9
- Hilfspersonen **238** 10
- IAS/IFRS-Regelungen **238** 22–28, **239** 5
- Inventar s HdlBücher
- landwirtschaftliche Betriebe **238** 22–26
- Loseblattführung **239** 4

- Pflicht zur Buchführung **238** 4–6, 7–10
- Realisationsprinzip **238** 13
- Sanktionen **238** 18–21
- Schutzgesetze **238** 19
- Steuerrecht **238** 21
- steuerrechtliche Buchführungspflicht **238** 5

Buchprüfer s Abschlussprüfer
Buchwertklausel s Auseinandersetzung
Buchwertmethode s Konzernabschluss
Bund s auch Länder
- Eintragung **36**

Bundesrecht s Länder (Landesrecht)
bürgerlich-rechtliche Gesellschaft s BGBGes
Bürgschaft 349–350
- s auch OHG
- auf erstes Anfordern **349** 6
- Arten **349** 3–10
- Ausfallbürgschaft **349** 7
- Avalkreditvertrag **349** 4, 21, **(7)** Bankgeschäfte G/27
- Bankbürgschaft **(7)** Bankgeschäfte L/18
- Begriff **349** 2
- Bilanz **251**
- Form **350**
- internationaler Verkehr **349** 23
- Kreditauftrag **349** 11
- Kreditbürgschaft **349** 4
- Missbrauchseinwand **349** 6
- Mitbürgschaft **349** 10
- Nachbürgschaft **349** 9
- Rückbürgschaft **349** 8
- Rückforderung **349** 6
- Scheckbürgschaft **349** 21
- selbstschuldnerisch **349** 3
- Vorausklage **349** 1, 3, 12
- Wechselbürgschaft **349** 21
- Zeitbürgschaft **349** 5

„c. a. d." **346** 40
CAPM Einl vor **1** 36
cash against documents 346 40
cashflow 253 73
certificate of deposit s Bankgeschäfte
CFR 346 40 , **(6)** Incoterms **5**
churning 384 1
CIF 377 10, **(6)** Incoterms **6**
CIP 346 40, **(6)** Incoterms **8**
CIM s Eisenbahn
Circa 346 40
CISG s UN-Kaufrecht
CMR (17) CMR
- s auch Güterkraftverkehr

Magere Zahlen = Randnummern

Sachverzeichnis

- Auslegung **(17)** CMR **Einl** vor 1 2
- Entstehung, Geltung **(17)** CMR **Einl** vor 1 1

„C. O. D." 346 40
COFACI Einl vor 1 98
comfort letters 316 5
Compliance (7) Bankgeschäfte **Z**/1
Container s FCL
cooling off-Periode 319 a 7
Corporate Governance Überbl vor 316 6, 7
corporate opportunity 114 13, **Anh** 177 a 23
CPT 346 40, **(6)** Incoterms 7
culpa in contrahendo 347 22

D/A 346 40
DAF 346 40, **(6)** Incoterms 9
Daily Mail Einl vor 105 29
Damnum 250 8
Dänemark s Skandinavien
Darlehen Überbl vor 373 20, **(7)** Bankgeschäfte G
- Finanzierungsdarlehen **(7)** Bankgeschäfte G/33–54
- GmbH & Co **172 a** 18–35
- freie Darlehen **(7)** Bankgeschäfte G/54
- kapitalersetzende GesDarlehen **172 a** 5–8
- partiarisches **230** 2
- Sittenwidrigkeit **(7)** Bankgeschäfte G/6–10, 10 a–c
- Zinspflicht 354 **II**
- zurückgewährte Darlehen **172 a** 15

Darlehensähnliche Geschäfte 172 a 10–14
Darlehensvermittlung 93 2, 5, **(7)** Bankgeschäfte G/38
Datenschutz 9 a 2, **(7)** Bankgeschäfte A/53–56
Dauerlieferungsvertrag Überbl vor 373 30
DB s Deutsche Bahn
D/C 346 40
DCF-Methode s Discounted Cash Flow
DDP 346 40, **(6)** Incoterms 13
DDR-Handelsrecht Einl vor 1 29
DDU 346 40, **(6)** Incoterms 12
decision usefulness Einl vor 238 139, 179
deferred payment s Akkreditiv
Deliktsfähigkeit 124 25
Deliktsrecht
- Persönlichkeitsrecht **Einl** vor 1 64
- Recht am Gewerbebetrieb **Einl** vor 1 65–70

Delkredere s HdlVertreter, Kommission
Demonstration s Unternehmen
Depot von Wertpapieren s Verwahrung von Wertpapieren
Depotabrede (Vertragshändler) **Überbl** vor 373 41
Depotgesetz (7) Bankgeschäfte W/1, **(13)** DepotG
- s auch Verwahrung von Wertpapieren
- Depotgeschäft **(13)** DepotG **Einl** 2
- Drittverwahrung **(13)** DepotG **3, 4**
- Einkaufskommission **(13)** DepotG **18–31**
- Europäischer Binnenmarkt auf dem Nachhandelssektor **(13)** DepotG **Einl** 6
- Internationalisierung **(13)** DepotG **Einl** 5
- Pfandverwahrung **(13)** DepotG **17**
- Rechtsnatur Depotgeschäft **(13)** DepotG **1 4**
- Sammelverwahrung **(13)** DepotG **5–9a, 24**
- Sonderverwahrung **(13)** DepotG **2**
- Strafvorschriften **(13)** DepotG **34–37**
- Stückeverzeichnis **(13)** DepotG **18–23, 25**
- Tauschverwahrung **(13)** DepotG **10, 11**
- Verfügungsermächtigung **(13)** DepotG **13**
- Verpfändung **(13)** DepotG **12, 12a**
- Verwahrung **(13)** DepotG **2–17a**
- Verwahrungsbuch **(13)** DepotG **14**
- Vorrang im Insolvenzverfahren **(13)** DepotG **32, 33**
- Wertpapiere **(13)** DepotG **1 1**
- Wertpapiersammelbanken **(13)** DepotG **1 6**
- Wertpapierverfügungen **(13)** DepotG **17a**
- Wertrechte **(13)** DepotG **1 2**

Depotprüfung (13) DepotG **Einl** 2
DEQ 346 40, **(6)** Incoterms 11
Derivate 253 73
DES 346 40, **(6)** Incoterms 10
Deutsche Bahn 1 27
- s auch Eisenbahn
Deutsche Post 1 27
- s auch Post
Devisenrecht (7) Bankgeschäfte N/1
Dienstverhinderung s Handlungshilfe
Dienstleistungslizenzen 244 23
Differenzgeschäft s Börse
Differenzhaftung Anh 177 a 16, **242** 1
Directors' Dealings (16) WpHG **Einl** vor 1 14
DIS s Schiedsgerichtsbarkeit

2269

Sachverzeichnis

Fette Zahlen = §§/Artikel

Disagio 250 8, **268** 6, **(7)** Bankgeschäfte G/4
Discount-Broker 347 23
Discounted Cash Flow Einl vor **1** 36
Diskontgeschäft (7) Bankgeschäfte J/1
Dispositionsrecht (Vertragshändler) **Überbl** vor **373** 39
Diverse s Konto
Devisenkassamittelkurs 256 a 2
DOCDEX (11) ERA Einl 1
Dokumente s auch Traditionspapiere
– Akkreditiv **(7)** Bankgeschäfte K/1
– CT-Dokumente **448** 1, **452** 9
– „Dokumente gegen Akzept" **346** 40
– „Dokumente gegen unwiderruflichen Zahlungsauftrag" **346** 40
– Dokumentenstrenge **(7)** Bankgeschäfte K/1–2, 6, 14, M/1, L/1
– „Kasse gegen Dokumente" **346** 40
– Inkasso **(7)** Bankgeschäfte M/1–5, **(12)** ERI
– kombiniertes Transportdokument **452** 9
– Multimodales Transportdokument **452** 9
– Seekonnossement **444**
– Warendokumente **364** 8
D/p 346 40
DPR e. V. 342 b 9
Draufgabe 348 8
Dritthaftung 347 19–21, 38 a
Drittorganschaft s OHG
Drittschaden 383 21
Drittschutzwirkung (7) Bankgeschäfte C/10
due diligence-Untersuchung Einl vor **1** 44
Duldungsvollmacht s Vertretung
Durchgriffshaftung 172 a 40–42, s auch Einwendungsdurchgriff
Durchhandeln Überbl vor **373** 27, **377** 9

ECE Einl vor **1** 98
ECE-Bedingungen (6) Incoterms **Einl** vor **1** 14
ec-Karte (7) Bankgeschäfte F/1, F/10–12
Effektengeschäft s Wertpapiere
EG s Europäische Gemeinschaft
EGHGB Einl vor **1** 10, **(1)** EGHGB
Ehegatten, ehelicher Güterstand
– Gfter **105** 24–25, 52, 80, **114** 24, 52
– Güterrecht **(1)** EGHGB **4**
– Pflichtteilsberechnung **Einl** vor **1** 35
– Unternehmen **1** 48
EHUG 8 2 a, **Einl** vor **238** 23

Eigengeschäft, -händler Überbl vor **373** 35–42, **383** 16, **(13)** DepotG **31**
– s auch Vertragshändler, HdlVertreter
Eigenhaftung des Vertreters **Überbl** vor **48** 9–12
Eigenkapital
– ausstehende Einlagen **272** 2
– Ausweis **266** 16
– Begriff **272**
– eingefordertes **272** 3
– gezeichnetes **272** 1–4
– IAS/IFRS-Regelungen **272** 13–19
– Rechtsfolge bei Verstoß **272** 12
– Wertansatz **272**
Eigenkapitalspiegel 242 10, **264** 7
Eigenkapitalmethode s Konzernabschluss
Eigentum Einl vo r **1** 57–62, **346** 18
Einführungsgesetz Einl vor **1** 10, **(1)** EGHGB
Einfuhr- und Vorratsstelle 1 27
„Eingang vorbehalten" s Bankgeschäfte
eingetragene Genossenschaft 6, Einl vor **105** 1
– s auch OHG (VorGes)
einheitliche Leitung s Konzernabschluss
Einheitliche Richtlinien
– für Dokumenten-Akkreditive **(11)** ERA, s auch Akkreditiv
– für Inkassi **(12)** ERI
Einlage s Eigenkapital, Kommanditgesellschaft, Offene Handelsgesellschaft
Einlagengeschäft s **(7)** Bankgeschäfte B/1–7
Einsicht s Kontrollrechte
Eintritt (OHG) 105 26, 33, 67–68, 79, 92, 95
– s auch Anteil, Erbe, Erbengemeinschaft
– Erben **131** 4, 18, 22, 34, **139** 1–9
– Haftung **28, 130**
– Wirkung auf Firma **24** 1, 3, 7
– Wirkung gegen Dritte **123** 4
Einwendungsdurchgriff (7) Bankgeschäfte G/42–45
Einzelkaufmann s Kaufmann
Einzelarbeitsvertrag 59 8
Eisenbahn 407 1, 5
– s auch Frachtgeschäft, Spedition
– AGB **(5)** BGB **305** a Nr. **1**
– Beförderungspflicht **407** 7
– CIM **453** 4
– Güterbeförderung **407** 7
– Personenbeförderung **407** 6
– Reisegepäck **407** 7

Magere Zahlen = Randnummern

Sachverzeichnis

Elektronisches Handelsregister 8 2–4, **8 b** 1
- Übergangsvorschriften **(1)** EGHGB 61

el.ERA (Anhang zu den ERA 600 für die Vorlage elektronischer Dokumente) s **(11)** ERA **Anh**

Emissionsgeschäft 383 32, **(7)** Bankgeschäfte Y 1–4

Empfehlung s Haftung, Internationale Handelskammer

Enforcement 342 b 2, 11

England s Großbritannien

Enron Überbl vor **316** 7

Enteignung Einl vor **1** 57–62, **131** 10
- s auch Firma, OHG

Entfernungen 361

Entherrschungsvertrag 290 9

Entnahme s Gewinn

Equity Einl vor **238** 144

Equitymethode s Konzernabschluss

ERA (Einheitliche Richtlinien und Gebräuche für Dokumenten-Akkreditive)
- s auch Akkreditiv
- Abtretung **(11)** ERA **39**
- „An Deck" **(11)** ERA **26**
- Änderungen **(11)** ERA **10, 11**
- Auslegungen **(11)** ERA **3**
- Avisierung **(11)** ERA **9**
- Definitionen **(11)** ERA **2**
- Dokumentenprüfung **(11)** ERA **14**
- Bindungswirkung **(11)** ERA **1** 3
- Definition **(11)** ERA **1**
- el.ERA **(11)** ERA **Anh**
- Geltungsbereich **(11)** ERA **Einl** 4
- Haftungsausschluss **(11)** ERA **34–37**
- Handelsrechnung **(11)** ERA **18**
- konforme Dokumentenvorlage **(11)** ERA **15**
- Konnossement **(11)** ERA **20, 22**
- Kurierempfangsbetätigung **(11)** ERA **25**
- Mindestangaben **(11)** ERA **6**
- Neuerungen ERA 600 **(11)** ERA **Einl** 3
- Nominierung **(11)** ERA **12**
- Originale/Kopien **(11)** ERA **17**
- Rembourvereinbarungen **(11)** ERA **13**
- Said by Shipper to Contain **(11)** ERA **26**
- Shipper s Load and Count **(11)** ERA **26**
- Seefrachtbrief **(11)** ERA **21**
- Synopse ERA 500/ERA 600 **(11)** ERA **Einl** 2
- Teilinanspruchnahme **(11)** ERA **31, 32**
- Toleranzen **(11)** ERA **30**
- Transportdokumente **(11)** ERA **19–27**
- Unabhängigkeit vom Grundgeschäft **(11)** ERA **4, 5**
- Übertragbarkeit **(11)** ERA **38**
- Unstimmigkeiten **(11)** ERA **16**
- Verfalldatum **(11)** ERA **6** 5,4, **29**
- Verpflichtung der bestätigenden Bank **(11)** ERA **8**
- Verpflichtung der eröffnenden Bank **(11)** ERA **7**
- Versicherungsdokument/-deckung **(11)** ERA **28**

ERI (Einheitliche Richtlinien für Inkasso) s Bankgeschäfte, **(12)** ERI
- Akzeptierung **(12)** ERI **22**
- Benachrichtigungen **(12)** ERI **4**
- Beteiligte **(12)** ERI **3**
- Definition Inkasso **(12)** ERI **2**
- Entstehung, Neufassung **(12)** ERI **Einl** vor **1** 1
- Gebühren/Auslagen **(12)** ERI **21**
- Geltung **(12)** ERI **Einl** vor **1** 2, 1
- Haftung **(12)** ERI **(12)** ERI **9–15**
- Inkassoauftrag **(12)** ERI **4**
- Inkassogeschäft **(7)** Bankgeschäfte M/1, E/6
- Protest **(12)** ERI **24**
- Vorlegung **(12)** ERI **5–8**
- Zahlung **(12)** ERI **16–19**
- Zinsen **(12)** ERI **20**

Erbe
- s auch Anteil (Ges), Auflösung, Erbengemeinschaft, Testamentsvollstrecker
- Betreiben eines HdlGeschäfts **1** 36–39
- Firma **17** 25, **22** 2, 8–9,13–14, **24** 11
- Ges als Erbe **124** 37
- Haftung **27**
- HdlGeschäft **Einl** vor **1** 52, **1** 36–39
- Pflichtteilsansprüche **139** 13

Erbengemeinschaft 1 37
- Fortführung des HdlGeschäfts **19** 2, **22** 2
- als Kdtist **161** 4
- in OHG **105** 7, 26, 29, 54, 55 **131** 75, **139** 14

Erfindung 124 8

Erfüllungsgehilfen s Haftung

Erfüllungsort 361 2
- s auch Frachtgeschäft, HdlVertreter, Incoterms, Lagergeschäft, Spedition

Ergebnis s Bilanz, Gewinn- und Verlustrechnung

2271

Sachverzeichnis

Fette Zahlen = §§/Artikel

Erlass **350** 6
Eröffnungsbilanz **Einl vor 238** 160, 242–256
Erschöpfungsgrundsatz s Firma
Erträge
- aus anderen Wertpapieren und Ausleihungen des Finanzanlagevermögens **275** 14
- aus Beteiligungen **275** 13
- aus Gewinngemeinschaften **277** 3
- aus Verlustübernahme **277** 3
- außerordentliche **275** 19, **277** 4
- sonstige betriebliche **275** 8

Ertragslage s Vermögenslage
Ertragssteuern
- Bilanzierung **244** 22

Ertragswertmethode **Einl vor 1** 36–37
eta **346** 40
Etablissementsname s Geschäftsbezeichnung, Kennzeichnung
eUCP (11) ERA **Einl** 1
EuGVVO **Einl vor 1** 87
eurocheque (7) Bankgeschäfte F/1, F/9–12
Europäische Gemeinschaft
- Aktionsplan (Gesellschaftsrecht) **Einl vor 105** 36
- Bilanzrechtsangleichung **Einl vor 238** 11
- EuGH-Rspr **Einl vor 105** 29, 36
- Firma **18** 12
- High Level Group of Company Law Experts **Einl vor 105** 36
- Inspire Art **Einl vor 105** 29
- Rechnungslegungsrecht **Einl vor 238** 5–13
- Rechtsangleichung **Einl vor 1** 27–28
- Richtlinien **Einl vor 105** 36
- Verbraucherdarlehen (7) Bankgeschäfte G/34, 36, P/12

Europäische Gesellschaft (SE) **Einl vor 105** 34
Europäisches Börsenrecht (14) BörsG **Einl vor 1** 10, **34**
Europäisches Gesellschaftsrecht **Einl vor 105** 34–36
Europäisches Handelsrecht **Einl vor 1** 28
Europäisches Lastschriftverfahren (7) Bankgeschäfte **D/1**
Europäische Rechnungslegung **Einl vor 238** 5–13
Europäische wirtschaftliche Interessenvereinigung s EWIV
Euroscheck (7) Bankgeschäfte E/9, F/1
EWIV **Einl vor 105** 34, **Anh 160**
- Anteilsbesitz **Anh 160** 6
- anwendbares Recht **Anh 160** 8–11
- Auflösung **Anh 160** 48
- Aufnahme neuer Gesellschafter **Anh 160** 49–51
- Arbeitnehmer **Anh 160** 6
- Ausscheiden von Gftern **Anh 160** 49–51
- Begriff **Anh 160** 1
- Beirat **Anh 160** 33
- Darlehensgewährung **Anh 160** 6
- Eintragung **160** 16
- Errichtung **Anh 160** 12–24
- Erscheinungsformen **Anh 160** 2
- Europarecht **Anh 160** 3, 8
- EWIVAG **Anh 160** 4, 9
- fehlerhafte Gesellschaft **Anh 160** 23–24
- Firma **Anh 160** 22
- Forthaftung des Ausgeschiedenen **Anh 160** 51
- freie Berufe **Anh 160** 6
- Geschäftsführung **Anh 160** 30
- Gesellschafter **Anh 160** 12–14
- Gesellschafterversammlung **Anh 160** 34
- Gesellschaftsvertrag **Anh 160** 15
- Gesellschafterwechsel **Anh 160** 50
- Gewinn **Anh 160** 29
- grenzüberschreitende Zusammenarbeit **Anh 160** 2
- Gründung **Anh 160** 12
- Haftung des Geschäftsführers **Anh 160** 32, 47
- Haftung gegenüber Dritten **Anh 160** 43–47
- Haftung im Gründungsstadium **Anh 160** 17–19
- Handelndenhaftung **Anh 160** 19
- Internationales Privatrecht **Anh 160** 11
- Kontrollrechte **Anh 160** 28
- Konzern **Anh 160** 6
- Liquidation **Anh 160** 52–53
- Mitbestimmung **Anh 160** 6, 54
- Pflichten der Gfter **Anh 160** 25–29
- praktische Bedeutung **Anh 160** 2
- Prozess **Anh 160** 39
- Publikumsgesellschaft **Anh 160** 56
- Rechnungslegung **Anh 160** 55
- Rechte der Gfter **Anh 160** 25–29
- rechtliche Selbständigkeit **Anh 160** 39
- Selbstkontrahieren **Anh 160** 41
- Sitz **Anh 160** 20–21
- Treuepflicht **Anh 160** 26
- Übertragung **Anh 160** 50
- Verlust **Anh 160** 29

Magere Zahlen = Randnummern

Sachverzeichnis

- Vertretung **Anh 160** 40
- Vorgesellschaft **Anh 160** 17
- Wettbewerbsverbot **Anh 160** 27
- Zulässigkeit **Anh 160** 3–7
- Zweck **Anh 160** 5–6

Expenses Einl vor **238** 146
„**ex Schiff**" s „ab Schiff"
EXW 346 40, **(6)** Incoterms 1
EZU-Abkommen s Bankgeschäfte

Factoring (7) Bankgeschäfte O/1–8
- Bilanzrecht **242** 26, **255** 8
- Globalzession **(7)** Bankgeschäfte Q/7–8
- rechtliche Qualifikation **(7)** Bankgeschäfte Q/1–4
- unechtes **172 a** 13, **(7)** Bankgeschäfte Q/4, 8
- Verhältnis Bank/Kunde **(7)** Bankgeschäfte Q/5–6

Fahrlässigkeit s Sorgfaltspflicht
Fair-Value-Richtlinie Einl vor **238** 19
Faktische Gesellschaft s Fehlerhafte Ges
Faktura s Rechnung
FalschberatungsG (16) WpHG **Einl** vor **1** 5
FamFG (3) FamFG
- Löschung **(3)** FamFG **393–395**
- Registersachen **(3)** FamFG **374**
- unbefugter Firmengebrauch **(3)** FamFG **392**
- unternehmensrechtliche Verfahren **(3)** FamFG
- unzulässige Eintragungen **(3)** FamFG **375**
- vermögenslose Ges, Gen **(3)** FamFG **394**
- Zuständigkeit **(3)** FamFG **376, 377**
- Zwangsgeld **(3)** FamFG **388, 389**

FAS (6) Incoterms 3
FBL s Frachtgeschäfte
FCA 346 40, **(6)** Incoterms 2
FCL 346 40
FCR s Spedition, Frachtgeschäfte, Orderpapiere
FCT 453 4
Fehler s Kauf
Fehlbetrag s Bilanz, HdlGehilfe
Fehlerhafte Gesellschaft 105 11, 50, 52, 59, 75–97
Fernabsatzgeschäfte (7) Bankgeschäfte **G/9**
Fertigungsaufträge 252 45–47
Feststellung wegen Firma **17** 40
FIATA s Spedition
FIDIC-Bedingungen (6) Incoterms **Einl** vor **1** 13

Film s HdlBücher, Aufbewahrung
finance leases 246 32, 34
Finanzdienstleistungsinstitut 340–340 o, (7) Bankgeschäfte A/4
Finanzierungsbestätigung 349 22
Finanzierungsdarlehen Überbl vor **373** 26, **(7)** Bankgeschäfte G/33–54
Finanzierungsleasing 172 a 13
- Finanzierungsdarlehen **(7)** Bankgeschäfte P/12–17
- rechtliche Qualifikation **(7)** Bankgeschäfte P/1
- Verhältnis Leasinggeber/-nehmer **(7)** Bankgeschäfte P/5–11
- Verhältnis Leasinggeber/Hersteller, Dritten **(7)** Bankgeschäfte P/18–19

Finanzinstrumente (7) Bankgeschäfte G/33
- Angaben und Darstellung (IAS-32) **253** 51–56
- Ansatz und Bewertung (IAS-39) **253** 66–73

Finanzkommissionsgeschäft 383 4, **(7)** Bankgeschäfte A/4
Finanzlage s Vermögenslage
Finanzmarkt-Richtlinie-Umsetzungsgesetz (14) BörsG **Einl** vor **1** 19, 20, **(16)** WpHG **Einl** vor **1** 4, 4a
Finanzplankredit 172 a 21, **Anh 177 a** 43
Finanztermingeschäft 376 5, **(7)** Bankgeschäfte S/1, **(16)** WpHG **Einl** vor **1** 25
Finanztransfergeschäft (7) Bankgeschäfte A/4
FinSichRiG 2004 (7) Bankgeschäfte H/1
Firma 17–37 a
- s auch Kennzeichnungen, Name
- alte (vor 1900 eingetragene) **17** 3, **(1)** EGHGB 22
- Änderung **17** 22, **21, 31** 1–5
- Änderung der Rechtsform **22** 16–19, **24** 12
- Anmeldung **5, 29–31**
- Annahme **17** 16, 19, 32
- Begriff **17** 1–8
- Bildung **17** 16, 22, **18, 19**
- Eintragung **2, 5, 29–31**
- EinzelKfm **18,** 11
- Entstehung **17** 16
- europarechtlicher Einfluss **18** 12
- Erlöschen **17** 23, **31** 7–9
- Europäisches Firmenrecht **17** 48–50, **18** 36, **19** 42, **37** 9
- Firmenbeständigkeit **17** 7, **18** 9, **22** 1, 15
- Firmeneinheit **17** 7–8

Sachverzeichnis

Fette Zahlen = §§/Artikel

- Firmenführungskontrolle **17** 27
- Firmenführungspflicht **17** 18
- Firmenwahrheit **17** 7, **18** 9
- Fortführung **18** 9, **21–24**
- Gattungsbezeichnung **18** 4, 6–7
- Gebietskörperschaft **36**
- Gebrauch **17** 17–22, **37**
- Geographische Herkunftsangaben **17** 10, **18** 23–27
- Geschäftliche Bezeichnungen **17** 11–16
- Gleichnamige **18** 5, **19** 6–7, **30** 8
- GmbH & Co **19** 24–36
- Grundbuch **17** 18
- Haftung aus Fortführung **25–28**
- Handeln für die Firma **17** 20, **Überbl** vor **48** 8, s auch Vertretung
- HRefG **17** 2, 3
- Hinweise auf die Art des Betriebs **18** 28–35
- Inhabervermerk **18** 21
- Insolvenzverfahren **17** 47, **22** 24, **32**
- internationaler Verkehr **17** 48, **18** 36, **19** 42, **37** 9
- Irreführungsverbot **18** 9–18
- juristische Person **33–35**
- Kennzeichnung **18** 4
- KG **19, 22, 24, 105** 1, 6, 7
- Leerübertragung **23** 1
- Leitsätze DIHT **18** 15, 19, 23, 30
- Lizenzanalogie **17** 40
- Löschung **6, 37** 13, **(3)** FamFG 393
- Mantelkauf **23** 4
- Marke **17** 10, 18, 31, 34
- mehrere **17** 8
- Missbrauch **17** 3
- Nachfolgevermerk **18** 21
- Namensänderung **21**
- Namensfunktion **18** 4
- Nießbrauch **17** 24, **22** 25
- OHG **19, 22, 24, 105** 1, 8
- Pacht **17** 23, 24, **22** 25
- Personenfirma **17** 6, **19** 6
- Phantasiefirma **17** 2–3, 6, 13, 15, 47, **18** 4, **19** 8, 10
- Prioritätsprinzip **19** 7
- Prozess **18** 15
- Prüfung **17** 27
- Rechtsformänderung **22** 16–19, **24** 12
- Registerverfahren **17** 26, **18** 19–20
- Sachfirma **17** 6, **19** 8–9
- Schutz **17** 32–34, **37 II**
- Übergangsvorschriften **(1)** EGHGB **38–41**
- Übertragung **17** 5, 24, 35, **22, 23**
- Umfragen **18** 15
- Umwandlung **19** 37–38
- unbefugter Firmengebrauch **(3)** FamFG 392
- Unterlassungsklage **37 II**
- Unterscheidungskraft **17** 3, 10, **18** 5–7, **30**
- unzulässiger Gebrauch **37**
- UWG **18** 11, 12, 14
- Veräußerung **17** 24, **23**
- Verbotsverfügung **37** 7
- Vererbung **17** 5, 25, **22**
- Verkehrsgeltung **17** 10, 12, 30
- Verletzung **17** 28–31, **37**
- Verwässerung **17** 31
- Verwechslung **17** 29–31, **30**
- Verwirkung **17** 35–37, **37** 12
- Vorratsgesellschaft **23** 4
- Wert **Einl** vor 1 33–37, **Einl** vor 238 184
- Zeichnung **17** 20
- Zeitablauf **18** 9, 18
- Zusätze **17** 7–8, **19** 2, 7, 9–10, 16
- Zweigniederlassung **13** 7, **22** 5, **30** 9

Fischerei 3 4
Fixgeschäft 376
Flaschen 380 7
FOB 346 40, **377** 10, **(6)** Incoterms **4**
Force majeure 346 40
Forderungsübergang
- Firmenfortführung **25** 21

FOR/FOT 346 40, **(6)** Incoterms **Einl** vor 1 3, 2 1
Forfaitierungsgeschäft (7) Bankgeschäfte J/4
Formblätter 330 s auch HdlBücher
Formkaufmann 6
Formvorschriften
- Bauherrenmodell **350** 2–3
- Beendigung Arbeitsverhältnis **59** 121
- Befristete Arbeitsverhältnisse **59** 112
- BGB **350** 2–6
- Bürgschaft, Schuldversprechen, -anerkenntnis **350**
- Formfreiheit **Einl** vor 343 8
- GfterBeschlüsse **119** 27–28
- GesVertrag **105** 50, 54–57
- GesVertragsänderung **105** 62–63
- Schriftformklausel **105** 63, **Einl** vor 343 9, **(5)** BGB **309 Nr. 13**
- Unternehmenskauf **Einl** vor 1 44–47

Formularvertrag s Allgemeine Geschäftsbedingungen
Forstwirtschaft 3
Fortsetzung s Auflösung
forwarders receipt s Orderpapiere
Frachtbasis 346 40
Frachtfrei 346 40, **421** 4, **(6)** Incoterms **7**

Magere Zahlen = Randnummern

Sachverzeichnis

„**Frachtfrei versichert**" (6) Incoterms 8
Frachtgeschäft, Frachtführer 407–452 d
- s auch Güterkraftverkehr, Spedition
- Ablieferung 407 12, 17
- Ablieferungshindernisse 419
- Absenderschutz 422 2
- Annahme 409 1, 421 3, 437 1
- Aufwendungsersatz 410 3, 420 1
- ausführender Frachtführer 437, 440 II
- außervertragliche Ansprüche 434
- Beförderungshindernisse 419 1
- Befrachter 407 1, 15
- Begleitpapiere 413, **451 b**
- Beweislast 427 3
- Binnenschifffahrt 408 3, 412 1, 3, 4, 427 2, 450 1, 452
- CT-Dokumente 452 9
- Deliktshaftung 428 4, 433 3, 434 1
- Distanzfracht 420 2
- Doppellegitimation 421 2
- Drittschadensliquidation 421 2
- Empfänger 407 12, 16
- Entladung 412
- Erfüllungsort 407 17, 22
- Erlöschen der Ansprüche gegen Frachtführer 438 2
- Fautfracht 415 2
- FBL 452 9
- FCR 453 4
- FCT 453 4
- Frachtbrief 408, **451 b**
- – Beweiskraft 409
- – Haftung 409 5–6
- – Sperrvermerk 418 3
- – Umzug **451 a**
- Frachtvertrag 407 12–24
- gebrochene Beförderung 452 4
- Gelegenheitsfrachtführer 407 8
- gefährliches Gut 410, 414 2, **451 b**
- Gerichtsstand 440
- Gesamtfrachtführer 407 18
- gesetzlicher Schuldbeitritt 421 3
- Guadalajara-Abkommen 407 10
- Güter 407 5, 7
- Güterschaden 425 2, 426, 427
- Güterfolgeschaden 429 1, 432
- Haftung
- – des Absenders 414
- – für Angaben im Frachtbrief 409 5–6
- – des ausführenden Frachtführers 437
- – für Begleitpapiere 413 2
- – für Dritte 428 3
- – des Frachtführers 413 2, 425–438
- – für Güterschäden 425 2, **431**, 432
- – – der Leute des Frachtführers 436
- – – für Nebenpflichtverletzung 433
- – – bei Sperrvermerk 418 4
- – – bei Umzug **451 c–e**
- – – für Unterfrachtführer 428 3
- – – des Verbrauchers 414 5–6
- – – verschuldensunabhängige 414
- – – für Verzögerungsschäden 425 2, 431
- – Haftungsausschluss
- – – einfacher 426 1
- – – besonderer 427
- – – Wegfall 435
- – Haftungsbeschränkungen 425 1, **431**, 433, **451 e**
- – – Wegfall 435, **451 g**
- – Hauptfrachtführer 407 18
- – Hinterlegung 415 3
- – Huckepackverkehr 452 5
- – internationaler Verkehr 407 1, 10, 452 8
- – Kennzeichnung 411 1, 414 2
- – kombinierter Transport 407 1, **452–452 d**
- – Kündigung 415
- – Kunstgegenstände **451 d 1**
- – Ladeschein 444–448
- – Ladezeit 412 3, 417
- – (zu) Lande 407 5–7
- – Leutehaftung 428 1
- – letzter Frachtführer 442
- – Lieferfrist 423, 426, 431
- – Lohnfuhr 407 13
- – LuftVG 407 6, 7
- – Maßnahmen mangels Weisung 419 3
- – Mengenangabe 420 4
- – Mitteilung 410 1, **451 b**
- – Montrealer Abkommen 407 10
- – multimodaler Transport **452–452 d**
- – Nachnahme 422
- – network-Lösung **452 a 1**
- – Notrechte 419 1
- – Obhutshaftung 425 1
- – Personenbeförderung 407 6
- – Pfandrecht 441–443, 464
- – Post 407 5
- – Rechte des Empfängers 421
- – Rückgriff 437 2, 439 3
- – Samtfrachtführer 407 18
- – Schaden 425
- – – s auch Güter-, Verzögerungsschaden, Haftung
- – – unabwendbarer 426 2
- – – Entstehungsvermutung 427 3
- – – Feststellungskosten 430
- – – sonstiger 433 3
- – – Wertersatz 429
- – Schadensanzeige 438, **451 f**, **452 b**

2275

Sachverzeichnis

Fette Zahlen = §§/Artikel

- Schleppvertrag **407** 13
- (auf) See **450**
- Spediteur (als Frachtführer) **442** 2
- Sperrvermerk **418** 3
- Sphärengedanke **412** 3
- Standgeld **412** 3
- Subunternehmer **407** 18, **428** 3
- Teilbeförderung **416** 1
- Teilfrachtführer **407** 18
- TIR-Übereinkommen **407** 10
- Traditionspapier **448**
- Transportrechtsreform **407** 3
- Umzugsgut **451**–**451 h**, **452 c**
- Unterfrachtführer **407** 18
- Verbraucher **414** 5–6, **449**
- Verfrachter **407** 1, 15, **443**
- Verfügungsrecht **418** 2–4
- Verhinderung der Beförderung **419** 1
- Verjährung **439**, **452 b II**
- Verladung **412**, **415** 3
- Verlustvermutung **424**
- Verpackung **411** 1, **414** 2, **427** 2
- Vertrag **407** 12–24
- Vertrag zugunsten Dritter **407** 16, **418** 1
- Verzögerungsschaden **425** 2, **426**, **427**
- Warschauer Abkommen **453** 4
- Weisungsrecht **418**
- Wertersatz **429**
- Wertpapiere **409** 1, **444** 1
- Wiederauffinden des Guts **424** 2
- Zahlung **420**
- Zurückbehaltungsrecht **408** 1

Frachtparität 346 40
Framework Einl vor **238** 129, 139–149, **243** 13
Franchising 1 30, **84** 19, **Überbl** vor **373** 43–44
franko 346 40, **421** 4
Frankreich Einl vor **1** 25
frei 346 40, **421** 4
„frei an Bord" 346 40, **(6)** Incoterms 4
freibleibend 346 40
freie Berufe 1 19, **105** 3, **Anh 160** 5
„frei Frachtführer" (6) Incoterms 2
freight prepaid 346 40, **421** 5
„frei Haus" 346 40
„frei im Container gestaut" 346 40
„frei Längsseite Seeschiff" 346 40, **(6)** Incoterms 3
„frei Waggon" (6) Incoterms 2 1
Freistellungsklauseln 89 16
Freiverkehr
- Börsenpreise **(14)** BörsG **48** 6
- kein organisierter Markt **(14)** BörsG **48** 2
- Prospektpflicht/-haftung **(14)** BörsG **48** 5
- Rechtsnatur **(14)** BörsG **48** 3
- Untersagung des Handels **(14)** BörsG **48** 7
- Zulassungsverfahren **(14)** BörsG **48** 4

Freiwillige Gerichtsbarkeit Einl vor **1** 81–82, **(3)** FamFG
Freizeichnung 347 5–7, 38, **(5)** BGB **309 Nr. 7, 8**
Fremdkapitalkosten (IAS-23) **255** 42–45
Fremdkonten s Bankgeschäfte
Fremdsprache 10, Einl vor **343** 10
Fristen s auch Verjährung
- Aufbewahrung **257**, **(1)** EGHGB **47**
- Fristablauf **89 b** 77
- Kündigung, HdlGehilfe **59** 72–73, 77
- Kündigung, HdlVertreter **89** 11, 28

FRN s Bankgeschäfte
FRUG s FinanzmarktRiUmsetzG
Frühwarnsystem 317 6
Full IFRS Einl vor **238** 114
Fürsorgepflicht s Arbeitgeber
Fusion s Verschmelzung
Fusionskontrolle s Zusammenschlusskontrolle

GAAP Einl vor **238** 13, **315 a** 2
Garantie 349 15–20, **(7)** Bankgeschäfte L/1–19
- auf erstes Anfordern **(7)** Bankgeschäfte L/1, 8
- Beschaffenheitsgarantie **349** 15, 18
- Einheitliche Richtlinien **(7)** Bankgeschäfte L/1
- Garantieauftrag **(7)** Bankgeschäfte L/4
- Garantiekarte **349** 20
- Garantiestrenge **(7)** Bankgeschäfte L/4, 7
- Haltbarkeitsgarantie **349** 15, 18
- internationaler Verkehr **349** 23
- Rechtsmissbrauch **(7)** Bankgeschäfte L/13
- Richtlinien s **(7)** Bankgeschäfte L/1
- Rückgarantie **(7)** Bankgeschäfte L/3
- unselbständige **349** 18
- Unwirksamkeit **349** 19
- Verkäufergarantie **349** 18
- Vertrag **349** 15–20, **377** 2, 49

Gattungsschuld 360, **374** 19
GbR s BGBGes
Gebrauchsüberlassung 172 a 13
Gebrauchtwagenhandel 383 4
Gebrochene Beförderung s Frachtgeschäft

Sachverzeichnis

Magere Zahlen = Randnummern

Gefälligkeit Einl vor **343** 5
Gegengeschäft s Börse
Gehalt s Gfter, HdlGehilfe
Geheimnis Einl vor **1** 34
– Auskunft an Gfter **118** 4, 7
– Bankgeheimnis **(7)** Bankgeschäfte A/9–13, **(8)** AGB-Banken **2** 1–2
– Verrat **59** 141
Geldentwertung s Bilanz
Geldkarte (7) Bankgeschäfte F/14–20
Geldwäsche (7) Bankgeschäfte A/12
„geliefert ab Kai" **346** 40, **(6)** Incoterms 11
„geliefert ab Schiff" **346** 40, **(6)** Incoterms 10
„geliefert Grenze" **(6)** Incoterms 9
„geliefert unverzollt" **346** 40, **(6)** Incoterms 12
„geliefert verzollt" **346** 40, **(6)** Incoterms 13
Gemeinschaftsunternehmen 310, s auch Konzernabschluss
Gemischte Betriebe 1 28
Generalvollmacht s Vertretung
Genossenschaft 336–339
Genossenschaftsregister 8 18
Gentlemen's Agreement Einl vor **343** 4
geregelter Markt s Börse
Gericht s auch Gerichtsstand, HdlRegister, Schiedsgericht
– Freiwillige Gerichtsbarkeit **Einl** vor **1** 81–82, **(3)** FamFG
– HdlRichter **Einl** vor **1** 84
– HdlSachen **Einl** vor **1** 83
– Kammer für HdlSachen **Einl** vor **1** 84
– Prozess-, Registergericht **16**
– Rechtspfleger **Einl** vor **1** 82
Gerichtsstand Einl vor **1** 85–86
– s auch AGB, Spedition, Frachtgeschäft
– HdlVertreter **92 c** 12
– internationale Zuständigkeit **Einl** vor **1** 87
– Vereinbarung **Einl** vor **1** 86, 87
Gesamtrechtsnachfolge Einl vor **1** 43
Geschäftliche Bezeichnungen 17 11
Geschäftsabzeichen 17 11
Geschäftsanschrift
– Handelsregister **106** 8, **107** 1
Geschäftsbesorgung 86 1, **362**
– Kommission **383** 6
– Provision **354**
– Schweigen auf Antrag **362** 5
– Spedition **453** 5
Geschäftsbezeichnung 17 11–12
Geschäftsbrief s auch Handelsbrief

– Angaben auf Geschäftsbriefen **37 a**, **125 a**, **177 a**
– Aufbewahrung **257**
Geschäftsfähigkeit
– Geschäftsbetrieb **1** 33
– HdlGehilfe **59** 32, 37
– HdlRegister **15** 19
– Minderjährige **1** 32–35, 39, 46
– OHG **105** 26–27, **114** 4
– Rechtsscheinhaftung **5** 9–18
– Schweigen **362** 6
– stiller Gfter **230** 8
– Wettbewerbsverbot **74 a** 5
Geschäftsführung (OHG) 114–117
– Auskunft **114** 14, **118** 1–14
– außergewöhnliche Geschäfte **116** 2
– Begriff, wer zur G berufen **114** 4–5
– Beirat **114** 27
– Bericht **114** 14, **118**
– Beschränkung **117** 5
– Entziehung **117**
– Gesamtgeschäftsführung **115, 164**
– GfterBeschlüsse **116** II, **119**
– Grundlagengeschäfte **116** 3
– Haftung der Gfter **114** 15
– Kontrollrecht **118**
– Kündigung **114** 18, 22
– Neuordnung **117** 10
– Niederlegung **117** 2, **114** 19
– Notmaßnahmen **114** 7
– Pflichten **114** 9–19, **116**
– Prokura-Erteilung **116** 8, 164
– Rechenschaft **114** 14, **118** 12
– Rechte **114** 9–19, **116**
– Selbstorganschaft **114** 24
– Sorgfaltspflicht **109** 4–5, **114** 12, **347** 4
– Stimmrecht **119** 5–24
– Übertragung, Abspaltungsverbot **114** 23
– Umfang **114** 9–28, **116**
– Vergütung **109** 19–20
– Vertreterklausel **114** 26
– Weisung der Gfter **114** 9
– wichtiger Grund **117** 4, 11–12, 16
– Widerruf einer Prokura **116** 9
– Widerspruch **164**
Geschäftsgeheimnis s HdlGeschäft
Geschäftsgrundlage 105 64, 79, 80, 93
Geschäftsjahr s HdlBücher
Geschäftsverbindung Einl vor **343** 3, **347** 16, **362** 3
– s auch AGB, Bankgeschäfte
Geschäftswert Einl vor **1** 34–37, **255** 25, 26, s auch Konzernabschluss
Geschichte des Handelsrechts Einl vor **1** 8–15

2277

Sachverzeichnis

Fette Zahlen = §§/Artikel

Gesellschaft s auch BGBGes, Handels-, Kommandit-, Offene Hdl , Personen-, Stille Ges
- ausländische **Einl** vor **105** 29–36
- Außengesellschaft **Einl** vor **105** 11
- Besitzgesellschaft **1** 18
- bergrechtliche **(1)** EGHGB **5**
- bürgerlichen Rechts **Einl** vor **105** 14
- Ehegattengesellschaft **105** 52
- Gesellschaftsformenwahl **Einl** vor **105** 4–7
- Gesellschaftsvertrag **105** 47–66, **109**
- Holdinggesellschaft **1** 18
- Innengesellschaft **Einl** vor **105** 10, 38, **230** 2
- KapitalGes **Einl** vor **105** 12
- Konzernrecht der Personengesellschaften **105** 100–107
- Nichteheliche Lebensgemeinschaft **105** 53
- Vertragsgestaltung **Einl** vor **105** 7
- Vorgesellschaft **105** 9, **Anh 177 a** 15

Gesellschafter (OHG) **105** 18–30
- s auch Ausschließung, Ehegatten, Erbengemeinschaft, Juristische Person, Offene HdlGes (und dort genannte andere Stichwörter), Treuhänder
- actio pro socio **109** 32, **124** 41
- Aufwendungsersatz **110, 128** 25
- Ausscheiden **59** 22
- Beitrag **109** 6–14, **120** 17
- corporate opportunity **114** 13
- Darlehen **122** 7, **129 a**
- Dienstvertrag **110** 19–21
- Drittgläubiger, Drittgeschäft **124** 52–55, **145** 6
- Einlage **109** 6, **120** 3, 17
- Einsicht **118**
- Entnahme **122**
- Erfindung **109** 7, **124** 8
- Geschäftschancen **114** 13
- Gehalt **110** 19
- Gleichbehandlung **109** 29–31, **119** 35
- Haftung **59** 22, **128**
- Informationsrechte **118, 166**
- Interessenkonflikt **114** 13, **119** 8, s auch Wettbewerbsverbot
- Mitspracherechte **116 II, 164**
- mögliche Gfter **105** 18 ff, 29, **161** 2
- Nachschuss **109** 6, 12
- Nichtunternehmer **1** 10
- Pfändung **124** 21
- Pflichten **109** 4–28
- Rechte **109** 4–28
- ScheinGfter **128** 5
- Schmiergelder **109** 28
- Sorgfaltspflicht **109** 4–5
- TochterGes **105** 30
- Tod **131** 18, **139, 177**
- Treuepflicht **109** 23–28, **112, 113**
- Übertragung der Rechte **109** 15–22
- Überwachung **118**
- Verfügung über Rechte **109** 15–22
- Verhältnis zum MitGfter **109** 4
- Verlustersatz **110** 11–14
- Versammlung **119** 28
- Vertrag mit Ges **109** 11
- Vertreter **119** 41
- Vertretungsmacht **106** 12, **107** 1
- Verzinsungspflicht **111**
- Wettbewerbsverbot **109** 25, **112, 113**
- Zins **111**

Gesellschafterdarlehen 122 7, **129 a, 172 a, 236** 3, 5

Gesellschaftsanteil s Anteil

Gesellschaftsformenwahl s Gesellschaft

Gesellschaftsschulden, -verbindlichkeiten s Schulden

Gesellschaftsvermögen s Vermögen

Gesellschaftsvertrag s Gesellschaft

Gesellschaftsvertragsgestaltung s Gesellschaft

Gesetzlicher Vertreter s Haftung

Gesetzwidrigkeit
- Betrieb **1** 21
- GesVertrag **105** 75–97

Geständnis 350 6

„getreue Hände" 346 40

Gewährleistung 377, 378
- Bilanz **251**

Gewerbe
- Begriff **1** 11–21
- Erlaubnis, Zulassung **Einl** vor **1** 38, 7
- Handelsgewerbe **1** 22–29, **2, 3**
- Holdinggesellschaft **1** 18
- Kleingewerbe **1** 3, **383** 2
- Nebengewerbe **3** 5, 10–12

Gewerbebetrieb s HdlGeschäft
- Recht am Gewerbebetrieb **Einl** vor **1** 63–70

Gewerbehilfe 59 23

Gewerbliches Schutzrecht Einl vor **1** 74
- Berühmung **Einl** vor **1** 68

Gewicht 361, 380

Gewinn, Verlust (OHG)
- s auch Rücklagen, Rückstellungen
- Berechnung **120**
- Beteiligung **59** 60
- Entnahme **122**
- Ermittlung **120**
- Verfügung/Pfändung des Gewinnanspruchs **121** 3–4, **124** 18–22
- Verteilung **120, 121**

Gewinnerzielung 1 11, 15, 16

Magere Zahlen = Randnummern

Sachverzeichnis

Gewinn- und Verlustrechnung Einl vor **238** 74, **275–277**
- s auch Bilanz, HdlBücher, Jahresabschluss
- Aufgliederung **247** 3
- Aufwendungen **275**
- Bestandsveränderungen **277** 2
- Definition **242** 9
- einzelne Posten **275** 5–26, **277**
- Erfolgsquellen **275** 4
- Ergebnisverwendung **275** 25, **(2 a)** AktG **158**
- Erträge **275**
- Gesamtkostenverfahren **275** 2, 5–26
- Gliederung **275**
- größenabhängige Erleichterungen **276**
- IAS-33 **275** 41–48
- IFRS-5 **275** 36–40
- IFRS-7 **253** 35
- internationale Standards **275** 36–49, **276** 3, **277** 6–8
- Pflicht zur Aufstellung **242, 264**
- Rechtsfolgen bei Verstoß **275** 35
- Rücklagenveränderungen **275** 34
- Staffelform **275** 1
- Steuern **275** 23, **278**
- Umsatzerlöse **277** 1
- Umsatzkostenverfahren **275** 2, 27–33
- Verfahrenswahlrecht **275** 2
- Zinsen **275** 14–15

Gewinnzusage 349 22
Gewohnheitsrecht Einl vor **1** 17
gezeichnetes Kapital s Eigenkapital
Gleichbehandlung
- Allgemeines Gleichbehandlungsgesetz (AGG) **59** 10
- HdlGehilfe **59** 10, 57, 63, 91
- HdlVertreter **86** 10, 30, **86 a** 15
- Offene Handelsgesellschaft **109** 29–31, **119** 35

Gleichordnungskonzern s Verbundene Unternehmen
Gliederungsvorschriften s Anhang, Gewinn- und Verlustrechnung, Jahresabschluss
Giro (-verkehr, -konto, -vertrag) **(7)** Bankgeschäfte C/1, 3
Girogeschäft (7) Bankgeschäfte A/4
Girokarte (7) Bankgeschäfte F/1
Girokonto für jedermann (7) Bankgeschäfte A/6
Girovertrag (7) Bankgeschäfte C/3
Globalzession s **(7)** Bankgeschäfte H/1–6, J/4, O/7–8
„glückliche Ankunft vorbehalten" s Ankunftsklausel

GmbH (2 b) GmbHG
GmbH & Co (KG) **105** 103, **Anh 177 a** 1–51
- s auch KommanditGes (und die dort genannten anderen Stichwörter), PublikumsGes
- Anmeldung **Anh 177 a** 13
- Auflösung **Anh 177 a** 45–46
- Ausscheiden der GmbH **Anh 177 a** 45
- Begriff **Anh 177 a** 1
- Beirat **Anh 177 a** 31
- Bilanzrecht **Einl** vor **238** 9
- corporate opportunity **Anh 177 a** 23
- Darlehensrückgewährung **172 a** 15
- Differenzhaftung **Anh 177 a** 16
- doppelstöckige **Anh 177 a** 9
- echte **Anh 177 a** 6
- EinheitsGes **Anh 177 a** 8
- EinmannGmbH & Co **Anh 177 a** 6
- Errichtung **Anh 177 a** 12–20
- Erscheinungsformen **Anh 177 a** 6–11
- Erwerbschancen **Anh 177 a** 23
- Finanzplankredite **172 a** 21, **Anh 177 a** 43
- Firma s dort
- Freistellungspflicht **Anh 177 a** 43
- Geschäftsführung **Anh 177 a** 26
- Gesellschafterdarlehen **172 a** 18
- Gesellschafterversammlung **Anh 177 a** 32
- Gesellschaftsvertrag **Anh 177 a** 12, 33
- Gesellschafterwechsel **Anh 177 a** 47, 48
- GmbH-Geschäftsführung **172 a** 45, **Anh 177 a** 27, 36, 44
- Gründerhaftung **Anh 177 a** 15–19
- Gründung **Anh 177 a** 12–14
- Haftung des GmbH-Geschäftsführers **Anh 177 a** 44
- Haftung des Kdtisten **Anh 177 a** 19, 42–43
- Haftung gegenüber Dritten **Anh 177 a** 41
- Haftung im Gründungsstadium **Anh 177 a** 15
- Handelndenhaftung **Anh 177 a** 17
- Jahresabschluss **264 a–264 c**
- kapitalistische **Anh 177 a** 10
- Kleinbeteiligungen **172 a** 14
- körperschaftlich strukturierte **Anh 177 a** 10
- Liquidation **Anh 177 a** 49
- Mitbestimmung **Anh 177 a** 50
- Pflichten der Gfter **Anh 177 a** 21–25
- praktische Bedeutung **Anh 177 a** 2

2279

Sachverzeichnis

Fette Zahlen = §§/Artikel

- Prozess **Anh 177 a** 35
- Prospekthaftung **Anh 177 a** 59
- Rechnungslegung **Anh 177 a** 51
- Rechte der Gfter **Anh 177 a** 21–25
- rechtliche Selbständigkeit **Anh 177 a** 34
- Rechtsscheinhaftung **Anh 177 a** 43, 78a
- Selbstkontrahieren **Anh 177 a** 12, 33, 39
- sternförmige **Anh 177 a** 7
- Stimmrecht **Anh 177 a** 25
- Treuepflicht **Anh 177 a** 22
- Typenverbindung **Anh 177 a** 11
- UG (haftungsbeschränkt) & Co **Anh 177 a** 11
- Übertragung **Anh 177 a** 47–48
- Umwandlung **Anh 177 a** 14
- Unterbilanzhaftung **Anh 177 a** 16
- Unterkapitalisierung **172 a** 39, 42–44
- verbundene Unternehmen **172 a** 27, **Anh 177 a** 22–25, 50
- Verlustdeckungshaftung **Anh 177 a** 15
- Vertretung **Anh 177 a** 15, 36
- Verzahnung **Anh 177 a** 6
- Vorbelastungshaftung **Anh 177 a** 16
- Vorbelastungsverbot **Anh 177 a** 16
- VorGmbH **Anh 177 a** 13, 15
- VorgründungsGes **Anh 177 a** 18, 20
- wechselseitig beteiligte **Anh 177 a** 8
- Wettbewerbsverbot **Anh 177 a** 23, 27
- Zulässigkeit **Anh 177 a** 4–5

GmbH & Still 230 5
GmbH-Geschäftsführer 172 a 45, **Anh 177 a** 27–30, 36–40, 44, 74
GNT s Güterkraftverkehr
GoB s Buchführung
going concern s Bewertung
Goldene Aktien Einl vor 105 36
Goodwill s HdlGeschäft
Gratifikation 59 61–68
Großhändler Überbl vor 373 36
Großbritannien Einl vor 1 25
Großreparaturen s Anhang, Rückstellungen
Grundsätze ordnungsmäßiger Buchführung s Buchführung
Grundschuld s Hypothek
Grundstück
- Übereignungsform **105** 55, **350** 2–3

Gruppe s Gesellschaft
Guarantee Letter of Credit (7) Bankgeschäfte K/1a
Gutachten
- Haftung **347** 8–22
- Internationale Zentralstelle für technische Gutachten **Einl** vor **1** 97

Guter Glaube s gutgläubiger Erwerb, Vertrauen
Güterkraftverkehr 407 3, 25, **(17) CMR**
- s auch Frachtgeschäft
- Ablieferungshindernisse**(17) CMR** 15
- Anwendungsbereich **(17) CMR 1**, **2**
- Beförderungsvertrag **(17) CMR 2**, **4**, **9**, **13**
- Frachtbrief **408**, **(17) CMR 4–11**
- GüKUMB **451** 1
- Haftung **(17) CMR 3**, **7**, **10**, **11 III**, **17–29**
- Huckepackverkehr **452** 5
- Internationaler Verkehr **(17) CMR**
- Leichen **(17) CMR 1 IV**
- Lieferfrist **(17) CMR 19**
- multimodaler Transport **407**, **452**
- Nachnahme **(17) CMR 21**
- Postsendungen **(17) CMR 1 IV**
- Umzugsgut **451–451 h**, **(17) CMR 1 IV**
- Verfügungen, nachträgliche **(17) CMR 12**
- Verjährung **(17) CMR 32**
- Verpackung **(17) CMR 10**

Güterrecht (eheliches) s Ehegatten
Gutgewicht 380 4
Gutgläubiger Erwerb
- bewegliche Sachen **366**
- gesetzliche Pfandrechte **366** 8–10
- Inhaberpapiere, gleichstehende Wertpapiere **367**
- inkonnexe Forderungen **366** 10–12
- Lieferbarkeit **367** 6
- Wertpapierbereinigung **367** 6

Gutschrift (Überweisung) s Bankgeschäfte
GWB s Kartellrecht

Haager Übereinkommen Einl vor **1** 87
Haftung
- s auch Durchgriffshaftung, Frachtgeschäft, Freizeichnung, GfterDarlehen, Prospekthaftung, Rat, Schuldübernahme, Sorgfaltspflicht, Spedition, Unterkapitalisierung, verbundene Unternehmen
- Anfechtung **129** 9–10
- Arbeitgeber **59** 105–106
- Aufklärung **347** 8, 23
- Aufrechnung **129** 11–14
- aus Geschäftsübernahme **25**
- aus Kreditauftrag **349** 11
- aus Schein **5** 9–18
- aus Vermögensübernahme **25** 19

Magere Zahlen = Randnummern

Sachverzeichnis

- ausgeschiedener Gfter **59** 22, **128** 28–36, **159, 160**
- Ausgleich **128** 25–27
- Auskunft **347** 8, 23
- Bank **347** 8, 23, **(7)** Bankgeschäfte A/30–35, C/2 a–b, 3 a–b, 10, G/28–32, **(8)** AGB-Banken **3**
- Beratungsvertrag **347** 14
- Berufshaftung **347** 22
- Beweislast **347** 37
- der OHG aus unerlaubter Handlung **124** 24–25, **128** 6
- des eintretenden Gfters **28, 130**
- Darlehensrückgewähr s GfterDarlehen
- Dritthaftung **347** 19–21, 38 a
- Eigenhaftung des Vertreters **Überbl** vor **48** 9–12
- Eintretender **130**
- Einwendungen des Gfter **129** 1–8
- Empfehlung **347** 8, 23
- Erben **27, 139** 44–49
- Erstattung **128** 25–27
- Fahrlässigkeit **347** 34
- Fortführung des HdlGeschäfts **25**
- Freizeichnung **347** 38
- für Bedienstete, „Leute" **347** 3
- für Erfüllungsgehilfen **347** 3
- für gesetzlichen Vertreter **347** 3
- gegenüber MitGftern **128** 22–24
- Gerichtsstand **347** 40
- Ges aus unerlaubter Haftung **124** 24–25
- GmbH-Geschäftsführer **172 a** 45, **Anh 177 a** 44
- Haftungsbeschränkung s Freizeichnung
- HdlGehilfe **59,** 44 ff, 107–110
- im Güterkraftverkehr s dort
- Inhalt **128** 8–18, **129** 1–14
- Insolvenz **128** 46–47
- Kdtist **171–176**
- Mankohaftung **59** 110
- Mithaftung **349** 13
- Mitverschulden **347** 36
- nach Auflösung **159, 160**
- nach Ausscheiden **59** 22, **128** 28–36, **159, 160**
- OHG **105** 1, 6, 8, 9
- OHG-Gfter **128–130**
- Organisationsmangel **124** 28
- Prospekt **347** 8, 23
- Prozess **128** 39–44, **129** 7–8
- Rat **347** 8, 23
- Sanierungsprivileg **172 a** 10–12
- Schaden **347** 35
- Testat **347** 8, 23
- Vergleichsverfahren **124** 47, **128** 48
- Verhaltenspflichten **347** 23–34
- Verjährung **128** 4, 20, 28, **159, 160**, **347** 39
- Vermögensübernahme **25** 19
- Vertrauenshaftung **347** 22
- Verzicht **128** 38
- Wirtschaftsprüfer **323, 347** 3, 21, 29–30, **(2 c)** WPO **54, 54 a, (2 d)** AGB-WP **Einl** 3–4, **9**
- Zeugnis **73**/109 GewO 2, 19, 20, **347** 8, 23
- Zwangsvollstreckung **128** 45, **129** 15

Handelsbrauch 346
- Auslegung von Willenserklärungen **346** 1
- Begriff **346** 1
- Bestätigungsschreiben **346** 16–29
- Beweis **346** 13
- Bildung **346** 12
- Feststellung **346** 13
- Geltung **Einl** vor **1** 4–5, **346** 3–11
- IHK **346** 13
- im Vertragsverhältnis **346** 8
- Missbrauch **346** 11
- Revision **346** 14
- Rügeobliegenheit **377** 56
- Schweigen **346** 30–38
- Tegernseer Gebräuche **346** 15
- Trade Terms **346** 15
- Unkenntnis **346** 9
- Untersuchungspflicht **377** 56

Handelsbrief 257, s auch Geschäftsbrief

Handelsbücher 238–342 e
- s auch Abschlussprüfung, Abschreibungen, Anhang, Bewertung, Bilanz, Bilanzrichtlinien-Gesetz, Buchführung, Gewinn- und Verlustrechnung, Jahresabschluss, Konzernabschluss, Konzernanhang, Konzernlagebericht, Lagebericht, Offenlegung, Rücklagen, Rückstellungen
- Änderung **239** 3
- Aufbewahrung **257**
- Bedeutung **238** 2
- Begriff **238** 1
- Berichtigung **239** 3
- Beweiswert **238** 3, **257** 4
- Bewertung des Inventars **240** 5, 7, 8
- Bildträger **261**
- Datenträger **261**
- Einsichtsrecht **259**
- Finanzdienstleistungsinstitute **340–340 o**
- Formblätter **330**
- Genossenschaften **336–339**
- IAS/IFRS-Regelungen **240** 9–11, **241** 5

2281

Sachverzeichnis

Fette Zahlen = §§/Artikel

- Inventar **240**
- Inventarbewertung **240** 5, 7, 8
- Inventur **240, 241**
- Inventurfrist **240** 6
- Inventurpflicht **240** 1, 4
- Jahresinventur **240** 6
- Kreditinstitute, Besondere Vorschriften **340–340 o**
- Ordnung **239** 2
- permanente Inventur **241** 2
- Richtigkeit **239** 2
- Schriftzeichen **239** 1
- Sprache **239** 1
- Stichprobenverfahren **241** 1
- Stichtagsinventur **240** 2
- Stichtagsinventur, verlagerte **241** 3, 4
- Straf- und Bußgeld-Vorschriften **331–334**
- Übergangsrecht, Überblick **Einl** vor **238** 82–110, **(1) EGHGB 23–28**
- Vorlegung **258–261**
- Vollständigkeit **239** 2
- Zeitgerechtigkeit **239** 2

Handelsfirma s Firma

Handelsgeschäft (einzelnes Geschäft)
- Auslegung **Einl** vor **343** 12
- Begriff **Einl** vor **343** 1, **343**
- beiderseitiges **345** 2, **377** 3, **379** 3
- BGB **Einl** vor **343** 2, **(1) EGHGB 2**
- einseitiges **345** 1
- Form **Einl** vor **343** 8–9
- GrundHdlGeschäft **1** 1, 3
- HilfsHdlGeschäft **343** 3
- Inhaltsfreiheit **Einl** vor **343** 11
- internationaler Verkehr **Einl** vor **343** 17
- Nebenabreden **Einl** vor **343** 9
- NebenHdlGeschäft **343** 3
- Neuverhandlung **Einl** vor **343** 14
- Schriftform **Einl** vor **343** 9
- Schuldschein **344 II**
- Verjährung **Einl** vor **343** 16
- Vermutung **344**

Handelsgeschäft (Unternehmen, Gewerbebetrieb)
- Abtretung **354 a**
- Abwehransprüche **Einl** vor **1** 56
- Begriff **Einl** vor **1** 31–33
- Beschaffenheit **Einl** vor **1** 46 a, b
- Bewertung **Einl** vor **1** 34–37
- due-diligence-Untersuchung **Einl** vor **1** 44
- Einbringung **145** 10
- Eigentum **Einl** vor **1** 57–62
- Eintritt **24, 28**
- Enteignung **Einl** vor **1** 57–62
- Entstehung **Einl** vor **1** 38
- Erlöschen **Einl** vor **1** 40

- Fortführung **21–28**
- Geschäftsgeheimnis **Einl** vor **1** 34, 70
- Gewinn **Einl** vor **1** 46 a
- Goodwill **Einl** vor **1** 34–37, 38
- Insolvenz **22** 3–4, 10, 24
- Kauf **Einl** vor **1** 44–47
- Know-how **Einl** vor **1** 34
- Nachfolgevermerk **22** 15, 17
- Nießbrauch **Einl** vor **1** 50, **1** 30, **22** 25
- Nutzungen **Einl** vor **1** 53
- Pacht **Einl** vor **1** 49, **22** 25
- Persönlichkeitsrecht des Unternehmers **Einl** vor **1** 64
- Pfändung **Einl** vor **1** 51
- Recht am Gewerbebetrieb **Einl** vor **1** 63, 65–70
- Rückerstattung **Einl** vor **1** 53–54
- Ruhen **Einl** vor **1** 40
- Schenkung **Einl** vor **1** 44
- Schutz **Einl** vor **1** 56–70
- Sicherungsübereignung **Einl** vor **1** 51
- Übernahme, Übertragung **Einl** vor **1** 42–43, **22, 25, 26, 145** 10
- Umsatz **Einl** vor **1** 46 a
- Umwandlung **Einl** vor **105** 19–27
- Veräußerung **Einl** vor **1** 44–47
- Vererbung **Einl** vor **1** 52, **27**
- Verlegung **Einl** vor **1** 39
- Vermächtnis **Einl** vor **1** 52, **22** 2, 9, **27**
- Verpachtung **Einl** vor **1** 49
- Verpfändung **Einl** vor **1** 51
- Wert **Einl** vor **1** 35–37

Handelsgesellschaften 6 I, 105–177 a
- s auch KommanditGes, Offene HdlGes, PersonalGes
- als Kaufleute **6** 1–5
- Begriff **6** 1, **Einl** vor **105** 8
- Einteilung **Einl** vor **105** 8–13
- Entwicklung **Einl** vor **105** 8
- Firma **17** 9
- Sorgfaltspflicht **347** 4
- Vertragsfreiheit **Einl** vor **105** 6

Handelsgewerbe
- Angestellte **59** 30
- Begriff **1** 22–29, **2, 3**
- OHG **105** 2, 4, 6, 7, 9, 12, 13, 49, 54
- Schein **5**
- Vermutung **1** 25

Handelsgut s Gattungsschuld
Handelskammer s Industrie- und Handelskammer, Internationale Handelskammer, Internationale Schiedsgerichtsbarkeit
Handelskauf s Kauf
Handelsklauseln 346 39–40, **(6)** Incoterms

Magere Zahlen = Randnummern

Sachverzeichnis

Handelsmakler (HdlMakler) 84 5, 10, 20, **93–104 a**
- Abschlussfreiheit **93** 37, 62, 66
- a-metà-Vermittlung **93** 35
- AGB **93** 60, 64, 65, 66
- Alleinauftrag **93** 59–63, 66
- „Aufgabe vorbehalten" **95**
- Aufklärungspflicht **93** 24, 27, 28
- Aufwendungsersatz **93** 39, 66
- Bausparkassenmakler **93** 7, **104**
- Begriff **84** 20, **93** 1–15
- Bestätigungsschreiben **94** 2, 3
- BGB **93** 2
- Bußgeld **104a**
- Darlehensvermittlung **93** 2, 5, 28, 45
- Dienstvertragklausel **93** 66
- Direktabschluss **93** 62
- Doppeltätigkeit **93** 16, 32, 33, 54, 61, 66
- Dritter **93** 46–50
- Eigenhaftung **95** 3
- Eigenverkaufsklauseln **93** 66
- erfolgsunabhängiges/selbständiges Provisionsversprechen **93** 48, 63, 66
- Ersatzgeschäft **93** 41
- Fälligkeit **93** 56, 66
- Festauftrag **93** 59, 60
- Folgegeschäft **93** 41, 66
- Formerfordernis **93** 17
- Franchisemakler **93** 22
- Freizeichnung **93** 66
- Gemeinschaftsgeschäft **93** 21
- Geschäftsgegnerbezeichnung **95**
- Gewerbsmäßigkeit **93** 15
- Haftung gegenüber beiden Parteien **98**
- Hinzuziehungsklausel **93** 60, 66
- Identität des Geschäfts **93** 41
- Informationspflicht **93** 27, 28, 40
- Inkassovollmacht **97**
- Insolvenz **93** 58
- Interessenkonflikte **93**, 30, 32–33
- Interessenwahrungspflicht **93** 24–31
- internationaler Verkehr **93** 67, **94** 7
- Kaufmann **93** 15
- Kongruenz des Geschäfts **93** 41
- Krämermakler **104**
- Kreditvermittlung **93** 45
- Leistungsempfang **97**
- Lohnanspruch gegen beide Parteien **99**
- Maklergesetz **93** 3–6
- Maklerlohn **93** 23, 53–58, 66, **99**
- Makler- und BauträgerVO **93** 3
- Mitteilungspflicht **93** 27–28, 39, **94** 6
- Nachgeschäft **93** 41
- Nachweis **93** 13, 40, 50
- Nachweismakler **93** 50
- Ordnungswidrigkeiten **103**
- Parteiabrede **93** 43
- Pflichten **93** 23–36, 37–39, 61–62
- Pflichtverletzung **93** 36, 52, 66, **95** 1, 3, **98** 1, **100** 2
- Proben **96**
- Prospekthaftung **93** 27
- Provision **93** 23, 37, 40–58, 66, **99**
- Provisionsabwälzung **93** 66
- Rechtsangelegenheiten **93** 29
- Reservierung **93** 66
- Rückfrageklausel **93** 66
- Schadensersatz **93** 36, 52, 66, **95** 1, 3, **98** 1, **100** 2
- Schlussnote **94**
- Schweigepflicht **93** 25, 39
- Selbsteintritt **93** 46
- Tagebuch **100–103**
- Tätigkeitspflicht **93** 24, 61
- Treueverhältnis **93** 24
- Übererlös **93** 33, 55, 66
- Unparteilichkeit **93** 33
- Untermakler **93** 19, 34
- Ursächlichkeit **93** 50–51
- Vergleich **93** 58
- Verjährung **93** 36, 57
- Vermittlung **93** 13, 40
- Verschulden bei Vertragsverhandlungen **93** 27
- Versicherungsmakler **104**, **93** 7, 12
- Versicherungsvermittlung **93** 45
- Vertrag **93** 12–15, 16–22, 40–52
- Vertragsende **93** 18
- Vertragsschluss **93** 16–17
- Vertragsstrafe **93** 66
- verwandte Verträge **93** 8–11
- Verweisungsklausel **93** 66
- Verwirkung **93** 36, 52
- Vollmachtsklausel **93** 66
- Vorbehaltene Aufgabe **95**
- Vorkaufsrecht **93** 53
- Vorkenntnis **93** 50, 66
- Weitergabeklausel **93** 66
- Widerruf **93** 18, 60, 66
- Wirksamkeit des Geschäfts **93** 42–45
- Wohnungsvermittlung **93** 4
- Zahlung **97**
- Zivilmakler **93** 1
- Zubringergeschäft **93** 20
- Zwangsversteigerungserwerb **93** 66
- Zweitmakler **93** 16

Handelsname s Firma
Handelsregister Einl vor **1** 81–82, **8–16**, (3) FamFG, (4) HRV
- s auch Kommanditgesellschaft, offene Handelsgesellschaft, Prokura, Unternehmensregister

2283

Sachverzeichnis

Fette Zahlen = §§/Artikel

- Abschrift **9** 8
- Abrufverfahren, automatisiert **9 a**
- Abteilungen **8** 4
- Amtslöschung **8** 12–15, **37** 8
- Anmeldung **8** 6, **12, 29, 31, 33**
- Anmeldung von Änderungen **31** 1–5
- Auskunft **9** 11
- Bekanntmachung **10, 11,** (4) HRV 27, 28, **32–35**
- Bescheinigung **9** 9
- Beschwerde **8** 10
- Beglaubigungen **9** 7
- Bescheinigung **9** 9
- Beweiswert **9** 14
- Bezeichnungsschutz **8** 16–18
- Bindung an ordentliches Gericht **16**
- Bund **36**
- deklaratorische Wirkung **8** 11
- EHUG **8** 2a
- Einreichungen **12**
- Einrichtung **8** 4, (3) FamFG, (4) HRV **1–11, 39–47**
- Einsicht **9** 1–11
- Eintragung **8** 10, **8 a** 1, (4) HRV **23–38**
- Eintragungswirkungen **8** 11
- einzutragende Tatsachen **8** 5, **15** 5
- elektronische Rückerfassung **9** 5, 6
- elektronisches Abrufverfahren **9** 4
- elektronisches HdlReg **8** 2–4, **8 b** 1, (1) EGHGB **61**
- Firma **29–31**
- Form **8 a** 1
- Führung **8** 3, (3) FamFG, (4) HRV **12–22, 39–47**
- Handelsregisterverfügung (4) HRV
- Handwerkskammer **8** 3,, (4) HRV **23**
- Hauptniederlassung **13–13 h**
- IHK **8** 2, 3, 12, (4) HRV **23, 37**
- Insolvenz **32, 34** 2
- internationaler Verkehr **8** 19, **12** 8
- juristische Person **33–35**
- konstitutive Wirkung **8** 11
- Konzernregister **8** 5
- Kosten **8** 4
- Land **36**
- Löschung **8** 12–13, **31 II, 157,** (3) FamFG **393–395**
- negative Publizität **15** 1–2, 4
- Niederlassung **13** 1, **29, 31**
- Offenlegung in anderen Amtssprachen **10** 1–5
- öffentlicher Glaube **5, 15**
- öffentliche Zustellung **15 a**
- Öffentlichkeit **9** 1–3
- Online-Abruf **9 a**
- Ordnungsstrafen **14, 37 I**

- positive Publizität **15** 2, 16–23
- Prüfung **8** 7–9, **329**
- Rechtsnachfolgenachweis **12** 5
- Rechtsscheinhaftung **15** 17
- Reform **8** 2a
- Registerakten **8** 4
- Registerblatt **8** 4
- Registerordner **8** 4
- Registersachen (3) FamFG **374**
- Registerzeugnis **9** 14
- Schonfrist **15** 14
- unbefugter Firmengebrauch (3) FamFG **392**
- unrichtige Eintragung **8** 12–15
- unzulässige Eintragungen (3) FamFG **395**
- Unternehmensregister **8** 2 a, **8 b,** 9 12–13, **9 a**
- vermögenslose Ges, Gen (3) FamFG **394**
- Veröffentlichung **10–11,** (4) HRV 27–28, **32, 35**
- Verordnungsermächtigung **8 a** 3
- Vertrauensschutz gegen Registerinhalt **15** 15
- Vertretung bei Anmeldung **12** 3–4
- Voreintragung **15** 11
- Wirksamwerden der Eintragungen **8 a** 2
- Wirkung **2, 5, 8** 11, **15**
- Zeichnung **12**
- Zeugnis **9** 10
- Zuständigkeit (3) FamFG **376–377**
- Zwangsgeldverfahren (3) FamFG **388–389**
- Zweigniederlassung **13–13 h, 15** 24

Handelsrichter s Gericht
Handelssachen s Gericht
Handelsstand Einl vor **1** 1
Handelsübung 346 2
Handelsvertreter (HdlVertreter) 84–92 c
- (Un)Abdingbarkeit **55** 10, 12, **84** 16, **85** 8, **87** 19, 22, 47, 48, **87 b** 18, **87 c** 29, **87 d** 2, **88 a** 2, **89 a** 26, **92 b** 9, **92 c** 1, 13
- Ablehnung **55** 7, **86** 6, 28, **86 a** 10, 13, **87** 8, **87 c** 23, **89** 25, **89 a** 19, **89 b** 34, 54, **91 a** 2, 7–9
- Abmahnung **89 a** 1, 10, 18
- Absatzgarantie **89 b** 18
- Absatzgebiet **86** 27, 43, **87** 28
- Absatzmittler **84** 1, 5, 36, 39
- Absatzorganisation **84** 13, 42, **86** 18
- Absatzrisiko **86** 35
- Abschlussagent **84** 25
- Abschlussprovision **86 b** 10, **87** 1, 3, **89 b** 24, 41, 47

Magere Zahlen = Randnummern

Sachverzeichnis

- Abschlussvollmacht **55, 84** 28, 31, **91** 2–3, **91 a** 1, 4
- Abwälzungsvereinbarung **89 b** 68
- Abwerbung **86** 28, **86 a** 17, **89 a** 17, 19, 23, **90 a** 30
- Adressbuch **84** 42, **89 b** 12
- Änderungskündigung **89** 17
- AGB **54** 19, **55** 12, **86** 8, 11, 33, 51, **87** 48, **89** 16, 18, 28, **89 a** 28, **89 b** 68, 96, **90 a** 7, 31, **92 c** 1
- Alleinvertretung **54** 2, **86 a** 17, **86 b** 14, **87** 9, 24, 48, **89 a** 23
- Alleinvertriebsrecht **84** 13, 32, **86 a** 17
- Alter des HdlVertreters **89** 20, **89 b** 33, 42, 55, 60, 61
- Altersversorgung **87** 5, **89 b** 39, 93
- Amerika **92 c** 9
- Anerkenntnis **54** 10, **87 a** 19, **87 c** 3–4, 11, 19, 29, **89 b** 71, 79, **92** 5
- Anfechtung **55** 7, 9, 12, **84** 54, **85** 1, **87** 7, **89** 5, 24, **89 b** 8, **90 a** 23, **91** 2, **91 a** 7, **92** 10
- Angestellter **54** 1, 5, **55** 2, **84** 1, 6, 23, 32, 39, 40, **87** 11, **89 a** 17, **89 b** 14, 67, 68, **90** 9, **92 c** 5
- Anhörung **89 a** 10, 20
- Anscheinsbeweis **87** 16, **89 b** 22, 30, 44
- Anscheinsvollmacht **54** 3–4, 17
- Arbeitnehmer **84** 39
- Arbeitnehmerähnliche HdlVertreter **84** 1, 2, 34, 46, 47, 48, 49, **86** 5, **89** 7, **92 a** 1–2
- Arbeitsgericht **84** 46
- Arbeitskräftemangel **87 a** 26
- Arglist **87** 33,
- Aufhebungsvertrag **55** 12, **85** 1, **86 b** 11, **87 a** 18, **87** 9, **89 a** 35, **89 b** 7, 54, 70, **90 a** 23–24, 26
- Aufklärung **86 a** 2, **89 a** 20, 30
- Auflösende Bedingung **86 b** 11, **87** 7, **87 a** 1, 6, 13, **87 c** 3, **89** 2, **89 b** 7
- Aufrechnung **87** 32, 50, **87 a** 19, **88 a** 2, **89 b** 76, 79
- aufschiebende Bedingung **87** 7, 38, **87 a** 1, 5, **87 c** 3
- Aufwendungen **84** 47, 50, **86** 2, 6, 14, **86 a** 11, 14, **87** 1, 9, **87 b** 11, **87 d**, **88 a** 5, **89 b** 19, 29, 35, 41, **90 a** 20
- außerordentliche Kündigung **54** 19, 21, **84** 11, **86** 14, 23, **87** 32, **89** 6, 8, 23, **89 a**, **89 b** 7, 9, 64, **90 a** 8
- Ausgleichsanspruch **84** 10, 12, 19, 31, **85** 2, **86** 2, 14, 28, **88 a** 5, **89** 5, 18, 26, **89 a** 18, 33, **89 b**, **90** 7, **90 a** 6, 18–20, 25, **92** 3, 9, **92 b** 8, **92 c** 6, 10–12

- Auskunft **54** 5, **84** 11, 50, **86** 6, 32, 40, **86 a** 17, **87 c** 1, 11, 23–24, **89 a** 34, 40, **89 b** 82
- Ausschließlichkeitsbindung **54** 11, **84** 10, **86** 36, 38
- Bausparkassenvertreter **84** 37, **87 a** 15, **89 b** 4, 17, 25–27, 86, **92**, **92 a** 5, **92 b** 2, 6
- Beleidigung **89 a** 17, **89 b** 67
- Beratungsvertrag **84** 50
- Bericht **86** 42
- Berechnungsgrundlage **86 b** 10, **87 b** 1, 4, 13
- Betriebseinstellung **89** 4, **90 a** 16
- Betriebsstilllegung **86 a** 11–12, **89 b** 20, 57
- Betriebsumstellung **89 a** 7, 21, **90 a** 16
- Beugestrafe **87 c** 12
- Beweislast **86** 4, 47, **87** 16, **87 a** 15, 30, **87 b** 2, **89 a** 11, 34, **89 b** 22–23, 30, 44, 51, **92 b** 3
- Beweissicherung **55** 4, 8–9, **91** 2
- Bewertung **89 a** 27, **89 b** 47
- Bezirkshändler **84** 16
- Bezirksprovision **87** 2, 24, 27, 30, 31–32, 35, **92** 6
- Bezirksschutz **84** 19, **86** 12, **86 a** 10, 17, **87** 23, 47, 48, **89 b** 14, 27, **92** 6
- Bezirksstellenleiter **84** 32, 36, **89 b** 4, **92** 6
- Bezirksverkleinerung **89 a** 18, 22, **89 b** 10, 58
- Bezirksvertreter **84** 32, **86** 12, 27, 49, **86 a** 18, **86 b** 3, 14, **87** 25, 28, 30, 35, 36, 44, **89 a** 38, **89 b** 14, 23, 29
- Bilanz **87 a** 2, **89 b** 6, **90** 5
- (Un)Billigkeit **87** 21, 46, **87 b** 3, **89 b** 23–44, 93, **90 a** 9
- Bonität **86** 13, 21, 41, **86 b** 1
- Bonus **87 b** 8
- Bringschuld **86 a** 6
- Bruttoprovision **89 b** 29, 41, 51, 94, **90 a** 19
- Buchauszug **86 a** 10, **87 c**,
- Bucheinsicht **87 c**,
- Buchführung **84** 36, **86** 42, **87 c** 16, 25
- Buchprüfer **87 c** 12
- Buchsachverständiger **87 c** 27
- Culpa in contrahendo s Verschulden bei Vertragsschluss
- Darlehen **54** 14, 16, **55** 11
- Dauerschuldverhältnis **84** 43, **86 b** 11, **87** 38, **89 a** 3
- Dauervertrag **84** 10, 44, **87 a** 7, **87 b** 1, 13, 16–19, 23
- Delkrederehaftung **85** 4, **86** 2, 21, 51, **86 b**, **87** 1, **89 b** 25, 50

2285

Sachverzeichnis

Fette Zahlen = §§/Artikel

- Delkredereprovision **86** 2, **86 b**, **87** 3, 47
- Depotabrede **84** 10
- Deutsches Recht **86 b** 12, **92 c**
- Diebstahl **89 a** 20
- Direktvertrieb **86 a** 17
- Diskriminierung **86** 37
- Dispositives Recht **87 b** 19,
- Drohung **89 a** 17
- Druckkündigung **89 a** 20, **89 b** 67
- Duldungsvollmacht **54** 3, 4, 17
- Durchlaufende Posten **89 b** 25, 29, 51
- EG **84** 3, **89 b** 20, 23, 32, 62, **92 c** 1, 6, 8, 10, 12
- EG-Richtlinie vom 18. 12. 1986 **84** 3, **89 b** 32, **92 c**
- Eidesstattliche Versicherung **87 c** 20–21, 28
- Eigenhändige Unterzeichnung **85** 6, **90 a** 14
- Eigenhändler **84** 10, 14, 23, 32, **86** 38, **89 a** 20, **89 b** 15, 22
- Eigenkündigung **89 b** 52, 55–56, 61
- Einbezogene Dritte **89 a** 17–18
- Einfirmenvertreter **84** 1, 35, 36, 47, **86** 5, 12, **89 a** 30, **92 a**
- Eingliederung **84** 1, 13, **86** 18, 38
- Einkommen **87** 50, **90 a** 9, 20, **92 b** 2
- Einrede **86 b** 8, **89 b** 51
- Einstandsvereinbarung **89 b** 68
- Empfangsvertreter **55** 4, 9, **91** 2
- Entgangener Gewinn **86 a** 11, **87** 9, **89 a** 40
- Entschädigung **89 b** 3, **90 a**
- Erfüllungsgehilfe **84** 31, **87 a** 17, 42
- Erfüllungsort **84** 45, **86** 46, **87 c** 15
- Ermächtigungsgrundlage **92 a** 2
- Ermessen **87 a** 32, **87 b** 3, **89 b** 81
- Erprobung **87** 41
- Ersatzteile **86** 37, **89 b** 25
- EuGH „Ingmar" **92 c** 10
- Firmenpapier **84** 38
- Fixum **84** 36, **87** 5, **89 b** 47
- Formfreiheit **54** 8, 17, **85** 1, 2, 5, **87** 25, **90 a** 24
- Fracht **87 b** 10, **92 c** 13
- Franchisenehmer **84** 19
- Franchising **84** 10–11, **86 a** 15, **90 a** 5
- Freistellung **89 b** 70
- Freizeit **86,** 5, **89** 25
- Fristlose Kündigung **85** 10, **86** 9, 32, 47, 49, **87** 10, 24, 31, 37, **87 c** 26, **89** 16, 23, **89 a**, **89 b** 53, 57–58, 61–62, 66, **90** 8, **90 a** 19, 25–29
- Garantie **86** 9, 13–14, 51, **86 b** 6, 8, 11, **89 a** 21, **89 b** 18, **91 a** 6
- Gattungsschuld **87 a** 26
- Gebietsschutz **84** 13
- Gebietsverkleinerung **89** 18, **89 a** 18, 31, **89 b** 58–59
- Gegenbeweis **87** 17
- Geheimhaltung **86** 2, 32, 42, 45, **86 a** 9, 12, **87 b** 7
- Gelegenheitsagent **84** 44
- Gelegenheitsvermittlung **84** 44, **92** 1
- Gerichtskosten **87 a** 33
- Gerichtsstand **54** 15, **84** 6, 34, 45, **86** 46, **88 a** 2, **92 c** 3, 7, 12
- Geschäftsbesorgung **84** 5, **86** 1, 6, **87 d** 1
- Geschäftseinstellung **89 a** 20, 24–25, **89 b** 59
- Geschäftsgrundlage **87 a** 28, **89** 2
- Geschäftssitz **87** 26, 35, **87 b** 2, **87 c** 15, **92 c** 2, 3
- Geschäfts- und Betriebsgeheimnis **86** 20, 22, **90**
- Geschäftsveräußerung **89 b** 18
- Geschäftsverbindung **84** 20, **87** 31, **87 a** 26, **89 b** 11–13, 15, 22
- Geschäftsverpachtung **89 b** 18
- Gesundheitsschutz **86** 4
- (Handels)Gewerbe **54** 1, 6, 9–10, **55** 1, **84,** 27, 41, 44, **89** 1, **92 b** 2
- Gewerbesteuer **84** 36
- Gewerbetreibender **84** 1, 27, 32–33, **86** 19, **90 a** 5, 9
- Gewerbliche Niederlassung **86** 46, **86 a** 6
- Gewerbliche Tätigkeit **84** 18, 20, **90 a** 4, 6, 12
- Gewinnanteilsrückvergütungen **87 b** 5
- Gewinnbeteiligung **87** 5
- Gleichbehandlungsgrundsatz **86** 10, 30, **86 a** 15
- Goodwill **89 b** 1, 5, 35
- Grundstück **54** 7, 12, **55** 11, **84** 26, **89** 7, **89 b** 20
- Gruppenversicherung **89 b** 27
- Gutachten der IHK **86** 3
- Handelsbrauch **86** 3, **87** 15, 48, **87 b** 9, **89 b** 96, **92** 5
- Handlungsagent **84** 2, 6
- HdlGehilfe **84** 2, 39–40, 56, **86** 19, 32, **89 b** 5, **90 a** 8, **92 c** 10
- HdlVollmacht **54,** **84** 25
- Herausgabe **85** 9, **86** 6, 17, 23, **86 b** 7, **87 a** 18, **89** 26
- Hinterbliebenenversorgung **84** 34
- Höhere Gewalt **89 a** 21, 25
- Hungerprovision **86** 9, **92 a** 1
- Industrie **84** 8, **86** 34, 38
- Industriepropagandist **84** 23, **89 b** 5
- Informationspflichten **86** 40, 42, **86 a** 1, 2, 7, 9

Magere Zahlen = Randnummern

Sachverzeichnis

- Inhaltskontrolle durch AGB **86** 8, 33
- Inkasso **55** 9, 13, **86** 17, 51, **87** 1, 3, 47, 50, **87 c** 5, **89 a** 20, **89 b** 25, 50, **90 a** 28
- Inkassoprovision **87** 1, 3, 47
- Insolvenz **84** 48, **87** 51, **89** 4, **89 b** 85, **90 a** 18
- Insolvenzverwalter **54** 6, **87 c** 7, **89 b** 79
- Interessenkollision **89 b** 58
- Interessenwahrung **84** 11, 20, 41, 42, **86** 15–16, 20–22, 24, 29, 36, 49, 50, **86 a** 1, **90** 1, 3, 4
- Internationaler Verkehr **87 d** 4, **92 c**
- Investitionen **86 a** 15, **89** 7, 16
- Irrtum **89 b** 84
- Kapitalanlage **84** 26
- Kapitaleinsatz **84** 16, 19, 36
- Kapitalflussrechnung **90** 5
- Karenzentschädigung **90 a** 2, 9, 18, 31
- Kartellrecht **84** 17, **86** 10, 26, 34, 37, **86 a** 17, **90 a** 7
- Kettenverträge **89** 20
- Klage **55** 6, **85** 9, **87 a** 15–16, 22, 26, 28–29, 33, **87 c** 11, 21, 24, 28, **89 a** 17, **89 b** 77, 81–82, **90 a** 22, **92 c** 7
- Klageverzichtsklauseln **92** 10
- Kleingewerbe **84** 9
- Kollektion **89 a** 18
- Kollisionsvorschrift **92 c** 1–2
- Kommission **84** 4, 10, 18–19, 23, **86** 17, **86 b** 2, **89 b** 4
- Kommissionsagent **55** 4, **84** 19, **89 b** 5
- Konkurrenzunternehmen **86** 29–30, **86 a** 11, **89 a** 19
- Konkurrenzverbot **84** 13
- Konkurrenzvertretung **86** 24, 26, 28, 30, 32, 41, **86 a** 17, **89 a** 7, 19
- Konsignationslagerabrede **87** 3
- Konzern **87** 14, **89 b** 1, 18, 20, **92 a** 5
- Konzertkartenverkauf **84** 21, 26
- Kosten **84** 8, 36, 50, **86 b** 4, **87** 32, **87 a** 15, 33, **87 b** 10–12, **87 c** 12, 15, 17, 23, 27, **87 d** 2, 4–5, **89 a** 40, **89 b** 19, 29, 41, 51, 70, **90 a** 20
- Krankenversicherung **89 b** 86, 91
- Krankheit **86** 41, **89 b** 55, 60, 62, 96, **90 a** 16
- Kredit **54** 11, 14, 16, **55** 13, **86** 21, 35, **86 b** 1, 2, 12, 14, **87 a** 28, **89** 10
- Kündigungsfristen **84** 3, 11, **86** 4, **87 c** 23, **89**, **89 a** 4, 6, 40, **89 b** 34, 74, **90 a** 26, 31, **92 b** 7
- Kundenbetreuung **84** 23, **86** 15, **86** 20
- Kundenliste **86** 17, 28, **86 a** 2, 5–6, **89 b** 22, **90** 2–3, 5, 7
- Kunden(kreis)schutz **86** 12, **86 a** 10, 17, **87** 23–24, 30, 47–48, **89 b** 14, 27, **92** 6
- Kundenstamm **84** 14–15, 19, **89 b** 2, 18, 20, 38, 40
- Lager **54** 1, **55** 9, **86** 13, 35, 51, **87** 3, **87 d** 4, **89 b** 25, 29, 50–51
- Lebensversicherung **87 a** 29
- Lizenz **87 b** 13
- Lohnsteuer **84** 36
- Mahnung **55** 6, 7, 12, **87 a** 27, 34
- Makler **54** 1, **55** 4, **84** 1, 4, 20, 23, 27, 41, 53, **86** 20, **92,** 1
- Mangelhaftigkeit **55** 7, 9, **87 a** 5, 10, 21, **87 c** 20, **89 a** 24, **91** 2, **91 a**
- Marktanalysen **86** 13, **87 d** 4, 5
- Marktmacht **84** 1
- Marktpflege **86** 13, **87** 3, **87 d** 4
- Masseschuld **84** 48
- Mehrfirmenvertreter **84** 30, 36, **86** 24, 30, **87** 50, **89 b** 40, **92 a** 1, 5, **92 b** 2
- Messe **84** 42, **87** 21, **89 b** 14
- Miete **84** 26, **87 b** 13, **89 b** 26, 51
- Minderjähriger **84** 7, **90 a** 9, 13
- Mindestarbeitsbedingungen **84** 9, 34, **86** 2, **92** 3, **92 a** 4
- Mindestprovision **84** 36, **92 a** 4
- Missbrauch **54** 20, **55** 14, **86** 37, 39
- Mitteilungen **84** 15, **86** 2, 16, 21, 41, 43, **86 a** 1, 9, 10, 12, 14, 16, **87** 9, 25, **87 a** 27, **87 c** 5, 12, 23, 29, **89 a** 14, 18, **89 b** 20, 67, **90** 4, 7
- Mitursächlichkeit **84** 15, 22, **87** 11–12, 21, **89 b** 14
- Mitverschulden **86** 47, **87 c** 27, **89 a** 33, 34
- Muster **84** 20, **86** 12–13, **86 a** 5–6, **87** 41, **87 c** 29, **88 a** 3–4
- Nachrichten **86** 6, 17, 21–22, 28, 40–41, 50, **86 a** 1, 7–8, 10, **91 a** 1, 5–6
- Nachschieben von Gründen **89 a** 13, 15, 32, **89 b** 56, 60, 64
- Nachteil **86** 24, 42, **86 a** 16, **87** 9, 48, **87 a** 34, **89 b** 45–47, **90 a** 3, 19–20, 27–28, 31–32
- Nebenberuf **84** 1, 9, **86** 2, **87 a** 9, **89** 10, **89 a** 1, **89 b** 5, 7, 10, 79, **92 b**
- Nebenvorteile **86** 23, **87 b** 7
- Negatives Interesse **86 b** 1, **87** 9
- Niederlande **84** 2
- Niederlassung **55** 3, **86** 46, **86 a** 6, **86 b** 12, **87** 12, 26–27, 35, **92 c** 2, 4, 6, 8–9
- Niederschrift **85** 10
- Österreich **84** 2, **89 b** 1, **90 a** 2
- Patent **87 a** 28
- Pauschale **89** 16, **89 b** 51, **90 a** 28

2287

Sachverzeichnis

Fette Zahlen = §§/Artikel

- Pension **89 b** 61, **92 b** 2
- Pensionszusage **87 a** 34
- Pfändungsschutz **87** 50, **87 d** 2, **89 b** 85
- Pflichtverletzung **55** 7, **86 a** 4, **86 b** 2, **87** 9, **89** 16, **89 a** 17, 27, 40, **91 a** 9
- Prämie **55** 5, **87** 5, **87 a** 27, 29, 33, **89 a** 20, **89 b** 17, 20, **92** 5, 7–8
- Preise **55** 9, **84** 10, 54, **85** 2, **86** 15, 35, 36, **86 a** 5, 13, 16–17, **87 a** 8, 11, 13, 28, **87 b** 5–7, 18, **87 c** 15, 23, **89 b** 18, 76, **90** 5
- Preisliste **86 a** 5
- Probezeit **89** 19, 28
- Produktentwicklung **86 a** 9
- Produktionseinschränkung **89 b** 10, 57–58
- Produktionseinstellung **86 a** 11, **89 b** 20
- Produktpflege **86** 13, **87 d** 4
- Prokura s u HdlVollmacht
- Provisionshöhe **87 b**
- Provisionskonkurrenzen **87** 27, 35
- Provisionsminderungsabrede **89** 17
- Provisionsverlust **86** 49, **89 a** 26, **89 b** 2, 22–23, 26, 30, 32, 47, 50, 91–92, **92** 5
- Qualität **86 a** 13, **91 a** 6
- Rabatt **87 b** 8, **89** 16
- Rahmenvertrag **84** 13, **87** 7, 38, 41, **92** 4
- Recht an Gewerbetrieb **90** 8
- Rechtsangleichung **84** 3
- Rechtsschein **54** 3, 4, **55** 3, 10, **91 a** 7, 9
- Rechtsschutzinteresse **87 c** 21, 26
- Reisende **84,** 1, 6, 23
- Reisebüro **84** 26, **86** 38, **86 b** 14, **89 b** 16
- Reisevermittlungsvertrag **84** 50
- Revisibles Recht **89 a** 12, **89 b** 84
- Revisionsgericht **89 b** 84
- Risiko **86** 9, 35, **86 a** 15, **86 b** 11, 14, **87 a** 28, 33, **87 d** 3, **89 b** 88, **90 a** 9, **91 a** 8
- Rohstoffmangel **86 a** 11
- Rücksichtnahme **86 a** 1–3, 15
- Rückstellung **89 b** 6
- Rücktritt **55** 7, 9, 12, **86** 47, **86 b** 11, **87 a** 22, **90 a** 22
- Rüge **55** 4, 6, 8, 11, **87** 4, **87 c** 29
- Sachversicherung **87 a** 29
- Sachverständiger **87 b** 2, **87 c** 27
- Sanierung **86 a** 12, **89 b** 20
- Schadensatz **54** 19, **55** 7, **85** 3, 10, **86** 21–23, 32, 47, 49, **86 a** 4, 11, 14, **86 b** 7, **87** 5, 7–10, 24, 32, **87 a** 11, 23, 28, **87 c** 16, 27, **88 a** 5, **89** 16, **89 a** 30, 34, 38, 40, **89 b** 72, **90** 8–9, **90 a** 18, 21, 25
- Schadensminderungspflicht **89 a** 34
- Schadensversicherung **89 b** 91, 96
- Schätzunterlagen **89 b** 22
- Scheck **54** 11, 13–14, **87 a** 11
- Schiedsgericht **54** 15, 16
- Schifffahrtsvertreter **84** 56, **86** 2, **89 b** 76, **92 c** 13
- Schiffsagentur **84** 26
- Schmiergeld **86** 17, 23, 41, **87 b** 7, **87 d** 4, **89 b** 38
- Schriftform **85** 5, **86** 36, **86 b** 5–6, **87** 11, **87 c** 4, 6, **89 a** 14, **90 a** 14, 23
- Schuldanerkenntnis **54** 11, **87 c** 3, 4, 11, 29
- Schuldbeitritt **86 b** 6, 8, **89 b** 73
- Schuldübernahme **89 b** 68, 75
- (Still)Schweigen **54** 14, **85** 2–3, **86** 4, 30, **87** 21, 25, 35, 41, 48, **87 b** 18, **87 c** 4, **89** 6, 9, 17, 24, **89 a** 29, **91 a** 9, 10, **92 c** 1, 3, 5
- Schweiz **84** 2, **89 b** 1, **90 a** 2
- (Un)Selbständigkeit **84** 39, **86** 1, 5, 16, 19, 29, 34, **86 a** 15, **87** 14, 27, 50, **89** 5–6, 10, **89 a** 1, 30, **89 b** 1, 5, **90 a** 5, 9, 12, **92 a** 1, **92 b** 2, **92 c** 12
- Selbstmord **89 b** 9, 34, 54
- Sittenwidrigkeit **87 a** 23, **89** 16, **92** 5
- Sogwirkung **84** 15, **89 b** 14, 35
- Sorgfaltspflicht **86** 2, 13, 44, 47, 51, **91 a** 10
- Sortiment **87** 18, 27, **89 a** 17, **89 b** 10, 58
- Sortimentsliste **87** 27
- Sortimentsverkleinerung **89 b** 10
- Sozialversicherung **84** 36
- Spediteur **84** 18
- Spesen **84** 36, **87** 50, **87 d**, **89 b** 51
- Stammkunde **84** 15, **86 a** 17, **89 a** 23, **89 b** 12, 86–87
- Stichproben **89 b** 22
- Storno **87 a** 27, **92** 3, 5, 9–10
- Strafbarkeit **84** 51, **86** 23, **90** 9
- Streik **87 a** 28
- Stufenklage **87 c** 11, 24, 28,
- Stundung **89 b** 76
- Sukzessivlieferungsvertrag **87** 7, 38, 41–42
- Tätigkeitseinstellung **87** 31, **89 a** 38, 40, **89 b** 70, 74
- Tankstelle **84** 21, 26, 37, **86** 36, **86 a** 15, 16, **86 b** 14, **89** 7, 16, **89 a** 20, **89 b** 4, 20–22, 25, 37, 70, **92 b** 2
- Teilbezirk **87 c** 20, **89** 18
- Teilkündigung **89** 18, **89 b** 7, 10, **92 b** 5
- Teilungsabrede **87** 21, 35

Magere Zahlen = Randnummern

Sachverzeichnis

- Tod **54** 21, **85** 6, **86** 6, **89** 3, **89 a** 24, **89 b** 6–7, 9, 34, 42, 53, 54, **92 a**16
- Topfabrede **87** 2
- Treuepflicht **86** 25, **86 a** 1, 16, **86 b** 8, **90** 1
- Treu und Glauben **86** 36, **87** 33, **87 c** 19, **89 a** 8, 27, **89 b** 57, **90** 7, **90 a** 7
- Treuwidrigkeit **89 b** 18, 79
- Überhangprovision **87** 2, **89 b** 50
- Umdeutung **89 a** 4, 5, 32, 36
- Umgehung **86** 29, **87** 14, **87 a** 34, **89** 11, 20, **89 a** 27
- Umsatzbeteiligung **87** 5, **87 a** 3, **87 c** 2
- Umsatzförderung **87 b** 11, **89 b** 35
- Umsatzgarantie **86** 13–14, **86** 51
- Umsatzrückgang **86** 42, **89 a** 17, **89 b** 15, 19
- Umsatzsteigerung **89 b** 13, 15, 22
- Umsatzsteuer (Mehrwertsteuer) **84** 36, **87 b** 12, 18, **89 b** 29, 51
- Unechte HdlVertreter **86** 38
- Unmöglichkeit **87 a** 14, 22, 25, **89 a** 16, 20, 24
- Unterlassungsanspruch **86** 47, **87 a** 28, **90** 8
- Unternehmerische Freiheit **84** 1, 35–37, 40, **86** 35, **86 a** 1, 9, 12–13, **87** 27, **90** 7
- Unterschrift **85** 6, 9
- Untervertreter **84** 22, 31–32, 36, **86** 18–19, 25, 50, **86 a** 16, 17, **86 b** 4, **87 a** 5, 17, **87** 21, **89 a** 23, **89 b** 4, 17, 28–29, 52, 59, 82
- Urkunde **85**, **87 c** 25, 27, **90 a** 14–15
- Urlaub **84** 34, 36, **92 a** 4
- Ursächlichkeit **87** 16, **87 a** 26, **89 a** 34, **89 b** 14, 56, 60, 66
- Verdachtskündigung **89 b** 67
- Vergleich **54** 11, 15, **86** 13, **89 b** 74, **90 a** 19, 29
- Vergleichsverfahren **89** 4, **89 a** 20, 24
- Verjährung **85** 7, **86** 2, **87** 52–53, **87 c** 1, 19, 26, **88**, **89 b** 51, 71, 77, 82, **92** 5
- Verkehrsauffassung **54** 2, 4, **87** 18, **92 b** 2
- Verkehrsschutz **91** 2, **91 a** 1
- Verlagerung im Konzern **89 b** 18
- Verlängerungsoption **87 b** 14, **89** 19, **89 b** 54
- Vermittlung **84** 4, 8, 20, 39, 52–53, 57, **85** 2, **86** 12–14, 20, 32, 40, 41, **86 a** 1, 16, **86 b** 2–4, 9, 10, **87** 1, 7–21, 30–31, 41, 47, **87 a** 13, **87 b** 2, 13, 19, **87 c** 23, **87 d** 1, **88 a** 5, **89** 10, 25, **89 a** 19, **89 b** 5, 15, 24, 26, 41, 50, 87, **90** 1, **91 a** 1, 3, **92** 2, 4–6, **92 b** 2

- Vermittlungsvertreter **55** 4, **84** 22, **86 a** 10, **91** 2, **91 a** 1, **92 c** 13
- Verpfändbarkeit **87** 49, **89 b** 6
- Verrechnungsabrede **87** 50, **89 b** 70
- Verschulden bei Vertragsverhandlungen **54** 20, **84** 50, **85** 1, **91** 2
- Verschwiegenheit **86** 22, 32, **87 c** 27, **90** 1, 2, 4, 8, **90 a** 6
- Versicherungsagent **84** 6, **92** 1, 3
- Versicherungsmakler **84** 50
- Versicherungsnehmer **87** 12, **87 b** 4, **92** 7, 8
- Versicherungsschutz **84** 8
- Versicherungsvertrag **84** 26, **87 a** 27, **87 b** 13, **89 b** 86–93, **90 a** 17, **92** 1, 4–5, 10, **92 b** 2
- Versicherungsvertreter **55** 5, **84** 6, 8, **86** 2, **87** 20, 29, **87 a** 4, 7, 33, **87 b** 1, 2, **89 a** 19, **89 b** 4, 26, 82, 86–96, **91** 2, **92**, **92 a** 5, **92 b** 2, 6
- Vertragsfreiheit **90 a** 9, **92 c** 13
- Vertragshändler **55** 4, **84** 1, 4, 10–17, **86** 13, 35, **87** 29, **89** 10, **89 a** 1, 17, **89 b** 4, 14, 35, 70, **90 a** 5, **92 c** 2, **Überbl** vor **373** 37
- Vertragsstrafe **86** 32, 47, **89 a** 26, **90 a** 9, 21–22, 30
- Vertrags(un)treue **87 a** 21, **89 a** 35, 39, **89 b** 36
- Vertrauensbruch **85** 10, **86** 26, **89 a** 17, 19–20, 28
- Vertrauenstatbestand **91 a** 1, 2, 8
- Vertrauensverhältnis **84** 41, **86** 10, 23
- Vertrauliche Mitteilung **90** 4, 6
- Vertriebsumstellung **86 a** 11, 13, **87** 46, **89 b** 20, 26
- Verweigerung **85** 10, **87 c** 25 , **89 a** 17–18, 20, **89 b** 67
- Verwirkung **86** 32, 49, **87 a** 3, **87 c** 19, **89 a** 29–32 **89 b** 56, 80, **90 a** 32
- Verzicht **54** 11, 21, **87 a** 3, 19, 33, **87 c** 29, **88 a** 2, **89 a** 19, 29, **89 b** 70, 91, **90 a** 3, 18, 19, 23, 29, **92** 10
- Verzug **84** 47, **86** 4, **86 a** 13, **87 a** 32–34, **87 c** 9, **89 a** 37, **89 b** 48
- Vollmacht **54**, **55**, **84** 24–25, 28, 31, 52, 56, **86** 2, 17, **86 b** 14, **87** 47, **89 a** 5, **91**, **91 a** 1, 4, 7, 9, **92** 3
- Vollstreckung **85** 9, **87 c** 12, 22, 24, 28, **88 a** 1, **89 b** 85
- Vormundschaftsgericht **84** 7
- Vorschuss **84** 47, **86** 6, **87 a** 9, 19, 35, **89 b** 70, **92 a** 9, **92 b** 9
- Vorstrafe **89 a** 17
- Vorteile des Unternehmers **87** 41, **89 b** 2, 9, 11–22, 32, 39, 45, 47, 83–84, 87–90, **90 a** 19, 27
- Vorteilsausgleichung **89 a** 34, 38, 40

2289

Sachverzeichnis

Fette Zahlen = §§/Artikel

- Wechsel **54** 13, **55** 11, **87 a** 11
- Weisungen **55** 14, **84** 22, 36, 38, 42, **86** 6, 12, 15–16, 24, 35, **87** 23, 25, **87 d** 3, **89** 17, **89 a** 17, **89 b** 14, **91 a** 3, **92** 6, **92 a** 3
- Werbung **84** 23, 26, 44, **86** 13, 15, 36, 51, **87 d** 4, **89 b** 13–14, 19, 22, 35, 38
- Wettbewerbsabrede **86** 2, 26, **89 a** 19, 33, **90** 4, 7, **90 a, 92 a** 3
- Wettbewerbsrichtlinien der Versicherungswirtschaft vom 15. 12. 1977 **89 b** 96
- Wettbewerbsverbot **84** 11, **85** 4, **86** 22, 26 ff, 50, **86 a** 17, **89 b** 3, 40, **90 a**
- Wichtiger Kündigungsgrund **86** 22, **89** 4, **89 a, 89 b** 57–58, 65–67, **90** 8, **90 a** 3, 25, 29
- Willkür **86 a** 14, 16, **89 b** 20
- Wirtschaftliche Abhängigkeit **84** 1, 7, 16
- Wirtschaftsprüfer **54** 1, **86** 32, **87 c** 27
- Wohnsitz **86 b** 12, **92 c** 2
- Zeitschriftenabonnement **84** 26, **87 a** 15, **87 b** 13, **89 b** 21
- Zeitvertrag **89** 10, 19–21
- Zeuge **87 c** 28
- Zeugnis **73/109** GewO 3, **86** 5, **89** 26, **92 a** 4
- Zins **86** 6, **87 a** 19, **89 b** 48
- Zivilagent **84** 29
- Zoll **87 b** 10
- Zufall **87** 26, **87 d** 3, **90** 6
- Zugewinnausgleich **89 b** 6
- Zuliefervertrag **Überbl** vor **373** 30
- (Un)Zumutbarkeit **87 a** 15–16, 25 ff, **89 a** 6 ff, 16, 19, 28, 39, **89 b** 55, 61
- Zurückbehaltungsrecht **86** 2, 48, **87 a** 15, **87 c** 6, 29, **88 a, 89** 26, **89 a** 34
- Zurückweisung **87** 26, **87 a** 5, 10

Handelsvertreterrichtlinie 84 3, **89 b** 45

Handelswert s Frachtgeschäft

Handlungsgehilfe (HdlGehilfe) 59–75 h
- s auch HdlVollmacht, Kündigung, Wettbewerbsverbot
- Abhängigkeit **59** 25–26
- Ablauf **59** 115
- Abmahnung **59** 49, 127, 130
- Abtretung **59** 81–82
- Altersteilzeitkonten **59** 103
- Altersversorgung **59** 12, 87–89
- Änderung des Arbeitsvertrags **59** 37, 38
- Änderungskündigung **59** 121
- Anfechtung **59** 117–120
- Angestellter **59** 25
- Annahmeverzug **59** 72–73
- Anstand **62** 1
- Arbeitnehmererfindungen **59** 12, 54
- Arbeitsentgelt **59** 29, 56–89, **64, 65**
- Arbeitsförderung **59** 90
- Arbeitsgericht **59** 12, 151
- Arbeitskampf s Aussperrung, Streik
- Arbeitskampfrisiko **59** 74
- Arbeitslosenversicherung **59** 12
- Arbeitspflicht **59** 44–47
- ArbeitsplatzschutzG **59** 12
- Arbeitsplatzverlust **59** 109
- Arbeitsrechtsquellen **59** 1–12
- Arbeitsunfähigkeit **59** 48
- Arbeitsverhältnis **59** 32–43, 111–167
- Arbeitsvertrag **59** 32–43, 44–55, 111
- Arbeitszeit **59** 12, 45, **62 I**
- Aufhebungsvertrag **59** 166
- Aufrechnung **59** 82
- Aufwendungen **59** 102
- ausgeschiedene Gfter **59** 22
- Ausgleichsquittung **59** 80
- Aushilfsarbeitsverhältnis **59** 10
- Auskunft **59** 53, 98, 144,
- Ausland **59** 68–70, **75 b**
- Ausschlussfristen **59** 78
- Ausschlussklauseln **59** 79
- Aussperrung **59** 164
- Beförderung **59** 96
- Befristetes Arbeitsverhältnis **59** 111–115
- Begriff **59** 25–29
- Beispiele **59** 30–31
- Beratung **59** 53
- BerufsbildungG **59** 12
- Beschäftigungspflicht **59** 96
- Betriebliche Altersversorgung **59** 87–89
- Betriebliche Übung **59** 7
- Betriebsvereinbarungen **59** 5, 41
- Betriebsbuße **59** 49
- Betriebsgeheimnis **59** 50
- Betriebsrisiko **59** 74, 105–110
- Betriebsübergang **59** 17–21
- Betriebsverfassung, -rat, -übung, -vereinbarung **59** 5, 12, 38, 41–45, 58–70, 121, 160
- Bildungsurlaub **59** 100
- Darlehen **59** 70
- Datenschutz **59** 97
- Dienstverhinderung **63** (aF) 1
- Differenzierungsklauseln **59** 40
- Direktionsrecht **59** 9, 44
- eingebrachte Sachen **59** 101
- Erfindung **59** 12, 54
- Erfolgsbeteiligung **59** 59, **65**
- Erholungsurlaub **59** 100

Magere Zahlen = Randnummern

Sachverzeichnis

- faktisches Arbeitsverhältnis **59** 38
- fehlerhafter Arbeitsvertrag **59** 38
- Feiertag **59** 12, 45, 58
- flexible Arbeitszeit **59** 45
- Fortbildungskosten **59** 70
- Fragen bei Einstellung **59** 34
- freier Beruf **59** 26
- Freistellungsanspruch **59** 102, 105–110
- Freizeit zur Stellungssuche **59** 104
- Fürsorge **59** 90, **62**
- gefahrengeneigte Arbeit **59** 105–110
- Gehalt **59** 25–29, 56–89, 48, **64, 65**
- Gehaltsfortzahlung **59,** 12,
- Gesundheit **59** 93, 147–148, **62**
- Gewinnbeteiligung s Tantieme
- Gewinnherausgabe **61** 3
- Gleichbehandlung **59** 10, 57, 63, 91
- Graphologische Gutachten **59** 34
- Gratifikation **59** 61–68
- Haftung **59** 44–55, 107–110
- Handlungsreisender **59** 31
- Hausarbeit **59** 45
- Herausgabe **59** 49
- Hinterbliebenenversorgung **59** 87–89
- Insolvenzforderungen **59** 65, 80, 86, **75** 4
- Insolvenz **59** 84, 126
- internationales Arbeitsrecht **59** 68–70
- Job sharing **59** 44
- Jugendarbeitsschutz **59** 12
- juristische Person **59** 25
- KAPOVAZ **59** 44
- Kettenarbeitsverhältnis **59** 3
- kfm Dienste **59** 23, 44
- Konzern **59** 14
- Krankheit **59** 75, 147, 148, **62** 6
- Kritik **59** 50
- Kündigung **59** 12, 44–55, 111–167, **75**
- Kurzarbeit **59** 45, 58
- LadenschlussG **59** 12
- Leiharbeitsverhältnis **59** 16, 57
- Lohn s Arbeitsentgelt
- LohnfortzahlungsG **59** 12
- Lohnsteuer **59** 103
- Mangel an Vertretungsmacht **75 h**
- mangelhafte Arbeit **59** 47
- Mankohaftung **59** 110
- Mehrarbeit **59** 45, 58
- Minderjährige **59** 25, 37
- Mitarbeiterbeteiligungen **59** 70
- Mitnahmemöglichkeit **59** 89
- Mutterschutz **59** 12, 161
- Nachricht **59** 53
- Nebenpflichten **59** 48–55
- Nebentätigkeit **59** 52, 143
- Nichtigkeit **59** 38, 117–120

- parteipolitische Tätigkeit **59** 50, 141
- partiarisches Dienstverhältnis **230** 4
- Personal des Kaufmanns **59** 23–25
- Personalakten **59** 95
- Persönlichkeitsschutz **59** 94–99
- Pfändung **59** 83
- Prämien **59** 58
- Probearbeitszeitverhältnis **59** 125
- Provision **59** 59, **65**
- Rechenschaft **59** 53
- Reisende **59** 31
- Religion **62 II**
- Ruhegeld **59** 12, 83
- Sachleistungen **59** 69
- Schadensersatz **59** 46–47, 48–55, 105–110, 121, **61** 2, **62** 5
- schadensgeneigte Arbeit **59** 105–110
- Schmiergeld **59** 11, 51, 142
- Schwangerschaft **59** 119
- Schweigepflicht **59** 11, 50, 97, 141
- Schwerbehinderte **59** 12, 96, 162, 166
- Sitte **62** 1
- Sonn-(Feier-)Tag **59** 12, 45
- Sozialleistungen **59** 100, 103
- Sozialversicherung **59** 12, 100, 103
- Sperrabrede unter Arbeitgebern **75 f**
- Spesen **59** 70, 144
- Stellensuche, Freiheit zu **59** 104
- Streik **59** 46, 139
- Tantieme **59** 60, **64**
- Tarifvertrag **59** 5, 12, 39, 40, 44–56
- Teilzeitarbeit **59** 44
- Teuerungsanpassung **59** 89
- Tod **59** 165
- Treuepflicht **59** 48–55, 90, 140
- Überstunden **59** 45, **62** 3
- Umzugskosten **59** 70
- Unfall **59** 105–106, **62** 6
- Unmöglichkeit **59** 71
- Urlaub **59** 12, 100
- Vergütung s Gehalt
- Verjährung **59** 85
- Verbraucherschutzrecht **59** 10
- Vermittlungsgehilfe **75 g, 75 h**
- VermögensbildungsG **59** 12
- Vermögenswirksame Leistung **59** 70
- Verschwiegenheit **59** 11, 50
- Versetzung **59** 44, 58, 96
- Vertragsabschluss **59** 32–43, 44–55
- Vertragsanbahnung **59** 32–36
- Vertragsstrafe **59** 46, **75 c**
- Vertretungsmacht **75 g, 75 h**
- Verwirkung **59** 86
- Verzicht **59** 77
- Vorstellungskosten **59** 36
- Vorstrafe **59** 34, 118, 12
- Vorverhandlungen **59** 32–36

2291

Sachverzeichnis

Fette Zahlen = §§/Artikel

- Wehrdienst **59** 163
- Weisungsrecht **59** 9, 44
- Weisungen **59** 25, 44
- Weiterbeschäftigung **59** 157
- Wettbewerbsverbot **59** 52, 143, **60, 61, 74–75 d**
- wichtige Kündigungsgründe **59** 139–149
- Wohnung **62** 4
- Zeugnis **59** 104, **73**/109 GewO
- Zulagen **59** 58
- Zurückbehaltungsrecht **59** 56

Handlungslehrling 59 23
Handlungsreisende 59 31
Handlungsvollmacht (HdlVollmacht) 54–58
- Abschlussvollmacht **55**
- Außendienst **55, 75 g, 75 h**
- Beschränkung **54** 10–20, **55** 11–13
- Erlöschen **54** 21
- Erteilung **54** 2, 6
- Form **54** 8
- GesamtHdlVollmacht **54** 2
- HdlVertreter **55, 91 I**
- Laden **56**
- Missbrauch **50** 4–7, **54** 20
- Reisende **55**
- Schein **54** 3–5, **55** 10, **56** 3
- Übertragung **58** 1
- Umfang **54** 10–20, **55** 6–15
- Unterschrift **57**
- Untervollmacht **58** 2
- Vermittlungsgehilfe **75 g, 75 h**
- Versicherung **55** 5
- Voraussetzungen **54** 6–8
- Warenlager **56**
- Zeichnung **57**

Handwerk 1 1, 23, 26
Handwerkskammer Einl vor **1** 22
Härteklausel (hardship clause) Einl vor **343** 15, **346** 40
Hauptniederlassung s Zweigniederlassung
Haustürgeschäft 59 43, **(7)** Bankgeschäfte G/9
hedging 254 4
Held for Sale 311 8
Herabstufung s Kündigung (OHG)
Herausgabe (Anspruch, Klage, Urteil auf)
- Firma **17** 41–42
- Handwerkskammer **Einl** vor **1** 22
- HdlGehilfe **59** 55
- HdlGeschäft **Einl** vor **1** 53–55
- HdlVertreter **86** 17
- OHG **113 I**

Herstellungskosten s auch Bewertung, Konzernabschluss

- Begriff **255** 14–15
- Einzelkosten **255** 16
- Fertigungskosten **255** 16
- Gemeinkosten **255** 17–20
- Materialkosten **255** 16
- selbstgeschaffene immaterielle Güter des Anlagevermögens **255** 22
- Sonderkosten der Fertigung **255** 16
- Vertriebskosten **255** 21

High Level Group of Company Law Experts Einl vor **105** 36
Hinterlegung 373 I, 374 5, 8–10
Hochschuldiplom-Richtlinie (2c) WPO **Einl** 9
Höhere Gewalt 346 40
Hotel s Gastgewerbe
Huckepackverkehr 452 5
„Hungerlöhne" 59 56
Hypothek, Abtretung, Form **350** 3
Hypothekenbankkredit (7) Bankgeschäfte G/22–23

IAS Einl vor **238** 13, 16, 102
- Fundstellennachweis **Einl** vor **238** 203
- Regelungsbereich **Einl** vor **238** 130

IAS-1 (Darstellung des Abschlusses) **Einl** vor **1** 116, 127–129, 132–134, 153, **246** 42, **247** 9–14, **248** 16, **249** 54, **264** 5, **265** 11, **266** 25, **268** 13, 14, **270** 3, **275** 49, **277** 6–8, **284** 16, **297** 1, 19–20
IAS-2 (Vorräte) **238** 24, **248** 8, 15, 16, **255** 46–47, **256** 5, **266** 23–27
IAS-7 (Kapitalflussrechnungen) **242** 22, **297** 5–8, 14, 18
IAS-8 (Bilanzierungs- und Bewertungsmethoden) **246** 34–35, **249** 54, **252** 34–40, **255** 38, **290** 24
IAS-10 (Ereignisse nach dem Bilanzstichtag) **252** 41–44
IAS-11 (Fertigungsaufträge) **248** 15–16, **249** 44, **252** 45–47
IAS-12 (Ertragssteuern) **248** 15, **249** 44, **274** 9–14, **306** 3
IAS-14 (Segmentberichterstattung) **297** 9
IAS-16 (Sachanlagen) **238** 24, **248** 14, 16, **249** 54, **253** 36–46, **255** 46–47, **268** 12
IAS-17 (Leasingverhältnisse) **246** 30–39, **248** 15–16, **249** 44, **341** 6
IAS-18 (Erträge) **246** 44, **252** 48–53, **310** 12, **341** 6
IAS-19 (Leistungen an Arbeitnehmer) **248** 15, **249** 31–41, **275** 38, **341** 6

Magere Zahlen = Randnummern

Sachverzeichnis

IAS-20 (Bilanzierung und Darstellung von Zuwendungen der öffentlichen Hand) **255** 34–41
IAS-21 (Auswirkungen von Änderungen der Wechselkurse) **244** 3–13, 24, **313** 15, **314** 12
IAS-23 (Fremdkapitalkosten) **249** 54, **252** 55, **255** 47, **255** 42–45, 48
IAS-24 (Angaben über Beziehungen zu nahe stehenden Unternehmen und Personen) **268** 15, **271** 11–16
IAS-26 (Bilanzierung und Berichterstattung von Altersversorgungsplänen) **249** 33, **253** 47–50, **341** 6
IAS-27 (Konzern- und separate Einzelabschlüsse nach IFRS), **271** 12, 17, **290** 16–21, **291** 10, **294** 4, **298** 3, **299** 4, **300** 6–11, **301** 11, **303** 3, **304** 3, **305** 2, **307** 3, **308** 9, **313** 15, **314** 27
IAS-28 (Anteile an assoziierten Unternehmen) **271** 12, 17, **298** 3, **310** 9, **311** 5–13, **312** 10, **313** 15, **314** 12
IAS-29 (Rechnungslegung in Hochinflationsländern) **244** 14–18
IAS-31 (Anteile an Joint Ventures) **271** 12, **298** 3, **310** 3–11, **311** 9, **313** 15, **314** 12
IAS-32 (Finanzinstrumente: Angaben und Darstellung) **253** 51–56
IAS-33 (Ergebnis je Aktie) **242** 22, **275** 41–48
IAS-34 (Zwischenberichterstattung) **242** 13–19, **247** 11
IAS-36 (Wertminderung von Vermögenswerten) **248** 12, **253** 57–65, **255** 32, **275** 39, **280** 4, **309** 3
IAS-37 (Rückstellungen, Eventualschulden/-forderungen) **249** 31, 42–52, 54, **251** 5, **268** 15
IAS-38 (Immaterielle Vermögenswerte) **238** 24, **248** 6–13, **255** 46, 47, **269** 3, **282** 2
IAS-39 (Finanzinstrumente: Ansatz und Bewertung) **244** 5, **248** 8, **253** 66–73, **275** 38, **290** 23, **310** 5, **311** 7, 9
IAS-40 (als Finanzinvestition gehaltene Immobilien) **253** 74–78, **275** 38
IAS-41 (Landwirtschaft) **238** 22 ff, **246** 32, **275** 38
IASB Einl vor **238** 115–138
– Organisation **Einl** vor **238** 122–125
– Terminologie **Einl** vor **238** 136–138
– Verlautbarungen **Einl** vor **238** 127–135
– Zielsetzung **Einl** vor **238** 121
IASC (International Accounting Standards Committee) **Einl** vor **238** 115, 121

IAS-VO Einl vor **238** 168–170, **315 a**
ICC s Internationale Handelskammer
ICSID Einl vor **1** 98
IDW Standard Einl vor **1** 35
IFRIC (International Financial Reporting Interpretations Committee) **Einl** vor **238** 119, 125
– Fundstellennachweis **Einl** vor **238** 183
IFRIC-1 (Änderung bestehender Rückstellungen) **249** 54
IFRIC-2 (Geschäftsanteile an Genossenschaften und ähnliche Instrumente) **253** 92
IFRIC-4 (Feststellung, ob eine Vereinbarung ein Leasingverhältnis enthält) **246** 45
IFRIC-5 (Rechte auf Anteile an Fonds für Entsorgung, Wiederherstellung und Umweltsanierung) **290** 23
IFRIC-6 (Rückstellungspflichten aus der Teilnahme an bestimmten Märkten – Elektro- und Elektronik-Altgeräte) **249** 55
IFRIC-7 (Anwendung des Anpassungsansatzes unter IAS 29 Rechnungslegung in Hochinflationsländern) **244** 19
IFRIC-8 (Anwendungsbereich von IFRS 2) **272** 18
IFRIC-9 (Neubeurteilung eingebetteter Derivate) **253** 93
IFRIC-10 (Zwischenberichterstattung und Wertminderung) **242** 20, **253** 94
IFRIC-11 (Geschäfte mit eigenen Aktien/Konzernunternehmensaktien) **272** 19
IFRIC-12 (Dienstleistungskonzessionsvereinbarungen) **246** 46
IFRIC-13 (Kundenbindungsprogramme) **252** 59
IFRIC-14 (Begrenzung leistungsorientierten Vermögenswertes) **249** 56
IFRS Einl vor **238** 13
– s auch Rechnungslegungsstandards, SIC
– Entwicklung **Einl** vor **238** 133
– Fundstellennachweis **Einl** vor **238** 183
– KMU **Einl** vor **238** 120
– IFRS-SME **Einl** vor **238** 114
– Interpretationen **Einl** vor **238** 134
– Regelungsbereich **Einl** vor **238** 130
IFRS-1 (Erstmalige Anwendung der IFRS) **Einl** vor **1** 96, **Einl** vor **238** 158–163,
IFRS-2 (Aktienbasierte Vergütung) **249** 33, **272** 13–16, **341** 5

2293

Sachverzeichnis

Fette Zahlen = §§/Artikel

IFRS-3 (Unternehmenszusammenschlüsse) **248** 15, **249** 44, **255** 28–33, **274** 14, **298** 3, **301** 11–12, **302** 7, **306** 3, **309** 4, **314** 12
IFRS-4 (Versicherungsverträge) **246** 44, **249** 44, **275** 38, **341** 4–11
IFRS-5 (Zur Veräußerung gehaltene langfristige Vermögenswerte und aufgegebene Geschäftsbereiche) **275** 36–40, **280** 4, **310** 9, **311** 8
IFRS-6 (Exploration und Evaluierung von mineralischen Ressourcen) **252** 30–33
IFRS-7 (Finanzinstrumente: Angaben) **253** 30–35
IFRS-8 (Geschäftssegmente) **242** 22, **264** 8, **297** 9, **297** 10–18
Immaterielle Vermögenswerte 248 6–13
Immobilien(fonds)geschäft (7) Bankgeschäfte **G/9**
Immobilien-Leasingverträge 246 38
Implementation Einl vor **238** 135
Income Einl vor **238** 145
Incoterms (6) Incoterms
– s auch die einzelnen Klauseln, zB CIF, FOB
– Auslegung **(6)** Incoterms **Einl** vor **1** 8
– Incoterms 2000 **(6)** Incoterms **Einl** vor **1** 3–11
– Incoterms 3000 **(6)** Incoterms **Einl** vor **1** 3
– Institute Cargo Clauses **(6)** Incoterms **6** 2
– Klauselgruppen **(6)** Incoterms **Einl** vor **1** 4
– Klauselwahl **(6)** Incoterms **Einl** vor **1** 10
– Revision 1990 und 2000 **(6)** Incoterms **Einl** vor **1** 3
– Verhältnis zu anderen internationalen Bedingungen **(6)** Incoterms **Einl** vor **1** 12–15
– Verkäufer- und Käuferpflichten **(6)** Incoterms **Einl** vor **1** 5–6
– Zusammenstellung der Klauseln **(6)** Incoterms **Einl** vor **1**
Indossament 395, s auch Orderpapiere
Industrieanlagenvertrag Überbl vor **373** 23
Industrie- und Handelskammer Einl vor **1** 21, **346** 13
– s auch HdlRegister, HdlBrauch
Inflation, Rechnungslegung in Hochinflationsländern **244** 14–18
Inhaber (HdlGeschäft)
– Eintragung **29** 1–4
– Namensänderung **21**

Inhaberlagerschein 475 b 2, **475 c**
Inhaberpapiere s gutgläubiger Erwerb
Inhaltsfreiheit Einl vor **343** 11–15
Inkasso
– Dokumenteninkasso **(12)** ERl
– Scheckinkasso **(7)** Bankgeschäfte E/6–7
– Wechselinkasso **(7)** Bankgeschäfte E/6–7
Innengesellschaft Einl vor **105** 10, **38 230** 2
Insidergeschäfte 347 31, **(7)** Bankgeschäfte A/20, **(16)** WpHG **Einl** vor **1** 11–14, **12–20**
Insiderüberwachung (16) WpHG **Einl** vor **1** 11–14, **12–16b**
Insolvenz s auch HdlVertreter, Kreditsicherung
– Anfechtung **Einl** vor **1** 55
– Anträge **Einl** vor **1** 69
– Arbeitgebers **Einl** vor **1**
– Auflösung **131** 2, 4, 10, 13, **143** 1, **145** 1, 11
– Ausscheiden **131** 22
– Bankgeheimnis **(7)** Bankgeschäfte A/9
– Eintragung **15** 12, **32**
– Europäisches Gesellschaftsrecht **Einl** vor **105** 9
– Firma **17** 47, **22** 24
– Fortsetzung **144**
– Geschäftsfortführung **1** 47
– Globalzession **(7)** Bankgeschäfte **H/2**
– Haftung der Bank **(7)** Bankgeschäfte **G/28–32**
– HdlGehilfe **59** 65, 80, 88, **75** 4
– Kaufmann **32**
– KG **171** 11
– Kommissionär, Kommittent **383** 14, **392** 6–12, **(13)** DepotG **32–33**
– Liquidation **145** 1, 11
– Nachlass **139** 12, **234** 5
– OHG **124** 46, **128** 47
– stille Ges **234** 5, **236**
– Unternehmen **Einl** vor **1** 55
– Verschleppung **(7)** Bankgeschäfte G/31–32
– WPDepot **(13)** DepotG **32–33**
Insolvenzverwalter 1 47, **54** 6, **87 c** 7, **89 b** 79
Inspire Art s Internationales Gesellschaftsrecht
Institute Cargo Clauses (6) Incoterms **6**
instruction to proceed Einl vor **343** 4
Interessenkonflikte Anh 177 a 75, **347** 30, **384** 1, **(7)** Bankgeschäfte G/47, s auch OHG

Magere Zahlen = Randnummern

Sachverzeichnis

Interessenzusammenführung s Konzernabschluss
International Accounting Standards Board s IASB
International Accounting Standards Committee s IASC
International Financial Reporting Interpretations Committee s IFRIC
International Standard Banking Practice (11) ERA **Einl** 1
International Standards of Auditing (ISA) **317** 1
Internationale Handelskammer
– Einheitliche Richtlinien für
– – Inkassi **(12)** ERI
– – kombiniertes Transportdokument **452** 9
– – Vertragsgarantien **(7)** Bankgeschäfte L/1–3
– – Vertragshilfe (Anpassung von Verträgen) **Einl** vor **343** 13–15
– Incoterms **(6)** Incoterms
– Internationale Zentralstelle für technische Gutachten **Einl** vor **1** 97
– Schiedsvereinbarung **Einl** vor **1** 88
– Schiedsgerichtshof **Einl** vor **1** 96–98
– Schlüsselwörter im internationalen Handel **Einl** vor **1** 24
– Tätigkeit **Einl** vor **1** 20–21, 97–98
Internationale Kaufverträge **Überbl** vor **373** 45–49
Internationale Rechnungslegungsstandards s IAS, IFRS, SIC, Rechnungslegungsstandards
Internationales Einheitsrecht **Überbl** vor **373** 46–49
Internationales Gesellschaftsrecht **Einl** vor **105** 29
Internationales Handelsrecht **Einl** vor **1** 24–30, **59** 68–70, **Einl** vor **105** 29
Internationales Privatrecht s Internationaler Verkehr
Internationale Schiedsgerichtsbarkeit **Einl** vor **1** 96–99
Internationaler Verkehr s bei den einzelnen Vorschriften jeweils am Ende, Ausland
Internationale Vollstreckung **Einl** vor **1** 87
Internationale Zuständigkeit **Einl** vor **1** 87
Intertemporales Recht **Einl** vor **105** 28
Interzessionsversprechen **349** 22
Inventar/Inventur s HdlBücher
Investitionsschutz **Überbl** vor **373** 34

Investitionszuschuss **255** 38
Investmentgeschäft **(7)** Bankgeschäfte X
IOSCO **Einl** vor **238** 117
Italien **Einl** vor **1** 25

Jahresabschluss s auch Abschlussprüfung, Anhang, Bilanz, HdlBücher, Lagebericht, Offenlegung
– Änderung **245** 5
– Anlagespiegel s Bilanz
– Anlagevermögen s Bilanz
– Ansatzvorschriften **246–251**
– Aufstellung **243**, **264** 8
– Ausweiskontinuität **265** 1
– Befreiung **264 b**
– Begriff **242** 10, **264** 3
– Berichtigung **245** 4
– Bewertung **252** 1
– Bilanzeid **Einl** vor **238** 24, **267**4 26
– Bilanzpolitik **264** 25
– Darstellungswahlrechte **265** 9
– Eigenkapitalspiegel **242** 10
– Einreichung s Frist
– Ertragslage **264** 14
– Finanzlage **264** 13
– Frist **243** 10, **264** 9
– Generalnorm **264** 11
– Genossenschaften **336**
– Gliederung **265**, **266**
– Gliederungswahlrechte **265** 9
– GmbH & Co **264 a**
– Grundsätze ordnungsmäßiger Bilanzierung **243** 4–9
– IAS/IFRS-Regelungen **242** 13–19, 20–22, **243** 13–15, **244** 3–24, **264** 29–30, **265** 11–13
– Inhalt **242** 10
– Kapitalgesellschaften **264**
– kapitalmarktorientierte Ges **264 d**
– Kaufmann **242** 10–12
– Leerposten **265** 8
– mehrere Geschäftszweige **265** 4
– mehrstöckige Gesellschaft **264 a** 2
– Mitzugehörigkeitsvermerk **265** 3
– neue Posten **265** 5
– Nichtigkeit **245** 3
– NichtkapitalGes & Co **264 a** 1
– Nominalwertprinzip **244** 2
– Offenlegung **Einl** vor **238** 80, **242** 12
– OHG **264 a–264 c**
– PersonenGes **264 b**
– Pflicht zur Aufstellung **242**, **264**
– Prüfung **Einl** vor **238** 79, **242** 11
– Sprache **244** 1
– Stetigkeitsgrundsatz **Einl** vor **238** 75, **247** 13
– Stichtagsprinzip **243** 11–12, **252** 41

2295

Sachverzeichnis

Fette Zahlen = §§/Artikel

- stille Reserven s Rücklagen
- Tochterkapitalgesellschaft **264** 27
- true and fair view **264** 11, **321** 8
- Übergangsrecht **Einl** vor **238** 83, **(1) EGHGB 23**
- Umlaufvermögen s Bilanz
- Unterzeichnung **245**
- Vermögenslage **264** 12
- Verrechnungsverbot **246** 25–28
- Vollständigkeit **246** 1
- Vorjahreszahlen **265** 2
- Währung **244** 2
- Zwischenberichterstattung **242** 13–19

Joint Audit 317 6
Joint Venture 297 8, **310** 3–11
Juristische Person
- als Gfter **105** 28, **114** 4, **131** 10, **161** 3
- des öffentlichen Rechts **1** 27, **Überbl** vor **48** 7, **(1) EGHGB 38**
- Eintragung **33–35**
- HdlGes **Einl** vor **105** 12
- Verein **6 II**

Kammer für Handelssachen (KfH) s Gericht
Kapital s Anteil, Eigenkapital
Kapitalanteil s Anteil
Kapitalanteilsmethode s Konzernabschluss
Kapitalaufnahmeerleichterungsgesetz (KapAEG) Einl vor **238** 165–166
Kapitalerhaltungskonzepte Einl vor **238** 149
Kapitalersetzende Gesellschafterdarlehen 172 a 5–8
Kapitalflussrechnung 264 6, **284** 8, **297** 5–8
Kapitalgesellschaft, Größenklassen 267
Kapitalisierungszinssatz Einl vor **1** 37
Kapitalkonto s Anteil
Kapitalmarktinformationshaftungsgesetz (14) BörsG **Einl** vor **1** 16, **(16)** WpHG **Einl** vor **1** 24
Kapitalmarktrecht Anh 177 a 54
Karte (7) Bankgeschäft F/1–42
Kartellrecht Einl vor **1** 77–79
- s auch Wettbewerb
- abgestimmtes Verhalten **Einl** vor **343** 4
- ausländisches Kartellrecht **Einl** vor **1** 79
- Boykott **Einl** vor **1** 66
- Europäisches Kartellrecht **Einl** vor **1** 78

- Kommissionsagent **383** 3, 31
- Unternehmenskauf **Einl** vor **1** 44–47
- Vertragshändler **84** 17, **86** 35, **Überbl** vor **373** 35
- Wettbewerbsverbote in der OHG **112** 15–17
- Zusammenschlusskontrolle bei PersonenGes **Einl** vor **1** 77–78, **Einl** vor **105** 24, **105** 107

Kassageschäft s Börse
Kassakurs 244 6
kassatorisch s Verfallklausel
Kasse 346 40
"Kasse gegen Dokumente" 377 22
Kauf Überbl vor **373** 1–7, **373–382**
- s auch Abladegeschäft, Bestimmungskauf, Incoterms, Selbsthilfeverkauf
- Abladung **Überbl** vor **373** 50
- Abgrenzung zu anderen Verträgen **Überbl** vor **373** 17–21
- Ablieferung **377** 5–11, 55
- Abnahme **Überbl** vor **373** 5
- Abnahmeverzug **373**, **374**
- Abruf **Überbl** vor **373** 28
- Abschluss **Überbl** vor **373** 2
- Absendung der Rüge **377** 40–41
- Abzahlung **(7)** Bankgeschäfte G/34, 36, 42
- aliud **377** 16, **378**
- Annahmeverzug **373**, **374**, **375** 13
- Anteilskauf **105** 69–73, **124** 18
- Anzeige des Mangels **377** 32–43
- Artabweichung **378**
- Arten **Überbl** vor **373** 8–16
- auf Abruf **Überbl** vor **373** 28
- auf Besichtigung **Überbl** vor **373** 14
- auf Probe **Überbl** vor **373** 14, **377** 2
- Aufbewahrung **379** 7–9
- Barkauf **Überbl** vor **373** 11
- Beanstandung **379** 6
- Begriff **Überbl** vor **373** 1
- Bestimmungskauf **375**
- Bilanzrecht **246** 16–17
- Bringschuld **377** 11
- Dauerlieferung **Überbl** vor **373** 30
- Deckungskauf **346** 5 (Selbstbelieferung, Vorrat), **374** 25, **400** 6, **401**
- Distanzkauf **379** 4
- einstweilige Aufbewahrung **379** 8
- Falschlieferung **377** 16, **378**
- finanzierter Kauf **Überbl** vor **373** 26
- Fixgeschäft **376**
- freihändiger Verkauf **374** 12
- Garantiefristen **377** 60
- Gefahrübergang **374** 5
- Gegenleistung **374** 5
- Haager Kaufrecht **Überbl** vor **373** 46
- Haftungsmilderung **374** 5

Magere Zahlen = Randnummern

Sachverzeichnis

- HdlGeschäft **Überbl** vor **1** 44
- HdlKauf (von Waren) **Überbl** vor **373** 8–16
- HdlKauf (von WP) **381** 1–4
- HdlKlauseln **Überbl** vor **373** 7
- Hinterlegung **373 I**, **374** 5, 8–10, **379** 2
- Holschuld **377** 7
- Indexierungsverbot **Überbl** vor **373** 4
- internationaler Verkehr **Überbl** vor **373** 45–50, **377** 61
- internationales Abladegeschäft **Überbl** vor **373** 50
- Käuferpflichten **Überbl** vor **373** 4–6
- Konditionsgeschäft **Überbl** vor **373** 24
- Kreditkauf **Überbl** vor **373** 11
- Lebensmittel **377** 26
- Liefervorbehalt **Überbl** vor **373** 25
- Mangel **Einl** vor **1** 46, **Überbl** vor **373** 3, **377** 12–19, 32–43, 49, 378
- Markenware **377** 26
- Maschinen **377** 26
- Mehrlieferung **377** 19, 378
- Mehrwertsteuer **Überbl** vor **373** 4
- Minderlieferung **377** 17, 378
- Muster **377** 2, 14, 31
- Nachbesserung **377** 6, 36, 42, 46, 47
- Notverkauf **379 II**, 10–14
- Preis **Überbl** vor **373** 4, **385–387**, **400** 7–9
- Probe **Überbl** vor **373** 14, **377** 2, 14, 31, 36
- Rechtskauf **Überbl** vor **373** 12
- Rechtsnatur **Überbl** vor **373** 1
- Refaktie **380 II**
- Rückgabe **Überbl** vor **373** 24
- Rüge **377** 32–43, 378
- Sachkauf **Überbl** vor **373** 12
- Schlechtlieferung s Mängel
- Selbsthilfeverkauf **373 II–V**, **374** 11–29
- Stichprobe **377** 26–27
- Streckengeschäft **Überbl** vor **373** 27, **377** 9
- Sukzessivlieferung **Überbl** vor **373** 22, **375** 12, **377** 9, 23, 34, 36
- Taragewicht **380**
- Teilleistung **377** 18, 30
- Umtausch **Überbl** vor **373** 16
- UN-Kaufrecht **Überbl** vor **373** 46–49
- Unternehmenskauf **Einl** vor **1** 44–47, **Überbl** vor **373** 22
- Untersuchung **377** 20–31
- unverzügliche Untersuchung/Rüge **377**
- Verbrauchsgüterkauf **Überbl** vor **373** 10
- verdeckter Mangel **377** 38–39
- Verkäuferpflichten **Überbl** vor **373** 3
- Verpackung **380**
- Versendungskauf **377** 8, **379** 6, (6) Incoterms **Einl** vor **1** 4, 2–8
- Verspätungseinwand **377** 46
- Verwirkung **377** 46
- Viehmängel **382**
- Vorkauf **Überbl** vor **373** 13
- Vorleistungspflicht **377** 8
- Werklieferungsvertrag **381 II**, **381** 5–6
- Wertpapierkauf **Überbl** vor **373** 8, **381** 1–4, **383**
- Wiederkauf **Überbl** vor **373** 15

Kaufmann 1–7
- Anmeldung 29
- Befreiung von Buchführungspflicht **Einl** vor **238** 50, 51, **241 a** 1–4
- Beginn/Ende der KfmEigenschaft **1** 51–52
- Betreute **1** 32–35
- Bilanzrecht **Einl** vor **238** 66
- „eingetragener Kaufmann" **19** 4
- Eintragungsoption **1** 6
- Einzelkaufmann **17** 4, 8, 15–18, **19**
- Erben **1** 36–39
- Formkaufmann **6**
- Gesellschafter **1** 50
- Gewerbetreibender **1** 3
- Inhaber **230** 5, 6
- internationaler Verkehr **1** 55
- Istkaufmann **1** 9
- Kannkaufmann **1** 1, 3, 6, **2** 4, **3** 7
- Kaufmannseigenschaft **1–7**
- Kaufmannszusatz **19** 4
- KG-phG **161** 3, 5
- Kleingewerbebetreibender **1** 3, 6, 53–54, **2**
- Kommanditist **161** 4, 5
- kraft Eintragung **1** 7, **2** 3, **3** 6, **5**
- Musskaufmann **1** 9
- Minderjährige **1** 32–36, 39, 46
- Minderkaufmann **1** 2
- öffentliches Recht **7**
- OHG-Gfter **105** 19–23
- „Ordentlicher Kaufmann" **347** 1
- Personal **59** 23
- Rechtsscheinkaufmann **5** 9–18
- Scheinkaufmann **5**
- Sollkaufmann **1** 1, 3
- stiller Gfter **1** 49, 50, **230** 6
- zwingender Kaufmannszusatz **19** 4

Kaufmännische Anweisung 363 3
Kaufmännischer Verpflichtungsschein s Orderpapiere **363** 4

Sachverzeichnis

Fette Zahlen = §§/Artikel

Kaufmännische Bestätigungsschreiben s Bestätigungen
Kennzeichnung (Unternehmens-) **17** 11–13, **18**
Kettenarbeitsverhältnis s HdlGehilfe
Kfz-GVO 86 38
Kick-backs 347 30
Klauseln 346 39–40, **Überbl** vor **373** 33, **(6)** Incoterms
Kleinbeteiligungen 172 a 14
Kleingewerbetreibende 1 3, 6, 53–54, **2** 6, **383** 2
Know-how s HdlGeschäft
Kodifikation Einl vor **1** 2
Kombinierter Transport s Frachtgeschäft, Spedition
Komitologieverfahren Einl vor **238** 170
Kommanditgesellschaft Einl vor **105** 16, **161–177 a**
– s auch Offene HdlGes (und die dort genannten anderen Stichwörter)
– Abfindungsversicherung **161** 8
– Angaben auf Geschäftsbriefen **177 a**
– Anmeldung zum HdlRegister **162**, **175**
– Anteilsübertragung **162** 8, **172** 14, **173** 11–13, **176** 11
– Aufrechnung **171** 7
– Aufsichtsrat **163** 12, **Anh 177 a** 31
– ausgeschiedener Kdtist **171** 14
– Außenhaftung **171** 1
– Begriff **161** 1–2
– Beirat **163** 12, **Anh 177 a** 31
– Bewertung **171** 6
– Bestimmtheitsgrundsatz **161** 7
– Bilanz **166** 3
– Einlage **162** 2, **171–175**
– Einsicht **166**
– Eintretender **173, 176** 9
– Entnahme **169** 1–5
– Firma **19** 19–23, **24**
– Geschäftschancen **165** 3
– Geschäftsführung **164**
– GesVertrag **161** 7
– Gewerbesteuer **171** 3
– Gewinn **167, 168**
– Gewinnentnahme **169** 1–5, **172** 8, 8 a
– Gewinnrückzahlung **169** 6
– GfterDarlehen **172 a**
– GmbH & Co (KG) **Anh 177 a**
– Grundlagengeschäfte **164** 4
– Haftsumme **171** 1, **172** 1, **174, 175**
– Haftung **171–176**
– Haftung vor Eintragung **176**
– HdlRegister **162, 172** 1–2, 174–176
– Herabsetzung der Einlage **174**
– „Herabstufung" **140** 10, 29
– Informationsrecht **166**
– Inhaltskontrolle **Anh 177 a** 68
– Insolvenz **171** 11–14, **172 a** 7
– Jahresabschluss **164** 3, **166** 3
– Kapitalanteile **167, 168**
– Kapitalaufbringungsprinzip **171** 6
– „kapitalistische" **161** 11, 163
– Kdtist **161** 4
– Kontrollrecht **166**
– Nachfolgevermerk **162** 8
– Pflichteinlage **171** 1
– phG **161** 3
– Prokura **164** 5, **170** 3–4
– Prospekthaftung **Anh 177 a** 59–66
– PublikumsKG **Anh 177 a** 52
– Rechtsscheinhaftung **176** 7
– Rechtsverhältnisse der Gfter untereinander **163**
– Rückzahlung **169** 6, **172** 4
– Schiedsgerichte **Einl** vor **1** 90
– Tod **177**
– Übertragung des Anteils **172** 14
– Übertragung des HdlGeschäfts **22**
– Überwachung **166**
– Umwandlung **22** 1, **18, Einl** vor **105** 19, **161** 18
– Umwandlung phG-Kdtist **140** 10, **161** 6, **176** 10
– Verlust **167, 168**
– Vertrag **161** 7, 163
– Vertragsänderung **161** 7 **Anh 177 a** 33
– Vertretung **163** 10, 170
– Verwaltungsrat **163** 12, **Anh 177 a** 31, 75
– vor Eintragung **176**
– Wettbewerbsverbot **165**
– Widerspruch des Kdtisten **164** 2
Kommanditgesellschaft auf Aktien Einl vor **105** 1, 8, 12, 13
Kommission 84 18–19, **383–406**
– Abtretung **392**
– Abgrenzung zum Kauf **383** 7
– Abwicklungsgeschäft **383** 1
– AGB-Kontrolle **383** 5
– ähnliche Geschäfte **406**
– „an den, den es angeht" **383** 28
– Aufbewahrung **388** 4, **389, 391** 2, **(13)** DepotG 29
– Aufrechung **392** 12
– Aufwendungen **396** 5–7
– Ausführungsanzeige **384** 7, 8, 12, **405, (8)** AGB-WPGeschäfte
– Ausführungsgeschäft **383** 1, 16–21, **392**
– Auskunft **384** 8
– Auslieferungsprovision **396** 4

Magere Zahlen = Randnummern

Sachverzeichnis

- Banken **383** 4, 9, **(8)** AGB-WPGeschäfte
- Beförderung **396** 6
- Befriedigungsrecht **398, 399**
- Besitzkonstitut **383** 26
- Beweissicherung **388** 2
- Bilanzrecht **246** 18
- Deckungsgeschäft **384** 1, **400** 6, **401**
- Deckungszusage **386** 2
- Delkredere **394**
- Dritter **384** 3, 7, 9, 12–13
- Drittschadensliquidation **383** 21
- Durchgangserwerb **383** 27
- Effektenkommission **383** 4, 8, 29
- Eigengeschäft (des Kommissionärs) **383** 16, **(13)** DepotG **31**
- Eigenhaftung **384** 12–14, **394**
- Eigentum **383** 22–29, **(13)** DepotG **18** 1, 24
- Einkaufskommission **383** 25–29, **384** 11, **391** 1, **406 II**, **(13)** DepotG **18–31**
- Emissionsgeschäft **383** 32
- Empfehlung **384** 2
- Forderungen aus dem Ausführungsgeschäft **392**
- Garantie (Preis) **384** 6
- Gebrauchtwagenhandel **383** 4
- Geschäftsbesorgung **383** 6, 9
- Haftung **384** 12, **390, 394**
- Herausgabe **384** 9–11
- Hinterlegung **389**
- Insichgeschäft **383** 26
- Insolvenz **383** 14–15, **392** 8–9
- Insolvenzverfahren **(13)** DepotG **32–33**
- Interessenwahrung **384** 1–6, **400** 5
- internationaler Verkehr **383** 30–32
- Kartellrecht **383** 3
- Klauseln **383** 5
- Kleingewerbebetreibende **383** 2
- Kommissionäre, Kommittent **84** 18–19, **383** 1
- Kommissionsagent **84** 19, **383** 3
- Kommissionsagenturvertrag **383** 3
- Kommissionsgut **397** 4, **398**
- Kommissionsvertrag **383** 1, 6–15, **406**
- Konsignationskommission **383** 4
- Konsortialgeschäft **383** 32
- Kosten **396** 5–7, **403** 2
- Kredit **393**
- Kündigung **405** 4
- Lagerung **396** 6
- Limit **386**
- Mängel **388, 391** 1
- Mistrade **384** 1
- Mitwirkungspflicht **383** 21
- Nachricht **384** 7, 8
- Nennung des Dritten **384** 12
- Notverkauf **388** 4, **389, 391** 2
- partiarische Kommission **383** 7
- Pfändung **392** 9
- Pfandrecht **366** 11, **397, 398, 404**, **(13)** DepotG **30**
- Pflichten **384, 387** 1, **388** 1–3, **391** 1
- Preis **384** 6, **385–387, 400** 7–9
- Provision **394** 6, **396** 1–4, **403** 1, **(13)** DepotG **27**
- Rat **384** 2
- Rechenschaft **384** 8
- Rechte gegen Frachtführer, Schiffer **388** 2
- Rügepflicht **391** 1
- Schadensersatz **388** 3
- Selbsteintritt **384** 7, **400–405**, **(13)** DepotG **31**
- Selbsthilfeverkauf **389**
- Strafbestimmungen **(13)** DepotG **34–37**
- Stückeverzeichnis **(13)** DepotG **18–26**
- Surrogat der Forderung **392** 7
- Tafelgeschäft **383** 8
- Übereignung an den, den es angeht **383** 28
- Untersuchungspflicht **391** 1
- Verkaufskommission **383** 22–24, **406 II**
- Versicherung **390** 5
- Verwahrung **(13)** DepotG **29**
- Vorschuss **393, 396** 6
- vorteilhafter Abschluss **387**
- Wechselindossament **395**
- Weisungen **384** 1, **385–387**
- Wertpapiere **383**, **(13)** DepotG **18–31**
- Widerruf **383** 12, **405** 4
- Willensmängel **383** 19
- Zurückbehaltung **398** 1, **(13)** DepotG **30**
- Zwischenkommissionär **384** 3

Kommissionsagent 84 18, **383** 3, 31
Kommissionsklauseln 383 5
Konditionsgeschäft Überbl vor **373** 24
Konkretisierung 360 2
Konnossement s Akkreditiv (Dokumenten-), Orderpapier
Konsignationslagerabrede Überbl vor **373** 41
Konsolidierung s Konzernabschluss
Konsortialgeschäft 383 32, **(7)** Bankgeschäfte Q/1, Y/1, 2
Konto (7) Bankgeschäfte A/36–47, C/3
- s auch Anderkonto

2299

Sachverzeichnis

Fette Zahlen = §§/Artikel

- Darlehenskonto (PersonenGes) **120** 19, 20
- Kapitalkonto (PersonenGes) **120** 18–19
- Kontoarten **(7)** Bankgeschäfte A/36–47
- Konto pro Diverse (cpd) **(7)** Bankgeschäfte A/42, C/14, 23, G/3
- Treuhandkonto **(9)** AGB-Anderkonten **Einl** vor 1 1–4
- variables Konto (PersonenGes) **120** 19

Kontokorrent (laufende Rechnung) **355–357**
- Abrede **355** 5
- automatische Saldierung **355** 8
- Bankkontokorrent **355** 9
- Bürgschaft **356** 1
- Ende **355** 23–24
- Gesamtschuldnerhaftung **356** 1
- Geschäftsverbindung **355** 4
- Girotagesguthaben **357** 8
- Herausnahme aus Kontokorrent **355** 15
- juristische Konstruktion **355** 7
- Kontokorrentfähigkeit **355** 13
- Kontokorrentgebundenheit **355** 14
- Kreditlinien **357** 10
- mehrerer **355** 15
- Periode **355** 6
- Periodenkontokorrent **355** 9
- Pfand **356** 1
- Pfändung **357**
- Provisionen **355** 20
- Rückgriff auf Einzelposten **355** 7
- Saldoanerkenntnis **355** 10
- – – anspruch **355** 11
- – – pfändung **357**
- – – verfügungen **355** 21–22
- Sicherheiten **356**
- Staffelkontokorrent **355** 8
- Umfang **355** 13–15
- uneigentliches **355** 3
- Verfügung über Saldo **355** 21–22
- Verjährung **355** 12
- Voraussetzungen **355** 2–6
- Wirkung **355** 7–12
- Zinsen **355** 16–19

Kontokorrentkredit (7) Bankgeschäfte G/20

Kontrahierungszwang Einl vor **343** 7

Kontrollrechte 87 c, **118, 166, (3)** FamFG **375**

Konzentration 360 2

Konzern s Verbundene Unternehmen

Konzernabschluss s auch Abschlussprüfung, Bilanz, HdlBücher, Jahresabschluss, Konzernanhang, Konzernlagebericht, Offenlegung

- Anteile an assoziierten Unternehmen **310** 5–13
- Anteile anderer Gesellschafter **307**
- Anteile an Joint Ventures **310** 3–11
- anteilmäßige Konsolidierung **310**
- Anteilswertmethode **301** 5
- Anwendungsbereich **290** 1
- anzuwendende Vorschriften **298**
- assoziierte Unternehmen **311, 312**
- Aufstellungspflicht **290** 6, 7
- Aufwands-/Ertragskonsolidierung **305**
- Auskunftspflichten der Tochterunternehmen **294** 3
- befreiender **291, 292**
- Befreiung vom Konzernabschluss **291–293**
- Begriff **297** 1
- beherrschender Einfluss **290** 8–12
- Beherrschungsvertrag **290** 11
- Beteiligung **271** 1–8, **285** 11, **312–314**
- Beteiligungsliste **285** 11
- Bewertung, einheitliche **308** 1, **309**
- Bewertungswahlrecht **308** 2
- Bilanzierungswahlrechte, Neuausübung **300** 4
- BilMoG **290** 5
- Buchwertmethode **301** 5–6, **312** 2–3
- Control-Konzept **290** 8
- Eigenkapitalmethode **312** 1
- Eigenkapitalspiegel **297** 1
- Einbeziehungspflicht **294**
- Einbeziehungsverbot **295**
- Einbeziehungswahlrecht **296**
- Entherrschungsvertrag **290** 9
- Equitymethode **310** 9, 10, **311** 8, 11, **312** 1
- Erleichterungen **298** 2
- Erstkonsolidierung, erfolgswirksame **301** 2–4, **307**
- erstmalige Anwendung der IAS/IFRS **315 a** 9
- Ertragskonsolidierung **305**
- Folgekonsolidierung **301** 1, 10, **307** 2
- Fortschreibung des Beteiligungswertansatzes **312** 6
- Funktion **297** 2
- gemeinschaftlich geführte Einheiten **310** 10
- Gemeinschaftsunternehmen **310**
- Geschäftswert **309** 1
- Ges mit Sitz außerhalb der EU **292** 1, 2
- Gewinn- und Verlustrechnung **297** 1
- größenabhängige Befreiung **293**
- Herstellungskosten, konzerninterne **304** 1

Magere Zahlen = Randnummern

Sachverzeichnis

- IAS-VO **315a**
- Inhalt **297, 315a**
- Interessenzusammenführung **302**
- Kapitalflussrechnung **297** 1, 5–8
- Kapitalkonsolidierung **301**
- Konsolidierung **300**
- Konsolidierungskreis **294–296**
- Konsolidierungsmethodenwahlrecht **302** 4
- Kontrollrechtsstellung **290** 13
- Konzernbilanz **297** 1
- Konzern-Gewinn- und Verlustrechnung **297** 1
- konzerninterne Lieferungen/Leistungen **304** 1
- Kreditinstitute, Besonderheiten **340, 340 i–340 j**
- merger accounting **302** 1
- Minderheitenschutz **291** 7–9
- Mutterunternehmen **271** 10
- Neuaufstellung **300** 2–5
- Neubewertung **301** 5, **308** 4–7, **312** 7
- Pflicht zur Aufstellung **290, 291**
- Pflichtinhalt nach IAS-VO **315a** 5, 6
- Pooling of interests-Methode **301** 1, **302**
- Quotenkonsolidierung **310**
- Reform **290** 4, 5
- Rückbeteiligung **301** 9
- Schuldenkonsolidierung **303**
- Segmentberichterstattung **297** 9–16
- SIC-12 **290** 24
- SIC-13 **310** 12
- Stetigkeit **Einl** vor **238** 75, **297** 4
- Steuerabgrenzung **306**
- Stichtag **299**
- Stimmrechtsmehrheit **290** 14
- Stufen-/Tannenbaumprinzip **290** 6
- Teilkonzernabschluss **291**
- TransPuG **290** 4
- true and fair view **297** 3
- Übergangsrecht **Einl** vor **238** 83, **(1)** EGHGB **27, 49**
- Unterschiedsbetrag **301** 8, **302** 5, **309, 312** 4
- verbundene Unternehmen **271** 9–10
- Vollkonsolidierung **300** 1
- Vollständigkeitsgebot **300** 3
- Währungsumrechnung **308a** 1, 2
- Weltabschluss **294** 1
- Zweckgesellschaften **290** 24
- Zwischenabschlüsse **299** 2, 3
- Zwischenaufwendungen **305** 1
- Zwischenergebnisse **304, 310** 2, **312** 8

Konzernanhang 313, 314
- s auch Anhang, HdlBücher Konzernabschluss
- Angaben zum Abschlussprüfer bei kapitalmarktorientierten Ges **314** 9
- Bestandteil des Konzernabschlusses **297** 1
- BilMoG **314** 10–19
- Entsprechenserklärung **314** 8
- Finanzinstrumente **314** 10
- Funktion **313** 2
- IAS/IFRS-Regelungen **313** 15, **314** 21
- Pflicht zur Aufstellung **290**
- Pflichtangaben **313** 3–15, **314**
- Rechtsnatur **313** 1
- Schutzklausel **313** 13, 20
- Wahlpflichtangaben **313** 3–15
- Währungsumrechnung **313** 10

Konzernbilanz s Konzernabschluss

Konzern-Gewinn- und Verlustrechnung s Konzernabschluss

Konzernlagebericht Einl vor **238** 78, **315**
- s auch Abschlussprüfung, HdlBücher, Jahresabschluss, Konzernabschluss, Konzernanhang, Offenlegung
- befreiender **291, 292**
- größenabhängige Befreiung **293**
- Minderheitenschutz **291** 7–9
- Pflicht zur Aufstellung **290**
- Pflichtinhalt **315a** 5, 6
- Prüfung **317** 7

Konzernregister 8 5
Konzessionär s Vertragshändler
Konzessionssystem Einl vor **105** 3
Körperschaft s juristische Person
Kosten s Bewertung
„Kosten und Fracht" 346 40, **(6)** Incoterms **5**
„Kosten, Versicherung und Fracht" 346 40, **(6)** Incoterms **6**
Kostenzuschlagsverträge 252 47
Krämermakler 104 s auch HdlMakler
Kraftverkehrsordnung s Güterkraftverkehr
Kreditauftrag 349 11
Kreditauskunft (7) Bankgeschäfte A/14–15, **(8)** AGB-Banken **2** 3
Krediteröffnungsvertrag (7) Bankgeschäfte G/2, 15, 20, 25
Kreditgeschäft (7) Bankgeschäfte G/1
Kreditinstitute, Kreditwesen 1 23, **340–340 o, (7)** Bankgeschäfte A/4–5
- Bilanzrecht **340–340 o, Einl** vor **238** 2, **279** 2, **340 i–j**

Kreditkarte
- rechtliche Qualifikation **(7)** Bankgeschäfte F/36

Sachverzeichnis

Fette Zahlen = §§/Artikel

- Verhältnis Kreditkartenunternehmen/Vertragsunternehmen **(7)** Bankgeschäfte F/46
- Verhältnis Karteninhaber/Kreditkartenunternehmen **(7)** Bankgeschäfte F/37
- Verhältnis Karteninhaber/Vertragsunternehmen **(7)** Bankgeschäfte F/52

Kreditsicherung 172 a 9, **(7)** Bankgeschäfte H/1–6
Kreditversicherung 349 17
Kreditwesengesetz (7) Bankgeschäfte A/4
Kritik unter Gftern **109** 25
Kundenschutz
- HdlVertreter **87** 23–29, **92** 6

Kündigung (HdlGehilfe) **59** 121–159
- s auch Anfechtung, Aushilfsarbeitsverhältnis, Ausland, Fürsorge, Krankheit, Mutterschutz, Rücktritt, Schwangerschaft, Schwerbehinderte, Unfall, Wehrdienst, Wettbewerbsverbot
- Abfindungsklauseln s Auseinandersetzung
- Abreden über Fristen und Termine **59** 122, 124
- Änderungskündigung **59** 121
- Anfechtung **59** 117–120
- Arbeitsgericht **59** 151 ff
- Arbeitskampf **59** 164
- Aufhebungsvertrag **59** 165
- außerordentliche **59** 44–55, 116, 121, **75** 1–2
- bedingte **59** 111–116, 121
- befristetes Arbeitsverhältnis **59** 111–115
- Begründung **59** 121
- Betriebsrat **59** 121
- Buchwertklausel s Auseinandersetzung
- Erklärung **59** 121
- Folgen **59** 136–137
- Form **59** 121
- Frist **59** 111–116, 121
- fristlose **59** 121, **61** 1
- Gründe **59** 121
- Herabstufung **140** 10, 29
- Insolvenz **59** 148
- Kündigungsschutz **59** 12, 111, 151–159, 160–163
- Massenentlassung **59** 159
- Mutterschutzgesetz **59** 161
- ordentliche **59** 115, 121–127, 151–159, **75** 3–4
- Probearbeitsverhältnis **59** 125
- Schadensersatz **59** 121 ff, 137, **61** 2
- Schriftformerfordernis **59** 121
- Schwerbehinderte **59** 162, 166
- Sozialwidrigkeit **59** 153
- Teilkündigung **59** 121
- Unwirksamkeit **59** 151–166
- Wehrdienst **59** 163
- Wettbewerbsverbot **60** 5–6, **75**
- wichtiger Grund **59** 121, 139–149

Kündigung (HdlVertreter) **85** 10, **89**, **89 a**, **89 b** 52–66, **90 a**
Kündigung (OHG) **131**, **132**, **134** 1, **135**
- s auch Ausscheiden, Auflösung
- fortgesetzte Ges **134**
- Frist **132** 1, 4, 8, 13
- Ges auf Lebenszeit **134**
- Hinauskündigen **140** 30
- Missbrauch **132** 6
- Privatgläubiger **135**
- Schadensersatz **133** 17
- Termin **132** 1, 4
- Vereinbarung **132** 8–14

Kursmakler s Börse
Kurssicherung s Börse
Kurzarbeit s HdlGehilfe
Kurzbezeichnung s Kennzeichnung
Kux s Bankgeschäfte – WP
KWG (7) Bankgeschäfte A/4

Ladenvollmacht 56
Ladeschein s Frachtgeschäft, Orderpapier
Lagebericht Einl vor **238** 77, **289**, **289 a**
- s auch Abschlussprüfung, HdlBücher, Jahresabschluss, Konzernlagebericht, Offenlegung
- AG und KGaA (organisierter Markt) **289** 4
- Entwicklungsprognose **289** 2
- Erklärung zur Unternehmensführung **289 a**
- Genossenschaften **336**
- IAS/IFRS-Regelungen **289** 6
- internes Kontroll-/Risikomanagement **289** 5
- nichtfinanzielle Leistungsindikatoren bei großen KapitalGes **289** 3
- Pflicht zur Aufstellung **264**
- Prüfung Einl vor **238** 79

Lager („ab Lager") **346** 40
Lagergeld s Lagerhalter, Aufbewahrung
Lagergeschäft, Lagerhalter 467–475 h
- s auch Lagerschein, Spedition
- ALB (Allgemeine Lagerbedingungen des Deutschen Möbeltransports) **467** 16

Magere Zahlen = Randnummern

Sachverzeichnis

- Anzeigepflicht **471** 2
- Aufwendungsersatz **474**
- Auslieferung **475 e**
- Begleitpapiere **468** 1, **475 b**
- Begriff **467** 4
- Besichtigung **471** 1
- Einlagerung bei Drittem **472** 2, 475 2
- Gewichtsverlust **469** 6
- Güter **467** 4
- Haftung
- – des Lagerhalters **475**
- – verschuldensunabhängige des Einlagerers **468** 3–4
- internationaler Verkehr **467** 1
- Kündigungsrecht **473**
- Lagerbedingungen **467** 16
- Lagergeld **467** 13
- Lagerordnung **467** 16
- Lagerschein **475 c**
- Lagerzeit **473** 2
- Mischlagerung **467** 1
- Mitteilungspflicht **468**
- Notrechte **471** 2
- OLSchVO **467** 7
- Pfandrecht **475 b**
- Pflichten
- – des Einlagerers **467** 13, **468**
- – des Lagerhalters **467** 10–12
- Probenahme **471** 1
- Rücknahme des Guts **473** 2
- Sammellagerung **467** 1, **469**
- Selbsthilfeverkauf **471** 2
- Summenlagerung **467** 1, 6
- Traditionspapier **475 g**
- Verbraucher **468** 2–4, **475 h**
- Verjährung **475 a**
- Versicherung **472** 1
- Vertrag **467** 4–9
- Weisung **471** 2
- Zurückbehaltungsrecht **475 b** 1

Lagerschein 475 c–475 h
- s auch Inhaber-, Namens-, Orderlagerscheine, Orderpapiere

Lamfalussy-Rechtsetzungsverfahren (16) WpHG **Einl vor 1** 4

Länder
- Arbeitsrecht **59** 11
- Landesrecht **Einl vor 1** 16, 17, 21, **263, (1)** EGHGB **15, 18**

Landwirtschaft 3, 238 22–26

Landwirtschaftskammer Einl vor 1 22

Lastschrift (7) Bankgeschäfte D/01–04, 1–23

Lastschriftabkommen (10) Lastschriftabkommen

Laufende Rechnung s Kontokorrent

LCL 346 40

Leasing
- Bilanzrecht **246** 23, 30–39, **255** 9, **285** 3, **377** 2
- Finanzierungsleasing **(7)** Bankgeschäfte P/1–19

Lehrling 59 23
Leibrente 350 3
Leiharbeitsverhältnis 59 16, 57
Leistungszeit 358, 359
letter of intent Einl vor **343** 4, **349** 22
liability Einl vor **238** 143, **274** 9
Liefermöglichkeit 346 40
„Lieferung vorbehalten" **346** 40
Lieferzeit 346 40
Limited Anh 177 a 11, **230** 5
Liquidation, Liquidator (OHG) **145–158**
- s auch Auflösung
- Abberufung **147**
- andere Art der Auseinandersetzung **145** 8, **158**
- Anmeldung **148, 157**
- Anspruch gegen Liquidator **149** 2, **150**
- Anwendbarkeit OHG-Recht **156**
- Aufgaben **149** 2
- Auftrag **149** 1
- Ausschluss **145** 8, **158**
- Begriff **145** 2
- Bilanz **154**
- Bücher **157**
- Durchsetzungssperre **145** 6
- Firma **153, 157**
- geborene Liquidatoren **146** 2
- gekorene Liquidatoren **146** 4
- gerichtliche Berufung **146** 5
- Gesamtabrechnungsgrundsatz **145** 6
- Geschäftsverkauf **149** 4
- gesetzliche Berufung **146** 2
- HdlRegister **148, 157**
- mehrere Liquidatoren **150** 1
- Nachschüsse **155** 3
- neue Geschäfte **149** 6
- Niederlegung **147**
- Pflichten **149**
- Prozess **149** 8
- Rechte **149**
- Rechtsverhältnis der Gfter **156**
- Rückgabe **155** 6
- Tod **147**
- Übergangsrecht **148** 1, **150** 1
- unternehmensrechtliches Verfahren **(3)** FamFG **375**
- Unterschrift **153**
- Vergütung **149** 1
- Vermögenslosigkeit **145** 12
- Vermögensverteilung **155**
- Verteilung des Vermögens **155**
- vertragliche Berufung **146** 4

2303

Sachverzeichnis

Fette Zahlen = §§/Artikel

- Vertretungsmacht **149** 7, **150** 5, **151**
- Weisungen **152**
- Wirkung **145** 4, 5

Liquidationsvergleich (mit Gläubigern) **145** 10
Lizenzvertrag Überbl vor **373** 19
Lohngleichheit 59 56, 57
Löschung s Handelsregister
Lombard (7) Bankgeschäfte G/21
Luftverkehr 407 10, **452** 5, s auch Frachtgeschäft
Luxemburg Einl vor **1** 25

MAC-Klausel 346 40
MaK (7) Bankgeschäfte A/4
Makler s HdlMakler
Mängel s Kauf
Manko s Gewicht
Mankohaftung s HdlGehilfe
Mantelkauf 23 4, **Anh 177 a** 14
Mantelzession s Bankgeschäfte
Marke 17 10, **18** 9–10
MarkenG 17 10, **18** 9
Markets in Financial Instruments Directive (16) WpHG Einl vor **1** 4
Marktmissbrauchsrichtlinie (16) WpHG **Einl** vor **1** 1
Marktpreis s Bewertung
Marktpreisklauseln Überbl vor **373** 33
Maße 361
MassenKG s PublikumsGes
Maßgeblichkeitsgrundsatz s Bilanz
matching principle Einl vor **238** 151
Mehrarbeit s HdlGehilfe
Mehrparteienschiedsverfahren Einl vor **1** 88
Mehrwertsteuer Überbl vor **373** 4
memorandum of understanding Einl vor **343** 4
Metageschäft 93 35, **230** 2, **(7)** Bankgeschäfte Y/4
Miete Überbl vor **373** 19
- s auch Pacht
- Form **350** 2–3

MiFID s Markets in Financial Instruments Directive
Minderjährige 1 32–35, 39, 46
Minderkaufmann s Kaufmann
Missbrauch s HdlVollmacht, Prokura, Vertretung
Mistrade 384 1
Mitarbeiterbeteiligungen 59 70
Mithaftung 349 13
Mittelstandsrichtlinie Einl vor **238** 10
Mittlerer Art und Güte 360 3–4
Mobbing 59 95
Möbeltransport s Spedition

Modernisierungsrichtlinie Einl vor **238** 17
MoMIG Einl vor **1** 15, **Einl** vor **105** 29, **172 a** vor 1, **172 c** 4
- Übergangsvorschrift **(1)** EGHGB 64

Monopol s Wettbewerb
Multimodaler Transport 407 1, s auch Frachtgeschäft, Spedition,
Mutterschutz s HdlGehilfe
Mutterunternehmen 271, 290, s auch Konzernabschluss

Nachfolgevermerk s HdlGeschäft, KommanditGes
Nachhaftungsbegrenzung 26 4–10, **28** 5, 7, **160** 7
Nachhandelssektor (13) DepotG Einl 6, **(14) BörsG Einl** vor **1** 21
Nachhandelstransparenz (16) WpHG **Einl** vor **1** 20
Nachlassverwalter s auch OHG, Testamentsvollstrecker
- GesKündigung **135** 3

„**Nachnahme" 346** 40
nachrangige Hafteinlagen 236 1, 3
Nachricht
- HdlGehilfe **59** 53
- HdlVertreter **86** 17, **86 a** 7–12

Nachschuss 109 12–14
- s Bilanz, offene HdlGes

Name
- Änderung **21**
- Ausländer **17** 48–49
- Firma **19**
- Missbrauch **17** 3
- Namensrecht **17** 4–5, 33
- Schutz **17** 32

Namenslagerschein 475 b 1, 2, **475 c**
Nebengewerbe 3 10–12
Nebentätigkeit s HdlGehilfe
Negativklausel s Bankgeschäfte
netto (Gewicht) **380**
„**Netto Kasse" 346** 40
Neue Bundesländer Einl vor **1** 29–30
- Übergangsrecht **Einl** vor **1** 30

Neuer Markt (14) BörsG 48 8
Neuverhandlungspflicht Einl vor **343** 14
Netzwerkabhängigkeit
- Legaldefinition Netzwerk **319 b** 5
- Unabhängigkeit der Abschlussprüfer **319 b** 1–10

Nichteheliche Lebensgemeinschaft 105 53
Niederlande Einl vor **1** 25
Niederlassung 13 1,2, 29
- s auch Zweigniederlassung
- Verlegung **Einl** vor **1** 39

Magere Zahlen = Randnummern

Sachverzeichnis

Niederstwertprinzip 253 1, 13, 15
Nießbrauch s Anteil, HdlGeschäft, Pacht
NIF s Bankgeschäfte
Normativbestimmungen Einl vor **105** 3
Norwegen s Skandinavien

Offene Handelsgesellschaft (OHG) Einl vor **105** 15, **105–160**
- s auch Anteil, Auflösung, Auseinandersetzung, Auslegung, Ausscheiden, Ausschließung, Eintritt, Firma, Geschäftsführung, Gesellschafter, Gewinn, Haftung, HdlGes, HdlGewerbe, Konto, Kündigung, Liquidation, PersonenGes, Rechtskraft, Schulden, Verbundene Unternehmen, Vererbung, Vermögen, Vertretung
- Abfindung des ausscheidenden Ges **131** 48–57
- Abfindungsklauseln **131** 58–73
- Abspaltungsverbot **119** 19
- actio pro socio **124** 41, **149** 3
- Angaben auf Geschäftsbriefen **125 a**
- Anfechtung **105** 50, 61, 70, 80, 81, 93, **129** 9, 10
- Anmeldung von Auflösung/Ausscheiden **143**
- Anmeldung zum HdlRegister **106–108**
- Anteile am Gesellschaftsvermögen **124** 16–22
- Anteilsübertragung **105** 25, 32, 44, 55, 69–74, **124** 18
- Anteilsverfügung **124** 18–21
- Auflösung **124** 44, **131, 133, 143** 1
- Aufrechnung **129** 11–14
- Aufsichtsrat (Beirat) **114** 27
- Aufwendungsersatz **110**
- Auslegung **105** 49, 58–60, 63, 68, 93
- Ausschließung **140, 143** 2
- außergewöhnliche Geschäfte **116** 2
- Befristung **132** 13, **134**
- Beginn der Wirkung **123**
- Beherrschungsverträge **105** 105
- Beirat **114** 27
- Beiträge **109** 6–10
- Beitritt **105** 50, 67, 68, 82
- Beschlussfassung **119**
- Bestimmtheitsgrundsatz **119** 37–40, **161** 7
- Bilanz **120** 1–11
- Bürgschaft **128** 7
- corporate opportunity **114** 13
- Deliktsfähigkeit **124** 25
- Drittorganschaft **114** 11, 28, **125** 5
- Ehegattengesellschaft **105** 52
- Ehrenschutz **124** 34
- Eintritt **105** 26, 67, 68, **130, 139** 50–55
- Einlage **109** 6, **111, 120** 17, **121** 1
- Einwendungen **129**
- Entzug erworbener Rechte **119** 35
- Erben **139**
- Erwerbschancen **114** 13
- fehlerhafte (faktische) Ges **105** 75–97
- Firma **19** 11–18, **22** 1–2, 9–10, 13, 16–18, 23, **24**
- fortgesetzte Gesellschaft **134** , **139**
- Fusionskontrolle **105** 107
- gemeinsamer Zweck **105** 1
- gerichtliche Entscheidung **117, 127, 133, 140**
- Gesamtschuld **128** 19–21, 36
- Geschäftsbeginn **123** 2, 3, 7, 9–13
- Geschäftschancen **114** 13
- Gesellschafterbeschlüsse **119**
- Gesellschaftsvermögen **124** 3–15
- Gesellschaftsvertrag **105** 47–66, 109
- Gewinnabführungsverträge **105**105
- Gläubigerschutz **105** 104–105
- Gleichbehandlung **109** 29–31, **119** 35
- Grundlagengeschäfte **116** 3
- Haftung **105** 51, 104, **124** 24–29, **128 ff,**
- Haftungsregress **128** 25–28
- Handlungsfähigkeit **124** 31–38
- HdlRegister **106–108, 123** 5, **143, 144 II, 148**
- herrschende Personengesellschaft **105** 106
- Hinauskündigung **140** 30, 31
- inländische Geschäftsanschrift **106** 8, **107** 1
- Insolvenz **124** 46, 47, **128** 46, 47, **144**
- Interessenkonflikt **114** 12, 13, **119** 8, s auch Wettbewerbsverbot
- Kernbereichslehre **119** 13, 36, **140** 31
- Kontrollrecht **118**
- Kündigung **132, 135**
- Liquidation **145 ff**
- Mehrheitsbeschlüsse **119** 34–41
- Mehrheitsklausel **119** 37
- Minderheitenschutz **119** 35
- Nachlassverwaltung **139** 32
- Nachschüsse **109** 6, 12
- Naturalteilung **145** 10
- Nichteheliche Lebensgemeinschaft **105** 53
- Nießbraucher **105** 44–46
- Ort **106** 8, 9
- Prozess **124** 41–44
- Rechtsfähigkeit **124**
- Rechtsnatur **124** 1

Sachverzeichnis

Fette Zahlen = §§/Artikel

- Rechtsübertragung **124** 48–55
- Rechtsverhältnis zu Dritten **123**
- Rückgewähr von Darlehen **129 a**
- Rücktritt **105** 48, 58, 80
- ScheinGes **105** 98–99
- Schiedsgericht **Einl** vor **1** 88–92, **117** 8
- Schiedsvereinbarungen **124** 43, **128** 40
- Selbstkontrahieren **119** 22, **126** 9
- Selbstorganschaft **114** 24–25, **125** 5
- Sitz **106** 8–10
- Stimmrecht **119** 5
- Stimmrechtsbindung **119** 17–18
- Testamentsvollstreckung **139** 21
- Treuhänder **105** 31–37
- Treuepflicht s Gesellschaften
- Typenverfehlung **109** 3
- Übernahme **145** 10
- Übertragung des HdlGeschäfts **22**
- Überschuldung **130 a** 4
- Umwandlung **Einl** vor **105** 19–27, **145** 1
- Unterbeteiligte **105** 38–43
- Verbindlichkeiten **124** 23–30
- Verlustausgleichspflicht **105** 104
- Vertrag **105** 47–66, **109**
- Vertragsabschluss **105** 50–53
- Vertragsänderung **105** 60–63, **119** 34, 37, **126** 3
- Vertragskonzern **105** 105
- Vertretungsmacht **126, 127**
- Verwaltungsrat **114** 27
- Vollmachten **124** 33
- VorGes (VorGmbH ua) **105** 9, 28
- Vorvertrag **105** 58
- Wettbewerbsverbot **112, 113**
- Wissenszurechnung **125** 4
- Zahlungsunfähigkeit **130 a** 3
- Zahlungsverbot **130 a** 9, 9 a
- Zustimmungspflicht **119** 7
- Zwangsvollstreckung **124** 45, **128** 45, **129** 15

Offenlegung 11, 325–329, 339, 340 l, 341 l
- s auch Abschlussprüfung, HdlBücher, Jahresabschluss
- Abweichungen von Kontoform **328 IV**
- Anwendungsbereich **325** 1
- Art **325** 3–5, **328**
- befreiende Wirkung nach IAS/IFRS **325** 8
- Definition **325** 3
- Einzelabschluss nach IAS/IFRS **325** 6–8
- EU-AuslandsGes mit Verwaltungssitz im Inland **325** 1
- Frist **325** 4, 11
- Funktionsschutz **325** 1
- Gegenstand **325** 4
- Genossenschaften **339**
- große Kapitalgesellschaften **325** 5
- größenabhängige Erleichterungen **326–327 a**
- Individualschutz **325** 1
- Inhalt **328**
- Kapitalmarktorientierte Ges **325** 11, **327 a**
- Konzernabschluss **325** 9
- Kreditinstitute **340 l**
- Ordnungsgeld **335, 335 a, 340 o**
- Prüfungs- und Unterrichtungspflicht des Betreibers des elektronischen BAnz **329**
- Rechtsfolgen bei Verstoß **325** 14
- teilweise Offenlegung **328**
- verbundene Berichterstattung **325** 10
- Verfassungsmäßigkeit **325** 2
- Veröffentlichung **325** 3–4, **328**
- Versicherungsunternehmen **340 l**
- Vervielfältigung **325** 3–4, **328**
- zentrale Publizität beim elektronischen BAnz **325** 4

Öffentliches Recht s auch Gewerbe
- Handelsrecht **Einl** vor **1** 1–28
- juristische Person **1** 24, 27, 28, **(1)** EGHGB **38**
- KfmEigenschaft **7**
- Verhaltenspflichten **124** 38, **125** 11

Öffentliche Versteigerung 374 5, 11

Öffentliche Zustellung 15 a

OHG s Offene Handelsgesellschaft

Ohne Obligo 346 40
- s auch „freibleibend"

Ohne Verladung (6) Incoterms **62**

Ombudsmann s Bankgeschäfte

Online-Banking (7) Bankgeschäfte F/1, 21–35
- automatische Zahlungssysteme **(7)** Bankgeschäfte F/21
- E-Geld-Geschäft **(7)** Bankgeschäfte F/33
- Haftung bei Missbrauch **(7)** Bankgeschäfte F/29
- Online Banking **(7)** Bankgeschäfte F/33
- POS/POZ **(7)** Bankgeschäfte F/32
- Rechte und Pflichten **(7)** Bankgeschäfte F/23
- rechtliche Qualifikation **(7)** Bankgeschäfte F/22
- Zahlungspflicht der Bank ggü Betreibern **(7)** Bankgeschäfte F/26

operating leases 246 32, 36

Magere Zahlen = Randnummern

Sachverzeichnis

Option 346 40
- s auch Börse

Order 346 40

Orderlagerschein 363 5, **467** 7, **475 c**, **475 g**
- s auch Orderpapiere
- Ausstellung **467** 7
- Pfandrecht **475 b** 2

Orderpapiere 363–365
- s auch Lagerschein
- Abtretung **364** 2
- Anwendung des Wechselrechts **365**
- Aufgebot **365** 5
- Aushändigung **364** 8
- Begriff **363** 1
- Einwendungsausschluss **364** 3–7
- FCR **363** 2
- forwarders receipt **363** 2
- „geborene" **363** 1
- gewillkürte, gekorene **363** 1
- Indossament **364**, **365**
- kfm Anweisung **363** 2–3
- kfm Verpflichtungsschein **363** 2, 4
- Konnossement **363** 2, 5
- Ladeschein **363** 5, **444–448**
- Lagerschein **363** 5, **475 c**, **475 g**
- Orderklausel **363** 1
- Quittung **364** 8
- Schuldverschreibung **363** 4
- Traditionspapiere **363** 6, **448**, **475 b** 2, **475 g**
- Transportversicherungspolice **363** 5
- Wechsel mit Formfehler **363** 3
- Wertpapiere des Fracht und Lagerrechts **363** 5, **409** 1, **444** 1, **475 c**, **475 g**

Organhaftung 124 25

Organisationsmangel 124 28

Österreich, Geltung des HGB **Einl vor 1** 25

overriding principle Einl vor 238 155

Pacht
- s auch Betriebsaufspaltung, Nießbrauch
- Abgrenzung zum Kauf **Überbl vor 373** 19
- Firma **17** 23–24, **22** 25
- HdlGeschäft **Einl vor 1** 49, **1** 10, **22**

Paletten 380 7

Partei kraft Amtes s Vertretung

partiarisch s Darlehen, HdlGehilfe

Partnerschaftsgesellschaft (PartGG) Anh 160 57–58

Passivierbarkeit 246 13

Patronatserklärung 349 22
- Bilanzrecht **251**
- internationaler Verkehr **349** 23

Patent s gewerbliches Schutzrecht

Pauschalierung s Schadensersatz

Pensionsfonds 341, 341 a–p

Pensionsgeschäft 340 b, (7) Bankgeschäfte J/5

Pensionsverpflichtungen s Rückstellungen

percentage of completion-Methode 252 47

Personalkredit (7) Bankgeschäfte G/54

Personengesellschaften 105–177 a
- s auch HdlGes, KommanditGes, Offene HdlGes
- Begriff **Einl vor 105** 13
- Einteilung **Einl vor 105** 13–18
- Fusionskontrolle **Einl vor 1** 77–78, **105** 107
- Internationales Privatrecht **Einl vor 105** 29–33
- Übergang (von vor 1900) **Einl vor 105** 28
- Umwandlung **Einl vor 105** 19–27, **105** 8, 10, **131** 8, 9, 21

Persönlichkeitsrecht Einl vor 1 64

Pfandrecht s auch Frachtgeschäft, gutgläubiger Erwerb, Kommission, Lagergeschäft, Pfandverkauf, Spedition
- Banken **(8)** AGB-Banken **14**

Pfändung
- Girotagesguthaben **357** 8–10
- HdlGehilfe **59** 83
- Kontokorrent **357**
- Kreditlinie **357** 10

Pfandverkauf 368, 441 9

Pfleger in OHG, KG **105** 26, 27

Pflichtteil s Erbe

P. O. D. 346 40

Pool s **(7)** Bankgeschäft H/1

Portabilität 59 89

POS (7) Bankgeschäfte F/32

Post 407 5, s auch Deutsche Post, Frachtgeschäft

Preface Einl vor 238 128

Preis s Bewertung, Börse

Preisangaben (7) Bankgeschäfte G/5

„Preis freibleibend" 346 40

Preisrecht Überbl vor 373 4

Preisvorbehalt 346 40

Presse Recht zur Kritik **Einl vor 1** 66

Principle of materiality 303 4

Prinzipal s Arbeitgeber

Prioritätsprinzip s Firma

Privatautonomie s Vertragsfreiheit

pro Diverse s Konto

Projektfinanzierung (7) Bankgeschäfte A/25

2307

Sachverzeichnis

Fette Zahlen = §§/Artikel

Prokura 48–53
- Anmeldung **53**
- Beschränkung **50**
- Betriebsübergang **52** 5
- Eintragung **53** 1
- Erlöschen **52** III
- Erteilung **48** 1–4, **116** 8
- gemischte Gesamtvertretung **48** 6, **49** 3
- Gesamtprokura **48** 5–7, **52** 5
- Grundstücksgeschäfte **49** 4
- internationaler Verkehr **Überbl** vor **48** 13
- Missbrauch **50** 4–7, **126** 11
- Selbstkontrahieren **49** 2
- Titularprokura **170** 4
- Tod des Inhabers **52**
- Übertragung **52**
- Umfang **49, 50**
- Unterschrift **48** 3, **51**
- Widerruf **52, 116** 9
- Zeichnung **48** 3, **51**
- Zweigniederlassung **50** III

Prospekthaftung Anh 177 a 59–66, **347** 8 ff, 23 ff, 39, **(14) BörsG 44**

Prospektpflicht Anh 177 a 59

Prospektprüfung 347 29

Prospektrichtlinie (16) WpHG Einl vor **1** 1

Protokoll, Anlageberatung **347** 37

Provision s auch HdlGehilfe, HdlVertreter
- allgemeine Provisionspflicht **354** 1
- Zahlungspflicht **93** 23, 37, 40–58, 66, **99**

Prozess, Legitimation
- OHG **124** 41–42, **128** 39

Prüfung
- s auch Abschlussprüfung, Kontrollrechte
- Aufsichtsrat **(2 a) AktG 170, 171**
- Registergericht s Handelsregister

Prüfungsausschuss
- s auch Abschlussprüfung
- Anforderungen **324** 7–10
- Aufgaben **324** 5
- Einrichtungspflicht **324** 2–4
- Übergangsrecht **324** 1
- Wahl **324** 6

Prüfstelle für Rechnungslegung 342 b
- Anzeigepflichten **342 b** 7
- Aufgaben **342 b** 10
- Berufspflichtverletzung **342 b** 16
- Bußgeldvorschriften **342 e** 1
- DPR e. V. **342 b** 9
- Enforcement **342 b** 2, 11
- Ermächtigung **342 b** 8, 9
- Finanzierung **342 d** 1
- Kooperation des Unternehmens **342 b** 5
- Nichtigkeitsklage **342 b** 11
- Pflicht zu richtiger und vollständiger Auskunft **342 b** 12
- Prüfungsergebnis **342 b** 13
- Prüfungsmaßstab **342 b** 10
- Prüfungsverfahren **342 b** 3–6
- Sonderprüfung **342 b** 11
- Straftatsverdacht **342 b** 16
- Unparteilichkeit **342 b** 15
- Verschwiegenheitspflicht **342 c** 1
- Weigerung des Unternehmens **342 b** 6
- Zielsetzung **342 b** 1, 2

Publikumsgesellschaft Anh 177 a 52–82
- s auch GmbH & Co, KommanditGes (und die dort genannten anderen Stichwörter), Prospekthaftung
- arglistige Täuschung **Anh 177 a** 58
- Auflösung **Anh 177 a** 83
- Aufnahmeverträge **Anh 177 a** 57
- Aufsichtsorgane **Anh 177 a** 75
- Auslegung **Anh 177 a** 67
- Ausscheiden **Anh 177 a** 84
- Begriff **Anh 177 a** 52
- Beirat **Anh 177 a** 75
- Beitritt **Anh 177 a** 57
- Beitritt unter Bedingung **Anh 177 a** 70
- Bestimmtheitsgrundsatz **Anh 177 a** 69 a
- Bürgschaft **Anh 177 a** 71
- Darlehen **Anh 177 a** 71
- Errichtung **Anh 177 a** 56
- Fehlerhafter Beitritt **Anh 177 a** 58, 81
- Formbedürftigkeit **Anh 177 a** 67
- GesVertrag **Anh 177 a** 67
- GfterVersammlung **Anh 177 a** 76
- GmbH Geschäftsführer **Anh 177 a** 74
- Haftung **Anh 177 a** 74, 75
- Informationsrechte **Anh 177 a** 72
- Inhaltskontrolle **Anh 177 a** 68
- Interessenkonflikte **Anh 177 a** 75, 79
- Kapitalmarktrecht **Anh 177 a** 54
- Kündigung **Anh 177 a** 72
- Liquidation **Anh 177 a** 85
- Massenaustritt **Anh 177 a** 83
- Mehrheitsbeschluss **Anh 177 a** 69 b
- Mitteilung der Namen der MitGfter **Anh 177 a** 72
- Nachschussklausel **Anh 177 a** 70
- negatives Kapitalkonto **Anh 177 a** 55
- Pflichten des Kdtisten **Anh 177 a** 70

Magere Zahlen = Randnummern

Sachverzeichnis

- Prospekthaftung **Anh 177 a** 59–65
- Rechte der Kdtisten **Anh 177 a** 70–71
- Rückgewähransprüche **Anh 177 a** 81
- Schiedsklauseln **Anh 177 a** 67
- Sittenwidrigkeit **Anh 177 a** 71
- Sonderprüfung **Anh 177 a** 72
- Sonderrecht **Anh 177 a** 52–53
- Steuerrecht **Anh 177 a** 55
- stille Beteiligung **Anh 177 a** 71
- Treuhänder **105** 31–37, **Anh 177 a** 52, 57, 63, 68, 77–81
- Vertragsänderung **Anh 177 a** 69 a–c
- Verwaltungsrat **Anh 177 a** 75

Publizitätsgesetz
- Übergangsrecht **(1)** EGHGB 54

Qualitätszertifikat 346 40

Quittung s auch Orderpapiere
- Einzugsverfahren **(7)** Bankgeschäfte D/1–22

Quotenkonsolidierung s Konzernabschluss

Rahmenvertrag (7) Bankgeschäfte A/6, 8, G/2, 34, O/1, P/4

Rat 347 8–41
- s auch Haftung
- Banken **(7)** Bankgeschäfte A/16–29

Rechenschaft, HdlGehilfe **59** 53

RechKredV 330 3, **340** 5–6

Rechnung, laufende s Kontokorrent
- (Faktura) **346** 16, 35

Rechnungsabgrenzungsposten
- aktive **250** 1–3
- Disagio/Damnum **250** 8
- IAS/IFRS-Regelungen **250** 9
- passive **250** 5–7
- Zölle, Verbrauchssteuern, Umsatzsteuer **250** 4

Rechnungsabschluss (8) AGB-Banken **7**

Rechnungslegung Einl vor **238** 5–13, **342**, **342** a–e

Rechnungslegungsbeirat 342 a

Rechnungslegungsgrundsätze Einl vor **238** 150–156

Rechnungslegungsprüfstelle s Prüfstelle

Rechnungslegungsstandards s auch IAS, IFRS, SIC
- Abschlusselemente **Einl** vor **238** 157
- Aufbau **Einl** vor **238** 131
- Aufstellung eines IAS/IFRS-Abschlusses **Einl** vor **238** 158–163
- Auslegung **Einl** vor **238** 164
- befreiender IAS/IFRS-Abschluss **Einl** vor **238** 173
- Benchmark-Methode **Einl** vor **238** 132
- Bilanzrechtsmodernisierungsgesetz **Einl** vor **238** 174, 175
- Bilanzrechtsreformgesetz **Einl** vor **238** 171–172
- Board of Trustees **Einl** vor **238** 124
- Einzelabschluss **Einl** vor **238** 172
- Eröffnungsbilanz **Einl** vor **238** 160
- Framework **Einl** vor **238** 129, 139–149, **243** 13
- Grundlagen **Einl** vor **238** 139–164
- Grundsätze **Einl** vor **238** 140, 150–156
- HGB-Grundsätze **Einl** vor **238** 179–186
- IASB **Einl** vor **238** 115–138
- IAS-VO **Einl** vor **238** 137, 158–164, **315 a**
- IASC **Einl** vor **238** 115
- IFRIC **Einl** vor **238** 125
- IFRS **Einl** vor **238** 133
- Internationalisierung der Kapitalmärkte **Einl** vor **238** 111
- Interpretationen **Einl** vor **238** 133, 187
- Kapitalaufnahmeerleichterungsgesetz **Einl** vor **238** 165, 166
- Komitologieverfahren **Einl** vor **238** 170
- Konzernabschluss **Einl** vor **238** 171
- Periodenabgrenzung (accrual principle) **Einl** vor **238** 151, **247** 13
- Probleme **Einl** vor **238** 113, 114
- Prüfstelle s dort
- qualitative Anforderungen **Einl** vor **238** 153
- Rechnungslegungsgrundsätze **Einl** vor **238** 150–156
- SAC **Einl** vor **238** 126
- Terminologie **Einl** vor **238** 136–138
- Übergang auf IFRS **Einl** vor **238** 163
- Unternehmensfortführungsgrundsätze **Einl** vor **238** 152
- Unterschiede zu den HGB-Grundsätzen **Einl** vor **238** 179–186
- Verbot der retrospektiven Anwendung **Einl** vor **238** 162
- Vorteile **Einl** vor **238** 112
- Wahlrechte **Einl** vor **238** 132

Rechnungswesen, s HdlBücher, Publizitätsgesetz

Rechtsangleichung s Rechtsvereinheitlichung

Rechtsanwälte 1 19
- Anderkonto **(9)** AGB-Anderkonten

Rechtsberatungsgesetz Anh 177 78, **(7)** Bankgeschäfte G/6, 9

Rechtsformzwang Einl vor **105** 5

Sachverzeichnis

Fette Zahlen = §§/Artikel

Rechtsgeschichte Einl vor **1** 8–15
Rechtskraft, Gfter/Ges **128** 43, **129** 7–8
Rechtspfleger Einl vor **1** 82, **8** 2a
Rechtsquellen Einl vor **1** 16–23
Rechtsschein
– s auch Vertrauen, Vertretung
– HdlRegister **15** 2, 17
– KG **176** 3, 7
– Rechtsscheinhaftung **5** 9–18, **15** 17
– ScheinhGfter **128** 5
Rechtsscheinkaufmann 5 9–18
Rechtsvereinheitlichung Einl vor **1** 27–28
– s auch Europäische Gemeinschaft
Refaktie 380 II
Reformen s Änderungen
Register s HdlRegister
Registersachen (3) FamFG **374**
Registerzeugnis 9 14
Reisende s HdlGehilfe, HdlVollmacht
Reisescheck (7) Bankgeschäfte E/9–17
Rembours (11) ERA **Einl** 1, 7 3, 13
Remboursgeschäft (7) Bankgeschäfte G/26
Rentenverpflichtungen s Bewertung
Reuegeld 348 9
revolvierender Kredit s Bankgeschäfte
Richterrecht 59 6
RICo s Eisenbahn
RID s Eisenbahn
RIEX s Eisenbahn
RIP s Eisenbahn
Risikobegrenzungsgesetz 354 a 4
– Bankgeheimnis **(7)** Bankgeschäfte A/9
– Übergangsvorschrift **(1)** EGHGB **64**
– WpHG **(16)** WpHG **Einl** vor **1** 5
Risikomanagement 289 5
Risikoprämie Einl vor **1** 37
Rosinentheorie 15 6
Rückerstattung, HdlGeschäft **Einl** vor **1** 53
Rückerwerb eigener Anteile 272 4
Rücklagen s auch Gewinn, HdlBücher, Rückstellungen
– eigene Anteile **272** 4, 5
– gesetzliche **(2 a)** AktG **150**
– Gewinnrücklagen **270** 2, **272** 10
– Kapitalrücklagen **270** 1, **272** 6–9
– OHG **121** 4
– Sonderposten mit Rücklageanteil **247** 8, **270** 1, **273**, **281**
– stille Reserven **105** 106, **120** 6, **243** 2, **252** 15–17, **253** 27, **279–281**
Rückstellungen s auch HdlBücher, Rücklagen

– Abraumbeseitigung **249** 17
– Anhang **285** 13, **288**, **327** 2
– Ansatz **253** 5
– Arten **249** 1
– Auflösungsverbot **249** 30
– Aufwandrückstellungen **249** 1, 26–28
– Begriff **249** 42
– Bewertung **249** 1
– drohende Verluste **249** 9–15
– Gewährleistungen ohne rechtliche Verpflichtung **249** 23–25
– Großreparaturen **249** 27
– Instandhaltung **249** 16–22
– Internationale Standards **249** 31–56
– OHG **120** 4
– Passivierungspflicht **249** 4
– Passivierungswahlrecht **Einl** vor **238** 88
– Pensionsverpflichtungen **Einl** vor **238** 88, **249** 5–8
– Steuerabgrenzung **274**
– Steuerbilanz **249** 5
– temporary concept **274** 1, **306** 2
– timing concept **274** 1, **306** 2
– ungewisse Verbindlichkeiten **249** 2–4
– Übergangsrecht **Einl** vor **238** 88, **249** 7
– Verbot von Rückstellungen **249** 29, 30, **341** 8
– Zweck **249** 1
Rücktritt s Frachtgeschäft, HdlGehilfe, OHG, Stille Ges, Wettbewerbsverbot
Rückvergütungen 347 30
Rüge (bei Mängeln) s Kauf, Kommission
RUF s Bankgeschäfte

Saarland 17 49
SAC Einl vor **238** 126
Sachwalterhaftung Überbl vor **48** 9
Saldo s Kontokorrent
Sale-and-lease-back 246 32, 36, 39
Sammelbank, -verwahrung s Verwahrung
Sanierungsdarlehen 172 a 21
Sanierungsprivileg 172 a 11–12
Sanierungsversuche 172 a 11–12, **(7)** Bankgeschäfte G/32
Sarbanes-Oxley Act Überbl vor **316** 7
Satzungssitz Einl vor **105** 29
Schadensersatz s auch HdlVertreter, Kündigung (OHG)
– Berechnung abstrakt, konkret **376 II–IV**, **376** 12
– HdlGehilfe **59** 44–47, **61 I**, **61** 2
– OHG **113 I**

Magere Zahlen = Randnummern

Sachverzeichnis

– pauschaliert **348** 11, **(5) BGB 309 Nr. 5**
– wegen Firma **17** 40, **37** 14
– wegen HdlGeschäft **Einl** vor **1** 56–70
Schattenbilanzierung 341 11
Scheck s auch Bankgeschäfte, Kontokorrent
– Bilanz **251**
– Bürgschaft **349** 21
– Reisescheck **(7)** Bankgeschäfte F/9–17
– Scheckauskunft **(7)** Bankgeschäfte F/8
– Scheckgeschäft **(7)** Bankgeschäfte E/1–8
– Scheckeinziehung **(7)** Bankgeschäfte F/6, 7
Scheckabkommen (7) Bankgeschäfte E/7
Scheckauskunft (7) Bankgeschäfte E/8
Scheckbestätigung (7) Bankgeschäfte E/8
Scheckeinlösungsbestätigung (7) Bankgeschäfte E/8
Scheckeinlösungszusage (7) Bankgeschäfte E/8
Scheckinkasso (7) Bankgeschäfte E/6
Schecksperre (7) Bankgeschäfte E/4, E/16, F/4, F/10
Scheck-Wechselverfahren (7) Bankgeschäfte J/1
Schein s Rechtsschein
Schenkung
– Form **350** 3
– HdlGeschäft **Einl** vor **1** 44
Schiedsabrede Einl vor **1** 88–90
Schiedsfähigkeit Einl vor **1** 88
Schiedsgericht Einl vor **1** 91
Schiedsgerichtsbarkeit Einl vor **1** 88–99
– s auch Internationale Handelskammer
– Anerkennung **Einl** vor **1** 88–92, 99
– Arbitrage **346** 40
– DIS **Einl** vor **1** 88
– GfterAusschließung **140** 32
– internationale Schiedsgerichtsbarkeit **Einl** vor **1** 96–99
– Mehrparteienschiedsverfahren **Einl** vor **1** 88
– persönliche Haftung **128** 40
Schiedsgutachtervertrag Einl vor **1** 93–95
Schiedsklage Einl vor **1** 91
Schiedsklauseln im Gesellschaftsvertrag Einl vor **1** 88–90
Schiedsrichtervertrag Einl vor **1** 91

Schiedsspruch Einl vor **1** 91
Schiedsvergleich Einl vor **1** 91
Schiedsvertrag Einl vor **1** 88
Schifffahrtsvertreter s HdlVertreter
Schleppschifffahrt 407 13
Schmähkritik Einl vor **1** 66
Schmiergeldverbot 59 51
Schrankfach s auch Verwahrung **(7)** Bankgeschäfte V/1
Schriftform s Formvorschriften
„**Schrottimmobilien" (7)** Bankgeschäfte **G/9**
Schufa-Klausel s Bankgeschäfte
Schulden
– s auch Bilanz, Haftung
– actio pro socio **109** 32, **124** 41
– Ges/Gfter, Gfter/Ges **124** 48–55
– Passivierbarkeit **246** 13
– „Sozialansprüche", „Sozialverpflichtungen" **124** 51
Schuldschein 344 II
Schuldscheindarlehen (7) Bankgeschäfte G/24
Schuldübernahme 25 18, **349** 14
Schuldverschreibung s Orderpapiere
Schuldverschreibungsgesetz (SchVG) (7) Bankgeschäfte Y/3, **(16)** WpHG **Einl** vor **1** 5
Schuldversprechen, -anerkenntnis
– abstrakter Vertrag **350** 4
– Form **350** 4, 7
– negatives Schuldanerkenntnis **350** 6
Schutzrechtsverwarnung Einl vor **1** 68
schwebende Geschäfte s Bewertung, Bilanz, OHG, stille Gesellschaft
Schweden s Skandinavien
Schweigen 346 30–38, **362**
– s auch Bestätigung, Rechtsschein
– Anfechtung **346** 28, 32, **362** 6
– auf Annahme mit Abweichungen **346** 34
– auf Bestätigungsschreiben **346** 16–31
– auf Rechnungsabschluss **346** 37
– auf Vertragsangebot **346** 36, **362**
– Auslegung **346** 33
– Geschäftsbesorgung **362**
– internationaler Verkehr **346** 29, 38, **362** 8
– Widerspruch **346** 25, 34
Schweiz Einl vor **1** 25
Schwellenwertrichtlinie Einl vor **238** 18
Schwerbehinderte s HdlGehilfe
SE Einl vor **105** 34
Seehandel 407 1, 6–7
Segmentberichterstattung 297 9–16

2311

Sachverzeichnis

Fette Zahlen = §§/Artikel

Sekundärhaftung 347 30
Selbstbelieferungsvorbehalt 346 40
Selbsteintritt s auch Kommission, Spedition
– Banken **(8)** AGB-WPGeschäfte **1**, **4**, **9**
Selbsthilfeverkauf 373 II–V, 374 11–29
– AGB-Kontrolle 374 30
– Androhung 373 **II**, 374 13–17
– Benachrichtigung 373 **V**, 374 18
– Durchführung 374 19–22
– Erfüllungswirkung 374 24, 26
– freihändiger Verkauf 374 12
– Geschäftsführung ohne Auftrag 374 28
– Öffentliche Versteigerung 374 5, 11, 18
– ordnungsgemäßer 374 23–25
– ordnungsungemäßer 374 26–29
– Rechtswirkungen 373 **III**, 374 23–29
– Schadensersatz 374 27
– Verwertung 374 29
Selbstkontrahieren 49 2, **105** 27, 70, **119** 22, **126** 9
„**Selbstlieferung vorbehalten**" 346 40
Selbstorganschaft s OHG
share deal Einl vor **1** 44
SIC
– Fundstellennachweis **Einl** vor **238** 183
– Interpretationen **Einl** vor **238** 134
SIC-7 (Einführung des Euro) **244** 20
SIC-10 (Beihilfen der öffentlichen Hand) **252** 60
SIC-12 (Konsolidierung – Zweckgesellschaften) **290** 24
SIC-13 (Gemeinschaftlich geführte Einheiten – Nichtmonetäre Einlagen durch Partnerunternehmen) **310** 12
SIC-15 (Operating-Leasing - Anreizvereinbarung) **246** 43
SIC-21 (Ertragssteuern - Realisierung von neubewerteten Vermögenswerten) **244** 21
SIC-25 (Ertragssteuern – Änderungen im Steuerstatus) **244** 22
SIC-27 (Beurteilung des wirtschaftlichen Gehalts von Transaktionen in Form von Leasingverhältnissen) **246** 44
SIC-29 (Angabe – Vereinbarung von Dienstleistungslizenzen) **242** 23, **244** 23
SIC-31 (Erträge – Tausch von Werbeleistungen) **252** 61

SIC-32 (Immaterielle Vermögenswerte) **248** 16
Sicherheiten s Kreditsicherung, Pfandrecht
Sicherungsgeschäfte 253 72, 73
Sicherungsklauseln (7) Bankgeschäfte H/5, s auch AGB
Sittenwidrigkeit Einl vor 343 11
– Betrieb **1** 21, **74 a** 8
– Darlehen **(7)** Bankgeschäfte G/6–10 c
Sitz, Sitzverlegung 105 10, 106 8–10
– Doppelsitz 15 25
– Sitztheorie **Einl** vor **105** 29
– Zweigniederlassung **13 d**
Skandinavien Einl vor **1** 25
Skonto 346 40
Skontration s Bankgeschäfte
Sollkaufmann s Kaufmann
Sonderposten mit Rücklageanteil s Rücklagen
Sonderprivatrecht Einl vor **1** 1
Sorgfaltspflicht 347
– s auch Haftung
– außervertragliche 347 2
– Bestimmung 347 1
– Beweislast 347 37
– Dritthaftung 347 19–21, 38 a
– grobe Fahrlässigkeit 347 5
– Haftungsbeschränkung 347 5–7
– Haftungsgrundlagen 347 8–22
– Maßstab 347 1
– Verhaltenspflichten 347 23–33
– wie in eigenen Dingen 347 5
Sorten s Bankgeschäfte (WP), Saatgut
„**so schnell wie möglich**" 346 40
Sozialversicherung s Handlungsgehilfe
Spaltung Einl vor **105** 20, 23–24, 27, 36
– s auch Umwandlung
Spanien Einl vor **1** 25
Sparbuch s Bankgeschäfte
Spedition, Spediteur 453–466, **(18)** ADSp
– s auch Güterkraftverkehr
– Ablieferung **(18)** ADSp 13
– Abtretung der Ansprüche gegen Dritte **(18)** ADSp 22.5
– Adresse des Auftraggebers **(18)** ADSp 3.4
– Angebote des Spediteurs **(18)** ADSp 16
– Annahmeverweigerung **(18)** ADSp 16.5
– anwendbares Recht **(18)** ADSp 30.3
– Aufrechnung **(18)** ADSp 19
– Aufwendungsersatz **(18)** ADSp 17

Magere Zahlen = Randnummern

Sachverzeichnis

- ausländischer Auftraggeber **(18)** ADSp **Einl** vor **1 2**
- Auslegung **(18)** ADSp **Einl** vor **1 6**
- Begriff **453 1**
- Beweislast **(18)** ADSp **3.1, 25**
- Binnenschifffahrtsspedition **(18)** ADSp **2.5**
- BSL **(18)** ADSp **Einl** vor **1 1**
- diebstahlsgefährdete Güter **(18)** ADSp **3.3, 3.6**
- Drittschadensliquidation **462 1**
- Empfangsauftrag **(18)** ADSp **17.2**
- Empfangsberechtigung **(18)** ADSp **13**
- Empfangsbescheinigung **(18)** ADSp **8**
- Entziehung des Auftrages **(18)** ADSp **16**
- Erfüllungsort **(18)** ADSp **30.1**
- Ermessen **(18)** ADSp **9.2, 17.3**
- Fälligkeit **456**, **(18)** ADSp **18**
- FCR **453 4, 8**
- FCT **453 4**
- FIATA **453 4**, **(18)** ADSp **Einl** vor **1 1**
- Fixkostenspedition **459**
- Frachtberechnung **420**
- Fristen **(18)** ADSp **11**
- für Rechnung eines Dritten **(18)** ADSp **10.1**
- gefährliche Güter **(18)** ADSp **3**
- Gelegenheitsspediteur **453 2**
- Geltungsbereich der ADSp **453 17, 466**, **(18)** ADSp **2**
- Gerichtsstand **(18)** ADSp **30.2**
- Güterschaden **461 2**, **(18)** ADSp **24.1**
- Haftung **461, 462**, **(18)** ADSp **11.2, 12.3, 15.4, 15.5, 22**
- – des Spediteurs für seine Leute **462**
- – verschuldensunabhängige **461 3**
- Haftungsbegrenzungen **455 2, 461 3**, **(18)** ADSp **23, 24**
- Haftungsversicherung **(18)** ADSp **29**
- Hindernisse **(18)** ADSp **12**
- hochwertige Güter **(18)** ADSp **3.3**
- Inhaltsangabe **(18)** ADSp **3.3**
- Inhaltskontrolle **(18)** ADSp **Einl** vor **1 5, 3.6**
- Interessen- und Sorgfaltspflicht **(18)** ADSp **1**
- internationaler Verkehr **453 4**, **(18)** ADSp **Einl** vor **1 2**
- kombinierter Transport **452–452 d**
- Lagerung, Lagerhalter, Lagerschein **(18)** ADSp **15**
- Mindestdeckung **(18)** ADSp **Anl.** (Mindestbedingungen für die Speditionsversicherung (SpV))
- multimodaler Transport **452–452 d**, **(18)** ADSp **2.5**
- Nachnahme **(18)** ADSp **10.2, 16.4**
- notwendige Angaben **(18)** ADSp **3.3–3.5**
- öffentlich-rechtliche Akte **(18)** ADSp **12.3**
- Papiere **453 8**
- Pfandrecht **464–465**, **(18)** ADSp **20**
- Pflichten des Auftraggebers (Versenders) **453 13**, **(18)** ADSp **3, 6**
- Pflichten des Spediteurs **453 9–12**, **(18)** ADSp **25.3, 29**
- Preis- und Leistungsvereinbarungen **(18)** ADSp **2.5, 16**
- Provision **(18)** ADSp **16.4**
- Prüfung von Hindernissen **(18)** ADSp **12.2**
- Rollfuhrversicherung **461 1**
- Rollgeld **(18)** ADSp **16.5**
- Sammelladungsspedition **460**
- Schadensanzeige **(18)** ADSp **28**
- Schadensbegriff **(18)** ADSp **22.4**
- Schadensversicherung **(18)** ADSp **29**
- Schnittstellenkontrolle **(18)** ADSp **7**
- Schriftstücke **(18)** ADSp **3.9**
- Selbsteintritt **458 2**
- Selbsthilfeverkauf **(18)** ADSp **20.5**
- Sorgfaltspflichten **(18)** ADSp **1**
- Unterspedition **453 10**
- Untersuchung **(18)** ADSp **4.1.2**
- unverschuldetes Ereignis **(18)** ADSp **22.4**
- Verjährung **463**
- Verkehrsvertrag **(18)** ADSp **2**
- Verpackung **455 1**, **(18)** ADSp **4.1.1, 6**
- Versender **453 7**
- Versicherung **(18)** ADSp **3.4, 21, 29**
- Vertrag **453 5–8**
- Verwiegung **(18)** ADSp **4.1.2**
- Verzollung **(18)** ADSp **5**
- Vorteilsausgleichung **(18)** ADSp **22**
- Währung **(18)** ADSp **18**
- Weisungen **454 4**, **(18)** ADSp **9, 17.3**
- Widerruf **(18)** ADSp **9.3**
- Zahlungspflicht des Empfängers **(18)** ADSp **18**
- Zurückbehaltungsrecht **(18)** ADSp **19**
- zusammengehörige Sachen **(18)** ADSp **6.2.1**
- zwingendes Recht **(18)** ADSp **2.5**
- Zwischenspediteur **453 10 (18)** ADSp **2.7**

Sperrabrede s Bankgeschäfte
Sperrabrede unter Arbeitgebern **75 f**

2313

Sachverzeichnis

Fette Zahlen = §§/Artikel

Spitzenverbände der deutschen Wirtschaft Einl vor **1** 23,
Sprache s Fremdsprache
Stahlfach s Verwahrung
stand alone-Bewertung Einl vor **1** 37
Standards s Rechnungslegungslegungsstandards
Standards Advisory Council Einl vor **238** 126
Standardvertrag s AGB
Standby Letter of Credit (7) Bankgeschäfte K/1a, **(11)** ERA Einl vor **1** 1, **1** 1
Steuerabgrenzung s Bilanz
Steuerberater 1 19 **Steuern** s Bilanz, Gewinn- und Verlustrechnung, Mehrwertsteuer
Stille Gesellschaft Einl vor **105** 18, **230–236**
– a-metà-Geschäft **230** 4
– Anlagevermögen **232** 1
– atypische **230** 3
– Auflösung **234** 1, 2
– Aufwendungsersatz **230** 18
– Auseinandersetzung **230** 3, **235**
– Auszahlung **232** 4
– Begriff **230** 1
– Bewertung **230** 22
– Buchführungspflicht **232** 3
– Einlage **230** 20–22, 27
– Einsicht **233, 235** 3, 5
– Ende **234** 1, 2
– Entnahme **232** 4–5
– Fehlerhaftigkeit **230** 11
– Finanzplanvereinbarung **236** 3
– Firma **230** 25
– Form **230** 10
– Fortsetzung **230** 1
– Fremdkapital **230** 21
– Geschäftsführung **230** 14, 26
– Geschäftsvermögen **230** 3, 25
– Gesellschafter **230** 5–8
– Gesellschafterdarlehen **236** 3, 5–6
– Gesellschaftsvertrag **230** 9–12
– Gewinn **231, 233**
– Gläubiger **230** 27, 28, **234** 10
– HdlRegister **230** 25
– Haftung **230** 27, **236** 1, 3, 5
– Hinauskündigung **230** 8
– Inhaber **230** 5
– InnenGes **230** 2
– Insolvenz **234** 5, **236**
– KfH **230** 12
– Kontrolle **233, 235** 3, 5
– Kündigung **234** 8
– mehrere Stille **230** 7
– Minderjährige **230** 8
– Mitwirkungsbefugnisse **230** 3
– Nachschussklausel **232** 6
– Nichtigkeit **230** 11
– partiarisches Darlehen **230** 4
– Pflichten **230** 13, 20, **232** 3
– Rechenschaft **230** 19
– Rechte **230** 13, 20
– Rechtsverhältnis zu Dritten **230** 25
– Schenkung **230** 10
– Schiedsgericht Einl vor **1** 88–92
– schwebende Geschäfte **235** 4, **236** 2
– Sorgfalt **230** 17
– Stiller **230** 6
– Tod **234** 4
– Treuepflicht **230** 16, 23, **235** 5
– typische **230** 3
– Überwachung **233, 235** 3, 5
– Umwandlung **230** 29
– Unterbeteiligung **230** 4
– Vergleichsverfahren **234** 6, **236** 1
– Verlust **231, 232** 1, 6
– Vertrag **230** 9
– Vertragsänderung **230** 9
– Vertretung **230** 26
– Vollmacht **230** 26
– Wettbewerb **230** 16
stille Reserven s Rücklagen
Stimmbindung 119 17–18
Stimmrecht 119 5
Stornierung s Bankgeschäfte
Streckengeschäft Überbl vor **373** 27, **377** 9, 23, 34, 37
Streifband s Verwahrung
Stringgeschäft s Kettenhandel
Strohmann 1 30, 31
Stückeverzeichnis s Kommission
Stuttgarter Verfahren s Bewertung
Sukzessivlieferungsvertrag Überbl vor **373** 22, **375** 12, **377** 29, 37
swap (7) Bankgeschäfte N/1
SWIFT (11) ERA Einl **1**
switch (7) Bankgeschäfte N/1
Synergieeffekte Einl vor **1** 37

Tafelgeschäft 383 8
Tantieme s HdlGehilfe
Taragewicht 380
Tarif s Güterkraftverkehr, Eisenbahn
Tarifvertrag 59 5, 39, 40 HdlGehilfe
Tatsachenbehauptung Einl vor **1** 66
Tausch Überbl vor **373** 17, **377** 2
Tauschgeschäfte 297 8
Tax-CAPM Einl vor **1** 36
Tegernseer Gebräuche 346 15
Teilhaber s Gesellschafter
Teilzahlungskreditgeschäft s **(7)** Bankgeschäfte G/34–51
Teilzeit- und Befristungsgesetz 59 44, 57, 111

Magere Zahlen = Randnummern

Sachverzeichnis

Telegrammadresse, Telefonnummer s Kennzeichnung
Tel quel 346 40
Termingeschäft s Börse, Kauf (Fixgeschäft)
Test s Warentest
Testamentsvollstrecker, Nachlassverwalter
– HdlGeschäft **1** 40–46
– OHG, KG **114** 5, **139** 21
Testat s Haftung
TLF s Bankgeschäfte
Tochterunternehmen 105 30, 103, 106, **271, 290,** s auch Konzernabschluss
Tonbandaufnahme, heimliche Einl 1 64
Trade Terms 346 15, **(6)** Incoterms **Einl** vor **1** 1–2
Traditionspapier 363 6, **448, 475 g** s auch Orderpapiere
Transparenzrichtlinie-Umsetzungsgesetz (TUG) Einl vor **238** 24, **(1)** EGHGB **62, (14)** BörsG **Einl** vor **1** 18, **(16)** WpHG **Einl** vor **1** 3
TransPuG 290 4
Transportdokumente s Dokumente
Transportrecht s ADSp, CMR, Frachtgeschäft, Lagergeschäft, Orderlagerschein, Spedition,
Transportversicherungspolice s Orderpapiere
Tresor s Verwahrung
Treuepflicht
– Gfter **109** 23–28, **112** 1, **230** 16, **235** 5
– HdlGehilfe **59** 48
– HdlVertreter **86 a** 1, 16, **90** 1, 3, 7
Treuhänder 1 19, 35, 37, 42, **22** 6, **105** 31–37
– s auch Bankgeschäfte
– Anderkonto **(9)** AGB-Anderkonten
– Anlagemodelle **Anh 177 a** 77–81
– Außenhaftung **105** 34
– Bilanzrecht **246** 19
– Drittschadensliquidation **105** 33
– Führung des HdlGeschäfts **22** 6
– Haftung **Anh 177 a** 77, **347** 22
– Immobiliengeschäfte **Anh 177 a** 78 a, **(7)** Bankgeschäfte G/9
– in OHG, KG **105** 31–37, **161** 4
– Publikumsgesellschaft **Anh 177 a** 52, 63, 68, 77–81
– Rechtsberatungsgesetz **(7)** Bankgeschäfte G/6, 9
– Rechtsscheinhaftung **Anh 177 a** 78 a
– Testamentsvollstrecker **1** 40–46, **139** 22, 23
– Treuhandkonto **(9)** AGB-Anderkonten **Einl** vor **1** 1
– verbundenes Geschäft **Anh 177 a** 78 a
– WP, Beteiligungen, Gläubigerrechte **(13)** DepotG **42**
Treu und Glauben Einl vor **343** 13–15
true and fair view Einl vor **238** 72
TUG s Transparenzrichtlinie-Umsetzungsgesetz

Überbrückungskredit 172 a 22
Übergangsrecht s **(1)** EGHGB
– HdlGes **Einl** vor **105** 28
Übernahme s Ausscheiden, Ausschließung
Übernahmerichtlinie-Umsetzungsgesetz (1) EGHGB 60
Überschuldung 130 a 4, **172 a** 45
Überseering s Internationales Gesellschaftsrecht
Übertrag
– s auch Akkreditiv, Anteil, Auseinandersetzung, Geschäftsführung, HdlVollmacht, Orderpapiere, Vermögen
– Firma **17** 24, **22, 23**
– HdlGeschäft **Einl** vor **1** 42
Überweisung (7) Bankgeschäfte C/01–09, 1–26
UG (haftungsbeschränkt) & Co Anh 177 a 11
Umsätze s Anhang, Gewinn- und Verlustrechnung
Umwandlung Einl vor **1** 43, **19** 37–38, **139** 2, **145** 1
– s auch Firma, Personengesellschaft, Kommanditgesellschaft
– Formwechsel **Einl** vor **105** 24
– grenzüberschreitende Verschmelzung **Einl** vor **105** 23
– kraft Gesetzes **Einl** vor **105** 19, 23–27
– kraft Rechtsgeschäft **Einl** vor **105** 20, 23–26
– PersonenGes **Einl** vor **105** 25, 26
– Spaltung **Einl** vor **105** 24
– Vermögensübertragung **Einl** vor **105** 24
– Verschmelzung **Einl** vor **105** 23, 24
Unbefugter Firmengebrauch (3) FamFG **392**
Unbestellte Zusendung s Zusendung
UNCITRAL Einl vor **1** 27, 98, **Überbl** vor **373** 46
Unfall s HdlGehilfe
unfrei 346 40

Sachverzeichnis

Fette Zahlen = §§/Artikel

Universalsukzession Einl vor **1** 43
UN-Kaufrecht Überbl vor **373** 46
Unterbeteiligung 105 38–43
Unterkapitalisierung 172 a 39
– qualifizierte **172 a** 42–44
Unterlassung (Anspruch, Klage, Urteil auf)
– Firma **17** 39, **37 II**
Unternehmen Einl vor **1** 31–70
– s auch HdlGeschäft
– Begriff **Einl** vor **1** 31–33
– Beschaffenheit **Einl** vor **1** 46 a, b
– Bewertung **Einl** vor **1** 34–37
– Blockade **Einl** vor **1** 70
– Eigentumsschutz **Einl** vor **1** 57–62
– Entstehung **Einl** vor **1** 38
– Erlöschen **Einl** vor **1** 40
– Ertragswert **Einl** vor **1** 37
– Fortführung **21–28**
– Garantie **Einl** vor **1** 46 a
– Gegenstand **Einl** vor **1** 34
– Geheimnisverrat **Einl** vor **1** 70
– Gewerbebetrieb, Recht am **Einl** vor **1** 63–70
– Gewinn **Einl** vor **1** 46 a
– Kauf **Einl** vor **1** 44–47
– Kennzeichen **17** 11
– Kritik in Presse **Einl** vor **1** 66
– MAC-Klauseln **Einl** vor **1** 46 a
– Mängel **Einl** vor **1** 46–47
– mehrere **1** 29
– Nichtunternehmer **1** 10
– Nießbrauch **Einl** vor **1** 50
– Pacht **Einl** vor **1** 49
– Persönlichkeitsrecht des Unternehmensträgers **Einl** vor **1** 64
– Recht am Gewerbebetrieb **Einl** vor **1** 63–70
– Rechtsträger **Einl** vor **1** 41
– Rückgewähr **Einl** vor **1** 53
– Schutz **Einl** vor **1** 56–70
– Schutzrechtsverwarnung **Einl** vor **1** 68
– Streik **Einl** vor **1** 70
– Übertragung **Einl** vor **1** 42–43
– Umsatz **Einl** vor **1** 46 a
– Unternehmensträger **Einl** vor **1** 41, **1** 10, 30
– Unternehmensverträge **Einl** vor **1** 48–51
– Vererbung **Einl** vor **1** 52
– Verlegung **Einl** vor **1** 39
– Warentest **Einl** vor **1** 66
– Wert **Einl** vor **1** 35–37
– Wettbewerbsverbot **Einl** vor **1** 45
– Zusammenschlüsse (IFRS-3) **255** 28–33
– Zwangsvollstreckung **Einl** vor **1** 54

Unternehmenskauf Einl vor **1** 44–47
Unternehmenspacht Einl vor **1** 49
Unternehmensrecht Einl vor **1** 42–55
Unternehmensrechtliche Verfahren (3) FamFG 375
Unternehmensregister 8 2 a, **8 b**
– Antragsvermittlung **9** 13
– Bezeichnungsschutz **8 b** 8
– Einsichtnahme **9** 12, 13
– Eintragung **8 b** 5, 6
– Führung **8 b** 1, 7, **9 a** 1
– Verordnungsermächtigung **9 a** 2
– zugängliche Informationen **8 b** 2–4
Unternehmensverträge Einl vor **1** 48–51
Unternehmenszusammenschlüsse (IFRS-3) **255** 28–33, **274** 14
Unternehmer 1 4, 10, **84** 27–30, **89 b** 4
UnternehmerGes (UG) Anh 177 a 4, 11
Unterschrift 12, 17 20, 35
Untersuchung (der Ware) s Kauf
Untervertreter s HdlVertreter
Urkunden s auch HdlBücher
– Einsicht **118, 166, 233**
– gefälschte **381** 3
Urlaub s HdlGehilfe
USA Einl vor **1** 26
Usance s HdlBrauch
US-GAAP Einl vor **238** 13, **315 a** 2

Veräußerung s Übertragung
Verbindlichkeiten s Schulden
Verbraucher 1 4
– AGB **(5)** BGB **310 III**
– Arbeitnehmer **59** 10, **(5)** BGB **310 III**
– Schiedsvereinbarung **Einl** vor **1** 89
Verbraucherdarlehen (7) Bankgeschäfte G/34, 36, P/12
Verbraucherkreditrichtlinie (7) Bankgeschäfte G/36
Verbraucherschutzrecht
– HdlGehilfen **59** 10
Verbrauchervereinigungen Einl vor **1** 66
Verbundene Unternehmen Einl vor **1** 48, **8** 5, **105** 100–107
– s auch Konzernabschluss, Konzernanhang, Konzernlagebericht, Mutterunternehmen
– Ausfallhaftung **172 a** 41
– Größenmerkmale **293**
– Konzernregister s HdlRegister
Verbundene Geschäfte (7) Bankgeschäfte G/39–45

Magere Zahlen = Randnummern

Sachverzeichnis

Vereidigter Buchprüfer s Abschlussprüfer
Verein 6 II s auch juristische Person
Verein Deutsche Prüfstelle für Rechnungslegung (DPR e. V.) **342 b** 9
Vereinigte Staaten s USA
Vererbung
– s auch Testamentsvollstrecker
– HdlGeschäft **1** 36–39
– KG **177**
– OHG **139**
– Unternehmen **Einl** vor **1** 52
Verfallklausel 348 10
Vergleich s auch Liquidationsvergleich
– Form **350** 5
Vergleichsverfahren 124 47, **128** 48
Verjährung Einl vor **343** 16, **347** 39
– s auch Frachtgeschäft, Haftung, HdlMakler, HdlVertreter, Lagergeschäft, Spedition, Unternehmenskauf
– HdlGehilfe **59** 85, **61 II**
– nach Geschäftsveräußerung **26**
– OHG **113 III**, **128** 4, 28, **159**, **160**
Verjährungsanpassungsgesetz Einl vor **343** 16
„verkauft wie besichtigt" **346** 40
Verkehrssitte s Handelsbrauch
Verkehrsvertrag (18) ADSp 2
Vermächtnis
– Ges **124** 37
– HdlGeschäft **Einl** vor **1** 52, **22** 2, 9
– KdtAnteil **177** 3
Vermittlungsgehilfe 75 g, **75** h
Vermögen (Ges) **124** 3
– s auch Anteil, Haftung
– Aufrechnung **124** 12
– Entstehung **124** 3, 7–11
– im ganzen **105** 24
– Notwendigkeit **124** 5
– Nutzung **124** 6
– Surrogation **124** 10
– Übertragung, Form **350** 2
– Überlassung (Gfter-Ges) **124** 6
– Verfügung **124** 12
– Zusammensetzung **124** 4
Vermögensgegenstand Einl vor **238** 69
– Aktivierbarkeit **246** 3–12
– Ansatz- und Bewertungsvorschriften **246** 2
– Passivierbarkeit **246** 13
– persönliche Zuordnung **246** 14–23
– sachliche Zuordnung **246** 24
– Wertansatz **253**
Vermögenslage 264 11–20
Vermögensübernahme s Haftung

Vermögensverwaltung 1 17, **2** 7, 10, (7) Bankgeschäfte A/29, U/1–2
Vermögensverwaltungsgesellschaft 1 7, 13
Verpackung 380
Verpfändung
– HdlGeschäft **Einl** vor **1** 51
Verpflichtungsschein s kfm Verpflichtungsschein
Verrechnungsverbot s Jahresabschluss
Verschmelzung Einl vor **105** 20–24, 27, 36, **131** 8, 21
– s auch Umwandlung
Versendungsgeschäft 377 8, (6) Incoterms **Einl** vor **1** 4, 2–8
Versicherungsbilanzrichtlinie Einl vor **238** 12
Versicherungsunternehmen
– Bilanzrecht **Einl** vor **238** 11, **293** 3, **316** 1, **341–341 p**
Versicherungsverträge (IFRS-4) **341** 4–11
Versicherungsvertragsgesetz
– Übergangsvorschrift zum Reformgesetz **(1)** EGHGB 63
Versicherungsvertreter s HdlVertreter
Versicherungsmakler 104 s auch HdlMakler
Versteigerung s Kauf (Selbsthilfe-, Notverkauf)
Vertikal-GVO 86 38
Vertrag mit Schutzwirkung für Dritte 347 21, **(7)** Bankgeschäfte A/32, C/10
Vertragsanpassung Einl vor **343** 14–15
Vertragsänderung 105 60–66
Vertragsfreiheit 59 33, **Einl** vor **343**6
Vertragsgarantien s Garantien
Vertragshändler 1 30, **84** 10–17, **Überbl** vor **373** 35–42
– Abschluss **Überbl** vor **373** 35–36
– Begriff **Überbl** vor **373** 35–36
– Großhändler **Überbl** vor **373** 36
– internationaler Verkehr **92 c** 2, **Überbl** vor **373** 45
– Kartellrecht **Überbl** vor **373** 38
– Konsignationslagerabrede **Überbl** vor **373** 41
– Pflichten **Überbl** vor **373** 38–39
– Schadensersatz **Überbl** vor **373** 42
– Zwischenhändler **Überbl** vor **373** 36
Vertragshilfe s Vertragsanpassung
Vertragsstrafe 348
– s auch AGB
– AGB-Kontrolle **348** 5
– ähnliche Rechtsfiguren **348** 9–11
– Draufgabe **348** 8

2317

Sachverzeichnis

Fette Zahlen = §§/Artikel

- HdlGehilfe 59 44–47, **75 c**
- Herabsetzung 348 3, 6–7
- nach BGB 348 1–4
- pauschalierter Schadensersatz 348 11
- Reugeld 348 9
- Störung der Geschäftsgrundlage 348 7
- Verfallklausel 348 10

Vertrauen s Handelsregister, Prospekthaftung, Rechtsschein, Schweigen
- Eigenhaftung
- – des GmbHGeschäftsführers **172 a** 45
- – des Kdtisten **171** 4–5, **Anh 177 a** 43
- – des Vertreters **Überbl vor 48** 9–12
- Sachwalterhaftung **Überbl vor 48** 9
- Vertrauenshaftung **347** 22

Vertreterklausel 114 26, **163** 10, 11, **166** 18

Vertretung (im HdlRecht) **48–58**
- s auch Prokura, HdlVollmacht, Versicherungsvertreter, Vertretung (OHG)
- Abschlussvertreter **55**
- Amtstreuhänder **Überbl vor 48** 3
- Anscheinsvollmacht **Überbl vor 48** 6
- BGB **Überbl vor 48** 4
- Duldungsvollmacht **Überbl vor 48** 5
- Eigenhaftung des Vertreters **Überbl vor 48** 9–12
- Generalvollmacht **Überbl vor 48** 2
- gesetzliche Vertretung **Überbl vor 48** 3
- Handeln für die Firma **Überbl vor 48** 8
- Internationaler Verkehr **Überbl vor 48** 13
- Ladenvollmacht **56**
- Missbrauch **50** 4–7, **(7)** Bankgeschäfte A/22
- organschaftliche Vertretung **Überbl vor 48** 3, **125** 5
- Partei kraft Amtes **Überbl vor 48** 3
- Schweigen auf Antrag **362** 6
- Vermittlungsgehilfe **75 g, 75 h**

Vertretung (OHG, KG) **125–127**
- s auch KG, Vertretung (im HdlRecht)
- Ausschluss **125** 12
- Entziehung **127**
- gegenüber Gfter **126** 6–8
- Gesamtvertretung **49** 3, **125** 16–25
- HdlRegister **125** 26, **127** 10
- Missbrauch **126** 11
- Niederlegung **127** 10
- passive Vertretung **125** 18, 24
- Rechtsnatur, wer berufen **125** 1–19
- Selbstorganschaft **125** 5
- Umfang **126** 1–4
- Vertreterklausel **166** 18
- Zweigniederlassung **126 III**

Vervielfältigung s Offenlegung

Verwahrung von Wertpapieren (13) DepotG
- s auch Kommission
- Allgemeine Geschäftsbedingungen **(8)** AGB-WPGeschäfte **13–20**
- Aneignung **(13)** DepotG **13**
- Auslandsaufbewahrung **(13)** Depot **22**
- Banken **(8)** AGB-WPGeschäfte **13–20**
- bei Dritten (Zwischenverwahrer) **(13)** DepotG **3, 4, 5 III, 9, 35, 36**
- Bezugsrecht **(13)** DepotG **26**
- Darlehen **(13)** DepotG **1** 1, **15, 16**
- Depotaufstellung **(8)** AGB-Banken **11**
- Depotprüfung **(13)** DepotG **Einl vor 1** 2
- Drittverwahrung **(13)** DepotG **3**
- Eigentumsübergang **(13)** DepotG **13, 15, 16**
- Insolvenz **(13)** DepotG **32–33**
- internationaler Giroverkehr **(13)** DepotG **5** 5,
- Kommissionär **(13)** DepotG **29**
- Lombard s Pfand
- Miteigentum am Sammelbestand **(13)** DepotG **6–8**
- Pfand **(13)** DepotG **4, 9, 12, 12 a 16, 17, 30, 31, 33**
- Safe **(13)** DepotG **1** 5
- Sammelbank, -verwahrung **(13)** DepotG **1** 6, **5–9 a, 16, 24**
- Sammelurkunde **(13)** DepotG **1** 2, **9 a**
- Schrankfach **(13)** DepotG **1** 5
- Sonderverwahrung **(13)** DepotG **2**
- Stahlfach **(13)** DepotG **1** 5
- Strafen **(13)** DepotG **34–37**
- Streifband **(13)** DepotG **2**
- stückeloser Effektenverkehr **(13)** DepotG **1** 2
- Tausch **(13)** DepotG **10, 11, 16, 26**
- Tresor **(13)** DepotG **1** 5
- Treuhänder **(13)** DepotG **42**
- Treuhand-WR-Gutschriften **(13)** DepotG **22** 1
- Übertragung **(13)** DepotG **6** 2, **13, 15, 16**
- unregelmäßige Verwahrung **(13)** DepotG **15**
- Unterschlagung **(13)** DepotG **34, 36**
- Verpfändung **(13)** DepotG **6** 2

Magere Zahlen = Randnummern

Sachverzeichnis

- Verwahrer **(13)** DepotG **1** 3
- Verwahrungsbuch **(13)** DepotG **14**
- Wertpapieraufstellung **(8)** AGB-Banken **7** 5, **11** 9
- Wertpapierbegriff **(13)** DepotG **1** 1
- Wertpapierdarlehen **(13)** DepotG **15**
- Wertpapiersammelbank s Sammelbank
- Wertrecht **(13)** Depot G **1** 2
- Zurückbehaltung **(13)** DepotG **4, 9, 30, 31**
- Zwangsvollstreckung **(13)** DepotG **6** 2

Verwaltung des GesAnteils in OHG, KG **105** 31, 46, **109** 15–18, 20, **139** 21, 32

Verwässerung s Firma

Verwechslungsgefahr 17 29, 30

Verwirkung s auch HdlVertreter, Firma
- Mängelrüge **377** 46

Vieh (Kauf, Mängel) **382**

Viertes Finanzmarktförderungsgesetz (14) BörsG **Einl** vor **1** 14, **(16)** WpHG **Einl** vor **1** 2

Vollmacht
- s HdlVertreter, HdlVollmacht, Prokura, VersVertreter, Vertretung (im HdlRecht)
- auf OHG **124** 33

Vollstreckung
- HdlVertreter **87 c** 12
- internationale **Einl** vor **1** 87
- OHG **124** 45, **128** 45

Volontär 59 23, **82 a**

Vorausklage s Bürgschaft

Vorbehalt 346 40

Vorgesellschaft 105 9, **Anh 177 a** 13, 15

Vorlagepflicht Einl vor **1** 28, **318** 14, **320** 1, **321** 12

Vorlegung s HdlBücher

Vormundschaft s Geschäftsfähigkeit

Vorrat Einl vor **238** 186, **266** 8, 20–24, **346** 40

Vorratsgesellschaft 23 4

Vorschuss s HdlVertreter
- Zinspflicht **354 II**

Vorsichtsprinzip 252 57

Vorvertrag (OHG) **105** 58

Wahrheitsbeweis Einl vor **1** 66

Währung 361 3–4
- s auch Jahresabschluss
- IAS/IFRS-Regelungen **244** 3–24
- Währungsumrechnung **244** 8, 11, **313** 10, **340 h**

Waren Überbl vor **373** 8

Warentermingeschäfte 347 26

Warentest Einl vor **1** 66

Warschau-Oxford-Regeln (6) Incoterms **Einl** vor **1** 12

Wash-out 346 40

Wechsel s auch Bankgeschäfte, Diskontgeschäft, Kommission, Orderpapiere
- Bilanz **251**
- Bürgschaft **349** 21
- Finanzwechsel **(7)** Bankgeschäfte J/1
- Handelswechsel **(7)** Bankgeschäfte J/1
- umgekehrter Wechsel **(7)** Bankgeschäfte J/1

Wechselkurse
- Änderungen **297** 8
- IAS 21 **244** 3–13

Weinbau 3 10

Weiterverkauf Überbl vor **373** 27

Weltabschluss s Konzernabschluss

Werbedienstleistungen 252 61

Werk-, Werkliefervertrag Überbl vor **373** 18, **377** 2, **381 II**

Werkverkehr s Güterkraftverkehr

Wert s Bewertung, Firma, HdlGeschäft, Unternehmen

Wertaufhellungsprinzip 252 41

Wertberichtigung s Abschreibungen

Wertminderungsaufwand 253 64, 65

Wertpapierbereinigung s gutgläubiger Erwerb

Wertpapiere Einl vor **238** 185, **Überbl** vor **373** 8, **381, (7)** Bankgeschäfte Q/1, U/1, 3, **(8)** AGB-WPGeschäfte, **(13)** DepotG, **(16)** WpHG
- s auch Ausland, Bankgeschäfte, Börse, Kommission, Orderpapier, Treuhänder, Verwahrung

Wertpapierhandel (16) WpHG
- Ad-hoc-Publizität **(16)** WpHG **Einl** vor **1** 12
- Anlegerschutzverbesserungsgesetz **(16)** WpHG **Einl** vor **1** 2
- Anwendungsbereich **(16)** WpHG **Einl** vor **1** 6
- Ausländische organisierte Märkte **(16)** WpHG **Einl** vor **1** 27
- BaFin **(16)** WpHG **Einl** vor **1** 7, 4–11
- Begriffsbestimmungen **(16)** WpHG **Einl** vor **1** 6, **2, 2a**
- Beteiligungsveränderungen **(16)** WpHG **Einl** vor **1** 16
- Bilanzkontrollgesetz **(16)** WpHG **Einl** vor **1** 2
- Bilanzeid **(16)** WpHG **Einl** vor **1** 29

2319

Sachverzeichnis

Fette Zahlen = §§/Artikel

- Directors' Dealings **(16)** WpHG **Einl** vor **1** 14
- EG-Richtlinien **(16)** WpHG **Einl** vor **1** 1
- Emittentenleitfaden **(16)** WpHG **Einl** vor **1** 11
- falsche/unterlassene Kapitalmarktinformationen **(16)** WpHG **Einl** vor **1** 23, 24
- Finanzanalyse **(16)** WpHG **Einl** vor **1** 21
- Finanzberichte **(16)** WpHG **Einl** vor **1** 28, 29
- Finanzmarktrichtlinie **(16)** WpHG **Einl** vor **1** 1
- Finanzmarktrichtlinie-Umsetzungsgesetz **(16)** WpHG **Einl** vor **1** 4, 4a
- Finanztermingeschäfte **(16)** WpHG **Einl** vor **1** 25, **37 e–g**
- Haftung **(16)** WpHG **Einl** vor **1** 13, 23, 24
- Insiderüberwachung **(16)** WpHG **Einl** vor **1** 11–14, **12–16b**
- Kapitalmarktinformationshaftungsgesetz **(16)** WpHG **Einl** vor **1** 24
- Kurs- und Marktmanipulation **(16)** WpHG **Einl** vor **1** 15
- Marktmanipulationsverbot **(16)** WpHG **Einl** vor **1** 15, **20a**
- Marktmissbrauchsrichtlinie **(16)** WpHG **Einl** vor **1** 1
- Nachhandelstransparenz **(16)** WpHG **Einl** vor **1** 20
- notwendige Informationen **(16)** WpHG **Einl** vor **1** 17
- Prospektrichtlinie **(16)** WpHG **Einl** vor **1** 1
- Risikobegrenzungsgesetz **(16)** WpHG **Einl** vor **1** 5
- Schadenersatz **(16)** WpHG **Einl** vor **1** 23, 24, **37b, c**
- Schiedsvereinbarungen **(16)** WpHG **Einl** vor **1** 26
- Schuldverschreibungs- und FalschberatungsG **(16)** WpHG **Einl** vor **1** 5
- Schutzgesetzcharakter **(16)** WpHG **Einl** vor **1** 8–10
- Transparenzrichtlinie-Umsetzungsgesetz **(16)** WpHG **Einl** vor **1** 3
- Überwachung von Unternehmensabschlüssen **(16)** WpHG **Einl** vor **1** 28
- Verhaltensregeln **(16)** WpHG **Einl** vor **1** 18–22, **31–37a**
- Verjährung **(16)** WpHG **Einl** vor **1** 22
- Viertes Finanzmarktförderungsgesetz **(16)** WpHG **Einl** vor **1** 2

Wertpapierdarlehen **(7)** Bankgeschäfte T/1
Wertrechte **(13)** DepotG **1** 2
Werturteil **Einl** vor **1** 66
Wesentlichkeitsgrundsatz **252** 58, **296** 8
Wettbewerb **Einl** vor **1** 71–80
- s auch Gesellschafter, HdlVertreter, KommanditGes, offene HdlGes, Stille Ges
- Äußerungen, geschäftsschädigende **Einl** vor **1** 65
- Beschränkungen **Einl** vor **1** 72–76, **112** 14
- Boykott **Einl** vor **1** 66
- Funktion **Einl** vor **1** 71
- HdlGehilfe **60, 61, 74–75 d**
- Kartellrecht **Einl** vor **1** 77–79
- MarkenG **17** 3, 11
- Monopol **Einl** vor **1** 72, 75
- Rahmenregelung **Einl** vor **1** 72–76
- UWG **17** 3, 11
Wettbewerbsrecht **Einl** vor **1** 71–80, s auch Kartellrecht
Wettbewerbsverbot
- AGB-Kontrolle **74 a** 9
- Aufhebung von Vereinbarungen **74 a** 5
- außerhalb Europas Tätige **75 b** 1
- bedingtes Verbot **75 a** 2
- bezahlte Karenz **74** 20–22
- Beschränkungen **75 c, 75 d**
- Einwilligung **60** 7
- Form **74** 17–19
- HdlGehilfe **59** 52, **60, 61, 74–75 d**
- Herausgabe **61** I
- Hochbesoldete **75 b**
- Karenzentschädigung **74** 20, **74 b, 74 c, 75 b**
- nach Dienstende **74–75 d**
- nach Kündigung **60** 5–6, **75**
- Nichtigkeit **74 a**
- Rücktritt **75 a**
- Schadensersatz **61** I, **74** 11
- Sittenwidrigkeit **74 a** 8
- Sperrabrede **75 f**
- Umfang **60** 2
- Unternehmenskauf **Einl** vor **1** 45
- Unverbindlichkeit **74 a**
- Unwirksamwerden **75**
- Verabschiedungsschreiben **60** 2
- Vereinbarung **74** 6–9
- Verjährung **61** 4
- Verletzung **61, 74** 10, **75 c, 75 d**
- vertragliches Verbot **74**
- Vertragsstrafe **75 c, 75 d**
- Verzicht **75 a**
- Volontär **82 a**

Magere Zahlen = Randnummern

Sachverzeichnis

- während Dienstzeit 59 52, **60, 61**
- Zeitpunkt 74 1–5
- **Widerspruch** s Schweigen
- **Wiederveräußerung eigener Anteile 272** 5
- **Wirtschaftsprüfer 1** 19, **(2 c)** WPO, **(2 d)** AGB-WP
- s auch Abschlussprüfer
- AGB **(2 c)** WPO **Einl** 7
- Berufsausübung **(2 c)** WPO **Einl** 3
- Dritthaftung **323** 8, **347** 21
- freiwillige Prüfungen, Testate **(2 c)** WPO **Einl** 6
- Ges **Einl** vor **105** 5, **105** 2, **(2 c)** WPO **Einl** 2
- Haftung **Anh 177 a** 64, **323, 347** 19, 21, 29, 30, **(2 c)** WPO **54, 54 a**, **(2 d)** AGB-WP **Einl** 3–4, **9**
- Pflichtprüfung **(2 c)** WPO **Einl** 5
- Rechte und Pflichten **(2 c)** WPO **Einl** 4
- Übergangsrecht **Einl** vor **238** 100, **(1)** EGHGB **50**, **(1)** EGHGB **55**
- Wirtschaftsprüfer **(2 c)** WPO **Einl** 1, **1**
- Wirtschaftsprüfungsgesellschaft **Einl** vor **105** 5, **105** 2, **(2 c)** WPO **Einl** 2, **1**
- WPO **(2 c)** WPO **Einl** 8–10
- **Wirtschaftsprüferkammer**
- Unterrichtung **318** 15
- **Wirtschaftsprüferordnung (2 c)** WPO
- Änderungen **(2 c)** WPO **Einl** 9
- Inhalt, Aufbau **(2 c)** WPO **Einl** 10
- Inkrafttreten **(2 c)** WPO **Einl** 8
- **Wirtschaftsprüfungsexamens-Reformgesetz**
- Übergangsvorschriften **Einl** vor **238** 100, **(1)** EGHGB **55, 56**
- **Wirtschaftsrecht Einl** vor **1** 71–80
- **Wissenszurechnung 125** 4, **(7)** Bankgeschäfte A/16
- **WpHG (16)** WpHG
- **Wurzeltheorie Einl** vor **1** 36, 37

- „**Zahlung bar**" **346** 40
- **Zahlungsdienste (8)** AGB-Banken **1** 8
- Bankkundenkarte **(7)** Bankgeschäfte C/05, F/01, 1–42
- Begriffsbestimmungen **(7)** Bankgeschäfte C/03
- Lastschrift **(7)** Bankgeschäfte C/05, D/01–04, 1–23
- neues Recht ab 31.10.2009 **(7)** Bankgeschäfte C/01–09
- Rahmenvertrag **(7)** Bankgeschäfte C/06
- Systematik **(7)** Bankgeschäfte C/05

- Überweisung **(7)** Bankgeschäfte C/06–08, 1–26
- Vollharmonisierung **(7)** Bankgeschäfte C/02, 04
- **ZahlungsdiensteaufsichtsG (ZAG) (7)** Bankgeschäfte A/4, C/01
- **Zahlungsdienste-Richtlinie (7)** Bankgeschäfte C/01–09, D/1, G/36
- **ZahlungsdiensteUmsetzG Einl** vor **1** 15, **(7)** Bankgeschäfte C/01, G/36
- **Zahlungsgeschäft (7)** Bankgeschäfte A/4
- **Zahlungskartengeschäft (7)** Bankgeschäfte A/4, C/01
- **Zahlungsunfähigkeit 130 a** 3
- **Zahlungsverbot 130 a** 9, 9 a
- **Zahlungsverkehr** s Zahlungsdienste, **(7)** Bankgeschäfte C–F, **(10)** Lastschriftabkommen
- **Zeichnung** s Unterschrift
- **Zeitrechnung 361**
- **Zeugnis 73/109** GewO**, 347** 8, 12, 23, 34
- Anspruch **73/109** GewO 4–8, 15–17
- Auskunftspflicht **73/109** GewO 18
- Form **73/109** GewO 9
- Haftung **73/109** GewO 2, 19, 20
- Inhalt **73/109** GewO 9–14
- **Zinsen 352, 353, 354** II
- s auch Bewertung, Gewinn- und Verlustrechnung
- Fälligkeitszinsen **353**
- Höhe: Gesetz, HdlBrauch, Vereinbarung **352** 1–4
- Kündigungsrecht **352** 4
- Verzugszinsen **352** 5–6
- Zinseszinsen **353** 3
- Zinspflicht **353, 354** II
- **Zinsswapgeschäfte 347** 26
- „**zoll- und steuerfrei**" **346** 40
- „**zu getreuen Händen**" **346** 40
- **Zukunftserfolgswert Einl** vor **1** 36
- **Zuliefervertrag Überbl** vor **373** 29–33
- **Zurückbehaltungsrecht 369–372, 369** 1
- s auch Frachtführer, HdlGehilfe, HdlVertreter, Lagerhalter, Spediteur
- Abwendung **369** 14
- Ausschluss **369** 13
- Befriedigung **371, 372**
- BGB **369** 1
- Eigentumsfiktion **372**
- Einrede **369** 1
- für „Forderungen" **369** 3–6
- Gegenstände **369** 7–11
- Rechtskraftwirkung **372**
- Notfall **369** 5

Sachverzeichnis

Fette Zahlen = §§/Artikel

- vertragliches **369** 1
- widerstreitende Weisung, Verpflichtung **369** 13
- Wirkung gegen Dritte **369** 12

Zusammenschlusskontrolle Einl vor **1** 45

Zusätze s Firma

Zuschreibungen s Abschreibungen

Zusendung (unbestellte) **346** 36

Zustellung, öffentliche 15 a

Zuwendungen der öffentlichen Hand
- Bilanzierung und Darstellung (IAS-20) **255** 34–41

Zwangsvollstreckung s Vollstreckung

Zweckgesellschaft 290 24

Zweigniederlassung 13–13 h, 325 a
- AG **13 f**
- Anmeldung **13** 10–12, **13 e** 2
- Aufhebung **13** 15
- Begriff **13** 3–5
- Buchführung **13** 8
- Eintragung **13** 14, **15** 24
- Empfangsvertreter **13 e** 3
- Errichtung, Verlegung, Auflösung **13** 3
- Firma **13** 7, **13 d** 4, **30** 9
- Fortführung **22** 5, 21, **25** 3
- GmbH **13 g**
- Kapitalgesellschaften **13 e**
- mehrere ZwNl **13 d** 2, **13 e** 4
- Mindestorganisation **13** 3
- Nachordnung ggü Hauptniederlassung **13** 3
- private limited company **13 d** 1
- Prokura **50 III**
- Prüfung **13** 13
- räumliche Selbstständigkeit **13** 3
- Sitz im Ausland **13 d–h, 325** a
- Sitz im Inland **13**
- Sitzverlegung im Inland **13 h**
- Übertragung **22** 5, 22
- Verlegung der HauptNl im Inland **13 h**
- Vertretungsmacht **13** 9, **126 III**
- Zuständigkeit **13 d** 2, 3
- Zwangsgeld **14**

Zwischenabschlüsse s Konzernabschluss

Zwischenberichterstattung (IAS-34) **242** 13–19, **247** 11

Zwischenergebnisse s Konzernabschluss

Zwischenhändler s Vertragshändler

„**Zwischenverkauf vorbehalten**" **346** 40

Magere Zahlen = Randnummern

Sachverzeichnis